अयोध्यासिंह उपाध्याय
‘हरिऔध’
रचनावली

खण्ड-1

खण्ड-1

❑ प्रियप्रवास ❑ वैदेही-वनवास

खण्ड-2

❑ पारिजात ❑ पद्य-प्रमोद

खण्ड-3

❑ चोखे चौपदे ❑ चुभते चौपदे ❑ हरिऔध-दोहावली ❑ बाल-कवितावली
❑ हरिऔध-सतसई

खण्ड-4

❑ बोलचाल ❑ काब्योपबन ❑ ऋतु-मुकुर

खण्ड-5

❑ रसकलस

खण्ड-6

❑ अधखिला फूल ❑ ठेठ हिन्दी का ठाट ❑ इतिवृत्त ❑ वेनिस का बाँका
❑ अभिभाषण ❑ विविध

खण्ड-7

❑ हिन्दी भाषा और साहित्य का विकास

खण्ड-8

❑ कबीर वचनावली ❑ रस साहित्य और समीक्षाएँ ❑ संदर्भ-सर्वस्व ❑ विविध

खण्ड-9

❑ पद्य-प्रसून ❑ आधुनिक कवि ❑ मर्म-स्पर्श

खण्ड-10

❑ श्रीप्रद्युम्नविजय व्यायोग ❑ श्रीरुक्मिणीपरिणयनाटक ❑ कल्पलता
❑ पवित्र पर्व ❑ प्रेम पुष्पोपहार ❑ अच्छे अच्छे गीत ❑ स्वर्गीय संगीत
❑ कतिपय ब्रजभाषा काव्य ❑ हरिऔध आत्म-चरित

अयोध्यासिंह उपाध्याय
'हरिऔध'
रचनावली

खण्ड-1

सम्पादक

सदानन्द शाही

वाणी प्रकाशन

वाणी प्रकाशन
ज्ञान के विविध आयामों के प्रकाशक

वाणी प्रकाशन का 'लोगो' विख्यात चित्रकार मक़बूल फ़िदा हुसेन की कूची से

वाणी प्रकाशन, 4695, 21-ए, दरियागंज, नयी दिल्ली-110002
वाणी प्रकाशन, अशोक राजपथ (पटना कॉलेज के सामने), पटना (बिहार)

AYODHYASINGH UPADHYAYA 'HARIAOUDH' RACHNAWALI-1

Edited by Sadanand Shahi

Complete work of Ayodhyasingh Upadhyaya *'Hariaoudh'*

ISBN : 978-93-5000-200-1

प्रथम संस्करण

मूल्य : 9000/-

वाणी प्रकाशन

फोन : 0091#11#23273167, 23275710

फैक्स : 0091#11#23275710

वेबसाइट : www.vaniprakashan.in

ई-मेल : vaniprakashan@gmail.com

vani_prakashan@yahoo.com

आर.टेक ऑफसेट प्रिंटर्स द्वारा दिल्ली-110095 में मुद्रित

प्रकाशकीय

अयोध्यासिंह उपाध्याय 'हरिऔध' भारतेन्दु युग और द्विवेदी युग के बीच एक अत्यन्त महत्त्वपूर्ण कड़ी हैं। खड़ी बोली हिन्दी के पहले महाकाव्य के रचनाकार के रूप में उनका ऐतिहासिक महत्त्व तो है ही, हिन्दी भाषा के अनूठे शिल्पकार के रूप में उनका योगदान कहीं ज्यादा महत्त्व का है। उन्नीसवीं और बीसवीं शताब्दी में जब हिन्दी की रूप रचना को लेकर तरह-तरह की बहसें चल रही थीं—हरिऔध ने हिन्दी भाषा के सभी सम्भावित और आकांक्षित रूपों को अपनी लेखनी से मूर्त किया। हरिऔध के रचना संसार से गुजरते हुए उनके भाषा सम्बन्धी संघर्ष को सहज ही लक्षित किया जा सकता है। ब्रजभाषा से शुरू करके **वेनिस का बांका** और **प्रियप्रवास** की संस्कृत निष्ठ हिन्दी फिर **ठेठ हिन्दी का ठाट** की ठेठ हिन्दी से होते हुए **बोलचाल** की सामान्य हिन्दी का रूप हरिऔध के यहाँ मौजूद है। वे भाषा के रूप को लेकर होने वाली बहसों में अपनी रचनाओं के साथ उतरते हैं और एक सच्चे प्रयोग कर्ता की तरह समाज की प्रतिक्रिया के आलोक में भाषा का रूप बदल देते हैं। उनकी यह प्रयोगशीलता केवल भाषा के स्तर पर नहीं बल्कि छन्द विधान के स्तर पर भी दिखाई देती है। संस्कृत के वर्ण वृत्तों का प्रयोग हो, हिन्दी के मात्रिक छन्दों का या फिर उर्दू बहरों का; हिन्दी के आँगन में वे सबको व्यावहारिक रूप से उतार कर आगे आने वाले रचनाकारों के लिए मार्ग प्रशस्त करते हैं। वजह चाहे जो रही हो, हिन्दी साहित्य के इतिहास में हरिऔध के महत्त्व को स्वीकार करते हुए भी उनके ऐतिहासिक महत्त्व और अवदान का सम्यक विवेचन नहीं हो सका है। इस ग्रन्थावली को प्रस्तुत करते हुए हमारे मन में कहीं एक भूल सुधार का भाव भी काम कर रहा था। हरिऔध साहित्य को एक साथ प्रस्तुत करते हुए हम यह उम्मीद कर रहे हैं कि हरिऔध की प्रयोगधर्मिता की ओर अपेक्षित ध्यान जाएगा और उनके वास्तविक अवदान को आँकने की दिशा में यत्न होंगे। ग्रन्थावली में यथा संभव हरिऔध के प्रामाणिक पाठ को प्रस्तुत करने की कोशिश की गयी है। किसी एक संस्करण में रह गयी अशुद्धियाँ बाद के कई संस्करणों में दुहरायी जाती रही हैं उन्हें भी यथा स्थान सुधार दिया गया है।

यदि यह ग्रन्थावली हरिऔध के साहित्य में छिपे हिन्दी भाषा के विकास के इतिहास की खोज के लिए प्रेरित और प्रोत्साहित कर सकी तो हमें अपना श्रम सार्थक लगेगा।

—अरुण माहेश्वरी

भूमिका

भारतेन्दु हरिश्चन्द्र और द्विवेदी युग के बीच अयोध्यासिंह उपाध्याय 'हरिऔध' अपनी तरह के विशिष्ट रचनाकार हैं। हरिऔध का आगमन उस दौर में हुआ था जब हिन्दी भाषा रूपाकार लेने की प्रक्रिया में थी। भारतेन्दु और भारतेन्दु मण्डल के प्रयत्नों से हिन्दी गद्य का स्वरूप निर्मित हो चला था किन्तु कविता के क्षेत्र में अब भी ब्रजभाषा की चुनौती बनी हुई थी। बहस यह भी चल रही थी कि क्या खड़ी बोली हिन्दी में कविता सम्भव है। एक और सवाल उस युग के सामने उपस्थित था कि भारत जैसे बहुभाषी राष्ट्र की भाषा क्या होगी? नये बनते हुए राष्ट्र की अपेक्षाओं के अनुरूप भाषा के रूप में हिन्दी को विकसित करने की चुनौती सामने थी। हिन्दी, ठेठ हिन्दी, हिन्दुस्तानी, बोलचाल की हिन्दी के अनेक रूप और दावे प्रस्तुत किये जा रहे थे। हरिऔध के साहित्य की सबसे बड़ी विशेषता यह है कि उन्होंने हिन्दी भाषा के विकास की जितनी सम्भावनाएँ हो सकती थीं उनको पूरी तरह निचोड़ लिया और आगे के रचनाकारों के लिए मार्ग प्रशस्त किया। हरिऔध जी को उचित ही 'सही अर्थों में प्रयोगशील और राहों का अन्वेषी' कहा गया है। भारतेन्दु युग और द्विवेदी युग में हिन्दी भाषा और साहित्य के क्षेत्र में जितनी बहसें चल रही थीं, नवोन्मेष के जितने प्रयत्न हो रहे थे—हरिऔध जी उन सबमें उपस्थित हैं।

खड़ी बोली गद्य की भाषा बन चुकी थी पर हिन्दी गद्य का क्या रूप हो, यह मुद्दा अभी जेर-बहस था। हिन्दी संस्कृत की ओर जाए या कि प्रचलित अरबी, फारसी शब्दों का प्रयोग करते हुए उसका टकसाली रूप आगे बढ़े, इस बहस में हरिऔध जी ने अपने तरीके से हस्तक्षेप किया। उन्होंने दोनों ही प्रकार की भाषा का उदाहरण सामने रख दिया और पाठकों पर यह निर्णय छोड़ दिया कि हिन्दी को किस ओर ले जाना है, यह वे ही तय करें। यह कार्य उन्होंने गद्य और पद्य दोनों में ही किया।

हिन्दी भाषा को लेकर हरिऔध के भीतर जबर्दस्त पैशन था। उनको ऐसी हिन्दी चाहिए थी जो अहिन्दी भाषी क्षेत्रों में भी स्वीकार्य हो सके। उन्हें लगा कि संस्कृत के शब्द अन्य भारतीय भाषाओं में भी प्रचलित हैं इसलिए संस्कृत शब्दों से अलंकृत हिन्दी अखिल भारतीय स्वीकृति पा सकेगी। अपनी इस मान्यता के चलते वे संस्कृतनिष्ठ

हिन्दी की ओर मुड़े। 'वेनिस का बांका' से लेकर 'प्रियप्रवास' तक भाषा के इस रूप को उसकी सम्भावना के अन्तिम छोर तक ले गये। ठेठ हिन्दी का सवाल उठा तो हरिऔध जी ने 'ठेठ हिन्दी का ठाट' नाम से एक उपन्यास लिख दिया। यह ठेठ हिन्दी ऐसी है जिसमें हिन्दी के तद्भव शब्द हैं पर दूसरी भाषाओं के शब्दों से परहेज किया गया है। बाद में हरिऔध जी को लगा कि यह हिन्दी नहीं चलेगी तो उन्होंने बोलचाल की हिन्दी की ओर रुख किया। दूसरी भाषाओं से हिन्दी में घुलमिल गये शब्दों को हिन्दी से देश निकाला देने के अभियान के विरुद्ध हरिऔध जी ने बोलचाल की शब्दावली पर जोर दिया। मुहावरों की शक्ति को पहचान कर उन्हें भाषा की निधि मानते हुए रचनात्मक प्रयोग किये। मजे की बात यह है कि कब कैसी भाषा लिखनी है, यह तय करके वे मनचाही भाषा का प्रयोग करते हुए दिखाई पड़ते हैं। उनकी कुछ कृतियों में भाषा की कई धाराएँ समानान्तर प्रवाहित होती दिखाई देती हैं। भाषा के रूप-निर्धारण की प्रक्रिया में हरिऔध सिद्धान्तकार की भूमिका तक सीमित नहीं रहते। वे एक सच्चे प्रयोगकर्ता की तरह भाषा के एक रूप की परिकल्पना करते हैं, उसे आधार बनाकर कृतियाँ रचते हैं और उस पर समाज की प्रतिक्रिया देखते हैं और फिर निष्कर्ष निकालते हैं। खास बात यह है कि वे अपने मत और निष्कर्ष को बदलने के लिए तैयार रहते हैं। 'ठेठ हिन्दी का ठाट' और 'अधखिला फूल' में हरिऔध जी भारतेन्दु द्वारा परिभाषित शुद्ध हिन्दी को आदर्श मानकर चले हैं जिनमें अरबी-फारसी शब्दों के लिए गुंजाइश नहीं है। पर बोलचाल तक आते-आते उनके भाषा-सम्बन्धी विचार बदल जाते हैं। हरिऔध की प्रयोगधर्मिता समझने के लिए बोलचाल की भूमिका से यह उद्धरण दिया जा रहा है—

सरल हिन्दी लिखने में फारसी और अरबी के सर्वसाधारण में प्रचलित शब्दों का व्यवहार स्वच्छन्दता से होना चाहिए; ऐसे ही अंगरेजी अथवा अन्य भाषाओं के प्रचलित शब्दों का भी। इस प्रकार की भाषा ही यदि उसमें संस्कृत के अप्रचलित शब्द सम्मिलित न हों, हिन्दी-उर्दू का सम्मिलन केन्द्र हो सकती है। जो भाषा केवल हिन्दी के तद्भव शब्दों द्वारा लिखित होगी, वह ठेठ हिन्दी होगी; किन्तु समय का प्रवाह उसके अनुकूल नहीं है। यह भाषा शुद्ध हिन्दी का आदर्श उपस्थित करने के लिए लिखी जा सकती है, परन्तु सर्वसाधारण अथवा बोलचाल की भाषा वह नहीं हो सकती और न उसके व्यापक अथवा प्रचलित भाषा के रूप में गृहीत होने की आशा है। इस भाषा में एक ग्रन्थ 'रानी केतकी की कहानी' इंशाअल्लाह खाँ की लिखी हुई है और 'ठेठ हिन्दी का ठाट' एवं 'अधखिला फूल' नाम के दो ग्रन्थ मेरे लिखे हैं। इनका आदर्श न गृहीत हुआ, न आगे गृहीत होने की आशा है; क्योंकि जनसाधारण में जो विभिन्न भाषाओं के शब्द प्रचलित होकर हिन्दी भाषा के तद्भव शब्दों के समान ही व्यापक हैं उनका त्याग नहीं हो सकता। आवश्यकताओं के कारण जो अन्य भाषाओं के शब्द जनसाधारण के अभ्यस्त

हैं, जिह्वाग्रवर्ती हैं, किसी भाव या वस्तु के यथार्थ बोध के साधन हैं, उनसे उन्हें विरत करने की चेष्टा जिस प्रकार सुविधाओं के सिर पर पदाघात करना और असम्भवता से युद्ध करने के लिए प्रस्तुत होना है, उसी प्रकार बोलचाल की भाषा में से उन शब्दों के बहिष्कार का प्रयत्न करना निष्फल प्रयास छोड़ और कुछ न होगा।

भाषा सम्बन्धी इस प्रयोगधर्मिता में हरिऔध के सरोकार भी दिखायी पड़ते हैं। हरिऔध समावेशी हिन्दी विकसित करना चाहते थे, जो पढ़े-लिखे विद्वानों के साथ सर्वसाधारण के काम की हो। उनके सर्वसाधारण में हिन्दू और मुसलमान दोनों ही शामिल हैं। उन्हें ऐसी हिन्दी दरकार है, जो राष्ट्रभाषा होने के नाते अखिल भारतीय अपेक्षाओं को पूरा करने वाली हो। भाषा सम्बन्धी प्रयोगों के पीछे हरिऔध के यही सरोकार काम कर रहे थे।

हरिऔध अपने युग में हिन्दी के ऐसे साधक के रूप में सामने आते हैं जिसके भीतर बनती हुई हिन्दी के खजाने को सब कुछ से भर देने की गहरी ललक मौजूद है। उन्होंने अपने जीवन का यह ध्येय ही बना लिया था—हिन्दी में जो कुछ नहीं है उसे रच देना। हरिऔध जी ने अपनी लेखनी से यह दिखाया कि हिन्दी में सब कुछ सम्भव है और इस तरह वे हिन्दी गद्य और काव्य की अनेक विधाओं के अग्रधावक बने। गद्य में निबन्ध, आलोचनात्मक लेख, नाटक, उपन्यास और काव्य में मुक्तक से लेकर प्रबन्ध तक उनकी लेखनी से निःसृत हुए।

हरिऔध जी ने 1880 के आसपास लिखना शुरू किया था। उनकी लेखनी मृत्युपर्यन्त (1947) चलती रही। उनके विपुल और विविध साहित्य संसार में अनवरत प्रयोगशीलता के दर्शन होते हैं। भाषागत प्रयोगों के अलावा कथ्य और शिल्प के मोर्चे पर भी वे लगातार प्रयोग करते दिखाई देते हैं। उर्दू भाषा और साहित्य में मौजूद रवानी और चुस्ती उन्हें आकृष्ट भी करती रही और चुनौती भी देती रही। 'चोखे चौपदे' और 'चुभते चौपदे' की रचना के पीछे यही भाव काम कर रहा था। हरिऔध जी ने चौपदों की रचना करते समय फारसी बहरों को इस खूबसूरती से हिन्दी की प्रकृति में ढाल दिया है कि चौपदे बिल्कुल हिन्दी के अपने लगते हैं। यहाँ पर वे बोलचाल की भाषा और मुहावरों का भरपूर प्रयोग करते हैं।

कथ्य के स्तर पर वे परम्परा के भीतर रह कर प्रयोग करने वाले व्यक्ति थे। अपनी रचना यात्रा उन्होंने समस्यापूर्ति से शुरू की थी। रीतिकाल का संस्कार उन्हें सहज सिद्ध था। भारतेन्दु और द्विवेदी-युगीन नवजागरण और सुधार की लहर के संस्पर्श के बाद वे रीतिकाल की भर्त्सना में नहीं लगे बल्कि उसके भीतर भी प्रयोगशील रहे। उनके रीतिकालीन संस्कारों का शीर्ष रूप 'रसकलस' में दिखाई पड़ता है जिसमें उनका कवित्व और आचार्यत्व एक साथ प्रकट हुआ है। रसकलस मूल रूप से लक्षणग्रन्थ की परम्परा में आता है। रसों की विस्तृत और पाण्डित्यपूर्ण व्याख्या तथा उदाहरण स्वरूप ब्रजभाषा के

स्वरचित छन्द दिये गये हैं। रसकलस के बारे में आचार्य रामचन्द्र शुक्ल की टिप्पणी है—

आजकल हिन्दी के जिन लब्धप्रतिष्ठ पुराने कवियों को हम काव्य के आधुनिक मार्ग पर पाते हैं उनमें से कई पुरानी परिपाटी पर अत्यन्त रसमयी रचना कर चुके हैं। ऐसे कवियों में आधुनिक काव्य क्षेत्र के महारथी 'हरिऔध' जी प्रमुख हैं। लोग खड़ी बोली के कई रूपों की झलक दिखलाने वाले उनके उन प्रौढ़ सरस और मधुसिक्त काव्यों से तो परिचित थे ही; जिन्होंने खड़ी बोली के गौरवपूर्ण भविष्य को स्थिर किया है, रसकलस द्वारा उनकी ब्रज भाषा की माधुरी भी लोगों को सुलभ हो गयी। 'हरिऔध' जी शब्दों के कितने बड़े धनी हैं—यह उनके 'प्रियप्रवास' आदि काव्यों का अनुशीलन करने वाले जानते ही हैं। खड़ी बोली में जब उनकी कोमलकान्त पदावली इतनी मिठास घोल देती है तब स्वभावतः कोमल और मधुर ब्रजभाषा के बीच उसकी छटा का क्या कहना? रसकलस में हरिऔध जी ने काव्य की प्रतिष्ठित परम्परा को चरम उत्कर्ष पर पहुँचाकर छोड़ दिया है।

इसके अलावा रसकलस की खास बात यह है कि 'हरिऔध' जी ने परम्परित कोटियों के अलावा कुछ नवीन उद्‍भावनाएँ भी की हैं। नायिका भेद में जातिसेविका और लोकसेविका जैसी कोटियों का निर्माण इसी का प्रमाण है।

भक्ति की परम्परा भी उन तक पहुँची थी। राम और कृष्ण भक्ति के प्रमुख आलम्बन रहे हैं। हरिऔध ने रामकथा और कृष्णकथा दोनों पर लिखा है। कृष्णकथा और रामकथा पर लिखते हुए उसके पौराणिक चमत्कारों को बुद्धि की कसौटी पर कसते ही नहीं दिखाई देते बल्कि उनके लोकसेवक रूप को प्रकाशित करते हैं।

हरिऔध जी की कीर्ति का स्तम्भ 'प्रियप्रवास' (1914) कृष्णकथा पर आधारित है। इसे खड़ी बोली का पहला महाकाव्य होने का गौरव प्राप्त है। इसमें कृष्ण के मथुरा जाने के बाद ब्रजवासियों की विरह दशा का वर्णन किया गया है। यह भ्रमर गीत की परम्परा का काव्य है। भ्रमरगीत प्रसंग में कथा-तत्त्व अत्यन्त क्षीण है। मथुरा में कृष्ण को गोपियों एवं ब्रजभूमि की याद आती है। वे भावुक हो उठते हैं और अपने सखा उद्धव को ब्रज भेजते हैं। समूची ब्रजभूमि कृष्ण के विरह में विकल है। भ्रमरगीत में इस विरह भावना का गायन है। हरिऔध जी ने इसी प्रसंग को अपने महाकाव्य का कथानक बनाया है।

हरिऔध का प्रमुख उद्देश्य खड़ी बोली हिन्दी में महाकाव्य के अभाव को पूरा करना था। प्रियप्रवास लिखकर उन्होंने अपनी ओर से इस अभाव को पूरा कर दिया। प्रियप्रवास में संस्कृत के वर्णवृत्त छन्दों का उपयोग किया गया है और भाषा संस्कृतगर्भित है। हिन्दी का पहला महाकाव्य लिखते हुए हरिऔध के ध्यान में महाकाव्य की सारी कसौटियाँ हैं। वे उन पर खरा उतरने की कोशिश भी करते हैं पर पूरी तरह से कामयाब नहीं होते। 'प्रियप्रवास' का महत्त्व इस नाकामयाबी में है जिसके द्वारा हिन्दी के अपने

महाकाव्य का स्वरूप बनता है और आगे चलकर 'साकेत' और 'कामायनी' जैसे महाकाव्यों के लिखे जाने का मार्ग प्रशस्त होता है।

हरिऔध के दूसरे महाकाव्य 'वैदेही वनवास' का प्रकाशन 'प्रियप्रवास' के 26 वर्षों बाद 1940 में हुआ। इसमें हरिऔध ने रामकथा के वैदेही वनवास प्रसंग को आधार बनाया है। प्रियप्रवास में हरिऔध जी को लगा था कि वे संस्कृतगर्भित शब्दावली के प्रयोग से राष्ट्रभाषा हिन्दी को दूसरे प्रान्तों में लोकप्रिय बना सकेंगे। वैदेही वनवास में हरिऔध जी इसके विपरीत साधारण बोलचाल की भाषा का प्रयोग करते हैं। एक ही कवि के दो महाकाव्यों में भाषा का यह विरोधी रूप चकित करने वाला है। पर हरिऔध जी का उद्देश्य अपने स्व-रूप की पहचान करती हुई हिन्दी की सभी सम्भावित दिशाओं का उदाहरण प्रस्तुत कर देना भी था। संस्कृत की ओर झुकी हुई हिन्दी देखनी हो तो प्रियप्रवास देखें और बोलचाल की साधारण हिन्दी के लिए वैदेही वनवास। हरिऔध जी यह भी दिखाने में सफल हुए हैं कि दोनों तरह की हिन्दी में महाकाव्य सम्भव है।

प्रियप्रवास और वैदेही वनवास दोनों ही महाकाव्यों में एक समानता दिखायी पड़ती है—मिथकीय और पौराणिक वातावरण को तोड़ने का प्रयत्न। प्रियप्रवास में कृष्णकथा के मिथकीय-पौराणिक ढाँचे को तोड़ने की कोशिश की गई है। कृष्ण को आधुनिक दृष्टि से देखने-दिखाने का उद्यम किया गया है। कृष्ण का चरित्र चित्रण अवतार के रूप में नहीं बल्कि महापुरुष या महात्मा के रूप में किया गया है। इसी तरह प्रियप्रवास की राधा भी एकान्तिक प्रेम की मूर्ति नहीं हैं। प्रियप्रवास की राधा की छवि रसकलस की लोक सेविका के आदर्शों के अनुरूप है प्रियप्रवास की राधा कहती हैं—

> मेरे जी में अनुपम-महा विश्व का प्रेम जागा।
> मैंने देखा परम-प्रभु को स्वीय प्राणेश में ही।

वैदेही वनवास में भी हरिऔध जी राम के चरित्र को बोधगम्य और बुद्धिसंगत बनाने की कोशिश करते हैं। वैदेही वनवास का प्रसंग राम के मर्यादावादी चरित्र पर एक बड़े धब्बे की तरह है। शायद इसीलिए तुलसीदास ने रामचरितमानस में इसकी चर्चा नहीं की है। राम सीता को वन देखने के बहाने से भेजते हैं। वाल्मीकि के आश्रम के पास पहुँच कर लक्ष्मण सीता को वनवास के बारे में सूचित करते हैं। यह सीता के साथ छल जैसा है। वैदेही वनवास में हरिऔध ने इसमें परिवर्तन कर दिया है। यहाँ सीता को पहले ही वनवास की सूचना दे दी जाती है। इस तरह वैदेही वनवास के राम छल करने के अपराध से मुक्त कर दिये जाते हैं। खास बात यह है कि यहाँ राम और सीता को अलौकिक छवि से मुक्त किया गया है। हरिऔध जी ने राम के अलौकिक रूप से लोक कल्याण की भावना का प्रसार दिखाया है। इस प्रयास में हरिऔध जी ने वैदेही वनवास में राम और सीता के चरित्र को कुछ ज्यादा ही आदर्शीकृत कर दिया है।

दोनों ही महाकाव्यों में हरिऔध ने मिथकीय और पौराणिक चरित्रों और कथाओं को युगीन सन्दर्भ में व्याख्यायित करने की कोशिश की है। इस कोशिश में उन्हें भले ही वैसी सफलता न मिली हो, पर साहित्य के क्षेत्र में नवोन्मेष उपस्थित करने में वे सफल हुए हैं। हरिऔध जी ने महाकाव्यों की परम्परा में 'पारिजात' को भी प्रस्तुत किया है। पारिजात एक विशाल ग्रन्थ है जिसमें विविध विषयों पर कविताएँ संकलित हैं। हरिऔध जी ने इस संग्रह का नाम पहले स्वर्गीय संगीत रखा था पर बाद में पारिजात रख दिया। पारिजात यानी नन्दन कानन का कल्पतरु जो कामनाओं की पूर्ति करने वाला है। उसी तरह इस पारिजात में भी पाठक को मनोवांछित कविताएँ मिल जाएँगी—यही सोचकर हरिऔध जी ने संग्रह का नाम रखा है। कवि के इस विश्वास के मूल में पारिजात का विषय-वैविध्य है। हरिऔध जी ने पारिजात को महाकाव्य के रूप में प्रस्तुत किया है। यह ग्रन्थ पन्द्रह सर्गों में निबद्ध है—गेयगान, अकल्पनीय की कल्पना, दृश्य जगत, अन्तर्गत, अन्तर्जगत, सांसारिकता, स्वर्ग कर्म विपाक, प्रलय प्रयत्न, कांत कल्पना, सत्य का स्वरूप, और परमानन्द। इस काव्य ग्रन्थ के सभी स्वर्ग स्वतन्त्र हैं। पारिजात में न तो कोई कथा है और न ही कोई कथा क्रम। प्रत्येक सर्ग में शीर्षक से सम्बन्धित विषयों की काव्यात्मक प्रस्तुति की गयी है।

पहले सर्ग गेयगान में कवि ने दशावतार की तर्ज पर दिव्य दस मूर्तियों का वर्णन किया है। ये दिव्य दश मूर्तियाँ हैं—राजा राममोहन राय, रामकृष्ण परमहंस, ईश्वरचन्द्र विद्यासागर, दयानन्द सरस्वती, राना डे, रामतीर्थ, बाल गंगाधर तिलक, गोपाल कृष्ण गोखले, मदन मोहन मालवीय, मोहनदास करमचन्द गाँधी। वस्तुतः यह आधुनिक भारत के दस निर्माताओं का प्रशस्ति गायन है। इन नामों से नये बनते हुए भारत के प्रति कवि के नजरिये का भी अन्दाज लगता है। यहीं पर हरिऔध जी ने भारतीय संस्कृति के वैभव का बखान किया है। दूसरे सर्ग में ईश्वर को लेकर अनेक संकल्पनाएँ की गयी हैं। तीसरे से छठे सर्ग में विविध रूपों यथा आकाश, हिमांचल, समुद्र, धरती आदि का विस्तृत वर्णन है। सातवें और आठवें सर्ग में मनुष्य के अन्तर्जगत तथा नवें सर्ग में मनुष्य की सांसारिक वृत्तियों का विवेचन है। दसवें से तेरहवें सर्ग तक स्वर्ग-नर्क-प्रलय आदि संकल्पनाओं का विवेचन है। चौदहवें सर्ग में सत्य का स्वरूप जान लेने के बाद पाठक पन्द्रहवें सर्ग में परमानन्द तक पहुँचता है।

पारिजात में विषय 'वैविध्य के साथ उनके शैलीगत' वैविध्य के भी दर्शन होते हैं। हरिऔध ने जितने भी शैलीगत प्रयोग किये थे सब पारिजात में एक साथ मिल जाते हैं। प्रियप्रवास, बोलचाल, और वैदेही वनवास में हरिऔध ने भाषा के अलग-अलग रूप रखे हैं। प्रियप्रवास की भाषा संस्कृतनिष्ठ है और संस्कृत के वर्णवृत्त छन्दों का प्रयोग हुआ है। बोलचाल में तद्भव शब्द और प्रचलित मुहावरों का प्रयोग मिलता है। इसकी रचना फारसी बहरों में हुई है जबकि वैदेही वनवास की रचना मात्रिक छन्दों में हुई है

और संस्कृत के शब्द तथा हिन्दी के तद्भव शब्दों का प्रयोग किया गया है। पारिजात में इन तीनों ही शैलियों का प्रयोग समन्वित रूप से किया गया है।

'पद्यप्रमोद' में संकलित हरिऔध जी की खड़ी बोली की कविताएँ भी विषय की विविधता के नाते ध्यान खींचने वाली हैं। इसमें देश और जाति के उत्थान से लेकर पौराणिक आख्यानों तक से सम्बन्धित कविताएँ हैं। हरिऔध की प्रसिद्ध कविता कर्मवीर भी इसी संग्रह में है। रवीन्द्रनाथ टैगोर के निबन्ध 'काव्येर उपेक्षिता' निबन्ध से प्रभावित होकर उर्मिला पर एक लम्बी कविता हरिऔध ने भी लिखी थी जो पद्यप्रमोद में संकलित है। कहना न होगा कि हरिऔध की उर्मिला मैथिलीशरण गुप्त की उर्मिला की पूर्वगामिनी है। पद्यप्रमोद के मुक्तकों में सामाजिक मनोवृत्ति और हार्दिक अनुभूति के साथ प्रकृति के सुन्दर चित्र भी दिखायी पड़ते हैं। पारिजात की तरह इसमें भी भाषा और छन्द सम्बन्धी विविध शैलियों का प्रयोग हुआ है। राजा राममोहन राय से लेकर महात्मा गाँधी तक प्रमुख दस नेताओं को दशावतार मानते हुए उनकी प्रशस्ति करना भी परम्परा के भीतर प्रयोग के माध्यम से नवोन्मेष की प्रवृत्ति और प्रकृति का प्रमाण है।

महावीर प्रसाद द्विवेदी और रामचन्द्र शुक्ल के नेतृत्व में रीतिकाल के विरोध के बहाने शृंगार के विरोध की जो आँधी सी चल पड़ी थी हरिऔध उससे सहमत नहीं दिखते। इसलिए वे जागरण का गान करते हुए जीवन का भी गान करते रहे। समाज का कोई ऐसा क्षेत्र नहीं है जहाँ हरिऔध की कविता न पहुँची हो। नवजागरण और सुधार के दौर में हरिऔध की नजरों से बच्चे ओझल नहीं हुए, उन्होंने बच्चों के लिए अच्छी खासी सरस और प्रेरणादायी कविताएँ लिखीं। बाल कवितावली में बालोपयोगी कविताएँ संकलित हैं। ये कविताएँ इसलिए भी विचारणीय हैं कि आगे चलकर हिन्दी में बालोपयोगी एवं किशोरोपयोगी लेखन का जिम्मा ऐसे रचनाकारों पर डाल दिया गया जो बाकायदा बाल साहित्यकार कहे जाते हैं। परिणाम यह हुआ कि हिन्दी में मुख्यधारा के साहित्यकार इतने गुरु गम्भीर हो गये कि बच्चे और बचपन दोनों ही उनकी आँखों से ओझल हो गये। हरिऔध इसके अपवाद हैं। उन्होंने बच्चों के लिए कविताएँ लिखीं और बच्चों पर भी कविताएँ लिखीं। बच्चों के लिए लिखते हुए हरिऔध के मन में सदैव यह भाव काम करता रहा—कवि कविता ते कहीं बाल कविता है मीठी।

तात्कालिक ऐतिहासिक जरूरतों के मद्देनजर जीवन के वैविध्य से विमुख होना उनके कवि को मंजूर नहीं था। इसलिए वे एक ऐसे सम्पूर्ण कवि के रूप में हमारे सामने आते हैं जिनमें युग बोध और परम्परा बोध घुलमिल गये हैं।

गद्य के क्षेत्र में भी हरिऔध ने अनेक ऐतिहासिक प्रयोग किये हैं। उनके दोनों उपन्यास 'ठेठ हिन्दी का ठाट' और 'अधखिला फूल' ठेठ हिन्दी के उदाहरण के रूप में लिखे गये थे। ठेठ हिन्दी का ठाट के शीर्षक से भ्रम होता है कि यह ठेठ हिन्दी के स्वरूप को परिभाषित करने वाली किताब है। ठेठ हिन्दी का ठाट की भूमिका में लेखक

ने इसे ठेठ हिन्दी की दूसरी किताब बताया है जबकि पहली किताब इंशा अल्ला खाँ की रानी केतकी की कहानी को बताया है। रानी केतकी की कहानी वाली भाषा का ही विस्तार हरिऔध ने अपने उपन्यास में किया है। दरअसल यह उपन्यास देवबाला और देवनन्दन की प्रेमकथा है। जिसमें जातीय कुलीनता सामाजिक रूढ़ियों और कुरीतियों की आलोचना है। दूसरे उपन्यास अधखिला फूल में भी ठेठ हिन्दी का ठाट की तरह हिन्दू स्त्री के आदर्श रूप को प्रस्तुत करते हुए सामाजिक अंधविश्वासों पर प्रहार किया गया है। भाषा के उदाहरण के रूप में लिखे गये इन उपन्यासों की विषयवस्तु सामाजिक है। हिन्दू धर्म के प्रति आस्था कर्मफल, पुनर्जन्म आदि में विश्वास होते हुए भी सामाजिक रूढ़ियों की आलोचना करके लेखक नवजागरण के दौर के सुधारवाद की ओर चलता दिखाई देता है। 'इतिवृत्त' नामक संग्रह में हरिऔध जी के बौद्धिक निबन्ध हैं। पारिजात काव्य की तरह इन निबन्धों की विषय वस्तु लोक-परलोक सम्बन्धी ज्ञान है। हरिऔध केवल रचना में ही नहीं अपितु आलोचना में भी अग्रगामी भूमिका निभाते हैं। 'कबीर वचनावली' पंथ की परम्परा से बाहर हिन्दी में कबीर की आलोचना से सम्बन्धित पहली पुस्तक है। कबीर वचनावली की भूमिका में कबीर के बारे में दिये गये बहुतेरे निष्कर्ष आपत्तिजनक हैं, पर इसका महत्त्व कबीर की वाणी को प्रकाश में लाने और उस पर विचार की शुरुआत करने के नाते है। बेशक रवीन्द्रनाथ टैगोर के अनुवाद के बाद ही कबीर की ओर सारी दुनिया का ध्यान गया और हरिऔध ने भी कबीर वचनावली का सम्पादन उसके बाद ही किया। पर कबीर से हरिऔध का नाता बहुत पुराना है। मिडिल में पढ़ते समय हरिऔध ने अपनी पाठ्य पुस्तक में संकलित कबीर की 33 साखियों पर 75 कुण्डलियाँ जोड़ी थीं जिसका प्रकाशन 1899 में रसिकरहस्य नाम से हुआ। बाद में इसे काव्योपवन में समाहित कर लिया गया। कबीर कुण्डल में हरिऔध ने कबीर की कविता और विचारों को पर्याप्त आत्मीयता प्रदान की है। इस तरह देखें तो हरिऔध हिन्दी में कबीर पर विचार करने वाले पहले व्यक्ति ठहरते हैं। 'हिन्दी भाषा और साहित्य का विकास' वस्तुतः पटना विश्वविद्यालय में बाबू रामदीन सिंह रीडरशिप के लिए दिए गये भाषणों का संग्रह है। यह पुस्तक भी हिन्दी भाषा और साहित्य के विकास को लेकर हरिऔध के गहरे लगाव को प्रकट करती है। 'रस साहित्य और समीक्षाएँ' तथा 'सन्दर्भ सर्वस्व' जैसी पुस्तकों में भी हरिऔध जी की आलोचनात्मक प्रतिभा के दर्शन होते हैं।

हरिऔध के विचारों में भले ही भाग्यवाद, कर्मफल और पुनर्जन्म की बातें हों, उनकी प्रसिद्ध कविता कर्मवीर में भाग्य के ऊपर कर्म को तरजीह दी गयी है। हरिऔध का समूचा साहित्य उनकी कर्मवीरता का प्रमाण है। जो उन्होंने तय किया, जिस विषय पर तय किया, उसकी तह तक गये और उसे लिखा। विविध बाधाओं से अप्रभावित रहते हुए सच्चे कर्मवीर की तरह जीवनपर्यन्त हिन्दी भाषा और साहित्य की सेवा करते

रहे। निश्चित रूप से वे हिन्दी के कर्मवीर लेखक थे।

यह एक संयोग ही है कि सबसे पहले अयोध्यासिंह उपाध्याय 'हरिऔध' की बालकविताओं से ही साबका पड़ा। दर्जा दो में उनकी कविता पाठ्यक्रम में थी–

उठो लाल अब आँखें खोलो
पानी लायी हूँ मुँह धोलो
बीती रात कमलदल फूले
उनके ऊपर भौंरे झूले।

यह पाठ अब भी याद है। उत्तर प्रदेश की प्राथमिक शिक्षा परिषद द्वारा तैयार की गयी उस किताब में इस कविता के साथ सूर्योदय का दृश्य है। उसमें एक अलसाया हुआ बालक सोया हुआ है और उसकी माँ उसे जगाने का प्रयत्न कर रही है। इसी तरह छठी-सातवीं में हरिऔध की कर्मवीर कविता पढ़ने को मिली जो जगाने के ठीक बाद कर्म के महत्त्व के प्रति उन्मुख करने वाली थी। उसके बाद इसे बस संयोग कहें या कुछ और कि हरिऔध जी से पाठ्यक्रम में फिर कहीं मुलाकात नहीं हुई। साहित्य के इतिहास की किताबों में हरिऔध जी के बारे में पढ़ने को मिला। कभी-कभी द्विवेदी युगीन काव्य के बरक्स छायावादी कविता की सूक्ष्मता दिखाने समझाने के लिए निराला की संध्या सुन्दरी कविता के साथ हरिऔध जी की पंक्तियाँ पढ़ने सुनने को मिलती रहीं–

दिवस का अवसान समीप था
गगन था कुछ लोहित हो चला
तरु शिखा पर थी अब राजती
कमलिनी कुल बल्लभ की प्रभा

पाठ्यक्रम में हरिऔध जी कुल मिलाकर इतने ही। हिन्दी साहित्य का इतिहास पढ़ते-पढ़ाते हुए प्रियप्रवास के नाते खड़ी बोली के पहले महाकाव्यकार के रूप में या फिर ठेठ हिन्दी का ठाट की भाषा के बारे में गाहे-बगाहे हरिऔध की चर्चा होती रही है। काशी हिन्दू विश्वविद्यालय के हिन्दी विभाग में जहाँ वे लम्बे समय तक अध्यापक रहे अन्यान्य पूर्व आचार्यों के बीच उनकी तस्वीर लगी मिली और बस्स,

बचपन में पढ़ी हरिऔध की कविता उठो लाल अब आँखें खोलो जब तब स्मृति में कौंध जाती रही है। कभी-कभी यह भी महसूस होता रहा कि यह केवल बाल कविता नहीं है बल्कि इसमें भारतीय नवजागरण का गान भी है। यहीं से हरिऔध की कविता और साहित्य की ओर ध्यान गया और तब महसूस हुआ कि हरिऔध का साहित्य उतना उपेक्षणीय नहीं जितना हिन्दी साहित्य के अध्ययन-अध्यापन के मौजूदा दौर में दिखाई पड़ता है।

हरिऔध पर सामग्री तलाशनी शुरू की तो सबसे पहले आज़मगढ़ के हरिऔध

कला भवन का ध्यान आया। यह जानकर घनघोर निराशा हुई कि हरिऔध कला भवन ध्वस्त हो गया है और उसी के साथ उसकी किताबें भी नष्ट हो गयी हैं। हरिऔध के गृह जनपद आज़मगढ़ में हरिऔध साहित्य प्रेमियों ने हरिऔध कला भवन की स्थापना की थी। हरिऔध के शती समारोह के अवसर पर हरिऔध शोध संस्थान की स्थापना हुई थी जिसका उद्घाटन करने महादेवी वर्मा आयी थीं। हरिऔध और उनके साहित्य प्रेमियों ने जिस उत्साह से आज़मगढ़ में हरिऔध शोध संस्थान और हरिऔध कला भवन की स्थापना की और हरिऔध नामक पत्रिका शुरू की थी उसकी यह परिणति उदास कर देने वाली थी। बहरहाल हरिऔध जी के पुराने प्रकाशक हिन्दी-साहित्य-कुटीर से काफी कुछ सामग्री मिली। हरिऔध कला भवन के संस्थापकों में से एक तथा हरिऔध साहित्य के कई संकलन तैयार करने वाले किशोरी लाल जी गुप्त के व्यक्तिगत पुस्तकालय से कुछ मिलने की उम्मीद भी पूरी नहीं हो सकी।

हमारे तमाम प्रयत्नों के बाद भी हरिऔध जी की बहुतेरी सामग्री नहीं मिल सकी है। पर उसके इन्तजार में इस परियोजना को अनिश्चित काल तक रोक रखना सम्भव नहीं था। अगला संस्करण होने तक हम इस ग्रन्थावली को मुकम्मल बनाने के लिए प्रतिश्रुत हैं।

मेरे छात्र श्री कमल कुमार ने काशी हिन्दू विश्वविद्यालय के केन्द्रीय पुस्तकालय तथा भारत कला भवन के पुस्तकालय, कारमाइकेल लाइब्रेरी और नागरी प्रचारिणी सभा पुस्तकालय तथा हिन्दी साहित्य सम्मेलन प्रयाग से काफी कुछ सामग्री खोज निकालने में ही श्रम नहीं किया, बल्कि उन्होंने अयोध्यासिंह उपाध्याय का रचनाकर्म विषयक प्रबंध लिखकर हरिऔध के मूल्यांकन की नये सिरे से शुरुआत भी कर दी है।

हरिऔध जी काशी हिन्दू विश्वविद्यालय के हिन्दी विभाग में लम्बे समय तक थे। यह ग्रन्थावली एक प्रकार से अपने ही विश्वविद्यालय के पूर्व आचार्य एवं हिन्दी के महत्त्वपूर्ण स्तम्भ के प्रति ऋण शोधन भी है। ऋण शोधन की इस जरूरत की ओर गुरुवर प्रो. केदारनाथ सिंह ने ध्यान आकृष्ट किया। इस योजना में मेरे अग्रज बन्धु प्रो. अवधेश प्रधान के सत्परामर्श मिलते रहे। वाणी प्रकाशन के श्री अरुण माहेश्वरी की दिलचस्पी के बिना यह प्रकाशन सम्भव नहीं था। उन्हें साधुवाद।

उम्मीद करते हैं कि इस ग्रन्थावली के प्रकाशन से हरिऔध के ऐतिहासिक अवदान को देखने-परखने का सिलसिला शुरू होगा।

काशी हिन्दू विश्वविद्यालय **—सदानन्द शाही**

दिनाँक 29.12.09

अनुक्रमणिका

प्रियप्रवास

(खड़ी बोली का सर्वश्रेष्ठ महाकाव्य)

प्रियप्रवास

भूमिका

विचार-सूत्र

सहृदय वाचकवृन्द!

मैं बहुत दिनों से हिन्दी भाषा में एक काव्य-ग्रन्थ लिखने के लिए लालायित था। आप कहेंगे कि जिस भाषा में 'रामचरित-मानस', 'सूरसागर', 'रामचन्द्रिका', 'पृथ्वीराज रासो', 'पद्मावत' इत्यादि जैसे बड़े अनूठे काव्य प्रस्तुत हैं, उसमें तुम्हारे जैसे अल्पज्ञ का काव्य लिखने के लिए समुत्सुक होना वातुलता नहीं तो क्या है? यह सत्य है, किन्तु मातृभाषा की सेवा करने का अधिकार सभी को तो है; बने या न बने, सेवा-प्रणाली सुखद और हृदय-ग्राहिणी हो या न हो, परन्तु एक लालायित-चित्त अपनी प्रबल लालसा को पूरी किए बिना कैसे रहे? जिसके कान्त-पादांबुजों की निखिल-शास्त्र-पारंगत पूज्यवाद महात्मा तुलसीदास, कवि-शिरोरत्न महात्मा सूरदास, जैसे महाजनों ने परम सुगन्धित अथच उत्फुल्ल पाटल प्रसून अर्पण कर अर्चना की है—कविकुल मण्डली-मण्डन केशव, देव, बिहारी, पद्माकर इत्यादि सहृदयों ने अपनी विकच-मल्लिका चढ़ाकर भक्ति-गद्गद चित्त से आराधना की है—क्या उसकी मैं एक नितान्त साधारण पुष्प द्वारा पूजा नहीं कर सकता? यदि 'स्वान्तः सुखाय' मैं ऐसा कर सकता हूँ तो अपनी टूटी-फूटी भाषा में एक हिन्दी काव्य-ग्रन्थ भी लिख सकता हूँ; निदान इसी विचार के वशीभूत होकर मैंने 'प्रियप्रवास' नामक इस काव्य की रचना की है।

काव्य-भाषा

यह काव्य खड़ी बोली में लिखा गया है। खड़ी बोली में छोटे-छोटे कई काव्य-ग्रन्थ अब तक लिपिबद्ध हुए हैं, परन्तु उनमें से अधिकांश सौ दो सौ पद्यों में ही समाप्त हैं, जो कुछ बड़े हैं वे अनुवादित हैं मौलिक नहीं। सहृदय कवि बाबू मैथिलीशरण गुप्त का 'जयद्रथवध' निस्सन्देह मौलिक ग्रन्थ है, परन्तु यह खण्ड-काव्य है। इसके अतिरिक्त वे समस्त ग्रन्थ अन्त्यानुप्रास विभूषित हैं, इसलिए खड़ी बोलचाल में मुझको एक ऐसे ग्रन्थ की आवश्यकता देख पड़ी, जो महाकाव्य हो; और ऐसी कविता में लिखा गया हो जिसे

भिन्नतुकान्त कहते हैं। अतएव मैं इस न्यूनना की पूर्ति के लिए कुछ साहस के साथ अग्रसर हुआ और अनवरत परिश्रम करके इस 'प्रियप्रवास' नामक ग्रन्थ की रचना की; जो कि आज आप लोगों के कर-कमलों में सादर समर्पित है। मैंने पहले इस ग्रन्थ का नाम 'ब्रजांगना-विलाप' रखा था, किन्तु कई कारण से मुझको यह नाम बदलना पड़ा, जो इस ग्रन्थ के समग्र पढ़ जाने पर आप लोग स्वयं अवगत होंगे। मुझ में महाकाव्यकार होने की योग्यता नहीं मेरी प्रतिभा ऐसी सर्वतोमुखी नहीं जो महाकाव्य के लिए उपयुक्त उपस्कर संग्रह करने में कृतकार्य हो सके, अतएव मैं किस मुख से यह कह सकता हूँ कि 'प्रियप्रवास' के बन जाने से खड़ी बोली में एक महाकाव्य न होने की न्यूनता दूर हो गयी। हाँ, विनीत भाव से केवल इतना ही निवेदन करूँगा कि महाकाव्य का आभास-स्वरूप यह ग्रन्थ सत्रह सर्गों में केवल इस उद्देश्य से लिखा गया है कि इसको देखकर हिन्दी-साहित्य के लब्धप्रतिष्ठ सुकवियों और सुलेखकों का ध्यान इस त्रुटि के निवारण करने की ओर आकर्षित हो। जब तक किसी बहुज्ञ मर्म्मस्पर्शिनी-सुलेखनी द्वारा लिपिबद्ध होकर खड़ी बोली में सर्वांग सुन्दर कोई महाकाव्य आप लोगों को हस्तगत नहीं होता, तब तक यह अपने सहज रूप में आप लोगों के ज्योति-विकीर्णकारी उज्ज्वल चक्षुओं के सम्मुख है, और एक सहृदय कवि के कण्ठ से कण्ठ मिलाकर यह प्रार्थना करता है 'जबलौं फुलै न केतकी; तबलौं बिलम करील।'

कविता-प्रणाली

यद्यपि वर्त्तमान पत्र और पत्रिकाओं में कभी-कभी एक आध भिन्नतुकान्त कविता किसी उत्साही युवक कवि की लेखनी से प्रसूत होकर आजकल प्रकाशित हो जाती है, तथापि मैं यह कहूँगा कि भिन्नतुकान्त कविता भाषा-साहित्य के लिए एक बिल्कुल नयी वस्तु है; और इस प्रकार की कविता में किसी काव्य का लिखा जाना तो 'नूतनं नूतनं पदे पदे' है। इसलिए महाकाव्य लिखने के लिए लालायित होकर जैसे मैंने बालचापल्य किया है, उसी प्रकार अपनी अल्प विषयामति साहाय्य से अतुकान्त कविता में महाकाव्य लिखने का यत्न करके मैं अतीव उपहासास्पद हुआ हूँ। किन्तु, यह एक सिद्धान्त है कि 'अकरणात् मन्दकरणम् श्रेयः' और इसी सिद्धान्त पर आरूढ़ होकर मुझसे उचित वा अनुचित यह साहस हुआ है। किसी कार्य में सयत्न होकर सफलता लाभ करना बड़े भाग्य की बात है, किन्तु सफलता न लाभ होने पर सयत्न होना निन्दनीय नहीं कहा जा सकता। भाषा में महाकाव्य और भिन्नतुकान्त कविता में लिखकर मेरे जैसे विद्या बुद्धि के मनुष्य का सफलता लाभ करना यद्यपि असम्भव बात है किन्तु इस कार्य के लिए सयत्न होना गर्हित नहीं हो सकता, क्योंकि 'करत-करत अभ्यास के जड़मति होत सुजान।' जो हो परन्तु यह 'प्रियप्रवास' ग्रन्थ आद्योपान्त अतुकान्त कविता में लिखा गया है—यतः मेरे

लिए यह पथ सर्वथा नूतन है, अतएव आशा है कि विद्वद्जन इसकी त्रुटियों पर सहानुभूतिपूर्वक दृष्टिपात करेंगे।

संस्कृत के समस्त काव्य-ग्रन्थ अतुकान्त अथवा अन्त्यानुप्रासहीन कविता से भरे पड़े हैं। चाहे लघुत्रयी, रघुवंश आदि, चाहे वृहत्रयी किरातादि, जिसको लीजिए उसी में आप भिन्नतुकान्त कविता का अटल राज्य पावेंगे। परन्तु हिन्दी काव्य ग्रन्थों में इस नियम का सर्वथा व्यभिचार है। उसमें आप अन्त्यानुप्रासहीन कविता पावेंगे ही नहीं। अन्त्यानुप्रास बड़े ही श्रवण-सुखद होते हैं और कथन को भी मधुरतर बना देते हैं। ज्ञात होता है कि हिन्दी-काव्य-ग्रन्थों में इसी कारण अन्त्यानुप्रास की इतनी प्रचुरता है। बालकों की बोलचाल में निम्न जातियों के साधारण कथन और गान तक में आप इसका आदर देखेंगे, फिर यदि हिन्दी काव्य-ग्रन्थों में इसका समादर अधिकता से हो तो आश्चर्य क्या है? हिन्दी ही नहीं, यदि हमारे भारतवर्ष की प्रान्तिक भाषाओं—बंगला, पंजाबी, मरहठी, गुजराती आदि—पर आप दृष्टि डालेंगे तो वहाँ भी अन्त्यानुप्रास का ऐसा ही समादर पावेंगे; उर्दू और फारसी में भी इसकी बड़ी प्रतिष्ठा है। अरबी का तो जीवन ही अन्त्यानुप्रास है, उसके पद्य-भाग को कौन कहे, गद्य भाग में भी अन्त्यानुप्रास की बड़ी छटा है। मुसलमानों के प्रसिद्ध धर्म्म-ग्रन्थ कुरान को उठा लीजिए, यह गद्य-ग्रन्थ है; किन्तु इसमें अन्त्यानुप्रास का भरमार है। चीनी, जापानी जिस भाषा को लीजिए, एशिया छोड़कर यूरोप और अफ्रीका में चले जाइए, जहाँ जाइएगा वहीं कविता में अन्त्यानुप्रास का समादर देखिएगा। अन्त्यानुप्रास की इतनी व्यापकता पर भी समुन्नत भाषाओं में भिन्नतुकान्त कविता आदृत हुई है, और इस प्रकार की कविता में उत्तमोत्तम ग्रन्थ लिखे गये हैं। संस्कृत की बात मैं ऊपर कह चुका हूँ; बंगला में इस प्रकार की कविता से भूषित 'मेघनाद वध' नाम का एक सुन्दर काव्य है। अंगरेज़ी में भी भिन्नतुकान्त कविता में लिखित कई उत्तमोत्तम पुस्तकें हैं।

कहा जाता है, भिन्नतुकान्त कविता सुविधा के साथ की जा सकती है; और उसमें विचार-स्वतन्त्रता, सुलभता और अधिक उत्तमता से प्रकट किए जा सकते हैं। यह बात किसी अंश में सत्य है, परन्तु मैं यह मानने के लिए तैयार नहीं हूँ कि केवल इसी विचार से अन्त्यानुप्रास विभूषित कविता की आवश्यकता नहीं है। यदि अन्त्यानुप्रास आदर की वस्तु न होता, तो वह कदापि संसारव्यापी न होता; उसका इतना समादृत होना ही यह सिद्ध करता है कि वह आदरणीय है। इसके अतिरिक्त एक साधारण वाक्य को भी अन्त्यानुप्रास सरस कर देता है। हाँ, भाषा सौकर्य्य साधन के लिए उसको विविध प्रकार की कविता से विभूषित करने के उद्देश्य से अतुकान्त कविता के भी प्रचलित होने की आवश्यकता है; और मैंने इसी विचार से इस 'प्रियप्रवास' ग्रन्थ की रचना, इस प्रकार की कविता में की है।

काव्यवृत्त

मैंने ऊपर निवेदन किया है कि संस्कृत कविता का अधिकांश भिन्नतुकान्त है, इसलिए यह स्पष्ट है कि भिन्नतुकान्त कविता लिखने के लिए संस्कृत-वृत्त बहुत ही उपयुक्त हैं। इसके अतिरिक्त भाषा छन्दों में मैंने जो एक आध अतुकान्त कविता देखी उसको बहुत ही भद्दी पाया; यदि कोई कविता अच्छी भी मिली तो उसमें वह लावण्य नहीं मिला, जो संस्कृत-वृत्तों में पाया जाता है; अतएव मैंने इस ग्रन्थ को संस्कृत-वृत्तों में ही लिखा है। यह भी भाषा-साहित्य में एक नयी बात है। जहाँ तक मैं अभिज्ञ हूँ अब तक हिन्दी-भाषा में केवल संस्कृत-छन्दों में कोई ग्रन्थ नहीं लिखा गया है। जबसे हिन्दी भाषा में खड़ी बोली की कविता का प्रचार हुआ है तब से लोगों की दृष्टि संस्कृत-वृत्तों की ओर आकर्षित है, तथापि मैं यह कहूँगा कि भाषा में कविता के लिए संस्कृत-छन्दों का प्रयोग अब भी उत्तम दृष्टि से नहीं देखा जाता। हम लोगों के आचार्यवत् मान्य श्रीयुत् पण्डित बालकृष्ण भट्ट अपनी द्वितीय साहित्य-सम्मेलन की स्वागत-सम्बन्धिनी वक्तृता में कहते हैं—

"आज कल छन्दों के चुनाव में भी लोगों की अजीब रुचि हो रही है; इन्द्रवज्रा, मन्दाक्रान्ता, शिखरिणी आदि संस्कृत छन्दों का हिन्दी में अनुकरण हम में तो कुढ़न पैदा करता है।"

—द्वितीय हिन्दी-साहित्य-सम्मेलन का कार्यविवरण 2 भाग; पृष्ठ 8

'प्रियप्रवास' ग्रथ 15 अक्तूबर सन् 1909 ई. को प्रारम्भ और कार्य-बाहुल्य से 24 फरवरी, सन् 1913 ई. को समाप्त हुआ है ' जिस समय आधे ग्रन्थ को मैं लिख चुका था, उस समय माननीय पण्डित जी का उक्त वचन मुझे दृष्टिगोचर हुआ। देखते ही अपने कार्य पर मुझको कुछ क्षोभ-सा हुआ, परन्तु मैं करता तो क्या करता, जिस ढंग से ग्रन्थ प्रारम्भ हो चुका था, उसमें परिवर्तन नहीं हो सकता था। इसके अतिरिक्त श्रद्धेय पण्डित जी का उक्त विचार मुझको सर्वांश में समुचित नहीं जान पड़ा, क्योंकि हिन्दी-भाषा के छन्दों से संस्कृत-वृत्त खड़ी बोली की कविता के लिए अधिक उपयुक्त हैं, और ऐसी अवस्था में सर्वथा त्याज्य नहीं कहे जा सकते। मैं दो एक वर्तमान भाषा-साहित्य अनुरागियों की अनुमति नीचे प्रकाशित करता हूँ। इन अनुमतियों के पठन से भी मेरे उस सिद्धान्त की पुष्टि होती है, जिसको अवलम्बन कर मैंने संस्कृत-वृत्तों में अपना ग्रन्थ रचा है। उदीयमान युवक कवि पं. लक्ष्मीधर वाजपेयी वि. सम्वत् 1968 में प्रकाशित अपने 'हिन्दी मेघदूत' की भूमिका के पृष्ठ 3, 4 में लिखते हैं—

"जब तक खड़ी बोली की कविता में संस्कृत के ललित-वृत्तों की योजना न होगी तब तक भारत के अन्य प्रान्तों के विद्वान् उससे सच्चा आनन्द कैसे उठा सकते हैं? यदि राष्ट्रभाषा हिन्दी के काव्य-ग्रन्थों का स्वाद अन्य प्रान्तवालों को भी चखाना है तो उन्हें संस्कृत के मन्दाक्रान्ता, शिखरिणी, मालिनी, पृथ्वी, वसन्ततिलका, शार्दूलविक्रीड़ित आदि ललित वृत्तों से अलंकृत करना चाहिए। भारत के भिन्न-भिन्न प्रान्तों के निवासी विद्वान्

संस्कृत-भाषा के वृत्तों से अधिक परिचित हैं, इसका कारण यही है कि संस्कृत भारतवर्ष की पूज्य और प्राचीन भाषा है। भाषा का गौरव बढ़ाने के लिए काव्य में अनेक प्रकार के ललित वृत्तों और नूतन छन्दों का भी समावेश होना चाहिए।''

साहित्यमर्मज्ञ सहृदयवर, समादरणीय श्रीयुत पण्डित मन्नन द्विवेदी, सम्वत् 1970 में प्रकाशित 'मर्यादा' की ज्येष्ठ, आषाढ़ की मिलित संख्या के पृष्ठ 96 में लिखते हैं–

''यहाँ एक बात बतला देना बहुत ज़रूरी है। जो बेतुकान्त की कविता लिखे, उसको चाहिए कि संस्कृत के छन्दों को काम में लाए। मेरा ख़याल है कि हिन्दी पिंगल के छन्दों में बेतुकान्त कविता अच्छी नहीं लगती। स्वर्गीय साहित्याचार्य पं. अम्बिकादत्त जी व्यास ऐसे विद्वान् भी हिन्दी-छन्दों में अच्छी बेतुकान्त कविता नहीं कर सके। कहना नहीं होगा कि व्यास जी का 'कंसवध' काव्य बिल्कुल रद्दी हुआ है।''

अब रही यह बात कि संस्कृत छन्दों का प्रयोग मैं उपयुक्त रीति से कर सका हूँ या नहीं, और उनके लिखने में मुझको यथोचित सफलता हुई है या नहीं। मैं इस विषय में कुछ लिखना नहीं चाहता, इसका विचार भाषा-मर्म्मज्ञों के हाथ है। हाँ, यह अवश्य कहूँगा कि आद्य उद्योग में असफल होने की ही अधिक आशंका है।

भाषा-शैली

'प्रियप्रवास' की भाषा संस्कृत-गर्भित है। उसमें हिन्दी के स्थान पर संस्कृत का रंग अधिक है। अनेक विद्वान् सज्जन इससे रुष्ट होंगे, कहेंगे कि यदि इस भाषा में 'प्रियप्रवास' लिखा गया तो अच्छा होता यदि संस्कृत में ही यह ग्रन्थ लिखा जाता। कोई भाषा-मर्म्मज्ञ सोचेंगे–इस प्रकार संस्कृत-शब्दों को ठूँसकर भाषा के प्रकृत रूप को नष्ट करने की चेष्टा करना नितान्त गर्हित कार्य है। उक्त वक्तृता में भट्ट जी एक स्थान पर कहते हैं–

''दूसरी बात जो मैं आजकल खड़ी बोली के कवियों में देख रहा हूँ, वह समासबद्ध क्लिष्ट संस्कृत-शब्दों का प्रयोग है, यह भी पुराने कवियों की पद्धति के प्रतिकूल है।''

इस विचार के लोगों से मेरी यह प्रार्थना है कि क्या मेरे इस एक ग्रन्थ से ही भाषा-साहित्य की शैली परिवर्तित हो जावेगी? क्या मेरे इस काव्य की लेख-प्रणाली ही अब से सर्वत्र प्रचलित और गृहीत होगी? यदि नहीं, तो इस प्रकार का तर्क समीचीन न होगा। हिन्दी भाषा में सरल पद्य में एक से एक सुन्दर ग्रन्थ हैं। जहाँ इस प्रकार के अनेक ग्रन्थ हैं, वहाँ एक ग्रन्थ 'प्रियप्रवास' के ढंग का भी सही। इसके अतिरिक्त मैं यह भी कहूँगा कि क्या ऐसे संस्कृत-गर्भित ग्रन्थ हिन्दी में अब तक नहीं लिखे गये हैं? और क्या जन-समाज में वे समादृत नहीं हैं? क्या रामचरितमानस, विनय पत्रिका और रामचन्द्रिका से भी 'प्रियप्रवास' अधिक संस्कृत-गर्भित है? क्या जिस प्रकार की संस्कृत-गर्भित खड़ी बोली की कविता आजकल सामयिक पत्र-पत्रिकाओं में प्रकाशित हो रही है, 'प्रियप्रवास' की कविता दुरूहता में उससे आगे निकल गयी है? यह ग्रन्थ न्यायदृष्टि से पढ़कर यदि मीमांसा की जावेगी तो कहा जावेगा कभी नहीं, और ऐसी दशा में मुझे आशा है कि इस

विषय में मैं विशेष दोषी न समझा जाऊँगा। कुछ संस्कृत-वृत्तों के कारण और अधिकतर मेरी रुचि से इस ग्रन्थ की भाषा संस्कृत-गर्भित है, क्योंकि अन्य प्रान्तवालों में यदि समादर होगा तो ऐसे ही ग्रन्थों का होगा। भारतवर्ष भर में संस्कृत-भाषा आदृत है। बंगला, मराठी, गुजराती, वरन् तामिल और पंजाबी तक में संस्कृत शब्दों का बाहुल्य है। इन संस्कृत शब्दों को यदि अधिकता से ग्रहण करके हमारी हिन्दी-भाषा उन प्रान्तों के सज्जनों के सम्मुख उपस्थित होगी तो वे साधारण हिन्दी से उसका अधिक समादर करेंगे, क्योंकि उसके पठन-पाठन में उनको सुविधा होगी और वे उसको समझ सकेंगे। अन्यथा हिन्दी के राष्ट्रभाषा होने में दुरूहता होगी, क्योंकि सम्मिलन के लिए भाषा और विचार का साम्य ही अधिक उपयोगी होता है। मैं यह नहीं कहता कि अन्य प्रान्तवालों से घनिष्ठता का विचार करके हम लोग अपने प्रान्तवालों की अवस्था और अपनी भाषा के स्वरूप को भूल जावें। यह मैं मानूँगा कि इस प्रान्त के लोगों की शिक्षा के लिए और हिन्दी भाषा के प्रकृत रूप की रक्षा के निमित्त, साधारण वा सरल हिन्दी में लिखे गये ग्रन्थों की ही अधिक आवश्यकता है; और यही कारण है कि मैंने हिन्दी में कतिपय संस्कृत-गर्भित ग्रन्थों की प्रयोजनीयता बतलाई है। परन्तु यह भी सोच लेने की बात है कि क्या यहाँ वालों को उच्च हिन्दी से परिचित कराने के लिए ऐसे ग्रन्थों की आवश्यकता नहीं है, और यदि है तो मेरा यह ग्रन्थ केवल इसी कारण से उपेक्षित होने योग्य नहीं। जो सज्जन मेरे इतना निवेदन करने पर भी अपनी भौंह की बंकता निवारण न कर सकें, उनसे मेरी यह प्रार्थना है कि वे 'वैदेही-वनवास'* के कर-कमलों में पहुँचने तक मुझे क्षमा करें। इस ग्रन्थ को मैं अत्यन्त सरल हिन्दी और प्रचलित छन्दों में लिख रहा हूँ।

मैंने ऊपर लिखा है कि "क्या 'रामचरितमानस', 'रामचन्द्रिका' और 'विनयपत्रिका' से भी 'प्रियप्रवास' अधिक संस्कृत-गर्भित है," मेरे इस वाक्य से सम्भव है कि कुछ भ्रम उत्पन्न होवे, और यह समझा जावे कि मैं इन पूज्य ग्रन्थों के वन्दनीय ग्रन्थकारों से स्पर्द्धा कर रहा हूँ और अपने काँच की हीरक-खण्ड के साथ तुलना करने में सयत्न हूँ। अतएव मैं यहाँ स्पष्ट शब्दों में प्रकट कर देता हूँ कि मेरे उक्त वाक्य का मर्म केवल इतना ही है कि संस्कृत-शब्दों के बाहुल्य से कोई ग्रन्थ अनादृत नहीं हो सकता। यह और बात है कि संस्कृत-शब्दों का प्रयोग उचित रीति और चारु-रूपेण न हो सके, और इस कारण से कोई ग्रन्थ हास्यास्पद और निन्दनीय बन जावे।

कवितागत स्वारस्य

हिन्दी के कतिपय वर्तमान साहित्यसेवियों का यह भी विचार है कि खड़ी बोली में सरस और मनोहर कविता नहीं हो सकती। पूज्य पण्डित जी अपने उक्त भाषण में ही एक स्थान पर लिखते हैं—

---

* जहाँ से यह ग्रन्थ छपा है वहीं से 'वैदेही-वनवास' भी छप गया है।

"खड़ी बोली की कविता पर हमारे लेखकों का समूह इस समय टूट पड़ा है। आजकल के पत्रों और मासिक-पत्रिकाओं में बहुत-सी इस तरह की कविताएँ छपी हैं, परन्तु इनमें अधिकतर ऐसी हैं जिनको कविता कहना ही कविता की मानों हँसी करना है; हमें तो काव्य के गुण इनमें बहुत कम जँचते हैं।"

"मेरे विचार में खड़ी बोली में एक इस प्रकार का कर्कशपन है कि कविता के काम में ला उसमें सरसता सम्पादन करना प्रतिभावान के लिए भी कठिन है, तब तुकबन्दी करनेवालों की कौन कहे।"

इन सज्जनों का विचार यह है कि 'मधुर कोमलकान्त पदावली' जिस कविता में न हो वह भी कोई कविता है! कविता तो वही है जिसमें कोमल शब्दों का विन्यास हो, जो मधुर अथच कान्तपदावली द्वारा अलंकृत हो। खड़ी बोली में अधिकतर संस्कृत-शब्दों का प्रयोग होता है, जो हिन्दी के शब्दों की अपेक्षा कर्कश होते हैं। इसके व्यतीत उसकी क्रिया भी ब्रजभाषा की क्रिया से रूखी और कठोर होती है; और यही कारण है कि खड़ी बोली की कविता सरस नहीं होती और कविता का प्रधान गुण माधुर्य और प्रसाद उसमें नहीं पाया जाता। यहाँ पर मैं यह कहूँगा कि पदावली की कान्तता, मधुरता, कोमलता केवल पदावली में ही सन्निहित है, या उसका कुछ सम्बन्ध मनुष्य के संस्कार और उसके हृदय से भी है? मेरा विचार है कि उसका कुछ सम्बन्ध नहीं, वरन बहुत कुछ सम्बन्ध मनुष्य के संस्कार और उसके हृदय से है। कर्पूरमंजरीकार प्रसिद्ध राजशेखर कवि अपनी प्रस्तावना में प्राकृत-भाषा की कोमलता की प्रशंसा करते हुए कहते हैं—

परुसा सक्कअबंधा पाउअबन्धोबिहोइ सुउमारो।
पुरुसांणं महिलाणं जेत्तिय मिहन्तरं तेत्तिय मिमाणम्॥

इस श्लोक के साथ निम्नलिखित संस्कृत रचनाओं को मिलाकर पढ़िए—

इतर पापफलानि यथेच्छया वितरतानि सहे चतुरानन।
अरसिकेषु कवित्वनिवेदनम् शिरसि मा लिख मा लिख मा लिख॥
विद्या विनगोगेता हरति न चेतांसि कस्य मनुजस्य।
काञ्चनमणिसंयोगो नो जनयति कस्य लोचनानंदम्॥
वारिजेनेव सरसी शशिनेत्र निशीथिनी।
यौवनेनेव वनिता नयेन श्रीर्मनोहरा॥

आयाति याति पुनरेव जलं प्रयाति
पद्मांकुराणि विचिनोति धुनोति पक्षौ।
उन्मत्तवद् भ्रमति कूजति मन्दमन्दम्
कान्तावियोगविधुरो निशि चक्रवाकः॥

कतिपय पंक्तियाँ दोनों के गद्य की भी देखिये :–

"एसा अहं देवदामिहुणम् रोहिणीमि अलञ्छणम् मक्खीकदुअ अज्जउत्तम् प्पसादेमि, अज्ज प्पहुदि अज्जउत्तीजम् इत्थिअम् कामोदिजा अ अज्जउत्तस्स समागमप्पणइणी ताएम एपीदिवन्धेण वणि वत्ति दव्वम्।"

–**विक्रमोर्वशी**

"अहं खलु सिद्धादेशजनितपरित्रासेन राज्ञा पालकेन घोषादानीय विशसने गूढ़ागारे बन्धनेन बद्धः तत्माच्च प्रियसुहृत्शर्विलकप्रसादेनबन्धनात् विमुक्तोस्मि।" –**मृच्छकटिक**

अब बताइए कोमल-कान्त-पदावली और सरसता किसमें अधिक है? उक्त प्राकृत श्लोक का रचयिता कहता है कि "संस्कृत की रचना परुष और प्राकृत की सुकुमार होती है, पुरुष स्त्री में जो अन्तर है वही अन्तर इन दोनों में है।" परन्तु दोनों भाषाओं की ऊर्ध्व लिखित कतिपय पंक्तियों को पढ़कर आप अभिज्ञ हुए होंगे कि उसके कथन में कितनी सत्यता है। कोमल-कान्त पद कौन हैं? वही जिनके उच्चारण में मुख को सुविधा हो और जो श्रुतिकटु न हों। संयुक्ताक्षर और टवर्ग जिस रचना में जितने न्यून होंगे वह रचना उतनी ही कोमल और कान्त होगी; और वे जितने अधिक होंगे उतनी ही अधिक वह कर्कश होगी। अब आप देखें शब्द-संख्या निर्देश से प्राकृत और संस्कृत के उद्धृत श्लोकों और वाक्यों में से किसमें युक्ताक्षर और टवर्ग अधिक है। आप प्राकृत श्लोक और वाक्य में ही अधिक पावेंगे, और ऐसी दशा में यह सिद्ध है कि प्राकृत से संस्कृत की ही पदावली कोमल, मधुर और कान्त है।

मैं कतिपय प्राकृत वाक्यों को उनके संस्कृत अनुवाद सहित नीचे लिखता हूँ। आप इनको भी पढ़कर देखिए किसमें कोमलता और मधुरता अधिक है। और प्राकृत एवं संस्कृत के उन शब्दों को विशेष मनोनिवेश-पूर्वक पढ़िए जिनके नीचे लकीर खींची हुई है, और इस बात की मीमांसा कीजिए कि एक-दूसरे का रूपान्तर होने पर भी उनमें कौन कान्त है।

अजस्सज्जेब पिअबअस्सेन चुण बुड्ढेण।
आर्य्यस्यैव प्रियवयस्येन चूर्ण वृद्धेन।

आःदीसीएपुत्ता चुणबुड्ढा कदाणुक्खु तुम कुबिदेणण्णा पालयेण
णव बहु केस कलावं बिअ ससुअन्धं कप्पिजन्तं पेक्सिस्सं।
आः दास्याः पुत्र चूर्ण वृद्ध कृदानु खलु त्वां कुपितेन राज्ञा
पालकेननववधूकेशकलापमिव ससुगन्धं छेद्यमानं प्रेक्षिष्ये।

अम्हारिस जण जोग्गेण बम्हणेण ऊबनिमन्तितेण।
अस्मादृश जन योग्येन ब्राह्मणेन उपनिमन्त्रितेन॥

हादेहं शलिल जलहिं पाणिएहिं उज्जाणेउबबण कणणोणिशणे
णालीहिसहजुबदी हिइत्थिआहिंगन्धब्बोबिअशुदेहिअङ्गकेहि
स्नातोहं सलिलजलं पानीयः उद्याने उपवन कानने निशण्णे।
नारीभिः सह युवतीभिः स्त्रीमिगन्धर्व इव सुहितैराङ्गकै ॥

हत्थशुञ्दो मुहशञ्जदो इन्दिशञ्जदो शेक्खु माणुशे।
किं कलेदि लाअउले तश्श पललोओ हत्थे णिच्चले।
हस्तसंयतः मुखसंयत इन्द्रियसंयतः खललु मनुष्यः।
किं करोति राजकुलं तस्य परलोको हस्ते निश्चलः ॥

—मृच्छकटिक

यदि कहा जावे कि संस्कृत-श्लोकों और वाक्यों के चुनने में जिस सहृदयता से काम लिया गया है, प्राकृत के श्लोकों और वाक्यों के चुनने में वैसा नहीं किया गया, तो पहले तो यह तर्क इसलिए उचित न होगा कि प्राकृत वाक्यों या श्लोकों का ही अनुवाद तो संस्कृत में नीचे दिया गया है। दूसरे मैं इस तर्क के समाधान के लिए कतिपय प्राकृत और संस्कृत के मनोहर श्लोकों और वाक्यों को नीचे लिखता हूँ। आप उनको मिलाइए, और देखिए कि दोनों की सरसता और कोमलता में कितना अन्तर है।

असारे सार मतिनो सारे चासार दस्सिनो।
ते सारे नाधि गच्छन्ति मिच्छा संकप्पगोचरा ॥1॥

अप्पमादेन मघवा देवानं सेद्वतं गतो।
अप्पमादं परां सन्ति पमादो गरहितो सदा ॥2॥

नपुष्पगंधो पटिवातमेति न चन्दनं तगर मल्लिका वा।
सतं च गंधो पटिवातमेति सब्बादिसा सप्पुरिसोपवायति ॥3॥

उदकं हि नयन्ति नेतिका उसुकारानमयन्ति तेजनं।
दारुनमयन्ति तच्छका अत्तानं दमयन्ति पण्डिता ॥4॥

मासे मासे सहस्सेनयो यजेथ सतं समम्।
एकं च भावितत्तान मुहुत्तमपि पूजये ॥5॥

—धम्मपद

रणन्त मणिणेउरं झणझणन्तहारच्छडं।
कलक्कणिद किंकिणी मुहर मेहलाडम्बरं।

विलोल बलआवलीजणिदमंजुसिंजारवं।
णकस्समणमोहणं ससिमुहीअहिन्दोलणम् ॥6॥

—कर्पूरमंजरी

अलिरसौ नलिनीवनवल्लभः कुमुदिनीकुलकेलिकलारसः।
विधिवशेन विदेशमुपागतः कुटजपुष्परसं बहुमन्यते ॥1॥

केवानसन्तिभुवितामरसावतंसाहंसावलीबलयिनोवलसन्निवेशा।
किंचातकोफलमवेक्ष्यसवज्रपातांपौरन्दरीमुपगतोनववारिधाराम् ॥2॥

निर्वाणदीपे किमु तैलदानं चौरे गते वा किमु सावधानम्।
वयोगते किं वनिताविलासः पयोगते किं खलु सेतुबंधः ॥3॥

वरमसिधारा तरुतलवासो वरमिह भिक्षा वरमुपवासः।
वरमपि घोरे नरके पतनं न च धनगर्वितबान्धवशरणम् ॥4॥

विहाररासखेदभेद धीरतीर मारुता।
गतागिरामगोचरे यदीयनीरचारुता।
प्रवाहसाहचर्य्य पूत मेदिनी नदी नदा
धुनोतु नो मनोमलंकलिन्दनन्दिनी सदा ॥5॥

—काव्यसंग्रह

× × ×

शिलीमुखेस्मिंस्तवनामवांछिते मृगोपनीते मृगशावलोचना।
प्रमोदमाप्तेयमितो विलोकिते करे चकोरीव तुषारदीधितैः ॥1॥
मनसिजवरबीर बैजयन्त्यास्त्रिभुवनदुर्लभविभ्रमैकभूमैः।
कुचमुकुलविचित्रपत्रवल्लीपरिचित एष सदा शशिप्रभायाः ॥2॥

—साहसांकचरित

"णम् पहादा रअणीं ता सिग्धम् सअणम् परिच्चआमि। अघवा लहु लहु उत्थिदाबि किं कारिस्समणमे उद्ददेसुम पहादकरणीये मुम्हध्यपादा-ओप्सरन्ति, कामो दाणिम् सकामोभोदु, जेण असच्चसन्धे जणेपिअसही सुद्धहिअआपदं कारिदा।"

—शकुन्तला नाटक

× × ×

"सैवाहं कादम्बरीयानेन कुमारेण मत्तमदमुखरमधुकरकुलकलकोलाहलाकुलिते, कोकककामिनीकरुणकूजिते विरहिजनमनोदुःखे विकचदलारविन्दनिस्यन्दसुगन्धमन्दगन्धवाहानन्दितदशदिशि प्रदोषसमये विकसितकुसुममामोदमुकलितमानिनीमानग्रहोन्मोचनहस्ते, कुसुमायुधे।"

—कादम्बरी

यदि इन श्लोकों और गद्य अवतरणों को पढ़कर यह युक्ति उपस्थित की जावे कि प्राकृत भाषा की उत्पत्ति कैसे हुई? प्राकृत भाषा की उत्पत्ति का कारण यही है न कि संस्कृत के कठिन शब्दों की सर्वसाधारण तथा रीति उच्चारण नहीं कर सकते थे, वे उच्चारण सौकर्य्य साधन और मुख की सुविधा के लिए उसे कुछ कोमल और सरल कर लेते थे क्योंकि मनुष्य का स्वभाव सरलता और सुविधा को प्यार करता है; तो यह सिद्ध है कि प्राकृत भाषा की उत्पत्ति ही सरलता और कोमलतामूलक है। अर्थात् प्राकृत भाषा उसी का नाम है जो संस्कृत के कर्कश शब्दों को कोमल स्वरूप में ग्रहण कर जन-साधारण के सम्मुख यथाकाल उपस्थित हुई है; और ऐसी अवस्था में यह निर्विवाद है कि संस्कृत भाषा से प्राकृत कोमल और कान्त होगी। मैं इस युक्ति को सर्वांश में स्वीकार करने के लिए प्रस्तुत नहीं हूँ। यह सत्य है कि प्राकृत भाषा में अनेक ऐसे शब्द हैं जो संस्कृत के कर्कश स्वरूप को छोड़कर कोमल हो गये हैं किन्तु कितने शब्द ऐसे हैं जो संस्कृत शब्दों का मुख्य रूप त्यागकर उच्चारण-विभेद से नितान्त कर्ण-कटु हो गये हैं और यही शब्द मेरे विचार में प्राकृत वाक्यों को संस्कृत वाक्यों से अधिकांश स्थलों पर कोमल नहीं होने देते।

निम्नलिखित शब्द ऐसे हैं जो संस्कृत का कर्कश रूप छोड़कर प्राकृत में कोमल और कान्त हो गये हैं—

संस्कृत	**प्राकृत**	**संस्कृत**	**प्राकृत**	**संस्कृत**	**प्राकृत**
धर्म्म	धम्म	गर्ब	गब्ब	पुत्र	पुत्त
गन्धर्ब्ब	गन्धब्ब	दर्शिनः	बरिरागो	अप्रमादेन	अप्पमादेन
प्रशंसन्ति	पसंसन्ति	प्रमादः	प्रमादो	सर्व	सब्ब

किन्तु निम्नलिखित शब्द नितान्त श्रुति-कटु हो गये हैं—

संस्कृत	**प्राकृत**	**संस्कृत**	**प्राकृत**
प्रियवयस्येन	पिअवअस्सेण	बृद्धेन	बुड्ढेण
वृद्ध	बुड्ढा	कदानु	कदाणु
खलु	क्खु	कुपितेन	कुबिदेण
राज्ञा	रणा	पालकेन	पालयेण
नव	णव	मिव	बिअ

जन	जण	योग्येन	जोग्गेण
सलिल	शलिल	पानीयैः	पाणिएहि
उद्याने	उज्जाणे	उपबन	उबबण
उपनिमंत्रितेन	उबणिमन्तिदेण	स्नातोहं	ह्णादेहं

इन दोनों प्रकार के उद्‌धृत शब्दों के अवलोकन से यह स्पष्ट हो गया है कि प्राकृत में संस्कृत के यदि अनेक शब्द कर्कश से कोमल हो गए हैं, तो उच्चारण-विभिन्नता, जलवायु और समय-स्रोत के प्रभाव से बहुत से शब्द कोमल बनने के स्थान पर परम कर्ण-कटु बन गये हैं। संस्कृत के न, द्ध, व, य इत्यादि के स्थान पर प्राकृत भाषा में ण, ड, ढ, ब, अ इत्यादि का प्रयोग उसको बहुत ही श्रुति-कटु कर देता है, और ऐसी अवस्था में जिस युक्ति का उल्लेख किया गया है, वह केवल एकांश में मानी जा सकती है सर्वांश में नहीं। और जब यह युक्ति सर्वांश में गृहीत नहीं हुई, तो जिस सिद्धान्त का प्रतिपादन मैं ऊपर से करता आया हूँ वही निर्विवाद ज्ञात होता है, और हमको इस बात को स्वीकार करने के लिए बाध्य करता है कि प्राकृत भाषा से संस्कृत भाषा परुष नहीं है। तथापि राजशेखर जैसा वावदूकविद्वान् उसको प्राकृत से परुष बतलाता है, इसका क्या कारण है?

मैं समझता हूँ इसके निम्नलिखित कारण हैं–

1. एक संस्कार जो सहस्रों वर्ष तक भारतवर्ष में फैला था, और जो प्राकृत को संस्कृत की जननी और उससे उत्तम बतलाता था।
2. प्राकृत का सर्वसाधारण की भाषा अथवा अधिकांश उसका निकटवर्ती होना।
3. बोलचाल में अधिक आने के कारण प्राकृत का संस्कृत की अपेक्षा बोधगम्य होना।

और इसीलिए मेरा यह विचार है कि पदावली की कान्तता, कोमलता और मधुरता केवल पदावली में ही सन्निहित नहीं है। वरन् उसका बहुत कुछ सम्बन्ध संस्कार और हृदय से भी है। सम्भव है कि मेरा यह विचार इन कतिपय पंक्तियों द्वारा स्पष्टतया प्रतिपादित न हुआ हो। इसके अतिरिक्त यह कदापि सर्वसम्मत न होगा कि प्राकृत से संस्कृत परुष नहीं है, अतएव मैं एक-दूसरे पथ से अपने इस विचार को पुष्ट करने की चेष्टा करता हूँ।

जिस प्राकृत भाषा के विषय में यह सिद्धान्त हो गया था कि–

सा मागधी मूलभाषा नरेय आदि कप्पिक।
ब्राह्मणमसूटल्लाप समबुद्धच्चापि भाषरे॥

पति सम्बिध अत्त्रय, नामक पाली ग्रन्थ में जिस भाषा के विषय में लिखा गया है कि "यह भाषा देवलोक, नरलोक, प्रेतलोक और पशु जाति में सर्वत्र ही प्रचलित है, किरात,

अन्धक, योणक दामिल, प्रभृति भाषा परिवर्तनशील हैं। किन्तु मागधी, आर्य और ब्राह्मणगण की भाषा है, इसलिए अपरिवर्त्तनीय और चिरकाल से समानरूपेण व्यवहृत है। मागधी भाषा को सुगम समझकर बुद्धदेव ने स्वयं पिटकनिचय को सर्वसाधारण के बोध-सौकर्य्य के लिए इस भाषा में व्यक्त किया था।'' जिस प्राकृत को राजशेखर जैसा असाधारण विद्वान् संस्कृत से कोमल और मधुर होने का प्रशंसापत्र देता है, काल पाकर वह अनादृत क्यों हुई? उसका प्रचार इतना न्यून क्यों हो गया कि उसके ज्ञाताओं की संख्या उँगलियों पर गिनी जाने योग्य हो गयी? मधुरता, कोमलता, कान्तता किसको प्यारी नहीं, सुविधा का आदर कौन नहीं करता; फिर सुविधामूलक मधुर कोमलकान्त भाषा का व्यवहार क्यों कवियों की रचनाओं आदि में दिन-दिन अल्प होता गया? कहा जावेगा कि प्राकृत भाषा की प्रिय-दुहिता परम सरला और मनोहरा हिन्दी भाषा का प्रचार ही इस ह्रास का कारण है। परन्तु प्रश्न तो यह है कि यह प्रिय-दुहिता अपनी जन्मदायिनी से इतनी विरक्त क्यों हो गयी कि दिन-दिन उसके शब्दों को त्यागकर संस्कृत शब्दों को ग्रहण करने लगी; काल पाकर क्यों थोड़े प्राकृत शब्द भी अपने मुख्य रूप में उसमें शेष न रहे, और उस संस्कृत के अनेक शब्द उसमें क्यों भर गये जो कि परुष कही जाती है।

उस काल के ग्रन्थों में केवल एक ग्रन्थ पृथ्वीराज रासो, अब हम लोगों को प्राप्त है, अतएव मैं उसी ग्रन्थ के कुछ पद्यों को यहाँ उद्धृत करता हूँ। आप लोग इनको पढ़कर देखिए कि किस प्रकार उस समय प्राकृत भाषा के शब्दों का व्यवहार न्यून और कैसे संस्कृत के शब्दों का समादर अधिक हो चला था। आजकल प्राकृत भाषा हम लोगों की इतनी अपरिचिता है कि उसके बहुत से शब्दों का व्यवहार करने के कारण ही, हम लोग अनुराग के साथ 'पृथ्वीराज रासो' को नहीं पढ़ सकते और उससे घबड़ाते हैं।

श्लोक

आसामहीब कब्बी नवनव कित्तिय संग्रह ग्रंथं।
सागरसरिसतंरगी वोहथ्थयं उक्तियं चलयं॥

दोहा

काव्य समुद्र कविचन्द कृत युगति समप्पन ज्ञान।
राजनीति वोहिथ सुफल पार उतारन यान॥
सत्त सहस नष सिष सरस सकल आदि मुनि दिष्य।
घट बढ़ मत कोऊ पढ़ौ मोहि दूसन न बसिष्य॥

चन्द की रचना में तो प्राकृत शब्द मिलते भी हैं, वरन् कहीं-कहीं अधिकता से मिलते हैं, किन्तु महाकवि चन्द के पश्चात् के जितने कवियों की कविताएँ मिलती हैं उनमें प्राकृत भाषा के शब्दों का व्यवहार बिल्कुल नहीं पाया जाता। कारण इसका यह है

कि इस समय प्राकृत भाषा का व्यवहार उठ गया था और हिन्दी का राज्य हो गया था। इस काल की रचना में अधिकांश हिन्दी-शब्द ही पाये जाते हैं; हिन्दी शब्द के साथ आते हैं तो संस्कृत के शब्द आते हैं, प्राकृत के शब्द बिल्कुल नहीं आते। महात्मा तुलसीदास, भक्तवर सूरदास और कविवर केशवदास की रचना में तो कहीं-कहीं हिन्दी-शब्दों से भी अधिक संस्कृत शब्दों का प्रयोग हुआ है।

पहले आप इन तीनों महोदयों के प्रथम की रचनाओं को देखिए—

तरवर से एक तिरिया उतरी उसने बहुत रिझाया।
बाप का उसके नाम जो पूछा आधा नाम बताया॥
सर्व सलोना सब गुन नीका। वा बिन सब जग लागे फीका॥
वाके सिर पर होवे कौन! ए सखि साजन? ना सखि लोन॥
सिगरी रैन मोहि संग जागा। भोर भया तो बिछुरन लागा॥
वाके बिछुरत फाटत हीया। ए सखि साजन? ना सखि दीया॥

—अमीर खुसरो

क्या पढ़ियै क्या गुनियै। क्या वेद पुराना सुनियै॥
पढ़े सुने क्या होई। जो सहज न मिलियो सोई॥
हरि का नाम न जपसि गँवारा। क्या सोचे बारम्बारा॥
अँधियारे दीपक चहिये। इक वस्तु अगोचर लहियै॥
वस्तु अगोचर पाई। घट दीपक रह्यो समाई॥
कह कबीर अब जाना। जब जाना तो मन माना॥
हृदय कपट मुख ज्ञानी। झूठे कहा बिलोवसि पानी॥
काया मांजसि कौन गुना। जो घट भीतर है मलना॥
लौकी अठ सठ तीरथ न्हाई। कौरापन तऊ न जाई॥
कह कबीर बीचारी। भवसागर तार मुरारी॥

—कबीरसाहब

नागमती चित्तौर पथ हेरा। पिउ जो गये फिर कीन न फेरा॥
सुआ काल है लैगा पीऊ। पीउ न जात जात बरु जीऊ॥
भयो नरायन बावन करा। राज करत राजा बलि छरा॥
करन बान लीनो कै छंदू। भरथहिं भो झलमला अनंदू॥
लै कंतहिं भा गरुर अलोपी। विरह वियोग जियहिं किमि गोपी॥
का सिर बरनों दिपइ मयंकू। चाँद कलंकी वह निकलंकू॥
तेही लिलार पर तिलक बईठा। दुहज पास मानों ध्रुव डीठा॥

—मलिक मुहम्मद जायसी

अब आप उक्त तीनों महोदयों की रचनाओं को देखिए। इनमें संस्कृत शब्दों की कितनी प्रचुरता है—

जमुना जल बिहरति ब्रज-नारी
तट ठाड़े देखत नँदनन्दन मधुर-मुरलि कर धारी॥
मोर मुकुट श्रवनन मणि कुण्डल जलज-माल उर भ्राजत।
सुन्दर सुभग श्याम तन नव घन बिच बग-पाँति बिराजत॥
उर बनमाल सुभग बहु भाँतिन सेत लाल सित पीत।
मनौ सुरसरि तट बैठे शुक बरन बरन तजि भीत॥
पीतांबर कटि मैं छुद्रावलि बाजत परम रसाल।
सूरदास मनो कनकभूमि ढिग बोलत रुधिर मराल॥

—भक्तवर सूरदास

सहज मनोहर मूरति दोऊ। कोटि काम उपमा लघु सोऊ॥
सरद चंद निंदक मुख नीके। नीरज नयन भावते जीके॥
चितवन चारु मार मद हरनी। भावत हृदय जात नहिं बरनी॥
कलकपोल श्रुति कुण्डल लोला। चिबुक अधर सुन्दर मृदु बोला॥
कुमुद-बंधु कर निन्दक हाँसा। भृकुटी बिकट मनोहर नासा॥
भाल विशाल तिलक झलकाहीं। कच बिलोकि अलि अवलि लजाहीं॥
रेखा रुचिर कम्बु कल ग्रीवा। जनु त्रिभुवन सोभा की सींवा॥

—महात्मा तुलसीदास

हरि कर मंडन सकल दुख खंडन
मुकुर महि मंडल को कहत अखण्ड मति।
परम सुबास पुनि पीयुख निवास
परिपूरन प्रकास केसोदास भू अकाश गति॥
बदन मदन कैसो श्री जू को सदन जहँ,
सोदर सुभोदर दिनेस जू को मीत अति।
सीता जू के मुख सुखमा की उपमा को
कहि कोमल न कमल अमल न रजनिपति॥

—कविवर केशवदास

यदि अभिनिविष्ट चित्त से इस विषय में विचार किया जावे तो स्पष्टतया यह बात हृदयङ्गम होगी कि संस्कृत-शब्दों के समादर और प्राकृत शब्दों में अप्रीति का मुख्य कारण

बौद्ध-धर्म को पराजित कर पुनः वैदिक धर्म्म का प्रतिष्ठा-लाभ करना है; जिसने संस्कृत की ममता पुनः जागरित कर दी। जब वैदिक धर्म्म के साथ-साथ संस्कृत-भाषा का फिर आदर हुआ, तब यह असम्भव था कि प्राकृत शब्दों के स्थान पर फिर संस्कृत-शब्दों से अनुराग न प्रकट किया जाता। सर्वसाधारण की बोलचाल की भाषा का त्याग असम्भव था, किन्तु यह सम्भव था कि उसमें उपयुक्त संस्कृत-शब्द ग्रहण कर लिए जावें। निदान उस काल और उसके परवर्ती काल के कवियों की रचनाएँ मैंने जो ऊपर उद्धृत की हैं उनमें आप ये ही बातें पावेंगे।

प्राकृत, कोमल, कान्त और मधुर होकर भी क्यों त्यक्त हुई? इसलिए कि सर्वसाधारण का संस्कार और हृदय उसके अनुकूल न रहा, इसलिए कि वह बोलचाल की भाषा से दूर जा पड़ी और बोधगम्य न रही। संस्कृत के शब्द बोलचाल की भाषा से और भी दूर पड़ गये थे; और वह भी बोधगम्य नहीं थे, किन्तु धार्मिक-संस्कार ने उसके साथ सहानुभूति की, और इस सहानुभूति-जनित-हृदय-ममता ने उसको पुनः समादर का पान दिया। एक बात और है—मुख-सुविधा और श्रवन-सुखदाता मानसिक श्रम के सम्मुख आदृत और वांछनीय नहीं होती, और कान्तता एवं कोमलता धार्मिक किंवा जाति-भाषा-मूलक संस्कार और तज्जनित हृदय-ममता के सामने स्थान और सम्मान नहीं पाती। मुख और श्रवण मन के अनुचर हैं। जिस कविता के पठन करने में मुख को सुविधा हुई, सुनने में कान को आनन्द हुआ, किन्तु समझने में मन को श्रम करना पड़ा, तो वह कविता अवश्य उद्वेगकर होगी, और यदि अपार श्रम करके भी मन उसको न समझ सका तो उसकी कान्तता और कोमलता उसकी दृष्टि में कठोरता, दुरूहता और जटिलता की मूर्ति छोड़ और क्या होगी? इसके विपरीत वह यदि लिखने पढ़ने किंवा बोलचाल की भाषा की निकटवर्तिनी हो, मन के श्रम का आधार न हो, और उसमें मुख-सुविधाकारक अथच श्रवण सुखद शब्द पर्याप्त भी न पाए जावें तो भी वह कविता आदृत और गृहीत होगी; और उसके श्रवण कटु एवं मुख असुविधाकारक शब्द कोमल और कान्त बन जावेंगे, क्योंकि सुविधा ही प्रधान है।

जब इस व्यापार में धार्मिक किंवा जातिभाषा-मूलक संस्कार भी आकर सम्मिलित हो जाता है तब इसका रंग और गहरा हो जाता है। ब्रजभाषा ऐसी मधुर भाषा दूसरी नहीं मानी जाती, किन्तु कुछ लोगों का विचार है कि फ़ारसी के समान मधुर भाषा संसार में दूसरी नहीं है। इस भाषा का प्रसिद्ध विद्वान् और कवि अलीहज़ीं जब हिन्दुस्तान में आया, तो उसको ब्रजभाषा के माधुर्य की प्रशंसा सुनकर कुछ स्पर्द्धा हुई। वह ब्रज-प्रान्त में इस कथन की सत्यता की परीक्षा के लिए गया। मार्ग में उसको एक ग्वालिन जल ले जाते हुए मिली, जिसके पीछे-पीछे एक छोटी कोमल बालिका यह कहती हुई दौड़ रही थी, 'मायरे माय गैल साँकरी पगन मैं काँकरी गड़तु हैं।' इस बालिका का कथन सुनकर वे चक्कर

में आ गये और सोचा कि जहाँ कि गँवार बालिकाओं का ऐसा सरस भाषण है, वहाँ के कवियों की वाणी का क्या कहना! परन्तु उनके सहधर्मियों ने इसी परम लावण्यवती, कोमला अथच मनोहरा ब्रज-भाषा का क्या समादर किया, उन्होंने चुन-चुनकर इसके शब्दों को अपनी कविता में से निकाल बाहर किया और उनके स्थान पर फ़ारसी अरबी के अकोमल और श्रुति-कटु शब्दों को भर दिया।

सबसे पहले मुसलमान कवि जिन्होंने हिन्दी भाषा में कविता करने के लिए लेखनी उठाई, अमीर खुसरो थे। यह कवि तेरहवें शतक में हुआ है। इसकी कविता का रंग देखिए–

खालिकबारी सिरजनहार। वाहिद एक बेदाँ करतार।
रसूल पयम्बर जान बसीठ। यार दोस्त बोली जा ईठ॥
जेहाल मिस्कीं मकुन तग़ाफुल। दुराय नैना बनाय बतियाँ।
किताबे हिज़रां न दारम् ऐ जाँ। न लेहु काहे लगाय छतियाँ॥

दक्षिण का सादी नामक एक आदिम उर्दू कवि बतलाया जाता है। उसकी कविता का नमूना यह है–

हम तुम्हन को दिल दिया, तुम दिल लिया औ दुख दिया।
हम यह किया तुम वह किया, ऐसी भली यह पीत है॥

वली भी उर्दू का आदिम कवि है, उसकी कविता का भी उदाहरण अवलोकन कीजिए–

दिल वली का ले लिया दिल्ली ने छीन।
जा कहो कोई मुहम्मद शाह सों॥

इन दोनों के उपरान्त ही शाह मुबारक का समय है, उसकी कविता का ढंग यह है–

मत क़हृ सेतीं हाथ में ले दिल हमारे को।
जलता है क्यों पकड़ता है ज़ालिम अँगारे को॥

ऊपर की कविताओं से प्रकट है कि पहले मुसलमान कवियों ने जो रचना की है उसमें या तो हिन्दी-पदों और शब्दों को बिल्कुल फ़ारसी या पदों या शब्दों से अलग रखा है, या फारसी अरबी शब्दों को मिलाया है तो बहुत ही कम; अधिकांश हिन्दी शब्दों से ही काम लिया है, किन्तु आगे चलकर समय ने पलटा खाया और निम्नलिखित प्रकार की कविता होने लगी–

नूर पैदा है जमाले यार के साया तले।
गुल है शरमिन्दा रुखे दिलदार के साया तले॥

—नासिख

आफ़ताबे हश्र है या रब कि निकला गर्म गर्म।
कोई आँसू दिलजलों के दीदये ग़मनाक से॥
न लौह गोर पै मस्ती के हो न हो ताबीज़॥
जो हो तो खिश्ते खुमे मैं कोई निशाँ के लिये॥

—ज़ौक़

खमोशी में निहाँ खूँगश्ता लाखों आरज़ूयें हैं।
चिराग़े मुर्दा हूँ मैं बेज़बाँ गोरे ग़रीबाँ का॥
नक्श नाज़े बुतेतन्नाज़ ब आग़ोश रक़ीब।
पायताऊस पये जामये मानी माँगे॥

यह तूफ़ांगाह जोशेइज़्तिराबे शाम तनहाई।
शोआये आफ़ताबे सुबूहमहशरतारे बिस्तर है॥
लबे ईसा की जुम्बिश करती है गहवाग जुँबानी।
क़यामत कुश्तये लाले बुतां का ख्वाबे संगीं है॥

—ग़ालिब

अब प्रश्न यह है कि वह कौन-सी बात है कि जिसके कारण ब्रजभाषा का, कि जिसके माधुर्य पर अलीहज़ीं ऐसा उदार हृदय पारसी कवि लोट-पोट हो गया था, पीछे मुसलमान कवियों द्वारा तिरस्कार हुआ। क्यों उन्होंने उसके कोमल कान्त पदों के स्थान पर फ़ारसी और अरबी के श्रुति-कटु शब्दों का व्यवहार करना उचित समझा? क्यों उन्होंने ब्रजभाषा के सुविधापूर्वक उच्चारित वाले ग, ख, ज, फ, इत्यादि अक्षरों से निर्मित शब्दों के स्थान पर ग़ैन, ख़े, ज़े, फ़े इत्यादि श्रुतिकंठ-विदीर्णकारी अक्षरों से मिलित शब्दों का आदर किया? इसका उत्तर इसके अतिरिक्त और कुछ नहीं है कि अरबी और फ़ारसी भाषा में उसके अक्षरों और शब्दों में, उनके धार्मिक और जातिभाषा मूलक संस्कार ही ने उन्हें उनसे आदृत बनाया, इनमें जो उनकी हृदय-ममता है उसी ने उन्हें इनको अंगीकृत करने के लिए बाध्य किया।

जो कुछ अब तक कहा गया, उससे यह बात भली प्रकार सिद्ध हो गयी कि किसी पदावली की कोमलता, कान्तता, मधुरता का बहुत कुछ सम्बन्ध, संस्कार और हृदय से

है। इस अवसर पर यह कहा जा सकता है कि कोमलता, कान्तता इत्यादि का सम्बन्ध हृदय या संस्कार से नहीं है, वास्तव में उसका सम्बन्ध पदावली से ही है। हाँ, उसके आदृत या अनादृत होने का सम्बन्ध निस्सन्देह संस्कार और हृदय से है। क्योंकि यदि दो बालक ऐसे उपस्थित किए जावें कि जिनमें एक सुन्दर हो और दूसरा असुन्दर, तो निज अपत्य होने के कारण असुन्दर बालक में पिता की हृदय ममता हो सकती है, उसका स्वाभाविक संस्कार उसे निज पुत्र को आदर और सम्मान दृष्टि से देखने के लिए बाध्य कर सकता है, किन्तु इससे वह सुन्दर नहीं हो जावेगा; सुन्दर बालक को ही सुन्दर कहा जावेगा। इसी प्रकार किसी अकान्त और अकोमल पद को किसी का संस्कार और हृदय-भाव कान्त और कोमल नहीं बना सकता; क्योंकि न्याय-दृष्टि कोमल और कान्त को ही कोमल और कान्त कह सकती हैं। जब सबको अपना ही अपत्य सुन्दर ज्ञात होता है तो इससे यह सिद्ध है कि उसको दूसरे के अपत्य के सौन्दर्य की अनुभूति नहीं होती; और जब अनुभूति नहीं होती, तो उसकी दृष्टि में उसका सौन्दर्य ही क्या? इसी प्रकार जब किसी पदावली की कान्तता, मधुरता, कोमलता की अनुभूति ही नहीं होती, तो उसकी कान्तता, मधुरता, कोमलता ही क्या? वास्तव में बात यह है कि ऐसे स्थानों पर संस्कार और हृदय ही प्रधान होता है।

पीयूषवर्षी कवि बिहारीलाल के निम्नलिखित दोहे कितने सुन्दर और मनोहर हैं—

बड़े-बड़े छबि छाकु छकि छिगुनी छोर छुटैन।
रहे सुरंग रंग रंग वही, नहँदी महँदी नैन॥
सतर भौंह रूखे बचन, करति कठिन मन नीठि।
कहा कहौं ह्वै जात हरि हेरि हँसोहीं डीठि॥
बतरस लालच लाल की, मुरली धरी लुकाय।
सौंह करै भौहनि हँसै, देन कहै, नटि जाय॥
यक भींगे चहले परे, बूड़े बहे हजार।
किते न औगुन जग करे, नै बै चढ़ती बार॥

परन्तु आधुनिक पाठशालाओं के विद्यार्थियों और वर्तमान खड़ी बोली के अनुरागियों के सामने इनको रखिए, देखिए वह इनका कितना आदर करते हैं। मैंने देखा है कि आजकल के खड़ी बोली के रसिक ब्रजभाषा की कविता से उतना ही घबड़ाते हैं, जितना कि वह किसी अपरिचित किंवा अल्प परिचित भाषा की कविता से घबड़ा सकते हैं। कारण इसका क्या है? कारण इसका यही है कि लिखने पढ़ने और बोलचाल की भाषा से वह दूर पड़ गई है। इन दोहों का माधुर्य्य, लालित्य और कोमलता अथच कान्तता निर्विवाद है; किन्तु जब वह इनकों समझते ही नहीं, यदि समझने की चेष्टा करते हैं तो मन को

विशेष श्रम करना पड़ता है, फिर उनकी दृष्टि में इनकी कोमलता और कान्तता ही क्या? किन्तु यदि इन दोहों के स्थान पर कोई संस्कृत-गर्भित खड़ी बोली की कविता रख दीजिए, तो देखिए वह उसको पढ़कर कितना मुग्ध होते हैं और कितना आनन्दानुभव करते हैं; अतएव उनको उसी में कोमलता और कान्तता दृष्टिगत होती है। और यही कारण है कि आजकल संस्कार और हृदय-ममता दोनों खड़ी बोली की ओर आकर्षित हो गयी हैं; कि जिसका प्रत्यक्ष प्रमाण खड़ी बोली की कविता का समधिक प्रचार है।

जिन प्राचीन विद्वान् सज्जनों का संस्कार ब्रजभाषा के माधुर्य और कान्तता के विषय में दृढ़ हो गया है, और इस कारण उसकी ममता उनके हृदय में बद्धमूल है, वे यदि कहें कि खड़ी बोली की कविता कर्कश होती है, तो इसमें आश्चर्य ही क्या। ऐसे ही जिन्होंने ब्रजभाषा का अभूतपूर्व रस आस्वादन नहीं किया है, जो ब्रजभाषा की रचना में दुर्बोधता उपलब्ध करते हैं, वे यदि खड़ी बोली का समादर और प्यार करें और उसे ही कान्त और कोमल समझें तो इसमें भी कोई आश्चर्य नहीं, सदा ऐसा ही होता आया है और आगे भी ऐसा ही होगा। अब मुझे केवल इतना ही कहना है कि समय का प्रवाह खड़ी बोली के अनुकूल है; इस समय खड़ी बोली में कविता करने से अधिक उपकार की आशा है। अतएव मैंने भी 'प्रियप्रवास' को खड़ी बोली में ही लिखा है। सम्भव है कि उसमें अपेक्षित कोमलता और कान्तता न हो, परन्तु इससे यह सिद्धान्त नहीं हो सकता कि खड़ी बोली में सुन्दर कविता हो ही नहीं सकती। वास्तव बात यह है कि यदि उसमें कान्तता और मधुरता नहीं आई है तो यह मेरी विद्या, बुद्धि और प्रतिभा का दोष है, खड़ी बोली का नहीं।

ग्रन्थ का विषय

इस ग्रन्थ का विषय श्रीकृष्णचन्द्र की मथुरा-यात्रा है; और इसी से इसका नाम 'प्रियप्रवास' रखा गया है। कथा-सूत्र से मथुरा-यात्रा के अतिरिक्त उनकी और ब्रज-लीलाएँ भी यथास्थान इसमें लिखी गयी हैं। जिस विषय के लिखने के लिए महर्षि व्यासदेव, कवि-शिरोमणि सूरदास और भाषा के अपर मान्य कवियों तथा विद्वानों ने लेखनी की परिचालना की है, उसके लिए मेरे जैसे मंदधी का लेखनी उठाना नितान्त मूढ़ता है। परन्तु जैसे रघुवंश लिखने के लिए लेखनी उठाकर कवि कुल गुरु कालिदास ने कहा था, "मणौबज्रसमुत्कीर्णे सूत्रस्येवास्ति मे गतिः।" उसी प्रकार इस अवसर पर मैं भी स्वच्छ हृदय से यही कहूँगा "अति अपार जे सरित वर, जो नृप सेतु कराहिं। चढ़ि पिपीलिका परम लघु, बिनु श्रम पारहिं जाहिं॥" रहा यह कि वास्तव में मैं पार जा सका हूँ या बीच ही में रह गया हूँ, किंवा उस पावन सेतु पर चलने का साहस करके निन्दित बना हूँ, इसकी मीमांसा बिबुध जन करें। मेरा विचार तो यह है कि मैंने इस मार्ग में भी अनुचित दुस्साहस किया है, अतएव तिरस्कृत और कलंकित होने की ही आशा है। हाँ, यदि मर्मज्ञ विद्वज्जन

इसको उदार दृष्टि से पढ़कर उचित संशोधन करेंगे, तो आशा है कि किसी समय में इस ग्रन्थ का विषय भी रसिकों के लिए आनन्दकारक होगा।

हम लोगों का एक संस्कार है, वह यह कि जिनको हम अवतार मानते हैं, उनका चरित्र जब कहीं दृष्टिगोचर होता है तो हम उसकी प्रति पंक्ति में या न्यून से न्यून उसके प्रति पृष्ठ में ऐसे शब्द या वाक्य अवलोकन करना चाहते हैं, जिसमें उसके ब्रह्मत्व का निरूपण हो। जो सज्जन इस विचार के हों, वे मेरे प्रेमाम्बुप्रश्रवण, प्रेमाम्बुप्रवाह और प्रेमाम्बुवारिधि नामक ग्रन्थों को देखें; उनके लिए यह ग्रन्थ नहीं रचा गया है। मैंने श्रीकृष्णचन्द्र को इस ग्रन्थ में एक महापुरुष की भाँति अंकित किया है, ब्रह्म कर के नहीं। अवतारवाद को जड़ मैं श्रीमद्भगवद्गीता का यह श्लोक मानता हूँ "यद् यद् विभूतिमत्सत्वं श्रीमदूर्जितमेव वा। तत्तदेवावगच्छत्वं ममतेजोंशसंभवम्", अतएव जो महापुरुष है, उसका अवतार होना निश्चित है। मैंने भगवान् श्रीकृष्ण का जो चरित अंकित किया है, उस चरित का अनुधावन करके आप स्वयं विचार करें कि वे क्या थे, मैंने यदि लिखकर आपको बतलाया कि वे ब्रह्म थे, और तब आपने उनको पहचाना तो क्या बात रही! आधुनिक विचारों के लोगों को यह प्रिय नहीं है कि आप पंक्ति-पंक्ति में तो भगवान् श्रीकृष्ण को ब्रह्म लिखते चलें और चरित्र लिखने के समय 'कर्तुमकर्तुमन्यथा कर्तुं समर्थः प्रभुः' के रंग में रंगकर ऐसे कार्यों का कर्त्ता उन्हीं बनावें कि जिनके करने में एक साधारण विचार के मनुष्य को भी घृणा होवे। सम्भव है कि मेरा यह विचार समीचीन न समझा जावे, परन्तु मैंने उसी विचार को सम्मुख रखकर इस ग्रन्थ को लिखा है, और कृष्णचरित को इस प्रकार अंकित किया है जिससे कि आधुनिक लोग भी सहमत हो सकें। आशा है कि आप लोग दयार्द्र हृदय से मेरे उद्देश्य के समझने की चेष्टा करेंगे और मुझको वृथा वाग्वाण का लक्ष्य न बनावेंगे।

वर्णन-शैली

रुचि-वैचित्र्य स्वाभाविक है। कोई संक्षेप वर्णन को प्यार करता है कोई विस्तृत वर्णन को। किसी को कालिदास की प्रणाली प्रिय है, किसी को भवभूति की। संक्षेप वर्णन से जो हृदय पर क्षणिक गहरा प्रभाव पड़ता है कोई उसको आदर देता है, कोई उस विस्तृत वर्णन से मुग्ध होता है, जिसमें कि पूरी तौर पर रस का परिपाक हुआ हो। निदान किसी ग्रन्थ की वर्णनशैली का प्रभाव किसी मनुष्य पर उसकी रुचि के अनुसार पड़ता है। जो विस्तृत वर्णन को नहीं प्यार करता वह अवश्य किसी ग्रन्थ के विस्तृत वर्णन को पढ़कर ऊब जावेगा; इसी प्रकार जिसको किसी रस का संक्षेप वर्णन प्रिय नहीं, वह अवश्य एक ग्रन्थ के संक्षेप वर्णन को पढ़कर अतृप्त रह जावेगा। और यही कारण है कि प्रतिष्ठित ग्रन्थकारों की समालोचनाएँ भी नाना रूपों में होती हैं। मैंने अपने ग्रन्थ में वर्णन के विषय में मध्य पथ ग्रहण किया है, किन्तु इस दशा में भी सम्भव है कि किसी सज्जन को कोई प्रसंग संक्षेप

में वर्णन किया जान पड़े और किसी को कोई कथा भाग अनुचित विस्तार से लिखा गया ज्ञात हो। मैं अत्यन्त अनुगृहीत हूँगा, यदि ग्रन्थ के सहृदय पाठकगण इस विषय में मुझे समुचित सम्मति देंगे, जिसमें कि दूसरी आवृत्ति में मैं अपने वर्णनों पर उचित मीमांसा कर सकूँ।

कवितागत कतिपय शब्द

अब मैं इस ग्रन्थ की कविता में व्यवहृत किए गये कुछ शब्दों के विषय में विचार करना चाहता हूँ। सब भाषाओं में गद्य की भाषा से पद्य की भाषा में कुछ अन्तर होता है, कारण यह है कि छन्द के नियम में बँध जाने से ऐसी अवस्था प्रायः उपस्थित हो जाती है, कि जब उसमें शब्दों को तोड़-मरोड़ कर रखना पड़ता है, या उसमें कुछ ऐसे शब्द सुविधा के लिए रख देने पड़ते हैं, जो गद्य में व्यवहृत नहीं होते। यह हो सकता है कि जो शब्द तोड़ या मरोड़ कर रखना पड़े वह, या गद्य में अव्यहृत शब्द कविता में से निकाल दिया जावे, परन्तु ऐसा करने में बड़ी भारी कठिनता का सामना करना पड़ता है; और कभी-कभी तो यह दशा हो जाती है कि ऐसे शब्दों के स्थान पर दश शब्द रखने से भी काम नहीं चलता। इसलिए कवि उन शब्दों को कविता में रखने के लिए बाध्य होता है। कभी-कभी ऐसा होता है कि उन शब्दों के पर्य्यायवाची दूसरे शब्द उसी भाषा में मौजूद होते हैं, और यदि वे शब्द उन शब्दों के स्थान पर रख दिए जावें, तो किसी शब्द को विकलांग बनाकर या गद्य में अव्यहृत शब्द रखने के दोष से कवि मुक्त हो सकता है; परन्तु लाख चेष्टा करने पर भी कवि को समय पर वे शब्द स्मरण नहीं आते, और वह विकलांग अथवा गद्य में अव्यहृत शब्द रखकर ही काम चलाता है। और यही कारण है कि गद्य की भाषा से पद्य की भाषा में कुछ अन्तर होता है। कवि कर्म्म बहुत ही दुरूह है। जब कवि किसी कविता का एक चरण निर्माण करने में तन्मय होता है, तो उस समय उसको बहुत ही दुर्गम और संकीर्ण मार्ग में होकर चलना पड़ता है। प्रथम तो छन्द की गिनी हुई मात्रा अथवा गिने हुए वर्ण उसका हाथ पाँव बाँध देते हैं, उसकी क्या मजाल कि वह उसमें से एक मात्रा घटा या बढ़ा देवें, अथवा एक गुरु को लघु के स्थान पर या एक गुरु के स्थान पर एक लघु को रख देवे। यदि वह ऐसा करे तो वह छन्द-रचना का अधिकारी नहीं। जो इस विषय में सतर्क होकर वह आगे बढ़ा, तो हृदय के भावों और विचारों को उतनी ही मात्रा वा उतने ही वर्णों में प्रकट करने का झगड़ा सामने आया, इस समय जो उलझन पड़ती है, उसको कवि-हृदय ही जानता है। यदि विचार नियत मात्रा अथवा वर्णों में स्पष्टतया न प्रकट हुआ, तो उसको यह दोष लगा कि उसका वाच्यार्थ साफ़ नहीं, यदि कोमल वर्णों में वह स्फुरित न हुआ, तो कविता श्रुति कटु हो गयी। यदि उसमें कोई घृणाव्यंजक शब्द आ गया तो अश्लीलता की उपाधि शिर पर चढ़ी, यदि शब्द तोड़े-मरोड़े गये तो च्युत-दोष ने गला दबाया, यदि उपयुक्त शब्द न मिले तो सौ-सौ पलटा खाने पर भी एक चरण का निर्माण

दुस्तर हो गया, यदि शब्द यथा-स्थान न पड़े तो दूरान्वय दोष ने आँखें दिखाईं। कहाँ तक कहें ऐसी कितनी बातें हैं, जो कविता रचने के समय कवि को उद्विग्न और चिन्तित करती हैं, और यही कारण है कि प्रसिद्ध 'बहारदानिश' ग्रन्थ के रचयिता ने बड़ी सहृदयता से एक स्थान पर यह शेर लिखा है–

बराय पाकिये लफ़्ज़े शबे बरोज़ आरन्द।
कि मुर्ग़ माही बाशन्द खुफता ऊबेदार॥

इसका अर्थ यह है कि "कवि एक शब्द को परिष्कृत करने के लिए उस रात्रि को जागकर दिन में परिणत करता है, जिसको चिड़ियाँ और मछलियाँ तक निद्रा देवी के शान्तिमय अंक में शिर रखकर व्यतीत करती हैं।" यदि कवि-कर्म्म इतना कठोर न होता, तो कवि-कुलगुरु कालिदास जैसे असाधारण विद्वान् और विद्या-बुद्धि-निधान, 'त्रयम्बकम् संयमिनं ददर्श' इस श्लोक-खण्ड में 'त्र्यम्बकम्' के स्थान पर 'त्रयम्बकम्' न लिख जाते, जो कि 'त्र्यम्बकम्' का अशुद्ध रूप है। यदि इस त्र्यम्बकम् के स्थान पर वह 'त्रिलोचनम्' लिखते तो कविता सर्वथा निर्दोष होती; किन्तु उन्होंने ऐसा नहीं किया, जिससे यह सिद्ध होता है, कि कविता करने के समय बहुत चेष्टा करने पर भी उनको यह शुद्ध और कोमल शब्द स्मरण नहीं आया, और इसीसे उन्होंने एक ऐसे शब्द का प्रयोग किया जो च्युत-दोष से दूषित है। किसी-किसी ने लिखा है कि उस काल में एक ऐसा व्याकरण प्रचलित था कि जिसके अनुसार 'त्र्यम्बकम्' शब्द भी अशुद्ध नहीं है, किन्तु यह कथन ऐसे लोगों का उस समय तक मान्य नहीं है, जब तक कि वह व्याकरण का नाम बतला कर उस सूत्र को भी न बतला दें कि जिसके द्वारा यह प्रयोग भी शुद्ध सिद्ध हो। इस विचार के लोग यह समझते हैं कि यदि कवि-कुल-गुरु कालिदास की रचना में कोई अशुद्धि मान ली गयी, तो फिर उनकी विद्वत्ता सर्वमान्य कैसे होगी। उनकी वह प्रतिष्ठा जो संसार की दृष्टि में एक चकितकर वस्तु है, कैसे रहेगी। अतएव येनकेन प्रकारेण वे लोग एक साधारण दोष को छिपाने के लिए एक बहुत बड़ा अपराध करते हैं, जिसको विबुध समाज नितान्त गर्हित समझता है।

इस विचार के लोग भाव-राज्य के उस मनोमुग्धकर-उपवन पर दृष्टि नहीं डालते, कि जिसके अंक में सदाशय और सद्विचार रूपी हृदय विमोहक प्रफुल्ल-प्रसूनों के निकटवर्त्ती दो चार दोष-कण्टकों पर कोई दृष्टिपात ही नहीं करता। कवि किसी भाषा-हीन शब्द को यथाशक्ति तो रखता नहीं; जब रखता है तो विवश होकर रखता है जिसकी रचना अधिकांश सुन्दर है, जिसके भाव लोक-विमुग्धकर और उपकारक हैं, उसकी रचना में यदि कहीं कोई दोष आ जावे तो उस पर कौन सहृदय दृष्टिपात करता है, और यदि दृष्टिपात करता है तो वह सहृदय नहीं।

"जड़ चेतन गुन दोष मय, विश्व कीन्ह करतार।
संत हंस गुन गहहिं पय, परिहरि बारि बिकार॥"

संसार में निर्दोष कौन वस्तु है? सभी में कुछ न कुछ दोष है, जो शरीर बड़ा प्यारा है; उसीको देखिये, उसमें कितना मल है चन्द्रमा में कलंक है, सूर्य्य में धब्बे हैं, फूल में कीड़े हैं; तो क्या ये संसार की आदरणीय वस्तुओं में नहीं हैं? वरन् जितना इनका आद है अन्य का नहीं है कवि-कर्म्म-कुशल कालिदास की रचना इतनी अपूर्व और प्यारी है, इतनी सरस और सुन्दर है, इतनी उपदेशमय और उपकारक है, कि उसमें यदि एक दोष नहीं सैकड़ों दोष होवें, तो भी वे स्निग्ध-पत्रावली-परिशोभित, मनोरम-पुष्प-फल-भार-विनम्र पादप के दश पाँच नीरस, मलीन, विकृत पत्तों समान दृष्टि डालने योग्य न होंगे। फिर उन दोषों के विषय में बात बनाने से क्या लाभ? मैं यह कह रहा था कि कवि कर्म्म नितान्त दुरूह है। अलौकिक प्रतिभाशाली कालिदास जैसे जगन्मान्य कवि भी इस दुरूहता-वारिधि-सन्तरण में कभी-कभी क्षम नहीं होते। जिनका पदानुसरण करके लोग साहित्य-पथ में पाँव रखना सीखते हैं, उन हमारे संस्कृत और हिन्दी के धुरन्धर और मान्य साहित्याचार्य्यों की मति भी इस संकीर्ण स्थल पर कभी-कभी कुण्ठित होती है, और जब ऐसों की यह गति है तो साधारण कवियों की कौन कहे? मैं कवि कहलाने योग्य नहीं, टूटी-फूटी कविता करके कोई कवि नहीं हो सकता, फिर यदि मुझसे भ्रम प्रमाद हो, यदि मेरी कविता में अनेक दोष होवें तो क्या आश्चर्य! अतएव आगे जो मैं लिखूँगा, उसके लिखने का यह प्रयोजन नहीं है, कि मैं रूपान्तर से अपने दोषों को छिपाना चाहता हूँ—प्रत्युत उसके लिखने का उद्देश्य कतिपय शब्दों के प्रयोग पर प्रकाश डालना मात्र है।

कतिपय क्रिया

हिन्दी गद्य में देखने के अर्थ में अधिकांश देखना धातु के रूपों का ही व्यवहार होता है, कोई-कोई कभी अवलोकना, विलोकना, दरसना, जोहना, लखना धातु के रूपों का भी प्रयोग करते हैं; किन्तु इसी अर्थ के द्योतक निरखना और निहारना धातु के रूपों का व्यवहार बिल्कुल नहीं होता। अतएव इन कतिपय क्रियाओं के रूपों का व्यवहार कोई कोई खड़ी बोली के पद्य में करना उत्तम नहीं समझते, किन्तु मेरा विचार है कि इन कतिपय क्रियाओं से भी यदि खड़ी बोली के पद्यों में संकीर्ण स्थलों पर काम लिया जावे तो उसके विस्तार और रचना में सुविधा होगी। मैं ऊपर दिखला चुका हूँ कि गद्य की भाषा से पद्य की भाषा में कुछ अन्तर होता है, अतएव इनको ब्रजभाषा की क्रिया समझ कर तज देना मुझे उचित नहीं जान पड़ता और इसी विचार से मैंने अपनी कविता में देखने के अर्थ में इन क्रियाओं के रूपों का व्यवहार भी उचित स्थान पर किया है। ऐसी ही कुछ और क्रियायें हैं, जो ब्रज-भाषा की कविता में तो निस्सन्देह व्यवहृत होती हैं, परन्तु खड़ी बोली के गद्य में इनका

व्यवहार सर्वथा नहीं होता; या यदि होता है तो बहुत न्यून। किन्तु मैंने अपनी कविता में इनको भी निस्संकोच स्थान दिया है। मेरा विचार है कि इन क्रियाओं के व्यवहार से खड़ी बोली का पद्य-भाण्डार सुसम्पन्न और ललित होने के स्थान पर क्षति-ग्रस्त और असुन्दर न होगा। ये क्रियाएँ लसना, विलसना, रचना, विराजना, सोहना, बगरना, बलजाना, तजना इत्यादि हैं। आधुनिक खड़ी बोली के कविता-लेखकों में से यद्यपि कई एक अपर सज्जनों को भी इनको काम में लाते देखा जाता है, किन्तु इन लोगों में अधिकांश वे सज्जन हैं, जो ब्रजभाषा से कुछ परिचित हैं जिन्होंने ब्रजभाषा का कोमल-कान्त-वदन बिल्कुल नहीं देखा, उनकी कविता में इन क्रियाओं का प्रयोग कथञ्चित् होता है। मैं अपने कथन की पुष्टि गद्य के अवतरणों और आधुनिक वर्तमान कवियों की कविताओं का अपेक्षित अंश उठाकर कर सकता हूँ—किन्तु ऐसा करने में यह लेख बहुत विस्तृत हो जावेगा। ब्रजभाषा की क्रियाओं का प्रयोग खड़ी बोली में उसके नियमानुसार होना चाहिए; ब्रजभाषा के नियमानुसार नहीं, अन्यथा वह अवैध और भ्रामक होगा।

कुछ वर्णों का हलन्त प्रयोग

हिन्दी भाषा के कतिपय सुप्रसिद्ध गद्य-पद्य लेखकों को देखा जाता है कि ये इसका, उसका इत्यादि को इस्का, उस्का इत्यादि और करना, धरना, इत्यादि को कर्ना, धर्ना, इत्यादि लिखने के अनुरागी हैं। पद्य में ही संकीर्ण स्थलों पर वे ऐसा नहीं करते, गद्य में भी इसी प्रकार इन शब्दों का व्यवहार वे उचित समझते हैं। खड़ी बोली की कविता के लब्धप्रतिष्ठ प्रधान लेखक श्रीयुत पं. श्रीधर पाठक लिखित नीचे की कतिपय गद्य-पद्य की पंक्तियों को देखिए—

''यह एक प्रेम-कहानी आज आपको भेंट की जाती है—निस्सन्देह इसमें ऐसा तो कुछ भी नहीं जिस्से यह आपको एक ही बार में अपना सके।''

'नम्र भाव से कीनी उस्ने विनय समेत प्रणाम'
'चला साथ योगी के हर्षित जहँ उस्का विश्राम'
'नहीं बड़ा भण्डार मढ़ी में कीजे जिस्की रखवाली'
'दोनों जीव पधारे भीतर जिन्के चरित अमोल'

—एकान्तवासी योगी

हमारे उत्साही नवयुवक पण्डित लक्ष्मीधर जी वाजपेयी ने भी अपने 'हिन्दी मेघदूत' में कई स्थानों पर इस प्रणाली को ग्रहण किया है; नीचे के पद्यों को अवलोकन कीजिए—

'उस्का नीला जल पट तट श्रोणि से तू हरेगा'
'उस्के शांतीहर शिखर पै तू लखेगा सखा यों'
'जिस्की सेवा उचित रति के अंत में मत्करों से'

वाजपेयी जी की कविता वर्णवृत्त में लिखी गयी है, जिसमें लघु गुरु नियत संख्या से आते हैं, इसलिए यदि उन्होंने दो दीर्घ रखने के लिए कविता में उसका, उसके, जिसकी के स्थान पर उस्का, उस्के, जिस्की लिखा तो उनका यह कार्य विवशतावश है। ऐसे स्थलों पर यह प्रयोग अधिक निन्दनीय नहीं है, किन्तु गद्य में अथवा वहाँ, जहाँ कि शुद्ध रूप में ये शब्द लिखे जा सकते हैं, इन शब्दों का संयुक्त रूप में प्रयोग मैं उचित नहीं समझता; इसके निम्नलिखित कारण हैं—

1. यह कि गद्य की भाषा में जो शब्द जिस रूप में व्यवहृत होते हैं, मुख्य अवस्थाओं को छोड़कर पद्य की भाषा में भी उन शब्दों का उसी रूप में व्यवहृत होना समीचीन सुसंगत और बोधगम्य होगा।
2. यह कि उसको, जिसमें जिसको इत्यादि शब्दों को प्राचीन और आधुनिक अधिकांश गद्य-पद्य लेखक इसी रूप में लिखते आते हैं, फिर कोई कारण नहीं है कि इस प्रचलित प्रणाली का बिना किसी मुख्य हेतु के परित्याग किया जावे।
3. यह कि हिन्दी भाषा की स्वाभाविक प्रवृत्ति यथा सम्भव संयुक्ताक्षरत्व से बचकर रहने की है, अतएव उसके सर्वनामों इत्यादि को जो कि समय-प्रवाह-सूत्र से संयुक्त रूप में नहीं हैं, संयुक्त रूप में परिणत करना दुर्बोधता और क्लिष्टता सम्पादन करना होगा।

अब रही यह बात कि यदि वास्तव में हिन्दी में कुछ अकारान्त वर्ण, शब्द-खण्ड और धातु-चिह्न के प्रथम के अक्षर हलन्तवत बोले जाते हैं, तो कोई कारण नहीं है, कि उच्चारण के अनुसार वे लिखे न जावें। इस विषय में मेरा यह निवेदन है कि इन वर्णों, शब्द-खण्डों और धातु-चिह्नों के प्रथम के अक्षरों का ऐसा उच्चारण हिन्दी के जन्म-काल से ही है, या कुछ काल से हो गया है? और यदि जन्मकाल से ही है, तो इसके व्याकरण-रचयिताओं और लेखकों ने इस विषय में अमनोनिवेश क्यों किया? यदि उन्होंने मनोनिवेश नहीं भी किया तो एक वास्तव और युक्ति संगत बात के ग्रहण करने में इस समय संकोच क्या? और यदि उसके ग्रहण में संकोच उचित नहीं, तो केवल पद्य में ही वे क्यों ग्रहण किए जावें, गद्य में भी क्यों न गृहीत हों? इन प्रश्नों के उत्तर में अधिक न लिखकर मैं केवल इतना ही कहूँगा कि इन वर्णों, शब्द-खण्डों और धातु-चिह्नों के प्रथम के अक्षरों को भाषा व्याकरण कर्त्ताओं ने स्वर-संयुक्त माना है, हलन्तवत् नहीं। क्योंकि हलन्तवत् क्या? कोई व्यंजन या तो स्वर संयुक्त होगा या हलन्त, और जब उन्होंने उनको स्वर-संयुक्त मानकर ही उनके सब रूप बनाए हैं, तो अब उनके विषय में एक नवीन पद्धति स्थापित करने की आवश्यकता नहीं जान पड़ती; क्योंकि व्याकरण उच्चारण के अनुकूल ही बनता है, उसके प्रतिकूल नहीं। समय पाकर उच्चारण में भिन्नता अवश्य हो जाती है और उस समय व्याकरण भी बदलता है, परन्तु इन वर्णों, शब्द-खण्डों और धातु

चिह्नों के प्रथम के अक्षर के लिए अभी वे दिन नहीं आये हैं। सोचिए, यदि इसको, जिसको इत्यादि को इस्को, जिस्को लिखें और करना, धरना, चलना इत्यादि को कर्ना, धर्ना चल्ना इत्यादि लिखने लगें, तो हिन्दी भाषा में कितना बड़ा परिवर्तन उपस्थित होगा।

समादरणीय पाठक जी का एक लेख खड़ी बोली की कविता पर प्रथम हिन्दी साहित्य सम्मेलन के कार्य विवरण में मुद्रित हुआ है, उसके पृष्ठ 32 में एक स्थान पर उन्होंने इस विषय पर विचार करते हुए ऐसे शब्दों के विषय में यह लिखा है—

''भाषा के शील संरक्षण की दृष्टि से पद्य लिखने में आवश्यकतानुसार बोलने की रीति अवलम्बन करने से कोई आपत्ति तो नहीं उपस्थित होती।''

''इस सब जगड़बाल के प्रदर्शन से मेरा अभिप्राय यह नहीं है, कि हमारी भाषा के पद्य में इस प्रकार शब्द व्यवहार करना चाहिए, किन्तु बुधजनों के विचार के लिए यह मेरी केवल एक प्रस्तावना मात्र है।''

ये दोनों वाक्य यह स्पष्ट बतला देते हैं कि प्रशंसित पाठक जी भी गद्य में इस प्रकार शब्दों को लिखना उचित नहीं समझते; पद्य में भी वह आवश्यकतानुसार ऐसा प्रयोग आपत्ति-रहित मानते हैं। पाठक जी के निम्नलिखित वाक्यांशों से भी यही बात सिद्ध होती है।

"आजकल मैं ऐसे स्थान पर हूँ कि उदाहरण नहीं दे सकता।", "दूसरा वह जिसमें भाषा का यह गुण उपेक्षित-सा देखने में आता है'', "मिश्रित वा खिचड़ी भाषा के पद्य में यह योग्यता नहीं आ सकती'', "ऐसी भाषा का प्रयोग उत्कृष्ट काव्य में कदापि न करना चाहिए"।

—**हि.सा.स.वि. प्रथम भाग, पृष्ठ 29**

'उसके मन में सर्वोत्तम है उसका ही प्रिय जन्मस्थान'
'उनके उर के मध्य मूर्खता का अंकुर भी बोता है'

—**श्रान्तपथिक, पृष्ठ 4, 13**

अब मैं यह दिखलाना चाहता हूँ कि कुछ अकारान्त वर्ण जैसे बस, अब जतन इत्यादि के स, ब, न आदि, कुछ ऐसे शब्द-खण्ड के अन्त्याक्षर जिन पर बोलने में आघात-सा पड़ता है जैसे गलबाहीं, मनभावना इत्यादि के गल और मन आदि, कुछ ऐसे वर्ण जो धातु-चिह्न के पहले रहते हैं जैसे करना, धरना, चलना इत्यादि के र, ल, आदि, यदि आवश्यकतानुसार उच्चारण का ध्यान करके पद्य में हलन्त कर लिए जावें तो उससे कुछ सुविधा होगी या नहीं? और ऐसे प्रयोग का हिन्दी भाषा के पद्य पर क्या प्रभाव पड़ेगा? मैं प्रशंसित पाठक जी के उक्त लेख में से ही एक पद्य यहाँ उठाता हूँ, आप इसे अवलोकन कीजिए—

पर् इत्ने पर् भी तो नहिं मन हुआ शान्त उनका।
बस् अब् क्या करना था जब जतन कोई नहिं चला।

इस पद्य में इतने को इत्ने, पर को पर्, बस को बस् और अब को अब् किया गया है। यह संस्कृत का शिखरिणी छन्द है, यगण, भगण, नगण, सगण, मगण लघु गुरु का शिखरिणी छन्द होता है। श्रुतबोध में इसका लक्षण यह लिखा है—

यदि प्राच्यो ह्रस्वस्तुलितकमले पञ्चगुरवः।
ततो वर्णाः पञ्च प्रकृतिसुकुमाराङ्गि लघवः॥
त्रयोन्ये चोपान्तयाः सुतनुजघने भोगसुभगे।
रसैरीशै यस्यां भवति विरतिः सा शिखरिणी॥

इसलिए यदि ऊपर के दोनों चरण निम्नलिखित रीति से लिखे जावें तो निर्दोष होंगे; जैसे वे लिखे गये हैं, उन रीति से लिखने में छन्दो-भंग होता है।

परित्ने पर् भी तो नहिं मन हुआ शान्त उनका।
बसब क्या कर्ना था जब जतन कोई नहिं चला॥

प्रथम प्रकार से लिखने में पहले चरण में दो लघु के उपरान्त चार गुरु पड़ते हैं, किन्तु उक्त नियमानुसार एक लघु के पश्चात् पाँच गुरु होने चाहिए। इसलिए यदि यह चरण खण्ड 'परित्ने पर भी' कर दिया जावे तो दोष निवृत्त हो जाता है। इसी प्रकार 'बस् अब क्या करना था'। यों लिखने से दूसरे चरण के प्रथम खण्ड में पहले तीन गुरु फिर दो लघु और बाद को दो गुरु पड़ते हैं, अतएव यह चरण-खण्ड भी सदोष है, यह जब यों लिखा जावे कि 'बसब क्या कर्ना था' तो ठीक होगा। किन्तु यह बतलाइए कि इस प्रकार शब्द-विन्यास कहाँ तक समुचित होगा। संस्कृत के यत्, तत् की भाँति पर को पर्, बस को बस् और अब को अब् लिखकर एक गुरु बना लेना कहाँ तक युक्तिसंगत और हिन्दी भाषा की प्रणाली के अनुकूल है, इसको सहृदय पाठक स्वयं विचारें। इन्हीं दोनों चरणों में मन, उनका, जब, और जतन भी हैं, किन्तु ये मन्, उन्का, जब् और जतन् नहीं बनाये गये। मुख्य कारण यह है कि ऐसा करने से छन्द और सदोष हो जाता, तथा उसकी भंगता का पारा और ऊँचा चढ़ जाता। इसलिए उनके रूप परिवर्तन की आवश्यकता नहीं हुई। यदि यह प्रणाली भाषा पद्य में चलाई जावे तो उसमें कितनी जटिलता और दुरूहता आ जावेगी इसके उल्लेख की आवश्यकता नहीं; कथित दोनों बातें ही इसका पर्याप्त प्रमाण हैं। हिन्दी भाषा की प्रकृति हलन्त को प्रायः सस्वर बना लेने की है। यदि उसकी इस प्रकृति पर दृष्टि न रखकर उसके सस्वर वर्णों को भी हलन्त बनाकर उसे संस्कृत का रूप दिया जाने लगे तो उसका हिन्दीपन तो नष्ट हो ही जाएगा, साथ ही वह संस्कृत भाषा के हलन्त वर्णों के समान संधि साहाय्य से सौन्दर्य-सम्पादन करने के स्थान पर नितान्त

असुविधामूलक पद्धति ग्रहण करेगी और अपनी स्वाभाविक सरलता खो देगी।

संस्कृत के निम्नलिखित पद्यों को देखिए, इनमें किस प्रकार हलन्त वर्णों ने सस्वर व्यंजन का रूप ग्रहण किया है; और इस परिवर्तन से इन पदों में कितना माधुर्य्य आ गया है। हिन्दी में किसी हलन्त वर्ण को यह सुयोग कदापि प्राप्त नहीं हो सकता, क्योंकि उसकी प्रकृति ही ऐसी नहीं है। उदाहरण के लिए नीचे की कविता के दोनों चरण ही पर्याप्त हैं।

वसुधामपि हस्तगामिनीमकरोदिन्दुमती मिवापराम्।
इति यथाक्रममाविरभून्मधुर्द्र मवतीमवतीर्य्य वनस्थलीम्।

—रघुवंश

मामपि दहत्येकायमहर्निशिमनल इवापत्या तासमुद्भः शोक।
शून्यमिव प्रतिभाति मे जगत् अफलमिव पश्यामि राज्यम्।

—कादम्बरी

जो उर्दू के ढंग का पद्य सुधी पाठक जी ने संगीत शाकुन्तल से उठाया है, उसको भी मैं नीचे लिखता हूँ, आप लोग इसे भी देखिए—

पर <u>इस्से</u> पूछ ले क्या इसका मन है।
तू सोचे जा न कर चिन्ता कुछ इसकी॥

इस पद्य में <u>इससे</u> को इस्से कर दिया गया है; किन्तु दोनों की ही चार मात्राएँ हैं, इसलिए इस पद्य में यदि इस्से के स्थान पर <u>इससे</u> ही रहता तो भी कोई अन्तर न पड़ता जैसा कि पद्य के दूसरे चरण के इसकी, और इसी चरण के 'इसका' के इसी रूप में लिखे जाने से कोई अन्तर नहीं पड़ा। यह उन्नीस मात्रा का मात्रिक छन्द है, इसके चरणों में दो-दो मात्रा अधिक हैं। इससे जो तौलकर न पढ़ा जावे, तो इनमें छन्दोभंग होता है। परन्तु यह छन्छोभंग-दोष उनमें के इससे इसका, इसकी को इस्से, इस्का, इस्की कर देने से दूर नहीं हो सकता, क्योंकि मात्रा दोनों रूपों में ही समान हैं फिर उसको यह रूप देने से क्या लाभ? हाँ, यदि वे निम्नलिखित प्रकार से लिखे जावें तो निस्सन्देह उनकी सदोषता दूर हो जावेगी, परन्तु ऐसी अवस्था में शब्दार्थ के समझने में कितनी उलझन होगी, यह अविदित नहीं है।

प, इससे पूछ ले क्या इसक मन है।
तु सोचे जा, न कर चिन्ता कुछिसकी॥

संस्कृत के वर्णवृत्त और हिन्दी के मात्रिक छन्दों की नियमावली इतनी सुन्दर और तुली हुई है, और उसमें लघु गुरु वर्णों के संस्थान और मात्राओं की संख्या इस रीति से

नियत की गयी है कि यदि सावधानी से कार्य किया जावे, तो उनकी रचना में छन्दों-भंग हो ही नहीं सकता। दूसरी बात यह कि जब पद्य-रचना हो गयी तो जैसे चाहिए पढ़िए, दूसरे से पढ़वाइए, उसके पढ़ने में उलझन होगी ही नहीं। क्योंकि उसमें एक लघु गुरु अक्षर का हेर-फेर नहीं, एक मात्रा घट बढ़ नहीं, फिर छन्दोभंग कैसे होगा; और जब छन्दोभंग नहीं होगा तो उलझन क्यों होगी? किन्तु उर्दू पद्यों की रचना वज़न पर होती है, न उनमें लघु, गुरु का नियम है, न मात्राओं का; केवल कुछ वज़न नियत हैं, उन्हीं वज़नों को कैडा मानकर उसी कैडे पर उसमें कविता की जाती है। जैसे, एक वज़न बताया गया, 'मफ़ऊलफ़ायलातुन मफ़ऊलफ़ायलातुन' अब इसी वज़न पर उर्दू के कवि को कविता करनी पड़ती है, उसको यह ज्ञात नहीं है कि कितने अक्षर और मात्रा से इस वज़न का छन्द बनेगा। यह प्रणाली उसने अरबी और फ़ारसी से ली है। अभ्यास एक अद्भुत वस्तु है, उससे सबकुछ हो सकता है; और उसी के द्वारा केवल वज़न के आश्रय से अरबी फ़ारसी में बिना छन्दोभंग के बड़ी सुन्दर कविताएँ लिखी गयी हैं। उनमें एक मात्रा की भी घटी-बढ़ी नहीं पाई जाती; वज़न पर ही उनकी अधिकांश कविता छन्दोगति विषय में सर्वथा निर्दोष हैं। परन्तु उर्दू में केवल वज़न ने बड़ी उलझन पैदा की है; मुख्य कर उन लोगों के लिए जो वर्णवृत्त और मातृक छन्द पढ़ने के अभ्यस्त हैं। उर्दू कवियों ने वज़न पर काम किया है, इसलिए भाषा की क्रियाओं और शब्दों को बेतरह दबा-दुबू और तोड़-फोड़ डाला है। क्योंकि वज़न के कैड़े पर वे प्रायः ठीक नहीं उतर सके। उर्दू भाषा में लिखे गये छन्द को कोई मनुष्य उस समय तक शुद्धता से कदापि नहीं पढ़ सकता जब तक कि उसको वज़न न ज्ञात हो। यदि कोई अक्षरों और मात्राओं के सहारे शब्दों का शुद्ध उच्चारण करके उर्दू के पद्यों को पढ़ना चाहेगा, तो अधिकांश स्थलों पर उसका पतन होगा। मिर्ज़ा ग़ालिब का एक शेर है–

यह कहाँ की दोस्ती है जो बने हैं दोस्त नासेह।
कोई चाराकार होता कोई ग़म गुसार होता॥

यह शेर यदि निम्नलिखित प्रकार से लिख दिया जावे तब तो उसको सब शुद्धतापूर्वक पढ़ लेंगे, अन्यथा बिना वज़न पर दृष्टि डाले उसका ठीक-ठीक पढ़ना असम्भव है–

य कहाँ की दोस्ती है जुबनेह दोस्त नासह।
को चारकार होता को ग़म गुसार होता॥

यह हिन्दी भाषा का 24 मात्रा का दिग्पाल छन्द है, जिसमें बारह बारह मात्राओं पर विराम होता है। किन्तु आप देखें चौबीस मात्रा का छन्द बनाकर लिखने में उक्त शेर के कुछ शब्द कितने विकृत हुए हैं और किस प्रकार उनमें दुर्बोधता आ गयी है। अतएव

बोध के लिए शब्दों का शुद्ध रूप में लिखा जाना ही समुचित्र और आवश्यक ज्ञात होता है। हाँ, पढ़ने के लिए उस वज़न का अवलम्बन करना पड़ेगा जो कि दिग्पाल छन्द का है, चाहे शब्दों और रसना को कितना ही दबाना पड़े, निदान यही प्रणाली प्रचलित भी है। जब उर्दू बह्र में लिखे गये शेर, या हिन्दी-भाषा के पद्य, लिखे चाहे जिस प्रकार से जावें, पढ़े वज़न के अनुसार ही जावेंगे तो फिर शब्दों को विकृत करने से क्या प्रयोजन? मैं समझता हूँ इस विषय में वही पद्धति अवलम्बनीय है, जो अब तक प्रचलित और सर्वसम्मत है।

मैं यह स्वीकार करता हूँ कि कभी-कभी मात्रिक छन्दों में भी स्वर संयुक्त वर्ण को हलन्तवत् पढ़ने से ही छन्द की गति निर्दोष रहती है, और कहीं-कहीं इस छन्द में भी वर्णवृत्त के समान नियमित स्थान पर नियत रीति से लघु, गुरु रखने से ही काम चलता है। किन्तु उर्दू बह्र के वज़न ही जब इस काम को पूरा कर देते हैं, तो शब्दों को विकृत करके बोध में व्याघात उत्पन्न करना युक्तिसंगत नहीं जान पड़ता। वज़न के अनुकूल शब्दों को विकृत करके कविता को ठीक कर लेना यद्यपि छन्द की गति के लिए अवश्य उपयोगी होगा, परन्तु उससे जो शब्दों में विकृति होगी, वह बड़ी ही दुर्बोधता और जटिलतामूलक होगी; अतएव ऐसी अवस्था में वज़न का आश्रय ही वांछनीय है, शब्द की विकृति नहीं; निदान इस समय यही प्रणाली प्रचलित और गृहीत है।

मैंने इन्हीं बातों पर दृष्टि रखकर 'प्रियप्रवास' में इसको, जिसको, करना इत्यादि को इसी रूप में लिखा है; उनको संयुक्ताक्षर का रूप नहीं दिया है। न जन, मन, मदन, बस, अब इत्यादि के अन्तिम अक्षरों को कहीं गुरु बनाने के लिए हलन्त किया है, आशा है मेरी यह प्रणाली वुधजन द्वारा अनुमोदित समझी जावेगी।

हलन्त वर्णों का सस्वर प्रयोग

मैं ऊपर लिख आया हूँ कि हिन्दी भाषा की यह स्वाभाविकता है कि वह प्रायः युक्त वर्णों को सारल्य के लिए अयुक्त बना लेती है और हलन्त वर्ण को सस्वर कर लेती है, गर्व, मर्म, धर्म, दर्प, मार्ग इत्यादि का गरब, मरम, धरम, दरप, मारग इत्यादि लिखा जाना इस बात का प्रमाण है। यद्यपि आजकल की भाषा अर्थात् गद्य में ये शब्द प्रायः शुद्ध रूप में ही लिखे जाते हैं, किन्तु साधारण बोलचाल में वे अपभ्रंश रूप में ही काम देते हैं। खड़ी बोलचाल की कविता में गद्य के संसर्ग से वे शुद्ध रूप में ही लिखे जाने लगे हैं। किन्तु आवश्यकता पड़ने पर उनके अपभ्रंश रूप से भी काम लिया जाता है। मेरे विचार में यह दोनों प्रणाली ग्राह्य हैं। हलन्त वर्ण को सस्वर करके लिखने और युक्त वर्ण को अयुक्त वर्ण का रूप देने की प्रथा प्राचीन है उसके पास आचार्यों और प्रधान काव्य-कर्त्ताओं द्वारा व्यवहार किए जाने की सनद भी है, जैसा कि निम्नलिखित पद्य-खण्डों के अवलोकन करने से अवगत होगा—

शुक से मुनि शारद से बकता,
चिरजीवन लोमस से अधिकाने।

—गोस्वामी तुलसीदास

आपने करम करि उतरोंगो पार,
तो पै हम करतार करतार तुम काहे को।

—सेनापति

राति ना सुहात ना सुहात परभात आली,
जब मन लागि जात काहू निरमोही सों।

—पद्माकर

जो विपति हूँ मैं पालि पूरब प्रीति काज सँवारहीं।
ते धन्य नर तुम सारिखे दुरलभ अहैं संशय नहीं॥

—भारतेन्दु हरिश्चन्द्र (मुद्राराक्षस)

निदान इसी प्रणाली का अवलम्बन करके मैंने भी 'प्रियप्रवास' में मरम इत्यादि शब्दों का प्रयोग संकीर्ण स्थलों पर किया है। ऐसा प्रयोग मेरी समझ में उस दशा में यथाशक्ति न करना चाहिए, जहाँ वह परिवर्तित रूप में किसी दूसरे अर्थ का द्योतक होवे। जैसा कि कविवर बिहारीलाल ने निम्नलिखित पद्य का समर शब्द है, जो स्मर का अशुद्ध रूप है और कामदेव के अर्थ ही में प्रयुक्त है; परन्तु अपने वास्तव अर्थ संग्राम की ओर चित्त को आकर्षित करता है।

'धस्यो मनो हिय घर समर ड्योढ़ी लसत निसान'

हिन्दी-भाषा की कथित प्रकृति पर दृष्टि रखकर ही प्राचीन कतिपय लेखकों ने पद्य क्या गद्य में भी अनेक शब्दों के हलन्त वर्ण को सस्वर लिखना प्रारम्भ कर दिया था। मुख्यतः वे उस हलन्त वर्ण को प्रायः सस्वर करके लिखते थे जो कि किसी शब्द के अन्त में होता था। इस बात को प्रमाणित करने के लिए मैं मार्मिक लेखक स्वर्गीय श्रीयुत पंडित प्रतापनारायण मिश्र लिखित कतिपय पंक्तियाँ उनके प्रसिद्ध 'ब्राह्मण' मासिक पत्र के खण्ड-4 संख्या 1, 2, से नीचे अविकल उद्‌धृत करता हूँ।—

'तो कदाचित कोई परमेश्वर का नाम भी न ले'
'आप को चन्द्र सूर्य इन्द्र करणं व हातिम बनाया करते हैं'
'छोटे बड़े दरिद्री धनी मूर्ख विद्वान सब का यही सिद्धान्त है'

—पृष्ठ संख्या 10

'सभी या तो प्रत्यक्ष ही विषवत या परम्परा द्वारा कुछ न कुछ नाश करनेवाले'

'बंधनरहित होने पर भी भगवान का नाम दामोदर क्यों पड़ा'

–संख्या 2, पृष्ठ 2

'द्रुपदतनया को केशाकरषण एवं वनवास आदि का दुख सहना पड़ा

यदि थोड़े से लोग उसके चाहनेवाले हैं भी तो निर्बल निरधन बदनाम'

–संख्या 2, पृष्ठ 3

'यद्यपि कभी कभी विद्वान, धनवान और प्रतिष्ठावान लोग भी उसके यहाँ जा रहते हैं'

–संख्या 2, पृष्ठ 5

'उसके चाहनेवाले उसे सारे जगत की भाषा से उत्तम माने बैठे हैं'

–संख्या 2, पृष्ठ 6

'इस से निरलज्ज हो के साफ़-साफ़ लिखते हैं।'

–संख्या 1, पृष्ठ 4

किन्तु आजकल गद्य में किसी हलन्त वर्ण को सस्वर लिखना तो उठता ही जा रहा है, प्रत्युत पद्य में भी इसका प्रचार हो चला है। मध्य के हलन्त वर्ण की बात तो दूर रही इन दिनों किसी शब्द के अन्त्यस्थित हलन्त को भी कतिपय आधुनिक प्रधान लेखक सस्वर लिखना नहीं चाहते। कदाचित्, विद्वान्, विषवत्, भगवान्, धनवान्, प्रतिष्ठावान् जगत् इत्यादि शब्दों के अन्तिम वर्ण को भी वे अब संस्कृत की रीति के अनुसार हलन्त ही लिखते हैं। आजकल वही लोग ऐसा नहीं करते जो संस्कृत कम जानते हैं अथवा प्राचीन प्रणाली के अनुमोदक हैं, अन्यथा प्रायः हिन्दी-लेखक इसी पथ के पान्थ हैं। मैं यह कहूँगा कि इस प्रथा का जितना अधिक सामयिक पत्र-पत्रिकाओं में प्रचार हो रहा है, उतना ही संस्कृत से अनभिज्ञ लेखक को हिन्दी लिखना एक प्रकार से दुस्तर हो चला है और इस मार्ग में कठिनता उत्पन्न हो गयी है; परन्तु समय के प्रवाह को कौन रोक सकता है? पद्य में अब भी यह प्रणाली सर्वतोभावेन गृहीत नहीं हुई है; उदाहरण स्वरूप निम्नलिखित पद्यों पर दृष्टिपात कीजिए–

'मित्र बन्धु विद्वान साधु-समुदाय एक सपना पाया।'

'इस प्रकार हो विज्ञ जगत में नहीं किसी पर मरता हूँ।'

'तो भी किन्तु कदाचित यदि बहु देशों का हम करें मिलान।'

'परिमित इच्छावान वहाँ के योग्य वहाँ का है वासी।'

'दीन उसे बेंचे है औ धनवान मोल को माँगै है।'

—पं. श्रीधर पाठक (श्रान्तपथिक)

'थे नियम विद्या विनय के और हम विद्वान थे।
धर्म्मनिष्ठा थी सभी गुणवान थे श्रीमान थे॥'

—सरस्वती, भाग 14, खंड 2, संख्या 5, पृष्ठ 633

मैंने भी 'प्रियप्रवास' में कदाचित्, महत् इत्यादि शब्दों का प्रयोग आवश्यक स्थलों पर उनके अन्तिम हलन्त वर्ण को सस्वर बनाकर किया है। मेरा विचार है कि कविता के लिए इतनी सुविधा आवश्यक है, यों तो हिन्दी की गठन-प्रणाली का ध्यान करके इनका गद्य में भी इस प्रकार लिखा जाना सर्वथा असंगत नहीं है।

शाब्दिक विकलांगता

इस ग्रन्थ में जायेंगे, वैसाही, वैसीही इत्यादि के स्थान पर जायँगे, वैसिही, वैसही इत्यादि भी कहीं-कहीं लिखा गया है। यह शाब्दिक विकलांगता पद्य में इस सिद्धान्त के अनुसार अनुचित नहीं समझी जाती 'अपि माषं मषं कुर्य्यात् छन्दोभंगं न कारयेत!' अतएव इस विषय में मैं विशेष कुछ लिखने की आवश्यकता नहीं समझता। केवल 'जायँगे' के विषय में इतना कह देना चाहता हूँ कि अधिकांश लेखक गद्य में भी इस क्रिया को इसी प्रकार लिखते हैं। नीचे के वाक्यों को देखिए—

'अरे वेणुवेत्रक, पकड़ इस चन्दनदास को घरवाले आप ही रो पीट कर चले जायँगे'

—भारतेन्दु हरिश्चन्द्र (मुद्राराक्षस)

'धार्मिक अथवा सामाजिक विषयों पर विचार न किया जायगा, हिन्दी समाचार पत्रों में छापने के लिए भेज दी जाय'

—द्वि.हि.सा.स.वि. प्रथम भाग, पृष्ठ 50-51

अब इसके प्रतिकूल प्रयोगों को देखिए—

'कहीं भी इतने लाल नहीं होते कि वे बोरियों में भरे जावें।'

'हिन्दी भाषा के उत्तमोत्तम लेखों के साथ गिना जावे।'

'धीरे-धीरे अपने सिद्धान्त के कोसों दूर हो जावेंगे।'

—द्वि.हि.सा.स.वि. की भूमिका पृष्ठ 1, 2, 4

'मेरे ही प्रभाव से भारत पायेगा परमोज्ज्वल ज्ञान।'
'मिट अवश्य ही जायेगा यह अति अनर्थकारी अज्ञान।'
'जिसमें इस अभागिंनी का भी हो जावे अब बेड़ा पार।'

—श्रीयुत पं. महावीरप्रसाद द्विवेदी

मेरा विचार है कि जायँगे, जायगा, दी जाय इत्यादि के स्थान पर जायेंगे या जावेंगे, जायेगा वा जावेगा, दी जाये वा दो जावे इत्यादि लिखना अच्छा है, क्योंकि यह प्रयोग ऐसी सब क्रियाओं में एक-सा होता है, किन्तु प्रथम प्रयोग इस प्रकार की अनेक क्रियाओं में एक-सा नहीं हो सकता। जैसे जाना धातु का रूप तो जायँगे, जायगा इत्यादि बन जावेगा; परन्तु आना, पीना इत्यादि धातुओं का रूप इस प्रकार न बन सकेगा, क्योंकि आयगा, पीयगा, इत्यादि नहीं लिखा जाता। आयेगा या आवेगा, पियेगा या पीवेगा इत्यादि ही लिखा जाता है।

विशेषण-विभिन्नता

हिन्दी भाषा के गद्य-पद्य दोनों में विशेषण के प्रयोग में विभिन्नता देखी जाती है। सुन्दर स्त्री या सुन्दरी स्त्री शोभित लता या शोभिता लता, दोनों लिखा जाता है। निम्नलिखित गद्य-पद्य को देखिए—इनमें आपको दोनों प्रकार का प्रयोग मिलेगा—

'अभी जो इसने अपने कानों को छूनेवाली चंचल चितवन से मुझे देखा।'

'जो स्त्रियाँ ऐसी सुन्दर हैं उन पर पुरुष को आसक्त कराने में कामदेव को अपना धनुष नहीं चढ़ाना पड़ता।'

—कर्पूरमंजरी पृष्ठ 10, 11

'निरवलम्बा शोकसागरमग्ना, अभागिनी अपनी जननी की दुरवस्था एक बार तो आँखें खोलकर देखो।'

'तुम लोग अब एक बेर जगतविख्याता, ललनाकुलकमलकलिका प्रकाशिका राजनिचयपूजितपादपीठा, सरलहृदया, आर्द्रचित्ता, प्रजारंजनकारिणी, दयाशीला, आर्य्यस्वामिनी, राजराजेश्वरी महारानी विक्टोरिया के चरणकमलों में अपने दुःख को निवेदन करो'

—भारत जननी, पृष्ठ 9, 11

'धूनी तपै आग की ज्वाला चंचल शिखा झलकती है'
'कोमल मृदुल मिष्टवाणी से दुख का हेतु परखता है'
'अपनी अमृतमयी वाणी से प्रेमसुधा बरसाता था'

—एकान्तवासी योगी (पं. श्रीधर पाठक)

'जयति पतिप्रेमपनप्रानसीता।
नेहनिधि रामपद प्रेमअवलम्बिनी सततसहवास पतिव्रत पुनीता'

—पं. श्रीधर पाठक

'भृकुटी विकट मनोहर नासा'
'सोह नवल तन सुन्दर सारी'
'मोह नदी कहँ सुन्दर तरनी'
'सकल परमगति के अधिकारी'
पुनि देखी सुरसरी पुनीता'
'मम धामदा पुरी सुखरासी'
'नखनिर्गता सुरबन्दिता त्रयलोकपावन सुरसरी'

—महात्मा तुलसीदास

इस सर्वसम्मत प्रणाली पर दृष्टि रखकर ही इस ग्रन्थ में भी विशेषणों का प्रयोग उभय रीति से किया गया है।

हिन्दी-प्रणाली प्रस्तुत शब्द

कुछ शब्द इसमें ऐसे भी प्रयुक्त हुए हैं, जो सर्वथा हिन्दी प्रणाली पर निर्मित हैं। संस्कृत-व्याकरण का उनसे कुछ सम्बन्ध नहीं है। यदि उसकी पद्धति के अनुसार उनके रूपों की मीमांसा की जावेगी तो वे अशुद्ध पाए जावेंगे, यद्यपि हिन्दी भाषा के नियम से वे शुद्ध हैं। ये शब्द मृगदृगी, दृगता इत्यादि हैं। मृगदृगी का मृगदृषी, दृगता का दृक्ता शुद्ध रूप है; परन्तु कवितागत सौकर्य-सम्पादन के लिए उनका वही रूप रखा गया है। हिन्दी भाषा के गद्य-पद्य दोनों में इसके उदाहरण मिलेंगे, एक यहाँ पर दिया जाता है—

'ऐसी रुचिर-दृगी मृगियों के आगे शोभित भले प्रकार।'

—बाबू मैथिलीशरण गुप्त (सरस्वती भाग-8, संख्या 6, पृष्ठ 244)

शब्द-विन्यास विभिन्नता

शब्द-विन्यास में भी विभिन्नता इस ग्रन्थ में आप लोगों को मिलेगी; ऐसा अधिकतर पद्य की भाषा का विचार करके और कहीं-कहीं छन्द की अवस्था पर दृष्टि रखकर हुआ है। 'रोये बिना न छन भी मन मानता था', 'रोना महा अशुभ जान पयान बेला' यदि मैं इन चरणों में छन के स्थान पर क्षण, पयान के स्थान पर प्रयाण लिखता तो इनके लालित्य में कितना अन्तर पड़ जाता। इसी प्रकार यदि मैं 'सचेष्ट होते भर वे क्षणेक थे' इस चरण में क्षणेक के स्थान पर छनेक लिख देता तो इसके ओज और रस में कितना विभेद होता; और यही कारण है कि आप इस ग्रन्थ में कहीं छन कहीं क्षण, कहीं भाग कहीं भाग्य, कहीं पयान कहीं प्रयाण इत्यादि विभिन्न प्रयोग देखेंगे।

मैंने इस विषय का पूर्ण ध्यान रखा है कि ग्रन्थ की भाषा एक प्रकार की हो; और

यथाशक्य मैंने ऐसा किया भी है, तथापि रस और अवसर के अनुसरण से आप इस ग्रन्थ की भाषा को स्थान-स्थान पर परिवर्तित पावेंगे। मैंने ऊपर कहा है कि जिस पद्य में मुझको जिस प्रकार का शब्द रखना उचित जान पड़ा, मैंने उसमें वैसा ही शब्द रखा है; परन्तु नहीं कह सकता कि मैं अपने उद्देश्य में कहाँ तक कृतकार्य हुआ हूँ, और सहृदय कवि एवं विद्वानों को मेरी यह परिपाटी कहाँ तक उचित जान पड़ेगी। मेरा यह भी विचार हुआ था कि मैं ब्रजभाषा की प्रणाली के अनुसार ण, श इत्यादि को न, स इत्यादि से बदलकर इस ग्रन्थ की भाषा को विशेष कोमल कर दूँ। रमणीय, श्रवण, शोभा, शक्ति इत्यादि को रमनीय, स्रवन, सोभा, सक्ति करके लिखूँ। परन्तु ऐसा करने से प्रथम तो इस ग्रन्थ की भाषा वर्त्तमान-काल की भाषा से अधिक भिन्न हो जाती, दूसरे इसमें जो संस्कृत का यत्किंचित् रंग है वह न रहता और भद्दापन एवं अमनोहारित्व आ जाता। इस समय जितना 'रमणीय' शब्द श्रुतिसुखद और प्यारा ज्ञात होता है उतना रमनीय नहीं; जो 'शोभा' लिखने में सौन्दर्य और समादर है वह 'सोभा' लिखने में नहीं। अतएव कोई कारण नहीं था कि मैं सामयिक प्रवृत्ति और प्रवाह पर दृष्टि न रखकर एक स्वतन्त्र पथ ग्रहण करता। किसी कवि ने कितना अच्छा कहा है–

'दधि मधुरं मधु मधुरं द्राक्षा मधुरा सितापि मधुरेव।
तस्य तदेवहि मधुरं यस्य मनोवाति यत्र संलग्नम् ॥'

इस ग्रन्थ में आप कहीं-कहीं बहुवचन में भी यह और वह का प्रयोग देखेंगे, इसी प्रकार कहीं-कहीं यहाँ के स्थान पर याँ, वहाँ के स्थान पर वाँ, नहीं के स्थान पर न और वह के स्थान पर सो का प्रयोग भी आपको मिलेगा। उर्दू के कवि एकवचन और बहुवचन दोनों में यह और वह लिखते हैं; और यहाँ और वहाँ के स्थान पर प्रायः याँ और वाँ का प्रयोग करते हैं; परन्तु मैंने ऐसा संकीर्ण स्थलों पर ही किया है। हिन्दी भाषा के आधुनिक पद्य-लेखकों को भी ऐसा करते देखा जाता है। मेरा विचार है कि बहुवचन में ए और वे का प्रयोग ही उत्तम है और इसी प्रकार यहाँ और वहाँ लिखा जाना ही यथाशक्य अच्छा है; अन्यथा चरण संकीर्ण स्थलों पर अनुचित नहीं परन्तु वहीं तक वह ग्राह्य है जहाँ तक कि मर्यादित हो। नहीं और वह के स्थान पर न और सो के विषय में भी मेरा यही विचार है। उक्त शब्दों के व्यवहार के उदाहरण स्वरूप कुछ पद्य और गद्य नीचे लिखे जाते हैं–

'जिन लोगों ने इस काम से महारत पैदा की है, वह लफ़्जों को देखकर साफ़ पहचान लेते हैं'

'ख्यालात का मरतबा ज़बान से अव्वल है, लेकिन जब तक वह दिल में हैं, माँ के पेट में अधूरे बच्चे हैं'

'या यह दोनों ज़बानें एक ज़बान से इस तरह निकली होंगी, जिस तरह एक बाप की दो बेटियाँ जुदा जो गईं'

'वरना खाना-बदोशी के आलम में खुशबाश ज़िन्दगी बसर करते हैं, यह जंगलों के चरिन्द और पहाड़ों के परिन्द ऐसी बोलियाँ बोलते हैं'

—सखुनदान फ़ारस सफहा 2, 6, 25

'<u>वह झाड़ियाँ</u> चमन की वह मेरा आशियाना।
<u>वह बाग़ की बहारें</u> वह सबका मिलके गाना ॥'

—(सरस्वती पत्रिका)

'तो <u>वाँ</u> ज़र्रा ज़र्रा यह करता है एलां।
हवा <u>याँ</u> की थी ज़िन्दगी बख्श दौरां ॥
कि आती हो <u>वाँ</u> से नज़र सारी दुनिया।
ज़माना की गरदिश से है किसको चारा ॥
कभी <u>याँ</u> सिकन्दर कभी याँ है दारा।'

—मुसद्दसहाली

'है धन्य वही परमातमा जो <u>याँ तक</u> लाया हमें।'

—सरस्वती पत्रिका, भाग-8, संख्या-1, पृष्ठ 25

'जाइ <u>न</u> बरनि मनोहर जोरी। दरस लालसा सकुच <u>न</u> थोरी ॥'

—महात्मा तुलसीदास

'रूप सुधा इकली ही पियै पियहूँ को <u>न</u> आरसी देखत देत है'

—भारतेन्दु हरिश्चन्द्र

'<u>न</u> स्वर्ग भी सुखद जो परतन्त्रता है'

—पण्डित महावीरप्रसाद द्विवेदी

'<u>सो</u> तो कियो वायु सेवन को मानहुँ अपर प्रकारा है'<br>'<u>सबै</u> सो अहो एक तेरे निहोरे'

—पण्डित महावीरप्रसाद द्विवेदी

'और जो है <u>सो</u> है ही, किन्तु पाठक ज़रा इस कथन को ध्यानपूर्वक देखें'

—अभ्युदय, भाग-8, संख्या-3, पृष्ठ 3, कालम 3

ब्रजभाषा-शब्द-प्रयोग

आजकल के कतिपय साहित्य-सेवियों का विचार है कि खड़ी बोली की कविता इतना उन्नत हो गयी है और इस पद पर पहुँच गयी है कि उसमें ब्रजभाषा के किसी शब्द का

प्रयोग करना उसे अप्रतिष्ठित बनाना है। परन्तु मैं इस विचार से सहमत नहीं हूँ। ब्रजभाषा कोई पृथक् भाषा नहीं है; इसके अतिरिक्त उर्दू-शब्दों से उसके शब्दों का हिन्दी भाषा पर विशेष स्वत्व है। अतएव कोई कारण नहीं है कि उर्दू के शब्द तो निस्संकोच हिन्दी में गृहीत होते रहें और ब्रज भाषा के उपयुक्त और मनोहर शब्दों के लिए भी उसका द्वार बन्द कर दिया जावे। मेरा विचार है कि खड़ी बोलचाल का रंग रखते हुए जहाँ तक उपयुक्त एवं मनोहर शब्द ब्रजभाषा के मिलें, उनके लेने में संकोच न करना चाहिए। जब उर्दू भाषा सर्वथा ब्रजभाषा के शब्दों से अब तक रहित नहीं हुई तो हिन्दी भाषा उससे अपना सम्बन्ध कैसे विच्छिन्न कर सकती है। इसके व्यतीत मैं यह भी कहूँगा कि उपयुक्त और आवश्यक शब्द किसी भाषा का ग्रहण करने के लिए सदा हिन्दी भाषा का द्वार उन्मुक्त रहना चाहिए; अन्यथा वह परिपुष्ट और विस्तृत होने के स्थान पर निर्बल और संकुचित हो जावेगी। सहृदय कवि भिखारीदास कहते हैं—

तुलसी गंग दुवौ भये सुकविन के सरदार।
इनके काव्यन में मिली भाषा विविध प्रकार॥

इस सिद्धान्त द्वारा परिचालित होकर मैंने ब्रजभाषा के बिलग, बगर इत्यादि शब्दों का प्रयोग भी कहीं-कहीं किया है, आशा है मेरा यह अनुचित साहस न समझा जायगा।

ह्रस्व वर्णों का दीर्घ बनाना

संस्कृत का यह नियम है कि उसके पद्य में कहीं-कहीं ह्रस्व वर्ण का प्रयोग दीर्घ की भाँति किया जाता है। सहृदयवर बाबू मैथिलीशरण गुप्त के निम्नलिखित पद्य के उन शब्दों को देखिए जिनके नीचे लकीर खिंची हुई है। प्रथम चरण के घ, द्वितीय चरण के श, तृतीय चरण के त्र और चतुर्थ चरण के व तथा ति ह्रस्व वर्णों का उच्चारण इन पद्यों के पढ़ने में दीर्घ की भाँति होगा।

निदाघ ज्वाला से विचलित हुआ चातक अभी।
भुलाने जाता था निज विमल वंश-व्रत सभी॥
दिया पत्र द्वारा नव बल मुझे आज तुमने।
सुसाक्षी हैं मेरे विदित कुल-देव ग्रह पति॥

इस प्रकार के प्रयोगों का व्यवहार यद्यपि हिन्दी भाषा में आजकल सफलता से हो रहा है; और लोगों का विचार है कि यदि संस्कृत के वृत्तों की खड़ी बोली के पद्य के लिए आवश्यकता है, तो इस प्रणाली के ग्रहण की भी आवश्यकता है; अन्यथा बड़ी कठिनता का सामना करना पड़ेगा और एक सुविधा हाथ से जाती रहेगी। मैं इस विचार से सहमत हूँ; परन्तु इतना निवेदन करना चाहता हूँ कि जहाँ तक सम्भव हो, ऐसा प्रयोग कम किया

जावे; क्योंकि इस प्रकार का प्रयोग हिन्दी-पद्य में एक प्रकार की जटिलता ला देता है। आप लोग देखेंगे कि ऐसे प्रयोगों से बचने की इस ग्रन्थ में मैंने कितनी चेष्टा की है।

दोषक्षालन चेष्टा

इस ग्रन्थ के लिखने में शब्दों के व्यवहार का जो पथ ग्रहण किया गया है, मैंने यहाँ पर थोड़े में उसका दिग्दर्शन मात्र किया है। इस ग्रन्थ के गुण-दोष के विषय में न तो मुझको कुछ कहने का अधिकार है और न मैं इतनी क्षमता ही रखता हूँ कि इस जटिल मार्ग में दो-चार डग भी उचित रीत्या चल सकूँ। शब्द-दोष, वाक्य-दोष, अर्थ-दोष और रस-दोष इतने गहन हैं और इतने सूक्ष्म इसके विचार एवं विभेद हैं कि प्रथम तो उनमें यथार्थ गति होना असम्भव है; और यदि गति हो जावे, तो उस पर दृष्टि रखकर काव्य करना नितान्त दुस्तर है। यह धुरन्धर और प्रगल्भ विद्वानों की बात है, मुझसे अबोधों की तो इस पथ में कोई गणना ही नहीं 'जेहि मारुत गिरि मेरु उडाहीं। कहहु तूल केहि लेखे माहीं'। श्रद्धेय स्वर्गीय पण्डित सुधाकर द्विवेदी, प्रथम हिन्दी साहित्य सम्मेलन के कार्य-विवरण के पृष्ठ 37 में लिखते हैं—

"हिन्दी और संस्कृत काव्यों में जितने भेद हैं, उन सब पर ध्यान देकर जो काव्य बनाया जावे तो शायद एकाध दोहा या श्लोक काव्य-लक्षण से निर्दोष ठहरे।"

जब यह अवस्था है, तो मुझसे अल्पज्ञ का अपनी साधारण कविता को निर्दोष सिद्ध करने की चेष्टा करना मूर्खता छोड़ और कुछ नहीं हो सकता। अतएव मेरी इन कतिपय पंक्तियों को पढ़कर यह न समझना चाहिए कि मैंने इनको लिखकर अपने ग्रन्थ को निर्दोष सिद्ध करने की चेष्टा की है। प्रथम तो अपना दोष अपने को सूझता नहीं, दूसरे कवि-कर्म्म महा कठिन; ऐसी अवस्था में यदि कोई अलौकिक प्रतिभाशाली विद्वान् भी ऐसी चेष्टा करे तो उसे उपहासास्पद होना पड़ेगा। मुझसे ज्ञानलव-दुर्विदग्ध की तो कुछ बात ही नहीं।

—विनीत
'हरिऔध'

प्रथम सर्ग

द्रुतविलम्बित छन्द

दिवस का अवसान समीप था।
गगन था कुछ लोहित हो चला।
तरु - शिखा पर थी अब राजती।
कमलिनी - कुल - वल्लभ की प्रभा ॥ 1 ॥

विपिन बीच विहंगम - वृन्द का।
कलनिनाद विवर्द्धित था हुआ।
ध्वनिमयी - विविधा विहगावली।
उड़ रही नभ-मण्डल मध्य थी ॥ 2 ॥

अधिक और हुई नभ-लालिमा।
दश-दिशा अनुरंजित हो गयी।
सकल - पादप - पुञ्ज हरीतिमा।
अरुणिमा विनिमज्जित सी हुई ॥ 3 ॥

झलकने पुलिनों पर भी लगी।
गगन के तल की यह लालिमा।
सरि सरोवर के जल में पड़ी।
अरुणता अति ही रमणीय थी ॥ 4 ॥

अचल के शिखरों पर जा चढ़ी।
किरण पादप - शीश - विहारिणी।
तरणि - विम्ब तिरोहित हो चला।
गगन - मण्डल मध्य शनैः - शनैः ॥ 5 ॥

ध्वनि - मयी कर के गिरि - कन्दरा।
कलित - कानन केलि निकुञ्ज को।
बज उठी मुरली इस काल ही।
तरणिजा - तट - राजित - कुञ्ज में ॥ 6 ॥

क्वणित मंजु - विषाण हुए कई।
रणित श्रृंग हुए बहु साथ ही।
फिर समाहित - प्रान्तर - भाग में।
सुन पड़ा स्वर धावित - धेनु का ॥ 7 ॥

निमिष में वन - व्यापित-वीथिका।
विविध - धेनु - विभूषित हो गयी।
धवल - धूसर - वत्स - समूह भी।
विलसता जिनके दल साथ था ॥ 8 ॥

जब हुए समवेत शनैः - शनैः।
सकल गोप सधेनु समण्डली।
तब चले ब्रज - भूषण को लिये।
अति अलंकृत - गोकुल - ग्राम को ॥ 9 ॥

गगन मण्डल में रज छा गयी।
दश - दिशा बहु - शब्दमयी हुई।
विशद - गोकुल के प्रति - गेह में।
बह चला वर - स्रोत विनोद का ॥ 10 ॥

सकल वासर आकुल से रहे।
अखिल - मानव गोकुल - ग्राम के।
अब दिनान्त विलोकत ही बढ़ी।
ब्रज - विभूषण - दर्शन - लालसा ॥ 11 ॥

सुन पड़ा स्वर ज्यों कल - वेणु का।
सकल - ग्राम समुत्सुक हो उठा।
हृदय - यंत्र निनादित हो गया।
तुरत ही अनियंत्रित भाव से ॥ 12 ॥

बहु युवा युवती गृह-बालिका।
विपुल-बालक वृद्ध वयस्क भी।
विवश से निकले निज गेह से।
स्वदृग का दुख - मोचन के लिये ॥ 13 ॥

इधर गोकुल से जनता कढ़ी।
उमगती पगती अति मोद में।
उधर आ पहुँची बलबीर की।
विपुल - धेनु - विमंडित मण्डली ॥ 14 ॥

ककुभ - शोभित गोरज बीच से।
निकलते ब्रज - वल्लभ यों लसे।
कदन ज्यों करके दिशि कालिमा।
विलसता नभ में नलिनीश है ॥ 15 ॥

अतसि - पुष्प अलंकृतकारिणी।
शरद नील - सरोरुह रंजिनी।
नवल - सुन्दर - श्याम - शरीर की।
सजल - नीरद सी कल - कान्ति थी ॥ 16 ॥

अति - समुत्तम अंग समूह था।
मुकुर - मंजुल औ मनभावना।
सतत थी जिसमें सुकुमारता।
सरसता प्रतिबिम्बित हो रही ॥ 17 ॥

बिलसता कटि में पट पीत था।
रुचिर - वस्त्र - विभूषित गात था।
लस रही उर में बनमाल थी।
कल - दुकूल - अलंकृत स्कंध था ॥ 18 ॥

मकर-केतन के कल - केतु से।
लसित थे वर - कुण्डल कान में।
घिर रही जिनकी सब ओर थी।
विविध - भावमयी अलकावली ॥ 19 ॥

मुकुट मस्तक का शिखि - पक्ष का।
मधुरिमामय था बहु मञ्जु था।
असित रत्न समान सुरंजिता।
सतत थी जिसकी वर - चन्द्रिका ॥ 20 ॥

विशद उज्ज्वल - उन्नत भाल में।
विलसती कल केसर - खौर थी।
असित - पंकज के दल में यथा।
रज - सुरंजित पीत - सरोज की ॥ 21 ॥

मधुरता - मय था मृदु - बोलना।
अमृत - सिंचित सी मुसकान थी।
समद थी जन - मानस मोहती।
कमल - लोचन की कमनीयता ॥ 22 ॥

सबल - जानु विलम्बित बाहु थी।
अति - सुपुष्ट - समुन्नत वक्ष था।
वय - किशोर - कला लसितांग था।
मुख प्रफुल्लित पद्म - समान था ॥ 23 ॥

सरस - राग - समूह सहेलिका।
सहचरी मन मोहन - मंत्र की।
रसिकता - जननी कल - नादिनी।
मुरलि थी कर में मधुवर्षिणी ॥ 24 ॥

छलकती मुख की छवि - पुंजता।
छिटिकती क्षिति छू तन की छटा।
बगरती बर दीप्ति दिगन्त में।
क्षितिज में क्षणदा - कर कान्ति सी ॥ 25 ॥

मुदित गोकुल की जन - मण्डली।
जब ब्रजाधिप सम्मुख जा पड़ी।
निरखने मुख की छवि यों लगी।
तृषित - चातक ज्यों घन की घटा ॥ 26 ॥

पलक लोचन की पड़ती न थी।
हिल नहीं सकता तन-लोम था।
छवि - रता - बनिता सब यों बनीं।
उपल निर्मित पुत्तलिक यथा ॥ 27 ॥

उछलते शिशु थे अति हर्ष से।
युवक थे रस की निधि लूटते।
जरठ को फल लोचन का मिला।
निरख के सुषमा सुखमूल की ॥ 28 ॥

बहु - विनोदित थीं ब्रज - बालिका।
तरुणियाँ सब थीं तृण तोड़ती।
बलि गयीं बहु बार वयोवती।
छवि विभूति विलोक ब्रजेन्दु की ॥ 29 ॥

मुरलिका कर - पंकज में लसी।
जब अचानक थी बजती कभी।
तब सुधारस मंजु - प्रवाह में।
जन - समागम था अवगाहता ॥ 30 ॥

ढिग सुशोभित श्रीबलराम थे।
निकट गोप - कुमार - समूह था।
विविध गातवती गरिमामयी।
सुरभि थीं सब ओर विराजती ॥ 31 ॥

बज रहे बहु - शृंग - विषाण थे।
क्वणित हो उठता वर - वेणु था।
सरस - राग - समूह अलाप से।
रसवती - बन थी मुदिता - दिशा ॥ 32 ॥

विविध - भाव - विमुग्ध बनी हुई।
मुदित थी बहु - दर्शक - मण्डली।
अति मनोहर थी बनती कभी।
बज किसी कटि की कलकिंकिणी ॥ 33 ॥

इधर था इस भाँति समा बँधा।
उधर व्योम हुआ कुछ और ही।
अब न था उसमें रवि राजता।
किरण भी न सुशोभित थी कहीं ॥ 34 ॥

अरुणिमा - जगती - तल - रंजिनी।
वहन थी करती अब कालिमा।
मलिन थी नव-राग-मयी दिशा।
अवनिथी तमसावृत हो रही ॥ 35 ॥

तिमिर की यह भूतल - व्यापिनी।
तरल - धार विकाश विरोधिनी।
जन - समूह - विलोचन के लिये।
बन गयी प्रति - मूर्ति विराम की ॥ 36 ॥

द्युतिमती उतनी अब थी नहीं।
नयन की अति दिव्य कनीनिका।
अब नहीं वह थी अवलोकती।
मधुमयी छवि श्रीघनश्याम की ॥ 37 ॥

यह अभावुकता तम - पुञ्ज की।
सह सकी न नभस्तल तारका।
वह विकास - विवर्द्धन के लिये।
निकलने नभ - मण्डल में लगी ॥ 38 ॥

तदपि दर्शक - लोचन - लालसा।
फलवती न हुई तिलमात्र भी।
यह विलोक विलोचन दीनता।
सकुचने सरसीरुह भी लगे ॥ 39 ॥

खग - समूह न था अब बोलता।
विटप थे बहु नीरव हो गये।
मधुर मंजुल मत्त अलाप के।
अब न यंत्र बने तरु - वृन्द थे ॥ 40 ॥

विहग औ विटपी - कुल मौनता।
प्रकट थी करती इस मर्म्म को।
श्रवण को वह नीरव थे बने।
करुण अंतिम - वादन वेणु का ॥ 41 ॥

विहग - नीरवता - उपरान्त ही।
रुक गया स्वर शृंग विषाण का।
कल - अलाप समापित हो गया।
पर रही बजती वर - वंशिका ॥ 42 ॥

विविध - मर्म्मभरी करुणामयी।
ध्वनि वियोग - विराग - विवोधिनी।
कुछ घड़ी रह व्याप्त दिगन्त में।
फिर समीरण में वह भी मिली ॥ 43 ॥

ब्रज - धरा - जन जीवन - यंत्रिका।
विटप - वेलि - विनोदित - कारिणी।
मुरलिका जन - मानस - मोहिनी।
अहह नीरवता निहिता हुई ॥ 44 ॥

प्रथम ही तम की करतूत से।
छवि न लोचन थे अवलोकते।
अब निनाद रुके कल - वेणु का।
श्रवण पान न था करता सुधा ॥ 45 ॥

इसलिए रसना - जन - वृन्द की।
सरस - भाव समुत्सुकता पगी।
ग्रथन गौरव से करने लगी।
ब्रज - विभूषण की गुण - मालिका ॥ 46 ॥

जब दशा यह थी जन - यूथ की।
जलज - लोचन थे तब जा रहे।
सहित गोगण गोप - समूह के।
अवनि - गौरव - गोकुल ग्राम में ॥ 47 ॥

कुछ घड़ी यह कान्त क्रिया हुई।
फिर हुआ इसका अवसान भी।
प्रथम थी बहु धूम मची जहाँ।
अब वहाँ बढ़ता सुनसान था ॥ 48 ॥

कर विदूरित लोचन लालसा।
स्वर प्रसूत सुधा श्रुति को पिला।
गुण - मयी रसनेन्द्रिय को बना।
गृह गये अब दर्शक - वृन्द भी ॥ 49 ॥

प्रथम थी स्वर की लहरी जहाँ।
पवन में अधिकाधिक गूँजती।
कल अलाप सुप्लावित था जहाँ।
अब वहाँ पर नीरवता हुई ॥ 50 ॥

विशद - चित्रपटी ब्रजभूमि की।
रहित आज हुई वर चित्र से।
छवि यहाँ पर अंकित जो हुई।
अहह लोप हुई सब-काल को ॥ 51 ॥

द्वितीय सर्ग

द्रुतविलम्बित छन्द

गत हुई अब थी द्वि घटी निशा।
तिमिर - पूरित थी सब मेदिनी।
बहु विमुग्ध करी बन थी लसी।
गगन मण्डल तारक - मालिका ॥ 1 ॥

तम ढके तरु थे दिखला रहे।
तमस - पादप से जन वृन्द को।
सकल गोकुल गेह - समूह भी।
तिमिर - निर्मित सा इस काल था ॥ 2 ॥

इस तमो - मय गेह - समूह का।
अति - प्रकाशित सर्व - सुकक्ष था।
विविध ज्योति - निधान - प्रदीप थे।
तिमिर - व्यापकता हरते जहाँ ॥ 3 ॥

इस प्रभा - मय - मंजुल - कक्ष में।
सदन की करके सकला क्रिया।
कथन थीं करती कुल - कामिनी।
कलित कीर्ति ब्रजाधिप - तात की ॥ 4 ॥

सदन - सम्मुख के कल ज्योति से।
ज्वलित थे जितने वर - बैठके।
पुरुष - जाति वहाँ समवेत हो।
सुगुण - वर्णन में अनुरक्त थी ॥ 5 ॥

रमणियाँ सब ले गृह - बालिका।
पुरुष लेकर बालक - मण्डली।
कथन थे करते कल - कंठ से।
ब्रज - विभूषण की विरदावली ॥ 6 ॥

सब पड़ोस कहीं समवेत था।
सदन के सब थे इकठे कहीं।
मिलित थे नरनारि कहीं हुए।
चयन को कुसुमावलि कीर्ति की ॥ 7 ॥

रसवती रसना बल से कहीं।
कथित थी कथनीय गुणावली।
मधुर राग सधे स्वर ताल में।
कलित कीर्ति अलापित थी कहीं ॥ 8 ॥

बज रहे, मृदु मंद मृदंग थे।
ध्वनित हो उठता करताल था।
सरस वादन से वर बीन के।
विपुल था मधु-वर्षण हो रहा ॥ 9 ॥

प्रति निकेतन से कल - नाद का।
निकलती लहरी इस काल थी।
मधुमयी गलियाँ सब थीं बनी।
ध्वनित सा कुल गोकुल - ग्राम था ॥ 10 ॥

सुन पड़ी ध्वनि एक इसी घड़ी।
अति - अनर्थकारी इस ग्राम में।
विपुल वादित वाद्य - विशेष से।
निकलती अब जो अविराम थी ॥ 11 ॥

मनुज एक विघोषक वाद्य की।
प्रथम था करता बहु ताड़ना।
फिर मुकुन्द - प्रवास - प्रसंग यों।
कथन था करता स्वर - तार से ॥ 12 ॥

अमित - विक्रम कंस नरेश ने।
धनुष - यज्ञ विलोकन के लिये।
कल समादर से ब्रज - भूप को।
कुँवर संग निमंत्रित है किया ॥ 13 ॥

यह निमंत्रण लेकर आज ही।
सुत - स्वफल्क समागत हैं हुए।
कल प्रभात हुए मथुरापुरी।
गमन भी अवधारित हो चुका ॥ 14 ॥

इस सुविस्तृत - गोकुल ग्राम में।
निवसते जितने वर - गोप हैं।
सकल को उपढौकन आदि ले।
उचित है चलना मथुरापुरी ॥ 15 ॥

इसलिए यह भूपनिदेस है।
सकल - गोप समाहित हो सुनो।
सब प्रबन्ध हुआ निशि में रहे।
कल प्रभात हुए न विलम्ब हो ॥ 16 ॥

निमिष में यह भीषण घोषणा।
रजनि - अंक - कलंकित - कारिणी।
मृदु - समीरण के सहकार से।
अखिल गोकुल - ग्राममयी हुई ॥ 17 ॥

कमल - लोचन कृष्ण - वियोग की।
अशनि - पात - समा यह सूचना।
परम - आकुल - गोकुल के लिये।
अति - अनिष्टकरी - घटना हुई ॥ 18 ॥

चकित भीत अचेतन सी बनी।
कँप उठी कुलमानव - मण्डली।
कुटिलता कर याद नृशंस की।
प्रबल और हुई उर वेदना ॥ 19 ॥

कुछ घड़ी पहले जिस भूमि में।
प्रवहमान प्रमोद - प्रवाह था।
अब उसी रस - प्लावित भूमि में।
बह चला खर स्रोत विषाद का॥ 20॥

कर रहे जितने कल गान थे।
तुरत वे अति - कुण्ठित हो उठे।
अब अलाप अलौकिक कंठ के।
ध्वनित थे करते न दिगन्त को॥ 21॥

उतर तार गये बहु बीन के।
मधुरता न रही मुरजादि में।
विवशता - वश वादक - वृन्द के।
गिर गये कर के करताल भी॥ 22॥

सकल - ग्रामवधू कल कंठता।
परम - दारुण - कातरता बनी।
हृदय की उनकी प्रिय - लालसा।
विविध - तर्क वितर्क - मयी हुई॥ 23॥

दुख भरी उर - कुत्सित भावना।
मथन मानस को करने लगी।
करुण - प्लावित लोचन कोण में।
झलकने जल के कण भी लगे॥ 24॥

नव - उमंग - मयी पुर - बालिका।
मलिन और सशंकित हो गयी।
अति - प्रफुल्लित बालक - वृन्द का।
वदन - मण्डल भी कुम्हला गया॥ 25॥

ब्रज - धराधिप तात प्रभात ही।
कल हमें तज के मथुरा चले।
असहनीय जहाँ सुनिये वहीं।
बस यही चरचा इस काल थी॥ 26॥

सब परस्पर थे कहते यही।
कमल-नेत्र निमंत्रित क्यों हुए।
कुछ स्वबन्धु समेत ब्रजेश का।
गमन ही सब भाँति यथेष्ट था॥ 27॥

पर निमंत्रित जो प्रिय हैं हुए।
कपट भी इसमें कुछ है सही।
दुरभिसंधि नृशंस-नृपाल की।
अब न है ब्रज-मण्डल में छिपी॥ 28॥

विवश है करती विधि वामता।
कुछ बुरे दिन हैं ब्रज-भूमि के।
हम सभी अतिही-हतभाग्य हैं।
उपजती नित जो नव-व्याधि है॥ 29॥

किस परिश्रम और प्रयत्न से।
कर सुरोत्तम की परिसेवना।
इस जराजित-जीवन-काल में।
महर को सुत का मुख है दिखा॥ 30॥

सुअन भी सुर विप्र प्रसाद से।
अति अपूर्व अलौकिक है मिला।
निज गुणावलि से इस काल जो।
ब्रज-धरा-जन जीवन-प्राण है॥ 31॥

पर बड़े दुख की यह बात है।
विपद जो अब भी टलती नहीं।
अहह है कहते बनती नहीं।
परम-दग्धकरी उर की व्यथा॥ 32॥

जनम की तिथि से बलबीर की।
बहु-उपद्रव हैं ब्रज में हुए।
बिकटता जिनकी अब भी नहीं।
हृदय से अपसारित हो सकी॥ 33॥

परम - पातक की प्रतिमूर्ति सी।
अति अपावनतामय - पूतना।
पय - अपेय पिलाकर श्याम को।
कर चुकी ब्रज - भूमि विनाश थी ॥ 34 ॥

पर किसी चिर - संचित - पुण्य से।
गरल अमृत अर्भक को हुआ।
विष - मयी वह होकर आप ही।
कवल काल - भुजंगम का हुई ॥ 35 ॥

फिर अचानक धूलिमयी महा।
दिवस एक प्रचंड हवा चली।
श्रवण से जिसकी गुरु - गर्जना।
कँप उठा सहसा उर दिग्वधू ॥ 36 ॥

उपल वृष्टि हुई तम छा गया।
पट गयी महि कंकर - पात से।
गड़गड़ाहट वारिद - व्यूह की।
ककुभ में परिपूरित हो गयी ॥ 37 ॥

उखड़ पेड़ गये जड़ से कई।
गिर पड़ीं अवनी पर डालियाँ।
शिखर भग्न हुए उजड़ीं छतें।
हिल गये सब पुष्ट निकेत भी ॥ 38 ॥

बहु रजोमय आनन हो गया।
भर गये युग - लोचन धूलि से।
पवन - वाहित - पांशु - प्रहार से।
गत बुरी ब्रज - मानव की हुई ॥ 39 ॥

घिर गया इतना तम - तोम था।
दिवस था जिससे निशि हो गया।
पवन - गर्जन औ घन - नाद से।
कँप उठी ब्रज - सर्व वसुन्धरा ॥ 40 ॥

प्रकृति थी जब यों कुपिता महा।
हरि अदृश्य अचानक हो गये।
सदन में जिससे ब्रज-भूप के।
अति-भयानक-क्रन्दन हो उठा ॥ 41 ॥

सकल-गोकुल था यक तो दुखी।
प्रबल-वेग प्रभंजन आदि से।
अब दशा सुन नन्द-निकेत की।
पवि-समाहत सा वह हो गया ॥ 42 ॥

पर व्यतीत हुए द्विघटी टली।
यह तृणावरतीय विडम्बना।
पवन-वेग रुका तम भी हटा।
जलद-जाल तिरोहित हो गया ॥ 43 ॥

प्रकृति शान्त हुई वर व्योम में।
चमकने रवि की किरणें लगीं।
निकट ही निज सुन्दर सद्म के।
किलकते हँसते हरि भी मिले ॥ 44 ॥

अति पुरातन-पुण्य ब्रजेश का।
उदय था इस काल स्वयं हुआ।
पतित हो खर वायु-प्रकोप में।
कुसुम-कोमल बालक जो बचा ॥ 45 ॥

शकट-पात ब्रजाधिप पास ही।
पतन अर्जुन से तरु राज का।
पकड़ना कुलिशोपम चञ्चु से।
खल बकासुर का बलवीर को ॥ 46 ॥

वधन-उद्यम दुर्जय-वत्स का।
कुटिलताअघ संज्ञक-सर्प की।
विकट घोटक की अपकारिता।
हरि निपातन यत्न अरिष्ट का ॥47॥

कपट - रूप - प्रलम्ब प्रवंचना।
खलपना - पशुपालक - व्योम का।
अहह ए सब घोर अनर्थ थे।
ब्रज - विभूषण हैं जिनसे बचे ॥ 48 ॥

पर दुरन्त नराधिप कंस ने।
अब कुचक्र भयंकर है रचा।
युगल - बालक संग ब्रजेश जो।
कल निमंत्रित हैं मख में हुए ॥ 49 ॥

गमन जो न करें बनती नहीं।
गमन से सब भाँति विपत्ति है।
जटिलता इस कौशल जाल की।
अहह है अति कष्ट - प्रदायिनी ॥ 50 ॥

प्रणतपाल कृपानिधि श्रीपते।
फलद है प्रभु का पद - पद्म ही।
दुख - पयोनिधि मज्जित का वही।
जगत में परमोत्तम पोत है ॥ 51 ॥

विषम संकट में ब्रज है पड़ा।
पर हमें अवलम्बन है वही।
निविड़ पामरता, तम हो चला।
पर प्रभो बल है नख - ज्योति का ॥ 52 ॥

विपद ज्यों बहुधा कितनी टली।
प्रभु कृपावल त्यों यह भी टले।
दुखित मानस का करुणानिधे।
अति विनीत निवेदन है यही ॥ 53 ॥

ब्रज विभाकर ही अवलम्ब हैं।
हम सशंकित प्राणि - समूह के।
यदि हुआ कुछ भी प्रतिकूल तो।
ब्रज - धरा तमसावृत हो चुकी ॥ 54 ॥

पुरुष यों करते अनुताप थे।
अधिक थीं व्यथिता ब्रज - नारियाँ।
बन अपार - विषाद - उपेत वे।
बिलख थीं दृग - वारि विमोचती ॥ 55 ॥

दुख प्रकाशन का क्रम नारि का।
अधिक था नर के अनुसार ही।
पर विलाप कलाप बिसूरना।
बिलखना उन में अतिरिक्त था ॥ 56 ॥

ब्रज - धरा - जन की निशि साथ ही।
विकलता परिवर्द्धित हो चली।
तिमिर साथ विमोहक - शोक भी।
प्रबल था पल ही पल हो रहा ॥ 57 ॥

विशद - गोकुल बीच विषाद की।
अति - असंयत जो लहरें उठीं।
बहु विवर्द्धित हो निशि - मध्य ही।
ब्रज - धरातल व्यापित वे हुईं ॥ 58 ॥

विलसती अब थी न प्रफुल्लता।
न वह हास विलास विनोद था।
हृदय कम्पित थी करती महा।
दुखमयी ब्रज - भूमि विभीषिका ॥ 59 ॥

तिमिर था घिरता बहु नित्य ही।
पर घिरा तम जो निशि आज को।
उस विषाद - महातम से कभी।
रहित हो न सकी ब्रज की धरा ॥ 60 ॥

बहु - भयंकर थी यह यामिनी।
बिलपते ब्रज भूतल के लिये।
तिमिर में जिसके उसका शशी।
बहु कला युत होकर खो चला ॥ 61 ॥

घहरती घिरती दुख की घटा।
यह अचानक जो निशि में उठी।
वह ब्रजांगण में चिरकाल ही।
बरसती बन लोचनवारि थी॥ 62॥

ब्रज - धरा - जन के उर मध्य जो।
विरह - जात लगी यह कालिमा।
तनिक धो न सका उसको कभी।
नयन का बहु - वारि - प्रवाह भी॥ 63॥

सुखद थे बहु जो जन के लिये।
फिर नहीं ब्रज के दिन वे फिरे।
मलिनतान समुज्वलता हुई।
दुख - निशा न हुई सुख की निशा॥ 64॥

तृतीय सर्ग

द्रुतविलम्बित छन्द

समय था सुनसान निशीथ का।
अटल भूतल में तम-राज्य था।
प्रलय-काल समान प्रसुप्त हो।
प्रकृति निश्चल, नीरव, शान्त थी॥ 1॥

परम-धीर समीर-प्रवाह था।
वह मनों कुछ निद्रित था हुआ।
गति हुई अथवा अति-धीर थी।
प्रकृति कोसु प्रसुप्त विलोक के॥ 2॥

सकल-पादप नीरव थे खड़े।
हिल नहीं सकता यक पत्र था।
च्युत हुए पर भी वह मौन ही।
पतित था अवनी पर हो रहा॥ 3॥

विविध-शब्द-मयी वन की धरा।
अति-प्रशान्त हुई इस काल थी।
ककुभ औ नभ-मण्डल में नहीं।
रह गया रव का लवलेश था॥ 4॥

सकल-तारक भी चुपचाप ही।
बितरते अवनी पर ज्योति थे।
बिकटता जिस से तम-तोम की।
कियत थी अपसारित हो रही॥ 5॥

अवश तुल्य पड़ा निशि अंक में।
अखिल - प्राणि - समूह अवाक था।
तरु - लतादिक बीच प्रसुप्ति की।
प्रबलता प्रतिबिम्बित थी हुई ॥ 6 ॥

रुक गया सब कार्य्य - कलाप था।
वसुमती - तल भी अति-मूक था।
सचलता अपनी तज के मनों।
जगत था थिर हो कर सो रहा ॥ 7 ॥

सतत शब्दित गेह समूह में।
विजनता परिवर्द्धित थी हुई।
कुछ विनिद्रित हो जिनमें कहीं।
झनकता यक झींगुर भी न था ॥ 8 ॥

वदन से तज के मिष धूम के।
शयन - सूचक श्वास - समूह को।
झलमलाहट - हीन - शिखा लिये।
परम-निद्रित सा गृह-दीप था ॥ 9 ॥

भनक थी निशि - गर्भ तिरोहिता।
तम - निमज्जित आहट थी हुई।
निपट नीरवता सब ओर थी।
गुण - विहीन हुआ जनु व्योम था ॥ 10 ॥

इस तमोमय मौन निशीथ की।
सहज - नीरवता क्षिति - व्यापिनी।
कलुषिता ब्रज की महि के लिये।
तनिक थी न विरामप्रदायिनी ॥ 11 ॥

दलन थी करती उसको कभी।
रुदन की ध्वनि दूर समागता।
वह कभी बहु थी प्रतिघातिता।
जन - विबोधक - कर्कश - शब्द से ॥ 12 ॥

कल प्रयाण निमित्त जहाँ तहाँ।
वहन जो करते बहु वस्तु थे।
श्रम सना उनका रव-प्रायशः।
कर रहा निशि-शान्ति विनाश था ॥13॥

प्रगटती बहु-भीषण मूर्ति थी।
कर रहा भय ताण्डव नृत्य था।
बिकट-दन्त भयंकर-प्रेत भी।
विचरते तरु-मूल समीप थे ॥14॥

वदन व्यादन पूर्वक प्रेतिनी।
भय-प्रदर्शन थी करती महा।
निकलती जिससे अविराम थी।
अनल की अति-त्रासकरी-शिखा ॥15॥

तिमिर-लीन-कलेवर को लिये।
विकट-दानव पादप थे बने।
भ्रममयी जिनकी विकरालता।
चलित थी करती पवि-चित्त को ॥16॥

अति-सशंकित और सभीत हो।
मन कभी यह था अनुमानता।
ब्रज समूल विनाशन को खड़े।
यह निशाचर हैं नृप-कंस के ॥17॥

अति-भयानक-भूमि मसान की।
वहन थी करती शव-राशि को।
बहु-विभीषणता जिनकी कभी।
दृग नहीं सकते अवलोक थे ॥18॥

विकट-दन्त दिखाकर खोपड़ी।
कर रही अति-भैरव-हास थी।
विपुल-अस्थि-समूह विभाषिका।
भर रही भय थी बन भैरवी ॥19॥

इस भयंकर - घोर - निशीथ में।
विकलता अति - कातरता - मयी।
विपुल थी परिवर्द्धित हो रही।
निपट - नीरव नन्द - निकेत में ॥ 20 ॥

सित हुए अपने मुख - लोम को।
कर गहे दुखव्यंजक भाव से।
विषम - संकट बीच पड़े हुए।
बिलखते चुपचाप ब्रजेश थे ॥ 21 ॥

हृदय - निर्गत वाष्प - समूह से।
सजल थे युग - लोचन हो रहे।
वदन से उनके चुपचाप ही।
निकलती अति - तप्त उसास थी ॥ 22 ॥

शयित हो अति - चंचल - नेत्र से।
छत कभी वह थे अवलोकते।
टहलते फिरते स - विषाद थे।
यह कभी निज निर्जन कक्ष में ॥ 23 ॥

जब कभी बढ़ती उर की व्यथा।
निकट जा करके तब द्वार के।
वह रहे नभ नीरव देखते।
निशि - घटी अवधारण के लिये ॥ 24 ॥

सब प्रबन्ध प्रभात - प्रयाण के।
यदिच थे रव - वर्जित हो रहे।
तदपि रो पड़ती सहसा रहीं।
विविध - कार्य्य - रता गृहदासियाँ ॥ 25 ॥

जब कभी यह रोदन कान में।
ब्रज - धराधिप के पड़ता रहा।
तड़पते तब यों वह तल्प पै।
निशित - सायक - विद्धजनो यथा ॥ 26 ॥

ब्रज - धरा - पति कक्ष समीप ही।
निपट - नीरव कक्ष विशेष में।
समुद थे ब्रज - वल्लभ सो रहे।
अति - प्रफुल्ल मुखांबुज मंजु था ॥ 27 ॥

निकट कोमल तल्प मुकुन्द के।
कलपती जननी उपविष्ट थी।
अति - असंयत अश्रु - प्रवाह से।
वदन - मण्डल प्लावित था हुआ ॥ 28 ॥

हृदय में उनके उठती रही।
भय - भरी अति - कुत्सित - भावना।
विपुल - व्याकुल वे इस काल थीं।
जटिलता - वश कौशल - जाल की ॥ 29 ॥

परम चिन्तित वे बनतीं कभी।
सुअन प्रात प्रयाण प्रसंग से।
व्यथित था उनको करता कभी।
परम - त्रास महीपति - कंस का ॥ 30 ॥

पट हटा सुत के मुख कंज की ।
विकचता जब थीं अवलोकती।
विवश सी जब थीं फिर देखती।
सरलता, मृदुता, सुकुमारता ॥ 31 ॥

तदुपरान्त नृगाधम - नीति की।
अति भयंकरता जब सोचतीं।
निपतिता तब हो कर भूमि में।
करुण क्रन्दन वे करती रहीं ॥ 32 ॥

हरि न जाग उठें इस शोच से।
सिसिकतों तक भी वह थीं नहीं।
इसलिए उन का दुख-वेग से।
हृदय था शतधा अब हो रहा ॥ 33 ॥

महरि का यह कष्ट विलोक के।
धुन रहा शिर गेह-प्रदीप था।
सदन में परिपूरित दीप्ति भी।
सतत थी महि-लुंठित हो रही ॥ 34 ॥

पर बिना इस दीपक-दीप्ति के।
इस घड़ी इस नीरव-कक्ष में।
महरि का न प्रबोधक और था।
इसलिए अति पीड़ित वे रहीं ॥ 35 ॥

वरन कम्पित-शीश प्रदीप भी।
कर रहा उनको बहु-व्यग्र था।
अति-समुज्वल-सुन्दर-दीप्ति भी।
मलिन थी अति ही लगती उन्हें ॥ 36 ॥

जब कभी घटता दुख-वेग था।
तब नवा कर वे निज-शीश को।
महि विलम्बित हो कर जोड़ के।
विनय यों करती चुपचाप थीं ॥ 37 ॥

सकल-मंगल-मूल कृपानिधे।
कुशलतालय हे कुल-देवता।
विपद संकुल है कुल हो रहा।
विपुल वांछित है अनुकूलता ॥ 38 ॥

परम-कोमल-बालक श्याम ही।
कलपते कुल का यक चिन्ह है।
पर प्रभो! उस के प्रतिकूल भी।
अति-प्रचंड समीरण है उठा ॥ 39 ॥

यदि हुई न कृपा पद-कंज की।
टल नहीं सकती यह आपदा।
मुझ सशंकित को सब काल ही।
पद-सरोरुह का अवलम्ब है ॥ 40 ॥

कुल विवर्द्धन पालन ओर ही।
प्रभु रही भवदीय सुदृष्टि है।
यह सुमंगल मूल सुदृष्टि ही।
अति अपेक्षित है इस काल भी ॥ 41 ॥

समझ के पद - पंकज - सेविका।
कर सकी अपराध कभी नहीं।
पर शरीर मिले सब भाँति मैं।
निरपराध कहा सकती नहीं ॥ 42 ॥

इस लिये मुझसे अनजान में।
यदि हुआ कुछ भी अपराध हो।
वह सभी इस संकट - काल में।
कुलपते! सब ही विधि क्षम्य है ॥ 43 ॥

प्रथम तो सब काल अबोध की।
सकल चूक उपेक्षित है हुई।
फिर सदाशय आशय सामने।
परम तुच्छ सभी अपराध हैं ॥ 44 ॥

सरलता-मय-बालक श्याम तो।
निरपराध नितान्त - निरीह है।
इस लिये इस काल दयानिधे।
वह अतीव - अनुग्रह - पात्र है ॥ 45 ॥

मालिनी छन्द

प्रमुदित मथुरा के मानवों को बना के।
सकुशल रह के औ विघ्नबाधा बचा के।
निज प्रिय सुत दोनों साथ लेके सुखी हो।
जिस दिन पलटेंगे गेह स्वामी हमारे ॥ 46 ॥

प्रभु दिवस उसी मैं सात्त्विकी रीति द्वारा।
परम शुचि बड़े ही दिव्य आयोजनों से।
विधि - सहित करूँगी मंजु पादाब्ज - पूजा।
उपकृत अति होके आपकी सत्कृपा से ॥ 47 ॥

द्रुतविलम्बित छन्द

यह प्रलोभन है न कृपानिधे।
यह अकोर प्रदान न है प्रभो।
वरन है यह कातर-चित्त की।
परम - शान्तिमयी - अवतारणा ॥ 48 ॥

कलुष - नाशिनि दुष्ट-निकंदनी।
जगत की जननी भव - वल्लभे।
जननि के जिय की सकला व्यथा।
जननि ही जिय है कुछ जानता ॥ 49 ॥

अवनि में ललना जन जन्म को।
विफल है करती अनपत्यता।
सहज जीवन को उसके सदा।
वह सकंटक है करती नहीं ॥ 50 ॥

उपजती पर जो उर - व्याधि है।
सतत संतति संकट - शोच से।
वह सकंटक ही करती नहीं।
वरन जीवन है करती वृथा ॥ 51 ॥

बहुत चिन्तित थी पद - सेविका।
प्रथम भी यक संतति के लिए।
पर निरन्तर संतति - कष्ट से।
हृदय है अब जर्जर हो रहा ॥ 52 ॥

जननि जो उपजी उर में दया।
जरठता अवलोक - स्वदास की।
बन गयी यदि मैं बड़भागिनी।
तव कृपाबल पा कर पुत्र को ॥ 53 ॥

किस लिये अब तो यह सेविका।
बहु निपीड़ित है नित हो रही।
किस लिये, तब बालक के लिये।
उमड़ है पड़ती दुख की घटा ॥ 54 ॥

'जन-विनाश' प्रयोजन के बिना।
प्रकृति से जिसका प्रिय कार्य्य है।
दलन को उसके भव-वल्लभे!
अब न क्या बल है तब बाहु में ॥ 55 ॥

स्वसुत रक्षण औ पर पुत्र के।
दलन की यह निर्म्मम प्रार्थना।
बहुत सम्भव है यदि यों कहें।
सुन नहीं सकती 'जगदम्बिका' ॥ 56 ॥

पर निवेदन है यह ज्ञानदे।
अबल का बल केवल न्याय है।
नियम - शालिनि क्या अवमानना।
उचित है विधि - सम्मत - न्याय की ॥ 57 ॥

परम क्रूर - महीपति - कंस की।
कुटिलता अब है अति कष्टदा।
कपट - कौशल से अब नित्य ही।
बहुत - पीड़ित है ब्रज की प्रजा ॥ 58 ॥

सरलता - मय - बालक के लिये।
जननि! जो अब कौशल है हुआ।
सह नहीं सकता उसको कभी।
पवि विनिर्मित मानव - प्राण भी ॥ 59 ॥

कुबलया सम मत्त - गजेन्द्र से।
भिड़ नहीं सकते दनुजात भी।
वह महा सुकुमार कुमार से।
रण - निमित्त सुसज्जित है हुआ ॥ 60 ॥

बिकट - दर्शन कज्जल - मेरु सा।
सुर गजेन्द्र समान पराक्रमी।
द्विरद क्या जननी उपयुक्त है।
यक पयो - मुख बालक के लिए ॥ 61 ॥

व्यथित होकर क्यों बिलखूँ नहीं।
अहह धीरज क्योंकर मैं धरूँ।
मृदु - कुरंगम शावक से कभी।
पतन हो न सका हिम शैल का ॥ 62 ॥

विदित है बल, वज्र - शरीरता।
बिकटता शल तोशल कूट की।
परम है पटु मुष्टि - प्रहार में।
प्रबल मुष्टिक संज्ञक मल्ल भी ॥ 63 ॥

पृथुल - भीम - शरीर भयावने।
अपर हैं जितने मल कंस के।
सब नियोजित हैं रण के लिये।
यक किशोरवयस्क कुमार से ॥ 64 ॥

विपुल वीर सजे बहु - अस्त्र से।
नृपति - कंस स्वयं निज शस्त्र ले।
विवुध - वृन्द विलोड़क शक्ति से।
शिशु विरुद्ध समुद्यत हैं हुए ॥ 65 ॥

जिस नराधिप की वशवर्तिनी।
सकल भाँति निरन्तर है प्रजा।
जननि यों उसका कटिबद्ध हो।
कुटिलता करना अविधेय है ॥ 66 ॥

जन प्रपीड़ित होकर अन्य से।
शरण है गहता नरनाथ की।
यदि निपीड़न भूपति ही करे।
जगत में फिर रक्षक कौन है? ॥ 67 ॥

गगन में उड़ जा सकती नहीं।
गमन सम्भव है न पताल का।
अवनि - मध्य पलायित हो कहीं।
बच नहीं सकती नृप - कंस से ॥ 68 ॥

विवशता किस से अपनी कहूँ।
जननि! क्यों न बनूँ बहु - कातरा।
प्रबल - हिंस्रक - जन्तु - समूह में।
विवश हो मृग - शावक है चला॥ 69 ॥

सकल भाँति हमें अब अम्बिके!
चरण - पंकज ही अवलम्ब है।
शरण जो न यहाँ जन को मिली।
जननि, तो जगतीतल शून्य है॥ 70 ॥

विधि अहो भवदीय - विधान की।
मति - अगोचरता बहु - रूपता।
परम युक्ति-मयी कृति भूति है।
पर कहीं वह है अति-कष्टदा॥ 71 ॥

जगत में यक पुत्र बिना कहीं।
बिलटता सुर - वांछित राज्य है।
अधिक संतति है इतनी कहीं।
वसन भोजन दुर्लभ है जहाँ॥ 72 ॥

कलप के कितने वसुयाम भी।
सुअन - आनन हैं न विलोकते।
विपुलता निज संतति की कहीं।
विकल है करती मनु जात को॥ 73 ॥

सुअन का बदनांबुज देख के।
पुलकते कितने जन हैं सदा।
बिलखते कितने सब काल हैं।
सुत मुखांबुज देख मलीनता॥ 74 ॥

सुखित हैं कितनी जननी सदा।
निज नरापद संतति देख के।
दुखित हैं मुझ सी कितनी प्रभो।
नित विलोक स्वसंतति आपदा॥ 75 ॥

प्रभु कभी भवदीय विधान में।
तनिक अन्तर हो सकता नहीं।
यह निवेदन सादर नाथ से।
तदपि है करती तव सेविका ॥ 76 ॥

यदि कभी प्रभु-दृष्टि कृपामयी।
पतित हो सकती महि-मध्य हो।
इस घड़ी उसकी अधिकारिणी।
मुझ अभागिन तुल्य न अन्य है ॥ 77 ॥

प्रकृति प्राणस्वरूप जगत्पिता।
अखिल-लोकपते प्रभुता निधे।
सब क्रिया कब सांग हुई वहाँ।
प्रभु जहाँ न हुई पद-अर्चना ॥ 78 ॥

यदिच विश्व समस्त-प्रपंच से।
पृथक से रहते नित आप हैं।
पर कहाँ जन को अवलम्ब है।
प्रभु गहे पद-पंकज के बिना ॥ 79 ॥

विविध-निर्जर में बहु-रूप से।
यदिच है जगती प्रभु की कला।
यजन पूजन से प्रति-देव के।
यजित पूजित यद्यपि आप हैं ॥ 80 ॥

तदपि जो सुर-पादप के तले।
पहुँच पा सकता जन शान्ति है।
वह कभी दल फूल फलादि से।
मिल नहीं सकती जगतीपते ॥ 81 ॥

झलकती तब निर्मल ज्योति है।
तरणि में तृण में करुणामयी।
किरण एक इसी कल-ज्योति की।
तमनिवारण में क्षम है प्रभो ॥ 82 ॥

अवनि में जल में वर व्योम में।
उमड़ता प्रभु - प्रेम - समुद्र है।
कण इसी वरवारिधि बूँद का।
शमन में मम ताप समर्थ है॥ 83 ॥

अधिक और निवेदन नाथ से।
कर नहीं सकती यह किंकरी।
गति न है करुणाकर से छिपी।
हृदय की मन की मम - प्राण की॥ 84 ॥

विनय यों करती ब्रजपांगना।
नयन से बहती जलधार थी।
विकलतावश वस्त्र हटा हटा।
वदन थीं सुत का अवलोकती॥ 85 ॥

शार्दूलविक्रीड़ित छन्द

ज्यों ज्यों थीं रजनी व्यतीत करती औ देखतीं व्योम को।
त्यों हीं त्यों उनका प्रगाढ़ दुख भी दुर्दान्त था हो रहा।
आँखों से अविराम अश्रु बह के था शान्ति देता नहीं।
बारम्बार अशक्त - कृष्ण - जननी थीं मूर्छिता हो रही॥ 86 ॥

द्रुतविलम्बित छन्द

विकलता उनकी अवलोक के।
रजनि भी करती अनुताप थी।
निपट नीरव ही मिष ओस के।
नयन से गिरता बहु वारि था॥ 87 ॥

विपुल - नीर बहा कर नेत्र से।
मिष कलिन्द - कुमारि - प्रवाह के।
परम - कातर हो रह मौन ही।
रुदन थी करती ब्रज की धरा॥ 88 ॥

युग बने सकती न व्यतीत हो।
अप्रिय था उसका क्षण बीतना।
बिकट थी जननी धृति के लिये।
दुखभरी यह घोर विभावरी॥ 89 ॥

चतुर्थ सर्ग

द्रुतविलम्बित छन्द

विशद - गोकुल - ग्राम समीप ही।
बहु-बसे यक सुन्दर-ग्राम में।
स्वपरिवार समेत उपेन्द्र से।
निवसते वृषभानु - नरेश थे ॥ 1 ॥

यह प्रतिष्ठित - गोप सुमेर थे।
अधिक - आदृत थे नृप-नन्द से।
ब्रज - धरा इनके धन - मान से।
अवनि में अति - गौरविता रही ॥ 2 ॥

यक सुता उनकी अति - दिव्य थी।
रमणि - वृन्द - शिरोमणि राधिका।
सुयश - सौरभ से जिनके सदा।
ब्रज - धरा बहु - सौरभवान थी ॥ 3 ॥

शार्दूलविक्रीड़ित छन्द

रूपोद्यान प्रफुल्ल - प्राय - कलिका राकेन्दु - विम्बानना।
तन्वंगी कल - हासिनी सुरसिका क्रीड़ा - कला पुत्तली।
शोभा-वारिधि की अमूल्य-मणि सी लावण्य-लीला-मयी।
श्रीराधा-मृदुभाषिणी मृगदृगी-माधुर्य्य की मूर्ति थीं ॥ 4 ॥

फूले कंज - समान मंजु - दृगता थी मत्तता कारिणी।
सोने सी कमनीय - कान्ति तन की थी दृष्टि - उन्मेषिनी।
राधा की मुसकान की मधुरता थी मुग्धता - मूर्त्ति सी।
काली - कुंचित - लम्बमान - अलकेंथीं मानसोन्मादिनी ॥ 5 ॥

नाना - भाव - विभाव - हाव - कुशला आमोद आपूरिता।
लीला - लोल - कटाक्ष - पात - निपुणा भ्रूभंगिमा - पंडिता।
वादित्रादि समोद - वादन - परा आभूषणाभूषिता।
राधा थीं सुमुखी विशाल-नयना आनन्द-आन्दोलिता ॥ 6 ॥

लाली थी करती सरोज - पग की भूपृष्ठ को भूषिता।
विम्बा विद्रुम को अकान्त करती थी रक्तता ओष्ठ की।
हर्षोत्फुल्ल - मुखारविन्द - गरिमा सौंदर्य्यआधार थी।
राधा की कमनीय कान्त छवि थी कामांगना मोहिनी ॥ 7 ॥

सद्वस्त्रा - सदलंकृता गुणयुता - सर्वत्र सम्मानिता।
रोगी वृद्ध जनोपकारनिरता सच्छास्त्र चिन्तापरा।
सद्भावातिरता अनन्य - हृदया - सत्प्रेम - संपोषिका।
राधा थीं सुमना प्रसन्नवदना स्त्रीजाति - रत्नोपमा ॥ 8 ॥

द्रुतविलम्बित छन्द

यह विचित्र - सुता वृषभानु की।
ब्रज - विभूषण में अनुरक्त थी।
सहृदया यह सुन्दर - बालिका।
परम - कृष्ण - समर्पित - चित्त थी ॥ 9 ॥

ब्रज - धराधिप औ वृषभानु में।
अतुलनीय परस्पर - प्रीति थी।
इसलिए उनका परिवार भी।
बहु परस्पर प्रेम - निबद्ध था ॥ 10 ॥

जब नितान्त - अबोध मुकुन्द थे।
विलसते जब केवल अंक में।
वह तभी वृषभानु निकेत में।
अति समादर साथ गृहीत थे ॥ 11 ॥

छविवती - दुहिता वृषभानु की।
निपट थी जिस काल पयोमुखी।
वह तभी ब्रज-भूप कुटुम्ब की।
परम - कौतुक - पुत्तलिका रही ॥ 12 ॥

यह अलौकिक - बालक - बालिका।
जब हुए कल - क्रीड़न - योग्य थे।
परम - तन्मय हो बहु प्रेम से।
तब परस्पर थे मिल खेलते ॥ 13 ॥

कलित - क्रीड़न से इनके कभी।
ललित हो उठता गृह - नन्द का।
उमड़ सी पड़ती छवि थी कभी।
वर - निकेतन में वृषभानु के ॥ 14 ॥

जब कभी कल - क्रीड़न - सूत्र से।
चरण - नूपुर औ कटि - किंकिणी।
सदन में बजती अति - मंजु थी।
किलकती तब थी कल - वादिता ॥ 15 ॥

युगल का वय साथ सनेह भी।
निपट - नीरवता सह था बढ़ा।
फिर यही वर-बाल सनेह ही।
प्रणय में परिवर्तित था हुआ ॥ 16 ॥

बलवती कुछ थी इतनी हुई।
कुँवरि - प्रेम - लता उर - भूमि में।
शयन भोजन क्या, सब कालही।
वह बनी रहती छवि - मत्त थी ॥ 17 ॥

वचन की रचना रस से भरी।
प्रिय मुखांबुज की रमणीयता।
उतरती न कभी चित्त से रही।
सरलता, अतिप्रीति सुशीलता ॥ 18 ॥

मधुपुरी बलवीर प्रयाण के।
हृदय - शेल - स्वरूप प्रसंग से।
न उबरी यह बेलि विनोद की।
विधि अहो भवदीय विडम्बना ॥ 19 ॥

शार्दूलविक्रीड़ित छन्द

काले कुत्सित कीट का कुसुम में कोई नहीं काम था।
काँटे से कमनीय कंज कृति में क्या है न कोई कमी।
पोरों में कब ईख की विपुलता है ग्रंथियों की भली।
हा! दुर्दैव प्रगल्भते! अपटुता तू ने कहाँ की नहीं ॥ 20 ॥

द्रुतविलम्बित छन्द

कमल का दल भी हिम - पात से।
दलित हो पड़ता सब काल है।
कल कलानिधि को खल राहु भी।
निगलता करता बहु क्लान्त है ॥ 21 ॥

कुसुम सा सुप्रफुल्लित बालिका।
हृदय भी न रहा सुप्रफुल्ल ही।
वह मलीन सकल्मष हो गया।
प्रिय मुकुन्द प्रवास - प्रसंग से ॥ 22 ॥

सुख जहाँ निज दिव्य स्वरूप से।
विलसता करता कल - नृत्य है।
अहह सो अति - सुन्दर सद्म भी।
बच नहीं सकता दुखलेश से ॥ 23 ॥

सब सुखाकर श्रीवृषभानुजा।
सदन - सज्जित - शोभन - स्वर्ग सा।
तुरत ही दुख के लवलेश से।
मलिन - शोक - निमज्जित हो गया ॥ 24 ॥

जब हुई श्रुति - गोचर सूचना।
ब्रज धराधिप तात प्रयाण की।
उस घड़ी ब्रज - वल्लभ प्रेमिका।
निकट थी प्रथिता ललिता सखी ॥ 25 ॥

विकसिता - कलिका हिमपात से।
तुरत ज्यों बनती अति म्लान है।
सुन प्रसंग मुकुन्द प्रवास का।
मलिन त्यों वृषभानुसुता हुई ॥ 26 ॥

नयन से बरसा करि वारि को।
बन गयीं पहले बहु बावली।
निज सखी ललिता मुख देख के।
दुखकथा फिर यों कहने लगीं ॥ 27 ॥

मालिनी छन्द

कल कुवलय के से नेत्रवाले रसीले।
वररचित फबीले पीत कौशये शोभी।
गुणगण मणिमाली मंजुभाषी सजीले।
वह परम छबीले लाडिले नन्दजी के ॥ 28 ॥

यदि कल मथुरा को प्रात ही जा रहे हैं।
बिन मुख अवलोके प्राण कैसे रहेंगे।
युग सम घटिकायें बार की बीतती थीं।
सखि! दिवस हमारे बीत कैसे सकेंगे ॥ 29 ॥

जन मन कलपाना मैं बुरा जानती हूँ।
परदुख अवलोके मैं न होती सुखी हूँ।
कहकर कटु बातें जी न भूले जलाया।
फिर यह दुखदायी बात मैंने सुनी क्यों ॥ 30 ॥

अयि सखि! अवलोके खिन्नता तू कहेगी।
प्रिय स्वजन किसी के न जाते कहीं हैं।
पर हृदय न जानें दग्ध क्यों हो रहा है।
सब जगत हमें है शून्य होता दिखाता ॥ 31 ॥

यह सकल दिशायें आज रो सी रही हैं।
यह सदन हमारा है हमें काट खाता।
मन उचट रहा है चैन पाता नहीं है।
विजन - विपिन में है भागता सा दिखाता ॥ 32 ॥

रुदनरत न जानें कौन क्यों है बुलाता।
गति पलट रही है भाग्य की क्यों हमारे।
उह! कसक समाई जा रही है कहाँ की।
सखि! हृदय हमारा दग्ध क्यों हो रहा है॥ 33 ॥

मधुपुर-पति ने है प्यार ही से बुलाया।
पर कुशल हमें तो है न होती दिखाती।
प्रिय-विरह-घटायें घेरती आ रही हैं।
घहर घहर देखो हैं कलेजा कँपाती॥ 34 ॥

हृदय चरण में तो चढ़ा ही चुकी हूँ।
सविधि-वरण की थी कामना और मेरी।
पर सफल हमें सो है न होती दिखाती।
वह कब टलता है भाल में जो लिखा है॥ 35 ॥

सविधि भगवती को आज भी पूजती हूँ।
बहु-व्रत रखती हूँ देवता हूँ मनाती।
मम-पति हरि होवें चाहती मैं यही हूँ।
पर विफल हमारे पुण्य भी हो चले हैं॥ 36 ॥

करुण ध्वनि कहाँ की फैल सी क्यों गयी है।
सब तरु मन मारे आज क्यों यों खड़े हैं।
अवनि अति दुखीसी क्यों हमें है दिखाती।
नभ पर दुख छाया-पात क्यों हो रहा है॥ 37 ॥

अहह सिसकती मैं क्यों किसे देखती हूँ।
मलिन-मुख किसी का क्यों मुझे है रुलाता।
जल जल किसका है छार होता कलेजा।
निकल निकल आहें क्यों किसे बेधती हैं॥ 38 ॥

सखि, भय यह कैसा गेह में छा गया है।
पल पल जिससे मैं आज यों चौंकती हूँ।
कँप कर गृह में की ज्योति छाई हुई भी।
छन छन अति मैली क्यों हुई जा रही है॥ 39 ॥

मनहरण हमारे प्रात जाने न पावें।
सखि! जुगुत हमें तो सूझती है न ऐसी।
पर यदि यह काली यामिनी ही न बीते।
तब फिर ब्रज कैसे प्राणप्यारे तजेंगे॥ 40॥

सब-नभ-तल-तारे जो उगे दीखते हैं।
यह कुछ ठिठके से सोच में क्यों पड़े हैं।
ब्रज-दुख अवलोके क्या हुए हैं दुखारी।
कुछ व्यथित बने से या हमें देखते हैं॥ 41॥

रह रह किरणें जो फूटती हैं दिखाती।
वह मिष इनके क्या बोध देते हमें हैं।
कर वह अथवा यों शान्ति का हैं बढ़ाते।
विपुल - व्यथित जीवों की व्यथा मोचने को॥ 42॥

दुख-अनल-शिखाएँ व्योम में फूटती हैं।
यह किस दुखिया का हैं कलेजा जलाती।
अहह अहह देखो टूटता है न तारा।
पतन दिलजले के गात का हो रहा है॥ 43॥

चमक चमक तारे धीर देते हमें हैं।
सखि! मुझ दुखिया की बात भी क्या सुनेंगे?
पर-हित-रज-हो ए ठौर को जो न छोड़ें।
निशि विगत न होगी बात मेरी बनेगी॥ 44॥

उडुगण थिर से क्यों हो गये दीखते हैं।
यह विनय हमारी कान में क्या पड़ी है?
रह रह इनमें क्यों रंग आ जा रहा है।
कुछ सखि! इनको भी हो रही बेकली है॥ 45॥

दिन फल जब खोटे हो चुके हैं हमारे।
तब फिर सखि! कैसे काम के वे बनेंगे।
पल पल अति फीके हो रहे हैं सितारे।
वह सफल न मेरी कामनायें करेंगे॥ 46॥

यह नयन हमारे क्या हमें हैं सताते।
अहह निपट मैली ज्योति भी हो रही है।
मम दुख अवलोके या हुए मंद तारे।
कुछ समझ हमारी काम देती नहीं है॥ 47॥

सखि! मुख अब तारे क्यों छिपाने लगे हैं।
वह दुख लखने की ताब क्या हैं न लाते।
परम-विफल होके आपदा टालने में।
वह मुख अपना हैं लाज से या छिपाते॥ 48॥

क्षितिज निकट कैसी लालिमा दीखती है।
बह रुधिर रहा है कौन सी कामिनी का।
बिहग विकल हो हो बोलने क्यों लगे हैं।
सखि! सकल दिशा में आग सी क्यों लगी है॥ 49॥

सब समझ गयी मैं काल की क्रूरता को।
पल पल वह मेरा है कलेजा कँपाता।
अब नभ उगलेगा आग का एक गोला।
सकल - ब्रज - धरा को फूँक देता जलाता॥ 50॥

मन्दाक्रान्ता छन्द

हा! हा! आँखों मम-दुख-दशा देख ली औ न सोची।
बातें मेरी कमलिनिपते! काम की भी न तू ने।
जो देवेगा अवनितल को नित्य का सा, उँजाला।
तेरा होना उदय ब्रज में तो अँधेरा करेगा॥ 51॥

नाना बातें दुख शमन को प्यार से थी सुनाती।
धीरे धीरे नयन-जल थी पोंछती राधिका का।
हा! हा! प्यारी दुखित मत हो यों कभी थी सुनाती।
रोती रोती विकल ललिता आप होती कभी थी॥ 52॥

सूख जाता कमल-मुख था होंठ नीला हुआ था।
दोनों आँखें विपुल जल में डूबती जा रही थीं।
शंकायें थीं विकल करती काँपता था कलेजा।
खिन्ना दीना परम-मलिना उन्मना राधिका थीं॥ 53॥

पंचम सर्ग

मन्दाक्रान्ता छन्द

तारे डूबे तम टल गया छा गयी व्योम-लाली।
पक्षी बोले तमचुर जगे ज्योति फैली दिशा में।
शाखा डोली तरु निचय को कंज फूले सरों में।
धीरे धीरे दिनकर कढ़े तामसी रात बीती ॥ 1 ॥

फूली फैली लसित लतिका वायु में मन्द डोली।
प्यारी प्यारी ललित - लहरें भानुजा में विराजीं।
सोने की सी कलित किरणें मेदिनी ओर छूटीं।
कूलों कुंजों कुसुमित वनों में जगी ज्योति फैली ॥ 2 ॥

प्रातः शोभा ब्रज अवनि में आज प्यारी नहीं थी।
मीठा मीठा विहग-रव भी कान को था न भाता।
फूले-फूले कमल दव थे लोचनों में लगाते।
लाली सारे गगन-तल की काल-व्याली समा थी ॥ 3 ॥

चिन्ता की सी कुटिल उठतीं अंक में जो तरंगें।
वे थीं मानों प्रकट करतीं भानुजा की व्यथायें।
धीरे-धीरे मृदु पवन में चाव से थी न डोली।
शाखाओं के सहित लतिका शोक से कंपिता थी ॥ 4 ॥

फूलों पत्तों सकल पर हैं वारि बूँदें दिखातीं।
रोते हैं या विटप सब यों आँसुओं को दिखा के।
रोई थी जो रजनि दुख से नंद की कामिनी के।
ये बूँदें हैं, निपतित हुईं या उसी के दृगों से ॥ 5 ॥

पत्रों पुष्पों सहित तरु की डालियाँ औ लतायें।
भींगी सी थीं विपुल जल में वारि-बूँदों भरी थीं।
मानों फूटी सकल तन में शोक की अश्रुधारा।
सर्वांगों से निकल उनको सिक्तता दे बही थी ॥ 6 ॥

धीरे-धीरे पवन ढिग जा फूलवाले द्रुमों के।
शाखाओं से कुसुम-चय को थी धरा पै गिराती।
मानों यों थी हरण करती फुल्लता पादपों की।
जो थी प्यारी न ब्रज-जन को आज न्यारी व्यथा से ॥ 7 ॥

फूलों का यों अवनि-तल में देख के पात होना।
ऐसी भी थी हृदय तल में कल्पना आज होती।
फूले-फूले कुसुम अपने अंक में से गिरा के।
बारी बारी सकल तरु भी खिन्नता हैं दिखाते ॥ 8 ॥

नीची ऊँची सरित सर की बीचियाँ ओस बूँदें।
न्यारी आभा वहन करती भानु की अंक में थीं।
मानों यों वे हृदय-तल के ताप को थीं दिखाती।
या दावा थी व्यथित उर में दीप्तिमाना दुखों की ॥ 9 ॥

सारा नीला-सलिल सरि का शोक-छाया पगा था।
कंजों में से मधुप कढ़ के घूमते थे भ्रमे से।
मानों खोटी-विरह-घटिका सामने देख के ही।
कोई भी थी अवनत-मुखी कान्तिहीना मलीना ॥ 10 ॥

द्रुतविलम्बित छन्द

प्रगट चिन्ह हुए जब प्रात के।
सकल भूतल औ नभदेश में।
जब दिशा सितता-युत हो चली।
तममयी करके ब्रजभूमि को ॥ 11 ॥

मुख-मलीन किये दुख में पगे।
अमित-मानव गोकुल ग्राम के।
तब स-दार-स-बालक-बालिका।
व्यथित से निकले निज सद्म से ॥ 12 ॥

बिलखती दृग वारि विमोचती।
यह विषाद-मयी जन-मण्डली।
परम आकुलतावश थी बढ़ी।
सदन ओर नराधिप नन्द के॥ 13॥

उदय भी न हुए जब भानु थे।
निकट नन्दनिकेतन के तभी।
जन समागम ही सब ओर था।
नयन गोचर था नरमुण्ड ही॥ 14॥

वसन्ततिलका छन्द

थे दीखते परम वृद्ध नितान्त रोगी।
या थी नवागत वधू गृह में दिखाती।
कोई न और इनको तज के कहीं था।
सूने सभी सदन गोकुल के हुए थे॥ 15॥

जो अन्य ग्राम ढिग गोकुल ग्राम के थे।
नाना मनुष्य उन ग्राम-निवासियों के।
डूबे अपार-दुख सागर में स-बामा।
आ के खड़े निकट नन्द-निकेत के थे॥ 16॥

जो भूरि भूत जनता समवेत वाँ थी।
सो कंस-भूप भय से बहु कातरा थी।
संचालिता विषमता करती उसे थी।
संताप की विविध-संशय की दुखों की॥ 17॥

नाना प्रसंग उठते जन-संघ में थे।
जो थे सशंक सबको बहुशः बनाते।
था सूखता अधर औ कँपता कलेजा।
चिन्ता अपार चित में चिनगी लगाती॥ 18॥

रोना महा-अशुभ जान प्रयाण-काल।
आँसू न ढाल सकती निज नेत्र से थी।
रोये बिना न छन भी मन मानता था।
डूबी द्विधा जलधि में जन-मण्डली थी॥ 19॥

मन्दाक्रान्ता छन्द

आयी वेला हरि-गमन की छा गयी खिन्नता सी।
थोड़े ऊँचे नलिनपति हो जा छिपे पादपों में।
आगे सारे स्वजन करके साथ अक्रूर को ले।
धीरे-धीरे सजनक कढ़े सद्म में से मुरारी ॥ 20 ॥

आते आँसू अति कठिनता से सँभाले दृगों के।
होती खिन्ना हृदय-तल के सैकड़ों संशयों से।
थोड़ा पीछे प्रिय तनय के भूरि शोकाभिभूता।
नाना वामा सहित निकलीं गेह में से यशोदा ॥ 21 ॥

द्वारे आया ब्रज नृपति को देख यात्रा निमित्त।
भोला भोला निरख मुखड़ा फूल से लाडिलों का।
खिन्ना दीना परम लख के नन्द की भामिनी को।
चिन्ता डूबी सकल जनता हो उठी कम्पमाना ॥ 22 ॥

कोई रोया सलिल न रुका लाख रोके दृगों का।
कोई आहें सदुख भरता हो गया बावला सा।
कोई बोला सकल-ब्रज के जीवनाधार प्यारे।
यों लोगों को व्यथित करके आज जाते कहाँ हो ॥ 23 ॥

रोता धोता विकल बनता एक आभीर बूढ़ा।
दीनों के से वचन कहता पास अक्रूर के आ।
बोला—कोई जतन जन को आप ऐसा बतावें।
मेरे प्यारे कुँवर मुझसे आज न्यारे न होवें ॥ 24 ॥

मैं बूढ़ा हूँ यदि कुछ कृपा आप चाहें दिखाना।
तो मेरी है विनय इतनी श्याम को छोड़ जावें।
हा! हा! सारी ब्रज अवनि का प्राण है लाल मेरा।
क्यों जीयेंगे हम सब उसे आप ले जायँगे जो ॥ 25 ॥

रत्नों की है न तनिक कमी आप लें रत्न ढेरों।
सोना चाँदी सहित धन भी गाड़ियों आप ले लें।
गायें ले लें गज तुरग भी आप ले लें अनेकों।
लेवें मेरे न निजधन को हाथ मैं जोड़ता हूँ ॥ 26 ॥

जो है प्यारी अवनि ब्रज की यामिनी के समाना।
तो तातों के सहित सब गोपाल हैं तारकों से।
मेरा प्यारा कुँवर उसका एक ही चन्द्रमा है।
छा जावेगा तिमिर वह जो दूर होगा दृगों से ॥ 27 ॥

सच्चा प्यारा सकल ब्रज का वंश का है उँजाला।
दीनों का है परमधन औ वृद्ध का नेत्रतारा।
बालाओं का प्रिय स्वजन औ बन्धु है बालकों का।
ले जाते हैं सुरतरु कहाँ आप ऐसा हमारा ॥ 28 ॥

बूढ़े के ए वचन सुनके नेत्र में नीर आया।
आँसू रोके परम-मृदुता साथ अक्रूर बोले।
क्यों होते हैं दुखित इतने मानिये बात मेरी।
आ जावेंगे बिवि दिवस में आप के लाल दोनों ॥ 29 ॥

आयी प्यारे निकट श्रम से एक वृद्धा-प्रवीणा।
हाथों से छू कमल-मुख को प्यार से ली बलायें।
पीछे बोली दुखित स्वर से तू कहीं जा न बेटा।
तेरी माता अहह कितनी बावली हो रही है ॥ 30 ॥

जो रूठेगा नृपति ब्रज का वास ही छोड़ दूँगी।
ऊँचे ऊँचे भवन तज के जंगलों में बसूँगी।
खाऊँगी फूल फल दल को व्यंजनों को तजूँगी।
मैं आँखों से अलग न तुझे लाल मेरे करूँगी ॥ 31 ॥

जाओगे क्या कुँवर मथुरा कंस का क्या ठिकाना।
मेरा जी है बहुत डरता क्या न जाने करेगा।
मानूँगी मैं न सुरपति को राज ले क्या करूँगी।
तेरा प्यारा-वदन लख के स्वर्ग को मैं तजूँगी ॥ 32 ॥

जो चाहेगा नृपति मुझ से दंड दूँगी करोड़ों।
लोटा थाली सहित तन के वस्त्र भी बेच दूँगी।
जो माँगेगा हृदय वह तो काढ़ दूँगी उसे भी।
बेटा तेरा गमन मथुरा मैं न आँखों लिखूँगी ॥ 33 ॥

कोई भी है न सुन सकता जा किसे मैं सुनाऊँ।
मैं हूँ मेरा हृदयतल है हैं व्यथायें अनेकों।
बेटा तेरा सरल मुखड़ा शान्ति देता मुझे है।
क्यों जीऊँगी कुँवर, बतला जो चला जायगा तू॥ 34॥

प्यारे तेरा गमन सुन के दूसरे रो रहे हैं।
मैं रोती हूँ सकल ब्रज है वारि लाता दृगों में।
सोचो बेटा, उस जननि की क्या दशा आज होगी।
तेरे जैसा सरल जिस का एक ही लाडिला है॥ 35॥

प्राचीना की सदुख सुनके सर्व बातें मुरारी।
दोनों आँखें सजल करके प्यार के साथ बोले।
मैं आऊँगा कुछ दिन गये बाल होगा न बाँका।
क्यों माता तू विकल इतना आज यों हो रही है॥ 36॥

दौड़ा ग्वाला ब्रज नृपति के सामने एक आया।
बोला गायें सकल वन को आप की हैं न जाती।
दाँतों से हैं न तृण गहती हैं न बच्चे पिलाती।
हा! हा! मेरी सुरभि सबको आज क्या हो गया है॥ 37॥

देखो देखो सकल हरि की ओर ही आ रही हैं।
रोके भी हैं न रुक सकती बावली हो गयी हैं।
यों ही बातें सदुख कहके फूट के ग्वाल रोया।
बोला मेरे कुँवर सब को यों रुला के न जाओ॥ 38॥

रोता ही था जब वह तभी नन्द की सर्व गायें।
दौड़ी आयीं निकट हरि के पूँछ ऊँचा उठाये।
वे थीं खिन्ना विपुल विकला वारि था नेत्र लाता।
ऊँची आँखों कमल मुख थीं देखती शंकिता हो॥ 39॥

काकातूआ महर-गृह के द्वार का भी दुखी था।
भूला जाता सकल-स्वर था उन्मना हो रहा था।
चिल्लाता था अति बिकल था औ यही बोलता था।
यों लोगों को व्यथित करके लाल जाते कहाँ हो॥ 40॥

पक्षी की औ सुरभि सब की देख ऐसी दशायें।
थोड़ी जो थी अहह! वह भी धीरता दूर भागी।
हा हा! शब्दों सहित इतना फूट के लोग रोये।
हो जाती थी निरख जिसको भग्न छाती शिला की ॥ 41 ॥

आवेगों के सहित बढ़ता देख सन्ताप-सिंधु।
धीरे धीरे ब्रज-नृपति से खिन्न अक्रूर बोले।
देखा जाता ब्रज दुख नहीं शोक है वृद्धि पाता।
आज्ञा देवें जननि पग छू यान पै श्याम बैठें ॥ 42 ॥

आज्ञा पाके निज जनक की, मान अक्रूर बातें।
जेठे भ्राता सहित जननी-पास गोपाल आये।
छू माता के पग कमल को धीरता साथ बोले।
जो आज्ञा हो जननि अब तो यान पै बैठ जाऊँ ॥ 43 ॥

दोनों प्यारे कुँवरवर के यों बिदा माँगते ही।
रोके आँसू जननि दृग में एक ही साथ आयें।
धीरे बोलीं परम दुख से जीवनाधार जाओ।
दोनों भैया विधुमुख हमें लौट आके दिखाओ ॥ 44 ॥

धीरे धीरे सु-पवन बहे स्निग्ध हों अंशुमाली।
प्यारी छाया विटप वितरें शान्ति फैले वनों में।
बाधायें हों शमन पथ की दूर हों आपदायें।
यात्रा तेरी सफल सुत हो क्षेम से गेह आओ ॥ 45 ॥

ले के माता-चरणरज को श्याम औ राम दोनों।
आये विप्रों निकट उन के पाँव की वन्दना की।
भाई-बन्दों सहित मिलके हाथ जोड़ा बड़ों को।
पीछे बैठे विशद रथ में बोध दे के सबों को ॥ 46 ॥

दोनों प्यारे कुँवर वर को यान पै देख बैठा।
आवेगों से विपुल विवशा हो उठीं नन्दरानी।
आँसू आते युगल दृग से वारि-धारा बहा के।
बोलीं दीना सदृश पति से दग्ध हो हो दुःखों से ॥ 47 ॥

मालिनी छन्द

अहह दिवस ऐसा हाय! क्यों आज आया।
निज प्रियसुत से जो मैं जुदा हो रही हूँ।
अगणित गुणवाली प्राण से नाथ प्यारी।
यह अनुपम थाती मैं तुम्हें सौंपती हूँ॥ 48॥

सब पथ कठिनाई नाथ हैं जानते ही।
अब तक न कहीं भी लाडिले हैं पधारे।
मधुर फल खिलाना दृश्य नाना दिखाना।
कुछ पथ-दुख मेरे बालकों को न होवे॥ 49॥

खर पवन सतावे लाडिलों को न मेरे।
दिनकर किरणों की ताप से भी बचाना।
यदि उचित जँचे तो छाँह में भी बिठाना।
मुख-सरसिज ऐसा म्लान होने न पावे॥ 50॥

विमल जल मँगाना देख प्यासा पिलाना।
कुछ क्षुधित हुए ही व्यंजनों को खिलाना।
दिन वदन सुतों का देखते ही बिताना।
विलसित अधरों को सूखने भी न देना॥ 51॥

युग तुरग सजीले वायु से वेग वाले।
अति अधिक न दौड़ें यान धीरे चलाना।
बहु हिल कर हाहा कष्ट कोई न देवे।
परम मृदुल मेरे बालकों का कलेजा॥ 52॥

प्रिय! सब नगरों में वे कुबामा मिलेंगी।
न सुजन जिनकी हैं वामता बूझ पाते।
सकल समय ऐसी साँपिनों से बचाना।
वह निकट हमारे लाडिलों के न आवें॥ 53॥

जब नगर दिखाने के लिये नाथ जाना।
निज सरल कुमारों को खलों से बचाना।
सँग सँग रखना औ साथ ही गेह लाना।
छन सुअन दृगों से दूर होने न पावें॥ 54॥

धनुष मख सभा में देख मेरे सुतों को।
तनिक भृकुटि टेढ़ी नाथ जो कंस की हो।
अवसर लख ऐसे यत्न तो सोच लेना।
न कुपित नृप होवें औ बचें लाल मेरे ॥ 55 ॥

यदि विधिवश सोचा भूप ने और ही हो।
यह विनय बड़ी ही दीनता से सुनाना।
हम बस न सकेंगे जो हुई दृष्टि मैली।
सुअन युगल ही हैं जीवनाधार मेरे ॥ 56 ॥

लख कर मुख सूखा सूखता है कलेजा।
उर विचलित होता है विलोके दुखों के।
शिर पर सुत के जो आपदा नाथ आयी।
यह अवनि फटेगी औ समा जाऊँगी मैं ॥ 57 ॥

जगकर कितनी ही रात मैंने बिताई।
यदि तनिक कुमारों को हुई बेकली थी।
यह हृदय हमारा भग्न कैसे न होगा।
यदि कुछ दुख होगा बालकों को हमारे ॥ 58 ॥

कब शिशिर निशा के शीत को शीत जाना।
थर थर कँपती थी औ लिये अंक में थी।
यदि सुखित न यों भी देखती लाल को थी।
सब रजनि खड़े औ घूमते ही बिताती ॥ 59 ॥

निज सुख अपने मैं ध्यान में भी न लाई।
प्रिय सुत सुख ही से मैं सुखी हूँ कहाती।
मुख तक कुम्हलाया नाथ मैंने न देखा।
अहह दुखित कैसे लाडिले को लखूँगी ॥60॥

यह समझ रही हूँ और हूँ जानती ही।
हृदय धन तुमारा भी यही लाडिला है।
पर विवश हुई हूँ जी नहीं मानता है।
यह विनय इसी से नाथ मैंने सुनाई ॥61॥

अब अधिक कहूँगी आपसे और क्या मैं।
अनुचित मुझसे है नाथ होता बड़ा ही।
निज युग कर जोड़े ईश से हूँ मनाती।
सकुशल गृह लौटें आप ले लाडिलों को॥ 62॥

मन्दाक्रान्ता छन्द

सारी बातें अति दुखभरी नन्द-अर्द्धांगिनी की।
लोगों को थीं व्यथित करती औ महा कष्ट देती।
ऐसा रोई सकल-जनता खो बची धीरता को।
भू में व्यापी विपुल जिससे शोक उच्छ्वासमात्रा॥ 63॥

आविर्भूता गगन-तल में हो रही है निराशा।
आशाओं में प्रकट दुख की मूर्त्तियाँ हो रही हैं।
ऐसा जी में ब्रज-दुख-दशा देख के था समाता।
भू-छिद्रों से विपुल करुणा-धार है फूटती सी॥ 64॥

सारी बातें सदुख सुन के नन्द ने कामिनी को।
प्यारे प्यारे वचन कह के धीरता से प्रबोधा।
आयी थी जो सकल जनता धैर्य्य दे के उसे भी।
वे भी बैठे स्वरथ पर जा साथ अक्रूर को ले॥ 65॥

घेरा आके सकल जन ने यान को देख जाता।
नाना बातें दुखमय कहीं पत्थरों को रुलाया।
हाहा खाया बहु विनय की और कहा खिन्न हो के।
जो जाते हो कुँवर मथुरा ले चलो तो सभी को॥ 66॥

बीसों बैठे पकड़ रथ का चक्र दोनों करों से।
रासें ऊँचे तुरग युग की थाम लीं सैकड़ों ने।
सोये भू में चपल रथ के सामने आ अनेकों।
जाना होता अति अप्रिय था बालकों का सबों को॥ 67॥

लोगों को यों परम-दुख से देख उन्मत्त होता।
नीचे आये उतर रथ के नन्द औ यों प्रबोधा।
क्यों होते हो विकल इतना यान क्यों रोकते हो।
मैं ले दोनों हृदय धन को दो दिनों में फिरूँगा॥ 68॥

देखो लोगो, दिन चढ़ गया धूप भी हो रही है।
जो रोकोगे अधिक अब तो लाल को कष्ट होगा।
यों ही बातें मृदुल कह के औ हटा के सबों को।
वे जा बैठे तुरत रथ में औ उसे शीघ्र हाँका ॥ 69 ॥

दोनों तीखे तुरग उचके औ उड़े यान को ले।
आशाओं में गगन-तल में हो उठा शब्द हाहा।
रोये प्राणी सकल ब्रज के चेतनाशून्य से हो।
संज्ञा खो के निपतित हुईं मेदिनी में यशोदा ॥ 70 ॥

जो आती थी पथरज उड़ी सामने टाप द्वारा।
बोली जाके निकट उसके भ्रान्त सी एक बाला।
क्यों होती है भ्रमित इतनी धूलि क्यों क्षिप्त तू है।
क्या तू भी है विचलित हुई श्याम से भिन्न हो के ॥ 71 ॥

आ आ, आके लग हृदय से लोचनों में समा जा।
मेरे अंगों पर पतित हो बात मेरी बना जा।
मैं पाती हूँ सुख रज तुझे आज छूके करों से।
तू आती है प्रिय निकट से क्लान्ति मेरी मिटा जा ॥ 72 ॥

रत्नों वाले मुकुट पर जा बैठती दिव्य होती।
जो छा जाती अलक पर तू तो छटा मंजु पाती।
धूलि तू है निपट मुझ सी भाग्यहीना मलीना।
आभा वाले कमल-पग से जो नहीं जा लगी तू ॥ 73 ॥

जो तू जाके विशद रथ में बैठ जाती कहीं भी।
किम्वा तू जो युगल तुरगों के तनों में समाती।
तो तू जाती प्रिय स्वजन के साथ ही शान्ति पाती।
यों होहो के भ्रमित मुझ सी भ्रान्त कैसे दिखाती ॥ 74 ॥

हा! मैं कैसे निज हृदय की वेदना को बताऊँ।
मेरे जी को मनुज तन से ग्लानि सी हो रही है।
जो मैं होती तुरग अथवा यान ही या ध्वजा ही।
तो मैं जाती कुँवर वर के साथ क्यों कष्ट पाती ॥ 75 ॥

बोली बाला अपर अकुला हा! सखी क्या कहूँ मैं।
आँखों से तो अब रथ ध्वजा भी नहीं है दिखाती।
है धूली ही गगन-तल में अल्प उड्डीयमाना।
हा! उन्मत्ते! नयन भर तू देख ले धूलि ही को॥ 76 ॥

जी होता है विकल मुँह को आ रहा है कलेजा।
ज्वाला सी है ज्वलित उर में ऊबती मैं महा हूँ।
मेरी आली अब रथ गया दूर ले साँवले को।
हा! आँखों से न अब मुझको धूलि भी है दिखाती॥ 77 ॥

टापों का नाद जब तक था कान में स्थान पाता।
देखी जाती जब तक रही यान ऊँची पताका।
थोड़ी सी भी जब तक रही व्योम में धूलि छाती।
यों ही बातें विविध गहते लोग ऊबे खड़े थे॥ 78 ॥

द्रुतविलम्बित छन्द

तदुपरान्त महा दुख में पगी।
बहु विलोचन वारि विमोचती।
महिर को लख गेह सिधारती।
गृह गयी व्यथिता जनमंडली॥ 79 ॥

मन्दाक्रान्ता छन्द

धाता द्वारा सृजित जग में हो धरा मध्य आके।
पाके खोये विभव कितने प्राणियों ने अनेकों।
जैसा प्यारा विभव ब्रज ने हाथ से आज खोया।
पाके ऐसा विभव वसुधा में न खोया किसी ने॥ 80 ॥

षष्ठ सर्ग

मन्दाक्रान्ता छन्द

धीरे धीरे दिन गत हुआ पद्मिनीनाथ डूबे।
दोषा आयी फिर गत हुई दूसरा वार आया।
यों ही बीतीं विपुल घड़ियाँ औ कई वार बीते।
कोई आया न मधुपुर से औ न गोपाल आये ॥ 1 ॥

ज्यों ज्यों जाते दिवस चित्त का क्लेश था वृद्धि पाता।
उत्कण्ठा थी अधिक बढ़ती व्यग्रता थी सताती!
होतीं आके उदय उर में घोर उद्विग्नतायें।
देखे जाते सकल ब्रज के लोग उद्भ्रान्त से थे ॥ 2 ॥

खाते पीते गमन करते बैठते और सोते।
आते जाते वन अवनि में गोधनों को चराते।
देते लेते सकल ब्रज की गोपिका गोपजों के।
जी में होता उदय यह था क्यों नहीं श्याम आये ॥ 3 ॥

दो प्राणी भी ब्रज-अवनि के साथ जो बैठते थे।
तो आने की न मधुवन से बात ही थे चलाते।
पूछा जाता प्रतिपल मिथः व्यग्रता से यही था।
दोनों प्यारे कुँवर अब भी लौट के क्यों न आये ॥ 4 ॥

आवासों में सुपरिसर में द्वार में बैठकों में।
बाजारों में विपणि सब में मंदिरों में मठों में।
आने ही की न ब्रजधन के बात फैली हुई थी।
कुंजों में औ पथ अ-पथ में बाग में औ बनों में ॥ 5 ॥

आना प्यारे महरसुत का देखने के लिए ही।
कोसों जाती प्रतिदिन चली मंडली उत्सुकों की।
ऊँचे ऊँचे तरु पर चढ़े गोप ढोटे अनेकों।
घण्टों बैठे तृषित दृग से पन्थ को देखते थे॥ 6॥

आके बैठी निज सदन की मुक्त ऊँची छतों में।
मोखों में औ पथ पर बने दिव्य वातायनों में।
चिन्ता मग्ना विवश विकला उन्मना नारियों की।
दो ही आँखें सहस बन के देखती पन्थ को थीं॥ 7॥

आके कागा यदि सदन में बैठता था कहीं भी।
तो तन्वंगी उस सदन की यों उसे थी सुनाती।
जो आते हो कुँवर उड़ के काक तो बैठ जा तू।
मैं खाने को प्रतिदिन तुझे दूध औ भात दूँगी॥ 8॥

आता कोई मनुज मथुरा ओर से जो दिखाता।
नाना बातें सदुख उससे पूछते तो सभी थे।
यों ही जाता पथिक मथुरा ओर भी जो जनाता।
तो लाखों ही सकल उससे भेजते थे सँदेसे॥ 9॥

फूलों पत्तों सकल तरुओं औ लता बेलियों से।
आवासों से ब्रज अवनि से पन्थ की रेणुओं से।
होती सी थी यह ध्वनि सदा कुञ्ज से काननों से।
मेरे प्यारे कुँवर अब भी क्यों नहीं गेह आये॥ 10॥

मालिनी छन्द

यदि दिन कट जाता बीतती थी न दोषा।
यदि निशि टलती थी वार था कल्प होता।
पल पल अकुलाती ऊबती थीं यशोदा।
रट यह रहती थी क्यों नहीं श्याम आये॥ 11॥

प्रति दिन कितनों को पन्थ में भेजती थीं।
निज प्रिय सुत आना देखने के लिये हा।
नियत यह जताने के लिये थे अनेकों।
सकुशल गृह दोनों लाडिले आ रहे हैं॥ 12॥

दिन दिन भर वे आ द्वार पै बैठती थीं।
प्रिय पथ लखते ही वार को थीं बिताती।
यदि पथिक दिखाता तो यही पूछती थीं।
मम सुत गृह आता क्या कहीं था दिखाया॥ 13॥

अति अनुपम मेवे औ रसीले फलों को।
बहु मधुर मिठाई दुग्ध को व्यंजनों को।
पथश्रम निज प्यारे पुत्र का मोचने को।
प्रतिदिन रखती थीं भाजनों में सजा के॥ 14॥

जब कुँवर न आते वार भी बीत जाता।
तब बहु दुख पा के बाँट देती उन्हें थीं।
दिनदिन उर में थी वृद्धि पाती निराशा।
तम निबिड़ दृगों के सामने हो रहा था॥ 15॥

जब पुरबनिता आ पूछती थी सँदेसा।
तब मुख उनका थीं देखती उन्मना हो।
यदि कुछ कहना भी वे कभी चाहती थीं।
न कथन कर पातीं कंठ था रुद्ध होता॥ 16॥

यदि कुछ समझातीं गेह की सेविकायें।
बन विकल उसे थीं ध्यान में भी न लातीं।
तन सुधि तक खोती जा रही थीं यशोदा।
अतिशय बिमना औ चिन्तता हो रही थीं॥ 17॥

यदि दधि मथने को बैठती दासियाँ थीं।
मथन-रव उन्हें था चैन लेने न देता।
यह कह कहके ही रोक देतीं उन्हें वे।
तुम सब मिल के क्या कान को फोड़ दोगी॥ 18॥

दुख-वश सब धन्धे बन्द से हो गये थे।
गृह जन मन मारे काल को थे बिताते।
हरि-जननि-व्यथा से मौन थीं शारिकायें।
सकल सदन में ही छा गयी थी उदासी॥ 19॥

प्रति दिन कितने ही देवता थीं मनाती।
बहु यजन कराती विप्र के वृन्द से थीं।
नित घर पर कोई ज्योतिषी थीं बुलाती।
निज प्रिय सुत आना पूछने को यशोदा ॥ 20 ॥

सदन ढिग कहीं जो डोलता पत्र भी था।
निज श्रवण उठाती थीं समुत्कण्ठिता हो।
कुछ रज उठती जो पन्थ के मध्य योंही।
बन अयुत-दृगी तो वे उसे देखती थीं ॥ 21 ॥

गृह दिशि यदि कोई शीघ्रता साथ आता।
तब उभय करों से थामतीं वे कलेजा।
जब वह दिखलाता दूसरी ओर जाता।
तब हृदय करों से ढाँपती थीं दृगों को ॥ 22 ॥

मधुवन पथ से वे तीव्रता साथ आता।
यदि नभ-तल में थीं देख पाती पखेरू।
उस पर कुछ ऐसी दृष्टि तो डालती थीं।
लख कर जिसको था भग्न होता कलेजा ॥ 23 ॥

पथ पर न लगी थी दृष्टि ही उत्सुका हो।
न हृदय तल ही की लालसा वर्द्धिता थी।
प्रतिपल करता था लाडिलों की प्रतीक्षा।
यक यक तन रोआँ नँद की कामिनी का ॥ 24 ॥

प्रतिपल दृग देखा चाहते श्याम को थे।
छनछन सुधि आती श्यामली मूर्ति की थी।
प्रति निमिष यही थीं चाहती नन्दरानी।
निज वदन दिखावे मेघ सी कान्तिवाला ॥ 25 ॥

मंदाक्रान्ता छन्द

रो रो चिन्ता-सहित दिन को राधिका थीं बिताती।
आँखों को थीं सजल रखतीं उन्मना थीं दिखाती।
शोभा वाले जलद-वपु की हो रही चातकी थीं।
उत्कण्ठा थी परम प्रबला वेदना वर्द्धिता थी ॥ 26 ॥

बैठी खिन्ना यक-दिवस वे गेह में थीं अकेली।
आके आँसू दृग-युगल में थे धरा को भिगोते।
आयी धीरे इस सदन में पुष्प-सद्गंध को ले।
प्रातः वाली सुपवन इसी काल वातायनों से ॥ 27 ॥

आके पूरा सदन उसने सौरभोला बनाया।
चाहा सारा-कलुष तन का राधिका के मिटाना।
जो बूँदें थीं सजल दृग के पक्ष्म में विद्यमाना।
धीरे धीरे क्षिति पर उन्हें सौम्यता से गिराया ॥ 28 ॥

श्री राधा को यह पवन की प्यार वाली क्रियायें।
थोड़ी सी भी न सुखद हुईं हो गयीं वैरिणी सी।
भीनी भीनी महँक मन की शान्ति को खो रही थी।
पीड़ा देती व्यथित चित को वायु की स्निग्धता थी ॥ 29 ॥

सन्तापों को विपुल बढ़ता देख के दुःखिता हो।
धीरे बोलीं सदुख उससे श्रीमती राधिका यों।
प्यारी प्रातः पवन इतना क्यों मुझे है सताती।
क्या तू भी है कलुषित हुई काल की क्रूरता से ॥ 30 ॥

कालिन्दी के कल पुलिन पै घूमती सिक्त होती।
प्यारे प्यारे कुसुम-चय को चूमती गन्ध लेती।
तू आती है वहन करती वारि के सीकरों को।
हा! पापिष्ठे फिर किस लिये ताप देती मुझे है ॥ 31 ॥

क्यों होती है निठुर इतना क्यों बढ़ाती व्यथा है।
तू है मेरी चिर परिचिता तू हमारी प्रिया है।
मेरी बातें सुन मत सता छोड़ दे बामता को।
पीड़ा खो के प्रणतजन की है बड़ा पुण्य होता ॥ 32 ॥

मेरे प्यारे नव जलद से कंज से नेत्रवाले।
जाके आये न मधुवन से औ न भेजा सँदेसा।
मैं रो रो के प्रिय-विरह से बावली हो रही हूँ।
जा के मेरी सब दुःख-कथा श्याम को तू सुना दे ॥ 33 ॥

हो पाये जो न यह तुझसे तो क्रिया चातुरी से।
जाके रोने विकल बनने आदि ही को दिखा दे।
चाहे ला दे प्रिय निकट से वस्तु कोई अनूठी।
हा हा! मैं हूँ मृतक बनती प्राण मेरा बचा दे॥ 34॥

तू जाती है सकल थल ही वेगवाली बड़ी है।
तू है सीधी तरल हृदया ताप उन्मूलती है।
मैं हूँ जी में बहुत रखती वायु तेरा भरोसा।
जैसे हो ऐ भगिनि बिगड़ी बात मेरी बना दे॥ 35॥

कालिन्दी के तट पर घने रम्य उद्यानवाला।
ऊँचे ऊँचे धवल-गृह की पंक्तियों से प्रशोभी।
जो है न्यारा नगर मथुरा प्राणप्यारा वहीं है।
मेरा सूना सदन तज के तू वहाँ शीघ्र ही जा॥ 36॥

ज्यों ही मेरा भवन तज तू अल्प आगे बढ़ेगी।
शोभावाली सुखद कितनी मंजु कुंजें मिलेंगी।
प्यारी छाया मृदुल स्वर से मोह लेंगी तुझे वे।
तो भी मेरा दुख लख वहाँ जा न विश्राम लेना॥ 37॥

थोड़ा आगे सरस रव का धाम सत्पुष्पवाला।
अच्छे अच्छे बहु द्रुम लतावान सौन्दर्यशाली।
प्यारा वृन्दाविपिन मन को मुग्धकारी मिलेगा।
आना जाना इस विपिन से मुह्यमाना न होना॥ 38॥

जाते जाते अगर पथ में क्लान्त कोई दिखावे।
तो जा के सन्निकट उसकी क्लान्तियों को मिटाना।
धीरे-धीरे परस करके गात उत्ताप खोना।
सद्गन्धों से श्रमित जन को हर्षितों सा बनाना॥ 39॥

संलग्ना हो सुखद जल के श्रान्तिहारी कणों से।
ले के नाना कुसुम कुल का गंध आमोदकारी।
निर्धूली हो गमन करना उद्धता भी न होना।
आते जाते पथिक जिससे पन्थ में शान्ति पावें॥ 40॥

लज्जा शीला पथिक महिला जो कहीं दृष्टि आये।
होने देना विकृत-वसना तो न तू सुन्दरी को।
जो थोड़ी भी श्रमित वह हो गोद ले श्रान्ति खोना।
होठों की औ कमल-मुख की म्लानतायें मिटाना॥ 41॥

जो पुष्पों के मधुर-रस को साथ सानन्द बैठे।
पाते होवें भ्रमर भ्रमरी सौम्यता तो दिखाना।
थोड़ा सा भी न कुसुम हिले और न उद्विग्न वे हों।
क्रीड़ा होवे न कलुषमयी केलि में हो न वाधा॥ 42॥

कालिन्दी के पुलिन पर हो जो कहीं भी कढ़े तू।
छू के नीला सलिल उसका अंग उत्ताप खोना।
जी चाहे तो कुछ समय वाँ खेलना पंकजों से।
छोटी छोटी सु-लहर उठा क्रीड़ितों को नचाता॥ 43॥

प्यारे प्यारे तरु किशलयों को कभी जो हिलाना।
तो हो जाना मृदुल इतनी टूटने वे न पावें।
शाखापत्रों सहित जब तू केलि में लग्न हो तो।
थोड़ा सा भी न दुख पहुँचे शावकों को खगों के॥ 44॥

तेरी जैसी मृदु पवन से सर्वथा शान्ति-कामी।
कोई रोगी पथिक पथ में जो पड़ा हो कहीं तो।
मेरी सारी दुखमय दशा भूल उत्कण्ठ होके।
खोना सारा कलुष उसका शान्ति सर्वांग होना॥ 45॥

कोई क्लान्ता कृषक ललना खेत में जो दिखावे।
धीरे-धीरे परस उसकी क्लान्तियों को मिटाना।
जाता कोई जलद यदि हो व्योम में तो उसे ला।
छाया द्वारा सुखित करना तप्त भूतांगना को॥ 46॥

उद्यानों में सु-उपवन में वापिका में सरों में।
फूलोंवाले नवल तरु में पत्र शोभी द्रुमों में।
आते जाते न रम रहना औ न आसक्त होना।
कुंजों में औ कमल-कुल में वीथिका में वनों में॥ 47॥

जाते जाते पहुँच मथुरा-धाम में उत्सुका हो।
न्यारी-शोभा वर नगर की देखना मुग्ध होना।
त होवेगी चकित लख के मेरु से मन्दिरों को।
आभावाले कलश जिनके दूसरे अर्क से हैं॥ 48 ॥

जी चाहे तो शिखर सम जो सद्म के हैं मुँडेरे।
वाँ जा ऊँची अनुपम-ध्वजा अंक में ले उड़ाना।
प्रासादों में अटन करना घूमना प्रांगणों में।
उद्युक्ता हो सकल सुर से गेह को देख जाना॥ 49 ॥

कुंजों बागों विपिन यमुना कूल या आलयों में।
सद्गंधों से भरित मुख की वास सम्बन्ध से आ।
कोई भौंरा विकल करता हो किसी कामिनी को।
तो सद्भावों सहित उसको ताड़ना दे भगाना॥ 50 ॥

तू पावेगी कुसुम गहने कान्तता साथ पैन्हे।
उद्यानों में वर नगर के सुन्दरी मालिनों को।
वे कार्यों में स्वप्रियतम के तुल्य ही लग्न होंगी।
जो श्रान्ता हों सरस गति से तो उन्हें मोह लेना॥ 51 ॥

जो इच्छा हो सुरभि तन के पुष्प संभार से ले।
आते जाते सरुचि उनके प्रीतमों को रिझाना।
ऐ मर्मज्ञे रहित उससे युक्तियाँ सोच होना।
जैसे जाना निकट प्रिय के व्योम-चुम्बी गृहों के॥ 52 ॥

देखे पूजा समय मथुरा मन्दिरों मध्य जाना।
नाना वाद्यों मधुर स्वर की मुग्धता को बढ़ाना।
किम्वा ले के रुचिर तरु के शब्दकारी फलों को।
धीरे धीरे मधुर-रव से मुग्ध हो हो बजाना॥ 53 ॥

नीचे फूले कुसुम तरु के जो खड़े भक्त होवें।
किम्वा कोई उपल-गठिता-मूर्ति हो देवता की।
तो डालों को परम मृदुता मंजुता से हिलाना।
औ यों वर्षा कर कुसुम की पूजना पूजितों को॥ 54 ॥

तू पावेगी वर नगर में एक भूखण्ड न्यारा।
शोभा देते अमित जिसमें राज-प्रासाद होंगे।
उद्यानों में परम-सुषमा है जहाँ संचिता सी।
छीने लेते सरवर जहाँ वज्र की स्वच्छता हैं॥ 55॥

तू देखेगी जलद-तन को जा वहीं तद्गता हो।
होंगे लोने नयन उनके ज्योति-उत्कीर्णकारी।
मुद्रा होगी वर-वदन की मूर्ति सी सौम्यता की।
सीधे सीधे वचन उनके सिक्त होंगे सुधा से॥ 56॥

नीले फूले कमल दल सी गात की श्यामता है।
पीला प्यारा वसन कटि में पैन्हते हैं फबीला।
छूटी काली अलक मुख की कान्ति को है बढ़ाती।
सद्वस्त्रों में नवल-तन की फूटती सी प्रभा है॥ 57॥

साँचे ढाला सकल वपु है दिव्य सौन्दर्यशाली।
सत्पुष्पों सी सुरभि उस की प्राण संपोषिका है।
दोनों कन्धे वृषभ वर से हैं बड़े ही सजीले।
लम्बी बाँहें कलभ-कर सी शक्ति की पेटिका हैं॥ 58॥

राजाओं सा शिर पर लसा दिव्य आपीड़ होगा।
शोभा होगी उभय श्रुति में स्वर्ण के कुण्डलों की।
नाना रत्नाकलित भुज में मंजु केयूर होंगे।
मोतीमाला लसित उनका कम्बु सा कंठ होगा॥ 59॥

प्यारे ऐसे अपर जन भी जो वहाँ दृष्टि आवें।
देवों के से प्रथित-गुण से तो उन्हें चीन्ह लेना।
थोड़ी ही है वय तदपि वे तेजशाली बड़े हैं।
तारों में है न छिप सकता कंत राका निशा का॥ 60॥

बैठे होंगे जिस थल वहाँ भव्यता भूरि होगी।
सारे प्राणी वदन लखते प्यार के साथ होंगे।
पाते होंगे परम निधियाँ लूटते रत्न होंगे।
होती होंगी हृदयतल की क्यारियाँ पुष्पिता सी॥ 61॥

बैठे होंगे निकट जितने शान्त औ शिष्ट होंगे।
मर्य्यादा का प्रति पुरुष को ध्यान होगा बड़ा ही।
कोई होगा न कह सकता बात दुर्वृत्तता की।
पूरा पूरा प्रति हृदय में श्याम आतंक होगा ॥ 62 ॥

प्यारे प्यारे वचन उनसे बोलते श्याम होंगे।
फैली जाती हृदय तल में हर्ष की वेलि होगी।
देते होंगे प्रथित गुण वे देख सद्दृष्टि द्वारा।
लोहा को छू कलित कर से स्वर्ण होंगे बनाते ॥ 63 ॥

सीधे जाके प्रथम गृह के मंजु उद्यान में ही।
जो थोड़ी भी तन-तपन हो सिक्त हो के मिटाना।
निर्धूली हो सरस रज से पुष्प के लिप्त होना।
पीछे जाना प्रियसदन में स्निग्धता से बड़ी ही ॥ 64 ॥

जो प्यारे के निकट बजती बीन हो मंजुता से।
किम्बा कोई मुरज-मुरली आदि को हो बजाता।
या गाती हो मधुर स्वर से मण्डली गायकों की।
होने पावे न स्वर लहरी अल्प भी तो विपन्ना ॥ 65 ॥

जाते ही छू कमलदल से पाँव को पूत होना।
काली काली कलित अलकें गण्ड शोभी हिलाना।
क्रीड़ायें भी ललित करना ले दुकूलादिकों को।
धीरे धीरे परस तन को प्यार की बेलि बोना ॥ 66 ॥

तेरे में है न यह गुण जो तू व्यथायें सुनाये।
व्यापारों को प्रखर मति और युक्तियों से चलाना।
बैठे जो हों निज सदन में मेघ सी कान्तिवाले।
तो चित्रों को इस भवन के ध्यान से देख जाना ॥ 67 ॥

जो चित्रों में विरह-विधुरा का मिले चित्र कोई।
तो जा जाके निकट उसको भाव से यों हिलाना।
प्यारे हो के चकित जिससे चित्र की ओर देखें।
आशा है यों सुरति उनको हो सकेगी हमारी ॥ 68 ॥

जो कोई भी इस सदन में चित्र उद्यान का हो।
औ हों प्राणी विपुल उसमें घूमते बावले से।
तो जाके सन्निकट उसके औ हिला के उसे भी।
देवात्मा को सुरति ब्रज के व्याकुलों की कराना ॥ 69 ॥

कोई प्यारा-कुसुम कुम्हला गेह में जो पड़ा हो।
तो प्यारे के चरण पर ला डाल देना उसी को।
यों देना ऐ पवन बतला फूल सी एक बाला।
म्लाना ही हो कमल पग को चूमना चाहती है ॥ 70 ॥

जो प्यारे मंजु-उपवन या वाटिका में खड़े हों।
छिद्रों में जा क्वणित करना वेणु सा कीचकों को।
यों होवेगी सुरति उनको सर्व गोपांगना की।
जो हैं वंशी श्रवण रुचि से दीर्घ उत्कण्ठ होतीं ॥ 71 ॥

ला के फूले कमलदल को श्याम के सामने ही।
थोड़ा थोड़ा विपुल जल में व्यग्र हो हो डुबाना।
यों देना ऐ भगिनि जतला एक अंभोजनेत्रा।
आँखों को हो विरह-विधुरा वारि में बोरती है ॥ 72 ॥

धीरे लाना वहन कर के नीप का पुष्प कोई।
औ प्यारे के चपल दृग के सामने डाल देना।
ऐसे देना प्रकट दिखला नित्य आशंकिता हो।
कैसी होती विरहवश मैं नित्य रोमांचिता हूँ ॥ 73 ॥

बैठे नीचे जिस विटप के श्याम होंवे उसीका।
कोई पत्ता निकट उनके नेत्र के ले हिलाना।
यों प्यारे को विदित करना चातुरी से दिखाना।
मेरे चिन्ता-विजित चित का क्लान्त हो काँप जाना ॥ 74 ॥

सूखी जाती मलिन लतिका जो धरा में पड़ी हो।
तो पाँवों के निकट उसको श्याम के ला गिराना।
यों सीधे से प्रकट करना प्रीति से वंचिता हो।
मेरा होना अति मलिन औ सूखते नित्य जाना ॥ 75 ॥

कोई पत्ता नवल तरु का पीत जो हो रहा हो।
तो प्यारे के दृग युगल के सामने ला उसे ही।
धीरे-धीरे सँभल रखना औ उन्हें यों बताना।
पीला होगा प्रबल दुख से प्रोषिता सा हमारा ॥ 76 ॥

यो प्यारे को विदित करके सर्व मेरी व्यथाएँ।
धीरे-धीरे वहन करके पाँव की धूलि लाना।
थोड़ी सी भी चरणरज जो ला न देगी हमें तू।
हा! कैसे तो व्यथित चित को बोध मैं दे सकूँगी ॥ 77 ॥

जो ला देगी चरणरज तो तू बड़ा पुण्य लेगी।
पूता हूँगी भगिनि उसको अंग में मैं लगाके।
पोतूँगी जो हृदय तल में वेदना दूर होगी।
डालूँगी मैं शिर पर उसे आँख में ले मलूँगी ॥ 78 ॥

तू प्यारे का मृदुल स्वर ला मिष्ट जो है बड़ा ही।
जो यों भी है क्षरण करती स्वर्ग की सी सुधा को ।
थोड़ा भी ला श्रवणपुट में जो उसे डाल देगी।
मेरा सूखा हृदयतल तो पूर्ण उत्फुल्ल होगा ॥ 79 ॥

भीनी भीनी सुरभि सरसे पुष्प की पोषिका सी।
मूलीभूता अवनितल में कीर्ति कस्तूरिका की।
तू प्यारे के नवलतन की वास ला दे निराली।
मेरे ऊबे व्यथित चित में शान्तिधारा बहा दे ॥ 80 ॥

होते होवें पतित कण जो अंगरागादिकों के।
धीरे धीरे वहन कर के तू उन्हीं को उड़ा ला।
कोई माला कलकुसुम की कंठसंलग्न जो हो।
तो यत्नों से विकच उसका पुष्प ही एक ला दे ॥ 81 ॥

पूरी होवें न यदि तुझसे अन्य बातें हमारी।
तो तू मेरी विनय इतनी मान ले औ चली जा।
छू के प्यारे कमलपग को प्यार के साथ आ जा।
जी जाऊँगी हृदयतल में मैं तुझी को लगाके ॥ 82 ॥

भ्राता हो के परम दुख और भूरि उद्विग्नता से।
ले के प्रातः मृदुपवन को या सखी आदिकों को।
यों ही राधा प्रगट करतीं नित्य ही वेदनायें।
चिन्तायें थीं चलित करती वर्द्धिता थीं व्यथायें॥ 83 ॥

सप्तम सर्ग

मन्दाक्रान्ता छन्द

ऐसा आया यक दिवस जो था महा मर्म्मभेदी।
धाता ने हो दुखित भव के चित्रितों को विलोका।
धीरे धीरे तरणि निकला काँपता दग्ध होता।
काला काला ब्रज-अवनि में शोक का मेघ छाया॥ 1 ॥

देखा जाता पथ जिन दिनों नित्य ही श्याम का था।
ऐसा खोटा यक दिन उन्हीं वासरों मध्य आया।
आँखें नीची जिस दिन किये शोक में मग्न होते।
देखा आते सकल-ब्रज ने नन्द गोपादिकों को॥ 2 ॥

खो के होवे विकल जितना आत्म-सर्वस्व कोई।
होती हैं खो स्वमणि जितनी सर्प को वेदनायें।
दोनों प्यारे कुँवर तज के ग्राम में आज आते।
पीड़ा होती अधिक उससे गोकुलाधीश को थी॥ 3 ॥

लज्जा से वे प्रथित-पथ में पांव भी थे न देते।
जी होता था व्यथित हरि का पूछते ही सँदेसा।
वृक्षों में हो विपथ चल वे आ रहे ग्राम में थे।
ज्यों ज्यों आते निकट महि के मध्य जाते गड़े थे॥ 4 ॥

पाँवों को वे सँभल बल के साथ ही थे उठाते।
तो भी वे थे न उठ सकते हो गये थे मनों के।
मानों यों वे गृह गमन से नन्द को रोकते थे।
संक्षुब्धा हो सबल बहती थी जहाँ शोक-धारा॥ 5 ॥

यानों से हो पृथक तज के संग भी साथियों का।
थोड़े लोगों सहित गृह की ओर वे आ रहे थे।
विक्षिप्तों सा वदन उनका आज जो देख लेता।
हो जाता था वह व्यथित औ था महा कष्ट पाता ॥ 6 ॥

आँसू लाते कृशित दृग से फूटती थी निराशा।
छाई जाती वदन पर भी शोक की कालिमा थी।
सीधे जो थे न पग पड़ते भूमि में वे बताते।
चिन्ता द्वारा चलित उनके चित्त की वेदनायें ॥ 7 ॥

भादोंवाली भयद रजनी सूचि-भेद्या अमा की।
ज्यों होती है परम असिता छा गये मेघ-माला।
त्योंही सारे ब्रज-सदन का हो गया शोक गाढ़ा।
तातों वाले ब्रज नृपति को देख आता अकेले ॥ 8 ॥

एकाकी ही श्रवण करके कंत को गेह आता।
दौड़ी द्वारे जननि हरि की क्षिप्त की भाँति आयीं।
वोहीं आये ब्रज अधिप भी सामने शोक-मग्न।
दोनों ही के हृदयतल की वेदना थी समाना ॥ 9 ॥

आते ही वे निपतित हुईं छिन्न मूला लता सी।
पाँवों के सन्निकट पति के हो महा खिद्यमाना।
संज्ञा आयी फिर जब उन्हें यत्न द्वारा जनों के।
रो रो हो हो विकल पति से यों व्यथा साथ बोली ॥ 10 ॥

मालिनी छन्द

प्रिय-पति वह मेरा प्राणप्यारा कहाँ है।
दुख-जलधि निमग्ना का सहारा कहाँ है।
अब तक जिसको मैं देख के जी सकी हूँ।
वह हृदय हमारा नेत्र-तारा कहाँ है ॥ 11 ॥

पल पल जिसके मैं पंथ को देखती थी।
निशि दिन जिसके ही ध्यान में थी बिताती।
उर पर जिसके है सोहती मंजुमाला।
वह नवनलिनी से नेत्रवाला कहाँ है ॥ 12 ॥

मुझ विजित-जरा का एक आधार जो है।
वह परम अनूठा रत्न सर्वस्व मेरा।
धन मुझ निधनी का लोचनों का उँजाला।
सजल जलद की सी कान्तिवाला कहाँ है॥ 13 ॥

प्रति दिन जिसको मैं अंक में नाथ ले के।
विधि लिखित कुअंकों की क्रिया कीलती थी।
अति प्रिय जिसको हैं वस्त्र पीला निराला।
वह किशलय के से अंगवाला कहाँ है॥ 14 ॥

वर-वदन विलोके फुल्ल अंभोज ऐसा।
करतल-गत होता व्योम का चंद्रमा था।
मृदु-रव जिसका है रक्त सूखी नसों का।
वह मधु-मय-कारी मानसों का कहाँ है॥ 15 ॥

रस-मय वचनों से नाथ जो गेह मध्य।
प्रति दिवस बहाता स्वर्ग-मंदाकिनी था।
मम सुकृति धरा का स्रोत जो था सुधा का।
वह नव-घन न्यारी श्यामता का कहाँ है॥ 16 ॥

स्वकुल जलज का है जो समुत्फुल्लकारी।
मम परम-निराशा-यामिनी का विनाशी।
ब्रज-जन विहगों के वृन्द का मोद-दाता।
वह दिनकर शोभी रामभ्राता कहाँ है॥ 17 ॥

मुख पर जिसके है सौम्यता खेलती सी।
अनुपम जिसका हूँ शील सौजन्य पाती।
परदुख लख के है जो समुद्विग्न होता।
वह कृति सरसी का स्वच्छ सोता कहाँ है॥ 18 ॥

निविड़तम निराशा का भरा गेह में था।
वह किस विधु मुख की कान्ति को देख भागा।
सुखकर जिससे है कामिनी जन्म मेरा।
वह रुचिकर चित्रों का चितेरा कहाँ है॥ 19 ॥

सह कर कितने ही कष्ट औ संकटों को।
बहु यजन कराके पूज के निर्जरों को।
यक सुअन मिला है जो मुझे यत्न द्वारा।
प्रियतम! वह मेरा कृष्ण प्यारा कहाँ है॥ 20॥

मुखरित करता जो सद्म को था शुकों सा।
कलरव करता था जो खगों सा वनों में।
सुध्वनित पिक सा जो वाटिका को बनाता।
वह बहु विध कंठों का विधाता कहाँ है॥ 21॥

सुन स्वर जिसका थे मत्त होते मृगादि।
तरुगण-हरियाली थी महा दिव्य होती।
पुलकित बन जाती थी लसी पुष्प-क्यारी।
उस कल मुरली का नादकारी कहाँ है॥ 22॥

जिस प्रिय वर को खो ग्राम सूना हुआ है।
सदन सदन में हा! छा गयी है उदासी ।
तम वलित मही में है न होता उँजाला।
वह निपट निराली कान्ति कहाँ है॥ 23॥

वन वन फिरती हैं खिन्न गायें अनेकों।
शुक भर भर आँखें गेह को देखता है।
सुधि कर जिसकी है शारिका नित्य रोती।
वह श्रुचि रुचि स्वाती मंजु मोती कहाँ है॥ 24॥

गृह गृह अकुलाती गोप की पत्नियाँ हैं।
पथ पथ फिरते हैं ग्वाल भी उन्मना हो।
जिस कुँवर बिना मैं हो रही हूँ अधीरा।
वह छवि खनि शोभी स्वच्छ हीरा कहाँ है॥ 25॥

मम उर कँपता था कंस-आतंक ही से।
पल पल डरती थी क्या न जाने करेगा।
पर परम-पिता ने की बड़ी ही कृपा है।
वह निज कृत पापों से पिसा आप ही जो॥ 26॥

अतुलित बलवाले मल्ल कूटादि जो थे।
वह गज गिरि ऐसा लोक-आतंक कारी।
अनु दिन उपजाते भीति थोड़ी नहीं थे।
पर यमपुर-वासी आज वे हो चुके हैं॥ 27॥

भयप्रद जितनी थीं आपदायें अनेकों।
यक यक करके वे हो गयीं दूर यों ही।
प्रियतम! अनसोची ध्यान में भी न आयी।
यह अभिनव कैसी आपदा आ पड़ी है॥ 28॥

मृदु किशलय ऐसा पंकजों के दलों सा।
वह नवल सलोने गात का तात मेरा।
इन सब पवि ऐसे देह के दानवों का।
कब कर सकता था नाथ कल्पान्त में भी॥ 29॥

पर हृदय हमारा ही हमें है बताता।
सब शुभ फल पाती हूँ किसी पुण्य ही का।
वह परम अनूठा पुण्य ही पापनाशी।
इस कुसमय में है क्यों नहीं काम आता॥ 30॥

प्रिय सुअन हमारा क्यों नहीं गेह आया।
वर नगर छटायें देख के क्या लुभाया?
वह कुटिल जनों के जाल में जा पड़ा है।
प्रियतम! उसको या राज्य का भोग भाया॥ 31॥

मधुर वचन से औ भक्ति भावादिकों से।
अनुनय विनयों से प्यार की उक्तियों से।
सब मधुपुर-वारी बुद्धिशाली जनों ने।
अतिशय अपनाया क्या ब्रजाभूषणों को?॥ 32॥

बहु विभव वहाँ का देख के श्याम भूला।
वह बिलम गया या वृन्द में बालकों के।
फँसकर जिसमें हा! लाल छूटा न मेरा।
सुफलक-सुत ने क्या जाल कोई बिछाया॥ 33॥

परम शिथिल हो के पन्थ की क्लान्तियों से।
वह ठहर गया है क्या किसी वाटिका में।
प्रियतम! तुम से या दूसरों से जुदा हो।
वह भटक रहा है क्या कहीं मार्ग ही में॥ 34॥

विपुल कलित कुंजें भानुजा कूलवाली।
अतुलित जिनमें थी प्रीति मेरे प्रियों की।
पुलकित चित से वे क्या उन्हीं में गये हैं।
कतिपय दिवसों की श्रान्ति उन्मोचने को॥ 35॥

विविध सुरभिवाली मण्डली बालकों की।
मम युगल सुतों ने क्या कहीं देख पाई।
निज सुहृद जनों में वत्स में धेनुओं में।
बहु बिलम गये वे क्या इसी से न आये?॥ 36॥

निकट अति अनूठे नीप फूले फले के।
कलकल बहती जो धार है भानुजा की।
अति-प्रिय सुत को है दृश्य न्यारा वहाँ का।
वह समुद्र उसे ही देखने क्या गया है?॥ 37॥

सित सरसिज ऐसे गात के श्याम भ्राता।
यदुकुल जन हैं औ वंश के हैं उँजाले।
यदि वह कुलवालों के कुटुम्बी बने तो।
सुत सदन अकेले ही चला क्यों न आया॥ 38॥

यदि वह अति स्नेही शील सौजन्य शाली।
तज कर निज भ्राता को नहीं गेह आया।
ब्रजजननि बता दो नाथ तो क्यों बसेगी।
यदि बदन विलोकोंगी न मैं क्यों बचूँगी॥ 39॥

प्रियतम! अब मेरा कंठ में प्राण आया।
सच सच बतला दो प्राण प्यारा कहाँ है?
यदि मिल न सकेगा जीवनाधार मेरा।
तब फिर निज पापी प्राण मैं क्यों रखूँगी॥ 40॥

विपुल धन अनेकों रत्न हो साथ लाये।
प्रियतम! बतला दो लाल मेरा कहाँ है।
अगणित अनचाहे रत्न ले क्या करूँगी।
मम परम अनूठा लाल ही नाथ ला दो॥ 41 ॥

उस वर-धन को मैं माँगती चाहती हूँ।
उपचित जिससे है वंश की बेलि होती।
सकल जगत प्राणी मात्र का बीज जो है।
भव-विभव जिसे खो है वृथा ज्ञात होता॥ 42 ॥

इन अरुण प्रभा के रंग के पाहनों की।
प्रियतम! घर मेरे कौन सी न्यूनता है।
प्रति पल उर में है लालसा वर्द्धमाना।
उस परम निराले लाल के लाभ ही की॥ 43 ॥

युग दृग जिससे हैं स्वर्ग सी ज्योति पाते।
उर तिमिर भगाता जो प्रभापुंज से है।
कल द्युति जिसकी है चित्त उत्ताप खोती।
वह अनुपम हीरा नाथ मैं चाहती हूँ॥ 44 ॥

कटि-पट लख पीले रत्न दूँगी लुटा मैं।
तन पर सब नीले रत्न को वार दूँगी।
सुत-मुख-छवि न्यारी आज जो देख पाऊँ।
बहु अपर अनूठे रत्न भी बाँट दूँगी॥ 45 ॥

धन विभव सहस्रों रत्न सन्तान देखे।
रज कण सम हैं औ तुच्छ हैं वे तृणों से।
पति इन सबको त्यों पुत्र को त्याग लाये।
मणि-गण तज लावे गेह ज्यों काँच कोई॥ 46 ॥

परम-सुयश वाले कोशलाधीश ही हैं।
प्रिय-सुत बन जाते ही नहीं जी सके जो।
यह हृदय हमारा वज्र से ही बना है।
वह तुरत नहीं जो सैकड़ों खंड होता॥ 47 ॥

निज प्रिय मणि को जो सर्प खोता कभी है।
तड़प तड़प के तो प्राण है त्याग देता।
मम सदृश मही में कौन पापीयसी है।
हृदय-मणि गँवा के नाथ जो जीविता हूँ॥ 48 ॥

लघुतर-सफरी भी भाग्य वाली बड़ी है।
अलग सलिल से हो प्राण जो त्यागती है।
अह अवनि में मैं हूँ महा भाग्यहीना।
अब तक बिछुड़े जो लाल के जी सकी हूँ॥ 49 ॥

परम पतित मेरे पातकी-प्राण ऐ हैं।
यदि तुरत नहीं हैं गात को त्याग देते।
अहह दिन न जानें कौन सा देखने को।
दुखमय तन में ए निर्म्ममों से रुके हैं॥ 50 ॥

विधिवश इनमें हा! शक्ति बाकी नहीं है।
तन तज सकने को हो गये क्षीण ऐसे।
वह इस अवनी में भाग्यवाली बड़ी है।
अवसर पर सोवे मृत्यु के अंक में जो॥ 51 ॥

बहु कलप चुकी हूँ दग्ध भी हो चुकी हूँ।
जग कर कितनी ही रात में रो चुकी हूँ।
अब न हृदय में है रक्त का लेश बाकी।
तन बल सुख आशा मैं सभी खो चुकी हूँ॥ 52 ॥

विधु मुख अवलोके मुग्ध होगा न कोई।
न सुखित ब्रजवासी कान्ति को देख होंगे।
यह अवगत होता है सुनी बात द्वारा।
अब बह न सकेगी शान्ति-पीयूष धारा॥ 53 ॥

सब दिन अति-सूना ग्राम सारा लगेगा।
निशि दिवस बड़ी ही खिन्नता से कटेंगे।
समधिक ब्रज में जो छा गयी है उदासी।
अब वह न टलेगी औ सदा ही खलेगी॥ 54 ॥

बहुत सह चुकी हूँ और कैसे सहूँगी।
पवि सदृश कलेजा मैं कहाँ पा सकूँगी।
इस कृशित हमारे गात को प्राण त्यागो।
बन विवश नहीं तो नित्य रो रो मरूँगी॥ 55 ॥

मन्दाक्रान्ता छन्द

हा! वृद्धा के अतुल धन हा! वृद्धता के सहारे।
हा! प्राणों के परम-प्रिय हा! एक मेरे दुलारे।
हा! शोभा के सदन सम हा! रूप लावण्यवाले।
हा! बेटा हा! हृदय-धन हा! नेत्र-तारे हमारे॥ 56 ॥

कैसे होके अलग तुझसे आज भी मैं बची हूँ।
जो मैं ही हूँ समझ न सकी तो तुझे क्यों बताऊँ।
हाँ जीऊँगी न अब, पर है वेदना एक होती।
तेरा प्यारा वदन मरती बार मैंने न देखा॥ 57 ॥

यों ही बातें स-दुख कहते अश्रुधारा बहाते।
धीरे-धीरे यशुमति लगीं चेतना-शून्य होने।
जो प्राणी थे निकट उनके या वहाँ भीत होके।
नाना यत्नों सहित उनको वे लगे बोध देने॥ 58 ॥

आवेगों से बहु विकल तो नन्द थे पूर्व ही से।
कान्ता को यों व्यथित लख के शोक में और डूबे।
बोले ऐसे वचन जिनसे चित्त में शान्ति आवे।
आशा होवे उदय उर में नाश पावे निराशा॥ 59 ॥

धीरे-धीरे श्रवण करके नन्द की बात प्यारी।
जाते जो थे वपुष तज के प्राण वे लौट आये।
आँखें खोलीं हरि-जननि ने कष्ट से, और बोलीं।
क्या आवेगा कुँवर ब्रज में नाथ दो ही दिनों में॥ 60 ॥

सारी बातें व्यथित उर की भूल के नन्द बोले।
हाँ आवेगा प्रिय-सुत प्रिये गेह दो ही दिनों में।
ऐसी बातें कथन कितनी और भी नन्द ने कीं।
जैसे तैसे हरि-जननि को धीरता से प्रबोधा॥ 61 ॥

जैसे स्वाती-सलिल-कण पा वृष्टि का काल बीते।
थोड़ी सी है परम तृषिता चातकी शान्ति पाती।
वैसे आना श्रवण करके पुत्र का दो दिनों में।
संज्ञा खोती यशुमति हुईं स्वल्प आश्वासिता सी॥ 62॥

पीछे बातें कलप कहती काँपती कष्ट पाती।
आयीं लेके स्वप्रिय पति को सद्म में नंद-वामा।
आशा की है अमित महिमा धन्य है दिव्य आशा।
जो छू के है मृतक बनते प्राणियों को जिलाती॥ 63॥

अष्टम सर्ग

मन्दाक्रान्ता छन्द

यात्रा पूरी स-दुख करके गोप जो गेह आये।
सारी-बातें प्रकट ब्रज में कष्ट से कीं उन्होंने।
जो आने की विवि दिवस में बात थी खोजियों ने।
धीरे-धीरे सकल उसका भेद भी जान पाया॥ 1 ॥

आती वेला वदन सबने नन्द का था विलोका।
आँखों में भी सतत उसकी म्लानता घूमती थी।
सारी-बातें श्रवणगत थीं हो चुकीं आगतों से।
कैसे कोई न फिर असली बात को जान जाता॥ 2 ॥

दोनों प्यारे न अब ब्रज में आ सकेंगे कभी भी।
आँखें होंगी न अब सफला देख के कान्ति प्यारी।
कानों में भी न अब मुरली की सु-तानें पड़ेंगी।
प्रायः चर्चा प्रति सदन में आज होती यही थी॥ 3 ॥

गो गोपी के सकल ब्रज के श्याम थे प्राणप्यारे।
प्यारी आशा सकल पुर की लग्न भी थी उन्हीं में।
चावों से था वदन उनका देखता ग्राम सारा।
क्यों हो जाता न उर-शतधा आज खोके उन्हीं को॥ 4 ॥

बैठे नाना जगह कहते लोग थे वृत्त नाना।
आवेगों का सकल पुर में स्रोत था वृद्धि पाता।
देखो कैसे करुण-स्वर से एक आभीर बैठा।
लोगों को है सकल अपनी वेदनायें सुनाता॥ 5 ॥

द्रुतविलम्बित छन्द

जब हुआ ब्रजजीवन-जन्म था।
ब्रज प्रफुल्लित था कितना हुआ।
उमगती कितनी कृति मूर्ति थीं।
पुलकते कितने नृप नंद थे॥ 6॥

विपुल सुन्दर-बन्दरवार से।
सकल द्वार बने अभिराम थे।
विहँसते ब्रज-सद्म समूह के थे।
वदन में दसनावलि थी लसी॥ 7॥

नव रसाल-सुपल्लव के बने।
अजिर में वर-तोरण थे बँधे।
विपुल-जीह विभूषित था हुआ।
वह मनो रस-लेहन के लिये॥ 8॥

गृह गली मग मन्दिर चौरहों।
तरुवरों पर थी लसती ध्वजा।
समुद सूचित थी करती मनो।
वह कथा ब्रज की सुरलोक को॥ 9॥

विपणि हो वर-वस्तु विभूषिका।
मणि मयी अलका सम थी लसी।
वर-वितान विमंडित ग्राम की।
सु-छवि थी अमरावति-रंजिनी॥ 10॥

सजल कुंभ सुशोभित द्वार थे।
सुमन-संकुल थीं सब वीथियाँ।
अति-सु-चर्चित थे सब चौरहे।
रस प्रवाहित सा सब ठौर था॥ 11॥

सकल गोधन सज्जित था हुआ।
वसन भूषण और शिखिपुच्छ से।
विविध-भाँति अलंकृत थी हुई।
विपुल-ग्वाल मनोरम मण्डली॥ 12॥

मधुर मंजुल मंगल गान की।
मच गयी ब्रज में बहु धूम थी।
सरस औ अति ही मधुसिक्त थी।
पुलकिता नवला कलकंठता ॥ 13 ॥

सदन उत्सव की कमनीयता।
विपुलता बहु याचक-वृन्द की।
प्रचुरता धन रत्न प्रदान की।
अति मनोरम औ रमणीय थी ॥ 14 ॥

विविध भूषण वस्त्र विभूषिता।
बहु विनोदित ग्राम-वधूटियाँ।
विहँसती, नृप गेह-पधारती।
सुखद थीं कितना जनवृन्द को ॥ 15 ॥

ध्वनित भूषण की मधु मानता।
अति अलौकिकता कलतान की।
मधुर वादन वाद्य समूह का।
हृदय के कितना अनुकूल था ॥ 16 ॥

मन्दाक्रान्ता छन्द

या मैंने था दिवस अति-ही दिव्य ऐसा विलोका।
या आँखों से मलिन इतना देखता वार मैं हूँ।
जो ऐसा ही दिवस मुझको अन्त में था दिखाना।
तो क्यों तू ने निठुर विधना! वार वैसा दिखाया ॥ 17 ॥

हा! क्यों देखा मुदित उतना नन्द-नन्दांगना को।
जो दोनों को दुखित इतना आज मैं देखता हूँ।
वैसा फूला सुखित ब्रज क्यों म्लान है नित्य होता।
हा! क्यों ऐसी दुखमय दशा देखने को बचा मैं ॥ 18 ॥

या देखा था अनुपम सजे द्वार औ प्रांगणों को।
आवासों को विपणि सबको मार्ग को मंदिरों को।
या रोते से विषम जड़ता मग्न से आज ए हैं।
देखा जाता अटल जिनमें राज्य मालिन्य का है ॥ 19 ॥

मैंने हो हो सुखित जिनको सज्जिता था बिलोका।
क्यों वे गायें अहह! दुख के सिन्धु में मज्जिता हैं।
जो ग्वाले थे मुदित अति ही मग्न आमोद में हो।
हा! आहों से मथित अब मैं क्यों उन्हें देखता हूँ ॥ 20 ॥

भोलीभाली बहु विध सजी वस्त्र आभूषणों से।
गानेवाली मधुर स्वर से सुन्दरी बालिकायें।
जो प्राणी के परम मुद की मूर्तियाँ थीं उन्हें क्यों।
खिन्ना-दीना मलिन-वसना देखने को बचा मैं ॥ 21 ॥

हा! वाद्यों की मधुरध्वनि भी धूल में जा मिली क्या।
हा! कीला है किस कुटिल ने कामिनी-कण्ठ प्यारा।
सारी शोभा सकल ब्रज की लूटता कौन क्यों है?
हा! हा! मेरे हृदय पर यों साँप क्यों लोटता है ॥ 22 ॥

आगे आओ सहृदय जनों, वृद्ध का संग छोड़ो।
देखो बैठी सदन कहती क्या कई नारियाँ हैं।
रोते रोते अधिकतर की लाल आँखें हुई हैं।
जो ऊबी है कथन पहले हूँ उसी का सुनाता ॥ 23 ॥

द्रुतविलम्बित छन्द

जब रहे ब्रजचन्द छ मास के।
दसन दो मुख में जब थे लसे।
तब पड़े कुसुमोपम तल्प पै।
वह उछाल रहे पद कंज थे ॥ 24 ॥

महरि पास खड़ी इस तल्प के।
छवि अनुत्तम थीं अवलोकती।
अति मनोहर कोमल कंठ से।
कलित गान कभी करती रहीं ॥ 25 ॥

जब कभी जननी मुख चूमतीं।
कल कथा कहतीं चुमकारतीं।
उमँगना हँसना उस काल का।
अति अलौकिक था ब्रजचन्द का ॥ 26 ॥

कुछ खुले मुख की सुषमा-मयी।
यह हँसी जननी-मन-रंजिनी।
लसित यों मुखमण्डल पै रही।
विकच पंकज ऊपर ज्यों कला ॥ 27 ॥

दसन दो हँसते मुख मंजु में।
दरसते अति ही कमनीय थे।
नवल कोमल पंकज कोष में।
विलसते विवि मौक्तिक हों यथा ॥ 28 ॥

जनिन के अति वत्सलता पगे।
ललकते विवि लोचन के लिये।
दसन थे रस के युग बीज से।
सरस धार सुधा सम थी हँसी ॥ 29 ॥

जब सुव्यंजक भाव विचित्र के।
निकलते मुख-अस्फुट शब्द थे।
तब कढ़े अधरांबुधि से कई।
जनिन को मिलते वर रत्न थे ॥ 30 ॥

अधर सान्ध्य सु-व्योम समान थे।
दसन थे युगतारक से लसे।
मृदु हँसी वर ज्योति समान थी।
जननि मानस की अभिनन्दिनी ॥ 31 ॥

विमल चन्द विनिन्दक माधुरी।
विकच वारिज की कमनीयता।
वदन में जननी बलबीर के।
निरखती बहु विश्व विभूति थीं ॥ 32 ॥

मन्दाक्रान्ता छन्द

मैंने आँखों यह सब महा मोद नन्दांगना का।
देखा है औ सहस मुख से भाग को है सराहा।
छा जाती थी वदन पर जो हर्ष की कान्त लाली।
सो आँखों को अकथ रस से सिंचिता थी बनाती ॥ 33 ॥

हा! मैं ऐसी प्रमुद-प्रतिमा मोद-आन्दोलिता को।
जो पाती हूँ मलिन वदना शोक में मज्जिता सी।
तो है मेरा हृदय मलता वारि है नेत्र लाता।
दावा सी है दहक उठती गात-रोमावली में॥ 34॥

जो प्यारे का वदन लख के स्वर्ग-सम्पत्ति पाती।
लूटे लेती सकल निधियाँ श्यामली-मूर्ति देखे।
हा! सो सारे अवनितल में देखती हैं अँधेरा।
थोड़ी आशा झलक जिसमें है नहीं दृष्टि आती॥ 35॥

हा! भद्रे! हा! सरलहृदये! हा! सुशीला यशोदे।
हा! सद्वृत्ते! सुरद्विजरते! हा! सदाचार-रूपे।
हा! शान्ते! हा परम-सुव्रते! है महा कष्ट देता।
तेरा होना नियति कर से विश्व में वंचिता यों॥ 36॥

बोली बाला अपर विधि की चाल ही है निराली।
ऐसी ही है मम हृदय में वेदना आज होती।
मैं भी बीती भगिनि, अपनी आह! देती सुना दूँ।
संतप्ता ने फिर बिलख के बात आरम्भ यों की॥ 37॥

द्रुतविलम्बित छन्द

जननि-मानस पुण्य-पयोधि में।
लहर एक उठी सुख-मूल थी।
वह सु-वासर था ब्रज के लिये।
जब चले घुटनों ब्रज-चन्द थे॥ 38॥

उमगते जननी मुख देखते।
किलकते हँसते जब लाड़िले।
अजिर में घुटनों चलते रहे।
बितरते तब भूरि विनोद थे॥ 39॥

विमल-व्योम-विराजित चन्द्रमा।
सदन शोभित दीपक की शिखा।
जननि अंक विभूषण के लिये।
परम कौतुक की प्रिय वस्तु थी॥ 40॥

नयन रंजन अंजन मंजु सी।
छविमयी रज श्यामल गात की।
जननि थीं कर से जब पोंछतीं।
उलहती तब वेलि विनोद की ॥ 41 ॥

जब कभी कुछ लेकर पाणि में।
वदन में ब्रजनन्दन डालते।
चकित-लोचन से अथवा कभी।
निरखते जब वस्तु विशेष को ॥ 42 ॥

प्रकृति के नख थे तब खोलते।
विविध ज्ञान मनोहर ग्रन्थि को।
दमकती तब थी द्विगुणी शिखा।
महरि मानस मंजु प्रदीप की ॥ 43 ॥

कुछ दिनों उपरान्त ब्रजेश के।
चरण भूपर भी पड़ने लगे।
नवल नूपुर औ कटिकिंकिणी।
ध्वनित हो उठने गृह में लगी ॥ 44 ॥

ठुमकते गिरते पड़ते हुए।
जननि के कर की उँगली गहे।
सदन में चलते जब श्याम थे।
उमड़ता तब हर्ष-पयोधि था ॥ 45 ॥

क्वणित हो करके कटिकिंकिणी।
विदित थी करती इस बात को।
चकितकारक पण्डित मण्डली।
परम अद्‌भुत बालक है यही ॥ 46 ॥

कलित नुपूर की कल-वादिता।
जगत को यह थी जतला रही।
कब भला न अजीव सजीवता।
उस के पद पंकज पा सके ॥ 47 ॥

मन्दाक्रान्ता छन्द

ऐसा प्यारा विधु छवि जयी आलयों का उँजाला।
शोभावाला अतुल-सुख का धाम माधुर्य्यशाली।
जो पाया था सुअन सुभगा नन्द-अर्द्धांगिनी ने।
तो यत्नों के बल न उनका कौन था पुण्य जागा ॥ 48 ॥

देखा होगा जिस सु-तिय ने नन्द के गेह जाके।
प्यारी लीला जलद-तन की मोद नन्दांगना का।
कैसे पाते विशद फल हैं पुण्यकारी मही में।
जाना होगा इस विषय को तद्‌गता हो उसी ने ॥ 49 ॥

प्रायः जाके कुँवर-छवि मैं मत्त हो देखती थी।
मोदोन्मत्ता महिषि-मुख को देख थी स्वर्ग छूती।
दौड़े माँ के निकट जब थे श्याम उत्फुल्ल जाते।
तो वे भी थीं ललक उनको अंक ले मुग्ध होती ॥ 50 ॥

मैं देवी की इस अनुपमा मुग्धता में रसों की।
नाना धारें समुद लख थी सिक्त होती सुधा से।
आँखों में है भगिनि, अब भी दृश्य न्यारा समाया।
हा! भूली हूँ न अब तक मैं आत्म-उत्फुल्लता को ॥ 51 ॥

जाना जाता सखि यह नहीं कौन-सा पाप जागा।
सोने ऐसा सुख-सदन जो आज है ध्वंस होता।
अंगों में जो परम सुभगा थी न फूली समाती।
हा! पाती हूँ विरह-दव में दग्ध होती उसी को ॥ 52 ॥

हा! क्या सारे दिवस सुख के हो गये स्वर्गगामी।
या डूबे-जा सलिल-निधि के गर्भ में वे दुखी हो।
आके छाई महिषि-मुख में म्लानता है कहाँ की।
हा! देखूँगी न अब उसको क्या खिले पद्म सा मैं ॥ 53 ॥

सारी बातें दुखित बनिता की भरी दुःख-गाथा।
धीरे-धीरे श्रवण करके एक बाला प्रवीणा।
हो हो खिन्ना विपुल पहले धीरता-त्याग रोई।
पीछे आहें भर विकल हो यों व्यथा-साथ बोली ॥ 54 ॥

द्रुतविलम्बित छन्द

निकल के निज सुन्दर सद्म से।
जब लगे ब्रज में हरि घूमने।
जब लगी करने अनुरंजिता।
स्वपथ को पद पंकज लालिमा ॥ 55 ॥

तब हुई मुदिता शिशु-मण्डली।
पुर-वधू सुखिता बहु हर्षिता।
विविध कौतुक और विनोद की।
विपुलता ब्रज-मंडल में हुई ॥ 56 ॥

पहुँचते जब थे गृह में किसी।
ब्रज-लला हसते मृदु बोलते।
ग्रहण थीं करती अति-चाव से।
तब उन्हें सब सद्म-निवासिनी ॥ 57 ॥

मधुर भाषण से गृह-बालिका।
अति समादर थी करती सदा।
सरस माखन औ दधि दान से।
मुदित थी करती गृह-स्वामिनी ॥ 58 ॥

कमल लोचन भी कल उक्ति से।
सकल को करते अति मुग्ध थे।
कलित क्रीड़न नुपूर नाद से।
भवन भी बनता अति भव्य था ॥ 59 ॥

स-बलराम स-बालक मण्डली।
विहरते बहु मन्दिर में रहे।
विचरते हरि थे अकेले कभी।
रुचिर वस्त्र विभूषण से सजे ॥ 60 ॥

मन्दाक्रान्ता छन्द

ऐसे सारी ब्रज-अवनि के एक ही लाडिले को।
छीना कैसे किस कुटिल ने क्यों कहाँ कौन वेला।
हा! क्यों घोला गरल उसने स्निग्धकारी रसों में।
कैसे छींटा सरस कुसुमोद्यान में कंटकों को॥ 61॥

लीलाकारी, ललित-गलियों, लोभनीयालयों में।
क्रीड़ाकारी कलित कितने केलिवाले थलों में।
कैसे भूला ब्रज अवनि को कूल को भानुजा के।
क्या थोड़ा भी हृदय मलता लाडिले का न होगा॥ 62॥

क्या देखूँगी न अब कढ़ता इन्दु को आलयों में।
क्या फूलेगा न अब गृह में पद्म सौंदर्यशाली।
मेरे खोटे दिवस अब क्या मुग्धकारी न होंगे।
क्या प्यारे का अब न मुखड़ा मन्दिरों में दिखेगा॥ 63॥

हाथों में ले मधुर दधि को दीर्घ उत्कण्ठता से।
घण्टों बैठी कुँवर-पथ जो आज भी देखती है।
हा! क्या ऐसी सरल-हृदया सद्म की स्वामिनी की।
वांछा होगी न अब सफला श्याम को देख आँखों॥ 64॥

भोली भाली सुख सदन की सुन्दरी बालिकायें।
जो प्यारे के कल कथन की आज भी उत्सुका हैं।
क्रीड़ाकांक्षी सकल शिशु जो आज भी हैं स-आशा।
हा! धाता, क्या न अब उनकी कामना सिद्ध होगी॥ 65॥

प्रातः वेला यक दिन गयी नन्द के सद्म मैं थी।
बैठी लीला महरि अपने लाल की देखती थीं।
न्यारी क्रीड़ा समुद करके श्याम थे मोद देते।
होठों में भी विलसित सिता सी हँसी सोहती थी॥ 66॥

ज्योंही आँखें मुझ पर पड़ीं प्यार के साथ बोलीं।
देखो कैसा सँभल चलता लाडिला है तुम्हारा।
क्रीड़ा में है निपुण कितना है कलावान कैसा।
पाके ऐसा वर सुअन मैं भाग्यमाना हुई हूँ॥ 67॥

होवेगा सो सुदिन जब मैं आँख से देख लूँगी।
पूरी होती सकल अपने चित्त की कामनायें।
ब्याहूँगी मैं जब सुअन को औ मिलेगी वधूटी।
तो जानूँगी अमरपुर की सिद्धि है सद्म आयी ॥ 68 ॥

ऐसी बातें उमग कहती प्यार से थीं यशोदा।
होता जाता हृदय उनका उत्स आनन्द का था।
हा! ऐसे ही हृदय-तल में शोक है आज छाया।
रोऊँ मैं या यह सब कहूँ या मरूँ क्या करूँ मैं ॥ 69 ॥

यों ही बातें विविध कह के कष्ट के साथ रो के।
आवेगों से व्यथित बन के दुख से दग्ध हो के।
सारे प्राणी ब्रज-अवनि के दर्शनाशा सहारे।
प्यारे से हो पृथक अपने वार को थे बिताते ॥ 70 ॥

नवम सर्ग

शार्दूलविक्रीड़ित छन्द

एकाकी ब्रजदेव एक दिन थे बैठे हुए गेह में।
उत्सन्ना ब्रजभूमि के स्मरण से उद्विग्नता थी बड़ी।
ऊधो-संज्ञक-ज्ञान-वृद्ध उनके जो एक सन्मित्र थे।
वे आये इस काल ही सदन में आनन्द में मग्न से॥ 1॥

आते ही मुख-म्लान देख हरि का वे दीर्घ-उत्कण्ठ हो।
बोले क्यों इतने मलीन प्रभु हैं? है वेदना कौन सी।
फूले-पुष्प-विमोहिनी-विचकता क्या हो गयी आपकी।
क्यों है नीरसता प्रसार करती उत्फुल्ल-अंभोज में॥ 2॥

बोले वारिद-गात पास बिठला सम्मान से बन्धु को।
प्यारे सर्व-विधान ही नियति का व्यामोह से है भरा।
मेरे जीवन का प्रवाह पहले अत्यन्त-उन्मुक्त था।
पाता हूँ–अब मैं नितान्त उसको आबद्ध कर्तव्य में॥ 3॥

शोभा-संभ्रम-शालिनी-ब्रज-धरा प्रेमास्पदा-गोपिका।
माता-प्रीतिमयी प्रतीति-प्रतिमा, वात्सल्य-धाता-पिता।
प्यारे गोप-कुमार, प्रेम-मणि के पाथोधि से गोप वे।
भूले हैं न, सदैव याद उनकी देती व्यथा है हमें॥ 4॥

जी में बात अनेक बार यह थी मेरे उठी मैं चलूँ।
प्यारी-भावमयी सु-भूमि ब्रज में दो ही दिनों के लिये।
बीते मास कई परन्तु अब भी इच्छा न पूरी हुई।
नाना कार्य-कलाप की जटिलता होती गयी वाधिका॥ 5॥

पेचीले नव राजनीति पचड़े जो वृद्धि हैं पा रहे।
यात्रा में ब्रज-भूमि की अहह वे हैं विघ्नकारी बड़े।
आते वासर हैं नवीन जितने लाते नये प्रश्न हैं।
होता है उनका दुरूहपन भी व्याघातकारी महा॥ 6 ॥

प्राणी है यह सोचता समझता मैं पूर्ण स्वाधीन हूँ।
इच्छा के अनुकूल कार्य्य सब मैं हूँ साध लेता सदा।
ज्ञाता हैं कहते मनुष्य वश में है काल कर्म्मादि के।
होती है घटना-प्रवाह-पतित-स्वाधीनता यंत्रिता॥ 7 ॥

देखो यद्यपि है अपार, ब्रज के प्रस्थान की कामना।
होता है तब मैं निरस्त नित हूँ व्यापी द्विधा में पड़ा।
ऊधो दग्ध वियोग से ब्रज-धरा है हो रही नित्यशः।
जाओ सिक्त करो उसे सदय हो आमूल ज्ञानाम्बु से॥ 8 ॥

मेरे हो तुम बन्धु विज्ञ-वर हो आनन्द की मूर्ति हो।
क्यों मैं जा ब्रज में सका न अब भी हो जानते भी इसे।
कैसी हैं अनुरागिनी हृदय से माता, पिता गोपिका।
प्यारे है यह भी छिपी न तुमसे जाओ अतः प्रात ही॥ 9 ॥

जैसे हो लघु वेदना हृदय की औ दूर होवे व्यथा।
पावें शान्ति समस्त-लोग न जलें मेरे वियोगाग्नि में।
ऐसे ही वर-ज्ञान तात ब्रज को देना बताना क्रिया।
माता का स-विशेष तोष करना औ वृद्ध-गोपेश का॥ 10 ॥

जो राधा वृष-भानु-भूप-तनया स्वर्गीय दिव्यांगना।
शोभा है ब्रज प्रान्त की अवनि की स्त्री-जाति की बंश की।
होगी हा! वह मग्नभूत अति ही मेरे वियोगाब्धि में।
जो हो सम्भव तात पोत बन के तो त्राण देना उसे॥ 11 ॥

योंही आत्म प्रसंग श्याम-वपु ने प्यारे सखा से कहा।
मर्य्यादा व्यवहार आदि ब्रज का पूरा बताया उन्हें।
ऊधो ने सबको स-आदर सुना स्वीकार जाना किया।
पीछे होकर के बिदा सुहृद से आये निजागार वे॥ 12 ॥

प्रातःकाल अपूर्व-यान मँगवा औ साथ ले सूत को।
ऊधो गोकुल को चले सदय हो, स्नेहाम्बु से भीगते।
वे आये जिस काल कान्त-ब्रज में देखा महा-मुग्ध हो।
श्री वृन्दावन की मनोज्ञ-मधुरा श्यामायमाना-मही ॥ 13 ॥

चूड़ायें जिसकी प्रशान्त-नभ में थीं दीखती दूर से।
ऊधो को सु-पयोद के पटल सी सद्धूम की राशि सी।
सो गोवर्धन श्रेष्ठ-शैल अधुना था सामने दृष्टि के।
सत्पुष्पों सुफलों प्रशंसित द्रुमों से दिव्य सर्वांग हो ॥ 14 ॥

ऊँचा शीश सहर्ष शैल कर के था देखता व्योम को।
या होता अति ही स-गर्व वह था सर्वोच्चता दर्प से।
या वार्ता यह था प्रसिद्ध करता सामोद संसार में।
मैं हूँ सुन्दर मान-दण्ड ब्रज की शोभा-मयी भूमि का ॥ 15 ॥

पुष्पों से परिशोभमान बहुशः जो वृक्ष अंकस्थ थे।
वे उद्घोषित थे सदर्प करते उत्फुल्लता मेरु की।
या ऊँचा कर के स-पुष्प कर को फूले द्रुमों व्याज से।
श्री-पद्मा-पति के सरोज-पग को शैलेश था पूजता ॥ 16 ॥

नाना-निर्झर हो प्रसूत गिरि के संसिक्त उत्संग से।
हो हो शब्दित थे सवेग गिरते अत्यन्त-सौन्दर्य्य से।
जो छीटें उड़तीं अतन्त पथ में थीं दृष्टि को मोहती।
शोभा थी अति ही अपूर्व उनके उत्थान की, 'पात' की ॥ 17 ॥

प्यारा था शुचि था प्रवाह उनका सद्वारि-सम्पन्न हो।
जो प्रायः बहता विचित्र-गति से गम्य स्थलों-मध्य था।
सीधे ही वह था कहीं विहरता होता कहीं वक्र था।
नाना-प्रस्तर खंड साथ टकरा, था घूम जाता कहीं ॥ 18 ॥

होता निर्झर का प्रवाह जब था सावर्त्त उद्भिन्न हो।
तो होती उसमें अपूर्व-ध्वनि थी उन्मादिनी कर्ण की।
मानों यों वह था सहर्ष कहता सत्कीर्ति शैलेश की।
या गाता गुण था अचिन्त्य गति का सानन्द सत्कण्ठ से ॥ 19 ॥

गर्तों में गिरि कन्दरा निचय में, जो वारि था दीखता।
सो निर्जीव, मलीन, तेजहत था, उच्छ्वास से शून्य था।
पानी निर्झर का समुज्वल तथा उल्लास की मूर्ति था।
देता था गति-शील-वस्तु गरिमा यों प्राणियों को बता ॥ 20 ॥

देता था उसका प्रवाह उर में ऐसी उठा कल्पना।
धारा है यह मेरु से निकलती स्वर्गीय आनन्द की।
या है भूधर सानुराग द्रवता अंकस्थितों के लिये।
आँसू है वह ढालता विरह से किम्वा प्रजाधीश के ॥ 21 ॥

ऊधो को पथ में पयोद-स्वन सी गम्भीरता पूरिता।
हो जाती ध्वनि एक कर्ण-गत थी प्रायः सुदूरागता।
होती थी श्रुति-गोचरा अब वही प्राबल्य पा पास ही।
व्यक्ता हो गिरि के किसी विवर से सद्वायु-संसर्गतः ॥ 22 ॥

सद्भावाश्रयता अचिन्त्य-दृढ़ता निर्भीकता उच्चता।
नाना-कौशल-मूलता अटलता न्यारी-क्षमाशीलता।
होता था यह ज्ञात देख उसकी शास्ता-समा-भंगिमा।
मानों शासन है गिरीन्द्र करता निम्नस्थ-भूभाग का ॥ 23 ॥

देतीं मुग्ध बना किसे न जिनकी ऊँची शिखायें हिले।
शाखायें जिनकी विहंग-कुल से थीं शोभिता शब्दिता।
चारों ओर विशाल-शैल-वर के थे राजते कोटिशः।
ऊँचे श्यामल पत्र-मान-विटपी पुष्पोपशोभी महा ॥ 24 ॥

जम्बू अम्ब कदम्ब निम्ब फलसा जम्बीर औ आँवला।
लीची दाड़िम नारिकेल इमिली औ शिंशपा इंगुदी।
नारंगी अमरूद बिल्व वदरी सागौन शालादि भी।
श्रेणी-बद्ध तमाल ताल कदली औ शाल्मली थे खड़े ॥ 25 ॥

ऊँचे दाड़िम से रसाल-तरु थे औ आम्र से शिंशपा।
यों निम्नोच्च असंख्य-पादप कसे वृन्दाटवी मध्य थे।
मानों वे अवलोकते पथ रहे वृन्दावनाधीश का।
ऊँचा शीश उठा अपार-जनता के तुल्य उत्कण्ठ हो ॥ 26 ॥

वंशस्थ छन्द

गिरीन्द्र में व्याप विलोकनीय थी।
वनस्थली मध्य प्रशंसनीय थी।
अपूर्व शोभा अवलोकनीय थी।
असेत जम्बालिनि-कूल जम्बु की ॥ 27 ॥

सुपक्वता पेशलता अपूर्वता।
फलादि की मुग्धकरी विभूति थी।
रसाप्लुता सी बन मंजु भूमि को।
रसालता थी करती रसाल की ॥ 28 ॥

सु-वर्त्तुलाकार विलोकनीय था।
विनम्र-शाखा नयनाभिराम थी।
अपूर्व थी श्यामल-पत्र-राशि में।
कदम्ब के पुष्प-कदम्ब की छटा ॥ 29 ॥

स्वकीय-पंचांग प्रभाव से सदा।
सदैव नीरोग वनान्त को बना।
किसी गुणी-वैद्य समान था खड़ा।
स्वनिम्बता-गर्वित-वृक्ष निम्ब का ॥ 30 ॥

लिये हथेली सम गात-पत्र में।
बड़े अनूठे-फल श्यामरंग के।
सदा खड़ा स्वागत के निमित्त था।
प्रफुल्लितों सा फलवान-फालसा ॥ 31 ॥

सुरम्य-शाखाकल-पल्लवादि में।
न डोलते थे फल मंजु-भाव से।
प्रकाश वे थे करते शनैः शनैः।
सदम्बु-निम्बू-तरु की सदम्बुता ॥ 32 ॥

दिखा फलों की बहुधा अपक्वता।
स्वपत्तियों की स्थिरता-विहीनता।
बता रहा था चलचित्त वृत्ति के।
उतावलों की करतूत आँवला ॥ 33 ॥

रसाल-गूदा छिलका कदंश में।
कु-बीज गूदा मधुमान-अंक में।
दिखा फलों में, वर-पोच-वंश का।
रहस्य लीची-तरु था बता रहा ॥ 34 ॥

विलोल-जिह्वा-युत रक्त-पुष्प से।
सुदन्त शोभी फल भग्न अंक से।
बढ़ा रही थी वन की विचित्रता।
समाद्रिता दाड़िम की द्रुमावली ॥ 35 ॥

हिला स्व-शाखा-नव-पुष्प को खिला।
नचा सु-पत्रावलि औ फलादि ला।
नितान्त था मानस पान्थ मोहता।
सुकेलि-कारी तरु-नारिकेल का ॥ 36 ॥

नितान्त लघ्वी घनता विवर्द्धिनी।
असंख्य-पत्रावलि अंकधारिणी।
प्रगाढ़-छाया-मय पुष्पशोभिनी।
अम्लान काया-इमिली-सुमौलि थी ॥ 37 ॥

सु-चातुरी से किस के न चित्त को।
निमग्न सा था करता विनोद में।
स्वकीय न्यारी-रचना विमुग्ध हो।
स्व-शीश-संचालन-मग्न शिंशपा ॥ 38 ॥

सु-पत्र संचालित थे न हो रहे।
नहीं स-शाखा हिलते फलादि थे।
जता रही थी निज स्नेह-शीलता।
स्व-इंगितों से रुचिरांग इंगुदी ॥ 39 ॥

सुवर्ण-ढाले-तमगे कई लगा।
हरे-सजीले-निज-वस्त्र को सजे।
बड़े-अनूठेपन साथ था खड़ा।
महा-रंगीला तरु-नागरंग का ॥ 40 ॥

अनेक-आकार-प्रकार-रंग के।
सुधा-समोये फल-पुंज से सजा।
विराजता अन्य रसाल तुल्य था।
समोदकारी अमरूद रोदसी ॥ 41 ॥

स्व-अंक में पत्र-प्रसून मध्य में।
लिये फलों व्याज-सु-मूर्ति शंभु की।
सदैव पूजा-रत सानुराग था।
विलोलता-वर्जित-वृक्ष-बिल्व का ॥ 42 ॥

कु-अंगजों की बहु-कष्टदायिता।
बता रही थी जन-नेत्र-वान को।
स्व-कंटकों से स्वयमेव सर्वदा।
विदारिता हो वदरी-द्रुमावली ॥ 43 ॥

समस्त-शाखा फल-फूल मूल की।
सु-पल्लवों की मृदुता मनोज्ञता।
प्रफुल्ल होता चित्त था नितान्त ही।
विलोक सागौन सुगीत सांगता ॥ 44 ॥

नितान्त ही थी नभ-चुम्बनोत्सुका।
द्रुमोच्चता की महनीय-मूर्ति थी।
खगादि की थी अनुराग-वर्द्धिनी।
विशालता-शाल-विशाल-काय की ॥ 45 ॥

स्वागत की श्यामलता विभूति से।
हरीतिमा से घन-पत्र-पुंज की।
अछिद्र छायादिक से तमोमयी।
वनस्थली को करता तमाल था ॥ 46 ॥

विचित्रता दर्शक-वृन्द-दृष्टि में।
सदा समुत्पादन में समर्थ था।
स-दर्प नीचा तरु-पुंज को दिखा।
स्व-शीश उत्तोलन ताल वृन्द का ॥ 47 ॥

सु-पक्व पीले फल-पुंज व्याज से।
अनेक बालेंदु स्वअंक में उगा।
उड़ा दलों व्याज हरी हरी ध्वजा।
नितान्त केला कल-केलि-लग्न था ॥ 48 ॥

स्वकीय आरक्त प्रसून-पुंज से।
विहंग भृंगादिक को भ्रमा भ्रमा।
अशंकितों सा वन-मध्य था खड़ा।
प्रवंचना-शील विशाल-शाल्मली ॥ 49 ॥

बढ़ा स्व-शाखा मिष हस्त प्यार का।
दिखा घने-पल्लव की हरीतिमा।
परोपकारी-जन-तुल्य सर्वदा।
सशोक का शोक अ-शोक मोचता ॥ 50 ॥

विमुग्धकारी-सित-पीत वर्ण के।
सुगंध-शाली बहुशः सु-पुष्प से।
असंख्य-पत्रावलि की हरीतिमा।
सुरंजिता थी प्रिय-पारिजात की ॥ 51 ॥

समीर-संचालित-पत्र-पुंज में।
स्वागत की मत्तकरी-विभूति से।
विमुग्ध हो विह्वलताभिभूत था।
मधूक शाखी-मधुपान-मत्त सा ॥ 52 ॥

प्रकाण्डता थी विभु कीर्त्ति-वर्द्धिनी।
अनन्त-शाखा-बहु-व्यापमान थी।
प्रकाशिका थी पवन प्रवाह की।
विलोलता - पीपल - पल्लवोद्भवा ॥ 53 ॥

असंख्य-न्यारे-फल-पुंज से सजा।
प्रभूत-पत्रावलि में निमग्न सा।
प्रगाढ़-छायाप्रद औ जटा-प्रसू।
विटानुकारी-वट था विराजता ॥ 54 ॥

महा-फलों से सजके वनस्थली।
जता रही थी यह बुद्धि-मंत को।
महान-सौभाग्य प्रदान के लिये।
प्रयोगिता है पनसोपयोगिता ॥ 55 ॥

सदैव देके विष बीज-व्याज से।
स्वकीय-मीठे-फल के समूह को।
दिखा रहा था तरु वृन्द में खड़ा।
स्व-आततायीपन पेड़ आत का ॥ 56 ॥

मन्दाक्रान्ता छन्द

प्यारे-प्यारे कुसुम-कुल से शोभमाना अनूठी।
काली नीली हरित रुचि की पत्तियों से सजीली।
फैली सारी वन अवनि में वायु से डोलती थीं।
नाना-लीला निलय सरसा लोभनीया-लतायें ॥ 57 ॥

वंशस्थ छन्द

स्व-सेत-आभा-मय दिव्य-पुष्प से।
वसुन्धरा में अति-मुक्त संज्ञका।
विराजती थी वन में विनोदिता।
महान - मेधाविनी - माधवी - लता ॥ 58 ॥

ललामता कोमलकान्ति-मानता।
रसालता से निज पत्र-पुंज की।
स्वलोचनों को करती प्रलुब्ध थी।
प्रलोभनीया-लतिका लवंग की ॥ 59 ॥

स-मान थी भूतल में विलुण्ठिता।
प्रवंचिता हो प्रिय चारु-अंक से।
तमाल के से असितावदात की।
प्रियोपमा श्यामलता प्रियंगु की ॥ 60 ॥

कहीं शयाना महि में स-चाव थी।
विलम्बिता थी तरु-वृन्द में कहीं।

सु-वर्ण मापी-फल लाभ कामुका।
तपोरता कानन रत्तिका लता ॥ 61 ॥

सु-लालिमा में फलकी लगी दिखा।
विलोकनीया - कमनीय - श्यामता।
कहीं भली है बनती कु-वस्तु भी।
बता रही थी यह मंजु-गुंजिका ॥ 62 ॥

द्रुतविलम्बित छन्द

नव निकेतन कान्त-हरीतिमा।
जनयिता मुरली-मधु-सिक्त का।
सरसता लसता वन मध्य था।
भरित भावुकता तरु वेणुका ॥ 63 ॥

बहु-प्रलुब्ध बना पशु-वृन्द को।
विपिन के तृण-खादक-जंतु को।
तृण-समा कर नीलम नीलिमा।
मसृण थी तृण-राजि विराजती ॥ 64 ॥

तरु अनेक-उपस्कर सज्जिता।
अति-मनोरम-काय अकंटका।
विपिन को करती छविधाम थीं।
कुसुमिता - फलिता - बहु - झाड़ियाँ ॥ 65 ॥

शिखरणी छन्द

अनूठी आभा से सरस-सुषमा से सुरस से।
बना जो देती थी बहु गुणमयी भू विपिन को।
निराले फूलों की विविध दलवाली अनुपमा।
जड़ी बूटी हो हो बहु फलवती थीं विलसती ॥ 66 ॥

द्रुतविलम्बित छन्द

सरसतालय सुन्दरता सने!
मुकुर-मंजुल से तरु-पुंज के।
विपिन में सर थे बहु सोहते।
सलिल से लसते मन मोहते ॥ 67 ॥

लसित थीं रस-सिंचित वीचियाँ।
सर समूह मनोरम अंक में।
प्रकृति के कर थे लिखते मनों।
कल-कथा जल केलि कलाप की ॥ 68 ॥

द्युतिमती दिननायक दीप्ति से।
स द्युति वारि सरोवर का बना।
अति-अनुत्तम कांति निकेत था।
कुलिश सा कल-उज्ज्वल-काँच सा ॥ 69 ॥

परम-स्निग्ध मनोरम-पत्र में।
सु-विकसे जलजात-समूह से।
सर अतीव अलंकृत थे हुए।
लसित थीं दल पै कमलासना ॥ 70 ॥

विकच-वारिज-पुंज विलोक के।
उपजती उर में यह कल्पना।
सरस भूत प्रफुल्लित नेत्र से।
वन-छटा सर हैं अवलोकते ॥ 71 ॥

वंशस्थ छन्द

सुकूल वाली कलि-कालिमापहा।
विचित्र-लीला-मय वीचि-संकुला।
विराजमाना बन एक ओर थी।
कलामयी केलिवती-कलिंदजा ॥ 72 ॥

अश्वेत साभा सरिता-प्रवाह में।
सु-श्वेतता हो मिलिता प्रदीप्ति की।
दिखा रही थी मणि नील-कांति में।
मिली हुई हीरक-ज्योति-पुंज सी ॥ 73 ॥

विलोकनीया नभ नीलिमा समा।
नवाम्बुदों की कल-कालिमोपमा।
नवीन तीसी कुसुमोपमेय थी।
कलिंदजा की कमनीय श्यामता ॥ 74 ॥

न वास किम्बा विष से फणीश के।
प्रभाव से भूधर के न भूमि के।
नितान्त ही केशव-ध्यान-मग्न हो।
पतंगजा थी असितांगिनी बनी ॥ 75 ॥

स-बुद्बुदा फेन-युता सु-शब्दिता।
अनन्त-आवर्त्त-मयी प्रफुल्लिता।
अपूर्वता अंकित सी प्रवाहिता।
तरंगमालाकुलिता - कलिंदजा ॥ 76 ॥

प्रसूनवाले, फल-भार से नये।
अनेक थे पादप कूल पै लसे।
स्वछायया जो करते प्रगाढ़ थे।
दिनेशजा - अंक - प्रसूत - श्यामता ॥ 77 ॥

कभी खिले-फूल गिरा प्रवाह में।
कलिन्दजा को करता स-पुष्प था।
गिरे फलों से फल-शोभिनी उसे।
कभी बनाता तरु का समूह था ॥ 78 ॥

विलोक ऐसी तरुवृंद की क्रिया।
विचार होता यह था स्वभावतः।
कृतज्ञता से नत हो स-प्रेम वे।
पतंगजा-पूजन में प्रवृत्त हैं ॥ 79 ॥

प्रवाह होता जब वीचि-हीन था।
रहा दिखाता वन-अन्य अंक में।
परंतु होते सरिता तरंगिता।
स-वृक्ष होता वन था सहस्रधा ॥ 80 ॥

न कालिमा है मिटती कपाल की।
न बाप को है पड़ती कुमारिका।
प्रतीति होती यह थी विलोक के।
तमोमयी सी तनया-तमारि को ॥ 81 ॥

मालिनी छन्द

कलित-किरण-माला बिम्ब-सौन्दर्य-शाली।
सु-गगन-तल-शोभी सूर्य का, या शशी का।
जब रवितनया ले केलि में लग्न होती।
छविमय करती थी दर्शकों के दृगों को ॥ 82 ॥

वंशस्थ छन्द

हरीतिमा का-सु-विशाल-सिंधु-सा।
मनोज्ञता की रमणीय-भूमि सा।
विचित्रता का शुभ-सिद्ध-पीठ सा।
प्रशान्त वृन्दावन दर्शनीय था ॥ 83 ॥

कलोलकारी खग-वृन्द-कूजिता।
सदैव सानन्द मिलिन्द गुंजिता।
रहीं सुकुंजें वन में विराजिता।
प्रफुल्लिता पल्लविता लतामयी ॥ 84 ॥

प्रशस्त-शाखा न समान हस्त के।
प्रसारिता थी उपपत्ति के बिना।
प्रलुब्ध थी पादप को बना रही।
लता समालिंगन लाभ लालसा ॥ 85 ॥

कई निराले तरु चारु अंक में।
लुभावने लोहित पत्र थे लसे।
सदैव जो थे करते विवर्द्धिता।
स्व-लालिमा से वन की ललामता ॥ 86 ॥

प्रसून-शोभी तरु-पुंज-अंक में।
लसी ललामा लतिका प्रफुल्लिता।
जहाँ-तहाँ थी वन में विराजिता।
स्मिता-समालिंगित कामिनी समा ॥ 87 ॥

सुदूलिता थी अति कान्त भाव से।
कहीं स-एलालतिका-लवंग की।
कहीं लसी थी महि मंजु अंक में।
सु-लालिता सी नव माधवी-लता ॥ 88 ॥

समीर संचालित मंद-मंद हो।
कहीं दलों से करता सु-केलि था।
प्रसून-वर्षा-रत था, कहीं हिला।
स-पुष्प शाखा सु-लता-प्रफुल्लिता ॥ 89 ॥

कहीं उठाता बहु-मंजु बीचियाँ।
कहीं खिलाता कलिका प्रसून की।
बड़े अनूठेपन साथ पास जा।
कहीं हिलाता कमनीय-कंज था ॥ 90 ॥

अश्वेत ऊदे अरुणाभ बैंगनी।
हरे अबीरी सित पीत संदली।
विचित्र-वेशी बहु अन्य वर्ण के।
विहंग से थी लसिता वनस्थली ॥ 91 ॥

विभिन्न-आभा तरु रंग रूप के।
विहंगमों का दल व्योम-पन्थ हो।
स-मोद आता जब था दिगन्त से।
विशेष होता वन का विनोद था ॥ 92 ॥

स-मोद जाते जब एक पेड़ से।
द्वितीय को तो करते विमुग्ध थे।
कलोल में हो रत मंजु-बोलते।
विहंग नाना रमणीय रंग के ॥ 93 ॥

छटामयी कान्तिमती मनोहरा।
सु-चन्द्रिका से निज-नील पुच्छ के।
सदा बनाता वन को मनोज्ञ था।
कलापियों का कुल केकिनी लिय ॥ 94 ॥

कहीं शुकों का दल बैठ पेड़ की।
फली-सु-शाखा पर केलि-मत्त हो।
अनेक-मीठे-फल खा कदंश को।
गिरा रहा भू पर था प्रफुल्ल हो ॥ 95 ॥

कहीं कपोती स्व-कपोत को लिये।
विनोदिता हो करती विहार थी।
कहीं सुनाती निज-कंत साथ थी।
स्व-काकली को कल कंठ-कोकिला ॥ 96 ॥

कहीं महा-प्रेमिक था पपीहरा।
कथा-मयी थी नव शारिका कहीं।
कहीं कला-लोलुप थी चकोरिका।
ललामता-आलय-लाल थे कहीं ॥ 97 ॥

महा-कदाकार बड़े भयावने।
सुहावने सुन्दरता-निकेत से।
वनस्थली में पशु वृन्द थे घने।
अनेक लीला-मय औ लुभावने ॥ 98 ॥

नितान्त-सारल्य-मयी-सुमूर्त्ति में।
मिली हुई कोमलता सु-लोमता।
किसे नहीं थी करती विमोहिता।
सदंगता-सुन्दरता-कुरंग की ॥ 99 ॥

असेत-आँखें खनि-भूरि भाव की।
सुगीत न्यारी-गति की मनोज्ञता।
मनोहरा थी मृग-गात-माधुरी।
सुधारियों अंकित नाति-पीतता ॥ 100 ॥

असेत - रक्तानन - वान ऊधमी।
प्रलम्ब-लांगूल विभिन्न-लोम के।
कहीं महा-चंचल क्रूर कौशली।
असंख्य-शाखा-मृग का समूह था ॥ 101 ॥

कहीं गठीले-अरने अनेक थे।
स-शंक भूरे-शशकादि थे कहीं।
बड़े-घने निर्जन-वन्य-भूमि में।
विचित्र-चीते चल-चक्षु थे कहीं ॥ 102 ॥

सुहावने पीवर-ग्रीव साहसी।
प्रमत्त-गामी पृथुलांग-गौरवी।
वनस्थली मध्य विशाल-बैल थे।
बड़े-बली उन्नत-वक्ष विक्रमी ॥ 103 ॥

दयावती पुण्य भरी पयोमयी।
सु-आनना सौम्य-दृगी समोदरा।
बनान्त में थीं सुरभी सुशोभिता।
सधी सवत्सा-सरलातिसुन्दरी ॥ 104 ॥

अतीव-प्यारे मृदुता-सुमूर्ति से।
नितान्त-भोले चपलांग ऊधमी।
वनान्त में थे बहु वत्स कूदते।
लुभावने कोमल-काय कौतुकी ॥ 105 ॥

बसन्ततिलका छन्द

जो राज पंथ वन-भूतल में बना था।
धीरे उसी पर सधा रथ जा रहा था।
हो हो विमुग्ध रुचि से अवलोकते थे।
ऊधो छटा विपिन की अति ही अनूठी ॥ 106 ॥

वंशस्थ छन्द

परन्तु वे पादप में प्रसून में।
फलों दलों वेलि-लता समूह में।
सरोवरों में सरि में सु-मेरु में।
खगों मृगों में वन में निकुंज में ॥ 107 ॥

बसी हुई एक निगूढ़ खिन्नता।
विलोकते थे निज-सूक्ष्म-दृष्टि से।

शनैः-शनैः जो बहु गुप्त रीति से।
रही बढ़ाती उर की विरक्ति को ॥ 108 ॥

प्रशस्त शाखा तरु-वृन्द की उन्हें।
प्रतीत होती उस हस्त तुल्य थी।
स-कामना जो नभ ओर हो उठा।
विपन्न-पाता-परमेश के लिए ॥ 109 ॥।

कलिन्दजा के सु-प्रवाह की छटा।
विहंग-क्रीड़ा कल नाद-माधुरी।
उन्हें बनाती न अतीव मुग्ध थी।
ललामता-कुंज-लता-वितान की ॥ 110 ॥

सरोवरों की सुषमा स-कंजता।
सु-मेरु और निर्झर आदि रम्यता।
न थी यथातथ्य उन्हें विमोहती।
अनन्त-सौंदर्य्य-मयी वनस्थली ॥ 111 ॥

मदाक्रान्ता छन्द

कोई कोई विटप फल थे बारहो मास लाते।
आँखों द्वारा असमय फले देख ऐसे द्रुमों को।
ऊधो होते भ्रम पतित थे किन्तु तत्काल ही वे।
शंकाओं को स्व-मति बल औ ज्ञान से थे हटाते ॥ 112 ॥

वंशस्थ छन्द

उसी दिशा से जिस ओर दृष्टि थी।
विलोक आता रथ में स-सारथी।
किसी किरीटी पट-पीत-गौरवी।
सु-कुण्डली श्यामल-काय पान्थ को ॥ 113 ॥

अतीव-उत्कण्ठित ग्वालबाल हो।
स-वेग जाते रथ के समीप थे।
परन्तु होते अति ही मलीन थे।
न देखते थे जब वे मुकुन्द को ॥ 114 ॥

अनेक गायें तृण त्याग दौड़ती।
सवत्स जाती वर-यान पास थीं।
परन्तु पाती जब थीं न श्याम को।
विषादिता हो पड़ती नितान्त थीं ॥ 115 ॥

अनेक-गायों बहु-गोप बालकी।
विलोक ऐसी करुणामयी-दशा।
बड़े-सुधी-ऊधव चित्त मध्य भी।
स-खेद थी अंकुरिता अधीरता ॥ 116 ॥

समीप ज्यों ज्यों हरि-बन्धु यान के।
सगोष्ठ था गोकुल ग्राम आ रहा।
उन्हें दिखाता निज-गूढ़ रूप था।
विषाद त्यों त्यों बहु-मूर्त्ति-मन्त हो ॥ 117 ॥

दिनान्त था थे दिननाथ डूबते।
स-धेनु आते गृह ग्वाल-बाल थे।
दिगन्त में गोरज थी विराजिता।
विषाण नाना बजते स-वेणु थे ॥ 118 ॥

खड़े हुए थे पथ गोप देखते।
स्वकीय-नाना-पशु-वृन्द का कहीं।
कहीं उन्हें थे गृह-मध्य बाँधते।
बुला बुला प्यार उपेत कंठ से ॥ 119 ॥

घड़े लिये कामिनियाँ, कुमारियाँ।
अनेक-कूपों पर थीं सुशोभिता।
पधारती जो जल ले स्व-गेह थीं।
बजा बजा के निज नूपुरादि को ॥ 120 ॥

कहीं जलाते जन गेह-दीप थे।
कहीं खिलाते पशु को स-प्यार थे।
पिला पिला चंचल-वत्स को कहीं।
पयस्विनी से पय थे निकालते ॥ 121 ॥

मुकुन्द की मंजुल कीर्ति गान की।
मची हुई गोकुल मध्य धूम थी।
स-प्रेम गाती जिसको सदैव थी।
अनेक - कर्माकुल प्राणि मण्डली ॥ 122 ॥

हुआ इसी काल प्रवेश ग्राम में।
शनैः शनैः ऊधव-दिव्य यान का।
विलोक आता जिसको, समुत्सुका।
वियोग-दग्धा-जन-मण्डली हुई ॥ 123 ॥

जहाँ लगा जो जिस कार्य्य में रहा।
उसे वहाँ ही वह छोड़ दौड़ता।
समीप आया रथ के प्रमत्त सा।
विलोकने को घन-श्याम-माधुरी ॥ 124 ॥

विलोकते जो पशु-वृन्द पन्थ थे।
तजा उन्होंने पथ का विलोकना।
अनेक दौड़े तज धेनु बाँधना।
अबाधिता पावस आपगोपमा ॥ 125 ॥

रहे खिलाते पशु धेनु-दूहते।
प्रदीप जो थे गृह-मध्य बालते।
अधीर हो वे निज-कार्य्य त्याग के।
स-वेग दौड़े वदनेन्दु देखने ॥ 126 ॥

निकालती जो जल कूप से रही।
स रज्जु सो भी तज कूप में घड़ा।
अतीव हो आतुर दौड़ती गयी।
ब्रजांगना-वल्लभ को विलोकने ॥ 127 ॥

तजा किसी ने जल से भरा पड़ा।
उसे किसी ने शिर से गिरा दिया।
अनेक दौड़ीं सुधि गात की गँवा।
सरोज-सा सुन्दर श्याम देखने ॥ 128 ॥

वयस्क बूढ़े पुर-बाल बालिका।
सभी समुत्कण्ठित औ अधीर हो।
स-वेग आये ढिग मंजु यान के।
स्व - लोचनों की निधि - चारु लूटने ॥ 129 ॥

उमंग-डूबी अनुराग से भरी।
विलोक आती जनता समुत्सुका।
पुनः उसे देख हुई प्रवंचिता।
महा-मलीना विमनाति-कष्टिता ॥ 130 ॥

अधीर होने हरि-बन्धु भी लगे।
तथापि वे छोड़ सके न धीर को।
स्व-यान को त्याग लगे प्रबोधने।
समागतों को अति-शान्त भाव से ॥ 131 ॥

वसन्ततिलका छन्द

यों ही प्रबोध करते पुरवासियों का।
प्यारी-कथा परम-शान्त-करी सुनाते।
आये ब्रजाधिप-निकेतन पास ऊधो।
पूरा प्रसार करती करुणा जहाँ थी ॥ 132 ॥

मालिनी छन्द

करुण-नयन वाले खिन्न उद्विग्न ऊबे।
नृपति सहित प्यारे बंधु औ सेवकों के।
सुअन-सुहृद-ऊधो पास आये यहाँ ही।
फिर सदन सिधारे वे उन्हें साथ लेके ॥ 133 ॥

सुफलक सुत ऐसा ग्राम में देख आया।
यक जन मथुरा ही से बड़ा-बुद्धिशाली।
समधिक चित-चिंता गोपजों में समाई।
सब-पुर-उर शंका से लगा व्यग्र होने ॥ 134 ॥

पल पल अकुला के दीर्घ-संदिग्ध होके।
विचलित-चित से थे सोचते ग्रामवासी।
वह परम अनूठे-रत्न आ ले गया था।
अब यह ब्रज आया कौन सा रत्न लेने ॥ 135 ॥

दशम सर्ग

द्रुतविलम्बित छन्द

त्रि-घटिका रजनी गत थी हुई।
सकल गोकुल नीरव-प्राय था।
ककुभ व्योम समेत शनैः-शनैः।
तमवती बनती ब्रज-भूमि थी ॥ 1 ॥

ब्रज-धराधिप मौन-निकेत भी।
बन रहा अधिकाधिक-शान्त था।
तिमिर भी उसके प्रति-भाग में।
स्व-विभुता करता विधि-बद्ध था ॥ 2 ॥

हरि-सखा अवलोकन-सूत्र से।
ब्रज - रसापति - द्वार - समागता।
अब नहीं दिखला पड़ती रही।
गृह-गता-जनता अति शंकिता ॥ 3 ॥

सकल-श्रांति गँवा कर पन्थ की।
कर समापन भोजन की क्रिया।
हरि सखा अधुना उपनीत थे।
द्युति-भरे-सुथरे-यक-सद्म में ॥ 4 ॥

कृश-कलेवर चिन्तित व्यस्त धी।
मलिन आनन खिन्नमना दुखी।
निकट ही उनके ब्रज-भूप थे।
विकलताकुलता-अभिभूत से ॥ 5 ॥

मन्दाक्रान्ता छन्द

आवेगों से विपुल विकला शीर्ण काया कृशांगी।
चिन्ता-दग्धा व्यथित-हृदया शुष्क-ओष्ठा अधीरा।
आसीना थीं निकट पति के अम्बु-नेत्रा यशोदा।
खिन्ना दीना विनत-वदना मोह-मग्ना मलीना ॥ 6 ॥

द्रुतविलम्बित छन्द

अति-जरा-विजिता बहु-चिन्तिता।
विकलता-ग्रसिता सुख-वंचिता।
सदन में कुछ थीं परिचारिका।
अधिकृता - कृशता - अवसन्नता ॥ 7 ॥

मुकुर उज्ज्वल-मंजु निकेत में।
मलिनता-अति थी प्रतिबिम्बिता।
परम - नीरसता - सह - आवृता।
सरसता-शुचिता-युत-वस्तु थी ॥ 8 ॥

परम-आदर-पूर्वक प्रेम से।
विपुल-बात वियोग-व्यथा-हरी।
हरि-सखा कहते इस काल थे।
बहु दुखी अ-सुखी ब्रज-भूप से ॥ 9 ॥

विनय से नय से भय से भरा।
कथन ऊधव का मधु में पगा।
श्रवण थीं करती वन उत्सुका।
कलपती-कँपती ब्रजपांगना ॥ 10 ॥

निपट-नीरव-गेह न था हुआ।
वरन हो वह भी बहु-मौन ही।
श्रवण था करता बलवीर की।
सुखकरी कथनीय गुणावली ॥ 11 ॥

मालिनी छन्द

निज मथित-कलेजे को व्यथा साथ थामे।
कुछ समय यशोदा ने सुनी सर्व-बातें।
फिर बहु विमना हो व्यस्त हो कंपिता हो।
निज-सुअन-सखा से यों व्यथा साथ बोलीं॥ 21 ॥

मन्दाक्रान्ता छन्द

प्यासा-प्राणी श्रवण करके वारि के नाम ही को।
क्या होता है पुलकित कभी जो उसे पी न पावे।
हो पाता है कब तरिण का नाम ही त्राण-कारी।
नौका ही है शरण जल में मग्न होते जनों की॥ 13 ॥

रोते रोते कुँवर-पथ को देखते देखते ही।
मेरी आँखें अहह अति ही ज्योति-हीना हुई हैं।
कैसे ऊधो भव-तम-हरी-ज्योति वे पा सकेंगी।
जो देखेंगी न मृदु-मुखड़ा इन्दु उन्माद-कारी॥ 14 ॥

संवादों से श्रवण-पुट भी पूर्ण से हो गये हैं।
थोड़ा छूटा न अब उनमें स्थान सन्देश का है।
सायं प्रायः प्रति-पल यही एक-वांछा उन्हें है।
प्यारी-बातें मधुर-मुख की मुग्ध हो क्यों सुनें वे॥ 15 ॥

ऐसे भी थे दिवस जब थी चित्त में वृद्धि पाती।
संवादों को श्रवण करके कष्ट उन्मूलनेच्छा।
ऊधो बीते दिवस अब वे, कामना है विलीना।
भोले भाले विकच मुख की दर्शनोत्कण्ठता में॥ 16 ॥

प्यासे की है न जल-कण से दूर होती पिपासा।
बातों से है न अभिलषिता शान्ति पाता वियोगी।
कष्टों में अल्प उपशम भी क्लेश को है घटाता।
जो होती है तदुपरि व्यथा सो महा दुर्भगा है॥ 17 ॥

मालिनी छन्द

सुत सुखमय स्नेहों का समाधार सा है।
सदय हृदय है औ सिंधु सौजन्य का है।
सरल प्रकृति का है शिष्ट है शान्त धी है।
वह बहु विनयी है 'मूर्ति' आत्मीयता की ॥ 18 ॥

तुम सम मृदुभाषी धीर सद्‌बंधु ज्ञानी।
उस गुण-मय का है दिव्य संवाद लाया।
पर मुझ दुख-दग्धा भाग्यहीनांगना की।
यह दुख-मय-दोषा वैसि ही है स-दोषा ॥ 19 ॥

हृदय-तल दया के उत्स सा श्याम का है।
वह पर-दुख को था देख उन्मत्त होता।
प्रिय-जननि उसी की आज है शोक मग्ना।
वह मुख दिखला भी क्यों न जाता उसे है ॥ 20 ॥

मृदुला-कुसुम-सा है औ तुने तूल-सा है।
नव-किशलय-सा है स्नेह के उत्स-सा है।
सदय- हृदय ऊधो श्याम का है बड़ा ही।
अहह हृदय माँ-सा स्निग्ध तो भी नहीं है ॥ 21 ॥

कर-निकर सुधा से सिक्त राका शशी के।
प्रतपित कितने ही लोक को हैं बनाते।
विधि-वश दुख-दाई काल के कौशलों से।
कलुषित बनती है स्वच्छ-पीयूष-धारा ॥ 22 ॥

मन्दाक्रान्ता छन्द

मेरे प्यारे स-कुशल सुखी और सानन्द तो हैं।
कोई चिन्ता मलिन उनको तो नहीं है बनाती।
ऊधो छाती वदन पर है म्लानता भी नहीं तो?
दी जाती है हृदयतल में तो नहीं वेदनाएँ? ॥ 23 ॥

मीठे-मेवे मृदुल नवनी और पक्वान्न नाना।
उत्कण्ठा के सहित सुत को कौन होगी खिलाती।
प्रातः पीता सु-पथ कजरी गाय का चाव से था।
हा! पाता है न अब उसको प्राण-प्यारा हमारा ॥ 24 ॥

संकोची है अति सरल है धीर है लाल मेरा।
होती लज्जा अमित उसको माँगने में सदा थी।
जैसे ले के स-रुचि सुत को अंक में मैं खिलाती।
हा! वैसी ही अब नित खिला कौन माता सकेगी ॥ 25 ॥

मैं थी सारा-दिवस मुख को देखते ही बिताती।
हो जाती थी व्यथित उसको म्लान जो देखती थी।
हा! ऐसे ही अब वदन को देखती कौन होगी।
ऊधो माता-सदृश ममता अन्य की है न होती ॥ 26 ॥

खाने पीने शयन करने आदि की एक-वेला।
जो जाती थी कुछ टल कभी तो बड़ा खेद होता।
ऊधो ऐसी दुखित उसके हेतु क्यों अन्य होगी।
माता की सी अवनितल में है अ-माता न होती ॥ 27 ॥

जो पाती हूँ कुँवर-मुख के जोग मैं भोग-प्यारा।
तो होती हैं हृदय-तल में वेदनायें-बड़ी ही।
जो कोई भी सु-फल सुत के योग्य मैं देखती हूँ।
हो जाती हूँ परम व्यथिता, हूँ महादग्ध होती ॥ 28 ॥

जो लाती थीं विविधि-रंग के मुग्धकारी खिलौने।
वे आती हैं सदन अब भी कामना में पगी सी।
हा! जाती हैं पलट जब वे हो निराशा-निमग्ना।
तो उन्मत्ता-सदृश पथ की ओर मैं देखती हूँ ॥ 29 ॥

आते लीला निपुण-नट हैं आज भी बाँध आशा।
कोई यों भी न अब उनके खेल को देखता है।
प्यारे होते मुदित जितने कौतुकों से सदा ही।
वे आँखों में विषम-दव हैं दर्शकों के लगाते ॥ 30 ॥

प्यारा खाता रुचिर नवनी को बड़े चाव से था।
खाते-खाते पुलक पड़ता नाचता कूदता था।
ए बातें हैं सरस नवनी देखते याद आती।
हो जाता है मधुरतर औ स्निग्ध भी दग्धकारी॥ 31॥

हा! जो वंशी सरस रव से विश्व को मोहती थी।
सो आले में मलिन बन औ मूक हो के पड़ी है।
जो छिद्रों से अमृत बरसा मूर्त्ति थी मुग्धता की।
सो उन्मत्ता परम-विकला उन्मना है बनाती॥ 32॥

प्यारे ऊधो सुरत करता लाल मेरी कभी है?
क्या होता है न अब उसको ध्यान बूढ़े-पिता का।
रो रो, हो हो विकल अपने वार जो हैं बिताते।
हा! वे सीधे सरल-शिशु हैं क्या नहीं याद आते॥ 33॥

कैसे भूलीं सरस-खनि सी प्रीति की गोपिकायें।
कैसे भूले सुहृदपन के सेतु से गोपग्वाले।
शान्ता धीरा मधुरहृदया प्रेम-रूपा रसज्ञा।
कैसे भूली प्रणय-प्रतिमा-राधिका मोहमग्ना॥ 34॥

कैसे वृन्दा-विपिन बिसरा क्यों लता-वेलि भूली।
कैसे जी से उतर ब्रज की कुञ्ज-पुंजें गयी हैं।
कैसे फूले-विपुल-फल से नम्र भूजात भूले।
कैसे भूला विकच-तरु सो अर्कजा-कूल वाला॥ 35॥

सोती सोती चिहुँक कर जो श्याम को है बुलाती।
ऊधो मेरी यह सदन की शारिका कान्त कण्ठा।
पाला-पोसा प्रति-दिन जिसे श्याम ने प्यार से है।
हा! कैसे सो हृदय-तल से दूर यों हो गयी है॥ 36॥

जा कुंजों में प्रति-दिन जिन्हें चाव से था चराया।
जो प्यारी थीं ब्रज-अवनि के लाडिले को सदा ही।
खिन्ना, दीना, विकल वन में जो आज घूमती हैं।
ऊधो कैसे हृदय-धन को हाय! वे धेनु भूलीं॥ 37॥

ऐसा प्रायः अब तक मुझे नित्य ही है जनाता।
गो गोपों के सहित वन से सद्म है श्याम आता।
यों ही आ के हृदय-तल को वेधता मोह लेता।
मीठा-वंशी-सरस-रव है कान में गूँज जाता॥ 38॥

रोते-रोते तनिक लग जो आँख जाती कभी है।
हा! त्योंही मैं दृग-युगल को चौंक के खोलती हूँ।
प्रायः ऐसा प्रति-रजनि में ध्यान होता मुझे है।
जैसे आ के सुअन मुझको प्यार से है जगाता॥ 39॥

ऐसा ऊधो प्रति-दिन कई बार है ज्ञात होता।
कोई यों है कथन करता लाल आया तुम्हारा।
भ्रान्ता सी मैं अब तक गयी द्वार पै बार लाखों।
हा! आँखों से न वह बिछुड़ी-श्यामली-मूर्त्ति देखी॥ 40॥

फूले-अंभोज सम दृग से मोहते मानसों को।
प्यारे-प्यारे वचन कहते खेलते मोद देते।
ऊधो ऐसी अनुमिति सदा हाय! होती मुझे है।
जैसे आता निकल अब ही लाल है मंदिरों से॥ 41॥

आ के मेरे निकट नवनी लालची लाल मेरा।
लीलायें था विविध करता धूम भी था मचाता।
ऊधो बातें न यक पल भी हाय! वे भूलती हैं।
हा! छा जाता दृग-युगल में आज भी सो समाँ है॥ 42॥

मैं हाथों से कुटिल-अलकें लाल की थी बनाती।
पुष्पों को थी श्रुति-युगल के कुण्डलों में सजाती।
मुक्ताओं को शिर मुकुट में मुग्ध हो थी लगाती।
पीछे शोभा निरख मुख की थी न फूले समाती॥ 43॥

मैं प्रायः ले कुसुम कलिका चाव से थी बनाती।
शोभा वाले विविध गजरे क्रीट औ कुण्डलों को।
पीछे हो हो सुखित उनको श्याम को थी पिन्हाती।
औ उत्फुल्ला ग्रथित-कलिका तुल्य थी पूर्ण होती॥ 44॥

पैन्हे प्यारे-वसन कितने दिव्य-आभूषणों को।
प्यारी-वाणी विहँस कहते पूर्ण-उत्फुल्ल होते।
शोभा-शाली-सुअन जब था खेलता मन्दिरों में।
तो पा जाती अमरपुर की सर्व सम्पत्ति मैं थी॥ 45॥

होता राका-शशि उदय था फूलता पद्म भी था।
प्यारी-धारा उमग बहती चारु-पीयूष की थी।
मेरा प्यारा तनय जब था, गेह में नित्य ही तो।
वंशी-द्वारा मधुर-तर था स्वर्ग-संगीत होता॥ 46॥

ऊधो मेरे दिवस अब वे हाय! क्या हो गये हैं।
हा! यों मेरे सुख-सदन को कौन क्यों है गिराता।
वैसे प्यारे-दिवस अब मैं क्या नहीं पा सकूँगी।
हा! क्या मेरी न अब दुख की यामिनी दूर होगी॥ 47॥

ऊधो मेरा हृदय-तल था एक उद्यान-न्यारा।
शोभा देती अमित उसमें कल्पना-क्यारियाँ थीं।
न्यारे-प्यारे-कुसुम कितने भाव के थे अनेकों।
उत्साहों के विपुल-विटपी थे महा मुग्धकारी॥ 48॥

सच्चिन्ता की सरस-लहरी-संकुला-वापिका थी।
नाना चाहें कलित-कलियाँ थीं लतायें उमंगें।
धीरे-धीरे मधुर हिलती वासना-वेलियाँ थीं।
सद्वांछा के विहग उसके मंजु-भाषी बड़े थे॥ 49॥

भोला-भोला-मुख सुत-वधू-भाविनी का सलोना।
प्रायः होता प्रकट उसमें फुल्ल-अम्भोज-सा था।
बेटे द्वारा सहज--सुख के लाभ की लालसायें।
हो जाती थीं विकच बहुधा माधवी-पुष्पिता सी॥ 50॥

प्यारी-आशा-पवन जब थी डोलती स्निग्ध हो के।
तो होती थीं अनुपम-छटा बाग के पादपों की।
हो जाती थीं सकल लतिका-वेलियाँ शोभनीया।
सद्भावों के सुमन बनते थे बड़े सौरभीले॥ 51॥

राका-स्वामी सरस-सुख की दिव्य-न्यारी कलायें।
ाीरे धीरे पतित जब थीं स्निग्धता साथ होतीं।
तो आभा में अतुल-छवि में औ मनोहारिता में।
हो जाता सो अधिकतर था नन्दनोद्यान से भी ॥ 52 ॥

ऐसा प्यारा-रुचिर रस से सिक्त उद्यान मेरा।
मैं होती हूँ व्यथित कहते आज है ध्वंस होता।
सूखे जाते सकल-तरु हैं नष्ट होती लता है।
निष्पुष्पा हो विपुल-मलिना वेलियाँ हो रही हैं ॥ 53 ॥

प्यारे पौधे कुसुम-कुल के पुष्प ही हैं न लाते।
भूले जाते विहग अपनी बोलियाँ हैं अनूठी।
हा! जावेगा उजड़ अति ही मंजु-उद्यान मेरा।
जो सींचेगा न घन-तन आ स्नेह-सद्वारि-द्वारा ॥ 54 ॥

ऊधो आदौ तिमिर-मय था भाग्य-आकाश मेरा।
धीरे-धीरे फिर वह हुआ स्वच्छ सत्कान्ति-शाली।
ज्योतिर्माला-बलित उसमें चन्द्रमा एक न्यारा।
राका श्री ले समुदित हुआ चित्त-उत्फुल्ल-कारी ॥ 55 ॥

आभा-वाले उस गगन में भाग्य दुर्वृत्तता की।
काली काली अब फिर घटा है महा-घोर छाई।
हा! आँखों से सु-विधु जिससे हो गया दूर मेरा।
ऊधो कैसे यह दुख-मयी मेघ-माला टलेगी ॥ 56 ॥

फूले-नीले-वनज-दल सा गात का रंग-प्यारा।
मीठी-मीठी मलिन मन की मोदिनी मंजु-बातें।
सोंधे-डूबी-अलक यदि है श्याम की याद आती।
ऊधो मेरे हृदय पर तो साँप है लोट जाता ॥ 57 ॥

पीड़ा-कारी करुण-स्वर से हो महा-उन्मना सी।
हा रो रो के स-दुख जब यों शारिका पूछती है।
बंशीवाला हृदय-धन सो श्याम मेरा कहाँ है।
तो है मेरे हृदय-तल में शूल सा विद्ध होता ॥ 58 ॥

त्योहारों को अपर कितने पर्व औ उत्सवों को।
मेरा प्यारा-तनय अति ही भव्य देता बना था।
आते हैं वे ब्रज-अवनि में आज भी किन्तु ऊधो।
दे जाते हैं परम दुख औ वेदना हैं बढ़ाते ॥ 59 ॥

कैसा-प्यारा जनम दिन था धूम कैसी मची थी।
संस्कारों के समय सुत के रंग कैसा जमा था।
मेरे जी में उदय जब वे दृश्य हैं आज होते।
हो जाती तो प्रबल-दुख से मूर्ति मैं हूँ शिला की ॥ 60 ॥

कालिंदी के पुलिन पर की मंजु-वृंदाटवी की।
फूले नीले-तरु निकर की कुंज की आलयों की।
प्यारी-लीला-सकल जब हैं लाल की याद आती।
तो कैसा है हृदय मलता मैं उसे क्यों बताऊँ ॥ 61 ॥

मारा मल्लों-सहित गज को कंस से पातकी को।
मेटीं सारी नगर-वर की दानवी-आपदायें।
छाया सच्चा-सुयश जग में पुण्य की वेलि बोई।
जो प्यारे ने स-पति दुखिया-देवकी को छुड़ाया ॥ 62 ॥

जो होती है सुरत उनके कम्प-कारी दुखों की।
तो आँसू है विपुल बहता से आज भी लोचनों से।
ऐसी दग्धा परम-दुखिता जो हुई मोदिता है।
ऊधो तो हूँ परम सुखिता हर्षिता आज मैं भी ॥ 63 ॥

तो भी पीड़ा-परम इतनी बात से हो रही है।
काढ़े लेती मम-हृदय क्यों स्नेह-शीला सखी है।
हो जाती हूँ मृतक सुनती हाय! जो यों कभी हूँ।
होता जाता मम तनय भी अन्य का लाडिला है ॥ 64 ॥

मैं रोती हूँ हृदय अपना कूटती हूँ सदा ही।
हा! ऐसी ही व्यथित अब क्यों देवकी को करूँगी।
प्यारे जीवें पुलकित रहें औ बनें भी उन्हीं के।
धाई नाते वदन दिखला एकदा और देवें ॥ 65 ॥

नाना यत्नों अपर कितनी युक्तियों से जरा में।
मैंने ऊधो! सुकृति बल से एक ही पुत्र पाया।
सो जा बैठा अरि-नगर में हो गया अन्य का है।
मेरी कैसी, अहह कितनी, मर्म्मवेधी व्यथा है॥ 66॥

पत्रों पुष्पों रहित विटपी विश्व में हो न कोई।
कैसी ही हो सरस सरिता वारि शून्या न होवे।
ऊधो सीपी-सदृश न कभी भाग फूटे किसी का।
मोती ऐसा रतन अपना आह! कोई न खोवे॥ 67॥

अंभोजों से रहित न कभी अंक हो वापिका का।
कैसी ही हो कलित लतिका पुष्प-हीना न होवे।
जो प्यारा है परम-धन है जीवनाधार जो है।
ऊधो ऐसे रुचिर विटपी शून्य बाटी न होवे॥ 68॥

छीना जावे लकुट न कभी वृद्धता में किसी का।
ऊधो कोई न कल-छल से लाल ले ले किसी का।
पूँजी कोई जनम भर की गाँठ से खो न देवे।
सोने का भी सदन न बिना दीप के हो किसी का॥ 69॥

उद्विग्ना और विपुल-विकला क्यों न सो धेनु होगी।
प्यारा लैरू अलग जिसकी आँख से हो गया है।
ऊधो कैसे व्यथित-अहि सो जी सकेगा बता दो।
जीवोन्मेषी रतन जिसके शीश का खो गया है॥ 70॥

कोई देखे न सब-जग के बीच छाया अँधेरा।
ऊधो कोई न निज-दृग की ज्योति न्यारी गँवावे।
रो रो हो हो विकल न सभी वार बीतें किसी के।
पीड़ायें हों सकल न कभी मर्म्म-वेधी व्यथा हो॥ 71॥

ऊधो होता समय पर जो चारु चिन्ता-मणी है।
खो देता है तिमिर उर का जो स्वकीया प्रभा से।
जो जी में है सुरसरित-सी स्निग्ध-धारा बहाता।
बेटा ही है अवनि-तल में रत्न ऐसा निराला॥ 72॥

ऐसा प्यारा रतन जिसका हो गया है पराया।
सो होवेगी व्यथित कितना सोच जी में तुम्हीं लो।
जो आती हो मुझपर दया अल्प भी तो हमारे।
सूखे जाते हृदय-तल में शान्ति-धारा बहा दो॥ 73 ॥

छाता जाता ब्रज-अवनि में नित्य ही है अँधेरा।
जी में आशा न अब यह है मैं सुखी हो सकूँगी।
हाँ, इच्छा है तदपि इतनी एकदा और आके।
न्यारा-प्यारा-वदन अपना लाल मेरा दिखा दे॥ 74 ॥

मैंने बातें यदिच कितनी भूल से की बुरी हैं।
ऊधो बाँधा सुअन कर है आँख भी है दिखाई।
मारा भी है कुसुम-कलिका से कभी लाडिले को।
तो भी मैं हूँ निकट सुत के सर्वथा मार्जनीया॥ 75 ॥

जो चूके हैं विविध मुझसे हो चुकीं वे सदा ही।
पीड़ा दे दे मथित चित को प्रायशः हैं सताती।
प्यारे से यों विनय करना वे उन्हें भूल जावें।
मेरे जी को व्यथित न करें क्षोभ आ के मिटावें॥ 76 ॥

खेलें आके दृग युगल के सामने मंजु-बोलें।
प्यारी लीला पुनरपि करें गान मीठा सुनावें।
मेरे जी में अब रह गयी एक ही कामना है।
आ के प्यारे कुँवर उजड़ा गेह मेरा बसावें॥ 77 ॥

जो आँखें हैं उमग खुलती ढूँढ़ती श्याम को हैं।
लौ कानों को मुरलिधर की तान ही की लगी है।
आती सी है यह ध्वनि सदा गात रोमावली से।
मेरा प्यारा सुअन ब्रज में एकदा और आवे॥ 78 ॥

मेरी आशा नवल-लतिका थी बड़ी ही मनोज्ञा।
नीले पत्ते सकल उसके नीलमों के बने थे।
हीरे के थे कुसुम फल थे लाल गोमेदकों के।
पन्नों द्वारा रचित उसकी सुन्दरी डंठियाँ थीं॥ 79 ॥

ऐसी आशा-ललित-लतिका हो गयी शुष्क-प्राया।
सारी शोभा-सु-छवि जनिता नित्य है नष्ट होती।
जो आवेगा न अब ब्रज में श्याम-सत्कान्ति शाली।
होगी हो के विरस वह तो सर्वथा छिन्न-मूला ॥ 80 ॥

लोहू मेरे दृग-युगल से अश्रु की ठौर आता।
रोयें-रोयें सकल-तन के दग्ध हो छार होते।
आशा होती न यदि मुझको श्याम के लौटने की
मेरा सूखा-हृदयतल तो सैकड़ों खंड होता ॥ 81 ॥

चिन्ता-रूपी मलिन निशि की कौमुदी है अनूठी।
मेरी जैसी मृतक बनती हेतु संजीवनी है।
नाना-पीड़ा-मथित-मन के अर्थ है शांति-धारा।
आशा मेरे हृदय-मरु की मंजु-मंदाकिनी है ॥ 82 ॥

ऐसी आशा सफल जिससे हो सके शान्ति पाऊँ।
ऊधो मेरी सब-दुख-हरी-युक्ति-न्यारी वही है।
प्राणधारा अवनि-तल में है यही एक आशा ।
मैं देखूँगी पुनरपि वही श्यामली मूर्त्ति आँखों ॥ 83 ॥

पीड़ा होती अधिकतर है बोध देते जभी हो।
संदेशों से व्यथित चित है और भी दग्ध होता।
जैसे प्यारा-वदन सुत का देख पाऊँ पुनः मैं।
ऊधो हो के सदय मुझको यत्न वे ही बता दो ॥ 84 ॥

प्यारे-ऊधो कब तक तुम्हें वेदनायें सुनाऊँ।
मैं होती हूँ विरत यह हूँ किन्तु तो भी बताती।
जो टूटेगी कुँवर-वर के लौटने की सु-आशा।
तो जावेगा उजड़ ब्रज औ मैं न जीती बचूँगी ॥ 85 ॥

सारी बातें श्रवण करके स्वीय-अर्द्धांगिनी की।
धीरे बोले ब्रज-अवनि के नाथ उद्विग्न हो के।
जैसी मेरे हृदय-तल में वेदना हो रही है।
ऊधो कैसे कथन उसको मैं करूँ क्यों बताऊँ ॥ 86 ॥

छाया भू में निविड़-तम था रात्रि थी अर्द्ध बीती।
ऐसे बेले भ्रम-वश गया भानुजा के किनारे।
जैसे पैठा तरल-जल में स्नान की कामना से।
वैसे ही मैं तरणि-तनया-धार के मध्य डूबा ॥ 87 ॥

साथी रोये विपुल-जनता ग्राम से दौड़ आयी।
तो भी कोई सदय वन के अर्कजा में न कूदा।
जो क्रीड़ा में परम-उमड़ी आपगा पैर जाते।
वे भी सारा-हृदय-बल खो त्याग वीरत्व बैठे ॥ 88 ॥

जो स्नेही थे परम-प्रिय थे प्राण जो वार देते।
वे भी हो कि त्रसित विविधा-तर्कना मध्य डूबे।
राजा होके न असमय में पा सका मैं सु-साथी।
कैसे ऊधो कु-दिन अवनी-मध्य होते बुरे हैं ॥ 89 ॥

मेरे प्यारे कुँवर-वर ने ज्यों सुनी कष्ट-गाथा।
दौड़े आये तरणि-तनया-मध्य तत्काल कूदे।
यत्नों-द्वारा पुलिन पर ला प्राण मेरा बचाया।
कर्त्तव्यों से चकित करके कूल के मानवों को ॥ 90 ॥

पूजा का था दिवस जनता थी महोत्साह-मग्ना।
ऐसी वेला मम-निकट आ एक मोटे फणी ने।
मेरा दायाँ-चरण पकड़ा मैं कँपा लोग दौड़े।
तो भी कोई न मम-हित की युक्ति सूझी किसी को ॥ 91 ॥

दौड़े आये कुँवर सहसा औ कई-उल्मुकों से।
नाना ठौरौं वपुष-अहि का कौशलों से जलाया।
ज्योंही छोड़ा चरण उसने त्यों उसे मार डाला।
पीछे नाना-जतन करके प्राण मेरा बचाया ॥ 92 ॥

जैसे जैसे कुँवर-वर ने हैं किये कार्य्य-न्यारे।
वैसे ऊधो न कर सकते हैं महा-विक्रमी भी।
जैसी मैंने गहन उनमें बुद्धि-मत्ता विलोकी।
वैसी वृद्धों प्रथित-विवुधों मंत्रदों में न देखी ॥ 93 ॥

मैं ही होता चकित न रहा देख कार्य्यावली को।
जो प्यारे के चरित लखता, मुग्ध होता वही था।
मैं जैसा ही अति-सुखित था लाल पा दिव्य ऐसा।
वैसा ही हूँ दुखित अब मैं काल-कौतूहलों से ॥ 94 ॥

क्यों प्यारे ने सदय बन के डूबने से बचाया।
जो यों गाढ़े-विरह-दुख के सिन्धु में था डुबोना।
तो यत्नों से उरग-मुख के मध्य से क्यों निकाला।
चिन्ताओं से ग्रसित यदि मैं आज यों हो रहा हूँ ॥ 95 ॥

वंशस्थ छन्द

निशान्त देखे नभ श्वेत हो गया।
तथापि पूरी न व्यथा-कथा हुई।
परन्तु फैली अवलोक लालिमा।
स-नन्द ऊधो उठ सद्म से गये ॥ 96 ॥

द्रुतविलम्बित छन्द

विवुध ऊधव के गृह-त्याग से।
परि-समाप्त हुई दुख की कथा।
पर सदा वह अंकित सी रही।
हृदय-मन्दिर में हर-मित्र के ॥ 97 ॥

एकादश सर्ग

मालिनी छन्द

यक दिन छवि-शाली अर्कजा-कूल-वाली।
नव-तरु-चय-शोभी-कुंज के मध्य बैठे।
कतिपय ब्रज-भू के भावुकों को विलोक।
बहु-पुलकित ऊधो भी वहीं जा विराजे ॥ 1 ॥

प्रथम सकल-गोपों ने उन्हें भक्ति-द्वारा।
स-विधि शिर नवाया प्रेम के साथ पूजा।
भर भर जिन आँखों में कई बार आँसू।
फिर कह मृदु-बातें श्याम-सन्देश पूछा ॥ 2 ॥

परम-सरसता से स्नेह से स्निग्धता से।
तब जन-सुख-दानी का सु-सम्वाद प्यारा।
प्रवचन-पटु ऊधो ने सबों को सुनाया।
कह कह हित-बातें शान्ति दे दे प्रबोधा ॥ 3 ॥

सुन कर निज-प्यारे का समाचार सारा।
अतिशय-सुख पाया गोप की मंडली ने।
पर प्रिय-सुधि आये प्रेम-प्राबल्य द्वारा।
कुछ समय रही सो मौन हो उन्मना सी ॥ 4 ॥

फिर बहु मृदुता से स्नेह से धीरता से।
उन स-हृदय गोपों में बड़ा-वृद्ध जो था।
वह ब्रज-धन प्यारे-बन्धु को मुग्ध-सा हो।
निज सु-ललित बातों को सुनाने लगा यों ॥ 5 ॥

वंशस्य छन्द

प्रसून यों ही न मिलिन्द वृन्द को।
विमोहिता औ करता प्रलुब्ध है।
वरंच प्यारा उसका सु-गंध ही।
उसे बनाता बहु-प्रीति-पात्र है॥ 6॥

विचित्र ऐसे गुण हैं ब्रजेन्दु के।
स्वभाव ऐसा उनका अपूर्व है।
निबद्ध सी है जिनमें नितान्त ही।
ब्रजानुरागीजन की विमुग्धता॥ 7॥

स्वरूप होता जिसका न भव्य है।
न वाक्य होते जिसके मनोज्ञ हैं।
मिली उसे भी भव-प्रीति सर्वदा।
प्रभूत प्यारे गुण के प्रभाव से॥ 8॥

अपूर्व जैसा घन-श्याम-रूप है।
तथैव वाणी उनकी रसाल है।
निकेत वे हैं गुण के, विनीत हैं।
विशेष होगी उनमें न प्रीति क्यों॥ 9॥

सरोज है दिव्य-सुगन्ध से भरा।
नृलोक में सौरभवान स्वर्ण है।
सु-पुष्प से सज्जित पारिजात है।
मयंक है श्याम बिना कलंक का॥ 10॥

कलिन्दजा की कमनीय-धार जो।
प्रवाहिता है भवदीय-सामने।
उसे बनाता पहले विषाक्त था।
विनाश-कारी विष-कालिनाग का॥ 11॥

जहाँ सुकल्लोलित उक्त धार है।
वहीं बड़ा-विस्तृत एक कुण्ड है।
सदा उसी में रहता भुजंग था।
भुजंगिनी संग लिये सहस्रशः॥ 12॥

मुहुर्मुहुः सर्प-समूह-श्वास से।
कलिन्दजा का कँपता प्रवाह था।
असंख्य फूत्कार प्रभाव से सदा।
विषाक्त होता सरिता सदम्बु था॥ 13॥

दिखा रहा सम्मुख जो कदम्ब है।
कहीं इसे छोड़ न एक वृक्ष था।
द्वि-कोस पर्यंत द्वि-कूल भानुजा।
हरा भरा था न प्रशंसनीय था॥ 14॥

कभी यहाँ का भ्रम या प्रमाद से।
कदम्बु पीता यदि था विहंग भी।
नितान्त तो व्याकुल औ विपन्न हो।
तुरन्त ही था प्रिय-प्राण त्यागता॥ 15॥

बुरा यहाँ का जल पी, सहस्रशः।
मनुष्य होते प्रति-वर्ष नष्ट थे।
कु-मृत्यु पाते इस ठौर नित्य ही।
अनेकशः गो, मृग, कीट कोटिशः॥ 16॥

रही न जानें किस काल से लगी।
ब्रजापगा में यह व्याधि-दुर्भगा।
किया उसे दूर मुकुन्द देव ने।
विमुक्ति सर्वस्व-कृपा-कटाक्ष से॥ 17॥

बढ़े दिवानायक की दुरन्तता।
अनेक-ग्वाले सुरभी समूह ले।
महा पिपासातुर एक बार हो।
निदेशजा वर्जित कूल पै गये॥ 18॥

परन्तु पी के जल ज्यों स-धेनु के।
कलिन्दजा के उपकूल से बढ़े।
अचेत त्योंहीं सुरभी समेत हो।
जहाँ तहाँ भूतल-अंक में गिरे॥ 19॥

कढ़े इसी ओर स्वयं इसी घड़ी।
ब्रजांगना-बल्लभ दैव-योग से।
बचा जिन्होंने अति-यत्न से लिया।
विनष्ट होते बहु-प्राणि-पुंज को॥ 20॥

दिनेशजा दूषित-वारि-पान से।
विडम्बना थी यह हो गयी यतः।
अतः इसी काल यथार्थ-रूप से।
ब्रजेन्द्र को ज्ञान हुआ फणीन्द्र का॥ 21॥

स्व-जाति की देख अतीव दुर्दशा।
विगर्हणा देख मनुष्य-मात्र की।
विचार के प्राणि-समूह-कष्ट को।
हुए समुत्तेजित वीर-केशरी॥ 22॥

हितैषणा से निज-जन्म भूमि की।
अपार-आवेश हुआ ब्रजेश को।
बनी महा बंक गँठी हुई भवें।
नितान्त-विस्फारित नेत्र हो गये॥ 23॥

इसी घड़ी निश्चित श्याम-ने किया।
सशंकता त्याग अशंक-चित्त से।
अवश्य निर्वासन ही विधेय है।
भुजंग का भानु-कुमारिकांक से॥ 24॥

अतः करूँगा यह कार्य्य मैं स्वयं।
स्व-हस्त मैं दुर्लभ प्राण को लिये।
स्व-जाति औ जन्म-धरा निमित्त मैं।
न भीत हूँगा विकराल-व्याल से॥ 25॥

सदा करूँगा अपमृत्यु सामना।
स-भीत हूँगा न सुरेन्द्र-वज्र से।
कभी करूँगा अवहेलना न मैं।
प्रधान-धर्मांग-परोपकार की॥ 26॥

प्रवाह होते तक शेष-श्वास के।
स-रक्त होते तक एक भी शिरा।
स-शक्त होते तक एक लोम के।
किया करूँगा हित सर्वभूत का॥ 27॥

निदान न्यारे-पण सूत्र में बँधे।
ब्रजेन्दु आये दिन दूसरे यहीं।
दिनेश-आभा इस काल भूमि को।
बना रही थी महती-प्रभावती॥ 28॥

मनोज्ञ था काल द्वितीय याम था।
प्रसन्न था व्योम दिशा प्रफुल्ल थी।
उमंगिता थी सित-ज्योति-संकुला।
तरंग - माला - मय - भानु - नन्दिनी॥ 29॥

विलोक सानन्द-सु-व्योम मोदिनी।
खिले हुए-पंकज पुष्पिता लता।
अतीव-उल्लासित हो स्व-वेणु ले।
कदम्ब के ऊपर श्याम जा चढ़े॥ 30॥

कँपा सु-शाखा बहु पुष्प को गिरा।
पुनः पड़े कूद प्रसिद्ध कुण्ड में।
हुआ समुद्भिन्न प्रवाह वारि का।
प्रकम्प-कारी रव व्योम में उठा॥ 31॥

अपार-कोलाहल ग्राम में मचा।
विषाद फैला ब्रज सद्म-सद्म में।
ब्रजेश हो व्यस्त-समस्त दौड़ते।
खड़े हुए आ कर उक्त कुण्ड पै॥ 32॥

असंख्य-प्राणी ब्रज-भूप साथ ही।
स-वेग आये दृग-वारि मोचते।
ब्रजांगना साथ लिये सहस्रशः।
बिसूरती आ पहुँचीं ब्रजेश्वरी॥ 33॥

द्वि-दंड में ही जनता-समूह से।
तमारिजा का तट पूर्ण हो गया।
प्रकम्पिता हो बन मेदिनी उठी।
विषादितों के बहु-आर्त्त-नाद से ॥ 34 ॥

कभी-कभी क्रन्दन-घोर-नाद को।
विभेद होती श्रुति-गोचरा रही।
महा-सुरीली-ध्वनि श्याम-वेणु की।
प्रदायिनी शान्ति विषाद-मर्दिनी ॥ 35 ॥

व्यतीत यों ही घड़ियाँ कई हुईं।
पुनः स-हिल्लोल हुई पतंगजा।
प्रवाह उद्भेदित अन्त में हुआ।
दिखा महा अद्भुत-दृश्य सामने ॥ 36 ॥

कई फनों का अति ही भयावना।
महा-कदाकार अश्वेत शैल सा।
बड़ा-बली एक फणीश अंक से।
कलिन्दजा के कढ़ता दिखा पड़ा ॥ 37 ॥

विभीषणाकार - प्रचण्ड - पन्नगी।
कई बड़े-पन्नग, नाग साथ ही।
विदार के वक्ष विषाक्त-कुण्ड का।
प्रमत्त से थे कढ़ते शनैः - शनैः ॥ 38 ॥

फणीश शीशोपरि राजती रही।
सु-मूर्त्ति-शोभा-मय श्री मुकुन्द की।
विकीर्णकारी कल-ज्योति-चक्षु थे।
अतीव-उत्फुल्ल मुखारविन्द था ॥ 39 ॥

विचित्र थी शीश किरीट की प्रभा।
कसी हुई थी कटि में सु-काछनी।
दुकूल से शोभित कान्त कन्ध था।
विलम्बिता थी वन-माल कण्ठ में ॥ 40 ॥

अहीश को नाथ विचित्र-रीति से।
स्व-हस्त में थे वर-रज्जु को लिये।
बजा रहे थे मुरली मुहुर्मुहुः।
प्रबोधिनी - मुग्धकरी - विमोहिनी ॥ 41 ॥

समस्त-प्यारा-पट सिक्त था हुआ।
न भीगने से वन-माल थी बची।
गिरा रही थीं अलकें नितान्त ही।
विचित्रता से वर-बूँद वारि की ॥ 42 ॥

लिये हुए सर्प-समूह श्याम ज्यों।
कलिन्दजा कम्पित अंक से कढ़े।
खड़े किनारे जितने मनुष्य थे।
सभी महा शंकित-भीत हो उठे ॥ 43 ॥

हुए कई मूर्छित घोर-त्रास से।
कई भगे भूतल में गिरे कई।
हुई यशोदा अति ही प्रकम्पिता।
ब्रजेश भी व्यस्त समस्त हो गये ॥ 44 ॥

विलोक सारी जनता भयातुरा।
मुकुन्द ने एक विभिन्न-मार्ग से।
चढ़ा किनारे पर सर्प-यूथ को।
उसे बढ़ाया वन-ओर वेग से ॥ 45 ॥

ब्रजेन्द्र के अद्‌भुत-वेणु-नाद से।
सतर्क-संचालन से सु-युक्ति से।
हुए वशीभूत समस्त सर्प थे।
न अल्प होते प्रतिकूल थे कभी ॥ 46 ॥

अगम्य-अत्यन्त समीप शैल के।
जहाँ हुआ कानन था, ब्रजेन्द्र ने।
कुटुम्ब के साथ वहीं अहीश को।
सदर्प दे के यम-यातना तजा ॥ 47 ॥

न नाग काली तब से दिखा पड़ा।
हुई तभी से यमुनाति निर्मला।
समोद लौटे सब लोग सद्म को।
प्रमोद सारे ब्रज-मध्य छा गया॥ 48॥

अनेक यों हैं कहते फणीश को।
स-वंश-मारा वन में मुकुन्द ने।
कई मनीषी यह हैं विचारते।
छिपा पड़ा है वह गर्त्त में किसी॥ 49॥

सुना गया है यह भी अनेक से।
पवित्र-भूता-ब्रज-भूमि त्याग के।
चला गया है वह और ही कहीं।
जनोपघाती विष-दन्त-हीन हो॥ 50॥

प्रवाद जो हो यह किन्तु सत्य है।
स-गर्व मैं हूँ कहता प्रफुल्ल हो।
ब्रजेन्दु से ही ब्रज-व्याधि है टली।
बनी फणी-हीन पतंग-नन्दिनी॥ 51॥

वही महा-धीर असीम-साहसी।
सु-कौशली मानव-रत्न दिव्य-धी।
अभाग्य से है ब्रज से जुदा हुआ।
सदैव होगी न व्यथा-अतीव क्यों॥ 52॥

मुकुन्द का है हित-चित्त में भरा।
पगा हुआ है प्रति-रोम प्रेम में।
भलाइयाँ हैं उनकी बड़ी-बड़ी।
भला उन्हें क्यों ब्रज भूल जायगा॥ 53॥

जहाँ रहें श्याम सदा सुखी रहें।
न भूल जावें निज-तात-मात को।
कभी-कभी आ मुख-मंजु को दिखा।
रहें जिलाते ब्रज-प्राणि-पुंज को॥ 54॥

द्रुतविलम्बित छन्द

निज मनोहर भाषण वृद्ध ने।
जब समाप्त किया बहु-मुग्ध हो।
अपर एक प्रतिष्ठित-गोप यों।
तब लगा कहने सु-गुणावली ॥ 55 ॥

वंशस्थ छन्द

निदाघ का काल महा-दुरन्त था।
भयावनी थी रवि-रश्मि हो गयी।
तवा समा थी तपती वसुन्धरा।
स्फुलिंग वर्षारत तप्त व्योम था ॥ 56 ॥

प्रदीप्त थी अग्नि हुई दिगन्त में।
ज्वलन्त था आतप ज्वाल-माल-सा।
पतंग की देख महा-प्रचण्डता।
प्रकम्पिता पादप-पुंज-पंक्ति थी ॥ 57 ॥

रजाक्त आकाश दिगन्त को बना।
असंख्य वृक्षावलि मर्दनोद्यता।
मुहुर्मुहुः उद्धत हो निनादिता।
प्रवाहिता थी पवनाति-भीषणा ॥ 58 ॥

विदग्ध हो के कण-धूलि राशि का।
हुआ तपे लौह कणा समान था।
प्रतप्त-बालू-इव दग्ध-भाड़ को।
भयंकरी थी महि-रेणु हो गई ॥ 59 ॥

असह्य उत्ताप दुरन्त था हुआ।
महा समुद्विग्न मनुष्य मात्र था।
शरीरियों की प्रिय-शान्ति-नाशिनी।
निदाघ की थी अति-उग्र-ऊष्मता ॥ 60 ॥

किसी घने-पल्लववान-पेड़ की।
प्रगाढ़-छाया अथवा सुकुंज में।
अनेक प्राणी करते व्यतीत थे।
स-व्यग्रता ग्रीष्म दुरन्त-काल को ॥ 61 ॥

अचेत सा निद्रित हो स्व-गेह में।
पड़ा हुआ मानव का समूह था।
न जा रहा था जन एक भी कहीं।
अपार निस्तब्ध समस्त-ग्राम था ॥ 62 ॥

स्व-शावकों साथ स्वकीय-नीड़ में।
अबोल हो के खग-वृंद था पड़ा।
स-भीत मानों बन दीर्घ दाघ से।
नहीं गिरा भी तजती स्व-गेह थी ॥ 63 ॥

सु-कुंज में या वर-वृक्ष के तले।
अशक्त हो थे पशु पंगु से पड़े।
प्रतप्त-भू में गमनाभिशंकया।
पदांक को थी गति त्याग के भगी ॥ 64 ॥

प्रचंड लू थी अति-तीव्र घाम था।
मुहुर्मुहुः गर्जन था समीर का।
विलुप्त हो सर्व-प्रभाव-अन्य का।
निदाघ का एक अखण्ड-राज्य था ॥ 65 ॥

अनेक गो-पालक वत्स धेनु ले।
बिता रहे थे बहु शान्ति-भाव से।
मुकुन्द ऐसे अ-मनोज्ञ-काल को।
वनस्थिता-एक-विराम कुंज में ॥ 66 ॥

परन्तु प्यारी यह शान्ति श्याम की।
विनष्ट औ भंग हुई तुरन्त ही।
अचिन्त्य-दूरागत-भूरि-शब्द से।
अजस्र जो था अन्त घोर हो रहा ॥ 67 ॥

पुनः-पुनः कान लगा लगा सुना।
ब्रजेन्द्र ने उत्थित घोर शब्द को।
अतः उन्हें ज्ञात तुरन्त हो गया।
प्रचण्ड-दावा वन-मध्य है लगी ॥ 68 ॥

गये उसी ओर अनेक-गोप थे।
गवादि ले के कुछ-काल-पूर्व ही।
हुई इसी ने निज-बंधु-वर्ग की।
अपार चिन्ता-ब्रज-व्योम-चन्द्र को ॥ 69 ॥

अतः बिना ध्यान किये प्रचण्डता।
निदाघ की पूषण की समीर की।
ब्रजेन्द्र दौड़े तज शान्ति कुंज को।
सु-साहसी गोप समूह संग ले ॥ 70 ॥

निकुंज से बाहर श्याम ज्यों कढ़े।
उन्हें महा पर्वत धूमपुंज का।
दिखा पड़ा दक्षिण ओर सामने।
मलीन जो था करता दिगन्त को ॥ 71 ॥

अभी गये वे कुछ दूर मात्र थे।
लगीं दिखाने लपटें भयावनी।
वनस्थली बीच प्रदीप्त-वह्नि की।
मुहुर्मुहुः व्योम-दिगन्त-व्यापिनी ॥ 72 ॥

प्रवाहिता उद्धत तीव्र वायु से।
विधूनिता हो लपटें दवाग्नि की
नितान्त ही थीं बनती भयंकरी।
प्रचंड - दावा - प्रलयंकरी - समा ॥ 73 ॥

अनन्त थे पादप दग्ध हो रहे।
असंख्य गाठें फटतीं स-शब्द थीं।
विशेषतः वंश-अपार-वृक्ष की।
बनी महा-शब्दित थी वनस्थली ॥ 74 ॥

अपार पक्षी पशु त्रस्त हो महा।
स-व्यग्रता थे सब ओर दौड़ते।
नितान्त हो भीत सरीसृपादि भी।
बने महा-व्याकुल भाग थे रहे ॥ 75 ॥

समीप जा के बलभद्र-बंधु ने।
वहाँ महा-भीषण-काण्ड जो लखा।
प्रवीर है कौन त्रि-लोक मध्य जो।
स्व-नेत्र से देख उसे न काँपता ॥ 76 ॥

प्रचण्डता में रवि की दवाग्नि की।
दुरन्तता थी अति ही विवर्द्धिता।
प्रतीत होती उसको विलोक के।
विदग्ध होगी ब्रज की वसुन्धरा ॥ 77 ॥

पहाड़ से पादप तूल पुंज से।
स-मूल होते पल मध्य भस्म थे।
बड़े-बड़े प्रस्तर खंड वह्नि से।
तुरन्त होते तृण-तुल्य दग्ध थे ॥ 78 ॥

अनेक पक्षी उड़ व्योम-मध्य भी।
न त्राण थे पा सकते शिखाग्नि से।
सहस्रशः थे पशु प्राण त्यागते।
पतंग के तुल्य पलायनेच्छु हो ॥ 79 ॥

जला किसी का पग पूँछ आदि था।
पड़ा किसी का जलता शरीर था।
जले अनेकों जलते असंख्य थे।
दिगन्त था आर्त्त-निनाद से भरा ॥ 80 ॥

भयंकरी-प्रज्वलिताग्नि की शिखा।
दिवांधता-कारिणी राशि धूम की।
वनस्थली में बहु-दूर-व्याप्त थी।
नितान्त घोरा ध्वनि त्रास-वर्द्धिनी ॥ 81 ॥

यहीं विलोका करुणा-निकेत ने।
गवादि के साथ स्व-बन्धु-वर्ग को।
शिखाग्नि द्वारा जिनकी शनैः शनैः।
विनष्ट संज्ञा अधिकांश थी हुई ॥ 82 ॥

निरर्थ चेष्टा करते विलोक के।
उन्हें स्व-रक्षार्थ दवाग्नि गर्भ से।
दया बड़ी ही ब्रज-देव को हुई।
विशेषतः देख उन्हें अशक्त-सा ॥ 83 ॥

अतः सबों से यह श्याम ने कहा।
स्व-जाति-उद्धार महान-धर्म है।
चलो करें पावक में प्रवेश औ।
स-धेनु लेवें निज-जाति को बचा ॥ 84 ॥

विपत्ति से रक्षण सर्व-भूत का।
सहाय होना अ-सहाय जीव का।
उबारना संकट से स्व-जाति का।
मनुष्य का सर्व-प्रधान धर्म है ॥ 85 ॥

बिना न त्यागे ममता स्व-प्राण की।
बिना न जोखों ज्वलदग्नि में पड़े।
न हो सका विश्व-महान-कार्य्य है।
न सिद्ध होता भव-जन्म हेतु है ॥ 86 ॥

बढ़ो करो वीर स्व-जाति का भला।
अपार दोनों विध लाभ है हमें।
किया स्व-कर्तव्य उबार जो लिया।
सु-कीर्त्ति पाई यदि भस्म हो गये ॥ 87 ॥

शिखाग्नि से वे सब ओर हैं घिरे।
बचा हुआ एक दुरूह-पन्थ है।
परन्तु होगी यदि स्वल्प-देर तो।
अगम्य होगा वह शेष-पन्थ भी ॥ 88 ॥

अतः न है और विलम्ब में भला।
प्रवृत्त हो शीघ्र स्व-कार्य में लगो।
स-धेनु के जो न इन्हें बचा सके।
बनी रहेगी अपकीर्त्ति तो सदा॥ 89॥

ब्रजेन्दु ने यद्यपि तीव्र-शब्द में।
किया समुत्तेजित गोप-वृन्द को।
तथापि साथी उनके स्व-कार्य में।
न हो सके लग्न यथार्थ-रीति से॥ 90॥

निदाघ के भीषण उग्र-ताप से।
स्व-धैर्य्य थे वे अधिकांश खो चुके।
रहे-सहे साहस को दवाग्नि ने।
किया समुन्मूलन सर्व-भाँति था॥ 91॥

असह्य होती उनको अतीव थी।
कराल-ज्वाला तन-दग्ध कारिणी।
विपत्ति से संकुल उक्त-पंथ भी।
उन्हें बनाता भय-भीत भूरिशः॥ 92॥

अतः हुए लोग नितान्त भ्रान्त थे।
विलोप होती सुधि थी शनैः शनैः।
ब्रजांगना-वल्लभ के निदेश से।
स-चेष्ट होते भर वे क्षणेक थे॥ 93॥

स्व-साथियों की यह देख दुर्दशा।
प्रचंड-दावानल में प्रवीर से।
स्वयं धँसे श्याम दुरन्त-वेग से।
चमत्कृता सी वन-भूमि को बना॥ 94॥

प्रवेश के बाद स-वेग ही कढ़े।
समस्त-गोपालक-धेनु संग वे।
अलौकिक-स्फूर्ति दिखा त्रिलोक को।
वसुन्धरा में कल-कीर्त्ति वेलि बो॥ 95॥

बचा सबों को बलवीर ज्यों कढ़े।
प्रचंड-ज्वाला-मय-पन्थ त्यों हुआ।
विलोकते ही यह काण्ड श्याम को।
सभी लगे आदर दे सराहने ॥ 96 ॥

अभागिनी है ब्रज की वसुन्धरा।
बड़े-अभागे हम गोप लोग हैं।
हरा गया कौस्तुभ जो ब्रजेश का।
छिना करों से ब्रज-भूमि रत्न जो ॥ 97 ॥

न वित्त होता धन रत्न डूबता।
असंख्य गो-वंश-स-भूमि छूटता।
समस्त जाता तब भी न शोक था।
सरोज सा आनन जो विलोकता ॥ 98 ॥

अतीव-उत्कण्ठित सर्व-काल हूँ।
विलोकने को यक-बार और भी।
मनोज्ञ-वृन्दावन-व्योम-अंक में।
उगे हुए आनन-कृष्णचन्द्र को ॥ 99 ॥

द्वादश सर्ग

मन्दाक्रान्ता छन्द

ऊधो को यों स-दुख जब थे गोप बातें सुनाते।
आभीरों का यक-दल नया वाँ उसी-काल आया।
नाना-बातें विलख उसने भी कहीं खिन्न हो हो।
पीछे प्यारा-सुयश स्वर से श्याम का यों सुनाया॥ 1॥

द्रुतविलम्बित छन्द

सरस-सुन्दर-सावन-मास था।
घन रहे नभ में घिर-घूमते।
विलसती बहुधा जिनमें रही।
छविवती - उड़ती - बक - मालिका॥ 2॥

घहरता गिरि-सानु समीप था।
बरसता छिति-छू नव-वारि था।
घन कभी रवि-अंतिम-अंशु ले।
गगन में रचता बहु-चित्र था॥ 3॥

नव-प्रभा परमोज्वल-लीक सी।
गति-मती कुटिला-फणिनी-समा।
दमकती दुरती घन-अंक में।
विपुल केलि-कला-खनि दामिनी॥ 4॥

विविध रूप धरे नभ में कभी।
विहरता वर-वारिद-व्यूह था।
वह कभी करता रस सेक था।
बन सके जिससे सरसा-रसा॥ 5॥

सलिल-पूरित थी सरसी हुई।
उमड़ते पड़ते सर-वृन्द थे।
कर-सुप्लावित कूल प्रदेश को।
सरित थी स-प्रमोद प्रवाहिता ॥ 6 ॥

वसुमती पर थी अति-शोभिता।
नवल कोमल-श्याम तृणावली।
नयन-रंजनता मृदु-मूर्ति थी।
अनुपमा - तरु - राजि - हरीतिमा ॥ 7 ॥

हिल, लगे मृदु-मन्द-समीर के।
सलिल-विन्दु गिरा सुठि अंक से।
मन रहे किसका न विमोहते।
जल-धुले दल-पादप पुंज के ॥ 8 ॥

विपुल मोर लिये बहु-मोरिनी।
विहरते सुख से स-विनोद थे।
मरकतोपम पुच्छ-प्रभाव से।
मणि-मयी कर कानन कुंज को ॥ 9 ॥

बन प्रमत्त-समान पपीहरा।
पुलक के उठता कह पी कहाँ।
लख वसंत-विमोहक-मंजुता।
उमग कूक रहा पिक-पुंज था ॥ 10 ॥

स-रव पावस-भूप-प्रताप जो।
सलिल में कहते बहु भेक थे।
विपुल-झींगुर तो थल में उसे।
धुन लगा करते नित गान थे ॥ 11 ॥

सुखद-पावस के प्रति सर्व की।
प्रकट सी करती अति-प्रीति थीं।
वसुमती - अनुराग - स्वरूपिणी।
विलसती - बहु - बीर - बहूटियाँ ॥ 12 ॥

परम-म्लान हुई बहु-वेलि को।
निरख के फलिता अति-पुष्पिता।
सकल के उर में रम सी गयी।
सुखद-शासन की उपकारिता ॥ 13 ॥

विविध-आकृति औ फल फूल की।
उपजती अवलोक सु-बूटियाँ।
प्रकट थी महि-मण्डल में हुई।
प्रियकरी-प्रतिपत्ति-पयोद की ॥ 14 ॥

रस-मयी भव-वस्तु विलोक के।
सरसता लख भूतल-व्यापिनी।
समझ है पड़ता बरसात में।
उदक का रस नाम यथार्थ है ॥ 15 ॥

मृतक-प्राय हुई तृण-राजि भी।
सलिल से फिर जीवित हो गयी।
फिर सु-जीवन जीवन को मिला।
बुध न जीवन क्यों उसको कहें ॥ 16 ॥

ब्रज-धरा यक बार इन्हीं दिनों।
पतित थी दुख-वारिधि में हुई।
पर उसे अवलम्बन था मिला।
ब्रज-विभूषण के भुज-पोत के ॥ 17 ॥

दिवस एक प्रभंजन का हुआ।
अति-प्रकोप, घटा नभ में घिरी।
बहु - भयावह - गाढ़ - मसी - समा।
सकल-लोक प्रकंपित-कारिणी ॥ 18 ॥

अशनि-पात-समान दिगन्त में।
तब महा-रव था बहु व्यापता।
कर विदारण वायु प्रवाह का।
दमकती नभ में जब दामिनी ॥ 19 ॥

मथित चालित ताड़ित हो महा।
अति-प्रचंड-प्रभंजन वेग से।
जलद थे दल के दल आ रहे।
घुमड़ते घिरते ब्रज-घेरते ॥ 20 ॥

तरल-तोयधि-तुंग-तरंग से।
निविड़-नीरद थे घिर घूमते।
प्रबल हो जिनकी बढ़ती रही।
असितता - घनता - रवकारिता ॥ 21 ॥

उपजती उस काल प्रतीति थी।
प्रलय के घन आ ब्रज में घिरे।
गगन-मण्डल में अथवा जमे।
सजल कज्जल के गिरि कोटिशः ॥ 22 ॥

पतित थी ब्रज-भू पर हो रही।
प्रति-घटी उर-दारक-दामिनी।
असह थी इतनी गुरु-गर्जना।
सह न था सकता पवि-कर्ण भी ॥ 23 ॥

तिमिर की वह थी प्रभुता बढ़ी।
सब तमोमय था दृग देखता।
चमकता वर-वासर था बना।
असितता - खनि - भाद्र - कुहु - निशा ॥ 24 ॥

प्रथम बूँद पड़ी ध्वनि-बाँध के।
फिर लगा पड़ने जल वेग से।
प्रलय कालिक-सर्व-समाँ दिखा।
बरसता जल मूसल-धार था ॥ 25 ॥

जलद-नाद प्रभंजन-गर्जना।
विकट-शब्द महा-जलपात का।
कर प्रकम्पित पीवर-प्राण को।
भर गया ब्रज-भूतल मध्य था ॥ 26 ॥

स-बल भग्न हुयी गुरु - डालियाँ।
पतित हो करती बहु - शब्द थीं।
पतन हो कर पादप-पुंज को।
क्षण-प्रभा करती शत-खंड थी ॥ 27 ॥

सदन थे सब खंडित हो रहे।
परम-संकट में जन-प्राण था।
स-बल विज्जु प्रकोप-प्रमाद से।
बहु-विचूर्णित पर्वत-शृंग थे ॥ 28 ॥

दिवस बीत गया रजनी हुई।
फिर हुआ दिन किन्तु न अल्प भी।
कम हुई तम-तोम प्रगाढ़ता।
न जलपात रुका न हवा थमी ॥ 29 ॥

सब-जलाशय थे जल से भरे।
इसलिये निशि वासर मध्य ही।
जल-मयी ब्रज की वसुधा बनी।
सलिल-मग्न हुए पुर-ग्राम भी ॥ 30 ॥

सर-बने बहु विस्तृत-ताल से।
बन गया सर था लघु-गर्त्त भी।
बहु तरंग-मयी गुरु-नादिनी।
जलधि तुल्य बनी रविनन्दिनी ॥ 31 ॥

तदपि था पड़ता जल पूर्व सा।
इस लिए अति-व्याकुलता बढ़ी।
विपुल-लोक गये ब्रज-भूप के।
निकट व्यस्त-समस्त अधीर हो ॥ 32 ॥

प्रकृति को कुपिता अवलोक के।
प्रथम से ब्रज-भूपति व्यग्र थे।
विपुल-लोक समागत देख के।
बढ़ गयी उनकी वह व्यग्रता ॥ 33 ॥

पर न सोच सके नृप एक भी।
उचित यत्न विपत्ति-विनाश का।
अपर जो उस ठौर बहुज्ञ थे।
न वह भी शुभ-सम्मति दे सके॥ 34 ॥

तड़ित सी कछनी कटि में कसे।
सु-विलसे नव-नीरद-कान्ति का।
नवल-बालक एक इसी घड़ी।
जन-समागम-मध्य दिखा पड़ा॥ 35 ॥

ब्रज-विभूषण को अवलोक के।
जन-समूह प्रफुल्लित हो उठा।
परम-उत्सुकता-वश प्यार से।
फिर लगा वदनांबुज देखने॥ 36 ॥

सब उपस्थित-प्राणि-समूह को।
निरख के निज-आनन देखता।
बन विशेष विनीत मुकुन्द ने।
यह कहा ब्रज-भूतल-भूप से॥ 37 ॥

जिस प्रकार घिरे घन व्योम में।
प्रकृति है जितनी कुपिता हुई।
प्रकट है उससे यह हो रहा।
विपद का टलना बहु-दूर है॥ 38 ॥

इसलिये तज के गिरि-कन्दरा।
अपर यत्न न है अब त्राण का।
उचित है इस काल सयत्न हो।
शरण में चलना गिरि-राज की॥ 39 ॥

बहुत सी दरियाँ अति-दिव्य हैं।
बृहत कन्दर हैं उसमें कई।
निकट भी वह है पुर-ग्राम के।
इसलिये गमन-स्थल है वही॥ 40 ॥

सुन गिरा यह वारिद-गात की।
प्रथम तर्क या वितर्क बड़ा हुआ।
फिर यही अवधारित हो गया।
गिरि बिना 'अवलम्ब' न अन्य है॥ 41 ॥

पर विलोक तमिस्र-प्रगाढ़ता।
तड़ित-पात प्रभंजन-भीमता।
सलिल-प्लावन वर्षण-वारि का।
विफल थी बनती सब-मंत्रणा॥ 42 ॥

इस लिये फिर पंकज-नेत्र ने।
यह स-ओज कहा जन-वृन्द से।
रह अचेष्टित जीवन त्याग से।
मरण है अति-चारु सचेष्ट हो॥ 43 ॥

विपद-संकुल विश्व-प्रपंच है।
बहु-छिपा भवितव्य रहस्य है।
प्रति-घटी पल है भय प्राण का।
शिथिलता इस हेतु अ-श्रेय है॥ 44 ॥

विपद से वर-वीर-समान जो।
समर-अर्थ समुद्यत हो सका।
विजय-भूति उसे सब काल ही।
चरण है करती सु-प्रसन्न हो॥ 45 ॥

पर विपत्ति विलोक स-शंक हो।
शिथिल जो करता पग-हस्त है।
अवनि में अवमानित शीघ्र हो।
कवल है बनाता वह काल का॥ 46 ॥

कब कहाँ न हुई प्रतिद्वंद्विता।
जब उपस्थित संकट-काल हो।
उचित-यत्न स-धैर्य्य विधेय है।
उस घड़ी सब मानव मात्र को॥ 47 ॥

सु-फल जो मिलता इस काल है।
समझना न उसे लघु चाहिए।
बहुत हैं, पड़ संकट-स्रोत में।
सहस में जन जो शत भी बचें॥ 48॥

इस लिए तज निंद्य-विमूढ़ता।
उठ पड़ो सब लोग स-यत्न हो।
इस महा-भय-संकुल काल में।
बहु-सहायक जान ब्रजेश को॥ 49॥

सुन स-ओज सु-भाषण श्याम का।
बहु-प्रबोधित हो जन-मण्डली।
गृह गयी पढ़ मंत्र-प्रयत्न का।
लग गयी गिरि ओर प्रयाण में॥ 50॥

बहु-चुने-दृढ़-वीर सु-साहसी।
सबल-गोप लिये बलबीर भी।
समुचित स्थल में करने लगे।
सकल की उपयुक्त सहायता॥ 51॥

सलिल प्लावन से अब थे बचे।
लघु-बड़े बहु-उन्नत पंथ जो।
सब उन्हीं पर हो स-सतर्कता।
गमन थे करते गिरि-अंक में॥ 52॥

यदि ब्रजाधिप के प्रिय-लाडिले।
पतित का कर थे गहते कहीं।
उदक में घुस तो करते रहे।
वह कहीं जल-बाहर मग्न को॥ 53॥

पहुँचते बहुधा उस भाग में।
बहु अकिंचन थे रहते जहाँ।
कर सभी सुविधा सब-भाँति की।
वह उन्हें रखते गिरि-अंक में॥ 54॥

परम-वृद्ध असम्बल लोक को।
दुख-मयी-विधवा रुज-ग्रस्त को।
बन सहायक थे पहुँचा रहे।
गिरि सु-गह्वर में कर यत्न वे ॥ 55 ॥

यदि दिखा पड़ती जनता कहीं।
कु-पथ में पड़ के दुख भोगती।
पथ-प्रदर्शन थे करते उसे।
तुरत तो उस ठौर ब्रजेन्द्र जा ॥ 56 ॥

जटिलता-पथ की तम गाढ़ता।
उदक पात प्रभंजन भीमता।
मिलित थीं सब साथ, अतः घटी।
दुख-मयी-घटना प्रति-पंथ में ॥ 57 ॥

पर सु-साहस से सु-प्रबन्ध से।
ब्रज-विभूषण के जन एक भी।
तन न त्याग सका जल-मग्न हो।
मर सका गिर के न गिरीन्द्र से ॥ 58 ॥

फलद-सम्बल लोचन के लिये।
क्षणप्रभा अतिरिक्त न अन्य था।
तदपि साधन में प्रति-कार्य्य के।
सफलता ब्रज-वल्लभ को मिली ॥ 59 ॥

परम-सिक्त हुआ वपु-वस्त्र था।
गिर रहा शिर ऊपर वारि था।
लग रहा अति उग्र-समीर था।
पर विराम न था ब्रज-बन्धु को ॥ 60 ॥

पहुँचते वह थे शर-वेग से।
विपद-संकुल आकुल-ओक में।
तुरत थे करते वह नाश भी।
परम-वीर-समान विपत्ति का ॥ 61 ॥

लख अलौकिक-स्फूर्त्ति-सु-दक्षता।
चकित-स्तंभित गोप-समूह था।
अधिकतः बँधता यह ध्यान था।
ब्रज-विभूषण हैं शतशः बने ॥ 62 ॥

स-धन गोधन को पुर ग्राम को।
जलज-लोचन ने कुछ काल में।
कुशल से गिरि-मध्य बसा दिया।
लघु बना पवनादि-प्रमाद को ॥ 63 ॥

प्रकृति क्रुद्ध छ सात दिनों रही।
कुछ प्रभेद हुआ न प्रकोप में।
पर स-यत्न रहे वह सर्वथा।
तनिक-क्लान्ति हुई न ब्रजेन्द्र को ॥ 64 ॥

प्रति-दरी प्रति-पर्वत-कन्दरा।
निवसते जिनमें ब्रज-लोग थे।
बहु-सु-रक्षित थी ब्रज-देव के।
परम-यत्न सु चारु प्रबन्ध से ॥ 65 ॥

भ्रमण ही करते सबने उन्हें।
सकल-काल लखा स-प्रसन्नता।
रजनि भी उनकी कटती रही।
स-विधि-रक्षण में ब्रज-लोक के ॥ 66 ॥

लख अपार प्रसार गिरीन्द्र में।
ब्रज-धराधिप के प्रिय-पुत्र का।
सकल लोग लगे कहने उसे।
रख लिया उँगली पर श्याम ने ॥ 67 ॥

जब व्यतीत हुए दुख-वार ए।
मिट गया पवनादि प्रकोप भी।
तब बसा फिर से ब्रज-प्रान्त औ।
परम-कीर्त्ति हुई बलवीर की ॥ 68 ॥

अहह ऊधव सो ब्रज-भूमि का।
परम-प्राण-स्वरूप सु-साहसी।
अब हुआ दृग से बहु-दूर है।
फिर कहो बिलपे ब्रज क्यों नहीं ॥ 69 ॥

कथन में अब शक्ति न शेष है।
विनय हूँ करता बन दीन मैं।
ब्रज-विभूषण आ निज-नेत्र से।
दुख-दशा निरखें ब्रज-भूमि की ॥ 70 ॥

सलिल-प्लावन से जिस भूमि का।
सदय होकर रक्षण था किया।
अहह आज वही ब्रज की धरा।
नयन-नीर-प्रवाह-निमग्न है ॥ 71 ॥

वंशस्थ छन्द

समाप्त ज्योंही इस यूथ ने किया।
अतीव-प्यारे अपने प्रसंग को।
लगा सुनाने उस काल ही उन्हें।
स्वकीय बातें फिर अन्य गोप यों ॥ 72 ॥

वसन्ततिलका छन्द

बातें बड़ी-मधुर औ अति ही मनोज्ञा।
नाना मनोरम रहस्य-मयी अनूठी।
जो हैं प्रसूत भवदीय मुखाब्ज द्वारा।
हैं वांछनीय वह, सर्व सुखेच्छुकों की ॥ 73 ॥

सौभाग्य है व्यथित-गोकुल के जनों का।
जो पाद-पंकज यहाँ भवदीय आया।
है भाग्य की कुटिलता वचनोपयोगी।
होता यथोचित नहीं यदि कार्य्यकारी ॥ 74 ॥

प्रायः विचार उठता उर-मध्य होगा।
ए क्यों नहीं वचन हैं सुनते हितों के।
है मुख्य-हेतु इसका न कदापि अन्य।
लौ एक श्याम-घन की ब्रज को लगी है ॥ 75 ॥

न्यारी-छटा निरखना दृग चाहते हैं।
है कान को सु-यश भी प्रिय श्याम ही का।
गा के सदा सु-गुण है रसना अघाती।
सर्वत्र रोम तक में हरि ही रमा है ॥ 76 ॥

जो हैं प्रवंचित कभी दृग-कर्ण होते।
तो गान है सु-गुण को करती रसज्ञा।
हो हो प्रमत्त ब्रज-लोग इसीलिए हो।
गा श्याम का सुगुण वासर हैं बिताते ॥ 77 ॥

संसार में सकल-काल नृ-रत्न ऐसे।
हैं हो गये अवनि है जिनकी कृतज्ञा।
सारे अपूर्व-गुण हैं उनके बताते।
सच्चे नृ-रत्न हरि भी इस काल के हैं ॥ 78 ॥

जो कार्य्य श्याम-घन ने करके दिखाये।
कोई उन्हें न सकता कर था कभी भी।
वे कार्य्य और द्विदश-वत्सर की अवस्था।
ऊधो न क्यों फिर नृ-रत्न मुकुन्द होंगे ॥ 79 ॥

बातें बड़ी सरस थे कहते बिहारी।
छोटे बड़े सकल का हित चाहते थे।
अत्यन्त प्यार दिखला मिलते सबों से।
वे थे सहायक बड़े दुख के दिनों में ॥ 80 ॥

वे थे विनम्र बन के मिलते बड़ों से।
थे बातचीत करते बहु-शिष्टता से।
बातें विरोधकर थीं उनको न प्यारी।
वे थे न भूल कर भी अप्रसन्न होते ॥ 81 ॥

थे प्रीति-साथ मिलते सब बालकों से।
थे खेलते सकल-खेल विनोद कारी।
नाना-अपूर्व-फल-फूल खिला खिला के।
वे थे विनोदित सदा उनको बनाते ॥ 82 ॥

जो देखते कलह शुष्क-विवाद होता।
तो शान्त श्याम उसको करते सदा थे।
कोई बली नि-बल को यदि था सताता।
तो वे तिरस्कृत किया करते उसे थे ॥ 83 ॥

होते प्रसन्न यदि वे यह देखते थे।
कोई स्व-कृत्य करता अति-प्रीति से है।
यों ही विशिष्ट-पद गौरव की उपेक्षा।
देती नितान्त उनके चित्त को व्यथा थी ॥ 84 ॥

माता पिता गुरुजनों वय में बड़ों को।
होते निराद्रित कहीं यदि देखते थे।
तो खिन्न हो दुखित हो लघु को सुतों को।
शिक्षा समेत बहुधा बहु-शास्ति देते ॥ 85 ॥

थे राज-पुत्र उनमें मदथा न तो भी।
वे दीन के सदन थे अधिकांश जाते।
बातें-मनोरम सुना दुख जानते थे।
औ थे विमोचन उसे करते कृपा से ॥ 86 ॥

रोगी दुखी विपद-आपद में पड़ों की।
सेवा सदैव करते निज-हस्त से थे।
ऐसा निकेत ब्रज में न मुझे दिखाया।
कोई जहाँ दुखित हो पर वे न होवें ॥ 87 ॥

सन्तान-हीन-जन तो ब्रज-बन्धु को पा।
सन्तान-वान निज को कहते रहे ही।
सन्तान-वान जन भी ब्रज-रत्न ही का।
सन्तान से अधिक थे रखते भरोसा ॥ 88 ॥

जो थे किसी सदन में बलवीर जाते।
तो मान वे अधिक पा सकते सुतों से।
थे राज-पुत्र इस हेतु नहीं; सदा वे।
होते सुपूजित रहे शुभ-कर्म्म द्वारा ॥ 89 ॥

भू में सदा मनुज है बहु-मान पाता।
राज्याधिकार अथवा धन-द्रव्य-द्वारा।
होता परन्तु वह पूजित विश्व में है।
निस्स्वार्थ भूत-हित औ कर लोक-सेवा ॥ 90 ॥

थोड़ी अभी यदिच है उनकी अवस्था।
तो भी नितान्त-रत वे शुभ-कर्म्म में हैं।
ऐसा विलोक वर-बोध स्वभाव से ही।
होता सु-सिद्ध यह है वह हैं महात्मा ॥ 91 ॥

विद्या-सु संगति समस्त-सु-नीति शिक्षा।
ये तो विकास भर की अधिकारिणी हैं।
अच्छा-बुरा मलिन-दिव्य स्वभाव भू में।
पाता निसर्ग कर से नर सर्वदा है ॥ 92 ॥

ऐसे सु-बोध मतिमान कृपालु ज्ञानी।
जो आज भी न मथुरा-तज गेह आये।
तो वे न भूल ब्रज-भूतल को गये हैं।
है अन्य हेतु इसका अति गूढ़ कोई ॥ 93 ॥

पूरी नहीं कर सके उचिताभिलाषा।
नाना महान जन भी इस मोदिनी में।
होने निरस्त बहुधा नृप-नीतियों से।
लोकोपकार-व्रत में अवलोक बाधा ॥ 94 ॥

जी में यही समझ सोच-विमूढ़-सा हो।
मैं क्या कहूँ न यह है मुझको जनाता।
हाँ, एक ही विनय हूँ करता स-आशा।
कोई सु-युक्ति ब्रज के हित की करें वे ॥ 95 ॥

है रोम-रोम कहता घनश्याम आवें।
आ के मनोहर-प्रभा मुख की दिखावें।
डालें प्रकाश उर, के तम को भगावें।
ज्योतिर्विहीन-दृग की द्युति को बढ़ावें ॥ 96 ॥

तो भी सदैव चित से यह चाहता हूँ।
है रोम-कूप तक से यह नाद होता।
सम्भावना यदि किसी कु-प्रपंच की हो।
तो श्याम-मूर्ति ब्रज में न कदापि आवें ॥ 97 ॥

कैसे भला स्व-हित की कर चिन्तनायें।
कोई मुकुन्द-हित-ओर न दृष्टि देगा।
कैसे अश्रेय उसका प्रिय हो सकेगा।
जो प्राण से अधिक है ब्रज-प्राणियों का ॥ 98 ॥

यों सर्व-वृत्त कहके बहु-उन्मना हो।
आभीर ने वदन ऊधव का विलोका।
उद्विग्नता सु-दृढ़ता अ-विमुक्त-वांछा।
होती प्रसूत उसकी खर-दृष्टि से थी ॥ 99 ॥

ऊधो विलोक करके उसकी अवस्था।
औ देख गोपगण को बहु-खिन्न होता।
बोले गिरा मधुर शान्ति-करी विचारी।
होवे प्रबोध जिससे दुख-दग्धितों का ॥ 100 ॥

द्रुतविलम्बित छन्द

तदुपरान्त गये गृह को सभी।
ब्रज विभूषण-कीर्त्ति बखानते।
विवुध पुंगव ऊधव को बना।
विपुल बार विमोहित पंथ में ॥ 101 ॥

त्रयोदश सर्ग

वंशस्थ छन्द

विशाल-वृन्दावन भव्य अंक में।
रही धरा एक अतीव-उर्वरा।
नितान्त-रम्या तृण-राजि-संकुला।
प्रसादिनी प्राणी-समूह दृष्टि की ॥ 1 ॥

कहीं कहीं थे विकसे प्रसून भी।
उसे बनाते रमणीय जो रहे।
हरीतिमा में तृण-राजि-मंजु की।
बड़ी छटा थी सित-रक्त-पुष्प की ॥ 2 ॥

विलोक शोभा उसकी समुत्तमा।
समोद होती यह कान्त-कल्पना।
सजा-बिछौना हरिताभ है बिछा।
वनस्थली बीच विचित्र-वस्त्र का ॥ 3 ॥

स-चारुता होकर भूरि-रंजिता।
सु-श्वेतता रक्तिमता-विभूति से।
विराजती है अथवा हरीतिमा।
स्वकीय-वैचित्र्य विकाश के लिये ॥ 4 ॥

विलोकनीया इस मंजु-भूमि में।
जहाँ-तहाँ पादप थे हरे-भरे।
अपूर्व-छाया जिनके सु-पत्र की।
हरीतिमा को करती प्रगाढ़ थी ॥ 5 ॥

कहीं कहीं था विमलाम्बु भी भरा।
सुधा समासादित संत-चित्त सा।
विचित्र-क्रीड़ा जिसके सु-अंक में।
अनेक-पक्षी करते स-मत्स्य थे॥ 6॥

इसी धरा में बहु-वत्स वृन्द ले।
अनेक-गायें चरती समोद थीं।
अनेक बैठी वट-वृक्ष के तले।
शनैः शनैः थीं करती जुगालियाँ॥ 7॥

स-गर्व गम्भीर-निनाद को सुना।
जहाँ तहाँ थे वृष मत्त घूमते।
विमोहिता धेनु-समूह को बना।
स्व-गात की पीवरता प्रभा से॥ 8॥

बड़े-सधे-गोप-कुमार सैकड़ों।
गवादि के रक्षण में प्रवृत्त थे।
बजा रहे थे कितने विषाण को।
अनेक गाते गुण थे मुकुन्द का॥ 9॥

कई अनूठे-फल तोड़ तोड़ खा।
विनोदिता थे रसना बना रहे।
कई किसी सुन्दर-वृक्ष के तले।
स-बन्धु बैठे करते प्रमोद थे॥ 10॥

इसी घड़ी कानन-कुंज देखते।
वहाँ पधारे बलवीर-बन्धु भी।
विलोक आता उनको सुखी बनी।
प्रफुल्लिता गोपकुमार-मण्डली॥ 11॥

बिठा बड़े-आदर-भाव से उन्हें।
सभी लगे माधव-वृत्त पूछने।
बड़े सुधी ऊधव भी प्रसन्न हो।
लगे सुनाने ब्रज-देव की कथा॥ 12॥

मुकुन्द की लोक-ललाम-कीर्त्ति को।
सुना सबों ने पहले विमुग्ध हो।
पुनः बड़े व्याकुल एक ग्वाल ने।
व्यथा बढ़े यों हरि-बंधु से कहा ॥ 13 ॥

मुकुन्द चाहे वसुदेव-पुत्र हों।
कुमार होवें अथवा ब्रजेश के।
बिके उन्हींके कर सर्व-गोप हैं।
बसे हुए हैं मन प्राण में वही ॥ 14 ॥

अहो यही है ब्रज-भूमि जानती।
ब्रजेश्वरी हैं जननी मुकुन्द की।
परन्तु तो भी ब्रज-प्राण हैं वही।
यथार्थ माँ है यदि देवकांगजा ॥ 15 ॥

मुकुन्द चाहे यदु-वंश के बनें।
सदा रहें या वह गोप-वंश के।
न तो सकेंगे ब्रज-भूमि भूल वे।
न भूल देगी ब्रज-मेदिनी उन्हें ॥ 16 ॥

वरंच न्यारी उनकी गुणावली।
बता रही है यह, तत्त्व तुल्य ही।
न एक का किन्तु मनुष्य-मात्र का।
समान है स्वत्व मुकुन्द देव में ॥ 17 ॥

बिना विलोके मुख-चन्द श्याम का।
अवश्य है भू ब्रज की विषादिता।
परन्तु सो है अधिकांश-पीड़िता।
न लौटने से बलदेव-बंधु के ॥ 18 ॥

दयालुता - सज्जनता - सुशीलता।
बढ़ी हुई है घनश्याम मूर्त्ति की।
द्वि-दंड भी वे मथुरा न बैठते।
न फैलता व्यर्थ प्रपंच-जाल जो ॥ 19 ॥

सदा बुरा हो उस कूट-नीति का।
जले महापावक में प्रपंच सो।
मनुष्य लोकोत्तर-श्याम सा जिन्हें।
सका नहीं रोक अकान्त कृत्य से ॥ 20 ॥

विडम्बना है विधी की बलीयसी।
अखण्डनीया-लिपि है ललाट की।
भला नहीं तो तुहिनाभिभूत हो।
विनष्ट होता रवि-बंधु-कंज क्यों ॥ 21 ॥

विभूतिशाली-ब्रज, श्रीमुकुन्द का
निवास भू द्वादश-वर्ष जो रहा।
बड़ी-प्रतिष्ठा इससे उसे मिली।
हुआ महा-गौरव गोप-वंश का ॥ 22 ॥

चरित्र ऐसा उनका विचित्र है।
प्रविष्ट होती जिसमें न बुद्धि है।
सदा बनाती मन को विमुग्ध है।
अलौकिकालोकमयी गुणावली ॥ 23 ॥

अपूर्व-आदर्श दिखा नरत्त्व का।
प्रदान की है पशु को मनुष्यता।
सिखा उन्होंने चित्त की समुच्चता।
बना दिया मानव गोप-वृन्द को ॥ 24 ॥

मुकुन्द थे पुत्र ब्रजेश-नन्द के।
गऊ चराना उनका न कार्य था।
रहे जहाँ सेवक सैकड़ों वहाँ।
उन्हें भला कानन कौन भेजता ॥ 25 ॥

परन्तु आते वन में स-मोद वे।
अनन्त-ज्ञानार्जन के लिये स्वयं।
तथा उन्हें वांछित थी नितान्त ही।
वनान्त में हिंस्रक-जन्तु-हीनता ॥ 26 ॥

मुकुन्द आते जब थे अरण्य में।
प्रफुल्ल हो तो करते विहार थे।
विलोकते थे सु-विलास वारि का।
कलिन्दजा के कल कूल पै खड़े ॥ 27 ॥

स-मोद बैठे गिरि-सानु पै कभी।
अनेक थे सुन्दर-दृश्य देखते।
बने महा-उत्सुक वे कभी छटा।
विलोकते निर्झर-नीर की रहे ॥ 28 ॥

सु-वीथिका में कल-कुंज-पुंज में।
शनैः शनैः वे स-विनोद घूमते।
विमुग्ध हो हो कर थे विलोकते।
लता-सपुष्पा मृदु-मन्द दूलिता ॥ 29 ॥

पतंगजा-सुन्दर स्वच्छ-वारि में।
स-बन्धु थे मोहन तैरते कभी।
कदम्ब-शाखा पर बैठ मत्त हो।
कभी बजाते निज-मंजु-वेणु वे ॥ 30 ॥

वनस्थली उर्वर-अंक उद्भवा।
अनेक बूटी उपयोगिनी-जड़ी।
रही परिज्ञात मुकुन्द-देव को।
स्वकीय-संधान-करी सु-बुद्धि से ॥ 31 ॥

वनस्थली में यदि थे विलोकते।
किसी परीक्षा-रत-धीर-व्यक्ति को।
सु-बूटियों का उससे मुकुन्द तो।
स-मर्म्म थे सर्व-रहस्य जानते ॥ 32 ॥

नवीन-दूर्वा फल-फल-मूल क्या।
वरंच वे लौकिक तुच्छ-वस्तु को।
विलोकते थे खर-दृष्टि से सदा।
स्व-ज्ञान-मात्रा-अभिवृद्धि के लिये ॥ 33 ॥

तृणाति साधारण को उन्हें कभी।
विलोकते देख निविष्ट चित्त से।
विरक्त होती यदि ग्वाल-मण्डली।
उसे बताते यह तो मुकुन्द थे ॥ 34 ॥

रहस्य से शून्य न एक पत्र है।
न विश्व में व्यर्थ बना तृणेक है।
करो न संकीर्ण विचार दृष्टि को।
न धूलि की भी कणिका निरर्थ है ॥ 35 ॥

वनस्थली में यदि थे विलोकते।
कहीं बड़ा भीषण-दुष्ट-जन्तु तो।
उसे मिले घात मुकुन्द मारते।
स्व-वीर्य से साहस से सु-युक्ति से ॥ 36 ॥

यहीं बड़ा-भीषण एक व्याल था।
स्वरूप जो था विकराल-काल का।
विशाल काले उसके शरीर की।
करालता थी मति-लोप-कारिणी ॥ 37 ॥

कभी फणी जो पथ-मध्य वक्र हो।
कँपा स्व-काया चलता स-वेग तो।
वनस्थली में उस काल त्रास का।
प्रकाश पाता अति-उग्र-रूप था ॥ 38 ॥

समेट के स्वीय विशालकाय को।
फण उठा, था जब व्याल बैठता।
विलोचनों को उस काल दूर से।
प्रतीत होता वह स्तूप-तुल्य था ॥ 39 ॥

विलोल जिह्वा मुख से मुहुर्मुहुः।
निकालता था जब सर्प क्रुद्ध हो।
निपात होता तब भूत-प्राण था।
विभीषिका-गर्त्त नितान्त गूढ़ में ॥ 40 ॥

प्रलम्ब आतंक-प्रसू , उपद्रवी।
अतीव मोटा यम-दीर्घ-दण्ड सा।
कराल आरक्तिम-नेत्रवान औ।
विषाक्त-फूत्कार-निकेत सर्प था॥ 41 ॥

विलोकते ही उसको वराह की।
विलोप होती वर-वीरता रही।
अधीर हो के बनता अ-शक्त था।
बड़ा-बली वज्र-शरीर केशरी॥ 42 ॥

असह्य होतीं तरु-वृन्द को सदा।
विषाक्त-साँसें दल दग्ध-कारिणी।
विचूर्ण होती बहुशः शिला रहीं।
कठोर-उद्बन्धन-सर्प-गात्र से॥ 43 ॥

अनेक कीड़े खग औ मृगादि भी।
विदग्ध होते नित थे पतंग से।
भयंकरी प्राणि-समूह-ध्वंसिनी।
महादुरात्मा अहि-कोप-वह्नि थी॥ 44 ॥

अगम्य कान्तार गिरीन्द्र खोह में।
निवास प्रायः करता भुजंग था।
परन्तु आता वह था कभी कभी।
यहाँ बुभुक्षा-वश उग्र-वेग से॥ 45 ॥

विराजता सम्मुख जो सु-वृक्ष है।
बड़े-अनूठे जिसके प्रसून हैं।
प्रफुल्ल बैठे दिवसेक श्याम थे।
तले इसी पादप के स-मण्डली॥ 46 ॥

दिनेश ऊँचा वर-व्योम मध्य हो।
वनस्थली को करता प्रदीप्त था।
इतस्ततः थे बहु गोप घूमते।
असंख्य-गायें चरती समोद थीं॥ 47 ॥

इसी अनूठे-अनुकूल-काल में।
अपार-कोलाहल आर्त्त-नाद से।
मुकुन्द की शान्ति हुई विदूरिता।
स-मण्डली वे शश-व्यस्त हो गये॥ 48॥

विशाल जो है वट-वृक्ष सामने।
स्वयं उसीकी गिरि-शृंग-स्पर्द्धिनी।
समुच्च-शाखा पर श्याम जा चढ़े।
तुरन्त ही संयत औ सतर्क हो॥ 49॥

उन्हें वहीं से दिखला पड़ा वही।
भयावना-सर्प दुरन्त-काल सा।
दिखा बड़ी निष्ठुरता विभीषिका।
मृगादि का जो करता विनाश था॥ 50॥

उसे लखे पा भय भाग थे रहे।
असंख्य-प्राणी वन में इतस्ततः।
गिरे हुए थे महि में अचेत हो।
समीप के गोप स-धेनु-मण्डली॥ 51॥

स्व-लोचनों से इस क्रूर-काण्ड को।
विलोक उत्तेजित श्याम हो गये।
तुरन्त आ, पादप-निम्न, दर्प से।
स-वेग दौड़े खल-सर्प और वे॥ 52॥

समीप जा के निज मंजु-वेणु को।
बजा उठे वे इस दिव्य-रीति से।
विमुग्ध होने जिससे लगा फणी।
अचेत-आभीर सचेत हो उठे॥ 53॥

मुहुर्मुहः अद्‌भुत-वेणु-नाद से।
बना वशीभूत विमूढ़-सर्प को।
सु-कौशलों से वर-अस्त्र-शस्त्र से।
उसे वधा नन्द नृपाल नन्द ने॥ 54॥

विचित्र है शक्ति मुकुन्द देव में।
प्रभाव ऐसा उनका अपूर्व है।
सदैव होता जिससे सजीव है।
नितान्त-निर्जीव बना मनुष्य भी ॥ 55 ॥

अचेत हो भू पर जो गिरे रहे।
उन्हीं सबों ने विविधा-सहायता।
अशंक की थी बलभद्र-बंधु की।
विनाश होता अवलोक व्याल का ॥ 56 ॥

कई महीने तक थी पड़ी रही।
विशाल-काया उसकी वनान्त में।
विलोप पीछे यह चिह्न भी हुआ।
अघोपनामी उस क्रूर-सर्प का ॥ 57 ॥

बड़ा-बली एक विशाल-अश्व था।
वनस्थली में अपमृत्यु-मूर्त्ति सा।
दुरन्तता से उसकी निपीड़िता।
नितान्त होती पशु-मण्डली रही ॥ 58 ॥

प्रमत्त हो, था जब अश्व दौड़ता।
प्रचंडता-साथ प्रभूत-वेग से।
अरण्य-भू थी तब भूरि-काँपती।
अतीव होती ध्वनिता दिशा रही ॥ 59 ॥

विनष्ट होते शतशः शशादि थे।
सु-पुष्ट-मोटे सुम के प्रहार रो।
हुए पदाघात बलिष्ठ-अश्व का।
विदीर्ण होता वपु वारणादि का ॥ 60 ॥

बड़ा-बली उन्नत-काय-बैल भी।
विलोक होता उसको विपन्न सा।
नितान्त-उत्पीड़न-दंशनादि से।
न त्राण पाता सुरभी-समूह था ॥ 61 ॥

पराक्रमी वीर बलिष्ठ-गोप भी।
न सामना थे करते तुरंग का।
वरंच वे थे बनते विमूढ़ से।
उसे कहीं देख भयाभिभूत हो ॥ 62 ॥

समुच्च-शाखा पर वृक्ष की किसी।
तुरन्त जाते चढ़ थे स-व्यग्रता।
सुने कठोरा-ध्वनि अश्व-टाप की।
समस्त-आभीर अतीव-भीत हो ॥ 63 ॥

मनुष्य आ सम्मुख स्वीय-प्राण को।
बचा नहीं था सकता प्रयत्न से।
दुरन्तता थी उसकी भयावनी।
विमूढ़कारी रव था तरंग का ॥ 64 ॥

मुकुन्द ने एक विशाल-दण्ड ले।
स-दर्प घेरा यक बार बाजि को।
अनन्तराघात अजस्र से उसे।
प्रदान की वांछित प्राण-हीनता ॥ 65 ॥

विलोक ऐसी बलवीर-वीरता।
अशंकता साहस कार्य्य-दक्षता।
समस्त-आभीर विमुग्ध हो गये।
चमत्कृता हो जन-मण्डली उठी ॥ 66 ॥

वनस्थली कण्टक रूप अन्य भी।
कई बड़े-क्रूर बलिष्ठ-जन्तु थे।
हटा उन्हें भी निज कौशलादि से।
किया उन्होंने उसको अकण्टका ॥ 67 ॥

बड़ा-बली-बालिश व्योम नाम का।
वनस्थली में पशु-पाल एक था।
अपार होता उसको विनोद था।
बना महा-पीड़ित प्राणि-पंज को ॥ 68 ॥

प्रवंचना से उसकी प्रवंचिता।
विशेष होती ब्रज की वसुंधरा।
अनेक उत्पात पवित्र-भूमि में।
सदा मचाता यह दुष्ट-व्यक्ति था ॥ 69 ॥

कभी चुराता वृष-वत्स-धेनु था।
कभी उन्हें था जल-बीच बोरता।
प्रहार-द्वारा गुरु-यष्टि के कभी।
उन्हें बनाता वह अंग-हीन था ॥ 70 ॥

दुरात्मता थी उसकी भयंकरी।
न खेद होता उसको कदापि था।
निरीह गो-वत्स-समूह को जला।
वृथा लगा पावक कुंज-पुंज में ॥ 71 ॥

अबोध सीधे बहु-गोप-बाल को।
अनेक देता वन-मध्य कष्ट था।
कभी कभी था वह डालता उन्हें।
डरावनी मेरु-गुहा समूह में ॥ 72 ॥

विदार देता शिर था प्रहार से।
कँपा कलेजा दृग फोड़ डालता।
कभी दिखा दानव सी दुरन्तता।
निकाल लेता बहु-मूल्य-प्राण था ॥ 73 ॥

प्रयत्न नाना ब्रज-देव ने किये।
सुधार चेष्टा हित-दृष्टि साथ की।
परन्तु छूटी उसकी न दुष्टता।
न दूर कोई कु-प्रवृत्ति हो सकी ॥ 74 ॥

विशुद्ध होती, सु-प्रयत्न से नहीं।
प्रभूत-शिक्षा उपदेश आदि से।
प्रभाव-द्वारा बहु-पूर्व पाप के।
मनुष्य-आत्मा स-विशेष दूषिता ॥ 75 ॥

निपीड़िता देख स्व-जन्मभूमि को।
अतीव उत्पीड़न से खलेन्द्र के।
समीप आता लख एकदा उसे।
स-क्रोध बोले बलभद्र-बन्धु यों॥ 76॥

सुधार-चेष्टा बहु-व्यर्थ हो गयी।
न त्याग तू ने कु-प्रवृत्ति को किया।
अतः यही है अब युक्ति उत्तमा।
तुझे वधूँ मैं भव-श्रेय-दृष्टि से॥ 77॥

अवश्य हिंसा अति-निंद्य-कर्म है।
तथापि कर्त्तव्य-प्रधान है यही।
न सद्म हो पूरित सर्प आदि से।
वसुन्धरा में पनपें न पातकी॥ 78॥

मनुष्य क्या एक पिपीलिका कभी।
न वध्य है जो न अश्रेय हेतु हो।
न पाप है किंच पुनीत-कार्य्य है।
पिशाच-कर्म्मी-नर की वध-क्रिया॥ 79॥

समाज-उत्पीड़क धर्म्म-विप्लवी।
स्व-जाति का शत्रु दुरन्त पातकी।
मनुष्य-द्रोही भव-प्राणि-पुंज का।
न है क्षमा-योग्य वरंच वध्य है॥ 80॥

क्षमा नहीं है खल के लिये भली।
समाज-उत्सादक दण्ड योग्य है।
कु-कर्म-कारी नर का उबारना।
सु-कर्मियों को करता विपन्न है॥ 81॥

अतः अरे पामर सावधान हो।
समीप तेरे अब काल आ गया।
न पा सकेगा खल आज त्राण तू।
सम्हाल तेरा वध वांछनीय है॥ 82॥

स-दर्प बातें सुन श्याम-मूर्त्ति की।
हुआ महा क्रोधित व्योम विक्रमी।
उठा स्वकीया-गुरु-दीर्घ यष्टि को।
तुरन्त मारा उसने ब्रजेन्द्र को॥ 83॥

अपूर्व-आस्फालन साथ श्याम ने।
अतीव-लांबी वह यष्टि छीन ली।
पुनः उसी के प्रबल-प्रहार से।
निपात उत्पात-निकेत का किया॥ 84॥

गुणावली है गरिमा विभूषिता।
गरीयसी गौरव-मूर्त्ति-कीर्त्ति है।
उसे सदा संयत-भाव साथ गा।
अतीव होती चित-बीच शान्ति है॥ 85॥

वनस्थली में पुर मध्य ग्राम में।
अनेक ऐसे थल हैं सुहावने।
अपूर्व-लीला ब्रत-देव ने जहाँ।
स-मोद की है मन-मुग्धकारिणी॥ 86॥

उन्हीं थलों को जनता शनैः शनैः।
बना रही है ब्रज सिद्ध पीठ सा।
उन्हीं थलों की रज श्याम-मूर्त्ति के।
वियोग में हैं बहु-बोध-दायिनी॥ 87॥

अपार होगा उपकार लाडिले।
यहाँ पधारें यक बार और जो।
प्रफुल्ल होगी ब्रज-गोप-मण्डली।
विलोक आँखों वदनारविन्द को॥ 88॥

मन्दाक्रान्ता छन्द

श्रीदामा जो अति-प्रिय सखा श्यामली मूर्त्ति का था।
मेधावी जो सकल ब्रज के बालकों में बड़ा था।
पूरा ज्योंही कथन उसका हो गया मुग्ध सा हो।
बोला त्योंही मधुर-स्वर से दूसरा एक ग्वाला॥ 89॥

मालिनी छन्द

विपुल-ललित-लीला-धाम आमोद-प्याले।
सकल-कलित-क्रीड़ा कौशलों में निराले।
अनुपम-वनमाला को गले बीच डाले।
कब उमग मिलेंगे लोक-लावण्य-वाले ॥ 90 ॥

कब कुसुमित-कुंजों में बजेगी बता दो।
वह मधु-मय-प्यारी-बाँसुरी लाडिले की।
कब कल-यमुना के कूल वृन्दाटवी में।
चित-पुलकितकारी चारु आलाप होगा ॥ 91 ॥

कब प्रिय विहरेंगे आ पुनः काननों में।
कब वह फिर खेलेंगे चुने-खेल-नाना।
विविध-रस-निमग्ना भाव सौंदर्य्य सिक्ता।
कब वर-मुख-मुद्रा लोचनों में लसेगी ॥ 92 ॥

यदि ब्रज-धन छोटा खेल भी खेलते थे।
क्षण भर न गँवाते चित्त-एकाग्रता थे।
बहु चकित सदा थीं बालकों को बनाती।
अनुमत-मृदुता में छिप्रता की कलायें ॥ 93 ॥

चकितकर अनूठी-शक्तियाँ श्याम में हैं।
वर सब-विषयों में जो उन्हें हैं बनाती।
अति-कठिन-कला में केलि-क्रीड़ादि में भी।
वह मुकुट सबों के थे मनोनीत होते ॥ 94 ॥

सबल कुशल क्रीड़ावान भी लाडिले को।
निज छल बल-द्वार था नहीं जीत पाता।
बहु अवसर ऐसे आँख से हैं विलोके।
जब कुँवर अकेले जीतते थे शतों को ॥ 95 ॥

तदपि चित बना है श्याम का चारु ऐसा।
वह निज-सुहृदों से थे स्वयं हार खाते।
वह कतिपय जीते-खेल को थे जिताते।
सफलित करने को बालकों की उमंगें ॥ 96 ॥

वह अतिशय-भूखा देख के बालकों को।
तरु पर चढ़ जाते थे बड़ी-शीघ्रता से।
निज-कमल-करों से तोड़ मीठे-फलों को।
वह स-मुद खिलाते थे उन्हें यत्न-द्वारा ॥ 97 ॥

सरस-फल अनूठे-व्यंजनों को यशोदा।
प्रति-दिन वन में थीं भेजती सेवकों से।
कह कह मृदु-बातें प्यार से पास बैठे।
ब्रज-रमण खिलाते थे उन्हें गोपजों को ॥ 98 ॥

नव किशलय किम्बा पीन-प्यारे-दलों से।
वह ललित-खिलौने थे अनेकों बनाते।
वितरण कर पीछे भूरि-सम्मान द्वारा।
वह मुदित बनाते ग्वाल की मंडली को ॥ 99 ॥

अभिनव-कलिका से पुष्प के पंकजों से।
रच अनुपम-माला भव्य आभूषणों को।
वह निज-कर से थे बालकों को पिन्हाते।
बहु-सुखित बनाते यों सखा-वृन्द को थे ॥ 100 ॥

वह विविध-कथायें देवता-दानवों की।
अनु दिन कहते थे मिष्टता मंजुता से।
वह हँस-हँस बातें थे अनूठी सुनाते।
सुखकर-तरु-छाया में समासीन हो के ॥ 101 ॥

ब्रज-धन जब कीड़ा-काल में मत्त होते।
तब अभि मुख होती मूर्त्ति तल्लीनता की।
बहु थल लगती थीं बोलने कोकिलायें।
यदि वह पिक का सा कुंज में कूदते थे ॥ 102 ॥

यदि वह पपीहा की शारिका या शुकी की।
श्रुति-सुखकर-बोली प्यार से बोलते थे।
कलरव करते तो भूरि-जातीय-पक्षी।
ढिग-तरु पर आ के मत्त हो बैठते थे ॥ 103 ॥

यदि वह चलते थे हंस की चाल प्यारी।
लख अनुपमता तो चित्त था मुग्ध होता।
यदि कलित कलापी-तुल्य वे नाचते थे।
निरुपम पटुता तो मोहती थी मनों को ॥ 104 ॥

यदि वह भरते थे चौकड़ी एण की सी।
मृग-गण समता की तो न थे ताब लाते।
यदि वह वन में थे गर्जते केशरी सा।
थर-थर कँपता तो मत्त-मातंग भी था ॥ 105 ॥

नवल-फल-दलों औ पुष्प-संभार-द्वारा।
विरचित कर के वे राजसी-वस्तुओं को।
यदि वन कर राजा बैठ जाते कहीं तो।
वह छवि बन आती थी विलोके दृगों से ॥ 106 ॥

यह अवगत होता है वहाँ बन्धु मेरे।
कल कनक बनाये दिव्य आभूषणों को।
स-मुकुट मन-हारी सर्वदा पैन्हते हैं।
सु-जटित जिनमें हैं रत्न आलोकशाली ॥ 107 ॥

शिर पर उनके है राजता छत्र-न्यारा।
सु-चमर ढुलते हैं, पाट हैं रत्न शोभी।
परिकर-शतशः हैं वस्त्र औ वेशवाले।
वरचित नभ चुम्बी सद्म हैं स्वर्ण द्वारा ॥ 108 ॥

इन सब विभवों की न्यूनता थी न याँ भी।
पर वह अनुरागी पुष्प ही के बड़े थे।
यह हरित-तृणों से शोभिता भूमि रम्या।
प्रिय-तर उनको थी स्वर्ण-पर्यंक से भी ॥ 109 ॥

यह अनुपम-नीला-व्योम प्यारा उन्हें था।
अतुलित छविवाले चारु-चन्द्रातपों से।
यह कलित निकुंजें थीं उन्हें भूरि प्यारी।
मयहृदय-विमोही-दिव्य-प्रासाद से भी ॥ 110 ॥

समधिक मणि-मोती आदि से चाहते थे।
विकसित-कुसुमों को मोहिनी मूर्त्ति मेरे।
सुखकर गिनते थे स्वर्ण-आभूषणों से।
वह सुललित पुष्पों के अलंकार ही को ॥ 111 ॥

अब हृदय हुआ है और मेरे सखा का।
अहह वह नहीं तो क्यों सभी भूल जाते।
यह नित-नव कुंजें भूमि शोभा-निधाना।
प्रति-दिवस उन्हें तो क्यों नहीं याद आतीं ॥ 112 ॥

सुनकर वह प्रायः गोप के बालकों से।
दुखमय कितने ही गेह की कष्ट-गाथा।
वन तज उन गेहों मध्य थे शीघ्र जाते।
नियमन करने को सर्ग-संभूत-वाधा ॥ 113 ॥

यदि अनशन होता अन्न औ द्रव्य देते।
रुज-ग्रसित दिखाता औषधी तो खिलाते।
यदि कलह वितण्डावाद की वृद्धि होती।
वह मृदु-वचनों से तो उसे भी भगाते ॥ 114 ॥

बहु नयन, दुखी हो वारि-धारा बहा के।
पथ प्रियवर का ही आज भी देखते हैं।
पर सुधि उनकी भी हा! उन्होंने नहीं ली।
वह प्रथित दया का धाम भूला उन्हें क्यों ॥ 115 ॥

पद-रज ब्रज-भू है चाहती उत्सुका हो।
कर परस प्रलोभी वृन्द है पादपों का।
अधिक बढ़ गयी है लोक के लोचनों की।
सरसिज मुख-शोभा देखने की पिपासा ॥ 116 ॥

प्रतपित-रवि तीखी-रश्मियों से शिखी हो।
प्रतिपल चित से ज्यों मेघ को चाहता है।
ब्रज-जन बहु तापों से महा तप्त हो के।
बन घन-तन-स्नेही हैं समुत्कण्ठ त्योंही ॥ 117 ॥

नव-जल-धर-धारा ज्यों समुत्सन्न होते।
कतिपय तरु का है जीवनाधार होती।
हितकर दुख-दग्धों का उसी भाँति होगा।
नव-जलद शरीर श्याम का सद्म आना॥ 118॥

द्रुतविलम्बित छन्द

कथन यों करते ब्रज की व्यथा।
गगन-मण्डल लोहित हो गया।
इस लिये वुध ऊधव को लिये।
सकल ग्वाल गये निज-गेह को॥ 119॥

चतुर्दश सर्ग

मन्दाक्रान्ता छन्द

कालिन्दी के पुलिन पर थी एक कुंजातिरम्या।
छोटे-छोटे सु-द्रुम उसके मुग्ध-कारी बड़े थे।
ऐसे न्यारे प्रति-विटप के अंक में शोभिता थी।
लीला-शीला-ललित-लतिका पुष्पाभारावनम्रा ॥ 1 ॥

बैठे-ऊधो मुदित-चित से एकदा थे इसी में।
लीलाकारी सलिल सरि का सामने सोहता था।
धीरे-धीरे तपन-किरणें फैलती थीं दिशा में।
न्यारी-क्रीड़ा उमग करती वायु थी पल्लवों से ॥ 2 ॥

बालाओं का यक दल इसी काल आता दिखाया।
आशाओं को ध्वनित करके मंजु-मंजीरकों से।
देखी जाती इस छविमयी मण्डली संग में थीं।
भोली-भाली कतिपय बड़ी-सुन्दरी-बालिकायें ॥ 3 ॥

नीला-प्यारा उदक सरि का देख के एक श्यामा।
बोली हो के विरस-वदना अन्य-गोपांगना से।
कालिन्दी का पुलिन मुझको उन्मना है बानाता।
लीला-मग्ना जलद-तन की मूर्त्ति है याद आती ॥ 4 ॥

श्यामा-बातें श्रवण कर के बालिका एक रोई।
रोते-रोते अरुण उसके हो गये नेत्र दोनों।
ज्यों ज्यों लज्जा-विवश वह थी रोकती वारि-धारा।
त्यों त्यों आँसू अधिकतर थे लोचनों मध्य आते ॥ 5 ॥

ऐसा रोता निरख उसको एक मर्म्मज्ञ बोली।
यों रोवेगी भगिनि यदि तू बात कैसे बनेगी।
कैसे तेरे युगल-दृग ए ज्योति-शाली रहेंगे।
दू देखेगी वह छविमयी-श्यामली-मूर्त्ति कैसे ॥ 6 ॥

जो यों ही तू बहु-व्यथित हो दग्ध होती रहेगी।
तेरे सूखे-कृशित-तन में प्राण कैसे रहेंगे।
जी से प्यारा मुदित-मुखड़ा जो न तू देख लेगी।
तो वे होंगे सुखित न कभी स्वर्ग में भी सिधा के ॥ 7 ॥

मर्म्मज्ञा का कथन सुन के कामिनी एक बोली।
तू रोने दे अयि मम सखी खेदिता-बालिका को।
जो बालायें विरह-दव में दग्धिता हो रही हैं।
आँखों का ही उदक उनकी शान्ति की औषधी है ॥ 8 ॥

वाष्प-द्वारा बहु-विध-दुखों वर्द्धिता-वेदना के।
बालाओं का हृदय-नभ जो है समाच्छन्न होता।
तो निर्द्धूता तनिक उसकी म्लानता है न होती।
पर्जन्यों सा न यदि बरसें वारि हो, वे दृगों से ॥ 9 ॥

प्यारी-बातें श्रवण जिसने की किसी काल में भी।
न्यारा-प्यारा-वदन जिसने था कभी देख पाया।
वे होती हैं बहु-व्यथित जो श्याम हैं याद आते।
क्यों रोवेगी न वह जिसके जीवनाधार वे हैं ॥ 10 ॥

प्यारे-भ्राता-सुत-स्वजन सा श्याम को चाहती हैं।
जो बालायें व्यथित वह भी आज हैं उन्मना हो।
प्यारा-न्यारा-निज-हृदय जो श्याम को दे चुकी है।
हा! क्यों बाला न वह दुख से दग्ध हो रो मरेगी ॥ 11 ॥

ज्यों ए बातें व्यथित-चित से गोपिका ने सुनाई।
त्यों सारी ही करुण-स्वर से रो उठीं कम्पिता हो।
ऐसा न्यारा-विरह उनका देख उन्माद-कारी।
धीरे ऊधो निकट उनके कुंज को त्याग आये ॥ 12 ॥

ज्यों पाते ही सम-तल धरा वारि-उन्मुक्त-धारा।
पा जाती है प्रमित-थिरता त्याग तेजस्विता को।
त्योंही होता प्रबल दुख का वेग विभ्रान्तकारी।
पा ऊधो को प्रशमित हुआ सर्व-गोपी-जनों का॥ 13॥

प्यारी-बातें स-विध कह के मान-सम्मान सिक्ता।
ऊधो जी को निकट सबने नम्रता से बिठाया।
पूछा मेरे कुँवर अब भी क्यों नहीं गेह आये।
क्या वे भूले कमल-पग की प्रेमिका गोपियों को॥ 14॥

ऊधो बोले समय-गति है गूढ़-अज्ञात बेंड़ी।
क्या होवेगा कब यह नहीं जीव है जान पाता।
आवेंगे या न अब ब्रज में आ सकेंगे बिहारी।
हा! मीमांसा इस दुख-पगे प्रश्न की क्यों करूँ मैं॥ 15॥

प्यारा वृन्दा-विपिन उनको आज भी पूर्व-सा है।
वे भूले हैं न प्रिय-जननी और न प्यारे-पिता को।
वैसी ही हैं सुरति करते श्याम गोपांगना की।
वैसी ही है प्रणय-प्रतिमा-बालिका याद आती॥ 16॥

प्यारी बातें कथन करके बालिका-बालकों की।
माता की औ प्रिय-जनक की गोप-गोपांगना की।
मैंने देखा अधिकतर है श्याम को मुग्ध होते।
उच्छ्वासों से व्यथित-उर के नेत्र में वारि लाते॥ 17॥

सायं-प्रातः प्रति-पल-घटी है उन्हें याद आती।
सोते में भी ब्रज-अवनि का स्वप्न वे देखते हैं।
कुंजों में ही मन मधुप सा सर्वदा घूमता है।
देखा जाता तन भर वहाँ मोहिनी-मूर्त्ति का है॥ 18॥

हो के भी वे ब्रज-अवनि के चित्त से यों सनेही।
क्यों आते हैं न प्रति-जन का प्रश्न होता यही है।
कोई यों है कथन करता तीन ही कोस आना।
क्यों है मेरे कुँवर-वर को कोटिशः कोस होता॥ 19॥

दोनों आँखें सतत जिनकी दर्शनोत्कण्ठिता हों।
जो वारों को कुँवर-पथ को देखते हैं बिताते।
वे हो-हो के विकल यदि हैं पूछते बात ऐसी।
तो कोई है न अतिशयता औ न आश्चर्य ही है॥ 20 ॥

ऐ संतप्ता-विरह-विधुरा गोपियो किन्तु कोई।
थोड़ा-सा भी कुँवर-वर के मर्म का है न ज्ञाता।
वे जी से हैं अवनिजन के प्राणियों के हितैषी।
प्राणों से है अधिक उनको विश्व का प्रेम प्यारा॥ 21 ॥

स्वार्थों को औ विपुल-सुख को तुच्छ देते बना हैं।
जो आ जाता जगत-हित है सामने लोचनों के।
हैं योगी सा दमन करते लोक-सेवा निमित्त।
लिप्साओं से भरित उर की सैकड़ों लालसायें॥ 22 ॥

ऐसे-ऐसे जगत-हित के कार्य्य हैं चक्षु आगे।
हैं सारे ही विषय जिनके सामने श्याम भूले।
सच्चे जी से परम-व्रत के वे व्रती हो चुके हैं।
निष्कामी से अपर-कृति के कूल-वर्ती अतः हैं॥ 23 ॥

मीमांसा हैं प्रथम करते स्वीय कर्त्तव्य ही की।
पीछे वे हैं निरत उसमें धीरता साथ होते।
हो के वांछा-विवश अथवा लिप्त हो वासना से।
प्यारे होते न च्युत अपने मुख्य-कर्त्तव्य से हैं॥ 24 ॥

घूमूँ जा के कुसुम-वन में वायु-आनन्द मैं लूँ।
देखूँ प्यारी सुमन-लतिका चित्त यों चाहता है।
रोता कोई व्यथित उनको जो तभी दीख जावे।
तो जावेंगे न उपवन में शान्ति देंगे उसे वे॥ 25 ॥

जो सेवा हों कुँवर करते स्वीय-माता-पिता की।
या वे होवें स्व-गुरुजन को बैठ सम्मान देते।
ऐसे बेले यदि सुन पड़े आर्त-वाणी उन्हें तो।
वे देवेंगे शरण उसको त्याग सेवा बड़ों की॥ 26 ॥

जो वे बैठे सदन करते कार्य्य होवें अनेकों।
औ कोई आ कथन उनसे यों करे व्यग्र हो के।
गेहों को है दहन करती वर्धिता-ज्वाल-माला।
तो दौड़ेंगे तुरत तज वे कार्य्य प्यारे-सहस्रों॥ 27॥

कोई प्यारा-सुहृद उनका या स्व-जातीय-प्राणी।
दुष्टात्मा हो, मनुज कुल का शत्रु हो, पातकी हो।
तो वे सारी हृदय-तल की भूल के वेदनायें।
शासता हो के उचित उसको दण्ड औ शास्ति देंगे॥ 28॥

हाथों में जो प्रिय-कुँवर के न्यस्त हो कार्य्य कोई।
पीड़ाकारी सकल-कुल का जाति का बान्धवों का।
तो हो के भी दुखित उसको वे सुखी हो करेंगे।
जो देखेंगे निहित उसमें लोक का लाभ कोई॥ 29॥

अच्छे-अच्छे बहु-फलद औ सर्व-लोकोपकारी।
कार्य्यों की है अवलि अधुना सामने लोचनों के।
पूरे-पूरे निरत उनमें सर्वदा हैं बिहारी।
जी से प्यारी ब्रज-अवनि में हैं इसी से न आते॥ 30॥

हो जावेंगी बहु-दुखद जो स्वल्प शैथिल्य द्वारा।
जो देवेंगी सु-फल मति के साथ सम्पन्न हो के।
ऐसी नाना-परम-जटिला राज की नीतियाँ भी।
वाधाकारी कुँवर चित्त की वृत्ति में हो रही हैं॥ 31॥

तो भी मैं हूँ न यह कहता नन्द के प्राण-प्यारे।
आवेंगे हीन अब ब्रज में औ उसे भूल देंगे।
जो है प्यारा परम उनका चाहते वे जिसे हैं।
निर्मोही हो अहह उसको श्याम कैसे तजेंगे॥ 32॥

हाँ! भावी है परम-प्रबला दैव-इच्छा बली है।
होते होते जगत कितने काम ही हैं न होते।
जो ऐसा ही कु-दिन ब्रज की मेदिनी मध्य आये।
तो थोड़ा भी हृदय-बल को गोपियो! खो न देना॥ 33॥

जो संतप्ता-सलिल-नयना-बालिकायें कई हैं।
ऐ प्राचीना-तरल-हृदया-गोपियो स्नेह-द्वारा।
शिक्षा देना समुचित इन्हें कार्य्य होगा तुमारा।
होने पावें न वह जिससे मोह-माया-निमग्ना ॥ 34 ॥

जो बूझेगा न ब्रज कहते लोक-सेवा किसे हैं।
जो जानेगा न वह, भव के श्रेय का मर्म क्या है।
जो सोचेगा न गुरु-गरिमा लोक के प्रेमिकों की।
कर्त्तव्यों में कुँवर-वर को तो बड़ा क्लेश होगा ॥ 35 ॥

प्रायः होता हृदय-तल है एक ही मानवों का।
जो पाता है न सुख यक तो अन्य भी है न पाता।
जो पीड़ायें-प्रबल बन के एक को हैं सताती।
तो होने से व्यथित बचता दूसरा भी नहीं है ॥ 36 ॥

जो ऐसी ही रुदन करती बलिकायें रहेंगी।
पीड़ायें भी विविध उनको जो इसी भाँति होंगी।
यों ही रो-रो सकल ब्रज जो दग्ध होता रहेगा।
तो आवेगा ब्रज-अधिप के चित्त को चैन कैसे ॥ 37 ॥

जो होवेगा न चित्त उनका शान्त स्वच्छन्दचारी।
तो वे कैसे जगत-हित को चारुता से करेंगे।
सत्कार्य्यों में परम-प्रिय के अल्प भी विघ्न-बाधा।
कैसी होगी उचित, चित में गोपियो, सोच देखो ॥ 38 ॥

धीरे-धीरे भ्रमित-मन को योग-द्वारा सम्हालो।
स्वार्थों को भी जगत-हित के अर्थ सानन्द त्यागो।
भूलो मोहो न तुम लख के वासना-मूर्त्तियों को।
यों होवेगा दुख शमन औ शान्ति न्यारी मिलेगी ॥ 39 ॥

ऊधो बातें, हृदय-तल की वेधिनी गूढ़ प्यारी।
खिन्ना हो हो स-विनय सुना सर्व-गोपी-जनों ने।
पीछे बोलीं अति-चकित हो म्लान हो उन्मना हो।
कैसे मूर्खा अधम हम सी आपकी बात बूझें ॥ 40 ॥

हो जाते हैं भ्रमित जिसमें भूरि-ज्ञानी-मनीषी।
कैसे होगा सुगम-पथ सो मंद-धी नारियों को।
छोटे-छोटे सरित-सर में डूबती जो तरी है।
सो भू-व्यापी सलिल-निधि के मध्य कैसे तिरेगी ॥ 41 ॥

वे त्यागेंगी सकल-सुख औ स्वार्थ-सारा तजेंगी।
औ रक्खेंगी निज-हृदय में वासना भी न कोई।
ज्ञानी ऊधो जतन इतनी बात ही का बता दो।
कैसे त्यागें हृदय-धन को प्रेमिका-गोपिकायें ॥ 42 ॥

भोगों को औ भुवि-विभव को लोक की लालसा को।
माता-भ्राता स्वप्रिय-जन को बन्धु को बान्धवों को।
वे भूलेंगी स्व-तन-मन को स्वर्ग की सम्पदा को।
हा! भूलेंगी जलद-तन की श्यामली मूर्त्ति कैसे ॥ 43 ॥

जो प्यारा है अखिल-ब्रज के प्राणियों का बड़ा ही।
रोमों की भी अवलि जिसके रंग ही में रँगी है।
कोई देही बन अवनि में भूल कैसे उसे दे।
जो प्राणों में हृदय-तल में लोचनों में रमा हो ॥ 44 ॥

भूला जाता वह स्वजन है चित्त में जो बसा हो।
देखी जा के सु-छवि जिसकी लोचनों में रमी हो।
कैसे भूलें कुँवर जिनमें चित्त ही जा बसा है।
प्यारी-शोभा निरख जिसकी आप आँखें रमी हैं ॥ 45 ॥

कोई ऊधो यदि यह कहे काढ़ दें गोपिकायें।
प्यारा-न्यारा निज-हृदय तो वे उसे काढ़ देंगी।
हो पावेगा न यह उनसे देह में प्राण होते।
उद्योगी को हृदय-तल से श्याम को काढ़ देवें ॥ 46 ॥

मीठे-मीठे वचन जिसके नित्य ही मोहते थे।
हा! कानों से श्रवण करती हूँ उसी की कहानी।
भूले से भी न छवि उसकी आज हूँ देख पाती।
जो निर्मोही कुँवर बसते लोचनों में सदा थे ॥ 47 ॥

मैं रोती हूँ व्यथित बन के कूटती हूँ कलेजा।
या आँखों से पग-युगल की माधुरी देखती थी।
या है ऐसा कु-दिन इतना हो गया भाग्य खोटा।
मैं प्यारे के चरण-तल की धूलि भी हूँ न पाती॥ 48॥

ऐसी कुंजें ब्रज-अवनि में हैं अनेकों जहाँ जा।
आ जाती है दृग-युगल के सामने मूर्त्ति-न्यारी।
प्यारी-लीला उमग जसुदा-लाल ने है जहाँ की।
ऐसी ठौरों ललक दृग हैं आज भी लग्न होते॥ 49॥

फूली डालें सु-कुसुममयी नीप की देख आँखों।
आ जाती है हृदय-धन की मोहनी मूर्त्ति आगे।
कालिन्दी के पुलिन पर आ देख नीलाम्बु न्यारा।
हो जाती है उदय उर में माधुरी अम्बुदों सी॥ 50॥

सूखे न्यारा सलिल सरि का दग्ध हों कुंज-पुंजें।
फूटें आँखें, हृदय-तल भी ध्वंस हो गोपियों का।
सारा वृन्दा-विपिन उजड़े नीप निर्मूल होवे।
तो भूलेंगे प्रथित-गुण के पुण्य-पाथोधि माधो॥ 51॥

आसीना जो मलिन-वदना बालिकायें कई हैं।
ऐसी ही हैं ब्रज-अवनि में बालिकायें अनेकों।
जी होता है व्यथित जिनका देख उद्विग्न हो हो।
रोना-धोना विकल बनना दग्ध होना न सोना॥ 52॥

पूजायें त्यों विविध-व्रत औ सैकड़ों ही क्रियायें।
सालों की हैं परम-श्रम से भक्ति-द्वारा उन्होंने।
ब्याही जाऊँ कुँवर-वर से एक वांछा यही थी।
सो वांछा है विकल बनती दग्ध वे क्यों न होंगी॥ 53॥

जो वे जी से कमल-दृग की प्रेमिका हो चुकी हैं।
भोला-भाला निज-हृदय जो श्याम को दे चुकी हैं।
जो आँखों में सु-छवि बसती मोहिनी-मूर्त्ति की है।
प्रेमोन्मत्ता न तब फिर क्यों वे धरा-मध्य होंगी॥ 54॥

नीला प्यारा-जलद जिनके लोचनों में रमा है।
कैसे होंगी अनुरत कभी धूम के पुंज में वे।
जो आसक्ता स्व-प्रियवर में वस्तुतः हो चुकी हैं।
वे देवेंगी हृदय-तल में अन्य को स्थान कैसे ॥ 55 ॥

सोचो ऊधो यदि रह गईं बालिकायें कुमारी।
कैसे होगी ब्रज-अवनि के प्राणियों को व्यथायें।
वे होवेंगीं दुखित कितनी और कैसी विपन्ना।
हो जावेंगे दिवस उनके कंटकाकीर्ण कैसे! ॥ 56 ॥

सर्वांगों में लहर उठती यौवनाम्भोधि की है।
जो है घोरा परम-प्रबला औ महोछ्वास-शीला।
तोड़े देती प्रबल-तरि जो ज्ञान औ बुद्धि की है।
घातों से है दलित जिसके धैर्य का शैल होता ॥ 57 ॥

ऐसे ओखे-उदक-निधि में हैं पड़ी बालिकायें।
झोंके से है पवन बहती काल की वामता की।
आवर्तों में तरि-पतित है नौ-धनी है न कोई।
हा! कैसी है विपद कितनी संकटापन्न वे हैं ॥ 58 ॥

शोभा देता सतत उनकी दृष्टि के सामने था।
वांछा पुष्पाकलित सुख का एक उद्यान फूला।
हा! सो शोभा-सदन अब है नित्य उत्सन्न होता।
सारे प्यारे कुसुम-कुल भी हैं न उत्फुल्ल होते ॥ 59 ॥

जो मर्य्यादा सुमति, कुल की लाज को है जलाती।
फूँके देती परम-तप से प्राप्त सं-सिद्धि को है।
ए बालायें परम-सरला सर्वथा अप्रगल्भा।
कैसे ऐसी मदन-दव की तीव्र-ज्वाला सहेंगी ॥ 60 ॥

चक्री होते चकित जिससे काँपते हैं पिनाकी।
जो वज्री के हृदय-तल को क्षुब्ध देता बना है।
जो है पूरा व्यथित करता विश्व के देहियों को।
कैसे ऐसे रति रमण के वाण से वे बचेंगी ॥ 61 ॥

जो हो के भी परम-मृदु है वज्र का काम देता।
जो हो के भी कुसुम, करता शैल की सी क्रिया है।
जो हो के भी मधुर बनता है महा-दग्ध-कारी।
कैसे ऐसे मदन-शर से रक्षिता वे रहेंगी ॥ 62 ॥

प्रत्यंगों में प्रचुर जिसकी व्याप जाती कला है।
जो हो जाता अति विषम है काल-कूटादिकों सा।
मद्यों से भी अधिक जिसमें शक्ति उन्मादिनी है।
कैसे ऐसे मदन-मद से वे न उन्मत्त होंगी ॥ 63 ॥

कैसे कोई अहह उनको देख आँखों सकेगा।
वे होवेंगी विकटतम औ घोर रोमांच कारी।
पीड़ायें जो 'मदन' हिम के पात के तुल्य देगा।
स्नेहोत्फुल्ला-विकच-वदना बालिकांभोजिनी को ॥ 64 ॥

मेरी बातें श्रवण करके आप जो पूछ बैठें।
कैसे प्यारे-कुँवर अकेले ब्याहते सैकड़ों को।
तो है मेरी विनय इतनी आप सा उच्च-ज्ञानी।
क्या ज्ञाता है न बुध-विदिता प्रेम की अंधता का ॥ 65 ॥

आसक्ता हैं विमल-विधु की तारिकायें अनेकों।
हैं लाखों ही कमल-कलियाँ भानु की प्रेमिकायें।
जो बालायें विपुल हरि में रक्त हैं चित्र क्या है?
प्रेमी का ही हृदय गरिमा जानता प्रेम की है ॥ 66 ॥

जो धाता ने अवनि तल में रूप की सृष्टि की है।
तो क्यों ऊधो न वह नर के मोह का हेतु होगा।
माधो जैसे रुचिर जन के रूप की कान्ति देखे।
क्यों मोहेंगी न बहु-सुमना-सुन्दरी-बालिकायें ॥ 67 ॥

जो मोहेंगी जतन मिलने का न कैसे करेंगी।
वे होवेंगी न यदि सफला क्यों न उद्भ्रान्त होंगी।
ऊधो पूरी जटिल इनकी हो गयी है समस्या।
यों तो सारी ब्रज-अवनि ही है महा शोक-मग्ना ॥ 68 ॥

जो वे आते न ब्रज बरसों, टूट जाती न आशा।
चोटें खाता न उर उतना जी न यों ऊब जाता।
जो वे जा के न मधुपुर में वृष्णि-वंशी कहाते।
प्यारे बेटे न यदि बनते श्रीमती देवकी के॥ 69 ॥

ऊधो वे हैं परम सुकृती भाग्यवाले बड़े हैं।
ऐसा न्यारा-रतन जिनको आज यों हाथ आया।
सारे प्राणी ब्रज-अवनि के हैं बड़े ही अभागे।
जो पाते ही न अब अपना चारु चिन्तामणी हैं॥ 70 ॥

भोली-भाली ब्रज-अवनि क्या योग की रीति जाने।
कैसे बूझें अ-वुध अबला ज्ञान-विज्ञान बातें।
देते क्यों हो कथन कर के बात ऐसी व्यथायें।
देखूँ प्यारा बदन जिनसे यत्न ऐसे बता दो॥ 71 ॥

न्यारी-क्रीड़ा ब्रज-अवनि में आ पुनः वे करेंगे।
आँखें होंगी सुखित फिर भी गोप-गोपांगना की।
वंशी होगी ध्वनित फिर भी कुंज में काननों में।
आवेंगे वे दिवस फिर भी जो अनूठे बड़े हैं॥ 72 ॥

श्रेयःकारी सकल ब्रज की है यही एक आशा।
थोड़ा किम्वा अधिक इससे शान्ति पाता सभी है।
ऊधो तोड़ो न तुम कृपया ईदृशी चारु आशा।
क्या पाओगे अवनि ब्रज की जो समुत्सन्न होगी॥ 73 ॥

देखो सोचो दुखमय-दशा श्याम-माता-पिता की।
प्रेमोन्मत्ता विपुल व्यथिता बालिका को विलोको।
गोपों को औ विकल लख के गोपियों को पसीजो।
ऊधो होती मृतक ब्रज की मेदिनी को जिला दो॥ 74 ॥

वसन्ततिलका छन्द

बोली स-शोक अपरा यक़ गोपिका यों।
ऊधो अवश्य कृपया ब्रज को जिलाओ।
जाओ तुरन्त मथुरा करुणा दिखाओ।
लौटाल श्याम-घन को ब्रज-मध्य लाओ॥ 75 ॥

अत्यन्त-लोक-प्रिय विश्व-विमुग्ध-कारी।
जैसा तुम्हें चरित मैं अब हूँ सुनाती।
ऐसी करो ब्रज लखे फिर कृत्य वैसा।
लावण्य-धाम फिर दिव्य-कला दिखावें॥ 76॥

भू में रमी शरद की कमनीयता थी।
नीला अनन्त-नभ निर्मल हो गया था।
थी छा गयी ककुभ में अमिता सिताभा।
उत्फुल्ल सी प्रकृति थी प्रतिभात होती॥ 77॥

होता सतोगुण प्रसार दिगन्त में है।
है विश्व-मध्य सितता अभिवृद्धि पाती।
सारे स-नेत्र जन को यह थे बताते।
कान्तार-काश, विकसे सित-पुष्प-द्वारा॥ 78॥

शोभा-निकेत अति-उज्ज्वल कान्तिशाली।
था वारि-विन्दु जिसका नव मौक्तिकों सा।
स्वच्छोदका विपुल-मंजुल-वीचि-शीला।
थी मन्द-मन्द बहती सरितातिभव्या॥ 79॥

उच्छ्वास था न अब कूल विलीनकारी।
था वेग भी न अति-उत्कट कर्ण-भेदी।
आवर्त्त-जाल अब था न धरा-विलोपी।
धीरा, प्रशान्त, विमलाम्बुवती, नदी थी॥ 80॥

था मेघ शून्य नभ उज्ज्वल-कान्ति वाला।
मालिन्य-हीन-मुदिता नव-दिग्वधू थी।
थी भव्य-भूमि गत-कर्दम स्वच्छ रम्या।
सर्वत्र धौत जल निर्मलता लसी थी॥ 81॥

कान्तार में सरित-तीर सुगह्वरों में।
थे मन्द-मन्द बहते जल स्वच्छ-सोते।
होती अजस्र उनमें ध्वनि थी अनूठी।
वे थे कृती शरद की कल-कीर्त्ति गाते॥ 82॥

नाना नवागत-विहंग-वरूथ-द्वारा।
वापी तड़ाग सर शोभित हो रहे थे।
फूले सरोज मिष हर्षित लोचनों से।
वे हो विमुग्ध जिनको अवलोकते थे॥ 83 ॥

नाना-सरोवर खिले-नव-पंकजों को।
ले अंक में विलसते मन-मोहते थे।
मानों पसार अपने शतशः करों को।
वे माँगते शरद से सु-विभूतियाँ थे॥ 84 ॥

प्यारे सु-चित्रित सितासित रंगवाले।
थे दीखते चपल-खंजन प्रान्तरों में।
बैठी मनोरम सरों पर सोहती थी।
आयी स-मोद ब्रज-मध्य मराल-माला॥ 85 ॥

प्रायः निरम्बु कर पावस-नीरदों को।
पानी सुखा प्रचुर-प्रान्तर औ पथों का।
न्यारे-असीम-नभ में मुदिता मही में।
व्यापी नवोदित-अगस्त नयी विभा थी॥ 86 ॥

था क्वार-मास निशि थी अति-रम्य-राका।
पूरी कला-सहित शोभित चन्द्रमा था।
ज्योतिर्मयी विमलभूत दिशा बना के।
सौन्दर्य साथ लसती क्षिति में सिता थी॥ 87 ॥

शोभा-मयी शरद की ऋतु पा दिशा में।
निर्मेघ-व्योम-तल में सु-वसुन्धरा में।
होती सु-संगति अतीव मनोहरा थी।
न्यारी कलाकर-कला नव स्वच्छता की॥ 88 ॥

प्यारी-प्रभा रजनी-रंजन की नगों को।
जो थी असंख्य नव-हीरक से लसाती।
तो वीचि में तपन की प्रिय-कन्यका के।
थी चारु-चूर्ण मणि मौक्तिक के मिलाती ॥ 89 ॥

थे स्नात से सकल-पादप चन्द्रिका से।
प्रत्येक-पल्लव प्रभा-मय दीखता था।
फैली लता विकच-वेलि प्रफुल्ल-शाखा।
डूबी विचित्र-तर निर्मल-ज्योति में थी ॥ 90 ॥

जो मेदिनी रजत-पत्र-मयी हुई थी।
किम्वा पयोधि-पय से यदि प्लाविता थी।
तो पत्र-पत्र पर पादप-वेलियों के।
पूरी हुई प्रथित-पारद-प्रक्रिया थी ॥ 91 ॥

था मन्द-मन्द हँसता विधु व्योम-शोभी।
होती प्रवाहित धरातल में सुधा थी।
जो पा प्रवेश दृग में प्रिय अंशु-द्वारा।
थी मत्त-प्राय करती मन-मानवों का ॥ 92 ॥

अत्युज्ज्वला पहन तारक-मुक्त-माला।
दिव्यांबरा बन अलौकिक-कौमुदी से।
शोभा-भरी परम-मुग्धकरी हुई थी।
राका कलाकर-मुखी रजनी-पुरंध्री ॥ 93 ॥

पूरी समुज्ज्वल हुई सित-यामिनी थी।
होता प्रतीत रजनी-पति भानु सा था।
पीती कभी परम-मुग्ध बनी सुधा थी।
होती कभी चकित थी चतुरा-चकोरी ॥ 94 ॥

ले पुष्प-सौरभ तथा पय-सीकरों को।
थी मन्द-मन्द बहती पवनाति प्यारी।
जो थी मनोरम अतीव-प्रफुल्ल-कारी।
हो सिक्त सुन्दर सुधाकर की सुधा से ॥ 95 ॥

चन्द्रोज्ज्वला रजत-पत्र-वती मनोज्ञा।
शान्ता नितान्त-सरसा सु-मयूख सिक्ता।
शुभ्रांगिनी-सु-पवना सुजला सु-कूला।
सत्पुष्पसौरभवती वन-मेदिनी थी ॥ 96 ॥

ऐसी अलौकिक अपूर्व वसुन्धरा में।
ऐसे मनोरम-अलंकृत-काल को पा।
वंशी अचानक बजी अति ही रसीली।
आनन्द-कन्द ब्रज-गोप-गणाग्रणी की ॥ 97 ॥

भावाश्रयी मुरलिका स्वर मुग्ध-कारी।
आदौ हुआ मरुत साथ दिगन्त-व्यापी।
पीछे पड़ा श्रवण में बहु-भावकों के।
पीयूष के प्रमुद-वर्द्धक-विन्दुओं सा ॥ 98 ॥

पूरी विमोहित हुईं यदि गोपिकायें।
तो गोप-वृन्द अति-मुग्ध हुए स्वरों से।
फैलीं विनोद-लहरें ब्रज-मेदिनी में।
आनन्द-अंकुर उगा उर में जनों के ॥ 99 ॥

वंशी-निनाद सुन त्याग निकेतनों को।
दौड़ी अपार जनताति उमंगिता हो।
गोपी समेत बहु गोप तथांगनायें।
आयीं विहार-रुचि से वन-मेदिनी में ॥ 100 ॥

उत्साहिता विलसिता बहु-मुग्ध-भूता।
आयी विलोक जनता अनुराग-मग्ना।
की श्याम ने रुचिर-क्रीड़न की व्यवस्था।
कान्तार में पुलिन पै तपनांगजा के ॥ 101 ॥

हो हो विभक्त बहुशः दल में सबों ने।
प्रारम्भ की विपिन में कमनीय-क्रीड़ा।
बाजे बजा अति-मनोहर-कण्ठ से गा।
उन्मत्त-प्राय बन चित्त-प्रमत्तता से ॥ 102 ॥

मंजीर नूपुर मनोहर-किंक्रिणी की।
फैली मनोज्ञ-ध्वनि मंजुल वाद्य की सी।
छेड़ी गयी फिर स-मोद गयी बजाई।
अत्यन्त कान्त कर से कमनीय-वीणा ॥ 103 ॥

थापें मृदंग पर जो पड़ती सधी थीं।
वे थीं स-जीव स्वर-सप्तक को बनाती।
माधुर्य-सार बहु-कौशल से मिला के।
थीं नाद को श्रुति मनोहरता सिखाती ॥ 104 ॥

मीठे-मनोरम-स्वरांकित वेणु नाना।
हो के निनादित विनोदित थे बनाते।
थी सर्व में अधिक-मंजुल-मुग्धकारी।
वंशी महा-मधुर केशव कौशली की ॥ 105 ॥

हो-हो सुवादित मुकुन्द सदंगुली से।
कान्तार में मुरलिका जब गूँजती थी।
तो पत्र-पत्र पर था कल-नृत्य होता।
रागांगना-विधु-मुखी चपलांगिनी का ॥ 106 ॥

भू-व्योम-व्यापित कलाधर की सुधा में।
न्यारी-सुधा मिलित हो मुरली-स्वरों की।
धारा अपूर्व रस की महि में बहा के।
सर्वत्र थी अति-अलौकिकता लसाती ॥ 107 ॥

उत्फुल्ल थे विटप-वृन्द विशेष होते।
माधुर्य्य या विकच, पुष्प-समूह पाता।
होती विकाश-मय मंजुल वेलियाँ थीं।
लालित्य-धाम बनती नवला लता थी ॥ 108 ॥

क्रीड़ा-मयी ध्वनि-मयी कल-ज्योतिवाली।
धारा अश्वेत सरि की अति तद्गता थी।
थी नाचती उमगती अनुरक्त होती।
उल्लासिता विहसितातित प्रफुल्लिता थी ॥ 109 ॥

पाई अपूर्व-स्थिरता मृदु-वायु ने थी।
मानों अचंचल विमोहित हो बनी थी।
वंशी मनोज्ञ-स्वर से बहु-मोदिता हो।
माधुर्य्य-साथ हँसती सित-चन्द्रिका थी ॥ 110 ॥

सत्कण्ठ साथ नर-नारि-समूह-गाना।
उत्कण्ठ था न किसको महि में बनाता।
तानें उमंगित-करी कल-कण्ठ जाता।
तंत्री रहीं जन-उरस्थल की बजाती ॥ 111 ॥

ले वायु-कण्ठ-स्वर, वेणु-निनाद-न्यारा।
प्यारी मृदंग-ध्वनि, मंजुल बीन-मीड़ें।
सामोद घूम बहु-पान्थ खगों मृगों को।
थीं मत्तप्राय नर-किन्नर को बनाती ॥ 112 ॥

हीरा समान बहु-स्वर्ण-विभूषणों में।
नाना विहंग-रव में पिक-काकली सी।
होती नहीं मिलित थीं अति थीं निराली।
नाना-सुवाद्य-स्वन में हरि-वेणु-तानें ॥ 113 ॥

ज्यों ज्यों हुई अधिकता कल-वादिता की।
ज्यों ज्यों रही सरसता अभिवृद्धि पाती।
त्यों त्यों कला विवशता सु-विमुग्धता की।
होती गयी समुदिता उर में सबों के ॥ 114 ॥

गोपी समेत अतएव समस्त-ग्वाले।
भूले स्व-गात-सुधि हो मुरली-रसार्द्र।
गाना रुका सकल-वाद्य रुके स-वीणा।
वंशी विचित्र-स्वर केवल गूँजता था ॥ 115 ॥

होती प्रतीति उर में उस काल यों थी।
है मंत्र साथ मुरली अभीमंत्रिता सी।
उन्माद-मोहन-वशीकरणादिकों के।
हैं मंजु-धाम उसके ऋजु-रंध्र-सातों ॥ 116 ॥

पुत्र-प्रिया-सहित मंजुल-राग गा-गा।
ला-ला स्वरूप उनका जन-नेत्र-आगे।
ले-ले अनेक उर-वेधक-चारु-तानें।
कीं श्याम ने परम-मुग्धकरी क्रियायें ॥ 117 ॥

पीछे अचानक रुकीं वर-वेणु तानें।
चावों समेत सबकी सुधि लौट आयी।
आनन्द-नादमय कंठ-समूह-द्वारा।
हो-हो पड़ीं ध्वनित बार कई दिशाएँ॥ 118॥

माधो विलोक सबको मुद-मत्त बोले।
देखो छटा-विपिन की कल-कौमुदी में।
आना करो सफल कानन में गृहों से।
शोभामयी-प्रकृति की गरिमा विलोको॥ 119॥

बीसों विचित्र-दल केवल नारि का था।
यों ही अनेक दल केवल थे नरों के।
नारी तथा नर मिले दल थे सहस्रों।
उत्कण्ठ हो सब उठे सुन श्याम-बातें॥ 120॥

सानन्द सर्व-दल कानन-मध्य फैला।
होने लगा सुखित दृश्य विलोक नाना।
देने लगा उर कभी नवला-लता को।
गाने लगा कलित-कीर्ति कभी कला की॥ 121॥

आभा-अलौकिक दिखा निज-वल्लभा को।
पीछे कला-कर-मुखी कहता उसे था।
तो भी तिरस्कृत हुए छवि-गर्विता से।
होता प्रफुल्ल तम था दल-भावुकों का॥ 122॥

जा कूल स्वच्छ-सर के नलिनी दलों में।
आबद्ध देख दृग से अलि-दारु-वेधी।
उत्फुल्ल हो समझता अवधारता था।
उद्दाम-प्रेम-महिमा दल-प्रेमिकों का॥ 123॥

विच्छिन्न हो स्व-दल से बहु-गोपिकायें।
स्वच्छन्द थीं विचरती रुचिर-स्थलों में।
या बैठ चन्द्र-कर-धौत-धरातलों में।
वे थीं स-मोद करती मधु-सिक्त बातें॥ 124॥

कोई प्रफुल्ल-लतिका कर से हिला के।
वर्षा-प्रसून चय की कर मुग्ध होता।
कोई स-पल्लव स-पुष्प मनोज्ञ-शाखा।
था प्रेम साथ रखता कर में प्रिया के॥ 125॥

आ मन्द-मन्द मन-मोहन मण्डली में।
बातें बड़ी-सरस थे सबको सुनाते।
हो भाव-मत्त-स्वर में मृदुता मिला के।
या थे महा-मधु-मयी-मुरली बजाते॥ 126॥

आलोक-उज्ज्वल दिखा गिरि-शृंग-माला।
थे यों मुकुन्द कहते छवि-दर्शकों से।
देखो गिरीन्द्र-शिर पै महती-प्रभा का।
है चन्द्र-कान्त-मणि-मण्डित-क्रीट कैसा॥ 127॥

धारा-मयी अमल-श्यामल-अर्कजा में।
प्रायः स-तारक विलोक मयंक-छाया।
थे सोचते खचित-रत्न असेत शाटी।
है पैन्ह ली प्रमुदिता वन-भू-वधू ने॥ 128॥

ज्योतिर्मयी-विकसिता-हसिता लता को।
लालित्य साथ लपटी तरु से दिखा के।
थे भाखते पति-रता-अवलम्बिता का।
कैसा प्रमोदमय जीवन है दिखाता॥ 129॥

आलोक से लसित पादप-वृन्द नीचे।
छाये हुए तिमिर को कर से दिखा के।
थे यों मुकुन्द कहते मलिनान्तरों का।
है वाह्य रूप बहु-उज्ज्वल दृष्टि आता॥ 130॥

ऐसे मनोरम-प्रभामय-काल में भी।
म्लाना नितान्त अवलोक सरोजिनी को।
थे यों ब्रजेन्दु कहते कुल-कामिनी को।
स्वामी बिना सब तमोमय है दिखाता॥ 131॥

फूले हुए कुमुद देख सरोवरों में।
माधो सु-उक्ति यह थे सबको सुनाते।
उत्कर्ष देख निज-अंकपले-शशी का।
है वारि-राशि कुमुदों मिष हृष्ट होता॥ 132॥

फैली विलोक सब ओर मयंक-आभा।
आनन्द साथ कहते यह थे बिहारी।
है कीर्त्ति, भू ककुभ में अति-कान्त छाई।
प्रत्येक धूलि-कणरंजन-कारिणी की॥ 133॥

फूलों दलों पर विराजित ओस-बूँदें।
जो श्याम को दमकती द्युति से दिखातीं।
तो वे समोद कहते वन-देवियों ने।
की है कला पर निछावर मंजु-मुक्ता॥ 134॥

आपाद-मस्तक खिले कमनीय पौधे।
जो देखते मुदित होकर तो बताते।
होके सु-रंजिता सुधा-निधि की कला से।
फूले नहीं नवल-पादप हैं समाते॥ 135॥

यों थे कलाकर दिखा कहते बिहारी।
है स्वर्ण-मेरु यह मंजुलता-धरा का
है कल्प-पादप मनोहरताटवी का।
आनन्द-अंबुधि महामणि है मृगांक॥ 136॥

है ज्योति-आकर पयोनिधि है सुधा का।
शोभा-निकेत प्रिय वल्लभ है निशा का।
है भाल का प्रकृति के अभिराम भूषा।
सर्वस्व है परम-रूपवती कला का॥ 137॥

जैसी मनोहर हुई यह यामिनी थी।
वैसी कभी न जन-लोचन ने विलोकी।
जैसी बही रससरी इस शर्वरी में।
वैसी कभी न ब्रज-भूतल में बही थी॥ 138॥

जैसी बजी मधुर-बीन मृदंग-वंशी।
जैसा हुआ रुचिर नृत्य विचित्र गाना।
जैसा बँधा इस महा-निशि में समाँ था।
होगी न कोटि मुख से उसकी प्रशंसा ॥ 139 ॥

न्यारी छटा वदन की जिसने विलोकी।
वंशी-निनाद मन दे जिसने सुना है।
देखा विहार जिसने इस यामिनी में।
कैसे मुकुन्द उसके उर से कढ़ेंगे ॥ 140 ॥

हो के विभिन्न, रवि का कर, ताप त्यागे।
देवे मयंक-कर को तज माधुरी भी।
तो भी नहीं ब्रज-धरा-जन के उरों से।
उत्फुल्ल-मूर्त्ति मनमोहक की कढ़ेगी ॥ 141 ॥

धारा वही जल वही यमुना वही है।
है कुंज-वैभव वही वन-भू वही है।
हैं पुष्प-पल्लव वही ब्रज भी वही है।
ऐ हैं वही न घनश्याम बिना जनाते ॥ 142 ॥

कोई दुखी-जन विलोक पसीजता है।
कोई विषाद-वश रो पड़ता दिखाया।
कोई प्रबोध कर, 'है' परितोष देता।
है किन्तु सत्य हित-कारक व्यक्ति कोई ॥ 143 ॥

सच्चे हितू तुम बनो ब्रज की धरा के।
ऊधो यही विनय है मुझ सेविका की।
कोई दुखी न ब्रज के जन-तुल्य होगा।
ऐ हैं अनाथ-सम भूरि-कृपाधिकारी ॥ 144 ॥

मन्दाक्रान्ता छन्द

बातों ही में दिन गत हुआ किन्तु गोपी न ऊबीं।
वैसे ही थीं कथन करती वे व्यथायें स्वकीया।
पीछे आयी पुलिन पर जो सैकड़ों गोपिकायें।
वे कष्टों को अधिकतर हो उत्सुका थीं सुनाती ॥ 145 ॥

वंशस्थ छन्द

परन्तु सन्ध्या अवलोक आगता।
मुकुन्द के बुद्धि-निधान बन्धु ने।
समस्त गोपी-जन को प्रबोध दे।
समाप्त आलोचित-वृत्त को किया ॥ 146 ॥

द्रुतविलम्बित छन्द

तदुपरान्त अतीव सराहना।
कर अलौकिक-पावन प्रेम की।
ब्रज-वधू-जन की कर सान्त्वना।
ब्रज-विभूषण-बन्धु बिदा हुए ॥ 147 ॥

पंचदश सर्ग

मन्दाक्रान्ता छन्द

छाई प्रातः-सरस छवि थी पुष्प औ पल्लवों में।
कुंजों में थे भ्रमण करते हो महा-मुग्ध ऊधो।
आभा-वाले अनुपम इसी काल में एक बाला।
भावों-द्वारा-भ्रमित उनको सामने दृष्टि आयी॥ 1॥

नाना बातें कथन करते देख पुष्पादिकों से।
उन्मत्ता की तरह करते देख न्यारी-क्रियायें।
उत्कण्ठा के सहित उसका वे लगे भेद लेने।
कुंजों में या विटपचय की ओट में मौन बैठे॥ 2॥

थे बाला के दृग-युगल के सामने पुष्प नाना।
जो हो-हो के विकच, कर में भानु के सोहते थे।
शोभा पाता यक कुसुम था लालिमा पा निराली।
सो यों बोली निकट उसके जा बड़ी ही व्यथा से॥ 3॥

आहा कैसी तुझ पर लसी माधुरी है अनूठी।
तू ने कैसी सरस-सुषमा आज है पुष्प पाई।
चूमूँ चाटूँ नयन भर मैं रूप तेरा विलोकूँ।
जी होता है हृदय-तल से मैं तुझे ले लगा लूँ॥ 4॥

क्या बातें हैं मधुर इतना आज तू जो बना है।
क्या आते हैं ब्रज-अवनि में मेष सी कान्तिवाले?
या कुंजों में अटन करते देख पाया उन्हें है।
या आ के है स-मुद परसा हस्त-द्वारा उन्होंने॥ 5॥

तेरी प्यारी मधुर-सरसा-लालिमा है बताती।
डूबा तेरा हृदय-तल है लाल के रंग ही में।
मैं होती हूँ विकल पर तू बोलता भी नहीं है।
कैसे तेरी सरस-रसना कुंठिता हो गयी है ॥ 6 ॥

हा! कैसी मैं निठुर तुझसे वंचिता हो रही हूँ।
जो जिह्वा हूँ कथन-रहिता-पंखड़ी को बनाती।
तू क्यों होगा सदय दुख क्यों दूर मेरा करेगा।
तू काँटों से जनित यदि है काठ का जो सगा है ॥ 7 ॥

आ के जूही-निकट फिर यों बालिका व्यग्र बोली।
मेरी बातें तनिक न सुनी पातकी-पाटलों ने।
पीड़ा नारी-हृदय-तल की नारि ही जानती है।
जूही तू है विकच-वदना शान्ति तू ही मुझे दे ॥ 8 ॥

तेरी भीनी-महँक मुझको मोह लेती सदा थी।
क्यों है प्यारी न वह लगती, आज सच्ची बता दे।
क्या तेरी है महँक बदली या हुई और ही तू।
या तेरा भी सरबस गया साथ ऊधो-सखा के ॥ 9 ॥

छोटी-छोटी रुचिर अपनी श्याम-पत्रावली में।
तू शोभा से विकच जब भी भूरिता साथ होती।
ताराओं से खचित नभ सी भव्य तो थी दिखाती।
हा! क्यों वैसी सरस-छवि से वंचिता आज तू है ॥ 10 ॥

वैसी ही है सकल दल में श्यामता दृष्टि आती।
तू वैसी ही अधिकतर है वेलियों-मध्य फूली।
क्यों पाती हूँ न अब तुझमें चारुता पूर्व जैसी।
क्यों है तेरी यह गत हुई क्या न देगी बता तू ॥ 11 ॥

मैं पाती हूँ अधिक तुझसे क्यों कई एक बातें।
क्यों देती है व्यथित कर क्यों वेदना है बढ़ाती।
क्यों होता है न दुख तुझको वंचना देख मेरी।
क्या तू भी है निठुरपन के रंग ही बीच डूबी ॥ 12 ॥

हो-हो पूरी चकित सुनती वेदना है हमारी।
या तू खोले वदन हँसती है दशा देख मेरी।
मैं तो तेरा सुमुखि! इतना मर्म्म भी हूँ न पाती।
क्या आशा है अपर तुझसे है निराशामयी तू ॥ 13 ॥

जो होता है सुखित, उसको अन्य की वेदनायें।
क्या होती हैं विदित वह जो भुक्त-भोगी न होवे।
तू फूली है हरित-दल में बैठ के सोहती है।
क्या जानेगी मलिन बनते पुष्प की यातनायें ॥ 14 ॥

तू कोरी है न, कुछ तुझ में प्यार का रंग भी है।
क्या देखेगी न फिर मुझको प्यार की आँख से तू।
मैं पूछूँगी भगिनि! तुझसे आज दो-एक बातें।
तू क्या हो के सदय बतला ऐ चमेली न देगी ॥ 15 ॥

थोड़ी लाली पुलकित-करी पंखड़ी-मध्य जो है।
क्या सो वृन्दा-विपिन-पति की प्रीति की व्यंजिका है।
जो है तू सरस-रसना खोल ले औ बता दे।
क्या तू भी है प्रिय-गमन से यों महा-शोक-मग्ना ॥ 16 ॥

मेरा जी तो व्यथित बन के बावला हो रहा है।
व्यापीं सारे हृदय-तल में वेदनायें सहस्रों।
मैं पाती हूँ न कल दिन में, रात में ऊबती हूँ।
भीगा जाता सब वदन है वारि-द्वारा दृगों के ॥ 17 ॥

क्या तू भी है रुदन करती यामिनी-मध्य यों ही।
जो पत्तों में पतित इतनी वारि की बूँदियाँ हैं।
पीड़ा द्वारा मथित-उर के प्रायशः काँपती है।
या तू होती मृदु-पवन से मन्द आन्दोलिता है ॥ 18 ॥

तेरे पत्ते अति-रुचिर है कोमला तू बड़ी है।
तेरा पौधा कुसुम-कुल में है बड़ा ही अनूठा।
मेरी आँखें ललक पड़ती हैं तुझे देखने को।
हा! क्यों तो भी व्यथित चित की तू न आमोदिका है ॥ 19 ॥

हा! बोली तू न कुछ मुझसे औ बताईं न बातें।
मेरा जी है कथन करता तू हुई तद्गता है।
मेरे प्यारे कुँवर तुझको चित्त से चाहते थे।
तेरी होगी न फिर दयिते! आज ऐसी दशा क्यों॥ 20॥

जूही बोली न कुछ जतला प्यार बोली चमेली।
मैंने देखा दृग-युगल से रंग भी पाटलों का।
तू बोलेगा सदय बन के ईदृशी है न आशा।
पूरा कोरा निठुरपन की मूर्त्ति ऐ पुष्प बेला॥ 21॥

मैं पूछूँगी तदपि तुझसे आज बातें स्वकीया।
तेरा होगा सुयश मुझसे सत्य जो तू कहेगा।
क्यों होते हैं पुरुष कितने, प्यार से शून्य कोरे।
क्यों होता है न उर उनका सिक्त स्नेहाम्बु द्वारा॥ 22॥

आ के तेरे निकट कुछ भी मोद पाती न मैं हूँ।
तेरी तीखी महँक मुझको कष्टिता है बनाती।
क्यों होती है सुरभि सुखदा माधवी मल्लिका की।
क्यों तेरी है दुखद मुझको पुष्प बेला बता तू॥ 23॥

तेरी सारे सुमन-चय से श्वेतता उत्तमा है।
अच्छा होता अधिक यदि तू सात्विकी वृत्ति पाता।
हा! होती है प्रकृति रुचि में अन्यथा कारिता भी।
तेरा एरे निठुर नतुवा साँवला रँग होता॥ 24॥

नाना पीड़ा निठुर-कर से नित्य मैं पा रही हूँ।
तेरे में भी निठुरपन का भाव पूरा भरा है।
हो-हो खिन्ना परम तुझसे मैं अतः पूछती हूँ।
क्यों देते हैं निठुर जन यों दूसरों को व्यथायें॥ 25॥

हा! तू बोला न कुछ अब भी तू बड़ा निर्दयी है।
मैं कैसी हूँ विवश तुझसे जो वृथा बोलती हूँ।
खोटे होते दिवस जब हैं भाग्य जो फूटता है।
कोई साथी अवनि-तल में है किसी का न होता॥ 26॥

जो प्रेमांगी सुमन बन के औ तदाकार हो के।
पीड़ा मेरे हृदय-तल की पाटलों ने न जानी।
तो तू हो के धवल-तन औ कुन्त-आकार-अंगी।
क्यों बोलेगा व्यथित चित की क्यों व्यथा जान लेगा ॥ 27 ॥

चम्पा तू है विकसित मुखी रूप औ रंगवाली।
पाई जाती सुरभि तुझमें एक सत्पुष्प-सी है।
तो भी तेरे निकट न कभी भूल है भृंग आता।
क्या है ऐसी कसर तुझमें न्यूनता कौन सी है ॥ 28 ॥

क्या पीड़ा है न कुछ इसकी चित्त के मध्य तेरे।
क्या तू ने है मरम इसका अल्प भी जान पाया।
तू ने की है सुमुखि! अलि का कौन सा दोष ऐसा।
जो तू मेरे सदृश प्रिय के प्रेम से वंचिता है ॥ 29 ॥

सर्वांगों में सरस-रज औ धूलियों को लपेटे।
आ पुष्पों में स-विधि करता गर्भ-आधान जो है।
जो ज्ञाता है मधुर-रस का मंजु जो गूँजता है।
ऐसे प्यारे रसिक-अलि से तू असम्मानिता है ॥ 30 ॥

जो आँखों में मधुर-छवि की मूर्त्ति सी आँकता है।
जो हो जाता उदधि उर के हेतु राका-शशी है।
जो वंशी के सरस-स्वर से है सुधा सी बहाता।
ऐसे माधो-विरह-दव से मैं महादग्धिता हूँ ॥ 31 ॥

मेरी तेरी बहुत मिलती वेदनायें कई हैं।
आ रोऊँ ऐ भगिनि तुझको मैं गले से लगा के।
जो रोती हैं दिवस-रजनी दोष जाने बिना ही।
ऐसी भी हैं अवनि-तल में जन्म लेती अनेकों ॥ 32 ॥

मैंने देखा अवनि-तल में श्वेत ही रंग ऐसा।
जैसा चाहे जतन करके रंग वैसा उसे दे।
तेरे ऐसी रुचिर-सितता कुन्द मैंने न देखी।
क्या तू मेरे हृदय-तल के रंग में भी रँगेगा ॥ 33 ॥

क्या है होना विकच इसको पुष्प ही जानते हैं।
तू कैसा है रुचिर लगता पत्तियों-मध्य फूला।
तो भी कैसी व्यथित-कर है सो कली हाय! होती।
हो जाती है विधि-कुमति से म्लान फूले बिना जो ॥ 34 ॥

मेरे जी की मृदुल-कलिका प्रेम के रंग राती।
म्लाना होती अहह नित है अल्प भी जो न फूली।
क्या देवेगा विकच इसको स्वीय जैसा बना तू।
या हो शोकोपहत इसके तुल्य तू म्लान होगा ॥ 35 ॥

वे हैं मेरे दिन अब कहाँ स्वीय उत्फुल्लता को।
जो तू मेरे हृदय-तल में अल्प भी ला सकेगा।
हाँ, थोड़ा भी यदि उर मुझे देख तेरा द्रवेगा।
तो तू मेरे मलिन-मन की म्लानता पा सकेगा ॥ 36 ॥

हो जावेगी प्रथित-मृदुता पुष्प संदिग्ध तेरी।
जो तू होगा व्यथित न किसी कष्टिता की व्यथा से।
कैसे तेरी सुमन-अभिधा सार्थ ऐ कुन्द होगी।
जो होवेगा न अ-विकच तू म्लान होते चितों से ॥ 37 ॥

सोने जैसा बरन जिसने गात का है बनाया।
चित्तामोदी सुरभि जिसने केतकी दी तुझे है।
यों काँटों से भरित तुझको क्यों उसी ने किया है।
दी है धूली अलि अवलि की दृष्टि-विध्वंसिनी क्यों ॥ 38 ॥

कालिन्दी सी कलित-सरिता दर्शनीया-निकुंजें।
प्यारा-वृन्दा-विपिन विटपी चारु न्यारी-लतायें।
शोभावाले-विहग जिसने हैं दिये हा! उसीने।
कैसे माधो रहित ब्रज की मेदनी को बनाया ॥ 39 ॥

क्या थोड़ा भी सजनि! इसका मर्म्म तू पा सकी है।
क्या धाता की प्रकट इससे मूढ़ता है न होती।
कैसा होता जगत सुख का धाम औ मुग्धकारी।
निर्माता की मिलित इसमें वामता जो न होती ॥ 40 ॥

मैंने देखा अधिकतर है भृंग आ पास तेरे।
अच्छा पाता न फल अपनी मुग्धता का कभी है।
आ जाती है दृग-युगल में अन्धता धूलि-द्वारा।
काँटों से हैं उभय उसके पक्ष भी छिन्न होते ॥ 41 ॥

क्यों होती है अहह इतनी यातना प्रेमिकों की।
क्यों वाधा औ विदपमय है प्रेम का पन्थ होता।
जो प्यारा और रुचिर-विटपी जीवनोद्यान का है।
सो क्यों तीखे कुटिल उभरे कंटकों से भरा है ॥ 42 ॥

पूरा रागी हृदय-तल है पुष्प बन्धूक तेरा।
मर्य्यादा तू समझ सकता प्रेम के पन्थ की है।
तेरी गाढ़ी नवल तन की लालिमा है बताती।
पूरा-पूरा दिवस-पति के प्रेम में तू पगा है ॥ 43 ॥

तेरे जैसे प्रणय-पथ के पान्थ उत्पन्न हो के।
प्रेमी की हैं प्रकट करते पक्वता मेदनी में।
मैं पाती हूँ परम-सुख जो देख लेती तुझे हूँ।
क्या तू मेरी उचित कितनी प्रार्थनायें सुनेगा ॥ 44 ॥

मैं गोरी हूँ कुँवर-वर की कान्ति है मेघ की सी।
कैसे मेरा, महर-सुत का, भेद निर्मूल होगा।
जैसे तू है परम-प्रिय के रंग में पुष्प डूबा।
कैसे वैसे जलद-तन के रंग में मैं रँगूँगी ॥ 45 ॥

पूरा ज्ञाता समझ तुझको प्रेम की नीतियों का।
मैं ऐ प्यारे कुसुम तुझसे युक्तियाँ पूछती हूँ।
मैं पाऊँगी हृदय-तल में उत्तमा-शांति कैसे।
जो डूबेगा न मम तन भी श्याम के रंग ही में ॥ 46 ॥

'ऐसी, हो के कुसुम तुझमें प्रेम की पक्वता है।
मैं हो के भी मनुज-कुल की, न्यूनता से भरी हूँ।
कैसी लज्जा परम-दुख की बात मेरे लिये है।
छा जावेगा न प्रियतम का रंग सर्वांग में जो ॥ 47 ॥

वंशस्थ छन्द

खिला हुआ सुन्दर-वेलि-अंक में।
मुझे बता श्याम-घटा प्रसून तू।
तुझे मिलि क्यों किस पूर्व-पुण्य से।
अतीव-प्यारी-कमनीय-श्यामता ॥ 48 ॥

हरीतिमा वृन्त समीप की भली।
मनोहरा मध्य विभाग श्वेतता।
लसी हुई श्यामलताग्रभाग में।
नितान्त है दृष्टि विनोद-वर्द्धिनी ॥ 49 ॥

परन्तु तेरा बहु रंग देख के।
अतीव होती उर-मध्य है व्यथा।
अपूर्व होता भव में प्रसून तू।
निमग्न होता यदि श्याम-रंग में ॥ 50 ॥

तथापि तू अल्प न भाग्यवान है।
चढ़ा हुआ है कुछ श्याम रंग तो।
अभागिनी है वह, श्यामता नहीं।
विराजती है जिसके शरीर में ॥ 51 ॥

न स्वल्प होती तुझमें सुगंधि है।
तथापि सम्मानित सर्व-काल में।
तुझे रखेगा ब्रज-लोक दृष्टि में।
प्रसून तेरी यह श्यामलांगता ॥ 52 ॥

निवास होगा जिस ओर सूर्य का।
उसी दिशा ओर तुरन्त घूम तू।
विलोकती है जिस चाव से उसे।
सदैव ऐ सूर्यमुखी सु-आनना ॥ 53 ॥

अपूर्व ऐसे दिन थे मदीय भी।
अतीव मैं भी तुझ सी प्रफुल्ल थी।
विलोकती थी जब हो विनोदिता।
मुकुन्द के मंजु-मुखारविन्द को ॥ 54 ॥

परन्तु मेरे अब वे न वार हैं।
न पूर्व की सी वह है प्रफुल्लता।
तथैव मैं हूँ मलिना यथैव तू।
विभावरी में बनती मलीन है ॥ 55 ॥

निशान्त में तू प्रिय स्वीय कान्त से।
पुनः सदा है मिलती प्रफुल्ल हो।
परन्तु होगी न व्यतीत ऐ प्रिये।
मदीय घोरा रजनी-वियोग की ॥ 56 ॥

नृलोक में है वह भाग्य-शालिनी।
सुखी बने जो विपदावसान में।
अभागिनी है वह विश्व में बड़ी।
न अन्त होवे जिसकी विपत्ति का ॥ 57 ॥

मालिनी छन्द

कुवलय-कुल में से तो अभी तू कढ़ा है।
बहु-विकसित प्यारे-पुष्प में भी रमा है।
अलि अब मत जा तू कुंज में मालती की।
सुन मुझ अकुलाती ऊबती की व्यथायें ॥ 58 ॥

यह समझ प्रसूनों पास में आज आयी।
क्षिति-तल पर हैं ए मूर्त्ति-उत्फुल्लता की।
पर सुखित करेंगे ए मुझे आह! कैसे।
जब विविध दुखों में मग्न होते स्वयं हैं ॥ 59 ॥

कतिपय-कुसुमों को म्लान होते विलोका।
कतिपय बहु कीटों के पड़े पेच्च में हैं।
मुख पर कितने हैं वायु की धौल खाते।
कतिपय-सुमनों की पंखड़ी भू पड़ी है ॥ 60 ॥

तदपि इन सबों में ऐंठ देखी बड़ी ही।
लख दुखित-जनों को ए नहीं म्लान होते।
चित्त व्यथित न होता है किसी की व्यथा से।
बहु भव-जनितों की वृत्ति ही ईदृशी है ॥ 61 ॥

अयि अलि तुझमें भी सौम्यता हूँ न पाती।
मम दुख सुनता है चित्त दे के नहीं तू।
अति-चपल बड़ा ही ढीठ औ कौतुकी है।
थिर तनक न होता है किसी पुष्प में भी ॥ 62 ॥

यदि तज करके तू गूँजना धैर्य्य-द्वारा।
कुछ समय सुनेगा बात मेरी व्यथा की।
तब अवगत होगा बालिका एक भू में।
विचलित कितनी है प्रेम से वंचिता हो ॥ 63 ॥

अलि यदि मन दे के भी नहीं तू सुनेगा।
निज दुख तुझसे मैं आज तो भी कहूँगी।
कुछ कह उनसे, है चित्त में मोद होता।
क्षिति पर जिनकी हूँ श्यामली-मूर्त्ति पाती ॥ 64 ॥

इस क्षिति-तल में क्या व्योम के अंक में भी।
प्रिय वपु छवि शोभी मेघ जो घूमते हैं।
इक टक पहरों मैं तो उन्हें देखती हूँ।
कह निज मुख द्वारा बात क्या-क्या न जानें ॥ 65 ॥

मधुकर सुन तेरी श्यामता है न वैसी।
अति-अनुपम जैसी श्याम के गात की है।
पर जब-जब आँखें देख लेती तुझे हैं।
तब-तब सुधि आती श्यामली-मूर्त्ति की है ॥ 66 ॥

तव तन पर जैसी पीत-आभा लसी है।
प्रियतम कटि में है सोहता वस्त्र वैसा।
गुन-गुन करना औ गूँजना देख तेरा।
रस-मय-मुरली का नाद है याद आता ॥ 67 ॥

जब विरह विधाता ने सृजा विश्व में था।
तब स्मृति रचने में कौन सी चातुरी थी।
यदि स्मृति विरचा तो क्यों उसे है बनाया।
वपन-पटु कु-पीड़ा बीज प्राणी-उरों में ॥ 68 ॥

अलि पड़ कर हाथों में इसी प्रेम के ही।
लघु-गुरु कितनी तू यातना भोगता है।
विधि-वश बँधता है कोष में पंकजों के।
बहु-दुख सहता है विद्ध हो कंटकों से॥ 69॥

पर नित जितनी मैं वेदना पा रही हूँ।
अति लघु उससे है यातना भृंग तेरी।
मम-दुख यदि तेरे गात की श्यामता है।
तब दुख उसकी ही पीतता तुल्य तो है॥ 70॥

बहु बुध कहते हैं पुष्प के रूप द्वारा।
अपहृत चित होता है अनायास तेरा।
कतिपय-मति-शाली हेतु आसक्तता का।
अनुपम-मधु किम्वा गन्ध को हैं बताते॥ 71॥

यदि इन विषयों को रूप गन्धादिकों को।
मधुकर हम तेरे मोह का हेतु मानें।
यह अवगत होना चाहिए भृंग तो भी।
दुख-प्रद तुझको, तो तीन ही इन्द्रियाँ हैं॥ 72॥

पर मुझ अबला की वेदना-दायिनी हा।
समधिक गुण-वाली पाँच ज्ञानेन्द्रियाँ हैं।
तदुपरि कितनी हैं मानवी-वंचनायें।
विचलित कर होंगी क्यों न मेरी व्यथायें॥ 73॥

जब हम व्यथिता है ईदृशी तो तुझे क्या।
कुछ सदय न होना चाहिए श्याम-बन्धो।
प्रिय निठुर हुए हैं दूर हो के दृगों से।
मत निठुर बने तू सामने लोचनों के॥ 74॥

नव-नव-कुसुमों के पास जा मुग्ध हो-हो।
गुन-गुन करता है चाव से बैठता है।
पर कुछ सुनता है तू न मेरी व्यथायें।
मधुकर इतना क्यों हो गया निर्दयी है॥ 75॥

कब टल सकता था श्याम के टालने से।
मुख पर मँडलाता था स्वयं मत्त हो के।
यक दिन वह था औ एक है आज का भी।
जब भ्रमर न मेरी ओर तू ताकता है॥ 76॥

कब पर-दुख कोई है कभी बाँट लेता।
सब परिचय-वाले प्यार ही हैं दिखाते।
अहह न इतना भी हो सका तो कहूँगी।
मधुकर यह सारा दोष है श्यामता का॥ 77॥

द्रुतविलम्बित छन्द

कमल-लोचन क्या कल आ गये।
पलट क्या कु-कपाल-क्रिया गयी।
मुरलिका फिर क्यों वन में बजी।
बन रसा तरसा बरसा सुधा॥ 78॥

किस तपोबल से किस काल में।
सच बता मुरली कल-नादिनी।
अवनि में तुझको इतनी मिली।
मदिरता, मृदुता, मधुमानता॥ 79॥

चकित है किसको करती नहीं।
अवनि को करती अनुरक्त है।
विलसती तब सुन्दर अंक में।
सरसता, शुचिता, रुचिकारिता॥ 80॥

निरख व्यापकता प्रतिपत्ति की।
कथन क्यों न करूँ अयि वंशिके।
निहित है तब मोहक पोर में।
सफलता, कलता, अनुकूलता॥ 81॥

मुरलिके कह क्यों तब-नाद से।
विकल हैं बनती ब्रज-गोपिका।
किस लिये कल पा सकती नहीं।
पुलकती, हँसती मृदु बोलती॥ 82॥

स्वर फूँका तब है किस मंत्र से।
सुन जिसे परमाकुल मत्त हो।
सदन है तजती ब्रज-बालिका।
उमगती, ठगती, अनुरागती ॥ 83 ॥

तब प्रवंचित है बन छानती।
विवश सी नवला ब्रज-कामिनी।
युग विलोचन से जल मोचती।
ललकती, कँपती, अवलोकती ॥ 84 ॥

यदि बजी फिर, तो बज ऐ प्रिये।
अपर है तुझ सी न मनोहरा।
पर कृपा कर के कर दूर तू।
कुटिलता, कटुता, मदशालिता ॥ 85 ॥

विपुल छिद्र-वती बन के तुझे।
यदि समादर का अनुराग है।
तज न तो अयि गौरव-शालिनी।
सरलता, शुचिता, कुल-शीलता ॥ 86 ॥

लसित है कर में ब्रज-देव के।
मुरलिके तप के बल आज तू।
इस लिये अबलाजन को वृथा।
मत सता, न जता मति-हीनता ॥ 87 ॥

वंशस्थ छन्द

मदीय प्यारी अयि कुंज-कोकिला।
मुझे बता तू ढिग कूक क्यों उठी।
विलोक मेरी चित-भ्रान्ति क्या बनी।
विषादिता, संकुचिता, निपीड़िता ॥ 88 ॥

प्रवंचना है यह पुष्प कुंज की।
भला नहीं तो ब्रज-मध्य श्याम की।
कभी बजेगी अब क्यों सु-बाँसुरी।
सुधाभरी, मुग्धकरी, रसोदरी ॥ 89 ॥

विषादिता तू यदि कोकिला बनी।
विलोक मेरी गति तो कहीं न जा।
समीप बैठी सुन गूढ़-वेदना।
कुसंगजा, मानसजा, मदंगजा ॥ 90 ॥

यथैव हो पालित काक-अंक में।
त्वदीय बच्चे बनते त्वदीय हैं।
तथैव माधो यदु-वंश में मिले।
अशोभना, खिन्न मना मुझे बना ॥ 91 ॥

तथापि होती उतनी न वेदना।
न श्याम को जो ब्रज-भूमि भूलती।
नितान्त ही है दुखदा, कपाल की।
कुशीलता, आविलता, करालता ॥ 92 ॥

कभी न होगी, मथुरा-प्रवासिनी।
गरीबिनी गोकुल-ग्राम-गोपिका।
भला करे लेकर राज-भोग क्या।
यथोचिता, श्यामरता, विमोहिता ॥ 93 ॥

जहाँ न वृन्दावन है विराजता।
जहाँ नहीं है ब्रज-भू मनोहरा।
न स्वर्ग है वांछित, है जहाँ नहीं।
प्रवाहिता भानु-सुता प्रफुल्लिता ॥ 94 ॥

करील हैं कामद कल्प-वृक्ष से।
गवादि हैं काम-दुधा गरीयसी।
सुरेश क्या है जब नेत्र में रमा।
महामना, श्यामघना लुभावना ॥ 95 ॥

जहाँ न वंशी-वट है न कुंज है।
जहाँ न केकी-पिक है न शारिका।
न चाह वैकुण्ठ रखें न है जहाँ।
बड़ी भली, गोप-लली, समाअली ॥ 96 ॥

न कामुका हैं हम राज-वेश की।
न नाम प्यारा यदु-नाथ है हमें।
अनन्यता से हम हैं ब्रजेश की।
विरागिनी, पागलिनी, वियोगिनी ॥ 97 ॥

विरक्ति बातें सुन वेदना-भरी।
पिकी हुई तू दुखिता नितान्त ही।
बना रहा है तब बोलना मुझे।
व्यथामयी, दाहमयी, द्विधामयी ॥ 98 ॥

नहीं-नहीं है मुझको बता रही।
नितान्त तेरे स्वर की अधीरता।
वियोग से है प्रिय के तुझे मिली।
अवांछिता, कातरता, मलीनता ॥ 99 ॥

अतः प्रिये तू मथुरा तुरन्त जा।
सुना स्व-वेधी-स्वर जीवितेश को।
अभिज्ञ वे हों जिससे वियोग की।
कठोरता व्यापकता, गभीरता ॥ 100 ॥

परन्तु तू तो अब भी उड़ी नहीं।
प्रिये पिकी क्या मथुरा न जायगी?
न जा, वहाँ है न पधारना भला।
उलाहना है सुनना जहाँ मना ॥ 101 ॥

वसन्ततिलका छन्द

पा के तुझे परम-पूत-पदार्थ पाया।
आयी प्रभा प्रवह मान दुखी दृगों में।
होती विवर्द्धित घटीं उर-वेदनायें।
ऐ पद्म-तुल्य पद-पावन चिन्ह प्यारा ॥ 102 ॥

कैसे बहे न दृग से नित वारि-धारा।
कैसे विदग्ध दुख से बहुधा न होऊँ।
तू भी मिला न मुझको ब्रज में कहीं था।
कैसे प्रमोद अ-प्रमोदित प्राण पावे ॥ 103 ॥

माथे चढ़ा मुदित हो उर में लगाऊँ।
है चित्त चाह सु-विभूति उसे बनाऊँ।
तेरी पुनीत रज लेकर के करूँ मैं।
सांनन्द अंजित सुरंजित-लोचनों में ॥ 104 ॥

लाली ललाम मृदुता अवलोकनीया।
तीसी-प्रसून-सम श्यामलता सलोनी।
कैसे पदांक तुझको पद सी मिलेगी।
तो भी विमुग्ध करती तब माधुरी है ॥ 105 ॥

संयोग से पृथक हो पद-कंज से तू।
जैसे अचेत अवनी-तल में पड़ा है।
त्योंहीं मुकुन्द-पद-पंकज से जुदा हो।
मैं भी अचिन्तित-अचेतनतामयी हूँ ॥ 106 ॥

होती विदूर कुछ व्यापकता दुखों की।
पाती अलौकिक-पदार्थ वसुंधरा में।
होता स-शान्ति मम जीवन शेष भूत।
लेती पदांक तुझको यदि अंक में मैं ॥ 107 ॥

हूँ मैं अतीव-रुचि से तुझको उठाती।
प्यारे पदांक अब तू मम-अंक में आ।
हा! दैव क्या यह हुआ? उह! क्या करूँ मैं।
कैसे हुआ प्रिय पदांक विलोप भू में ॥ 108 ॥

क्या हैं कलंकित बने युग-हस्त मेरे।
क्या छू पदांक सकता इनको नहीं था।
ए हैं अवश्य अति-निंद्य महा-कलंकी।
जो हैं प्रवंचित हुए पद-अर्चना से ॥ 109 ॥

मैं भी नितान्त जड़ हूँ यदि हाय! मैंने।
अत्यन्त भ्रान्त बन के इतना न जाना।
जो हो विदेह बन मध्य कहीं पड़े हैं।
वे हैं किसी अपर के कब हाथ आते ॥ 110 ॥

पादांक पूत अयि धूलि प्रशंसनीया।
मैं बाँधती सरुचि अंचल में तुझे हूँ।
होगी मुझे सतत तू बहु शान्ति-दाता।
देगी प्रकाश तम में फिरते दृगों को ॥ 111 ॥

मालिनी छन्द

कुछ कथन करूँगी मैं स्वकीया व्यथायें।
बन सदय सुनेगी क्या नहीं स्नेह द्वारा।
प्रति-पल बहती ही क्या चली जायगी तू।
कल-कल करती ऐ अर्कजा केलि शीला ॥ 112 ॥

कल-मुरलि-निनादी लोभनीयांग-शोभी।
अलि-कुल-मति-लोपी कुन्तली कांति-शाली।
अयि पुलकित अंके आज भी क्यों न आया।
वह कलित-कपोलों कान्त आलापवाला ॥ 113 ॥

अब अप्रिय हुआ है क्यों उसे गेह आना।
प्रति-दिन जिसकी ही ओर आँखें लगी हैं।
पल-पल जिस प्यारे के लिये हूँ बिछाती।
पुलकित-पलकों के पाँवड़े प्यार-द्वारा ॥ 114 ॥

मम उर जिसके ही हेतु है मोम जैसा।
निज उर वह क्यों है संग जैसा बनाता।
विलसित जिसमें है चारु-चिन्ता उसीकी।
वह उस चित की है चेतना क्यों चुराता ॥ 115 ॥

जिस पर निज प्राणों को दिया वार मैंने।
वह प्रियतम कैसे हो गया निर्दयी है।
जिस कुँवर बिना हैं याम होते युगों से।
वह छवि दिखलाता क्यों नहीं लोचनों को ॥ 116 ॥

सब तज हमने है एक पाया जिसे ही।
अयि अलि! उसने है क्या हमें त्याग पाया।
हम मुख जिसका ही सर्वदा देखती हैं।
वह प्रिय न हमारी ओर क्यों ताक पाया ॥ 117 ॥

विलसित उर में है जो सदा देवता सा।
वह निज उर में है ठौर भी क्यों न देता।
नित वह कलपाता है मुझे कान्त हो क्यों।
जिस बिन कल पाते हैं नहीं प्राण मेरे॥ 118॥

मम दृग जिसके ही रूप में हैं रमे से।
अहह वह उन्हें है निर्ममों सा रुलाता।
यह मन जिनके ही प्रेम में मग्न सा है।
वह मद उसको क्यों मोह का है पिलाता॥ 119॥

जब अब अपने ए अंग ही हैं न आली।
तब प्रियतम में मैं क्या करूँ तर्कनायें।
जब निज तन का ही भेद मैं हूँ न पाती।
तब कुछ कहना ही कान्त को अज्ञता है॥ 120॥

दृग अति अनुरागी श्यामली-मूर्त्ति के हैं।
युग श्रुति सुनना हैं चाहते चारु-तानें।
प्रियतम मिलने की चौगुनी लालसा से।
प्रति-पल अधिकाती चित्त की आतुरी है॥ 121॥

उर विदलित होता मत्तता वृद्धि पाती।
बहु विलख न जो मैं यामिनी-मध्य रोती।
विरह-दव सताता, गात सारा जलाता।
यदि मम नयनों में वारि-धारा न होती॥ 122॥

कब तक मन मारूँ दग्ध हो जी जलाऊँ।
निज-मृदुल-कलेजे में शिला क्यों लगाऊँ।
वन-वन विलपूँ या मैं धँसूँ मेदिनी में।
निज-प्रियतम प्यारी मूर्त्ति क्यों देख पाऊँ॥ 123॥

तव तट पर आ के नित्य ही कान्त मेरे।
पुलकित बन भावों में पगे घूमते हैं।
यक दिन उनको पा प्रीत जी से सुनाना।
कल-कल-ध्वनि-द्वारा सर्व मेरी व्यथायें॥ 124॥

विधि वश यदि तेरी धार में आ गिरूँ मैं।
मम तन ब्रज की ही मेदिनी में मिलाना।
उस पर अनुकूला हो, बड़ी मंजुता से।
कल-कुसुम अनूठी-श्यामता के उगाना॥ 125॥

घन-तन-रत मैं हूँ तू असेतांगिनी है।
तरलित-उर तू है चैन मैं हूँ न पाती।
अयि अलि बन जा तू शान्ति-दाता हमारी।
अति प्रतपित मैं हूँ ताप तू है भगाती॥ 126॥

मन्दाक्रान्ता छन्द

रोई आ के कुसुम-ढिग औ भृंग के साथ बोली।
वंशी-द्वारा-भ्रमित बन के बात की कोकिला से।
देखा प्यारे कमल-पग के अंक को उन्मना हो।
पीछे आयी तरणि-तनया-तीर उत्कण्ठिता सी॥ 127॥

द्रुतविलम्बित छन्द

तदुपरान्त गयी गृह-बालिका।
व्यथित ऊधव को अति ही बना।
सब सुना सब ठौर छिपे गये।
पर न बोल सके वह अल्प भी॥ 128॥

षोडश सर्ग

वंशस्थ छन्द

विमुग्ध-कारी मधु मंजु मास था।
वसुन्धरा थी कमनीयता-मयी।
विचित्रता-साथ विराजिता रही।
वसंत वासंतिकता वनान्त में॥ 1 ॥

नवीन भूता वन की विभूति में।
विनोदिता-वेलि विहंग-वृन्द में।
अनूपता व्यापित थी वसन्त की।
निकुंज में कूजित-कुंज-पुंज में॥ 2 ॥

प्रफुल्लिता कोमल-पल्लवान्विता।
मनोज्ञता-मूर्त्ति नितान्त-रंजिता।
वनस्थली थी मकरन्द-मोदिता।
अकीलिता कोकिल-काकली-मयी॥ 3 ॥

निसर्ग ने, सौरभ ने, पराग ने।
प्रदान की थी अति कान्त-भाव से।
वसुन्धरा को, पिक को, मिलिन्द को।
मनोज्ञता, मादकता, मदान्धता॥ 4 ॥

वसन्त की भाव-भरी विभूति सी।
मनोज की मंजुल-पीठिका-समा।
लसी कहीं थी सरसा सरोजिनी।
कुमोदिनी-मानस-मोदिनी कहीं॥ 5 ॥

नवांकुरों में कलिका-कलाप में।
नितान्त न्यारे फल पत्र-पुंज में।
निसर्ग-द्वारा सु प्रसूत-पुष्प में।
प्रभूत पुंजी-कृत थी प्रफुल्लता ॥ 6 ॥

विमुग्धता की वर-रंग-भूमि सी।
प्रलुब्धता केलि वसुंधरोपमा।
मनोहरा थीं तरु-वृन्द-डालियाँ।
नयी कली मंजुल-मंजरीमयी ॥ 7 ॥

अन्यूनता दिव्य फलादि की, दिखा।
महत्त्व औ गौरव, सत्य-त्याग का।
विचित्रता से करती प्रकाश थी।
स-पत्रता पादप पत्र-हीन की ॥ 8 ॥

वसन्त - माधुर्य्य - विकाश - वर्द्धिनी।
क्रिया-मयी मार-महोत्सवांकिता।
सु-कोंपलें थीं तरु-अंक में लसी।
स-अंगरागा अनुराग-रंजिता ॥ 9 ॥

नये-नये पल्लववान पेड़ में।
प्रसून में आगत थी अपूर्वता।
वसन्त में थी अधिकांश शोभिता।
विकाशिता-वेलि प्रफुल्लिता-लता ॥ 10 ॥

अनार में औ कचनार में बसी।
ललामता थी अति ही लुभावनी।
बड़े लसे लोहित-रंग-पुष्प से।
पलाश की थी अपलाशता ढकी ॥ 11 ॥

स-सौरभा लोचन की प्रसादिका।
वसन्त - वासंतिकता - विभूषिता।
विनोदिता हो बहु थी विनोदिनी।
प्रिया-समा मंजु-प्रियाल-मंजरी ॥ 12 ॥

दिशा प्रसन्ना महि पुष्प-संकुला।
नवीनता-पूरित पादपावली।
वसन्त में थी लतिका सु-यौवना।
अलापिका पंचम-तान कोकिला ॥ 13 ॥

अपूर्व-स्वर्गीय-सुगन्ध में सना।
सुधा बहाता धमनी-समूह में।
समीर आता मलयाचलांक से।
किसे बनाता न विनोद-मग्न था ॥ 14 ॥

प्रसादिनी-पुष्प सुगन्ध-वर्द्धिनी।
विकाशिनी वेलि लता विनोदिनी।
अलौकिकी थी मलयालिनी क्रिया।
विमोहिनी पादप पंक्ति-मोदिनी ॥ 15 ॥

वसन्त शोभा प्रतिकूल थी बड़ी।
वियोग-मग्ना ब्रज-भूमि के लिये।
बना रही थी उसको व्यथामयी।
विकाश पाती वन-पादपावली ॥ 16 ॥

दृगों उरों को दहती अतीव थीं।
शिखाग्नि-तुल्या तरु-पुंज-कोंपलें।
अनार-शाखा कचनार-डाल थी।
अपार अंगारक पुंज-पूरिता ॥ 17 ॥

नितान्त ही थी प्रतिकूलता-मयी।
प्रियाल की प्रीति-निकेत-मंजरी।
बना अतीवाकुल म्लान चित्त को।
विदारता था तरु कोबिदार का ॥ 18 ॥

भयंकरी व्याकुलता-विकासिका।
सशंकता-मूर्त्ति प्रमोद-नाशिनी।
अतीव थी रक्तमयी अशोभना।
पलाश की पंक्ति पलाशिनी समा ॥ 19 ॥

इतस्ततः भ्रान्त-समान घूमती।
प्रतीत होती अवली मिलिन्द की।
विदूषिता होकर थी कलंकिता।
अलंकृता कोकिल कान्त कंठता॥ 20॥

प्रसून की मोहकता मनोज्ञता।
नितान्त थी अन्यमनस्कतामयी।
न वांछिता थी न विनोदनीय थी।
अ-मानिता हो मलयानिल-क्रिया॥ 21॥

बड़े यशस्वी वृष-भानु गेह के।
समीप थी एक विचित्र वाटिका।
प्रबुद्ध-ऊधो इसमें इन्हीं दिनों।
प्रबोध देने ब्रज-देवि को गये॥ 22॥

वसन्त को पा यह शान्त वाटिका।
स्वभावतः कान्त नितान्त थी हुई।
परन्तु होती उसमें स-शान्ति थी।
विकाश की कौशल-कारिणी-क्रिया॥ 23॥

शनैः शनैः पादप पुंज कोंपलें।
विकाश पा के करती प्रदान थीं।
स-आतुरी रक्तिमता-विभूति को।
प्रमोदनीया - कमनीया - श्यामता॥ 24॥

अनेक आकार-प्रकार से मनों।
बता रही थीं यह गूढ़-मर्म्म वे।
नहीं रँगेगा वह श्याम-रंग में।
न आदि में जो अनुराग में रँगा॥ 25॥

प्रसून थे भाव-समेत फूलते।
लुभावने श्यामल पत्र अंक में।
सुगंध को पूत बना दिगन्त में।
पसारती थी पवनातिपावनी॥ 26॥

प्रफुल्लता में अति-गूढ़-म्लानता।
मिली हुई साथ पुनीत-शान्ति के।
सु-व्यंजिता संयत भाव संग थी।
प्रफुल्ल-पाथोज प्रसून-पुंज में ॥ 27 ॥

स-शान्ति आते उड़ते निकुंज में।
स-शान्ति जाते ढिग थे प्रसून के।
बने महा-नीरव, शान्त, संयमी।
स-शान्ति पीते मधु को मिलिन्द थे ॥ 28 ॥

विनोद से पादप पै विराजना।
विहंगिनी साथ विलास बोलना।
बँधा हुआ संयम-सूत्र साथ था।
कलोलकारी खग का कलोलना ॥ 29 ॥

न प्रायशः आनन त्यागती रही।
न थी बनाती ध्वनिता दिगन्त को।
न बाग में पा सकती विकाश थी।
अ-कुंठिता हो कल-कंठ-काकली ॥ 30 ॥

इसी तपोभूमि-समान वाटिका।
सु-अंक में सुन्दर एक कुंज थी।
समावृता श्यामल-पुष्प-संकुला।
अनेकशः वेलि-लता-समूह से ॥ 31 ॥

विराजती थीं वृष-भानु-नन्दिनी।
इसी बड़े नीरव शान्त-कुंज में।
अतः यहीं श्रीबलवीर-बन्धु ने।
उन्हें विलोका अलि वृन्द-आवृता ॥ 32 ॥

प्रशान्त, म्लाना, वृषभानु-कन्यका-
सु-मूर्त्ति देवी सम दिव्यतामयी।
विलोक, हो भावित भक्ति-भाव से।
विचित्र ऊधो-उर की दशा हुई ॥ 33 ॥

अतीव थी कोमल-कान्ति नेत्र की।
परन्तु थी शान्ति विषाद-अंकिता।
विचित्र-मुद्रा मुख-पद्म की मिली।
प्रफुल्लता - आकुलता - समन्विता ॥ 34 ॥

स-प्रीति वे आदर के लिये उठीं।
विलोक आया ब्रज-देव बन्धु को।
पुनः उन्होंने निज-शान्ति-कुंज में।
उन्हें बिठाया अति-भक्ति-भाव से ॥ 35 ॥

अतीव-सम्मान समेत आदि में।
ब्रजेश्वरी की कुशलादि पूछ के।
पुनः सुधी-ऊधव ने स-नम्रता।
कहा सँदेसा वह श्याम-मूर्त्ति का ॥ 36 ॥

मन्दाक्रान्ता छन्द

प्राणाधारे परम-सरले प्रेम की मूर्त्ति राधे।
निर्माता ने पृथक तुमसे यों किया क्यों मुझे है।
प्यारी आशा प्रिय-मिलन की नित्य है दूर होती।
कैसे ऐसे कठिन-पथ का पान्थ मैं हो रहा हूँ ॥ 39 ॥

जो दो प्यारे हृदय मिल के एक ही हो गये हैं।
क्यों धाता ने विलग उनके गात को यों किया है।
कैसे आ के गुरु-गिरि पड़े बीच में हैं उन्हींके।
जो दो प्रेमी मिलित पय औ नीर से नित्यशः थे ॥ 38 ॥

उत्कण्ठा के विवश नभ को, भूमि को, पादपों को।
ताराओं को, मनुज-मुख को प्रायशः देखता हूँ।
प्यारी! ऐसी न ध्वनि मुझको है कहीं भी सुनाती।
जो चिन्ता से चलित-चित की शान्ति का हेतु होवे ॥ 39 ॥

जाना जाता परम विधि के बन्धनों का नहीं है।
तो भी होगा उचित चित में यों प्रिये सोच लेना।
होते जाते विफल यदि हैं सर्व-संयोग सूत्र।
तो होवेगा निहित इसमें श्रेय का बीज कोई ॥ 40 ॥

हैं प्यारी औ मधुर सुख औ भोग की लालसायें।
कान्ते, लिप्सा जगत-हित की और भी है मनोज्ञा।
इच्छा आत्मा परम-हित की मुक्ति की उत्तमा है।
वांछा होती विशद उससे आत्म-उत्सर्ग की है॥ 41॥

जो होता है निरत तप में मुक्ति की कामना से।
आत्मार्थी है, न कह सकते हैं उसे आत्मत्यागी।
जी से प्यारा जगत-हित औ लोक-सेवा जिसे है।
प्यारी सच्चा अवनि-तल में आत्मत्यागी वही है॥ 42॥

जो पृथ्वी के विपुल-सुख की माधुरी है विपाशा।
प्राणी-सेवा जनित सुख की प्राप्ति तो जन्हुजा है।
जो आद्या है नखत द्युति सी व्याप जाती उरों में।
तो होती है लसित उसमें कौमुदी सी द्वितीया॥ 43॥

भोगों में भी विविध कितनी रंजिनी-शक्तियाँ हैं।
वे तो भी हैं जगत-हित से मुग्धकारी न होते।
सच्ची यों है कलुष उनमें हैं बड़े क्लान्ति-कारी।
पाई जाती लसित इसमें शान्ति लोकोत्तरा है॥ 44॥

है आत्मा का न सुख किसको विश्व के मध्य प्यारा।
सारे प्राणी स-रुचि इसकी माधुरी में बँधे हैं।
जो होता है न वश इसके आत्म-उत्सर्ग-द्वारा।
ऐ कान्ते है सफल अवनी-मध्य आना उसीका॥ 45॥

जो है भावी परम-प्रबला दैव-इच्छा प्रधाना।
तो होवेगा उचित न, दुखी वांछितों हेतु होना।
श्रेयःकारी सतत दयिते सात्विकी-कार्य्य होगा।
जो हो स्वार्थोपरत भव में सर्व-भूतोपकारी॥ 46॥

वंशस्थ छन्द

अतीव हो अन्यमना विषादिता।
विमोचते वारि दृगारविन्द से।
समस्त सन्देश सुना ब्रजेश का।
ब्रजेश्वरी ने उर वज्र सा बना॥ 47॥

पुनः उन्होंने अति शान्त-भाव से।
कभी बहा अश्रु कभी स-धीरता।
कहीं स्व-बातें बलवीर-बंधु से।
दिखा कलत्रोचित-चित्त-उच्चता ॥ 48 ॥

मन्दाक्रान्ता छन्द

मैं हूँ ऊधो पुलकित हुई आपको आज पा के।
सन्देशों को श्रवण कर के और भी मोदिता हूँ।
मंदीभूता, उर-तिमिर की ध्वंसिनी ज्ञान आभा।
उद्दीप्ता हो उचित-गति से उज्ज्वला हो रही है ॥ 49 ॥

मेरे प्यारे, पुरुष, पृथिवी-रत्न औ शान्त धी हैं।
सन्देशों में तदपि उनकी, वेदना, व्यंजिता है।
मैं नारी हूँ, तरल-उर हूँ, प्यार से वंचिता हूँ।
जो होती हूँ विकल, विमना, व्यस्त, वैचित्र्य क्या है ॥ 50 ॥

हो जाती है रजनि मलिना ज्यों कला-नाथ डूबे।
वाटी शोभा रहित बनती ज्यों वसन्तान्त में है।
त्योंही प्यारे विधु-वदन की कान्ति से वंचिता हो।
श्री-हीना और मलिन ब्रज की मेदिनी हो गयी है ॥ 51 ॥

जैसे प्रायः लहर उठती वारि में वायु से है।
त्योंही होता चित चलित है कश्चिदावेग-द्वारा।
उद्वेगों से व्यथित बनता बात स्वाभाविकी है।
हाँ, ज्ञानी औ विवुध-जन में मुह्यता है न होती ॥ 52 ॥

पूरा-पूरा परम-प्रिय का मर्म्म मैं बूझती हूँ।
है जो वांछा विशद उर गें जानती भी उसे हूँ।
यत्नों द्वारा प्रति-दिन अतः मैं महा संयता हूँ।
तो भी देती विरह-जनिता-वासनायें व्यथा हैं ॥ 53 ॥

जो मैं कोई विहग उड़ता देखती व्योम में हूँ।
तो उत्कण्ठा-विवश चित में आज भी सोचती हूँ।
होते मेरे अबल तन में पक्ष जो पक्षियों से।
तो यों ही मैं स-मुद उड़ती श्याम के पास जाती ॥ 54 ॥

जो उत्कण्ठा अधिक प्रबला है किसी काल होती।
तो ऐसी है लहर उठती चित्त में कल्पना की।
जो हो जाती पवन, गति पा वांछिता लोक-प्यारी।
मैं छू आती परम-प्रिय के मंजु-पादाम्बुजों को ॥ 55 ॥

निर्लिप्ता हूँ अधिकतर मैं नित्यशः संयता हूँ।
तो भी होती अति व्यथित हूँ श्याम की याद आते।
वैसी वांछा जगत-हित की आज भी है न होती।
जैसी जी में लसित प्रिय के लाभ की लालसा है ॥ 56 ॥

हो जाता है उदित उर में मोह जो रूप-द्वारा।
व्यापी भू में अधिक जिसकी मंजु-कार्य्यावली है।
जो प्रायः है प्रसव करता मुग्धता मानसों में।
जो है क्रीड़ा अवनि चित्त की भ्रान्ति उद्विग्नता का ॥ 57 ॥

जाता है पंच-शर जिसकी 'कल्पिता-मूर्त्ति' माना।
जो पुष्पों के विशिख-बल में विश्व को वेधता है।
भाव-ग्राही मधुर-महती चित्त-विक्षेप-शीला।
न्यारी-लीला सकल जिसकी मानसोन्मादिनी है ॥ 58 ॥

वैचित्र्यों से वलित उसमें ईदृशी शक्तियाँ हैं।
ज्ञाताओं ने प्रणय उसको है बताया न तो भी।
है दोनों से सबल बनती भूरि-आसंग-लिप्सा।
होती है किन्तु प्रणयज ही स्थायिनी औ प्रधाना ॥ 59 ॥

जैसे पानी प्रणय तृषितों की तृषा है न होती।
हो पाती है न क्षुधित-क्षुब्धा अन्न-आसक्ति जैसे।
वैसे ही रूप निलय नरों मोहनी-मूर्त्तियों में।
हो पाता है न 'प्रणय' हुआ मोह रूपादि-द्वारा ॥ 60 ॥

मूली-भूता इस प्रणय की बुद्धि की वृत्तियाँ हैं।
हो जाती हैं समधिकृत जो व्यक्ति के सद्गुणों से।
वे होते हैं नित नव, तथा दिव्यता-धाम स्थायी।
पाई जाती प्रणय-पथ में स्थायिता है इसीसे ॥ 61 ॥

हो पाता है विकृत स्थिरता-हीन हैं रूप होता।
पाई जाती नहिं इसलिये मोह में स्थायिता है।
होता है रूप विकसित भी प्रायशः एक ही सा।
हो जाता है प्रशमित अतः मोह संभोग से भी ॥ 62 ॥

नाना स्वार्थों सरस-सुख की वासना-मध्य डूबा।
आवेगों से वलित ममतावान है मोह होता।
निष्कामी है प्रणय-शुचिता-मूर्त्ति है सात्विकी है।
होती पूरी प्रमिति उसमें आत्म-उत्सर्ग की है ॥ 63 ॥

सद्यः होती फलित, चित में मोह की मत्तता है।
धीरे-धीरे प्रणय बसता, व्यापता है उरों में।
हो जाता है विवश अपरा-वृत्तियाँ मोह-द्वारा।
भावोन्मेषी प्रणय करता चित्त सद्वृत्ति को है ॥ 64 ॥

हो जाते हैं उदय कितने भाव ऐसे उरों में।
होती है मोह-वश जिनमें प्रेम की भ्रान्ति प्रायः।
वे होते हैं न प्रणय न वे हैं समीचीन होते।
पाई जाती अधिक उनमें मोह की वासना है ॥ 65 ॥

हो के उत्कण्ठ प्रिय-सुख की भूयसी-लालसा से।
जो है प्राणी हृदय-तल की वृत्ति उत्सर्ग-शीला।
पुण्याकांक्षा सुयश-रुचि वा धर्म-लिप्सा बिना ही।
ज्ञाताओं ने प्रणय अभिधा दान की है उसी को ॥ 66 ॥

आदौ होता गुण ग्रहण है उक्त सद्वृत्ति-द्वारा।
हो जाती है उदित उर में फेर आसंग-लिप्सा।
होती उत्पन्न सहृदयता बाद संसर्ग के है।
पीछ खो आत्म-सुधि लसती आत्म-उत्सर्गता है ॥ 67 ॥

सद्‌गंधों से, मधुर-स्वर से, स्पर्श से औ रसों से।
जो हैं प्राणी हृदय-तल में मोह उद्‌भूत होते।
वे ग्राही हैं जन-हृदय के रूप के मोह ही से।
हो पाते हैं तदपि उतने मत्तकारी नहीं वे ॥ 68 ॥

व्यापी भी है अधिक उनमें रूप का मोह होता।
पाया जाता प्रबल उसका चित्त-चाञ्चल्य भी है।
मानी जाती न क्षिति-तल में है पतंगोपमाना।
भृंगों, मीनों द्विरद मृग की मत्तता प्रीतिमत्ता ॥ 69 ॥

मोहों में है प्रबल सबसे रूप का मोह होता।
कैसे होंगे अपर, वह जो प्रेम है हो न पाता।
जो है प्यारा प्रणय-मणि सा काँच सा मोह तो है।
ऊँची न्यारी रुचिर महिमा मोह से प्रेम की है ॥ 70 ॥

दोनों आँखें निरख जिसको तृप्त होती नहीं हैं।
ज्यों-ज्यों देखें अधिक जिसकी दीखती मंजुता है।
जो है लीला-निलय महि में वस्तु स्वर्गीय जो है।
ऐसा राका-उदित-विधु सा रूप उल्लासकारी ॥ 71 ॥

उत्कण्ठा से बहु सुन जिसे मत्त सा बार लाखों।
कानों की है न तिल भर भी दूर होती पिपासा।
हृत्तन्त्री में ध्वनित करता स्वर्ग-संगीत जो है।
ऐसा न्यारा-स्वर उर-जयी विश्व-व्यामोहकारी ॥ 72 ॥

होता है मूल अग जग के सर्वरूपों-स्वरों का।
या होती है मिलित उसमें मुग्धता सद्गुणों की।
ए बातें ही विहित-विधि के साथ हैं व्यक्त होती।
न्यारे गंधों सरस-रस, औ स्पर्श-वैचित्र्य में भी ॥ 73 ॥

पूरी-पूरी कुँवर-वर के रूप में है महत्ता।
मंत्रों से हो मुखर, मुरली दिव्यता से भरी है।
सारे न्यारे प्रमुख-गुण की सात्विकी मूर्त्ति वे हैं।
कैसे व्यापी प्रणय उनका अन्तरों में न होगा ॥ 74 ॥

जो आसक्ता ब्रज-अवनि में बालिकायें कई हैं।
वे सारी ही प्रणय रँग से श्याम के रञ्जिता हैं।
मैं मानूँगी अधिक उनमें हैं महा-मोह-मग्ना।
तो भी प्रायः प्रणय-पथ की पंथिनी ही सभी हैं ॥ 75 ॥

मेरी भी है कुछ गति यही श्याम को भूल दूँ क्यों।
काढूँ कैसे हृदय-तल से श्यामली-मूर्त्ति न्यारी।
जीते जी जो न मन सकता भूल है मंजु-तानें।
तो क्यों होंगी शमित प्रिय के लाभ की लालसायें॥ 76॥

ए आँखें हैं जिधर फिरती चाहती श्याम को हैं।
कानों को भी मधुर-रव की आज भी लौ लगी है।
कोई मेरे हृदय-तल को पैठ के जो विलोके।
तो पावेगा लसित उसमें कान्ति-प्यारी उन्हींकी॥ 77॥

जो होता है उदित नभ में कौमुदी कांत आ के।
या जो कोई कुसुम विकसा देख पाती कहीं हूँ।
शोभा-वाले हरित दल के पादपों को विलोके।
है प्यारे का विकच-मुखड़ा आज भी याद आता॥ 78॥

कालिन्दी के पुलिन पर जा, या, सजीले-सरों में।
जो मैं फूले-कमल-कुल को मुग्ध हो देखती हूँ।
तो प्यारे के कलित-कर की औ अनूठे-पगों की।
छा जाती है सरस-सुषमा वारि स्रावी-दृगों में॥ 79॥

ताराओं से खचित-नभ को देखती जो कभी हूँ।
या मेघों में मुदित-बक की पंक्तियाँ दीखती हैं।
तो जाती हूँ उमग बँधता ध्यान ऐसा मुझे है।
मानों मुक्ता-लसित-उर है श्याम का दृष्टि आता॥ 80॥

छू देती है मृदु-पवन जो पास आ गात मेरा।
तो हो जाती परस सुधि है श्याम-प्यारे-करों की।
ले पुष्पों की सुरभि वह जो कुञ्ज में डोलती है।
तो गन्धों से बलित मुख की वास है याद आती॥ 81॥

ऊँचे-ऊँचे शिखर चित की उच्चता हैं दिखाते।
ला देता है परम दृढ़ता मेरु आगे दृगों के।
नाना-क्रीड़ा-निलय-झरना चारु-छींटें उड़ाता।
उल्लासों को कुँवर-वर के चक्षु में है लसाता॥ 82॥

कालिन्दी एक प्रियतम के गात की श्यामता ही।
मेरे प्यासे दृग-युगल के सामने है न लाती।
प्यारी लीला सकल अपने कूल की मंजुता से।
सद्भावों के सहित चित में सर्वदा है लसाती ॥ 83 ॥

फूली सन्ध्या परम-प्रिय की कान्ति सी है दिखाती।
मैं पाती हूँ रजनी-तन में श्याम का रंग छाया।
ऊषा आती प्रति-दिवस है प्रीति से रंजिता हो।
पाया जाता वर-वदन सा ओप आदित्य में है ॥ 84 ॥

मैं पाती हूँ अलक-सुषमा भृंग की मालिका में।
है आँखों की सु-छवि मिलती खंजनों औ मृगों में।
दोनों बाँहें कलभ कर को देख हैं याद आती।
पाई शोभा रुचिर शुक के ठोर में नासिका की ॥ 85 ॥

है दाँतों की झलक मुझको दीखती दाड़िमों में।
विम्बाओं में वर अधर सी राजती लालिमा है।
मैं केलों में जघन-युग की मंजुता देखती हूँ।
गुल्फों की सी ललित सुषमा है गुलों में दिखाती ॥ 86 ॥

नेत्रोन्मादी बहु-मुदमयी-नीलिमा गात की सी।
न्यारे नीले गगन-तल के अंक में राजती है।
भू में शोभा, सुरस जल में, वन्हि में दिव्य-आभा।
मेरे प्यारे-कुँवर वर सी प्रायशः है दिखाती ॥ 87 ॥

सायं-प्रातः सरस-स्वर से कूजते हैं पखेरू।
प्यारी-प्यारी मधुर-ध्वनियाँ मत्त हो, हैं सुनाते।
मैं पाती हूँ मधुर ध्वनि में कूजने में खगों के।
मीठी-तानें परम-प्रिय की मोहिनी-वंशिका की ॥ 88 ॥

मेरी बातें श्रवण कर के आप उद्विग्न होंगे।
जानेंगे मैं विवश बन के हूँ महा-मोह-मग्ना।
सच्ची यों है न निज-सुख के हेतु मैं मोहिता हूँ।
संरक्षा में प्रणय-पथ के भावतः हूँ सयत्ना ॥ 89 ॥

हो जाती है विधि-सृजन से इक्षु में माधुरी जो।
आ जाता है सरस रँग जो पुष्प की पंखड़ी में।
क्यों होगा सो रहित रहते इक्षुता-पुष्पता के।
ऐसे ही क्यों प्रसृत उर से जीवनाधार होगा ॥ 90 ॥

क्यों मोहेंगे न दृग लख के मूर्त्तियाँ रूपवाली।
कानों को भी मधुर-स्वर से मुग्धता क्यों न होगी।
क्यों डूबोंगे न उर रँग में प्रीति-आरंजितों के।
धाता-द्वारा सृजित तन में तो इसी हेतु वे हैं ॥ 91 ॥

छाया-ग्राही मुकुर यदि हो, वारि हो चित्र क्या है।
जो वे छाया ग्रहण न करें चित्रता तो यही है।
वैसे ही नेत्र, श्रुति, उर में जो न रूपादि व्यापें।
तो विज्ञानी, विवुध उनको स्वस्थ कैसे कहेंगे ॥ 92 ॥

पाई जाती श्रवण करने आदि में भिन्नता है।
देखा जाना प्रभृति भव में भूरि-भेदों भरा है।
कोई होता कलुष-युत है कामना-लिप्त हो के।
त्योंही कोई परम-शुचितावान औ संयमी है ॥ 93 ॥

पक्षी होता सु-पुलकित है देख सत्पुष्प फूला।
भौंरा शोभा निरख रस ले मत्त हो गूँजता है।
अर्थी-माली मुदित बन भी है उसे तोड़ लेता।
तीनों का ही कल-कुसुम का देखना यों त्रिधा है ॥ 94 ॥

लोकोल्लासी छवि लख किसी रूप उद्भासिता की।
कोई होता मदन-वश है मोद में मग्न कोई।
कोई गाता परम-प्रभु की कीर्त्ति है मुग्ध सा हो।
यों तीनों की प्रचुर-प्रखरा दृष्टि है भिन्न होती ॥ 95 ॥

शोभा-वाले विटप विलसे पक्षियों के स्वरों से।
विज्ञानी है परम-प्रभु के प्रेम का पाठ पाता।
व्याधा की हैं हनन-रुचियाँ और भी तीव्र होती।
यों दोनों के श्रवण करने में बड़ी भिन्नता है ॥ 96 ॥

यों ही है भेद युत चखना, सूँघना और छूना।
पात्रों में है प्रकट इनकी भिन्नता नित्य होती।
ऐसी ही हैं हृदय-तल के भाव में भिन्नतायें।
भावों ही से अवनि-तल है स्वर्ग के तुल्य होता ॥ 97 ॥

प्यारे आवें सु-बयन कहें प्यार से गोद लेवें।
ठंढे होवें नयन, दुख हों दूर मैं मोद पाऊँ।
ए भी हैं भाव मम उर के और ए भाव भी हैं।
प्यारे जीवें जग-हित करें गेह चाहे न आवें ॥ 98 ॥

जो होता है हृदय-तत का भाव लोकोपतापी।
छिद्रान्वेषी, मलिन, वह है तामसी-वृत्ति-वाला।
नाना भोगाकलित विविधा-वासना-मध्य डूबा।
जो है स्वार्थाभिमुख वह है राजसी-वृत्ति शाली ॥ 99 ॥

निष्कामी है भव-सुखद है और है विश्व-प्रेमी।
जो है भोगोपरत वह है सात्विकी-वृत्ति-शोभी।
ऐसी ही है, श्रवण करने आदि की भी व्यवस्था।
आत्मोत्सर्गी, हृदय-तल की सात्विकी-वृत्ति ही है ॥ 100 ॥

जिह्वा, नासा, श्रवण अथवा नेत्र होते शरीरी।
क्यों त्यागेंगे प्रकृति अपने कार्य को क्यों तजेंगे।
क्यों होवेंगी शमित उर की लालसायें, अतः मैं।
रंगे देती प्रति-दिन उन्हें सात्विकी-वृत्ति में हूँ ॥ 101 ॥

कंजों का या उदित-विधु का देख सौन्दर्य्य आँखों।
या कानों से श्रवण कर के गान मीठा खगों का।
मैं होती थी व्यथित, अब हूँ शान्ति सानन्द पाती।
प्यारे के पाँव, मुख, मुरली-नाद जैसा उन्हें पा ॥ 102 ॥

यों ही जो है अवनि नभ में दिव्य, प्यारा, उन्हें मैं।
जो छूती हूँ श्रवण करती देखती सूँघती हूँ।
तो होती हूँ मुदित उनमें भावतः श्याम की पा।
न्यारी-शोभा, सुगुण-गरिमा अंग संभूत साम्य ॥ 103 ॥

हो जाने से हृदय-तल का भाव ऐसा निराला।
मैंने न्यारे परम गरिमावान दो लाभ पाये।
मेरे जी में हृदय विजयी विश्व का प्रेम जागा।
मैंने देखा परम प्रभु को स्वीय-प्राणेश ही में॥ 104॥

पाई जाती विविध जितनी वस्तुयें हैं सबों में।
जो प्यारे को अमित रँग औ रूप में देखती हूँ।
तो मैं कैसे न उन सबको प्यार जी से करूँगी।
यों है मेरे हृदय-तल में विश्व का प्रेम जागा॥ 105॥

जो आता है न जन-मन में जो परे बुद्धि के है।
जो भावों का विषय न बना नित्य अव्यक्त जो है।
है ज्ञाता की न गति जिसमें इन्द्रियातीत जो है।
सो क्या है, मैं अबुध अबला जान पाऊँ उसे क्यों॥ 106॥

शास्त्रों में है कथित प्रभु के शीश और लोचनों की।
संख्यायें हैं अमित पग औ हस्त भी हैं अनेकों।
सो हो के भी रहित मुख से नेत्र नासादिकों से।
छूता, खाता, श्रवण करता, देखता, सूँघता है॥ 107॥

ज्ञाताओं ने विशद इसका मर्म्म यों है बताया।
सारे प्राणी अखिल जग के मूर्त्तियाँ हैं उसीकी।
होतीं आँखें प्रभृति उनकी भूरि-संख्यावती हैं।
सो विश्वात्मा अमित-नयनों आदि-वाला अतः है॥ 108॥

निष्प्राणों की विफल बनतीं सर्व-गात्रेन्द्रियाँ हैं।
है अन्या-शक्ति कृति करती वस्तुतः-इन्द्रियों की।
सो है नासा न दृग रसना आदि ईशांश ही है।
होके नासादि रहित अतः सूँघता आदि सो है॥ 109॥

ताराओं में तिमिर-हर में वह्नि-विद्युल्लता में।
नाना रत्नों, विविध मणियों में विभा है उसीकी।
पृथ्वी, पानी, पवन, नभ में, पादपों में, खगों में।
मैं पाती हूँ प्रथित-प्रभुता विश्व में व्याप्त की ही॥ 110॥

प्यारी-सत्ता जगत-गत की नित्य लीला-मयी है।
स्नेहोपेता परम-मधुरा पूतता में पगी है।
ऊँची-न्यारी सरल-सरसा ज्ञान-गर्भा मनोज्ञा।
पूज्या मान्या हृदय-तल की रंजिनी उज्ज्वला है॥ 111॥

मैंने की हैं कथन जितनी शास्त्र-विज्ञात बातें।
वे बातें हैं प्रकट करती ब्रह्म है विश्व-रूपी।
व्यापी है विश्व प्रियतम में विश्व में प्राणप्यारा।
यों ही मैंने जगत-पति को श्याम में है विलोका॥ 112॥

शास्त्रों में है लिखित प्रभु की भक्ति निष्काम जो है।
सो दिव्या है मनुज-तनु की सर्व संसिद्धियों से।
मैं होती हूँ सुखित यह जो तत्वतः देखती हूँ।
प्यारे की औ परम-प्रभु की भक्तियाँ हैं अभिन्ना॥ 113॥

द्रुतविलम्बित छन्द

जगत-जीवन प्राण स्वरूप का।
निज पिता जननी गुरु आदि का।
स्व-प्रिय का प्रिय साधन भक्ति है।
वह अकाम महा-कमनीय है॥ 114॥

श्रवण, कीर्त्तन, वन्दन, दासता।
स्मरण, आत्म-निवेदन, अर्चना।
सहित सख्य तथा पद-सेवना।
निगदिता नवधा प्रभु-भक्ति है॥ 115॥

वंशस्थ छन्द

बना किसी की यक मूर्त्ति कल्पिता।
करे उसकी पद-सेवनादि जो।
न तुल्य होगा वह बुद्धि दृष्टि से।
स्वयं उसी की पद-अर्चनादि के॥ 116॥

मन्दाक्रान्ता छन्द

विश्वात्मा जो परम प्रभु है रूप तो हैं उसीके।
सारे प्राणी सरि गिरि लता वेलियाँ वृक्ष नाना।
रक्षा पूजा उचित उनका यत्न सम्मान सेवा।
भावोपेता परम प्रभु की भक्ति सर्वोत्तमा हैं॥ 117 ॥

जी से सारा कथन सुनना आर्त्त-उत्पीड़ितों का।
रोगी प्राणी व्यथित जन का लोक-उन्नायकों का।
सच्छास्त्रों का श्रवण सुनना वाक्य सत्संगियों का।
मानी जाती श्रवण-अभिधा-भक्ति है सज्जनों में॥ 118 ॥

सोये जागें, तम-पतित की दृष्टि में ज्योति आवे।
भूले आवें सु-पथ पर औ ज्ञान-उन्मेष होवे।
ऐसे गाना कथन करना दिव्य-न्यारे गुणों का।
है प्यारी भक्ति प्रभुवर की कीर्त्तनोपाधिवाली॥ 119 ॥

विद्वानों के स्व-गुरु-जन के देश के प्रेमिकों के।
ज्ञानी दानी सु-चरित गुणी सर्व-तेजस्वियों के।
आत्मोत्सर्गी विवुध जन के देव सद्विग्रहों के।
आगे होना नमित प्रभु की भक्ति है वन्दनाख्या॥ 120 ॥

जो बातें हैं भव-हितकरी सर्व-भूतोपकारी।
जो चेष्टायें मलिन गिरती जातियाँ हैं उठाती।
हो सेवा में निरत उनके अर्थ उत्सर्ग होना।
विश्वात्मा-भक्ति भव-सुखदा दासता-संज्ञका है॥ 121 ॥

कंगालों को विवश विधवा औ अनाथाश्रितों की।
उद्विग्नों की सुरति करना औ उन्हें त्राण देना।
सत्कार्य्यों का पर-हृदय की पीर का ध्यान आना।
मानी जाती स्मरण-अभिधा भक्ति है भावुकों में॥ 122 ॥

द्रुतविलम्बित छन्द

विपद-सिन्धु पड़े नर वृन्द के।
दुख-निवारण औ हित के लिये।
अरपना अपने तन प्राण को।
प्रथित आत्म-निवेदन-भक्ति है ॥ 123 ॥

मन्दाक्रान्ता छन्द

7संत्रस्तों को शरण मधुरा-शान्ति संतापितों को।
निर्बोधों को सु-मति विविधा औषधी पीड़ितों को।
पानी देना तृषित-जन को अन्न भूखे नरों को।
सर्वात्मा भक्ति अति रुचिरा अर्चना-संज्ञका है ॥ 124 ॥

नाना प्राणी तरु गिरि लता आदि की बात ही क्या।
जो दूर्वा से द्यु-मणि तक है व्योम में या धरा में।
सद्भावों के सहित उनसे कार्य्य-प्रत्येक लेना।
सच्चा होना सुहृद उनका भक्ति है सख्य-नाम्नी ॥ 125 ॥

वसन्ततिलका छन्द

जो प्राणी-पुंज निज कर्म्म-निपीड़िनों से।
नीचे समाज-वपु के पग सा पड़ा है।
देना उसे शरण मान प्रयत्न द्वारा।
है भक्ति लोक-पति की पद-सेवनाख्या ॥ 126 ॥

द्रुतविलम्बित छन्द

कह चुकी प्रिय-साधन ईश का।
कुँवर का प्रिय-साधन है यही।
इसलिये प्रिय की परमेश की।
परम-पावन-भक्ति अभिन्न है ॥ 127 ॥

यह हुआ मणि-कांचन-योग है।
मिलन है यह स्वर्ण-सुगन्ध का।
यह सुयोग मिले बहु-पुण्य से।
अवनि में अति-भाग्यवती हुई ॥ 128 ॥

मन्दाक्रान्ता छन्द

जो इच्छा है परम-प्रिय की जो अनुज्ञा हुई है।
मैं प्राणों के अछत उसको भूल कैसे सकूँगी।
यों भी मेरे परम व्रत के तुल्य बातें यही थीं।
हो जाऊँगी अधिक अब मैं दत्तचित्ता इन्हींमें ॥ 129 ॥

मैं मानूँगी अधिक मुझमें मोह-मात्रा अभी है।
होती हूँ मैं प्रणय-रँग से रंजिता नित्य तो भी।
ऐसी हूँगी निरत अब मैं पूत-कार्य्यावली में।
मेरे जी में प्रणय जिससे पूर्णतः व्याप्त होवे ॥ 130 ॥

मैंने प्रायः निकट प्रिय के बैठ, है भक्ति सीखी।
जिज्ञासा से विविध उसका मर्म्म है जान पाया।
चेष्टा ऐसी सतत अपनी बुद्धि-द्वारा करूँगी।
भूलूँ-चूकूँ न इस व्रत की पूत-कार्य्यावली में ॥ 131 ॥

जा के मेरी विनय इतनी नम्रता से सुनावें।
मेरे प्यारे कुँवर-वर को आप सौजन्य-द्वारा।
मैं ऐसी हूँ न निज-दुख से कष्टिता शोक-मग्ना।
हा! जैसी हूँ व्यथित ब्रज के वासियों के दुखों से ॥ 132 ॥

गोपी गोपों विकल ब्रज की बालिका बालकों को।
आ के पुष्पानुपम मुखड़ा प्राणप्यारे दिखावें।
वाधा कोई न यदि प्रिय के चारु-कर्त्तव्य में हो।
तो वे आ के जनक-जननी की दशा देख जावें ॥ 133 ॥

मैं मानूँगी अधिक बढ़ता लोभ है लाभ ही से।
तो भी होगा सु-फल कितनी भ्रान्तियाँ दूर होंगी।
जो उत्कण्ठा जनित दुखड़े दाहते हैं उरों को।
सद्वाक्यों से प्रबल उनका वेग भी शान्त होगा ॥ 134 ॥

सत्कर्मी हैं परम-शुचि हैं आप ऊधो सुधी हैं।
अच्छा होगा सनय प्रभु से आप चाहें यही जो।
आज्ञा भूलूँ न प्रियतम की विश्व के काम आऊँ।
मेरा कौमार-व्रत भव में पूर्णता प्राप्त होवे ॥ 135 ॥

द्रुतविलम्बित छन्द

चुप हुई इतना कह मुग्ध हो।
ब्रज-विभूति-विभूषण राधिका।
चरण की रज ले हरिबन्धु भी।
परम-शान्ति-समेत विदा हुए ॥ 136 ॥

सप्तदश सर्ग

मन्दाक्रान्ता छन्द

ऊधो लौटे नगर मथुरा में कई मास बीते।
आये थे वे ब्रज-अवनि में दो दिनों के लिये ही।
आया कोई न फिर ब्रज में औ न गोपाल आये।
धीरे-धीरे निशि-दिन लगे बीतने व्यग्रता से ॥ 1 ॥

बीते थोड़ा दिवस ब्रज में एक संवाद आया।
कन्याओं से निधन सुन के कंस का कृष्ण द्वारा।
जाना ग्रामों पुर नगर को फूँकता भू-कँपाता।
सारी सेना सहित मथुरा है जरासन्ध आता ॥ 2 ॥

ए बातें ज्यों ब्रज-अवनि में हो गयी व्यापमाना।
सारे प्राणी अति-व्यथित हो, हो गये शोक-मग्न।
क्या होवेगा परम-प्रिय की आपदा क्यों टलेगी।
ऐसी होने प्रति-पल लगीं तर्कनायें उरों में ॥ 3 ॥

जो होती थी गगन-तल में उत्थिता धूलि यों ही।
तो आशंका विवश बनते लोग थे बावले से।
जो टापें हो ध्वनित उठतीं घोटकों की कहीं भी।
तो होता था हृदय शतधा गोप-गोपांगना का ॥ 4 ॥

धीरे-धीरे दुख-दिवस ए त्रास के साथ बीते।
लोगों द्वारा यह शुभ समाचार आया गृहों में।
सारी सेना निहत अरि की हो गयी श्याम-हाथों।
प्राणों को ले मगध-पति हो भूरि उद्विग्न भागा ॥ 5 ॥

बारी-बारी ब्रज-अवनि को कम्पमाना बना के।
बातें धावा-मगध-पति की सत्तरा-वार फैलीं।
आया सम्वाद-ब्रज-महि में वार अट्ठारहीं जो।
टूटी आशा अखिल उससे नन्द-गोपादिकों की ॥ 6 ॥

हा! हाथों से पकड़ अबकी बार ऊबा-कलेजा।
रोते-धोते यह दुखमयी बात जानी सबों ने।
उत्पातों से मगध-नृप के श्याम ने व्यग्र हो के।
त्यागा प्यारा-नगर मथुरा जा बसे द्वारिका में ॥ 7 ॥

ज्यों होता है शरद ऋतु के बीतने से हताश।
स्वाती-सेवी अतिशय तृषावान प्रेमी पपीहा।
वैसे ही श्री कुँवर-वर के द्वारिका में पधारे।
छाई सारी ब्रज-अवनि में सर्वदेशी निराशा ॥ 8 ॥

प्राणी आशा-कमल-पग को है नहीं त्याग पाता।
सो वीची सी लसित रहती जीवनांभोधि में है।
व्यापी भू के उर-तिमिर सी है जहाँ पै निराशा।
हैं आशा की मलिन किरणें ज्योति देती वहाँ भी ॥ 9 ॥

आशा त्यागी न ब्रज-महि ने हो निराशामयी भी।
लाखों आँखें पथ कुँवर की आज भी देखती थीं।
मात्रायें थीं समधिक हुईं शोक दुःखादिकों की।
लोहू आता विकल-दृग में वारि में स्थान में था ॥ 10 ॥

कोई प्राणी कब तक भला खिन्न होता रहेगा।
ढालेगा अश्रु कब तक थाम टूटा-कलेजा।
जी को मारे नखत गिन के ऊब के दग्ध होके।
कोई होगा बिरत कब लौं विश्व-व्यापी-मुखों से ॥ 11 ॥

न्यारी-आभा निलय-किरणें सूर्य्य की औ शशी की।
ताराओं से खचित नभ की नीलिमा मेघ-माला।
पेड़ों की औ ललित-लतिका-वेलियों की छटायें।
कान्ता-क्रीड़ा सरित सर और निर्झरों के जलों की ॥ 12 ॥

मीठी-तानें मधुर-लहरें गान-वाद्यदिकों की।
प्यारी बोली विहग-कुल की बालकों की कलायें।
सारी-शोभा रुचिर-ऋतु की पर्व की उत्सवों की।
वैचित्र्यों से बलित धरती विश्व की सम्पदायें॥ 13॥

संतप्तों का, प्रबल-दुख से दग्ध का, दृष्टि आना।
जो आँखों में कुटिल-जग का चित्र सा खींचते हैं।
आख्यानों के सहित सुखदा-सान्त्वना सज्जनों की।
संतानों की सहज ममता पेट-धन्धे सहस्रों॥ 14॥

हैं प्राणी के हृदय-तल को फेरते मोह लेते।
धीरे-धीरे प्रबल-दुख का वेग भी हैं घटाते।
नाना भावों सहित अपनि व्यापिनी मुग्धता से।
वे हैं प्रायः व्यथित-उर की वेदनायें हटाते॥ 15॥

गोपी-गोपों जनक-जननी बालिका-बालकों के।
चित्तोन्मादी प्रबल-दुख का वेग भी काल पा सके।
धीरे-धीरे बहुत बदला हो गया न्यून प्रायः।
तो भी व्यापी हृदय-तल में श्यामली मूर्त्ति ही थी॥ 16॥

वे गाते तो मधुर-स्वर से श्याम की कीर्ति गाते।
प्रायः चर्चा समय चलती बात थी श्याम ही की।
मानी जाती सुतिथि वह थीं पर्व औ उत्सवों की।
थीं लीलायें ललित जिनमें राधिका-कान्त ने की॥ 17॥

खो देने में विरह-जनिता वेदना किल्विषों के।
ला देने में व्यथित-उर में शान्ति भावानुकूल।
आशा दग्धा जनक-जननी चित्त के बोधने में।
की थी चेष्टा अधिक परमा-प्रेमिका राधिका ने॥ 18॥

चिन्ता-ग्रस्ता विरह-विधुरा भावना में निमग्ना।
जो थीं कौमार-व्रत निरता बालिकायें अनेकों।
वे होती थीं बहु-उपकृता नित्य श्री राधिका से।
घंटों आ के पग-कमल के पास वे बैठती थीं॥ 19॥

जो छा जाती गगन-तल के अंक में मेघ-माला।
जो केकी हो नटित करता केकिनी साथ क्रीड़ा।
प्रायः उत्कण्ठ बन रटता पी कहाँ जो पपीहा।
तो उन्मत्त-सदृश वन के बालिकायें अनेकीं ॥ 20 ॥

ये बातें थीं स-जल-घन को खिन्न हो हो सुनाती।
क्यों तू हो के परम-प्रिय सा वेदना है बढ़ाता।
तेरी संज्ञा सलिल-धर है और पर्जन्य भी है।
ठंढा मेरे हृदय-तल को क्यों नहीं तू बनाता ॥ 21 ॥

तू केकी को स्व-छवि दिखला है महा मोद देता।
वैसा ही क्यों मुदित तुझसे है पपीहा न होता।
क्यों है मेरा हृदय दुखता श्यामता देख तेरी।
क्यों ए तेरी त्रिविध मुझको मूर्त्तियाँ दीखती हैं ॥ 22 ॥

ऐसी ठौरों पहुँच बहुधा राधिका कौशलों से।
ए बातें थीं पुलक कहतीं उन्मना-बालिका से।
देखो प्यारी भगिनि भव को प्यार की दृष्टियों से।
जो थोड़ी भी हृदय-तल में शान्ति की कामना है ॥ 23 ॥

ला देता है जलद दृग में श्याम की मंजु-शोभा।
पक्षाभा से मुकुट-सुषमा है कलापी दिखाता।
पी का सच्चा प्रणय उर में आँकता है पपीहा।
ए बातें हैं सुखद इनमें भाव क्या है व्यथा का ॥ 24 ॥

होती राका विमल-विधु से बालिका जो विपन्ना।
तो श्री राधा मधुर-स्वर से यों उसे थीं सुनाती।
तेरा होना विकल सुभगे बुद्धिमत्ता नहीं है।
क्या प्यारे की वदन-छवि तू इन्दु में है न पाती ॥ 25 ॥

मालिनी छन्द

जब कुसुमित होतीं वेलियाँ औ लतायें।
जब ऋतुपति आता आम की मंजरी ले।
जब रसमय होती मेदिनी हो मनोज्ञा।
जब मनसिज लाता मत्तता मानसों में ॥ 26 ॥

जब मलय-प्रसूता-वायु आती सु-सिक्ता।
जब तरु कलिका औ कोंपलों से लुभाता।
जब मधुकर-माला गूँजती कुंज में थी।
जब पुलकित हो हो कूकतीं कोकिलायें ॥ 27 ॥

तब ब्रज बनता था मूर्त्ति उद्विग्नता की।
प्रति-जन उर में थी वेदना वृद्धि पाती।
गृह, पथ, वन, कुंजों मध्य थीं दृष्टि आती।
बहु-विकल उनींदी, ऊबती, बालिकायें ॥ 28 ॥

इन विविध व्यथाओं मध्य डूबे दिनों में।
अति-सरल-स्वभावा सुन्दरी एक बाला।
निशि-दिन फिरती थी प्यार से सिक्त हो के।
गृह, पथ, बहु बागों, कुंज-पुंजों, वनों में ॥ 29 ॥

वह सहृदयता से ले किसी मूर्च्छिता को।
निजि अति उपयोगी अंक में यत्न-द्वारा।
मुख पर उसके थी डालती वारि-छींटे।
वर-व्यजन डुलाती थी कभी तन्मयी हो ॥ 30 ॥

कुवलय-दल बीछे पुष्प और पल्लवों को।
निज-कलित-करों से थी धरा में बिछाती।
उस पर यक तप्ता बालिका को सुला के।
वह निज कर से थी लेप ठंढे लगाती ॥ 31 ॥

यदि अति अकुलाती-उन्मना-बालिका को।
वह कह मृदु बातें बोधती कुंज में जा।
वन-वन बिलखाती तो किसी बावली का।
वह ढिग रह छाया-तुल्य संताप खोती ॥ 32 ॥

यक थल अवनी में लोटती वंचिता का।
तन रज यदि छाती से लगा पोंछती थी।
अपर थल उनींदी मोह-मग्ना किसीको।
वह शिर सहला के गोद में थी सुलाती ॥ 33 ॥

सुन कर उसमें की आह रोमांचकारी।
वह प्रति-गृह में थी शीघ्र से शीघ्र जाती।
फिर मृदु-वचनों से मोहनी-उक्तियों से।
वह प्रबल-व्यथा का वेग भी थी घटाती ॥ 34 ॥

गिन-गिन नभ-तारे ऊब आँसू बहा के।
यदि निज-निशि होती कश्चिदार्त्ता बिताती।
वह ढिग उसके भी रात्रि में ही सिधाती।
निज अनुपम राधा-नाम की सार्थता से ॥ 35 ॥

मन्दाक्रान्ता छन्द

राधा जाती प्रति-दिवस थीं पास नन्दांगना के।
नाना बातें कथन कर के थीं उन्हें बोध देती।
जो वे होतीं परम-व्यथिता मूर्च्छिता या विपन्ना।
तो वे आठों पहर उनकी सेवना में बितातीं ॥ 36 ॥

घंटों ले के हरि-जननि को गोद में बैठती थीं।
वे थीं नाना जतन करतीं पा उन्हें शोक-मग्ना।
धीरे-धीरे चरण सहला औ मिटा चित्त-पीड़ा।
हाथों से थीं दृग-युगल के वारि को पोंछ देती ॥ 37 ॥

हो उद्विग्ना बिलख जब यों पूछती थीं यशोदा।
क्या आवेंगे न अब ब्रज में जीवनाधार मेरे।
तो वे धीरे मधुर-स्वर से हो विनीता बतातीं।
हाँ आवेंगे, व्यथित-ब्रज को श्याम कैसे तजेंगे ॥ 38 ॥

आता ऐसा कथन करते वारि राधा-दृगों में।
बूँदों-बूँदों टपक पड़ता गाल पै जो कभी था।
जो आँखों से सदुख उसको देख पातीं यशोदा।
तो धीरे यों कथन करतीं खिन्न हो तू न बेटी ॥ 39 ॥

हो के राधा विनत कहतीं मैं नहीं रो रही हूँ।
आता मेरे दृग युगल में नीर आनन्द का है।
जो होता है पुलक करके आप की चारु सेवा।
हो जाता है प्रकटित वही वारि द्वारा दृगों में ॥ 40 ॥

वे थीं प्रायः ब्रज-नृपति के पास उत्कण्ठ जातीं।
सेवायें थीं पुलक करतीं क्लान्तियाँ थीं मिटाती।
बातों ही में जग-विभव की तुच्छता थीं दिखाती।
जो वे होते विकल पढ़ के शास्त्र नाना सुनातीं ॥ 41 ॥

होती मारे मन यदि कहीं गोप की पंक्ति बैठी।
किम्वा होता विकल उनको गोप कोई दिखाता।
तो कार्य्यों में सविधि उनको यत्नतः वे लगातीं।
औ ए बातें कथन करतीं भूरि गम्भीरता से ॥ 42 ॥

जी से जो आप सब करते प्यार प्राणेश को हैं।
तो पा भू में पुरुष-तन को, खिन्न हो के न बैठें।
उद्योगी हो परम रुचि से कीजिये कार्य्य ऐसे।
जो प्यारे हैं परम प्रिय के विश्व के प्रेमिकों के ॥ 43 ॥

जो वे होता मलिन लखतीं गोप के बालकों को।
देतीं पुष्पों रचित उनको मुग्धकारी खिलौने।
दे शिक्षायें विविध उनसे कृष्ण-लीला करातीं।
घंटों बैठी परम-रुचि से देखतीं तद्गता हो ॥ 44 ॥

पाई जातीं दुखित जितनी अन्य गोपांगनायें।
राधा द्वारा सुखित वह भी थीं यथा रीति होती।
गा के लीला स्व प्रियतम की वेणु, वीणा बजा के।
प्यारी-बातें कथन करके वे उन्हें बोध देतीं ॥ 45 ॥

संलग्ना हो विविध कितने सान्त्वना-कार्य्य में भी।
वे सेवा थीं सतत करती वृद्ध-रोगी जनों की।
दीनों, हीनों, निबल विधवा आदि को मानती थीं।
पूजी जाती ब्रज-अवनि में देवियों सी अतः थीं ॥ 46 ॥

खो देती थीं कलह-जनिता आधि के दुर्गुणों को।
धो देती थीं मलिन-मन की व्यापिनी कालिमायें।
बो देती थीं हृदय-तल में बीज भावज्ञता का।
वे थीं चिन्ता-विजित-गृह में शान्ति-धारा बहाती ॥ 47 ॥

आटा चींटी विहग गण थे वारि औ अन्न पाते।
देखी जाती सदय उनकी दृष्टि कीटादि में भी।
पत्तों को भी न तरु-वर के वे वृथा तोड़ती थीं।
जी से वे थीं निरत रहती भूत-सम्बर्द्धना में ॥ 48 ॥

वे छाया थीं सु-जन शिर की शासिका थीं खलों की।
कंगालों की परम निधि थीं औषधी पीड़ितों की।
दीनों की थीं बहिन, जननी थीं अनाथाश्रितों की।
आराध्या थीं ब्रज-अवनि की प्रेमिका विश्व की थीं ॥ 49 ॥

जैसा व्यापी विरह-दुख था गोप गोपांगना का।
वैसी ही थीं सदय-हृदया स्नेह की मूर्त्ति राधा।
जैसी मोहावरित ब्रज में तामसी-रात आयी।
वैसे ही वे लसित उसमें कौमुदी के समा थीं ॥ 50 ॥

जो थीं कौमार-व्रत-निरता बालिकायें अनेकों।
वे भी पा के समय ब्रज में शान्ति-विस्तारती थीं।
श्री राधा के हृदय-बल से दिव्य शिक्षा गुणों से।
वे भी छाया-सदृश उनकी वस्तुतः हो गयी थीं ॥ 51 ॥

तो भी आयी न वह घटिका औ न वे वार आये।
वैसी सच्ची सुखद ब्रज में वायु भी आ न डोली।
वैसे छाये न घन रस की सोत सी जो बहाते।
वैसे उन्माद-कर-स्वर से कोकिला भी न बोली ॥ 52 ॥

जीते भूले न ब्रज-महि के नित्य उत्कण्ठ प्राणी।
जी से प्यारे जलद-तन को, केलि-क्रीड़ादिकों को।
पीछे छाया विरह-दुख की वंशजों-बीच व्यापी।
सच्ची यों है ब्रज-अवनी में आज भी अंकिता है ॥ 53 ॥

सच्चे स्नेही अवनिजन के देश के श्याम जैसे।
राधा जैसी सदय-हृदया विश्व प्रेमानुरक्ता।
हे विश्वात्मा! भरत-भुव के अंक में और आवें।
ऐसी व्यापी विरह-घटना किन्तु कोई न होवे ॥ 54 ॥

❑

वैदेही-वनवास
(करुण रस प्रधान महाकाव्य)

समर्पण

महर्षिकल्प, महामना, परमपूज्य कुलपति

श्रीमान् पण्डित मदनमोहन मालवीय

के

पवित्र करकमलों में सादर

समर्पित

वैदेही-वनवास

वक्तव्य

करुण रस

करुण रस द्रवीभूत हृदय का वह सरस-प्रवाह है, जिससे सहृदयता क्यारी सिञ्चित, मानवता फुलवारी विकसित और लोकहित का हरा भरा उद्यान सुसज्जित होता है। उसमें दयालुता प्रतिफलित दृष्टिगत होती है, और भावुकता-विभूति-भरित। इसीलिए भावुक-प्रवर-भवभूति की भावमयी लेखनी यह लिख जाती है—

एकोरसः करुण एव निमित्त भेदाद्।
भिन्नः पृथक पृथिगिवाश्रयते विवर्तान्॥
आवर्त्त बुद्बुदतरंग मयान् विकारान्।
अम्भो यथा सलिलमेवहि तत् समस्तम्॥

एक करुण रस ही निमित्त भेद से शृंगारादि रसों के रूप में पृथक्-पृथक् प्रतीत होता है। शृंगारादि रस करुण रस के ही विवर्त्त हैं, जैसे भँवर, बुलबुले और तरंग जल के ही विकार हैं। वास्तव में यह सब जल ही है, केवल नाम मात्र की भिन्नता है। ऐसा ही सम्बन्ध करुण रस और शृंगारादि रसों का है।

सम्भव है यह विचार सर्व-सम्मत न हो, उक्त उक्ति में अत्युक्ति दिखलाई पड़े, किन्तु करुण रस की सत्ता की व्यापकता और महत्ता निर्विवाद है। रसों में शृंगार रस और वीर रस को प्रधानता दी गयी है। शृंगार रस को रसराज कहा जाता है। उसके दो अंश हैं, संयोग शृंगार और वियोग शृंगार अथवा विप्रलम्भ शृंगार। वियोग शृंगार में रति की ही प्रधानता है, अतएव प्राधान्य उसी को दिया गया है। दूसरी बात यह है कि आचार्य्य भरत का यह कथन है—

"यत्किञ्चिल्लोके शुचि मेध्यमुज्वलं दर्शनीयं वा तत्सर्वं शृंगारेणोपमीयते (उपयुज्यंतेच)।"

"लोक में जो कुछ मेध्य, उज्ज्वल और दर्शनीय है, उन सब का वर्णन शृंगार रस के अन्तर्गत है।"

श्रीमान् विद्यावाचस्पति पण्डित शालिग्राम शास्त्री इसकी यह व्याख्या करते हैं–

"छहों ऋतुओं का वर्णन, सूर्य्य और चन्द्रमा का वर्णन, उदय और अस्त, जल-विहार, वन-विहार, प्रभात, रात्रि-क्रीड़ा, चन्दनादि लेपन, भूषण धारण तथा और जो कुछ स्वच्छ, उज्ज्वल वस्तु हैं, उन सब का वर्णन शृंगार रस में होता है।"

ऐसी अवस्था में शृंगार रस की रसराजता अप्रकट नहीं, परन्तु साथ ही यह भी कहा गया है–

'न बिना विप्रलम्भेन सम्भोगः पुष्टि मश्नुते'।

'बिना वियोग के सम्भोग शृंगार परिपुष्ट नहीं हो पाता'।

'यत्रतुरतिः प्रकृष्टा नाभीष्ट मुपैतिविप्रलम्भोसौ'।

'जहाँ अनुराग तो अति उत्कट है, परन्तु प्रिय समागम नहीं होता उसे विप्रलम्भ कहते हैं।'

'स च पूर्वराग मान प्रवास करुणात्मकश्चतुर्धा स्यात्'।

'वह विप्रलम्भ 1. पूर्वराग, 2. मान, 3. प्रवास और 4. करुणरस इन भेदों से चार प्रकार का होता है।'

इन पंक्तियों के पढ़ने के उपरान्त यह स्पष्ट हो जाता है कि शृंगार रस पर करुण रस का कितना अधिकार है और वह उसमें कितना व्याप्त है। यह कहना कि बिना विप्रलम्भ के सम्भोग की पुष्टि नहीं होती, यथार्थ है और अक्षरशः सत्य है। प्रज्ञा चक्षु शृंगार साहित्य के प्रधान आचार्य्य श्रीयुत् सूरदासजी की लेखनी ने शृंगार रस लिखने में जो कमाल दिखलाया है, जो रस की सरिता बहाई है उसकी जितनी प्रशंसा की जाय थोड़ी है। किन्तु सम्भोग शृंगार से विप्रलम्भ शृंगार लिखने में ही उनकी प्रतिभा ने अपनी हृदय-ग्राहिणी-शक्ति का विशेष परिचय दिया है। उद्धव सन्देश सम्बन्धिनी कवितायें, श्रीमती राधिका और गोपबालाओं के कथनोपकथन से सम्पर्क रखनेवाली मार्मिक रचनायें कितनी भावुकतामयी और मर्म्मस्पर्शिनी हैं। उनमें कितनी मिठास, कितना रस, कैसी अलौकिक व्यंजना और कैसा सुधास्रवण है, इसको सहृदय पाठक ही समझ सकता है। वास्तव बात यह है कि सूरसागर के अनूठे रत्न इन्हीं पंक्तियों में भरे पड़े हैं। नवरस सिद्ध महाकवि गोस्वामी तुलसीदासजी के कोटिशः जन-पूजित रामचरितमानस में जहाँ-जहाँ उनकी हृत्तंत्री के तार विप्रलम्भ कर से झंकृत हुए हैं, वहाँ-वहाँ की अवधी भाषा का हृदय-द्रावक राग कितना रस-वर्षणकारी और विमुग्धकर है, कितना रोचक,

तल्लीनतामय और भावुकजन विमोहक है, उसको बतलाने में जड़ लेखनी असमर्थ है। रामचरितमानस के वे अंश जो अन्तस्तल में रस की धारा बहा देते हैं, जिनमें उच्च कोटि का कवि-कर्म्म पाया जाता है, जिनकी व्यंजना में भाव-व्यंजना की पराकाष्ठा होती है, उसके विप्रलम्भ शृंगार सम्बन्धी अंश भी वैसे ही हैं। मलिक मुहम्मद जायसी का 'पद्मावत' भी हिन्दी-साहित्य का एक उल्लेखनीय ग्रन्थ है, उसमें भी पद्मावती का पूर्वानुराग और नागमती का विरह-वर्णन ही अधिकतर हृदयग्राही और मर्म्मस्पर्शी है। प्रज्ञाचक्षु सूरदास और महात्मा गोस्वामी तुलसीदास जैसे महाकवि हिन्दी-संसार में अब तक उत्पन्न नहीं हुए। इन महानुभावों की लेखनी में अलौकिक और असाधारण क्षमता थी। इन लोगों की लेखन-कला से विप्रलम्भ शृंगार को जो गौरव प्राप्त हुआ है, उससे सिद्ध है कि शृंगार रस पर विप्रलम्भ शृंगार का कितना अधिकार है। शृंगार रस के बाद वीर रस को ही प्रधानता दी जाती है, किन्तु इस रस में भी करुण रस की विभूतियाँ दृष्टिगत होती हैं। वीर रस की इतिश्री युद्ध-वीर और धर्म-वीर में ही नहीं हो जाती, उसके अंग दया-वीर और दान-वीर भी हैं, जो अधिकतर करुणार्द्र-हृदय द्वारा संचालित होते रहते हैं। श्मशान का कारुणिक-दृश्य निर्वेद का ही सृजन नहीं करता है, भयानक और वीभत्स रस का प्रभाव भी हृदय पर डालता है। वसुन्धरा के पाप-भार से पीड़ित होने पर किसी विभूतिमत् सत्व का धरा में अवतीर्ण होना क्या करुण रस का आह्वान नहीं है? क्या ग्राह से गजमोक्ष सम्बन्धिनी क्रिया में कारुणिकता नहीं पायी जाती और क्या यह अद्भुत रस के कार्य्य-कलाप का निदर्शन नहीं है? कान्त-कवितावली के आचार्य्य जयदेवजी ने जिन बुद्धदेव को 'कारुण्यमातन्वते' वाक्य द्वारा स्मरण किया है, उनका वसुन्धरा की एक तृतीयांश जनता के हृदय पर केवल करुणा के बल से अधिकार कर लेना क्या अतीव-अद्भुत-कार्य्य नहीं है? एक बहुत बड़ा सम्राट भी आज तक इतनी बड़ी जनता पर अस्त्र-शस्त्र अथवा पराक्रम बल से अधिकार नहीं कर सका। अतएव बुद्धदेव के कारुणिक-कार्य्यकलाप में अद्भुत रस का कैसा समावेश है इसको प्रत्येक सहृदय व्यक्ति समझ सकता है। रही रौद्र रस की बात, उसके विषय में यह कहना है कि क्या उपहास मूलक हास्य उस रौद्र-भाव का सृजनकर्त्ता नहीं है, जिसकी संचालिका कारुणिक खिन्नता होती है। आततायियों, अत्याचारियों, देश जाति के द्रोहियों, लोकहित-कंटकों की विपन्न दशा क्या मानवता के अनुरागियों, संसार के शान्ति सुख के कामुकों और लोकोपकार निरतों को हर्षित नहीं करती, और क्या उनके उत्फुल्ल आननों पर स्मित की रेखा नहीं खींचती, और क्या यह करुण रस का विकास हास्य रस में नहीं है? अब तक जो कुछ कहा गया उससे भवभूति प्रतिभा प्रसूत श्लोक की वास्तवता मान्य और करुण रस की महनीय महत्ता पूर्णतया स्वीकृत हो जाती है।

यह विचार-परम्परा भी करुण रस को विशेष गौरवित बनाती है, कि कविता का

आरम्भ पहले पहल इसी रस के द्वारा हुआ है। कवि-कुल-गुरु कालिदास लिखते हैं—

'निषादविद्धाण्डजदर्शनोत्थः श्लोकत्वमापद्यत यस्य शोकः।'

निषाद के बाण से विद्ध पक्षी के दर्शन से जिसका (महर्षि वाल्मीकि का) शोक श्लोक में परिणत हो गया वह श्लोक यह है—

मा निषाद प्रतिष्ठांत्वमगमः शाश्वतीः समा।
यत्क्रौंच मिथुनादेकमबधीः काम मोहितम् ॥

हे निषाद! तू किसी काल में प्रतिष्ठा न पा सकेगा। तूने व्यर्थ काम मोहित दो क्रौंचों में से एक को मार डाला।

वाल्मीकि रामायण में लिखा है कि यही पहला आदिम पद्य है, जिसके आधार से उसकी रचना हुई है। वाल्मीकि रामायण ही संस्कृत का पहला पद्य-ग्रन्थ है। और उसका आधार करुण रस का उक्त श्लोक ही है। अतएव यह माना जाता है कि कविता का आरम्भ करुण रस से ही हुआ है। आश्चर्य यह है कि फ़ारसी के एक पद्य से भी इस विचार का प्रतिपादन होता है। वह पद्य यह है—

आँकि अव्वल शेरगुफ़्त आदम शफ़ीअल्ला बुवद।
तबा मौज़ूं हुज्जतेफ़रजंदिये आदम बुवद ॥

जिसने पहले पहल शेर कहा वह परमेश्वर का प्यारा आदम था। इसलिए 'आदमी' का मौजूंतबा (कवि) होना 'आदम' की सन्तान होने की दलील है।

बाबा आदम के एक लड़के का नाम 'हाबील' था और दूसरे का नाम 'क़ाबील'; दूसरे ने पहले को जान से मार डाला। इस दुर्घटना पर बाबा आदम के शोक सन्तप्त हृदय से अनायास जो उद्गार निकला, वही करुण वाक्य कविता का आदि प्रवर्त्तक बना। उक्त शेर का यही मर्म्म है। हमारे मनु ही मुसलमान और ईसाइयों के 'आदम' हैं। 'मनुज' और 'आदमी' पर्य्यायवाची शब्द हैं, जैसे हम लोग मनु भगवान को आदिम पुरुष मानते हैं, वैसे ही वे लोग 'बाबा आदम' को आदिम पुरुष कहते हैं। आदिम शब्द और आदम शब्द में नाम मात्र का अन्तर है। फ़ारसी ईरान की भाषा है। ईरानी एरियन वंश के ही हैं। ईरानियों के पवित्र ग्रन्थ ज़िन्दाबस्ता में संस्कृत शब्द भरे पड़े हैं। इसलिए इस प्रकार का विचार-साम्य असम्भव नहीं है। भाषा के साथ भाव-ग्रहण अस्वाभाविक व्यापार नहीं है।

पद्य-प्रणाली का जो जनक है, वाल्मीकि रामायण जैसे लोकोत्तर महाकाव्य की रचना का जो आधार है, उस करुण रस की महत्ता की इयत्ता अविदित नहीं। तो भी संस्कृत श्लोक के भाव का प्रतिपादन एक अन्यदेशीय प्राचीन भाषा द्वारा हो जाने से इस विचार की पुष्टि पूर्णतया हो जाती है कि करुण रस द्वारा ही पहले पहल कविता

देवी का आविर्भाव मानव हृदय में हुआ है। और यह एक सत्य का अद्भुत विकास है।

करुण रस की विशेषताओं और उसकी मर्म्मस्पर्शिता की ओर मेरा चित्त सदा आकर्षित रहा, इसका ही परिणाम 'प्रियप्रवास' का आविर्भाव है। 'प्रियप्रवास' की रचना के उपरान्त मेरी इच्छा, 'वैदेही-वनवास' प्रणयन की हुई। उसकी भूमिका में मैंने यह बात लिख भी दी थी। परन्तु चौबीस वर्ष तक मैं हिन्दी-देवी की यह सेवा न कर सका। कामना-कलिका इतने दिनों के बाद ही विकसित हुई। कारण यह था कि उन दिनों कुछ ऐसे विचार सामने आये, जिनसे मेरी प्रवृत्ति दूसरे विषयों में ही लग गयी। उन दिनों आज़मगढ़ में मुशायरों की धूम थी। बन्दोबस्त वहाँ हो रहा था। अहलकारों की भरमार थी। उनका अधिकांश उर्दू-प्रेमी था। प्रायः हिन्दी भाषा पर आवाज़ा कसा जाता, उसकी खिल्ली उड़ाई जाती, कहा जाता हिन्दी वालों को बोलचाल की फड़कती भाषा लिखना ही नहीं आता। वे मुहावरे लिख ही नहीं सकते। इन बातों से मेरा हृदय चोट खाता था, कभी-कभी मैं तिलमिला उठता था। उर्दू-संसार के एक प्रतिष्ठित मौलवी साहब जो मेरे मित्र थे और आजमगढ़ के ही रहने वाले थे, जब मिलते, इस विषय में हिन्दी की कुत्सा करते, व्यंग्य बोलते। अतएव मेरी सहिष्णुता की भी हद हो गयी। मैंने बोलचाल की मुहावरेदार भाषा में हिन्दी-कविता करने के लिए कमर कसी। इसमें पाँच-सात बरस लग गये और 'बोलचाल' एवं 'चुभते चौपदे' और 'चोखे चौपदे' नामक ग्रन्थों की रचना मैंने की। जब इधर से छुट्टी हुई, मेरा जी फिर 'वैदेही-वनवास' की ओर गया। परन्तु इस समय एक दूसरी धुन सिर पर सवार हो गयी। इन दिनों मैं काशी विश्वविद्यालय में पहुँच गया था। शिक्षा के समय योग्य विद्यार्थी 'समुदाय' ईश्वर अथच संसार-सम्बन्धी अनेक विषय उपस्थित करता रहता था। उनमें कितने श्रद्धालु होते, कितने सामयिकता के रंग में रँगे शास्त्रीय और पौराणिक विषयों पर तरह-तरह के तर्क वितर्क करते। मैं कक्षा में तो यथाशक्ति जो उत्तर उचित समझता दे देता। परन्तु इस संघर्ष से मेरे हृदय में यह विचार उत्पन्न हुआ कि इन विषयों पर कोई पद्य-ग्रन्थ क्यों न लिख दिया जाये। निदान इस विचार को मैंने कार्य्य में परिणत किया और सामयिकता पर दृष्टि रखकर मैंने एक विशाल ग्रंथ लिखा। परन्तु इस ग्रन्थ के लिखने में एक युग से भी अधिक समय लग गया। मैंने इस ग्रन्थ का नाम 'पारिजात' रखा। इसके उपरान्त 'वैदेही-वनवास' की ओर फिर दृष्टि फिरी। परमात्मा के अनुग्रह से इस कार्य्य की भी पूर्ति हुई। आज 'वैदेही-वनवास' लिखा जाकर सहृदय विद्वज्जनों और हिन्दी-संसार के सामने उपस्थित है। महाराज रामचन्द्र मर्य्यादा पुरुषोत्तम, लोकोत्तर-चरित और आदर्श नरेन्द्र अथच महिपाल हैं, श्रीमती जनक-नन्दिनी सती-शिरोमणि और लोक-पूज्या आर्य्यबाला हैं। इनका आदर्श, आर्य्य-संस्कृति का सर्वस्व है, मानवता की महनीय विभूति है, और है स्वर्गीय-सम्पत्ति-सम्पन्न। इसलिए इस ग्रन्थ में इसी रूप में इसका निरूपण हुआ है। सामयिकता पर दृष्टि रखकर इस ग्रन्थ की रचना हुई है, अतएव इसे बोधगम्य और

बुद्धिसंगत बनाने की चेष्टा की गयी है। इसमें असम्भव घटनाओं और व्यापारों का वर्णन नहीं मिलेगा। मनुष्य अल्पज्ञ है, उसकी बुद्धि और प्रतिभा ही क्या? उसका विवेक ही क्या? उसकी सूझ ही कितनी, फिर मुझ ऐसे विद्या-विहीन और अल्प-मति की। अतएव प्रार्थना है कि मेरी भ्रान्तियों और दोषों पर दृष्टिपात न कर विद्वज्जन अथच महज्जन गुण-ग्रहण की ही चेष्टा करेंगे। यदि कोई उचित सम्मति दी जायेगी तो वह शिरसाधार्य्य होगी।

कवि-कर्म्म

कवि-कर्म्म कठिन है, उसमें पग-पग पर जटिलताओं का सामना करना पड़ता है। पहले तो छन्द की गति स्वच्छन्द बनने नहीं देती, दूसरे मात्राओं और वर्णों की समस्या भी दुरूहता-रहित नहीं होती। यदि कोमल-पद-विन्यास की कामना चिन्तित करती रहती है, तो प्रसाद-गुण की विभूति भी अल्प वांछित नहीं होती। अनुप्रास का कामुक कौन नहीं, अन्त्यानुप्रास के झमेले तो कितने शब्दों का अंग भंग तक कर देते हैं या उनके पीछे एक पूँछ लगा देते हैं। सुन्दर और उपयुक्त शब्द-योजना कविता की विशेष विभूति है, क्योंकि कविता को वास्तविक कविता वही बनाती है। कभी-कभी तो एक उपयुक्त और सुन्दर शब्द के लिए कविता का प्रवाह घण्टों रुक जाता है। फ़ारसी का एक शायर कहता है–

बराय पाकिये लफ़्ज़े शबे बरोज़ आरन्द।
कि मुर्ग़ माहीओ बाशन्द .ख़ुफ़ता ऊ बेदार॥

'एक सुन्दर शब्द को बैठाने की खोज में कवि उस रात को जागकर दिन में परिणत कर देता है, जिसमें पक्षी से मछली तक बेख़बर पड़े सोते रहते हैं–

इस कथन में बड़ी मार्मिकता है। उपयुक्त और सुन्दर शब्द कविता के भावों की व्यंजना के लिए बहुत आवश्यक होते हैं। एक उपयुक्त शब्द कविता को सजीव कर देता है और अनुपयुक्त शब्द मयंक का कलंक बन जाता है। शब्द का कविता में वास्तविक रूप में आना ही उत्तम समझा जाता है। उसका तोड़ना-मरोड़ना ठीक नहीं माना जाता। यह दोष कहा गया है, किन्तु देखा जाता है कि इस दोष से बड़े-बड़े कवि भी नहीं बच पाते। इसीलिए यह कहा जाता है–'निरंकुशाः कवयः' कौन कवि निरंकुश कहलाना चाहेगा, परन्तु कवि-कर्म्म की दुरूहता ही उसको ऐसा कहलाने के लिए बाध्य करती है। आजकल हिन्दी-संसार में निरंकुशता का राज्य है। व्रज भाषा की कविता में शब्द-विन्यास स्वच्छन्दता देखकर खड़ी बोली के सत्कवियों ने इस विषय में बड़ी सतर्कता ग्रहण की थी, किन्तु आजकल उसका प्रायः अभाव देखा जाता है। इसका कारण कविकर्म्म की दुरूहता अवश्य है। किन्तु कठिन अवसरों और जटिल स्थलों पर

ही तो सावधानता और कार्य्य-दक्षता की आवश्यकता होती है। हीरा जी तोड़ परिश्रम करके ही खनि से निकाला जाता है। और चोटी का पसीना एड़ी तक पहुँचा कर ही ऊसरों में भी सुस्वादु तोय पाया जा सकता है।

खड़ी बोली की विशेषताएँ

इस समय खड़ी बोली की कविता में शब्द-विन्यास का जो स्वातन्त्र्य फैला हुआ है, उसके विषय में विशेष लिखने के लिए मेरे पास स्थान का संकोच है। मैं केवल 'वैदेही-वनवास' के प्रयोगों पर ही अर्थात् उसके कुछ शब्द-विन्यास की प्रणाली पर ही प्रकाश डालना चाहता हूँ। इसलिए कि हिन्दी-भाषा के गण्यमान्य विद्वानों की उचित सम्मति सुनने का अवसर मुझको मिल सके। मैं यह जानता हूँ कि कितने प्रयोग वाद-ग्रस्त हैं, मुझे यह भी ज्ञान है कि मत-भिन्नता स्वाभाविक है, किन्तु यह भी विदित है कि 'वादे' 'वादे' जायते तत्त्व बोधः।

हिन्दी-भाषा की कुछ विशेषताएँ हैं; वह तद्भव शब्दों से बनी है, अतएव सरल और सीधी है। अधिक संयुक्ताक्षरों का प्रयोग उसमें वांछनीय नहीं, वह उनको भी अपने ढंग में ढालती रहती है। वह राष्ट्र-भाषा-पद पर आरूढ़ होने की अधिकारिणी है, इसलिए ठेठ प्रान्तीय-शब्दों का अथवा ग्राम्य-शब्दों का प्रयोग उसमें अच्छा नहीं समझा जाता। ब्रज-भाषा अथवा अवधी शब्दों का व्यवहार गद्य में कदापि नहीं किया जाता। परन्तु पद्य में कवि-कर्म्म की दुरूहताओं के कारण यदि कभी कोई उपयुक्त शब्द खड़ी बोलचाल की कविता में ग्रहण कर लिया जाता है, तो वह उतना आपत्ति-जनक नहीं माना जाता, किन्तु क्रियायें उनकी कभी पसन्द नहीं की जातीं। कुछ सम्मति उपयुक्त शब्द-ग्रहण की भी विरोधिनी है, परन्तु यह अविवेक है। यदि अत्यन्त प्रचलित विदेशी शब्द ग्राह्य हैं, तो उपयुक्त सुन्दर ब्रज-भाषा और अवधी के शब्द अग्राह्य क्यों? वह भी पद्य में, और माधुर्य्य उत्पादन के लिए। बहुत से प्रचलित विदेशी शब्द हिन्दी-भाषा के अंग बन गये हैं, इसलिए उसमें उनका प्रयोग निस्संकोच होता है। वह अवसर पर अब भी प्रत्येक विदेशीय भाषा के उन शब्दों को ग्रहण करती रहती है, जिन्हें उपयोगी और आवश्यक समझती है, इसी प्रकार प्रान्त-विशेष के शब्दों को भी। किन्तु व्यापक संस्कृत-शब्दावली ही उसका सर्वस्व है और इसी से उसका समुन्नति-पथ भी विस्तृत होता जा रहा है।

हिन्दी-भाषा की विशेषताओं का ध्यान रख कर ही उसके गद्य पद्य का निर्माण होना चाहिए। जब तद्भव शब्द ही उसके जनक हैं, तो उसमें उसका आधिक्य स्वाभाविक है। अतएव जब तक हम आँख, कान, नाक, मुँह लिख सकते हैं, तब तक हमें अक्ष, कर्ण, नासिका और मुख लिखने का अनुरक्त न होना चाहिए, विशेषकर मुहावरों में। मुहावरे तद्भव शब्दों से ही बने हैं। अतएव उनमें परिवर्त्तन करना भाषा

पर अत्याचार करना होगा। आँख चुराना, कान भरना, नाक फुलाना और मुँह चिढ़ाना के स्थान पर अक्ष चुराना, कर्ण भरना, नासिका फुलाना और मुख चिढ़ाना हम लिख सकते है, किन्तु यह भाषाभिज्ञता की न्यूनता होगी। कुछ लोगों का विचार है कि खड़ी बोली के गद्य और पद्य दोनों में शुद्ध संस्कृत शब्दों का ही प्रयोग होना चाहिए, जिसमें उसमें नियमबद्धता रहे। वे कहते हैं, चित के स्थान पर चित्त, सिर के स्थान पर शिर और दुख के स्थान पर दुःख ही लिखा जाना चाहिए। किन्तु वे नहीं समझते कि इससे तो हिन्दी के मूल पर ही कुठाराघात होगा। तद्भव शब्द जो उसके आधार हैं निकल जावेंगे और संस्कृत-शब्द ही अर्थात् तत्सम शब्द ही उसमें भर जायेंगे, जो दुरूहता और असुविधा के जनक होंगे और मुहावरों को मटियामेट कर देंगे। तद्भव शब्दों को तो सुरक्षित रखना ही पड़ेगा, हाँ अर्द्ध तत्सम शब्दों के स्थान पर अवश्य तत्सम शब्द ही रखना समुचित होगा। तद्भव शब्द चिरकालिक परिवर्त्तन के परिणाम और बोलचाल के शब्दों के आधार हैं, इसलिए उनका त्याग तो हो ही नहीं सकता। 'कर्म्म' शब्द बोलचाल के प्रवाह में पड़ कर पहले कम्म बना (पंजाब में अब भी 'कम्म' बोला जाता है)। यही 'कम्म' इस प्रान्त में अब 'काम' बोला जाता है। उसको हटाकर उसकी जगह पर फिर 'कर्म्म' को स्थान देना वास्तवता का निराकरण करना होगा, हाँ गद्य-पद्य लिखने में यथावसर आवश्यकतानुसार दोनों का व्यवहार किया जा सकता है, यही प्रणाली प्रचलित भी है। यही बात सब तद्भव शब्दों के लिए कही जा सकती है। रही अर्द्ध तत्सम की बात। प्रायः ऐसे शब्द ब्रज-भाषा और अवधी भाषा के कवियों के गढ़े हुए हैं, वे बोलचाल में कभी नहीं आये, कविता ही में उनके व्यवहार उन भाषाओं के नियमानुसार उस रूप में होते आये हैं, अतएव उनको तत्सम रूप में व्यवहार करने में कोई आपत्ति नहीं हो सकती। कर्त्तार, हृदय, निर्दय का प्रयोग आज भी सर्वसाधारण में नहीं है, पहले भी नहीं था, परन्तु उन भाषाओं की कविताओं में इनका प्रयोग करतार, हिरदय, निरदय के रूप में पाया जाता है, इसलिए इनका प्रयोग खड़ी बोली की कविता में शुद्ध रूप में होना ही चाहिए, ऐसा ही होता भी है।

संयुक्ताक्षरों की दुरूहता निवारण और उनकी लिपि-प्रणाली को सुगम बनाने के लिए धर्म्म, मर्म्म, कर्म्म को धर्म, मर्म, कर्म लिखा जाने लगा है। इसी प्रकार गर्त्त, आवर्त्त, कैवर्त्त आदि को गर्त, आवर्त, कैवर्त। बात यह है कि जब वर्ण के द्वित्व का उपयोग नहीं होता, एक वर्ण के समान ही वह काम देता है तब उसको दो क्यों लिखा जाये। उत्पत्ति में 'त्ति' के द्वित्व का उच्चारण होता है, इसी प्रकार सम्मति में म्म का, इसलिए उनमें उनका उस रूप में लिखा जाना आवश्यक है, अन्यथा शब्द का उच्चारण ही ठीक न होगा। किन्तु उक्त शब्दों में यह बात नहीं है, अतएव उनमें द्वित्व की आवश्यकता नहीं ज्ञात होती। इसलिए प्रायः हिन्दी में अब उनको उस रूप में लिखा जाने भी लगा है।

संस्कृत के नियमानुसार भी ऐसा लिखना स-दोष नहीं है। मुनिवर पाणिनि का यह सूत्र इसका प्रमाण है। "अचोरहाभ्यां द्वे", इसी प्रकार पंचम वर्ण के स्थान पर अनुस्वार से काम लेना भी आरम्भ हो गया है। कलङ्क, कञ्चन, मण्डन, बन्धन और दम्पति को प्रायः लोग कलंक, कंचन, मंडन, बंधन और दंपति लिखते हैं। बहुत लोग इस प्रणाली को पसन्द नहीं करते, संस्कृत रूप में ही उक्त शब्दों का लिखना अच्छा समझते हैं। यह अपनी-अपनी रुचि और सुविधा की बात है। कथन तो यह है कि उक्त द्वित्व वर्ण और पंचम वर्ण के प्रयोग में जो परिवर्त्तन हो रहा है वह आपत्ति-मूलक नहीं माना जा रहा है। इसलिए जो चाहे जिस रूप में उन शब्दों को लिख सकता है। खड़ी बोली के गद्य-पद्य दोनों में यह प्रणाली गृहीत है, अधिकतर पद्य में। श्रुतबोधकार लिखते हैं--

संयुक्ताद्यं दीर्घं सानुस्वारं विसर्ग संमिश्रं।
विज्ञेयमक्षरं गुरु पादान्तस्थं विकल्पेन ॥

संयुक्त अक्षर के पहले का दीर्घ, सानुस्वार, विसर्ग संयुक्त अक्षर गुरु माना जायेगा, विकल्प से पादान्तस्थ अक्षर भी गुरु कहलाता है।

इस नियम से संयुक्त अक्षर के पहले का अक्षर सदा गुरु अथवा दीर्घ माना जावेगा। प्रश्न यह है कि क्या हिन्दी में भी यह व्यवस्था सर्वथा स्वीकृत होगी? हिन्दी में यह विषय वादग्रस्त है। रामप्रसाद को रामप्प्रसाद नहीं कहा जाता, मुख क्रोध से लाल हो गया को 'मुखक् क्रोध से लाल हो गया' नहीं पढ़ा जायगा। पवित्र प्रयाग को न तो पवित्रप्प्रयाग कहा जायगा, न कार्य्य क्षेत्र को कार्य्यचूक्षेत्र पढ़ा जायगा। संस्कृत का विद्वान् भले ही ऐसा कह ले अथवा पढ़ ले, परन्तु सर्वसाधारण अथवा हिन्दी या अन्य भाषा का विद्वान् न तो ऐसा कह सकेगा, न पढ़ सकेगा। वह तो वही कहेगा और पढ़ेगा, जो लिखित अक्षरों के आधार से पढ़ा जा सकता है या कहा जा सकता है। संस्कृत का विद्वान् भी न तो गोविन्द-प्रसाद को गोविन्दप्प्रसाद कहेगा न शिवप्रसाद को शिवप्प्रसाद, क्योंकि सर्वसाधारण के उच्चारण का न तो वह अपलाप कर सकता है, न बोलचाल की भाषा से अनभिज्ञ बन कर उपहास-भाजन बन सकता है। अवधी और ब्रज-भाषा में इस प्रकार का प्रयोग मिलता ही नहीं, क्योंकि वे बोलचाल के रंग में ढली हुई हैं। 'प्रभु तुम कहाँ न प्रभुता करी' के 'न' को दीर्घ बना देंगे तो छन्दो-भंग हो जायेगा। हिन्दी-भाषा की प्रकृति पर यदि विचार करेंगे और लिपि-प्रणाली की यदि रक्षा करेंगे, यदि यह चाहेंगे कि जो लिखा है वही पढ़ा जावे, थोड़ी विद्या-बुद्धि का मनुष्य भी जिस वाक्य को जिस प्रकार पढ़ता है, उसका उच्चारण उसी प्रकार होता रहे तो संयुक्त वर्ण के पहले के अक्षर को हिन्दी में दीर्घ पढ़ने की प्रणाली गृहीत नहीं हो सकती, उसमें एक प्रकार की दुरूहता है। अधिकांश हिन्दी के विद्वानों की यही सम्मति है। परन्तु हिन्दी के कुछ विद्वान् उक्त प्रणाली के पक्षपाती हैं और अपनी रचनाओं में उसकी रक्षा

पूर्णतया करते हैं। संयुक्ताक्षर के पहले का अक्षर स्वभावतः दीर्घ हो जाता है। जैसे—गल्प, अल्प, उत्तर, विप्र, देवस्थान, शुभ्र, सुन्दर, गर्व, पर्व, किञ्चित, महत्तम, मुग्दर आदि। ऐसे शब्दों के विषय में कोई तर्क-वितर्क नहीं है, गद्य-पद्य दोनों में इनका प्रयोग सुविधा के साथ हो सकता है और होता भी है। परन्तु कुछ समस्त शब्दों में ही झगड़ा पड़ता है और वाद उन्हीं के विषय में है। ऐसे शब्द देवव्रत, धर्म्मच्युति, गर्वप्रहारी, सुकृति-स्वरूपा आदि हैं। संस्कृत में उनका उच्चारण देवव्व्रत, धर्म्मच्च्युति, गर्वप्प्रहारी और सुकृति-स्स्वरूपा होगा। संस्कृत के पण्डित भाषा में भी इनका उच्चारण इसी प्रकार करेंगे। परन्तु हिन्दी-भाषा-भिज्ञ इनका उच्चारण उसी रूप में करेंगे जिस रूप में वे लिखे हुए हैं। अब तक यह विषय वादग्रस्त है। गद्य में तो संयुक्त शब्दों के पहले के अक्षर को दीर्घ बनाने में कोई अन्तर न पड़ेगा, किन्तु पद्य में विशेष कर मात्रिक-छन्दों में उसके दीर्घ उच्चारण करने में छन्दो-भंग होगा, यदि पद्यकर्त्ता ने उसको दीर्घ मान कर ही उसका प्रयोग नहीं किया है। परन्तु केवल भाषा का ज्ञान रखनेवाला ऐसा न कर सकेगा; हाँ, संस्कृतज्ञ ऐसा कर सकेगा। किन्तु हिन्दी कविता करने वालों में संस्कृतज्ञ इनेगिने ही है। इसीलिए इस प्रकार के प्रयोग के विरोधी ही अधिक हैं, और अधिक सम्मति उन्हीं के पक्ष में है। मेरा यह विचार है कि विकल्प से यदि इस प्रयोग को मान लिया जावे तो वह उपयोगी होगा। जहाँ छन्दोगति बिगड़ती हो वहाँ समास न किया जावे, और जहाँ छन्दोगति को सहायता मिलती हो वहाँ समास कर दिया जावे। प्रायः ऐसा ही किया भी जाता है। परन्तु समास न करनेवालों की ही संख्या अधिक है, क्योंकि सुविधा इसी में है।

ब्रज-भाषा और अवधी का यह नियम है—

'लघु गुरु गुरु लघु होत है निज इच्छा अनुसार'।

गोस्वामी तुलसीदास जी से समर्थ महाकवि भी लिखते हैं—

बन्दों गुरु पद पदुम परागा। सरस सुवास सुरुचि अनुरागा ॥
अमिय मूरिमय चूरन चारू। समन सकल भवरुज परिवारू ॥

पराग को परागा, अनुराग को अनुरागा, चारु को चारू और परिवार को परिवारू कर दिया गया है।

प्रज्ञाचक्षु सूरदासजी लिखते हैं—

जसुदा हरि पालने झुलावे।
दुलरावै हलराइ मल्हावे जोई सोई कछु गावै।
मेरे लाल को आउ निंदरिया काहे न आनि सोआवे ॥

जसोदा को जसुदा, जोई के 'जो' को सोई के 'सो' को और मेरे के 'मे' को लघु कर दिया गया है। गोस्वामीजी के पद्य में लघु को दीर्घ बनाया गया है।

उर्दू में तो शब्दों के तोड़ने-मरोड़ने की परवा ही नहीं की जाती। एक शेर को देखिये—

<u>कोई</u> <u>मेरे</u> दिल से पूछे <u>तेरे</u> तीर नीमकश को।
<u>यह</u> खलिश कहाँ से होती जो जिगर <u>के</u> पार होता ॥

जिन शब्दों के नीचे लकीर खिंची हुई है वे बेतरह तोड़े-मरोड़े गये हैं। लघु को गुरु बनाने तक तो ठिकाना था, पर उक्त शेर में अक्षर तक उड़ गये हैं, शेर का असली रूप यह होगा।

कइ मेर दिल स पूछे तर तीर नीमकश को।
य खलिश कहाँ स होती ज जिगर क पार होता ॥

खड़ी बोली की कविता में न तो लघु को दीर्घ बनाया जाता है और न दीर्घ को लघु। उर्दू की कविता के समान उसमें शब्दों का संहार भी नहीं होता। परन्तु कुछ परिवर्त्तन ऐसे हैं जिनको उसने स्वीकार कर लिया है। 'अमृत' शब्द तीन मात्रा का है, परन्तु कभी-कभी उसको लिखा जाता है 'अमृत' ही, परन्तु पढ़ा जाता है 'अम्मृत'। बोलचाल में उसका उच्चारण इसी रूप में होता है। बहुत लोगों का यह विचार है कि 'मृ' संयुक्त वर्ण है इसलिए उसके आदि के अक्षर ('अ') का गुरु होना स्वाभाविक है। इसलिए दो 'म' अमृत में नहीं लिखा जाता। परन्तु 'ऋ' युक्त' वर्ण संयुक्त वर्ण नहीं माना जाता, इसलिए यह विचार ठीक नहीं है। परन्तु उच्चारण लोगों को भ्रम में डाल देता है। इसलिए उसका प्रयोग प्रायः अमृत के रूप में ही होता है। कभी-कभी छन्दो-गति की रक्षा के लिए 'अमृत' भी लिखा जाता है। संस्कृत का हलन्त वर्ण हिन्दी में विशेषकर कविता में प्रायः हलन्त नहीं लिखा दिखलाता, उसको सस्वर ही लिखते हैं। 'विद्वान' को इसी रूप में लिखेंगे, इसके 'न' को हलन्त न करेंगे। इसमें सुविधा समझी जाती है। संस्कृत में वर्ण-वृत्त का प्रचार है, उसमें हलन्त वर्ण को गणना के समय वर्ण माना ही नहीं जाता।

'रामम् रामानुजम् सीताम् भरतम् भरतानुजम।
सुग्रीवम् बालि सूनुम् च प्रणमामि पुनः पुनः ॥'

अनुष्टुप छन्द का एक एक चरण आठ वर्ण का होता है। यदि इस पद्य में वर्णों की गणना करके देखें तो ज्ञात हो जायगा कि सब हलन्त वर्ण गणना में नहीं आते। परन्तु मात्रिक छन्दों में वह लघु माना ही जावेगा, इसलिए उसे हलन्त न करने की प्रणाली चल पड़ी है। परन्तु यह प्रणाली भी वाद-ग्रस्त है। हिन्दी-लेखक प्रायशः पद्य में हलन्त न

लिखने के पक्षपाती हैं, परन्तु संस्कृत के विद्वान् उसके लिखे जाने के पक्ष में हैं। व्रज-भाषा और अवधी में भी हलन्त वर्ण को सस्वर कर देते हैं, जैसे—मर्म को मरम, भ्रम को भरम, गर्व को गरव, पर्व को परब, आदि। हिन्दी में चंचल लड़की, दिव्य ज्योति, स्वच्छ सड़क, सरस बातें, सुन्दर कली, कहने और लिखने की प्रणाली है। कुछ लोग समझते हैं कि इस प्रकार लिखना अशुद्ध है। चंचला लड़की, दिव्या ज्योति, स्वच्छा सड़क, सरसा बातें और सुन्दरी कली लिखना शुद्ध होगा। किन्तु यह अज्ञान है। संस्कृत-नियम से भी प्रथम प्रयोग शुद्ध है। मुनिवर पाणिनि का निम्नलिखित सूत्र इसका प्रमाण है—

'पुंवत् कर्म्मधारय जातीय देशेषु'

दूसरी बात यह कि संस्कृत के सब नियम यथातथ्य हिन्दी में नहीं माने जाते, उनमें अन्तर होता ही रहता है। आत्मा, पवन, वायु संस्कृत में पुल्लिंग हैं, किन्तु हिन्दी में वे स्त्रीलिंग लिखे जाते हैं। भारतेन्दु जी जैसे हिन्दी भाषा के प्रगल्भ विद्वान् लिखते हैं—

'सन सन लगी सीरी पौन चलन'

सहृदयवर बिहारीलाल कहते हैं—

'तुमहूँ लागी जगत गुरु जगनायक जगवाय'

कविवर वृन्द का यह कथन है—

'बिना बुलाये ना मिलै ज्यों पंखा की पौन'

मैं पहले कह आया हूँ कि हिन्दी-भाषा की जो विशेषताएँ हैं उन्हें सुरक्षित रखना होगा, वास्तवता यही है अन्यथा उसमें कोई नियम न रह जावेगा। समय परिवर्त्तनशील है, उसके साथ, संस्कृति, भाषा, विचार, रहन-सहन, रंग-ढंग, वेश-भूषा आदि सब परिवर्त्तित होते हैं। परन्तु उसकी भी सीमा है और उसके भीतर भी नियम हैं। वैदिक-काल से अब तक भाषा में परिवर्त्तन होते आये हैं। संस्कृत के बाद प्राकृत, प्राकृत के उपरान्त अपभ्रंश, अपभ्रंश से हिन्दी का प्रादुर्भाव हुआ। एक संस्कृत से कितनी प्राकृत भाषाएँ बनीं और परस्पर उनमें कितना रूपान्तर हुआ यह भी अविदित नहीं है। अन्य भाषाओं को छोड़ दीजिए, हिन्दी को ही गवेषणा दृष्टि से देखिये तो उसके ही अनेक रूप दृष्टिगत होते हैं। शौरसेनी के अन्यतम रूप अवधी, ब्रज भाषा और खड़ी बोली हैं, किन्तु इन्हीं में कितना विभेद दिखलाता है। 'अवधी' जिसमें गोस्वामी जी का लोक पूज्य रामचरितमानस सा लोकोत्तर ग्रन्थ है, जायसी का मनोहर ग्रन्थ पद्मावत है, आज उतनी आदृत नहीं है। जो ब्रज-भाषा अपने ही प्रान्त में नहीं,

अन्य प्रान्तों में भी सम्मानित थी; पंजाब से बंगाल तक, राजस्थान से मध्य हिन्दी तक जिसकी विजय वैजयन्ती उड़ रही थी, जो प्रज्ञाचक्षु सूरदास की अलौकिक रचना ही से अलंकृत नहीं है, समादरणीय सन्तों और बड़े-बड़े कवियों अथवा महाकवियों की कृतियों से भी मालामाल है। पाँच सौ वर्ष से भी अधिक जिसकी विजय-दुंदुभी का निनाद होता रहा है, आज वह भी विशाल कविता क्षेत्र से उपेक्षित है, यहाँ तक कि खड़ी बोली कविता में उसके किसी शब्द का आ जाना भी अच्छा नहीं समझा जाता। इन दिनों कविता क्षेत्र पर खड़ी बोली का साम्राज्य है और उसकी विशेषताओं की ओर इन दिनों सबकी दृष्टि है। हिन्दी भाषा के अन्तर्गत ब्रज-भाषा, अवधी, बिहारी, राजस्थानी, बुन्देलखण्डी और मध्य हिन्द की सभी प्रचलित बोलियाँ हैं। किन्तु इस समय प्रधानता खड़ी बोली की है। यथा काल जैसे शौरसेनी और ब्रज-भाषा का प्रसार था, वैसा ही आज खड़ी बोली का बोलबाला है। आज दिन कौन-सा प्रान्त है, जहाँ खड़ी बोली का प्रसार और विस्तार नहीं। हिन्दी-भाषा के गद्य रूप में जिसका आधार खड़ी बोली है, भारतवर्ष के किस प्रधान नगर से साप्ताहिक और दैनिक पत्र नहीं निकलते। उसके पद्य-ग्रन्थों का आदर भारत व्यापी है इसलिए खड़ी बोली आज दिन मँज गयी है और उसका रूप परिमार्जित हो गया है। ब्रज-भाषा और अवधी आदि कुछ बोलियाँ अब भी समादरणीय हैं, अब भी उनमें सत्कविता करने वाले सज्जन हैं, विशेष कर ब्रज-भाषा में। परन्तु उन पर अधिकतर प्रान्तीयता का रंग चढ़ा हुआ है। यदि इस समय भारत-व्यापिनी कोई भाषा है तो खड़ी बोली ही है। पचास वर्ष में वह जितनी समुन्नत हुई, उतनी उन्नति करते किसी भाषा को नहीं देखा गया। उर्दू के प्रेमी जो कहें, पर वह हिन्दी की रूपान्तर मात्र है और उसी की गोद में पली है। और इसीलिए कुछ प्रान्तों में समाद्रित भी है। हिन्दी भाषा के योग्य एवं गण्यमान्य विबुधों ने खड़ी बोली को जो रूप दिया है और जिस प्रकार उसे सर्व गुणालंकृत बनाया है वह उल्लेखनीय ही नहीं अभिनन्दनीय भी है। अब भी उसमें देश काल की आवश्यकताओं पर दृष्टि रख बार उचित परिवर्तन होते रहते हैं। वास्तव बात यह है कि खड़ी बोली की हिन्दी का स्वरूप इस समय सन्तोषजनक और सर्वांग पुष्ट है। इधर थोड़े दिनों से कुछ लोगों की उच्छृंखलता बढ़ गयी है, मनमानी होने लगी है। मुहावरे भी गढ़े जाने लगे हैं और कुछ मनमाने प्रयोग भी होने लगे हैं, किन्तु इसके कारण अनभिज्ञता, अपरिपक्वता और प्रान्तीयता हैं। भाषा में ही नहीं भावों में भी कतर-ब्योंत हो रहा है, आसमान के तारे तोड़े जा रहे हैं, स्वतंत्रता के नाम पर मनस्विता का डिंडिम नाद कर कला को विकल बनाया जा रहा है या प्रतिभा उद्यान में नये फूल खिलाये जा रहे हैं। किन्तु ये मानस-उदधि की वे तरंगें हैं जो किसी समय विशेष रूप से तरंगित होकर फिर यथा काल अपने यथार्थ रूप में विलीन हो जाती हैं। भाषा का प्रवाह सदा ऐसा ही रहा है

और रहेगा। परन्तु काल का नियन्त्रण भी अपना प्रभाव रखता है, उसकी शक्ति भी अनिवार्य्य है।

मैंने हिन्दी-भाषा के आधुनिक रूप (खड़ी बोली) के प्रधान प्रधान सिद्धान्तों के विषय में जो थोड़े में कहा है, वह दिग्दर्शन मात्र है। अधिक विस्तार सम्भव न था। उन्हीं पर दृष्टि रखकर मैंने 'वैदेही-वनवास' के पद्यों की रचना की है। कवि-कर्म्म की दुरूहता मैंने पहले ही निरूपण की है, मनुष्य भूल और भ्रान्ति रहित होता नहीं। महाकवि भी इनसे सुरक्षित नहीं रह सके। कवितागत दोष इतने व्यापक हैं कि उनसे बड़े-बड़े प्रतिभावान् भी नहीं बच सके। मैं साधारण विद्या, बुद्धि का मनुष्य हूँ, इन सब बातों से रहित कैसे हो सकता हूँ। विवुधवृन्द और सहृदय सज्जनों से सविनय यही निवेदन है कि ग्रन्थ में यदि कुछ गुण हों तो वे उन्हें अपनी सहज सदाशयता का प्रसाद समझेंगे, दोष ही दोष मिले तो अपनी उदात्त चित्त-वृत्ति पर दृष्टि रखकर एक अल्प विषयामति को क्षमा दान करने की कृपा करेंगे।

दोहा

जिसके सेवन से बने पामर नर-सिरमौर।
राम रसायन से सरस है न रसायन और ॥

हरिऔध

5-2-40

प्रथम सर्ग

उपवन

रोला

लोक - रंजिनी उषा - सुन्दरी रंजन - रत थी।
नभ-तल था अनुराग - रँगा आभा - निर्गत थी॥
धीरे धीरे तिरोभूत तामस होता था।
ज्योति-वीज प्राची-प्रदेश में दिव बोता था॥ 1॥

किरणों का आगमन देख ऊषा मुसकाई।
मिले साटिका-लैस-टँकी लसिता बन पाई॥
अरुण-अंक से छटा छलक क्षिति-तल पर छाई।
भृंग गान कर उठे विटप पर बजी बधाई॥ 2॥

दिन मणि निकले, किरण ने नवल ज्योति जगाई।
मुक्त-मालिका विटप तृणावलि तक ने पाई॥
शीतल बहा समीर कुसुम-कुल खिले दिखाये।
तरु-पल्लव जगमगा उठे नव आभा पाये॥ 3॥

सर-सरिता का सलिल सुचारु बना लहराया।
विन्दु निचय ने रवि के कर से मोती पाया॥
उठ उठ कर नाचने लगीं बहु-तरल-तरंगें।
दिव्य बन गयीं वरुण-देव की विपुल उमंगें॥ 4॥

सारा-तम टल गया अन्धता भव की छूटी।
प्रकृति-कण्ठ-गत मुग्ध-करी मणिमाला टूटी॥
बीत गयी यामिनी दिवस की फिरी दुहाई।
बनी दिशायें दिव्य प्रभात प्रभा दिखलाई॥ 5॥

एक रम्यतम-नगर सुधा-धवलित-धामों पर।
पड़ कर किरणें दिखा रही थीं दृश्य-मनोहर॥
गगन-स्पर्शी ध्वजा-पुंज के, रत्न-विमण्डित-
कनक-दण्ड, द्युति दिखा बनाते थे बहु-हर्षित॥ 6॥

किरणें उनकी कान्त कान्ति से मिल जब लसतीं।
निज आभा को जब उनकी आभा पर कसतीं॥
दर्शक दृग उस समय न टाले से टल पाते।
वे होते थे मुग्ध, हृदय थे उछले जाते॥ 7॥

दमक-दमक कर विपुल-कलस जो कला दिखाते।
उसे देख रवि ज्योति दान करते न अघाते॥
दिवस काल में उन्हें न किरणें तज पाती थीं।
आये सन्ध्या-समय विवश बन हट जाती थीं॥ 8॥

हिल हिल मंजुल-ध्वजा अलौकिकता थी पाती।
दर्शक-दृग को बार बार थी मुग्ध बनाती॥
तोरण पर से सरस-वाद्य ध्वनि जो आती थी।
मानों सुन वह उसे नृत्य-रत दिखलाती थी॥ 9 ॥

इन धामों के पार्श्व-भाग में बड़ा मनोहर।
एक रम्य-उपवन था नन्दन-वन सा सुन्दर॥
उसके नीचे तरल-तरंगायित सरि-धारा।
प्रवह-मान हो करती थी कल-कल-रव न्यारा॥ 10॥

उसके उर में लसी कान्त-अरुणोदय-लाली।
किरणों से मिल दिखा रही थी कान्ति-निराली॥
कियत्काल उपरान्त अंक सरि का हो उज्ज्वल।
लगा जगमगाने नयनों में भर कौतूहल॥ 11॥

उठे बुलबुले कनक-कान्ति से कान्तिमान बन।
लगे दिखाने सामूहिक अति-अद्भुत-नर्त्तन॥
उठी तरंगें रवि कर का चुम्बन थीं करतीं।
पाकर मन्द - समीर विहरतीं उमग उभरतीं॥ 12॥

सरित-गर्भ में पड़ा बिम्ब प्रासाद-निचय का।
कूल-विराजित विटप-राजि छाया अभिनय का॥
दृश्य बड़ा था रम्य था महा-मंजु दिखाता।
लहरों में लहरा लहरा था मुग्ध बनाता॥ 13॥

उपवन के अति-उच्च एक मण्डप में विलसी।
मूर्ति-युगल इन दृश्यों के देखे थी विकसी॥
इनमें से थे एक दिवाकर कुल के मण्डन।
श्याम गात आजानु-बाहु सरसीरुह - लोचन॥ 14॥

मर्यादा के धाम शील - सौजन्य - धुरन्धर।
दशरथ - नन्दन राम परम - रमणीय - कलेवर॥
थीं दूसरी विदेह - नन्दिनी लोक - ललामा।
सुकृति - स्वरूपा सती विपुल-मंजुल-गुण-धामा॥ 15॥

वे बैठी पति साथ देखती थीं सरि-लीला।
था वदनाम्बुज विकच वृत्ति थी संयम-शीला॥
सरस मधुर वचनों के मोती कभी पिरोतीं।
कभी प्रभात-विभूति विलोक प्रफुल्लित होतीं॥ 16॥

बोले रघुकुल-तिलक प्रिये प्रातः-छबि प्यारी।
है नितान्त - कमनीय लोक - अनुरंजनकारी॥
प्रकृति-मृदुल-तम-भाव-निचय से हो हो लसिता।
दिनमणि-कोमल-कान्ति व्याज से है सुविकसिता॥ 17॥

सरयू सरि ही नहीं सरस बन है लहराती।
सभी ओर है छटा छलकती सी दिखलाती॥
रजनी का वर-व्योम विपुल वैचित्र्य भरा है।
दिन में बनती दिव्य - दृश्य - आधार धरा है॥ 18॥

हो तरंगिता - लसिता - सरिता यदि है भाती।
तो दोलित-तरु-राजि कम नहीं छटा दिखाती॥
जल में तिरती केलि मयी मछलियाँ मनोहर।
कर देती हैं सरित-अंक को जो अति सुन्दर॥ 19॥

तो तरुओं पर लसे विहरते आते जाते।
रंग बिरंगे विहग-वृन्द कम नहीं लुभाते॥
सरिता की उज्ज्वलता तरुचय की हरियाली।
रखती है छबि दिखा मंजुता-मुख की लाली॥ 20॥

हैं प्रभात उत्फुल्ल-मूर्ति कुसुमों में पाते।
आहा! वे कैसे हैं फूले नहीं समाते॥
मानों वे हैं महानन्द-धारा में बहते।
खोल खोल मुख वर-विनोद-बातें हैं कहते॥ 21॥

है उसकी माधुरी विहग-रट में मिल पाती।
जो मिठास से किसे नहीं है मुग्ध बनाती॥
मन्द मन्द बह बह समीर सौरभ फैलाता।
सुख-स्पर्श सद्गन्ध-सदन है उसे बताता॥ 22॥

हैं उसकी दिव्यता दमक किरणें दिखलाती।
जगी-ज्योति उसको ज्योतिर्मय है बतलाती॥
सहज-सरसता, मोहकता, सरिता है कहती।
ललित लहर-लिपि-माला में है लिखती रहती॥ 23॥

जगी हुई जनता निज कोलाहल के द्वारा।
कर्म-क्षेत्र में बही विविध-कर्मों की धारा॥
उसकी जाग्रत करण क्रिया को है जतलाती।
नाना-गौरव-गीत सहज-स्वर से है गाती॥ 24॥

लोक-नयन-आलोक, रुचित-जीवन-संचारक।
स्फूर्त्ति-मूर्त्ति उत्साह-उत्स जागर्त्ति-प्रचारक॥
भव का प्रकृत-स्वरूप-प्रदर्शक, छबि-निर्माता।
है प्रभात उल्लास-लसित दिव्यता-विधाता॥ 25॥

कितनी है कमनीय प्रकृति कैसे बतलायें।
उसके सकल-अलौकिक गुण-गुण कैसे गायें॥
है अतीव-कोमला विश्व-मोहक-छबि वाली।
बड़ी सुन्दरी सहज-स्वभावा भोली-भाली॥ 26॥

करुण भाव से सिक्त सदयता की है देवी।
है संसृति की भूति - राशि पद - पंकज - सेवी॥
है उसके वहु-रूप विविधता है वरणीया।
प्रातः - कालिक - मूर्त्ति अधिक तर है रमणीया॥ 27॥

जनक-सुता ने कहा प्रकृति-महिमा है महती।
पर वह कैसे लोक-यातनाएँ है सहती॥
क्या है हृदय-विहीन? तो अखिल-हृदय बना क्यों?
यदि है सहृदय आँखों से आँसू न छना क्यों?॥ 28॥

यदि वह जड़ है तो चेतन क्यों, चेत, न पाया।
दुःख-दग्ध संसार किस लिये गया बनाया॥
कितनी सुन्दर-सरस-दिव्य-रचना वह होती।
जिसमें मानव-हंस सदा पाता सुख-मोती॥ 29॥

कुछ पहले थी निशा सुन्दरी कैसी लसती।
सिता-साटिका मिले रही कैसी वह हँसती॥
पहन तारकावलि की मंजुल-मुक्ता-माला।
चन्द्र-वदन अवलोक सुधा का पी पी प्याला॥ 30॥

प्रायः उल्का पुंज पात से उद्भासित बन।
दीपावलि का मिले सर्वदा दीप्ति-मान-तन॥
देखे कतिपय - विकच - प्रसूनों पर छबि छाई।
विभावरी थी विपुल विनोदमयी दिखलाई॥ 31॥

अमित-दिव्य-तारक-चय द्वारा विभु-विभुता की।
जिसने दिखलाई दिव-दिवता की बर-झाँकी॥
भव-विराम जिसके विभवों पर है अवलंबित।
वह रजनी इस काल, काल द्वारा है कवलित॥ 32॥

जो मयंक नभतल को था बहु कान्त बनाता।
वसुन्धरा पर सरस-सुधा जो था बरसाता॥
जो रजनी को लोक-रंजिनी है कर पाता।
वही तेज-हत हो अब है डूबता दिखाता॥ 33॥

जो सरयू इस समय सरस-तम है दिखलाती।
उठा उठा कर ललित लहर जो है ललचाती॥
शान्त, धीर, गति जिसकी है मृदुता सिखलाती।
ज्योतिमयी बन जो है अन्तर - ज्योति जगाती॥ 34॥

प्लावन का कर संग वही पातक करती है।
कर निमग्न बहु जीवों का जीवन हरती है॥
डुबा बहुत से सदन, गिराकर तट-विटपी को।
करती है जल-मग्न शस्य-श्यामला मही को॥ 35॥

कल मैंने था जिन फूलों को फूला देखा।
जिनकी छबि पर मधुप-निकर को भूला देखा॥
प्रफुल्लता जिनकी थी बहु उत्फुल्ल बनाती।
जिनकी मंजुल-महँक मुदित मन को कर पाती॥ 36॥

उनमें से कुछ धूल में पड़े हैं दिखलाते।
कुछ हैं कुम्हला गये और कुछ हैं कुम्हलाते॥
कितने हैं छबि-हीन बने नुचते हैं कितने।
कितने हैं उतने न कान्त पहले थे जितने॥ 37॥

सुन्दरता में कौन कर सका समता जिनकी।
उन्हें मिली है आयु एक दिन या दो दिन की॥
फूलों सा उत्फुल्ल कौन भव से दिखलाया।
किन्तु उन्होंने कितना लघु-जीवन है पाया॥ 38॥

स्वर्णपुरी का दहन आज भी भूल न पाया।
बड़ा भयंकर-दृश्य उस समय था दिखलाया॥
निरपराध बालक-विलाप अबला का क्रन्दन।
विवश-वृद्ध-वृद्धाओं का व्याकुल बन रोदन॥ 39॥

रोगी-जन की हाय हाय आहें कृश-जन की।
जलते जन की त्राहि त्राहि कातरता मन की॥
ज्वाला से घिर गये व्यक्तियों का चिल्लाना।
अवलोके गृह-दाह गृही का थर्रा जाना॥ 40॥

भस्म हो गये प्रिय स्वजनों का तन अवलोके।
उनकी दुर्गति का वर्णन करना रो रो के॥
बहुत कलपना उसका जो था वारि न पाता।
जब होता है याद चित्त व्यथित है हो जाता॥ 41 ॥

समर-समय की महालोक संहारक लीला।
रण भू का पर्वत समान ऊँचा शव-टीला॥
बहती चारों ओर रुधिर की खर-तर-धारा।
धरा कँपा कर बजता हाहाकार नगारा॥ 42 ॥

क्रन्दन, कोलाहल, बहु आहों की भरमारें।
आहत जन की लोक प्रकम्पित करी पुकारें॥
कहाँ भूल पायीं वे तो हैं भूल न पाती।
स्मृति उनकी है आज भी मुझे बहुत सताती॥ 43 ॥

आह ! सती सिरधरी प्रमीला का बहु-क्रन्दन।
उसकी बहु व्याकुलता उसका हृदयस्पन्दन॥
मेघनाद शव सहित चिता पर उसका चढ़ना।
पति प्राणा का प्रेम पन्थ में आगे बढ़ना॥ 44 ॥

कुछ क्षण में उस स्वर्ग-सुन्दरी का जल जाना।
मिट्टी में अपना महान सौन्दर्य्य मिलाना॥
बड़ी दुःख - दायिनी मर्म - वेधी - बातें हैं।
जिनको कहते खड़े रोंगटे हो जाते हैं॥ 45 ॥

पति परायणा थी वह क्यों जीवित रह पाती।
पति चरणों में हुई अर्पिता पति की थाती॥
धन्य भाग्य, जो उसने अपना जन्म बनाया।
सत्य-प्रेम-पथ-पथिका बन बहु गौरव पाया॥ 46 ॥

व्यथा यही है पड़ी सती क्यों दुख के पाले।
पड़े प्रेम-मय उर में कैसे कुत्सित छाले॥
आह ! भाग्य कैसे उस पति प्राणा का फूटा।
मरने पर भी जिससे पति पद-कंज न छूटा॥ 47 ॥

कलह मूल हूँ शान्ति इसी से मैं खोती हूँ।
मर्माहत मैं इसीलिए बहुधा होती हूँ॥
जो पापिनी-प्रवृत्ति न लंका-पति की होती।
क्यों बढ़ता भूभार मनुजता कैसे रोती॥ 48॥

अच्छा होता भली-वृत्ति ही जो भव पाता।
मंगल होता सदा अमंगल मुख न दिखाता॥
सबका होता भला फले फूले सब होते।
हँसते मिलते लोग दिखाते कहीं न रोते॥ 49॥

होता सुख का राज, कहीं दुख लेश न होता।
हित रत रह, कोई न बीज अनहित का बोता॥
पाकर बुरी अशान्ति गरलता से छुटकारा।
बहते भव में शान्ति-सुधा की सुन्दर धारा॥ 50॥

हो जाता दुर्भाव दूर सद्भाव सरसता।
उमड़ उमड़ आनन्द जलद सब ओर बरसता॥
होता अवगुण मग्न गुण पयोनिधि लहराता।
गर्जन सुन कर दोष निकट आते थर्राता॥ 51॥

फूली रहती सदा मनुजता की फुलवारी।
होती उसकी सरस सुरभि त्रिभुवन की प्यारी॥
किन्तु कहूँ क्या है विडम्बना विधि की न्यारी।
इतना कह कर खिन्न हो गयी जनक-दुलारी॥ 52॥

कहा राम ने यहाँ इसलिए मैं हूँ आया।
मुदित कर सकूँ तुम्हें प्रियतमे कर मनभाया॥
किन्तु समय ने जब है सुन्दर समा दिखाया।
पड़ी किस लिये हृदय-मुकुर में दुख की छाया॥ 53॥

गर्भवती हो रखो चित्त उत्फुल्ल सदा हीं।
पड़े व्यथित कर विषय की न उसपर परछाँहीं॥
माता-मानस-भाव समूहों में ढलता है।
प्रथम उदर पलने ही में बालक पलता है॥ 54॥

हरे भरे इस पीपल तरु को प्रिये विलोको।
इसके चञ्चल - दीप्तिमान - दल को अवलोको॥
वर - विशालता इसकी है बहु-चकित बनाती।
अपर द्रुमों पर शासन करती है दिखलाती॥ 55॥

इसके फल दल से बहु-पशु-पक्षी पलते हैं।
पा इसका पंचांग रोग कितने टलते हैं॥
दे छाया का दान सुखित सबको करता है।
स्वच्छ बना वह वायु दूषणों को हरता है॥ 56॥

मिट्टी में मिल एक बीज, तरु बन जाता है।
जो सदैव बहुशः बीजों को उपजाता है॥
प्रकट देखने में विनाश उसका होता है।
किन्तु सृष्टि गति सरि का वह बनता सोता है॥ 57॥

शीतल मन्द समीर सौरभित हो बहता है।
भव कानों में बात सरसता की कहता है॥
प्राणि मात्र के चित्त को वह पुलकित करता है।
प्रातः को प्रिय बना सुरभि भू में भरता है॥ 58॥

सुमनावलि को हँसा खिलाता है कलिका को।
लीलामयी बनाता है लसिता लतिका को॥
तरु दल को कर केलि-कान्त है कला दिखाता।
नर्त्तन करना लसित लहर को है सिखलाता॥ 59॥

ऐसे सरस पवन प्रवाह से, जो बुझ जावे।
कोई दीपक या पत्ता गिरता दिखलावे॥
या कोई रोगी शरीर सह उसे न पावे।
या कोई तृण उड़ दव में गिर गात जलावे॥ 60॥

तो समीर को दोषी कैसे विश्व कहेगा।
है वह अपचिति-रत न अतःनिर्दोष रहेगा॥
है स्वभावतः प्रकृति विश्वहित में रत रहती।
इसी लिए है विविध स्वरूपवती अति महती॥ 61॥

पंचभूत उसकी प्रवृत्ति के हैं परिचायक।
हैं उसके विधान ही के विधि सविधि-विधायक॥
भव के सब परिवर्तन हैं स्वाभाविक होते।
मंगल के ही बीज विश्व में वे हैं बोते॥ 62॥

यदि है प्रातः दीप पवन गति से बुझ जाता।
तो होता है वही जिसे जन-कर कर पाता॥
सूखा पत्ता नहीं किरण ग्राही होता है।
होके रस से हीन सरसतायें खोता है॥ 63॥

हरित दलों के मध्य नहीं शोभा पाता है।
हो निस्सार विटप में लटका दिखलाता है॥
अतः पवन स्वाभाविक गति है उसे गिराती।
जिससे वह हो सके मृत्तिका बन महिथाती॥ 64॥

सहज पवन की प्रगति जो नहीं है सह जाती।
तो रोगी को सावधानता है सिखलाती॥
रूपान्तर से प्रकृति उसे है डाँट बताती।
स्वास्थ्य नियम पालन निमित्त है सजग बनाती॥ 65॥

यह चाहता समीर न था तृण उड़ जल जाये।
थी न आग की चाह राख वह उसे बनाये॥
किन्तु पलक मारते हो गयीं उभय क्रियायें।
होती हैं भव में प्रायः ऐसी घटनायें॥ 66॥

जो हो तृण के तुल्य तुच्छ उड़ते फिरते हैं।
प्रकृति करों से वे यों ही शासित होते हैं॥
यह शासन कारिणी वृत्ति श्रीमती प्रकृति की।
है बहु मंगलमयी शोधिका है संसृति की॥ 67॥

आँधी का उत्पात पतन उपलों का बहुधा।
हिल हिल कर जो महानाश करती है वसुधा॥
ज्वालामुखी-प्रकोप उदधि का धरा निगलना।
देशों का विध्वंस काल का आग उगलना॥ 68॥

इसी तरह के भव-प्रपंच कितने हैं ऐसे।
नहीं बताये जा सकते हैं वे हैं जैसे॥
है असंख्य ब्रह्माण्ड स्वामिनी प्रकृति कहाती।
बहु-रहस्यमय उसकी गति क्यों जानी जाती॥ 69 ॥

कहाँ किसलिये कब वह क्या करती क्यों कर।
कभी इसे बतला न सकेगा कोई बुधवर॥
किन्तु प्रकृति का परिशीलन यह है जतलाता।
है स्वाभाविकता से उसका सच्चा नाता॥ 70 ॥

है वह विविध विधानमयी भव-नियमन-शीला।
लोक-चकित-कर है उसकी लोकोत्तर लीला॥
सामंजस्यरता प्रवृत्ति सद्भाव भरी है।
चिरकालिक अनुभूति सर्व सन्ताप हरी है॥ 71 ॥

यदि उसकी विकराल मूर्ति है कभी दिखाती।
तो होती है निहित सदा उसमें हित थाती॥
तप ऋतु आकर जो होता है ताप विधाता।
तो ला कर धन बनता है जग-जीवन-दाता॥ 72 ॥

जो आँधी उठ कर है कुछ उत्पात मचाती।
धूल उड़ा डालियाँ तोड़ है विटप गिराती॥
तो है जीवनप्रद समीर का शोधन करती।
नयी हितकरी भूति धरातल में है भरती॥ 73 ॥

जहाँ लाभ प्रद अंश अधिक पाया जाता है।
थोड़ी क्षति का ध्यान वहाँ कब हो पाता है॥
जहाँ देश हितप्रश्न सामने आ जाता है।
लाखों शिर अर्पित हो कटता दिखलाता है॥ 74 ॥

जाति मुक्ति के लिए आत्म-बलि दी जाती है।
परम अमंगल क्रिया पुण्य कृति कहलाती है॥
इस रहस्य को बुध पुंगव जो समझ न पाते।
तो प्रलयंकर कभी नहीं शंकर कहलाते॥ 75 ॥

सृष्टि या प्रकृति कृति को, बहुधा कह कह माया।
कुछ विबुधों ने है गुण-दोष-मयी बतलाया॥
इस विचार से है चित् शक्ति कलंकित होती।
बहु विदिता निज सर्व शक्तिमत्ता है खोती॥ 76॥

किन्तु इस विषय पर अब मैं कुछ नहीं कहूँगा।
अधिक विवेचन के प्रवाह में नहीं बहूँगा॥
फिर तुम हुईं प्रफुल्ल हुआ मेरा मनभाया।
प्रिये कहाँ तुमने ऐसा कोमल चित्त पाया॥ 77॥

सब को सुख हो कभी नहीं कोई दुख पाये।
सबका होवे भला किसी पर बला न आये॥
कब यह सम्भव है पर है कल्पना निराली।
है इसमें रस भरा सुधा है इसमें ढाली॥ 78॥

दोहा

इतना कह रघुवंश-मणि, दिखा अतुल-अनुराग।
सदन सिधारे सिय सहित, तज बहु-विलसित बाग॥ 79॥

द्वितीय सर्ग

चिन्तित चित्त

चतुष्पद

अवध के राज मन्दिरों मध्य।
एक आलय था बहु-छबि-धाम॥
खिँचे थे जिसमें ऐसे चित्र।
जो कहाते थे लोक-ललाम॥ 1॥

दिव्य-तम कारु-कार्य अवलोक।
अलौकिक होता था आनन्द॥
रत्नमय पच्चीकारी देख।
दिव विभा पड़ जाती थी मन्द॥ 2॥

कला कृति इतनी थी कमनीय।
दिखाते थे सब चित्र सजीव॥
भाव की यथातथ्यता देख।
दृष्टि होती थी मुग्ध अतीव॥ 3॥

अंग-भंगी, आकृति की व्यक्ति।
चित्र के चित्रण की थी पूर्ति॥
ललित तम कर की खिँची लकीर।
बनी थी दिव्य-भूति की मूर्त्ति॥ 4॥

देखते हुए मुग्धकर-चित्र।
सदन में राम रहे थे घूम॥
चाह थी चित्रकार मिल जाय।
हाथ तो उसके लेवें चूम॥ 5॥

इसी अवसर पर आया एक–
गुप्तचर वहाँ विकम्पित - गात॥
विनत हो वन्दन कर, कर जोड़।
कही दुख से उसने यह बात॥ 6॥

प्रभो यह सेवक प्रातःकाल।
घूमता फिरता चारों ओर॥
उस जगह पहुँचा जिसको लोग।
इस नगर का कहते हैं छोर॥ 7॥

वहाँ पर एक रजक हो क्रुद्ध।
रोक कर गृह प्रवेश का द्वार॥
त्रिया को कड़ी दृष्टि से देख।
पूछता था यह बारम्बार॥ 8॥

बिताई गयी कहाँ पर रात्रि।
लगा कर लोक-लाज को लात॥
पापिनी कुल में लगा कलंक।
यहाँ क्यों आयी हुए प्रभात॥ 9॥

चली जा हो आँखों से दूर।
अब यहाँ क्या है तेरा काम॥
कर रही है तू भारी भूल।
जो समझती है मुझको राम॥ 10॥

रहीं जो पर - गृह में षट्मास।
हुई है उनकी उन्हें प्रतीति॥
बड़ों की बड़ी बात है किन्तु।
कलंकित करती है यह नीति॥ 11॥

प्रभो बतलाई थी यह बात।
विनय मैंने की थी बहु बार॥
नहीं माना जाता है ठीक।
जनकजा पुनर्ग्रहण व्यापार॥ 12॥

आदि में थी यह चर्चा अल्प।
कभी कोई कहता यह बात॥
और कहते भी वे ही लोग।
जिन्हें था धर्म - मर्म अज्ञात॥ 13॥

अब नगर भर में वह है व्याप्त।
बढ़ रहा है जन चित्त - विकार॥
जनपदों ग्रामों में सब ओर।
हो रहा है उसका विस्तार॥ 14॥

किन्तु साधारण जनता मध्य।
हुआ है उसका अधिक प्रसार॥
उन्हीं के भावों का प्रतिबिम्ब।
रजक का है निन्दित - उद्‌गार॥ 15॥

विवेकी विज्ञ सर्व - बुध - वृन्द।
कर रहे हैं सद्‌बुद्धि प्रदान॥
दिखाकर दिव्य - ज्ञान - आलोक।
दूर करते हैं तम अज्ञान॥ 16॥

अवांछित हो पर है यह सत्य।
बढ़ रहा है बहु - वाद - विवाद॥
प्रभो मैं जान सका न रहस्य।
किन्तु है निन्द्य लोक - अपवाद॥ 17॥

राम ने बनकर बहु - गम्भीर।
सुनी दुर्मुख के मुख की बात॥
फिर उसे देकर गमन निदेश।
सोचने लगे बन बहुत शान्त॥ 18॥

बात क्या है? क्यों यह अविवेक?।
जनकजा पर भी यह आक्षेप॥
उस सती पर जो हो अकलंक।
क्या बुरा है न पंक - निक्षेप॥ 19॥

निकलते ही मुख से यह बात।
पड़ गयी एक चित्र पर दृष्टि॥
देखते ही जिसके तत्काल
दृगों में हुई सुधा की वृष्टि॥ 20॥

दारु का लगा हुआ अम्बार।
परम - पावक - मय बन हो लाल॥
जल रहा था धू धू ध्वनि साथ।
ज्वालमाला से हो विकराल॥ 21॥

एक स्वर्गीय - सुन्दरी स्वच्छ—
पूत - तम - बसन किये परिधान॥
कर रही थी उसमें सुप्रवेश।
कमल - मुख था उत्फुल्ल महान॥ 22॥

परम - देदीप्यमान हो अंग।
बन गये थे बहु - तेज - निधान॥
दृगों से निकल ज्योति का पुंज।
बनाता था पावक को म्लान॥ 23॥

सामने खड़ा रिक्ष कपि यूथ।
कर रहा था बहु जय जय कार॥
गगन में बिलसे विबुध विमान।
रहे बरसाते सुमन अपार॥ 24॥

बात कहते अंगारक पुंज।
बन गये विकच कुसुम उपमान ?
लसी दिखलाईं उस पर सोय।
कमल पर कमलासना समान॥ 25॥

देखते रहे राम यह दृश्य।
कुछ समय तक हो हो उद्ग्रीव॥
फिर लगे कहने अपने आप।
क्या न यह कृति है दिव्य अतीव॥ 26॥

मैं कभी हुआ नहीं सन्दिग्ध।
हुआ किस काल में अविश्वास॥
भरा है प्रिया चित्त में प्रेम।
हृदय में है सत्यता निवास॥ 27॥

राजसी विभवों से मुँह मोड़।
स्वर्ग - दुर्लभ सुख का कर त्याग॥
सर्व प्रिय सम्बन्धों को भूल।
ग्रहण कर नाना विषय विराग॥ 28॥

गहन विपिनों में चौदह साल।
सदा छाया सम रह मम साथ॥
साँसतें सह खा फल दल मूल।
कभी पी करके केवल पाथ॥ 29॥

दुग्ध फेनोपम अनुपम सेज।
छोड़ मणि-मण्डित-कञ्चन-धाम॥
कुटी में रह सह नाना कष्ट।
बिताये हैं किसने वसुयाम॥ 30॥

कमलिनी - सी जो है सुकुमार।
कुसुम कोमल है जिसका गात॥
चटाई पर या भू पर पौढ़।
बिताई उसने हैं सब रात॥ 31॥

देख कर मेरे मुख की ओर।
भूलते थे सब दुख के भाव॥
मिल गये कहीं कण्टकित पन्थ।
छिदे किसके पंकज से पाँव॥ 32॥

नहीं घबरा पाती थी कौन।
देख फल दल के भाजन रिक्त॥
बनाती थी न किसे उद्विग्न।
टपकती कुटी धरा जल सिक्त॥ 33॥

भूल अपना पथ का अवसाद।
बदन को बना विकच जलजात॥
पास आ व्यजन डुलाती कौन।
देख कर स्वेद - सिक्त मम गात॥ 34॥

हमारे सुख का मुख अवलोक।
बना किसको बन सुर - उद्यान॥
कुसुम कण्टक, चन्दन, तप - ताप।
प्रभंजन मलय - समीर समान॥ 35॥

कहाँ तुम और कहाँ वनवास।
यदि कभी कहता चले प्रसंग॥
तो विहँस कहती त्याग सही न।
चन्द्रिका चन्द्र देव का संग॥ 36॥

दिखाया किसने अपना त्याग।
लगा लंका विभवों को लात॥
सहे किसने धारण कर धीर।
दानवों के अगणित - उत्पात॥ 37॥

दानवी दे दे नाना त्रास।
बनाकर रूप बड़ा विकराल॥
विकम्पित किसको बना सकी न।
दिखाकर बदन विनिर्गत ज्वाल॥ 38॥

लोक - त्रासक - दशआनन भीति।
उठी उसकी कठोर करवाल॥
बना किसको न सकी बहु त्रस्त।
सकी किसका न पतिव्रत टाल॥ 39॥

कौन कर नाता - व्रत - उपवास।
गलाती रहती थी निज गात॥
बिताया किसने संकट - काल।
तरु तले बैठी रह दिन रात॥ 40॥

नहीं सकती जो पर दुख देख।
हृदय जिसका है परम - उदार॥
सर्वजन सुख संकलन निमित्त।
भरा है जिसके उर में प्यार॥ 41॥

सरलता की जो है प्रतिमूर्ति।
सहजता है जिसकी प्रिय - नीति॥
बड़े कोमल हैं जिसके भाव।
परम - पावन है जिसकी प्रीति॥ 42॥

शान्तिरत जिसकी मति को देख।
लोप होता रहता है कोप॥
मानसिक - तम करता है दूर।
दिव्य जिसके आनन का ओप॥ 43॥

सुरुचिमय है जिसकी चित - वृत्ति।
कुरुचि जिसको सकती है छू न॥
हृदय है इतना सरस दयार्द्र।
तोड़ पाते कर नहीं प्रसून॥ 44॥

करेगा उस पर शंका कौन।
क्यों न उसका होगा विश्वास॥
यही था अग्नि - परीक्षा मर्म।
हो न जिससे जग में उपहास॥ 45॥

अनिच्छा से हो खिन्न नितान्त।
किया था मैंने ही यह काम॥
प्रिया का ही था यह प्रस्ताव।
न लांछित हो जिससे मम नाम॥ 46॥

पर कहाँ सफल हुआ उद्देश।
लग रहा है जब वृथा कलंक॥
किसी कुल - बाला पर बन वक्र।
जब पड़ी लोक - दृष्टि निःशंक॥ 47॥

सत्य होवे या वह हो झूठ।
या कि हो कलुषित चित्त प्रमाद ॥
निन्द्य है है अपकीर्त्ति - निकेत।
लांछना - निलय लोक - अपवाद ॥ 48 ॥

भले ही कुछ न कहें बुध - वृन्द।
सज्जनों को हो सुने विषाद ॥
किन्तु है यह जन - रव अच्छा न।
अवांछित है यह वाद - विवाद ॥ 49 ॥

मिल सका मुझे न इसका भेद।
हो रहा है क्यों अधिक प्रसार ॥
बन रहा है क्या साधन - हीन।
लोक - आराधन का व्यापार ॥ 50 ॥

प्रकृति गत है, है उर में व्याप्त।
प्रजा - रंजन की नीति - पुनीत ॥
दण्ड में यथा - उचित सर्वत्र।
है सरलता सद्भाव गृहीत ॥ 51 ॥

न्याय को सदा मान कर न्याय।
किया मैंने न कभी अन्याय ॥
दूर की मैंने पाप - प्रवृत्ति।
पुण्यमय करके प्रचुर - उपाय ॥ 52 ॥

सबल के सारे अत्याचार।
शमन में हूँ अद्यापि प्रवृत्त ॥
निर्बलों का बल बन दल दुःख।
विपुल पुलकित होता है चित्त ॥ 53 ॥

रहा रक्षित उत्तराधिकार।
छिना मुझसे कब किसका राज ॥
प्रजा की बनी प्रजा - सम्पत्ति।
ली गयी कभी न वह कर व्याज ॥ 54 ॥

मुझे है कूटनीति न पसन्द।
सरलतम है मेरा व्यवहार॥
बंचना विजितों को कर ब्योंत।
बचाया मैंने बारम्बार॥ 55॥

समझ नृप का उत्तर-दायित्व।
जान कर राज-धर्म का मर्म॥
ग्रहण कर उचित नम्रता भाव।
कर्मचारी करते हैं कर्म॥ 56॥

भूल कर भेद भाव की बात।
विलसिता समता है सर्वत्र॥
तुष्ट है प्रजामात्र बन शिष्ट।
सीख समुचित स्वतन्त्रता मन्त्र॥ 57॥

परस्पर प्रीति का समझ लाभ।
हुए मानवता की अनुभूति॥
सुखित है जनता सुख-मुख देख।
पा गये वांछित सकल-विभूति॥ 58॥

दानवों का हो गया निपात।
तिरोहित हुआ प्रबल आतंक॥
दूर हो गया धर्म का द्रोह।
शान्तिमय बना मेदिनी अंक॥ 59॥

निरापद हुए सर्व-शुभ-कर्म।
यज्ञ-बाधा का हुआ विनाश॥
टल गया पाप-पुंज तम-तोम।
विलोके पुण्य-प्रभात-प्रकाश॥ 60॥

कर रहे हैं सब कर्म स्वकीय।
समझ कर वर्णाश्रम का मर्म॥
बन गये हैं मर्यादा-शील।
धृति सहित धारण करके धर्म॥ 61॥

विलसती है घर घर में शान्ति।
भरा है जन जन में आनन्द॥
कहीं है कलह न कपटाचार।
न निन्दित-वृत्ति-जनित छल-छन्द॥ 62॥

हुए उत्तेजित मन के भाव।
शान्त बन जाते हैं तत्काल॥
याद कर मानवता का मन्त्र।
लोक नियमन पर आँखें डाल॥ 63॥

समय पर जल देते हैं मेघ।
सताती नहीं ईति की भीति॥
दिखाते कहीं नहीं दुर्वृत्त।
भरी है सब में प्रीति प्रतीति॥ 64॥

फिर हुई जनता क्यों अप्रसन्न।
हुआ क्यों प्रबल लोक - अपवाद॥
सुन रहे हैं क्यों मेरे कान।
असंगत अ - मनोरम संवाद॥ 65॥

लग रहा है क्यों वृथा कलंक।
खुला कैसे अकीर्ति का द्वार॥
समझ में आता नहीं रहस्य।
क्या करूँ मैं इसका प्रतिकार॥ 66॥

दोहा

इन बातों को सोचते, कहते सिय गुण ग्राम।
गये दूसरे गेह में, धीर धुरन्धर राम॥ 67॥

तृतीय सर्ग

मंत्रणा गृह

चतुष्पद

मन्त्रणा गृह में प्रातःकाल।
भरत लक्ष्मण रिपुसूदन संग॥
राम बैठे थे चिन्ता - मग्न।
छिड़ा था जनकात्मजा - प्रसंग॥ 1॥

कथन दुर्मुख का आद्योपान्त।
राम ने सुना, कही यह बात॥
अमूलक जन - रव होवे किन्तु।
कीर्त्ति पर करता है पविपात॥ 2॥

हुआ है जो उपकृत वह व्यक्ति।
दोष को भी न कहेगा दोष॥
बना करता है जन - रव हेतु।
प्रायशः लोक का असन्तोष॥ 3॥

प्रजा - रंजन हित - साधन भाव।
राज्य - शासन का है वर - अंग॥
है प्रकृति प्रकृत नीति प्रतिकूल।
लोक आराधन व्रत का भंग॥ 4॥

क्यों टले बढ़ा लोक - अपवाद।
इस विषय में है क्या कर्तव्य॥
अधिक हित होगा जो हो ज्ञात।
बन्धुओं का क्या है वक्तव्य॥ 5॥

भरत सविनय बोले संसार।
विभामय होते, है तम-धाम॥
वहीं है अधम जनों का वास।
जहाँ हैं मिलते लोक-ललाम॥ 6॥

तो नहीं नीच-मना हैं अल्प।
यदि मही में हैं महिमावान॥
बुरों को है प्रिय पर-अपवाद।
भले हैं करते गौरव गान॥ 7॥

किसी को है विवेक से प्रेम।
किसी को प्यारा है अविवेक॥
जहाँ हैं हंस-वंश-अवतंस।
वहीं पर हैं बक-वृत्ति अनेक॥ 8॥

द्वेष परवश होकर ही लोग।
नहीं करते हैं निन्दावाद॥
वृथा दम्भी जन भी कर दम्भ।
सुनाते हैं अप्रिय संवाद॥ 9॥

दूसरों की रुचि को अवलोक।
कही जाती है कितनी बात॥
कहीं पर गतानुगतिक प्रवृत्ति।
निरर्थक करती है उत्पात॥ 10॥

लोक-आराधन है नृप-धर्म।
किन्तु इसका यह आशय है न॥
सुनी जाये उनकी भी बात।
जो बला ला पाते हैं चैन॥ 11॥

प्रजा के सकल-वास्तविक-स्वत्त्व।
व्यक्तिगत उसके सब-अधिकार॥
उसे हैं प्राप्त सुखी हैं सर्व।
सुकृति से कर वैभव-विस्तार॥ 12॥

कहीं है कलह वैर विरोध।
कहाँ पर है धन धरा विवाद॥
तिरस्कृत है कलुषित चितवृत्ति।
त्यक्त है प्रबल-प्रपञ्च-प्रमाद॥ 13॥

सुधा है वहाँ बरसती आज।
जहाँ था बरस रहा अंगार॥
वहाँ है श्रुत स्वर्गीय निदान।
जहाँ था रोदन हाहाकार॥ 14॥

गौरवित है मानव समुदाय।
गिरा का उर में हुए विकास॥
शिवा से है शिवता की प्राप्ति।
रमा का है घर घर में वास॥ 15॥

बन गये हैं पारस सब मेरु।
उदधि करते हैं रत्न प्रदान॥
प्रसव करती है वसुधा स्वर्ण।
बन बने हैं नन्दन उद्यान॥ 16॥

सुखद - सुविधा से हो सम्पन्न।
सरसता है सरिता का गात॥
बना रहता है पावन वारि।
न करता है प्लावन उत्पात॥ 17॥

सदा रह हरे भरे तरु - वृन्द।
सफल बन करते हैं सत्कार॥
दिखाते हैं उत्फुल्ल प्रसून।
बहन कर बहु सौरभ संभार॥ 18॥

लोग इतने हैं सुख - सर्वस्व।
विकच इतना है चित जलजात॥
बार हैं बने पर्व के बार।
रात है दीप - मालिका रात॥ 19॥

हुआ अज्ञान का तिमिर दूर।
ज्ञान का फैला है आलोक॥
सुखद है सकल लोक को काल।
बना अवलोकनीय है ओक॥ 20॥

शान्ति - मय-वातावरण विलोक।
रुचिर चर्चा है चारों ओर॥
कीर्त्ति - राका - रजनि को देख।
विपुल-पुलकित है लोक चकोर॥ 21॥

किन्तु देखे राकेन्दु विकास।
सुखित कब हो पाता है कोक॥
फूटती है उलूक की आँख।
दिव्यता दिनमणि की अवलोक॥ 22॥

जगत जीवनप्रद पावस काल।
देख जलते हैं अर्क जवास॥
पल्लवित होते नहीं करील।
तन लगे सरस - बसन्त - बतास॥ 23॥

जगत ही है विचित्रता धाम।
विविधता विधि की है विख्यात॥
नहीं तो सुन पाता क्यों कान।
अरुचिकर परम असंगत बात॥ 24॥

निन्द्य है रघुकुल तिलक चरित्र।
लांछिता है पवित्रता मूर्त्ति॥
पूत शासन में कहता कौन।
जो न होती पामरता पूर्त्ति॥ 25॥

आप हैं प्रजा - वृन्द - सर्वस्व।
लोक आराधन के अवतार॥
लोकहित-पथ-कण्टक के काल।
लोक मर्यादा पारावार॥ 26॥

बन गयी देशकाल अनुकूल।
प्रगति जितनी थी हित विपरीत॥
प्रजारंजन की जो है नीति।
वही है आदर सहित गृहीत॥ 27॥

जानते नहीं इसे हैं लोग।
कहा जाता है किसे अभाव॥
विलसती है घर घर में भूति।
भरा जन - जन में है सद्भाव॥ 28॥

रही जो कण्टक - पूरित राह।
वहाँ अब बिछे हुए हैं फूल॥
लग गये हैं अब वहाँ रसाल।
जहाँ पहले थे खड़े बबूल॥ 29॥

प्रजा में व्यापी है प्रतिपत्ति।
भर गया है रग रग में ओज॥
शस्य - श्यामला बनी मरु - भूमि।
ऊसरों में हैं खिले सरोज॥ 30॥

नहीं पूजित है कोई व्यक्ति।
आज हैं पूजनीय गुण कर्म॥
वही है मान्य जिसे है ज्ञात।
मानसिक पीड़ाओं का मर्म॥ 31॥

इसलिए है यह निश्चित बात।
प्रजाजन का यह है न प्रमाद॥
कुछ अधम लोगों ने ही व्यर्थ।
उठाया है यह निन्दावाद॥ 32॥

सर्व साधारण में अधिकांश।
हुआ है जन - रव का विस्तार॥
मुख्यतः उन लोगों में जो कि।
नहीं रखते मति पर अधिकार॥ 33॥

अन्य जन अथवा जो हैं विज्ञ।
विवेकी हैं या हैं मतिमान॥
जानते हैं जो मन का मर्म।
जिन्हें है धर्म कर्म का ज्ञान॥ 34॥

सुने ऐसा असत्य अपवाद।
मूँद लेते हैं अपने कान॥
कथन कर नाना - पूत - प्रसंग।
दूर करते हैं जन - अज्ञान॥ 35॥

ज्ञात है मुझे न इसका भेद।
कहाँ से, क्यों फैली यह बात॥
किन्तु मेरा है यह अनुमान।
पतित - मति का है यह उत्पात॥ 36॥

महानद - सबल - सिन्धु के पार।
रहा जो गन्धर्वों का राज॥
वहाँ था होता महा - अधर्म।
प्रायशः सद्धर्मों के व्याज॥ 37॥

कहे जाते थे वे गन्धर्व।
किन्तु थे दानव सदृश दुरन्त॥
न था उसके अवगुण का ओर।
न था अत्याचारों का अन्त॥ 38॥

न रक्षित था उनसे धन धाम।
न लोगों का आचार विचार॥
न ललनाकुल का सहज सतीत्व।
न मानवता का वर व्यवहार॥ 39॥

एक कर में थी ज्वलित मशाल।
दूसरे कर में थी करवाल॥
एक करता नगरों का दाह।
दूसरा करता भू को लाल॥ 40॥

किये पग - लेहन, हो, कर - बद्ध।
कुजन का होता था प्रतिपाल॥
सुजन पर बिना किये अपराध।
बलायें दी जाती थीं डाल॥ 41॥

अधमता का उड़ता था केतु।
सदाशयता पानी थी शूल॥
सदाचारी की खिंचती खाल।
कदाचारी पर चढ़ते फूल॥ 42॥

राज्य में पूरित था आतंक।
गला कर्त्तन था प्रातः - कृत्य॥
काल बन होता था सर्वत्र।
प्रजा पीड़न का ताण्डव नृत्य॥ 43॥

केकयाधिप ने यह अवलोक।
शान्ति के नाना किये प्रयत्न॥
किन्तु वे असफल रहे सदैव।
लुटे उनके भी अनुपम - रत्न॥ 44॥

इसलिए हुए वे बहुत क्रुद्ध।
और पकड़ी कठोर तलवार॥
हुआ उसका भीषण परिणाम।
बहुत ही अधिक लोक संहार॥ 45॥

छिन गये राज्य हुए भयभीत।
बचे गन्धर्वों का संस्थान॥
बन गया है पाञ्चाल प्रदेश।
और यह अन्तर्वेद महान॥ 46॥

इस समर का संचालन सूत्र।
हाथ में मेरे था अतएव॥
आप से उसका बहु सम्पर्क।
मानता है उनका अहमेव॥ 47॥

अतः यह मेरा है सन्देह।
इस अमूलक जन - रव में गुप्त॥
हाथ उन सब का भी है क्योंकि।
कब हुई हिंसा - वृत्ति विलुप्त ॥ 48 ॥

उचित है, है अत्यन्त पुनीत।
लोक आराधन की नृप - नीति॥
किन्तु है सदा उपेक्षा योग्य।
मलिन-मानस की मलिन प्रतीति ॥ 49 ॥

भरा जिसमें है कुत्सित भाव।
द्वेष हिंसामय जो है उक्ति॥
मलिन करने को महती - कीर्त्ति।
गढ़ी जाती है जो बहु युक्ति ॥ 50 ॥

वह अवांछित है, है दलनीय।
दण्ड्य है दुर्जन का दुर्वाद॥
सदा है उन्मूलन के योग्य।
अमौलिक सकल लोक अपवाद ॥ 51 ॥

जो भली है, है भव हित पूर्त्ति।
लोक आराधन सात्विक नीति॥
तो बुरी है, है स्वयं विपत्ति।
लोक - अपवाद - प्रसूत - प्रतीति ॥ 52 ॥

फैल कर जन - रव रूपी धूम।
करेगा कैसे उसको म्लान॥
गगन में भूतल में है व्याप्त।
कीर्त्ति जो राका - सिता समान ॥ 53 ॥

चौपदे

बड़े भ्राता की बातें सुन।
विलोका रघुकुल - तिलकानन॥
सुमित्रा सुत फिर यों बोले।
हो गया व्याकुल मेरा मन ॥ 54 ॥

आपकी भी निन्दा होगी।
समझ इसे मैं नहीं पाता॥
खौलता है मेरा लोहू।
क्रोध से मैं हूँ भर जाता॥ 55॥

आह! वह सती पुनीता है।
देवियों सी जिसकी छाया॥
तेज जिसकी पावनता का।
नहीं पावक भी सह पाया॥ 56॥

हो सकेगी उसकी कुत्सा।
मैं इसे सोच नहीं सकता॥
खड़े हो गये रोंगटे हैं।
गात भी मेरा है कँपता॥ 57॥

यह जगत सदा रहा अन्धा।
सत्य को कब इसने देखा॥
खींचता ही वह रहता है।
लांछना की कुत्सित रेखा॥ 58॥

आपकी कुत्सा किसी तरह।
सहज ममता है सह पाती॥
पर सुने पूज्या की निन्दा।
आग तन में है लग जाती॥ 59॥

सँभल कर वे मुँह को खोलें।
राज्य में है जिनको बसना॥
चाहता है यह मेरा जी।
रजक की खिंचवा लूँ रसना॥ 60॥

प्रमादी होंगे ही कितने।
मसल मैं उनको सकता हूँ॥
क्यों न बकनेवाले समझें।
बहक कर क्या मैं बकता हूँ॥ 61॥

अन्ध अन्धापन से दिव की।
न दिवता कम होगी जौ भर ॥
धूल जिसने रवि पर फेंकी।
गिरी वह उसके ही मुँह पर ॥ 62 ॥

जलधि का क्या बिगड़ेगा जो।
गरल कुछ अहि उसमें उगलें ॥
न होगी सरिता में हलचल।
यदि बहँक कुछ मेंढक उछलें ॥ 63 ॥

विपिन कैसे होगा विचलित।
हुए कुछ कुजन्तुओं का डर ॥
किये कुछ पशुओं के पशुता।
विकम्पित होगा क्यों गिरिवर ॥ 64 ॥

धरातल क्यों धृति त्यागेगा।
कुछ कुटिल काकों के रव से ॥
गगन तल क्यों विपन्न होगा।
केतु के किसी उपद्रव से ॥ 65 ॥

मुझे यदि आज्ञा हो तो मैं।
पचा दूँ कुजनों की बाई ॥
छुड़ा दूँ छील छाल करके।
कुरुचि उसकी कुत्सित काई ॥ 66 ॥

कहा रिपुसूदन ने सादर।
जटिलता है बढ़ती जाती ॥
बात कुछ ऐसी है जिसको।
नहीं रसना है कह पाती ॥ 67 ॥

पर कहूँगा, न कहूँ कैसे।
आपकी आज्ञा है ऐसी ॥
बात मथुरा मण्डल की मैं।
सुनाता हूँ वह है जैसी ॥ 68 ॥

कुछ दिनों से लवणासुर की।
असुरता है बढ़ती जाती॥
कूटनीतिक उसकी चालें।
गहन हों पर हैं उत्पाती॥ 69॥

लोक अपवाद प्रवर्त्तन में।
अधिक तर है वह रत रहता॥
श्रीमती जनक-नन्दिनी को।
काल दनु-कुल का है कहता॥ 70॥

समझता है यह वह, अब भी।
आप सुन कर उनकी बातें॥
दनुज-दल-विदलन-चिन्ता में।
बिताते हैं अपनी रातें॥ 71॥

मान लेना उसका ऐसा।
मलिन-मति की ही है माया॥
सत्य है नहीं, पाप की ही—
पड़ गयी है उस पर छाया॥ 72॥

किन्तु गन्धर्वों के वध से।
हो गयी है दूनी हलचल॥
मिला है यद्यपि उनको भी।
दानवी कृत्यों का ही फल॥ 73॥

लवण अपने उद्योगों में।
सफल हो कभी नहीं सकता॥
गये गन्धर्व रसातल को।
रहा वह जिनका मुँह तकता॥ 74॥

बहाता है अब भी आँसू।
याद कर रावण की बातें॥
पर उसे मिल न सकेंगी अब।
पाप से भरी हुई रातें॥ 75॥

राज्य की नीति यथा सम्भव।
उसे सुचरित्र बनायेगी॥
अन्यथा दुष्प्रवृत्ति उसकी।
कुकर्मों का फल पायेगी॥ 76॥

कठिनता यह है दुर्जनता।
मृदुलता से बढ़ जाती है॥
शिष्टता से नीचाशयता।
बनी दुर्दान्त दिखाती है॥ 77॥

बिना कुछ दण्ड हुए जड़ की।
कब भला जड़ता जाती है॥
मूढ़ता किसी मूढ़ मन की।
दमन से ही दब पाती है॥ 78॥

सत्य के सम्मुख ठहरेगा।
भला कैसे असत्य जन - रव॥
तिमिर सामना करेगा क्यों।
दिवस का, जो है रवि सम्भव॥ 79॥

कीर्त्ति जो दिव्य ज्योति जैसी।
सकल भूतल में है फैली॥
करेगी भला उसे कैसे।
कालिमाकुत्सा की मैली॥ 80॥

बन्धुओं की सब बातें सुन।
सकल प्रस्तुत विषयों को ले॥
समझ, गम्भीर गिरा द्वारा।
जानकी - जीवन - धन बोले॥ 81॥

राज पद कर्त्तव्यों का पथ।
गहन है, है अशान्ति आलय॥
क्रान्ति उसमें है दिखलाती।
भरा होता है उसमें भय॥ 82॥

इसी से साम - नीति ही को।
बुधों से प्रथम - स्थान मिला॥
यही है वह उद्यान जहाँ।
लोक आराधन सुमन खिला॥ 83॥

दमन या दण्ड नीति मुझको।
कभी भी रही नहीं प्यारी॥
न यद्यपि छोड़ सका उनको।
रहे जो उनके अधिकारी॥ 84॥

चतुष्पद

रहेगी भव में कैसे शान्ति।
क्रूरता किया करें जो क्रूर॥
तो हुआ लोकाराधन कहाँ।
लोक - कण्टक जो हुए न दूर॥ 85॥

लोक-हित संसृति-शान्ति निमित्त।
हुआ यद्यपि दुरन्त - संग्राम॥
किन्तु दशमुख, गन्धर्व - विनाश।
पातकों का ही था परिणाम॥ 86॥

है क्षमा - योग्य न अत्याचार।
उचित है दण्डनीय का दण्ड॥
निवारण करना है कर्त्तव्य।
किसी पाषण्डी का पाषण्ड॥ 87॥

आर्त्त लोगों का मार्मिक - कष्ट।
बहु - निरपराधों का संहार॥
बाल - वृद्धों का करुण - विलाप।
विवश - जनता का हाहाकार॥ 88॥

आहवों में जो हैं अनिवार्य।
मुझे करते हैं व्यथित नितान्त॥

भूल पाये मुझको अब भी न।
लंक के सकल - दृश्य दुःखान्त ॥ 89 ॥

अतः है वांछनीय यह नीति।
हो यथा - शक्ति न शोणितपात ॥
सामने रहे दृष्टि के साम।
रहे महि - वातावरण प्रशान्त ॥ 90 ॥

विप्लवों के प्रशमन की शक्ति।
राज्य को पूर्णतया है प्राप्त ॥
धाक उसकी बन शान्ति-निकेत।
सकल - भारत - भू में है व्याप्त ॥ 91 ॥

अतः है इसकी आशंका न।
मचायेगी हलचल उत्पात ॥
क्यों प्रजा - असन्तोष हो दूर।
सोचनी है इतनी ही बात ॥ 92 ॥

दमन है मुझे कदापि न इष्ट।
क्योंकि वह है भय-मूलक-नीति ॥
चाह है लाभ करूँ, कर त्याग।
प्रजा की सच्ची प्रीति - प्रतीति ॥ 93 ॥

किसी सम्भावित की अपकीर्त्ति।
है रजनि - रंजन - अंक - कलंक ॥
किन्तु है बुध - सम्मत यह उक्ति।
कब भला धुला पंक से पंक ॥ 94 ॥

जनकजा में है दानव - द्रोह।
और मैं उनकी बातें मान ॥
कराया करता हूँ अद्यापि।
लोक - संहार कृतान्त समान ॥ 95 ॥

यह कथन है सर्वथा असत्य।
और है परम श्रवण - कटु - बात ॥

किन्तु उसको करता है पुष्ट।
विपुल गन्धर्वों पर पविपात ॥ 96 ॥

पठन कर लोकाराधन - मन्त्र।
करूँगा मैं इसका प्रतिकार ॥
साधकर जनहित - साधन सूत्र।
करूँगा घर घर शान्ति - प्रसार ॥ 97 ॥

बन्धु - गण के विचार विज्ञात—
हो गये, सुनीं उक्तियाँ सर्व ॥
प्राप्त कर साम - नीति से सिद्धि।
बनेगा पावन जीवन - पर्व ॥ 98 ॥

करूँगा बड़े से बड़ा त्याग।
आत्म - निग्रह का कर उपयोग ॥
हुए आवश्यक जन - मुख देख।
सहूँगा प्रिया असह्य - वियोग ॥ 99 ॥

मुझे यह है पूरा विश्वास।
लोक-हित-साधन में सब काल ॥
रहेंगे आप लोग अनुकूल।
धर्म - तत्त्वों पर आँखें डाल ॥ 100 ॥

दोहा

इतना कह अनुजों सहित, त्याग मन्त्रणा - धाम।
विश्रामालय में गये, राम - लोक - विश्राम ॥ 101 ॥

चतुर्थ सर्ग

वशिष्ठाश्रम

तिलोकी

अवधपुरी के निकट मनोरम - भूमि में।
एक दिव्य - तम - आश्रम था शुचिता-सदन॥
बड़ी अलौकिक - शान्ति वहाँ थी राजती।
दिखलाता था विपुल - विकच भवका वदन॥ 1॥

प्रकृति वहाँ थी रुचिर दिखाती सर्वदा।
शीतल - मन्द - समीर सतत हो सौरभित॥
बहता था बहु - ललित दिशाओं को बना।
पावन - सात्विक - सुखद - भाव से हो भरित॥ 2॥

हरी भरी तरु - राजि कान्त - कुसुमालि से।
विलसित रह फल - पुंज - भार से हो नमित्त॥
शोभित हो मन - नयन - विमोहन दलों से।
दर्शक जन को मुदित बनाती थी अमित॥ 3॥

रंग बिरंगी अनुपम - कोमलतामयी।
कुसुमावलि थी लसी पूत - सौरभ बसी॥
किसी लोक - सुन्दर की सुन्दरता दिखा।
जी की कली खिलाती थी उसकी हँसी॥ 4॥

कर उसका रसपान मधुप थे घूमते।
गूँज गूँज कानों को शुचि गाना सुना॥
आ आ कर तितलियाँ उन्हें थीं चूमती।
अनुरंजन का चाव दिखा कर चौगुना॥ 5॥

कमल - कोष में कभी बद्ध होते न थे।
अन्धे बनते थे न पुष्प - रज से भ्रमर॥
काँटे थे छेदते न उनके गात को।
नहीं तितिलियों के पर देते थे कतर॥ 6॥

लता लहलही लाल लाल दल से लसी।
भरती थी दृग में अनुराल - ललामता॥
श्यामल - दल की बेलि बनाती मुग्ध थी।
दिखा किसी धन - रुचि - तन की शुचि श्यामता॥ 7॥

बन प्रफुल्ल फल फूल दान में हो निरत।
मन्द मन्द दोलित हो, वे थीं विलसती॥
प्रातः - कालिक सरस पवन से हो सुखित।
भू पर मंजुल मुक्तावलि थीं बरसती॥ 8॥

विहग - वृन्द कर गान कान्त-तम-कण्ठ से।
विरच विरच कर विपुल-विमोहक टोलियाँ॥
रहे बनाते मुग्ध दिखा तन की छटा।
बोल बोल कर बड़ी अनूठी बोलियाँ॥ 9॥

काक कुटिलता वहाँ न था करता कभी।
काँ काँ रव कर था न कान को फोड़ता॥
पहुँच वहाँ के शान्त - वात - आवरण में।
हिंसक खग भी हिंसकता था छोड़ता॥ 10॥

नाच नाच कर मोर दिखा नीलम - जटित।
अपने मंजुल - तम पंखों की माधुरी॥
खेल रहे थे गरल - रहित - अहि वृन्द से।
बजा बजा कर पूत - वृत्ति की बाँसुरी॥ 11॥

मरकत - मणि - निभ अपनी उत्तम-कान्ति से।
हरित - तृणावलि थी हृदयों को मोहती॥
प्रातः - कालिक किरण - मालिका सूत्र में।
ओस - बिन्दु की मुक्तावली थी पोहती॥ 12॥

विपुल - पुलकिता नवल - शस्य सी श्यामला।
बहुत दूर तक दूर्वावलि थी शोभिता॥
नील-कलेवर-जलधि ललित-लहरी समा।
मन्द - पवन से मन्द मन्द थी दोलिता॥ 13॥

कल कल रव आकलिता - लसिता - पावनी।
गगन - विलासिता सुर - सरिता सी सुन्दरी॥
निर्मल - सलिला लीलामयी लुभावनी।
आश्रम सम्मुख थी सरसा - सरयू सरी॥ 14॥

परम - दिव्य - देवालय उनके कूल के।
कान्ति - निकेतन पूत - केतनों को उड़ा॥
पावनता भरते थे मानस भाव में।
पातक - रत को पंजे से छुड़ा॥ 15॥

वेद - ध्वनि से मुखरित वातावरण था।
स्वर - लहरी स्वर्गिक - विभूति से थी भरी॥
अति - उदात्त कोमलतामय - आलाप था।
मंजुल - लय थी हृत्तंत्री झंकृत करी॥ 16॥

धीरे धीरे तिमिर - पुंज था टल रहा।
रवि - स्वागत की उषासुन्दरी थी खड़ी॥
इसी समय सरयू - सरि - सरस - प्रवाह में।
एक दिव्यतम नौका दिखलाई पड़ी॥ 17॥

जब आकर अनुकूल - कूल पर वह लगी।
तब रघुवंश - विभूषण उस पर से उतर॥
परम - मन्द - गति से चल कर पहुँचे वहाँ।
आश्रम में थे जहाँ राजते ऋषि प्रवर॥ 18॥

रघुनन्दन को वन्दन करते देख कर।
मुनिवर ने उठ उनका अभिनन्दन किया॥
आशिष दे कर प्रेम सहित पूछी कुशल।
तदुपरान्त आदर से उचितासन दिया॥ 19॥

सौम्य - मूर्ति का सौम्य - भाव गम्भीर - मुख।
आश्रम का अवलोक शान्त वातावरण॥
विनय - मूर्ति ने बहुत विनय से यह कहा।
निज - मर्यादित भावों का कर अनुसरण॥ 20॥

आपकी कृपा के बल से सब कुशल है।
सकल - लोक के हित ब्रत में मैं हूँ निरत॥
प्रजा सुखित है शान्तिमयी है मेदिनी।
सहज - नीति रहती है सुकृतिरता सतत॥ 21॥

किन्तु राज्य का संचालन है जटिल - तम।
जगतीतल है विविध - प्रपंचों से भरा॥
है विचित्रता से जनता परिचालिता।
सदा रह सका कब सुख का पादप हरा॥ 22॥

इतना कह कर हंस - वंश - अवतंस ने।
दुर्मुख की सब बातें गुरु से कथन कीं॥
पुनः सुनाईं भ्रातृ - वृन्द की उक्तियाँ।
जो हित-पट पर मति-मृदु-कर से थीं अँकी॥ 23॥

तदुपरान्त यह कहा दमन वांछित नहीं।
साम - नीति अवलम्बनीय है अब मुझे॥
त्याग करूँ तब बड़े से बड़ा क्यों न मैं।
अंगीकृत है लोकाराधन जब मुझे॥ 24॥

हैं विदेहजा मूल लोक - अपवाद की।
तो कर दूँ मैं उन्हें न क्यों स्थानान्तरित॥
यद्यपि यह है बड़ी मर्म - वेधी - कथा।
तथा व्यथा है महती - निर्ममता - भरित॥ 25॥

किन्तु कसौटी है विपत्ति मनु - सूनु की।
स्वयं कष्ट सह भव - हित - साधन श्रेय है॥
आपत्काल, महत्त्व - परीक्षा - काल है।
संकट में धृति धर्म प्राणता ध्येय है॥ 26॥

ध्वंस नगर हों, लुटें लोग, उजड़ें सदन।
गले कटें, उर छिदें, महा - उत्पात हो॥
वृथा मर्म - यातना विपुल जनता सहे।
बाल वृद्ध वनिता वर वज्र - निपात हो॥ 27॥

इन बातों से तो अब उत्तम है यही।
यदि बनती है बात, स्वयं मैं सब सहूँ॥
हो प्रियतमा वियोग, प्रिया व्यथिता बने।
तो भी जन - हित देख अविचलित - चित रहूँ॥ 28॥

प्रश्न यही है कहाँ उन्हें मैं भेज दूँ।
जहाँ शान्त उनका दुखमय जीवन रहे॥
जहाँ मिले वह बल जिसके अवलम्ब से।
मर्मान्तिक बहु - वेदन जाते हैं सहे॥ 29॥

आप कृपा कर क्या बतलायेंगे मुझे।
वह शुचि - थल जो सब प्रकार उपयुक्त हो॥
जहाँ बसी हो शान्ति लसी हो दिव्यता।
जो हो भूति - निकेतन भीति - विमुक्त हो॥ 30॥

कभी व्यथित हो कभी वारि दृग में भरे।
कभी हृदय के उद्वेगों का कर दमन॥
बातें रघुकुल - रवि की गुरुवर ने सुनी।
कभी धीर गम्भीर नितान्त - अधीर बन॥ 31॥

कभी मलिन - तम मुख - मण्डल था दीखता।
उर में बहते थे अशान्ति सोते कभी॥
कभी संकुचित होता भाल विशाल था।
युगल - नयन विस्फारित होते थे कभी॥ 32॥

कुछ क्षण रह कर मौन कहा गुरुदेव ने।
नृपवर यह संसार स्वार्थ - सर्वस्व है॥
आत्म - परायणता ही भव में है भरी।
प्राणी को प्रिय प्राण समान निजस्व है॥ 33॥

अपने हित साधन की ललकों में पड़े।
अहित लोक लालों के लोगों ने किये॥
प्राणिमात्र के दुख को भव-परिताप को।
तृण गिनता है मानव निज सुख के लिये॥ 34॥

सभी साँसतें सहें बलाओं में फँसें।
करें लोग विकराल काल करा सामना॥
तो भी होगी नहीं अल्प भी कुण्ठिता।
मानव की ममतानुगामिनी कामना॥ 35॥

किसे अनिच्छा प्रिय इच्छाओं से हुई।
वांछाओं के बन्धन में हैं बद्ध सब॥
अर्थ लोभ से कहाँ अनर्थ हुआ नहीं।
इष्ट सिद्धि के लिए अनिष्ट हुए न कब॥ 36॥

ममता की प्रिय रुचियाँ बाधायें पड़े।
बन जाती जनता निमित्त हैं ईतियाँ॥
विबुध-वृन्द की भी गत देती हैं बना।
गौरव-गर्वित-गौरवितों की वृत्तियाँ॥ 37॥

तम-परि-पूरित अमा - यामिनी-अंक में।
नहीं विलसती मिलती है राका-सिता॥
होती है मति, रहित सात्विकी-नीति से।
स्वत्व-ममत्व महत्ता-सत्ता मोहिता॥ 38॥

किन्तु हुए हैं महि में ऐसे नृमणि भी।
मिली देवतों जैसी जिनगें दिव्यता॥
जो मानवता तथा महत्ता मूर्त्ति थे।
भरी जिन्होंने भव-भावों में भव्यता॥ 39॥

वैसे ही हैं आप भूतियाँ आप की।
हैं तम-भरिता-भूमि की अलौकिक-विभा॥
लोक-रंजिनी पूत-कीर्त्ति-कमनीयता।
है सज्जन सरसिज निमित्त प्रातः-प्रभा॥ 40॥

बात मुझे लोकापवाद की ज्ञात है।
वह केवल कलुषित चित का उद्गार है॥
या प्रलाप है ऐसे पामर-पुंज का।
अपने उर पर जिन्हें नहीं अधिकार है॥ 41॥

होती है सुर-सरिता अपुनीता नहीं।
पाप-परायण के कुत्सित आरोप से॥
होंगी कभी अगौरविता गौरी नहीं।
किन्ही अन्यथा कुपित जनों के कोप से॥ 42॥

रजकण तक को जो करती है दिव्य तम।
वह दिनकर की विश्व-व्यापिनी-दिव्यता॥
हो पायेगी बुरी न अन्धों के बके।
कहे उलूकों के न बनेगी निन्दिता॥ 43॥

ज्योतिमयी की परम-समुज्ज्वल ज्योति को।
नहीं कलंकित कर पायेगी कालिमा॥
मलिना होगी किसी मलिनता से नहीं।
ऊषादेवी की लोकोत्तर-लालिमा॥ 44॥

जो सुकीर्त्ति जन-जन-मानस में है लसी।
जिसके द्वारा धरा हुई है धवलिता॥
सिता-समा जो है दिगन्त में व्यापिता।
क्यों होगी वह खल कुत्सा से कलुषिता॥ 45॥

जो हलचल लोकापवाद आधार से।
है उत्पन्न हुई, दुरन्त है हो रही॥
उसका उन्मूलन प्रधान-कर्त्तव्य है।
किन्तु आप को दमन-नीति प्रिय है नहीं॥ 46॥

यद्यपि इतनी राजशक्ति है बलवती।
कर देगी उसका विनाश वह शीघ्र तम ॥
पर यह लोकाराधन-व्रत-प्रतिकूल है।
अतः इष्ट है शान्ति से शमन लोक भ्रम ॥ 47॥

सामनीति का मैं विरोध कैसे करूँ।
राजनीति को वह करती है गौरवित ॥
लोकाराधन ही प्रधान नृप - धर्म है।
किन्तु आपका व्रत बिलोक मैं हूँ चकित ॥ 48 ॥

त्याग आपका है उदात्त धृति धन्य है।
लोकोत्तर है आपकी सहनशीलता ॥
है अपूर्व आदर्श लोकहित का जनक।
है महान भवदीय नीति - मर्मज्ञता ॥ 49 ॥

आप पुरुष हैं नृप व्रत पालन निरत है।
पर होवेगी क्या पति प्राणा की दशा ॥
आह ! क्यों सहेगी वह कोमल हृदय पर।
आपके विरह की लगती निर्मम - कशा ॥ 50 ॥

जो हो पर पथ आपका अतुलनीय है।
लोकाराधन की उदार - तम - नीति है ॥
आत्मत्याग का बड़ा उच्च उपयोग है।
प्रजा - पुंज की उसमें भरी प्रतीति है ॥ 51 ॥

आर्य - जाति की यह चिरकालिक है प्रथा।
गर्भवती प्रिय - पत्नी को प्रायः नृपति ॥
कुलपति पावन - आश्रम में हैं भेजते।
हो जिससे सब मंगल, शिशु हो शुद्धमति ॥ 52 ॥

है पुनीत - आश्रम वाल्मीकि - महर्षि का।
पतित - पावनी सुरसरिता के कूल पर ॥
वास योग्य मिथिलेश सुता के है वही।
सब प्रकार वह है प्रशान्त है श्रेष्ठतर ॥ 53 ॥

वे कुलपति हैं सदाचार - सर्वस्व हैं।
वहाँ बालिका - विद्यालय भी है विशद ॥
जिसमें सुरपुर जैसी हैं बहु - देवियाँ।
जिनका शिक्षण शारदा सदृश है वरद ॥ 54 ॥

वहाँ ज्ञान के सब साधन उपलब्ध हैं।
सब विषयों के बहु विद्यालय हैं बने॥
दश - सहस्र वर - बटु विलसित वे हैं, वहाँ—
शान्ति वितान प्रकृति देवी के हैं तने॥ 55॥

अन्यस्थल में जनक - सुता का भेजना।
सम्भव है बन जाये भय की कल्पना॥
आपकी महत्ता को समझेंगे न सब।
शंका है, बढ़ जाये जनता - जल्पना॥ 56॥

गर्भवती हैं जनक - नन्दिनी इसलिए।
उनका कुलपति के आश्रम में भेजना॥
सकल - प्रपंचों पचड़ों से होगा रहित।
कही जायगी प्रथित - प्रथा - परिपालना॥ 57॥

जैसी इच्छा आपकी विदित हुई है।
वाल्मीकाश्रम वैसा पुण्य - स्थान है॥
अतः वहाँ ही विदेहजा को भेजिये।
वह है शान्त, सुरक्षित सुकृति - निधान है॥ 58॥

किन्तु आपसे यह विशेष अनुरोध है।
सब बातें कान्ता को बतला दीजिये॥
स्वयं कहेगी वह पति प्राणा आप से।
लोकाराधन में विलम्ब मत कीजिये॥ 59॥

सती - शिरोमणि पति - परायणा पूत - धी।
वह देवी है दिव्य - भूतियों से भरी॥
है उदारतामयी सुचरिता सद्व्रता।
जनक - सुता है परम - पुनीता सुरसरी॥ 60॥

जो हित - साधन होता हो पति - देव का।
पिसे न जनता, जो न तिरस्कृत हों कृती॥
तो संसृति में है वह संकट कौन सा।
जिसे नहीं सह सकती है ललना सती॥ 61॥

प्रियतम के अनुराग - राग में रँग गये।
रहती जिसके मंजुल - मुख की लालिमा॥
सिता - समुज्वल उसकी महती कीर्त्ति में।
वह देखेगी कैसे लगती कालिमा॥ 62॥

अवलाकेगी अनुत्फुल्ल वह क्यों उसे।
जिस मुख को विकसित विलोकती थी सदा॥
देखेगी वह क्यों पति - जीवन का असुख।
जो उत्सर्गी - कृत - जीवन थी सर्वदा॥ 63॥

दोहा

सुन बातें गुरुदेव की, सुखित हुए श्रीराम।
आज्ञा मानी ली विदा, सविनय किया प्रणाम॥ 64॥

पंचम सर्ग

सती सीता

ताटंक

प्रकृति - सुन्दरी विहँस रही थी चन्द्रानन था दमक रहा।
परम - दिव्य बन कान्त-अंक में तारक-चय था चमक रहा॥
पहन श्वेत - साटिका सिता की वह लसिता दिखलाती थी।
ले ले सुधा सुधा-कर-कर से वसुधा पर बरसाती थी॥ 1॥

नील-नभो मण्डल बन बन कर विविध-अलौकिक-दृश्य निलय।
करता था उत्फुल्ल हृदय को तथा दृगों को कौतुकमय॥
नीली पीली लाल बैंगनी रंग बिरंगी उडु अवली।
बनी दिखाती थी मनोज्ञ तम छटा - पुंज की केलि - थली॥ 2॥

कर फुलझड़ी क्रिया उल्कायें दिवि को दिव्य बनाती थीं।
भरती थीं दिगन्त में आभा जगती - ज्योति जगाती थीं॥
किसे नहीं मोहती, देखने को कब उसे न रुचि ललकी।
उनकी कनक-कान्ति-लीकों से लसी नीलिमा नभ-तल की॥ 3॥

जो ज्योतिर्मय बूटों से बहु सज्जित हो था कान्त बना।
अखिल-कलामय कुल लोकों का अति कमनीय वितान तना॥
दिखा अलौकिकतम - विभूतियाँ चकित चित्त को करता था।
लीलामय की लोकोत्तरता लोक - उरों में भरता था॥ 4॥

राका - रजनि अनुरंजित हो जन - मन रंजन में रत थी।
प्रियतम-रस से सतत सिक्त हो पुलकित ललकित तद्गत थी॥
ओस - विन्दु से विलस अवनि को मुक्ता माल पिन्हाई थी।
विरच किरीटी गिरी को तरु-दल को रतजताभ बनाती थी॥ 5॥

राज-भवन की दिव्य-अटा पर खड़ी जनकजा मुग्ध बनी।
देख रही थीं गगन-दिव्यता सिता-विलसिता-सित अवनी॥
मन्द मन्द मारुत बहता था रात दो घड़ी बीती थी।
छत पर बैठी चकित-चकोरी सुधा चाव से पीती थी॥ 6 ॥

थी सब ओर शान्ति दिखलाती नियति-नटी नर्तनरत थी।
फूली फिरती थी प्रफुल्लता उत्सुकतानि तरंगित थी॥
इसी समय बढ़ गया वायु का वेग, क्षितिज पर दिखलाया–
एक लघु-जलद-खण्ड पूर्व में जो बढ़ वारिद बन पाया॥ 7 ॥

पहले छोटे छोटे घन के खण्ड घूमते दिखलाये।
फिर छायामय कर क्षिति-तल को सारे नभतल में छाये॥
तारापति छिप गया आवरित हुई तारकावलि सारी।
सिता बनी असिता, छिनती दिखलाई उसकी छवि न्यारी॥ 8 ॥

दिवि-दिव्यता अदिव्य बनी अब नहीं दिग्वधू हँसती थी।
निशा-सुन्दरी की सुन्दरता अब न दृगों में बसती थी॥
कभी घन-पटल के घेरे में झलक कलाधर जाता था।
कभी चन्द्रिका बदन दिखाती कभी तिमिर घिर आता था॥ 9 ॥

यह परिवर्तन देख अचानक जनक-नन्दिनी अकुलायीं।
चल गयन्द-गति से अपने कमनीयतम अयन में आयीं॥
उसी समय सामने उन्हें अति कान्त विधु-बदन दिखलाया।
जिस पर उनको पड़ी मिली चिरकालिक-चिन्ता की छाया॥ 10 ॥

प्रियतम को आया विलोक आदर कर उनको बैठाला।
इतनी हुईं प्रफुल्ल सुधा का मानों उन्हें मिला प्याला॥
बोलीं क्यों इन दिनों आप इतने चिन्तित दिखलाते हैं।
वैसे खिले सरोज-नयन किसलिये न पाये जाते हैं॥ 11 ॥

वह त्रिलोक-मोहिनी-विकचता वह प्रवृत्ति-आमोदभयी।
वह विनोद की वृत्ति सदा जो असमंजस पर हुई जयी॥
वह मानस की महा-सरसता जो रस बरसाती रहती।
सह स्निग्धता सुधा-धारा सी जो वसुधा पर थी बहती॥ 12 ॥

क्यों रह गयी न वैसी अब क्यों कुछ बदली दिखलाती है।
क्यों राका की सिता में न पूरी सितता मिल पाती है॥
बड़े बड़े संकट - समयों में जो मुख मलिन न दिखलाया।
अहह किस लिये आज देखती हूँ मैं उसको कुम्हलाया॥ 13॥

पड़े बलाओं में जिस पेशानी पर कभी न बल आया।
उसे सिकुड़ता बार बार क्यों देख मम दृगों ने पाया॥
क्यों उद्वेजक - भाव आपके आनन पर दिखलाते हैं।
क्यों मुझको अवलोक आपके दृग सकरुण हो जाते हैं॥ 14॥

कुछ विचलित हो अति-अविचल-मति क्यों बलवत्ता खोती है।
क्यों आकुलता महा - धीर - गम्भीर हृदय में होती है॥
कैसे तेजः - पुंज सामने किस बल से वह अड़ती है।
कैसे रघुकुल - रवि - आनन पर चिन्ता छाया पड़ती है॥ 15॥

देख जनक - तनया का आनन सुन उनकी बातें सारी।
बोल सके कुछ काल तक नहीं अखिल - लोक के हितकारी॥
फिर बोले गम्भीर भाव से अहह प्रिये क्या बतलाऊँ।
है सामने कठोर समस्या कैसे भला न घबराऊँ॥ 16॥

इतना कह लोकापवाद की सारी बातें बतलाईं।
गुरुतायें अनुभूत उलझनों की भी उनको जतलाईं॥
गन्धर्वों के महा - नाश से प्रजा - वृन्द का कँप जाना।
लवणासुर का गुप्त भाव से प्रायः उनको उकसाना॥ 17॥

लोकाराधन में बाधायें खड़ी कर रहा है कैसी।
यह बतला फिर कहा उन्होंने शान्ति - अवस्था है जैसी॥
तदुपरान्त बन संयत रघुकुल - पुंगव ने यह बात कही।
जो जन - रव है वह निन्दित है, है वह नहीं कदापि सही॥ 18॥

यह अपवाद लगाया जाता है मुझको उत्तेजित कर।
द्रोह - विवश दनुजों का नाश कराने में तुम हो तत्पर॥
इसी सूत्र से कतिपय - कुत्साओं की है कल्पना हुई।
अविवेकी जनता के मुख से निन्दनीय जल्पना हुई॥ 19॥

दमन नहीं मुझको वांछित है तुम्हें भी न वह प्यारा है।
सामनीति ही जन अशान्ति - पतिता की सुर-सरि-धारा है॥
लोकाराधन के बल से लोकापवाद को दल दूँगा।
कलुषित - मानस को पावन कर मैं मन वांछित फल लूँगा॥ 20॥

इच्छा है कुछ काल के लिए तुमको स्थानान्तरित करूँ।
इस प्रकार उपजा प्रतीति मैं प्रजा - पुंज की भ्रान्ति हरूँ॥
क्यों दूसरे पिसें, संकट में पड़, बहु दुख भोगते रहें।
क्यों न लोक - हित के निमित्त जो सह पायें हम स्वयं सहें॥ 21॥

जनक - नन्दिनी ने दृग में आते आँसू को रोक कहा।
प्राणनाथ सब तो सह लूँगी क्यों जायेगा विरह सहा॥
सदा आपका चन्द्रानन अवलोके ही मैं जीती हूँ।
रूप - माधुरी - सुधा तृषित बन चकोरिका सम पीती हूँ॥ 22॥

बदन विलोके बिना बावले युगल - नयन बन जायेंगे।
तार बाँध बहते आँसू का बार - बार घबरायेंगे॥
मुँह जोहते बीतते बासर रातें सेवा में कटतीं।
हित - वृत्तियाँ सजग रह पल - पल कभी न थीं पीछे हटतीं॥ 23॥

मिले बिना ऐसा अवसर कैसे मैं समय बिताऊँगी।
अहह आपको बिना खिलाये मैं कैसे कुछ खाऊँगी॥
चित्त - विकल हो गये विकलता को क्यों दूर भगाऊँगी।
थाम कलेजा बार - बार कैसे मन को समझाऊँगी॥ 24॥

क्षमा कीजिए आकुलता में क्या कहते क्या कहा गया।
नहीं उपस्थित कर सकती हूँ मैं कोई प्रस्ताव नया॥
अपने दुख की जितनी बातें मैंने हो उद्विग्न कहीं।
आपको प्रभावित करने का था उनका उद्देश्य नहीं॥ 25॥

वह तो स्वाभाविक - प्रवाह था जो मुँह से बाहर आया।
आह ! कलेजा हिले कलपता कौन नहीं कब दिखलाया॥
किन्तु आपके धर्म का न जो परिपालन कर पाऊँगी।
सहधर्मिणी नाथ की तो मैं कैसे भला कहाऊँगी॥ 26॥

वही करूँगी जो कुछ करने की मुझको आज्ञा होगी।
त्याग करूँगी, इष्ट सिद्धि के लिए बना मन को योगी॥
सुख-वासना स्वार्थ की चिन्ता दोनों से मुँह मोड़ूँगी।
लोकाराधन या प्रभु-आराधन निमित्त सब छोड़ूँगी॥ 27॥

भवहित-पथ में क्लेशित होता जो प्रभु-पद को पाऊँगी।
तो सारे कण्टकित-मार्ग में अपना हृदय बिछाऊँगी॥
अनुरागिनी लोक-हित की बन सच्ची-शान्ति-रता हूँगी।
कर अपवर्ग-मन्त्र का साधन तुच्छ स्वर्ग को समझूँगी॥ 28॥

यदि कलंकिता हुई कीर्त्ति तो मुँह कैसे दिखलाऊँगी।
जीवनधन पर उत्सर्गित हो जीवन धन्य बनाऊँगी॥
है लोकोत्तर त्याग आपका लोकाराधन है न्यारा।
कैसे सम्भव है कि वह न हो शिरोधार्य्य मेरे द्वारा॥ 29॥

विरह-वेदनाओं से जलती दीपक सम दिखलाऊँगी।
पर आलोक-दान कर कितने उर का तिमिर भगाऊँगी॥
बिना बदन अवलोके आँखें आँसू सदा बहायेंगी।
पर मेरे उत्तप्त चित्त को सरस सदैव बनायेंगी॥ 30॥

आकुलतायें बार-बार आ मुझको बहुत सतायेंगी।
किन्तु धर्म-पथ में धृति-धारण का सन्देश सुनायेंगी॥
अन्तस्तल की विविध-वृत्तियाँ बहुधा व्यथित बनायेंगी।
किन्तु वन्द्यता विवुध-वृन्द-वन्दित की बतला जायेंगी॥ 31॥

लगी लालसायें लालायित हो हो कर कलपायेंगी।
किन्तु कल्पनातीत लोक-हित अवलोके बलि जायेंगी॥
आप जिसे हित समझें उस हित से ही मेरा नाता है।
हैं जीवन-सर्वस्व आप ही मेरे आप विधाता हैं॥ 32॥

कहा राम ने प्रिये अब प्रिये कहते कुण्ठित होता हूँ।
अपने सुख-पथ में अपने हाथों मैं काँटे बोता हूँ॥
मैं दुख भोगूँ व्यथा सहूँ इसकी मुझको परवाह नहीं।
पड़ूँ संकटों में कितने निकलेगी मुँह से आह नहीं॥ 33॥

किन्तु सोचकर कष्ट तुम्हारा थाम कलेजा लेता हूँ।
कैसे क्या समझाऊँ जब मैं ही तुमको दुख देता हूँ॥
तो विचित्रता भला कौन है जो प्रायः घबराता हूँ।
अपने हृदय - वल्लभा को मैं बन - वासिनी बनाता हूँ॥ 34॥

धर्म - परायणता पर - दुख - कातरता विदित तुमारी है।
भवहित - साधन - सलिल - मौनता तुमको अतिशय प्यारी है॥
तुम हो मूर्त्तिमती दयालुता दीन पर द्रवित होती हो।
संसृति के कमनीय क्षेत्र में कर्म - बीज तुम बोती हो॥ 35॥

इसीलिए यह निश्चित था अवलोक परिस्थिति हित होगा।
स्थानान्तरित विचार तुमारे द्वारा अनुमोदित होगा॥
वही हुआ, पर विरह - वेदना भय से मैं बहु चिन्तित था।
देख तुमारी प्रेम प्रवणता अति अधीर था शंकित था॥ 36॥

किन्तु बात सुन प्रतिक्रिया की सहृदयता से भरी हुई।
उस प्रवृत्ति को शान्ति मिल गयी जो थी अयथा डरी हुई॥
तुम विशाल - हृदया हो मानवता है तुम से छबि पाती।
इसीलिए तुम में लोकोत्तर त्याग - वृत्ति है दिखलाती॥ 37॥

है प्राचीन पुनीत प्रथा यह मंगल की आकांक्षा से।
सब प्रकार की श्रेय दृष्टि से बालक हित की वांछा से॥
गर्भवती - महिला कुलपति - आश्रम में भेजी जाती है।
यथा - काल संस्कारादिक होने पर वापस आती है॥ 38॥

इसी सूत्र से वाल्मीकाश्रम मैं तुमको मैं भेजूँगा।
किसी को न कुत्सित विचार करने का अवसर मैं दूँगा॥
सब विचार से वह उत्तम है, है अतीव उपयुक्त वही।
यही वशिष्ट देव अनुमति है, शान्तिमयी है नीति यही॥ 39॥

तपो - भूमि का शान्त - आवरण परम - शान्ति तुमको देगा।
विरह - जनित - वेदना आदि की अतिशयता को हर लेगा॥
तपस्विनी नारियाँ ऋषिगणों की पत्नियाँ समादर दे।
तुमको सुखित बनायेंगी परिताप शमन का अवसर दे॥ 40॥

परम - निरापद जीवन होगा रह महर्षि की छाया में।
धारा सतत रहेगी बहती सत्प्रवृत्ति की काया में॥
विद्यालय की सुधी देवियाँ होंगी सहानुभूतिमयी।
जिससे होती सदा रहेगी विचलित - चित पर शान्ति जयी॥ 41॥

जिस दिन तुमको किसी लाल का चन्द्र - बदन दिखलायेगा।
जिस दिन अंक तुमारा रवि - कुल - रंजन से भर जायेगा॥
जिस दिन भाग्य खुलेगा मेरा पुत्र रत्न तुम पाओगी।
उस दिन उर विरहांधकार के कुछ प्रकाश पा जाओगी॥ 42॥

प्रजा - पुंज की भ्रान्ति दूर हो, हो अशान्ति का उन्मूलन।
बुरी धारणा का विनाश हो, हो न अन्यथा उत्पीड़न॥
स्थानान्तरित - विधान इसी उद्देश्य से किया जाता है।
अतः आगमन मेरा आश्रम में संगत न दिखाता है॥ 43॥

प्रिये इसलिए जब तक पूरी शान्ति नहीं हो जावेगी।
लोकाराधन - नीति न जब तक पूर्ण - सफलता पावेगी॥
रहोगी वहाँ तुम तब तक मैं तब तक वहाँ न आऊँगा।
यह असह्य है, सहन - शक्ति पर मैं तुम से ही पाऊँगा॥ 44॥

आज की रुचिर राका - रजनी परम - दिव्य दिखलाती थी।
विहँस रहा था विधु पा उसको सिता मन्द मुसकाती थी॥
किन्तु बात की बात में गगन - तल में वारिद घिर आया।
जो था सुन्दर समा सामने उस पर पड़ी मलिन - छाया॥ 45॥

पर अब तो मैं देख रहा हूँ भाग रही है घन - माला।
बदले हवा समय ने आकर रजनी का संकट टाला॥
यथा समय आशा है यों ही दूर धर्म - संकट होगा।
मिले आत्मबल, आतप में सामने खड़ा वर - वट होगा॥ 46॥

चौपदे

जिससे अपकीर्त्ति न होवे।
लोकापवाद से छूटें॥
जिससे सद्भाव - विरोधी।
कितने ही बन्धन टूटें॥ 47॥

जिससे अशान्ति की ज्वाला।
प्रज्वलित न होने पावे॥
जिससे सुनीति - घन - माला।
घिर शान्ति - वारि बरसावे॥ 48॥

जिससे कि आपकी गरिमा।
बहु गरीयसी कहलावे॥
जिससे गौरविता भू हो।
भव में भवहित भर जावे॥ 49॥

जानकी ने कहा प्रभु मैं।
उस पथ की पथिका हूँगी॥
उभरे काँटों में से ही।
अति - सुन्दर - सुमन चुनूँगी॥ 50॥

पद - पंकज - पोत सहारे।
संसार - समुद्र तरूँगी॥
वह क्यों न हो गरलवाला।
मैं सरस सुधा ही लूँगी॥ 51॥

शुभ - चिन्तकता के बल से।
क्यों चिन्ता चिता बनेगी॥
उर - निधि - आकुलता सीपी।
हित - मोती सदा जनेगी॥ 52॥

प्रभु - चित्त - विमलता सोचे।
घुल जायेगा मल सारा॥
सुरसरिता बन जायेगी।
आँसू की बहती धारा॥ 53॥

कर याद दयानिधिता की।
भूलूँगी बातें दुख की॥
उर-तिमिर दूर कर देगी।
रति चन्द-विनिन्दक मुख की॥ 54॥

मैं नहीं बनूँगी व्यथिता।
कर सुधि करुणामयता की॥
मम हृदय न होगा विचलित।
अवगति से सहृदयता की॥ 55॥

होगी न वृत्ति वह जिससे।
खोऊँ प्रतीति जनता की॥
धृति-हीन न हूँगी समझे।
गति धर्म-धुरन्धरता की॥ 56॥

कर भव-हित सच्चे जी से।
मुझमें निर्भयता होगी॥
जीवन-धन के जीवन में।
मेरी तन्मयता होगी॥ 57॥

दोहा

पति का सारा कथन सुन, कह बातें कथनीय।
रामचन्द्र-मुख-चन्द्र की, बनीं चकोरी सीय॥ 58॥

षष्ठ सर्ग

कातरोक्ति

पादाकुलक

प्रवहमान प्रातः - समीर था।
उसकी गति में थी मन्थरता॥
रजनी - मणिमाला थी टूटी।
पर प्राची थी प्रभा - विरहिता॥ 1॥

छोटे छोटे घन के टुकड़े।
घूम रहे थे नभ - मण्डल में॥
मलिना - छाया पतित हुई थी।
प्रायः जल के अन्तस्तल में॥ 2॥

कुछ कालोपरान्त कुछ लाली।
काले घन - खण्डों ने पाई॥
खड़ी ओट में उनकी ऊषा।
अलस भाव से भरी दिखाई॥ 3॥

अरुण - अरुणिमा देख रही थी।
पर था कुछ परदा सा डाला॥
छिक छिक करके भी क्षिति-तल पर।
फैल रहा था अब उँजियाला॥ 4॥

दिन - मणि निकले तेजोहत से।
रुक रुक करके किरणें फूटीं॥
छूट किसी अवरोधक - कर से।
छिटिक छिटिक धरती पर टूटीं॥ 5॥

राज - भवन हो गया कलरवित।
बजने लगा वाद्य तोरण पर॥
दिव्य - मन्दिरों को कर मुखरित।
दूर सुन पड़ा वेद - ध्वनि स्वर॥ 6॥

इसी समय मन्थर गति से चल।
पहुँची जनकात्मजा वहाँ पर॥
कौशल्या देवी बैठी थीं।
बनी विकलता - मूर्त्ति जहाँ पर॥ 7॥

पग-वन्दन कर जनक-नन्दिनी।
उनके पास बैठ कर बोलीं॥
धीरज धर कर विनत - भाव से।
प्रिय - उक्तियाँ थैलियाँ खोलीं॥ 8॥

कर मंगल - कामना प्रसव की।
जनन - क्रिया की सद्वांछा से॥
सकल - लोक उपकार - परायण।
पुत्र - प्राप्ति की आकांक्षा से॥ 9॥

हैं पतिदेव भेजते मुझको।
वाल्मीक के पुण्याश्रम में॥
दीपक वहाँ बलेगा ऐसा।
जो आलोक करेगा तम में॥ 10॥

आज्ञा लेने मैं आयी हूँ।
और यह निवेदन है मेरा॥
यह दें आशीर्वाद सदा ही।
रहे सामने दिव्य सबेरा॥ 11॥

दुख है अब मैं कर न सकूँगी।
कुछ दिन पद - पंकज की सेवा॥
आह प्रति-दिवस मिल न सकेगा।
अब दर्शन मंजुल - तम - मेवा॥ 12॥

माता की ममता है मानी।
किस मुँह से क्या सकती हूँ कह ॥
पर मेरा मन नहीं मानता।
मेरी विनय इसलिए है यह ॥ 13 ॥

मैं प्रति - दिन अपने हाथों से।
सारे व्यंजन रही बनाती ॥
पास बैठ कर पंखा झल झल।
प्यार सहित थी उन्हें खिलाती ॥ 14 ॥

प्रिय-तम सुख-साधन आराधन—
में थी सारा - दिवस बिताती ॥
उनके पुलके रही पुलकती।
उनके कुम्हलाये कुम्हलाती ॥ 15 ॥

हैं गुणवती दासियाँ कितनी।
हैं पाचक पाचिका नहीं कम ॥
पर है किसी में नहीं मिलती।
जितना वांछनीय है संयम ॥ 16 ॥

जरा - जर्जरित स्वयं आप हैं।
है क्षन्तव्य धृष्टता मेरी ॥
इतना कह कर जननि आपकी।
केवल दृष्टि इधर है फेरी ॥ 17 ॥

कहा श्रीमती कौशल्या ने।
मुझे ज्ञात हैं सारी बातें ॥
मंगलमय हो पन्थ तुम्हारा।
बनें दिव्य - दिन रंजित - रातें ॥ 18 ॥

पुण्य - कार्य्य है गुरु - निदेश है।
है यह प्रथा प्रशंसनीय - तम ॥
कभी न अविहित - कर्म करेगा।
रघुकुल-पुंगव प्रथित-नृपोत्तम ॥ 19 ॥

आश्रम - वास - काल होता है।
कुलपति द्वारा ही अवधारित॥
बरसों का यह काल हुए, क्यों?
मेरे दिन होंगे अतिवाहित॥ 20॥

मंगल - मूलक महत्कार्य है।
है विभूतिमय यह शुभ - यात्रा॥
पूरित इसके अवयव में है।
प्रफुल्लता की पूरी मात्रा॥ 21॥

किन्तु नहीं रोके रुकता है।
आँसू आँखों में है आता॥
समझाती हूँ पर मेरा मन।
मेरी बात नहीं सुन पाता॥ 22॥

तुम्हीं राज - भवनों की श्री हो।
तुमसे वे हैं शोभा पाते॥
तुम्हें लाभ करके विकसित हो।
वे हैं हँसते से दिखलाते॥ 23॥

मंगल - मय हो, पर न किसी को।
यात्रा - समाचार भाता है॥
ऐसी कौन आँख है जिसमें।
तुरत नहीं आँसू आता है॥ 24॥

गृह में आज यही चर्चा है।
जावेंगी तो कब आवेंगी॥
कौन सुदिन वह होगा जिस दिन।
कृपा - वारि आ बरसावेंगी॥ 25॥

हो अनाथ - जन की अवलम्बन।
हृदय बड़ा कोमल पाया है॥
भरी सरलता है रग रग में।
पूत - सुरसरी सी काया है॥ 26॥

जब देखा तब हँसते देखा।
क्रोध नहीं तुमको आता है॥
कटु बातें कब मुख से निकलीं।
वचन सुधा-रस बरसाता है॥ 27॥

जैसी तुम में पुत्री वैसी।
किस जी मैं ममता जगती है॥
और को कलपता अवलोके।
कौन यों कलपने लगती है॥ 28॥

बिना बुलाये मेरा दुख सुन।
कौन दौड़ती आ जाती थी॥
पास बैठकर कितनी रातें।
जगकर कौन बिता जाती थी॥ 29॥

मेरा क्या दासी का दुख भी।
तुम देखने नहीं पाती थीं॥
भगिनी के समान ही उसकी।
सेवा में भी लग जाती थीं॥ 30॥

विदा माँगते समय की कही।
विनयमयी तव बातें कहकर॥
रोयीं बार बार कैकेयी।
बनीं सुमित्रा आँखें निर्झर॥ 31॥

उनकी आकुलता अवलोके।
कल्ह रात भर नींद न आयी॥
रह रह घबराती हूँ, जी मैं—
आज भी उदासी है छायी॥ 32॥

तुम जितनी हो, कैकेयी को।
है न माण्डवी उतनी प्यारी॥
वधुओं बलित सुमित्रा में भी।
देखी ममता अधिक तुमारी॥ 33॥

फिर जिसकी आँखों की पुतली।
लकुटी जिस वृद्धा के कर की॥
छिनेगी न कैसे वह कलपे।
छाया रही न जिसके सिर की॥ 34॥

जिसकी हृदय - वल्लभा तुम हो।
जो तुमको पलकों पर रखता॥
प्रीति - कसौटी पर कस जो है।
पावन - प्रेम - सुवर्ण परखता॥ 35॥

जिसका पत्नी - व्रत प्रसिद्ध है।
जो है पावन - चरित कहाता॥
देख तुम्हारा अरविन्दानन।
जो है विकच - वदन दिखलाता॥ 36॥

जिसकी सुख - सर्वस्व तुम्हीं हो।
जिसकी हो आनन्द - विधाता॥
जिसकी तुम हो शक्ति - स्वरूपा।
जो तुम से पौरुष है पाता॥ 37॥

जिसकी सिद्धि - दायिनी तुम हो।
तुम सच्ची गृहिणी हो जिसकी॥
सब तन मन धन अर्पण कर भी।
अबतक बनी ऋणी हो जिसकी॥ 38॥

अरुचिर कुटिल - नीति से ऊबे।
जिसको तुम पुलकित करती हो॥
जिससे विचलित-चिन्तित-चित में।
चारु - चित्तता तुम भरती हो॥ 39॥

कैसे काल कटेगा उसका।
उसको क्यों न वेदना होगी॥
होते हृदय मनुज-तन-धर वह।
बन पायेगा क्यों न वियोगी॥ 40॥

रघुनन्दन है धीर - धुरन्धर।
धर्म प्राण है भव - हित - रत है॥
लोकाराधन में है तत्पर।
सत्य - संध है सत्य - व्रत है॥ 41॥

नीति निपुण है न्याय - निरत है।
परम - उदार महान - हृदय है॥
पर उसको भी गूढ़ समस्या।
विचलित करती यथा समय है॥ 42॥

ऐसे अवसर पर सहायता।
सच्ची वह तुमसे पाता था॥
मन्द मन्द बहते मारुत से।
घिरा घन - पटल टल जाता था॥ 43॥

है विपत्ति - निधि - पोत-स्वरूपा।
सहकारिणी सिद्धियों की है॥
है पत्नी केवल न गेहिनी।
सहधर्मिणी मंत्रिणी भी है॥ 44॥

खान पान सेवा की बातें।
कह तुमने है मुझे रुलाया॥
अपनी व्यथा कहूँ मैं कैसे।
आह कलेजा मुँह को आया॥ 45॥

जिस दिन सुत ने आ प्रफुल्ल हो।
आश्रम - वास - प्रसंग सुनाया॥
उस दिन उस प्रफुल्लता में भी।
मुझको मिली व्यथा की छाया॥ 46॥

मिले चतुर्दश - वत्सर का वन।
राज्य श्री की हुए विमुखता॥
कान्ति - विहीन न जो हो पाया।
दूर हुई जिसकी न विकचता॥ 47॥

क्यों वह मुख जैसा कि चाहिए।
वैसा नहीं प्रफुल्ल दिखाता॥
तेज-वन्त-रवि के सम्मुख क्यों।
है रज - पुंज कभी आ जाता॥ 48॥

आत्मत्याग का बल है सुत को।
उसकी सहन-शक्ति है न्यारी॥
वह परार्थ-अर्पित-जीवन है।
है रघुकुल - मुख - उज्वलकारी॥ 49॥

है मम - कातरोक्ति स्वाभाविक।
व्यथित हृदय का आश्वासन है॥
शिरोधार्य्य गुरु - देवाज्ञा है।
मांगलिक सुअन-अनुशासन है॥ 50॥

रोला

जाओ पुत्री परम-पूज्य पति-पथ पहचानो।
जाओ अनुपम-कीर्त्ति वितान जगत में तानो॥
जाओ रह पुण्याश्रम में वांछित फल पाओ।
पुत्र-रत्न कर प्रसव वंश को वंद्य बनाओ॥ 51॥

जाओ मुनि-पुंगव-प्रभाव की प्रभा बढ़ाओ।
जाओ परम-पुनीत-प्रथा की ध्वजा उड़ाओ॥
जाओ आकर यथा शीघ्र उर-तिमिर भगाओ।
निज-विधु-वदन समेत लाल-विधु-वदन दिखाओ॥ 52॥

इतना कह कर मौन हुईं कौशल्या माता।
किन्तु युगल-नयनों से उनके था जल जाता॥
विविध-सान्त्वना-वचन कहे प्रकृतिस्थ हुईं जब।
पग-वन्दन कर जनक-नन्दिनी विदा हुईं तब॥ 53॥

सखी

जब घर आयीं तब देखा।
बहनें आकर हैं बैठी॥

हैं खिन्न मना दुख-मग्ना।
उद्वेगांबुधि में पैठी ॥ 54 ॥

देखते माण्डवी बोली।
क्या सुनती हूँ मैं जीजी ॥
वह निठुर बनेगी कैसे।
जो रही सदैव पसीजी ॥ 55 ॥

तुम कहाँ चली जाती हो।
क्यों किसी को न बतलाया ॥
इतनी कठोरता करके।
क्यों सब को बहुत रुलाया ॥ 56 ॥

हम सब भी साथ चलेंगी।
सेवायें सभी करेंगी ॥
पर घर पर बैठी रह कर।
नित आहें नहीं भरेंगी ॥ 57 ॥

वाल्मीकाश्रम में जाकर।
कब तक तुम वहाँ रहोगी ॥
यह ज्ञात नहीं तुमको भी।
कुछ कैसे भला कहोगी ॥ 58 ॥

दस पाँच बरस तक तुमको।
जो रहना पड़ जायेगा ॥
'विच्छेद' बलायें कितनी।
हम लोगों पर लायेगा ॥ 59 ॥

कर अनुगामिता तुमारी।
सुखमय है सदन हमारा ॥
कलुषित-उर में भी बहती–
रहती है सुर-सरि-धारा ॥ 60 ॥

जो उलझन सम्मुख आयी।
उसको तुमने सुलझाया ॥

जो ग्रन्थि न खुलती, उसको–
तुमने ही खोल दिखाया ॥ 61 ॥

अवलोक तुमारा आनन।
है शान्ति चित्त में होती ॥
हृदयों में बीज सुरुचि का।
है सूक्ति तुमारी बोती ॥ 62 ॥

स्वाभाविक स्नेह तुमारा।
भव - जीव - मात्र है पाता ॥
कर भला तुमारा मानस।
है विकच - कुसुम बन जाता ॥ 63 ॥

प्रति दिवस तुमारा दर्शन।
देवता - सदृश थीं करती ॥
अवलोक - दिव्य - मुख - आभा।
निज हृदय - तिमिर थीं हरती ॥ 64 ॥

अब रहेगा न यह अवसर।
सुविधा दूरीकृत होती ॥
विनता बहनों की विनती।
आशा है स्वीकृत होगी ॥ 65 ॥

माण्डवी का कथन सुन कर।
मुख पर विलोक दुख - छाया ॥
बोलीं विदेहजा धीरे।
नयनों में जल था आया ॥ 66 ॥

जर्जरित - गात अति - वृद्धा।
हैं तीन तीन माताएँ ॥
हैं जिन्हें घेरती रहतीं।
आ आ कर दुश्चिन्तायें ॥ 67 ॥

है सुख - मय रात न होती।
दिन में है चैन न आता ॥

दुर्बलता - जनित - उपद्रव।
प्रायः है जिन्हें सताता ॥ 68 ॥

मेरी यात्रा से अतिशय।
आकुल वे हैं दिखलाती ॥
हैं कभी कराहा करती।
हैं आँसू कभी बहाती ॥ 69 ॥

बहनो उनकी सेवा तज।
क्या उचित है कहीं जाना ॥
तुम लोग स्वयं यह समझो।
है धर्म उन्हें कलपाना? ॥ 70 ॥

है मुख्य - धर्म पत्नी का।
पति - पद पंकज की अर्चा ॥
जो स्वयं पति - रता होवे।
क्या उससे इसकी चर्चा ॥ 71 ॥

पर एक बात कहती हूँ।
उसके मर्मों को छूलो ॥
निज - प्रीति - प्रपंचों में पड़।
पति - पद सेवा मत भूलो ॥ 72 ॥

अन्य स्त्री जा, न सकी यह।
है पूत - प्रथा बतलाती ॥
नृप - गर्भवती - पत्नी ही।
ऋषि - आश्रम में है जाती ॥ 73 ॥

अतएव सुनो प्रिय बहनो।
क्यों मेरे साथ चलोगी ॥
कर अपने कर्तव्यों को।
कल-कीर्त्ति लोक में लोगी ॥ 74 ॥

है मृदु तुम लोगों का उर।
है उसमें प्यार छलकता ॥

मुझसे लालित पालित हो।
है मेरी ओर ललकता ॥ 75 ॥

जैसा ही मेरा हित है।
तुम लोगों को अति - प्यारा ॥
वैसे ही मेरे उर में।
बहती है हित की धारा ॥ 76 ॥

तुम लोगों का पावन-तम।
अनुराग - राग अवलोके ॥
है हृदय हमारा गलता।
आँसू रुक पाया रोके ॥ 77 ॥

क्यों तुम लोगों को बहनो।
मैं रो रो अधिक रुलाऊँ ॥
क्यों आहें भर भर करके।
पत्थर को भी पिघलाऊँ ॥ 78 ॥

इस जल-प्रवाह को हमको।
तुम लोगों को संयत रह ॥
सद्‌बुद्धि बाँध के द्वारा।
रोकना पड़ेगा सब सह ॥ 79 ॥

दस पाँच बरस आश्रम में।
मैं रहूँ या रहूँ कुछ दिन ॥
तुम लोग क्या करोगी इन।
आश्रम के दिवसों को गिन ॥ 80 ॥

जैसी कि परिस्थिति होगी।
वह टलेगी नहीं टाले ॥
भोगना पड़ेगा उसको।
क्या होगा कन्धा डाले ॥ 81 ॥

माण्डवी कहो क्या तुमने।
यौवन - सुख को कर स्वाहा ॥

पति - ब्रह्मचर्य को चौदह–
सालों तक नहीं निबाहा ॥ 82 ॥

इस खिन्न उर्मिला ने है।
जो सहन - शक्ति दिखलायी ॥
जिसकी सुध आते, मेरा--
दिल हिला आँख भर आयी ॥ 83 ॥

क्या वह हम लोगों को है।
धृति - महिमा नहीं बताती ॥
क्या सत्प्रवृत्ति की शिक्षा।
है सभी को न दे जाती ॥ 84 ॥

आँसू आयेंगे आवें।
पर सींच सुकृत - तरु - जावें ॥
तो उनमें पर - हित द्युति हो।
जो बूँद बने दिखलावें ॥ 85 ॥

श्रुतिकीर्त्ति माण्डवी जैसी।
महनीय - कीर्त्ति तू भी हो ॥
मत विचल समझ मधु - मारुत।
चल रही अगर लू भी हो ॥ 86 ॥

उर्मिला सदृश तुझ में भी।
वसुधावलम्बिनी - धृती हो ॥
जिससे भव - हित हो ऐसी।
तीनों बहनों की कृति ही ॥ 87 ॥

मत रोना भूल न जाना।
कुल - मंगल सदा मनाना ॥
कर पूत - साधना अनुदिन।
वसुधा पर सुधा बहाना ॥ 88 ॥

दोहा

इसी समय आये वहाँ, धीर - वीर - रघुबीर।
बहनें विदा हुईं बरस नयनों से बहु - नीर ॥ 89 ॥

सप्तम सर्ग

मंगल यात्रा

मत्तसमक

अवध पुरी आज सज्जिता है।
बनी हुई दिव्य - सुन्दरी है॥
विहँस रही है विकास पाकर।
अटा अटा में छटा भरी है॥ 1॥

दमक रहा है नगर, नागरिक –
प्रवाह में मोद के बहे हैं॥
गली गली है गयी सँवारी।
चमक रहे चारु चौरहे हैं॥ 2॥

बना राज - पथ परम - रुचिर है।
विमुग्ध है स्वच्छता बनाती॥
विभूति उसकी विचित्रता से।
विचित्र है रंगतें दिखाती॥ 3॥

सजल - कलस कान्त - पल्लवों से।
बने हुए द्वार थे फबीले॥
सु-छबि मिले छवि-निकेतनों की।
हुए सभी सद्म थे छबीले॥ 4॥

खिले हुए फूल से लसे थल।
ललामता को लुभा रहे थे॥
सुतोरणों के हरे - भरे - दल।
हरा भरा चित्त बना रहे थे॥ 5॥

गड़े हुए स्तम्भ कदलियों के।
दलावली छबि दिखा रहे थे॥
सुदृश्य - सौन्दर्य्य - पट्टिका पर।
सुकीर्त्ति अपनी लिखा रहे थे॥ 6॥

प्रदीप जो थे लसे कलस पर।
मिली उन्हें भूरि दिव्यता थी॥
पसार कर रवि उन्हें परसता।
उन्हें चूमती दिवा - विभा थी॥ 7॥

नगर गृहों मन्दिरों मठों पर।
लगी हुई सज्जिता ध्वजायें॥
समीर से केलि कर रही थीं।
उठा उठा भूयसी भुजायें॥ 8॥

सजे हुए राज - मन्दिरों पर।
लगी पताका विलस रही थी॥
जटिल रत्नचय विकास के मिस।
चुरा चुरा चित्त हँस रही थी॥ 9॥

न तोरणों पर न मंच पर ही।
अनेक - वादित्र बज रहे थे॥
जहाँ तहाँ उच्च - भूमि पर भी।
नवल - नगारे गरज रहे थे॥ 10॥

न गेह में ही कुलांगनायें
अपूर्व कल - कण्ठता दिखातीं॥
कहीं कहीं अन्य - गायिका भी।
बड़ा - मधुर गान थी सुनाती॥ 11॥

अनेक - मैदान मंजु बन कर।
अपूर्व थे मंजुता दिखाते॥
सजावटों से अतीव सज कर।
किसे नहीं मुग्ध थे बनाते॥ 12॥

तने रहे जो वितान उनमें
विचित्र उनकी विभूतियाँ थीं॥
सदैव उनमें सुगायकों की।
विराजती मंजु - मूर्त्तियाँ थीं॥ 13॥

बनी ठनी थीं समस्त - नावें।
विनोद - मग्ना सरयू - सरी थी॥
प्रवाह में वीचि मध्य मोहक-
उमंग की मत्तता भरी थी॥ 14॥

हरे - भरे तरु - समूह से हो।
समस्त उद्यान थे विलसते॥
लसी लता से ललामता ले।
विकच-कुसुम-व्याज थे विहँसते॥ 15॥

मनोज्ञ मोहक पवित्रतामय।
बने विवुध के विधान से थे॥
समस्त - देवायतन अधिकतर।
स्वरित बने सामगान से थे॥ 16॥

प्रमोद से मत्त आज सब थे।
न पा सका कौन-कण्ठ पिकता॥
सकल नगर मध्य व्यापिता थी।
मनोमयी मंजु मांगलिकता॥ 17॥

दिनेश अनुराग - राग में रँग।
नभांक में जगमगा रहे थे॥
उमंग में भर बिहंग तरु पर।
बड़े - मधुर गीत गा रहे थे॥ 18॥

इसी समय दिव्य - राज - मन्दिर।
ध्वनित हुआ वेद - मन्त्र द्वारा॥
हुईं सकल - मांगलिक क्रियायें।
बही रगों में पुनीत - धारा॥ 19॥

क्रियान्त में चल गयन्द - गति से।
विदेहजा द्वार पर पधारीं॥
बजी बधाई मधुर स्वरों से।
सुकीर्त्ति ने आरती उतारी॥ 20॥

खड़ा हुआ सामने सुरथ था।
सजा हुआ देवयान जैसा॥
उसे सती ने विलोक सोचा।
प्रयाण में अब विलम्ब कैसा॥ 21॥

वशिष्ठ देवादि को विनय से।
प्रणाम कर कान्त पास आयीं॥
इसी समय नन्दिनी जनक की।
अतीव - विह्वल हुई दिखायीं॥ 22॥

परन्तु तत्काल ही सँभल कर।
निदेश माँगा विनम्र बन के॥
परन्तु करते पदाब्ज - वन्दन।
विविध बने भाव वर - वदन के॥ 23॥

कमल - नयन राम ने कमल से –
मृदुल करों से पकड़ प्रिया - कर॥
दिखा हृदय - प्रेम की प्रवणता।
उन्हें बिठाला मनोज्ञ रथ पर॥ 24॥

उचित जगह पर विदेहजा को।
विराजती जब बिलोक पाया॥
सवार सौमित्र भी हुए तब।
सुमित्र ने यान को चलाया॥ 25॥

बजे मधुर - वाद्य तोरणों पर।
सुगान होता हुआ सुनाया॥
हुए विविध मंगलाचरण भी।
सजल - कलस सामने दिखाया॥ 26॥

निकल सकल राज - तोरणों से।
पहुँच गया यान जब वहाँ पर॥
जहाँ खड़ी थी अपार - जनता।
सजी सड़क पर प्रफुल्ल होकर॥ 27 ॥

बड़ी हुई तब प्रसून - वर्षा।
पतिव्रता जय गयी बुलाई॥
सविधि गयी आरती उतारी।
बड़ी धूम से बजी बधाई॥ 28 ॥

खड़ी द्वार पर कुलांगनायें।
रहीं मांगलिक - गान सुनाती॥
विनम्र हो हो पसार अञ्चल।
रहीं राजकुल कुशल मनाती॥ 29 ॥

शनैः शनैः मंजुराज - पथ पर।
चला जा रहा था मनोज्ञ रथ॥
अजस्र जयनाद हो रहा था।
बरस रहा फूल था यथातथ॥ 30 ॥

निमग्न आनन्द में नगर था।
बनीं सुमनमय अनेक - सड़कें॥
थके न कर आरती उतारे।
दिखे दिव्यता थकीं न ललकें॥ 31 ॥

नगर हुआ जब समाप्त सिय ने।
तुरन्त सौमित्र को विलोका॥
सुमित्र ने भाव को समझकर।
सँभाल ली रास यान रोका॥ 32 ॥

उतर सुमित्रा - कुमार रथ से।
अपार - जनता समीप आये॥
कहा कृपा है महान जो यों।
कृपाधिकारी गये बनाये॥ 33 ॥

अनुष्ठिता मांगलिक सुयात्रा।
भला न क्यों सिद्धि को बरेगी॥
समस्त - जनता प्रफुल्ल हो जो।
अपूर्व - शुभ - कामना करेगी॥ 34॥

कृपा दिखा आप लोग आये।
कुशल मनाया, हितैषिता की॥
विविध मांगलिक - विधान द्वारा।
समर्चना की दिवांगना की॥ 35॥

हुईं कृतज्ञा - अतीव आर्य्या।
विशेष हैं धन्यवाद देती॥
विनय यही है बढ़ें न आगे।
विराम क्यों है ललक न लेती॥ 36॥

बहुत दूर आ गये ठहरिये।
न कीजिये आप लोग अब श्रम॥
सुखित न होंगी कदापि आर्य्या।
न जायँगे आप लोग जो थम॥ 37॥

कृपा करें आप लोग जायें।
विनम्र हो ईश से मनावें॥
प्रसव करें पुत्र - रत्न आर्य्या।
मयंक नभ - अंक में उगावें॥ 38॥

सुने सुमित्रा - कुमार बातें।
दिशा हुई जय - निनाद भरिता॥
बही उरों में सकल - जनों के।
तरंगिता बन विनोद - सरिता॥ 39॥

पुनः सुनाई पड़ा राजकुल।
सदा कमल सा खिला दिखावे॥
यथा - शीघ्र फिर अवध धाम में।
बन्दनीयतम - पद पड़ पावे॥ 40॥

चला वेग से अपूर्व स्यंदन।
चली गयी यत्र तत्र जनता॥
विचार - मग्ना हुईं जनकजा।
बड़ी विषम थी विषय - गहनता ॥ 41 ॥

कभी सुमित्रा - सुअन ऊबकर।
वदन जनकजा का विलोकते॥
कभी दिखाते नितान्त - चिन्तित।
कभी विलोचन - वारि रोकते ॥ 42 ॥

चला जा रहा दिव्य यान था।
अजस्र था टाप - रव सुनाता॥
सकल - घंटियाँ निनाद रत थीं।
कभी चक्र घर्घरित जनाता ॥ 43 ॥

हरे भरे खेत सामने आ।
भभर, रहे भागते जनाते॥
विविध रम्य आराम भूरि - तरु।
पंक्ति - बद्ध थे खड़े दिखाते ॥ 44 ॥

कहीं पास के जलाशयों से।
विहंग उड़ प्राण थे बचाते॥
लगा लगा व्योम - मध्य चक्कर।
अतीव - कोलाहल थे मचाते ॥ 45 ॥

कहीं चर रहे पशु विलोक रथ।
चौंक चौंक कर थे घबराते॥
उठा उठा कर स्वकीय पूँछें।
इधर उधर दौड़ते दिखाते ॥ 46 ॥

कभी पथ - गता ग्राम - नारियाँ।
गयन्द - गतिता रहीं दिखाती॥
रथाधिरूढ़ा कुलांगना की।
विमुग्ध वर - मूर्त्ति थी बनाती ॥ 47 ॥

कनक-कान्ति, कोशल-कुमार का।
दिव्य - रूप सौन्दर्य्य - निकेतन॥
विलोक किस पांथ का न बनता।
प्रफुल्ल अम्भोज सा विकच मन॥ 48॥

अधीर - सौमित्र को विलोके।
कहा धीर - धर धरांगजा ने॥
बड़ी व्यथा हो रही मुझे है।
अवश्य है जी नहीं ठिकाने॥ 49॥

परन्तु कर्त्तव्य है न भूला।
कभी उसे भूल मैं न दूँगी॥
नहीं सकी मैं निबाह निज व्रत।
कभी नहीं यह कलंक लूँगी॥ 50॥

विषम समस्या सदन विश्व है।
विचित्र है सृष्टि कृत्य सारा॥
तथापि विष - कण्ठ - शीष पर है।
प्रवाहिता स्वर्ग - वारि - धारा॥ 51॥

राहु केतु हैं जहाँ व्योम में।
जिन्हें पाप ही पसन्द आया॥
वहीं दिखाती सुधांशुता है।
वहीं सहस्रांशु जगमगाया॥ 52॥

द्रवण शील है स्नेह सिन्धु है।
हृदय सरस से सरस दिखाया॥
परन्तु है त्याग - शील भी वह।
उसे न कब पूत - भाव भाया॥ 53॥

स्वलाभ तज लोक-लाभ- साधन।
विपत्ति में भी प्रफुल्ल रहना॥
परार्थ करना न स्वार्थ - चिन्ता।
स्वधर्म - रक्षार्थ क्लेश सहना॥ 54॥

मनुष्यता है करणीय कृत्य है।
अपूर्व - नैतिकता का विलास है॥
प्रयास है भौतिकता विनाश का।
नरत्व-उन्मेष-क्रिया-विकास है॥ 55॥

विचार पतिदेव का यही है।
उन्हें यही नीति है रिझाती॥
अशान्त भव में यही रही है।
सदा शान्ति का स्रोत बहाती॥ 56॥

उसे भला भूल क्यों सकूँगी।
यही ध्येय आजन्म रहा है॥
परम - धन्य है वह पुनीत थल।
जहाँ सुरसरी सलिल बहा है॥ 57॥

विलोक आँखें मयंक - मुख को।
रहीं सुधा - पान नित्य करती॥
बनी चकोरी अतृप्त रहकर।
रहीं प्रचुर - चाव साथ भरती॥ 58॥

किसी दिवस यदि न देख पातीं
अपार आकुल बनी दिखातीं॥
विलोकतीं पन्थ उत्सुका हो।
ललक ललक काल थीं बितातीं॥ 59॥

बहा बहा वारि जो विरह में।
बनें ए नयन वारिवाह से॥
बार बार बहु व्यथित हुए, जो।
हृदय विकम्पित रहे आह से॥ 60॥

विचित्रता तो भला कौन है।
स्वभाव का यह स्वभाव ही है॥
कब न वारि बरसे पयोद बन।
समुद्र की ओर सरि बही है॥ 61॥

वियोग का काल है अनिश्चित।
व्यथा - कथा वेदनामयी है॥
बहु - गुणावली रूप - माधुरी।
रोम रोम में रमी हुई है॥ 62॥

अतः रहूँगी वियोगिनी मैं।
नेत्र वारि के मीन बनेंगे॥
किन्तु दृष्टि रख लोक-लाभ पर।
सुकीर्त्ति - मुक्तावली जनेंगे॥ 63॥

सरस सुधा सी भरी उक्ति के।
नितान्त - लोलुप श्रवण रहेंगे॥
किन्तु चाव से उसे सुनेंगे।
भले - भाव जो भली कहेंगे॥ 64॥

हृदय हमारा व्यथित बनेगा।
स्वभावतः वेदना सहेगा॥
अतीव - आतुर दिखा पड़ेगा।
नितान्त - उत्सुक कभी रहेगा॥ 65॥

कभी आह आँधियाँ उठेंगी।
कभी विकलता - घटा घिरेगी॥
दिखा चमक चौंक व्याज उसमें।
कभी कुचिन्ता - चपला फिरेगी॥ 66॥

परन्तु होगा न वह प्रवंचित।
कदापि गन्तव्य पुण्य - पथ से॥
कभी नहीं भ्रान्त हो गिरेगा।
स्वधर्म-आधार दिव्य रथ से॥ 67॥

सदा करेगा हित सर्व - भूत का।
न लोक आराधन को तजेगा॥
प्रणय - मूर्त्ति के लिए मुग्ध हो।
आर्त्त - चित्त आरती सजेगा॥ 68॥

अवश्य सुख वासना मनुज को।
सदा अधिक श्रान्त है बनाती॥
पड़े स्वार्थ - अन्धता तिमिर में।
न लोक हित-मूर्त्ति है दिखाती॥ 69॥

कहाँ हुआ है उबार किसका।
सदा सभी की हुई हार है॥
अपार - संसार वारिनिधि में।
आत्मसुख भँवर दुर्निवार है॥ 70॥

बड़े बड़े पूज्य - जन जिन्होंने।
गिना स्वार्थ को सदैव सिकता॥
न रोक पाये प्रकृति प्रकृति को।
न त्याग पाये स्वाभाविकता॥ 71॥

चौपदे

मैं अबला हूँ आत्मसुखों की।
प्रबल लालसायें प्रतिदिन आ॥
मुझे सताती रहती हैं जो।
तो इसमें है विचित्रता क्या॥ 72॥

किन्तु सुनो सुत जिस पति-पद की।
पूजा कर मैंने यह जाना॥
आत्मसुखों से आत्मत्याग ही।
सुफलद अधिक गया है माना॥ 73॥

उसी पूत - पद - पोत सहारे।
विरह - उदधि को पार करूँगी॥
विधु-सुन्दर वर - वदन ध्यान कर।
सारा अन्तर - तिमिर हरूँगी॥ 74॥

सर्वोत्तम साधन है उर में।
भव - हित पूत - भाव का भरना॥

स्वाभाविक - सुख - लिप्साओं को।
विश्व - प्रेम में परिणत करना ॥ 75 ॥

दोहा

इतना सुन सौमित्र की, दूर हुई दुख - दाह।
देखा सिय ने सामने सरि - गोमती - प्रवाह ॥ 76 ॥

अष्टम सर्ग

आश्रम प्रवेश

तिलोकी

था प्रभात का काल गगन-तल लाल था।
अवनी थी अति-ललित-लालिमा से लसी॥
कानन के हरिताभ-दलों की कालिमा।
जाती थी अरुणाभ-कसौटी पर कसी॥ 1॥

ऊँचे ऊँचे विपुल-शाल-तरु शिर उठा।
गगन-पथिक का पन्थ देखते थे अड़े॥
हिला हिला निज शिखा-पताका-मंजुला।
भक्ति-भाव से कुसुमांजलि ले थे खड़े॥ 2॥

कीचक की अति-मधुर-मुरलिका थी बजी।
अहि-समूह बन मत्त उसे था सुन रहा॥
नर्त्तन-रत थे मोर अतीव-विमुग्ध हो।
रस-निमित्त अलि कुसुमावलि था चुन रहा॥ 3॥

जहाँ तहाँ मृग खड़े स्वभोले नयन से—
समय मनोहर-दृश्य रहे अवलोकते॥
अलस-भाव से विलस तोड़ते अंग थे।
भरते रहे छलाँग जब कभी चौंकते॥ 4॥

परम-गहन वन या गिरि-गह्वर-गर्भ में।
भाग भाग कर तिमिर-पुंज था छिप रहा॥
प्रभा प्रभावित थी प्रभात को कर रही।
रवि-प्रदीप्त कर से दिशांक था लिप रहा॥ 5॥

दिव्य बने थे आलिंगन कर अंशु का।
हिल तरु-दल जाते थे मुक्तावलि बरस॥
विहग-वृन्द की केलि-कला कमनीय थी।
उनका स्वागत-गान बड़ा ही था सरस॥ 6॥

शीतल-मन्द-समीर वर-सुरभि कर बहन।
शान्त-तपोवन-आश्रम में था बह रहा॥
बहु-संयत बन भर भर पावन-भाव से।
प्रकृति कान में शान्ति बात था कह रहा॥ 7॥

जो किरणें तरु-उच्च-शिखा पर थीं लसी।
ललित-लताओं को अब वे थीं चूमती॥
खिले हुए नाना-प्रसून से गले मिल।
हरित-तृणावलि में हँस हँस थीं घूमती॥ 8॥

मन्द-मन्द गति से गयंद चल चल कहीं।
प्रिय-कलभों के साथ केलि में लग्न थे॥
मृग-शावक थे सिंह-सुअन से खेलते।
उछल कूद में रत कपि मोद-निमग्न थे॥ 9॥

आश्रम-मन्दिर-कलश अन्य-रवि-बिम्ब बन।
अद्भुत-विभा-विभूति से विलस था रहा॥
दिव्य-आयतन में उसके कढ़ कण्ठ से।
वेद-पाठ स्वर सुधा स्रोत सा था बहा॥ 10॥

प्रातः-कालिक-क्रिया की मची धूम थी।
जन्हु-नन्दिनी के पावनतम-कूल पर॥
स्नान, ध्यान, वन्दन, आराधन के लिये।
थे एकत्रित हुए सहस्रों नारि-नर॥ 11॥

स्तोत्र-पाठ स्तवनादि से ध्वनित थी दिशा।
सामगान से मुखरित सारा-ओक था॥
पुण्य-कीर्त्तनों के अपूर्व-आलाप से।
पावन-आश्रम बना हुआ सुरलोक था॥ 12॥

हवन क्रिया सर्वत्र सविधि थी हो रही।
बड़ा - शान्त बहु - मोहक - वातावरण था॥
हुत - द्रव्यों से तपोभूमि सौरभित थी।
मूर्त्तिमान बन गया सात्विकाचरण था॥ 13॥

विद्यालय का वर - कुटीर या रम्य - थल।
आश्रम के अन्याय - भवन उत्तम बड़े॥
परम - सादगी के अपूर्व - आधार थे।
कीर्त्ति - पताका कर में लेकर थे खड़े॥ 14॥

प्रातः - कालिक - दृश्य सबों का दिव्य था।
रवि - किरणें थीं उन्हें दिव्यता दे रही॥
उनके अवलम्बन से सकल - वनस्थली।
प्रकृति करों से परम - कान्ति थी ले रही॥ 15॥

इसी समय अति - उत्तम एक कुटीर में।
जो नितान्त - एकान्त - स्थल में थी बनी॥
थीं कर रही प्रवेश साथ सौमित्र के।
परम - धीर - गति से विदेह की नन्दिनी॥ 16॥

कुछ चल कर ही शान्त - मूर्त्ति - मुनिवर्य्य की।
उन्हें दिखाई पड़ी कुशासन पर लसी॥
जटा - जूट शिर पर था उन्नत - भाल था।
दिव्य - ज्योति उज्ज्वल - आँखों में थी बसी॥ 17॥

दीर्घ - विलम्बित - श्वेत -श्मश्रु, मुख - सौम्यता।
थी मानसिक - महत्ता की उद्‌बोधिनी॥
शान्त - वृत्ति थी सहृदयता की सूचिका।
थी विपत्ति - निपतित की सतत प्रबोधिनी॥ 18॥

देख जनक - नन्दिनी सुमित्रा - सुअन को।
वन्दन करते मुनि ने अभिनन्दन किया॥
सादर स्वागत के बहु - सुन्दर - वचन कह।
प्रेम के सहित उनको उचितासन दिया॥ 19॥

बहुत - विनय से कहा सुमित्रा - तनय ने।
आर्य्या का जिस हेतु से हुआ आगमन॥
ऋषिवर को वे सारी बातें ज्ञात हैं।
स्वाभाविक होते कृपालु हैं पुण्य - जन॥ 20॥

पुण्याश्रम का वास धर्म - पथ का ग्रहण।
परम - पुनीत - प्रथा का पालन शुद्ध - मन॥
क्यों न बनेगा सकल - सिद्धि प्रद बहु फलद।
महा - महिम का नियमन - रक्षण - संयमन॥ 21॥

है मेरा विश्वास अनुष्ठित - कृत्य यह।
होगा रघुकुल - कलस के लिए कीर्त्तिकर॥
करेगा उसे अधिक गौरवित विश्व में।
विशद - वंश को उज्वल - रत्न प्रदान कर॥ 22॥

मुनि ने कहा वशिष्ठ देव के पत्र से।
सब बातें हैं मुझे ज्ञात, यह सत्य है—
लोक तथा परलोक - नयन आलोक है।
भव - सागर में पोत समान अपत्य है॥ 23॥

वंश - वृद्धि, प्रतिपालन - प्रिय - परिवार का।
वर्द्धन कुल की कीर्त्ति कर विशद - साधना॥
मानव बन करना मानवता अर्चना।
है सत्सन्तति कर्म, लोक - आराधना॥ 24॥

ऐसा ही सुत सकल - जगत है चाहता।
किन्तु अधिक वांछित है नृपकुल के लिये॥
क्योंकि नृपति वास्तव में होता है नृपति।
वही धरा को रहता है धारण किये॥ 25॥

इसीलिए कुछ धर्म, प्राण, नृपकुल - तिलक।
गर्भवती निज प्रिय - पत्नी को समय पर॥
कुलपति आश्रम में प्रायः हैं भेजते।
सर्व - लोक - हित - रत हो जिससे वंशधर॥ 26॥

रघुकुल - रंजन के अति - उत्तम - कार्य का।
अनुमोदन करता हूँ सच्चे - हृदय से॥
कहियेगा नृप - पुंगव से यह कृपा कर।
सब कुछ होता सांग रहेगा समय से॥ 27॥

पुत्रि जनकजे! मैं कृतार्थ हो गया हूँ।
आप कृपा करके यदि आयी हैं यहाँ॥
वे थल भी हैं अब पावन - थल हो गये।
आपका परम - शुचि - पग पड़ पाया जहाँ॥ 28॥

आप मानवी हैं तो देवी कौन है।
महा - दिव्यता किसे कहाँ ऐसी मिली॥
पातिव्रत अति पूत सरोवर अंक में।
कौन पति - रता पंकजिनी ऐसी खिली॥ 29॥

पति - देवता कहाँ किसको ऐसी मिली।
प्रेम से भरा ऐसा हृदय न और है॥
पति - गत प्राणा ऐसी हुई न दूसरी।
कौन धरा की सतियों की सिरमौर है॥ 30॥

किसी चक्रवर्त्ती की पत्नी आप हैं।
या लालित है महामना मिथिलेश से॥
इस विचार से हैं न पूजिता वंदिता।
आप अर्चिता हैं अलौकिकादर्श से॥ 31॥

रत्न - जटित - हिन्दोल में पली आप थीं।
प्यारी पुत्तलिका थीं मैना दृगों की॥
मिथिलाधिप - कर - कमलों से थीं लालिता।
कुसुम से अधिक कोमलता थी पगों की॥ 32॥

कनक - रचित महलों में रहती थीं सदा।
चमर ढुला करता था प्रायः शीश पर॥
कुसुम - सेज थी दुग्ध - फेन - निभ - आस्तरण।
थीं विभूतियाँ अलकांधिपति - विमुग्धकर॥ 33॥

मुख अवलोकन करती थीं सदा।
कौशल्या देवी तन, मन, धन, वार कर॥
सब प्रकार के भव के सुख, कर-वद्ध हो।
खड़े सामने रहते थे आठों पहर॥ 34॥

किन्तु देखकर जीवन-धन का वन-गमन।
आप भी बनी सब तज कर वन-वासिनी॥
एक दो नहीं चौदह सालों तक रहीं।
प्रेम-निकेतन पति के साथ प्रवासिनी॥ 35॥

बन जाती थीं सकल भीतियाँ भूतियाँ।
कानन में आपदा सम्पदा सी सदा॥
आपके लिए प्रियतम प्रेम-प्रभाव से।
बनती थीं सुखदा कुवस्तुयें दुःखदा॥ 36॥

पट्ट-वस्त्र बन जाता था वल्कल-वसन।
साग पात में मिलता व्यंजन स्वाद था॥
कान्त साथ तृण-निर्मित साधारण उटज।
बहु-प्रसाद पूरित बनता प्रासाद था॥ 37॥

शीतल होता तप-ऋतु का उत्ताप था।
लू लपटें बन जाती थीं प्रातः-पवन॥
बनती थी पति साथ सेज सी साथरी।
सारे काँटे होते थे सुन्दर सुमन॥ 38॥

जीवन भर में छः महीने ही हुआ है।
पति-वियोग उस समय जिस समय आपको॥
हरण किया था पामर-लंकाधिपति ने।
कर सहस्र-गुण पृथ्वी तल के पाप को॥ 39॥

किन्तु यह समय ही वह अद्भुत समय था।
हुई जिस समय ज्ञात महत्ता आपकी॥
प्रकृति ने महा-निर्म्मम बनकर जिस समय।
आपके महत-पातिव्रत की माप की॥ 40॥

वह रावण जिससे भूतल था काँपता।
एक वदन होते भी जो दश-वदन था॥
हो द्विबाहु जो विंशति बाहु कहा गया।
धृति शिर पर जो प्रबल वज्र का पतन था॥ 41॥

महा-घोर गर्जन तर्जन प्रतिवार कर।
दिखा दिखा करवालें विद्युद्दाम सी॥
कर कर कुत्सित रीति कदर्य्य प्रवृत्ति से।
लोक प्रकम्पित करी क्रियायें तामसी॥ 42॥

रख त्रिलोक की भूति प्रायशः सामने।
राज्य-विभव को चढ़ा चढ़ा पद पद्म पर॥
न तो विकम्पित कभी कर सका आपको।
न तो कर सका वशीभूत बहु मुग्ध कर॥ 43॥

जिसकी परिखा रहा अगाध उदधि बना।
जिसका रक्षक स्वर्ग-विजेता-वीर था॥
जिसमें रहते थे दानव-कुल-अग्रणी।
जिसका कुलिशोपम अभेद्य-प्राचीर था॥ 44॥

जिसे देख कम्पित होते दिग्पाल थे।
पंचभूत जिसमें रहते भयभीत थे॥
कँपते थे जिसमें प्रवेश करते त्रिदश।
जहाँ प्रकृत-हित पशुता में उपनीत थे॥ 45॥

उस लंका में एक तरु तले आपने।
कितनी अँधियाली रातें दी हैं बिता॥
अकेली नाना दानवियों के बीच में।
बहुशः-उत्पातों से हो हो शंकिता॥ 46॥

कितनी फैला बदन निगलना चाहतीं।
कितनी बन विकराल बनाती चिन्तिता॥
ज्वालायें मुख से निकाल आँखें चढ़ा।
कितनी करती रहती थीं आतंकिता॥ 47॥

कितनी दाँतों को निकाल कटकटा कर।
लेलिहान - जिह्वा दिखला थीं कूदती॥
कितनी कर वीभत्स - काण्ड थीं नाचतीं।
आप देख जिसको आँखें थीं मूँदती॥ 48॥

आस पास दानव - गण करते शोर थे।
कर दानवी - दुरन्त - क्रिया की पूर्त्तियाँ॥
रहे फेंकते लूक सैकड़ों सामने।
दिखा दिखा कर बहु - भयंकरी - मूर्त्तियाँ॥ 49॥

इन उपद्रवों उत्पातों का सामना।
आपका सबलतम सतीत्व था कर रहा॥
हुई अन्त में सती - महत्ता विजयिनी।
लंकाधिप - वध - वृत्त लोक - मुख ने कहा॥ 50॥

पुत्रि आपकी शक्ति महत्ता विज्ञता।
धृति उदारता सहृदयता दृढ़ - चित्तता॥
मुझे ज्ञात है किन्तु प्राण - पति प्रेम की।
परम - प्रबलता तदीयता एकान्तता॥ 51॥

ऐसी है भवदीय कि मैं सन्दिग्ध हूँ।
क्यों वियोग - वासर व्यतीत हो सकेंगे॥
किन्तु कराती है प्रतीति धृति आपकी।
अंक कीर्त्ति के समय - पत्र पर अँकेंगे॥ 52॥

जो पति प्राणा है पति इच्छा पूर्त्ति तो।
क्या न प्राणपण से वह करती रहेगी॥
यदि वह है सन्तान - विषयिणी क्यों न तो।
प्रेम - जन्य - पीड़ा संयत बन सहेगी॥ 53॥

देख रहा हूँ मैं पति की चर्चा चले।
वारि दृगों में बार बार आता रहा॥
किन्तु मान धृति का निदेश पीछे हटा।
आगे बढ़कर नहीं धार बनकर बहा॥ 54॥

है मुझको विश्वास गर्भ-कालिक नियम।
प्रति दिन प्रतिपालित होंगे संयमित रह॥
होगा जो सर्वस्व अलौकिक-खानि का।
रघुकुल-पुंगव लाभ करेंगे रत्न वह॥ 55॥

इतनी बातें कह मुनि पुंगव ने बुला।
तपस्विनी आश्रम-अधीश्वरी से कहा॥
आश्रम में श्रीमती जनक-नन्दिनी को।
आप लिवा ले जायँ कर समादर-महा॥ 56॥

जो कुटीर या भवन अधिक उपयुक्त हो।
जिसको स्वयं महारानी स्वीकृत करें॥
उन्हें उसी में कर सुविधा ठहराइये।
जिसके दृश्य प्रफुल्ल-भाव उर में भरें॥ 57॥

यह सुन लक्ष्मण से विदेहजा ने कहा।
तुमने मुनिवर की दयालुता देख ली॥
अतः चले जाओ अब तुम भी, और मैं—
तपस्विनी आश्रम में जाती हूँ चली॥ 58॥

प्रिय से यह कहना महान-उद्देश्य से।
अति पुनित-आश्रम में है उपनीत-तन॥
किन्तु प्राण पति पद-सरोज का सर्वदा।
बना रहेगा मधुप सेविका मुग्ध-मन॥ 59॥

मेरी अनुपस्थिति में प्राणाधार को।
विविध-असुविधायें होवेंगी इसलिये॥
इधर तुम्हारी दृष्टि अपेक्षित है अधिक।
सारे सुख कानन में तुमने हैं दिये॥ 60॥

यद्यपि तुम प्रियतम के सुख-सर्वस्व हो।
स्वयं सभी समुचित सेवायें करोगे॥
किन्तु नहीं जी माना इससे की विनय।
स्नेह-भाव से ही आशा है भरोगे॥ 61॥

सुन विदेहजा - कथन सुमित्रा - सुअन ने।
अश्रु - पूर्ण - दृग से आज्ञा स्वीकार की॥
फिर सादर कर मुनि - पद सिय - पग वन्दना।
अवध - प्रयाण - निमित्त प्रेम से विदा ली॥ 62॥

दोहा

कर मुनिवर की वन्दना रख-विभूति-विश्वास।
जाकर आश्रम में किया जनक - सुता ने वास॥ 63॥

नवम सर्ग

अवध धाम

तिलोकी

था सन्ध्या का समय भवन मणिगण दमक।
दीपक - पुंज समान जगमगा रहे थे॥
तोरण पर अति - मधुर वाद्य था बज रहा।
सौधों में स्वर सरस - स्रोत से बहे थे॥ 1॥

काली चादर ओढ़ रही थी यामिनी।
जिसमें विपुल सुनहले बूटे थे बने॥
तिमिर - पुंज के अग्रदूत थे घूमते।
दिशा - वधूटी के व्याकुल - दृग सामने॥ 2॥

सुधा धवलिमा देख कालिमा की क्रिया।
रूप बदल कर रही मलिन - बदना बनी॥
उतर रही थी धीरे कर से समय के।
सब सौधों में तनी दिवासित चाँदनी॥ 3॥

तिमिर फैलता महि - मण्डल में देखकर।
मंजु - मशालें लगा व्योमतल बालने॥
ग्रीवा में श्रीमती प्रकृति - सुन्दरी के।
मणि - मालायें लगा ललक कर डालने॥ 4॥

हो कलरविता लसिता दीपक - अवलि से।
निज विकास से बहुतों को विकसित बना॥
विपुल - कुसुम - कुल की कलिकाओं को खिला।
हुई निशा मुख द्वारा रजनी - व्यंजना॥ 5॥

इसी समय अपने प्रिय शयनागार में।
सकल भुवन अभिराम राम आसीन थे॥
देख रहे थे अनुज - पन्थ उत्कण्ठ हो।
जनक - लली लोकोत्तरता में लीन थे॥ 6॥

तोरण पर का वाद्य बन्द हो चुका था।
किन्तु एक वीणा थी अब भी झंकृता॥
पिला पिला कर सुधा पिपासित - कान को।
मधुर - कण्ठ - स्वर से मिल वह थी गुंजिता॥ 7॥

उसकी स्वर लहरी थी उर को बेधती।
नयन से गिराती जल उसकी तान थी॥
एक गायिका करुण - भाव की मूर्त्ति बन।
आहें भर भर कर गाती यह गान थी॥ 8॥

गान

आकुल आँखें तरस रही हैं।
बिना बिलोके मुख-मयंक-छबि पल पल आँसू बरस रही हैं॥
दुख दूना होता जाता है सूना घर धर धर खाता है।
ऊब ऊब उठती हूँ मेरा जी रह रह कर घबराता है॥
दिन भर आहें भरती हूँ मैं तारे गिन गिन रात बिताती।
आ अन्तस्तल मध्य न जानें कहाँ की उदासी है छाती॥
शुक ने आज नहीं मुँह खोला नहीं नाचता दिखलाता है।
मैना भी है पड़ी मोह में उसके दृग से जल जाता है॥
देवि! आप कब तक आयेंगी आँखें हैं दर्शन की प्यासी।
थाम कलेजा कलप रही है पड़ी व्यथा - वारिधि में दासी॥ 9॥

तिलोकी

रघुकुल पुंगव ने पूरा गाना सुना।
धीर धुरन्धर करुणा - वरुणालय बने॥
इसी समय कर पूजित - पग की वन्दना।
खड़े दिखाई दिये प्रिय - अनुज सामने॥ 10॥

कुछ आकुल कुछ तुष्ट कुछ अचिन्तित दशा।
देख सुमित्रा-सुत की प्रभुवर ने कहा॥
तंात ! तुम्हें उत्फुल्ल नहीं हूँ देखता।
क्यों मुझको अवलोक दृगों से जल बहा॥ 11 ॥

आश्रम में तो सकुशल पहुँच गयीं प्रिया?
वहाँ समादर स्वागत तो समुचित हुआ॥
हैं मुनिराज प्रसन्न? शान्त है तपोवन।
नहीं कहीं पर तो है कुछ अनुचित हुआ? ॥ 12 ॥

सविनय कहा सुमित्रा के प्रिय-सुअन ने।
मुनि हैं मंगल-मूर्त्ति, तपोवन पूततम॥
आर्य्या हैं स्वयमेव दिव्य देवियों सी।
आश्रमं है सात्विक-निवास सुरलोक सम॥ 13 ॥

वह है सद्व्यवहार-धाम सत्कृति-सदन।
वहाँ कुशल है 'कार्य-कुशलता' सीखती॥
भले-भाव सब फूले फले मिले वहाँ।
भली-भावना-भूति भरी है दीखती॥ 14 ॥

किन्तु एक अति-पति-परायणा की दशा।
उनकी मुख-मुद्रा उनकी मार्मिक व्यथा॥
उनकी गोपन-भाव-भरित दुख-व्यंजना।
उनकी बहु-संयमन प्रयत्नों की कथा॥ 15 ॥

मुझे बनाती रहती है अब भी व्यथित।
उसकी याद सताती है अब भी मुझे॥
उन बातों को सोच न कब छलके नयन।
आश्वासन देतीं कह जिन्हें कभी मुझे॥ 16 ॥

तपोभूमि का पूत-वायुमण्डल मिले।
मुनि-पुंगव के सात्विक-पुण्य-प्रभाव से॥
शान्ति बहुत कुछ आर्य्या को है मिल रही।
तपस्विनी-गण सहृदयता सद्भाव से॥ 17 ॥

किन्तु पति - परायणता की जो मूर्त्ति है।
पति ही जिसके जीवन का सर्वस्व है॥
बिना सलिल की सफरी वह होगी न क्यों।
पति - वियोग में जिसका विफल निजस्व है॥ 18 ॥

सिय - प्रदत्त - सन्देश सुना सौमित्र ने।
कहा, भरी है इसमें कितनी वेदना॥
बात आपकी चले न कब दिल हिल गया।
कब न पति - रता आँखों से आँसू छना॥ 19 ॥

उनको है कर्त्तव्य ज्ञान वे आपकी—
कर्म - परायण हैं सच्ची सहधर्मिणी॥
लोक - लाभ - मूलक प्रभु के संकल्प पर।
उत्सर्गी कृत होकर हैं कृति - ऋण - ऋणी॥ 20 ॥

फिर भी प्रभु की स्मृति, दर्शन की लालसा।
उन्हें बनाती रहती है व्यथिता अधिक॥
यह स्वाभाविकता है उस सद्‌भाव की।
जो आजन्म रहा सतीत्व - पथ का पथिक॥ 21 ॥

जिसने अपनी वर - विभूति - विभूता दिखा।
रज समान लंका के विभवों को गिना॥
जिसके उर कर से जो दिव - बल - दीप्त था।
लंकाधिप का विश्व - विदित - गौरव छिना॥ 22 ॥

कर प्रसून सा जिसने पावक - पुंज को।
दिखलाई अपनी अपूर्व तेजस्विता॥
दानवता आतपता जिसकी शान्ति से।
बहुत दिनों तक बनती रही शरद सिता॥ 23 ॥

बड़े अपावन - भाव परम - पावन बने।
जिसकी पावनता का करके सामना॥
चौदह बत्सर तक जिसकी धृति - शक्ति से।
बहु दुर्गम वन अति सुन्दर उपवन बना॥ 24 ॥

इष्ट - सिद्धि होगी उसका ही बल मिले।
सफल बनेगी कठिन से कठिन साधना॥
भव हित होगा भय - विहीन होगी धरा।
होवेगी लोकोत्तर लोकाराधना॥ 25॥

यह निश्चित है पर आर्य्या की वेदना।
जितनी है दुस्सह उसको कैसे कहूँ॥
वे हैं महिमामयी सहन कर लें व्यथा।
उन्हें व्यथा है, इसको मैं कैसे सहूँ॥ 26॥

कुलपति आश्रम - गमन किसे प्रिय है नहीं।
इस मांगलिक - विधान से मुदित हैं सभी॥
पर न आज है राज - भवन ही श्री - रहित।
सूना है हो गया अवध सा नगर भी॥ 27॥

मुनि - आश्रम के वास का अनिश्चित समय।
किसे बनाता है नितान्त - चिन्तित नहीं॥
मातायें यदि व्यथिता हैं वधुओं सहित।
पौर - जनों का भी तो स्थिर है चित नहीं॥ 28॥

मुझे देख सबके मुख पर यह प्रश्न था।
कब आयेंगी पुण्यमयी - महि - नन्दिनी॥
अवध पुरी फिर कब होगी आलोकिता।
फिर कब दर्शन देंगी कलुष - निकन्दिनी॥ 29॥

प्रायः आर्य्या जाती थीं प्रातः - समय।
पावन - सलिला - सरयू सरिता तीर पर॥
और वहाँ थीं दान - पुण्य करती बहुत।
वारिद - सम वर-वारि-विभव की वृष्टि कर॥ 30॥

समय समय पर देव-मन्दिरों में पहुँच।
होती थीं देवी समान वे पूजिता॥
सकल - न्यूनताओं की करके पूर्त्तियाँ।
सत्प्रवृत्ति को रहीं बनाती ऊर्जिता॥ 31॥

वे निज प्रिय-रथ पर चढ़ कर सन्ध्या - समय।
अटन के लिये जब थीं बाहर निकलती॥
तब खुलते कितने लोगों के भाग्य थे।
उन्नति में थी बहु - जन अवनति बदलती ॥ 32 ॥

राज - भवन से जब चलती थीं उस समय।
रहते उनके साथ विपुल - सामान थे॥
जिनसे मिलता आर्त्त - जनों को त्राण था।
बहुत अकिञ्चन बनते कञ्चनवान थे ॥ 33 ॥

दक्ष दासियाँ जितनी रहती साथ थीं।
वे जनता-हित-साधन की आधार थीं॥
मिले पन्थ में किसी रुग्न विकलांग के।
करती उनके लिए उचित - उपचार थीं ॥ 34 ॥

इसी लिए उनके अभाव में आज दिन।
नहीं नगर में ही दुख की धारा बही॥
उदासीनता है कह रही उदास हो।
राज - भवन भी रहा न राज - भवन वही ॥ 35 ॥

आर्य्या की प्रिय - सेविका सुकृतिवती ने।
अभी गान जो गाया है उद्विग्न बन॥
अहह भरा है उसमें कितना करुण - रस।
वह है राज - भवन दुख का अविकल - कथन ॥ 36 ॥

गृहजन परिजन पुरजन की तो बात क्या।
रथ के घोड़े व्याकुल हैं अब तक बड़े॥
पहले तो आश्रम को रहे न छोड़ते।
चले चलाये तो पथ में प्रायः अड़े ॥ 37 ॥

घुमा घुमा शिर रहे रिक्त - रथ देखते।
थे निराश नयनों से आँसू ढालते॥
बार बार हिनहिना प्रकट करते व्यथा।
चौंक चौंक कर पाँव कभी थे डालते ॥ 38 ॥

आर्य्या कोमलता ममता की मूर्त्ति है।
हैं सद्भाव - रता उदारता पूरिता॥
हैं लोकाराधन - निधि - शुचिता - सुरसरी।
हैं मानवता - राका - रजनी की सिता॥ 39॥

फिर कैसे होतीं न लोक में पूजिता।
क्यों न अदर्शन उनका जनता को खले॥
किन्तु हुई निर्विघ्न मांगलिक - क्रिया है।
हित होता है पहुँचे सुर पादप तले॥ 40॥

कहा राम ने आज राज्य जो सुखित है।
जो वह मिलता है इतना फूला फला॥
जो कमला की उस पर है इतनी कृपा।
जो होता रहता है जन जन का भला॥ 41॥

अवध - पुरी है जो सुर - पुरी सदृश लसी।
जो उसमें है इतनी शान्ति विराजती॥
तो इसमें है हाथ बहुत कुछ प्रिया का।
है यह बात अधिकतर जनता जानती॥ 42॥

कुछ अशान्ति जो फैल गयी है इन दिनों।
वे ही उसका वारण भी हैं कर रही॥
विविध - व्यथायें सह बह विरह - प्रवाह में।
वे ही दुख - निधि में हैं अहह उतर रही॥ 43॥

भला कामना किसको है सुख की नहीं।
क्या मैं सुखी नहीं रहना हूँ चाहता॥
क्या मैं व्यथित नहीं हूँ कान्ता - व्यथा से।
क्या मैं सद्व्रत को हूँ नहीं निबाहता॥ 44॥

तन - छाया - सम जिसका मेरा साथ था।
आज दिखाती उसकी छाया तक नहीं॥
प्रवह - मान - संयोग - स्रोत ही था जहाँ।
अब वियोग - खर - धारा बहती है वहीं॥ 45॥

आज बन गयी है वह कानन - वासिनी।
जो मम - आनन अवलोके जीती रही॥
आज उसे है दर्शन - दुर्लभ हो गया।
पूत - प्रेम - प्याला जो नित पीती रही॥ 46॥

आज निरन्तर विरह सताता है उसे।
जो अन्तर से प्रियतम अनुरागिनी थी॥
आह भार अब उसका जीवन हो गया।
आजीवन जो मम - जीवन - संगिनी थी॥ 47॥

तात! विदित हो कैसे अन्तर्वेदना।
काढ़ कलेजा क्यों मैं दिखलाऊँ तुम्हें॥
स्वयं बन गया जब मैं निर्म्मम - जीव तो।
मर्म्मस्थल का मर्म्म क्यों बताऊँ तुम्हें॥ 48॥

क्या माताओं की मुझको ममता नहीं।
क्या होता हूँ दुखित न उनका देख दुख॥
क्या पुरजन परिजन अथवा परिवार का।
मुझे नहीं वांछित है सच्चा आत्म - सुख॥ 49॥

सुकृतिवती का विह्वलतामय - गान सुन।
क्या मेरा अन्तस्तल हुआ नहीं द्रवित॥
कथा बाजियों की सुन कर करुणा भरी।
नहीं हो गया क्या मेरा मानस व्यथित॥ 50॥

किन्तु प्रश्न यह है, है थार्गिक - कृत्य क्या?
प्रजा - रंजिनी - राजनीति का मर्म्म क्या?
जिससे हो भव - भला लोक - आराधना।
वह मानव - अवलम्बनीय कर्म्म क्या॥ 51॥

अपना हित किसको प्रिय होता है नहीं।
सम्बन्धी का कौन नहीं करता भला॥
जान बूझ कर वश चलते जंजाल में।
कोई नहीं फँसाता है अपना गला॥ 52॥

स्वार्थ - सूत्र में बँधा हुआ संसार है।
इष्ट - सिद्धि भव - साधन का सर्वस्व है॥
कार्य्य - क्षेत्र में उतर जगत में जन्म ले।
सबसे प्यारा सबको रहा निजस्व है॥ 53॥

यह स्वाभाविक - नियम प्रकृति अनुकूल है।
यदि यह होता नहीं विश्व चलता नहीं॥
पलने पर विधि - बद्ध - विधानों के कभी।
जगतीतल का प्राणि - पुंज पलता नहीं॥ 54॥

किन्तु स्वार्थ - साधन, हित-चिन्ता-स्वजन की।
उचित वहीं तक है जो हो कश्मल - रहित॥
जो न लोक - हित पर - हित के प्रतिकूल हो।
जो हो विधि - संगत, जो हो छल - बल रहित॥ 55॥

कर पर का अपकार लोक - हित का कदन।
निज - हित करना पशुता है, है अधमता॥
भव - हित पर - हित देश - हितों का ध्यान रख।
कर लेना निज - स्वार्थ - सिद्धि है मनुजता॥ 56॥

मनुजों में वे परम - पूज्य हैं वन्द्य हैं।
जो परार्थ - उत्सर्गी - कृत - जीवन रहे॥
सत्य, न्याय के लिए जिन्होंने अटल रह।
प्राण - दान तक किये, सर्व - संकट सहे॥ 57॥

नृपति मनुज है अतः मनुजता अयन है।
सत्य न्याय का वह प्रसिद्ध आधार है॥
है प्रधान - कृति उसकी लोकाराधना।
उसे शान्तिमय शासन का अधिकार है॥ 58॥

अवनीतल में ऐसे नृप - मणि हैं हुए।
इन बातों के जो सच्चे - आदर्श थे॥
दिव्य - दूत जो विभु - विभूतियों के रहे।
कर्म्म - पूततम जिनके मर्म्म - स्पर्श थे॥ 59॥

हरिश्चन्द्र, शिवि आदि नृपों की कीर्त्तियाँ।
अब भी हैं वसुधा की शान्ति - विधायिनी॥
भव-गौरव ऋषिवर दधीचि की दिव्य - कृति।
है अद्यापि अलौकिक शिक्षा - दायिनी॥ 60॥

है वह मनुज न, जिसमें मिली न मनुजता।
अनीति रत में कहाँ नीति - अस्तित्व है॥
वह हैं नरपति नहीं जो नहीं जानता।
नरपतित्व का क्या उत्तरदायित्व है॥ 61॥

कोई सज्जन, ज्ञानमान, मतिमान, नर।
यथा - शक्ति परहित करना है चाहता॥
देश, जाति, भव - हित अवसर अवलोक कर।
प्रायः वह निज - हित को भी है त्यागता॥ 62॥

यदि ऐसा है तो क्या यह होगा विहित।
कोई नृप अपने प्रधान - कर्त्तव्य का॥
करे त्याग निज के सुख-दुख पर दृष्टि रख।
अथवा मान निदेश मोह - मन्तव्य का॥ 63॥

जिसका जितना गुरु - उत्तरदायित्व है।
उसे महत उतना ही बनना चाहिए॥
त्याग सहित जिसमें लोकाराधन नहीं।
वह लोकाधिप कहलाता है किस लिए॥ 64॥

बात तुम्हें लोकापवाद की ज्ञात है।
मुझे लोक - उत्पीड़न वांछित है नहीं॥
अतः बनूँ मैं क्यों न लोक-हित-पथ-पथिक।
जहाँ सुकृति है शान्ति विलसती है वहीं॥ 65॥

मैं हूँ व्यथित अधिकतर - व्यथिता है प्रिया।
क्योंकि सताती है आ आ सुख - कामना॥
है यह सुख - कामना एक उन्मत्तता।
भरी हुई है इसमें विविधा - वासना॥ 66॥

यह सरसा - संस्कृति है यह है प्रकृति - रति।
यह विभाव संसर्ग - जनित - अभ्यास है॥
है यह मूर्त्ति मनुज के परमानन्द की।
वर - विकास, उल्लास, विलास, निवास है॥ 67 ॥

त्याग - कामना भी नितान्त कमनीय है।
मानवता - महिमा द्वारा, है अंकिता॥
बन कर्त्तव्य परायणता से दिव्यतम।
लोक - मान्य - मन्त्रों से है अभिमंत्रिता॥ 68 ॥

मैंने जो है त्याग किया वह उचित है।
ऐसा ही करना इस समय सुकर्म्म था॥
इसीलिए सहमत विदेहजा भी हुईं।
क्योंकि यही सहधर्मिणी परम धर्म था॥ 69 ॥

कितने सह साँसतें बहुत दुख भोगते।
कितने पिसते पड़ प्रकोप तलवों तले॥
दलन - चक्र यदि चलता तो बहता लहू।
वृथा न जाने कितने कट जाते गले॥ 70 ॥

तात ! देख लो साम - नीति के ग्रहण से।
हुआ प्राणियों का कितना उपकार है॥
प्रजा सुरक्षित रही पिसी जनता नहीं।
हुआ लोक - हित मचा न हाहाकार है॥ 71 ॥

हाँ ! वियोगिनी प्रिया - दशा दयनीय है।
मेरा उर भी इससे मथित अपार है॥
किन्तु इसी अवसर पर आश्रम में गमन।
दोनों के दुख का उत्तम - प्रतिकार है॥ 72 ॥

जब से सम्बन्धित हम दोनों हुए हैं।
केवल छः महीने का हुआ वियोग है॥
रहीं जिन दिनों लंका में जनकांगजा।
किन्तु आ गया अब ऐसा संयोग है॥ 73 ॥

जो यह बतलाता है अहह वियोग यह।
होगा चिरकालिक बरसों तक रहेगा॥
अतः सताती है यह चिन्ता नित मुझे।
पति प्राणा का हृदय इसे क्यों सहेगा॥ 74॥

पर मुझको इसका पूरा विश्वास है।
हो अधीर भी तजेंगी नहीं धीरता॥
प्रिया करेंगी मम-इच्छा की पूर्त्ति ही।
पूत रहेगी नयन-नीर की नीरता॥ 75॥

सहायता उनके सद्भाव-समूह की।
सदा करेगी तपोभूमि-शुचि भावना॥
उन्हें सँभालेगी मुनि की महनीयता।
कुल-दीपक सन्तान-प्रसव-प्रस्तावना॥ 76॥

इसी लिए मुझको अशान्ति में शान्ति है।
और विरह में भी हूँ बहुत व्यथित न मैं॥
चिन्तत हूँ पर अतिशय-चिन्तित हूँ नहीं।
इसीलिए बनता हूँ विचलित-चित्त न मैं॥ 77॥

किन्तु जनकजा के अभाव की पूर्त्तियाँ।
हमें तुम्हें भ्राताओं भ्रातृ-वधू सहित॥
करना होगा जिससे मातायें तथा।
परिजन, पुरजन, यथा रीति होवें सुखित॥ 78॥

तात। करो यह यत्न दलित दुख-दल बने।
सरस-शान्त की धारा घर घर में बहे॥
कोई कभी असुख-मुख अवलोके नहीं।
सुखमय-वासर से विलसित वसुधा रहे॥ 79॥

दोहा

सीता का सन्देश कह, सुन आदर्शपवित्र।
वन्दना कर प्रभु-कमल-पग चले गये सौमित्र॥ 80॥

दशम सर्ग

तपस्विनी आश्रम

चौपदे

प्रकृति का नीलाम्बर उतरे।
श्वेत - साड़ी उसने पायी॥
हटा घन - घूँघट शरदाभा।
विहँसती महि में थी आयी॥ 1॥

मलिनता दूर हुए तन की।
दिशा थी बनी विकच - वदना॥
अधर में मंजु - नीलिमामय।
था गगन - नवल - वितान तना॥ 2॥

चाँदनी छिटिक छिटिक छबि से।
छबीली बनती रहती थी॥
सुधाकर - कर से वसुधा पर।
सुधा की धारा बहती थी॥ 3॥

कहीं थे बहे दुग्ध सोते।
कहीं पर मोती थे ढलके॥
कहीं था अनुपम - रस बरसा।
भव - सुधा - प्याला के छलके॥ 4॥

मंजुतम गति से हीरक - चय।
निछावर करती जाती थी॥
जगमगाते ताराओं में।
थिरकती ज्योति दिखाती थी॥ 5॥

क्षिति - छटा फूली फिरती थी।
विपुल - कुसुमावली विकसी थी॥
आज वैकुण्ठ छोड़ कमला।
विकच - कमलों में विलसी थी॥ 6॥

पादपों के श्यामल - दल ने।
प्रभा पारद सी पायी थी॥
दिव्य हो हो नवला - लतिका।
विभा सुरपुर से लायी थी॥ 7॥

मन्द - गति से बहती नदियाँ।
मंजु - रस मिले सरसती थीं॥
पा गये राका सी रजनी।
वीचियाँ बहुत विलसंती थीं॥ 8॥

किसी कमनीय - मुकुर जैसा।
सरोवर विमल - सलिल वाला॥
मोहता था स्वअंक में ले।
विधु - सहित मंजुल - उड़ु - माला॥ 9॥

शरद - गौरव नभ - जल-थल में।
आज मिलते थे आँके से॥
कीर्त्ति फैलाते थे हिल हिल।
कास के फूल पताके से॥ 10॥

चतुष्पद

तपस्विनी - आश्रम समीप थीं।
एक बड़ी रमणीय - वाटिका॥
वह इस समय विपुल-विलसित थी।
मिले सिता की दिव्य साटिका॥ 11॥

उसमें अनुपम फूल खिले थे।
मन्द मन्द जो मुसकाते थे॥

बड़े भले - भावों से भर भर।
भली रंगतें दिखलाते थे॥ 12॥

छोटे छोटे पौधे उसके।
थे चुप चाप खड़े छवि पाते॥
हो कोमल-श्यामल-दल शोभित।
रहे श्यामसुन्दर कहलाते॥ 13॥

रंग बिरंगी विविध लतायें।
ललित से ललित बन विलसित थीं॥
किसी कलित कर से लालित हो।
विकच-बालिका सी विकसित थीं॥ 14॥

इसी वाटिका में निर्मित था।
एक मनोरम-शान्ति-निकेतन॥
जो था सहज-विभूति-विभूषित।
सात्विकता - शुचिता-अवलम्बन॥ 15॥

था इसके सामने सुशोभित।
एक विशाल - दिव्य - देवालय॥
जिसका ऊँचा - कलस इस समय।
बना हुआ था कान्त - कान्तिमय॥ 16॥

शान्ति - निकेतन के आगे था।
एक सित-शिला विरचित-चत्वर॥
उस पर बैठी जनक - नन्दिनी।
देख रही थीं — दृश्य मनोहर॥ 17॥

हँस रही थी नभतल में।
त को हँसा हँसा कर॥
दु - मुक्तावलि द्वारा।
की बार बार भर॥ 18॥

चारु - हासिनी चन्द्र - प्रिया की।
वलोकन कर बड़ी रुचिर-रुचि॥

देखे उसकी लोक - रंजिनी -
कृति, नितान्त-कमनीय परम-शुचि ॥ 19 ॥

जनक - सुता उर द्रवीभूत था।
उनके दृग से था जल जाता ॥
कितने ही अतीत - वृत्तों का।
ध्यान उन्हें था अधिक सताता ॥ 20 ॥

कहने लगीं सिते! सीता भी।
क्या तुम जैसी ही शुचि होगी ॥
क्या तुम जैसी ही उसमें भी।
भव-हित-रता दिव्य-रुचि होगी ॥ 21 ॥

तमा तमा है तपोमयी है।
भाव सपत्नी का है रखती ॥
कभी तुमारी पूत-प्रीति की तू।
स्वाभाविकता नहीं परखती ॥ 22 ॥

फिर भी 'राका-रजनी' कर तुम।
उसको दिव्य बना देती हो ॥
कान्ति-हीन को कान्ति-मती कर।
कमनीयता दिखा देती हो ॥ 23 ॥

जिसे नहीं हँसना आता है।
चारु-हासिनी वह बनती है ॥
तुमको आलिंगन कर असिता।
स्वर्गिक - सितता में सनती है ॥ 24 ॥

ताटंक

नभतल में यदि लसती हो तो,
भूतल में भी खिलती हो।
दिव्य - दिशा को करती हो तो,
विदिशा में भी मिलती हो ॥ 25 ॥

बहु विकास विलसित ही वारिधि,
यदि पयोधि बन जाता है।
तो लघु से लघुतम सरवर भी,
तुमसे शोभा पाता है ॥ 26 ॥

गिरि-समूह-शिखरों को यदि तुम,
मणि-मण्डित कर पाती हो।
छोटे छोटे टीलों पर भी,
तो निज छटा दिखाती हो ॥ 27 ॥

सुजला - सुफला - शस्य श्यामला,
भू जो भूषित होती है।
तुमने सुधा लाभ कर तो मरु -
महि भी मरुता खोती है ॥ 28 ॥

रम्य-नगर लघु - ग्राम वरविभा,
दोनों तुमसे पाते हैं।
राज-भवन हों या कुटीर, सब,
कान्ति - मान बन जाते हैं ॥ 29 ॥

तरु-दल हों प्रसून हों तृण हों,
सबको द्युति तुम देती हो।
औरों की क्या बात रजत - कण,
रज - कण को कर लेती हो ॥ 30 ॥

घूम घूम करके घनमाला,
रस बरसाती रहती है।
मृदुता सहित दिखाती उसमें,
द्रवण - शीलता महती है ॥ 31 ॥

है जीवन - दायिनी कहाती,
ताप जगत का हरती है।
तरु से तृण का प्रतिपालन,
जल प्रदान कर करती है ॥ 32 ॥

किन्तु महा - गर्जन - तर्जन कर,
कँपा कलेजा देती है।
गिरा गिरा कर बिजली जीवन,
कितनों का हर लेती है ॥ 33 ॥

हिम - उपलों से हरी भरी,
खेती का नाश कराती है।
जल - प्लावन से नगर ग्राम,
पुर को बहु विकल बनाती है ॥ 34 ॥

अतः सदाशयता तुम जैसी,
उसमें नहीं दिखाती है।
केवल सत्प्रवृत्ति ही उसमें,
मुझे नहीं मिल पाती है ॥ 35 ॥

तुममें जैसी लोकोत्तरता,
सहज - स्निग्धता मिलती है।
सदा तुमारी कृति-कलिका जिस,
अनुपमता से खिलती है ॥ 36 ॥

वैसी अनुरंजनता शुचिता,
किसमें कहाँ दिखाती है।
केवल प्रियतम दिव्य-कीर्त्ति ही -
में वह पायी जाती है ॥ 37 ॥

हाँ प्रायः वियोगिनी तुमसे,
व्यथिता बनती रहती है।
देख तुमारे जीवनधन को,
मर्म्म - वेदना सहती है ॥ 38 ॥

यह उसका अन्तर - विकार है,
तुम तो सुख ही देती हो।
आलिंगन कर उसके कितने –
तापों को हर लेती हो ॥ 39 ॥

यह निस्वार्थ सदाशयता यह,
वर - प्रवृत्ति पर - उपकारी।
दोष - रहित यह लोकाराधन,
यह उदारता अति - न्यारी ॥ 40 ॥

बना सकी है भाग्य - शालिनी,
ऐ सुभगे तुमको जैसी।
त्रिभुवन में अवलोक न पाई,
मैं अब तक कोई वैसी ॥ 41 ॥

इस धरती से कई लाख कोसों —
पर कान्त तुमारा है।
किन्तु बीच में कभी नहीं,
बहती वियोग की धारा है ॥ 42 ॥

लाखों कोसों पर रहकर भी,
पति - समीप तुम रहती हो।
यह फल उन पुण्यों का है,
तुम जिसके बल से महती हो ॥ 43 ॥

क्यों संयोग बाधिका बनती,
लाखों कोसों की दूरी।
क्या होती हैं नहीं सती की,
सकल कामनायें पूरी? ॥ 44 ॥

ऐसी प्रगति मिली है तुमको,
अपनी पूत - प्रकृति द्वारा।
है हो गया विदूरित जिससे,
प्रिय - वियोग - संकट सारा ॥ 45 ॥

सुकृतिवती हो सत्य-सुकृति-फल,
सारे - पातक खोता है।
उसके पावन - तम - प्रभाव में,
बहता रस का सोता है ॥ 46 ॥

तुम तो लाखों कोस दूर की,
अवनी पर आ जाती हो।
फिर भी पति से पृथक न होकर,
पुलकित बनी दिखाती हो ॥ 47 ॥

मुझे सौ सवा सौ कोसों की,
दूरी भी कलपाती है।
मेरी आकुल आँखों को,
पति - मूर्त्ति नहीं दिखलाती है ॥ 48 ॥

जिसकी मुख-छबि को अवलोके,
छबिमय जगत दिखाता है।
जिसका सुन्दर विकच - बदन,
वसुधा को मुग्ध बनाता है ॥ 49 ॥

जिसकी लोक - ललाम - मूर्त्ति,
भव - ललामता की जननी है।
जिसके आनन की अनुपमता,
परम - प्रमोद प्रसविनी है ॥ 50 ॥

जिसकी अति-कमनीय-कान्ति से,
कान्तिमानता लसती है।
जिसकी महा - रुचिर - रचना में,
लोक - रुचिरता बसती है ॥ 51 ॥

जिसकी दिव्य - मनोरमता में,
रम मन तम को खोता है।
जिसकी मंजु माधुरी पर,
माधुर्य्य निछावर होता है ॥ 52 ॥

जिसकी आकृति सहज - सुकृति,
का बीज हृदय में बोती है।
जिसकी सरस - वचन की रचना,
मानस का मल धोती है ॥ 53 ॥

जिसकी मृदु - मुसकान भुवन -
मोहकता की प्रिय - थाती है।
परमानन्द जनकता जननी,
जिसकी हँसी कहाती है ॥ 54 ॥

भले भले भावों से भर भर,
जो भूतल को भाते हैं।
बड़े बड़े लोचन जिसके,
अनुराग - रँगे दिखलाते हैं ॥ 55 ॥

जिनकी लोकोत्तर लीलायें,
लोक - ललक की थाती हैं।
ललित - लालसाओं को विलसे,
जो उल्लसित बनाती हैं ॥ 56 ॥

आजीवन जिनके चन्द्रानन की -
चकोरिका बनी रही।
जिसकी भव-मोहिनी सुधा प्रति -
दिन पी पी कर मैं निबही ॥ 57 ॥

जिन रविकुल - रवि को अवलोके,
रही कमलिनी सी फूली।
जिनके परम - पूत भावों की,
भावुकता पर थी भूली ॥ 58 ॥

सिते ! महीनों हुए नहीं उनका,
दर्शन मैंने पाया।
विधि - विधान ने कभी नहीं,
था मुझको इतना कलपाया ॥ 59 ॥

जैसी तुम हो सुकृतिमयी जैसी -
तुममें सहृदयता है।
जैसी हो भवहित विधायिनी,
जैसी तुममें ममता है ॥ 60 ॥

मैं हूँ अति - साधारण नारी,
कैसे वैसी मैं हूँगी।
तुम जैसी महती व्यापकता,
उदारता क्यों पाऊँगी ॥ 61 ॥

फिर भी आजीवन मैं जानता -
का हित करती आयी हूँ।
अनहित औरों का अवलोके,
कब न बहुत घबरायी हूँ ॥ 62 ॥

जान बूझ कर कभी किसी का -
अहित नहीं मैं करती हूँ।
पाँव सर्वदा फूँक फूँक कर,
धरती पर मैं धरती हूँ ॥ 63 ॥

फिर क्यों लाखों कोसों पर रह,
तुम पति पास विलसती हो।
बिना विलोके दुख का आनन,
सर्वदैव तुम हँसती हो ॥ 64 ॥

और किसलिये थोड़े अन्तर,
पर रह मैं उकताती हूँ।
बिना नवल - नीरद - तन देखे,
दृग से नीर बहाती हूँ ॥ 65 ॥

ऐसी कौन न्यूनता मुझमें है,
जो विरह सताता है।
सिते ! बता दो मुझे क्यों नहीं,
चन्द्र - वदन दिखलाता है ॥ 66 ॥

किसी प्रिय सखी सदृश प्रिये तुम,
लिपटी हो मेरे तन से।
हो जीवन - संगिनी सुखित -
करती आती हो शिशुपन से ॥ 67 ॥

हो प्रभाव - शालिनी कहाती,
प्रभा भरित दिखलाती हो।
तमस्विनी का भी तम हरकर,
उसको दिव्य बनाती हो ॥ 68 ॥

मेरी तिमिरावृता न्यूनता का,
निरसन त्योंही कर दो।
अपनी पावन ज्योति कृपा -
दिखला, मम जीवन में भर दो ॥ 69 ॥

कोमलता की मूर्त्ति सिते हो,
हितेरता कहलाओगी।
आशा है आयी हो तो तुम,
उर में सुधा बहांओगी ॥ 70 ॥

अधिक क्या कहूँ अति-दुर्लभ है,
तुम जैसी ही हो जाना।
किन्तु चाहती हूँ जी से तब -
सद्‌भावों को अपनाना ॥ 71 ॥

जो सहायता कर सकती हो,
करो, प्रार्थना है इतनी।
जिससे उतनी सुखी बन सकूँ,
पहले सुखित रही जितनी ॥ 72 ॥

सेवा उसकी करूँ साथ रह,
जी से जिसकी दासी हूँ।
हूँ न स्वार्थरत, मैं पति के -
संयोग - सुधा की प्यासी हूँ ॥ 73 ॥

दोहा

इतने में घण्टा बजा उठा आरती - थाल।
द्रुत-गति से महिजा गयीं मन्दिर में तत्काल ॥ 74 ॥

एकादश सर्ग

रिपुसूदनागमन

सखी

बादल थे नभ में छाये।
बदला था रंग समय का॥
थी प्रकृति भरी करुणा में।
कर उपचय मेघ-निचय का॥ 1॥

वे विविध-रूप धारण कर।
नभ-तल में घूम रहे थे॥
गिरि के ऊँचे शिखरों को।
गौरव से चूम रहे थे॥ 2॥

वे कभी स्वयं नग-सम बन।
थे अद्भुत-दृश्य दिखाते॥
कर कभी दुन्दुभी-वादन।
चपला को रहे नचाते॥ 3॥

वे पहन कभी नीलाम्बर।
थे बड़े-मुग्धकर बनते॥
मुक्तावलि बलित अधर में।
अनुपम-वितान थे तनते॥ 4॥

बहुशः-खण्डों में बँटकर।
चलते फिरते दिखलाते॥
वे कभी नभ-पयोनिधि के।
थे विपुल-पोत बन पाते॥ 5॥

वे रंग बिरंगे रवि की।
किरणों से थे बन जाते॥
वे कभी प्रकृति को विलसित।
नीली - साड़ियाँ पिन्हाते॥ 6॥

वे पवन तुरंगम पर चढ़।
थे दूनी - दौड़ लगाते॥
वे कभी धूप - छाया के।
थे छबिमय - दृश्य दिखाते॥ 7॥

घन कभी घेर दिन - मणि को।
थे इतनी घनता पाते॥
जो द्युति - विहीन कर, दिन को -
थे अमा - समान बनाते॥ 8॥

वे धूम - पुंज से फैले।
थे दिगन्त में दिखलाते॥
अंकस्थ - दामिनी दमके।
थे प्रचुर - प्रभा फैलाते॥ 9॥

सरिता सरोवरादिक में।
थे स्वर - लहरी उपजाते॥
वे कभी गिरा बहु - बूँदें।
थे नाना - वाद्य बजाते॥ 10॥

पावस सा प्रिय - ऋतु पाकर।
बन रही रसा थी सरसा॥
जीवन प्रदान करता था।
वर - सुधा सुधाधर बरसा॥ 11॥

थी दृष्टि जिधर फिर जाती।
हरियाली बहुत लुभाती॥
नाचते मयूर दिखाते।
अलि - अवली मिलती गाती॥ 12॥

थी घटा कभी घिर आती।
था कभी जल बरस जाता॥
थे जलद कभी खुल जाते।
रवि कभी था निकल आता॥ 13 ॥

था मलिन कभी होता वह।
कुछ कान्ति कभी पा जाता॥
कज्जलित कभी बनता दिन।
उज्ज्वल था कभी दिखाता॥ 14 ॥

कर उसे मलिन - बसना फिर।
काली ओढ़नी ओढ़ाती॥
थी प्रकृति कभी वसुधा को।
उज्ज्वल - साटिका पिन्हाती॥ 15 ॥

जल - विन्दु लसित दल - चय से।
बन बन बहु - कान्त - कलेवर॥
उत्फुल्ल स्नात - जन से थे।
हो सिक्त सलिल से तरुवर॥ 16 ॥

आ मन्द - पवन के झोंके।
जब उनके गले लगाते॥
तब वे नितान्त - पुलकित हो।
थे मुक्तावलि बरसाते॥ 17 ॥

जब पड़ती हुई फुहारें।
फूलों को रहीं रिझाती॥
जब मचल मचल मारुत से।
लतिकायें थीं लहराती॥ 18 ॥

छबि से उड़ते छींटे में।
जब खिल जाती थीं कलियाँ॥
चमकीली बूँदों को जब।
टपकातीं सुन्दर - फलियाँ॥ 19 ॥

जब फल रस से भर भर कर।
था परम - सरस बन जाता॥
तब हरे - भरे कानन में।
था अजब समा दिखलाता॥ 20॥

वे सुखित हुए जो बहुधा।
प्यासे रह रह कर तरसे॥
झूमते हुए बादल के।
रिमझिम रिमझिम जल बरसे॥ 21॥

तप - ऋतु में जो थे आकुल।
वे आज हैं फले - फूले॥
वारिद का बदन विलोके।
बासर विपत्ति के भूले॥ 22॥

तरु-खग-चय चहक चहक कर।
थे कलोल - रत दिखलाते॥
वे उमग उमग कर मानो।
थे वारि - वाह गुण गाते॥ 23॥

सारे - पशु बहु - पुलकित थे।
तृण - चय की देख प्रचुरता॥
अवलोक सजल - नाना - थल।
बन - अवनी अमित - रुचिरता॥ 24॥

प्लावन - शीला थी हो हो।
आवर्त्त - जाल आवरिता॥
थी बड़े वेग से बहती।
रस से भरिता वन - सरिता॥ 25॥

बहुशः सोते बह बह कर।
कल कल रव रहे सुनाते॥
सर भर कर विपुल सलिल से।
थे सागर बने दिखाते॥ 26॥

उस पर वन - हरियाली ने।
था अपना झूला डाला॥
तृण - राजि विराज रही थी।
पहने मुक्तावलि - माला॥ 27॥

पावस से प्रतिपालित हो।
वसुधानुराग प्रिय - पय पी॥
रख हरियाली मुख - लाली।
बहु - तपी दूब थी पनपी॥ 28॥

मनमाना पानी पाकर।
था पुलकित विपुल दिखाता॥
पी पी रट लगा पपीहा।
था अपनी प्यास बुझाता॥ 29॥

पाकर पयोद से जीवन।
तप के तापों से छूटी॥
अनुराग - मूर्त्ति बन, महि में।
विलसित थी बीर बहूटी॥ 30॥

निज - शान्ततम निकेतन में।
बैठी मिथिलेश - कुमारी॥
हो मुग्ध विलोक रही थीं।
नव - नील - जलद छबि न्यारी॥ 31॥

यह सोच रही थीं प्रियतम।
तन सा ही है यह सुन्दर॥
वैसा ही है दृग - रंजन।
वैसा ही महा - मनोहर॥ 32॥

पर क्षण क्षण पर जो उसमें।
नवता है देखी जाती॥
वह नवल - नील - नीरद में।
है मुझे नहीं मिल पाती॥ 33॥

श्यामलघन में बक - माला।
उड़ उड़ है छटा दिखाती॥
पर प्रिय - उर - विलसित–
मुक्ता - माला है अधिक लुभाती॥ 34॥

श्मामावदात को चपला।
चमका कर है चौंकाती॥
पर प्रिय - तन - ज्योति दृगों में।
है विपुल - रस बरस जाती॥ 35॥

सर्वस्व है करुण - रस का।
है द्रवण - शीलता - सम्बल॥
है मूल भव - सरसता का।
है जलद आर्द्र - अन्तस्तल॥ 36॥

पर निरपराध - जन पर भी।
वह वज्रपात करता है॥
ओले बरसा कर जीवन।
बहु - जीवों का हरता है॥ 37॥

है जनक प्रबल - प्लावन का।
है प्रलयंकर बन जाता॥
वह नगर, ग्राम, पुर को है।
पल में निमग्न कर पाता॥ 38॥

मैं सारे गुण जलधर के।
जीवन - धन में पाती हूँ॥
उसकी जैसी ही मृदुता।
अवलोके बलि जाती हूँ॥ 39॥

पर निरपराध को प्रियतम–
ने कभी नहीं कलपाया॥
उनके हाथों से किसने।
कब कहाँ व्यर्थ दुख पाया॥ 40॥

पुर नगर ग्राम कब उजड़े।
कब कहाँ आपदा आयी॥
अपवाद लगाकर यों ही।
कब जनता गयी सतायी॥ 41॥

प्रियतम समान जन - रंजन।
भव - हित - रत कौन दिखाया॥
पर सुख निमित्त कब किसने।
दुख को यों गले लगाया॥ 42॥

घन गरज गरज कर बहुधा।
भव का है हृदय कँपाता॥
पर कान्त का मधुर प्रवचन।
उर में है सुधा बहाता॥ 43॥

जिस समय जनकजा घन की।
अवलोक दिव्य - श्यामलता॥
थीं प्रियतम - ध्यान - निमग्ना।
कर दूर चित्त - आकुलता॥ 44॥

आ उसी समय आलय में।
सौमित्र - अनुज ने सादर॥
पग - वन्दन किया सती का।
बन करुण - भाव से कातर॥ 45॥

सीतादेवी ने उनको।
परमादर से बैठाला॥
लोचन में आये जल पर —
नियमन का परदा डाला॥ 46॥

फिर कहा तात बतला दो।
रघुकुल - पुंगव हैं कैसे?॥
जैसे दिन कटते थे क्या।
अब भी कटते हैं वैसे?॥ 47॥

क्या कभी याद करते हैं।
मुझ वन - निवासिनी को भी॥
उसको जिसका आकुल - मन।
है पद - पंकज - रज - लोभी॥ 48॥

चातक से जिसके दृग हैं।
छबि स्वाति - सुधा के प्यासे॥
प्रतिकूल पड़ रहे हैं अब।
जिसके सुख - बासर पासे॥ 49॥

जो विरह वेदनाओं से।
व्याकुल होकर है ऊबी॥
दृग - वारि - वारिनिधि में जो।
बहु - विवशा बन है डूबी॥ 50॥

हैं कीर्त्ति करों से गुम्फित।
जिनकी गौरव - गाथायें॥
हैं सकुशल सुखिता मेरी।
अनुराग - मूर्त्ति - मातायें?॥ 51॥

हो गये महीनों उनके।
ममतामय - मुख न दिखाये॥
पावनतम - युगल पगों को।
मेरे कर परस न पाये॥ 52॥

श्रीमान् भरत - भव - भूषण।
स्नेहार्द्र सुमित्रा - नन्दन॥
सब दिनों रही करती मैं।
जिनका सादर अभिनन्दन॥ 53॥

हैं स्वस्थ, सुखित या चिन्तित।
या हैं विपन्न - हित - व्रत - रत॥
या हैं लोकाराधन में।
संलग्न वन परम - संयत॥ 54॥

कह कह वियोग की बातें।
माण्डवी बहुत थी रोयी॥
उर्मिला गयी फिर आयी।
पर रात भर नहीं सोयी॥ 55॥

श्रुतिकीर्त्ति का कलपना तो।
अब तक है मुझे न भूला॥
हो गये याद मेरा उर।
बनता है ममता - झूला॥ 56॥

यह बतला दो अब मेरी।
बहनों की गति है कैसी?
वे उतनी दुखित न हों पर,
क्या सुखित नहीं हैं वैसी?॥ 57॥

क्या दशा दासियों की है।
वे दुखित तो नहीं रहतीं॥
या स्नेह - प्रवाहों में पड़।
यातना तो नहीं सहतीं॥ 58॥

क्या वैसी ही सुखिता है।
महि की सर्वोत्तम थाती॥
क्या अवधपुरी वैसी ही।
है दिव्य बनी दिखलाती॥ 59॥

मिट गयी राज्य की हलचल।
या है वह अब भी फैली॥
कल - कीर्त्ति सिता सी अब तक।
क्या की जाती है मैली॥ 60॥

बोले रिपुसूदन आर्य्ये।
हैं धीर धुरन्धर प्रभुवर॥
नीतिज्ञ, न्यायरत, संयत।
लोकाराधन में तत्पर॥ 61॥

गुरु - भार उन्हीं पर सारे—
साम्राज्य - संयमन का है॥
तन मन से भव - हित - साधन।
व्रत उनके जीवन का है॥ 62॥

इस दुर्गम - तम कृति - पथ में।
थीं आप संगिनी ऐसी॥
वैसी तुरन्त थीं बनती।
प्रियतम - प्रवृत्ति हो जैसी॥ 63॥

आश्रम - निवास ही इसका।
सर्वोत्तम - उदाहरण है॥
यह है अनुरक्ति - अलौकिक।
भव - वन्दित सदाचरण है॥ 64॥

यदि रघुकुल - तिलक पुरुष हैं।
श्रीमती शक्ति हैं उनकी॥
जो प्रभुवर त्रिभुवन - पति हैं।
तो आप भक्ति हैं उनकी॥ 65॥

विश्रान्ति सामने आती।
तो बिरामदा थीं बनती॥
अनहित - आतप - अवलोके।
हित - वर - विताप थीं तनती॥ 66॥

थीं पूर्त्ति न्यूनताओं की।
मति - अवगति थीं कहलाती॥
आपही विपत्ति विलोके।
थीं परम - शान्ति बन पाती॥ 67॥

अतएव आप ही सोचें।
वे कितने होंगे विह्वल॥
पर धीर - धुरन्धरता का।
नृपवर को है सच्चा - बल॥ 68॥

वे इतनी तन्मयता से।
कर्त्तव्यों को हैं करते॥
इस भावुकता से वे हैं।
बहु - सद्भावों से भरते॥ 69॥

इतने दृढ़ हैं कि बदन पर।
दुख - छाया नहीं दिखाती॥
कातरता सम्मुख आये।
कँप कर है कतरा जाती॥ 70॥

फिर भी तो हृदय हृदय है।
वेदना - रहित क्यों होगा॥
तज हृदय - वल्लभा को क्यों।
भव - सुख जायेगा भोगा॥ 71॥

जो सज्या - भवन सदा ही।
सबको हँसता दिखलाता॥
जिसको विलोक आनन्दित।
आनन्द स्वयं हो जाता॥ 72॥

जिसमें बहती रहती थी।
उल्लासमयी - रस - धारा॥
जो स्वरित बना करता था।
लोकोत्तर - स्वर के द्वारा॥ 73॥

इन दिनों करुण - रस से वह।
परिप्लावित है दिखलाता॥
अवलोक म्लानता उसकी।
आँखों में है जल आता॥ 74॥

अनुरंजन जो करते थे।
उनकी रंगत है बदली॥
है कान्ति - विहीन दिखाती।
अनुपम - रत्नों की अवली॥ 75॥

मन मारे बैठी उसमें।
है सुकृतिवती दिखलाती॥
जो गीत करुण - रस पूरित।
प्रायः रो रो है गाती॥ 76॥

हो गये महीनों उसमें।
जाते न तात को देखा॥
हैं खिंची न जाने उनके।
उर में कैसी दुख - रेखा॥ 77॥

बातें माताओं की मैं।
कहकर कैसे बतलाऊँ॥
उनकी सी ममता कैसे।
मैं शब्दों में भर पाऊँ॥ 78॥

मेरी आकुल - आँखों को।
कबतक वह कलपायेगी॥
उनको रट यही लगी है।
कब जनक - लली आयेगी॥ 79॥

आज्ञानुसार प्रभुवर के।
श्रीमती माण्डवी प्रतिदिन॥
भगिनियों, दासियों को ले।
उन सब कामों को गिन गिन॥ 80॥

करती रहती हैं सादर।
थीं आप जिन्हें नित करती॥
सच्चे जी से वे सारे।
दुखियों का दुख हैं हरती॥ 81॥

माताओं की सेवायें।
है बड़े लगन से होती॥
फिर भी उनकी ममता नित।
है आपके लिये रोती॥ 82॥

सब हो पर कोई कैसे।
भवदीय - हृदय पायेगा॥
दिव - सुधा सुधाकर का ही।
बरतर - कर बरसायेगा॥ 83॥

बहनें जनहित व्रतरत रह।
हैं बहुत कुछ स्वदुख भूली॥
पर सत्संगति दृग - गति की।
है बनी असंगति फूली॥ 84॥

दासियाँ क्या, नगर भर का।
यह है मार्मिक - कण्ठ - स्वर॥
जब देवी आयेंगी, कब —
आयेगा वह वर - बासर॥ 85॥

है अवध शान्त अति - उन्नत।
बहु - सुख - समृद्धि - परिपूरित॥
सौभाग्य - धाम सुरपुर - सम।
रघुकुल - मणि - महिमा मुखरित॥ 86॥

है साम्य - नीति के द्वारा।
सारा - साम्राज्य - सुशासित॥
लोकाराधन - मन्त्रों से।
हैं जन - पद परम - प्रभावित॥ 87॥

पर कहीं कहीं अब भी है।
कुछ हलचल पायी जाती॥
उत्पात मचा देते हैं।
अब भी कतिपय उत्पाती॥ 88॥

सिरधरा उन सबों का है।
पाषाण - हृदय - लवणासुर॥
जिसने विध्वंस किये हैं।
बहु ग्राम बड़े - सुन्दर - पुर॥ 89॥

उसके वध की ही आज्ञा।
प्रभुवर ने मुझको दी है॥
साथ ही उन्होंने मुझसे।
यह निश्चित बात कही है॥ 90॥

केवल उसका ही वध हो।
कुछ ऐसा कौशल करना॥
लोहा दानव से लेना।
भू को न लहू से भरना॥ 91॥

आज्ञानुसार कौशल से।
मैं सारे कार्य्य करूँगा॥
भव के कण्टक का वध कर।
भूतल का भार हरूँगा॥ 92॥

हो गया आपका दर्शन।
आशिष महर्षि से पाई॥
होगी सफला यह यात्रा।
भू में भर भूरि-भलाई॥ 93॥

रिपुसूदन की बातें सुन।
जी कभी बहुत घबराया॥
या कभी जनक-तनया के।
आँखों में आँसू आया॥ 94॥

पर बारम्बार उन्होंने।
अपने को बहुत सँभाला॥
धीरज-धर थाम कलेजा।
सब बातों को सुन डाला॥ 95॥

फिर कहा कुँवर-वर जाओ।
यात्रा हो सफल तुम्हारी॥
पुरहूत का प्रबल-पवि ही।
है पर्वत-गर्व-प्रहारी॥ 96॥

है विनय यही विभुवर से।
हो प्रियतम सुयश सवाया॥
वसुधा निमित्त बन जाये।
तव विजय कल्पतरुकाया॥ 97॥

दोहा

पग वन्दन कर ले विदा गये दनुजकुल काल।
इसी दिवस सिय ने जने युगल - अलौकिक - लाल॥ 98॥

द्वादश सर्ग

नामकरण-संस्कार

तिलोकी

शान्ति - निकेतन के समीप ही सामने।
जो देवालय था सुरपुर सा दिव्यतम॥
आज सुसज्जित हो वह सुमन - समूह से।
बना हुआ है परम - कान्त ऋतुकान्त-सम॥ 1॥

ब्रह्मचारियों का दल उसमें बैठकर।
मधुर - कण्ठ - से वेद - ध्वनि है कर रहा॥
तपस्विनी सब दिव्य - गान गा रही हैं।
जन - जन - मानस में विनोद है भर रहा॥ 2॥

एक कुशासन पर कुलपति हैं राजते।
सुतों के सहित पास लसी हैं महिसुता॥
तपस्विनी - आश्रम - अधीश्वरी सजग रह।
बन बन पुलकित हैं बहु - आयोजन - रता॥ 3॥

नामकरण - संस्कार क्रिया जब हो चुकी।
मुनिवर ने यह सादर महिजा से कहा॥
पुत्री जनकजे उन्हें प्राप्त वह हो गया।
रविकुल-रवि का चिरवांछित जो फल रहा॥ 4॥

कोख आपकी वह लोकोत्तर - खानि है।
जिसने कुल को लाल अलौकिक दो दिये॥
वे होंगे आलोक तम - बलित - पन्थ के।
कुश - लव होंगे काल कश्मलों के लिये॥ 5॥

सकुशल उनका जन्म तपोवन में हुआ।
आशा है संस्कार सभी होंगे यहीं॥
सकल - कलाओं - विद्याओं से हो कलित।
विरहित होंगे वे अपूर्व - गुण से नहीं॥ 6॥

रिपुसूदन जिस दिवस पधारे थे यहाँ।
उसी दिवस उनके सुप्रसव ने लोक को॥
दी थी मंगलमय यह मंजुल - सूचना।
मधुर करेंगे वे अमधुर - मधु - ओक को॥ 7॥

मुझे ज्ञात यह बात हुई है आज ही।
हुआ लवण - वध हुए शत्रु-सूदन जयी॥
द्वन्द्व युद्ध कर उसको मारा उन्होंने।
पाकर अनुपम - कीर्त्ति परम - गौरवमयी॥ 8॥

आशा है अब पूर्ण - शान्ति हो जायगी।
शीघ्र दूर होवेंगी बाधायें - अपर॥
हो जायेगा जन - जन - जीवन बहु - सुखित।
जायेगा अब घर घर में आनन्द भर॥ 9॥

दशकन्धर का प्रिय - सम्बन्धी लवण था।
अल्प - सहायक - सहकारी उसके न थे॥
कई जनपदों में भी उसकी धाक थी।
बड़े सबल थे उसके प्रति - पालित जथे॥ 10॥

इसीलिए रघु-पुंगव ने रिपु - दमन को।
दी थी वर-वाहिनी वाहिनी - पति सहित॥
यथा काल हो जिससे दानव - दल - दलन।
हित करते हो सके नहीं भव का अहित॥ 11॥

किन्तु उन्हें जन - रक्तपात वांछित न था।
हुआ इसलिए वध दुरन्त - दनुजात का॥
आशा है अब अन्य उठायेंगे न शिर।
यथातथ्य हो गया शमन उत्पात का॥ 12॥

जो हलचल इन दिनों राज्य में थी मची।
उन्हें देख करके जितना ही था दुखित॥
देवि विलोके अन्त दनुज-दौरात्म्य का।
आज हो गया हूँ मैं उतना ही सुखित॥ 13॥

यदि आहव होता अनर्थ होते बड़े।
हो जाता पविपात लोक की शान्ति पर॥
वृथा परम-पीड़ित होती कितनी प्रजा।
काल का कवल बनता मधुपुर सा नगर॥ 14॥

किन्तु नृप-शिरोमणि की संयत-नीति ने।
करवाई वह क्रिया युक्ति-सत्तामयी॥
जिससे संकट टला अकंटक महि बनी।
हुई पूत-मानवता पशुता पर जयी॥ 15॥

मन का नियमन प्रति-पालन शुचि-नीति का।
प्रजा-पुंज-अनुरंजन भव-हित-साधना॥
कौन कर सका भू में रघुकुल-तिलक सा।
आत्म-सुखों को त्याग लोक-आराधना॥ 16॥

देवि अन्यतम-मूर्त्ति उन्हीं की आपको।
युगल-सुअन के रूप में मिली है अतः-
अब होगी वह महा-साधना आपकी।
बनें पूततम पूत पिता के सम यतः॥ 17॥

आपके कलिततम-कर-कमलों की रची।
यह सामने लसी सुमूर्ति श्रीराम की॥
जो है अनुपम, जिसकी देखे दिव्यता।
कान्तिमती बन सकी विभा घनश्याम की॥ 18॥

इस महान-मन्दिर में जिसकी स्थापना।
हुई आपकी भावुकतामय-भक्ति से॥
आज नितान्त अलंकृत जो है हो गयी।
किसी कान्तकर की कुसुमित-अनुरक्ति से॥ 19॥

रात रात भर दिन दिन भर जिसके निकट।
बैठ बिताती आप हैं विरह के दिवस॥
आकुलता में दे देता बहु-शान्ति है।
जिसके उज्ज्वलतम-पुनीत-पग का परस॥ 20॥

जिसके लिए मनोहर-गजरे प्रति-दिवस।
विरच आप होती रहती हैं बहु-सुखित॥
जिसको अर्पण किये बिना फल ग्रहण भी।
नहीं आपकी सुरुचि समझती है उचित॥ 21॥

राजकीय सब परिधानों से रहित कर।
शिशु-स्वरूप में जो उसको परिणत करें॥
तो वह कुश-लव मंजु-मूर्त्ति बन जायगी।
यह विलोक मम-नयन न क्यों मुद से भरें॥ 22॥

देवि! पति-परायणता तन्मयता तथा।
तदीयता ही है उदीयमाना हुई॥
उभय सुतों की आकृति में, कल-कान्ति में-
गात-श्यामता में कर अपनोदन हुई॥ 23॥

आशा है इनकी ही शुचि-अनुभूति से।
शिशुओं में वह बीज हुआ होगा वपित॥
पितृ-चरण के अति-उदात्त-आचरण का।
आप उसे ही कर सकती हैं अंकुरित॥ 24॥

जननी केवल है जन जननी ही नहीं।
उसका पद है जीवन का भी जनयिता॥
उसमें है वह शक्ति सुत-चरित सृजन की।
नहीं पा सका जिसे प्रकृति-कर से पिता॥ 25॥

इतनी बातें कह मुनिवर जब चुप हुए।
आता जल जब रोक रहे थे सिय-नयन॥
तपस्विनी-आश्रम-अधीश्वरी तब उठीं।
और कहे ये बड़े-मनोमोहक-वचन॥ 26॥

था प्रिय - प्रातःकाल उषा की लालिमा।
रविकर - द्वारा आरंजित थी हो रही॥
समय के मृदुलतम - अन्तस्तल में विहँस।
प्रकृति - सुन्दरी प्रणय - बीज थी बो रही॥ 27॥

मन्द मन्द मंजुल - गति से चल कर मरुत।
वर उपवन को सौरभमय था कर रहा॥
प्राणिमात्र में तरुओं में तृण - राजि में।
केलि - निलय बन बहु-विनोद था भर रहा॥ 28॥

धीरे धीरे द्युमणि - कान्त - किरणावली।
ज्योतिर्मय थी धरा - धाम को कर रही॥
खेल रही थी कञ्चन के कल - कलस से।
बहुत विलसती अमल-कमल-दंल पर रही॥ 29॥

किसे नहीं करती विमुग्ध थी इस समय।
बने ठने उपवन की फुलवारी लसी॥
विकच - कुसुम के व्याज आज उत्फुल्लता।
उसमें आकर मूर्त्तिमती बन थी बसी॥ 30॥

बेले के अलबेलेपन में आज थी।
किसी बड़े - अलबेले की बिलसी छटा॥
श्याम-घटा-कुसुमावलि श्यामलता मिले।
बनी हुई थी सावन की सरसा घटा॥ 31॥

यदि प्रफुल्ल हो हो कलिकायें कुन्द की।
मधुर हँसी हँस कर थीं दाँत निकलाती॥
आशा कर कमनीयतम - कर - स्पर्श की।
फूली नहीं समाती थी तो मालती॥ 32॥

बहु - कुसुमित हो बनी विकच-बदना रही।
यथातथ्य आमोदमयी हो यूथिका॥
किसी समागत के शुभ - स्वागत के लिये।
मँह मँह मँह मँह महक रही थी मल्लिका॥ 33॥

रंग जमाता लोक - लोचनों पर रहा।
चम्पा का चम्पई रंग बन चारुतर ॥
अधिक लसित पाटल - प्रसून था हो गया।
किसी कुँवर अनुराग - राग से भूरि भर ॥ 34 ॥

उल्लसिता दिखलाती थी शेफालिका।
कलिकाओं के बड़े - कान्त गहने पहन ॥
पन्थ किसी माधव का थी अवलोकती।
मधु - ऋतु जैसी मुग्धकरी माधवी बन ॥ 35 ॥

पहन हरिततम अपने प्रिय परिधान को।
था बन्धूक ललाम प्रसूनों से लसा ॥
बना रही थी जपा लालिमा को ललित।
किसी लाल के अवलोकन की लालसा ॥ 36 ॥

इसी बड़ी - सुन्दर फुलवारी में कुसुम—
चयन निरत दो - दिव्य मूर्त्तियाँ थीं लसी ॥
जिनकी चितवन में थी अनुपम - चारुता।
सरस सुधा-रस से भी थी जिनकी हँसी ॥ 37 ॥

एक रहे उन्नत - ललाट वर - विधु - बदन।
नव - नीरद - श्यामावदात नीरज - नयन ॥
पीन - वक्ष आजान - बाहु मांसल - वपुष।
धीर-वीर अति-सौम्य सर्व-गौरव-सदन ॥ 38 ॥

मणिमय मुकुट-विमंडित कुण्डल-अलंकृत।
बहु-विधि मंजुल-मुक्तावलि-माला लसित ॥
परमोत्तम - परिधान - वान सौन्दर्य्य - धन।
लोकोत्तर - कमनीय - कलादिक - आकलित ॥ 39 ॥

थे द्वितीय नयनाभिराम विकसित - बदन।
कनक-कान्ति माधुर्य्य-मूर्त्ति मन्मथ-मथन ॥
विविध-वर-वसन-लसित किरीटी-कुण्डली।
कर्म्म - परायण परस-तीव्र साहस - सदन ॥ 40 ॥

दोनों राजकुमार मुग्ध हो हो छटा।
थे उत्फुल्ल - प्रसूनों की अवलोकते॥
उनके कोमल - सरस - चित्त प्रायः उन्हें।
विकच - कुसुम - चय चयन से रहे रोकते॥ 41॥

फिर भी पूजन के निमित्त गुरुदेव के।
उन लोगों ने थोड़े कुसुमों को चुना॥
इसी समय उपवन में कुछ ही दूर पर।
उनके कानों ने कलरव होता सुना॥ 42॥

राज - नन्दिनी गिरिजा - पूजन के लिये।
उपवन - पथ से मन्दिर में थीं जा रही॥
साथ में रहीं सुमुखी कई सहेलियाँ।
वे मंगलमय गीतों को थी गा रही॥ 43॥

यह दल पहुँचा जब फुलवारी के निकट।
नियति ने नियत - समय - महत्ता दी दिखा॥
प्रकृति - लेखनी ने भावी के भाल पर।
सुन्दर - लेख ललिततम - भावों का लिखा॥ 44॥

राज - नन्दिनी तथा राज - नन्दन नयन।
मिले अचानक विपुल - विकच-सरसिज बने॥
बीज प्रेम का वपन हुआ तत्काल ही।
दो उर पावन - रसमय - भावों में सने॥ 45॥

एक बनी श्यामली - मूर्त्ति की प्रेमिका।
तो द्वितीय उर - मध्य बसी गौरांगिनी॥
दोनों की चित्त - वृत्ति अचाञ्चक - पूत रह।
किसी छलकती छबि के द्वारा थी छिनी॥ 46॥

उपवन था इस समय बना आनन्द - वन।
सुमनस - मानस हरते थे सारे सुमन॥
अधिक - हरे हो गये सकल - तरु - पुंज थे।
चहक रहे थे विहग - वृन्द बहु - मुग्ध बन॥ 47॥

राज - नन्दिनी के शुभ - परिणय के समय।
रचा गया था एक स्वयंवर - दिव्यतम॥
रही प्रतिज्ञा उस भव - धनु के भंग की।
जो था गिरि सा गुरु कठोर था वज्र - सम॥ 48॥

धरणीतल के बड़े - धुरन्धर वीर सब।
जिसको उठा सके न अपार - प्रयत्न कर॥
तोड़ उसे कर राज - नन्दिनी का वरण।
उपवन के अनुरक्त बने जब योग्य - वर॥ 49॥

उसी समय अंकुरित प्रेम का बीज हो।
यथा समय पल्लवित हुआ विस्तृत बना॥
है विशालता उसकी विश्व - विमोहिनी।
सुर - पादप सा है प्रशस्त उसका तना॥ 50॥

है जनता - हित - रता लोक - उपकारिका।
है नाना - सन्ताप - समूह - विनाशिनी॥
है सुखदा, वरदा, प्रमोद - उत्पादिका।
उसकी छाया है क्षिति - तल छबि - वर्द्धिनी॥ 51॥

बड़े - भाग्य से उसी अलौकिक - विटप से।
दो लोकोत्तर - फल अब हैं भू को मिले॥
देखे रविकुल - रवि के सुत के वर - बदन।
उसका मानस क्यों न बनज - वन सा खिले॥ 52॥

देवि बधाई मैं देती हूँ आपको।
और चाहती हूँ यह सच्चे - हृदय से॥
चिरजीवी हों दिव्य - कोख के लाल ये।
और यशस्वी बनें पिता - सम - समय से॥ 53॥

इतने ही में वर - वीणा बजने लगी।
मधुर - कण्ठ से मधुमय - देवालय बना॥
प्रेम - उत्स हो गया सरस - आलाप से।
जनक - नन्दिनी आँखों से आँसू छना॥ 54॥

पद

बधाई देने आयी हूँ।

गोद आपकी भरी विलोके फूली नहीं समायी हूँ॥
लालों का मुख चूम बलायें लेने को ललचायी हूँ।
ललक - भरे - लोचन से देखे बहु - पुलकित हो पायी हूँ॥
जिनका कोमल - मुख अवलोके मुदिता बनी सवायी हूँ।
जुग जुग जियें लाल वे जिसकी ललकें देख ललायी हूँ॥
विपुल - उमंग - भरे - भावों के चुने - फूल मैं लायी हूँ।
चाह यही है उन्हें चढ़ाऊँ जिनपर बहुत लुभायी हूँ॥
रीझ रीझ कर विशद - गुणों पर मैं जिसकी कहलायी हूँ।
उसे बधाई दिये कुसुमिता - लता - सदृश लहरायी हूँ॥ 1 ॥ 55 ॥

जंगल में मंगल होता है।

भव-हित-रत के लिए गरल भी बनता सरस-सुधा सोता है।
काँटे बनते हैं प्रसून - चय कुलिश मृदुलतम हो जाता है॥
महा - भयंकर परम-गहन-वन उपमा उपवन की पाता है।
उसको ऋद्धि सिद्धि है मिलती साधे सभी काम सधता है॥
पाहन पानी में तिरता है, सेतु वारिनिधि पर बँधता है।
दो बाँहें हों किन्तु उसे लाखों बाँहों का बल मिलता है॥
उसी के खिलाये मानवता का बहु - म्लान - बदन खिलता है।
तीन लोक कम्पितकारी अपकारी का मद वह ढाता है॥
पाप - ताप से तप्त - धरा पर सरस - सुधा वह बरसाता है।
रघुकुल - पुंगव ऐसे ही हैं, वास्तव में वे रविकुल - रवि हैं॥
वे प्रसून से भी कोमल हैं, पर पातक - पर्वत के पवि हैं।
सहधर्मिणी आप हैं उनकी देवि आप दिव्यतामयी हैं॥
इसीलिए बहु - प्रबल - बलाओं पर भी आप हुई विजयी हैं।
आपकी प्रथित-सुकृति-लता के दोनों सुत दो उत्तम फल हैं॥
पावन - आश्रम के प्रसाद हैं, शिव-शिर-गौरव गंगाजल हैं।
पिता-पुण्य के प्रतिपादक हैं, जननी-सत्कृति के सम्बल हैं॥
रविकुल-मानस के मराल हैं, अथवा दो उत्फुल्ल-कमल हैं।
मुनि - पुंगव की कृपा हुए वे सकल-कला-कोविद बन जावें॥
चिरजीवें कल - कीर्त्ति सुधा पी वसुधा के गौरव कहलावें॥ 2 ॥ 56 ॥

तिलोकी

जब तपस्विनी - सत्यवती - गाना रुका।
जनकसुता ने सविनय मुनिवर से कहा॥
देव ! आपकी आज्ञा शिरसा - धार्य्य है।
सदुपदेश कब नहीं लोक - हित कर रहा॥ 57 ॥

जितनी मैं उपकृता हुई हूँ आपसे।
वैसे व्यापक शब्द न मेरे पास हैं॥
जिनके द्वारा धन्यवाद दूँ आपको।
होती कब गुरु - जन को इसकी प्यास है॥ 58 ॥

हाँ, यह आशीर्वाद कृपा कर दीजिए।
मेरे चित को चञ्चल - मति छू ले नहीं॥
विविध व्यथायें सहूँ किन्तु पति - वांछिता।
लोकाराधन - पूत - नीति भूले नहीं॥ 59 ॥

तपस्विनी - आश्रम - अधीश्वरी आपकी।
जैसी अति - प्रिय - संज्ञा है मृदुभाषिणी॥
हुआ आपका भाषण वैसा ही मृदुल।
कहाँ मिलेंगी ऐसी हित - अभिलाषिणी॥ 60 ॥

अति उदार हृदया हैं, हैं भवहित - रता।
आप धर्म्म - भावों की हैं अधिकारिणी॥
हैं मेरी सुविधा - विधायिनी शान्तिदा।
मलिन - मनो में हैं शुचिता - संचारिणी॥ 61 ॥

कभी बने जलविन्दु कभी मोती बने।
हुए आँसुओं का आँखों से सामना॥
अनुगृहीता हुई अति कृतज्ञा बनी।
सुने आपकी भावमयी शुभ कामना॥ 62 ॥

आप श्रीमती सत्यवती हैं सहृदया।
है कृपालुता आपकी प्रकृति में भरी॥
फिर भी देती धन्यवाद हूँ आपको।
है सद्वांछा आपकी परम - हित - करी॥ 63 ॥

दोहा

फैला आश्रम - ओक में परम - ललित - आलोक।
मुनिवर उठे समण्डली सांग - क्रिया अवलोक॥ 64 ॥

त्रयोदश सर्ग

जीवन-यात्रा

तिलोकी

तपस्विनी - आश्रम के लिए विदेहजा।
पुण्यमयी - पावन - प्रवृत्ति की पूर्त्ति थीं॥
तपस्विनी - गण की आदरमय - दृष्टि में।
मानवता - ममता की महती - मूर्त्ति थीं॥ 1॥

ब्रह्मचर्य्य - रत वाल्मीकाश्रम - क्षात्र - गण।
तपोभूमि - तापस, विद्यालय - विवुध - जन॥
मूर्त्तिमती - देवी थे उनको मानते।
भक्तिभाव - सुमनाञ्चली द्वारा कर यजन॥ 2॥

अधिक - शिथिलता गर्भभार - जनिता रही।
फिर भी परहित - रता सर्वदा वे मिलीं॥
कर सेवा आश्रम - तपस्विनी - वृन्द की।
वे कब नहीं प्रभात - कमलिनी सी खिलीं॥ 3॥

उन्हें रोकती रहतीं आश्रम - स्वामिनी।
कह वे बातें जिन्हें उचित थीं जानती॥
किन्तु किसी दुख में पतिता को देखकर।
कभी नहीं उनकी ममता थी मानती॥ 4॥

देख चींटियों का दल आँटा छींटतीं।
दाना दे दे खग - कुल को थीं पालती॥
मृग - समूह के सम्मुख, उनको प्यार कर।
कोमल - हरित तृणावलि वे थीं डालती॥ 5॥

शान्ति - निकेतन के समीप के सकल-तरु।
रहते थे खग - कुल के कूजन से स्वरित॥
सदा वायु - मण्डल उसके सब ओर का।
रहता था कलकण्ठ कलित - रव से भरित॥ 6॥

किसी पेड़ पर शुक बैठे थे बोलते।
किसी पर सुनाता मैना का गान था॥
किसी पर पपीहा कहता था पी कहाँ।
किसी पर लगाता पिक अपनी तान था॥ 7॥

उसके सम्मुख के सुन्दर - मैदान में।
कहीं विलसती थी पारावत - मण्डली॥
बोल बोल कर बड़ी - अनूठी - बोलियाँ।
कहीं केलिरत रहती बहु - विहगावली॥ 8॥

इधर उधर थे मृग के शावक घूमते।
कभी छलाँगें भर मानस को मोहते॥
धीरे धीरे कभी किसी के पास जा।
भोले - दृग से उसका बदन विलोकते॥ 9॥

एक द्विरद का बच्चा कतिपय - मास का।
जनक - नन्दिनी के कर से जो था पला॥
प्रायः फिरता मिलता इस मैदान में।
मातृ - हीन कर जिसे प्रकृति ने था छला॥ 10॥

पशु, पक्षी, क्या कीटों का भी प्रति दिवस।
जनक - नन्दिनी कर से होता था भला॥
शान्ति - निकेतन के सब ओर इसीलिए।
दिखलाती थी सर्व - भूत - हित की कला॥ 11॥

दो पुत्रों के प्रतिपालन का भार भी।
उन्हें बनाता था न लोक - हित से विमुख॥
यह ही उनकी हृत्तंत्री का राग था।
यह ही उनके जीवन का था सहज - सुख॥ 12॥

पाँवोंवाले दोनों सुत थे हो गये।
अपनी ही धुन में वे रहते मस्त थे॥
फिर भी वे उनको सँभाल उनसे निबट।
उनकी भी सुनती जो आपद्‌ग्रस्त थे॥ 13॥

थीं कितनी आश्रम - निवासिनी मोहिता।
आ प्रतिदिन अवलोकन करती थीं कई॥
नयनों में थे युगल - कुमार समा गये।
हृदयों में श्यामली - मूर्त्ति थी बस गई॥ 14॥

किन्तु सहृदया सत्यवती - ममता अधिक।
थी विदेह - नन्दिनी युगल - नन्दनों पर॥
जन्मकाल ही से उनकी परिसेवना।
वह करती ही रहती थी आठो - पहर॥ 15॥

इसीलिए वह थी विदेहजा - सहचरी।
इसीलिए वे उसे बहुत थीं मानती॥
उनके मन की कितनी ही बातें बना।
वह लड़कों को बहलाना थी जानती॥ 16॥

कभी रिझाती उन्हें वेणु वीणा बजा।
तरह तरह के खेल वह खेलाती कभी॥
कभी खेलौने रखती उनके सामने।
स्वयं खेलौना वह थी बन जाती कभी॥ 17॥

विरह - वेदना से विदेहजा जब कभी।
व्याकुल होतीं तब थी उन्हें सँभालती॥
गा गा करके भाव - भरे नाना - भजन।
तपे - हृदय पर थी तर - छींटे डालती॥ 18॥

आत्रेयी की सत्यवती थी प्रिय - सखी।
अतः उन्होंने उसके मुख से थी सुनी॥
विदेहजा के विरह - व्यथाओं की कथा।
जो थी वैसी पूता जैसी सुरधुनी॥ 19॥

आत्रेयी थीं बुद्धिमती - विदुषी बड़ी।
विरह - वेदना बातें सुन होकर द्रवित॥
शान्ति - निकेतन में आयीं वे एक दिन।
तपस्विनी - आश्रम - अधीश्वरी के सहित॥ 20॥

जनक - नन्दिनी ने सादर - कर वन्दना।
बड़े प्रेम से उनको उचितासन दिया॥
फिर यह सविनय परम - मधुर - स्वर से कहा।
बहुत दिनों पर आपने पदार्पण किया॥ 21॥

आत्रेयी बोलीं हूँ क्षमाधिकारिणी।
आयी हूँ मैं आज कुछ कथन के लिये॥
आपके चरित हैं अति - पावन दिव्यतम।
आपको नियति ने हैं अनुपम - गुण दिये॥ 22॥

अपनी परहित - रत पुनीत - प्रवृत्ति से।
सहज - सदाशयता से सुन्दर - प्रकृति से॥
लोकरंजिनी - नीति पूत - पति - प्रीति से।
सच्ची - सहृदयता से सहजा - सुकृति से॥ 23॥

'कहा, मानवी हैं देवी सी अर्चिता।
व्यथिता होते, हैं कर्त्तव्य - परायणा॥
अश्रु - विन्दुओं में भी है धृति झलकती।
अहित हुए भी रहती है हित - धारणा॥ 24॥

साम्राज्ञी होकर भी सहजा - वृत्ति है।
राजनन्दिनी होकर हैं भव - सेविका॥
यद्यपि हैं सर्वाधिकारिणी धरा की।
क्षमामयी हैं तो भी आप ततोधिका॥ 25॥

कभी किसी को दुख पहुँचाती हैं नहीं।
सबको सुख हो यही सोचती हैं सदा॥
कटु - बातें आनन पर आती ही नहीं।
आप सी न अवलोकी अन्य प्रियम्वदा॥ 26॥

नवनीतोपम कोमलता के साथ ही।
अन्तस्तल में अतुल - विमलता है बसी॥
सात्विकता - सितता से हो उद्भासिता।
वहीं श्यामली - मूर्त्ति किसी की है लसी॥ 27॥

देवि ! आप वास्तव में हैं पति - देवता।
आप वास्तविकता की सच्ची - स्फूर्त्ति हैं॥
हैं प्रतिपत्ति प्रथित - स्वर्गीय - विभूति की।
आप सत्यता की, शिवता की मूर्त्ति हैं॥ 28॥

किन्तु देखती हूँ मैं जीवन आपका।
प्रायः है आवरित रहा आपत्ति से॥
ले लीजिए, विवाह - काल ही उस समय।
रहा स्वयंवर ग्रसित विचित्र - विपत्ति से॥ 29॥

था विवाह आधीन शम्भु - धनु भंग के।
किन्तु तोड़ने से वह तो टूटा नहीं॥
वसुन्धरा के वीर थके बहु - यत्न कर।
किन्तु विफलता का कलंक छूटा नहीं॥ 30॥

देख यह दशा हुए विदेह बहुत - विकल।
हुईं आपकी जननी व्यथिता, चिन्तिता॥
आप रहीं रघु - पुंगव - बदन विलोकती।
कोमलता अवलोक रहीं अति - शंकिता॥ 31॥

राम - मृदुल - कर छूते ही टूटा धनुष।
लोग हुए उत्फुल्ल दूर चिन्ता हुई॥
किन्तु कलेजों में असफल - नृप - वृन्द के।
चुभने लगी अचानक ईर्षा की सुई॥ 32॥

कहने लगे अनेक नृपति हो संगठित।
परिणय होगा नहीं टूटने से धनुष॥
समर भयंकर होगा महिजा के लिए।
असि - धारा सुर - सरिता काटेगी कलुष॥ 33॥

राजाओं की देख युद्ध - आयोजना।
सभी हुए भयभीत कलेजे हिल गये॥
वे भी सके न बोल न्याय प्रिय था जिन्हें।
बड़े - बड़े धीरों के मुँह भी सिल गये॥ 34॥

इसी समय भृगुकुल - पुंगव आये वहाँ।
उन्हें देख बहु - भूप भगे, बहु दब गये॥
सब ने सोचा बहुत - बड़ा - संकट टला।
खड़े हो सकेंगे न अब बखेड़े नये॥ 35॥

पर वे तो वध - अर्थ उसे थे खोजते।
जिसने तोड़ा था उनके गुरु का धनुष॥
यही नहीं हो हो कर परम - कुपित उसे।
कहते थे कटु - वचन परुष से भी परुष॥ 36॥

ज्ञात हुए यह, सब लोगों के रोंगटे।
खड़े हो गये लगे कलेजे काँपने॥
किन्तु तुरन्त उन्हें अनुकूल बना लिया।
विनयी - रघुबर के कोमल - आलाप ने॥ 37॥

था यौवन का काल हृदय उत्फुल्ल था।
प्रेम - ग्रन्थि दिन दिन दृढ़तम थी हो रही॥
राज - विभव था राज्य - सदन था स्वर्ग सा।
ललक उरों में लगन बीज थी बो रही॥ 38॥

वर विलासमय बन बासर था विलसता।
रजनी पल पल पर थी अनुरंजन - रता॥
यदि विनोद हँसता मुखड़ा था मोहता।
तो रसराज रहा ऊपर रस बरसता॥ 39॥

पितृ - सद्म - ममता न भूल मन जिस समय।
ससुर - सदन में शनैः शनैः था रम रहा॥
उन्हीं दिनों अवसर ने आकर आपसे।
समाचार पति राज्यारोहण का कहा॥ 40॥

आह ! दूसरे दिवस सुना जो आपने।
किसका नहीं कलेजा उसको सुन छिला॥
कैकेई - सुत राज्य पा गये राम को।
कानन - वास चतुर्दश - बत्सर का मिला॥ 41॥

कहाँ किस समय ऐसी दुर्घटना हुई।
कहते हैं इतिहास कलेजा थामकर॥
वृथा कलंकित कैकेई की मति हुई।
कहते हैं अब भी सब इसको आह भर॥ 42॥

आपने दिखाया सतीत्व जो उस समय।
वह भी है लोकोत्तर, अद्‌भुत है महा॥
चौदह सालों तक वन में पति साथ रह।
किस कुल - बाला ने है इतना दुख सहा॥ 43॥

थीं सम्राट् - वधू धराधिपति की सुता।
ऋद्धि सिद्धि कर बाँधे सम्मुख थी खड़ी॥
सकल - विभव थे आनन सदा विलोकते।
रत्नराजि थी तलवों के नीचे पड़ी॥ 44॥

किन्तु आपने पल भर में सबको तजा।
प्राणनाथ के आनन को अवलोक कर॥
था यह प्रेम प्रतीक, पूततम - भाव का।
था यह त्याग अलौकिक, अनुपम, चकितकर॥ 45॥

इस प्रवास वन - वास - काल का वह समय।
अति-कुत्सित था, हुई जब घृणितम-क्रिया॥
जब आया था कञ्चन का मृग सामने।
रावण ने जब आपका हरण था किया॥ 46॥

लंका में जो हुई यातना आपकी।
छः महीने तक हुईं साँसतें जो वहाँ॥
जीभ कहे तो कहे किस तरह से उसे।
उसमें उनके अनुभव का है बल कहाँ॥ 47॥

मूर्त्तिमती - दुर्गति - दानवी - प्रकोप से।
आपने वहाँ जितनी पीड़ायें सहीं॥
उन्हें देख आहें भरती थी आह भी।
कम्पित होती नरक - यन्त्रणायें रहीं॥ 48॥

नीचाशयता की वे चरम - विवृत्ति थीं।
दुराचार की वे उत्कट - आवृत्ति थीं॥
रावण वज्र - हृदयता की थीं प्रक्रिया।
दानवता की वे दुर्दान्त - प्रवृत्ति थीं॥ 49॥

किन्तु हुआ पामरता का अवसान भी।
पापानल में स्वयं दग्ध पापी हुआ॥
आँच लगे कनकाभा परमोज्ज्वल बनी।
स्वाति - विन्दु चातकी चारु - मुख में चुभा॥ 50॥

आपके परम - पावन - पुण्य - प्रभाव से।
महामना श्री भरत - सुकृति का बल मिले॥
फिर वे दिन आये जो बहु वांछित रहे।
जिन्हें लाभकर पुरजन पंकज से खिले॥ 51॥

हुआ राम का राज्य, लोक अभिरामता।
दर्शन देने लगी सब जगह दिव्य बन॥
सकल - जनपदों, नगरों, ग्रामादिकों में।
विकल - कीर्त्ति का गया मनोज्ञ वितान तन॥ 52॥

सब कुछ था पर एक लाल की लालसा।
लालायित थी ललकित चित को कर रही॥
मिले काल - अनुकूल गर्भ - धारण हुआ।
युगल उरों में वर विनोद धारा बही॥ 53॥

पति - इच्छा से वर - सुत लाभ - प्रवृत्ति से।
अति - पुनीत आश्रम में आयीं आप हैं॥
सफल हुई कामना महा - मंगल हुआ।
किन्तु सताते नित्य विरह - सन्ताप हैं॥ 54॥

आते ही पति - मूर्त्ति बनाना स्वकर से।
उसे सजाना पहनाना गजरे बना॥
पास बैठ उनको देखा करना सतत।
करते रहना बहु - भावों की व्यंजना॥ 55॥

हम लोगों को यह बतलाता नित्य था।
विरह विकलता से क्या है चित्त की दशा॥
कितनी पति प्राणा हैं आप, तथैव है—
कैसा पति - आनन अवलोकन का नशा॥ 56॥

किन्तु यह समझ चित्त में रहती शान्ति थी।
अल्प - समय तक ही होगी यह यातना॥
क्योंकि रहा विश्वास प्रसव उपरान्त ही।
आपको अवध - अवनी देगी सान्त्वना॥ 57॥

किन्तु देखती हूँ यह, पुत्रवती बने।
हुआ आपको एक साल से कुछ अधिक॥
किन्तु अवध की दृष्टि न फिर पायी इधर।
और आपके स्वर में स्वर भर गया पिक॥ 58॥

कुलपति-आश्रम की विधि मुझको ज्ञात है।
गर्भवती - पति - रुचि के वह आधीन है॥
वह चाहे तो उसे बुला ले या न ले।
पर आश्रम का वास ही समीचीन है॥ 59॥

तपोभूमि में जिसका सब संस्कार हो।
आश्रम में ही जो शिक्षित, दीक्षित, बने॥
वह क्यों वैसा लोक - पूज्य होगा नहीं।
धरा पूत बनती है जैसा सुत जने॥ 60॥

रघुकुल - पुंगव सब बातें हैं जानते।
इसलिए हैं आप यहाँ भेजी गईं॥
कुलपति ने भी उस दिन था यह ही कहा।
देख रही हूँ आप अब यहीं की हुईं॥ 61॥

आप सती हैं, हैं कर्त्तव्य - परायणा।
सब सह लेंगी कृति से च्युत होंगी नहीं॥
किन्तु बहु - व्यथामयी है विरह - वेदना।
उससे आप यहाँ भी नहीं बची रहीं॥ 62॥

आजीवन जीवन - धन से बिछुड़ी न जो।
लंका के छः महीने जिसे छः युग बने॥
उसे क्यों न उसके दिन होंगे व्यथामय।
जिस वियोग के बरस न गिन पाये गिने॥ 63॥

आह ! कहूँ क्या प्रायः जीवन आपका।
रहा आपदाओं के कर में ही पड़ा॥
देख यहाँ के सुख में भी दुख आपका।
मेरा जी बन जाता है व्याकुल बड़ा॥ 64॥

पर विलोकर अनुपम - निग्रह आपका।
देखे धीर धुरन्धर जैसी धीरता॥
पर दुख कातरता उदारता से भरी।
अवलोकन कर नयन - नीर की नीरता॥ 65॥

होता है विश्वास विरह - जनिता - व्यथा।
बनेगी न वाधिका पुनीत - प्रवृत्ति की॥
दूर करेगी उर - विरक्ति को सर्वदा।
ममता जनता-विविध-विपत्ति-निवृत्ति की॥ 66॥

पड़ विपत्तियों में भी कब पर - हित - रता।
पर का हित करने से है मुँह मोड़ती॥
बँधती गिरती टकराती है शिला से।
है न सरसता को सुरसरिता छोड़ती॥ 67॥

महि में महिमामय अनेक हो गये हैं।
यथा समय कम हुईं नहीं महिमामयी॥
पर प्रायः सब विविध - संकटों में पड़े।
किन्तु हुए उन पर स्वआत्मबल से जयी॥ 68॥

मलिन - मानसों की मलीनता दूर कर।
भरती रहती है भूतल में भव्यता॥
है फूटती दिखाती संकट - तिमिर में।
दिव्य - जनों या देवी ही की दिव्यता॥ 69॥

आश्रम की कुछ ब्रह्मचारिणी - मूर्त्तियाँ।
ऐसी हैं जिनमें है भौतिकता भरी॥
किन्तु आपके लोकोत्तर-आदर्श ने।
उनकी कितनी बुरी - वृत्तियाँ हैं हरी॥ 70॥

इस विचार से भी पधारना आपका।
तपस्विनी - आश्रम का उपकारक हुआ॥
निज प्रभाव का वर - आलोक प्रदान कर।
कितने मानस - तम का संहारक हुआ॥ 71॥

है समाप्त हो गया यहाँ का अध्ययन।
अब अगस्त - आश्रम में मैं हूँ जा रही॥
विदा ग्रहण के लिए उपस्थित हुई हूँ
यद्यपि मुझे पृथकता है कलपा रही॥ 72॥

है कामना अलौकिक दोनों लाड़िले।
पुण्य - पुंज के पूत - प्रतीक प्रतीत हों॥
तज अवैध-गति विधि-विधान-सर्वस्व बन।
आपके विरह - बासर शीघ्र व्यतीत हों॥ 73॥

जनक-नन्दिनी ने अन्याश्रम - गमन सुन।
कहा आप जायें मंगल हो आपका॥
अहह कहाँ पाऊँगी विदुषी आप सी।
आपका वचन पय था मम - सन्ताप का॥ 74॥

अनसूया देवी सी वर - विद्यावती।
सदाचारिणी सर्व - शास्त्र - पारंगता॥
यदि मैंने देखी तो देखी आपको।
वैसा ही हैं आप सुधी पर - हित - रता॥ 75॥

जो उपदेश उन्होंने मुझको दिये हैं।
वे मेरे जीवन के प्रिय - अवलम्ब हैं॥
उपवन रूपी मेरे मानस के लिए।
सुरभित करने वाले कुसुम - कदम्ब हैं॥ 76॥

कहूँ आपसे क्या सब कुछ हैं जानती।
पति-वियोग-दुख सा जग में है कौन दुख॥
तुच्छ सामने उसके भव - सम्पत्ति है।
पति - सुख पत्नी के निमित्त है स्वर्ग-सुख॥ 77॥

अन्तर का परदा रह जाता ही नहीं।
एक रंग ही में रंग जाते हैं उभय॥
जीवन का सुख तब हो जाता है द्विगुण।
बन जाते हैं एक जब मिले दो हृदय॥ 78॥

रहे इसी पथ के मम जीवन - धन पथिक।
यही ध्येय मेरा भी आजीवन रहा॥
किन्तु करे संयोग के लिए यत्न क्या।
आकस्मिक घटना दुख देती है महा॥ 79॥

कार्य्य - सिद्धि के सारे - साधन मिल गये।
कृत्यों में त्रुटि - लेश भी न होते कहीं॥
आये विघ्न अचिन्तनीय यदि सामने।
तो नितान्त-चिन्तित चित क्यों होगा नहीं॥ 80॥

जब उसका दर्शन भी दुर्लभ हो गया।
जो जीवन का सम्बल अवलम्बन रहा॥
तो आवेग बनाये क्यों आकुल नहीं।
कैसे तो उद्वेग वेग जाये सहा॥ 81॥

भूल न पायीं वे बातें ममतामयी।
प्रीति - सुधा से सिक्त सर्वदा जो रहीं॥
स्मृति यदि है मेरे जीवन की सहचरी।
अहह आत्म - विस्मृति तो क्यों होगी नहीं॥ 82॥

बिना वारि के मीन बने वे आज हैं।
रहे जो नयन सदा स्नेह-रस में सने॥
भला न कैसे हो मेरी मति बावली।
क्यों प्रमत्त उन्मत्त नहीं ममता बने॥ 83॥

रविकुल-रवि का आनन अवलोके बिना।
सरस शरद-सरसीरुह से वे क्यों खिलें॥
क्यों न ललकते आकुल हो तारे रहें।
क्यों न छलकते आँखों में आँसू मिलें॥ 84॥

कलपेगा आकुल होता ही रहेगा।
व्यथित बनेगा करेगा न मति की कही॥
निज-वल्लभ को भूल न पायेगा कभी।
हृदय हृदय है सदा रहेगा हृदय ही॥ 85॥

भूल सकेंगे कभी नहीं वे दिव्य-दिन।
भव्य-भावनायें जब दम भरती रहीं।
कान रहे जब सुनते परम रुचिर-वचन।
आँखें जब छबि-सुधा-पान करती रहीं॥ 86॥

कभी समीर नहीं होगा गति से रहित।
होगा सलिल तरंगहीन न किसी समय।
कभी अभाव न होगा भाव-विभाव का।
कभी भावना-हीन नहीं होगा हृदय॥ 87॥

यह स्वाभाविकता है इससे बच सका–
कौन, सभी इस मोह-जाल में फँसे॥
सारे अन्तस्तल में इसकी व्याप्ति है।
मन-प्रसून हैं बास से इसी के बसे॥ 88॥

विरह जन्य मेरी पीड़ायें हैं प्रकृत।
किन्तु कभी कर्त्तव्य-हीन हूँगी न मैं॥
प्रिय-अभिलाषायें जो हैं प्राणेश की।
किसी काल में उनको भूलूँगी न मैं॥ 89॥

विरह - वेदनाओं में यदि है सबलता।
उनके शासक तो प्रियतम - आदेश हैं॥
जो हैं पावन परम न्याय - संगत उचित।
भव - हितकारक जो सच्चे उपदेश हैं॥ 90 ॥

महामना नृप - नीति - परायण दिव्य-धी।
धर्म - धुरन्धर दृढ़ - प्रतिज्ञ पति - देव हैं॥
फिर भी हैं करुणानिधान बहु दयामय।
लोकाराधन के विशेष अनुरक्त हैं॥ 91 ॥

आत्म - सुख - विसर्जन करके भी वे इसे।
करते आये हैं आजीवन करेंगे॥
बिना किये परवा दुस्तर - आवर्त्त की।
आपदाब्धि - मज्जित - जन का दुख हरेंगे॥ 92 ॥

निज-कुटुम्ब का ही, न, एक साम्राज्य का।
भार उन्हीं पर है, जो है गुरुतर महा॥
सारी उचित व्यवस्थाओं का सर्वदा।
अधिकारी महि में नृप - सत्तम ही रहा॥ 93 ॥

सुतों के सहित मेरे आश्रम - वास से।
देश, जाति, कुल, का यदि होता है भला॥
अन्य व्यवस्था तो कैसे हो सकेगी।
सदा तुलेगी तुल्य न्याय - शीला - तुला॥ 94 ॥

रघुकुल - पुंगव की मैं हूँ सहधर्मिणी।
जो है उनका धर्म्म वही मम - धर्म्म है॥
भली - भाँते मम - उर उसको है जानता।
उनके प्रिय - सिद्धान्तों का जो मर्म्म है॥ 95 ॥

उनकी आज्ञा का पालन मम - ध्येय है।
उनका प्रिय - साधन ही मम - कर्त्तव्य है॥
उनका ही अनुगमन परम-प्रिय - कार्य्य है।
उनकी अभिरुचि मम-जीवन - मन्तव्य है॥ 96 ॥

विरह - वेदनायें हों किन्तु प्रसन्नता।
उनकी मुझे प्रसन्न बनाती रहेगी॥
मम-ममता देखे पति - प्रिय साधन बदन।
सर्व यातनायें सुखपूर्वक सहेगी ॥ 97 ॥

दोहा

नमन जनकजा ने किया, कह अन्तस्तल-हाल।
विदा हुईं कह शुभ - वचन आत्रेयी तत्काल ॥ 98 ॥

चतुर्दश सर्ग

दाम्पत्य-दिव्यता

तिलोकी

प्रकृति - सुन्दरी रही दिव्य - वसना बनी।
कुसुमाकर द्वारा कुसुमित कान्तार था॥
मन्द मन्द थी रही विहँसती दिग्वधू।
फूलों के मिष समुत्फुल्ल संसार था॥ 1॥

मलयानिल बह मन्द मन्द सौरभ - बितर।
वसुधातल को बहु - विमुग्ध था कर रहा॥
स्फूर्तिमयी - मत्तता - विकचता - रुचिरता।
प्राणि मात्र अन्तस्तल में था भर रहा॥ 2॥

शिशिर-शीत-शिथिलित-तन-शिरा-समूह में।
समय शक्ति - संचार के लिए लग्न था॥
परिवर्त्तन की परम - मनोहर - प्रगति पा।
तरु से तृण तक छबि - प्रवाह में मग्न था॥ 3॥

कितने पादप लाल - लाल - कोंपल मिले।
ऋतु - पति के अनुराग - राग में थे रँगे॥
बने मंजु - परिधानवान थे बहु - विटप।
शाखाओं में हरित - नवल - दल के लगे॥ 4॥

कितने फल फूलों से थे ऐसे लसे।
जिन्हें देखने को लोचन थे तरसते॥
कितने थे इतने प्रफुल्ल इतने सरस।
ललक - दृगों में भी जो थे रस बरसते॥ 5॥

रुचिर - रसाल हरे दृग - रंजन - दलों में।
लिये मंजु - मंजरी भूरि - सौरभ भरी॥
था सौरभित बनाता वातावरण को।
नचा मानसों में विमुग्धता की परी॥ 6॥

लाल-लाल-दल-ललित-लालिमा से विलस।
वर्णन कर मर्मर - ध्वनि से विरुदावली॥
मधु - ऋतु के स्वागत करने में मत्त था।
मधु से भरित मधूक बरस सुमनावली॥ 7॥

रख मुँह - लाली लाल-लाल-कुसुमालि से।
लोक ललकते - लोचन में थे लस रहे॥
देख अलौकिक-कला किसी छबिकान्त की।
दाँत निकाले थे अनार - तरु हँस रहे॥ 8॥

करते थे विस्तार किसी की कीर्त्ति का।
कितनों में अनुरक्ति उसी की भर सके॥
दिखा विकचता, उज्ज्वलता, वर-अरुणिमा।
श्वेत - रक्त कमनीय - कुसुम कचनार के॥ 9॥

होता था यह ज्ञात भानुजा - अंक में।
पीले - पीले - विकच बहु - बनज हैं लसे॥
हरित - दलों में पीताभा की छबि दिखा।
थे कदम्ब - तरु विलसित कुसुम-कदम्ब से॥ 10॥

कौन नयनवाला प्रफुल्ल बनता नहीं।
भला नहीं खिलती किसके जी की कली॥
देखे प्रिय हरियाली, विशद - विशालता।
अवलोके सेमल - ललाम - सुमुनावली॥ 11॥

नाच नाच कर रीझ भर सहज - भाव में।
किसी समागत को थे बहुत रिझा रहे॥
बार बार मलयानिल से मिल मिल गले।
चल - दल - दल थे गीत मनोहर गा रहे॥ 12॥

स्तम्भ - राजि से सज कुसुमावलि से विलस।
मिले सहज - शीतल - छबिमय-छाया भली॥
हरित-नवल-दल से बन सघन जहाँ तहाँ।
तम्बू तान रही थी बट - विटपावली॥ 13॥

किसको नहीं बना देता है वह सरस।
भला नहीं कैसे होते वे रस भरे॥
नारंगी पर रंग उसी का है चढ़ा।
हैं बसन्त के रंग में रँगे सन्तरे॥ 14॥

अंक विलसता कैसे कुसुम - समूह से।
हरे हरे दल उसे नहीं मिलते कहीं॥
नीरसता होती न दूर जो मधु मिले।
तो होता जंबीर नीर - पूरित नहीं॥ 15॥

कंटकिता - बदरी तो कैसे विलसती।
हो उदार सफला बन क्यों करती भला॥
जो प्रफुल्लता मधु भरता भू में नहीं।
कोबिदार कैसे बनता फूला फला॥ 16॥

दिखा श्यामली - मूर्त्ति की मनोहर - छटा।
बन सकता था वह बहु - फलदाता नहीं॥
पाँव न जो जमता महि में ऋतुराज का।
तो जम्बू निज - रंग जमा पाता नहीं॥ 17॥

कोमलतम किशलय से कान्त नितान्त बन।
दिखा नील - जलधर जैसी अभिरामता॥
कुसुमायुध की सी कमनीया - कान्ति पा।
मोहित करती थी तमाल - तरु श्यामता॥ 18॥

मलयानिल की मन्थर - गति पर मुग्ध हो।
करती रहती थीं बनठन अठखेलियाँ॥
फूल ब्याज से बार बार उत्फुल्ल हो।
विलस विलस कर बहु-अलबेली-बेलियाँ॥ 19॥

हरे-दलों से हिल मिल खिलती थीं बहुत।
कभी थिरकतीं लहरातीं बनती कलित॥
कभी कान्त - कुसुमावली के गहने पहन।
लतिकायें करती थीं लीलायें ललित ॥ 20 ॥

कभी मधु - मधुरिमा से बनती छबिमयी।
कभी निछावर करती थी मुक्तावली॥
सजी - साटिका पहनाती थी अवनि को।
विविध-कुसुम-कुल-कलिता हरित - तृणावली ॥ 21 ॥

दिये हरित - दल उन्हें लाल जोड़े मिले।
या अनुरक्ति - अरुणिमा ऊपर आ गयी॥
लाल - लाल - फूलों से विपुल - पलाश के।
कानन में थी ललित लालिमा छा गयी ॥ 22 ॥

उन्हें बड़े - सुन्दर लिबास थे मिल गये।
छटा छिटिक थी रही बाँस - खूँटियों पर॥
आज बेल बूटों से वे थीं विलसती।
टूटी पड़ती थी विभूति बूटियों पर ॥ 23 ॥

सब दिन जिस पलने पर प्यारा-तन पला।
देती थी उसकी महति - कृति का पता॥
दिखा दिखा कर हरीतिमा को मधुर-छबि।
नव - दूर्वा दे महि को मोहक - श्यामता ॥ 24 ॥

कोकिल की काकली तितिलियों का नटन।
खग - कुल-कूजन रंग-बिरंगी वन - लता॥
अजब - समा थी बाँध रही छबि पुंजता।
गुंजन - सहित मिलिन्द - वृन्द की मत्तता ॥ 25 ॥

वर - बासर बरबस था मन को मोहता।
मलयानिल बहु - मुग्ध बना था परसता॥
थी चौगुनी चमकती निशि में चाँदनी।
सरसतम - सुधा रहा सुधाकर बरसता ॥ 26 ॥

मधु - विकास में मूर्त्तिमान - सौन्दर्य्य था।
वांछित - छबि से बनी छबीली थी मही॥
पत्ते पत्ते में प्रफुल्लता थी भरी।
वन में नर्त्तन विमुग्धता थी कर रही॥ 27॥

समय सुनाता वह उन्मादक - राग था।
जिसमें अभिमंत्रित - रसमय - स्वर थे भरे॥
भव - हृत्तंत्री के छिड़ते वे तार थे।
जिनकी ध्वनि सुन होते सूखे - तरु हरे॥ 28॥

सौरभ में थी ऐसी व्यापक - भूरिता।
तन वाले निज तन - सुधि जाते भूल थे॥
मोहकता - डाली हरियाली थी लिये।
फूले नहीं समाते फूले फूल थे॥ 29॥

शान्ति - निकेतन के सुन्दर - उद्यान में।
जनक - नन्दिनी सुतों - सहित थीं घूमती॥
उन्हें दिखाती थीं कुसुमावलि की छटा।
बार बार उनके मुख को थीं चूमती॥ 30॥

था प्रभात का समय दिवस-मणि-दिव्यता।
अवनीतल को ज्योतिर्मय थी कर रही॥
आलिंगन कर विटप, लता, तृण आदि का।
कान्तिमय - किरण कानन में थी भर रही॥ 31॥

युगल - सुअन थे पाँच साल के हो चले।
उन्हें बनाती थी प्रफुल्ल कुसुमावली॥
कभी तितिलियों के पीछे वे दौड़ते।
कभी किलकते सुन कोकिल की काकली॥ 32॥

ठुमुक ठुमुक चल किसी फूल के पास जा।
विहँस विहँस थे तुतली - वाणी बोलते॥
टूटी फूटी निज पदावली में उमग।
बार बार थे सरस - सुधारस घोलते॥ 33॥

दिखा दिखा कर श्याम-घटा की प्रिय छटा।
दोनों - सुअनों से यह कहतीं महि - सुता॥
ऐसे ही श्यामावदात कमनीय - तन।
प्यारे पुत्रो तुम लोगों के हैं पिता॥ 34॥

कहतीं कभी विलोक गुलाब प्रसून की।
बहु - विमुग्ध-कारिणी विचित्र - प्रफुल्लता॥
हैं ऐसे ही विकच - बदन रघुवंश - मणि।
ऐसी ही है उनमें महा - मनोज्ञता॥ 35॥

नाम बताकर कुन्द, यूथिका आदि का।
दिखा रुचिरता कुसुम श्वेत - अवदात की॥
कहतीं ऐसी ही है कीर्त्ति समुज्ज्वला।
तुम दोनों प्रिय - भ्राताओं के तात की॥ 36॥

लोक - रंजिनी ललामता से लालिता।
दिखा जपा सुमनावलि की प्रिय - लालिमा॥
कहती थीं यह, तुम दोनों के जनक की।
ऐसी ही अनुरक्ति है रहित कालिमा॥ 37॥

हरित - नवल - दल में दिखला अंगजों को।
पीले पीले कुसुमों की वर विकचता॥
कहती यह थीं ऐसी ही पति - देव के।
श्यामल - तन पर पीताम्बर है विलसता॥ 38॥

इस प्रकार जब जनक - नन्दिनी सुतों को।
आनन्दित कर पति - गुण - गण थीं गा रही॥
रीझ रीझ कर उनके बाल - विनोद पर।
निज - वचनों से जब थीं उन्हें रिझा रही॥ 39॥

उसी समय विज्ञानवती आकर वहाँ।
शिशु - लीलायें अवलोकन करने लगी॥
रमणी - सुलभ - स्वभाव के वशीभूत हो।
उनके अनुरंजन के रंगों में रँगी॥ 40॥

यह थी विदुषी - ब्रह्मचारिणी प्रायशः।
मिलती रहती थी अवनी - नन्दिनी से॥
तर्क वितर्क उठा बहु - बातें - हितकरी।
सीखा करती थी सत्पथ - सङ्गिनी से॥ 41॥

आया देख उसे सादर महिसुता ने।
बैठाला फिर सत्यवती से यह कहा॥
आप कृपा कर लव - कुश को अवलोकिये।
अब न मुझे अवसर बहलाने का रहा॥ 42॥

समागता के पास बैठकर जनकजा।
बोलीं कैसे आज आप आयीं यहाँ॥
मुसकाकर विज्ञानवती ने यह कहा।
उठने पर कुछ तर्क और जाऊँ कहाँ॥ 43॥

देवि ! आत्म - सुख ही प्रधान है विश्व में।
किसे आत्म - गौरव अतिशय प्यारा नहीं॥
स्वार्थ सर्व - जन - जीवन का सर्वस्व है।
है हित - ज्योति - रहित अन्तर[1] तारा नहीं॥ 44॥

भिन्न - प्रकृति से कभी प्रकृति मिलती नहीं।
अहंभाव है परिपूरित संसार में॥
काम, क्रोध, मद, लोभ, मोह, स्वर है भरा।
प्राणि मात्र के हृत्तंत्री के तार में॥ 45॥

है विवाह - बन्धन ऐसा बन्धन नहीं।
स्वाभाविकता जिसे तोड़ पाती नहीं॥
विविध - परिस्थितियाँ हैं ऐसी बलवती।
जिससे मुँह चित्तवृत्ति मोड़ पाती नहीं॥ 46॥

कृत्रिमता है उस कुज्झटिका - सदृश जो।
नहीं ठहर पाती विभेद - रविकर परस॥
उससे कलुषित होती रहती है सुरुचि।
असरस बनता रहता है मानस - सरस॥ 47॥

है सच्चा - व्यवहार शुचि-हृदय का विभव।
प्रीति - प्रतीति - निकेत परस्परता - अयन॥
उर की ग्रन्थि विमोचन में समधिक-निपुण।
परम - भव्य मानस - सद्भावों का भवन॥ 48॥

कृत्रिमता है कपट कुटिलता सहचरी।
मंजुल - मानसता की है अवमानना॥
सहज - सदाशयता पद - पूजन त्यागकर।
यह है करती प्रवंचना की अर्चना॥ 49॥

किन्तु देखती हूँ मैं यह बहु - घरों में।
सदाचरण से अन्यथाचरण है अधिक॥
कभी-कभी सुख-लिप्सादिक से बलित चित।
सत्प्रवृत्ति - हरिणी का बनता है बधिक॥ 50॥

भव - मंगल-कामना तथा स्थिति - हेतु से।
नर नारी का नियति ने किया है सृजन॥
हैं अपूर्ण दोनों पर उनको पूर्णता।
है प्रदान करता दोनों का सम्मिलन॥ 51॥

प्राणी में ही नहीं, तृणों तक में यही।
अटल व्यवस्था दिखलाती है स्थापिता॥
जो बतलाती है विधि - नियम - अबाधता।
अनुल्लंघनीयता तथा कृतकार्य्यता॥ 52॥

यदि यथेच्छ आहार - विहार - उपेत हो।
नर नारी जीवन, तो होगी अधिकता—
पशु - प्रवृत्ति की, औ उच्छृङ्खलता बढ़े।
होवेगी दुर्दशा - मर्दिता - मनुजता॥ 53॥

पशु - पक्षी के जोड़े भी हैं दीखते।
वे भी हैं दाम्पत्य - बन्धनों में बँधे॥
वांछनीय है नर - नारी की युग्मता।
सारे - मन्त्र इसी साधन से ही सधे॥ 54॥

इसीलिए है विधि - विवाह की पूततम।
निगमागम द्वारा है वह प्रतिपादिता॥
है द्विविधा हरती कर सुविधा का सृजन।
वह दे, वसुधा को दिव जैसी दिव्यता॥ 55॥

जिसके होते एक हैं मिले दो हृदय।
सरस - सुधा - धारायें सदनों में बहीं॥
भूति - मान बनते हैं जिससे भुवन जन।
वह विधान अभिनन्दित होगा क्यों नहीं॥ 56॥

कुल, कुटुम्ब, गृह जिससे है बहु - गौरवित।
सामाजिकता है जिससे सम्मानिता॥
महनीया जिससे मानवता हो सकी।
क्यों न बनेगी प्रथिक प्रथा वह आद्रिता॥ 57॥

किन्तु प्रश्न यह है प्रायः जो विषमता।
होती रहती है मानसिक - प्रवृत्ति में॥
भ्रम, प्रमाद अथवा सुख-लिप्सा आदि से।
कैसे वह न घुसे दम्पति - अनुरक्ति में॥ 58॥

पति - देवता हुई हैं होंगी और हैं।
किन्तु सदा उनकी संख्या थोड़ी रही॥
मिलीं अधिकतर सांसारिकता में सधी।
कितनी करती हैं कृत्रिमता की कही॥ 59॥

मुझे ज्ञात है, है गुण - दोषमयी - प्रकृति।
किन्तु क्यों न उर में वे धारायें बहें॥
सकल - विषमताओं को जिनसे दूर कर।
होते भिन्न अभिन्न - हृदय दम्पति रहें॥ 60॥

किसी काल में क्या ऐसा होगा नहीं।
क्या इतनी महती न बनेगी मनुजता॥
सदन सदन जिससे बन जाये सुर - सदन।
क्या बुध - वृन्द न देंगे ऐसी विधि बता॥ 61॥

अति - पावन - बन्धन में जो विधि से बँधे।
क्यों उनमें न प्रतीति - प्रीति भरपूर हो॥
देवी आप मर्मज्ञ हैं बतायें मुझे।
क्यों दुर्भाव - दुरित दम्पति का दूर हो॥ 62॥

कहा जनकजा ने मैं विवुधे आपको।
क्या बतलाऊँ आप क्या नहीं जानतीं॥
यह उदारता, सहृदयता है आपकी।
जो स्वविषय - मर्मज्ञ मुझे हैं मानती॥ 63॥

देख प्रकृति की कुत्सित-कृतियों को दुखित।
मैं भी वैसी ही हूँ जैसी आप हैं॥
किसको रोमाञ्चित करते हैं वे नहीं।
भव में भरे हुए जितने सन्ताप हैं॥ 64॥

इस प्रकार के भी कतिपय - मतिमान हैं।
जो दुख में करते हैं सुख की कल्पना॥
अनहित में भी जो हित हैं अवलोकते।
औरों के कहने को कहकर जल्पना॥ 65॥

जो हो, पर परिताप किसे है छोड़ते।
है विडम्बना विधि की बड़ी - बलीयसी॥
चिन्तित विचलित बार बार बहु आकुलित।
किसे नहीं करती प्रवृत्ति - पापीयसी॥ 66॥

विवुध - वृन्द ने क्या बतलाया है नहीं।
निगमागम में सब विभूतियाँ हैं भरी॥
किन्तु पड़ प्रकृति और परिस्थिति-लहर में।
कुमति - सरी में है डूबती सुमती - सरी॥ 67॥

सारे - मनोविकार हृदय के भाव सब।
इन्द्रिय के व्यापार आत्महित - भावना॥
सुख - लिप्सा गौरव - ममता मानस्पृहा।
स्वार्थ - सिद्धि-रुचि इष्ट-प्राप्ति की कामना॥ 68॥

नर नारी में हैं समान, अनुभूति भी—
इसीलिए प्रायः उनकी है एक सी॥
कब किसका कैसा होता परिणाम है।
क्या वश में है औ किसमें है बेबसी॥ 69॥

क्यों उलझी - बातें भी जाती हैं सुलझ।
कैसे कब जी में पड़ जाती गाँठ है॥
हरा भरा कैसे रहता है हृदय - तरु।
कैसे मन बन जाता उकठा - काठ है॥ 70॥

कैसे अन्तस्तल - नभ में उठ प्रेम घन।
जीवन - दायक बनता है जीवन बरस॥
मेल - जोल तन क्यों होता निर्जीव है।
मनोमलिनता रूपी चपला को परस॥ 71॥

कैसे अमधुर कहलाता है मधुरतम।
कैसे असरस बन जाता है सरस - चित॥
क्यों अकलित लगता है सोने का सदन।
कुसुम - सेज कैसे होती है कंटकित॥ 72॥

अवगुण - तारक - चय - परिदर्शन के लिए।
क्यों मति बन जाती है नभतल - नीलिमा॥
जाती हैं प्रतिकूल - कालिमा से बदल।
क्यों अनुराग - रँगी - आँखों की लालिमा॥ 73॥

क्यों अप्रीति पा जाती है उसमें जगह।
जो उर - प्रीति - निकेतन था जाना गया॥
कैसे कटु बनता है वह मधुमय - वचन।
कर्ण - रसायन जिसको था माना गया॥ 74॥

जो होते यह बोध जानते मर्म्म सब।
दम्पति को अन्यथाचरण से प्रीति हो॥
तो यह है अति - मर्म - वेधिनी आपदा।
क्या विचित्र ! दुर्नीति यदि भरित - भीति हो॥ 75॥

जो नर नारी एक सूत्र में बद्ध हैं।
जिनका जीवन भर का प्रिय - सम्बन्ध है॥
जो समाज के सम्मुख सद्विधि से बँधे।
जिनका मिलन नियति का पूत - प्रबन्ध है॥ 76॥

उन दोनों के हृदय न जो होवें मिले।
एक दूसरे पर न अगर उत्सर्ग हो॥
सुख में दुख में जो हो प्रीति न एक सी।
स्वर्ग सा सुखद जो न युगल - संसर्ग हो॥ 77॥

तो इससे बढ़कर दुष्कृति है कौन सी।
पड़ेगा कलेजा सत्कृति को थामना॥
हुए सभ्यता - दुर्गति पशुता करों से।
होगी मानवता की अति - अवमानना॥ 78॥

प्रकृति - भिन्नता करती है प्रतिकूलता।
भ्रम, प्रमादि आदिक विहीन मन है नहीं॥
कहीं अज्ञता बहँक बनाती है बिबश।
मति - मलीनता है विपत्ति ढाती कहीं॥ 79॥

है प्रवृत्ति नर नारी की त्रिगुणात्मिका।
सब में सत, रज, तम, सत्ता है सम नहीं॥
उनकी मात्रा में होती है भिन्नता।
देश काल औ पात्र - भेद है कम नहीं॥ 80॥

अन्तराय ए साधन हैं ऐसे सबल।
जो प्राणी को हैं पचड़ों में डालते॥
पंच - भूत भी अल्प प्रपंची हैं नहीं।
वें भी कब हैं तम में दीपक बालते॥ 81॥

ऐसे अवसर पर प्राणी को बन प्रबल।
आत्म - शक्ति की शक्ति दिखाना चाहिए॥
सत्प्रवृत्ति से दुष्प्रवृत्तियों को दबा।
तम में अन्तर्ज्योति - जगाना चाहिए॥ 82॥

सत्य है, प्रकृति होती है अति - बलवती।
किन्तु आत्मिक - सत्ता है उससे सबल॥
भौतिकता यदि करे भूतपन भूत बन।
क्यों न उसे आध्यात्मिकता तो दे मसल॥ 83॥

जिसमें सारी - सुख - लिप्सायें हों भरी।
जो परमित होवे आहार - विहार तक॥
उस प्रसून के ऐसा है तो प्रेम वह।
जिसमें मिले न रूप न रंग न तो महँक॥ 84॥

जिसमें लाग नहीं लगती है लगन की।
जिसमें डटकर प्रेम ने न आँचें सहीं॥
जिसमें सह सह साँसतें न स्थिरता रही।
कहते हैं दाम्पत्य - धर्म उसको नहीं॥ 85॥

जहाँ प्रेम सा दिव्य - दिवाकर है उदित।
कैसे दिखलायेगा तामस - तम वहीं॥
दम्पति को तो दम्पति कोई क्यों कहे।
जिसमें है दाम्पत्य - दिव्यता ही नहीं॥ 86॥

निज - प्रवाह में बहा अपावन - वृत्तियाँ।
जो न प्रेम धारायें उर में हों बही॥
तो दम्पति की हित - विधायिनी वासना।
पायेगी सुर - सरिता - पावनता नहीं॥ 87॥

जिसे तरंगित करता रहता है सदा।
मंजु सम्मिलन - शीतल - मृदुगामी अनिल॥
खिले मिले जिसमें सद्भावों के कमल।
है दम्पति का प्रेम वह सरोवर - सलिल॥ 88॥

उसमें है सात्विक - प्रवृत्ति - सुमनावली।
उसमें सुरतरु सा विलसित भव - क्षेम है॥
सकल-लोक अभिनन्दन-सुख-सौरभ-भरित।
नन्दन - वन सा अनुपम दम्पति - प्रेम है॥ 89॥

है सुन्दर-साधना कामना-पूर्त्ति की।
भरी हुई है उसमें शुचि-हितकारिता॥
है विधायिनी विधि-संगत वर-भूति की।
कल्पलता सी दम्पति की सहकारिता॥ 90॥

है सद्भाव-समूह धरातल के लिये।
सर्व-काल सेचन-रत पावस का जलद॥
फूला फला मनोज्ञ कामप्रद कान्त-तन।
है दम्पति का प्रेम कल्पतरु सा फलद॥ 91॥

है विभिन्नता की हरती उद्भावना।
रहने देती नहीं अकान्त-अनेकता॥
है पयस्विनी-सदृश प्रकृत-प्रतिपालिका।
कामधेनु-कामद है दम्पति-एकता॥ 92॥

पूत-कलेवर दिव्य-देवतों के सदृश।
भूरि-भव्य-भावों का अनुपम-ओक है॥
वर-विवेक से सुरगुरु जिसमें हैं लसे।
दम्पति-प्रेम परम-पुनीत सुरलोक है॥ 93॥

मृदुल-उपादानों से बनिता है रचित।
हैं उसके सब अंग बड़े-कोमल बने॥
इसीलिए है कोमल उसका हृदय भी।
उसके कोमल-वचन सुधा में हैं सने॥ 94॥

पुरुष अकोमल-उपादान से है बना।
इसीलिए है उसे मिली दृढ़-चित्तता॥
बड़े-पुष्ट होते हैं उसके अंग भी।
उसमें बल की भी होती है अधिकता॥ 95॥

जैसी ही जननी की कोमल-हृदयता।
है अभिलषिता है जन-जीवनदायिनी॥
वैसी ही पाता की बलवत्ता तथा।
दृढ़ता है वांछित, है विभव-विधायिनी॥ 96॥

है दाम्पत्य - विधान इसी विधि में बँधा।
दोनों का सहयोग परस्पर है ग्रथित॥
जो पौरुष का भाजन है कोई पुरुष।
तो कुल-बाला मूर्त्ति-शान्ति की है कथित॥ 97॥

अपर - अंग करता है पीड़ित - अंग - हित।
जो यह मति रह सकी नहीं चिर - संगिनी॥
कहाँ पुरुष में तो पौरुष पाया गया।
कहाँ बन सकी बनिता तो अर्द्धांगिनी॥ 98॥

किसी समय अवलोक पुरुष की परुषता।
कोमलता से काम न जो लेवे प्रिया॥
कहाँ बनी तो स्वाभाविकता - सहचरी।
काम मृदुल - उर ने न मृदुलता से लिया॥ 99॥

रस - विहीन जिसको कहकर रसना बने।
ऐसी नीरस बातें क्यों जायें कही॥
कान्त के लिए यदि वे कड़वे बन गये।
कान्त - वचन में तो कान्तता कहाँ रही॥ 100॥

जिस पर सरस बरस जाने ही के लिये।
कोमल से भी कोमल कलित - कुसुम बने॥
उसको किसी विशिख से बन वे क्यों लगें।
रहे वचन जो सदा सुधारस में सने॥ 101॥

अकमनीय कैसे कमनीय प्रवृत्ति हो।
बड़ी चूक है उरो नहीं जो रोकती॥
कोई कोमल - हृदया प्रियतम को कभी।
कड़ी आँख से कैसे है अवलोकती॥ 102॥

जो न कण्ठ हो सकी पुनीत - गुणावली।
क्यों पाती न प्रवृत्ति कलहप्रियता पता॥
जो कटूक्ति के लिये हुई उत्कण्ठ तो।
क्यों कलंकिता बनेगी न कल - कण्ठता॥ 103॥

पहचाने पति के पद को मुँह से कभी।
निकल नहीं पाती अपुनीत - पदावली॥
सहज - मधुरता मानस के त्यागे बिना।
अमधुर बनती रहीं मधुर - वचनावली॥ 104॥

है कठोरता, काठ शिला से भी कठिन।
क्यों न प्रेम - धारायें ही उनमें बहें॥
कोमल हैं तो बनें अकोमल किसलिये।
क्यों न कलेजे बने कलेजे ही रहें॥ 105॥

जिसमें है न सहानुभूति - मर्म्मज्ञता।
सदा नहीं होता जो यथा - समय - सदय॥
जिसमें है न हृदय - धन की ममता भरी।
हृदय कहायेगा तो कैसे वह हृदय॥ 106॥

क्या गरिमा है रूप, रंग, गुण आदि की।
क्या इस भूति - भरित - भूमध्य निजस्व है॥
जो उत्सर्ग न उस पर जीवन हो सका।
जो इस जगती में जीवन - सर्वस्व है॥ 107॥

अवनी में जो जीवन का अवलम्ब है।
सब से अधिक उसी पर जिसका प्यार है॥
वह पतिता है जो उससे है उलझती।
जिस पति का तन, मन, धन पर अधिकार है॥ 108॥

चूक उसीकी है जो वल्लभता दिखा।
हृदय - वल्लभा का पद पा जाती नहीं॥
प्राणनाथ तो प्राणनाथ कैसे बनें।
पति - प्राणा यदि पत्नी बन पाती नहीं॥ 109॥

पढ़ तदीयता - पाठ भेद को भूल कर।
सत्य - भाव से पूत - प्रेम - प्याला पिये॥
बन जाती हैं जीवितेश्वरी पत्नियाँ।
जीवनधन को जीवनधन अर्पित किये॥ 110॥

भाग्यवती वह है भर सात्विक - भूति से।
भक्ति - बीज जो प्रीति - भूमि में बो सकी॥
वह सहृदयता है सहृदयता ही नहीं।
जो न समर्पित हृदयेश्वर को हो सकी॥ 111॥

पूजन कर सद्भाव - समूह - प्रसून से।
जगा आरती सत्कृति की बन सद्व्रता॥
दिव्य भावता बल से पाकर दिव्यता।
देवी का पद पाती है पति - देवता॥ 112॥

वहन कर सरस - सौरभ संयत - भाव का।
जो सरोजिनी सी हो भव - सर में खिली॥
वही सती है शुचि - प्रतीति से पूरिता।
जिसे पति - परायणता पूरी हो मिली॥ 113॥

उसका अधिकारी है सबसे अधिक पति।
सोच यह स्वकृति की करती जो पूर्त्ति हो॥
पतिव्रता का पद पा सकती है वही।
जीवितेश हित की जो जीवित मूर्त्ति हो॥ 114॥

सहज - सरलता, शुचिता, मृदुता, सदयता -
आदि दिव्य गुण द्वारा जो हो ऊर्जिता॥
प्रीति सहित जो पति - पद को है पूजती।
भव में होती है वह पत्नी पूजिता॥ 115॥

लंका गें गेरा जिन दिनों निवास था।
वहाँ विलोकी जो दाम्पत्य - विडम्बना॥
उसका ही परिणाम राज्य - विध्वंस था।
भयंकरी है संयम की अवमानना॥ 116॥

होता है यह उचित कि जब दम्पति खिजें।
सूत्रपात जब अनबन का होने लगे॥
उसी समय हो सावधान संयत बनें।
कलह - बीज जब बिगड़ा मन बोने लगे॥ 117॥

यदि चंचलता पत्नी दिखलाये अधिक।
पति तो कभी नहीं त्यागे गम्भीरता॥
उग्र हुए पति के पत्नी कोमल बने।
हो अधीर कोई भी तजे न धीरता॥ 118॥

तपे हुए की शीतलता है औषधी।
सहनशीलता कुल कलहों की है दवा॥
शान्त-चित्तता का अवलम्बन मिल गये।
प्रकृति-भिन्नता भी हो जाती है हवा॥ 119॥

कोई प्राणी दोष-रहित होता नहीं।
जितनी दुर्बलतायें उसमें हैं भरी॥
किन्तु सुधारे सब बातें हैं सुधरती।
भलाइयों ने सब बुराइयाँ हैं हरी॥ 120॥

सभी उलझनें सुलझाये हैं सुलझती।
गाँठ डालने पर पड़ जाती गाँठ है॥
रस के रखने से ही रस रह सका है।
हरा भरा कब होता उकठा-काठ है॥ 121॥

मर्यादा, कुल-शील, लोक-लज्जा तथा।
क्षमा, दया, सभ्यता, शिष्टता, सरलता॥
कटु को मधुर सरसतम असरस को बना।
हैं कठोर उर में भर देती तरलता॥ 122॥

मधुर-भाव से कोमल-तम-व्यवहार से।
पशु-पक्षी भी हो जाते आधीन हैं॥
अनहित हित बनते स्वकीय परकीय हैं।
क्यों न मिलेंगे दम्पति जो जलमीन हैं॥ 123॥

क्यों न दूर हो जायेगी मन मलिनता।
क्यों न निकल जायेगी कुल जी की कसर॥
क्यों न गाँठ खुल जायेगी जी में पड़ी।
पड़े अगर दम्पति का दम्पति पर असर॥ 124॥

जिन दोनों का सबसे प्रिय-सम्बन्ध है।
जो दोनों हैं एक दूसरे से मिले॥
एक वृन्त के दो अति सुन्दर-सुमन-मन।
एक रंग में रँग जो दोनों हैं खिले॥ 125॥

ऐसा प्रिय-सम्बन्ध अल्प-अन्तर हुए।
भ्रम-प्रमाद में पड़े टूट पाता नहीं॥
स्नेहकरों से जो बन्धन है बँधा, वह —
खींच-तान कुछ हुए छूट जाता नहीं॥ 126॥

किन्तु रोग इन्द्रिय-लोलुपता का बढ़े।
पड़े आत्मसुख के प्रपंच में अधिकतर॥
होती है पशुता-प्रवृत्ति की प्रबलता।
जाती है उर में भौतिकता-भूति भर॥ 127॥

लंका में भौतिकता का साम्राज्य था।
था विवाह का बन्धन, किन्तु अप्रीतिकर॥
नित्य वहाँ होता स्वच्छन्द-विहार था।
था विलासिता नग्न-नृत्य ही रुचिर तर॥ 128॥

कलह कपट-व्यवहार कु-कौशल करों से।
बहु-सदनों के सुख जाते थे छिन वहाँ॥
होता रहता था साधारण बात से।
पति-पत्नी का परित्याग प्रति-दिन वहाँ॥ 129॥

अहंभाव दुर्भाव तथा दुर्वासना।
उसे तोड़ देती थी पतित-प्रवंचना॥
ऐंचा तानी हुई कि वह टूटा नहीं।
कच्चा धागा था विवाह-बन्धन बना॥ 130॥

उस अभागिनी की अशान्ति को क्या कहें।
जिसे शान्ति पति-परिवर्त्तन ने भी न दी॥
होती है वह विविध-यन्त्रणाओं भरी।
इसीलिए तृष्णा है वैतरणी नदी॥ 131॥

नरक ओर जाती थीं पर वे सोचती।
उन्हें लग गया स्वर्ग-लोक का है पता॥
दुराचार ही सदाचार था बन गया।
स्वतन्त्रता थी मिली तजे परतन्त्रता॥ 132॥

था बनाव-शृंगार उन्हें भाता बहुत।
तन को सज उनका मन था रौरव बना॥
उच्छृंखलता की थीं वे अति-प्रेमिका।
उसी में चरम-सुख की थी प्रिय-कल्पना॥ 133॥

इष्ट-प्राप्ति थी स्वार्थ-सिद्धि उनके लिए।
थी कदर्थना से पूरिता-परार्थता॥
पुण्य-कार्य्यों में थी बड़ी-विडम्बना।
पाप-कामना थी जीवन-चरितार्थता॥ 134॥

बहु-वेशों में परिणत करती थी उन्हें।
पुरुषों को वश में करने की कामना॥
पापीयसी-प्रवृत्ति-पूर्ति के लिए वे।
करती थीं विकराल-काल का सामना॥ 135॥

थोड़ी भी परवाह कलंकों की न कर।
लगा कालिमा के मुँह में भी कालिमा॥
लालन कर लालसामयी-कुप्रवृत्ति का।
वे रखती थीं अपने मुख की लालिमा॥ 136॥

इन्द्रिय-लोलुपता थी रग रग में भरी।
था विलास का भाव हृदय-तल में जमा॥
रोमांचितकर उनकी पाप-प्रवृत्ति थी।
मनमानापन रोम रोम में था रमा॥ 137॥

पुरुष भी इन्हीं रंगों में ही थे रँगे।
पर कठोरता की थी उनमें अधिकता॥
जो प्रवंचना में प्रवीण थीं रमणियाँ।
तो उनकी विधि-हीन-नीति थी बधिकता॥ 138॥

नहीं पाशविकता का ही आधिक्य था।
हिंसा, प्रति - हिंसा भी थी प्रबला बनी॥
प्रायः पापाचार - बाधकों के लिए।
पापाचारी की उठती थी तर्जनी॥ 139॥

बने कलंकी कुल तो उनकी बला से।
लोक - लाज की परवा भी उनको न थी॥
जैसा राजा था वैसी ही प्रजा थी।
ईश्वर की भी भीति कभी उनको न थी॥ 140॥

इन्हीं पापमय कर्मों के अतिरेक से।
ध्वंस हुई कञ्चन - विरचित - लंकापुरी॥
जिससे कम्पित होते सदा सुरेश थे।
धूल में मिली प्रबल - शक्ति वह आसुरी॥ 141॥

प्राणी के अयथा - आहार - विहार से।
उसकी प्रकृति कुपित होकर जैसे उसे -
देती है बहु - दण्ड रुजादिक - रूप में।
वैसे ही सब कहते हैं जनपद जिसे॥ 142॥

वह चलकर प्रतिकूल नियति के नियम के।
भव - व्यापिनी प्रकृति के प्रबल-प्रकोप से॥
कभी नहीं बचता होता विध्वंस है।
वैसे ही जैसे तम दिनकर ओप से॥ 143॥

लंका की दुर्गति तामसता - विडम्बना।
मुझे आज भी करती रहती है व्यथित॥
हुए याद उसको होता रोमांच है।
पर वह है प्राकृतिक - गूढ़ता से ग्रथित॥ 144॥

है अभिनन्दित नहीं सात्विक - प्रकृति से।
है पति - पत्नी त्याग परम - निन्दित - क्रिया॥
मिले दो हृदय कैसे होवेंगे अलग।
अप्रिय - कर्म्म करेंगे कैसे प्रिय - प्रिया॥ 145॥

वास्तवता यह है, जब पतित - प्रवृत्तियाँ।
कुत्सित - लिप्सा दुर्व्यसनों से हो प्रबल॥
इन्द्रिय - लोलपताओं के सहयोग से।
देती हैं सब - सात्विक भावों को कुचल॥ 146॥

तभी समिष होता विरोध आरम्भ है।
जो दम्पति हृदयों में करता छेद है॥
जिससे जीवन हो जाता है विषमतम।
होता रहता पति - पत्नी विच्छेद है॥ 147॥

जिसमें होती है उच्छृङ्खलता भरी।
जो पामरता कटुता का आधार हो॥
जिसमें हो हिंसा प्रति - हिंसा अधमता।
जिसमें प्यार बना रहता व्यापार हो॥ 148॥

क्या वह जीवन क्या उसका आनन्द है।
क्या उसका सुख क्या उसका आमोद है॥
किन्तु प्रकृति भी तो है वैचित्र्यों भरी।
मल - कीटक मल ही में पाता मोद है॥ 149॥

यह भौतिकता की है बड़ी विडम्बना।
इससे होता प्राणि - पुंज का है पतन॥
लंका से जनपद होते विध्वंस हैं।
मरु बन जाता है नन्दन सा दिव्य - वन॥ 150॥

उदारता से भरी सदाशयता - रता।
सद्भावों से भौतिकता की बाधिका॥
पुण्यमयी पावनता भरिता सद्व्रता।
आध्यात्मिकता ही है भव - हित - साधिका॥ 151॥

यदि भौतिकता है अति - स्वार्थ परायणा।
आध्यात्मिकता आत्मत्याग की मूर्त्ति है॥
यदि भौतिकता है विलासिता से भरी।
आध्यात्मिकता सदाचारिता पूर्त्ति है॥ 152॥

यदि उसमें है पर - दुख - कातरता नहीं।
तो इसमें है करुणा सरस प्रवाहिता॥
यदि उसमें है तामस - वृत्ति अमा - समा।
तो इसकी है सत्प्रवृत्ति - राकासिता॥ 153॥

यदि भौतिकता दानवीय - सम्पत्ति है।
तो आध्यात्मिकता दैविक - सुविभूति है॥
यदि उसमें है नारकीय - कटु - कल्पना।
तो इसमें स्वर्गीय - सरस - अनुभूति है॥ 154॥

यदि उसमें है लेश भी नहीं शील का।
तो इसका जन - सहानुभूति निजस्व है॥
यदि उसमें है भरी हुई उद्दंडता।
सहनशीलता तो इसका सर्वस्व है॥ 155॥

यदि वह है कृत्रिमता कल छल से भरी।
तो यह है सात्विकता - शुचिता - पूरिता॥
यदि उसमें दुर्गुण का ही अतिरेक है।
तो उसमें है दिव्य - गुणों की भूरिता॥ 156॥

यदि उसमें पशुता की प्रबल - प्रवृत्ति है।
तो उसमें मानवता की अभिव्यक्ति है॥
भौतिकता में यदि है जड़तावादिता।
आध्यात्मिकता मध्य चिन्मयी - शक्ति है॥ 157॥

भौतिकता है मन के भावों में भरी।
और प्रपंची पंचभूत भी हैं न कम॥
कहाँ किसी का कब छूटा इनसे गला।
किन्तु श्रेय - पथ अवलम्बन है श्रेष्ठतम॥ 158॥

नर - नारी निर्दोष हो सकेंगे नहीं।
भौतिकता उनमें भरती ही रहेगी॥
आपके सदृश मैं भी उससे व्यथित हूँ।
किन्तु यही मानवता - ममता कहेगी॥ 159॥

आध्यात्मिकता का प्रचार कर्तव्य है।
जिससे यथा - समय भव का हित हो सके॥
आप इसी पथ की पथिका हैं, विनय है।
पाँव आप का कभी न इस पथ में थके॥ 160॥

दोहा

विदा महि - सुता से हुई उन्हें मान महनीय।
सुन विज्ञानवती सरुचि कथन - परम - कमनीय॥ 161॥

पंचदश सर्ग

सुतवती सीता

तिलोकी

परम - सरसता से प्रवाहिता सुरसरी।
कल कल रव से कलित-कीर्त्ति थीं गा रही॥
किसी अलौकिक - कीर्त्तिमान - लोकेश की।
लहरें उठ थीं ललित - नृत्य दिखला रही॥ 1॥

अरुण - अरुणिमा उषा - रंगिणी - लालिमा।
गगनांगण में खेल लोप हो चली थीं॥
रवि-किरणें अब थीं निज-कला दिखा रही।
जो प्राची के प्रिय - पलने में पली थीं॥ 2॥

सरल - बालिकायें सी कलिकायें - सकल।
खोल खोल मुँह केलि दिखा खिल रही थीं॥
सरस - वायु - संचार हुए सब बेलियाँ।
विलस विलस बल खा खा कर हिल रही थीं॥ 3॥

समय कुसुम-कोमल प्रभात-शिशु को विहँस।
दिवस दिव्यतम - गोदी में था दे रहा॥
भोलेपन पर बन विमुग्ध उत्फुल्ल हो।
वह उसको था ललक ललक कर ले रहा॥ 4॥

कहीं कान्ति-संकलित कहीं कल-केलिमय।
और कहीं सरिता - प्रवाह उच्छ्वसित था॥
खग कलरव आकलित कान्त - तरु पुंज से।
उसका सज्जित - कूल उल्लसित लसित था॥ 5॥

इसी कूल पर सीता सुअनों के सहित।
धीरे धीरे पद-चालन कर रही थीं॥
उनके मन की बातें मृदुता साथ कह।
अन्तस्तल में वर-विनोद भर रही थीं॥ 6॥

सात बरस के दोनों सुत थे हो गये।
इसीलिए जिज्ञासा थी प्रबला हुई॥
माता से थे नाना-बातें पूछते।
यथावसर वे प्रश्न किया करते कई॥ 7॥

सरिता में थीं तरल-तरंगें उठ रहीं।
बार बार अवलोक उन्हें कुश ने कहा॥
ए क्या हैं? ए किससे क्यों हैं खेलती।
मा इनमें है कैसे दीपक बल रहा॥ 8॥

सुने उक्तियाँ उनकी सत्यवती हँसी।
किन्तु प्यार से मा ने ये बातें कहीं॥
ए हैं दुहितायें सरिता सुन्दरी की।
गोद में उसी की हैं क्रीड़ा कर रही॥ 9॥

जननी हैं सुरसरी, समीरण है जनक।
हुआ है इन्हीं दोनों से इनका सृजन॥
ए हैं परम-चंचला-सरसा-कोमला।
रवि-कर से है विलसित इनका तरल-तन॥ 10॥

जैसे सम्मुख के सारे-बालुका-कण।
चमक रहे हैं मिले दिवस-मणि की चमक॥
वैसे ही दिनकर की कान्ति-विभूति से।
दिव्य बने लहरें भी पाती हैं दमक॥ 11॥

तात तुमारे पिता का मनोरम-मुकुट।
रवि-कर से जैसा बनता है दिव्यतम॥
वह अमूल्य-मणि-मंजुलता-सर्वस्व है।
दृग-निमित्त है लोकोत्तर-आलोक सम॥ 12॥

यह सुन लव ने माता का अञ्चल पकड़।
कहा ठुनुक कर अम्मा हम लेंगे मुकुट॥
सीता ने सुत चिबुक थामकर यह कहा।
तात! तुम्हारे पिता तुम्हें देंगे मुकुट॥ 13॥

कुश बोले क्या हम न पा सकेंगे मुकुट।
सीता बोलीं तुम तो लव से हो बड़े॥
अतः मुकुट तुमको पहले ही मिलेगा।
दोनों में होंगे अनुपम-हीरे जड़े॥ 14॥

दोनों भ्राता शस्त्र-शास्त्र में निपुण हो।
अवध धाम में पहुँचोगे सानन्द जब॥
पाकर रविकुल-रवि से दिव सी दिव्यता।
रत्न-मुकुट-मंडित होगे तुम लोग तब॥ 15॥

इसी समय कतिपय-चमकीली-मछलियाँ।
पुलिन-सलिल में तिरती दिखलाई पड़ीं॥
उन्हें देखने लगे लव किलक-किलक कर।
कुश की चञ्चल-आँखें भी उन पर अड़ीं॥ 16॥

उभय उन्हें देखते रहे कुछ काल तक।
फिर लव ने ललकित हो मा से यह कहा॥
मैं लूँगा मछलियाँ क्या उन्हें पकड़ लूँ।
मा बोली सुत यह अनुचित होगा महा॥ 17॥

जैसे तुम दोनों हो मेरे लाड़िले।
तुम्हें साथ ले जैसे मैं हूँ घूमती॥
गले लगाती हूँ तुमसे खेलती हूँ।
जैसे मैं हूँ तुम्हें प्यार से चूमती॥ 18॥

वैसे ही हो केलि-निरत मछलियाँ भी।
हैं बच्चों के सहित सलिल में विलसती॥
देखो तो कैसा हिल मिल हैं खेलती।
मिलामिला कर मुँह कैसी हैं सरसती॥ 19॥

यदि कोई तुमको मुझसे तुमसे मुझे।
छीने तो बतला दो क्या होगी दशा॥
कोमल से कोमल बहु - व्याकुल - हृदय को।
क्या न लगेगी विषम - वेदना की कशा॥ 20॥

लव बोले आयेगा मुझको छीनने –
जो, मैं मारूँगा उसको दूँगा डरा॥
कहा जनकजा ने क्यों ऐसा करोगे।
इसीलिए न कि अनुचित करना है बुरा॥ 21॥

फिर तुम क्यों अनुचित करना चाहते हो।
कभी किसी को नहीं सताना चाहिए॥
उनके बच्चे हों अथवा हों मछलियाँ।
कभी नहीं उनको कलपाना चाहिए॥ 22॥

देखो वे हैं कितनी सुथरी सुन्दरी।
कैसा पुलकित हो हो वे हैं फिर रहीं॥
वहाँ गये उनका सुख होगा किरकिरा।
किन्तु पकड़ पाओगे उनको तुम नहीं॥ 23॥

जीव जन्तु जितने जगती में हैं बने।
सबका भला किया करना ही है भला॥
निरपराध को सता करें अपराध क्यों।
वृथा किसी पर क्यों कोई लाये बला॥ 24॥

जल को विमल बनाती हैं ये मछलियाँ।
पूत - प्रेम का पाठ पढ़ाती हैं सदा॥
प्रियतम जल से बिछुड़े वे जीती नहीं।
किसी प्रेमिका पर क्यों आये आपदा॥ 25॥

इतना कहते जनक - नन्दिनी - नयन में।
जल भर आया और कलेजा हिल गया॥
मानों व्याकुल बनी युगल - मछलियों को।
यथावसर अनुकूल - सलिल था मिल गया॥ 26॥

जल में जल से गुरु पदार्थ हैं डूबते।
मा तुमने मुझसे हैं ए बातें कहीं॥
काठ कहा जाता है गुरुतर वारि से।
क्यों नौका जल में निमग्न होती नहीं॥ 27 ॥

सुने प्रश्न कुश का माता ने यह कहा।
बड़े बड़ाई को हैं कभी न भूलते॥
जल तरुओं को सींच सींच है पालता।
उसके बल से वे हैं फलते-फूलते॥ 28 ॥

जब वे होते तप्त बनाता तर उन्हें।
जब होते निर्बल तब कर देता सबल॥
उसी की सरसता का अवलम्बन मिले।
अनुपम-रस पाते थे उनके सकल-फल॥ 29 ॥

वह जल देता क्यों उस नौका को डुबा।
जो तरु के तन द्वारा है निर्मित हुई॥
सदा एक रस रहती है उत्तम-प्रकृति।
तन-हित करती है तनबिन कर भी रुई॥ 30 ॥

है मुँह देखी प्रीति, प्रीति सच्ची नहीं।
वह होती है असम, स्वार्थ-साधन-रता॥
जीते जगती रह, है मरे न भूलती।
पूत सलिल सी पूत-चित्त की पूतता॥ 31 ॥

जितने तरु प्रतिबिम्बित थे सरि-सलिल में।
उन्हें कुछ समय तक लव रहे बिलोकते॥
फिर माता से पूछा क्या ए कूल द्रुम।
जल में अपना आनन हैं अवलोकते॥ 32 ॥

मा बोलीं वे क्यों जल में मुँह देखते।
जो हैं ज्ञान-रहित जो जड़ता-धाम हैं॥
है छाया ग्राहिणी-शक्ति विमलाम्बु में।
तरु प्रतिबिम्बितकरण उसी का काम है॥ 33 ॥

सत्य बात सुत ! मैंने बतला दी तुम्हें।
किन्तु क्रियायें तरु की हैं शिक्षा भरी॥
तुम लोगों को यही चाहिए सीख लो।
मिले जहाँ पर कोई शिक्षा हितकरी॥ 34॥

सरिता सेचन कर तरुओं को सलिल से।
हरा-भरा रखकर उनको है पालती॥
अवसर पर तर रख, कर शीतल तपन में।
जीवन से उनमें है जीवन डालती॥ 35॥

यथासमय तो उसको छाया-दान कर।
तरुवर भी उस पर बरसाते फूल हैं॥
उसके सुअनों को देते हैं सरस-फल।
सज्जित उनसे रहते उसके कूल हैं॥ 36॥

पकारक के उपकारों को याद रख।
करते रहना अवसर पर प्रतिकार भी॥
है अति-उत्तम-कर्म्म, धर्म्म है लोक का।
हो कृतज्ञ, न बने अकृतज्ञ मनुज कभी॥ 37॥

यों भी तरु हैं लोक-हित निरत दीखते।
आतप में रह करते छाया-दान हैं॥
उनके जैसा फलद दूसरा कौन है।
सुर-शिर पर किनके फूलों का स्थान है॥ 38॥

हैं उनके पंचांगकाम देते बहुत।
छबि दिखला वे किसे मुग्ध करते नहीं॥
लेते सिर पर भार नहीं जो वे उभर।
तो भूतल के विपुल उदर भरते नहीं॥ 39॥

है रसालता किसको मिली रसाल सी।
कौन गुलाब-प्रसूनों जैसा कब खिला॥
सबके हित के लिए झकोरे सहन कर।
कौन सब दिनों खड़ा एक पद से मिला॥ 40॥

तरु वर्षा - शीतातप को सहकर स्वयं।
शरणागत को करते आश्रय दान हैं॥
प्रातः कलरव से होता यह ज्ञात है।
खगकुल करते उनका गौरव - गान हैं॥ 41॥

पाता है उपहार प्रहारक, फलों का—
किससे, किसका मर्म्मस्पर्शी मौन है॥
द्रुम समान अवलम्बन विहग - समूह का।
कर्त्तनकारी का हित - कर्त्ता कौन है॥ 42॥

तरु जड़ हैं इन सारे कामों को कभी।
जान बूझ कर वे कर सकते हैं नहीं॥
पर क्या इनमें छिपे निगूढ़ - रहस्य हैं।
कैसे जा सकती हैं ए बातें कहीं॥ 43॥

कला - कान्त कितनी लीलायें प्रकृति की।
हैं ललामतम किन्तु हैं जटिलतामयी॥
कब उससे मति चकिता होती है नहीं।
कभी नहीं अनुभूति हुई उनपर जयी॥ 44॥

कहाँ किस समय क्या होता है किसलिये।
कौन इन रहस्यों का मर्म्म बता सका॥
भव-गुत्थी को खोल सका कब युक्ति - नख।
चल इस पथ पर कब न विचार-पथिक थका॥ 45॥

प्रकृति - भेद वह ताला है जिसकी कहीं।
अब तक कुंजी नहीं किसी को भी मिली॥
वह वह कीली है विभुता - भू में गड़ी।
जो न हिलाये ज्ञान - शक्ति के भी हिली॥ 46॥

जो हो, पर पुत्रो भव - दृश्यों को सदा।
अवलोकन तुम लोग करो वर - दृष्टि से॥
और करो सेचन वसुधा - हित - विटप का।
अपनी-सत्कृति की अति - सरसा - वृष्टि से॥ 47॥

जो सुर-सरिता हैं नेत्रों के सामने।
जिनकी तुंग-तरंगें हैं ज्योतिर्मयी॥
कीर्त्ति-पताका वे हैं रविकुल-कलस की।
हुई लोकहित-ललकों पर वे हैं जयी॥ 48॥

तुम लोगों के पूर्व-पुरुष थे, बहु-विदित-
भूप भगीरथ सत्य-पराक्रम धर्म्म-रत॥
उन्हीं के तपोबल से वह शुचि-जल मिला।
जिसके सम्मुख हुई चित्त-शुचिता-विनत॥ 49॥

उच्च-हिमाचल के अञ्चल की कठिनता।
अल्प भी नहीं उन्हें बना चञ्चल सकी॥
दुर्गमता गिरि से निधि तक के पन्थ की।
सोचे उनकी अथक-प्रवृत्ति नहीं थकी॥ 50॥

उनका शिव-संकल्प सिद्धि-साधन बना।
उनके प्रबल-प्रयत्नों से बाधा टली॥
पथ के प्रस्तर सुविधा के विस्तर बने।
सलिल-प्रगति के ढंगों में पटुता ढली॥ 51॥

कुलहित की कामना लोक-हित लगन से।
जब उर सर में भक्तिभाव-सरसिज खिला॥
शिव-सिर-लसिता-सरिता हस्तगता हुई।
ब्रह्म-कमण्डल-जल महि-मण्डल को मिला॥ 52॥

सुर-सरिता को पाकर भारत की धरा।
धन्य हो गयी और स्वर्ण-प्रसवा बनी॥
हुई शस्य-श्यामला सुधा से सिञ्चिता।
उसे मिले धर्मज्ञ धनद जैसे धनी॥ 53॥

वह काशी जो है प्रकाश से पूरिता।
जहाँ भारती की होती है आरती॥
जो सुर-सरिता पूत-सलिल पाती नहीं।
पतित-प्राणियों को तो कैसे तारती॥ 54॥

सुन्दर - सुन्दर - भूति भरे नाना - नगर।
किसके अति - कमनीय - कूल पर हैं लसे॥
तीर्थराज को तीर्थराजता मिल गयी।
किस तटिनी के पावनतम - तट पर बसे॥ 55॥

हृदय - शुद्धता की है परम सहायिका।
सुर - सरिता स्वच्छता - सरसता मूल है॥
उसका जीवन, जीवन है बहु जीव का।
उसका कूल तपादिक के अनुकूल है॥ 56॥

साधक की साधना सिद्धि - उन्मुख हुई।
खुले ज्ञान के नयन अज्ञता से ढके॥
किसके जल - सेवन से संयम सहित रह।
योग योग्यता बहु - योगी - जन पा सके॥ 57॥

जनक-प्रकृति-प्रतिकूल तरलता-ग्रहण कर।
भीति - रहित हो तप - ऋतु के आतंक से॥
हरती है तपती धरती के ताप को।
किसकी धारा निकल धराधर - अङ्क से॥ 58॥

किससे सिंचते लाखों बीघे खेत हैं।
कौन करोड़ों मन उपजाती अन्न है॥
कौन हरित रखती है अगणित - द्रुमों को।
सदा सरस रह करती कौन प्रसन्न है॥ 59॥

कौन दूर करती प्यासों की प्यास है।
कौन खिलाती बहु - भूखों को अन्न है॥
कौन वसन - हीनों को देती वसन है।
निर्धन - जन को करती धन - सम्पन्न है॥ 60॥

है उपकार - परायण सुकृति - पूरिता।
इसीलिए है ब्रह्म - कमण्डल - वासिनी॥
है कल्याण - स्वरूपा भव - हित - कारिणी।
इसीलिए वह है शिव - शीश - विलासिनी॥ 61॥

है सित - वसना सरसा परमा - सुन्दरी।
देवी बनती है उससे मिल मानवी॥
उसे बनाती है रवि - कान्ति सुहासिनी।
है जीवन - दायिनी लोक की जाह्नवी॥ 62॥

अवगाहन कर उसके निर्मल - सलिल में।
मल-विहीन बन जाते हैं यदि मलिन-मति॥
तो विचित्र क्या है जो निपतन पथ रुके।
सुर - सरिता से पा जाते हैं पतित गति॥ 63॥

महज्जनों के पद - जल में है पूतता।
होती है उसमें जन - हित गरिमा भरी॥
अतिशयता है उसमें ऐसी भूति की।
इसीलिए है हरिपादोदक सुरसरी॥ 64॥

गौरी गंगा दोनों हैं गिरि - नन्दिनी।
रमा समा गंगा भी हैं वैभव - भरी॥
गिरा समाना वे भी गौरव - मूर्त्ति हैं।
विबुध न कहते कैसे उनको सुरसरी॥ 65॥

पुत्रो रवि का वंश समुज्ज्वल - वंश है।
तुम लोगों के पूर्व - पुरुष महनीय हैं॥
सुर - सरिता - प्रवाह उद्भावन के सदृश।
उनके कितने कृत्य ही अतुलनीय हैं॥ 66॥

तुम लोगों के पितृदेव भी वंश के।
दिव्य पुरुष हैं, है महत्त्व उनमें भरा॥
मानवता की मर्यादा की मूर्त्ति हैं।
उन्हें लाभ कर धन्य हो गयी हैं धरा॥ 67॥

सुन वनवास चतुर्दश - वत्सर का हुए—
अल्प भी न उद्विग्न न म्लान बदन बना॥
तृण समान साम्राज्य को तजा सुखित हो।
हुए कहाँ ऐसे महनीय - महा - मना॥ 68॥

धर्म्म धुरन्धरता है ध्रुव जैसी अटल।
सदाचार सत्यव्रत के वे सेतु हैं॥

लोकोत्तर है उनकी लोकाराधना।
उड़ते उनके कलित - कीर्त्ति के केतु हैं॥ 69 ॥

राजभवन था सज्जित सुरपुर - सदन सा।
कनक - रचित बहु - मणि - मण्डित-पर्यंक था॥
रही सेविका सुरबाला सी सुन्दरी।
गृह - नभ का सुख राका - निशा - मयंक था॥ 70 ॥

इनको तजकर रहना पड़ा कुटीर में।
निर्जन - वन में सोना पड़ा तृणादि पर॥
फिर भी विकच बना रहता मुख - कंज था।
किसका चित्त दिखाया इतना उच्चतर॥ 71 ॥

होता है उत्ताल - तरंगाकुल - जलधि।
है अवाध्यता भी उसकी अविदित नहीं॥
किन्तु बनाया सेतु उन्होंने उसी पर।
किसी काल में हुआ नहीं ऐसा कहीं॥ 72 ॥

तुम लोगों के पिता लोक - सर्वस्व हैं।
दिव्य - भूतियों के अद्‌भुत - आगार हैं॥
हैं रविकुल के रवि - सम वे हैं दिव्यतम।
वे वसुधातल के अनुपम - श्रृंगार हैं॥ 73 ॥

उनके पद का करो अनुसरण पूत हो।
सच्चे - आत्मज बनो भुवन का भय हरों॥
रत्नाकर के बनो रत्न तुम लोग भी।
भले - भले भावों को अनुभव में भरो॥ 74 ॥

प्रकृति - पाठ को पठन करो शुचि - चित्त से।
पत्ते - पत्ते में है प्रिय - शिक्षा भरी॥
सोचो समझो मनन करो खोलो नयन।
जीवन - जल में ठीक चलेगी कृति - तरी॥ 75 ॥

दोहा

देख धूप होते समझ मृदुल - बाल को फूल।
चली गयीं सीता ससुत तज सुर-सरिता कूल॥ 76 ॥

षोडश सर्ग

शुभ संवाद

तिलोकी

दिनकर किरणें अब न आग थीं बरसती।
अब न तप्त-तावा थी बनी वसुन्धरा॥
धूप जलाती थीं न ज्वाल-माला-सदृश।
वातावरण न था लू-लपटों से भरा॥ 1॥

प्रखर-कर-निकर को समेट कर शान्त बन।
दग्ध-दिशाओं के दुख को था हर रहा॥
धीरे-धीरे अस्ताचल पर पहुँच रवि।
था वसुधा-अनुराग-राग से भर रहा॥ 2॥

वह छाया जो विटपावलि में थी छिपी।
बाहर आकर बहु-व्यापक थी बन रही॥
उसको सब थे तन-बिन जाते देखते।
तपन तपिश जिस ताना को थी तन रही॥ 3॥

जिसको छू कर तन होता सन्तप्त था।
वह समीर अब सुख-स्पर्श था हो रहा॥
शीतल होकर सर-सरिताओं का सलिल।
था उत्ताप तरलतम-तन का खो रहा॥ 4॥

आतप के उत्कट पंजे से छूटकर।
सुख की साँस सकल-तरुवर थे ले रहे॥
कुम्हलाये-पल्लव अब पुलकित हो उन्हें।
हरे-भरे पादप का पद थे दे रहे॥ 5॥

जलती - भुनती - लतिका को जीवन मिला।
अविकच - वदना पुनः विकच - वदना बनी॥
काँप रहीं थी जो थोड़ी भी लू लगे।
अब देखी जाती थी वही बनी - ठनी॥ 6॥

सघन - वनों में बहु - विटपावृत - कुंज में।
जितने प्राणी आतप - भय से थे पड़े॥
तरणि - किरण का पावक - वर्षण देखकर।
सहम रोंगटे जिनके होते थे खड़े॥ 7॥

अब उनका क्रीड़ा - स्थल था शाद्वल बना।
उनमें से कुछ जहाँ तहाँ थे कूदते॥
थे नितान्त - नीरव जो खोंते अब उन्हें।
कलरव से परिपूरित थे अवलोकते॥ 8॥

नभ के लाल हुए बदली गति काल की।
दिन के छिपे निशा मुख दिखलाई पड़ा॥
उधर हुआ रविबिम्ब तिरोहित तो इधर।
था सामने मनोहर - परिवर्त्तन खड़ा॥ 9॥

आयी सन्ध्या साथ लिये विधु - विम्ब को।
धीरे - धीरे क्षिति पर छिटकी चाँदनी॥
इसी समय देवालय में पुत्रों सहित।
विलसित थीं पति - मूर्त्ति पास महिनन्दिनी॥ 10॥

कुलपति-निर्मित रामायण को प्रति - दिवस।
लव कुश आकर गाते थे सन्ध्या - समय॥
बड़े - मधुर - स्वर से वीणा थी बज रही।
बना हुआ था देवालय पीयूष - मय॥ 11॥

दोनों सुत थे बारह - बत्सर के हुए।
शस्त्र - शास्त्र दोनों में वे व्युत्पन्न थे॥
थे सौन्दर्य्य - निकेतन छबि थी अलौकिक।
धीर, वीर, गम्भीर, शील - सम्पन्न थे॥ 12॥

लव मोहित-कर घन के सरस-निनाद को।
मृदु-कर से थे मंजु-मृदंग बजा रहे॥
कुश माता की आज्ञा से वीणा लिये।
इस पद को बन बहु-विमुग्ध थे गा रहे॥ 13॥

पद

जय जय जयति लोक ललाम।
नवल-नीरद-श्याम।

शक्ति से शिर-मणि-मुकुट की शुक्ति-सम नृप-नीति।
सृजन करती है मनोरम न्याय-मुक्ता-दाम॥ 1॥
दमक कर अति-दिव्य द्युति से दिवसनाथ समान।
है भुवन-तम-काल, उन्नत-भाल अति-अभिराम॥ 2॥
गण्ड-मण्डल पर विलम्बित कान्त-केश-कलाप।
है उरग-गति मति-कुटिलता शमन का दृढ़ दाम॥ 3॥
बहु-कलंक-कदन धनुष-सम-बंक-भ्रू अवलोक।
सतत होता शमित है मद-मोह-दल संग्राम॥ 4॥
कमल से अनुराग-रंजित-नयन करुण-कटाक्ष।
हैं प्रपंची-विश्व के विश्रान्त-जन विश्राम॥ 5॥
किन्तु वे ही देख होते प्रबल-अत्याचार।
पापकारी के लिये हैं पाप का परिणाम॥ 6॥
हैं उदार-प्रवृत्ति-रत, पर-दुख-श्रवण अनुरक्त।
युगल-कुण्डल से लसित हो युगल-श्रुति छबि-धाम॥ 7॥
हैं कपोल सरस-गुलाब-प्रसून से उत्फुल्ल।
दृग-विकासक दिव्य-वैभव कलित-ललित-निकाम॥ 8॥
उच्चता है प्रकट करती चित्त को, रह उच्च।
श्वास रक्षण में निरत बन नासिका निष्काम॥ 9॥
अधर हैं आरक्त उनमें है भरी अनुरक्ति।
मधुर-रस हैं बरसते रहते वचन अविराम॥ 10॥
दन्त-पंक्ति अमूल्य-मुक्तावलि-सदृश है दिव्य।
जो चमकते हैं सदा कर चमत्कारक काम॥ 11॥

बदन है अरविन्द - सुन्दर इन्दु सी है कान्ति।
मृदु - हँसी है बरसती रहती सुधा वसु - याम ॥ 12 ॥

है कपोत समान कण्ठ परन्तु है वह कम्बु।
वरद बनते हैं सुने जिसका सुरव विधि बाम ॥ 13 ॥

है सुपुष्ट विशाल वक्षस्थल प्रशंसित पूत।
दिव समान शरीर में जो है अमर आराम ॥ 14 ॥

विपुल - बल अवलम्ब हैं आजानु - विलसित बाहु।
बहु - विभव - आधार हैं जिनके विशद गुण - ग्राम ॥ 15 ॥

है उदात्त - प्रवृत्ति - मय है न्यूनता की पूर्त्ति।
भर सरसता से ग्रहण कर उदर अद्भुत नाम ॥ 16 ॥

है सरोरुह सा रुचिर है भक्त - जन - सर्वस्व।
है पुनीत-प्रगति-निलय पद - मूर्त्तिमन्त - प्रणाम ॥ 17 ॥

लोक मोहन हैं तथा हैं मंजुता अवलम्ब।
कोटिशः - कन्दर्प से कमनीयतम हैं राम ॥ 18 ॥ 31 ॥

तिलोकी

जब कुश का बहु-गौरव - मय गाना रुका।
वर - मृदंग - वादन तब वे करने लगे ॥
तंत्री - स्वर में निज हृत्तंत्री को मिला।
यह पद गाकर प्रेम रंग में लव रँगे ॥ 32 ॥

पद

जय जय रघुकुल - कमल - दिवाकर।
मर्यादा पुरुषोत्तम सद्गुण - रत्न - निचय - रत्नाकर ॥ 1 ॥

मिथिला में जब भृगुकुल - पुंगव ने कटु बात सुनाई।
तब कोमल वचनावलि गरिमा किसने थी दिखलाई ॥ 2 ॥

बहु - विवाह को कह अवैध बन बन्धुवर्ग - हितकारक।
कौन एक - पत्नीव्रत का है वसुधा - मध्य - प्रचारक ॥ 3 ॥

पिता के वचन - पण के प्रतिपालन का बन अनुरागी।
किसने हो उत्फुल्ल देव - दुर्लभ - विभूति थी त्यागी ॥ 4 ॥

कुपित-लखन ने जनक-कथन को जब अनुचित बतलाया।
धीर - धुरन्धर बन तब किसने उनको धैर्य्य बँधाया ॥ 5 ॥

कुल को अवलोकन कर बन के बन्धुवर्ग विश्वासी।
गृह की अनबन से बचने को कौन बना वनवासी ॥ 6 ॥
वन की विविध असुविधाओं को भूल विचार भलाई।
भरत - भावनाओं की किसने की थी भूरि बड़ाई ॥ 7 ॥
बानर को नर बना दिखाई किसने नरता - न्यारी।
पशुता में मानवता स्थापन नीति किसे है प्यारी ॥ 8 ॥
निरवलम्ब अवलम्ब बने सुग्रीव की बला टाली।
बिला गया किसके बल से बालिशबाली - बलशाली ॥ 9 ॥
दंडनीय ही दंडित हो क्यों दंडित हो सुत - जाया।
अंगद को युवराज बना किसने यह पाठ पढ़ाया ॥ 10 ॥
किसकी कृति से शिला सलिल पर उतराती दिखलाई।
सिन्धु बाँध संगठन - शक्ति - गरिमा किसने बतलाई ॥ 11 ॥
अहितू को भी दूत भेज हित - नीति गयी समझाई।
होते क्षमता, क्षमा - शीलता किसने इतनी पाई ॥ 12 ॥
किसने रंक - विभीषण को दिखला शुचि - नीति प्रणाली।
राज्य - सहित सुर - पुर - विभूति - भूषित-लंका दे डाली ॥ 13 ॥
किसने उसे बिठा पावक में जो थी शुचिता ढाली।
तत्कालिक पावन - प्रतीति की मर्यादा प्रतिपाली ॥ 14 ॥
अवध पहुँच पहले जा कैकेयी को शीश नवाया।
ऐसा उज्ज्वल कलुष - रहित - उर किसका कहाँ दिखाया ॥ 15 ॥
मिले राज जो प्रजारंजिनी - नीति नव - लता फूली।
उस पर प्रजा-प्रतीति-प्रीति प्रिय-रुचि-भ्रमरी है भूली ॥ 16 ॥
घर घर कामधेनु है, सब पर सुर - तरु की है छाया।
सरस्वती वरदा है, किस पर है न रमा की माया ॥ 17 ॥
सकल-जनपदों में जन पद है निज पद का अधिकारी।
विलसित है संयम सुमनों से स्वतन्त्रता - फुलवारी ॥ 18 ॥
हुए सत्य-व्यवहार-रुचिरतर-तरुवर-चय के सफलित।
नगर नगर नागरिक-स्वत्व पाकर है परम प्रफुल्लित ॥ 19 ॥
ग्राम ग्राम ने सीख लिया है उन बीजों का बोना।
जिससे महि बन शस्य - श्यामला उगल रही है सोना ॥ 20 ॥

चाहे पुरवासी होवे या होवे ग्राम - निवासी।
सबकी रुचि-चातकी है सुकृति-स्वाति-बूँद की प्यासी ॥ 21 ॥
जिससे भू थी कम्पित रहती दिग्गज थे थर्राते।
सकल - लोक का जो कंटक था जिससे यम घबराते ॥ 22 ॥
उसकी कुत्सित - नीति कालिमामयी - यामिनी बीते।
लोक-चकोर सुनीति-रजनि पा शान्ति-सुधा हैं पीते ॥ 23 ॥
हैं सुर-वृन्द सुखित मुनिजन हैं मुदित मिटे दानवता।
प्रजा - पुंज है पुलकित देखे मानवेन्द्र - मानवता ॥ 24 ॥
होती न अकाल - मृत्यु अनुकूल - काल है रहता।
सकल - सुखों का स्रोत सर्वदा है घर घर में बहता ॥ 25 ॥
किसने जन जन के उर-भू में कीर्त्ति बेलि, यों बोई।
सकल-लोक-अभिराम राम हैं है न राम सा कोई ॥ 26 ॥ 58 ॥

तिलोकी

लव जब अपने अनुपम - पद को गा चुके।
उसी समय मुकुटालंकृत कमनीय तन ॥
एक पुरुष ने मन्दिर में आ प्रेम से।
किया जनकजा के पावन - पद का यजन ॥ 59 ॥

उनका अभिनन्दन कर परमादर सहित।
जनक - नन्दिनी ने यह पुत्रों से कहा ॥
करो वन्दना इनकी ये पितृव्य हैं।
यह सुन लव - कुश दोनों सुखित हुए महा ॥ 60 ॥

उठ दोनों ने की उनकी पद - वन्दना।
यथास्थान फिर जा बैठे दोनों सुअन ॥
उनकी आकृति, प्रकृति, कान्ति, कमनीयता।
अवलोकन कर हुए बहु - मुदित रिपु-दमन ॥ 61 ॥

और कहा अब आर्य्ये पूरी शान्ति है।
प्रजा - पुंज है सुखित न हलचल है कहीं ॥
सारे जनपद मुखरित हैं कल - कीर्त्ति से।
चिन्तित - चित की चिन्तायें जाती रहीं ॥ 62 ॥

अवधपुरी में आयोजन है हो रहा—
अश्व - मेघ का, कार्य्यों की है अधिकता॥
इसीलिए मैं आज जा रहा हूँ वहाँ।
पूरा द्वादश - बत्सर मधुपुर में बिता॥ 63॥

साम - नीति सब सुनीतियों की भित्ति है।
पर सुख - साध्य नहीं है उसकी साधना॥
लोक - रंजिनी - नीति भी सुगम है नहीं।
है गहना गतिमती लोक - आराधना॥ 64॥

भिन्न-भाव-रुचि - प्रकृति - भावना से भरित।
विविध विचाराचार आदि से संकलित॥
होती है जनता - ममता त्रिगुणात्मिका।
काम, क्रोध, मद, लोभ, मोह से आकुलित॥ 65॥

उसका संचालन नियमन या संयमन।
विविध-परिस्थिति देश, काल अवलोक कर॥
करते रहना सदा सफलता के सहित।
सुलभ है न प्रायः दुस्तर है अधिकतर॥ 66॥

यह दुस्तरता तब बनती है बहु - जटिल।
जब होता है दानवता का सामना॥
विफला बनती है जब दमन - प्रवृत्ति से।
लोकाराधन की कमनीया कामना॥ 67॥

द्वादश - बत्सर बीत गये तो क्या हुआ।
रघुकुल - पुंगव - कीर्त्ति अधिक-उज्ज्वल बनी॥
राम - राज्य - गगनांगण में है आज दिन।
चरम - शान्ति की तनी चारुतम चाँदनी॥ 68॥

वाल्मीकाश्रम में, जो विद्या - केन्द्र है।
बारह - बत्सर तक रह जाना आपका॥
सिद्ध हुआ उपकारक है भव के लिये।
शमन हुआ उससे पापीजन - पाप का॥ 69॥

जितने छात्र वहाँ की शिक्षा प्राप्त कर।
जिस विभाग में भारत - भूतल के गये॥
वहीं उन्होंने गाये वे गुण आपके।
पूत - भाव जिनमें हैं भूरि भरे हुए॥ 70॥

तपस्विनी - आश्रम में मधुपुर से कई—
कन्यायें मैंने भेजीं सद्वंशजा॥
कुछ दनुकूल की दुहितायें भी साथ थीं।
जिनमें से थी एक लवण की अंगजा॥ 71॥

वर - विद्यायें पढ़ कुछ वर्ष व्यतीत कर।
जब वे सब विदुषी बन आयीं मधुपुरी॥
सत्कुल की कन्याओं की तो बात क्या।
दनुज - सुतायें भी थीं सद्भावों भरी॥ 72॥

आपकी सदाशयता की बातें कहे।
किसी काल में तृप्ति उन्हें होती न थी।
विरह-व्यथा की कथा करुण - स्वर से सुना॥
लवणासुर की कन्या कब रोती न थी॥ 73॥

सच यह है इस समय की चरम-शान्ति का।
श्रेय इस पुनीताश्रम को है कम नहीं॥
ज्योति यहाँ जो विदुषी - विदुषों को मिली।
तम उसके सम्मुख सकता था थम नहीं॥ 74॥

सत्कुल के छात्रों अथवा छात्रियों ने।
जैसे गौरव - गरिमा गायी आपकी॥
वैसा ही स्वर दनुज - छात्रियों का रहा।
कैसे इति होती न अखिल - परिताप की॥ 75॥

देवि ! आपका त्याग, तपोबल, आत्मबल।
पातिव्रत का परिपालन, संयम, नियम॥
सहज - सरलता, दयालुता, हितकारिता।
लोक - रंजिनी नीति - प्रीति है दिव्यतम॥ 76॥

अतः पुण्य - बल से अशान्ति विदलित हुई।
हुआ प्रपंच - जनित अपवादों का कदन॥
बल, विद्या - सम्पन्न सर्व - गुण - अलंकृत।
मिले आपको दिव्य - देवतों से सुअन॥ 77॥

जैसे आश्रम - वास आपका हो सका।
शान्ति - स्थापन का वर - साधन दिव्य बन॥
वैसे ही उसने दैविक - बल से किया।
कुश-लव-सदृश अलौकिक सुअनों का सृजन॥ 78॥

कुलपति के दर्शन कर मैं आया यहाँ।
उनसे मुझको ज्ञात हुई यह बात है॥
शीघ्र जायँगे अवध आपके सहित वे।
अब वियोग - रजनी का निकट प्रभात है॥ 79॥

कुछ पुलकित, कुछ व्यथित बन सती ने कहा।
शान्ति - स्थापन का भवदीय प्रयत्न भी॥
है महान, है रघुकुल - गौरव - गौरवित।
भरा हुआ है उसमें अद्भुत - त्याग भी॥ 80॥

मेरा आश्रम - वास वैध था, उचित था।
किया आपने जो वह भी कर्त्तव्य था॥
किन्तु एक दो नहीं द्विदश - बत्सर विरह।
आपकी प्रिया का विचित्र भवितव्य था॥ 81॥

विधि - विधान में होती निष्ठुरता न जो।
तो श्रुति - कीर्त्ति परिस्थिति होती दूसरी॥
नियति - नीति में रहती निर्दयता न जो।
तो अबला बनती न तरंगित - निधि - तरी॥ 82॥

प्रकृति रहस्यों का पाया किसने पता।
ब्याह का समय आह रहा कैसा समय॥
जो मुझको उर्मिला तथा श्रुति - कीर्त्ति को।
मिला देखने को ऐसा विरहाभिनय॥ 83॥

किन्तु दुःखमय ए घटनायें लोकहित।
भव - हित वसुधा - हित के यदि साधन बनीं॥
तो वे कैसे शिरोधार्य्य होंगी नहीं।
मंगलमयी न कैसे जायेंगी गिनीं॥ 84॥

जैसे शुभ संवाद सुनाकर आपने।
आज कृपा कर मुझे बनाया है मुदित॥
दर्शन देकर तुरत अवधपुर में पहुँच।
वैसे ही श्रुति - कीर्त्ति को बनायें सुखित॥ 85॥

दोहा

सीय - वचन सुन पग - परस पाकर मोद - अपार।
रिपुसूदन ने ली विदा पुत्रों को कर प्यार॥ 86॥

सप्तदश सर्ग

जन-स्थान

तिलोकी

पहन हरित - परिधान प्रभूत - प्रफुल्ल हो।
ऊँचे उठ जो रहे व्योम को चूमते॥
ऐसे बहुशः - विटप - वृन्द अवलोकते।
जन - स्थान में रघुकुल - रवि थे घूमते॥ 1॥

थी सम्मुख कोसों तक फैली छबिमयी।
विविध-तृणावलि-कुसुमावलि-लसिता - धरा॥
रंग - बिरंगी - ललिता - लतिकायें तथा।
जड़ी - बूटियों से था सारा - वन भरा॥ 2॥

दूर क्षितिज के निकट असित-घन-खण्ड से।
विन्धयाचल के विविध - शिखर थे दीखते॥
बैठ भुवन - व्यापिनी - दिग्वधू - गोद में।
प्रकृति - छटा अंकित करना थे सीखते॥ 3॥

हो सकता है पत्थर का उर भी द्रवित।
पर्वत का तन भी पानी बन है बहा॥
मेरु - प्रस्रवण मूर्त्तिमन्त - प्रस्रवण बन।
यह कौतुक था वसुधा को दिखला रहा॥ 4॥

खेल रही थी रवि - किरणावलि को लिये।
विपुल - विटप - छाया से बनी हरी - भरी॥
थी उत्ताल - तरंगावलि से उमगती।
प्रवाहिता हो गद्‌गद वन गोदावरी॥ 5॥

कभी केलि करते उड़ते फिरते कभी।
तरु पर बैठे विहग-वृन्द थे बोलते॥
कभी फुदकते कभी कुतरते फल रहे।
कभी मन्दगति से भू पर थे डोलते॥ 6॥

कहीं सिंहिनी सहित सिंह था घूमता।
गरजे वन में जाता था भर भूरि-भय॥
दिखलाते थे कोमल-तृण चरते कहीं।
कहीं छलाँगें भरते मिलते मृग-निचय॥ 7॥

द्रुम-शाखा तोड़ते मसलते तृणों को।
लिये हस्तिनी का समूह थे घूमते॥
मस्तक-मद से आमोदित कर ओक को।
कहीं मत्त-गज बन प्रमत्त थे झूमते॥ 8॥

कभी किलकिलाते थे दाँत निकाल कर।
कभी हिलाकर डालें फल थे खा रहे॥
कहीं कूद आँखें मटका भौंहें नचा।
कपि-समूह थे निज-कपिता दिखला रहे॥ 9॥

खग-कलरव या पशु-विशेष के नाद से।
कभी कभी वह होती रही निनादिता।
सन्नाटा वन-अवनि में सर्वत्र था।
पूरी-निर्जनता थी उसमें व्यापिता॥ 10॥

इधर उधर खोजते हुए शम्बूक को।
पंचवटी के पंच-वटों के सामने॥
जब पहुँचे उस समय अतीत-स्मृति हुए।
लिया कलेजा थाम लोक-अभिराम ने॥ 11॥

पंचवटी प्राचीन-चित्र अंकित हुए।
हृदय-पटल पर, आकुलता चित्रित हुई॥
मर्म्म-वेदना लगी मर्म्म को वेधने।
चुभने लगी कलेजे में मानों सुई॥ 12॥

हरे - भरे तरु हरा - भरा करते न थे।
उनमें भरी हई दिखलाती थी व्यथा॥
खग - कलरव में कलरवता मिलती न थी।
बोल बोल वे कहते थे दुख की कथा॥ 13॥

लतिकायें थीं बड़ी - बलायें बन गयीं।
हिल हिल कर वे दिल को देती थीं हिला॥
कलिकायें निज कला दिखा सकती न थीं।
जी की कली नहीं सकती थीं वे खिला॥ 14॥

शूल के जनक से वे होते ज्ञात थे।
फूल देखकर चित्त भूल पाता न था॥
देख तितिलियों को उठते थे तिलमिला।
भौंरों का गुंजार उन्हें भाता न था॥ 15॥

जिस प्रस्त्रवण - अचल - लीलाओं के लिये।
लालायिता सदा रहती थी लालसा॥
वह उस भग्न - हृदय सा होता ज्ञात था।
जिसे पड़ा हो सर्व - सुखों का काल सा॥ 16॥

कल निनादिता - केलिरता - गोदावरी।
बनती रहती थी जो मुग्धकरी - बड़ी॥
दिखलाती थी उस वियोग - विधुरा समा।
बहा बहा आँसू जो भू पर हो पड़ी॥ 17॥

फिर वह यह सोचने लगे तरुओं - तले।
प्रिया - उपस्थिति के कारण जो सुख मिला॥
मेरे अन्तस्तल सरवर में उन दिनों।
जैसा वर - विनोद का वारिज था खिला॥ 18॥

रत्न - विमण्डित राजभवन के मध्य भी।
उनकी अनुपस्थिति में वह सुख है कहाँ॥
न तो वहाँ वैसा आनन्द - विकास है।
न तो अलौकिक - रस ही बहता है वहाँ॥ 19॥

ए पाँचों वट भी कम सुन्दर हैं नहीं।
अति - उत्तम इनके भी दल, फल फूल हैं॥
छाया भी है सुखदा किन्तु प्रिया - बिना।
वे मेरे अन्तस्तल के प्रतिकूल हैं॥ 20॥

बारह बरस व्यतीत हुए उनके यहीं।
किन्तु कभी आकुलता होती थी नहीं॥
कभी म्लानता मुखड़े पर आती न थी।
जब अवलोका विकसित - बदना वे रहीं॥ 21॥

और सहारा क्या था फल, दल के सिवा।
था जंगल का वास वस्तु होती गिनी॥
कभी कमी का नाम नहीं मुँह ने लिया।
बात असुविधा की कब कानों ने सुनी॥ 22॥

राई - भर भी है न बुराई दीखती।
रग - रग में है भूरि - भलाई ही भरी॥
उदारता है उनकी जीवन - संगिनी।
पर दुख - कातरता है प्यारी - सहचरी॥ 23॥

बड़े - बड़े - दुख के अवसर आये तदपि।
कभी नहीं दिखलाईं वे मुझको दुखी॥
मेरा मुख - अवलोके दिन था बीतता।
मेरे सुख से ही वे रहती थीं सुखी॥ 24॥

रूखी सूखी बात कभी कहती न थीं।
तरलतम - हृदय में थी ऐसा तरलता॥
असरल - पथ भी बन जाते थे सरल - तम।
सरल - चित्त की अवलोकन कर सरलता॥ 25॥

जब सौमित्र - बदन कुम्हलाया देखतीं।
मधुर - मधुर बातें कह समझाती उन्हें॥
जो कुटीर में होता वे लेकर उसे।
पास बैठकर प्यार से खिलातीं उन्हें॥ 26॥

कभी उर्मिला के वियोग की सुधि हुए।
आँसू उनके दृग का रुकता ही न था॥
कभी बनाती रहती थी व्याकुल उन्हें।
मम - माता की विविध-व्यथाओं की कथा॥ 27॥

ऐसी परम सदय - हृदया भव - हित रता।
सत्य - प्रेमिका गौरव - मूर्त्ति गरीयसी॥
बहु - बत्सर से है वियोग - विधुरा बनी।
विधि की विधि ही है भव - मध्य - बलीयसी॥ 28॥

जिसके भ्रू ने कभी न पाई बंकता।
जिसके दृग में मिली न रिस की लालिमा॥
जिसके मधुर - वचन न कभी अमधुर बने।
जिसकी कृति - सितता में लगी न कालिमा॥ 29॥

उचित उसे कह बन सच्ची - सहधर्म्मिणी।
जिसने वन का वास मुदित - मन से लिया॥
शिरोधार्य्य कह अति - तत्परता के सहित।
जिसने मेरी आज्ञा का पालन किया॥ 30॥

मेरा मुख जिसके सुख का आधार था।
मेरी ही छाया जो जाती है कही॥
जिसका मैं इस भूतल में सर्वस्व था।
जो मुझ पर उत्सर्गी - कृत - जीवन रही॥ 31॥

यदि वह मेरे द्वारा बहु - व्यथिता बनी।
विरह - उदधि - उत्ताल - तरंगों में बही॥
तो क्यों होगी नहीं मर्म्म - पीड़ा मुझे।
तो क्यों होगा मेरा उर शतधा नहीं॥ 32॥

एक दो नहीं द्वादश - बत्सर हो गये।
किसने इतनी भव - तप की आँचें सहीं॥
कब ऐसा व्यवहार कहीं होगा हुआ।
कभी घटी होगी ऐसी घटना नहीं॥ 33॥

धीर - धुरन्धर ने फिर धीरज धर सँभल।
अपने अति - आकुल होते चित्त से कहा॥
स्वाभाविकता स्वाभाविकता है अतः।
उसके प्रबल - वेग को कब किसने सहा॥ 34॥

किन्तु अधिक होना अधीर वांछित नहीं।
जब कि लोक - हित हैं लोचन के सामने॥
प्रिया को बनाया है वर भव - दृष्टि में।
लोकहित - परायण उनके गुण ग्राम ने॥ 35॥

आज राज्य में जैसी सच्ची - शान्ति है।
जैसी सुखिता पुलक - पूरिता है प्रजा॥
जिस प्रकार ग्रामों, नगरों, जनपदों में।
कलित - कीर्त्ति की है उड़ रही ललित ध्वजा॥ 36॥

वह अपूर्व है, है वुध - वृन्द - प्रशंसिता।
है जनता - अनुरक्ति - भक्ति उसमें भरी॥
पुण्य - कीर्त्तन के पावन - पयोधि में।
डूब चुकी है जन - श्रुति की जर्जर तरी॥ 37॥

बात लोक - अपवाद की किसी ने कभी।
जो कह दी थी भ्रम प्रमादवश में पड़े॥
उसकी याद हुए भी अवसर पर किसी।
अब हो जाते हैं उसके रोयें खड़े॥ 38॥

बिना रक्त का पात प्रजा - पीड़न किये।
बिना कटे कितने ही लोगों का गला।
साम - नीति अवलम्बन कर संयत बने।
लोकाराधन - बल से टली प्रबल - बला॥ 39॥

इसका श्रेय अधिकतर है महि - सुता को।
उन्हीं की सुकृति - बल से है बाधा टली॥
उन्हीं के अलौकिक त्यागों के अंक में।
लोक - हितकरी - शान्ति - बालिका है पली॥ 40॥

यदि प्रसन्न - चित्त से मेरी बातें समझ।
वे कुलपति के आश्रम में जातीं नहीं॥
वहाँ त्याग की मूर्त्ति दया की पूर्त्ति बन।
जो निज दिव्य-गुणों को दिखलातीं नहीं॥ 41॥

जो घबरातीं विरह - व्यथायें सोचकर।
मम - उत्तरदायित्व समझ पातीं नहीं॥
जो सुख - वांछा अन्तस्तल में व्यापती।
जो कर्त्तव्य - परायणता भाती नहीं॥ 42॥

तो अनर्थ होता मिट जाते बहु - सदन।
उनका सुख बन जाता बहुतों का असुख॥
उनका हित कर देता कितनों का अहित।
उनका मुख हो जाता भवहित से विमुख॥ 43॥

यह होता मानवता से मुँह मोड़ना।
यह होती पशुता जो है अति - निन्दिता॥
ऐसा कर वे च्युत हो जातीं स्वपद से।
कभी नहीं होतीं इतनी अभिनन्दिता॥ 44॥

है प्रधानता आत्मसुखों की विश्व में।
किन्तु महत्ता आत्म - त्याग की है अधिक॥
जगती में है किसे स्वार्थ प्यारा नहीं।
वर नर हैं परमार्थ - पन्थ के ही पथिक॥ 45॥

स्वार्थ - सिद्धि या आत्म - सुखों की कामना।
प्रकृति - सिद्ध है स्वाभाविक है सर्वथा॥
किन्तु लोकहित, भवहित के अविरोध से।
अकर्त्तव्य बन जायेगी वह अन्यथा॥ 46॥

इन बातों को सोच जनक - नन्दिनी की।
तपोभूमि की त्यागमयी शुचि - साधना॥
लोकोत्तर है वह सफला भी हुई है।
वह परार्थ की है अनुपम - आराधना॥ 47॥

रही बात उस द्विदश - बात्सरिक विरह की।
जिसे उन्होंने है संयत - चित्त से सहा॥
उसकी अतिशय - पीड़ा है, पर कब नहीं।
बहु - संकट - संकुल परार्थ का पथ रहा॥ 48॥

अन्य के लिए आत्म - सुखों का त्यागना।
निज हित की पर-हित निमित्त अवहेलना॥
देख, जाति या लोक - भलाई के लिए।
लगा लगा कर दाँव जान पर खेलना॥ 49॥

अति दुस्तर है, है बहु - संकट - आकलित।
पर सत्पथ में उनका करना सामना॥
और आत्मबल से उनपर पाना विजय।
है मानवता की कमनीया - कामना॥ 50॥

जिसका पथ - कण्टक संकट बनता नहीं।
भवहित - रत हो जो न आपदा से डरा॥
सत्पथ में जो पवि को गिनता है कुसुम।
उसे लाभ कर धन्या बनती है धरा॥ 51॥

प्रिया - रहित हो अल्प व्यथित मैं नहीं हूँ।
पर कर्त्तव्यों से च्युत हो पाया नहीं॥
इसी तरह हैं कृत्यरता जनकांगजा।
काया जैसी क्यों होगी छाया नहीं॥ 52॥

हाँ इसका है खेद परिस्थिति क्यों बनी–
ऐसी जो सामने - आपदा आ गयी॥
यह विधान विधि का है नियति - रहस्य है।
कब न विवशता मनु - सुत को इससे हुई॥ 53॥

इस प्रकार जब स्वाभाविकता पर हुए।
धीर - धुरन्धर - राम आत्म - बल से जयी॥
उसी समय वनदेवी आकर सामने।
खड़ी हो गयीं जो थीं विपुल व्यथामयी॥ 54॥

उन्हें देखकर रघुकुल पुंगव ने कहा।
कृपा हुई यदि देवि ! आप आयीं यहाँ॥
वनदेवी ने स्वागत कर सविनय कहा।
आप पधारें, रहा भाग्य ऐसा कहाँ॥ 55॥

किन्तु खिन्न मैं देख रही हूँ आपको।
आह ! क्या जनकजा की सुधि है हो गयी॥
कहूँ तो कहूँ क्या उह ! मेरे हृदय में।
आत्रेयी हैं बीज व्यथा के बो गयी॥ 56॥

जनकनन्दिनी जैसी सरला कोमला।
परम - सहृदया उदारता - आपूरिता॥
दयामयी हित - भरिता पर-दुख - कातरा।
करुणा - वरुणालया अवैध - विदूरिता॥ 57॥

मैंने अवनी में अब तक देखी नहीं।
वे मनोज्ञता - मानवता की मूर्त्ति हैं॥
भरी हुई है उनमें भवहित - कारिता।
पति - परायणा हैं पातिव्रत - पूर्ति हैं॥ 58॥

आप कहीं जाते, आने में देर कुछ—
हो जाती तो चित्त को न थीं रोकती॥
इतनी आकुल वे होती थीं उस समय।
आँखें पल पल थीं पथ को अवलोकती॥ 59॥

किसी समय जब जाती उनके पास मैं।
यही देखती वे सेवा में हैं लगी॥
आप सो रहे हैं वे करती हैं व्यजन।
या अनुरंजन की रंगत में हैं रँगी॥ 60॥

वास्तव में वे पति प्राणा हैं मैं उन्हें।
चन्द्रबदन की चकोरिका हूँ जानती॥
हैं उनके सर्वस्व आप ही मैं उन्हें।
प्रेम के सलिल की सफरी हूँ मानती॥ 61॥

रोमांचित - तन हुआ कलेजा हिल गया।
दृग के सम्मुख उड़ी व्यथाओं की ध्वजा॥
जब मेरे विचलित कानों ने यह सुना।
हैं द्वादश - वत्सर - वियोगिनी जनकजा॥ 62॥

विधि ने उन्हें बनाया है अति - सुन्दरी।
उनका अनुपम - लोकोत्तर - सौन्दर्य्य है॥
पर उसके कारण जो उत्पीड़न हुआ।
वह हृत्कम्पित - कर है परम - कदर्य्य है॥ 63॥

जो सम्राज्ञी हैं जो हैं नृप - नन्दिनी।
रत्न - खचित - कञ्चन के जिनके हैं सदन॥
उनका न्यून नहीं बहु बरसों के लिये।
बार बार बनता है वास - स्थान वन॥ 64॥

जो सर्वोत्तम - गुण - गौरव की मूर्त्ति हैं।
वसुधा - वांछित जिनका पूत - प्रयोग है॥
एक दो नहीं बारह बारह बरस का।
उनका हृदय - विदारक वैध - वियोग है॥ 65॥

विधि-विधान में क्या विधि है क्या अविधि है।
विबुध - वृन्द भी इसे बता पाते नहीं॥
सही गयीं ऐसी घटनायें, पर उन्हें।
थाम कलेजा सहनेवालों ने सहीं॥ 66॥

हरण अचानक जब पति प्राणा का हुआ।
उनके प्रतिपालित - खग-मृग मुझको मिले॥
पर वे मेरी ओर ताकते तक न थे।
वे कुछ ऐसे जनक - सुता से थे हिले॥ 67॥

शुक ने तो दो दिन तक खाया ही नहीं।
करुण - स्वरों से रही बिलखती शारिका॥
मातृहीन - मृग - शावक तृण चरता न था।
यद्यपि मैं थी स्वयं बनी परिचारिका॥ 68॥

कभी दिखाते वे ऐसे कुछ भाव थे।
जिनसे उर में उठती दुख की आग बल॥
उनकी खग-मृग तक की प्यारी प्रीति को।
बतलाते थे मृग - शावक के दृग - सजल॥ 69॥

द्रवण - शीलता जैसी थी उनमें भरी।
वैसा ही अन्तस्तल दयानिधान था॥
अण्डज, पिण्डज जीवों की तो बात क्या।
म्लान - विटप देखे, मुख बनता म्लान था॥ 70॥

दूब कुपुटते भी न उन्हें देखा कभी।
लता और तृण से भी उनको प्यार था॥
प्रेम - परायणता की वे हैं पुतली।
स्नेह - सिक्त उनका अद्भुत - संसार था॥ 71॥

आह ! वही क्यों प्रेम से प्रवंचित हुई।
क्यों वियोग - वारिधि - आवर्त्तों में पड़ी॥
जो सतीत्व की लोक - वन्दिता - मूर्त्ति है।
उसके सम्मुख क्यों आयी ऐसी घड़ी॥ 72॥

यह कैसी अकृपा ? क्या इसका मर्म्म है।
परम - व्यथित हृदया मैं क्यों समझूँ इसे॥
कैसे इतना उतर गयी वह चित्त से।
हृदय वल्लभा आप समझते थे जिसे॥ 73॥

आत्रेयी कहती थीं बारह बरस में।
नहीं गये थे आप एक दिन भी वहाँ॥
कहाँ वह अलौकिक पल पल का सम्मिलन।
और लोक - कम्पितकर यह अमिलन कहाँ॥ 74॥

कभी जनकजा जीती रह सकती नहीं।
जो न सम्मिलन - आशा होती सामने॥
क्या न कृपा अब भी होवेगी आपकी।
लोगों को क्यों पड़ें कलेजे थामने॥ 75॥

संयत हो यह कहा लोक - अभिराम ने।
देवि ! आप हैं जनकसुता - प्रिय - सहचरी ॥
हैं विदुषी हैं कोमल - हृदया आपके –
अन्तस्तल में उनकी ममता है भरी ॥ 76 ॥

उपालम्भ है उचित और मुझको स्वयं।
इन बातों की थोड़ी पीड़ा है नहीं ॥
किन्तु धर्म्म की गति है सूक्ष्म कही गयी।
जहाँ सुकृति है शान्ति विलसती है वहीं ॥ 77 ॥

लोकाराधन राजनीति - सर्वस्व है।
हैं परार्थ, परमार्थ, पन्थ भी अति - गहन ॥
पर यदि ए कर्त्तव्य और सद्धर्म हैं।
सहन - शक्ति तो क्यों न करे संकट सहन ॥ 78 ॥

कुलपति-आश्रम - वास जनक - नन्दिनी का।
हम दोनों के सद्विचार का मर्म्म है ॥
वेद - विहित बुध - वृन्द - समर्थित पूत - तम।
भवहित - मंगल - मूलक वांछित - कर्म्म है ॥ 79 ॥

कुछ लोगों का यह विचार है आत्म - सुख।
है प्रधान है वसुधा में वांछित वही ॥
तजे विफलता - पथ बाधाओं से बचे।
मनुज को सफलता दे देती है मही ॥ 80 ॥

वे कहते हैं नरक, स्वर्ग, अपवर्ग की।
जन्मान्तर या लोकान्तर की कल्पना ॥
है परोक्ष की बात हुई प्रत्यक्ष कब।
है परार्थ भी अतः व्यर्थ की जल्पना ॥ 81 ॥

यह विचार है स्वार्थ - भरितभ्रम - आकलित।
कर इसका अनुसरण ध्वंस होती धरा ॥
है परार्थ, परमार्थवाद ही पुण्यतम।
वह है भवहित के सद्भावों से भरा ॥ 82 ॥

स्वार्थ वह तिमिर है जिसमें रहकर मनुज।
है टटोलता रहता अपनी भूति को॥
है परार्थ परमार्थ दिव्य वह ओप जो।
उद्भासित करता है विश्व - विभूति को॥ 83॥

आत्म - सुख-निरत आत्म-सुखों में मग्न हो।
अवलोकन करता रहता निज - ओक है॥
कहलाकर कुल का, स्वजाति का, देश का।
लोक-सुख-निरत बनता भव आलोक है॥ 84॥

इसी पन्थ की पथिका हैं जनकांगजा।
उनका आश्रम का निवास सफलित हुआ॥
मिले अलौकिक-लाल हो गया लोक-हित।
कलुषित-जन-अपवाद काल-कवलित हुआ॥ 85॥

अश्वमेध का अनुष्ठान हो चुका है।
नीति की कलिततम कलिकायें खिलेंगी॥
कृपा दिखा उत्सव में आयें आप भी।
वहाँ जनक - नन्दिनी आपको मिलेंगी॥ 86॥

दोहा

चले गये रघुकुल-तिलक कह पुलकित - कर बात।
वनदेवी अविकच - बदन बना विकच - जलजात॥ 87॥

अष्टादश सर्ग

स्वर्गारोहण

तिलोकी

शीत - काल था वाष्पमय बना व्योम था।
अवनी - तल में था प्रभूत - कुहरा भरा॥
प्रकृति - वधूटी रही मलिन - वसना बनी।
प्राची सकती थी न खोल मुँह मुसुकुरा॥ 1॥

ऊषा आयी किन्तु विहँस पायी नहीं।
राग - मयी हो बनी विरागमयी रही॥
विकस न पाया दिगंगना - वर - बदन भी।
बात न जाने कौन गयी उससे कही॥ 2॥

ठंढी - साँस समीरण भी था भर रहा।
था प्रभात के वैभव पर पाला पड़ा॥
दिन - नायक भी था न निकलना चाहता।
उन पर भी था कु-समय का पहरा कड़ा॥ 3॥

हरे - भरे - तरुवर मन मारे थे खड़े।
पत्ते कँप कँप कर थे आँसू डालते॥
कलरव करते आज नहीं खग - वृन्द थे।
खोतों से वे मुँह भी थे न निकालते॥ 4॥

कुछ उँजियाला होता फिर घिरता तिमिर।
यही दशा लगभग दो घण्टे तक रही॥
तदुपरान्त रवि-किरणावलि ने बन सबल।
मानीं बातें दिवस - स्वच्छता की कही॥ 5॥

कुहरा टला दमकने अवधपुरी लगी।
दिवनायक ने दिखलाई निज - दिव्यता॥
जन-कल-कल से हुआ आकलित कुल-नगर।
भवन भवन में भूरि - भर - गयी - भव्यता ॥ 6 ॥

अवध - वर - नगर अश्वमेध - उपलक्ष से।
समधिक - सुन्दरता से था सज्जित हुआ॥
जन - समूह सुन जनक - नन्दिनी - आगमन।
था प्रमोद - पाथोधि में निमज्जित हुआ ॥ 7 ॥

ऋषि, महर्षि, विबुधों, भूपालों, दर्शकों।
सन्त - महन्तों, गुणियों से था पुर भरा॥
विविध - जनपदों के बहु - विध नर वृन्द से।
नगर बन गया देव - नगर था दूसरा ॥ 8 ॥

आज यही चर्चा थी घर घर हो रही।
जन जन चित्त की उत्कण्ठा थी चौगुनी॥
उत्सुकता थी मूर्त्तिमन्त बन नाचती।
दर्शन की लालसा हुई थी सौगुनी ॥ 9 ॥

यदि प्रफुल्ल थी धवल - धाम की धवलता।
पहन कलित - कुसुमावलि-मंजुल-मालिका॥
बहु - वाद्यों की ध्वनियों से हो हो ध्वनित।
अट्टहास तो करती थी अट्टालिका ॥ 10 ॥

यदि विलोकते पथ थे वातायन - नयन।
सजे - सदन स्वागत - निमित्त तो थे लसे॥
थे समस्त - मन्दिर बहु - मुखरित कीर्त्ति से।
कनक के कलस उनके थे उल्लसित से ॥ 11 ॥

कल - कोलाहल से गलियाँ भी थीं भरी।
ललक - भरे - जन जहाँ तहाँ समवेत थे॥
स्वच्छ हुई सड़कें थीं, सुरभित - सुरभि से—
बने चौरहे भी चारुता - निकेत थे ॥ 12 ॥

राजमार्ग पर जो बहु - फाटक थे बने।
कारु - कार्य्य उनके अतीव - रमणीय थे।
थीं झालरें लटकती मुक्ता - दाम की।
कनक - तार के काम परम - कमनीय थे ॥ 13 ॥

लगी जो ध्वजायें थीं परम - अलंकृता।
विविध - स्थलों मन्दिरों पर तरुवरों पर ॥
कर नर्त्तन कर शुभागमन - संकेत बहु।
दिखा रही थीं दृश्य बड़े ही मुग्धकर ॥ 14 ॥

सलिल-पूर्ण नव - आम्र - पल्लवों से सजे।
पुर - द्वारों पर कान्त - कलस जो थे लसे ॥
वे यह व्यंजित करते थे मुझमें, मधुर —
मंगल - मूलक - भाव मनों के हैं बसे ॥ 15 ॥

राजभवन के तोरण पर कमनीयतम।
नौबत बड़े मधुर - स्वर से थी बज रही ॥
उसके सम्मुख जो अति - विस्तृत - भूमि थी।
मनोहारिता - हाथों से थी सज रही ॥ 16 ॥

जो विशालतम - मण्डप उसपर था बना।
धीरे धीरे वह सशान्ति था भर रहा ॥
अपने सज्जित - रूप अलौकिक - विभव से।
दर्शक - गण को बहु - विमुग्ध था कर रहा ॥ 17 ॥

सुनकर शुभ - आगमन जनक - नन्दिनी का।
अभिनन्दन के लिए रहे उत्कण्ठ सब ॥
कितनों की थी यह अति - पावन - कामना।
अवलोकेंगे पतिव्रता - पद - कंज कब ॥ 18 ॥

स्थान बने थे भिन्न भिन्न सबके लिये।
ऋषि, महर्षि, नृप-वृन्द, विबुध-गण-मण्डली ॥
यथास्थान थी बैठी अन्य - जनों सहित।
चित्त - वृत्ति थी बनी विकच - कुसुमावली ॥ 19 ॥

एक भाग था बड़ा - भव्य मञ्जुल - महा।
उसमें राजभवन की सारी - देवियाँ ॥
थीं विराजती कुल - बालाओं के सहित।
वे थीं वसुधातल की दिव्य - विभूतियाँ ॥ 20 ॥

जितने आयोजन थे सज्जित - करण के।
नगर में हुए जो मंगल - सामान थे ॥
विधि - विडम्बना - विवश तुषार - प्रपात से।
सभी कुछ न कुछ अहह हो गये म्लान थे ॥ 21 ॥

गगन - विभेदी जयजयकारों के जनक।
विपुल - उल्लसित जनता के आह्लाद ने ॥
जनक - नन्दिनी पुर - प्रवेश की सूचना।
दी अगणित - वाद्यों के तुमुल - निनाद ने ॥ 22 ॥

सबसे आगे वे सैकड़ों संवार थे।
जो हाथों में दिव्य - ध्वजायें थे लिये ॥
जो उड़ उड़ कर यह सूचित कर रही थीं।
कीर्त्ति - धरा में होती है सत्कृति किये ॥ 23 ॥

इनके पीछे एक दिव्यतम - यान था।
जिसपर बैठे हुए थे भरत रिपुदमन ॥
देख आज का स्वागत महि - नन्दिनी का।
था प्रफुल्ल शतदल जैसा उनका बदन ॥ 24 ॥

इसके पीछे कुलपति का था रुचिर - रथ।
जिसपर वे हो समुत्फुल्ल आसीन थे ॥
बन विमुग्ध थे अवध - छटा अवलोकते।
राम - चरित की ललामता में लीन थे ॥ 25 ॥

जनक - सुता - स्यन्दन इसके उपरान्त था।
जिसपर थी कुसुमों की वर्षा हो रही ॥
वे थीं उसपर पुत्रों - सहित विराजती।
दिव्य-ज्योति मुख की थी भव-तम खो रही ॥ 26 ॥

कुश मणि - मण्डित - छत्र हाथ में थे लिये।
चामीकर का चमर लिये लव थे खड़े॥
एक ओर सादर बैठे सौमित्र थे।
देखे जनता - भक्ति थे प्रफुल्लित - बड़े॥ 27॥

सबके पीछे बहुशः - विशद - विमान थे।
जिनपर थी आश्रम - छात्रों की मण्डली॥
छात्राओं की संख्या भी थोड़ी न थी।
बनी हुई थीं जो वसंत - विटपावली॥ 28॥

धीरे धीरे थे समस्त - रथ चल रहे।
विविध - वाद्य-वादन - रत वादक-वृन्द था॥
चारों ओर विपुल - जनता का यूथ था।
जो प्रभात का बना हुआ अरविन्द था॥ 29॥

बरस रही थी लगातार सुमनावली।
जय-जय ध्वनि से दिशा ध्वनित थी हो रही॥
उमड़ा हुआ प्रमोद - पयोधि - प्रवाह था।
प्रकृति, उरों में सुकृति, बीज थी बो रही॥ 30॥

कुश - लव का श्यामावदात सुन्दर - बदन।
रघुकुल - पुंगव सी उनकी कमनीयता॥
मातृ - भक्ति-रुचि वेश-वसन की विशदता।
परम - सरलता मनोभाव - रमणीयता॥ 31॥

मधुर - हँसी मोहिनी - मूर्त्ति मृदुतामयी।
कान्ति - इन्दु सी दिन-मणि सी तेजस्विता॥
अवलोके द्विगुणित होती अनुरक्ति थी।
बनती थी जनता विशेष - उत्फुल्लिता॥ 32॥

जब मुनि - पुंगव रथ समेत महि-नन्दिनी।
रथ पहुँचा सज्जित - मण्डप के सामने॥
तब सिंहासन से उठ सादर यह कहा।
मण्डप के सब महज्जनों से राम ने॥ 33॥

आप लोग कर कृपा यहीं बैठे रहें।
जाता हूँ मुनिवर को लाऊँगा यहीं॥
साथ लिये मिथिलाधिप की नन्दिनी को।
यथा शीघ्र फिर आ जाऊँगा यहीं॥ 34॥

रथ पहुँचा ही था कि कहा सौमित्र ने।
आप सामने देखें प्रभु हैं आ रहे॥
श्रवण-रसायन के समान यह कथन सुन।
स्रोत-सुधा के सिय अन्तस्थल में बहे॥ 35॥

उसी ओर अति-आकुल-आँखें लग गयीं।
लगीं निछावर करने वे मुक्तावली॥
बहुत समय से कुम्हलाई आशा-लता।
कल्पबेलि सी कामद बन फूली फली॥ 36॥

रोम रोम अनुपम-रस से सिञ्चित हुआ।
पली अलौकिकता-कर से पुलकावली॥
तुरत खिली खिलने में देर हुई नहीं।
बिना खिले खिलती है जो जी की कली॥ 37॥

धन-तन देखे वह वासना सरस बनी।
जो वियोग-तप-ऋतु-आतप से थी जली॥
विधु-मुख देखे तुरत जगमगा वह उठी।
तम-भरिता थी जो दुश्चिन्ता की गली॥ 38॥

जब रथ से थीं उतर रहीं जनकांगजा।
उसी समय मुनिवर की करके वन्दना॥
पहुँचे रघुकुल तिलक वल्लभा के निकट।
लोकोत्तर था पति-पत्नी का सामना॥ 39॥

ज्योंही पति प्राणा ने पति-पद-पद्म का।
स्पर्श किया निर्जीव-मूर्त्ति सी बन गयीं॥
और हुए अतिरेक चित्त-उल्लास का।
दिव्य-ज्योति में परिणत वे पल में हुईं॥ 40॥

लगे वृष्टि करने सुमनावलि की त्रिदश।
तुरत दुन्दुभी - नभतल में बजने लगी॥
दिव्य दृष्टि ने देखा, है दिव - गामिनी।
वह लोकोत्तर - ज्योति जो धरा में जगी॥ 41॥

वह थी पातिव्रत - विमान पर विलसती।
सुकृति, सत्यता, सात्विकता की मूर्त्तियाँ॥
चमर डुलाती थीं करती जयनाद थीं।
सुर - बालायें करती थीं कृति - पूर्त्तियाँ॥ 42॥

क्या महर्षि क्या विबुध-वृन्द क्या नृपति-गण।
क्या साधारण जनता क्या सब जनपद॥
सभी प्रभावित दिव्य - ज्योति से हो गये।
मान लोक के लिये उसे आलोक प्रद॥ 43॥

मुनि - पुंगव - रामायण की बहु - पंक्तियाँ।
पाकर उसकी विभा जगमगायीं अधिक॥
कृति - अनुकूल ललिततम उसके ओप से।
लौकिक बातें भी बन पायीं अलौकिक॥ 44॥

कुलपति - आश्रम के छात्रों ने लौटकर।
दिव्य-ज्योति-अवलम्बन से गौरव-सहित॥
वह आभा फैलाई निज निज प्रान्त में।
जिसके द्वारा हुआ लोक का परम - हित॥ 45॥

तपस्विनी - छात्राओं के उद्बोध से।
दिव्य ज्योति-बल से बल सका प्रदीप वह॥
जिससे तिमिर - विदूरित बहु - घर के हुए।
लाख लाख मुखड़ों की लाली सकी रह॥ 46॥

ऋषि, महर्षियों, विबुधों, कवियों, सज्जनों।
हृदयों में बस दिव्य-ज्योति की दिव्यता॥
भवहित - कारक सद्भावों में सर्वदा।
भूरि भूरि भरती रहती थी भव्यता॥ 47॥

जनपदाधि - पतियों नरनाथों - उरों में।
दिव्य-ज्योति की कान्ति बनी राका-सिता॥
रंजन - रत रह थी जन जन की रंजिनी।
सुधामयी रह थी वसुधा में विलसिता॥ 48॥

साधिकार - पुरुषों साधारण - जनों के।
उरों में रमी दिव्य - ज्योति की रम्यता॥
शान्तिदायिनी बन थी भूति - विधायिनी।
कहलाकर कमनीय - कल्पतरु की लता॥ 49॥

यथाकाल यह दिव्य-ज्योति भव-हित-रता।
आर्य - सभ्यता की अमूल्य - निधि सी बनी॥
वह भारत-सुत-सुख-साधन वर-व्योम में।
है लोकोत्तर ललित चाँदनी सी तनी॥ 50॥

उसके सारे - भाव भव्य हैं बन गये।
पाया उसमें लोकोत्तर - लालित्य है॥
इन्दु कला सी है उसमें कमनीयता।
रचा गया उस पर जितना साहित्य है॥ 51॥

उसकी परम - अलौकिक आभा के मिले।
दिव्य बन गयी हैं कितनी ही उक्तियाँ॥
स्वर्णाक्षर हैं मास - अंकित - अक्षर बने।
मणिमय हैं कितने ग्रन्थों की पंक्तियाँ॥ 52॥

आज भी अमित - नयनों की वह दीप्ति है।
आज भी अमित - हृदयों की वह शान्ति है॥
आज भी अमित तम - भरितों की है विभा।
आज भी अमित-मुखड़ों की वह कान्ति है॥ 53॥

आज भी कलित उसकी कीर्त्ति - कलाप से।
मंजुल - मुखरित उसका अनुपम - ओक है॥
आज भी परम - पूता भारत की धरा।
आलोकित है उसके शुचि आलोक से॥ 54॥

उठकर इतना उच्च ठहरती क्यों यहाँ।
इस ध्वनि से ही उस दिन थी ध्वनिता-मही॥
अपने दिव्य गुणों की दिखला दिव्यता।
वह तो स्वर्गीया ही जाती थी कही॥ 55॥

दोहा

अधिक - उच्च उठ जनकजा क्यों धरती तजतीं न।
बने दिव्य से दिव्य क्यों दिव देवी बनतीं न॥ 56॥

❑

अयोध्यासिंह उपाध्याय 'हरिऔध' रचनावली

खण्ड-2

खण्ड-1

❑ प्रियप्रवास ❑ वैदेही-वनवास

खण्ड-2

❑ पारिजात ❑ पद्य-प्रमोद

खण्ड-3

❑ चोखे चौपदे ❑ चुभते चौपदे ❑ हरिऔध-दोहावली ❑ बाल-कवितावली ❑ हरिऔध-सतसई

खण्ड-4

❑ बोलचाल ❑ काब्योपबन ❑ ऋतु-मुकुर

खण्ड-5

❑ रसकलस

खण्ड-6

❑ अधखिला फूल ❑ ठेठ हिन्दी का ठाट ❑ इतिवृत्त ❑ वेनिस का बाँका ❑ अभिभाषण ❑ विविध

खण्ड-7

❑ हिन्दी भाषा और साहित्य का विकास

खण्ड-8

❑ कबीर वचनावली ❑ रस साहित्य और समीक्षाएँ ❑ संदर्भ-सर्वस्व ❑ विविध

खण्ड-9

❑ पद्य-प्रसून ❑ आधुनिक कवि ❑ मर्म-स्पर्श

खण्ड-10

❑ श्रीप्रद्युम्नविजय व्यायोग ❑ श्रीरुक्मिणीपरिणयनाटक ❑ कल्पलता ❑ पवित्र पर्व ❑ प्रेम पुष्पोपहार ❑ अच्छे अच्छे गीत ❑ स्वर्गीय संगीत ❑ कतिपय ब्रजभाषा काव्य ❑ हरिऔध आत्म-चरित

वाणी प्रकाशन
ज्ञान के विविध आयामों के प्रकाशक

वाणी प्रकाशन का 'लोगो' विख्यात चित्रकार मक़बूल फ़िदा हुसेन की कूची से

वाणी प्रकाशन, 4695, 21-ए, दरियागंज, नयी दिल्ली-110002
वाणी प्रकाशन, अशोक राजपथ (पटना कॉलेज के सामने), पटना (बिहार)

AYODHYASINGH UPADHYAYA 'HARIAOUDH' RACHNAWALI-2

Edited by Sadanand Shahi

Complete work of Ayodhyasingh Upadhyaya *'Hariaoudh'*

ISBN : 978-93-5000-200-1

प्रथम संस्करण

मूल्य : 9000/-

वाणी प्रकाशन

फोन : 0091#11#23273167, 23275710
फैक्स : 0091#11#23275710
वेबसाइट : www.vaniprakashan.in
ई-मेल : vaniprakashan@gmail.com
vani_prakashan@yahoo.com

आर.टेक ऑफसेट प्रिंटर्स द्वारा दिल्ली-110095 में मुद्रित

अयोध्यासिंह उपाध्याय 'हरिऔध' रचनावली

खण्ड-2

सम्पादक
सदानन्द शाही

वाणी प्रकाशन

प्रकाशकीय

अयोध्यासिंह उपाध्याय 'हरिऔध' भारतेन्दु युग और द्विवेदी युग के बीच एक अत्यन्त महत्त्वपूर्ण कड़ी हैं। खड़ी बोली हिन्दी के पहले महाकाव्य के रचनाकार के रूप में उनका ऐतिहासिक महत्त्व तो है ही, हिन्दी भाषा के अनूठे शिल्पकार के रूप में उनका योगदान कहीं ज्यादा महत्त्व का है। उन्नीसवीं और बीसवीं शताब्दी में जब हिन्दी की रूप रचना को लेकर तरह-तरह की बहसें चल रही थीं—हरिऔध ने हिन्दी भाषा के सभी सम्भावित और आकांक्षित रूपों को अपनी लेखनी से मूर्त किया। हरिऔध के रचना संसार से गुजरते हुए उनके भाषा सम्बन्धी संघर्ष को सहज ही लक्षित किया जा सकता है। ब्रजभाषा से शुरू करके **वेनिस का बांका** और **प्रियप्रवास** की संस्कृत निष्ठ हिन्दी फिर **ठेठ हिन्दी का ठाट** की ठेठ हिन्दी से होते हुए **बोलचाल** की सामान्य हिन्दी का रूप हरिऔध के यहाँ मौजूद है। वे भाषा के रूप को लेकर होने वाली बहसों में अपनी रचनाओं के साथ उतरते हैं और एक सच्चे प्रयोग कर्ता की तरह समाज की प्रतिक्रिया के आलोक में भाषा का रूप बदल देते हैं। उनकी यह प्रयोगशीलता केवल भाषा के स्तर पर नहीं बल्कि छन्द विधान के स्तर पर भी दिखाई देती है। संस्कृत के वर्ण वृत्तों का प्रयोग हो, हिन्दी के मात्रिक छन्दों का या फिर उर्दू बहरों का; हिन्दी के आँगन में वे सबको व्यावहारिक रूप से उतार कर आगे आने वाले रचनाकारों के लिए मार्ग प्रशस्त करते हैं। वजह चाहे जो रही हो, हिन्दी साहित्य के इतिहास में हरिऔध के महत्त्व को स्वीकार करते हुए भी उनके ऐतिहासिक महत्त्व और अवदान का सम्यक विवेचन नहीं हो सका है। इस ग्रन्थावली को प्रस्तुत करते हुए हमारे मन में कहीं एक भूल सुधार का भाव भी काम कर रहा था। हरिऔध साहित्य को एक साथ प्रस्तुत करते हुए हम यह उम्मीद कर रहे हैं कि हरिऔध की प्रयोगधर्मिता की ओर अपेक्षित ध्यान जाएगा और उनके वास्तविक अवदान को आँकने की दिशा में यत्न होंगे। ग्रन्थावली में यथा संभव हरिऔध के प्रामाणिक पाठ को प्रस्तुत करने की कोशिश की गयी है। किसी एक संस्करण में रह गयी अशुद्धियाँ बाद के कई संस्करणों में दुहरायी जाती रही हैं उन्हें भी यथा स्थान सुधार दिया गया है।

यदि यह ग्रन्थावली हरिऔध के साहित्य में छिपे हिन्दी भाषा के विकास के इतिहास की खोज के लिए प्रेरित और प्रोत्साहित कर सकी तो हमें अपना श्रम सार्थक लगेगा।

—अरुण माहेश्वरी

अनुक्रमणिका

1. पारिजात 1–332

अष्टम सर्ग

अन्तर्जगत्

नवम सर्ग

सांसारिकता

दशम सर्ग

स्वर्ग

एकादश सर्ग

कर्म-विपाक

द्वादश सर्ग

प्रलय-प्रपंच

त्रयोदश सर्ग

कान्त कल्पना

पारिजात

पारिजात

प्रथम सर्ग

[1]

गेय गान

शार्दूल-विक्रीड़ित

आराधे भव - साधना सरस हो साधें सुधासिक्त हों।
सारी भाव - विभूति भूतपति की हो सिद्धियों से भरी।
पाता की अनुकूलता कलित हो धाता विधाता बने।
पाके मादकता - विहीन मधुता हो मोदिता मेदिनी। 1।
सारे मानस - भाव इन्द्रधनु - से हों मुग्धता से भरे।
देखे श्यामलता प्रमोद - मदिरा मेधा - मयूरी पिये।
न्यारी मानवता सुधा बरस के दे मोहिनी मंजुता।
भू को मेघ मनोज्ञ - मूर्त्ति कर दे माधुर्य -मुक्तामयी। 2।

वसन्त-तिलका

तो क्यों न लोकहित्त लालित हो सकेगा।
जो लालसा ललित भाव ललाम होंगे।
तो क्यों अलौकिक अनेक कला न होगी।
जो कल्प - बेलि सम कामद कल्पना हो। 3।

द्रुतविलम्बित

सुजनता जनता - हितकारिता।
मधुरता मृदुता यदि है भली।
मनुजता-रत सादर तो सुनें।
सुकवि की कलिता कवितावली। 4।
विकल है करती यदि काल की।
कलि - विभूति - मयी विकरालता।

बहु समाहित हो बुध तो सुनें।
हितकरी 'हरिऔध'—पदावली।5।

शार्दूल-विक्रीड़ित

है आलोकित लोक-लोक किसकी आलोक - माला मिले।
पाते हैं उसको सुरासुर कहाँ जो सत्य सर्वस्व है।
है संयोजक कौन सूर-शशि का, स्वर्गीय सम्पत्ति का।
कोई क्यों उसको असार समझे, संसार में सार है।6।
न्यारी शान्ति मिली कहीं विलसती, है क्रान्ति होती कहीं।
प्याला है रस का कहीं छलकता, है ज्वाल-माला कहीं।
है आहार, विहार, वैभव कहीं; संहार होता कहीं।
है अत्यन्त अकल्पनीय भव की क्रीड़ामयी कल्पना।7।

[2]

दिव्य दशमूर्ति

गीत

जय-जय जयति लोक-ललाम।
सकल मंगल - धाम

भरत भू को देख अभिनव भाव से अभिभूत।
राममोहन रूप धर भ्रम-निधन-रत अविराम।1।
विविध नवल विचार-विचलित युवक-दल अवलोक।
रामकृष्ण स्वरूप में अवतरित बन विश्राम।2।
विपुल आकुल बाल-विधवा बहु विलाप विलोक।
विदित ईश्वरचन्द्र वपु धर स्ववश-कृत विधि वाम।3।
वेद-विहित प्रथित सनातन-पन्थ मथित विचार।
दयानन्द शरीर धर शासन-निरत वसु याम।4।
पतन-प्राय समाज-शोधन की बताई नीति।
विहर रानाडे-हृदय में विदित कर परिणाम।5।
एक सत्ता मन्त्र से दी धर्म्म को ध्रुव शक्ति।
रामतीर्थ स्वरूप धर उर-हार कर हरि-नाम।6।
दलित वंचित व्यथित महि में की अचिन्तित क्रान्ति।
बाल-गंगाधर तिलक बन कर अलौकिक काम।7।

राजनीति-विधान की विधि-हीनता की हीन।
गोखले गौरवित तन धर विरच सित मति श्याम। 8।
तिमिर-पूरित भरत-भू में ज्योति भर दी भूरि।
मदनमोहन मूर्त्ति धर बनकर भुवन-अभिराम। 9।
विविध वाधा मुक्ति-पथ की शमन की रह शान्त।
मंजु मोहन-चन्द में रम कर विहित संग्राम। 10।
मातृ-महि-हित-रत करे हर हृदय कुत्सित भाव।
द्रवित उर 'हरिऔध' गुंफित दिव्य जन गुणग्राम। 11।

शार्दूल-विक्रीड़ित

नाना कार्य-विधायनी निपुणता नीतिज्ञता विज्ञता।
न्यारी जाति-हितैषिता सबलता निर्भीकता दक्षता।
सच्ची सज्जनता स्वधर्म-मतिता स्वच्छन्दता सत्यता।
दिव्यों की दशमूर्त्ति देश-जन को देती रहे दिव्यता। 12।

[3]

कामना

गीत

विधि-विधान हो मधुमय मृदुल मनोहर।
आलोकित हो लोक अधिकतर।
हो काल विपुल अनुकूल सकल कलि-मल टले। 1।
विमल विचार-विवेक-बलित हो मानस।
पाये तेज दलित हो तामस।
मंजुल-तम ज्ञान-प्रदीप हृदय-तल में बले। 2।
हो राजीवता सर्व जनों में संचित।
करे न कोमल प्रकृति प्रवंचित।
भावे भावुकता भूति भाव होवें भले। 3।
कर न सके भयभीत किसी को भावी।
साहस बने सुधारस-स्रावी।
दिखलावे सबल समोद दुखित दल दुख दले। 4।
मद-रज से हों मानस-मुकुर न मैले।
बन्धु-भाव वसुधा में फैले।
मानवता का कर दलन न दानवता खले। 5।

मर्म हृदय का हृदयवान् जन जाने।
ममता पर ममता पहचाने
बन धर्म-धुरन्धर लोक-कर्म-पथ पर चले। 6।
जगा जीवनी-ज्योति जातियाँ जागें।
अनुरंजन-रत हो अनुरागें।
भव-हित-पलने में देश-प्रेम प्रिय शिशु पले। 7।
विपुल विनोदित बने सुखित हो पावे।
सुर-वांछित वैभव अपनावे।
पहुँचे पुनीत तम सुजन देव-पादप-तले। 8।
द्रवित मोम सम पवि मानस हो जावे।
कूटनीति तृण-राशि जलावे।
होवे हित-पावक प्रखर प्रेम-पंखा झले। 9।
छिले न कोई उर न क्षोभ छू जावे।
शान्ति-छटा छिटकी दिखलावे।
छल करके कोई छली न क्षिति-तल को छले। 10।
सब विभेद तज भेद-साधना जाने।
महामन्त्र भव-हित को माने।
अभिमत फल पाकर साधक जन फूले-फले। 11।

शिखरिणी

दिवा-स्वामी होवे रुचिर रुचिकारी दिवस हो।
दिशाएँ दिव्या हों सरस सुखदायी समय हो।
मयंकाभा होवे सित-तम महा मंजु रजनी।
सुधा की धारा से धुल-धुल धरा हो धवलिता। 12।
भले भावों से हो भरित भव भावी सबलता।
स्वभावों को भावे भुवन-भयहारी सदयता।
सदाचारों द्वारा सफलित बने चित्त-शुचिता।
सुधारों में होवे सुरसरि-सुधा-सी सरसता। 13।

[4]

उमंग भरे युवक

गीत

हैं भूतल - परिचालक प्रतिपालक ए।
तोयधि - तुंग - तरंग युवक - उमंग - भरे। 1।

हैं भव - जन - भय - भंजन मन - रंजन ए।
बन्धन - मोचन - हेतु अवनि में अवतरे। 2।
हैं अनुपम यश - अंकित अकलंकित ए।
लोक अलौकिक लाल मराल विरल वरे। 3।
हैं दानव-दल-दण्डन खल-खण्डन ए।
अरि - कुल - कण्ठ - कुठार अकुण्ठित व्रत धरे। 4।
हैं नर-पुंगव नागर सुखसागर ए।
मनुज - वंश - अवतंस सरस रुचि सिर-धरे। 5।
हैं जनता-संजीवन जग-जीवन ए।
पीड़ित - जन - परिताप - तप्त पथ पौसरे। 6।
हैं समाज - सुख - साधक दुख - बाधक ए।
देश - प्रेम - प्रासाद प्रभावित फरहरे। 7।
हैं नवयुग - अधिनायक प्रिय पायक ए।
वसुधा - विजयी वीर विजय - प्रद पैंतरे। 8।
हैं सुविचार - प्रचारक परिचारक ए।
सब सुधार - आधार - धरा - पादप हरे। 9।
हैं पविता - परिचायक शित शायक ए।
सब पदार्थ - सर्वस्व स्वार्थ - परता परे। 10।

वंशस्थ

सदैव होवें समयानुगामिनी।
प्रसादिनी मानवतावलम्बिनी।
गरीयसी, गौरविता, महीयसी।
यवीयसी हों युवक - प्रवृत्तियाँ। 11।
प्रफुल्ल हों, पीवर हों, प्रवीर हों।
प्रवीण हों, पावन हों, प्रबुद्ध हों।
विनीत हों, वत्सलता - विभूति हों।
वसुन्धरा - वैभव बाल - वृन्द हों। 12।

वसन्त-तिलका

भूलोक - भूति भवसिद्धि - मयी मनोज्ञा।
सारी धरा - विजयिनी कल - कीर्त्ति कान्ता।
सम्पत्तिदा जन - विपत्ति - विनाश - मूर्त्ति।
होवे पुनीत प्रतिपत्ति युवा जनों की। 13।

धीरा प्रशान्त अति कान्त नितान्त दिव्या।
हिंसा - विहीन सरसा भव - वांछनीया।
संसार - शान्ति अवनी नवनी समाना।
हो पूत - भाव - जननी जनताभिलाषा। 14।
हो उक्ति मंजु अनुरक्ति प्रवृत्ति पूत।
आसक्ति उच्च भव-भक्ति - विरक्ति - हीन।
वाधामयी विषमता क्षमता - विनाशी।
हो सिद्ध - भूत समता ममता युवा की। 15।
भूले न लोक - हित मन्त्र - मदाग्ध हो के।
पी के प्रमाद - मदिरा न बने प्रमादी।
पाके महान पद मानवता न खोवे।
होवे न मत्त बहु मान मिले मनस्वी। 16।
दे दे विभा विहित नीति विभावरी को।
पाले कुमोदक-समान प्रजाजनों को॥
सींचे सुधा बरस के अरसा रसा को।
सच्चा सुधाधर बने वसुधाधिकारी। 17।

[5]

भारत-भूतल

शिखरिणी

सिता-सी साधें हों सुकथन सुधा से मधुर हो।
अछूते भावों से भर-भर बने भव्य प्रतिभा।
रसों से सिक्ता हो पुलकित करे सूक्ति सबको।
विचारों की धारा सरस सरि-धारा-सदृश हो। 1।

गीत

जय भव-वन्दित भारत-भूतल।

शिर पर शोभित कलित क्रीट सम विलसित अचल हिमाचल। 1।
कण्ठ-लग्न मुक्ता-माला-इव मंजुल सुर-सरि-धारा।
होता है विधौत पग पावन पूत पयोनिधि द्वारा। 2।
मणि-गण-मण्डित कान्त कलेवर तरु कोमल दल श्यामल।
सुधा-भरित नाना फल-संकुल सफलीकृत वसुधातल। 3।

मधु-विकास-विकसित बहु सरसित शरद सितासित सुन्दर।
सुरभित मलय-समीर-सुसेवित सुखनिधि मंजुल मन्दर। 4।
नव-नव उषा-राग-आरंजित मन-रंजन घन-माली।
राका रजनी आयोजन रत लोकोत्तर छविशाली। 5।
रुचिर पुरन्दर-चाप-विभूषित तारक-माला-सज्जित।
रविकर-निकर-कलित-आलोकित चन्द्र-चारुता-मज्जित। 6।
नन्दन-वन-समान उपवन-मय चन्दन-तरु-चयधारी।
लोक ललित लतिका कर-लालित ललामता अधिकारी। 7।
खग-कुल-कलरव-कान्त कोकिला-आकुल-नाद-अलंकृत।
मुग्धकरी कुसुमावलि-पूरित अलि-झंकार-सुझंकृत। 8।
मनभावन महान महिमामय पावन पद-परिचायक।
सुरपुर-सम सम्पन्न दिव्य-तम सप्तपुरी-अधिनायक। 9।
सकल अमंगल-मूल-निकन्दन भव-जन-मंगलकारी।
प्रेम-निलय 'हरिऔध' मधुर-तम मानस-सदन-विहारी। 10।

द्रुतविलम्बित

वृषभ - वाहन है शशि - मौलि है।
वर - विभूति - विराजित गात है।
सुर - तरंगिणि है शिर - मालिका।
भरत - भूतल ही भव - मूर्त्ति है। 11।
सतत है अवनीतल - रंजिनी।
कमल - लोचन की कमनीयता।
भुवन - मोहन है तन - श्यामता।
भरत-भूमि रमापति-मूर्त्ति है। 12।
मलिन लोचन की मल-मूलता।
विविध मायिकता मनुजात की।
हरण है करती मद-अन्धता।
भरत - भूतल - श्याम - स्वरूपता। 13।

वसन्त-तिलका

है हंसवाहन चतुर्मुख चारु-मूर्त्ति।
है वेद - वैभव - विकासक बुद्धि-दाता।
सत्कर्म - धाम कमलासनताधिकारी।
नाना विधान-रत भारत है विधाता। 14।

वंशस्थ

रमा समा है रमणीयता मिले।
उमा समा है वन - सिंह - वाहना।
गिरा समा है प्रतिभा - विभूषिता।
विचित्र है भारत की वसुन्धरा। 15।

[6]

भारतीय महत्ता

शार्दूल-विक्रीड़ित

है आराधक सर्वभूत-हित का आधार सद्‌वृत्ति का।
व्याख्याता भव-मुक्ति-भुक्ति-पथ का त्राता सदाशक्ति का।
पाता है जन पूत भाव निधि का दाता महामन्त्र का।
ज्ञाता भारत है समस्त मत का धाता धराधर्म का। 1।

गीत

भारत है भव-विभव-विधाता
उसका गौरव-गीत प्रगति पा वसुधा-तल है गाता। 1।
किसके पलने में पल पहले हुई प्रकृति-कृति पुलकित।
किसका ललित विकास विलोके हुई लोक-रुचि ललकित। 2।
मानस-तम तमारि बन पाया किसका मुख आलोकित।
पा किसका आलोक हो सका लोक-लोक आलोकित। 3।
किसके प्रथम प्रभात में हुआ भूतल भूति-विभासित।
किसने बन सित भानु-सिता से की समस्त वसुधा सित। 4।
किसके आदिम तम उपवन में वह कुसुमाकर आया।
जिसने भू को कुसुमित, सुरभित, सफलित, सरस बनाया। 5।
हुआ कहाँ पर साम-गान वह जिसने सुधा बहाई।
जिसकी स्वर-लहरी सुरपुर में लहराती दिखलाई। 6।
बजी कहाँ वह मंजुल वीणा जो जगती में गूँजी।
जिसकी व्यंजक ध्वनि बन पायी धरा-धर्म की पूँजी। 7।
किसकी कुंजों में मुरली का वह मृदु नाद सुनाया।
जिसने जगत-विजित जीवों पर जीवन-रस बरसाया। 8।

कौन है हृदय-तिमिर-विलोचन अन्ध-विलोचन-अंजन।
सुख-सुमेरु का शिखर मनोहर, जन-मानस-अनुरंजन। 9।
सिद्धि सकल का सुन्दर साधन, विमल विभूति-सहारा।
भारत है 'हरिऔध' ज्ञान-नभ-तल-उज्ज्वलतम तारा। 10।

वसन्त-तिलका

आलोक - दान - रत भारत है प्रभात।
संसार - मानसर - जात प्रफुल्ल पद्म।
है मंजु - भाव - गगनांगण का मयंक।
आनन्द - मन्दिर - मनोज्ञ - मणि - प्रदीप। 11।

शार्दूल-विक्रीड़ित

माता है मृदु भाव की, मनुजता की है महा साधना।
पाता है भव-शान्ति की सरलता की सिद्धि-भूता सुधा।
है आधार विभूति की, सुहृदता-राका - निशा - चंद्रिका।
सद्भावामृत - सिंचिता श्रुति - रता है भारती सभ्यता। 12।
छाया था जब अन्धकार भव में, संसार था सुप्त-सा।
ज्ञानालोक-विहीन ओक सब था, विज्ञान था गर्भ में।
ऐसे अद्भुत काल में प्रथम ही जो ज्योति उद्भूत हो।
ज्योतिर्मान बना सकी जगत को है वेद - विद्या वही। 13।
नाना देश अनेक पन्थ मत में है धर्म-धारा बही।
फैली है समयानुसार जितनी सद्वृत्ति संसार में।
देखे वे बहु पूत भाव जिनसे भू में भरी भव्यता।
सोचा तो सब सार्वभौम हित के सर्वस्व हैं वेद ही। 14।
मूसा की वह दिव्य ज्योति जिसमें है दिव्यता सत्य की।
सच्चिन्ता जरदस्त की सदयता उद्बुद्धता बुद्ध की।
ईसा की महती महानुभवता पैगम्बरी विज्ञता।
पाती है विभुता-विभूति जिससे है वेद-सत्ता वही। 15।
नाना धर्म-विधान के विलसते उद्यान देखे गये।
फूले थे जितने प्रसून उनमें स्वर्गीय सद्भाव के।
फैली थी जितनी सुनीति-लतिका, थे बोध-पौधे लसे।
जाँचा तो श्रुतिसार-सूक्ति-रस से थे सिक्त होते सभी। 16।

देखे ग्रन्थ समस्त पन्थ मत के, सिद्धान्त-बातें सुनी।
नाना वाद-विवाद-पुस्तक पढ़ी, संवाद वादी बने।
जाँची तर्क-वितर्क-नीति-शुचिता, त्यागा कुतर्कादि को।
तो जाना सर्वज्ञता जगत की है वेद-भेदज्ञता। 17।

द्वितीय सर्ग

[1]
अकल्पनीय की कल्पना

शार्दूल-विक्रीड़ित

सोचे व्यापकता - विभूति प्रतिभा है पार पाती नहीं।
होती है चकिता विलोक विभुता विज्ञान की विज्ञतां।
लोकातीत अचिन्तनीय पथ में है चूकती चेतना।
कोई व्यक्ति अकल्पनीय विभु की कैसे करे कल्पना। 1।
आती है सफरी-समूह-उर में क्या सिन्धु की सिन्धुता?
क्या ज्ञाता खगवृन्द है गगन के विस्तार - व्यापार का?
पाती है न पिपीलका अवनि की सर्वाङ्गता का पता।
कैसे मानव तो महामहिम की सत्ता - महत्ता कहे। 2।
ऐसा अंजन पा सका न जिससे होती तमो-हीनता।
कोई दे न सका उसे सदय हो स्वाभाविकी दिव्यता।
जाला दूर हुआ, न अन्ध दृग को आलोक माला मिली।
कैसे लोक विलोक लोकपति को लोकोपयोगी बने। 3।
जो है अन्त-विहीन अन्त उसका कैसे किसी को मिले।
कैसे हो वह गीत गीत रच के जो देव गोतीत है।
कैसे चित्त सके विचार उसको जो चित्त का चित्त है।
कैसे लोचन लें विलोक, वह तो है लोचनों में छिपा। 4।

वंशस्थ

कहे उसे तो मत मानवीय क्यों।
बने न क्यों मूक त्रिलोक की गिरा।
न वेद द्वारा यदि वेदनीय है।
अभेद के भेद, विभेद की कथा। 5।

गीत

मूल-भूत मन-वचन-अगोचर भव-नियमन-व्रतधारी।
चिन्तन मनन मन्त्र अवलम्बन विनयन-रत अधिकारी। 1।
विभु है विश्व-विभूति-विधायक।
अपनी सकल अलौकिकता में लौकिकता-परिचायक। 2।
उसका है अकुण्ठ पद, इससे है वैकुण्ठ-निवासी।
है वह सत्य-स्वरूप, इसलिये सत्य-लोक का वासी। 3।
क्षीर पिलाकर है अनन्त जीवों का जीवन-दाता।
इसीलिये वह क्षीर-सिन्धु का स्वामी है कहलाता। 4।
जैसे किसी बीज में विटपी का विकास है बसता।
जैसे रवि के विपुल करों में है आलोक विलसता। 5।
वैसे ही विलास से उसके लोक-लोक हैं बनते।
पलक मारते नभ-तल-जैसे वर वितान हैं तनते। 6।
बहु सित भानु भानु उस वारिधि के हैं विविध बलूले।
उस महान उपवन में तारक हैं प्रसून सम फूले। 7।
तेज उसी के तेज-पुंज से तेज-बीज है बोता।
विरच विपुल आलोक-पिंड को लोक-तिमिर है खोता। 8।
वह समीर जीवन-प्रवाह बन जो प्रति दिन है बहता।
उस अनन्त-जीवन के जीवन से है जीवित रहता। 9।
सलिल की सलिलता उससे ही सहज सरसता पाती।
रसा उसी के रस-सेचन से है रसवती कहाती। 10। 6।

द्रुत-विलम्बित

विधु – प्रदीप – सुमौक्तिक – तारका–
लसित ले नभ थाल स्व-हस्त में।
किस महाप्रभु की अति प्रीति से।
प्रकृति है करती नित आरती। 7।

शार्दूल-विक्रीड़ित

लोकों का लय हो गये प्रलय में भू लोप लीला हुए।
नाना भूत-प्रसूत वाष्प अणु के संसारव्यापी बने।
छाये कज्जल-से प्रगाढ़ तम के आये महाशर्वरी।
सोता है विभु शेष-भूत भव में, है शेषशायी अतः। 8।

गीत

लोकपति का ललाम-तम लोक।
है अति लोकोत्तर लीलामय भरित ललित आलोक।1।
आलोकित उससे हैं नभ-तल के अगणित रवि-सोम।
विलसित हैं असंख्य तारक-चय, विदलित है तमतोम।2।
उसके उपवन हर लेते हैं नन्दन-वन का गर्व।
कल्प-वेलि हैं सकल बेलियाँ, कल्पद्रुम द्रुम सर्व।3।
विकच बने रहते जो सब दिन, जिनमें है रस-सार।
जिनके सौरभ से सुरभित होता सारा संसार।4।
उसमें सतत लसित मिलते हैं ऐसे सुमन अपार।
जिनपर विश्व वसन्त-मधुप बन करता है गुंजार।5।
उसमें हैं अमोल फल ऐसे जो हैं सुधा-समान।
जिनसे मिली अमरता सुर को, रहा अमर-पद-मान।6।
होती सदा वहाँ ध्वनि ऐसी जो है सरस अपार।
जिनसे ध्वनित हुआ करता है, भव - उर - तंत्री - तार।7।
पारस-रचित वहाँ की भू है कामधेनु कमनीय।
है रज-राजि रुचिर चिन्तामणि रत्न-राशि रमणीय।8।
सुधा-भरे हैं अमित सरोवर जो है सिन्धु-समान।
परम सरसतामय सरिता बन करती है रस-दान।9।
वहाँ विलसते मूर्त्तिमन्त बन सब सुख हास-विलास।
सब चिन्मय हैं, सबमें करता है आनन्द निवास।10।
मूलभूत है पंचभूत का सब जग जीव निजस्व।
वही सकल संसार-सार है सुरपुर का सर्वस्व।11।9।

शार्दूल-विक्रीड़ित

नाना लोक समस्त भूतचय में सत्तामयी सृष्टि में।
सारी मूर्त्त अमूर्त्त ज्ञात अथवा अज्ञात उत्पत्ति में।
जो है व्यापक, क्या वही न विभु है, क्या है न कर्त्ता वही।
है संचालक कौन दिव्य कर से संसार के सूत्र का।10।

गीत

विभु है भव-विभूति-अवलम्बन।
सत-रज-तम कमनीय विकासक प्रकृति-हृदय-अभिनन्दन।
उसके परिचालन-बल से ही जग परिचालित होता।
वही सकल संसृति-वसुधा में सृजन-बीज है बोता।
नील वितान तान उसमें है तेज-पुंज उपजाता।
नव-निर्मित तारक-चय से है त्रिभुवन-तिमिर भगाता।
पावन पवन विश्व-तन को है प्राण-दान कर पाता।
उसको आतप-तपे विश्व का है वर व्यजन बनाता।
रस-संचय कर सकल लोक को परम सरस करता है।
उसमें जीव-निवास विधायक नव-जीवन भरता है।
हरी विविध बाधक बाधाएँ बनकर धरा-विधाता।
दे वह विभूतियाँ जिससे है भूत भव-विभव पाता।
उसके ही कर में है कृति-संचालन-सूत्र दिखाता।
नियति-नटी को दारु-योषिता सम है वही नचाता। 11।

[2]

विभु-विभुता

शार्दूल-विक्रीड़ित

चाहे हों फल, फूल, मूल, दल या छोटी-बड़ी डालियाँ।
चाहे हो उसकी सुचारु रचना या मुग्धकारी छटा।
जैसे हैं परिणाम अंग-तरु के सर्वांश में बीज के।
वैसे ही उस मूलभूत विभु का विस्तार संसार है। 12।
जैसे दीपक-ज्योति से तिमिर का है नाश होता स्वतः।
जैसे वायु - प्रवाह से चलित है होती पताका स्वयं।
जैसे वे यह कार्य हैं न करते इच्छा-वशीभूत हो।
वैसे ही भव है विभूति-पति की स्वाभाविकी प्रक्रिया। 13।
जैसे है घटिका स्वतंत्र बजने या बोलने आदि में।
जैसे सूचक सूचिका समय की देती स्वयं सूचना।
निर्माता मति ज्यों निमित्त बन के है सिद्धिदात्री बनी।
सत्ता है उस भाँति ही विलसती सर्वेश की सृष्टि में। 14।

जो सत्ता सब काल है विलसती सर्वत्र संसार में।
सारे जीव-समूह-मध्य जगती जो जीवनी-ज्योति है।
व्यापी है वह व्योम से अधिक, है तेजस्विनी तेज से।
पूता है पवमान से सलिल से सिक्ता, रसा से रसा।15।

गीत

नभ-तल था कज्जल-पूरित।
था परम निविड़ तम छाया।
जब था भविष्य-वैभव में।
भव का आलोक समाया।1।

जब पता न था दिनमणि का।
था नभ में एक न तारा।
जब विरचित हुआ न विधु था।
कमनीय प्रकृति-कर द्वारा।2।

जब तिमिर तिमिरता-भय से।
थी जग में ज्योति न आयी।
जब विश्व-व्यापिनी गति से।
थी वायु नहीं बह पायी।3।

अनुकूल काल जब पाकर।
था सलिल न सलिल कहाया।
परमाणु - पुंज - गत जब थी।
वसुधा - विभूतिमय काया।4।

नाना कल - केलि - कलामय।
जब लोक न थे बन पाये।
जब बहु विधि प्रकृति-सृजन के।
वर वदन न थे दिखलाये।5।

जब स्तब्ध सुप्त अक्रिय हो।
था जड़ीभूत भव सारा।
तब किसके सत्ता - बल से।
सब जग का हुआ पसारा।6।

परमाणु – पुंज – मन्दर से।
तम – तोम – महोदधि मथकर।

तब किसने रत्न निकाले।
अभिव्यक्ति – मूठियों में भर। 7।
क्यों जड़ को अजड़ बनाया।
क्यों तम में किया उजाला।
क्यों प्रकृति - कण्ठ में किसने।
डाली मणियों की माला। 8।
उस बहु युग की रजनी ने।
जिसने विकास को रोका।
कैसे किसके बल - द्वारा।
उज्ज्वल दिन-मुख अवलोका। 9।
क्यों कहें रहस्य - उदर की।
कितनी लम्बी हैं आँतें।
हैं किसका भेद बताती।
ये भेद-भरी सब बातें। 10। 6।

शार्दूल-विक्रीड़ित

आती तो न सजीवता अवनि में जो वायु होती नहीं।
कैसे तो मिलती उसे सरसता जो वारि देता नहीं।
तो मीठे स्वर का अभाव खलता जो व्योम होता नहीं।
कैसे लोक विलोकनीय बनता आलोक पाता न जो। 17।

वंशस्थ

सदन्न सद्रत्न सदौषधी तथा।
सुधातु सत्पुष्प सुपादपावली।
कभी न पाती जगती विभूतियाँ।
उसे न देती यदि गंजु मेदिनी। 18।

गीत

संसार बन गया कैसे।
इसकी है अकथ कहानी।
थोड़ा बतला पाते हैं।
वसुधा-तल के विज्ञानी। 1।
जो कहीं नहीं कुछ भी था।
तो कुछ कैसे बन पाया।

होते अभाव कारण का।
क्यों कार्य सामने आया। 2।
परमाणु-पुञ्ज तो जड़ थे।
कैसे उनमें गति आयी।
कैसे अजीव अणुओं में।
जीवन – धारा बह पायी। 3।
हो पुंजीभूत विपुल अणु।
क्यों अंड बन गया ऐसा।
अबतक भव की आँखों ने।
अवलोक न पाया जैसा। 4।
वह अपरिमेय ओकों में।
बन प्रगतिमान था फैला।
तारक-समूह मोहरों का।
वह था मंजुलतम थैला। 5।
वह घूम रहा था बल से।
अतएव हुआ उद्भासित।
थी ज्योति फूटती जिसमें।
पल-पल नीली, पीली, सित। 6।
आभा की अगणित लहरें।
नभ में थीं नर्त्तन करती।
लाखों कोसों में अपनी।
कमनीय कान्ति थीं भरती। 7।
अगणित बरसों के दृग ने।
यह प्रभा-गुंज अवलोका।
फिर प्रकृति-यवनिका ने गिर।
इस दिव्य दृश्य को रोका। 8।
संकेत काल का पाकर।
यह अंड अचानक टूटा।
तारक-चय मिष नभ-पट का।
बन गया दिव्यतम बूटा। 9।
हैं किस विचित्र विभुवर के।
ये कौतुक परम निराले।

हैं जिसे विलोक न पाते।
विज्ञान - विलोचनवाले।10।।19।

शार्दूल-विक्रीड़ित

कान्ता कुण्डलिनी अनन्त सरि की धारा समा क्यों बनी।
पाया क्यों घन श्वेतखण्ड उसने जो हैं सदाभा-भरे।
कैसे तारक-पुंज साथ उसको ब्रह्माण्ड-माला मिली।
है वैचित्र्यमयी विभूति किसकी नीहारिका व्योम की।20।
आभा से तन की विभामय बना ब्रह्माण्ड-व्यापार को।
नाना लोक लिये अचिंत्य गति से लोकाभिरामा बनी।
तारों के मिष कण्ठ-मध्य पहने मुक्तावली-मालिका।
जाती है बन केलि-कामुक कहाँ आकाश-गंगांगना।21।

गीत

जब ज्ञान-नयन को खोला।
अगणित ब्रह्माण्ड दिखाये।
प्रति ब्रह्म-अण्ड में हमने।
बहु विलसित तारे पाये।1।

ये अखिल अंड विभुवर के।
तन-तरु के कतिपय दल हैं।
उस वारिद-से वपुधर के।
वपु से प्रसूत कुछ जल हैं।2।

बहु अंश विश्व का अब भी।
है क्रिया विहीन अनवगत।
विज्ञान-निरत विबुधों का।
है माननीय-तम यह मत।3।

ब्रह्माण्ड क्या? गगन-तल के।
ये नयन-विमोहन तारे।
कितने विचित्र अद्भुत हैं।
कितने हैं छवि में न्यारे।4।

यदि महि मृत्कण रवि घट है।
तो हैं बहु तारक ऐसे।

जिनके सम्मुख बनते हैं।
रवि से भी रजकण जैसे। 5।

है जगत ज्योति अवलम्बन।
अनुरंजनता - दृग - प्यारे।
हैं कौतुक के कल केतन।
ये कान्ति-निकेतन तारे। 6।

नभ-तल-वितान में कितने।
हैं लाखों लाल लगाते।
कितने असंख्य हीरक-से।
उज्ज्वल हैं उसे बनाते। 7।

लाखों पन्नों को कितने।
पथ में उछालते चलते।
कितने नीलम-मन्दिर में।
हैं मणि-दीपक-से बलते। 8।

पीताभ मंजुता महि में।
हैं बीज विभा का बोते।
अगणित पीली मणियों से।
कितने मण्डित हैं होते। 9।

लेकर फुलझड़ी करोड़ों।
कितने हैं क्रीड़ा करते।
कितने अनन्त में अनुपम।
अंगारक-चय हैं भरते। 10।

बहुतों को हमने देखा।
नाना रंगों में ढलते।
ऐसे अनेक अवलोके।
जो थे मशाल-से जलते। 11।

आलात - चक्र-से कितने।
पल-पल फिरते दिखलाये।
क्या चार चाँद कितनों में।
हैं आठ चाँद लग पाये। 12।

पारद-प्रवाह सम कितने।
हैं द्रवित प्रभा से भरते।

कितने प्रकाश-झरने बन।
हैं प्रतिपल झर-झर झरते। 13।
है बुद्धि बावली बनती।
बुध-जन कैसे बतलायें।
हैं ललित ललिततम से भी।
लीलामय की लीलायें। 14। 22।

शार्दूल-विक्रीड़ित

व्यापी है जिसमें विभा वलय-सी नीलाभ श्वेतप्रभा।
होते हैं सित मेघ-खण्ड जिसमें कार्पास के पुंज-से।
सर्पाकार नितान्त दिव्य जिसमें नीहारिकाएँ मिलीं।
फैला है यह क्या पयोधि-पय-सा सर्वत्र आकाश में। 23।
क्या संसार-प्रसू विभूति यह है? क्षीराब्धि क्या है यही?
क्या विस्तारित शेषनाग तन है नीहारिका - रूप में?
क्या आभामय कान्ति श्याम वपु की है श्वेतता में लसी।
किम्वा है यह कौतुकी प्रकृति की कोई महा कल्पना। 24।

गीत

सब विबुध अबुध हो बैठे।
बन विवश बुद्धि है हारी।
हैं अविदित अगम अगोचर।
विभु की विभूतियाँ सारी। 1।
क्या नहीं ज्ञान है विभु का?
यह ज्ञान किन्तु है कितना।
उतना ही हो बूँदों को।
वारिधि - विभूति का जितना। 2।
विभु क्या? अनन्त वैभव का।
क्या अन्त कभी मिल पाया।
इन बहु विचित्र तारों का।
किसने विभेद बतलाया। 3।
हैं अपरिमेय गतिवाले।
अनुपम आलोक सहारे।
हैं केन्द्र अलौकिकता के।
ये ज्योति - बिन्दु - से तारे। 4।

है लाख - लाख कोसों का।
इनमें से कितनों का तन।
गति में है इन्हें न पाता।
बहु प्रगतिमान मानव - मन। 5।

इनमें हैं कितने ऐसे।
जो हैं सुरपुर से सुन्दर।
जिनमें निवास करते हैं।
सुन - वृन्द - समेत पुरन्दर। 6।

नाना तेजस तनवाले।
रज - गात गात अधिकारी।
इनमें ही हैं मिल पाते।
बहु वायवीय वपुधारी। 7।

लाखों तज तेज बिखरकर।
हैं काल - गाल में जाते।
लाखों तम - तोम भगा के।
बहु ज्योति - पुंज हैं पाते। 8।

भव में ऐसी लीलाएँ।
पल - पल होती रहती हैं।
जो आँख खोल कानों में।
यह कान्त बात कहती हैं। 9।

क्यों बात अपरिमित विभु की।
कोई परिमित बतलाये।
जिसका है मनन न होता।
वह क्यों मन - मध्य समाये। 10।

यह कोई नहीं बताता।
नभ - तल में क्यों हैं छाये।
ये व्योम-यान बहु - रंगी।
किस लिये कहाँ से आये। 11।

नभ - तल क्या, भूतल ही की।
सब बातें किसने जानी।
सच यह है रज-कण की भी।
है विपुल विचित्र कहानी। 12।

क्यों कहें दूसरी बातें।
जो है यह गात हमारा।
क्या जान सका है कोई।
उसका रहस्य ही सारा। 13।
कुछ रत्न पा सके बुधजन।
बहुधा प्रयोग कर नाना।
भव - ज्ञान - उदधि तो अब भी।
है पड़ा हुआ बे-छाना। 14। 25।

शार्दूल-विक्रीड़ित

आँखें हैं बुध की विचित्र कितनी हैं, दूरबीनें बनी।
तो भी दिव्य कला-निकेत कितने नक्षत्र अज्ञात हैं।
कैसे जान सके मनुष्य उसको जो विश्व-सर्वस्व है।
जाने जा न सके अनन्त पथ के सारे सितारे अभी। 26।
क्या जाना करके प्रयत्न कितने या दूरबीनें लगा।
है दूरी कितनी, प्रसार कितना, है कान्ति कैसी कहाँ।
ऐसे ही कुछ बाहरी विषय का है बोध विज्ञान को।
पूरा ज्ञान कहाँ हुआ मनुज को तारों-भरे व्योम का। 27।
तारे हैं कितने सजीव, कितने निर्जीव हैं हो गये।
कैसे हैं तन रंग-रूप उनके हैं जीव जैसे जहाँ।
भू-सी है सुविभूति भूति सबमें या भिन्नता है भरी।
ये बातें बतला सके अवनि के विज्ञान-वेत्ता कहाँ। 28।
नाना ग्रन्थ रचे गये अवनि में विज्ञान-धारा बही।
चिन्ताशील हुए अनेक कितने विज्ञानवादी बने।
तो भी भेद मिला न भूत-पति का, सर्वज्ञता है कहाँ।
ज्ञाता-हीन बनी रही जगत में सर्वेश-सत्ता सदा। 29।
पाती है वर विज्ञता विफलता मर्म्मज्ञता मूकता।
सच्चिन्ता-लहरी महाविषमता दैवज्ञता अज्ञता।
सोचे सर्व विधान सर्व-गत का, ज्ञाता बने विश्व का।
होती है बहुकुंठिता विबुधता सर्वज्ञता वंचिता। 30।
सीखा ज्ञान, पढ़े पुराण से, वेदज्ञता लाभ की।
आँखें मूँद, लगा समाधि, समझा, की साधनाएँ सभी।

ज्ञाता की अनुभूत बात सुन ली, विज्ञानियों में बसे।
सौ-सौ यत्न किये, रहस्य न खुला संसार-सर्वस्व का। 31।
दिव्या भूति अचिन्तनीय कृति की ब्रह्माण्ड-मालामयी।
तन्मात्रा-जननी ममत्व-प्रतिमा माता महत्तत्त्व की।
सारी सिद्धिमयी विभूति-भरिता संसार-संचालिका।
सत्ता है विभु की नितान्त गहना-नाना रहस्यात्मिका। 32।

तृतीय सर्ग

दृश्य जगत्

आकाश

[1]

शार्दूल-विक्रीड़ित

सातों ऊपर के बड़े भुवन हों या सप्त पाताल हों।
चाहे नीलम-से मनोज्ञ नभ के तारे महामंजु हों।
हो बैकुण्ठ अकुण्ठ ओक अथवा सर्वोच्च कैलास हो।
हैं लीलामय के ललाम तन से लीला-भरे लोक ए।1।

वंशस्थ

अनन्त में है उसकी अनन्तता।
विभा - विभा में असुशक्ति वायु में।
विभूति भू में रस में रसालता।
चराचरात्मा विभु विश्वरूप है।2

[2]

गीत

है रूप उसी विभु का ही।
यह जगत रूप है किसका।
है कौन दूसरा कारण।
यह विश्व कार्य्य है जिसका।1।
है प्रकृति-नटी लीला तो।
है कौन सूत्रधर उसका।

अति दिव्य दृष्टि से देखो।
भव - नाटक प्रकृति पुरुष का। 2।

है दृष्टि जहाँ तक जाती।
नीलाभ गगन दिखलाता।
क्या है यह शीश उसी का।
जो व्योमकेश कहलाता। 3।

वह प्रभु अनन्त-लोचन है।
जो हैं भव ज्योति सहारे।
क्या हैं न विपुल तारक ये।
उन आँखों के ही तारे। 4।

जितने मयंक नभ में हैं।
वे उसके मंजुल मुख हैं।
जो सरस हैं सुधामय हैं।
जगती - जीवन के सुख हैं। 5।

चाँदनी का निखर खिलना।
दामिनी का दमक जाना।
उस अखिल लोक-रंजन का।
है मन्द - मन्द मुसकाना। 6।

उसके गभीरतम रव का।
सूचक है घन का निस्वन।
कोलाहल प्रबल पवन का।
अथवा समुद्र का गर्जन। 7।

अपने कमनीय करों से।
बहु रवि शशि हैं तम खोते।
क्या हैं न हाथ ये विभु के।
जो ज्योति-बीज हैं बोते। 8।

भव-केन्द्र हृदय है उसका।
नव - जीवन - रस - संचारी।
है उदर दिगन्त, समाईं।
जिसमें विभूतियाँ सारी। 9।

हैं विपुल अस्थिचय उसके।
गौरवित विश्व के गिरिवर।

हैं नसें सरस सरिताएँ।
तन-लोम - सदृश हैं तरुवर। 10।

जिसके अवलम्बन द्वारा।
है प्रगति विश्व में होती।
है वही अगति गति का पग।
जिसकी रति है अघ खोती। 11।

है तेज-तेज उसका ही।
है श्वास समीर कहाता।
जीवन है जग का जीवन।
बहु सुधा - पयोधि - विधाता। 12।

रातें हैं हमें दिखाती।
फिर वर वासर है आता।
यह है उसकी पलकों का।
उठना - गिरना कहलाता। 13।

जिनसे बहु ललित कलित हो।
बनता है विश्व मनोहर।
उन सकल कलाओं का है।
विभु अति कमनीय कलाधर। 14।

[3]

शार्दूल-विक्रीड़ित

कोई है कहता, अनन्त नभ में ये दिव्य तारे नहीं।
नाना हस्त-पद-प्रदीप्त नख हैं व्यापी विराटांग के।
कोई लोचन वन्दनीय विभु का है तीन को मानता।
राका-नायक को, दिवाधिपति को, विभ्रद्विभावह्नि को। 1।

वंशस्थ

असंख्य हैं शीश, असंख्य नेत्र हैं।
असंख्य ही हैं उसके पदादि भी।
कहें न कैसे यह भूत मात्र में।
निवास क्या, है न, जगन्निवास का। 2।

[4]

गीत

सब काल कौन श्यामल तन।
है बहुविध वाद्य बजाता।
किसलिये सरस स्वर भर-भर।
है मधुमय गीत सुनाता। 1।

है कर-विहीन कहलाता।
है नहीं उँगलियोंवाला।
पर सुन उसकी वीणाएँ।
भव बनता है मतवाला। 2।

है बदन नहीं जब उसके।
तब अधर कहाँ से लाता।
पर बजा मुरलिका अपनी।
मन को है मत्त बनाता। 3।

यद्यपि अकण्ठ है तो भी।
वह कुण्ठित नहीं दिखाता।
अगणित रागों को गा-गा।
है रस का स्रोत बहाता। 4।

ऐसी लाखों वीणाएँ।
पल-पल हैं बजती रहती।
या विपुल वेणु-स्वर-लहरी।
रसमय बन-बन है बहती। 5।

क्या बात वेणु वीणा की।
ऐसे ही अगणित बाजे।
बजते रहते हैं प्रति पल।
ध्वनि वैभव मध्य विराजे। 6।

अनवरत सुधा बरसा कर।
जो गीत गीत हैं होते।
वे निधि उन ध्वनियों के हैं।
निकले जिनसे रस-सोते। 7।

भव कण्ठ रसीले सुन्दर।
बहु तरुवर मेरु गुहाएँ।

सब यंत्र अनेकों बाजे।
सागर सरवर सरिताएँ। 8।
कैसे उसके साधन हैं।
वह कैसे क्या करता है।
कामना - हीन हो कैसे।
बहु स्वर इनमें भरता है। 9।
बतला न सकें हम जिसको।
कैसे उसको बतलायें।
जो उलझन सुलझ न पायी।
किस तरह उसे सुलझायें। 10।

[5]

शार्दूल-विक्रीड़ित

कण्ठों का बन कण्ठ मूल कहला तानों लयों आदि का।
नादों में भर के निनाद स्वर के स्वारस्य का सूत्र हो।
दे नाना ध्वनि-पुंज को सरसता, आलाप को मुग्धता।
गाता है नित कौन गीत किसका बाजे करोड़ों बजा।

प्रभाकर

[1]

गीत

विहँसी प्राची दिशा प्रफुल्ल प्रभात दिखाया।
नभतल नव अनुराग - राग - रंजित बन पाया।
उदयाचल का खुला द्वार ललिताभा छायी।
लाल रंग में रँगी रँगीली ऊषा आयी। 1।
चल बहु मोहक चाल प्रकृति प्रिय - अंक - विकासी।
लोक - नयन - आलोक अलौकिक ओक - निवासी।
आया दिनमणि अरुण विम्ब में भरे उजाला।
पहन कण्ठ में कनक - वर्ण किरणों की माला। 2।

ज्योति-पुंज का जलधि जगमगा के लहराया।
मंजुल हीरक-जटित मुकुट हिमगिरि ने पाया।
मुक्ताओं से भरित हो गया उसका अंचल।
कनक-पत्र से लसित हुआ गिरि-प्रान्त धरातल।3।

हरे-भरे सब विपिन बन गये रविकर-आकर।
पादप प्रभा-निकेत हुए कनकाभा पाकर।
स्वर्णतार के मिले सकल दल दिव्य दिखाये।
विलसित हुए प्रसून प्रभूत विकचता पाये।4।

पहन सुनहला वसन ललित लतिकाएँ विलसीं।
कुसुमावलि के व्याज बहु विनोदित हो विकसीं।
जरतारी साड़ियाँ पैन्ह तितली से खेली।
विहँस-विहँस कर बेलि बनी बाला अलबेली।5।

लगे छलकने ज्योति-पुंज के बहु विधि प्याले।
मिले जलाशय-व्याज धरा को मुकुर निराले।
कर किरणों से केलि दिखा उनकी लीलाएँ।
लगीं नाचने लोल लहर मिष सित सरिताएँ।6।

ज्योति-जाल का स्तम्भ विरच कल्लोलों द्वारा।
मिला-मिला नीलाभ सलिल में विलसित पारा।
बना-बना मणि-सौध मरीचि मनोहर कर से।
लगा थिरकने सिन्धु गान कर मधुमय स्वर से।7।

नगर-नगर के कलस चारुतामय बन चमके।
दमक मिले वे स्वयं अन्य दिनमणि-से दमके।
आलोकित छत हुई विभा प्रांगण ने पायी।
सदन-सदन में ज्योति जगमगाती दिखलायी।8।

सकल दिव्यता-सदन दिवस का बदन दिखाया।
तम के कर से छिना विलोचन भव ने पाया।
दिशा समुज्ज्वल हुई मरीचिमयी बन पायी।
सकल-कमल-कुल-कान्त वनों में कमला आयी।9।

कल कलरव से लोक-लोक में बजी बधायी।
कुसुमावलि ने विकस विजय-माला पहनायी।
विहग-वृन्द ने उमग दिवापति-स्वागत गाया।
सकल जीव जग गये, जगत उत्फुल्ल दिखाया।10।

[2]

शार्दूल-विक्रीड़ित

लेके मंजुल अंक में प्रथम दो धारें सदाभामयी।
पा के नूतन लालिमा फिर मिले प्यारी प्रभा भानु की।
ऐसा है वह कौन लोक जिसको है मोह लेती नहीं।
लीलाएँ कर मन्द-मन्द हँस के प्राची दिशा सुन्दरी। 1।
है लालायित नेत्र प्रीति-जननी है लालिमा से लसी।
है लीला-सरि की ललाम लहरी प्रातः-प्रभारंजिनी।
है प्राची-कर-पालिता प्रिय सुता है मूर्त्ति माधुर्य्य की।
ऊषा है अनुराग-राग-वलिता आलोक मालामयी। 2।

[3]

गीत

विलसी हैं नभ-मण्डल में।
आभामय दो धाराएँ।
गत होते तम में प्रकटीं।
या रवि-रथ-पथ-रेखाएँ। 1।
अनुराग-रागमय प्राची।
कमनीय प्रकृति-कर पाली।
है राह देखती किसकी।
रख मंजुल मुख की लाली। 2।
सिन्दूर माँग में भरकर।
पाकर लालिमा निराली।
क्यों लोहित-वसना आयी।
ले जन-रंजनता ताली। 3।
क्यों हुईं दिशाएँ उज्ज्वल।
क्यों कान्ति मनोरम पायी।
उनकी मनमोहक आभा।
क्यों मन्द-मन्द मुसकायी। 4।
अति रुचिकर चमर हिलाता।
बन सुरभित सरस सवाया।

क्यों मन्द-मन्द पद रखता।
शीतल समीर है आया। 5।
क्यों गूँज रहा है नभतल।
क्यों उसमें स्वर भर आया।
बहु उमग-उमग विहगों ने।
क्यों राग मनोहर गाया। 6।
क्यों हैं फूली न समाती।
उनकी निखरी हरियाली।
क्यों खड़े हुए हैं तरुवर।
लेकर फूलों की डाली। 7।
विकसित होती हैं पल-पल।
किस लिये ललित कलिकाएँ।
धारण कर मुक्ता-माला।
क्यों कलित बनीं लतिकाएँ। 8।
अलि किसका गुण गाते हैं।
रच-रचकर निज कविताएँ।
क्यों हैं कल-कल रव करती।
सितभूत सकल सरिताएँ। 9।
जगती - जीवन - अवलम्बन।
वसुधातल - ताप - विमोचन।
उदयाचल पर आता है।
क्या सकल लोक का लोचन। 10।

[4]

शार्दूल-विक्रीड़ित

साधे से सब सौर-मण्डल सधा, बाँधे बँधी शृंखला।
पाले से उसके पली वसुमती, टाले टली आपदा।
पाता है तृण-राजिका विटप का, त्राता लता-बेलि का।
धाता है रवि सर्व-भूत-हित का, है अन्नदाता पिता। 1।
रत्नों की कमनीय कान्ति दिव को, वारीश को रम्यता।
आभा-सी सुविभूति भूत-दृग को, तेजस्विता दृष्टि को।
भू को वैभव, पुष्प को विकचता, सद्वर्णता वस्तु को।
देता है रवि ज्योति-पुंज विधु को, हेमाद्रि को हेमता। 2।

विधु-विभव

[1]

गीत

जब मन्द - मन्द विधु हँसता।
नभ - मण्डल में है आता।
तब कौन नयन है जिसमें।
वह सुधा नहीं बरसाता। 1।

है वह वसुधा - अभिनन्दन।
कुमुदों का परम सहारा।
सर्वस्व सरस भावों का।
रजनी - नयनों का तारा। 2।

क्यों कला कला दिखलाकर।
बहु ज्योति तिमिर में भरती।
कमनीय कौमुदी कैसे।
रजनी का रंजन करती। 3।

क्यों चारु चाँदनी भू पर।
सित चादर सदा बिछाती।
कैसे विलसित कुसुमों पर।
छवि लोट - पोट हो जाती। 4।

कैसे दिगन्त में बहता।
बहु दिव्य रसों का सोता।
क्यों निधि उमंग में आता।
जो नहीं कलानिधि होता। 5।

जो नहीं निकलती होती।
विधु-कर से प्रिय रस-धारा।
तो बड़े चाव से कैसे।
खाता चकोर अंगारा। 6।

पाकर मयंक - सा मोहक।
जो नहीं मधुर मुसकाती।
जगती - जन का अनुरंजन।
कैसे रजनी कर पाती। 7।

हिमकर है सुधा - निकेतन।
वसुधा - हित जलधि - विलासी।
है इसीलिये विभु - मानस।
शिव - शंकर - शीश - निवासी। 8।

दोनों के दोनों हित हैं।
है छिका अहित - पथ - नाका।
राकापति राका - पति है।
राकेश - रंजिनी राका। 9।

विधु कान्त प्रकृति - कर - शोभी।
है रजत - रचित रस - प्याला।
जो छलक - छलक करता है।
क्षितितल को बहु छवि वाला। 10।

वह है सुख सुन्दर मुखड़ा।
आनन्द - कल्पतरु - थाला।
है मुग्धकारिता - मण्डन।
दिनकर कोमल कर पाला। 11।

नवनी समान मृदु मंजुल।
अवनीतल - विरति - विभंजन!
है चन्द्र, लोक - पति - लोचन।
तम - मोचन रजनी - रंजन। 12।

[2]

शार्दूल-विक्रीड़ित

है राकापति, मंजुता - सदन है, माधुर्य - अम्भोधि है।
है लावण्य - सुमेरु - शृंग, जिसको आलोक - माला मिली।
पाती हैं उपमा सदैव जिसकी सत्कान्ति की कीर्त्तियाँ।
जो है शंकर-भाल-अंक उसको कैसे कलंकी कहें। 1।

दे दे मंजु सुधा लता विटप को है सींचता सर्वदा।
नाना कन्द समूह को सरस हो है सिक्त देता बना।
पुष्पों को खिलता विलोक हँसता स्नेहाम्बुधारा बहा।
न्यारा है वह चारु चन्द्र जिसकी है प्रेमिका चन्द्रिका। 2।

पाता है सुकुमारता-सदन का, है स्निग्धता का पिता।
धाता है रस का, महा सरस का सौन्दर्य का है सखा।

दाता है कमनीय कान्ति-निधि का, माधुर्य्य का है धुरा।
छाता है विधु एक क्षत्रपति का संदीप्त - रत्नच्छटा। 3।
है आभा कमनीय पुंज, मही का साथी, सिता का धनी।
नाना औषध - मूल - भूत, प्रतिभू पीयूष - पाथोधिका।
है धाता प्रतिभा प्रसूत, रवि का स्नेही, सुरों का सखा।
कान्तात्मा कवि के कला - निलय का आलोक राकेश है। 4।
श्रृंगों के हिम-पुंज की सुछवि का प्रासाद की दीप्तिका।
पुष्पों पल्लव आदि के विभव का आभामयी वीचिका।
भू की अन्य विभूति का, प्रकृति के संसिक्त सौन्दर्य का।
है आधार मयंक वारिनिधि के उन्मुक्त उल्लास का। 5।

तारकावली

[1]

गीत

हैं सौर - मण्डलाधिप के।
अधिकार में अमित तारे।
जो हैं सुन्दर मन-मोहन।
बहु रंग रूप में न्यारे। 1।

शिर के ऊपर रजनी में।
जो लाल रंग का तारा।
है जगमग-जगमग करता।
वह है मंगल महि - प्यारा। 2।

भूतल की कुछ बातों से।
मिलती हैं उसकी बातें।
उसके दिन हैं चमकीले।
सुन्दर हैं उसकी रातें। 3।

प्रातः या सन्ध्या वेला।
यों ही या यन्त्रों द्वारा।
है क्षितिज पर उगा मिलता।
छोटा-सा एक सितारा। 4।

बुध उसको ही कहते हैं।
वह है हरिदाभ दिखाता।

क्षिति-तल पर अपनी किरणें।
है छटा साथ छिटकाता। 5।

बहु काल मध्य नभतल में।
पीताभ एक उडु - पुंगव।
लोचन-गोचर होता है।
कर वहन बहु विभा - वैभव। 6।

द्विजराज आठ अनुगत बन।
उसके वश में रहते हैं।
अतएव सकल विज्ञानी।
सुर-गुरु उसको कहते हैं। 7।

प्राची अथवा पश्चिम में।
जो श्वेत समुज्ज्वल तारा।
देखा जाता है प्रायः।
है शुक्र वही दृग-प्यारा। 8।

रवि-विधु तजकर, आँखों से।
जितने उडु हैं दिखलाते।
उन सब में बड़ा यही है।
बहु दिव्य इसी को पाते। 9।

जो वलयवान तारक है।
जो मन्द-मन्द चलता है।
जो नील गगन-मण्डल के।
नीलापन में ढलता है। 10।

शनि वही कहा जाता है।
कुछ-कुछ है वह मटमैला।
वह नीलम - जैसा है तो।
है वलय-रजत का थैला। 11।

इस मण्डल में इनसे ही।
दो ग्रह हैं और और दिखाते।
है एक और मिल पाया।
अब यह भी हैं सुन पाते। 12।

मंगल एवं सुर-गुरु की।
कक्षाओं का मध्यस्थल।

यों उड़-पूरित है जैसे।
मालाओं में मुक्ता-फल। 13।
इसमें हैं पुच्छल तारे।
जिनकी गति नहीं जनाती।
झड़ बाँध - बाँध उल्काएँ।
हैं अद्भुत दृश्य दिखाती। 14।
इस एक सौर - मण्डल की।
इतनी विचित्र हैं बातें।
कर सकीं नहीं हल जिनको।
लाखों वर्षों की रातें। 15।
तब अमित सौर-मण्डल की।
गाथाएँ क्यों बतलायें।
बुध-जन हैं बूँदों-जैसे।
क्यों पता जलधि का पायें। 16।

[2]

शार्दूल-विक्रीड़ित

होता ज्ञात नहीं रहस्य इनका, ये हैं अविज्ञात से।
कोई पा न सका पता प्रगति का विस्तार निस्तार का।
कैसे देख इन्हें न चित्त दहले, कैसे न उत्कण्ठ हो।
हैं ये केतु विचित्र, पुच्छ जिनके हैं कोटिशः कोस के। 1।
क्रीड़ाए अवलोक लीं, अनल की, देखी कला की कला।
ज्योतिर्भूति विलोक ली, पर कहाँ ऐसी छटाएँ मिलीं।
ऐसे लोचन कौन हैं वह जिन्हें देती नहीं मुग्धता।
उल्का की कलकेलि व्योम-तल की है दिव्य दृश्यावली। 2।

प्रभात

[1]

गीत

प्रकृति - वधू ने असित वसन बदला सित पहना।
तन से दिया उतार तारकावलि का गहना।

उसका नव अनुराग नील नभतल पर छाया।
हुई रागमय दिशा, निशा ने वदन छिपाया।1।
आरंजित हो उषा-सुन्दरी ने सुख माना।
लोहित आभा-वलित वितान अधर में ताना।
नियति-करों से छिनी छपाकर की छवि सारी।
उठी धरा पर पड़ी सिता सित चादर न्यारी।2।
ओस-विन्दु ने द्रवित हृदय को सरस बनाया।
अवनी-तल पर विलस-विलस मोती बरसाया।
खुले कण्ठ कमनीय गिरा ने बीन बजाई।
विहग-वृन्द ने उमग मधुर रागिनी सुनाई।3।
शीतल बहा समीर, हुईं विकसित कलिकाएँ।
तरुदल विलसे, बनीं ललिततम सब लतिकाएँ।
सर में खिले सरोज, हो गयीं सित सरिताएँ।
सुरभित हुआ दिगन्त, चल पड़ीं अलि-मालाएँ।4।
हुआ बाल-रवि उदय, कनक-निभ किरणें फूटीं!
भरित तिमिर पर परम प्रभामय बनकर टूटीं।
जगत जगमगा, उठा, विभा वसुधा में फैली।
खुली अलौकिक ज्योति-पुंज की मंजुल थैली।5।
बने दिव्य गिरि-शिखर मुकुट मणि-मंडित पाये।
कनकाभा पा गये कलित झरने दिखलाये।
मिले सुनहली कांति लसी सुमनावलि सारी।
दमक उठीं बेलियाँ लाभ कर द्युति अति प्यारी।6।
स्वर्णतार से रचे चारुतम चादर द्वारा।
सकल जलाशय लसे बनी उज्ज्वल जल-धारा।
दिखा-दिखाकर तरल उरों की दिव्य उमंगें।
ले-लेकर रवि-बिम्ब खेलने लगीं तरंगें।7।
हीरक-कण हरिदाभ तृणों पर गया उछाला।
बनी दूब रमणीय पहनकर मुक्ता-माला।
मिले कान्तिमय किरण लसे बालू के टीले।
सारे रज-कण बने रजत-कण-से चमकीले।8।
जिस जगती को असित कर सकी थी तम-छाया।
रवि-विकास ने विलस उसे बहुरंग बनाया।

कहीं हुईं हरिदाभ, कहीं आरक्त दिखाईं।
कहीं पीत छवि कान्त श्वेत किरणें बन पाईं। 9।
हुआ जागरित लोक, रात्रिगत जड़ता भागी।
बहा कर्म्म का स्रोत, प्रकृति ने निद्रा त्यागी।
विजित तमोगुण हुआ, सतोगुण सितता छाई।
कला अलौकिक कला-निकेतन की दिखलाई। 10।
पहने कंचत-कलित क्रीट मुक्तावलि-माला।
विकच कुसुम का हार विभाकर-कर का पाला।
प्राची के कमनीय अंक में लसित दिखाया।
लिये करों में कमल प्रभात विहँसता आया। 11।

[2]

वंशस्थ

अनन्त में भूतल में दिगन्त में।
नितान्त थी कान्त वनान्त भाग में।
प्रभाकराभा - गरिमा - प्रभाव से।
प्रभाविता दिव्य प्रभा प्रभात की।

[3]

शार्दूल-विक्रीड़ित

हैं मुक्तामय-कारिणी अवनि की, हैं स्वर्ण - आभामयी।
हैं कान्ता कुसुमालि की प्रिय सखी, है वीचियों की विभा।
शोभा हैं अनुरंजिनी प्रकृति की क्रीड़ामयी कांति की।
दूती हैं दिव की प्रभात - किरणें, हैं दिव्य देवांगना।

घन-पटल

[1]

गीत

घिर - घिरकर नभ - मण्डल में।
हैं घूम - घूम घन आते।
दिखला श्यामलता अपनी।
हैं विपुल विमुग्ध बनाते। 1।

ये द्रवणशील बन-बनकर।
हैं दिव्य वारि बरसाते।
पाकर इनको सब प्यासे।
हैं अपनी प्यास बुझाते।2।

इनमें जैसी करुणा है।
किसमें वैसी दिखलाई।
किसकी आँखों ने ऐसी।
आँसू की झड़ी लगाई।3।

देखे पसीजनेवाले।
पर ऐसा कौन पसीजा।
है कौन धूल में मिलता।
औरों के लिये कहीं जा।4।

ऐसा सहृदय जगती में।
है अन्य नहीं दिखलाता।
घन ही पानी रखने को।
पानी-पानी हो पाया।5।

सब काल पिघलते रहना।
जो जलद को नहीं भाता।
तब कौन सुधा बरसाकर।
वसुधा को सरस बनाता।6।

बहता न पयोद हृदय में।
जो दया-वारि का सोता।
तो कैसे मरु-महि सिंचती।
क्यों ऊसर रसमय होता।7।

जो नहीं नील नीरद में।
सच्ची शीतलता होती।
किस तरह ताप निज तन का।
तपती वसुन्धरा खोती।8।

जो जीवन-दान न करता।
क्यों नाम सुधाधर पाता।
यदि परहित-निरत न होता।
कैसे परजन्य कहाता।9।

वह सरस है सरस से भी।
वह है रस का निर्माता।
वह है जीवन का जीवन।
घन है जग - जीवन - दाता। 10।

[2]

शार्दूल-विक्रीड़ित

केले के दल को प्रदान करके बूँदें विभा - वाहिनी।
सीपी का कमनीय अंक भरके, दे सिन्धु को सिन्धुता।
शोभा-धाम बना लता-विटप को सद्वारि के विंदु से।
आते हैं बन मुक्त व्योम-पथ में मुक्ता-भरे मेघ ये। 1।
शृङ्गों से मिल मेरु में विचरते प्रायः झड़ी बाँधते।
बागों में वन में विहार करते नाना दिखाते छटा।
मोरों का मन मोहते, विलसते शोभामयी कुञ्ज में।
आते हैं घन घूमते घहरते पाथोधि को घेरते। 2।
कैसे तो सर अंक में विलसते, क्यों प्राप्त होती सरी।
कैसे पादप-पुंज लाभ करती हो शस्य से श्यामला।
कैसे तो मिलते प्रसून, लसती कैसे लता - बेलि से।
जो पाती न धरा अधीर भव में धाराधरी - धीरता। 3।
कैसे तो लसती प्रशान्त रहती, क्यों दूर होती तृषा।
कैसे पाकर जीव-जन्तु बनती श्यामायमाना मही।
होते जो न पयोद, जो न उनमें होती महाआर्द्रता।
रक्षा हो सकती न अन्य कर से तो चातकी वृत्ति की। 4।
गाती है गुण, साथ सर्व सरि के सानन्द सारी धरा।
प्रेमी हैं जग - जीवमात्र उसके, हैं चातकों से व्रती।
क्यों पाता न पयोद मान भव में, होता यशस्वी न क्यों।
है स्नेही उसका समीर, उसकी है दामिनी कामिनी। 5।
मीठा है करता पयोद विधि से वारीश के वारि को।
देता है रस-सी सुवस्तु सबको, है सींचता सृष्टि को।
नेत्रों का, असिताम्बरा अवनि का, काली कुहू रात्रि का।
खोता है तम दामिनी-दमक की दे दिव्य दीपावली। 6।
नीले, लाल, अश्वेत, पीत, उजले, ऊदे, हरे, बैंगनी।
रंगों से रँग, सान्ध्य भानु-कर की सत्कांति से कान्त हो।

नाना रूप धरे विहार करते हैं घूमते-झूमते।
होगा कौन न मुग्ध देख नभ में ऐसे घनों की छटा।7।
हैं ऊँचे उठते, सुधा बरसते, हैं घेरते घूमते।
बूँदों से भरते, फुहार बनते या हैं हवा बाँधते।
दौरा हैं करते घिरे घहरते हैं रंग लाते नये।
क्या-क्या हैं करते नहीं गगन में ये मेघ छाये हुए।8।
कैसे तो पुरहूत-चाप मिलता, क्यों दामिनी नाचती।
क्यों खद्योत-समूह से विलसती काली बनी यामिनी।
होते जो न पयोद, गोद भरती कैसे हरी भूमि की।
आभा-मंडित साड़ियाँ सतरँगी क्यों पैन्हतीं दिग्वधू।9।
मेघों को करते प्रसन्न खग हैं मीठा स्वगाना सुना।
हैं नाना तरु-वृन्द प्रीति करते उत्फुल्लताएँ दिखा।
आशा है अनुरागिनी जलद की, है प्रेमिका शर्वरी।
सारी वीर-बहूटियाँ अवनि की रागात्मिका मूर्त्ति हैं।10।

गीत

[3]

जो तरस न आता कैसे।
आँखों में आँसू भरता।
वह क्यों बनता है नीरस।
जो बरस सरस है करता।1।

चातक ने आकुल हो-हो।
पी-पी कह बहुत पुकारा।
पर गरज-तड़पकर घन ने।
उसको पत्थर से मारा।2।

पौधा था एक फबीला।
सुन्दर फल - फूलोंवाला।
टूटी बिजली ने उसको।
टुकड़े-टुकड़े कर डाला।3।

सब खेत लहलहाते थे।
भू ने था समा दिखाया।

वारिद ने ओले बरसा।
मरु - भूतल उसे बनाया। 4।
जब अधिक वृष्टि होती है।
पुर ग्राम नगर हैं बहते।
उस काल करोड़ों प्राणी।
महायातना सहते। 5।
जब चपला - असि चमकाकर।
है महाघोर रव करता।
तब कौन हृदय है जिसमें।
घन नहीं भूरि भय भरता। 6।
अवलोक क्रियाएँ उसकी।
क्यों कहें जलद है कैसा।
यदि माखन-सा कोमल है।
तो है कठोर पवि - जैसा। 7।
है विषम गरल गुणवाला।
तो भी है सुधा पिलाता।
घन उपल सृजन करता है।
मुक्ता भी है बन जाता। 8।
कोई न कहीं पर घन-सा।
है तरल - हृदय दिखलाता।
वह हो हिमपात-विधायक।
पर है जग - जीवन - दाता। 9।
है थकित-भ्रमित चित होता।
कैसे रहस्य बतलायें।
हैं चकित बनाती भव की।
गुण - दोषमयी लीलाएँ। 10।

[4]

शार्दूल-विक्रीड़ित

क्या सातों किरणें दिवाधिपति की हैं दृश्यमाना हुईं।
किम्वा वन्दनवार द्वार पर है बाँधी गयी स्वर्ग के।
या हैं सुन्दर साड़ियाँ प्रकृति की आकाश में सूखती।
किम्वा वारिद-अङ्क में विलसता है चाप स्वर्गेश का।

सरस समीर

[1]

गीत

विकसित करता अरविन्द-वृन्द।
बहता है ले मंजुल मरंद।
मानस को करता मोद-धाम।
आता समीर है मन्द-मन्द। 1।

है कभी बजाता मंजु वेणु।
कीचक-छिद्रों में कर प्रवेश।
है कभी सुनाता सरस गान।
दे खग-कुल-कण्ठों को निदेश। 2।

है कभी कँपाता जा समीप।
विकसित लतिका का मृदुल गात।
ले कभी कुसुम-कुल की सुगन्ध।
वह बन जाता है मलय-वात। 3।

ले-लेकर उज्ज्वल ओस-विन्दु।
जब वह करता है वर विहार।
तब बरसाता है हो विमुग्ध।
तरुदल-गत मुक्ता-मणि अपार। 4।

वह करता है कमनीय केलि।
आ-आकर सुमन - समूह पास।
बहु घूम-घूम मुख चूम-चूम।
कलियों को वितरण कर विकास। 5।

बहु लोभनीय लीला-निकेत।
सरि-लहरों को कर अधिक लोल।
भरता है उनमें लय ललाम।
कर-कर कल कलरव से कलोल। 6।

पाकर विस्तृत तृण-राजि ओक।
वह जब जाता है पन्थ भूल।
तब उड़ता है बन परम कान्त।
वन - भूमि - बधूटी का दुकूल। 7।

मिल अलिमाला से प्रेम-साथ।
तितली से करता है विनोद।
बनती है उससे सुमनवान।
छाया की बहु छबिमयी गोद। 8।

करके कितने आवरण दूर।
निज मंजुल गति का बढ़ा मोल।
दिखलाता है बहु दिव्य दृश्य।
वह हटा प्रकृति-मुख का निचोल। 9।

वह फिरता है बन सुधा-सिक्त।
सब ओर सरस सौरभ पसार।
वनदेवी को दे परम दिव्य।
विकसित कुसुमों का कण्ठहार। 10।

[2]

वंशस्थ

विभूति - आवास अनन्त - अंक का।
विकास है व्यापक तेज - पुंज का।
विधान है जीवन - भूत वारि का।
समीर है प्राण धरा - शरीर का। 1।
सदा रही चित्त विराम - दायिनी।
विनोदिनी सर्व वसुंधरांक की।
सुगन्धिता है करती दिगन्त को।
विमोहिनी धीर समीर धीरता। 2।

रजनी सुन्दरी

[1]

गीत

घूँघट से बदन छिपाये।
काले कपड़ों को पहने।
आती है रजनी तन पर।
धारण कर उडुगण गहने। 1।

पाकर मयंक-सा प्रियतम।
सहचरी चाँदनी ऐसी।
वह कभी विलस पाती है।
सुरलोक सुन्दरी जैसी।2।

पर कभी पड़ा मिलता है।
उस पर वह परदा काला।
जिसको माना जाता है।
भव अन्ध - भूत अँधियाला।3।

नव राग - रंजिता सन्ध्या।
तारक - चय - मण्डित नभ - तल।
बहु लोक विपुल आलोकित।
हैं रजनी - सुख के सम्बल।4।

कमनीय अंक में उसके।
जन - कोलाहल सोता है।
भव कार्य बहुलता का श्रम।
उसका विराम खोता है।5।

जो शान्ति - दायिनी निद्रा।
जन श्रान्ति क्लान्ति हरती है।
तो शिथिल रगों में बिजली।
रजनी - बल से भरती है।6।

पा अर्द्धरात्रि - नीरवता।
जब त्याग सचलता सारी।
सब जगत पड़ा सोता है।
अवलोक प्रकृति - गति न्यारी।7।

चल दबे पाँव से मारुत।
जब है ऊँघता दिखाता।
जब पादप का पत्ता भी।
हिल - डोल नहीं है पाता।8।

उस काल निबिड़ता तम की।
वह चादर है बन जाती।
जिससे जगती तन ढक कर।
सुख अनुभव है कर पाती।9।

रजनी - उर हित की लहरें।
जब हैं रस - वाष्प उठाती।
तब ओस - बूँद बन - बनकर।
मोती-सा हैं बरसाती। 10।

यामिनी मिले सन्नाटा।
जब साँय - साँय करती है।
उस काल वसुमती सुख के।
साधन का दम भरती है। 11।

वह प्रति दिन उन पापों पर।
परदे डाला करती है।
अवलोक विकटता जिनकी।
कम्पित होती धरती है। 12।

खम्भों पर विलसित बिजली।
क्यों तारक-चय मद खोती।
क्यों अगणित दीपक बलते।
जो नहीं यामिनी होती। 13।

तम - भरित सकल ओकों में।
अनुभूत ज्योति भरती है।
श्रम-भंजन कर जन - जन का।
रजनी रंजन करती है। 14।

[2]

शार्दूल-विक्रीड़ित

है लीला करती, ललाम बनती, है मुग्ध होती महा।
है उल्लास-विलास से विलसती, पीती सुधा सर्वदा।
हो के हासमयी विकास भरती, है मोहती विश्व को।
पा राकेश-समान कान्त मुदिता राका निशा सुन्दरी।

वंशस्थ

असंख्य में से उड़ु एक भी जिसे।
कभी नहीं कान्तिमती बना सका।
अभागिनी भीति-भरी तमोमयी।
कहाँ मिली अन्यतमा अमा समा।

[3]

गीत

हैं सरस ओस की बूँदें।
या हैं ये मंजुल मोती।
या ढाल-ढालकर आँसू।
प्रति दिन रजनी है रोती। 1।

क्यों ओस कलेजा पिघला।
वह क्यों बूँदें बन पायी।
किस लिये दया - परवश हो।
वह द्रवीभूत दिखलाई। 2।

अवलोक अँधेरा जग में।
क्या रवि - वियोगिनी - छाया।
है घूम - घूमकर रोती।
इतना जी है भर आया। 3।

हो विकल कालिमाओं से।
रजनी है अश्रु बहाती।
या विविध तामसिक बातें।
उसको हैं अधिक रुलाती। 4।

अथवा विधु-से वल्लभ को।
क्षय - रुज - कवलित अवलोके।
है रुदन - रता वह अबतक।
आँसू रुक सके न रोके। 7।

अथवा अतीत गौरव की।
कर याद व्यथा रोती है।
अपनी अन्तर - ज्वालाएँ।
दृग - जल - बल से खोती है। 6।

या प्रकृति - स्नेह की धारा।
जल की बूँदें बन - बनकर।
तरुदल को सींच रही हैं।
कर लता - बेलियों को तर। 7।

या तारे तरल - हृदय बन।
हो दया से द्रवित भू पर।

बरसाते हैं नित मोती।
कमनीय करों में भरकर।8।

अवलोक तपन को आते।
सहृदयता दिखलाती है।
या सरस ओस अवनी पर।
सित सुधा छिड़क जाती है।9।

या रवि कोमल किरणों को।
अवलोक धरा पर आती।
तरुदल - थालों में भर - भर।
मोती है ओस लुटाती।10।

[4]

शार्दूल-विक्रीड़ित

हो नाना खग - वृन्द - नाद-मुखरा प्रातःप्रभा-पूरिता।
हो के पुण्य विकास से विकसिता सद्गन्धि से गन्धिता।
ऊषा से बन रंजिता विलसिता हो शोभिता अंशु से।
होती है महि कान्त ओस-कर से पा मंजु मुक्तावली।1।

है प्राची प्रिय लालिमा सहचरी सिन्दूर-आरंजिता।
सोने-सी कमनीय कान्ति-जननी है दिव्यता भानु की।
है आलोक-प्रसू प्रभात-सुषमा है मण्डिता दिग्वधू।
ऊषा है अनुराग-राग-निरता है ओस मुक्तामयी।2।

चतुर्थ सर्ग

दृश्य जगत्

हिमाचल

[1]

अवलोकनीय अनुपम।
कमनीयता - निकेतन।
है भूमि में हिमाचल।
विभु - कीर्त्ति कान्त - केतन।1।

ह हिम - समूह - मंडित।
हिमकर - समान शोभन।
सुन्दर किरीट - धारी।
ललितांग लोक - मोहन।2।

उसकी विशालता है।
वसुधा - विनोद सम्बल।
उसको विलोकता है।
बन मुग्ध देव - मण्डल।3।

सुन्दर सुडौल ऊँचे।
उसके समस्त तरुवर।
नन्दन - विपिन - विटप से।
शोभा - सदन मनोहर।4।

कर लाभ फूल, फल, दल।
जब हैं बहुत विलसते।
तब कौन - से नयन में।
वे रस नहीं बरसते।5।

पा स्वर्ग - छवि न कैसे।
सुर - सुन्दरी कहायें।

किसको नहीं लुभातीं।
उसकी ललित लताएँ। 6।

उसकी जड़ी व बूटी।
बन कल्प - बेलि के सम।
बहुरूप दिव्य दलमय।
कामद फलद मनोरम। 7।

करती विविध क्रिया हैं।
दिखला विचित्रताएँ।
हैं रात में दमकती।
बन दीप की शिखाएँ। 8।

बन वाष्प घूमते हैं।
घन वारि हैं बरसते।
अन्तिम मिहिर - किरण ले।
या हैं बहुत विलसते। 9।

हैं द्वार पर दरी के।
परदे रुचिर लगाते।
अथवा वहीं बिखर कर।
हैं जालियाँ बनाते। 10।

घुसकर किसी सदन में।
हैं बहु वसन भिगोते।
या हो तरल अधिकतर।
हैं भित्ति - चित्र धोते। 11।

धर कर स्वरूप कितने।
हैं बहु विहार करते।
मुक्ता - समूह उसमें।
हैं वारिवाह भरते। 12।

हिम से हिला - मिला - सा।
है सानु पर दिखाता।
या सिक्त घाटियों को।
है घन - पटल बनाता। 13।

है नीर पान करता।
धुरवा धुरीण बनकर।

या डाल - डाल झूला।
है झूलता शिखर पर। 14।
बूँदें बड़ी गिराकर।
जल - वाद्य है बजाता।
कर नाद वसु - पदों को।
पर्जन्य है खिजाता। 15।
जब गैरिकादि को है।
निज वारि में मिलाता।
तब मेघ मेरु को है।
बहुरंग पट पिन्हाता। 16।
मृगनाभि से सुगन्धित।
वह है सदैव रहता।
उसमें सरस समीरण।
है मन्द - मन्द बहता। 17।
कर रव, सुधा श्रवण में।
जल - स्रोत डालते हैं।
झरने उछल - उछलकर।
मोती उछालते हैं। 18।
कल अंक मध्य उसके।
छवि रत्न - राजि की है।
रेख बनी रजत की।
सरिता विराजती है। 19।
ऐसा त्रिलोक - सुन्दर।
किस आँख में समाया।
महि ने न दूसरा गिरि।
हिमगिरि - समान पाया। 20।

[2]

शार्दूल-विक्रीड़ित

चोटी है लसती मिले कलस-सी ज्योतिर्मयी मंजुता।
होती है उसमें कला-प्रचुरता स्वाभाविकी स्वच्छता।
नाना साधन, हेतु-भूत बन के हैं सिद्धि देते उसे।
है देवालय के समान गिरि के सर्वाङ्ग में दिव्यता। 1।

शिक्षा का शुचि केन्द्र, शान्त मठ है संसार की शान्ति का।
पूजा का प्रिय पीठ, कान्त थल है विज्ञप्ति के पाठ का।
है ज्ञानार्जन-धाम ओक भव के विज्ञान-विस्तार का।
पाता है गिरि भू-विभूति-चय का धाता विभा-कीर्त्ति का। 2।
होता है अभिषेक वारिधर के पीयूष से वारि से।
नाना पादप हैं प्रसून-चय से प्रातः उसे पूजते।
सारी ही नदियाँ सभक्ति बन के होती द्रवीभुत हैं।
गाते हैं गुण सर्व उत्स गिरि का स्नेहाम्बु से सिक्त हो। 3।
ऐसा है हरिताभ वस्त्र किसका पुष्पावली से सजा।
नाना कान्ति-निकेत रत्न किसके सर्वाङ्ग में हैं लसे।
आभावान असंख्य हीरक जड़ा आलोक के पुंज-सा।
पाया है हिम का किरीट किसने हेमाद्रि-जैसा कहाँ। 4।
पक्षी रंग-विरंग के विहरते या मंजु हैं बोलते।
क्रीड़ा हैं करते कुरंग कितने, गोवत्स हैं कूदते।
नाना वानर हैं विनोद करते, हैं गर्जते केशरी।
मातंगी - दल के समेत गिरि में मातंग हैं घूमते। 5।
ऊषा-रागमयी दिशा विहँसती लोकोत्तरा लालिमा।
कान्ता चन्द्रकला कलिन्द किरणें रम्यांक राका निशा।
नाना तारक-मालिका छविमयी कादम्बिनी दामिनी।
देती है दिवि की विभूति गिरि को दिव्यांग देवांगना। 6।
गा-गा गीत विहंग-वृन्द दिखला केकी कला नृत्य की।
नाना कीट, पतंग, भृंग करके क्रीड़ा मनोहारिणी।
देते हैं अभिराम-भूत गिरि की सौन्दर्य-मात्रा बढ़ा।
सीधे सुन्दर मंजु पुच्छ मृग के सर्वाङ्ग शोभा-भरे। 7।
है कैलाश कहाँ, किसे मिल सका काश्मीर-भू स्वर्ग-सा।
पाया है कब स्वर्ण-मेरु किसने, देवापगा-सी सरी।
मुक्ता-हंस-निकेत मानस किसे है कान्त देता बना।
कैसे हो न हिमाद्रि उच्च सबसे, क्यों देवतात्मा न हों। 8।
दे पुष्पादि 'उदार वृत्ति' तरु की शाखा बताती मिली।
सारे निर्भर हैं अजस्र कहते स्नेहार्द्रता मेरु की।
ऊँचे श्रृंग उठा स्वशीश करते हैं कीर्त्ति की घोषणा।
गाती है गुण सर्वदा गिरि-गुहा शब्दायमाना बनी। 9।

गाते हैं गन्धर्व किन्नर कहीं, हैं नाचती अप्सरा।
वीणा है बजती, मृदंग-रव है होता कहीं प्रायशः।
दे-दे दिव्य विभूति व्योम-पथ में हैं देवते घूमते।
ऐसा है गिरि कौन स्वर्ग-सुषमा है प्राप्त होती जिसे। 10।

[3]

गीत

जो था मनु वंश - विटप का।
वसुधातल में आदिम फल।
उसके लालन - पालन का।
पलना है अचल हिमाचल। 1।

हो सका बहु सरस जिससे।
भव अनुभव भूतल सारा।
बह सकी प्रथम हिमगिरि में।
वह मानवता - रस - धारा। 2।

जिसके मधु पर हैं मोहित।
महि विबुध - वृन्द मंजुल अलि।
विकसी हिमाद्रि में ही वह।
वैदिक संस्कृति - कुसुमावलि। 3।

जिसकी कामदता देखे।
सुर - वृन्द सदैव लुभाया।
मिल सकी हिमालय में ही।
वह सुख - सुरतरु की छाया। 4।

है कहाँ कान्त कनकाचल।
बहु दिव विभूति विलसित घन।
मुक्तामय मान - सरोवर।
नन्दन - वन जैसा उपवन। 5

कमनीय कण्ठ में पहने।
मन्दार मंजुतम माला।
हैं कहाँ विहरती फिरती।
अलका - विलासिनी बाला। 6।

जिनकी अद्भुत तानों से।
रस की धारा - सी फूटी।
हैं कहाँ सुधा बरसाती।
गा - गाकर विबुध - बधूटी। 7।

कैलास कहाँ है जिसपर।
है वह विभूति तनवाला।
बन गयी मौलि की जिसके।
सुरसरी मालती - माला। 8।

है पत्नी अंक में किसके।
वह सिंह - वाहना बाला।
जिसने दानवी दलों को।
मशकों समान मल डाला। 9।

है कहाँ शान्ति का मन्दिर।
भव - जन - विश्राम - निकेतन।
उड़ सका शिखर पर किसके।
वसुधा - विमुक्ति का केतन। 10।

जी सकीं देख मुख जिनका।
शुचिता की आँखें प्यासी।
वे सिद्ध कहाँ थे जिनकी।
थीं सकल सिद्धियाँ दासी। 11।

भर विभु - विभुता - वैभव से।
है कहाँ कुसुम - कुल हँसता।
बहु काल ललित - तम वन के।
है कहाँ वसन्त विलसता। 12।

वे वन - विभूतियाँ जिनमें।
कलित कलाएँ खिलतीं।
वे दृश्य अलौकिक जिनमें।
है प्रकृति - दिव्यता मिलती। 13।

किसने है ऐसी पाई।
है कौन मंजुतम इतना।
अब तक भव समझ न पाया।
उसमें रहस्य है कितना। 14।

विधि लोकोत्तर कर - ललित।
लौकिक ललामता - सम्बल।
सिर - मौर मेरुओं का है।
अचला मणि-मुकुट हिमाचल। 15।

विपिन

[1]

शार्दूल-विक्रीड़ित

शोभाधाम ललाम मंजुरुत की नाना विहंगावली।
लीला - लोल लता - समूह बहुशः सत्पुष्प सुश्री बड़े।
पाये हैं किसने असंख्य विटपी स्वर्लोक - संभूत - से।
रम्योपान्त नितान्त कान्त महि में है कौन कान्तार - सा। 1।
नाना मंजुल कुंज से विलसिता भृंगावली - भूषिता।
छायावान लता - वितान - वलिता पाथोज - पुंजावृता।
गुंजा - माल अलंकृता तृणगता मुक्तावली - मंडिता।
है दूर्वादल - संकुला विपिन की श्यामायमाना मही। 2।

वंशस्थ

तृणावली तारक -राजि व्योम है।
पतंग है दीधित पुष्पराशि का।
प्रशस्त कान्तार विशाल सिन्धु है।
तरंग - माला तरु - पुंज - पंक्ति का।

शार्दूल-विक्रीड़ित

पेड़ों में वन की बड़ी विविधता उत्फुल्लता उच्चता।
पत्तों में फल में महा सरसता आमोदिनी मंजुता।
नाना पुष्प - समूह में विकचता सच्ची मनोहारिता।
पाते हैं कमनीयता मृदुलता कान्ता लता - पुंज में। 1।
व्यापी मंजु हरीतिमा विटप की कादम्बिनी-सी लसी।
शाखा पल्लव - पूरिता विकसिता पुष्पावली - सज्जिता।
लेती है कर मुग्ध वारि - निधि - सी हो ऊर्मिमालामयी।
नाना गुल्म - लतावती विपिन की नीलाम्बरा मेदिनी। 2।

की है कानन मध्य सिद्धि जन ने प्यारी तपःसाधना।
पूता है वन की महा गहनता स्वर्गीय सम्पत्ति से।
व्यापी निर्जनता विराग - निरता एकान्त आधारिता।
होती है महनीय शान्ति - भरिता कान्तार - गम्भीरता। 3।
उल्लू का विकराल नाद बहुधा, शार्दूल की गर्जना।
देता है न किसे प्रकम्पित बना चीत्कार मातंग का।
देखे हिंसक भीमकाय पशु की आतंककारी क्रिया।
सन्नाटा वन का विलोक किसको हृत्कंप होता नहीं। 4।
नाना व्याल - विभीषिका विकटता भू कण्टकाकीर्ण की।
हिंसा पाशव वृत्ति हिंस्र पशु की चीत्कारमग्ना दिशा।
ज्वाला - माल - निपीड़िता तरु - लता धूमान्धकारावृता।
होती है भयपूरिता विपिन की कृत्या समा प्रक्रिया। 5।
पा के दानव के समान वपुता एवं कदाकारता।
हो के चालित चंड वायु - गति से आतंक - मात्रा बढ़ा।
नाना काक उलूक आदि रव से हो प्रायशः पूरिता।
देती है वन को भयावह बना दुर्वीक्ष्य वृक्षावली। 6।

वंशस्थ

बनी हुई मूर्त्तिमती विभीषिका।
वृकोदरा श्वापद - वृन्द - शासिता।
किसे नहीं है करती प्रकंपिता।
करालकाया वन की वसुन्धरा।

शार्दूल-विक्रीड़ित

जो है हिंसकता - निकेत जिसमें है भीति - सत्ता भरी।
जो है भूरि विभीषिका - विचलिता उत्पात - आलोड़िता।
जो है कण्टकिता नितान्त गहना आतंक - आपूरिता।
तो कैसे वन - मेदिनी, विकटता - आक्रान्त होगी नहीं। 1।

[2]

गीत

है कौन विलसता सब दिन।
परिधान हरित - तम पहने।

हैं सबसे सुन्दर किसके।
कमनीय कुसुम के गहने।1।
हरिताभ मंजुतम अनुपम।
है किसका अंक निराला।
है पड़ी कण्ठ में किसके।
मरकत - मणि - मंजुल माला।2।
इतना अनुरंजित ऊषा।
कब किसको है कर पाती।
इतनी मुक्ता - मालाएँ।
रजनी है किसे पिन्हाती।3।
बहु प्रभावान प्रति वासर।
है किसे प्रभात बनाता।
किसको दिन - मणि निज कर से।
है स्वर्ण - मुकुट पहनाता।4।
हैं किसे ललिततम करती।
हिल - हिल अनन्त लतिकाएँ।
किसमें विलसित रहती हैं।
खिल - खिल अगणित कलिकाएँ।5।
लेकर विहंगमों का दल।
है गीत मनोहर गाता।
निज कोटि - कोटि कण्ठों से।
है कलरव कौन सुनाता।6।
वारिधि - समान संचालित।
किसको समीर है करता।
किसके सौरभ को ले - ले।
वह है दिगन्त में भरता।7।
कर लाभ सुमनता किसकी।
हैं सरस सुमन से भरते।
लेकर असंख्य तरु - फल - दल।
किसका पूजन हैं करते।8।
नित प्रकृति की छटा किसमें।
नर्त्तन करती मिलती है।

मधु की मधुता किसको पा।
छगुनी छवि से खिलती है। 9।

नयनाभिराम बहु मोहक।
आमोदक परम मनोरम।
वसुधा में कौन दिखाया।
बन के समान मंजुलतम। 10।

[3]

गीत

कहाँ हरित पट प्रकृति - गात का है बहु कान्त दिखाता।
कहाँ थिरकती हरियाली का घूँघट है खुल पाता।
कहाँ उठा शिर विटपावलि हैं नभ से बातें करती।
कहाँ माँग अपनी लतिकाएँ मोती से हैं भरती। 1।
कोटि - कोटि कीचक हैं अपनी मुरली कहाँ बजाते।
कहाँ विविध गायक तरु गा - गा हैं बहु गीत सुनाते।
ले बहु सूखे फल समीर है कहाँ सुवाद्य बजाता।
मोरों का दल कहाँ मंजुतम नर्त्तन है कर पाता। 2।
ऐसी कुंजें कहाँ जहाँ दृग कुंठित हैं हो जाते।
जिसकी छाया को सहस्र - कर कभी नहीं छू पाते।
कहाँ विलसती हरियाली में कुसुमावलि है वैसी।
नभ-नीलिमा तारकावलि में छबि मिलती है जैसी। 3।
कहाँ उठे हैं विपुल महातरु श्यामल महि में ऐसे।
उठती हैं उत्ताल तरंगें तोयधि-तन में जैसे।
धानी साड़ी धरा-सुन्दरी को है कौन पिन्हाती।
कोसों तक तृणराजि कहाँ पर है राजती दिखाती। 4।
विपुल कुसुम-कुल के गुच्छों से जो मंजुल हैं बनते।
कहाँ बेलियों के विभवों से हैं वितान बहु तनते।
कहाँ वनश्री की लेती हैं पुलकित बनी बलाएँ।
नीली लाल हरित दलवाली लाखों ललित लताएँ। 5।
रंजित बनती है रजनी की जिनसे तामस घड़ियाँ।
दीपक-जैसी कहाँ जगमगाती मिलती हैं जड़ियाँ।

लता-वेलि-तरु-चय पत्तों में हैं प्रसून-से खिलते।
पावस में अनन्त जुगनू हैं कहाँ चमकते मिलते। 6।
श्याम रंग में रँगे झूमते बहु क्रीड़ाएँ करते।
कहाँ करोड़ों भौंरे हैं सब ओर भाँवरें भरते।
रंग-बिरंगी बड़ी छबीली कुसुम-मंजुरस-माती।
कहाँ असंख्य तितलियाँ फिरती हैं रंगतें दिखाती। 7।
चित्र -विचित्र परों से अपने विचित्रता फैलाते।
कभी मेदिनी, कभी डालियों पर बैठे दिखलाते।
हो कलोल-रत कलित कण्ठ से गीत मनोहर गाते।
झुण्ड बाँधकर कहाँ करोड़ों खग हैं आते-जाते। 8।
कभी अति चपल मृदुल-काय शावक-समूह से घिरते।
कभी चौंकते, कभी उछलते, कभी कूदते फिरते।
भोले-भाले भाव दृगों में भर कर कोमल तृण चरते।
कहाँ यूथ-के-यूथ मृग मिले भूरि छलाँगें भरते। 9।
उठती हैं मानव-मानस में विविध विनोद-तरंगें।
तृप्ति - लाभ करती हैं कितनी उर में उठी उमंगें।
दृष्टि मिले का फल पाते हैं बहु विमुग्ध दृग हो के।
बनती है अनुभूति सहचरी विपिन-विभूति विलोके। 10।

उद्यान

[1]

गीत

हरित तृणराजि-विराजित भूमि।
बनी रहती है बहु छवि - धाम।
विहँस जिसपर प्रति दिवस प्रभात।
बरस जाता है मुक्ता - दाम। 1।

पहन कमनीय कुसुम का हार।
पवन से करती है कल केलि।
उड़े मंजुल दल - पुंज - दुकूल।
विलसती है अलबेली बेलि। 2।

क्यारियों का पाकर प्रिय अंक।
आप ही अपनी छबि पर भूल।

लुटाकर सौरभ का संभार।
खिले हैं सुन्दर - सुन्दर फूल।3।

छँटी मेंहदी के छोटे पेड़।
लगे रविशों के दोनों ओर।
मिले घन-जैसा श्याम शरीर
नचाते हैं जन - मानस - मोर।4।

खोल मुँह हँसता उनको देख।
विलोके उनका तन सुकुमार।
प्यार करता है हो बहु मुग्ध।
दिवाकर कर कमनीय पसार।5।

खड़े हैं पंक्ति बाँध तरु-वृन्द।
ललित दल से बन बहु अभिराम।
लोचनों को लेते हैं मोल।
डालियों के फल - फूल ललाम।6।

प्रकृति-कर से बन कोमल - कान्त।
लताओं का अति ललित वितान।
बुलाता है सब काल समीप।
कलित कुंजों का छाया-दान।7।

लाल दलवाले लघुतम पेड़।
लालिमा से बन मंजु महान।
दृगों को कर देते हैं मत्त।
छलकते छवि - प्याले कर पान।8।

बहुत बल खाती कर कल नाद।
नालियाँ बहती हैं जिस काल।
रसिक मानव-मानस के मध्य।
सरस बन रस देती हैं ढाल।9।

कहीं मधु पीकर हो मदमत्त।
अलि-अवलि करती है गुंजार।
कहीं पर दिखलाती है नृत्य।
रँगीली तितली कर शृङ्गार।10।

पढ़ाता है प्रिय रुचि का पाठ।
कहीं पर पारावत हो प्रीत।

कहीं पर गाता है कलकण्ठ।
प्रकृति-छबि का उन्मादक गीत। 11।
सुने पुलकित बनता है चित्त।
पपीहा की उन्मत्त पुकार।
कहीं पर स्वर भरता है मोर।
छेड़कर उर - तंत्री के तार। 12।
कहीं क्षिति बनती है छबितान।
लाभ कर विलसे थल - अरविन्द।
कहीं दिखलाते हैं दे मोद।
तरु - निचय पर बैठे शुक - वृन्द। 13।
मंजु गति से आ मन्द समीर।
क्यारियों में कुंजों में घूम।
छबीली लतिकाओं को छेड़।
कुसुम - कुल को लेता है चूम। 14।
करेगा किसको नहीं विमुग्ध।
सरसता - वलित ललिततम ओक।
न होगा विकसित मानस कौन।
लसित कुसुमित उद्यान विलोक। 15।

[2]

शार्दूल-विक्रीड़ित

माली के उर की अपार ममता उन्मत्तता भृंग की।
पेड़ों की छवि - पुंजता रुचिरता छायामयी कुंज की।
पुष्पों की कमनीयता विकचता उत्फुल्लता बेलि की।
देती है खग - वृन्द की मुखरता उद्यान को मंजुता। 1।
कान्ता कंज - दृगी सरोज - वदना भृंगावली - कुन्तला।
सुश्री कोकिल-कंठिनी भुज - लता - लालित्य - आन्दोलिता।
पुष्पाभूषण - भूषिता सुरभिता आरक्त विम्बाधरा।
पूर्वा श्यामल साटिका विलसिता है वाटिका सुन्दरी। 2।

द्रुतविलम्बित

सहज सुन्दर भूति - निकेत क्यों।
बन सके नर - निर्मित वाटिका।

विपिन में दृग हैं अवलोकते।
प्रकृति की कृति की कमनीयता।3।

शार्दूल-विक्रीड़ित

कोई पा बहुरंग की विविधता आधार पुष्पावली।
कोई है ले लाल फूल लसिता शृंङ्गारिता रंजिता।
क्या हैं सुन्दर नारियाँ विलसती पैन्हे रँगी साड़ियाँ।
या हैं कान्त प्रसून-पुंज-कलिता उद्यान की क्यारियाँ।4।
पा आभा दिन में दिनेश-कर से हो हो सिता से सिता।
ले-ले कान्ति सुधांशु-कान्त कर से हो दिव्य आभामयी।
पा के वारिद-वृन्द से सरसता वृन्दारकों से छटा।
होती है रस-सिंचिता विलसिता उल्लासिता वाटिका।5।
हो आभामय मन्द-मन्द हँस के फूली लता-व्याज से।
मुक्ता से लसिता तृणावलि मिले हो दिव्य नीलाम्बरा।
आँखों को अनुराग-सिक्त, मन को है मुग्ध देती बना।
पैन्हे मंजुल मालिका सुमन की उद्यान की मेदिनी।6।

सरिता

[1]

गीत

ताटंक

किसे खोजने निकल पड़ी हो।
जाती हो तुम कहाँ चली।
ढली रंगतों में हो किसकी।
तुम्हें छल गया कौन छली।1।
क्यों दिन - रात अधीर बनी - सी।
पड़ी धरा पर रहती हो।
दुःसह आतप शीत - वात सब।
दिनों किस लिये सहती हो।2।
कभी फैलने लगती हो क्यों।
कृश तन कभी दिखाती हो।

अंग - भंग कर - कर क्यों आपे।
से बाहर हो जाती हो। 3।
कौन भीतरी पीड़ाएँ।
लहरें बन ऊपर आती हैं।
क्यों टकराती ही फिरती हैं।
क्यों काँपती दिखाती हैं। 4।
बहुत दूर जाना है तुमको।
पड़े राह में रोड़े हैं।
हैं सामने खाइयाँ गहरी।
नहीं बखेड़े थोड़े हैं। 5।
पर तुमको अपनी ही धुन है।
नहीं किसी की सुनती हो।
काँटों में भी सदा फूल तुम।
अपने मन के चुनती हो। 6।
ऊषा का अवलोक वदन।
किस लिये लाल हो जाती हो।
क्यों टुकड़े - टुकड़े दिनकर की।
किरणों को कर पाती हो। 7।
क्यों प्रभात की प्रभा देखकर।
उर में उठती है ज्वाला।
क्यों समीर के लगे तुम्हारे
तन पर पड़ता है छाला। 8।
क्या यह दिखलाती रहती हो।
भव के सुख - वैभव सारे।
दुखिया को दुख ही देते हैं।
उसे नहीं लगते प्यारे। 9।
सदा तुम्हारी धारा में क्यों।
पड़ती भँवर दिखाती है।
क्या वह जी में पड़ी गाँठ का।
भेद हमें बतलाती है। 10।
क्यों नीचे - ऊपर होती हो।
गिरती - पड़ती आती हो।

पानी - पानी होकर भी क्यों।
पानी नहीं बचाती हो। 11।
जीवनमय होने पर भी क्यों।
जीवन - हीन दिखाती हो।
कल - विरहित होकर के कैसे।
कल - कल नाद सुनाती हो। 12।
उस नीरव निशीथिनी में जब।
सकल धरातल सोता है।
पवनसहित जब सारा नभ - तल।
शब्दहीन - सा होता है। 13।
तब भी क्रन्दन की ध्वनि क्यों।
कानों में पड़ती रहती है।
कौन व्यथा की कथा तरल-हृदये।
वह किससे कहती है। 14।
होती हैं साँसतें पन्थ में।
जल बन जाता है खारा।
सरिते, इतना अधिक तुम्हें क्यों।
अंक उदधि का है प्यारा। 15।
किन्तु देखता हूँ भव में है।
प्रेम - पन्थ ऐसा न्यारा।
जिसमें पवि प्रसून होता है।
विधि बनती है असिधारा। 16।

[2]

पाकर किस प्रिय तनया को।
गिरिवर गौरवित कहाया।
किसने पवि-गठित हृदय में।
रस अनुपम स्रोत बहाया। 1।
हर अकलित सब करतूतें।
कर दूर अपर अपभय को।
बन सकी कौन रस - धारा।
कर द्रवीभूत हिम - चय को। 2।
प्रस्तर - खण्डों पेड़ों में।
सब काल कौन अलबेली।

कमनीय छलाँगें भर - भर।
कर - कर अठखेली खेली। 3।
करके अपार कोलाहल।
है बड़े वेग से बहता।
किसका प्रवाह पत्थर से।
है टक्कर लेता रहता। 4।
सह बड़ी - बड़ी बाधाएँ।
चट्टानों से टकराती।
अन्तर को कौन द्रवित कर।
प्रान्तर में है आ जाती। 5।
लहराती हरित धरा में।
कानन की छटा बढ़ाती।
बन कौन मन्दगति महिला।
रस से है भरी दिखाती। 6।
उछली - कूदी बहु छलकी।
लीं शिर पर बड़ी बलाएँ।
गिरि - कान्त अंक में किसने।
कीं कितनी कलित कलाएँ। 7।
मोती उछालती फिरती।
दरियों में कौन दिखाई।
किसने रख हरित तृणों को।
पत्थर पर दूब जमाई। 8।
कल कल छल - छल पल - पलकर।
है कौन मचलती रहती।
जल बने कौन ढल - ढल के।
बल खा - खाकर है बहती। 9।
चंचला बालिकाओं - सी।
है थिरक - थिरक छवि पाती।
करि केलि किलक उठती हैं।
किसकी लहरें लहराती। 10।
हैं हवा बाँधते अपनी।
कैसे जाते हैं खिल - से।

किसके जल में दिखलाये।
बुल्ले प्रसून - से विलसे। 11।
किसके बल से रहती है।
हरियाली - मुँह की लाली।
किसके जल ने अवनी की।
श्यामलता है प्रतिपाली। 12।
रस किसमें मिला छलकता।
है कौन सदा रस - भरिता।
किसमें है रस की धारा।
सरिता - समान है सरिता। 13।

[3]

दृग कौन विमुग्ध न होगा।
अवलोकनीय छवि - द्वारा।
है सदा लुभाती रहती।
सरिता की सुन्दर धारा। 1।
ऊषा की जब आती है।
रंजित करने की बारी।
किसके तन पर लसती है।
तब लाल रंग की सारी। 2।
है मिला किसे रवि - कर से।
सुरपुर का ओप निराला।
किरणें किसको देती हैं।
मंजुल रत्नों को माला। 3।
संगी प्रभात के किसको।
हैं प्रभा - रंग में रँगते।
किसकी रंजित सारी में।
हैं तार सुनहले लगते। 4।
भरकर प्रकाश किसको है।
दर्पण - सा दिव्य बनाता।
दिन किसकी लहर - लहर में।
दिनमणि को है दमकाता। 5।
चाँदनी चाहकर किसको।
है रजत - मयी कर पाती।

किसपर मयंक की ममता।
है मंजु सुधा बरसाती।6।

जगमग - जगमग करती है।
किसमें ज्योतिर्मय काया।
है किसे बनाती छविमय।
तारक - समेत नभ - छाया।7।

जब जलद - विलम्बित नभ में।
पुरहूत - चाप छवि पाता।
तब रंग - बिरंगे कपड़े।
पावस है किसे पिन्हाता।8।

पावस में श्यामल बादल।
जब नभ में हैं घिर आते।
तब रुचिर अंक में किसके।
घन रुचितन हैं मिल जाते।9।

हैं किसे कान्त कर देते।
बन - बन अन्तस्तल - मण्डन।
रवि अन्तिम कर से शोभित।
सित पीत लाल श्यामल घन।10।

जब मंजुलतम किरणों से।
घन विलसित है बन जाता।
तब किसे वसन बहु सुन्दर।
है सान्ध्य गगन पहनाता।11।

जब रीझ - रीझ सितता की।
है सिता बलाएँ लेती।
तब किसे रंजिनी आभा।
राका रजनी है देती।12।

[4]

शार्दूल-विक्रीड़ित

पाता है रस जीव - मात्र किससे सर्वत्र सद्भाव से।
धारा है रस की अबाध किसके सर्वाङ्ग में व्यापिता।
हो-हो के सब काल सिक्त किससे होती रसा है रसा।
पृथ्वी में सरि - सी रसाल-हृदया है कौन-सी सुन्दरी।1।

पाता है कमनीय अंक उसका राकेन्दु - सी मंजुता।
देती है अति दिव्य कान्ति उसको दीपावली व्योम की।
हो कैसे न विभूतिमान सरिता, हो क्यों न आलोकिता।
होती हैं रवि-बिम्ब-कान्त उसकी क्रीड़ामयी वीचियाँ। 2।

आभापूत प्रभूत मंजु रस से हो सर्वदा सिंचिता।
नाना कूल-द्रुमावली कुसुम से हो शोभिता सज्जिता।
लीला-आकलिता नितान्त कलिता उल्लासिता रंजिता।
भू में कौन सरी समान लसिता है दूसरी सुन्दरी। 3।

कैसे तो कितनी अनुर्वर धरा होती महा उर्वरा।
पाती क्यों फल-फूल ऊसर मही हो शस्य से श्यामला।
क्यों हो प्रान्तर कान्त लाभ करते उद्यान-सी मंजुता।
होती जो सरला सरी न सिकता सिक्ता कहाती न तो। 4।

है कान्ता रवि कान्त भूत कर से है ऊर्मि अंगच्छटा।
हैं शैवाल मनोज्ञ केश उसके जो पुष्प-से हैं लसे।
पा के मंजु मयंक-बिम्ब बनती है चारु-चन्द्रानना।
तो है क्यों बहु-लोचना न सफरी से है भरी जो सरी। 5।

वंशस्थ

उठा - उठा के लहरें विनोद की।
किसे नहीं है करती विनोदिता।
उमंगिता मंजुलता - विमोहिता।
तरंग - माला - लसिता तरंगिणी। 6।

कभी नचा के रवि को मयंक को।
कभी खेला के उनको स्व - अंक में।
न मोह ले क्यों निज रंगतें दिखा।
तरंगिणी क्या बहुरंगिणी नहीं। 7।

बना - बना स्पंदित मन्दिरादि की।
द्रुमावली की प्रतिबिम्ब-पंक्ति को।
समीर से खेल नचा मयंक को।
तरंगिणी है बनती तरंगिणी। 8।

सरोवर

[1]

गीत

आँसू बहा - बहा यों छविमान कौन छीजा।
किसका करुण हृदय है इतना अधिक पसीजा।
हैं बार - बार करती किसको व्यथित व्यथाएँ।
बनती सलिलमयी हैं किसकी कसक - कथाएँ। 1।
पावस मिले उमड़कर तन में न जो समाया।
क्यों क्षीण हो चली यों उसकी पुनीत काया।
प्रिय बन्धु का विरह क्या अब है उसे सताता।
क्या प्रेम वारिधर का वह है न भूल पाता। 2।
जो कर प्रभात - रवि का कमनीयता - निकेतन।
उसपर वितान देता दिव दिव्य कान्ति का तन।
जो मंजु वीचियों को मणि - माल था पिन्हाता।
सर ज्योति - जाल जिसका अवलोक जगमगाता। 3।
पावक उपेत बन जब तप में वही तपाता।
तब था पयोद बनता उसका प्रमोद - दाता।
वह घेर रवि - करों का था पन्थ रोक लेता।
बनकर फुहार उसको था बहु विनोद देता। 4।
मंजुल मृदंग की-सी मृदु मन्द ध्वनि सुनाता।
वह दामिनी - दमक - मिस हँस - हँस उसे रिझाता।
आतप हुए प्रखर जब उत्ताप था बढ़ाता।
छाया - प्रदान कर तब उसको सुखित बनाता। 5।
जब अंशु - जाल फैला तनता दिनेश ताना।
तब सान्ध्य व्योम - तल में धरकर स्वरूप नाना।
वह था तरंग - संकुल जलराशि को लसाता।
उसको सुलैस विलसित बहु वस्त्र था पिन्हाता। 6।
प्रतिदिन विलोक तन को जीवन - विहीन होते।
आश्रित उदक चरों को सुखमय विभूति खोते।
जिस काल सर बहुत ही कृशगात था दिखाता।
संजीवनी सुधा तब घन था उसे पिलाता। 7।

जिसके समान जीवन-दाता न अन्य पाया।
हो-हो दयालु द्रवता जो सब दिनों दिखाया।
हो याद क्यों न उसकी जो रस-भरित कहाया।
जिसने बरस-बरस रस सर को सरस बनाया।8।

[2]

गीत

लोचनों को ललचाते हो।
बहुत हृदयों में बसते हो।
चुरा लेते हो जन - मानस।
खिले कमलों से लसते हो।1।

कमल - मिस खोल विपुल आँखें।
भव - विभव को विलोकते हो।
या कलित कोमल कर फैला।
ललित - तम भूति लोकते हो।2।

छटा - कामिनी कान्त - शिर के।
छलकते रस के कलसे हैं।
या कमल - पग कमलापति के।
सरस - तम उर में बिलसे हैं।3।

तुम्हारे तरल अंक में लस।
केलिरत हो छवि पाती हैं।
लोकहित से लालायित हो।
ललित लहरें लहराती हैं।4।

क्यों न कर अंगारे उगलें।
क्यों न जाये रवि आग बरस।
एकरस रह रस रखते हो।
कभी तुम बने नहीं असरस।5।

सुगन्धित हो - हो धीरे चल।
समीरण तुम्हें परसता है।
चाँदनी रातों में तुम पर।
सुधाकर सुधा बरसता है।6।

तुम्हें क्या परवा, घन जल दे।
या गरज ओले बरसाये।

धूल डाले आकर आँधी।
या पवन पंखा झल जाये। 7।

बोलते नहीं किसी से तुम।
लोग खीजें या यश गावें।
ललक लड़के छिछली खेलें।
या तमक ढेले बरसावें। 8।

बिके हो सबके हाथों तुम।
मोल कब किससे लेते हो।
प्यास हरते हो प्यासों की।
सदा रस सबको देते हो। 9।

बुरा तुमने किससे माना।
बला ले या कि बला ला दे।
तपाये चाहे आतप आ।
चाँदनी चाहे चमका दे। 10।

बहुत ही प्यारे लगते हो।
दिखाते हो सुन्दर कितने।
बता दो हमें सरोवर यह।
किस लिये हो रसमय इतने। 11।

[3]

वंशस्थ

न चित्त होगा सुप्रफुल्ल कौन-सा।
न प्राप्त होगी किसको मिलिन्दता।
वसुन्धरा के सरसी - समूह में।
विलोक शोभा अरविन्द - वृन्द की। 1।
लगे हुए दर्पण हैं जहाँ - तहाँ।
विलोकने को दिव - लोक - दिव्यता।
जमा हुआ सञ्चित नेत्र - वारि या।
वसुन्धरा में सर हैं विराजते। 2।

द्रुतविलम्बित

भरत - भूमि - समान न भूमि है।
अचल हैं न हिमाचल - से बड़े।

सुरसरी - सम है न कहीं सरी।
सर न मान - सरोवर - सा मिला। 3।

शार्दूल-विक्रीड़ित

मोती पा न सके मराल उसमें हैं कंज वैसे कहाँ।
हैं वैसी कमनीयता सरसता औ दिव्यता भी नहीं।
वैसा निर्मल काँच-तुल्य जल भी है प्राप्त होता नहीं।
कैसे तो सर अन्य, मानसर-सा, पाता महत्ता कभी। 4।
है तेरा उर सिक्त, तू तरल है, क्यों मान लूँ मैं इसे।
तू है धीर, गँभीर है, सरस है, ऐसा तुझे क्यों कहूँ।
रोते या करते विलाप उनकी है यामिनी बीतती।
कोकी-कोक-मिलाप रोक सर तू क्यों शोक-धाता बना। 5।
दूर्वा-श्यामल भूमि-मध्य सरसी है आरसी-सी लसी।
पाते हैं उसके सुसिक्त तन में एकान्तता वारि की।
शोभा है जलराशि में विलसते उत्फुल्ल अम्भोज की।
होती है प्रिय सद्म पद्मचय में पद्मासना की प्रभा। 6।

वंशस्थ

मराल माला यदि है सदाशया।
कुकर्म में तो रत है वकावली।
सपूत भी है कुल में कपूत भी।
सरोज भी है सर में सेवार भी। 7।

शार्दूल-विक्रीड़ित

है प्रायः पर खोल - खोल उड़ती या तोय में तैरती।
या बैठी सर - कान्त - कूल पर है शृंगारती गात को।
है पीती जल या कलोल करती है लोल हो डोलती।
बोली बोल अमोल केलि - रत हो नाना विहंगावली। 8।

वंशस्थ

विनोदिता है सरसी विभूति से।
अतीव उत्फुल्ल सरोज - पुंज है।

विकासिका है सरसी सरोज की।
सरोज से है सरसी सुशोभिता।9।

द्रुतविलम्बित

छलक हैं भरती छवि वारि में।
सर मनोहरता अलबेलियाँ।
उछलती छिछिली खुल खेलती।
मछलियाँ करतीं अठखेलियाँ।10।
जलद है, पर वारिद है नहीं।
सरस हो बनता रस - हीन है।
सर - प्रसंग विचित्र प्रसंग है।
रह सजीवन जीवन - शून्य है।11।

शार्दूल-विक्रीड़ित

पैन्हे वस्त्र हरे खड़े विटप हैं दृश्यावली देखते।
धीरे है घन का मृदंग बजता, है ताल देती दिशा।
यन्त्रों - सा सर को निनादित बना हैं बूँदियाँ छूटती।
गाते भृंग विहंग हैं, कर उठा हैं नाचती वीचियाँ।12।
कान्ता - केश - कलाप-से विलसते शैवाल की मंजुता।
मीनों का बहु लोल भाव सर की लीलामयी व्यंजना।
होगा कौन नहीं विमुग्ध किसमें होगी न उत्फुल्लता।
देखे रंग - बिरंग कंज - कलिता न्यारी तरंगावली।13।
है आती तितली दिखाती छटा, गाती विहंगावली।
है मोती फिरती मिलिंद - अवली पा कंज से मत्तता।
आ के है बहुधा हवा सुरभिता अम्भोज से खेलती।
हैं न्हाती मिलती समोद सर में दिव्यांगनाएँ कहीं।14।

द्रुतविलम्बित

विकसिता लसिता अनुरंजिता।
रसमयी कब थी न सरोजिनी।
मधुरता रसिका कब थी नहीं।
मधु - रता, मधु की मधुपावली।15।

प्रपात

[1]

गीत

निम्न गति खलती - रहती है।
या पतन बहु कलपाता है।
या किसी प्रियतम का चिंतन।
दृग - सलिल बन दिखलाता है।1।

बहु विपुल वाष्प गिरि - हृदय में।
सर्वदा भरता रहता है।
वही क्या तरल तोय हो - हो।
उत्स बन - बनकर रहता है।2।

गिरि - शिखर पर बहुधा वारिद।
विहरता पाया जाता है।
स्वेद क्या उसके अंगों का।
सिमिट प्रस्रवण कहाता है।3।

पर कटे कटे किन्तु अब भी।
पड़ा करता है पवि शिर पर।
इसीसे सदा उत्स मिस क्या।
गिराता है आँसू गिरिवर।4।

उत्स है उत्स या तपन के।
तापमय कर अवलोकन कर।
कलेजा गिरि का द्रवता है।
पसीजा करता है पत्थर।5।

रुदन - रत किसी व्यथित चित का।
निज व्यथा जो यों हरता है।
गिरे हैं झर - झर आँसू या।
नीर निर्झर का झरता है।6।

दलित दूबों का मुक्ता - फल।
छीनते हैं सहस्रकर - कर।
देख यह दशा मेरु रो - रो।
क्या बनाते हैं बहु निर्झर।7।

परम शीतल शिर - मण्डन हिम।
ताप से तप जाता है गल।
प्रकट करता है क्या यह दुख।
उत्स मिस मेरु बहा दृग - जल।8।

नित्य होती पशु - हिंसा से।
क्या मथित हृदय कलपता है।
देख बहु करुण दृश्य क्या गिरि।
उत्स के व्याज बिलपता है।9।

कौन - सी पीड़ा होती है।
किन दुखों से वे भरते हैं।
सदा झरनों के नयनों से।
किसलिये आँसू झरते हैं।10।

[2]

किस वियोगिनी के आँसू हो।
किस दुखिया के हो दृग - जल।
किस वेदनामयी बाला की।
मर्म - वेदना के हो फल।1।

निकले हो किस व्यथित हृदय से।
हो किस द्रव मानस के रस।
क्या वियोग की घटा गयी है।
आकुलतामय वारि बरस।2।

किस धुन में यों निकल पड़े हों।
जाते हो तुम कहाँ चले।
गिरिवर है पवि - हृदय, किस तरह।
उसमें तुम, हो सरस, पले।3।

क्यों पछाड़ खाते रहते हो।
क्यों सिर पटका करते हो।
क्या इस भाँति किसी बहुदग्धा।
व्यथिता का दम भरते हो।4।

या यह दिखलाते रहते हो।
पड़े प्रबल दुख से पाला।

बार - बार व्याकुल हो - हो क्या।
करती है व्यथिता बाला। 5।

उठे हुए उद्‌गार - वाष्प जो।
अन्तस्तल में भरते हैं।
धूम - पुंज - सम हृदय - गगन में।
वे जिस भाँति विचरते हैं। 6।

उड़ा - उड़ा छींटे बल खा - खा।
क्या वह दृश्य दिखाते हो।
मचल - मचल गिर - गिर उठ - उठ।
क्या उनकी गति बतलाते हो। 7।

कल - विहीन हो कल - कल करते।
किन ढंगों में ढलते हो।
दृग - जल के समान छल-छल कर।
उछल - उछल क्यों चलते हो। 8।

क्या वियोग के कितने भावों का।
यों अनुभव करते हो।
अथवा संगति के प्रभाव से।
भावुकता से भरते हो। 9।

बहुत मचाते हो कोलाहल।
पर यह नहीं बताते हो।
किस वियोगिनी या व्यथिता।
बन्धन में बँधे दिखाते हो। 10।

ऐसी विश्व - व्यापिनी किसकी।
पीड़ा और व्यथाएँ हैं।
अकथनीय किस दृग आँसू की।
दुख से भरी कथाएँ हैं। 11।

है वह कौन कामिनी जिसका।
गया सकल सुख यों कीला।
अथवा प्रकृति - वधूटी की है।
यह रहस्य - पूरित लीला। 12।

[3]

शार्दूल-विक्रीड़ित

तो जाता पटका नहीं न पिटता, भाती न जो नीचता।
जो ऊँचे चढ़के न उत्स गिरता तो चोट खाता नहीं।
तो होगा उसका नहीं पतन क्यों जो निम्नगामी बना।
तो चाँटे लगते नहीं मरुत के, छींटे उड़ाता न जो।1।
क्यों धोते मल अंक का न मिलते सोते सहस्रों उन्हें।
क्यों बोते रस - बीज केलि - थल में पाते निकुंजें कहाँ।
कैसे पादप - पुंज से विलसते हो के फलीभूत वे।
तो खोते गिरि - गात की सरसता, जो उत्स होते नहीं।2।
कैसे तो मिलते विचित्र विटपी लोकाभिरामा लता।
कैसे तो कुसुमालि लाभ करती हो शस्य से श्यामला।
क्यों पाती बहुरंजिता विलसिता आलोकिता बूटियाँ।
पाके उत्स-समूह जो न रहती उत्साहिता अद्रिभू।3।
आता है सुरलोक से सलिल या धारा सुधा की बही।
होता है रव वारि के पतन का या केलि - कल्लोल है।
है उद्वेलित उत्स या प्रकृति का आनन्द-उल्लास है।
छींटे हैं उड़ते कि हैं बिखरते मोती उछाले हुए।4।
हो-हो वारि वियोग से व्यथित क्या है सिक्त स्नेहाम्बु से।
या प्यासा अवलोक प्राणिचय को होता द्रवीभूत है।
या है भूरि पसीजता विकलता देखे दयापात्र की।
रोता है जड़ता विलोक गिरि की या उत्स आँसू बहा।5।
होता है जल - पात - नाद अथवा है शब्द उन्माद का।
या हो आकुल है सदैव कहती कोई कथा दिग्वधू।
या दैवी सरिता-प्रवाह-रव है आकाश से आ रहा।
या गाता गुण उत्स है प्रकृति का, स्नेहाम्बु से सिक्त हो।6।
चिल्लाते रहते, नहीं सँभलते बातें नहीं मानते।
हो सीधे चलते नहीं, बिचलते पाये गये प्रायशः।
क्या कोई तुमसे कहे, बहकना है उत्स होता बुरा।
पानी क्या रखते सदैव तुम तो पानी गँवाते मिले।7।
प्यासे की धन - प्यास है न बुझती कोई पिसे तो पिसे।
लोभी-लोक विभूति-लाभ कर भी लोभी बना ही रहा।

बेचारा हिम बार - बार गल के पानी - प्रदाता रहा।
दे-दे वारि विलीन वारिद हुए, क्या उत्स तो भी भरा। 8।
नाना कीट - पतंग पी जल जिये, पक्षी करोड़ों पले।
हो - हो सिक्त हुई प्रसन्न जनता तो क्या उसे दे सकी।
होती है उपकार - वृत्ति सहजा लोभोपनीता नहीं।
लाखों पेड़ सिंचे, परन्तु किससे क्या उत्स पाता रहा। 9।
सिक्ता शीतलमयी तरलता आधारिता शब्दिता।
नाना केलि - निकेतना सरसता - सम्पत्ति - उल्लासिता।
शोभा - आकलिता अतीव ललिता लीलांक में लालिता।
उत्कंठा वर व्यंजना विलसिता है उत्स की उत्सता। 10।
है सींचा करता असंख्य तरुओं नाना तृणों को सदा।
देता है जल बार - बार बहुशः भृंगों मृगों आदि को।
सोतों का सरितादि का जनक है भू-जीवनाधार है।
तो हो वर्द्धित क्यों न उत्स वह तो उत्साह की मूर्त्ति है। 11।
ऊषा क्यों न उसे प्रदान करती आभा मनोरंजिनी।
क्यों देता न दिनेश दिव्य कर से संदीपिनी दिव्यता।
कैसे तो उससे गले न मिलती राका-निशा-सुन्दरी।
होता है गतिशील उत्स फिर क्यों उत्कर्ष पाता नहीं। 12।
क्यों लेते गिरि गोद में न उसको देते नहीं मान क्यों।
कैसे आकर वायु पास उसके पंखा हिलाती नहीं।
क्यों पाता न विकास भानु-कर से राकेन्दु से मंजुता।
जो है जीवनवान उत्स उसका उत्थान होता न क्यों। 13।
ये हैं रोग वियोग सोग फल या सन्ताप में हैं पगे।
या हैं भावुकता - विभूति अथवा सद्भाव में हैं सने।
या हैं आकुलता - प्रसूत भय या उन्माद के हैं सगे।
या हैं नीर गिरे भरे नयन से या निर्झरों से झरे। 14।

पंचम सर्ग

दृश्य जगत्

समुद्र

रोला

[1]

वर विभूतिमय बनी विलसते विभव दिखाये।
रसा नाम पा सकी रसा किसका रस पाये।
अंगारक - सा तप्तभूत शीतल कहलाया।
किसके बल से सकल धरातल बहु सरसाया।1।
शस्यश्यामला बनी हरितवसना दिखलाई।
ललित लता - तृण मिले परम अनुपम छवि पाई।
विकसित - वदना रही पहन कुसुमावलि - माला।
किसको पाकर धरा हो सकी दिव की बाला।2।
हरे - भरे फल - भार नये नव दल से विलसे।
खड़े विविध तरु - निचय खेलते मृदुल अनिल से।
मिले सरसता - हीन अवनि को किसके द्वारा।
गरु को किसने सदय - हृदय बन दी जल - धारा।3।
बीज दाघ का जब निदाघ भव में बोता है।
तपन - ताप से तप्त धरातल जब होता है।
दुःख - वाष्प तब किसके उर में भर जाता है।
ऊपर उठकर नील नीरधर बन पाता है।4।
कौन नीर - धर? वह, जो है जग - जीवन - दाता।
एक - एक रजकण को जो है सिक्त बनाता।
जिससे गिरि, तर, परम सरस तरुवर बनता है।
अति कमनीय वितान गगन में जो तनता है।5।

जब सुरेन्द्र ने परम कुपित हो वज्र उठाया।
काट-काटकर पक्ष पर्वतों को कलपाया।
परम द्रवित उस काल हृदय किसका हो पाया।
किसने बहुतों को स्वअंक में छिपा बचाया।6।
किसने अपनी सुता को बना हरि की दारा।
अयुत-वदन अहि-विष से महि को सदा उबारा।
निम्न-गामिनी नदियों को किसने अपनाया।
सुर-समूह ने सुधा सुधाकर किससे पाया।7।
गरल-कण्ठ बन सके गरल के यदि अनुरागी।
तो हो दग्ध नहीं दयालुता निधि ने त्यागी।
जलते बड़वानल ने किससे जीवन पाया।
कौन सुधानिधि-सा वसुधा में सरस दिखाया।8।

समुद्र की सामयिक मूर्त्ति

[2]

जलनिधि प्रभात होते ही।
है बहुत दिव्य दिखलाता।
अवलोक दिवस को आता।
है फूला नहीं समाता।1।

स्वागत - निमित्त दिन - पति के।
है पट पाँवड़े बिछाता।
या रागमयी ऊषा की।
रंगत में है रँग जाता।2।

या प्रकृति - सुन्दरी हँसती।
सिन्दूर - भरी है आती।
अपना अनुराग उदधि के।
अन्तर में है भर जाती।3।

या रमा समा अभिरामा।
रमणी है रंग दिखाती।
जग निज ललामता - लाली।
आलय में है फैलाती।4।

कुछ काल बाद वारिधि में।
है कनक - कान्ति भर जाती।

उर मध्य लालिमा लसती।
है विभामयी बन पाती।5।

दिनमणि सहस्र कर से क्या।
निधि को है कान्त बनाता।
अनुराग - रँगा अन्तर या।
है दिव्य ज्योति पा जाता।6।

इस काल कूल का तरुवर।
है प्रभा - पुंज से भरता।
रवि - किरणों पर मुक्तावलि।
है निखर निछावर करता।7।

वालुका विलसकर हँसकर।
है बहुत जगमगा जाती।
मिल किरणावलि से लहरें।
हैं मन्द-मन्द मुसकाती।8।

चट्टानें चमक - चमककर।
चमकीली हैं दिखलाती।
अवलोक वदन दिनमणि का।
हैं अन्तर - ज्योति जगाती।9।

इतने में दूर कहीं पर।
कुहरा उठता दिखलाता।
फिर नीले नभ में फिरता।
सित जलद-खण्ड आ जाता।10।

थी जगी अयुत-मुख अहि की।
प्रश्वास - प्रक्रिया सोई।
या किसी जलधि के रिस का।
यह पूर्व रूप था कोई।11।

फिर नील - कलेवर होकर।
उसने नीलाम्बर पहना।
बन गया वारिनिधि - तन का।
दिव - ज्योति - पुंज वर गहना।12।

इस काल मध्य नभ में आ।
रवि था चौगुना चमकता।

उठती तरंग - माला में।
था बन बहु दिव्य दमकता। 13।

दिन ढले अचानक नभ में।
है घन - समूह घिर आता।
है वायुवेग से बहती।
भय भू में है भर जाता। 14।

हैं विटप विधूनित होते।
है छिपता पुलिन दिखाता।
पत्तों पर बूँद पतन का।
है टपटप नाद सुनाता। 15।

इस समय कँपाता उर है।
गम्भीर सिन्धु का गर्जन।
अमितावदात अंतस्तल।
उत्ताल - तरंगाकुल तन। 16।

विकराल रूप धारण कर।
उत्पातों से लड़ता है।
या प्रबल प्रभंजन पर वह।
बन प्रबल टूट पड़ता है। 17।

दिवसान्त देखकर फिर वह।
बनता है कान्त कलेवर।
कर लाभ नीलिमा नभ-सी।
बन रवि - कर से बहु सुन्दर। 18।

शारद सुनील नभतल ज्यों।
पा ज्योति जगमगाता है।
दामिनी - दमक से जैसे।
श्यामल घन छवि पाता है। 19।

कमनीय कान्ति से त्यों ही।
कुछ काल अलंकृत होकर।
निधि धूमिल है बन जाता।
बहु धूम - पुंज से भर - भर। 20।

दिव - मण्डन दिनमणि को खो।
क्या वह आहें भरता है।

कर वाष्प - समूह विसर्जन।
या हृदय - व्यथा हरता है। 21।

दुख - सुख हैं मिले दिखाते।
महि परिवर्त्तन - शीला है।
है कौन द्वन्द्व से छूटा।
भव की विचित्र लीला है। 22।

रवि छिपे निशामुख - कर ने।
भव - ग्रन्थ - पृष्ठ को उलटा।
संकेत समय का पाकर।
पट प्रकृति - नटी ने पलटा। 23।

रत्नाकर की रत्नाकरता

[3]

वह कमल कहाँ पर मिलता।
जो धाता का है धाता।
पाता वह वास कहाँ पर।
जो सब जग का है पाता। 1।

भव - विजयी रव - परिपूरित।
प्रिय कंबु कहाँ पा जाते।
रमणी रमणीय रमापति।
कौस्तुभ - मणि किससे पाते। 2।

जिससे शिव - शक्ति - महत्ता।
बुध भव को हैं बतलाते।
वह गरल भयंकर किससे।
कैसे अभयंकर पाते। 3।

जिसकी अनुपम सितता से।
सित घन विलसित बन जाते।
वृन्दारक - वन्दित किससे।
ऐरावत - सा गज पाते। 4।

है अरुण अरुणता - द्वारा।
जिसकी कनकाभा साजी।

दिनपति कैसे पा सकते।
वह अप्रतिहत - गति वाजी। 5।
जिसके कर वसुधा पर भी।
हैं सदा सुधा बरसाते।
शिव - सहित सर्व सुर किससे।
उस सुधा - सदन को पाते। 6।
है सदा छलकता रहता।
किसके यौवन का प्याला।
सब सुर कैसे पा सकते।
रम्भा - सी सुरपुर - बाला। 7।
प्रति दिन किसमें मिल पाता।
पुरहूत - चाप छविवाला।
पावस - तन - रत्न - विभूषण।
घन - कण्ठ मंजु मणि - माला। 8।
भव - सदाचार - सुमनावलि।
जिसको पाकर है खिलती।
जो सुर को सुर है करती।
वह सुरा कहाँ पर मिलती। 9।
कामना सदा रहती है।
जिसके प्रिय पय की प्यासी।
उस कामधेनु को पाते।
क्यों अमरावती - निवासी। 10।
मन - वांछित फल पाते हैं।
सुर - वृन्द सर्वदा जिससे।
नन्दन - कानन को मिलता।
वह कलित कल्पतरु किससे। 11।
सुर - असुर - निकर को कैसे।
मोहनी मूर्त्ति दिखलाती।
सब अमर - वृन्द को किससे।
अभिलषित सुधा मिल पाती। 12।
होता निदान रोगों का।
क्यों भोगों के मुख खिलते।

किसके सुअंक से भव को।
धन्वन्तरि - से सुत मिलते। 13।
क्यों महि का पानी रहता।
कैसे बहता रस - सोता।
तो जीवन जीव न पाते।
जो जग में जलधि न होता। 14।

समुद्र का सन्ताप

[4]

क्यों धरती पर पड़े हुए तुम।
सदा तड़पते रहते हो।
क्यों रह - रहकर चिल्लाते हो।
क्यों आकुल बन बहते हो। 1।
बतला दो क्यों चल दलदल - सा।
हृदय तुम्हारा हिलता है।
बार - बार कँपने से क्यों।
छुटकारा तुम्हें न मिलता है। 2।
डूब - डूब करके आँसू में।
क्यों तुम कलपा करते हो।
वाष्प - समूह - विमोचन कर।
क्यों प्रति दिन आहें भरते हो। 3।
कौन - सी जलन है वह जिससे।
जलते सदा दिखाते हो।
बहुत क्षुभित होते हो तुम।
क्यों परम कुपित बन पाते हो। 4।
छिने चतुर्दश रत्न इसी से।
विपुल व्यथा क्या होती है।
उसकी सुधि वेदनामयी बन।
बिलख - बिलख क्या रोती है। 5।
हो मर्यादाशील; किन्तु है।
प्रलयंकरी प्रबल धारा।
कलित ललित लीलामय हो; पर
सलिल तुम्हारा है खारा। 6।

कला - कान्त है पर प्रिय सुअन।
किन्तु नितान्त कलंकित है।
क्षय - रुज - ग्रसित प्रचण्ड राहु से।
त्रसित प्रवंचित शंकित है। 7।

सकल - लोकपति - अंक - शायिनी।
रमा - समा दुहिता प्यारी।
है चंचला उलूक - वाहना।
विपुल विलासमयी नारी। 8।

जिस घन के तुम पूज्य पिता हो।
जिसने सरस हृदय पाया।
जिससे सलिल मिले रहती है।
हरी - भरी महि की काया। 9।

एक - एक रजकण तक जिससे
सतत सिक्त हो पाता है।
वह बहुधा कर पवि - प्रहार।
तुम पर ओले बरसाता है। 10।

क्या ये सारी मर्म - वेधिनी।
बातें व्यथित बनाती हैं।
विविध रूप धरकर तुमको
दुख देतीं, बहुत सताती हैं। 11।

सदा तुम्हारे अन्तस्तल में।
हैं विपत्ति - भंजन रहते।
नहीं समझ में आता कैसे।
तब विपत्ति वे हैं सहते। 12।

लाखों बरस कमल - दल पर।
तुमने कमलासन को पाला।
अहह उन्होंने तुमको कैसे।
ऐसे संकट में डाला। 13।

नहीं सोच सकता कुछ कोई।
क्यों न विबुध हो कैसा ही।
यह संसार रहा रहस्यमय।
सदा रहेगा ऐसा ही। 14।

सागर की सागरता

[5]

फूल पत्ते जिससे पाये।
मिली जिससे मंजुल छाया।
मधुरता से विमुग्ध हो - हो।
मधुरतम फल जिसका खाया। 1।

जो सहज अनुरंजनता से।
नयन - रंजन करता आया।
काट उस हरे - भरे तरु को।
जन - दृगों में कब जल आया। 2।

धरातल - अंक में विलसती।
लता कल कोमल दलवाली।
कलित कुसुमावलि से जिसकी।
सुछवि मुख की रहती लाली। 3।

वहन करके सौरभ जिसका।
सौरभित था मारुत होता।
कुचलकर उसे राह चलते।
क्या कभी जन - मन है रोता। 4।

किसी सुन्दर तरु पर बैठा।
निरखता निखरी हरियाली।
छटा अवलोक प्रसूतों की।
मत्तता कर की सुन ताली। 5।

मुग्ध हो परम मधुर स्वर से।
गीत जो अपने गाता है।
वेधकर उस निरीह खग को।
मनुज - मन क्या बिध पाता है। 6।

'सहज अलबेलापन' छवि लख।
जाल में जिसकी फँसता है।
बड़ा ही अनुपम भोलापन।
आँख में जिसकी बसता है। 7।

घास खा, वन में रह, जो मृग।
बिताता है अपना जीवन।
बेधकर उसको वाणों से।
क्या कलपता है मानव - मन। 8।
फूल - जैसे लाखों बालक।
पाँव से उसने मसले हैं।
लुट गयीं अगणित ललनाएँ।
कभी जो तेवर बदले हैं। 9।
लोभ की लहरों में उसकी।
करोड़ों कलप - कलप डूबे।
न बेड़ा पार हुआ उनका।
भले थे जिनके मनसूबे। 10।
लहू की प्यास न बुझ पाई।
बीतती जाती हैं सदियाँ।
उतरते ही जाते हैं सिर।
रुधिर की बहती हैं नदियाँ। 11।
आज तक सके न उतने बस।
उजाड़े गये सदन जितने।
सकेगा समय भी न बतला।
उतारे गये गले कितने। 12।
पिसे उसके कर से सुरपति।
लुट गया धनपति का सब धन।
नगर सुरपुर - जैसे उजड़े।
मरु बने लाखों नन्दन - वन। 13।
पर नहीं मनु -सुत के सिर पर।
पड़ सकी सुरतरु की छाया।
सदा उर बना रहा पवि - सा।
कलेजा मुँह को कब आया। 14।
देख निर्ममता मानव की।
प्रकृति कब नहीं बहुत रोई।
जमा है यह उसका आँसू।
नहीं है वह सागर कोई। 15।

शार्दूल-विक्रीड़ित

[6]

कैसे तो अवलोकता निज छटा तारों - भरी रात में।
कैसे नर्त्तन देखता सलिल में लाखों निशानाथ का।
होती वारिधि - मध्य दृष्टिगत क्यों ज्योतिर्मयी भूतियाँ।
आईना मिलता न जो गगन को दिव्याभ अम्भोधि-सा। 1।
सन्ध्याकाल हुए व्यतीत भव में आये अमा - यामिनी।
सन्नाटा सब ओर पूरित हुए, छाये महा कालिमा।
नीचे - ऊपर अंक में उदधि के सर्वत्र भू में भरे।
तो देखें तमपुंज को प्रलय का जो दृश्य हो देखना। 2।
क्या धन्वन्तरि के समान सुकृती, क्या दिव्य मुक्तावली।
क्या आरंजित मंजु इन्द्रधनु, क्या रंभा - समा सुन्दरी।
सारे रत्न - समूह भव्य भव के अम्भोधि - सम्भूत हैं।
क्या कल्पद्रुम, क्या सुधा, सुरगवी, क्या इन्दु, क्या इन्दिरा। 3।
होता है सित दिव्यक्षीरनिधि - सी राका सिता से लसे।
पाता है बहते हिमोपल भरे कल्लोल से भव्यता।
जब है बन कान्त मत्स्य - कुल की आलोक - माला मिले।
देखी है किसने कहाँ उदधि - सी स्वर्गीय दृश्यावली। 4।
आभा से भर के सतोगुण हुआ सर्वाङ्ग में व्याप्त है।
या सारा जल हो गया सित बने क्षीराब्धि के दुग्ध - सा।
या भू में, नभ में, समुद्र-तन में है कीर्त्ति श्री की भरी।
या राका - रजनी - विभूति - बल से वारीश है राजता। 5।
है उत्ताल तरंग में विलसती उद्दीप्त शृंगावली।
किंवा हैं जल-केलि-लग्न जल में ज्योतिष्क आकाश के।
किंवा हीरक - मालिका उदधि में हैं अर्बुदों शोभिता।
किंवा हैं हिम के समूह बहुशः पाथोधि में पैरते। 6।
जैसे हैं तमपुंज भूरि भरते पाथोधि के अंक में।
वैसे ही बहु दिव्य मीन विधि ने अम्भोधि को हैं दिये।
आये मूर्त्तिमती मसी सम निशा घोरान्धकारावृता।
विद्युद्दीप - समान है दमकती वारीश - मत्स्यावली। 7।
ऊषा-से अनुराग - राग - लसिता शोभा मनोरंजिनी।
स्वर्णाभा रवि के सहस्र कर से राका निशा से सिता।

भू से भूरि विभूति पूत विधु से सच्ची सुधा - सिक्तता।
पाता है रस - धाम वारि - धर से वारीश - मुक्तावली। 8।
आये घोर विभावरी उदधि में तेजस्विता है भरी।
या आलोक - निकेत मीन - कुल हैं कल्लोल में डोलते।
किंवा मंथन से पयोधि - पय के विद्युद्विभा है जगी।
या व्यापी वडवाग्नि - दीप्ति - बल से दीपावली है बली। 9।
नीले व्योम - समान है विलसता, है मोहता कान्त हो।
है आवर्त्त - समूह से थिरकता, है नाचना मत्त हो।
है पाता रवि से अलौकिक विभा, राकेश से दिव्यता।
है शोभामय सिन्धु की सलिलता लावण्यलीलामयी। 10।
होती है गुरु गर्जनाति - विकटा विद्युन्निपाताधिका।
देखे तुंग तरंग - भंग भरती है भीति सर्वाङ्ग में।
होते हैं बहु पोत भग्न पल में आवर्त्त के गर्त्त में।
भू में भूरि विभीषिका भरित है अम्भोधि अम्भोधि-सा। 11।
है सर्वाधिक वारि-लाभ करता पाथोधि पर्जन्य से।
सारा तोय - समूह सर्व नदियाँ देतीं उसे सर्वदा।
तो भी है वह अल्प भी न बढ़ता, सीमा नहीं त्यागता।
पाते हैं किसमें रसाधिपति - सी गम्भीरता धीरता। 12।
पानी है रखता, गँभीर रहता, है धीरता से भरा।
जाती पास नहीं कदापि कटुता अस्निग्धता क्षुद्रता।
देखी नीरसता कभी न उसमें, पाई नहीं शुष्कता।
है मर्यादित कौन नीरनिधि - सा संसार में दूसरा। 13।
पाई श्री हरि ने, तुरंग रवि ने, मातंग देवेन्द्र ने।
सारे उत्तम रत्न कल्पतरु से वृन्दारकों ने लिये।
देखो मन्थन से अगाध निधि के क्या दानवों को मिला।
होती है वर बुद्धि ही जगत् में सर्वार्थ की साधिका। 14।
टाली भीति नृलोक की, गरलता पाथोधि की दूर की।
थोड़ा लेकर वक्र अंश शशि का राकेशता दी उसे।
क्या पाया शिव ने सिवा गरल के दे दी सुरों को सुधा।
होते हैं महनीय कीर्त्ति महि में माहात्म्य की मूर्त्तियाँ। 15।
नाना क्रूर प्रचण्ड जन्तु कुल के उत्पीडनोत्पात से।
आता है बहु झाग सिन्धु-मुख से क्या क्षुब्धता के बढ़े।

किंवा सात्विक भाव क्रुद्ध उर से उत्क्षिप्त है हो रहा।
होता फेनिल है समुद्र बहुधा या शेष फूत्कार से। 16।
वारंवार सुना विकम्पितकरी अत्युत्कटा गर्जना।
नाना दृश्य दिखा - दिखा प्रलय के आवर्त्त - माला मिले।
होती है विकराल मूर्त्ति निधि की अत्यन्त त्रासप्रसू।
हो आन्दोलित चंड वायुबल से, कल्लोल से लोल हो। 17।
छोटे हैं बनते विशाल, लघुता पाते महाद्वीप हैं।
डूबे देश कई, बनी मरु मही भू शस्य से श्यामला।
कैसी है यह नीति सिन्धु ! तुममें क्या है महत्ता नहीं।
होते हैं जल-मग्न वे नगर जो थे स्वर्ग-जैसे लसे। 18।
खाते हैं लघु को बड़े रिपु बने हैं निर्बलों के बली।
नाना आश्रित व्यर्थ कष्ट कितने हैं भोगते सर्वदा।
हो ऐसे ममता - विहीन निधि क्यों होके महाविक्रमी।
सारे जन्तु - समूह मत्स्य-कुल के हो जन्मदाता तुम्हीं। 19।
तो क्या हैं गिरि-तुल्य तुंग लहरें क्या है महागर्जना।
है रत्नाकरतातितुच्छ विभुता है व्यर्थ आवर्त्त की।
तो है हेय अगाधता सरसता गम्भीरता सिन्धु की।
कष्टों से बहु आर्त्त मत्स्य-कुल जो है त्राण पाता नहीं। 20।
पोतों को कर मग्न भग्न कब है होती समुद्विग्नता।
लाखों का कर प्राण-नाश उसको रोमांच होता नहीं।
लाती है अवसन्नता न उसमें संहार - दृश्यावली।
जैसा निर्दयता - निकेत निधि है, है वज्र वैसा कहाँ। 21।
हो सम्मानित भव्य भाव प्रतिभू हो भूतियों से भरा।
पापों का फल पा सका सब सदा दुर्वृत्तियाँ हैं बुरी।
सारे रत्न छिने, विलोड़ित हुआ, है दग्ध होता महा।
पी डाला मुनि ने, तिरस्कृत बना, पाथोधि बाँधा गया। 22।
कैसे मान सकें तुझे सरस, तू सन्ताप - सन्दोह है।
जो तू है पवि - सा, तुझे तरलता - सर्वस्व कैसे कहें।
हों ऊँची उठती, परन्तु निधि! हैं तेरी तरंगें बुरी।
होते हैं बहु पोत भग्न जिनसे, है मग्न होती तरी। 23।
हैं नाना विकराल जन्तु उसमें, आपत्तियाँ हैं भरी।
है संहारक, मूर्त्तिमन्त यम है, आतंक का केन्द्र है।

तो भी है यह बात सत्य भव का कोई यशस्वी सुधी।
पारावार अपार दिव्य गुण का है पार पाता नहीं। 24।
होती है विभुता-विभूति विदिता सद्रत्न-माला मिले।
देती है बतला सदैव गुरुता गम्भीरता गर्जना।
गाती है गुण-मालिका सरव हो सारी तरंगावली।
राका रम्य निशा सिता जलधि को सत्कीर्त्ति की मूर्त्ति है। 25।

षष्ठ सर्ग

दृश्य जगत्

वसुन्धरा

[1]

प्रकृति-बधूटी केलि-निरत थी काल अंक था कलित हुआ।
तिमिर कलेवर बदल रहा था, लोकालय था ललित हुआ।
ज्योतिर्मण्डित पिंड अनेकों नभ - मण्डल में फिरते थे।
सृजन वारिनिधि - मध्य वुद्बुदों के समूह - से तिरते थे। 1।
लाख - लाख कोसों में फैले रंग - बिरंगे बहु गोले।
जाते थे छवि - दिव्य - तुला पर कल कौतुक-कर से तोले।
उछल-उछल थे छटा दिखाते कान्तिमयी किरणों को ले।
फिरते थे आलात - चक्र - से विस्फुलिंग छिटकाते थे।
कभी टूटकर हो सहस्रधा नाना लोक बनाते थे। 2।
लीला-निलय सकल नभतल था नव-नव ज्योति-निकेतन था।
नीहारिका अनन्त करों में दिव - पिंडों का केतन था।
काल अलौकिक कृति-स्वरूपिणी भूतिमयी बहु बालाएँ।
डाल रही थीं कला - कण्ठ में उडु-अवली की मालाएँ। 3।
होती थी जिस काल यह क्रिया किसी कल्प में उसी समय।
प्रकृति-अंक में दिखलाई दी वसुधा विपुल विभूति-निलय।
निधि के लघुतम एक लहर-सी नभ में उसकी सत्ता थी।
परम विशाल विश्व-वट-तरु की वह अतीव लघु पत्ता थी। 4।
बहुत दिनों तक तिमिर - पुंज में उसने कई खेल खेले।
कीं कितनी कमनीय कलाएँ कान्तिमयी किरणें ले-ले।
अजब छटा उस काल दिखाती थीं अति दिव्य दिशाएँ बन।
विविध रत्न से खचित हुआ था उनका कनकाभांकित तन। 5।

बहुत काल तक उसके चारों ओर घोर तम था छाया।
पुंजीभूत तिमिर-दानव-तन में अन्तर्हित थी काया।
जिस दिन तिमिर-पटल का घूँघट गया प्रकृति-कर से टाला।
ज्योति-पुंज ने जिस दिन उसपर था अपना जादू डाला। 6।
उसी दिव्य वासर को उसको मिली दिव्यता थी ऐसी।
धीरे-धीरे सकल तारकावलि ने पायी थी जैसी।
हीरक के विलसित गोलक-सी वह उस काल दिखाती थी।
निर्मल नील गगन-तल में निज छटा दिखा छवि पाती थी। 7।
फिर भी इतनी जलती थी, जल ठहर न उसमें पाता था।
उसके तन को छूते ही वह वाष्प-पुंज बन जाता था।
घूम-घूमकर काले-काले घन आ-आ घहराते थे।
बड़ी-बड़ी बूँदों से उसपर विपुल वारि बरसाते थे। 8।
किन्तु बात कहते सारा जल छूमन्तर हो जाता था।
तप्त तवा के तोय-विन्दु-सा अद्भुत दृश्य दिखाता था।
था उन दिनों मरुस्थल से भी नीरस सारा भू-मण्डल।
परम अकान्त, अनुर्वर, धू-धू करता, पूरित बहु कश्मल। 9।
यथा-काल फिर भू के तन में वांछित शीतलता आयी।
धीरे-धीरे सजल सुफला शस्य-श्यामला बन पायी। 10।
उसके महाविशाल अंक में जलधि विलसता दिखलाया।
जिसको अगम अगाध सहस्रों कोसों में फैला पाया।
रत्न राजि उत्ताल तरंगें उसको अर्पित करती थीं।
माँग वसुमती-सी देवी की मुक्ताओं से भरती थीं। 11।
नाना गिरि-समूह से कितने निर्झर थे झर-झर झरते।
दिखा विचित्र दृश्य नयनों को वे थे बहुत चकित करते।
होता था यह ज्ञात, बन गयी छलनी गिरि की काया है।
उससे जल पाताल का निकल धरा सींचने आया है। 12।
बहुशः सरिताएँ दिखलाईं, मन्द-मन्द जो बहती थीं।
कर्ण-रसायन कल-कल रव कर मुग्ध बनाती रहती थीं।
वे विस्तृत भू-भाग लाभ कर फूली नहीं समाती थीं।
वसुधा को नाचती, थिरकती, गा-गा गीत रिझाती थीं। 13।
हरी-भरी तृण-राजि मिल गये बनी हरितवसना बाला।
विपिनावलि से हुए भूषिता पायी उसने वन-माला।

नभ - तल चुम्बी फल - दल शोभी विविध पादपों के पाये।
विपुल पुलकिता हुई मेदिनी लतिकाओं के लहराये। 14।
वह जिस काल त्रिलोक-रंजिनी कुसुमावलि पाकर विलसी।
रंग-बिरंगी कलिकाओं को खिलते देख गयी खिल-सी।
पहनी उसने कलित कण्ठ में जब सुमनों की मालाएँ।
उसकी छटा देखने आयीं सारी सुरपुर-बालाएँ। 15।
जिस दिन जल के जन्तु जन्म ले कलित केलि-रत दिखलाये।
जिस दिन गीत मछलियों के गौरव के साथ गये गाये।
जिस दिन जल के जीवों ने जगती-तल की रंगत बदली।
उसी दिवस से हुई विकसिता सजीवता की कान्त कली। 16।
कभी नाचते, कभी कहीं करते कलोल पाये जाते।
कभी फुदकते, कभी बोलते, कभी कुतरकर कुछ खाते।
कभी विटप डाली पर बैठे राग मनोहर थे गाते।
कभी विहंगम रंग-रंग के नभ में उड़ते दिखलाते। 17।
वनचारी अनेक बन-बनकर वन में थे विहार करते।
गिरि की गोद बड़े गौरव से सारे गिरिवासी भरते।
इने-गिने थे कहीं, कहीं पर बहुधा तन से तन छिलते।
जल में, थल में, जहाँ देखिये वहाँ जीव अब थे मिलते। 18।
रचना हुए सकल जीवों की एक मूर्त्ति सम्मुख आयी।
अपने साथ अलौकिक प्रतिभा जो भूतल में थी लायी।
था कपाल उसका जगती-तल के कमाल तरु का थाला।
उसका हृदय मनोज्ञ भावना सरस सुधा का था प्याला। 19।
उसने परम रुचिर रचना कर भू को स्वर्ग बनाया है।
अमरावती-समान मनोहर सुन्दर नगर बसाया है।
है उसका साहस असीम उसकी करतूत निराली है।
वसुधा-तल-वैभव-ताला की उसके कर में ताली है। 20।
मानव ने ऐसे महान अद्भुत मन्दिर हैं रच डाले।
ऐसे कार्य किये हैं जो हैं परम चकित करनेवाले।
ऐसे-ऐसे दिव्य बीज वह विज्ञानों के बोता है।
देख सहस्र दृगों से जिनको सुरपति विस्मित होता है। 21।
आज बहु विमोहिनी धरा है वारिधि-वारि-विलसिता है।
विपिन-राजि-राजिता कुसुमिता आलोकिता विकसिता है।

नगरावली विभूति-शोभिता कान्त कला - आकलिता है।
जन-कोलाहलमयी लोक की लीलाओं से ललिता है। 22।
दिन है दिव्य, रात आलोकित, दिशा दमकती रहती है।
रस की धारा बड़े वेग से उमड़-उमड़कर बहती है।
सुख नर्त्तन करता रहता है मत्त विनोद दिखाता है।
आती हैं झूमती उमंगें, मन पारस बन पाता है। 23।
आज हुन बरसता है, छूते मिट्टी सोना बनती है।
जन-जीवनदायिनी जीवनी-धारा मरु-महि जनती है।
नभ-मण्डल में उड़ पाते हैं घन-माला दम भरती है।
बनी कामिनी-सी गृहदासी कहा दामिनी करती है। 24।
अवसर पा करके वसन्त अपना वैभव दिखलाता है।
फूल-फूल में हँसता कलियों को विकसाता आता है।
दिन में आ करके सहस्र - कर निज दिव्यता दिखाता है।
रजनी में रजनी - रंजन हँस सरस सुधा बरसाता है। 25।

महनीया महि

[1]

वसुन्धरे! बतला दो हमको, क्यों चक्कर में रहती हो।
नहीं साँस लेने पाती हो, बहुत साँसतें सहती हो।
कौन-सी लगन तुम्हें लग गयी या कि लाग में आयी हो।
किसने तुम्हें बेतरह फाँसा, किससे गयी सतायी हो। 1।
आँख जो नहीं लग पायी तो आँख क्यों न लग पाती है।
रात - रात - भर कौन वेदना तुमको जाग जगाती है।
नहीं पास जाने पाती हो, सदा दूर ही रहती हो।
खींच-तान में पड़कर फिर क्यों दुख-धारा में बहती हो। 2।
रवि तुमको प्रकाश देता है, किरणें कान्त बनाती हैं।
जीवन-दान किया करती हैं, रस तुम पर बरसाती हैं।
प्यारे सुअन तुम्हारे तरु हैं, दुहिताएँ लतिकाएँ हैं।
सारे तृण वीरुध तुमने ही करके यत्न जिलाए हैं। 3।
किन्तु हाथ है इसमें रवि का, ये सब उसके हैं पाले।
होते जो न दिवाकर के कर, पड़ते जीवन के लाले।
जो मयंक अपना मंजुल मुख रजनी में दिखलाता है।
विहँस-विहँसकर कर पसार जो सदा सुधा बरसाता है। 4।

जिसकी चारु चाँदनी तुमको महा चारुता देती है।
लिपट-लिपट जो सदा तुम्हारे तापों को हर लेती है।
उसने भी कलनीय निज कला कमलबन्धु से पायी है।
इसीलिए क्या रवि! कृतज्ञता तुममें अधिक समायी है। 5।
ऐ कृतज्ञ-हृदये! परिक्रमा जो यों रवि की करती हो।
तो हो धन्य अपार कीर्त्ति सारे भुवनों में भरती हो।
यद्यपि रवि को इन बातों की थोड़ी भी परवाह नहीं।
जो तुम करती हो रत्ती-भर उसकी उसको चाह नहीं। 6।
वह महान है, बड़े-बड़े ग्रह उससे उपकृत होते हैं।
कविगुरु-जैसे उज्ज्वलतम बन अपने तम को खोते हैं।
वह है जनक सौरमण्डल का उसका प्रकृत विधाता है।
उसके तिमिर-भरे अन्तर की दिव्य ज्योति का दाता है। 7।
वह सहस्र-कर रज-कण तक को किरणों से चमकाता है।
स्वार्थ-रहित हो तरुवर क्या तृण तक का जीवन-दाता है।
जड़-जंगम का उपकारक है, तारकचय का पाता है।
सर्वभूत का हित-चिन्तक है, उसका सबसे नाता है। 8।
करता है चुपचाप कौन हित, निस्पृह कौन दिखाता है।
ढँपा हुआ उपकार खोल करके दिखलाया जाता है।
उचित जानकर उचित हुआ कब उचित न उचित पिपासा है।
है संसार स्वार्थ का पुतला, प्रेम प्रेम का प्यासा है। 9।
सह साँसत कर्त्तव्य-बुद्धि से बँध कृतज्ञता-बन्धन में।
दिन-मणि की अज्ञात दशा में कोई स्वार्थ न रख मन में।
जो करती हो उसे देख यह कहती है मति कमनीया।
हों रवि महामहिम वसुन्धरे! पर तुम भी हो महनीया। 10।

विचित्रा वसुमती

[3]

मणि-मंडित मुकुटावलि-शोभित अचल हिमाचल-से गिरिचय।
किस पर हैं प्रति वासर लसते बनकर विविध विभूति-निलय।
किस पर नभ-सा वर वितान सब काल तना दिखलाता है।
जिसको रजनी में रजनीपति बहुरंजित कर पाता है। 1।

खिलती आकर अरुण - कान में बात अनूठी कहती है।
प्रातःकाल रंगिणी ऊषा किसको रँगती रहती है।
अगणित सरिता-सर-समूह में मंजुल मणियाँ भरती हैं।
किसमें प्रति दिन रवि अनन्त किरणें क्रीड़ाएँ करती हैं। 2।

किसके सब जलाशयों में पड़ घन श्यामल तन की छाया।
यों लसती है क्षीर सिन्धु में ज्यों कमलापति की काया।
हरित छटा अवलोक सरस बन घिरे घूमते आते हैं।
साध-भरों की सुध कर किस पर जलद सुधा बरसाते हैं। 3।

दिन में किसका रवि सहस्र कर से आलिंगन करता है।
निशा में निशा - नायक किसकी नस-नस में रस भरता है।
आँखें फाड़ - फाड़ किसको अवलोकन करते हैं तारे।
करके जीवन - दान वारिधर बनते हैं किसके प्यारे। 4।

सदा समीर प्यार से किसको पंखा झलता रहता है।
हिला-हिला लतिका-समूह को सुरभित बनकर बहता है।
कीचक - छिद्रों में प्रवेश कर गीत मनोहर गाता है।
विकसित कर अनन्त कलियों को किसको बहुत रिझाता है। 5।

किसके बहु श्यामायमान वन बन-ठन छटा दिखाते हैं।
नन्दन-वन-समान सब उपवन किसकी बात बनाते हैं।
किसके हरे - भरे ऊँचे तरु नभ से बातें करते हैं।
कलित किसलयों से लसते हैं, भूरि फलों से भरते हैं। 6।

किसकी कलित-भूत लतिकाएँ करती कान्त कलाएँ हैं।
खिला-खिला करके दिल किसकी खिल उठती कलिकाएँ हैं।
किसके सुमन-समूह विकसकर सुमनस-मन को हरते हैं।
सरस सुरभि से भर - भरकर सुरभित दिगन्त को करते हैं। 7।

आ करके वसन्त किसको अनुपम हरियाली देता है।
जन-जन के मन तरु-तन तक को बहु रसमय कर लेता है।
डाल कण्ठ में विपुल प्रफुल्ल प्रसूनों की मंजुल माला।
किसे पिलाता है सुरपुर की पूत सुरा - पूरित प्याला। 8।

शस्यश्यामला कौन कहाई, रत्न-भरा है किसका तन।
किसमें गड़ा हुआ है वसुधा के अनेक धनदों का धन।
किसकी रज में परम अकिंचन जन कञ्चन पा जाते हैं।
किसके मलिन कारबन कानों में हीरे मिल पाते हैं। 9।

सुन्दर तल पर रजत-लीक-सी पल-पल खींचा करती हैं।
किसको सदा सहस्रों नदियाँ जल से सींचा करती हैं।
हैं हीरक-नग-जटित बनाते किसके तन को सब सरवर।
हैं मुक्ता - समूह बरसाते किस पर प्रति वासर निर्झर। 10।
किसमें कनक समान कान्तिमय कितने धातु विलसते हैं।
जो कमनीय कामिनी - से ही मानव - मन में बसते हैं।
पारद - सी अपार उपकारक तथा रेडियम - सी न्यारी।
किसमें है विभूति दिखलाती चित्र - विचित्र चकितकारी। 11।
आठ पहर जिनमें सब दिन सोना ही बरसा करता है।
अवलोके जिनकी विभूतियाँ सुरपति तरसा करता है।
रजनी में बहु बिजली - दीपक जिनको दिव्य बनाते हैं।
ऐसे अमरावती - विमोहक नगर कहाँ हम पाते हैं। 12।
जो है विपुल विभूति - निकेतन रत्नाकर कहलाता है।
नर्त्तन करता है विमुग्ध बन कल - कल नाद सुनाता है।
जो है बहु विचित्रता - संकुल दिव्य दृश्य का धाता है।
किसपर वह उत्ताल - तरंगाकुल समुद्र लहराता है। 13।
किसकी हैं विभूतियाँ ऐसी, किसके वैभव ऐसे हैं।
क्यों बतलाऊँ किसी सिद्धि के साधन उसके कैसे हैं।
किसके दिव्य दिवस हैं इतने, इतनी सुन्दर रातें हैं।
बहु विचित्रताओं से विलसित वसुन्धरा की बातें हैं। 14।

क्षमामयी क्षमा

[4]

हैं अनेक गुण तुममें वसुधे ! किन्तु क्षमा - गुण है ऐसा।
समय - नयन ने कहीं नहीं अवलोकन कर पाया जैसा।
पद - प्रहार सहती रहती हो, बहु अपमानित होती हो।
नाना दुख भोगती सदा हो, सुख से कभी न सोती हो। 1।
तुमपर वज्रपात होता है, पत्थर हैं पड़ते रहते।
अग्निदेव भी गात तुम्हारा प्रायः हैं दहते रहते।
सदा पीटते हैं दंडों से, सब दिन खोदा करते हैं।
अवसर पाये तुम्हें बेध देते जन, अल्प न डरते हैं। 2।

पेट चीरकर लोग तुम्हारे अन्तर्धन को हरते हैं।
सारे जीव - जन्तु निज मल से मलिन पूत तन करते हैं।
नींव डालकर, नहर खोद, नर नित्य वेदना देते हैं।
खानें बना - बनाकर गहरी, दिव्य रत्न हर लेते हैं। 3।
बड़े - तड़े बहु विवर तुम्हारे तन में साँप बनाते हैं।
माँद विरचकर मन्द जीव अपनी मन्दता दिखाते हैं।
बहुधा उर विदारकर बहु वापिका सरोवर बनते हैं।
छेद - छेदकर तव छाती नर कूप सहस्रों खनते हैं। 4।
बेध - बेधकर हृदय बहुत लाइनें निकाली जाती हैं।
दलती मूँग तुम्हारी छाती पर रेलें दिखलाती हैं।
काले क्वैले के निमित्त बहु गर्त्त बनाये जाते हैं।
जिनसे मीलों अंग तुम्हारे कालिख - पुते दिखाते हैं। 5।
हरे-भरे कुसुमित फल-विलसित नयन-विमोहन बहु-सुन्दर।
नव तृण श्यामल शस्य सरसतम लतिकाएँ अनुपम तरुवर।
जिनका बड़े प्रेम से प्रति दिन तुम प्रतिपालन करती हो।
जिनके तन में, दल में, फल में पल-पल प्रिय रस भरती हो। 6।
वे हैं अनुदित नोचे जाते, कटते - पिटते रहते हैं।
निर्दय मानव के हाथों से बड़ी यातना सहते हैं।
फिर भी कभी तुम्हारे तेवर बदले नहीं दिखाते हैं।
देती हो तुम त्राण सभी को, सब तुमसे सुख पाते हैं। 7।
वे अति सुन्दर नगर जहाँ सुषमाएँ नर्त्तन करती हैं।
जहाँ रमा वैकुण्ठ छोड़कर प्रमुदित बनी विचरती हैं।
सकल स्वर्ग - सुख पाँव तोड़कर बैठे जहाँ दिखाते हैं।
जिनको धन-जनपूर्ण स्वर्ण-मन्दिर से सज्जित पाते हैं। 8।
ज्वालामुखी उगल ज्वालाएँ उन्हें भस्म कर देता है।
उनको बना भूतिमय उनकी वर विभूति हर लेता है।
पलक मारते तब तन-भूषण मिट्टी में मिल जाते हैं।
फिर भी ये विध्वंसक तुममें धँसते नहीं दिखाते हैं। 9।
बड़े - बड़े बहु धन-जन-संकुल सुन्दर-सुन्दर देश कई।
जो थे भूति-निकेतन, सुरपुर तक थी जिनकी कीर्त्ति गयी।
जो चिरकाल तुम्हारे पावन - भूत अंक में पल पाये।
तुम्हें गौरवित करके गौरव - गीत गये जिनके गाये। 10।

वे हैं कहाँ, उदधि कितनों को प्रायः निगला करता है।
उसका पेट, पेट में ऐसे देशों को रख, भरता है।
फिर भी जलधि तुम्हारे तन पर वैसा ही लहराता है।
कहाँ कुपित तुम हो पाती हो, कौन दंड वह पाता है। 11।
तप से रीझ देवता बनता है वांछित फल का दाता।
अपराधी का भी हित करते तुमको है देखा जाता।
इसी लिये है क्षमा तुम्हारा नाम और तुम हो भारी।
धरे! कहाँ तक कहें तुम्हारी क्षमाशीलता है न्यारी। 12।

विकम्पित वसुन्धरा

[5]

वसुन्धरे! यह बतला दो तुम, क्यों तन कम्पित होता है।
क्यों अनर्थ का बीज लोक में कोप तुम्हारा बोता है।
माता कहलाती हो तो किसलिये विमाता बनती हो।
पूत पूत है, सब पूतों को तुम्हीं क्या नहीं जनती हो। 1।
पूत कपूत बने, पर माता नहीं कुमाता होती है।
अवलोकन कर व्यथा सुतों की बिलख-बिलख वह रोती है।
फिर किसलिये कुपित होकर तुम महा गर्जना करती हो।
भूरि भीति किसलिये भयातुर प्राणिपुंज में भरती हो। 2।
क्यों पल में अपार क्रन्दन-रव घर-घर में भर जाता है।
कोलाहल होने लगता है, हा-हाकार सुनाता है।
दीवारें गिरने लगती हैं, सदन भू-पतित होते हैं।
गेहदशा अवलोक सैकड़ों दुखी खड़े दुख-रोते हैं। 3।
कितने छत के टूट गड़े अपने प्रिय प्राण गँवाते हैं।
कितने दबकर, कितने पिसकर मिट्टी में मिल जाते हैं।
अंग भंग हो गये अनेकों आहें भरते मिलते हैं।
भय से हो अभिभूत सैकड़ों चल दल-दल से हिलते हैं। 4।
कितने भाग खड़े होते हैं, तो भी प्राण न बचते हैं।
कितने अपनी चिता बहँक अपने हाथों से रचते हैं।
कितने धन के, कितने जन के लिये कलपते फिरते हैं।
कितने सब-कुछ गँवा प्रबलतम दुख-समूह से घिरते हैं। 5।
कितने चले रसातल जाते हैं, कितने धँस जाते हैं।
कितने निकली सबल सलिल-धारा में बहे दिखाते हैं।

बनते हैं धन-जन विहीन वांछित विभूतियाँ खोते हैं।
नगर-निकर हैं नगर न रहते, ध्वंस ग्राम पुर होते हैं।6।
जल से थल, थल से जल बन बहु परिवर्त्तन हो जाते हैं।
कतिपय पल में ही ये सारे प्रलय-दृश्य दिखलाते हैं।
कैसी है यह वज्र-हृदयता? क्यों तुम इतनी निर्मम हो।
क्यों संहार-मूर्त्ति धारण कर बनती तुम कृतान्त-सम हो।7।
क्यों इतनी दुरन्तता-प्रिय हो, क्या न क्षमा कहलाती हो।
क्या तुम किसी महान शक्ति-बल से विवशा बन जाती हो।
यह सुनते हैं, शेषनाग के शिर पर वास तुम्हारा है।
क्या उसके विकराल विष-वमन का प्रपंच यह सारा है।8।
या सहस्र-फण-फूत्कार से जब बहु कम्पित होती हो।
तब सुध-बुध खोकर विपत्ति के बीज अचानक बोती हो।
या पुराण ने जिसकी गौरवमय गुणावली गाई है।
उस कच्छप की कठिन पीठ से तुम्हें मिली कठिनाई है।9।
या जिसके अतुलित बल से दानवता दलित दिखाती है।
उस वाराह-दशन से तुमको दंशनता मिल पाती है।
या भगवति वसुन्धरे! भव में वैसी ही तब लीला है।
जैसी प्रकृति अकोमल-कोमल अकरुण करुणाशीला है।10।

विभूतिमयी वसुधा

[6]

जब सहस्रकर छ महीने का दिवस दिखा छिप जाता है।
तब आरंजित क्षितिज अलौकिक दृश्य सामने लाता है।
उसकी ललित लालिमा सन्ध्या-कलित-करों से लालित हो।
प्रगतिशील पल-पल बन-बन कनकाभा से प्रतिपालित हो।1।
रंग-बिरंगे लाल नील सित पीत बैंगनी बहु गोले।
है उछालने लगती क्षण-क्षण क्षिति-विमोहिनी छवि को ले।
उधर गगन में तरह-तरह के तारे रंग दिखाते हैं।
बार-बार जगमगा-जगमगा अपनी ज्योति जगाते हैं।2।
इधर क्षितिज से निकले गोले ऊपर उठ-उठ खिलते हैं।
उल्कापात-समान विभाएँ भू में भरते मिलते हैं।
यों छ मास का तम करके कमनीय कलाएँ खोती है।
ध्रुव-प्रदेश की रजनी अतिशय मनोरंजिनी होती है।3।

हरे-भरे मैदान कनाडा के मीलों में फैले हैं।
जो हरियाली-छटा-वधु के परम छबीले छैले हैं।
जिनकी शस्य-विभूति सहज श्यामलता की पत रखती है।
जिनमें प्रकृति बैठ प्रातः निज उत्फुल्लता परखती है।4।
रंग-बिरंगे तृण-समूह से सज वे जैसे लसते हैं।
विपुल सुविकसित कुसुमावलि के मिस वे जैसे हँसते हैं।
वायु मिले वे हरीतिमा के जैसे नृत्य दिखाते हैं।
वैसे दृश्य कहाँ पर लोचन अवलोकन कर पाते हैं।5।
अमरीका है परम मनोहर, स्वर्ग-लोक-सा सुन्दर है।
जिसकी विपुल विभूति विलोके बनता चकित पुरन्दर है।
उसके विद्युद्दीप-विमण्डित नगर दिव्य द्युतिवाले हैं।
जिनके गगन-विचुम्बी सत्तर खन के सदन निराले हैं।6।
उनके कलित कलस दिनमणि को भी मलीन कर देते हैं।
दिखा-दिखा निज छटा क्षपाकर की छवि छीने लेते हैं।
उसका एक प्रपात जल-पतन का वह समाँ दिखाता है।
जिसपर मत्त प्रमोद रीझ मुक्तावलि सदा लुटाता है।7।
उसके विविध अलौकिक कल कुछ ऐसी कला दिखाते हैं।
जिन्हें विलोक विश्वकर्मा के कौशल भूले जाते हैं।
कितने आविष्कार हुए हैं उसमें ऐसे लोकोत्तर।
जिससे सारा देश गया है बहु अमूल्य मणियों से भर।8।
यूरप में अति रम्य रमा की मूर्त्ति रमी दिखलाती है।
विलस अंक में उसके विभुता मन्द-मन्द मुसकाती है।
प्रायः श्वेत गात के मानव उसमें लसते मिलते हैं।
सुन्दरता की कलित कुंज में ललित कुसुम-से खिलते हैं।9।
पारसता पैरिस-समान नगरों में पायी जाती है।
लन्दन में नन्दनवन-सी अभिनन्दनता छवि पाती है।
प्रकृति-सुन्दरी सदा जहाँ निज प्रकृत रूप दिखलाती है।
स्विटजरलैण्ड-मेदिनी वैसी प्रमोदिनी कहलाती है।10।
विविध भाँति की बहु विद्याएँ श्रम-संकलित कलाएँ कुल।
हैं उसको गौरवित बनाते कौशल-वलित अनेकों पुल।
सुर-समूह को कीर्त्ति-कथाएँ उड़ नभ-यान सुनाते हैं।
विहर-विहर जलयान जलधि में गौरव-गाथा गाते हैं।11।

अफरीका के नाना कानन कौतुक-सदन निराले हैं।
उसने अपनी पशुशाला में बहु विचित्र पशु पाले हैं।
जैसे अद्भुत जीव-जन्तु खग-मृग उसमें दिखलाते हैं।
वैसे कहाँ दूसरे देशों के विपिनों में पाते हैं। 12।
शीतल मधुर सलिल से विलसित कल-कल रव करनेवाली।
विपुल मंजु जलयान-वाहिनी बहु मनोहरा मतवाली।
हरे-भरे रस-सिक्त कूल के कान्त अंक में लहरायी।
नील-समान सरसतम सुन्दर सरिता है उसने पायी। 13।
जिनमें कई सहस्र साल के शव रक्षित दिखलाते हैं।
ज्यों-के-त्यों सउपस्कर जिनको देख दिल दहल जाते हैं।
जिनकी बहु विशाल रचना-विधि बुधजन समझ न पाते हैं।
परम विचित्र पिरामिड उसके किसे न चकित बनाते हैं। 14।
क्या हैं ये उत्तुंग पिरामिड, कैसे गये बनाये हैं।
गिरि-से प्रस्तर-खण्ड किस तरह ऊपर गये उठाये हैं।
किस महान कौशल के बल से विरचित उनकी काया है।
क्या यह मायिक मिश्र-नगर के मय-दानव की माया है। 15।
वह सभ्यता, पिरामिड पर हैं जिसकी छाप लगी पाते।
वह पदार्थ जिससे सहस्र वत्सर तक हैं शव रह जाते।
कब थी? मिला कहाँ पर कैसे? कौन इसे बतलावेगा।
कोई विबुध कभी इस मसले को क्या हल कर पावेगा। 16।
है एशिया महा महिमामय उसमें भरी महत्ता है।
वन्दनीय वेदों से उसको मिली सात्विकी सत्ता है।
महा तिमिर जिस काल सकल अवनी-मण्डल में छाया था।
मिले ज्ञान-आलोक तभी वह आलोकित हो पाया था। 17।
भारत ही ने प्रथम भारती की आरती उतारी है।
उसने ही उर-अन्धकार में अवगति-ज्योति पसारी है।
वह है वह सर जिससे निकले सब धर्मों के सोते हैं।
वह है वह जल जिसके बल से सकल पाप मल धोते हैं। 18।
कहाँ हिमाचल-मलयाचल-से अद्भुत अचल दिखाते हैं।
पतित-पावनी सुर-सरिता-सी सरिता कहीं न पाते हैं।
नयन-रसायन कान्त-कलेवर कुसुमित कुसुमाकर प्यारा।
है कश्मीर अपर सुर-उपवन सुधासिक्त छविनभ-तारा। 19।

मानसरोवर के समान सर किसे कहाँ मिल पाया है।
जिसका शतदल अमल कमल जातीय पुष्प कहलाया है।
नीर-क्षीर-सुविवेक-निपुण बहु हंस जहाँ मिल पाते हैं।
मचल-मचल मोती चुगते हैं, चल-चल चित्त चुराते हैं। 20।
जिसके कनक-विमंडित मठ हैं, जिसमें भूति विलसती है।
रमा जहाँ के लामाओं के वदन विलोक विहँसती है।
जिसके गिरि का हिम-समूह बन हेम बहुत छवि पाता है।
उस तिब्बत के वैभव-सा किसका वैभव दिखलाता है। 21।
चीन बहुत प्राचीन काल से चिन्तनीय बन पाया है।
उसकी भूतल-भूति भित्ति का भूरि प्रभाव दिखाया है।
उसका बहु विस्तार बहुलता अवलोके जनसंख्या की।
है विचित्र संसार-मूर्त्ति की दिखलाती अद्भुत झाँकी। 22।
है एशिया-खण्ड का उपवन कुसुमावलि से विलसित है।
राका-शशि से कान्त नृपति की कीर्त्ति-कौमुदी से सित है।
रसिक जनों का वृन्दावन है, बुधजन-वृन्द बनारस है।
फारस का भू-भाग गौरवित आर्य-वंश का पारस है। 23।
जिसने अन्धकारमय अवनी को आलोकित कर डाला।
जिसने तन का, मन का, जन-जन के नयनों का तम टाला।
जो पच्चीस करोड़ मुसलमानों का भाग्य-विधाता है।
अरब-धरा उस परम पुरुष के पैगम्बर की माता है। 24।
काकेशस-प्रदेश की सारी सुषमा सुन्दरता न्यारी।
कुस्तुनतुनिया का वैभव वर मसजिद की पच्चीकारी।
टरकी की वीरता-धीरता परिवर्त्तन-गति की बातें।
हैं रंजिनी बनी हैं जिनसे उज्ज्वलतम काली रातें। 25।
जिसके दिव्य अंक में जनमा वह मरियम का सुत प्यारा।
जिसकी ज्योति लाभ करके जगमगा उठा योरप सारा।
दे-दे ख्याति कीर्त्ति-मन्दिर में उसकी मूर्त्ति बिठाती हैं।
फिलस्तीन की बातें उसको महिमामय बतलाती हैं। 26।
देश-प्रदेश प्रायद्वीपों द्वीपों से भरी दिखाती है।
नगर-निकर नाना विभूति-वैभव से बहु छवि पाती है।
खेल-खेल वारिधि-तरंग से रंग दिखाती बहुधा है।
चित्रित विविध चरित्र-चित्र से विचित्रतामय वसुधा है। 27।

शार्दूल-विक्रीड़ित

[7]

कोई पावन पन्थ का पथिक हो या हो महा पातकी।
कोई हो बुध वन्दनीय अथवा हो निन्दनीयाग्रणी।
कोई हो बहु आर्द्रचित्त अथवा संहार की मूर्त्ति हो।
योग्यायोग्य - विवेक है न रखती, है वीरभोग्या धरा।1।

जो देखे इतिहास - ग्रन्थ कितने, बातें पुरानी सुनी।
सारे भारत के रहस्य समझे, रासो पढ़े सैकड़ों।
तो पाया कहते सहस्र मुख से संग्राम - मर्मज्ञ को।
वे थे भू - अनुरक्त हाथ जिनके आरक्त थे रक्त से।2।

भूलेगा धन से भरे भवन को भाये हुए भोग को।
भ्राता को, सुत को, पिता प्रभृति को, भामा-मुखाम्भोज को।
भावों की अनुभूति को, विभव को, भूतेश की भक्ति को।
भू - स्वामी सब भूल जाय उसको, भू भूल पाती नहीं।3।

आरक्ता कलिकाल - मूर्त्ति कुटिला काली करालानना।
भूखी मानव - मांस की भय - भरी आतंक - आपूरिता।
उन्मत्ता करुणा - दया विरहिता अत्यन्त उत्तेजिता।
लोहू से रह लाल है लपकती भू - लाभ की लालसा।4।

देशों की, पुर - ग्राम की, नगर की देखे बड़ी दुर्दशा।
पाते हैं उसको महा पुलकिता काटे गला कोटिशः।
लीलाएँ अवलोक के प्रलय की है हर्ष होता उसे।
पी - पी प्राणिसमूह - रक्त महि की है दूर होती तृषा।5।

हैं सारे पुर ग्राम धाम जलते, हैं दग्ध होते गृही।
है नाना नगरी विभूति बनती वर्षा हुए अग्नि की।
भू! तेरे अविवेक का कुफल है या है क्षमाशीलता।
जो ज्वाला बन काल है निकलती ज्वालामुखी - गर्भ से।6।

जो निर्जीव बनी समस्त जनता हो मज्जिता राख में।
सारे वैभव से भरे नगर जो ज्वालामुखी से जले।
तो क्या हैं सर के समूह सरिता में है कहाँ सिक्तता।
तो है सागर में कहाँ सरसता, कैसे रसा है रसा।7।

हो - हो दग्ध बनी विशाल नगरी दावाग्नि - क्रीड़ास्थली।
लाखों लोग जले-भुने, भवन की भीतें चिता-सी बलीं।

भू! तेरे अवलोकते प्रलय क्यों ज्वालामुखी यों करे।
क्यों होते जल-राशि पास जगती यों ज्वालमाला रहे। 8।
दोषों को क्षम सर्वदा जगत् में जो है कहाती क्षमा।
क्यों हो-हो वह कम्पिता प्रलय की दृश्यावली दे दिखा।
कैसे सो वसुधा विरक्त बन दे ज्वालामुखी से जला।
जो पाले सुजला तथैव सुफला हो शस्य से श्यामला। 9।
नाना दानवता दुरन्त नर की, ज्वालामुखी-यन्त्रणा।
ओलों का, पवि का प्रहार, रवि के उत्ताप की उग्रता।
तो कैसे सहती समुद्र-शठता दुर्वृत्ति दावाग्नि की।
तो होती महती न, जो न क्षिति में होती क्षमाशीलता। 10।
होती है हरिता हरापन मिले न्यारे हरे पेड़ का।
काली है करती अमा, अरुणता देती उषा है उसे।
प्रायः है करती विमुग्ध मन को हो शस्य से श्यामला।
पाके दिव्य सिता विभूति बनती है दुग्ध-धौता धरा। 11।
आराध्या बुध-वृन्द की विबुधता आधारिता वन्दिता।
है विज्ञान-विभूति भूति भव की सद्भाव से भाविता।
है सद्बुद्धि - विधायिनी गुण-भरी है सर्व-विद्यामयी।
है पात्री प्रतिपत्ति की प्रगति की है सिद्धिःदात्री धरा। 12।
पाता गौरव है पयोधि पहना मुक्तावली-मालिका।
गाती है कल कीर्त्ति कान्त स्वर से सारी विहंगावली।
देते हैं उपहार पादप खड़े नाना फलों को लिये।
पूजा करती है सदैव महि की उत्फुल्ल पुष्पावली। 13।
आ-आ के घन हैं सुधा बरसते, हैं भानु देते विभा।
होती है वन-भूति धन्य दिखला सर्वाङ्ग दृश्यावली।
पाता है कमनीय अंक गिरि से दिव्याभ रत्नावली।
पाये शुभ्र सिता सदैव बनती है भूमि दिव्याम्बरा। 14।
पाती है कमनीय कान्ति विधु से, उत्फुल्लता पुष्प से।
देता चन्दन है सुवास तन को, है चाँदनी चूमती।
लेती है मधु से महा मधुरिमा मानी मनोहारिता।
होती है सरसा सदैव रस से भीगे रसा सुन्दरी। 15।
भू में हैं जनमे, विभूति-बल से भू के बली हो सके।
जागे भाग अनेक भोग भव के भू-भाग ही से मिले।

आये काल भगे कहीं न मर के भू-अंक में हैं पड़े।
भू से भूप पले सदैव कब भू भूपाल पाले पली। 16।
देता है यदि भौम साथ तज तो साथी मिला सोम-सा।
होता है यदि वज्रपात बहुधा तो है क्षमा में क्षमा।
जो है भू सरसा, सहस्रकर के उत्ताप को क्यों सहे।
जो है पास सुधा, सहस्र-फन से क्यों हो धरा शंकिता। 17।
लाखों पाप मिले समाधि-रज में या हैं चिता में जले।
आयी मौत, बला मनुष्य सिर की है प्रायशः टालती।
लेती है तन ही मिला न तन में या राख में राख ही।
भूलों की बहु भूल-चूक पर भी भू धूल है डालती। 18।
संसिक्ता सरसा सरोज-वदना उल्लासिता उर्वरा।
नाना पादप-पुंज-पंक्ति-लसिता पुष्पावली-पूरिता।
लीला-आकलिता नितान्त ललिता संभार से सज्जिता।
है मुक्तावलिमंडिता मणियुता आमोदिता मेदिनी। 19।
था सिंहासन रत्नकान्त जिनका, कान्तार में वे मरे।
थे जो स्वर्गविभूति, गात उनके हैं भूमिशायी हुए।
वे सोये तम में पसार पग जो आलोक थे लोक के।
वे आये मर तीन हाथ महि में भू में समाये न जो। 20।
है अंगारक-सा कुमार उसका तेजस्विता से भरा।
सेवा है करता मयंक, सितता देती सिता है उसे।
है रत्नाकर अंक-रत्न, दिव है देता उसे दिव्यता।
है नाना स्वर्गीय भूतिभरिता है भाग्यमाना मही। 21।
दी है भूधर ने उमासम सुता दिव्यांग देवांगना।
पायी है उसने पयोधि-पय से लोकाभिरामा रमा।
मिट्टी से उसको मिली पति-रता सीता समाना सती।
है मान्या महिमामयी मति-मती धन्या वदान्या धरा। 22।
हो पाते यदि भद्र, भूत-हित को जो भूल जाते नहीं।
जो भाते भव भले भाव उनको, जो भागती भीरुता।
जो होतीं उनमें नहीं कुमति की दुर्भावनाएँ भरी।
तो भारी बनते उभार जन के भू-भार होते नहीं। 23।
लाखों भूप हुए महा प्रबल हो डूबे अहंभाव में।
भू के इन्द्र बने, तपे तपन-से, डंका बजा विश्व में।

तो भी छूट सके न काल-कर से, काया मिली धूल में।
हो पायी किसकी विभूति यह भू? भू है भयों से भरी। 24।
आँखें हैं मुँदती, मुँदें, अवनि तो होगी सदा सज्जिता।
कोई है मरता, मरे, पर मही होगी प्रसन्नानना।
साँसें हैं चलती, चलें, वसुमती यों ही रहेगी खिली।
अन्यों का दुख, हीन हो हृदय से कैसे धरा जानती। 25।
जायेगी मुँद आँख एक दिन, हो शोभामयी मेदिनी।
छूटेगी यह देह हो अवनि में संजीवनी-सी जड़ी।
होगा नाश अवश्यमेव, महि में हो स्वर्ग की ही सुधा।
होना है तज भूति-भूति नर को, हो भूति से भू भरी। 26।
डूबे क्यों न पयोधि में, उदर में तेरे समाये न क्यों।
टूटा क्यों न पहाड़, क्यों न मुख में ज्वालामुखी के पड़े।
कैसा है यह चाव, भाव इनके क्यों हैं सहे जा रहे।
होता है दुख देख, भूमि! तुझमें भू-भार ही हैं भरे। 27।
तो होता सर सिन्धु, शान्त बनता ज्वालामुखी सिक्त हो।
होते सर्व प्रपंच तो न दव के, आतीं न आपत्तियाँ।
कोई क्यों जलता, न वारिनिधि में कोई कहीं डूबता।
जो होती जड़ता न, भाव अपना जो भूल पाती न भू। 28।
क्या पूछूँ, पर मानता मन नहीं पूछे बिना, क्या करूँ।
क्या आँधी, बहु वात-चक्र, वसुधे! तेरे दुरुच्छ्वास हैं।
क्या पाथोधि-प्रकोप कोप तव है, है गर्जना भर्त्सना।
है ज्वाला वह कौन जो धरणि है ज्वालामुखी में भरी। 29।
सन्तापाग्नि सदैव है, निकलती ज्वालामुखी-गर्भ से।
आहें हैं पवमान कोप, निधि का उन्माद उद्वेग है।
भूपों की पशुता-प्रवृत्ति, मनुजों की दानवी वृत्ति से।
होती है गुरु पाप-भार पवि से कम्पायमाना मही। 30।
माता-सी है दिव्य मूर्त्ति उसकी नाना महत्तामयी।
सारी ऋद्धि समृद्धि सिद्धि उससे है प्राप्त होती सदा।
क्या प्राणी, तरु क्या, तृणादि तक की है अन्नपूर्णा वही।
है सत्कर्मपरायणा हितरता, है धर्मशीला धरा। 31।

सप्तम सर्ग

अन्तर्जगत्

मन

[1]

मंजुल मलयानिल-समान है किसका मोहक झोंका।
विकसे कमलों के जैसा है विकसित किसे विलोका।
है नवनीत मृदुलतम किसलय कोमल है कहलाता।
कौन मुलायम ऊन के सदृश ऋजुतम माना जाता।1।
मन्द-मन्द हँसनेवाला छवि-पुंज छलकता प्याला।
कौन कलानिधि के समान है रस बरसानेवाला।
मधु-सा मधुमय कुसुमित विलसित पुलकित कौन दिखाया।
नव रसाल पादप-सा किसको मंजु मंजरित पाया।2।
रंग-बिरंगी घटा-छटा से चित्त चुराये लेते।
नवल नील नीरद-सा किसको देखा जीवन देते।
प्रिय प्रभात-सी पावनता स्निग्धता किसे मिल पायी।
प्रवणशीलता द्रवित ओस-सी किसमें है दिखलाई।3।
उठ-उठकर तरंग-मालाएँ किसकी मिलीं सरसती।
सहज तरलता सरिता-सी है किसमें बहुत विलसती।
भले भाव से भूरि भरित है कौन बताया जाता।
मृग-शावक-सा भोलापन है किसका अधिक लुभाता।4।
किसकी लाली अवनी में अनुराग-बीज है बोती।
उषा सुन्दरी सी अनुरंजनता है किसमें होती।
परम सरलता सरल बालकों सी है किसमें मिलती।
किसी अलौकिक कलिका-जैसी किसकी रुचि है खिलती।5।

दलगत ओस-विन्दुओं तक की कान्ति बढ़ानेवाली।
रवि-प्रभात-किरणों की-सी है किसकी कला निराली।
मानव का अति अनुपम तन है किसका ताना-बाना।
मन - समान बहु मधुर विमोहक महि ने किसको माना। 6।

मानस-महत्ता

[2]

जो कुसुमायुध कुसुम-सायकों से है विद्ध बनाता।
जिसका मोहन मन्त्र त्रिदेवों पर भी है चल पाता।
प्राणि-पुंज क्या, तृण तक में भी जो है रमा दिखाता।
अवनी-तल में जनन - सृष्टि का जो है जनक कहाता। 1।
सुन्दरता है स्वयं बलाएँ सब दिन जिसकी लेती।
छटा निछावर हो जिसकी छवि को है निज छवि देती।
नारि-पुरुष के प्रेम-सम्मिलन का जो है निर्म्माता।
वह संसार-सूत्र-संचालक मनसिज है कहलाता। 2।
जिसकी ज्वालाओं में जलते दिग्विजयी दिखलाये।
जिसने करके ध्वंस धूल में नाना नगर मिलाये।
लोक-लोक विकराल मूर्त्ति अवलोके हैं कँप जाते।
जिसके लाल-लाल लोचन हैं काल-गाल बन पाते। 3।
जिसका सृजन आत्म-संरक्षण के निमित्त हो पाया।
जिसने कर भ्रू-भंग विश्व को प्रलय-दृश्य दिखलाया।
अति कराल-वदना काली जिसकी प्रतीक कहलाई।
उस दुर्वार क्रोध ने किससे ऐसी क्षमता पायी। 4।
जिसका उदधि विशाल उदर है कभी नहीं भर पाता।
लोकपाल जिसकी लहरों में है बहता दिखलाता।
तीन लोक का राज्य अवनि-मण्डल की सारी माया।
पाने पर भी जिसे सर्वदा अति लालायित पाया। 5।
कामधेनु-कामदता, सुर-तरु की सुर-तरुता न्यारी।
जिसे तृप्त कर सकीं न चिन्तामणि-चिन्ताएँ सारी।
धनद विपुल धन प्राप्त हुए भी जो है नहीं अघात।
उस लोलुपता-भरे लोभ का कौन कहाता धाता। 6।

छूट-छूटकर जिसके बन्धन में है भव बँध जाता।
जुड़ा हुआ है जिसके द्वारा वसुन्धरा का नाता।
यह जन मेरा, यह धन मेरा राज-पाट यह मेरा।
ममता की इस मायिकता ने है घर-घर को घेरा। 7।
जिसने महाजाल फैलाकर लगा-लगाकर लासा।
बात क्या सकल दनुज-मनुज की, सुर-मुनि तक को फाँसा।
विधि-विरचित नाना विभूतियाँ मूठी में हैं जिसकी।
उस विमोहमय मोह में भरित मिली भावना किसकी। 8।
जो प्रसून के सदृश चाहता है तारक को चुनना।
जिसके लिये सुलभ है कर से सिता-वसन का बुनना।
सुधा सुधाकर की निचोड़ना हँसी-खेल है जिसको।
जो सुरेन्द्र का पद दे देता है सदैव जिस-तिसको। 9।
जिसका तेज नहीं सह सकता दिनकर-सा तेजस्वी।
मान महीपों का हर जो है बनता महा यशस्वी।
जिसका पाँव चूमती रहती है वसुधा की माया।
ऐसा मद उस अहं-भाव ने किस मदान्ध से पाया। 10।
जिसके शिर पर है गौरव-मणि-मण्डित मुकुट दिखाता।
जिसकी विजय-दुन्दुभी का रव है सब ओर सुनाता।
अन्तस्तल-विभूतियों का अधिपति है कौन कहाता।
महामहिम मन के समान मन ही है माना जाता। 11।

महामहिम मन

[3]

उन विचित्र विभवों को जिनका प्रकृति-नटी से नाता है।
उन अपूर्व दृश्यावलियों को जिनको गगन दिखाता है।
उस छवि को भूतल सदैव जिसको स्वअंक में रखता है।
नयन न होते भी अनन्त नयनों से कौन निरखता है। 1।
उस स्वर-लहरी को सदैव जो झंकृत होती रहती है।
सरस सुधा-धारा समस्त वसुधा पर जिससे बहती है।
प्राणि-पुंज जिसको सुन-सुन हो-हो विमुग्ध सिर धुनता है।
उसे कौन हो कान-रहित अगणित कानों से सुनता है। 2।
उस सुगन्ध को जो मलयानिल को सुगन्धिमय करता है।
रंग-बिरंगी कुसुमावलि में बहु सुवास जो भरता है।

मृग-मद-अगरु - चन्दनादिक को जो महँ-महँ महँकाता है।
उसे एक नासिका - हीन क्यों सूँघ नाक से पाता है। 3।
कौन-कौन व्यंजन कैसा है, तुरत यह समझ जाता है।
मुधर फलों की मधुमयता का भी अनुभव कर पाता है।
जो जैसा है भला - बुरा उसको वैसा कह देता है।
रसनाहीन कौन बहु रसनाओं से सब रस लेता है। 4।
मधुर लयों से बड़े मनोहर सुन्दर गीत सुनाता है।
बड़े-बड़े ग्रन्थों का कितना पढ़ा पाठ पढ़ जाता है।
बिना कण्ठ के कौन सदा अगणित कण्ठों से गाता है।
वाणी विना कौन वक्ता बन वाणी का पद पाता है। 5।
है कोमल - कठोर का अनुभव सर्द - गर्म का ज्ञाता है।
मलय - पवन से है सुख पाता, तप्त समीर तपाता है।
परसे कुसुम मुदित होता है, दवस्पर्श दुख देता है।
बिना त्वचा के कौन त्वचा के सकल कार्य कर लेता है। 6।
सुन्दर मोती - से अक्षर लिख मोती कब न पिरोता है।
कनक - प्रसू वसुधातल को कर बीज विभव के बोता है।
चित्र-विचित्र बेल - बूटे रच रंग अनूठे भरता है।
कर के विना कौन बहु कर से काम अनेकों करता है। 7।
जल में, थल में तथा गगन में पल में जाता - आता है।
उसकी चाल देखकर खगपति चकित बना दिखलाता है।
पवन - पूत क्या, स्वयं पवन कब गति में उसको पाता है।
पद के विना विपुल पद से चल पदक कौन पा जाता है। 8।
सकल इन्द्रियाँ बन विमूढ़ कर्त्तव्य नहीं कर पाती हैं।
जो सहयोग न मानस का हो तो असफल हो जाती हैं।
अन्तस्तल के मूलभूत भावों में वही समाया है।
मानव - तन में महाबली मन ही की सारी माया है। 9।

मन से लिपटी ललनाएँ

[4]

आँखें हँस-हँस सदा अनेकों अद्भुत दृश्य दिखाती हैं।
ला सामने छटाएँ क्षिति की कर संकेत बताती हैं।
जो हम होतीं नहीं, भरा भूतल में अँधियाला होता।
किसी हृदय में नहीं प्रेम-रस का बहता मिलता सोता। 1।

खग-कलरव विणा-निनाद मुरली-वादन का मंजुल स्वर।
सकल राग आलाप किसी गायक का गान विमोहित कर।
उन सरिताओं का कलकल जो मन्थर गति से बहती हैं।
सुना-सुनाकर श्रुतियाँ सब दिन बहुत रिझाती रहती हैं। 2।
अवनीतल कुसुमावलि - सौरभ से सुरभित शरीर - द्वारा।
केसर की कमनीय क्यारियों का लेकर सुवास सारा।
मृग-मद कस्तूरी कपूर की मधुर मनोज्ञ सुरभि से भर।
स्नेहमयी नासिका सदा रहती है सेवा में तत्पर। 3।
विपुल व्यंजनों पकवानों का स्वाद बता सुख देती है।
चखा - चखाकर मीठे - मीठे फल मोहित कर लेती है।
नीरसता से निबट सरसता - धाराओं में बहती है।
रसिका रसना विविध रसों से रस उपजाती रहती है। 4।
बड़ी मधुर बातें कहती है, गीत मनोहर गाती है।
मधुमय ध्वनि स्वर्गीय स्वरों से सरस सुधा बरसाती है।
परम रुचिर रचनाएँ पढ़ - पढ़ बहुत विमुग्ध बनाती है।
वाणी की मनोज्ञतम वीणा वाणी सदा बजाती है। 5।
है अनुराग - राग - अनुरंजित रस से भरी दिखाती है।
है सहृदयता - मूर्त्ति प्रिय-वदन देखे दिवस बिताती है।
बनती है वर विभा तिमिर में बहँके पथ बतलाती है।
है समता की नहीं कामना, मति ममता में माती है। 6।
काम पड़े पर काम चलाना पड़ता है जैसे - तैसे।
करे क्यों न लीलाएँ कितनी बचे बेचारा मन कैसे।
नहीं छोड़तीं क्षण-भर भी, कर विविध कलाएँ चिमटी हैं।
एक दो नहीं, आठ-आठ ललनाएँ मन से लिपटी हैं। 7।

मन और अलबेली आँखें

[5]

जादू चलता ही रहता है, तिरछी ही वे रहती हैं।
चुप रहकर भी मचल-मचलकर सौ-सौ बातें कहती है।
कैसे भला न तड़पे कोई, करती रहती हैं वारें।
काट कब नहीं होती है, चलती रहती हैं तलवारें। 1।
सीधे नहीं ताकते देखा, टेढ़ी हैं इनकी चालें।
कैसे पटे बलाएँ अपनी जो वे औरों पर डालें।

लोग छटपटायें तो क्या, वे छाती छेदा करती हैं।
छलनी बने कलेजा कोई, कब वे छल से डरती हैं।2।
मरनेवाले मरें, मरें, पर वे तो विष उगलेंगी ही।
चोखे-चोखे बान चलाकर जान किसी की लेंगी ही।
दिल को छीने लेती हैं, किस लिये भला वे दिल देंगी।
तन बिन जाय भले ही कोई, वे तो तेवर बदलेंगी।3।
कभी रस बरसती रहती हैं, हँसती कभी दिखाती हैं।
कभी लाल-पीली होती हैं, कभी काल बन जाती हैं।
कभी निकलती है चिनगारी, कभी बहुत ही जलती हैं।
बहँके किसी के कलेजे पर कभी मूँग वे दलती हैं।4।
फिरते देर नहीं होती, अकसर वे अड़ती रहती हैं।
बड़ी-बड़ी आँखों से जब देखो तब लड़ती रहती हैं।
उलझें, कड़ी पड़ें, भर जायें, बात-बात में रो देवें।
यही बान है आँख लग गये अपने को भी खो देवें।5।
हिली-मिली वे रहें भले ही, मगर उलट भी जाती हैं।
लगती हो टकटकी, पर कभी पलकें नहीं उठाती हैं।
आँसू आते हैं उनमें, पर मकर-भरे वे होते हैं।
वे पानी हैं, मगर आग औरों के घर में बोते हैं।6।
बूँदें वे मोती हैं जिनके पानेवाले रोते हैं।
अपना पानी रखकर जो औरों का पानी खोते हैं।
कभी धार बँधती है तो बन जाते ऐसे सोते हैं।
जिनमें बहकर लोग हाथ सब अरमानों से धोते हैं।7।
चाह पीसने लग जाती है, आह बहुत तड़पाती है।
कभी टपकते हैं तो टपक फफोलों की बढ़ जाती है।
पागल बने नहीं मन कैसे जब कि हैं पहेली आँखें।
सिर पर उसके जब सवार हैं दो-दो अलबेली आँखें।8।

[6]

शार्दूल-विक्रीड़ित

होता है मधु स्वयं मुग्ध किसकी देखे मनोहारिता।
पाती है महि में कहाँ विकचता पुष्पावली ईदृशी।
ऐसी है कलिता द्रुमावलि कहाँ, कान्ता लता है कहाँ।
लोकों में नयनाभिराम मन-सा आराम है कौन-सा।1।

होती है बहु रत्न - राजि - रुचिरा मुक्तावली - मंडिता।
लीला मूर्त्तिमती अतीव ललिता उल्लासिता रंजिता।
नाना नर्त्तन-कला - केलि - कलिता आलोक - आलोकिता।
मन्दादोलित सिन्धु - तुल्य मन की कान्ता तरंगावली। 2।
होती है शशि-कला - कान्त रवि की रम्यांशु-सी रंजिता।
ऊषा - सी अनुराग-राग-लसिता प्रातःप्रभोद्भासिता।
दिव्या तारक - मालिका - विलसिता नीलाभ्र - शोभांकिता।
रंगारंग छटा - निकेत मन की नाना तरंगावली। 3।
जो हो पातक - मूर्त्ति जो भरित हो पापीयसी पूर्त्ति से।
पाके ताप अतीव भूमि जिससे हो भूरि उत्तापिता।
जो हो दानवता विभूति जिसमें दुर्भावना हो भरी।
पूरी हो न प्रभो! कभी मनुज की ऐसी मनोकामना। 4।
है चिन्तामणि चिन्तनीय विदिता है कौस्तुभी कल्पना।
है कल्पद्रुम - मर्म ज्ञात सुर - गो की गीतिका है सुनी।
है क्या पारस? है रहस्य समझा, बातें गढ़ी हैं गयी।
ये क्या हैं? मन के प्रतीक अथवा हैं मानसी प्रक्रिया। 5।
कैसे तो मचले न क्यों न बहके कैसे सुनाई सुने।
कैसे तो बिगड़े बने न कहके बातें बड़ी बेतुकी।
कैसे तो हठ ठान के न तमके सारी बुराई करे।
ताने तो फिर क्यों भला न मन जो माने मनाये नहीं। 6।
छूटी मादकता कभी न मद की, है दम्भवाला बड़ा।
मानी है, इतना ममत्व-रत है, जो मान का है नहीं।
घूमा है करता प्रमाद - नभ में, उन्माद से है भरा।
प्रायः है बनता प्रमत्त मन की जाती नहीं मत्तता। 7।
देखेंगे दृग रूप, देख न सकें तो दृष्टि का दोष है।
जिह्वा है रसकामुका रसनता चाहे बची ही न हो।
चाहेगी ललना ललाम, ललना चाहे न चाहे उसे।
है काया कस में न किन्तु मन की माया नहीं छूटती। 8।
आँखें हैं कस में न, रूप-शशि की जो हैं चकोरी बनी।
हो जिह्वा रस-लुब्ध स्वाद-घन की जो है हुई चातकी।
भाता है विषयोपभोग उसको जो कंज के भृंगासा।
टूटेगा जग-जाल तो न, मन जो जंजाल में है फँसा। 9।

देते हैं पादप प्रमोद हिलते प्यारे हरे पत्र-से।
लेती है कलिका लुभा विलस के हैं बेलियाँ मोहती।
रीझा है करता विलोक तृण की, दूर्वा-दलों की छटा।
होता मानस है प्रफुल्ल लख के उत्फुल्ल पुष्पावली। 10।
मोरों का अवलोक नर्त्तन स्वयं है नाचता मत्त हो।
गाता है बहु गीत कण्ठ अपना गाते खगों से मिला।
होता है मन महा मुग्ध पिक की उन्मुक्त तानें सुने।
देखे रंग-बिरंग की विहरती नाना विहंगावली। 11।
हो ऊँची, नत हो, कला-निरत हो, हैं नाचती मत्त हो।
देती हैं बहु दिव्य दृश्य दिखला हो भूरि उल्लासिता।
हैं मन्दानिल-दोलिता सुलहरें, हैं भीतियों से भरी।
हैं कल्लोल-समान लोल मन की लीलामयी वृत्तियाँ। 12।
कैसे व्यंजन-स्वाद जान सकती, क्यों रीझती खा उसे।
क्यों मीठे फल तो विमुग्ध करते, क्यों दुग्धता मोहती।
कैसे तो रस के विभेद खुलते, क्यों ज्ञात होते किसे।
क्यों होती रसना रसज्ञ, मन जो होता रसीला नहीं। 13।
क्यों तो चंचलता दिखा मचलते सीधे नहीं ताकते।
कैसे तो अड़ते कटाक्ष करते क्यों तीर देते चला।
क्यों चालें चलते बल-पर-बला लाते दिखाते फिरे।
जो मानी मन मानता नयन तो कैसे नहीं मानते। 14।
जो पाये वन-फूल, फूल बन ले, काँटे न बोता फिरे।
क्यों हो स्वार्थ-प्रवृत्ति-बेलि बहुधा नेत्राम्बु से सिंचिता।
होता आग्रह-अन्ध है हित उसे तो सूझता ही नहीं।
क्यों है तू हठ ठानता मन-कही क्यों है नहीं मानता। 15।
कोई है अपना न, स्वप्न सब है, संसार निस्सार है।
काया है किस काम की, जलद की छाया कही है गयी।
है सम्पत्ति विपत्ति, राज रज है, है भूति तो भूति ही।
क्यों यों है मन! तू उदास? विष है ऐसी उदासीनता। 16।
जो काली अलकें विलोक ललकें लालायिता ही रहीं।
देखे लोचन लोच है ललचता जो हो महा लालची।
जो गोरा तन कंज मंजु मुखड़ा है मत्त देता बना।
कैसे तो मथता न काम मन को माया दिखा मन्मथी। 17।

भाती है उतनी न भूति जितनी भावों भरी भामिनी।
प्यारी है उतनी न भक्ति जितनी भ्रू - भंगिमा - पंडिता।
मीठी है उतनी सुधा न जितनी है ओष्ठ की माधुरी।
क्यों हो गौरव-धाम, काम मन को है कामिनी काम से। 18।

बेढंगे सिर उठा बात कहते बुल्ले बिलाते मिले।
पाये पक्ष पहाड़ जो न सँभले तो पक्ष काटे गये।
खाते हैं मुँह की सदैव बहके वे हैं बुझे जो बले।
ले दम्भी मन सोच ध्वंस प्रिय क्यों विध्वंस होगा नहीं। 19।

दो क्या विंशति बाँह का वध हुआ है स्वर्णलंका कहाँ।
हो गर्वान्ध सहस्रबाहु बिलटा उत्पीड़नों में पड़ा।
दम्भी तू मन हो न भूलकर भी है दम्भ तो दम्भ ही।
होगा गर्व अवश्य खर्व, न रहा कन्दर्प का दर्प भी। 20।

आती है बहुधा विपत्ति, वश क्या, क्यों धी तजे धीरता।
कोई चाल चले, चले, विचलते क्यों बुद्धिवाले रहें।
वैरी वैर करे, करे, विकल हो क्यों वीर की वीरता।
क्यों निश्चिन्त रहे न चित्त! नित तू, चिन्ता चिता-तुल्य है। 21।

सोना है करती कुधातु अय को है सिद्धि सत्तामयी।
होती है उसकी विभूति - बल से पूरी मनोकामना।
जाती है बन दिव्य ज्योति तम में है मोहती मंजु हो।
है चिन्तामणि के समान रुचिरा चिन्ता चिता है नहीं। 22।

हो पाईं वश में नहीं सबल हो जो वासनाएँ बुरी।
हो - हो के कमनीय कान्त न बनी जो कामना काम की।
जो आँखें न खुलीं प्रबुद्ध कहला जो हैं प्रपंची छिपे।
तो क्या चेतनता आचिन्त्य पटुता क्या चित्त की चातुरी। 23।

रस्सी साँप बनी, सदैव तम में दीखे खड़े भूत ही।
पत्ते के खड़के भला कब नहीं हैं कान होते खड़े।
काँपा है करता, हुए हृदय में आतंक की कल्पना।
जाता त्रास नहीं, सशंक मन की शंका नहीं छूटती। 24।

सारे प्रेत - प्रसंग भ्रान्तिमय हैं, हैं कल्पना से भरे।
खोजे भी तरु के तले तिमिर में क्या हैं चुड़ैलें मिलीं।
देखा दृष्टि - विवेक ने, पर कहीं बैताल दीखे नहीं।
होता है भयभीत व्यर्थ मन! तू, है भूत भू में कहाँ। 25।

पेड़ों में भ्रमते फिरे तिमिर में बागों वनों में बसे।
रातें बीत गयीं श्मशान - महि में शंका - स्थलों में रहे।
पाया भूत कहाँ, कहीं न फिरती देखी गयी भूतनी।
शिक्षा है अनुभूत भूत - भय की बातें वृथा भूत हैं। 26।
है रोता, हँसता, प्रफुल्ल बनता, होता कभी, मत्त है।
हो पाथोधि - तरंगमान नभ के तारे कभी, तोड़ता।
जाता है बन भूति भूतप कभी, पाता विधाता कभी।
कैसे तो न करे प्रपंच मन! जो तू है प्रपंची महा। 27।
भू में कौन अनर्थ अर्थवश हो तूने किया है नहीं।
तेरी पापप्रवृत्ति ने प्रबल हो पीसा नहीं है किसे।
तेरा देख महाप्रकोप महि क्या होती नहीं कम्पिता।
जो है पातक - प्रेम - मूढ़ मन! तो तू है महा पातकी। 28।
है गोलोक कहाँ, विभूति उसकी है दृष्टि आती नहीं।
है बैकुण्ठ कहाँ? कहाँ शिवपुरी? है स्वर्ग - भू भी कहाँ।
पाया है किसने कहाँ सुरगवी या नन्दनोद्यान को।
ये हैं कल्पक कान्त भूत मन की लोकोत्तरा भूतियाँ। 29।
जो हैं संयमशील, वृत्ति जिसकी है दिव्य ज्ञानात्मिका।
पापों को तज जो सदैव करता है पुण्य के कार्य ही।
जो है मुझ प्रपंचजात रुज से, है मुक्त प्राणी वही।
क्या है मुक्ति? विकारबद्ध मन की उन्मुक्ति ही मुक्ति है। 30।
क्या है ब्रह्म? स्वरूप क्या प्रकृति का? क्या विश्व की है क्रिया।
क्या है ज्ञान, विवेक, बुद्धि अथवा क्या पाप वा पुण्य है।
क्यों होता इनका विचार, इनको कैसे सुधी जानते।
जो होता मन ही न तो मनन क्यों होता किसी तत्त्व का। 31।
हैं नाना कृतियाँ विभूति उसकी हैं इङ्गितें नीतियाँ।
है विज्ञान विवेक मानसिकता है भक्ति कान्ता क्रिया।
है धाता रमणीयता मधुरता लोकोत्तरा प्रीति का।
दासी है भव - भूति मुक्त मन की, हैं सेविका मुक्तियाँ। 32।
हैं सारी निधियाँ रता अनुगता, सम्पत्ति है आश्रिता।
हैं ब्रह्मण्ड - विभूतियाँ सहचरी, हैं शासिता शक्तियाँ।
हैं संसार - पदार्थ हस्तगत - से, हैं वस्तुएँ स्वीकृता।
है सेवारत सिद्धि, सिद्ध मन की हैं सिद्धियाँ सेविका। 33।

ऊषा कान्त कपोल, भानु - किरणें आलोकिता रंजिता।
भू के रंग - बिरंग पुष्पतरु की श्यामाभिरामा छटा।
नागों की ललितांगता रुचिरता कैसे नहीं मोहती।
हैं रंगीन बने त्रिलोक, मन की रंगीनियों से रँगे। 34।
क्या हैं ज्ञान, विवेक, बुद्धिबल क्या, ये मानसोत्पन्न हैं।
क्या हैं चिन्तन-शक्तियाँ? मनन क्या? क्या तर्कनाएँ सभी।
जो हैं वे सब हैं विभूति उसकी या हैं उसी की क्रिया।
कैसे जाय कही महान मन की सत्ता - इयत्ता कभी। 35।

अष्टम सर्ग

अन्तर्जगत्

हृदय

[1]

मुग्धकर सुन्दर भावों का।
विधाता है उसमें बसता।
देखकर जिसकी लीलाएँ।
जगत है मन्द - मन्द हँसता। 1।

रमा मन है उसमें रमता।
वह बहुत मुग्ध दिखाती है।
कलाएँ करके कलित ललित।
वह विलसती मुसकाती है। 2।

साधना के बल से उसमें।
अलौकिक रूप विलोके हैं।
देखनेवाली आँखों ने।
दृश्य अद्भुत अवलोके हैं। 3।

कभी उसमें दिखलाती है।
श्यामली मूर्त्ति मनोरम-तम।
किरीटी कल - कुण्डल - शोभी।
विभामय विपुल विभाकर सम। 4।

बहु सरस नवल नीरधर-सी।
जगत - जन - जीवन - अवलम्बन।

योगियों की समाधि की निधि।
सिद्धजन - सकल - सिद्धि - साधन।5।

श्वास - प्रश्वासों में जिसकी।
अनाहत नाद सुनाता है।
अलौकिक भावों का अनुभव।
विश्व में जो भर पाता है।6।

अलौकिक जिसके स्वर - द्वारा।
सर्वदा हो - हो मंजु स्वरित।
ज्ञान - विज्ञानों के धाता।
वेद के मन्त्र हुए उच्चरित।7।

कभी उसमें छवि पाती है।
मूर्त्ति केकी - कलकण्ठोपम।
मनोहर कोटि - काम - सुन्दर।
शरद के नील सरोरुह सम।8।

लाभ कर दिव्य ज्योति जिसकी।
जगमगाता है उर सारा।
चरित - बल से जो बन पाया।
जगत - जन - लोचन का तारा।9।

कभी उसमें नवघन - रुचि - तन।
मधुमयी मुरली - वादन - रत।
विलसता है बन बहु मोहक।
सुधा - रस बरसाकर अविरत।10।

गीत गाता है वह ऐसे।
द्रवित जिससे पवि होता है।
जो सरसता अन्तस्तल में।
बहाता दिवरस सोता है।11।

कभी उसमें शोभित देखी।
मूर्त्ति सित भानु सदृश सुन्दर।
सुरसरी - लसिता, दिग्वसना।
त्रिलोचन, चन्द्रभाल, मणिधर।12।

अमंगल वेश भले ही हो।
किन्तु है मंगल - मूर्त्ति - जनक।

भूति - बल से वह करता है।
अयस को पल में कान्त कनक।13।

ज्योति उसमें वह जगती है।
न जैसी जग में जग पायी।
दिव्यता मूर्त्तिमती वैसी।
नहीं दिव में भी दिखलायी।14।

साधना - दृग - द्वारा जिनको।
साधकों ने ही अवलोकी।
दमकती रहती हैं उसमें।
मूर्त्तियाँ दिव्य देवियों की।15।

मंजु मुखरित सुरभित मुकुलित।
प्रफुल्लित वदन मन्द विहँसित।
दिखाता है वसन्त उसमें।
सुविकसित सुमनावलि-विलसित।16।

बिहरते बहुरंजन करते।
घहराते घिरते आते हैं।
सरसतम बन - बनकर उसमें।
वारिधर रस बरसाते हैं।17।

स्वर्ग-सुख-विलसित नरक-निलय।
दिव्यतम कलित ललित कल है।
सरस - से - सरस गरल - पूरित।
सुधा से भरित हृदय - तल है।18।

जनक है दिव - विभूतियों का।
सुअन उसका जग - अनुभव है।
अलौकिकता का है आलय।
हृदय में भरित भव - विभव है।19।

न कामद कामधेनु इतनी।
न सुफलद सुरतरु है वैसा।
नहीं चिन्तामणि है चित - सा।
स्वयं है हृदय हृदय - जैसा।20।

[2]

कभी वह छिलता रहता है।
कभी बेतरह मसलता है।

कभी उसको खिलता पाया।
कभी बल्लियों उछलता है।1।

खीजता है इतना, जितना।
खोज भी कभी न खीजेगी।
कभी इतना पसीजता है।
ओस जितना न पसीजेगी।2।

कभी इतना घबराता है।
भूल जाता है अपने को।
कभी वह खेल समझता है।
किसी के गरदन नपने को।3।

कभी वह आग-बबूला बन।
बहुत ही जलता-भुनता है।
कभी फूला न समाता है।
फूल काँटों में चुनता है।4।

नहीं परदा रहने देता।
बहुत परदों से छनता है।
कभी पानी-पानी होकर।
आँख का आँसू बनता है।5।

फिर नहीं उसे देख पाता।
जिस-किसी से वह फिरता है।
कभी पड़ गये प्यार-जल में।
मछलियों-जैसा तिरता है।6।

लाग से लगती बातें कह।
आग वह कभी लगाता है।
कभी उसके हँस देने से।
फूल मुँह से झड़ पाता है।7।

कभी दिखलाता है नीरस।
कभी वह रस बरसाता है।
फूल-सा कभी मिला कोमल।
उर कभी पवि बन पाता है।8।

[3]

हो गया क्या, क्यों बतलाऊँ।
धड़कती रहती है छाती।

बहुत बेचैनी रहती है।
रात-भर नींद नहीं आती।1।

लगाये कहीं नहीं लगता।
बहुत ही जी घबराता है।
किसी की पेशानी का बल।
बला क्यों मुझपर लाता है।2।

आप ही फँस जाऊँ जिसमें।
जाल क्यों ऐसा बुनता हूँ।
उन्हें लग गयी बुरी धुन तो।
किसलिए मैं सिर धुनता हूँ।3।

किसी का मन मेरे मन से।
मिलाये अगर नहीं मिलता।
मत मिले, पर तेवर बदले।
बेतरह दिल क्यों है हिलता।4।

कौन सुनता है कब किसकी।
कौन कब ढंग बदलता है।
मैल उसके जी में हो, हो।
हमारा दिल क्यों मलता है।5।

किसी की ओर किसी ने कब।
प्यार की आँखों को फेरा।
किसी के तड़पाने से क्यों।
तड़प जाता है दिल मेरा।6।

कौन बतलायेगा मुझको।
सितम क्यों कोई सहता है।
आस पर ओस पड़ गयी क्यों।
दिल मसलता क्यों रहता है।7।

कहां उसकी आँखें भीगीं।
कब बला उसकी सोती है।
टपक पड़ते हैं क्यों आँसू।
टपक क्यों दिल में होती है।8।

[4]

दुखों के लम्बे हाथों से।
सुखों की लुटती हैं मोटें।

चैन को चौपट करती हैं।
कलेजे पर चलती चोटें।1।

खिले कोमल कमलों का है।
सब सितम भौंरों का सहना।
मसल जाना है फूलों का।
कलेजे का मलते रहना।2।

बड़ी हो कोमल कलियों का।
है कुचल जाना या सिलना।
छेद छाती में हो जाना।
या किसी के दिल का छिलना।3।

तड़पते कलपा करते हैं।
नहीं पल - भर कल पाते हैं।
न जाने कैसे तेवर से।
कलेजे कतरे जाते हैं।4।

टूट पड़ना है बिजली का।
हाथ जीने से है धोना।
किसी पत्थर से टकराकर।
कलेजे के टुकड़े होना।5।

जायँ पड़ काँटे सीने में।
लहू का घूँट पड़े पीना।
नहीं जुड़ पाता है टूटे।
कलेजा है वह आईना।6।

भूल हमने की तो की ही।
न जाने ये क्यों हैं भूले।
मुँह फुलाये जो वे हैं तो।
क्यों फफोले दिल के फूले।7।

बहुत ही छोटे हों, पर हैं।
छलकते हुए व्यथा - प्याले।
किसी के छिले कलेजे के।
छरछरानेवाले छाले।8।

[5]

दूसरों के दुख का मुखड़ा।
नहीं उसको है दिखलाता।

किसी की आँखों का आँसू।
वह कभी देख नहीं पाता। 1।

कौर जिन लोगों के मुँह का।
सदा ही छीना जाता है।
बहुत कुम्हलाया मुँह उनका।
कब उसे व्यथित बनाता है। 2।

बनाकर बहु चंचल विचलित।
चैन चित का हर लेती है।
किसी पीड़ित की मुखमुद्रा।
कब उसे पीड़ा देती है। 3।

साँसतें कर कितनी जिनको।
सबल जन सदा सताते हैं।
विकलता-भरे नयन उनके।
कब उसे विकल बनाते हैं। 4।

पिसे पर भी जो पिसता है।
सदा जो नोचा जाता है।
बहुत उतरा उसका चेहरा।
उसे कब दुख पहुँचाता है। 5।

छली लोगों के छल में पड़।
कसकती जिनकी छाती है।
खिन्नता उनके आनन की।
उसे कब खिन्न बनाती है। 6।

जातियाँ जो चहले में फँस।
ठोकरें अब भी खाती हैं।
जल बरसती उनकी आँखें।
कहाँ उसको कलपाती हैं। 7।

डाल देता है आँखों पर।
अज्ञता का परदा काला।
बनाता है नर को अन्धा।
हृदय में छाया अँधियाला। 8।

[6]

चाल वे टेढ़ी चलते हैं।
लिपट जाते कब डरते हैं।

नहीं है उनका मुँह मुड़ता।
मारते हैं या मरते हैं।1।

भरा विष उसमें पाते हैं।
बात जो कोई कहते हैं।
पास होती हैं दो जीभें।
सदा डँसते ही रहते हैं।2।

जब कभी लड़ने लगते हैं।
खड़े हो जान लड़ाते हैं।
जान मुश्किल से बचती है।
अगर वे दाँत गड़ाते हैं।3।

बहुत फुफकारा करते हैं।
नहीं टल पाते हैं टाले।
बुरे हैं काले साँपों से।
काल हैं काले दिलवाले।4।

[7]

अनिर्मल छिछली नदियों का।
सलिल क्यों लगता है प्यारा।
सरस ही नहीं, सरसतम है।
सुरसरी की पावन धारा।1।

चमकते रहते हैं तारे।
ज्योतियों से जाते हैं भर।
सुधा बरसाता रहता है।
सुधाकर ही वसुधा-तल पर।2।

पास तालों तालाबों के।
वकों का दल ही जाता है।
हंस क्यों तजे मानसर को।
कहाँ वह मोती पाता है।3।

सफल कब हुए सुफल पाये।
न सेमल हैं उतने सुन्दर।
किसलिए मुग्ध नहीं होते।
रसालों की रसालता पर।4।

सुरा का सर में सौदा भर।
पी उसे बनकर मतवाला।
किसलिए ढलका दे कोई।
सुधा से भरा हुआ प्याला। 5।
बड़े सुन्दर कमलों के ही।
क्यों नहीं बनते अलिमाला।
क्यों बना वे बुलबुल हमको।
रंगतें दिखा गुलेलाला। 6।
उतारा गया किसलिए वह।
पहनकर कनइल की माला।
गले में सुन्दर फूलों का।
गया था जो गजरा डाला। 7।
सुरुचि - कुंजी से खुलता है।
पूततम भावों का ताला।
मनुज है दिवि - विभूति पाता।
बन गये दिव्य हृदयवाला। 8।

[8]

मैं फूल के लिए आयी।
पर फूल कहाँ चुन पायी। 1।
सखि! था हो गया सबेरा।
लाली नभ में थी छाती।
ऊषा लग अरुण - गले से।
थी अपना रंग दिखाती।
तरु पर थी बजी बधाई। 2।
था खुला झरोखा रवि का।
थी किरण मन्द मुसकाती।
इठलाती धीरे - धीरे।
थी वसुन्धरा पर आती।
सब ओर छटा थी छाई। 3।
मुँह खोल फूल थे हँसते।
कलियाँ थीं खिलती जाती।

उनपर के जल-बूँदों को।
थी मोती प्रकृति बनाती।
दिव ने थी ज्योति जगाई। 4।
मतवाले भौंरें आ-आ।
फूलों को चूम रहे थे।
रस झूम-झूम थे पीते।
कुंजों में घूम रहे थे।
वंशी थी गयी बजाई। 5।
तितलियाँ निछावर हो-हो।
थीं उनको नित्य दिखाती।
उनके रंगों में रँगकर।
थीं अपना रंग जमाती।
वे करती थीं मनभाई। 6।
आ मृदुल समीरण उनसे।
था कलित केलियाँ करता।
अति मंजुल गति से चलकर।
फिरता था सुरभि वितरता।
थीं रंग लताएँ लाई। 7।
सब ओर समा था छाया।
थीं ललकें देख ललकती।
भर-भर प्रभात-प्याले में।
थी छवि-पुंजता छलकती।
थी प्रफुल्लता उफनाई। 8।
यह अनुपम दृश्य विलोके।
जब हुआ मुग्ध मन मेरा।
कोमल भावों ने उसको।
तब प्रेम-पूर्वक घेरा।
औ' यह प्रिय बात सुनाई। 9।
ऐसे कमनीय समय में।
जब फूल विलस हैं हँसते।
कितनों को बहु सुख देते।
कितने हृदयों में बसते।

रुचि है जब बहुत लुभाई। 10।
तब उनको चुन ले जाना।
कैसे सहृदयता होगी।
क्या सितम न होगा उनपर।
क्या यह न निठुरता होगी।
यह होगी क्या न बुराई। 11।
छिन जाय किसी का सब सुख।
वह छिदे बिंधे बँध जाये।
मिल जाय धूल में नुचकर।
दलमल जाये कुम्हलाये।
गत उसकी जाय बनाई। 12।
पर कोई इसे न समझे।
रच गहने अंग सजाये।
मालाएँ गजरे गूँथे।
पहने बाँटे पहनाये।
तो होगी यह न भलाई। 13।
जब सुनीं दयामय बातें।
तब मेरा जी भर आया।
डालों पर ही फूलों का।
कुछ अजब समाँ दिखलाया।
मैं फूली नहीं समाई।
पर फूल कहाँ चुन पायी। 14।

[9]

पहने मुक्तावलि - माला।
कोई अलबेली बाला। 1।
है विहर रही उपवन में।
कोमलतम भावों में भर।
अनुराग रँगें नयनों से।
कर लाभ ललक लोकोत्तर।
पी - पी प्रमोद का प्याला। 2।
थीं कान्त क्यारियाँ फैली।
थे उनमें सुमन विलसते।

पहने परिधान मनोहर।
वे मन्द - मन्द थे हँसते।
था उनका रंग निराला। 3।
उनके समीप जा - जाकर।
थी कभी मुग्ध हो जाती।
अवलोक कभी सुसकाना।
थी फूली नहीं समाती।
मन बनता था मतवाला। 4।
थी कभी चूमती उनको।
थी कभी बलाएँ लेती।
थी कभी उमगकर उनपर।
निज रीझ वार थी देती।
बन - बन सुरपुर-तरु-थाला। 5।
पूछती कभी वह उनसे।
तुम क्यों हो हँसनेवाले।
जन - जन के मन नयनों में।
तुम क्यों हो बसनेवाले।
क्यों मुझपर जादू डाला। 6।
फिर कहती, समझ गयी मैं।
तुम हो ढंगों में ढाले।
हो मस्त रंग में अपने।
हो सुन्दर भोले-भाले।
है भाव तुम्हारा आला। 7।
फिर क्यों न सिरों पर चढ़ते।
औ, हार गले का बनते।
तो प्यार न होता इतना।
जो नहीं महँक में सनते।
गुण ही है गौरववाला। 8।
फल कैसे तरुवर पाते।
छवि क्यों मिलती औरों को।
तुम अगर नहीं होते तो।
तितलियों चपल भौंरों को।
पड़ जाता रस का लाला। 9।

क्यों दिशा मँहकती मिलती।
क्यों वायु सुरभि पा जाती।
क्यों कण्ठ विहग का खुलता।
क्यों लता कान्त हो पाती।
क्यों महि बनती रस शाला। 10।
हैं मुझे लुभाते खगरव।
हैं मत्त मयूर नचाते।
मधु - ऋतु के हरे - भरे तरु।
हैं मुझे विमुग्ध बनाते।
है मन हरती घन - माला। 11।
हैं ललचाती लतिकाएँ।
लहरें उठ सरस सरों में।
हैं तारे बहुत रिझाते।
है जिनके कान्त करों में।
नभतल का कुंजी - ताला। 12।
पर तुम्हें देखकर जितना।
है चित्त प्रफुल्लित होता।
जो प्रेम - बीज मानस में।
है भाव तुम्हारा बोता।
वह है निजता में ढाला। 13।
इसलिए कौन है तुम - सा।
जिसको जी सदा सराहे।
सब काल निछावर हो - हो।
चौगुनी चाह से चाहे।
कम गया न देखा - भाला। 14।

[10]

भर धूल सब दिशाओं में।
उसमें आँधी आती है।
छा जाता है अँधियाला।
थरथर कँपती छाती है। 1।
आँखें रजमय होती हैं।
हा - हा - ध्वनि सुन पड़ती है।

धुन उठते हैं कोमल दल।
तरु - सुमनावलि झड़ती है। 2।

वह कभी मरुस्थल - जैसा।
है रस - विहीन बन जाता।
बालुका - पुंज रूखापन।
है नीरस उसे बताता। 3।

उसको तमारि की आभा।
यद्यपि है कान्त बनाती।
पर विना सरसता वह भी।
है अधिक तप्त कर पाती। 4।

वह कभी वारिनिधि - जैसा।
है गर्जन करता रहता।
उत्ताल तरंगाकुल हो।
फेनिल बन - बन है बहता। 5।

हो तरल सरल कोमलतम।
है पवि पविता का पाता।
वह सुधा - विधायक होते।
है बहुविध गरल - विधाता। 6।

है दुरारोह गिरिवर - सा।
अति दुगम गह्वर - पूरित।
नाना विभीषिका - आकर।
विधि सरल विधान विदूरित। 7।

है तदपि उच्च वैसा ही।
वैसा ही बहु छविशाली।
वैसा ही गुरुता - गर्वित।
वैसा ही मणिगण - माली। 8।

है शरद - व्योम - सा सुन्दर।
गुणगण तारकचय - मंडित।
कल कीर्त्ति - कौमुदी - विलसित।
राकापति - कान्ति - अलंकृत। 9।

उसके समान ही निर्मल।
अनुरंजनता से रंजित।

उसके समान ही उज्ज्वल।
नाना भावों से व्यंजित। 10।
है प्रकृति-तुल्य ही वह भी।
नाना रहस्य अवलम्बन।
बहु भेद-भरा अति अद्भुत।
भव अविज्ञेय अन्तर्धन। 11।
जग जान न पाया जिनको।
हैं उसमें ऐसे जल - थल।
जिसका न अन्त मिल पाया।
है अन्तस्तल वह नभ - तल। 12।

[11]

कमलिनी

वही तुझे भा जाय भाँवरें जो भर जावे।
वही गले लग जाय जो मधुर गान सुनावे।
क्या है यह कमनीय काम तू सोच कमलिनी।
जो अलि चाहे वही रसिक बन रस ले जावे। 1।
तन कितना है मंजु, रंग कितना है न्यारा।
बन जाता है खिले बहु मनोहर सर सारा।
कमल समान नितान्त कान्त पति तूने पाया।
क्यों कुरूप अलि बना कमलिनी! तेरा प्यारा। 2।
कर लम्पटता तनिक नहीं लज्जित दिखलाता।
काला कुटिल अकान्त चपल है पाया जाता।
अरी कमलिनी! कौन कलंकी है अलि - जैसा।
फिर वह कैसे वास हृदय - तल में है पाता। 3।
खिली कली जो मिली उसी पर है मँडलाता।
थम जाता है वहीं, जहाँ पर रस पा जाता।
कैसे जी से तुझे कमलिनी! वह चाहेगा।
जिस अलि का रह सका नहीं अलिनी से नाता। 4।
वह अवलोक न सका, नहीं अनुभव कर पाया।
इसी लिए क्या पति ने तुझसे धोखा खाया।
अलि को कर रस-दान और आलिंगन दे - दे।
क्यों कलंक का टीका सिर पर गया लगाया। 5।

क्यों मर्यादा - पूत लोचनों में खलती है।
क्यों रस - लोलुप भ्रमर रंगतों में ढलती है।
विकसित तुझे विलोक प्रफुल्लित जो होता है।
क्यों तू ऐसे कमल को कमलिनी! छलती है। 6।
रज के द्वारा उसे नहीं अन्धा कर पाती।
चम्पक - कुसुम समान धता है नहीं बताती।
जो न कमलिनी वेध सकी काँटों से अलि को।
कैसे तो है वदन कमल - कुल को दिखलाती। 7।
रस - लोलुप है एक अपर रखती रस - प्याला।
दोनों ही का रंग - ढंग है बड़ा निराला।
मधुकर से क्यों नहीं कमलिनी की पट पाती।
है यह मधु - आगार और वह मधु - मतवाला। 8।

[12]

मनोवेदना

चौपदे

थे ऐसे दिवस मनोहर।
जब सुख - वसन्त का पाकर।
वह बहुत विलसती रहती।
लीलाएँ ललित दिखाकर। 1।
आमोद कलानिधि सर से।
था तृप्ति - सुधा बरसाता।
आकर विलास - मलयानिल।
उसको बहु कान्त बनाता। 2।
पा सुकृति सितासित रातें।
वह थी अति दिव्य दिखाती।
रस - सिक्त ओस की बूँदें।
उसपर मोती बरसातीं। 3।
अब ऐसे बिगड़ गये दिन।
जब है वह सूखी जाती।
रस की थोड़ी बूँदें।
हैं सरस नहीं कर पातीं। 4।

बहु चिन्ताओं के कीड़े।
हैं नोच - नोचकर खाते।
घिरकर विपत्ति के बादल।
हैं दुख - ओले बरसाते। 5।

आँधियाँ वेदनाओं की।
उठ - उठ हैं बहुत कँपाती।
यह आशा - लता हमारी।
अब नहीं फूल - फल पाती। 6।

[13]

अन्तर्नाद

चौपदे

करुणा का घन जब उठकर।
है बरस हृदय में जाता।
तब कौन पाप - रत मन में।
है सुरसरि - सलिल बहाता। 1।

जब दया - भाव से भर - भर।
है चित्त पिघलता जाता।
तब कौन मुझे दुख - मरु का।
है सुधा - स्रोत कर पाता। 2।

जब मेरा हृदय पसीजे।
आँखों में आँसू आता।
तब कौन पिपासित जन की।
मुझको है याद दिलाता। 3।

जब मेरे अन्तस्तल में।
बहती है हित की धारा।
तब कौन बना देता है।
मुझको वसुधा का प्यारा। 4।

पर - दुख - कातरता मेरी।
जब है बहु द्रवित दिखाती।
तब क्यों विभूतियाँ सारी।
सुरपुर की हैं पा जाती। 5।

ताँबा सोना बन जाये।
जब जी में है यह आता।
तब कौन परसकर कर से।
है पारस मुझे बनाता।6।

जब सहज सदाशयता की।
वीणा उर में है बजती।
तब क्यों सुरपुर-बालाएँ।
हैं दिव्य आरती सजती।7।

जब मानवता की लहरें।
मानस में हैं उठ पाती।
तब दिव्य ज्योतियाँ कैसे।
जगती में हैं जग जाती।8।

[14]

पतिप्राणा

चौपदे

क्या समझ नहीं सकती हूँ।
प्रियतम! मैं मर्म तुम्हारा।
पर व्यथित हृदय में बहती।
क्यों रुके प्रेम की धारा।1।

अवलोक दिव्य मुख-मण्डल।
थे ज्योति युगल दृग पाते।
अब वे अमंजु रजनी के।
वारिज बनते हैं जाते।2।

जब मन्द-मन्द तुम हँसते।
या मधुमय बन मुसकाते।
तब मम ललकित नयनों में
थे सरस सुधा बरसाते।3।

जब कलित कण्ठ के द्वारा।
गंभीर गीत सुन पाती।
तब अनुपम रस की बूँदें।
कानों में थीं पड़ जाती।4।

जब वचन मनोहर प्यारे।
कमनीय अधर पर आते।
तब मेरे मोहित मन को।
थे परम विमुग्ध बनाते। 5।

जब अमल कमल दल आँखें।
थीं पुलकित विपुल दिखाती।
तब इस वसुधा-तल को ही।
थीं सुरपुर सदृश बनाती। 6।

क्यों है अमनोरम बनता।
अब सुख - नन्दन - वन मेरा।
कैसे विनोद - सितकर को।
दुख - दल - बादल ने घेरा। 7।

उर में करुणा-घन उमड़े।
तुम बरस दयारस - धारा।
कितने सन्तप्त जनों के।
बनते थे परम सहारा। 8।

कुछ भाव तुम्हारे मन के।
जब कोमलतम बन पाते।
तब बहु कण्टकित पथों में।
थे कुसुम - समूह बिछाते। 9।

आँखों में आया पानी।
था कितनी प्यास बुझाता।
उसकी बूँदों से जीवन।
था परम पिपासित पाता। 10।

उस काल नहीं किस जन के।
मन के मल को था धोता।
जिस काल तुम्हारा मानस।
पावन तरंगमय होता। 11।

वह अहित क्यों बने जिसने।
सीखा है परहित करना।
क्यों द्रवित नहीं हो पाता।
अनुराग - सलिल का झरना। 12।

उपकार नहीं क्यों करता।
अवनीतल का उपकारी।
बन रवि - वियोगिनी कबतक।
कलपे नलिनी बेचारी। 13।
मैं जीती हूँ प्रति दिन कर।
सारे प्रिय कर्म तुम्हारे।
तुम भूल गये क्यों मुझको।
मेरे नयनों के तारे। 14।
है यही कामना मेरी।
सेवा हो सफल तुम्हारी।
ललकित आँखें अवलोक
वह मूर्त्ति लोक - हितकारी। 15।

[15]

पतिपरायणा

प्यारे मैं बहुत दुखी हूँ।
आँखें हैं आकुल रहती।
कैसे कह दूँ चिन्ताएँ।
कितनी आँचें हैं सहती। 1।
मन बहलाने को प्रायः।
विधु को हूँ देखा करती।
पररूप - पिपासा मेरी।
है उसकी कान्ति न हरती। 2।
शशि की कमनीय कलाएँ।
किसको हैं नहीं लुभाती।
किसके मानस में रस की।
लहरें हैं नहीं उठाती। 3।
पर कान्त तुम्हारा आनन।
जब है आलोकित होता।
जिस काल कान्ति से अपनी।
मानस का तम है खोता। 4।
उस काल मुग्ध कर मन को।
जो छवि उस पर छा जाती।

रजनी - रंजन में कब है।
वैसी रंजनता आती। 5।
विधु है स - कलंक दिखाता।
मुख है अकलंक तुम्हारा।
फिर कैसे वह बन पाता।
मेरे प्राणों का प्यारा। 6।
कितने कमलों को देखा।
नभ के तारे अवलोके।
दिनमणि पर आँखें डालीं।
मैंने परमाकुल हो के। 7।
पर नहीं किसी में मुख - सी।
महनीय कान्ति दिखलाई।
कमनीयतमों में भी तो।
मैंने कम कमी न पायी। 8।
कैसे जुग फूटा मेरा।
प्रतिकूल पड़े क्यों पासे।
प्रियतम क्यों वदन विलोकें।
दृग रूप - सुधा के प्यासे। 9।

[16]

रूप और गुण

अरविन्द - विनिन्दक मुखड़ा।
मन को है मधुप बनाता।
वह बन मयंक - सा मोहक।
है मोहन मन्त्र जगाता। 1।
लोकोपकार कर मुख पर।
जो ललित कान्ति है लसती।
उसमें भव - शान्ति - विधायक।
सुरपुर - विभूति है बसती। 2।
अति सुन्दर सहज रसीले।
बहु लोच - भरे जन - लोचन।
मधु हैं मानस में भरते।
कर कुसुमायुध - मद - मोचन। 3।

जो पर - दुख कातरता - जल।
है जन - नयनों में आता।
वह व्यथा - भरित वसुधा को।
है सुधा - सिक्त कर पाता। 4।

मद किसको नहीं पिलाता।
मादक आँखों का कोना।
है किसको नहीं नचाता।
तिरछी चितवन का टोना। 5।

उससे भरती रहती है।
पावन रुचि की शुचि प्याली।
जिस दृग में है दिखलाती।
लोकानुराग की लाली। 6।

जब आरंजित होठों पर।
है सरस हँसी छवि पाती।
तब नीरस मानस में भी।
है रस की सोत बहाती। 7।

रहती है सुजन - अधर पर।
जो वर विनोद की धारा।
वह सिता - सदृश हरती है।
अपचिति रजनी - तम सारा। 8।

है रूप विलास सदन धन।
बहुविध विनोद अवलम्बन।
जन - लोचन रुचिर रसायन।
संसार स्वर्ग नन्दन वन। 9।

गुण है उदार संयत तम।
उत्सर्ग सलिल सुन्दर घन।
अन्तस्तल पूत उपायन।
सद्भाव सुमन चय उपवन। 10।

है रूप मोहमय मोहक।
महि मादकता का प्याला।
लीनता ललाम - निकेतन।
कमनीय काम - तरु - थाला। 11।

गुण है गौरव गरिमा - रत।
हित - निरत नीति का नागर।
मानवता उर अभिनन्दन।
सुख - निलय सुधा का सागर। 12।

वह है भव - भाल कलाधर।
जो है कल कान्ति विधाता।
यह है शिव-शिर-सरि का जल।
जो है जग-जीवन-दाता। 13।

पुलकित विलसित आलोकित।
है लोक - रूप से लालित।
गौरवित प्रभावित उपकृत।
भव है गुण से परिपालित। 14।

ले रूप मुग्धता सम्बल।
करता है जन - अनुरंजन।
गुण है विवेक से बनता।
अज्ञान - अन्ध - दृग - अंजन। 15।

[17]

कान्त कल्पना

रंग गोरा हो या काला।
मुख बने, मन से मन भाये।
असुन्दर बनता है सुन्दर।
हृदय की सुन्दरता पाये। 1।

असित अकलित लोहे जैसे।
वदन थे बने प्रकृति - कर से।
दमकते वे कुन्दन - से मिले।
मंजु - उर पारस के परसे। 2।

जब रुचिरता अपनी रीझे।
रुचिर रुचि है उसमें भरती।
तब अमंजुलता आनन की।
लाभ मंजुलता है करती। 3।

जब सदाशयता - सी उज्ज्वल।
विधु - विभा बनती है सजनी।

नयन - रंजन तब करती है।
कलित हो कुरूपता - रजनी।4।

जब अशोभनता तप - ऋतु पा।
रस - रहित बनता है आनन।
तब सरस उसको करता है।
बरस रस सदाचार - सा घन।5।

सजाता है उस मुख - तरु को।
छिनी जिसकी छवि - हरियाली।
मंजुतम मानस - कुसुमाकर।
ले अमायिकता कुसुमाली।6।

उस कुमुख को कल करता है।
नहीं जिस पर सुषमा होती।
निकल करुणामय मानस से।
आँसुओं का मंजुल मोती।7।

कालिमा मुख की हरती है।
लालिमा लोहित चावों की।
कान्त कुवदन को करती है।
कान्ति कोमलतम भावों की।8।

[18]

निरीक्षण

दिव्यता पा जाती है कान्ति।
मिले विधुवदनी का मृदु हास।
बनाता है तन को कनकाभ।
कामिनी का कमनीय विलास।1।

गात - छवि - सरि का सरस प्रवाह।
रूप - सर का कर - विलसित आप।
मुख - कमल का है कान्त विकास।
कामिनीकुल का केलि - कलाप।2।

कामिनी - भौंहों को कर बंक।
तानता है कमनीय कमान।
बनाकर लोचन को बहु लोल।
मारता है कुसुमायुध बान।3।

सुछवि - सरसी का है कलकंज।
किसी मोहक मुखड़े का भाव।
रूप - तरु का है सरस - वसन्त।
अंगना का बहु रसमय हाव।4।

रसिकता में भर - भर - कर रीझ।
डालता है किसपर न प्रभाव।
मुग्धता को करता है मत्त।
भामिनी - मुखभंगी का भाव।5।

कला से हो जाता है मंजु।
लोक - रंजनता - रजनी - अंक।
बनाता है मुख - नभ को कान्त।
कामिनी - विभ्रम मंजु मयंक।6।

भाव में भर सुरलोक - विभूति।
बढ़ा मुख - मंजुलता का मोल।
दृगों में भरता है पीयूष।
किसी ललना का कान्त कलोल।7।

लोचनों में भर-भरकर लोच।
मुग्ध मन को मोती से तोल।
बहाती है रस सरस प्रवाह।
मृगदृगी लीलाओं से लोल।8।

[19]

मर्म-वेध

त्याग कैसे उससे होगा।
न जिसने रुचि-रस्सी तोड़ी।
खोजकर जोड़ी मनमानी।
गाँठ सुख से जिसने जोड़ी।1।

एकता-मन्दिर में वह क्यों।
जलायेगी दीपक घी का।
कलंकित हुआ भाल जिसका।
लगा करके कलंक-टीका।2।

मोह-मदिरा पीकर जिसने।
लोक की मर्यादा टाली।

संगठन नाम न वह लेवे।
गठन की जो है मतवाली।3।

नहीं वसुधा का हित करती।
लालसा - लालित भावुकता।
लोज - हित ललक नहीं बनती।
किसी की इन्द्रिय - लोलुपता।4।

गले लग विजातीय जन के।
जाति - ममता है जो खोती।
कमर कस वह समाज - हित की।
राह में काँटे है बोती।5।

नाम ले विश्वबन्धुता का।
विलासों को जिसने चाहा।
आप जल किसी अनल में वह।
सगों को करती है स्वाहा।6।

गीत समता के गा - गाकर।
विषमता जो है दिखलाती।
बहक यौवन - प्रमाद से वह।
जाति - कण्टक है बन जाती।7।

बहाना कर सुधार का जो।
बीज मौजों के है बोती।
क्यों नहीं उसने यह समझा।
सुधा है सीधु नहीं होती।8।

किसी का हँसता मुखड़ा क्यों।
किस जी पर जादू डाले।
किसी का जीवन क्यों बिगड़े।
पड़े पापी मन के पाले।9।

लाज रख सकीं न यदि आँखें।
किसलिए उठ पायीं पलकें।
गँवा दें क्यों मुँह की लाली।
किसी कुल - ललना की ललकें।10।

[20]

मधुप

कर सका कामुक को न अकाम।
कमलिनी का कमनीय विकास।
कर सका नहीं वासना - हीन।
वासनामय को सुमन - सुवास। 1।

विहँसता आता है ऋतुराज।
साथ में लिए प्रसून अनन्त।
हुआ अवनीतल में किस काल।
चटुल उपचित चाहों का अन्त। 2।

फूल फल दल के प्याले मंजु।
दिखाते हैं रसमय सब ओर।
हुई कब तजकर लाभ अलोभ।
तृप्ति की ललक - भरी दृग - कोर। 3।

कामनाओं की बढ़े विभूति।
चपलतर होता है चित-चाव।
प्रलोभन अवलम्बन अनुकूल।
ललाता है लालायित भाव। 4।

मत्तता आकुलता का रूप।
लालसाओं का अललित ओक।
उदित होता है मानस मध्य।
मधुप की लोलुपता अवलोक। 5।

[21]

समता-ममता

कालिमा मानस की छूटी।
हुआ परदा का मुँह काला।
टल गया घूँघट का बादल।
विधु - वदन ने जादू डाला। 1।

पड़ा सब पचड़ों पर पाला।
बेबसी पर बिजली टूटी।
बेड़ियाँ कटीं बन्धनों की।
गाँस की बँधी गाँठ छूटी। 2।

बजी वीणा स्वतन्त्रता की।
गुँधी हित-सुमनों की माला।
सुखों की बही सरस धारा।
छलकता है रस का प्याला। 3।
रंगतें नयी रंग लायीं।
हो गया सारा मनभाया।
धूप ने जैसा ही भूना।
मिल गयी वैसी ही छाया। 4।
प्यार से गले लगा करके।
चूमती है उसको क्षमता।
स्वर्ग-जैसा कर सुमनों को।
विहँसती है समता-ममता। 5।

[22]

कौन

चाल चलते रहते हैं लोग।
चाह मैली धुलती ही नहीं।
खुटाई रग-रग में है भरी।
गाँठ दिल की खुलती ही नहीं। 1।
न जाने क्या इसको हो गया।
फूल-जैसा ख़िलता ही नहीं।
खटकता रहता है दिन-रात।
दिल किसी से मिलता ही नहीं। 2।
कम नहीं ठहराया यह गया।
पर ठहर पाया भूल न कहीं।
लाग किससे इसको हो गयी।
लगाये दिल लगता ही नहीं। 3।
है सदा जहर उगलना काम।
कसर किसकी रहती है मौन।
गले मिलने की क्यों हो चाह।
खोलकर दिल मिलता है कौन। 4।

[23]

स्वार्थी संसार

सुन लें बातें जिस - तिसकी।
कब किसने मानी किसकी। 1।
है यही चाहती जगती।
वह हो जिसको माने मन।
औरों की इसके बदले।
नप जाय भले ही गरदन।
है उसे न परवा इसकी। 2।
है चाह स्वार्थ में डूबी।
है उसे स्वार्थ ही प्यारा।
वह तो मतलब गाँठेगी।
कोई मिल गये सहारा।
अमृत हो चाहे ह्विसकी। 3।
फूलों से कोमल दिल पर।
लगतीं सदमों की छड़ियाँ।
कब भला देख पाती हैं।
औरों के दुख की घड़ियाँ।
पथराई आँखें रिस की। 4।
तब उतर गये लाखों सिर।
जब चलीं सितम - तलवारें।
बह गयीं लहू की नदियाँ।
जब हुईं करारी वारें।
पर सुनी गयी कब किसकी। 5।
हैं मार डालती उनको।
हैं जिन्हें नेकियाँ कहते।
लेती हैं जानें उनकी।
जो नहीं साँसतें सहते।
ऐंठें हैं गाँठें बिस की। 6।
कुल मेलजोल पर इसका।
है रंग चढ़ा दिखलाता।

मतलब को धीरे - धीरे।
सामने देखकर आता।
कब नहीं मुरौअत खिसकी। 7।
कैसे वह यह सोचेगा।
है अपना या बे - गाना।
काँटा निकाल देना है।
ढूँढ़ेगा क्यों न बहाना।
चढ़ गयीं भवें हैं जिसकी। 8।

[24]

दिल के फफोले

क्यों टूट नहीं पाती हैं।
क्यों कड़ी पड़ गयीं कड़ियाँ।
क्यों नहीं कट सकी बेड़ी।
क्यों खुली नहीं हथकड़ियाँ। 1।
क्यों गड़ - गड़ हैं दुख देती।
सुख - पाँवों में कंकड़ियाँ।
क्यों हैं बेतरह जलाती।
नभ - मण्डल की फुलझड़ियाँ। 2।
क्यों बिगड़ी ही रहती हैं।
मेरे घर की सब घड़ियाँ।
क्यों काट - काट हित - राहें।
ए बनती हैं लोमड़ियाँ। 3।
क्यों बहुत तंग करती हैं।
मुझको कितनी खोपड़ियाँ।
क्या नहीं देख पाती हैं।
मेरी टूटी झोंपड़ियाँ। 4।
हैं ओस - बिन्दु टपकाती।
क्या कमलों की पंखड़ियाँ।
ये हैं आँसू की बूँदें।
या हैं मोती की लड़ियाँ।
किसलिए छिला दिल मेरा।
क्यों लग जाती हैं छड़ियाँ।

क्यों बीत नहीं पाती हैं।
रोती रातों की घड़ियाँ। 5।

[25]

मनोमोह

अब उर में किसलिए वह घटा नहीं उमड़ती आती।
सरस - सरस करके जो बहुधा मोती बरसा पाती।
वे मोती जिनसे बनती थी गिरा - कण्ठ की माला।
जिन्हें उक्ति मंजुल सीपी ने कान्त अंक में पाला। 1।
अब मानस में नहीं विलसते भाव - कंज वे फूले।
जिनपर रहते थे मिलिन्द - सम मधुलोलुप जन भूले।
बार - बार लीलाएँ दिखला नहीं विलस बल खाती।
अब भावुकता कल्पलता - सी कभी नहीं लहराती। 2।
मन-नन्दन-वन अहह अब कहाँ वह प्रसून है पाता।
जिसका सौरभ सुरतरु सुमनों - सा था मुग्ध बनाता।
उदधि - तरंगों - जैसी अब तो उठतीं नहीं तरंगें।
वैसी ही उल्लासमयी अब बनती नहीं उमंगें। 3।
हो पुरहूत - चाप आरंजित जैसा रंजन करता।
जैसे उसमें रंग कान्त कर से है दिनकर भरता।
वैसी ही रंजिनी किसलिए नहीं कल्पना होती।
क्यों अनुरंजन - बीज अब नहीं कृति अवनी में बोती। 4।
सरस विचार - वसन्त क्यों नहीं बहु कमनीय बनाता।
हृदय - विपिन किसलिए नहीं अब वैसा वैभव पाता।
कैसे इस थोड़े जीवन में पड़े सुखों के लाले।
रस - विहीन किसलिए बन गये मेरे रस के प्याले। 5।

[26]

दुखिया के दुखड़े

बुलाये नींद नहीं आती।
रात - भर रहती हूँ जगती।
किसी से आँख लगाये क्यों।
लगाये आँख नहीं लगती। 1।

रंग अपना बिगाड़कर क्यों।
रंग में उसके रँगती है।
लग नहीं जो लग पाता है।
लगन क्यों उससे लगती है।2।

निछावर क्यों होवें उसपर।
प्यार करना उससे कैसा?
दूसरे के जी को जिसने।
नहीं समझा निज जी-जैसा।3।

किसलिए उसके लिए अबस।
कलपता दुख सहता है जी।
चुरा करके मेरे जी को।
जो चुराता रहता है जी।4।

राह पर कभी न जो आया।
निहारें क्यों उसकी राहें।
हमें जो नहीं चाहता है।
चाहतें क्यों उसको चाहें।5।

भला उससे कैसे बनती।
बहुत जो बात बनाता है।
बसे वह कभी न आँखों में।
सदा जो आँख बचाता है।6।

याद कर किसी मनचले को।
न आँखों से आँसू बरसें।
तरस जो कभी नहीं खाता।
न उसके तरसाये तरसें।7।

मतलबी दुनिया होती है।
कराहें क्यों भर-भर आँखें।
प्यार से प्यार नहीं होता।
न दिल को दिल से हैं राहें।8।

[27]

पते की बात

मसलते हुए कलेजे से।
मसलते नहीं कलेजे जब।

तब किसी के दिखलाने को।
निकाले गये कलेजे कब।1।
राह दिल से ही है दिल को।
प्यार ही प्यार कराता है।
लगन ही लगन लगाती है।
जोड़ता नाता नाता है।2।

[28]

ऊबते की आहें

जो जी की कली खिला दे।
हैं भाव न उठते वैसे।
जब हँसी नहीं आती है।
तब हँसे तो हँसे कैसे।1।
आँखों में जो बस पाती।
सूखें न कभी वह क्यारी।
जिसमें थे फूल फबीले।
क्यों उजड़े वह फुलवारी।2।
क्यों उनको हवा उड़ाये।
फूटे न कभी उनका दल।
थे सरस बनाते सबको।
रस बरस-बरस जो बादल।3।
थे जिसे देख रीझे ही।
रहते थे जिनके तारे।
उन प्यार-भरी आँखों को।
किसलिए चाँदनी मारे।4।
क्यों रहा नहीं वह अपना।
जो आँखों में बस पाता।
किसलिए आग वह बोवे।
जो चाँद सुधा बरसाता।5।
वे बनें पराये क्यों जो।
सब दिन अपने कहलाये।
कैसे तो हवा न बिगड़े।
जो हवा हवा बतलाये।6।

जिसको मैंने सींचा था।
जो था मीठे फल लाया।
अब वही आम का पौधा।
कैसे बबूल बन पाया। 7।
जिसमें पड़ता रहता था।
सब स्वर्ग - सुखों का देरा।
कैसे है उजड़ा जाता।
अब वह नन्दन - वन मेरा। 8।
किसलिए धरा सुध - बुध खो।
है रत्न हाथ के खोती।
क्यों नहीं समुद्र - तरंगें।
अब हैं बिखेरती मोती। 9।
क्या डूब जायगा सचमुच।
निज तेज गँवाकर सारा।
नीचे गिरता जाता है।
क्यों मेरा भाग्य - सितारा। 10।

[29]

मोह

1

किसने कैसा जादू डाला।
लोचन - हीन बन गया कैसे युगल विलोचनवाला।
किस प्रकार लग गया वचन-रचना-पटु मुख पर ताला।
क्यों कल कथन कान करते कानों को हुआ कसाला।
कैसे हरित-भूत खेती पर पड़ा अचानक पाला।
छिन्न हुई क्यों सुमति-कण्ठ-गत सुरुचि-सुमन की माला। 1।

2

बना क्यों मन इतना मतवाला।
टपक रहा है बार-बार क्यों छिले हृदय का छाला।
पीते रहे कभी पुलकित बन सरस सुधा का प्याला।
आज कण्ठ हैं सींच न पाते पड़ा सलिल का लाला।

क्यों अँधियाला बढ़ा, छिना क्यों छिति-तल का उँजियाला।
किसने पेय मधुरतर पय में गरल तरलतम डाला। 2।

[30]

शार्दूल-विक्रीड़ित

होता कम्पित था सुरेश जिनसे जो विश्व-आतंक थे।
थे वृन्दारक-वृन्द-वन्द्य भव में जो भूति-सर्वस्व थे।
वे हैं आज कहाँ कृतान्त - मुख ही में हैं समाये सभी।
संसारी समझे, कहे, फिर क्यों संसार निस्सार है। 1।
तारे हैं पद चूमते, तरणि में है तेज मेरा भरा।
मैं हूँ विश्व-विभूति भूतपति भी है भीति से काँपता।
क्या हैं ए दिवि देव दिव्य मुझसे? मैं दिव्यता-नाथ हूँ।
मैं हूँ अन्तक का कृतान्त, मैं ही श्रीकान्त-सा कान्त हूँ। 2।
खोले भी खुलते नहीं नयन हैं, क्यों बन्द ऐसे हुए।
हारे लोग जगा - जगा न, तब भी क्यों नींद है टूटती।
क्यों हैं आलस से भरे, न सुनते हैं दूसरों की कही।
खोके भी सुधि देह गेह जन की हैं लोग क्यों सो रहे। 3।
क्यों सोचूँ जब सोच हूँ न सकता, जाऊँ कहाँ, क्या करूँ।
काटे है कटता न बार बहुधा मैं हूँ महा ऊबता।
होती है गत रात तारक गिने, है नींद आती नहीं।
होते चेत, अचेत है चित हुआ, चिन्ता चिता है बनी। 4।
धू - धू है जलती विपन्न करती है धूम की राशि से।
आँचें दे लपटें उठा हृदय में है आग बोती सदा।
देती है कर भस्म गात - सुख को, मज्जा लहू मांस को।
चेते, है जन - चेत में धधकती, है चित्त चिन्ता चिता। 5।
पाती जो न प्रतीति प्राणपति में तो प्रीति होती नहीं।
जो होते रस - हीन तो सरसता क्यों साथ देती सदा।
जो होती उनमें नहीं सदयता होते द्रवीभूत क्यों।
जो होता उर ही न सिक्त, दृग में आँसू दिखाते नहीं। 6।
लेती है वह लुभा लोभ - मन को, है मोह को मोहती।
जाती है बन कोप की सहचरी, है काम के काम की।
है पूरी करती अपूर्व कृति से वांछा अहंकार की।
कैसे तो न करे प्रपंच जब है धी पंच - भूतात्मिका। 7।

वे हैं भीत बलावलोक पर का, जो थे बड़े ही बली।
देखे दर्पित सैन्य-व्यूह जिनका दिग्पाल थे काँपते।
वे हैं आज बचे हुए दशन के नीचे दबा दूब को।
जो तोड़ा करते दिगन्त दमके दिग्दन्ति के दन्त को। 8।
ऊँचे भाल विशाल दिव्य दृग में भ्रू-भंगिमा भूति में।
नासा-कुंचन में कपोल युग में लाली-भरे होठ में।
नाना हास-विलास कण्ठ-रव में अन्यान्य शेषाङ्ग में।
बाला बालक चित्त की चपलता है चारुता अर्चिता। 9।
बातें हैं उसको पसन्द अपनी, क्यों दूसरों की सुने।
जो मैं हूँ कहता उसे न करके है भागती जी बचा।
है रूठा करती कभी झगड़ती है तान देती कभी।
थी मेरी मति तो नितान्त अचला यों चंचला क्यों हुई। 10।
होता है पल में विकास, पल में है दृष्टि आती नहीं।
छू के है बहु जीव प्राण हरती, है नाचती नग्न हो।
कोई बात सुने सहस्र श्रवणों में है उसे डालती।
देखी है चपला समान चपला भू-दृष्टि ने क्या कहीं। 11।
नेता हैं, पर नीति स्वार्थ-रत है, है कीर्त्ति की कामना।
प्यारा है उनको स्वदेश, पर है बाना विदेशी बना।
वांछा है रँग जाय भारत-धरा योरोप के रंग में।
है सच्चा यदि देश-प्रेम यह तो है देश का द्रोह क्या। 12।
है सत्कर्म-निकेत धर्म-रत है, है सत्यवक्ता सुधी।
है उच्चाशय कर्मवीर सुकृती सत्याग्रही संयमी।
है विद्या वर विज्ञता सदन, है धाता सदाचारिता।
तो होता दिवि देव जो मनुज में होती न मोहान्धता। 13।
'मेरा' का महि में महान् पद है, 'मेरा' महामन्त्र है।
देखे हैं सब राव-रंक किसका प्यारा 'हमारा' नहीं।
जादू है उनका सभी पर चला, हैं त्याग बातें सुनीं।
ऐसा मानव ही मिला न ममता-माया न मोहे जिसे। 14।
व्यापी है विभू की विभूति भव में भू-भूति में भूत में।
तारों में, तृणपुंज में, तरणि में, राकेश में, रेणु में।
पायी व्यापक दिव्य दृष्टि जिसने धाता-कृपा-वृष्टि से।
पाता है वह पत्र-पुष्प तक में सत्ता-महत्ता पता। 15।

बातें क्यों करते कदापि मुँह भी तो खोल पाते नहीं।
कोई काम करें, परन्तु उनको है काम से काम क्या।
खायेंगे भर-पेट नींद-भर तो सोते रहेंगे न क्यों।
लेते हैं अँगड़ाइयाँ सुख मिले वे खाट हैं तोड़ते। 16।
तो कैसे चल हाथ-पाँव सकते, चालें नहीं भूलते।
तो कैसे अँगड़ाइयाँ न अड़तीं, आती जम्हाई न क्यों।
तो वे टालमटोल क्यों न करते, हीले न क्यों ढूँढ़ते।
जो है आलस-चोर संग, श्रम से तो जी चुराते न क्यों। 17।
थू-थू हैं करते विलोक रुचि को वे जो बड़े दान्त हैं।
छी-छी की ध्वनि है अजस्र पड़ती आ-आ उठे कान में।
देखे आनन को अभिज्ञ जनता है नेत्र को मूँदती।
रोती है मति, पाप-पन्थ-रत को है ग्लानि होती नहीं। 18।
पाते हैं तम में अड़ी दनुज की वक्रानना मूर्त्तियाँ।
होती हैं तरु के समीप निशि में नाना चुड़ैलें खड़ी।
बागों में विकटस्थलों विपिन में हैं भूत होते भरे।
है शंकामय सर्व सृष्टि बनती शंकालु शंका किये। 19।
क्यों होवे तरु कम्पमान, लतिका म्लाना कभी क्यों बने।
क्यों वृन्दारक हो विपन्न, मलिना क्यों देवबाला लगे।
क्यों होवे अप्रफुल्ल कंज दलिता क्यों पुष्पमाला मिले।
आशंका मन को न हो, न मति को शंका करे शंकिता। 20।
है वैकुंठ-विलासिनी प्रियकरी, है कीर्त्ति कान्ता समा।
हैं सारी जन-शक्तियाँ सहचरी, हैं भूतियाँ तद्गता।
है वांछा अनुगामिनी, सफलता है बुद्धिमत्ताश्रिता।
दासी है भव-ऋद्धि सत्य श्रम की, हैं सेविका सिद्धियाँ। 21।
हैं साँसें यदि फूलती विकल हो, क्यों साँस लेने लगे।
क्यों हो आकुल हाथ-पाँव अपने ढीले करे क्यों थके।
आयेगा जब कार्य, सिद्धि-पथ में पीछे हटेगा नहीं।
क्यों देखे श्रमविन्दुपात, श्रम को क्यों त्याग देवे श्रमी। 22।
लेते हैं यदि दून की, मत हँसो दूना कलेजा हुआ।
पृथ्वी थी वश में, परन्तु अब तो है हाथ में व्योम भी।
थे भूपाल तृणातितुच्छ अब हैं धाता विधाता स्वयं।
होंगे दो मद साथ तो न दुगुना होगा मदोन्माद क्यों। 23।

भागेगा तम-तोम त्याग पद को, लेगी तमिस्रा बिदा।
होगी दूर कराल काल कर से दिग्व्यापिनी कालिमा।
आयेगी फिर मन्द - मन्द हँसती ऊषा - समा सुन्दरी।
होयेगा फिर सुप्रभात, वसुधा होगी प्रभा - मंडिता। 24।
हो उत्पाद, प्रवंचना प्रबल हो, होवें प्रपंची अड़े।
होवे आपद सामने, सफलता हो संकटों में पड़ी।
होता हो पविपात, तोप गरजें, गोले गिराती रहें।
क्यों तो धीर बने अधीर, उसकी धी क्यों तजे धीरता। 25।
बाँधा था जिसने पयोधि, जिसने अम्भोधि को था मथा।
पृथ्वी थी जिसने दुही, गगन में जो पक्षियों-सा उड़ी।
पायी थी जिसने अगम्य गिरि में रत्नावली - मालिका।
हा! धाता! वह आर्यजाति अब क्यों आपत्तियों में पड़ी। 26।
है छाया वह जो सदैव तम में हैं रंग जाती दिखा।
होवे दिव्य अपूर्व, किन्तु वह तो है कल्पना मात्र ही।
हों लालायित क्यों विलोक उसको जो हाथ आती नहीं
है आपत्ति यही किसे वह मिली जो स्वप्न-सम्पत्ति है। 27।
क्या सोचें, जब सोच हैं न सकते, है बात ही भेद की।
ऐसी है यह ग्रन्थि-युक्ति, नख के खोले नहीं जो खुली।
है संसार विचित्र, चित्र उसके वैचित्र्य से हैं भरे।
रोते हैं दुख को विलोक, सुख के या स्वप्न हैं देखते। 28।
ऐसे हैं भव से अचेत, चित को है चेत होता नहीं।
होती है कम आयु नित्य, फिर भी तो हैं नहीं चौंकते।
देखा हैं करते विनाश, खुलती है आँख तो भी नहीं।
क्या जानें जग लोग हैं जग रहे या हैं पड़े सो रहे। 29।
क्यों अज्ञान - महान्धकार टलता, क्यों बीत पाती तमा।
नाना पाप - प्रवृत्ति - जात पशुता होती धरा - व्यापिनी।
द्रष्टा वैदिक मन्त्र के, रचयिता भू के सदाचार के।
जो होते न जगे, न ज्योति जग में तो ज्ञान की जागती। 30।
हैं उद्वेलित अब्धि पैर सकती, हैं विश्व को जीतती।
लेती हैं गिरि को उठा, कुलिश को हैं पुष्प देती बना।
हैं लोकोत्तर कला-कीर्त्ति-कलिता, हैं केशरी-वाहना।
हैं तारे नभ से उतार सकती उत्साहिता शक्तियाँ। 31।

रोकेगी तुझको स्वधर्म-दृढ़ता, धी पीट देगी तुझे।
तेरी सत्य प्रवृत्ति पूत कर से होगी महा यातना।
होगा गर्व सदैव खर्व शुचिता की सात्विकी वृत्ति से।
पावेगा फल महादर्प - तरु का ऐ पातकी पाप! तू। 32।
होती है गतशक्ति प्राप्त प्रभुता आक्रान्त हो क्रान्ति से।
जाती है लुट दिव्य भूति, छिनता साम्राज्य है सर्वथा।
अत्याचार प्रकोप - वज्र बनता है वज्रियों के लिए।
होता है स्वयमेव खर्व पल में गर्वान्ध का गर्व भी। 33।
तानें लें, पर ऐंठ - ऐंठ करके ताने न मारा करें।
गायें गीत, परन्तु गीत अपने जी के न गाने लगें।
देते हैं यदि ताल तो मचल के देवें न ताली बजा।
वे हैं जो बनते, बनें, बिगड़ के बातें बनायें नहीं। 34।
वे ही हैं हँसते न रीझ हँसना आता किसे है नहीं।
होता है कमनीय रंग उनका तो रंग हैं अन्य भी।
वे हैं कोमल, किन्तु कोमल वही माने गये हैं नहीं।
तो है भूल विलोक रूप अपना जो फूल हैं फूलते। 35।
होता जो चित में न चोर, रहती तो आँख नीची नहीं।
होता जो मन में न मैल, दृग क्यों होते नहीं सामने।
जो टेढ़ापन चित्त में न बसता, सीधे न क्यों देखते।
जो आ के पति बीच में न पड़ती, आँसू न पीते कभी। 36।
देता तो जल मैं निकाल दुखते होते नहीं हाथ जो।
तो धोता पग पूत क्यों न, लखते होते न जो दूर से।
कैसे आदर तो भला न करता है भाग्य ऐसा कहाँ।
मैं हूँ सेवक, किन्तु आज प्रभु की सेवा नहीं हो सकी। 37।
क्यों हैं लोचन लाल रात-भर क्या मैं जागता था नहीं।
होते कम्पित क्यों न हस्त पग जो है आज जाड़ा बड़ा।
मैं हूँ हाँफ रहा, परन्तु घर से हूँ दौड़ता आ रहा।
है इच्छा प्रतिशोध की न मुझमें, मैं क्रोध में हूँ नहीं। 38।
काटे है कटती न रात, बकती हूँ, वेदना है बड़ी।
आशा से पथ - ओर हैं दृग लगे, क्यों देर है हो रही।
जाते हैं युग बने याम, व्यथिता हो हूँ व्यथा भोगती।
दौड़ो नाथ! बनो दयालु, दुखिया की दुर्दशा देख लो। 39।

जी है ऊब रहा, उबार न हुआ, वाधा हुई वाधिका।
मैं दौड़ी शत बार द्वार पर जा वांछा - विहीना बनी।
है मेरे मुँह से न बात कढ़ती, कैसे बताऊँ व्यथा।
आँखें भी पथरा गयीं प्रिय पथी के पन्थ को देखते। 40।
थी जिनके बल से विशाल - विभवा संसार-सम्मानिता।
दिव्यांगा दिव - देव - भाव-भरिता लोकोत्तरा पूत-धी।
उत्कण्ठावश, हो विनम्र प्रभु से है प्रश्न मेरा यही।
पावेंगे फिर भारतीय जन क्या वे भारती भूतियाँ। 41।
जो थोड़े उसके हितू मिल सके, वे नाम के हैं हितू।
या वे हैं अपवाद या कि उनमें है पालिसी पालिसी।
पाते हैं उसको नितान्त दलिता या दुःखिता पीड़िता।
कोई बन्धु बना न दीन जन का है दीनता दीनता। 42।
खोया जो निज स्वर्गराज्य, दुख क्या, पाया मनोराज्य है।
कोई हो परतन्त्र क्यों न, उनकी धी है स्वतन्त्रा बनी।
होवे संस्कृति धूल में मिल रही, वे संस्कृताधार हैं।
देखे भारत के सलज्ज सुत को निर्लज्ज लज्जा हुई। 43।
जाती है बन सुधासिक्त वसुधा, है व्योम पाता प्रभा।
आती है अति दिव्यता प्रकृति में, है मोहती दिग्वधू।
होता है रस का प्रवाह छवि में संसार-सौन्दर्य में।
हो-हो मंजुल मन्द-मन्द उर में आनन्द-धारा बहे। 44।
वे भू में नभ में अगम्य वन में निश्शंक हैं घूमते।
वे उत्तालतरङ्ग वारिनिधि में हैं पोत - सा पैरते।
वे हैं दुर्गम मार्ग में विहरते, हैं अग्नि में कूदते।
होते हैं अभिभूत वे न भय से जो निर्भयों में पले। 45।
जाते हैं बन भूत पेड़ तम में, है प्रेतगर्भा तमा।
होती है बहु भीति वक्र गति से या सर्प - फूत्कार से।
है हृत्कम्पकरी मसान अवनी है मृत्यु त्रासात्मिका।
शंका है भय भाव भूति बनती है भीरुता भूतनी। 46।
खोले भी खुलते नहीं नयन हैं, है चेत आता नहीं।
जो कोई हित - बात है न सुनती, है चौंकती भी नहीं।
सारे यत्न हुए निरर्थ, जिसकी दुर्बोध हैं व्याधियाँ।
ऐसी जाति अवश्य मृत्यु - मुख में हो मूर्छिता है पड़ी। 47।

खोजेगी वह कौन मार्ग, उसको त्राता मिलेगा कहाँ।
रोयेगी सिर पीट-पीट उसका उद्धार होगा नहीं।
जीयेगी वह कौन यत्न करके पीके सुधा कौन-सी।
जीने दे न कृतान्त-मूर्त्ति बनके जो जाति ही जाति को। 48।
आँखें हैं, पर देख हैं न सकती, पा कान बे-कान है।
होते आनन बात है न कढ़ती है साँस लेती नहीं।
क्यों पाते चल हाथ-पाँव जब वे निर्जीव हैं हो गये।
फूँका जीवन-मन्त्र, किन्तु जड़ता जाती नहीं जाति की। 49।
हो उत्तेजित भाव मध्य पथ का होता पथी ही नहीं।
जाती है बन उक्ति ओज-भरिता तेजस्विता-पूरिता।
होता स्पन्दन है विशेष उर तो क्यों स्फीत होगा नहीं।
है उद्वेग हुआ सदैव करता आवेग के वेग से। 50।
होती है व्यथिता कभी विचलिता अत्यन्त भीता कभी।
रोती है वह कभी याद करके लोकोत्तरा कीर्त्तियाँ।
पुत्रों को अवलोक है विहँसती या दग्ध होती कभी।
हो कर्त्तव्यविमूढ़ जाति अब तो उन्मादिनी है बनी। 51।
होता है मन, देख जीभ चलती, जो हो, उसे खींच लूँ।
पीटूँ क्यों न उसे तुरन्त कहता है बात जो बेतुकी।
जाता है चिढ़ चित्त चाल चलते चालाक को देख के।
जो आँखें निकलें निकाल उनको लूँ क्यों न तत्काल मैं। 52।
हैं सन्तप्त अनेक चित्त बहुशः काया महारुग्न है।
भू सारे उपसर्ग व्योम तक में है भूरिता से भरे।
पीड़ा से सुर भी बचे न भव में हैं ह्रास भी मृत्यु भी।
सारी संसृति आधि से मथित है, है व्याधि-वाधावृता। 53।
देती हैं तन को कँपा अति व्यथा, होती अनाहूत हैं।
हैं हा-हा ध्वनि का प्रसार करती, हो भूरि उत्तापिता।
देता है बहु कष्ट वेग उनका उत्पात-मात्रा बढ़ा।
अन्धाधुन्ध मचा सदैव बनती हैं व्याधियाँ आँधियाँ। 54।
है काँपा करती कभी तड़पती है चोट खाती कभी।
प्रायः है वह वज्रपात सहती हो-हो महा दग्धिता।
हो उद्वेजित अब्धि से, बदन से है फेंकती फेन भी।
हा धाता! किस पाप से वसुमती है भूरि उत्पीड़िता। 55।

नवम सर्ग

सांसारिकता

स्वभाव

[1]

गोद में ले रखता है प्यार।
सरस बन रहता है अनुकूल।
मुदित हो करता है मधुदान।
भ्रमर से क्या पाता है फूल। 1।

धरा कर प्रवल पवन का संग।
भरा करती है नभ में धूल।
वृथा बरसाता है बर वारि।
बनाकर वारिद को अनुकूल। 2।

सदा दे - दे सुन्दर फल - फूल।
विटप करता है छाया - दान।
गगन कोमल पत्तों को तोड़।
पथिक करता है तरु - अपमान। 3।

ओस की बूँदों को ले रात।
सजाती है तरु को कर प्यार।
दिवस लेकर किरणों को साथ।
छीन लेता है मुक्ता - हार। 4।

प्यार से भर विलोक प्रियकान्ति।
पास आता है मत्त पतंग।
जलाकर कर देता है राख।
स्नेहमय दीपक भरित - उमंग। 5।

बोल तक सका नहीं मुँह खोल।
दूर ही रहा सब दिनों सूर।

रागमय ऊषा कर अनुराग।
माँग में भरती है सिन्दूर।6।

पपीहा तज वसुधा का वारि।
ताकता है जलधर की ओर।
बरसकर बहुधा उपल - समूह।
डराता है घन कर रव घोर।7।

पला सब दिन कोकिल का वंश।
काक के कुल का पाकर प्यार।
आज तक कोकिल - कुल - संभूत।
कर सका कौन काक उपकार।8।

[2]

विचित्र विधान

मिला जिससे जीवन का दान।
सतत कर उसी तेल का नाश।
निज प्रिया बत्ती को कर दग्ध।
दीप पाता है परम प्रकाश।1।

जी सके जिनसे पा रवि ज्योति।
उन्हीं पत्रों के हो प्रतिकूल।
विटप बनते हैं बहु छविधाम।
लाभ कर नूतन दल-फल-फूल।2।

हुआ है जिससे जिसका जन्म।
जो बना जीवन शान्ति - निकुंज।
धूल में उसी बीज को गिला।
अंकुरित होता है तरुपुंज।3।

छीनकर तारक - चय की कान्ति।
भव भरित तम पर कर पविपात।
सहस कर से हर विधु का तेज।
भानु पाता है प्रिय अवदात।4।

कुमुद-कुल को कर कान्ति-विहीन।
कौमुदी - उर पर कर आघात।

हरण कर रजनी का सर्वस्व।
प्रभा पाता है दिव्य प्रभात।5।
वायु की शीतलता को छीन।
आपको देकर बहु सन्ताप।
दिशाओं में भर पावक पुंज।
प्रबल बनता है तप उत्ताप।6।
अवनि में नभतल में भर धूल।
द्रुमावलि को दे-दे बहु दण्ड।
हरण करके अगणित प्रिय प्राण।
वात बनता है परम प्रचण्ड।7।
दमन करके दल दुर्दमनीय।
विपुल-नृप-भुज-बल का बन काल।
लोक में भर प्रभूत आतंक।
प्रबलतम बनता है भूपाल।8।

[3]

राजसत्ता

मुकुट होता है शोणित-सिक्त।
राज-पद नर-कपाल का ओक।
घरों में भरता है तमपुंज।
राजसिंहासन का आलोक।1।
बन्धुओं का कर शोणित-पान।
नहीं उसको होता है क्षोभ।
पिता का करता है बलिदान।
किसी का राज्य-लाभ का लोभ।2।
झूमता चलता है जिस काल।
काँपता है अचला सब अंग।
मसलता है जन-मानस-पद्म।
राजमद का मदमत्त मतंग।3।
दमन का बरसे ज्वलदंगार।
मनुज-कुल का होता है लोप।
धरातल को करता है भस्म।
प्रलय-पावक-समान नृप-कोप।4।

भंग करके सद्भाव समेत।
मनुजता का अनुपम-तम अंग।
नर - रुधिर से रहता है सिक्त।
सुरंजत राजतिलक का रंग। 5।

बना बहु प्रान्तों को मरुभूमि।
विविध सुख-सदनों का बन काल।
जनपदों का करता है ध्वंस।
राजभय प्रबल भूत - भूचाल। 6।

लोक में भरती हैं आतंक।
लालसाओं की लहरें लोल।
भग्न करते हैं भवहित - पोत।
राज्य - अधिकार - उदधि - कल्लोल। 7।

गर्व - गोलों से कर पवि - पात।
अरि- अनी का करती है लोप।
कँपाती है महि को कर नाद।
राज्य - विस्तार - वृत्ति की तोप। 8।

[4]

सेमल की सदोषता

पाकर लाल कुसुम सेमल-तरु रखता है मुँह की लाली।
रहती है सब काल लोक-अनुरंजन-रत की उसकी डाली।
नभतल नील वितान-भले जब उसके सुमन विलसते हैं।
तब कितने ही ललक-निकेतन जन-नयनों में बसते हैं। 1।

मन्द-मन्द चल मलय-मरुत जब केलि-निरत दिखलाता है।
तब लालिमा-लसित कुसुमों का कान्त केतु फहराता है।
लोहित-वसना उषा विलस जब उसे अंक में लेती है।
सरस प्रकृति जब द्रवीभूत हो मुक्तावलि दे देती है। 2।

तब वह फूला नहीं समाता, आरंजित बन जाता है।
सहृदय जन के मधुर हृदय में रस का स्रोत बहाता है।
हरित नवल दल उसके कुसुमों में जब शोभा पाते हैं।
जब उसपर पड़ दिनकर के कर कनक-कान्ति फैलाते हैं। 3।

जब कोकिल को ले स्वअंक में वह काकली सुनाता है।
जब उस पर बैठा विहंग-कुल मीठे स्वर से गाता है।
तब वह किसको नहीं रिझाता, किसको नहीं लुभाता है!
किसको नहीं स्वरित हो-होकर विपुल विमुग्ध बनाता है। 4।
अति चमकीली चारु मक्खियाँ तथा तितलियाँ छविवाली।
रंग-बिरंगे सुन्दर-सुन्दर बहु पतंग शोभाशाली।
जब प्रसून का रस पी उड़-उड़ मंजु भाँवरें भरते हैं।
तब क्या नहीं मुग्धकारी निधि उसको वितरण करते हैं। 5।
तो भी कितने हृदयहीन जन वंचक उसे बनाते हैं।
कितने नीरस फल विलोक उसको असरस बतलाते हैं।
पर विचित्रता क्या है इसमें, भूतल को यह भाता है।
धरती में प्रायः पर का अवगुण ही देखा जाता है। 6।

[5]

दुरंगी दुनिया

अजब है रंगत दुनिया की।
बदलती रहती है तेवर।
किसी पर सेहरा बँधता है।
उतर जाता है कोई सर। 1।
किसी का पाँव नहीं उठता।
किसी को लग जाते हैं पर।
धूल में मिलता है कोई।
बरसता फूल है किसी पर। 2।

[6]

निर्मम संसार

वायु के मिस भर-भरकर आह।
ओस - मिस बहा नयन-जलधार।
इधर रोती रहती है रात।
छिन गये मणि - मुक्ता का हार। 1।
उधर रवि आ पसार कर कान्त।
उषा का करता है शृंगार।

प्रकृति है कितनी करुणा-मूर्त्ति।
देख लो कैसा है संसार। 2।

[7]

उत्थान

अहह लुट गया ओस का कोष।
हो गया तम का काम तमाम।
कुमुद - कुल बना विनोद - विहीन।
छिना तरु - दल - गत मुक्ता-दाम। 1।
हर गया रजनी का सर्वस्व।
छिपा रजनी - रंजन बन म्लान।
हुआ तारक - समूह का लोप।
दिवाकर! यह कैसा उत्थान। 2।

[8]

फल-लाभ

चुन लिये जाते हैं लाखों।
अनेकों नुचते रहते हैं।
करोड़ों वायु - वेग से झड़।
विपद - धारा में बहते हैं। 1।
धूल में मिलते हैं कितने।
बहुत से विकस न पाते हैं।
सभी का भाग्य नहीं जगता।
सब कुसुम कब फल लाते हैं। 2।

[9]

मन की मनमानी

अड़े, बखेड़े खड़े हो गये।
पीछे पड़े, न किसे पछाड़ा।
डटे, बताई डाँट न किसको।
झझके, बड़े - बड़ों को झाड़ा। 1।
उलझे, किसे नहीं उलझाया।
सुलझ न पाता है सुलझाये।

तिनके, बना बना तिनकों से।
फूँक से गये लोग उड़ाये।2।

आग-बगूले बने, कब नहीं।
किसके दिल में पड़े फफोले।
खिंचे, खिंच गयी हैं तलवारें।
बमके, चलते हैं बमगोले।3।

चिढ़े, सताता है वह इतना।
जिसे देखकर कौन न दहला।
ऐंठे, किससे लिया न लोहा।
दिया लहू से किसे न नहला।4।

बहँके, बला पर बला लाया।
कुढ़े, विपद ढाये देता है।
तमके, किसका कँपा कलेजा।
नहीं वह निकाले लेता है।5।

खीज, लहू पीती रहती है।
डाह, दूह लेती है पोटी।
तेवर बदले, कितनों ही की।
नुच जाती है बोटी-बोटी।6।

बिगड़े, बहुतों की बिगड़ी है।
अकड़े, लुटते लाखों घर हैं।
सनके, खालें हैं खिंच जाती।
झगड़े, कटे करोड़ों सर हैं।7।

रह जाती हैं, मति की बातें।
बनकर पानी पर की रेखा।
जब देखा तब नर के मन को।
मनमानी ही करते देखा।8।

[10]

स्वार्थ

कौन किसी का होता है।
स्वार्थसिद्धि के सरस खेत में प्यार-बीज नर बोता है।
सब छूटे वह हथकण्डों से हाथ भला कब धोता है।

पोत दूसरों को दे मोती अपने लिये पिरोता है।
सग से भी सग को दुख देते तनिक नहीं मन रोता है।
मोह अँधेरी रुचि - रजनी में सुख की नींदों सोता है।
जिससे पड़े स्वार्थ में बाधा जो वैभव को खोता है।
वह प्रिय सुत भी आँख फोड़नेवाला बनता तोता है।
सुख-सरवर के लिये नहीं बन पाता जो रस-सोता है।
है ऐसा उर कौन कि जिसमें काँटे नहीं चुभोता है।
हुई न परवा पर-मन को निज मन की रोटी पोता है।
निज सुख-साध-तरंगों में पर-सुख का पोत डुबोता है।
स्वार्थ-भाव से ही उजड़ा दिव-भाव-विहंगम-खोता है।
उसके कर ने मसि मानवता रुचिर चित्र पर पोता है।1।

[11]

रक्तपात

रक्तरंजित है भव-इतिहास।
रुधिर-पान के बिना नहीं बुझ पाती है वसुधा की प्यास।
है विकराल काल कापालिक क्रीड़ा-रत ले विपुल कपाल।
काली बहुत किलकिलाती है मुंडमालिनी बन सब काल।
जो शिवशंकर कहलाते हैं कार्य उन्हीं का है संहार।
शव-वाहना प्रिया है, उनका सिंह-वाहना से है प्यार।
दुर्गा-दानव-रण में इतना हुआ रक्त-प्लावित भूअंक।
एक पिपासित खग ने गिरि पर बैठे रुधिर पिया निश्शंक।
राम और रावण आहव में उतना हुआ न रक्त-प्रवाह।
फिर भी खग ने मेरु से उतर पूरी की थी शोणित-चाह।
कहाँ हुआ, कब हुआ, हुआ किससे, भारत-सा युद्ध महान।
रक्तपान की बात क्या, विहग सका नहीं इतना भी जान।
यद्यपि यह प्रतिपादित करता है यह कल्पित समर-प्रसंग।
अतिशय पशुता-निर्दयता-पूरित था आदिम युद्ध-उमंग।
किसी अंश में विबुध विवेचक मति सकती है इसको मान।
किन्तु सत्य है यह, दानव मानव दोनों हैं एक समान।
अवसर पर दानवता करते कब मानवता हुई सशंक।
लाखों घर लुट गये, करोड़ों कटे-पिटे होते भ्रू बंक।

कभी राज्य-विस्तार-लालसा ले कठोर कर में करवाल।
लाख-लाख लोगों का लोहू करती है कर आँखें लाल।
कभी आत्म-रक्षण-निमित्त अथवा आतंक-प्रसारण-हेतु।
प्रबल प्रताप किसी का बनता है जग-जन-उत्पीड़न-केतु।
निरपराध हैं पिसे करोड़ों, अरबों दिये गये हैं भून।
अनायास नुच गये कोटिशः सुन्दर-सुन्दर खिले प्रसून।
क्यों? इसलिए कि किसी नराधम नृप के ये थे प्यारे खेल।
अथवा किसी पिशाच-प्रकृति का चिढ़ से उठ पाया था शेल।
लाखों के लोहू से गारा बन-बन हुए हरम तैयार।
धर्मान्तर के लिए करोड़ों शिर उतरे, चमकी तलवार।
वैज्ञानिक बहु अस्त्र-शस्त्र अब जितने करते हैं उत्पात।
विध्वंसक रणपोत आदि से होते हैं जितने अपघात।
वायुयान-गोला-वर्षण से होता है जो हा-हाकार।
देखे नगर-ध्वंसिनी तोपों की वसुधातल में भरमार।
कैसे कह सकता है कोई, दानव-युग था महादुरन्त।
सच तो यह है, दुर्जनता का होता नहीं दिखाता अन्त।
अधिक सभ्य अमरीका योरप को सब लोग रहे हैं मान।
आज इन्हीं को प्राप्त हो गये हैं वसुधा के सब सम्मान।
किन्तु इन्हीं देशों में अब है सारे कल-बल-छल का राज।
स्वार्थसिद्धि के रचे गये हैं नाना साधन कर बहु ब्याज।
इसीलिए रणचंडी की है वहाँ गर्जना परम प्रचण्ड।
होता है यह ज्ञात युद्ध से कम्पित होवेगा भूखण्ड।
क्या है यही विधानप्रकृति का, क्या है शिव का यही स्वरूप।
क्या विकराल काल काली के ताण्डव का ही है यह रूप।
जो हो, किन्तु देखकर सारी घटनाएँ होता है ज्ञात।
शक्तिवृद्धि औ स्वार्थसिद्धि का मूल मन्त्र है शोणित-पात। 1।

[12]

मतवाली ममता

मानव-ममता है मतवाली।
अपने ही कर में रखती है सब तालों की ताली।
अपनी ही रंगत में रँगकर रखती है मुँह-लाली।

ऐसे ढंग कहाँ वह जैसे ढंगों में है ढाली।
धीरे-धीरे उसने सब लोगों पर आँखें डाली।
अपनी-सी सुन्दरता उसने कहीं न देखीभाली।
अपनी फुलवारी की करती है वह ही रखवाली।
फूल बखेरे देती है औरों पर उसकी गाली।
भरी व्यंजनों से होती है उसकी परसी थाली।
कैसी ही हो, किन्तु बहुत ही है वह भोलीभाली। 1।

[13]

बल

विश्व में है बल ही बलवान।
कौन पूछता है अबलों को, सबलों का है सकल जहान।
जल में, थल में, विशद गगन में एकछत्र है उनका राज।
सफल सुसेवित सम्मानित है उनका उन्नत प्रबल समाज।
होते हैं विलोप पल-भर में अगणित ताराओं के ओक।
प्रभा-हीन बनता है शशधर रवि का तेजः-पुंज विलोक।
विभावरी तजती है विभुता, उज्ज्वल हो जाता है व्योम।
दिनमणि का प्रताप-बल देखे विदलित होता है तमतोम।
हुई धरा शासित सबलों से, नभ में उड़े विजय के केतु।
किसी सबल कर के द्वारा ही बाँधा गया सिन्धु में सेतु।
दुर्बल छोटे जीव बड़े सबलों के बनते हैं आहार।
दिखलाते हैं जल में थल में प्रतिदिन ऐसे दृश्य अपार।
तनबल जनबल धनबल विद्याबुद्धिबलादिक का सम्मान।
कहाँ नहीं कब हुआ, सब जगह ए ही माने गये महान।
जीवनमय है सबल पुरुष, जीवन-विहीन है निर्बल लोक।
निर्बलता है तिमिर, सबलता है वसुधातल का आलोक। 1।

[14]

अनर्थ-मूल स्वार्थ

स्वार्थ ही है अनर्थ का मूल।
औरों का सर्वस्व-हरण कर कब उसको होती है शूल।
तबतक सुत सुत है वनिता वनिता है उनसे है बहु प्यार।
स्वार्थदेव का उनके द्वारा जबतक होता है सत्कार।
अन्तर पड़े चली दारा सुत की ग्रीवा पर भी तलवार।

कटी भाइयों की भी बोटी, हुई पिता पर भी है वार।
अवलोकन के लिए अन्य का दुख वह होता है जन्मान्ध।
तोड़ा करता है उसका हठ-प्लावन नीति-नियम का बाँध।
कोई कटे पिटे लुट जावे छिने किसी के मुँह का कौर।
किसी का कलेजा निकले या जाय रंक बन जन-सिरमौर।
मसल जाय लालसा किसी की, किसी शीश पर हो पविपात।
किसी लोकपूजित के उर में लगे किसी पामर की लात।
इन बातों की कुछ भी परवा उसने किसी काल में की न।
तड़प-तड़प कर कोई चाहे बने बिना पानी का मीन।
सौ परदों में छिपकर भी करता रहता है अपना काम।
अवसर पर सब सद्भावों से वह बदला करता है नाम।
छल-प्रपंच का वह पुतला है, वह पामरता की है मूर्त्ति!
अधम कौन उसके समान है, वह है सब पापों की पूर्त्ति।
किन्तु जगत के प्राणिमात्र के उर पर है उसका अधिकार।
हो असार संसार पर वही है सारे सारों का सार।
बड़े-बड़े त्यागी अवलोके, देखा बहुत बड़ों का त्याग।
ऐसे मिले महाजन जिनमें हरि का था सच्चा अनुराग।
किन्तु स्वार्थ उनमें भी पाया, हाँ, बहु परिवर्तित था रूप।
सरस सुधा से सिक्त हुआ था संसारी का नीरस रूप।
जीवन का सर्वस्व स्वार्थ है, बिना स्वार्थ का क्या संसार।
इसी लिए है प्राणिमात्र पर उसका बहुत बड़ा अधिकार।
किन्तु मानवी दुर्बलता का हुआ न उससे सद्व्यवहार।
इसी हेतु वह बना हुआ है अत्याचारों का आधार।
जिसका सृजन हुआ करने को सारे जीवों का उपकार।
बहुत दिनों से बना हुआ है वही अनर्थों का आगार।
प्रकृति - क्रियाएँ हैं रहस्यमय, अद्भुत है भव - पारावार।
मनुज पार पा सका न उसका यद्यपि हुआ प्रयत्न अपार।

[15]

स्वार्थपरता

स्वार्थपरता है पामरता।
यह है सत्य तो कहेंगे हम किसे कार्य - तत्परता।
नाना बाधाएँ हैं सम्मुख, भय - संकुल है धरती।

विविध असुविधाएँ आ-आकर सुविधाएँ हैं हरती।
जो उनका प्रतिकार न होगा, कार्य सिद्ध क्यों होगा।
यत्न ज्ञात हो तो कोई दुख क्यों जायगा भोगा।
दुरुपयोग है बुरा सदा, है सदुपयोग उपकारी।
कुपथ त्यागकर सतत सुपथ का बने मनुज अधिकारी।
स्वार्थ रहेगा जबतक समुचित निन्द्य बनेगा कैसे।
पर न कनक-मुद्रा कहलायेंगे ताँबे के पैसे।1।

[16]

दानव

पापी है वह माना जाता।
कर अपकार कुपथ पर चल जो पाप-परायणता है पाता।
जो है विविध प्रपंच-विधाता जो है मूर्त्तिमान मायावी।
जिसकी मति है लोक-ध्वंसिनी, जिसका मद है शोणित-स्रावी।
अहंभाव जिसका है यम-सा, जिसके कौशल हैं पवि-जैसे।
नीति नागिनी-सी है जिसकी उसमें है मानवता कैसे।
कौन उसे मानव मानेगा जिसे काल कहती है जनता।
दानव अन्य है न, दानवता कर मानव है दानव बनता।1।

[17]

नरता और पशुता

उस नरता से पशुता भली।
विधि-विडम्बना से जो पामरता पलने में पली।
पशुता ने कब नरता की-सी टेढ़ी चालें चली।
कब उसके समान ही वह कुत्सित ढंगों में ढली।
नरता दुर्मति-ज्वालाओं में जैसी जनता जली।
उसके भय से पड़ी जनपदों में जैसी खलबली।
जैसी उसने रोकी भयभीतों की रक्षित गली।
वैसी की है कब पशुता ने, वह कब भव को खली।
नरता लाई बला लोक पर दे-दे मिसरी-डली।
पशुता से यों भोली जनता कहाँ गयी अब छली।
पशुता में वह शक्ति कहाँ, हों पास भले ही बली।
नरता-दर्पों से वसुन्धरा गयी नहीं कब दली।1।

[18]

जीव का जीवन जीव

जीवों का जीवन है जीव।
यह जीवन-संग्राम जगत का है कौतूहल-जनक अतीव।
जल-थल-अनल-अनिल में नभ में होता रहता है दिन-रात।
कोटि-कोटि जीवों का पल-पल कोटि-कोटि जीवों से घात।
छोटे - छोटे कीट बड़े कीटों के बनते हैं आहार।
बड़े-बड़े कीटों को खाते रहते हैं खग-वृन्द अपार।
निर्बल खग को पकड़-पकड़कर पलते हैं सब सबल सचान।
पशु-समूह में भी मिलता है विधि का यही विचित्र विधान।
बड़ी मछलियाँ छोटी मछली को खा जाती हैं तत्काल।
बड़ी मछलियों को लेता है मकर उदर में अपने डाल।
ऐसे अद्भुत दृश्य अनेकों दिखलाता है वारिधि - अंक।
वह सब काल बना रहता है महाकाल का प्रिय पर्यङ्क।
बड़े-बड़े विकराल जीव का होता है पल - भर में लोप।
उसको उदरसात् करता है किसी प्रबल का महाप्रकोप।
मनुज-उदर है किसी पयोनिधि से भी वृहत् और गम्भीर।
जिसमें समा सके हैं जग के सभी जीव धर विविध शरीर।
स्वजातीय को भी पामर नर खा जाता है सर्प - समान।
इतर प्राणियों - सा है वह भी, बने भले ही ज्ञान - निधान।
बलवानों की है वसुन्धरा, बलवानों का है संसार।
निबल मिटते हैं, होती है सदा सबल की जय - जयकार।
प्रकृति - नटी के रङ्गमंच के सकल दृश्य हैं बड़े विचित्र।
कोई नहीं समझ पाता है उसके चित्रित चित्र चरित्र। 1।

[19]

जगत जंजाल

है भव - जाल जगत - जंजाल।
भूलभुलैयाँ की - सी उसकी भूल - भरी है चाल।
नाना अवसर विविध परिस्थिति बाधाएँ विकराल।
सदा सामने ला देती हैं परम अवांछित काल।
विविध प्रकृतियों के मानव देते है झंझट डाल।

कोप न होगा क्यों वैरी को देख बजाते गाल।
है वह पामर जो न सके अपना सर्वस्व सँभाल।
सबसे अधिक विचारणीय है भव में भूति - सवाल।
होगा वह न अकण्टक जो पथ - कण्टक सका न टाल।
वह असि-वार सहेगा जिसके पास न होगी ढाल।
विधि - प्रप्रंच - कृत गरल-सुधामय है वसुधा का थाल।
जटिल क्या, जटिलतम है जग के जंजालों का हाल।

[20]

शार्दूल-विक्रीड़ित

व्याली - सी विष से भरी विषमता आपूरिता क्रोधना।
अन्धाधुन्ध - परायणा कुटिलता की मूर्त्ति व्याघ्राननना।
है अत्यन्त कठोर उग्र अधमा, है लोक - संहारिणी।
है दुर्दान्त नितान्त वज्र - हृदया स्वार्थान्धता - दानवी। 1।
होती है मधुरा सुधा - सरसता से सिंचिता शोभना।
नाना केलि - निकेतना सुवसना शान्ता मनोज्ञा महा।
लीला लोल तरंगिता उदधि - सी चिन्तांकिता आकुला।
है सांसारिकता महान गहना मोहान्धता - आवृता। 2।
कांक्षा है अनुरक्त भक्त जन को सद्भक्ति या मुक्ति की।
ज्ञानी को बहु ज्ञान की, विबुध को लोकोत्तरा बुद्धि की।
त्यागी को अनुभूत त्याग - सुख की योगीन्द्र को सिद्धि की।
है सांसारिकता न स्वार्थ - रहिता, निस्स्वार्थता है कहाँ। 3।
मैं हूँ ब्रह्म - समान व्याप्त सबमें, हूँ सर्वलोकेश्वरी।
हूँ उद्भूत समस्त भूति खनि, हूँ सर्वार्थ की साधिका।
हूँ सारी वसुधा-विभूति-जननी, हूँ शक्ति - संचारिणी।
है सांसारिकता पुकार कहती, मैं स्वार्थसर्वस्व हूँ। 4।
होती है सुख - कामनातिप्रबला है लालसा - लोलुपा।
प्यारे हैं भव - भोग, मुग्ध करती हैं भूयसी भूतियाँ।
तो भी है वह प्रेम, प्रेम? जिसमें है इन्द्रियासक्तता।
तो क्या हैं हितपूर्त्तियाँ यदि बनीं वे स्वार्थ की मूर्त्तियाँ। 5।
सारे धर्म - समाज भूमितल के जो दम्भसर्वस्व हैं।
पाते हैं जिनमें महाविषमता जो द्वेष - उन्मेष हैं।
जो हैं गौरव गर्व ईति जिनमें है वृत्ति - उन्मत्तता।
क्या वे हैं परमार्थ - मूर्त्ति जिनमें स्वार्थान्धता है भरी। 6।

उत्फुल्ला सरसा नितान्त मधुरा शान्ता मनोज्ञा महा।
नाना भाव-निकेतना विविधता आधारिता व्यंजिता।
हो अम्भोधि-समान वैभवमयी हो ब्योम-सी विस्तृता।
है सांसारिकता विहार करती सर्वत्र संसार में।7।
बातें हों मन की मिले सफलता सम्पत्ति स्वायत्त हो।
पूरी हो प्रिय कामना, सुगमता से सिद्धियाँ प्राप्त हों।
वाधाएँ सब काल वाधित बनें, हो वैरिता वंचिता।
ए हैं मानव की नितान्त रुचिरा स्वाभाविकी वृत्तियाँ।8।
क्या खाये-पहने करे स्वहित क्यों मुद्रा कमाये न जो।
जायेगा लुट जो न बुद्धि-बल से टाले बलाएँ टलीं।
होगा रक्षित भी न ईति अथवा दुर्नीतियों से दबे।
संसारी फिर क्यों न जन्म जग में ले स्वार्थ-सर्वस्व हो।9।
वे हैं धन्य परार्थ त्याग करते जो लोग हैं स्वार्थ का।
ऐसे हैं कितने, परन्तु उनका तो त्याग ही स्वार्थ है।
होता है परमार्थ पूत उसमें है भूरि स्वर्गीयता।
तो भी क्या परमार्थ सार्थक नहीं जो अर्थ है स्वार्थ में।10।
कोई है जग में भला न, यह तो कोई कहेगा नहीं।
संसारी फिर भी प्रमत्त रहता है स्वार्थ की सिद्धि में।
कच्चे काम पड़े सगे बन गये, सच्चे न सच्चे रहे।
देखा जो दृग खोल बोल सुन के तो ढोल में पोल थी।11।
हैं ऐसे जन भी हुए जगत में जो त्याग-सर्वस्व थे।
देवों से अति पूत दिव्य जिनकी हैं मानवी कीर्त्तियाँ।
जाँचा तो उनकी असंख्य जन में संख्या गिनी ही मिली।
लाखों में कुछ लोग पुण्यबल से माने महात्मा गये।12।
ज्ञाता वैदिक मन्त्र के प्रथमतः, धाता धरा-धर्म के।
नाना मान्य महर्षि विज्ञ मुनि से मन्वादि से दिव्य-धी।
मेधावी कपिलादि से विबुधता-सर्वस्व व्यासादि से।
पृथ्वी ने कितने जने सुअन हैं उद्‌बुद्ध सिद्धार्थ-से।13।
मूसा-से जरदश्त-से अरब के नामी नबी-से सुधी।
शिंटो धर्मधुरीण-से कुछ गिने चीनादि के सिद्ध-से।
ऐसे ही कुछ अन्य धर्मगुरु-से धर्माग्रणी व्यक्ति से।
हैं अत्यल्प हुए सदैव महि में ईसादि-से सद्व्रती।14।

है अध्यात्म महा पुनीत, तम में है तेज के पुंज-सा।
है विज्ञान विकासमान नभ का पीयूषवर्षी शशी।
है स्वार्थान्ध-विलोचनांजन तथा सद्भाव-अम्भोधि है।
है आधार त्रिलोक-शान्ति-सुख का सद्बोध-सर्वस्व है। 15।
होती है जब पाप - पूरित धरा सद्वृत्ति उत्पीड़िता।
पाती है पशुता प्रसार बनती स्वार्थान्धता है कशा।
होता है जब नग्न-नृत्य दनुजों के दानवी कृत्य का।
आता है तब मही-मध्य बहुधा कोई महा-दिव्य-धी। 16।
होता है वह देश - काल प्रतिभू सत्याग्रही संयमी।
देता है बहु दिव्य ज्योति जगती के प्राणियों में जगा।
लेता है बिगड़ी सुधार, करता उद्धार है धर्म का।
पाती है वसुधा अलौकिक सुधा सद्बोध-सर्वस्व से। 17।
कोई हो अवतार दिव्य जन हो या हो महा सात्विकी।
शिक्षा हो उसकी महा हितकरी, हो उक्ति लोकोत्तरा।
होंगे क्या तब भी सभी रुचिरधी, त्यागी, तपस्वी, यती।
क्या होगी तब भी समस्त वसुधा हो शान्त स्वर्गोपमा। 18।
है स्वाभाविक कामना स्वहित की, है वित्त-वांछा बली।
प्राणी की सुख-लालसा सहज है, है चित्त स्वार्थी बड़ा।
पंजे में इनके सदा जग रहा, कैसे भला छूटता।
वे हैं विश्वजनीन भूति यदि ए संसार-सर्वस्व हैं। 19।
क्या है मुक्ति? यथार्थ ज्ञान इसका है प्राणियों को कहाँ।
कोई मानव ही रहस्य इसका है जान पाता कभी।
चिन्ता है किसको नहीं उदर की है जीविका जीवनी।
प्यारी है उतनी न मुक्ति जितनी है भुक्ति भू की प्रिया। 20।
आँखें हैं छवि-कांक्षिणी, श्रवण है लोभी सदालाप का।
जिह्वा है रस-लोलुपा, सुरभि की है कामुका नासिका।
सारी प्रेय विभूति को विषय को हैं इन्द्रियाँ चाहती।
जाता है बन योग रोग, किसको है भोग भाता नहीं। 21।
तो है कौन विचित्र बात मन में जो है भरी मत्तता।
है आश्चर्य नहीं मनुष्य बनता जो स्वार्थ - सर्वस्व है।
जो है जीव ममत्व से भरित तो क्या है हुआ अन्यथा।
क्या है भौतिकता न भूत-चय की स्वाभाविकी प्रक्रिया। 22।

होती है तम-मज्जिता मलिनता-आपूरिता ज्यों तमा।
त्यों ही मानव की प्रवृत्ति रहती है स्वार्थ से आवृता।
जैसे तारक से मयंक-कर से पाती निशा है प्रभा।
त्यों ही है वर बोध से नृमति भी है दिव्य होती कभी।23।

आचार्यों महिमा-महान पुरुषों से प्राप्त सद्वृत्तियाँ।
होती हैं उपकारिका हितकरी सद्बोध-उत्पादिका।
वे हैं आकर यथाकाल करते उद्बुद्ध संसार को।
तो भी स्वार्थ-प्रवृत्ति-वृत्ति जनता है त्याग पाती नहीं।24।

है आवश्यक वस्तु व्यस्त रखती देती व्यथा है क्षुधा।
वाधा है सब काल व्याधि बनती है वैरिता बेधती।
है दोनों कर बाँधती विवशता, है व्यर्थता बाँट में।
प्राणी स्वार्थनिबद्ध दृष्टि-सुपथों में विस्तृता क्यों बने।25।

ऐसे हैं महि में मिले सुजन भी जो त्याग मूर्त्ति थे।
लोगों का हित था निजस्व जिनका जो थे परार्थी बड़े।
ए लोकोत्तर धर्मप्राण जन ही भू दिव्य आदर्श हैं।
होते हैं अपवाद, लोक कितने ऐसे मिले लोक में।26।

औरों का मुँह-कौर छीन, भरते हैं पेट भूखे हुए।
लोगों की विविधा विभूति हरते हैं, भीति होती नहीं।
होते हैं बहु लोग तृप्त बहुधा पीके सगों का लहू।
होवे क्यों न अधर्म, स्वार्थ इतना है धर्म प्यारा किसे।27।

माता हैं महि देवता, पर हुए भीता कलंकांक से।
हाथों से अपने अबोध सुत का है घोंट देती गला।
जो थे देव-समान, संकट पड़े, वे दानवों-से बने।
कोई हो उपलब्ध आत्महित को है त्याग पाता नहीं।28।

वेदों की भव-वन्दनीय श्रुति को शास्त्रादि के मर्म को।
सन्तों की शुचि उक्ति को जगत के सद्धर्म के मन्त्र को।
जाती है तब भूल भक्ति-पथ को विज्ञान की वृत्ति को।
होती है जब मत्त आत्मरति की वांछा बलीयान हो।29।

कानों ने कलिकाल के कब सुनी ऐसी महागर्जना।
हो पाई कब यों कठोर रव से शब्दायमाना दिशा।
हो पाया किस देश मध्य उतना कोलाहलों को बढ़ा।
होता है अब वज्रघोष जितना भू में अहंभाव का।30।

सारे भूतल में समुद्र - जल में युद्धाग्नि- ज्वाला जगा।
ओले से नभ - यान से दव - भरे गोले गिरा प्रायशः।
नाना दानवता - प्रपञ्च - वलिता दुर्वृत्तियों को बढ़ा।
है भूलोक - विलोप - साधन - व्रती लिप्सा अहंभाव की। 31।

नाता नूतन अस्त्र - शस्त्र तुपकें गोले बड़े विप्लवी।
हैं संहारक कोटि - कोटि जन के कल्पान्त के अर्क - से।
होते हैं उनसे विनष्ट नगरों के वृन्द तत्काल ही।
है विज्ञान - विभूति आज वसुधा - उद्‌भूति - विध्वंसिनी। 32।

छाये हैं बहु व्योमयान नभ में जो काल - से क्रूर हैं।
हो - हो हुंकृत ओत - प्रोत निधि हैं संग्राम के पोत से।
पृथ्वी में उन्मादपूर्ण बजती है द्वन्द्व की दुन्दुभी।
प्रायः है अब भ्रान्ति क्रान्ति बनती, भू-शान्ति भागे कहाँ। 33।

अत्याचार - रता कठोर - हृदया है रक्तपानोत्सुका।
है संहार - परायणा पवि - समा मांसाशिनी पापिनी।
नाना मानव - वंश - ध्वंस - निरता निन्द्या कृतान्तोपमा।
है कृत्या सम कूटनीति - कटुता - आपूरिता मेदिनी। 34।

है पाथोधि विभूति दान करता स्वायत्त है सिन्धुजा।
पृथ्वी है वशवर्त्तिनी अनुगता है दामिनी शासिता।
पंखा है झलता समीर, मुसका देता सुधा है शशी।
फूला है बन भाव-मत्त, भव को, भूला अहंभाव है। 35।

होवे जो हित पाप से वह उसे तो पुण्य है मानता।
अत्याचार किये मिले यदि धरा तो क्या सदाचार है!
जो हो लाभ किये कुवृत्ति तब क्यों सद्‌वृत्ति सद्‌वृत्ति है।
है सांसारिकता न ईश्वर-रता, है स्वार्थसिद्धिप्रदा। 36।

ज्ञाता होकर विश्वव्याप्त विभु के जो हैं बने पातकी।
आँखें जो नर की बचा प्रभु-दृगों में धूल हैं झोंकते।
जो हो आस्तिक मूर्त्तिमान बनते हैं नास्तिकों के चचा।
वे हैं ईश्वर मानते, मन भला क्यों मान लेगा इसे। 37।

होती है कब भीति लोकपति की काटे करोड़ों गले।
आता है कब ध्यान पूत प्रभु का संसार को पीसते।
काँपा कौन नृशंस सर्वगत के सर्वाश्रितों को सता।
हारी ईश्वरसिद्धि कर्मपथ में आस्वार्थ की सिद्धि से। 38।

ह्या ईश्वरता हुई न इतनी हो मुक्ति से मंडिता।
पा के दिव्य मनोज्ञ मूर्त्ति जितनी भाई अहंमन्यता।
प्यारी हैं उतनी कभी न लगती आध्यात्मिकी वृत्तियाँ।
भाती है जितनी विभूति-रत को भू भौतिकी प्रक्रिया। 39।
प्राणी है अनुरक्त भक्त जितना संसार-सम्पत्ति का।
प्यारी है उतनी उसे न तपसा-सम्बन्धिनी साधना।
भोगेच्छा जितनी रुचि, प्रिय लगी वांछा सुखों की यथा।
वैसी ही कब त्यागवृत्ति नर की आकांक्षिता हो सकी। 40।
होता है पर - कार्य पूत, जनता का श्रेय सत्कर्म है।
तो भी त्राण-निमित्त आत्महित का उद्‌बोध ही मुख्य है।
होवे मुक्ति महा विभूति, फिर भी है भुक्ति ही जीवनी।
सच्चा हो परलोक, किन्तु मिलता आलोक है लोक में। 41।
होता देख महा अनर्थ बनता कोई परार्थी नहीं।
होते भी अपकार कौन करता सत्कार है अन्य का।
मर्यादा प्रिय है किसे न, किसको है नाम प्यारा नहीं।
सत्ता है किसकी न भूति, किसको भाती महत्ता नहीं। 42।
वाधा की हरती अवाध गति है धी धीरता से भरी।
वैरी के बल को विलोप करती हैं वीरता-वृत्तियाँ।
देती है कर छिन्न - भिन्न उसको सत्ता - महत्ता दिखा।
दुष्टों की पशुता - प्रवृत्ति सहती है शक्तिमत्ता नहीं। 43।
जोड़े क्यों हित क्रुद्ध क्रूर नर से पा प्रार्थिता शक्तियाँ।
मोड़े क्यों मुख, रुष्ट दुष्ट जन को कोड़े लगाये न क्यों।
छोड़े क्यों छल-छद्म-सद्म खल को दे क्यों न धुर्रे उड़ा।
तोड़े क्यों न कृतान्त-तुल्य बन के दुर्दान्त के दन्त को। 44।
जैसी है त्रिगुणात्मिका त्रिगुण से है वैसि ही शासिता।
धू - धू है जलती प्रफुल्ल बनती होती सुधासिक्त है।
है दिव्या मधुरा महान सरसा स्वार्थान्धिता से भरी।
है सांसारिकता रहस्य - भरिता वैचित्र्य से आवृत्ता। 45।

दशम सर्ग

स्वर्ग

सुरपुर

[1]

स्वर्ग है उर - अम्भोज - दिनेश।
भाव - सिंहासन का अवनीप।
सदाशा - रजनी मंजु मयंक।
निराशा - निशा प्रदीप्त प्रदीप। 1।

यदि मरण है तम - तोम समान।
स्वर्ग तो है अनुपम आलोक।
प्रकाशित उससे हुआ सदैव।
हृदय-तल परम मनोरम ओक। 2।

उरों में भर बहु कोमल भाव।
सजाती है व्यंजन के थाल।
कराती है कितने प्रिय कर्म।
कामना सुरपुर की सब काल। 3।

पुष्पतर्षण होता है ज्ञात।
अस्त्रशस्त्रों का प्रबल प्रहार।
बनाता है रण - भू को कान्त।
वीर का स्वर्गलाभ - संस्कार। 4।

खुदे सरवर बन सरस नितान्त।
प्रकट करते हैं किसकी प्यास।
कलस मन्दिर के कान्ति - निकेत।
स्वर्ग - रुचि के हैं रुचिर विकास। 5।

नहीं जो होता जग को ज्ञात।
मंजुतम स्वर्गवास का मर्म।
बाँधता क्यों कृतज्ञता पाश।
न हो पाते पितरों के कर्म। 6।

जो नहीं होती उसकी चाह।
सुकृति की क्यों होती उत्पत्ति।
बनाती किसे नहीं उत्कण्ठ।
अलौकिक स्वर्गलोक - सम्पत्ति। 7।

हुआ कब किसी काल में म्लान।
सका भ्रम - भौंरा उसको छू न।
सौरभित है उससे संसार।
स्वर्ग है परम प्रफुल्ल प्रसून। 8।

[2]

सुख गले लगता रहता है।
फूल सिर पर बरसाता है।
देवतों को अभिमत देते।
मोद फूला न समाता है। 1।

नहीं चिन्ता चिन्तित करती।
चित्त चिन्तामणि बनता है।
नहीं आँसू आते, लोचन।
प्रेम-मुक्ताफल जनता है। 2।

जरा है पास नहीं आती।
सदा ही रहता है यौवन।
दमकता ही दिखलाता है।
देवतों का कुन्दन - सा तन। 3।

किसी को रोग नहीं लगता।
दुख नहीं मुख दिखलाता है।
अमर तो अमर कहाते हैं।
मर नहीं कोई पाता है। 4।

असुविधा कान्त कर्मपथ में
भला कैसे काँटा बोती।

सर्व निधियों के निधि सुर हैं।
सिद्धि है करतल - गत होती है। 5।

जीविका के जंजालों में।
नहीं उनका जीवन फँसता।
हुन बरसता है सदनों में।
करों में पारस है बसता। 6।

कामना पूरी होती है।
रुचिर रुचि हो - हो खिलती है।
कल्पतरु - फल वे खाते हैं।
सुधा पीने को मिलती है। 7।

चारु पावक द्वारा विरचित।
देवतों का है पावन तन।
पूत भावों से प्रतिबिम्बित।
परम उज्ज्वल मणि - सा है मन। 8।

महीनों भूख नहीं लगती।
अनुगता निद्रा रहती है।
वासना में उनकी सरसा।
सुरसरी - धारा बहती है। 9।

स्वर्ग पर ही अवलम्बित है।
सुरगणों का गौरव सारा।
देव - कुल दिव्य भूतिबल से।
स्वर्ग है भूतल से न्यारा। 10।

[3]

कहाँ सदा उत्ताल तरंगित सुख - पयोधि दिखलाता है।
महाशान्ति - रत्नावलि - माला जिससे सुरपति पाता है।
कहाँ प्रमोद - प्रसून - पुंज इतना प्रफुल्ल बन जाता है।
जिसे विलोकि मानसर-विलसित विकच सरोज लजाता है। 1।
कहाँ अप्सरा दमक दिखाकर द्युति दिगन्त में भरती है।
स्वरलहरी से मुग्ध बनाकर किसका हृदय न हरती है।
उसकी तानें राग - रागिनी को करती हैं मूर्त्तिमती।
जहाँ - तहाँ नर्त्तन - रत रह जो बन जाती हैं अरुन्धती। 2।

कहाँ बजाकर वीणा तुम्बुरु सुधा प्रवाहित करता है।
कहाँ गान कर हाहा-हूहू ध्वनि में गौरव भरता है।
उनके तालों स्वरों लयों से जो विमुग्धता होती है।
परमानन्द - वीज वह अभिरुचि शुचि अवनी में बोती है। 3।
जिसकी हरियाली नीलम के मुँह की लाली रखती है।
नभ-नीलिमा देखकर जिसको निज कल कान्ति परखती है।
जिसके कुसुम नहीं कुम्हलाते, म्लान नहीं दल होता है।
कहाँ विलस वह फलद कल्पतरु बीज विभव का बोता है। 4।
जिसका दर्शन सकल दिव्यता - दर्शन का फल देता है।
जिसका स्पर्श पुण्य पथ की बहु बाधाएँ हर लेता है।
विविध सिद्धि-साधना-सहचरी जिसकी पयमय छाती है।
कहाँ सर्वदा वह चिर - कामद कामधेनु मिल पाती है। 5।
जिसकी कुसुमावलि कुसुमाकर का भी चित्त चुराती है।
जिसकी ललित लता ललामता मूर्त्तिमती कहलाती है।
वृन्दारक तरुवृन्द देख जिसके फूले न समाते हैं।
कहाँ लोक - अभिनन्दन नन्दन - वन - जैसा बन पाते हैं। 6।
जो है प्रकृति कान्त कर-लालित, छवि जिसका पद धोती है।
जिसके कलित अंक में विलसे उज्ज्वलतम 'मणि' होती है।
सकल विश्व सौन्दर्य सदा जिसकी विभूति का है सेवी।
अमरावती-समान कहाँ पर देखी दिव्य मूर्त्ति देवी। 7।
भरित अलौकिक बातों से है, स्वरित उच्चतम स्वर से है।
दमक रहा है परम दिव्य बन ललितभूत लोकोत्तर है।
जगतीतल - शरीर का उर है भव - विभूतियों से पुर है।
ऐसा कौन सरस सुन्दर है, सुरपुर-जैसा सुरपुर है। 8।

[4]

है जहाँ सुखों का डेरा।
किस तरह वहाँ दुख ठहरें।
करती हैं विपुल विनोदित।
उठ - उठ विनोद की लहरें। 1।

हैं लोग विहँसते हँसते।
या मन्द - मन्द मुसकाते।
है कोई खिन्न न होता!
सब हैं प्रसन्न दिखलाते। 2।

औरों का विभव विलोके।
जी जाता है किसका जल।
है क्रोध कौन कर पाता।
है कहाँ कलह - कोलाहल। 3।

जो वचन कहे जाते हैं।
वे सब होते हैं तोले।
दिल में कड़वी बातों से।
पड़ पाते नहीं फफोले। 4।

हैं नहीं बखेड़े उठते।
है नहीं झगड़ता कोई।
है नहीं जगाई जाती।
जी की बुराइयाँ सोई। 5।

है अन्धाधुन्ध न मचता।
है किसे न प्यारा धन्धा।
पर मोह नहीं कर पाता।
परहित आँखों को अन्धा। 6।

खिँच एँच - पेंच भँवरों से।
चक्करें नहीं खाता है।
पड़ लोभ - सिन्धु में परहित-
बेड़ा न डूब जाता है। 7।

छल दम्भ द्रोह मद मत्सर।
सामने नहीं आते हैं।
दुर्भाव दिव्य भावों को।
मुख नहीं दिखा पाते हैं। 8।

कब अहंमन्यता ममता।
मायामय है बन जाती।
उनकी मननीय महत्ता।
सात्विक सत्ता है पाती। 9।

दुख से कराहता कोई।
है कहीं नहीं दिखलाता।
हो विकल वेदनाओं से।
दृग वारि नहीं बरसाता। 10।

है काल नहीं कलपाता।
हैं त्रिविध ताप न तपाते।
आँसू आने से लोचन।
आरक्त नहीं बन पाते। 11।

चित चोट नहीं खाते हैं।
मुँह नहीं किसी के सिलते।
चुभती लगती बातों से।
हैं नहीं कलेजे छिलते। 12।

कनीय कीर्त्ति या कृति को।
है उज्ज्वलतम जिसका तन।
है मलिन नहीं कर पाता।
मैलेपन का मैलापन। 13।

सुर हैं सद्वृत्ति - विधाता।
सद्भाव - सदन के केतन।
सुरपुर है सहज समुज्ज्वल।
सात्विकता कान्त निकेतन। 14।

अमरावती

[5]

मणि - जटित स्वर्ण के मन्दिर।
विधि को मोहे लेते हैं।
विधु को हैं कान्त बनाते।
दिव को आभा देते हैं। 1।

हैं कनकाचल - से उन्नत।
परमोज्ज्वल त्रिभुवन - सुन्दर।
हैं विविध विभूति-विभूषित।
दिव्यता - मूर्त्ति लोकोत्तर। 2।

उनके कल कलश अनेकों।
हैं दिनमणि से द्युतिवाले।
आलोक - पुंज पादप के।
हैं विपुल विभामय थाले। 3।

चामीकर - दण्ड - विमण्डित।
उड़ती उत्तुंग ध्वजाएँ।
हैं कीर्त्ति उक्ति-कान्ता की।
बहु लोलभूत रसनाएँ। 4।

सब हैं समान ही ऊँचे।
हैं एक पंक्ति में सारे।
नवज्योति - लाभ करते हैं।
अवलोके लोचन - तारे। 5।

वे सब हैं स्वयंप्रकाशित।
हैं स्वयं स्वच्छता - साधन।
देखे उनकी पावनता।
पावन हो जाते हैं मन। 6।

हैं लगे यन्त्र वे उनमें।
जो हैं बहु काम बनाते।
या मधुर स्वरों में गा - गा।
श्रुति को हैं सुधा पिलाते। 7।

मंजुल मणियों के गहने।
पहने मौक्तिक - मालाएँ।
देवतों सहित लसती हैं।
उनमें दिव की बालाएँ। 8।

चाँदी - विरचित सब सड़कें।
हैं चारों ओर चमकती।
चाँदनी - चारुता में थीं।
दामिनी समान दमकती। 9।

है हाट हाटकालकृत।
है विपणि रत्नचय - भरिता।
जिसमें बहती रहती है।
पावन प्रमोदमय सरिता। 10।

था कहीं नहीं मैलापन।
थी नहीं मलिनता मिलती।
सब समय स्वच्छता सित हो।
थी वहाँ सिता - सी खिलती। 11।

बन सुधा-धवल रह निर्मल।
हैं सकल सदन छवि पाते।
होकर भी परम पुरातन।
नूतनतम थे दिखलाते। 12।

थे दिव्य दिव्य से भी दिन।
थी विभावरी दिवसोपम।
दिव में प्रवेश-साहस कर।
तम बनता था उज्ज्वलतम। 13।

तज प्रचण्डता बन संयत।
मृदु स्वर भर-भर कुछ कहता।
चल मन्द-मन्द हो सुरभित।
शीतल समीर है बहता। 14।

सित भानु भानु की किरणें।
हैं यथासमय आ जाती।
मिल कान्त तारकावलि से।
हैं दिव्य दृश्य दिखलाती। 15।

घन किसी समय जो घिरता।
तो सरस सुधा बरसाता।
मुक्ता करके ओलों को।
पद अलौकिकों का पाता। 16।

जब मन्द-मन्द रव करके।
अति मधुर मृदंग बजाता।
तब केलिमयी चपला का।
नर्त्तन था समाँ दिखाता। 17।

घन-अंक त्याग, आ नीचे।
है मणिमाला बन जाती।
या बिजली दिव-सदनों में।
मंजुल झालरें लगाती। 18।

थी प्रकृति परम अनुकूला।
प्रतिकूल नहीं होती थी।
पवि को प्रसून थी करती।
हिम से रचती मोती थी। 19।

सब ओर स्फूर्त्ति थी फैली।
थी मोद - मग्नता लसती।
बहती विनोद - धारा थी।
थी उत्फुल्लता विहँसती। 20।

अप्रतिहत - गति - अधिकारी।
निज वेग - वारि - निधि - मज्जित।
नभ - जल - थल - यान अनेकों।
अति आरंजित बहु सज्जित। 21।

जब उड़ते तिरते चलते।
किसको न चकित थे करते।
श्रुतिमधुर मनोहर मंजुल।
रव थे दिगन्त में भरते। 22।

अवलोक अमरता - आनन।
था चित्त उल्लसित होता।
सहजात निरुजता का बल।
था वीज श्रेय का बोता। 23।

आनन्द - तरंगें उर में।
थीं शोक - विमुक्ति उठाती।
चिन्ता - विहीनता मन को।
थी वारिज विकच बनाती। 24।

हैं राग - रंग की उठती।
किस जगह अपूर्व तरंगें।
हैं कहाँ उमड़ती आती।
बादलों समान उमंगें। 25।

बहु हास - विलास कहाँ पर।
है निज उल्लास दिखाता।
आमोद - प्रमोद कहाँ आ।
परियों का परा जमाता। 26।

कर कान्त कलाएँ कितनी।
हैं मन्द - मन्द मुसकाती।
किस जगह देव - बालाएँ।
हैं दिव - दिव्यता दिखाती। 27।

भर पूत भावनाओं से।
आनन्द मनाती खिलती।
किस जगह देवताओं की।
हैं दिव्य मूर्त्तियाँ मिलती। 28।

हैं जहाँ न द्वन्द्व सताते।
है जहाँ दुख विमुख रहता।
क्यों वहाँ न रस रह पाता।
है जहाँ सुधारस बहता। 29।

लौकिक होके सब किसकी।
कह सके अलौकिक सत्ता।
अनुपम मन - वचन - अगोचर।
है अमरावती - महत्ता। 30।

नन्दन-वन

[6]

विविध रंग के विटप खड़े थे ऊँचा शीश उठाये।
पहने प्रिय परिधान मनोहर नाना वेश बनाये।
लाल-लाल दल लसित सकल तरु बड़े ललित थे लगते।
ललकित लोचन - चय को थे अनुराग - राग में रँगते। 1।

हरित दलों वाले पादप थे जी को हरा बनाते।
याद दिलाकर श्यामल - तंन की मोहन मन्त्र जगाते।
पीला था नीला बन जाता, नीला बनता पीला।
रंग - बिरंगे तरुओं की थी रंग - बिरंगी लीला। 2।

हरे - भरे सर्वदा दिखाते, सदा रहे फल लाते।
सुन्दर सुरभित सुमनावलि से वे थे गौरव पाते।
छवि विलोक कुसुमाकर इतना अधिक रीझ जाता है।
जिससे उनका साथ कभी वह त्याग नहीं पाता है। 3।

कितने हैं कल - गान सुनाते, कितने वाद्य बजाते।
कितने पवन साथ क्रीड़ा कर कौतुक हैं दिखलाते।
कितने चमक - चमक बनते हैं ज्योति - पुंज के पुतले।
कितने प्रकृति - अंक के कहलाते हैं बालक तुतले। 4।

कभी डालियाँ उनकी ऐसे प्रिय फल हैं टपकाती।
जिनको चख बरसों अमरों को भूख नहीं लग पाती।
उनके गिरे प्रसून गले का हार सदा बनते हैं।
ले-ले विमल वारि की बूँदें वे मोती जनते हैं। 5।

लता लहलहाती ललामता मुखड़े की है लाली।
अपने पास लोक-मोहन की रखती है प्रिय ताली।
सदा प्रफुल्ल बनी रहती है, कभी नहीं कुम्हलाती।
उसकी कलित कीर्त्ति सब दिन सुर-ललनाएँ हैं गाती। 6।

उसकी लचक लोच कोमलता है कमाल कर देती।
मचल-मचलकर उसका हिलना है मन छीने लेती।
लपटी देख उसे तरुवर से सुरपुर की बालाएँ।
तल्लीनता कण्ठ की बनती हैं मंजुल मालाएँ। 7।

सुमनस नन्दन-वन-सुमनों की है महिमा मनहारी।
कमनीयता मधुरता उनकी है त्रिभुवन से न्यारी।
किसी समय जब सुन्दरता का है प्रसंग छिड़ जाता।
सबसे पहले नाम सुमन का तब मुख पर है आता। 8।

वस कुसुम-कुल के देखे जब हुई धारणा ऐसी।
तब सोचें, नन्दन-वन की कुसुमावलि होगी कैसी।
उनका रूप देख करके है रूप रूप पा जाता।
उनकी छाया में 'वसुन्धरा-कुसुम' कान्ति है पाता। 9।

तरह-तरह के कुसुमों की हैं अमित क्यारियाँ लसती।
जिन सजधज-सम्मुख जो अवनी-सजधज पर हैं हँसती।
किसी कुसुम का अलबेलापन है बहु मुग्ध बनाता।
किसी कुसुम की कलित रंगतों में है मन रँग जाता। 10।

ए हैं वे प्रसून जो खिलकर म्लान नहीं होते हैं।
सौरभ-वीज जगत में जो सुरभित हो-हो बोते हैं।
आदर पाकर जो हैं सुरपति-शीश-मुकुट पर चढ़ते।
जो खिल-खिलकर भव-प्रमोद का पाठ सदा हैं पढ़ते। 11।

देवपुरी उनके विकास से है विकसित हो पाती।
उनकी छटा देवबाला-तन की है छटा बढ़ाती।
वे हैं अनुरंजन-व्रत-रत रह दिवपति परम दुलारे।
वे हैं सुरसमूह के वल्लभ, सुरबाला के प्यारे। 12।

आनन्दित रह स्वयं और को हैं आनन्दित करते।
भीनी-भीनी महँक सदा वे त्रिभुवन में हैं भरते।
उनके द्वारा सद्भावों का व्यञ्जन हैं कर पाते।
वन्दित जन पर वृन्दारक हैं सदा फूल बरसाते। 13।
जड़ी - बूटियाँ ज्योतिमयी हैं सदा जगमगाती हैं।
तेजःपुंज कलेवर द्वारा तेजस्विता जताती हैं।
पा करसे विचित्र फल-दल हैं अद्भुत दृश्य दिखाती।
दिव्य लोक में कर निवास हैं अधिक दिव्यता पाती। 14।
खिलीं अधखिलीं मिलीं तनिक-सा खिलीं खेल दिखलाये।
बदल रूप ललना से लालन हुईं मन्द मुसकाये।
बन-बन कलित विकास क्रिया की कोमलतम पलिकाएँ।
कला दिखाती ही रहती हैं कलामयी कलिकाएँ। 15।
है कल्पना कल्पपादप की कल्पलता की न्यारी।
पर उनके पाने का नन्दन-वन ही है अधिकारी।
जिसमें नहीं अलौकिकता हो, जिसमें हो न महत्ता।
क्यों है वह स्वर्गीय न जिसमें हो सुरपुर की सत्ता। 16।
वह सदैव मुखरित रहता है खग-कुल-कलरव द्वारा।
कोमल मधुर स्वरों से बहती रहती है रस-धारा।
बहुरंगी विहंग जब उड़-उड़ स्वर्गिक गान सुनाते।
मोदमत्त बन तरु-तृण तक तब थे झूमते दिखाते। 17।
बजती कान्त करों से वीणा सुधामयी स्वर-लहरी।
नृत्य-गान अप्सरा - वृन्द का लय - तालों पर ठहरी।
सुर-समूह का वर विहार सुरबाला की व्रीड़ाएँ।
सकल विश्व-मानस-विमोहिनी भावमयी व्रीड़ाएँ। 18।
कूजित विहँग रँगीली तितली गुंजित अलि-मालाएँ।
कुंजों बीच बनी सोने की बड़ी दिव्य शालाएँ।
सुन्दर से सुन्दर विहार-थल दृश्य नितान्त मनोहर।
प्रकृति-रम्यता समय-सरसता लीलाएँ लोकोत्तर। 19।
हो-हो स्वर्ग-विभूति-विभूषित, हो दिव्यता-निमज्जित।
हो अनुमोदनीय सुख के सब सामानों से सज्जित।
बतलाती हैं उड़ा-उड़ा के कान्त कीर्त्ति के केतन।
वास्तव में सुविदित नन्दन-वन है आनन्द-निकेतन। 20।

विबुध-वृन्द

[7]

जिसकी विजय-दुन्दुभी का रव भव को कम्पित करता है।
प्रकृति तेज जिसका दिगन्त के तिमिर-पुंज को हरता है।
वारिवाह जिसके निदेश से जग को जीवन देता है।
सप्त रंग-रंजित निज धनु से जो विमुग्ध कर लेता है। 1।
दिव्य अलौकिक बहु मणियों से मंडित मुकुट मनोहारी।
सकल मुकुटधर-शासन का है जिसे बनाता अधिकारी।
श्वेतवर्ण ऐरावत-सा मदमत्त गजेन्द्र-मन्द-गामी।
सबसे ऊँचे सिंहासन का जिसे बनाता है स्वामी। 2।
चार चक्षु है नहीं स्वयं जो है सहस्र लोचनवाला।
सारी जगती का रहस्य सब है जिसका देखाभाला।
आ यमराज सामने जिसके धर्मराज बन जाता है।
वह है सुरपति कर के पवि से जो लोकों का पाता है। 3।
जिसकी ज्योति गगनतल में भी परमोज्ज्वल दिखलाती है।
सब भावों का सदुपयोग जिसकी शिक्षा सिखलाती है।
धूमधाम से बहती जिसकी धर्म-धुरन्धरता-धारा।
है सुरपति सर्वस्व विपथ-गत सुर-समूह का ध्रुव तारा। 4।
कहाँ नहीं उस सकल लोक-पालक की कला दिखाती है।
एक-एक फूलों में उसकी सुछवि छलक-सी जाती है।
एक-एक पत्ते पर उसका पता लिखा-सा मिलता है।
खुल जाता है ज्ञान-नयन जब मन्द-मन्द वह हिलता है। 5।
ऐसे भेद बतानेवाली जिसकी कृपा निराली है।
जिसके कर में सकल लोक-हित-कामुकता की ताली है।
जो है त्रिभुवन-शांति-विधाता, सुरपुर का हितकारी है।
वह है सुरगुरु जिसकी गुरुता नीति-निपुणता न्यारी है। 6।
जिसकी तंत्री सुने विश्वहृत्तंत्री बजने लगती है।
जिसकी भावमयी स्वर-लहरी भक्ति-रंग में रँगती है।
जिसका कल आलाप श्रवण में सुधा-विन्दु टपकाता है।
आलबाल उर लसित प्रेमतरु जिससे तरु हो पाता है। 7।
जिसकी महिमामयी मूर्त्ति मन को रसमत्त बनाती है।
किसे नहीं जिसकी तदीयता तदीयता दे पाती है।

सुर-सदनों में जिसका प्रेम-प्रवाह प्रवाहित रहता है।
वह है वह आनन्द-मग्न देवर्षि जिसे जग कहता है। 8।
रमा चंचला हों; पर अचला जिसके यहाँ दिखाती हैं।
ऋद्धि-सिद्धियाँ जिसकी सेवा कर फूली न समाती हैं।
नव निधियाँ निधि के समान जिसकी निधि में लहराती हैं।
जिसके महाकोष में अगणित मणियाँ शोभा पाती हैं। 9।
जो त्रिभुवन के धन-समूह का धाता माना पाता है।
जिसकी कृपा हुए लक्षाधिप महारंक बन पाता है।
सदा भरापूरा जिसका अक्षय भांडार कहाता है।
वह कुवेर है जिसका वैभव कूत न कोई पाता है। 10।
जिसके तरल हृदय की महिमा जलधि-तरंगें गाती हैं।
कल-कल रव करके सरिताएँ जिसकी कीर्त्ति सुनाती हैं।
सकल जलाशय जिसके करुणामय आशय के आलय हैं।
पा जिसका संकेत पयोधर सदा बरस पाते पय हैं। 11।
करके जीवन-दान सर्वदा जो जग-जीवनदाता है।
एक-एक तरु-तृण से जिसका जलसिंचन का नाता है।
वाष्परूप में परिणत हो जो पूर्त्ति व्याप्ति की करता है।
वह है वरुण असरसों में भी जो सदैव रस भरता है। 12।
जिसकी ज्योति सदा जगतीतल में जगती दिखलाती है।
भर-भर तारक-चय में जिसकी भूरि विभा छवि पाती है।
बसकर जो विद्युत-प्रवाह में कान्त कलाएँ करता है।
जिसका तेजःपुंज तमा के तिमिर-पुंज को हरता है। 13।
जो है दीप्ति विभूतिमान जो विश्व-विलोचन-तारा है।
आलोकिता प्रकृति की कृति को जिसका प्रबल सहारा है।
जो कर रत्नराजि को रंजित मणि को कान्त बनाता है।
वह पावक है दिव भी जिससे परम दिव्यता पाता है। 14।
उठा-उठा उत्ताल तरंगें निधि को कम्पित करता है।
जो दिगन्त में महाघोर रव गरज-गरजकर भरता है।
ले तुरंग का काम छिन्न घन से तरंग में आता है।
जो प्रवेश कर कीचक-रन्ध्रों में वर वेणु बजाता है। 15।
खिला-खिला करके कलियों को हँसा-हँसाकर फूलों को।
उड़ा-उड़ाकर वन-विभूतियों के बहुरंग दुकूलों को।

जो बहता है सुरभित हो, नर्त्तन कर मुग्ध बनाता है।
वह समीर है जो सारी संसृति का प्राण कहाता है। 16।
यह संसार व्याधि-मन्दिर है बहु तापों से तपता है।
उसका गला विविध पीड़ाओं द्वारा बहुधा नपता है।
इनका शमन हाथ में जिन विबुधों के रहता आया है।
रस-रसायनों द्वारा निर्मित जिनकी अद्भुत काया है। 17।
जड़ी-बूटियों में प्रभाव जिनका परिपूरित रहता है।
स्रोत निरुजता का ओषधि में जिनके बल से बहता है।
स्वयं अगद रह सगदों को जो अगद सदैव बनाते हैं।
वे पीयूषपाणि - पुंगव अश्विनीकुमार कहाते हैं। 18।
जिसका आगम अरुण दिखा अरुणाभा सूचित करता है।
जो सिन्दूर उषा - रमणी की मंजु माँग में भरता है।
जिससे पावनतम प्रभात नित प्रभा - पुंज पा जाता है।
जिसके कान्ति - निकेतन कर से जगत कान्त बन पाता है। 19।
जो है जागृति मूर्त्तिमन्त, जो दिव्य दिवस का धाता है।
सतरंगी किरणें धारण कर जो सप्ताश्व कहाता है।
जो विभिन्न रूपों से सारे भव में व्याप्त दिखाता है।
वह दिनमणि है जो त्रिलोकपति - लोचन माना जाता है। 20।
जो रजनी का रंजन कर रजनी - रंजन कहलाता है।
जो नभतल में विलस-विलस हँस-हँसकर रस बरसाता है।
दिखा तेज तारक - चय में जो तारापति - पद पाता है।
जो है सिता-सुन्दरी का पति सिन्धुसुता का भ्राता है। 21।
जो शिव के विशाल मस्तक पर बहु विलसित दिखलाता है।
सुन्दर से सुन्दर भव - आनन जिसका पटतर पाता है।
मिले अलौकिक रूप - माधुरी जो बनता जग - जेता है।
वह मंयक है जो संसृति को सुधासिक्त कर देता है। 22।
जिनकी ब्रह्मपुरी में वाणी वीणा बजती रहती है।
जिसकी ध्वनि ब्रह्माण्डमयी बन, पाती महिमा महती है।
प्राणिमात्र - कण्ठों में उसकी झंकृत छटा दिखाती है।
विविध स्वरों ध्वनियों में परिणत हो वह मुग्ध बनाती है। 23।
जिनके चारों वदन वेद हैं जो भव - भेद बताते हैं।
सृष्टि - सृजन की सकल अलौकिक बातें जिनमें पाते हैं।

जिनकी रचना के चरित्र अति ही विचित्र दिखलाते हैं।
वे हैं ब्रह्मा पलक मारते जो ब्रह्मण्ड बनाते हैं। 24।
दो क्या, चार भुजाओं से जो जग का पालन करते हैं।
चींटी हो या हो गजेन्द्र जो उदर सभी का भरते हैं।
स्तनपायी प्राणीसमूह को जो पय सदा पिलाते हैं।
प्रस्तर - भरे कीटकों को जो दे - दे अन्न जिलाते हैं। 25।
जो हैं कर्म - सूत्र-संचालक विविध विधान - विधाता हैं।
जो हैं कुत्सित पात्र नियामक सत्पात्रों के पाता हैं।
हैं संसार - चक्र - परिचालक जो वैकुंठ - निवासी हैं।
वे हैं अखिल लोक के नायक वे ही रमा - विलासी हैं। 26।
मङ्गलमूर्त्ति सुअन हैं जिनके जिनको मोदक प्यारे हैं।
सुर - सेनापति श्याम - कार्त्तिक जिनके बड़े दुलारे हैं।
सिंहवाहना प्रिया सुरसरी - धारा जिनकी प्यारी है।
भाल- विराजित चन्द्रकला से जिसकी मुख-छवि न्यारी है। 27।
जिनके तन की वर विभूति सारी विभूतियाँ देती है।
जिनकी कृपादृष्टि रङ्कों को भी सुरपति कर लेती है।
है कैलास धाम जिनका जिनको मति समझ न पाती है।
वे शिव हैं जिनकी कुटिला भ्रू प्रलयंकरी कहाती है। 28।
दैवी कला सकल लोकों ओकों में कान्त दिखाती है।
सारे ब्रह्माण्डों में सुरगण - सत्ता सबल जनाती है।
सबमें सकल सुसङ्गत बातें सहज भाव से भरते हैं।
सारी संसृति का नियमन नियमानुसार वे करते हैं। 29।
ब्रह्मलोक में है विशेषता है वैकुंठ - विभवशाली।
बातें हैं गौरव - उपेत कैलास - धाम गरिमावाली।
पर न भ्रान्तिवश उनके वासस्थल को स्वर्ग बताते हैं।
क्या 'त्रिदेव' चतुरानन कमलापति शिव कहे न जाते हैं। 30।

स्वर्ग की कल्पना

[8]

अच्छा होता, दुख न कभी होता, सुख होता।
सब होते उत्फुल्ल, न मिलता कोई रोता।
उठती रहतीं सदा हृदय में सरस तरंगें।
कुचली जातीं नहीं किसी की कभी उमंगें। 1।

बजते होते घर - घर में आनन्द - बधावे।
निरानन्द मिलते न धूम से करते धावे।
सदा विहँसता जन - जन - चन्द्रानन दिखलाता।
किसी काल में कहीं न कोई मुख कुम्हलाता। 2।
बहती मिलती सकल मानसों में रस - धारा।
छिदता बिंधता नहीं हृदय वेदन - शर द्वारा।
होते जगती - जीव मंजु भोगों के भोगी।
करने पर भी खोज न मिलता कोई रोगी। 3।
होती मन की बात, तोड़ते सब नभ - तारे।
बैठा मिलता कहीं नहीं कोई मन मारे।
होते सब स्वच्छन्द धर्मरत पर - उपकारी।
कहीं न मिलते पाप - ताप - तापित अपकारी। 4।
सदन - सदन में रमा रमण करती दिखलाती।
नहीं धड़कती पेट के लिये कोई छाती।
जहाँ - तहाँ सब ओर नित बरसता हुन होता।
कहीं न कोई कभी गाँठ की पूँजी खोता। 5।
नवयौवन से सदा लसित होते नर - नारी।
आती जरा कभी न, न जातीं आँखें मारी।
मिले अमरता कभी नहीं मानव मर पाता।
सरस सुधा कर पान न अपना प्राण गँवाता। 6।
नहीं किसी का जीवन - सा पारस खो जाता।
सोने का संसार न मिट्टी में मिल पाता।
सब सदनों में परम हर्ष - कोलाहल होता।
खोकर अपने रत्न न कोई रोता - धोता। 7।
चिरजीवन कर लाभ लोक फूला न समाता।
नहीं काल विकराल किसी का हृदय कँपाता।
द्वारों चौबारों पर मिलती नौबत झड़ती।
किसी कान में कभी नहीं क्रन्दन-ध्वनि पड़ती। 8।
दिव्य नारि - नर - वृन्द गा - बजा रीझ रिझाते।
कर - कर हास - विलास उल्लसित लसित दिखाते।
सब उद्वेजक भाव सामने सहम न आते।
सारे नीरस व्यसन विषय तन परस न पाते। 9।

हरेभरे तरुवृन्द फलों से भरे दिखाते।
पर हो-हो कण्टकित न औरों को उलझाते।
फूल-फूलकर फूल फबीले बन मुसकाते।
पर रज से अन्धे न रसिक भौंरे बन पाते। 10।
घनरुचि तन की छटा दिखा नभ में घन आते।
सरस वारि कर दान रसा को रसा बनाते।
पर कभी न वे कर्ण-विदारी नाद सुनाते।
न तो गिराते विज्जु, न तो ओले बरसाते। 11।
बहता रहे समीर महँकता शीतल करता।
पर आँधी बन रहे न नयनों में रज भरता।
लतिका से कर केलि बने जीवन-संचारी।
पेड़ न टूटे ध्वंस न हो फूली फुलवारी। 12।
ऐसी ही कामना सदा मानव करते हैं।
कुछ ऐसे ही भाव भावुकों में भरते हैं।
भव का द्वन्द्व विलोक मनुज भावित होता है।
देख काल-मुख आठ-आठ आँसू रोता है। 13।
इस विचार ने बुध जन को है बहुत सताया।
कैसे होगी अजर अमर मानव की काया।
क्या लोकों में लोक नहीं है ऐसा न्यारा।
जिसे मिला हो भू-उपद्रवों से छुटकारा। 14।
देख चित्त की वृत्ति समा है गया दिखाया।
मिला रंग से रंग, रंग है गया जमाया।
कहते हैं कुछ विबुध, पता कब गया बताया।
है सुरपुर-कल्पना किसी कल्पक की माया। 15।

स्वर्ग की वास्तवता

[9]

नीलाम्बर में बड़े अनूठे रत्न जड़े हैं।
भव-वारिधि में विपुल विद्युत-स्तम्भ खड़े हैं।
तारे हैं अद्भुत विचित्र अत्यंत निराले।
परम दिव्य आलोक निलय कौतुक तरु थाले। 1।
यदि स्वकीय विज्ञात सौर-मण्डल को ले लें।
चिन्ता-नौका को विचार-वारिधि में खे लें।

तो होगा यह ज्ञात एक उसके ही तारे।
हैं मन-वचन-अगोचर मति - अवगति से न्यारे। 2।
फिर अनन्त तारक - समूह की सारी बातें।
कैसे हैं उनके दिन या कैसी हैं रातें।
क्या रहस्य हैं उनके, क्या, है उनकी सत्ता।
क्या है उनका बल विवेक अधिकार महत्ता। 3।
किसी काल में बता सकेगा कोई कैसे।
बड़े विज्ञ भी कह न सकेंगे, वे हैं ऐसे।
दिनमणि से सौगुने बड़े नभ में हैं तारे।
जो हैं दिव दिव्यता - करों से गये सँवारे। 4।
ऐसे तारक - चय की भी है कथा सुनाई।
जिनकी किरणें अब तक हैं न धरा पर आई।
वे हैं द्युतिसर्वस्व अलौकिक गुणगणशाली।
है उनकी विभुता अचिन्त्य, दिव्यता निराली। 5।
क्या इनमें से कोई भी सर्वोत्तम तारा।
स्वर्ग नाम से जा सकता है नहीं पुकारा।
हैं तारक के सिवा सौर - मण्डल कितने ही।
क्या हैं बहु विख्यात अलौकिक स्वर्ग न वे ही। 6।
क्या न सौर - मण्डल हम लोगों का है अनुपम।
क्या न हमारे सूर्यदेव हैं प्रकृत दिव्यतम।
रविमण्डल विस्तृत वसुधा से बहुत बड़ा है।
जो अवनी है मटर तो द्युमणि - विम्ब घड़ा है। 7।
अग्नि - शरीरी वृन्दारक हैं माने जाते।
तरणि - विम्ब - वासी भी हैं आग्नेय कहाते।
हैं सुरगुरु विधु सहित सौर - मण्डल में रहते।
क्या होगा अयथार्थ उसे जो दिव हैं कहते। 8।
बुद्धदेव में है अनात्मवादिता दिखाती।
ईश - विषय में नहीं जीभ उनकी खुल पाती।
पर वे भी हैं स्वर्गलोक - सत्ता बतलाते।
जैन - धर्म के ग्रन्थ स्वर्गगुणगण हैं गाते। 9।
हैं बिहिश्त के दिव्य गान जरदश्त सुनाते।
स्वर्ग - दृश्य देखे मूसा - दृग हैं खुल जाते।
ईसा हैं स्वर्गीय पिता के पुत्र कहाते।
पैगम्बर जन्नत - पैगामों को हैं लाते। 10।

फिर कैसे यह कहें स्वर्ग - सम्बन्धी बातें!
हैं झूठी, हैं गढ़ी, हैं तिमिर - पूरित रातें।
मरने पर मानव - तन है रज में मिल जाता।
किसी दूसरी जगह नहीं है जाता - आता। 11।
जा करके परलोक पलटता कौन दिखाया।
है उसका वह पन्थ जन जिसे खोज न पाया।
इसीलिए परलोक स्वर्ग आदिक की बातें।
जँचती नहीं, जान पड़ती हैं उतरी ताँतें। 12।
हैं अनात्मवादिता इन विचारों में पाते।
ज्ञान - नयन किस लिये नहीं हैं खोले जाते।
है शरीर से भिन्न 'जीव' यह कभी न भूले।
क्यों अबोध लोहा न बोध पारस को छू ले। 13।
करके तन का त्याग कहाँ है आत्मा जाती।
यह जिज्ञासा विबुधों को है यही बताती।
कर्मभूमि में जीव कर्म का फल पाता है।
उच्च कर्म कर उच्च लोक में वह जाता है। 14।
विबुधों का वर बोध अबुधता का बाधक है।
यह विचार भी स्वर्गसिद्धि का ही साधक है।
तर्क-वितर्क विवाद ओर है बहुत अल्पमत।
स्वर्गलोक-अस्तित्व है विपुल बुध-जन-सम्मत। 15।

[10]

शार्दूल-विक्रीड़ित

है ऐरावत - सा गजेन्द्र न कहीं, है कौन देवेन्द्र-सा।
है कान्ता न शची समान अपरा देवापगा है कहाँ।
श्री जैसी गिरिजा गिरा सम नहीं देखी कहीं देवियाँ।
पायी कल्पलतोपमा न लतिका, है स्वर्ग ही स्वर्ग-सा। 1।
शोभा-संकलिता नितान्त ललिता कान्ता कलालंकृता।
लीला-लोल सदैव यौवनवती सद्वेश वस्त्रावृता।
नाना गौरव - गर्विता गुणमयी उल्लासिता संस्कृता।
होती है दिव-दिव्यता-विलसिता स्वर्गाङ्गना सुन्दरी। 2।
शुद्धा सिद्धि - विधायिनी अमरता आधारिता निर्जरा।
सारी आधि-उपाधि-व्याधि-रहिता वाधादि से वर्जिता।

कान्ता कान्ति - निकेतनातिसरसा दिव्या सुधासिंचिता।
नाना भूति विभूति मूर्त्ति महती है स्वर्ग स्वर्गीयता। 3।
जो होती न विराजमान उसमें दिव्यांग देवांगना।
जो देते न उसे प्रभूत विभुता देवेश या देवते।
नाना दिव्य गुणावली-सदन जो होती नहीं स्वर्गभू।
तो पाती न महान भूति महती होती महत्ता नहीं। 4।
होते म्लान नहीं प्रसून, रहते उत्फुल्ल हैं सर्वदा।
पा के दिव्य हरीतिमा विलसती है कान्त वृक्षावली।
पत्ते हैं परिणाम रम्य फल हैं होते सुधा से भरे।
है उद्यान न अन्य, स्वर्ग-अवनी के नन्दनोद्यान-सा। 5।
जो हो स्वस्थ शरीर, भाग्य जगता, पद्मासना की कृपा।
जो हो पुत्र विनीत, बुद्धि विमला, हो बन्धु में बन्धुता।
जो हो मानवता विवेक-सफला, हों सात्विकी वृत्तियाँ।
हो कान्ता मृदुभाषिणी अनुगता तो स्वर्ग है सद्म ही। 6।
होती है विकरालता जगत की जाते जहाँ कम्पिता।
आता काल नहीं समीप जिसके आरक्त आँखें किये।
होता है भय आप भीत जिसकी निर्भीकता भूति से।
जा पाते यमदूत हैं न जिसमें है स्वर्ग-सा स्वर्ग ही। 7।
होता क्रन्दन है नहीं, न मिलता है आर्त्त कोई कहीं।
हाहाकार हुआ कभी न, उसने आहें सुनी भी नहीं।
देखा दृश्य न मृत्यु का, न दव से दग्धा विलोकी चिता।
है आनन्द-निधान स्वर्ग-विभुता उत्फुल्लता - मूर्त्ति है। 8।
गाती है वह गीत, पूत जिससे होती मनोवृत्ति है।
लेती है वह तान रीझ जिससे है रीझ जाती स्वयं।
ऐसी है कलकंठता कलित जो है मोहती विश्व को।
है संगीत सजीव मूर्त्ति दिव की लोकोत्तरा अप्सरा। 9।
सारी मोहन - मन्त्र - सिद्धि स्वर में, आलाप में मुग्धता।
तालों में लय में महामधुरता, शब्दावली में सुधा।
भावों में वर भावना सरसता उत्कण्ठता कण्ठ में।
देती है भर भूतप्रीतिध्वनि में गन्धर्व गन्धर्वता। 10।
जागे सात्विक भाव भूति टलती हैं तामसी वृत्तियाँ।
देखे दिव्य दिवा-विकास छिपती है भीतभूता तमा।

जाती है मिट ज्ञान भानु-कर से अज्ञान की कालिमा।
पाते हैं द्युति लोक लोक दिव की आलोकमाला मिले। 11।
पाते हैं बहुदीप्ति देवगण से दिव्यांगना-वृन्द से।
होते झंकृत हैं सदैव बजते वीणादि झंकार से।
हो आरंजित रत्न से विलसते हैं मोहते लोक को।
आँखों में बसते सदा विहँसते आवास हैं स्वर्ग के। 12।
हो-हो नृत्य-कला-निमग्न दिखला अत्यन्त तल्लीनता।
पावों के वर नूपुरादि ध्वनि से संसार को मोहती।
ले-ले तान महान मंजु रव से धारा सुधा की बहा।
नाना भाव-भरी परी सहित गा है नाचती किन्नरी। 13।
नाना रोग-वियोग-दुःख-दल से जो द्वन्द्व से है बचा।
सारी ऋद्धि प्रसिद्ध सिद्धि निधि पा जो भूति से है भरा।
जो है मृत्यु-प्रपंच-हीन जिसमें हैं जीवनी ज्योतियाँ।
तो क्या है अपवर्ग-पुण्य बल से जो स्वर्ग ऐसा मिले। 14।
सारी संसृति है विभूति उसकी, है भूत-सत्ता वही।
प्यारा है वह लोक लोकपति का है लोक प्यारा उसे।
जो हो जाय अनन्यता जगत में तो अन्यता है कहाँ।
तो क्या है अपवर्ग-प्राप्ति-गरिमा, तो स्वर्ग ससर्ग क्या। 15।
जो माने न उसे असार, समझे संसार की सारता।
जो देखे तृण से त्रिदेव तक में दिव्यांग की दिव्यता।
जो आँखें अवलोक लें अखिल में आत्मीयता का समा।
जो मानव का हो महान मन तो क्या साहिबी स्वर्ग की। 16।

एकादश सर्ग

कर्म-विपाक

[1]

कर्म-अकर्म

अवसर पर आँखें बदले।
बनता है सगा पराया।
काँटा छिंट गया वहाँ पर।
था फूल जहाँ बिछ पाया। 1।

जो रहा प्यार का पुतला।
वह है आँखों में गड़ता।
अपने पोसे - पाले को।
है कभी पीसना पड़ता। 2।

जिसकी नहँ उँगली दुखते।
आँखों में आँसू आता।
जी खटके पीछे पड़कर।
है वही पछाड़ा जाता। 3।

जिसका मुँह बिना विलोके।
दिन था पहाड़ हो पाता।
वह मुँह न दिखावे, ऐसा।
है कभी चित्त फट जाता। 4।

हैं भली भली ही बातें।
हैं बुरी बुरी कहलाती।
पर लाग लगे पर - घर में।
है आग लगाई जाती। 5।

है झूठा तो झूठा ही।
सच्चा है भला कहाता।
पर लगता ही रहता है।
झूठी बातों का ताँता। 6।
खलता है पग के नीचे।
चींटी का भी पड़ जाना।
पर कभी ठीक जँचता है।
लाखों का लहू बहाना। 7।
जी बहुत दुखी होता है।
अवलोक और का दुखड़ा।
हैं कभी फेर लेते मुँह।
देखे दुखियों का मुखड़ा। 8।
थोड़ा भी सितम किसी का।
है कहाँ कौन सह पाता।
पर दबकर कड़े पड़े का।
है तलवा चाटा जाता। 9।
सब कुछ है समय कराता।
यह बात गयी है मानी।
है भरी दाँव - पेंचों से।
भव कर्म - अकर्म - कहानी। 10।

[2]

उत्ताल तरंगित वारिधि।
यदि रत्नराजि देता है।
तो द्वीपपुंज को भी वह।
हो क्षुब्ध निगल लेता है। 1।
चल परम प्रचण्ड प्रभंजन।
यदि है विशुद्धि कर पाता।
तो दुर्गति कर तरुओं की।
भव में रज है भर जाता। 2।
यदि बरस - बरसकर वारिद।
बनता है जीवनदाता।

तो मार - मारकर पत्थर।
भू पर है वज्र गिराता।3।
यदि आ दिनमणि की किरणें।
जग में हैं ज्योति जगाती।
तो करके नाश निशा का।
तम को हैं तमक दिखाती।4।
यदि बहु भलाइयाँ भू की।
पावक द्वारा हैं होती।
तो जगी ज्वाल - मालाएँ।
हैं आग धरा में बोती।5।
हैं देवधुनी के धाता।
गिरि हैं भूधर कहलाते।
पर वे पाषाण-हृदय हैं।
पविता उनमें हैं पाते।6।
सरिताएँ हैं रस देती।
कल कल रव कर हैं गाती।
पर टेढ़ी चालें चल - चल।
हैं बहु विचलित कर पाती।7।
उनमें है सुधा गरल है।
हैं विविध विनोद व्यथाएँ।
हैं भरी जटिलताओं से।
भव क़र्म - अकर्म - कथाएँ।8।

[3]

वह गूढ़ ग्रंथि है ऐसी।
जो खुली न मति - नख द्वारा।
वह है वह जटिल समस्या।
जिससे समस्त जग हारा।1।
है अविज्ञात गति जिसकी।
मिलता है नहीं किनारा।
वह है अन्तःसलिला की।
वह अन्तर्वर्त्ती धारा।2।
पच्ची होता रहता है।
जिसके निमित्त जग माथा।

अविदित रहस्य - परिपूरित।
वह है वह अद्भुत गाथा। 3।

खोले जिसका अवगुंठन।
खुलता न कभी दिखलाया।
वह है वह प्रकृति - वधूटी।
जिसकी है मोहक माया। 4।

जैसी कि लोक - अभिरुचि है।
वह नहीं उठ सकी वैसी।
भव - रंगमंच की वह है।
अवरोध - यवनिका ऐसी। 5।

कैसे खुलता वह ताला।
जिसने वाधा है डाली।
जो किसी को न मिल पाई।
वह है विचित्र वह ताली। 6।

जिस जगह अगति के द्वारा।
जाती है मति - गति डाँटी।
है जहाँ प्रगति न दृगों की।
वह है वह दुर्गम घाटी। 7।

मन मनन नहीं कर पाता।
मतिमान मन्द है बनता।
कब बोध-सुफल कहलाई।
भव कर्म - अकर्म - गहनता। 8।

[4]

जो पूज्यवाद कहलाता।
गुरुदेव गया जो माना।
अपने शिष्यों को जिसने।
सुत के समान ही जाना। 1।

जिसके प्रसाद से कितने।
दिव्यास्त्र हाथ थे आये।
जिसकी गौरव - गाथाएँ।
थे अयुत - मुखों ने गाये। 2।

वह वृद्ध निरस्त्र तपस्वी।
सन्तान - शोक से कातर।
हत हुआ कपट - कौशल से।
हो गया अलग धड़ से सर। 3।

जो सत्यसन्ध था जिसका।
व्रत धर्म धुरन्धरता था।
उसके असत्य के बल से।
गुरुपत्नी हुई अनाथा। 4।

'ए सारी बातें' जो हैं।
वर आहव - नीति - प्रकाशी।
संकेत से हुई जिनके।
वे थे भूभार - विनाशी। 5।

बहु रक्षित राजसभा में।
जो थी महती कहलाती।
रजवती एक कुलबाला।
है पकड़ मँगाई जाती। 6।

चिढ़ एक महाबलशाली।
था उसको बहुत सताता।
उस निरपराध महिला का।
कच खींचा - नोचा जाता। 7।

वह रोती - चिल्लाती थी।
पर कौन मदद को आता।
उस भरी सभा में उसको।
था नग्न बनाया जाता। 8।

थे वहाँ महज्जन कितने।
पर दिखा सके न महत्ता।
अबला शरीर पर विजयी।
हो गयी आसुरी सत्ता। 9।

थी अर्द्धनिशा, छाया था।
सब ओर घना अँधियाला।
लग गया चेतना पर था।
निद्रा - देवी का ताला। 10।

सब जगत पड़ा सोता था।
पर कुछ वीरताभिमानी।
जगते थे इस असमय में।
रचने को क्रान्ति - कहानी। 11।

कर प्रबल प्रमुख को आगे।
घुस - घुस शिविरों में कितने।
उनका वध किया उन्होंने।
निद्राभिभूत थे जितने। 12।

जो निरपराध बालक थे।
जिनकी थीं करुण पुकारें।
जो थे निरीह उन पर भी।
गिर गयीं उठी तलवारें। 13।

जो इस प्रसिद्ध नाटक का।
है सूत्रधार कहलाता।
भारत - वसुधा द्वारा वह।
चिरजीवी पद है पाता। 14।

कर्त्तव्य - विमूढ़ करेगी।
क्यों नहीं विचित्र अवस्था।
है भरी विषमताओं से।
भव कर्म - अकर्म - व्यवस्था। 15।

[5]

कर्म का मर्म

1

फूल काँटों को करता है।
संग को मोम बनाता है।
वालुकामयी मरुधरा में।
सुरसरी - सलिल बहाता है। 1।

जहाँ पड़ जाता है सूखा।
वहाँ पानी बरसाता है।
धूल - मिट्टी में कितने ही।
अनूठे फल उपजाता है। 2।

दूर करके पेचीलापन।
झमेलों से बच जाता है।
गुत्थियाँ खोल-खोलकर वह।
उलझनों को सुलझाता है।3।

बखेड़े पास नहीं आते।
बला का गला दबाता है।
दहल सिर पर सवार होकर।
उसे नीचा दिखलाता है।4।

भूल की भूल-भुलैयों में।
पड़ गये तुरत सँभलता है।
राह में रोड़े हों तो हों।
पाँव उसका कब टलता है।5।

चाहता है जो कुछ करना।
उसे वह कर दिखलाता है।
सामने हो पहाड़ तो क्या।
धूल में उसे मिलाता है।6।

सामने आ रुकावटें सब।
उसे हैं रोक नहीं पाती।
देख उसको चालें चलते।
आप वे हैं चकरा जाती।7।

बहुत ही साहस है उसमें।
क्या नहीं वह कर पाता है।
फन पकड़ता है साँपों का।
सिंह को डाँट बताता है।8।

बड़ी करतूतों वाला है।
सदा सब कुछ कर लेता है।
परस पारस से लोहे को।
'कर्म' सोना कर देता है।9।

2

चारु चिन्तामणि जैसा है।
क्यों नहीं चिन्तित हित करता।
मिले नर-रत्न गृहों को वह।
रुचिर रत्नों से है भरता।1।

उसी का अनुपम रस पाकर।
रसा कहलाई सरसा है।
सब सुखों का वह साधन है।
कामप्रद कामधेनु - सा है।2।

देखकर उसकी तत्परता।
भवानी भव कर जाती है।
दान कर उसको वर विद्या।
गिरा गौरवित बनाती है।3।

देखकर उसका सत्याग्रह।
लोक - पालक घबराते हैं।
भूलते विधि हैं विधि अपनी।
रुद्र शंकर बन जाते हैं।4।

परम आदर कर जलधारा।
सदा उसका पग है धोती।
दामिनी दीप दिखा, उस पर।
बरसता है बादल मोती।5।

दिवा दमकाता है, रजनी।
उसे रंजित कर छिकती है।
देख विधु हँसता है, उसपर।
चाँदनी सुधा छिड़कती है।6।

दिव उसे दिव्य बनाता है।
तारकाएँ दम भरती हैं।
देखकर उसकी कृतियों को।
दिशाएँ बिहँसा करती हैं।7।

रमा के कर से लालित हो।
क्या नहीं ललके लेता है।
कल्पतरु - जैसा कामद बन।
'कर्म' वांछित फल देता है।8।

3

बबूलों को बोकर किसने।
आम के अनुपम फल पाये।
लगे तब कंज मंजु कैसे।
फूल जब सेमल के भाये।1।

डरे तब जल जाने से क्यों।
आग से जब कोई खेले।
बाल बिनने से क्यों काँपे।
जब बलाएँ सिर पर ले ले। 2।

गात चन्दन से चर्चित हो।
चाँदनी का सुख पाता है।
क्यों न वह छाया में बैठे।
धूप में जो उकताता है। 3।

प्यार ही से बन सकते हैं।
पराये भी अपने प्यारे।
बचाना है अपने को तो।
और को पत्थर क्यों मारे। 4।

सँभाले मुँह, करते रहकर।
जीभ की पूरी रखवाली।
जब बुरी गाली लगती है।
तब न दें औरों को गाली। 5।

जगत में कौन पराया है।
कौन याँ नहीं हमारा है।
मान तो हम सबको देवें।
मान जो हमको प्यारा है। 6।

क्यों किसी को कोई दुख दे।
क्यों किसी को कोई ताने।
क्यों न अपने जी जैसा ही।
दूसरों के जी को जाने। 7।

कौन किसको सुख देता है।
किसी को कौन सताता है।
किये का ही फल मिलता है।
कर्म ही सुख-दुख-दाता है। 8।

4

प्रति दिवस उदयाचल पर आ।
भव-दृगों से हो अवलोकित।
कीर्त्ति दिनमणि-कर पाता है।
लोक को करके आलोकित। 1।

सुधा को लिये सिन्धु को मथ।
सुधाकर नभ पर आता है।
रात - भर बिहँस - बिहँस उसको।
धरातल पर बरसाता है।2।

तारकावलि तैयारी कर।
तिमिर से भिड़ती रहती है।
ज्योति देकर जगतीतल को।
प्रगति - धारा में बहती है।3।

वात है मन्द - मन्द चलता।
मँहक से भरता रहता है।
पास आ कलिका कानों में।
विकचता बातें कहता है।4।

वारि से भर - भरकर वारिद।
सरस हो - हो रस देता है।
मुग्धता दिखा दिग्वधू की।
बलाएँ बहुधा लेता है।5।

व्योमतल में नभ - यान विहर।
विविध कौतुक दिखलाते हैं।
कीर्त्ति विज्ञान - विधानों की।
विपुल कण्ठों से गाते हैं।6।

हिमाचल अचल कहाकर भी।
द्रवित हो रचता सोता है।
निर्झरों से झंकृत रहकर।
ध्वनित सरिध्वनि से होता है।7।

गगनचुम्बी मन्दिर के कलश।
उच्च प्रासाद - पताकाएँ।
प्रचारित करती रहती हैं।
कला - कौशल गुण - गरिमाएँ।8।

महँकते हैं रस देते हैं।
हँस लुभाते ही रहते हैं।
फूल सब अपना मुँह खोले।
कौन - सी बातें कहते हैं।9।

काम में रत रह गाने गा।
खोजते फिरते हैं चारा।

कौन - सा भेद बताते हैं।
विहग - कुल निज कलरव द्वारा। 10।

भ्रमर - गुंजन तितली - नर्त्तन।
हो रहा है किस तंत्री पर।
मत्त होती है मधुमक्खी।
कौन - सा मधुप्याला पीकर। 11।

विपुल वन - उपवन के पादप।
हरे परिधानों को पहने।
सजाये किसके सजते हैं।
फूल - फल के पाकर गहने। 12।

महा उत्ताल तरंगों पर।
विजय पोतों से पाता है।
मिल गये किसका बल गोपद।
सिन्धु को मनुज बनाता है। 13।

सत्यता से सब दिन किसकी।
सिद्धि के साथ निबहती है।
सफलता - ताला की कुञ्जी।
हाथ में किसके रहती है। 14।

सुशोभित है दिव की दिवता।
दिव्यतम उसकी सत्ता से।
विलसता है वसुन्धरातल।
कर्म की कान्त महत्ता से। 15।

[6]

कर्म का त्याग

1

यह सुखद पावन भूति - निकेत।
सुरसरी का है सरस प्रवाह।
वह मलिन रोग - भरित अपुनीत।
कर्मनाशा का है अवगाह। 1।

यह हिमाचल का है वह अंक।
विबुध करते हैं जहाँ विहार।

जहाँ पर प्रकृति - वधूटी बैठ।
गूँथती है मंजुल मणिहार। 2।
वह मरुस्थल का है वह भाग।
जहाँ है खर - रवि - कर उत्ताप।
बढ़ाती है वालुका - उपेत।
जहाँ की भूमि विविध संताप। 3।
यह प्रकृति देश - काल - अनुकूल।
विधाता का है वह सुविधान।
समुन्नति - आनन परम प्रफुल्ल।
नहीं जिससे बन पाता म्लान। 4।
वह परम कुटिल काल - संकेत।
इस सरणि का है जो है हीन।
बनाता रहता है जो सतत।
प्राणियों को बहु दीन मलीन। 5।
यह नियति-कर-विरचित कमनीय।
उच्चतम है वह सत्सोपान।
चढ़े जिस पर संयम के साथ।
सकल भव करता है सम्मान। 6।
वह महा अज्ञ विवेक - विहीन—
कर - रचित है वह गर्त्त गभीर।
गिरे जिसमें होता है नष्ट।
विभव - गौरव का सबल शरीर। 7।
एक है सुधा, दूसरा गरल।
प्रथम है धर्म, द्वितीय अधर्म।
उभय की हैं वृत्तियाँ विभिन्न।
कर्म है जीवन, मरण अकर्म। 8।

2

शक्ति रहते न सकेंगे रोक।
विलोचन अवलोकन का काम।
नासिका ग्रहण करेगी गन्ध।
बनेगा श्रवण शब्द का धाम। 1।
तुरत जायेगी रसना जान।
कौन - से रस का क्या है स्वाद।

न चूकेगा अवसर अवलोक।
करेगा आनन वाद - विवाद। 2।

त्वचा को विना किये कुछ यत्न।
स्पर्श का हो जाता है ज्ञान।
किया करता है मन सब काल।
बहुत - सी बातों का अनुमान। 3।

सलिल में तरल तरंग समान।
उठा करते हैं नाना भाव।
वहन करता रहता है चित्त।
निज विषय के चिन्तन का चाव। 4।

चलेगी क्या न निराली चाल।
आत्मगौरव स्वाभाविक चाह।
निकालेगी न सुअवसर देख।
क्या सुमति अपनी अनुपम राह। 5।

क्या करेगी न मान की आन।
सदा निज विभुता का विस्तार।
क्या न डालेगी लिप्सा ललक।
समादर - कंठ में प्रमुद - हार। 6।

विदित करने को विश्व - विभूति।
दिखाने को अद्भुत व्यापार।
लगा जो उर से शिर पर्यन्त।
टूट जायेगा क्या वह तार। 7।

जिस समय तक है सुख-दुख-ज्ञान।
आत्मसत्ता में है अनुराग।
कर्ममय है जबतक संसार।
कर्म का कैसे होगा त्याग। 8।

3

विलोचन अवलोकें छविपुंज।
मुग्ध हों भव - सौन्दर्य विलोक।
किन्तु हो दृष्टि नितान्त पुनीत।
सामने हो अनुभव - आलोक। 1।

दिखाई पड़े कुवस्तु सुवस्तु।
विदूरित हों तम - तोम - विकार।

सुमति मानवता मुख अवलोक।
बने सद्भाव गले का हार।2।

हस्तगत हो वह आत्मिक शक्ति।
छिड़े वह अन्तस्तल का तार।
लोकहितमय हो जिसकी मीड़।
प्रेम - परिपूरित हो झंकार।3।

पाठ कर विश्व - बन्धुता - मन्त्र।
बने मानस कमनीय अतीव।
समझकर सर्वभूतहित मर्म।
सगे बन जाँय जगत के जीव।4।

चित्त इतना हो जाय दयार्द्र।
दुःख औरों का देख सके न।
अगम भवहित का पन्थ विलोक।
पाँव पौरुष का कभी थके न।5।

न ममता छले न मोहे मोह।
असंयम सके हृदय को छू न।
मिले परमार्थ - शम्भु का शीश।
स्वार्थ बन जाय पवित्र प्रसून।6।

सफल होता है मानव - जन्म।
हाथ आ जाता है अपवर्ग।
धर्म पर जब परमार्थ - निमित्त।
स्वार्थ हो जाता है उत्सर्ग।7।

स्वार्थ - परमार्थ - रहस्य विलोक।
विश्वहित से रख बहु अनुराग।
सदा जो किया जाय सविवेक।
है वही 'कृत्य' कर्म का त्याग।8।

4

अन्ध नयनों में भर दे ज्योति।
बने अज्ञान - तिमिर आलोक।
भरित हो जहाँ मलिनता भूरि।
करे उसको उज्ज्वलतम ओक।1।

तमोगुण से हो - हो अभिभूत।
तामसी रजनी का व्यापार।

जहाँ हो व्याप्त वहाँ बन भानु।
करे निज प्रबल प्रभा - विस्तार। 2।

जहाँ पर कूटनीति का जाल।
फैल करता हो अत्याचार।
वहाँ बन स्वयं न्याय की मूर्त्ति।
करे उत्पीड़ित का उपकार। 3।

कृपा कर सदा पोंछता रहे।
व्यथित पीड़ित जन-लोचन-वारि।
क्लेश विकराल उरग के लिये।
सर्वदा बने सबल उरगारि। 4।

दौड़कर पकड़े उनका हाथ।
बहाये जिनको संकट - स्रोत।
आपदा - वारिधि - वारि - निमग्न।
भग्नउर के निमित्त हो पोत। 5।

दीन का बन्धु दुखी - अवलम्ब।
रंक का धन अनाथ का नाथ।
जाय बन निराधार - आधार।
पतित की गति प्यासे का पाथ। 6।

किन्तु जो करे, करे सविवेक।
स्वार्थ तज धारण करके धर्म।
जान कर्त्तव्य दिव्य रख दृष्टि।
समझकर मानवता का मर्म। 7।

करे क्यों कर्म - त्याग का गर्व।
दिखाकर नाना विषय - विराग।
कर्म का त्याग कर सका कौन।
त्याग है कर्म - फलों का त्याग। 8।

[7]

कर्म-भोग

1

एक भ्रम है अज्ञान - प्रसूत।
बनाता रहता है जो भ्रान्त।

हुआ कर्त्तव्य - विमूढ़ सदैव।
लोक जिससे हो - हो अक्रान्त। 1।

मनुज - उत्साह - कुरंग - निमित्त।
है परम जटिल वह महाजाल।
नहीं पाता विमुक्ति - पथ खोज।
वद्ध जिसमें रह जो चिरकाल। 2।

वह समुन्नति - सरि प्रबल प्रवाह।
निरोधक है मरुधरा समान।
जहाँ होता है उसके सरस।
मनोहर जीवन का अवसान। 3।

ओज-गिरि-शिखरों पर सब काल।
किया करता है वह पवि - पात।
श्रम - सदन पर गोलों के सदृश।
सदा पहुँचाता है आघात। 4।

गिरे जिसमें प्रयत्न - मातंग।
विवश है बनता, है वह गर्त्त।
पड़े जिसमें जन - साहस - पोत।
सदा डूबे, है वह आवर्त्त। 5।

लोप होती है, उसमें देख।
वायु - सी दीपक - दीप्ति विरक्ति।
मनुज - जीवन - प्रदीप की ज्योति।
अलौकिक कार्यकारिणी शक्ति। 6।

उस प्रभंजन का है वह वेग।
भरी जिसने विपत्ति की गोद।
हुआ जिससे सर्वदा विपन्न।
सकल उद्योग - समूह पयोद। 7।

पा सके पता नहीं बुधवृन्द।
बुद्धि की दूरबीन से देख।
थक गयी दृष्टि दिव्य से दिव्य।
न दिखलाया लिलार का लेख। 8।

2

भाग्य - लिपि मानना बड़ी है भ्रान्ति।
वह पतन गूढ़ गर्त्त की है राह।

वह नदी है भयंकरी दुर्लंघ्य।
आज तक मिल सकी न जिसकी थाह। 1।
क्यों न उसको मरीचिका लें मान।
है दिखाती सरस सलिल - आवास।
पर सकी मिल न एक बूँद कदापि।
बुझ न पाई कभी किसी की प्यास। 2।
है किसी बाँझ बालिका की बात।
जिसका केवल सुना गया है नाम।
पर किसी को मिला नहीं अस्तित्व।
है कहाँ पर धरा कहाँ धन - धाम। 3।
है कहीं पर नहीं दिखाती नींव।
है कहीं भी जमा न उसका पाँव।
क्यों बतायें उसे न सिकता - भित्ति।
जब कि है भाव का सदैव अभाव। 4।
है अमा की तिमिर - भरी वह रात।
कालिमा हो सकी न जिसकी दूर।
और भी हो गयी विपत्ति-उपेत।
क्या हुआ जो मिलित हुए शशि सूर। 5।
उस गहनता समान है वह गूढ़।
है बनाता जिसे विपिन बहु घोर।
है जहाँ दृष्टि को न मिलता पन्थ।
है जहाँ पर विभीषिका सब ओर। 6।
वह किसी नट कुवंशिका के तुल्य।
है जगाती अनेक सोये नाग।
बेसुरा बोल फोड़ती है कान।
है भरी छिद्र से घिरी खटराग। 7।
है किसी ज्ञान - हीन लोक - निमित्त।
व्योम का पुष्प, मरुमही का नीर।
फेर में पड़ न, क्यों न मुँह लें फेर।
वारि की लीक है लिलार - लकीर। 8।

3

भाग्य है अज्ञों का अवलम्ब।
आलसी का है परमाधार।

गले में पड़े भ्रान्ति का फन्द।
लुट गया मणिमुक्ता का हार।1।

दूसरों का आनन अवलोक।
बढ़ गये कर्महीनता प्यार।
मिला मिट्टी में साँसत भोग।
सुखों का सोने का संसार।2।

सो रहे हैं आँखों को मूँद।
समय पर सके नहीं जो जाग।
डालकर हाथ-पाँव वे लोग।
भाग में लगा रहे हैं आग।3।

अचाञ्चक हो जाये पविपात।
या बरस जाये सिर पर फूल।
भीरुता का है यह उपभोग।
सदा है भाग्य-भरोसा भूल।4।

लोक को काम-चोर की उक्ति।
किया करती है अधिक प्रसन्न।
उसे फल-दल देते हैं पेड़।
धरा से वह पाता है अन्न।5।

बनाता कैसे उसे न मूढ़।
अभावों से कर-कर अभिभूत।
किसी सिर पर जब हुआ सवार।
भाग्यजीवी अभाग्य का भूत।6।

जब हमारा अति कुत्सित कर्म।
चलायेगा हम पर करवाल।
उस समय सुन्दर सरस प्रसून।
बरस पायेगा नहीं कपाल।7।

है गढ़ी हुई भाग्य-लिपि बात।
कथा उसकी है परम अलीक।
कहाँ पर मिला भाल का अंक।
कल्पिता है लिलार की लीक।8।

4

भाग्य का रोना रो-रोकर।
वृथा ही नर घबराता है।

भागता है श्रम से, तब क्यों।
भाग्य को कोसा जाता है।1।
साँसतें सहता है कोई।
तो किये का फल पाता है।
किया उस बेचारे ने क्या।
भाल क्यों ठोंका जाता है।2।
उसी के अपने कर्मों से।
मनुज-कष्टों का नाता है।
क्यों पटकते हैं सिर को वह।
किस लिये पिटा जाता है।3।
खोलकर नर कानों को जब।
नहीं हित-बातें सुनता है।
बुरी धुन जब जी को भाई।
किस लिये सिर तब धुनता है।4।
चलें सारी चालें उलटी।
भली बातों से मुँह मोड़ें।
किस लिए माथा तो ठनके।
किस लिए तो सिर को तोड़ें।5।
काम के काम न कर पायें।
न तो हित की बातें सोचें।
क्यों न तो ठोकर खायेंगे।
चौंककर सिर को क्यों नोचें।6।
कर्म का मर्म विना समझे।
सदा जो बने रहे पोंगा।
तो न होगा कुछ सिर पकड़े।
हित नहीं सिर कूटे होगा।7।
किसी का कर्म-भोग क्या है?
कर्म को कर्म बनाता है।
क्यों पड़े भाग्य फेर में नर।
कर्म ही भाग्य-विधाता है।8।

5

पिता-वीर्य माता-रज द्वारा है प्राणी .बन पाता।
उनके वैभव का प्रभाव उस पर है प्रचुर दिखाता।

प्रकृति कान्त-कर कौशल से है सकल क्रियाएँ करता।
भव के नव-नव चित्रों में है 'रंग' ढंग से भरता। 1।
गर्भाधान-समय से ही है सृजन-कार्य छिड़ जाता।
गर्भकाल में भी कमाल कम नहीं दिखाता धाता।
बालक जन्म-लाभ कर ज्यों-ज्यों है जगती का बनता।
त्यों-त्यों उसका हृदय-भाव है विविध रसों में सनता। 2।
विविध परिस्थितियाँ उसकी संस्कृति को हैं रच देती।
उसकी मति उन्नत हो-हो बहु शिक्षाएँ हैं लेती।
बड़े मनोहर दिव्य दृश्य ऋतु की कमनीय छटाएँ।
पंच भूत की बहु विभूतियाँ उमड़ी श्याम घटाएँ। 3।
द्युमणिदेव की परम दिव्यता, विधु का रस बरसाना।
तारक-चय का चमक-चमककर चमत्कार दिखलाना।
बार-बार घटती घटनाएँ कार्य-कलाप-विपुलता।
देश-काल-व्यापार-विशदता लोक-विधान-बहुलता। 4।
प्राणिपुंज की प्रवंचनाएँ अद्भुत आपाधापी।
समय-प्रवृति सामयिकता के परिवर्त्तन बहुव्यापी।
इन सबका प्रभाव अनुभव संसर्ग निसर्गज बातें।
कितने उज्ज्वलतम दिन, कितनी बहु तमसावृत रातें। 5।
रह निर्माण-निरत प्राणी को अनुप्राणित करती हैं।
नाना भाव विभिन्न प्रकृति में यथाकाल भरती हैं।
यह प्रक्रिया-समष्टि लोक-जीवन की है निर्माता।
शारीरिक सम्पूर्ण शक्तियों की है यही विधाता। 6।
यह अदृष्ट है, इसी लिये है सदा अदृष्ट कहाती।
माननीय विधि की महिमामय विधि है मानी जाती।
वह ललाट पर नहीं लिखित है, है न कर्म की रेखा।
किसी काल में उसे किसी ने कहीं नहीं है देखा। 7।
किन्तु वह बहुत बड़ी शक्ति है, है महानतम सत्ता।
उसमें भरी हुई है जन-जीवन की भूरि महत्ता।
सदुपयोग यदि उसका हो, यदि जाना मर्मस्थल हो।
करे कर्म के लिए कर्म तो क्यों न कर्म का फल हो। 8।

[8]

कर्मवीर

1

हाथ - पाँवों के होते कब।
बन सका वह लँगड़ा - लूला।
भाग्य की भूल - भुलैयाँ में।
करतबी कभी नहीं भूला।1।

उसी की गति कुछ है ऐसी।
जो नहीं जाती है कूती।
एक करतूती है ऐसा।
बोलती है जिसकी तूती।2।

भले ही गोले चलते हों।
कब सका है जी हिल उनका।
वीर कब घबरा जाते हैं।
दलकता है कब दिल उनका।3।

थकाहट थका नहीं सकती।
रुकावट रोक नहीं पाती।
काम करनेवाली की धुन।
तोड़ नभ - तारे है लाती।4।

जो बड़ी जीवट वाले हैं।
न डिगना है उनकी थाती।
कलेजा कभी नहीं हिलता।
सिल बनी रहती है छाती।5।

साहसी का साहस देखे।
सिड़ें हैं अपना सिर देती।
बिदअतें बिदअत सहती हैं।
साँसतें साँस नहीं लेतीं।6।

सूख जाये समुद्र जो तो।
उसे दम भर में भरते हैं।
काम है कौन नहीं जिसको।
कलेजेवाले करते हैं।7।

पैठते हैं पातालों में।
आसमाँ पर उड़ जाते हैं।
काम जिनको प्यारा है वे।
काम कर नाम कमाते हैं। 8।

2

देख उत्ताल तरंगों को।
कार्यरत कब घबराता है।
शक्ति कुम्भज - सी धारण कर।
पयोनिधि को पी जाता है। 1।

कार्य - पथ का वाधक देखे।
वीर पौरुष से भरता है।
पर्वतों को पवि बन - बनकर।
धूल में परिणत करता है। 2।

विलोके मूर्त्ति केशरी की।
गरजती शोणित की प्यासी।
शक्ति वीरों की बनती है।
सर्वदा सिंहवाहना - सी। 3।

पुरन्दर के हाथों से भी।
बात कहते वह है छिनता।
वीरवर भरे वीरता में।
वज्र को वज्र नहीं गिनता। 4।

सत्य पथ पर चोटें खाये।
नहीं वह करता है 'सी' भी।
कब हुई वीरों को परवा।
त्रिशूली के त्रिशूल की भी। 5।

देखकर उनकी बलवत्ता।
सबल का बल भी है टलता।
अलौकिक वीर - चरित्रों पर।
चक्रधर - चक्र नहीं चलता। 6।

खलों की खलता का सहना।
वीर को है बहुधा खलता।

किसी पत्थर - सी छाती पर।
वही है सदा मूँग दलता। 7।
कर्मरत वीरों का कौशल।
चमकता है रत्नों को जन।
फूल के गुच्छे बनते हैं।
हाथ में पड़ साँपों के फन। 8।

3

वज्र को तृण कर देने में।
फड़कती है उसकी नस - नस।
सिन्धु को गोपद करता है।
साहसी का सच्चा साहस। 1।
राह में अड़ी अड़चनों को।
चींटियों - सदृश मसलता है।
वीर जब बढ़ता है आगे।
काम करके ही टलता है। 2।
काम जब कसकर करती है।
बिगड़ पाता तब कैसे रस।
सिद्धि कृति की मूँठी में है।
हाथ में उसके है पारस। 3।
विघ्न हैं विघ्न नहीं करते।
नहीं वाधा वाधा देती।
साहसी का देखे साहस।
आपदा साँस नहीं लेती। 4।
यत्न कर लोग रत्न कितने।
कीचड़ों में से पाते हैं।
फल लगा उकठे काठों में।
धूल में फूल खिलाते हैं। 5।
बुद्धि के बल से वश में रह।
विविध ढंगों में ढलती है।
बालकर दीपक - मालाएँ।
दामिनी पंखा झलती है। 6।

क्या नहीं करता है उद्यम।
कर सके क्या न यत्न न्यारे।
आँख के तारे बन पाये।
करोड़ों कोसों के तारे।7।

खुले ताला के जाती है।
निजी पूँजी देखीभाली।
किन्तु है कर्म करों में ही।
सब सफलताओं की ताली।8।

4

विश्व के थाल में भरा व्यंजन।
बस उसी के लिये परोसा है।
जो खड़ा है स्वपाँव पर होता।
बाहुबल का जिसे भरोसा है।1।

है भरा वित्त जाँघ में जिनकी।
मुँह नहीं ताकते किसी का वे।
कर कमाई कुबेर बन घर में।
बालते हैं प्रदीप घी का वे।2।

यह भरा है उमंग से होता।
इंच-भर वह नहीं उभरता है।
करतबी काम कर कमाता है।
आलसी दैव-दैव करता है।3।

कौन पड़ भाग्य - फेर में पनपा।
आत्मबल है विभूति का दाता।
एक दो बेर को तरसता है।
दूसरा है कुबेर बन जाता है।4।

नाम हैं कर्म - भोग का लेते।
पर बने हैं बहुत बड़े भोगी।
भाग्य की भूल में पड़े हैं जब।
तब भलाई न दैव से होगी।5।

चौंक भूले हुए हरिण की-सी।
किस लिये नर छलाँग भरता है।

कर रहा है सदैव मनमानी।
तो वृथा दैव - दैव करता है।6।

जो नहीं आँख खोलकर चलते।
देखकर देख जो नहीं पाते।
दैव पर भूल जो करें भूलें।
किस लिये वे न ठोकरें खाते।7।

हाथ में विश्वशक्ति है उसके।
वह विबुध - वृन्द - नेत्र - तारा है।
अन्य बलवान कौन है ऐसा।
आत्मबल का जिसे सहारा है।8।

5

नर नभग के शदृश कैसे।
नभ में उड़ते दिखलाते।
सुरपुर - विमान जैसे ही।
क्यों विविध विमान बनाते।1।

क्यों रेल तार बन पाते।
क्यों घड़ियाँ घर-घर चलतीं।
क्यों विपुल दीप - मालाएँ।
विद्युत - विभूति से बलतीं।2।

बातें सहस्र कोसों की।
क्यों घर बैठे सुन पाते।
बहु अन्य - देश - गायक क्यों।
आ पास स्वगाने गाते।3।

क्यों विविध कलें बन - बनकर।
दिखलातीं दिव्य कलाएँ।
वह बल क्यों मिलता जिससे।
टलती हैं विपुल बलाएँ।4।

लाखों कोसों की दूरी।
क्यों परम अल्प हो जाती।
बहु - दूर - स्थित द्वीपावलि।
क्यों घर - आँगन बन जाती।5।

कैसे भावुक को मिलतीं।
बहु भव - विधायिनी बातें।
वर ज्योति - विमंडित बनतीं।
कैसे तमसावृत रातें। 6।

बन - बन विचित्र यन्त्रों में।
अद्भुत क्रीड़ा - शालाएँ।
क्यों हार गले का बनतीं।
मोहक तारक - मालाएँ। 7।

जो कर्म - कुशलता दिखला।
जागतीं न विज्ञ जमातें।
कैसे अवगत हो पातीं।
विज्ञान की विविध बातें। 8।

[9]

कर्मयोग

छप्पै

नयन मनुज के सदा सफलता - मुख अवलोकें।
दानों कर बन परम कान्त सुरतरु - फल लोकें।
उसको बहती मिले मरु - अवनि में रस - धारा।
वह पाता ही रहे अमरपुर - सा सुख न्यारा।
कैसे किस साधन के किये? तो उत्तर होगा यही।
सब दिनों कर्मरत जो रहा सिद्धि पा सका है वही। 1।

उषा राग को लसित कर्म अनुराग बनाता।
कर्मसूत्र में बँधा दिवाकर है दिखलाता।
रजनी - रंजन कर्म कान्त बन है छवि पाता।
अवनीतल पर सरस सुधारस है बरसाता।
है करती रहती विश्व को विदित कर्म की माधुरी।
हो तारकावलि से कलित प्रति दिन रजनी सुन्दरी। 2।

परम पवि-हृदय-मेरु-प्रवाहित निर्झर द्वारा।
प्रस्तर - संकुल अवनि - मध्य - गत सरिता - धारा।
फल से विलसे विटप रंग लाती लतिकाएँ।
सौरभ - भरे प्रसून विकच बनती कलिकाएँ।

देती हैं भव को, कर्म की अनुपमता की सूचना।
है कर्म परम पावन सरस सुन्दर भावों में सना। 3।
कैसे मिलते रत्न क्यों उदधि - मन्थन होता।
कैसे कार्य - कलाप बीज कल कृति के बोता।
कैसे जड़ता मध्य जीवनी - धारा बहती।
कैसे वांछित 'सिद्धि' साधना - कर में रहती।
कैसे तो वारिद - वृन्द वर वारि बरस पाते कहीं।
जो कर्म न होता तो रसा सरसा हो सकती नहीं। 4।
कर्महीनता मरण, कर्म - कौशल है जीवन।
सौरभ - रहित सुमन - समान है कर्महीन जन।
तिमिर - भरित अपुनीत इन्द्रियों का वर रवि है।
कर्म परम पाषाण - भूत मानस का पवि है।
है कर्म - त्याग की रगों में परिपूरित निर्जीवता।
है कर्मयोग के सूत्र में बँधी समस्त सजीवता। 5।

[10]

शार्दूल-विक्रीड़ित

क्या है कर्म अकर्म धर्म किसको हैं मानते दिव्य-धी।
क्या है पुण्य - विवेक, पा किसको विद्वज्जनों ने कहा।
मीमांसा इसकी हुई कम नहीं, है आज भी हो रही।
होता है न रहस्य-भेद फिर भी 'धर्मस्य सूक्ष्मा गतिः'। 1।
नाना तर्क-वितर्क हैं विषय हैं वे जो द्विधाग्रस्त।
ऐसे हैं फिर भी विचार कितने जो सत्य-सर्वस्व हैं।
सारे मानवधर्मग्रन्थ जिनको हैं तत्वतः मानते।
तो भी क्या वसुधा समस्त जन के वे सर्वथा मान्य हैं। 2।
प्राणी है परिणाम भूत-चय का, है वृत्ति भी भौतिकी।
पाते हैं उसमें अतः अधिकता भूतोद्भवा भूति की।
होती है पशुता-प्रवृत्ति प्रबला कर्मेन्द्रियासक्ति से।
देती है उसको बना अधमता की मूर्त्ति स्वार्थान्धता। 3।
हो सावेश नहीं मनुष्य करता है कौन-सी क्रूरता।
हो क्रोधान्ध महा अनर्थ करते होता नहीं त्रस्त है।

क्या है बर्बरता महा अधमता क्या दानवी कृत्य है।
प्राणी है यह सोच ही न सकता विक्षिप्त हो वैर से। 4।
चेष्टाएँ कितनी हुईं, तम टले, पापान्धता दूर हो।
अत्याचार निरस्त हो, दनुजता हो वज्रपातांकिता।
तो भी क्या पशुता टली, अधमता क्या हो सकी ध्वंसिता।
क्या धी त्रस्त हुई सुने नरक की हृत्कम्पकारी कथा। 5।
तो क्या है यमयातनातिपरुषा क्या है महा भर्त्सना।
तो क्या हैं विकरालमूर्त्ति यम के उद्दंड दूताग्रणी।
जो हो शंकित अल्प भी न उनसे पापीयसी वृत्ति तो।
क्या है वैतरणी विभीषण क्रिया क्या नारकीयाग्नि है। 6।
जो होते कुछ भी सशंक, मति तो होती नहीं तामसी।
हो पाती तमसावृता न दृग की ज्योतिर्मयी दृष्टि भी।
तो व्यापी रहती नहीं हृदय में दुर्वृत्ति की कालिमा।
हैं जो लोग मदान्ध वे न डरते हैं अन्धतामिस्र से। 7।
पायी है उसने प्रभूत पशुता दुर्वृत्तता दानवी।
हिंसा हिंसक जन्तु-सी कुटिलता सर्पाधिराजोपमा।
उत्पात-प्रियता प्रभंजन-समा दुर्दग्धता वह्नि-सी।
कुम्भीपाक विपाक बात सुन क्यों काँपे महापातकी। 8।
देता है अलि-डंक-सा दुख उसे जो पंक-निक्षेप हो।
होती है अहि-दंशतुल्य परुषा पीड़ा अवज्ञा हुए।
देखे कीर्त्ति-कलाप-लोप उसको होता महाताप है।
पाता रौरव-वास दीर्घ दुख है खो गौरवों को सुधी। 9।
होते हैं उसके विचार-तरु के पत्ते छुरा-धार से।
देते हैं कर जो विपन्न बहुधा रक्ताक्त उद्बोध को।
जो होके विकलांग भाव उसके होते व्यथाग्रस्त हैं।
तो क्या है असिपत्र-से नरक का वासी नहीं भ्रष्ट-धी। 10।
है दुर्गन्ध-निकेतना कलुषिता निन्द्या जुगुप्सा-भरी।
हैं उन्मादमयी सनी रुधिर से हैं लोक-हिंसारता।
होती है खर गृध्रदृष्टि उनकी मांसाशिनी निम्नगा।
भू में ही कितनी कराल कृतियाँ हैं कालसूत्रोपमा। 11।
जोंकें हों उसमें प्रकम्पितकरी दुर्दंशनों से भरी।
होवें भूरि विषाक्त व्याल उसके फूत्कार से फूँकते।

हो कालानन-सा कराल वह या हो आस्य नागेन्द्र का।
थोड़ी भी कब अन्धकूप परवा पापान्धता को हुई। 12।
लोहे से विरची विभावसु बनी आलिङ्गिता कामिनी।
दे अत्यन्त व्यथा, नुचें नरक में सर्वाङ्ग की बोटियाँ।
सारे सुन्दर गात में कुलिश-से काँटे सहस्रों गड़ें।
क्यों कामी सुन वज्रकंटक-कथा कामान्धता से बचे। 13।
जो खाते पर-मांस हैं न उनका क्यों मांस खाते वही।
जैसा है नर पाप-कर्म, मिलता है दण्ड वैसा वहाँ।
चाहे हो अथवा न हो नरक, क्या आदर्श भी है नहीं।
तो है शोक, विलोक शाल्मलिक्रिया जो हो न शालीनता। 14।
देखा जो दृग खोल के अवनि तो है वंचितों से भरी।
हैं रोते मिलते अनेक कितने पाते नहीं रोटियाँ।
लाखों का भर पेट अन्न मिलना है स्वप्न के दृश्य-सा।
लाखों की कृमि-भोजनादि नरकों-सी नारकी वृत्ति है। 15।
हो-हो लोलुपता-प्रपंच-पतिता हो लोभ से लालिता।
ला, ला, के पड़ फेर में, ललकती, हो लालसा से भरी।
पाती है प्रति यातना निरय की हो लीन दुर्नीति में।
लालाभक्षनिकेतना अललिता लालायिता वृत्तियाँ। 16।
चक्की में पिसते नहीं विवश हो, होते व्यथाग्रस्त क्यों।
कैसे शूकर से कदर्य्य, मुख बा-बा लीलना चाहते।
जो होते न कुकर्म में निरत तो जाता न रेता गला।
कैसे शूकर-आननादि नरकों-सी यन्त्रणा भोगते। 17।
देखे दुर्गति पाप में निरत की, कामान्ध की दुर्दशा।
नाना शूल-समूह से हृदय को पाके बिधा प्रायशः।
बारम्बार विलोक मत्त मति को मोहादि से मर्दिता।
होती हैं सुख ज्ञात संडसन की सारी सुनी साँसतें। 18।
होती है सुखिता पिये रुधिर के, है नोचती बोटियाँ।
प्यारा है उसको निपात वह है उत्पात-उत्पादिका।
लेती है प्रिय प्राण प्राणिचय का, है त्राण देती कहाँ।
क्रूरों की कटुतामयी कुटिलता है गृध्रभक्षोपमा। 19।
पक्षी को पशुवृन्द को पटक के हैं पीटती प्रायशः।
वाणों से कर विद्ध गृध्र बन हैं देती बड़ी यन्त्रणा।

हैं कोंचा करती सदैव, बढ़के हैं गोलियाँ मारती।
हैं विश्वासन - सी निकृष्ट, नर की मांसाशिनी वृत्तियाँ। 20।
जो होवें बहु गृध्र क्षीण खग को चोचें चला चोंथते।
जो हों निर्बल को विदीर्ण करते हो क्रुद्ध क्रूराग्रणी।
जो निर्जीव शरीर को लिपट हों कुत्ते कई नोचते।
तो श्वानोदन - दृश्य दृष्टिगत क्यों होगा न भू में किसे। 21।
क्या हैं प्राणिसमूह को न डसते नानामुखी सर्प हो।
होती है उनकी कशा कलुषिता क्या विज्जुतुल्या नहीं।
क्या वे ले शित शेल हैं न कितने हृत्पिंड को बेधते।
शूल - प्रोत - समान क्या न महि में हैं शूलदाताग्रणी। 22।
हैं दुर्गंधमयी महाकलुषिता वीभत्सता से भरी।
नाना मूर्त्तिमती करालवदना क्रोधान्विता सर्पिणी।
है उच्छृंखलता - रता बहुमुखी आतंक - आपूरिता।
पापी की पतिता प्रवृत्ति - सदृशा वैश्वासिनी प्रक्रिया। 23।
है डाला करती विपन्न मुख में सीसा गला प्रायशः।
भोगे भी यह भोग प्राण कढ़ते हैं पातकी के नहीं।
खाता मुन्दर है, प्रहार सहता है, छूटता जी नहीं।
कैसी है यह क्षार कर्दमकृता दुःखान्त दृश्यावली। 24।
रोता है पिटके कठोर कर से है यन्त्रणा भोगता।
बोटी है कटती, समस्त तन को है नोचती दानवी।
है दुर्भाग्य, महा विपत्ति यह है, है मर्मवेधी व्यथा।
जो रक्षोगण - भोजनावधि अघी है छूट पाता नहीं। 25।

द्वादश सर्ग

प्रलय-प्रपंच

परिवर्त्तन

[1]

जल को थल होते देखा।
थल है जलमय हो जाता।
है गर्त्त जहाँ पर गहरा।
था गिरिवर वहाँ दिखाता। 1।

वे द्वीप जहाँ सुरपुर - से।
बहु सुन्दर नगर दिखाते।
हैं उदधि - गर्भगत अधुना।
हैं पता न उनका पाते। 2।

नन्दन - वन - से दृग - रंजन।
बहु वन बन गये मरुस्थल।
हो गये मरुस्थल कितने।
द्रुम - वलित शस्य - से श्यामल। 3।

प्रज्वाल - वमन - रत पर्वत।
बनता है दिव्य हिमाचल।
है अग्नि - गर्भ हो जाता।
हिमराशि - विसिञ्चित अञ्चल। 4।

जो नगर अपर अलका था।
थी जहाँ खिँची सुख - रेखा।
उसको क्षिति हिलते क्षण में।
अन्तर्हित होते देखा। 5।

निधिता अवलोक जहाँ की।
था वरुण - कलेजा हिलता।
बहु - योजना - व्यापी भूतल।
है वहीं अचाञ्चक मिलता। 6।

अति तरल सलिल कहलाकर।
है बूँद बूँदपन खोती।
है स्रोत सरित बन पाता।
सरि निधि में मिल निधि होती। 7।

फिर रही किसी फिरकी - से।
है काल कहीं फुरतीला।
होती रहती है भव में।
पल - पल परिवर्त्तन - लीला। 8।

[2]

है बीज अंकुरित होता।
अंकुर तरु है बन पाता।
हो शाखा - पत्र - सुशोभित।
है तरु प्रसून पा जाता। 1।

खिल - खिल प्रसून छविशाली।
बनता है फल का दाता।
फल बीज से भरित होकर।
है सृजन - दृश्य दिखलाता। 2।

बहु - वाष्प - समूह सघनता।
है घनमाला कहलाती।
घन है बूँदों से भरता।
बूँदें हैं वारि बनाती। 3।

सागर हो या हो वसुधा।
जल कहाँ नहीं दिखलाता।
वह तप - तपकर तापों से।
है पुनः वाष्प बन जाता। 4।

तृण हैं मिट्टी में उगते।
मिट्टी में हैं पल पाते।

जल गये, राख होने पर।
मिट्टी में हैं मिल जाते। 5।

जो चरे गये पशुओं से।
वे हैं मल बने दिखाते।
फिर बाहर निकल उदर के।
मिट्टी ही हैं हो जाते। 6।

ऐसी ही विधियों, से ही।
है बना विश्व यह सारा।
चाहे हो कोई रजकण।
या हो नभतल का तारा। 7।

है संसृति का संचालन।
है प्रकृति - प्रवृत्ति - प्रवर्तन।
है भरित गूढ़ भावों से।
भव का अद्भुत परिवर्त्तन। 8।

[३]

जो तपते हुए तवे पर।
कुछ बूँदें हैं पड़ पाती।
तो वे छन - छनकर छन में।
अन्तर्हित हैं हो जाती। 1।

समझा जाता है जलकर।
वे हैं विनष्ट हो जाती।
पर वाष्प - रूप में पल में।
वे हैं परिणत हो पाती। 2।

जल तेल धूम होता है।
वर्त्तिका राख है बनती।
दीपक के बुझ जाने पर।
है ज्योति ज्योति में मिलती। 3।

मरने पर प्राणी - तन को।
पंचत्व प्राप्त होता है।
अजरामर जीव कभी भी।
निज स्वत्व नहीं खोता है। 4।

अवसर पर वसन बदलता।
जैसे जन है दिखलाता।
वैसे ही जीव पुरातन।
तन तज, नव तन है पाता। 5।

जैसे मिट्टी में मिल तन।
है विविध रूप धर पाता।
तृण - लता गुल्म पादप हो।
बनता है बहु - फल - दाता। 6।

वैसे ही निज जीवन का।
होता है वह निर्माता।
अनुकूल योनियों में जा।
है जीव कर्म फल पाता। 7।

है वस्तु - विनाश असम्भव।
बतलाते हैं यह बुध जन।
है दशा बदलती रहती।
है मृत्यु एक परिवर्त्तन। 8।

[4]

नैमित्तिक

प्रलय

भले ही ऊषा आती रहे।
लिये अञ्जलि में सुमन अपार।
बनी अनुरंजित कर अनुराग।
वारती रवि पर मुक्ता - हार। 1।

खग - स्वरों में भर मंजुल नाद।
सजाये अपना उज्ज्वल गात।
अरुण अरुणाभा से हो लसित।
प्रति दिवस आये दिव्य प्रभात। 2।

गगन - मण्डल में ज्योति पसार।
जगमगायें तारे छविधाम।
दिव्य नन्दनवन - सुमन - समान।
बन परम रम्य लोक अभिराम। 3।

हरित तरु-दल से कर बहु केलि।
परसता लतिका ललित शरीर।
वहन कर सौरभ का संभार।
बहे कुंजों में मंजु समीर। 4।

भरा नगरों में रहे विनोद।
सुखों का हो बहुविधि विस्तार।
बने अत्यन्त प्रफुल्ल त्रिलोक।
विहँसता रहे सकल संसार। 5।

ध्वनित हों समय - करों से छिड़े।
प्रकृति - तन्त्री के अद्भुत तार।
विश्व - कानों में गूँजा करे।
अलौकिकतम उसकी झङ्कार। 6।

किन्तु क्या उसको, जिसका आज।
टूटता है साँसों का तार।
नहीं जो जुड़ पाता है कभी।
काल - कर का सह सबल प्रहार। 7।

गगनचुम्बी उसके प्रासाद।
मोहते रहें, बनें छविमान।
रात में जिनके कलश विलोक।
कलानिधि भी हों मुग्ध महान। 8।

लगाये उसके उपवन बाग।
फूल - फल लायें बन छविवन्त।
बढ़ाता उनकी शोभा रहे।
समय पर आकर सरस वसन्त। 9।

स्नेह-परिपालित सकल कुटुम्ब।
प्रीत्ति में रत पूरा परिवार।
समुन्नत हो पाये सुख भूरि।
बने बहु वैभव - पारावार। 10।

किया जिन भावों का उपयोग।
लिया जिन मधुर रसों का स्वाद।
बनें वे उन्नत पाकर समय।
या बताये जावें अपवाद। 11।

कलित क्रीड़ाओं के प्रिय धाम।
घूमने-फिरने के मैदान।
सुसज्जित विलसित हों सर्वदा।
या बनें प्रेत - निवासस्थान। 12।

क्या उसे जिसकी ग्रीवा - मध्य।
अचाञ्चक पड़ा काल का फन्द।
समय के फरफन्दों में फँसे।
हो गयीं जिसकी आँखें बन्द। 13।

बनेगा पाँच तत्त्व की भूति।
मरे पर, पाँच तत्त्व का गात।
ज्योति में मिल जायेगी ज्योति।
वात में मिल पायेगा वात। 14।

व्योम में समा जायगा व्योम।
नीर भी बन जायेगा नीर।
मृत्तिका में होयेगा मग्न।
मृतिका से संभूत शरीर। 15।

कर्म - अनुसार लाभ कर योनि।
जीव पा जाता है तन अन्य।
किन्तु व्यक्तित्व किसी का कभी।
यों नहीं हो पाता है धन्य। 16।

व्यक्ति में रहता है व्यक्तित्व।
उसी से है उसका सम्बन्ध।
पर मिला एक बार वह कभी।
नियति का है यह गूढ़ प्रबन्ध। 17।

पंचतन्मात्राओं का मिलन।
लाभ कर आत्मा का संसर्ग।
प्राणियों का करता है सृजन।
पृथक होते हैं जिनके वर्ग। 18।

वर्ग में परिचय का प्रिय कार्य।
कर सका है केवल व्यक्तित्व।
विना व्यक्तित्व महत्त्व - विकास।
व्यर्थ हो जाता है अस्तित्व। 19।

मिल सका किसे पूर्व व्यक्तित्व।
जन्म ले-लेकर भी शत बार।
मरे के लिए सभी मर गया।
भले ही मरा न हो संसार। 20।

गमन है पुनरागमन-विहीन।
भाव है सकल अभाव-निलय।
कहा जाता है भय-सर्वस्व।
मरण माना जाता है प्रलय। 21।

[5]

जगद्विजयी उठता है काँप।
कान में पड़े काल का नाम।
मृत्यु का भीषण दृश्य विलोक।
न लेगा कौन कलेजा थाम। 1।

यही है वह कराल यमदण्ड।
दहलता है जिससे संसार।
वार बेकार न जिसकी हुई।
यही है वह बाँकी तलवार। 2।

यही है काली की वह जीभ।
लपलपाती अतीव विकराल।
जिससे है सृष्टि देखती सदा।
करोड़ों के लोहू से लाल। 3।

यही है वह त्रिनेत्र का नेत्र।
खुले जिसके होता है प्रलय।
ज्वाल से जिसके हो-हो दग्ध।
भस्म होता है विश्व-वलय। 4।

यही है वह रण का उन्माद।
कटाये जिसने लाखों शीश।
प्रहारों से जिसके हो व्रणित।
रुधिर-धारा में बहे क्षितीश। 5।

यही है वह जल-प्लावन जो कि।
देश को करता है उत्सन्न।

प्राणियों का लेता है प्राण।
बनाकर उनको विपुल विपन्न। 6।
यही है वह भारी भूकम्प।
काल का जो है महाप्रकोप।
धरा का फट जाता है हृदय।
हुए लाखों लोगों का लोप। 7।
अयुत - फणधर का है फुफकार।
भीतिमय है भौतिक उत्पात।
मरण है वज्रपात - सन्देश।
है महा सांघातिक आघात। 8।
सशंकित हुआ कहाँ कब कौन।
प्रलय का अवलोके भ्रू वंक।
विश्व के अन्तर में है व्याप्त।
प्रलय से अधिक मरण - आतंक। 9।

[6]

क्षणिक जीवन के विविध विचार।
कीर्त्ति - रक्षण के नाना भाव।
स्वर्ग - सुख - लाभ, नरक - आतंक।
संकटों से बचने के चाव। 1।
कराते हैं नर से शुभ कर्म।
भिन्न होते हैं उनके रूप।
साधनाएँ होती हैं सधी।
साधकों की रुचि के अनुरूप। 2।
मन्दिरों के चमकीले कलश।
लगाये हरे - भरे बहु बाग।
सरों में उठती तरल तरंग।
सुर - यजन - पूजन का अनुराग। 3।
भंग यदि कर पायें निज मौन।
तो बतायेंगे वे यह बात।
सभी हैं स्वर्गलाभ के यत्न।
कीर्त्ति - रक्षण इच्छा - संजात। 4।

विरागी जन का गृह - वैराग्य।
तापसों के नाना तप - योग।
त्यागियों के कितने ही त्याग।
शान्ति - कामुक के शान्ति - प्रयोग। 5।

विपद - निपतित का पूजा - पाठ।
विनय से भरी विपन्न पुकार।
मुक्ति के सुपथों का सन्धान।
मृत्युभय के ही हैं प्रतिकार। 6।

संकटों के संहारनिमित्त।
किये जाते हैं जितने कर्म।
पुण्य के उपकारक उपकरण।
जिन्हें माना जाता है धर्म। 7।

भाव वे जो होते है सुखित।
दीन - दुखियों को दान दिला।
सबों में अवलोके दृग खोल।
मृत्यु का भय प्रतिबिम्बित मिला। 8।

काल है बहुत बड़ा विकराल।
हो सका उसका कभी न अन्त।
वंक भृकुटी उसकी अवलोक।
दैव बनता है महा दुरन्त। 9।

बहाता है वह हो - हो कुपित।
जग - दृगों से जितनी जलधार।
कँपाता है वह जितने हृदय।
बहु व्यथाएँ दे बारम्बार। 10।

अचाञ्चक जितनों पर सब काल।
किया करता है वह पवि - पात।
मचाता रहता है जी खोल।
जगत में वह जितना उत्पात। 11।

कर सका है उतना कब कौन।
हो सका कब उसका अनुमान।
भयंकर ऐसा है यह रोग।
नहीं जिसका हो सका निदान। 12।

मरण - भय का ही है परिणाम।
विश्व का प्रबल निराशावाद।
श्रवणगत होता है सब ओर।
उर कँपाकर जिसका गुरु नाद। 13।

क्षणिकता जीवन की अवलोक।
बन गया है असार संसार।
कहाँ है ठीक - ठीक बज रहा।
आज आशा - तन्त्री का तार। 14।

विरागी जन के कुछ साहित्य।
सुनाते हैं वह निर्मम राग।
बना जिससे बहु जीवन व्यर्थ।
ग्रहण कर महा अवांछित त्याग। 15।

मृत्यु के पंजे में पड़ गये।
छूटता है सारा संसार।
मिटा करता है वह व्यक्तित्व।
नहीं मिल पाता जो दो बार। 16।

रही जो हृदयेश्वरी सदैव।
प्रीति की मूर्त्ति जो गयी कही।
कलेजे के टुकड़े जो बने।
आँख की पुतली जो कि रही। 17।

देखने को जिनकी प्रिय झलक।
ललक सहती न पलक की ओट।
अलग जिनका होना अवलोक।
लगन को लग जाती थी चोट। 18।

विना देखे जिनका वर वदन।
नहीं चित को मिलता था चैन।
विलोके जिनका दिव्य स्वरूप।
विमोहित होता रहता मैन। 19।

पिपासित आँखें रहकर खुली।
ताकती रहतीं जिनकी राह।
अदर्शन से जिनके बन विकल।
बहुत चंचल होती थी चाह। 20।

इन प्रणय - रस - सिक्तों का साथ।
जो छुड़ा देता है तत्काल।
कुछ दिनों नहीं, सदा के लिए।
काल वह, है कितना विकराल। 21।

डाल पाये उतना न प्रभाव।
प्रलय के गा - गाकर बहु गीत।
लोग जितने कि प्रभावित हुए।
मरण - वृत्तों से हो भयभीत। 22।

[7]

मृत्यु-आतंक

तब क्यों नहीं आँख खुलती है।
होश क्यों नहीं आता।
जब कि पलक मारते काल का।
रंग पलट है जाता।
तब किसलिये अधमता करते।
नहीं धड़कती छाती।
जब घन की छाया समान है।
काया क्षणिक कहाती। 1।

तब क्यों लोग दूसरों को।
दुख देते नहीं अघाते।
जब जीवन के दिवस।
भोर के तारे हैं बन जाते।
तब किसलिये अहित की धारा।
हृदयों में है बहती।
जब बहु छिद्रवान घट - जल - सम।
आयु छीजती रहती। 2।

तब क्यों पीड़ित करे उरों को।
कह नितान्त कटु वाणी।
जब बालू की भीत के सदृश।
पतनशील है प्राणी।
तब किसलिये किसी का कोई।
क्यों है गला दबाता।

ओले के समान जब जन - तन।
है गलता दिखलाता। 3।
तब क्यों बार - बार कल - छल कर।
है बलवान कहाता।
जब बुलबुले - समान बात कहते।
है मनुज बिलाता।
उथल - पुथल किसलिये मचाता है।
तब कोई पल - पल।
चलदल-दल-गत सलिल - विन्दु-सम।
जब जीवन है चंचल। 4।

[8]

प्रलय-प्रसंग

खुले, रजनी में निद्रा - गोद।
जब शयन करता है मनुजात।
अंक में उसके रखकर शीश।
भूलकर भव की सारी बात। 1।
सुषुप्तावस्था का यह काल।
कहा जाता है नित्य प्रलय।
क्योंकि हो जाता है उस समय।
गहन निद्रा में भव का लय। 2।
मृतक के लिये विना क्षय हुए।
क्षयित होता है विश्व - वलय।
अतः प्राणी का प्राण - प्रयाण।
कहाता है नैमित्तिक प्रलय। 3।
मनोहर लोक - विलोचन - चोर।
गगन - सर - सरसीरुह अभिराम।
तामसी रजनी के सर्वस्व।
जगमगाते तारे छवि-धाम। 4।
धरातल - जैसे ही हैं ओक।
अतः उनका भी होगा नाश।
एक दिन वे, हो बहुशः खंड।
गँवायेंगे निज दिव्य प्रकाश। 5।

बना नभ - तल को ज्योति - निकेत।
हुआ करता है उल्कापात।
और क्या है? वह है, द्युतिप्राप्त–
मृतक तारक - तनांश - विनिपात। 6।

धरा पर लाखों बरसों बाद।
काल का जब होगा आघात।
उस समय उसके भी तन - खंड।
करेंगे अरबों उल्कापात। 7।

पिंड हो या हो कोई लोक।
जब कि उसका होता है नाश।
है महाप्रलय कहाता वही।
प्राकृतिक है यह भव अवकाश। 8।

सकल लोकों का करके नाश।
प्रकृति को दे देना विश्राम।
बनाना भव को तिमिराच्छन्न।
है महा महाप्रलय का काम। 9।

काल का है प्रकाण्ड व्यापार।
प्रकृति का विध्वंसक आरोप।
लोप - लीलाओं का है केन्द्र।
लोक कम्पित कर प्रलय - प्रकोप। 10।

[9]

काल - सागर में बन निस्सार।
एक दिन डूबेगा संसार। 1।

तब दिवस-मणि मणिता कर लाभ।
न मण्डित हो पायेगा व्योम।
न रजनी के रंजन के हेतु।
विलस हँस रस बरसेगा सोम।
करेगा नभतल में न विहार। 2।

ललकते लोचन के सर्वस्व।
मनोहर मोहक परम ललाम।
गगनतल के तारक - समुदाय।
न बन पायेंगे, हो छविधाम।
प्रकृति - उर - विलसित मुक्ता - हार। 3।

विहँसती लसती भरी उमंग।
रंगिणी ऊषा प्रातःकाल।
खुले प्राची - दिगंगना - द्वार।
न झाँकेगी घूँघट - पट टाल।
लिये रवि - पूजन का सम्भार। 4।
सुनाता बड़े रसीले राग।
बहाता गात - विमोहक वात।
खिलाता सुन्दर सरस प्रसून।
न आयेगा उत्फुल्ल प्रभात।
कर जगत में नव ज्योति - प्रसार। 5।
धरा पर उज्ज्वल चादर डाल।
रजकणों को कर रजत - समान।
दलन कर रजनी का तमतोम।
दृगों को कर दिव्यता - प्रदान।
दिखायेंगे न दमकते बार। 6।
गगनतल - चुम्बी मेरु - समूह।
न पहनेंगे कमनीय किरीट।
कलित कर से उनपर राकेश।
सकेगा नहीं छटाएँ छींट।
न श्रृंगों का होगा श्रृंगार। 7।
दिखायेंगे न दिव्यतम दृश्य।
विरचकर विचित्रतामय वेश।
विविधताओं से हो परिपूर्ण।
बड़े ही सुन्दर बहुशः देश।
करेंगे नहीं विभव - विस्तार। 8।
वहन कर बहु विभूति - अनुभूति।
सृजन कर सरस हृदय-समुदाय।
ग्रहण कर नूतनता - सम्पत्ति।
नागरिकतामय नगर - निकाय।
न खोलेंगे विमुग्धता - द्वार। 9।
करेगी उन्हें नहीं अति कान्त।
नवल कोमल किसलय कर दान।

बना पादपचय को हरिताभ।
तानकर सुन्दर लता - वितान।
वनों में लसित बसन्त - बहार। 10।

करेंगे कलिका न विकास।
परसकर उसका मृदुल शरीर।
करेंगे सुमन को न उत्फुल्ल।
डुलाकर मंजुल व्यजन समीर।
प्रकृति के कर अतीव सुकुमार। 11।

करेगा नहीं मनों को मुग्ध।
भरेगा नहीं मही में मोद।
बनायेगा न वृत्ति को मत्त।
वस्तुओं में भर भूरि विनोद।
सरसतम ऋतुओं का संचार। 12।

न होगी कहीं जागती ज्योति।
कहीं भी होगा नहीं प्रकाश।
भर गया होगा तम सब ओर।
हो गया होगा भव का नाश।
वाष्पमय होगा सब व्यापार। 13।

अचिन्तित है यह गूढ़ रहस्य।
भले ही कह लें इसे परत्र।
और क्या कहें, कहें क्यों? किन्तु
भरा होगा इसमें सर्वत्र।
सकल लोकों का हाहाकार। 14।

[10]

एक दिन आयेगा ऐसा।
घहरते आयेंगे बहु घन।
लगेगा लगातार होने।
कम्पिता भू पर वज्र - पतन। 1।

पसारे हाथ न सूझेगा।
तिमिर छा जायेगा इतना।
न अनुमिति हो पायेगी, वह।
बनेगा घनीभूत कितना। 2।

मेघ कर महाघोर गर्जन।
करेगा लोकों को स्तंभित।
जल बरस मूसलधारों से।
बना वसुधातल को प्लावित। 3।

डुबा देगा समस्त महि को।
बना सर - सरिताओं को निधि।
महा उत्ताल तरंगों से।
तरंगित विस्तृत हो वारिधि। 4।

सहस्रानन कृतान्त - व्रत ले।
विष - वमन अयुत मुखों से कर।
करेगा सहलाहल महि को।
ककुभ में बहु कोलाहल भर। 5।

भय - भरे सारे भुवनों के।
बहु निकट बहुधा हो - हो उदय।
दिवाकर निज प्रचण्ड।
करेगा भव को पावकमय। 6।

जायगा खुल प्रलयंकर का।
तीसरा अति भीषण लोचन।
बनेगा जिससे ज्वालामय।
सकल लोकों का कम्पित तन। 7।

सकल ओकों को लोकों को।
सकल ब्रह्माण्डों को छन - छन।
दलित मर्दित ध्वंसित दग्धित।
करेगा शिव - ताण्डव - नर्त्तन। 8।

पतित यों होंगे तारकचय।
उठे कर के आघातों से।
गिरा करते हैं जैसे फल।
प्रभंजन के उत्पातों से। 9।

पदों के प्रबल प्रहारों से।
विचूर्णित होगा वसुधातल।
विताड़ित होकर, जायेगा—
कचूमर पातालों का निकल। 10।

समय - आघातों से इतना।
बिगड़ जायेगा आकर्षण।

परस्पर टकरा, तारों का।
अधिक निपतन होगा प्रतिक्षण। 11।
बनेगा महालोम - हर्षण।
उस समय अन्तक - मुख - व्यादन।
कालिका लेलिहान जिह्वा।
काल का विकट कराल वदन। 12।
गगन में होगा परिपूरित।
प्रचुरता से विनाश का कण।
लोक में होगा कोलाहल।
वायु में होगा भरा मरण। 13।
नियति - दृग के सम्मुख होगा।
विश्व - हृत्कंपितकारी तम।
प्रकृति - कर से चलता होगा।
काल - जैसा विस्फोटक बम। 14।
रहेगा छाया सन्नाटा।
समय का मुख नीरव होगा।
अवस्था होवेगी प्रकृतिस्थ।
सूक्ष्मतम अणुगत भव होगा। 15।

[11]

शार्दूल-विक्रीड़ित

है पाताल - पता कहाँ, गगन भी है सर्वथा शून्य ही।
भू है लोक अवश्य, किन्तु वह क्या है एक तारा नहीं।
संख्यातीत समस्त तारक - धरा के तुल्य ही लोक हैं।
लोकों की गणना भला कब हुई, होगी कभी भी नहीं। 1।
क्या की है, यह सोच के, विबुध ने लोकत्रयी-कल्पना।
जो हैं ज्ञापित नाम से वसुगती, आकाश, पाताल के।
तारे हैं नभ में, अतः गगन ही संकेत है सर्व का।
जो हो, किन्तु रहस्य लोकचय का अद्यापि अज्ञात है। 2।
तारों में कितने सहस्रकर से भी सौगुने हैं बड़े।
ऐसे हैं कुछ सूर्य ज्योति जिनकी भू में न आयी अभी।
होता है यह प्रश्न, क्या प्रलय में हैं ध्वंस होते सभी।
है वैज्ञानिक धारणा कि इसकी सम्भावना है नहीं। 3।

ज्यों भू में बहु जीव नित्य मरते होते समुत्पन्न हैं।
वैसे ही नभ-मध्य नित्य बनते हैं छीजते लोक भी।
है स्वाभाविक प्रक्रिया यदि यही, तत्काल ही साथ ही।
सारे तारक-व्यूह का विलय तो क्यों मान लेगा सुधी।4।
शंकाएँ इस भाँति की बहु हुईं, हैं आज भी हो रही।
है सिद्धान्त-विभेद भी कम नहीं, है तर्क-सीमा नहीं।
तो भी है यह बात सत्य, पहले जो विश्व सूक्ष्माणु था।
सो कालान्तर में पुनः यदि बने सूक्ष्माणु वैचित्र्य क्या।5।
वेदों से यह बात ज्ञात विबुधों के वृन्द को है हुई।
जो है सक्रिय भाग सर्व भव का सो तो चतुर्थांश है।
है शेषांश क्रिया-विहीन, अब भी, जो सर्वथा रिक्त है।
कैसी अद्भुत गूढ़ उक्ति यह है, सत्ता महत्तांकिता।6।
जो है निष्क्रिय तीन अंश कृतियाँ जो हैं चतुर्थांश में।
पायेगा भव पूर्णता कब? इसे क्यों धी सकेगी बता।
होवेगा कब नाश सर्व भव का? कोई इसे क्यों कहे।
ये बातें मन-बुद्धि-गोचर नहीं, प्रायः अविज्ञेय हैं।7।
शास्त्रों में विधि-कल्प के प्रलय के कालादि की कल्पना।
है गम्भीर विचार-भाव-भरिता विद्वज्जनोद्बोधिनी।
तो भी वे कह नेति-नेति वसुधा को हैं बताते यही।
है संसार रहस्य, है प्रकृति की मायातिमायाविनी।8।
जो पूरे परमाणु-वाद-रत हैं, विज्ञान-सर्वस्व हैं।
वे भी देख विचित्रता प्रकृति की होते जड़ीभूत हैं।
क्यों कोई खग विश्वव्याप्त नभ की देगा इयत्ता बता।
कोई कीट वसुन्धरा-विभव का क्यों पा सकेगा पता।9।
आविष्कारक कर्मशील बहुशः हैं मेदिनी में हुए।
इच्छा के अनुकूल कूल पर जा हैं शोध भूयः किये।
पाये हैं उनके प्रयत्न-कर ने प्रायः कई रत्न भी।
संसारांबुधिरत्नराशि फिर भी दुष्प्राप्य दुर्बोध है।10।
आके भूतल में विलोक निशि में आकाश-दृश्यावली।
होता है मनुजात बुद्धिहत-सा सोचे स्वअल्पज्ञता।
पाये हैं कुछ बुद्धिमान जन ने एकाध मोती कहीं।
बेजाने संसार-सिन्धु अब भी छाने बिना है पड़ा।11।

वे थे शक्ति-निधान साथ उनका था दानवों ने दिया।
क्या है मानव-शक्ति, और उसकी क्या है क्रियाशीलता।
मेधावी सुर ने समुद्र मथ के जो रत्न पाये गिने।
तो क्यों रत्न-समूह विश्व-निधि के पाते धरा स्वल्प धी।12।

त्रयोदश सर्ग

कान्त कल्पना

[1]

सिन्दूर

सिखाये अनुरंजन का मन्त्र।
जमाये अनुपम अपना रंग।
लोक - हित - पंकज - पुंज - निमित्त।
कहाये विलसित बाल - पतंग। 1।

भरे रग - रग में भव - अनुराग।
मानसों को कर बहु अभिराम।
रखे शुचि रुचि की लाली मंजु।
लालिमा दिखला परम ललाम। 2।

सिद्ध हो कल कृति - नयन - निमित्त।
अलौकिक रस - अंकित वह विन्दु।
याद आता है जिसे विलोक।
सुधारस - वर्षणकारी इन्दु। 3।

लाभ कर हृदय - रंजिनी कान्ति।
ज्ञात हो लसित लालसा - ओक।
उसे, है जिसे, लोक - हित प्यार।
दिखा अवलोकनीय आलोक। 4।

मंजु आरंजित मुख का राग।
करे जन - जन रंजन भरपूर।
बने वसुधा सोहाग - सर्वस्व।
भारती - भूति - भाल - सिन्दूर। 5।

[2]

प्रभाकर

दृगों पर पड़ा असित परदा।
उरों में अँधियाला छाया।
समाया नस - नस में तामस।
भरा तम घर - घर में पाया।1।

ज्योति के लिये न फिर कैसे।
दुखित जनता - मानस तरसे।
प्रभाकर भारत - भूतल का।
तिमिर हर लो सहस्र कर से।2।

[3]

अरुणता अरुण नहीं पाता।
उषा क्यों आरंजित होती।
विभा का वीज धरातल में।
कान्त किरणावलि क्यों बोती।1।

गिरि - शिखर क्यों शोभा पाता।
मणि - जटित कल किरीट पाकर।
ललित क्यों लतिकाएँ होतीं।
मंजुतम मुक्ताओं से भर।2।

सरि - सरोवर में क्यों बिछतीं।
चादरें स्वर्ण - तार - विरचित।
अंक प्राची का क्यों लसता।
विपुल हीरक - चय से हो खचित।3।

कण्ठ क्यों खुलता विहगों का।
कुसुम-कुल-कलिका क्यों खिलती।
विलसता क्यों प्रभात का मुख।
प्रभाकर - प्रभा जो न मिलती।4।

[4]

क्षपाकर की छवि छिनती है।
तेजहत होते हैं तारे।

गिरि - गुहा में तम छिपता है।
बने अन्धे निशिचर सारे। 1।
उसे कहते दिल दुखता है।
यामिनी लुटती है जैसी।
कहें क्या ऐसी विभुता को।
प्रभाकर यह प्रभुता कैसी। 2।

[5]

आलोक

भरत-सुत का मुख अति कमनीय।
हो गया है श्रीहीन नितान्त।
क्या पुनः पूर्व तेज कर प्राप्त।
बनेगा नहीं कलानिधि कान्त। 1।
जगी जगती में जिसकी ज्योति।
समालोकित कर सारे ओक।
करेगी क्या भारत - भू लाभ।
फिर अलौकिकतम वह आलोक। 2।

[6]

मत मिले तारकचय की ज्योति।
भले ही उगे न मंजु मयंक।
न दीखे दीपावलि की दीप्ति।
छिपाये चपला को घन अंक। 1।
प्रभा पायेगा पूत प्रभात।
समालोकित होंगे सब ओक।
बनेगा दिवा दिव्य - से - दिव्य।
दिवापति का पाकर आलोक। 2।

[7]

चारु चरित

किसके लालन - पालन से है रहती मुख की लाली।
भूतल में किसके कर से प्रतिपत्ति गयी प्रतिपाली।
किसका आनन अवलोकन कर मानवता है जीती।
सुरुचि-चकोरी किस मयंक-मुख का मयूख है पीती। 1।

कुजन लौह किस पारस के परसे है सोना बनता।
किसका कीर्त्ति-वितान सकल वसुधातल में है तनता।
किसके दिव्यभूत मुख पर है वह आलोक दिखाता।
जिसे विलोक कलंक-तिमिर का है विलोप हो जाता। 2।
किसके दृष्टिपूत दृग में है वह लालिमा विलसती।
जिसके बल से अनुरंजनता है वसुधा में बसती।
किसका तेजःपुंज कलेवर वह कौशल करता है।
जो तामसी वृत्ति रजनी में दिव्य ज्योति भरता है। 3।
किसका मंजुल मनोभाव है वह कल कुसुम खिलाता।
जिसके सौरभ से मन-उपवन है सुरभित हो जाता।
है किसकी अनुपम कृपालुता कल्पद्रुम की छाया।
पा जिसका अवलम्बन मानव ने वांछित फल पाया। 4।
किसके अंकुश में मद-सा मदमत्त द्विरद दिखलाया।
किसे मोहती नहीं काम की महामोहिनी माया।
किसको ललना-लोल-नयन लालायित नहीं बनाता।
कुसुमायुध के आयुध को है कौन कुसुम पर पाता। 5।
किसे लोभ की ललितभूत लहरें हैं नहीं नचाती।
किसके सम्मुख लोक-लालसाएँ हैं ललक न आती।
कामद सुखद वरद बहु रसमय परम मनोहर प्यारी।
है किसकी कमनीय कामना कामधेनु-सी न्यारी। 6।
जो कोपानल मति-विलोप का साधन है हो पाता।
जिसका धूम विवेक-विलोचन को है अन्ध बनाता।
जो अन्तस्तल को विदग्ध कर-कर है बहुत सताता।
वह आकर किसके समीप है तेज-पुंज बन जाता। 7।
किसपर कभी मोह ने अपनी नहीं मोहनी डाली।
किसकी ममता गयी लोक-ममता-रंगत में ढाली।
किसके दिव्य दिवस हैं किसकी विभामयी हैं रातें।
परम पुनीत विभूति-भरित हैं चारु चरित की बातें। 8।

[8]

मनुज - कुल मंजुल मानस - हंस।
मनुजता - कलिका कलित विकास।

सुरुचि-सरसी का सलिल ललाम।
कामना कान्त कमलिनी - वास। 1।

कीर्त्ति - कौमुदी कौमुदीनाथ।
सुकृति - सरिता का सरस प्रवाह।
ख्याति महिला का है सर्वस्व।
पूत जीवन पावन अवगाह। 2।

वह मुकुर है वह जिसमें सांग।
हुए प्रतिविम्बित शुचितम भाव।
कुजन - अय को करता है स्वर्ण।
डाल पारस - सा प्रमित प्रभाव। 3।

बता पतितों को अपतन - मन्त्र।
लाभ की उसने कीर्त्ति महान।
कुमति को पढ़ा सुमति का पाठ।
अगति को करके प्रगति - प्रदान। 4।

वह जलद है वह जिसका वारि।
हो सका हितकर सुधा - समान।
बन सके मरु - से जीवन - हीन।
कृपा से किसकी जीवनवान। 5।

बो सके अवनी में वे वीज।
उसी के कर नितान्त कमनीय।
उगे जिससे वे पादप - पुंज।
बने जो सुरतरु - से महनीय। 6।

मिले बल उसका बढ़ा समाज।
लाभ कर लोक - रंजिनी ख्याति।
हो गये हरे - भरे बहु वंश।
फली - फूली उससे सब जाति। 7।

मनुज - जीवन होता है धन्य।
सफल बनते हैं सारे यत्न।
हो सका महिमावान न कौन।
पा गये चारु चरित - सा रत्न। 8।

[9]

मधुकर

भूलता भ्रमरी को कैसे।
भाँवरें क्यों भरता फिरता।
सुविकसित सुमन - समूहों पर।
मत्त बन - बनकर क्यों गिरता। 1।

किसलिये काँटों से छिदता।
किसलिये तन की सुध खोता।
कमल में कैसे बँध जाता।
जो न मधुरत मधुकर होता। 2।

[10]

सन्देश

भले ही हो मेरा मुख बन्द।
सजल दृग क्यों न सके अवलोक।
हाँ परम कुंठित है मम कण्ठ।
क्या नहीं मुखरित मानस ओक। 1।

किसी अन्तर्दर्शी को छोड़।
कौन अन्तर - तर सका विलोक।
तिमिरमय हो सारा संसार।
कौन है सकल लोक - आलोक। 2।

परम नीरव हो अन्तर्नाद।
किन्तु हैं अन्तर्यामी आप।
मुझे है इतना भी न विवेक।
पुण्य क्या है प्रभु क्या है पाप। 3।

महा अद्भुत है विश्व - विधान।
बुद्धि क्यों उसमें करे प्रवेश।
क्या कहूँ और कहूँ किस भाँति।
मौन ही है मेरा सन्देश। 4।

[11]

भेद

भेद तब कैसे बतलायें।
भेद जब जान नहीं पाते।
फूल क्यों महँक - महँककर यों।
दूसरों को हैं महँकाते। 1।
किसलिये खिल - खिल हँसते हैं।
किसलिये वे मुसकाते हैं।
देख करके किसकी रंगत।
फूल फूले न समाते हैं। 2।

[12]

कमनीय कामना

बहु गौरवित दिखाये जाये न गर्व से गिर।
सब काल हिम - अचल - सा ऊँचा उठा रहे शिर।
अविनय - कुहेलिका से हो अल्प भी न मैली।
सब ओर सित सिता - सी हो कान्त कीर्त्ति फैली। 1।
विलसे बने मनोहर बहु दिव्यभूत कर से।
संस्कृति - सरोजिनी हो सरसाति स्वत्व सरसे।
भावे स्वकीयता हो परकीयता न प्यारी।
जातीयता - तुला पर ममता तुले हमारी। 2।
न विलासिता लुभाये न विभूति देख भूले।
कृति - कंजिनी विलोके सद्भाव - भानु फूले।
उसको बुरी लगन की लगती रहें न लातें।
न विवेक - हंस भूले निज नीर - क्षीर बातें। 3।
तन - सुख - सेवार में फँस गौरव रहे न खोती।
संसार - मानसर में मति क्यों चुगे न मोती।
लगते कलंक को वे क्यों लाग से न धोयें।
कैसे कुलांगनाएँ कुल का ममत्व खोयें। 4।
सारी कुभावनाएँ जायें सदैव पीसी।
कमनीय कामनाएँ हों कल्पवेलि की - सी।

सुविभूतिदायिनी हो बन सिद्धि - सहचरी - सी।
हो साधना पुनीता सब काल सुरसरी - सी। 5।
मानस - मयंक - जैसा हँस - हँस रहे सरसता।
सब पर रहे मनुजता सुन्दर सुधा बरसता।
करके विमुग्ध भव को निज दिव्य दृश्य द्वारा।
उज्ज्वल रहे सदा ही चित्त - चित्रपट हमारा। 6।

[13]

बादल की बातें

क्यों भरे रहते हैं इतने।
लाल - पीले क्यों होते हैं।
बाँधकर झड़ी आँसुओं की।
किसलिये बादल रोते हैं। 1।

रंग बिगड़ा जो औरों का।
घरों में तो वे क्यों पैठे।
ताकते मिले राह किसकी।
पहाड़ों पर पहरों बैठे। 2।

किसलिये ऊपर - नीचे हो।
चोट पर चोटें सहते हैं।
चाट से क्यों गिरि - चोटी के।
चाटते तलवा रहते हैं। 3।

तरस खाकर भी कितनों को।
वे बहुत ही तरसाते हैं।
कभी तर करते रहते हैं।
कभी मोती बरसाते हैं। 4।

क्यों बहुत ऊपर उठते हैं।
किसलिये नीचे गिरते हैं।
किसलिये देख - देख उनको।
कलेजे कितने चिरते हैं। 5।

कभी क्यों पिघल पसीजे रह।
प्यार से वे जाते हैं भर।
कभी क्यों गरज - गरज बादल।
मारते रहते हैं पत्थर। 6।

हवा को हवा बताते या।
हवा हित के दम भरते हैं।
भागते फिरते हैं घन या।
हवा से बातें करते हैं।7।

बरसता रहता है जल या।
आँख से आँसू छनता है।
कौन से दुख से बादल का।
कलेजा छलनी बनता है।8।

दिखाकर अपना श्यामल तन।
कौन-से रस से भरते हैं।
घेरते घिरते आकर घन।
किन दिलों में घर करते हैं।9।

जब मिले मिले पसीजे ही।
सके रस-बूँदों में भी ढल।
रंग अपना क्यों पानी खो।
बदलते रहते हैं बादल।10।

[14]

शारद-सुषमा

लसी क्यों नवल बधूटी-सी।
नीलिमा नीले नभ-तल की।
रँगीली उषा अंक में भर।
लालिमा क्यों छगुनी छलकी।1।

चन्द्र है मन्द-मन्द हँसता।
चाँदनी क्यों यों खिलती है।
बता दो आज दिग्वधू क्यों।
मंजु मुसुकाती मिलती है।2।

बेलियाँ क्यों अलबेली बन।
दिखाती हैं अलबेलापन।
पेड़ क्यों लिये डालियाँ हैं।
फूल क्यों बैठे हैं बन-ठन।3।

तितलियाँ नाच रही हैं क्यों।
गीत क्यों कीचक गाते हैं।

चहकती हैं क्यों यों चिड़ियाँ।
मधुप क्यों मत्त दिखाते हैं। 4।

विमलसलिला सरिताएँ क्यों।
मधुर कल - कल ध्वनि करती हैं।
क्यों ललित लीलामय लहरें।
मंजु भावों से भरती हैं। 5।

हिम - मुकुट हीरक - चय - मंडित।
नगनिकर ने क्यों पाया है।
धवलता मिस वसुधा - तल पर।
क्षीर - निधि क्यों लहराया है। 6।

सर कमल - कुल लोचन खोले।
किसे अवलोकन करते हैं।
कान्त कूलों पर सारस क्यों।
सरसता - सहित विचरते हैं। 7।

पहनकर सजी सिता साड़ी।
तारकावलि मुक्तामाला।
आ रही है क्या विधु - वदना।
शरद - ऋतु - सी सुरपुर बाला। 8।

[15]

कुसुमाकर

बनाते क्यों हैं मन को मुग्ध।
गूँजते फिरते मत्त मिलिन्द।
कोंपलों से बन - बन बहु कान्त।
भरे फल - फूलों से तरु - वृन्द। 1।

अनारों - कचनारों के पेड़।
लाभ कर अनुरंजन का माल।
किस ललक का रखते हैं रंग।
लाल फूलों से होकर लाल। 2।

कलाएँ कौन लाल की देख।
कर रही हैं लोकोत्तर काम।
कालिमा - अंक को बना कान्त।
पलाशों की लालिमा ललाम। 3।

पा गये रंजित रुचिर पराग।
किसलिये हैं पुलकित जलजात।
मिले बहु विकसित कुसुम - समूह।
हुआ क्यों लसित लता का गात। 4।

क्यों गुलाबी रंगत में डूब।
गुलाबों में झलका अनुराग।
खिले हैं क्यों गेंदे के फूल।
बाँधकर सिर पर पीली पाग। 5।

तितलियाँ क्यों करती हैं नृत्य।
पहनकर रंग - बिरंगे चीर।
वहन कर सौरभ का सम्भार।
चल रहा है क्यों मलय - समीर। 6।

दिशाओं को कर ध्वनित नितान्त।
सुनाता है क्यों पंचम तान।
बनाता है क्यों बहु उन्मत्त।
कोकिलों का उन्मादक गान। 7।

याद कर किसका अनुपम रूप।
गईं अपने तन की छवि भूल।
मुसकुरायीं क्यों किस पर रीझ।
रंगरलियाँ कर कलियाँ फूल। 8।

हुआ क्यों वासर सरस अपार।
बनी क्यों रजनी बहु मधुमान।
मारता है शर क्यों रतिकान्त।
कान तक अपनी तान कमान। 9।

आ गया कुसुमाकर ले साज।
प्रकृति का हुआ प्रचुर शृंगार।
धरा बन गयी परम कमनीय।
पहनकर नव कुसुमों का हार। 10।

[16]

कमनीय कला

रंजिता राका - रजनी - सी।
बने उससे रंजनरत मति।

सरस बन जाये रस बरसे।
रसिक जन की रहस्यमय रति। 1।

तामसी मानस का तम हर।
जगाये ज्योति अलौकिकतम।
चुराती रहे चित्त चसके।
चमककर चारु चाँदनी-सम। 2।

सुधा बरसा - बरसा वहुधा।
करे वसुधा का बहुत भला।
कलानिधि कान्त कला - सी बन।
कामिनी की कमनीय कला। 3।

[17]

अमर पद

कवित्त

कोई काल कैसे नाम उनका करेगा लोप
जिनको प्रसिद्ध कर पाती है परम्परा।
जिनकी रसाल रचनाओं से सरस बन
रहता सदैव याद पादप हरा - भरा।
'हरिऔध' होते हैं अमर कविता से कवि
कमनीय कीर्त्ति है अमरता सहोदरा।
सुधा हैं बहाते कवि - कुल वसुधातल में
सुधा कवि - कुल को पिलाती है वसुन्धरा। 1।

चिरजीवी कैसे वे रसिक जन होंगे नहीं
नाना रस ले - ले जो रसायन बनाते हैं।
लोग क्यों सकेंगे भूल उन्हें जो लगन साथ
कीर्त्ति - वेलि उर - आलबाल में लगाते हैं।
'हरिऔध' कैसे वे न जीवित रहेंगे सदा
जग में सजीव कविता जो छोड़ जाते हैं।
कैसे वे मरेंगे जो अमर रचनाएँ कर
मर मेदिनी ही में अमरपद पाते हैं। 2।

[18]

जले तन

बावले बन जाते थे हम।
देख पाते जब नहीं बदन।
याद हैं वे दिन भी हमको।
वारते थे जब हम तन-मन।1।

कलेजे छिले पड़े छाले।
हो रही है बेतरह जलन।
आग है सुलग रही जी में।
कहायें क्यों न अब जले तन।2।

[19]

फूले-फले

बुरों से बुरा नहीं माना।
भले बन उनके किये भले।
हमारी छाया में रहकर।
चाल चलकर भी लोग पले।1।

पास आ क्यों कोई हो खड़ा।
हो गये हैं जब हम खोखले।
कहाँ थी पूछ हमारी नहीं।
कभी थे हम भी फूले-फले।2।

[20]

कलियाँ

बीच में ही जाती हैं लुट।
क्या उन्हें कोई समझाये।
कलेजा मुँह को आता है।
किसलिये सितम गये ढाये।1।

बुरी है दुनिया की रंगत।
किसलिये कोई घबराये।
क्या कहें बातें कलियों की।
फूल तो खिलने भी पाये।2।

[21]

फूल

रंग कब बिगड़ सका उनका।
रंग लाते दिखलाते हैं।
मस्त हैं सदा बने रहते।
उन्हें मुसुकाते पाते हैं।1।
भले ही जियें एक ही दिन।
पर कहाँ वे घबराते हैं।
फूल हँसते ही रहते हैं।
खिला सब उनको पाते हैं।2।

[22]

विवशता

मल रहा है दिल मला करे।
कुछ न होगा आँसू आये।
सब दिनों कौन रहा जीता।
सभी तो मरते दिखलाये।1।
हो रहेगा जो होना है।
टलेगी घड़ी न घबराये।
छूट जायेंगे बन्धन से।
मौत आती है तो आये।2।

[23]

प्यासी आँखें

कहें क्या बातें आँखों की।
चाल चलती हैं मनमानी।
सदा पानी में डूबी रह।
नहीं रख सकती हैं पानी।1।
लगन है रोग या जलन है।
किसी को कब यह बतलाया।
जल भरा रहता है उनमें।
पर उन्हें प्यासी ही पाया।2।

[24]

आँसू और आँखें

दिल मसलता ही रहता है।
सदा बेचैनी रहती है।
लाग में आ-आकर चाहत।
न जाने क्या-क्या कहती है।1।

कह सके यह कोई कैसे।
आग जी की बुझ जाती है।
कौन-सा रस पाती है जो।
आँख आँसू बरसाती है।2।

[25]

आँख का जलना

ललाई लपट हो गयी है।
चमक बन पायी चिनगारी।
आँच-सी है लगने लग गयी।
की गयीं जो चोटें कारी।1।

फूलना-फलना औरों का।
चाहिए क्या इतना खलना।
विना ही आग जल रही है।
आँख का देखो तो जलना।2।

[26]

आँख फूटना

और का देखकर भला होते।
है भलाई उमंग में आती।
है सुजनता बहुत सुखी होती।
रीझ है रंगतें दिखा जाती।1।

जो न अनदेखपन बुरा होता।
किसलिये डाह कूटती छाती।
तो किसी नीच की बिना फूटे।
किसलिये आँख फूटने पाती।2।

[27]

आँख की चाल

लाल होती हैं लड़ती हैं।
चाल भी टेढ़ी चलती हैं।
बदलते भी उनको देखा।
बला लाती हैं, जलती हैं। 1।

बिगड़ती - बनती रहती हैं।
उन्होंने खिँचवाईं खालें।
भली हैं कभी नहीं आँखें।
देख ली हैं उनकी चालें। 2।

[28]

आँख और अमृत

करें जो हँस - हँसकर बातें।
बिना ही कुछ बोले - चालें।
पिलायें प्यार दिखाकर जो।
छलकते प्रिय छवि के प्याले। 1।

बनी आँखें ही हैं ऐसी।
उरों में जो अमृत ढालें।
सदा जो ज्योति जगा करके।
अँधेरे में दीपक बालें। 2।

[29]

आँख और अन्धेर

दिवाकर की भी हुई कृपा न।
भले ही वे हों किरण - कुबेर।
उसे दिन भी कर सका न दूर।
सामने जो था तम का ढेर। 1।

ज्योति भी भागी तजकर संग।
दृगों पर हुआ देख अन्धेर।
कौन किसका देता है साथ।
दिनों का जब होता है फेर। 2।

[30]

नुकीली आँख

प्यार के रंगों में रँगकर।
अगर बन गयी रँगीली हो।
क्या हुआ तो जो हो चंचल।
फबीली हो, फुरतीली हो।1।
चाहते हैं रस हो उसमें।
आँसुओं से वह गीली हो।
अगर है नोक-झोंक तो क्या।
भले ही आँख नुकीली हो।2।

[31]

नयनहीन नयन

दिखाकर लोचन अपना लोच।
नहीं करते किसको आधीन।
किन्तु ऐसा है कौन कठोर।
कौन दृग-सा है दयाविहीन।1।
चुराता है चित को चुपचाप।
लिया करता है मन को छीन।
कलेजे में करता है छेद।
नयन कितना है नय से हीन।2।

[32]

ज्योतिविहीन दृग

उस दिवाकर को जिसका तेज।
दिया करता है परम प्रकाश।
उस दिवस को जो ले दिव-दीप्ति।
किया करता है तम का नाश।1।
उस कुमुद को जो है बहु कान्त।
कौमुदी जिसकी है द्युति पीन।
उन ग्रहों को जो हैं अति दिव्य।
करे क्या ले दृग ज्योति-विहीन।2।

[33]

अन्धी आँख

कलेजों को देती है बेध।
चलाकर तीखे - तीखे तीर।
छातियों को देती है छील।
किसलिये बन - बनकर बेपीर। 1।

सितम करती हैं अन्धाधुन्ध।
तनिक भी नहीं लगाती देर।
किसलिये अन्धी बनकर आँख।
मचाती है इतना अन्धेर। 2।

[34]

आनन्द

कंज का है दिनमणि से प्यार।
चन्द्रमा है चकोर - चितचोर।
नवल घन श्यामल कान्ति विलोक।
नृत्य करने लगता है मोर। 1।

पपीहा है स्वाती - अनुरक्त।
भ्रमर को है जलजात पसन्द।
वही करता है उससे प्रीति।
मिला जिसको जिससे आनन्द। 2।

[35]

बड़ी-बड़ी आँख

छोड़ सीधी सधी भली राहें।
जब बुरी राह में अड़ी आँखें।
बेकसों और बेगुनाहों पर।
बेतरह जब कड़ी पड़ी आँखें। 1।

जब न सीधी रहीं बनीं टेढ़ी।
लाड़ को छोड़कर लड़ीं आँखें।
रह गयी कौन - सी बड़ाई तब।
क्यों न सोचें बड़ी - बड़ी आँखें। 2।

[36]

आँख की कला

बहुत रस बरसाया है तो।
बनाया है मतवाला भी।
तनों में जीवन डाला है।
तो पिलाया विष-प्याला भी।1।

रखी जो मुँह की लाली तो।
बनाया है मुँह काला भी।
सुधारस जो है आखों में।
तो हलाहल है, हाला भी।2।

[37]

बला की पुतली

रीझ को आँख अगर होती।
प्रेम होता न अगर अन्धा।
लगन जो लाग में न आती।
समझ सकती अपना धन्धा।1।

काम ले कई कलाओं से।
किसलिये तो कोई छलता।
बला की पुतली आँखों पर।
भला कैसे जादू चलता।2।

[38]

आँख की मचल

कभी है पलक नहीं उठती।
कभी तिरछे चलती हैं वे।
वाँकपन कभी दिखाती हैं।
कभी लड़-भिड़ खलती हैं वे।1।

रंगतें बदला करती हैं।
छवि दिखाकर हैं छलती वे।
मचलनेवाली आँखें हैं।
किसलिये नहीं मचलतीं वे।2।

[39]

आँख की लालिमा

पूत सम्बन्ध दिव्य मन्दिर में।
लाग की आग आ लगाये क्यों।
प्रेम की अति ललाम लाली को।
क्रोध की लालिमा जलाये क्यों।1।

रंग अनुराग का अगर बिगड़ा।
अन्धता ही अगर लुभाती है।
था भला आँख फूट जाती जो।
लालिमा कालिमा कहाती है।2।

[40]

आँख दिखलाना

बेतुकी बात बेतुके मुँह की।
है किसी से नहीं सुनी जाती।
क्यों न जी जायगा बिगड़ कोई।
जो छिनी जाय जन्म की थाती।1।

जाति की दृष्टि घिन - भरी ओछी।
जाति से है सही नहीं जाती।
आँख जो देखना पड़ा है तो।
क्यों नहीं आँख आँख दिखलाती।2।

[41]

लाल-लाल आँख

भाव ही भाव का विधायक है।
किसलिये हम कहीं दलक देखें।
चित्र क्यों आँकते रहें अरुचिर।
क्यों नहीं मंजु छवि छलक देखें।1।

क्यों विलोकें विरोधिनी बातें।
क्यों न मनमोहिनी झलक देखें।
क्यों नहीं लाल - लाल आँखों में।
हम किसी लाल की ललक देखें।2।

[42]

आँसू-भरी आँखें

हैं दिलों को नरम बना देती।
मैल मन का कभी मिलीं धोती।
हैं किसी चित्त में जगह करती।
हैं उरों में भरी कसर खोती।1।

आग जी की कहीं बुझाती हैं।
हैं कहीं वीज प्यार का बोती।
आँसुओं से भरी हुई आँखें।
हैं कहीं पर बखेरती मोती।2।

[43]

प्यार की आँख

जो किसी से नहीं भरे हैं हम।
क्यों न हित का उभार तो होगा।
चल रहा ठीक-ठीक बेड़ा है।
किसलिये वह न पार तो होगा।1।

है कसर जो भरी नहीं जी में।
क्यों न संसार यार तो होगा।
प्यार से है अगर भरी आँखें।
क्यों न दिल में दुलार तो होगा।2।

[44]

आँख के डोरे

रंग रखना पड़ा इसी से ही।
हैं किसी रंग से न कोरे ये।
है लसी लाल लालिमा जिसमें।
हैं उसी रंग-बीच बोरे ये।1।

लोक - अनुराग के रुचिर सर के।
हैं बड़े ही ललित हिलोरे ये।
हैं लकीरें ललामता - कर की।
आँख के लाल-लाल डोरे ये।2।

[45]

कान्त छवि के विकास अनुपम हैं।
या किसी राग के बसेरे हैं।
लालसा के सरस नमूने हैं।
या लगन के ललाम घेरे हैं। 1।

या रुचिर रस सुचारु कर विरचित।
भाव के कान्ततम फरेरे हैं।
आँख के रंग में रँगे डोरे।
कौन - से चित्र के चितेरे हैं। 2।

[46]

आँख की सितता

है हँसी - सी विकासवाली वह।
है मुकुर - सी मनोज्ञ आभामय।
है दिखा दिव्यता दमक जाती।
है ललिततम ललामता - आलय। 1।

है सहज भाव के सहित उसमें।
सात्विकी वृत्ति की अपरिमितता।
है सिता - सी मनोहरा सरसा।
है सुधा - सिक्त आँख की सितता। 2।

[47]

काली पुतली

कालिमामयी कहें उसको।
बतायें उसे गरलवाली।
न सुन्दरता होवे उसमें।
ऐंठ लेवे कोई लाली। 1।

किन्तु उससे ही मिलती है।
लोक - आँखों को उँजियाली।
जगत में अँधियाला होता।
न होती जो पुतली काली। 2।

[48]

रँगी आँख

जगमगाती न किसलिये मिलतीं।
ज्योति के जाल से जगी आँखें।
देखने को ललामता भव की।
क्यों ललककर न हों लगी आँखें।1।

भूलती क्यों भलाइयाँ विभु की।
प्रेम के पाग में पगी आँखें।
क्यों नहीं श्यामता - रता होतीं।
श्याम के रंग में रँगी आँखें।2।

[49]

आँख की लालिमा

उषा - सी लोक - रंजिनी बन।
साथ लाती है उजियाली।
अलौकिक कान्ति - कला दिखला।
दूर करती है अँधियाली।1।

बना करती है बन - ठन के।
छलकती छविवाली प्याली।
लालिमा बिलसित आँखों की।
मुँहों की रखती है लाली।2।

[50]

लसती लालिमा

सुखों को सुखित बनाती है।
ललकते उर में है बसती।
सदा अनुराग - रंग दिखला।
प्यारवालों को है कसती।1।

कभी खिलती मिल जाती है।
कभी दिखलाती है हँसती।
कालिमा को कलपाती है।
लालिमा आँखों में लसती।2।

[51]

आँख का पानी

मुँह दिखाते बने न औरों को।
और मुँह की सदा पड़े खानी।
पत उतर जाय, हो हँसी, ऐसी–
हो किसी से कभी न नादानी। 1।

वेबसी, बेकसी, खुले खुल ले।
बेहयाई न जाय पहचानी।
बह सके तो घड़ों बहे आँसू।
पर न गिर जाय आँख का पानी। 2।

[52]

लजीली आँख

हो सकी जब कि लाल - पीली तू।
तक कहें क्योंकि तू रसीली है।
जब कटीली कहा गया तुझको।
तब कहें क्योंकि तू छबीली है। 1।

फबतियाँ लोग जब लगे लेने।
तब कहें क्योंकि तू फबीली है।
जब नहीं लाज रख सकी अपनी।
तब कहाँ आँख तू लजीली है। 2।

[53]

अपने दुखड़े

हम बलाएँ लिया करें उनकी।
और हम पर बलाएँ वे लायें।
है यही ठीक तो कहें किससे।
क्या करें चैन किस तरह पायें। 1।

किस तरह रंग में रँगें उनको।
आह को कौन ढंग सिखलायें।
जो पसीजे न आँसुओं से वे।
क्यों कलेजा निकाल दिखलायें। 2।

[54]

आँसू

साँसतें करके औरों की।
साँसतें सहते हैं आँसू।
अगर कुछ असर नहीं रखते।
किसलिये बहते हैं आँसू।1।
क्यों नहीं उसके सब दुखड़े।
किसी से कहते हैं आँसू।
कलेजा मलने ही से तो।
निकलते रहते हैं आँसू।2।

[55]

आँसू की बूँद

नरम करती है जो मन को।
तो भलाई कर पाती है।
पर गरम बन करके वह क्यों।
किसी का भरम गँवाती है।1।
ठीक करती रहती है जो।
कहीं की आग बुझाती है।
बूँद आँसू की पानी हो।
कहीं क्यों आग लगाती है।2।

[56]

टपकते आँसू

रंग में औरों के दुख के।
कब नहीं रँगते हैं आँसू।
भला औरों का करने को।
सदैव उमगते हैं आँसू।1।
पास रहकर आहें सुन-सुन।
प्रेम में पगते हैं आँसू।
बढ़ गये टपक फफोलों की।
टपकने लगते हैं आँसू।2।

[57]

आँसू

दूसरों का दुख औरों से।
कौन कातर बन कह पाया।
पास सारे पीड़ित जन के।
तरस खा-खाकर रह पाया। 1।
समय की सभी साँसतों को।
कौन साहस कर सह पाया।
जगत-दुख की धाराओं में।
कौन आँसू-सा बह पाया। 2।

[58]

आँख का रोना

सामने दुख-रवि को देखे।
कब नहीं बन पाई कोई।
देख करके आहें भरते।
सभी नींदें किसने खोई। 1।
न जाने कितनी रातों में।
वे नहीं सुख से हैं सोई।
कौन रोया इतना, जितनी।
आजतक आँखें हैं रोई। 2।

[59]

आँख का जल

पास अपने कोई पापी।
नहीं पाता पावन सोता।
बड़े ही बुरे-बुरे धब्बे।
अधम प्राणी कैसे धोता। 1।
कालिमामय कोई कैसे।
कालिमाएँ अपनी खोता।
जलन जी की कैसे जाती।
जो न आँखों का जल होता। 2।

[60]

आँसू का बरसना

जी तड़पता है तो तड़पे।
पता क्यों पाते हैं आँसू।
नहीं रुकते हैं रोके से।
चले दिखलाते हैं आँसू।1।
आज क्यों मेरी आँखों में।
उमड़ते आते हैं आँसू।
लगाकर होड़ बादलों से।
क्यों बरस जाते हैं आँसू।2।

[61]

आँसू और धूल

बूँद बन गये मोतियों - से।
दृगों में हिलते हैं आँसू।
किसी को रस देने के लिये।
आम - से छिलते हैं आँसू।1।
प्यारवाली बहु आँखों में।
बहुत ही खिलते हैं आँसू।
एक दिन ऐसा आता है
धूल में मिलते हैं आँसू।2।

[62]

आँख भर आना

सदय निर्दय को करता है।
लोचनों में लाया आँसू।
कठिन को मृदुल बनाता है।
जन - नयन में छाया आँसू।1।
द्रवित कर देता है चित्त को।
दृगों में दिखलाया आँसू।
उरों में भरता है करुणा।
आँख में भर आया आँसू।2।

[63]

आँसू का तार

रात बीते दिन आता है।
धूप में मिलती है छाया।
तब कहाँ रह जायेगा दुख।
जहाँ मुख सुख ने दिखलाया।1।

चाहिए धीरज भी रखना।
बहुत ही जी क्यों घबराया।
पता पा जायेंगे दिल का।
तार आँसू का लग पाया।2।

[64]

आँसू का चलना

विरह की क्यों कटती रातें।
बीतते दुख के दिन कैसे।
जलन किस तरह दूर होती।
क्यों भला मिलते सुख वैसे।1।

हरे बनकर क्यों हो पाते।
कलेजे जैसे - के - तैसे।
न चलते जो वैसे आँसू।
मिले सोते बहते जैसे।2।

[65]

आँख की पट्टी

यह कभी समझ नहीं पाते।
वस्तु मीठी है या खट्टी।
पर कमर कस सब लोगों को।
पढ़ाते रहते हैं पट्टी।1।

बड़ाई अब इसमें ही है।
बनेंगे धोखे की टट्टी।
भला कैसे खुल पायेंगी।
बँधी है आँखों पर पट्टी।2।

[66]

आँख में उँगली

बगल में बैठ - बैठ करके।
लगाते रहते हैं बगली।
पर बताते ही रहते हैं।
और की दौलत को कँगली। 1।

समझ करतूतों को देखे।
बनी ही रहती है पगली।
पर चलेंगे उलटी चालें।
करेंगे आँखों में उँगली। 2।

[67]

जी की गाँठ

ऐंठ दिखलाकर ऐंठेंगे।
सुनेंगे बात नहीं धी की।
बहुत ही गहरी हो रंगत।
पर कहेंगे उसको फीकी। 1।

पेट जलता ही रहता हो।
पूरियाँ खायेंगे घी की।
करेंगे गँठजोड़ा तो भी।
खुलेगी गाँठ नहीं जी की। 2।

[68]

काल और समय

आँख में जगह मिली जिसको।
कलेजे में जो पल पाया।
अंक में कल कपोल ने ले।
जिसे मोती - सा चमकाया। 1।

समय की बात निराली है।
काल कब किसका कहलाया।
वही आँसू भूतल पर गिर।
धूल में मिलता दिखलाया। 2।

[69]

आँसू और दिल

आँसुओ, यह बतला दो, क्यों।
कभी झरनों - सा झरते हो।
कभी हो झड़ी लगा देते।
कभी बेतरह बिखरते हो। 1।
गिर गये जब आँखों से तब।
किसलिये उनको भरते हो।
निकल आये दिल से, तब क्यों
फिर जगह दिल में करते हो। 2।

[70]

कोई दिल

आग को तब बुझते देखा।
जब बुझाये उसको पानी।
भागना जलते को तजकर।
बताई गयी बेइमानी। 1।
तुम्हें आता देखे आँसू।
दुखी हो आँख बहुत रोई।
निकल जल रहे कलेजे से।
खोजते हो क्या दिल कोई। 2।

[71]

पानी खोना

कभी है चित्त सुखित होता।
दुखों से सुख का मुख धोकर।
चमकने लगता है सोना।
आँच खाकर निर्मल होकर। 1।
कलेजा होता है ठंढा।
बहाकर आँसू रो - रोकर।
आग जी की बुझ जाती है।
बड़ा प्यारा पानी खोकर। 2।

[72]

आँख और कालिमा

कीर्त्ति का वर वितान भव में।
कान्त सितता से तनती हैं
दिखा स्वाभाविक सुन्दरता।
सरस भावों में सनती हैं।1।
लालिमा की ललिताभा से।
रुचिर रुचियों को जनती हैं।
कालिमा से कलंकिता हो।
कलमुँही आँखें बनती हैं।2।

[73]

आँसू छनना

कपोलों पर गिर पड़ते हैं।
कभी काजल से सनते हैं।
बाल के फन्दों में फँसकर।
बेड़ियाँ कभी पहनते हैं।1।
बरौनी से छिद जाते हैं।
कभी वेबस-से बनते हैं।
कौन-सी छान-बीन में पड़।
आँख से आँसू छनते हैं।2।

[74]

दिल और आँसू

पसीजे उन्हें देख वे भी।
सितम जो करते रहते हैं।
बहे उनके वे भी पिघले।
संगदिल जिनको कहते हैं।1।
जले तन को जल बनते हैं।
कलेजा तर कर देते हैं।
आँख में भर-भरकर आँसू।
दिलों में घर कर लेते हैं।2।

[75]

तिल और आँसू

सामना दुख - लहरों का कर।
सुखों की नावें खेते हैं।
लगे रहते हैं त्यों हित में।
विहग ज्यों अंडे सेते हैं।1।

दूर कर बला दूसरों की।
बलाएँ सिर पर लेते हैं।
आँख के तिल से मिल आँसू।
मोम सिल को कर देते हैं।2।

[76]

निकलें आँसू

मकर के हाथ मोह में पड़।
भूल करके बिक लें आँसू।
हँसी के फन्दों में फँसकर।
वहाँ कुछ क्षण टिक लें आँसू।1।

कहाँ किसने उनको छेंका।
कुछ घड़ी तक छिंक लें आँसू।
छुड़ाना है दुख से दिल को।
क्यों न दृग से निकलें आँसू।2।

[77]

बूँदों में

बहुत - से खेल मिले महि के।
खेलाड़ी की कुछ कूदों में।
भरा है भव का मीठापन।
फलों के मधुमय गूदों में।1।

असुख ऊँचे पहाड़ देखे।
छिपे कुछ छोटे तूदों में।
रहा है दुख - सागर लहरा।
आँसुओं की कुछ बूँदों में।2।

[78]

दिव्य दृष्टि

किसी में हास मिला हँसता।
किसी में दुख-दल दिखलाया।
किसी में विरह बिलखता था।
किसी में पीड़ा को पाया।1।
किसी में खिंची हुई देखी।
कलह की बड़ी कुटिल रेखा।
आँसुओं की बूँदों को जब।
दृष्टि को दिव्य बना देखा।2।

[79]

खुली आँखें

किसी में मकर मिला फिरता।
किसी में भूख भरी पाई।
किसी में चोट तड़पती थी।
किसी में साँसत दिखलाई।1।
किसी में लगन की लहर थी।
किसी में था लानत-लेखा।
आँसुओं की बूँदों को जब।
खोलकर आँखों को देखा।2।

[80]

आँसू आना

पतित तो पैसेवाले हैं।
पेट पचके जो पाते हैं।
तब कहाँ भलमनसाहत है।
जो नहीं भूखे भाते हैं।1।
लोग तो पड़े भूल में हैं।
भले कैसे कहलाते हैं।
देख दुखिया-दुख आँखों में।
जो नहीं आँसू आते हैं।2।

[81]

आँसू गिरना

किसलिये कढ़ें कलेजे से।
बला से क्यों न घिरें आँसू।
कभी दुख - जल - लहरों में आ।
न तो उभरें न तिरें आँसू।1।

किसी की आँखों में आकर।
फिराये क्यों न फिरें आँसू।
देश की गिरी दशा देखे।
गिराये जो न गिरें आँसू।2।

[82]

आँसुओं का सागर

अंक में रुचि के भरता है।
मोद मुक्ता - छवि से छहरा।
दिव्यतम भव को करता है।
कीर्त्ति का कान्त केतु फहरा।1।

भाव पर सरस तरंगों से।
रंग दे देता है गहरा।
प्रेम - परिपूरित आँखों में।
आँसुओं का सागर लहरा।2।

[83]

शार्दूल-विक्रीड़ित

थोड़ा ज्ञान हुए, महान बनना, सीधे नहीं बोलना।
मान्यों का करना न मान, सुनना बातें न धीमान की।
बोना वीज प्रपंच का सदन में, बातें बनाना वृथा।
लेना काम न बुद्धि से खल मिले, है बुद्धिमत्ता नहीं।1।
देखे दुर्गति देश की, विवशता उत्पीड़िता जाति की।
देखे क्रन्दन क्षुधादग्ध जन का, सन्ताप सन्त्रस्त का।
देखे ध्वंस प्रशंसनीय कुल का, निर्वंश सद्वंश का।
जाते हैं जल क्यों नहीं, सजल हो पाते नहीं नेत्र जो।2।

तो है व्यर्थ अपूर्व वाक्य-रचना ओजस्विनी वक्तृता।
तो है व्यर्थ गभीर गर्जन, बुरी है दीर्घ आयोजना।
तो है व्यर्थ समस्त व्यंग, गहरी आलोचना लोक की।
सेवा हो सकती अनन्य मन से जो मातृ-भू की नहीं। 3।
है लक्षाधिप की कमी न, फिर भी कंगाल हैं कोटिशः।
होते हैं व्यय व्यर्थ; किन्तु बहुशः हैं पीच पाते नहीं।
होती है बहु दुर्दशा, पर खड़े होते नहीं रोंगटे।
देती है व्यथिता बना न मति को क्यों भारती-भू-व्यथा। 4।
भीता है वह सत्प्रवृत्ति जिससे भू को मिली भव्यता।
त्यक्ता है वह शान्ति जो जगत में है क्रान्ति-विध्वंसिनी।
देखे दुर्गति नीति की मनुजता अत्यन्त है चिन्तिता।
यों हो मर्दित भारतीय सुत से क्यों भारती-भूतियाँ। 5।
होवे पावनतारता सुचरिता सद्वृत्ति से पूरिता।
कान्ता कीर्त्ति-कलाप से विलसिता लोकोपकारांकिता।
पा सत्यामृत का प्रवाह सरसा होती रहे सर्वदा।
सद्भावाचल-श्रृंग से निपतिता हो भारती-भू नहीं। 6।
पाके श्री सुत सर्वदा सुखित हों होवें यशस्वी सुधी।
ऐसी उत्तम नीति हो, बन सके जो प्रीति-संवर्द्धिनी।
होवे मानवता-प्रवृत्ति प्रबला हो लालसा उज्ज्वला।
होवे भारत-भू भला, उतरती दीखे सदा आरती। 7।
वेदों से भववंद्य ग्रन्थ किसकी सद्वृद्धि के स्वत्व हैं।
पैदा हैं किसने किये सुअन वे जो सत्यसर्वस्व हैं।
ऊँचा है कहता हिमाद्रि किसको सर्वोच्चता को दिखा।
पाके भारत-सा सपूत भव में है भाग्यमाना मही। 8।
हो पाये अवतार भार हरने की दृष्टि से ही जहाँ।
भाराक्रान्त जिसे विलोक विधि भी होते महाभीत थे।
तो होगा बहुदग्ध क्यों न उर, क्यों होगी न पीड़ा बड़ी।
जो भारत के भारभूत नर से हो भारभूता धरा। 9।
क्यों होगा उसका उभार उसमें होगी न क्यों भीरुता।
होते भी सुविभूतियाँ न वह क्यों होगी व्यथा से भरी।
दैवी भूति-निकेत दिव्यसुर-से प्राणी कहाँ हैं हुए।
भीता भारत-जात भार-भय से क्यों भारती-भूमि हो। 10।

है औदार्यमयी समस्त भव के सद्भाव से है भरी।
होती है मुदिता विलोक जगती लीलावती मूर्त्तियाँ।
सारी मोहक मंजु सृष्टि - ममता है मोह लेती उसे।
संसिक्ता रस से महानहृदया है विश्व की बन्धुता। 11।
तो हत्या करतीं कभी न इतनी पापीयसी वृत्तियाँ।
हो पाईं जितनी जिन्हें सुन किसे होती नहीं है व्यथा।
तो धर्मान्ध नहीं कृतान्त बनते कृत्या कहाती न धी।
प्राणी निष्ठुर चित्तमध्य बसती जो विश्व की बन्धुता। 12।
वे दानव हैं जो अधर्म करते हैं धर्म की ओट में।
वे हैं पामर ढूँढ़ते गरल है जो पुण्य - पाथोधि में।
वे सद्ग्रन्थ कदापि हैं न जिनमें हैं ईदृशी पंक्तियाँ।
जो हैं धर्म-विहीन, विश्व - ममता के मर्म से वंचिता। 13।
देते हैं प्रिय ज्योति मन्द हँसके हैं मोह लेते उसे।
हैं तारे - सम नेत्र के, वसुमती के 'इन्दु' आनन्द हैं।
वे आके रस जो नहीं बरसते, होती रसा क्यों रसा।
तो होती वसुधा न सिक्त, कर में होती सुधा जो नहीं। 14।
तो होता तम - भरा सर्व महि में होती न दृश्यावली।
तो होती मलिना दिशा न मिलती छाई कहीं भी छटा।
हो जाती मरु - मेदिनी, नयनता पाती महाअंधता।
देते तो न दिनेश दिव्य बनके भू - भूति को दिव्यता। 15।

चतुर्दश सर्ग

सत्य का स्वरूप

विभु - विभूति

[1]

भरा है नभतल में भरपूर।
कौन - से श्यामल तन का रंग।
मिले किसके कर का अवलम्ब।
अधर में उड़े असंख्य पतंग। 1।

किस अलौकिक विभु का बन भव्य।
आरती करती है सब काल।
जगमगाती जगतीतल - ज्योति।
गगन में अगणित दीपक बाल। 2।

किसे अर्पित होता है नित्य।
उषा के अन्तर का अनुराग।
चाँदनी खिलती मिलती है।
लाभ कर किसका दिव्य सुहाग। 3।

बताता है किसको रसधाम।
बरस, घन, नभ में हो समवेत।
किया करता है उन्नत मेरु।
उच्चता का किसकी संकेत। 4।

किसे देते हैं पादप - वृन्द।
बहु नमित हो फल का उपहार।
पिन्हाती हैं लतिकाएँ रीझ।
किसे कल कुसुमावलि का हार। 5।

किसे नदियाँ कर कल-कल नाद।
सुनाती हैं अति सुन्दर तान।
याद कर किसको विपुल विहंग।
।केया करते हैं मंजुल गान।6।

उठा करती है उदधि-तरंग।
चूमने को किसका पग पूत।
वितरता है सौरभ-सम्भार।
मलय-मारुत बन किसका दूत।7।

तिमिर में है जगती भव-ज्योति।
भाव में है सच्ची अनुभूति।
विलोकें क्यों न दृगों को खोल।
कहाँ है विभु की नहीं विभूति।8।

सनातन धर्म

छप्पै

[2]

वह लोकोत्तर सत्य नियति का जो है पाता।
भव की अनुभव-पूत भक्ति का जो है दाता।
वर विवेक-विज्ञान-नयन का जो है तारा।
पाकर जिसकी ज्योति जगमगाया जग सारा।
हैं भुक्ति-मुक्ति जिसकी प्रिया शुचितम जिसका कर्म है।
सब काल एकरस जो रहा वही सनातन धर्म है।1।

वन्दनीयतम वेदमन्त्र उसके हैं ज्ञापक।
सकलागम हैं परम अगम महिमा के मापक।
उसकी विभुता विविध उपनिषद हैं बतलाते।
सारे नियमन नियम स्मृति सकल हैं सिखलाते।
उसके आदर्श पुराण के कथानकों में हैं कथित।
भारत-से अनुपम ग्रन्थ में उसकी गरिमा है ग्रथित।2।

मानवता का मूल सदाशयता का मन्दर।
सदाचार कमनीय स्वर्ग का पूज्य पुरन्दर।
भव-सभ्यता-सुमेरु दिव्यता का कल केतन।
लोक-शान्ति का सेतु भव्य भावना-निकेतन।

नायक है सकल सुनीति का, नैतिक बल का है जनक।
है वह पारस जिसको परस लोहा बनता है कनक। 3।
सर्वभूत-हित-महामन्त्र का सबल प्रचारक।
सदय हृदय से एक-एक जन का उपकारक।
सत्य भाव से विश्व-बन्धुता का अनुरागी।
सकल-सिद्धि-सर्वस्व सर्वगत सच्चा त्यागी।
उसकी विचार - धारा धरा के धर्मों में है बही।
सब सार्व भौम सिद्धान्त का आदिप्रवर्त्तक है वही। 4।
बुद्धदेव के धर्मभाव में वही समाया।
उसको ही जरदश्त-हृदय में विलसित पाया।
है ईसा की दिव्य उक्ति का वही विधाता।
वही मुहम्मद की विभूति का है निर्माता।
अवनीतल का सारा तिमिर उसके टाले ही टला।
वह है वह पलना सकल-मत-शिशु जिस पलने में पला। 5।
पशु मानव हो गये लाभ कर दिव्य सहारा।
पावन बने अनेक अपावन जिसके द्वारा।
जो दे-दे बहु कष्ट लोक-कण्टक कहलाया।
उसने कुसुम-समान उसे भी रुचिर बनाया।
सिदियन-सी कितनी जातियाँ चारु रंगतों में ढलीं।
पाकर उसको सुधरीं सधीं सफल बनीं फूली-फलीं। 6।
उसके खोले खुले बड़े पेचीले ताले।
उसने सुलझा दिये, गये जो उलझन डाले।
खुली कौन - सी ग्रन्थि नहीं उसके कर द्वारा।
दिया उसी ने तोड़ विश्व का बन्धन सारा।
देश काल को देख कब बना नहीं वह दिव्यतर।
कब उसने गति बदली नहीं समय - प्रगति अवलोककर। 7।
है उसमें वह भूति जो असुर को सुर कर दे।
है उसमें वह शान्ति शान्ति जो भव में भर दे।
है उसमें वह शक्ति पतित को पूत बनाये।
है उसमें वह कान्ति रजकणों को चमकाये।
जिससे अमनुजता असमता सब दिन रहती है डरी।
उसकी उदारतम वृत्ति में वह उदारता है भरी। 8।

उचल हिमाचल उठा शीश गुणगण गाता है।
पावनता सुरसरित का सलिल बतलाता है।
गाकर गौरव - गीत विबुध बल-बल जाते हैं।
अवनीतल में कीर्त्ति - पताके लहराते हैं।
उसकी संस्कृति के सूत्र से सुख - वितान जग में तना।
उसके बल से संसार में भारत - मुख उज्ज्वल बना। 9।
ऐसा परम पुनीत सनातन धर्म निराला।
दूर करे सब तिमिर दिखा बहु दिव्य उँजाला।
भ्रम-प्रमाद-वश कभी न वह अनुदार कहाये।
सब उससे सुर-तरु-समान वांछित फल पाये।
जल पवन रवि - किरण - सम उसे।
मनुज - मात्र अपना कहे।
सारे वसुधातल में सदा
शान्ति - सुधा - धारा बहे। 10।

भाव-विभूति

[3]

बहुत सूखे हृदयों को सींच।
सरसता कर असरस को दान।
दया है उस द्रविता का नाम।
बरस जाये जो जलद - समान। 1।

सुन जिसे श्रवण हो सुधा - सिक्त।
सुनाये हृत्तंत्री वह राग।
करे जो जन - रंजन सब काल।
वही है आरंजित अनुराग। 2।

है सरस भावुकता - परिणाम।
करुण रस का उर में संचार।
कहाँ तब पाया हृदय पसीज।
दृगों में बही न जो रस - धार। 3।

शान्ति - जननी सत्यता - विभूति।
पूततम भावों की है पूर्त्ति।
मही में है बहु महिमावान।
दिव्य है मानवता की मूर्त्ति। 4।

कान्त कृति - रत्न - राजि खनि मंजु।
सुरुचि - स्वामिनी सुअनुभवनीय।
परम कामदा साधना - सिद्धि।
सुमति है कामधेनु कमनीय। 5।

ललित रुचि है कुसुमालि - समान।
कल्पतरु - से हैं भाव ललाम।
लोक - अभिन्दन कान्त नितान्त।
शील है नन्दन - वन अभिराम। 6।

मलिन मन को धो हर तन - ताप।
खोलता है सुरपुर की राह।
धरा में सदाचार सब काल।
सुरसरी का है पूत प्रवाह। 7।

रहे जिससे जीवन का रंग।
वही है बहु कमनीय उमंग।
हँस जिससे मुक्ता पा जाय।
वही है मानस - मंजु - तरंग। 8।

प्रेमाश्रु

[4]

सिंची बहु सरस बन - बन जिससे
वह मानवता - क्यारी।
जिसमें विकसित मिली रुचिर रुचि
की कुसुमावलि सारी।
जिसकी बूँद - बूँद में ऐसे
सिक्त भाव हैं पाते।
जिसके बल से नीरस उर भी
हैं रसमय बन जाते। 1।

जिसमें अललित लोभ की लहर
कभी नहीं लहराती।
जिसमें छल - बल की प्रपंच की
भँवर नहीं पड़ पाती।
जिसमें विविध विरोध वैर के
बुद्बुद नहीं दिखाते।

जिसमें कलह - कपट - कुचाल के
हैं शैवाल न पाते। 2।
सदा डूब जाती है जिसमें
अहितकारिता - नौका।
मिली न जिसमें रुधिर - पान - रत
कुत्सित नीति - जलौका।
जिसमें मद - मत्सर - प्रसूत वह
वेग नहीं मिल पाता।
पड़ जिसके प्रपंच में जनहित-
पोत टूट है जाता। 3।
जिसकी सहज तरलता है
पविता को तरल बनाती।
जिसकी द्रवणशीलता है
वसुधा में सुधा बहाती।
जिसके पूत प्रवाह से धुले
मानस का मल सारा।
नहीं नयन से क्यों बहती वह
प्रेम - अश्रु की धारा। 4।

प्रेम-तरंग

छप्पै

[5]

वसुधा पर विधु - सदृश सुधा है वह बरसाता।
वह है जलद - समान जगत का जीवन - दाता।
वही सदा है कामधेनु कामद कहलाता।
वही कल्पतरु - तुल्य बहु फलद है बन पाता।
जो जन रंजित हो सके भव - अनुरंजन - रंग से।
जिसका मानस हो लसित पावन प्रेम - तरंग से। 1।

सत्य-सन्देश

[6]

भक्त - जन - रंजन की वर भक्ति।
करेगी किस उर में न प्रवेश।

रुचिर जीवन न बनेगा कौन।
सुन सुरुचि - भरित सत्य - सन्देश। 1।

जगेगा भला न किसका भाग।
लगेगा किसे न प्यारा देश।
बनेगा कौन न शुचिता - मूर्त्ति।
हृदय से सुने सत्य - सन्देश। 2।

परम भय - संकुल हो सब काल।
अभय करता है वर आदेश।
तरंगाकुल भव - सिन्धु - निमित्त।
पोत है पूत सत्य - सन्देश। 3।

दूर करता है तम - अज्ञान।
हटाता है भव - रजनी - क्लेश।
उरों में जगा ज्ञान की ज्योति।
भानुकर - सदृश सत्य - सन्देश। 4।

सत्य-सन्देश

[7]

सुन जिसे भव जाता है भूल।
स्वर्ग की सरस सुधा का स्वाद।
भरित मिलता है किसमें भूरि।
भारती - वीणा का वह नाद। 1।

सुन जिसे मति होती है मुग्ध।
उमग नर्त्तन करता है त्याग।
विपुल पुलकित बनती है भक्ति।
मिला किसमें वह अनुराग राग। 2।

सुन पड़ा जिसमें अनहद नाद।
हुआ जिसमें समाधि - धन - गीत।
सुरति है जिसकी सहज विभूति।
मिला किसमें वह श्रुति - संगीत। 3।

रूप किसका है भव - अनुराग।
लोक - हित - व्रत है किसका वेश।
सुर - विटप - सदृश फलद है कौन।
भूत - हित - पूत सत्य - सन्देश। 4।

विवाह

[8]

पूततम है विधान विधि का।
नियति का है नियमित नियमन।
प्रकृति का है अनुपम आशय।
वेद का वन्दित अनुशासन। 1।

वंश - वर्द्धक वसुधा - हित - रत।
सदाचारी सपूत को जन।
क्षेत्र में विश्व - सृजन के वह।
सदा करता है वीज - वपन। 2।

शान्ति का है वर आवाहन।
सुकृति का संयत आराधन।
मधुरता का विकास - मधुमय।
सरसता का सुन्दर साधन। 3।

रमा का रंजन होता है।
गिरा गौरवित दिखाती है।
मंजुतम मूर्त्ति त्याग की बन।
सती सत उससे पाती है। 4।

विलसता सुरतरु है उसमें।
मलय - मारुत बह पाता है।
स्वर्ग - जैसा सुन्दर उससे।
गृही का गृह बन जाता है। 5।

बालकों का विधु - सा मुखड़ा।
नयन को कैसे दिखलाता।
सुधारस कानों में कैसे।
मृदु वचन उनका बरसाता। 6।

अलौकिक रत्न लाभ कर क्यों।
दिव्य जगतीतल बन जाता।
लाल माई के क्यों मिलते।
जो न जुड़ता पावन नाता। 7।

भूति से उसकी जल - पय - सम।
एक हो जाते हैं दो मन।

मिलता है दो हृदयों को।
मुक्ति - साधन विवाह - बंधन। 8।

धर्म-धारणा

[9]

सहज सनातन धर्म हमारा
परम अपावन जन-निमित्त है पावन सुरसरि - धारा।
भव-पथ के भूले-भटके को दिव्य-ज्योति ध्रुव-तारा।
पाप-पुंज-रत पामर नर को खरतर असि की धारा।
सकल काल अभिमत फलदायक है सुरुतरु-सा न्यारा।
विविध - रोग - उपशम - अधिकारी है परिशोधित पारा।
ज्ञान-निकेतन अखिल सिद्धि-साधना-सदन श्रुति प्यारा।
भुक्ति-मुक्ति वर भक्तिविधायक सिद्ध - समाधि - सहारा।
त्रिकालज्ञ सर्वज्ञ तपोधन ने है उसे सुधारा।
ले अवतार आप विभुवर ने प्रायः उसे उबारा।
वह विकास है वह जिससे विकसित है अनुभव सारा।
धरा-ज्ञान-विज्ञान दिव्य लोचन का है वह तारा।
भू के सकल पन्थ मत में है उसका प्रबल प्रसारा।
नभ में दीपक बले उसी की जगी ज्योति के द्वारा।
सँभल उसी की पूत शान्ति के कर से हुए उतारा।
मधुर बन सकेगा वसुधातल का आशान्ति-जल खारा। 1।

उद्बोधन

[10]

किसी की उँगली का संचार।
भर सका जिसमें बहु प्रिय राग।
हो सका जिसमें ध्वनित सदैव।
भूतभावन - पावन - अनुराग। 1।
सुनाता है भवहित - संगीत।
छिड़े पर जिसका अनुपम तार।
खोल देती है हृदय - कपाट।
सुझंकृत हो जिसकी झंकार। 2।

सुने जिसका बहु व्यंजक बोल।
सुरुचि सकती है शुचि पग पूज।
मानसों को करती है पूत।
सुगुंजित हो - हो जिसकी गूँज।3।

पान कर जिसका रस स्वर्गीय।
कान बन सका सुधा का पात्र।
उस अलौकिक तंत्री का नाद।
सुने वसुधातल - मानवमात्र।4।

[11]

सती ने किससे पायी सिद्धि।
रमा ने कान्ति परम कमनीय।
गिरा किससे पाये अनुभूति।
बनी सब भव में अनुभवनीय।1।

लाभ कर किससे दिव्य विकास।
हुए उद्भासित सारे ओक।
अलौकिकता किसकी अवलोक।
लोक को मिला विपुल आलोक।2।

मिली दिनमणि को किससे ज्योति।
कलानिधि को अति कोमल कान्ति।
समुज्ज्वल किससे हुए दिगन्त।
पा सकी वसुधा किससे शान्ति।3।

कौन है भव का सुन्दर भाव।
कौन है शिव - ललाट की लीक।
धरातल के सारे शुभ कर्म।
कहाये किसके कान्त प्रतीक।4।

भाल पर किसके है वह तेज।
काँपता है जिससे तम - पुंज।
विलोके किसकी प्रगति ललाम।
भव - अहित - दल बनते हैं लुंज।5।

कौन है वह कमनीय प्रवाह।
झलकता है जिसमें विभु - विम्ब।

देखते हैं किसमें बुध - वृन्द।
क्यों मिलित हुए विम्ब - प्रतिविम्ब। 6।

कौन है वह विस्तृत आकाश।
मिल गये जिसका निर्मल अंक।
चमकते हैं बन - बन बहु कान्त।
लोक - हित नाना मंजु मयंक। 7।

दिव्यताएँ उसकी अवलोक।
दिव्यतम बनता है भव - कूप।
अपावन जन का है अवलम्ब।
परम पावन है सत्य - स्वरूप। 8।

[12]

हँसी है कभी उड़ाती उसे।
कभी छलती है मृदु मुसुकान।
कभी आँखों के कुछ संकेत।
नहीं करते उसका सम्मान। 1।

कभी मीठी बातों का ढंग।
दिया करता है परदा डाल।
कभी चालाकी दिखला रंग।
चला करती है उससे चाल। 2।

झमेले करती हैं उत्पन्न।
कभी लालच की लहरें लोल।
कभी रगड़े करते हैं तंग।
बनाकर उसको डाँवाडोल। 3।

कभी जी की कसरें धुन बाँध।
किया करती हैं टाल - मटोल।
देखकर उसका बिगड़ा रंग।
नहीं वह कुछ सकता है बोल। 4।

धूल कितनी आँखों में झोंक।
कहीं पर बिछा कपट का जाल।
सदा ही बात बना कुछ लोग।
दिया करते हैं उसको टाल। 5।

वैर के बो-बो करके वीज।
जो घरों में बोते हैं आग।
बहुत ही जले-भुने वे लोग।
न करते कैसे उसका त्याग।6।

बोलते ही रहते हैं झूठ।
बहुत लोगों की है यह बान।
जिसे वे करते नहीं पसन्द।
करेंगे कैसे उसका मान।7।

सदा पाते रहते हैं लोग।
लोक में फल स्वकर्म-अनुरूप।
उन्हें कब नहीं मिला है दण्ड।
सके जो देख न सत्य-स्वरूप।8।

[13]

बिछाकर अलकावलि का जाल।
धता है उसे बताता काम।
नहीं लग लगने देता उसे।
कामिनी-कुल का रूप ललाम।1।

रोकता है पढ़ मोहन-मन्त्र।
मोहनी डाल-डालकर मोह।
उसे प्रायः देता है डाँट।
दिखाकर निज दबंगपन द्रोह।2।

डराता है कर आँखें लाल।
उसे अभिमानी का अभिमान।
बहुत फैला अपना तमपुंज।
तमक उसको देती है तान।3।

पास आने देता ही नहीं।
किया करता है पथ-अवरोध।
डाल बाधाएँ हो-हो क्रुद्ध।
उसे बाधित करता है क्रोध।4।

सामने अपने उसे विलोक।
छटकने लग जाता है क्षोभ।

दूर उसको रखने के लिये।
ललचता ही रहता है लोभ। 5।
देखती उसे आँख-भर नहीं।
काँपती है सुन उसका नाम।
साथ में उसको लेकर चले।
कब चला लम्पटता का काम। 6।
नहीं अभिनन्दित करता उसे।
परम निन्दित निन्दा का चाव।
मानता है उसको रिपु-तुल्य।
लोक हिंसा-प्रतिहिंसा-भाव। 7।
बताता उसको हितकर नहीं।
नीचतम मानस-मलिन-स्वभाव।
चाहते हैं भ्रमान्ध भव-मध्य।
भाव का उसके परम अभाव। 8।
मानता मन का उसको नहीं।
जुगुप्सा - लिप्सा - कुत्साधाम।
उसे कहके लालित्य-विहीन।
स्वयं बनता है दम्भ ललाम। 9।
कभी करती है उससे मेल।
कभी बन जाती है प्रतिकूल।
पड़े निज भूल - भुलैयाँ - मध्य।
क्यों न करती प्रवंचना भूल। 10।
भले ही हो वह भवनिधि - पोत।
हो सकेगी क्यों उससे प्रीति।
करेगी क्यों प्रिय पटुता-संग।
कुटिलता कटुता की कटु नीति। 11।
जब नहीं तिमिर सकेगी टाल।
करे तब क्यों प्रकाश की साध।
वदन क्यों उसका सके विलोक।
अधमता होती है जन्मांध। 12।
करेगी कैसे उसे पसन्द।
जो कि है परम पुण्य की मूर्त्ति।

सदा है पापरता चित - वृत्ति।
कुजनता है पामरता - पूर्त्ति। 13।

उलूक - प्रकृति का है दुर्भाग्य।
जो न समझे, न सके अवलोक।
दिवाकर के समान है दिव्य।
सत्य है सकल लोक - आलोक। 14।

[14]

द्रवित हो बहुत पसीज - पसीज।
दुखित दुख - तिमिरपुंज को टाल।
झलकती किसकी है प्रिय ज्योति।
करुण रस - धारा में सब काल। 1।

दान कर देता है सर्वस्व।
समझकर उसे कीर्त्ति - उपहार।
कहे किसके बनता है रीझ।
हृदय सहृदय का परम उदार। 2।

दशा दयनीय जनों की देख।
सदयता को वह सका न रोक।
याद आता है किसका रूप।
दया की दयालुता अवलोक। 3।

विविध विद्या - बल से कर दूर।
अविद्याजनित विकार - विभेद।
किस भुवन - वंदित का कर साथ।
बन सका वन्दनीय निर्वेद। 4।

दानवी प्रकृति परम दुर्दान्त।
प्राप्त कर किससे बहु शुचि स्फूर्त्ति।
बनी सहृदयता मृदुता - धाम।
सुजनता जनता - ममता - मूर्त्ति। 5।

सुधा से कर मरु - उर को सिक्त।
सिता - सी फैला कोमल कान्ति।
हुए किस रजनी - पति से स्नेह।
बन सकी राका - रजनी - शान्ति। 6।

लाभ कर ममता विश्व - जनीन।
सृजन कर भौतिक शान्ति - विधान।
मिले किसका महान अवलम्ब।
बनी मानवता महिमावान। 7।

विलोके किसको गौरव - धाम।
गौरवित बनता है गम्भीर।
देखकर किसको धर्मधुरीण।
धीरता नहीं त्यागता धीर। 8।

बना करती है किसे विलोक।
सुमति की मूर्त्ति परम रमणीय।
सदाशयता सुख्याति सकान्ति।
सुकृति की कीर्त्ति - कला कमनीय। 9।

बढ़ाकर शालीनता - प्रभाव।
शिष्टता में भर भूरि उमंग।
विलसती है किसको अवलोक।
शील मानस महनीय तरंग। 10।

नाचता है किस घन को देख।
सर्वदा सदाचार - मनमोर।
देखता है किस विधु की कान्ति।
सच्चरित बनकर चरितचकोर। 11।

जी रही है भव - पूत विभूति।
देखकर किसके मुख की ओर।
कौन है सद्गति का सर्वस्व।
रुचिरतम सुरुचि - चित्त का चोर। 12।

ज्ञान - विज्ञान - सहित रुचि साथ।
भावनाओं में भर अनुरक्ति।
गयी खिल देखे किसका भाव।
भुवन - भावुकता - भरिता भक्ति। 13।

विश्व - गिरि - शिखरों पर सर्वत्र।
गड़ गयी गौरव पा अविलम्ब।
धर्म की ध्वजा उड़ी भव - मध्य।
मिले किसके कर का अवलम्ब। 14।

दिव्य भावों का है आधार।
नियति का नियमनशील निजस्व।
लोक - पति का है भव्य स्वरूप।
सत्य है भव - जीवन - सर्वस्व।15।

[15]

अन्न दे देना भूखों को।
पिलाना प्यासे को पानी।
दीन - दुखिया - कंगालों को।
दान देना बनकर दानी।1।
बुरा करना न दूसरों का।
नहीं कहना लगती बातें।
सँभल सेवा उसकी करना।
न कटती हैं जिसकी रातें।2।
कभी रखना न मैल दिल में।
चलाना कभी नहीं चोटें।
क्यों न टोटा पर टोटा हो।
पर गला कभी नहीं घोटें।3।
काटना जड़ बुराइयों की।
बदी को धता बता देना।
चाल चल - चल या छल करके।
कुछ किसी का न छीन लेना।4।
डराना बेजा धमकाना।
सताना डाँटें बतलाना।
खिजाना साँसत कर हँसना।
दूसरों का दिल दहलाना।5।
बुरा है, इसी लिए इनसे।
सदा ही बच करके रहना।
बुरे भावों की लहरों में।
भूलकर भी न कभी बहना।6।
समझना यह, निज बातों का।
हमें है दुख होता रहता।

सुने, वैसी ही बातों को।
विवश हो कोई है सहता। 7।

सोचना, यह, दिल का छिलना।
कपट का जाल बिछा देना।
बहँकना मनमाना करना।
बलाएँ हैं सिर पर लेना। 8।

जानना यह, काँटे बोना।
कुढ़ाना दे-देकर ताना।
कलेजा पत्थर का करना।
बेतरह है मुँह की खाना। 9।

मूसना माल न औरों का।
चूसना लहू न लोगों का।
बाँधकर कमर दूर करना।
देश के सारे रोगों का। 10।

खोलना आँखें अन्धों की।
राह भूलों को बतलाना।
समझना सब जग को अपना।
काम पड़ गये काम आना। 11।

बड़ाई सदा बड़ों की रख।
कहे पर कहा काम करना।
जाति के सिरमौरों की सुन।
समय पर उनका दम भरना। 12।

भागना झूठी बातों से।
धाँधली से बचते रहना।
कभी जो कुछ कहना हो तो।
सँभल करके उसको कहना। 13।

बुराई सदा बुराई है।
भलाई को न भूल जाना।
भले का सदा भला होगा।
यह समझना औ' समझाना। 14।

जन्तुओं के सुख - दुख को भी।
मानना निज सुख - दुख - ऐसा।

सभी जीवों के जी को भी।
जानना अपने जी-जैसा। 15।
हरे पत्ते की हरियाली।
फूल का खिलना कुम्हलाना।
देखकर, आँखोंवाले बन।
दया उनपर भी दिखलाना। 16।
भले कामों के करने में।
न बनना कसर दिखा कर।
भाव बच्चों-जैसा रखना।
सत्य का है स्वरूप सच्चा। 17।

[16]

शार्दूल-विक्रीड़ित

जो हो सात्विकता भरी न उसमें, जो हो नहीं दिव्यता।
जो हो बोधक नहीं पूत रुचि का, जो हो नहीं शुद्ध श्री।
तो है व्यर्थ, प्रवंचना-भरित है, है धूर्त्तता चिह्न ही।
होवे भाल विशाल का तिलक जो सत्यावलम्बी नहीं। 1।
तो क्या है वह लालिमा तिलक की जो भक्तिरक्ता नहीं।
तो क्या है वह श्वेतता न जिसमें है सात्विकी सिक्तता।
रेखाएँ रमणीय, कान्त रचना, आकार की मंजुता।
तो क्या है उनमें नहीं यदि लसी सत्यादृता पूतता। 2।
नाना योग-क्रिया-कलाप-विधि से आराधना इष्ट की।
पूजा-पाठ-व्रतोपवास-जप की यज्ञादि की योजना।
देवोपासन मन्दिरादि रचना पुण्यांग की पूर्त्तियाँ।
तो क्या हैं यदि साधना-नियम में है सत्य-सत्ता नहीं। 3।
होती हैं सब सिद्धियाँ करगता अंगीकृता ऋद्धियाँ।
जाती है बन सेविका सफलता सद्वृत्ति-उद्बोधिता।
है आज्ञा मतिमानता मनुजता ओजस्विता मानती।
होगी क्यों ऋत कल्पना न उसकी जो सत्य-संकल्प है। 4।
जो है ज्ञान-निधान कष्ट उसको देगी न अज्ञानता।
जो है लोभ-विहीन तृप्त उसको लेगी न लिप्सा लुभा।

मोहेगी न विमुक्त मुक्तिरत को मुक्तावली - मालिका।
होवेगा वह क्यों असत्य प्रतिभू जो सत्य - सर्वस्व है। 5।
जो माला फिरती रहे प्रति घटी होगा न तो भी भला।
जो सन्ध्या करते त्रिकाल हम हों तो भी नपेगा गला।
जो हों योग - क्रिया सदैव करते तो भी न होंगे सुखी।
होती है यदि अज्ञता विमुखता से सत्यता वंचिता। 6।
अन्यों के छिनते न स्वत्व लुटते तो कोटिशः सद्म क्यों।
क्यों होते नगरादि ध्वंस बहती क्यों रक्त - धारा कहीं।
कैसे तो कटते कराल कर से लाखों करोड़ों गले।
पृथ्वी हो रत सर्व - भूत - हित में जो सत्य को पूजती। 7।
क्यों होते बहु वंश ध्वंस मिलते वे आज फूले - फले।
उल्लू है अब बोलता नित जहाँ होती वहाँ रम्यता।
होता देश वहाँ विशाल अब हैं कान्तार पाते जहाँ।
आस्था से अवलोकती वसुमती जो सत्यता - दिव्यता। 8।
भूमा में भव में विभूतितन में भू में मनोभाव में।
होते हैं जितने विकार मल या मालिन्य के सूत्र से।
देती हैं उनको निवृत्त कर वे सद्भाव - सदबोध से।
हैं संशोधनशील दिव्य कृतियाँ सत्यात्मिका वृत्तियाँ। 9।
कोई है धन के लिये बहँकता कोई धरा के लिये।
कोई राग - विराग से विवश हो है त्याग देता उसे।
कोई वैर - विरोध - क्रोध मत ले देता उसे है बिदा।
प्यारा है जितना प्रपञ्च उतना है सत्य प्यारा कहाँ। 10।
क्या होगा कपड़ा रँगे, सिर मुड़े, काषायधारी बने।
मालाएँ पहने, त्रिपुंडधर हो, लम्बी जटाएँ रखे।
क्या होगा सब गात में रज मले या वेश नाना रचे।
जो हो इष्ट प्रवञ्चना बन यती जो हो न सत्यव्रती। 11।
हो - हो आकुल स्वार्थ है दहलता, आवेश है चौंकता।
तृष्णा है मुँह ढाँकती, कुजनता है पास आती नहीं।
निन्दा है बनती विमूढ, डर से है भागती दुर्दशा।
देखे आनन सत्य का सहमती हैं सर्व दुर्नीतियाँ। 12।
तारों में दिव के सदैव किसकी है दीखती दिव्यता।
भूतों में भवभूतिमध्य किसका अस्तित्व पाया गया।

जीवों में तरु - लता आदि तक में है कौन सत्ता लसी।
कैसे तो न असत्य विश्व बनता जो सत्य होता नहीं। 13।
सारी विश्व - विभूति के विषय का आधार अस्तित्व है।
है अस्तित्व - प्रमाण सत्य वह जो सर्वत्र प्रत्यक्ष है।
अंतर्दृष्टि समष्टि व्यष्टिगत हो जो दृश्य है देखती।
तो होती रसवृष्टि है हृदय में सत्यात्मिका सृष्टि है। 14।
है विश्वस्त, विभूतिमान, भव का सर्वस्व, सर्वाश्रयी।
है विज्ञान-निधान, ज्ञान-निधि का विश्राम, शान्ताश्रयी।
वादों से बहु अन्यथाचरण से वैदग्ध - व्युत्पत्ति से।
तर्कों से वह क्यों असत्य बनता, है सत्य तो सत्य ही। 15।
चाहे हो रवि या शशांक अथवा हों व्योमतारे सभी।
चाहे हों सुरलोक के अधिप या हों देव देवांगना।
चाहे हो दिव-दामिनी भव-विभा चाहे महाअग्नि हो।
दिव्यों में उतनी मिली न जितनी है सत्य में दिव्यता। 16।
है रम्या गुरुतामयी सहृदया मान्या महत्तांकिता।
नाना दिव्य विभूति-भाव-भरिता कान्ता मनोज्ञा महा।
सौम्या शान्ति-निकेतना सदयता की मूर्त्ति सम्भाविता।
श्वेताभा-सदना सितासिततरा है सिद्धिदा सत्यता। 17।

पंचदश सर्ग

परमानन्द

आनन्द-उद्‍बोध

[1]

गले लग - लगकर कलियों को।
खिला करके वह खिलता है।
नवल दल में दिखलाता है।
फूल में हँसता मिलता है। 1।

अंक में उसको ले - लेकर।
ललित लतिका लहराती है।
छटाएँ दिखला विलसित बन।
बेलि उसको बेलमाती है। 2।

पेड़ के पत्ते - पत्ते में।
पता उसका मिल पाता है।
दिखाकर रंग - बिरंगापन।
फलों में रस भर जाता है। 3।

हरित - तृण - राजिरंजिता हो।
उसे बहु व्यञ्जित करती है।
गोद में वसुधा की दबकी।
दूब उसका दम भरती है। 4।

शस्य, श्यामल परिधान पहन।
मन्द आन्दोलित हो - होकर।
ललकते जन के लोचन में।
भाव उसके देता है भर। 5।

वन, बहुत बन-ठनकर उसको।
पास बिठलाये रहता है।
बने रहकर उसका उपवन।
विकस हँस विलस निबहता है। 6।

रुचिर रस से सिंचित हो-हो।
बड़े मीठे फल चखता है।
सविधि आवाहन कर उसका।
वनस्पति निज पति रखता है। 7।

रमण कर तृण से तरु तक में।
भाँवरें भव में भरता है।
सहज आनन्द भला किसको।
नहीं आनन्दित करता है। 8।

[2]

जलधि के नील कलेवर को।
सुनहला वसन पिन्हाता है।
दिवाकर का कर जब उसमें।
जागती ज्योति जगाता है। 1।

जब छलकतीं बूँदें उसकी।
मंजु मोती बन जाती हैं।
जब सुधा - धवल बनाने को।
चाँदनी रातें आती हैं। 2।

तब ललकते दृगवालों को।
कौन उल्लसित बनाता है।
कौन उमगे जन - मानरा को।
बहु तरंगित कर पाता है। 3।

सरस धाराएँ सरिता की।
सुनातीं अपना कल - कल रव।
मनाती हैं जब राका में।
दीप - माला - जैसा उत्सव। 4।

नाचने लगती हैं लहरें।
चन्द्र - प्रतिविम्बों को जब ले।

कौन तब उर-मन्दिर में आ।
बजाता है मंजुल तबले। 5।

शरद में जब सर शोभित हो।
मानसरवर बन जाता है।
जब कमल-माला अलिमाला।
हंस-मालाएँ पाता है। 6।

सलिल जब ले इनकी छाया।
ललित लीलामय बनता है।
कौन तब आ वितान अपना।
मुग्ध जन मन में तनता है। 7।

उड़ा छींटे क्षिति-अंचल में।
कान्त मुक्तावलि भरता है।
किसी उत्साहित जन-जैसा।
उत्स जब उत्सव करता है। 8।

मुकुर मंजुल गिरते जल में।
दिव्य दृश्यों को दर्शित कर।
उस समय दर्शक के उर में।
कौन ललकें देता है भर। 9।

मिले सौन्दर्य मलय-मारुत।
कुसुम-कोरक-सा है खिलता।
कौन-सा है वह रम्य-स्थल।
जहाँ आनन्द नहीं मिलता। 10।

[3]

हिमाचल-जैसा गिरिवर जो।
गगन से बातें करता है।
उर-भवन में भावुक के जो।
भूरि भावों को भरता है। 1।

लसित है जिसके अंचल में।
काश्मीरोपम रम्य स्थल।
जिसे अवलोके बनता है।
विमोहित वसुधा-अन्तस्तल। 2।

दिवसमणि निज कर से जिसको।
मणि - खचित मुकुट पिन्हाता है।
नग - निकर से परिपूरित रह।
नगाधिप जो कहलाता है। 3।

देख कृति जिसकी क्षण - भर भी।
छटा है अलग नहीं होती।
जलद आलिंगन कर जिसपर।
बरसते रहते हैं मोती। 4।

अंक में जिसके रस रख - रख।
सरसता - सोता बहता है।
वह किसे मानस - वारिधि का।
कलानिधि करता रहता है। 5।

ज्योति जग में भर देते हैं।
कलश जिनके रवि - विम्बोपम।
सहज सौन्दर्य - विभव जिनको।
सिद्ध करते हैं सुरपुर - सम। 6।

पताका उड़ - उड़ पावनता।
पता का पथ बतलाती है।
मधुर ध्वनि जिनके घण्टों की।
ध्वनित हो मुदित बनाती है। 7।

भावमय दृश्यों का दर्शन।
भक्ति - रति उर में भरता है।
शान्तिमय जिनका वातावरण।
प्रभावित चित को करता है। 8।

लसित जिनमें दिखलाती है।
भव्यतम मूर्त्ति भावना की।
सत्यता शिवता से भरिता।
देवता की वाँकी झाँकी। 9।

बहु सुमन महँक - महँक महँका।
जिन्हें महनीय बनाते हैं।
दिव्य वे देवालय किसको।
उर - गगन द्युमणि बनाते हैं। 10।

रमा रमणीय करालंकृत।
कारु कार्यावलि कान्त निलय।
चारुतम चित्रों से चित्रित।
गगनचुम्बी नृप - मन्दिर - चय। 11।

विविधताओं से परिपूरित।
विश्व - वैचित्र्यों के सम्बल।
विपुल विद्यालय रंगालय।
उच्च दुर्गावलि रम्य स्थल। 12।

मनोहर नगर नागरिक जन।
विपणि की वस्तु उत्तमोत्तम।
धरा धनदों के सज्जित सदन।
दिव्य दूकानें नग निरुपम। 13।

विविध अद्भुत विभूतियों से।
भव्यता से भूषित जल - थल।
बनाते रहते हैं किसको।
हृदय - सर का प्रफुल्ल उत्पल। 14।

प्रकृति का है हँसमुख बालक।
आत्मसुख का अमूल्य सम्बल।
हास का है 'आनन्द' - जनक।
स्वर्ग - उपवन विकसित शतदल। 15।

[4]

सहज अनुराग - राग से जब।
रंगिणी ऊषा भरती है।
पाँवड़े डाल लाल पट के।
अरुण स्वागत जब करती है। 1।

विहँसती दिशा - सुन्दरी से।
गले मिल जब मुसकाती है।
स्वयं आरंजित होकर जब।
उसे रंजिता बनाती है। 2।

जब दिवसमणि गगनांगण को।
बना मणिमय छवि पाता है।

धरा को किरणावलि - विरचित।
दिव्यतम वसन पिन्हाता है। 3।
देख लुटते तारकचय को।
उन्हें अन्तर्हित करता है।
जगा जगती के जीवों को।
ज्योति जन - जन में भरता है। 4।
प्रभा देकर प्रभात को जब।
प्रभासंयुत कर पाता है।
लोक को उल्लासों से तब।
कौन उल्लसित बनाता है। 5।
लाल नीले पीले उजले।
जगमगाते नभ के तारे।
किरण - मालाओं से बनते।
किसी ललके दृग के तारे। 6।
तिमिर में जगमग - जगमग कर।
ज्योति जो भरते रहते हैं।
जो सदा चुप रह - रहकर भी।
न जाने क्या - क्या कहते हैं। 7।
मोहते हुए मनों को जब।
दिखाते हैं वे छवि न्यारी।
कौन तब देता है दिखला।
दृगों को फूली फुलवारी। 8।
कलानिधि मन्द - मन्द हँसकर।
जब कलाएँ दिखलाता है।
जिस समय राका - रजनी को।
चूमकर गले लगाता है। 9।
चाँदनी छिटक - छिटककर जब।
धरा को सुधा पिलाती है।
रजकणों का चुम्बन कर जब।
उन्हें रजताभ बनाती है। 10।
नवल श्यामलतन नीरद जब।
गगनतल में घिर आते हैं।

पुरन्दर - धनु से हो विलसित।
जब बड़ी छटा दिखाते हैं। 11।

दामिनी दमक - दमक थोड़ा।
छटा क्षिति पर छिटकाती - सी।
अंक में नव जलधर के जब।
दिखाती है मुसुकाती - सी। 12।

किनारों पर उन जलदों के।
श्यामता है जिनकी विकसित।
अस्त होते रवि की किरणें।
लगाती हैं जब लैस ललित। 13।

गगनतल को उद्भासित कर।
चमकते हैं जब उल्काचय।
कौन तब इन बहु दृश्यों से।
बनाता है महि को मुदमय। 14।

मुग्धता का सुन्दर साधन।
विविध भावों का अभिनन्दन।
सुखों का है आनन्द सुहृद।
विकासों का है नन्दनवन। 15।

[5]

मुग्धता जन - मानस में भर।
बहु कलाएँ दिखलाता है।
बैठ कोकिल - कुल - कण्ठों में।
कौन काकली सुनाता है। 1।

चहकती ही वह रह जाती।
नहीं चाहत उसको छूती।
मिले किसका बल तूती की।
बोलती रहती है तूती। 2।

पपीहा पी - पी कहता है।
प्यार से भरा दिखाता है।
गले से किसके गला मिला।
गीत उन्मादक गाता है। 3।

कान में सुननेवालों के।
सुधा - बूँदें टपकाता है।
सारिका के सुन्दर स्वर को।
बहु सरस कौन बनाता है।4।

लोक - हितकारक शब्दों को।
आप रट उन्हें रटाता है।
शुकों के कोमल कण्ठों को।
कौन प्रिय पाठ पढ़ाता है।5।

लोक के ललचे लोचन को।
बहु - विलोचनता भाती है।
मोर के मंजुल नर्त्तन में।
कला किसकी दिखलाती है।6।

मत्तता में गति में रव में।
रमण कर मोहित करता है।
कपोतों की सुन्दरता में।
कौन मोहकता भरता है।7।

खगों के कलरव में जव में।
रंग - रूपों में है खिलता।
पंख छवि में रोमावलि में।
कहाँ आनन्द नहीं मिलता।8।

[6]

विपंची के वर वादन में।
ध्वनित किसकी ध्वनि होती है।
तानपूरों की कोर - कसर।
कान्तता किसकी खोती है।1।

बज रही सारंगी - स्वर में।
रंग किसका दिखलाता है।
सितारों के तारों में भी।
तार जिसका लग पाता है।2।

मृदंगों की मृदंगता में।
मन्द्ररव किसका सुनते हैं।

धुनों में किसकी धुन पाकर।
लोग अपना सिर धुनते हैं।3।
थाप में बजते तबलों की।
प्रबलता किसकी पाते हैं।
बोल तब कौन सुनाता है।
लोग जब ढोल बजाते हैं।4।
मुरलिका के मृदुतम रव में।
माधुरी कौन मिलाता है।
सुने शहनाई कानों को।
सुधा-रस कौन पिलाता है।5।
मँजीरा मँजे करों में पड़।
मंजुता किससे पाता है।
सकल करतालों को रुचिकर।
ताल दे कौन बनाता है।6।
न संगत होने पर किसकी।
गतों की गत बन जाती है।
विना पाये किसकी कलता।
लय नहीं लय कहलाती है।7।
राग-रागिनियों में किसका।
भरा अनुराग दिखाता है।
गीत-संगीतों में किसका।
गौरवित गान सुनाता है।8।
मनोमोहक आलापों में।
कौन आलापित होता है।
कान्त कण्ठों में किसका कर।
वीज पटुता का बोता है।9।
बनाता है वादन को प्रिय।
गान को करता है रसमय।
धुनों का धन स्वर का सम्बल।
लयों का है आनन्द-निलय।10।

[7]

बालकों की तुतली बोली।
कमल - सा कोमल कान्त वदन।
बड़ी भोली - भाली आँखें।
मोतियों - से कमनीय रदन। 1।

बहँकना मुँह लटका लेना।
ललकना उनका मुसकाना।
मचलना ठुमुक - ठुमुक चलना।
फूल - जैसा ही खिल जाना। 2।

सुने देखे मानव किसकी।
याद करता है वह लीला।
सकल भव में जो है व्यापित।
बन महा अनुरंजन - शीला। 3।

कामिनी के उस मृदु मुख में।
कहा जो गया कलाधर - सा।
रस बरस जाने से जिसके।
सरस होती रहती है रसा। 4।

लोच - ललित उस लोचन में।
भरी है जिसमें रोचकता।
प्रेम - जलविन्दु झलकते हैं।
जहाँ वैसे जैसे मुक्ता। 5।

अधर पर लसी उस हँसी में।
सुधा जो वसुधातल की है।
जिसे देखे पिपासिता बन।
लालसा सब दिन ललकी है। 6।

उन ललित हावों - भावों में।
केलियों में जिनकी कलता।
मोहती किसे नहीं, मनसिज।
पा जिसे भव को है छलता। 7।

उन विविध परिहासादिक में।
मुदित चित्त जिससे है खिलता।
कला किसकी दिखलाती है।
कौन है रमा हुआ मिलता। 8।

मानवों के प्रफुल्ल मुख पर।
छटा किसकी दिखलाती है।
वीर - हृदयों की वरता में।
भूति किसकी छवि पाती है। 9।

कौन करुणाद्रव बूँदों में।
झलकता पाया जाता है।
हास्य - रस के सर्वस्वों में।
कौन हँसता दिखलाता है। 10।

जुगुप्सा की लिप्साओं में।
कौन शुचि रुचि से रहता है।
कौन बहु शान्तभूत चित में।
शान्तिधारा बन बहता। 11।

बहु गरलता से बचने की।
सती की - सी मति - गति सिखला।
कौन बनता है महिमामय।
रुद्रता में शिवता दिखला। 12।

देख थर - थर कँपते नर को।
परम पाता - पद लेता है।
कौन भय - भरित मानसों को।
अभयता का वर देता है। 13।

विचित्र - चरित्र चरित्रों को।
सुचित्रित कर चमकाता है।
कौन अद्भुतकर्मा नर के।
अद्भुतों का निर्माता है। 14।

विविध भावों का है वैभव।
विभावों का है आलम्बन।
रसों का है आनन्द - रसन।
रसिक जन का है जीवन - धन। 15।

[8]

बताता है किसको बहु दिव्य।
कपोलों पर का कलिताभास।

प्रकट करता है किसकी भूति।
सरस मानस का मधुर विकास।1।

दृगों में भरकर कोमल कान्ति।
वदन को देकर दिव्य विकास।
किसे कहता है बहु कमनीय।
अधर पर विलसित मंजुल हास।2।

जगाकर कितने सुन्दर भाव।
भगाकर कितने मानस - रोग।
हुए उन्मुक्त कौन - सा द्वार।
खिलखिलाने लगते हैं लोग।3।

दामिनी - सी बन दमक - निकेत।
सरसता - लसिता सिता - समान।
कढ़ी किससे पढ़ मोहनमंत्र।
मधुरिमामयी मंजु मुसकान।4।

बना बहु भावों को उत्फुल्ल।
कर भुवन भावुकता की पूर्त्ति।
बढ़ाती है किसकी कल कीर्त्ति।
मनोहर प्रसन्नता की मूर्त्ति।5।

बन विविध केलि - कला - सम्पन्न।
विमोहक सकल विलास - निवास।
विदित करता है किसकी वृत्ति।
किसी अन्तस्तल का उल्लास।6।

चित्त को बहु चावों के साथ।
बनाता रहता है हिन्दोल।
किस समुद्वेलित निधिसंभूत।
चपलतम अट्टहास - कल्लोल।7।

विकच बन वारिज - वृन्द - समान।
दे भुवन - अलि को मोद - मरन्द।
मुग्ध करता है रच बहु रूप।
लोक - उर अभिनन्दन आनन्द।8।

[9]

कलुषित आनन्द

हैं बहुत ही उमंग में आते।
नाचते - कूदते दिखाते हैं।
वैरियों का विनाश अवलोके।
लोग फूले नहीं समाते हैं।1।

कम नहीं लोग हैं मिले ऐसे।
मौज जिनको रही बहुत भाती।
और की देखकर हँसी होते।
है हँसी - पर - हँसी जिन्हें आती।2।

वे लगे आसमान पर चढ़ने।
जो रहे राह के बने तिनके।
और को पाँव से मसल करके।
पाँव सीधे पड़े कहाँ किनके।3।

काल - इतिहास बन्द ताले में।
देख लो ख्याति की लगा ताली।
कर लहू और पान कर लोहू।
क्या न मुँह की रखी गयी लाली।4।

काटकर लाख-लाख लोगों को।
जय - फरेरे गये उड़ाये हैं।
छीनकर राज छेद छाती को।
बहु महोत्सव गये मनाये हैं।5।

लाल भू-अंक को लहू से कर।
बहु कलेजे गये निकाले हैं।
मोद से मत्त हो बजा बाजे।
सिर कतरकर गये उछाले हैं।6।

आ चुके हैं अनेक ऐसे दिन।
जब नृमणि बिध गया बिलल्ले-से।
मच गयी धूम जब बधाई की।
जब बजीं नौबतें धड़ल्ले से।7।

क्यों बतायें महाकुकर्मों ने।
लोक का है अहित किया जितना।

आह! आनन्द से महत्तम में।
किस तरह भर गया कलुष इतना। 8।

[10]

दौड़कर नहीं उठाते क्यों।
क्यों मनुजता को ठगते हैं।
देख फिसले को गिर जाते।
लोग क्यों हँसने लगते हैं। 1।

फाँसकर निज पंजे में क्यों।
शिकंजे में चाहे कसना।
करे मतिमन्द किसी को क्यों।
किसी का मन्द - मन्द हँसना। 2।

व्यंग से भरा हुआ क्यों हो।
मौन रह क्यों मारे ताना।
बने क्यों गरल तरल धारा।
किसी का मानस मुसकाना। 3।

अपटुता - पुट मृदुता में दे।
हृदय में क्यों कटुता भर दे।
ह्रास नर-सद्भावों का क्यों।
किसी का अट्टहास कर दे। 4।

मुँह खुला जो न सुगंधित बन।
किसी से हिले-मिले तो क्या।
रज - भरा जो है मानस में।
फूल की तरह खिले तो क्या। 5।

लोकरंजन करनेवाली।
चाँदनी जो न छिटक पायी।
किसलिये हृदय हुआ विकसित।
हँसी क्यों होठों पर आयी। 6।

मलिन हो पड़ा कीच में है।
परम उज्ज्वल पावन सोना।
बन गया जो बिलसितामय।
किसी का सउल्लास होना। 7।

विफल कर जीवन औरों का।
मिलेगी उसे सफलता क्यों।
जो नहीं फूल बरसती है।
कहें उसको प्रफुल्लता क्यों।8।

बना अवसन्न दूसरों को।
जो अहितरता अवनता है।
नहीं जो है प्रसन्न करती।
तो कहाँ वह प्रसन्नता है।9।

नहीं है जिसमें मधुमयता।
बना जो कटुता-अनुमोदक।
नहीं जो है प्रमोद देता।
मोद तो कैसे है मोदक।10।

किसी उत्फुल्ल सरोरुह-सा।
हृदय को नहीं खिलाता जो।
कहें उसको विनोद कैसे।
विनोदित नहीं बनाता जो।11।

कलह को जो अंकुरित बना।
बचाये मुँह जैसे-तैसे।
बीज बो दे विवाद का जो।
कहें आमोद उसे कैसे।12।

वह नहीं हँसा सका जिसको।
उसे फिर कौन हँसायेगा।
विषादित बना दूसरों को।
हर्ष क्यों हर्ष कहायेगा।13।

सहज हो सुन्दर हो जिसमें।
कलुष का लेश नहीं होता।
वही आनन्द कहाता है।
बहाये जो रस का सोता।14।

[11]

मिले कितने ऐसे जिनकी—
जीभ कटु कह है रस पाती।

सुने पर - निन्दा कानों में।
है सुधा - बूँद टपक जाती। 1।

गालियाँ बक - बक कर कितने।
परम पुलकित दिखलाते हैं।
बुराई कर - कर औरों की।
कई फूले न समाते हैं। 2।

बला में डाल - डाल कितने।
बजाने लगते हैं ताली।
छीन लेते हैं हँस कितने।
पड़ोसी की परसी थाली। 3।

लूट ले - लेकर अन्यों को।
किसी को मिलती है थाती।
पीस पिसते को बनती है।
किसी की गज-भर की छाती। 4।

चहकते फिरते हैं कितने।
बने परकीया के प्यारे।
लोप कर अन्य कीर्त्ति कितने।
तोड़ते हैं नभ के तारे। 5।

तोड़कर दाँत दूसरों का।
किसी के दाँत निकलते हैं।
उछलने लगते हैं कितने।
जब किसी को वे छलते हैं। 6।

चोट पहुँचा - पहुँचा कितने।
काम चोरी का करते हैं।
बहुत हैं हरे - भरे बनते।
जब किसी का कुछ हरते हैं। 7।

लुभा ललनाओं को कितने।
बहँक बनते हैं छविशाली।
जाल में फाँस युवतियों को।
बचाते हैं मुँह की लाली। 8।

मोहते रहते हैं कितने।
मोह से हो - हो मतवाले।

छलकते प्याले बनते हैं।
छातियों में छाले डाले। 9।
काम - मोहादि प्रपंचों से।
वासनाओं से हो बाधित।
प्रायशः होता रहता है।
मनुज आनन्द महाकलुषित। 10।

[12]

परमानन्द

सत्य ही है जिसका सर्वस्व।
धर्ममय है जिसका संसार।
ज्ञानगत है जिसका विज्ञान।
रुचिरतम है जिसका आचार। 1।
जिसे सच्चा है तत्त्व - विवेक।
शुद्ध है जिसका सर्व विचार।
लोकप्रिय है जिसका सत्कर्म।
प्रेम का जो है पारावार। 2।
भूतहित से हो - हो अभिभूत।
भूतिमय है जिसकी भवभक्ति।
जिसे है करती सदा विमुग्ध।
मनुजता की महती अनुरक्ति। 3।
जो समझ पाता है यह मर्म।
सत्य - प्रेमी हैं सब मत पन्थ।
एक है सार्वभौम सिद्धान्त।
मान्य हैं सर्व धर्म के ग्रन्थ। 4।
देश को कहते हुए स्वदेश।
जिसे है सब देशों से प्यार।
सगे हैं जिसके मानव मात्र।
सदन है जिसका सब संसार। 5।
ललित लौकिकता में अवलोक।
अलौकिकता की व्यापक पूर्त्ति।
मानता है जो हो - हो मुग्ध।
विश्व को विश्वात्मा की मूर्त्ति। 6।

भरी है भव में जो सर्वत्र।
ज्ञान - अर्जन की सहज विभूति।
देख उसको जिसकी वर दृष्टि।
लाभ करती है प्रिय अनुभूति। 7।

जो कलुष का करता है त्याग।
सताता जिसे नहीं है द्वन्द्व।
जिसे उद्‌बोध - मर्म है ज्ञात।
वही पाता है परमानन्द। 8।

[13]

दिव-विभा की विभूतियों में जो।
है सदा उस दिवेन्द्र को पाता।
जिस किरीटी-किरीट-मणियों का।
एक मणि है द्युमणि कहा जाता। 1।

देखता है विमुग्ध हो - हो जो।
व्योम के दिव्यतम कतारों को।
विभु महाअब्धि-अंक में विलसे।
वुद्बुदोपम अनन्त तारों को। 2।

दृष्टि में है बसी हुई जिसकी।
लालिमा उस ललामतामय की।
लोक की रंजिनी उषा जिससे।
पा सकी सिद्धियाँ स्वआलय की। 3।

है प्रभावित हुआ हृदय जिसका।
उस प्रभावान की प्रभा द्वारा।
पा रही है विभूतियाँ जिससे।
भा - भरी व्योम - सुरसरी - धारा। 4।

हैं सके देख दिव्य दृग जिसके।
वह महत्ता महान सत्ता की।
प्रीतिमय हो प्रसादिका जो है।
सृष्टि के एक - एक पत्ता की। 5।

चित्त है यह बता रहा जिसका।
लोकपति की विचित्र लीला है।

है धरित्री भरी प्रसूनों से।
उडुगणागार व्योम नीला है। 6।
है यही सोचती सुमति जिसकी।
मूल में है महान मौलिकता।
कल्पना है अकल्पना बनती।
लोक में है भरी अलौकिकता। 7।
ब्रह्म की उस ललित कला को जो।
है लसी लोक-मध्य बन सुखकन्द।
देख पाया प्रफुल्ल हो जिसने।
क्यों मिलेगा उसे न परमानन्द। 8।

[14]

निरवलम्बों का हो अवलम्ब।
व्यथाएँ कर व्यथितों को दूर।
तिमिर-परिपूरित चित्त - निमित्त।
सदा बन - बन सहस्रकर सूर। 1।
वैरियों से कर कभी न वैर।
अहित-हित-रत रह-रह सब काल।
विलोके विपुल विभुक्षित-वृन्द।
समर्पण कर व्यंजन का थाल। 2।
सदयता सहानुभूति - समेत।
दुर्जनों को दे समुचित दण्ड।
दलन कर वर विवेक के साथ।
पतित पाषण्डी-जन पाषण्ड। 3।
मानकर उचित बात सर्वत्र।
दान कर सबको वास्तव स्वत्व।
छोड़कर दम्भ - द्रोह - दुर्वृत्ति।
त्याग कर स्वार्थ - निकेत निजत्व। 4।
छोड़ हिंसा - प्रतिहिंसा - भाव।
दूर कर मानस - सकल - विकार।
नीति - पथ पर हो दृढ़ आरूढ़।
त्याग कर सारा अत्याचार। 5।

हो दलित - मानस - लौह - निमित्त।
मंजुतम पारस तुल्य महान।
किये कंगालों का कल्याण।
अकिंचन को कर कंचन - दान। 6।

मँहक की मोहकता अवलोक।
सच्चरित - सुमनों से कर प्यार।
प्रकृति के कान्त गले में डाल।
शील - मुक्तामणि मंजुल हार। 7।

कर कुटिल हृदय-हृदय को कान्त।
मन्द मानस को कर सुखकन्द।
लोक-कण्टक को विरच प्रसून।
सुजन पाता है परमानन्द। 8।

[15]

मनन कर सादर सत्साहित्य।
सुने लोकोत्तर कविता - पाठ।
किसी वांछित कर से तत्काल।
खुले जी की चिरकालिक गाँठ। 1।

विषय का होवे मर्मस्पर्श।
भरा हो जिसमें अनुभव - मर्म।
ललित भावों में हो तल्लीन।
किये कल - कौशलमय कवि - कर्म। 2।

धर्म ममता शुचिता सद्भाव।
सदाशयता हों जिसके अंग।
सुने वह विबुध - कण्ठसम्भूत।
मधुरतम पावन कथा - प्रसंग। 3।

लोक - परलोक - दिव्य - आलोक।
लसित, जिसका हो धर्म - प्रसंग।
सर्वहित हो जिसका सर्वस्व।
किये ऐसा पुनीत सत्संग। 4।

सरसतम स्वर - लय - ताल - समेत।
सुधारस - सिक्त कण्ठ से गीत।

लोकहित, भवरति, भाव - उपेत।
सुने रसमय स्वर्गिक संगीत। 5।

निगम का महा अगम झङ्कार।
आगमों का कमनीय निनाद।
श्रवण कर बड़े प्रेम के साथ।
उपनिषद का अनुपम संवाद। 6।

लगा आसन, समाधि में बैठ।
कर्णगत हुए अनाहत नाद।
विलोके वांछनीय विभुमूर्त्ति।
कर अलौकिक रस का आस्वाद। 7।

हृदय में बहती है रसधार।
दिव्य बनता है मानस - द्वन्द्व।
विवृत हो जाते हैं युग नेत्र।
मनुज पाता है परमानन्द। 8।

[16]

शार्दूल-विक्रीड़ित

हैं सेवा करती प्रसन्न मन से होते समुत्सन्न की।
पोंछा हैं करती प्रफुल्ल चित्त से आँसू व्यथाग्रस्त का।
जाती हैं बन पोत पूत रुचि से दुःखाब्धि में मग्न का।
पूर्णानन्द - निकेतना प्रकृति की हैं सात्विकी वृत्तियाँ। 1।
प्यासे को जल दे, विपन्न जन को आपत्तियों से बचा।
चिन्ताएँ कर दूर चिन्तित जनों की चिन्त्य आदर्श से।
बाधाएँ कर ध्वस्त व्यस्त जन की संत्रस्त को त्राण दे।
होती है सुखिता सदा सदयता हो पूर्ण आनन्दिता। 2।
हो राका - रजनी - समान रुचिरा हो कीर्त्ति से कीर्त्तिता।
हो सत्कर्म - परायणा सहृदया हो शान्ति से पूरिता।
हो सेवा - निरता उदारचरिता हो लोक - सम्मानिता।
होती हैं अभिनन्दिता सुकृतियाँ हो भूरि आनन्दिता। 3।
पाता है वह सत्य का, पतित को है पूत देता बना।
पाते हैं उसको सचेत उसमें है पूर्त्ति चैतन्य की।
है उद्धारक धर्म का सतत है सत्कर्म का संग्रही।
है आनन्द - निधान मूर्त्ति भव में श्रीसच्चिदानन्द की। 4।

चाहे हों रवि सोम शुक्र अथवा हो व्योम - तारावली।
चाहे हों ललिता लता - तृण हरे उत्फुल्ल वृक्षावली।
चाहे हों भव भव्य दृश्य सबकी देखे महादिव्यता।
क्यों आनन्दविभोर हो न वह जो आनन्दसर्वस्व है। 5।

चाहे हो नभ नीलिमा - निलय या भू शस्य से श्यामला।
चाहे हो वन हरी भूमि अथवा हो वृक्ष रम्य स्थली।
पाता है वह प्रेमदेव - विभुता की व्यंजना विश्व में।
पूर्णानन्द मिला कहाँ न उसको जो प्रेमसर्वस्व है। 6।

है विज्ञात मनोज्ञ मानसर के कान्तांबुजों की कथा।
देखा है खिलना गुलाब - कुल का नीपादि का फूलना।
जानी है कुसुमावली - विकचता आम्रादि की हृष्टता।
होती है अतुला प्रफुल्ल चित की आनन्द - उत्फुल्लता। 7।

भू पाये ऋतु - कान्त - कान्ति उतनी होती नहीं मोदिता।
होता व्योम नहीं प्रसन्न उतना पा शारदी पूर्णिमा।
देखे दिव्यतमा विभूति भव की पा वृत्ति सर्वोत्तमा।
होती है जितनी विमुग्ध मन को आनन्द - उन्मत्तता। 8।

देती है भर भाव में सरसता कान्तोक्ति में मुग्धता।
खोती है तमतोम लोक - उर का आलोक - माला दिखा।
कानों में चित में विमुग्ध मन में है ढाल पाती सुधा।
हो दिव्या सविता - समान कविता देती महानन्द है। 9।

लाती है चुन फूल को सुकरता से नन्दनोद्यान से।
लेती है फल कल्प से सुरगवी को है सदा दूहती।
दे - देके तम को प्रकाश भरती है भाव में भव्यता।
हो दिव्या दिव भासमान प्रतिभा पाती महानन्द है। 10।

पाते जीवन हैं प्रफुल्ल बनके सद्भाव - पौधे सदा।
होती है सरसा प्रवृत्ति - लतिका हो सर्वथा सिंचिता।
है सिक्ता बनती सुचारु रुचि हो दूर्वा - समा शोभना।
प्राणी के उर - भूमिमध्य महती आनन्द - धारा बहे। 11।

नाना प्राणिसमूह पोषणरता है मेघमाला - समा।
है वैसी रस - दायिका सकल को जैसी कि देवापगा।
पाते हैं सुख - साधिका शरद् की शान्ता सिता - सी उसे।
हो जाती मति है महान - हृदया आनन्दमग्ना बने। 12।

झाँकी है उसकी कहाँ न, झुक के औ' झाँक के देख लो।
है होती रहती दिशा मुखरिता सत्कीर्त्ति - आलाप से।
है नाचा करती विभूति विभु की द्रष्टा - दृगों में सदा।
है आनन्दनिमग्नभूत जन को आनन्दमग्ना मही। 13।
प्यारा है जितना स्वदेश उतना है प्राण प्यारा नहीं।
प्यारी है उतनी न कीर्त्ति जितनी उद्धार की कामना।
उत्सर्गीकृत मातृभूमि पर जो सन्तान हैं, धन्य है।
पाता है वह महानन्द बनता जो त्यागसर्वस्व है। 14।
जो है मूर्त्ति विवेक की, प्रगति है जो ज्ञान - विज्ञान की।
जो है सर्वजनोपकार - निरता प्रज्ञामयी मुक्तिदा।
जो है प्रेमपरायणा, मनुजतासर्वस्व, सत्यप्रिया।
है विद्या वह महानन्द - जननी, शुद्धा, परासंज्ञका। 15।

पद्य-प्रमोद

पद्य-प्रमोद

प्रभु-प्रताप

(षट्पद)

चाँद औ सूरज गगन में घूमते हैं रात दिन।
तेज औ तम से, दिशा होती है उजली औ मलिन॥
वायु बहती है, घटा उठती है, जलती है अगिन।
फूल होता है अचानक वज्र से बढ़कर कठिन॥
जिस अलौकिक देव के अनूकूल केलि-कलाप बल।
वह करे सब काल में संसार का मंगल सकल॥ 1॥

क्या नहीं है हाथ में वह नाथ क्या करता नहीं।
चाहता जो है, उसे करते कभी डरता नहीं॥
सुख मिला उसको न, दुख जिसका कि वह हरता नहीं।
कौन उसको भर सके जिसको कि वह भरता नहीं॥
है अछूती नीति, करतूतें निराली हैं सभी।
भेद का उसके पता कोई नहीं पाता कभी॥ 2॥

है बहुत सुन्दर बसे कितने नगर देता उजाड़।
है मिलाता धूल में कितने बड़े ऊँचे-पहाड़॥
एक झटके में करोड़ों पेड़ लेता है उखाड़।
एक पल में है सकल ब्रह्माण्ड को सकता बिगाड़॥
काँपते सब देखते आतंक से हैं रात दिन।
मोम करता है उसे, है जो कि पत्थर से कठिन॥ 3॥

देखते हैं राज पाकर हम जिसे करते बिहार।
माँगता फिरता रहा कल भीख वह कर को पसार॥

एक टुकड़े के लिये जो घूमता था द्वार द्वार।
आज धरती है कँपाती उसके धौंसे की धुकार॥
नित्य ऐसी सैकड़ों लीला किया करता है वह।
रंक करता है कभी सिर पर मुकुट धरता है वह॥ 4॥

जड़ जमा कितने उजड़तों को बसाता है वही।
बात रख कितने बिगड़तों को बनाता है वही॥
गिर गयों को कर पकड़ करके उठाता है वही।
भूलतों को पथ बहुत सीधा बताता है वही॥
इस धरा पर सुन सका कोई नहीं जिसकी कही।
उस दुखी की सब व्यथा सुनता समझता है वही॥ 5॥

डाल सकता शीश पर जिसके पिता छाया नहीं।
गोद माता की खुली जिसके लिये पाया नहीं॥
है पसीजी देखकर जिसकी व्यथा जाया नहीं।
काम आती दीखती जिसके लिये काया नहीं॥
बाँह ऐसे दीन की है प्यार से गहता वही।
सब जगह सब काल उसके साथ है रहता वही॥ 6॥

वह अँधेरी रात जिसमें है घिरी काली घटा।
वह बिकट जंगल, जहाँ पर शेर रहता है डटा॥
वह महा मरघट, पिशाचों का जहाँ है जम घटा।
वह भयंकर ठाम जो है लोथ से बिल्कुल पटा॥
मत डरो ये कुछ किसी का कर कभी सकते नहीं।
क्या सकल संसार पाता है पड़ा सोता कहीं॥ 7॥

जिस महा मरु-भूमि से कढ़ती सदा है लू-लपट।
वारि की धारा मधुर रहती उसी के है निकट॥
जिस विशद जल-राशि का है दूरतक मिलता न तट।
है उसीके बीच हो जाता धरातल भी प्रगट॥
वह कृपा ऐसी किया करता है कितनी ही सदा।
लाभ जिससे हैं उठाते सैकड़ों जन सर्वदा॥ 8॥

जिस अँधेरे को नहीं करता कभी सूरज शमन।
उस अँधेरे को सदा करता है वह पल में दमन॥

भूल करके भी किसी का है जहाँ जाता न मन।
वह बिना आयास के करता वहाँ भी है गमन॥
देवतों के ध्यान में भी जो नहीं आता कभी।
उस खेलाड़ी के लिये हस्तामलक है वह सभी॥ 9॥

जगमगाती व्योम मण्डल की विविध तारावली।
फूल फल सब रंग के खिलती हुई सुन्दर कली॥
सब तरह के पेड़ उनकी पत्तियाँ सांचे ढली।
रंग बिरंगे पंख की चिड़ियाँ प्रकृति हाथों पलीं॥
आँख बाले के हृदय में हैं बिठा देती यही।
इन अनूठे विश्व-चित्रों का चितेरा है वही॥ 10॥

देख जो पाया 'अरोराबोरिएलिस' का समा।
रंग जिसकी आँख में है मेघमाला का जमा॥
जो समझ ले व्यूह तारों का अधर में है थमा।
जो लखे सब कुछ लिये है घूमती सारी क्षमा॥
कुछ लगाता है वही करतूत का उसकी पता।
भाव कुछ उसके गुणों का है वही सकता बता॥ 11॥

है कहीं लाखों करोड़ों कोस में जल ही भरा।
है करोड़ों मील में फैली कहीं सूखी धरा॥
है कहीं पर्वत जमाये दूर तक अपना परा।
देख पड़ता है कहीं मैदान कोसों तक हरा॥
बह रहीं नदियाँ कहीं, हैं गिर रहे झरने कहीं।
किस जगह उसकी हमें महिमा दिखाती है नहीं॥ 12॥

जी लगाकर आँख की देखो क्रिया कौतुक भरी।
इस कलेजे की बनावट की लखो जादूगरी॥
देख कर मेजा बिचारो फिर विमल बाजीगरी।
इस तरह सब देह की सोचो सरस कारीगरी॥
फिर बता दो यह हमें संसार के मानव सकल।
इस जगत में है किसी की तूलिका इतनी प्रबल॥ 13॥

जब जनमने का नहीं था नाम भी हमने लिया।
था तभी तैयार उसने दूध का कलसा किया॥

संसार की बहु आपदायें, बुद्धि बल वैभव दिया।
की भलाई की न जाने और भी कितनी क्रिया॥
तीनपन बीते मगर तब भी तनिक चेते नहीं।
हैं पतित ऐसे कि उसका नाम तक लेते नहीं॥ 14॥

हे प्रभो! है भेद तेरा वेद भी पाता नहीं।
शेष, शिव, सनकादि को भी अन्त दिखलाता नहीं॥
क्या अजब है जो हमें गाने सुयश आता नहीं।
व्योम तल पर चींटियों का जी कभी जाता नहीं॥
मन मनाने के लिये जो कुछ ढिठाई की गयी।
कीजिए उसको क्षमा, है बात जो अनुचित हुई॥ 15॥

लोकसत्ता

(चौपदे)

काम बनता निकाम सुन्दर क्यों।
कान्ति कमनीयता स्वयं खोती॥
विधु ललाता ललाम होने को।
जो न प्रभु की ललामता होती॥ 1॥

मोहती तरु हरीतिमा कैसे।
क्यों गगन नीलिमा लुभा लेती॥
मंजु तम श्यामघन न बन पाते।
श्याम रुचि जो न श्यामता देती॥ 2॥

क्यों विभाकर बिभा बलित बनता।
दामिनी क्यों चमक-दमक पाती॥
तारकावलि न जगमगा सकती।
जागती ज्योति जो न जग जाती॥ 3॥

तो न होती ललित नवल-लतिका।
तो न बनती कलित कुसुम क्यारी॥
तो न सरसिज सुहावने लगते।
जो छिटिकती नहीं छटा न्यारी॥ 4॥

खग रुचिर पख, तितलियों का तनु।
इन्द्रधनु रंग किस तरह लाता॥
है जगत रंग में रँगा जिसके।
यदि वही रंगतें न दिखलाता॥ 5॥

चारुता दे सुचारु चन्दन सी।
किस तरह दारु दारुता खोती॥

जो न मिलती सुरभि सुरभि-खनि से।
सौरभित क्यों मलय-पवन होती ॥ 6 ॥

माधुरी की न माधुरी रहती।
हो न सकता मधुर-मधुप कलरव ॥
माधवी मधुरिमा न जो होती।
मधु न पाते कदापि मधु माधव ॥ 7 ॥

सुध सदाकर किसी सुधा-निधि की।
जो सुधा में प्रकृति नहीं सनती ॥
क्यों सुधाधर सरस सुधा स्रवता।
क्यों सुधामय वसुन्धरा बनती ॥ 8 ॥

तो न रहता रसिक जनों का रस।
मेघ रस किस तरह बरस पाता ॥
जो न होता सकल रसों का रस।
तो सरस क्यों सरस कहा जाता ॥ 9 ॥

कह सके बुध जिसे 'रसो वै सः'।
जो न उनकी रसालता होती ॥
तो रसोपल न रस उपल बनते।
निज सरसता सकल रसा खोती ॥ 10 ॥

मनोव्यथा

(द्विपद)

ऐ प्रेम के पयोनिधि भवरुज पियूष प्याले।
उपताप ताप पातक परिताप तम उँजाले ॥ 1 ॥

प्रतिदिन अनेक पीड़ा पीड़ित बना रही है।
कब तक रहें निपीड़ित प्रभु पद्मपाणि पाले ॥ 2 ॥

चलती नहीं अबल की कुछ सामने सबल के।
क्यों आपकी सबलता सँभली नहीं सँभाले ॥ 3 ॥

जी-जान से लिपट कर हम टालते नहीं कब।
संकट समूह संकट मोचन टले न टाले ॥ 4 ॥

सब रंग ही हमारा बदरंग हो रहा है।
पर रंग में हमारे प्रभु तो ढले न ढाले ॥ 5 ॥

क्यों काल कालिमायें करती कलंकिता हैं।
दिल के कलंक भंजन हम थे कभी न काले ॥ 6 ॥

है हो रही छलों से उसकी टपक छ गूनी।
क्यों दिल छिले हुए के देखे गये न छाले ॥ 7 ॥

दुख दे कभी किसी को होते नहीं सुखी हम।
सुख-निधि पड़े रहे क्यों सुख के सदैव लाले ॥ 8 ॥

हैं क्यों न दूर होते पातक अपार मेरे।
वे आपके निरालेपन से नहीं निराले ॥ 9 ॥

जो काम ही हमारा होता तमाम है तो।
कमनीयता कहाँ है कमनीय कान्ति वाले ॥ 10 ॥

भारत-गीत

यह भारत भूमि हमारी।
है तीन लोक से न्यारी॥
है हिमगिरि गौरव दाता। मलयानिल चवँर हिलाता।
घन मुक्तमाल पहिनाता। है जलधि चूम पग जाता।
जग ने आरती उतारी॥ 1॥
है यहीं ज्योति वह फूटी। जिससे अँधियारी टूटी।
है यहीं मिली वह बूटी। जिससे जग जड़ता छूटी।
मानव रुचि गयी सँवारी॥ 2॥
है यहीं सुरसरी धारा। जिसने पतितों को तारा।
है यहीं नगर वह न्यारा। जो है विमुक्त का द्वारा।
हैं यहीं सिद्धियाँ सारी॥ 3॥
कपिलादिक से विज्ञानी। शिव बलि दधीच से दानी।
शुकदेव बुद्ध से ज्ञानी। सुरसरि सुत से सेनानी।
हरि यहीं हुए तनधारी॥ 4॥
कमनीय प्रकृति कर पाले। रुचि रुचिर सुधा के प्याले।
सब सुगुण सुतरु के थाले। मानवता के मत वाले।
हैं यहीं विपुल नर-नारी॥ 5॥
कर कान्तिमान मणि मोती। है यहीं कान्त ऋतु होती।
है यहीं वह सरस सोती। जो प्रकृति क्लान्ति है खोती।
कर उसे मधुर मृदु प्यारी॥ 6॥
हैं यही हुए गिरि-धारी। जलनिधि बन्धन अधिकारी।
वसुधा गोदोहन कारी। रवि शशि समान नभ चारी।
इस अवनी की बलिहारी॥ 7॥

जय जय जय भारत मांता।
सुर वंदित नमित विधाता।
हिम मेरु है मुकुट न्यारा। बह रही सुरसरी धारा।
कटिबन्ध विन्ध्य गिरिप्यारा। पग है विधौत निधि द्वारा।
मणि कांचन मण्डित गाता ॥ 1 ॥
रवि ज्योति जाल उज्वलिता। कमनीय कौमुदी कलिता।
ललिताभ सलिल धर ललिता। बहु धवलित धाम धवलिता।
अति लोकोत्तर अवदाता ॥ 2 ॥
पारन विभूतिदा धूनी। सरसा सुरपुर से दूनी।
वर विभवमयी चौगूनी। अलका सेसछवि छगूनी।
सुजला सुफला विख्याता ॥ 3 ॥
जन तीस कोटि की जननी। जगविदिता वीर-प्रसविनी।
कलकीर्ति कुसुम संचयनी। अवनीतल सकल विजयिनी।
सुर सुरपति सुरपुर त्राता ॥ 4 ॥
मुक्तिदा अनिर्वचनीया। महती महिमा महनीया।
कामदा परम कमनीया। भजनीय सतत यजनीया।
नरनिकर अभय वरदाता ॥ 5 ॥

महती महा पुनीता मधुरा मनोहरा है।
वसुधा ललामभूता भारत वसुन्धरा है ॥ 1 ॥
नव शस्य-शालिनी है सुप्रसून मालिनी है।
विदिता रसालिनी है सुप्रसिद्ध उर्वरा है ॥ 2 ॥
सर्वाङ्ग-सुन्दरी है प्रियकारिता भरी है।
सुख शान्ति सहचरी है सुविभूति निर्भरा है ॥ 3 ॥
गुरु गिरि विमंडिता है शुभ सरि समन्विता है।
बहु सर अलंकृता है सरसा ससागरा है ॥ 4 ॥
वरवोध विधुरजनि है सुविचार चारु खनि है।
मति मानता जननि है शुचिरुचि सहोदरा है ॥ 5 ॥
कमनीय कृतिवती है लसिता यती सती है।
वर वीरता व्रती है गति मति अगोचरा है ॥ 6 ॥

गौरव गरीयसी है महिमा महीयसी है।
विपुलावलीयसी है उज्वल कलेवरा है॥ 7॥
आमोद मोदिता है परमा प्रमोदिता है।
विभुता विनोदिता है प्रथिता धनुर्धरा है॥ 8॥
सब सिद्धिदायिका है वांछित विधायिका है।
संसृति सहायिका है अनुरक्त श्रुतिवरा है॥ 9॥
अति दिव्यतम त्रिया है भव भव्यतर क्रिया है।
स्वाधीनता प्रिया है कर्तव्य तत्परता है॥ 10॥

महती महा पुनीता मधुरा मनोहरा है।
वसुधा ललामभूता भारत वसुन्धरा है॥ 1॥
लसती कहीं लता है फूले कहीं कमल हैं।
कल काँच सा कहीं पर निर्मल सलिल भरा है॥ 2॥
मनमोहता कहीं है कलरव बिहंग कुल का।
औ सोहता कहीं पर पादप हरा भरा है॥ 3॥
बहती मलय पवन है मुक्तानिकेत घन है।
नन्दन समान बन है मणिमय यहाँ धरा है॥ 4॥
हो गौरवित यहीं के गौरव समूह द्वारा।
जग के समस्त गिरिका गिरिराज सिर धरा है॥ 5॥
हैं मानसर यहीं पर मण्डित मराल माला।
कश्मीर महि यहाँ की कुसुमित कलेवरा है॥ 6॥
आये बसन्त सुनकर पिक-काकली कलित तर।
कर में यहीं कुसुमशर ले काम अवतरा है॥ 7॥
माधुर्य्य का यहीं पर मण्डप मनोज्ञतम है।
सौन्दर्य्य का यहीं पर अति चारु चौतरा है॥ 8॥
पाते यहीं भवन हैं बहु भव्य भारती का।
मिलता यहीं रमा का मंजुल महल सरा है॥ 9॥
बहती मिली यहीं पर धारा सरस सुधा की।
है कल यहीं कलाधर राका रुचिर तरा है॥ 10॥

महती विमुग्धतामय मधुरा मनोहरा है।
वसुधा विभूतिपूता भारत वसुन्धरा है ॥ 1 ॥
बहुवंश में यहाँ ही बुधवृन्द हैं बिलसते।
वर वीर धीर का भी बँधता यहीं परा है ॥ 2 ॥
पाये गये कहाँ पर ऐसे पुनीत मानव।
पाहन अपूत जिनका पग पूत छू तरा है ॥ 3 ॥
तन मन सहित सकल धन कर कान्त पर निछावर।
मुखड़ा कुलांगना का होता यहीं हरा है ॥ 4 ॥
पतिदेवता कहाँ पर ऐसी किसे मिली हैं।
यम आप देख जिनकी तेजस्विता डरा है ॥ 5 ॥
विद्या पराऽपरा की गुरुता गरीयसी का।
सिर पर यहीं मनुज के सेहरा गया धरा है ॥ 6 ॥
अब भी सुरुचि सरलता शुचिता सुशीलता का।
फहरा रहा यहीं पर कमनीय फर हरा है ॥ 7 ॥
लोकोपकार अथवा उद्धार धर्म के हित।
भरना समझ अमरता मानव यहीं मरा है ॥ 8 ॥
विधि साथ कर यहीं पर सब कामना समर्पित।
संसार सार विभु को वर भक्ति ने वरा है ॥ 9 ॥
आलोकमय बना के मानव-समूह मानस।
परलोक-तम यहीं के आलोक ने हरा है ॥ 10 ॥

कामना

सदा भारत-भू फूले फले।
सफल कामनायें हों उसकी मिले सफलता गले॥
पुलकित रहें प्रिय सुअन प्रतिदिन सुख पालने में पले।
भव-हित-रत भावुव मानस में भरे भाव हों भले॥
दुख दल दलित रहे, कोई खल कर खलता न खले।
छूटे क्षोभ, क्षुद्रजन को भी छली न छल कर छले॥
सकल समल मन परम विमल हो छूटे तन मल मले।
धाम धाम हो धूम धाम ध्वनि अधम अधमता टले॥ 1॥

भारत भूल में न पड़ भूले।
क्या फल होगा, अंगारों को फूल समझ कर फूले॥
लिख न सकेंगे लेख लेखनी कर में लेकर लूले।
कनक न होवेंगे पुआल के पीले पीले पूले॥
मलय समीर समान मनोरम बनते नहीं बग़ूले।
बही नहीं लू कलित कुसुम की मत्तकरी बर बू ले॥
काले को कोई क्यों कामिनि कल कुंतल कह छू ले॥
परम अकाम अंक कैसे कामद काम बधू ले॥ 2॥

विद्या

(द्विपद)

इस चमकते हुए दिवाकर से।
रस बरसते हुए निशाकर से॥ 1॥
जो अलौकिक प्रकाश वाली है।
बहु सरसता भरी निराली है॥ 2॥
वह जगद्वंदनीय विद्या है।
अति अनूठा प्रभाव जिसका है॥ 3॥
ज्योति रवि की जहाँ नहीं जाती।
यह वहाँ भी विकास है पाती॥ 4॥
जो शशी को सरस नहीं कहते।
हैं इसीसे अपार रस लहते॥ 5॥
यह सुधा है, अमर बनाती है।
यह सुयश-वेलि को उगाती है॥ 6॥
हो गये व्यास, बालमीक अमर।
आज भी है सुकीर्ति भूतल पर॥ 7॥
कामदा यह सुकल्प-लतिका है।
शान्ति-दात्री विचित्र बटिका है॥ 8॥
कालिदासादि कामुकों का दल।
पा चुका है अनन्त इच्छित फल॥ 9॥
शान्ति इससे शुकादि ने पायी।
दीप्ति जिनकी दिगन्त में छायी॥ 10॥
यह अमर सरि पवित्र धारा है।
जिसने जाबालि को उधारा है॥ 11॥
नीच को ऊँच यह बनाती है।
काठ में भी सुफल फलाती है॥ 12॥

था विदुर का कहाँ नहीं आदर।
कौन कहता उन्हें न नयनागर ॥ 13 ॥
सद्गुणों का प्रदीप्त पूषण था।
वह विबुद्ध-मंडली-विभूषण था ॥ 14 ॥
शक्ति है अति अपूर्व विद्या की।
धूम सी है विचित्र क्षमता की ॥ 15 ॥
विश्व के बीच वस्तु है जितनी।
एक में भी न शक्ति है इतनी ॥ 16 ॥
स्वच्छ नीले अनन्त नभ-तल का।
सूर्य्य, बुध, सोम, शुक्र, मंगल का ॥ 17 ॥
इन चमकते हुए सितारों का।
पूँछ वाले अनन्त तारों का ॥ 18 ॥
भेद सब यह हमें बताती है।
मञ्जु दिल की कली खिलाती है ॥ 19 ॥
सैकड़ों कोस एक कोस बना।
रेल की है अजब हुई रचना ॥ 20 ॥
जो समाचार साल में आता।
तार उसको तुरंग है लाता ॥ 21 ॥
है रसायन की वह सुचारु क्रिया।
सब धरा-गर्भ जिसने छान लिया ॥ 22 ॥
बन गयी हैं विचित्र नौकायें।
जो जलधि-गर्भ में चली जायें ॥ 23 ॥
था असम्भव अनन्त में उड़ना।
युक्ति से दिव्य व्योमयान बना ॥ 24 ॥
हैं नये फूल फल उपज पाते।
अब मृतक हैं सजीव बन जाते ॥ 25 ॥
देखने भालने लगे अन्धे।
पुतलियाँ कर रही हैं सब धन्धे ॥ 26 ॥
बात बहरे समस्त सुनते हैं।
वस्त्र बन्दर अनेक बुनते हैं ॥ 27 ॥
बोलने चालने लगे गूँगे।
बन गये रंग रंग के मूँगे ॥ 28 ॥

दूरबीनें, कलें, बनीं ऐसी।
हैं न देखी सुनी गयी जैसी ॥ 29 ॥
किन्तु यह सब कमाल है किसका।
गुण-मयी एक दिव्य विद्या का ॥ 30 ॥
जो हुए वेद-मन्त्र के द्रष्टा।
हो गये उपनिषद् के जो स्रष्टा ॥ 31 ॥
आज भी उन महर्षियों का रव।
है धरातल विबुध गिरा गौरव ॥ 32 ॥
तर्क, गौतम, कणाद, जैमिनि का।
कृत्य पण्डित्य-पूर्ण पाणिनि का ॥ 33 ॥
शंकराचार्य्य का स्वमत-मण्डन।
सूरि श्रीहर्ष का प्रबल खण्डन ॥ 34 ॥
आज भी है अजस्र काम आता।
है जगत में प्रकाश फैलाता ॥ 35 ॥
यह सभी है विभूति विद्या की।
है उसीकी सुकीर्ति यह बाँकी ॥ 36 ॥
माघ, भवभूति का सुधा-वर्षण।
भारवी का अपूर्व सम्भाषण ॥ 37 ॥
यह सदा ही श्रवण कराती है।
दिव्य कल-कण्ठता दिखाती है ॥ 38 ॥
है जननि के समान क्षेमकरी।
है पिता के समान प्रीतिभरी ॥ 39 ॥
है रमणी सम सदा रमण करती।
कीर्ति को है दिगन्त में भरती ॥ 40 ॥
धन रहित के लिये गहा धन है।
यह कुजन के लिये सुशासन है ॥ 41 ॥
है निबल के लिये अलौकिक बल।
है समुद्योग का समुत्तम फल ॥ 42 ॥
है विमल तेज तेज-हीनों को।
रत्न की मंजु खानि, दीनों को ॥ 43 ॥
है जरा-ग्रस्त के लिये लकुटी।
व्यग्रजन के निमित्त शान्ति कुटी ॥ 44 ॥

यह बिपत में बिरामदायिनि है।
क्लान्ति में मोद की विधायिनि है ॥ 45 ॥
सहचरी है अनिन्ध्य कर्म्मों में।
है व्यवस्था विशुद्ध धर्म्मों में ॥ 46 ॥
यह निरवलम्ब का सहारा है।
तप्त उरकी सवारि-धारा है ॥ 47 ॥
कालिमा की कलिन्द-नन्दिनि है।
पाप के पुंज की निकन्दिनि है ॥ 48 ॥
है कलित कण्ठ कोकिला ऐसी।
गुणमयी है मरालिका जैसी ॥ 49 ॥
मोर के पक्ष लौं सुचित्रित है।
यन्त्र की भाँति यह नियन्त्रित है ॥ 50 ॥
है विकच-मल्लिका विनोद भरी।
पल्लवित वेलि है विमुग्ध करी ॥ 51 ॥
है हृदय-तम विनाशिनी सुप्रभा।
है सदाचार की विचित्र सभा ॥ 52 ॥
है कला उक्ति-युक्ति में ढाली।
है तुला बुद्धि तौलने वाली ॥ 53 ॥
स्वर्ग की सैर यह कराती है।
मंजु अलकापुरी दिखाती है ॥ 54 ॥
है सजाती नवल जलद-माला।
है पिलाती पियूष का प्याला ॥ 55 ॥
है सुनाती मधुर भ्रमर-गूँजन।
पक्षि-कुल का अलाप कल-कूजन ॥ 56 ॥
है दिखाती हरी भरी डाली।
फूल-फल से लदी सुछवि वाली ॥ 57 ॥
है जहाँ पर त्रिविध पवन बहती।
है जहाँ मत्त कोकिला रहती ॥ 58 ॥
जो सदा सौरभित सुपुष्पित है।
जो सुक्रीड़ित व मंजु मुखरित है ॥ 59 ॥
इस तरह के अनेक उपवन में।
बाग में कुञ्ज-पुञ्ज में, बन में ॥ 60 ॥

है हमें यह बिहार करवाती।
है छटा का रहस्य बतलाती ॥ 61 ॥
स्वच्छ जल-राशिमय सरोवर पर।
हिम-धवल कर प्रदीप्त गिरिवर पर ॥ 62 ॥
यह हमें है सप्रेम ले जाती।
है सुछवि का विकास दिखलाती ॥ 63 ॥
बुद्धि जाती जहाँ न मनजाता।
जो सदा है अचिन्त्य कहलाता ॥ 64 ॥
जो न मिलता हमें विचारों से।
हैं न पाते जिसे सहारों से ॥ 65 ॥
है उसे भी यही लखा देती।
थाह उसका है कुछ यही लेती ॥ 66 ॥
विश्व-विद्या-करों विशेष पला।
है इसीसे हुआ अशेष भला ॥ 67 ॥
है अकथ औ असीम-गुण-माला।
है उसे कौन आँकने वाला ॥ 68 ॥
है यहाँ पर कहा गया जितना।
वह अखिल के समीप है कितना ॥ 69 ॥
कुछ नहीं है, महा अकिंचित-कर।
जिस तरह बूँद और रत्नाकर ॥ 70 ॥
इसलिये 'नेति' 'नेति' कहते हैं।
मुग्ध होते हैं मौन गहते हैं ॥ 71 ॥

वेद हैं

(छप्पै)

सब विद्या के मूल, जनक हैं सकल कला के।
विविध-ज्ञान आधार, रसायन हैं अचला के॥
सुरुचि विचार विवेक विज्ञता के हैं आकर।
हैं अपार अज्ञान तिमिर के प्रखर प्रभाकर॥
परम खेलाड़ी प्रभु करों के लोकोत्तर गेंद हैं।
भव-सागर के सेतु ए जगत उजागर वेद हैं॥ 1॥

जब सारा संसार अचेतन पड़ा हुआ था।
निज पाँवों पर जीव नहीं जब खड़ा हुआ था॥
रहा जिन दिनों अन्धकार भूतल पर छाया।
जब न ज्ञान रवि-बिम्ब निकलने भी था पाया॥
तभी प्रगट हो जिन्होंने बतलाये सब भेद हैं।
वे ही सारे लोक के दिव्य विलोचन वेद हैं॥ 2॥

जिनके शिर पर मुकुट जगत गुरुता का राजे।
जिनके मुख पर लोक चकित कर ज्योति विराजे॥
जिनके कर में भुक्ति-मुक्ति का सूत्र लसा है।
जिनका सारा अंग अलौकिक सुरभि बसा है॥
जिनके पूत प्रभाव से मिटे भव-जनित खेद हैं।
सकल अपावनता दमन ए जग-पावन वेद हैं॥ 3॥

कामधेनु सी कामद उनकी रुचिर ऋचा है।
उनका पूत प्रसंग निराली सुधा सिंचा है॥
वे हैं चिन्तामणि समान चिन्तित फल दाता।
उनसे सब कुछ जगत कल्पतरु लौं है पाता॥

परम अगम भव-पन्थ चल जोजन डूबे स्वेद हैं।
उनको मलया-सीर लौं महामोद-प्रद वेद हैं॥ 4॥

वे बहु साधन विटप वृन्द के हैं वर थाले।
सकल यम नियम गये गोद में उनकी पाले॥
श्रद्धा और विश्वास हुए लालित उन से ही।
विमल सरोवर भक्ति कमलिनी के हैं वे ही॥
अपरा विद्या मेदिनी मूल-भूत इव मेद हैं।
सुरभि परा विद्या सुमन बुध जन वंदित वेद हैं॥ 5॥

इनमें से ही ज्योति जगमगा कर वह फूटी।
जिससे विकसित हुई सभ्यता जड़ता छूटी॥
उसकी ही अभिनन्दनीय कल-कान्ति सहारे।
दमक रहे हैं सकल जगत मत के दृग तारे॥
आँख डाल कर देखिये मिलते अल्प विभेद हैं।
सकल धर्म सिद्धान्त के अवलम्बन ए वेद हैं॥ 6॥

बुद्ध देव का परम दिव्य दीपक अवलोका।
ईसा का बहु विदित दमकता लम्प विलोका॥
देखी अति कमनीय शमा ज़र-दश्त जलाई।
निपट कान्त कन्दील मुहम्मद की दिखलाई॥
पर विकाश की दृष्टि से ए सर्वथा अभेद हैं।
करते आलोकित इन्हें आलोकाकर वेद हैं॥ 7॥

चाहे त्रिपिटक निज विभूति उनको बतलावें।
चाहे उनको जैन ग्रन्थ निज वस्तु बतावें॥
निज अनुभव फल उन्हें क्यों न इनजील बखाने।
उनको ज़िन्द कुरान भले ही स्वविभव माने॥
किन्तु सत्य हम कथन कर नहिं करते विच्छेद हैं।
सार्वभौम सिद्धान्त के आदि प्रवर्तक वेद हैं॥ 8॥

प्लेतो कोमत का अलाप अनुपम सुन पाया।
केंट के परम ललित लयों ने बहुत रिझाया॥
सुपनहार के मधुर तान ने हृदय लुभाया।
स्पेन्सर के अति सरस राग ने मुग्ध बनाया॥

दान्ते के कल गीत से मिटते मानस क्लेद हैं।
पर स्वर से जाना, उन्हें स्वरित बनाते वेद हैं॥ 9॥

ऐसा व्यक्ति विशेष सभी मत है बतलाता।
जिसके माने बिना मुक्ति कोई नहीं पाता॥
किन्तु एक वैदिक मत ही ऐसा है प्यारे।
जिसमें नर तरता है निज व्यक्तित्व सहारे॥
रख सुकर्म्म रत फलों में उपजाते निर्वेद हैं।
केवल ज्ञान-प्रभाव से मुक्ति दिलाते वेद हैं॥ 10॥

किसी जाति मत पन्थ का मनुज कोई होवे।
जो प्रभु पद को गहे मलिनता चित की खोवे॥
सदाचार रत रहे पाप तज जग हित साधे।
तो वह होगा मुक्त बिना प्रति भू आराधे॥
गिरा परम गम्भीर से करते भ्रम उच्छेद हैं।
मुक्त-कण्ठ से बात यह कहते केवल वेद हैं॥ 11॥

जब उपासनायें प्रतीक हैं काम चलाती।
नर उर में विज्ञान ज्योति है जब जग जाती॥
मध्य दशाओं सहित दशा यह आदिम अन्तिम।
जिनमें पड़ कर हुई मनुज की महिमा अप्रतिम॥
उनके अति व्यापक फलद कहे भेद उपभेद हैं।
क्योंकि सर्वदर्शी विशद सर्व ज्ञानमय वेद हैं॥ 12॥

किसी ग्रन्थ मत पन्थ धर्म साधन का खण्डन।
वे नहिं करते मिले क्योंकि वे हैं महि मण्डन॥
वे हैं उनके जनक विकासक जीवन दाता।
वे तब थे जब था न किसी का नाम सुनाता॥
इसी लिये यद्यपि नहीं वे रखते संभेद हैं।
तो भी उन पर प्रेम जल वर्षण करते वेद हैं॥ 13॥

पंचभूत जल पवन आदि ऊपर है जैसा।
प्राणिमात्र अधिकार वेद पर भी है वैसा॥
उनकी ऊँची आँख नहिं कहीं पर है अड़ती।
वह समान सब जाति देश पर ही है पड़ती॥

सदा तुल्य उनके लिये यूरप अन्तर्वेद हैं।
सकल जगत हित में निरत विश्व प्रेम-रत वेद हैं॥ 14॥

थोड़ा अन्तर भ्रातृ-भाव में है रह जाता।
वैदिक मत है इसीलिये यह पाठ पढ़ाता॥
मानव ही को नहीं सभी जीवों को मानो।
निज आत्मा समान आत्मा सब की जानो॥
वंश जाति गत दृष्टि का वे करते उद्भेद हैं।
है कुटुम्ब वसुधा सकल यह बतलाते वेद हैं॥ 15॥

आये दिन ए शैव वैष्णव रगड़े कैसे।
धर्म्म सभा के औ समाज के झगड़े कैसे॥
हमें बता दो सौर शक्ति क्यों हैं लड़ पड़ते।
क्यों वेदान्ती लोग कुछ दृगों में हैं गड़ते॥
लोग परस्पर किस लिये करते वृथा कुरेद हैं।
जब कि धर्म के विषय में मान्य सभी के वेद हैं॥ 16॥

हैं विचित्रतायें विचार रुचि की स्वाभाविक।
किन्तु न होगा उचित काक बन जाये यदि पिक॥
भिन्न भिन्न मत गत विचित्रता ही है जीवन।
यदि समाज के लिये बने वह जड़ी सजीवन॥
किन्तु लोक-हित हृदय में जो जन करते छेद हैं।
वे न जानते मर्म्म हैं न तो मानते वेद हैं॥ 17॥

विविध गठन और रूप रंग जिनका हैं पाते।
वे बाजे हैं सदा मिलाने से मिल जाते॥
रखते हुए स्वकीय भाव सारा ढँग न्यारा।
वे मिलते हैं एक देह-व्यापी स्वर द्वारा॥
बने भले ही नित रहें जितने उचित प्रभेद हैं।
पर वे हृदय मिले रहें जिनमें बसते वेद हैं॥ 18॥

गजरों में है विविध फूल को सूत्र मिलाता।
गहनों में है विविध नगों का मेल दिखाता॥
वे सब न्यारा रूप रंग अपना नहिं खोते।
पर तो भी हैं एक सिद्धि के साधन होते॥

यों ही शुभ उद्देश्य से, हम पूछते सखेद हैं।
क्या वे मिल सकते नहीं जिन्हें मिलाते वेद हैं? ॥ 19 ॥

मिल सकते हैं, जो न भूल अपने को जावें।
करें सत्य को प्यार कलह को मार भगावें॥
धर्म ओट में कभी न जी का मैल निकालें।
रखें प्रेम का मान सुजनता को प्रति पालें॥
पर को खेदित कर न जो रहते स्वयं अदेख हैं।
मुख उन का संसार में उज्वल करते वेद हैं॥ 20 ॥

प्रभो! प्रभा वैदिक मत की भूतल में फैले।
लघु वातों के लिये न होवें मानस मैले॥
सब सच्चे जी से कुटुम्ब बसुधा को माने।
विश्व-प्रेम के महामन्त्र की महिमा जाने॥
हुए वितण्डावाद में जिनके बाल सुपेद हैं।
वे अभिज्ञ हों, देवता शान्ति मन्त्र के वेद हैं॥ 21 ॥

प्रेमधारा

(छप्पै)

उसका ललित प्रवाह लसित सब लोकों में है।
उसका रव कमनीय भरा सब ओकों में है॥
उसकी क्रीड़ा-केलि कल्प-लतिका सफला है।
उसकी लीला लोल लहर कैवल्य कला है॥
मूल अमरपुर अमरता सदा प्रेमधारा रही।
वसुन्धरा तल पर वही लोकोत्तरता से बही॥ 1॥

रवि किरणें हैं इसी धार में उमग नहाती।
इसी लिये रज तक को हैं रंजित कर जाती॥
कला कलानिधि कलित बनी पाकर वह धारा।
जिससे हुआ पियूष सिक्त वसुधा तल सारा॥
श्याम-घटा में प्रेम की धारा ही है सरसती।
इसी लिये वह सभी पर रस धारा है बरसती॥ 2॥

सब अग जग को गगन गोद में है ले लेता।
किसके मुख को तेज नहीं उज्वल कर देता॥
मन्द मन्द चल पवन मुग्ध सब को है करती।
देती है फल फूल रुचिर कृमि तक को धरती॥
निज शीतलता से सलिल सब को करता है सुखित।
मूल प्रेम धारा प्रकृति पंचतत्व में है निहित॥ 3॥

रिपु के कर में भी प्रसून है विकच दिखाता।
छेदन रत नख निचय सुरभि उससे है पाता॥
जिसके कर से कटा दसन से गया बिदारा।
फल करता है मुदित उसे स्वादित रस द्वारा॥

तरु से धाया कब नहीं पाहन हन्ता को मिली।
परस प्रेम धारा नहीं किस की कृति कलिका खिली ॥ 4 ॥

पाहन गठित अपार नेरु उर को सुद्रवित कर।
वह लहराती मिली रूप सरिसोतों का धर॥
निकली सुरसरि सदृश कहीं पावन सलिल बन।
करके सफलित धरा धाम मल रहित मलिन मन॥
मरुमहि भूति मतीर का सलिल सुशीतल है वही।
विविध मूर्ति धर कर कहाँ नहीं प्रेमधारा बही ॥ 5 ॥

ओस, तृणलता कुसुम विपट पल्लव सिंचन रत।
बहु तरु चन्दन करी सुरभि मलयाद्रि अंक गत॥
विविध दिव्यमणि जनित ज्योति उज्वल उपकारी।
बहु ओषधी प्रसूत शक्ति-जीवन संचारी॥
जगत जीव व्रतिपालिका पय धारा उरजों भरी।
क्या है? नानामूर्ति धर प्रेमधार ही अवतरी ॥ 6 ॥

जो सत्ता है नित्य सत्य चिन्मयी अनूपा।
संसृति मूली भूत परम आनन्द स्वरूपा॥
विश्व-व्यापिनी विपुल-सूक्ष्म जिसकी है धारा।
वस्तुमात्र में है विकाश जिसका अति न्यारा॥
धारा ही में प्रेम की वह होती है प्रतिफलित।
इस सुमुकुर में ही दिखा पड़ी मूर्ति उसकी कलित ॥ 7 ॥

बुझ जाता है कलह-विरोध प्रबल दावानल।
बह जाता है मोह मूल बहु मानस का मल॥
जाता है सविकार मैल धुल जी का सारा।
गिर जाता है टूट टूट कर कुरुचि करारा॥
धारा द्वारा प्रेम की ढह जाता है विटप मद।
किये अपार प्रयत्न भी टिकता नहीं प्रमाद पद ॥ 8 ॥

बन जाती है सुछबिवती पर हित रति क्यारी।
हो जाती है सरस सुरुचि प्रियता फुलवारी॥
धरा बन्धुता मानवता की सिंच जाती है।
सहृदयता कृषि वांछनीय जीवन पाती है॥

धारा ही से प्रेम की कल कृति विटपावलि पली।
सहज सुजनता बाटिका पुलकित हो फूली फली ॥ 9 ॥

कपट-जाल शैवाल समूह उपज नहिं पाता।
मोह पटल आवर्त्त नहीं पड़ता दिखलाता ॥
बुद्बुद कुत्सित भाव कदापि नहीं उठ पाते।
नहिं नाना कुविचार फेन बहते उतराते ॥
कुमति मलिनता प्रेम की धारा में आती नहीं।
छल-छाया प्रतिबिम्बिता कथमपि हो पाती नहीं ॥ 10 ॥

मिलती हैं वे भावमयी लहरें लहराती।
जो कि मंजुतर मनुज मनों को हैं कर जाती ॥
भावुक जन वह रत्न-राजि अनुपम है पाता।
जिस से मण्डित हो वसुध को है अपनाता ॥
धारा ही में प्रेम का खिलता है वह कल कमल।
सुरभित होता है सुरभि से जिसकी सब अवनि-तल ॥ 11 ॥

वीर उर बसी विजय प्रेम धारा के द्वारा।
है मृणाल के तन्तु-तुल्य लगती असि धारा ॥
निज प्रियतम के प्रेम धार में डूबी बाला।
गिनती है अंगार पुंज को पंकज माला ॥
शान्त हुआ इस प्रेम की धारा ही से वह अनल।
जिससे जन प्रहलाद को मिला अलौकिक भक्ति फल ॥ 12 ॥

जिसे धन विभव विविध प्रलोभन हैं न लुभाते।
हाव-भाव सुविलास जिसे वश में नहिं लाते ॥
रूप माधुरी बदन कान्ति कोमलता प्यारी।
नहिं करती अनुरक्त जिसे आकृति अति न्यारी ॥
अनुगत कर पाती नहीं जिसको बहु अनुनय विनय।
वश में करता है उसे अन्तर प्रेम प्रवाह मय ॥ 13 ॥

वे लोचन हैं लोक लोचनों को बेलमाते।
वे उर हैं संसार उरों में सुधा बहाते ॥
वह प्रदेश है भाव राज्य की भू बन जाता।
वह समाज है शान्ति शिखर पर शोभा पाता ॥

वांछित धृति से धर्म वे धारण करते हैं मही।
जिनमें समुचित प्रगति से पूत प्रेम धारा बही ॥ 14 ॥

देश जाति कुल जनित भिन्नता चरित विषमता।
रुचि विचार आचार शील व्यवहार असमता ॥
परम कठिनता मयी मेदिनी है पथरीली।
होती है पा जिन्हें प्रेम धारा गति ढीली ॥
किन्तु इसी के अति सरस प्रबल प्रवाहों में पड़े।
वारिधि विविध बिभेद के बनते हैं जल के घड़े ॥ 15 ॥

परम प्रशंसित राजकीय सत्तायें सारी।
बड़ी बड़ी सामरिक विजय भूतल वशकारी ॥
प्रेम-प्रवाह-प्रसूत विजय सत्ताओं जैसी।
व्यापक हितकर हृदय रंजिनी उनके ऐसी ॥
किसी काल में कब हुईं जैसी कोमल उज्वला।
वे हैं बिजली की विभा ए हैं राकापति कला ॥ 16 ॥

प्रबल नृपति आतंक, वाहिनी जगत विजयिनी।
प्रलय-कारिणी तोप रण धरा काल प्रणयिनी ॥
निधि उत्ताल तरंग मान गिरि पावक स्रावी।
जन-समूह का आर्त्त नाद पाहन उर द्रावी ॥
जिन वीरों के पवि उरों को न प्रभावित कर सके।
किसी प्रेम धारा मयी रुचि के हाथों वे बिके ॥ 17 ॥

पावन वेद प्रसूत प्रेम की व्यापक धारा।
हुई प्रवाहित परम सरस कर भूतल सारा ॥
उससे भारत धरा यदि हुई स्वर्ग समाना।
तो पाया सुख अन्य अखिल देशों ने नाना ॥
मानव भूरे सित असित पीत लाल औ साँवले।
सदा इसी के कूल पर लालित हो फूले-फले ॥ 18 ॥

वैदिक ऋषिगण परम सरल भावुक उर द्वारा।
बुद्धदेव के सदय हृदय का ढूँढ़ सहारा ॥
ईसा और मुहम्मदादि अन्तर कर प्लावित।
हुई प्रेम धारा मधुमयता सहित प्रवाहित ॥

कई कोटि जन आज भी उसके प्रबल प्रभाव से।
बँधे एकता सूत्र में रहते हैं सद्भाव से॥ 19॥

प्रति हिंसा प्रिय दनुज देवता है बन जाता।
विविध विभव मद अन्ध दिव्य लोचन है पाता॥
पर स्वतन्त्रता हरण पिपासा कुटिल पिशाची।
प्रबल राज्य विस्तार कामना सुमुखि घृताची॥
बन जाती हैं देवियाँ सकल सदाशयता मयी।
पड़ कर प्रेम-प्रवाह में हो पाहनता पर जयी॥ 20॥

कभी न लोहित अवनि रुधिर धारा से होती।
पर की ममता कभी नहीं मद धारा खोती।
कभी किसी का प्रकृत स्वत्व औ गौरव सारा।
नाश न होता कुटिल नीति धारा के द्वारा।
मनुजोचित अधिकार भी कभी नहीं जाता छिना।
जो वह पातीं प्रेम की धारायें बाधा बिना॥ 21॥

कहीं सामने देश भेद के मेरु खड़े हैं।
कहीं जाती बन्धन के ऊँचे बाँध पड़े हैं।
कहीं भित्ति है धर्म भिन्नता कठिन शिला की।
कहीं कंकरों मयी धरा है रुचि प्रियता की।
किन्तु मेरु को बेध कर औरों का करके दलन।
बह निकलेंगी प्रेम की धारायें अविछिन्न बन॥ 22॥

प्रकृत बात कब तक कुहकों में पड़ी रहेगी।
कब तक कटुता कूट नीति सत्यता सहेगी।
होंगे दूर विभेद परस्पर प्यार बढ़ेगा।
टले पयोद प्रमाद मयंक प्रमोद कढ़ेगा।
आवेंगे वे दिवस जब छटा बढ़ाती छेम की।
बहती होगी धरा पर अविरल धारा प्रेम की॥ 23॥

व्यापक धर्म समूह मूल सिद्धान्त एकता।
सब देशों के विवुध वृन्द की वर विवेकता।
भ्रातापन का भाव जातिगत स्वार्थ महत्ता।
मानवता का मन्त्र विविध स्वाभाविक सत्ता।

दूर करेंगी उरों से सकल अवांछित भिन्नता।
शमन करेगी प्रेम की धारा मानस खिन्नता॥ 24 ॥

उस दिन सारे देश बनेंगे शान्ति निकेतन।
फहरेंगे सब ओर सदाशयता के केतन।
सभी जातियाँ सभ्य सुखी स्वाधीन रहेंगी।
स्नेह तरंगों बीच उमंगों सहित बहेंगी।
होवेगी जनता सकल निज अधिकारों पर जयी।
हो जावेगी सब धरा प्रकृत प्रेम धारा मयी॥ 25 ॥

धर्म्मवीर

(षट्पद)

यह जगत जिसके सहारे से सदा फूले-फले।
ज्ञान का दीया निराली ज्योति से जिसके जले ॥
आँच में जिसके पिघल कर काँच हीरे सा ढले।
जो बड़ा ही दिव्य है, तलछट नहीं जिसके तले ॥
हैं उसे कहते धरम, जिस से टिकी है यह धरा।
तेज से जिसके चमकता है, गगन तारों-भरा ॥ 1 ॥

पालनेवाला धरम का है कहाता धर्म्मवीर।
सब लकीरों में उसी की है बड़ी सुन्दर लकीर ॥
है सुरत्नों से भरी संसार में उसकी कुटीर।
वह अलग करके दिखाता है जगत को छीर नीर ॥
है उसी से आज तक मरजाद की सीमा बची।
सीढ़ियाँ सुख की उसीके हाथ की ही हैं रची ॥ 2 ॥

एक-देशी वह जगत-पति को बनाता है नहीं।
बात गढ़ कर एक का उसको बताता है नहीं ॥
रङ्ग अपने ढङ्ग का उस पर बढ़ाता है नहीं।
युक्तियों के जाल में उसको फँसाता है नहीं ॥
भेद का उसके लगाता है वही सच्चा पता।
ठीक उसका भाव देता है वही सब को बता ॥ 3 ॥

तेज सूरज में उसीका देख पड़ता है उसे।
वह चमकता बादलों के बीच मिलता है उसे ॥
वह पवन में और पानी में झलकता है उसे।
जगमगाता आग में भी वह निरखता है उसे ॥

राजती सब ओर है उसके लिये उसकी विभा।
पत्थरों में भी उसे उसकी दिखाती है प्रभा ॥ 4 ॥

पेड़ में उसको दिखाते हैं हरे पत्ते लगे।
वह समझता है सुयश के पत्र हैं उसके टँगे ॥
फूल खिलते हैं, अनूठे रङ्ग में उसके रँगे।
फल, उसे, रस में उसीके, देख पड़ते हैं पगे ॥
एक रजकण भी नहीं है आँख से उसकी गिरा।
राह का तिनका दिखाता है उसे भेदों भरा ॥ 5 ।

सोचता है वह, जो मिलते हैं उसे पर्वत खड़े।
हैं उसी की राह में सब ओर ये पत्थर गड़े ॥
जो दिखाते हैं उसे मैदान छोटे या बड़े।
तो उसे मिलते वहाँ हैं ज्ञान के बीये पड़े ॥
वह समझता है पयोनिधि प्रेम से उसके गला।
जंगलों में भी उसे उसकी दिखाती है कला ॥ 6 ॥

हैं उसीकी खोज में नदियाँ चली जाती कहीं।
है तरावट भूलती उसकी कछारों को नहीं ॥
याद में उसकी सरोवर लोटता सा है वहीं।
निर्झरों के बीच छीटें हैं उसी की उड़ रहीं ॥
वह समझता है उसी की धार सोतों में बही।
झलमलाता सा दिखाता झील में भी है वही ॥ 7 ॥

भीर भौंरों की उसी की भर रही है भाँवरें।
गान गुण उसका रसीले कण्ठ से पंखी करें ॥
भन भना कर मक्खियाँ हर दम उसी का दम भरें।
तितलियाँ हो हो निछावर ध्यान उसका ही धरें ॥
वह समझता है, न है, झनकार झींगुर की डगी।
है सभी कीड़े मकोड़ों को उसी की धुन लगी ॥ 8 ॥

है अछूती जोत उसकी मन्दिरों में जग रही।
मसजिदों गिरजाघरों में भी दरसता है वही ॥
बौद्ध-मठ के बीच है दिखला रहा वह एक ही।
जैन-मंदिर भी, छुटा उसकी छटा से है नहीं ॥

ठीक इनमें दीठ जिसकी है नहीं सकती ठहर।
देख पड़ती है उसीकी आँख में उसको कसर॥ 9॥

शङ्ख उसके ही लिये देता जगत को है जगा।
बाँग भी सबको उसीकी ओर देती है लगा॥
गान इन ईसाइयों का ताल औ लय में पगा।
इस सुरत को है उसीकी ओर ले जाता भगा॥
जो बिना समझे किसीको भी बनाता है बुरा।
वह समझता है, वही सच पर चलाता है छुरा॥ 10॥

हो तिलक तिरछा, तिकोना, गोल, आड़ा या खड़ा।
गौन हो, दस्तार हो, या बाल हो लाँबा बड़ा॥
जो बनावट का बुरा धब्बा न हो इन पर पड़ा।
तो सभी हैं ठीक, देते हैं दिखा पारस गड़ा॥
जो इन्हें लेकर झगड़ता या उड़ाता है हँसी।
जानता है, वह, समझ है जाल में उसकी फँसी॥ 11॥

गेरुआ कपड़ा पहनना, घूमना, दम-साधना।
राख मलना, गरमियों में आग जलती तापना॥
जङ्गलों में वास करना, तन न अपना ढाँकना।
बाँधना कण्ठी, गले में सेल्हियों का डालना॥
वह इन्हें मन जीत लेने की जुगुत है जानता।
जो न उतरा मैल तो सूखा ढचर है मानता॥ 12॥

पतजिवा, रुद्राक्ष, तुलसी की बनी माला रहे।
या कोई तसवीह हो या पोर उँगली की गहे॥
या बहुत सी कंकड़ी लेकर कोई गिनना चहे।
या कि प्रभु का नाम अपनी जीभ से योंही कहे॥
लौ लगाने को बुरा इनमें नहीं है एक भी।
आँख में उसकी नहीं तो, काठ मिट्टी हैं सभी॥ 13॥

ध्यान, पूजा, पाठ, व्रत, उपवास, देवाराधना।
घूमना सब तीरथों में, आसनों को साधना॥
योग करना, दीठ को निज नासिका पर बाँधना।
सैकड़ों संयम नियम में इन्द्रियों को नाधना॥

वह समझता है सभी हैं ज्ञान-माला की लड़ी।
जो दिखावट की न भद्दी छींट हो इन पर पड़ी ॥ 14 ॥

बौद्ध, त्रिपिटिक, बाइबिल, तौरेत, या होवे कुरान।
ज़िन्दबस्ता, जैन की ग्रन्थावली, या हो पुरान ॥
वेद-मत का ही बहुत कुछ है हुआ इनमें बखान।
है बहा बहु धार से इनमें उसीका दिव्य ज्ञान ॥
ठीक इसका भेद गुण लेकर वही है बूझता।
है बुरी वह आँख अवगुण ही जिसे है सूझता ॥ 15 ॥

बुद्ध, जिन, ईसा, मुहम्मद, और मूसा को भला।
कौन कह सकता है, दुनिया को इन्होंने है छला ॥
सोच लो ज़रदश्त भी है क्या कहीं उलटा चला।
ये लगाकर आग दुनिया को नहीं सकते जला ॥
वह इसीसे है समझता वेद के पथ पर चढ़े।
ये समय और देश के अनुसार हैं आगे बढ़े ॥ 16 ॥

बौद्ध, हिन्दू, जैन, ईसाई, मुसलमाँ, पारसी।
जो बुराई से बचें, रक्खे न कुछ उसकी लसी ॥
धर्म की मरजाद पालें हो सुरत हरि में बसी।
तो भले हैं ये सभी, दोनों जगह होंगे जसी ॥
वह उसीको है बुरा कहता किसी को जो छले।
है धरम कोई न खोटा ठीक जो उसपर चले ॥ 17 ॥

बौद्ध-मत, हिन्दू-धरम, इसलाम या ईसाइयत।
हैं, जगत के बीच जितने जैन आदिक और मत ॥
वह बताता है सभों की एक ही है असलियत।
है स्वमत में निज विचारों के सबब हर एक रत ॥
ठौर है वह एक ही, यह राह कितनी हैं गई।
दूध इनका एक है, केवल पियाले हैं कई ॥ 18 ॥

वह क्रिया से है भली जी की सफाई जानता।
पंडिताई से भलाई को बड़ी है मानता ॥
वह सचाई को पखंडों में नहीं है सानता।
वह धरम के रास्ते को ठीक हैं पहचानता ॥

ज्ञान से जग-बीच रहकर हाथ वह धोता नहीं।
आड़ में परलोक की वह लोक को खोता नहीं ॥ 19 ॥

तंग करना, जी दुखाना, छेड़ना भाता नहीं।
वह बनाता है, कभी सुलझे को उलझाता नहीं ॥
देखकर दुख दूसरों का चैन वह पाता नहीं।
एक छोटे कीट से भी तोड़ता नाता नहीं ॥
लोक-सेवा से सफल होकर सदा बढ़ता है वह।
धूल बनकर पाँव की जन शीश पर चढ़ता है वह ॥ 20 ॥

धन, विभव, पद, मान, उसको और देते हैं झुका।
प्रेम बदले के लिये उसका नहीं रहता रुका ॥
वह अजब जल है उसे जाता है जो जग में फुँका।
बैरियों से वह कभी बदला नहीं सकता चुका ॥
प्यार से है बाघ से विकराल को लेता मना।
वह भयंकर ठौर को देता तपोवन है बना ॥ 21 ॥

हैं कहीं काले बसे, गोरे दिखाते हैं कहीं।
लाल, पीले, सेत, भूरे, साँवले भी हैं यहीं ॥
पीढ़ियाँ इनकी कभी नीची, कभी ऊँची रहीं।
रँग बदलने से बदलती दीठ है उसकी नहीं ॥
भेद वह अपने पराये का नहीं रखता कभी।
सब जगत है देश उसका जाति हैं सादृश सभी ॥ 22 ॥

वह समझता है—सभी रज बीर्य से ही हैं जना।
मांस का ही है कलेजा दूसरों का भी बना ॥
आन जाने पर न किसकी आँख से आँसू छना।
दूसरे भी चाहते हैं मान का मुट्ठी चना ॥
खौलना जिसका किसीसे भी नहीं जाता सहा।
है रगों में दूसरों की भी वही लोहू बहा ॥ 23 ॥

वह तनिक रोना, कलपना और का सहता नहीं।
हाथ धोकर और के पीछे पड़ा रहता नहीं ॥
बात लगती वह किसीको एक भी कहता नहीं।
चोट पहुँचाना किसीको वह कभी चहता नहीं ॥

जानता है दीन दुखियों के दरद को भी वही।
बेकसों की आह उससे है नहीं जाती सही॥ 24॥

ए चुड़ैलें चाह की उसको नहीं सकतीं सता।
प्यार वह निज वासनाओं से नहीं सकता जता॥
मोह की जी में नहीं उसके उलहती है लता।
है कलेजे में न कोने का कहीं मिलता पता॥
रोस की, जी में कभी उठती नहीं उसके लपट।
छल नहीं करता किसीसे वह नहीं करता कपट॥ 25॥

गालियाँ भाती नहीं, ताने नहीं जाते सहे।
आग लग जाती है कच्ची बात जो कोई कहे॥
देख कर नीचा किसी की आँख कब ऊँची रहे।
ठोकरें खाकर भला किसीको नहीं आँसू बहे॥
वह समझता है न इतना घाव करती है छुरी।
ठेस होती है बड़ी ही इस कलेजे की बुरी॥ 26॥

देख करके तोप को जाता कलेजा है निकल।
यह बुरी बन्दूक लखकर जी नहीं सकता सम्हल॥
बरछियाँ, तलवार, भाले हैं बना देते विकल।
गोलियाँ, बारूद, छर्रे, आँख करते हैं सजल॥
उस समय तो और भी उसका तड़पता है जिगर।
जब समझता है कि इनमें है भरी जी की कसर॥ 27॥

क्यों बहाने को लहू हथियार सब जाते गढ़े।
दूसरों पर दूसरे फिर किस लिये जाते चढ़े॥
किसलिये रणपोत बनते और वे जाते मढ़े।
नासमझ का काम करते किसलिये लिक्खे पढ़े॥
जो उसीकी भाँति उठती प्यार की सब की भुजा।
तो दिखाती शान्ति की सब ओर फहराती धुजा॥ 28॥

पेट भरने के लिये कटता किसीका क्यों गला।
एक भाई के लिये क्यों दूसरा होता बला॥
इस जगत में किस लिये जाता कभी कोई छला।
बहु बसा घर क्यों कलह की आग में होता जला॥

ठीक सुन्दर नीति उसकी जो सदा होती चली ॥
तो कटी डालें दिखातीं आज दिन फूली फली ॥ 29 ॥

है विभव किस काम का वह हो लहू जिसमें लगा।
आग उस धन में लगे जिसमें हुई कुछ भी दगा ॥
गर्व वह गिर जाय जिसका है सताना ही सगा।
धूल में वह पद मिले जो है कलंकों से रँगा ॥
वह विवश होकर सदा दुख से सुनाता है यही।
वह धरा धँस जाय जिस पर हैं कभी लोथें ढही ॥ 30 ॥

यह भला है, यह बुरा है, वह समझता है सभी।
भूसियों में, छोड़कर चावल नहीं फँसता कभी ॥
जब ठिकाने है पहुँचता मोद पाता है तभी।
बात थोथी है नहीं मुँह से निकलती एक भी ॥
है जहाँ पर चूक उसकी आँख पड़ती है वहीं।
जड़ पकड़ता है उलझता पत्तियों में वह नहीं ॥ 31 ॥

आदमी का ऐंठना, बढ़ना, बहकना, बोलना।
रूठना, हँसना, मचलना, मुँह न अपना खोलना ॥
संग बन जाना, कभी इन पत्तियों सा डोलना।
वह समझता है तराजू पर उसे है तोलना ॥
है उसीने ही पढ़ी जी की लिखावट को सही।
गुत्थियाँ उसकी सदा है ठीक सुलझाता वही ॥ 32 ॥

देखता अन्धा नहीं, उजले न होते हैं रँगे।
दौड़ता लँगड़ा नहीं, सोये नहीं होते जगे ॥
क्यों न वह फिर रास्ते पर ठीक चलने से डगे।
हैं बहुत से रोग, जिसके एक ही दिल को लगे ॥
देखकर बिगड़ा किसीको वह नहीं करता गिला।
काम की कितनी दवायें हैं उसे देता पिला ॥ 33 ॥

देखकर गिरते उठाता है, बिगड़ जाता नहीं।
वह छुड़ाता है फँसे को, और उलझाता नहीं ॥
राह भूले को दिखा देता है भरमाता नहीं।
है बिगड़ते को बनाता, आँख दिखलाता नहीं ॥

सर अँधेरे में भला किसका न टकराया किया।
वह अँधेरा दूर करता है, जलाता है दिया ॥ 34 ॥

जीव जितने हैं जगत में, हैं उसे प्यारे बड़े।
दुख उसे होता है जो तिनका कहीं उनको गड़े ॥
एक चींटी भी कहीं जो पाँव के नीचे पड़े।
तो अचानक देह के होते हैं सब रोयें खड़े ॥
हैं छुटे उसकी दया से ये हरे पत्ते नहीं।
तोड़ते इनको उसे है पीर सी होती कहीं ॥ 35 ॥

कँप उठे सब लोक पत्ते की तरह धरती हिले।
राज, धन जाता रहे, पद, मान, मिट्टी में मिले ॥
जीभ काटी जाय, फोड़ी जाँय आँखें, मुँह सिले।
सैकड़ों टुकड़े बदन हो, पर्त चमड़े की छिले ॥
छोड़ सकता उस समय भी वह नहीं अपना धरम।
जब रहें हर एक रोयें नोचते चिमटे गरम ॥ 36 ॥

धर्म्मवीरों की चले, सब लोग हो जावें भले।
भाइयों से भाइयों का जी न भूले भी जले ॥
चन्द्रमा निकले धरम का, पाप का बादल टले।
हे प्रभो संसार का हर एक घर फूले फले ॥
इस धरा पर प्यार की प्यारी सुधा सब दिन बहे।
शान्ति की सब ओर सुन्दर चाँदनी छिटकी रहे ॥ 37 ॥

कर्म्मवीर

(षट्पद)

देख कर बाधा विविध, बहु विघ्न घबराते नहीं।
रह भरोसे भाग के दुख भोग पछताते नहीं॥
काम कितना ही कठिन हो किन्तु उकताते नहीं।
भीड़ में चंचल बने जो बीर दिखलाते नहीं॥
हो गये एक आन में उनके बुरे दिन भी भले।
सब जगह सब काल में वे ही मिले फूले फले॥ 1 ॥

आज करना है जिसे करते उसे हैं आज ही।
सोचते कहते हैं जो कुछ कर दिखाते हैं वही॥
मानते जी की हैं सुनते हैं सदा सब की कही।
जो मदद करते हैं अपनी इस जगत में आप ही॥
भूल कर वे दूसरों का मुँह कभी तकते नहीं।
कौन ऐसा काम है वे कर जिसे सकते नहीं॥ 2 ॥

जो कभी अपने समय को यों बिताते हैं नहीं।
काम करने की जगह बातें बनाते हैं नहीं॥
आज कल करते हुए जो दिन गँवाते हैं नहीं।
यत्न करने में कभी जो जी चुराते हैं नहीं॥
बात है वह कौन जो होती नहीं उनके किये।
वे नमूना आप बन जाते हैं औरों के लिये॥ 3 ॥

व्योम को छूते हुए दुर्गम पहाड़ों के शिखर।
वे घने जंगल जहाँ रहता है तम आठों पहर॥
गर्जते जल-राशि की उठती हुई ऊँची लहर।
आग की भयदायिनी फैली दिशाओं में लवर॥

ये कँपा सकतीं कभी जिसके कलेजे को नहीं।
भूलकर भी वह नहीं नाकाम रहता है कहीं ॥ 4 ॥

चिलचिलाती धूप को जो चाँदनी देवें बना।
काम पड़ने पर करें जो शेर का भी सामना ॥
जो कि हँस हँस के चबा लेते हैं लोहे का चना।
"है कठिन कुछ भी नहीं" जिनके है जी में यह ठना ॥
कोस कितने ही चलें पर वे कभी थकते नहीं।
कौन सी है गाँठ जिसको खोल वे सकते नहीं ॥ 5 ॥

ठीकरी को वे बना देते हैं सोने की डली।
रेग को करके दिखा देते हैं वे सुन्दर खली ॥
वे बबूलें में लगा देते हैं चम्पे को कली।
काक को भी वे सिखा देते हैं कोकिल-काकली ॥
ऊसरों में हैं खिला देते अनूठे वे कमल।
वे लगा देते हैं उकठे काठ में भी फूल फल ॥ 6 ॥

काम को आरम्भ करके यों नहीं जो छोड़ते।
सामना करके नहीं जो भूल कर मुँह मोड़ते ॥
जो गगन के फूल बातों से वृथा नहिं तोड़ते।
सम्पदा मन से करोड़ों की नहीं जो जोड़ते ॥
बन गया हीरा उन्हीं के हाथ से है कारबन।
काँच को करके दिखा देते हैं वे उज्ज्वल रतन ॥ 7 ॥

पर्वतों को काटकर सड़कें बना देते हैं वे।
सैकड़ों मरुभूमि में नदियाँ बहा देते हैं वे ॥
गर्भ में जल-राशि के बेड़ा चला देते हैं वे।
जंगलों में भी महा-मङ्गल रचा देते हैं वे ॥
भेद नभ तल का उन्होंने है बहुत बतला दिया।
है उन्होंने ही निकाली तार तार की सारी क्रिया ॥ 8 ॥

कार्य्य-थल को वे कभी नहिं पूछते "वह है कहाँ"।
कर दिखाते हैं असम्भव को वही सम्भव यहाँ ॥
उलझनें आकर उन्हें पड़ती हैं जितनी ही जहाँ।
वे दिखाते हैं नया उत्साह उतना ही वहाँ ॥

डाल देते हैं विरोधी सैकड़ों ही अड़चनें।
वे जगह से काम अपना ठीक करके ही टलें ॥ 9 ॥

जो रुकावट डाल कर होवे क़ोई पर्वत खड़ा।
तो उसे देते हैं अपनी युक्तियों से वे उड़ा ॥
बीच में पड़कर जलधि जो काम देवे गड़बड़ा।
तो बना देंगे उसे वे क्षुद्र पानी का घड़ा ॥
बन खँगालेंगे करेंगे व्योम में बाजीगरी।
कुछ अजब धुन काम के करने की उनमें है भरी ॥ 10 ॥

सब तरह से आज जितने देश हैं फूले फले।
बुद्धि, विद्या, धन, विभव के हैं जहाँ डेरे डले ॥
वे बनाने से उन्हीं के बन गये इतने भले।
वे सभी हैं हाथ से ऐसे सपूतों के पले ॥
लोग जब ऐसे समय पाकर जनम लेंगे कभी।
देश की औ जाति की होगी भलाई तभी ॥ 11 ॥

जीवनमुक्त

(अरिल)

किसे नहीं ललना-ललामता मोहती।
विफल नहीं होता उसका टोना कहीं॥
किसे नहीं उसके विशाल दृग बेधते।
किसे कुसुम सायक कम्पित करता नहीं॥ 1॥

निज लपटों से करके दग्ध विपुल हृदय।
कलह, वैर, कुवचन-अंगारक प्रसवती॥
करके भस्मीभूत विचार, विवेक को।
किसके उर में क्रोध आग नहिं दहकती॥ 2॥

अनुचित उचित विचार-विहीन, उपद्रवी।
प्रतिहिंसा-प्रिय, हठी, निमज्जित अज्ञता॥
असहन-शील, कठोर, दाभिक, मंद-धी।
किसे नहीं करती प्रमत्त, मद-मत्तता॥ 3॥

कहीं कान्त-स्वर-ग्राम रूप में है रमा।
कहीं सरस रस परिमल बन कर सोहता॥
सुत-कलत्र ममता-स्वरूप में है कहीं।
मधुर मूर्ति से मोह किसे नहिं मोहता॥ 4॥

तीन लोक का राज तथा सारा विभव।
पा करके भी तृप्ति नहीं होती जिसे॥
रुधिर-पात पर-पीड़न का जो हेतु है।
भला लोभ विचलित करता है नहिं किसे॥ 5॥

चाहे द्रोह, प्रमाद, असूया आदि हो।
चाहे हो मत्सर, चाहे हो पिशुनता॥

काम, क्रोध, मद, मोह, लोभ जैसे अपार।
दोष हैं न, ये सकल दोष के हैं पिता ॥ 6 ॥

अनुपम साधन तथा आत्मबल अतुल से।
जिसका जीवन इन दोषों से मुक्त है॥
पूत-चरित लोकोत्तर-गुण-गरिमा-बलित।
वही इस अवनि-तल पर जीवनमुक्त है ॥ 7 ॥

क्या सकामता उसमें होती है नहीं?
होती है, पर वह होती है सुरुचि-मय ॥
बन जाता है परम फलद औ पूत तम।
काम-बिशिख छू अति पावन उसका हृदय ॥ 8 ॥

नहिं विलासिता हेतु बनी उसके लिये।
किसी काल में कामिनि-कुल-कमनीयता ॥
वरन उसे सब काल दिखा उसमें पड़ी।
उस महान महिमा-मय की महनीयता ॥ 9 ॥

उस पावक सा पूत कोप उसका मिला।
जो कंचन को तपा बनाता है विमल ॥
या होता है वह उस बाल पतंग सा।
जो समुदित हो देता है तम-तोम दल ॥ 10 ॥

उस आतप सा भी कह सकते हैं उसे।
जिसके पीछे सुखद सलिल है बरसता ॥
वह सुतप्त जल भी उसका उपमान है।
तन जिससे पाता है अनुपम निरुजता ॥ 11 ॥

यह वह शासन है जिससे सुधरे कुधी।
यह वह नियमन है जिसमें है हित निहित ॥
वह प्रयोग है मुक्त जनों का कोप यह।
जिससे अविहित रत पाता है पथ विहित ॥ 12 ॥

आत्म-त्याग का अति पुनीत मद पान कर।
वह रहता है सदा विमुग्ध प्रमत्त सा ॥
होती हैं इसलिये भूत-हित में रँगी।
सकल भावनायें उसकी मद-सम्भवा ॥ 13 ॥

पर-दुख-कातरता पर वरता बंधता।
अहंमन्यता को मानवता पगों पर॥
सदा निछावर करता है वह मुग्ध हो।
पर-हित-प्रियता पर गौरव-गरिमा अपर॥ 14॥

कर विलोप साधन नभ-तारक-पुंज का।
दिन-नायक सा नहिं होता उसका उदय॥
समुदित होता है वह कुमुदिनि-कान्त सा।
सप्रभ, अविकलित, रंजित, रख तारक-निचय॥ 15॥

होता है उर मोह महत्ताओं भरा।
होती हैं भ्रम-मयी न उसकी पूर्तियाँ॥
मधुमयता, ममता, विमुग्धता में उसे।
विश्व-प्रेम की मिलती हैं शुचि मूर्त्तियाँ॥ 16॥

सुन्दर-स्वर लहरी उसकी चित-वृत्ति को।
ले जाती हैं खींच अलौकिक लोक में॥
बहती है अति पूत प्रेम-धारा जहाँ।
भक्ति-सुधा-सँग दिव्य ज्ञान आलोक में॥ 17॥

भाव 'रसो वै सः' का उसमें है भरा।
परिमल करता है मानस को परिमलित॥
पाठ सिखा देता है समता का उसे।
मनन-शीलता सुत-कलत्र ममता-जनित॥ 18॥

कभी लोक-सेवा-लोलुपता-रूप में।
कभी उच्चतम-प्रेम ललक की मूर्ति बन॥
मुक्त जनों का लोभ विलसता है कभी।
पा भावुकता-लसित-लालसा-पूत-तन॥ 19॥

रज-समान गिन तीन लोक के राज को।
लोक चित्त-रंजन-हित लालायित रहा।
बना रहा वह विहित लाभ का लालची।
सदा विभव तज भव-हित-धारा में बहा॥ 20॥

रक्त-पात नियमन मदान्धता दमन का।
सत्य, न्याय, को समुचित मान प्रदान का॥
उसके जी से लोभ न जाता है कभी।
जीव-दया, सच्ची स्वतन्त्रता दान का॥ 21॥

देव-बुद्धि

कर लिये करवाल अकुण्ठिता।
कनक-कश्यप ने जब यों कहा॥
तब महाप्रभु क्या परिव्याप्त है।
इस महाजड़ प्रस्तर-स्तम्भ में॥ 1॥

तब अकम्पित औ दृढ़ कण्ठ से।
यह कहा प्रहलाद प्रबुद्ध ने॥
जब महाप्रभु व्यापक विश्व है।
तब नहीं वह है किस वस्तु में॥ 2॥

पत्ते पत्त प्रगट करते कीर्ति लोकोत्तरा हैं।
कीटों में भी प्रथित महिमा की प्रभा व्यञ्जिता है॥
कैसे होगी न प्रभु-वर की स्तम्भ में दिव्य सत्ता।
जो धूली के सकल कण में है कला दृष्टि आती॥ 3॥

कोई भी है न इस जग में वस्तु ऐसी कहीं भी।
पाया जाता न कुछ जिसमें अंश आकाश का हो॥
मैं पाता हूँ वियत सँगवाँ वायु औ तेज को भी।
कैसे होगी न फिर उसमें नाथ की सूक्ष्म सत्ता॥ 4॥

ये बातें ऐ सहृदय जनो! हैं यही तो बताती।
जो है, अज्ञा, तिमिर-वलिता है वही दानवी भी॥
ऐसे ही जो परम शुचि है दिव्य ज्योतिर्मयी है।
सद्भावों की प्रसव-भुवि है, है वही देव-बुद्धि॥ 5॥

कुलीनता

(वंशस्थ)

विवेक, विद्या, सुविचार, सत्यता।
क्षमा, दया, सज्जनता, उदारता॥
क्रिया, सदाचार, परोपकारिता।
सदा समाधार कुलीनता रही॥ 1॥

परन्तु है आज विचित्र ही दशा।
विडम्बिता है नित ही कुलीनता॥
सप्रेम है अर्पित हो रही सुता।
उसे बता वंशगता कुलागता॥ 2॥

किसी बड़े पूज्य महान व्यक्ति का।
सुवंश-सम्मान प्रदान योग्य है॥
परन्तु तद्वंशज अज्ञ अग्रणी।
कदापि कन्यार्पण का न पात्र है॥ 3॥

गुणों बिना केवल वंश, विश्व में।
कदापि सम्मानित हो सका नहीं॥
इसे सदा है करती प्रमाणिता।
कथावली पंकज कज्जलादि की॥ 4॥

अवश्य है अन्ध-परम्परा किये।
हमें विवेकादि विहिन मंद-धी॥
भला नहीं तो हम क्यों विलोकते।
स्वलोचनों से स्वसुता कदर्थना॥ 5॥

न मूढ़ ही हैं अविवेक में फँसे।
यही दशा है मतिमान वृन्द की॥

समर्थ हैं जो तम के विनाश में।
स्वयं वही हैं तम-पुंज में पड़े ॥ 6 ॥

पढ़ा, लिखा, अर्जन ज्ञान का किया।
सुधी बने, जीत सभा अनेक ली ॥
परन्तु पायी न विवेक-बुद्धि तो।
वृथा हुई सर्व अनुष्ठिता क्रिया ॥ 7 ॥

उठा दृगों को कह दो मनीषियो।
बनी रहेगी कब लौं समाद्रिता ॥
कुलीनता के मिस निन्दिता प्रथा।
कुलीन के व्याज विमूढ़-मण्डली ॥ 8 ॥

न काम आयी प्रतिभा गरीयसी।
न बुद्धि विद्या विबुधों भरी सभा ॥
निपातिता जो न हुई प्रयत्न से।
प्रवर्द्धमाना कुप्रथा-पिशाचिनी ॥ 9 ॥

स्वजाति सेवा-व्रत है विडम्बना।
समस्त व्याख्यान प्रलाप मात्र है ॥
विवेक-शीला वर बुद्धि आप की।
विलुप्त होवे यदि कार्य्य-काल में ॥ 10 ॥

समाज के सम्मुख औ सभादि में।
जिसे बतावें अति कुत्सिता क्रिया ॥
करें उसीको यदि कार्य्य आ पड़े।
न अन्य तो है कुप्रवृत्ति ईदृशी ॥ 11 ॥

विलोक ली मुग्ध-करी विदग्धता।
मनस्विता वाक्-पटुता सयत्नता ॥
शरीर की है धमनी सरक्त तो ॥
हमें दिखा दो निज कार्य्य-वीरता ॥ 12 ॥

कुलीनता है अब भी अनेकशः।
सुवंश में शेष बची सुरक्षिता ॥
परन्तु योंहि यदि वंचिता रही।
विचित्र क्या है यदि हो तिरोहिता ॥ 13 ॥

जहाँ अविद्वान विमूढ़ क्षुद्र-धी।
    वरेण्य हैं केवल वंश-सूत्र से॥
वहाँ बनेगा जन कौन सद्गुणी।
    सयत्न हो अर्जन को कुलीनता॥ 14॥

विघातिनी है गुरुता स्वदेश की।
    विलोपिनी है कुल-वन्दनीयता॥
विनाशिनी है सुख-शान्ति जाति की।
    अपूज्यता - पूज्य - अपूज्य - पूज्यता॥ 15॥

आरम्भ-शूरता

(अरिल्ल)

देश, जाति के अधःपतन का मूल है।
उन्नति का बाधक अपयश का कोष है॥
कार्य्य-सिद्धि के लिये कृतान्त-स्वरूप है।
अति निन्दित आरम्भ-शूरता दोष है॥ 1॥

वह साहस है जल-बुद्बुद सा बिनसता।
वह उत्साह प्रभा-सोम से है बढ़ा॥
वह उमंग है सिकता-विरचित भीत सी।
जिस पर है आरम्भ शूरता रँग चढ़ा॥ 2॥

उसने देखा कभी सफलता-मुख नहीं।
कभी कामना-वेलि नहीं उसकी खिली॥
कभी न उसका भाग्य-गगन उज्ज्वल हुआ।
जिसकी कृति आरम्भ-शूरता से हिली॥ 3॥

वह उद्योग-समूह मिलेगा धूल में।
वह सयत्नता होगी असफलता ग्रसी॥
वह प्रिय कार्य्य सकेगा नहिं सम्पन्न हो।
जिसमें है आरम्भ शरता आ बसी॥ 4॥

डूब गया गौरव-मयंक निज कान्ति खो।
हुई अचानक लोप देश-शोभी कला॥
किसी काल में कहीं किसी समुदाय का।
हुआ नहीं आरम्भ-शूरता से भला॥ 5॥

किन्तु बात यह कहते होता हूँ व्यथित।
हम लोगों में यह अवगुण है अधिकतर॥

इसीलिये है जगत यही अवलोकता।
सकते नहीं महान कार्य्य हम एक कर॥ 6॥

धूम धाम से खुली सभायें सैकड़ों।
सँभली नहीं अकाल काल-कवलित हुईं॥
पड़ कर इस आरम्भ शूरता-पेच में।
असमय बुझीं अनेक लोक-हित-कर धुईं॥ 7॥

समारम्भ ही जिसका सिद्धि-निदान था।
पल में जिसकी विपुल-विघ्न-बाधा नसी॥
आज उसी जड़-भूता हिन्दू जाति की।
नस नस में आरम्भ शूरता हैं धँसी॥ 8॥

कभी प्रगटती है वह मिस आलस्य के।
कभी हेतु बनता है कल्पित-सभ्यता॥
कलह, अमूलक हिंसा, असहन-शीलता।
कभी उसे उपजाती है अल्पज्ञता॥ 9॥

नहिं करते आरम्भ विघ्न-भय से अधम।
विघ्न हुए मध्यम जन हैं मुख मोड़ते॥
बाधा विघ्न सहस्रों सम्मुख आ पड़े।
उत्तम जन आरम्भ कर नहीं छोड़ते॥ 10॥

यह सुउक्ति है युक्तिमयी जिस जाति की।
क्यों उसमें आरम्भ शूरता आज की॥
और कहूँ क्या मैं इतना ही कहूँगा।
उसमें है कर्तव्य-शीलता की कमी॥ 11॥

किन्तु कथन करता हूँ यह स्वर तार से।
सुन ऐ हिन्दू जाति ज्ञान-गौरवमयी॥
बिना तजे आरम्भ शूरता दोष को।
कभी न होगी कर्म्म क्षेत्र में तू जयी॥ 12॥

मन

(चौपदे)

बह गये कान्त भक्ति कालिन्दी।
कूल जिसके सदा मिले घन तन॥
बज उठे लोक प्रीति बर बंशी।
कौन मन बन गया न बृन्दाबन॥ 1॥

हैं भले भाव मंजुतम मोती।
बहु बिलसता विपुल विमल रस है॥
सोहता हंस हंस जैसा है।
मानसर के समान मानस है॥ 2॥

योग जीवन समाधि अवलम्बन।
साधना सूत्र सिद्धि का साधन॥
मन्त्र का बीज तंत्र का सम्बल।
भक्ति-सर्वस्व मुक्ति मठ है मन॥ 3॥

हैं विविध बाजे घटों में बज रहे।
है सदा जिनसे सुधारस झर रहा॥
मुग्ध अनहद नाद सुन कर है सुरति।
किन्तु मन है सुर सबों में भर रहा॥ 4॥

है कलश दिननाथ उसके सामने।
चन्द्रमा है एक चाँदी का पदक॥
जगमगाया सब जगत जिस ज्योति से।
उस निराली ज्योति का है मन जनक॥ 5॥

क्रीट-मण्डित कान्त कुण्डल से कलित।
वर वसन विलसित परम कमनीय तन॥

मधुमयी मुरली मधुर वादन निरत।
    दो बना बन जायगा घनश्याम मन ॥ 6 ॥

भर गये प्रेमरंग रग रग में।
    हो गये अति अप्रतीति पूरित मति ॥
भावना बन गयी भवानी है।
    भाव मन का बना भवानीपति ॥ 7 ॥

जिस बड़े ही भावमय मन में बसीं।
    प्रेम और प्रतीति की ही सूरतें ॥
संग है उसके लिए सत्संग सम।
    मूरतें हैं ज्ञानमय की मूरतें ॥ 8 ॥

है कहाँ पास उस मनुज के मन।
    जो मनन कर न भ्रम निवार सका ॥
आप आकार वान होकर भी।
    जो न साकार को सकार सका ॥ 9 ॥

है सकल मञ्जु गान का वह गेय।
    है अखिल वन्दनीय पथ-पाथेय ॥
मन अननुमेय और है अनुमेय।
    ध्यान का ध्येय ज्ञान का है ज्ञेय ॥ 10 ॥

तम सदैव समाधि में उसको मिला।
    कालिमा मन से नहीं जिसके टली ॥
हो सका जिसका विमल मानस उसे।
    ज्योतिमय की ज्योति मन्दिर में मिली ॥ 11 ॥

योग जप यज्ञ यातना सम है।
    है सकल साधना उपाधि उसे ॥
साधने से सधा न मन जिसका।
    आधि है व्याधि है समाधि उसे ॥ 12 ॥

वह बरसता कभी दुसह द्रव है।
    है कभी वह सरस सुधा स्रावी ॥
है उसी में भरी सकल माया।
    कौन है मन समान मायावी ॥ 13 ॥

जब पकड़ पथ लिया असुविधा का।
कर रही है विमुग्ध क्यों सुविधा॥
जब द्विविध भाव है भरा मन में।
हो सके दूर किस तरह द्विविधा॥ 14॥

बीज है वीररस सरस तरु का।
वीर बर-बोध बंक का है बन॥
वारि है वीरभाव वारिद का।
है 'बना' वीरता 'बनी' का मन॥ 15॥

वह बिकच बारिज बदन का है मधुप।
रूप सर का मीन विधु है छविधरा॥
कामिनी ही है परम कामद उसे।
काम से है कामियों का मन भरा॥ 16॥

मान मोती उसे मिले कैसे।
किस तरह नीर छीर पहचाने॥
मानवों के महान भावों को।
हंस मन जो न मानसर माने॥ 17॥

है बनाता सरस नहीं उसको।
रस बरस रागरंग नाना घन॥
सुख सरित नीर पी नहीं पलता।
लोकहित स्वाति जल पपीहा मन॥ 18॥

वह रहा दूकानदारी में फँसा।
जब टिका तब पाप पैंठों में टिका॥
मति कनौड़ी ने कनौड़ा कर दिया।
मन रहा मणि मोल कौड़ी के बिका॥ 19॥

पौरुष

(चौपदे)

क्यों न उसकी सदा रहे चाँदी।
 पा कनक के नये नये आकार॥
जो मनुज-रत्न यत्न कर पाया।
 क्यों उसे रत्न दे न रत्नाकर॥ 1॥

जो अमल हैं बिकच कमल जैसे।
 बुद्धि जिनकी बनी रही बिमला॥
काम में जो कमाल रखते हैं।
 मिल सकी कब उन्हें नहीं कमला॥ 2॥

जब निकाला करें कमर कस कर।
 मोतियों से न क्यों भरे डोंगे॥
जो रखेंगे कुबेर सा काबू।
 क्यों न तो धनकुबेर हम होंगे॥ 3॥

पाँव अपने जमा कमर को कस।
 कर कमाई कस कमा पैसे॥
जो विभववान हम न बन पाये।
 भव विभव दान तो करें कैसे॥ 4॥

क्यों सुनेगा असिद्धि की बातें।
 है सदा ऋद्धि सिद्धि चाह जिसे॥
कर रहा है असाध्य साधन वह।
 साधना से मिली न सिद्धि किसे॥ 5॥

जब कमर काम के लिये कस ली।
 क्यों नहीं तो कमाल करते वे॥

पास जिनके विचार का पर है।
क्यों नहीं व्योम में बिचरते वे ॥ 6 ॥

एक वैसा कर दिखाता है वही।
जब कभी जी में रहा जैसा ठना ॥
करतबी ही को न क्यों पारस कहें।
छू जिसे लोहा सदा सोना बना ॥ 7 ॥

घेरती है जिन्हें न कायरता।
जो पड़े काम हैं न कतराते ॥
डर जिन्हें है नहीं विफलता का।
हैं सफलता सदा वही पाते ॥ 8 ॥

जो हमें मिल सका नहीं चावल।
किस तरह तोष दे सके तो तुष ॥
उस पुरुष को पुरुष कहें कैसे।
पास जिसके न पा सके पौरुष ॥ 9 ॥

वैसीही सिद्धि मिल सकी उनको।
लोग थे सिद्ध बन सके जैसे ॥
जो नहीं हैं विभूतियों वाले।
पा सकेंगे विभूतियाँ कैसे ॥ 10 ॥

तब भला रीझती रमा कैसे।
साधनों में न जब रमा है मन ॥
जब न करतूत धन धनी होंगे।
तो धनद भी न दे सकेगा धन ॥ 11 ॥

साहित्य

(छप्पै)

भाव गगन के लिये परम कमनीय कलाधर।
रस उपवन के लिये कुसुम कुल विपुल मनोहर॥
उक्ति अवनि के लिये सलिल सुरसरि का प्यारा।
ज्ञान नयन के लिये ज्योतिमय उज्वल तारा॥
है जन मन मोहन के लिये मधुमय मधु ऋतु से न कम।
संसार सरोवर के लिये है साहित्य सरोज सम॥ 1॥

जाति जीवनी शक्ति देश दुख जड़ी सजीवन।
जीवन हीन अनेक जीवितों का नवजीवन॥
बुध जन का सर्वस्व अबुध जन बोध विधाता।
निर्जीवों का जीव सजीवों का सुख दाता॥
है घनीभूत तम-पुंज में लोकोत्तर आलोक वह।
है लौकिक विविध विधान का सकल अलौकिक लोक वह॥ 2॥

उसमें सरस वसन्त सब समय है सरसाता।
सब ऋतु में है मन्द मन्द मलयज बह जाता॥
है कोकिल कमनीय कण्ठ सब काल सुनाता।
विकसित सरसीरुह समूह है सदा दिखाता॥
कर कर अनुपम अठखेलियाँ हैं जन मानस मोहती।
हैं कलित ललित लतिका सकल सब दिन उसमें सोहती॥ 3॥

भवनों को जो बालभाव हैं स्वर्ग बनाते।
श्रुति में जो कल कथन हैं सुधा स्रोत बहाते॥
कामिनी कुल की कला कान्ति कोमलता न्यारी।
बहु उदार चित्त वृत्ति विकच कलिका सी प्यारी॥

नाना विलास लीला विविध हाव भाव अनुभाव सब।
उसमें विकसित हो लसित हो करते नहीं प्रफुल्ल कब ॥ 4 ॥

है अरूप आलाप को रुचिर-रूप बनाता।
बोल चाल को परम अलंकृत है कर पाता ॥
रसना जनिता उक्ति को रसिकता है देता।
कल्पलता है विविध कल्पना को कर लेता ॥
बहु अललित भाव समूह में भर देता लालित्य है।
नीरस विचार को भी सरस कर देता साहित्य है ॥ 5 ॥

बड़े-बड़े कवित अमर कीर्तियाँ कैसे पाते।
जीवित कैसे विपुल अजीवित जन कहलाते ॥
क्यों दिगन्त में सुयश सुयशवाले फैलाते।
कैसे गुण गुणवान जनों के गाये जाते ॥
इतिहास विदित वसुधापति नाम सुनाता क्यों कहीं।
साहित्य सुधा से अमरता जो उनको मिलती नहीं ॥ 6 ॥

मधुर मधुर ध्वनिसहित ध्वनित कर मानव मानस।
बहा बहा कर अमित अन्तरों में नव नव रस ॥
बहु विमुग्धता बितर बितर स्वर लहरी द्वारा।
सिक्त बना कर सरस राग से भूतल सारा ॥
भर भुवन विमोहन भाव सब परम रुचिर पद-पुंज में।
बजती है प्रतिभा मुरलिका नित साहित्य निकुंज में ॥ 7 ॥

साथ लिये अनुकूल कलामय कामिनि का दल।
गान वाद्य पटु राग रंग रत मानव मण्डल ॥
धर्म प्रचारक विबुधवृन्द बहु उन्नत चेता।
धीर वीर धीमान धराधिप नाना नेता ॥
अति अनुपम अभिनेता बने करते अभिनय हैं जहाँ।
है भूतल में साहित्य सा रंगमंच सुन्दर कहाँ ॥ 8 ॥

वह विधान जो है विधान वालों का साधन।
वह विवेक जो है विवेकमय मानस का धन ॥
वह सुनीति जो नीतिमान की है रुचि न्यारी।
पूत प्रीति वह, प्रीतिमान की जो है प्यारी ॥

भव में भव हितकर अन्य जो वर विचार वरणीय हैं।
वे सब साहित्य समुद्र के रत्न निकर रमणीय हैं॥ 9॥

स्वर व्यंजन आकलित अखिल पद है अवलम्बन।
रुचिकर रुचिर विचारमयी रचना है मण्डन॥
अतुल विभव है भाव उक्ति सरसा है सम्बल।
है वर बुद्धि प्रसूत प्रखर प्रतिभा समधिक बल॥
संसार सार साहित्य का रस सहजात निजस्व है।
कविता है जीवन सहचरी कवि जीवन सर्वस्व है॥ 10॥

चितौड़ की एक शारद रजनी

(चतुष्पदी)

मयंक मृदु मन्द हँस रहा था।
असीम नीले अमल गगन में॥
सुधा अलौकिक बरस रहा था।
चमक रहा था नछत्र-गन में॥ 1॥

सुरंजिता हो रही धरा थी।
खिली हुई चारु चाँदनी से॥
रजत-मयी हो गयी बिभा थी।
कला कुमुदिनी-विकासिनी से॥2॥

दसो दिशा दिव्य हो गयी थी।
मुदुग्ध का स्रोत बह रहा था॥
नभापगा भी प्रभा-मयी थी।
प्रवाह पारद उमड़ रहा था॥ 3॥

चमक रहे थे असंख्य तारे।
सुदीप्ति सब ओर ढल रही थी॥
विमुग्ध-कर ज्योति-पुंज धारे।
अपार आभा उथल रही थी॥ 4॥

सुअर्बली शैल के शिखर पर।
असंख्य हीरे ढलक रहे थे॥
प्रकाश-मण्डित मयंक के कर।
अपार छवि से छलक रहे थे॥ 5॥

सुदूर विस्तृत विशाल गिरिवर।
सुज्योति संचित जगा रहा था
अपूर्व कल-कान्ति-युक्त कलेवर।
रजत जटित जगमगा रहा था ॥ 6 ॥

विचित्र तरु-पत्र की छटा थी।
प्रदीप्ति से दीप्तिमान होकर ॥
विराजती स्वच्छ शुभ्रता थी।
हरीतिमा का विकास खोकर ॥ 7 ॥

प्रकाश के हैं कढ़े फुहारे।
प्रदीप्त भूतन विदार करके ॥
कि हैं प्रभा से गये सँवारे।
समस्त पादप प्रदेश भर के ॥ 8 ॥

सुज्योति-सम्पन्न थीं लतायें।
किरण-मयी बेलियाँ हुई थीं ॥
हरी भरी श्याम दूर्वाय।
प्रकाश से शुभ हो गयी थीं ॥ 9 ॥

समस्त गिरि-शृंग का हिमो पल।
विचित्रता से दमक रहा था ॥
हरेक तृण था हुआ समुज्ज्वल।
समस्त रजकण चमक रहा था ॥ 10 ॥

सरित-सरोवर समूह का जल।
बना हुआ दिव्य, था झलकता ॥
सुवीचियों-बीच स्वच्छ उज्ज्वल।
प्रकाश का बिम्ब था ढलकता ॥ 11 ॥

हरी भरी भूमि का सरोवर।
सुभव्य था चारुता बड़ी थी ॥
रजत बनाई विशाल चादर।
सुशष्प के मध्य में पड़ी थी ॥ 12 ॥

अनेक छोटे बड़े जलाशय।
जहाँ तहाँ थे अजब दमकते ॥

प्रदीप्त नभ में नछत्र कतिपय।
सतेज हैं जिस तरह चमकते ॥ 13 ॥

अनके सितकर प्रदीप्त निर्भर।
असंख्य मोती उछालते थे ॥
निसार करके कवीक पति पर।
उमंग अपनी निकालते थे ॥ 14 ॥

तमोमयी शैल कन्दरायें।
महा तिमिर-वान झाड़ियाँ सब ॥
कहो न क्यों आज जगमगायें।
स्वयं तमा है प्रभा-मयी जब ॥ 15 ॥

बना हुआ था विशाल जंगल।
प्रकाश के पुंज का अखाड़ा ॥
मयंक-कर ने जहाँ सदल बल।
प्रचण्ड तम-तोम को पछाड़ा ॥ 16 ॥

प्रसून पर काश के विभावस।
विचित्र है चारुता दिखाती ॥
अमल धवल केश राशि पावस।
रची गयी ज्योति की जनाती ॥ 17 ॥

विविध बगीचे अनेक उपवन।
विकाश से हैं महा विकाशित ॥
कि मेदिनी पर कला-निकेतन।
अनन्त तजकर हुआ प्रकाशित ॥ 18 ॥

न एक सित पुष्प ही मनोहर।
ससाम्य-बश ओप में बढ़ा था ॥
हरे असित नील पुष्प-चय पर।
प्रकाश का रंग ही चढ़ा था ॥ 19 ॥

समस्त क्यारी कलित हुई थी।
प्रभा बलित थी अखिल प्रणाली ॥
सुधा सरस कुंज में चुई थी।
दमक रही थी मलीन डाली ॥ 20 ॥

कटी छँटी बेलि बूटियों पर।
छँटी हुई ज्योति टिक रही थी॥
हरी भरी बाँस खूँटियों पर।
किरण अछूती छिटक रही थी॥ 21॥

खिले हुए फूल पर न केवल।
कमाल थी कौमुदी दिखाती॥
मुँदे हुए थे अनेक उत्पल।
जिन्हें कला थी मुकुट पिन्हाती॥ 22॥

समस्त समतल विशाल प्रान्तर।
प्रकाशमय थे बिछी रुई थी॥
सु अंकुरित खेत खेत होकर।
प्रभा परम पल्लवित हुई थी॥ 23॥

प्रवेश करके विशद नगर में।
प्रकाश तमराशि खो रहा था॥
डगर डगर औ बगर बगर में।
जगर मगर आज हो रहा था॥ 24॥

प्रशस्त प्रकार मन्दिरों में।
फटिक शिला शुभ्र लग गयी थी।॥
समग्र आँगन घरों दरों में।
नवल धवल ज्योति जग गयी थी॥ 25॥

अटारियाँ खिड़कियाँ मनोहर।
प्रकाश की कोठियाँ बनी थीं॥
सुभग मुँडेरों सु कँगनियों पर।
लगी हुई वज्र की कनी थी॥ 26॥

हुए छतों पर विचित्र टोने।
समस्त छाजन ज्वलित हुई थी॥
कला फिरी थी हरेक कोने।
झलक रही भूमि की सुई थी॥ 27॥

सकल गली ओ समस्त कूँचे।
चमक दमक चारु थे दिखाते॥

चऊतरे चौखटे समूचे।
अजीब थे आज जगमगाते ॥ 28 ॥

बना हुआ ठाट हाट का था।
रजतमयी सब दुकान ही थी ॥
सुचमकियों के बसन टँका था।
मिठाइयों पर सुधा बही थी ॥ 29 ॥

भया प्रभावान भव्य भाजन।
हुआ विभूषण सुरत्न-मण्डित ॥
कलाबतू ब दला बना सन।
अखिल उपस्कर हुए अलंकृत ॥ 30 ॥

गिलम गनीचे मलिद दरी भी।
चमक दमक चारुता-मयी थी ॥
पड़ी सड़क में कुकंकरी भी।
प्रभावती पोत बन गयी थी ॥ 31 ॥

सुधा धवल धाम ही न केवल।
हुआ प्रभा-पुञ्ज से सुशोमन ॥
बुरा निकेतन महा मलिन थल।
सुदर्पणों सा बना सुर्दशन ॥ 32 ॥

रचा हुआ घास का कुघर भी।
प्रदीप्त था, ज्योति भर रही थी ॥
पड़ी झोंपड़ी समस्त पर भी।
कला करामात कर रही थी ॥ 33 ॥

कलित किरण थी प्रदीप्त-बोरी।
प्रकाश में तेज सन गया था ॥
जकी चकी थी खड़ी चकोरी।
कवीकपति भनु बन गया था ॥ 34 ॥

सुचाँदनी की चटक निकाई।
पयोधि का कान काटती थी ॥
जिसे बड़े चाव से बिलाई।
विचार कर दूध चाटती थी ॥ 35 ॥

निशा हुई थी महा समुज्ज्वल।
समस्त नभ श्वेत था दिखाता॥
कभी अचानक बिहङ्ग का दल।
प्रभात का राग था सुनाता॥ 36॥

दिगन्त में भूमि तल गगन पर।
त्रिलोक की स्वेतता बसी है॥
वितुल कलित-कीर्त्ति-रूप धरकर।
स्वयंभु की या प्रकट लसी है॥ 37॥

महा सिताभा असीम नभ-तल।
प्रदीप्त करके हुई सुप्लावित॥
निमग्न करके समग्र भूतल।
कि है पयोराशि पय प्रवाहित॥ 38॥

अमल सतोगुणा विशुद्ध उज्ज्वल।
स्वरूप धर कर प्रकट दिखाया॥
विभा बलित सित सरोज दल या।
वसुन्धरा पर गया बिछाया॥ 39॥

कलितकला जिस रुचिर नगरपर।
सुकान्ति का है प्रसार करती॥
उसी नगर में कहा मना मनोहर।
बिभावती एक है सुधरती॥ 40॥

रचे गुणी जन इसी धरा पर।
अनेक प्रासाद हैं चमकते॥
सदैव जिनके कलश रुचिर तर।
दिनेश की भाँति हैं दमकते॥ 41॥

इन्हीं सुप्रासाक-पंक्ति-भीतर।
अपूर्व है एक हर्म्य शोभित॥
विचित्र जिसकी बनावटों पर।
न दृष्टि किसकी हुई प्रलोभित॥ 42॥

इसी विशद हर्म्य में मनोहर।
प्रकोष्ठ है एक अति सुसज्जित॥

जिसे कलाधर कला निराली।
अजस्र थी कर रही सुरंजित ॥ 43 ॥

शनैः शनैः एक जन उसी पर।
प्रशान्त-गति से टहल रहा था ॥
प्रफुल्ल मुख कान्ति-मान होकर।
प्रसाद की ओर ढल रहा था ॥ 44 ॥

विशाल-भुज-वक्ष यह युवा जन।
मयंक की माधुरी मनोहर ॥
विलोक कर था महा मुदित मन।
अपूर्व—उच्छ्वास—पूर्ण - अन्तर ॥ 45 ॥

प्रकोष्ठ की कारु-कार्य्य-वाली।
खुली रुचिर सित-शिला-रची छत ॥
सकल - उपस्कर - सुरत्न - शाली।
सुबर्न्-चुड़ा परम समुन्नत ॥ 46 ॥

मयंक कर से चमक दमक कर।
मनोज्ञतर दृष्टि थे दिखाते ॥
जिन्हें युवा एक दृष्टि लख कर।
प्रमोद-पय-राशि पैर जाते ॥ 47 ॥

जड़े हुए दिव्य रत्न सुन्दर।
निकालते ज्योति थे निराली ॥
बना युवा मन्त्र-मुग्ध लख कर।
हुई हृदय देश में दिवाली ॥ 48 ॥

शिखर समुज्ज्वल, प्रदीप्त प्रान्तर।
अनेक पादप प्रकाश-मण्डित ॥
सुकर-समाच्छन्न बहु सरोवर।
विपुल बगीचे विभा अलंकृत ॥ 49 ॥

प्रकोष्ठ से दृष्टि पड़ रहे थे।
समस्त का कुछ अजब समा था ॥
युवा हृदय मध्य गड़ रहे थे।
सुदृश्य प्रति रोम में रमा शा ॥ 50 ॥

कभी युवा देखता गगन-तल।
कभी धरातल विमुग्ध होकर॥
कभी धवल धाम हर्म्य उज्ज्वल।
कभी समुद्दीप्त, शुभ्र परिसर॥ 51॥

पवन सुधा-सिक्त मन्द-गामी।
सकल कला-पूर्ण कल कलाधर॥
सुचंद्रिका चारु-कीर्ति-कामी।
दिशा महा मञ्जु अति मनोहर॥ 52॥

युवा उन्हीं में रमा हुआ था।
शरीर की सुधि नहीं रही थी॥
प्रमोद-पंकज खिला हुआ था।
विनोद की वेलि लहलही थी॥ 53॥

प्रतीच्य आकाश में इसी छन।
हुआ प्रकट एक दाग काला॥
शनैः शनैः वह बना क्षुद्र घन।
पुनः हुआ मञ्जु मेघमाला॥ 54॥

अभी क्षितिज क्षुद्रभाग तजकर।
न था जलद व्योम मध्य छाया॥
कि बीच ही वायु ने सम्हलकर।
उसे वहीं धूल में मिलाया॥ 55॥

परन्तु पल में पुनः उसी थल।
हुए जलद-खण्ड दृष्टिगोचर॥
हुआ प्रथम लौं सुपुष्ट दल बल।
शनैः शनैः वर्द्धमान हो कर॥ 56॥

उठी हवा भी उसी तरह फिर।
तुरन्त जिससे जलद गया टल॥
पयोद आया पुनः पुनः घिर।
पुनः पुनः वायु भी पड़ी चल॥ 57॥

रही दशा यह नियत समय तक।
पयोद दलता रहा प्रभञ्जन॥

परन्तु पीछे हुआ अचानक।
सकल-गगन-प्रान्त में प्रबल घन॥ 58॥

जहाँ तहाँ इस समय गगन में।
बिपुल जलद-खण्ड थे बिचरते॥
घरों, दरों, सैकड़ों सहन में।
कलित कौमुदी मलीन करते॥ 59॥

कहीं हुए पर्वताकार घन।
कहीं सदल बल विहर रहे थे॥
कहीं गये थे महा निविड़ बन।
कहीं खण्डशः विचर रहे थे॥ 60॥

शनैः शनैः हो गयी दशा यह।
लगा कलाधर मलीन होने॥
न रह गया था प्रदीप्त नभ वह।
चला तिमिर था प्रकाश खोने॥ 61॥

प्रथम गगन के विपुल थलों पर।
परास्त था वायु से हुआ घन॥
परन्तु इस काल शान्त बन कर।
स्वयं हुआ था विजित प्रभञ्जन॥ 62॥

प्रचण्डता जिस प्रबल पवन की।
सकल-जलद-जाल छिन्न करती॥
न शक्ति उसमें रही शमन की।
भला न क्यों शान्त वह विचरती॥ 63॥

विशद-गगन के अधिक थलों पर।
सजल जलद इस समय जमा था॥
वहाँ चमकता न था कलाधर।
न चाँदनी का वहाँ समा था॥ 64॥

कभी कभी भेद कर सघन घन।
प्रकाश निज कान्ति था दिखाता॥
कभी कभी यामिनी-विमोहन।
झलक जलद-जाल-बीच जाता॥ 65॥

परन्तु अब भी विशद गगन के।
बचे हुए थे विभाग ऐसे॥
जहाँ छबीले नछत्र-गण के।
प्रकोष्ट थे दिव्य पूर्व जैसे॥ 66॥

सु-चाँदनी वैसीही यहाँ थी।
प्रकाश था पूर्व लौं मनोहर॥
सुधा सरस वैसीही बनी थी।
प्रदीप्त था पूर्ववत् कलाधर॥ 67॥

परन्तु ऐसे विभाग में भी।
धवल जलद-खण्ड फिर रहे थे॥
कई निबिड़ वारि-वाह से भी।
विचित्रता साथ घिर रहे थे॥ 68॥

तथापि दो एक भाग अब भी।
बचे हुए थे प्रपञ्च घन से॥
नछत्र-गण थे सशंक तब भी।
प्रफुल्लता दूर थी बदन से॥ 69॥

कभी किसी भाग का प्रभञ्जन।
प्रचण्डता पूर्ववत् दिखाता॥
परन्तु अति दीर्घ काय दृढ़ घन।
प्रयत्न उसका विफल बनाता॥ 70॥

विशेषतः वात अब अबल था।
वरंच था वह घनानुसारी॥
अतः जलद-जाल अति प्रबल था।
बना हुआ था अक्लिष्ट-कारी॥ 71॥

समय हुआ और ही बदल कर।
रही न सद्बुद्धि अब सँघाती॥
कला बनाता मलीन जलधर।
कला जलद को कलित बनाती॥ 72॥

कवीकपति का विलोप साधन।
जलद तटल का प्रधान व्रत था॥

परन्तु घन को गगन-विभूषन।
सँवारने में समोद रत था॥ 73॥

विशद-गगन-बीच जो पयोधर।
कभी कहीं भी न था दिखाता॥
वही बिबिध रूप रंग रच कर।
दिगन्त में भी न था समाता॥ 74॥

सरस सुधा सिक्त शशि समुज्ज्वल।
समीर से सेव्यमान होकर॥
शनैः शनैः घेर कर गगन-तल।
हुआ अप्रति-हत-प्रताप जलधर॥ 75॥

सकल जलद-जाल की क्रिया यह।
विलोकता आदि से युवा था॥
परन्तु इस काल था व्यथित वह।
प्रसन्न आनन मलिन हुआ था॥ 76॥

रुक्मिणी-सन्देश

(रोला)

परम रम्य था नगर एक कुण्डिनपुर नामक।
जहाँ राज्य करते थे नृप-कुल-भूषण भीष्मक॥
सकल-सम्पदा-सुकृति-धाम था नगर मनोहर।
वहाँ उलहती बेलि नीति की थी अति सुन्दर॥ 1॥

एक सुता थी परम दिव्य उनकी गुणवाली।
रूप-राशि से ढँकी अलौकिक साँचे ढाली॥
थी अपूर्व मुख-ज्योति छलकती थी छवि न्यारी।
नाम रुक्मिणी था, वह थी सबकी अति प्यारी॥ 2॥

जब विवाह के योग्य हुई यह कन्या सुन्दर।
कलह-बीज-अंकुरित हुआ गृह मध्य भयङ्कर॥
नृपति, द्वारकाधीश-कृष्ण को देकर कन्या।
उसे चाहते थे करना अवनी-तल-धन्या॥ 3॥

रुक्म नाम का एक पुत्र भूपति-वर का था।
परम क्रूर, क्रोधी महान, वह कुटिल महा था॥
सहमत वह नहिं हुआ नृपति से पूर्ण रूप से।
उसने निश्चित किया ब्याह शिशुपाल भूप से॥ 4॥

यतः रुक्म था बड़ा उग्र अतिशय हठकारी।
शक्तिमान युवराज, राज्य का भी अधिकारी॥
अतः नृपति ने व्यर्थ बखेड़ा नहीं बढ़ाया।
माना उसका कहा यदपि वह उन्हें न भाया॥ 5॥

उक्त नृपति के निकट रुक्म ने तिलक पठा कर।
ब्याह कार्य के लिये किया लोगों को तत्पर॥

तिथि निश्चित हो गयी बात यह सबने जानी।
आता है ब्याहने चेदि भूपति अभिमानी ॥ 6 ॥

विबुध-बरों, गायकों, विविध गुणियों के द्वारा।
सुयश श्रवण करके विचित्र, अनुपम अति प्यारा ॥
यतः हृदय दे चुकी हाथ में थीं यदुवर के।
अतः व्यथित अति हुई रुक्मिणी यह सुन करके ॥ 7 ॥

पर सम्भव था नहीं रुक्म का सीधा होना।
उससे कुछ कहना था निज गौरव का खोना ॥
अतः हुईं वे गुप्त - भाव से उद्यम शीला।
वृथा न रोयीं, औ न बनाया मुखड़ा पीला ॥ 8 ॥

सोचा यदि मैं नीति-निपुण गुण-निधि प्रभुवर को।
परम विज्ञ, करुणा-निधान, यदुवंश-प्रवर को ॥
सकल हृदय का भाव स्वच्छता से जतलाऊँ।
औ लिख कर सन्देश यहाँ का सकल पठाऊँ ॥ 9 ॥

तो अवश्य वे अखिल आपदा को टालेंगे।
मर्य्यादा निश्चय अपने कुल की पालेंगे ॥
शमन करेंगे ताप हृदय की व्यथा हरेंगे।
सकल हमारी मनोकामना सफल करेंगे ॥ 10 ॥

जी में ऐसा सोच लिख एक पत्र उन्होंने।
जिसके अक्षर आँखों पर करते थे टोने ॥
अपना आशय प्रकट किया यों सम्मत होकर।
हे करुणा-कर प्रणत-पाल, यदुवंश-दिवाकर ॥ 11 ॥

मैं न कहूँगी एक नृपति की कन्या हूँ मैं।
मुझे लाज लगती है जो परिचय यों दूँ मैं ॥
बरन कहूँगी हूँ चकोरिका चन्दन बदन की।
प्रभु मैं हूँ चातकी किसी नव-जलधर-तनकी ॥ 12 ॥

पावन पद-पङ्कज-पराग की मैं भ्रमरी हूँ।
अतिशय अनुपम-रूप-राशि-पानिप-सफरी हूँ ॥
मैं कुरंगिनी हूँ पवित्र कल-कण्ठ नाद की।
मैं समुत्सुका-रसना हूँ प्रभु सुयश-स्वाद की ॥ 13 ॥

जैसे देखे बिना रूप भी सौरभ का जन।
हो जाता है सानुराग सब काल सुखित बन॥
वैसे ही प्रभु-रूप बिना देखे अति प्यारा।
हुई हृदय से सानुराग हूँ तज भ्रम सारा॥ 14॥

सुचरित, सद्गुण, सुकृति, आपकी है महि-व्यापी।
इन सबने ही प्रभु सुमूर्ति है उर में थापी॥
रूप-जनित अनुराग क्षणिक है, अस्थायी है।
रूप गये औ मोह नसे नहिं सुखदायी है॥ 15॥

पर सद्गुण-सुचरित्र जनित अनुराग सदा ही।
अचल अटल है अतः वही है अति उर-ग्राही॥
सुकर उसी के मैं उमंग के साथ बिकी हूँ।
निश्चल, नीरव, समुद, उसी के द्वार टिकी हूँ॥ 16॥

एक मूढ़ जन इस मेरे अनुराग-स्रोत को।
करके गौरव-हीन प्रशंसित, प्रथित गोत को॥
निज इच्छा अनुकूल चाहता है लौटाना।
पर उसने यह भेद नहीं अब लौं प्रभु जाना॥ 17॥

कौन फेर सकता प्रवाह है सुर-सरिता का।
रोक कौन सकता है जलनिधि-पथ का नाका॥
कौन प्रवाहित कर सकता है यत्नों द्वारा।
पश्चिम दिशि में भानु-नन्दिनी की खर धारा॥ 18॥

प्रणय-राज्य में बल-प्रयोग अति कायरता है।
मङ्गल-मय विवाह में कौशल पामरता है॥
जिस परिणय का हृदय-मिलन उद्देश्य नहीं है।
वह अवैध है विधि का उसमें लेश नहीं है॥ 19॥

जहाँ परस्पर-प्रेम पताका नहिं लहराती।
वहाँ ध्वजा है कलह कपट की नित फहराती॥
प्रणय-कुसुम में कीट स्वार्थ का जहाँ समाया।
वहाँ हुई सुख और शान्ति की कलुषित काया॥ 20॥

यह प्रपंच सब अनमिल ब्याहों से होते हैं।
जो दम्पति-जीवन का अनुपम सुख खोते हैं॥

अहह प्रभो ऐसा प्रण क्यों भ्राता ने ठाना।
जिससे दुख में मुझको जीवन पड़े बिताना ॥ 21 ॥

अब प्रभु तज नहिं अन्य हमारा है हितकारी।
निरवलम्बिनी हो, मैं आयी शरण तुम्हारी ॥
प्रभु-पद-नख की ज्योति हरेगी तिमिर हमारा।
वही एक अवलम्बन है, है वही सहारा ॥ 22 ॥

पवन बिना प्राणी, औ मणि बिन फणि, जी जावे।
यह सम्भव है त्राण बिना जल मछली पावे ॥
है परन्तु यह नहिं कदापि सम्भव मैं जीऊँ।
जो न प्रभु-कृपा-सुधा यथा-रुचि सादर पीऊँ ॥ 23 ॥

तरु हरीतिमा नसे, उड़े बिन पंख पखेरू।
हीरा बन जावे, बहु उज्वल होकर गेरू ॥
जल शीतलता तजे, त्याग गति करे प्रभञ्जन।
तदपि न होगा मम विचार में कुछ परिवर्तन ॥ 24 ॥

नाथ समर्पित हृदय अन्य को कैसे दूँगी।
हूँगी जो सेविका प्रभु-कमल-पग की हूँगी ॥
कभी अन्यथा नहीं करूँगी मैं न टलूँगी।
विष खाऊँगी, प्राण तजूँगी, कर न मलूँगी ॥ 25 ॥

मैं हूँ परम अबोध बालिका प्रभु बुधवर हैं।
मैं हूँ बहु दुखपगी आप अति करुणाकर हैं ॥
मैं हूँ कृपा-भिखारिणी प्रभु अति ही उदार हैं।
मैं हूँ विपत-समुद्र पड़ी प्रभु कर्ण-धार हैं ॥ 26 ॥

जैसे मेरी लाज रहे मम धर्म्म न जावे।
देव-भाग को दनुज न बल-पूर्वक अपनावे ॥
जिससे कलुषित बने नहीं मम जीवन सारा।
होवे वही, निवेदन है प्रभु यही हमारा ॥ 27 ॥

इस प्रकार चीठी लिख वे चिन्ता में डूबीं।
भेजूँ क्यों कर किसे सोच ए बातें ऊबीं ॥
छिपी नहीं यह बात रहेगी अन्त खुलेगी।
उग्र रुक्म से कभी किसी की नहीं चलेगी ॥ 28 ॥

सम्भव है मम उपकारक को वह दुख देवे।
    उसे नाश करके सरवस उसका हर लेवे॥
अतः उन्होंने एक योग्य ब्राह्मण के द्वारा।
    पत्र द्वारिका नगर भेजना भला विचारा॥ 29॥

क्योंकि विप्र का किसी काल में बध नहिं होता।
    वह अव्याहत गति में है बहु विघ्न डुबोता॥
सखियों द्वारा सब बातें पहले बतलायी।
    फिर बुलवा कर उसे आप कोठे पर आयी॥ 30॥

बातायन में बैठ पत्र को कर में लेकर।
    झुकीं विप्र के देने को अति आतुर होकर॥
दोनों कर से बसन इधर द्विज ने फैलाया।
    लेने को वह पत्र, शीश हो चकित उठाया॥ 31॥

इसी काल का चित्र हुआ है अंकित सुन्दर।
    देखो द्विज का भाव, रुक्मिणी बदन मनोहर॥
यद्यपि धीर, गम्भीर, मुखाकृति राज-सुता की।
    लोचन स्थिरता, व्यंजक है उर की दृढ़ता की॥ 32॥

तदपि सामयिक, उत्सुकता, शंका, चञ्चलता।
    अङ्कित है की गयी चित्र में सहित निपुणता॥
शीश अचानक लज्जा-शीला का खुल जाना।
    परम शीघ्रता वश सम्हालने वस्त्र न पाना॥ 33॥

पत्र-दान की तन्मयता को है जतलाता।
    अति सशकता, चंचलता है प्रकट दिखाता॥
जो असावधानता हुई थी आतुरता से।
    उसको भी है वही बताता चातुरता से॥ 34॥

कसी हुई कटि, लोटा डोरी काँधे पर की।
    पत्र-ग्रहण की रीति, भाव-भंगी द्विज-वर की॥
यात्रा की तत्परता को है सूचित करती।
    उर में नाना भाव सरलता का है भरती॥ 35॥

सतीसीता

(षट्पद)

वह शरद ऋतु के अनूठे पंकजों सा है खिला।
तेज है उसको अलौकिक कान्ति-मानों सा मिला॥
वह सुधा कमनीय अपने कान्त हाथों से पिला।
मर रही सुकलत्रता को है सदा लेता जिला॥
इस कलंकित मेदिनी में है सतीपन वह रतन।
पा जिसे है पूत होता कामिनी-अपुनीत-तन॥ 1॥

वह गगन यह है जहाँ उठता नहीं अविचार-घन।
है नहीं जिसमें कलह-रज लेश यह वह है पवन॥
है नहीं जिसमें कपट का कीट यह वह है सुमन।
है पड़ी जिस पर न मतलब छींट यह वह है वसन॥
है न जिसमें मान मद कहता यही है वह सुफल।
यह सलिल है वह, नहीं जिसमें मनो-मालिन्य-मल॥ 2॥

सुख-सदन का दीप यह है नीति-निधि का बिधु विमल।
यह परस्पर-प्यार-सर के अंक का है कल कमल॥
बर गुणों, विनयादि की उत्पत्ति का है मञ्जु थल।
प्रेम के अभिराम-व्रत का है बड़ा ही दिव्य-फल॥
यह सुभावुकता-सरोजिनि के लिये है भानु कर।
पूत-चरितावलि मही-रुह के लिये है वारिधर॥ 3॥

हैं सुलझ जातीं इसी के हाथ से जग-उलझनें।
स्वर्ग से, जंजाल में डूबे सदन, इससे बनें॥
दुख-भरे परिवार इससे ही हुए मन-भावने।
पूत-दम्पति-सुख इसीसे ही सुधा में हैं सने॥

ज्ञान की गरिमा-रँगी भव के प्रपंचों की जयी।
जाति बनती है इसी की गोद में गौरवमयी ॥ 4 ॥
राजती जिनमें सतीपन की रही पूरी कला।
पा जिन्हें सुपुनीत होकर देश यह फूला फला ॥
गा चरित जिनका हुआ बहुकामिनी-कुल का भला।
अंक में जिसके सुगौरव आर्यगण का है पला ॥
हो गयी भारतधरा में हैं कई ऐसी सती।
हैं उन्हीं में एक मेदिनि-नन्दिनी शुचि रुचिवती ॥ 5 ॥

बंक भौंहों को बना जब कोप धाता ने किया।
जब पिता ने राम को चौदह बरस का बन दिया ॥
राज-श्री ने फेर जब उनसे बदन अपना लिया।
तज सकीं उन दुर्दिनों में भी नहीं उनको सिया ॥
कंज से कमनीय कोमल गात पर आँचें सहीं।
किन्तु अपने प्राणपति की वे बनी छाया रहीं ॥ 6 ॥

राज-सुख था, थे जनक से तात, दशरथ से ससुर।
सम्पदा सुरलोक की थी, औ विभव भी था प्रचुर ॥
कौसिला सी सास का शुभ अङ्क था अति ही मधुर।
मुख-कमल था जोहता उत्कण्ठ होकर सर्व पुर ॥
किन्तु पति को छोड़ कर वे रह सकीं गृह में नहीं।
क्या कलाधर त्याग कर है कौमुदी रहती कहीं ॥ 7 ॥

सुर सदन की सी सुहाती थी कुटी पत्तों बनी।
व्यञ्जनों से थी सरसता कंद मूलों में घनी ॥
शीश पर फैली लतायें थीं वितानों सी तनी।
धूप लगती थी उन्हें राका-रजनि की चाँदनी ॥
श्याम-घन सी तन-छटा अवलोक आँखों बर बदन।
था हुआ-नन्दन-विपनि सा मुग्धता आधार बन ॥ 8 ॥

काल पाकर वे हुईं निज प्राण-प्यारे से अलग।
प्रेम में उनके गया लंकेश सा लोकेश पग ॥
खुल गया उनके लिये सब राज-सुख का मंजु पग।
चूमने बहु सम्पदा उनका लगी फिर कंज-पग ॥

दृग उठाकर किन्तु उनकी ओर ताका तक नहीं।
रात दिन बनके तपस्वी के लिये रोती रहीं ॥ 9 ॥

जिस दिवस रघुवंश-मणि उर में हुआ भ्रम का उदय।
वह दिवस उनके लिये था और भी आवेग-मय ॥
आँख में आँसू नहीं था पर विहरता था हृदय।
क्षोभ औ सन्ताप से थी बन गयी धरती निरय ॥
किन्तु ऐसे काल में भी वे नहीं बिचलीं तनक।
है निखरती और भी पड़ आँच में आभा कनक ॥ 10 ॥

है जिसे अपनी पड़ी, है प्रेमिका सच्ची न वह।
प्राण-पति कहती जिसे हैं, है उसीका प्राण यह ॥
है वृथा जीना, मलिनता जो गयी चितबीच रह।
क्या नहीं सकती सती पति के लिये भू मध्य सह ॥
सोच यह पति की प्रतीति निमित्त तन ममता तजी।
कूद-पावक-मध्य, उसमें से कढ़ीं पुष्पों सजी ॥ 11 ॥

आह! आया बहै दिवस भी जब उन्हें पति ने तजा।
जा बसीं अकेली विपिन के बीच जब जनकाङ्गजा ॥
छोड़ सारा राजसुख कनकायतन फूलों सजा।
जब बिताने वे लगीं निजबार दुख किंगरी बजा ॥
जब सगा वे खोज कर भी थीं नहीं पाती कहीं।
देख जब उनकी दशा बन पत्तियाँ रोती रहीं ॥ 12 ॥

उन दिनों भी इस सती का राम-मय-जीवन रहा।
जब कहा कुछ तब यही अपने कमल मुख से कहा ॥
राज्य-पालन पन्थ में है लोक-रंजन-व्रत महा।
है वही नृप, रख इसे, जिसने मही पर यश लहा ॥
जो प्रथित था औ उचित था है वही पति ने किया।
है पतित, निन्दित, नृपति वह जो कलंकित हो लिया ॥ 13 ॥

जो नरोंसा ही नृपति भी मोह-ममता में फँसे।
प्यार सुत-वित-नारिका, उरमें उन्हीं सा जो बसे ॥
जो न उसमें आत्मबल हो जो न वह चित को कसे।
तो न है नृप वह, वृथा सिर पर मुकुट उसके लसे ॥

है वही नर-नाथ जो है न्याय-पथ पहचानता।
आप-हित से लोक-हित को जो महत है मानता ॥ 14 ॥

स्वार्थ का ही अब समय है, प्यास समता है बड़ी।
घिर घटा है उर गगन में आत्म-गौरव की चढ़ी ॥
है अधिक सम्भव कहें सुकुमारियाँ लिक्खी पढ़ी।
जानकी-सम्बन्धिनी बातें बहुत सी हैं गढ़ी ॥
हों गढ़ी, पर आत्म सुख त्यागे बिना तज कामना।
है न होता लोक-हित होती है नित अवमानना ॥ 15 ॥

सुतवती सीता

(छप्पै)

कुसुम सु कोमल अल्प-वयस दो बालकवाली।
रहित केश-विन्यास प्रकृति-पावन कर पाली॥
एक आध गहने पहने साधारण-वसना।
मुख-गम्भीरता नहिं जिसकी कह सकती रसना॥
यह देवि स्वरूपा कौन है बन-भूतल में भ्राजती?
कुसुमित पौधों के मध्य में क्या है रमा विराजती?॥ 1॥

बन निवास के समय बहु विटप निम्न निरन्तर।
जो अवलोकी गयी पति प्रणयरता प्रचुर तर॥
तरु-अशोक के तले पुरी लंका में प्रतिपल।
जिसका विकसित हुआ अलौकिक चारु चरित बल॥
उस तपो भूमि में, जहाँ से रामचरित-धारा बही।
यह उसी सती की अति रुचिर मातृ-मूर्ति है लस रही॥ 2॥

निकट विलसते लव कुश नामक युगल तनय हैं।
भोले भाले परम सरलता-निधि मुदमय हैं॥
पति-वियोग-विधुरा व्यथिता के प्रिय सम्बल हैं।
दुख-पयोधि में बिवश पतित के पोत युगल हैं॥
परितापवंत चित सुतरुहित युग कलसे हैं सलिल मय।
तम वलित एक उर सदन के ज्योति मान हैं दीप द्वय॥ 3॥

अग्रज को अवलोक लिये एक कुसुम मनोहर।
फिर करते आलाप देख जननी से प्रिय तर॥
हुआ कुसुम के लिये द्वितीय बालक भी चंचल।
औ जा बैठा पुष्प बेलि ढिग मन्द मन्द चल॥

प्रिय सुमन तोड़ने के समय जो सुषमा मुख पर लसी।
वह अति अनुपम है प्रात रविप्रभा कमल पर आ बसी॥ 4॥

कुसुम लाभ, उसके अवलोकन का विनोद मिल।
अति सुन्दरता संग उठा है आनन पर खिल॥
क्या राका-पति अंक बिकचता उफन पड़ी है।
अथवा खिले गुलाब में सरसता उमड़ी है॥
नन्दन कानन के अति कलित विकसित किसी प्रसून पर।
अथवा अनुपमता सँग लसी स्वर्ग ज्योति कमनीय तर॥ 5॥

सम्मुख पाकर कुसुम वान बालक को सीता।
हस्त कमल के साथ उसे पकड़े हो प्रीता॥
जिस रसालता मृदुता सँग हैं समालाप-रत।
हो सकता है वह भावुक जन को ही अवगत॥
अवलोक बदन गम्भीरता उठी तर्जनी कला मय।
कलनीय कान्त भावों बलित नहिं होता किसका हृदय॥ 6॥

माता है मानव-जीवन की नींव जमाती।
उसे पूत उन्नत, उदार है वही बनाती॥
ज्यों सोनार भूषण-स्वरूप का है निर्माता।
त्योंही है माता-विचार जन-हृदय-विधाता॥
बालक-उर मृदु महि मध्य जो मा बोती है बीज चय।
फल बहु बिधि लाता है. वही हो अंकुरित यथा समय॥ 7॥

सिय मुख पर कर्त्तव्य बुद्धि यह बहु व्यंजित है।
उससे उसकी गुरु गम्भीरता अति रंजित है॥
जो प्रसून उनका बालक है उन्हें दिखाता।
मंजुल वचन वही उनके मुख पर है लाता॥
वे जिस वत्सलता, सरसता से हैं बातें कह रहीं।
वह केवल अनुभवनीय है सुकथनीय कथमपि नहीं॥ 8॥

क्या वह यह कहती हैं ऐ उर-उदधि-कलाधर।
तेरे जैसा ही प्रसून भी है अति सुन्दर॥
प्राणि-नयन-रंजिनी परम न्यारी छवि वाली।
तब कपोल अधरों सी है इसकी भी लाली॥

कोमलता इस पर वैसिही है लसती मन मोहती।
तेरे तन की सुकुमारता जैसी हूँ अवलोकती ॥ 9 ॥

है समानता तुझमें और सुमन में इतनी।
किन्तु तात इसमें गुण गरिमायें हैं कितनी ॥
बहुत प्यार कर सुर शिर पर सानन्द चढ़ावे।
या पावों से मसल धूल में इसे मिलावे ॥
पर यह सुबास तजता नहीं यों रहता है एक रस।
कैसेही उनमें बिरसता नहिं होती जो हैं सरस ॥ 10 ॥

यह सुरभित केवल तिल ही को नहीं बनाता।
निज सुगन्धि दे रज का भी है मान बढ़ाता ॥
निज प्रफुल्लता से नर ही को नहिं पुलकाता।
बनता है बहु मधुप कीट का भी सुख-दाता ॥
जो हैं जग में सच्चे सुमन क्या कह उन्हें सराहिये।
उनकी गुणमयता बिकचता होती है सब के लिये ॥ 11 ॥

यह प्रसून काँटों में ही रहता पलता है।
पर कैसी इसमें सुमधुरता कोमलता है ॥
पड़ कुसंग में कभी नहीं वे निजता खोते।
जो भावुक गम्भीर उच्च रुचि के हैं होते ॥
जैसे समीप की पवन को यह करता है परिमलित।
वैसे उनका सहवास भी होता है बहु गुण-वलित ॥ 12 ॥

अल्प मोलका फूल, मुकुटमणि का है मण्डन।
मोहित होता है उसपर पृथ्वी-पति का मन ॥
अमर-वृन्द-मस्तक पर है वह शोभा पाता।
वह सुवर्ण भूषण को भी है सछवि बनाता ॥
क्यों! क्या यह बतला दूँ तुझे? सुन ऐ सुवन सुकौशली।
सब काल रही सम्मानिता बसुधा-बीच गुणावली ॥ 13 ॥

जितनी वस्तु अवनि-मण्डल में है दिखलाती।
उन सबको मैं बिबिध गुणों-पूरित हूँ पाती ॥
सुवन सभी को तुम विचार दृग से बिलोक कर।
उनके गुण-गण गहो, बनो कुल-कुमुद कलाधर ॥

कर-पल्लव शोभित कुसुम के सकल सुगुण पहले गहो।
जिससे इनकी अवहेलना देवोपम शिशु से न हो॥ 14॥

मेरे जी में यही लालसा है ऐ प्यारे!
तेरे पिता-सदृश तेरे गुण होवें न्यारे॥
प्रजा-पुंज-रंजन सुनीति तेरी हो वैसी।
पूत-चरित-रघुकुल-रवि की भू में है जैसी॥
सब काल सत्य संकल्प, सत्कर्म-निरत संयत रहो।
निज पूज्य जनक के तुल्य तव जीवन रहित कलंक हो॥ 15॥

वीरवर सौमित्र

(छप्पै)

कर करवाल लिये रण-भू में निधरक जाना।
बिध कर विशिखादिक से पग पीछे न हटाना॥
लख कर रुधिर-प्रवाह और उत्तेजित होना।
रोम रोम छिद गये न दृढ़ता चित की खोना॥
गिरते लख करके लोथ पर लोथ देख शिर का पतन।
नहिं विचलित होना अल्प भी हुआ देख शत-खंड तन॥ 1॥

तोपों का लख अग्नि-काण्ड आकुल न दिखाना।
न काँपना लख शिर पर से गोलों का जाना॥
भिड़ना मत्त गयंद संग केहरि से लड़ना।
कर द्वारा अति क्रुद्ध व्याल को दौड़ पकड़ना॥
लख काल-वदन विकराल भी त्याग न देना धीरता।
अकेले भिड़ना भट विपुल से यदपि है बड़ी वीरता॥ 2॥

किन्तु वीरता उच्चकोटि की और कई हैं।
कथित वीरताओं से जो वर कही गई हैं॥
करना स्वार्थ-त्याग क्रोध से विजित न होना।
विपत-काल औ कठिन समय में धैर्य न खोना॥
ऐसी ही कितनी और हैं द्वितीय भाँति की वीरता।
जिनमें न चाहिए विपुल बल और न वज्र-शरीरता॥ 3॥

रामानुज में द्विविध वीरता हैं दिखलाती।
समय समय पर जो चित को है बहुत लुभाती॥
पति बन जाता देख सिया थी जब अकुलाई।
सुत-वियोग वश जब कौशल्या थी बिलखाई॥

उस काल सुमित्रा-सुवन ने जो दिखलाया आत्मबल।
वह उनके कीर्ति-निकेत का कलित खम्भ है अति अचल ॥ 4 ॥

तजा उन्होंने राज-भवन-सुख सुर-उर-ग्राही।
तजी सुमित्रा-सदृश जननि सब भाँति सराही ॥
आह! न जिसका विरह कभी जन सम्मुख आया।
तजी उर्मिला जैसी परम सुशीला जाया ॥
पर बाल-प्रीति को डोर में बँध भायपरँग में रँगे।
वह तज न सके प्रिय बन्धु को विपिन गये पीछे लगे ॥ 5 ॥

यों उनका तिय-जननि-राज-सुख को तज जाना।
यती-भाव से बन में चौदह बरस बिताना ॥
राम-सिया को मान पिता, माता और स्वामी।
बन में सह दुख बिपुल बना रहना अनुगामी ॥
संसार चकित-कर कार्य्य है मिलित मनोरम धीरता।
है यही आत्म-बल-सम्भवा परम अलौकिक वीरता ॥ 6 ॥

कुसुम चयन करते अलकावलि बीच लगाते।
जब सीता सँग बिबिध-केलि-रत राम दिखाते ॥
उसी काल सौमित्र रुचिर उटजादि बनाते।
कर्त्तन करते मंजु शाल-शाखा दिखलाते ॥
सो किशलय पर जो यामिनी राम बिताते सुमुखि सह।
वह निशि व्यतीत करते लखन नखतावलि गिन सजग रह ॥ 7 ॥

कभी जानकी पट-भूषण पेटिका लिये कर।
वे दिखला पड़ते चढ़ते गिरि दुरारोह पर ॥
लता, बेलि काटते, कटीले तरु छिनगाते।
सुपथ बनाते गहन बिपिन में कभी दिखाते ॥
पथ कभी सिय-कुटी से सरसि तक का हित गगनागमन।
चिन्हित करते वे दीखते बाँध पादपों में बसन ॥ 8 ॥

यक तुषार से मलिन-चन्द्रिकावती रयन में।
जब वह थी गत-प्राय बड़ी सरदी थी बन में ॥
वे थे देखे गये वारि सरसी में भरते।
सीकरमय तृण-राजिं-बीच बचकर पग धरते ॥

यक जलद-मयी यामिनी में शिर पर जलधारादि ले।
चूती कुटीर के काज वे तृण, पत्ते लाते मिले ॥ 9 ॥

यह अति कोमल राज-कुँवर कुवलय-करलालित।
सुबरन का सा कान्ति-मान सुख में प्रति पालित॥
कुसुम-सेज पर शयन-निपुण, मृदु-भूतल-चारि।
वर व्यंजन बर बसन वर विभव का अधिकारी॥
जब कानन में था दीखना करते परम कठोर व्रत।
तब अवगत था जग को हुआ वह कितना है राम-रत ॥ 10 ॥

कपि-दल लेकर राम जलधि-तट पर जब आये।
उसका देख कराल रूप कपि-पति अकुलाये॥
सुन गर्जन आवर्त्त सहित लख तुंग तरंगें।
हो विलीन सी गयीं चमू की सकल उमंगें॥
पर विचलित हुए न अल्प भी शूर-शिरोमणि श्री लखन।
कर धनु, शायक, लेकर कहे परम ओजमय ये बचन ॥ 11 ॥

वही वीर है जो कर्त्तव्य-विमूढ़ न होवे।
कार्य्य-काल को जो नहिं बन आकुल चित्त खोवे॥
क्या है यह जलराशि कहो शर मार सुखाऊँ।
या कर इसे प्रभाव-हीन घट तुल्य बनाऊँ॥
पर मर्यादा का तोड़ना कभी नहीं होता उचित।
इसलिये करो सुजतन, विवश हो करके न बनो दुचित ॥ 12 ॥

इसी सुमित्रा-सुवन-कथन का सुफल हुआ यह।
जो वारिधि था अगम गया गिरि से बाँधा वह॥
उस पर से ही उतर पार सेना सब आई।
फिर लंका पर धूम धाम से हुई चढ़ाई॥
रण छिड़ जाने पर लखन ने जो दिखलाया विपुल बल।
वह अकथनीय है अगम है बीर-बृन्द में है बिरल ॥ 13 ॥

सुनकर धनु-टंकार मेदिनी थर्राती थी।
दिग्दंती की द्विगुण दलक उठती छाती थी॥
विशिख-वृन्द से नभ-मण्डल था पूरित होता।
जो था दश दिशि बीच बहाता शोणित सोता॥

प्रलय-वह्नि थी दहकती त्रिपुरान्तक थे कोपते।
जिस काल वीर सौमित्र थे रणभू में पग रोपते ॥ 14 ॥

अमर बृन्द जिसके भय से था थर थर कँपता।
जो प्रचण्ड पूषण सा था रण-भू में तपता ॥
पाहन द्वारा गठित हुई थी जिसकी काया।
बिबिध-भयंकर-मूर्त्ति-मती थी जिसकी माया ॥
वह परम साहसी अति प्रबल मेघनाद सा रिपु-दमन।
जिसके कोपालन में जला धन्य वह सुमित्रा-सुवन ॥ 15 ॥

बालमीक मुनि-पुंगव ने बदनाम्बुज द्वारा।
चरित सुमित्रा-सुत का जो अति सरस उचारा ॥
वह नितान्त तेजोमय है अति ओज-भरा है।
एक राम-जीवन-मय है निरुपम सुथरा है ॥
निज रुचि-प्रियता-ममताति का है न पता उसमें कहीं।
धारायें उसमें राम-हित जी शुचिता सँग हैं बहीं ॥ 16 ॥

अकपट-चित से बन अनन्यमन रोप युगल पग।
वे करते अनुसरण राम का नीरवता सँग ॥
उसी काल यह मौन तपस्वी जीभ हिलाता।
जब रघुपति-हित-सुयश-मान पर संकट आता ॥
जग-जनित ताप उप शमन के लिये त्याग निजता गिला।
सौमित्र आत्मरति नीर था राम-प्रीति पय में मिला ॥ 17 ॥

कुंठितमति पौरुष-विहीनता परवशता से।
वे न सिया-पति अनुगत थे स्वारथ-परता से ॥
वरन हृदय में भ्रातृभक्ति उनके थी न्यारी।
जिसने थी मोहनी अपर भावों पर डारी ॥
उनके जीवन-हिम-गिरि-शिखर पर अमरावति से खसी।
राका-रजनी-चाँदनी सी स्नेह-वीरता थी लसी ॥ 18 ॥

वे वासर थे परम मनोहर दिव्य दरसते।
जब थे भारत-मध्य लखन से बन्धु विलसते॥
आज कलह, छल, कूट-कपट घर घंर है फैला।
हृदय बन्धु से बन्धु का हुआ है अति मैला॥
हे प्रभो! बन्धु सौमित्र से फिर उपजें, गृह गृह लसें।
शुचि-चरित सुखी परिवार फिर भारत वसुधा में बसें॥ 19॥

उर्मिला

(षट्पद)

किसी ऊबती से न जो जी बचावें।
न दुख और का देख जो ऊब जावें॥
कढ़ी आहें बेचैन जिनको बनावें।
जिन्हें प्यार की है परख वे बतावें॥
किसी दिन भी दो बूँद आँसू गिरा कर।
हमारी पड़ी आँख है उर्मिला पर॥ 1॥

उसी उर्मिला पर न जिसने जताया।
किसी को दरद औ न दुखड़ा सुनाया॥
तड़पता कलेजा न जिसने दिखाया।
न कोसा किसी को न मुखड़ा बनाया॥
बिरह-बेलि जिसने हृदय बीच बोई।
जली रात दिन फूट कर जो न रोई॥ 2॥

जिसे प्यार कर, थी न फूले समाती।
न जिसका बदन देख कर थी अघाती॥
न जिसके बिना थी कभी चैन पाती।
मधुर बात जिसकी बहुत थी लुभाती॥
रही पद-सलिल प्रात ही जिसका पीती।
रही देख जिसकी कनक-कान्ति जीती॥ 3॥

उसीने किया आह उससे किनारा।
न आयी दया औ न दुख को विचारा॥
न एक बार उसके बदन को निहारा।
न देखी दृगों से गिरी बारि-धारा॥

न दस पाँच दिन या बरस दो बरस का।
चला वह गया बन में चौदह बरस को॥ 4॥

सिसकती रही वह पड़ी एक कोने।
सुना सब, निकल किन्तु आयी न रोने॥
कलेजे में दुखके पड़े बीज बोने।
उसे सब सुखों से पड़े हाथ धोने॥
न तब भी विकल प्राण-पति को बनाया।
न मुखड़ा हुआ आँसुओं में दिखाया॥ 5॥

जनक-नन्दिनी राम के पास आई।
किसी से तनिक भी न सहमी लजाई॥
विलख कर विरह वेदनायें सुनाई।
दृगों में भरी वारि बूँदें दिखाई॥
अवध कँप उठा मर्म वेधी विरह से।
हिली तक नहीं उर्मिला निज जगह से॥ 6॥

जनक के सदन में पली उर्मिला थी।
सिया की सखी उच्च-कुल कन्यका थी॥
इसी से कहूँगा न वह निष्ठुरा थी।
वरन प्रेम रँग में रँगी प्रेमिका थी॥
तनिक भी नहीं जो जगह से हिली वह।
बड़ी ही समझ बूझ की बात थी यह॥ 7॥

रहे राम स्वाधीन जेठे सहोदर।
उन्हें था न संकोच सकते थे सब कर॥
सुमित्रा सुवन थे पराधीन सहचर।
बिबिध राम-सेवादि में रत निरन्तर॥
इसीसे न वह साथ सकते थे ले जा।
सुमुखि उर्मिला को कठिन कर कलेजा॥ 8॥

उसे ले, अगर साथ सौमित्र जाते।
बड़े काम तो एक भी कर न पाते॥
कहाँ तक लजाते ढिठाई दिखाते।
बड़ों की बड़ाई कहाँ तक निभाते॥

असुविधा सभी बात में मुख दिखाती।
बँधी मेंड़ मरजाद की टूट जाती॥ 9॥

समझती रही उर्मिला बात सारी।
रही पति-हृदय से उसे जानकारी॥
नहीं मानती थी उसे वह सु-नारी।
जिसे—कंत-अनुगामिता हो न प्यारी॥
इसी से नहीं निज जगह से टली वह।
जहाँ थी वहीं दब विरह में जली वह॥ 10॥

नहीं नारि जो पति हृदय जान पाती।
नहीं आप ही जो उचित कर दिखाती॥
कठिन काल में जो नहीं काम आती।
नहीं जो कि पति-हेतु निजता गँवाती॥
न कोई सकेगा उसे कुल-बधू कह।
न है प्यार के पन्थ की पन्थिनी वह॥ 11॥

भरी बात में हो बड़ी ही मिठाई।
लगी किन्तु होवे कलेजे में काई॥
तनिक स्वार्थ बू प्यार में हो समाई।
दुई की झलक हो दृगों रंग लाई॥
भला है न तो ब्याह-मण्डप में आना।
भरे लोग में नेह-गाँठें गठाना॥ 12॥

रही उर्मिला कुल-बधू आर्य्य-बाला।
मिला था उसे उर बड़ा प्यार वाला॥
इसी से बहुत जी को उसने सम्हाला।
पकड़ कर कलेजा सहा सब कसाला॥
बड़े लाड़ औ प्यार के साथ पोसी।
जली औ घुली मोम की बत्तियों सी॥ 13॥

न तब भी किसी ने गले आ लगाया।
न पोंछा सलिल जो दृगों ने बहाया॥
न कर तक उसे बोधने को बढ़ाया।
दिखाई पड़ी तक किसी की न छाया॥

न सोचा किसी ने कभी आँख भर कर।
गयी बीत क्या इस सरल बालिका पर॥ 14॥

बड़ों को सभी आँख है देख पाती।
दुखी दीन की है किसे याद आती॥
नहीं दुंद जो रो कलप कर मचाती।
नहीं पीर अपनी किसी को जनाती॥
सदा ही यही ढंग जग का दिखाया।
उदधि नाद में कब नदी रव सुनाया॥ 15॥

सच्चा प्रेम

(ललित पद)

अमरलोक से आ उतरी सी एक अलौकिक बाला।
क्षितितल पर निज छवि छिटकाती करती रूप उजाला॥
कलित किनारी बलित परम कमनीय वसन तन पहने।
विलसित हैं जिसके अंगों पर रत्न-खचित बर गहने॥ 1॥

रखे कमल-सम दायें कर पर लोटा सजल निराला।
लिये वाम-कर में कुसुमों की थाली अनुपम आला॥
जैसे ही निज कान्त सदन से पुलकित बाहर आई।
वैसे ही एक मूर्त्ति अलौकिक सम्मुख पड़ी दिखाई॥ 2॥

था उसका अभिराम श्याम तन कोटि-काम-मद-हारी।
जिस पर नव विभूति विलसित थी भव-विभूति से न्यारी॥
शिर पर मंजुल जटा-छटा थी तन पर था मृग-छाला।
कंबु मनोरम मृदुल गले में थी विराजती माला॥ 3॥

सकमंडल कर में लकुटी थी कानों में मुद्रायें।
अंकित थीं सुविशाल भाल पर रुचिर तीन रेखायें॥
विकच-नील-अरविन्द-विनिन्दक थी मुख-इन्दु-निकाई।
युगल भौंह ने जिस पर उपमा अलि-अवलि की पाई॥ 4॥

अनुरंजित अनुराग-लाग में डूबे सहज फबीले।
रतनारे, न्यारे, कजरारे, थे युग नयन रसीले॥
ललित अधर पर विलस रही थी हँसी सरस अभिरामा।
अंग अंग थी सुछवि छलकती देख ललकतीं बामा॥ 5॥

तिरछी आँखों से विलोक कर यह मूरत मन-हारी।
चकित हुई मृग-शावक-लोचनि विकच बनी उर क्यारी॥

उठे न पाँव, पधार सकी नहिं पड़ी प्यार के पाले।
श्याम स्वरूप अनूप रूप ने औचक फंदे डाले ॥ 6 ॥

चकित, थकित, पुलकित, नवला को देख श्याम-वपु बोले।
अपनी रुचिर वचन-रचना में सरस सुधा रस घोले ॥
ऐ विधि की कल कीर्त्ति-लता की कुसुमावलि में आला।
जग-ललामता कोमलता की कान्ति-विधायिनि बाला ॥ 7 ॥

मानव-रत्न कौन है वह, तू है जिसके रँग-राती।
जिसके हित पूजने उमा-पति प्रति वासर है जाती ॥
होगा बड़ा भाग-वाला वह, मैं हूँ महा अभागा।
विधि-वश सुर-दुर्लभ विभूति से जो मम मन अनुरागा ॥ 8 ॥

देख सामने खिली मालती मैं हूँ बल बल जाता।
पर उसके सँग जी बहलाने पल भर भी नहिं पाता ॥
मैं हूँ वह प्यासा, समीप जिसके है रस का प्याला।
किन्तु उसे छू सकने तक का पड़ा हुआ है लाला ॥ 9 ॥

उमड़ घुमड़ है घन सनेह का दया-वारि बरसाता।
पर निज चातक को दो बूँदें देते है अकुलाता ॥
पारावार अपार रूप का लहराता है आगे।
पर अनुकूल लहर पा करके भाग न मेरे जागे ॥ 10 ॥

कल मलयानिल अति समीप से बहुधा है बह जाता।
किन्तु कभी भी मम ही तल को शीतल नहीं बनाता ॥
यह प्रपंच अवलोक जगत का मेरा जी अकुलाया।
योगी बन मैं बन बन घूमा अंग भभूत रमाया ॥ 11 ॥

किन्तु चित्त ने चैन न पाया मन भी हाथ न आया।
टली न आधि, समाधि लगी नहिं, मिटी न ममता माया ॥
आसन मार रोक मन को जब मैं हूँ ध्यान लगाता।
तब उसका ही रम्य-रूप मम उर में है खिल जाता ॥ 12 ॥

कोमल किसलय, कल कुसुमावलि, मंजुल वंजुल कुंजें।
पारावत केकी-पिक-संकुल-मुखारित बिपुल-निकुंजें ॥
उस ललामता खनि की मुझको प्रति-पल याद दिला के।
परमाकुल करती हैं कितनी ललित कला दिखला के ॥ 13 ॥

रजनि सुन्दरी जब नखतावलि मुक्तमाल है पाती।
जब चाँदनि मिस मृदु मुसकाती, है विधुबदन दिखाती॥
तब मैं पुलकित क्या होऊँगा अति विचलित हूँ होता।
बड़े वेग से बह जाता है उर में बहु दुख-सोता॥ 14॥

सरस पवन जब सन सन चलकर है सुर मधुर सुनाती।
तब हो सुरति विभूषण-ध्वनि की भर आती है छाती॥
प्रातःकाल मृदुल रवि कर जब हैं कमलिनी को छूते।
तब होता हूँ विपुल विकल आँसू चख से हैं चूते॥ 15॥

किसी काल में जैसे तन को नहीं छोड़ती छाया।
निकल नहीं सकता वैसे ही उर में रूप समाया॥
सुर-दुर्लभ विभूति को मुझ सा पामर जन नहिं पाता।
दिवि-ललाम-भूता ललना से क्या है कपि का नाता॥ 16॥

चरम शान्ति की मूर्त्ति सुशीले तू बतला इतना ही।
कैसे शान्ति मिलेगी मुझको क्यों होगी चित-चाही॥
तू है सरल, शिरोमणि तू है प्रेम-पन्थ-पथिका की।
इसीलिये हूँ दवा पूछता तुझ से हृदय-बिथा की॥ 17॥

निज-कर-कमल राजते जल लौं तू उर तरल बनावे।
फिर उसकी सनेह-धारा सों सारा ताप नसावे॥
कर की सुमनवती थाली लौं सुमनवती बन वाले!
मुझ ऊबे, वियोग वारिध में डूबे को अपना ले॥ 18॥

जैसे मान सके मेरा मन वैसे इसे मना दे।
अधिक क्या कहूँ मेरी बिगड़ी जैसे बने बना दे॥
इतना कह कर मौन हुआ वह प्रेम-पन्थ-मतवाला।
ललना के तन-मन-नयनों पर जादू डाल निराला॥ 19॥

मुदित दिशायें हुईं, मंजु लतिकायें मृदु मृदु डोलीं।
खिले प्रसून, बेलियाँ बिकसीं, चिड़ियाँ स्वर से बोलीं॥
इसी काल का चित्र मनोहर यह सामने विलोको।
उसमें चित्रकार कर-कमलों का कौशल अवलोको॥ 20॥
प्रेमिक की सुन प्यारी बातें प्रेम रंग में डूबी।
पहले हुई अतिचकित बाला फिर चंचल हो ऊबी॥

जिसकी प्रीति-लाभ हित प्रतिदिन था पुरारि को पूजा।
जिसके तुल्य आँख में उसकी था न अवनि में दूजा ॥ 21 ॥

उसको निज अनुरक्त देख यों देह-दशा वह भूली।
प्रेम-उमंग-रंग-रञ्जित हो ललित लता लौं फूली ॥
फिर प्रतिपल अति पुलकित होती छवि विलोकती बाँकी।
उसने उसी सलिल-सुकुसुम से प्रियतम की पूजा की ॥ 22 ॥

जो दो उर थे संगम-कामुक पड़े प्रेम के पाले।
वे यों आज मिले दिखला कर अपने ढङ्ग निराले ॥
जिस पर जिसका सत्य प्रेम भूतल में है हो जाता।
है सन्देह न कुछ भी इसमें वह उसको है पाता ॥ 23 ॥

संयुक्ता

(छप्पै)

आर्यवंश की विमल कीर्त्ति की ध्वजा उड़ाती।
क्षत्रिय-कुल-ललना-प्रताप-पौरुष दिखलाती॥
कायरउर में वीर भाव का बीज उगाती।
निबल नसों में नवल रुधिर की धार बहाती॥
विपुल वाहिनी को लिये अतुल वीरता में भरी।
सबल बाजि पर जा रही है संयुक्ता सुन्दरी॥ 1॥

प्रबल नवल-उत्साह-अङ्क में शक्ति बसी है?
या साहस की गोद मध्य धीरता लसी है?
परम ओज के संग विलसती तत्परता है।
या पौरुष के सहित राजती पीवरता है॥
चपल तुरग की पीठ पर चाव-चढ़ी चित-मोहती।
या दिलीश उत्संग में है संयुक्ता सोहती॥ 2॥

शिशु-स्नेह

(छप्पै)

सहज सुन्दरी अति सुकुमारी भोली भाली।
गोरे मुखड़े, बड़ी बड़ी कल आँखों वाली॥
खिले कमल पर लसे सेवारों से मन भाये।
खुले केश, जिसके सुकपोलों पर हैं छाये॥
बहु-पुलक-भरी मन-मोहिनी कुछ भौंहें बाँकी किये।
यह सरल बालिका कौन है अङ्क नवल बालक लिये॥ 1॥

खिली कमलिनी-अङ्क गुलाब कुसुम विकसा है।
या भोलापन परम सरलता-संग लसा है॥
या विधि न्यारे करके कलित खिलौने ये हैं।
जो जन की युग आँखों पर करते टोने हैं॥
या जीवन-तरु-रस-मूल के ये फल हैं प्यारे परम।
या प्रकृति-कोष कमनीय के ये हैं रत्न मनोज्ञतम॥ 2॥

अपना विकसित बदन बड़े चावों से रख कर।
खिले फूल से शिशु के सुन्दर मुखड़े ऊपर॥
कौन अनूठा भाव बालिका है बतलाती।
कौन अनोखा दृश्य दृगों को है दिखलाती॥
क्या सूचित करती है उन्हें, हैं भावुक जो भूमि पर।
ये युगल कलाधर है मिले उर कुमोद उत्फुल्ल कर॥ 3॥

युग शिशु-उर में प्यार-बीज अंकुरित नहीं है।
क्यों होता है विकच बदन यह विदित नहीं है॥
किसी काल जब मिल जाते हैं दो प्यारे जन।
क्यों होता है मोद, विकस जाता है क्यों मन॥

इस गूढ़ बात का मरम भी यदपि नहीं कुछ जानते।
हैं तदपि मुदित वे, हैं मनों मोद-सिन्धु अवगाहते ॥ 4 ॥

रविकर कोमल परस, कमल-कुल खिल जाता है।
पाकर ऋतु पति पवन रंग पादप लाता है॥
क्या उनका है प्यार, मोद वे क्यों हैं पाते।
किस स्वाभाविक सूत्र से बँधे वे किस नाते॥
यह सकल श्रीमती प्रकृति की परम अलौकिक है कला।
है बहु अंशों में प्राणि-उर एक रंग ही में ढला ॥ 5 ॥

क्यों विकसित मुख देख, चित्त है विकसित होता।
उर में क्यों उर सरस बहाता है रस-सोता॥
क्यों वीणा बजकर है सरव सितार बनाती।
क्यों मृदंग-ध्वनि है पनवों में ध्वनि उपजाती॥
इसमें नहिं अपर रहस्य है सकल हृदय है एक ही।
स्वर जैसे बीन सितार, औ पनव मृदंग जुदा नहीं ॥ 6 ॥

हैं दोनों शिशु हृदयवान नेही हैं दोनों।
रत्न मनोहर एक खानि के ही हैं दोनों॥
फिर क्यों उनका परम प्रेममय उर नहिं होगा।
देख एक को मुदित, अपर क्यों मुदित न होगा॥
नव कला कुमुदिनी-कान्त की जो विकास पाती नहीं।
तो क्या स्वाभाविक मंजुता उसमें सरसाती नहीं ॥ 7 ॥

इन शिशुओं की प्रीति परम आनन्द-पगी है।
अति विमला है लोकोत्तरता रंग-रँगी है॥
भावमयी, रसमयी, रुचिर उच्छ्रासमयी है।
दृग-विमोहिनी चित्तरंजिनी नित्य नयी है॥
यह लोक-विकासिनि शक्ति के, कमल करों से है छुई।
यह वह अति प्यारी वस्तु है, स्वर्ग-सुधा जिसमें चुई ॥ 8 ॥

इस सनेह में नहीं स्वार्थ की बू आती है।
कपट, बनावट नहिं प्रवेश इसमें पाती है॥
छीटें इस पर पड़ी नहीं छल बल की होतीं।
चित-मलीनता नहिं इसकी निर्मलता खोती॥

यह वह प्रमोद बन है, नहीं अनबन वायु जहाँ बही।
यह वह प्रसून है, उपजता कलह-कीट जिसमें नहीं ॥ 9 ॥

क्यों कोमल किसलय हैं जी को बहुत लुभाते।
क्यों पशु के बच्चे तक हैं चित को विलसाते ॥
बाल-भाव है परम रम्य है बहु मुददाता।
आँखों-भर उसको लख कर है जग सुख पाता ॥
मानव कुल के ये शिशु-युगल अति सुन्दर प्यारों-पगे।
मन, नयन विमोहेंगे न क्यों, सहज भाव सच्चे सगे ॥ 10 ॥

वामन और बलि

(छप्पै)

वामन हैं विभु प्रकृति नियम के नियमनकारी।
भव विभुता आधार भुवन प्रभुता अधिकारी॥
व्यापक विविध विधान विश्व के सविधि विधायक।
लोकनीति परलोक प्रथा के प्रगति प्रदायक॥
जग अभिनय अति कमनीय के वर अभिनेता मोद हद।
अवतार रूप में अवनि के भार निवारक मुक्तिप्रद॥ 1॥

बलि है बहु बलवान लोक विजयी दनुजाधिप।
धीर वीर साहसी विवुध सेवित वसुधाधिप॥
हो उदार अनुदार नीति अवलम्बन कारी।
कुछ उद्धत अधिकार प्रेम प्रेमिक अविचारी॥
मानव मानवता दमनरत सुरसमूह दृग प्रबलतम।
मङ्गलमय, मङ्गल कामना कमनीयता कलंक सम॥ 2॥

यह सारा संसार बाग है परम मनोहर।
दनुज मनुज सुरवृन्द आदि हैं सुन्दर तरुवर॥
ललित कलित वर वेलिलोक की ललनायें हैं।
बालक हैं कल कुसुम बालिका लतिकायें हैं॥
खग ही हैं कलरव निरत खग पालित पशु हैं पशु सकल।
तृण वीरुध बहुविध जीव हैं विधि विधान हैं विविध फल॥ 3॥

परि पालक यदि सरुचि बाग परिपालन रत हो।
सानुकूल रह सहज समुन्नति निरत सतत हो॥
करे सकल मल दूर म्लानता उसकी खोवे।
वर अवसर अवलोक बीज हित साधन बोवे॥

कर काट छाँट समुचित उसे करे सदा कण्टक रहित।
तो होगी कृति कमनीयता मिलित परम प्रभु रुचि सहित ॥ 4 ॥

किन्तु यदि न वह दया वारि से उसको सींचे।
कृमि संकुल विदलित विलोक नयनों को मींचे ॥
अथवा पादप पुंज समुन्मूलन रत होवे।
लता बेलि को दले कुसुम चय उपचय खोवे ॥
तो किसी जगतहित साधिका दिव्य शक्ति से विवश बन।
निज निपतन गति अनुसार ही होवेगा उसका पतन ॥ 5 ॥

दिव्य शक्ति की दिव्य मूर्ति हैं वामन विभु वर।
परिपालक है पतन प्राय बलि बैरी सुर नर ॥
वह उदार है, परम मलिन है नीति न उसकी।
परि पालन की विपुल बुरी है रीति न उसकी ॥
वह परम भक्त प्रह्लाद का है अति प्यारा वंश धर।
इस से निग्रह की क्रिया में है न अनुग्रह की कसर ॥ 6 ॥

छल प्रपंच जिसके जीवन का सम्बल होवे।
क्यों सँभले सर्वस्व जो न वह छल से खोवे ॥
जो सबको लघु गिने, साम्य क्यों करे प्रचारित।
जो न आवरित करे उसे लघुता विस्तारित ॥
जग जैसे को तैसा मिला तुच्छ नहीं है अग्नि कण।
वामन वामनता विशदता का यह है विशदीकरण ॥ 7 ॥

रुचिर नीति है यही रुधिर का पात न होवे।
जहाँ शान्ति रह सके वहाँ उत्पात न होवे ॥
भौंह तने जो भीत बने असि उसे न मारे।
लघु अपराधी उदर करद द्वार न बिदारे ॥
है क्रिया नीति की सहचरी जननी शान्ति महान की।
वामन के दान ग्रहण तथा बलि के दान प्रदान की ॥ 8 ॥

लोक हितकारी क्रिया सके अवलोक नहीं सित।
इसीलिये लोचन विहीन हो बने कलंकित ॥
प्रतिपालन कर वचन नपाया बलि ने निजतन।
वामन ने प्रतिपल जन किया द्वार पालबन ॥

यह देख युगल यश जलज का सकल लोकमन अलि हुआ।
बलि पर वामन बलि हो गये वामन पर बलि बलि हुआ॥ 9॥

जगजन रंजन रुचिर नीति से हो बहु वंचित।
कर त्रिभुवन भी दान हुआ बलि परम प्रवंचित॥
हो त्रिलोक पति धीर वीर विजयी उदार चित।
अधः पतित वह हुआ हुए पाताल प्रवासित॥
वर्धन कर त्रिभुवन शान्ति सुख समधिक संवर्धित हुए।
हो वामन बँध विधि सूत्र में वामन बहु वर्धित हुए॥ 10॥

कमल

(छप्पै)

ऊपर नभ नीलाभ रक्त रविबिम्ब विराजित।
ककुभ परम रमणीय रागद्वारा आरंजित॥
नीचे पुलकित हरित लता तरु पूरित भूतल।
नवश्यामल तृणराजि बड़े कमनीय फूल फल॥
बहु विकच सरोरुह से लसित कान्त केलि खगकुल बलित।
कलकल कलकल रव मुखरिता सरिकलिन्द तनया कलित॥ 1॥

रविजा में हैं सोह रहे सोपान मनोहर।
उन पर हैं लसरही युगल ललना अति सुन्दर॥
हैं तनके वरवसन विभूषण बड़े निराले।
हैं सिर पर जल कलश नयन हैं रस के प्याले॥
सामने जलद तन हैं खड़े कर आकुल लोचन सफल।
निज कमलोपम कर में लिये दो कमनीय विकच कमल॥ 2॥

उनका सुमधुर कण्ठ मधुरिमामय कर मानस।
बरस रहा है पूत प्रकृति पर परम रुचिर रस॥
सानुराग कर ललित राग रंजित नभतल को।
सरस सरस अति सरस कर रहा है सरिजल को॥
वह गोपबाल को धेनु को बिहगवृन्द को कर सुखित।
कलकूल बिलसिती बाल को बना रहा है बहु मुदित॥ 3॥

उसकी ध्वनि है मधुर मुरलिका सी मनहारी।
पिक काकली समान विपुल चित पुलकितकारी॥
सकल अलौकिक भूति निकेतन उसका मृदुस्वर।
बरसता है सुधा सुधानिधि लौं वसुधा पर॥

उसमें सुभावनाओं सहित वह रसालता है भरी।
जिसने कि पिपासा ज्ञान की जगत पिपासित की हरी॥ 4॥

कहते हैं ब्रजदेव दिखा करके कमलों को।
देवि इन विकच कुसुमों की गरिमा अवलोको॥
इन जैसा अनुराग रंग में कौन रँगा है।
कौन भला यों मित्र मित्रता मध्य पगा है॥
मानस मोहकता मधुरता भावों की रमणीयता।
किसमें है ऐसी विकचता कोमलता कमनीयता॥ 5॥

हैं विरंचि से सुवन बन्धु है विदित विभाकर।
है उसका अवलम्ब जगत पाता पावन कर॥
रमा मन रमे सदा रमी उसमें रहती है।
शिव शिर पर चढ़ मिली उसे महिमा महती है॥
मदमत्त हुआ तो भी न वह सदा प्रेम पाता रहा।
मधुकर समान मधुअंध भी उससे मधु पाता रहा॥ 6॥

सर उससे है परम कान्त बन शोभा पाता।
पाकर सुरभि समीर सौरभित है हो जाता॥
रस लोलुप को परम मधुर रस है वह देता।
दृग को कर सुखदान बहु सुखित है कर लेता॥
वह परहित रत रहकर सदा किसका हित करता नहीं।
बर विकसित रहकर कौनसा चित विकसित करता नहीं॥ 7॥

आरंजित रविबिम्ब गगन सर रक्त कमल है।
इसीलिये अनुराग रागरंजित जल थल है॥
उसकी कोमल कान्ति कान्त भू को है करती।
तरु को तृण को फलदल को है सुछवि वितरती॥
वह अपनी अनुपम ज्योति से जगत तिमिर है खो रहा।
रजकण भी नव आलोक पा आलोकित है हो रहा॥ 8॥

कहें न मुख को कमल यदि न मुख विकच बनावे।
कहें न दृग को कमल यदि न रस वह बरसावे॥
कहें न कर को कमल जो न वह हितकर होवे।
कहें न पग को कमल जो न अपना मल खोवे॥

यदि तज न अकोमलता बुरी समुचित कोमलता लहे।
तो किसी गात को कमल सा कोमल कोई क्यों कहे ॥ 9 ॥

है ललामता लोक प्रीति की परम निराली।
लाली उसकी सकी जगत मुख की रख लाली ॥
वह ललना है बड़ी भली वह लाल भला है।
जिसने सीखी लोक बन्धुता ललित कला है ॥
क्या रहा सलिल जैसा तरल कोई मानस बन विमल।
जो उसमें खिला मिला नहीं लोक प्रेम मंजुल कमल ॥ 10 ॥

पर्णकुटी

(अरिल्ल)

ऊँचे श्यामल सघन एक पादप तले।
    है यह एक कुटीर सित सुमन सज्जिता॥
इधर उधर हैं फूल बेलियों में खिले।
    वह है महि श्यामायमान छवि मज्जिता॥ 1॥

पास खड़े हैं कादाकार पादप कई।
    परम शान्त है प्रकृति निपट नीरव दिशा॥
व्यापी सी सब ओर कालिमा है नई।
    धीरे धीरे आगत प्राया है निशा॥ 2॥

या नभ मण्डल जलद जाल से है घिरा।
    छिति तल पर है उसकी छाया पड़ रही॥
प्रात तिमिर है तरल हो गया तिरमिरा।
    या है नभ तल विमल नीलिमा झड़ रही॥ 3॥

हैं न कहीं खग मृग मानव दिखला रहे।
    मानों अविचल वहाँ बिजनता राज है॥
हैं अभाव धारा में ही कृमि कुल बहे।
    रव सिर पर भी परम मौनता ताज है॥ 4॥

यह किस की है कुटी कहें कैसे इसे।
    किसी व्यथित चित का क्या यह आवास है॥
या यह उस जन की सहेलिका है जिसे।
    निर्जन में एकान्तवास की प्यास है॥ 5॥

परम पापमय इस पापी संसार से।
    समधिक आकुल जिसका मानस हो गया॥

बहुत गया जो ऊब अवास्तव प्यार से।
जिसका प्यारा शान्ति-रत्न है खो गया॥ 6॥

जो अवलोकन कर पाता वह मुख नहीं।
लगी अधमता की है जिस पर कालिमा॥
या हिंसकता धारायें जिस पर बहीं।
या जिसकी है लहू रंजिता लालिमा॥ 7॥

गिरा अति दुखित चित जिसका दुख कूप में।
उस दानव की देख नीतियाँ दानवी॥
अवनी तल पर जिसको मानव रूप में।
उपजाती है परम पुनीता मानवी॥ 8॥

उतर आँख में जिसकी आता है लहू।
उस पामर की पामरताओं को लखे॥
सब बातों में जो दानव है हूबहू।
किन्तु वेश बानक बृन्दारक का रखे॥ 9॥

नर पिशाचता अहमहमिकता अधमता।
अवलोकन कर जिसका जी उकता गया॥
जग मदान्धता मायिकता बहु असमता।
देख कलेजा मुँह को जिसका आ गया॥ 10॥

बिजन बिराजित ऐसी किसी कुटी सिवा।
कौन दूसरी शान्ति विधायिनि है उसे॥
मिली कहाँ वह अति पावन प्यारी हवा।
हों न अपावन रुचि रज कण जिसमें बसे॥ 11॥

भारत के बहु विवुध वृन्द सहवास से।
यह है वसुधा विविध पुनीत प्रशंसिता।
पा अनुपम आलोक उन्हीं के पास से।
इसने की है सकल अवनि आलोकिता॥ 12॥

है प्रभाविता यह बहु तपो प्रभाव से।
गिरि तनया ने इसे विपुल गौरव दिया॥
जन रंजन मुनिजन ने पूजित भाव से।
इस का बहु अभिनन्दन अनुरंजन किया॥ 13॥

केकय तनया प्रबल प्रपंचों में पड़े।
कुसुम सेज जब रघुकुल रंजन की छिनी॥
बन में उन पर जब दुख पड़े बड़े कड़े।
तब कुटीर ही रही विराम विधायिनी॥ 14॥

देश-प्रेम औ जाति-प्रेम प्रेमिक बने।
विविध यातना जब नृप पुङ्गव ने सही॥
जब प्रताप से प्रिय परिजन तक थे तने।
तब कुटीर ही उनका अवलम्बन रही॥ 15॥

निकल आह इसमें से ही प्रलयंकरी।
सौध धवल धामों को देती है जला॥
लोकलयकरी ज्वाला है इसमें भरी।
इसमें ही दनु वंश दहन रत दब बला॥ 16॥

समधिक तेजोमयी महान बिनोदिनी।
सहज सुखों की सखी सरलताओं भरी॥
बहु मानव हितकरी ताप अपनोदिनी।
कुटी शान्ति की है अति प्यारी सहचरी॥ 17॥

रवि सहचरी

(चौपदे)

चन्द्र बदनी तारकावलि शोभिता।
रंजिता जिसको बनाती है दिशा॥
दिव्य करती है जिसे दीपावली।
है कहाँ वह कौमुदी वसना निशा॥ 1॥

क्या हुई तू लाल उसका कर लहू।
क्या उसीके रक्त से है सिक्त तन॥
दीन हीन मलीन कितनों को बना।
क्यों हुआ तेरा ऊषा उत्फुल्ल मन॥ 2॥

वह बुरी काली कलूटी क्यों न हो।
क्यों न वह होवे भयंकरता भरी॥
पर कलानिधि का वही सर्वस्व है।
है वही कल कौमुदी की सहचरी॥ 3॥

मणि जटित करती गगन को है वही।
उडु विलसते हैं उसी में हो उदित॥
है चकोरों को पिलाती वह सुधा।
है वही करती कुमुद कुल को मुदित॥ 4॥

है बिलसती तू घड़ी या दो घड़ी।
किन्तु वह सोलह घड़ी है सोहती॥
है अगर मन मोहना आता तुझे।
तो रजनि है कम नहीं मन मोहती॥ 5॥

तू लसे पाकर परम कमनीयता।
लाभ कर बर ज्योति जाये जगमगा॥

बन्द आँखें खोल आलस दूर कर।
दे जगत के प्राणियों को तू जगा ॥ 6 ॥

है उचित यह, है इसे चित मानता।
किन्तु है यह बात जी को खल रही ॥
देख करके दूसरे का वर विभव।
किसलिये तू इस तरह है जल रही ॥ 7 ॥

लाल है तो तू भले ही लाल बन।
पर कभी मत क्रोध से तू लाल बन ॥
क्यों न मालामाल ही हो जाय तू।
पर किसी का मत कभी तू काल बन ॥ 8 ॥

उस समुन्नति को भली कैसे कहें।
और को जो धूल में देवे मिला ॥
दूसरा जो फूल फल पाया न तो।
किसलिये मुखड़ा कभी कोई खिला ॥ 9 ॥

देख कर तुझको परम अनुरंजिता।
था बिचारा प्यार से तू है भरी ॥
विधु विधायकता तुझे कैसे मिले।
जब प्रखर रवि की बनी तू सहचरी ॥ 10 ॥

एक चिरपथिक

(ललित पद)

प्रिय आवास वास सुख वंचित बहु प्रवास दुख से ऊबा।
नव उमंगमय एक चिरपथिक अभिनव भावों में डूबा॥
विकच वदन अति मन्द मन्द सानन्द सदन दिशि जाता था।
विविध तरंग तरंगित मानस रंगत रुचिर दिखाता था॥ 1॥

प्रिया प्रतीची अंकरंजिनी दिन रंजन किरणें रंजित।
उसजा मन रंजन करती थीं मंजुराग कर कर व्यंजित॥
गगन लालिमा मुखलाली को समधिक ललित बनाती थी।
खिलखिल कलिका कलित कुसुम की दिलकी कली खिलाती थी॥ 2॥

कानों को कलोलरत खग कुलकलरव सुधा पिलाता था।
गन्ध बाह बरगन्ध बहन कर बहु विनोद उपजाता था॥
रजनी-मुख विकसित कुमोदिनी मिस मृदु मृदु मुसकाती थी।
करा किसी विधु वदनी की सुधि निज बिधु बदन दिखाती थी॥ 3॥

विभावरी ने जब तारक चय खचित रुधिर सारी पहनी।
उसी समय अवलोकी उसने सदन पास की प्रिय अवनी॥
सौध धवल प्रासाद मनोहर निकट उसी के दिखलाया।
दूर हुआ अवसाद स्वाद गृह दर्शन का उसने पाया॥ 4॥

हँसा हँसाकर दिशा वधू को कान्त कौमुदी हँसती थी।
विमल गगन भूतल पादपदल फल पर विपुल विलसती थी॥
गृह उद्यान ज्योति से उसकी ज्योतिर्मय दिखलाता था।
वर प्रासाद जगमगा करके हीरक जटित जनाता था॥ 5॥

किन्तु देख नीरवता बाँकी चिन्तित पुलकित-पथिक हुआ।
निर्जनता अवलोक अनाकुल मानस आकुल अधिक हुआ॥

इसी समय आलापिनि द्वारा हुआ मधुर आलाप वहीं।
जिससे सरस सुधा की धारें परम सरसता साथ बहीं॥ 6॥

फिर कोकिल-कल-कण्ठ नाद से लगा गूँजने ककुभ सकल।
गीत कलित कोमल पदावली बनी विकल चित का सम्बल॥
यह सुन पड़ा, चिर पथिक कैसे चिरपथिका को है भूला।
कैसे कुम्हला गया हमारा अति सुन्दर सुख तरु फूला॥ 7॥

क्यों जीवन सर्वस्व न मेरा जीवन सफल बनाता है।
परम प्रेम धन क्यों स्वप्रेमिका को पल पल कलपाता है॥
तन में मन में युगल नयन में जिसने अयन बनाया है।
रूप मनोरव जिसका मेरे रोम रोम रम पाया है॥ 8॥

वही नहीं मिलता है मेरा दिल मल मल रह जाता है।
दिन दिन दुख दूना होता है सूना जगत दिखाता है॥
बन बन फिरी विलोके उपवन किया तपोवन में फेरा।
नगर नगर घर घर में घूमी गिरिवर पर डाला डेरा॥ 9॥

तन सूखा, मन मरा, धन गया, पड़े पगों में हैं छाले।
मिले आज तक नहीं निवारक रौरव दुख गौरव वाले॥
मिले कुसुम उद्यान धूल में परम रम्य प्रासाद ढहे।
इस आनन्दमयी अवनी में निरानन्द का स्रोत बहे॥ 10॥

परिजन दुख पावें, जिनको जन विधि विधानवश पाता है।
किन्तु हमें आलोक निकेतन अब परलोक दिखाता है॥
यंह स्वर लहरी गूँज गूँज जब पवन लहर में लीन हुई।
उसी समय दो भाग मलिनता अमलिनता आधीन हुई॥ 11॥

उठी यवनिका चिर वियोग की दो संयोगी गले मिले।
बहुत दिनों के अविकच मुखड़े विकच सरोज समान खिले॥
चमक चाँदनी उठी चमकते चन्द्रदेव भी दिखलाये।
विपुल प्रसून, प्रफुल्लित तरु ने पुलक पुलक कर बरसाये॥ 12॥

पथिकतीर्थ प्रेमिक था पूरा पथिका पति प्रेमिका बड़ी।
इसी लिये उनको वियोग की सहनी नाना व्यथा पड़ी॥
किन्तु अन्त में, हुए विरह का अन्त, मिले दोनों नेमी।
देख जगत की रीति अधिकतर बने प्रीति पथ के प्रेमी॥ 13॥

केवल गृह उद्यान सुमन ही, नहीं सुमनता दिखलाते।
कण्टक मय पथ को भी वे थे सरस सुमन मय कर पाते॥
यदि उनका प्रासाद प्रेम प्रासाद पुकारा जाता था।
तो उनके प्रसाद गुण द्वारा सभी प्रसादित आता था॥ 14॥

सुफलद सुतरु समान, सलिलधर तुल्य रुचिर रस संचारी।
सुखित जनों के सुखद रहे वे दुखित जनों के दुखहारी॥
देश जाति-हित वसुधा तल पर सुर सरि धारा सदृश बही।
आजीवन चिरपथिक सहित चिर पथिका सत्पथ पथिक रही॥ 15॥

दिल के फफोले

(चतुष्पदी)

ग्रन्थ कितने पढ़े बहुत डूबे।
भेद जाना अनेक आपा खो॥
सन्त जन की सुनी सभी बातें।
पर न जाना गया प्रभो क्या हो॥ 1॥

आप में है अपार बल बूता।
यह सदा ही हमें सुनाता है॥
किस लिये काम वह नहीं आता।
जब निबल को सबल सताता है॥ 2॥

दानवों के कठोर हाथों से।
सैकड़ों देव-वंश-दीप बुता॥
धूल में मिल गये सुजन कितने।
फिर कहाँ आप की रही प्रभुता॥ 3॥

शान्त बैठा निरीह पंछी भी।
जो नहीं व्याध बान से बचता॥
हो गयी तो कठोरपन की हद।
देख ली आप की दयामयता॥ 4॥

सामने बाप औ मा के ही।
तोड़ते देख बालकों को दम॥
लोग लेते पकड़ कलेजा हैं।
क्या कहें आप के हृदय को हम॥ 5॥

मर मिटे अन्न के बिना कितने।
कितने ही आध पेट खा सूतें॥

है कहीं यों पड़ा करोड़ों मन।
देखिये आप अपनी करतूतें ॥ 6 ॥

बात कहते असंख्य जीवों को।
निधि डुबोता धरा निगलती है ॥
गिरि उगल आग ध्वंस करते हैं।
बात यह क्या कभी न खलती है ॥ 7 ॥

हैं बनाये गये कुबेर वही।
जो पकड़ते हैं दाँत से पैसा ॥
तंग मैं हूँ उदार को पाता।
आप का यह प्रपंच है कैसा ॥ 8 ॥

क्लेश पर क्लेश है दुखी पाता।
बहु विकारों भरा मनुज मन है ॥
रोग का है सदन बना नर-तन।
क्या यही आपका बड़प्पन है ॥ 9 ॥

जो भले और हैं बहुत सीधे।
पूछता तक उन्हें नहीं कोई ॥
है चालाकों की बोलती तूती।
नीति की बेलि है भली बोई ॥ 10 ॥

हाथ पाँवों बिना रचे कितने।
है किसी को बना दिया काना ॥
झीकते हैं बहुत बिना आँखों।
हैं इसी को ही कहते मनमाना ॥ 11 ॥

जो चमकते रतन धरा के हैं।
हैं उन्हें करते भोर का तारा ॥
मूढ़ पाते हैं आयु लोमस की।
आप का ढंग कितना है न्यारा ॥ 12 ॥

प्यास जिनकी लहू से बुझती है।
जो निगल और को अघाते हैं ॥
टूट उन पर न जो पड़ी बिजली।
किसलिये आप प्रभु कहाते हैं ॥ 13 ॥

बात जिनकी बड़ी अनूठी है।
पर भरा पेट में हलाहल है॥
जो न पीछे को मुख बना उनका।
तो सधा आपका न बुधिबल है॥ 14॥

हैं जिन्हें धुन सवार यह रहती।
किस तरह मैं करूँ बुरा किसका॥
जो उन्हें आपने न सींग दिया।
तो कहूँ आप की समझ को क्या॥ 15॥

जब मनुज-रक्त से सना गारा।
शिर लगाये गये कंगूरों पर॥
एक दिन में गले कटे लाखों।
तब सके आप क्यों नहीं कुछ कर॥ 16॥

जब बनी प्राण-नाशिनी गोली।
जब बनी तोप काल की पोती॥
तब रहे देखते बदन किसका।
आप से है हमें कुढ़न होती॥ 17॥

देख शूली मसीह को पाते।
देख शर व्याध से बिधा हरि-तन॥
भू-समाती विलोक सीता को।
आप से फिर गया हमारा मन॥ 18॥

छीन लेते हैं आँख का तारा।
लूटते हैं किसी का जीवन-धन॥
हैं किसी का सुहाग ले लेते।
है यही आप का निराला पन॥ 19॥

पीट दे या कि सर पटक देवे।
कूट डाले न क्यों कोई छाती॥
पर टलेगी कभी नहीं होनी।
आप की कुछ कही नहीं जाती॥ 20॥

क्यों बनाया गया जगत ऐसा।
हैं सुलझती न गुत्थियाँ जिसकी॥

चाल यह दूर की बड़ी गहरी।
आपको छोड़ और है किसकी ॥ 21 ॥

हैं बहुत मत, अनेक झगड़े हैं।
आप को मानते नहीं कितने ॥
हैं सभी ओर उलझनें तो भी।
हम समझते हैं आप हैं जितने ॥ 22 ॥

जब कहीं आपकी बिना इच्छा।
डोलता है न एक भी पत्ता ॥
किस लिये ऐंच पेंच फिर इतना।
जब कि है एक आप की सत्ता ॥ 23 ॥

ए सभी खेल जो प्रकृति के हैं।
आप क्या हैं? नहीं बताते क्यों?
जो कलें आप के करों में हैं।
ठीक उन को नहीं चलाते क्यों? ॥ 24 ॥

दीन की आह

(चौतुका)

न तो हिलाती गगन न तो हरि हृदय कँपाती।
न तो निपीड़क उर को है भय-मीत बनाती॥
निपट-निराशा-भरी निकल चुप चाप बदन से।
दीन आह दुख साथ वायु में है मिल जाती॥ 1॥

उसकी बेधकता का परिचय पाने वाला।
उसकी दुख-मयता को जी में लाने वाला॥
देखा जाता नहीं, कहीं कोई होता है।
दीन-आह में अपनी आह मिलाने वाला॥ 2॥

बार बार अपने उर को मथ कर अकुलाती।
अमित-ताप-परिताप भरी होठों पर आती॥
फिर सहती अपमान शून्य में लय होती है।
दीन-जनों की आह नहीं कुछ भी कर पाती॥ 3॥

सुनते हैं उससे है पाहन भी भय पाता।
उससे है ईश्वर का आसन भी डिग जाता॥
किन्तु बात यह सब कहने सुनने ही की है।
दीन-आह का एक विफलता से है नाता॥ 4॥

वीर आह के तुल्य नहीं वह लहू बहाती।
सबल-आह के सदृश नहीं वह लोथ ढहाती॥
आशङ्कित कर धीर-आह के सम नहिं होती।
वह अपना ही हृदय मथन कर है रह जाती॥ 5॥

वैसी ही उससे होती दिन रात ठगी है।
वही दीनता अब भी उसकी बनी सगी है॥

कौशल है, अति गूढ़ चातुरी है, यह कहना।
दीन-आह पर हरि स्वीकृति की छाप लगी है ॥ 6 ॥

पवि कठोर को धूल बना कर धर सकती है।
लोक-दाहक दुसह अंगारे झर सकती है ॥
किसी दयालु-हृदय से निकली हैं ये बातें।
आह दीन की भला नहीं क्या कर सकती है ॥ 7 ॥

सभी सताने वाले निज कर मलते होते।
पड़ विपत्तियों में दिन रात विचलते होते ॥
जो दीनों की आह में जलन कुछ भी होती।
ऊँचे ऊँचे महल आज तो जलते होते ॥ 8 ॥

चहल पहल है जहाँ वहाँ मातम छा जाता।
स्वर्ग-छटा है जहाँ वहाँ रौरव उठ आता ॥
दीन आह की ध्वनि यदि हरि-कानों में जाती।
नन्दन-वन है जहाँ आज मरु वहाँ दिखाता ॥ 9 ॥

किया लोक-हित विबुध-जनों में धर्म कमाया।
जो उनको सब काल प्रभाव-मयी बतलाया ॥
किन्तु जान कर मर्म दीन-जन की आहों का।
भला, कलेजा किसका है मुँह को नहिं आया ॥ 10 ॥

दुखिया के आँसू

(चतुष्पदी)

बावले से घूमते जी में मिले।
आँख में बेचैन बनते ही रहें॥
गिर कपोलों पर पड़े बेहाल से।
बात दुखिया आँसुओं की क्या कहें॥ 1 ॥

हैं व्यथायें सैकड़ों इन में भरी।
ये बड़े गम्भीर दुख में हैं सने॥
पर इन्हें अवलोक करके दो बता।
हैं कलेजा थामते कितने जने॥ 2 ॥

बालकों के आँसुओं को देख कर।
है उमड़ आता पिता-उर प्रेम मय॥
कौन सी इन आँसुओं में है कसर।
जग-जनक भी जो नहीं होता सदय॥ 3 ॥

चन्द-बदनी-आँसुओं पर प्यार से।
हैं बहुत से लोग तन मन वारते॥
एक ये हैं, लोग जिनके वास्ते।
हैं नहीं दो बूँद आँसू ढालते॥ 4 ॥

क्या न कर डाला खुला जादू किया।
आँख के आँसू कढ़े या जब बहे॥
किन्तु ये ही कुछ हमें ऐसे मिले।
हाथ ही में जो विफलता के रहे॥ 5 ॥

पोंछ देने के लिये धीरे इन्हें।
है नहीं उठता दया-मय-कर कहीं॥

इन बेचारों पर किसी हम-दर्द की।
प्यार-वाली आँख भी पड़ती नहीं॥ 6॥

क्यों उरों से ये दृगों में आ कढ़े।
था भला, जो नाश हो जाते वहीं॥
जो किसी का भी इन्हें अवलोक कर।
मन न रोया जी पसीजा तक नहीं॥ 7॥

भाग फूटा वे बसी लिपटी रही।
बहु दुखों से ही सदा नाता रहा॥
फिर अजब क्या, इस अभागे जीव के।
आँसुओं का जो असर जाता रहा॥ 8॥

बह पड़ी जो धार दुखिया आँख से।
क्यों न पानी ही उसे कहते रहें॥
है नहीं जिसने जगह जी में किया।
हम भला कैसे उसे आँसू कहें॥ 9॥

है कलेजे को घुला देता कोई।
मैल चितवन पर कोई लाता नहीं॥
कौन दुखिया आँसुओं पर हो सदय।
पूछ ऐसों की नहीं होती कहीं॥ 10॥

सबल और निबल

(चौपद)

मर मिटे, पिट गये, सहा सब कुछ।
पर निबल की सुनी गयी न कहीं॥
है सबल के लिये बनी दुनिया।
है निबल का यहाँ निबाह नहीं॥ 1॥

जान पर बीतती किसी की है।
और कोई है जी को बहलाता॥
एक को धूल में मिला करके।
दूसरा है कमाल दिखलाता॥ 2॥

घर किसी का उजाड़ होता है।
और बनते महल किसी के हैं॥
है किसी गेह का दिया बुझता।
औ कहीं दीये जलते घी के हैं॥ 3॥

दूसरों का बिगाड़ करके रँग।
रंग अपना सभी जमाते हैं॥
एक के नाम को मिटा करके।
दूसरे लोग नाम पाते हैं॥ 4॥

क्या कहें बात हम अमीरों की।
आप होंगे दुखी उसे सुन के॥
बेकसों का गला दबा देना।
खेल है बायें हाथ का उनके॥ 5॥

क्यों न दानों बिना मरे कोई।
क्यों न अपना सभी गँवा बैठे॥

पर उन्हें क्या, करेंगे मनमानी।
जब कि पुतले सितम कभी ऐंठे ॥ 6 ॥

काम से काम है उन्हें रहता।
वे भला कब हुए किसी के हैं ॥
और पिसते को पीस देना ही।
नित्त के चोचले धनी के हैं ॥ 7 ॥

रत्न न्यारे मोल का जितना अधिक।
राज सिंहासन मुकुट में हो लगा ॥
ठीक कहते कि उतना ही अधिक।
वह खून के दूसरों से है रँगा ॥ 8 ॥

चैन कितने लोग पाते ही नहीं।
जान कितनी जो न हाथों से गई ॥
नित कलेजा सैकड़ों कुचले बिना।
पाँव सीधे पड़ नहीं सकते कई ॥ 9 ॥

क्या कहें, जी है धड़क उठा बहुत।
फूँक कर घर सैकड़ों फूले फले ॥
लालसायें राज या धन मान की।
आज भी हैं रेततीं लाखों गले ॥ 10 ॥

बेबसी जिन पर बरसाती है बहुत।
आँख से आँसू बहा करके घड़ों ॥
गेंद जैसे हैं लुढ़कते धूल में।
ठोकरें खा खा गिरे सिर सैकड़ों ॥ 11 ॥

छिन गये सुख चाह मिट्टी में मिली।
औ कलेजे ने बुरी ठेसें सहीं ॥
लोग लाखों लुट गये सरबस गया।
औ हुआ क्या? एक की बातें रहीं ॥ 12 ॥

आप आँखें खोल करके देखिये।
आज जितनी जातियाँ हैं सिर-धरी ॥
पेट में उनके पड़ी दिखलायेंगी।
जातियाँ कितनी सिसकती या मरी ॥ 13 ॥

दूसरों की पीर कब समझी गई।
और के दुख की हुई परवाह कब ॥
बात कहते गरदनें कितनी नपीं।
भौं चढ़ा बैठा कोई बे पीर जब ॥ 14 ॥

जी सभी का मांस से ही है बना।
है कलेजा दूसरों के पास भी ॥
कौन लुट जाता नहीं निजता गँवा।
पर समझता यह नहीं कोई कभी ॥ 15 ॥

आँख का आँसू

(चतुष्पद)

आँख का आँसू ढलकता देख कर।
　　　　जी तड़प करके हमारा रह गया॥
क्या गया मोती किसी का है बिखर।
　　　　या हुआ पैदा रतन कोई नया॥ 1॥

ओस की बूँदें कमल से हैं कढ़ी।
　　　　या उगलती बूँद हैं दो मछलियाँ॥
या अनूठी गोलियाँ चाँदी मढ़ी।
　　　　खेलती हैं खंजनों की लड़कियाँ॥ 2॥

या जिगर पर जो फफोला था पड़ा।
　　　　फूट करके वह अचानक बह गया॥
हाय! था अरमान जो इतना बड़ा।
　　　　आज वह कुछ बूँद बन कर रह गया॥ 3॥

पूछते हो तो कहो मैं क्या कहूँ।
　　　　यों किसी का है निरालापन गया॥
दर्द से मेरे कलेजे का लहू।
　　　　देखता हूँ आज पानी बन गया॥ 4॥

प्यास थी इस आँख को जिसकी बनी।
　　　　वह नहीं इसको सका कोई पिला॥
प्यास जिससे हो गयी है सौगुनी।
　　　　वाह! क्या अच्छा इसे पानी मिला॥ 5॥

ठीक कर लो जाँच लो धोखा न हो।
　　　　वह समझते हैं मकर करना इसे॥

आँख के आँसू निकल करके कहो।
चाहते हो प्यार जतलाना किसे ॥ 6 ॥

आँख के आँसू समझ लो बात यह।
आन पर अपनी रहो तुम मत अड़े ॥
क्यों कोई देगा तुम्हें दिल में जगह।
जब कि दिल में से निकल तुम यों पड़े ॥ 7 ॥

हो गया कैसा निराला वह सितम।
भेद सारा खोल क्यों तुमने दिया ॥
या किसी का हैं नहीं खोते भरम।
आँसुओ! तुमने कहो यह क्या किया ॥ 8 ॥

झाँकता फिरता है कोई क्यों कुआँ।
हैं फँसे इस रोग में छोटे बड़े ॥
है इसी दिल से तो वह पैदा हुआ।
क्यों न आँसू का असर दिल पर पड़े ॥ 9 ॥

रंग क्यों निराला इतना कर लिया।
है नहीं अच्छा तुम्हारा ढंग यह ॥
आँसुओ! जब छोड़ तुमने दिल दिया।
किसलिये करते हो फिर दिल में जगह ॥ 10 ॥

बात अपनी ही सुनाता है सभी।
पर छिपाये भेद छिपता है कहीं ॥
जब किसी का दिल पसीजेगा कभी।
आँख से आँसू कढ़ेगा क्यों नहीं ॥ 11 ॥

आँख के परदों से जो छनकर बहे।
मैल थोड़ा भी रहा जिसमें नहीं ॥
बूँद जिसकी आँख टपकाती रहे।
दिल जलों को चाहिए पानी वही ॥ 12 ॥

हम कहेंगे क्या कहेगा यह सभी।
आँख के आँसू न ये होते अगर ॥
बावले हम हो गये होते कभी।
सैकड़ों टुकड़े हुआ होता जिगर ॥ 13 ॥

है सगों पर रंज का इतना असर।
जब कड़े सदमे कलेजे ने सहे॥
सब तरह का भेद अपना भूल कर।
आँख के आँसू लहू बनकर बहे॥ 14॥

क्या सुनावेंगे भला अब भी खरी।
रो पड़े हम पत तुम्हारी रह गयी॥
ऐंठ थी जी में बहुत दिन से भरी।
आज वह इन आँसुओं में बह गयी॥ 15॥

बात चलते चल पड़ा आँसू थमा।
खुल पड़े बेंड़ी सुनाई रो दिया॥
आज तक जो मैल था जी में जमा।
इन हमारे आँसुओं ने धो दिया॥ 16॥

क्या हुआ अन्धेर ऐसा है कहीं।
सब गया कुछ भी नहीं अब रह गया॥
ढूँढ़ते हैं पर हमें मिलता नहीं।
आँसुओं में दिल हमारा बह गया॥ 17॥

देखकर मुझको सम्हल लो, मत डरो।
फिर सकेगा हा़य! यह मुझको न मिल॥
छीन लो, लोगो! मदद मेरी करो।
आँख के आँसू लिये जाते हैं दिल॥ 18॥

इस गुलाबी गाल पर यों मत बहो।
कान से भिड़कर भला क्या पा लिया॥
कुछ घड़ी के आँसुओ मेहमान हो।
नाक में क्यों नाक का दम कर दिया॥ 19॥

नागहानी से बचो, धीरे बहो।
है उमंगों से भरा उनका जिगर॥
यों उमड़ कर आँसुओ सच्ची कहो।
किस खुशी की आज लाये हो खबर॥ 20॥

क्यों न वे अब और भी रो रो मरें।
सब तरफ उनको अँधेरा रह गया॥

क्या बिचारी डूबती आँखें करें।
तिल तो था ही आँसुओं में बह गया ॥ 21 ॥

दिल किया तुमने नहीं मेरा कहा।
देखते हैं खो रतन सारे गये ॥
जोत आँखों में न कहने को रही।
आँसुओं में डूब ये तारे गये ॥ 22 ॥

पास हो क्यों कान के जाते चले।
किस लिये प्यारे कपोलों पर अड़ो ॥
क्यों तुम्हारे सामने रह कर जले।
आँसुओ आकर कलेजे पर पड़ो ॥ 23 ॥

आँसुओं की बूँद क्यों इतनी बढ़ी।
ठीक है तक़दीर तेरी फिर गयी ॥
थी हमारे जी से पहले ही कढ़ी।
अब हमारी आँख से भी गिर गयी ॥ 24 ॥

आँख का आँसू बनी मुँह पर गिरी।
धूल पर आकर वहीं वह खो गयी ॥
चाह थी जितनी कलेजे में भरी।
देखता हूँ आज मिट्टी हो गयी ॥ 25 ॥

भर गई काजल से कीचड़ में सनी।
आँख के कोनों छिपी ठंढी हुई ॥
आँसुओं की बूँद की क्या गत बनी।
वह बरौनी से भी देखो छिद गयी ॥ 26 ॥

दिल से निकले अब कपोलों पर चढ़ो।
बात बिगड़ी क्या भला बन जायगी ॥
ऐ हमारे आँसुओ! आगे बढ़ो।
आपकी गरमी न यह रह जायगी ॥ 27 ॥

नीच या तो हो जलाते आँख तुम।
आँसुओ! तुमने बहुत हमको ठगा ॥
जो बुझाते हो कहीं की आग तुम।
तो कहीं तुम आग देते हो लगा ॥ 28 ॥

काम क्या निकला हुए बदनाम भर।
जो नहीं होना था वह भी हो लिया ॥
हाथ से अपना कलेजा थाम कर।
आँसुओं से मुँह भले ही धो लिया ॥ 29 ॥

गाल के उसके दिखा करके मसे।
यह कहा हमने हमें ये ठग गये ॥
आज वे इस बात पर इतने हँसे।
आँख से आँसू टपकने लग गये ॥ 30 ॥

लाल आँखें कीं, बहुत बिगड़े बने।
फिर उठाई दौड़ कर अपनी छड़ी ॥
वैसेही अब भी रहे हम तो तने।
आँख से यह बूँद कैसी ढल पड़ी ॥ 31 ॥

बूँद गिरते देखकर यों मत कहो।
आँख तेरी गड़ गई या लड़ गयी ॥
जो समझते हो नहीं तो चुप रहो।
किर किरी इस आँख में है पड़ गयी ॥ 32 ॥

है यहाँ कोई नहीं धुआँ किये।
लग गयीं मिरचें न सरदी है हुई ॥
इस तरह आँसू भर आये किस लिये।
आँख में ठंढी हवा क्या लग गयी? ॥ 33 ॥

देख करके और का होते भला।
आँख जो बिन आग ही यों जल मरे ॥
दूर से आँसू उमड़ कर तो चला।
पर उसे कैसे भला ठंढा करे ॥ 34 ॥

पाप करते हैं न डरते हैं कभी।
चोट इस दिल ने अभी खाई नहीं ॥
सोच कर अपनी बुरी करनी सभी।
यह हमारी आँख भर आयी नहीं ॥ 35 ॥

है हमारे औगुनों की भी न हद।
हाय! गरदन भी उधर फिरती नहीं ॥

देख करके दूसरों का दुख दरद।
आँख से दो बूँद भी गिरती नहीं ॥ 36 ॥

किस तरह का वह कलेजा है बना।
जो किसी के रंज से हिलता नहीं ॥
आँख से आँसू छना तो क्या छना।
दर्द का जिसमें पता मिलता नहीं ॥ 37 ॥

वह कलेजा हो कई टुकड़े अभी।
नाम सुनकर जो पिघल जाता नहीं ॥
फूट जाये आँख वह जिसमें कभी।
प्रेम का आँसू उमड़ आता नहीं ॥ 38 ॥

पाप में होता है सारा दिन वसर।
सोच कर यह जी उमड़ आता नहीं ॥
आज भी रोते नहीं हम फूट कर।
आँसुओं का तार लग जाता नहीं ॥ 39 ॥

बू बनावट की तनिक जिनमें न हो।
चाह की छीटें नहीं जिन पर पड़ीं ॥
प्रेम के उन आँसुओं से हे प्रभो!
यह हमारी आँख तो भीगी नहीं ॥ 40 ॥

मतलब की दुनिया

(चतुष्पद)

हैं सदा सब लोग मतलब गाँठते।
यों सहारा है नहीं मिलता कहीं॥
है कलेजा हो नहीं ऐसा बना।
बीज मतलब का उगा जिसमें नहीं॥ 1॥

कब कहाँ पर दीजिए हम को बता।
एक भी जी की कली ऐसी खिली॥
था न जिस पर रङ्ग मतलब का चढ़ा।
बू हमें जिसमें नहीं उसकी मिली॥ 2॥

वह करे जितना अधिक जी में जगह।
हो मिठाई बात की जितनी बढ़ी॥
लीजिए यह जान उतनी ही अधिक।
मतलबों की चाशनी उस पर चढ़ी॥ 3॥

प्यार डूबे लोग कहते हैं उमग।
जो कहो अपना कलेजा काढ़ दूँ॥
पर अगर वे निज कलेजा काढ़ दें।
तो कहेगा वह कढ़ा मतलब से हूँ॥ 4॥

और का गिरते पसीना देख कर।
जो कि अपना हैं गिरा देते लहू॥
वे कहें कुछ, पर सदा उसमें मिली।
बूझ वालों को किसी मतलब की बू॥ 5॥

एक परउपकार ही के वास्ते।
था जहाँ झण्डा बहुत ऊँचा गड़ा॥

जो गड़ा कर आँख देखा, तो वहीं।
था छिपा चुपचाप मतलब भी खड़ा ॥ 6 ॥

थे भलाई के जहाँ डेरे पड़े।
थी जहाँ पर हाट भलमंसी लगी ॥
घूम कर देखा वहीं मतलब खड़ा।
आँख करके बन्द करता था ठगी ॥ 7 ॥

देखता ही दोस्ती का रँग रहा।
जी मुरौवत का टटोला ही किया ॥
कब बता दो ए अँधेरे में चलीं।
हाथ में जब था न मतलब का दिया ॥ 8 ॥

डूब करके दूसरों के रंग में।
जो कहीं कोई कली हित की खिली ॥
फूल जो मुँह से किसी के भी झड़ा।
मतलबों की ही महँक उसमें मिली ॥ 9 ॥

दान के सामान सब देखे गये।
देख डालीं डालियाँ छूही रँगी ॥
जाँच हमने की चढ़ावे की बहुत।
मतलबों की थी मुहर सब पर लगी ॥ 10 ॥

जंगलों में देख ली धूनी रमी।
जोग ही में बाल कितनों का पका ॥
क्या हुआ घर से किनारे हो गये।
कौन मतलब से किनारा कर सका ॥ 11 ॥

है बताती वीर की गरदन नपी।
है सती की भी चिता कहती यही ॥
है यही धुन जौहरों से भी कढ़ी।
आँच मतलब की नहीं किसने सही ॥ 12 ॥

जाति के हित की सभी तानें सुनीं।
देश हित के भी लिये सब राग सुन ॥
लोक हित की गिटकिरी कानों पड़ी।
पर हमें सब में मिली मतलब की धुन ॥ 13 ॥

दिल टटोल उदारताओं का लिया।
रंगतें सारी दया की देख लीं॥
साधुता के पेट की बातें सुनीं।
मतलबों को साथ लेकर सब चलीं॥ 14॥

कौन उसके बोल पर रीझा नहीं।
कौन सुनता है नहीं उसकी कही॥
सब जगह सब काल सारे काम में।
मतलबों की बोलती तूती रही॥ 15॥

दिल टटोलो

क्या न होता है उसमें दिल उजला।
मैले कपड़े से क्यों झिझकते हो॥
देख उजला लिबास मत भूलो।
दिल मैला कहीं न उसमें हो॥ 1॥

जो न सोने के कन उसे मिलते।
न्यारिया राख किस लिये धोता॥
मत रुको देख कर फटे कपड़े।
लाल गुदड़ी में क्या नहीं होता॥ 2॥

है किसी काम का न रँग गोरा।
जो दिखाई पड़ा हृदय काला॥
है बड़ा ही अमोल काला रँग।
मिल गया हो हृदय अगर आला॥ 3॥

क्या हुआ उच्च वंश में जनमे।
जो जँचा जी में पाप का कूँचा॥
नीच कुल का हुए न कुछ बिगड़ा।
जो हृदय हो महान औ ऊँचा॥ 4॥

कब भला ठाट है अमीरी का।
ऐंठ जिसमें विकाश है पाती॥
सादगी है कहीं भली, जिसमें—
है सुजनता झलक दिखा जाती॥ 5॥

एक तिनका

मैं घमण्डों में भरा ऐंठा हुआ।
एक दिन जब था मुँडेरे पर खड़ा॥
आ अचानक दूर से उड़ता हुआ।
एक तिनका आँख में मेरी पड़ा॥ 1 ॥

मैं झिझक उठा, हुआ बेचैन सा।
लाल होकर आँख भी दुखने लगी॥
मूँठ देने लोग कपड़े की लगे।
ऐंठ बेचारी दबे पाँवों भगी॥ 2 ॥

जब किसी ढबसे निकल तिनका गया।
तब 'समझ' ने यों मुझे ताने दिये॥
ऐंठता तू किसलिये इतना रहा।
एक तिनका है बहुत तेरे लिये॥ 3 ॥

एक मसा

देख कर ऊँचा सजा न्यारा महल।
और गहने देह के रत्नों जड़े॥
पास बैठी चाँद-मुखड़े-वालियाँ।
फूल ऐसे लाडिले, सुन्दर बड़े॥ 1॥

याद कर फूली हुई फुलवारियाँ।
फूल अलबेले महँक प्यारी भरे॥
थीं फलों से डालियाँ जिनकी लदी।
बाग के वे पेड़ पीछे छरहरे॥ 2॥

फल रसीले और खा व्यंजन सभी।
मुख सुखों का देख मन माना हरा॥
तन लगे ठंढी हवा आनन्द पा।
रात में अवलोक नभ तारों-भरा॥ 3॥

कह उठा एक, राज-मद-माता हुआ।
भौंह दोनों चौगुनी टेढ़ी किये॥
कौन मुझ सा है आह! मैं धन्य हूँ।
है बना संसार सब जिसके लिये॥ 4॥

एक मसा उस काल उसकी नाक पर।
बैठ कर बोला लहू पी कनमना॥
है बना तेरे लिये संसार सब।
और मेरे वास्ते तू है बना॥ 5॥

एक बूँद

ज्यों निकल कर बादलों की गोद से।
थी अभी एक बूँद कुछ आगे बढ़ी॥
सोचने फिर फिर यही जी में लगी।
आह क्यों घर छोड़ कर मैं यों कढ़ी॥ 1॥

दैव मेरे भाग में क्या है बदा।
मैं बचूँगी या मिलूँगी धूल में॥
या जलूँगी गिर अँगारे पर किसी।
चू पड़ूँगी या कमल के फूल में॥ 2॥

बह गयी उस काल एक ऐसी हवा।
बह समुन्दर ओर आयी अनमनी।
एक सुन्दर सीप का मुँह था खुला।
वह उसी में जा पड़ी मोती बनी॥ 3॥

लोग यों ही हैं झिझकते, सोचते।
जब कि उनको छोड़ना पड़ता है घर॥
किन्तु घर का छोड़ना अक्सर उन्हें।
बूँद लौं कुछ और ही देता है कर॥ 4॥

रात का जागना

जी भरा है, आँखें हैं कड़ुआ रही।
सिर में है कुछ धमक नींद है आ रही ॥
उचित नहीं है बहुत रात तक जागना।
देह टूट कर है यह हमें बता रही ॥ 1 ॥

सुर बाजों में मीठापन है कम नहीं।
जहाँ वर गला है मीठापन है वहीं ॥
नाच रंग में मीठेपन का रंग है।
पर मीठी है नींद इन सबों से कहीं ॥ 2 ॥

न्यारा रस कितने ग्रन्थों में है भरा।
किसे नहिं मिला सत संगति में सुख धरा ॥
काम काज की धुन भी है प्यारी बड़ी।
पर संयम के बिना रहा कब मुख हरा ॥ 3 ॥

मनको है अपना लेती कितनी कला।
नाटक-चेटक पर किसका नहिं जी चला ॥
खेल तमाशे ललचाते किसको नहीं।
पर निरोग तन रहना है सबसे भला ॥ 4 ॥

काँटा और फूल

है न काँटों सा उभरना काम का।
क्या रहा, जब दूसरों को दुख दिया॥
सीख लेवें क्यों न खिलना फूल सा।
जब किया तब और को पुलकित किया॥ 1॥

रङ्ग जिन पर हो भलाई का चढ़ा।
सब जगह उनकी घटी सब दिन रही॥
डालियों में है न काँटों की कमी।
पर दिखाते फूल हैं दो चार ही॥ 2॥

जब उठी आँखें हमें काँटे मिले।
नोक अपनी वैसी ही सीधी किये॥
पर नहीं जाना निराले फूल ये।
कब खिले औ किस समय कुम्हला गये॥ 3॥

क्या बतावें, है कलेजा मल रहा।
कुछ न काँटों का हुआ इनके किये॥
धूप निकली, लू चली, आँधी उठी।
हा! इन्हीं सुकुमार फूलों के लिये॥ 4॥

दूर आँखों से न वह काँटा हुआ।
नोक से जिसकी लहू कितना बहा॥
पर बिचारी तितलियों के वास्ते।
दो दिनों भी फूल का न समा रहा॥ 5॥

किस लिये काँटे बहुत दिन तक रहें।
आह! मेरा जी बहुत खिजला गया॥

किसलिये इतना अनूठा फूल यह।
आज फूला और कल कुम्हला गया ॥ 6 ॥

दो दिनों भी फूल रह पाया नहीं।
पर बहुत दिन तक रहे काँटे अड़े ॥
जो भले हैं सब जिन्हें है चाहता।
कब न जीने के उन्हें लाले पड़े ॥ 7 ॥

लोहित बसना

(पञ्चदश पदी)

हुआ दूर तम पुञ्ज दुरित तम सम्भव भागे।
खिले कमल सुख मिले मधुप कुल को मुँह माँगे॥
अनुरंजित जग हुआ जीव जगती के जागे।
परम पिता पद कञ्ज भजन में जन अनुरागे॥
छिति पर छटा अनूठी छाई।

चूम चूम करके कलियाँ कमनीय खिलाती।
परम मृदुलता साथ लता बेलियाँ हिलाती॥
धमनी में रस रुचिर धार कर प्यार बहाती।
सरस बना कर एक एक तरु दल सरसाती।
वही पवन सुन्दर सुखदाई।

कर नभ तल को लाल दान कर अनुपम लाली।
दिखलाती बहु चाव सहित चारुता निराली॥
बनी लालिमा मयी बिपुल तरु की हरियाली।
लिये हाथ में खिले हुए फूलों की डाली॥
प्यारी लोहित बसना आई।

उषः काल

(चतुर्दश पदी)

है विभु केश कलाप रक्त कुसुमावलि अर्चित।
या है भव असितांग लाल चन्दन से चर्चित॥
हनित प्रात दनुजात रुधिर धारा दिखलाई।
या प्राची दिग्वधू बदन पर लसी ललाई॥
प्रकृति सुन्दर कलित कपोल हुआ आरंजित।
या है जग जीवन सनेह जगती कृत व्यंजित॥
ललित कला है किसी कलामय की अति प्यारी।
या पसरी है लाल लाल सुर ललना सारी॥
तम में मंजुल कान्ति रजोगुण को निवासी है।
या शनि मण्डल मध्य भूमि सुत विभा वसी है॥
बही जलधि के नील सलिल में गैरिक धारा।
या है असित वितान सुरंजित बसन सँवारा॥
प्यारी रंजत अनुराग की रुचिर श्यामता में बसी।
या प्रातःकालिक लालिमा गगन नीलिमा में लसी॥

राग रंजित गगन

तमो मयी यामिनी तिमिर हो चला तिरोहित।
काल जलधि में मग्न हुआ तारक चय बोहित॥
ककुभ कालिमाटली उलूक समूह लुकाने।
कुमुद बन्धु छबि हीन हुए कैरव सकुचाने॥
बोले तम चुर निचय हुआ खग कुल कलरव रत।
विकसे बिपुल सरोज विनोदित हुआ मधु व्रत॥
सुन्दर बहा समीर रुचिर शीतलता कोले।
शाखायें हो गयीं चारु तरु पल्लव डोले॥
हुए सरित सर विपुल विमल तज श्यामल छाया।
मोती जैसा ओप अमल जल में भी आया॥
हुई लतायें ललित बेलियों पर छवि फैली।
बनी अवनि कमनीय फेंक कर चादर मैली॥
तज आलस आँखें खोलिये लगा लोकहित से लगन।
अनुराग सहित अवलोकिये अरुण-राग रंजित गगन॥

भारत गगन

अवनति काली निशा काल कवलित होवेगी।
दिशा कालिमा कूट नीति विदलित होवेगी॥
होगा कान्ति विहीन जाति गत कलह कलाधर।
ज्योति जायगी गृह विवाद तारक चय की हर॥
उन्नति बाधक बुरे सलूक उलूक लुकेंगे।
भेद जनित अविचार रजनिचर निकल रुकेंगे॥
लोकहित करा शान्ति कमलिनी होंगी विकसित।
सब थल होगी रुचिर ज्योति जन समता विलसित॥
बह स्वतंत्रता वायु करेगी परम प्रमोदित।
होंगे मधुकर निकर नारि-नर वृन्द विनोदित॥
होगा नाना सुख समूह खग कुल निनाद कल।
उज्वल होगा, जन्मसिद्ध अधिकार धरातल॥
कर लाभ-स्ववांछित बालरवि कर देगा दुखतम कदम।
देशानुराग नवराग से आ रंजित भारत गगन॥ 1 ॥

उषा

(चतुर्दश पदी)

क्या यह है नभ नील रंजिनी सु छबि निराली।
या है लोक ललाम ललित आनन की लाली॥
विपुल चकित कर चारु चित्र की चित्र पटी है।
यात्रिलोक पति प्रीति करी प्रतिभा प्रगटी है॥
परम पुनीत प्रभातकाल की प्रिय जननी है।
या जग उज्वल करी ज्योतियों की सजनी है॥
अखिल भुवन अभिराम भानु सहचरी भली है।
या सुरपुर कमनीय कान्ति की केलि थली है।
तरह तरह की लोक लालसा की है लीला॥
या है कोई कला प्रकृति अनुरंजन शीला।
है रचना अति रुचिर रुचिरता लाने वाली।
या अरुणोदय कलित यंत्र की है कलताली॥
यह दृग विमोहिनी कौन है महा मनोहरता भरी।
सुन्दर विभूति की सिरधारी लोहित बसना सुन्दरी॥

बरबनिता

(चतुर्दश पदी)

बर बनिता है नहीं अति कलित कुन्तल वाली।
भुवन मोहिनी काम कामिनी कर प्रति पाली।
विधु बदनी रस मयी सरस सरसीरुह नयनी।
अमल अमोल कपोलवती कल कोकिल बयनी॥
उत्तम कुल की बधू उच्चकुल सम्भव बाला।
गौरव गरिमावती विविध गुण गण मणि माला॥
हाव भाव विभ्रम विलास अनुपम पुत्तलिका।
रुचिर हास परिहास कुसुम कुल विकसित कलिका॥
सुन्दर बसना बनी ठनी मधुमयी फबीली।
भागभरी औ रागरंग अनुराग रँगीली॥
अलंकार आलोक समालोकित मुद मूला।
नीतिरता संयता बहु बिकचता अनुकूला॥
है वह बर बनिता जो रहे जन्मभूमि हित में निरत।
हो जिसका जनहित जातिहित जगहित परमपुनीत व्रत॥

आर्य बाला

(छप्पै)

बहु ललामता बलित अति ललित रुचियों वाली।
सकल लोक हित जननि भाव तालों की ताली॥
मनुज रंजिनी कलित कला की कामद काया।
नव नव लीलामयी मूल सब ममता माया॥
कमनीय विधाता कर कमल की रचना का चरम फल।
कल कीर्ति सुकुसुमावलि सजी जयति आर्य बाला सकल॥ 1॥

कमला लौं सब काल लोक लालन पालन रत।
गिरि नन्दिनी समान पूत पति प्रेम भार नत॥
गौरव गरिमा मयी ज्ञान शालिनी गिरा सम।
काम कामिनी तुल्य मृदुलतावती मनोरम॥
सुरपुर अधिपति ललना समा प्रीति नीति प्रति पालिका।
सब दनुज प्रकृति नर के लिये आर्य नारि है कालिका॥ 2॥

वह बहु अनुपम साधन की है सिद्धि उदारा।
वह है गुरुजन भक्ति भूमि की सुरसरि धारा॥
वह है पति मन मधुप के लिये लतिका कुसुमित।
वह है सुन्दर सरसि सरोजिनि संतति के हित॥
वह है मन मोहन मुरलिका मधुर मुखी मृदु नादिनी।
पुरजन परिजन परिवार जन गोप समूह प्रसादिनी॥ 3॥

वह है ममतामयी पूत माता अवलम्बन।
वह है छाया समा प्रकृत जाया आलम्बन॥
परम प्रीति आधार भगिनि मणि की है वह खनि।
सहज प्रेममय सुता लताओं की है सुअवनि॥

पर दुख कातरता सदयता सहृदयता अवलम्बिनी।
वह है कुटुम्ब जन हित निरत परमोदार कुटुम्बिनी ॥ 4 ॥

पा जिनका विज्ञान बनी अति पावन अवनी।
उन ऋषि गौतम कपिल व्यास की है वह जननी ॥
द्रोणार्जुन से धीर वीर औ महा धनुर्धर।
भीष्म तुल्य भू रत्न पले उसका पय पी कर ॥
उसकी सुज्योति ही बुद्ध औ शंकर के उर में जगी।
जिनके अनुपम आलोक से जगत तमोमयता भगी ॥ 5 ॥

नर है पीवर धीर वीर संयत श्रम कारी।
है मृदुतन उपराम मयी तरलित उर नारी ॥
विपुल कार्य्य मय नर जीवन है प्रान्तर न्यारा।
नाना सेवा निलय नारिता है सरि धारा ॥
मस्तिष्क मान साहस सदन वीर्य्यवान है पुरुष दल।
हैं सहृदयता ममतावती पयोमयी महिला सकल ॥ 6 ॥

युगल मूर्ति सहयोग जनित है जग की सत्ता।
लालन पालन सृजन तथा संकलन महत्ता ॥
निज निज कृतिरत रहे युगल के सिद्धि मिलेगी।
किये अन्यथा प्रकृति चाल प्रतिकूल चलेगी ॥
हो उदय गगन तल में तभी बिधु ढालेगा रस घड़े।
जब सुधाधार सी चाँदनी तृणवीरुध तक पर पड़े ॥ 7 ॥

हृदय हृदय मस्तिष्क सदा मस्तिष्क रहेगा।
वीर्यवान सम पयोमयी को कौन कहेगा ॥
स अवसाद जन नवजीवन तब कैसे पावे।
स अवसाद उपरामयी ही जब बन जावे ॥
युग भिन्न प्रकृति जो परस्पर हित वांछा से है बनी।
उनकी विभिन्नता ही फलद है समानता से घनी ॥ 8 ॥

भली भाँति यह तत्त्व आर्य्यतिय को है अवगत।
इसीलिये वह हुई नहीं समता बिवादरत ॥
पा माता पद उच्च, सदन की जो है देवी।
सब कुटुम्ब जिसके सरोज पगका है सेवी ॥

वह क्यों समानता लाभ के लिये रहे चाहों भरी।
जो बन सच्ची सहधर्मिणी है गृहपति हृदयेश्वरी ॥ 9 ॥

आत्म त्याग मंदार कुसुम से मंडित बाला।
क्यों पहनेगी आत्म प्रेम कुरबक की माला ॥
जो उदारता सुधा परम रुचि से पी लेगी।
वह क्यों प्रतिद्वंदिता सुरा प्रेमिका बनेगी ॥
नर से समानता समर कर वह क्यों दिखलावे दुई।
जो सुरसरि धारा लौं मिलित जगहित जलनिधि में हुई ॥ 10 ॥

अहमहमिका उपेत स्वार्थ परता में डूबी।
जिन अधिकारों के निमित्त अधिकाधिक ऊबी ॥
है समाज कमनीय गात की कुत्सित बाई।
परम रुचिर संसार सरोवर की है काई ॥
होगी बरबिधि की बाधिका जो हो वाद विधायिनी।
जाया जीवन अवलम्बिनी जननी जीवन दायिनी ॥ 11 ॥

वह समाज अनुराग कुसुम खिलते कुम्हलावे।
जिस में से बहुविध विलासिता की बू आवे ॥
कभी जाति हित का वह पादप पनप न पावे।
जो अवलम्बन स्वरुचिलताओं का बन जावे ॥
वह देश प्रेम नव जनित शिशु भूतल पर गिरते मरे।
बर जीवन बहु नर-नारि का कूट नीति मय जो करे ॥ 12 ॥

वह स्वतन्त्रता रुचि प्रियता निजता जल जावे।
जो सुशीलता मानवता का गला दबावे ॥
वह मतिमत्ता नीति चतुरता वंचित होवे।
सत्य न्याय सौजन्य सुरुचि गरिमा जो खोवे ॥
वह गौरवममता समदता आत्म महत्ता ध्वंस हो।
जो पति प्रियता हितकारिता भव वत्सलता मय न हो ॥ 13 ॥

जो सामयिक प्रवाह है जगत बीच प्रवाहित।
कैसे भारत अवनि न उससे होती प्लावित ॥
इसी लिये हो चली सुरुचि धारा कुछ गदली।
गति मति कितनी आर्य्य कामिनी की है बदली ॥

पर काम चारुतर रजत का राँगा द्वारा कब चला।
जलधर माला से आवरित सब दिन रही न विधुकला ॥ 14 ॥

जिनका जीवनउच्च वेद वचनों द्वारा है।
जिनकी रग में बही पुनीत रुधिर धारा है॥
वे अति पावन चरित आर्य्य कुल की बालायें।
भूलेंगी, पर तज न सकेंगी पूत प्रथायें॥
कालान्तर में पा उन्हीं में परम अलौकिक आत्म बल।
आ जावेंगी आलोक में भूतल की महिला सकल ॥ 15 ॥

कुल कामिनी

(छप्पै)

है तमतोम समान पापमय नयनों के हित।
है रवितनया सलिल उसे जो है अमलिन चित॥
है पति चाव निमित्त सुरस शृंगार सार वह।
उसे सेवार सुप्रीति सरसिका सकते हैं कह॥
है आतंकित कर गरल मय पन्नग पोओंसे न कम।
पामर निमित्त कुल कामिनी केश पाश है पाश सम॥ 1॥

उसका सुन्दर भाल कान्त कञ्चन फलकोपम।
अवगत होता है सुहाग लीलाथल के सम॥
रजनी पति सुविभागसा विलसता है प्रति पल।
होता है अनुकूल भाग्य आलोक समुज्वल॥
वह छटअटा सुविशालता चारु चौहटा ही नहीं।
लोकों मिस उस पर चरित बल बरधारायें भी बहीं॥ 2॥

है मेहराव पुनीत भाव दर के अनुमानित।
दूज कलाधर के समान है जन सम्मानित॥
वे हैं वह सुकमान बंकता जिनकी अनुपम।
कर देती है मदन कमान समाकुलता कम॥
सब काल कदम करती रही लांछित लोचन की लसी।
कुल ललनाओं की भौंह द्वय झुकी युगल करवाल सी॥ 3॥

सलज्जता सरसि सरोरुह परम मुग्ध कर।
हैं सुशीलता रुचिर सरित के मीन मनोहर॥
खंजन हैं कमनीय सदयता प्रान्तर विलसित।
प्रेमिकता बर विपिन कुरंगम हैं मोहक चित॥

हैं निशित बिशिख सम वेधते मलिन विचार बिहंग तन।
बहु पूत कलाओं के अयन कुल बालाओं के नयन॥ 4॥

है शुक चंचु समान कुतेवर फल कर्त्तन पटु।
चलचित अलिके लिये तिलकुसुम के सम है कटु॥
है तू नीर स्वकीय क्रिया शायक चयधारी।
कामी जन की काम जनित वासना विदारी॥
आनन छबि जल ऊँची लहर सकल सुवास विलासिका।
है तन गौरव गरिमा समा, कुल रमणी की नासिका॥ 5॥

हैं अति अनुपम सीप बर बचन मुक्ता धारी।
हैं शुचिरुचि मय राग कुसुम विलसित कल क्यारी।
हैं पावन जन चरित सुधा पीने के प्याले।
हैं वर स्वर लहरी विलास के विवर निराले।
हैं प्रभु की सुकथित कीर्ति के परम पुनीत विहार थल।
पति मधुर कथन रस सिक्त से कान कुल वधू के युगल॥ 6॥

है अति मंजुल मुकुर चिर महत्ता प्रति बिम्बित।
है राकापतिबिम्ब परम उज्वल अकलंकित॥
है गुलाब सुप्रसून भाव सौरभ विस्तारक।
मादक गोला है पुनीत मानस उपकारक॥
है मधुमय कुसुम मधूक का पति मन मधुप विमुग्ध कर।
सुन्दर कपोल कुल नारिका है विधि कृति कमनीय तर॥ 7॥

है बिम्बा फल लौं अपूत लोचन हित सगरल।
है विद्रुम लौं अशुचि लहरियों के हित अतरल।
है लालोपम परम विमल आभा से विलसित।
जपा तुल्य अनुकूल वायु बल से है विकसित।
है रक्तिमाभ वंधूक सम विहित चित्त अनुरक्ति कर।
आधार भूत मुख लालिमा कुल अबलाओं का अधर॥ 8॥

है चपला की चमक चपल जन चंचल दृगहित।
है मरीचिका मदन विमोहित मानस मृगहित॥
है चाँदनी समान रजनि वत्सलता रंजिनी।
है स्वर्गीय मरीचि मोहतम मान विभंजिनि॥

है उत्तम धारा सुधा की अनुपम अधरोपरि लसी।
लोकोत्तर कान्ति सहोदरा है कुल महिला की हँसी॥ 9॥

है गम्भीर विचार गगन विधु शुचिता अंकित।
है उत्फुल्ल सरोज मंजु आमोद गौरवित॥
उच्च मानसिक भाव केलिथल है अति आला।
है कोमलता दया सदाशयता में ढाला॥
है मुकुर प्रकृति प्रतिबिम्ब का सहज सरलता का सदन।
लोकोपकार आलोकमय कुल वनिताओं का वदन॥ 10॥

आर्य महिला

(चौपदे)

मुग्ध कर है राकानिशि कान्त।
सुरसरी का है पावन आप॥
स्वेत सरसिज है परम प्रफुल्ल।
आर्य्य महिला का कीर्तिकलाप॥ 1॥

भाव से उसके हो भरपूर।
भाव मय बना जगत आगार॥
गौरवों का उसके पग पूज।
गौरवित हुआ सकल संसार॥ 2॥

अंक में पल उसके बहुकाल।
सुजनता आँख सकी है खोल॥
सीख कर उससे कल आलाप।
चित्त ले सकी सभ्यता मोल॥ 3॥

भक्ति से छू उसका पदकंज।
उच्च हो पाया मनुज समाज॥
सिद्धि उसने कर दी वह दान।
वार दें जिस पर सुरपुर राज॥ 4॥

वही है गुण गरिमा अवलम्ब।
ज्ञान का उस से हुआ विकास॥
अधर पर उसके पाया देख।
मुक्ति का महा मनोहर हास॥ 5॥

तरु और लता

(छप्पै)

तरु कर छाया दान दुसह आतप है सहता।
सुख देने के लिये लता हित रत है रहता॥
शिर पर ले सब काल सलिल धर की जलधारा।
बहुधा करक समूह पात का सह दुख सारा॥
अति प्रबल पवन के वेग से विपुल विधूनित हो सतत।
पालन करता है लता का कर परिपालन पूत व्रत॥ 1॥

होता है जिस काल कठिन आघात विटप पर।
कँपता है उस काल लता का गात अधिक तर॥
कटती छँटती बार बार है समधिक नुचती।
पतन हुए पर भी न लता है तरु को तजती॥
सुख में सुखित बहुत बनी दुख में परम दुखित रही।
वह जीती मरती विकसती रहती है तरु साथ ही॥ 2॥

पति है वह जो प्रीति निरत तरु सा दिखलावे।
है पत्नी वह सती जो लता सी बन पावे॥
पति पत्नि जो प्यार रङ्ग में रँगे न होवें।
मनो मलिनता जनित जो न सारा मल खोवें।
तो क्यों वरणीय विधान से परिणय बन्धन में बँधे।
क्या प्रेम साधना लगे साधन मन्त्र न जो सधे॥ 3॥

पति हो कामुक परम कामुका पत्नी होवे।
पति भूले पति भाव पतिव्रत पत्नी खोवे॥
कर मत्सर मद पान बने प्रियतम मतवाला।
समता मायामयी मानिनी होवे बाला॥
पति अहं भाव से हो भरा वनिता हो ममता नता।
तो तरुवर है पति से भला, बर है वनिता से लता॥ 4॥

अयोध्यासिंह उपाध्याय 'हरिऔध' रचनावली

खण्ड-3

खण्ड-1

❑ प्रियप्रवास ❑ वैदेही-वनवास

खण्ड-2

❑ पारिजात ❑ पद्य-प्रमोद

खण्ड-3

❑ चोखे चौपदे ❑ चुभते चौपदे ❑ हरिऔध-दोहावली ❑ बाल-कवितावली ❑ हरिऔध-सतसई

खण्ड-4

❑ बोलचाल ❑ काब्योपबन ❑ ॠतु-मुकुर

खण्ड-5

❑ रसकलस

खण्ड-6

❑ अधखिला फूल ❑ ठेठ हिन्दी का ठाट ❑ इतिवृत्त ❑ वेनिस का बाँका ❑ अभिभाषण ❑ विविध

खण्ड-7

❑ हिन्दी भाषा और साहित्य का विकास

खण्ड-8

❑ कबीर वचनावली ❑ रस साहित्य और समीक्षाएँ ❑ संदर्भ-सर्वस्व ❑ विविध

खण्ड-9

❑ पद्य-प्रसून ❑ आधुनिक कवि ❑ मर्म-स्पर्श

खण्ड-10

❑ श्रीप्रद्युम्नविजय व्यायोग ❑ श्रीरुक्मिणीपरिणयनाटक ❑ कल्पलता ❑ पवित्र पर्व ❑ प्रेम पुष्पोपहार ❑ अच्छे अच्छे गीत ❑ स्वर्गीय संगीत ❑ कतिपय ब्रजभाषा काव्य ❑ हरिऔध आत्म-चरित

प्रकाशकीय

अयोध्यासिंह उपाध्याय 'हरिऔध' भारतेन्दु युग और द्विवेदी युग के बीच एक अत्यन्त महत्त्वपूर्ण कड़ी हैं। खड़ी बोली हिन्दी के पहले महाकाव्य के रचनाकार के रूप में उनका ऐतिहासिक महत्त्व तो है ही, हिन्दी भाषा के अनूठे शिल्पकार के रूप में उनका योगदान कहीं ज्यादा महत्त्व का है। उन्नीसवीं और बीसवीं शताब्दी में जब हिन्दी की रूप रचना को लेकर तरह-तरह की बहसें चल रही थीं—हरिऔध ने हिन्दी भाषा के सभी सम्भावित और आकांक्षित रूपों को अपनी लेखनी से मूर्त किया। हरिऔध के रचना संसार से गुजरते हुए उनके भाषा सम्बन्धी संघर्ष को सहज ही लक्षित किया जा सकता है। ब्रजभाषा से शुरू करके **वेनिस का बांका** और **प्रियप्रवास** की संस्कृत निष्ठ हिन्दी फिर **ठेठ हिन्दी का ठाट** की ठेठ हिन्दी से होते हुए **बोलचाल** की सामान्य हिन्दी का रूप हरिऔध के यहाँ मौजूद है। वे भाषा के रूप को लेकर होने वाली बहसों में अपनी रचनाओं के साथ उतरते हैं और एक सच्चे प्रयोग कर्ता की तरह समाज की प्रतिक्रिया के आलोक में भाषा का रूप बदल देते हैं। उनकी यह प्रयोगशीलता केवल भाषा के स्तर पर नहीं बल्कि छन्द विधान के स्तर पर भी दिखाई देती है। संस्कृत के वर्ण वृत्तों का प्रयोग हो, हिन्दी के मात्रिक छन्दों का या फिर उर्दू बहरों का; हिन्दी के आँगन में वे सबको व्यावहारिक रूप से उतार कर आगे आने वाले रचनाकारों के लिए मार्ग प्रशस्त करते हैं। वजह चाहे जो रही हो, हिन्दी साहित्य के इतिहास में हरिऔध के महत्त्व को स्वीकार करते हुए भी उनके ऐतिहासिक महत्त्व और अवदान का सम्यक विवेचन नहीं हो सका है। इस ग्रन्थावली को प्रस्तुत करते हुए हमारे मन में कहीं एक भूल सुधार का भाव भी काम कर रहा था। हरिऔध साहित्य को एक साथ प्रस्तुत करते हुए हम यह उम्मीद कर रहे हैं कि हरिऔध की प्रयोगधर्मिता की ओर अपेक्षित ध्यान जाएगा और उनके वास्तविक अवदान को आँकने की दिशा में यत्न होंगे। ग्रन्थावली में यथा संभव हरिऔध के प्रामाणिक पाठ को प्रस्तुत करने की कोशिश की गयी है। किसी एक संस्करण में रह गयी अशुद्धियाँ बाद के कई संस्करणों में दुहरायी जाती रही हैं उन्हें भी यथा स्थान सुधार दिया गया है।

यदि यह ग्रन्थावली हरिऔध के साहित्य में छिपे हिन्दी भाषा के विकास के इतिहास की खोज के लिए प्रेरित और प्रोत्साहित कर सकी तो हमें अपना श्रम सार्थक लगेगा।

—अरुण माहेश्वरी

अनुक्रमणिका

चोखे चौपदे

वक्तव्य

मैंने 'बोलचाल' नाम की एक पुस्तक लिखी है। इस पुस्तक में बाल से लेकर तलवे तक के समस्त अंगों के मुहाविरों पर साढ़े तीन सहस्र से अधिक पद्य हैं। अंकों के अतिरिक्त और भी बहुत से मुहाविरे प्रयोजन के अनुसार इस ग्रन्थ में आये हैं। इस ग्रन्थ की भाषा बिल्कुल बोलचाल की भाषा है, हाँ कवितागत विशेषतायें उसमें अवश्य मौजूद हैं।

वीणा के छेड़ने पर जो साधारण स्वर-लहरी उत्पन्न होती है, वह उँगलियों के सनियम संचालन से अनेक सरस, सुन्दर, कोमल, मधुर एवं रुचिकर लहरियों में परिणत हो जाती है और आनुषंगिक नाना प्रकार की धुनों के आधार से विमुग्धकर राग रागिनी की जननी बनती है। जो कण्ठ कभी सप्तस्वरों के साधन में रत दिखलाता है, वही काल पाकर उन्हीं सप्तस्वरों के आधार से ऐसी ध्वनियाँ और अलापों का अवलम्बन बन जाता है, जो प्रत्येक राग रागिनी को उनके सूक्ष्म भेदों के साथ गा कर दृश्य में सुधास्रोत प्रवाहित कर देता है। चिन्ता द्वारा परिचालित चित्त की भी कुछ ऐसी ही दशा है। कवि जब किसी एक विषय का चिन्तन करने में तद्गत होता है, और उसको सुन्दरता एवं भावुकता के साथ प्रकट करने के लिए भावराज्य में भ्रमण करता है, विचारों को, वाक्यों को छीलने, छालने और खरादने लगता है, तो उस समय आनुषंगिक अनेक भाव उसके हृदय में स्वभावतः उदय होते और उपस्थित विषय के अतिरिक्त दूसरे अन्य विषयों की ओर भी उसके चित्त को आकर्षित करते हैं। यही अवस्था प्रायः मेरी भी अनेक अंगों के मुहाविरों पर कोई कविता लिखते समय होती थी। उस समय मैं मुहाविरे पर कविता लिखने के उपरान्त हृदय में स्फुरित अन्य भावों की भी कविता लिख लेता था। इस प्रकार की ही कविताओं का संग्रह यह ग्रन्थ है। यदि इन कविताओं अथवा पद्यों को मैंने बोलचाल नामक उक्त ग्रन्थ में ही रहने दिया होता, तो प्रथम तो ग्रन्थ का आकार बड़ा हो जाता, दूसरे आंगिक मुहाविरों का सम्बन्ध इन कविताओं से न होने के कारण ग्रन्थ में वे अनावश्यक प्रतीत होते। एक ही मुहाविरे पर दो-दो तीन-तीन कविताएँ भी कभी-कभी लिख गयी हैं, ग्रन्थ की कलेवरवृद्धि के विचार से ऐसी कविताओं में से केवल एक कविता मुख्य ग्रन्थ में रखी गयी है, शेष इस ग्रन्थ में संगृहीत हैं।

प्रत्येक भाषा के लिए स्थायी साहित्य की आवश्यकता होती है। जो विचार व्यापक और उदात्त होते हैं, जिनका सम्बन्ध मानवीय महत्व अथवा सदाचार से होता है, जो चरित्रगठन और उसकी चरितार्थता के सम्बल होते हैं, जिन भावों का परम्परागत सम्बन्ध किसी जाति की सभ्यता और आदर्श से होता है, जो उद्‌गार हमारे तमोमय मार्ग के आलोक बनते हैं, उन का वर्णन अथवा निरूपण जिन रचनाओं अथवा कविताओं में होता है, वे रचनाएँ और उक्तियाँ स्थायिनी होती हैं। इसलिए जिस साहित्य में वे संगृहीत होती हैं, वह साहित्य स्थायी माना जाता है। सामयिक साहित्य वह है, जिसमें तात्कालिक घात प्रतिघात और घटित घटनाओं से प्रसूत आवेशों, उद्‌गारों और भावों का समावेश होता है। उस समय जाति के नियन्त्रण, उद्बोधन, जागरित करण, और संरक्षण इत्यादि में इससे बड़ी सहायता मिलती है, अतएव कुछ समय तक इस प्रकार के साहित्य का बड़ा आदर रहता है। किन्तु समय की गति बदलने और उसकी उपयोगिता का अधिक ह्रास अथवा अभाव होने पर वह लुप्त हो जाता है। सामयिक साहित्य पावस ऋतु के उस जलद जाल के तुल्य है, जो समय पर घिरता है, जल प्रदान करता है, खेतों को सींचता है, सूखे जलाशयों को भरता है, और ऐसे ही दूसरे लोकोपकारी कार्य्यों को करके अन्तर्हित हो जाता है। किन्तु स्थायी साहित्य उस जल-वाष्प-समूह के समान है, जो सदैव वायु में सम्मिलित रहता है, पल-पल पर संसार-हित-कर कार्य्यों को करता है, जीवों के जीवनधारण, सुखसम्पादन, स्वास्थ्यवर्द्धन का साधन और समय पर सामयिक जलदजाल के जन्म देने का हेतु भी होता है।

प्रस्तुत पुस्तक स्थायी साहित्य के भावों और विचारों का ही संग्रह है, किन्तु प्रत्येक वस्तु की स्थायिता उपयोगिता से सम्बन्ध रखती है। इस ग्रन्थ की उपयोगिता के विषय में मुझको कुछ कहने का अधिकार नहीं। केवल इतना ही वक्तव्य है कि यदि यह पुस्तक मानवजाति अथवा हिन्दीप्रेमिकों के लिए कुछ भी उपयोगिनी सिद्ध हुई, यदि इसके द्वारा किसी सज्जन का क्षणिक मनोरंजन भी होगा, तो मैं परिश्रम को सफल और अपने को कृतकृत्य समझूँगा।

सदावर्त्ती महल्ला, आजमगढ़
13 फरवरी, 1924

हरिऔध

चोखे चौपदे

गागर में सागर

देवदेव

चौपदे

जो किसी के भी नहीं बाँधे बँधे।
प्रेमबन्धन से गये वे ही कसे॥
तीन लोकों में नहीं जो बस सके।
प्यारवाली आँख में वे ही बसे॥

पत्तियों तक को भला कैसे न तब।
कर बहुत ही प्यार चाहत चूमती॥
साँवली सूरत तुमारी साँवले।
जब हमारी आँख में है घूमती॥

हरि भला आँख में रमें कैसे।
जब कि उस में बसा रहा सोना॥
क्या खुली आँख औ लगी लौ क्या।
लग गया जब कि आँख का टोना॥

मन्दिरों मसजिदों कि गिरजों में।
खोजने हम कहाँ कहाँ जावें॥
आप फैले हुए जहाँ में हैं।
हम कहाँ तक निगाह फैलावें॥

जान तेरा सके न चौड़ापन।
क्या करेंगे बिचार हो चौड़े॥
है जहाँ पर न दौड़ मन की भी।
वाँ बिचारी निगाह क्या दौड़े॥

भौं सिकोड़ी बके झके; बहके।
बन बिगड़ लड़ पड़े अड़े अकड़े॥
लोक के नाथ सामने तेरे।
कान हम ने कभी नहीं पकड़े॥

हो कहाँ पर नहीं झलक जाते।
पर हमें तो दरस हुआ सपना॥
कब हुआ सामना नहीं, पर हम।
कर सके सामने न मुँह अपना॥

जो अँधेरा है भरा जी में उसे।
हम अँधेरे में पड़े खोते नहीं॥
उस जगत की जोत की भी जोत के।
जोतवाले नख अगर होते नहीं॥

लोक को निज नयी कला दिखला।
पा निराली दमक दमकता है॥
दूज का चन्द्रमा नहीं है यह।
पद चमकदार नख चमकता है॥

कर अजब आसमान की रंगत।
ए सितारे न रंग लाते हैं॥
अनगिनत हाथ-पाँव वाले के।
नख जगा जोत जगमगाते हैं॥

हैं चमकदार गोलियाँ तारे।
औ खिली चाँदनी बिछौना है॥
उस बहुत ही बड़े खेलाड़ी के।
हाथ का चन्द्रमा खेलौना है॥

भेद वह जो कि भेद खो देवे।
जान पाया न तान कर सूते॥
नाथ वह जो सनाथ करता है।
हाथ आया न हाथ के बूते॥

सब दिनों पेट पाल पाल पले।
मोहता मोह का रहा मेवा॥
हैं पके बाल पाप के पीछे।
आप के पाँव की न की सेवा॥

जो निराले बड़े रसीले हैं।
पा सकें फूल फूल फल वे हम॥
चाह है यह ललक ललक देखें।
लाल के लाल लाल तलवे हम॥

हों भले, हों सब तरह के सुख हमें।
एक भी साँसत न दुख में पड़ सहें॥
चाह है, लाली बनी मुँह की रहे।
लाल तलवों से लगी आँखें रहें॥

मा की ममता

भूल कर देह गेह की सब सुध।
मा रही नेह में सदा माती॥
जान को वार कर जिलाती है।
पालती है पिला पिला छाती॥

देख कर लाल को किलक हँसते।
लख ललक बार बार ललचायी॥
कौन मा भर गयी न प्यारों से।
कौन छाती भला न भर आयी॥

मा कलेजे में बही जैसी कि वह।
प्यार की धारा कहाँ वैसी बही॥
कौन हित-माती हमें ऐसी मिली।
दूध से किस की भरी छाती रही॥

नौ महीने पेट में, सह साँसतें।
रख जतन से कौन तन-थाती सकी॥
मोह में माती हुई मा के सिवा।
कौन मुँह में दे कभी छाती सकी॥

प्यार मा के समान है किस का।
है कढ़ी धार किस हृदय-तल से॥
छातियों मिस हमें दिये किस ने।
दूध के दो भरे हुए कलसे॥

दूध छाती में भरा, भर बह चला।
आँख बालक ओर मा की जब फिरी॥
गंगधारा शम्भु के शिर से बही।
दूध की धारा किसी गिरि से गिरी॥

एक मा में कमाल ऐसा है।
कुम्भ को कर दिया कमल जिस ने॥
रस भरे फल हमें कहाँ न मिले।
फल दिये दूध से भरे किस ने॥

किस तरह मा के कमालों को कहें।
छू उसे हित-पेड़ रहता है हरा॥
है पनपता प्यार तन की छाँह में।
दूध से है छेद छाती का भरा॥

देख कर अपने लड़ैते लाल को।
कब नहीं मुखड़ा रहा मा का खिला॥
प्यार से छाती उछलती ही रही।
दूध छाती में छलकता ही मिला॥

कौन बेले पर नहीं बनता हितू।
भाव अलबेले कहाँ ऐसे मिले॥
एक मा के दिल सिवा है कौन दिल।
जाय जो छिल, पूत का तलवा छिले॥

कबि

कबि अनूठे कलाम के बल से।
हैं बड़ा ही कमाल कर देते॥
बेधने के लिये कलेजों को।
हैं कलेजा निकाल धर देते॥

हैं निराली निपट अछूती जो।
हैं वही सूझ काम में लाते॥
कम नहीं है कमाल कबियों में।
हैं कलेजा निकाल दिखलाते॥

क्यों न दिल खींच ले उपज आला।
जो कि उपजी कमाल भी कुछ ले॥
जिन पदों में छलक रहा है रस।
क्यों कलेजा न सुन उसे उछले॥

भाव में डूब पा अनूठे पद।
जिस समय है कबिन्द जी लड़ता॥
हैं उमंगें छलाँग सी भरती।
है कलेजा उछल उछल पड़ता॥

तज उसे कौन है भला ऐसा।
दिल कमल सा खिला मिला जिस का॥
फूल मुँह से झड़े किसी कबि के।
है कलेजा न फूलता किस का॥

भेद उस ने कौन से खोले नहीं।
कौन सी बातें नहीं उस ने कहीं॥
दिल नहीं उस ने टटोले कौन से।
घुस गया कबि किस कलेजे में नहीं॥

है जहाँ कोई पहुँच पाता नहीं।
वह वहाँ आसन जमा है बैठता॥
सूझ-मठ में पैठ बस रस-पैंठ में।
किस कलेजे में नहीं कबि पैठता॥

जो रही किस का नहीं मन मोहती।
हाथ में किस वह अजब माला लसी॥
छोड़ कबि बस कर दिखाने की कला।
है भला किस के कलेजे में बसी॥

रस-रसिक पागल सलोने भाव का।
कौन कबि सा है लुनाई का सगा॥
लोक-हित-गजरा लगन-फूलों बना।
है रखा किस ने कलेजे से लगा॥

बाँध सुन्दर भाव का सिर पर मुकुट।
वह भलाई के लिये है अवतरा॥
कौन कबि सा हित-कमल का है भँवर।
प्यार से किस का कलेजा है भरा॥

है रहा किस में बसन्त सदा बना।
नित चली किस में मलय सी पौन है॥
धार किस में सब रसों की है बही।
कबि-कलेजे सा कलेजा कौन है॥

एक कबि छोड़ कौन है ऐसा।
प्रेम में मस्त मन रहा जिस का॥
भाव में डूब घन उमड़ते लौं।
है कलेजा उमड़ सका किस का॥

फूल जिस से सदा रहा झड़ता।
मुँह वही आग है उगल लेता॥
क्या अजब, कबि जला भुना कोई।
है कलेजा जला जला देता॥

हाथ ऊँचा सदा रहा किस का।
हित सकल सुख सहज सहेजे में॥
कबि करामात कर दिखाता है।
ढाल जल जल रहे कलेजे में॥

हैं किसी के न पास रस इतने।
है रसायन बना बचन किस का॥
कबि सिवा कौन लग लगा उस के।
है कलेजा सुलग रहा जिस का॥

तो भला क्या कमाल है कबि में।
जो सका कर कमल न नेजे को॥
गोद में प्यार है पला जिस की।
गोद देवे न उस कलेजे को॥

चाँद को छील चाँदनी को, मल।
रंग दे लाल, लाल रेजे में॥
कबि कहा कर बदल कमल दल को।
छेद कर दे न छबि कलेजे में॥

पैठ कर के प्यार जैसे पैंठ में।
दाम खोटी चाट का पाता रहा॥
जो कभी चोटी चमोटी के लगे।
कबि-कलेजा चोट खा जाता रहा॥

प्यार के पुतले

बात मीठी लुभावनी सुन सुन।
जो नहीं हो मिठाइयाँ देते॥
तो खिले फूल से दुलारे का।
चाह से गाल चूम तो लेते॥

हाथ उन पर भला उठायें क्यों।
जो कि हैं ठीक फूल ही जैसे॥
पा सके तन गला गला जिन को।
गाल उन का भला मलें कैसे॥

हैं लुभा लेती ललक पहलू लिये।
हैं कमाल भरी अमोल पहेलियाँ॥
लालसावाले निराले लाल के।
हाथ की ए लाल लाल हथेलियाँ॥

तैरते हैं उमंग लहरों में।
चाव से लाड़ साथ लड़ लड़ के॥
लाभ हैं ले रहे लड़कपन का।
हाथ औ पाँव फेंकते लड़के॥

प्यार कर प्यार के खिलौने को।
कौन दिल में पुलक नहीं छायी॥
देख भावों भरी भली सूरत।
कौन छाती भला न भर आयी॥

चूम लें और ले बलायें लें।
लाभ है लाड़ के अँगेजे में॥
मनचले नौनिहाल हैं जितने।
हम उन्हें डाल लें कलेजे में॥

ले सके जो, उसे न क्यों लेवे।
लाड़िला वह तमाम घर का है॥

ठीक पर का अगर रहा पर का।
दूसरा कौन पीठ पर का है॥

क्यों ललकती रहें न मा-आँखें।
दल उसे लाल फूल का कह कह॥
लाल है, है गुलाल की पुटली।
लाल की लाल लाल एड़ी यह॥

प्यार से हैं प्यार की बातें भरी।
मा कलेजे के कमल जैसा खिले॥
पाँव पाँव ठुमुक ठुमुक घर में चले।
लाल को हैं पाँव चन्दन के मिले॥

केसर की क्यारी

अनूठी बातें

जो बहुत बनते हैं उन के पास से।
चाह होती है कि कब कैसे टलें॥
जो मिले जी खोल कर, उन के यहाँ।
चाहता है जी कि सिर के बल चलें॥

भूल जावे कभी न अपनापन।
जान दे पर न मान को दे, खो॥
लोग जिस आँख से तुम्हें देखें।
तुम उसी आँख से उन्हें देखो॥

और की खोट देखती बेला।
टकटकी लोग बाँध देते हैं॥
पर कसर देखते समय अपनी।
बेतरह आँख मूँद लेते हैं॥

फिर कभी खुलने न पायीं माँद वे।
इस तरह मन के मसोसों से हुईं॥
मूँदते ही मूँदते मुख और का।
मदभरी आँखें बहुत सी मुँद गयीं॥

छोड़ संजीदगी सजे कूँचे।
बन गये जब लोहार की कूँची॥
तो बचा रह सका न ऊँचापन।
आँख भी रह सकी नहीं ऊँची॥

कौन बातें बना सका अपनी।
बात बेढँग बढ़ा बढ़ा कर के॥
आँख पर चढ़ गया न कौन भला।
आँख अपनी चढ़ा चढ़ा कर के॥

बात सुन कर सिखावनों-डूबी।
जों कि है ठीक राह बतलाती॥
जब नहीं सूझ बूझ रंग चढ़ा।
तब भला आँख क्यों न चढ़ जाती॥

तुम भली चाल सीख लो चलना।
औ भलाई करो भले जो हो॥
धूल में मत बटा करो रस्सी।
आँख में धूल डालते क्यों हो॥

ठीक वैसा न मान ले उस को।
जो कि जैसे लिबास में दीखे॥
जी अगर है टटोल लेना तो।
देखना आँख खोल कर सीखे॥

बाँध सुन्दर भाव का सिर पर मुकुट।
वह भलाई के लिये है अवतरा॥
कौन कबि सा हित-कमल का है भँवर।
प्यार से किस का कलेजा है भरा॥

चाह जो यह है कि हाथों से पले।
पेड़ पौधों से अनूठे फल चखें॥
तो जिसे हैं आँख में रखते सदा।
चाहिए हम आँख भी उस पर रखें॥

जो न चित का नित बना चाकर रहा।
बात चितवन के नहीं जिस पर चले॥
है जिसे पैसा नचा पाता नहीं।
आ सका ऐसा न आँखों के तले॥

किस तरह से सँभल सकेंगे वे।
अपने को जो नहीं सँभालेंगे॥
क्यों न खो देंगे आँख का तिल वे।
आँख का तेल जो निकालेंगे॥

सध सकेगा काम तब कैसे भला।
हम करेंगे साधने में जब कसर॥
काम आयेंगी नहीं चालाकियाँ।
जब करेंगे काम आँखें बन्द कर॥

जब कि चालाकी न चालाकी रही।
आँख उस पर तब न क्यों दी जायगी॥
लोग उँगली क्यों उठायेंगे न तब।
जब कि उँगली आँख में की जायगी॥

है खटकती किसे नहीं दुनिया।
लग सके कब खुटाइयों के पते॥
तब परखते अगर परख वाली।
आँख के सामने उसे रखते॥

क्यों कहें कंगालपन को भी कभी।
हैं खुली आँखें हमारी जाँचती॥
सामने जो वे न नाचे आँख के।
भूख से है आँख जिन की नाचती॥

खिल उठें देख चापलूसों को।
देख बेलौस को कुढ़ें काँखें॥
क्यों भला हम बिगड़ न जायेंगे।
जब हमारी बिगड़ गयीं आँखें॥

है जिसे सूझ ही नहीं उस को।
क्या करेंगे उघार कर आँखें॥
है परसता जहाँ अँधेरा वाँ।
क्या करेंगे पसार कर आँखें॥

ऊब जाओ न उलझनों में पड़।
जंगलों को खँगाल कर देखो॥
डाल दो हाथ पाँव मत अपना।
आँख में आँख डाल कर देखो॥

ताक में रात रात भर न रहें।
सूइयाँ डालने से मुँह मोड़ें॥
और को आँख फोड़ देने को।
आँख अपनी कभी न हम फोड़ें॥

तब टले तो हम कहीं से क्या टले।
डाँट बतला कर अगर टाला गया॥
तो लगेगी हाथ मलने आबरू।
हाथ गरदन पर अगर डाला गया॥

है सदा काम ढंग से निकला।
काम बेढंगपन न देगा कर॥
चाह रख कर किसी भलाई की।
क्यों भला हों सवार गरदन पर॥

बेहयाई, बहँक बनावट ने।
कस किसे नहिं दिया शिकंजे में॥
हित-ललक से भरी लगावट ने।
कर लिया है किसे न पंजे में॥

फल बहुत ही दूर, छाया कुछ नहीं।
क्यों भला हम इस तरह के ताड़ हों॥
आदमी हों और हों हित से भरे।
क्यों न मूठी भर हमारे हाड़ हों॥

काम आये, लोक के हित में लगे।
ठीक पानी की तरह दुख में बहे॥
धन रहा पर-हाथ में तो क्या रहा।
रह सके तो हाथ में अपने रहे॥

बीनना, सीना, परोना, कातना।
गूँधना, लिखना न आता है कहे॥
काम की यह बात है, हर काम में।
बैठता है हाथ बैठाते रहे॥

जाय जिस से कुल कसर जी की निकल।
बोलने वाले बचन वे बोल दें॥
खोलनेवाले अगर खोले खुले।
तो किवाड़े छातियों के खोल दें॥

दूसरा कोई अधम वैसा नहीं।
पाप जिस से हैं कराती पूरियाँ॥
वे पतित हैं पेट पापी के लिये।
छातियों में भोंक दें जो छूरियाँ॥

रह सका काम का सुखी सुन्दर।
कौन सा अंग दुख अँगेजे पर॥
भूल है जल गरम अगर छिड़कें।
फूल जैसे नरम कलेजे पर॥

इस जगत का जीव वह है ही नहीं।
लुट गये धन जी लुटा जिस का नहीं॥
हाथ की पूँजी गँवा, पड़ टूट में।
है कलेजा टूटता किस का नहीं॥

बेतरह बेध बेध क्यों देवे।
भेद है जीभ और नेजे में॥
बात से छेद छेद कर के क्यों।
छेद कर दे किसी कलेजे में॥

पढ़ गये हाथ आ गया पारस।
कढ़ गये गुन गया अँगेजा है॥
चढ़ गये चाव चित गया चढ़ बढ़।
बढ़ गये बढ़ गया कलेजा है॥

मिल न पाया मान मनमानी हुई।
मोतियों के चूर का चूना हुआ॥
दिलचलों के सामने बन दिलचले।
दून की ले दिल अगर दूना हुआ॥

रंग उस का बहुत निराला है।
हम न उस रंग को बदल देवें॥
फूल से वह कहीं मुलायम है।
चाहिए दिल न मल मसल देवें॥

हम उसे ठीक ठीक ही रक्खें।
औ उसे ठीक राह बतलावें॥
चाहिए दिल उड़ा उड़ा न फिरे।
दिल पकड़ लें अगर पकड़ पावें॥

प्रभु महँक से हैं उसी के रीझते।
पी उसी का रस रसिक भौंरे जिये॥
चार फल केवल उसी से मिल सके।
तोड़ते दिल-फूल को हैं किस लिये॥

है निराली प्रभु-कला जिस में बसी।
वह निराला आईना है फूटता॥
टूटती है प्यार की अनमोल कल।
तोड़ने से दिल अगर है टूटता॥

जीभ को कस में रखें, काया कसें।
क्यों लहू कर के किसी का सुख लहें॥
मारना जी का बहुत ही है बुरा।
जी न मारें मारते जी को रहें॥

काम करते हैं मकर कर किस लिये।
इस मकर से प्यार प्यारा है कहीं॥
क्यों हमारा जी गिना जी जायगा।
हम अगर जी को समझते जी नहीं॥

बात बनती नहीं बचन से ही।
काम सध कब सका सदा धन से॥
मानते क्यों न मानने वाले।
वे मनाये गये नहीं मन से॥

क्या बचन मीठे नहीं हम बोलते।
क्या हमारे पास सुन्दर तन नहीं॥
पर भला कैसे रिझायें हम उसे।
रीझ जिस का रीझ पाता मन नहीं॥

बिष-बटी होवे न क्यों हीरे जड़ी।
जान उसको खा, गयी खोयी नहीं।
हाथ जो आ जाय सोने की छुरी।
पेट तो है मारता कोई नहीं॥

हैं कुदिन में किसे मिले मेवे।
जो मिले, आँख मूँद कर खा लें॥
भूख में साग पात क्यों देखे।
जो सकें डाल पेट में डालें॥

चाहिए सारे बखेड़े दूर कर।
बात आपस की बिठाने को उठे॥
आँख उठती दीन दुखियों पर रहे।
पाँव गिरतों के उठाने को उठे॥

भक्ति अन्धी भली नहीं होती।
भाव होते भले नहीं लूँजे॥
है अगर पाँव पूजना ही तो।
पूजने जोग पाँव ही पूजे॥

सुनहली सीख

सैकड़ों ही कपूत-काया से।
है भली एक सपूत की छाया॥
हो पड़ी चूर खोपड़ी ने ही।
अनगिनत बाल पाल क्या पाया॥

जो भला है और चलता है सँभल।
है भला उस को किसी से कौन डर॥
दैव की टेढ़ी अगर भौंहें न हों।
क्या करेंगे लोग टेढ़ी भौंह कर॥

नेकियाँ मानते नहीं ऐबी।
क्यों उन्हीं के लिए न बिख चख लें॥
वे न तब भी पलक उठायेंगे।
हम पलक पर अगर ललक रख लें॥

बढ़ सकें तो सदा रहें बढ़ते।
पर बुरी राह में कभी न बढ़ें॥
चढ़ सकें तो चढ़ें किसी चित पर।
हम किसी की निगाह पर न चढ़ें॥

हैं बहू बेटियाँ जहाँ रहतीं।
है दिखाती कलंक लीक वहीं॥
क्यों न हो झोंक ही जवानी की।
है कभी ताक झाँक ठीक नहीं॥

क्यों टका सा जवाब उस को दें।
जिस किसी से सदा टके ऐंठें॥
जो रहें ताकते हमारा मुँह।
हम उन्हीं की न ताक में बैठें॥

बात ताने की, किसी के ऐब की।
कह न दें मुँह पर, बचें या चुप रहें॥
बात सच है, जल मरेगा वह मगर।
लोग काना को अगर काना कहें॥

काम मत आप कीजिए ऐसे।
जो कभी आप को बुरे फल दें।
हाथ में लग न जाय मल उस का।
नाक को बार बार मत मल दें॥

जो सकें बोल बोलियाँ प्यारी।
तो उसे बोल डालना अच्छा॥
कान में तेल डाल लेने से।
कान का खोल डालना अच्छा॥

छोड़ दो छेड़ छाड़ की आदत।
मत जगा दो अदावतें सोई॥
है बहुत खोदना बुरा होता।
देख ले कान खोद कर कोई॥

तब तमाचा न किस तरह लगता।
आग जब बेलगामपन बोता॥
हो रहे जब कि लाल पीले थे।
तब भला क्यों न लाल मुँह होता॥

हैं अगर चाहते कुफल चखना।
तो बुरी चाहतें जगा देखें॥
मुँह लगाना अगर भला है तो।
क्यों लहू को न मुँह लगा देखें॥

काम में ला खुला निघरघटपन।
नाम मरदानगी मिटाना है॥
बेबसों को लपेट चित पट कर।
पालना पेट मुँह पिटाना है॥

सुन जिसे कोई नहीं पा कल सके।
बात ऐसी क्यों निकल मुँह से पड़े॥
रंगतें हित की न जब उन में रहीं।
फूल मुँह से तब झड़े तो क्या झड़े॥

खुल सकेगा तो नहीं ताला कभी।
जो भली रुचि की मिली ताली नहीं॥
पान की लाली न लाली रखेगी।
रह सकी मुँह की अगर लाली नहीं॥

बेतरह वे न बेतुके बनते।
औ न संजीदगी तुम्हीं खोते॥
यों सुलगती न लाग-आग कभी।
मुँह-लगे जो न मुँह लगे होते॥

निज भरोसे सधा न क्या साधे।
और का बल-भरोस है सपना॥
देखना छोड़ दूसरों का मुँह।
देखते क्यों रहें न मुँह अपना॥

काम ले बार बार धीरज से।
कब न जी की कचट गयी खोई॥
क्यों दुखों की लपेट में आवे।
क्यों पड़े मुँह लपेट कर कोई॥

रूप औ रंग के लिए ही क्यों।
जी किसी का ललच ललच डोले॥
रख भलाई, सँभाल भोलापन।
भूल पाये न मुँह भले भोले॥

चाह जो हो कि दुख नचा न सके।
पास से सुख नहीं हिले डोले॥
पाँव तो देख भाल कर डाले।
मुँह सँभाले, सँभाल कर बोले॥

तब रहे किस लिए भले बनते।
जब भली बात ही नहीं सीखी॥
भूल कर चाहिए नहीं कहना।
बात कड़वी, कड़ी, बुरी, तीखी॥

बात कह कर कसर-भरी ऐंठी।
हो गयी बार बार बरबादी॥
बेसधा काम साध देती है।
बात सीधी, सधी हुई, सादी॥

रस न उन का अगर रहे उन में।
तो बनें बोलियाँ सभी सीठी॥
है लुभाती भला नहीं किस को।
बात प्यारी, लुभावनी, मीठी॥

है बड़ा ही कमाल कर देती।
है सुरुचि-भाल के लिए रोली॥
नींव सारी भलाइयों की है।
बात सच्ची, जँची, भली, भोली॥

गोद में उस की बड़े ही लाड़ से।
है बहुत सी रंग बिरंगी रुचि पली॥
ढाल देती है निराले, ढंग में।
बात भड़कीली, ढँगीली, रसढली॥

धन रतन धुन उन्हें नहीं रहती।
हैं नहीं मोहते उन्हें मेवे॥
मानियों का यही मनाना है।
मान कर बात, मान रख लेवे॥

हो न भारी सके कभी हलके।
हैं न छिपती खुली हुई बातें॥
तोलने के लिए भला किस को।
तुल गये कह तुली हुई बातें॥

है बढ़ी बेहूदगी जो काम की।
बात सुनने के लिए बहरे बने॥
तो किसी गँव की न गहराई रही।
जो न गहरी बात कह गहरे बने॥

छेद जिस में अनेक हैं उस में।
सोच लो पौन का ठिकाना क्या॥
कढ़ गयी कढ़ गयी चली न चली।
साँस का है भला ठिकाना क्या॥

याद प्रभु को करें जियें जब तक।
लोक-हित की न बुझ सकें प्यासें॥
हम गँवा दें इन्हें नहीं यों ही।
हैं बड़ी ही अमोल ए साँसें॥

जी सका सब दिनों हवा पी जो।
उस बिचारे के पास ही क्या है॥
किस तरह से सुचित्त हो कोई।
साँस की आस आस ही क्या है॥

जो भले भाव भूल में डालें।
तो उन्हें प्यार साथ पोसा क्या॥
जो भला कर सको तुरत कर लो।
साँस का है भला भरोसा क्या॥

है वही फूला सुखी जो कर सका।
वह न फूला दुख दिया जिस ने सहा॥
फूल जैसा फूल जो पाता नहीं।
दम किसी का फूलता तो क्या रहा॥

मान की चाह है हमें तो हम।
और का मान कर न कम देवें॥
काम साधें कमीनपन न करें।
दाम लेवें मगर न दम देवें॥

धाँधली में हवा हवस की पड़।
क्यों मचाता अनेक ऊधम है॥
जो रहा राम में न रमता तो।
दाम दम का छदाम से कम है॥

जो मरम जानते दया का हम।
तो उजड़ता न एक भी खोंता॥
क्यों न होता दुलार दुनिये में।
प्यार का पाठ कण्ठ जो होता॥

मोतियों से पिरो न क्यों देवें।
कब समझदार हो सके संठे॥
लंठ के लंठ ही रहेंगे वे।
लंठ लें कण्ठ में पहन कण्ठे॥

जब किसी का पाँव हैं हम चूमते।
हाथ बाँधे सामने जब हैं खड़े॥
लाख या दो लाख या दस लाख के।
क्या रहे तब कण्ठ में कण्ठे पड़े॥

क्या हुआ प्यार-पालने में पल।
जो नहीं है कमाल भेजे में॥
वे रखे जाँय कालिजों में भी।
जो गये हैं रखे कलेजे में॥

मन मरे दूर हो अमन जिस से।
सुख पिसे, चूर चूर होने की॥
है बनाती कड़ा नहीं किस को।
वह कड़ाई कड़े कलेजे की॥

तब भला किस तरह भलाई हो।
भर गयी भूल जब कि भेजे में॥
तब सके गाँठ हम कहाँ मतलब।
पड़ गयी गाँठ जब कलेजे में॥

बन पराया मिले परायापन।
कब तपाया हमें नहीं तप ने॥
और हाथ में न दिल दे दें।
दिल सदा हाथ में रखें अपने॥

बात उलझी बहँक बहँक न कहें।
बात सुलझी सँभल सँभल बोलें॥
पड़ न पावे गिरह किसी दिल।
लें गिरह बाँध दिल गिरह खोलें॥

बेबसी है बरस रही जिस पर।
तीर उस पर न तान कर निकले॥
यह कसर है बहुत बड़ी दिल की।
सर हुए पर, न दिल कसर निकले॥

बीज बो कर बुरे बुरे फल के।
कब भले फल फले फलाने से॥
दुख मिले क्यों न और को दुख दे।
दिल जले क्यों न दिल जलाने से॥

छोड़ दे छल, कपट, छिछोरापन।
देख कर छबि न जाय बन छैला॥
और माल पर न हो मायल।
दिल किसी मैल से न हो मैला॥

वह भरा है भयावनेपन से।
है हलाहल भरा हुआ प्याला॥
साँप काला पला उसी में है।
काल से है कराल दिल काला॥

मान औरों की न मनमानी करे।
क्यों रहे अभिमान कर हठ ठानता॥
है इसी में मान रहता मान का।
ले मना जो मन नहीं है मानता॥

और का बार बार दिल दहला।
भूल कर मन न जाय बहलाया॥
तो उमंगें न आन की कुचलें।
मन अगर है उमंग पर आया॥

बीज मीठे जाँय क्यों बोये नहीं।
है अगर यह चाह मीठे फल चखें॥
पत रखें, जो पत रखाना हो हमें।
चूक है मन रख न जो हम मन रखें॥

सूझ कर सूझता नहीं जिन को।
वे उन्हें दूर की सुझाते हैं॥
काम है सूझ बूझ का करते।
पेट की आग जो बुझाते हैं॥

है बड़ा वह जो पराया हित करे।
हित हितू का कौन करता हे नहीं॥
है भला वह, पेट जो पर का भरे।
कौन अपना पेट भरता है नहीं॥

अछूते फूल

फूल में कीट, चाँद में धब्बे।
आग में धूम, दीप में काजल॥
मैल जल में, मलीनता मन में।
देख किस का गया नहीं दिल मल॥

है बुरा, घास-फूस-वाला घर।
मल भरा तन, गरल भरा प्याला॥
रिस भरी आँख, सर भरा सौदा।
मन भरा मैल, दिल कसर वाला॥

है कहाँ गोद तो भरी पूरी।
जो सकी गोद में न लाल सुला॥
क्या मिला पूत जो सपूत नहीं।
क्या खुली कोख जो न भाग खुला॥

क्या रहा ताल तब भरा जल से।
जब कि उस में रहा कमल न खिला॥
क्या फली डाल जो सुफल न फली।
क्या खुली कोख जो न लाल मिला॥

पुल सकेगा न बँध सितारों पर।
कुल धरा धूल ढुल नहीं सकती॥
धुल सकेंगे न चाँद के धब्बे।
बाँझ की कोख खुल नहीं सकती॥

जब नहीं उस ने बुझाई भूख तो।
मोतियों से क्या भरी थाली रही॥
जो न उस के फल किसी को मिल सके।
तो फलों से क्या लदी डाली रही॥

जोत कैसे मलीन होवेगी।
क्या हुआ भूमि पर अगर फैली॥
धूल से भर कभी न धूप सकी।
हो सकी चाँदनी नहीं मैली॥

आम में आ सका न कड़वापन।
है मिठाई न नीम में आती॥
छोड़ ऊँचा सका न ऊँचापन।
नीच की नीचता नहीं जाती॥

रस के छींटे

भाग में मिलना लिखा था ही नहीं।
तुम न आये साँसतें इतनी हुईं॥
जी हमारा था बहुत दिन से टँगा।
आज आँखें भी हमारी टँग गयीं॥

सूखती चाह-बेलि हरिआई।
दूध की मक्खियाँ बनीं माखें॥
रस बहा चाँदनी निकल आयी।
खिल गये कौल, हँस पड़ी आँखें॥

सादगी चित्त से उतर पायी नहीं।
है नहीं भूली भलाई आप की॥
काढ़ने से है नहीं कढ़ती कभी।
आँख में सूरत समाई आप की॥

लोग कैसे न बेबसों सा बन।
रो उठें, खिल पड़ें, खिझें, माखें॥
हो न किस पर गया खुला जादू।
देख जादू भरी हुई आँखें॥

बेबसी बेतरह सताती है।
वह हुआ जो न चाहिए होना॥
थाम कर रह गये कलेजा हम।
कर गया काम आँख का टोना॥

मानता मन नहीं मनाने से।
तलमलाते हैं आँख के तारे॥
जागते रात बीत जाती है।
माख के या कि आँख के मारे॥

वह बहुत ही लुभावनी सूरत।
हम भला भूल किस तरह जाते॥
है तुम्हें देख आँख भर आती।
आँख भर देख भी नहीं पाते॥

आँसुओं साथ तरबतर हो हो।
हैं जलन के अगर पड़ी पाले॥
सूरतों पर बिसूरती आँखें।
सेंक लें आँख सेंकने वाले॥

तब कहें कैसे किसी की चाहतें।
रंगतों में प्यार की हैं ढालती॥
जब कि मुखड़े की लुनाई आप की।
आँख में है लोन राई डालती॥

लूट ले प्यार की लपेटों से।
दे निबौरी दिखा दिखा दाखें॥
पट, पटा कर, न पट सकी जिस से।
क्यों गयी पटपटा न वे आँखें॥

है पहेली अजीब पेचीली।
हैं खिली बेलि हैं पकी दाखें॥
अधकढ़ी बात अधगिरी पलकें।
अधखुले होंठ अधखुली आँखें॥

प्यार उन से भला न क्यों बढ़ता।
हो सके पास से न जो न्यारे॥
वे उतारे न चित्त से उतरे।
हिल सके जिन से आँख के तारे॥

देखते ही पसीज जावेंगे।
रीझ जाते कभी न वे ऊबे॥
टल सकेंगे न प्यार से तिल भर।
आँख के तिल सनेह में डूबे॥

जी टले पास से धड़कता है।
जोहते मुख कभी नहीं थकते॥
आँख से दूर तब करें कैसे।
जब पलक ओट सह नहीं सकते॥

देह सुकुमारपन बखाने पर।
और सुकुमारपन बतोले हैं॥
छू गये नेक फूल के गजरे।
पड़ गये हाथ में फफोले हैं॥

धुल रहा हाथ जब निराला था।
तब भला और बात क्या होती॥
हाथ के जल गिरे ढले हीरे।
हाथ झाड़े बिखर पड़े मोती॥

बात लगती लुभावनी कह सुन।
बन दुखी, हो निहाल, दुख सुख से॥
दिल हिले, आँख से गिरे मोती।
दिल खिले, फूल झड़ पड़े मुख से॥

चाह कर के हैं बढ़ाते चाह वे।
खिल रहे हैं औ खिला हैं वे रहे॥
मिल रहे हैं औ रहे हैं वे मिला।
दे रहे दिल और दिल हैं ले रहे॥

क्यों पियेगा ललक चकोर नहीं।
जायगी चंद की कला जो मिल ॥
फूल खिल क्यों लुभा न दिल लेगा।
चोर दिल का न क्यों चुरा ले दिल॥

लोचनों की ललक हुई दूनी।
वह बिना मोल का बना चेरा॥
देख कर लोच लोच वाले का।
रह गया दिल ललच ललच मेरा॥

बाप मा के अडोल कानों को।
बूँद मिलती न तो अमी घोली॥
बोल अनमोल रस लपेटे जो।
बोलतीं बेटियाँ न मुँहबोली॥

नोक झोंक

जा रही हैं सूखती सुख क्यारियाँ।
जो रहीं न्यारे रसों से सिंच गयीं॥
खिंच गये तुम भी इसी का रंज है।
खिंच गयीं भौंहें बला से खिंच गयीं॥

साँच को आँच है नहीं लगती।
हम करेंगे कभी नहीं सौंहें॥
चिढ़ गये तो चिढ़े रहें डर क्या।
चढ़ गयीं तो चढ़ी रहें भौंहें॥

जाय जिस से कुचल कभी कोई।
चाल ऐसी भले न चलते हैं॥
आप तो बात ही बदलते थे॥
आँख अब किस लिए बदलते हैं॥

जब जगह रह गयी नहीं जी में।
तब भला क्यों न जी फिरा पाते॥
जब बचा रह गया न अपनापन।
आँख कैसे न तब बचा जाते॥

जो बहुत से भेद जी के थे छिपे।
आँख से ही लग गये उन के पते॥
क्या हुआ जी की अगर चोरी खुली।
जब रहे आँखें चुरा कर देखते॥

क्या अजब जो ललक पड़ें; उमगें।
खिल उठें, स्वाँग सैकड़ों रच लें॥
मुँह खिला देख प्यार-पुतलों का।
आँख की पुतलियाँ अगर मचलें॥

पक गया जी, नाक में दम हो गया।
तुम न सुधरे, सिर पड़ी हम ने सही॥
हँस रहे हो या नहीं हो हँस रहे।
पर तुमारी आँख तो है हँस रही॥

छोड़िये ऐंठ मानिये बातें।
किस लिए आप इतने ऐंठे हैं॥
आइये आँख पर बिठायेंगे।
आज आँखें बिछाये बैठे हैं॥

हम तुम्हें देख देख जीयेंगे।
और के मुँह को देख तुम जी लो॥
हम न बदलेंगे रंग अपना, तुम।
आँख अपनी बदल भले ही लो॥

हम सदा जी दिया किये तुम को।
तुम हमें जी कभी नहीं देते॥
आँख हम तो नहीं बदलते हैं।
आप हैं आँख क्यों बदल लेते॥

कुछ पसीजीं और जी के मैल को।
एक दो बूँदें गिरा, कुछ धो गयीं॥
देख लो लाचार तुम भी हो गये।
आज तो दो चार आँखें हो गयीं॥

लूट लो, पीस दो, मसल डालो।
पर सितम मौत का बसेरा है॥
देख अन्धेरा, यह कहेंगे हम।
आँख पर छा गया अँधेरा है॥

जब कि धन भर गया बहुत उस में।
तब मुरौअत कहाँ ठहर पाती॥
जब उलट कर न आप देख सके।
आँख कैसे न तब उलट जाती॥

छूट कैसे हाथ से उस के सकें।
जो किसी को हाथ में नट कर करे॥
किस तरह उस से बचावें आँख हम।
जो हमारी आँख ही में घर करे॥

देखना ही कमाल रखता है।
प्यार का रंग कब जमा वैसे॥
आँख जिस पर ठहर नहीं पाती।
आँख में वह ठहर सके कैसे॥

आज भी है याद वैसी ही बनी।
है वही रंगत औ चाहत है वही॥
तुम तरस खा कर कभी मिलते नहीं।
आँख अब तक तो तरसती ही रही॥

देखने ही के लिए सूरत बनी।
देखने ही में न वह पीछे पड़े॥
आँख में चुभ कर न आँखों में चुभे।
आँख में गड़ कर न आँखों में गड़े॥

जो किसी को लगा बुरा धब्बा।
तो ढिठाई उसे नहीं धोती॥
सामने आँख तब करें कैसे।
सामने आँख जब नहीं होती॥

हो सराबोर तुम रसों में, तो।
मैं रसों का अजीब सोता हूँ॥
किस लिए आँख यों बचाते हो।
मैं नहीं आँखफोड़ तोता हूँ॥

देखिये क्या कर दिखाता भाग है।
वे भरे हैं और हम भी हैं खरे॥
आज वे बेदरदियों पर हैं अड़े।
हम खड़े हैं आँख में आँसू भरे॥

तब भला बात का असर क्या हो।
जब असर के न रह गये नाते॥
है कसर बैठ जब गयी जी में।
किस तरह आँख तब उठा पाते॥

तब भला सीध में कसर क्यों हो।
जब रहे ठीक आँख का तारा॥
तब सके चुक किस तरह से वह।
जब गया तीर ताक कर मारा॥

आज तक कुछ भी सँभल पाये नहीं।
बात से तो नित सँभलते ही रहे॥
ढंग बदलें जो बदलते बन सके।
आप तेवर तो बदलते ही रहे॥

काम टेढ़े से बने टेढ़े चला।
मान सीधे ही सके सीधे कहे॥
क्यों न हम भी आज तेवर लें चढ़ा।
हैं बुरे तेवर दिखाई दे रहे॥

हम बढ़ी बातें करें तो क्यों करें।
आप ही तो कर बढ़ी बातें बढ़े॥
हम चढ़ायेंगे कभी तेवर नहीं।
क्यों न होवें आप के तेवर चढ़े॥

बेतरह अरमान मेरे मिस उठे।
साँसतें सारी उमंगों ने सहीं॥
हम रहें तो किस तरह अच्छे रहें।
आज तेवर आप के अच्छे नहीं॥

किसलिए उन पर कड़े पड़ते रहे।
हाथ बाँधे जो रहें सब दिन खड़े॥
डर हमें तिरछी निगाहों का नहीं।
देखिये अब बल न तेवर पर पड़े॥

चाहिए था न चोट यों करना।
पत्थरों के बने न सीने थे॥
क्यों भला आप भर गये साहब।
कान ही तो भरे किसी ने थे॥

क्यों कहेंगे न, सुन सकें; सुन लें।
हम मनायेंगे, आप ऐंठे हैं॥
हम सकें मूँद मुँह भला कैसे।
आप तो कान मूँद बैठे हैं॥

आप तूमार बाँध देते हैं।
और हम ने न खोल मुँह पाया॥
हो न जावें तमाम हम कैसे।
आप का गाल तमतमा आया॥

आप ही जब कि तन गये मुझ से।
तब भला किस तरह भवें न तनें॥
जब हुईं लाल लाल आँखें तब।
गाल कैसे न लाल लाल बनें॥

भेद कितने बिन खुले ही रह गये।
आज तक भी आप ने खोले नहीं॥
आप का मुँह ताकते ही रह गये।
आप तो मुँह भर कभी बोले नहीं॥

किस तरह से दूसरे मीठे बने।
और हम कैसे बने तीते रहे॥
आप मुँह से बोल तक सकते नहीं।
आप का मुँह देख हम जीते रहे॥

हैं हमीं ऐसे कि जिस को हर घड़ी।
निज सगों का ही बना खटका रहा॥
लख लटूरे बाल को जी लट गया।
लट लटकती देख मुँह लटका रहा॥

आँख से क्या निकल पड़े आँसू।
मैल जी का सहल नहीं धुलना॥
आप मुँह देख जीभ ले ही लें।
है बहुत ही मुहाल मुँह खुलना॥

बढ़ गये पर बुरे बखेड़ों के।
बैर का पाँव गाड़ना देखा॥
हो गये पर बिगाड़ बिगड़े का।
मुँह बिगड़ना बिगाड़ना देखा॥

वह उतरकर चढ़ा रहा चित पर।
रंग लाया पसीज पड़ कर भी॥
बन गयी बात बिन बनाये ही।
रंग मुँह का बना बिगड़ कर भी॥

कारनामा वह बहुत आला रहा।
आप की करतूत है भोंड़ी बड़ी॥
मुँह दिया था दैव ने ही तो बना।
आप को क्या मुँह बनाने की पड़ी॥

क्यों न सब दिन मुँह चुराते वे रहें।
चोर को देती चिन्हा हैं चोरियाँ॥
हैं बड़ी कमजोरियाँ उन में भरी।
देख लीं मुँहजोर की मुँहजोरियाँ॥

बात वह भी लगी बहुत खलने।
आप को जो न थी कभी खलती॥
अब लगे आप मुँह चलाने क्यों।
जीभ तो कम नहीं रही चलती॥

इस तरह का बना कलेजा है।
जो कि सारी मुसीबतें सह ले॥
बेधड़क आग मुँह उगल लेवे।
जीभ बातें गरम गरम कह ले॥

आप साहस बँधाइये मुझ को।
क्या करेंगी भली बुरी घातें॥
देखिये दब न जाय जी मेरा।
सुन दबी जीभ की दबी बातें॥

जब कि नीरस बात मुँह पर आ गयी।
किस तरह रस-धार तब जी में बहे॥
छरछराहट जब कलेजे में हुई।
मुसकुराहट होंठ पर कैसे रहे॥

प्यार का कुम्हला गया मुखड़ा खिला।
पड़ गये अरमान पर रस के घड़े॥
मल कितना ही निकल पल में गया।
खोल कर दिल खिलखिलाकर हँस पड़े॥

आँख कैसे न तब बहा करती।
आँख ही आँख जब गड़ाती है॥
किस तरह तब हँसी न छिन जाती।
जब हँसी ही हँसी उड़ाती है॥

दिल छिलेंगे कभी न क्या उन के।
क्या पड़ेंगे न जीभ पर छाले॥
बेतरह छिल गये कलेजे को।
छील लें बात छीलने वाले॥

सामना जब बदसलूकी का हुआ।
तब बिचारी बूझ जाती दब न क्यों॥
बान ही जब है उलझने की पड़ी।
बात कह उलझी उलझते तब न क्यों॥

दिल भला किस तरह न जाता हिल।
जब कपट से न ठीक ठीक पटी॥
जीभ कैसे न लटपटा जाती।
बात कहते हुए लगी लिपटी॥

बान जिन की पड़ी बहकने की।
मानते वे नहीं बिना बहके॥
बेतुकापन नहीं दिखाते कब।
बेतुके बात बेतुकी कह के॥

जब सुलझना उन्हें नहीं आता।
तब गिरह खोल किस तरह सुलझें॥
चाल का जाल जब बिछाते हैं।
तब न क्यों बात बात में उलझें॥

लूटते हैं फँसा लपेटों में।
बेतरह हैं कभी कभी ठगते॥
कब नहीं बूझ से गये तोले।
हैं बतोले बहुत बुरे लगते॥

जो किसी चित से नहीं पाती उतर।
दे बना बेचैन वह मूरत नहीं॥
अनबनों में पड़ न आँखों में गड़े।
देखिये बिगड़े बनी सूरत नहीं॥

सब तरह के लाभ की बातें सुना।
रुचि बहुत ही आज बहलाई गयी॥
किस तरह देखे बिना सूरत जियें।
वह हमें सूरत न बतलाई गयी॥

भौंह सीधी, हँसी बहुत सादी।
औ सरलपन भरी हुई बोली॥
हम भला भूल किस तरह देवें।
भूलती हैं न सूरतें भोली॥

लालसा है रस बरसती ही रहे।
पर तुमारी आँख रिस से लाल है॥
यह चमेली है खिलाना आग में।
यह हथेली पर जमाना बाल है॥

प्यार का प्याला नहीं हम भर सके।
भर सको तो अब उसे भर लो तुम्हीं॥
हम तुम्हें तो ले न मूठी में सके।
मूठियों में अब हमें कर लो तुम्हीं॥

गुदगुदायें औ रिझायें रीझ कर।
बात मीठी बोल कर मन मोल लें॥
दूसरा तो खोल सकता ही नहीं।
खोलना हो आप मूठी खोल लें॥

काम कब तक भला बनावट दे।
रीझ कब तक भला रहे रूठी॥
बोलते बोलते गये खुल हम।
खोलते खोलते खुली मूठी॥

हम बलायें आप की हैं ले रहे।
और हम पर आप लाते हैं बला॥
चाल चलने से कभी चूके नहीं।
चाह है तो लो तमाचे भी चला॥

वह सताने में सहमता ही नहीं।
सब सुखों के हैं हमें लाले पड़े॥
सुन गँसीली बात हाथों के मले।
छिल गया दिल, हाथ में छाले पड़े॥

मत बचन-बान मार बीर बनें।
क्या नहीं प्यार प्यार-थाती में॥
छेद लें छेदने चले हैं तो।
देखिये हो न छेद छाती में॥

आप के जैसा जिसे हीरा मिले।
क्यों मरे वह चाट हीरे की कनी॥
आप तन करके हमें तन बिन न दें।
जो तनी है तो रहे छाती तनी॥

जब कभी बात तर कही न गयी।
हो सके किस तरह कलेजे तर॥
देखना हो अगर दहल दिल की।
देखिये हाथ रख कलेजे पर॥

किस तरह प्यार कर सकें उन को।
जो चुभे बार बार नेजे से॥
दुख कलेजा गया जिन्हें देखे।
क्यों लगायें उन्हें कलेजे से॥

बेतरह रोब गाँठते ही थे।
अब गया मौत को सहेजा क्यों॥
आँख तो आप काढ़ते ही थे।
अब लगे काढ़ने कलेजा क्यों॥

किस तरह रीझता रिझाये वह।
जब किये प्यार खीज खीजा ही॥
किस तरह तब पसीजता कोई।
जब कलेजा नहीं पसीजा ही॥

है बड़े बेपीर से पाला पड़ा।
भाग में सुख है न दुखियों के लिखा॥
जो कलेजा देख दुख पिघला नहीं।
तो कलेजा काढ़ कैसे दें दिखा॥

प्यार ही से भरा हुआ वह है।
देख लें देख वे सकें जैसे॥
जब निकलती नहीं कसर जी की।
हम कलेजा निकाल दें कैसे॥

ताड़ने वाले नहीं कब ताड़ते।
तोड़ना है दिल अगर तो तोड़ लो॥
मुँह चिढ़ा लो मोड़ लो मुँह बक बहँक।
फोड़ लो दिल के फफोले फोड़ लो॥

वे चुहल के चाव के पुतले बने।
चोचलों का रंग हैं पहचानते॥
चाल चलना, चौंकना, जाना मचल।
दिल चलाना दिलचले हैं जानते॥

वह भला है, है भलाई से भरा।
या घिनौने भाव हैं उस में घुसे॥
खोल कर हम दिल दिखायें किस तरह।
देख लें दिल देखने वाले उसे॥

देखने दें मूँद आँखों को न दें।
हिल गये क्यों, जो गयी है जीभ हिल॥
आप छन भर सोचने देवें हमें।
सब गया छिन, अब न लेवें छीन दिल॥

कुछ नहीं रंग ढंग मिल पाता।
हिल गया वह, कभी गया वह खिल॥
क्या भला खीज कर किया दिल ने।
क्या करेगा पसीज करके दिल॥

क्यों हँसी मेरी उड़ाती है हँसी।
बात रंगत में चुहल की क्यों ढली॥
किस लिए दिल काटने चुटकी लगा।
आप ने चुटकी अगर दिल में न ली॥

प्यार तो हम किया करेंगे ही।
बारहा क्यों न जाय दिल फेरा॥
दिलचले हम बने रहेंगे ही।
क्यों न हो दिल दलेल में मेरा॥

प्यार जब चाहते नहीं करना।
क्यों न सुन नाम प्यार का काँखें॥
रंग बदला, बदल गये तेवर।
दिल बदलते बदल गयीं आँखें॥

कर सके तो कर दिखाये प्यार ही।
वह सितम के खोज ले हीले नहीं॥
ले भले ही ले दुखाये दिल नहीं।
छीन ले दिलदार दिल छीले नहीं॥

है कलह तोर मोर का पुतला।
है कपट का उसे मिला ठीका॥
है भरी पोर पोर कोर कसर।
वह बड़ा ही कठोर है जी का॥

हम नहीं आँखें लड़ाना चाहते।
हैं लड़ाकी आप की आँखें लड़ें॥
आप जी में जल रहे हैं तो जलें।
क्यों फफोले और के जी में पड़ें॥

अब न आँसू आँख में मेरी रहा।
आप ने आँखें उठा ताका नहीं॥
क्या पके जी का मरम वह, पा सके।
हो गया जिसका कि जी पाका नहीं॥

थीं पसन्द बनाव की बातें हमें।
अनबनों का तुम गला रेते रहे॥
कब रहे लेते हमारा जी न तुम।
हम तुम्हें कब जी नहीं देते रहे॥

बात पर आन बान वालों की।
आप क्यों कान दे नहीं सकते॥
तो गँवा मान और क्या माँगें।
जी अगर दान दे नहीं सकते॥

बे ठने उस से रहेगी किस तरह।
जो कि उठते बैठते हैं ऐंठता॥
बात क्यों उस से बिठाये बैठती।
फेर करके पीठ जो है बैठता॥

आप के हाथ ही बिके हम हैं।
रुचि रही कब न आप की चेरी॥
है अगर चाह भाँप लेने की।
आप तो पीठ नाप लें मेरी॥

अड़ गये अपनी जगह पर गड़ गये।
देख लो तुम टाल टलते ही नहीं॥
हम न मचले हैं चलें तो क्यों चलें।
ए हमारे पाँव चलते ही नहीं॥

अनमोल हीरे

दृष्टान्त

है जिन्हें सूझ, जोड़ से ही, वे।
भिड़ सके लाग डाँट साथ बड़ी॥
भूल कर भी लड़ी न भौंहों से।
जब लड़ी आँख साथ आँख लड़ी॥

देख कर रंग जाति का बदला।
जाति का रंग है बदल जाता॥
देख आँखें हुईं लहू जैसी।
आँख में है लहू उतर आता॥

देख दुख से अधीर संगी को।
है जनमसंगिनी लटी पड़ती॥
दाढ़ है दाँत के दुखे दुखती।
सिर दुखे आँख है फटी पड़ती॥

तब भलाई भूल जाती क्यों नहीं।
जब सचाई ही नहीं भाती रही॥
जोत तब कैसे चली जाती नहीं।
जब किसी की आँख ही जाती रही॥

कौन आला नाम रख आला बना।
है जहाँ गुन, है निरालापन वहीं॥
साँझ फूली या कली फूली फबी।
आँख की फूली फबी फूली नहीं॥

एक से जो दिखा पड़े, उनका।
एक ही ढंग है न दिखलाता॥
है कमल फूलना भला लगता।
आँख का फूलना नहीं भाता॥

काम क्या अंजाम देगा दूसरा।
जब नहीं सकते हमीं अंजाम दे॥
दे सकेगा काम सूरज भी तभी।
जब कि अपनी आँख का तिल काम दे॥

पड़ बुरों में संगतें पाकर बुरी।
सूझ वाला कब बुराई में फँसा॥
देख लो काली पुतलियों में बसे।
आँख के तिल में न कालापन बसा॥

तब भला मैली कुचैली औरतें।
क्यों न पायेंगी निराले पूत जन॥
आँख की काली कलूटी पुतलियाँ।
जब जनें तिल सा बड़ा न्यारा रतन॥

फूट पड़ता है उजाला भी वहाँ।
घोर अँधियाली जहाँ छायी रही॥
जगमगा काली पुतलियों में हमें।
जोत वाले तिल जताते हैं यही॥

सूझ वाले एक दो ही मिल सके।
और सब अन्धे मिले हम को यहाँ॥
देखने को देह में तिल हैं न कम।
आँख के तिल से मगर तिल हैं कहाँ॥

वह कभी खींच तान में न पड़ा।
है जिसे आन बान की न पड़ी॥
मोतियों से बनीं लड़ी से कब।
आँसुओं की लड़ी लड़ी झगड़ी॥

बीरपन से तन गयों के सामने।
कब जुलाहे तन सके ताना तने॥
सूर कहला ले, मगर क्यों सूरमा।
सूरमापन के बिना अन्धा बने॥

भेख सच्चा दिखा पड़ा न हमें।
देख पाये जहाँ तहाँ भेखी॥
फूल कब पा सके किसी से हम।
नाक फूली हुई बहुत देखी॥

वे सभी क्यारियाँ निराली हैं।
बेलियाँ हैं जहाँ अजीब खिली॥
कब सकीं बोल बोलियाँ न्यारी।
बोलती नाक कम हमें न मिली॥

जिस जगह पर लगें भले लगने।
चाहिए हम वहीं उमग अटकें॥
हैं कहीं पर अगर लटक जाना।
तो लटें गाल पर न क्यों लटकें॥

लोग कैसे उलझ सकेंगे तब।
जब हमारी निगाह हो सुलझी॥
बात होते हुए उलझने की।
लट कभी गाल से नहीं उलझी॥

है लुनाई फिसल रही जिस पर।
है उसे काम क्या कि कुछ पहने॥
गोल सुथरे सुडौल गालों के।
बन गये रूप रंग ही गहने॥

कुछ बड़ों से हो न, पर कितनी जगह।
काम करता है बड़ों का मेल ही॥
पत बचाती है उसी की चिक नयी।
गाल का तिल क्यों न हो बेतेल ही॥

सब जगह बात रह नहीं सकती।
बात का बाँध दें भलें ही पुल॥
हम रहें क्यों न गुलगुले खाते।
रह सका गाल कब सदा गुलगुल॥

जो कि सुख के बने रहे कीड़े।
वे पड़े देख दुख उठाते भी॥
जो उठें तो उठें सँभल करके।
हैं उठे गाल बैठ जाते भी॥

खोजने से भले नहीं मिलते।
पर बुरों के सुने कहाँ न गिले॥
मिल गये बार बार बू वाले।
मुँह महँकते हमें कहीं न मिले॥

लत बुरी छूटती नहीं छोड़े।
क्यों न दुख के पड़े रहें पाले॥
पान का चाबना कहाँ छूटा।
मुँह छिले और पड़ गये छाले॥

जो उन्हें गुन का सहारा मिल सके।
बात तो कब गढ़ नहीं लेते गुनी॥
देख तो पाई नहीं पर बारहा।
बात 'बूढ़े मुँह मुँहासे' की सुनी॥

दुख मिले चाहे किसी को सुख मिले।
है सभी पाता सदा अपना किया॥
आप ही तो वह अँधेरे में पड़ा।
जो किसी मुँह ने बुझा दीया दिया॥

जो भरोसे न भाग के सोये।
दैव उन से फिरा नहीं फिर कर॥
जो रखें जान गिर उठें वे ही।
कब भला दाँत उठ सका गिर कर॥

हैं दुखी दीन को सताते सब।
हो न पाई कभी निगहबानी॥
लग सका और दाँत में न कभी।
हिल गये दाँत में लगा पानी॥

नटखटों से बचे रहें कब तक।
जब उन्हें छोड़ नटखटी न हटी॥
क्या हुआ बार बार बच बच कर।
कब भला दाँत से न जीभ कटी॥

क्यों किसी बेगुनाह को दुख दें।
छूट क्यों जाँय कर गुनाह सगे॥
और के हाथ में लगे तब क्यों।
जब बुरी जीभ में न दाँत लगे॥

जो बड़प्पन है न तो कैसे बड़ा।
बन सके कोई बड़ाई पा बड़ी॥
देख लो कबि के बनाने से कहाँ।
दाँत की पाँती बनी मोती-लड़ी॥

सैकड़ों नेकियाँ किये पर भी।
नीच है ढा बिपत्ति कल लेता॥
जीभ है दाँत की टहल करती।
दाँत है जीभ को कुचल देता॥

कर सकेंगे हित बने उतना न हित।
कर सकेगा हित सदा जितना सगा॥
दे सकेंगे सुख न असली दाँत सा।
देख लो तुम दाँत चाँदी के लगा॥

है बुरी लत का लगाना ही बुरा।
बन हठीली क्यों न वह हठ ठानती॥
हम अमी भर भर कटोरी नित पियें।
पर चटोरी जीभ कब है मानती॥

नित बुराई बुरे रहें करते।
पर भली कब भला रही न भली॥
दाँत चाहे चुभें, गड़ें, कुचलें।
पर गले दाँत जीभ कब न गली॥

सग दुखों से सगा दुखी होगा।
जल ढलेगा जगह मिले ढालू॥
प्यास से जब कि सूखता है मुँह।
जायगा सूख तब न क्यों तालू॥

हित करेंगे जिन्हें कि हित भाया।
लोग चाहे बने रहें रूखे॥
जीभ क्यों चाट चाट तर न करे।
लब तनिक भी अगर कभी सूखे॥

जो भले हैं भला करेंगे ही।
कुछ किसी से कभी बने न बने॥
तर किया कब न जीभ ने लब को।
क्या किया जीभ के लिए लब ने॥

बस नहीं जिस बात में ही चल सका।
हो गयी उस बात में ही बेबसी॥
क्यों न भूखा भूख के पाले पड़े।
क्यों न सूखा मुँह हँसे सूखी हँसी॥

कर सकेंगी संगतें कैसे असर।
राव तरह ही रंगतें जब हों सभी॥
लाल कब लब की ललाई से हुई।
कब हँसी उस की मिठाई से बँधी॥

बाढ़ परवाह ही नहीं करती।
क्यों न उस पर बिपत्ति हो ढहती॥
हम मुड़ा लाख बार दें लेकिन।
मूँछ निकले बिना नहीं रहती॥

हैं सभी खीज खीज जाते तब।
रंज जब जान बूझ हैं देते॥
बीसियों बार मनचले लड़के।
मूँछ तो नोच नोच हैं लेते॥

हो सके काम जो समय पर हो।
हो सका वह न ठान ठाने से॥
पाँव लेवें जमा भले ही हम।
मूँछ जमती नहीं जमाने से॥

पट सके, या पट न औरों से सके।
पर कहीं 'नटखट' भला है बन गया॥
पड़ सके या पड़ सके पूरी नहीं।
मूँछ भूरी का न भूरापन गया॥

कब भलाई से भलाई ही हुई॥
सादगी से बात सारी कब सधी॥
साध रह जाती सिधाई की नहीं।
देख सीधी दाढ़ियों को भी बँधी॥

बाहरी रूप रंग भावों ने।
भीतरी बात है बहुत काढ़ी॥
खुल भला क्यों न जाय सीधापन।
देख सीधी खुली हुई दाढ़ी॥

गुन तभी पा सके निरालापन।
जब गुनी जन बुरे नहीं होते॥
सुर तभी हैं कमाल दिखलाते।
जब गले बेसुरे नहीं होते॥

है किसी में अगर नहीं जौहर।
बीर तो वह बना न कर हीले॥
सूरमापन कभी नहीं पाता।
काट सूरत गला भले ही ले॥

जो बना जैसा बना वैसा रहा।
बन सका कोई बनाने से नहीं॥
चितवनें तिरछी सदा तिरछी मिलीं।
गरदनें ऐंठी सदा ऐंठी रहीं॥

सब पढ़े पा सके न पूरा ज्ञान।
हैं बहुत से पढ़े लिखे भी लंठ॥
सुर सबों में दिखा सका न कमाल।
कम न देखे गये सुरीले कण्ठ॥

सब दयावान ही नहीं होते।
औ सभी हो सके कभी न भले॥
सैकड़ों ही कठोर हाथों से।
फूल से कण्ठ पर कुठार चले॥

बात मुँह से तब निकल कैसे सके।
जब सती का हाथ लोहू में सने॥
फूट पाये कण्ठ तब कैसे भला।
कण्ठ-माला कण्ठमाला जब बने॥

क्यों हुनर दिखला न मन को मोह लें।
दूसरों के रूप गुन पर क्यों जलें॥
कोयले से रंग पर ही मस्त रह।
हैं निराला राग गातीं कोयलें॥

पा सहारा जाति के ही पाँव का।
जाति का है पाँव जम कर बैठता॥
जाति ही है जाति की जड़ खोदती।
हाथ ही है हाथ को तो ऐंठता॥

ढंग से बचते बचाते ही रहें।
बे-बचाये कौन बच पाया कहीं॥
जो बचावों को नहीं है जानता।
ब्योंचने से हाथ वह बचता नहीं॥

कौन बैरी हितू किसी का है।
है समय काम सब करा लेता॥
तरबतर तेल से किया जिस ने।
है वही हाथ सर कतर देता॥

कर सकी न बुरा बुरी संगति उसे।
दैव दे देता जिसे है बरतरी॥
बाँह बदबूदार होती ही नहीं।
क्यों न होवे काँख बदबू से भरी॥

नेक तो नेकियाँ करेंगे ही।
क्यों बिपद पर बिपद न हो आती॥
क्या नहीं पाक दूध देती है।
पीप से भर गयी पकी छाती?॥

है बुरी रुचि ही बना देती बुरा।
क्यों सहें लुचपन भली रुचि-थातियाँ॥
लाड़ दिखला दूध पीने के समय।
क्या नहीं लड़के पकड़ते छातियाँ॥

भेद कुछ छोटे बड़े में है नहीं।
बान पर-हित की अगर होवे पड़ी॥
थातियाँ हित की बनी सब दिन रहीं।
हों भले ही छातियाँ छोटी बड़ी॥

दैव की करतूत ही करतूत है।
कब मिटाये अंक माथे के मिटे॥
आज तक तो एक भी छाती नहीं।
हो सकी चौड़ी हथौड़ी के पिटे॥

दुख न सब को सका समान सता।
मिस गये फूल लौं सभी न मिसे॥
वह दिया जाय पीस कितना ही।
पाँव बनता नहीं पिसान पिसे॥

पीसते लोग हैं निबल को ही।
गो सबल बार बार खलते हैं॥
जब गये फूल ही गये मसले।
संग को पाँव कब मसलते हैं॥

नीच से नीच क्यों न हो कोई।
हैं न ऊँचे टहल-समय टलते॥
पाँव जब दुख रहे हमारे हों।
हाथ तब क्या उन्हें नहीं मलते॥

ऐंठ में डूब जो बहुत बँहका।
क्यों न उस पर भला बिपद पड़ती॥
जब गयी फूल औ चली इतरा।
किस लिए तब न पंखड़ी झड़ती॥

अन्योक्ति

बाल

बीर ऐसे दिखा पड़े न कहीं।
सब बड़े आनबान साथ कटे॥
जब रहे तो डँटे रहे बढ़ कर।
बाल भर भी कभी न बाल हटे॥

नुच गये, खिंच उठे, गिरे, टूटे।
और झख मार अन्त में सुलझे॥
कंघियों ने उन्हें बहुत झाड़ा।
क्या भला बाल को मिला उलझे॥

मैल अपना सके नहीं कर दूर।
और रूखे बने रहे सब काल॥
मुड़ गये जब कि वे सिधाई छोड़।
तो हुआ ठीक मुड़ गये जो बाल॥

हैं दुखाते बहुत, गले पड़ कर।
सब उन्हें हैं सियाहदिल पाते॥
है कमी भी नहीं कड़ाई में।
किस लिए बाल फिर न झड़ जाते॥

वे कभी तो पड़े रहे सूखे।
औ कभी तेल से रहे तर भी॥
की किसी बात की नहीं परवा।
बाल ने बाल के बराबर भी॥

या बरसता रहा सुखों का मेह।
या अचानक पड़ा सुखों का काल॥
धार से पा बहुत सुधार सुधार।
बन गये या गये बनाये बाल॥

निज जगह पर जमे रहे तो क्या।
क्या हुआ बार बार धुल निखरे॥
चल गये पर हवा बहुत थोड़ी।
जब कि ए बाल बेतरह बिखरे॥

धूल में मिल गया बड़प्पन सब।
था भला, थे जहाँ, वहीं झड़ते।
क्या यही चाहिए सिरों पर चढ़।
बाल हो पाँव पर गिरे पड़ते॥

किस तरह हम तुम्हें कहें सीधे।
जब कि हो आँख में समा गड़ते।
हो न सुथरे न चीकने सुधरे।
जब कि हो बाल! तुम उखड़ पड़ते॥

चोटी

जो समय के साथ चल पाते नहीं।
टल सकी टाले न उन की दुख-घड़ी॥
छीजती छँटती उखड़ती क्यों नहीं।
जब कि चोटी तू रही पीछे पड़ी॥

निज बड़ों के सँग बुरा बरताव कर।
है नहीं किस की हुई साँसत बड़ी॥
क्यों नहीं फटकार सहती बेतरह।
जब कि चोटी मूँड़ के पीछे पड़ी॥

सिर और पगड़ी

सिर! उछालीं पगड़ियाँ तुम ने बहुत।
कान कितनों का कतर यों ही दिया॥
लोभ भारी कह भले ही लें तुम्हें।
पर तुमारा देख भारीपन लिया॥

सूझ के हाथ पाँव जो न चले।
जो बनी ही रही समझ लँगड़ी॥
तो तुमारी न पत रहेगी सिर।
पाँव पर डालते फिरे पगड़ी॥

जब तुम्हीं ने सब तरह से खो दिया।
तो बता दो काम क्या देती सई॥
सोच है पगड़ी उतरने का नहीं।
सिर! तुमारी तो उतर पत भी गयी॥

देखता हूँ आजकल की लत बुरी।
सिर तुमारी खोपड़ी पर भी डटी॥
लाज पगड़ी की गँवा, मरजाद तज।
जो तुमारी टोपियों से ही पटी॥

दो जने कोई बदल करके जिन्हें।
कर सके भायप रँगों में रँग बसर॥
है तुमारे सारपन की ही सनद।
सिर तुमारी उन पगड़ियों का असर॥

सिर और सेहरा

सोच लो, जी में समझ लो, सब दिनों।
यों लटकती है नहीं मोती-लड़ी॥

जब कि तुम पर सिरसजा सेहरा बँधा।
मुँह छिपाने की तुम्हें तब क्या पड़ी॥

ला न दें सुख में कहीं दुख की घड़ी।
ढा न दें कोई सितम आँखें गड़ी॥
मौर बँधते ही इसी से सिर तुम्हें।
देखता हूँ मुँह छिपाने की पड़ी॥

अनसुहाती रंगतें मुँह की छिपा।
सिर! रहें रखती तुम्हारी बरतरी॥
इस लिए ही हैं लटक उस पर पड़ी।
मौर की लड़ियाँ खिले फूलों भरी॥

पाजियों के जब बने साथी रहे।
जब बुरों के काम भी तुम से सधे॥
क्या हुआ सिरमौर तो सब के बने।
क्या हुआ सिर! मौर सोने के बँधे॥

सिर और पाँव

जो बड़े हैं भार जिन पर है बहुत।
वे नहीं हैं मान के भूखे निरे॥
है न तन के बीच अंगों की कमी।
पर गिरे जव पाँव पर तब सिर गिरे॥

लोग पर के सामने नवते मिले।
पर न ये कव निज सगों से, जी फिरे॥
दूसरों के पाँव पर गिरते रहे।
पर भला निज पाँव पर कब सिर गिरे॥

तोड़ सोने को न लोहा वढ़ सका।
मोल सोने का गया टूटे न गिर॥

पाँव ने सिर को अगर दीं ठोकरें।
तो हुआ ऊँचा न वह, नीचा न सिर॥

सिर

क्या हुआ पा गये जगह ऊँची।
जो समझ औ बिचार कर न चले॥
सिर! अगर तुम पड़े कुचालों में।
तो हुआ ठीक जो गये कुचले॥

जो कि ताबे बिन रहे सब दिन।
वे सँभल लग गये दिखाने वल॥
हाथ क्या, उँगलियाँ दबाती हैं।
सिर! मिला यह तुम्हें दबे का फल॥

सोच कर उस की दसा जी हिल गया।
जो कि मुँह के वल गिरा ऊँचे गये॥
जब बुरे कूँचे तुम्हें रुचते रहे।
सिर ! तभी तुम बेतरह कूँचे गये॥

पा जिन्हें धरती उधरती ही रही।
लोग जिन के अवतरे उबरे तरे॥
सिर! गिरे तुम जो न उन के पाँव पर।
तो बने नर-देह के क्या सिरधरे॥

है जिसे प्रभु की कला सब थल मिली।
पत्तियों में, पेड़ में, फल फूल में॥
ली नहीं जो धूल उन के पाँव की।
सिर! पड़े तो तुम बड़ी ही भूल में॥

बात वह भूले न रुचनी चाहिए।
जो कि तुम को बेतरह नीचा करे॥

सिर ! तुम्हीं सिरमौर के सिरमौर हो।
औ तुम्हीं हो सिरधरों के सिरधरे॥

दे जनम निज गोद में पाला जिन्हें।
क्या पले थे वे कटाने के लिए॥
खेद है सुख चाह बेदी पर खुले।
सिर! बहुत से बाल तू ने बलि दिये॥

बाल में सारे फुलेलों के मले।
सब सराहे फूल चोटी में लसे॥
सिर! सुबासित हो सकोगे किस तरह।
जब बुरी रुचि-वास से तुम हो बसे॥

कब नहीं उस की चली, कुल ब्योंत ही।
सब दिनों जिस की बनी बाँदी रही॥
माँग पूरी की गयी है कब नहीं।
सिर! तुमारी कब नहीं चाँदी रही॥

सिर! छिपाये छिप न असलीयत सकी।
बज सके न सदा बनावट के डगे॥
सब दिनों काले बने कब रह सके।
बाल उजले बार कितने ही रँगे॥

छोड़ रंगीनी सुधर सादे बनो।
यह सुझा कर बीज हित का बो चले॥
चोचले करते रहोगे कब तलक।
सिर! तुमारे बाल उजले हो चले॥

माथा

छूट पाये दाँव-पेंचों से नहीं।
औ पकड़ भी है नहीं जाती सही॥

हम तुम्हें माथा पटकते ही रहे।
पर हमारी पीठ ही लगती रही॥

चाहिए था पसीजना जिन पर।
लोग उन पर पसीज क्यों पाते॥
जब कि माथा पसीज कर के तुम।
हो पसीने पसीने हो जाते॥

तिलक

हो भले देते बुरे का साथ हो।
भूल कर भी तुम तिलक खुलते नहीं॥
किस लिए लोभी न तुम से काम लें।
तुम लहर से लोभ की धुलते नहीं॥

हो भलाई के लिए ही जब बने।
तब तिलक तुम क्यों बुराई पर तुले॥
भेद छलियों के खुले तुम से न जब।
भाल पर तब तुम खुले तो क्या खुले॥

क्यों नहीं तुम बिगड़ गये उन से।
जो तुम्हें नित बिगाड़ पाते हैं॥
किस लिए हाथ से बने उन के।
जो तिलक नित तुम्हें बनाते हैं॥

की गयी साँसत धरम के नाम पर।
जी कड़ा कर कब तलक कोई सहे॥
किस लिए माथे किसी के पड़ गये।
जब तिलक तुम नित बिगड़ते ही रहे॥

हो धरम का रँग बहुत तुम पर चढ़ा।
हो भले ही तुम भलाई में सने॥

पर तिलक जब है दुरंगी ही बुरी।
तब भला क्या सोच बहुरंगी बने॥

नेक के सिर पर पड़ी कठिनाइयाँ।
नेकियों की ही लहर में हैं बही॥
तुम तिलक धुलते व पुँछते ही रहे।
पर तुमारी पूछ होती ही रही॥

लोग उतना ही बढ़ाते हैं तुम्हें।
रंग जितने ही बुरे हों चढ़ गये॥
पर तिलक इस बात को सोचो तुम्हीं।
इस तरह तुम घट गये या बढ़ गये॥

किस लिए यों बँधी लकीरों पर।
हो बिना ही हिले डुले अड़ते॥
है सिधाई नहीं तिलक तुम में।
जब कि हो काट छाँट में पड़ते॥

हो तिलक तुम रूप रँग रखते बहुत।
हैं तुमारा भेद पा सकते न हम॥
रँग किसी वहुरुपिये के रंग में।
हो किसी बहुरुपिये से तुम न कम॥

आँख

सूर को क्या अगर उगे सूरज।
क्या उसे जाय चाँदनी जो खिल॥
हम अँधेरा तिलोक में पाते।
आँख होते अगर न तेरे तिल॥

क्या हुआ चौकड़ी अगर भूले।
लख उछल कूद और छल करना॥

है छकाता छलाँग वालों को।
आँख तेरा छलाँग का भरना॥

काम करती रही करोड़ों में।
जब फबी आनबान साथ फबी॥
और की कोर ही रही दबती।
आँख तेरी कभी न कोर दबी॥

काजलों या कालिखों की छूत में।
कम अछूतापन नहीं तेरा सना॥
धूल लेकर के अछूते पाँव की।
ऐ अछूती आँख तू सुरमा बना॥

वह लुभाता है भला किस को नहीं।
थी भलाई भी उसी में भर सकी॥
भूल भोलापन गयी अपना अगर।
भूल भोली आँख ने तो कम न की॥

क्या करेगी दिखा नुकीलापन।
क्या हुआ जो रही रसों बोरी॥
सब भली करनियों करीनों से।
आँख की कोर जो रही कोरी॥

क्या कहें और के सभी दुखड़े।
खेल होते हैं और के लेखे॥
फूट जो है उसे बहुत भाती।
आँख तो आप फूट कर देखे॥

देख सीधे, सामने हो, फिर न जा।
मान जा, बेढंग चालें तू न चल॥
सोचले सव दिनों किसी की कब चली।
एक तिल पर आँख मत इतना मचल॥

हम कहें कैसे कि उन में सूझ है।
जव न पर-दुख-आँसुओं में वे बहे॥

क्या उजाले से भरे हो कर किया।
आँख के तिल जब अँधेरे में रहे॥

हो गयीं सब बरौनियाँ उजली।
जोत का तार बेतरह टूटा॥
देख ऊबी न तू छटा बाँकी।
आँख तेरा न बाँकपन छूटा॥

रस निचुड़ता रहा सदा जिस से।
आज उस से सका न आँसू छन॥
आँख अब मत बने रसीली तू।
देख तेरा लिया रसीलापन॥

जब कि निज मुख बना लिया काला।
तब किसी मुँह की क्यों सहे लाली॥
क्या अजब है अगर मरे जल जल।
कलमुँही आँख काजलों वाली॥

मत रहे मस्त रंग में अपने।
मत किसी की बुरी बना दे गत॥
जो पिला तू सके न रस-प्याला।
बावली आँख तो उगल बिख मत॥

नहिं बड़ाई जो बड़ों की रख सकी।
कब रही उस की उतरती आरती॥
आँख जब तू चाँद से भिड़ती रही।
क्यों न तुझ को चाँदनी तब मारती॥

एक दिन था कि हौसलों में डूब।
गूँथती प्यार-मोतियों का हार॥
अब लगातार रो रही है आँख।
टूटता है न आँसुओं का तार॥

बेवसी में पड़ बहुत दुख सह चुकी।
कर चुकी सुख को जला कर राख तू॥

अब उतार रही सही पत को न दे।
आँसुओं में डूब उतरा आँख तू॥

मत मटक झूठमूठ रूठ न तू।
मत नमक घाव पर छिड़क हो नम॥
अब गया ऊब ऊधमों से जी।
ऊधमी आँख मत मचा ऊधम॥

जो चुका है वार सरबस प्यार पर।
तू उसे तेवर बदल कर कर न सर॥
दे दिया जिस ने कि चित अपना तुझे।
आँख चितवन से उसे तू चित न कर॥

प्यार करने में कसर की जाय क्यों।
है न अच्छा जो रहे जी में कसर॥
कर सके जो लाड़ तो कर लाड़ तू।
ऐ लड़ाकी आँख लड़ लड़ कर न मर॥

कौन पानी है गँवाना चाहता।
मछलियाँ पानी बिना जीतीं नहीं॥
प्यास पानी के बचाने की बढ़े।
आँख आँसू क्यों भला पीती नहीं॥

तू उसे भूल कर गुनी मत गुन।
जिस किसी को गुमान हो गुन का॥
जो कि हैं ताकते नहीं सीधे।
आँख! मुँह ताक मत कभी उन का॥

आँसू

तुम पड़ो टूट लूटलेतों पर।
क्यों सगों पर निढाल होते हो॥

दो गला, आग के बगूलों को।
आँसुओ गाल क्यों भिगोते हो॥

आँसुओ और को दिखा नीचा।
लोग पूजे कभी न जाते थे॥
क्यों गँवाते न तुम भरम उन का।
जो तुम्हें आँख से गिराते थे॥

हो बहुत सुथरे विमल जलबूँद से।
मत बदल कर रंग काजल में सनो॥
पा निराले मोतियों की सी दमक।
आँसुओ काले-कलूटे मत बनो॥

था भला आँसुओ वही सहते।
जो भली राह में पड़े सहना॥
चाहिए था कि आँख से बहते।
है बुरी बात नाक से बहना॥

नाक

हो उसे मल से भरा रखते न कम।
यह तुमारी है बड़ी ही नटखटी॥
तो न बेड़ा पार होगा और से।
नाक पूरे से न जो पूरी पटी॥

जो भरे को ही रहे भरते सदा।
वे बहुत भरमे छके बेढंग ढहे॥
नाक तुम को क्यों किसी ने मल दिया।
जब कि मालामाल मल से तुम रहे॥

तू सुधर परवाह कुछ मल की न कर।
पाप के तुझ को नहीं कूरे मिले॥

लोग उबरे एक पूर के मिले।
हैं तुझे तो नाक! दो पूर मिले॥

वह कतर दी गयी सितम करके।
पर न सहमी न तो हिली डोली॥
नाक तो बोलती बहुत ही थी।
बेबसी देख कुछ नहीं बोली॥

दुख बड़े जिस के लिए सहने पड़ें।
दें किसी को भी न वे गहने दई॥
तब अगर बेसर मिली तो क्या मिली।
नाक जब तू बेतरह बेधी गयी॥

और के हित हैं कतर देते तुझे।
और वह फल को कुतुर करके खिली॥
ठोर सूगे की तुझे कैसे कहें।
नाक जब न कठोर उतनी तू मिली॥

जो न उसके ढकोसले होते।
तो कभी तू न छिद गयी होती॥
मान ले बात, कर न मनमानी।
मत पहन नाक मान हित मोती॥

सूँघने का कमाल होते भी।
काम अपने न कर सके पूरे॥
बस कुसँग में सुबास से न बसे।
नाक के मल भरे हुए पूरे॥

ताल में क्यों भरा न हो कीचड़।
पर वहीं है कमल-कली खिलती॥
नाक कब तू रही न मलवाली।
है तुम्हीं से मगर महँक मिलती॥

कान

दासपन के चिन्ह से जो सज सका।
क्यों नहीं तन बिन गया वह नीच तन॥
कान! तेरी भूल को हम क्या कहें।
बोलबाला कब रहा बाला पहन॥

धूल में सारी सजावट वह मिले।
दूसरा जिस से सदा दुख ही सहे॥
और पर बिजली गिराने के लिए।
कान तुम बिजली पहनते क्या रहे॥

बात सच है कि खोट से न बचा।
पर किसी से उसे कसर कब थी॥
तब भला क्यों न वह मुकुत पाता।
कान की लौ सदा लगी जब थी॥

जब मसलता दूसरों का जी रहा।
आँख में तुझ से न जब आयी तरी॥
दे सकेंगी बरतरी तुझ को न तब।
कान तेरी बालियाँ मोती भरी॥

भीतरी मैल जब निकल न सका।
तब तुम्हें क्यों भला जहान गुने॥
बान छूटी न जब बनावट की।
तब हुआ कान क्या पुरान सुने॥

किस लिए तब न तू लटक जाता।
जब भली लग गयी तुझे लोरकी॥
छोड़ तरकीब से बने गहने।
गिर गया कान तू पहन तरकी॥

तंग उतना ही करेगी वह हमें।
चाह जितनी ही बनायेंगे बड़ी॥
कान क्यों हैं फूल खोंसे जा रहे।
क्या नहीं कनफूल से पूरी पड़ी॥

जब किसी भाँत बन सकी न रतन।
तेल की बूँद तब पड़ी चू क्या॥
जब न उपजा सपूत मोती सा।
कान तब सीप सा बना तू क्या॥

राग से, तान से, अलापों से।
बह न सकता अजीब रस-सोता॥
रीझता कौन सुन रसीले सुर।
कान तुझ सा रसिक न जो होता॥

तो मिला वह अजीब रस न तुझे।
पी जिसे जीव को हुई सेरी॥
लौ-लगों का कलाम सुनने में।
कान जो लौ लगी नहीं तेरी॥

गाल

वह लुनाई धूल में तेरी मिले।
दूसरों पर जो विपद ढाती रहे॥
गाल तेरी वह गोराई जाय ज़ल।
जो बलायें और पर लाती रहे॥

तो गयी धूल में लुनाई मिल।
औ हुआ सब सुडौलपन सपना॥
पीक से बार बार भर भर कर।
गाल जब तू उगालदान बना॥

लाल होंगे सुख मिले खीजे मले।
वे पड़े पीले डरे औ दुख सहे॥
रंग बदलने की उन्हें है लत लगी।
गाल होते लाल पीले ही रहे॥

हैं उन्हें कुछ समझ रसिक लेते।
पर सके सब न उलझनों को सह॥
है बड़ा गोलमाल हो जाता।
गाल मत गोल गोल बातें कह॥

है निराला न आँख के तिल सा।
और उस में सका सनेह न मिल॥
पा उसे गाल खिल गया तू क्या।
दिल दुखा देख देख तेरा तिल॥

आब में क्यों न आईने से हों।
क्यों न हों काँच से बहुत सुथरे॥
पर अगर है गरूर तो क्या हैं।
गाल निखरे खरे भरे उभरे॥

पीसने के लिए किसी दिल को।
तू अगर बन गया कभी पत्थर॥
तो समझ लाख बार लानत है।
गाल तेरी मुलायमीयत पर॥

मुँह

हो गयी बन्द बोलती अब तो।
तू बहुत क्या बहँक बहँक बोला॥
तू भली बात के लिए न खुला।
मुँह तुझे आज मौत ने खोला॥

हैं बहुत से अडोल ऐसे भी।
जा कि बिजली गिरे नहीं डोले॥
'जी' गये भी नहीं खुला जो मुँह।
मौत कैसे भला उसे खोले॥

बोल सकते हो अगर तो बोल लो।
तुम बड़ी प्यारी रसीली बोलियाँ॥
दिल किसी का चूर करते मत रहो।
मुँह चला कर गालियों की गोलियाँ॥

जो कभी कुछ न सीख सकते हों।
दो भली सीख सब उन्हें सिखला॥
मात कर के न बात को मुँह तुम।
दो करामात बात की दिखला॥

जो किसी को कभी नहीं भाती।
है उसी की तुझे लगन न्यारी॥
क्यों लगी आग तो न मुँह तुझ में।
बात लगती अगर लगी प्यारी॥

प्यास से सूख क्यों न जावे वह।
पर सकेगा न रस टपक पाने॥
मुँह बिचारा भला करे क्या ले।
दाँत ऐसे अनार के दाने॥

मुँह पसीने से पसीजा जब किया।
तब अगर आँसू बहा तो क्या बहा॥
सूखता ही मुँह रहा जब प्यास से।
आँख से तब रस बरसता क्या रहा॥

जीभ तो बेतरह रहे चलती।
चटकना गाल को पड़े खाना॥
मुँह अजब चाल यह तुमारी है।
कूर बच जाय औ पिसे दाना॥

मत सितम आँख मूँद कर ढाओ।
तुम बदी से करोड़ बार डरो॥
जो गये वार वार मुँह उन पर।
भौंह तलवार की न वार करो॥

तीर सी आँखें, भवें तलवार सी।
और रख कर पास फाँसी सी हँसी॥
डाल फन्दे सी लटों के फन्दे में।
मुँह बढ़ा दो मत किसी की बेबसी॥

मुँह बड़े ही भयावने तुम हो।
बन सके हो भले न तो भोले॥
चैन जो था बचा बचाया वह।
बच न पाया चले बचन गोले॥

जो बुरे आठो पहर घेरे रहे।
तो भली आँखें न क्यों पीछे हटें।
मुँह बुरा है जो भले तुम को लगे।
बाल बेसुलझे हुए, उलझी लटें॥

पड़ गयी है बान जटने की जिन्हें।
वे भला कैसे न भोले को जटें॥
मुँह किसी ने सौंप क्यों तुम को दिया।
साँप जैसे बाल साँपिनि सी लटें॥

मुँह तुम्हें जो रुचा चटोरापन।
जीव कैसे न तब भला कटते॥
तुम रहे जब हराम का खाते।
तब रहे राम राम क्या रटते॥

मुँह कहाँ तब रहा ढँगीलापन।
जब कि बेढंग तुम रहे खुलते॥
जब गया आब गालियाँ बक बक।
तब रहे क्या गुलाब से धुलते॥

बात कड़वी निकल पड़ेहीगी।
क्यों न उस में सदा अमी घोलूँ॥
राल टपके बिना नहीं रहती।
क्यों न मुँह को गुलाब से धो लू॥

मुँह! चढ़ा नाक भौंह साथी से।
पूच से नेह गाँठ तूठा तू॥
जो बनी झूठ की रही रुचि तो।
जूठ से झूठमूठ रूठा तू॥

और पर क्या विपत्ति ढाओगे।
मुँह तुमारी विपत्ति तो हट ले॥
वह डसे या डसे न औरों को।
डस तुम्हीं को न नागिनी लट ले॥

दाँत जैसे कड़े, नरम लब से।
हैं सदा साथ साथ रह पाते॥
मुँह तुम्हारे निबाहने ही से।
हैं भले औ बुरे निबह जाते॥

बात जिस की बड़ी अनूठी सुन।
दिल भला कौन से रहे न खिले॥
है बड़ी चूक जो उसी मुँह को।
चुगलियाँ गालियाँ चबाव मिले॥

मत उठा आसमान सिर पर ले।
मत भवें तान तान कर सर तू॥
ढा सितम रह सके न दस मुँह से।
मुँह उतारू न हो सितम पर तू॥

क्या बड़ाई काकुलों की हम करें।
जब रहीं आँखें सदा उन में फँसी॥
क्यों न उस मुँह को सराहें पा जिसे॥
जीभ है बत्तीस दाँतों में बसी॥

छेद डाला न जब छिछोरों को।
जब बुरे जी न बेध बेध दिये॥
भौंह औ आँख के बहाने तब।
मुँह रहे क्या कमान बान लिए॥

दाँत

हो बली, रख डीलडौल पहाड़ सा।
बस बड़े घर में, समझ होते बड़ी॥
हाथियों को दाँत काढ़े देख कर।
दाबनी दाँतों तले उँगली पड़ी॥

जब कि करतूत के लगे घस्से।
तब भला किस तरह न वे घिसते॥
पीसते और को सदा जब थे।
दाँत कैसे भला न तब पिसते॥

है निराली चमक दमक तुम में।
सब रसों बीच हो तुम्हीं सनते॥
दाँत यह कुन्दपन तुम्हारा है।
जो रहे कुन्द की कली बनते॥

रस किसी को भला चखाते क्या।
हो बहाते लहू बिना जाने॥
दाँत आनर तुम्हें न क्यों मिलता।
हो अनूठे अनार के दाने॥

क्या लिया बार बार मोती बन।
लोभ करते मगर नहीं थकते॥
लाल हो लाख बार लोहू से।
दाँत तुम लाल बन नहीं सकते॥

आस जिस से हो वही जो बद बने।
दूसरों से हो सके तो आस क्या॥
दाँत जब तुम जीभ औ लब में चुभे।
पास वालों का किया तब पास क्या॥

लाल या काले बनोगे क्यों न तब।
जब कि मिस्सी लाल या काली मली॥
दाँत क्या रंगीन बनते, तुम रहे।
सादगी रंगीनियों से है भली॥

वह बनी क्यों रहे न सोने की।
तुम उसे फेंक दो न ढील करो॥
लीक है वह लगा रही तुम को।
दाँत कुछ कील की सबील करो॥

हैं नहीं चूमने, कुचलने, कूँचने।
छेदने औ बेधने ही के गिले॥
दाँत सारे औगुनों में हो भरे।
तुम बिगड़ते औ उखड़ते भी मिले॥

जीभ

कट गयी, दब गयी, गयी कुचली।
कौन साँसत हुई नहीं तेरी।
जीभ तू सोच क्या मिला तुझ को।
दाँत के आस पास दे फेरी॥

जब बुरे ढंग में गयी ढल तू।
फल बुरा तब न किस तरह पाती॥
बोलती ऐंठ ऐंठ कर जब थी।
जीभ तब ऐंठ क्यों न दी जाती॥

जब लगी काट छाँट में वह थी।
तब न क्यों काट छाँट की जाती॥
जब कतरब्योंत रुच गयी उस को।
जीभ तब क्यों कतर न दी जाती॥

बिख रहे जो कि घोलती रस में।
क्यों उसे रस चखा चखा पालें॥
बात जिस से सदा रही कटती।
क्यों न उस जीभ को कटा डालें॥

बात कड़वी, कड़ी, कुढंगी कह।
जब रही बीज बैर का बोती॥
तब लगी क्यों रही भले मुँह में।
था भला जीभ गिर गयी होती॥

सच, भली रुचि, सनेह, नरमी का।
नाम ही जब कि वह नहीं लेती॥
तब सिवा बद-लगाम बनने के।
चाम की जीभ काम क्या देती॥

क्या गरम दूध और दाँत करें।
सब दिनों किस तरह बची रहती॥
जीभ कैसे जले कटे न भला।
जब कि थी वह जली कटी कहती॥

क्यों न तब तू निकाल ली जाती।
जब बनी आबरू रही खोती॥
क्यों नहीं आग तब लगी तुझ में॥
जीभ जब आग तू रही बोती॥

क्या रही जानती मरम रस का।
जब कि रस ठीक ठीक रख न सकी॥
तब किया क्या तमाम रस चख कर।
रामरस जीभ जब कि चख न सकी॥

जीभ औरों की मिठाई के लिए॥
राल भूले भी न बहनी चाहिए।
जब कि कड़वापन तुझे भाता नहीं।
तब न कड़वी बात कहनी चाहिए॥

जब कि प्यारी बात का बरसा न रस।
तू बता तब क्या हुआ तेरे हिले॥
तरबतर जब जीभ तू करती नहीं।
तो तरावट धूल में तेरी मिले॥

पान को कोस लें मगर वह तो।
है बुरी बात के पड़ी पाले॥
जब कही बात थी जलनवाली।
क्यों पड़े जीभ में न तब छाले॥

बात तू ही बेठिकाने की करे।
किस तरह हम तब ठिकाने से रहें॥
जीभ तू ने बात जब बेजड़ कही।
बात की जड़ तब तुझे कैसे कहें॥

दाँत से बार बार छिद बिध कर।
जीभ है फल बुरे बुरे चखती॥
है मगर वह उसे दमक देती।
चाटती, पोंछती, बिमल रखती॥

क्या भला तीखे रसों को तब चखा।
जब न उस की काहिली को खो सकी॥
जाति को तीखी बनाने के लिए।
जीभ जब तीखी नहीं तू हो सकी॥

क्या रहा सामने घड़ा रस का।
जब नहीं एक बूँद पाती तू॥
पत गँवा लोप कर रसीलापन।
है अबस जीभ लपलपाती तू॥

थी जहाँ सूख तू वहीं जाती।
पड़ बिपद में भली न उकताई॥
प्यास के बढ़ गये बिकल हो कर।
किस लिए जीभ तू निकल आयी॥

किस लिए तब तू न सौ टुकड़े हुई।
तब बिपद कैसे नहीं तुझ पर ढही॥
काट देने को कलेजा और का।
जीभ जब तलवार बनती तू रही॥

जीभ तू थी लाल होती पान से।
पर न जाना तू किसी का काल थी॥
धूल में तेरा ललाना तब मिले।
तू लहू से जब किसी के लाल थी॥

रुच भले ही जाय खारापन तुझे।
पर खरी बातें भला किस ने सहीं॥
जीभ तुझ को चाहिए था सोचना।
एक खारापन खरापन है नहीं॥

सब रसों में जब कि मीठा रस जँचा।
और तू सब दिन अधिक उस में सनी॥
जीभ तो है चूक तेरी कम नहीं।
जो न मीठा बोल कर मीठी बनी॥

होंठ

पान ने लाल और मिस्सी ने।
होंठ तुम को बना दिया काला॥
क्या रहा, जब ढले उसी रँग में।
रंग में जिस तुमें गया ढाला॥

जब कि उन में न रह गयी लस्सी।
वे भला किस तरह सटेंगे तब॥
नेह का नाम भी न जब लेंगे।
होंठ कैसे नहीं फटेंगे तब॥

वह भली होवे मगर पपड़ी पड़े।
दूध बड़ का ही हुआ 'हित' कर जसी॥
होंठ पपड़ाया हुआ ले क्या करे।
चाँदनी जैसी अमी डूबी हँसी॥

चाहिए था चाँदनी जैसी छिटक।
वह बना देती किसी की आँख तर॥
कर उसे बेकार बिजली कौंध लौं।
क्या दिखाई मुसकुराहट होंठ पर॥

जब रहे अनमोल लाली से लसे।
पीक में वे पान की तब क्यों सने॥
जब ललाये वे ललाई के लिए।
तब भला लब लाल मूँगे क्या बने॥

लालची बन और लालच कर बहुत।
मान की डाली किसी को कब मिली॥
तब रहे क्यों लाल बनते पान से।
लब तुम्हें लाली निराली जब मिली॥

दो बना और को न बेचारा।
तुम बुरी बात से बचो हिचको॥
खो किसी की बची बचाई पत।
होंठ तुम बार बार मत बिचको॥

जब मिठाई की बदौलत ही तुम्हें।
बोल कड़वे भी रहे लगते भले॥
मुसकुराहट के बहाने होंठ तुम।
तब अमी-धारा बहाने क्या चले॥

हँसी

जब कि बसना ही तुझे भाता नहीं।
तब किसी की आँख में तू क्यों बसी॥
क्या मिला बेबस बना कर और को।
क्यों हँसी भाई तुम्हें है बेबसी।

जो कि अपने आप ही फँसते रहे।
क्यां उन्हीं के फाँसने में वह फँसी॥
जो बला लाई दबों पर ही सदा।
तो लबों पर किस लिए आयी हँसी।

दम

क्यों लिया यह न सोच पहले ही।
आप तुम बारहा बने यम हो॥
हैं खटकते तुम्हें किये अपने।
क्या अटकते इसी लिए दम हो॥

छींक

पड़ किसी की राह में रोड़े गये।
औ गये काँटे बिखर कितने कहीं॥
जो फला फूला हुआ कुम्हला गया।
यह भला था छींक आती ही नहीं॥

क्यों निकल आयी लजाई क्यों नहीं।
क्यों सगे पर यों विपद ढाती रही॥
तब भला था, थी जहाँ, रहती वहीं।
छींक जब तू नाक कटवाती रही॥

राह खोटी कर किसी की चाह को।
मत अनाड़ी हाथ की दे गेंद कर॥
छरछराहट को वढ़ाती आन तू।
छींक! छाती में किसी मत छेद कर॥

मूँछ

तो न वह करतूत है करतूत ही।
जो अँधेरे में न उजियाली रखे॥
तो निराली बात उस में क्या रही।
जो न काली मूँछ मुँह लाली रखे॥

दाढ़ी

बेबसी तो है इसी का नाम ही।
पड़ पराये हाथ में हैं छँट रही॥
फ्रेंच कट क्या सैकड़ों कट में पड़ी।
आज कितनी दाढ़ियाँ हैं कट रही॥

जब रहा पास कुछ न बल-बूता।
जब न थी रोक थाम कर पाती॥
जब उखड़ती रही उखाड़े से।
क्यों न दाढ़ी उखाड़ ली जाती॥

बाढ़ जो डाल गाढ़ में देवे।
तो भला किस लिए बढ़ी दाढ़ी
जो चढ़ी आँख पर किसी की तो।
क्यों चढ़ाई गयी चढ़ी दाढ़ी।

गला

तव खिले फूल से सजा क्या था।
तब भला क्या रहा सुगन्ध भरा॥
तब दिलों को रहा लुभाता क्या।
जव किसी के गले पड़ा गजरा॥

वह तुमारा बड़ा रसीलापन।
सच कहो हो गया कहाँ पर गुम॥
जो कभी काम के न फल लाये।
तो गला फूलते रहे क्या तुम॥

बोल जब बन्द ही रहा बिल्कुल।
तब लगे जोड़बन्द क्यों बोले॥
जब कि वह खुल सका न पहले ही।
तब भला क्यों गला खुले खोले॥

तब भला किस तरह न फट जाता।
जब कि रस से न रह गया नाता॥
आज जब वह बहुत रहा चलता।
तब भला क्यों गला न पड़ जाता॥

बारहा बन्द हो बिगड़ जावे।
बैठ जावे, घुटे, फँसे, सूखे॥
पर गले की अजब मिठाई के।
कब न मीठे पसन्द थे भूखे॥

तब कहाँ रह सका सुरीलापन।
जब कि सुर के लिए रहा भूखा॥
सोत रस का रहा बहाता क्या।
जब कि रस को गँवा गला सूखा॥

तो पिलाये तो पिलाये क्या भला।
जो उसे जल का पिलाना ही खला॥
तो खिलाये तो खिलाये क्या उसे।
जो खिलाये दाख दुखता है गला॥

हो सके किस तरह उपज अच्छी।
जब कि उपजा सकी नहीं क्यारी॥
तब उभारी न जा सकी बोली।
जब कभी हो गया गला भारी॥

जब कि वह पुर पीक से होता रहा।
जब रहे उस में बुरे सुर भी अड़े॥
मोतियों की क्या पड़ी माला रही।
तब गले में क्या रहे गजरे पड़े॥

कण्ठ

जब भले सुर मिले नहीं उस में।
जब कि रस में रहा न वह पगता॥
तब पहन कर भले भले गहने।
कण्ठ कैसे भला भला लगता॥

जो निराला रंग बू रखते रहे।
फूल ऐसे बाग में कितने खिले॥
जो कि रस बरसा बहुत आला सके।
वे रसीले कण्ठ हैं कितने मिले॥

है भला ढंग ही भला होता।
क्यों बुरे ढंग यों सिखाते हो॥
क्या बुरी लीक है पसन्द तुम्हें।
कण्ठ तुम पीक क्यों दिखाते हो॥

पूजते लोग, रंग नीला जो।
पान की पीक लौं दिखा पाते॥
कण्ठ क्या बन गये कबूतर तुम।
था भला नीलकण्ठ बन जाते॥

क्यों रहे गुमराह करते कौर को।
क्या नहीं गुमराह करना है मना॥
जब सुराहीपन नहीं तुझ में रहा।
कण्ठ तब क्या तू सुराही सा बना॥

तब भला क्या उमड़ घुमड़ कर के।
मेघ तू है बरस बरस जाता॥
एक प्यासे हुए पपीहे का।
कण्ठ ही सींच जब नहीं पाता॥

गाना गला कण्ठ

हो सके हम सुखी नहीं अब भी।
आप का मेघराज आना सुन॥
आँख से आज ढल पड़ा आँसू।
मल गया दिल मलार गाना सुन॥

बेसुरी तब बनी न क्यों बंसी।
बीन का तार तब न क्यों टूटा॥
तब रहीं क्या सरंगियाँ बजती।
आज सस्ते अगर गला छूटा॥

बोल का मोल जान कर के भी।
कण्ठ के साथ क्यों नहीं तुलती॥
जब नहीं ठीक ठीक बोल सकी।
ढोल की पोल क्यों न तब खुलती॥

कण्ठ की खींच तान में पड़ कर।
हो गया बन्द बोल का भी दम॥
तंग होता रहा बहुत तबला।
दंग होता रहा मृदंग न कम॥

हथेली

क्या कहें हम और, हम ने आज ही।
आँख से मेहँदी लगाई देख ली॥
जब ललाई और लाली के लिए।
तब हथेली की ललाई देख ली॥

कर रही हैं लालसायें प्यार की।
क्या लुनाई के लिए अठखेलियाँ॥
या किसी दिल के लहू से लाल बन।
हो गयी हैं लाल लाल हथेलियाँ॥

उँगली

काम जैसे पसन्द हैं जिस को।
फल मिलेंगे उसे न क्यों वैसे॥
हैं अगर काट कूट में रहती।
तो कटेंगी न उँगलियाँ कैसे॥

हाथ का तो प्यार सब के साथ है।
काम उस को है सबों से हर घड़ी॥
है छोटाई या बड़ाई की न सुध।
हों भले ही उँगलियाँ छोटी बड़ी॥

जी करे तो लाल होने के लिए।
लोभ में पड़ पड़ लहू में वे सनें॥
क्यों कहें फलियाँ उन्हें छबि-बेलि की।
उँगलियाँ कलियाँ न चंपे की बनें॥

दुख हुआ तो हुआ, यही सुख है।
हाथ से जो विपत्ति के छूटीं॥

तब भला टूट में पड़ीं क्या वे।
टूट कर जो न उँगलियाँ टूटीं॥

फेर में क्यों लाल रंगों के पड़े।
क्यों अँगूठी पैन्ह ले हीरे जड़ी॥
है बड़ाई के लिए यह कम नहीं।
उँगलियों में है बड़ी उँगली बड़ी॥

कब न करतूत कर सकी छोटी।
वह दिखाते कला कभी न थकी॥
हो बड़ी और क्यों न हो मोटी।
कौन उँगली उठा पहाड़ सकी॥

क्यों न हो लाल बारहा उँगली।
लाल होगी कभी नहीं गोंटी॥
मिल सके किस तरह बड़ाई तब।
जब छुटाई मिले हुई छोटी॥

बन सकी वह नहीं बड़ी उँगली।
भाग का नीक भी नहीं चमका॥
मूठियाँ क्यों न बार दें हीरे।
क्यों न देवें अँगूठियाँ दमका॥

पैन्ह ले तो पैन्ह ले छिगुनी उन्हें।
क्या करे उँगली बड़ी छल्ले पहन॥
तन बड़ाई के लिए छोटे सजें।
है बड़ा होना बड़ों का बड़प्पन॥

नाम पाता कौन है बेकाम रह।
क्यों बड़ी उँगली न बिगड़े इस तरह॥
पास जब बेनाम वाली के रहो।
तब बनेगी नामवाली किस तरह॥

क्यों न हो छिगुनी बहुत छोटी मगर।
मान कितने काम कर वह ले सकी॥

ऐ बड़ी उँगली बता तू ही हमें।
काम क्या तेरी बड़ाई दे सकी॥

जब बने देती रहें सुख और को।
दूसरों के वास्ते दुख भी सहें॥
जब कभी छिड़कें, न छिड़कें गर्म जल।
उँगलियाँ चन्दन छिड़कती ही रहें॥

चौंकते मरजादवाले हैं नहीं।
देख उजबक कण्ठ में कण्ठा पड़ा॥
क्यों न छल्ले पैन्ह ले कानी कई।
कौन उँगली कान करती है खड़ा॥

जो किसी को खली, भली न लगी।
चाहिए चाल वह न जाय चली॥
जो गयी तो गयी किसी मुँह में।
किस लिए आँख में गयी उँगली॥

सोच उँगली तू ढले तो क्यों ढले।
जो बुरी रुचि में ढला वह जाय ढल॥
हैं दमकते तो दमकने दे उन्हें।
मोतियों से दाँत में मिस्सी न मल॥

डाल कर सुरमा भलाई की गयी।
कब नहीं यह आँख दुखवाली रही॥
सोच उँगली तू न कर लाली गँवा।
क्या हुआ कुछ काल जो काली रही॥

नख

क्यों पनपने हो उन्हें देते नहीं।
जो सदा पावों तले हैं लोटते॥

खोट पौधों में चने के कौन है।
जो उन्हें नख! हो कुपुटते खोंटते॥

जब रहे मैल से भरे ही वे।
तब न कैसे भला कड़े होवें॥
है बड़प्पन न नाम को उन में।
नख भले ही बहुत बड़ें होवें॥

उँगलियाँ हैं अगर बड़ी मोटी।
तो दबायें गले न दे धोखे॥
नोचते मुँह फिरें न औरों का।
नख अगर हैं मिले बड़े चोखे॥

गड़ रहे और चुभ रहे हैं तो।
बेतरह चौंक ऊबते हो क्या॥
है उन्हीं के लिए नहरनी भी।
नह अगर हैं बड़े बड़े तो क्या॥

मूठी

वह भरी तो क्या जवाहिर से भरी।
जो नहीं हित-साधनाओं में सधी॥
जब बँधी वह बाँधने ही के लिए।
तब अगर मूठी बँधी तो क्या बँधी॥

लाल मुँह कर तोड़ दे कर दाँत को।
साधने में बेर के ही जब सधी॥
जब खुले पंजा, बँधे मूका, बनी।
तब खुली क्या और क्या मूठी बँधी॥

हाथ

बीज बोते रहे बुराई के।
जो बदी के बने रहे बम्बे॥
जो उन्हें देख दुख न लम्बे हों।
तो हुए हाथ क्या बहुत लम्बे॥

घिर गये पर जब निकल पाये नहीं।
तब रहे क्या दूसरों को घेरते॥
आप ही जब फेर में वे हैं पड़े।
हाथ तब तलवार क्या हैं फेरते॥

खोल दिल पर-धन लुटाता है सभी।
कौन निज धन दान दे यश ले सका॥
वह भले ही फूल बरसाता रहे।
फूल कर के हाथ फूल न दे सका॥

मान उन को न चाहिए देना।
जो मिले मान फूल हैं जाते॥
जब न पाते रहे भले फल तो।
क्या रहे हाथ फूल बरसाते॥

खेलने में बिगड़ बने सीधे।
फिर लगे बार बार लड़ने भी॥
वे रहे कम नहीं बने बिगड़े।
हाथ अब तो लगे उखड़ने भी॥

देस-हित-राह पर चले चमका।
जम इसी से न पाँव पाया है॥
जातिहित पर जमे जमे तो क्यों।
हाथ में तो दही जमाया है॥

तन पहन कर जिसे बिमल बनता।
चाहिए था कि वह बसन बुनते॥

जब बिछे फूल चुन नहीं पाये।
हाथ तब फूल क्या रहे चुनते॥

काम जब देते न गजरों का रहे।
जब कि काँटों की तरह गड़ते रहे॥
जब भले बन थे भला करते नहीं।
तब गले में हाथ क्या पड़ते रहे॥

है खिला कौर पोंछता आँसू।
ले बलायें उबार लेता है॥
दूसरे अंग हो दुखी भर लें।
साथ तो एक हाथ देता है॥

लाख उस के साथ उस को प्यार हो।
मन रुचि किस काल होनी ने न की॥
कौन चारा हाथ बेचारा करे।
जो न पहुँचा तक पहुँच पहुँची सकी॥

क्या मिला बरबाद करके और को।
क्यों लगा दुखबेलि सुख खोते रहे॥
हाथ तो हो तुम बुरे से भी बुरे।
जो बुराई बीज ही बोते रहे॥

हाथ! सच्ची बीरता तो है यही।
सब किसी के साथ हित हो प्यार हो॥
बीर बनते हो बनो तो बीर तुम।
क्यों चलाते तीर औ तलवार हो॥

हाथ देखो बने न बद उँगली।
वह बदी से रहे सदैव बरी॥
कुछ कसर कोर है नहीं किस में।
हो बुराई न पोर पोर भरी॥

हाथ कोई काम तू ऐसा न कर।
आबरू पर जाय जिस से ओस पड़॥

तब करेंगे क्यों न ठट्ठा लोग जब।
जाय गट्टे के लिए गट्टा पकड़॥

हों कलाई में जड़ाऊ चूड़ियाँ।
हाथ तो भी तुम न होगे जौहरी॥
उँगलियों में हों अमोल अँगूठियाँ।
मूठियाँ मणि मोतियों से हों भरी॥

दान के ही जो रहे लाले पड़े।
जो उखेड़े ही किये मुरदे गड़े॥
हाथ तब तुम क्या बड़े सुन्दर बने।
क्या रहे पहने कड़े मणियों-जड़े॥

जो लुभाता कौड़ियालापन रहा।
हाथ तुम को फैलना ही जब पड़ा॥
क्या किया कंगन रुपहला तब पहन।
तब सुनहला किस लिए पहना कड़ा॥

ढोंग रचते क्या भलाई का रहे।
जब बुराई का बिछाते जाल थे॥
किस लिए माला रहे थे फेरते।
जब मलों से हाथ मालामाल थे॥

वह सका दुख न जान छिंकने का।
जो गया है कहीं नहीं छेंका॥
क्यों कलेजा न काढ़ वह लेवे।
हाथ है आप बे-कलेजे का॥

पीसते क्यों किसी पिसे को हो।
और की सोर क्यों रहे खनते॥
है न अच्छा कठोरपन होता।
हाथ तुम हो कठोर क्यों बनते॥

चाहिए था बुरी तरह होना।
बेतरह ढाहते सितम जब हो॥

लाल मुँह जब हुए तमाचों से।
हाथ तुम लाल लाल क्या तब हो॥

हाथ को काम तो चलाना था।
क्यों न फिर ढंग-बीज वे बोते॥
क्या करें रह भरम न सकता था।
हैं इसी से नरम गरम होते॥

हाथ लो मनमानती मेहँदी लगा।
या बनो मल रंग कोई गाल सा॥
पर तमाचे मार मत हो लाल तुम।
लाल होने की अगर है लालसा॥

जाय छीनी मान की थाली तुरत।
औ उसे अपमान की डाली मिले॥
रख सकी जो जाति मुख-लाली नहीं।
धूल में तो हाथ की लाली मिले॥

छाती

नाम को जिन में भलाई है नहीं।
बन सकेंगे वे भले कैसे बके॥
कह सकेंगे हम नरम कैसे उसे।
जो नरम छाती न नरमी रख सके॥

जो रही चूर रंगरलियों में।
जो सदा थी उमंग में माती॥
आज भरपूर चोट खा खा कर।
हो गयी चूर चूर वह छाती॥

पेट

कुछ बड़ाई अगर नहीं रखते।
हो सके कुछ न तो बड़े हो कर॥
दुख कड़ाई किसे नहीं देती।
देख लो पेट तुम कड़े हो कर॥

तू न करता अगर सितम होता।
तो बड़े चैन से बसर होती॥
तो न हम बैठते पकड़ कर सर।
पेट तुझ में न जो कसर होती॥

हो गरम जब हमें सताता है।
हो नरम जब रहा भरम खोता॥
पेट! तो दे बता मरम इस का।
क्यों रहा तू नरम गरम होता॥

तलवा

जब न काँटे के लिए काँटा बने।
पाँव के नीचे पड़े जब सब सहें॥
जब छिदे छिल छिल गये सँभले नहीं।
क्यों न तब छाले भरे तलवे रहें॥

काम के कलाम

बात की करामात

क्या अजब मुँह सी गया उनका अगर।
टकटकी बाँधे हुए जो थे खड़े॥
जब बरौनी सी तुझे सूई मिली।
आँख तुझ में जब रहे डोरे पड़े॥

थिर नहीं होतीं थिरकती हैं बहुत।
हैं थिरकने में गतों को जाँचती॥
काठ का पुतला ललकतों को बना।
आँख तेरी पुतलियाँ हैं नाचती॥

खोलते ही खोलने वाले रहे।
भेद उस के पर न खोले से खुले॥
तोल करके मान मन कितना गया।
पर न तोले आँख तेरे तिल तुले॥

है न गहरी हुई बहुत लाली।
है न उस में मजीठ बूँद चूई॥
खीझ से बूझ का लहू करके।
आँख तू है लहूलुहान हुई॥

हम बतायें तो बतायें किस तरह।
तू न जाने कौन मद में है सना॥
कान कितने झूमते हैं आज भी।
देख तेरे झूमकों का झूमना॥

तब निकलता न किस लिए सूरज।
जब ललाई लिए फटी पौ थी॥
कान पाता न क्यों तरौना तब।
जब ललकती छिदी हुई लौ थी॥

होठ औ दाँत मिस समय पा कर।
मुँह लगे फल भले बुरे पाने॥
है अगर फल कहीं इनारू का।
तो कहीं हैं अनार के दाने॥

बोल बोले अमोल, फूल झड़े।
चाँदनी को किये हँसी से सर॥
लग गये चार चाँद जिस मुँह को।
हम उसे चाँद सा कहें क्यों कर॥

एक तिल फूल एक दुपहरिया।
दो कमल और दो गुलाब बड़े॥
भूल है फूल मिल गये इतने।
फूल मुँह से किसी अगर न झड़े॥

बोलने आदि के बड़े आले।
सब निराले कमाल तुम जैसे॥
मिल किसी काल में उसे न सके।
मुँह तुम्हें हम कमल कहें कैसे॥

सब दिनों साथ एक सूगे के।
दो ममोले हिले मिले देखे॥
मुँह तुमारे कमाल के बल से।
चाँद में दो कमल खिले देखे॥

नाचती मछलियाँ, हरिन भोले।
हो ममोले कभी बना लेते॥
मुँह कभी निज अजीब आँखों को।
कर कमल, हो कमाल कर देते॥

है कहीं बाल औ कहीं आँसू।
और मुँह में कहीं हँसी का थल॥
है कहीं मेघ औ कहीं बिजली।
औ कहीं पर बरस रहा है जल॥

क्यों न मुँह को चाँद जैसा ही कहें।
पर भरम तो आज भी छूटा नहीं॥
चाँद टूटा ही किया सब दिन, मगर।
टूट कर भी मुँह कभी टूटा नहीं॥

हैं बनाते निरोग काया को।
काम के रंग ढंग बीच ढले॥
हैं बहुत ही लुभावने होते।
दाँत सुथरे धुले भले उजले॥

तुम कभी अनमोल मोती बन गये।
औ कभी हीरे बने दिखला दमक॥
दाँत हैं चालाकियाँ तुम में न कम।
चौंकता हूँ देख चौके की चमक॥

मिल न रंगीनियाँ सकीं उस को।
पास उस के हँसी नहीं होती॥
देख करके बहार दाँतों की।
हार कैसे न मानता मोती॥

साँझ के लाल लाल बादल में।
है दिखाती कमाल चन्दकला॥
या बही लाल पर अमीधारा।
या हँसी होंठ पर पड़ी दिखला॥

लोग चाहे कौंध बिजली की कहें।
या अमीधारा कहें रस में सनी॥
पर कहेंगे हम बड़े ही चाव से।
है हँसी मुखचन्द की ही चाँदनी॥

हे सहेली खिले हुए दिल की।
फूल पर है सनेह-धार लसी॥
है लहर रसभरे उमंगों की।
चाँदनी है हुलास चन्द हँसी॥

जब हँसी तुझ से हुई आँखें सुखी।
देख तुझ को साँसतें वे जब सहें॥
सूझ वाले तब न तुझ को किस तरह।
चाँदनी औ कौंध बिजली की कहें॥

नास कर देती अगर सुध बुध रही।
किस तरह तो है अभी उस में बसी॥
जब दरस की प्यास बुझती ही नहीं।
तब भला रस-सोत कैसे है हँसी॥

आग बल उठने कलेजे में लगे।
आँख से चिनगारियाँ कढ़ती रहें॥
देख उस को जी अगर जलता रहे।
तो हँसी को चाँदनी कैसे कहें॥

हैं थली होनहार लीकों की।
लाभ की या सहेलियाँ हैं ए॥
कौल की लाल लाल पँखड़ियाँ।
या किसी की हथेलियाँ हैं ए॥

अनूठे बिचार

जब न उस में मिला रसीलापन।
जीभ उस की बनी सगी तब क्या॥
फूल मुँह से अगर न झड़ पाया।
बात की झड़ भला लगी तब क्या॥

खोट घुट्टी में किसी की जो पड़ी।
वह बँटाने से कभी बँटती नहीं॥
नाक कटवा ली गयी कह कर जिसे।
काटने से बात वह कटती नहीं॥

चाहते हो बनी रहे लाली।
पर पड़ा चाल ढाल का ठाला॥
छूट पाता नहीं बिलल्लापन।
किस तरह बोल रह सके बाला॥

जब हमीं निज भरम गँवा देंगे।
लोग तब क्यों भरम न खोलेंगे॥
बोल जब हम सके सँभाल नहीं।
बोलियाँ लोग क्यों न बोलें॥

कब कहाँ पर किसे न भीतर से।
ढोल की ही तरह मिले पोले॥
जब रहे बोलते रहे बढ़ बढ़।
कर सके कुछ कभी न बड़बोले॥

और के दुख दर्द की भी सुध रखें।
कस नहीं लेवें सितम पर ही कमर॥
नित उसे हम नोचते ही क्यों रहें।
नोचने से नुच गयी दाढ़ी अगर॥

जब कलेजा और का हैं फाड़ते।
और कहते बात हैं ताड़ी हुई॥
आँख तब क्यों फाड़ कर हैं देखते।
दूसरों की दाढ़ियाँ फाड़ी हुई॥

क्या अजब जो मचल बुढ़ापे में।
लड़ कई की कसर गयी काढ़ी॥
जो न पाये बिचार ही पक तो।
क्या करेगी पकी हुई दाढ़ी॥

क्यों किसी की बात हम जड़ते रहें।
जो जड़ें तो नग अनूठे ही जड़ें॥
क्यों पड़ें हम और लोगों के गले।
जो पड़ें बन फूल की माला पड़ें॥

तब सुधरते तो सुधरते किस तरह।
जब कि सकते सीख हम ले ही नहीं॥
किस तरह तब वह भला जी में धँसे।
बात उतरी जब गले से ही नहीं॥

क्या हुआ पंजे कड़े जो मिल गये।
आदमीयत किस लिए हो छोड़ते॥
तोड़ना हो सिर बुरों का तोड़ दो।
क्यों किसी की उँगलियाँ हो तोड़ते॥

पाँव भी रक्खें अहितपथ में न तो।
हित अगर कर दें न उठते बैठते॥
कुछ किसी से ऐंठ क्यों फूले फिरें।
ऐंठ पंजों को रहें क्यों ऐंठते॥

तो हुआ नाम क्या सधा मतलब।
जो चला काम सिर किये गंजा॥
जो रही आनबान कान मले।
जो मिला मान मोड़ कर पंजा॥

चुभ सका कम या बहुत ही चुभ सका।
कम दिया या दुख दिया उस ने बड़ा॥
जान पर तो मेमने के आ बनी।
क्या मोलायम और क्या पंजा कड़ा॥

दीन दुखियों पर पसीजें क्यों न हम।
देख उन की आँख से आँसू छना॥
क्यों किसी की वे गरम मूठी करें।
है न उन के पास मूठी भर चना॥

सब जगह वे ही सदा माने गये।
मान का जो मान रख करके जिये॥
हम लथेड़ें तो लथेड़ें क्यों उसे।
खा थपेड़े लें न पेड़े के लिए॥

खोल दिल दान दें, खिला खायें।
धन हुआ कब धरम किये से कम॥
धन अगर है बटोरना हम को।
तो बटोरें न हाथ अपना हम॥

हैं बुरा काम कर बुरा करते।
यह बुरा काम ही बताता है॥
दिल दुखा दिल दुखा नहीं किस का।
पाप कर हाथ काँप जाता है॥

प्यार के सारे निराले ढंग जब।
छल कपट के रंग में ढाले गये॥
हित-नियम आले न ऊब पाले पले।
तब गले में हाथ क्या डाले गये॥

धर्म ही है साथ जाता जीव के।
तन चिता तक ही पहुँच पाया मरे॥
रह गयी धरती यहीं की ही यहीं।
कौन छाती पर गया धन को धरे॥

क्यों न पाये थल भली रुचि आँख में।
क्यों बुरी रुचि हाथ से जाये पिसी॥
जाय जम जो प्यार जड़ जी में न तो।
जाय गड़ छाती न छाती में किसी॥

है सताना भला नहीं होता।
क्यों किसी को गया सताया है॥
पक गये तो गये बला से पक।
क्यों कलेजा गया पकाया है॥

दाम हो, या छदाम पास न हो।
पर बने मन न सूम-मन जैसा॥
जान जाये न दमड़ियाँ देते।
जी न निकले निकलते पैसा॥

चाह वालों की न दें चाहत बढ़ा।
लाभ का मद दें न लोभी को पिला॥
लालसाओं का न दें लासा लगा।
जी न ललचायें बुरी लालच दिला॥

ठीक कोई कर कभी सकता नहीं।
भाग, बिगड़े भाग, का फूटा हुआ॥
टूट पड़ कर किस लिए हैं तोड़ते।
जुड़ सका जोड़े न जी टूटा हुआ॥

जाँय रँग प्यार-रंगतों में हम।
सब जगह रंग जो जमाना है॥
लाभ करके लुभावनी बातें।
जी लुभा लें अगर लुभाना है॥

वह किये लाड़ लाड़ करता है।
है उखड़ता उखाड़ने से जा॥
मत बिगाड़ें बिगाड़ने वाले।
कब न बिगड़ा बिगाड़ने से जी॥

बद बनातीं कब नहीं बद आदतें।
छूट पाती है बुरी लत छन नहीं॥
मन सहक कैसे नहीं जाता सहक।
क्यों बहँकता मन बहँक का मन नहीं॥

हम धनी जी के रहें सब दिन बने।
हाथ में चाहे हमारे हो न धन॥
तन भले ही हाथ में हो और के।
पर पराये हाथ में होवे न मन॥

बात हित की क्यों बतायें हम उसे।
बूझ होते बन गया जो बैल हो॥
रख बुरे मैला न कैसे मन मिले।
मेल क्यों हो जब कि मन में मैल हो॥

कर बुरा अपना भला चाहें न हम।
हित हमारे हों न अनहित में सने॥
जाय तन तन-परवरी पर तुल नहीं।
मतलबों का मन न मतवाला बने॥

पते की बातें

रुच गयी तो रंगरलिया किस तरह।
दिल न जो रंगीनियों में था रँगा॥
छिप सकेगी तो लहू की चाट क्यों।
हाथ में लोहू अगर होवे लगा॥

किस तरह तब निकल सके कीना।
जब कसर ही निकल न पाती है॥
किस लिए बाल-दूव तो न जमी।
जो न पत्थर समान छाती है॥

चैन लेने कभी नहीं देंगी।
खटमलों से भरी हुई गिलमें॥
क्यों नहीं काढ़ता कसर फिरता।
जब कसर भर गयी किसी दिल में॥

क्यों न हम जोड़बन्द वाले हों।
कब सके जोड़ आईना फूटा॥
पड़ गयी गाँठ जब जुड़ा तब क्या।
टूट करके जुड़ा न दिल टूटा॥

पेच भर पेच में कस गेही।
जाँय दिल दूसरे भले ही हिल॥
जब कि पेचीदगी भरे हैं तो।
क्या करें पेच पाच वाले दिल॥

चल रहा है चाल बेढंगी अगर।
ऊब माथा किस लिए हैं ठोंकते॥
वह अचानक रुक सकेगा किस तरह।
दिल रुकेगा रोकते ही रोकते॥

है बड़ा बद कपूत कायर वह।
जो बदी बीज रख कपट बोवे॥
चोर क्या चोर का चचा है वह।
चोर दिल में अगर किसी होवे॥

जब दिया बेध ही नहीं उस ने।
तब कहाँ ठीक ठीक बान लगा॥
तान वह तान ही नहीं जिस को।
लोग सुनने लगें न कान लगा॥

छोड़ दे जो बुरा बुराई ही।
तो उसे कौन फिर बुरा माने॥
तब मिलेगी न कौड़ियो कानी।
जब रहे कान से लगे काने॥

भेद की बातें

है उसी एक की झलक सब में।
हम किसे कान कर खड़ा देखें॥
तो गड़ेगा न आँख में कोई।
हम अगर दीठ को गड़ा देखें॥

एक ही सुर सब सुरों में है रमा।
सोचिये कहिये कहाँ वह दो रहा॥
हर घड़ी हर अवसरों पर हर जगह।
हरिगुनों का गान ही है हो रहा॥

पेड़ का हर एक पत्ता हर घड़ी।
है नहीं न्यारा हरापन पा रहा॥
गुन सको गुन लो सुनो जो सुन सको।
है किसी गुनमान का गुन गा रहा॥

हरिगुनों को ए सुबह हैं गा रही।
सुन हुईं वे मस्त कर अठखेलियाँ॥
चहचहाती हैं न चिड़ियाँ चाव से।
लहलहाती हैं न उलही बेलियाँ॥

छा गया हर एक पत्ते पर समा।
पेड़ सब ने सिर दिया अपना नवा॥
खिल उठे सब फूल, चिड़ियाँ गा उठीं।
बह गयी कहती हुई हर हर हवा॥

है नदी दिन रात कल कल बह रही।
बाँध धुन झरने सभी हैं झर रहे॥
हर कलेजे में अजब लहरें उठा।
हरिगुनों का गान ए हैं कर रहे॥

चाहिए था कि गुन भरे के गुन।
भाव में ठीक ठीक भर जाते॥
पा सके जो न एक गुन भी तो।
क्या रहे बार बार गुन गाते॥

क्या हुआ मुँह से सदा हरि हरि कहे।
दूसरों का दुख न जब हरते रहे॥
जब दया वाले बने न दया दिखा।
तब दया का गान क्या करते रहे॥

उठ दुई का सका कहाँ परदा।
भेद जब तक न भेद का जाना॥
एक ही आँख से सदा सब को।
कब नहीं देखता रहा काना॥

तह बतह जो कीच है जमती गयी।
कीच से कोई उसे कैसे छिले॥
तब भला किस भाँत अन्धापन टले।
जब किसी अन्धे को अन्धा ही मिले॥

भूल से बच कर भुलावों में फँसी।
काम धन्धा छोड़ सतधन्धी रही॥
सूझ सकता है मगर सूझा नहीं।
बावली दुनिया न कब अन्धी रही॥

साँस पाते जब बुराई से नहीं।
लाभ क्या तब साँस की साँसत किये॥
जब दबाये से नहीं मन ही दबा।
नाक को तब हैं दबाते किस लिये॥

उन लयों लहरों सुरों के साथ भर।
रस अछूते प्रेम का जिन से बहे॥
कण्ठ की घण्टी बजी जिन की न वे।
कण्ठ में क्या बाँधते ठाकुर रहे॥

रंग में जो प्रेम के डूबे नहीं।
जो न पर-हित की तरंगों में बहे॥
किस लिए हरिनाम तो सह साँसतें।
कण्ठ भर जल में खड़े जपते रहे॥

मानता जो मन मनाने से रहे।
लौ लगी हरि से रहे जो हर घड़ी॥
तो रहे चाहे कोई कण्ठा पड़ा।
कण्ठ में चाहे रहे कण्ठी पड़ी॥

जान जब तक सका नहीं तब तक।
था बना जीव बैल तेली का॥
जब सका जान तब जगत सारा।
हो गया आँवला हथेली का॥

डूबने हम आप जब दुख में लगे।
सूझ पाया तब गया क्यों दुख दिया॥
जान गहराई गुनाहों की सके।
काम जब गहरी निगाहों से लिया॥

आनबान

लोग काना कहें, कहें, बस क्या।
लग किसी की न जायगी गारी॥
चाहिए और की न दो आँखें।
है हमें एक आँख ही प्यारी॥

चाहते हैं कभी न दो आँखें।
दुख जिन्हें धुन्ध साथ घेरे हो॥
ठीक, सुथरी, निरोग, उजली हो।
एक ही आँख क्यों न मेरे हो॥

आप ही समझें हमें क्या है पड़ी।
जो कि अपने आप पड़ जायें गले॥
है जहाँ पर बात चलती ही नहीं।
कौन मुँह ले कर वहाँ कोई चले॥

क्या करेंगे तब अछूती जीभ रख।
जब कि ओछी सैकड़ों बातें सहीं॥
लोग छीछालेदरों में क्यों पड़ें।
छेद मुँह में क्या किसी के है नहीं॥

मर मिटेंगे सचाइयों पर हम।
दूसरे नाम के लिए मर लें॥
हम डरेंगे कभी न हँसने से।
लोग हँसते रहें हँसी कर लें॥

क्यों अपरतीत के घने बादल।
चाँद परतीत को घुमड़ घेरें॥
देखिये बात है अगर रखना।
भूल कर तो न बात को फेरें॥

रंग में मस्त हम रहें अपने।
मुँह निहारें बुरे भले का क्यों॥
किस लिए हम सदा बहार बनें।
हार होवें किसी गले का क्यों॥

धूल आँखों में न झोंकें और की।
धूल में रस्सी न भूले भी बटे॥
काटना चाहे न औरों का गला।
कट न जाये बात से गरदन कटे॥

जो कमाई कर मिले धन है वही।
आँख पर-मुख देखनेवाली सिले॥
माँगने को क्यों पसारें हाथ हम।
क्यों हमें हीरा न मूठी भर मिले॥

जान कढ़ जाय, है अगर कढ़ती।
दाँत कढ़ने कभी नहीं पाये॥
माँगने के लिए न मुँह फैले।
मर मिटे पर न हाथ फैलाये॥

साँसतें हम सहें न क्यों सब दिन।
मुँह किसी का नहीं निहारेंगे॥
पाँव अपना पसार दुख लेवे।
हाथ हम तो नहीं पसारेंगे॥

बाँह के बल को समझ को बूझ को।
दूसरों ने तो बँटाया है नहीं॥
धन किसी का देख काटें होंठ क्यों।
हाथ तो हम ने कटाया है नहीं॥

कौड़ियों पर किस लिए हम दाँत दें।
है हमारा भाग तो फूटा नहीं॥
क्या हुआ जो कुछ हमें टोटा हुआ।
है हमारा हाथ तो टूटा नहीं॥

देख कर मुँह और का जीना पड़े।
और सब हो पर कभी ऐसा न हो॥
वह बनेगा तीन कौड़ी का न क्यों।
जिस किसी के हाथ में पैसा न हो॥

हो न पावे मलीन मुँह मेरा।
रह सके या न रह सके लाली॥
तन रहे तक न जाँय तन बिन हम।
धन न हो पर न हाथ हो खाली॥

जो नहीं मूठी भरी तो क्या हुआ।
जो मरे धन के लिए वह बैल है॥
किसलिए हम मन भला मैला करें।
धन हमारे हाथ का ही मैल है॥

है किसी काम का न लाख टका।
रख सके जो न ध्यान चित पट का॥
क्यों न बन जायँगे टके के हम।
दिल टका पर अगर रहा अटका॥

चाहिए मान पर उसे मरना।
क्यों उसे मोहने लगे पैसे॥
जाय लट वह अगर गया है लट।
जी हमारा उलट गया कैसे॥

क्यों न होवे बेलि अलबेली बड़ी।
क्यों न सुन्दर फूल से होवे सजी॥
हम सराहें तो सराहें क्यों उसे।
क्यों उसे चाहें अगर चाहे न जी॥

प्यार के पहलू

है उन्हें चाव ही न झगड़ों का।
पाँव जो प्यार-पंथ में डालें॥
वे रखेंगे न काम रगड़ों से।
नाक ही क्यों न हम रगड़वा लें॥

सब सहेंगे हम, सहें कुछ भी न वे।
जायँगे हम सूख उन के मुँह सुखे॥
जाय दुख तो जी हमारा जाय दुख।
देखिये उन की न नँह उँगली दुखे॥

दूसरों को किस लिए हैं दे रहे।
वे दिलासा खोल दिल दे लें हमें॥
लोकहित की लालसाओं से लुभा।
ले सकें तो हाथ में ले लें हमें॥

आप के हैं, है सहारा आप का।
क्यों बुरे फल आप के चलते चखें॥
दे न देवें दूसरों के हाथ में।
रख सकें तो हाथ में अपने रखें॥

किस लिए पीछे उसी के हैं पड़े।
आप के ही हाथ में है जो पड़ा॥
क्या बँधाना हाथ उस का चाहिए।
सामने जो हाथ बाँधे है खड़ा॥

साथ कठिनाइयाँ सकल झलकीं।
खुल गये भेद तब मिले दिल के॥
हित बही पर चले सही करने।
जब हिले हाथ दो हिले दिल के॥

टूटता है पहाड़ पग छोड़े।
बल नहीं घट सका घटाने से॥
क्या करें बेतरह गया है नट।
हाथ हटता नहीं हटाने से॥

तब हुई साध दोस्ती की क्या।
जब न जी ठीक ठीक सध पाया॥
तब बँधी प्रीति गाँठ बाँधे क्या।
जब गले से गला न बँध पाया॥

आप के हैं, रहें कहीं पर हम।
क्या हुआ रह सके न पास खड़े।
याद दिल में बनी रहे मेरी।
दूर दिल से करें न दूर पड़े॥

निवेदन

हम सदा फूलें फलें देखें सुदिन।
पर उतारा जाय कोई सर नहीं॥
हो कलेजा तर रहे तर आँख भी।
पर लहू से हाथ होवे तर नहीं॥

रंग रलियाँ हमें मनाना है।
रंग जम जाय क्यों न जलवों से॥
है ललक लाल लाल रंगत की।
आँख मल जाय क्यों न तलवों से॥

निराले नगीने

मन

है मनाना या मना करना कठिन।
मन सबों को छोड़ पाता छन नहीं॥
तब भला कैसे न मनमानी करे।
है किसी के मान का जब मन नहीं॥

काम के सब भले पथों को तज।
फँस गया बार बार भूलों में॥
छोड़ फूले फले भले पौधे।
मन भटकता फिरा बबूलों में॥

ठान उस ने न कब बुरी ठानी।
कब ठिठक हम गये न ठन गन से॥
बैठ पटरी सकी न कपटी से।
कब पटी नटखटी-भरे मन से॥

जब गया घर जान सारी बात का।
तब भला कैसे न घरजानी करें॥
हैं उसे सामान मनमाने मिले।
मन भला कैसे न मनमानी करे॥

संग पासंग है कड़ापन में।
ठोस इस्पात है नहीं ऐसा॥
है न वैसा कठोरपन उस में।
काठ है कब कठोर मन जैसा॥

छिन गया आराम दुख दूना हुआ।
कर रहा है रोग सौगुना सितम॥
तन गया तन बिन मिला धन धूल में।
पर हुआ मन का कमीनापन न कम॥

दें नहीं पेट पीस औरों को।
जल रहें, बन न जाँय ओले हम॥
बात जितनी कहें मोलायम हो।
हो न मन की मुलायमीयत कम॥

खोलने पर नयन न खुल पाया।
सूझ पाया हमें न पावन थल॥
लोकहित जल मिला न मिल कर भी।
धुल न पाया मलीन मन का मल॥

है नहीं परवाह सुख दुख की उसे।
जो कि सचमुच जाय बे-परवाह बन॥
तब बलन्दी और पस्ती क्या रही।
जब करे मस्ती किसी का मस्त मन॥

तो उसे प्रेमरंग में रँग दो।
वह सदा रंग है अगर लाता॥
लोकहित के लिए न क्यों मचले।
मन अगर है मचल मचल जाता॥

प्यास पैसों की उन्हें है जब लगी।
क्यों न तो पानी भरेंगे पनभरे॥
जग-विभव जब आँखें में है भर रहा।
किस तरह तो मन भरे का मनभरे॥

दौड़ने में ठोकरें जिस को लगीं।
वह भला कैसे न मुँह के बल गिरे॥
फेर की है बात इस में कौन सी।
जो किये मन फेर कोई मन फिरे॥

बैल में बैलपन मिलेगा ही।
क्यों करेगा न छैलपन छैला॥
क्यों न तन में हमें मिलेगा मल।
क्यों न होगा मलीन मन मैला॥

फूल किस को गूलरों से मिल सके।
फल सरों से है न कोई पा सका॥
मोतियों से मिल सका पानी किसे।
कौन मन के मोदकों को खा सका॥

है सराबोर सब रसों में वह।
सन सभी भाव में वही सनकी॥
खेल नित रंग रंग के दिखला।
रंग लाती तरंग है मन की॥

क्यों सकेगा न सुख-बसन जन बुन।
कान हित-सूत तन अगर न थके॥
तन सके क्यों न तो अमन ताना।
मन अगर बन अमन-पसन्द सके॥

बात हित की कब बताती है नहीं।
कब न समझाती बुझाती वह रही॥
मान कर बैठे मनाने से खिझे।
मति करे क्या, जो न मन, माने कही॥

पत्तियों तक को बहुत सुन्दर बना।
हैं उसी ने ही सजाये बाग बन॥
फल उसी से हैं फबीले हो रहे।
फूल फबता है मिले मन की फबन॥

हैं उसी में भाव के फूले कमल।
जो सदा सिर पर सुजन सुर के चढ़े॥
हैं उपज लहरें उसी में सोहतीं।
सोत रस के मन सरोवर से कढ़े॥

हैं उसी के खेल जग के खेल सब।
लोक-कौतुक गोद में उस की पला॥
हैं उसी की कल सकल तन की कलें।
सब कलायें एक मन की हैं कला॥

मोल वालों में बड़ा अनमोल है।
सामने उस के सकल धन धूल है॥
माल है वह सब तरह के माल का।
सब जगत के मूल का मन मूल है॥

क्या कहीं भूत का बसेरा है?
भूल है भय अगर कँपाये तन॥
तो चढ़ेगा न भूत सिर पर क्यों।
भूत बन जाय जो किसी का मन॥

तो बनायेगा बड़ा ही औ गुनी।
औ गुनों से वह अगर होगा भरा॥
कौन इतनी है बुराई कर सका।
है बुरे मन सा न बैरी दूसरा॥

जायगा कैसे न वह दानव कहा।
जो कि दानवभाव लेकर अवतरा॥
देवता कैसे न देवेगा बना।
देवभावों से अगर है मन भरा॥

तो यहाँ ही हम नरक में हैं पड़े।
पाप का जी में जमा है जो परा॥
स्वर्ग का सुख तो बेलसते हैं यहीं।
है भला मन जो भले भावों भरा॥

चाह बैकुंठ की नहीं रखते।
हैं नहीं स्वर्ग की रुचीं राहें॥
है यही चाह चाह हरि की हो।
हों चुभी चित्त में भली चाहें॥

छोड़ खलपन अगर नहीं पाता।
पर-विभव क्यों न तो उसे खलता॥
डाह जब है जला रही उस को।
मन बिना आग क्यों न तो जलता॥

क्यों न बनते सुहावना सोना।
लाग कर लौहपन अगर खोते॥
पर नहीं कर सके रसायन हम।
पास पारस समान मन होते॥

किस तरह जी में जगह देते उसे।
जी बहुत जिस से सदा ऊबा रहा॥
मान वालों से मिले तो मान क्यों।
मन अगर अभिमान में डूबा रहा॥

बार घर बार को न तो समझें।
जो न जी में विकार हो थमता॥
तो न बैठें रमा रमा धूनी।
मन रहे जो न राम में रमता॥

तो तजा घर बना बनाया क्यों।
घर बनाया गया अगर बन में॥
आप को संत मान क्यों बैठे।
मान अपमान है अगर मन में॥

तब लगाया भभूत क्या तन पर।
जो सके मोह-भूत को न भगा॥
तो किया क्या बसन रँगा कर के।
मन अगर राम-रंग में न रँगा॥

घर बसे और क्या बसे बन में।
वासना जो बनी रहे बस में॥
बेकसे और क्या कसे काया।
मन किसी का अगर रहे कस में॥

ढोंग हैं लोक साधनायें सब।
जी हमारा अगर न हो सुलझा॥
उलझनें छोड़ और क्या हैं वे।
मन कहीं और हो अगर उलझा॥

एक को पूछता नहीं कोई।
एक आधार प्रेमधन का है॥
एक मन है न एक मन का भी।
एक मन एक लाख मन का है॥

फेन से भी है बहुत हलका वही।
मेरु से भारी वही है बन सका॥
मान किस में है कि मन को तौल ले।
जब सका तब तौल मन को मन सका॥

मन न हो तो जहान है ही क्या।
मन रहे है जहान का नाता॥
मन सधे क्या सधा नहीं साधे।
मन बँधे है जहान बँध जाता॥

डूब कर के रंगतों में प्यार की।
साथ ही दो फूल अलबेले खिले॥
मेल कर अनमोल दो तन बन गये।
मोल मन का बढ़ गया दो मन मिले॥

मन उबारे से उबरते हैं सभी।
कौन तारे से नहीं मन के तरा॥
मन सुधारे ही सुधरता है जगत।
मन उधारे ही उधरती है धरा॥

बार घर के बार जो हैं हो रहे।
तो न सूबे के लिए ऊबे रहें॥
क्यों पड़े तो मनसबों के मोह में।
पास मन के जो न मनसूबे रहें॥

जान है जानकार लोगों की।
और सिरमौर माहिरों का है॥
जौहरों का सदा रहा जौहर।
जौहरी मन जवाहिरों का है॥

एक मन है भरा हुआ मल से।
एक मन है बहुत धुला उजला॥
एक मन को कमाल है सिड़ में।
एक मन है कमाल का पुतला॥

लोथ पर लोथ तो नहीं गिरती
लोभ होता उसे न जो धन का॥
लाखहा लोग तो न मर मिटते।
मन अगर जानता मरम मन का॥

एक मन है नरमियों से भी नरम।
एक मन की फूल जैसी है फबन॥
एक मन की रंगतें हैं मातमी।
संग को है मात करता एक मन॥

मान ईमान तो करे कैसे।
जो समझ बूझ बेईमान बने॥
तो सके जान दुख दुखी कैसे।
मन अगर जान सब अजान बने॥

भेद है तो भेद क्यों होता नहीं।
भेद रख कर भेद पहचाने गये॥
जन न सनमाने गये सब एक से।
औ न सब मन एक से माने गये॥

बात लगती बोलियाँ औ बिदअतें।
कब कहाँ किस ने सुखी बन कर सहीं॥
क्यों सताये एक मन को एक मन।
एक मन क्या दूसरे मन सा नहीं॥

निज दुखों सा गिने पराये दुख।
पीर को ठीक ठीक पहचाने॥
तो न मनमानियाँ कभी होंगी।
तो मनों को समान मन माने॥

तो सितम पर सितम न हो पाते।
तो न होती बदी बड़े बद से॥
तो न दिल चूर चूर हो जाते।
चूर होता न मन अगर मद से॥

सुख मिले सुख किसे नहीं होता।
हैं सभी दुख मिले दुखी होते॥
मन सके मान या न मान सके।
हैं सकल मन समान ही होते॥

नाम सनमान सुन नहीं पाता
देख मेहमान को सदा ऊबा॥
मान का मान कर नहीं सकता।
मन गुमानी गुमान में डूबा॥

है उसी एक की कला सब में।
किस लिए नीच बार बार नुचा॥
काम लेवे न जो कमालों से।
तो कहाँ मन कमाल को पहुँचा॥

है जगत जगमगा रहा जिस से।
जो मिला वह रतन न नर-तन में॥
कर बसर जो सके न सरबस पा।
तो भरी है बड़ी कसर मन में॥

जो न रँग जाय प्यार रंगत में।
तो उमग क्यों उमंग में आवे॥
किस लिए घन समान तो उमड़े।
मन दया-वारि जो न बरसावे॥

अनगिनत जग बिसात मोहरों का।
कौन मन के समान माहिर है॥
वह समझ बूझ सोत का सर है।
ज्ञान की जोत का जवाहिर है॥

चैन चौपाल चोज चौबारा।
चाव चौरा चबाव आँगन है॥
चाल का चौतरा चतुरता कल।
चाह थल चेतना महल मन है॥

है पुलकता लहू सगों का पी।
बाप को पीस मूस मा का धन॥
कब उठा काँप पाप करने से।
पाप को पाप मान पापी मन॥

है कतरब्योंत पेच पाच पगा।
छल उसे छोड़ता नहीं छन है॥
मौत का मुँह मुसीबतों का तन।
साँप का फन कपट भरा मन है॥

क्यों कढ़े आँख से न चिनगारी।
क्यों न उठने लगे लवर तन में॥
क्यों बचन तब बनें न अंगारे।
कोप की आग जब जली मन में॥

यम नहीं हैं भयावने वैसे।
है न रौरव नरक बुरा वैसा॥
है अधमता सभी भरी उस में।
है अधम कौन मन अधम जैसा॥

टूट पड़ती रहे मुसीबत सब।
खेलना साँप से पड़े काले॥
काल डाले सकल बलाओं में।
पर पड़े मन न कोप के पाले॥

कुछ करेंगे रंग बिरंगे तन नहीं।
जायगी बहुरंगियों में बात बन॥
रंग में उस के सभी रँग जायगा।
प्रेम रंगत में अगर रँग जाय मन॥

छानते तो बड़े बड़े जंगल।
और जो यह समुद्र बन जाता॥
डालते पीस पर्वतों को हम।
मन डिगाये अगर न डिग पाता॥

डालते किस लोक में डेरा नहीं।
डर गये कोई नहीं कुछ बोलता॥
धाक से तो डोल जाता सब जगत।
जो न डाँवाडोल हो मन डोलता॥

आँख में तो नये नये रस का।
बह न सकता सुहावना सोता॥
चहचहे तो न कान सुन पाता।
जो दिखाता न रंग मन होता॥

रंग जाता बिगड़ लताओं का।
पेड़ प्यारा हरा बसन खोता॥
फूल रंगीनियाँ न रह पातीं।
रंग लाता अगर न मन होता॥

जीभ रस-स्वाद तो नहीं पाती।
तो पिरोती न लेखनी मोती॥
मोहती नाक को महँक कैसे।
जो न मन की कुमक मिली होती॥

रख सकें आन बान जो अपना।
हैं हमें मिल सके नहीं वैसे॥
सामने झुक गये हठीले सब।
मन हठी ठान ले न हठ कैसे॥

चाँद सूरज चमक दमक खो कर।
जाँयगे बन बनाय बेचारे॥
जोत मन की न जो रहे जगती।
तो सकेंगे न जगमगा तारे॥

तो रुचिरता कहाँ रही उस में।
रुचि हितों में रहे न जो पगती॥
तो भले का कहाँ भला मन है।
जो भलाई भली नहीं लगती॥

हो सकेगा कुछ नहीं काया कसे।
जो पराया बन नहीं पाया सगा॥
योग जप तप रंगतों में क्या रँगे।
जो न परहित रंग में मन हो रँगा॥

मूल उस को कमाल का समझे।
छोड़ जंजाल जाप का जपना॥
सोच अपना विकास अपना हित।
मन जगत को न मान ले सपना॥

है अगर घट में नहीं गंगा बही।
कौन तो गंगा नहा कर के तरा॥
तो न होवेंगे बिमल जल से धुले।
है अगर मन में हमारे मल भरा॥

है बड़े सुन्दर सुरों की संगिनी।
बज रही है भाव में भर हर घड़ी॥
रस बरस कर हैं सुरत को मोहती।
बाँसुरी मन की सुरीली है बड़ी॥

बादलों में हैं अनूठी रंगतें।
इन्द्रधनु में हैं निराली धारियाँ॥
है नगीना कौन सा तारा नहीं।
हैं कहाँ मन की न मीनाकारियाँ॥

चाह बिजली चमक अनूठी है।
श्याम रंग में रँगा हुआ तन है॥
है बरसता सुहावना रस वह।
मन बड़ा ही लुभावना घन है॥

है वही सुन्दर सराहे मन जिसे।
हैं जगत में सब तरह की सूरतें॥
मन अगर ले मान मन दे मान तो।
देवता हैं मन्दिरों की मूरतें॥

है अगर मानता नहीं मन तो।
कौन नाना व कौन मामा है॥
मन कहे और मान मन ले तो।
बाप है बाप और मा, मा, है॥

है जहाँ चाहता वहीं जाता।
कौन है दौड़ धूप में ऐसा॥
बेग वाला बहुत बड़ा है वह।
है पवन वेग में न मन जैसा॥

हैं कपट काटछाँट का पुतला।
छूट और छेड़छाड़ का घर है॥
छैलपन है छलक रहा उस में।
मन छिछोरा छली छछूँदर है॥

बात करता कभी हवा से है।
वह कभी मन्द मन्द चलता है॥
खूब भरता कभी छलाँगें है।
मन कभी कूदता उछलता है॥

मूँद आँखें क्या अँधेरे में पड़े।
जो लगाये है समाधि न लग रही॥
खोल आँखें मन सजग कर देख लो।
है जगतपति जोत जग में जग रही॥

अनमने क्यों बने हुए मन हो।
नेक सन्देह है न सत्ता में॥
कह रहे हैं हरे भरे पौधे।
हरि रमा है हरेक पत्ता में॥

मतलबी पालिसी-पसन्द बड़ा।
बेकहा बेदहल जले तन है॥
है उसे मद मुसाहिबी प्यारी।
साहिबी से भरा मनुज-मन है॥

पाक पर-दुख-दुखी परम कोमल।
हित धुरा, प्यार-जोत-तारा है॥
है दया-भाव का दुलारा वह।
संत मन संतपन सहारा है॥

है सुधा में सना हलाहल है।
फूल का हार साँप काला है॥
है निरा प्यार है निरा अनबन।
नारि का मन बड़ा निराला है॥

है खिला फूल, लाल अंगारा।
बाग सुन्दर बड़ा भयानक बन॥
काठ उकठा हरा भरा पौधा।
है गरम है बड़ा नरम नर-मन॥

है बड़ा ही सुभावना सुन्दर।
है उसी का कमाल भोलापन॥
लोक के लाड़-प्यार-वालों का।
है बड़ा लाड़-प्यार-वाला मन॥

क्यों न उस पर वार दें लाखों टके।
है जगत में दूसरा ऐसा न धन॥
है निराला लाल आला माल है।
गोदियों के लाल का अनमोल मन॥

हैं उसी से भलाइयाँ उपजी।
लोक का लाभ है उसी का धन॥
कब न जन-हित रहा सजन उस का।
है सुजनता भरा सुजन का मन॥

है बदी बीज बैर का पुतला।
पाप का बाप साँप का है तन॥
है छुरा धार है धुरा-छल का।
है बहुत ही बुरा कुजन का मन॥

देखकर के और को फूला फला।
रह सका उस का नहीं मुखड़ा हरा॥
कीच तो उस ने उछाला ही किया।
नीच का मन नीचपन से है भरा॥

वह अनूठा बसन्त जैसा है।
है बड़ा ही सुहावना उपवन॥
चाँद जैसा चमक दमक में है।
है खिले फूल सा सुखी का मन॥

भोर का चाँद साँझ का सूरज।
है लगातार दग्ध होता बन॥
है कमलदल तुषार का मारा।
बहु दुखों से भरा दुखी का मन॥

पा समय मोम सा पिघलता है।
फूल है प्यार रंग में ढाला॥
है मुलायम समान माखन के।
है दयावान मन दयावाला॥

है सुफल भार से झुका पौधा।
है बिमल वारि से बिलसता घन॥
दीनहित के लिए दयानिधि का।
है बड़ा दान दानियों का मन॥

दिल उसे दे दें मगर उस से कभी।
एक मूठी मिल नहीं सकता चना॥
जान देगा पर न देगा दान वह।
सूमपन में सूम का मन है सना॥

वह कभी काल से नहीं डरता।
त्रास यमराज का उसे कैसा॥
है बना सूर, सूर मन से ही।
कौन है सूर सूर-मन जैसा॥

कर सकेगा और का कैसे भला।
जो भलाई में लगाया तन न हो॥
हो सकेगा तो न पूरा हित कभी।
जो भरा हित से पुरोहित मन न हो॥

है अबल के लिए बड़ा बल वह।
धाक गढ़ आनबान देरा है॥
धीरता धाम धवरहर धुन का।
बीर-मन बीरता बसेरा है॥

है गगन तल में हवा उस की बँधी।
धाक उस की है धरातल में धँसी॥
कौन साहस कर सका इतना कभी।
साहसी मन ही बड़ा है साहसी॥

आँख में सुरमा लगाया है गया।
है धड़ी की होंठ पर न्यारी फबन॥
भूलती हैं चितवनें भोली नहीं।
तन हुआ बूढ़ा हुआ बूढ़ा न मन॥

तो भले भाव के लिए वह क्यों।
बारहा जाय जी लगा जाँचा॥
हो मगन देख लोक-हित-घन तन।
मन अगर मोर लौं नहीं नाचा॥

है बड़ी भूल भाव में डूबा।
पी कहाँ नाद जो नहीं भाया॥
जाति-उपकार-स्वाति के जल का।
मन पपीहा अगर न बन पाया॥

है बड़ा भाग जो बड़े हों हम।
सब भले रंग में रँगा हो तन॥
दुख दिखाये न दुखभरी सूरत।
सुख कमल मुख भँवर बना हो मन॥

तब भलाई भली लगे कैसे।
भूलता जब कि तोर मोर नहीं॥
लोकहित चाव चन्द्रमा का जब।
मन चतुर बन सका चकोर नहीं॥

जो गया भूल देख भोलापन।
चौगुना चाव क्यों न तो करता॥
मुखकमल भावरस भरा पाकर।
मन-भँवर क्यों न भाँवरें भरता॥

हो गया है हवा, हवस में फँस।
वह गया बदहवास बन बौड़ा॥
हो सका दूर दुख नहीं उस का।
मन बहुत दूर दूर तक दौड़ा॥

आम वैसा कहाँ रसीला है।
चाँद कब रस बरस सका ऐसा॥
कर रसायन मिली जवानी कब।
रस कहाँ है जवान-मन जैसा॥

मानता हो न जब कही मेरी।
और करता सदा किनारा हो॥
अनमने तब न हम रहें कैसे।
मन हमारा न जब हमारा हो॥

कौन सा पद मिला नहीं उस से।
कौन सा सुख गया नहीं भोगा॥
फिर करे मोल जोल क्यों कोई।
मोल क्या मन अमोल का होगा॥

प्यार का प्यार जब न हो उस को।
जब न हित का उसे सहारा हो॥
तब हमें मान मिल सके कैसे।
मन न जब मानता हमारा हो॥

कब निछावर हुआ न वह उस पर।
धन बराबर कभी न तन के है॥
है रतन कौन इस रतन जैसा।
कौन सा मणि, समान मन के है॥

तब न कैसे और भी कस जायगा।
जब कि सन की गाँठ में पानी पड़ा॥
तब कठिन से भी कठिन होगा न क्यों।
मन कठिन कठिनाइयों में जब पड़ा॥

भर गयी हैं खुटाइयाँ जिस में।
भाव उस में भले भरोगे क्या॥
हैं बुरे कब बुराइयाँ तजते।
मन बुरा मान कर करोगे क्या॥

हैं कराती काम वे बातें नहीं।
जो जमाये से नहीं जी में जमें॥
मान करके जो न मन की ही चलें।
मिल सके ऐसे न मन वाले हमें॥

कम न अपमान हो चुका जिन का।
हित उन्हें मान क्यों नहीं लेते॥
बात यह मान की तुमारे है।
मन उन्हें मान क्यों नहीं देते॥

जो बनाये जाँय बिगड़े काम सब।
बात बिगड़ी जायगी कैसे न बन॥
माल मनमाना उसे मिल जाय तो।
क्यों न मालमाल हो पामाल मन॥

चाहतें तंग हैं बहुत होती।
है बुढ़ापा तरंग ही तन में॥
रंग ही है न ढंग ही है वह।
अब न है वह उमंग ही मन में॥

कुछ कलेजे

मोम-माखन सा मुलायम है वही।
प्यार में पाया उसी को सरगरम॥
है उसी में सब तरह की नरमियाँ।
फूल से भी मा-कलेजा है नरम॥

प्यार की आँच पा पिघलने में।
मा-कलेजा न मोम से कम है॥
वह निराली मुलायमीयत पा।
फेन से, फूल से, मोलायम है॥

एक मा को छोड़ ममता मोह में।
है किसी का मन न उस के माप का॥
सब हितों से उर उसी का है भरा।
प्यार से पुर है कलेजा बाप का॥

भेद है बाप-मा-कलेजे में।
तर बतर एक दूसरा तर है॥
एक में कुछ कसर असर भी है।
दूसरा बेकसर सरासर है॥

काम का बाप का कलेजा है।
मा कलेजा मयाधरोहर है॥
एक है प्यार का बड़ा झरना।
दूसरा प्यार का सरोवर है॥

प्यारवाला है कलेजा बाप का।
मा कलेजा प्यार से भरपूर है॥
जो रसीला आम मानें एक को।
दूसरा तो रसभरा अंगूर है॥

मा कलेजा दूध से है तरबतर।
है कलेजा बाप का हित से हरा॥
है निछावर एक होता प्यार पर।
दूसरा है प्यार से पूरा भरा॥

एक से मा बाप के हैं उर नहीं।
एक सी उन में न हैं हित की तहें॥
है अगर वह फूल तो यह फेन है।
मोम उस को औ इसे माखन कहें॥

जनमने का एक ही रज-बीज से।
कौन से सिर पर गया सेहरा धरा॥
एक भाई का कलेजा छोड़ कर।
है कलेजा कौन सा भायप भरा॥

प्यार की जिस में न प्यारी गन्ध है।
वह कमल जैसा खिला तो क्या खिला॥
चाहना उस से भलाई भूल है।
जिस कलेजे में न भाईपन मिला॥

प्यार का दिल क्यों न तो हिल जायगा।
भाइयों से जो न भाई हों हिले॥
तो मिलाने से मिलें क्यों दूसरे।
जो न टुकड़े हों कलेजे के मिले॥

वह कलेजा नहीं सगे का है।
चूकता जो रहा भलाई में॥
भूल से भूल है बड़ी कोई।
हों भले भाव जो न भाई में॥

है किसी काम का न वह भायप।
है गया भूल जो कमाई में॥
क्यों भरा भेद तो कलेजे में।
हों अगर भेद-भाव भाई में॥

चुहचुहाते हुए सहज हित का।
है लबालब भरा हुआ प्याला॥
है कलेजा किसी बहिन का क्या।
है खिली प्यार-बेलि का थाला॥

मा कलेजे से निकल हित-रंग में।
जो निराले ढंग से ढलती रही॥
वह बड़ी नायाब धारा नेह की।
है बहिन के ही कलेजे में बही॥

लग गये जिस के लगी ही लौ रहे।
वह लगन सच्ची, वही दिखला सका॥
एक जिस से दो कलेजे हो सके।
प्यार वह, प्यारी-कलेजा पा सका॥

डूब करके चाहतों के रंग में।
प्रीति-धारा में परायापन बहा॥
हित उसी में घर हमें करते मिला।
प्यार-घर घरनी कलेजा ही रहा॥

हित-महँक जिस की बहुत है मोहती।
जो रहा जनचित-भँवर का चावथल॥
पा सका जिस से बड़ी छबि प्यार-सर।
है कलेजा बेटियों का वह कमल॥

जो रहा है जगमगा हित-जोत से।
चोप-कंगूरा सका जिस से बिलस॥
प्यार का जिस पर मिला पानिप चढ़ा।
है कलेजा बेटियों का वह कलस॥

लाभ-पुट से लुभावनापन ले।
रंग है लाल प्यार लोहू का॥
लालसा से लसे हितों का थल।
है कलेजा किसी पतोहू का॥

हैं उसी में पूतपन की रंगतें।
हित रसों का है वही सुन्दर घड़ा॥
प्यार उस का ही दुलारा है बहुत।
है कलेजा पूत का प्यारा बड़ा॥

बाप-मा-मान का हुआ अनभल।
हित हुआ चूर, सुख गया दलमल॥
पा सका प्यार पल न कल जिस से।
है कलेजा कपूत का वह कल॥

अैब लोहा हुआ हुनर सोना।
छू जिसे रिस हुआ अछूता रस॥
पाक है लोक-प्यार से पुर है।
है कलेजा सपूत का पारस॥

कलेजा कमाल

है लबालब भरा भलाई खल।
सोहती है सहज सनेह लहर॥
है खिला लोक-हित-कमल जिस में।
है कलेजा सुहावना वह सर॥

हैं सुरुचि के जहाँ बहे सोते।
है दिखाती जहाँ दया-धारा॥
पा सके प्यार सा जहाँ पारस।
है कलेजा-पहाड़ वह प्यारा॥

सब रसों की कहाँ बही धारा।
है कहाँ बेलि रीझ की ऐसी॥
हैं कहाँ भाव से भले पौधे।
कौन सी कुंज है कलेजे सी॥

हैं जहाँ चोप से अनूठे पेड़।
गा रहा है जहाँ उमंग खग राग॥
है जहाँ लहलही ललक सी बेलि।
है कलेजा लुभावना वह बाग॥

मनचलापन मकान आला है।
चोचला चौक चाववाला है॥
हैं चुहल से चहल पहल पूरी।
नर-कलेजा नगर निराला है॥

हैं भले भाव देवते जैसे।
हैं कहीं देवते नहीं वैसे॥
हैं कहीं भक्ति सी नहीं देवी।
हैं न मन्दिर कहीं कलेजे से॥

चेरियाँ हैं चुनी हुई चाहें।
चाव सा है बड़ा चतुर चेरा॥
मन महाराज मति महारानी।
है कलेजा महल सरा मेरा॥

है समझ को जहाँ समझ मिलती।
है जहाँ ज्ञानमान मन जैसा॥
पढ़ जहाँ पढ़ गये अपढ़ कितने।
है न कालिज कहीं कलेजे सा॥

हैं भरे दुख भयावने जिस में।
है जहाँ आप पाप जैसा यम॥
है जलन आग जिस जगह जलती।
है नरक से न नर-कलेजा कम॥

ठोसपन से ठसक गठन से हठ।
ऐंठ भी है उठान से बढ़ चढ़॥
हैं गढ़ी बात की चढ़ी तोपें।
नर-कलेजा गुमान का है गढ़॥

बुद्धि को कामधेनु करतब को–
जो कहें कल्पतरु न बेजा है॥
है मगन मन उमंग नन्दनबन।
स्वर्ग जैसा मनुज कलेजा है॥

कसौटी

पास खुटचाल पेचपाच कसर।
कुढ़ कपट काटछाँट कीना है॥
क्यों करेगा नहीं कमीनापन।
कम कलेजा नहीं कमीना है॥

कुछ न है माल सामने उस के।
वह बिना माल मालवाला है॥
है उसी में कमाल सब मिलता।
नर-कलेजा कमालवाला है॥

हो भरा कूट कूट बोदापन।
हो जमी बैर औ बदी की तह॥
हो बुराई बहुत बसी जिस में।
है बुरे से बुरा कलेजा वह॥

है कपट से भरा हुआ कपटी।
है भरी काटछाँट भेजे में॥
बात में है मिठास मिसरी सी।
गाँस की फाँस है कलेजे में॥

है लसी लोक-हित-लहर जिस में।
भक्ति सोते जहाँ रहे हैं बह॥
हैं भले भाव के जहाँ झरने।
है भले से भला कलेजा वह॥

हो भरा सब कठोरपन जिस में।
संग कहना उसे न बेजा है॥
है ठसक, गाँठ, काठपन जिस में।
वह बड़ा ही कठिन कलेजा है॥

कर खुटाई बढ़ा बढ़ा खटपट।
प्यार को बेतरह पटकता है॥
है खटक खोट नटखटी जिस में।
वह कलेजा बहुत खटकता है॥

काहिली, कलकान, कायरपन, कलह।
क्यों न बेबस कर बढ़ा दें बेबसी॥
क्यों बचाई जा सकेगी पत बची।
जब कचाई है कलेजे में कसी॥

मोह लेते मिला वही मन को।
जो गया है न गोह मद से भर॥
काम के काम कर सका कुछ वह।
जो कलेजा सका मकर कम कर॥

दूर अनबन वही सकेगा कर।
जो बना रंज का न प्याला है॥
क्यों पड़ेगा न मेल का लाला।
जब कलेजा मलालवाला है॥

लोभ है तो भली ललक भी है।
मान के साथ मन मगन भी है॥
है कसर ही नहीं कलेजे में।
है अगर लाग तो लगन भी है॥

मोम है, है समान माखन के।
जोंक है, और नोक नेजा है॥
फूल से भी कहीं मुलायम है।
काठ से भी कठिन कलेजा है॥

दुख बड़े से बड़े उसी में हैं।
है बड़ा दुख जिन्हें अँगेजे में॥
एक से एक हैं कड़े पचड़े।
हैं बखेड़े बड़े कलेजे में॥

है वही चलता उसी की चल सकी।
जो बना चौचंद, चोखा, चरपरा॥
चालवाले को कलेजा चाहिए।
चापलूसी, चाल, चालाकी भरा॥

क्यों रहे चैन उस कलेजे में।
क्यों लटे वह न देख गत वाँ की॥
भूत-भय का जहाँ बसेरा है।
है जहाँ पर चुड़ैल चिन्ता की॥

है भरा चेटकों चपेटों से।
यह कलेजा उचाटवाला है॥
चुस्त है चिड़चिडा चटोरा है।
चटपटी चाव चाटवाला है॥

क्या नहीं है भला कलेजे में।
डील है ढीठपन ढला रस है॥
है ढचर, हैं ढकोसले उस में।
ढोंग है ढंग ढूँढ़ ढाढस है॥

है वही जिस ठौर बैतरनी नदी।
गंग की धारा वहाँ कैसे बहे॥
क्या बुरा है जो कलेजे में बुरे।
बैर बदकारी बुराई बू रहे॥

है भरा बेहिसाब भोलापन।
है भटक, भेद-भाव दावा है॥
और क्या है लचर कलेजे में।
भूल है भय भरम भुलावा है॥

जो कलेजे कहे गये छोटे।
क्यों न उन में रहे छोटाई छल॥
बीर के ही बड़े कलेजे में।
है बिनय बीरता बड़ाई बल॥

सुख सदा पास रह सका जिस के।
है उसी एक को मिला सरबस॥
है कलेजा वही बसे जिस में।
सूरता सादगी सुरुचि साहस॥

हाथ और दान

दान जब तक फूल फल करता रहा।
पेड़ तब तक फूल फल पाता रहा॥
दान-रुचि जी में नहीं जिस के रही।
धन उसी के हाथ से जाता रहा॥

हित नमूना जो दिखाना है हमें।
जो चहें यह, सुख न सूना घर करें॥
तो बना दिल सब दिनों दूना रहे।
दान दोनों हाथ दसगूना करें॥

किस तरह तो छूटते धब्बे बुरे।
जो मिली होती भली सोती नहीं॥
तो न पाता हाथ का धुल पाप-मल।
दान-जल-धारा अगर धोती नहीं॥

पड़ गये पाप की तरंगों में।
नेक करतूत नाव को खोते॥
जो न पतवार दान के पाते।
लापता हाथ हो गये होते॥

हाथ और कमल

है न वह रंग औ न है वही बू।
और वैसा नहीं बिमलपन है॥
वे भले ही रहें कमल बनते।
पर कहाँ हाथ में कमलपन है॥

कब सका लिख, सका बसन कब सी।
कब सका वह कभी कमा पैसा॥
हाथ तुझ में कमाल है जैसा।
क्या कमल में कमाल है वैसा?

दाम की कैसी कमी तेरे लिए।
हाथ तू तो है कमल जाता कहा॥
मानते हैं माननेवाले यही।
कब कमल आसन न कमला का रहा॥

हैं हमें भेद कम नहीं मिलते।
गो उन्हें हैं समान कह लेते॥
फूल करके कमल महँक देंगे।
फूल कर हाथ हैं कुफल देते॥

हैं खिले मुँह सभी उन्हीं जैसे।
हैं उन्हीं के समान नयन नवल॥
हाथ ऐसे सुहावने न लगे।
कम लगे हैं लुभावने न कमल॥

जब सदा जोड़ते रहे नाता।
तब उसे तोड़ते रहे कैसे॥
क्या कमाल के लिए ललाये तब।
हाथ जब आप हैं कमल जैसे॥

हाथ और फूल

देखते उस की फबन जो आँख पा।
तो कभी हित से नहीं मुँह मोड़ते॥
धूल में तुम हाथ क्यों मिलते नहीं।
भूल है जो फूल को हो तोड़ते॥

जो खले, दुख किसी तरह का दे।
कब किसे ढंग वह सुहाता है॥
क्यों न ले तोड़ फूल फूले वह।
हाथ को फूलना सताता है॥

क्यों लगें पूछने—किसी बद ने।
नेक को बेतरह लताड़ा क्या॥
हाथ है फूल पर सितग ढाता।
फूल ने हाथ का बिगाड़ा क्या॥

कब रहा नोचता न कोमल दल।
कब न कर फलविहीन कल पाया॥
हाथ-खल इन अबोल फूलों पर।
मल मसल कब नहीं बला लाया॥

फूल सा सुन्दर फबीला औ फलद।
क्यों बँधे छिद बिध गये पामाल हो॥
आग-माला के बनाने में लगे।
हाथ-माली क्यों न माला माल हो॥

वह तुझे भी निहाल करता है।
और तू क्या व तेरी नीयत क्या॥
फूल में ही मुलायमीयत है।
हाथ तेरी मुलायमीयत क्या॥

फूल रस रूप गंध पर रीझे।
किस तरह से सितम सकेगा थम॥
क्यों समझ तू सका न कोमलपन।
हाथ क्या यह कमीनपन है कम॥

आँख है रूप रंग पर रीझी।
कम महँक पा हुई न नाक मगन॥
हाथ तुझ में कभी नहीं है कम।
मोह ले जो न फूल कोमलपन॥

हाथ तुम बचते कि वे मैले न हों।
तोड़ते तो पीर हो जाती कहीं॥
जो लगी होती न लत की छूत तो।
तुम अछूते फूल छूते ही नहीं॥

लाल लाल हथेलियाँ हैं पास ही।
जो कमल-दल से नहीं हैं कम भली॥
हाथ तुम फैलो न फूलों के लिए।
उँगलियाँ क्या हैं न चम्पे की कली॥

हाथ मत लोढ़ो मलो नोचो उन्हें।
है बुरा जो फूल की रंगत खली॥
इस जगत का ही निराला रंग है।
है तुमारी ही नहीं रंगत भली॥

हाथ और फल

डालियों से अलग न होने दो।
डोलने के लिए उन्हें छोड़ो॥
हैं भले लग रहे हरे दल में।
हाथ फल तोड़ कर न जी तोड़ो॥

है समय सुख दुख बना सब के लिए।
औगुनों पर हैं भले अड़ते नहीं॥
पाप होगा हाथ मत तोड़ो उन्हें।
क्या पके फल आप चू पड़ते नहीं॥

सोच लो है कौन हितकारी, भला।
कौन है पापी, बुरा, बेपीर, खल॥
तुम रहे ढेले फलों पर फेंकते।
पर बनाते फल रहे तुम को सफल॥

तोड़ कर फल को कतरता क्यों रहा।
खा नहीं सकता उसे जब आप तू॥
मत पराये के लिए बेपीर बन।
हाथ पापी लौं करे क्यों पाप तू॥

हाथ उन पर किस लिए तुम उठ गये।
और उन को पीटने तुम क्यों चले॥
फूल सब हैं फूलते हित के लिए।
हैं भले ही के लिए सब फल फले॥

हाथ और तलवार

खेलने पर के भरोसे क्या लगे।
किस लिए हो भेद अपना खोलते॥

तोल तुम ने क्यों न अपने को लिया।
हाथ तुम तलवार क्या हो तोलते॥

हाथ में तो तमकनत कम है नहीं।
पर गयीं बेकारियाँ बेकार कर॥
ताब तो है वार करने की नहीं।
वार जाते हैं मगर तलवार पर॥

जो रसातल जाति को हैं भेजते।
क्यों न उन की आँख की पट्टी खुले॥
जो कि सहलाते सदा तलवा रहे।
हाथ क्यों तलवार ले उन पर तुले॥

जब समय पर जाय बन बेजान तन।
ताब हाथों में न जब हो वार की॥
तल बिचल हो जाँय जब तिल आँख के।
क्या करेगी धार तब तलवार की॥

वह कहाँ पर क्या सकेगी कर नहीं।
साहसी या सूरमा के साथ से॥
है हिला देती कलेजे बेहिले।
चल गये तलवार हलके हाथ से॥

सब बड़े से बड़े लड़ाकों को।
हैं दिये बेध बैध बरछी ले॥
फेर तलवार फेर में डाला।
कर सके क्या न हाथ फुरतीले॥

कोर कसर

जी की कचट

ब्योंत करते ही बरस बीते बहुत।
कर थके लाखों जतन जप जोग तप॥
सब दिनों काया बनी जिस से रहे।
हाथ आया वह नहीं काया कलप॥

किस तरह हम मरम कहें अपना।
कब न काँटे करम रह बोता॥
तब रहे क्यों भरम धरम क्यों हो।
हाथ ही जब गरम नहीं होता॥

आज तक हम बने कहाँ वैसे।
बन गये लोग बन गये जैसे॥
जब न सरगरमियाँ मिलीं हम को।
कर सकें हाथ तब गरम कैसे॥

रह गया जो धन नहीं तो मत रहो।
है हमारी नेकियों को हर रही॥
क्या कहें हम तंगदिल तो थे नहीं।
तंग तंगी हाथ की है कर रही॥

पा सका एक भी नहीं मोती।
पड़ गया सिंधु आग के छल में॥
तो जले भाग को न क्यों कोसें।
जाय जल हाथ जो गये जल में॥

मान मन सब मनचलापन मरतबे।
मन मरे कैसे भला खोता नहीं॥
क्यों न वह फँसता दुखों के दाम में।
दाम जिस के हाथ में होता नहीं॥

बढ़ गयी बेबसी बुढ़ापा की।
चल बसा चैन, सुख हुआ सपना॥
दूसरे हाथ में रहें कैसे।
हाथ में हाथ है नहीं अपना॥

आँख पुर नेह से रही जिस की।
अब नहीं नेह है उसी तिल में॥
खोलता गाँठ जो रहा दिल की।
पड़ गयी गाँठ अब उसी दिल में॥

फूल हम होवें मगर कुछ भूल से।
दूसरों की आँख में काँटे जँचे॥
क्यों बचाये बच सकेगी आबरू।
जी बचायें जो बचाने से बचे॥

ठीक था ठीक ठीक जल जाता।
जो सका देख और का न भला॥
रंज है देख दूसरों का हित।
जी हमारा जला मगर न जला॥

कर सकें हम बराबरी कैसे।
हैं हमें रंगतें मिली फीकी॥
हम कसर हैं निकालते जी से।
वे कसर हैं निकालते जी की॥

उलझनों में रहे न वह उलझा।
कुछ न कुछ दुख सदा लगा न रहे॥
नित न टाँगे रहे उसे चिन्ता।
जी बिना ही टँगे टँगा न रहे॥

बात अपने भाग की हम क्या कहें।
हम कहाँ तक जी करें अपना कड़ा॥
फट गया जी फाट में हम को मिला।
बँट गया जी बाँट में मेरे पड़ा॥

देख ये चेहरा उतिर मेरा गया।
हैं कलेजे में उतरते दुख नये॥
फेर में हम हैं उतरने के पड़े।
आँख से उतरे उतर जी से गये॥

हैं बखेड़े सैकड़ों पीछे पड़े।
है बुरा काँटा जिगर में गड़ गया॥
फँस गये हैं उलझनों के जाल में।
है बड़े जंजाल में जी पड़ गया॥

सूझ वाले उसे रहे रँगते।
रंग उतरा न सूझ का चोखा॥
पड़ बृथा धूम धाम धोखे में।
पेट को कब दिया नहीं धोखा॥

रोग की आँच जब लगी लगने।
तब भला वह नहीं खले कैसे॥
जल रहा पेट जब किसी का है।
आग उस में न तब बले कैसे॥

हैं लगाती न ठेस किस दिल को।
टेकियों की ठसक भरी टेकें॥
है कपट काट छाँट कब अच्छी।
पेट को काट कर कहाँ फेंकें॥

थपेड़े

पेटुओं को कभी टटोलो मत।
कब गयी बाँझ गाय दुह देखी॥
जो कि मुँह देख जी रहे हैं, वे।
बात कैसे कहें न मुँहदेखी॥

आज सीटी पटाक बन्द हुई।
वे सटकते रहे बहुत वैसे॥
बात ही जब कि रह नहीं पाई।
बात मुँह से निकल सके कैसे॥

कब भला लोहा उन्होंने है लिया।
मारतों के सामने वे अड़ चुके॥
दाब लेंगे दूब दाँतों के तले।
काम हैं मुँहदूबरों से पड़ चुके॥

किस तरह छूटते न तब छक्के।
जब कि तू छूट में रहा माता॥
जब कि मुँहतोड़ पा जवाब गये।
तब भला क्यों न टूट मुँह जाता॥

दूसरों से बैठती जिस की नहीं।
किस लिए वह प्यार जतलाता नहीं॥
मुँह खुला जिसका न औरों के लिए।
दाँत उस का बैठ क्यों जाता नहीं॥

हम समझते थे कि हैं कुछ आप भी।
किस लिए बेकार गट्टे हो गये॥
देख कर मुझ को खटाई में पड़ा।
आप के क्यों दाँत खट्टे हो गये॥

कौड़ियों को हो पकड़ते दाँत से।
चाहिए ऐसा न जाना बन तुम्हें॥

छोड़ देगा कौड़ियों का ही बना।
यह तुमारा कौड़ियालापन तुम्हें॥

दैव का दान जो न देख सके।
आँख तो क्यों न मूँद लेते हो॥
और के दूध पूत दौलत पर।
दाँत क्यों बार बार देते हो॥

हैं किसे चार हाथ पाँव यहाँ।
क्यों कमाई कर दिखाते हो॥
दूसरों की अटूट सम्पत पर।
दाँत क्यों बेतरह लगाते हो॥

रोटियों के अगर पड़े लाले।
हैं अगर आस पास दुख घिरते॥
क्यों नहीं तो निकाल जी देते।
दाँत क्या हो निकालते फिरते॥

छीन धन मान मूस कर जिस ने।
देह का मांस नोच कर खाया॥
चूस लो उस चुड़ैल का लोहू।
होंठ का चूस चूस क्या पाया॥

सुध भला किस तरह हमें होवे।
है लड़कपन अभी नहीं छूटा॥
कुछ कहें तो भला कहें कैसे।
कण्ठ भी आज तक नहीं फूटा॥

पोंछने के लिए बहे आँसू।
जो बहुत दुख भरे गये पाये॥
पूँछ हैं तो उठी उठी मूँछें।
जो उठाये न हाथ उठ पाये॥

जो कभी मुँह मोड़ पाता ही नहीं।
क्यों उसी से आप हैं मुँह मोड़ते॥

सब दिनों जो जोड़ता है हाथ ही।
आप उस का हाथ क्यों हैं तोड़ते॥

बेकलेजे के बने तब क्यों न हम।
बाल बिखरे देख कर जो जी टँगे॥
या किसी की लट लटकती देख कर।
लोटने जो साँप छाती पर लगे॥

बाँह बल ही व बाल है जिन को।
जो भले ढंग में नहीं ढलते॥
जो बने काल काल के भी हैं।
क्यों न छाती निकाल वे चलते॥

जो रही पूत-प्रेम में माती।
क्यों वही काम की बने थाती॥
क्या खुलीं जो रहीं खुली आँखें।
देख कर अध खुली खुली छाती॥

जाति का दिल ही अगर काला हुआ।
रंग काला किस तरह तो छूटता॥
फूट जाये आँख जो है फूटती।
टूट जाये दिल अगर है टूटता॥

रोटियाँ छीन छीन औरों की।
क्यों बड़े चाव साथ है चखता॥
मिल सका पेट क्या तुझी को है।
दूसरा पेट क्या नहीं रखता॥

जाति के कलंक

निघरघट

कर सकेगा नहीं निघरघटपन।
जिस किसी में न लाज औ डर हो॥
जब बड़ों की बराबरी की तो।
आँख कैसे भला बराबर हो॥

नामियों ने नाम पाकर क्या किया।
किस लिए बदनामियों से हम डरें॥
मुँह भले ही लाल हो जावे, मगर।
क्यों न अपनी लाल आँखें हम करें॥

वे बने बाल फैशनों वाले।
जो मुड़े भाल पर लटकते हैं॥
देखता हूँ कि आँख वालों की।
आँख में बेतरह खटकते हैं॥

तब भला सादगी बचे कैसे।
जाय संजीदगी न कैसे टल॥
जब लगायेंगे दाँत में मिस्सी।
जब घुलायेंगे आँख में काजल॥

है बहुत पूच और छोटी बात।
जो चले मर्द औरतों की चाल॥
कब करेंगे पसन्द अच्छे लोग।
काढ़ना माँग औ बनाना बाल॥

मुँहचोर

हम नहीं हैं कमाल वाले कम।
लोग हम में कमाल पाते हैं॥
कुछ चुराते नहीं किसी का भी।
पर सदा मुँह हमीं चुराते हैं॥

वे अगर हैं चतुर कहे जाते।
ए बड़े बेसमझ कहायेंगे॥
जब कि चितचोर चित चुराते हैं।
क्यों न मुँहचोर मुँह चुरायेंगे॥

तब उसे सामना रुचे कैसे।
जब रही लाज की लगी डोरी॥
है लटे चित्त की लपेट बुरी।
चूक की है चपेट मुँहचोरी॥

हमारे मालदार

क्या कहें हाल मालदारों का।
माल से है छिनाल घर भरता॥
काढ़ते दान के लिए कौड़ी।
है कलेजा धुकड़ पुकड़ करता॥

किस तरह तब मान की मोहरें मिलें।
उलहती रुचि बेलि रहती लहलही॥
देख कौड़ी दूर की लाते हमें।
जब मची हलचल कलेजे में रही॥

निराले लोग

एक डौंडी है बजाती नींद की।
दूसरे मुँहचोर से ही हैं हिले॥
नाक तो है बोलती ही, पर हमें।
नाक में भी बोलने वाले मिले॥

आप जो चाहिए बिगड़ कहिये।
पर नहीं यह सवाल होता हल॥
पाँव की धूल झाड़ने वाला।
किस तरह जाय कान झाड़ निकल॥

तब हमारी बात ही फिर क्या रही।
जब न कोई कान नित मलता रहे॥
हिल न बकरे की तरह दाढ़ी सके।
मुँह न बकरी की तरह चलता रहे॥

बाल से बेतरह बिगड़ करके।
किस जनम की कसर गयी काढ़ी॥
बन गयी भौंह, कट गयी चोटी।
उड़ गयी मूँछ, बन गयी दाढ़ी॥

हैं भला किस काम के कुछ बाल वे।
जो किसी मुँह पर न भूले भी खिले।
तब करे रख क्या, न रखना चाहिए।
जब कि बकरे सी बुरी दाढ़ी मिले॥

सब खटाई ही हमें खट्टी मिली।
और मीठी ही मिलीं सब साढ़ियाँ॥
देख लम्बा डील लम्बी बात सुन।
क्यों खटक जातीं न लम्बी दाढ़ियाँ॥

तरह तरह की बातें

मोह

और भी दाँत गड़ गये रस में।
क्या हुआ दाँत जो सभी टूटा॥
ताकने की तनिक न ताब रही।
ताकना झाँकना नहीं छूटा॥

अन्न हम दे सके न भूखों को।
दीन को दान के लिए न चुना॥
है बड़ा दुख किसी दुखी का दुख।
कान देकर किसी समय न सुना॥

चाहतें आज भी सताती हैं।
भेद पाया न झूठ औ सच का॥
सन हुआ बाल तन हुआ दुबला।
गिर गये दाँत, गाल भी पचका॥

गल गया तन, झूलने चमड़े लगे।
सामने हैं मौत के दिन भी खड़े॥
पर न छूटी बान हँसने की अभी।
दाँत बिख के सब नहीं अब तक झड़े॥

भाग ने धोखा दिया ही था हमें।
देव ने भी साथ मेरे की ठगी॥
आज तक हम बन न अलबेले सके।
कण्ठ से अब तक न अलबेली लगी॥

पेट के पचड़े

सब बुराई बेइमानी है रवा।
भूख देती है बना बेताब जब॥
पापियों को पाप प्यारा है नहीं।
है कराता पेट पापी पाप सब॥

मांस खाया पिया हुआ लोहू।
क्या पचाना इसे न प्यारा है॥
है कमोरा कपट कटूसी का।
पेट यह पाप का पेटारा है॥

है बड़ा जंजाल, है झंझट भरा।
माजरा है मान मटियामेट का।
है कनौड़ा कर नहीं देता किसे।
पेट रखना या रखाना पेट का॥

पाप जो प्यारा नहीं होता उसे।
मान, तो पापी कहा खोता नहीं॥
वह पचाता तो पराया माल क्यों।
पेट मतवाला अगर होता नहीं॥

क्यों पले पीस कर किसी को तू।
है बहुत पालिसी बुरी तेरी॥
हम रहे चाहते पटाना ही।
पेट तुझ से पटी नहीं मेरी॥

भर सके हो नहीं, भरे पर भी।
कब नहीं हर तरह भरे जाते॥
पट सके हो न पाटने पर भी।
पेट तुम से निपट नहीं पाते॥

बेचारा बाप

भाग पलटे पलट गया वह भी।
बासमझ औ बहुत भला जो था।
आज वह सामना लगा करने।
आँख के सामने पला जो था॥

प्यार का प्याला पिला पाला जिसे।
हाथ से उस के बहुत से दुख सहे।
कर रहा है छेद छाती में वही।
हम जिसे छाती तले रखते रहे॥

मानते जिस को बहुत ही हम रहे।
मानता है क्यों न वह मेरा कहा॥
किस लिए वह मूँग छाती पर दले।
जो सदा छाती तले मेरी रहा॥

क्यों वही है आँख का काँटा हुआ।
आँख जिस को देख सुख पाती रही॥
जी हमारा क्यों जलाता है वही।
पा जिसे छाती जुड़ा जाती रही॥

बावला हो जाय जी कैसे नहीं।
आँख से कैसे न जलधारा बहे॥
है कलेजे में छुरी वह मारता।
हम कलेजे में जिसे रखते रहे॥

फूल से हम जिसे न मार सके।
है वही आज भोंकता भाला॥
आज है खा रहा कलेजा वह।
है कलेजा खिला जिसे पाला॥

क्यों कलेजा न प्यार का दहले।
ले कलेजा पकड़ न क्यों नेकी॥
बाप के मोम से कलेजे को।
दे कुचल कोर जो कलेजे की॥

किरकिरी वह आँख की जाये न बन।
जो हमारी आँख का तारा रहा॥
कर न दे टुकड़े कलेजे के वही।
है जिसे टुकड़ा कलेजे का कहा॥

सुख अगर दे हमें नहीं सकता।
तो रखे लाज दुख अँगेजे की॥
वह फिरे देखता न कोर कसर।
कोर है जो मेरे कलेजे की॥

दूसरा क्या सपूत करता है।
किस तरह मुँह न मोड़ लेवे वह॥
पीठ पर ही उसे फिरे लादे।
पीठ कैसे न तोड़ देवे वह॥

निराली धुन

मिल गयी होती हवा में ही तुरत।
चाहिए था चित्त वह लेती न हर॥
जो उठी उस से लहर जी में बुरी।
तो गयी क्यों फैल गाने की लहर॥

सुन जिसे मनचले बहँक जावें।
मन करे बार बार मनमाना॥
क्यों नहीं वह बिगड़ बिगड़ जाता।
दे भली रुचि बिगाड़ जो गाना॥

कान से सुन गीत पापों के लिए।
जो न पापी आँख से आँसू छना॥
ढंग लोगों का बना उस से न जो।
तब अगर गाना बना तो क्या बना॥

कण्ठ मीठा न मोह ले हम को।
है बुरा राग-रंग का बाना॥
सुन जिसे गाँठ का गँवा देवें।
है भला गठ सके न वह गाना॥

जो बुरे भाव भर दिलों में दे।
कर उन्हें बार बार बेगाना॥
सुन जिसे पथ सुपन्थ से उखड़ें।
क्यों नहीं वह उखड़ गया गाना॥

जब हमें ताक ताक कान तलक।
काम ने था कमान को ताना॥
जब जमा पाँव था बुरे पथ में।
तब भला किस लिए जमा गाना॥

सुन जिसे बार बार सिर न हिला।
लय न जिस की रही ठमक ठगती॥
तब भला गान में रहा रस क्या।
तान पर तान जो न थी लगती॥

दूसरे उपजा नहीं सकते उसे।
है उपजती जो उपज उर से नहीं॥
पा सकेगा रस नहीं नीरस गला।
गा सकेगा बेसुरा सुर से नहीं॥

रात दिन वे गीत अब सुनते रहें।
चाव से जिनको भली रुचि ने चुना॥
रीझ रीझ अनेक मीठे कण्ठ से।
आज तक गाना बहुत मीठा सुना॥

चाहते हैं हम अगर गाना सुना।
तो भले भावों भरा गाना सुनें॥
चौगुनी रुचि साथ सुनने के लिए।
गीत न्यारा रामरस चूता चुनें॥

तब भला किस लिए बजा बाजा।
जब न भर भाव में बहुत भाया॥
जब सराबोर था न हरिरस में।
गीत तब किस लिए गया गाया॥

खरी बातें

कौन उन में बिना कसर का था।
हैं दिखाई दिये हमें जितने॥
खोल दिल कौन मिल सका किस से।
हैं खुले दिल हमें मिले कितने॥

ढोल में पोल ही मिली हम को।
बारहा आँख खोल कर देखा॥
वहाँ मोल जोल मतलब का।
लाखहा दिल टटोल कर देखा॥

कुछ मिले काम नाम के भूखे।
कुछ मिले चाम दाम मत वाले॥
कुछ पियाले पिये मिले मद के।
हैं लिए देख हम ने दिल वाले॥

क्यों सके जान दिल दिलों का दुख।
बात खुभती न जो खुभे दिल में॥
बात चुभती में कहें कैसे।
चुभ गयी बात तो चुभे दिल में॥

बात मुँहदेखी कही जाती नहीं।
किस तरह कर चापलूसी चुप रहें॥
दिल किसी का कुढ़ रहा है तो कुढ़े।
दिल यही है चाहता, दिल की कहें॥

मिल सके जो न देवतों को भी।
क्यों न मेवे मिलें उसे वैसे॥
मन भरे, आम रस भरे क्या हैं।
न भरे पेट को भरे कैसे॥

धन बढ़े कब भला न लोभ बढ़ा।
कब हुई लाभ के लिए न सई॥
प्यास है और भी अधिक होती।
पेट पानी हुए न प्यास गयी॥

कर कपट साधु-सन्त से गुरु से।
कब न कपटी बुरी तरह मूये॥
एक दिन जायगा छला वह भी।
पाँव छल साथ जो छली छूये॥

चाँद जैसा खिल अगर सकता नहीं।
क्यों न तो वह फूल जैसा ही खिले॥
क्या छोटाई में भलाई है नहीं।
दिल करे छोटा न छोटा दिल मिले॥

क्या नहीं बामन बड़ाई पा सके।
क्या न छोटी बाँसुरी सुन्दर बजी॥
फूल छोटे क्या नहीं हैं मोहते।
हैं अगर छोटे करें छोटा न जी॥

काल

है किसी का दिल फफोलों से भरा।
और कोई है बहुत फूला फला॥
एक की तो है उतरती आरती।
दूसरे का है उतर जाता गला॥

पड़ कुदिन के बुरे झकोरों में।
पाँव किस के भला नहीं उखड़े॥
कौन बस जो बिपद पड़े सिर पर।
क्या करे जो गले पड़ें दुखड़े॥

मठ, महल, लाट, पुल, मदरसों को।
है अदम गोद में लिटा देता॥
है कहाँ आज मय-रचे मन्दिर।
है समय-हाथ सब मिटा देता॥

है कलेवा काल का होता सभी।
है कहाँ वह आज लंका सा किला॥
काँख में जिस की दबा दसमुख रहा।
वह बली बाली गया पल में बिला॥

बहारदार बातें

बसन्त बहार

आ बसन्त बना रहा है और मन।
बौर आमों को अनूठा मिल गया॥
फूल उठते हैं सुने कोयल-कुहू।
फूल खिलते देख कर दिल खिल गया॥

आम बौरे, कूकने कोयल लगी।
ले महँक सुन्दर पवन प्यारी चली॥
फूल कितनी बेलियों में खिल उठे।
खिल उठा मन, खिल उठी दिल की कली॥

भर उमंगों में भँवर हैं गूँजते।
कोयलों का चाव दोगुना हुआ॥
चाँदनी की चंद की चोखी चमक।
देख चित किस का न चौगुना हुआ॥

आम बौरे बही बयार बसी।
सज लतायें हरी भरी डोलीं॥
बोल बाला बसन्त का होते।
खिल उठीं बेलि, कोयलें बोलीं॥

भाँवरें बार बार भर भौंरे।
फूल की देख कर फबन भूले॥
कोंपलें देख कोयलें कूकीं।
दिल-कमल खिल गया कमल फूले॥

हैं निराली रंगतें दिखला रहीं।
सेत कलियाँ, लाल नीली कोपलें॥
फूल नाना रंग के, पत्ते हरे।
भौंरे काले और काली कोयलें॥

हैं लुभाती दिल भला किस का नहीं।
लहलहाती बेलि फूलों की महक॥
गूँज भौंरों की, तितलियों की अदा।
कोयलों की कूज, चिड़ियों की चहक॥

हैं फबे आज बेल बूटे भी।
झाड़ियों पर लसी लुनाई है॥
दूब पर है अजब छटा छाई।
फूल ला घास रंग लाई है॥

आज है और रंग काँटों का।
फूल हैं अंग बन गये जिन के॥
कुछ अजब ढंग का हरापन पा।
हो गये हैं हरे भरे तिनके॥

चाँद में है भर गयी चोखी चमक।
चाँदनी में है भरी चाही तरी॥
है फलों में भर गयी प्यारी फबन।
फूल में हैं रंगतें न्यारी भरी॥

बसन्त के पौधे

कोंपलों से नये नये दल से।
हैं फबन से निहाल कर देते॥
हो गये हैं लुभावने पौधे।
फूल हैं दिल लुभा लुभा लेते॥

हैं सभी पेड़ कोंपलों से पुर।
है नया रस गया सबों में भर॥
आम सिरमौर बन गया सब का।
मौर का मौर बाँध कर सिर पर॥

लस रही है पलास पर लाली।
या घिरी लालरी बबूलों से॥
हैं लुभाते किसे नहीं सेमल।
लाल हो लाल लाल फूलों से॥

लह बड़ी ही लुभावनी रंगत।
फूल कचनार औ अनार उठे॥
फूल पाकर बहार में प्यारे।
हो बहुत ही बहारदार उठे॥

पा गये पर बहार सा मौसिम।
क्यों न अपनी बहार दिखला लें॥
लहलही बेलि, चहचहे खग के।
डहडहे पेड़, डहडही डालें॥

लस रही हैं कोंपलों से डालियाँ।
फूल उन को फूल कर हैं भर रहे॥
हर रहा है मन हरापन पेड़ का।
जी हरा पत्ते हरे हैं कर रहे॥

रस नया है समा गया जड़ में।
रंगतें हैं बदल रहीं छालें॥
पेड़ हैं थालियाँ बने फल की।
फूल की डालियाँ बनीं डालें॥

हैं उसे दे रहे निराला सुख।
कर रहे हैं तरह तरह से तर॥
आँख में भर रहे नयापन हैं।
पेड़, पत्ते नये नये पाकर॥

रंगतें न्यारी बड़ी प्यारी छटा।
कर रहे हैं लाभ मिट्टी धूल से॥
पा रहे हैं पेड़ फल फल दान का।
कोंपलों, कलियों, फलों से, फूल से॥

पेड़ प्यारे पलास सेमल के।
फूल पा लाल, लाल लाल हुए॥
हैं बहुत ही लुभावने लगते।
लाल दल से लसे हुए महुए॥

पाकरों औ बरगदों के लाल दल।
कम लुनाई से न मालामाल हैं॥
हैं हरे दल में बहुत लगते भले।
डालियों की गोदियों के लाल हैं॥

छा गयी है बड़ी छटा उन पर।
बन गये हैं बहार के छत्ते॥
हैं लुनाई विजय फरहरे से।
छरहरे पेड़ के हरे पत्ते॥

हो गये हैं कुछ हरे, कुछ लाल हैं।
कुछ गुलाबी रंग से हैं लस रहे॥
आम के दल रंगतें अपनी बदल।
बाँध कर दल हैं दिलों में बस रहे॥

रस बहे बौर देख कर उन में।
उर रहे जो बने तवे तत्ते॥
कर रहे हैं निहाल आमों के।
लाल नीले हरे भरे पत्ते॥

है रही दिल लुभा नहीं किस का।
कोंपलें की लुभावनी लाली॥
रस भरे फूल, छबि भरी छालें।
दल भरे पेड़, फल भरी डाली॥

सोहते हैं नये नये पत्ते।
मोहती है नवीन हरियाली॥
हैं नये पेड़ भार से फल के।
है नयी फूल-भार से डाली॥

फूल की फैली महँक के भार से।
चाल धीमी है पवन की हो गयी॥
हैं फलों के भार से पौधे नये।
है नये-दल-भार से डाली नयी॥

जो न होती हरी हरी पत्तो।
कौन तो ताप धूप का खोती॥
क्यों भली छाँह तन तपे पाते।
क्यों तपी आँख तरबतर होती॥

धूप तीखी पवन तपी रूखी।
तो बहुत ही उसे सता पाती॥
तर न करते अगर हरे पत्ते।
किस तरह आँख में तरी आती॥

बसन्त की बेलि

खिल दिलों को हैं बहुत बेलमा रहीं।
हैं फलों फूलों दलों से भर रहीं॥
खेल कितने खेल प्यारी पौन से।
बेलियाँ अठखेलियाँ हैं कर रहीं॥

बेलियों में हुई छगूनी छबि।
बहु छटाया गया लता का तन॥
फूल फल दल बहुत लगे फबने।
पा निराली फबन फबीले बन॥

है लुनाई बड़ी लताओं पर।
है चटकदार रँग चढ़ा गहरा॥
लह बड़े ही लुभावने पत्ते।
लहलही बेलि है रही लहरा॥

फूल के हार पेन्ह सज धज कर।
बन गयी है बसन्त की दुलही॥
हो लहालोट, हैं रही लहरा।
लहलही बेलियाँ लता उलही॥

पा छबीला बसन्त के ऐसा।
क्यों न छबि पा लता छबीली हो॥
बेलियाँ क्यों बनें न अलबेली।
फूल फल फैल फब फबीली हो॥

बसन्त के फूल

रस टपक है रहा फले फल से।
हैं फबन साथ फब रहीं फलियाँ॥
फूल सब फूल फूल उठते हैं।
खिलखिला हैं रही खिली कलियाँ॥

पेड़ सब हैं कोंपलों से लस रहे।
है लुनाई बेल, बाँस, बबूल पर॥
है लता पर, बेलि पर छाई छटा।
फबन फैली फलों पर, फूल पर॥

तन, नयन, मन सुखी बनाते हैं।
पेड़ के दल हरे हरे हिल कर॥
बास से बस बसन्त की बैंहर।
फूल की धूल धूल से मिल कर॥

रस भरा एक एक पत्ता है।
आज किस का न रस बना सरबस॥
फूल से ही न रस बरसता है।
फूल पर भी बरस रहा है रस॥

कर दिलों का लहू लहू डूबे।
ए छुरे पूच पालिसी के हैं॥
या खिले लाल फूल टेसू के।
या कलेजे छिले किसी के हैं॥

आज काँटे बखेर कर जी में।
फूल भी हो गया कटीला है॥
चिटकती देखकर गुलाब-कली।
चोट खा चित हुआ चुटीला है॥

बसन्त बयार

फूल है घूम घूम चूम रही।
है कली को खिला खिला देती॥
है महँक से दिसा महँकती सी।
है मलय-पौन मोह ण1दिल लेती॥

है सराबोर सी अमीरस में।
चाँदनी है छिड़क रही तन पर॥
घूम मह मह महँक रही है वह।
बह रही है बसन्त की बैहर॥

मन्द चल फूल की महँक से भरा।
सूझती चाल जो न भूल भरी।
आँख में धूल झोंक धूल उड़ा।
तो न बहती बयार धूल भरी॥

फूल को चूम, छू हरे पत्ते।
बास से बस जगह जगह अड़ती॥
जो न पड़ती लपट पवन ठंढी।
तो लपट धूप की न पट पड़ती॥

कोयल

कूक करके निज रसीले कण्ठ से।
है निराला रस रगों में भर रही॥
कोयले से रंग में रंगत दिखा।
हैं दिलों में कोयलें घर कर रही॥

रंग बिरंगे फूल हैं फूले हुए।
हैं7 दिसायें रंग बिरंगी गूँजती॥
चहचहा चिड़ियाँ रही हैं चाव से।
भौंर गूँजे, कोयलें हैं कूजती॥

मन मरा या दिल हुआ कुछ और ही।
कोंपलों में है छटा वैसी कहाँ॥
सुन जिसे जी की कली खिलती रही।
कोयलों में कूक है ऐसी कहाँ॥

देख करके दुखी जनों का दुख।
दुंद है वह मचा रही पल पल॥
या किसी का कराहना सुन कर।
बेतरह है कराहती कोयल॥

जो हुआ है लालसाओं का लहू।
लाल फल दल है उसी में ही रँगा॥
है उसी का दर्द कोयल कूक में।
कोंपलों में है वही लोहू लगा॥

बसन्त के भौंरे

गूँजकर, झुक कर, झिझक कर, झूम कर।
भौंर करके झौंर हैं रस ले रहे॥
फूल का खिलना, बिहँसना, बिलसना।
दिल लुभाना देख हैं दिल दे रहे॥

गूँजते गूँजते उमग में आ।
हैं बहुत चौंक चौंक कर अड़ते॥
चाव से चूम चूम कलियों को।
मनचले भौंर हैं मचल पड़ते॥

हैं रहे घूम घूम रस लेते।
घूम से झूम झूम आते हैं॥
देह-सुध भूल भूल कर भौंरे।
फूल को चूम चूम जाते हैं॥

गूँजते हैं, ललक लपटते हैं।
हैं दिखाते बने हुए बौरे॥
कर रहे हैं नहीं रसिकता कम।
रसभरे फूल के रसिक भौंरे॥

चौगुने चाव साथ रस पी पी।
झौंर वह ठौर ठौर करती है॥
आँख भर देख देख फूल फबन।
भाँवरें भौंर भीर भरती है॥

हम और तुम

हम तुमारे लिये रहें फिरते।
आँख तुम ने न आज तक फेरी॥

हम तुमें चाहते रहेंगे ही।
चाह चाहे तुमें न हो मेरी॥

पेड़ हम हैं, मलय-पवन तुम हो।
तुम अगर मेघ, मोर तो हम हैं॥
हम भँवर हैं, खिले कमल तुम हो।
हो चन्द जो तुम, चकोर तो हम हैं॥

कौन है जानकार तुम जैसा।
है हमारा अजान का बाना॥
तुम हमें जानते जनाते हो।
नाथ हम ने तुमें नहीं जाना॥

तुम बताये गये अगर सूरज।
तो किरिन क्यों न हम कहे जाते॥
तो लहर एक हम तुमारी हैं।
तुम अगर हो समुद्र लहराते॥

तब जगत में बसे रहे तुम क्या।
जब सके आँख में न मेरी बस॥
लग न रस का सका हमें चसका।
है तुमारा बना बनाया रस॥

हम फँस ही रहे भुलावों में।
तुम भुलाये गये नहीं भूले॥
नित रहा फूलता हमारा जी।
तुम रहे फूल की तरह फूले॥

है यही चाह तुम हमें चाहो।
देस-हित में ललक लगे हम हों॥
रंग हम पर चढ़ा तुमारा हो।
लोक-हित-रंग में रँगे हम हों॥

तुम उलझते रहो नहीं हम से।
उलझनों में उलझ न हम उलझें॥

तुम रहो बार बार सुलझाते।
हम सदा ही सुलझ सुलझ सुलझें॥

भेद तुम को न चाहिए रखना।
क्यों हमें भेद हो न बतलाते॥
हो कहाँ पर नहीं दिखाते तुम।
क्यों तुमें देख हम नहीं पाते॥

जो कि तुम हो वही बनेंगे हम।
दूर सारे अगर मगर होंगे॥
हम मरेंगे, नहीं मरोगे तुम।
पा तुम्हें हम मरे अमर होंगे॥

चुभते चौपदे

दो-दो बातें

मैंने 'बोलचाल'* नाम की एक पुस्तक लिखी है। बाल से लेकर तलवे तक जितने अंग हैं उन सब अंगों के कुल मुहाविरों पर, इसमें पैंतीस सौ से कुछ अधिक चौपदे हैं। अंगों के मुहाविरों के अलावा और भी बहुत से मुहाविरे काम पड़ने पर इसमें आ गये हैं। चौपदे बिल्कुल बोल-चाल के रंग में ढले हैं, नमक-मिर्च लगने पर बात चटपटी हो जाती है, गढ़ी और सीधी-सादी बातें भी एक सी नहीं होतीं, चौपदे और बोलचाल की भाषा में अगर कुछ भेद है तो इतना ही।

कोई दिन था कि हम कुछ थे; कुछ नहीं, बहुत कुछ थे। देवते हमारा मुँह जोहते थे, स्वर्ग में हमारी धूम थी, और धरती हमारे उधारने से ही उधरती थी। हम आसमान में उड़ते, समुद्र को छानते, जंगलों को खँगालते और पहाड़ों को हिला देते थे। दुनिया में हमारे नामलेवा थे, देस देस में हमारी धाक थी, दिशायें हमारी जोत से जगमगाती थीं और आसमान के तारे हमें आँख फाड़-फाड़ कर देखते थे। हम अन्धकार में उजाला करते थे, बन्द आँखों को खोलते थे, सोतों को जगाते थे, और उकठे काठ को भी हरा भरा बना देते थे। सूरमापन हम पर निछावर होता था, दिलेरी हमारे बाँट में पड़ी थी, बहादुरी हमारा दम भरती थी और आनबान हमारा बाना था। हम बेजान में जान डालते थे, सूखी नसों में लहू भरते थे, बिगड़ों को बनाते थे, गिरों को उठाते थे, बेजड़ों की जड़ जमाते थे और भूलों को राह पर लगाते थे। बड़े-बड़े अठकपाली हमारे सामने अपना अठकपालीपन भूल जाते थे, हमारा तेवर बदलते ही बेतरह आँख बदलनेवाले राजा-महाराजाओं का रंग बदल जाता था, और दुनिया में हवा बाँधनेवालों के चेहरों पर हवाइयाँ उड़ने लगती थीं, आज ए बातें मुँह पर नहीं लाई जा सकतीं, अब हमारा रंग इतना बिगड़ गया है कि हम पहचाने भी नहीं जा सकते। हमीं लोगों में ऐसे लोग हैं जो यह जानते ही नहीं कि हम क्या और कौन थे और अब क्या हो गये। इसमें न किसी

* 'बोलचाल' नामक पुस्तक भी हिन्दी साहित्य कुटीर, वाराणसी से प्रकाशित हुई है।

का जादू काम कर रहा है न किसी का टोना, न दैव हमारे पीछे पड़ा है, न बुरा भाग, जो कुछ हम भोग रहे हैं वे हमारी करतूतों के फल हैं, और आज भी वे हमें रसातल ले जा रही हैं।

आज दिन हमारे सिरधरों का ही सिर नहीं फिर गया है, आगे चलने वाले भी आग लगा रहे हैं, और भगवा पहननेवाले भी भाँग खाये बैठे हैं। जिनको वीर होने का दावा है, वे भाइयों की मूँछें उखाड़ कर मूँछ मरोड़ रहे हैं, दूसरों का घर मूस कर अपना घर भर रहे हैं, औरों के लहू से हाथ रंग कर अपना हाथ गरम कर रहे हैं, संगों का पेट काट कर अपना पेट पाल रहे हैं, और बेबसों के घर को जला कर अपने घर में घी के दिये बाल रहे हैं। पूँजीवालों का पेट दिन-दिन मोटा हो रहा है, पर किसी सटे पेटवाले को देखते ही उनकी आँख पर पट्टी बँध जाती है। संडे-मुसंडे डंडे के बल माल भले ही चाब लें, पर भूख से जिनकी आँखें नाच रही हैं उनको वे कानी कौड़ी भी देने को रवादार नहीं। जो हमारा मुँह देख कर जीते हैं, हम उन्हीं को निगल रहे हैं। और जो हमारे भरोसे पाँव फैला कर सोते हैं, हम उन्हीं को आँखें बन्द करके लूट रहे हैं। हमीं में डूब कर पानी पीनेवाले हैं, आँख में उँगली करनेवाले हैं, खड़े बाल निगलनेवाले हैं, आग लगा कर पानी को दौड़नेवाले हैं, रँगे सियार हैं, भीगी बिल्ली हैं और काठ के उल्लू हैं।

आज हमारे घरों में फूट पाँव तोड़ कर बैठी है, बैर अकड़ा हुआ खड़ा है, अनबन की बन आयी है और रगड़े झगड़े गुलछर्रे उड़ रहे हैं। हम से लम्बी-लम्बी बातें सुन लो, लम्बी डगें भरने की कहानियाँ कहलवा लो, लेकिन लम्बी तान कर सोना ही हमें पसन्द है। आँख होते हमें सूझता नहीं, कान होते हम सुनते नहीं, हाथ होते हम बेहाथ हैं, और पाँव होते बेपाँव। समझ चल बसी, विचारों का दिवाला निकल गया, आस पर ओस पड़ गयी, सूझ को पाला मार गया, मगर कान पर जूँ तक नहीं रेंगती। बेटियाँ बिक रही हैं, माँ-बहनें लुट रही हैं, जोरू पिस रही है, मगर हमें दाँत पीसना भी नहीं आता। दूसरे धूल में फूल उगाते हैं, हमें फूल में भी धूल ही हाथ आती है। लोग काँटों में फूल चुनते हैं, हम काँटों में उलझ-उलझ मरते हैं। आबरू उतर गयी, पत पानी चला गया, बड़ाई धूल में मिल गयी, मगर हम धूल फाँकने में ही मस्त हैं।

हम आसमान के तारे तोड़ना चाहते हैं, मगर काम आँखों के तारे भी नहीं देते। हम पर लगा कर उड़ना चाहते हैं मगर उठाने से पाँव भी नहीं उठते। हम पालिसी पर पालिश करके उसके रंग को छिपाना चाहते हैं, पर हमारी यह पालिसी हमारे बने हुए रंग को भी बदरंग कर देती है। हम राग अलापते हैं मेल-जोल का, मगर जाने कहाँ का खटराग पेट में भरा पड़ा है। हम जाति-जाति को मिलाने चलते हैं, मगर ताब अछूतों से आँख मिलाने की भी नहीं। हम जाति-हित की तानें सुनाने के लिये सामने आते हैं, मगर ताने दे दे कलेजा छलनी बना देते हैं। हम कुल हिन्दू जाति को एक रंग में रँगना

चाहते हैं, मगर जाति-जाति के अपनी-अपनी डफली और अपने-अपने राग ने रही सही एकता को धता बता दिया है। हम चाहते हैं देस को उठाना, पर आप मुँह के बल गिर पड़ते हैं। हमें देस की दशा सुधारने की धुन है, पर आप सुधारने पर भी नहीं सुधरते। हम चाहते हैं जाति की कसर निकालना, मगर हमारे जी की कसर निकले भी नहीं निकलती। हम जाति को ऊँचे उठाना चाहते हैं, पर हमारी आँख ऊँची होती ही नहीं। हम चाहते हैं जाति को जिलाना, मगर हमें मर मिटना आता ही नहीं।

हिन्दू जाति अपनी भूलभुलैया में बेतरह फँसी है, इससे हमारा जी दुखी है, हमारा कलेजा चोट खा रहा है, दिल में फफोले पड़ रहे हैं। हमने 'बोलचाल' में दिल के फफोले फोड़े हैं, वे उसमें चौपदे की सूरत में फूटे हैं। उसमें वे बिखरे हुए हैं, इस पुस्तक में एक जगह जमा किये गये हैं, उसके छपने में अभी देर है, उधर देर की ताब नहीं। हमें जल्दी इसलिए है कि जितना ही जल्द हिन्दुओं की आँखें खुलें, उतना ही अच्छा। हमें उनका जी दुखाना, उन्हें कोसना, उन्हें बनाना, उन्हें खिजाना, उनकी उमंगों को मटियामेट करना पसन्द नहीं, अपने हाथ से अपने पाँव में कुल्हाड़ी कौन मारेगा, अपनी उँगलियों से अपनी आँखों को कौन कुचोलेगा, मगर अपनी बुराइयों, कमजोरियों, भूल-चूकों, ऐबों, लापरवाहियों और नासमझियों पर आँख डालनी ही पड़ेगी, बिना इसके निर्वाह नहीं। दवा कड़वी होती है, मगर उसको पीते हैं, फेंक नहीं देते। हमारे चौपदे कुछ कड़वे होवें, मगर वे हित-जल के गड़वे हैं। अगर उनमें से किसी एक के पढ़ने से भी जाति के कान खड़े हुए और उसकी आँखें खुलीं, हमारे माई के लाल सच्चे लाल बने, तो मेरे मुँह की लाली रह जावेगी, और मैं समझूँगा कि मैंने बामन होकर भी चाँद को छू लिया।

'हरिऔध'

सदावर्त्ती महल्ला, आज़मगढ़
फरवरी 15, 1924

चुभते चौपदे

गागर में सागर

देवदेव

चौपदे

अब बहुत ही दलक रहा है दिल।
हो गयीं आज दसगुनी दलकें॥
ऊबता हूँ उबारने वाले।
आइये हैं बिछी हुई पलकें॥

डाल दे सिर पर न सारी उलझनें।
जी हमारा कर न डाँवाडोल दे॥
इन दिनों तो है बिपत खुल खेलती।
तू भला अब भी पलक तो खोल दे॥

कुछ बनाये नहीं बनी अब तक।
जान पर आ बनी बचा न सके॥
हम कहें क्या तपाक की बातें।
आप की राह ताक ताक थके॥

मान औ आन बान महलों पर।
डाह बिजली अनेक बार गिरी॥
हो गये फेर में पड़े बरसों।
आप की दीठ आज भी न फिरी॥

बैर है बरबाद हम को कर रहा।
फूट का है दुंद घर घर में मचा॥
हम बचाये बच सकेंगे आप के।
आप मत अपनी निगाहें लें बचा॥

हम बड़े ही बखेड़िये होवें।
आप यों मत उखेड़िये बखिये॥
पास करना अगर पसन्द नहीं।
गाह गाहे निगाह तो रखिये॥

गत हमारी बना रहे हो क्यों।
मिल न, गद की सकी हमें लकड़ी॥
पाँव हम तो रहे पकड़ते ही।
पर कहाँ बाँह आप ने पकड़ी॥

देखिये आप आ कलेजे में।
पड़ गये कुछ अजीब छाले हैं॥
आप के हाथ अब निबाह रही।
आप ही चार बाँहवाले हैं॥

खोलिये पलकें दया कर देखिये।
मूँछ के भी बाल अब हैं बिन रहे॥
दिन फिरेंगे या फिरेंगे ही नहीं।
ऊब दिन हैं उँगलियों पर गिन रहे॥

अब नहीं है निबाह हो पाता।
नेह करिये निहारिये हम को॥
क्या उबर अब नहीं सकेंगे हम।
हाथ देकर उबारिये हम को॥

पास मेरे इधर उधर आगे।
है दुखों का पड़ा हुआ डेरा॥
है गयी अब बुरी पकड़ पकड़ी।
आप आ हाथ लें पकड़ मेरा॥

फिर रही है बुरी बला पीछे।
खोलता दुख बिहंग है फिर पर॥
बेतरह फेर में पड़े हम हैं।
फेरते हाथ क्यों नहीं सिर पर॥

बह रहे हैं बिपत लहर में हम।
अब दया का दिखा किनारा दें॥
क्या कहूँ और–हूँ बहुत हारा।
प्रभु हमें हाथ का सहारा दें॥

क्यों दिखाने में अँगूठा दीन को।
आप की रुचि आज दिन यों है तुली॥
हैं तरसते एक मूठी अन्न को।
आप की मूठी नहीं अब भी खुली॥

दें न हलवे छीन तो करवे न लें।
नाथ कब तक देखते जलवे रहें॥
कब तलक बलवे रहेंगे देस में।
कब तलक हम चाटते तलवे रहें॥

सच्चे देवते

मान के ऊँचे महल में पा जिसे।
सिर उठाये जाति के बच्चे घुसे॥
आँख जिससे देस की ऊँची हुई।
क्यों न आँखों पर बिठायें हम उसे॥

जो कि समझें कठोर राहों से।
टल गये तो किया मरद हो क्या॥
उन बिछे सिर धरों के पाँव तले।
जो न आँखें बिछीं बिछीं तो क्या॥

हो चुके देस पर निछावर जो।
स्वाद जो जाति प्यार का चख लें॥
धूल लें पाँव की लगा उन के।
चाहिए आँख पर उन्हें रख लें॥

नित बहुत दौड़ धूप जी से कर।
जो गिरी जाति को उठा देवें॥
चाहिए पाँव चाह से उन का।
चूम लें आँख से लगा लेवें॥

प्यार से पाँव चूम लेवेंगे।
धूल सिर पर ललक लगा लेंगे॥
आइये ऐ मिलाप के पुतले।
हम पलक पाँवड़े बिछा देंगे॥

हाथ वे ही हाथ हैं जिस हाथ के।
चूमने की चाह रखते हों बड़े॥
पाँव वे ही पाँव हैं जिन के लिये।
पाँवड़े कितनी पलक के हों पड़े॥

जाति की जान देख जोखों में।
जो जसी लोग जान पर खेलें॥
लालसा लाख बार होती है।
हम पलक पर उन्हें ललक ले लें॥

क्यों नहीं उन को बिठायें आँख पर।
धूल पग की क्यों न आदर साथ लें॥
जाति जिन के हाथ से ऊँचे उठी।
लोग उन को क्यों न हाथों हाथ लें॥

पाँव जो हैं जाति के जीवन बने।
क्यों न उन की धूल ले लेकर जियें॥
गल रहा है पाप मल है धुल रहा।
क्यों भला धो धो न हम तलवे पियें॥

पाँव वह क्यों चाव से चूमें न हम।
काठ उकठे छू जिसे फूलें फलें॥
धूल लगते देखने अन्धे लगे।
लोग आँखें क्यों न तलवों से मलें॥

तब कहाँ सच्ची लगन है लग सकी।
प्यार में पग जो न पग देखे भले॥
क्या बिछाये आँख तब बैठे रहे।
आँख बिछ पायी न जब तलवों तले॥

जाति के जीवन

साहसी

बीज को धूल में मिला कर भी।
जो नहीं धूल में मिला देते॥
ऊसरों में कमल खिला देना।
वे हँसी खेल हैं समझ लेते॥

धज्जियाँ उड़ते दहलते जो नहीं।
सिर उतरते किस लिये वे सी करें॥
तन नपाते जो सहम पाते नहीं।
वे भला गरदन नपाते क्यों डरें॥

पाजियों को गाल क्यों दें मारने।
सामने दुख फिरकियाँ फिरती रहें॥
जिस तरह हो चीर देंगे गाल हम।
चिर गयीं तो उँगलियाँ चिरती रहें॥

वह बने आस छोड़ बेचारा।
पास जिस के रहा न चारा है॥
हार हिम्मत न छोड़ देंगे हम।
नँह नहीं गिर गया हमारा है॥

क्या करेगा भाग हिम्मत चाहिए।
हाथ में हित कुंजियाँ क्या हैं नहीं॥
जो लकीरें हैं लकीरें भाग की।
कब न मूठी में हमारी वे रहीं॥

है करमरेख मूठियों में ही।
बेहतरी बाँह के सहारे है॥
कर नहीं कौन काम हम सकते।
क्या नहीं हाथ में हमारे है॥

साहसी के हाथ में ही सिद्धि है।
लोटता है लाभ पाँवों के तले॥
है दिलेरी खेल बायें हाथ का।
हैं खिलौने हाथ के सब हौसले॥

जो रहे ताकते पराया मुँह।
तो दुखों से न किस लिये जकड़ें॥
क्यों न हों पाँव पर खड़े अपने।
और का पाँव किस लिये पकड़ें॥

ठोकरें मार चूर चूर करें।
पथ अगर हो पहाड़ ने घेरा॥
क्यों नहीं बेडिगे भरें डग हम।
पाँव क्यों जाय डगमगा मेरा॥

जम गये, छोड़ता जगह क्यों है।
क्यों नहीं गड़ पहाड़ लौं पाता॥
दूसरों के उखाड़ देने से।
पाँव क्यों है उखड़ उखड़ जाता॥

काँपता बात बात में है जी।
फल बुरे हैं इसी लिये चखते॥
फूँक से आप उड़ न जावें गे।
पाँव क्यों फूँक फूँक हैं रखते॥

जी लगा यह पाठ हम पढ़ते रहें।
कट गये हैं बाल बढ़ने के लिये॥
बात यह चित से कभी उतरे नहीं।
हैं उतरते फूल चढ़ने के लिये॥

सच्चे वीर

संकटों की तब करे परवाह क्या।
हाथ झण्डा जब सुधारों का लिया॥
तब भला वह मूसलों को क्या गिने।
जब किसी ने ओखली में सिर दिया॥

दूसरे को . उबार लेते हैं।
एक दो बीर ही बिपद में गिर॥
पर बहुत लोग पाक बनते हैं।
ठीकरा फोड़ दूसरों के सिर॥

सामने पाकर बिपद की आँधियाँ।
बीर मुखड़ा नेक कुम्हलाता नहीं॥
देख कर आती उमड़ती दुख-घटा।
आँख में आँसू उमड़ आता नहीं॥

सब दिनों मुँह देख जीवट का जिये।
लात अब कायरपने की क्यों सहें॥
क्यों न बैरी को बिपद में डाल दें।
हम भला क्यों डालते आँसू रहें॥

वे कभी बात में नहीं आते।
लग गयी है जिन्हें कि सच्ची धुन॥
वे भला आप सूख जाते क्या।
मुख न सूखा जवाब सूखा सुन॥

काल की परवाह बीरों को नहीं।
वह रहे उन को भले ही लूटता॥
काम छेड़ा छूटता छोड़े नहीं।
टूटता है दम रहे तो टूटता॥

हमारे सूरमे

छोड़ कर लाड़ प्यार लड़ने को।
जो हमें बार बार ललकारें॥
तीर तदबीर हाथ में ले कर।
क्यों उन्हें तो न ताक कर मारें॥

हम लड़ेंगे और लड़ते रहेंगे।
क्यों न वे जी जान से हम से लड़ें॥
धो न बैठेंगे हितों से हाथ हम।
हाथ धो कर क्यों न वे पीछे पड़ें॥

हम डरेंगे कभी नहीं उन से।
पाप से जो नहीं डरे होंगे॥
हाथ उन के नहीं बँटायेंगे।
हाथ जिन के लहू भरे होंगे॥

क्यों उमंगें जाँय दसगूनी न हो।
चाव कैसे चित न चौगूना करे॥
जब कि जी भर हम उभर पाते नहीं।
किस तरह तब जी बिना उभरे भरे॥

जान कितने लोग की बच जाय तो।
जान जाना जान जाना है नहीं॥
जाति के हित के लिए गँव आ गये।
जी गँवाना जी गँवाना है नहीं॥

मान सच्चा हाथ आने के लिये।
हाथ की ही हथकड़ी, हैं हथकड़े॥
जाति-हित बीड़ा उठा आगे बढ़े।
भाग है, जो पाँव में बेड़ी पड़े॥

जम गया तो जमा रहे रन में।
क्यों लहू से न रोम रोम सिंचे॥
है खचाखच मची हुई तो क्या।
खींचे लें पाँव हम न खाल खिंचे॥

जाति-हित बूटी रहेंगे खोजते।
चोट खा, वे क्यों न झन्नाते रहें॥
हम पहाड़ों में रहेंगे घूमते।
पत्थरों से पाँव टकराते रहें॥

जम गये काम कर दिखायेंगे।
कौन से काम हैं नहीं 'कस' के॥
जी गये भी खसक नहीं सकते।
क्यों खसक जाँय पाँव के खसके॥

हम नहीं हैं फूल जो वे दें मसल।
हैं न ओले जो हवा लगते गलें॥
हैं न हलवे जाय जो कोई निगल।
हैं न चींटी जो हमें तलवे मलें॥

आनबानवाले

बीसियों बार छान बीन करें।
पर चलें वे न और का मत ले॥
जी करे ढाह दें बिपत हम पर।
पर उतारें न कान के पतले॥

जो लगायें कहें लगी लिपटी।
वे कभी बन सके नहीं सच्चे॥
क्यों भला बात हम सुनें कच्ची।
हैं न बच्चे न कान के कच्चे॥

देख मनमानी बहुत जी पक गया।
अब भला चुप किस तरह से हम रहें॥
बात लगती बेकहों को बेधड़क।
हम कहेंगे औ न क्यों मुँह पर कहें॥

हम फिरेंगे न बात से अपनी।
आँख जो फिर गयी तो फिरने दो॥
हम गिरेंगे कभी न मुँह के बल।
मुँह अगर गिर गया तो गिरने दो॥

खींच ली जाय जीभ क्यों उन की।
गालियाँ जो कि जी जले ही दें॥
बन्द होगा न आँख का आँसू।
आप मुँह बन्द कर भले ही दें॥

सब समझ सोच तो सकेंगे ही।
आप सारे उपाय कर लेवें॥
बन्द होगा न, देखना सुनना।
आप मुँह क्यों न बन्द कर देवें॥

पड़ गया जब कि देखना नीचा।
तब भला किस तरह न वह खलता॥
जब चलाये न बात चल पायी।
तब भला किस तरह न मुँह चलता॥

जो पड़े सिर पर, रहें सहते उसे।
पर न औरों के बुरे तेवर सहें॥
दिन बितायें चाब मूठी भर चना।
पर किसी की भी न मूठी में रहें॥

तब खरा रह गया कहाँ सोना।
जब हुआ मैल दूर आँचें खा॥
क्यों न मुँह की बनी रहे लाली।
गाल क्यों लाल हो तमाचे खा॥

हित-गुटके

याद

क्या रहे और हो गये अब क्या।
याद यह बार बार कहती है॥
सोच में रात बीत जाती है।
आँख छत से लगी ही रहती है॥

हुन बरसता था, अमन था, चैन था।
था फला-फूला निराला राज भी॥
वह समाँ हम हिन्दुओं के ओज का।
आँख में है घूम जाता आज भी॥

वे हमारे अजीब धुनवाले।
सब तरह ठीक जो उतरते थे॥
आज जो हैं कमाल के पुतले।
कान उन के कभी कतरते थे॥

जब रहे रात दिन हमारे वे।
पाँव जब धाक चूम जाती है॥
क्या रहे और तब रहे कैसे।
अब न वह बात याद आती है॥

हैं पटकते कलप कलप उठते।
याद कर राज पाट खोना हम॥
होंठ को चाट चाट लेते हैं।
देख दिल का उचाट होना हम॥

जो कि दमदार थे बड़े उन को।
धूल में था मिला दिया दम में॥
थे दिलाबर कभी हमीं जग में।
थी बड़ी ही दिलावरी हम में॥

साँसतों का सगा सितम पुतला।
कब हमें मानता न यम सा था॥
थी दिलेरी बहुत बड़ी हम में।
कौन जग में दिलेर हम सा था॥

ललक

बीत पाते नहीं दुखों के दिन।
कब तलक दुख सहें कुढ़ें काँखें॥
देखने के लिये सुखों के दिन।
हैं हमारी तरस रहीं आँखें॥

सुख-झलक ही देख लेने के लिये।
आज दिन हैं रात दिन रहते खड़े॥
बात हम अपने ललक की क्या कहें।
डालते हैं नित पलक के पाँवड़े॥

कचट

क्या न हित-बेलि लहलही होगी।
क्या सकेगा न चैन चित में थम॥
हो सकेंगे न क्या भले दिन फल।
क्या सकेंगे न फूल फल अब हम॥

साँसतें क्या इसी तरह होंगी।
जायगा सुख न क्या कभी भोगा॥
क्या दुखी दिन बदिन बनेंगे ही।
क्या कुदिन अब सुदिन नहीं होगा॥

क्या बचाये न बच सकेगा कुछ।
क्या चला जायगा हमारा सब॥
क्या गिरेंगे इसी तरह दिन दिन।
क्या फिरेंगे न दिन हमारे अब॥

कर लगातार भूल पर भूलें।
क्या रहेंगे सदा बने भोले॥
क्यों खेले खोखले बना कोई।
क्या खुलेगी न आँख अब खोले॥

क्या बुरे से बुरे दुखों को सह।
एड़ियाँ ही घिसा करेंगे हम॥
क्या टलेंगे न पीसने वाले।
क्या सदा ही पिसा करेंगे हम॥

क्या से क्या

धूल में धाक मिल गयी सारी।
रह गये रोब दाब के न पते॥
अब कहाँ दबदबा हमारा है।
आज हैं बात बात में दबते॥

आज दिन धूल है बरसती वाँ।
हुन बरसता रहा जहाँ सब दिन॥
तन रतन से सजे रहे जिन के।
बेतरह आज वे गये तन बिन॥

आज बेढंग बन गये हैं वे।
ढंग जिन में भरे हुए कुल थे॥
बाँध सकते नहीं कमर भी वे।
बाँधते जो समुद्र पर पुल थे॥

जो रहे आसमान पर उड़ते।
आज उन के कतर गये हैं पर॥
सिर उठाना उन्हें पहाड़ हुआ।
जो उठाते पहाड़ उँगली पर॥

हैं रहे डूब वे गड़हियों में।
बेतरह बार बार खा धोखा॥
सूखता था समुद्र देख जिन्हें।
था जिन्होंने समुद्र को सोखा॥

जो सदा मारते रहे पाला।
वे पड़े टालटूल के पाले॥
आज हैं गाल मारते बैठे।
जंगलों के खँगालने वाले॥

तप सहारे न क्या सके कर जो।
मन उन्हीं का मरा बहुत हारा॥
हैं लहू घूँट आज वे पीते।
पी गये थे समुद्र जो सारा॥

सब तरह आज हार वे बैठे।
जो कभी थे न हारने वाले॥
आप हैं अब उबर नहीं पाते।
स्वर्ग के भी उबारने वाले॥

पेड़ को जो उखाड़ लेते थे।
हैं न सकते उखाड़ वे मोथे॥
वे नहीं कूद फाँद कर पाते।
फाँद जाते समुद्र को जो थे॥

जो जगत-जाल तोड़ देते थे।
तोड़ सकते वही नहीं जाला॥
वे मथे मथ दही नहीं पाते।
था जिन्होंने समुद्र मथ डाला॥

क्या थे क्या हो गये

भोर-तारे जो बने थे तेज खो।
आज वे हैं तेज उन का खो रहे॥
माँद उन की जोत जगती हो गयी।
चाँद जैसे जगमगाते जो रहे॥

पालने वाले नहीं अब वे रहे।
इस लिये अब हम पनप पलते नहीं॥
डालियाँ जिनकी फलों से थीं लदी।
पेड़ वे अब फूलते फलते नहीं॥

धूल उन की है उड़ाई जा रही।
धूल में मिल धूल वे हैं फाँकते॥
सब जगत मुँह ताकता जिनका रहा।
आज वे हैं मुह पराया ताकते॥

चोट पर है चोट चित्त को लग रही।
आज उन का मन बहुत ही है मरा॥
धूम जिन का धूम धामों की रही।
धाक से जिन की धसकती थी धरा॥

जो बनाते ही बिगड़तों को रहे।
आप अब वे हैं बिगड़ते जा रहे॥
रख सके जो लोग मुँह लाली सदा।
आज हैं वे लोग मुँह की खा रहे॥

जातियाँ मुँह जोह जिनका जी सकी।
इन दिनों हैं आग वे ही बो रहीं॥
जग न लेता साँस जिनके सामने।
आज उनकी साँसतें हैं हो रहीं॥

फूल जिन पर था बरसता सब दिनों।
इन दिनों वे धूल से हैं भर रहे॥
राज पाकर राज जो करते रहे।
काम अब वे राज का हैं कर रहे॥

मिल रही है न खाट टूटी भी।
चैन बेचैन बन न क्यों खोते॥
आज हैं फूट फूट रोते वे।
जो रहे फूल-सेज पर सोते॥

बन गये हैं औगुनों की खान वे।
गुन अनूठे हाथ से छन छन छिने॥
डालते थे जान जो बेजान में।
आज वे हैं जानवर जाते गिने॥

हैं कलेजा पकड़ पकड़ लेते।
औ सका आँख का न आँसू थम॥
क्या कहें कुछ कहा नहीं जाता।
क्या रहे और हो गये क्या हम॥

काम के कलाम

चेतावनी

पिस रहा है आज हिन्दूपन बहुत।
हिन्दुओं में हैं बुरी रुचियाँ जगीं॥
ऐ सपूतो, तुम सपूती मत तजो।
हैं तुमारी ओर ही आँखें लगीं॥

हो गया है क्या, समझ पड़ता नहीं।
हिन्दुओ, ऐसी नहीं देखी कहीं॥
खोल कर के खोलने वाले थके।
है तुमारी आँख खुलती ही नहीं॥

हिन्दुओ, जैसी तुमारी है बनी।
बेबसी ऐसी बनी किस की सगी॥
जागने पर जो लगी ही सी रही।
कब किसी की आँख ऐसी है लगी॥

देख कर बेचारपन से तंग को।
आप तुम बेचारपन से मत घिरो॥
हो बचा सकते उन्हें तो लो बचा।
हिन्दुओ, आँखें बचाते मत फिरो॥

छीजते ही जा रहे हो हिन्दुओ।
भाइयों को पाँव से अपने मसल॥
है उसी का मिल रहा बदला तुम्हें।
बेतरह आँखें गयी हैं क्यों बदल॥

हिन्दुओ, हाथ पाँव के होते।
जब कि है बेबसी तुम्हें भाती॥
तो भला क्यों न फेर में पड़ते।
दैव की आँख क्यों न फिर जाती॥

फल फले बैर फूट के जिस में।
दूध से बेलि वह गयी सींची॥
देख कर नीचपन तुम्हारा यह।
हिन्दुओ, आँख हो गयी नीची॥

सब जगह बे-जागतों को भी जगा।
आज दिन जो जोत जगती है नयी॥
तब भला कैसे हमारे दिन फिरें।
जब हमारी दीठ उस से फिर गयी॥

है अगर जीना जियें जीवट दिखा।
या कि अब हम मौत कुत्ते की मरें॥
पिट गये जितना कि पिट सकते रहे।
अब भला रो पीट कर के क्या करें॥

सूझता है न क्या है हो रहा।
और लम्बी तान कर हैं सो रहे॥
हाथ धोना सब सुखों से ही पड़ा।
क्या अजब जो आज हैं रो धो रहे॥

थे समझते जाति-हित-रुचि-बेलिको।
कर सकेंगे हम हरी आँसू चुआ॥
वह पनपने भी अगर पायी नहीं।
कुछ न तो रोने कलपने से हुआ॥

जी लगा जाति के सुनो दुखड़े।
सच्च कहते हुए डिगो न डरो॥
एक क्या लाख जोड़बन्द लगे।
बन्द तुम कान मुँह कभी न करो॥

दम अगर तोड़ना पड़े हीगा।
किस लिये तो बिचार को छोड़ें॥
क्यों बड़े ही हरामियों का सिर।
तोड़ते तोड़ते न दम तोड़ें॥

घोंटते जो लोग हैं उस का गला।
क्यों नहीं उन का लहू हम गार लें॥
है हमारी जाति का दम घुट रहा।
हम भला दम किस तरह से मार लें॥

धूल में मरदानगी अपनी मिला।
लात हिम्मत को लगा जीते मरें॥
है अगर हम में न कुछ दम रह गया।
तो भरोसा और के दम का करें॥

टूट जावे मगर न खुल पावे।
इस तरह से कमर कसें बाँधें॥
जाति का काम साधती बेला।
दम निकल जाय पर न दम साधें॥

छोड़ दें पेचपाच की आदत।
बीच का खींचतान कर दें कम॥
तोड़ कर औ मरोड़ कर बातें।
जाति का क्यों गला मरोड़ें हम॥

है कसर कौन सी नहीं हम में।
है भला कौन इस तरह लुटता॥
जब हमीं घोट घोट देते हैं॥
तब गला जाति का न क्यों घुटता॥

जो उन्हें गोद में नहीं लेते।
जो गले से नहीं लगाते हो॥
बेबसों पर छुरी चला कर के।
क्यों गले पर छुरी चलाते हो॥

जो निबाहो नेह के नाते न तुम।
जो न रोटी बाँट कर खाओ जुरी॥
तो छुरी बेढंग आपस में चला।
मत गले पर जाति के फेरो छुरी॥

जो पिलाते बन सके तो दो पिला।
वह निराला जल कि जिस से हो भला॥
प्यास सुख की बेतरह हैं बढ़ गयी।
आस का है सूखता जाता गला॥

तब भला किस तरह बसेंगे हम।
जब कि होवे न देस ही बसता॥
तब हमारा गला फँसेगा ही।
जब कि है जाति का गला फँसता॥

मौत का जो पयाम लाती है।
क्या न है आ रही वही खाँसी॥
जब गले फँस गये कुफंदे में।
क्या गले में न तब लगी फाँसी॥

चाहिए कुछ दबंगपन रखना।
दब बहुत दाब में न आयें हम॥
बेसबब दबदबा गँवा अपना।
जाति का क्यों गला दबायें हम॥

हैं बुरे फंदे बहुत फैले हुए।
जाल कितने बिछ गये हैं बरमला॥
बेतरह तुम आप भी फँस जावगे।
जाति का हो क्यों फँसा देते गला॥

बात है यह बहुत बड़े दुख की।
हम अगर बेतरह कभी बढ़ दें॥
कूढ़पन बात बात में दिखला।
मूढ़पन जाति के गले मढ़ दें॥

सोच सामान अब करो सुख का।
दुख बहुत दिन तलक रहे चिमटे॥
चलो गीत जाति-हित के अब।
गा चुके कम न दादरे खेमटे॥

फिर भला किस तरह हमारी रुचि।
देश-हित राग रंग में रँगती॥
सावनी है सुहावनी होती।
लावनी है लुभावनी लगती॥

जाति-हित के बड़े अनूठे पद।
हम बड़ी ही उमंग से गावें॥
अब बहुत ही बुरी ठसकवाली।
ठुमरियों की न ठोकरें खावें॥

क्यों जगाये भी नहीं हो जागते।
आज दिन सारा जगत है जग गया॥
लाग से ही जाति-हित गाड़ी खिंचे।
लग गया कन्धा बला से लग गया॥

क्यों कसकती नहीं कसक जी की।
क्यों खली आज भी न कोर कसर॥
है बुरी चाट लग गयी तो क्या।
अब रहें नाचते न चुटकी पर॥

चूकते ही चूकते तो सब गया।
चूक कर खोना न अब घर चाहिए॥
नटखटों की चाट, जी की चोट को।
क्या उड़ाना चुटकियों पर चाहिए॥

जाति का काम हम किये जावें।
क्यों लहू से न बार बार सिंचें॥
बिन गये बाल बाल भी न हटें।
खिंच गये खाल भी न हाथ खिंचें॥

हो सका क्या न हौसला बाँधे।
जग गये, कौन सा न भाग जगा॥
कस कमर कौन काम कर न सके।
लग गये लाग क्या न हाथ लगा॥

जाति-हित क्यारियाँ लगे हाथों।
क्यों नहीं आप सींच लेते हैं॥
चाहिए इस तरह न खिंच जाना।
किस लिये हाथ खींच लेते हैं॥

जाँय कीलें सकल नहों में गड़।
जाति-हित हौसले न हट पावें॥
हाथ लट जाय, शल हथेली हो।
उँगलियाँ पोर पोर कट जावें॥

कौर मुँह का क्यों न तब छिन जायगा।
जाँयगी पच क्यों न प्यारी थातियाँ॥
पेट कटता देख जब रो पीट कर।
लोग पीटा ही करेंगे छातियाँ॥

कढ़ रही हैं तो कढ़ें चिनगारियाँ।
अब न आँखें नीर बरसाती रहें॥
कूटते हैं तो बदों को कूट दें।
कट मरें, क्यों कूटते छाती रहें॥

हौसले और दबदबे वाला।
क्या नहीं है दबंग बन पाता॥
हम किसी की न दाब में आयें।
दिल दबे कौन दब नहीं जाता॥

आज दिन तो दौड़ ही की होड़ है।
फिर हमें है दौड़ने में कौन डर॥
क्या निगाहें भी नहीं हैं दौड़तीं।
दौड़ता है दिल न दौड़ाये अगर?॥

माल निगंला क्यों उगलवा लें न हम।
है हमें कुछ कम न टोटा हो रहा॥
जो निकल पावे निकालें पेट से।
दिन ब दिन है पेट मोटा हो रहा॥

कौड़ियाँ पैसे हमारे क्यों लुटें।
वे रहें कैसे किसी की टेंट में॥
लें उगलवा माल पकड़ें फेंट हम।
पेट में है तो रहे क्यों पेट में॥

दुख न भोगें उखाड़ दें उस को।
है अगर जम गया हिला डालें॥
लाभ क्या टालटूल से होगा।
जो सकें टाल पाँव को टालें॥

नाक रगड़े मिटे नहीं रगड़े।
माथ क्या पाँव पर रगड़ करते॥
दो रगड़ जो रगड़ सको खल को।
पाँव क्या हो रगड़ रगड़ मरते॥

सजीवन जड़ी

दुख बने वह अजब नशा जिस में।
मौत का रूप रंग ही भावे॥
जाति-हित के लिये मरें हँसते।
आह निकले न, दम निकल जावे॥

काम लेते जो विचारों से रहे।
हाथ वे बेसमझियों के कब बिके॥
जो छिंके जी की कचाई से नहीं।
छेंकने से छींक के वे कब छिंके॥

हौसलेवाले हिचिकते ही नहीं।
रहा चाहे ठीक या बेठीक हो॥
हो सगुन या काम असगुन से पड़े।
दाहिने हो या कि बायें छींक हो॥

पड़ गये हो उधेड़बुन में क्यों।
तुम गये बार बार बीछे हो॥
कब सके बीर पाँव पीछे रख।
सैकड़ों छींक क्यों न पीछे हो॥

करतबी की देख नाकाबंदियाँ।
छक गयी सी है निकल पाती नहीं॥
छींकनेवाले करें तो क्या करें।
छींकते हैं छींक ही आती नहीं॥

दूर अन्धाधुन्ध जिस से हो सके।
बाँध कर के धुन वही धन्धा करें॥
जाति की औ देस की सेवा सदा।
लोग कन्धे से मिला कन्धा करें॥

बीज जब थे बिगाड़ का बोते।
किस तरह प्यार बेलि उग पाती॥
जब कि हम बात बात में बिगड़े।
बात कैसे न तब बिगड़ जाती॥

जब मनाने ही हमें आता नहीं।
तब सकेंगे किस तरह से हम मना॥
कब भला बनती किसी से है बने।
बात बनती ही नहीं बातें बना॥

मान जिनका मान रखकर के मिला।
मत बिगाड़ो मान का उन के धुरा॥
है बिना हारे हराना आप को।
है बड़ों की बात दोहराना बुरा॥

तब बखेड़े किस तरह उठते नहीं।
जब बखेड़ों का रहा जी में न डर॥
बात तब कैसे भला बढ़ती नहीं।
बात बढ़ बढ़ कर, रहे करते अगर॥

क्यों नहीं तब जायगा कोई उखड़।
बात हम उखड़ी हुई जब कहेंगे॥
रिस लहर कैसे न तब बढ़ जायगी।
बात को जब हम बढ़ाते रहेंगे॥

है बहुत वाजिब बहुत ही ठीक है।
बाँट में बेढंग के जो पड़ गयी॥
तब भला वह किस तरह जी में जमे।
जब बताई बात ही बेजड़ गयी॥

तो उछल कूद क्या रहे करते।
जो किया छोड़ छल न देस भला॥
सब बला टाल देस के सिर की।
जो कलेजा न बल्लियों उछला॥

जाति-हित की अगर लगी लौ है।
तो करें काम बेबहा हाथों॥
हौसला हो छलक रहा दिल में।
हो कलेजा उछल रहा हाथों॥

लोक-हित में कब लगे जी जान से।
कब लगा प्यारा न परहित से टका॥
देस सुख मुख देख कमलों सा खिला।
कब कलेजा है उछल बाँसों सका॥

हो भला, वह हो भलाई से भरा।
भाव जो जी में जगाने से जगे॥
जातिहित जनहित जगतहित में उमग।
जी लगायें जो लगाने से लगे॥

क्यों सितम पर सितम न हो हम पर।
क्यों बला पर बला न आ जाये॥
घेर घबराहटें न लें हम को।
जी हमारा न नेक घबराये॥

क्या नहीं हाथ पाँव हम रखते।
एक बेपीर क्यों हमें पीसे॥
फिर हमें जो लगी लगी तो क्या।
आज भी जो लगी नहीं जी से॥

जी ठिकाने है अगर रहता नहीं।
चुटकियों पर तो मुहिम होगी न सर॥
तो उड़ेंगे फूँक से दुखड़े नहीं।
जी हमारा है उड़ा रहता अगर॥

सूरमा साहस दिखा कर सौगुना।
कौन सा पाला नहीं है मारता॥
तो हरायें भूलकर उस को न हम।
जी हराये ही अगर है हारता॥

चोचलों की चली नहीं सब दिन।
काम का ही जहान है खोजी॥
अब नहीं लाड़ प्यार के दिन हैं।
जी लड़ायें लड़ा सकें जो जी॥

है अगर आगे निकलना चाहता।
तो किसे पीछे नहीं है छोड़ता॥
देख लेवें लोग दौड़ा कर उसे।
दौड़ने पर जी बहुत है दौड़ता॥

धीर होते कभी अधीर नहीं।
क्यों न सिर पर बिपत बितान तने॥
हाथ का आँवला न है अवसर।
बावला मन उतावला न बने॥

काम से मोड़ें न मुँह, तोड़ें न दम।
चाम तन का क्यों न छन छन पर छिले॥
हिल गये दिल भी न, हिलना चाहिए।
जाँय हिल क्यों पेट का पानी हिले॥

जो गिरें टूट टूट तन रोयें।
जग उठें और जाति जय बोलें॥
बन अमर देस-हित रहें करते।
मर मिटें पर कमर न हम खोलें॥

फूट घर में न फैलने पावे।
फूट कर भी न आँख फूट सके॥
टूट में जाय पड़ नहीं कोई।
टूट कर भी कमर न टूट सके॥

सब दिनों दुख पीसता जिन को रहा।
मुँह पराया ताककर ही वे पिसे॥
वह कमाई कर कभी हारा नहीं।
जाँघ का अपनी सहारा है जिसे॥

वह जिसे सामने सदा लायी।
है नहीं अन्त उस समाई का॥
नाम कर काम का बना देना।
काम है जाँघ की कमाई का॥

जी लगा काम औ कमाई कर।
हो गये कामयाब माहिर सब॥
हैं जवाहिर न जौहरी के घर।
जाँघ में हैं भरे जवाहिर सब॥

छल कपट के हाथ से छूटे रहें।
पाँव मेरे तो कहीं कैसे छिकें॥
कर न दें तलबेलियाँ बेकार तो।
धार पर तलवार की तलवे टिकें॥

बूते की बात

चाहिए आँखें खुली रखना सदा।
दुख सकेंगे टल नहीं आँखें ढके॥
सूख जाते हैं बिपद को देख जब।
किस तरह से सूख तब आँसू सके॥

जाँयगे पेच पाच पड़ ढीले।
छेद देगा कुढंग बरछी ले॥
खोज कर के नये नये हीले।
आँख से आँख लड़ भले ही ले॥

देख कर के ही किसी ने क्या किया।
साँसतें सह जातियाँ कितनी मुईं॥
तब हुआ क्या बाहरी आँखें बचे।
जब कि आँखें भीतरी अन्धी हुईं॥

हो बुरा उन कचाइयों का जो।
पत उतारे बिना नहीं मुड़तीं॥
जब हवा आप हो गये हम तो।
क्यों न मुँह पर हवाइयाँ उड़तीं॥

आ रही हैं जम्हाइयाँ यों क्यों।
काम क्यों बीर की तरह न करें॥
हैं उबरते अगर उबर लेवें।
साँस हम ऊब ऊब कर न भरें॥

और बातें भूल दें तो भूल दें।
चोट जी की किस तरह है भूलती॥
हैं बरसते फूल साँसत में नहीं।
फिर किसी की साँस क्यों है फूलती॥

मर मिटें पर काम से मोड़ें न मुँह।
आ बने जी पर मगर सच्ची कहें॥
साँसतें सह छोड़ दें साहस नहीं।
साँस रहते तक उबरते हम रहें॥

हो भला जिस से वही जी से करें।
पीटते हैं हम पुरानी लीक क्या॥
साँस क्यों लें जाति-हित करते चलें।
साँस आयी या न आयी ठीक क्या॥

लोक-हित के लिये बढ़े जब तो।
पाँव पीछे कभी न टल जावे॥
हम भली राह से निकल न भगें।
क्यों नहीं साँस ही निकल जावे॥

सब तरह से न जाँय जुट जब तक।
जीत तब तक न हाथ आती है॥
आस कैसे न टूट जाती तब।
साँस जब टूट टूट जाती है॥

खुल कहें और बार बार कहें।
बात वाजिब सदा कही जावे॥
बन्द तब तक न मुँह करें अपना।
साँस जब तक न बन्द हो जावे॥

जब निकल ऐंठ ही गयी सारी।
तब भला मूँछ किस लिये ऐंठें॥
बैठती आन बान से तो क्यों।
बात बैठी अगर चपत बैठे॥

बाँह के बल को समझ को बूझ को।
दूसरों ने तो बँटाया है नहीं॥
धन किसी का देख काटें होठ क्यों।
हाथ तो हम ने कटाया है नहीं॥

कौड़ियों पर किस लिये हम दाँत दें।
है हमारा भाग तो फूटा नहीं॥
क्या हुआ जो कुछ हमें टोटा हुआ।
है हमारा हाथ तो टूटा नहीं॥

जो सदा हैं बखेरते काँटे।
दे सके वे न फूल के दोने॥
क्यों भला काम लें न ढाढस से।
क्यों लगें ढाढ़ मार कर रोने॥

हौसलों के बने रहें पुतले।
हार हिम्मत कभी न हम हारें॥
काम मरदानगी दिखा साधें।
मार मैदान लें, न मन मारें॥

भेद दिल का उन्हें नहीं मिलता।
हैं नहीं जो टटोल दिल पाते॥
पेट की बात जानना है तो।
पेट में पैठ क्यों नहीं जाते॥

सूझ बूझ

उलझनों को बढ़े बखेड़ों को।
सैकड़ों टालटूल कर टालें॥
बात जो भेद डाल दे उस को।
तो सकें डाल पेट में डालें॥

तो बखेड़े करे बहुत से क्यों।
जो कहे बात, बात हो पूरी॥
काम हो कान के उखेड़े जो।
तो घुसेड़े न पेट में छूरी॥

तो न तकरार के लिये ललकें।
जो बला प्यार से टले टाले॥
जो चले काम पेट में पैठे।
तो न तलवार पेट में डाले॥

दाँत तो तोड़ किस लिये देवें।
जो दबायें न दुख रही दाढ़ें॥
काढ़ काँटा न जो सकें दिल का।
तो किसी की न आँख हम काढ़ें॥

भागने में अगर भलाई है।
क्यों भला जी न छोड़ कर भागूँ॥
माँगने से अगर मिले हम को।
क्यों न जी की अमान तो माँगूँ॥

तो चलें चाल किस लिये गहरी।
बात देवें सँभाल जो लटके॥
तो पटकने चलें न सिर अपना।
काम चल जाय पाँव जो पटके॥

आप अपने लिये बला न बनें।
जो न सिर पर पड़ी बला टालें॥
लाग से लोग जल रहे हैं तो।
पाँव अपना न आग में डालें॥

पते की बातें

क्यों जम्हाई आ रही है बेतरह।
इस तरह से आँख क्यों है झप रही॥
देख लो सब ओर क्या है हो रहा।
बात सुन लो, आँख खोलो तो सही॥

जाति को है अगर जिला रखना।
तो न मीठी को मान लें खट्टी॥
भेद का बाँध बाँधती बेला।
आँख पर बाँध लें न हम पट्टी॥

जोत में आइये जतन करिये।
जागिये हो रहा सबेरा है॥
बन गये हैं इसी लिये अन्धे।
आँख के सामने अँधेरा है॥

हैं बड़े ही कपूत कायर हम।
जो बुरी तेवरियाँ हमें न खलें॥
ठोकरें देख जाति को खाते।
ठीकरी आँख पर अगर रख लें॥

तो बला यों न बेलती पापड़।
पाँव जाता न यों दुखों का जम॥
तो न खुल खेलती मुसीबत यों।
जो खुला आँख कान रखते हम॥

देख कर भी न देख जो पावें।
वे सजग और ढंग से हो लें॥
खुल सकें या न खुल सकें आँखें।
क्या खुली बात को भला खोलें॥

सार को प्यार जो नहीं करते।
क्यों न रुचतीं उन्हें घुनी बातें॥
वे गुनी की गुनी सुनें कैसे।
जब सुनी हैं बनी चुनी बातें॥

छेदने बेधने बहँकने से।
काम लेवें न मुँह अगर खोलें॥
जाति को है सँभाल लेना तो।
जीभ को हम सँभाल कर बोलें॥

है घड़ा जो नहीं भरा पूरा।
क्यों न तो बार बार वह छलके॥
जाति-हित का सवाल कोई भी।
कर सके हल न पेट के हलके॥

सुन सके बात हित भरी वे ही।
है न जो लोग कान के बहरे॥
क्यों कहें वे न पेट की बातें।
हैं न जो लोग पेट के गहरे॥

हम निबल भूल पर बहुत बिगड़े।
पर सबल के सितम हुए न जगे॥
लग गये पाँव क्यों गये जल भुन।
लग गयी क्यों न आग लात लगे॥

सुधार की बातें

तब भला क्या सुधर सकेंगे हम।
जब कि सुनते सुधार नाम जले॥
देखने के समय कसर अपनी।
छा गया जब अँधेरा आँख तले॥

अनसुनी कर सुधार की बातें।
कूढ़ कैसे भला कहलवा लें॥
खोट रह जायगी उसे न सुने।
कान का खोंट हम निकलवा लें॥

जो जियें जाति को निहार जियें।
जो मरें जाति को उबार मरें॥
हैं यही तो सुधार की बातें।
कान क्यों बार बार बन्द करे॥

पार हो नाव डूबती जिस से।
जब नहीं ब्योंत वे बता देते॥
तब सुने नाम ही सुधारों का।
लोग क्यों जीभ हैं दबा लेते॥

हर तरह की बिगाड़ की बातें।
हैं दिलों में सुधार बन पैठी॥
सब घरों में खड़े बखेड़े हैं।
फूट है पाँव तोड़ कर बैठी॥

भाग

हैं पड़े भूल के भुलावों में।
कब भरम ने भरम गँवा न ठगा॥
क्या कहें हम अभाग की बातें।
आज भी भाग भूत भय न भगा॥

बिन उठाये न जायगा मुँह में।
सामने अन्न जो परोसा है॥
है भरी भूल चूक रग रग में।
भाग का ही अगर भरोसा है॥

जब बने तो बने गये बीते।
काहिली हो सकी न जौ भर कम॥
भाग कैसे अभाग तब पावे।
जब रहे भाग के भरोसे हम॥

पा सके जो ज़हान में सब कुछ।
क्या न थे वे उपाय कर करते॥
हैं उमगते उमंग में भर जो।
दम रहे भाग का न वे भरते॥

पाँव पर अपने खड़े जो हो सके।
ताक पर-मुख वे सभी सहते नहीं॥
बाँह के बल का भरोसा है जिन्हें।
बे भरोसे भाग के रहते नहीं॥

बीर हैं तदबीर से कब चूकते।
करतबी करतब दिखाते कब नहीं॥
भाग वाले हैं जगाते भाग को।
भाग की चोटें अभागों ने सहीं॥

क्यों न रहती सदा फटी हालत।
पास सुख किस तरह फटक पाता॥
करतबों से फटे रहे जब हम।
भाग कैसे न फूट तब जाता॥

है नहीं जब लाग जी से लग सकी।
लाभ तो होगा नहीं मुँह के तके॥
जब जगाने से नहीं जीवट जगी।
भाग कोई जाग तब कैसे सके॥

देख करतूत की कमर टूटी।
बेहतरी फूट फूट कर कोई॥
जब न हित आँख खुल सकी खोले।
किस तरह भाग खुल सके कोई॥

हम अगर हाथ पाँव डाल सके।
तब कुदिन पीस क्यों नहीं पाता॥
फट पड़ा जब अभागा का पर्वत।
भाग कैसे न फूट तब जाता॥

मेल जोल

तो कहेंगे मिलाप परदे में।
है बुरी मौत की हुई संगत॥
रंग बदरंग कर हमारा दे।
जो किसी मेल जोल की रंगत॥

लाख उनको रहें मिलाते हम।
हैं न बेमेल मन मिले रहते॥
है मुलम्मा किया हुआ जिस पर।
मेल उस मेल को नहीं कहते॥

प्यार कहला कर किसी का प्यार क्यों।
काम हित जड़ के लिये दे तेल का॥
जो हमें बेमोल करता ही रहे।
कुछ नहीं है मोल ऐसे मेल का॥

मिल गये पर चाहिए फटना नहीं।
तो परस्पर हों निछावर जो हिलें॥
कुछ न फल है दूध काँजी सा मिले।
जो मिलें तो दूध जल जैसा मिलें॥

एक रंगत में न रँग पायी अगर।
साथ दो कलियाँ खिलीं, तो क्या खिलीं॥
जब मिलाने से नहीं मिल मन सका।
तब मिलीं दो जा़तियाँ तो क्या मिलीं॥

वह न खेला जाय जिस में हो कपट।
क्यों न कितना ही निराला खेल हो॥
कल्ह मिलते आज मिट्टी में मिले।
जो न मालामाल हित से मेल हो॥

तात जल जो मिलन-लता का है।
और है जो कि हित-कमल पाला॥
मेल उस मेल को कहें कैसे।
है न जो प्यार-बेलि का थाला॥

हाथ धो बैठें धरम से किस लिये।
मुँह हमारे क्यों सहम करके सिलें॥
ला मुसीबत माल पर पामाल हो।
धूल में क्यों मेल के नाते मिलें॥

क्यों मलामत हम करें उस की नहीं।
मेल कर बेमेल जो होवे न मन॥
जो हमें मेली दिये जैसा मिले।
हो फतिंगे के मिलन सा जो मिलन॥

धूल में जाय मिल मिलन वह जो।
मसलहत का महँग मसाला हो॥
प्यार जो प्यार मतलबों का हो।
मेल जो मोल जोल वाला हो॥

है भला मेल मेल वालों का।
जल गया बल गया चला बल क्या॥
एक बेमेल बेदहल लौ से।
मेल कर तेल को मिला फल क्या॥

है बुरा बरबादियों का है सगा।
बैर जो हो प्रीति-पागों में पगा॥
प्यार-परदे में परायापन छिपा।
मैल जी का मेल रंगत में रँगा॥

मिल, न उसको क्यों मुसीबत की कहें।
जो मिलन लेने न देवे कल हमें॥
बेतरह जो मुँह मुरौअत का मले।
दे गिरा जो मेल मुँह के बल हमें॥

किस तरह से हम मिलन उसको कहें।
जो कि दो बेमेल मन का खेल हो॥
क्यों न वह होगा मलालों से भरा।
मामलों के ही लिये जो मेल हो॥

मतलबों की मलाल की जिस पर।
है जमी एक एक मोटी तह॥
हम उसे कह मिलन नहीं सकते।
है न वह मेल है मिलाप न वह॥

सबल निबल

जब न संगत हुई बराबर की।
तब भला कब बराबरी न छकी॥
साथ सूरज हुए चमकता क्या।
चाँद की रह चमक दमक न सकी॥

जो कड़ाई मिल सकी पूरी नहीं।
क्यों न चन्दन की तरह घिस जाँयगे॥
आप हैं संगीन वैसे हम न तो।
संग कर के संग का पिस जाँयगे॥

कर सबल संग कब निबल निबहा।
कब सितम के उसे रहे न गिले॥
भेड़ियों से पटीं न भेड़ों की।
बाघ बकरे हिले मिले न मिले॥

किस तरह उस की न छिन जाती कला।
कब सबल लाये न निबलों पर बला॥
क्यों न जाती धूप में मिल चाँदनी।
चाँद सूरज साथ क्या करने चला॥

जब निबल हो बने सबल संगी।
तब पलटते न किस तरह तखते॥
तो चले क्यों बराबरी करने।
बल बराबर अगर नहीं रखते॥

घट गये, मान घट सके कैसे।
बाँट में बाट जब समान पड़े॥
तौल में कम कभी नहीं होंगे।
दो बराबर तुले हुए पलड़े॥

पेड़ देखे गये नहीं पिसते।
जब पिसी तब पिसी नरम पत्ती॥
लौ दमकती रही दमक दिखला।
बल गया तेल जल गयी बत्ती॥

चाल चल चल निगल निगल उन को।
हैं बड़ी मछलियाँ बनीं मोटी॥
सौ तरह से छिपीं लुकीं उछलीं।
छूट पायीं न मछलियाँ छोटीं॥

बिल्लियों से चली न चूहों की।
छिपकली से सके न कीड़े पल॥
कब निबल पर बला नहीं आती।
है बली कब नहीं दिखाता बल॥

धूप जितनी चाहिए उतनी न पा।
निज हरापन छोड़ हरिआते नहीं॥
उग रहे पौधे पवन अपनी छिने।
पास पेड़ों के पनप पाते नहीं॥

हैं न काँटों से छिदी कब पत्तियाँ।
कब लता को लू लपट खलती नहीं॥
मालिनों से कल न कलियों को मिली।
मालियों से फूल की चलती नहीं॥

पत्थरों को नहीं हिला पाती।
पत्तियाँ तोड़ तोड़ है लेती॥
है न पाती हवा पहाड़ों से।
पेड़ को है पटक पटक देती॥

है हवा खेलती हिलोरों से।
बुलबुले के लिये बलाती है॥
फूल को चूम चूम लेती है।
ओस को धूल में मिलाती है॥

मारता कौन मारतों को है।
पिट गये कब नहीं गये बीते॥
हैं हरिन ही चपेट में आते।
बाघ पर टूटते नहीं चीते॥

संगदिल से मिला नरम दिल क्या।
प्रेम के काम का न है कीना॥
संग टूटा न संग से टकरा।
हो गया चूर चूर आईना॥

सजीवन बूटी

दिल के फफोले

पौ फटी है निकल रहा सूरज।
हैं सभी लोग ढंग में ढलते॥
देख करके मलाल होता है।
आप हैं आँख ही अभी मलते॥

लड़ पड़े पोत के लिये सग से।
दूसरे लूट ले चले मोती॥
एक क्या लाख बार देखे भी।
आँख इस की हमें नहीं होती॥

दिन गये सिंह मार लेने के।
है भला कौन मार मन पाता॥
मारते हैं जमा परायी अब।
है हमें आँख मारना आता॥

साँसतें देख देख अपनों की।
चोट जी ने न भूल कर खायी॥
डूबता देख जाति का बेड़ा।
कब कभी आँख डबडबा आयी॥

दिन व दिन हम घट रहे हैं तो घटें।
लुट रही हैं तो लुटें पौधें नयी॥
कुछ न चारा है बिचारी क्या करे।
जाति की है आँख ही चरने गयी॥

क्या कहें किस से कहें जायें कहाँ।
हैं बिगड़ते कुछ भी बन आयी नहीं॥
दौड़ में हम हैं बहुत पीछे पड़े।
पर किसी ने आँख दौड़ायी नहीं॥

ठोंक कर के या कि दे दे थपकियाँ।
और भी दें नौनिहालों को सुला॥
खुल रहा है दिन ब दिन परदा मगर।
आँख का परदा नहीं अब भी खुला॥

रंग बिगड़ा कम न, बेसमझी मगर।
रंग में अपने सदा भूली रही॥
हैं हमीं कुछ इस तरह के सिर-फिरे।
आँख में सरसों सदा फूली रही॥

जिन दिनों लू से लपट से धूप की।
फूल पत्ता है झुलसता जा रहा॥
आँख में ही कुछ कसर है, उन दिनों।
आँख में टेसू अगर फूला रहा॥

फिर नहीं तो कलंक के धब्बे।
जाति क्यों जी लगा नहीं धोती॥
वह भला देख कुछ सके कैसे।
आँख ही है जिसे नहीं होती॥

तुल गयी ढील लील लेने को।
सूझ तब भी सबील पर न तुली॥
बँध गये, और हैं बँधे जाते।
पर बँधी दीठ आज भी न खुली॥

तो बुरी दीठ किस तरह लगती।
किस लिये आग जाति में बोती॥
जो किसी देव-दीठ वाले की।
दीठ से दीठ जुड़ गयी होती॥

दुख पड़े पर ठीक वह सँभली नहीं।
राह उस ने कब सजग होकर गही॥
चूक अपनी कब समय पर देख ली।
दीठ सब दिन चूकती ही तो रही॥

अब न धन है न मान ही वह है।
और क्या क्या कहाँ कहाँ खोवें॥
लाख में एक लख पड़ा न हितू।
हम न कैसे बिलख बिलख रोवें॥

पाट सकते एक नाली भी नहीं।
रीस उन की जो नदी हैं पाटते॥
काटते हैं होंठ उन को देख कर।
कान उन का क्या भला हम काटते॥

जाति का ढाढ़ मार कर रोना।
देस पर है विपत्तियाँ ढाता॥
सुन उसे कान के फटे परदे।
कान अब तो दिया नहीं जाता॥

हैं हमारे न कारनामे कम।
फूट के बीज बेतरह बोये॥
जाति को भेज कर रसातल में।
कान में तेल डाल कर सोये॥

कुछ अजब हाल है बतायें क्या।
खुल न आँखें सकीं न उमगा मन॥
आ हरापन सका न चेहरे पर।
जा सका कान का न बहरापन॥

दुख पड़े घुल गया बदन सारा।
जाति में वह रहा जमाल कहाँ॥
है नहीं वह हरा भरा चेहरा।
अब रहा लाल लाल गाल कहाँ॥

एक है बातें बनाने में फँसा।
एक है बेढंग झुँझलाया हुआ॥
हैं कहाँ वे आप कुम्हला जाँय जो।
जाति का मुँह देख कुम्हलाया हुआ॥

एक क्या लाख बार जान पड़ा।
हैं न हम से जहान में कायर॥
नाच हम ने न कौन सा नाचा।
कब तमाचा न खा लिया मुँह पर॥

जब कभी जाति के दुखों पर हम।
आँख अपनी पसार देते हैं॥
है बुरा हाल सोच से होता।
नोच मुँह बार बार लेते हैं॥

कर थके सैकड़ों जतन, पर जी।
जाति हित में कभी नहीं सनता॥
देखते लोग हैं हमारा मुँह।
मुँह दिखाते हमें नहीं बनता॥

इस सितम संगीन साँसत से कहीं।
आज तक कोई छिका नाका नहीं॥
क्यों कहें, दिल के फफोलों की टपक।
टूट मुँह का तो सका टाँका नहीं॥

आँख जो काढ़ी गयी आँसू कढ़े।
जी चुराने के लिये जो जी गया॥
जो सितम औ साँसतों की हद हुई।
सी कहे जो मुँह किसी का सी गया॥

क्या दबायेंगे भला वे और को।
आप ही जो दूसरों से दब चले॥
रख सकेंगे दाब वे कैसे भला।
दाब लें जो दूब दाँतों के तले॥

किस तरह रंग तब चढ़े पक्का।
जब कि कच्चा न रंग ही छूटा॥
किस तरह दाँत तब मिलें सच्चे।
दाँत ही जब न दूध का टूटा॥

धूम के साथ धाकवालों ने।
हैं दिये धाक के लिये धोखे॥
और का चीख चीख कर लोहू।
दाँत किस के न हो गये चोखे॥

जी हमारा बहुत गया कुम्हला।
जी कहाँ से खिला हुआ ले लें॥
है न हँसते न खेलते बनता।
हम भला किस तरह हँसें खेलें॥

झेलते योंही रहेंगे क्या सदा।
आज दिन हैं जिस तरह दुख झेलते॥
क्या न खेलेंगे हँसेंगे उस तरह।
हम रहे जैसे कि हँसते खेलते॥

हम जिसे खोल भी नहीं सकते।
किस तरह से भला उसे खोलें॥
बेतरह जब पिटा लिया उस को।
कौन मुँह से भला हँसें बोलें॥

मान मरजादा मिटा कर जाति की।
इस जगत में जो जिये तो क्या जिये॥
नाम की वह प्यास मिट्टी में मिले।
जो कि बुझ पायी न बातों के पिये॥

नीच को तो बिठा लिया सिर पर।
ऊँच की चोटियाँ गयीं नोची॥
हो गया दूर जाति का सब दुख।
दूर की बात है गयी सोची॥

भूख कितनों का लहू है पी रही।
रोग कितनों का लहू हैं गारते॥
लोग हैं बे मौत लाखों मर रहे।
हम नहीं हैं आह तब भी मारते॥

जा रही हैं सूखती सारी नसें।
पर लगी जोंकें गयीं घींची नहीं॥
बेतरह है जाति का खिंचता लहू।
आह हम ने आज भी खींची नहीं॥

दिल हुआ ठंढा, लहू ठंढा हुआ।
देख ठंढे आँख की ठंढक बढ़ी॥
हो चले हम बेतरह ठंढे मगर।
आह ठंढी तो नहीं अब भी कढ़ी॥

किस तरह वे उन्हें जलायेंगी।
जो सितम ढूँढ ढूँढ कर ढाहें॥
जब हमीं में न रह गयी गरमी।
क्या करेंगी गरम गरम आहें॥

जाति-बेचैनियाँ हमें अब भी।
आह! निज रंग में नहीं रँगतीं॥
तार बँधता न आँसुओं का है।
आज भी हिचकियाँ नहीं लगतीं॥

रंगरलियों की जहाँ पर धूम थी।
आँसुओं की है बही धारा वहाँ॥
आज गरदन बेतरह है नप रही।
पर हमारी फिर सकी गरदन कहाँ॥

क्या बखेड़े हैं नहीं पीछे पड़े।
क्या कड़ी आँखें न दुखड़ों की लखी॥
धार तीखी क्या कँपाती है नहीं।
क्या उठी तलवार गरदन पर रखी?॥

जाति-हित-गाड़ी न दलदल से कढ़ी।
चाहिए था जो न करना वह किया॥
जब कि कन्धा था लगाना चाहता।
आह! हम ने डाल तब कन्धा दिया॥

घिस चुके जितना कि घिस सकते रहे।
लाभ क्या अब एड़ियाँ अपनी घिसे॥
आग ही उस पीसने में जाय लग।
जिस पिसाई में पड़े उँगली पिसे॥

कम नमूने न हैं मुसीबत के।
कम सितम के बने न साँचे हैं॥
आज तो वे तमक तमक कर के।
बेतरह मारते तमाचे हैं॥

आज हूँ बार बार मैं गिरता।
सामने हैं बहुत बुरे नाले॥
थामते हाथ क्यों नहीं मेरा।
है कहाँ हाथ थामनेवाले॥

कौन सा कारबार छूट सका।
है बहुत अबतरी नहीं जिस में॥
क्या बचा रह गया बिचार करें।
मौत का हाथ है नहीं किस में॥

लोग बेजान बन गये जब हैं।
जब मरे मन मिले, न जाग जगे॥
तब हमारे हरेक मनसब पर।
क्यों मुहर मौत हाथ की न लगे॥

क्यों न तो मेल जोल लट जाता।
एकता क्यों न छटपटा जाती॥
देख कर नाक जाति की छिदती।
छरछराती अगर नहीं छाती॥

आप अपनी जड़ हमीं जब खोद दें।
किस तरह हम तब भला फूलें फलें॥
जब दलाते हैं हमीं दिल थाम तो।
लोग कोदो क्यों न छाती पर दलें॥

बेतरह टूट टूट करके हम।
हो रहे हैं समान रेजे के॥
पास होते हुए कलेजा भी।
हैं हमीं लोग बे कलेजे के॥

कब सताये गये नहीं दुखिये।
ला उन्हीं पर सका बला बिल भी॥
बाल ही है पका नहीं मेरा।
देखते देखते पका दिल भी॥

रुक सके रोके न परहित के लिये।
जातिहित पर ठीक जम पाये नहीं॥
देसहित पथ पर थमा कर थक गये।
ए हमारे पाँव थम पाये नहीं॥

क्या बचा छोड़ एक लोप ललक।
आ गयी अबतरी नहीं जिस में॥
खोल कर आँख की पलक देखें।
है नहीं मौत की झलक किस में॥

अपने दुखड़े

जब कि जीना न रह गया जीना।
तब भला है कि मौत ही आती॥
जब कि उठना बहुत सताता है।
आँख तो बैठ क्यों नहीं जाती॥

वार करना भी जिन्हें आता नहीं।
चल सकी तलवार उन की कब कहीं॥
सिर उठा कैसे सकेंगे वे भला।
आँख अपनी जो उठा सकते नहीं॥

जब कि दबते गये दबाने से।
लोग कैसे न तब दबावेंगे॥
जब कि हम आँख देख लेवेंगे।
लोग आँखे न क्यों दिखावेंगे॥

दौड़ में सब जातियाँ आगे बढ़ीं।
पेट में सबके पड़ी है खलबली॥
आज भी हम करवटें हैं ले रहे।
खुल सकीं खोलें न आँखें अधखुली॥

काटने से कट न दुख के दिन सके।
यों पड़े कब तक रहें काँटों में हम॥
आज भी जी का नहीं काँटा कढ़ा।
है खटकता आँख का काँटा न कम॥

रह गयी अब न ताब रोने की।
दर दुखों का कहाँ तलक मूँदें॥
कम निचोड़ी गयीं नहीं आँखें।
आँसुओं की कहाँ मिलें बूँदें॥

जाति का दिन फिरा जिन्हें पाकर।
जो न फरफंद के रहे नेही॥
है बिपद फेराफार में फँस कर।
मुँह फुलाये फिरें अगर वे ही॥

सुन सके तो किस तरह से सुन सके।
कान में जब तेल ही डाला रहा॥
खुल सके तो किस तरह से खुल सके।
जब किसी मुँह में लगा ताला रहा॥

हो बुरा उन कचाइयों का जो।
पत उतारे बिना नहीं मुड़तीं॥
जब हवा आप हो गये हम तो।
क्यों न मुँह पर हवाइयाँ उड़तीं॥

पेट कैसे न तब भला ऐंठे।
जब कि हैं मल भरी हुई आँतें॥
तो न क्यों जाति पेच में पड़ती।
जो रुचीं पेचपाच की बातें॥

दिन अगर लाग डाँट में बीतें।
तो कटें खींच तान में रातें॥
आज हैं दिल मिले अलग होते।
हैं कहाँ मेल जोल की बातें॥

जब कि नामरदी पड़ी है बाँट में।
क्यों न तब मरदानपन की जड़ खने॥
तब भला मरदानगी कैसे रहे।
मूँछ बनवा जब मरद अमरद बने॥

है भला और क्या हमें आता।
दूसरी बात और क्या होती॥
हँस दिये देख सूरतें हँसती।
रो दिये देख सूरतें रोती॥

किस लिये इस तरह गया पकड़ा।
इस तरह क्यों अभाग आ टूटा॥
जायगा छूट या न छूटेगा।
आज तक तो गला नहीं छूटा॥

जी गया ऊब कर जतन कितने।
जा रहा है बुरी तरह जकड़ा॥
है कुदिन ने बुरी पकड़ पकड़ी।
है गया बेतरह गला पकड़ा॥

जो बुरा हो चाहते, कर लो बुरा।
क्या भलाई कर नहीं देगा भला॥
बन्धनों को खोलते हैं दूसरे।
बाँध दो जो बाँध देते हो गला॥

कौन किस की भला पुकार सुने।
कौन किस के लिए भला आये॥
देखते आँख फाड़ फाड़ रहे।
हम गला फाड़ फाड़ चिल्लाये॥

घिर गये बेतरह बिपत-बादल।
मच गयी लूट, पत गयी लूटी॥
कूटते क्यों न तब फिरें छाती।
फूटते आँख बाँह भी टूटी॥

हाल अब तो लिखा नहीं जाता।
आज दिन बात है सभी बदली॥
पक गया जी, बहक गया है मन।
थक गया हाथ, घिस गयी उँगली॥

है जहाँ पर पेट भीत पला नहीं।
किस तरह सुख से वहाँ कोई जिये॥
क्यों वहाँ पर चैन मिल पाये जहाँ।
है चपत चलता चपाती के लिये॥

तब थमेगी किस तरह संजीदगी।
थामने से मन न जब थमता रहा॥
तब हमारी किस तरह चाँदी रहे।
जब कि चाँदी पर चपत जमता रहा॥

है मुसीबत बेतरह पीछे पड़ी।
हैं नहीं सामान बचते साथ के॥
हाथ मल मल कर न क्यों पछताँय हम।
उड़ गये तोते हमारे हाथ के॥

टूटने की ब्योंत बहुतेरी हुई।
पर बुरा बन्धन तनिक टूटा नहीं॥
छूटते तो किस तरह हम छूटते।
जब हमारा हाथ ही छूटा नहीं॥

बेतरह है गला बँधा अब भी।
है न रस्सी कमरबँधी छूटी॥
पाँव की बेड़ियाँ न खुल पायीं।
हथकड़ी हाथ की नहीं टूटी॥

टूट पाये न जाल दुखड़ों के।
उलझनों के नुचे न झोले हैं॥
खोलते खोलते पड़े फन्दे।
पड़ गये हाथ में फफोले हैं॥

मन हमारा रहा नहीं बस में।
और कस में रही नहीं काया॥
है इसी से बसर नहीं होती।
रह सका हाथ का न सरमाया॥

देख करके नौजवानों की बहँक।
सिरधरों की बात सुन कर अटपटी॥
देखकर टूटा हुआ दिल जाति का।
भाग ही फूटा न, छाती भी फटी॥

क्यों भला बेताबियाँ बढ़तीं नहीं।
बेतरह लूटे गये, बेढब पिटे॥
तब भला जी जाय क्यों छितरा नहीं।
जब कि छाती में रहें काँटे छिंटे॥

हो गये शल हाथ सब तदबीर के।
घट गया बल, पड़ गयी पीछे बला॥
हम उबर पाये न सिर के बार से।
बोझ छाती का नहीं टाले टला॥

उस बहुत ही बुरे बसेरे में।
है जहाँ बैर फूट का डेरा॥
जाति को देख बेधड़क जाते।
है कलेजा धड़क रहा मेरा॥

चाहिए था कि जाति का बेड़ा।
रह सजग ढंग से सँभल खेते॥
देख गिरदाब में गिरा उस को।
हैं कलेजा पकड़ पकड़ लेते॥

सामने से बहाव जो आया।
वह उसी में गयी, न पायी थम॥
देख यह जाति की बड़ी सुबुकी।
रह गये थाम कर कलेजा हम॥

तब ई कब नहीं उधर ही फिर।
जब किसी ने उसे जिधर फेरा॥
जाति का देख बेकलेजापन।
है कलेजा निकल पड़ा मेरा॥

जाति के पाँचवें सवारों में।
और उन में जिन्हें कहें बरतर॥
देख कर चोट बेतरह चलती।
चोट है लग रही कलेजे पर॥

हम दुखी हैं कहें कहाँ तक दुख।
कब न सूई चुभी नयन तिल में॥
कब रहे दुख न फूलते फलते।
कब कफोले पड़े नहीं दिल में॥

आज दिन भी बेतरह हैं पिस रहे।
छूटते उन के बतोले हैं नहीं॥
हैं फफोले पर फफोले पड़ रहे।
टूटते दिल के फफोले हैं नहीं॥

देख करके चहल पहल अब तो।
दिल अनायास है दहल जाता॥
क्यों न सब दुख-सवाल हल होते।
दिल हमारा अगर बहल जाता॥

वह रहा फूल हो गया काँटा।
स्वर्ग से भूत का बना डेरा॥
लाट था अब गया बहुत ही लट।
बल पड़े दिल उलट गया मेरा॥

है बुरी चाट लग गयी जी को।
बेतरह है कचट कचट जाता॥
हो गया है उचाट कुछ ऐसा।
आज दिल है उचट उचट जाता॥

क्या कभी अब नहीं खिलेगा वह।
फूल सुख का न खिल सका मेरा॥
खा बुरी चोट दुख-चपेटों की।
हो गया चूर चूर दिल मेरा॥

है कलेजा निकल रहा मेरा।
हैं लहू घूँट इन दिनों पीते॥
काटते हैं बड़े दुखों से दिन।
पेट हम काट काट हैं जीते॥

भीख माँगे हमें नहीं मिलती।
रह गये हाथ में नहीं पैसे॥
आग है लग गयी कमाई में।
पेट की आग बुझ सके कैसे॥

पेट पापी नहीं कराता क्या।
सोच लें बल निकालनेवाले॥
पालना पेट तो पड़ेहीगा।
क्या करें पेट पालनेवाले॥

आँख उठती नहीं उठाये भी।
मुँह बहुत ही सहम सिये हम हैं॥
रात दिन पेट थाम कर अपना।
दौड़ते पेट के लिये हम हैं॥

कब दुखी-दुख सुखी समझता है।
मतलबी लोग हैं न यम से कम॥
रह गये हैं न देखनेवाले।
पेट अपना किसे दिखायें हम॥

देखता कोई दुखी का दुख नहीं।
मूँद आँखों को दिया आराम ने॥
आज दिन है माँगना खलता बहुत।
हम खलायें पेट किस के सामने॥

तरबतर हो आँसुओं से बेतरह।
कब हमारी बेकसी रोई नहीं॥
पीठ कैसे लग नहीं जाती भला।
है हमारी पीठ पर कोई नहीं॥

जातिहित के बड़े कठिन पथ में।
कब ठहर वह सका ठिकाने से॥
टल गया टालटूल कर कितने।
टिक सका पाँव कब टिकाने से॥

सब सुखों के हमें पड़े लाले।
है कुदिन ने न कौन डाले बल॥
है न कल मिल रही कसाले सह।
घिस गये पाँव कोस काले चल॥

हित न हो पाया गया चित हो दुचित।
आँख से आँसू छगूना नित छना॥
कोस काले चल कलेजा हिल गया।
पाँव काँटों से छिले छलनी बना॥

काहिली भागी भगाने से नहीं।
है नहीं जीवट जगाने से जगी॥
तूल हो दुख तिल गया है ताल बन।
है हमें तब भी न तलवों से लगीं॥

जी की कचट

जो बड़े बेपीर को पिघला सके।
जाय टल जिस से बिपद बादल घिरा॥
चाहिए जैसा गरम वैसा रहे।
हम सके ऐसा कहाँ आँसू गिरा॥

छोड़ दें आप अठकपालीपन।
मत करें होंठ काट काट सितम॥
हो चुके काठ गाँठ का खोकर।
रो चुके आठ आठ आँसू हम॥

भर गये छलके अड़े उमड़े बहुत।
मोतियों के रंग में ढलते बढ़े॥
कर सके क्या, गिर गले, जल भुन गये।
एक क्या सौ बार तो आँसू कढ़े॥

आँखवाले आँख भर कर हैं खड़े।
अब बढ़ी बेहूदगी से ऊब जा॥
क्यों डुबाती जाति को है डाह तू।
डबडबाये आँसुओं में डूब जा॥

आदमीयत की अगर होती चली।
तो न अनबन आग जग देता जगा॥
रंग लाती प्यार की रंगत अगर।
हाथ जाता तो न लोहू से रँगा॥

हो रहा है बेतरह बेचैन जी।
सुध हमारी बेसुधी है लूटती॥
देख कर कटता कलेजा जाति का।
फूटती हैं आँख, छाती टूटती॥

झेलते झेलते मुसीबत को।
हो गया नाक में हमारा दम॥
हो गये काठ, बन गये पत्थर।
थामते थामते कलेजा हम॥

दे जिन्हें मान मान मिलता है।
मान हैं कर रहे उन्हीं का कम॥
देख यह हाल नौनिहालों का।
थाम कर रह गये कलेजा हम॥

अब उसे किस तरह जगायें हम।
जाग कर वह अगर नहीं जगता॥
क्या करें लोग बाग के हित में।
लाग से दिल अगर नहीं लगता॥

सिर झुकाने से सका जितना कि झुक।
झंझटें सह सैकड़ों झुकता गया॥
जो कभी उकता, सका उकता नहीं।
अब वही दिल है बहुत उकता गया॥

तब भला कैसे पटाये पट सके।
जब कि उस से आज तक पाई न पट॥
वह चलाते चोट थकता ही नहीं।
चोट खा खा बढ़ गयी जी की कचट॥

देस का दुख बखानती बेला।
किस तरह रुँध गला नहीं जाता॥
जाति की देख कर भरी आँखें।
जी रहा कौन सा न भर आता॥

देस पर जो निसार होते थे।
हार अब वे रहे नहीं वैसे॥
पड़ गये कान में भनक ऐसी।
जायगा जी सनक नहीं कैसे॥

क्या कुदिन अब सुदिन नहीं होगा।
दिन ब दिन गात है लटा जाता॥
नस गयी सूख धँस गयीं आँखें।
पेट है पीठ से सटा जाता॥

काम जो आज कर रहे हैं हम।
कब गया वह कठिन नहीं माना॥
साँसतें नित नयी नयी सह सह।
है सहल पाँव का न सहलाना॥

समय का फेर

धन विभव की बात क्या जिन के बड़े।
रज बराबर थे समझते राज को॥
है तरस आता उन्हीं के लाड़िले।
हैं तरसते एक मूठी नाज को॥

क्या दिनों का फेर हम इस को कहें।
या कि है दिखला रही रंगत बिपत॥
थी कभी हम से नहीं जिन की चली।
आज दिन वे ही चलाते हैं चपत॥

बेर, खा वे बिता रहे हैं दिन।
जो रहे धन-कुबेर कहलाते॥
अन्न से घर भरा रहा जिन का।
आज वे पेट भर नहीं पाते॥

चाव से चुगते जहाँ मोती रहे।
हंस तज कर मानसर आये हुए॥
पोच दुख से आज वाँ के जन पचक।
फिर रहे हैं पेट पचकाये हुए॥

जो सुखों की गोदियों के लाल थे।
दिन ब दिन वे हैं दुखों से घिर रहे॥
जो रहे अकड़े जगत के सामने।
आज वे हैं पेट पकड़े फिर रहे॥

बाँटते जो जहान को उन को।
सुध रही बाट बाँटने ही की॥
पाटते जो समुद्र थे उन को।
है पड़ी पेट पाटने ही की॥

पेट जिन से चींटियों तक का पला।
जा सके जिन के नहीं जाचक गिने॥
कट रहे हैं पेट के काटे गये।
लट रहे हैं कौर वे मुँह का छिने॥

दूध पीने के उन्हें मिलता नहीं।
जो सहित परिवार पीते घी रहे॥
अब किसी का पेट भर पाता नहीं।
लोग आधा पेट खा हैं जी रहे॥

पेट भर अब अन्न मिलता है कहाँ।
हैं कहाँ अब डालियाँ फल से लदी॥
बह रहा है सोत दुख का अब वहाँ।
थी जहाँ घी दूध की बहती नदी॥

छिन गया आज कौर मुँह का है।
गाय देती न दूध है दूहे॥
है बुरा हाल भूख से मेरा।
पेट में कूद हैं रहे चूहे॥

बात बिगड़े नहीं किसी की यों।
मरतबा यों न हो किसी का कम॥
पाँव मेरे जहान पड़ता था।
दुख पड़े पाँव पड़ रहे हैं हम॥

आज वे हैं जान के गाहक बने।
मुँह हमारा देख जो जीते रहे॥
हाथ धो वे आज पीछे हैं पड़े।
जो हमारा पाँव धो पीते रहे॥

छू जिन्हें मैल दूर होता था।
आज वे हो गये बहुत मैले॥
वे नहीं आज फैलते घर में।
पाँव जो थे जहान में फैले॥

बेतरह क्यों न दिल रहे मलता।
दुख दुखी चित्त किस तरह हो कम॥
लोटते पाँव के तले जो थे।
पाँव उनका पलोटते हैं हम॥

गालियाँ हैं आज उन को मिल रहीं।
गीत जिन का देवते थे गा रहे॥
पाँव जिन के प्रेम से पुजते रहे।
पाँव की वे ठोकरें हैं खा रहे॥

अब वहाँ छल की, कपट की, फूट की।
नटखटी की है रही फहरा धुजा॥
पापियों का पाप मन का मैल धो।
है जहाँ पर पाँव का धोअन पुजा॥

आज वे पाले दुखों के हैं पड़े।
जो सदा सुख-पालने में ही पले॥
सेज पर जो फूल की थे लेटते।
वे रहे हैं लेट तलवों के तले॥

जगाने की कल

फटकार

बात चिकनी कपट भरी कह कर।
जब कि वह जाति पर बला लावे॥
जब रही खींचतान में पड़ती।
जीभ तब खैंच क्यों न ली जावे॥

पेट की चापलूसियों में पड़।
गालियाँ जो कि जाति को देवें॥
चाहिए तो बिना रुके हिचके।
जीभ उन की निकाल ही लेवें॥

जो कि बेढंग चल करे चौपट।
चाहिए ऐंच कर उसे दम लें॥
जाति की नाक कट गयी जिस से।
काट उस जीभ को न क्यों हम लें॥

वार पर वार कर रही जब थी।
तब भला किस तरह, तरह देते॥
पड़ गयी जाति गाढ़ में जिस से।
काढ़ उस जीभ को न क्यों लेते॥

जाति के काम जब नहीं आते।
डींग हम मारते रहे तब क्या॥
जब कि फटकार ही रही पड़ती।
मूँछ फटकारते रहे तब क्या॥

जाति के देख देख कर दुखड़े।
जो न बेताब बन उन्हें पूछें॥
रोंगटे जो खड़े न हो जावें।
तो रहीं क्या खड़ी खड़ी मूँछें॥

जाग तब कैसे सकेंगे, ज्ञान की।
जोत जी में जब कि जगती ही नहीं॥
तब भला कैसे हमें जी से लगे।
बात लगती जब कि लगती ही नहीं॥

है बहँक इतनी कि कितनी बात को।
ताड़ कर के भी नहीं हम ताड़ते॥
है हमारी बात की यह बानगी।
हैं बना कर बात बात बिगाड़ते॥

क्यों न बल को तौल लें, होगा बुरा।
बात जी में बेठिकाने की ठने॥
क्या किसी की हम गढ़ेंगे हड्डियाँ।
बात गढ़ लेवें अगर गढ़ते बने॥

जीभ सड़ जाती न जानें क्यों नहीं।
बेअटक कहते हुए बातें सड़ी॥
बात सीधी किस तरह से तब कहें।
बाँट में जब बात टेढ़ी ही पड़ी॥

दूर की लेंगे बकेंगे बहक कर।
काम के हित जी हुआ बै ही नहीं॥
किस तरह लेंगे खिलौना चाँद का।
बात है, करतूत कुछ है ही नहीं॥

जाति को देख कर पड़ा दुख में।
अब चलेंगे न हम मदद देने॥
पड़ गये काम काइयाँपन कर।
लग गये हैं जँभाइयाँ लेने॥

है उन्हें छुट्टी कहाँ जो कुछ करें।
क्या हुआ जो आबरू है जा रही॥
लें अगर अँगड़ाइयाँ हैं ले रहे।
लें जँभा जो है जँभाई आ रही॥

जाति औ प्रीति की अजब जोड़ी।
है बँधी धाक जो बिछुड़ खोती॥
आज तक भी जुड़ी न जोड़े से।
है इसी से थुड़ी थुड़ी होती॥

जल गया वह मुँह न क्यों जिससे कि हम।
जातिहित को भाड़ में हैं झूँकते॥
मुँह छिपा लेवें, मगर मुँह पर भला।
थूकनेवाले न कैसे थूकते॥

आज दिन तो हैं कलेजे चिर रहे।
क्या हुआ दो चार उँगली जो चिरी॥
क्यों फिराये आँख फिरती ही नहीं।
क्या छुरी अब भी न गरदन पर फिरी॥

राह उलटी किस लिये पकड़ी गयी।
क्यों घुमाने से नहीं हैं घूमते॥
जो अँगूठा हैं हमें दिखला रहे।
क्यों अँगूठा हैं उन्हीं का चूमते॥

हो सकेगा काम तो कोई नहीं।
बात हित की सुन चिटक जाया करें॥
चोट जी को तो लगेगी ही नहीं।
उँगलियों को बैठ चटकाया करें॥

हो सकेगी बात कैसे दूसरी।
मुँह भलाई से सदा मोड़ा करें॥
फोड़ पायें तो रहें घर फोड़ते।
बैठ कर या उँगलियाँ फोड़ा करें॥

सूरमापन अगर न धाक रखे।
चाहिए तो चलें न धमकाने॥
जो न तलवार को सकें चमका।
तो लगें उँगलियाँ न चमकाने॥

बात हित की जमी नहीं जी में।
पग न पाया बिचारपथ में थम॥
किस लिये आज हो गये जड़ हैं।
क्या तमाचे जड़े गये हैं कम॥

जाति-हित-रुचि जब कि जी में आ जमी।
बन गयी तब काहिली कैसे सगी॥
लाग से लगते नहीं क्यों काम में।
हाथ में तो है नहीं मेंहदी लगी॥

किस तरह तो हम निरे पत्थर नहीं।
चोट जी को जब कि लग पाती नहीं॥
देख टुकड़ा जाति का छिनते अगर।
सैकड़ों टुकड़े हुई छाती नहीं॥

देस का मुँह गया बहुत कुम्हला।
किस तरह मुँह रहा खिला तेरा॥
छिल रहा जाति का कलेजा है।
पर कलेजा कहाँ छिला तेरा॥

हौसले की गोद में हित हैं पले।
है जहाँ साहस उमंगें हैं वहीं॥
बेदिली कैसे न दिल में घर करे।
पास दिल है पर दिलेरी है नहीं॥

देसहित देख जो नहीं पाते।
जातिहित है अगर नहीं भाता॥
आँख तो फूट क्यों नहीं जाती।
किस लिये बैठ जी नहीं जाता॥

जान में जान तो न आयेगी।
आन भी जायगी चली धीमे॥
बात बेजान जाति के हित को।
जो जमाये जमी नहीं जी में॥

जाति हित का जाप क्या जपते रहे।
देख जो भय का भयानक मुख भगे॥
देस दुख दलने चले क्या दौड़ कर।
पेट में जो दौड़ने चूहे लगे॥

तब सकेंगे पाल कैसे देस को।
जब कि है परिवार भी पलता नहीं॥
तब चलाये राज कैसे चल सके।
जब चलाये पेट भी चलता नहीं॥

है जिसे पेट देश से प्यारा।
जो जने जाति का अहितकारी॥
मर गया वह न क्यों जनमते ही।
क्यों गयी कोख वह नहीं मारी॥

दौड़ कर के जातिहित - मैदान में।
पाँव कैसे वह भला सकता गड़ा॥
चल दबे पाँवों परग दो चार ही।
पाँव दवबाना जिसे अपना पड़ा॥

किस लिये भाग हैं खड़े होते।
क्यों सुपथ में न पाँव अड़ पाया॥
गड़ गये आप क्यों न लाज लगे।
पाँव गाड़े अगर न गड़ पाया॥

देस मिल जाय धूल में तो क्या।
भूल है जो उन्हें कहें अहदी॥
वे उठें फूल सेज तल कैसे।
पाँव की जायगी बिगड़ मेंहदी॥

जी भलाई के लिये है फूलता।
तो समय पर क्यों विफल है हो रहा॥
भय हुए फूले समाते आप हैं।
पाँव कैसे फूल जाता तो रहा॥

काल के गाल में न कौन गया।
अब कहाँ वेणु, कंस, रावन हैं॥
छोड़ कर जाति - पाँव पावन क्यों।
पूजते पाँव हम अपावन हैं॥

किस लिये है आँख पर परदा पड़ा।
दिन ब दिन है उठ रहा परदा ढका॥
लात पर है लात लगती जा रही।
छूट तलवे का न सहलाना सका॥

देशहित और जातिहित पथ में।
चाव से जो नहीं सके चल वे॥
तो तुरत जाँय धूल ही में मिल।
जाँय गल पाँव, जाँय जल तलवे॥

लान तान

जब कि कस ली पत गँवाने पर कमर।
पत उतरने का रहा तब कौन डर॥
बेपरद क्यों हों न परदेवालियाँ।
पड़ गया परदा हमारी आँख पर॥

नित कचूमर है धरम का कढ़ रहा।
है भली करनी कलपती दुख भरी॥
जो गयी हैं बाहरी आँखें बिगड़।
तो गयीं क्यों फूट आँखें भीतरी॥

क्यों सुनोगे मरे या जाति जिये।
बस तुम्हें खाना पीना सोना है॥
सच है अन्धे के सामने रोना।
अपने आप अपनी आँख खोना है॥

देस का दुख न देखनेवाले।
देख पाये कहीं न तुम जैसे॥
आँख ऊँची न रख सके जब तो।
आँख ऊँची भला रहे कैसे॥

कुछ न सूझा, है न अब भी सूझता।
दाम देते हैं हमीं तो राख का॥
खोल देखो आँख हम सा है कहाँ।
गाँठ का पूरा व अन्धा आँख का॥

पाँव होते पड़े रहे पीछे।
हाथ होते न कर सके धन्धे॥
सूझती हैं भलाइयाँ न हमें।
आँख होते बने रहे अन्धे॥

बँध सकेंगे न एक डोरे में।
तोड़ कर के रहा सहा बन्धन॥
घर बसा कब उजाड़ कर के घर।
जा सका आज भी न अन्धापन॥

डालते आज भी नहीं बनता।
बोझ से बेतरह छिले कन्धे॥
है हमें देख भाल का दावा।
सच तो यों है कि हैं बड़े अन्धे॥

वह ललाई रही नहीं मुँह की।
है सियाही निखर रही छन छन॥
रंग पहचान तब सकें कैसे।
रंग लाता है जब कि अन्धापन॥

दिन ब दिन हैं बिगड़ रहे लेकिन।
हैं वही काम औ वही धन्धे॥
क्यों हरा ही हरा न सूझेगा।
जब कि सावन के आप हैं अन्धे॥

सुन जिसे धाँधली दहल उठती।
और जाते दबक दिखावे सब॥
जब बजाये बजे न वे बाजे।
हम रहे गाल क्या बजाते तब॥

पूछता बात तक नहीं कोई।
पर नहीं तार डींग का टूटा॥
ठोकरे हैं गली गली खाते।
गाल का मारना नहीं छूटा॥

लोग अपने हकों पदों को भी।
वीरता के बिना नहीं पाते॥
जब गयी बीरता बिदा हो तब।
क्या रहे बार बार मुँह बाते॥

पाँव पर अपने खड़े होते नहीं।
धन लुटा कर दिन ब दिन हैं चूकते॥
चाटते हैं जब पराया थूक हम।
लोग तब कैसे न मुँह पर थूकते॥

बेटियाँ बेच बेच पेट पला।
हैं लुटीं हाथ से न राँड़ें कम॥
हैं छिपाते छिपी हुई चालें।
पर कभी मुँह नहीं छिपाते हम॥

क्यों बचाये न आँख वह, जिसने।
जाति को बेच पा लिये पैसे॥
लग गया जब कलौंस ही मुँह में।
तब भला मुँह दिखा सके कैसे॥

कर दिखाते भलाइयाँ तब क्या।
जब भला ठान भी नहीं ठनता॥
तब भला भाग खोल देते क्या।
जब कि मुँह खोलते नहीं बनता॥

है न पाता पनाह अपनापन।
मेल को धूल में मिला डाला॥
जाति को डाल काल के मुँह में।
बेतरह मुँह किया गया काला॥

क्या हँसी खेल है सँभल जाना।
तुम कहीं बैठ कर हँसो खेलो॥
है तुमारा न मुँह कि सँभलोगे।
मुँह तनिक देख आईने में लो॥

नौजवानों की उमंगों को कुचल।
तुम गये हो आँख में बेढब समा॥
जो चले हो जाति का मुँह मूँदने।
दाँत तालू में तुमारे तो जमा॥

हम रहेंगे बेसुधे कब तक बने।
ओस से भी प्यास जाती है कहीं॥
क्यों न तलवों से हमें अब भी लगी।
दिन रहे तालू उठाने के नहीं॥

खुल गया भेद सब बिना खोले।
आँख बतलाइये खुलेगी कब॥
भर लबालब गया सितम-प्याला।
खुल हमारा सका न अब भी लब॥

जब कि था चाहिए नहीं दबना।
तब भला किस लिये गये दब हम॥
जब कि था चाहिए उसे खुलना।
तब हुआ बन्द क्यों हमारा लब॥

क्या न दो बात कह सकें हम।
क्यों हमें है बिपत्ति ने घेरा॥
कौन बेजान है भला हम सा।
जी हिला पर न लब हिला मेरा॥

तो कहाँ धुन हमें लगी सच्ची।
जातिहित जो सही न आँच कड़ी॥
मुँह हमारा अगर नहीं सूखा।
होंठ पर जो पड़ी नहीं पपड़ी॥

बैरियों को न चाट जब पाया।
तब रहे होंठ चाटते हम क्या॥
जब सके काट ही न दुख अपना।
तब रहे होंठ काटते हम क्या॥

जाति को राह पर लगाने की।
काम की बात सैकड़ों सिखला॥
तब भला क्या निकालते सूरत।
जब कि सूरत सके नहीं दिखला॥

जाति जिस से उठे हिले डोले।
पत्थरों की न जाय बन मूरत॥
तो न सूरत दिखाइये हम को।
जो न इस की बताइये सूरत॥

दूर बेचारपन करें सारा।
मत बिचारा करें महूरत ही॥
क्या नतीजा सवाल का होगा।
साहबो है सवाल सूरत ही॥

तो मरें डूब नाम सुन रन का।
है हमें आ गयी अगर जूड़ी॥
जम लड़ें, दें पछाड़ जम को भी।
लें पहन हाथ में न हम चूड़ी॥

हो गयी क्यों न तो कई टुकड़े।
किस लिये टूट वह नहीं जाती॥
जाति के देख देख कर दुखड़े।
है न छाती अगर धड़क पाती॥

छिन गया सरबस कलेजा छिल गया।
चौगुनी क्यों चोट लग पाती नहीं॥
छटपटाते देख दुख से जाति को।
क्यों छ टुकड़े हो गयी छाती नहीं॥

काठ हैं, जो जातिहित करते समय।
सेज आलस की हुई सूनी नहीं॥
जो न चौगूनी उमंगें हो गयीं।
हो गयी छाती अगर दूनी नहीं॥

बात तो जाति प्यार की सुन ली।
पर रहा वह न दुख अँगेजे पर॥
जाति पत कब रखी गयी पत खो।
हाथ रख कर कहें कलेजे पर॥

चुन सकें तो चाहिए चुन लें उन्हें।
आज तक काँटे न कम हैं बो गये॥
आज भी क्यों है धड़क खुलती नहीं।
दिल धड़कते तो बहुत दिन हो गये॥

बढ़ावा

काम में देर तब न कैसे हो।
दिल गया भूल भागवाले का॥
अब लगेगी न देर होने में।
जब लगा हाथ लागवाले का॥

वार तलवार कर पड़ें पिल हम।
कूर को सूर साधना सिखला॥
मोड़ कर मुँह मिजाजवालों का।
दें मँजे हाथ के मजे दिखला॥

किस लिये कमहिम्मती से काम लें।
बैरियों को क्यों नहीं दे मारते॥
कल्ह मरते आज क्यों जायें न मर।
हाथ छाती पर अगर हैं मारते॥

चार बाँहें तो किसी के हैं नहीं।
क्यों सतायें दूसरे औ हम सहें॥
क्यों रहें वे टूट पड़ते लूटते।
किस लिये हम कूटते छाती रहें॥

जो बुरी बातें बहुत ही खल चुकीं।
इस समय भी वैसिही वे क्यों खलें॥
भाग को तो ठोंकते ही हम रहे।
आज छाती ठोंक कर भी देख लें॥

वह करे सामने न मुँह अपना।
जो करे सामना न नेजे का॥
क्यों बिना जान का बने कोई।
जाय बन क्यों बिना कलेजे का॥

क्यों भला आसमान पर न चढ़ें।
जब पतंगें चढ़ीं चढ़ाने से॥
बढ़ करें क्यों न काम हम बढ़ बढ़।
जाय बढ़ दिल अगर बढ़ाने से॥

बिपत्ति के बादल

कोर कसर

कोयलों पर हम लगाते हैं मुहर।
पर मुहर लुट जा रही है हर घड़ी॥
मिट गये पर ऐंठ है अब भी बनी।
है अजब औंधी हमारी खोपड़ी॥

है कहीं रोक थाम का पचड़ा।
है कहीं काट छाँट का ऊधम॥
अब इसे देख हम सकें कैसे।
हो गया देख देख नाकों दम॥

बात हो काम की बला से हो।
हैं बड़े बेसुधे कहाँ ऐसे॥
कान ही जब कि ले गया कौआ।
तब उसे कान कर सकें कैसे॥

देखता हूँ कि जाति का जौहर।
है बहा ले चला समय सोता॥
लोग होंगे खड़े कमर कस क्या।
कान भी तो खड़ा नहीं होता॥

बार सौ सौ सुना सुना ऊबे।
जाति दुखड़ा सुना नहीं जाता॥
थक गये काढ़ काढ़ने वाले।
कान का मैल कढ़ नहीं पाता॥

तब भला सूझता हमें कैसे।
आँख में जब कि चुभ गयी सूई॥
तब सुनेंगे कही किसी की क्यों।
कान में जब भरी रही रूई॥

तब अगर वह उठा उठा तो क्या।
यह भला था उमेठना सहता॥
जाति की लान तान सुनने को।
कान जब है उठा नहीं रहता॥

बात सुन बदहवास लोगों की।
क्यों भला बदहवास हम होवें॥
दौड़ पीछे पड़ें न कौवे के।
कान अपना न किस लिये टोवें॥

जाति के लाल जो न लाल बने।
औ लिये पाल लाल औ मुनिये॥
तो खुलेगा न भाग खोले भी।
बात यह कान खोल कर सुनिये॥

दौड़ थी दूर की बहुत लम्बी।
हम निराली छलाँग भर न सके॥
नाम के तो रहे बहुत भूखे।
काम की बात कान कर न सके॥

वह बचन बात से कहीं तीखा।
बेधता है बिना बिधे ही जो॥
छिद उठे जो उसे नहीं सुन कर।
कान में छेद ही नहीं है तो॥

जब कि जीवट गयी रसातल को।
आप ही सोचिये रहा तब क्या॥
जब खुले आम कह नहीं सकते।
कुछ दबी जीभ से कहा तब क्या॥

क्यों रहेगी जाति जीती जागती।
जब घड़ी है मेल की ही टल रही॥
ठीक नाड़ी है न चलती बूझ की।
सूझ की ही साँस जब है चल रही॥

जान ही जब नहीं किसी में है।
तब भला मान क्यों रहे मन में॥
किस तरह साँस ले भला कोई।
साँस ही जब रही नहीं तन में॥

जाति के हित के लिए कस कर कमर।
भूल कोई किस लिए जाता रहा॥
मुँह दिखायेगा भला तब किस तरह।
साँस तक भी जो नहीं नाता रहा॥

बैर जैसे बड़े लड़ाके को।
प्रीति कैसे पछाड़ तब पाती॥
पाँव अनबन उखाड़ देने में।
साँस जब थी उखड़ उखड़ जाती॥

जाय जुआ बुरा उतर जिस से।
जो न करते रहे वही धन्धे॥
तो हमें बैल ही बनाते हैं।
बैल कैसे उठे उठे कन्धे॥

वह सुधरता तो सुधरता किस तरह।
देश की सुध ही नहीं जब ली गयी॥
जातिहित की बात तब कैसे सुनें।
कान में जब डाल उँगली दी गयी॥

जो हथेली पर लिये ही सिर फिरे।
टालने को जाति के सिर की बला॥
देख उन पर दाँत हम को पीसते।
कौन दाँतों में न उँगली दे चला॥

तब नहीं कैसे हमारी गत बने।
जब कि गत हम आप बनवाते रहे॥
पत रहे तो किस तरह से पत रहे।
जब चपत हर बात में खाते रहे॥

साँसतें तब क्यों नहीं सहनी पड़ें।
जब उन्हें चुपचाप हम ने हैं सहे॥
हाथ कैसे तब न बाँधे जाँयगे।
जब खड़े हम हाथ बाँधे ही रहे॥

तब न मनमानियाँ सहेंगे क्यों।
हाथ में जब कि मन मरे के हैं॥
तब न बेकार जाँयगे बन क्यों।
जब बिके हाथ दूसरे के हैं॥

हो सके दुख-सवाल हल कैसे।
है अगर छूटता न छल मेरा॥
देख कर जाति को दहल जाते।
कब कलेजा गया दहल मेरा॥

रंग उड़ जाय क्यों न सुख-मुख का।
क्यों फरेरा उड़े न दुख तेरा॥
बेतरह जाति जी उड़ा देखे।
जो कलेजा उड़ा नहीं मेरा॥

तब दुखी-जाति-दुख टले कैसे।
जब न दुख देख झोंक से झपटे॥
जान बेजान में पड़े कैसे।
जब दिलोजान से नहीं लपटे॥

तोड़ लाते उचक तरैया को।
औ घड़े में समुद्र को भरते॥
कौन सा काम कर नहीं पाते।
हम दिलोजान से अगर करते॥

देस को देख कर फला फूला।
कब खिला फूल की तरह मुखड़ा॥
जाति को कब हरा भरा पाकर।
दिल हमारा उमड़ उमड़ उमड़ा॥

जान पर खेल जो नहीं जाते।
किस तरह नोक झोंक तो निपटे॥
छूटती जाति-जान तो कैसे।
लोग जी जान से न जो लिपटे॥

किस तरह कामयाब तो बनते।
किस तरह हों निहाल, भाग जगे॥
लाग के साथ काम करने में।
लोग जी जान से अगर न लगे॥

साधते साधते गये थक हम।
जातिहित साधना मगर न सधी॥
बाँधते बाँधते जनम बीता।
देसहित के लिये कमर न बँधी॥

क्यों खटकते हमें बुरे काँटे।
क्यों लगे चाट गाँठ का खोते॥
सब बुरी हाट ठाट बाटों से।
पाँव मेरे अगर हटे होते॥

देख ऊँचे समाज को चढ़ते।
हैं हमीं आँख मीचने वाले॥
पड़ बुरी खींचतान पचड़ों में।
हैं हमीं पाँव खींचने वाले॥

तो पड़े क्यों पहाड़ सिर पर गिर।
नँह अगर दुख रहे सुखी के हों॥
किस लिये तो हमें न, दुख भी हो।
पाँव दुखते अगर दुखी के हों॥

हैं गये तन बिन बहुत, सब छिन गया।
लोग काँटे हैं घरों में बो रहे॥
है मुसीबत का नगारा बज रहा।
पाँव पर रख पाँव हम हैं सो रहे॥

भर गया पोर पोर में औगुन।
नाम हम में न रह गया गुन का॥
जो गला चाँप चाँप देते हैं।
पाँव हम चाँप हैं रहे उन का॥

कर सके देस जाति का न भला।
चल भले भाव के भले रथ में॥
तज धरम के धुरे अधर्मी बन।
पाँव हैं धर रहे बुरे पथ में॥

फूट

लुट गये पिट उठे गये पटके।
आँख के भी बिलट गये कोये॥
पड़ बुरी फूट के बखेड़े में।
कब नहीं फूट फूट कर रोये॥

बढ़ सके मेल जोल तब कैसे।
बच सके जब न छूट पंजे से॥
क्यों पड़ें टूट में न, जब नस्लें।
छूट पायीं न फूट-पंजे से॥

खुल न पायीं जाति-आँखें आज भी।
दिन ब दिन बल बेतरह है घट रहा॥
लूट देखे माल की हैं लट रहे।
फूट देखे है कलेजा फट रहा॥

जो हमें सूझता, समझ होती।
बैर बकवाद में न दिन कटता॥
आँख होती अगर न फूट गयी।
देख कर फूट क्यों न दिल फटता॥

फूट जब फूट फूट पड़ती है।
प्रीति की गाँठ जोड़ते क्या हैं॥
जब मरोड़ी न ऐंठ की गरदन।
मूँछ तब हम मरोड़ते क्या हैं॥

भारी भूल

सूझ औ बूझ के सबब, जिस के।
हाथ में जाति के रहे लेखे॥
है बड़ी भूल और बेसमझी।
जो कड़ी आँख से उसे देखे॥

वे हमारे ढंग, वे अच्छे चलन।
आज भी जिन की बदौलत हैं बसे॥
दैव टेढ़े क्यों न होंगे जो उन्हें।
देखते हैं लोग टेढ़ी आँख से॥

हिन्दुओं पर टूट पड़ने के लिये।
मौत का वह कान नित है भर रहा॥
खोद देने के लिये जड़ जाति की।
जो कि है सिरतोड़ कोशिश कर रहा॥

जी सके जिस रहन सहन के बल।
चाहिए वह न चित्त से उतरे॥
कर कतरब्योंत बेतरह उस में।
क्यों भला जाति का गला कतरे॥

एका की कमी

धुन हमारी अलग रही बँधती।
एक ही राग कब हमें भाया॥
जाति रँग में ढले पदों को भी।
कब गले से गला मिला गाया॥

दम सुनाने में नहीं जिस के रहा।
है नहीं उस की सुनी जाती कहीं॥
खोलते तो कान कैसे खोलते।
एक सुर से बोलते ही जब नहीं॥

है समाई न एक धुन अब तक।
दिल हिले तो भला हिले कैसे॥
कुछ न कुछ है कसर मिलाने में।
सुर मिले तो भला मिले कैसे।

तो समय पर चूकते हम किस तरह।
जो समय की रंगतें पहचानते॥
कौन सुर से सुर मिलाता तब नहीं।
सुर अगर सुर से मिलाना जानते॥

बात कहते अगर नहीं बनती।
तो भला था यही कि चुप रहते॥
सुर सदा है अलग अलग रहता।
एक सुर से कभी नहीं कहते॥

बेताबी

अब तनिक भी न ताब है तन में।
किस तरह दुख समुद्र में पैठें॥

बेतरह काँपता कलेजा है।
क्यों कलेजा न थाम कर बैठें॥

बेतरह वह लगा धुआँ देने।
चाहता है जहान जल जाया॥
मुद्दतें हो गयीं सुलगते ही।
अब कलेजा न जाय सुलगाया॥

है टपक बेताब करती बेतरह।
हैं न हाथों से बला के छूटते॥
टूटते पाके पके जी के नहीं।
हैं नहीं दिल के फफोले फूटते॥

जाति जिस से भूल चूकों में फँसी।
था भला वह भाव खलता ही नहीं॥
क्या करें किस भाँति बहलायें उसे।
दिल हमारा तो बहलता ही नहीं॥

अब हमारा वहीं ठिकाना है।
है जहाँ ठीक ठीक दुख डेरा॥
तब कहें बात क्यों ठिकाने की।
है ठिकाने न जब कि दिल मेरा॥

जो रहा है बीत दिल है जानता।
है न इतनी ताब जो आहें भरें॥
जब समय ने है पकड़ पकड़ी बुरी।
तब न दिल पकड़े फिरें तो क्या करें॥

बेबसी

बेबसी, हो सदा बुरा तेरा।
यह कहाँ ताब जो करें चूँ तक॥

हम भला कान क्या हिलायें।
कान पर रेंगती नहीं जूँ तक॥

देसहित का काम करने के समय।
हम न योंही डालते कन्धे रहे॥
झंझटों में डाल डाँवाडोल कर।
पेट के धन्धे किये अन्धे रहे॥

लाभ गहरा किस तरह तो हो सके।
हाथ लग पाया अगर गहरा नहीं॥
हम भला कैसे ठहर पाते वहाँ।
पाँव ठहराये जहाँ ठहरा नहीं॥

छूट तो पीछा सका दुख से कहाँ।
तो मुसीबत है कहाँ पीछे हटी॥
हाथ की जो हथकड़ी टूटी नहीं।
जो न बेड़ी पाँव की काटे कटी॥

गड़ गये, सौ सौ मनों के बन गये।
अड़ गये, हैं राह पर आये कहाँ॥
पैठने को जातिहित के पैंठ में।
ए हमारे पाँव उठ पाये कहाँ॥

और दूभर हुआ हमें जीना।
मन, थके मार, मर नहीं पाता॥
हैं उतरते अकड़ अखाड़े में।
पैंतरा पाँव भर नहीं पाता॥

जातिहित पथ न देख तै होते।
रुचि बहुत बार बार घबरायी॥
राह भारी हुए भर आया जी।
भर गये पाँव, आँख भर आयी॥

तंग है कर रही जगह तंगी।
हैं बखेड़े तमाम तो 'तै' से॥

वे समेटे सिमिट नहीं पाते।
पाँव लेवें समेट हम कैसे॥

फैलते देख पाँव औरों के।
वे भला क्यों नहीं अकड़ जाते॥
चाहता हूँ सिकोड़ लेना मैं।
पाँव मेरे सिकुड़ नहीं पाते॥

बेबसी बाँट में पड़ी जब है।
जायगी नुच न किस लिये बोटी॥
चोट पर चोट तब न क्यों होगी।
जब दबी पाँव के तले चोटी॥

हर तरह कर बुराइयाँ अपनी।
वे कलें और के भले की हैं॥
जातियाँ बेतरह दबी कुचली।
चींटियाँ पाँव के तले की हैं॥

थक गये बल कर, निकल पाये नहीं।
जा रहे हैं और वे नीचे धँसे॥
दिल दलक कर बेतरह दलके न क्यों।
हैं हमारे पाँव दलदल में फँसे॥

छूतछात

जो बहुत दुख पा चुके हैं आज तक।
कम न दुख होगा उन्हें अब दुख दिये॥
सब तरह से जो बेचारे हैं दबे।
मत उन्हें आँखें दबा कर देखिये॥

छूत क्या है, अछूत लोगों में।
क्यों न उन का अछूतपन लखिये॥

हाथ रखिये अनाथ के सिर पर।
कान पर हाथ आप मत रखिये॥

भूत सिर पर है बड़प्पन का चढ़ा।
छल रही है छूत जैसी बद बला॥
कर बुरी बेकार बेजा ऐंठ क्यों।
जाति का हम ऐंठ देते हैं गला॥

बाहरी जातपाँत के पचड़े।
भीतरी छूतछात की साधें॥
हैं हमें बाँध बेतरह देतीं।
क्यों उन्हें जाति के गले बाँधें॥

है कही जाती कहीं पर दानवी।
पुज रही है वह बनी देवी कहीं॥
आज छुआछूत - चिन्ता से छिदे।
कौन सी छाती हुई छलनी नहीं॥

तब सके छूट क्यों छिछोरापन।
सूझ जब छाँह छू नहीं पाती॥
क्यों मिटे छूतछात के झगड़े।
जब छिले दिल छिली नहीं छाती॥

आदमी हैं, आदमीयत है भली।
बात यह कोई कहे इतरा नहीं॥
छेद छाती में अछूतों के हुए।
जो अछूता जी गया छितरा नहीं॥

तब न छुटकारा दुखों से पा सके।
हम छोटाई छूत से छूटे न जब॥
एक सा सब छूटना होता नहीं।
छूटने से पेट छूटा पेट कब॥

वे अछूता हमें न छोड़ेंगे।
छूत से हैं जिन्हें नहीं छूते॥

हैं दबे पाँव के तले तो क्या।
क्या हमें काटते नहीं जूते॥

क्या उसी से कढ़ी न गंगा हैं।
बल उसी के न क्या पुजे बावन॥
हैं अपावन अछूत सब कैसे।
है भला कौन पाँव सा पावन॥

नाड़ी की टटोल

हमारे मनचले

सब तरह की सूझ चूल्हे में पड़े।
जाँय जल उन की कमाई के टके॥
जब भरम की दूह ली पोटी गयी।
लाज चोटी की नहीं जब रख सके॥

लुट गयी मरजाद पत पानी गया।
पीढ़ियों की पालिसी चौपट गयी॥
चोट खा वह ठाट चकनाचूर हो।
चाट से जिस की कि चोटी कट गयी॥

लग गयी यूरोपियन रंगत भली।
क्यों बनें हिन्दी गधे भूँका करें॥
साहबीयत में रहेंगे मस्त हम।
थूकते हैं लोग तो थूका करें॥

सिरधरे या सिरफिरे

लुट गया कोई बला से लुट गया।
कुछ नहीं तो गाँठ का उनकी गिरा॥
है सुधारों की वहाँ पर आस क्या।
हो जहाँ पर सिरधरों का सिर फिरा॥

बढ़ गये मान भूख तंग बने।
आप का रह गया न वह चेहरा॥
देखिये अब उतर न जाय कहीं।
आप के सिर बँधा सुजस सेहरा॥

तब भला कैसे न हम मिट जायँगे।
मनचले कैसे न तब हम को ठगें॥
फिर गये सिर जब हमारे सिर धरे।
बात बे-सिर-पैर की कहने लगें॥

हैं हमारे पन्थ जो प्यारे बड़े।
हैं बुरे काँटे उन्हीं में बो रहे॥
देख कर के सिरधरों का सिर फिरा।
हैं कलेजा थाम कर हम रो रहे॥

ढोंगिये

ढोंग रच रच ढकोसले फैला।
जब उन्होंने कि जाति घर घाले॥
तब रखें पाँव फूँक फूँक न क्यों।
और के कान फूँकने वाले॥

तुम भली चाह को समझ लो तिल।
ताल होगा उसे बढ़ा लेना॥
ताल तिल को न जो बना पाया।
काम आया न तो तिलक देना॥

दुख सहे, पर दूसरों का हित करे।
वह रहा घिसता सदा ही इस लिये॥
यह मरम जी में समाया जो नहीं।
तो भला चन्दन लगाया किस लिये॥

इस तरह के हैं कई टीके बने।
जो कि तन के रोग देते हैं भगा॥
जो न मन के रोग का टीका बना।
तो हुआ फिर लाभ क्या टीका लगा॥

सोहते दिन रात माथे पर रहे।
देखता हूँ बाल भी अब तो पके॥
जो न केसर की कियारी जी बना।
तो न केसर के तिलक कुछ कर सके॥

जो न हरि के प्यार का रँग चढ़ सका।
जो न चाही लालियों का सँग रहा॥
जो चिरोरी चाह की होती रही।
तो न रोरी के तिलक का रँग रहा॥

छाप भलमंसी लगा करके छला।
दिन दहाड़े की ठगी धोखा दिया॥
नटखटी का रंग जो उतरा नहीं।
तो किसी ने क्या लगा टीका लिया॥

जो न उस में झलक दिखायेंगी।
सब भली चाहतें ठिकाने से॥
आप के तो खिले हुए मुँह की।
'श्री' रहेगी न 'श्री' लगाने से॥

जब कि चोटें हों धरम पर चल रही।
औ बनावट ने उसे हो ढक लिया॥
तान ली तब आप ने लम्बी अगर।
तो तिलक लम्बा लगा कर क्या किया॥

तीन गुन के न जो तिकट टूटे।
तुम रहे जो तिलोक से ऐंठे॥
तो तमाशा तुम्हें बनाने को।
हैं तिकोने तिलक तुले बैठे॥

धूर्त हैं, गोल गोल बातों में।
जो धरम का मरम छिपाते हैं॥
तुम करो गोलमाल मत ऐसा।
नित तिलक गोल यह बताते हैं॥

देख कर पाँव धर्म का उखड़ा।
भूल कर भूख प्यास बाँध कमर॥
तू खड़ा रात दिन अगर न रहा।
क्या किया तो खड़ा तिलक दे कर॥

जो न तिरछी आँख से तिरछे रहे।
कुछ न पाया तो तिलक तिरछे दिये॥
धर्म के आड़े न आये जो कभी।
तो तिलक आड़े लगाये किस लिये॥

छोड़ करके सजी सरग की सेज।
तू गया आग में नरक की लेट॥
धर्म की ओर फेर करके पीठ।
दे तिलक पालता रहा जो पेट॥

क्या किया दे कर बड़े उजले तिलक।
जो रहा मन मैल में सब दिन सना॥
जो न जी में छींट परहित की पड़ी।
तो हुआ क्या छींट माथे को बना॥

कुछ न छुआछूत से बच कर हुआ।
किस लिये खटराग फैलाये बड़े॥
छूतवाले बन कपट की छूत से।
जब तिलक पर लोभ के धब्बे पड़े॥

जो करें पार और की नावें।
हैं भँवर के वही पड़े पाले॥
फूँकते कान क्यों नहीं अपना।
और के कान फूँकनेवाले॥

हमारे साधू सन्त

और की पीर जो न जान सके।
वे जती हैं न हैं बड़े ढोंगी॥
कान जिन के फटे न परदुख सुन।
वे कभी हैं न कनफटे जोगी॥

कौन हैं रंग ढंग से लें सोच।
सन्त हैं या कि सन्तपन के काल॥
राख तन पर मले चढ़ाये भंग।
लाल आँखें किये बढ़ाये बाल॥

तब रहे धूल फाँकते तो क्या।
देह में राख जब कि दी समवा॥
किस लिये आप तब कमायें वे।
बाल को जब दिया गया कमवा॥

भूल में ही हो पड़े भगवा पहन।
जो भुलावों से नहीं अब लों भगे॥
जो सकी जी से न रंगीनी निकल।
रह सकेगा रँग न तो माथा रँगे॥

और दुनिया चिमट गयी इन को।
सन्त का मन का रोकना देखो॥
इन लँगोटी भभूत वालों का।
आँख में धूल झोंकना देखो॥

धूल दे पाँव की टका ऐंठे।
धूतपन को भभूत दे पाले॥
धूल में सन्तपन मिला करके।
सन्त क्यों धूल आँख में डाले॥

तंगियों के बुरे गढ़े में गिर।
साधुओं का गरेरना देखो॥
जो कि भरते हैं तारने का दम।
उन का आँखें तरेरना देखो॥

घर रहे पर सुध नहीं घर की रही।
अब लगे ठगने रमा करके धुईं॥
बाहरी आँखें गयीं पहले रहीं।
भीतरी आँखें भी अब अन्धी हुईं॥

किस लिये माला हिलाते तब रहे।
माल पर ही जब जमी आँखें रहीं॥
तब रहे चन्दन लगाते किस लिये।
जब कि मुँह में लग सका चन्दन नहीं॥

बन गये जब सन्त तब तज चाहते।
सन्तपन चित को सिखाना चाहिए॥
जो दिखावों में फँसे अब भी रहे।
तो न तुम को मुँह दिखाना चाहिए॥

मान के अरमान जी में थे भरे।
सन्त बनने को मरे जाते रहे॥
चाह थी लाली रहे मुँह की बनी।
बेतरह मुँह की मगर खाते रहे॥

दूसरों के लिये बिके जो हैं।
वे करेंगे न झोल की बातें॥
मोल कैसे नहीं घटायेंगी।
सन्त की मोल जोल की बातें॥

जब चिलम जगती रही तब ज्ञान की।
जोत न्यारी क्यों न जगती कम रहे॥
नाक में दम क्यों रहे दम का न तब।
जब कि दम पर दम लगाते दम रहे॥

फँस गये जब कि चाह-फन्दे में।
नेह नाते रहे छुड़ाते क्या॥
लग गयी पूँछ पिछलगों की जब।
मूँछ को तब रहे मुड़ाते क्या॥

नाम के उन साधुओं के सामने।
आयु जिन की दाम के पीछे चुकी॥
किस तरह से आप झुक जायें भला।
जब झुकाये भी नहीं गर्दन झुकी॥

छोड़ घर-बार किस लिये बैठे।
दूर जी से न जो हुई ममता॥
तो रमाये भभूत क्या होगा।
जो रहा मन न राम में रमता॥

क्यों खुले भी न आँख खुल पायी।
किस लिये चेत कर नहीं चेते॥
लोग क्यों सन्त - पन्थ - पन्थी हो।
पाँव हैं पाप - पन्थ में देते॥

कसौटी

देखना है अगर निकम्मापन।
तो हमें आँख खोल कर देखो॥
हैं हमीं टालटूल के पुतले।
जी हमारा टटोल कर देखो॥

टाट कैसे नहीं उलट जाता।
जब बुरी चाट के बने चेरे॥
दिन पड़े खाट पर बिताते हैं।
काहिली बाँट में पड़ी मेरे॥

कायरों का है वहाँ पर जमघटा।
था जहाँ पर बीर का जमता परा॥
सूर हम में अब उपजते ही नहीं।
सूरपन है सूर लोगों में भरा॥

जाति आँखों की बड़ी अकसीर को।
हैं गया बीता समझते राख से॥
देखते हम आँख भर कर क्या उसे।
देख सकते हैं न फूटी आँख से॥

क्यों भला में न बोलियाँ पड़तीं।
जब बने जान बूझ कर तुतले॥
फूट पड़ती न वाँ बिपद कैसे।
हैं जहाँ बैर फूट के पुतले॥

तब बला में न किस तरह फँसते।
जब बला टाल ही नहीं पाते॥
हो सकेगा उबार तब कैसे।
जब रहे बार बार उकताते॥

बेहतरी किस तरह हिली रहती।
जब रहे काहिली दिखाते हम॥
भूल कैसे न तब भला होती।
जब रहे भूल भूल जाते हम॥

किस तरह काम हो सके कोई।
जब कि हैं काम कर नहीं पाते॥
गुत्थियाँ किस तरह सुलझ सकतीं।
जब रहे हम उलझ उलझ जाते॥

हैं अगर देखभाल कर सकते।
क्यों नहीं देखभाल की जाती॥
तब भला किस तरह भला होगा।
जब भली बात ही नहीं भाती॥

ढंग मन मार बैठ रहने का।
है गया रोम रोम में रम सा॥
छूट पायीं लतें न आलस की।
है भला कौन आलसी हम सा॥

परख

खोट कैसे न खूँट में बँधती।
मन गया है खुटाइयों में सन॥
बान क्यों काटकूट की न पड़े।
है भरा कूट कूट पाजीपन॥

जब पड़ी बान आग बोने की।
आग कैसे भला नहीं बोता॥
मिल सका ढंग ढंगवालों में।
ढंग बेढंग में नहीं होता॥

जूठ खाना जिसे रहा रुचता।
किस लिये वह न खायगा जूठा॥
है उसे झूठ बोलना भाता।
बोलता झूठ क्यों नहीं झूठा॥

जा रही है लाज तो जाये चली।
लाज जाने से भला वह कब डरा॥
घट रहा है मान तो घटता रहे।
है निघरघटपन निघरघट में भरा॥

चूल से चूल हैं मिला देते।
रंगतें ढंग से बदलते हैं॥
चाल चालाकियाँ भरी कितनी।
कब न चालाक लोग चलते हैं॥

पास तब कैसे फटक पाती समझ।
जब कि जी नासमझियों में ही सने॥
तब गले कैसे न उल्लूपन पड़े।
उल्लुओं में बैठ जब उल्लू बने॥

किस तरह बेऐब कोई बन सके।
बेतरह हैं ऐब पीछे जब लगे॥
कम नहीं उल्लू कहाना ही रहा।
काठ के उल्लू कहाने अब लगे॥

बात बतालाई सुनें, समझें, करें।
कर न बेसमझी समझ की जड़ खनें॥
जो बदा है क्यों बदा मानें उसे।
हम न बोदापन दिखा बोदे बनें॥

बाल की खाल काढ़ खल पन कर।
खल किसे बेतरह नहीं खलते॥
चाल चल छील छील बातों को।
छल छली कर किसे नहीं छलते॥

पेच भर पेच पाच करने में।
क्यों सभी का न सिर धरा होगा॥
है भरी काट पीट रग रग में।
क्यों न कपटी कपट भरा होगा॥

वे और हम

चाहते हैं यह तरैया तोड़ लें।
बेतरह मुँह की मगर हैं खा रहे॥
हैं उचक कर हम सरग छूने चले।
पर रसातल को चले हैं जा रहे॥

क्यों सुझाये भी नहीं है सूझता।
बीज हैं बरबादियों के बो गये॥
क्यों अँधेरा आँख पर है छा गया।
किस लिये हम लोग अन्धे हो गये॥

एक है जाति के लिये जीता।
दूसरा जाति लग नहीं लगता॥
एक है हो रहा सजग दिन दिन।
दूसरा जाग कर नहीं जगता॥

हैं लटू हम यूनिटी पर हो रहे।
और वह लट बेतरह है पिट रही॥
सुध गँवा सारी हमारी जाति अब।
है हमारे ही मिटाये मिट रही॥

जाति जीतें सुन उमग हैं वे रहे।
जाति - दुखड़े देख हम ऊबे नहीं॥
आज दिन सूबे चला हैं वे रहे।
हैं हमारे पास मनसूबे नहीं॥

जाति अपनी सँभालते हैं वे।
हम नहीं हैं सँभाल सकते घर॥
क्या चले साथ दौड़ने उन के।
जो कि हैं उड़ रहे लगा कर पर॥

क्यों न मुँह के बल गिरें खा ठोकरें।
छा अँधेरा है गया आँखों तले॥
हो न पाये पाँव पर अपने खड़े।
साथ देने चालवालों का चले॥

लुट रहा है घर, सगे हैं पिट रहे।
खोलते मुँह बेतरह हैं डर रहे॥
मौत के मुँह में चले हैं जा रहे।
हैं मगर हम दूसरों पर मर रहे॥

दौड़ उन की है बिराने देस तक।
घूम फिर जब हम रहे तब घर रहे॥
हम छलाँगें मार हैं पाते नहीं।
वह छलाँगें हैं छगूनी भर रहे॥

वह कहीं हो पर गले का हार है।
इस तरह वे जाति-रँग में हैं रँगे॥
रंगतें इतनी हमारी हैं बुरी।
हैं सगे भी बन नहीं सकते सगे॥

है पसीना जाति का गिरता जहाँ।
वे वहाँ अपना गिराते हैं लहू॥
जाति - लोहू चूस लेने के लिये।
कब नहीं हम जिन्द बनते हूबहू॥

जाति-दुख से वे दुखी हैं हो रहे।
क्यों न वह हो दूर देसों में बसी॥
देख कर भी देख हम पाते नहीं।
जा रही है जाति दलदल में धँसी॥

बावलों जैसा बना उन को दिया।
दूर से आ जाति-दुख के नाम ने॥
आँख में उतरा नहीं मेरे लहू।
जाति का होता लहू है सामने॥

जाति को ऊँचा उठाने के लिये।
बाग अपनी कब न वे खींचे रहे॥
नीच बन आँखें बहुत नीची किये।
हम गिराते जाति को नीचे रहे॥

अठकपालीपन दिखा हैं वे रहे।
है अजब औंधी हमारी खोपड़ी॥
वे महल अपने खड़े हैं कर रहे।
हम रहे हैं फूँक अपनी झोंपड़ी॥

हों भले ही वे विदेसों में बसे।
प्यार में हैं जाति के पूरे सने॥
बात अपनी बेकसी की क्या कहें।
देस में भी हम विदेसी हैं बने॥

धाक अपनी बाँध हैं जग में रहे।
एक झंडे के तले वे हो खड़े॥
फूट है घर में हमारे पड़ रही।
हैं लुढ़कते जा रहे घी के घड़े॥

धर्म्म पर हो रहे निछावर हैं।
आज वे बोल बोल कर हुर्रे॥
हम अधूरे बुरे धुरे पकड़े।
धर्म्म के हैं उड़ा रहे धुर्रे॥

क्यों न हों बहु देस में फैले हुए।
हैं मगर वे एक बन्धन में बँधे॥
साध रहते देस में हम से नहीं।
एकता के मन्त्र साधे से सधे॥

दूसरों की जड़ जमाने के लिये।
क्यों बहक कर आप अपनी जड़ खनें॥
हम नहीं कहते कि लोहा लोग लें।
पर न चुम्बक के लिये लोहा बनें॥

पोल

दूसरे बीर बन भले ही लें।
बीरता तो हमीं दिखाते हैं॥
हम उड़ाते अबीर हैं अड़ कर।
और बढ़ कर कबीर गाते हैं॥

मान मरजाद है मरी जाती।
आबरू का निकल रहा है दम॥
भाँड़ भड़वे बनें न तब कैसे।
जब कि गाने लगे भड़ौवे हम॥

भाव के रसभरे कलेजे में।
हैं सुरुचि की जहाँ बहीं धारें॥
गालियों से भरी, बुरी, गन्दी।
होलियाँ गा न गोलियाँ मारें॥

जाति का मान रह सका जिन से।
मान उन का कभी न कर दें कम॥
कर धमा चौकड़ी भली रुचि से।
क्यों मचा दें धमार गा ऊधम॥

मोड़ लें मुँह न आदमीयत से।
तोड़ देवें न ढंग का तागा॥
बात यह कान से सुनें रसिया।
नास रस का करें न 'रसिया' गा॥

बेसुधे इतने न बन जावें कभी।
जो बुरा धब्बा हमें देवे लगा॥
किस लिये हम ताल पर नाचा करें।
चाल बिगड़े क्यों बुरे चौताल गा॥

दल बहँक जाय दिल - चलों का जो।
तो न बरसें उमड़ घुमड़ बादल॥
जाय वह मुँह तुरन्त जल, जिस में।
गा बुरी कजलियाँ लगे काजल॥

मा, बहन, बेटियाँ निलज न बनें।
इस तरह से हमें न लजवावें॥
हैं लगातार तालियाँ बजती।
गालियाँ गा न गालियाँ खावें॥

जाति राह के रोड़े

ईसवी पंजा

आँख की पट्टी नहीं तब भी खुली।
बिछ रहे हैं जाल अब भी नित नये॥
क्या कहें ईसाइयों की चाल को।
लाल पंजे से निकल लाखों गये॥

तब सुनायें जली कटी तो क्या।
जब पड़े हैं कड़े शिकंजे में॥
आ गये लोग जब लगा घर में।
आ गये हैं मसीह-पंजे में॥

आज हम जिन के घटाये हैं घटे।
बढ़ गयी जिन के बढ़ाये बेकसी॥
बात यह अब भी बसी जी में कहाँ।
जाति पंजे में उन्हीं के है फँसी॥

जो हमारे रत्न ही हैं लूटते।
जो कि हैं ढलका रहे घी का घड़ा॥
ठेस जी को लग सकी यह सोच कब।
देस पंजे में उन्हीं के है पड़ा॥

है कलेजा नुच रहा बेचैन हूँ।
हो रहे हैं रोंगटे फिर फिर खड़े॥
हम निकालें तो निकालें किस तरह।
बेतरह ईसाइयत पंजे गड़े॥

शेर जैसे क्यों न ईसाई बनें।
हिन्दियों से मेमने क्या हैं कहीं॥
पा सदी यह बीसवीं इस हिन्द में।
फैलता क्यों ईसवी पंजा नहीं॥

डाल कर ईसाइयत के जाल में।
तब भला भौंहें चढ़ाते क्यों न वे॥
जी रहा ईसाइयों का जब बढ़ा।
तब भला पंजा बढ़ाते क्यों न वे॥

घाव पर हैं घाव गहरे कर रहे।
चुभ रहे हैं वे बहुत बेढब फँसे॥
दुख रहे हैं और दुख हैं दे रहे।
बेतरह हैं ईसवी पंजे धँसे॥

हो गये हैं शेर वे, तो हर तरह।
क्यों न देवेंगे हमें बेकार कर॥
क्या मसीहाई मसीही करेंगे।
मार देंगे और पंजे मार कर॥

ताली

तो भलाई क्या हुई रगड़े बढ़े।
नींव झगड़े की अगर डाली गयी॥
हाथ के तोते किसी के जब उड़े।
तब बजाई किस लिये ताली गयी॥

झूठ के सामने झुके सिर क्यों।
फूल से लोग क्यों उसे न सजें॥
सच कहें, क्यों न गालियाँ खायें।
तालियाँ क्यों न बार बार बजें॥

प्यालियाँ जो हैं बड़े आनन्द की।
डालियाँ वे क्यों कपट छल की बनें॥
भर बहुत मैले मनों के मैल से।
तालियाँ क्यों नालियाँ मल की बनें॥

हितभरी बात जग-हितू की सुन।
भर गयी लोक-भक्ति की थाली॥
सज उठी फूल से सजी पगड़ी।
बज उठी धूम धाम से ताली॥

धूम से बेढंगपन है चल रहा।
हैं नहीं बेहूदगी आँखें खुली॥
तोड़ देने के लिये हित की कमर।
तालियों की तड़तड़ाहट है तुली॥

डालियाँ अब वे न फूलों की रहीं।
भर गयीं उन की धुनों में गालियाँ॥
तूल हैं तलबेलियों को दे रही।
तौल कर बजती नहीं अब तालियाँ॥

तब भला वह किस लिये बजती रही।
लोग उसको जब न रस-डाली कहें॥
खोल पायी जब न ताला प्यार का।
तब उसे हम किस तरह ताली कहें॥

देस को, जाति को समाजों को।
क्यों कलह-फूल से सजाते हैं॥
लाग की बेलियों तले बैठे।
लोग क्यों तालियाँ बजाते हैं॥

लाग से वे जल रहे हैं तो जलें।
क्यों जला घर सुन रहे हैं गालियाँ॥
जी जला कर जाति के सिरताज का।
क्यों जले तन हैं बजाते तालियाँ॥

बेतुकेपन, बाँकपन बेहूदपन।
बैलपन को हैं किया करती हवा॥
हैं बलायें बावलेपन के लिये।
तालियाँ हैं बेदहलपन की दवा॥

चेलियाँ औ सहेलियाँ दोनों।
बोलियों के सकल कला की हैं॥
रीझ की और खीझ आँखों की।
तालियाँ पुतलियाँ बला की हैं॥

भर उमंगें बना दुगूना दिल।
रख बड़े मान साथ मुँह - लाली॥
बेखुली आँख खोल देती है।
बात तौली हुई तुली ताली॥

वोट

वोट देते हैं टके की ओट में।
हैं सभाओं में बहुत ही ऐंठते॥
कुछ उठल्लू लोग ऐसे हैं कि जो।
हैं उठाते हाथ उठते बैठते॥

वोट देने से उन्हें मतलब रहा।
एतबारों को न क्यों लेवें उठा॥
वे उठाते हाथ योंही हैं सदा।
क्यों न उन पर हाथ हम देवें उठा॥

वोट देने का निकम्मा ढंग हो।
है उन्हें बेआबरू करता न कम॥
हैं उठाते तो उठायें हाथ वे।
क्यों उठा देवें पकड़ कर हाथ हम॥

वोट की क्या चोट लगती है नहीं।
क्यों कमीने बन कमाते हैं टका॥
नीचपन से जब लदा था बेतरह।
तब उठाये हाथ कैसे उठ सका॥

वोट दें पर खोट से बचते रहें।
क्यों करें वह, लिम लगे जिस के किये॥
जब कि ऊपर मुँह न उठ सकता रहा।
हाथ ऊपर हैं उठाते किस लिये॥

चालाक लोग

जी चुरायें, करें न हित जी से।
जाति को क्यों जवाब दें सूखे॥
नाम पाकर नमकहराम न हों।
नाम बेचें न नाम के भूखे॥

जो हितू बन बना बना बातें।
जाति - हित के लिये गये बीछे॥
वे करें हित न तो अहित न करें।
हों न बदनाम नाम के पीछे॥

वह रसातल क्यों चला जाता नहीं।
देस - हित जिसकी बतोलों में सना॥
जो बिगाड़े बात बिनती जाति की।
बात रखने के लिये बातें बना॥

क्यों थपेड़े उन्हें नहीं लगते।
जो न थे बन बखेड़िये डरते॥
जाति - हित के लिये खड़े हो कर।
जो बखेड़े रहे खड़े करते॥

जो भली राह है हमें भूली।
तो बुरे पन्थ में न पग देवें॥
बन लुटेरे न जाति को लूटें।
कर ठगी जाति को न ठग देवें॥

कर दिखायें उसे कहें जो हम।
जीभ मुँह में कभी नहीं दो हो॥
है बुरी बात ढोंग बहुरंगी।
देस - हित - रंग में रँगी जो हो॥

क्यों हमारी कपट - भरी करनी।
जाति - सिर के लिये पसेरी हो॥
देस - हित के लिये चले मचले।
चाल भूचाल सी न मेरी हो॥

आठ आठ आँसू

चार जाति

जो अजब जोत था जगा देता।
जाति में जाति के बसेरे में॥
देवता जो कि है धरातल का।
क्यों पड़ा है वही अँधेरे में॥

जो वहाँ अपना गिराती थी लहू।
जाति का गिरता पसीना था जहाँ॥
अब दिखा पड़ती सपूती वह नहीं।
इन दिनों वह राजपूती है कहाँ॥

जो बसा जाति को रही बसती।
देस में बाढ़ बीज जो बोवे॥
बेच कर नाम बेबसों सा बन।
बैस वह बैस किस लिये खोवे॥

जिस जगह काँटा मिला बिखरा हुआ।
निज कलेजा थे बिछा देते वहाँ॥
जो कि सेवा पर निछावर हो गये।
आज दिन वे जाति - सेवक हैं कहाँ॥

काँपता और थरथराता है।
है फिसलता कभी कभी, छिंकता॥
तब भला जाति हो खड़ी कैसे।
जब कि हैं पाँव ही नहीं टिकता॥

कुछ अजब है नहीं, हमें रोटी।
पेट भर आज जो नहीं मिलती॥
तब भला किस तरह कमाई हो।
जाति की जाँघ जब कि है हिलती॥

खुल सकें तो भला खुलें कैसे।
बेहतरी की रुकी हुई राहें॥
जाति को किस तरह निबाहें तब।
जब कि बेकार हो गयीं बाँहें॥

बात न्यारी बहुत ठिकाने की।
दूर की सोच किस तरह पावे॥
किस तरह जाति तब न कूर बने।
जब कि सिर चूर चूर हो जावे॥

क्यों न पड़ जाँय तब रगें ढीली।
क्यों भला सिर न घूम जाता हो॥
तब भला जाति - तन पले कैसे।
जब कि मुँह में न अन्न जाता हो॥

क्यों न बहँके सब सहे बिगड़े बहुत।
क्यों नहीं सरबस गँवा जीते मरे॥
किस तरह से जाति तब सँभले भला।
बात बे-सिर-पैर की जब सिर करे॥

चार नाते

चाहिए था सींचना जल बन जिसे।
तेल वह उस के लिये कैसे बने॥
तब भला हम क्यों न जायेंगे उजड़।
जब कि जोड़ू ही हमारी जड़ खने॥

घरनियाँ हैं सभी सुखों की जड़।
रूठ सुख - सोत वे सुखायें क्यों॥
निज कलेजा निकाल देवें जो।
वे कलेजा कभी कँपायें क्यों॥

भूल जायें न नेकियाँ सारी।
बाप के सब सलूक को सोचें॥
हो गयीं रोटियाँ अगर महँगी।
बेटियाँ तो न बोटियाँ नोचें॥

वे पहन लें न, या पहन लेवें।
चूड़ियाँ किस तरह मरद पहनें॥
नेह - गहने अगर पसन्द नहीं।
चौंक पत्थर हनें न तो बहनें॥

जो जिलायें उलझ न उलझायें।
और बेअदबियाँ न सिखलायें॥
वे मुआ दें हमें जनमते ही।
पर बलायें बनें न मातायें॥

दूसरे मोड़ मुँह भले ही लें।
मा किसी की कभी न मुँह मोड़े॥
रंग बदले तमाम दुनिया का।
देवतापन न देवता छोड़े॥

जब बदी पर कमर कसे घरनी।
सुख फिरे किस तरह न कतराया॥
तब भला वह सँभल सके कैसे।
जब करे देह पर सितम साया॥

मुँह सदुख ताक ताक बहनों का।
तो न नाते तमाम क्यों रोवें॥
चोर जी में अगर घुसे उन के।
जो सराबोर नेह में होवें॥

हित करें जो बेटियाँ हित कर सकें।
नित मचा कर दुंद वे न दुचित करें॥
तब भला कैसे ठिकाने चित रहे।
जब हमें चित की पुतलियाँ चित करें॥

हमारी देवियाँ

जाति की, कुल की, धरम की, लाज की।
बेतरह ए ले रही हैं फबतियाँ॥
हैं लगाती ठोकरें मरजाद को।
देवियाँ हैं याकि ए हैं बीबियाँ॥

हम उन्हें तब देवियाँ कैसे कहें।
बेतरह परिवार से जब तन गयीं॥
बीबिआना ठाट है बतला रहा।
आज दिन वे बीबियाँ हैं बन गयीं॥

चूस करके सब सलूकों का लहू।
नेह-साँसें चाव से गिनने लगीं॥
तब भला न मसान घर कैसे बने।
डायनें जब देवियाँ बनने लगीं॥

क्या न है फेर यह समय का ही।
देवियाँ जाँय जो चुड़ैलें बन॥
नाम के साथ वे लिखें देवी।
जो रखें नाम को न देवीपन॥

सब घरों को दें सरग जैसा बना।
लाल प्यारे देवतों जैसा जनें॥
अब रहे ऐसे हमारे दिन कहाँ।
देवियाँ जो देवियाँ सचमुच बनें॥

निघरघट

आज दिन तो अनेक ऊँचों की।
रोटियाँ नाम बेच हैं सिंकती॥
क्या कहें बात बेहयाई की।
हैं खुले आम बेटियाँ बिकती॥

हैं कहीं बेढंगियाँ ऐसी नहीं।
हैं भला हम से कहाँ पर नीच नर॥
लूटते हैं सेंत मेंत हमें सभी।
छूटते हैं खेत बेटी बेच कर॥

किस तरह हम को भला कुछ सूझता।
क्योंकि हम में आँख की ही है कमी॥
काठ के पुतले कहाँ हम से मिले।
बेचते हैं आँख की पुतली हमीं॥

कर मकर मन के मसोसों के बिना।
जो कभी दामाद को हैं मूसते॥
कुल बड़ाई के लहू से हाथ रंग।
हैं लहू वे बेटियों का चूसते॥

आज कितनी ही हमारी चाह पर।
बेटियाँ बहनें सभी हैं खो रहीं॥
क्या भला देंगे निछावर हम उन्हें।
आप ही वे हैं निछावर हो रहीं॥

बेटियाँ बहनें बिकें धन के लिये।
भाव ऐसा क्यों किसी जी में जगे॥
जो लगा दे लात कुल की लाज को।
लत बुरी ऐसी न दौलत की लगे॥

किस लिये तो पले न बेटी से।
जो दवा पाप-भार से तन हो॥
मान का मान तब रखे कैसे।
जब कि पामाल माल से मन हो।

बेवायें

जाति का नाश बेतरह न करें।
दें बना बेअसर न सेवायें॥
जो न बेहद उन्हें दबायें हम।
तो बबायें बनें न बेवायें॥

थे उपज पाये दयासागर जहाँ।
अब निरे पत्थर उपजते हैं वहाँ॥
है कलेजा तो हमारे पास ही।
पास बेवों के कलेजा है कहाँ॥

मर्द चाहें माल चाबा ही करें।
औरतें पीती रहेंगी माँड़ ही॥
क्यों न रँडुये ब्याह कर लें बीसियों।
पर रहेगी राँड़ सब दिन राँड़ ही॥

खीज बेबस और बेवों पर अबस।
हम गिरा देवें भले ही बिजलियाँ॥
पर समझ लेवें किसी की भी सदा।
रह सकीं घी में न पाँचों उँगलियाँ॥

हम नहीं आज भी समझ पाये।
जाति की किस तरह करें सेवा॥
हो बहुत बंस क्यों न बेवारिस।
जब कि बेवा बनी रहें बेवा॥

जाति जिस से चल बसा है चाहती।
आज भी छूटी कुचालें वे कहाँ॥
क्यों वहाँ होंगे न लाखों दुख खड़े।
लाखहा बेवा बिलखती हों जहाँ॥

जब कि बेवों का न बेड़ा पार कर।
बेसुधी की धार में हैं बह चुकी॥
आज दिन भी जाग जब सकती नहीं।
जाति जीती जागती तो रह चुकी॥

क्यों न दुख पाँव तोड़कर बैठे।
क्यों वहाँ हो न मौत की सेवा॥
एक दो क्या, जहाँ बहुत सी हों।
चार या पाँच साल की बेवा॥

जब नहीं आबाद बेवायें हुईं।
तब भला हम किस तरह आबाद हों॥
क्यों भला बरबाद होवेंगे न हम।
बेटियाँ बहनें अगर बरबाद हों॥

किस तरह से जाति बिगड़ेगी न तो।
जब कि बेवायें बिगड़ती ही रहें॥
हद हमारी बेहयाई की हुई।
जो कसाला बेटियाँ बहनें सहें॥

जाति कैसे भला न डूबेगी।
किस लिये बह न जाय दे खेवा॥
जब नहीं सालती कलेजे में।
चार औ पाँच साल की बेवा॥

आज बेवा हिन्दुओं की हीन बन।
दूसरों के हाथ में है पड़ रही॥
जन रही है आँख का तारा वही।
जो हमारी आँख में है गड़ रही॥

लाज जब रख सके न बेवों की।
तब भला किस तरह लजायें वे॥
घर बसे किस तरह हमारा तब।
और का घर अगर बसायें वे॥

गोद में ईसाइयत इसलाम की।
बेटियाँ बहुयें लिटा कर हम लटे॥
आह ! घाटा पर हमें घाटा हुआ।
मान बेवों का घटा कर हम घटे॥

जो बहँक बेवा निकलने लग गयी।
पड़ गया तो बढ़तियों का काल भी॥
आबरू जैसा रतन जाता रहा।
खो गये कितने निराले लाल भी॥

देखता हूँ कि जाति डूबेगी।
है जमा नित्त हो रहा आँसू॥
लाखहा बेगुनाह बेवों की।
आँख से है घड़ों बहा आँसू॥

रंज बेवों का देखती बेला।
बैठती आँख, टूटती छाती॥
जो न रखते कलेजे पर पत्थर।
आँख पथरा अगर नहीं जाती॥

नापाकपन

देख कुल की देवियाँ कँपने लगीं।
रो उठी मरजाद बेवों के छले॥
जो चली गंगा नहाने, क्यों उसे।
पाप - धारा में बहाने हम चले॥

रंग बेवों का बिगड़ते देख कर।
किस लिये हैं ढंग से मुँह मोड़ते॥
जो सुधर तीरथ बनाती गेह को।
क्यों उसे हैं तीरथों में छोड़ते॥

जोग तो वह कर सकेगी ही नहीं।
जिस किसी को भोग ही की ताक हो॥
जो हमीं रक्खें न उस का पाकपन।
पाक तीरथ क्यों न तो नापाक हो॥

जब कि बेवा हैं गिरी ही, तो उन्हें।
दे न देवें पाप का थैला कभी॥
मस्तियों से चूर दिल के मैल से।
तीरथों को कर न दें मैला कभी॥

बेटियाँ

हैं तभी से पड़ रहीं जंजाल में।
जिन दिनों वे थीं नहीं पूरी खिली॥
धूल में ही दिन ब दिन हैं मिल रहीं।
फूल की ऐसी हमारी लाड़िली॥

हैं सदा बिकती भुगतती दुख बहुत।
धूम है उन के उखाड़ पछाड़ की॥
हम भले ही लड़खड़ाती जीभ से।
बात कह लें लड़कियों के लाड़ की॥

बेटियाँ छिलते कलेजे को कभी।
सामने आ खोल भी सकती नहीं॥
किस लिये हम फेर दें उन पर छुरी।
जो कि मुँह से बोल भी सकती नहीं॥

बेटियाँ जो सकीं नहीं चिल्ला।
बारहा दुख बहुत अँगेजे पर॥
तो कभी क्यों न हाथ रख देखें।
हम उछलते हुए कलेजे पर॥

फूल जैसी के लिये भी काठ बन।
कब सके हम धूल में रस्सी न बट॥
आज हम हैं चट उसी को कर रहे।
जो नहीं दिखला सकी जी की कचट॥

मांस का वह है न, औ वह पास है।
जिस किसी के, हैं नहीं वे भी सगे॥
जो कलेजा है कलप जाता नहीं।
ठेस लड़की के कलेजे में लगे॥

खेह होते देख सुन्दर देह को।
नेह - धारें हैं नहीं जिस में बहीं॥
जो न पिघला देख कलियाँ सूखती।
वह कलेजा है कलेजा ही नहीं॥

बाप ही ढाह जो बिपद देवे।
तो किसे वह पुकारने जाती॥
आह! सारी विपत्तियों में ही।
जो रही बाप बाप चिल्लाती॥

उस बुरी चाह का बुरा होवे।
जो कि दे बोर बेटियाँ क्वारी॥
चाहते हम जिसे रहे उस की।
हो गयीं चूर चाहतें सारी॥

मान है, उन में अभी मरजाद है।
बेटियों को मान कैसे लें मिसें॥
तो भला कैसे न माँगें मौत वे।
जो जवानी की उमंगें ही पिसें॥

लड़कियों को न बेतरह लूटें।
भूल उन का लहू न हम गारें॥
वे अगर हाथ का खेलौना हैं।
तो न उन को खेला खेला मारें॥

क्यों न यह सोचा गया, हम किस लिये।
सुख सदा बिलसें, सदा वे दुख सहें॥
क्यों कराते हम फिरें कायाकल्प।
क्यों कलपती बेटियाँ बहनें रहें॥

क्यों कलेजा थाम कर रोवें न वे।
बेटियाँ कैसे न तो दुख में सनें॥
मा बने अनजान सब कुछ जान कर।
आँख होते बाप जो अन्धे बनें॥

दुख भला किस तरह कहें उस का।
जो पड़ी हो बिपत्ति - घानी में॥
दुख उठा मार मार मन अपना।
जो मरी हो भरी जवानी में॥

बेजोड़ ब्याह

बंस में घुन लगा दिया उसने।
औ नयी पौध की कमर तोड़ी॥
जाति को है तबाह कर देती।
एक बेजोड़ ब्याह की जोड़ी॥

जो कली है खिल रही उसके लिये।
बर पके, सूखे फलों जैसा न हो॥
दो दिलों में जाय जिस से गाँठ पड़।
भूल गँठजोड़ा कभी ऐसा न हो॥

है उसे चाह रंगरलियों की।
हैं इसे उलझनें नहीं थोड़ी॥
क्यों न जाती उधेड़बुन में पड़।
एक अल्हड़ अधेड़ की जोड़ी॥

आह ! घुन देह में लगा देगी।
औ बनायेगी बाघ को गोरू॥
आठ दस साल के जमूरे की।
बीस बाईस साल की जोरू॥

है समय पर फूलना फलना भला।
बात कोई है न असमय की भली॥
अधखिले सब फूल ही हैं अधखिले।
है सभी कच्ची कली कच्ची कली॥

आह ! बचपन से पली जो गोद में।
वह बिना ही आग सब दिन क्यों जले॥
जो कि जगने जोग बच्चे के हुई।
बाँध दें उस को न बच्चे के गले॥

पाप को लोग भाँप लेते हैं।
पत रहेगी कभी न पत खोये॥
बेटियाँ ब्याह दूधपीते से।
बन सकेंगे न दूध के धोये॥

मिल सकेगा सुख न वह धन धाम से।
दुख न मेटेंगी मुहर की पेटियाँ॥
तज सयानप कमसिनों से किस लिये।
ब्याह हम देवें सयानी बेटियाँ॥

है बड़ी बात ही बड़ा करती।
चाहिए सूझ बूझ बड़कों को॥
हो सयाने करें लड़कपन क्यों।
लड़कियाँ दें कभी न लड़कों को॥

लोग बेढंग बेसमझ हम से।
मिल सकेंगे कहीं न ढूँढ़े से॥
आप ही हम तबाह होते हैं।
बेटियाँ ब्याह ब्याह बूढ़े से॥

बूढ़े का ब्याह

आप जो वे मर रहे हैं तो मरें।
क्यों मुसीबत बेमुँही सिर मढ़ेंगे॥
वे चेताये क्यों नहीं हैं चेतते।
जो चिता पर आज कल में चढ़ेंगे॥

हो बड़े बूढ़े न गुड़ियों को ठगें।
पाउडर मुँह पर न अपने वे मलें॥
ब्याह के रंगीन जामा को पहन।
बेईमानी का पहन जामा न लें॥

छोकरी का ब्याह बूढ़े से हुए।
चोट जी में लग गयी किसके नहीं॥
किस लिये उस पर गड़ाये दाँत वह।
दाँत मुँह में एक भी जिसके नहीं॥

जो कलेवा काल का है बन रहा।
वह बने खिलती कली का भौंरि क्यों॥
मौर सिर पर रख बनी का बन बना।
बेहयाओं का बने सिरमौर क्यों॥

छाँह भी तो वह नहीं है काँड़ती।
क्योंकि बन सकता नहीं अब छैल तू॥
ढीठ बूढ़े लाद बोझा लाड़ का।
क्यों बना अलबेलियों का बैल तू॥

तब भला क्या फेर में छबि के पड़ा।
आँख से जब देख तू पाता नहीं॥
तब छछूंदर क्या बना फिरता रहा।
जब छबीली छाँह छू पाता नहीं॥

दिन ब दिन है सूखती ही जा रही।
हो गयी बेजान बूढ़े की बहू॥
जब कि दिल को थाम कर दूलह बने।
तब न लेवें चूस दुलहिन का लहू॥

चाहतें कितनी बहुत कुचली गयीं।
क्यों न टूटी टाँग बूढ़े टेक की॥
एक दुनिया से उठा है चाहता।
और है उठती जवानी एक की॥

राज की, साज बाज, सज धज की।
है न वह दान माकन की भूखी॥
मूढ़ बूढ़े करें न मनमानी।
है जवानी जवान की भूखी॥

निज लटू की देख कर सूरत लटी।
आँख में उस की उतरता है लहू॥
आँख बूढ़े की भले ही तर बने।
देख रस की बेलि अलबेली बहू॥

कच्चे फल

हो गया ब्याह लग गयी जोंके।
फूल से गाल पर पड़ी झाईं॥
सूखती जा रहीं नसें सब हैं।
भीनने भी मसें नहीं पायीं॥

पड़ गया किस लिये खटाई में।
क्यों चढ़ी रूप रंग की बाई॥
फिर गयी काम की दुहाई क्यों।
मूँछ भी तो अभी नहीं आई॥

लथेड़

हैं बहुत बच्चे भटकते फिर रहे।
औरतें भी ठोकरें हैं खा रहीं॥
अब भला परदा रहेगा किस तरह।
जो उठेगा आँख का परदा नहीं॥

वे बिचारी फूल जैसी लड़कियाँ।
जो नहीं बलिदान होते भी अड़ीं॥
आँखवाले हम तुम्हें कैसे कहें।
जब न आँखें आज तक उन पर पड़ीं॥

बेबसी बेबिसात बेवों की।
सामने जब बिसूरती आयी॥
सिर गया घूम, बन गये बुत हम।
बात मुँह से नहीं निकल पायी॥

देख कर नीच हाथ से नुचती।
एक खिलती हुई अबोल कली॥
चाहिए तो न खोलना फिर मुँह।
बात मुँह से अगर नहीं निकली॥

सोच ले बात, मत सितम पर तुल।
तू उन्हें दे न भीख की झोली॥
तब सके बोल और बेटी क्यों।
जब सकी कुछ न बोल मुँहबोली॥

बेटियों को बेच बेवों को सता।
क्या कलेजे में नहीं चुभती सूई॥
नाम अपना हम हँसाते क्यों रहें।
है हँसी थोड़ी नहीं अब तक हुई॥

लताड़

क्या किसी खोह में पड़ी पा कर।
लड़कियाँ लोग हैं उठा लाते॥
जो बड़े ही कपूत लड़कों से।
हैं तिलक बेधड़क चढ़ा आते॥

हैं न भलमंसियाँ जिन्हें प्यारी।
है जिन्हें रूपचन्द से नाता॥
जब न मुट्ठी गरम हुई उन की।
क्यों भला तब तिलक न फिर आता॥

नीचपन, नंगपन, निठुरपन का।
है जिन्होंने कि ले लिया ठीका॥
न्योत करके बिपद बुलाते हैं।
लोग उनके यहाँ पठा टीका॥

लोग इतने गिरे जहाँ के हैं।
कौड़ियों तक सहेज घर भेजा॥
पिस गयीं लड़कियाँ जहाँ जा कर।
हैं वहाँ भेजना तिलक बेजा॥

पास जिन के नहीं कलेजा है।
बेटियाँ बेच जो अघाते हैं॥
वे लगा कर कलंक का टीका।
मोल टीका बहुत लगाते हैं॥

क्या सयानी हुई नहीं लड़की।
लाख फटकार ऐसे कच्चे को॥
आप वह बन गया निरा बच्चा।
दे तिलक आज एक बच्चे को॥

जो भली राह पर चला न सके।
तो बुरी राह भी न बतलाये॥
हो तिलक एक नामवर कुल के।
क्या तिलक लंठ के यहाँ लाये॥

लड़कियाँ बोल जो नहीं सकतीं।
तो बला में उन्हें फँसायें क्यों॥
भेज करके बुरी जगह टीका।
हम उन्हें धूल में मिलायें क्यों॥

जन्मलाभ

लोकसेवा

हड्डियाँ तो काम देती हैं नहीं।
काम आता है न उस का चाम ही॥
वह बना है लोकसेवा के लिये।
साथ देना हाथ का है काम ही॥

जो उसे उस का सहारा हो नहीं।
तो सकेगा काम पल भर चल नहीं॥
जो न सेवा तेल बल देवे उसे।
तो सकेगा हाथ दीया बल नहीं॥

तो पनपता न हित-हवा पा कर।
मिल गये प्यार-जल नहीं पलता॥
जो न सेवा सहायता देती।
हाथ-पौधा न फूलता फलता॥

तब छबीले हाथ क्या बनते रहे।
जो न सेवा कर छगूनी छवि बनी॥
है कलस वह जगमगाती जोत यह।
है चँदोवा हाथ सेवा चाँदनी॥

एक बरसात है अगर प्यारी।
दूसरा तो हरा भरा बन है॥
जड़ हुए हाथ के लिये जग में।
लोक - सेवा जड़ी सजीवन है॥

जो जड़ाऊ ताज बतलावें उसे।
तो कहें कँलगी इसे न्यारी बड़ी॥
हाथ शमले के सजाने के लिये।
लोकसेवा मोतियों की है लड़ी॥

राज-सुख तो न दे सकेंगे सुख।
लोक-हित में रमा नहीं जो मन॥
धन्य जो हों न हाथ सेवा कर।
क्या बने तो धनी कमा कर धन॥

छोड़ कर भाव देवतापन का।
दैंतपन किस लिये न दिखलाता॥
साथ है जब न लोक - सेवा बल।
हाथ - बल तब न क्यों बला लाता॥

हाथ को अपने जलाते क्या रहे।
कर भली करतूत दिखलाई न जो॥
तो लगाते छाप क्या थे दूसरे।
लोक - सेवा - छाप लग पायी न जो॥

धन कमायें तो करें उपकार भी।
यह अगर है काल तो वह लाल है॥
धन तजें पर लोक - सेवा तज न दें।
हाथ का यह मैल है वह माल है॥

लोक - सेवा ललक रहे करता।
काल जाये न काल का भी बन॥
दे कमल क्यों न छोड़ कमला को।
हाथ कोमल तजे न कोमलपन॥

दूसरे तोर मोर क्यों न करें।
क्यों नहीं हाथ तुम अलग रहते॥
क्यों नहीं पैर प्यार - धारा में।
लोक - सेवा तरंग में बहते॥

जब लगे तब हाथ परहित में लगे।
है जनमता जीव जग - हित के लिये॥
लोक क्या, परलोक भी बन जायगा।
जी लगा कर लोक की सेवा किये॥

हिल गया उन के हिलाने से जगत।
देख कर दुख दूसरों का जो हिले॥
ले बलायें लोग सारे लोक के।
जाँयगे बल लोक - सेवा - बल मिले॥

है भला धन लगे भलाई में।
हो भले काम पर निछावर तन॥
लोभ यश लाभ का हमें होवे।
लोक - हित - लालसा लुभा ले मन॥

जातिसेवा

काम मुँह देख देख कर न करे।
मुँह किसी और का कभी न तके॥
जातिसेवा करें अथक बन कर।
न थके आप औ न हाथ थके॥

हो भला, वह हो भलाई से भरा।
भाव जो जी में जगाने से जगे॥
जातिहित, जनहित, जगतहित में उमग।
जी लगायें जो लगाने से लगे॥

कौन ऐसा भला कलेवा है।
वह भली है अमोल मेवा से॥
फेर में पड़ न जाय जन कोई।
फिर न जी जाये जाति - सेवा से॥

नाम सेवा का न वे लें भूल कर।
देख दुख जिन के न दिल हों हिल गये॥
बोझ उन पर रख बनें अन्धे नहीं।
बेतरह कन्धे अगर हों छिल गये॥

जाति-हित में ललक लगें कैसे।
ले लुभा जब कि लाभ सा मेवा॥
जब कि आराम में रमा मन है।
हो सकेगी न लोक की सेवा॥

नींव है वह बेहतरी - दीवार की।
है सहज सुख - हार की सुन्दर लड़ी॥
है जगत को जीत लेने की कला।
जाति - सेवा जाति-हित की है जड़ी॥

जो रहेगा जाति - हित पौधा हरा।
तो हरा मुख रख, सकेंगे रह भले॥
हम सकेंगे हर तरह से फूल फल।
देस - सेवा - बेलि के फूले फले॥

गेह की क्या, देह की सुध भी गँवा।
भूल जाना, जो पड़े मरना मरें॥
खा सकें या खा सकें मेवा नहीं।
लोग सेवा के लिये सेवा करें॥

पारस परस

धर्म

जोत फूटी गया अँधेरा टल।
हो गयी सूझ सूझ पाया धन॥
दूर जन-आँख-मल हुआ जिस से।
धर्म है वह बड़ा बिमल अंजन॥

रह सका पी जिसे जगत का रस।
रस - भरा वह अमोल प्याला है॥
जल रहे जीव पा जिसे न जले।
धर्म - जल - सोत वह निराला है॥

है सकल जीव को सुखी करता।
रस समय पर बरस बहुत न्यारा॥
है भली नीति - चाँदनी जिस की।
धर्म है चाँद वह बड़ा प्यारा॥

छाँह प्यारी सुहावने पत्ते।
डहडही डालियाँ तना औंधा॥
हैं भले फूल फल भरे जिस में।
धर्म है वह हरा भरा पौधा॥

तो न बनता सुहावना सोना।
औ बड़े काम का न कहलाता॥
जीव - लोहा न लौहपन तजता।
धर्म - पारस न जो परस पाता॥

ज्ञान - जल का सुहावना बादल।
प्रेम - रस का लुभावना प्याला॥
है भले भाव - फूल का पौधा।
धर्म है भक्ति - बेलि का थाला॥

जो कि निर्जीव को सजीव करें।
वह उन्हीं बूटियों - भरा बन है॥
धर्म है जन समाज का जीवन।
जाति - हित के लिये सजीवन है॥

धर्म पाला कलह कमल का है।
रंज मल के निमित्त है जल कल॥
है पवन बेग बैर बादल का।
लाग की आग के लिये है जल॥

धर्म की धाक

है चमकता चाँद, सूरज राजता।
जोत प्यारी है सितारों में भरी॥
है बिलसती लोक में उस की कला।
है घूरे पर धर्म के धरती धरी॥

धर्म - बल से जगमगाती जोत है।
है धरा दल फूल फल से सोहती॥
जल बरस, बादल बनाते हैं सुखी।
है हवा बहती महँकती मोहती॥

छाँह दे फूल से फबीले बन।
फल खिला है उदर भरा करता॥
धर्म के रंग में रँगा पौधा।
रह हरा चित्त है हरा करता॥

क्यों घहरते न पर - हितों से भर।
हैं उन्हें धर्म - भाव बल देते॥
चोटियाँ चूम चूम पेड़ों की।
मेघ हैं घूम घूम जल देते॥

धर्म - जादू न जो चला होता।
तो न जल - सोत वह बहा पाता॥
किस तरह तो पसीजता पत्थर।
क्यों पिघल दिल पहाड़ का जाता॥

लोक - हित में न जो लगे होते।
किस तरह ताल पोखरे भरते॥
धर्म की झार जो न रस रखती।
तो न झरने सदा झरा करते॥

हैं लगातार रात दिन आते।
भूलता है समय नहीं वादा॥
धर्म - मर्याद से थमा जग है।
है न तजता समुद्र मर्यादा॥

जो न मिलती चमक दमक उस की।
तो चमकता न एक भी तारा॥
धर्म की जोत के सहारे ही।
जगमगा है रहा जगत सारा॥

धर्म की धुन

है पनपने फूट को देता नहीं।
धर्म आपस में करा कर संगतें॥
है बढ़ाता पाठ बढ़ती के पढ़ा।
है चढ़ाता एकता की रंगतें॥

धर्म है काम का बना देता।
काहिली दूर काहिलों की कर॥
खोल आँखें अकोर वालों की।
कूर की काढ़ काढ़ कोर कसर॥

धर्म की चाल ही निराली है।
वह चलन को सुधार है लेता॥
हैं चलाता भली भली चालें।
वह कुचल है कुचाल को देता॥

काढ़ता धर्म उस कसर को है।
ध्यान जो नाम का नहीं रखती॥
काम उस का तमाम करता है।
जो 'कमी' काम का नहीं रखती॥

धर्म ने उस के कसाले सब हरे।
हैं सुखों के पड़ गये लाले जिसे॥
है वही पिसने नहीं देता उन्हें।
पीसते हैं पीसने वाले जिसे॥

जो दोहाई न धर्म की फिरती।
तो बिपत पर बिपत बदी ढाती॥
काट तो काटती कलेजों को।
चाट तो चाट और को जाती॥

धर्म की देखभाल में होते।
है बहँक बेतरह न बहँकाती॥
है बुराई नहीं बुरा करती।
पालिसी पीसने नहीं पाती॥

धर्म के चलते सितम होता नहीं।
जाति कोई है नहीं जाती जटी॥
धूल झोंकी आँख में जाती नहीं।
धूल में जाती नहीं रस्सी बटी॥

धर्म का बल

रंग अनदेखपन नहीं लाया।
अनभलों को न सुध रही तन की॥
धर्म की आन बान के आगे।
बन बनाये सकी न अनबन की॥

बद लतों की बदल बदल रंगत।
धर्म बद को सुधार लेता है॥
दूर करता ठसक ठसक की है।
ऐंठ का कान ऐंठ देता है॥

धूल में रस्सी न बट धाकें सकीं।
देख करके धर्म की आँखें कड़ी॥
कर न अन्धाधुन्ध पायी धाँधली।
दे नहीं धोखा सकी धोखाधड़ी॥

कर धमाचौकड़ी न धूत सके।
भूत के पूत चौंक कर भागे॥
कर सका ऊधमी नहीं ऊधम।
धर्म की धूम धाम के आगे॥

देख कर धर्म धर पकड़ होती।
है न बेपीरपन बिपत ढाता॥
साँसतें साँस हैं न ले सकतीं।
औ सितम कर सितम नहीं पाता॥

धर्म उस बान को बदलता है।
है सगी जो कि बदनसीबी की॥
जाति-सर की बला बनी जो है।
वह कसर है निकालता जी की॥

धर्म की धौल है उसे लगती।
चाल जो देस को करे नटखट॥
भूल जो डाल दे भुलावों में।
चूक जो जाति को करे चौपट॥

है बनाता बुरी गतें उन की।
जो तरंगें न जाति - मुख देखें॥
धर्म नीचा उन्हें दिखाता है।
जो उमंगें न देस - दुख देखें॥

धर्म है उन को रसातल भेजता।
जिन बखेड़ों से न जन होवे सुखी॥
जो बनावट जाति-दिल देवे दुखा।
जो दिखावट देस को कर दे दुखी॥

चोट करता धर्म है उस चूक पर।
काट दे जो देस - ममता - मूल को॥
लोग जिस से जाति को हैं भूलते।
है मिलाता धूल में उस भूल को॥

धर्म है बीज प्यार का बोता।
बात बिगड़ी हुई बनाता है॥
जो नहीं मानता मनाने से।
मिन्नतें कर उन्हें मनाता है॥

जो नहीं हेल मेल कर रहते।
वह उन्हें हित बना हिलाता है॥
मैल कर दूर मैल वालों का।
धर्म मैलान ही मिलाता है॥

ठोकरें खा जो कि मुँह के बल गिरे।
है उन्हें उस ने समय पर बल दिया॥
धर्म ने ही भर रगों में बिजलियाँ।
कायरों का दूर कायरपन किया॥

धर्म का कमाल

धर्म ऊँचे न जो चढ़ा पाता।
तो न ऊँचे किसी तरह चढ़ती॥
जो बढ़ाता न धर्म बढ़ कर के।
तो बढ़ी जाति किस तरह बढ़ती॥

क्यों बहुत देस में न हो बसती।
क्यों न हो रंग रंग की जनता॥
धर्म निज रंगतें दिखा न्यारी।
है उसे एक रंग में रँगता॥

है उभर कर न देस जो उभरा।
धर्म ही ने उसे उभारा है॥
हार कर भी कभी नहीं हारा।
वह गिरी जाति का सहारा है॥

मर रही जाति के जिलाने को।
धर्म है सैकड़ों जतन करता॥
है वही जान डालता तन में।
है रगों में वही लहू भरता॥

है जहाँ दुख दरिद्र का पटपर।
धर्म सुख - सोत वाँ लसाता है॥
बेजड़ों की जमा जमा कर जड़।
देस उजड़ा हुआ बसाता है॥

जाति जो हो गयी कई टुकड़े।
धर्म हिल मिल उसे मिलाता है॥
जोड़ता है अलग हुई कड़ियाँ।
वह जड़ी जीवनी पिलाता है॥

खोल आँखें, हिला डुला बहला।
कर सजग काम में लगाता है॥
धर्म कर सब जुगुत जगाने की।
सो गयी जाति को जगाता है॥

धर्म का बल मिल गये सारी बला।
जो भगाने से नहीं है भागती॥
तो जगाये भाग जागेगा नहीं।
लाख होवे जाति जीती जागती॥

धर्म की करामात

जब भलाई मिली नहीं उस में।
किस तरह घर भली तरह चलता॥
क्यों अँधेरा वहाँ न छा जाता।
धर्म-दीया जहाँ नहीं बलता॥

जो कि पुतले बुराइयों के हैं।
क्यों न उन में भलाइयाँ भरता॥
देवतापन जिन्हें नहीं छूता।
है उन्हें धर्म देवता करता॥

जो रहे छीलते पराया दिल।
क्यों न वे छल-भरे छली होंगे॥
जायगा बल बला न बन कैसे।
धर्म-बल से न जो बली होंगे॥

है बड़ा ही अमोल वह सौदा।
मतलबों-हाथ जो न पाया बिक॥
मूल है धर्म प्यार-पौधे का।
है महल-मेल-जोल का मालिक॥

है अँधेरा जहाँ पसरता वाँ।
धर्म की जोत का सहारा है॥
डर-भरी रात की अँधेरी में।
वह चमकता हुआ सितारा है॥

धूत - पन - भूत भूतपन भूला।
बच बचाये सकी न बेबाकी॥
धर्म के एक दो लगे चाँटे।
भागती है चुड़ैल - चालाकी॥

धर्म - जल पाकर अगर पलता नहीं।
तो न सुख - पौधा पनपता दीखता॥
बेलि हित की फैलती फबती नहीं।
फूलती फलती नहीं बढ़ती लता॥

है जिसे धर्म की गयी लग लौ।
हो न उस की सकी सुरुचि फीकी॥
है नहीं डाह डाहती उस को।
है जलाती नहीं जलन जी की॥

धर्म देता उसे सहारा है।
जो सहारा कहीं न पाता है॥
टूटता जी न टूट सकता है।
दिल गया बैठ वह उठाता है॥

बाँध - तदबीर बाँध देने से।
कब न भरपूर भर गये रीते॥
ब्योंत कर धर्म के बनाने से।
बन गये लाखहा गये बीते॥

धर्म के सच्चे धुरे के सामने।
दाल जग - जंजाल की गलती नहीं॥
भूलती है नटखटों की नटखटी।
हैकड़ों की हैकड़ी चलती नहीं॥

धर्म उस का रंग देता है बदल।
जाति जो दुख - दलदलों में है फँसी॥
बेकसों की बेकसी को चूर कर।
दूर करके बेबसों की बेबसी॥

खल नहीं सकता उन्हें खलपन दिखा।
छल नहीं सकता उन्हें कोई छली॥
खलबली उन में कभी पड़ती नहीं।
धर्म - बल जिन को बनाता है बली॥

किस लिए अन्धी न हित-आँखें बनें।
धर्म का दीया गया बाला नहीं॥
क्यों न वाँ अँधेरा - अँधियाला घिरे।
है जहाँ पर धर्म - उँजियाला नहीं॥

पाप से पेचपाच पचड़ों से।
प्यार के साथ पाक रखती है॥
धाक है और धाक से न रही।
धर्म की धाक धाक रखती है॥

परिशिष्ट

जी की कचट

छतुका

किसी के कभी यों बुरे दिन न आये।
किसी ने कभी दुख न ऐसे उठाये॥
भला इस तरह हाथ किस ने बँधाये।
किसी ने कभी यों न आँसू बहाये॥

हमारी तरह बात किस ने बिगाड़ी।
उलहती हुई बेलि किस ने उखाड़ी॥

हमारे लिये आन की बात कैसी।
किसी की हुई आँख नीची न ऐसी॥
हमारी गयी है बिगड़ चाल जैसी।
किसी की कभी चाल बिगड़ी न वैसी॥

किसी के न यों उलझनें पास आयीं।
किसी ने बुरी ठोकरें यों न खायीं॥

किसी ने हमारी तरह है न खोया।
किसी ने नहीं नाम हम सा डुबोया॥
किसी ने नहीं इस तरह हाथ धोया।
भला कौन यों मूँद कर आँख सोया॥

किसी को गयी पीठ कब यों लगायी।
भला यों गयी धूल किस की उड़ायी॥

कभी यों न पतले हुए दिन किसी के।
कभी यों हुए रंग किसी के न फीके॥
किसी ने किये काम कब यों हँसी के।
कभी इस तरह हम बुरे थे न जी के॥

किसी ने कभी है न इतना अँगेजा।
भला थाम किस ने लिया यों कलेजा॥

गिरे जिस तरह हम गिरेगा न कोई।
कभी इस तरह पत किसी ने न खोई॥
किसी की न मरजाद यों फूट रोई।
किसी ने कभी यों न लुटिया डुबोई॥

हमारी तरह धाक किस ने गँवायी।
किसी ने न यों आग घर में लगायी॥

हमें हैं बहुत डाह के ढंग भाते।
हमीं फूट को हैं गले से लगाते॥
हमीं बैर को आँख पर हैं बिठाते।
हमीं हैं घरों बीच काँटे बिछाते॥

हमीं ने सगों का लहू तक बहाया।
हमीं ने बहँक जाति बेड़ा डुबाया॥

हमारी रगों में भरी है बुराई।
खुटाई सभी बात में है समाई॥
हमें भूल सी अब गयी है भलाई।
हमें देख कर है कलपती सचाई॥

हमीं हाथ हैं बेढबों का बटाते।
हमीं बेतरह हैं अड़ंगे लगाते॥

दिखावट हमें है बहुत ही लुभाती।
बनावट बिना नींद ही है न आती॥
हमें ऐंठ की रंगतें हैं रिझाती।
ठसक की सभी बात ही है सुहाती॥

बढ़ा आज बेढंग पन है हमारा।
सगों से हमीं कर रहे हैं किनारा॥

न जानें हुई क्या उमंगें हमारी।
उभरती नहीं आज चाहें उभारी॥
बहुत ही जँची काम की बात सारी।
उतरती नहीं है गले से उतारी॥

गयी गाँठ कायरपने से बँधाई।
पड़ी बाँट में है हमारे कचाई॥

नहीं हम किसी के सँभाले सँभलते।
नहीं हम बुरे ढंग अपने बदलते॥
पकड़ ठीक राहें हमीं हैं न चलते।
बुरी लीक पर से हमीं हैं न टलते॥

समय ओर आँखें हमीं हैं न देते।
सबेरा हुआ करवटें हैं न लेते॥

निकम्मापन

नहीं चाहते जो कभी काम करना।
नहीं चाहते जो कि जौ भर उभरना॥
नहीं चाहते जो कमर कस उतरना।
कठिन है कहीं पाँव जिन का ठहरना॥

करेंगे न तिल भर बहुत जो बकेंगे।
भला कौन सा काम वे कर सकेंगे॥

जिन्हें भूल अपनी गयी बात सारी।
भली सीख लगती जिन्हें है न प्यारी॥
जिन्होंने नहीं चाल अपनी सुधारी।
जिन्होंने नहीं आँख अब तक उघारी॥

भला क्यों न वे सब गँवा सब सहेंगे।
इसी तौर से वे बिगड़ते रहेंगे॥

सच्चे काम करनेवाले

दुखों की गरज क्यों न धरती हिलावे।
लगातार कितने कलेजे कँपावे॥
बिपद पर बिपद क्यों न आँखें दिखावे।
बिगड़ काल ही सामने क्यों न आवे॥

कभी सूरमें हैं न जीवट गँवाते।
बलायें उड़ाते हैं चुटकी बजाते॥

रुकावट उन्हें है नहीं रोक पाती।
उन्हें उलझनें हैं नहीं धर दबाती॥
न पेचीदगी ही उन्हें है गढ़ाती।
न कठिनाइयाँ हैं उन्हें कुछ जनाती॥

बिचलते नहीं हैं कभी आनवाले।
उन्होंने मसल कब न डाले कसाले॥

पड़े भीड़ जौहर उन्होंने दिखाये।
खुले वे कसौटी कुदिन पर कसाये॥
निखरते मिले वे बिपद आँच पाये।
बने ठीक कुन्दन गये जब तपाये॥

सभी आँख में जो सके फूल से फब।
मिले वे न काँटे दुखों में खिले कब॥

न समझा कठिन पाँव बन में जमाना।
कभी कुछ बड़े पर्वतों को न माना॥
हँसी खेल जाना समुन्दर थहाना।
पड़े काम आकाश पाताल छाना॥

कठिन से कठिन काम भी जो सके कर।
उन्होंने मुहिम कौन सी की नहीं सर॥

उन्हें काठ उकठे हुए का फलाना।
उन्हें दूब का पत्थरों पर जमाना॥
उन्हें गंग धारा उलट कर बहाना।
उन्हें ऊसरों बीच बीये उगाना॥

बहुत ही सहल काम सा है जनाता।
भला साहसी क्या नहीं कर दिखाता॥

अड़ंगे लगाना न कुछ काम आया।
वही गिर गया पाँव जिस ने अड़ाया॥
दिया डाल बल झंझटों को बढ़ाया।
न तब भी उन्हें बैरियों ने डिगाया॥

जिन्हें काम कर डालने की लगी धुन।
सदा ही सके फूल काँटों में वे चुन॥

जिन्होंने न औसान अपना गँवाया।
जिन्होंने कभी जी न छोटा बनाया॥
हिचकना जिन्हें भूल कर भी न भाया।
जिन्होंने छिड़ा काम कर ही दिखाया॥

न माना उन्होंने बखेड़ों का टोना।
न जाना कि कहते किसे हैं 'न होना'॥

चले चाल गहरी नहीं वे बिचलते।
नहीं वे कतर ब्योंत से हैं दहलते॥
किये लाख चतुराइयाँ हैं न टलते।
फँसे फन्द में हाथ वे हैं न मलते॥

उन्हें तंगियाँ हैं नहीं तान पातीं।
न लाचार लाचारियाँ हैं बनातीं॥

पिछड़ना उन्हें है न पीछे हटाता।
फिसलना उन्हें है न नीचे गिराता॥
बिचलना उन्हें है सँभलना सिखाता।
गया दाँव है और हिम्मत बँधाता॥

उलझ गुत्थियाँ हैं उमंगें बढ़ाती।
धड़ेबंदियाँ हैं धड़क खोल जाती॥

बढ़ा जी रखा काम का ढंग जाना।
बखेड़ों दुखों उलझनों को न माना॥
जिन्होंने हवा देख कर पाल ताना।
जिन्हें आ गया बात बिगड़ी बनाना॥

उन्होंने बड़े काम कर ही दिखाये।
भला कब तरैया न वे तोड़ लाये॥

ढाढस

सभी दिन कभी एक से हैं न होते।
बहे हैं यहाँ साथ सुख दुख के सोते॥
हँसे जो कभी थे वही ऊब रोते।
मिले मंगते मोतियों को पिरोते॥

अभी आज जो राज को था चलाता।
वही कल पड़ा धूल में है दिखाता॥

❑

हरिऔध-दोहावली

भूमिका

हिन्दी साहित्य के क्षेत्र में पहले दोहा छन्द में सतसई लिखने की एक परिपाटी चलती रही। जिस परम्परा के आधार पर कितनी ही सतसइयाँ जिनमें से प्रमुख बिहारी-सतसई, वृन्द-सतसई, रहीम-सतसई और तुलसीकृत दोहावली आदि हैं। आधुनिक समय में भी यह परम्परा न्यूनाधिक रूप से चलती रही है और वीर-सतसई, दुलारे-दोहावली जैसी कुछ पुस्तकें प्रकाशति हो चुकी हैं। बड़ी प्रसन्नता का विषय है कि आधुनिक समय के महाकवि पं. अयोध्यासिंह उपाध्याय ने दिव्य 'दोहावली' नाम से खड़ी बोली में ब्रजभाषा की दोहा-शैली का संचार करते हुए एक सुन्दर पुस्तक प्रकाशित कराई है। इस दोहावली में अंग-प्रत्यंग का सुन्दर वर्णन प्राचीन नख-शिख वर्णन की परम्परा के रूप में किया गया है। साथ ही कुछ अन्य विषयों पर भी बड़े चुटीले और सारगर्भित दोहे लिखे गये हैं जो 'विविध विषय' शीर्षक के अन्तर्गत आते हैं। इनमें से कुछ विषय तो इतिहास, देश और समाज से सम्बन्ध रखते और कुछ विविध भावात्मक हैं।

वास्तव में यह सतसई नहीं दससई से अधिक है। इसलिए कदाचित् इसका नाम दोहावली रखा गया। सबसे बड़ी विशेषता भाषा के चलते हुए प्रयोगों के प्रयोग में है। फिर भी अलंकार आदि का कौशलपूर्ण चमत्कार ब्रजभाषा काव्य के ही समान इसमें मिलता है। विशुद्ध खड़ी बोली का अलंकृत और सुसज्जित प्रयोग विशेष सराहनीय है। आंगिक वर्णन की परिपाटी अब तक खड़ी बोली के क्षेत्र में इस रूप से न आयी थी। इसका ऐसा सुन्दर संयम करके उपाध्याय जी ने खड़ी बोली के कवियों को ब्रजभाषा में कला-कौशलपूर्ण उक्ति-वैचित्र्य-मूलक दोहे शैली के मुक्तक काव्य लिखने का और उसमें भी मौलिकता लाने का सुन्दर मार्ग दिखलाया है। प्रतिभावान कविवरों का यही कर्त्तव्य भी है।

हम इसलिए उपाध्यायजी को हृदय से बधाई देते हैं। उनके काव्य के सम्बन्ध में यहाँ विशेष लिखने की आवश्यकता नहीं है। उनके काव्य-कौशल आदि की आलोचना हम बहुत पहले उनकी 'रसकलश' की भूमिका लिखते समय और अपने हिन्दी-साहित्य के इतिहास में कर चुके हैं। हमारी सम्मति तो और भी दृढ़ होती है, इस पुस्तक को देखकर और उसे यों हम फिर दुहरा सकते हैं कि उपाध्यायजी आधुनिक काल के बहुमुखी प्रतिभा

वाले सर्वश्रेष्ठ पण्डित कवि हैं। हमें तो अब कुछ दबी हुई रसना से कहना पड़ता है, क्योंकि हमारे साथ उनका बहुत गहरा सम्बन्ध रहा है। इसलिए उनकी वास्तविक प्रशंसा करने में भी हमें उपचार हो जाने के डर से संकोच होता है। 'रसकलश' की भूमिका में हमने यथाशक्ति निष्पक्षता का निर्वाह करते हुए उपाध्यायजी की उचित सराहना की थी। उस पर भी कुछ आलोचकों ने व्यर्थ का वितंडा रूप किया था। किन्तु उसका कोई प्रभाव हिन्दी-संसार पर नहीं पड़ा, क्योंकि सत्य पर किया गया असत्याक्षेप ठहरता नहीं। यदि हम उपाध्यायजी की पूरी-पूरी काव्य-प्रशंसा न करें तो भी उपाध्यायजी का गौरवपूर्ण स्थान उसकी अपेक्षा भी नहीं करता। हिन्दी-संसार में उन्होंने अपनी प्रतिभा के बल से न कि आधुनिक कुछ कथित कवियों के समान अपने मित्रों के प्रशंसा के बल से कमनीय कीर्ति कमाकर चिरस्थायी महत्त्व का ऊँचा स्थान प्राप्त कर लिया है।

इसीलिए हम उनकी इस प्रस्तुत पुस्तक के सम्बन्ध में कुछ विशेष न कहकर अपने सुयोग्य पाठकों से साग्रह कहते हैं कि वे हमारे उक्त संकेत के आधार पर इस पुस्तक का स्वाध्याय अवलोकन करें तो वे स्वमेव मेरे साथ सम्भवतः हमसे अधिक उपाध्यायजी की सराहना करेंगे। अपनी परम्पराओं को सुरक्षित रखना और उनको निखार कर विखारना भी हमारे सुयोग्य कवियों का काम है। सम्भवतः यही उद्देश्य इस दोहावली का है। हम फिर उपाध्यायजी को साधुवाद देते हुए बधाई देते हैं और यह कामना रखते हैं कि ये चिरायु होकर इसी प्रकार हिन्दी भारती का भव्य भण्डार भरते रहें।

प्रयाग विश्वविद्यालय

विद्वज्जन कृपाकांक्षी

हिन्दी-विभाग

रामशंकर शुक्ल 'रसाल'

28-6-46

हरिऔध-दोहावली

मंगल पाठ

बनते हैं बुध विबुध वर महा-मन्द मतिमान।
कर गौरविता गिरा का गौरव-मय गुण-गान। 1।
कहती है आनन्द ध्वनि स्वर्गिक स्वर में गूँज।
सिद्धि मिलेगी गज-वदन पद-पंकज को पूज। 2।
भव के अनुभवशील मुनि-जन की है अनुभूति।
भारत की भारती है भूतल-भूरि विभूति। 3।
बन पाता है क्रूर नर कलित कीर्त्ति कर्त्तार।
भारत-भूतल भारती की आरती उतार। 4।
परम अलौकिक भूतिमय भरित चारुतम चाव।
है उभारती भारती उर में बहु वर भाव। 5।
परम अलौकिक भाव है लोकोत्तर अनुभूति।
भावुकता से है भरित भारत भूतल भूति। 6।
वह निधि किसमें है बने जो महान निधिमान।
भारत ही की भूमि है भारत भूमि समान। 7।

कान्त कुन्तल

है तन छवि के सिर धरे वदन लसित वर वेश।
किसी छबीले अंक में छुटे छरहरे केश। 8।
है सित केशों के सहित सात्विकता संयोग।
क्यों काले कच के लिये लालायित हों लोग। 9।
किसके नयनों ने नहीं ली उसकी छवि लोक।
कौन न ललका आलुलायित कुन्तल अवलोक। 10।

वृथा बताया वह गया केश कलाप समान।
देखी मंजु सेवार में इतनी मंजुलता न। 11।
कम्पित होता ही नहीं वीर अकम्पित काय।
सिर पर आये बला या बाल-बाल बिन जाय। 12।
ललित ललिततम हैं बने मिले मनोरम ओक।
कान्त कपोल लसित कलित कुन्तल लो अवलोक। 13।
कैसे उसे न जन कहें जान बिहीन अजान।
बाल-बाल जो बिन गये बनता है बलवान। 14।
किसे मोहते हैं नहीं कर कर विपुल निहाल।
काले काले छरहरे घूँघरवाले बाल। 15।
एक रंग में रँगे पर नहिं होता दुख लेश।
कटे छँटे बनते नहीं क्लेशित शिर के क्लेश। 16।
ललक रही लालायिता अपलक पथ को रोक।
कलित कुसुम से आकलित केश कलाप विलोक। 17।

विशाल भाल व कपाल

हो जाता है चौगुना, चारु चित्त का चाव।
भाल विशाल विशालता, का अवलोके भाव। 18।
पढ़ न सका कोई कभी बहु दृग से भी देख।
किसी लेखनी से लिखित जन लिलार का लेख। 19।
लोकोत्तरता लाभ कर, उठे राजसी ठाट।
लोकालय है विलसता, खुले कपाल कपाट। 20।
जो वसुधा को गौरवित करते हैं कर गौर।
वे ही हैं नर सिर धरे, वेई हैं सिरमौर। 21।
सुन्दर भाल विशाल का, है मंजुल शृङ्गार।
है चन्दन का तिलक जग अभिनन्दन आधार। 22।
सकल सदाचारी रहे, उससे सदा सशंक।
अकलित चन्दन तिलक है, रुचि कलंक का अंक। 23।
ऐसे चन्दन तिलक का, कब न हुआ सत्कार।
जो गौरव के गले का, बना गौरवित हार। 24।
चन्दन भाल विशाल का है बहु भाव उपेत।
रजोगुणी है लाल औ, सतोगुणी है स्वेत। 25।

क्यों न मुग्ध होवे नयन, खुले मुग्धता द्वार।
करे क्यों न चित उल्लसित, चन्दन लसित लिलार। 26।
बन जाता है बहु बिकस, प्रभा निकेत न इन्दु।
आभा वाला भाल पा गये ज्योति वर बिन्दु। 27।
जिसका है आदर्श शुभ, है उद्देश महान।
है वह चन्दन का तिलक, महि में महिमावान। 28।
सभी कहेगा यह कि है हममें कहाँ कमाल।
सँभल सँभल जो भाल को, हम नहिं सके सँभाल। 29।
कहाँ आत्मबल है लगी, जो न बला को लात।
भावी ही हैं भाल के, देख भाल की बात। 30।
कभी बने प्रतिकूल क्यों, रहे सदा अनुकूल।
बड़ी भूल होगी अगर, भाल न बरसे फूल। 31।
मुण्डन होना धर्म्म है, या है परम अधर्म्म।
ममता कैसे कहेगी, मुण्डित मस्तक मर्म्म। 32।

भ्रूभंगिमा

मानवता की मूर्त्ति को, होता है अतिशोक।
किसी मान्य-जन को कुटिल, भ्रूभंगिमा विलोक। 33।
भीरु भीरु है भीरुता, क्यों न करेगी तंग।
कम्पित होता है हृदय, हुए कुटिल भ्रूभंग। 34।
युगल विलोचन मंजुता, मोहकता का अंक।
कुंठित करता है सदा, भृकुटी कुटिल कलंक। 35।
उसको कुंचित देख है, शङ्कित होता लोक।
कँप जाता है कुटिल भी, भृकुटी कुटिल विलोक। 36।

लोक लोचन

दृग तारे होते न जो, तो होते रविसोम।
भरित दिखाता सर्वदा, भूतल में तम तोम। 37।
उसके जैसा लोचनों, को कह ले अभिराम।
खंजन कर सकता नहीं, अनुरंजन का काम। 38।

भव के विपुल विभव तथा कलित ललित आलोक।
लोचन जो होते नहीं, सकता कौन विलोक। 39।
सुन्दर बन के किस लिये, करे असुन्दर काम।
लोचन की ही लालिमा बनती रहे ललाम। 40।
किसी पीठ के लिये वे बनें किसलिये वेत्र।
लांछित होते क्यों रहें लाल लाल बन नेत्र। 41।
सहज स्नेह के सूत्र हैं हैं अकलित रुचिकाल।
सोच विमोचन ललिततम लोचन डोरे लाल। 42।
प्रमुदित होता चित्त है कर कृति का उल्लेख।
विनय न शील युगल नयन विनयशीलता देख। 43।
चिन्तित जन का चित्त है कभी न पाता चैन।
कब न लगाई वे गयीं आँखें लगती हैं न। 44।
नाना झगड़े हैं खड़े हो पाते हैं तै न।
कब न आँख खोली गयी आँखें खुलती हैं न। 45।
लोक अहित करना भला होता किसे पसन्द।
मानवता की यदि नहीं आँखें होतीं बन्द। 46।
चित कहता है तिमिर में हुआ करे आलोक।
समय सूत्र से पलक का पल-पल पतन विलोक। 47।
तो उनमें है गति नहीं वे हैं शक्ति विहीन।
जो शुचि रुचि वर वदन से आँखें चार हुईं न। 48।
लोचन करते तङ्ग हैं बन कर कभी दबंग।
कभी दिखाते रङ्ग हैं कर अनङ्ग का सङ्ग। 49।
कौन दुखित होगा नहीं किसे न होगा शोक।
किसी दुखी की आँख में आँसू विपुल विलोक। 50।
दुख होगा किसको नहीं कढ़े करुण उद्गार।
कढ़े दुखी का आँख से आँसू बारम्बार। 51।
मन मसोसने से हुआ कब न बहुत ही माख।
झड़ी आँसुओं की लगी लड़े आँख से आँख। 52।
है अनुपम उद्भावना है कविकुल अनुभूति।
लोचन की लालिमा है मुख लालिमा विभूति। 53।
जन के लोचन लालची देख अलौकिक ओक।
बहु लालायित ही रहे ललक पलक अवलोक। 54।

किसी छबीले छैल की कौन सका छवि छीन।
लालायित लोचनों की आलोचना हुई न। 55।
चैन आयतन चित्त को बना बना बेचैन।
हैं अनीति करते कभी नीति निकेतन नैन। 56।
कुछ लोचन में पड़ गये हो न बुरा परिणाम।
यही बरौनी सोच है करती बरतर काम। 57।
चित्त चंचलता का नयन चंचलता है अंग।
मधुर माधुरी के सदृश है दोनों का संग। 58।
कभी कभी ऐसा हुआ करता है संयोग।
बिन फूटे हैं आँख को फूटी कहते लोग। 59।
रोती हँसती नाचती लसती बन उपमान।
है आँखों की पुत्तली कतिपय कला निधान। 60।
अवलोकन कर समझते हैं मानव मन मोल।
हैं लोकालय खोलते लालित लोचन लोल। 61।
इंगित औ आकार से करतूतों को तोल।
खोला करते हैं नयन सदा पालिसी पोल। 62।
उसकी भवत न हितरता ज्योतिमयी है सृष्टि।
विविध अंगसाधनों की है सहायिका दृष्टि। 63।
बन्द किये भी वे नहीं हो पाती हैं बन्द।
पात किये आँखें किया करती हैं छल छन्द। 64।
करती रहती हैं सदा मनमोहन का काम।
जन लोचन की लालिमा बन-बन अधिक ललाम। 65।
उसे अधमता ने लिया है क्या उनसे छीन।
ममता आँखें हो गयी हैं क्यों शील विहीन। 66।
बार बार किस लिये हैं आँखें करते बन्द।
सदा नहीं क्यों देखते भव में परमानन्द। 67।
भर उमंग में कब किये काम किये सब काँख।
पूरी-आँख खुली नहीं रही अधखुली आँख। 68।
सरस भाव की व्यंजना भावुकता भूली न।
आँखों में फूली पड़ी पर आँखें फूलीं न। 69।
आकुलता विदलित हुई धारण करके धीर।
दूर हुई जी की जलन मिले नयन का नीर। 70।

सावधान हो विधि सहित हो पाई है जाँच।
लोचन सह सकते नहीं लाग आग की आँच। 71।
थोड़ा सुख भी है सुखद है वास्तव यह बैन।
कुछ भी पंखा झले क्या नहीं झपकते नैन। 72।
केलि कला का आयतन बहु भावों का भौन।
लोचन जैसा लालची लीलामय है कौन। 73।
युगल विलोचन मध्य रह मिले भाल आलोक।
गोरोचन का तिलक है पाता रोचक ओक। 74।
है उसमें कमनीयता मंडित कान्त कलाम।
लोचन की आलोचना है ललामता धाम। 75।
है औरों के वास्ते तरह तरह की रोक।
लोलन लीलाएँ सके लोचन ही अवलोक। 76।
कभी बनाती व्योंत हैं कभी जताती प्यार।
कभी खिझाती हैं बहुत आँखें हो दो चार। 77।
उन्हें नाम से काम क्या काम करेंगे काँख।
रहे चुराते चित्त वे क्यों न चुरायें आँख। 78।
है न अलौकिक बात जो लालायित हो लोक।
कमल नयन की कान्तता कोमलता अवलोक। 79।
चाल चले दूसरे भी क्यों न चलेंगे चाल।
आँख दिखाये, लोग क्यों आँखें लें न निकाल। 80।
स्वयं बला में वे फँसे सके बला नहिं टाल।
लोहा लेने जो लगे आँखें करके लाल। 81।
समर जनित विकरालता परिपूरित है माख।
हो ललामता से रहित लाल लाल हैं आँख। 82।
कौन नहीं होता चकित कलित कलेजा थाम।
देखे लालित लोचनों की लालिमा ललाम। 83।
बतलाती हैं रुदनता कुछ निपतन का हाल।
मानव की आँखें युगल बहुधा हो हो लाल। 84।
भर भर भोले भाव से चल चल अनुपम चाल।
करते रहते हैं सदा लोचन युगल कमाल। 85।
वह करती है सृष्टि में परम अपावन वृष्टि।
पातक रत हैं समझते पातक रत की दृष्टि। 86।

करती है जी में जगह जन लोचन की कोर।
वे होती हैं अति रुचिर है जनता चित चोर।87।
आँसू जब है बरसता लोचन बन बेहाल।
करुणा सागर उमड़ता मिलता है तत्काल।88।
बन बन कर के सर्वदा विपुल विलोचन चोर।
किस चित्त में चुभती नहीं हैं आँखों की कोर।89।
जनता जीवन मध्य है बहुत बड़ी यह टूट।
आँख अगर आती नहीं कैसे जाती फूट।90।
कुशल इसी में हैं बने नहीं बिलोचन म्लान।
होवे माड़ा काश मन जाला हो ज्वालान।91।
आनन वह आनन नहीं जो न कहे बर बैन।
नयन नहीं वे नयन हैं नीति निरत जो हैं न।92।
विविध विलासों से विलस बन विनोद के क्षेत्र।
केलि कला से हैं कलित अंजन अंजित नेत्र।93।
बने बुरे लोचन नहीं कहलावें क्यों नीच।
किसी दूसरे पर कभी नहीं उछाली कीच।94।
सदाचार सम्पन्न हो बन गौरव के क्षेत्र।
व्यंजित करते हैं सुरुचि रुचिर से रुचिर नेत्र।95।
सब दिन होता ही रहे जन नेत्रों का त्राण।
उपचित होता ही रहे रक्षा का परिमाण।96।
आँखें हैं पथरा गयीं पढ़ पढ़ नाना ग्रन्थ।
जिससे प्रभु की प्राप्ति हो मिला नहीं वह पन्थ।97।
दिव्य दृष्टि से खोलकर आँखें लो अवलोक।
कहाँ दिखाता है नहीं लोक लोक आलोक।98।
वह हो तेजस्वी भरा हो उसमें आलोक।
अन्धकार ही दिवस में अन्धा सका विलोक।99।
कुपित हुए कुछ वृद्धि की हुआ करे संकेत।
जन लोचन की लालिमा है अनुरक्ति उपेत।100।
उनका मुख जो हैं सुखित पाकर भूतल भोग।
हैं तपाक से ताकते सदा तरसते लोग।101।
दुख होता है पर सका कौन कुदिन को रोक।
जल जाती यम नयन से जल जाता अवलोक।102।

तेवर बदले भी नहीं वह बनता है तिक्त।
सदा रस बरसता रहा सरस नयन हो सिक्त।103।
चन्द विनिन्दक चारु मुख का है चकित चकोर।
दिखा चौगुनी चातुरी लोचन है चित चोर।104।
चख चख चितवन स्वाद चख को मिलता है चैन।
बात कहें क्या चाह की उसमें धीरज है न।105।
मानस बनता ही रहे पूत कृत्य का क्षेत्र।
प्रभु पद-पंकज का बने चंचरीक मम नेत्र।106।
मान घट गया बन गया अब सर ज्ञान विहीन।
आँख चढ़ाये क्या हुआ जो वह चढ़ पाई न।107।
शक्ति तुल्य ही कार्य्य का होता है परिणाम।
दो ही दृग कब कर सके चार दृगों का काम।108।
हो पाई अवमानना उर में उपजी माख।
बहुत चढ़ाये भी नहीं चढ़ पाई मम आँख।109।
भला है न छल कपट से जो कुछ लेवें छीन।
आँख चुराने से कभी चोरी छिप पाई न।110।
लसे ललित बन कर हँसे हो हो अधिक प्रफुल्ल।
लोचन छवि देखे बना कौन नहीं उत्फुल्ल।111।
सोच सोच कितने थके कितने कर संकोच।
लोचन की छवि कब कथन कर सकता है पोच।112।
है अतीत आनन्दप्रद है कमनीय महान।
युगल विलोचन का परम गौरवमय गुणगान।113।
शुचिता से उर मध्य जो रुचिर भाव भरते न।
लोचन की आलोचना आलोचक करते न।114।

न्यारी नासिका

तन मन जीवन में लगा है मनोज्ञतम तार।
स्वास-क्रिया की नासिका है प्रधान आधार।115।
कभी खुला मुख मिला औ कभी मिला मुख बन्द।
स्वास-क्रिया के लिये है नाक सदा स्वच्छन्द।116।

चाल बुरी चल बुरा है कहलाता चालाक।
ताक झाँक है ठीक नहिं कट जायेगी नाक। 117।
मान मिले, अपमान का, कभी न हो संयोग।
हम ऐसा क्यों करें जो नाक सिकोड़ें लोग। 118।
दाता कुछ दो या न दो, बहु दुख मुझको दो न।
दो न दम दिलासा मगर नाकों में दम हो न। 119।
दो पूरे होते नहीं जो न नाक सम्पत्ति।
तो पूरी होती नहीं स्वास-क्रिया उपपत्ति। 120।
जो ऊँची हो बन सके उच्चभाव का ओक।
नाक निवासी उमगते हैं वह नाक विलोक। 121।
है नासिका उपासिका उसकी बन कर्तार।
स्वास-क्रिया पर सर्वथा जिसका है अधिकार। 122।
कतर कतरनी से सका नाक किसी की कौन।
इसे नहीं मन मानता पर रहता है मौन। 123।
नाक मले जो किसी को मिलता रहता माल।
तो जन-जीवन जगत में बन जाता जंजाल। 124।
छिनक छिनक कर धूल में हम न मिलावें धाक।
ऐंठ दिखाने के लिये कभी न ऐंठें नाक। 125।
छेदें बेधें छुरी से काटें क्यों सत पाक।
कतर कतर कर कतरनी से न उतारें नाक। 126।
किसी मनोरम मूर्ति पर हैं मंजुल तम फूल।
या सुन्दर झुलनी रही है नासा में झूल। 127।
पूरा निश्चित है नहीं सुख दुख का परिपाक।
नथ नथुनी हित विद्ध हो हुई अलंकृत नाक। 128।
उसी के सहारे हुआ तप जपादि सन्धान।
बिना नाक पकड़े नहीं हो सकता है ध्यान। 129।
दोषरहित है कौन है होती प्रकृति विभिन्न।
अवलोकन कर नाक मल मन होता है खिन्न। 130।

कमनीय कान

ऐसे ऐसे गान हैं जो हैं मधुर महान।
उनका रस मिलता नहीं यदि नहिं होते कान। 131।

अनुपम झंकृति से भरे सुन सितार के तार।
कान न होते कौन तो होता मुग्ध अपार। 132।
बात ठीक यह है नहीं है होना बदनाम।
कान पकड़ने पर अगर किया गया कुछ काम। 133।
कान कान वह है नहीं है वह काठ समान।
जो सुन पाता है नहीं गौरवमय गुण गान। 134।
भली पैंठ तज वह गया बुरी पैंठ में पैठ।
कान ऐंठने पर गयी अगर किसी की ऐंठ। 135।
अपने हित की बात को कौन सका कब छोड़।
बहरा बनने को सका कौन कान को फोड़। 136।
सुने सिखावन जो रहा तीन पाँच में लीन।
होने पर भी कान के वह है कान विहीन। 137।
है न खुटाई से भरी है न चलाती चोट।
कभी कभी हैं खटकती किसी कान की खोट। 138।
वीणा वेणु सितार की ध्वनि कमनीय महान।
किसे करेंगे मुग्ध जो ध्वनित न होगा कान। 139।
तबला ढोल मृदंग का नाद विनोद निधान।
मोहेगा किसको बिना हुए निनादित कान। 140।
बालक के तुतले बचन प्रिया कथन रमणीय।
किसे लुभायेंगे न हो यदि श्रुति कृति कमनीय। 141।
कविकुल की कल कल्पना बड़े बड़े व्याख्यान।
किसे रिझायेंगे बने बिना सहायक कान। 142।
ऐसी बातें क्यों खुलें जिनसे बढ़े अप्रीति।
कानाफूसी क्रिया है भेद संयमन नीति। 143।
हैं विचित्रता से भरे कितने दण्ड विधान।
कोई हो अपराध है पकड़ा जाता कान। 144।
सुनकर बातें हँसी की कर कानों से मेल।
कभी खिलखिला हँसना है मुखड़े का खेल। 145।
दोष दोष है और गुण गुण है यह है ख्यात।
आनाकानी क्या नहीं है मनमानी बात। 146।
किसे न दुख होगा लगे तन में लागत लात।
कौन सुखित होगा सुने आन-बान की बात। 147।

करता रहता है दुखित जनता को दुख द्वंद।
कान कतरना कब किसे होगा कभी पसन्द। 148।
सब दिन होता ही रहे कान्त कीर्त्ति का गान।
मेरे कान सुखी बनें सरस सुधा कर पान। 149।
पान के लिये सरस रस रहे पिपासित कान।
होता ही सब दिन रहे गौरवमय गुणगान। 150।
किसी काल में हों नहीं कान बन्द हो मन्द।
वह प्रति दिन पाता रहे पल पल परमानन्द। 151।
कलप रहा हूँ और हूँ अतिशय दुर्बल दीन।
विनय कान करते नहीं क्या हो कान विहीन। 152।
मिल पाते कैसे उन्हें तरह तरह के भेद।
क्यों सुनते होते नहीं जो कानों में छेद। 153।
भावों को समझा करें सदा पेट में पैठ।
कान ऐंठने से कभी दूर न होगी ऐंठ। 154।
ठीक ठीक होगा नहीं वह होगा अललाम।
कान पकड़ करके दिया जायेगा जो काम। 155।
छिद भिद बाला पहन है बनता श्रवण ललाम।
वह दुख है दुख नहिं सुखद है जिसका परिणाम। 156।
है जिसका जो काम उसे वह देगा अंजाम।
का न कर सकेगा नहीं कभी कनपटी काम। 157।
मिले कुछ विभव बहकना बहुत बड़ी है भूल।
कान फूल जाता नहीं पहन कलित कनफूल। 158।
कहें तो कहें क्या भला क्या वे हैं नादान।
कैसे कुछ सुन सकेंगे सोये लम्बी तान। 159।
निपट निराली उपज है सिर पर मिली जटा न।
वे हैं योगी कनफटे फटा न जिनका कान। 160।
उसे बनाते हैं विविध गहने बहु छबिमान।
कान्त दिखाता है अधिक कुण्डल बिलसित कान। 161।
लोभ फाँस में फँस अगर फुँक जाते हैं कान।
तो मानसिक विवेक का करते हैं अपमान। 162।
कुछ कहने से है यही भला रहें हम मौन।
क्यों न कान होंगे खड़े बने कनौड़ा कौन। 163।

होते हैं पुलकित विपुल हो हो मुग्ध नितान्त।
अलबेले के कान सुन सुन अलबेली बात। 164।

कान्त कपोल

ललित गुलाब प्रसून सम है ललामता ओक।
होता है दृग गौरवित गोलकपोल बिलोक। 165।
देख चौगुनी चारुता चित होता है लोल।
है मंजुल तम माधुरी बिलसित गोल कपोल। 166।
हैं मनोज्ञतम रूप के वे सर्वोत्तम माल।
सरस रस हिलोरे सदृश गोरे गोरे गाल। 167।
बातें गढ़ गढ़ हो सकीं किस प्राणी की वृद्धि।
गाल बजाये मिल सकी किस साधक को सिद्धि। 168।
बहक दिखाने से भला है रह जाना मौन।
गाल फुलावे कब कहाँ फूल फल सका कौन। 169।
कम हो जाता है मनोरम सुमनों का मोल।
अवलोकन कर ललित तम कोई कलित कपोल। 170।

सरस रसना

सहज सरसता सलिल की वह है मंजुल मीन।
रसना क्यों रस बरसती जो होती रसहीन। 171।
खाने से बहु वस्तु के होता है आह्लाद।
जो रसना होती नहीं कैसे मिलता स्वाद। 172।
जैसे बहु स्वर व्यंजनों का आनन है तात।
वैसे ही कुछ वर्ण की माँ रसना है ख्यात। 173।
भली चाल ही है भली हैं जंजाल कुचाल।
जीभ चलाकर देख लो भली-बुरी का हाल। 174।
उसमें मिली मनोज्ञता कभी मिला छल-छन्द।
रसना में है सरसता असरसता का द्वंद। 175।
रसना कभी सजग मिली कभी भर गयी भूल।
काँटे छींट गयी कभी बरस गयी या फूल। 176।
मीठी मीठी वस्तु से है रसना अवधान।
सीठी को सीठी समझ ले है यह भी ज्ञान। 177।

बातें हैं गढ़ ली गयीं या हैं कथन सहीह।
खींच तान में पड़ गये खींच ली गयी जीह। 178।
कड़वी बातें कह कड़ी पड़ी लड़ी बसुयाम।
पड़े खटाई में न क्यों जीभ बुरे कर काम। 179।
जीभ न होती लालची राल गिराती तो न।
सूखी रोटी के लिये रूखी पड़ती क्यों न। 180।
हो जाती है उस समय रसना भी असहाय।
रिस होने पर रसिकता है सिकता समवाय। 181।
दाँत सताते हैं उसे पर वह है निरुपाय।
जीभ काट सकती नहीं क्यों न स्वयं कट जाय। 182।
बिना किये अपराध भी रिपु बनता है काल।
गाली देती जीभ है मुँह बनता है लाल। 183।
मीठे व्यंजन का अधिक होता है अरमान।
रसना होती मुग्ध है किये मधुर रस पान। 184।
हुए किसी आतंक के हुई बुरी तंबीह।
वह छटपटा नहीं सकी गयी लटपटा जीह। 185।
उसके सारे सुगुण हैं अति कमनीय निजस्व।
रसना की ही सरसता है रसना सर्वस्व। 186।
रसना किसी उदार नर सी है दया निधान।
चाट चाट कर लबों का करती है सम्मान। 187।
दाँत भले ही जीभ को गड़ गड़ करें विपन्न।
चाट पोंछ कर वह उन्हें कब नहिं रही प्रसन्न। 188।
कोमल हो कमनीय हो हो रसना सद्वर्ग।
जाती है जातीयता हुए रोष संसर्ग। 189।
उसमें है कमनीयता भावुकता संभार।
सार वस्तु से है रहित नहिं रसना संसार। 190।
पचड़े आये सामने हुई न त्रस्त तथापि।
रसना हो सकती नहीं रस से रहित कदापि। 191।
तालू से पल पल किया करती कौन कलोल।
जो रसना होती नहीं मुँह क्यों सकता बोल। 192।
बन बन विविध विलास की विधिवत् वर आवास।
सूचित करती है सरस रसना रस की प्यास। 193।

देस विदेश प्रवास में अनुचित हुए प्रयास।
नीरस को भी सरस है करती रसना प्यास। 194।
उनको आलम्बन बना करते हैं चितचाव।
हैं भावुकता से भरित रसना नाना भाव। 195।
ऐसे अवसर भी मिले होते हुए अनीह।
खिंची निकाली भी गयी अहह बिचारी जीह। 196।
जीभ चटोरी है बुरी निन्दित है यह चाट।
ठीक नहीं बेठीक है ठसक भरा यह ठाट। 197।
पाते हैं उसमें सरसता का सर्ब निजस्व।
होती है रसना रसिक की रस का सर्वस्व। 198।
रसना तन ही है सदा रहता रस से सिक्त।
उसको कोई क्यों कहे वह है रस से रिक्त। 199।
रंग बदल मुँह का गया हुआ और ही तौर।
जीभ हिलाये भी नहीं हिली कहें क्या और। 200।

अधर माधुरी

अहह किसलिये बन गये हो तुम इतने सोंठ।
पपड़ी परिपूरित हुए लाल लाल क्यों होंठ। 201।
हैं सुजान अनजान भी हैं जड़मति मतिमान।
भाग्यवान ही कर सके अधरामृत रसपान। 202।
कितना हुआ किसे नहीं है इसका अवधान।
मुरलीधर के अधर पर धरी मुरलिका मान। 203।
लोक परस्पर प्यार का वह है मधुर निदान।
अगर अधर होता नहीं तो चुम्बन होता न। 204।
भोले भाले लाड़िले का अवलोके प्यार।
क्या करते लब चूम जो करते नहीं दुलार। 205।
रहे दिखाते चोचले ललक ललक जो लाल।
क्यों नहिं उनके चूमते विकसित अधर रसाल। 206।
जिस मुरली का नाद सुन बने मुग्ध बहु बन्य।
उस मुरली धर अधर को क्यों न कहें हम धन्य। 207।
मूर्तिमान प्रतिपत्ति हैं हैं उपपत्ति प्रसाद।
अधर धरी मन-मोहनी मोहन मुरली-नाद। 208।

अधर-सुधा माधुरी से वसुधातल को सींच।
मोहन मुरली सरस रस देती रही उलीच। 209।
मधुर अधर माधुरी की मोहकता को देख।
ललक हुए भी लेखनी कब लिख पाई लेख। 210।
पूजे जगती में गये जिनके पग जलजात।
उन मोहन की मुरलिका है भव में विख्यात। 211।
हरि मुरली-ध्वनि सुने जब होता ध्वनित दिगंत।
झंकृत होता उस समय भवहृतंत्रीतंत। 212।
जब मनमोहन मुरलिका का होता था नाद।
ब्रज पशु-पक्षी श्रवण तक पाते थे आस्वाद। 213।
बिम्बाफल प्रतिबिम्ब सम कान्त वदन कर ओक।
पुलकित होता चित्त है युगल अधर अवलोक। 214।
हैं समधिक सुषमा सदन मंजुबदन के माल।
हैं मोहक स्वर के जनक मधुर अधर ए लाल। 215।
जीभ हिलाये कब हिली कान हुआ कब तात।
होंठ चाट कर रह गये कढ़ी न मुँह से बात। 216।
तब तुम क्या कहते भला समझ ली गयी बात।
होंठ हिलाये भी नहीं यदि हिल पाया तात। 217।
क्यों नहिं होती स्वरित ही ब्रज-मंडल में व्याप्त।
मन-मोहन की मुरलिका दिव्य अधर कर प्राप्त। 218।
हरि मुरली होती न जो दिव्य कला में लीन।
होकर छिद्रवती कलित कीर्तिवती बनती न। 219।
जो मोहन मृदु अधर के होती नहिं आधीन।
तो जड़ बंसी बाँस की मोहकता पाती न। 220।
मोहन मुरली यदि न होती अधर ध्वनि लीन।
तो सहृदय के हृदय को ध्वनित कभी करती न। 221।

दिव्य दाँत

बार बार झझकें नहीं बुरो ठान को ठान।
दाँत कटाकट क्यों करें क्यों पकड़ें हम कान। 222।
यह तो झंझट है किसे कौन कब सका पीस।
दाँत पीसना है बुरा बुरी बला है खीस। 223।

झगड़ा है अच्छा नहीं बेजा है उत्पात।
तमक व्यर्थ है तुम नहीं तोड़ सकोगे दाँत। 224।
बात बात में बहकना है बहु बेजा बात।
दाँत काटना है बुरा है नीचता नितान्त। 225।
यह कुचलन है और है नहीं सुरुचि अनुकूल।
बात बात में दाँत का निकालना है भूल। 226।
होते चिकने स्वच्छतम रदन अनूठे जो न।
क्रिया कूँचने की वदन में कर सकता कौन। 227।
मुख सौन्दर्य्य विभूति है है भोजन अवदंात।
छब्बीसो व्यंजनों सँग जन बत्तीसों दाँत। 228।
कब तक हम चुप रहेंगे खल को क्यों दें छोड़।
खड़े बखेड़े क्यों सहें क्यों न दाँत दें तोड़। 229।
मोहित होते हैं नयन देख ललित तम ओक।
विकसित वारिज वदन की दसनावली विलोक। 230।
हँसते हुए मुखेन्दु में दसन दमक अवलोक।
पुलकित होता चित्त है पा अनुपम आलोक। 231।
दारिम सी दसनावली की दिव्यता विभूति।
देख देख होती चकित है सुषमा अनुभूति। 232।
खटपट क्या है बेसमझ सकेंगे न यह बात।
पड़े खटाई में न जिनके खट्टे हों दाँत। 233।
वे क्या समझेंगे लगा करती है क्यों चोट।
कटुता में पड़ कर हुए जिनके दाँत न कोट। 234।
नहीं छलकती छवि-छटा द्युति दिखलाई दी न।
कान्त ज्ञात होता नहीं आनन दन्त-विहीन। 235।
प्रकृति रह गयी प्रकृति नहिं हुआ प्रवृत्ति प्रकोप।
असन रह गया असन नहिं हुए दसन के लोप। 236।
सुखद पुनः होते नहीं कुछ वियोग दुःखान्त।
मुख को फिर मिलते नहीं मुख के टूटे दाँत। 237।
पीड़ित होने पर अपर को वे सके सँभाल।
सुख के साधन दाँत सुख देते हैं सब काल। 238।
उसके पाले पड़ मनुज बनता है बेचैन।
दसनों की पीड़ा किसे पीड़ित करती है न। 239।

सदा मिला करते नहीं हैं ऐसे अभिजात।
पड़े खटाई में न जिनके खट्टे हों दाँत। 240।
थोड़ी बातों के लिये तुरत बनें क्यों तात।
तेवर बदले किसी का क्यों तुड़वायें दाँत। 241।

चारु चिबुक

ऐसा कहना विज्ञ बन है अज्ञता नितान्त।
चिबुक चारु यदि है न तो अधर भी न है कान्त। 242।
अनुभव द्वारा हो मनुज तन है अनुभवनीय।
क्यों होगा कल अधर जो चिबुक न है कमनीय। 243।
पुरुष पुरुषता की सखी कलित कला में लीन।
चिबुक न होती तो रुचिर दाढ़ी दिखलाती न। 244।
काट छाँट के पेंच में पड़ क्यों उकताती न।
जो प्रपंच से मूँछ के चिबुक निबुक पाती न। 245।

मूँछ दाढ़ी

कहते हैं क्या यह नहीं चलो कौन सी चाल।
उजले उजले मनुज दाढ़ी के मंजुल बाल। 246।
ललक ललक भव हित करो बन माई के लाल।
बाल बाल भी बिन गये देश बला दो टाल। 247।
कहें तो उसे क्या कहें बहुत बड़ा है सोच।
बनते हैं जो पोच जन औरों का मुँह नोच। 248।
परिपूरित हो दुखों से दृग के आँसू पोंछ।
कभी बनाये भी गये बिछे बिछे बहु मोंछ। 249।
हैं कहावतें बहुत सी जिनकी है न मिसाल।
कह सुन लें पर कब कहाँ खिंची बाल की खाल। 250।
स्वाभाविक काले, बने स्वेत न हैं यह रीति।
पर परम्परा बाल की हैं इसके विपरीत। 251।
जूँ पड़ने पर भी नहीं मिल पाता है चैन।
बढ़ते कतरे बाल हैं उखड़े जमते हैं न। 252।

रोब दाब का अंग है गौरव का उपमा न।
कब दाढ़ी के बाल का हुआ बोल बाला न। 253।
अपनी अपनी जगह पर है दोनों की पूछ।
यदि दाढ़ी है मोहती तो महती है मूँछ। 254।

अनुपम आनन

मुख्य इन्द्रियों की क्रिया का है वह अवधान।
सब अंगों से अधिक है आनन महिमावान। 255।
उनका क्या विश्वास है वे हैं, अवसर तात।
कहते फिरते हैं सदा जो मुँहदेखी बात। 256।
ऐसे लोगों से सँभल मिलें हुए संयोग।
हैं लायक होते नहीं मुँह लटकाये लोग। 257।
कुछ न कभी कर सकेगा जो भोगे है भोग।
पर के मुँह को ताकते रहते हैं क्यों लोग। 258।
तमक दिखावेगा न वह करेगा न उत्पात।
जिसके मुँह से है कभी कढ़ी न कच्ची बात। 259।
होगा क्या संकोच उसे कहते वचन कठोर।
पत उतारता जा रहा बनकर अति मुँहजोर। 260।
कहाँ बसता हुन रहा कहाँ हुआ अन्धेर।
किसको दुख होगा नहीं हुए दिनों का फेर। 261।
पुण्य छोड़ करके नहीं हो पावेगा पाप।
कृपासिन्धु करके कृपा मुँह दिखलावें आप। 262।
किसी काल में भी नहीं हो पाया संयोग।
है दर्शन की लालसा क्यों मुँह देखें लोग। 263।
यदि गाली बकता रहा दण्डित तो क्यों हो न।
पटरी यदि बैठी नहीं मुँह तो पिटता क्यों न। 264।
जिसकी होती है कलित ललित सकल करतूत।
है कपूत तो पूत नहिं है सपूत ही पूत। 265।
खिला खुला मुख चाहिए रहित सकल छल-छन्द।
बन्दनीय वह है नहीं है जिसका मुँह बन्द। 266।
ए हैं विविध विनोद की अति कमनीया गोद।
हँसना मुसकाना मधुर मुख का है आमोद। 267।

मुखड़े का है सिकुड़ना अप्रसन्नता स्वरूप।
हैं उसकी प्रक्रिया के भी कितने ही रूप। 268।
ठोकर खाते सूम हैं बन कौड़ी के तीन।
मनमानी होती नहीं मिलती मुँह माँगी न। 269।
किसी के लिये भी बने पेट न बुरी बलाय।
हाय हाय करता फिरे कोई क्यों मुँह बाय। 270।
कब न कौड़ियाले बने बन कौड़ी के तीन।
मनमानी कब हो सकी क्यों मन हो मतिहीन। 271।
ठिठके रहते हैं सदा ठोकर लगे कठोर।
कब मुँह की खाते नहीं जितने हैं मुँहजोर। 272।
तोर मोर की बान तज अवलोके सब ओर।
मुँहफट है मुँह फेरता बन बन कर मुँहचोर। 273।
भाव ताव समझे बिना बिना बिलोके तौल।
कौन पास का कहाँ पर कब मुँहमाँगा मोल। 274।
कभी फुलायें मुँह नहीं कभी मुँह चुरायें न।
कर कर निन्दित काम को निज मुख दिखलायें न। 275।
मुँह बिगाड़ना है बुरा तथा बनाना हीन।
दोनों को तज कर रहे मुँह सदैव अमलीन। 276।
कभी मुँह छिपायें नहीं कथमपि मुँह मोड़ें न।
सरस स्नेह के सूत्र को किसी समय तोड़ें न। 277।
गाली मुँह देवें नहीं न दें किसी पर थूक।
किसी काल में हो नहीं मुँह से ऐसी चूक। 278।
कभी खिलखिलाकर हँसे होगा विपुल निहाल।
होता कभी प्रफुल्ल है मुँह टपकाये राल। 279।
तोर मोर को छोड़ कर क्या है उनमें जोर।
मुँह दिखलायें किसलिये जितने हैं मुँहचोर। 280।
जो होते हैं सुखित निज बला और पर डाल।
वे बिचकायें मुँह न क्यों सुन असफलता हाल। 281।
सुजन का खुला मुँह भला कर हरता है भूल।
उसी का खिला मुँह बरसता रहता है फूल। 282।
रहा भाग्य में जो बदा भोग चुके बहु भोग।
सुफल चाहते हैं तुरत मुँह फैलाये लोग। 283।

कूट कपट की मूर्त्ति है बेजड़ है उत्पात।
कहते रहते हैं सदा जो मुँह देखी बात। 284।
जितना फैले उतनिही फैलायें हम टाँग।
सदा मुँह फुलाये नहीं मिल सकती है माँग। 285।
हँसने वाला मुँह सुजन रहा हँसाता नित्य।
होते हैं कमनीय वे जो करते हैं कृत्य। 286।
खिला कौन सा दिल नहीं देख चाँदनी रात।
किसे लुभाती है नहीं मुँह की मीठी बात। 287।
वह मानी जाती नहीं रहती है अज्ञात।
छोटे मुँह द्वारा कही गयी जो बड़ी बात। 288।
अनुपम भावों से भरित पूरित निरुपम भक्ति।
किसे नहीं है मोहती सरस सुधा सी उक्ति। 289।
क्या विचित्र है किन्तु वह है न जनक उत्पात।
टेढ़े मुँह से जो रहे कढ़ती टेढ़ी बात। 290।
मंजुल मुख को इस क्रिया से लगती है लीक।
ऐंठ दिखाना मूँछ को ऐंठ नहीं है ठीक। 291।
गा गा कर गौरव सहित सउमग गुण गोविन्द।
विकसित होता है विपुल मनुज वदन अरविन्द। 292।
जनतन में हैं कर्म रत जितने अंग प्रधान।
उन सबका वर वदन है दिव्य निवास स्थान। 293।
है वह कितना गौरवित है कितना कमनीय।
मति कह सकती है नहीं मुँह महिमा महनीय। 294।

कान्त कण्ठ

क्यों न सरसता लाभ को लोग बनें उत्कण्ठ।
रस बरसाते हैं सदा सकल सुरीले कण्ठ। 295।
उसके जैसा हो नहीं सकता कोई अन्य।
जिसका स्वर कमनीय है वह सुकण्ठ है धन्य। 296।
सकल राग रागिनी का कण्ठ है बराधार।
सब स्वर उसमें हैं भरे है वह दिव्य सितार। 297।
तुरत चाहिए रुज शमन का होना सामान।
किसी समय कण्ठा कलित बने कण्ठमाला न। 298।

सदाचार का पाठ तो नहीं हो सका कण्ठ।
कण्ठी पहने क्या हुआ रहा लंठ का लंठ। 299।
पढ़ता हूँ पर यदि नहीं हो पाता है पाठ।
अहह क्या कहूँ कण्ठ को मार गया क्यों काठ। 300।
लालच दे देकर थका वह तो ललचाया न।
खोल थका पर कण्ठ तो खोले खुल पाया न। 301।
चित्त की व्याकुलता गयी है क्या उसमें पैठ।
किसने बिठलाया उसे कण्ठ गया क्यों बैठ। 302।
लगेगी लगाये नहीं बहु विमुग्धकर तान।
भले गले के बिना कब हुआ गौरवित गान। 303।
होता है कमनीयतम उसका कार्य्य-कलाप।
विमुग्धता होती नहीं बिना ललित आलाप। 304।
विपुल गौरवित गिटकिरी स्वर समूह विस्तार।
करते रहते हैं सरस बन उर पर अधिकार। 305।
राग रागिनी के समय औ स्वर भी हैं भिन्न।
किन्तु कण्ठ में हैं सभी बिना हुए विच्छिन्न। 306।
विविध यज्ञ के लिए क्यों भव होता उत्कण्ठ।
वेद-ध्वनि होती नहीं यदि नहिं होता कण्ठ। 307।
लघु विवाद के लिये ही हो न वाद उद्योग।
क्यों दबाव डालने को गला कण्ठ दबावें लोग। 308।
समझ-बूझ की आँख को कभी मूँद लेवें न।
घाटे में पड़ किसी का गला घोंट देवें न। 309।
निज कर से ही निज गले का काटना विलोक।
हो विचित्र पर कौन कब किसे सका है रोक। 310।
तो फिर क्या है पूछना होगी क्यों न प्रसिद्धि।
सिद्धि लाभ जो कर सका गाल बजाये सिद्धि। 311।
धीर वीर मुँह से कभी नहीं निकलती आह।
गरदन नपने की नहीं होती है परवाह। 312।
कभी कभी ऐसा हुआ है महनीय अनर्थ।
गला फाड़ जब बोलना भी होता है व्यर्थ। 313।
गला पड़ गया है कहो किया जाय क्या यत्न।
बोला जाता है नहीं क्या मैं करूँ प्रयत्न। 314।

आप समझ लें है नहीं गाल फुलाना ठीक।
है ललाम वह काम नहिं जो कि लगाये लीक। 315।
ग्रीवा का स्वर ज्ञान है अधिकतर समीचीन।
कर लेती है लोक को विमुग्धता में लीन। 316।
है अतीव अनुरंजिनी अनुपम कला निधान।
किसी कान्ततम कण्ठ की अति कमनीया तान। 317।
जितना मोहित कण्ठ है दिखा अलौकिक त्याग।
राग-रागिनी का किसे है इतना अनुराग। 318।
राग प्रगति को कण्ठ है सँभालता बन सूरि।
नीचा स्वर भर कर कभी ऊँचा स्वर भर भूरि। 319।
कण्ठ को अकुंठित कृपा के रह कर आधीन।
होता रहता राग है गोल माल से हीन। 320।
ऐसे ऐसे मधुर पद जो हैं अति कमकीय।
कौन सुनाता जो नहीं होता कण्ठ स्वकीय। 321।
सरस मंजु स्वर का जनक होता अगर गला न।
कैसे गा सकते कभी तो गौरवमय गान। 322।
उसका जीवन व्यर्थ है जो हित पाग पगा न।
देश-प्रेम के गले से जिसका गला लगा न। 323।
स्वकर्तव्य पालन किये होगी क्यों न प्रसिद्धि।
ढोल गले में पड़ गये बजे मिलेगी सिद्धि। 324।
टूटा फूटा बोल ही है कर रहा कमाल।
अभी गला खुल सका नहिं कैसे बोले लाल। 325।
काँजा नियमित पथ सदृश हो जाता है हाल।
बिगड़ा कण्ठ बिगाड़ता है स्वर को सब काल। 326।
कौन मुग्ध होता नहीं ग्रीवा गौरव देख।
किसकी छवि का हुआ है बार बार उल्लेख। 327।

हास-विलास

कौन लुभा जाता नहीं देखे ललित विकास।
है प्रफुल्ल करता किसे नहिं भव हास विलास। 328।
है आँखों को मोहती बुझा मंजुता प्यास।
किसी मनोरम वदन का परम मनोहर हास। 329।

है वारिज उत्फुल्लता है विनोद अभ्यास।
हँसता है विधु वदन का अतिकमनीय विकास।330।
हँसी खुशी से है हुआ करता जितना काम।
वह होता है कार्य का, ठीक अतीव ललाम।331।
हँसी-दिल्लगी में करें किसी को न बदनाम।
इसे कमीनापन कहेंगे बेचेंगे नाम।332।
अतिशयता अच्छी नहीं दिल भी घबरा वे न।
हँसते हँसते कभी भी पेट फूल जावे न।333।
मुसकाना है मधुरतम भावुकता की भूति।
महा मनोहर मानसिकता की है अनुभूति।334।
मुसकाना है मंजुतम मोहकता की मूर्ति।
है प्रसन्नता की हुआ करती उससे पूर्ति।335।
उसको सोचें उलझनों में उसके उलझें न।
मेल-जोल की बात को हँसी-खेल समझें न।336।
किसे मुग्ध करती नहीं बना बना उत्कण्ठ।
कान्त कला से आकलित कोकिल का कल कण्ठ।337।
सहृदय होता है सुखित सद्भावों को सोच।
हँसते-हँसते लोटना है ललामता लोच।338।
जो हँसना है नेत्र को करता सुख सम्पन्न।
तो मुसकाना है उसे करता परम प्रसन्न।339।
जो हँसना अवलोक कर हँसते हैं कुछ लोग।
तो प्रायः अरि का हृदय करता है दुख भोग।340।
कभी कभी चालाक चलते हैं ऐसी चाल।
मुसकाये ही कपट का बिछ जाता है जाल।341।
ठंढा होने पर कहें क्या हो जावे जो न।
हँसी-ठठोली के लिये लगे ठहाका क्यों न।342।
सदा मंजुतम क्रिया से करता रहे प्रसन्न।
हँसना मानव मात्र का बन बन सुख सम्पन्न।343।

हृदय अथवा छाती

मति पुलकित होवे सदा कह कह कृति अवदात।
छन छन करती ही रहे छाती छवि की बात।344।

वे हैं अब मुँह नोचते जिनसे हुआ सलूक।
छीछालेदर देखकर छाती हुई छटूक। 345।
निशि दिन है अब हो रहा अहह चूक पर चूक।
दुख होता है जो बने बावदूक भी मूक। 346।
दशा लोक की देख है उर में उठती हूक।
जहाँ रहा पिक बोलता अब है वहाँ उलूक। 347।
दिखला कर तो तमकनत कुछ भी होगा तैन।
छल-प्रपंच से छरछराती यदि छाती है न। 348।
हैं उसके कितने कलित ललित अलौकिक कर्म्म।
सहृदय ही है समझता मनुज हृदय का मर्म्म। 349।
कैसे होगी दया जो उर में ममता है न।
कठिन कलेजा देखकर दुख यदि द्रवता है न। 350।
उर में हुआ न अंकुरित भव हित तरुवर बीज।
जीवन कैसे सफल हो पुलक पसीज पसीज। 351।
क्यों न बनेगा वह हृदय प्रायः उकठा काठ।
जिसने पढ़ पाया नहीं कोमलता का पाठ। 352।
क्यों न हठी हठ कर सदा हठ करना ले ठान।
जिसमें सहृदयता नहीं वह सहृदय होगा न। 353।
रहे कलेजा क्यों न थिर कभी बहुत धड़के न।
यह होगा झक रोकने से वह अगर रुके न। 354।
बात बात में बिगड़ कर हाथ हम चलायें न।
जामे के बाहर न हों झटपट झुँझलायें न। 355।
रहे कलेजा क्यों न थिर कभी बहुत धड़के न।
यह होगा झक रोकने से वह अगर रुके न। 356।
कोई भेद मिले कभी या न मिल सके भेद।
कभी न करना चाहिए जन छाती में छेद। 357।
हो मन भावुक भूति में भक्ति भाव भरपूर।
बन तमारि करुणानिधे करो हृदयतम दूर। 358।
मेल रहित मेली उसे कथमपि कहीं मिले न।
छूत-छात से दूर रह छाती कभी छिले न। 359।
किसी मनुज के अंक के हैं लालित प्रिय लाल।
व्यंजन हैं बर थाल के जन छाती के बाल। 360।

बाहु अथवा भुजदण्ड

है वह क्या है सबलता उसकी कितनी ज्ञात।
बाहुमूलता ने कही बाहु मूल की बात। 361।
विपुल शक्ति सम्पन्न हो वे हैं परम प्रचण्ड।
दण्डनीय दण्डन कुशल हैं दोनों भुज-दण्ड। 362।
हैं द्विबाहु वसुधा विजय केतन कीर्ति निकेत।
अनुपम गरिमा गौरवित वर वीरता उपेत। 363।
बाहु है कला आकलित कान्त कान्ति सम्पन्न।
धन्य धन्य ध्वनि पात्र हैं जन विमुक्त आपन्न। 364।
जहाँ देखिये वहीं पर वह बन सका प्रधान।
वसुन्धरा में कब नहीं हुआ बाहु बल मान। 365।
धन की ममता चाहती है बल का संसर्ग।
भव विभूति होती सदा है उस पर उत्सर्ग। 366।
उसका आनन ताकती मिली सदैव विपत्ति।
बल बल जाती है सबल बल पर सब सम्पत्ति। 367।
है उसकी सहकारिणी नाना जन अनुभूति।
है बल की अनुगामिनी वांछित विपुल विभूति। 368।
उसकी विविध विभूति का है अनुपम व्यापार।
बलवत्ता है राजसी सत्ता का आधार। 369।
फहरा कहता है यही नृप मणि मन्दिर केतु।
है नरपति का भुजा बल नरपतित्व का हेतु। 370।
उसकी ही देखी गयी आन बान की बान।
विजय लाभ करते मिले वसुधा में बलवान। 371।
उनको होता ही नहीं बहुधा इसका ध्यान।
विभवरहित हो या बने विभववान बलवान। 372।
भले भाव में भर भुजा करै भलाई नित्य।
किसी समय भी बहक कर करै न कुत्सित कृत्य। 373।
दुख होगा जो भुज पकड़ ले कपूत की राह।
पड़ प्रतिकूल प्रवाह में करै न व्रत-निर्बाह। 374।
लोक विजयिनी बाहु की मांसलता का मोल।
कह सकती रसना नहीं बन जाती है लोल। 375।

मुझे दयानिधि चाहिए दिव्य बाँह की छाँह।
है निबाह होता नहीं प्रभु तुम करो निबाह। 376।

कान्त कर

बनी सर्वदा ही रहे दया दृष्टि दयनीय।
दोनों कर करते रहें कृत्य परम कमनीय। 377।
भूले भी पत किसी की कभी वे उतारें न।
हाथ सम्हलते ही रहें हित करते हारें न। 378।
है सेवा का संकलन साधन विविध विधान।
कान्त क्रिया अवधान है कर है कलानिधान। 379।
परम समादर के सहित बन बन के बहु पूत।
कर सउमग करता रहे सदा कान्त करतूत। 380।
उन लोगों के वास्ते जो हैं दीन अनाथ।
ऊँचा हाथ रहे सदा हो नहिं नीचा हाथ। 381।
जो पचकाये पेट फिरते हैं बने अनाथ।
चार हाथ उनके लिए बनें जन युगल हाथ। 382।
स्वार्थी बन कर मोहवश भूले भी ऐंठे न।
कभी हाथ पर हाथ रख काय्यर्थार्थी बैठें न। 383।
माँगे कुछ न मिले कभी कोई करै न रोष।
सबके आगे हाथ का फैलाना है दोष। 384।
जो मुँह मोड़े क्यों न उससे हम मुँह मोड़ें न।
ललक किसी के सामने कभी हाथ जोड़ें न। 385।
मार-पीट है ठीक नहिं तुरत लपट जायें न।
पीट पाट के लिये झट हाथ हम उठायें न। 386।
कर सकता है और क्या लो मम बातें मान।
माल गये पर हाथ मलने से कुछ होगा न। 387।
हाथ लग सका कुछ नहीं चले हाथ हम झाड़।
सब करतूतों को अगर ताड़ सकें लें ताड़। 388।
अच्छी कब मानी गयी कर की कुत्सित बान।
जो कहता हूँ वह करो, हित बातें लो मान। 389।
मान छोड़ करके हुआ बहुत अधिक अपमान।
हाथापाई के किये कुछ भी हाथ लगा न। 390।

विपुल शक्ति सम्पन्न हैं वे हैं परम प्रचण्ड।
दण्डनीय दण्डन कुशल हैं दोनों भुज दण्ड। 391।
अनुपम गौरव गौरवित वर वीरता उपेत।
है द्विबाहु वसुधा विजय केतन कीर्त्ति निकेत। 392।
सकल कला से आकलित कान्त कान्ति सम्पन्न।
बाहु धन्य ध्वनि पात्र है है विमुक्त आपन्न। 393।
साधन हैं बहु सुखों के विविध क्रिया के मूल।
कर रहते अनुकूल हैं यदि न कभी हो भूल। 394।
मुँह की लाली रहेगी चले निराली चाल।
मालदार का कर उठे होगे मालामाल। 395।
दाता जिससे हो चकित त्राता तज दे साथ।
इतना फैलाये नहीं कोई अपना हाथ। 396।
मर्यादा से भूल कर भी नाता तोड़ें न।
किसी कुजन के सामने कभी हाथ जोड़ें न। 397।
हो तेजस्वी बहु प्रबल शौर्य्य-निकेत तथापि।
किसी कुजन के सामने, हाथ न उठे कदापि। 398।
मिले कान्ति के कान्ततम कर क्यों कहलायें न।
कुसुमोपम छवि देख क्यों लोचन ललचायें न। 399।
झंझट होवे पर उलझ कोई झुँझलाये न।
हाथापाई की कभी भी नौबत आये न। 400।
लाग-डाँट के समय डट हम कदापि हारें न।
किन्तु किसी मुँहजोर मुँह पर मूका मारें न। 401।
है अनाथ कोई नहीं हैं अनाथ के नाथ।
हाथ बँधे तो क्या हुआ खुल जायेंगे हाथ। 402।
यह कहना है कुटिलता बहुत बड़ी है टीस।
हाय पिसे हम पोसने वाले को दें पीस। 403।
जान-बूझकर अति प्रबल दुख से कभी घिरें न।
खुली हथेली पर कलेजा हम लिये फिरें न। 404।
कहने वाले कहें पर वह तो दिखलाया न।
कभी कलेजा किसी के आनन पर आया न। 405।
कलित हथेली में खिंची विविध लकीरें कान्त।
बतलाती है मनुज के जीवन का वृत्तान्त। 406।

है जीवन आयोजना का उसमें संकेत।
दिव्य हथेली हाथ की है दिव्यता निकेत। 407।
हैं उङ्गली छोटी-बड़ी पर हैं सभी उदार।
पर-हित-साधन अधिकतर उनका है व्यापार। 408।
सीधी हैं उनका रुचिर होता है संकेत।
कर की पाँचों उँगलियाँ हैं मंजुता निकेत। 409।
कौन मिला ऐसा मिला कोई योगी भी न।
पाँचों उँगली किसी की घी में ही होगी न। 410।
किसी आँख की ज्योति को कुढ़ कर कभी हरें न।
भूल किसी की आँख में उँगली कभी करें न। 411।
कभी नचायें क्यों उसे उँगली चमकायें न।
सदा भले ही काम में उसे क्यों लगायें न। 412।
जान बूझकर आँख में उँगली करवायें न।
काट-कूट से दूर रह उँगली कटवायें न। 413।
होता है सद्‌भाव का यथा समय संयोग।
दिखा अँगूठा किसलिये ऐंठ दिखावें लोग। 414।
प्रायः गणना के समय कनिष्ठिका के साथ।
अनामिका मध्यमा को भी गिनता है हाथ। 415।
रही तर्जनी वह किया करती है संकेत।
समय समय पर सर्वदा हो बहुभाव उपेत। 416।
कभी उँगलियाँ तोड़ कर बड़े मनोहर फूल।
हार बनाती हैं सदा निज मानस अनुकूल। 417।
उसे चढ़ाती हैं सदा या बालक अवलोक।
उसे पिन्हाती हैं पुलक कान्त स्वरूप विलोक। 418।
कभी बनाती हैं समुद मंजुल मुक्ता हार।
और बनाती हैं उसे दिव्य देव उपहार। 419।
कभी न जाती हैं मुरज बन मंजुल ध्वनि मूर्त्ति।
कभी उँगलियाँ मुग्ध बन करती हैं स्वर-पूर्ति। 420।
है मृदंग ध्वनि मंजुता उनकी कृति कमनीय।
है तबले की ठनक में कलित पाठ पठनीय। 421।
वीणा और सितार के ध्वनित मंजुतम तार।
हैं उनकी ही प्रेरणा के आकार प्रकार। 422।

जिनको है अब भी अधिक पंजा से बहु प्यार।
वे पंजा कर देख लें पंजा का व्यवहार। 423।
जिन्हें जोर का गर्व है वे देखें कर जोर।
लोहे की है नहिं बनी कर उँगली की पोर। 424।
काट चिकोटी जब नहीं लाभ कर सके ओट।
मैं कहता हूँ तुम न तब चला सकोगे चोट। 425।
हैं उनकी उँगलियाँ सत्कृति की उपमान।
देते रहते हैं युगल कर जिनके नित दान। 426।
है वह दाता धन्य जन हैं उनके कल कृत्य।
जिसे बताने के लिये उठे तर्जनी नित्य। 427।

पेट-प्रसंग

रोआँ कलपायें नहीं चलें बुरी चालें न।
पाप पन्थ के पथिक बन कभी पेट पालें न। 428।
टेंट में न कुछ रहे तो दिवस बितावें लेट।
प्राण जाय तो जाय पर पापी बने न पेट। 429।
पटरी यदि बैठे न तो बैठालें कर थाम।
पेट दिखाते क्यों फिरें ले पटुता से काम। 430।
तो भी घबराओं नहीं करो प्रयत्न अनेक।
किसी समय हो गया हो पेट पीठ यदि एक। 431।
क्यों समझें नर सोचता क्या है रह रह मौन।
कभी किसी के पेट में पैठ सका है कौन। 432।
पकड़ कलेजा मैं रहा हूँ दुख के दिन काट।
क्यों नहिं सिर पीटूँ सका आज पेट नहिं पाट। 433।
पास फटक पाया नहीं जिसके जग जंजाल।
वह कैसे कह सकेगा जले पेट का हाल। 434।
अन्न मान पाता नहीं होकर मटियामेट।
व्यंजन भी भाते नहीं भर जाने पर पेट। 435।
भक्ति भवानी से नहीं हो सकती है भेंट।
भाव भजन है हो नहीं सकता भूखे पेट। 436।
पालन करता है कभी संयमादि का जो न।
उसका कुछ गड़बड़ हुए पेट गड़ेगा क्यों न। 437।

है यह अवगुण शक्ति को जो लेता है छीन।
अन्न पचा सकता नहीं पाचन शक्ति विहीन। 438।
लान तान के काम कर बहके तथा बने न।
पड़ प्रपंच में पेट के पेटू कभी बनें न। 439।
पड़ कर बहु फरफंद में पेट न पावे फूल।
जिससे भला न हो सके करे न ऐसी भूल। 440।
सिर पीटे या क्या करे जो जन पेट चले न।
फल की इच्छा हुए भी फूले और फले न। 441।
अपना ही करतब कभी अपने को निगले न।
जो कलपावे पेट में ऐसी आग बले न। 442।
उसे क्या कहें ढङ्ग में जो जन कभी ढले न।
ऐंच पेच में पड़ कभी जिसका पेट पले न। 443।
उसके पचड़े में पड़े मिला किसे कब चैन।
अधिक क्या कहें पेट के ढकोसले कम हैं न। 444।
बनता रहता है यथा समय मंजुता मूर्त्ति न।
क्रियाशीलता है उदर की उदारता पूर्त्ति। 445।

पीठ-पाठ

कभी किसी से वे नहीं जोड़ सकेंगे गाँठ।
पीठ दिखाने का पढ़ा करते हैं जो पाठ। 446।
सावधान उनसे रहें पर न करें बकवाद।
जो करते हैं पीठ के पीछे निन्दा बाद। 447।
उस पर पड़ती ही रहे सदा समादर डीठ।
कार्य्य-कुशल की सर्वदा रहें ठोंकते पीठ। 448।
जो तब तक मिलता नहीं जब तक तनिक तने न।
ऐसे कट्टर कुजन का पिट्ठ कभी बने न। 449।
अन्यों की आलोचना होगा अनुचित कर्म्म।
सिद्ध पुरुष कह सकेंगे सिद्धपीठ का मर्म्म। 450।
जीत हुई पर जीत की अब तक ज्योति जगी न।
गिरने वाला गिरा पर अब तक पीठ लगी न। 451।
सिद्धि प्राप्त होती नहीं बिना हो गये सिद्ध।
बिना प्रसिद्धि हुए भला होगा कौन प्रसिद्ध। 452।

बिना हुए व्यवसाय के कैसे होगी वृद्धि।
सिद्ध पीठ ही में मनुज पा सकता है सिद्धि। 453।
साधन बल से ही मनुज पाता है अपवर्ग।
करता शान्ति प्रदान है सिद्ध पीठ संसर्ग। 454।
प्रायः होता है दुखद भव कठोर व्यवहार।
सहती पीठ कठोरता है कोड़ों की मार। 455।

न्यारी नाभि

बहु क्षति होती गात जो होता नाभि बिहीन।
पंच वायु में एक है उसके ही आधीन। 456।
परम सुखद साधन बलित अनुपम अनुभवनीय।
उदर अयन का नाभि है ताला अति कमनीय। 457।
उसकी औ इसकी बँधी है गौरवता गाँठ।
ढोंढ़ी है पोढ़ी हुई पढ़े उदर का पाठ। 458।

जननेन्द्रिय पाठ

एक रोम भी गात का नहीं बना है व्यर्थ।
बुद्धि निकेतन ही समझते हैं इसका अर्थ। 459।
जननेन्द्रिय की गात में है महान उपपत्ति।
यदि वह होता ही नहीं क्यों होती उत्पत्ति। 460।
है अति गूढ़ मनोज्ञतम रहित घात प्रतिघात।
है विचित्रता से भरित जननेन्द्रिय की बात। 461।

मंजु जानु

मानव जीवन तथा तन को यदि मानें भानु।
एक कार्य्यकारिणि किरण तो है जनता जानु। 462।
होगी दुख की बात यह व्यर्थ कदापि बकें न।
जो होते दो जाँघ के लाँघ विपत्ति सकें न। 463।
साहस करते बेतरह तुम गिर पड़ते तो न।
दिल पहले ही हिला तो जाँघें हिलतीं क्यों न। 464।
जाड़े का दिन है नहीं है चल रहा निदाघ।
जाँघ काँपने क्यों लगी था सामने न बाघ। 465।

पीड़ा होने पर न क्यों पीड़ित होगी जाँघ।
थर्रायेगी तो सकेगी कैसे कुछ लाँघ। 466।
पद-मर्यादा मूल हैं हैं एकान्त अनूप।
दोनों अति दृढ़ जानु हैं तन के स्तम्भ स्वरूप। 467।
निज मर्यादा क्यों तजें होवें विघ्न अनेक।
पद प्रतिपत्ति विनाशकर क्यों घुटने दें टेक। 468।
लोप कभी होवे नहीं पद-ममता की लीक।
प्रगति प्रतिष्ठा के लिये है ठेहुना ही ठीक। 469।
जीते यह होगा नहीं हुए प्रपंच अनेक।
मान घटायें किसलिये क्यों घुटने दें टेक। 470।

पद-पद्म

है वह सुन्दरता सदन कोमलता का सद्म।
पूजा जाता है अधिकतर पावन पद-पद्म। 471।
विविध भूषणों से हुआ करता है पग कान्त।
कई अवसरों पर बना है कमनीय नितान्त। 472।
उसे पकड़ मलते तथा सहलाते हैं लोग।
पीड़ित होने पर दबा करते हैं सहयोग। 473।
जन पूजित पद-पद्म की पूजा हुई कहाँ न।
पद निधौत जल सर्वदा माना गया महान। 474।
पग की प्रगति विहीन हो जनता होती दीन।
कितनी शारीरिक क्रिया बनती परम मलीन। 475।
यदि नहिं होती पग प्रगति जनता गति पाती न।
बहु शारीरिक प्रक्रिया सक्रिय दिखलाती न। 476।
जो होती न पुनीत पद-पंकज प्रगति महान।
तो बनती भू आगता सरिता सुरसरिता न। 477।
बड़े लड़ाके बन किसी से कदापि अकड़ें न।
पाँव किसी के क्यों पड़ें किन्तु लड़ें झगड़ें न। 478।
चोट न पहुँचावें किसी को भी चपत जड़ें न।
एँड़ी घिसे न, पाँव में बेड़ी कभी पड़े न। 479।
सबको मिलना चाहिए पथ आहार बिहार।
किसी को नहीं चाहिए करना पाद-प्रहार। 480।

मिलता रहता है सदा उससे अनुपम दाँव।
तन-संचालन क्रिया का संचालक है पाँव। 481।
विविध विभव सम्पन्न हो अथवा हो अवनीश।
पूजित पद पर ही रखे गये सर्वदा शीश। 482।
तम अपनोदन निपुण है अनुपम तन अवदात।
पातक पतन समर्थ है पावन पग जलजात। 483।
कर उँगली है पाँव उँगली से महिमाबान।
पग कर पाता है नहीं कर सम दान प्रदान। 484।
भक्ति भावना से भरित है उसकी अनुरक्ति।
है पूजित पद-कंज में पतित पावनी शक्ति। 485।
अधिक अलौकिक क्यों न कहलावे यह करतूत।
पूजित पद-रज मिले है पाहन होता पूत। 486।
कोई कैसे करेगा अवसर देख विलम्ब।
चरण शरण ही जो बने मरण समय अवलम्ब। 487।
गौरव से गाता रहे सउमग गुण गोविन्द।
पावन पद अरविन्द का मन बन मत्त मिलिन्द। 488।
तिमिर कदन तेजा कलित सदन अलौकिक ओज।
क्या प्रदान करता नहीं पूजित पद-पाथोज। 489।
जपतपादि धार्मिक क्रिया कभी न होगी व्यर्थ।
पापताप उपशमन में है पग पूत समर्थ। 490।
बन्दनीय अरविन्द पद का वन्दन कर लोक।
पा जाता है तिमिर में मंजुल तम आलोक। 491।
निन्दनीय नख नहीं है है उँगली अभिराम।
यह कहती है लालिमा हैं पग युगल ललाम। 492।
किसी समय होती नहीं पग की प्रीति अप्रीति।
बस जाती है चित्त में चरण चिह्न की नीति। 493।
निज पावनता की कथा कहता है जन पाँव।
प्रिय चिह्नों का सर्वदा उर पर डाल प्रभाव। 494।

ललित तलवे

लाल लाल तलवे सदा बनते रहे ललाम।
कैसे किसे कहाँ मिले ऐसे गौरव धाम। 495।

यदि तलवे हैं कंज के दल जैसे छविमान।
तो गुलाब के फूल हैं गुल्फों के उपमान। 496।
यदि तलवे की लालिमा है जन लोचन चोर।
तो एँड़ी मोरिनी का है मानव मन मोर। 497।
माता ही है जानती अन्तःकरण टटोल।
सुत के लालित युगल मंजुल तलवों का मोल। 498।
धूल धूसरित रहें या हों अति उज्वल कान्त।
जननी को तलवे ललित हैं मोहते नितान्त। 499।
यदि तलवे की लालिमा है कमनीय नितान्त।
तो मोहकता गुल्फ की है लोकोत्तर कान्त। 500।
होंगे तलवे चाटने वाले वे ही लोग।
दुर्बल जिनको है बनाता रहता संयोग। 501।

रम्य रोमावली

कथा किसी के ताप की सुन लगती है आँच।
देख किसी की यंत्रणा होती है रोमांच। 502।
कहाँ दया है चित्त में जो दुख देख अड़े न।
रोये दुखिया के अगर रोयें हुए खड़े न। 503।
तो विचित्रता है नहीं है स्वाभाविक बात।
जो संचित अपकृति समझ हो रोमांचित गात। 504।
जनता को होती रहे जो सच्ची अनुभूति।
रोम रोम में है भरी तो वास्तविक विभूति। 505।
कहने वाले कहें पर कहते मिले सभी न।
रोयें रोयें गिर गये कभी किसी के भी न। 506।
नील सरोरुह सा रुचिर जलधर जैसा श्याम।
रोम रोम में है रमा रमने वाला राम। 507।
प्रायः होता ही नहीं काम नाम अनुसार।
रोम कूप ने कब किया किसका जल सत्कार। 508।
अच्छा होता है नहीं यह रक्षा का लोभ।
रोम खड़े क्यों हों हुए अति साधारण क्षोभ। 509।
साहस रवि संगी बनें दूर करें तम तोम।
लोम लांछनित हों नहीं कभी न बनें विलोम। 510।

लड़ने वाले हों मगर वे तो कहीं लड़ें न।
रोम उखाड़े भी कभी उनसे उखड़ सके न।511।
डींग बघारें क्यों भला है रह जाना मौन।
तन के रोंयें किसी के कभी गिन सका कौन।512।
क्यों हैं इतने और क्या है इनका उपयोग।
चित को करता है चकित रोमावली प्रयोग।513।
चाहे बने स्वतंत्र वह अथवा हो परतंत्र।
तन में रोमावली का है प्रसार सर्वत्र।514।

तन की तान

कस में किसके कौन है चित है बहु बेचैन।
नस नस में है वेदना निज तन बस में है न।515।
दुख देंगे दूषित हुए है यह नर विश्वास।
प्राणि मात्र के गात्र का शोणित मज्जा मांस।516।
तब तक है सुख साधना हास विलास प्रयास।
तक तक जीवन है रहे जब तक तन में श्वास।517।
उसका कुछ भी लोक में मिलता है न निजस्व।
प्राणि मात्र का श्वास ही है जीवन सर्वस्व।518।
उसका जीवन धन्य है है बहुमूल्य मिलाप।
छोड़ सका जो लोक में अपना कीर्ति कलाप।519।
धन्य वह सुजन है हुआ जिससे भव उपकार।
है असार संसार में सदाचार ही सार।520।
जीव बिना होगा नहीं ज्ञात उखाड़ पछाड़।
जान सकेगा तन न यदि सिर पर गिरे पहाड़।521।
है बिखेरता पन्थ में काँटे कहा बबूल।
समय बरसता है कभी किसी शीश पर फूल।522।

चारु चित्त

मन मन कहलाया मिले मननशीलता वित्त।
चैतन्यता उपेत हो चित्त कहाया चित्त।523।
महा मनोहर मुग्धकर रहित समस्त कलंक।
आरंजक शुचि रुचि रजनि चित है मंजु मयंक।524।

दुख है विविध प्रपंच का जो वह बने निकेत।
चेतना न होते हुए चित जो बने अचेत।525।
अटपट बातें कह उसे कौन सकेगा टोक।
अनुपम चिन्ताशीलता चतुर चित्त अवलोक।526।
सुख दुख उसके हाथ है वह निर्भय भी है न।
कैसे चैन मिले अगर चित नहिं पाता चैन।527।
चित होवे चंचल नहीं बने न चलदल पात।
औरों के मुँह से सुने चिकनी चुपड़ी बात।528।
सावधान होकर सुनें पर रोकें टोकें न।
चालाकों की बात सुन चित्त कभी चौंके न।529।
उलझी बातों को सुने स्वयं कभी उलझे न।
बहकाने से किसी के चित्त कभी बहके न।530।
सुने उसे सादर कभी सउमग कभी सखेद।
भेद भरी बात ही है बतला देती भेद।531।
बिना तजे दुर्वृत्त औ लाभ किये सदवृत्त।
होवेगा निश्चिन्त क्यों कोई चिन्तित चित्त।532।
वह बन जाता है किसी महाकृपिण का बित्त।
है चौंकता विशेषकर चिन्तातुर का चित्त।533।
हो जाती है चित्त की कामुकता की पूर्ति।
अवलोकन कर कामसी लोक-मोहनी मूर्ति।534।
लाल लाल आँखें चढ़ीं भय आकलित कपाल।
शंकित होता चित्त है देख मूर्ति विकराल।535।
चित्त सँभल करके चलो जो चाहो निर्वाह।
साधारण होता नहीं लोभ प्रकाण्ड प्रवाह।536।
देश जाति परिवार का कौन कर सका द्रोह।
मोहित होता चित्त है मिले मंजु तम मोह।537।
सदा बने उसके बिना नर कौड़ी के तीन।
कौन धरातल में मिला चित्त चाव से हीन।538।
जो प्यारे हैं क्यों कहें उनको वचन कठोर।
कोई भी चित-चोर को नहीं समझता चोर।539।
मैं पढ़ पाता हूँ न क्या है कपाल का लेख।
उलझन होती है अधिक चित चंचलता देख।540।

अहह रह गया चित्त में नहिं सज्जनता लेश।
जब मति मारी गयी तब क्यों न कुमति दे क्लेश। 541।
कैसे भला समझ सके विषय गौरवित गूढ़।
मतिमत्ता ममतारहित चित बनता है मूढ़। 542।
ठीक हुए बेठीक है हटा हुआ है ठाट।
चित के उचटे क्या करेगी चौगूनी चाट। 543।
गये उठाये सामने से व्यंजन के थाल।
चित के उचटे चटोरापन चल सका न चाल। 544।
संकट से करके समर सुख पाता है सूर।
कल मिलता है चित्त को हुए विकलता दूर। 545।

मन मनन

गूँज गूँज गाता नहीं क्यों गौरव गोविन्द।
मन तू क्यों बनता नहीं प्रभु पद पद्म मिलिन्द। 546।
विविध ताप उप ताप की मायिकता कर दूर।
घन तन प्रभु पद पद्म का है मन मत्त मयूर। 547।
जो बरसाता सुधा है वसुधा पर सब ओर।
उसके वदन मयंक का मन बन चुका चकोर। 548।
कभी कभी उन्मत्त बन करता है बहु तंग।
है अंकुश नहिं मानता जन मन मत्त मतंग। 549।
माने बेगाने बने बहुतेरे मेहमान।
कभी कहीं पर नहिं हुआ मनमानापन मान। 550।
ज्ञान मान मतिमान है है वह नीति निधान।
मन समान कोई मिला तन में नहीं महान। 551।
विपुल कला से आकलित पुलकित भरित उमंग।
मन है गात सरोज का प्रभा निकेत पतंग। 552।
मति है मन अनुरागिनी है स्वाभाविक प्यार।
दोनों का दोनों किया करते हैं सत्कार। 553।
किसी काल में मन अगर बनता है उद्दाम।
तो सँभालती है उसे मति बन प्रकृति ललाम। 554।
विविध भूतियों से भरित हैं मानस के भाव।
वे हैं दिव्य मनोज्ञतम बलित मनोरम चाव। 555।

देश काल अनुकूल भव सुखद दुखद बहु कार्य्य।
होते हैं करते उन्हें हैं सब आर्य्य अनार्य्य। 556।
कारण है मन सबों का हैं सब उसके कृत्य।
हुआ हो रहा है तथा होगा ऐसा नित्य। 557।
मन होकर मदमत्त जब करता है अपकार।
विचलित होता उस समय है सारा संसार। 558।
मन मदान्धता देख कर मति होती है खिन्न।
पर सँभालती है उसे निज को समझ अभिन्न। 559।
हो सँभालती किन्तु मन आकस्मिक उन्माद।
बहुतों को कर सका है बार बार बरबाद। 560।
बरबादी क्या वह चला करता है वह चाल।
बढ़ता रहता है जगत का जिससे जंजाल। 561।
दुख के साधन हो नहीं हैं मन बहु व्यापार।
सारे सुख साधनों के सर्वोत्तम आधार। 562।

विविध विषय

तन का रोआँ भी कभी करता है अपकार।
है सितार पत उतरती कोई उतरे तार। 563।
पल पल पुलकित विपुल बन पाता है चित नैन।
देखे कोमलता अयन अमल कमल सम नैन। 564।
काँटे बनते क्यों रहें बनें तो बनें फूल।
बात बात में बहकता बहुत बड़ी है भूल। 565।
चालें ऐसी क्यों चलें पड़े चाटना थूक।
ताने दे दे तिनकना तन जाता है चूक। 566।
जान सका जन जगत में है कितना आलोक।
विपुल जगमगाते गगन तल तारक अवलोक। 567।
तब क्या होगा सोच लो किये विविध उत्पात।
माथा पटकें भी अगर पट नहिं पाई बात। 568।
महि प्रसूत जड़ वस्तु में है न प्रीति की नीति।
जीवों में ही है हुआ करती प्रीति प्रतीति। 569।
दव समान हैं दमकते हैं दिविदेव समान।
दिव्य दुलारे लाडिले हैं दिव्यता निधान। 570।

जिसे पान करके सुखित होता नहीं शरीर।
सरस उसे कैसे कहें हैं वह नीरसनीर।571।
कब कर पाते हैं नहीं अधम मनुष्य अधर्म।
कभी समझ पाते नहीं कर्म धर्म का मर्म।572।
पावन होता है पतित पावन पद को पूज।
होती है भव में सदा यह पावनतम गूँज।573।
आँसू जब है बरसता लोचन बन बेहाल।
करुणा-सागर उमड़ता मिलता है उस काल।574।
खीझने वाले खिझते हैं बुरी होती है उनकी खीझ।
रिझाती रहती है सब को रीझने वालों की रीझ।575।
चित्त समझता ही रहे भाव भक्ति का मर्म्म।
मेरे कर करते रहें सकल अलौकिक कर्म्म।576।
दीनबन्धु हो हे प्रभो दयासिन्धु ही ख्यात।
पीड़ित क्यों न हुए सुने उत्पीड़न की बात।577।
पाप पुंज का ही पतन हो स्वधर्म्म सम्मान।
सकल बलाओं का सबल बन कर दें बलिदान।578।
समझ बूझ कर हित करो अहित पन्थ दो छोड़।
होता देख अनर्थ लो अपने मुँह को मोड़।579।
अर्थ का समझ अर्थ मत करो कदापि अनर्थ।
सार्थक जीवन को करो उसे न कर दो व्यर्थ।580।
सिर पर आयी बला को कौन सका कब टाल।
बाल बाल हैं बिन गये बढ़ता है जंजाल।581।
कर दिखलायेंगे किसी को राजा या रंक।
अंकित जो हैं हो गये जनकपाल में अंक।582।
ममता मेरे चित्त की हो अप्रीति आयत्त।
आठ आठ आँसू रही रोती हो उन्मत्त।583।
नीच जनों की नीचता सठ सठता अवलोक।
मुँह बिचकाये क्या हुआ कौन सकेगा रोक।584।
बनी बात भी बिगड़ती है बल डाले तात।
मुँह से कभी न काढ़िये टेढ़ी मेढ़ी बात।585।
ऐसे लोगों पर करें क्यों न विवुधजन रोष।
जो हैं दूषित चित्त वे क्यों न छिपायें दोष।586।

मन मानापन है बुरा किसे सकोगे मूस।
उससे क्यों हो माँगते जो है मक्खीचूस। 587।
पेट पालता नित्य है जो औरों को मूस।
उससे क्या पा सकोगे जो है मक्खीचूस। 588।
निज जीवन का नाश ही जिसका है उद्देश्य।
होता है अति भयंकर आत्म ग्लानि आवेश। 589।
जाग्रत रह भव हित करे संकित हो सोवे न।
आँख खुली हैं तो खुली रहें बन्द होवे न। 590।
त्रुटि दिखला करके उसे कौन सकेगा टोक।
मानव मोहक कण्ठ की मोहकता अवलोक। 591।
कैसे देश दशा कहें मुख होता है मूक।
वहाँ बोलता काक है सुनी जहाँ पिक कूक। 592।
लोक दशा अवलोक हैं प्रगति प्रिय रहे थूक।
रहे जहाँ मृग बिहरते वहीं जमा हैं खूक। 593।
नर्तन रत हो चित्त जन बन जाता है मोर।
सुने भोर की भैरवी कौन न बना विभोर। 594।
सरस राग रस सिक्त हो कब मन बना न मीन।
राग रंग में रँग हुआ कौन नहीं रंगीन। 595।
निर्जीवों में भी करें जो जीवन संचार।
वे हैं सुकृती विबुध वर वे हैं परम उदार। 596।
वे कम देखे हैं गये ज्ञानवान विद्वान।
पहलवान ही बन सके हैं प्रायः बलवाल। 597।
रहता है बलवान को समाधिक तन का ध्यान।
प्रकृति बना पाती नहीं उनको बुद्धि निधान। 598।
मन माना मन धूम है कौन देखता काम।
प्रायः होता ही नहीं गुणानुसारी नाम। 599।
तो भी जीवन बन सका नहीं रहित उद्योग।
यदि ऐसा संयोग ही रहे सताता रोग। 600।
उद्योगी को ऊसरों में मिलता है रत्न।
किसी काल में हो नहीं जीवन रहित प्रयत्न। 601।
सब दिन धर्म धुरीणता ही है नर का ध्येय।
छल प्रपंच है नीचता सरलता है श्रेय। 602।

हैं हैं करते क्यों रहें करें कमर कस काम।
अच्छा होता है सदा जीवन का परिणाम।603।
भली राह से फेर कर मुँह हम कभी फिरें न।
जानबूझ कर पाजियों से भी कभी भिरें न।604।
कार्य्य पन्थ में सँभल कर चाहिए रखना पैर।
सदा चतुरता का रहा, आतुरता से बैर।605।
यद्यपि जीवन मध्य है बहुत बड़ी यह टूट।
पर स्वाभाविक है फटे जी पड़ जाना फूट।606।
भले काम के लिये हम कभी जी चुरायें न।
किसी का कलेजा कुचल उसको कलपायें न।607।
लोक हितकारी भव सुखद है अनुपम अनुभूति।
मति गति कैसे ज्ञात हो यदि है कुमति विभूति।608।
बुद्धि वाद के विषय में करना अधिक विवाद।
ठीक नहीं है, करें तो हो न रहित मर्याद।609।
श्रवण मनन प्रतिपत्ति से हो मिलती है सिद्धि।
वाद-क्रिया से विज्ञता की होती है वृद्धि।610।
पुलकित होता है हृदय पढ़े प्रेम का पाठ।
है जन जीवनदायिनी जी की जोड़ी गाँठ।611।
बड़ा नीच यह काम है, है कमीनपन ढोंग।
जान बूझ कर किसी का जी न जलायें लोग।612।
होता एक प्रसन्न है बना एक को खिन्न।
हों समान उर किन्तु दुख सुख होते हैं भिन्न।613।
समझ-बूझ होते हुए बनें किसलिये काठ।
पड़े प्रपंचों में करें प्रेम-मंत्र का पाठ।614।
हलचल है हिय में हुई अति चंचल है चित्त।
मुँह की रोटी छिन गया लुट सकल बित्त।615।
कुछ बोले मुँह सिल गया अगर खिंच गयी जीह।
नाकों में दम हो गया रहते निपट निरीह।616।
मैं बेबस बेबसी का नहि कह सकता हाल।
आँख दिखाये ली गयी आँखें युगल निकाल।617।
अत्याचारों की कहाँ तक बतलाऊँ बात।
दाँत निकाले हँस दिये गये तोड़ सब दाँत।618।

धारण कर गम्भीरता भावुकता संजात।
दाँत निकाल हँस दिये गये तोड़ सब दाँत। 619।
धारण कर गम्भीरता भावुकता संजात।
होती है यह समझ लें बात बात में बात। 620।
क्या रहस्य यह है नहीं क्या कृति है न कठोर।
जी की बातें ही नहीं समझ सके जी चोर। 621।
जो छितिपति बनते मिले कर छाती में छेद।
तू ले उनका भेद पर मत दे अपना भेद। 622।
काटे खाते हैं सदा जो कह कड़वी बात।
क्या विचित्र जो लोग उन्हें रहें लगाते लात। 623।
वह होगा कौतुक नहीं कर बैठे वह जो न।
क्रूर क्रूर है वाद कर बदी करेगा क्यों न। 624।
सीधेपन का वे किया करते हैं उपयोग।
प्रायः जिनमें सादगी पाते हैं सब लोग। 625।
कब न भला करते मिले भली प्रकृति के लोग।
उपयोगी जन ही मिले करते वर उपयोग। 626।
कटु बातें कह कर सके जी न कलेजे छील।
कहते हैं ऐसे सुजन को ही लोग सुशील। 627।
बनते रहते हैं बहक कर जो प्रायः बीस।
दाँत पीस वे ही सके हैं औरों को पीस। 628।
बक बक बातें बुरी जो करते हैं उत्पात।
उन्हें भला कैसे सदा नहीं लगेगी लात। 629।
सदा वे नहीं सकेंगे कान किसी का काट।
ठसक भरी है और जिनको पसन्द है ठाट। 630।
अच्छा होता है न मत बनो बहुत वाचाल।
चालाकी से सर्वदा चलते रहना चाल। 631।
बचो कहर से दो बला में न किसी को ढाल।
बाल बाल बिन जायेंगे खिंच जायेगी खाल। 632।
बनो छिछोरे मत, डरो तुम लेने से घूस।
लो लालच से काम कम बनो न मक्खीचूस। 633।
सुरुचि हृदय में है न तो कुमति बितान तनो न।
यदि न दया कर सको तो तुम निर्दयी बनो न। 634।

दया कर सको तो करो पर दुख पर दुख दो न।
सरस यदि नहीं बन सके तो ओले बरसो न।635।
रुचिमय होती है रुचिर भावों की अनुभूति।
बिभववान है मनुज को करती दिव्य विभूति।636।
होता रहता है अधिकतर उसका सत्कार।
जो करता निज कार्य्य है देश काल अनुसार।637।
होती रहती है उसी करतूती की वृद्धि।
कार्य्य-कुशलता में मिली जिसको सतत प्रसिद्धि।638।
मिट जायेगा है जिसे तोर मोर का जोर।
जीवट कब दिखला सका जगती में जी-चोर।639।
सफल न वह होगा बनी जिसकी सुमति सगी न।
लग जाने की काम में जिसको लगन लगी न।640।
उससे क्या होगा अगर उर कालिमा भगी न।
जिस जनता की रगों में जीवन ज्योति जगी न।641।
जाति पतन अवलोक क्यों उसको होगी माख।
जाग गये भी खुल नहीं पाई जिसकी आँख।642।
है निज हित ही देखता सारा जन-समुदाय।
स्वार्थीजन है न्याय को भी कहता अन्याय।643।
तो भी ऐसे सज्जनों का है नहीं अभाव।
जिनका होता है सदा बहुधा समुचित चाव।644।
साधारण जन मिलेंगे ग्रसित विविध उद्योग।
किन्तु भलाई से भरे इने गिने हैं लोग।645।
बिना कमाई गरम हो पाती है नहिं टेंट।
बिना किये उद्योग नहिं पल पाता है पेट।646।
है धाता उद्योग का फल सारा धन धाम।
है जीवन के वास्ते जड़ी सजीवन काम।647।
इसे जानता समझता है सारा संसार।
किस प्राणी पर है नहीं निज भोजन का भार।648।
भोजन ही है लोक के जीवन का आधार।
इसीलिये है जगत में उसका समधिक प्यार।649।
धरा में अधिक अकिंचन जनता का है वास।
उन्हें सताती है अहह सतत भूख औ प्यास।650।

इसीलिये वे दिवस भर करते हैं बहु काम।
क्यों जानेंगे वे किसे कहते हैं आराम। 651।
स्वयं योषिता बालिका बालक को ले साथ।
करते वे सब कार्य्य हैं पकड़ लगन का हाथ। 652।
कितने खाते हैं सदा खग मृग मछली मांस।
कितने पलते हैं बने धनिक जनों के दास। 653।
खेती बारी और वे करते हैं व्यापार।
पर वैश्यों का अधिकतर है इन पर अधिकार। 654।
भू स्वामी हैं इन सबों में भी कितने लोग।
पर विशेषकर क्षत्रियों का है वह उपभोग। 655।
बीर-भोग्या धरा है, है यह कथन यथार्थ।
प्रबल पराक्रम किये है मिलता कलित पदार्थ। 656।
आर्य्य जाति ने अनार्यों पर कर प्रबल प्रहार।
विजय हार पहना अलौकिक तम कीर्त्ति प्रसार। 657।
यथासमय इसलाम ने उनका कर अपकार।
विजय दुंदुभी की निनादित ममता विस्तार। 658।
इंगलिश की महिमा तथा महती गति अवलोक।
मुसलमान भी दब गये निज कपाल को ठोंक। 659।
दिव्य दृष्टि से जो विलोकें भव का इतिहास।
तो देखेंगे सबल आनन पर अनुपम हास। 660।
विद्या बल वर बुद्धि बल विभुता बल का त्रास।
रहा कँपाता धरा को कर भव का उपहास। 661।
किसे प्रतारित की नहीं प्रबल जनों की पंक्ति।
किसे अशक्त न कर सकी शक्तिमान की शक्ति। 662।
काँपा कब उसका हृदय सुनकर हाहाकार।
कब आक्रामक को हुआ अत्याचार विचार। 663।
देश काल अधिकार बल मिले संगठित जाति।
कब न उपद्रव कर सकी की न कहाँ पर क्रान्ति। 664।
आज भी वही दशा है, है वैसी ही क्रान्ति।
दिखलाई पड़ती नहीं कहीं वास्तविक शान्ति। 665।
पाँच बरस होकर हुआ तत्कालिक रण बन्द।
किन्तु चल रहा है विविध कौशल से छल-छन्द। 666।

अधिक प्रबल है इस समय यूरोपियन विभूति।
लोक-चकितकर इन दिनों है उनकी अनुभूति। 667।
जल-थल नभ में है उन्हीं का अपूर्व अधिकार।
वहु विमान यंत्रादि का है अद्‌भुत विस्तार। 668।
किन्तु परस्पर है नहीं सबका सबसे प्यार।
सबकी ग्रीवा मध्य है पड़ा स्वार्थ का हार। 669।
कर उसकी आराधना देश-काल अनुसार।
है समाज निज कार्य्य रत देख लोक-व्यवहार। 670।
सभी सुखी हैं औ सभी करते हैं सत्कर्म।
धर्म्म-विवेक हुए न होता है अधिक अधर्म्म। 671।
जिसका जितना ज्ञान है वह है उतना मान्य।
अधिक मान्य को ही मिला करता है प्राधान्य। 672।
राजे महराजे तथा बड़े-बड़े धनमान।
लसे प्रतिष्ठित पदों पर बन विज्ञता निधान। 673।
कहाँ कब न आद्रित हुए कहाँ न पाया मान।
यदि है वास्तव और है यह अनुपम अनुमान। 674।
तो होता है सिद्ध यह है वीरता प्रधान।
किन्तु योग्यता भी बनी रही सदैव महान। 675।
किसी वीर की वीरता हो जायेगी व्यर्थ।
अगर करेगी वह बिना समझे अधिक अनर्थ। 676।
भरता है बहु भूति से हरता है पर पीर।
नाना विरदावलि बलित वसुन्धरा का वीर। 677।
सज्जन जन की सेविका है समाज सम्पत्ति।
किसी वीर की वीरता है बैरिता बिपत्ति। 678।
छिदता रहता गात है नहिं केवल ही पैर।
परम कण्टकित बेर है किसी वीर का बैर। 679।
उसका सरस सनेह है सुखद रहित अहमेव।
किसी वीर का वर विरद है वर दाता देव। 680।
भरी सरसता मंजुता से है उनकी प्रीति।
कान्त कला से आकलित है वीरों की कीर्त्ति। 681।
उनको है अवमानना अर्थ अधिकतर ज्ञात।
बहँके भी नहिं कर सके वीर बदी की बात। 682।

है कितना वह मुग्धकर कितना रस अवदात।
है बराबरी मधुरता वीर जनों को ज्ञात। 683।
धीर धुरन्धर बन किये लोकोत्तर तदबीर।
वसुधाधिप हैं हो गये कई साहसी वीर। 684।
ख्यात सिकन्दर आदि हैं कुछ ऐसे अवनीश।
अपने बल से जो बने बहु देशों के ईश। 685।
हैं कुछ ऐसे भूप जो थे साधारण लोग।
किन्तु बने वे नृपति कर यथासमय उद्योग। 686।
जो कल कौशल कुशल थे देश काल अवलोक।
कर समाज को हस्तगत वही बने नृप ओक। 687।
यदि बाधा बाधक न हो विधि का हो न प्रकोप।
राजवंश का तो तुरत होता है नहिं लोप। 688।
राजवंश में उपज यदि है योग्यता अभाव।
मिल जाता है धूल में तो उसका सब चाव। 689।
उत्तम कुल में उपज यदि उत्तमता पाई न।
भलमनसाहत जो उसे भूले भी भाई न। 690।
तो साधारण जनों में उनमें क्या है भेद।
क्यों न देख उनकी दशा सबको होता खेद। 691।
है प्रधानता योग्यता द्वारा होती प्राप्त।
मिले योग्यता ही मनुज बन पाता है आप्त। 692।
दिखलाती है योग्यता सबमें नहीं समान।
इसमें भी है भिन्नता का होता अनुमान। 693।
यही भिन्नता है किया करती सबमें भेद।
कोई होता अज्ञ है कोई ज्ञाता वेद। 694।
प्रकृति बनाती है किसी को अजीब मतिमान।
करती रहती है किसी को नितान्त नादान। 695।
पृथ्वीतल में हैं लसे जितने नाना देश।
भिन्न भिन्न हैं सबों के रूप रंग औ वेश। 696।
अमरीका एशिया औ अफ्रीका यूरोप।
बड़े देश हैं बन सके कर विशेष आरोप। 697।
भिन्न भिन्न जातियाँ हैं इनमें बसी अनेक।
भिन्न भिन्न ही सकल का है आचार विवेक। 698।

विविध धर्म है सबों का तथा विविध हैं मर्म्म।
किसी जाति का है परम जटिल मानसिक मर्म्म। 699।
किसी जाति को क्यों न लें वे हों कई करोड़।
उन्हें प्रकृति की भिन्नता नहीं सकेगी छोड़। 700।
मिलेगा सभी के गले मध्य स्वार्थ का हार।
कोई सह नहिं सकेगा पर का दुर्व्यवहार। 701।
जाति देश दुर्दशा को देख सकेगा कौन।
सुन कंपित कर गालियाँ कौन रहेगा मौन। 702।
मानवता को देखकर लगती अतिशय आँच।
कुढ़ कर किसका जो नहीं तुरत उठेगा नाच। 703।
किसी देश का प्रान्त का प्राणी पढ़े कुपाठ।
हाथ पाँव होते नहीं बन पावेगा काठ। 704।
सभी प्राणियों में प्रकृति के सारे गुण-दोष।
होते हैं पर सम नहीं होते मानस कोष। 705।
होता है कोई अधिक क्रोधी कोई न्यून।
रक्षा करता है कोई कोई करता खून। 706।
हैं कटु वादी बहुत से मृदु वादी कम हैं न।
कुछ करते बेचैन हैं कुछ देते हैं चैन। 707।
कम न खिजाते हैं, बहुत से हर करके वित्त।
मोद दान कर कियत हैं प्रमुदित करते चित्त। 708।
डाँट डपट कर हैं डराते बहुतेरे लोग।
सुखी बनाते हैं बहुत से पाकर संयोग। 709।
सुजन सुजनता भूति है कुजन कुजनता पूर्ति।
एक दिव्यता सिद्धि है अन्य दुष्टता मूर्ति। 710।
होता है नर का सृजन देश काल अनुसार।
विद्या शिक्षा जाति कुल तथा मिले अधिकार। 711।
एक देश ही नहिं धरा में हैं कितने देश।
उनके हैं भिन्नाचरण भिन्न भिन्न हैं वेश। 712।
कितने हैं गिरि आवरित कितने सिन्धु समीप।
कितने अनुपम देश हैं तथा द्वीप उपद्वीप। 713।
सबमें रहते हैं मनुज प्रकृति है तदनुकूल।
समधिक सत् हैं है न मति मानवता प्रतिकूल। 714।

किन्तु स्वार्थ-साधन सभी का है प्रिय उद्देश।
बहु लोगों की प्रकृति का है यह प्रिय उपदेश। 715।
धर कर नाना रूप है होता यह व्यवहार।
करते हैं कुछ सुजन जन परहित को भी प्यार। 716।
आँख बन्द कर स्वार्थ साधन करता है लोक।
है यह ऐसा तिमिर जिसमें है कम आलोक। 717।
प्राणिमात्र की प्रकृति ही होती है स्वार्थान्ध।
किन्तु तीव्र गति सलिल में भी बँधता है बाँध। 718।
कोई देश समाज या जनता ऐसी है न।
जिसकी दान दयालुता का परिचय होवे न। 719।
कोई भाषा हो किसी भाषा का हो ग्रन्थ।
उसमें कीर्त्तित मिलेगा उदारता सत्पन्थ। 720।
भूखे दीन दरिद्र से रहित कौन है देश।
कहाँ प्रशंसित है नहीं परुपकार सन्देश। 721।
यदि मानव तन मध्य है दयालुता का वास।
तो होगा किस धर्म में उसका नहीं विकास। 722।
दयालुता है दीन के लिये स्वर्ग-सुख भोग।
उसके हित के लिये है सर्वोत्तम संयोग। 723।
है भलाइयों से भरी बिना हुए कुछ भूल।
है दयालुता दीन सिर पर बरसाती फूल। 724।
है लोहे के लिये वह पारस का संस्पर्श।
दीनबन्धु की बन्धुता का है वर आदर्श। 725।
द्रवणशीलता से लसित है दयालुता देह।
हैं केतन कल कीर्त्ति का कृपा-निकेतन स्नेह। 726।
निर्धन प्राणी अधिक हैं थोड़े हैं धनमान।
अविद्वान हैं अधिक हैं इने गिने विद्वान। 727।
ऐसे सज्जन अल्प हैं जिन्हें न है यह रोग।
वे समधिक हैं प्रिय जिन्हें हैं ढकोसले ढोंग। 728।
क्यों धनमान सदा फले फूले पा प्रिय ओक।
क्यों कलपे कंगाल अपने कपाल को ठोंक। 729।
करने वाला व्यर्थ कंगालों को बरबाद।
ईश्वर है तो करूँगा ईश्वर का प्रतिवाद। 730।

सत्य बात यह है मनुज सुख दुख का है पात्र।
है उसके ही हाथ में उसका सारा गात्र। 731।

है जैसा नर चाहता बनता है सब काल।
निज प्रवृत्ति को वह कभी सकता है नहिं टाल। 732।

कल बल छल आधार है उसका अनुपम मंच।
है विचित्र संसार में मानव प्रकृति प्रपंच। 733।

पुण्य हो किसी कर्म्म से अथवा होवे पाप।
स्वार्थ-मन्त्र का है सदा होता रहता जाप। 734।

हो बहुज्ञ सर्वज्ञ या हो अभिज्ञ या विज्ञ।
हो अल्पज्ञ तथैव हो बहु अनभिज्ञ अविज्ञ। 735।

होता है निज स्वार्थ-साधन सबका उद्देश्य।
कार्य्य-प्रणाली हो मधुर या पूरित आवेश। 736।

कार्य्यर्थी निज कार्य्य की सिद्धि हेतु सब काल।
चलता रहता है सँभल विविध निराली चाल। 737।

बहुत अवसरों पर डरा धमका कर भी लोग।
तथा चला करके अनूठे कितने अभियोग। 738।

हाथ जोड़ कर पाँव पड़कर बन परम विनीत।
हैं निकालते काम जन बनकर विपुल सभीत। 739।

साधारण में मिलेगा साधारणता भाव।
चालाकों में मिलेगा चालाकी का चाव। 740।

है संस्कृति का जन्म दिन बालक उद्भव बार।
है उसका संसार ही संस्कृति का संसार। 741।

जननि पिता परिवार ही है उसका परिवार।
है उसका आदर्श उसके जीवन का सार। 742।

धीरे-धीरे बढ़ तथा हुए अपर संसर्ग।
पढ़ लिखकर बहु ग्रन्थ के पढ़े अनेकों सर्ग। 743।

होती रहती है सदा विविध ज्ञान की वृद्धि।
किन्तु प्रकृति से ही हुआ करती है कृति सिद्धि। 744।

माता तथा पितादि हैं मानव प्रकृति विभूति।
होती है उनमें अधिक उनकी ही अनुभूति। 745।

है समाज उनका सहज शिक्षक जो हैं मूढ़।
वह विषयों को सरल है करता जो हैं गूढ़। 746।

अपने अंकम में बिठा उठा अनेक प्रसंग।
बतलाती है जननि ही बोल-चाल का ढंग। 747।
तुतली बोली बोल कर उसमें अमिय उँड़ेल।
खिलते रहते हैं सुअन खेल-खेलकर खेल। 748।
दिखा दिखाकर चोचले चल-चल लटपट चाल।
बेलमाते हैं चित्त को ए अलबेले लाल। 749।
ज्यों-ज्यों बढ़ते हैं चतुर बन पाता है चित्त।
बहकाता है बेतरह उनको लालच वित्त। 750।
बनिया को वह देखता है बन दुनियादार।
उसके तन के साथ है लग जाता हित तार। 751।
नहीं हिचकता जी कभी करते मगर फरेब।
लोग भले ही क्यों नहीं उनको समझें ऐब। 752।
पढ़े लिखे चालाक बनकर चलते हैं चाल।
खींचा करते हैं बड़े लोग बाल की खाल। 753।
चुप रहते हैं नासमझ भी न बन समझदार।
हो अपने उद्योग में क्यों नहिं उनकी हार। 754।
साधारण जन मध्य भी यथासमय कुछ लोग।
हैं हो गये नृपति बने जो करके उद्योग। 755।
मनुज मनुज है पर मनुज में ही ऐसे वीर।
हैं हो गये जो बन सके रण में वर रणधीर। 756।
यह है दैवी शक्ति जो सबमें होती है न।
यदि ऐसा होता न तो उसकी होती जै न। 757।
है इस दैवी शक्ति के विषय में विविध तर्क।
उसका है विज्ञान से ही समधिक सम्पर्क। 758।
अतः छोड़ता हूँ इसे औ कहता हूँ तत्त्व।
इस विचार का ही हुआ है अधिकांश महत्त्व। 759।
है विचित्र ईश्वर अतः कृति है परम विचित्र।
मनुज क्यों समझ सकेगा भव का चित्र चरित्र। 760।
देख धनिक धन-हीन को रूप कुरूप विलोक।
सुखी दुखी कंगाल को नृपाल को अवलोक। 761।
नास्तिक कहता है अगर पक्षपात से हीन।
ईश्वर होता भिन्नता ऐसी दिखलाती न। 762।

रवि को देखो शशि सहित देखो तारक पंक्ति।
भव देखो भव प्राणियों की देखो अनुरक्ति। 763।
हो जायेगा उस समय विचित्रता का ज्ञान।
रह जायेगी नास्तिकों की तब नास्तिकतान। 764।
मनुज प्रकृति अनुसार है होता कार्य्य-कलाप।
वही कराती पुण्य है वही कराती पाप। 765।
करते देखे गये हैं भले बुरे नर काम।
दोनों उसकी प्रकृति के होते हैं परिणाम। 766।
पात्र-भेद से है क्रिया होती रहती भिन्न।
किन्तु प्रकृति सब काल ही होती है उद्भिन्न। 767।
किसी सुजन पर देखकर दुर्जन अत्याचार।
प्रकृति उसे सहती नहीं करती है प्रतिकार। 768।
प्रायः देखा गया है खल खलता का द्वार।
कर देते हैं बन्द सज्जन जनकर उपचार। 769।
यदि दुर्जन है बहु सबल अधिक शक्ति सम्पन्न।
तो जनता उसको दबाती है हो अप्रसन्न। 770।
यदि बढ़ता है कलह तो न्यायालय कर न्याय।
बनता है अन्याय के प्रशमन का सदुपाय। 771।

पंच प्रपंच

काम क्रोध के साथ लो लोभ मोह हंकार।
इन पाँचों से है अधिक मानव मन का प्यार। 772।
कितना मोहक काम है कितना है कमनीय।
वर्णनीय वह है नहीं है वह अनुभवनीय। 773।
रमणी की रमणीयता हाव भाव मुसकान।
उसका कलित कटाक्ष है कामदेव का बान। 774।
चन्द विनिन्दित वदन का अति अनुपम अवदात।
गोल कपोल ललामता लोल विलोचन ख्यात। 775।
ललित अधर की लालिमा कुन्दकली से दन्त।
विविध अंग की माधुरी मोहित कर अत्यन्त। 776।
कभी कभी उसके कलित कण्ठ का कलालाप।
कामदेव का ही कहाता है कार्य्य-कलाप। 777।

किन्तु मान्य है शक्ति का संयत उचित प्रयोग।
बन जाता है अन्यथा वह कश्चित अभियोग।778।
मोहित होना सुमुखि पर है स्वाभाविक बात।
उल्लंघन मर्याद है शुचि रुचि पर पविपात।779।
होना मुग्ध विलोक छवि कभी नहीं है पाप।
पर है पर तियरमण रुचि गर्हित कार्य-कलाप।780।
वह कटुता है अधमता है है जड़ उत्पात।
त्याज्य सर्वथा है तथा है सत्पथ आघात।781।
स्वार्थ परायणतादि से हुए विनाही अन्ध।
क्रोध क्रिया का है अधिक रक्षा से सम्बन्ध।782।
तन धन स्वजन स्वमित्र से हुए बुरा व्यवहार।
होता रहता है कुपित जन चित्त बारम्बार।783।
बहु विकराल प्रकोप की विकरालता विलोक।
कब वसुधा न व्यथित हुई हुए विकम्पित ओक।784।
महा भयंकर कोप के ही सब थे परिणाम।
वसुधा में जितने हुए बड़े बड़े संग्राम।785।
अत्याचारी कियां करते हैं अत्याचार।
दुर्बल पर है सबल का होता सदा प्रहार।786।
अनुचित करते हैं नहीं डरते प्रायः नीच।
वे उछालते ही रहे नित औरों पर कीच।787।
बिना किसी अपराध के बन जाता है काल।
बोध हुए भी क्रोध कब बना नहीं विकराल।788।
दुर्जनता का है विभव खल आनन का ओप।
है कठोर जन की कला किसी कुपित का कोप।789।
है विभूति विकराल तन अनुचित कर्म्म कृतान्त।
है विचित्रता से भरित क्रोध विविध वृत्तान्त।790।
कुल परिवार समाज के शासक का है अंग।
विविध क्रिया में कोप का है यह कान्त प्रसंग।791।
परम सरस है मधुर है है जन अनुभवनीय।
बहु ललामता-लसित है लोभ लहर रमणीय।792।
मन का मोल मिले बिना किसे न होगा क्षोभ।
लालायित करता नहीं किसको लालित लोभ।793।

चाह स्वर्ग की है नहीं है न लोभ अपवर्ग।
है कामना स्वदेश पर हो जीवन उत्सर्ग। 794।
जिससे होता ही रहे अन्य जनों को क्षोभ।
है आनन्दित कर नहीं निन्दित है वह लोभ। 795।
जब अरमान रहा नहीं कैसा मन का लोभ।
तन जब तऩ बिन गया तो कैसा तन का लोभ? 796।
कहें तो कहें क्या अहह सपना है संसार।
क्या जीवन का लोभ है है जीवन दिन चार। 797।
उसकी महिमा कथन में मनुज कब रहा मौन?
भव माया के मोह में नहीं फँस सका कौन? 798।
यथाशक्ति कोई नहीं उससे करता द्रोह।
करता रहता है मनुज स्वपरिवार का मोह। 799।
हित के लिये हितू बना कब करके न सबील?
हृदय मोह है विलसता आँखों में बन शील। 800।
वह कर सकती है नहीं अपने सुत से द्रोह।
है दस गुना अधिक पिता से माता का मोह। 801।
उनका मोह अपूर्व है है दिवि उनकी देह।
जो करते हैं जाति के प्राणिमात्र से स्नेह। 802।
कब न बना सुन बहु व्यथित उत्तेजित संसार?
अहमन्यता से भरित अहंकार हुंकार। 803।
कौन मूँद लेगा न दृग देख काल का ओक?
अहंकार का अति भयंकर आनन अवलोक। 804।
अहंकार होता न तो हरता कौन विकार?
कर रग रग के रुधिर में रुचिर ओज संचार। 805।
सजीवता ओजस्विता आवश्यक सत्कर्म्म।
क्यों पाते जो समझता अहंकार नहिं मर्म्म। 806।
मर्यादा गौरव तथा संयम नियम विवेक।
सदाचार सद्भाव के जो हैं कृत्य अनेक। 807।
इन सबका सम्बन्ध है मानव मन के साथ।
वही ईश है और है सब कुछ उसके हाथ। 808।
सुदपयोग अथवा दुरुपयोग है समय कृत्य।
अब तक ऐसा हुआ है औ होवेगा नित्य। 809।

अकान्त करतूत

कैकेयी कुप्रपंच से त्रेता युग में आह।
गरल आकलित हुआ था अनुपम सुधाप्रवाह।810।
राम-राज्य सम्वाद सुन समुल्लसित था लोक।
बहु सज्जित बन गये थे साधारण तम ओक।811।
गान वाद्य का मंच था जनता का संसर्ग।
हो लोकोत्तर स्वर लसित अवध बना था स्वर्ग।812।
सदन सदन हो गया था प्रायः कीर्त्तन धाम।
जिसे बनाता रम्यतम रहा राम का नाम।813।
हाट बाट चौरहों का रहा निराला ठाठ।
मानों मोहकता उन्हीं ने ही ली थी छाँट।814।
ध्वजा पताकायें रहीं करतीं पटुता पूर्ति।
बन बन करके दिव्य से दिव्यभाव की मूर्त्ति।815।
पर कैकेयी शीश पर ही सवार था भूत।
उसका मन ही बना था परम कुटिल करतूत।816।
उसका ही परिणाम था रामचन्द्र वनवास।
दसरथ जैसे नृपति का होना सत्यानास।817।
लोक-पूजिता बंदिता लसिता कीर्त्ति-कलाप।
सीता का अपहरण था रावण मन का पाप।818।
हुआ इसीसे स्वर्ग सम स्वर्णपुरी का ध्वंस।
उस लंका का जो रही अवनीतल अवतंस।819।
इस कुकर्म्म से ही हुआ निहत वीर घननाद।
कुम्भकर्ण मारा गया वंश हुआ बर्बाद।820।
सुरपुर को करता रहा जो सब दिन सातंक।
तेजस्विता निकेत था जिसका दर्प-मयंक।821।
उसे भी निहत कर गया उसका मानस पाप।
धूल में मिला वह रहा जिसका प्रबल प्रताप।822।
पढ़ा जाय विधि सहित जो अवधपुरी वृत्तान्त।
तो समझेंगे गृह-कलह है सर्वथा अकान्त।823।
उर कम्पित कर है करे जो अवनीश अधर्म।
महा शक्ति सम्पन्न का है अति निंद्य कुकर्म्म।824।

भली नहीं है नीचता भला न है पाखण्ड।
पापी पाता है सदा निज पापों का दण्ड। 825।

महाभारत

जो दुर्योधन मन नहीं बनता पातक-धाम।
तो न महाभारत सदृश हो पाता संग्राम। 826।
मान महत्ता रह सकी इसमें नहीं समर्थ।
पद-मर्यादा को लगे ठोकर हुआ अनर्थ। 827।
गुरु का प्राण लिया गया निज वाणों से वेध।
विविध छल कपट क्रिया से लगा तिमिर में सेंध। 828।
उनसे हुए कुकर्म्म जो थे मर्यादाशील।
किन्तु कार्य्य की सिद्धि में की न उन्होंने ढील। 829।
समर महाभारत रहा अत्याचारागार।
पापाचार कठोर गिरि कटुता पारावार। 830।
यद्यपि थे इस युद्ध में बड़े बड़े धर्म्मज्ञ।
भीष्म पितामह युधिष्ठिर जैसे सत्कर्म्मज्ञ। 831।
कृष्णचन्द्र जैसे कुशल अनुपम नीति-निधान।
वृद्ध वयस्क वरिष्ठ गुरु द्रोणाचार्य समान। 832।
अर्जुन जैसे शान्तिप्रिय धीर वीर गम्भीर।
किन्तु नष्ट नहिं हो सकी उठी ध्वंस की पीर। 833।
समर मेदिनी मध्य है अहमहमिकता सार।
जैसे हो वैसे विजय पाना है प्रतिकार। 834।
आँख खोल कर यदि विलोकें हम भव-इतिहास।
मार-काट ही तो मिलेगा करता उपहास। 835।
परम प्रबल चंगेज़ खाँ दुर्मद नादिरशाह।
तमूरादिक हैं हुए अति निष्ठुर नरनाह। 836।
निरपराध लाखों मनुज वंशज का तज त्रास।
रुधिर पान कर थी बुझी इनके असि की प्यास। 837।
कुछ अन्तर है आज भी हो पाया नहिं आह।
शक्तिमानजन हैं बने अब भी बेपरवाह। 838।
कारण इसका है वही मानव मन का भाव।
कौन दूर कर सकेगा दुर्जन चित का चाव। 839।

पशु-पक्षी कीटादि के भी हैं ऐसे ढंग।
शक्तिमानता है कभी हो पाती नहिं तंग। 840।
अहंकार ही ने मचाया है हाहाकार।
मदान्धता ने ही किया है बहु अत्याचार। 841।
तमोगुण रजोगुण सके हैं कर सकल कुकर्म्म।
कैसे वे पाते समझ धर्म्म कर्म्म का मर्म्म। 842।
यदि हो सकता सतोगुण का अति सरस प्रसार।
तो हो पाती सर्वदा वसुधा सुखित अपार। 843।
चारों युग में ही रहा खुला पाप का द्वार।
किसी काल में था नहीं पापहीन संसार। 844।
कलि में उसकी प्रबलता है स्वाभाविक बात।
इसीलिये है इन दिनों अधिक मचा उत्पात। 845।
जो हैं सज्जन सत्पुरुष जो हैं शील निधान।
सावधान बन समय पर करें विवेक प्रदान। 846।
मननशील मन को करें मति को करें महान।
आँख खोल दें अज्ञ का दिव्य ज्योति कर दान। 847।
मन प्रपंच में पड़ किया करता है अपकार।
वह न प्रवंचित हो बतायें वह प्रिय उपचार।.848।
कलियुग हो पर धर्म का पथ है हुआ न बन्द।
बुद्धिमान हो सकेगा मिले ज्ञान मतिमन्द। 849।
दुर्जन बनकर यदि सबल करता है उत्पात।
विविध दण्ड का तो हुआ करता है आघात। 850।
यों ही प्रायः देखकर कदाचार का जोर।
हुए महान समर कई जो थे बड़े कठोर। 851।
किन्तु यत्न करके उन्हें कोई सका न रोक।
यदपि रुधिर-प्लावित हुए अवनीतल के ओक। 852।
समर हुए हो रहे हैं रोक सकेगा कौन।
कहती है यह प्रकृति सुन कौन न होगा मौन। 853।
सबकी धन को प्यास है उन्नति की है चाह।
सभी ताकते हैं बड़ा बन जाने की राह। 854।
किन्तु बुद्धि विद्या निलय हो पा सके विभूति।
सुलझाती है उलझनों को जिनकी अनुभूति। 855।

प्रायः असफल हुए भी सफल हुआ वह वीर।
भव-व्यंजन के लाभ की जिसे मिली तदबीर। 856।
सब प्रकार की दिव्यता का है जिसको ज्ञान।
असम साहसिक बन सका जो कर साहस मान। 857।
जो बल बुद्धि विवेक की है वसुधा में मूर्त्ति।
उसके सकल अभाव का भव करता है पूर्त्ति। 858।
खिलना उसको चाहिए वह किसलिये खिले न।
औरों की छवि देखकर छाती कभी छिले न। 859।
निज करतूतों पर हुई कभी न उसको माख।
नाम भले ही हो मगर काँख सकी कब काँख। 860।
मनमानापन धूम है कौन देखता काम ?
प्रायः होता ही नहीं गुणानुसारी नाम। 861।
है मृदंग बजता कभी उर में भरे उमङ्ग।
तबले की सुनकर ठनक कौन न होगा दङ्ग ? 862।
रूप कलाधर का बना जन चित चारु चकोर।
उसे भाव घन हैं बनाते नर्तन-रत मोर। 863।
सदुपयोग अथवा दुरुपयोग है समय कृत्य।
अब तक ऐसा हुआ है औ होवेगा नित्य। 864।

विनीत विनय

दोहा

तड़प रहा हूँ मीन सम होके वारि विहीन।
अहह हुआ करुणायतन क्यों करुणा से हीन। 865।
मेरे ऐसा कौन है या दुनिया में दीन।
दया-निकेतन क्यों हुआ दयालुता से हीन। 866।
मेरे जैसा दूसरा होगा कौन अनाथ।
भूले मुझको किसलिये भोले भाले नाथ। 867।
दौड़ो गज-सी है दशा हुई पकड़ लो हाथ।
पाप-ग्राह से हूँ ग्रसित त्रसित सशंकित नाथ। 868।
पाप-ताप-उत्ताप से तप्ताक्रमित नितान्त।
हूँ अशान्त अतिशय दुखित दौड़ो कमलाकान्त। 869।
तब क्यों प्रभु मैं दुख सहूँ जब तुम हो सुख-कन्द।
हो आनन्द-निधान मुझको भी दो आनन्द। 870।

अधम हूँ पतित हूँ प्रभो मुझको करो सनाथ।
बड़ी बात मैं क्यों कहूँ छोटे मुख से नाथ।871।
मुझसे तिनके के लिये वे नर बदलत नैन।
कृपा तुम्हारी हे प्रभो अकृपा कभी बने न।872।
हो सकता है मैं समझ सकूँ न धर्म-अधर्म।
सोच-समझ मैंने किये कभी न नाथ कुकर्म।873।
छल-बल कर धन किसी का मैंने कभी लिया न।
अहित किसी का लोक में मैंने कभी किया न।874।
इहतियात करता रहा जीवन में दिन-रात।
कह सकता हूँ मैं नहीं भूल-चूक की बात।875।
तुमने तारे हैं पतित करते कृपा अपार।
उसी कृपा का हे प्रभो मुझको है आधार।876।
बनता जाता है अहह वह कौड़ी का तीन।
आरत भारत पर कृपा क्या प्रभु होवेगी न।877।
देख-भाल कर वह सका अपने को न सँभाल।
हुआ महाभारत समर भारत-हित का काल।878।
इस रण में मारे गये धरती के रणधीर।
चुने हुए सब सूरमे बिछे हुए वर वीर।879।
इने-गिने जो बचे थे उनमें भी कुछ लोग।
आत्मघात कर मर गये था ऐसा संयोग।880।
समर महाभारत हुआ है अनर्थ का मूल।
है प्रभाव उसका हुआ उन्नति के प्रतिकूल।881।
भारत ही है आर्य्य जन का प्रधान आवास।
कहता है यह अवनितल का सारा इतिहास।882।
हुए महाभारत समर वही हुआ बलहीन।
जैसी उसमें चाहिए वैसी शक्ति रही न।883।
कलह फूट की भी हुई धीरे धीरे वृद्धि।
प्रान्त प्रान्त में हो गयी इसकी अधिक प्रसिद्धि।884।
अतः विदेशी जातियों के आक्रमण अनेक।
बार बार होने लगे बिना बिचार विवेक।885।
पतन पराजय ही हुआ था इसका परिणाम।
आर्य जाति का बना था पराधीनता धाम।886।

मुसलमान जाति की थी परम प्रबल उस काल।
रही विजयिनी उन्हीं के कर की हो करवाल। 887।
किन्तु यह विजय देश भर पर थी कभी हुई न।
कितने प्रान्त बने रहे रह विमुक्त स्वाधीन। 888।
अकबर औरंगज़ेब भी उनको सके न जीत।
वे निर्भय सब दिन रहे हुए नहीं भयभीत। 889।
मुसलिम आक्रामक तथा भूपों ने चिर काल।
किये हिन्दुओं पर सदा सितम बड़े विकराल। 890।
तोड़े मन्दिर सैकड़ों तोड़ीं कितनी मूर्त्ति।
यवन बना बहु हिन्दुओं को की रुचि की पूर्त्ति। 891।
भारत में हैं आज दिन मुसलिम कई करोड़।
वे समर्थ थे स्वत्व से सके नहीं मुँह मोड़। 892।
इन लोगों ने सैकड़ों बरस किया था राज।
भारत भू पर बादशाहत का पहने ताज। 893।
आदिम शाहों का रहा साधारण अधिकार।
प्रायः दिल्ली निकट के प्रान्तों पर था वार। 894।
किसी दूर के प्रान्त पर कारण हुए विशेष।
पड़ जाती थी दृष्टि पर बनती थी अवशेष। 895।
अकबर औरंगज़ेब तक रही धूम की धाक।
फिर शासन होने लगा शिथिल लोक मुख ताक। 896।
यदि रियासतें बहक कर होने लगीं स्वतन्त्र।
प्रजा चाहती किसलिये तो रहना परतन्त्र ? 897।
विप्लव होना इस सनक का ही था परिणाम।
किन्तु हुआ संयोग से इसका फल अभिराम। 898।
रहा जिस समय शिथिल शासन का यहाँ प्रपंच।
था तब कतिपय विबुध से शोभित भारत-मंच। 899।
वे थे इँगलिश जाति के कीर्त्ति निलय वर व्यक्ति।
शासन की उनमें रही परम अलौकिक शक्ति। 900।
भारत का साम्राज्य है उनकी ही सुविभूति।
वर्त्तमान उन्नति प्रगति है उनकी अनुभूति। 901।
है अशान्ति का नाम नहिं शान्ति है समीचीन।
सारा भारतवर्ष है वृटिश जाति आधीन। 902।

शासन की आयोजना है नितान्त रमणीय।
फूल फल रहा देश है मिले नीति महनीय। 903।
भारत में हैं आज भी मुसलिम सात करोड़।
पर उपद्रवों से लिया है सबने मुँह मोड़। 904।
उसको देकर के अलौकिक कमनीया कान्ति।
भारत भर में अब विलसती है अनुपम शान्ति। 905।
रहे सैकड़ों बरस तक मुसलिम बन सिरताज।
पर कुल भारत पर रहा कभी न उनका राज। 906।
वृटिश जाति वर नीति की ही है यह उपपत्ति।
जो कुल भारत बन सका उनकी प्रिय सम्पत्ति। 907।
भारत में जितने बड़े या छोटे हैं प्रान्त।
उनको जीता उन्होंने दिखा कलायें कान्त। 908।
किया गया है देश से दूर सकल दुर्भाव।
यथा परिस्थिति नृपों से करके संधि सचाव। 909।
आज शान्ति आवास है सारा भारतवर्ष।
बढ़ता जाता है सतत उसका वर उत्कर्ष। 910।
प्रान्त प्रान्त में हैं जिले वे हैं गौरवशील।
होती है उनकी समुन्नति की नित्य सबील। 911।
सकल जिलों में है पुलिस का प्रधान आवास।
उसमें होता है पुलिस दल वालों का वास। 912।
प्रजा-पुंज-रक्षण तथा दुष्ट दलन का काम।
रह सतर्क देते पुलिसवाले हैं अंजाम। 913।
कचहरियों का है जिला-प्रथित प्रधान स्थान।
जहाँ न्याय के साथ है होता दण्ड-विधान। 914।
वहाँ पाठशाला तथा कितने सफल स्कूल।
करते ज्ञान-प्रसार हैं बन विधान के मूल। 915।
प्राणिमात्र को है पठन-पाठन का अधिकार।
सबका सबसे है हुआ करता सद्व्यवहार। 916।
कर सच्ची साधना जन लेता रहे सवाब।
करे प्रफुल्लित लोक को बन उत्फुल्ल गुलाब। 917।
सविनय बन सबका करें क्यों नहिं हम सन्मान।
तरु समान सबको करें छाया क्यों न प्रदान। 918।

किसी को न देखे कभी कोई आँख निकाल।
फूलें फूलें नहीं किसी को फंदे में डाल। 919।
आन बान वाले बनें कभी बनें नहिं आन।
गरजे तड़पे बिना रस बरसें जलद समान। 920।
काम-चोर न बनें कमर कस दिखलावें काम।
नाम-करें पर हों नहीं भूले भी बदनाम। 921।
उसको सकल विभूति को देखें आँख पसार।
भूले भी संसार को हम नहिं कहें असार। 922।
रवि की महती महत्ता है महि का अवलम्ब।
है आलोक समाकलित उसका कीर्त्ति-कदम्ब। 923।
कैसे तेजःपुंज से भव होता भरपूर।
उगते जो न तमारि कर तमा तिमिर को दूर। 924।
प्रजा-पुंज अलि-वृन्द को करै सदैव स-ओज।
सुन्दर शासन बन सदा सरसित लसित सरोज। 925।
कैसे होती दूर तो तिमिर आबरित रात।
प्रभा-निकेतन प्रभाकर करता जो न प्रभात। 926।
रात ओस आँसू बहा प्रिय निमित्त रोती न।
सविता में तम ध्वंसिनी पविता यदि होती न। 927।
प्रीति लालिमा से लसित यदि उसको पाता न।
ऊषा को तेजस्विनी सूर तो बनाता न। 928।
घटना बढ़ना प्रति दिवस का है कुत्सित अंक।
कलित कला से रहित हो है सकलंक मयंक। 929।
गुण देखें, बनती रहे दृष्टि सदा क्यों बंक।
तमस्विनी को कर सका तेजस्विनी मयंक। 930।
सुन मयंक अपवाद क्यों सत्य रहेगा मौन।
वसुधा पर है सर्वदा सुधा बरसता कौन। 931।
हँसता रहता है सदा दिखलाता है शान्त।
तीक्ष्ण तेज रवि-किरण को करता है शशि कान्त। 932।
प्राणिमात्र पाकर उसे क्यों न करेंगे प्यार।
अवनी सारी उपज है रवि कर का उपहार। 933।
तो न विहरते दीखते नभ में वारिद व्यूह।
वारि को बनाता न जो रविकर वाष्प-समूह। 934।

उस पर बिछ सी गयी चमकीली चादर स्वेत।
मिले चाँदनी बन सकी महि चारुता उपेत। 935।
तो पूनो की रात क्यों पाता आदर-मान।
पैन्ह चाँदनी-पट अगर बनी चन्द्र बदनाम। 936।
जीवन बनता धन्य है किये कान्त आलाप।
प्रभुता पाकर भूल जाना प्रभु का है पाप। 937।
कान सुन न पावे कभी लान तान की तान।
मन को करना चाहिए मानवता का मान। 938।
लोक-मोहनी कान्ति से है उसकी उत्पत्ति।
चन्द्रवदन चाँदनी है चारु सदन सम्पत्ति। 939।
लालायित जन के लिये है ललामतम ओक।
सकल लोक उपकार है कल निकेत आलोक। 940।
होता है अति सुखित चित हो उत्फुल्ल महान।
हरा-भरा फल-फूलमय अवलोके उद्यान। 941।
बहु बाधाओं के हुए विध जाता है मर्म्म।
हो जाता है धर्म्मच्युत प्राणी किये कुकर्म्म। 942।
सुफल प्रसू बहु मुग्धकर सुन्दर सरस नितान्त।
बने सुकवि की कल्पना कल्पलता सी कान्त। 943।
अहह कहें तो क्या कहें दुख नहिं होता अल्प।
पकड़ कलेजा कलपते बीते कितने कल्प। 944।
बन न सका बेदर्द मैं आहें भर-भर सर्द।
कहूँ तो कहूँ किस तरह अपने को मैं मर्द। 945।
बनना अच्छा है नहीं बातें बना बनो न।
महिमा होती तो महत्ता मिल सकती क्यों न। 946।
वह कुछ नहिं कर सकेगा है जिसमें नहिं जान।
काट-छाँट करते हुए काट सके कब कान। 947।
तज कुकर्म्म करता रहेगा वह सदा सुकर्म्म।
धर्मधुरन्धर तज नहीं सकता अपना धर्म्म। 948।
सहता है बन साहसी तरह तरह की पीर।
धीर धीरता तज नहीं बनता कभी अधीर। 949।
होती है गौरव भरी उसकी सब तदबीर।
है जिसमें गम्भीरता क्यों न रहे गम्भीर। 950।

आँखें खुलती हैं नहीं बिना हुए परिताप।
पछता पाता है नहीं पापी करके पाप। 951।
दुख है तिमिर-समूह सुख है अनुपम आलोक।
होता सुख-दुख है सदा गुण-अवगुण अवलोक। 952।
निराधार का मिल सका कब किसको आधार।
इस भव पारावार का किसने पाया पार। 953।
तार सको तो हे प्रभो लो तुम हमको तार।
मुझ-सा पतित न अन्य है मैं हूँ पापागार। 954।
सिर पर भूत सवार है नहिं रह जाता मौन।
मम कुत्सित करतूत को पूत करेगा कौन। 955।
पड़ प्रपंच में मैं नहीं बनूँ पाप से पीन।
मेरे मन को मथ सके मन्मथ प्रभो कभी न। 956।
भूले भी अब मैं नहीं घसूँ चाम से चाम।
यही कामना है कि़ मैं लूँ न काम का नाम। 957।
मम सिर पर होगा नहीं वह अब कभी सवार।
अब न सहूँगा रार कर कभी मार की मार। 958।
बहुत दब चुका अब मुझे दाब दे दबावे न।
कुसुमायुध आयुध प्रभो आयुध रह जावे न। 959।
उसकी चर्चा ही हुए चित नहिं पाता चैन।
आँख मैन की अब कभी देख सकूँगा मैं न। 960।
सँग रहना है चाहता अब होवेगा सोन।
झख मारेगा पास मम आ झख केतन क्यों न। 961।
सुरुचि साथ देती नहीं हुए कुरुचि का संग।
अंग अंग में रम दिखाता है रंग अनंग। 962।
कौन नहीं होता व्यथित खुले दुरित का द्वार।
अवलोकन कर दर्प कन्दर्प का दुराचार। 963।
मानस कभी न बन सका पाप-पुंज का ओक।
हुआ प्रवंचित पंचशर का प्रपंच अवलोक। 964।
संसृति सृजन समस्त संस्कृति है उसके साथ।
उन्नति अवनति गति प्रगति का पति है रतिनाथ। 965।
शिव शिवता ही कर सकी जिसको सदा सनाथ।
उसके संग क्यों रह सकेगा रिपु गिरिजानाथ। 966।

करती रहती है सदा उसके हित की पूर्त्ति।
जनमानस को मोहती है सनसिज की मूर्त्ति। 967।
आजीवन करते रहें लोक लाभ का काम।
मद-विहीन हो लें सदा मदन कदन का नाम। 968।
उन्हें समझ है ही नहीं जिन्हें है न यह ज्ञात।
मानी जाती है नहीं जन मनमानी बात। 969।
उसमें होती है लगी कपट की बुरी छूत।
अच्छी होती है नहीं कूटनीति करतूत। 970।
उस अचिन्त्य विभु की कृपा हुई नहीं भरपूर।
चिन्तित चित चिन्ता कहो कैसे होवे दूर। 971।
कहीं किसी को मारना कभी न करें कबूल।
फूल फेंक मारें अगर तो भी होगी भूल। 972।
पीछे पिछड़े काम के पड़ होता है शूल।
टाल टूल कर काम को कभी न दो तुम तूल। 973।
होता है प्रायः समय का मानव मोहताज।
कल पर मत टालो उसे जो करना है आज। 974।
निन्दा करके और की निन्दित कभी बनो न।
रहो साफ़ सुथरे मगर कीचड़ बीच सनो न। 975।
लालायित हो ललकता है सब काल त्रिलोक।
किसी परम कमनीय की कमनीयता बिलोक। 976।
जिसका मानस है बना रहता हित का मंच।
उसे प्रवंचित कर नहीं सकता पंच-प्रपंच। 977।
लोक समुन्नति की उसे है सूझती सबील।
ज्ञान नयन जिसके रहे सब दिन विनयनशील। 978।
वे न चाहते भूति हैं नहीं चाहते स्वर्ग।
लोक-लाभ के लिये जो लोग हुए उत्सर्ग। 979।
जो स्वदेश अनुराग में मिल होते हैं मस्त।
उन्हें अकिञ्चनता नहीं किञ्चित करती त्रस्त। 980।
अन्य मन्त्र तन्त्रादि से वे हैं परम स्वतन्त्र।
ग्रहण किया है जिन्होंने देश-प्रेम का मन्त्र। 981।

माता की ममता

उसकी महिमा कथन में, मति होती है मौन।
जग में जीवनदायिनी, माता सम है कौन। 982।
छाती से कढ़ता न क्यों, तब बन पय की धार।
जब माता उर में उमग, नहीं समाता प्यार। 983।
वे जन लोचन के लिये, सके न बन शशि दूज।
पूजन जोग न जो बने, माता के पग पूज। 984।
जो महि में होती नहीं, माता ममता भौन।
ललक बिठाता पुत्र को, नयन पलक पर कौन। 985।
जो माता होती नहीं, महा मोह की मूर्ति।
तो पावनतम प्रीति की, कैसे होती पूर्ति। 986।
है प्रतिपालन क्रिया की, उससे होती पूर्ति।
है महती महिमावती, महि में माता मूर्ति। 987।
चित्त समादर सहित है, करता सदा कबूल।
माता नाता है सकल, नाताओं का मूल। 988।
उसका जीवन स्नेह परिपूरित, चित है धन्य।
माता सी त्राता न है, अवनीतल में अन्य। 989।
मा उर में ही है हुआ करता वह अवरोह।
जिससे प्रायः द्रोह भी, बन जाता है मोह। 990।
भव उर को देखा ग्रहण, कर आलोचक नीति।
है मन प्रीत प्रतीति-सी, किसकी प्रीति-प्रतीति। 991।

माता-पिता

यदि माता महि मध्य है, सरसा सुधा समान।
कामधेनु पय तो पिता का होगा उपमान। 992।
महती प्रीति पुनीत की, यदि माता है मूर्त्ति।
तो पालन प्रक्रिया की, पितृ देव हैं पूर्त्ति। 993।
सर सरिता के सलिल सम, यदि माता है पूत।
तो निज आलय के पिता, हैं पुनीत पुरहूत। 994।
देवी जैसी माँ अगर, हैं दिव्यता-निकेत।
किसी देव जैसे पिता, तो हैं दीप्ति उपेत। 995।

माता है सुत के लिये, यदि गौरव-आगार।
तो होता सुत से पिता, का भी है सत्कार। 996।

विविध विषय

सुख-समूह सुन्दर सदन, है सब रस-आधार।
तो किसमें है सार, जो है असार संसार। 997।
खाई वस्तु समान है, होता तन अवदात।
बतलाता है ग्रन्थ कृमि, निचय सितासित गात। 998।
हुए ज्ञान-विज्ञान निधि, वसुधा में बहु बार।
पर भव पारावार का कौन पा सका पार। 999।
क्यों न करेगा वह प्रथित, जन जन जन को प्यार।
है जिस प्रीति-निकेत का, वसुधा-तल परिवार। 1000।
क्यों वह जानेगा कि है, लोकोत्तर परलोक।
जो अवलोकन कर सका, लोक में न आलोक। 1001।
जो जन कर पाते नहीं कलुषित कार्य्य-कलाप।
तो न कभी होते विदित, अविदित मानस पाप। 1002।
शूकर जैसे जीव को है, मल से ही काम।
नन्दन वन सा ही न हो, क्यों उपवन अभिराम। 1003।
वह कैसे पकड़े सुपथ, तोड़ जीविका जाल।
आजीवन जकड़े रहे, जिसे जगत जंजाल। 1004।
उसे ज्ञात होती नहीं, वांछनीय वरवृत्ति।
गरीयसी बनती नहीं, पापीयसी प्रवृत्ति। 1005।
भटक रहा है जीव जब, छीर छवि पर भूल।
कैसे भाता तब उसे, सुरसरिता का कूल। 1006।

मांगलिक दोहे

बने सकल मंगल सदन सदा रहें अनुकूल।
एक रदन करिवर बदन कदन अमंगलमूल। 1007।
वरद विनायक वर मिले, बहे विनोद - प्रवाह।
सब मुद मंगलमय बने, नव वर वधू विवाह। 1008।
मंगलमय मंगल करें, ढरें भवानी नन्द।
सारी बाधाएँ हरें, राधानयनानन्द। 1009।

सरस बने मंगल अवनि, बरसे प्रेमपयोद।
उलहे सुरुचि रुचिर लता, विकसे बेलि विनोद। 1010।
जन जन बहु पुलकित बने, घर-घर हो आनन्द।
महि को मंगलमय करें, रविकुल कैरवचन्द। 1011।

दिव्य दोहे

भूख नहीं है ऊख की कहा सुधा से काम।
मीठी मीठी वस्तु से है मीठा हरि नाम। 1012।
नव रस है ऐसा नहीं षट रस होगा छीन।
जो न राम-रस चखा तो है रसना रसहीन। 1013।
कण पा सकी पिपीलिका पक्षी तरु फल खात।
मनुज पेट के लिये क्यों पापी बना दिखात। 1014।
पलता जिनका पेट नहिं उनकी खोज न लेत।
जन क्यों भजता उन्हें नहिं जो नित भोजन देत। 1015।
सबकी भूख समान है है पर भूख न और।
निज मुख कौर समान ही समझें पर-मुख कौर। 1016।
प्रभु जिय में होता न जो दीनजनों का प्यार।
चार फल न पाते सुदामा दे चावल चार। 1017।
जो न रीझते रीझनेवाले शुचिरुचि हेर।
तो मीठी लगती नहीं सेबरी जूठी बेर। 1018।
बँधे प्रेम की डोर में कर न सके अभिमान।
तज मेवे प्रभु ने किया विदुर साग सम्मान। 1019।
जो कुछ है वह है नहीं मर्यादा अनुकूल।
अर्पण सादर है प्रभो साग-पात फल-फूल। 1020।
हितकर सादे अन्न हैं गोरस सरस समेत।
लघु भोजन है सुख-भरित गुरु भोजन दुख देत। 1021।
खाये रस है उपजता है बढ़ती दृग ज्योति।
रुचि के साथ रचित हुई रुचिर रसोई होति। 1022।
किसको रुचिकर हुई नहिं किसे न किया प्रसन्न।
सुन्दर सुन्दर करों के सुन्दर सुन्दर अन्न। 1023।
सरसर सोई हुई है सुथरापन दिखराय।
सुथरे तन सुथरे वसन सुथरे कर घर पाय। 1024।

हैं जितने प्यारे सुखद सदा मान के पान।
प्यारे उतने हैं कहाँ प्रीति रहित पकवान। 1025।

वरवधू

समझ सका जो प्रेम-पथ-पथिकों का अधिकार।
वह पति पति है जिसे है पत्नी सच्चा प्यार। 1026।
बहे विवाहित हृदय में पावन प्रेम - प्रवाह।
चित में संचित नित रहे हित उपचित उत्साह। 1027।
बनिता सुख पर दृग रहे कभी उसे दुख दे न।
कर वैदिक विधि से वरण वर वरता भूले न। 1028।
क्यों न बनायेगी उसे वह स्वकण्ठ का हार।
जिस पत्नी को है अधिक पातिव्रत का प्यार। 1029।
देवी उसको मानते हैं महि के मतिमान।
जो प्रियतम को मानती है देवता समान। 1030।
है वह शुचिरुचि सहचरी है वह परम उदार।
जी से प्यारा है जिसे प्रिय पति का परिवार। 1031।
सुप्रकृति सुवचन सुमति रति सुकृति सुगति सुविचार।
हैं कुलीन कामिनी के जीवन के आधार। 1032।
जीवन धन पर जो सती सकी स्वजीवन वार।
है असार संसार में उसका जीवन सार। 1033।
ललना-लोचन में बसे कर उर पर अधिकार।
पले प्यार की गोद में पति बन ग्रीवा-हार। 1034।
सदा विपुल पुलकित रहे कर अरुचिर रुचि अन्त।
कभी अकान्त बने नहीं कान्त कहा कर कन्त। 1035।

गुरु गुरुता

महिमामय मतिमानता मानस मंजु मराल।
है कलिकाल कलुष कदन शमन जगत जंजाल। 1036।
विविध मोह मायारहित कदन मदन अहमेव।
हैं बहु गौरव गौरवित गुरुतामय गुरुदेव। 1037।
पाता जो न यथासमय गुरुवर तप का ताब।
होता होते आब के आबहीन पंजाब। 1038।

गुरुवर की गुरुता प्रगति उनकी शुचि अनुभूति।
दिव्य भाव से है भरित है वह वेद-विभूति। 1039।
विविध ज्ञान आधार है है महनीय महान।
सकल लोक-सर्वस्व है गुरुवर का गुणगान। 1040।

❑

बाल-कवितावली

बाल-कवितावली

1. बाल विनोद

प्रभु का प्यार

गीत गीत गीत।
गाओ लड़को गीत।

अच्छे गीत सँवारे गीत।
प्यारे प्रभु के प्यारे गीत।
सुख के बड़े सहारे गीत।
सीधे सधे सुधारे गीत।

गीत गीत गीत।
गाओ लड़को गीत।

जन्म बनाने वाले गीत।
पार लगाने वाले गीत।
भाग जगाने वाले गीत।
बहुत लुभाने वाले गीत।

गीत गीत गीत।
गाओ लड़को गीत।

खेल

खेल खेल खेल।
लड़को खेलो खेल।

अच्छा खेल प्यारा खेल।
देखा और दुलारा खेल।
जीता खेल हारा खेल।
सीखा और सँवारा खेल।

खेल खेल खेल।
लड़को खेलो खेल।

हँसने गाने वाला खेल।
मन उमगाने वाला खेल।
जी बहलाने वाला खेल।
रंग दिखाने वाला खेल।

खेल खेल खेल।
लड़को खेलो खेला।

चुहिया

आयी आयी।
चुहिया आयी।

लुकती आयी छिपती आयी।
देखे लोग दबकंती आयी।
डरती और चिहुँकती आयी।
खुर खुर खुर खुर करती आयी।

आयी आयी।
चुहिया आयी।

अपना खेल दिखाती आयी।
आँखों को चमकाती आयी।
दाना बिन बिन खाती आयी।
मुँह चौगुना चलाती आयी।

आई आयी।
चुहिया आयी।

रेल

रेल रेल रेल।
देखो लड़को रेल।

हिलती रेल लुढ़कती रेल।
भक भक भक भक करती रेल।
घड़ घड़ घड़ घड़ चलती रेल।
धड़ धड़ धड़ धड़ बढ़ती रेल।

रेल रेल रेल।
देखो लड़को रेल।

दौड़ लगाने वाली रेल।
जल भर लाने वाली रेल।
आग लगाने वाली रेल।
जोत जगाने वाली रेल।

रेल रेल रेल।
देखो लड़को रेल।

आम

आम आम आम।
ले लो लड़को आम।

आंख चुराने वाले आम।
जी ललचाने वाले आम।
छटा दिखाने वाले आम।
बहुत लुभाने वाले आम।

आम आम आम।
लेलो लड़को आम।

पीले आम फबीले आम।
नीले हरे रँगीले आम।
लम्बे गोल नुकीले आम।
मीठे बड़े रसीले आम।

आम आम आम।
लेलो लड़को आम।

भौंरा

आया आया।
भौंरा आया।

भन भन भन भन करता आया।
उमग भाँवरें भरता आया।
रस के लिये उतरता आया।
फूल फूल पर फिरता आया।

आया आया।
भौंरा आया।

उड़ता आया अड़ता आया।
लड़ता और झगड़ता आया।
भिड़ता और अकड़ता आया।
उठता गिरता पड़ता आया।

आया आया।
भौंरा आया।

कोयल

बोली बोली।
कोयल बोली।

इधर उधर फिर फिर कर बोली।
घूम घूम कर घर घर बोली।
पिछले पहर रात भर बोली।
कूक कूक डालों पर बोली।

बोली बोली।
कोयल बोली।

छिप पत्तों के भीतर बोली।
पागल बन बन बाहर बोली।
उमग उमग दिन दिन भर बोली।
तन सुध बिसर बिसर कर बोली।

बोली बोली।
कोयल बोली।

भौंरा

भौंरा आया।
भौंरा आया।

गुन गुन गाने वाला आया।
बेनु बजाने वाला आया।
खेल दिखाने वाला आया।
धूम मचाने वाला आया।

भौंरा आया।
भौंरा आया।

काँटों पर से डर कर आया।
कितनी ठौर ठहर कर आया।
कमल बनों में घर कर आया।
फूल धूल में भर कर आया।

भौंरा आया।
भौंरा आया।

2. बाल विलास

फूलों की माला

हरी भरी धरती पर जिसने,
प्यारे पेड़ उगाये।
हरे हरे पत्तों में जिसने,
सुन्दर फूल खिलाये।
मीठे मीठे फल से जिसने,
डालें बहुत सजायीं।
हरी चादरें दूबों की जिसने,
कम नहीं बिछायीं।
बड़ा अनूठा चन्द खिलौना,
जिससे तुमने पाया।
काजल पुती रात को जिसने,
तारों से चमकाया।
जिसकी जोत मिल गये सूरज,
करता है उँजियाला।
गूँथो लड़की गूँथो उसके,
गुन फूलों की माला।

माई के लाल

मैं हूँ भोला भाला लाल।
मेरे हैं घुँघराले बाल।
जब हँसता हूँ दाँत निकाल।
लुटते हैं मोती के थाल।

मेरी आँखें जादू डाल।
किसको करतीं नहीं निहाल।
मेरे ये गुलाब से गाल।
हैं ललचें होठों के माल।

मेरे हाथ कौंल से लाल।
जब देते हैं फूल उछाल।
कितनी आँखों में रस ढाल।
कर देते हैं बड़ा कमाल।

ताली बजा बजा दे ताल।
छम छम नाचेंगे सब काल।
देंगे कोई दीया बाल।
हम तो हैं माई के लाल।

निराली धुन

जब अपना मुँह खोलेंगे।
मीठी बोली बोलेंगे।
जब आँखें खुल पायेंगी।
प्यार भरी दिखलायेंगी।
जब उमंग में आयेंगे।
जगती जोत जगायेंगे।
कभी गीत जब गायेंगे।
किसको नहीं लुभायेंगे।
आँखों में बस जायेंगे।
जी में जगह बनायेंगे।
अगर कभी मुसकायेंगे।
रस की सोत बहायेंगे।
जहाँ अँधेरा पायेंगे।
दीया वहाँ जलायेंगे।
जो मीठे फल लायेंगे।
ऐसे फूल खिलायेंगे।

मेरा लाला

चन्द उतर कर जल में नाचे,
संगे नाचे तारा।
उठा उठा कर लहरें नाचे,
गंगा जी की धारा।
हवा लगे पर पत्ता नाचे,
नाचे फूल फवीला।
घूम घूम कर तितली नाचे,
पैन्हे साज रँगीला।
कहती है बज पाँव पैंजनी,
एई एई एई।
घर में मेरा लाला नाचे,
थेई थेई थेई।

लाड़ प्यार

रहो चहकते चिड़ियों जैसा।
ठुमुक ठुमुक मोरों सा नाचो।
उजले दाँतों को दिखलाकर।
मोती की लड़ियों को जाँचो।
रंग विरंगी तितली का सा।
रंग बिरंगा पन दिखलाओ।
भरो भाँवरे भँवरों की सी।
कोयल की सी कूक सुनाओ।
रहो खेलते हँसते खिलते।
ललकी आँखों को ललचाओ।
थिरको गाओ ताली दे दे।
रुनक झुनक पैंजनी बजाओ।
बोल बोल कर तुतली बोली।
देते रहो मिठाई हमको।
फूलों फूलों जैसा फूलो।
चन्दा मामा जैसा चमको।

हौआ

चीं चीं चीं चीं चिड़िया बोलै
भन भन भन भन भँवरा।
कू कू कू कू कोयल बोलै
पी पी पी पपीहरा।
मीठी बोली मैंना बोलै
सीटी देता सूआ।
तरह तरह की बोली बोलै
तेरा काका तूआ।
तूही तूही तूती बोलै
बजती है पि पी हरी।
कुकड़ू कूँ यह मुरगा बोलै
टिट्टी टी टिटीहरी।
गुटुर गूँ कबूतर बोलै
काँ काँ काँ काँ कौआ।
किलक किलक कर लाला बालै
हू हू हू हू हौआ।

बोलियाँ

ती ती ती ती कीरा बोलै
झीं झीं झीं झीं झिल्ली।
चूँ चूँ चूँ चूँ चूहा बोलै
म्याऊँ म्याऊँ बिल्ली।
किट किट किट विसतुइया बोलै
किर किर किर गिलहरी।
तुन तुन तुन एकतारा बोलै
पी पी पी पिपिहरी।
टन टन टन टन घंटा बोलै
ठन ठन ठन रुपइया।
बछड़ा देखे वाँ वाँ बोलै
तेरी प्यारी गइया।

ठनक ठनक कर तबला बोलै
डिम डिम डिम डिम डौंड़ी।
टेढ़ी मेढ़ी बातें बोलै
बाबा जी की लौंड़ी।

सुग्गा मैंना

गड़ गड़ गड़ गड़ बादल बोलै
खड़ खड़ खड़ खड़ पत्ता।
बड़ी बड़ी बूँदों से बोलै
पड़ पड़ पड़ पड़ छत्ता।
जले तवा पर गिर कर बोलै
छन छन छन छन पानी।
चहक चहक चुक चुहिया बोलै
अमृत जैसी बानी।
मर मर मर मर पौधा बोलै
चर चर चर चर डाली।
भिन भिन भिन भिन मक्खी बोलै
झन झन झन झन थाली।
देख देख कर अपना मुखड़ा
हाथों में ले ऐना।
सब से मीठी बोली बोलै
मेरा सुग्गा मैंना।

3. बाल बोध

माँ बाप

देख कर के जिनकी आँखें।
तुमारी आँखें खुल पायीं।
जिन्होंने बोल बोल तुमको।
बोलियाँ कितनी सिखलायीं।

कण्ठ जिनका चलता देखे।
तुमारा कण्ठ फूट पाया।
देख जिन लोगों का हँसना।
तुम्हें भी हँसना है आया।

बैठ कर जिनके कन्धों पर।
उमंगों से तुम भर पाये।
छातियों से जिनकी लग कर।
फूल से फूले दिखलाये।

गोद में बैठ बैठ जिनकी।
गोदियों में जाना सीखा।
चूमते रहने से जिनके।
चूमने के रस को चीखा।

हाथ से जिनके खा खा कर।
स्वाद सब अन्नों का पाया।
पकड़ करके जिनकी उंगली।
निबल पाँवों में बल आया।

वही माँ बाप तुम्हारे हैं।
पाँव उनका सब दिन चूमो।
मिलेगा कहीं नहीं उन सा
सब जगत में चाहे घूमो।

बाप

सारे सुख का बीज बाप है सिरका साया।
वह प्याला है प्यार छलकता जिसमें पाया।
पल पाता है पूत उसी के लाले पाले।
खुल जाती हैं आँख उसी के देखे भाले।
उसको पा हित पेड़ अनूठे फल है लाता।
जो रस है अनमोल उसे है वही पिलाता।
नर साँचे में सदा ढले उसके ही ढाले।
धो देता है वही कसर के धब्बे काले।
किसी लाल के लिये वही है सरवस खोता।
वही निछावर किसी बाल छवि पर है होता।
देख किसी का बड़ा अनूठा मुखड़ा प्यारा।
वही बनाता है उसको आँखों का तारा।
है उसके ही पास जड़ी वह बड़ी अनूठी।
जिससे सुत की सदा भरी रहती है मूठी।
उससे ही मिल सकी किसी को वह मणि खोई।
है माई का लाल कहाता जिससे कोई।

माता

किसने जल से पिंड सँवारा।
किससे मिली दूध की धारा।
किस ने हम को पोसा पाला।
किसने कहा आँख का तारा।
जब थे आँखें खोल न पाते।
रहे बलूले सा दिखलाते।
तब किसने था हमें सँभाला।
जब फूलों जैसा कुम्हलाते।
किसने दी सोने सी काया।
जादू करके हमें जिलाया।
किसने रखा कलेजे में है।
किसने आँखों पर बिठलाया।

सबने माथा उसे नवाया।
सबने उसे पूज सुख पाया।
माता ही है सच्ची देवी।
है धरती उसकी ही छाया।

बाप

चन्दा मामा को दिखलाता।
कभी तोड़ फूलों को लाता।
कन्धों पर है कभी बिठाता।
कभी पीठ पर तुम्हें चढ़ाता।
कभी खिलौने तुमको देता।
कभी गोद में है ले लेता।
छाती से है कभी लगाता।
कभी चूम मुखड़ा सुख पाता।
बच्चे! है वह बाप तुम्हारा।
तुम से है उसका सुख सारा।
उसने है तुमको जनमाया।
पोसा पाला बड़ा बनाया।
मत उसकी भलाइयाँ भूलो।
तुम उसके पाँवों को छू लो।
उसको एक देवता जानो।
जो वह कहे उसे तुम मानो।

बाप का बड़प्पन

जब हो तुम बे तरह मचलते तब है कौन मनाता।
सुन तुतली गालियाँ गले से तुमको कौन लगाता।
लगे थपेड़े कौन चूमता हँस कर हाथ तुम्हारा।
तुरन्त पिघल जाता जी किसका देख नयन जल धारा।
जब तुम जाते तिनक कौन तब होता था बलिहारी।
किसे तुम्हारी बहकी बातें भी लगती हैं प्यारी।

तुमको दुखी देख किसको दुख अपना नहीं दिखाता।
देख तुम्हारी खीज कौन है होठों में मुस्काता।

एक बाप को छोड़ प्यार किसका इतना दिखलाया।
सदा मेघ को ही पेड़ों पर जल बरसाते पाया।

है सच्चा देवता बाप ही तुम उसको पहिचानो।
रहो बाप के बनो बाप के बात बाप की मानो।

बाप का प्यार

बाप जैसा किसका है प्यार।
उमग बनाता है बच्चों को कौन गले का हार।

हँस नन्हे नन्हे हाथों की कौन सहे है मार।
कौन चाँद से मुखड़े पर तन मन देता है वार।

फूल सा कलेजा है किसका जिसमें है रसधार।
है किसकी रुचि बीन में भरी बड़ी भली झनकार।

रखवाला बाप

बाप है सच्चा रखवाला।
पास उसी के दिखलाता है प्यार छलकता प्याला॥

देख दिये की लौ जब तुम थे उसके लिये लपकते।
साँप रेंगता देख रीझ जब उसे पकड़ने चलते॥

तब सँभाल कर कौन तुम्हें था बातों से बहलाता।
मुँह के बल जब गिरगिर पड़ते तब था कौन उठाता॥

मुँह में देख डालते कितने अला बला को छीना।
तीर देख कर आता किसने किया सामने सीना॥

जब था चेत न, तुमसे जब थी सदा भूल ही होती।
तब सुध बीज तुमारे जी में किसकी मति थी बोती॥

बुरा भला हित अनहित सुख दुख तुमने किससे जाना।
देख बाप की आँखों सबने जग को पहिचाना॥

सारे सुख का बीज

कौन तुमसे हिलमिल खेला।
कहाँ तुमारे लिये किसी ने कब इतना दुख झेला॥

किसने अपनी ही गोदी में घण्टों तुम्हें सुलाया।
अपने ऊपर सभी बला ले किसने तुम्हें बचाया॥

तुम्हें मचलते देख प्यार से किसने मुखड़ा चूमा।
कौन दुखों में रात रात भर गोद में लिये घूमा॥

किसे टहल के लिये खड़ा ही एक पाँव से पाया।
किसका जी कुम्हला जाता है तुम्हें देख कुम्हलाया॥

किनमें लाड़ प्यार है इतना कौन उन्हें है पाता।
बाप बाप जैसा है जग में माता जैसी माता॥

बहिन

देखो लड़को! बहिन तुम्हारी।
कैसी है भोली औ प्यारी॥

उसके हाथ पाँव हैं छोटे।
पतले पतले थोड़े मोटे॥

लाल लाल औ गोरे गोरे।
जैसे किसी रंग के बोरे॥

कितने आँखों को हैं भाते।
कैसे हैं अच्छे दिखलाते॥

उसका धीरे धीरे चलना।
कभी खेलना कभी मचलना॥

दो दो दाँतों को दिखलाकर।
उसका हँसना कुछ मुसकाकर॥

तुतली बातें प्यारी प्यारी।
उसका कहना बारी बारी॥

भला नहीं किसको ठगता है।
किसे नहीं प्यारा लगता है॥

उसे खेलौना जब देते हो।
या जब उसे गोद लेते हो॥

तब वह कैसी खिल जाती है।
कैसी प्यारी दिखलाती है॥

तुम उसको मत कभी रुलाओ।
मत छेड़ो मत उसे डराओ॥

बातों से उसको बहलावो।
प्यार दिखाकर हँसो हँसावो॥

अच्छे लड़के तभी बनोगे।
औ सबके प्यारे तुम होगे॥

माता

किसने तुमको पोसा-पाला, किसने तुम्हें जिलाया।
बड़े प्यार से किसने तुमको अपना दूध पिलाया।

गिना तुम्हारे दुख को किसने अपने दुख से बढ़कर।
उमग उमग पड़ते थे तुम किसके कन्धों पर चढ़कर।

किसकी मीठी बातें सुन तुम फूले नहीं समाते।
उँगली पकड़ पकड़ चल किसकी तुम हँसते मुसकाते।

जिसका मुखड़ा देख तुम्हें है सारा सुख मिल जाता।
वह माता है, स्वर्ग नहीं जिसके पद-रज को पाता।

4. बालकों का बोलबाला

हँसी खेल के पुतले

किलक किलक कर कानों को हैं प्यारी सुधा पिलाते।
ललक ललक कर लोचन को हैं बार बार ललचाते।
गा गा मन माने गीतों को मन को हैं हर लेते।
बजा पिपिहरी पत्तों विरची हैं मोदित कर देते।
नाच नाच कर मंजु मोर सा ठुमुक ठुमुक हैं चलते।
उमग उमग कर भर उमंग में हैं कूदते उछलते।
गूँज रहे हैं भँवरों जैसा भर भाँवरें निराली।
कूक रहे हैं कोयल का सा बजा रहे हैं ताली।
देख देख तितली की रंगत हैं अपने तन रँगते।
चिड़ियों के चहचहे सुने, हैं आप चहकने लगते।
तोड़ तोड़ मीठे मीठे फल हैं खाते सुख पाते।
फूलों के रच रुचिर खिलौने फूले नहीं समाते।
नचा नचा कर लट्टू उस पर हैं लट्टू हो जाते।
फिरकी के समीप फिर फिर हैं फिरकी से दिखलाते।
बोल बोल कर वचन रसीले बड़े अनूठे तुतले।
हँस हँस करके खेल रहे हैं हँसी खेल के पुतले।

बाल्यकाल

सामने था सुन्दर आलोक।
अलौकिकता मय था संसार।
भावनाएँ थीं अति रमणीय।
भाव थे परम रम्य सुकुमार।

हृदय में बहता था सुख स्रोत।
सुधा-सिंचित था मानस-मोद।
कान सुनते थे स्वर स्वर्गीय।
छलकता मिलता चित्त विनोद।
कुसुम-कोमल-सुतल्प से मंजु।
गोद माता की थी सुख मूल।
पिता का लालन पालन प्यार।
था पुलकमय मानस-अनुकूल।
ललकते जन-लोचन सब काल।
बदन मंजुल मेरा अवलोक।
देखकर कला मयी मम केलि।
विपुल पुलकित होते सब लोक।
अधूरी मेरी तुतली बात।
बजाती हृत्तंत्री के तार।
धूल से भरी धूसरित देह।
बहाती नयनों में रस धार।
ठुमुक कर चलना लटपट चाल।
बनाता छिति-तल को छवि धाम।
किलकना कर-कर-बाल किलोल।
खिलाता मानस-मुकुल ललाम।
बाल-रवि-किरणों की कल कांति।
लसाती मेरे रुचिर कपोल।
कलानिधि कोमल करके साथ।
खेलते थे मेरे दृग लोल।
चमकते नभ के तारक पुञ्ज।
चित्त में भरते अद्‌भुत भाव।
फबीले तरु के फल, दल, फूल।
चौगुना करते थे मम चाव।
दिशा होती दिव-वाला ज्ञात।
प्रकृति पाती थी विपुल विकास।
दिखाते नयनों में कर गेह।
ललित लीलाएँ लोक-निवास।

शान्ति मय सुख मय सरस महान।
भाव मय भव मय अनुभवनीय।
लोक में बाल काल के तुल्य।
कौन-सा काल मिला कमनीय।

बाल भाव

बाल-भाव हैं अमल-कमल-सम कोमल होते।
उनमें हैं सब काल सुधा के बहते सोते॥
वे हैं चन्द-समान मनोहरता-मतवाले।
मलयानिल-से सरस छलकते रस के प्याले॥
प्रमुदित मत्त मयूर-तुल्य कल नर्त्तन कारी।
पुलकित-मृदुल-मराल-बाल इव मानस चारी॥
सुर सरि के कल कल प्रवाह-जैसे कल नादी।
मन मोहन की मधुर मुरलिका-से मृदु वादी॥
उनके रस मय अंक में सरलता है पलती।
मोहक मंजुल रंग में मृदुलता है ढलती॥
भोले भाले भाव भरे उनमें हैं होते।
वे भूतल में बीज मधुरिमा के हैं बोते॥
वे हैं सुन्दर थल जहाँ हैं छल-जल सोते नहीं।
वे हैं बहु सुरभित सुमन जो सौरभ खोते नहीं॥

बालक

फूल हो, फल हो या हो मूल।
या निराले घर के हो माल।
किसी की आंखों की हो ज्योति।
या किसी गोदी के हो लाल।
किलकिलाते हो बारम्बार।
रहे हो कैसी बोली बोल।
याद करते हो भूला पाठ।
या कोई भेद रहे हो खोल।
ललकते हो फूलों को देख।
फलों से दिखलाते हो प्यार।

क्या मिलाते हो जी से जोड़।
समय हाथों के तोड़े तार।
हरे पौधे लेते हैं मोह।
बहुत खिंचते हो उनकी ओर।
कौन सा बतलाती है भाव।
चाह से भरी आँख की कोर।
उसी में बैठ उसी के साथ।
खेलते हो क्यों कितने खेल।
भूलकर भी क्यों सके न भूल।
धूल से क्यों इतना है मेल।
देख खिलते फूलों का रंग।
हुई क्यों खिल जाने की चाह।
दिया क्या उन पर्दों को खोल।
खुल गयी जिससे दिल की राह।
तुम्हारा बड़ा सुरीला कण्ठ।
सुना करके सुन्दर झंकार।
कौन गाता रहता है राग।
छेड़कर किस वीणा का तार।
कभी हँसते हो मुँह को खोल।
होठ पर कभी मिली मुस्कान।
गुदगुदाती है दिल में पैठ।
क्या पुरानी कितनी पहचान।
हँस रहे हो या प्यासी आँख।
पा रही है प्यारा रस सोत।
या किसी अन्धकार को चीर।
जगमगा गयी निराली जीत।
सुखों का देख सलोना रूप।
गल रहा है लालच का थाल।
जगत की रंगीनी पर रीझ।
या टपकती है मुख से राल।
रेंग कर घुटनों के बल घूम।
चारपायों की-सी चल चाल।

दी गयी गुत्थी कोई खोल।
या बताते हो कोई हाल।

बाल कविता

सरस पदों से अधिक सरस है तुतली बोली।
दोनों ही में यद्यपि है मधु मिसरी घोली॥
दोनों ही का कथन हृदयग्राही है होता।
दोनों ही में बहा सुधा रस का है सोता।

किन्तु वचन की परम रुचिर रचना से रूरे।
होते हैं विधु-बदन बाल के बोल अधूरे॥
किलक किलक जो भाव बाल सब हैं बतलाते।
वह व्यंजनता नहीं व्यंजना में हैं पाते॥

कलित कण्ठ ध्वनि सकल ललित ध्वनि से है प्यारी।
विविध प्रसादन है प्रसाद गुण से प्रियकारी॥
एक उक्ति है मधुर अपर सरसित रस चीठी।
कवि कविता ते कहीं बाल कविता है मीठी॥

लड़कपन

भोला-भाला, बहुत निराला।
लाखों आंखों का उँजियाला।
खिले फूल सा खिला फवीला।
बड़े छबीले मुखड़े वाला।

हँसी खेल का पुतला प्यारा।
बड़ा रँगीला नोखा न्यारा।
जगमग जगमग करने वाला।
उगा हुआ चमकीला तारा।

अपने राग रंग में भूला।
चाव से हिंडोलों पर झूला।
चख चखकर फल बड़े रसीले।
फिरने वाला फूला फूला।

धुन में भरा न सुनने वाला।
पिये बहँकने वाला प्याला।

जी में बसा आँख में पैठा।
लाड़ प्यार हाथों का पाला।
स्वर्ग लोक में रहने वाला।
रस सोतों में बहने वाला।
जी को बहुत लुभाने वाला।
बात अनूठी कहने वाला।
रस के किसी पेड़ से टूटा।
फल उमंग हाथों का लूटा।
समय बड़ी सुथरी चादर पर।
कढ़ा सुनहला सुन्दर बूटा।
मँहक भरे फूलों का दोना।
हँसती हुई आँख का कोना।
लेने वाला मोल मनों का।
खरा चमकने वाला सोना।
साथ रंग रलियों के खेला।
मीठा बजने वाला बेला।
मन मानापन का मतवाला।
बड़ा लड़कपन है अलबेला।

भोला भाला लाल

सुनहली किरन रही थी फैल।
बड़ा ही था सुहावना काल।
रात थी मोती गयी बखेर।
चमकते थे वे हुए निहाल।
खिल रही थीं कलियाँ मुँह खोल।
लुभाता था हँस हँस कर फूल।
महँक भीनी भीनी सब ओर।
फिर रही थी अपने को भूल।
'सजा था रहा' छरहरे पेड़।
जोत औ हरियाली का मेल।
हवा लह लही बेलियों साथ।
खेलती थी कितने ही खेल।

रही थीं समा निराला बाँध।
पत्तियाँ हरीभरी हिल डोल।
देह में लगे सुनहला तार।
बढ़ा था फबे फलों का मोल।
खुली धरती माता की गोद।
भरी थी मिले अनूठा लाल।
लाड़ करती थी जिसका दूब।
निछावर कर मोती का थाल।
देख वह बहुत रहा था रीझ।
फूल पत्तों की बड़ी बहार।
आँख भोलापन अपना भूल।
अनूठी छवि थी रही निहार।
खेलती थी मुखड़े पर मौज।
रंग लाता था उसका प्यार।
गूँथने लग जाता था चाव।
भाव फूलों का सुन्दर हार।
बड़ी लीलाओं का है भेद।
ललकती आँखों का है माल।
उपज के हाथों का है खेल।
यह बड़ा भोला भाला लाल।

लाल

लाल लुनाई का है प्यासा।
पीने वाला दूध बतासा।
खोल-खोल मुँह हँसने वाला।
प्यार आँख में बसने वाला।
गान अनूठे गाने वाला।
मन की ढोल बजाने वाला।
लकड़ी को दौड़ाने वाला।
घोड़ा उसे बनाने वाला।
धूल-भरा, सोने-सा प्यारा।
धरती का चमकीला तारा।

हरा भरा फूलों सा फूला।
अपने भोलेपन पर भूला।
बहुत निराला सुथरा गोरा।
दूध का भरा हुआ कटोरा।
अँधियाले घर का उँजियाला।
चन्दा मामा का मतवाला।

सोना और सुगन्ध

प्यारे, यह गुलाब है फूला।
जिसे देख तेरा मन भूला।
इसका रूप रंग है न्यारा।
इसीलिये है सब को प्यारा।
देख उसी को तू ललचाया।
रूप रंग है किसे न भाया।
रूप रंग दोनों का होना।
क्या है? है सुगन्ध औ सोना।

चन्द

चमक-दमक में सबसे न्यारा।
चन्द नहीं किसको है प्यारा।
वह है फूले गेंदे-जैसा।
या है विकसे कमलों ऐसा।
माखन मेवे मुझे खिलाता।
है वह मिश्री घोल पिलाता।
कभी हँसाता कभी रिझाता।
कभी अनूठे रस बरसाता।
उसे देख कोई खिलती है।
गले चाँदनी से मिलती है।
रात निखर बनती है आला।
पहन सजी मोती की माला।
धरती जगी जोत है पाती।
दिशा विहँसती है दिखलाती।

पौदे फूले नहीं समाते।
प्यारी फबन फूल हैं पाते।
मेरे पास चन्द तू आ जा।
आकर अपना खाजा खा जा।
सच्चा प्यार मुझे दिखला जा।
मीठी मीठी बात सुना जा।

कोई लाल

कलियाँ हैं खिल रहीं, बेलियाँ हँस रहीं।
धरा हरी चादर फूलों से है भरी।
फूट रहा है जोत, निराला है समा।
अँधियाले में छूट रही है फुलझड़ी।
बड़ी बड़ी आँखों में जादू है भरा।
चित्त देख भोला पन जाता भूल है।
हरी-भरी दूबों की प्यारी गोद में।
है यह कोई लाल या खिला फूल है।

चन्द खिलौना

चन्दा मामा दौड़े आओ।
दूध कटोरा भर कर लाओ।
उसे प्यार से मुझे पिलाओ।
मुझ पर छिड़क चाँदनी जाओ।
मैं तेरा मृग छौना लूँगा।
उसके साथ हँसू-खेलूँगा।
उसकी उछल कूद देखूँगा।
उसको चाटूँगा, चूमूँगा।
तू है अगर चाँदनी वाला।
तो मैं भी हूँ लाल निराला।
जो तू है अमृत बरसाता।
तो मैं हूँ रस-सोत बहाता।
जो तेरी किरनें हैं न्यारी।
तो मेरी बातें हैं प्यारी।
तू है मेरा चन्द खिलौना।
मैं हूँ तेरा छुन्ना मुन्ना।

प्यारा मुखड़ा

सदा दमक दिखला दाँतों की।
ललक भरे उर में बसता है।
अपने लाल लाल होठों से।
समा सामने ला हँसता है।
वह है किसी चाँद सा सुन्दर।
किसी फूल सा खिलने वाला।
उँजियाला अँधियाले घर का।
भरा लबालब रस का प्याला।
जी को बहुत लुभाने वाला।
माँ के दिल का बड़ा दुलारा।
हँसता हुआ किसी बच्चे का।
भोला भाला मुखड़ा प्यारा।

तुतली बातें

चोना टोना करता रहता।
हँसना है जादू कर पाता।
कभी मचलना कभी किलकना।
किसके जी को नहीं लुभाता।
भोले मुखड़े का भोलापन।
देख कौन है भूल न जाता।
बना बना कर मुँह मुसकाना।
समा निराला है दिखलाता।
खेल खेल खेलों को खिलना।
रुनुक झुनुक पैजनी बजाना।
मन से मनमाने गीतों का।
अपने सुर तालों में गाना।
स्वर्ग बना देता है घर को।
लगा भाल में सुख के रोली।
ललकें नाच नाच उठती हैं।
सुने लाल की तुतली बोली।

5. माता-पिता की ममता

सवेरा

उठो लाल आँखों को खोलो।
पानी लायी हूँ, मुख धोलो।
बीती रात कमल सब फूले।
उनके ऊपर भौंरे भूले।
चिड़ियाँ चहक उठीं पेड़ों पर।
बहने लगी हवा अति सुन्दर।
नभ में न्यारी लाली छायी।
धरती ने प्यारी छवि पायी।
ऐसा सुन्दर समय न खोवो।
मेरे प्यारे अब मत सोवो।
भोर हुआ सूरज उग आया।
जल में पड़ी सुनहरी छाया।
मिटा अँधेरा हुआ उजाला।
किरणों ने जीवन सा डाला।
जाग जगमगा उठा जगत सब।
मेरे लाल जाग तू भी अब।
जागो प्यारे हुआ सवेरा।
मैं देखूँ हँसता मुख तेरा।
आँखें खोल कमल विकसाओ।
होंठ हिला कर फूल खिलाओ।
ठुमुक ठुमुक आँगन में डोलो।
किलक बोलियाँ मीठी बोलो।
मुझे लुभा लो जी उमगा कर।
रुनुक झुनुक पैजनी बजाकर।

प्यार पंचक

मेरे प्यारे बेटे आवो
मीठी मीठी बातें कह कर।
मेरे जी की कली खिलाओ।
उमग उमग कर खेलो, कूदो।
लिपट गले से मेरे जाओ।
इन मेरी दोनों आँखों में।
हँस कर सुधा बूँद टपकाओ।

प्यारे चिनगारी मत खेलो

फेंको फेंको उसको फेंको।
मुझ से एक खिलोना ले लो।
फेंके देते हो क्यों टोपी।
उसको अपने सिर पर दे लो।
देखो रोते हैं यह लड़के।
तुम न छीन इनके गहने लो।

तू ने क्यों नन्ही को मारा

कितनी है यह भोली भाली।
कितना है उसका मुख प्यारा।
दया नहीं क्या होती तुझ को।
बही देख आँसू की धारा।
उसका जी भी तुझ सा ही है।
क्या इतना भी नहीं बिचारा।
वह है छोटी बहन तुम्हारी।
क्यों न उसे तुमने पुचकारा।
जाकर गले लगा लो उसको।
कहना मानो लाल हमारा।

प्यारे लड़कों को न रुलाओ

हँसी खेल के ये पुतले हैं।
तनिक न तुम इनको कलपावो।
प्यार करो; मुख चूमो, मीठी।
बातों से इन को बहलाओ।
खिले हुए सुन्दर मुखड़े को।
मत कुम्हलाया फूल बनाओ।

बच्चों को तुम जी से चाहो

प्यार करो, आँखों पर ले लो।
पुलकित हो हो उन्हें सराहो।
उन से मीठी बोली बोलो।
जिसमें अनुपम लाड़ भरा हो।
जिससे वे ऐसे विकसित हों।
जैसे कोई कमल खिला हो।

माता का प्यार

मेरे लाल हमारे प्यारे।
ऐ मेरी आँखों के तारे।
तेरा मुखड़ा भोला भाला।
सुन्दरता साँचे में ढाला।
कहीं चन्द्रमा से न्यारा है।
खिले कमल ऐसा प्यारा है।
उसे देख नव निधि हूँ पाती।
मैं हूँ फूली नहीं समाती।
मेरे प्यारे बेटे आ जा।
मीठी मीठी बात सुना जा।
रस इन कानों में बरसा जा।
सुधा-बूँद इनमें टपका जा।
तेरी बातें हैं अति प्यारी।
उसमें है मिसरी सी डारी।

तेरी बातें तुतली, भोली।
हैं अनमोल मोतियों तोली।

प्यारे तू है भोला भाला।
मेरी आँखों का उँजियाला।

नयी पौध उपजाने वाला।
कीरत बेलि उगाने वाला।

भरा लबालब, बड़ा निराला।
तू है मधुर रसों का प्याला।

जिनकी महँक बहुत है आला।
तू है उन फूलों का थाला।

तू है ऐसा लाल हमारा।
जो सब लालों से है न्यारा।

तू है ऐसा रतन हमारा।
जिस पर सब रतनों को वारा।

तू है खिला गुलाब हमारा।
सब फूलों से सजा सँवारा।

तू है सुन्दर चाँद हमारा।
सब चाँदों से कोमल प्यारा।

तेरे मुखड़े का उँजियाला।
है अँधियाला खो वाला।

तेरे हाथों की यह लाली।
है उलझी सुलझाने वाली।

तेरी यह प्यारी किलकारी।
हरती है आकुलता सारी।

तेरा मन्द मन्द मुस्काना।
है जादू करता मन माना।

तू है उस सीपी का मोती।
जिसकी कान्ति दिव्य है होती।

तू है हीरा उस थल वाला।
जहाँ रहे सब काल उँजाला।

तू है खिला कमल उस सर का।
जहाँ राज है सरस मधुर का।

कुम्हला सका नहीं जिसका दल।
तू उस तरु का है सुन्दर फल।
प्यारे तू है उसकी कला।
सदा है जो फूला फला।
तू है उस साँचे में ढला।
जिसे छू नहीं सकती बला।
तू उस पलने में है पला।
जो है बड़ा अनूठा भला।
तू उस पथ पर होकर चला।
जहाँ अलौकिक दीपक बला।
प्यारे तू है उसकी थाती।
जिसका है दुनिया यश गाती।
तू उस बड़ी जाति का है जन।
जिसका जी है जड़ी-सजीवन।
तू है उस ऊँचे कुल वाला।
जिसने जग में किया उँजाला।
तू है उस पारस ही का कन।
जिसे छू हुआ लोहा कंचन।
जाति सकल आशाओं का थल।
प्यारे है तेरा मुख कोमल।
जब है वह जी खोल उमगती।
तब है तेरा ही मुख तकती।
उसकी आँख लालसा वाली।
तेरे मुख की है मतवाली।
रहती है रुचि भँवरी भूली।
मुख छवि देख कली सी फूली।

माता की ममता

उठो लाल नभ लाली छायी।
खिलीं गुलाब अनूठी कलियाँ।
विकसित हो कमलिनि रँग लायी।

पुलकित कर सारा पृथ्वी तल।
वही पवन प्यारी मन भायी।
हिलीं पत्तियाँ लतिका डोलीं।
पेड़ों ने अनुपम छवि पायी।
लगीं चहकने जग कर चिड़ियाँ।
चकवी चकवा के ढिंग आयी।
दिशा हुई आलोकित कुसुमों–
ओर अलि अवलि आकुल धायी।
जागो प्यारे किरणें फूटीं।
अति छवि साथ तम निधन करके।
छिति तल ओर छिटिक कर छूटीं।
जगत जगमगाया गिरि वर पर।
तरु पर रुचिर ज्योतियाँ जूटीं।
रजनि-सुन्दरी उर पर लसती।

मोती की मालायें टूटी

मेरे प्यारे आँखें खोलो।
बीती रात छिपे सब तारे।
ला पानी अपना मुख धोलो।
बचन तोतले बड़े रसीले।
उठकर किलक किलक कर बोलो।
कानों में अपनी जननी के।
निपट निराली मिश्री घोलो।
लाल लाल पतले होठों से।
विकसे फूलों की छवि तोलो।
रुनुक झुनुक पैंजनी बजाकर।
ठुमुक ठुमुक आँगन में डोलो।

कल केलि

मेरे भोले भाले लड़के।

लाल लाल हैं हाथ तुमारे जैसे टटके पत्ते बड़ के।
जी करता है चूम उन्हें लूँ हैं उनकी अति भली भलाई।
देख अनूठी प्यारी रंगत भला न किसकी आँख लुभाई।
गये बनाये हाथ लाल क्यों है उसमें यह सूझ निराली।
इनसे करो काम तुम ऐसे जिनसे बनी रहे मुँह लाली।

तू तो खिलता फूल अभी है।

कभी किलकता औ हँसता है कहता तुतली बात कभी है।
सबको तुझ से आस बड़ी है तुझको करता प्यार सभी है।
तुझ से रहे जाति मुँह लाली तू माई का लाल तभी है।

तू सब लालों से है आला।

देखा गया हाथ में तेरे प्रेम-सुधा का सुन्दर प्याला।
बड़े लाड़ से भली गोद में तू ही सदा गया है पाला।
खुलता है तुझ कुंजी से ही ज्ञानों का पेचीला ताला।
तुझ सा तेज और लालों में किसने कब है देखा भाला।
तेरा ही है रंग निराला तू ही है जग का उँजियाला।

रात का सोना

आ री नींद लाल को आजा।
उसको करके प्यार सुलाजा।
तुझे लाल हैं ललक बुलाते।
अपनी आँखों पर बिठलाते।

तेरे लिये बिछाई पलकें।
बढ़ती ही जाती हैं ललकें।
क्यों तू है इतनी इठलाती।
आ मैं भी हूँ तुझे बुलाती।

गोद नींद की है अति न्यारी।
फूलों से है सजी सँवारी।
उसमें बहुत नरम मन भाई।
रुई की है पहल जमाई।

बिछे बिछौने हैं मखमल के।
बड़े मुलायम सुन्दर हलके।
जो तू लाल चाह उसकी कर।
तो तू सोजा आँख मूँद कर।
मीठी नींदों प्यारे सोओ।
सोने की पुतली मत खोओ।
उसकी करतूतों के ही बल।
ठीक ठीक चलती है तन-कल।
नींद हाथ में है वह डली।
चखा जिसे पर भूख न टली।
उसकी आँखें हैं रस भरी।
वह है सरग लोक की परी।

पिता का प्यार

पूछता हूँ यह प्यारी बात।
बता दो मुझको मेरे लाल।
देख तुमको क्यों मेरी आँख।
सदा होती है बहुत निहाल।
जब ललक दिखलाते हो प्यार।
बहुत ही मीठी बोली बोल।
बढ़ाते हो तब कैसे रीझ।
हमें क्यों ले लेते हो मोल।
दौड़ कर जब आते हो पास।
गले लग जब करते हो प्यार।
तब हमें तुम लेते हो मोह।
पिन्हाकर किन फूलों का हार।
बड़े ही भोलेपन के साथ।
देखते हो जब मेरी ओर।
आँख तब क्यों लेते हो छीन।
चित्त के क्यों बनते हो चोर।
जब कभी हँसते हो दिल खोल।
उमगते हो जब भरे उमंग।

चौगुना होता है तब चाव।
रंग45 लाती है हृदय-तरंग।

खेलते हो जब कोई खेल।
न जाने क्या करके उस काल।
चढ़ाते हो वह न्यारा रंग।
बने बूढ़ा भी जिससे बाल।

तुम्हारे टूटे-फूटे शब्द।
बहुत लड़ियाँ देते हैं जोड़।
तुम्हारी प्यारी तुतली बात।
अमिल कड़ियाँ देती हैं तोड़।

लाड़िले का लाड़

तू है किसका नहीं दुलारा।
है मेरी आँखों का तारा।
तेरा मुखड़ा रंग रँगीला।
है फूलों से कहीं फवीला।

तेरी बोली भोली भाली।
होठ की बड़ी सुन्दर लाली।
गोरा बदन दाँत चमकीले।
छोटे छोटे हाथ फवीले।

तेरा हँसना और मचलना।
तेरा ठुमुक ठुमुक कर चलना।
कभी खेलना, कभी किलकना।
कभी ठुनुकना, कभी ललकना।

किसका जी है नहीं लुभाता।
घर गें है रस-सोत बहाता।
दिखलाता है रंग निराला।
भर-भरकर उमंग का प्याला।

मोती-भरा थाल है मेरा।
गोदी-भरा लाल है मेरा।
तेरी आँखों में है टोना।
तू है मेरा श्याम-सलोना।

मेरा लाला

टूटी फूटी बातें जिसकी मुझको लगतीं प्यारी।
जिसकी आँखों में दिखलाती है फूली फुलवारी।
ठुनुक-ठुनुक कर मचल-मचल करके जो है खिल जाता।
झूठे-मूठे गीत सुनाकर जो है मुझे रिझाता।
हँसी खेल का पुतला बड़ा हठीला, बहुत निराला।
छलका करता है जिसके अलबेलेपन का प्याला।
जिसकी भूल भली लगती है, जो है भोला-भाला।
वह है कौन? क्या बता दूँ मैं, वह है मेरा लाला।

चाह

बना रहे पानी मोती-सा।
चमक दमक प्यारी दिखलाओ।
अपने मुँह की लाली रखकर।
लाल! लाल जैसे बन जाओ।
तितली-जैसी रखो रंगतें।
बड़ी निराली ललकें पाओ।
भौंरों सा रंग श्याम रंग में।
गूँज-गूँज न्यारे गुण गाओ।
हरा-भरा रह पेड़ों जैसा।
सदा बड़े सुन्दर फल लाओ।
रहो चहकते चिड़ियों जैसा।
कोयल की-सी कूक सुनाओ।
प्यार-छाँह में पल-पल करके।
कभी किसी का दिल मत छीलो।
रहे चाँद सा हँसता मुखड़ा।
प्यार छलकता प्याला पी लो।

चन्दा मामा

मेरे प्यारे बड़े दुलारे।
ऐ मेरी आँखों के तारे।
आ मैं तेरा जी बहलाऊँ।
तुझे अनूठी बात बताऊँ।
जो है दूध-समुद्र कहाता।
कढ़ीं उसी से लक्ष्मी माता।
प्यारा चन्द चाँदनी वाला।
उसमें से ही गया निकाला।
इसी लिये दोनों मन भाये।
जग में भाई-बहन कहाये।
जगत-पिता जो माना जाता।
वह लक्ष्मी-पति है कहलाता।
इस नाते हैं सभी उमगते।
चन्दा को मामा हैं कहते।
है वह जगमग जगमग करता।
उससे है झर-झर रस झरता।
जो है उससे ज्योति निकलती।
दिये की तरह वह है बलती।
तेरी आँखों पर है खिलती।
तेरे मुखड़े से है मिलती।
तुझे चूमती ही रहती है।
दूध धार जैसी बहती है।
रंग निराले दिखलाती है।
छिटिक धरा पर छवि पाती है।
क्या तू उसे हाथ में लेगा।
क्या इससे मिलकर खेलेगा।
आ रे चन्दा मामा, आ जा।
लाल को खिला फूल बना जा।

लाड़ प्यार

पद

बतला दूँ तू क्या है लाल।
सुन्दर बड़े विलोचन वाला लोक विमोहन बाल।
चन्द समान सलोना मुखड़ा है नयनों का माल।
है गुलाब से कहीं फबीला तेरा गोरा गाल।
तुतली तुतली प्यारी बातें हैं कर रहीं निहाल।
क्यों न निछावर कर दूँ तुझ पर हीरा मोती लाल।

गोदी भरे लाल

मिला मोल का पता न जिनके।
बे अनमोल लाल होते हैं।
मोद कमल उपजाने वाले।
रस से भरे ताल होते हैं।
बड़े भाग वालों के घर के।
मोती भरे थाल होते हैं।
कितनी ही आँखों के तारे।
गोदी भरे लाल होते हैं।

पुतले

बहुत रिझाते हैं मुसकाकर।
मन के गीत सुनाते।
ठुमुक ठुमुक कर नाच नाच कर।
किस को नहीं लुभाते।
बोल बोल कर तुतली बोली।
कहलाते हैं तुतले।
हँस कर किसको नहीं हँसाते।
हँसी खेल के पुतले।

नया खिलौना

जब मैं हँसूँ हँसे तब वह भी जब गाऊँ तब गावे।
जब मैं ताता थेई नाचूँ तब वह वाद्य बजावे।
जब मैं किलकूँ तब वह किलके जब बोलूँ तब बोले।
मीठी बोली से मुझ सा ही वह भी मिसरी घोले।
मुसका मुसका मेरे जैसा रस की सोत बहावे।
खिलता मुझे देख कर वह भी फूलों सा खिल जावे।
बाबा मेरी बातें सुन लो जब बजार में जाना।
मेरे साथ खेल सब खेले वही खिलौना लाना।

नट खट बालक

घर में घुस कर ऊधम करता बछड़े खोल भगाता।
लगा लगा मुँह थन से पय गायों का है पी जाता।
है लड़कों का कान ऐंठता चपतें उन्हें लगाता।
कभी बन्दरों सी घुड़की दे दे है उन्हें डराता।
ऐंठ ऐंठ बातें करता है भौंहें है मटकाता।
कभी अँगूठा दिखलाता है मुँह है कभी चिढ़ाता।
आँख चुराता ही रहता है छीन छीन मन मेरा।
अरी यशोदा माता सुन ले नट खट बालक तेरा।
थोपी मार गया लड़कों को काट चिकोटी उन्हें रुलाया।
चिढ़ा गया उँगलियाँ नचा कर बन्दर सा किलकिला डराया।
घर में घुस कर धूम मचाई छीन ले गया सूई तागा।
कैसा है यह नट खट लड़का दौड़ कान में टू कर भागा।

6. विविध-विषय

बड़े की बड़ाई

जो है हमें बनाने वाला,
उसका है सब काम निराला।
देखो आसमान के तारे।
कितने हैं आँखों के प्यारे।
कोई नीला कोई पीला।
कोई उजला औ चमकीला।
देखो सूरज को है कैसा।
चाँदी का गोला हो जैसा।
कैसा प्यारा चाँद बनाया।
जिसने देखा वही लुभाया।
ठण्डी ठण्डी हवा बहाई।
जो पेड़ों में होकर आयी।
यह पानी जो पीने का है।
कितना अच्छा औ मीठा है।
कर देती है आग हमारा।
काम पका देने का सारा।
जो यह मिट्टी है दिखलाती।
कितने कामों में है आती।
रंग रंग के फूल खिलाये।
जिनके ऊपर भौंर लुभाये।
बड़ा अनूठा औ मन भाया।
चिड़ियों को गाना सिखलाया।

हरे भरे पत्ते औ डाली।
पेड़ों को दी है हरियाली।
तुम्हें उसी ने आँखें दी हैं।
जिन पर पलकें लगी हुई हैं।
कान दिये औ नाक बनायी।
जीभ उसी से तुमने पायी।
हाथ पाँव औ बदन तुम्हारा।
है उसका ही रचा सँवारा।
लड़को तुम उसका गुन गाओ।
उसको पूजो, उसे मनाओ।
इससे होगा भला तुम्हारा।
पावोगे दुख से छुटकारा।

विनय

प्रभु! हम सब हैं बालक तेरे।
गुण गाते हैं साँझ सवेरे।
तू दे आँखें खोल हमारी।
जी में जोत जगा दे न्यारी।
फूल झड़ें जब मुँह को खोलें।
सबसे मीठी बोली बोलें।
बातें जी की कली खिलावें।
अमृत कानों में बरसावें।
चाल हमारी होवे आला।
करें अँधेरे में उँजियाला।
भले काम कर नाम कमावें।
ऊसर में भी कमल खिलावें।
सबके बन जावें हम प्यारे।
कहलावें आँखों के तारे।
किसी का न रोआँ कलपावें,
पर हित कर फूले न समावें।
रंगत अपनी रखें निराली,
बन जावें फूलों की डाली।

किसी बात में हों न कभी कम,
काँटों में से फूल चुनें हम।
किसी का न जी कभी दुखावें।
मसले फूल के न सुख पावें।
सारी बिगड़ी बात बनावें।
काँटे राहों में न बिछावें।
बीज प्यार का उर में बोवें।
जाति के हितों पर बलि होवें।
फूलें फलें सदा सुख पावें।
हम माई के लाल कहावें।

सवेरे के काम

छिप गये तारे, बही प्यारी हवा।
खिल गयीं कलियाँ, सबेरा हो गया।
छोड़ करके ऊँघना लड़को उठो।
वह न पनपा इस समय जो सो गया।
शौच से आ, हाथ मुँह धोकर नहा।
जी लगा जगदीश की पूजा करो।
दीखती सब ओर है जिसकी कला।
तेज से उसके हृदय का तम हरो।
फिर बड़ी ही नम्रता से पास जा।
वन्दना माँ-बाप के पग की करो।
भक्ति से ले धूल उनके पाँव की।
आँख में अपने मलो शिर पर धरो।
ठीक रखने के लिए तन की कलें।
नित्य ही थोड़ी बहुत कसरत करो।
दूध पीकर या कि हलकी वस्तु खा।
निज नसों में वायु फुरतीली भरो।
तब करो वे काम जो हों सामने।
पाठ कर लो याद, या कपड़े पहन।
जो हुआ हो पाठशाला का समय।
तो वहाँ जाओ बना उत्फुल्ल मन।

गिलहरी

कहते जिसे गिलहरी हैं सब।
सभी निराले उसके हैं ढब।
पेड़ों से नीचे है आती।
फिर पेड़ों पर है चढ़ जाती।
कुतर कुतर फल को है खाती।
बच्चों को है दूध पिलाती।
उसकी रंगत भूरी कारी।
आँखों को लगती है प्यारी।
होती है यह इतनी चंचल।
कहीं नहीं इसको पड़ती कल।
उछल कूद में है यह कैसी।
दौड़ धूप में भी है वैसी।
बैठी इस धरती के ऊपर।
दोनों हाथों में कुछ लेकर।
जब वह जल्दी से है खाती।
तब है कैसी भली दिखाती।
चिकना चिकना रोआँ इसका।
लुभा नहीं लेता जी किसका।
मत तुम इसको ढेले मारो।
जी में इतनी बात विचारो।
कहीं इसे जो लग जावेगा।
तो इसका जी दुख पावेगा।
अब तक सबने है यह माना।
जी का अच्छा नहीं दुखाना।

बन्दर

देखो लड़को! बन्दर आया।
एक मदारी उसको लाया।
कुछ है उसका ढंग निराला।
कानों में है उसके बाला।

फटे पुराने रंग बिरंगे।
कपड़े उसके हैं बेढंगे।
मुँह डरावना आँखें छोटी।
लम्बी दुम थोड़ी सी मोटी।
भवें कभी है वह मटकाता।
आँखों को है कभी नचाता।
ऐसा कभी किल किलाता है।
जैसे अभी काट खाता है।
दाँतों को है कभी दिखाता।
कूद फाँद है कभी मचाता।
कभी घुड़कता है मुँह बाकर।
सब लोगों को बहुत डराकर।
कभी छड़ी लेकर है चलता।
है वह यों ही कभी मचलता।
है सलाम को हाथ उठाता।
पेट लेट कर है दिखलाता।
ठुमुक ठुमुक है कभी नाचता।
कभी कभी है टके माँगता।
सिखलाता है उसे मदारी।
जो जो बातें बारी बारी।
वे सब बातें वह करता है।
सदा उसी का दम भरता है।
देखो बन्दर सिखलाने से।
कहने, सुनने, समझाने से।
बातें बहुत सीख जाता है।
कई काम कर दिखलाता है।
फिर लड़को, तुम मन देने पर।
भला क्या नहीं सकते हो कर।
बनो आदमी तुम पढ़ लिखकर।
नहीं एक तुम भी हो बन्दर।

कोयल

काली काली कू कू करती।
जो है डाली डाली फिरती।
कुछ अपनी ही धुन में ऐंठी।
छिपी हरे पत्तों में बैठी।
जो पंचम सुर में है गाती।
वह ही है कोयल कहलाती।
जब जाड़ा कम हो जाता है।
सूरज थोड़ा गरमाता है।
तब होता है समा निराला।
जी को बहुत लुभाने वाला।
हरे पेड़ सब हो जाते हैं।
नये नये पत्ते पाते हैं।
कितने ही फल औ फलियों से।
नयी नयी कोंपल कलियों से।
भली भाँति वह लद जाते हैं।
बड़े मनोहर दिखलाते हैं।
रंग रंग के प्यारे प्यारे।
फूल फूल जाते हैं सारे।
बसी हवा बहने लगती है।
दिशा सब महकने लगती है।
तब यह मतवाली हो होकर।
कूक कूक डाली डाली पर।
अजब समा दिखला देती है।
सबका मन अपना लेती है।
लड़को! जब अपना मुँह खोलो।
तुम भी मीठी बोली बोलो।
इससे कितने सुख पावोगे।
सबके प्यारे बन जाओगे।

जुगनू

चौपदे

लो पकड़ लड़को जुगनुओं को न तुम।
हाथ में पड़ हैं मुसीबत झेलते।
खेलते तुम लोग अपना खेल हो।
वे विचारे जान पर हैं खेलते।

तंग लड़को जुगनुओं को मत करो।
ये तुम्हें अपना समझते काल हैं।
सोच लो तुम हो किसी के लाल तो।
रात के गोदी भरे ये लाल हैं।

लुभावने फूल

कैसे फूल भला न लुभाते।
आँखों को प्यारे हैं लगते, चित को हैं बेलमाते।
बड़े रंगीले रस वाले हैं, हँसते नहीं अघाते।
मुँह को खोल न जाने क्या कह फूले नहीं समाते।
ए हैं सुछवि छलकते प्याले, जी की कली खिलाते।
भरे अनूठे भावों में, अलवेलेपन में माते।
छूते ही मैले होते हैं, टूटे हैं कुम्हलाते।
लड़को! इनको प्यार करो, तुम रहो निभाते नाते।

तितली

रंग-बिरंगी तितली आयी।
देखो है कैसी छवि पायी।
उसका तन है कितना प्यारा।
कैसा है वह गया सँवारा।
इधर उधर फिरती रहती है।
फूलों पर गिरती रहती है।
फूल उसे हैं बहुत लुभाते।
अपना रस हैं उसे पिलाते।

उसको अपनी छवि देते हैं।
उसका मन उससे लेते हैं।
दोनों हँसते हैं हिल-मिलकर।
खेल खेलते हैं खिल खिलकर।
दोनों ही हैं बड़े रँगीले।
बड़े अनूठे, बड़े फबीले।
दोनों हैं दोनों के प्यारे।
दोनों हैं दोनों से न्यारे।
लड़को तितली को न सताओ।
उसका रोआँ मत कलपाओ।
छूते ही मैली होवेगी।
फूलों-सी रंगत खोवेगी।
उसको देख देख सुख पाओ।
वैसे ही सुन्दर बन जाओ।
मेली बन कर मिले रहो तुम।
फूलों जैसे खिले रहो तुम।

चमकीले तारे

ये चमकीले तारे हैं,
बड़े अनूठे प्यारे हैं।
आँखों में बस जाते हैं,
जी को बहुत लुभाते हैं।
जग मग-जग मग करते हैं,
हँस हँस मन को हरते हैं।
खिले हुए फूलों-से हैं,
जीत के बलूलों-से हैं।
नये जड़ाऊ गहने हैं,
जिन्हें रात ने पहने हैं।
कितने रंग बदलते हैं,
बड़े दिये से बलते हैं।
घर के किसी उजाले हैं,
जोत जगाने वाले हैं।

हीरे बड़े फवीले हैं,
छबि से भरे छबीले हैं।
कभी टूट ये पड़ते हैं,
फूलों जैसे झड़ते हैं।
चिनगी सी छिटकाते हैं,
छोड़ फुलझड़ी जाते हैं।

तारे

बिखरे मोती न्यारे हैं,
या चमकीले तारे हैं।
सुथरी नीली चादर पर,
सुन्दर फूल पसारे हैं।
किसी बड़ी अलबेली के,
बड़े छबीले प्यारे हैं।
या अँधियाली रातों को,
आँखों के ये तारे हैं।
नीले किसी चँदोवे में,
बूटे सजे सँवारे हैं।
या सुरमई बिछौने में,
टके अमोल सितारे हैं।
सरग बाग के पौदों के,
दमक रहे फल सारे हैं।
या है दहकी आग कहीं,
फैल रहे अंगारे हैं।
दिये देवताओं के घर के,
जगते जोत सहारे हैं।
या आकाश विमानों पर,
बैठे देव दुलारे हैं।

चन्द

रूप रंग दोनों में न्यारा,
तेरे मुखड़े जैसा प्यारा।

है यह चन्द या कि रस प्याला,
या चाँदी का थाल निराला।

कोई बड़ा फूल है फूला,
या है यह आईना भूला।

जोति वेलियों का है बीया,
या है यह आकाश का दीया।

किसी सुन्दरी ने मुँह खोला,
या है यह माखन का गोला।

है यह गेंद किसी की खोई,
या सुन्दर पतंग है कोई।

किसी देवता का है छाता,
कलस रुपहला है दिखलाता।

या है यह चमकीला बूटा,
या बैलून सरग से छूटा।

क्या मैं बतला दूँ, यह क्या है,
एक कटोरा दूध भरा है।

तेरा है अनमोल खिलौना,
जिसमें बैठा है मृग छौना।

चिड़ियाँ

चिड़ियाँ हैं लुभावनी होती,
बड़ी सजीली बहुत सँवारी।

उनके पर हैं सुन्दर प्यारे।
रखती हैं वे रंगत न्यारी।

बड़े प्यार से उनको देखो।
रीझ रीझ कर उन्हें रिझाओ।

सुनो चहकना उनका चित से।
उनकी चालों पर ललचाओ।

जब वे हों पेड़ों पर गाती।
उनसे गला मिलाकर गाओ।

देख फुदुकना उनका फुदको।
उमग पड़ो फूले न समाओ।

वे हैं बड़ी भली फुरतीली।
खुली हवा में रहने वाली।
अपने रंग ढंग में डूबी।
सुख लहरों में बहने वाली।
उन्हें मत सताओ मत छेड़ो।
वे न जाँय पिंजरों में पाली।
उनकी जाय न डाली छीनी।
हरी-भरी, फल-फूलों वाली।
जिनसे मसल जाय कोई दिल।
ऐसे कामों से मुँह मोड़ो।
धूल में मिला देने ही को।
कोई फूल भी न तुम तोड़ो।

काम की बातें

आँखें बदल बदल कर अपनी।
बहँक-बहँक जो बहुत बकोगे।
खुले हुए दिल से तो कैसे।
साथ-साथ हँस खेल सकोगे।
मुँह में बुरी बात जो आये।
तो न भूल कर भी मुँह खोले।
प्यार-भरा जी बिगड़ जायगा।
बात बढ़ेगी बोली बोले।
खींच बढ़ेगी खींच तान से।
डूब जायगी हित की डोंगी।
छीना-झपटी कभी करो मत।
इससे छीछा लेदर होगी।
अपने मतलब की बातों से।
तुम्हें नहीं जो मिलती छुट्टी।
तो जिसको हो बहुत चाहते।
उससे करनी होगी कुट्टी।
बात बात में छेड़ छाड़ कर।
जी में किसी कुभाव भरो मत।

हँसी खड़ा करती है झगड़े।
हँसो-हँसाओ, हँसी करो मत।

सब से मीठी बोली बोलो।
मैली रखो न अपनी आँतें।
जी में कड़वा पन भर देगी।
कड़वे मुख की कड़वी बातें।

जो निबाहना साथ तुम्हें है।
तो पत साथी की न उतारो।
भौंहें तान तान मत बहको।
मत तानो मत ताना मारो।

कभी चलो मत ऐसी चालें।
जिससे संगी साथी छूटें।
आँखों में आँसू भर आये।
मोती की मालायें टूटें।

फूल और तारे

दोनों ही हैं रंग बिरंगे दोनों हैं छवि वाले।
दोनों ही हैं बड़े फवीले, दोनों बड़े निराले।
खिले हुए रहते हैं दोनों, दोनों हैं अलबेले।
किसी बड़े बाजीगर के हैं दोनों सुन्दर चेले।
आँखों की चोरी करते हैं दिल हैं छीने लेते।
दोनों हैं अपनाते रहते दोनों हैं सुख देते।
ए धरती के बड़े लाड़िले वे आकाश दुलारे।
दोनों ही हैं हँसते रहते दोनों ही हैं प्यारे।

खेल

चित्त का चाव चौगुना होवे।
लड़कों में उमंग भर जावे।
बाप का कलेजा हो दूना।
माता फूली नहीं समावे।

हो पड़ोस में चहल पहल नित।
बड़ा सुरीला होवे गाना।

घर में बजें अनूठे बाजे।
खुल जावे आनन्द-खजाना।
हरे-भरे पत्ते छवि पावें।
रस से सिंचे सजीली क्यारी।
नये नये फूलों के फूले।
और फबीली हो फुलवारी।
बागों में बसन्त आ जावे।
धान लहलहाये खेतों में।
रवे किसी चाही चीनी के।
बिखर फैल जावें रेतों में।
वारा जाय थाल मोती का।
खेल-कूद वाली थलियों में।
करे चाँदनी घर कोनों में।
चाँद उतर आये गलियों में।
जिन न्यारी लीलाओं के बल।
उनकी लाल बलायें ले लो।
जो दिखलायें कला निराली।
ऐसे ही खेलों को खेलो।

गुलाब का एक फूल

देख फूला एक फूल गुलाब का,
तोड़ उसको एक लड़के ने लिया।
इस सितम को देख बोला फूल यों,
यह अरे वे पीर! तूने क्या किया।
क्या समझ सकता नहीं यह बात तू,
धूल में मेरी मिली चाहें सभी।
आज तूने छीन जो मुझसे लिया,
पा सकूँगा मैं न अब उसको कभी।
हँस न पाया था कि रोने की पड़ी,
कुछ न देखा और आँखें बन्द कीं।
आह तेरे ही किये सब पंखड़ी,
खिल न पायी थीं कि कुम्हलाने लगीं।

है समझता जीव मुझ में है नहीं,
और दुख सुख भी नहीं होता मुझे।
भूल है यह, पण्डितों से पूछ ले,
भेद इसका वे बता देंगे तुझे।
क्या हरी निज पत्तियों में मैं तुझे,
छवि दिखाता था न, या भाता न था।
किस लिये फिर यों सताया मैं गया,
जी न बहलाना तुझे यों चाहिए।
इस तरह क्या चाहिए करना बदी,
कोट कुर्ते की सजावट के लिये।
है भला किस काम का, पत्थर पड़ें,
दूसरों को पीस कर जो सुख मिले।
आग कल लगते अभी उसमें लगे,
और का दुख देख जो मुखड़ा खिले।
ठूँठ हो डंठी खड़ी है रो रही,
मैं कलपता हूँ कलेजा थाम कर।
कुछ घड़ी में पंखड़ी नुच जायगी,
धूल पर मैं लोटता हूँगा बिखर।
अब मिलेंगी वे न प्यारी पत्तियाँ,
जो गले लग प्यार दिखलातीं रहीं।
वे अनूठी डालियाँ फूलों भरी,
गोद में जब ले खिलायेंगी नहीं।
वे हमारे संग वाले फूल सब,
पास बैठे जो कि जाते थे खिले।
अब हमें देंगे दिखाई भी नहीं,
हम रहे जिनसे बहुत दिन तक हिले।
चूम जायेंगी न आ आ तितलियाँ,
गीत भौंरे भी सुनायेंगे न गा।
कौन देखेगा हमारी ओर अब,
चौगुनी चाहें भरी आँखें लगा।
वह बड़ा सुन्दर सवेरे का समाँ,
जब कि मैं जी खोल करके था खिला।

अब नहीं मैं देख पाऊँगा कभी,
आह मैं किससे करूँ इसका गिला।
कौन है दुख दूसरों का जानता,
निज सुखों में सब सदा भूला रहा।
मर मिटे कोई बला से मर मिटे,
कब न मानव रुचि तरंगों में बहा।
है जनम तेरा उसी कुल में हुआ,
है बड़प्पन का जिसे दावा बड़ा।
पर आ क्या, आज तेरे हाथ से,
एक को यों ही सभी खोना पड़ा।
बीतती जो आज तुझ पर इस तरह,
तो समझ सकता परायी पीर तू।
जो लगा होता तुझे, तो और को,
मार सकता था नहीं यों तीर तू।
जो कि होना था हुआ मैं इस लिये,
अब नहीं कुछ और कहना चाहता।
पर तुझे यह बात बतलाये बिना,
है नहीं मन भी हमारा मानता।
जी बिना मैं हूँ नहीं, जड़ मैं न हूँ,
दुख दरद से भी बचा हूँ मैं नहीं।
तोड़ लेना इस लिये यों ही मुझे,
है बहुत से पाप से बढ़ कर कहीं।
दूर करने के लिए दुख और का,
लोक के हित में लगाने के लिये।
फूल पत्ते तुम भले ही तोड़ लो,
देवताओं पर चढ़ाने के लिये।
पर कभी यों ही उन्हें मत तोड़ना,
है बुरा यह और निठुराई निरी।
किस लिये हो और पर ढाते बिपत,
हो न सहते आँख की जब किरकिरी।
क्यों मुझी पर इस तरह जी आ गया,
फूल फूले हैं यहाँ पर तो सभी।

क्या कहें, किससे कहें, कैसे कहें,
रूप गुण भी पीस देता है कभी।

कुछ बूँदियाँ

थी बरसना चाहती छायी घटा,
किन्तु तो भी थीं बहुत बूँदें अड़ी।
बे तरह उनमें मची थी खल बली,
देख यह कुछ बूँदियाँ यों कह पड़ीं।
किस लिये बहनो! बता दो हो अड़ी,
तुम सबों ने क्यों गँवा साहस दिया।
क्या कहेंगे लोग जी में सोच लो,
जो न धरती को बरस कर तर किया।
है यहाँ मिलती बड़ी सुथरी हवा,
है यहाँ कुछ और ही नभ की छटा।
श्याम रंगत की बड़ी मन मोहिनी,
बादलों की है यहाँ बाँकी अटा।
खूब चंचल दौड़ने वाली बड़ी,
जो बहुत ही हम सभों से है हिली।
घूमती दिन रात हैं जिस पर चढ़ी,
मन चली घोड़ी हवा की है मिली।
साड़ियाँ देती पिन्हा हैं सत रंगी,
सामने पड़ रंग बिरंगी रवि किरन।
चित्त किसका मोह जाता है नहीं,
देख कर जिनकी बड़ी न्यारी फबन।
हैं यहाँ पर मिल रहे सुख नित नये,
पर न तब भी आपदा सकती है टल।
हैं डरा देते गरज कर के जलद,
कौंध कर बिजली बनाती है बिकल।
फिर सहमना हो नहीं सकता भला,
जोहती हैं हम सबों का मुख धरा।
पा हमें पौधे बड़े होंगे सुखी,
कितने ही सूखा बदन होगा हरा।

है वहाँ पर भी नहीं सुख की कमी,
फूल खिल कर गोद में लेंगे हमें।
मोतियों की सी दमक दिखलायेंगे,
नोक पर तृण की हमारे कण थमें।
जो नहीं हम सब दिखायेंगी दया,
हो सकेगा किस तरह शीतल अचल।
बढ़ सकेंगी किस तरह नदियाँ घटी,
सूखता सर किस तरह होगा सजल।
प्यास धरती की बुझेगी किस तरह,
कर सकेगा ऊसरों को कौन तर।
जी सकेंगी ये बिचारी दूब क्यों,
चातकों की किस तरह होगी बसर।
है सदा से ही जगत की रीति यह,
काम एक से दूसरे का है चला।
भूमि वालों की भलाई के लिये,
धूल में मिल जाँय तो भी है भला।
काम इतनी बात से ही हो गया,
भर भरा कर साथ सब बूँदें गिरीं।
हो गयी आनन्द-मय सारी धरा,
मोद की सब ओर डौंड़ी सी फिरी।

फूल और काँटा

हैं जनम लेते जगह में एक ही,
एक ही पौधा उन्हें है पालता।
रात में उन पर चमकता चाँद भी,
एक ही सी चाँदनी है डालता।
मेह उन पर है बरसता एक सा,
एक सी उन पर हवायें हैं बही।
पर सदा ही यह दिखाता है हमें,
ढंग उनके एक से होते नहीं।

छेद कर काँटा किसी की उँगलियाँ,
फाड़ देता है किसी का वर बसन।
प्यार-डूबी तितलियों का पर कतर,
भौंर का है बेध देता श्याम तन।
फूल लेकर तितलियों को गोद में,
भौंर को अपना अनूठा रस पिला।
निज सुगन्धों औ निराले रंग से,
है सदा देता कली जी की खिला।
है खटकता एक सब की आँख में,
दूसरा है सोहता सुर शीश पर।
किस तरह कुल की बड़ाई काम दे,
जो किसी में हो बड़प्पन की कसर।

चुगली

बुरा है, औ है हलका पन,
छिछोरे पन का है बाना।
खुला मैला पन है जी का,
नीच पन है चुगली खाना।
अँधेरे को पाकर के ही,
खोलता पर है चिमगादड़।
समझ के अन्धेपन में ही,
बेलते हैं चुगले पापड़।
दाँव के लग जाने पर ही,
काम कर जाती है चुगली।
नहीं तो उलटे दाँत तले,
दाबनी पड़ती है उँगली।
गिरा हम क्यों न आँख से दें,
दूसरों को चुगली खा कर।
पर चलेगी कब तक सोचो,
नाव कागज की पानी पर।
फँसा दें क्यों न जाल में ही,
तुम्हारी चुगली का दाना।

तुम्हें भी जान पड़ेगा तब,
पड़ेगा जब मुँह की खाना।
चुगलियाँ कर लथेड़ करके,
किसी को हमने क्या पाया।
लगा कर मरदीने धौलें,
हमें जो नीचा दिखलाया।
और की चुगली करने को,
कुराहों में जो पाँव जमें।
पछाड़ा हमने क्या उसको,
उसी ने लिया पछाड़ हमें।
पीठ पीछे जो मुँह खोले,
कौन उसका सा है ढोंगी।
चला कर छिप करके चोटें,
सामने आँखें क्यों होंगी।
और की पत उतारने के,
काम में चुगली आती है।
मगर पत ऐसे लोगों की,
उतर पहले ही जाती है।
जब कि वे मन के रोगों से,
बने ही रहते हैं रोगी।
तब भला चुगले लोगों की,
क्यों न मिट्टी पलीद होगी।

हलका पन

सुनो जी से बातें मेरी,
न देखो बँटने पावे मन।
बताये देता हूँ तुमको,
किसे कहते हैं हलका पन।
तनिक सी हवा लगे से ही,
डोल जाता है तिनका-तन।
इस लिये थोड़ी बातों में,
बिगड़ पड़ना है हलका पन।

फूँक के लग जाने पर ही,
चंग जाता है भू आ बन।
किसी के बात फेंकने पर,
बहक जाना है हलका पन।
मान मरजादा से भारी,
भला कब हो सकता है धन।
किसी को दम-झाँसा देकर,
मूँड़ लेना है हलका पन।
एक दो हलकी पेचक से,
पतंगें ही जाती हैं तन।
चार पैसा हो जाने पर,
तने फिरना हैं हलका पन।
दूध के दूहे जाने पर,
वह नहीं रह जाता है थन।
दूसरों से दुखड़ा कह कर,
भरम खोना है हलका पन।
थिर नहीं रह सकता यक दम,
हिला ही करता है छन छन।
जीभ को पीपल का पत्ता,
बना लेना है हलका पन।
बिनौलों के कढ़ जाने पर,
रहा रुई का वह न वज़न।
भेद की या निज की बातें,
बता देना है हलका पन।
तौल कर देखो, क्यों होगा,
अदब सा भारी ओछा पन।
बड़े बूढ़ों से भिड़ जाना,
बहस करना है हलका पन।
नहीं मुँह में डाला जाता,
गिर गया है मुँह से जो कन।
दे दिया गया किसी को जो,
उसे रखना है हलका पन।

मीठी बोली

बस में जिससे हो जाते हैं प्राणी सारे।
जन जिससे बन जाते हैं आँखों के तारे।
पत्थर को पिघला कर मोम बनाने वाली।
मुख खोलो तो मीठी बोली बोलो प्यारे।
रगड़ों झगड़ों का कड़वापन खोने वाली।
जी में लगी हुई काई को धोने वाली।
सदा जोड़ देने वाली है टूटा नाता।
मीठी बोली प्यार बीज है बोने वाली।
काँटों में भी सुन्दर फूल खिलाने वाली,
रखने वाली कितने ही मुखड़ों की लाली,
निपट बना देने वाली है बिगड़ी बातें,
होती है मीठी बोली करतूत निराली।
जी उमगाने वाली, चाह बढ़ाने वाली,
दिल के पेचीले तालों की सच्ची ताली,
फैलाने वाली सुगन्ध सब ओर अनूठी,
मीठी बोली है बीछे फूलों की डाली।
बह जाता है उरों बीच सुन्दर रस-सोता,
प्यारा बनता है बन बसने वाला तोता,
बुझ जाती है बैर-फूट की आग धधकती,
मीठी बोली से है जन पर जादू होता।

कुल दीपक

चौपदे

जो कुल दीपक बनना है तो,
बान भली बातों की डालो।
आँख खोल कर भले-बुरे को,
सोचो, समझो, देखो भालो।

भरा हुआ जो अँधियाला है,
उसको ज्योति जगा कर टालो।

दीपावली समान हृदय में।
देश-प्रेम का दीपक बालो।

शिक्षा

बालको सब दिन फूलो फलो।
आँखों के तारे बन जाओ उर पलने में पलो।
जीतो दाँव फेंक हित पासे पाँव रोप न टलो।
रँगो जाति हित की रंगत में भले ढंग में ढलो।
भारत माता के सपूत बन पूत पन्थ पर चलो।
करो अँधेरा दूर घरों का दीपक जैसा जलो।

❑

हरिऔध-सतसई

जो कुछ है वह है नहीं,
मर्यादा अनुकूल।
अर्पण सादर है प्रभो!
साग पात फल मूल।

—हरिऔध

श्रीहरिः

हरिऔध-सतसई

विनीत विनय

हो मन भावुक भूति में, भक्ति भाव भरपूर।
बन तमारि करुणानिधे ! करो हृदय तम दूर ॥ 1 ॥
गौरव से गाता रहे, सउमग गुण गोविन्द।
पावन पद अरविन्द का, मन बन मत्त मिलिन्द ॥ 2 ॥
गूँज गूँज गाता नहीं, क्यों गौरव गोविन्द।
मन तू क्यों बनता नहीं, प्रभु पद पद्म मिलिन्द ॥ 3 ॥
विविध ताप उपताप की, मायिकता कर दूर।
घन तन प्रभु पद पद्म का, है मन मत्त मयूर ॥ 4 ॥
जो बरसाता है सुधा, वसुधा पर सब ओर।
उसके बदन मयंक का, मन बन चुका चकोर ॥ 5 ॥
पावन होता है पतित, पावन पद को पूज।
होती है भव में सदा, यह पावनतम गूँज ॥ 6 ॥
आँसू जब है बरसता, लोचन बन बेहाल।
करुणा सागर उमड़ता, मिलता है उस काल ॥ 7 ॥
दीनबन्धु हो हे प्रभो ! दया सिन्धु हो ख्यात।
पीड़ित क्यों न हुए सुने, उत्पीड़न की बात ॥ 8 ॥
तड़प रहा हूँ मीन सम, होके वारि विहीन।
अहह हुआ करुणायतन, क्यों करुणा से हीन ॥ 9 ॥
मेरे ऐसा कौन है, इस दुनिया में दीन।
दयानिकेतन क्यों हुआ, दयालुता से हीन ॥ 10 ॥
मेरे ऐसा दूसरा, होगा कौन अनाथ।
भूले मुझको किसलिए, भोले भाले नाथ ॥ 11 ॥

दौड़ो गज सी है दशा, हुई पकड़ लो हाथ।
पाप ग्राह से हूँ ग्रसित, त्रसित सशंकित नाथ ॥ 12 ॥
पाप ताप उत्ताप से, तप्ताक्रमित नितान्त।
हूँ अशान्त अतिशय दुखित, दौड़ो कमलाकान्त ॥ 13 ॥
अधम पतित भी हूँ प्रभो ! मुझको करो सनाथ।
बड़ी बात मैं क्यों कहूँ, छोटे मुख से नाथ ॥ 14 ॥
तब क्यों प्रभु मैं दुख सहूँ, जब तुम हो सुखकन्द।
हो आनन्दनिधान दो, मुझको भी आनन्द ॥ 15 ॥
तुमने तारे हैं पतित, करके कृपा अपार।
उसी कृपा का हे प्रभो, मुझको है आधार ॥ 16 ॥
तार सको तो हे प्रभो ! लो तुम हमको तार।
मुझसा पतित न अन्य है, मैं हूँ पापागार ॥ 17 ॥
उसकी सकल विभूति को, देखें आँख पसार।
भूले भी संसार को, कहें न हम निस्सार ॥ 18 ॥
पड़ प्रपंच में मैं नहीं, बनूँ पाप से पीन।
मेरे मन को मथ सके, मन्मथ प्रभो कभी न ॥ 19 ॥
आँखें हैं पथरा गयीं, पढ़ पढ़ नाना ग्रन्थ।
जिससे प्रभु की प्राप्ति हो, मिला नहीं वह पन्थ ॥ 20 ॥
मानस बनता ही रहे, पूत कृत्य का क्षेत्र।
प्रभु पद पंकज के बनें, चंचरीक मम नेत्र ॥ 21 ॥
कान कान वह है नहीं, है वह काठ समान।
जो सुन पाता है नहीं, गौरवमय गुणगान ॥ 22 ॥
कपल रहा हूँ और हूँ, अतिशय दुर्बल दीन।
विनय कान करते नहीं, क्या हो कान विहीन ॥ 23 ॥

गुणगान

गणपति गौरीपति गिरा, गोपति गुरु गोविन्द।
गुण गाओ वन्दन करो, पावन पद अरविन्द ॥ 1 ॥
कहती है आनन्द ध्वनि, स्वर्गिक स्वर में गूँज।
सिद्धि मिलेगी गज-वदन, पद पंकज को पूज ॥ 2 ॥
सकल मंजु मंगल सदन, कदन अमंगल मूल।
एक रदन करिवर वदन, सदा रहें अनुकूल ॥ 3 ॥
आराधन करते करें, बाधायें सब दूर।
दयासिन्धु सिन्धुर बदन, आरंजित सिन्दूर ॥ 4 ॥
विमुख विविध बाधा करें, करिवरमुख दिन रात।
दिन दिन बनती ही रहे, बना बनी की बात ॥ 5 ॥
जिस मुरली का नाद सुन, बने मुग्ध बहु वन्य।
उस मुरलीधर अधर को, क्यों न कहें हम धन्य? ॥ 6 ॥
मूर्तिमान प्रतिपत्ति हैं, है उपपत्ति प्रसाद।
अधर धरी मन मोहिनी, मोहन मुरली नाद ॥ 7 ॥
अधर सुधा की माधुरी, से बसुधातल सींच।
मोहन मुरली सरस रस, देती रही उलीच ॥ 8 ॥
पूजे जगती में गये, जिनके पग जलजात।
उन मोहन की मुरलिका, है भव में विख्यात ॥ 9 ॥
हरि मुरली ध्वनि सुने जब, होता ध्वनित दिगन्त।
झंकृत होता उस समय, भव हृतंत्री तन्त ॥ 10 ॥
जब मनमोहन मुरलिका, का होता था नाद।
ब्रज पशु पक्षी श्रवणतक, पाते थे आस्वाद ॥ 11 ॥
क्यों नहिं होती स्वरित हो, ब्रज मण्डल में व्याप्त।
मन मोहन की मुरलिका, दिव्य अधर कर प्राप्त ॥ 12 ॥

हरि मुरली होती न जो, दिव्य कला में लीन।
होकर छिद्रवती कलित, कीर्तिवती बनती न ॥ 13 ॥
जो मोहन मृदु अधर के, होती नहीं अधीन।
तो जड़ बंसी बाँस की, मोहकता बनती न ॥ 14 ॥
सारी बाधायें हरें, राधा नयनानन्द।
वृन्दारक वन्दित चरण, श्री वृन्दावन चन्द ॥ 15 ॥
मोहित होते हैं नयन, देख ललित तम ओक।
विकसित वारिज वदन की, दशनावली विलोक ॥ 16 ॥
बनते हैं बुध विबुधवर, महामन्द मति मान।
कर गौरविता गिरा का, गौरव मय गुण गान ॥ 17 ॥
विबुध वृन्द आराधिता, बुध सेविता त्रिकाल।
जय वीणा पुस्तकवती, हंस विलसती बाल ॥ 18 ॥
है लोहे के लिए वह, पारस का संस्पर्श।
दीनबन्धु की बन्धुता, का है वर आदर्श ॥ 19 ॥
द्रवण शीलता से लसित, है दयालुता देह।
है केतन कल कीर्तिका, कृपा निकेतन स्नेह ॥ 20 ॥
खोजे खोजी को मिला, क्या हिन्दू क्या जैन।
पत्ता पत्ता क्या हमें, पता बताता है न ॥ 21 ॥
रंग रंग में जब रहें, सकें रंग क्यों भूल।
देख उसी की ही फबन, फूल रहे हैं फूल ॥ 22 ॥
क्या उसकी है सोहती, नहीं नयन में सोत?
क्या जग में है जागती, नहीं उसी की जोत ॥ 23 ॥
पूजन योग जिसे कहें, पूजित जन बन दास।
उसे नहीं जो पूजते, तो क्यों पूजे आस ॥ 24 ॥
आवभगत उसका करें, पूजें पाँव सचाव।
सब से ऊँचा जो रहा, रख कर ऊँचे भाव ॥ 25 ॥
बिना बीज क्यों बेलि हो, बिना तिलों क्यों तेल।
किसी खेलाड़ी के बिना, है न जगत का खेल ॥ 26 ॥
क्या निर्गुण है? है भला, किसको निर्गुण ज्ञान।
गुणवाले जो कर सकें, करें सगुण गुणगान ॥ 27 ॥
चित भीतर ही है नहीं, जो चित रहे सचेत।
कला दिखाता क्या नहीं, बाहर कला निकेत ॥ 28 ॥

विपुल बीज अंकुरित हो, अंकुर सकल समेत।
हैं हरि पता बता रहे, हरे भरे सब खेत॥ 29 ॥
जोत नहीं तम में मिली, लाखोंबार टटोल।
भेद भला कैसे खुले, सके न आँखें खोल॥ 30 ॥
बनें सकल मंगल सदन, सदा रहें अनुकूल।
एक रदन करिवर वदन, कदन अमंगल मूल॥ 31 ॥
मंगलमय मंगल करें, ढरें भवानीनन्द।
सारी बाधायें हरें, राधा नयनानन्द॥ 32 ॥
सरस बने मंगल अवनि, बरसे प्रेम प्रमोद।
उलहे सुरुचि रुचिर लता, विकसे बेलि विनोद॥ 33 ॥
जन-जनबहु पुलकित बनें, घर घर हो आनन्द।
महि को मंगलमय करें, रविकुल कैरवचंद॥ 34 ॥
भूख नहीं है ऊख की, नहीं सुधा से काम।
मीठी मीठी वस्तु से, है मीठा हरिनाम॥ 35 ॥
नवरस ऐसा है नहीं, षटरस होगा छीन।
जो न रामरस चखा तो, है रसना रस हीन॥ 36 ॥
प्रभु जी में होता न जो, दीन जनों का प्यार।
पाते न सुदामा चार फल, देकर चावल चार॥ 37 ॥
जो न रीझते रीझने - वाले शुचि रुचि हेर।
शवरी की मीठी न तो, लगती जूठी बेर॥ 38 ॥
बँधे प्रेम की डोंर में, कर न सके अभिमान।
तज मेवे हरि ने किया, विदुर साग सम्मान॥ 39 ॥
जो कुछ है वह है नहीं, मर्यादा मनुकूल।
अर्पण सादर हैं प्रभो, साग-पात फल मूल॥ 40 ॥
मंगलमय होता रहे, यह मंगलमय काल।
करें अमंगल दूर सब, मंगलायतन लाल॥ 41 ॥
कुशकुन दुरें उलूकसम, तज मंगलमय देश।
सकल अमंगल तम दलें, द्विजकुल कमल दिनेश॥ 42 ॥
वाधित वसुधा को करें, हर बाधा का अंश।
विबुध वृन्द सेवित चरण, बंदनीय द्विज वंश॥ 43 ॥
करें गौरवित जाति को, कर गौरव पर गौर।
रखें लाज सिरमौर की, विप्र वंश सिरमौर॥ 44 ॥

पुरजन परिजन सुखित हों, लहें समागत मोद।
पा अपनी कमनीयता, उलहे बेलि विनोद ॥ 45 ॥
बसे अविकसित चित्त में, अमित उमंग उछाह।
बहे अपावन हृदय में, पावन प्रेम-प्रवाह ॥ 46 ॥
सुमुख सुमुखता वायु से, टले अमोद पयोद।
विलसित भाल मयंक से, विकसे कुमुद विनोद ॥ 47 ॥

गुरु-गौरव

देव भाव मन में भरे, दल अदेव अहमेव।
गिरि गुरुता से हैं अधिक, गौरव में गुरु देव ॥ 1 ॥
पाप पुंज को पीस गुरु, विविध ताप कर दूर।
हैं भरते उर-भवन में, भक्ति भाव भर पूर ॥ 2 ॥
महिमामय मतिमानता, मानस मंजु मराल।
है कलिकाल कलुष वदन, शमन जगत जंजाल ॥ 3 ॥
विविध मोह माया रहित, कदन मदन अहमेव।
हैं बहु गौरव गौरवित, गुरुतामय गुरु देव ॥ 4 ॥
हर सारा अज्ञान तम, बन भव सागर पोत।
गुरु तज उर में ज्ञान की, कौन जगावे जोत ॥ 5 ॥
जन रंजन होता नहीं, कर गंजन तम-मान।
दृग-रुज भंजन जो न गुरु, करते अंजन दान ॥ 6 ॥
पाता जो न यथा समय, गुरुवर तप का ताब।
होता होते आब के, आब हीन पंजाब ॥ 7 ॥
गुरुवर की गुरुता प्रगति, उनकी शुचि अनुभूति।
दिव्य भाव से है भरित, है वह वेद विभूति ॥ 8 ॥
कौन बिना गुरु के हरे, गौरव जनित गरूर।
करे समल मानस विमल, बने सूर को सूर ॥ 9 ॥
बिना खुली जन आँख को, खोल न पाता आन।
जानकार गुरु के बिना, रहता जगत अजान ॥ 10 ॥
वाद क्यों न गुरु से करें, चेले कलि अनुरूप।
रीति न जानें विनय की, हैं अविनय के रूप ॥ 11 ॥
गुरु सेवा करते रहें, गहें न उनकी भूल।
जो न चढ़ायें फूल हम, तो न उड़ायें धूल ॥ 12 ॥

होता है सिर को नवा, नर जग में सिरमौर।
बनता है वन्दन किये, वन्दनीय सब ठौर ॥ 13 ॥
गुरुपग तो पूजे नहीं, जी में जंग उमंग।
विद्या क्यों विद्या बने, किये अविद्या संग ॥ 14 ॥
लाल लाल आँखें करें, गुरु को समझें काल।
तदपि लालसा है बनें – हम माई के लाल ॥ 15 ॥
विविध ज्ञान आधार है, है महनीय महान।
सकल लोक सर्वस्व है, गुरुवर का गुणगान ॥ 16 ॥

माता-पिता-महत्त्व

जो महि में होती नहीं, माता ममता भौन।
ललक बिठाता पुत्र को, नयन पलक पर कौन ॥ 1 ॥
सुत पाता है पूत पद, पाप पुंज को भूँज।
माता पद पंकज परस, पिता कमल पद पूज ॥ 2 ॥
वे जन लोचन के लिए, सके न बन शशि दूज।
पूजन योग न जो बने, माता के पग पूज ॥ 3 ॥
उसकी महिमा कथन में, मति होती है मौन।
जग में जीवन दायिनी, माता सम है कौन ॥ 4 ॥
छाती से कढ़ता न क्यों, तब बन पय की धार।
जब माता उर में उमग, नहीं समाता प्यार ॥ 5 ॥
जो माता होती नहीं, महा मोह की मूर्ति।
तो पावन तम प्रीति की, कैसे होती पूर्ति ॥ 6 ॥
है प्रतिपालन क्रिया की, उससे होती पूर्ति।
है महती महिमावती, महि में माता मूर्ति ॥ 7 ॥
चित्त समादर सहित है, करता सदा कबूल।
माता नाता है सकल, नाताओं का मूल ॥ 8 ॥
उसका जीवन स्नेह परि-पूरित चित है धन्य।
माता री त्राता न है, अवनीतल में अन्य ॥ 9 ॥
मा उर में ही है हुआ, करता वह अवरोह।
जिससे प्राय द्रोह भी, बन जाता है मोह ॥ 10 ॥
भव उर को देखा ग्रहण, कर आलोचक नीति।
है माँ प्रीति प्रतीति सी, किसकी प्रीति प्रतीति ॥ 11 ॥
उसके ऐसा है नहीं, अपनेपन में आन।
पिता आप ही भवन में, है अपना उपमान ॥ 12 ॥

यदि माता महि मध्य है, सरसा सुधा समान।
कामधेनु पय तो पिता, का होगा उपमान ॥ 13 ॥
महती प्रीति पुनीत की, यदि माता है मूर्ति।
तो पालन प्रकिया की, पितृ देव हैं पूर्ति ॥ 14 ॥
मिले न खोजे भी कहीं, खोजा सकल जहान।
माता सी ममतामयी, पाता पिता समान ॥ 15 ॥
कौन बरसता खेह पर, निशि दिन मेह सनेह।
बिना पिता पालन किये, पलती किसकी देह ॥ 16 ॥
सुर सरिता के सलिल सम यदि माता है पूत।
तो निज आलय के पिता, हैं पुनीत पुरहूत ॥ 17 ॥
देवी जैसी माँ अगर, है दिव्यता निकेत।
किसी देव जैसे पिता, तो हैं दीप्ति उपेत ॥ 18 ॥
जो होते भू में नहीं, पिता प्यार के भौन।
ललक बिठाता पूत को, नयन पलक पर कौन ॥ 19 ॥
जो होवे ममता मयी, प्रीति पिता की मौन।
प्यारा क्या सुत को कहे, तो दृग तारा कौन ॥ 20 ॥
ललक ललक होता न जो, पिता लालसा लीन।
बनता सुत बर जोर तो, कोर कलेजे की न ॥ 21 ॥
माता है सुत के लिए, यदि गौरव आगार।
तो होता सुत से पिता, का भी है सत्कार ॥ 22 ॥

शिख-नख

किसके नयनों ने नहीं, ली उसकी छवि लोक।
कौन न ललका आलुला - यित कुन्तल अवलोक ॥ 1 ॥
कम्पित होता ही नहीं, वीर अकम्पित काय।
सिर पर आये बला, या, बाल बाल बिन जाय ॥ 2 ॥
ललित ललित तम हैं बने, मिले मनोरम ओक।
कान्त कपोल लसित कलित, कुन्तल लो अवलोक ॥ 3 ॥
कैसे उसे न जन कहें, जान विहीन अजान।
बाल-बाल जो बिन गये, बनता है बलवान ॥ 4 ॥
हैं तन छबि के सिर धरे, बदन लसित बर वेश।
किसी छबीले अंक में, छुटे छरहरे केश ॥ 5 ॥
है सित केशों के सहित, सात्विकता संयोग।
क्यों काले कच के लिए, लालायित हैं लोग ॥ 6 ॥
पढ़ न सका कोई कभी, बहु दृग से भी देख।
किसी लेखनी से लिखित, जन लिलार का लेख ॥ 7 ॥
सुन्दर भाल विशाल का, है मंजुल शृंगार।
है चन्दन का तिलक जग, अभिनन्दन आधार ॥ 8 ॥
चन्दन भाल विशाल का, है बहु भाव उपेत।
रजोगुणी है लाल औ, सतोगुणी है स्वेत ॥ 9 ॥
हो जाता है चौगुना, चारु चित्त का चाव।
भाल विशाल-विशालता, का अवलोके भाव ॥ 10 ॥
बन जाता है बहु विकस, प्रभु निकेतन इन्दु।
आभावाला भाल पा, गये ज्योति वर विन्दु ॥ 11 ॥
कभी बने प्रतिकूल क्यों, रहें सदा अनुकूल।
बड़ी भूल होगी अगर, भाल न बरसे फूल ॥ 12 ॥

युगल विलोचन मंजुता, मोहकता का अंक।
कुंठित करता है सदा, भृकुटी कुटिल कलंक ॥ 13 ॥
मानवता की मूर्ति को, होता है अति शोक।
किसी मान्य जन की कुटिल, भ्रू भंगिमा विलोक ॥ 14 ॥
दृग तारे होते न जो, तो होते रवि सोम।
भरित दिखाता सर्वदा, भूतल में तम तोम ॥ 15 ॥
सहज नेत्र के सूत्र हैं, हैं अकलित रुचिकाल।
सोच विमोचन ललिततम, लोचन डोरे लाल ॥ 16 ॥
प्रमुदित होता चित्त है, कर कृति का उल्लेख।
विनयन शील युगल नयन, बिनय शीलता देख ॥ 17 ॥
है अनुपम उद्भावना, है कवि कुल अनुभूति।
लोचन की लालिमा है, मुख लालिमा विभूति ॥ 18 ॥
किसी छबीले छैल की, कौन सका छबि छीन।
लालायित लोचनों की, आलोचना हुई न ॥ 19 ॥
चैन आयतन चित्त को, बना - बना बेचैन।
हैं अनीति करते कभी, नीति निकेतन नैन ॥ 20 ॥
चित चञ्चलता का नयन — चञ्चलता है अंग।
मधुर माधुरी के सदृश, है दोनों का संग ॥ 21 ॥
अवलोकन कर समझते हैं मानव मन मोल।
हैं लोकालय खोलते, लालित लोचन लोल ॥ 22 ॥
उसकी भवतन हित रता, ज्योति मयी है सृष्टि।
विविध अंग साधनों की, है सहायिका दृष्टि ॥ 23 ॥
बार-बार हैं किसलिए, आँखें करते बन्द।
सदा नहीं क्यों देखते, भव में परमानन्द ॥ 24 ॥
सरस भाव की व्यंजना, भावुकता भूली न।
आँखों में फूली पड़ी, पर आँखें फूली न ॥ 25 ॥
आकुलता विदलित हुई, धारण करके धीर।
दूर हुई जी की जलन, मिले नयन का नीर ॥ 26 ॥
कौन नहीं होता चकित, कलित कलेजा थाम।
देखे लालित लोचनों की लालिमा ललाम ॥ 27 ॥
बन-बन करके सर्वदा, विपुल विलोचन चोर।
किस चित में चुभती नहीं, है आँखों की कोर ॥ 28 ॥

कुशल इसी में है बने, नहीं विलोचन म्लान।
होवे माड़ा का शमन, जाला हो ज्वाला न॥ 29॥
चन्द विनिन्दक चारुमुख, का है चकित चकोर।
दिखा चौगुनी चातुरी, लोचन है चितचोर॥ 30॥
चख-चख चितवन स्वादचख- को मिलता है चैन।
बात कहें क्या चाह की, उसमें धीरज है न॥ 31॥
है अतीव आनन्द-प्रद, है कमनीय महान।
युगल विलोचन का परम, गौरवमय गुणगान॥ 32॥
चाल बुरी चल बुरा है, कहलाता चालाक।
ताक झाँक अनुचित महा, कट जायेगी नाक॥ 33॥
मान मिले अपमान का, कभी न हो संयोग।
हम ऐसा क्यों करें जो, नाक सिकोड़ें लोग॥ 34॥
जो ऊँची हो बन सके, उच्च भाव का ओक।
नाक निवासी उमगते, हैं वह नाक विलोक॥ 35॥
नाक सहारे है हुआ, तप जपादि संधान।
बिना नाक पकड़े नहीं, हो सकता है ध्यान॥ 36॥
बात ठीक यह है नहीं, होना है बदनाम।
कान पकड़ने पर किया, गया अगर कुछ काम॥ 37॥
अपने हित की बात को, कौन सका है छोड़।
बहरा बनने को सका, कौन कान को फोड़॥ 38॥
कवि कुल की कल कल्पना, बड़े-बड़े व्याख्यान।
किसे रिझायेंगे बने, बिना सहायक कान॥ 39॥
करता रहता है दुखित, जनता को दुख द्वन्द्व।
कान कतरना कब किसे, होगा कभी पसन्द॥ 40॥
सब दिन होता ही रहे, कान्त कीर्ति का गान।
मेरे कान सुखी बनें, सरस सुधा कर पान॥ 41॥
पान के लिए सरस रस, रहे पिपासित कान।
होता ही सब दिन रहे, गौरवमय गुणगान॥ 42॥
किसी काल में हो नहीं, कान बन्द हो मन्द।
वह प्रतिदिन पाता रहे, पल - पल परमानन्द॥ 43॥
कहें तो कहें क्या भला, क्या वे हैं नादान।
कैसे कुछ सुन सकेंगे, सोये लम्बीतान॥ 44॥

निपट निराली उपज है, शिर पर मिली जटा न।
वे हैं योगी कनफटे, फटा न जिनका कान ॥ 45 ॥
बातें गढ़-गढ़ हो सकी, किस प्राणी की वृद्धि।
गाल बजाये मिल सकी, किस साधक को सिद्धि ॥ 46 ॥
बहँक दिखाने से भला, है रह जाना मौन।
गाल फुलाये कब कहाँ, फूल फल सका कौन ॥ 47 ॥
कम हो जाता है मनो, रम सुमनों का मोल।
अवलोकन कर ललित तम, कोई कलित कपोल ॥ 48 ॥
रसना कभी सजग मिली, कभी भर गयी भूल।
काँटे छींट गयी कभी, बरस गयी या फूल ॥ 49 ॥
सहज सरलता सलिल की, वह है मंजुल मीन।
रसना क्यों रस बरसती, जो होती रस हीन ॥ 50 ॥
हो जाती है उस समय, रसना भी असहाय।
रिस होने पर रसिकता, है सिकता समवाय ॥ 51 ॥
दाँत सताते हैं उसे, पर वह है निरुपाय।
जीभ काट सकते नहीं, क्यों न स्वयं कट जाय ॥ 52 ॥
बिना किये अपराध भी, रिपु बनता है काल।
गाली देती जीभ है, मुँह बनता है लाल ॥ 53 ॥
रंग बदल मुँह का गया, हुआ और ही तौर।
जीभ हिलाये भी नहीं, हिली कहें क्या और ॥ 54 ॥
मधुर अधर माधुरी की, मोहकता को देख।
ललक हुए भी लेखनी, कब लिख पायी लेख ॥ 55 ॥
बिम्बा फल प्रतिबिम्बसम, कान्त बदन कर ओक।
पुलकित होता चित्त है, युगल अधर अवलोक ॥ 56 ॥
हैं समधिक सुषमा सदन, मंजु बदन के माल।
हैं मोहन स्वर के जनक, मधुर अधर ये लाल ॥ 57 ॥
जीभ हिलाये कब हिली, कान हुआ कब तात।
होंठ चाट कर रह गये, कढ़ी न मुँह से बात ॥ 58 ॥
तब तुम क्या कहते भला, समझ ली गयी बात।
होंठ हिलाये भी नहीं, यदि हिल पाया गात ॥ 59 ॥
यह कुचलन है और है, नहीं सुरुचि अनुकूल।
बात - बात में दाँत का, है निकालना भूल ॥ 60 ॥

हँसते हुए मुखेन्दु में, दसन दमक अवलोक।
पुलकित होता चित्त है, पा अनुपम आलोक ॥ 61 ॥
वे क्या समझेंगे लगा, करती है क्या चोट।
कटुता में पड़ कर हुए, जिनके दाँत न कोट ॥ 62 ॥
नहीं छलकती छवि छटा, द्युति दिखलायी दीन।
कान्त ज्ञात होता नहीं, आनन दन्त विहीन ॥ 63 ॥
थोड़ी बातों के लिए, तुरत बने क्यों तात।
तेवर बदले किसी का, क्यों तुड़वायें दाँत ॥ 64 ॥
कब तक हम चुप रहेंगे, खल को क्यों दे छोड़।
खड़े बखेड़े क्यों सहें, क्यों न दाँत दें तोड़ ॥ 65 ॥
यह तो झंझट है किसे, कौन सका कब पीस।
दाँत पीसना है बुरा, बुरी बला है खीस ॥ 66 ॥
पुरुष पुरुषता की सखी, कलित कला में लीन।
चिबुक न होती तो रुचिर, दाढ़ी दिखलाती न ॥ 67 ॥
काट छाँट के पेच में, पड़ क्यों उकताती न।
जो प्रपंच से मूँछ के, चिबुक निबुक पाती न ॥ 68 ॥
अपनी अपनी जगह पर, है दोनों की पूछ।
यदि दाढ़ी है मोहती, तो महती है मूछ ॥ 69 ॥
रोब दाब का अंग है, गौरव का उपमान।
कब दाढ़ी के बाल का, हुआ बोलबाला न ॥ 70 ॥
ऐसे लोगों से सँभल, मिलो हुए संयोग।
हैं लायक होते नहीं, मुँह लटकाये लोग ॥ 71 ॥
कुछ न कभी कर सकेगा, जो भोगे है भोग।
पर के मुँह को ताकते, रहते हैं क्यों लोग ॥ 72 ॥
तमक दिखायेगा न वह, करेगा न उत्पात।
जिसके मुँह से है कभी, कढ़ी न कच्ची बात ॥ 73 ॥
कहाँ बरसता हुन रहा, कहाँ हुआ अन्धेर।
किसको दुख होगा नहीं, हुए दिनों का फेर ॥ 74 ॥
बने किसी के भी लिए, पेट न बुरी बलाय।
हाय ! हाय ! करता फिरे, कोई क्यों मुँह बाय ॥ 75 ॥
तोर-मोर की बान तज, अवलोके सब ओर।
मुँहफट है मुँह फेरता, बन-बन कर मुँह चोर ॥ 76 ॥

रहा भाग्य में जो बदा, भोग चुके वह भोग।
सुफल चाहते हैं तुरत, मुँह फैलाये लोग ॥ 77 ॥
खिला कौन सा दिल नहीं, देख चाँदनी रात।
किसे लुभाती है नहीं, मुँह की मीठी बात ॥ 78 ॥
वह मानी जाती नहीं रहती है अज्ञात।
छोटे मुँह द्वारा कही, गयी बड़ी जो बात ॥ 79 ॥
सदाचार का पाठ तो, नहीं हो सका कण्ठ।
कण्ठी पहने क्या हुआ, रहा लण्ठ का लण्ठ ॥ 80 ॥
क्यों न सरसता लाभ हित, लोग बनें उत्कण्ठ।
रस बरसाते हैं सदा, सकल सुरीले कण्ठ ॥ 81 ॥
लालच दे दे कर थका, वह तो ललचाया न।
खोल थका पर कण्ठ तो, खोले खुल पाया न ॥ 82 ॥
चित की व्याकुलता गयी, है क्या उसमें पैठ।
किसने बिठलाया उसे, कण्ठ गया क्यों बैठ ॥ 83 ॥
विविध यज्ञ के लिए क्यों, भव होता उत्कण्ठ।
वेद ध्वनि होती नहीं, यदि नहिं होता कण्ठ ॥ 84 ॥
समझ बूझ की आँख को, कभी मूँद लेवे न।
घाटे में पड़ किसी का, गला घोंट देवे न ॥ 85 ॥
निज कर से ही निज गले, का काटना विलोक।
हो विचित्र पर कौन कब, किसे सका है रोक ॥ 86 ॥
है अतीव अनुरंजनी, अनुपम कला निधान।
किसी कान्ततम कण्ठ की, अति कमनीया तान ॥ 87 ॥
उसका जीवन व्यर्थ है, जो हित पाग पगा न।
देश प्रेम के गले से, जिसका गला लगा न ॥ 88 ॥
स्वकर्तव्य पालन किये, होगी क्यों न प्रसिद्धि।
ढोल गले में पड़ गयी, बजे मिलेगी सिद्धि ॥ 89 ॥
कौन मुग्ध होता नहीं, ग्रीवा गौरव देख।
किसकी छवि का हुआ है, बार-बार उल्लेख ॥ 90 ॥
कौन मुग्ध होता नहीं, देखे ललित विकास।
है प्रफुल्ल करता किसे, नहिं भव हास विलास ॥ 91 ॥
है वारिज उत्फुल्लता, है विनोद अभ्यास।
हँसता है विधु बदन का, अति कमनीय विकास ॥ 92 ॥

मुसकाना है मधुरतम, भावुकता की भूति।
महा मनोहर मानसिक-ता की है अनुभूति ॥ 93 ॥
सहृदय होता है सुखी, सद्भावों को सोच।
हँसते - हँसते लोटना, है ललामता लोच ॥ 94 ॥
सदा मंजुतम कार्य से, करता रहे प्रसन्न।
हँसना मानव मात्र का, बन-बन सुख सम्पन्न ॥ 95 ॥
है आँखों को मोहता, बुझा मंजुता प्यास।
किसी मनोरम बदन का, परम मनोरम हास ॥ 96 ॥
कैसे होगी दया जो, उर में ममता है न।
कठिन कलेजा देख कर, दुख यदि द्रवता है न ॥ 97 ॥
उर में हुआ न अंकुरित, भव हित तरुवर बीज।
जीवन कैसे सफल हो, पुलक पसीज - पसीज ॥ 98 ॥
मेल रहित मेली उसे, कथमपि कहीं मिले न।
छूत छात से दूर रह, छाती कभी छिले न ॥ 99 ॥
क्यों न हठी हठकर सदा, हठ करना ले ठान।
जिसमें सहृदयता नहीं, वह सहृदय होगा न ॥ 100 ॥
किसी मनुज के अंक के, हैं ललित प्रिय लाल।
व्यंजन हैं बर थाल के, जन छाती के बाल ॥ 101 ॥
वे हैं अब मुँह नोचते, जिन से हुआ सलूक।
छीछा - लेदर देख कर, छाती हुई छटूक ॥ 102 ॥
मुझे दयानिधि चाहिए, दिव्य बाँह की छाँह।
है निबाह होता नहीं, प्रभु तुम करो निबाह ॥ 103 ॥
लोक विजयिनी बाहु की, मांसलता का मोल।
कह सकती रसना नहीं, बन जाती है लोल ॥ 104 ॥
दुख होगा जो भुज पकड़, ले कपूत की राह।
पड़ प्रतिकूल प्रवाह में, करे न व्रत निर्वाह ॥ 105 ॥
भले भाव में भर भुजा, करे भलाई नित्य।
किसी समय भी बहककर, करे न कुत्सित कृत्य ॥ 106 ॥
हैं द्विबाहु वसुधा विजय, केतन कीर्ति निकेत।
अनुपम गरिमा गौरवित, बर वीरता उपेत ॥ 107 ॥
बाहु है कला आकलित, कान्त कान्ति सम्पन्न।
धन्य धन्य ध्वनि पात्र हैं, हैं विमुक्त आपन्न ॥ 108 ॥

बनी सर्वदा ही रहे, दया दृष्टि दयनीय।
दोनों कर करते रहें, कृत्य परम कमनीय ॥ 109 ॥
उन लोगों के वास्ते, जो हैं दीन अनाथ।
ऊँचा हाथ रहे सदा, हो नहिं नीचा हाथ ॥ 110 ॥
जो पचकाये पेट हैं, फिरते बने अनाथ।
चार हाथ उनके लिए, बने जन युगल हाथ ॥ 111 ॥
माँगे कुछ न मिले कभी, तो भी करे न रोष।
सब के आगे हाथ का, फैलाना है दोष ॥ 112 ॥
दाता जिससे हो चकित, त्राता तज दे साथ।
इतना फैलाये नहीं, कोई अपना हाथ ॥ 113 ॥
है अनाथ कोई नहीं, हैं अनाथ के नाथ।
हाथ बँधे तो क्या हुआ, खुल जायेंगे हाथ ॥ 114 ॥
हैं उनकी ही उँगलियाँ, सत्कृति की उपमान।
देते रहते हैं युगल, कर जिनके नित दान ॥ 115 ॥
जान-बूझ कर आँख में, उँगली करवायें न।
काट कूट से दूर रह, उँगली कटवायें न ॥ 116 ॥
कभी उँगलियाँ तोड़कर, बड़े मनोहर फूल।
हार बनाती हैं सदा, निज मानस अनुकूल ॥ 117 ॥
कभी बनाती हैं समुद, मंजुल मुक्ता हार।
और बनाती हैं उसे, दिव्य देव उपहार ॥ 118 ॥
कभी नचाती हैं मुरज, बन मंजुल ध्वनि मूर्ति।
कभी उँगलियाँ मुग्ध बन, करती हैं स्वर पूर्ति ॥ 119 ॥
अच्छी कब मानी गयी, कर की कुत्सित बान।
जो कहता हूँ वह करो, हित बातें लो मान ॥ 120 ॥
क्या समझे, नर सोचता, क्या है रह रह मौन।
कभी किसी के पेट में, पैठ सका है कौन ॥ 121 ॥
भक्ति भवानी से नहीं, हो सकती है भेंट।
भाव भजन है हो नहीं, सकता भूखे पेट ॥ 122 ॥
तो भी घबराओ नहीं, करो प्रयत्न अनेक।
किसी समय हो गया हो, पेट-पीठ यदि एक ॥ 123 ॥
टेंट में न कुछ रहे तो, दिवस बितायें लेट।
प्राण जाय तो जाय पर, पापी बने न पेट ॥ 124 ॥

अधिक क्या कहें पेट के, ढकोसले कम हैं न।
उसके पचड़े में पड़े, मिला किसे कब चैन॥ 125॥

अपना ही करतब कभी, अपने को निगले न।
जो कलपाये, पेट में ऐसी आग बले न॥ 126॥

जीत हुई पर जीत की, अब तक ज्योति जगी न।
गिरनेवाला गिरा पर, अब तक पीठ लगी न॥ 127॥

सावधान उनसे रहें, पर न करें बकवाद।
जो करते हैं पीठ के, पीछे निन्दा वाद॥ 128॥

उस पर पड़ती ही रहे, सदा समादर डीठ।
कार्य कुशल की सर्वदा, रहें ठोंकते पीठ॥ 129॥

कभी किसी से वे नहीं, जोड़ सकेंगे गाँठ।
पीठ दिखाने का पढ़ा, करते हैं जो पाठ॥ 130॥

साधन बल से ही मनुज, पाता है अपवर्ग।
करता शान्ति प्रदान है, सिद्ध पीठ संसर्ग॥ 131॥

अन्यों की आलोचना, होगा अनुचित कर्म।
सिद्ध पुरुष कह सकेंगे, सिद्ध पीठ का मर्म॥ 132॥

बहु क्षति होता गात जो, होता नाभि विहीन।
पंच वायु में एक है, उसके ही आधीन॥ 133॥

साहस करते बेतरह, तो तुम गिर पड़ते न।
दिल पहले ही हिला तो, जाँघें हिलती क्यों न॥ 134॥

पद मर्यादा मूल हैं, हैं एकान्त अनूप।
दोनों अति दृढ़ जानु हैं, तन के स्तम्भ स्वरूप॥ 135॥

निज मर्यादा क्यों तजें, होवे विघ्न अनेक।
पद प्रतिपत्ति विनाशकर, क्यों घुटने दें टेक॥ 136॥

लोप कभी होवे नहीं, पद ममता की लीक।
प्रगति प्रतिष्ठा के लिए, है ठेहुना ही ठीक॥ 137॥

जीते यह होगा नहीं, हुए प्रपंच अनेक।
मान घटायें किसलिए, क्यों घुटनें दें टेक॥ 138॥

अधिक अलौकिक क्यों न, यह कहलाये करतूत।
पूजित पद रज मिले है, पाहन होता पूत॥ 139॥

जन पूजित पद पद्म की, पूजा हुई कहाँ न।
पद निधौत जल सर्वदा, माना गया महान॥ 140॥

जो होती न पुनीतपद - पंकज प्रगति महान।
तो बनती भू आगता, सरिता सुर सरिता न॥ 141॥
सब को मिलना चाहिए, पथ, आहार, विहार।
किसी को नहीं चाहिए, करना पाद प्रहार॥ 142॥
तम अपनोदन निपुण है, अनुपम तन अवदात।
पातक पतन समर्थ है, पावन पग जल जात॥ 143॥
भक्ति भावना से भरित, है उसकी अनुरुक्ति।
है पूजित पदकंज में, पतित पावनी शक्ति॥ 144॥
कोई कैसे करेगा, अवसर देख विलम्ब।
चरण शरण ही जो बने, मरण समय अवलम्ब॥ 145॥
तिमिर हरन तेजो कलित, सदन अलौकिक ओज।
क्या प्रदान करता नहीं, पूजित पद पाथोज॥ 146॥
किसी समय होती नहीं, पग की प्रीति प्रतीति।
बस जाती है चित्त में, चरण चिह्न की नीति॥ 147॥
विविध विभव सम्पन्न हो, अथवा हो अवनीश।
पूजित पद पर ही रखे, गये सर्वदा शीश॥ 148॥
लाल लाल तलवे सदा, बनते रहे ललाम।
कैसे किसे कहाँ मिले, ऐसे गौरव धाम॥ 149॥
यदि तलवे की लालिमा, है जन लोचन चोर।
तो एड़ी मोरनी का, है मानव मन मोर॥ 150॥
माता ही है जानती, अन्तःकरण टटोल।
सुत के लालित युगल मंजुल - तलवों का मोल॥ 151॥
धूल धूसरित रहें या, हों अति उज्वल कान्त।
जननी को तलवे ललित, हैं मोहते नितान्त॥ 152॥
होंगे तलवे चाटने, वाले वे ही लोग।
दुर्बल जिनको है बनाता रहता संयोग॥ 153॥
कहाँ दया है चित्त में, जो दुख देख अड़े न।
रोये दुखिया के अगर, रोंयें हुए खड़े न॥ 154॥
जनता को होती रहे, जो सच्ची अनुभूति।
रोम रोम में है भरी, तो वास्तविक विभूति॥ 155॥
कथा किसी के ताप की, सुन लगती है आँच।
देख किसी की यंत्रणा, होता है रोमांच॥ 156॥

कहने वाले कहें पर, कहते मिले सभी न।
रोंयें रोंयें गिर गये, कभी किसी के भी न॥ 157॥
साहस रवि संगी बनें, दूर करें तम तोम।
लोम लांछनित हों नहीं, कभी न बने विलोम॥ 158॥
डींग बघारें क्यों भला, है रह जाना मौन।
तन के रोंयें किसी के, कभी गिन सका कौन॥ 159॥
कस में किसके कौन है, चित है बहु बेचैन।
नस नस में है वेदना, निज तन बस में है न॥ 160॥
तब तक है सुख साधना, हास विलास प्रयास।
तब तक जीवन है रहे, जब तक तन में श्वास॥ 161॥
उसका जीवन धन्य है, है बहु मूल्य मिलाप।
छोड़ सका जो लोक में, अपना कीर्ति कलाप॥ 162॥
है बिखेरता पन्थ में, काँटे कहाँ बबूल।
समय बरसता है कभी, किसी शीश पर फूल॥ 163॥
महा मनोहर मुग्ध कर, रहित समस्त कलंक।
आरंजक शुचिरुचि रजनि, चित है मंजु मयंक॥ 164॥
दुख है विविध प्रपंच का, जो वह बने निकेत।
होते हुए न चेतना, चित जो बने अचेत॥ 165॥
हो जाती है चित्त की, कामुकता की पूर्ति।
अवलोकन कर काम सी, लोक मोहनी मूर्ति॥ 166॥
लाल लाल आँखें चढ़ीं, भय आकलित कपाल।
शंकित होता चित्त है, देख मूर्ति विकराल॥ 167॥
चित्त सँभल करके चलो, जो चाहो निर्वाह।
साधारण होता नहीं, लोभ प्रकाण्ड प्रवाह॥ 168॥
देश जाति परिवार का, कौन कर सका द्रोह।
मोहित होता चित्त है, मिले गंजुतग मोह॥ 169॥
मैं पढ़ पाता हूँ न क्या, है कपाल का लेख।
उलझन होती हैं अधिक, चित चंचलता देख॥ 170॥
संकट से कर के समर, सुख पाता है सूर।
कल मिलता है चित्त को, हुए विकलता दूर॥ 171॥
विपुल कला से आकलित, पुलकित भरित उमंग।
मन है गात सरोज का, प्रभानिकेत पतंग॥ 172॥

मति है मन अनुरागिनी, है स्वाभाविक प्यार।
दोनों का दोनों किया, करते हैं सत्कार ॥ 173 ॥
मन होकर मद मत्त जब, करता है अपकार।
विचलित होता उस समय, है सारा संसार ॥ 174 ॥

नीति

अपने अपने काम से, है सब ही को काम।
मन में रमता क्यों नहीं, मेरा रमता राम ॥ 1 ॥
माँगे लघुता ही मिली, मानस के अनुरूप।
वामन ने की याचना, धर कर वामन रूप ॥ 2 ॥
कर पसार वामन लगे, जब पसारने पाँव।
वामनता को नहिं, मिला, वामनता में ठाँव ॥ 3 ॥
क्यों माने मनदान को, महि में महिमावान।
बलि जब बन्धन में पड़ा, विधि पर हो बलिदान ॥ 4 ॥
खेद रहित है तदपि है, करता हमें सखेद।
रख अमोदता भाव में, बलि वामन का भेद ॥ 5 ॥
मान घट गया बन गया, अब सर ज्ञान विहीन।
आँख चढ़ाये क्या हुआ, जो वह चढ़ प्रायी न ॥ 6 ॥
भली पैंठ तज वह गया, बुरी पैंठ में पैठ।
कान ऐंठने पर गयी, अगर किसी की ऐंठ ॥ 7 ॥
बातें करें अकास की, बहक बहक हो मौन।
जो वे बनते सन्त हैं, तो असन्त है कौन ॥ 8 ॥
अपने पग पर हो खड़े, तजें परायी पौर।
रख बल अपनी बाँह का, बनें सबल सिरमौर ॥ 9 ॥
कौन पास उसका करे, जिसे नहीं निज पास।
पूज पराये पाँव को, किसकी पूजी आस ॥ 10 ॥
प्यास कभी जाती नहीं, पिये बिना रस ऊख।
भूख भला किसकी भगी, हरे देख कर रूख ॥ 11 ॥
कोई भला न कर सका, खल को बहुत खखेड़।
सुन्दर फल देते नहीं बुरे फलों के पेड़ ॥ 12 ॥

क्या खुल पाये जब गये, नीलकण्ठ ! पर टूट।
क्या छूटे जब नहिं सके, कुटिल काल से छूट ॥ 13 ॥
चाकर हैं सब चित्त के, क्या चकोर क्या कोक।
खिले कमल अवलोक रवि, कुमुद मयंक विलोक ॥ 14 ॥
आनन्दित कर है वही, कुमुद हृदय आनन्द।
हो वे विविध कलंक से, क्यों न कलंकित चन्द ॥ 15 ॥
अपने अपने भाव हैं, अपने अपने साथ।
भूले आक - प्रसून पर, भोले भोलानाथ ॥ 16 ॥
केसर रंग प्रसंग से, फड़के भरे उमंग।
केसरिया पागा पहन, वीर केसरी अंग ॥ 17 ॥
अल्पकाल से कलित है, चिर संगति का काल।
केसर क्यारी कब बना, केसर विलसित भाल ॥ 18 ॥
कहाँ सुबास बसी रही, बनी कुबास कुठौर।
कामुकता कस में रहे, कल केसर की खौर ॥ 19 ॥
काले रँग में जो रँगे, होते कुटिल कठोर।
मँगे सा होता नहीं, तो सूगे का ठोर ॥ 20 ॥
विकसित करते नहिं किसे, विकच वदन बुध वृन्द।
हिले मिले अलि से रहे, कब न खिले अरविन्द ॥ 21 ॥
भूल भूल है क्यों कहें, उसे बुद्धि अनुकूल।
फूले बिना सफल बने, कैसे गूलर फूल ॥ 22 ॥
विधि सा सुत रवि सा सुहृद, पा हरि सा आधार।
सार हीन होता रहा, सरसिज पड़े तुसार ॥ 23 ॥
काल बना क्यों कमल का, क्यों कर सका न प्यार।
तू तूसार यह समझ ले, है असार संसार ॥ 24 ॥
कैसे वारिज पुंज की, दहे नहीं वह देह।
हिमकर-अहितू से करे, हिम समूह क्यों नेह ॥ 25 ॥
भले बुरे की ही रही, भले बुरे से आस।
काँटे हैं तन बेधते, देते सुमन सुबास ॥ 26 ॥
जो न भले हैं तो भले, कैसे दें फल फूल।
काँटे बोयें क्यों नहीं, काँटे भरे बबूल ॥ 27 ॥
है छाया छाया नहीं, हैं फल चढ़े पहाड़।
ऊँचे बन पाये नहीं, सिर ऊँचा कर ताड़ ॥ 28 ॥

रसिक जनों के हैं सधे, सरस हृदय से काम।
रस-वाले फल दे सके, रस वाले तस आम ॥ 29 ॥
काँटे बिध बिध के न क्यों, बेध बेध दें पैर।
बैर नाम है बैर का, कैसे करे न बैर ॥ 30 ॥
पत खोकर होती नहीं, सुखद सुखों की प्यास।
क्या फूले दल रहित हो, फूले अगर पलास ॥ 31 ॥
अधिक मधुर जो कर सका, तेरे फल को पाल।
क्या रसालता तो रही, तेरी विटप रसाल ॥ 32 ॥
रह समीप सुख से हिले, बदरी फल दिन रात।
क्यों विदलित होता रहे, कदली दल का गात ॥ 33 ॥
विपुल दलों को सछबि कर, बन बहु मंगल धाम।
बड़े हुए हैं कदलि दल, बड़े बड़े कर काम ॥ 34 ॥
कटुता में पटुता मिली, है हित पटु कटु नीम।
दल हैं नर-दुख दलन रत, फल हैं फलद असीम ॥ 35 ॥
ऊँचा होकर भी सका, तू चल भली न चाल।
चंचल दल तेरे रहें, क्यों चल दल सब काल ॥ 36 ॥
कर देते हैं जी हरा, बार बार कर छेड़।
पा करके पत्ते हरे, ये पाकर के पेड़ ॥ 37 ॥
बहु विनोद-धन से किसे, नहिं करता धनवंत।
हर-सिंगार की सुरभि से, हो सौरभित दिगंत ॥ 38 ॥
पुलकित करती है विपुल, बन बन पुलक निवास।
हर-सिंगार की दूर से, आती सरस सुवास ॥ 39 ॥
हो माई का लाल तो, एक लाल है लाल।
कब सेमल लाली रही, हो फूलों से लाल ॥ 40 ॥
सेमल हो ऊँचे तदपि, हो भूले, कर भूल।
जिनके फल हैं नहिं भले, क्या वे सुन्दर फूल ॥ 41 ॥
हैं सुन्दरता सफलता, मधुमयता अवलम्ब।
ये कदम्ब तरु के लिए, पीले कुसुम कदम्ब ॥ 42 ॥

कुसुम-क्यारी

भली रही होती अगर, भौंरे ही से भूल।
बेले पर फूले नहीं, क्यों बेले के फूल ॥ 1 ॥
क्यों फूली है तू बहुत, भली नहीं यह बान।
जूही तूही सोच क्या, तू ही है छबिवान ॥ 2 ॥
है सुवास सुकुमारता, सुन्दरता में लीन।
बेलि चमेली की बने, कैसे अलबेली न ॥ 3 ॥
हरे हरे दल में लसे, सके नहीं पल भूल।
गेंदे के फूले हुए, पीले पीले फूल ॥ 4 ॥
किसे नहीं हैं मोहते, मिले मनोहर आब।
रंग भरें निखरे खरे, सुधरे सरस गुलाब ॥ 5 ॥
ललित ललाम कपोल से, विलसित मंजुल धूल।
हैं अनमोल गुलाब के, गोल गोल ये फूल ॥ 6 ॥
मिले बुरों में कब भले, यह कहना है भूल।
काँटों में रहते नहीं, क्या गुलाब के फूल ॥ 7 ॥
आकुल करते नहिं किसे, हो अंगज प्रतिकूल।
दल सकते तनकीट नहिं, बहु दल वाले फूल ॥ 8 ॥
आम आम है प्रकृति से, और बबूल बबूल।
काँटे ही काँटे रहे, रहे फूल ही फूल ॥ 9 ॥
पाता गुणी समान है, मान नहीं गुण हीन।
नाम मिले गुलचाँदनी, हुई चाँदनी सी न ॥ 10 ॥
वैसे ही विकसे रहे, रही दिव्य ही आब।
काँटों में रह रह हुए, नहिं कंटकित गुलाब ॥ 11 ॥
है समानता की नहीं, किसी सुमन में ताब।
हैं गुलाब के फूल से, सुन्दर फूल गुलाब ॥ 12 ॥

देख बर विभव कब हुई, प्रमुदित प्रीति वधू न।
नयन पटल हैं खोलते पाटल रुचिर प्रसून ॥ 13 ॥
जो उसका चाहक नहीं, भूरि भावमय भृंग।
तो चम्पक है काम का, कहाँ चम्पई रंग ॥ 14 ॥
कब गौरव से गौरवित, हुआ कलंकित गात।
चम्पक बरनी सा बने, बनी न चम्पक बात ॥ 15 ॥
देख प्रेम पथ के नियम, मति होती है मौन।
विकच कुमुदिनी को करे, बिना कौमुदी कौन ॥ 16 ॥
आलोकित होवे जगत, पा दिनकर आलोक।
प्रमुदित होते हैं कुमुद, कुमुद बन्धु अवलोक ॥ 17 ॥
है उसका वह चाव थल, चिर परिचित चित चोर।
सूरजमुखी न मुख रखे, क्यों सूरज मुख ओर ॥ 18 ॥
वसुधा तलमें है विदित, वदन विलोकन बान।
कौन सरोजमुखी मिली, सूरज-मुखी समान ॥ 19 ॥
पाते हैं प्यारी सुरभि, सारे सुमन अनूप।
न्यारी न्यारी रंग ते, न्यारे-न्यारे रूप ॥ 20 ॥
उसके दल अनुराग के, परम चतुर हैं चौर।
जपा-लालिमा सी मिली, कहाँ लालिमा और ॥ 21 ॥
ललना अधरों पर लगी, जिसकी सुललित छाप।
जपा ! लालिमा वह मिली, कौन मन्त्र कर जाप ॥ 22 ॥
बनता है वहु भावमय, निज कुभाव को भून।
हो मुकुन्द बनमाल में, विलसित कुन्द प्रसून ॥ 23 ॥
त्रिपुरनिकन्दन मौलि पर, चढ़ कदापि मत फूल।
कुन्द ! कभी आनन्द के, कन्द को न तू भूल ॥ 24 ॥
शिवतन की समता मिले, हो हो ममतावन्त।
कुन्द दन्त सम बन करो, मत गौरव का अन्त ॥ 25 ॥
है मानस को मोहती, महँ महँ महँक अपार।
मन्द मन्द आता पवन, परस - परस मन्दार ॥ 26 ॥
सहज विकचता चित्त की, लालच लोचन लोल।
है मंजुल मन्दार की, मालाओं के मोल ॥ 27 ॥
रसलोलुप अलि अवलि को, वर रस देती जो न।
तो सकती तू सेवती, रुचिर रसवती हो न ॥ 28 ॥

उसकी प्रेमिक मधुप को, कब न रही परवाह।
नहीं निवारी जा सकी, नवल निवारी चाह ॥ 29 ॥
है मदार के फूल में, रूप न रंग न बास।
कैसे भला मधुर हृदय, मधुकर आवें पास ॥ 30 ॥
है बसती अपकारिता, सब में गरल समेत।
पीली हो या लाल हो, या केनर हो श्वेत ॥ 31 ॥
अन्धेकर, कर वह रही, प्रेमिक अलि प्रतिकूल।
मिले धूल में केतकी, तेरी सुरभित धूल ॥ 32 ॥
तेरे काँटों से रहे, जो छिदते अलिगात।
तो तू कैसे केतकी, बनी कनक अवदात ॥ 33 ॥
गन्ध नहीं रस रूप नहिं, है मदान्धता मौन।
औढर ढरन बिना ढरे, आक कुसुम पर कौन ॥ 34 ॥
मन मयूर है नाचता, मोद मान सउमंग।
श्याम घटा सा देखकर, श्याम घटा का रंग ॥ 35 ॥
नयन विमोहन मधु-सदन, मोदमयी महनीय।
कुसुम कुसुम की कुसुमता, है नितान्त कमनीय ॥ 36 ॥
प्यारा लगता है कुसुम, बड़ा निराला ढंग।
रहा कब नहीं सोहता, तेरा सूहा रंग ॥ 37 ॥
कैसे कोमल हैं कुसुम, ये हैं कुलिश समान।
हैं अबेध को बेधते, बन अनंग के बान ॥ 38 ॥
तब क्यों आकुल अलि करे, कुटज कुसुम रसपान।
जब करती है माधवी, अति मंजुल मधुदान ॥ 39 ॥
क्या विकसे वारिज नहीं, क्या सरसे नहिं बौर।
घेर घेर हैं घूमते, क्यों कनेर को भौंर ॥ 40 ॥
किसमें ऐसा है मधुर, रूप रंग औ बास।
मधु लोभी मधुकर तजे, क्यों माधवी निवास ॥ 41 ॥
है सुरंग सुन्दर बड़े, अनुपम छवि अनुकूल।
पा न सके मंजुल महँक, गुल मेहँदी के फूल ॥ 42 ॥
रंग किसी के पास है, रूप किसी के पास।
किसी फूल ही में मिला, रूप रंग औ बास ॥ 43 ॥
रहा प्यार के रंग का, जगती तल में जोर।
काले फूल कहीं मिले, लाल फूल सब ओर ॥ 44 ॥

प्यार होंगे भाव को, श्याम रंग में बोर।
श्याम घटा की श्यामता, सदा रही चित चोर ॥ 45 ॥
हरियाली उनके लिए, हुई नहीं अनुकूल।
हरे पेड़ फल दल मिले, हरे मिले नहिं फूल ॥ 46 ॥
उजले पीले लाल हैं, अथवा नीले आप।
कर देते हैं जी हरा, मंजुल कुसुम कलाप ॥ 47 ॥
औरों के कुछ और हों, हैं उसके सुख मूल।
हरी लहलही दूब के, सहज फबीले फूल ॥ 48 ॥
लोचन खुले विनोद के, विलसित हुए विवेक।
किसी अमल जलताल में, विकसे कमल अनेक ॥ 49 ॥
सकल लोकपति-कीर्तिका, हैं कर रहे विकास।
उजले उजले फूल से, लसे सुविकसित कांस ॥ 50 ॥
फूल फूल जैसे नहीं, है न वास का बास।
किसी काम का है नहीं, तेरा कास विकास ॥ 51 ॥
उसका रवि से बैर है, इसका रवि से प्यार।
करे कमल कुल का दलन, कैसे नहीं तुषार ॥ 52 ॥

मत्त मलिन्द

क्या न भरेंगे भाँवरे, क्या भूलेंगे और।
क्या तज देंगे कुसुम को कण्टक-भय से भौंर ॥ 1 ॥
होती है पुलकित विपुल, मिले अति ललित ओक।
विकसित कली गुलाब की, अलि अवली अवलोक ॥ 2 ॥
कहाँ मधुप लोलुप महा, चपल अमंजुल गात।
कहाँ गुलाब खिली कली, कोमल कल अवदात ॥ 3 ॥
विधि संगत होते नहीं, विधि के बहु सम्बन्ध।
है सुगन्ध पूरित सुमन, मधुप परम मधु अन्ध ॥ 4 ॥
रंग तुम्हारा है रुचिर, उनके काले अंग।
सुमन तुम्हारी क्यों पटी, कपटी मधुकर संग ॥ 5 ॥
खिले भले ही हों सुमन, हो अति सुन्दर रंग।
सदा रहे कृमि कुलदलित, आकुल अलि से तंग ॥ 6 ॥
पहुँचे को प्रिय पास है, पहुँचाती पहचान।
चंचरीक चित में चुभी, चम्पक चम्पकता न ॥ 7 ॥
कैसे तन को बेधते, केतकि कंटक पुंज।
मिलती मत्त मलिन्द को, जो मालती निकुंज ॥ 8 ॥
फंद में न फँसता अगर, आँख न होती बन्द।
है लोलुप मकरन्द का, यह मलिन्द मतिमन्द ॥ 9 ॥
है न भलों की नीति यह, है न भली यह रीति।
अलि ! अलिनी तज की गयी, क्यों नलिनी से प्रीति ॥ 10 ॥
गूँज गूँज क्यों कुंज में, मचा रहा है धूम।
अली घूम है क्यों रहा, कली कली को चूम ॥ 11 ॥
ललक ललक बहु कुसुम की, लेता है अलि बास।
रस-लोलुप की बुझ सके, कैसे रस की प्यास ॥ 12 ॥

प्यार करे अथवा करे, चपल मधुप अपकार।
तज न सका सुकुमारता, सिरिस सुमन सुकुमार ॥ 13 ॥
हो ललाम चाहे सुमन, चाहे हो अललाम।
है रस-लोभी मधुप को, केवल रस से काम ॥ 14 ॥
आँखों में रज भर गयी, छिदा विधा सब गात।
तदपि न है तजता मधुप, मधु-पूरित जल गात ॥ 15 ॥
रूप रंग अब नहिं रहा, नहीं रही अब बास।
कैसे अलि आये भला, दलित कुसुम के पास ॥ 16 ॥
वह ललामता है नहीं, अति आकुल है कोक।
आज कमल कुल है दलित, अलिकुल ! लो अवलोक ॥ 17 ॥
आकुल क्यों हो देख लो, कुटिल काल उत्पात।
आज हुआ हिम पात से, अलिकुल ! कमल निपात ॥ 18 ॥
हुआ परम मद-मत्त अलि, कर कर मधु अनुराग।
बिहर-बिहर बहु कुंज में, हर-हर कुसुम पराग ॥ 19 ॥
है रस प्रिय की रसिकता, है मधु-प्रिय मधु प्यास।
परम विलासी मधुप का, विलसित कुसुम विलास ॥ 20 ॥
दलित हो गये सकल दल, सुरभित रही न धूल।
रहा कमल कुल अब नहीं, अलिकुल के अनुकूल ॥ 21 ॥

कान्त-कामना

है न मुक्ति की कामना, नहीं अमरता चाव।
जन में भारत भूमि में, रहे भरा हित भाव ॥ 1 ॥
चाह नहीं वैकुण्ठ की, नहीं स्वर्ग की प्यास।
रत भारत हित में रहें, हो भारत में वास ॥ 2 ॥
भारत भूतल भक्त सम, भूरि भाग है कौन?
उसकी महिमा शेष कर, शेष न होगा मौन ॥ 3 ॥
बोटी - बोटी में उमग, रोम - रोम में त्याग।
रग रग में होवे भरित, भारत का अनुराग ॥ 4 ॥
तृण हों, तरु हों मेरु हों, कृमि हों या हों खेह।
हों भारत जन हित-निरत, हो भारत से नेह ॥ 5 ॥
है ऐसी कमनीयता, कहाँ अमरपुर पास।
भारत भू-सा है नहीं, अमरावती निवास ॥ 6 ॥
रत्नाकर है वारता, पग पर रत्न अपार।
भारत भूतल है सकल, सुर विभूति का सार ॥ 7 ॥
हार न मानें हार हम, सिर पर गिरे पहार।
आरत हों पर हो भरा, उर में भारत प्यार ॥ 8 ॥
रोम नुचे बोटी कटे, खिंचे सकल तन चाम।
हम उमंग में भर करें, भारत भूतल काम ॥ 9 ॥
मिले पुरन्दरता नहीं, है न परम पद आस।
रहें भक्ति भावों सहित, भारत भूतल दास ॥ 10 ॥
चाह स्वर्ग की है नहीं, है न लोभ अपवर्ग।
है कामना स्वदेश पर, हो जीवन उत्सर्ग ॥ 11 ॥

विविध

बनी बात भी बिगड़ती, है बल डाले तात।
मुँह से कभी न काढ़िये, टेढ़ी मेढ़ी बात ॥ 1 ॥
नीच जनों की नीचता, सठ सठता अवलोक।
मुँह बिचकाये क्या हुआ, कौन सकेगा रोक ॥ 2 ॥
मन-माना ही बुरा है, किसे सकोगे मूस।
उससे क्यों हो माँगते, जो हैं मक्खीचूस ॥ 3 ॥
पाप पुञ्ज का हो पतन, हो स्वधर्म सम्मान।
सकल बलाओं का सबल, बन कर दें बलिदान ॥ 4 ॥
तन का रोआँ भी कभी, करता है अपकार।
है सितार पत उतरती, कोई उतरे तार ॥ 5 ॥
पल-पल पुलकित विपुल बन पाता है चित चैन।
देखे कोमलता अयन, अमल कमल सम नैन ॥ 6 ॥
चालें ऐसी क्यों चलें, पड़े चाटना थूक।
ताने दे दे तिनकना, तन जाना है चूक ॥ 7 ॥
दव समान हैं दमकते, हैं दिवि देव समान।
दिव्य दुलारे लाडिले, हैं दिव्यता निधान ॥ 8 ॥
कब कर पाते हैं नहीं, अधम मनुष्य अधर्म।
कभी समझ पाते नहीं, कर्म धर्म का मर्म ॥ 9 ॥
महि प्रसूत जड़ वस्तु में, है न प्रीति की नीति।
जीवों में ही है हुआ, करती प्रीति प्रतीति ॥ 10 ॥
तब क्या होगा सोच लो, किये विविध उत्पात।
माथा पटके भी अगर, नहीं पट सकी बात ॥ 11 ॥
समझ-बूझकर हित करो, अहित पन्थ दो छोड़।
होता देख अनर्थ लो, तुम अपना मुँह मोड़ ॥ 12 ॥

अर्थ का समझ अर्थमत, करो कदापि अनर्थ।
सार्थक जीवन को करो, उसे न कर दो व्यर्थ ॥ 13 ॥
सिर पर आयी बला को, कौन सका है टाल।
बाल बाल हैं बिन गये, बढ़ता है जंजाल ॥ 14 ॥
कर दिखलायेंगे किसी, को राजा या रंक।
अंकित जो हैं हो गये, जन कपाल में अंक ॥ 15 ॥
ममता मेरे चित्त की, हो अप्रीति आयत्त।
आठ आठ आँसू रही, रोती हो उन्मत्त ॥ 16 ॥
निर्जीवों में भी करें, जो जीवन संचार।
वे हैं सुकृती विवुध वर, वे हैं परम उदार ॥ 17 ॥
लोक दशा अवलोक हैं, प्रगति प्रिय रहे थूक।
रहे जहाँ मृग विहरते, वहीं जमा है खूक ॥ 18 ॥
नर्तन रत हो चित्त जन, बन जाता है मोर।
सुने भोर की भैरवी, कौन न बना विभोर ॥ 19 ॥
पेट पालता नित्य है, जो औरों को मूस।
उससे क्या पा सकोगे, जो है मक्खी चूस ॥ 20 ॥
निज जीवन का नाश ही, जिसका है उद्देश।
होता है अति भयंकर, आत्म ग्लानि आवेश ॥ 21 ॥
हैं हैं करते क्यों रहें, करें कमर कस काम।
अच्छा होता है सदा, जीवन का परिणाम ॥ 22 ॥
भली राह से फेर कर, मुँह हम कभी फिरें न।
जान बूझ कर पाजियों, से भी कभी भिड़ें न ॥ 23 ॥
यद्यपि जीवन मध्य है, बहुत बड़ी यह टूट।
पर स्वाभाविक है फटे, जी, पड़ जाना फूट ॥ 24 ॥
सदा चतुरता का रहा, आतुरता से बैर।
कार्यपंथ में सँभलकर, चहिये रखना पैर ॥ 25 ॥
कुछ बोले मुँह सिल गया, अहह खिंच गयी जोह।
नाकों में दम हो गया, रहते निपट निरीह ॥ 26 ॥
मैं बेबस बेबसी का, नहीं कह सका हाल।
आँख दिखाये ली गयीं, आँखें युगल निकाल ॥ 27 ॥
अत्याचारों की कहाँ, तक बतलाऊँ बात।
दाँत निकाले हँस दिये, गये तोड़ सब दाँत ॥ 28 ॥

धारण कर गम्भीरता, भावुकता संजात।
होती है यह समझ लें, बात बात में बात ॥ 29 ॥
लोक हितकरी भव सुखद, है अनुपम अनुभूति।
मति गति कैसे ज्ञात हो, यदि है कुमति विभूति ॥ 30 ॥
सरस राग रस सिक्त हो, कब मन बना न मीन।
राग रंग में रँग हुआ, कौन नहीं रंगीन ॥ 31 ॥
ऐसे लोगों पर करें, क्यों न विवुधजन रोष।
जो हैं दूषित चित्त के, क्यों न छिपायें दोष ॥ 32 ॥
भले काम के लिए हम, कभी जी चुरायें न।
किसी का कलेजा कुचल, उसको कलपायें न ॥ 33 ॥
पुलकित होता है हृदय, पढ़े प्रेम का पाठ।
है जन जीवन-दायिनी, जी की जोड़ी गाँठ ॥ 34 ॥
बड़ा नीच यह काम है, है कमीन पन ढोंग।
जान बूझ कर किसी का, जी न जलायें लोग ॥ 35 ॥
होता एक प्रसन्न है, बना एक को खिन्न।
हों समान उर किन्तु दुख, सुख होते हैं भिन्न ॥ 36 ॥
समझ बूझ होते हुए, बनें किस लिए काठ।
पड़े प्रपंचों में करें, प्रेम मन्त्र का पाठ ॥ 37 ॥
हलचल है हिय में हुई, अति चंचल है चित्त।
मुँह की रोटी छिन गयी, लुटा हमारा वित्त ॥ 38 ॥
उससे क्या होगा अगर, उर कालिमा भगी न।
जिस जनता की रगों .में, जीवन ज्योति जगी न ॥ 39 ॥
जातिपतन अवलोक क्यों, उसको होगी आँख।
जाग गये खुल भी नहीं, पायी जिसकी आँख ॥ 40 ॥
है निज हित ही देखता, सारा जन समुदाय।
स्वार्थी जन है न्याय को, भी कहता अन्याय ॥ 41 ॥
है धाता उद्योग का, फल सारा धनधाम।
है जीवन के वास्ते, जड़ी सजीवन काम ॥ 42 ॥
इसे जानता समझता, है सारा संसार।
किस प्राणी पर है नहीं, निज भोजन का भार ॥ 43 ॥
वीर भोग्या धरा है, है यह कथन यथार्थ।
प्रबल पराक्रम किये है, मिलता कलित पदार्थ ॥ 44 ॥

विद्याबल वर बुद्धि बल, विभुता बल का त्रास।
रहा कँपाता धरा को, कर भव का उपहास ॥ 45 ॥
किसे प्रताड़ित की नहीं, प्रबल जनों की पंक्ति।
किसे असक्त न कर सकी, शक्तिमान की शक्ति ॥ 46 ॥
काँपा कब उसका हृदय, सुनकर हाहाकार।
कब आक्रामक को हुआ, अत्याचार विचार ॥ 47 ॥
देशकाल अधिकार बल, मिले संघठित जाति।
कब न उपद्रव कर सकी की न कहाँ पर क्राान्ति ॥ 48 ॥
तन-धन स्वजन स्वमित्र से, हुए बुरा व्यवहार।
होता रहता है कुपित, जन चित बारम्बार ॥ 49 ॥
दुर्जनता का है विभव, खल आनन का ओप।
है कठोर जन की कला, किसी कुपित का कोप ॥ 50 ॥
परम सरस है मधुर है, है जन अनुभवनीय।
बहु ललामता लसित है, लोभ लहर रमणीय ॥ 51 ॥
मनका मोल मिले बिना, किसे न होगा क्षोभ।
लालायित करता नहीं, किसको लालित लोभ ॥ 52 ॥
जिससे होता ही रहे, अन्य जनों को क्षोभ।
है आनन्दित कर नहीं, निन्दित है वह लोभ ॥ 53 ॥
कहें तो कहें क्या अहह, सपना है संसार।
क्या जीवन का लोभ है, है जीवन दिन चार ॥ 54 ॥
उसकी महिमा कथन में, मनुज कब रहा मौन।
भव माया के मोह में, नहीं फँस सका कौन ॥ 55 ॥
यथा शक्ति कोई नहीं, उससे करता द्रोह।
करता रहता है मनुज, स्वपरिवार का मोह ॥ 56 ॥
हित के लिए हितू बना, कब करके न सबील।
हृदय मोह है विलसता, आँखों में बन शील ॥ 57 ॥
उनका मोह अपूर्व है, है दिवि उनकी देह।
जो करते हैं जगत के, प्राणि मात्र से स्नेह ॥ 58 ॥
अहंकार होता न तो, हरता कौन विकार।
कर रग रग के रुधिर में, रुचिर ओज सञ्चार ॥ 59 ॥
सजीवता ओजस्विता, आवश्यक सत्कर्म।
क्यों पाते जो समझता, अहंकार नहिं मर्म ॥ 60 ॥

निन्दा करके और की, निन्दित कभी बनो न।
रहो साफ सुथरे मगर, कीचड़ बीच सनो न॥ 61॥
जिसका मानस है बना, रहता हित का मंच।
उसे प्रवञ्चित कर नहीं, सकता कभी प्रपंच॥ 62॥
उन्हें समझ है ही नहीं, जिन्हें है न यह ज्ञात।
मानी जाती है नहीं, जन मन मानी बात॥ 63॥
कहीं किसी को मारना, कभी न करें कबूल।
फूल फेंक मारें अगर, तो भी होगी भूल॥ 64॥
उसमें होती है लगी, कपट की बुरी छूत।
अच्छी होती है नहीं, कूट नीति करतूत॥ 65॥
उस अचिंत्य प्रभु की कृपा, हुई नहीं भरपूर।
चिंतित चित चिंता कहो ! कैसे होवे दूर॥ 66॥
बन न सका बे-दर्द मैं, आहें भर - भर सर्द।
कहूँ तो कहूँ किस तरह, अपने को मैं मर्द॥ 67॥
बनना अच्छा है नहीं, बातें बना बनो न।
महिमा होती तो भला, गौरव मिलता क्यों न॥ 68॥
कैसे तेजः पुञ्ज से, भव होता भरपूर।
उगते जो न तमारिकर, तमा तिमिर को दूर॥ 69॥
कैसे होती दूर तो, तिमिर आवरित रात।
प्रभा निकेतन प्रभा कर, करता जो न प्रभात॥ 70॥
रात ओस आँसू बहा, प्रिय निमित्त रोती न।
सविता में तम-ध्वंसिनी, पविता यदि होती न॥ 71॥
प्रीति लालिमा से लसित, यदि उसको पाता न।
ऊषा को तेजस्विनी, सूर तो बनाता न॥ 72॥
प्राणिमात्र पाकर उसे, क्यों न करेंगे प्यार।
अवनी सारी उपज है, रवि कर का उपहार॥ 73॥
तो न विहरते दीखते, नभ में वारिद व्यूह।
वारि को बनाता न जो, रविकर वाष्प समूह॥ 74॥
घटना बढ़ना प्रति दिवस, का है कुत्सित अंक।
कलित कला से रहित हो, है सकलंक मयंक॥ 75॥
गुण देखें बनती रहे, दृष्टि सदा क्यों बंक।
तमस्विनी को कर सका, तेजस्विनी मयंक॥ 76॥

हँसता रहता है सदा, दिखलाता है शान्त।
तीक्ष्ण तेज रविकिरण को, करता है शशि कान्त ॥ 77 ॥
सुन मयंक अपवाद क्यों, सत्य रहेगा मौन।
वसुधा पर है सर्वदा, सुधा बरसता कौन? ॥ 78 ॥
तो पूनों की रात क्यों, पाती आदर नाम।
पहन चाँदनी पट अगर, बनी चन्द्र बदनाम ॥ 79 ॥
लोक मोहनी कान्ति से, है उसकी उत्पत्ति।
चन्द्र वदन है चाँदनी, चारु सदन सम्पत्ति ॥ 80 ॥
प्रजा पुंज अलिवृन्द को, करे सदैव सओज।
सुन्दर शासन बन सदा, सरसित लसित सरोज ॥ 81 ॥
कान सुन न पाये कभी, लान तान की तान।
मन को करना चाहिए, मानवता का मान ॥ 82 ॥
बहु बाधाओं के हुए, बिध जाता है मर्म।
हो जाता है धर्मच्युत, प्राणी किये कुकर्म ॥ 83 ॥
लालायित जन के लिए, है ललामता ओक।
सकल लोक उपकार है, कल निकेत आलोक ॥ 84 ॥
बहुत दब चुका अब मुझे, दाब दे दबाये न।
कुसमायुध आयुध प्रभो, आयुध रह जाये न ॥ 85 ॥
मम सिर पर होगा नहीं, वह अब कभी सवार।
अब न सहूँगा रार कर, कभी मार की मार ॥ 86 ॥
उसकी चर्चा ही हुए, चित नहिं पाता चैन।
आँख मैन की अब कभी, देख सकूँगा मैं न ॥ 87 ॥
सँग रहना है चाहता, अब होवेगा सो न।
झख मारेगा पास मन, आ झख केतन क्यों न ॥ 88 ॥
सुरुचि साथ देती नहीं, हुए कुरुचि का सङ्ग।
अंग अंग में रम दिखाता, है रङ्ग अनङ्ग ॥ 89 ॥
कौन नहीं होता दुखित, खुले दुरित का द्वार।
अवलोकन कर दर्प कंदर्प का दुराचार ॥ 90 ॥
निराधार का मिल सका, कब किसको आधार।
इस भव पारावार का, किसने पाया पार ॥ 91 ॥
सिर पर भूत सवार है, नहिं रह जाता मौन।
मम कुत्सित करतूत को, पूत करेगा कौन ॥ 92 ॥

आजीवन करते रहें, लोक लाभ का काम।
मद विहीन हो लें सदा, मदन कदन का नाम ॥ 93 ॥
शिव शिवता ही कर सकी, जिसको सदा सनाथ।
उसके सँग क्यों रह सकेगा रिपु गिरजानाथ ॥ 94 ॥
करती रहती है सदा, उसके हित की पूर्ति।
जन मानस को मोहती, है मनसिज की मूर्ति ॥ 95 ॥
मानस कभी न बन सका, पाप पुंज का ओक।
हुआ प्रवंचित पंच शर, का प्रपंच अवलोक ॥ 96 ॥
संसृति सृजन समस्त है, संस्कृति उसके साथ।
उन्नति अवनति, गति प्रगति, का है पति रतिनाथ ॥ 97 ॥
दुख है तिमिर समूह, सुख, है अनुपम आलोक।
होता सुख दुख है सदा, गुण अवगुण अवलोक ॥ 98 ॥
आँखें खुलती हैं नहीं, बिना हुए परिताप।
पछता पाता है नहीं, पापी करके पाप ॥ 99 ॥
दुर्जनता का है विभव, खल आनन का ओप।
है कठोर जन की कला, किसी कुपित का कोप ॥ 100 ॥
है विभूति विकराल तन, अनुचित कर्म कृतान्त।
है विचित्रता से भरित, क्रोध विविध वृत्तान्त ॥ 101 ॥
कुल परिवार समाज के, शासन का है अंग।
विविध क्रिया में कोप का, है यह कान्त प्रसंग ॥ 102 ॥
रमणी की रमणीयता, हाव भाव मुसकान।
उसका कलित कटाक्ष है, कामदेव का बान ॥ 103 ॥
चंद विनिंदित वदन का, अति अनुपम अवदात।
गोल कपोल ललामता, लोल विलोचन ख्यात ॥ 104 ॥
कभी कभी उसके कलित, कण्ठ का कलालाप।
कामदेव का ही कहाता है कार्यकलाप ॥ 105 ॥
किन्तु मान्य है शक्ति का, संयम उचित प्रयोग।
बन जाता है अन्यथा, वह कश्चित अभियोग ॥ 106 ॥
मोहित होना सुमुखि पर, है स्वाभाविक बात।
उल्लंघन मर्याद है, शुचि रुचि पर पविपात ॥ 107 ॥
किसी सुजन पर देखकर, दुर्जन अत्याचार।
प्रकृति उसे सहती नहीं, करती है प्रतिकार ॥ 108 ॥

पढ़े लिखे चालाक बन-कर चलते हैं चाल।
खींचा करते हैं बड़े, लोग बाल की खाल ॥ 109 ॥
चुप रहते हैं ना समझ, भी न बन समझदार।
हो अपने उद्योग में, क्यों नहिं उनकी हार ॥ 110 ॥
मनुज मनुज है पर मनुज, में ही ऐसे वीर।
हैं हो गये जो बन सके, रण में वर रणधीर ॥ 111 ॥
यह है दैवी शक्ति जो, सब में होती है न।
यदि ऐसा होता न तो उसकी होती जै न ॥ 112 ॥
देख धनिक धन - हीन को, रूप कुरूप विलोक।
सुखी, दुखी, कंगाल को, राजा को, अवलोक ॥ 113 ॥
नास्तिक कहता है अगर, पक्षपात से हीन।
ईश्वर होता, भिन्नता, ऐसी दिखलाती न ॥ 114 ॥
रवि को देखो, शशि सहित, देखो तारक पंक्ति।
मन देखो, भव प्राणियों, की देखो अनुरक्ति ॥ 115 ॥
हो जायेगा उस समय, विचित्रता का ज्ञान।
रह जायेगी नास्तिकों की तब नास्तिकता न ॥ 116 ॥
मनुज प्रकृति अनुसार ही, होता कार्य कलाप।
वही कराती पुण्य है, वही कराती पाप ॥ 117 ॥
करते देखे गये हैं, भले बुरे नर काम।
दोनों उसकी प्रकृति के, होते हैं परिणाम ॥ 118 ॥
पात्र भेद से है क्रिया, होती रहती भिन्न।
किन्तु प्रकृति सब काल ही, होती है उद्भिन्न ॥ 119 ॥
धीरे धीरे बढ़ तथा, हुए अपर संसर्ग।
पढ़ लिखकर बहु ग्रन्थ के, पढ़े अनेकों सर्ग ॥ 120 ॥
होती रहती है सदा, विविध ज्ञान की वृद्धि।
किन्तु प्रकृति से ही हुआ, करती है कृति सिद्धि ॥ 121 ॥
माता तथा पितादि हैं, मानव प्रकृति विभूति।
होती है उसमें अधिक, उनकी ही अनुभूति ॥ 122 ॥
ज्यों-ज्यों बढ़ते हैं चतुर, बन पाता है चित्त।
बँहकाता है बेतरह, उनको लालच वित्त ॥ 123 ॥
दुनिया को वह देखता, है बन दुनियादार।
उसके तन के साथ है, लग जाता हित तार ॥ 124 ॥

सत्य बात यह है मनुज, सुख दुख का है पात्र।
है उसके ही हाथ में, उसका सारा गात्र ॥ 125 ॥
नहीं हिचकता जी कभी, करते मकर फरेब।
लोग भले ही क्यों नहीं, उनको समझें ऐब ॥ 126 ॥
आज भी वही दशा है, है वैसी ही क्रान्ति।
दिखलायी पड़ती नहीं, कहीं वास्तविक शान्ति ॥ 127 ॥
नहीं परस्पर है कहीं, सबका सबसे प्यार।
सब की ग्रीवा मध्य है, पड़ा स्वार्थ का हार ॥ 128 ॥
सभी सुखी हैं औ सभी, करते हैं सत्कर्म।
धर्म विवेक हुए न है, होता अधिक अधर्म ॥ 129 ॥
जिसका जितना ज्ञान है, वह है उतना मान्य।
अधिक मान्य को ही मिला, करता है प्राधान्य ॥ 130 ॥
राजे महराजे तथा, बड़े बड़े धनमान।
लसे प्रतिष्ठित पदों पर, बन विज्ञता निधान ॥ 131 ॥
कहाँ कब न आद्रित हुए, कहाँ न पाता मान।
यदि है वास्तव और है, यह अनुपम अनुमान ॥ 132 ॥
हैं कुछ ऐसे भूप जो, थे साधारण लोग।
किन्तु बने वे नृपति, कर, यथा समय उद्योग ॥ 133 ॥
तो होता है सिद्ध यह, है वीरता प्रधान।
किन्तु योग्यता भी बनी, रही सदैव महान ॥ 134 ॥
भरता है बहु भूति से, हरता है पर पीर।
नाना विरुदावलि वलित, वसुन्धरा का वीर ॥ 135 ॥
सज्जन जन की सेविका, है समाज सम्पत्ति।
किसी वीर की वीरता, है वैरिता विपत्ति ॥ 136 ॥
छिदता रहता गात है, नहिं केवल ही पैर।
परम कंटकित बैर है, किसी पीर का बेर ॥ 137 ॥
उसका सरस सनेह है, सुखद रहित अहमेव।
किसी वीर का बर विरद, है वर दाता देव ॥ 138 ॥
है कितना वह मुग्ध कर, कितना रस अवदात।
है बराबरी मधुरता, वीर जनों को ज्ञात ॥ 139 ॥
धीर धुरन्धर बन किये, लोकोत्तर तदबीर।
बसुधा धिप हैं हो गये, कई साहसी वीर ॥ 140 ॥

भरी सरसता मंजुता, से है उनकी प्रीति।
कान्त कला से आकलित, है वीरों की कीर्त्ति ॥ 141 ॥
उनको है अवमानना, अर्थ अधिकतर ज्ञात।
बहँके भी नहिं कर सके, वीर बदी की बात ॥ 142 ॥
ख्यात सिकन्दर आदि हैं, कुछ ऐसे अवनीश।
अपने बल से जो बने, बहु देशों के ईश ॥ 143 ॥
जो कल कौशल कुशल थे, देश काल अवलोक।
कर समाज को हस्तगत, वही बने नृप ओक ॥ 144 ॥
यदि बाधा बाधक न हो, विधि का हो न प्रकोप।
राजवंश का तो तुरत, होता कभी न लोप ॥ 145 ॥
राजवंश में उपज यदि, है योग्यता अभाव।
मिल जाता है धूल में, तो उसका सब चाव ॥ 146 ॥
उत्तम कुल में उपज यदि, उत्तमता पायी न।
भलमनसाहत जो उसे, भूले भी भायी न ॥ 147 ॥
तो साधारण जनों में, उनमें क्या है भेद।
क्यों न देख उनकी दशा, सब को होता खेद ॥ 148 ॥
है प्रधानता योग्यता द्वारा होती प्राप्त।
मिले योग्यता ही मनुज, बन पाता है आप्त ॥ 149 ॥
दिखलाती है योग्यता, सब में नहीं समान।
इसमें भी है भिन्नता, का होता अनुमान ॥ 150 ॥
यही भिन्नता है किया, करती सब में भेद।
कोई होता अज्ञ है, कोई ज्ञाता वेद ॥ 151 ॥
प्रकृति बनाती है किसी, को अजीब मतिमान।
करती रहती है किसी, को नितान्त नादान ॥ 152 ॥
पृथ्वी तल में हैं लसे, जितने नाना देश।
भिन्न भिन्न हैं सबों के, रूप रंग औ वेश ॥ 153 ॥
मिलेगा सभी के गले, मध्य स्वार्थ व्यवहार।
कोई सह न सका कभी, पर का दुर्व्यवहार ॥ 154 ॥
जाति देश दुर्दशा को, देख सकेगा कौन।
सुन कंपित कर गालियाँ, कौन रहेगा मौन ॥ 155 ॥
मानवता को देखकर, लगती अतिशय आँच।
कुढ़कर किसका जी नहीं, तुरत उठेगा नाँच ॥ 156 ॥

किसी देख का प्रान्त का, प्राणी पढ़े कुपाठ।
हाथ पाँव होते नहीं, बन पायेगा काठ ॥ 157 ॥
सभी प्राणियों में प्रकृति, के सारे गुण दोष।
होते हैं पर सम नहीं, होते मानस कोष ॥ 158 ॥
होता है कोई अधिक, क्रोधी कोई न्यून।
रक्षा करता है कोई, कोई करता खून ॥ 159 ॥
हैं कटुवादी बहुत से, मृदुवादी कम हैं न।
कुछ करते बेचैन हैं, कुछ देते हैं चैन ॥ 160 ॥
कम न खिजाते हैं बहुत, से हर करके वित्त।
मोद दान करके सदा, प्रमुदित करते चित्त ॥ 161 ॥
डाँट डपट कर डराते, हैं बहुतेरे लोग।
सुखी बनाते हैं बहुत, से पाकर संयोग ॥ 162 ॥
होता है नर का सृजन, देश काल अनुसार।
विद्या शिक्षा जाति कुल, तथा मिले अधिकार ॥ 163 ॥
एक देश ही नहिं धरा में हैं कितने देश।
उनके हैं भिन्नाचरण, भिन्न - भिन्न हैं वेश ॥ 164 ॥
कितने हैं गिरि आवरित, कितने सिन्धु समीप।
कितने अनुपम देश हैं, तथा द्वीप उपद्वीप ॥ 165 ॥
किन्तु स्वार्थ साधन सभी, का है प्रिय उद्देश्य।
बहु लोगों की प्रकृति का, है यह प्रिय उपदेश ॥ 166 ॥
धर कर नाना रूप यह, होता है व्यवहार।
करते हैं कुछ सुजन जन, पर-हित को भी प्यार ॥ 167 ॥
आँख बन्द कर, स्वार्थ है, साधन करता लोक।
यह ऐसा है तिमिर है, जिसमें कम आलोक ॥ 168 ॥
भूखे दीन दरिद्र से, रहित कौन है देश।
कहाँ प्रशंसित है नहीं, परुपकार सन्देश ॥ 169 ॥
यदि मानव तन मध्य है, दयालुता का वास।
तो होगा किस धर्म में, उसका नहीं बिकास ॥ 170 ॥
दयालुता है दीन के, लिए स्वर्ग सुख भोग।
उसके हित के लिए, है सर्वोत्तम संयोग ॥ 171 ॥
निर्धन प्राणी अधिक हैं, थोड़े हैं धनमान।
अविद्वान हैं अधिक हैं, इने गिने विद्वान ॥ 172 ॥

ऐसे सज्जन अल्प हैं, जिन्हें है न यह रोग।
वे समधिक हैं प्रिय जिन्हें, हैं ढकोसले ढोंग ॥ 173 ॥
क्यों धनमान सदा फले, फूले पा प्रिय ओक।
क्यों कलपे कंगाल ही, नित कपाल को ठोंक ॥ 174 ॥
बचो कहर से दो बला, में न किसी को डाल।
बाल बाल बिन जायँगे, खिंच जायेगी खाल ॥ 175 ॥
सुरुचि हृदय में है न तो, कुमति वितान तनो न।
यदि न दया कर सको तो, तुम निर्दयी बनो न ॥ 176 ॥
कटु बातें कहकर सके, जो न कलेजे छील।
कहते हैं ऐसे सुजन, को ही लोग सुशील ॥ 177 ॥
बनते रहते हैं बँहक, कर जो प्रायः बीस।
दाँत पीस वे ही सके, हैं औरों को पीस ॥ 178 ॥
बक बक बातें बुरी जो, करते हैं उत्पात।
उन्हें भला कैसे सदा, नहीं लगेगी लात ॥ 179 ॥
बिना तजे दुर्वृत्त औ, लाभ किये सदवृत्त।
होयेगा निश्चिन्त क्यों, कोई चिन्तित चित्त ॥ 180 ॥
वीर भोग्या धरा है, है यह कथन यथार्थ।
प्रबल पराक्रम किये है, मिलता कलित पदार्थ ॥ 181 ॥
भोजन ही है लोक के, जीवन का आधार।
इसीलिए है जगत में, उसका समधिक प्यार ॥ 182 ॥
है धाता उद्योग का, फल सारा धन धाम।
है जीवन के वास्ते, जड़ी सजीवन काम ॥ 183 ॥
जाति पतन अवलोक क्यों, उसको होगी माँख।
जाग गये भी खुल नहीं, पायी जिसकी आँख ॥ 184 ॥
उससे क्या होगा अगर, उर कालिमा भगी न।
जिस जनता की रगों में, जीवन ज्योति जगी न ॥ 185 ॥
होती रहती है उसी, करतूती की वृद्धि।
कार्य कुशलता में मिली, जिसको सतत प्रसिद्धि ॥ 186 ॥
हो जाती है चित्त की, कामुकता की पूर्ति।
अवलोकन कर राम सी, लोक मोहिनी मूर्ति ॥ 187 ॥
सफल न वह होगा बनी, जिसकी सुमति सगी न।
लग जाने की काम में, जिसको लगन लगी न ॥ 188 ॥
किन्तु बुद्धि विद्या निलय, ही पास के विभूति।
सुलझाती है उलझनों, को जिनकी अनुभूति ॥ 189 ॥

वर-वधू

समझ सका जो प्रेमपथ, पथिकों का अधिकार।
वह पति पति है जिसे है, पत्नी सच्चा प्यार ॥ 1 ॥
बहे विवाहित हृदय में, पावन प्रेम प्रवाह।
चित में संचित नित रहे, हित उपचित उत्साह ॥ 2 ॥
बनिता सुखपर दृग रहे, कभी उसे दुख दे न।
कर वैदिक विधि से वरण, वर वरता भूले न ॥ 3 ॥
क्यों न बनायेगी उसे, वह स्वकंठ का हार।
जिस पत्नी को है अधिक, पातिव्रत का प्यार ॥ 4 ॥
देवी उसको मानते, हैं महिके मतिमान।
जो प्रियतम को मानती, है देवता समान ॥ 5 ॥
है वह शुचि रुचि सहचरी, है वह परम उदार।
जी से प्यारा है जिसे, प्रिय पति का परिवार ॥ 6 ॥
सुप्रकृति सुवचन सुमतिरति, सुकृति सुगति सुविचार।
हैं कुलीन कामिनी के, जीवन के आधार ॥ 7 ॥
जीवन धनपर जो सती, सकी स्वजीवन वार।
है असार संसार में, उसका जीवन सार ॥ 8 ॥
ललना लोचन में बसे, कर उर पर अधिकार।
पले प्यार की गोद में, पति बन ग्रीवा हार ॥ 9 ॥
सदा विपुल पुलकित रहे, कर अरुचिर रुचि अन्त।
कभी अकान्त बने नहीं, कान्त कहा कर कन्त ॥ 10 ॥
चाव भरे चितवत खरे, किये सरस दृग कोर।
जय दुलहिन श्रीराधिका, दूलह नन्द किशोर ॥ 11 ॥
शुचि विचार वर विधि वलित, बने यह रुचिर ब्याह।
कुलाचार में भी सरुचि, रोवे सुरुचि निबाह ॥ 12 ॥

रख अविचल दृग सामने, द्विजकुल वरद महान।
चिरजीवी हो वर वधू, प्रेम सुधा कर पान॥ 13॥
विघ्न रहित बसुधा बने, घर घर बढ़े उछाह।
रहें बहु सुखित वर-वधू, हो विनोदमय ब्याह॥ 14॥
उमग उमग घर घर बहे, परम प्रमोद प्रवाह।
मोदक प्रिय होकर मुदित, मुदमय करें विवाह॥ 15॥
कुशलमयी हो मेदिनी, हो मङ्गलमय राह।
करें वरद वर वर-वधू, का विनोदमय ब्याह॥ 16॥

प्रकीर्णक

तालू से पल-पल किया, करती कौन कलोल।
जो रसना होती नहीं, मुँह क्यों सकता बोल॥ 1॥
बनबन विविध विलास की, विधिवत वर आवास।
सूचित करती है सरस, रसना रस की प्यास॥ 2॥
देश विदेश प्रवास में, अनुचित हुए प्रयास।
नीरस को भी सरस है, करती रसना प्यास॥ 3॥
उनको आलम्बन बना, करते हैं चित चाव।
है भावुकता से भरित, रसना नाना भाव॥ 4॥
जो प्यारे हैं क्यों कहें, उनको वचन कठोर।
कोई भी चित चोर को, नहीं समझता चोर॥ 5॥
अहह रह गया चित्त में, नहिं सज्जनता लेश।
जब मति मारी गयी तब, क्यों न कुमति दे क्लेश॥ 6॥
संकट से करके समर, सुख पाता है सूर।
कल मिलता है चित्त को, हुए विकलता दूर॥ 7॥
बरबादी क्या, वह चला, करता है वह चाल।
बढ़ता रहता है जगत, का जिससे जंजाल॥ 8॥
वह होगा कौतुक नहीं, कर बैठे वह जो न।
क्रूर क्रूर है वाद कर, बदी करेगा क्यों न॥ 9॥
क्यों धनमान सदा फले, फूले पा प्रिय ओक?
क्यों कलपे कंगाल नित, निज कपाल को ठोंक॥ 10॥
छेदें, बेधें छुरी से, काटें क्यों सत पाक।
कतर कतर कर कतरनी, से न उतारें नाक॥ 11॥
पूरा निश्चित है नहीं, सुख-दुख का परिपाक।
नथ नथुनी हित विद्ध हो, हुई अलंकृत नाक॥ 12॥

छिनक छिनक कर धूल में, हम न मिलायें धाक।
ऐंठ दिखाने के लिए, कभी न ऐंठें नाक ॥ 13 ॥
भावों को समझा करें, सदा पेट में पैठ।
कान ऐंठने से कभी, दूर न होंगी ऐंठ ॥ 14 ॥
प्रायः होता है दुखद, भव कठोर व्यवहार।
सहती पीठ कठोरता, है कोड़ों की मार ॥ 15 ॥
दुर्जन बनकर यदि सबल, करता है उत्पात।
विविध दण्ड का तो हुआ, करता है आघात ॥ 16 ॥
सबको धन की प्यास है, है उन्नति की चाह।
सभी ताकते हैं बड़ा, बन जाने की राह ॥ 17 ॥
किन्तु बुद्धि विद्या निलय, ही पास के विभूति।
सुलझाती है उलझनों, को जिनकी अनुभूति ॥ 18 ॥
सब प्रकार की दिव्यता, का है जिसको ज्ञान।
असम साहसिक बन सका, जो कर साहस मान ॥ 19 ॥
जो बल बुद्धि विवेक की, है वसुधा में मूर्ति।
उसके सकल अभाव की, भव करता है पूर्ति ॥ 20 ॥
है मृदंग बजता कभी, उर में भरे उमंग।
तबले की सुन कर ठनक, कौन न होगा दंग ॥ 21 ॥
मनमानापन धूम है, कौन देखता काम।
प्रायः होता है नहीं, गुणानुसारी नाम ॥ 22 ॥
प्राणिमात्र को है पठन, पाठन का अधिकार।
सब का सबसे है हुआ, करता सद् व्यवहार ॥ 23 ॥
कर सच्ची साधना जन, लेता रहे सबाब।
करे प्रफुल्लित लोक को, बन उत्फुल्ल गुलाब ॥ 24 ॥

अकान्त करतूत

कैकेयी कुप्रपंच से, त्रेता युग में आह।
गरल आकलित हुआ था, अनुपम सुधा प्रवाह ॥ 1 ॥
रामराज्य संवाद सुन, समुल्लसित था लोक।
बहु सज्जित बन गये थे, साधारण तम ओक ॥ 2 ॥
गान वाद्य का मंच था, जनता का संसर्ग।
हो लोकोत्तर स्वर लसित, अवध बना था स्वर्ग ॥ 3 ॥
सदन सदन हो गया था, प्रायः कीर्तन धाम।
जिसे बनाता रम्यतम, रहा राम का नाम ॥ 4 ॥
हाट बाट चौरहों का, रहा निराला ठाट।
मानों मोहकता उन्हीं—ने ही ली थी छाँट ॥ 5 ॥
ध्वजा पताकायें रहीं, करती पटुता पूर्ति।
बन-बन करके दिव्य से, दिव्य भाव की मूर्ति ॥ 6 ॥
पर कैकेयी शीश पर, ही सवार था भूत।
उसका मन ही बना था, परम कुटिल करतूत ॥ 7 ॥
उसका ही परिणाम था, रामचन्द्र बनवास।
दशरथ जैसे नृपति का, होना सत्यानाश ॥ 8 ॥
लोक पूजिता वंदिता, लसिता कीर्ति कलाप।
सीता का अपहरण था, रावण मन का पाप ॥ 9 ॥
हुआ इसी से स्वर्गसम, स्वर्ग पुरी का ध्वंस!
उस लंका का जो रही, अवनीतल अवतंस ॥ 10 ॥
इस कुकर्म से ही हुआ, निहत वीर घननाद।
कुम्भकरन मारा गया, वंश हुआ बर्बाद ॥ 11 ॥
सुर पुर का करता रहा, जो सब दिन सातंक।
तेजस्विता निकेत था, जिसका दर्प मयंक ॥ 12 ॥

उसे भी निहत कर गया, उसका मानस पाप।
धूल में मिला वह रहा, जिसका प्रबल प्रताप ॥ 13 ॥
पढ़ा जाय विधि सहित जो, अवध पुरी वृत्तान्त।
तो समझेंगे गृह कलह, है सर्वथा अकान्त ॥ 14 ॥
उर कम्पित कर है करे, जो अवनीश अधर्म।
महा शक्ति सम्पन्न का, है अति निंद्य कुकर्म ॥ 15 ॥
भली नहीं है नीचता, भला न है पाखण्ड।
पापी पाता है सदा, निज पापों का दण्ड ॥ 16 ॥

विश्व प्रपंच

बहु विकराल प्रकोप की, विकरालता विलोक।
कब वसुधा न व्यथित हुई, हुए विकम्पित ओक ॥ 1 ॥
महा भयंकर कोप के, ही सब थे परिणाम।
वसुधा में जितने हुए, बड़े बड़े संग्राम ॥ 2 ॥
अत्याचारी हैं किया, करते अत्याचार।
दुर्बल पर है सबल का, होता सदा प्रहार ॥ 3 ॥
अनुचित करते हैं नहीं, डरते प्रायः नीच।
वे उछालते ही रहे, नित औरों पर कीच ॥ 4 ॥
काम क्रोध के साथ लो, लोभ मोह हंकार।
इन पाँचों से है अधिक, मानव मन का प्यार ॥ 5 ॥

महाभारत

देख भाल कर वह सका, अपने को न सँभाल।
हुआ महाभारत समर, भारत हित का काल ॥ 1 ॥
समर महाभारत हुआ, है अनर्थ का मूल।
है प्रभाव उसका हुआ, उन्नति के प्रतिकूल ॥ 2 ॥
जो दुर्योधन मन नहीं, बनता पातक धाम।
तो न महाभारत सदृश, हो पाता संग्राम ॥ 3 ॥
मान महत्ता रह सकी, उसमें नहीं समर्थ।
पद मर्यादा को लगे, ठोकर हुआ अनर्थ ॥ 4 ॥
गुरु का प्राण लिया गया, निज बाणों से बेध।
विविध छल कपट क्रिया से, लगा तिमिर में सेंध ॥ 5 ॥
उनसे हुए कुकर्म, जो, थे मर्यादा शील।
किन्तु कार्य की सिद्धि में, दी न उन्होंने ढील ॥ 6 ॥
समर महाभारत रहा, अत्याचारागार।
पापाचार कठोर गिरि, कटुता पारावार ॥ 7 ॥
यद्यपि थे इस युद्ध में, बड़े बड़े धर्मज्ञ।
भीष्म पितामह युधिष्ठिर, जैसे सत्कर्म्मज्ञ ॥ 8 ॥
कृष्णचन्द्र जैसे कुशल, अनुपम नीति निधान।
वृद्ध वयस्क वरिष्ठ गुरु, द्रोणाचार्य समान ॥ 9 ॥
अर्जुन जैसे शान्त प्रिय, धीर वीर गम्भीर।
किन्तु नष्ट नहिं हो सकी, उठी ध्वंस की पीर ॥ 10 ॥
समर मेदिनी मध्य है, अहमहमिकता सार।
जैसे हो वैसे विजय, पाना है प्रतिकार ॥ 11 ॥
आँख खोलकर हम लखें, यदि मानव इतिहास।
मारकाट ही मिलेगा, तो करता उपहास ॥ 12 ॥

इस रण में मारे गये, धरती के रणधीर।
चुने हुए सब सूरमे, बिछे हुए वर वीर ॥ 13 ॥
इने गिने जो थे बचे, उनमें भी कुछ लोग।
आत्मघात कर मर गये, था ऐसा संयोग ॥ 14 ॥
भारत ही है आर्यजन, का प्रधान आवास।
कहता है यह अवनितल, का सारा इतिहास ॥ 15 ॥
हुए महाभारत समर, वही हुआ बलहीन।
जैसी उसमें चाहिए, वैसी शक्ति रही न ॥ 16 ॥
कलह फूट की भी हुई, धीरे धीरे वृद्धि।
प्रान्त प्रान्त में हो गयी, इसकी अधिक प्रसिद्धि ॥ 17 ॥
अतः विदेशी जातियों, के आक्रमण अनेक।
बार बार होने लगे, बिना विचार विवेक ॥ 18 ॥
पतन पराजय ही हुआ, था इसका परिणाम।
आर्य जाति का बना था, पराधीनता धाम ॥ 19 ॥
कुछ अन्तर है आज भी, हो पाया नहिं आह।
शक्तिमान जन हैं बने, अब भी बे-परवाह ॥ 20 ॥
कारण इसका है वही, मानव मन का भाव।
कौन दूर कर सकेगा, दुर्जन चित का चाव ॥ 21 ॥
अहंकार ने ही मचाया है हाहाकार।
मदान्धता ने ही किया, है बहु अत्याचार ॥ 22 ॥
तमोगुण रजोगुण सके, हैं कर सकल कुकर्म।
कैसे वे पाते समझ, धर्म कर्म का मर्म ॥ 23 ॥

भारत-भूमि

परम अलौकिक भाव हैं, लोकोत्तर अनुभूति।
भावुकता से है भरित, भारत भूतल भूति ॥ 1 ॥
वह निधि किसमें है बने, जो महान निधि मान।
भारत ही की भूमि है, भारत भूमि समान ॥ 2 ॥
सुर-सरि सी सरि है कहाँ, मेरु सुमेरु समान।
जन्म-भूमि सी भू नहीं, भूमण्डल में आन ॥ 3 ॥
प्रतिदिन पूजें भाव से, चढ़ा भक्ति के फूल।
नहीं जन्म भर हम सकें, जन्म-भूमि को भूल ॥ 4 ॥
पग सेवा है जननि की, जग जीवन का सार।
मिले राजपद भी रहे, जन्म भूमि रज प्यार ॥ 5 ॥
आजीवन उसको गिनें, सकल अवनि सिर मौर।
जन्म-भूमि जलजात के, बने रहें जन भौर ॥ 6 ॥
कौन नहीं है पूजता, कर गौरव गुणगान।
जननी जननी-जनक की, जन्म-भूमि को जान ॥ 7 ॥
उपजाती है फूल फल, जन्म भूमि की खेह।
सुख संचन रत छवि सदन, दे कंचन सी देह ॥ 8 ॥
उसके हित में ही लगे, है जिससे वह जात।
जन्म सफल हो वार कर, जन्म-भूमि पर गात ॥ 9 ॥
योगी बन उसके लिए, हम साधें सब योग।
सब भोगों से हैं भले, जन्म भूमि के भोग ॥ 10 ॥
फलद कल्पतरु तुल्य हैं, सारे विटप बबूल।
हरिपद रज सी पूत है, जन्म धरा की धूल ॥ 11 ॥
जन्म भूमि में हैं सकल, सुख सुषमा समवेत।
अनुपम रत्न समेत है, मानव रत्न निकेत ॥ 12 ॥

कवि-कीर्ति

बरस बरस कर रुचिर रस, हरे सरसता प्यास।
असरस चित को अति सरस, करे सरस पद न्यास ॥ 1 ॥
भावुक जन के भाल पर, हो भावुकता खौर।
अरसिक पाकर रसिकता, बने रसिक सिर मौर ॥ 2 ॥
मिले मधुर स्वर्गीय स्वर, हों स्वर सकल रसाल।
व्यंजन में वर व्यंजना, हो व्यंजित सब काल ॥ 3 ॥
उक्ति अलौकिकता लहे, मिले अलौकिक ओक।
करे समालोकित उसे, अलंकार आलोक ॥ 4 ॥
कलित भाव से ललित हो, पा रुचि ललित नितान्त।
कान्त करे कवितावली, कविता कामिनि कान्त ॥ 5 ॥
रचती है कविता सुधा, सुधा सिक्त अवलेह।
लहता है रस सिद्ध कवि, अजर अमर यशदेह ॥ 6 ॥
चिरजीवी हैं सुकवि जन, सब रस सिद्ध समान।
उक्ति सजीवन जड़ी को, कर सजीवता दान ॥ 7 ॥
अमल धवल आनन्दमय, सुधा सिता सुमिलाप।
है कमनीय मयंक सम, कवि कुल कीर्ति कलाप ॥ 8 ॥
गौरव केतन से लसित, अनुपम रत्न उपेत।
अमर निकेतन तुल्य है, कवि कुल कीर्ति निकेत ॥ 9 ॥
मानस अभिनन्दन अमर, नन्दन बन वर कुंज।
है पावन प्रतिपत्ति मय, कवि पुंगव यश पुंज ॥ 10 ॥
जब तक कवि कुल कल्पना, करे कलित आलाप।
अवनि लसित तब तक रहे, कवि का कीर्ति कलाप ॥ 11 ॥
सुरसरि धारा सी सरस, पूत परम रमणीय।
है कवियों की कल्पना, कल्पलता कमनीय ॥ 12 ॥

❑

अयोध्यासिंह उपाध्याय 'हरिऔध' रचनावली

खण्ड-4

खण्ड-1

❑ प्रियप्रवास ❑ वैदेही-वनवास

खण्ड-2

❑ पारिजात ❑ पद्य-प्रमोद

खण्ड-3

❑ चोखे चौपदे ❑ चुभते चौपदे ❑ हरिऔध-दोहावली ❑ बाल-कवितावली ❑ हरिऔध-सतसई

खण्ड-4

❑ बोलचाल ❑ काब्योपबन ❑ ऋतु-मुकुर

खण्ड-5

❑ रसकलस

खण्ड-6

❑ अधखिला फूल ❑ ठेठ हिन्दी का ठाट ❑ इतिवृत्त ❑ वेनिस का बाँका ❑ अभिभाषण ❑ विविध

खण्ड-7

❑ हिन्दी भाषा और साहित्य का विकास

खण्ड-8

❑ कबीर वचनावली ❑ रस साहित्य और समीक्षाएँ ❑ संदर्भ-सर्वस्व ❑ विविध

खण्ड-9

❑ पद्य-प्रसून ❑ आधुनिक कवि ❑ मर्म-स्पर्श

खण्ड-10

❑ श्रीप्रद्युम्नविजय व्यायोग ❑ श्रीरुक्मिणीपरिणयनाटक ❑ कल्पलता ❑ पवित्र पर्व ❑ प्रेम पुष्पोपहार ❑ अच्छे अच्छे गीत ❑ स्वर्गीय संगीत ❑ कतिपय ब्रजभाषा काव्य ❑ हरिऔध आत्म-चरित

अयोध्यासिंह उपाध्याय 'हरिऔध' रचनावली

खण्ड-4

सम्पादक

सदानन्द शाही

वाणी प्रकाशन

वाणी प्रकाशन
ज्ञान के विविध आयामों के प्रकाशक

वाणी प्रकाशन का 'लोगो' विख्यात चित्रकार मक़बूल फ़िदा हुसेन की कूची से

वाणी प्रकाशन, 4695, 21-ए, दरियागंज, नयी दिल्ली-110002
वाणी प्रकाशन, अशोक राजपथ (पटना कॉलेज के सामने), पटना (बिहार)

AYODHYASINGH UPADHYAYA 'HARIAOUDH' RACHNAWALI-4

Edited by Sadanand Shahi

Complete work of Ayodhyasingh Upadhyaya *'Hariaoudh'*

ISBN : 978-93-5000-200-1

प्रथम संस्करण

मूल्य : 9000/-

वाणी प्रकाशन

फोन : **0091#11#23273167, 23275710**

फैक्स : **0091#11#23275710**

वेबसाइट : **www.vaniprakashan.in**

ई-मेल : **vaniprakashan@gmail.com**

vani_prakashan@yahoo.com

आर.टेक ऑफसेट प्रिंटर्स द्वारा दिल्ली-110095 में मुद्रित

प्रकाशकीय

अयोध्यासिंह उपाध्याय 'हरिऔध' भारतेन्दु युग और द्विवेदी युग के बीच एक अत्यन्त महत्त्वपूर्ण कड़ी हैं। खड़ी बोली हिन्दी के पहले महाकाव्य के रचनाकार के रूप में उनका ऐतिहासिक महत्त्व तो है ही, हिन्दी भाषा के अनूठे शिल्पकार के रूप में उनका योगदान कहीं ज्यादा महत्त्व का है। उन्नीसवीं और बीसवीं शताब्दी में जब हिन्दी की रूप रचना को लेकर तरह-तरह की बहसें चल रही थीं—हरिऔध ने हिन्दी भाषा के सभी सम्भावित और आकांक्षित रूपों को अपनी लेखनी से मूर्त किया। हरिऔध के रचना संसार से गुजरते हुए उनके भाषा सम्बन्धी संघर्ष को सहज ही लक्षित किया जा सकता है। ब्रजभाषा से शुरू करके **वेनिस का बांका** और **प्रियप्रवास** की संस्कृत निष्ठ हिन्दी फिर **ठेठ हिन्दी का ठाट** की ठेठ हिन्दी से होते हुए **बोलचाल** की सामान्य हिन्दी का रूप हरिऔध के यहाँ मौजूद है। वे भाषा के रूप को लेकर होने वाली बहसों में अपनी रचनाओं के साथ उतरते हैं और एक सच्चे प्रयोग कर्ता की तरह समाज की प्रतिक्रिया के आलोक में भाषा का रूप बदल देते हैं। उनकी यह प्रयोगशीलता केवल भाषा के स्तर पर नहीं बल्कि छन्द विधान के स्तर पर भी दिखाई देती है। संस्कृत के वर्ण वृत्तों का प्रयोग हो, हिन्दी के मात्रिक छन्दों का या फिर उर्दू बहरों का; हिन्दी के आँगन में वे सबको व्यावहारिक रूप से उतार कर आगे आने वाले रचनाकारों के लिए मार्ग प्रशस्त करते हैं। वजह चाहे जो रही हो, हिन्दी साहित्य के इतिहास में हरिऔध के महत्त्व को स्वीकार करते हुए भी उनके ऐतिहासिक महत्त्व और अवदान का सम्यक विवेचन नहीं हो सका है। इस ग्रन्थावली को प्रस्तुत करते हुए हमारे मन में कहीं एक भूल सुधार का भाव भी काम कर रहा था। हरिऔध साहित्य को एक साथ प्रस्तुत करते हुए हम यह उम्मीद कर रहे हैं कि हरिऔध की प्रयोगधर्मिता की ओर अपेक्षित ध्यान जाएगा और उनके वास्तविक अवदान को आँकने की दिशा में यत्न होंगे। ग्रन्थावली में यथा संभव हरिऔध के प्रामाणिक पाठ को प्रस्तुत करने की कोशिश की गयी है। किसी एक संस्करण में रह गयी अशुद्धियाँ बाद के कई संस्करणों में दुहरायी जाती रही हैं उन्हें भी यथा स्थान सुधार दिया गया है।

यदि यह ग्रन्थावली हरिऔध के साहित्य में छिपे हिन्दी भाषा के विकास के इतिहास की खोज के लिए प्रेरित और प्रोत्साहित कर सकी तो हमें अपना श्रम सार्थक लगेगा।

—सदानन्द शाही

अनुक्रमणिका

कविता

2. काव्योपबन 389–516

3. ऋतु-मुकुर 517–540

बोलचाल

बोलचाल

भूमिका

बातचीत

पाँच साल होते हैं, एक दिन अपने 'शान्तिनिकेतन' में बैठा हुआ मैं कुछ सोच रहा था; अछूते फूल तोड़ना चाहता था; अच्छे बेल बूटे तराशने में लगा था, किन्तु अपना सा मुँह लेकर रह जाता था। समुद्र में डुबकी बहुत लोग लगाते हैं, परन्तु मोती सबके हाथ नहीं लगता। हलवा खाने के लिए मुँह चाहिए, आकाश के तारे तोड़ना सुलभ नहीं, परन्तु उमंगें छलाँगें भर रही थीं, बामन होकर चाँद को छूना चाहती थीं, जी में तरह-तरह की लहरें उठती थीं, रंग लाती थीं, चमकती दमकती थीं, किन्तु थोड़ी ही देर में लोप हो जाती थीं। विचार कहता था, जो काम तुम करना चाहते हो, वह तुम्हारे मान का नहीं, बोलचाल की भाषा में कविता-पुस्तक लिख देना हँसी-खेल नहीं। इसी समय एक मक्खीचूस आ धमके। आपको कुछ चन्दा लग गया था, आप उससे अपना पिंड छुड़ाना चाहते थे। आते ही बोले; आप अपने रूई-सूत में कब तक उलझे रहेंगे, कुछ मेरी भी सुनिये। मैंने कहा, क्या सुनूँ, आप बड़े आदमी हैं, आपको कौड़ियों को दाँत से न पकड़ना चाहिए। यह सुनते ही वे अपना दुखड़ा सुनाने लगे, नाक में दम कर दिया, मैं ऊब उठा, और अचानक कह पड़ा–

"छोड़ देगा कौड़ियों का ही बना।
यह तुम्हारा कौड़ियालापन तुम्हें॥"

वे बिगड़ खड़े हुए; बोले वाह साहब! मैं कौड़ियाला हूँ। कौड़ियाला तो साँप होता है, क्या मैं साँप हूँ। अच्छा साँप तो साँप ही सही, कौड़ियाला ही सही, साँप का यहाँ क्या काम! कौड़ियाले को अपने पास कौन रहने देगा, अच्छा लीजिए, में जाता हूँ, देखूँ तो कैसे मुझसे चन्दा लिया जाता है, मैं एक कौड़ी न दूँगा। मैंने समझा-बुझाकर उनको सीधा किया। वे चले गये, परन्तु मेरा काम बना गये, इस समय साँझ फूल रही थी, मैंने सोचा, इस फूलती साँझ ने ही मुझे एक अछूता फूल दे दिया। मैंने पद्य को यों पूरा किया–

"कौड़ियों को ही पकड़ते दाँत से।
चाहिए ऐसा न जाना बन तुम्हें॥
छोड़ देगा कौड़ियों का ही बना।
यह तुम्हारा कौड़ियालापन तुम्हें॥"

पद्य पूरा होने पर जी में आया, राह खुल गयी, नमूना मिल गया, अब आगे बढ़ना चाहिए, यदि ऐसी ही भाषा हो और मुहावरे की चाशनी भी चढ़ती रहे, तो फिर क्या पूछना, 'आम के आम और गुठली के दाम'। निदान जी उमड़ पड़ा; और मैं जी-जान से इस काम में लग गया। मैंने सोचा, यदि सात आठ सौ पद्य भी इस नमूने के बन जावेंगे, तो चाहे कुछ और न हो, चाहे वे किसी काम के न हों, पर मैं जो चाहता हूँ वह हो जावेगा और बोलचाल की भाषा में लिखे गये कुछ खड़ी बोली के पद्य जनता के सामने उपस्थित हो जावेंगे। जब हिन्दी साहित्य पर आँख डाली तो उसमें मुहावरे की कोई पुस्तक न दिखलाई पड़ी। खड़ी बोली की कविता के फलने-फूलने के समय किसी ऐसी पुस्तक का न होना भी मुझे बहुत खटका। मुहावरों की जैसी छीछालेदर हो रही है, जैसी उसकी टाँग तोड़ी जा रही हे, जैसी उनके बारे में मनमानी की जाती है, वह भी कम खलने वाली बात नहीं। इसलिए मैंने सोचा कि मुहावरों पर ही एक पुस्तक लिखूँ। ऐसा होने पर जो नमूना मेरे सामने है, उसके अनुसार काम भी होगा, और सम्भव है कि हिन्दी साहित्य की कुछ सेवा भी हो जावे। अपने इस काम के लिए मैंने बाल से तलवे तक जितने अंग हैं, उन तमाम अंगों के बहुत से मुहावरे चुने और अपना काम आरम्भ किया। काम पूरा होने में लगभग चार साल लग गये, और जहाँ सात आठ सौ पद्यों में ग्रन्थ को पूरा होना चाहिए था, वहाँ लगभग पैंतीस सौ पद्यों में वह समाप्त हुआ। यह ग्रन्थ बोलचाल की भाषा में लिखा गया है इसलिए मैंने इसका नाम 'बोलचाल' ही रखा है।

बोलचाल की भाषा

बोलचाल की भाषा के बारे में कुछ लिखना टेढ़ी खीर है। जितने मुँह उतनी बात सुनी जाती है। यदि यह बात सत्य न हो तो भी इसमें सन्देह नहीं कि इस विषय में एक मत नहीं है। बोलचाल की भाषा की परिभाषा भिन्न-भिन्न है। अथवा यों कहिये कि इस विषय में मान्य लोगों के सिद्धान्त एक-से नहीं हैं। बोलचाल की भाषा से वह भाषा अभिप्रेत है, जो बोली जाती है, अथवा जिसे सर्वसाधारण बोलते हैं। यदि इस कसौटी पर कसें तो वर्तमान हिन्दी गद्य पद्य की अधिकांश रचना ऐसी भाषा में की गयी मिलेगी जिसे बोलचाल की भाषा नहीं कह सकते; उर्दू के विषय में भी यही कहा जा सकता है। यह विचार आधुनिक नहीं चिरकाल से चला आता है। जिस समय हिन्दी और उर्दू का नामकरण हुआ, और इन दोनों ने लिखित गद्य भाषा का रूप धारण किया, उसके कुछ समय उपरान्त

ही इस विचार का भी सूत्रपात हुआ। कविवर लल्लूलाल, पण्डितप्रवर सूरत मिश्र, राजा लक्ष्मणसिंह, राजा शिवप्रसाद और बाबू हरिश्चन्द्र की हिन्दी की शैली भिन्न-भिन्न है। प्रत्येक ने हिन्दी के स्वरूप की कल्पना अपनी-अपनी रुचि के अनुसार की है, किन्तु प्रत्येक का आदर्श बोलचाल ही था। आज दिन पश्चिमोत्तर-प्रान्त, राजस्थान, बिहार और मध्यप्रदेश में हिन्दी की विजयवैजयन्ती फहरा रही है, फिर भी वह 'अनेक रूप रूपाय' है। जो लिखता है वह बोलचाल की ही भाषा लिखता है परन्तु फिर भी प्रणाली में भिन्नता है। श्रीमान् पण्डित महावीर प्रसाद द्विवेदी ने सितम्बर सन् 1924 की 'सरस्वती' में एक लेख लिखा है उसमें एक स्थान पर आप लिखते हैं–

यह कविता बोलचाल की हिन्दी में है–

"यदपि सतत मैंने युक्तियाँ कीं अनेक।
तदपि अहह तूने शान्ति पायी न नेक॥
उड़कर तुझको मैं ले कहाँ चित्त जाऊँ।
दुखद जलन तेरी हाय कैसे मिटाऊँ॥"

किन्तु क्या यह बोलचाल की हिन्दी है? मेरा विचार है कि किसी प्रान्त में अब तक सर्वसाधारण यदपि, सतत, युक्तियाँ, अहह, दुखद नहीं बोलते। ऐसी अवस्था में जिस पद्य में ये शब्द आये हैं उसको बोलचाल की भाषा का पद्य नहीं कह सकते, सरल हिन्दी का पद्य भले ही कह लें। बोलचाल की हिन्दी, सरल हिन्दी और ठेठ हिन्दी में अन्तर है। क्या अन्तर है इसका मैं निरूपण करूँगा। सरल हिन्दी और ठेठ हिन्दी का मतलब समझ लेने से ही बोलचाल की हिन्दी का स्वरूप अवगत होगा। सम्भव है कि जो विचार मैं प्रकट करना चाहता हूँ वह सर्वसम्मत न हो, उसमें भी मीन-मेख हो, परन्तु इससे क्या? अपना विचार प्रकट करके ही मैं दूसरे सज्जनों को मीमांसा का अवसर दे सकता हूँ। मीमांसा होने पर ही तथ्य बात ज्ञात होगी।

ठेठ हिन्दी

'ठेठ हिन्दी का ठाट' की भूमिका में ठेठ हिन्दी की परिभाषा मैंने यह निश्चित की है–

"जैसा शिक्षित लोग आपस में बोलते चालते हैं भाषा वैसी ही हो, गँवारी न होने पावे। उसमें दूसरी भाषा अरबी, फारसी, तुर्की, अँग्रेजी इत्यादि का कोई शब्द शुद्ध रूप या अपभ्रंश रूप में न हो। भाषा अपभ्रंश संस्कृत शब्दों से बनी हो, और यदि कोई संस्कृत शब्द उसमें आवे भी तो वही जो अत्यन्त प्रचलित हो, और जिसको एक साधारण जन भी बोलता हो।"

इस विषय में श्रीमान् डॉक्टर जी. ए. ग्रियर्सन साहब क्या लिखते हैं, वह भी देखने योग्य है। 'अधलिखा फूल' की प्राप्ति स्वीकार करते हुए आप अपने 17 जुलाई सन् 1905

के पत्र में लिखते हैं–

*'ठेठ हिन्दी क्या है?'

ठेठ हिन्दी संस्कृत की पौत्री है, हम यह कह सकते हैं कि संस्कृत की पुत्री प्राकृत और प्राकृत की पुत्री ठेठ हिन्दी है।

अन्य भाषाओं की तरह हिन्दी भी दूसरी भाषाओं से शब्द ग्रहण करती है। जब वह किसी विशेष विचार को प्रकट करना चाहती है, और देखती है कि उसके पास उपयुक्त शब्द नहीं हैं, उस समय वह प्रायः आवश्यक शब्द संस्कृत से उधार लेती है।

प्रत्येक ठेठ शब्द अर्थात् प्रत्येक वह शब्द जो कि प्राकृत-प्रसूत है, तद्भव कहलाता है। संस्कृत से उधार लिया हुआ प्रत्येक शब्द जो कि प्राकृत से उत्पन्न नहीं है, और इस कारण ठेठ नहीं है, तत्सम कहलाता है। यदि तद्भव शब्द न मिलते हों तो तत्सम शब्द के प्रयोग करने में कोई आपत्ति नहीं, 'पाप' तत्सम है। ठीक-ठीक इस अर्थ का द्योतक कोई तद्भव शब्द नहीं है। अतएव यथास्थान पाप का प्रयोग किया जा सकता है। किन्तु जहाँ एक ही अर्थ के दो शब्द हैं, एक तद्भव (अर्थात् ठेठ) दूसरा तत्सम, वहाँ पर तद्भव

---

* What is Theth Hindi?

Theth Hindi is a grand-daughter of Sanskrit. We may say that the daughter of Sanskrit is Prakrit, and the daughter of Prakrit is Theth Hindi.

Like any other language Hindi borrows words from other languages when it has no word to represent the meaning of an idea which it wishes to express. It usually borrows such words from Sanskrit.

Every Theth word, *i.e.* every word which is a daughter of Prakrit, is called *Tadbhava* (तद्भव). Every word borrowed from Sanskrit, and which is not a daughter of Prakrit, and which is therefore not Theth, is called *Tatsama* (तत्सम).

There is no objection to using *tatsama* words, provided there is no *tadbhava* word available. Thus *pap* (पाप) is a *tatsama*, and as there is no *tadbhava* word which exactly means the same as पाप; पाप may be used. But when there are two words, one *tadbhava* (*i.e. theth*), and the other *tatsama*, the *tadbhava* word should be used. For instance for 'hand' we have *tadbhava* 'hath' (हाथ), and *tatsama* 'hast' (हस्त). Then, as these two words mean the same thing, *hath* should always be used and not *hast*.

It should be remembered that every *tatsama* word is a *borrowed* one. It is borrowed from the grand-mother of Hindi. If I make a practic of borrowing often from my relations and friends I will be ruined. So if Hindi makes a practice of borrowing frequently from its relations when it is not absolutely necessary to do so Hindi will be ruined. For this reason I am strongly of opinion that Hindi writers should employ *theth* (*i.e. tadbhava*) words as much as possible, becuase they are part of the nature (सार) of Hindi, and should employ borrowed Sankrit (तत्सम) words as little as possible. I am glad to see that you have shown how successfully this can be done.

It should be remarked that the test of employing a word should always be this :

शब्द का प्रयोग होना चाहिए। 'हाथ' के लिए तद्भव शब्द 'हाथ' और तत्सम शब्द 'हस्त' है, अतएव 'हस्त' के स्थान पर 'हाथ' का प्रयोग होना ही संगत है।

यह स्मरण रखना चाहिए कि प्रत्येक तत्सम शब्द उधार लिया हुआ है। यह उधार हिन्दी को अपनी दादी से लेना पड़ता है। यदि मैं अपने सम्बन्धियों तथा मित्रों से प्रायः ऋण लेने की आदत डालूँ तो मैं विनष्ट हो जाऊँगा। इसी प्रकार यदि हिन्दी उस अवस्था में भी जब कि उसके लिए ऋण लेना नितान्त आवश्यक नहीं है, ऋण लेने का स्वभाव डालती रही तो वह भी विनष्ट हो जावेगी। इस कारण मैं बलपूर्वक यह सम्मति देता हूँ कि हिन्दी के लेखक जहाँ तक सम्भव हो ठेठ शब्दों (अर्थात् तद्भव शब्दों) का प्रयोग करें, क्योंकि वे हिन्दी के स्वाभाविक अंग अथवा अंशभूत साधन हैं। उधार लिए हुए संस्कृत (तत्सम) शब्दों का जितना ही कम प्रयोग हो उतना ही अच्छा। मैं यह देखकर प्रसन्न हूँ कि आपने यह कर दिखाया कि कितनी सफलता के साथ ऐसा किया जा सकता है। मैं

Is it *tadbhava*?

The test should not be

Is it *tatsama*?

The reason for this is that there are a great many tadbhava words which are the same as the corresponding Sanskrit ones. Thus—

Sanskrit	वनं
Prakrit	वणं
Tadbhava (Theth Hindi)	बन

Here the *tatsama* word would also be बन (or बन), but वन is also good Theth Hindi, because बन is not only Sanskrit, but is also a grand-daughter of Sanskrit. It is quite common that Devadatt's grandson should also be called Devadatt, and so also it is the case in Hindi.

Here are some other forms.

Sanskrit	Prakrit	Tadbhava (Theth Hindi)	Tatsama.
जंगलः	जंगलो	जंगल	जंगल (or जंगल)
विलासः	विलासो	विलास	विलास (or बिलास)
सारः	सारो	सार	सार
एकः	एक्को	एक	एक
समरः	समरो	समर	समर
गुणः	गुणो	गुन	गुण (or गुन)

So also may be others.

It is therefore necessary to know Prakrit, and I would strongly recommend every person who wishes to improve Hindi should study prakrit, which is the mother of Hindi. If you know the mother, you can describe the daughter.

"माय गुन गाय पिता गुन घोड़।
बहुत नहीं तो थोड़हि थोड़॥"

यह प्रकट कर देना चाहता हूँ कि शब्दों के प्रयोग करने की कसौटी यह है कि हम देखें कि यह शब्द तद्भव है, न यह कि तत्सम–कारण इसका यह है कि बहुत से तद्भव शब्द ऐसे हैं जो कि ज्यों के त्यों वैसे ही हैं, जैसे कि संस्कृत में हैं। जैसे–

संस्कृत	**प्राकृत**	**तद्भव (ठेठ हिन्दी)**
वनं	वणं	वन

यहाँ तत्सम शब्द भी वन (या बन) है, परन्तु बन भी अच्छा ठेठ हिन्दी शब्द है, क्योंकि वन केवल संस्कृत ही नहीं है, वरन् संस्कृत से प्राकृत में होकर आया हिन्दी शब्द है। यह बिल्कुल साधारण बात है कि देवदत्त का पौत्र भी देवदत्त ही कहा जावे, और यही बात हिन्दी के विषय में भी कही जा सकती है।

नीचे कुछ अन्य रूप भी दिये जाते हैं।

संस्कृत	**प्राकृत**	**तद्भव (ठेठ हिन्दी)**	**तत्सम**
जंगलः	जंगलो	जंगल	जंगल या जंगल
विलासः	विलासो	विलास	विलास या बिलास
सारः	सारो	सार	सार
एकः	एक्को	एक	एक
समरः	समरो	समर	समर
गुणः	गुणो	गुन	गुण या गुन

इसी तरह से और भी बहुत से शब्द हैं। अतएव प्राकृत का जानना आवश्यक है, और मैं प्रत्येक मनुष्य को जो कि हिन्दी की उन्नति करना चाहता है यह सम्मति भी दूँगा कि वह प्राकृत का अध्ययन करे, क्योंकि वह हिन्दी की माता है। यदि आप जननी को जानते हैं तो लड़की को अच्छी तरह समझ समझ सकते हैं।

"माय गुन गाय पिता गुन घोड़।
बहुत नहीं तो थोड़हि थोड़॥"

इस लेख को पढ़कर आप यह समझ गये होंगे कि मैंने जो ठेठ हिन्दी की परिभाषा लिखी है, लगभग उसके विषय में वही विचार डॉक्टर साहब के भी हैं। भारतेन्दु बाबू हरिश्चन्द्र ने 'हिन्दी भाषा' नाम की पुस्तक लिखी है, उसमें उन्होंने बारह प्रकार की हिन्दी भाषा लिखी है, उसका उदाहरण भी दिया है। उसके कुछ शीर्षक ये हैं–

1. जिसमें संस्कृत के बहुत शब्द हैं,
2. जिसमें संस्कृत के शब्द थोड़े हैं,
3. जो शुद्ध हिन्दी है,
4. जिसमें किसी भाषा के शब्द मिलने का नियम नहीं है,

5. जिसमें फारसी शब्द विशेष हैं, इत्यादि।

इनके उदाहरण नीचे दिये जाते हैं।

नम्बर-1

'अहा! यह कैसी अपूर्व और विचित्र वर्षा ऋतु साम्प्रत प्राप्त हुई है। अनवर्त आकाश मेघाच्छन्न रहता है और चतुर्दिक् कुज्झटिका-पात से नेत्र की गति स्तम्भित हो गयी है, प्रतिक्षण अभ्र में चंचला पुंश्चली स्त्री की भाँति नर्तन करती है।'

नम्बर-2

'सब विदेशी लोग घर फिर आये, और व्यापारियों ने नौका लादना छोड़ दिया, पुल टूट गये, बाँध खुल गये, पंक से पृथ्वी भर गयी, पहाड़ी नदियों ने अपने बल दिखाये, बहुत वृक्ष समेत कूल तोड़ गिराये सर्प बिलों से बाहर निकले, नदियों ने मर्यादा भंग कर दी, और स्वतन्त्र स्त्रियों की भाँति उमड़ चलीं।'

नम्बर-3

'पर मेरे प्रीतम अब तक घर न आये, क्या उस देस में बरसात नहीं होती, या किसी सौत के फन्द में पड़ गये। कहाँ तो वह प्यार की बातें, कहाँ एक संग ऐसा भूल जाना कि चिट्ठी भी न भिजवाना। हा! मैं कहाँ जाऊँ, कैसे करूँ, मेरी तो ऐसी कोई मुँहबोली सहेली भी नहीं कि उससे दुखड़ा रो सुनाऊँ, कुछ इधर-उधर की बातों से ही जी बहलाऊँ।'

नम्बर-4

'ऐसी तो अँधेरी रात उसमें अकेली रहना, कोई हाल पूछने वाला भी पास नहीं, रह-रह कर जी घबड़ाता है, कोई खबर लेने भी नहीं आता, कौन और इस विपत्ति में सहाय होकर जान बचाता।'

नम्बर-5

'खुदा इस आफत से जी बचाये, प्यारे का मुँह जल्दी दिखाये, कि जान में जान आये। फिर वही ऐश की घड़ियाँ आवें, शबोरोज दिलवर की सुहबत रहे, रंजोगम दूर हो, दिल मसरूर हो।'

अन्त में आप लिखते हैं—

"हम इस स्थान पर वाद नहीं किया चाहते, कि कौन भाषा उत्तम है, और वही लिखनी चाहिए। पर हाँ मुझसे कोई अनुमति पूछे तो मैं यह कहूँगा कि नम्बर-2 और 3 लिखने के योग्य हैं।"

नमूने जो ऊपर दिये गये हैं, उनके देखने से ज्ञात होगा कि नम्बर-2 सरल हिन्दी है जिसमें कि थोड़े संस्कृत शब्द हैं अर्थात् जिसमें तत्सम शब्द कम हैं, और नम्बर-3 ठेठ हिन्दी है जिसमें बिल्कुल तद्भव शब्द हैं और इन्हीं दोनों को उक्त महोदय ने लिखने योग्य बतलाया है। कहना नहीं होगा कि शुद्ध शब्द और ठेठ शब्द का एक ही अर्थ है और ऐसी

अवस्था में भारतेन्दु जी ने भी एक प्रकार से ठेठ हिन्दी की परिभाषा शब्द-विन्यास द्वारा वही की है जो मैं ऊपर कर आया हूँ।

ठेठ हिन्दी और बोलचाल की भाषा

अब प्रश्न यह होगा कि क्या ठेठ हिन्दी बोलचाल की भाषा कही जा सकती है? मेरा विचार है, नहीं, कारण बतलाता हूँ, सुनिये। जिन प्रान्तों की भाषा आजकल हिन्दी कही जाती है, उन सब प्रान्तों में सैकड़ों फारसी, अरबी, तुर्की, अँग्रेजी इत्यादि के कुछ ऐसे शब्द हैं, जिनको सर्वसाधारण बोलते हैं, और जिनको एक-एक बच्चा समझता है। अतएव हिन्दी भाषा के बहुत से तद्भव शब्दों के समान वे भी व्यापक और प्रचलित हैं, ऐसी अवस्था में उनको हिन्दी भाषा का शब्द न समझना और उनका प्रयोग हिन्दी लिखने में न करना युक्तिमूलक नहीं। ऐसे प्रचलित अथवा व्यवहृत शब्दों के स्थान पर हम कोई संस्कृत का पर्यायवाची शब्द लिख सकते हैं; परन्तु वह सर्वसाधारण को बोधगम्य न होगा, कुछ शिक्षित लोग उसको भले ही समझ लें, अतएव यह कार्य भाषा की दुरूहता का हेतु होगा। इसके अतिरिक्त कुछ ऐसे शब्द भी हमको मिलेंगे, जिनके यथार्थ पर्यायवाची शब्द हमारे पास हैं ही नहीं। हाँ कई शब्दों द्वारा हम उनका भाव अलबत्ता प्रकट कर सकते हैं, किन्तु यह व्यवहार तो प्रथम व्यवहार से भी अनुपयोगी होगा। अतएव ऐसे शब्दों से बचना अथवा उनके प्रयोग में आनाकानी करना हिन्दी भाषा के स्वरूप को जटिल बनाना और उसे संकुचित और संकीर्ण करना होगा।

नीचे एक वाक्य लिखता हूँ! आप उसके द्वारा मेरे कथन की मीमांसा कीजिए, उसकी कसौटी पर मेरे कथन को कसिये, उस समय आपको ज्ञात होगा कि मेरा कथन कहाँ तक युक्तिसंगत है।

"आज मैं कचहरी से आ रहा था, एक चपरासी मुझे राह में मिला, उसने कहा आप से तहसीलदार साहब नाराज हैं, आपने अपनी मालगुजारी अब तक नहीं जमा की, इसलिए वे बन बिगड़ रहे थे। आप चले जाइये तो शायद मान जावें, नहीं तो समन जरूर काट देंगे।"

इस वाक्य में राह, नाराज, शायद और जरूर के स्थान पर मार्ग, अप्रसन्न, स्यात् और अवश्य हम लिख सकते हैं, परन्तु भाषा सर्व-साधारण को बोधगम्य न होगी। कचहरी, चपरासी, तहसीलदार साहब, मालगुजारी, जमा, समन का पर्यायवाची कोई उपयुक्त शब्द हमारे पास नहीं है। हाँ, गढ़ा हुआ शब्द अथवा वाक्य उनके स्थान पर लिखा जा सकता है, किन्तु उसका परिणाम असुविधा, कष्ट-कल्पना और भाषा की महाजटिलता छोड़ और कुछ न होगा, वरन् वाक्य का समझना ही असम्भव हो जायेगा।

हम नित्य, अलबत्ता, लात जूता, नर्म, गर्म या रेल, तार, डाक, लालटेन इत्यादि शब्द

बोलते हैं, जिनको सभी समझ लेते हैं, फिर उनके प्रयोग में क्यों संकोच किया जावे। जब ये सब शब्द हिन्दी के तद्भव शब्द के समान ही व्यापक और प्रचलित हैं, तो हिन्दी लिखने में उनका यथास्थान प्रयोग अवश्य होना चाहिए, इससे सुविधा तो होगी ही, हिन्दी का विस्तार भी होगा। जिस ठेठ हिन्दी में अन्य भाषाओं का प्रचलित शब्द भी तद्भव शब्दों के साथ स्वतन्त्रतापूर्वक व्यवहृत होता है, उसी को बोलचाल की भाषा कहा जा सकता है। इसका नमूना बाबू हरिश्चन्द्र की नम्बर-4 की भाषा है, किन्तु उन्होंने उसको लिखने योग्य नहीं माना, यह उनकी स्वतन्त्र सम्मति है।

बाबू साहब ने नं. 4 की भाषा को लिखने योग्य क्यों नहीं माना, इसका एक कारण है। जिस समय का यह लेख है उस समय कुछ ऐसा प्रवाह बह रहा था, कि हिन्दी के कुछ धुरन्धर लेखक एक ओर तो फारसी, अरबी इत्यादि के शब्दों का 'बायकाट' कर रहे थे और दूसरी ओर उर्दू के प्रसिद्ध लेखक हिन्दी को फारसी, अरबी और तुर्की शब्दों से भर रहे थे, कुछ लोगों का मध्यपथ था; परन्तु उनकी संख्या थोड़ी थी। हिन्दी लेखकों में राजा लक्ष्मणसिंह और बाबू हरिश्चन्द्र स्वयं और उनके दूसरे सहयोगी प्रथम पथ के पथिक थे। दूसरा मार्ग सभी उर्दू लेखकों का था, तीसरी राह पर राजा शिवप्रसाद और उन्हीं के विचार के दो एक सज्जन चल रहे थे। अतएव अनुमान यह होता है कि बाबू साहब को अपना पक्ष पुष्ट करने के लिए उक्त विचार प्रकट करना पड़ा था, किन्तु उनका आचरण सर्वथा इसी के अनुसार नहीं था। उन्होंने इस प्रकार की हिन्दी भी लिखी और स्वतन्त्रता से लिखी है। नम्बर-1 की हिन्दी को भी उन्होंने लिखने योग्य नहीं बतलाया है, किन्तु उनकी अधिकांश रचना इसी भाषा में है। मेरे कथन का अभिप्राय यह है कि नं. 4 की भाषा को लिखने योग्य न बतलाना एक ऐसा साधारण अमनोनिवेश है जिसको प्रमाणकोटि में नहीं ग्रहण किया जा सकता।

हिन्दुस्तानी भाषा की उत्पत्ति

जिस समय हिन्दी उर्दू का झगड़ा चल रहा था और एक ओर वह संस्कृत-गर्भित हो रही थी, और दूसरी ओर फारसी अरबी शब्दों से लबरेज, उस समय एक तीसरी भाषा की उत्पत्ति हुई, उसका नाम हिन्दुस्तानी है। हिन्दुस्तानी भाषा का जन्मदाता मैं उन लोगों को कह सकता हूँ, जो उक्त दोनों विचारों के विरोधी थे और जो लिखित भाषा को बोलचाल की हिन्दी के अनुकूल अथवा निकटवर्ती रखना चाहते थे। राजा शिवप्रसाद इसी विचार के थे यह मैं ऊपर लिख चुका हूँ। उनके अतिरिक्त काशीपत्रिका के संचालकगण और कुछ दूसरे लोगों का भी यही सिद्धान्त था। कुछ इन लोगों की भाषाओं के नमूने देखिये—

> "हम पहले भाग के आरम्भ में लिख आये हैं कि क्या ऐसे भी मनुष्य हैं, जो अपने बापदादा और पुरुखाओं का हाल न सुनना चाहें और

उनके समय में लोगों का चालचलन, व्यवहार क्या था, बनज व्यापार कैसा था, राजदरबार में किस ढब से बरता जाता था, और देश की क्या दशा थी, इन सब बातों के जानने की इच्छा न करें।"

–राजा शिवप्रसाद (**इतिहास तिमिरनाशक 3 भाग पृष्ठ 1**)

"फ्रांस में एक पादरी साहेब गाडीनाट नामी रहते थे, जिनका नाम वहाँ वालों ने मक्खीचूस रक्खा था। उनके पास कैसा ही मुफलिस मुसीबत का मारा आदमी क्यों न जाय, वह एक कौड़ी भी न देते थे। अपने अंगूर के बागों का उम्दा इन्तिजाम करके उन्होंने बहुत सी दौलत जमा की। रीमस् शहर के बाशिन्दे जहाँ पादरी साहब रहते थे। उनसे नफरत करते और हमेशा उनके साथ हिकारत से पेश आते थे।"

–हिन्दी भाषा में प्रकाशित काशीपत्रिका के एक लेख से (**पृष्ठ 44**)

ये दोनों अवतरण हिन्दुस्तानी भाषा के हैं, किन्तु फिर भी इनमें भिन्नता है। राजा शिवप्रसाद के लेख में संस्कृत तत्सम शब्द आये हैं, किन्तु काशीपत्रिका के लेख में कहीं नहीं आये। राजा साहब के लेख में फारसी, अरबी शब्द आये हैं, परन्तु कम, आवश्यकता के अनुसार। काशीपत्रिका के लेख में वे अधिकता से आये हैं। फिर भी अन्य उर्दू लेखकों की भाषा से इसमें सरलता और सादगी है। कुछ अवतरण प्रचलित हिन्दी और उर्दू के भी देखिये, उनसे आप अनुमान कर सकते हैं कि हिन्दुस्तानी भाषा में और उनमें क्या अन्तर है।

"कवि की दृष्टि उल्लास से भरकर पृथ्वी से स्वर्ग और स्वर्ग से पृथ्वी तक घूमती है, और जैसे-जैसे कल्पना अलक्ष्य को लक्ष्य करती है, वैसे-वैसे कवि उन्हें रूप देता है, और जिनका अस्तित्व तक नहीं उन्हें वह नाम रूप देकर संसार में ला देता है।"

–कालिदास और भवभूति (**पृष्ठ 121**)

"शाहा ने देहली के कारोबार के लिए अलफ़ाज ख़ास मुस्तेमल थे, मसलन पानी को आबहयात खाने को खासः सोने को सुखफरमाना, शाहजादों के पानी को आवे खास्सः और इसी तरह हजारों इस्तिलाही अलफाज थे।"

"इन बातों पर और ख़सूसन उनके शेरों पर तहज़ीब आँख दिखाती है, मगर क्या कीजिए एशिया की शायरी कहती है कि यह मेरी सफ़ाई ज़बान और तर्रारी का नमक है, पस मुवर्रिख़ अगर ख़सूसियत ज़बान को न जाहिर करे तो अपने फ़र्ज में क़ासिर है या बेख़बर।"

–आबहयात (**पृष्ठ 139-140**)

आपने अन्तर देख लिया, दिन-दिन अन्तर बढ़ता जाता है। आजकल दोनों भाषाएँ और दुरूह हो गयी हैं। ज्यों-ज्यों वे दुरूह हो रही हैं, बोलचाल की भाषा से दूर पड़ती जा रही हैं। जो नमूने हिन्दी उर्दू के ऊपर दिखलाये गये हैं, उनको देख कर आप समझ सके होंगे कि इन दोनों से हिन्दुस्तानी भाषा बोलचाल के कितना समीप है। इसलिए आजकल हिन्दुस्तानी भाषा में लिखने-पढ़ने की फिर पुकार मच रही है। दो उद्देश्य से,—एक तो यह कि हिन्दी भाषा को राष्ट्रीय भाषा बनाना है, लोगों का विचार है कि जब तक बोलचाल की भाषा में हिन्दी न लिखी जावेगी उस समय तक वह राष्ट्रीय भाषा न हो सकेगी। दूसरे यह कि हिन्दी उर्दू का विभेद जो दिन दिन बढ़ता जाता है, उसे दूर करना है, जिसमें वह वैमनस्य नष्ट हो सके जो दोनों भाषाओं का लिखित रूप विभिन्न होने के कारण प्रतिदिन बढ़ रहा है। एक और बात है। वह यह कि जो भाषा बोलचाल की भाषा से बिलकुल दूर हो जाती है, वह काल पाकर लोप हो जाती है और उसका स्थान वह भाषा ग्रहण कर लेती है, जो बोलचाल की अधिक समीपवर्तिनी होती है। क्यों ऐसा होता है? इसका उत्तर बाबू दिनेश चन्द्र सेन बी. ए. ने अपने बंगभाषा और साहित्य संज्ञक ग्रन्थ (पृ. 14-15) में दिया है। आप लोगों के अवलोकन के लिए उसका अनुवाद नीचे दिया जाता है—

> "लिखित भाषा और कथित भाषा में कुछ व्यवधान होता है, किन्तु इस व्यवधान की सीमा है। उसका अतिक्रम होने से लिखित भाषा मर जाती है, और उसके स्थान पर कथित भाषा कुछ विशुद्ध होकर लिखित भाषा में परिणत हो जाती है। लिखित भाषा उत्तरोत्तर उन्नत होकर शिक्षित सम्प्रदाय के क्षुद्र गण्डीर में सीमाबद्ध होती है, और क्रमशः वाक्य पल्लवित करने की इच्छा और शब्दों की श्रीवृद्धि की चेष्टा से लिखित भाषा जनसाधारण की अनधिगम्य हो पड़ती है। उस समय भाषा-विप्लव आवश्यक हो जाता है। जब संस्कृत के साथ कथित भाषा का इसी प्रकार प्रभेद हुआ, तब कथित पालिभाषा कुछ विशुद्ध हो कर लिखित भाषा बन गयी। जब फिर प्राकृत के साथ कथित भाषा का प्रभेद अधिक हो गया तो वर्तमान गौडी भाषा कुछ परिष्कृत हो कर लिखित भाषा में परिणत हुई। व्याकरण शिशु और अज्ञ लोगों की वाणी का शासन करता है, किन्तु इसीलिए वह चिरप्रवाहशील भाषा की गति को स्थिर नहीं कर सकता। व्याकरण युग-युग में भाषा का पदांक स्वरूप बनकर पड़ा रह जाता है। भाषा जिस पथ से चल पड़ती है, व्याकरण उसका साक्षीमात्र है। विलुप्त माहेश व्याकरण के उपरान्त पाणिनि, उनके पश्चात् वररुचि, पुरन्दर, यास्क, और इन लोगों के बाद रूपसिद्धि, लंकेश्वर, शाकल्य, भरत,

कोहल, भामह, वसन्तराज, मार्कण्डेय, मौद्गलायन, शिलावंश इत्यादि ने व्याकरण की रचना की है। पूर्ववर्ती काल में जो भाषा का दोष कहकर कीर्तित हुआ, परवर्ती काल में व्याकरण ने उसी को भाषा नियम कहकर स्वीकृत किया। इसीलिए पाणिनि का नियम अग्राह्य करके भी महावंश और ललित-विस्तर शुद्ध परिगणित हुए, और वररुचि का नियम अस्वीकार करके भी चन्दबरदाई की रचना निन्दनीय नहीं हुई। समय के विषय में जिस प्रकार प्रातः, संध्या, रात्रि—भाषा के सम्बन्ध में उसी प्रकार संस्कृत, प्राकृत, बंगला वा हिन्दी—पूर्ववर्ती अवस्था के रूपान्तर मात्र हैं।"

हिन्दी भाषा के लिए अभी यह समय उपस्थित नहीं है, परन्तु दिन दिन वह बोलचाल से दूर पड़कर उस समय के निकट पहुँच रही है, यह कुछ लोगों का विचार है। अतएव इस दृष्टि से भी कुछ लोग उसको सरल बनाकर उसका उद्धार करना चाहते हैं और ऐसे ही विचार वालों की सृष्टि हिन्दुस्तानी भाषा है।

प्रचलित हिन्दी की दुरूहता

इस अवसर पर यह प्रश्न किया जा सकता है कि हिन्दी भाषा के उत्तरोत्तर दुरूह और अधिक संस्कृतगर्भित होने का कारण क्या है? क्या वह स्वयं प्रवृत्त होकर ऐसी बनायी जा रही है, या स्वभावतया ऐसा बन रही है, अथवा उर्दू की स्पर्द्धा के कारण किम्वा उससे हिन्दी की भिन्नता प्रतिपादन के लिए यह प्रणाली गृहीत हुई है? मेरा विचार है कि हिन्दी स्वभावतया कुछ आवश्यकताओं और कुछ सामयिक प्रान्तीय भाषाओं के सहयोग से वर्तमान रूप में परिणत हो रही है। इस समय जो सर्वत्र प्रचलित हिन्दी भाषा है और जो पूर्ण व्यापक है वह पश्चिमोत्तर प्रान्त, मध्यहिन्द, बिहार, पंजाब, सिन्ध और राजस्थान के हिन्दी शिक्षितों में समान रूप से समझी और लिखी पढ़ी जाती है। जितने हिन्दी के दैनिक, मासिक, साप्ताहिक, अर्द्धसाप्ताहिक, पाक्षिक अथवा त्रैमासिक पत्र आजकल किसी प्रान्त से निकलते हैं उन सबों की भाषा यही प्रचलित हिन्दी है। अधिकांश ग्रन्थ इसी भाषा में निकल रहे हैं। अनेक पारिभाषिक शब्द, हिन्दुओं का धार्मिक भाव, उनका संस्कृत-प्रेम, भाव प्रकट करने की सुविधा, उसका अभ्यास और प्रचार, सामयिक रुचि, और नाना विचार-प्रवाह इस क्षेत्र में कार्य कर रहे हैं, और उच्च हिन्दी भाषा अथवा संस्कृतगर्भित हिन्दी को प्रश्रय दे रहे हैं। हिन्दी ही के लिए नहीं, सभी प्रान्तिक भाषाओं के लिए यह बात कही जा सकती है। सभी प्रान्त आजकल संस्कृत शब्दों के व्यवहार में अग्रसर हैं, और इसका बहुत बड़ा प्रभाव एक दूसरे पर पड़ रहा है। कुछ उदाहरण देखिये—

बंगला—"इतिहासे वर्णित समयेर मध्ये भारत शासनेर न्याय सुवृहत् ओ सुमहान कार्य

अन्य कौन राज्यशक्तिर हस्ते समर्पित हयनाइ।"

मराठी–"ज्ञात कालांतील कोणत्याही संस्थानच्या किंवा साम्राज्याच्या इतिहासांत घडून न आलेली अपूर्व कामगिरी आमच्या हातून निर्विघ्न पर्णे तड़ीस जाण्यास।"

गुजराती–"कोई पण वखतना राज्यकर्त्ता तथा प्रजाने सौंपवा माँ आवेलाँ महाभारत काम पूरा करवाने जे डहापण अने परस्पर नीं लागणी नी जरूर छे ते परम कृपालु परमात्मा नी कृपा थी मजबूत बने एवी छेवटे मारी प्रार्थना छे।"

नैपाली–"त्योसर्व-रक्षक भगवान लाइ समझेर आपस्को प्रेमभाव लाइ रक्षा गरून, कारण यो हो कि इनै बाट यौटा यस्तो सुन्दर काम फत्ते गर्नु परे कोछ, जस्तो बुद्ध समय को कुनै राज्य या साम्राज्य का राजार प्रजाले अझ सम्म गरिआयाका छन।"

तैलंगी–"ए कालमुनंदुनु जरगनि मा गोप्प, गंभीर मैनटुवंटि वो पुनु राज्य मेलुवारु कुन्नुवारि प्रजलकुन्नु बुंड्, योक गोप्य गंभीर मैन पनिनि प्रसिद्धमुगा चेयुटकु कावलसिनवलयुनु तेलिवियुन्नु देबुडु मा किच्चु गाका।"

मलयालम्–"मनुष्यन् स्वभावेन ऐकमत्य ते आवश्य प्पे टुन्नु जीवत् अद्वितीय परमात्मा विण्टे अंशमा कुन्नु कारणं परमात्मा विनान वृथावित्।"

उड़िया– "बरु महारण्य दुर्गम बनेरे कुटि बनाइ रहइ।
लवण विहीने कुत्सित अन्नकुवरु भोजन करइ।
वरू भल पट पिन्धिवा कुनाहि पाइ सहे दुःखतर।
किन्तु के वो प्रभो कराउतु नाँहि परसेवा कष्टकर॥"

सिंधी–"पर जे कदी घटि जी विक्तेन उन प्रान्त लाइका हानि न आहे बल्कि लाभुइ आहे। छोत उन खेपहिं जे साधारणु लिपिअजे वदिले हिक सर्वांग सुन्दर ए सर्वप्रिय लिपि प्राप्त थी पोंदी।"

पंजाबी– "राणीं आइके पास खसम दे बैठीदिया मन धर अनुराग।
मिटर तो सिर उठा चन्द्रविच वेख रैह्याँ हैं नदी तड़ाग॥
साइन्स नूँ मन विच विचार के लड़ रैह्याँ हैं खूब अकेलें।
तीमी पास मंजे ते बैठी वेख रही हैं घूर शकलें॥"

कनाड़ी–"आदेर ई तरद हीन स्थिति यन्तु सुधारि सुबुदु नम्म मुख्यवाद कर्तव्य बागिदे। तम्म मनस्सि तल्लिजनि सिद विचार गलन्नु वेरे व्यक्तिय मेले प्रकटि सुबुदु भाषेय मुख्योद्देश वागिदे।"

तामिल–"दर्शनम् समयम् मतम् एण्ड्र इम्यूण्ड्रू शोर्हलुम् ओरूलै पुणर्तुमवै। दर्शनमेन्वदर्कुप्यो दुबाहक् काक्षियेन् बदुप्येरु लायिनुम् पोलवे पेरियोरमेय्यरि विनाल अरिन्दविषयमेन् बदुपद्रि।"

–देवनागर

लगभग भारतवर्ष में बोली जाने वाली समस्त प्रधान भाषाओं का नमूना मैंने आपके सामने उपस्थित कर दिया, आप देखेंगे कि सभी भाषाओं में संस्कृत शब्दों का प्रयोग अधिकता से हो रहा है। जो तामिल, कनाड़ी और मलयालम् स्वतंत्र भाषाएँ हैं, अर्थात् आर्य भाषा से प्रसूत नहीं हैं उनमें भी संस्कृत शब्दों की प्रचुरता है। कारण वही है जिसको मैंने ऊपर बतलाया है। उन भाषाओं को कोई स्पर्द्धा उर्दू से नहीं है, फिर वे क्यों संस्कृतगर्भित हैं? दूसरा कोई कारण नहीं, उक्त कारण ही कारण है। जब आर्य सभ्यता का चित्रण होगा, धार्मिक सिद्धान्तों का निरूपण किया जावेगा, उनके कार्यकलाप का उद्धरण होगा, उस समय अवश्य भाषा संस्कृत-गर्भित होगी, क्योंकि संस्कृत भाषा ही वह उद्‌गमस्थान है, जहाँ से कि इन विचारों और भावों का स्रोत प्रवाहित होता है। इसके अतिरिक्त आज भी हिन्दुओं में संस्कृत भाषा का प्रेम है। प्रत्येक पठित हिन्दुओं में से अधिकांश कुछ न कुछ संस्कृत का ज्ञान रखते हैं, अतएव अवसर आने पर संस्कृत के प्रवचनों, वाक्यों और आदर्श ग्रन्थों के श्लोकों द्वारा वह अपनी रचनाओं को अवश्य सुसज्जित और अलंकृत करते हैं। अनेक अवस्थाओं में वे संस्कृत के प्रमाणभूत वाक्यों और श्लोकों के उद्‌धृत करने के लिए भी बाध्य होते हैं, क्योंकि मान्य ग्रन्थों के उद्‌धृत वाक्य ही उनके लेखों को प्रामाणिक बनाते हैं अतएव इन दशाओं में भी भाषा बिना संस्कृतगर्भित हुए नहीं रहती। गद्य लिखने में शैली की रक्षा, भाषा-सौन्दर्य, वाक्यविन्यास-पटुता और उसकी रोचकता भी कम वांछनीय नहीं होती और ये सब हेतु इतने सबल हैं कि प्रान्तिक समस्त भाषाएँ संस्कृतगर्भित हैं, और इसी सूत्र से हिन्दी भी संस्कृतगर्भित है। ये ही कारण हैं कि उर्दू भाषा भी फारसी और अरबी से भरी है, और भरी रहेगी, क्योंकि वह मुसलमानों की मुख्य भाषा है और मुसलमानों का धार्मिक और सामाजिक सम्बन्ध उक्त दोनों भाषाओं से वैसा ही है जैसा कि हिन्दुओं का संस्कृत से। आप हिन्दी भाषा के किसी अवतरण को उठाकर प्रान्तिक भाषाओं के ऊपर के अवतरणों से मिलाइये तो उनमें बहुत कुछ साम्य मिलेगा, किन्तु उर्दू के किसी अवतरण से मिलाइयेगा तो शब्द विन्यास के विषय में दोनों में बड़ा अन्तर मिलेगा। कारण इसके स्पष्ट हैं।

जब प्रान्तिक भाषाओं और संस्कृतगर्भित हिन्दी के साम्य पर विचार किया जाता है तो यही सूचित होता है कि ऐसी ही हिन्दी का प्रचार यदि हो सकता है तो समस्त प्रान्तों में हो सकता है, क्योंकि हिन्दी के तद्‌भव शब्दों की अपेक्षा उसके तत्सम शब्द वहाँ आसानी से समझे जा सकते हैं। अनेक सज्जन इस विचार के हैं भी। मैंने 'प्रियप्रवास' को जो ऐसी हिन्दी में लिखा उसका कारण यही विचार है। इसका प्रमाण भी मुझको मिला। जितना प्रचार 'प्रियप्रवास' का अन्य प्रान्तों में हुआ, मेरे किसी ग्रन्थ का नहीं हुआ। इसी कारण 'प्रियप्रवास' की शैली का समर्थन भी हुआ। कुछ प्रमाण लीजिए। माडर्नरिव्यू-सम्पादक एक बंग विद्वान् हैं। वे प्रियप्रवास की आलोचना करते हुए लिखते हैं—

> "हम आपकी शैली का अनुमोदन करते हैं, सरल न होने पर भी उसके विषय के लिए यही शैली योग्य है।"

हिन्दी भाषा के प्रसिद्ध कवि पण्डित लोचनप्रसाद पाण्डेय अपने 6-5-15 के पत्र में लिखते हैं–

> "अभी 26, 27 दिनों तक बाहर प्रवास में था, 10-12 दिनों तक वामण्डा (उड़ीसा) के विद्या-रसिक महाराज का अतिथि था। वहाँ राजा साहब एवं उनके यहाँ के प्रसिद्ध-प्रसिद्ध साहित्यसेवीगण, पुरी से आये हुए कई एक संस्कृत के धुरन्धर पण्डित–सबों ने प्रियप्रवास की कविता सुनकर आपकी लेखनी की मुक्त कण्ठ से प्रशंसा की। विशेष विशेष स्थान पर तो वे बहुत ही मुग्ध हुए। कुछ अंश जो "संस्कृत कवितामय कहे जा सकते हैं, उन्हें खूब रुचे।"

इन बातों पर दृष्टि डालने से यह नहीं स्वीकार किया जा सकता कि हिन्दी भाषा के राष्ट्रीय बनाने के लिए उसका सरल स्वरूप होना ही चाहिए। तथापि अधिकांश लोग इसी विचार के हैं। हों, किन्तु उनका विचार कार्य रूप में परिणत नहीं हुआ। हिन्दी का व्यापक रूप संस्कृतगर्भित भाषा ही है। मेरा विचार है कि उल्लिखित कारणों और प्रान्तिक भाषाओं के साहचर्य से यह रूप रहेगा, और स्थायी होगा।

सरल हिन्दी भाषा

प्रचलित हिन्दी भाषा के विषय में अब तक जो कहा गया उसके सत्य होने पर भी यह स्वीकार करना पड़ेगा कि सर्वसाधारण, बालक और स्त्रियों के बोध का विचार करके उसका एक सरल रूप होना भी आवश्यक है। अब भी सरल रूप प्रचलित है। आजकल जो उपन्यास लिखे जा रहे हैं, उनमें से अधिकांश की भाषा सरल हिन्दी है। जो पत्र और पत्रिका अथवा पुस्तकें बालक-बालिकाओं और स्त्रियों के लिए इन दिनों निकल रहीं अथवा लिखी जा रही हैं, उनमें भी अधिकतर सरल हिन्दी का ही प्रयोग होता है। प्रत्येक भाषा में दोनों प्रकार की भाषा में लिखे गये ग्रन्थ पाये जाते हैं। वाल्मीकि-रामायण और महाभारत, अष्टादश पुराणों में श्रीमद्भागवत एवं शेष सप्तदश पुराणों की भाषा में बड़ा अन्तर है। लघुत्रयी और वृहत्त्रयी की भाषा में भी ऐसी ही भिन्नता है। उर्दू और फारसी के ग्रन्थों में भी यही बात पायी जाती है। उर्दू के शायरों में दबीर और अनीस इसके उदाहरण हैं; फारसी में फिरदौसी और हाफिज के कलामों में ऐसा ही विभेद है।

मनुष्य की स्वाभाविक रुचि भी ऐसी ही है, किसी को सरलता प्रिय होती है किसी को जटिलता। कोई सीधी-सादी बातें कहता है, छोटे-छोटे वाक्यों में अपना विचार प्रकट करता है, कोई लच्छेदार बातें नमक मिर्च लगाकर कहना पसन्द करता है। किसी का

ममत्व गूढ़ और दुर्बोध शब्दों का प्रयोग विद्वत्ता प्रकट करने के लिए करता है तो दूसरे की सहृदयता सहज-बोध कोमल शब्दों में अपना भाव प्रकट करने के लिए बाध्य होती है। इसके अतिरिक्त लेखन-क्षमता, भाषाधिकार, अभ्यास, विचार सरणि की अपक्वता और आवश्यकता भी यथावसर आड़े आती है और भाषा की दुरूहता और सरलता का कारण होती है। हिन्दी विद्वानों की दूरदर्शिता से हिन्दी में दोनों प्रणाली चिरकाल से गृहीत हैं। भारतेन्दुजी ने उच्च हिन्दी तो लिखी ही है, सरल हिन्दी भी लिखी है। राजा लक्ष्मणसिंह ने अपनी भाषा में फारसी, अरबी के शब्दों का क्वचित् व्यवहार करने का ध्यान रखकर भी, सरल हिन्दी लिखने में सफलता पायी है और बड़ी ही मनोहर भाषा लिखी है। यही बात हिन्दी भाषा के अन्य प्राचीन प्रतिष्ठित गद्य-लेखकों के विषय में भी कही जा सकती है।

प्रयोजन यह कि दोनों प्रकार की हिन्दी का प्रचार पहले से होता आया है। अब भी यह मार्ग बन्द नहीं है और न बन्द होना चाहिए। सरल हिन्दी लिखने में फारसी और अरबी के सर्वसाधारण में प्रचलित शब्दों का व्यवहार स्वच्छन्दता से होना चाहिए; ऐसे ही अँग्रेजी अथवा अन्य भाषा के प्रचलित शब्दों का भी। इस प्रकार की भाषा ही, यदि उसमें संस्कृत के अप्रचलित शब्द सम्मिलित न हों, हिन्दी उर्दू का सम्मिलन केन्द्र हो सकती है। जो भाषा केवल हिन्दी के तद्भव शब्दों द्वारा लिखित होगी, वह ठेठ हिन्दी होगी; किन्तु समय का प्रवाह उसके अनुकूल नहीं है। यह भाषा शुद्ध हिन्दी का आदर्श उपस्थित करने के लिए लिखी जा सकती है, परन्तु सर्वसाधारण अथवा बोलचाल की भाषा वह नहीं हो सकती और न उसके व्यापक अथवा प्रचलित भाषा के रूप में गृहीत होने की आशा है। इस भाषा में एक ग्रन्थ 'रानी केतकी की कहानी' इंशाअल्लाह खाँ की लिखी हुई है, और 'ठेठ हिन्दी का ठाट'* एवं 'अधखिलाफूल' नाम के दो ग्रन्थ मेरे लिखे हैं। इनका आदर्श न गृहीत हुआ न आगे गृहीत होने की आशा है; क्योंकि जनसाधारण में जो विभिन्न भाषाओं के शब्द प्रचलित होकर हिन्दी भाषा के तद्भव शब्दों के समान ही व्यापक हैं, उनका त्याग नहीं हो सकता। आवश्यकताओं के कारण जो अन्य भाषाओं के शब्द जनसाधारण के अभ्यस्त हैं, जिह्वाग्रवर्ती हैं, किसी भाव अथवा वस्तु के यथार्थ बोध के साधन हैं, उनसे उन्हें विरत करने की चेष्टा जिस प्रकार सुविधाओं के शिर पर पदाघात करना और असम्भवता से युद्ध करने के लिए प्रस्तुत होना है, उसी प्रकार बोलचाल की भाषा में से उन शब्दों के बहिष्कार का प्रयत्न करना निष्फल प्रयास छोड़ और कुछ न होगा।

हिन्दी भाषा का वर्गीकरण

जो कुछ अब तक लिखा गया है, उससे आशा है यह स्पष्ट हो गया कि बोलचाल की

* जहाँ से यह ग्रन्थ प्रकाशित है वहीं से ये दोनों पुस्तकें तथा 'प्रियप्रवास' भी छपा है।

हिन्दी, सरल हिन्दी, और ठेठ हिन्दी क्या है। इसी प्रकार यह भी ज्ञात हो गया कि उच्च हिन्दी अथवा वर्तमान व्यापक हिन्दी किसे कहते हैं। उनका वर्गीकरण इस प्रकार होगा—

1. **ठेठ हिन्दी अर्थात् वह हिन्दी भाषा जो केवल तद्भव शब्दों द्वारा लिखी गयी हो और जिसमें संस्कृत के अप्रचलित तत्सम शब्द और अन्य भाषा के कोई शब्द न हों।**
2. **बोलचाल की भाषा अर्थात् वह ठेठ हिन्दी जिसमें अन्य भाषा के वे शब्द भी हों, जो कि सर्वसाधारण के बोलचाल में हों, और जो हिन्दी के तद्भव शब्दों के समान ही व्यापक हों।**
3. **सरल हिन्दी भाषा अर्थात् वह ठेठ हिन्दी अथवा बोलचाल की हिन्दी जिसमें कुछ थोड़े से अप्रचलित संस्कृत तत्सम शब्द भी सम्मिलित हों और जो एक प्रकार से सर्वसाधारण को बोधगम्य हो।**
4. **उच्च हिन्दी अथवा संस्कृत-गर्भित हिन्दी अर्थात् वह सरल हिन्दी भाषा जिसमें संस्कृत शब्दों की अधिकता और तद्भव शब्दों से तत्सम शब्दों का बाहुल्य हो।**

पूर्व उल्लिखित बाबू हरिश्चन्द्र की नम्बर-1 की भाषा पहिले प्रकार की, नम्बर-4 की भाषा दूसरे प्रकार की, नम्बर-2 की भाषा तीसरे प्रकार की और नम्बर-3 की भाषा चौथे प्रकार की हिन्दी का उदाहरण है।

बोलचाल की अथवा हिन्दुस्तानी भाषा के बहुत अच्छे उदाहरण आजकल की 'रीडरों' में मिलते हैं। कुछ उदाहरण लीजिए—

> "यह सुनकर कि रानी केकयी उदास बैठी हैं, राजा दशरथ को बड़ी चिन्ता हुई, वह उसी दम रानी के पास गये। देखा कि रानी धरती पर पड़ी हुई तड़प रही हैं, अच्छे-अच्छे कपड़े और गहने उतार कर फेंक दिये हैं, और उनकी जगह पुराने धुराने कपड़े पहन रखे हैं।"
>
> "पिघली हुई चर्बी और सोड़े का पानी एक बड़े बर्तन में फेंटा जाता है, इसके बाद उसको दो या तीन दिन तक इतना औंटते हैं कि सोडे से चर्बी की सूरत बदल जाती है और साबुन बन जाता है, लेकिन यह न समझना कि साबुन बन कर तैयार हो गया।"

—'बाल वाटिका'

अपने आबेहयात में हजरत आजाद ने एक स्थान पर बहुत ही अच्छी बोलचाल की हिन्दी लिखी है, कुछ पंक्तियाँ उसकी भी देखिये—

"बरसात का समा बाँधते हैं तो कहते हैं—सामने से काली घटा झूमकर उठी, अब्र धुआँधार है, बिजली कौंदती चली आती है, सियाही में सारस और बगुलों की सफेद-सफेद

कतारें बहारें दिखा रही हैं। जब बादल कड़कता है, और बिजली चमकती है, तो परिन्दे कभी दबक कर टहनियों में छिप जाते हैं, कभी दीवारों से लग जाते हैं, मोर जुदा चिंघाड़ते हैं, पपीहे अलग पुकारते हैं, मुहब्बत का मतवाला चमेली के झुरमुट में आता है, तो ठण्डी-ठण्डी हवा लहक कर फुहार भी पड़ने लगती है, मस्त होकर वह वहीं बैठ जाता है।"

'रीडर' की भाषा ऐसी है कि उसको हिन्दी वाले हिन्दी और उर्दू वाले उर्दू कह सकते हैं, आबेहयात के अवतरण की भाषा भी ऐसी ही है। इसमें भी कोई सन्देह नहीं कि यह बोलचाल की भाषा है, ऊपर जो कसौटी भाषा के कसने की मैंने बतलाई है उससे भी इस प्रकार की भाषा ही बोलचाल की भाषा सिद्ध होती है, अतएव मेरा विचार इसी प्रकार की भाषा को बोलचाल की भाषा स्वीकार करता है। परिवर्तनों में बड़ी क्षमता है; मनुष्य का विचार बलवान है, ये दोनों जिस कार्य के करने में लग जाते हैं उसको करके छोड़ते हैं। समय क्या करावेगा यह नहीं कहा जा सकता, किन्तु आजकल इस भाषा की ओर विशेष प्रवृत्ति है। सरल हिन्दी भाषा में और इसमें थोड़ा ही अन्तर है, दोनों में ही तद्भव शब्द अधिक हैं, ऐसी अवस्था में इस भाषा का प्रबल हो जाना असम्भव नहीं। उच्च हिन्दी के विषय में अपना विचार मैं पहिले लिख आया हूँ। चाहे जो हो, किन्तु जब तक हिन्दी भाषा का अस्तित्व रहेगा उस समय तक उच्च हिन्दी का भी लोप न होगा। दोनों ही प्रकार की भाषा कार्यक्षेत्र में अपना कार्य करती रहेंगी, उच्च हिन्दी भाषा में मैं प्रियप्रवास की रचना कर चुका था। उक्त बातों पर दृष्टि डाल कर मेरी यह कामना हुई कि मैं बोलचाल की हिन्दी में भी एक कविता ग्रन्थ लिखूँ, इस भाषा में कोई साहित्य ग्रन्थ मुझे दिखलाई भी नहीं पड़ा; अतएव 'बोलचाल' नामक ग्रन्थ लिखने की मैंने चेष्टा की। अपने विचारानुसार मैंने बोलचाल की हिन्दी ही में इस ग्रन्थ को लिखा है। मुझे सफलता कहाँ तक हुई है, यह नहीं कह सकता, इसको समय अथवा कोई भाषा-मर्मज्ञ बतलायेगा।

कविता की भाषा

मैं ऊपर लिख आया हूँ कि मैंने 'बोलचाल' की भाषा में कविता की है; यहाँ यह प्रश्न उपस्थित हो सकता है कि क्या बोलचाल की भाषा में कविता की जा सकती है? और यदि की जा सकती है तो उसमें पद्य की साहित्यिक विशेषताएँ गृहीत होंगी या नहीं? और यदि गृहीत होंगी तो वह बोलचाल की भाषा कहला सकेगी या क्या? इन बातों की मीमांसा करने के पहिले मैं विचार करूँगा कि कविता किसे कहते हैं? कविता का लक्षण क्या है? कवि-कृति को ही कविता का काव्य कहते हैं। कविता और काव्य दोनों अन्योन्याश्रित शब्द हैं। यदि यह कहा जावे कि कविता-समूह का नाम काव्य है तो भी कोई आपत्ति नहीं। कविता अथवा कविता-समूह दोनों की परिभाषा लगभग एक है। कवि शब्द से ही दोनों की उत्पत्ति है। 'कुङ्' धातु से जिसका अर्थ 'शब्द' है, 'कवि' शब्द बनता है। यहाँ

शब्द से रमणीय अथवा रमणीयार्थवाचक शब्द अपेक्षित है। रसगंगाधरकार कहते हैं–"रमणीयार्थप्रतिपादक-शब्दः काव्यम्", साहित्यदर्पणकार की काव्यपरिभाषा यह है–"वाक्यं रसात्मकं काव्यम्"। एक दूसरे विद्वान् की सम्मति यह है–"लोकोत्तरानन्ददाता प्रबन्धो काव्यनामभाक्", साहित्यदर्पणकार ने रमणीयता का यह अर्थ किया है,–"रमणीयता च लोकोत्तराह्लादजनकज्ञानगोचरता"। वेबस्टर साहब कहते हैं–"उपयुक्त भाषा में सुन्दर और उच्च विचारों का समावेश ही कविता है।"* चेम्बर्स साहब का यह कथन है–"मधुर शब्दों में कल्पना और भावप्रसूत विचारों को प्रकट करने की कला को कविता कहते हैं**।"

इन वाक्यों से क्या पाया जाता है; यही न कि जिस वाक्य के शब्द रसात्मक, रमणीय, उपयुक्त, सुन्दर, मधुर और आनन्ददायक हों; वही कविता है। इसलिए कविता के शब्दों का इन गुणों से युक्त होना आवश्यक है। यह व्यापक विचार है और इसमें वास्तवता है। बोलचाल की भाषा में और लिखित भाषा में प्रायः अन्तर होता है। चाहे यह गद्य हो या पद्य। पद्य में यह अन्तर और अधिक हो जाता है। 'कोमल कान्त पदावली' दोनों ही का धर्म है, किन्तु कविता का विशेष। 'बंगभाषा व साहित्य' के रचयिता लिखते हैं–

> "बोध होता है, आदिम हिन्दू जो भाषा बोलते थे, वेद में ठीक वैसी ही भाषा व्यवहृत हुई थी, किन्तु इसके बाद भाषा के श्रीवृद्धिसाधन की चेष्टा और व्याकरण का सूत्रपात होने से कविता और लिखित भाषा स्वतन्त्र हो पड़ी। यही कारण है कि वाल्मीकि-रामायण की भाषा कथित भाषा नहीं मानी जा सकती। जब कालिदास 'बालेन्दु-वक्र-पलाश-पर्ण' का वर्णन करते थे, अथवा जयदेव 'मदनमहीपतिकनकदण्ड रुचि केशर-कुसुम' लिखते थे तो उन लोगों ने उस भाषा का प्रयोग नहीं किया, यह स्पष्ट है। अब भी बंगभाषा के कितने कविमुख से 'विद्युत' अथवा 'मेघेर डाक' कह कर लेखनी द्वारा इरम्मद और 'जीमूत मन्द्र' की सृष्टि करते हैं इसीलिए मैं कहता हूँ कि लिखित और कथित भाषा में एक प्रकार का प्रभेद है, और यह सर्वदा रहेगा।"

–बंगभाषा व साहित्य, पृष्ठ 14

"वाणोच्छिष्टं जगत्सर्वं" वाक्य द्वारा जिस महाकवि वाण का गौरव गान किया गया है वे अपनी कमनीया 'कादम्बरी' को अभी समाप्त नहीं कर पाये थे कि कालकवलित होने का समय सामने आया। कवि को मर्मव्यथा हुई। उनकी कामनावेलि म्लान हो गयी,

---

* Poetry is the embodiment in appropriate language of beautiful or high thought.

** Poetry is the art of expressing in melodious words the thoughts which are the creations of feeling and imagination.

पल्लवित आशा-लता के समूल उन्मूलित होने का उपक्रम हुआ। वे खिन्न हुए। अपने शास्त्र-पारंगत चिरंजीवी कुमारों को स्मरण किया। जिस समय वे सेवा में सादर उपस्थित हुए, वे विह्वल हृदय से बोले—"आत्मा वै जायते पुत्रः" की सार्थकता करनी होगी। मेरी कामना ही नहीं अधूरी 'कादम्बरी' पूरी करनी होगी। श्रद्धालु सन्तानों ने आज्ञा स्वीकार की। अतएव परीक्षा का समय उपस्थित हुआ। परीक्षक ने सामने के एक सूखे पेड़ को दिखलाकर योग्य पुत्रों से कहा इसका वर्णन करो; बड़े पुत्र ने कहा—"शुष्कोवृक्षस्तिष्ठत्यग्रे", दूसरे पुत्र ने कहा—"नीरस-तरुरिह विलसति पुरतः।" उस मरणासन्न दशा में भी वृद्ध के अधर पर एक सन्तोषमयी आनन्दरेखा आविर्भूत हुई। उन्होंने दूसरे पुत्र को ग्रन्थ समाप्त करने की आज्ञा दी। आप देखें, प्रथम पुत्र के कथन की भाषा बिलकुल बोलचाल की भाषा है, किन्तु उसे अस्वीकार किया गया और कथन की उस दूसरी भाषा को स्वीकार किया गया, जो बोलचाल से बहुत दूर है। कारण वही "कोमल-कान्त पदावली" है, कादम्बरी गद्य ग्रन्थ है। उसकी भाषा का यह प्रसंग है। पद्य की भाषा के लिए तो यह सांगोपांग सार्थक है।

'प्रवासी' बंग-भाषा का एक प्रसिद्ध मासिक पत्र है। उसका अग्रहायण सन् 1316 की संख्या में 'काव्य और कविता' नामक एक लेख है (पृष्ठ 617, 618)। उमसें अँग्रेजी भाषा के ख्यातनामा महाकवि टेनीसन के विषय में एक कथानक है। एक दिन मार्किन कवि लाङ्फेलो उनसे मिलने आये। टेनीसन ने उनके मनोरंजन की चेष्टा की। एक घण्टे तक बातचीत की; किन्तु अश्लील और असुन्दर भाषा में; लाङ्फेलो अति मार्जित रुचि के मनुष्य थे। उन्होंने मुख से कुछ नहीं कहा, किन्तु अत्यन्त विरक्ति के साथ विदा ग्रहण की। इस बात को जब उभय पक्ष के किसी बन्धु ने टेनीसन को बतलाया, तब टेनीसन ने लाङ्फेलो को एक पत्र लिखा और क्षमा-प्रार्थना की; वह पत्र अब भी मौजूद है। उसमें उन्होंने लिखा कि ललित शब्द चयन करते-करते और शब्दार्थों का सूक्ष्म तारतम्य विचार करके कविता लिखते-लिखते मैं थक गया था। इसलिए वैचित्र्य और मन बहलाने के लिए मैं आपसे अमार्जित (ग्रामीण) भाषा में बातचीत करने को बाध्य हुआ। यह प्रसंग भी यही बतलाता है कि कविता के लिए ललित-शब्द-चयन आवश्यक है।

कवीन्द्र रवीन्द्र की 'विचित्र-प्रबन्ध' नामक एक पुस्तक है। उसके पृष्ठ 206 में वे लिखते हैं—

> "पद्य गद्य की अपेक्षा अधिक कृत्रिम होता है, उसमें मनुष्य की सृष्टि अधिक होती है। उसमें अधिक रंग देना पड़ता है और अधिक यत्न भी करना पड़ता है। हम लोगों के हृदय में जिस विश्वकर्मा का निवास है, जो हमारे अन्तर के निभृतसृजनकक्ष में बैठकर, नाना गठन, नाना विन्यास, नाना प्रयास, नाना प्रकाश-प्रसारण-चेष्टा में

> सर्वथा संलग्न है, पद्य में उन्हीं के निपुण हस्त का कारुकार्य (कारीगरी) अधिक होता है। यही उनका प्रधान गौरव है। अकृत्रिम भाषा, जल-कल्लोल की, अकृत्रिम भाषा पल्लवमर्मर की होती है, किन्तु जहाँ मन है, वहाँ बहुयत्नरचित कृत्रिम भाषा पायी जावेगी।"

यहाँ यह प्रश्न हो सकता है कि कविता की भाषा क्यों कृत्रिम हो जाती है, क्यों उसके लिए 'कोमल कान्त पदावली' की आवश्यकता होती है? क्या सर्वसाधारण की बोलचाल में कविता नहीं हो सकती? 'बंगभाषा व साहित्यकार' लिख़ते हैं कि "बोध होता है, आदिम हिन्दू जो भाषा बोलते थे, वेद में ठीक वैसी ही भाषा व्यवहृत हुई थी।" यदि यह सत्य है तो अब अकृत्रिम भाषा में रचना क्यों नहीं होती? इसका उत्तर उनके लेख ही में मौजूद है और कारण भी इसके ऊपर बतलाये जा चुके हैं, तथापि इस विषय में विशेष लिखना उचित नहीं जान पड़ता है।

बोलचाल की भाषा में कविता

कविता वास्तव में हृदय का उच्छ्वास अथवा आनन्दांगुलिविलोड़ित हृत्तन्त्री के मधुरनाद का शाब्दिक विकास है। यह स्वाभाविकता है कि जिस समय मनुष्य के हृदय में आनन्द-उद्रेक होता है उस समय अनेक अवस्थाओं में केवल वह कण्ठध्वनि द्वारा ही उस आनन्द का प्रदर्शन करता है। किसी-किसी अवस्था में उसके मुख से कुछ निरर्थक शब्द निकलते हैं, और वह उन्हीं के द्वारा अपने हृदयोल्लास की परितृप्ति करता है। कभी वह सार्थक शब्दों को कहने लगता है, और उनको इस प्रकार मिलाता है कि उसमें गति उत्पन्न हो जाती है, और वे छन्द का स्वरूप धारण कर लेते हैं—बालकों को, उन बालकों को, जो खेल-कूद में मग्न अथवा उछल-कूद में तल्लीन होते हैं, हम इस प्रकार का वाक्य-विन्यास करते देखते हैं, जिसका स्वरूप सर्वथा कविता का-सा होता है। उसमें शब्दानुप्रास और अन्त्यानुप्रास तक पाया जाता है। गोचारण के समय हृदय पर सामयिक ऋतुपरिवर्तन-जनित विकासों, तरुपल्लव के सौन्दर्य्यों, खग कुल के कलित कलोलों, श्यामल तृणावरणशोभित-प्रान्तरों, कुसुमचय के मुग्धकर माधुर्य और वर्षाकालीन जलदजाल का लावण्य देखकर मूर्खों के मुख से भी आमोद-सिक्त ऐसे वाक्य सुने जाते हैं, जो स्वाभाविक होने पर भी हृदय हरण करते हैं, और जिनमें एक प्रकार का संगठन होता है। ऐसे अवसरों पर किसी सुबोध विद्वान् अथवा भावुक के हृदय से जो इस प्रकार के वाक्य निकलेंगे अवश्य वे सुन्दर, सुगठित और अधिक मनोहर होंगे, यह निश्चित है। छन्दों अथवा कविता का आदिम सूत्रपात इसी प्रकार से हुआ ज्ञात होता है।

यह भी नहीं कहा जा सकता कि केवल चित्त के आनन्द-उद्रिक्त होने पर ही ऐसा होता है; चित्त के क्षुब्ध, आकुल सकरुण अथवा इसी प्रकार की किसी दूसरी दशा के वश होने पर भी मुख से ऐसे शब्द निकल सकते हैं और वे किसी छन्द या कविता में परिणत हो सकते हैं। वाल्मीकि-रामायण का यह प्रसिद्ध श्लोक—

"मा निषाद प्रतिष्ठां त्वमगमः शाश्वतीः समाः।
यत्क्रौंचमिथुनादेकमवधीः काममोहितम् ॥"

ऐसी अवस्थाओं में से एक अवस्था का ही परिणाम है, यह बात सर्वजन-विदित है। यदि इस प्रकार के वाक्य, विशेष अवस्थाओं में मुख से निकल सकते हैं तो वे अवश्य बोलचाल की ही भाषा में निकल सकते हैं और इसलिए यह नहीं कहा जा सकता कि बोलचाल की भाषा में कविता नहीं हो सकती। वैदिक मन्त्रों की रचना आदिम काल की है, अर्थात् उस समय की है जब न तो कविता का सूत्रपात हुआ था और न छन्द का; और इसलिए उनके सर्वसाधारण के बोलचाल में रचित होने का अनुमान किया जाता है। वैदिक ऋषियों के पास भी मानव-हृदय ही था। वह भी सांसारिक विचित्र अद्भुत और मनोमुग्धकर पदार्थों अथवा भव-विभूतियों को अवलोकन कर उसी प्रकार प्रभावित हो सकता था, जिस प्रकार आज भी मानव-हृदय होता है। अतएव वैदिक मन्त्रों की रचनाओं का स्वाभाविक और अकृत्रिम होना युक्तिसंगत है। सम्भव है कि कुछ कालोपरान्त अधिक मंत्रों के आविर्भाव होने के समय कुछ भाषा परिमार्जित हो गयी हो, और छन्दोगति भी निश्चित हो गयी हो, किन्तु आदिम मन्त्रों के विषय में यह नहीं कहा जा सकता। अब भी बोलचाल की भाषा में रची गयी सुन्दर रचनाएँ मिलती हैं। प्रान्तिक अनेक भाषाएँ ऐसी हैं जिनमें कोई साहित्य महीं है। किन्तु उनमें रची गयी बोलचाल की सुन्दर कविताएँ मौजूद हैं। ये अत्यन्त स्वाभाविक होने पर भी मनोमुग्धकारिणी हैं। अनेक प्रचलित गीत इसी प्रकार के हैं। अनेक कविताएँ भी ऐसी हैं। कुछ नमूने देखिये–

"हरे हरे केसवा हरु रे कलेसवा, तोरा के रटत महेसवा रे।
तोरै नाम जपत बा पुजतबा, सब से प्रथम गनेसवा रे॥
जल बरसैला धान सरसैला, सुख उपजैला मघवा रे।
प्रागदास प्रहलदवा के कारन, रघवा है गैलैं बघवा रे॥"

–प्रागदास

× × × ×

बनिया क सखरज ठकुर क हीन। बयद क पूत ब्याध नहिं चीन॥
पंडित चुपचुप बेसवा मइल। कहै घाघ पाँचो घर गइल॥

–घाघ

× × × ×

जातबा मीत डगर बन्द गुसैंया हो जाय।
राह चहुँ ओर सेंती भूलभुलैयाँ होइ जाय॥

–मौलबी मूसा

× × × ×

भौं चूमि लेइला कैहू सुन्दर जे पाइला।
हम ऊ हई जे ओठे पै तरवार खाइला॥

—तेगअली

× × × ×

मुखबा निहारै तनमन तो पै वारै गोरी आठो छन रहैला हजूर।
अपने हथन तोर बरवा सँवारे बलबिरवा तो भयल बा मजूर॥
दुखवा के बतिया नगिचवौ न आवै गोइयाँ हँसी खुसी रहैला हमेस।
बजुवा सरकि कर कँगना भयल सुनि प्यारे क गवनवाँ बिदेस॥ 1॥

तलवा झरैले कँवल कुम्हलैले हँस रोवै बिरह बियोग।
रोवत बाड़ीं सरवन कै माता के काँवर ढोइहैं मोर॥
रसवा के भेजलीं भँवरवा के सँगवाँ रसवा ले ऐले हा थोर।
एतनई रसवा में केकरा के बँटबों सगरी नगरी हित मोर॥ 2॥

—बलबीर

बलिया हिन्दी प्रचारिणी स्वागतसमिति के सभापति पण्डित बलदेव उपाध्याय एम. ए. अपने अभिभाषण (पृष्ठ 22) में इन विरहों के विषय में लिखते हैं—

> "वे बिरहे, जो हृदय में उमंग आने पर आप ही आप अपठित मनुष्य के मुख से निकल पड़ते हैं, और जिनके निवासस्थान जनसाधारण के उत्साहपूर्ण हृदय हैं, भोजपुरी के माधुर्य के उत्कृष्ट उदाहरण हैं।"
>
> "आप बिरहे की इस प्रशंसा से न तो घबड़ाइये और न इसके सुनने से ही नाक-भौं सिकोड़िये। इसी देश में क्यों, अन्य पश्चिमी देशों में भी इसी प्रकार के साहित्य का प्रचुर प्रचार है। अँग्रेजी भाषा में इस चलती जीती जागती कविता को 'बेलेड पोइट्री' के नाम से पुकारते हैं। वहाँ साहित्यिक लोगों ने इसके समुचित संरक्षण के लिए अत्यन्त प्रयत्न किया है।"

मई सन् 1923 की 'सरस्वती' में 'हिन्दी-साहित्य का आदिकाल' शीर्षक एक लेख है। उसमें एक स्थान पर (पृष्ठ 471) यह विचार प्रकट किया गया है—

> "इस साहित्य की पहिली विशेषता यह है कि यह सर्वसाधारण की भाषा में निर्मित होता है, अनादि काल से मनुष्यों की एक भाषा है, जो सर्वथा जीवित रहती है, उसका स्थान विद्वानों के कोष में नहीं, सर्वसाधारण की अक्षय निधि में है, विद्वानों के कोष में भाषा स्थिर हो जाती है, परन्तु सर्वसाधारण की अक्षय निधि में भाषा चिर नवीन बनी रहती है।"

स्वाभाविक अथवा सर्वसाधारण की भाषा के विषय में उल्लिखित अवतरणों में जो विचार प्रकट किये गये हैं, उससे उसका महत्त्व प्रकट होता है। जो कविताएँ ऊपर चलती भाषा की उद्धृत की गयी हैं, उनकी सजीवता और सरसता एवं उनका प्रवाह देखिये, वे कितनी प्रसादमयी और हृदयहारिणी हैं; यह आपने स्वयं अनुभव भी किया होगा। क्या इनमें भाव नहीं है? क्या इनमें वह आकर्षणी शक्ति नहीं है जो बलात् सहृदय-हृदय को अपनी ओर आकर्षित कर लेती है? क्या इनका प्रसादगुण प्रासादिक नहीं? यदि है तो क्यों है? जो कविता स्वाभाविक हृदयोद्गार है क्या वास्तविक कविता वही नहीं है? हृदय पर प्रभाव डाल-डाल कर स्वतः प्रवृत्त न होने पर उसको बलात् प्रवृत्त करके जो कविता की जाती है वह भी कोई कविता है? वह तो कहने-सुनने को ही कविता होती है। कारण का गुण कार्य में होता है, जो कविता स्वाभाविक हृदय-उल्लास से प्रसूत होती है, आनन्द-उद्रेक का परिणाम होती है, उमंगमय मानस का मुकुर होती है, क्या वह चित्त को उल्लासित, आनन्द-उद्रिक्त और उमंगित न करेगी? जिस समय हृदय किसी रस से प्लावित होता है, उस समय वह उस रस का निर्झर बन जाता है। जितना ही सबल रसप्लावन होगा उतना ही सबल उसका आविर्भाव और प्रभाव होगा। ऐसे हृदय को तरल-तरंगायित सुधा-सरोवर, उत्ताल-तरंग-माला-संकुल-जलधि, मन्द-मलयानिल-आन्दोलित कल्पतरु, प्रबल प्रभंजन-प्रकंपित-सरिता-प्रवाह, मार्तण्ड-प्रखर- प्रताप-तप्त-मरुस्थल, वात्याविताड़ित-उद्यान, विकचकुसुमचय-विलसित-नन्दन-कानन, निबिड़घनाच्छन्न-गगन, दावादग्ध-विपिन, महाभयंकर श्मशान, सब कुछ कह सकते हैं। हृदय का कल्लोल, उसका भावस्फुरण, उसका रस-प्रवाह, उसकी विमुग्धता, उसकी तल्लीनता, उसकी भावुकता, उसका उच्छ्वास, उसका विलास, जितनी सुन्दरता, सहृदयता और सरसता से प्रस्फुटित होगा, उतना ही दूसरों के हृदयों पर प्रभाव डालने में समर्थ होगा। शब्द समूह जितने रससिक्त होंगे, भावप्रकाश की शक्ति जितनी ही उच्च होगी, प्रतिभा जितनी ही उदात्त होगी, उतनी ही अधिक कार्यकारिणी और विमोहक होगी। समस्त मनुष्यों के हृदय का उपादान एक है। प्रकृति भिन्न होने पर भी बहुत-सी बातों में समान होती है। यही कारण है कि एक का प्रफुल्ल हृदय दूसरे के हृदय को प्रफुल्ल करता है, और एक का विदीर्ण होता चित्त दूसरे के चित्त को विदीर्ण कर देता है। करुण-रस-प्लावित- हृदय-प्रसूत कविता का किसी के हृदय में करुण-रस का संचार कर देना, और वीर-रस-सिक्त-मानस-संभूत रचना का दूसरों के मानस में वीर-रस का उद्रेक करना, स्वाभाविक है। यही बात अन्य रसों के विषय में भी कही जा सकती है। ऐसी दशा में भाषा का प्रश्न गौण हो जाता है, कहा भी है—

"उक्ति-विसेसो कब्बो भासा या होइ, सा होइ।"
"बात अनूठी चाहिए भासा कोई होय॥"

यह देखा भी जाता है कि जहाँ भाव की रमणीयता मिल जाती है वहाँ शब्द पर उतना ध्यान नहीं दिया जाता। सन्तों की वाणियों का समादर भाव-प्राधान्य के कारण ही होता है। क्योंकि शब्द-सम्पत्ति उनमें प्रायः अल्प होती है।

बोलचाल की कविता में साहित्यिक विशेषता

अब तक जो कुछ मैं लिख आया, उससे यह स्पष्ट हो गया कि बोलचाल की भाषा में सरस और मनमोहक रचना हो सकती है। उदाहृत पद्यों के पठन से भी यह बात सिद्ध होती है। जो कारण मैंने बतलाये हैं उन्होंने भी इस विचार को पुष्ट किया है। इतना होने पर भी यह स्वीकार करना पड़ेगा कि जिस रचना में अनुप्रास है और जो छन्दोबद्ध है वह यथातथ्य बोलचाल की भाषा नहीं है, उसमें कुछ न कुछ कृत्रिमता अवश्य है। कारण इसका यह है कि छन्दोगति की रक्षा के लिए प्रथम तो बोलचाल के अनुसार उसमें व्याकरण-नियमानुकूल शब्द-संस्थान प्रायः नहीं होता। दूसरे अनुप्रास उसकी स्वच्छन्दगति और स्वाभाविकता में बाधा डाले बिना नहीं रहता। साधारण बोलचाल में भी जब हम बात गढ़ने लगते हैं, अथवा उसमें नमक-मिर्च लगाते हैं तो वह सीधी-सादी बात नहीं रह जाती, उसमें भी कुछ कवित्व आ जाता है। बात कब गढ़ी जाती है या उसमें नमक-मिर्च कब लगाया जाता है, जब उसको हृदयग्राही बनाना होता है, अथवा उसके द्वारा किसी के मन को मुग्ध करना होता है। उस समय भी हम ऐसा करते हैं, जब हम यह चाहते हैं कि किसी का चित्त हमारी ओर आकर्षित हो, और हम उसको अपनी बातों में फाँस सकें। लोगों पर प्रभाव डालने, अपना मतलब गाँठने, चाल चलने और इसी प्रकार के और कामों के लिए भी ऐसा किया जाता है। कविता का कार्य भी तो यही है। फिर यदि कविता के शब्द चुने, सुन्दर और अधिक तुले हुए एवं संगठित होवें तो आश्चर्य क्या है! भाव को सुन्दरता, स्वाभाविकता, हृदयग्राहिता के साथ प्रकट करने और उक्ति को प्रभावमयी बनाने के लिए भी रसानुकूल शब्दयोजना की आवश्यकता होती है। अतएव भाषा की कृत्रिमता अनिवार्य हो जाती है।

एक पुरुष ने अपनी साधारण बोलचाल में कहा,—'का न पूरी खइहों'। दूसरे ने उत्तर दिया—'मैं न पूरी खइहों'; उत्तर ने सुनने-वालों की दृष्टि को उत्तर देने वाले की ओर आकर्षित कर दिया। कुछ उनको कौतूहल भी हुआ। वे उत्तर सुनकर प्रसन्न भी हुए। उत्तरदाता को उन्होंने एक विशेष बुद्धिवाला पुरुष भी समझा, क्योंकि उस कथन में सुन्दरता थी, उसमें एक प्रकार का विनोद था। पहले पुरुष की बात बिलकुल साधारण है, किन्तु दूसरे पुरुष की बात में कुछ विलक्षणता है। दोनों बातें साधारण बोलचाल की हैं, किन्तु दूसरी में कुछ कृत्रिमता है। वह गढ़कर कही गयी है, और इसलिए उसकी ओर लोगों की दृष्टि भी आकर्षित हुई। 'कानपूरी' के मेल का 'मैनपूरी' शब्द (क्योंकि दोनों

एक-एक नगर वाचक हैं) दूसरे वाक्य को फड़का देता है; और वाक्य मुद्रालंकार का रूप धारण कर लेता है। उसमें एक चमत्कार आ जाता है, और यही चमत्कार दूसरे वाक्य की विशेषता का कारण होता है। यदि 'मैं न पूरी' खइहों, के स्थान पर 'पूरी मैं न खइहों' अथवा 'मैं पूरी न खइहों' कहा जावे तो चमत्कार न रहेगा और वाक्य साधारण हो जावेगा। जब साधारण चमत्कार से एक सीधा-सादा वाक्य विलक्षण बन जाता है, तो कविता के विशेष चमत्कारों के विषय में कुछ लिखना बाहुल्य मात्र है। इन चमत्कारों के कारण भी कविता की भाषा बोलचाल की भाषा से विलक्षण हो जाती है और कवि के अनेक सदुद्देश्यों की पूर्ति का उत्तम साधन एवं उसकी प्रतिभा-प्रकटीकरण का सुन्दर हेतु भी बनती है।

'मधुर कोमल कान्त पदावली' स्वयं आकर्षक होती है। मीठे वचन की महिमा अविदित नहीं। मधुरता कहाँ वांछनीय नहीं है, सब जगह उसकी पूछ है, प्रत्येक पुरुष उसका कामुक है। वीणा का वादन, कोकिल का कलरव, सुधा का स्वाद, कुसुमकुल का विकास, मृदंग की ध्वनि, बालक का भाषण, कामिनि-कुल का आलाप, मधुर होने के ही कारण हृदयग्राही और प्रिय होता है। फिर शब्दों के लिए उसकी आवश्यकता क्यों न होगी! सुन्दर भाव जब मधुर कोमल कान्त पदावली के साथ होता है तो मणिकांचन योग हो जाता है। यह कितना मार्मिक कथन है कि—"है माणिक बहु मोल को हेम जटित छबि छाय।" कवि के हृदय में जब भाव-स्फूर्ति होती है, जब बादलों की भाँति उसके मानस-गगन में मनो-मुग्धकर विचार उमड़ने लगते हैं, जब आनन्दोच्छ्वास से जलधि की उत्ताल-तरंगों के समान तरंगित उमंगों से, रसों के उच्छलित प्रवाह से, उसका उर परिपूर्ण हो जाता है; उस समय के उसके अन्तःकरण का वर्णन असम्भव है। वह मूक का रसास्वाद है, वह अनुभवजन्य है, कवि स्वयं उसको यथातथ्य अंकित नहीं कर सकता। न वचन में ही इतनी शक्ति है और न लेखनी में इतनी क्षमता। दोनों ही अपूर्ण हैं। वचन शब्दसापेक्ष है। लेखनी जड़ है। अपनी असमर्थता पर कवि स्वयं चकित होता है तथापि वह अपना हृदय सामने रखता है, जितना दिखला सकता है दिखाता है। इस कार्य में उसको पदावली का ही सहारा होता है, वह जितनी ही कोमल कान्त और मधुर होती है उतनी ही उसको कोमल कान्त मधुर भावों के प्रकाश करने में सहायता देती है। उसके द्वारा यदि वह सुधासरोवर में प्रवेश नहीं करा पाता तो उसका दर्शन तो अवश्य करा देता है। यदि आकाश के मयंक को अंक में नहीं उतार देता तो उसका परिचय अवश्य करा देता है। अथवा उसकी विमुग्धकारी छटा अवश्य दिखला देता है। इस समय वह उपयुक्त रसों के लिए नाना उपयुक्त शब्दों को चुनता है; और अपने मानस का चित्रपट सामने करता है। शब्द ही कवि के सर्वस्व हैं, यदि उनको वह छील-छाल न सके, उनमें काँट-छाँट न कर सके, उनको ठीक-ठीक न बैठाल सके, उनको अपने रंगों में न रँग सके, तो वह कविकर्म कर ही नहीं सकता। इसलिए कवि का पथ प्रचलित बोलचाल से भिन्न हो जाना स्वाभाविक है। इस भिन्नता

की भी सीमा है। जो सहृदय कवि है, वह इस सीमा को जानता है, उसका उल्लंघन वह नहीं करता; विशेष अवस्था की बात और है।

हम आप प्रायः देखते हैं कि एक साधारण और अपढ़ मनुष्य के भी प्रेम-सम्भाषण, अनुनय-विनय, अमोद-प्रमोद, हँसी-खेल, राग-रंग, और कलह कोलाहल के शब्दों में अन्तर होता है। प्यार की बातों में जो लोच, जो मधुरता होती है, वह लड़ाई-झगड़ों की बातों में नहीं होती। एक के सब शब्द सरस और मनोहर होते हैं और दूसरे के उग्र, तीव्र और उद्वेजक। किसी स्त्री का करुण-क्रन्दन यदि हृदय हिला देता है, उसके शब्द। पत्थर का हृदय भी विदीर्ण करते हैं, तो एक करालवदना बाला का वाक्यसमूह अग्निस्फुल्लिंग वर्षण करता है और परम शान्त हृदय में भी क्रोधाग्नि प्रज्ज्वलित कर देता है। यदि किसी महात्मा का शान्तिमय उपदेश श्रोताओं के हृदय में पुण्यसलिला भगवती भागीरथी की धारा प्रवाहित कराता है, तो एक दुर्जन का कटु भाषण रोम-रोम को विषाक्त बना देता है। यह सब शब्द का ही चमत्कार है। शब्द हृत्तन्त्री के निनाद हैं। हृत्तन्त्री रसानुगामिनी और मानसिक-भाव-वश-वर्त्तिनी होती है। इन्हीं कर्मों को कवि भी अपने शब्दों द्वारा करता है अन्तर केवल इतना ही होता है कि वह कुछ संयत, कुछ नियमबद्ध, कुछ अधिक हृदयवान् और कुछ विशेष वाक्य-विन्यास पटु होता है। क्योंकि उसका कार्यक्षेत्र विस्तृत, उदात्त और अधिक भावप्रवण होता है। इतनी ही मात्रा में उसकी भाषा भी सर्वसाधारण की भाषा से भिन्न होती है; उसे भिन्न होना भी चाहिए। कोकिल और काक दोनों ही बोलते हैं, किन्तु कोकिल के आदृत होने का कारण उसकी कलित काकली ही है। एक का प्रभाव कतिपय व्यक्तियों तक परिमित है, किन्तु दूसरे का प्रभाव समाज और देशव्यापी होता है। एक यदि पुष्करिणी का निर्माण कर देता है तो दूसरा भूतल में मंदाकिनी प्रवाहित करता है। दोनों का दो देश है, अतएव दोनों के कार्यकलाप की भिन्नता नैसर्गिक है।

कोमलकान्त पदावली की व्यापकता की सीमा

एक विषय और विचारणीय है। वह यह कि कोमल कान्त पदावली की अर्थव्यापकता कहाँ तक है। क्या कवि प्रत्येक अवसर पर मधुर कोमल कान्त पदावली से ही काम लेता है! क्या उसको कतिपय रसों में परुष पदावली की आवश्यकता नहीं होती! यदि होती है तो कोमल कान्त पदावली की व्यापकता की सीमा क्या है? हिन्दी कविता में तीन वृत्तियाँ गृहीत हैं—उपनागरिका, परुषा और कोमला। इनको वैदर्भी, गौड़ी और पांचाली भी कहते हैं। साहित्य-दर्पणकार ने एक वृत्ति लाटी और मानी है। संस्कृत के कतिपय और आचार्यों ने भी इस वृत्ति को स्वीकार किया है। साहित्यदर्पण में एक स्थान पर चारों का लक्षण यह लिखा है—

“गौड़ी डम्बरबद्धा स्याद्वैदर्भी ललितक्रमा।
पांचाली मिश्रभावेन लाटी तु मृदुभिः पदैः॥”

जिसमें आडम्बर हो उसे गौड़ी, जिसमें ललित पद हों उसे वैदर्भी, जिसमें दोनों का मेल हो उसे पांचाली और जिसमें कोमल पद हों उसे लाटी कहते हैं। स्वयं साहित्यदर्पणकार ने गौड़ी का लक्षण यह लिखा है–

“ओजः प्रकाशकैर्वर्णैर्बद्ध आडम्बरः पुनः।
समास-बहुला गौड़ी... ... ...”

ओज वाली कठिन वर्णों से युक्त अधिक समासों से भरी रचना को गौड़ी कहते हैं। इसीलिए इसका नाम परुषा भी है। शृंगार, करुण और हास्य रस की कविता के लिए उपनागरिका; रौद्र, वीर, भयानक रस के लिए परुषा और शान्त, अद्भुत एवं वीभत्स रस के लिए कोमला उपयुक्त बतलायी गयी है। परुषा नाम ही बतलाता है कि उसमें परुष शब्द होने चाहिए। यह बात कोमल कान्त पदावली के विरुद्ध है। यह अवश्य है कि कोमल कान्त पदावली अत्यन्त हृदयग्राहिणी होती है। उसके पठन-पाठन में सुविधा होती है। न तो अधिक मुख को बनाना पड़ता है और न जिह्वा बार-बार मरोड़नी पड़ती है। वह श्रुतिकटु भी नहीं होती, किन्तु इससे यह बात सिद्ध नहीं होती कि कविता के लिए परुष शब्दों की आवश्यकता नहीं। यह बात स्वीकार करने पर भी कोमल कान्त पदावली की उपेक्षा नहीं होती। मैं ऊपर कह आया हूँ कि साधारण जन की भाषा भी अवसर पर रसानुकूल हो जाती है–उनके हृदय में जिस काल जिस रस का आविर्भाव होता है तदनुकूल ही उनका वाग्विलास होता है। ऐसी अवस्था में यह कहा जा सकता है कि जैसे प्रायः उनकी व्यावहारिक भाषा परिवर्तित होकर रसानुकूल भाषा का स्वरूप ग्रहण करती है, उसी प्रकार उसी अनुपात से रस-विशेष की भाषा को भी कविता में परिमार्जित होना पड़ता है। जब भाषा परिमार्जित हुई तो अवश्य उसमें अधिक कर्कशता, उच्छृंखलता, कटुता, अनियमबद्धता, न रह जावेगी। अतएव यदि वह बहुत कोमल नहीं तो बोलचाल की भाषा से कान्त अवश्य होगी। कान्त ही नहीं, एक प्रकार से उसमें साहित्यिक विशेषता भी आ जावेगी, और इस प्रकार प्रतिकूल रसों में भी कान्त पदावली की सार्थकता होगी। कुछ अँग्रेजी विद्वानों की सम्मति भी देखिये–

अल्फ्रेड लायल कहते हैं–“किसी युग के प्रधान भावों और उच्च आदर्शों को प्रभावोत्पादक रीति से प्रकट कर देना कविता है।”*

---

* Poetry is the most intense expression of the dominant emotion and the higher ideals of the age.

मिल्टन कहते हैं—"कविता सरल हो, बोधगम्य हो और भावपूर्ण हो।"†

मेकॉले कहते हैं—"शब्दों के प्रयोग की ऐसी रीति की कल्पना को कविता कहते हैं, जिससे कल्पना के ऊपर एक प्रकार के चमत्कार का प्रादुर्भाव होता है।"¶

शेली कहते हैं—"कविता सर्वश्रेष्ठ और दृढ़तम मस्तिष्कों के श्रेष्ठ एवं सुखमय अवसरों की रचना का समूह है।"+

मैथ्यू आर्नल्ड कहते हैं—"कविता मनुष्य की वह विकासपूर्ण वाणी है जिसमें वह सत्य के अति निकट पहुँच जाता है।"×

ड्राइडन कहते हैं—"कविता अर्थपूर्ण संगीत है।"*

—कालिदास और भवभूति (मनोरमा, पृष्ठ 23)

उल्लिखित वाक्यों में सुन्दर अथवा मधुर शब्द नहीं आया है, जिससे साधारणतया यह ज्ञात होता है कि इस विषय में मीमांसकगण भी चुप हैं, किन्तु वास्तव में ऐसा नहीं है। अल्फ्रेड लायल की प्रभावोत्पादक रीति (the most intense expression), मिल्टन का सरल और भावपूर्ण (Simple and sensuous) शब्द, मेकॉले का चमत्कार का प्रादुर्भाव (to produce an illusion) शैली का श्रेष्ठ एवं सुखमय अवसरों की रचना (the record of the best and happiest moments), मैथ्यू आर्नल्ड की विकासपूर्ण वाणी (the most perfect speech) और ड्राइडन के अर्थपूर्ण संगीत (articulate music) का संकेत क्या है? वे हमारी दृष्टि किधर खींच रहे हैं, क्या यह भी बतलाना होगा! उन लोगों के वाक्य यह स्पष्ट कह रहे हैं कि कविता की भाषा में विशेषता होनी चाहिए और यह विशेषता इसके अतिरिक्त और कुछ नहीं है कि कवि की रचना कवित्वमय हो। कोई रचना उस समय तक कवित्वमय नहीं हो सकती जब तक कि शब्द-विन्यास विलक्षण और सुन्दर न हो। विलक्षण और सुन्दर शब्द-विन्यास की आवश्यकता सब रसों के लिए है। यह दूसरी बात है कि वीर, रौद्र और भयानक रसों में वे ओजस्वी और कुछ अकोमल हों। बंगाल के प्रसिद्ध विद्वान् स्वर्गीय द्विजेन्द्र लाल राय कहते हैं—

---

† Poetry ought to be simple, sensuous and impassioned.

¶ "By poetry" wrote Macaulay in his essay on Milton, "we mean the art of employing words in such a manner as to produce an illusion on the imagination."

\+ "Poetry is the record of the best and hapiest moments of the happiest and best minds."

—Shelley

× "Nothing less than the most perfect speech of man, that in which he comes nearest to being able to utter the truth."

* "Poetry is articulate music."

—Dryden

> “कविता का राज्य सौन्दर्य है, वह सौन्दर्य बहिर्जगत् में भी है और अन्तर्जगत् में भी। जो कवि केवल बाहर के सौन्दर्य का ही वर्णन सुन्दर रूप से करते हैं वे कवि हैं, किन्तु जो कविजन मनुष्य के मन के सौन्दर्य का भी सुन्दर रूप से वर्णन करते हैं, वे बहुत बड़े कवि या महाकवि हैं।”

–कालिदास और भवभूति (पृष्ठ 126)

देश-सम्मानित श्रीयुत बाबू अरविन्द घोष कविकुल-गुरु कालिदास के विषय में यह लिखते हैं–

> “कालिदास को संस्कृत कविता-रूपी आकाश का पूर्ण चन्द्र कहना चाहिए। उन्होंने अपनी कविता में चुन-चुन कर सरल, पर सरस और प्रसंगानुरूप शब्दों की ऐसी योजना की है, जैसी कि आज तक और किसी कवि की कविता में नहीं पायी जाती। उनके वर्णन का ढंग बड़ा ही सुन्दर और हृदयस्पर्शी है।”
>
> × × × ×
>
> “आँख, कान, नाक, मुँह आदि ज्ञानेन्द्रियों की तृप्ति के विषय तथा कल्पना और प्रवृत्ति, ये ही बातें काव्य-रचना में मुख्य उपादान हैं। कालिदास ने इन सामग्रियों से एक आदर्श सौन्दर्य की सृष्टि की है। कालिदास के काव्यों में स्वर्गीय सौन्दर्य की आभा झलकती है। वहाँ सभी विषय सौन्दर्य के शासन में रखे गये हैं।”

–कालिदास और शेक्सपीयर (पृष्ठ 227, 230)

जब हृदय किसी रस से परिमित परिमाण में प्लावित होता है, तभी उस रस की कविता मर्मस्पर्शिनी और प्रभावमयी होती है; किन्तु इसका यह अभिप्राय नहीं है, कि भयानक, वीर और रौद्र रस की कविता के शब्दों को भी भयंकर उत्कट और उग्र होना चाहिए। शब्दविन्यास अवश्य इस प्रकार का होना चाहिए जो इन रसों के भाव का व्यंजक हो; क्योंकि भाव प्रकट करने के लिए व्यंजना ही प्रधान वस्तु है। प्रायः देखा जाता है कि जहाँ चेष्टा करके परुष शब्द का प्रयोग रसोद्रेक के लिए किया गया है, वहाँ परुषता ही हाथ रही, रस-व्यंजना नाम को भी नहीं हुई। इसके विपरीत उपयुक्त तुले हुए शब्दों में ऐसी रस-व्यंजना होती देखी जाती है, जिसमें भाव का चित्र सा खिंच जाता है। रसानुकूल, और भाव के अनुसार शब्द-चित्र आवश्यक है, शब्द-रचना और वाक्य-विन्यास प्रयोजनीय है, कठोर और कर्णकटु शब्द नहीं। भयानक रस के घोर दर्शन भूतादि विभावों से अभिभूत-हृदय भयभीत-पुरुष में जो आकुलता और उद्वेग आदि संचारीभाव और विवर्णता आदि अनुभाव उत्पन्न होते हैं, कवि-हृदय में वे सब नहीं होते। न उसके नेत्र के सामने

भयंकर विभाव ही होते हैं, किन्तु उसको इनका अनुभव होता है। वह अनुभव के अनुकूल ही अपनी लेखनी की परिचालना करता है और अपने शब्दों द्वारा अपने अनुभव पाठकों के सम्मुख उपस्थित करता है। पाठक कविकृति को पढ़ता है या किसी को सुनाता है, तो दोनों के सामने न तो वे विभाव ही होते हैं, और न उनमें तत्सम्बन्धी अनुभाव और संचारीभाव का ही प्राकट्य होता है। तथापि कवि के हृदय के समान ही उसका हृदय भी प्रत्येक बात का अनुभव करता है और कवि की शब्द चातुरी और भावनिरूपण-शक्ति के अनुसार ही वह उसकी प्रशंसा करता मुग्ध और आनन्दित होता है। कवि की रचना न तो उसको भयभीत करती है, न विवर्ण बनाती है, न आकुलता प्रदान करती है; वरंच इन बातों का उसे अनुभव कराती है और उसके चित्त को अपनी ओर खींच लेती है। अनुभव करने में कवि-हृदय जितना किसी रस से अभिभूत होता है उतना ही वह दूसरे के हृदय को उस रस से प्लावित करता है—और यही कविकर्म है।

कैसे शब्दों से कवि अपना यह कार्य करता है इसको वह स्वयं जानता है और अपने विचार के अनुसार कार्य करता है। जो बात भयानक रस के लिए कही गयी है, वही वीर और रौद्र रस के लिए भी कही जा सकती है। यदि कवि पर स्वयं कोई ऐसी आपदा आ पड़ती है कि जिससे उसको किसी ऐसे ही रस का सामना करना पड़ता है, तो उस समय भी वह अपने ही पथ का पथिक रहता है। यदि अपनी अवस्था का उसे वर्णन करना पड़ता है, तो भी उसे वह वैसी ही भाषा में वर्णन करता है, जिसे कवि की भाषा कहते हैं। वह अपना हृदय और मर्मस्थान खोल कर दिखलाता है, किन्तु इस दिखलाने में भी उसका कवि-कर्म स्फुटित होता है। वह भयंकरता में भी सरसता की सृष्टि करता है, ओजस्विता में भी माधुर्य का रंग देता है और रौद्र में भी मनोहरता का आह्वान करता है। वह अपने हृदय के क्षतों को दिखलाता है, किन्तु साथ ही देखने वालों के हृदय के क्षतों की मरहम-पट्टी भी करता है। वह मर्मपीड़ा का चित्र खींचता है, औरों को भी मर्माहत बनाता है, किन्तु उस मार्मिकता से भी काम लेता है जो उसकी मर्मज्ञता का सम्बल है! प्रयोजन यह कि ऐसे रसों में भी, जिनमें परुष शब्दों के प्रयोग की आवश्यकता होती है, वह ऐसे ही मार्ग पर चलता है जो उसे सुन्दर शब्द-योजना से अलग नहीं करता। वह परुषता में कोमलता का समावेश करता है, श्रुतिकटु शब्दों के स्थान पर भी श्रुतिमधुर शब्द रखता है और असरस प्रयोगों के साथ भी सरसता का आविर्भाव करता है। वह असयंत को संयत, अमनोहर को मनोहर, जटिल को सरल और अललित को ललित बनाता है। वह कीच में कमल खिलाता है, धूल में से रस निकालता है, सर्प के मस्तक में मणि पाता है और पत्थर के हृदय से सलिल बहाता है। कविवर भिखारीदास ने अपने काव्यनिर्णय में वीर रस के उदाहरण में यह सवैया लिखा है—

“क्रुद्ध दसानन बीस भुजानि सों लै कपि रीछ अनी सर बट्टत।
लच्छन तच्छन रत्त किये दृग लच्छ विपच्छन के सिर कट्टत॥
मारु पछारु पुकारु दुहू दल रुण्ड झपट्टि दपट्टि लपट्टत।
रुण्ड लरै भट मत्थनि लुट्टत जोगिनि खप्पर ठट्टनि ठट्टत॥”

रौद्र रस के वर्णन में निम्नलिखित कवित्त लिखा है—

“देखत मदन्ध दसकन्ध अन्ध-धुन्ध दल,
बन्धु सों बलकि बोल्यौ राजा राम बरिबंड।
लच्छन बिचच्छन सँभारे रहो निज पच्छ,
देखिहौं अकेले हौं ही अरि अनी परचंड॥
आजु अघवाऊँ इन शत्रुन के स्रोनितन,
दास भनि बाढ़ी मेरे बानन तृषा अखंड।
जानि पन सक्कस तरक्कि उठ्यो सक्कस,
करक्कि उठ्यो कोदंड फरक्कि उठ्यो भुजदंड॥”

भयानक रस का यह कवित्त है—

“आयो सुनि कान्ह भूल्यो सकल हुस्यारपन,
स्यारपन कंस को न कहत सिरातु है।
ब्याल बर पूरबो चनूर द्वार ठाढे तऊ,
भभरि भगाय गये भीतर ही जातु है॥
दास ऐसी डर डरी मति है तहाऊँ ताकी,
भरभरी लागी मन थरथरी गातु है।
खर हूँ के खरकत धकधकी धरकत,
भौन को न सकुरत सरकतु जात है॥”

अब कविवर पण्डित चन्द्रशेखर वाजपेयी की तीन रचनायें तीनों रसों की देखिये—

कवित्त--वीर रस

“बाजिन के ठट्ट औ गरट्ट गजराजन के,
गाजत तराजत सुभट्ट सरसेत मैं।
बज्जत निसान आसमान मैं गरद्द छाई,
बोलत बिरद्द हद्द बंदी बीर खेत मैं॥
इन्द्र ज्यों उमड़ि चढ़्यौ सेखर नरेन्द्रसिंह,

अंगन उमंग बढ़ी समर सचेत मैं।
लाली चढ़ी बदन, बहाली चढ़ी बाहन पै,
काली सी कराली करवाली हाथ लेत मैं॥"

कवित्त–रौद्र रस

"काटि काटि कोटिन कृपानन के जोर घोर,
नेजे गहि रेजे लौं करेजे फारि डारिहौं॥
साजि दल प्रबल अरिन्दन के बृन्दन पै,
मारि मारि बानन बिमानन बिदारिहौं।
सेखर सराहै तो मैं नृपति नरेन्द्रसिंह,
क्यों न रुण्ड मुण्ड कै मही कौ भार टारिहौं॥
डारिहौं गिरीस के गरे में माल मुंडन की,
रुण्डित बितुण्ड झुंड सोणित मैं तारिहौं।"

कवित्त–भयानक रस

जूझै कौन जूझ मैं अरूझै कौन आगे चलि,
लागे लागे डोलत डरौने दसमत्थ के।
आये रंगभूमि जे उमंग उमगाइ मन,
मरू कै पठाये महाबीर बल जत्थ के॥
दंड ते प्रचंड होत नहूँ खंड खंड घोर,
कसत कोदंड जोर दोरदंड गत्थ के।
बिकल बिहाल ह्वै पराने बृद्ध बाल बृन्द,
काल ते कराल देखि लाल दसरत्थ के॥

कविकुलकलस गोस्वामी जी की लेखनी का लावण्य देखिये–

माखे लखन कुटिल भइ भौंहैं। रदपुट फरकत नयन रिसौंहैं॥

इस पद्य में रौद्र रस का कैसा सुन्दर रूप है। वीरवर सुमित्रानन्दन की बातें सुनिये–

सुनहु भानु-कुल-पंकज-भानू। कहउँ सुभाव न कछु अभिमानू॥
जौं राउर अनुसासन पाऊँ। कंदुक इव ब्रह्माण्ड उठाऊँ॥
काँचे घट जिमि डारउँ फोरी। सकउँ मेरु मूलक इव तोरी॥
तब प्रताप महिमा भगवाना। का बापुरो पिनाक पुराना॥
कमल-नाल जिमि चाप चढ़ावउँ। सत जोजन प्रमान लेइ धावउँ॥

तोरउँ छत्रक दण्ड जिमि, तव प्रताप बलनाथ।
जौं न करउँ प्रभु-पद-सपथ, कर न धरौं धनु-भाथ॥

एक चित्र और अवलोकन कीजिये–

"तेहि अवसर सुनि सिव-धनु-भंगा। आएउ भृगु-कुल-कमल-पतंगा॥
गौर सरीर भूति भलि भ्राजा। भाल बिसाल त्रिपुंड बिराजा॥
सीस जटा ससि बदन सुहावा। रिस-बस कछुक अरुन होइ आवा॥
भृकुटी कुटिल नयन रिस राते। सहजहिं चितवत मनहुँ रिसाते॥
वृषभ-कंध उर बाहु बिसाला। चारु जनेउ माल मृगछाला॥
कटि मुनि बसन तून दुइ बाँधे। धनु सर कर कुठार कल काँधे॥

संत बेस करनी कठिन, बरनि न जाय सरूप।
धरि मुनि तनु जनु बीर रस, आयेउ जहँ सब भूप॥

देखत भृगुपति भेस कराला। उठे सकल भय बिकल भुआला॥

आप देखें; इन तीनों प्रकार की कविताओं में गोस्वामी जी की कविता कितनी ओजस्विनी है। उन्होंने भी वीर, भयानक और रौद्र रस का ही वर्णन किया है, किन्तु कितने सुन्दर शब्दों में और कितनी सफलता के साथ। जिस रस का उनका जो पद्य है, उस पद्य से वह रस टपका पड़ता है। भिखारीदास जी ने परुष शब्दों का अधिक प्रयोग करके और शब्दों को गढ़ कर तथा विकृत बनाकर उनमें वीर रस अथवा रौद्र रस लाने की चेष्टा की है, किन्तु तादृश सफलता उनको नहीं मिली। शब्दों का कठोर और उद्वेजक उच्चारण एक प्रकार से उनकी कविता में अप्रीति उत्पन्न करता है। परन्तु उनसे अधिक अपने कार्य में वाजपेयी जी को सफलता मिली है। वे उतने कठोर शब्दों का प्रयोग नहीं करते, शब्दों को अधिक कल्पित रूप नहीं देते, उनको श्रुतिकटु भी नहीं बनाते और फिर भी अपने कार्य में सफल होते हैं।

गोस्वामी जी की रचना उक्त दोनों सुकवियों से सुन्दर है। कारण क्या है! यही कि वे रुचिर शब्दों में भाव प्रकट करते हैं और वर्णित रस का सच्चा चित्र सामने उपस्थित करते हैं। जिसको भावचित्रण की क्षमता है, वह बिना कटु और कठोर शब्दों का प्रयोग किये भी रौद्र रस अथवा वीर रस का सच्चा स्वरूप दिखला सकता है, और यही कविकर्म है। दूसरी बात यह कि इनमें से चाहे किसी कवि की कृति को हम ले लें, दास जी के ही पद्य को ले लें, तो भी उसमें कविता का सौन्दर्य पाया जावेगा, उसमें रचना-चातुर मिलेगी, शब्दों की काँट-छाँट चक्षु-गोचर होगी और यह देखा जावेगा कि रस का आविर्भाव करने की चेष्टा के साथ ही सुन्दर शब्द-योजना पर भी ध्यान रखा गया है। जो यह बतलाती है कि प्रत्येक रस के लिए कान्त पदावली और रुचिर शब्द की आवश्यकता होती

है। परुषा वृत्ति में भी परुषता पर मनोरमता और कान्तता का रंग चढ़ा होता है। कतिपय संस्कृत पद्यों को भी देखिये—

गौड़ी अथवा परुषा का उदाहरण साहित्यदर्पण में निम्नलिखित पद्य है—

"मन्थायस्तार्णवाम्भः प्लुतकुहरचलन्मंदरध्वानधीरः।
कोणाघातेषु गर्जत्प्रलयघनघटान्योन्संघट्टचण्डः॥
कृष्णाक्रोधाग्रदूतः कुरुकुलनिधनोत्पातनिर्घातवातः।
केनास्मत्सिंहनाद प्रतिरसितसखो दुन्दुभिस्ताडितोयम्॥"

इस पद्य में भी परुष शब्द के साथ ही सुन्दर शब्दों का विन्यास हुआ है। कवि-रचना-चातुरी तो प्रत्येक चरण में परिलक्षित है। कविवर कालिदास और विभूतिवान भवभूति की ऐसी रचनाओं में और अधिक कोमल कान्त पदावली मिलती है, तथापि रौद्र, भयानक, अथवा वीर रस का सुन्दर चित्र अंकित होता है। इन्दुमती के स्वयंवर में आये हुए राजाओं का युद्ध अज के साथ वर्णन करते हुए कवि कुल-गुरु कालिदास लिखते हैं—

"संग्रामस्तुमुलस्तस्य पाश्चात्यैरश्वसाधनैः।
शार्ङ्गकूजितविक्षेयप्रतियोधे रजस्यभूत्॥
पत्तिः पदातिं रथिनं रथेशस्तुरंगसादी तुरगाधिरूढम्।
यन्ता गजस्याभ्यपतद्गजस्थं तुल्यप्रतिद्वन्द्धि बभूव युद्धम्॥"

—कालिदास

× × × ×

किरति कलितकिञ्चित्कोपरज्यन्मुखश्रीरविरतगुणगुञ्जत्कोटिना कार्मुकेण।
समरशिरसि चञ्चत्पञ्चचूडश्चमूनामुपरि शरतुषारं कोप्ययं वीरपोतः॥ 1॥

मुनिजनशिशुरेकः सर्वतः सैन्यकाये नव इव रघुवंशस्याप्रसिद्धःप्ररोहः।
दलितकरिकपोलग्रंथिटङ्कारधोरज्ज्वलितशरसहस्रः कौतुकं मे करोति॥ 2॥

आगर्जद्गिरिकुंजकुंजरघटानिस्तीर्णकर्णज्वरं,
ज्यानिर्घोषममन्ददुंदुभिरवैराध्मातमुज्जृम्भयन्।
वेल्लद्भैरवरुण्डमुण्ड निकरैर्वीरो विधत्ते भुवँ—
स्तृष्यत्कालकरालवक्त्रविघसव्याकीर्णमाणामिव॥ 3॥

—भवभूति

कैसा सुन्दर युद्ध का वर्णन है! जैसा ही सुन्दर शब्द-विन्यास है वैसा ही ओज और माधुर्य है, और वैसी ही चारु-रचना-चातुरी है। इन पद्यों के अवलोकन करने के बाद प्रत्येक सहृदय स्वयं मीमांसा कर सकता है कि वीर, रौद्र और भयानक रसों में भी सुन्दर

शब्द-योजना कितनी अपेक्षित है और ऐसी अवस्था में यही मीमांसित होता है कि कोमल कान्त पदावली की आवश्यकता सब रसों में होती है। यह दूसरी बात है कि किसी रस में कुछ ऐसे शब्द भी आवें जो उस रस के अनुकूल हों। फिर भी उसमें कविकर्म होता है, कविता की छाप फिर भी उस पर लगी होती है। सौन्दर्य की अपेक्षा कहाँ नहीं।

बोलचाल की भाषा और कवितागत विशेषता

कवि-लेखनी की विशेषता उसकी कविता में ही निहित होती है। कविता का शब्दविन्यास इतना परिमित होता है कि यदि उसका अनुवाद करके उसको बोलचाल का रूप दे देवें तो भी उसका सौन्दर्य न रह जावेगा। गीतगोविन्द के इन सरस पद्यों का अनुवाद स्वयं संस्कृत में ही उतना सुन्दर न हो सकेगा।

कुसुमविशिखशरतल्पमनल्पविलासकलाकमनीयं।
व्रतमिव तव परिरम्भसुखाय करोति कुसुमशयनीयं॥
वहति च वलितविलोचनजलधरमाननकमलमुदारं।
विधुमिव विकटविधुन्तुददन्तदलनगलितामृतधारं॥

साहित्यदर्पणकार का भी एक पद्य देखिये—

"लताकुंजं गुञ्जन्मदवदलिपुंजं चपलयन्।
समालिंगन्नंगं द्रुततरमनंगं प्रबलयन्॥
मरुन्मंदं मंदं दलितमरबिन्दं तरलयन्।
रजोवृन्दं विन्दन् किरति मकरन्दं दिशि दिशि॥"

यह वैदर्भी वृत्ति की कविता है। उक्त ग्रन्थ के भाषातिलक में इसका अनुवाद यह है—"गुंजार करते हुए मत्त भ्रमर-पुंजों से युक्त लताकुंज को चंचल करता हुआ, देह का आलिंगन करके अति शीघ्र अनंग को बढ़ाता हुआ, विकसित कमल को धीरे-धीरे कंपित करता हुआ और पुष्परज को धारण किये हुए मन्द-मन्द चलता हुआ यह मलय समीर प्रत्येक दिशा में पुष्प-रस का प्रसार करता है।"

आप देखें हिन्दी के इस अनुवाद में पद्य की शतांश उत्तमता नहीं है, यद्यपि लगभग उन्हीं शब्दों में यह अनूदित है। इन्हीं बातों पर दृष्टि रखकर एक अँग्रेज विद्वान् कहता है—

> "यदि मिल्टन और शेक्सपियर की कविता के उत्तम से उत्तम अंश को कम से कम परिवर्तन के साथ गद्य रूप में रख दें, तो यह प्रयत्न उन ओसकण के एकत्र करने के समान होगा जो घास के ऊपर मुक्ता से दीख पड़ते हैं, किन्तु हाथ में आते ही पानी हो जाते हैं। उनका

सार-तत्व तो वही रहता है, किन्तु वह पूर्व सौन्दर्य, प्रतिभा और स्वरूप अदृश्य हो जाता है।"*

मनोरमा (वर्ष 1, संख्या 7, पृष्ठ 27)

महाकवि कालिदास और साहित्यदर्पणकार के निम्नलिखित श्लोकों के सौंदर्य और शब्दविन्यास को भी देखिये–

"नवपलाशपलाशवनं पुरः स्फुटपरागपरागतपंकजम्।
मृदुलतान्तलतान्तमलोकयत् स सुरभिं सुरभिं सुमनोभरैः॥
मंजुलमणिमंजीरे कलगम्भीरे विहारसरसीतीरे।
विरसासि केलिकीरे किमालि धीरे च गंधसारसमीरे॥"

इन दोनों श्लोकों में जो सौन्दर्य अथवा कोमल कान्त पदावली किम्वा शब्दालंकार का आनन्द है वह बोलचाल की भाषा में नहीं प्राप्त हो सकता। साहित्यदर्पणकार का दूसरा श्लोक इस भाषाधिकार के साथ लिखा गया है कि वह संस्कृत, प्राकृत, शौरसेनी, प्राच्य-अवन्ती, नागर और अपभ्रंश भाषाओं में एक समान ही रहेगा। इससे यह बात पायी जाती है कि शब्दालंकार की दृष्टि से भी कविता की भाषा बोलचाल की भाषा नहीं रह जाती, कुछ न कुछ अन्तर उसमें अवश्य हो जाता है। गम्भीर विषय और प्रौढ़ विचार प्रकट करने के समय भी भाषा गम्भीर और दुरूह हो जाती है। ऐसे समय भी बोलचाल की भाषा से काम नहीं चलता। प्रसिद्ध अँग्रेज कवियों में वर्ड्स्वर्थ बोलचाल की भाषा में कविता करने का बड़ा पक्षपाती था, उसने इस सम्बन्ध में बड़ा आन्दोलन भी किया था। उसके विषय में माधुरी वर्ष 3 खण्ड 1 संख्या 2 के पृष्ठ 165 में यह लिखा है–

"अँग्रेजी में कविवर वर्ड्स्वर्थ ने भी बोलचाल की भाषा (Natural diction) में कविता करना अपना आदर्श रखा था। लेकिन प्रिल्यूड (Prelude) नामक काव्य में जब दार्शनिक बातें उनको कहनी पड़ीं तो भाषा गम्भीर हो गयी, और उनकी शैली अकस्मात् बदल गयी।"

कवि-कौमुदी के वर्ष एक की मिलित संख्या 5, 6 के पृष्ठ 180 में इसी विषय में यह लिखा है–

"वर्ड्स्वर्थ ने कविता के लिए भाषा कैसी होनी चाहिए इस विषय पर अपने विचार प्रकट किये हैं। उन्हें अपने पहले के कुछ कवियों की

* By taking the finest passages of Milton and Shakespeare, and merely putting them into prose with the least possible variation of words themselves, attempt would be like gathering up dew-drops which appear like iewels and pearls on the grass, but run into water in the hand.

कृत्रिम भाषा पसन्द न थी। वे चाहते थे कि कविता की भाषा वही रहे जिसे सर्वसाधारण अपनी दैनिक-चर्या के समय काम में लाते हैं। उनका यह भी कहना था कि गद्य तथा पद्य की भाषाओं में कोई वास्तविक भेद नहीं है और न हो सकता है। इस प्रकार के विचारों का कुछ लोगों ने घोर प्रतिवाद किया और स्वयं वर्ड्स्वर्थ भी अपने बताये नियमों का यथोचित पालन कई स्थानों पर नहीं कर सके।"

तुलसी ग्रन्थावली तृतीय खंड के पृष्ठ 279 में बाबू राजबहादुर लमगोड़ा एम. ए. एक स्थान पर लिखते हैं–

"कविता के उच्च कक्षा पर पहुँचते ही शब्दों में स्वयं कुछ उत्तमता आ ही जाती है। इसीलिए वर्ड्स्वर्थ यद्यपि सरलताप्रेमी था, तथापि जब वह कविता के किसी उच्चस्थल पर पहुँचता है तो बिना किसी बनावट के उसके शब्दों में भी उत्तमता प्रकट हो जाती है। कालरिज ने ठीक ही कहा है कि वर्ड्स्वर्थ ने अपनी कविता के सिद्धान्तों को ऐसे शब्दों में व्यक्त किया है जो परिवर्तन की सीमा से बाहर हैं और इसीलिए सर्वत्र उन्हें नहीं निभा सका। इसमें सन्देह नहीं कि बिना किसी बनावट के भी कवि की उत्तम भाषा भावाभिव्यक्ति के समय साधारण बोलचाल से स्वयं ही पृथक् हो जाती है।"

प्रस्तुत कविता की भाषा और बोलचाल

अब तक जो निरूपण किया गया है उससे इस सिद्धान्त पर उपनीत होना होता है कि कविता की भाषा बोलचाल की भाषा से कुछ भिन्न अवश्य होती है। कहीं-कहीं यह भिन्नता अधिक बढ़ जाती है। कविवर कालिदास और साहित्यदर्पणकार के उद्धृत श्लोक ऐसी ही भाषा के नमूने हैं। हिन्दी में भी इस प्रकार की रचनाएँ हुई हैं। कविवर पद्माकर का यह पद्यांश–

"गुलगुली गिलमें गलीचा हैं गुनीजन हैं,
गजक गिजा हैं और चिरागन की माला हैं।"

ऐसा ही रचना का उदाहरण है। इतना होने पर भी अनेक सहृदय कवियों ने कविता की विशेषताओं पर दृष्टि रखकर भी बोलचाल की भाषा में सुन्दर रचनायें की हैं। ये रचनायें न तो बोलचाल की भाषा से बहुत दूर पड़ गयी हैं, और न कवित्व-गुण-शून्य ही हैं। उनमें साम्य की रक्षा की गयी है, और मध्यपथ ग्रहण किया गया है। मैं भी इसी पथ का पथिक 'बोलचाल' की रचना करते समय बना हूँ। मैंने 'चुभते चौपदे' की भूमिका में ग्रन्थ की भाषा के विषय में यह लिखा है–"चौपदे बिलकुल बोलचाल के रंग में ढले

हैं, नमक-मिर्च लगने पर बात चटपटी हो जाती है; गढ़ी और सीधी-सादी बातें भी एक-सी नहीं होतीं, चौपदे और बोलचाल की भाषा में अगर कुछ भेद है तो इतना ही।" 'बोलचाल' के निम्नलिखित पद्यों को देखिये–

"दौड़ में सब जातियाँ आगे बढ़ीं। पेट में सबके पड़ी है खलबली॥
आज भी हम करवटें हैं ले रहे। खुल सकीं खोले न आँखें अधखुली॥
काटने से कट न दुख के दिन सके। यों पड़े कब तक रहें काँटों में हम॥
आज भी जी का नहीं काँटा कढ़ा। है खटकता आँख का काँटा न कम॥
रह गयी अब न ताब रोने की। दर दुखों का कहाँ तलक मूँदें॥
कम निचोड़ी गयी नहीं आँखें। आँसुओं की कहाँ मिलें बूँदें॥
हो बुरा उन कचाइयों का जो। पत उतारे बिना नहीं रहतीं॥
जब हवा आप हो गये हम तो। क्यों न मुँह पर हवाइयाँ उड़तीं॥
जब कि नामरदी पड़ी है बाँट में। क्यों न तब मरदानगी की जड़ खने॥
तब भला मरदानगी कैसे रहे। मूँछ बनवा जब मरद अमरद बने॥
है भला और क्या हमें आता। दूसरी बात और क्या होती।
हँस दिये देख सूरतें हँसतीं। रो दिये देख सूरतें रोती॥
किसलिए इस तरह गया पकड़ा। इस तरह क्यों अभाग आ टूटा॥
जायगा छूट या न छूटेगा। आजतक तो गला नहीं छूटा॥"

इन पद्यों में आप इस प्रकार की पंक्तियाँ पावेंगे, जिनमें रूपान्तर से अथवा बिना रूप बदले एक ही शब्द बार-बार आया है। जैसे–

"खुल सकीं खोले न आँखें अधखुली॥"

× × × ×

"जायगा छूट या न छूटेगा।"

× × × ×

"आजतक तो गला नहीं छूटा॥"

× × × ×

"हँस दिये देख सूरतें हँसती"

× × × ×

"रो दिये देख सूरतें रोती॥"

यह भी बोलचाल की भाषा का ही एक रूप है। हम लोग प्रायः इस प्रकार बोलते हैं। ऐसा प्रयोग कविता को सुन्दर बना देता है, क्योंकि वह 'बोलचाल' का स्वरूप सामने

खड़ा कर देता है! इसीलिए इस प्रकार का प्रयोग एक अलंकार माना गया है। इस प्रकार की रचना सब भाषाओं में पायी जाती है। फारसी में इसे 'सनअते तरसीअ' कहते हैं। संस्कृत और हिन्दी भाषा में इसको पदार्थावृत्ति दीपक कहेंगे। कतिपय अन्य भाषा के पद्यों की भी ऐसी रचनाएँ देखिये—

तत्र यास्यामि यत्रासौ वर्त्तते लक्ष्मण प्रियः।
नायोध्या तं बिना योध्या सायोध्या यत्र राघवः॥
अपि सुगुण! ममापि त्वत्प्रसूतिः प्रसूतिः।
स खलु निभृतधीमांस्ते पिता मे पिता च॥
सुपुरुष! पुरुषाणां मातृदोषो न दोषो।
वरद! भरतमार्त्तं पश्य तावद् यथावत्॥

—महाकवि भास

× × × ×

इन दुखिया अँखियान कों सुख सिरजौई नाहिं।
देखत बनै न देखतै बिन देखे अकुलाहिं॥
खरी भीर हूँ भेदि कै कितहूँ ह्वै इत आय।
फिरै दीठि जुरि दीठि सौं सबकी दीठि बचाय॥

—बिहारीलाल

× × × ×

मुसीबत का हर यक से अहवाल कहना।
मुसीबत से है यह मुसीबत जियादा॥
ऐब यह है कि करो ऐब हुनर दिखलाओ।
वर्ना याँ ऐब तो सब फर्दे बशर करते हैं॥

—हाली

× × × ×

झिड़की सही अदा सही चीने जबीं सही।
सब कुछ सही पर एक नहीं की नहीं सही॥

—इंशाअल्लाह

× × × ×

तफरका दर रूह हैवानी बुवद। रूह वाहिद रूह इन्सानी बुवद।
अगर नेक बूदे सरजामज़न। जनारा मजन नाम बूदे नजन॥

—कश्चित्

"To see God is to see as God sees."

"ईश्वर को देखना ईश्वर के देखने को देखना है"

And trust me not at all or all in all.

"या तो मेरा विश्वास बिलकुल न करो या बिलकुल करो"

"In trouble to be troubled."

"Is to have your trouble doubled."

"दुख से दुःखित होना दुख को दूना करना है"

उत्तम शब्दविन्यास पद्य का वही है जो बिलकुल बोलचाल के अनुसार हो; अर्थात् बोलने के समय वाक्य में जिस क्रम से हम शब्द विन्यास करते हैं, उसी क्रम से पद्यरचना में भी शब्दविन्यास होवे।

यह सत्य है कि छन्दोगति के कारण इस उद्देश्य में बाधा पड़ती है, किन्तु जहाँ तक सम्भव हो इस उद्देश्य में सफल होने का प्रयत्न करना चाहिए। उर्दू-कविता में इस बात का बड़ा ध्यान रखा जाता है, इसको उस भाषा में 'रोजमर्रा' कहते हैं। जिस शाअर का रोजमर्रा जितना साफ होगा वह उतना ही अच्छा शाअर समझा जावेगा। यद्यपि छन्दोगति उनको भी विवश करती है, और वे कभी-कभी इस विषय में कृतकार्य नहीं होते, तथापि सफलता लाभ करने की चेष्टा की जाती है और कविता की भाषा को रोजमर्रा का अधिक निकटवर्ती बनाया जाता है। हिन्दी कविता में भी यह उद्योग होना चाहिए। यथास्थान शब्दविन्यास न होने से दूरान्वय दोष प्रायः आ जाता है। इस दोष से यथाशक्ति बचना चाहिए। कविता की भाषा जितनी ही बोलचाल के समीप होगी उतनी ही सुन्दर और बोधगम्य होगी।

उर्दू कविता का श्लेष और साभिप्राय प्रयोग भी माक का होता है। उर्दू कवियों को इस विषय में कमाल है। वे उक्त बातों में इतनी योग्यता दिखाते हैं कि उनके शेर को पढ़कर जी फड़क उठता है। यह ढंग उनमें फारसी से आया है, किन्तु उर्दू में भी पूर्णता को पहुँच गया है। फारसी का एक शेर है–

"जुल्फें मन ख़म दर गोश सख़ुन मी गोयद।
मूबमू हाल परेशानिये मन मी गोयद॥"

इसका अर्थ यह है–'मेरी जुल्फ़ ख़म होकर कान में मेरी परेशानी का हाल पूरा-पूरा कह रही है।' बात साधारण है, किन्तु शब्दविन्यास में बड़ा चातुर्य है। फारसी के शोअरा जुल्फ को परेशान बाँधते हैं। अतएव उसका किसी की परेशानी का वर्णन करना कितनी भावुकतामय उक्ति है। दुख का अनुभवी ही दुख-दशा का ठीक-ठीक निरूपण कर सकता है। प्रकट में यह बात न कह कर व्यंजना द्वारा किस उत्तमता से यह भाव सूचित किया

गया है, इसको प्रत्येक सहृदय समझ सकता है। यही नहीं, वह परेशानी का हाल मूबमू कहती है। 'मू' बाल को कहते हैं, 'मूबमू' कहना एक फारसी मुहावरा है; जिसका अर्थ पूरा-पूरा कहना अथवा ठीक-ठीक कहना या बाल बराबर भी कमी न कर कहना है। मूबमू में शब्द-श्लेष है, परन्तु इतना सुन्दर है कि उसकी बहुत कुछ प्रशंसा की जा सकती है। जुल्फ का मूबमू कहना बड़ा मार्मिक है, फ़ारसी में ऐसे अशआर बहुत हैं। कुछ उर्दू शेरों को भी देखिये–

"बाल चोटी के करेंगे बदनाम।
ए मुए पीछे पड़े रहते हैं॥"

× × × ×

"य तसवीरे चेहरा उतर क्यों रहा है।
खिंचे किससे हो क्या है नक्शा तुम्हारा॥"

× × × ×

पड़े हैं सूरते नक्शे कदम न छेड़ो हमें।
हम और खाक में मिल जायेंगे उठाने से॥

× × × ×

"फलक ने पीस के गो कर दिया सुरमा मुझ को।
मगर हसीनों की नजरों में हैं समाये हुए॥"

× × × ×

"आँखें न जीने देंगी तेरी बेवफा मुझे।
इन खिड़कियों से झाँक रही है कजा मुझे॥"

पहिले पद्य में 'मुए' और 'पीछे पड़े रहते हैं' में श्लेष है; बाल और चोटी ने इन श्लेषों को चोटी पर पहुँचा दिया है। दूसरे पद्य के 'तसवीरे चेहरा' को देखिये, फिर 'उतर' पर उतर आइये; खिंचे और नक्शा, का नक्शा खींचिये; आपको स्वयं ज्ञात हो जावेगा कि कवि ने इस पद्य में कैसे बेल-बूटे तराशे हैं। तीसरे पद्य के पड़े हुए 'नकशे कदम', पर दृष्टिपात कीजिए; उसके छेड़ने और उठाने का ध्यान कीजिए, फिर 'खाक में मिल जाने' के भाव को सोचिये, और उसके धूल में मिल जाने और बरबाद हो जाने दोनों अर्थों का विचार कीजिए। उस समय यह ज्ञात हो जावेगा कि कवि ने इस शेर में कितनी सहृदयता से काम लिया है। चौथे और पाँचवें पद्य स्पष्ट हैं, परन्तु कैसी नाजुक-ख्याली है, कैसी उनमें स्वाभाविकता के साथ सरसता है, कैसा उनमें प्रसादगुण है, कैसी उनमें मार्मिकता है, यह बतलाने की आवश्यकता नहीं क्योंकि–

"नहि कस्तूरिकामोदः शपथेन विभाव्यते।"

× × × ×

"मिश्क आनस्त कि खुद बिगोयद न कि अत्तार गोयद।"

इन पद्यों के शब्द-संस्थान को भी देखिये; बिलकुल रोजमर्रा है। यदि किसी स्थान पर अन्तर है तो साधारण; दृष्टि देने योग्य पद्य पढ़ने के समय उसका ज्ञान तक नहीं होता।

'बोलचाल' के पद्यों में मैंने उर्दू रचना की इन सब बातों पर विशेष दृष्टि दी है और उनमें वैसा सौन्दर्य लाने की चेष्टा की है। मैंने उर्दू-पद्य के जिन सौन्दर्यों का वर्णन किया है वे सम्पूर्ण सौन्दर्य हिन्दी अथवा संस्कृत अलंकारों के अन्तर्गत हैं। श्लेष, दीपक, मुद्रा, परिकर और परिकरांकुर अलंकारों में उनका समावेश हो सकता है। इन अलंकारों में उक्त सौन्दर्यों का अत्यन्त सूक्ष्म विवरण मिलेगा। शब्द-संस्थान का भी मैंने वैसा ही ध्यान रखा है। क्योंकि बोलचाल की भाषा के लिए इसकी अत्यन्त आवश्यकता है। यदि कहीं अन्तर पाया जावेगा तो साधारण और वह भी विवशता के कारण। छन्दोगति की रक्षा छन्दोरचना में आवश्यक हो जाती है। उसका उल्लंघन नहीं हो सकता; जो कहीं अन्तर है, अधिकांश इसी कारण से है। कहीं-कहीं अनुप्रास अथवा शब्दालंकार के कारण भी ऐसा अन्तर मिलेगा। शब्द को विशेष प्रभावमय बनाने के लिए भी ऐसा अन्तर पाया जावेगा। जब किसी शब्द पर विशेष जोर देना होता है तो बोलचाल में भी ऐसा किया जाता है। जब हम किसी पर बिगड़ते हैं तो 'हट जाने पर' जोर देने के लिए यही कहते हैं कि "हट जाओ, हमारी आँखों के सामने से" न कि हमारी आँखों के सामने से हट जाओ।

तुलसी ग्रन्थावली तृतीय खण्ड पृष्ठ 274 में बाबू राजबहादुर लमगोड़ा, एम. ए.,

"तासु दसा देखी सखिन पुलक गात जल नैन।
कहु कारन निज हरख कर, पूछहिं सब मृदु बैन॥"

इस दोहे की व्याख्या करते हुए लिखते हैं–

> "जिज्ञासा (Curiosity) की प्रथम श्रेणी किस सौन्दर्य से सामने रखी गयी है, और कहु, का सरल प्रश्न कितना उपयुक्त है! महाकवि के कथन में शब्दों का स्थान भी एक विशेष बात होती है। रस्किन (Ruskin) के कथनानुसार शब्द के परिवर्तन में आनन्द जाता रहता है। यदि 'कहु' का शब्द 'कारन' के पीछे हो जाता तो अस्वाभाविक होता। क्योंकि उस समय सरसता जाती रहती और प्रेम की सहजता (Spontaneity) को प्रकट न कर सकता।"

वे एक दूसरे स्थान पर "गिरा अनयन नयन बिनु बानी" की व्याख्या करते हुए कहते हैं–

> "कैसा शब्द क्रम है कि यदि 'नयन बिनु बानी' वाले शब्द पहिले रख दिये जायँ तो वह आनन्द ही उड़ जाय जिसका वर्णन ऊपर किया गया है। वाणी से सम्बद्ध शब्द का पहिले होना इसलिए और भी उपयुक्त है कि वाणी की सहायता न करने के कारण मस्तिष्क को चिन्ता हुई। इसलिए कि पहले उसी से सम्बद्ध उत्तर की आवश्यकता थी।"

भाव-सौन्दर्य के कारण भी कहीं-कहीं पद्य में ऐसे शब्द आ गये हैं जो बोलचाल की भाषा के शब्द नहीं कहे जा सकते। किन्तु इसकी संख्या अत्यन्त अल्प है। कई सौ पद्यों में कठिनता से ऐसे एक दो पद्य मिलेंगे। ऊपर लिखे पद्यों में एक स्थान पर आया है "मूँछ बनवा जब मरद अमरद बने" स्पष्ट अर्थ इसका यह है कि मूँछ बनवाकर मरद अमरद अर्थात् नपुंसक या हिजड़ा वा जनाना बन जावे। परन्तु श्लेष से व्यंजना यह है कि 'बिना मूँछ का लौंडा बन जावे,' क्योंकि फारसी में बिना मूँछ-दाढ़ी के लौंडे को अमरद कहते हैं। निस्सन्देह यह 'अमरद' शब्द बोलचाल का नहीं है, वरन् अन्य भाषा का अप्रचलित शब्द है, किन्तु कवितागत सौन्दर्य की रक्षा के लिए उसका प्रयोग एक मुख्य स्थल पर किया जाना आशा है तर्क का हेतु न होगा। मेरा विचार है कि ऐसे कतिपय अप्रचलित संस्कृत के अथवा अन्य भाषा के शब्दों के प्रयोग से ग्रन्थ की भाषा बोलचाल की ही भाषा मानी जावेगी, अन्य भाषा की न कही जावेगी। मीमांसा के समय ग्रन्थ की मुख्य भाषा देखी जाती है, कतिपय प्रयुक्त शब्द नहीं। यदि इस प्रकार के कतिपय शब्दों को लेकर किसी ग्रन्थ की भाषा निश्चित की जाने लगे तो न तो अँग्रेजी, अँग्रेजी रह जावेगी, न फारसी, अरबी; फारसी, अरबी; वरन् किसी भाषा का नामकरण ही असम्भव हो जावेगा; क्योंकि वह कौन भाषा है, जिसमें कि अन्य भाषा के कुछ शब्द सम्मिलित नहीं।

अब तक जो कुछ लिखा गया है, उससे यह बात स्पष्ट हो गयी कि किसी भी भाषा में कविता क्यों न लिखी जावे, कविता की भाषा उसकी बोलचाल की और गद्य की भाषा से कुछ भिन्न अवश्य हो जावेगी। अतएव इस ग्रन्थ की बोलचाल की भाषा में यदि कवितागत कुछ पार्थक्य है, तो वह स्वाभाविक है, और उस प्रणाली के अन्तर्गत है जो सार्वभौम और व्यापक है। तथापि यह कहने का मैं साहस करूँगा कि ऐसे स्थल ग्रन्थ में बहुत अल्प मिलेंगे, उतना ही अल्प जिसे कि 'दाल का नमक' कहते हैं।

"कविता-वृत्त"

इस ग्रन्थ में अधिकांश दो मात्रिक वृत्तों का प्रयोग हुआ है, इनमें से एक सत्रह और दूसरा उन्नीस मात्राओं का है। सत्रह मात्राओं के वृत्त का कुल रूप 2584 और उन्नीस मात्राओं के वृत्त का कुल रूप 6765 होता है। सत्रह मात्राओं का पद्य निम्नलिखित ध्वनि का है—

"बात कैसे बता सकें तेरी।
ऽ। ऽऽ ।ऽ ।ऽ ऽऽ
हैं मुहों में लगे हुए ताले॥
ऽ ।ऽ ऽ ।ऽ ।ऽ ऽऽ
बावले बन गये न बोल सके।
ऽ।ऽ ।। ।ऽ । ऽ। ।ऽ
बाल की खाल काढ़ने वाले॥
ऽ। ऽ ऽ। ऽ।ऽ ऽऽ

उन्नीस मात्राओं का पद्य निम्नलिखित ध्वनि का है।

चोट जी को जब नहीं सच्ची लगी।
ऽ। ऽ ऽ ।। ऽ। ऽऽ ।ऽ
प्रेम धारा जब नहीं जी में बही॥
ऽ। ऽऽ ॥ ।ऽ ऽ ऽ ।ऽ
चोचलों से नाथ रीझेगा न तब
ऽ।ऽ ऽ ऽ। ऽऽऽ । ॥
है गई यह बात चोटी की कही"
ऽ ।ऽ ।। ऽ। ऽऽ ऽ ।ऽ

सत्रह मात्राओं के पद्य का पहिला, दूसरा और चौथा चरण उसके कुल 2584 रूपों में से 70वाँ और तीसरा चरण उसके 6765 रूपों में से 1047वाँ, तीसरा चरण 5204वाँ और चौथा 1036वाँ रूप है। यह अन्तर लघु गुरु की असमानता के कारण हुआ है जैसा कि आपको पद्यों के चरणों के नीचे लिखे लघु। गुरु ऽ चिह्नों के देखने से ज्ञात होगा।

हिन्दी भाषा के छन्दों के रूप अनन्त होते हैं। किसी भाषा का कोई छन्द ऐसा न होगा कि जिसका अन्तर्भाव उसमें न हो जाता हो। छन्दों के सब रूप किसी काल में व्यवहृत नहीं हुए और न कभी हो सकते हैं। यह भी स्मरण रखना चाहिए कि छन्दों के सभी रूपों में गति अथवा ध्वनि नहीं होती। अनेक रूप ऐसे होते हैं, जो गद्य की भाँति पढ़े जा सकते हैं। पद्यता उनमें नाम को नहीं होती। सत्रह मात्रा के निम्नलिखित रूपों को देखिये—

न मेरी बातें मानोगे क्या?
× × × ×
क्या, मेरी बातें मानोगे न?
× × × ×

क्या मेरी बातें न मानोगे?

× × × ×

क्या न मानोगे मेरी बातें?

कुछ रूप ऐसे होते हैं जिनकी ध्वनि समान होती है। ऊपर के पद्य इसके प्रमाण हैं। उन्नीस मात्राओं के निम्नलिखित पद्यों को भी देखिये; चारों चरणों के चार रूप हैं किन्तु ध्वनि एक है–

"सब जगह जिसकी दिखाती है झलक।
।। ।।। ।।ऽ ।ऽऽ ऽ ।।।
जान उसको जो न वे अब तक सके॥
ऽ। ।।ऽऽ ।ऽ ।। ।। ।ऽ
तो हुए बूढ़े बने पक्के नहीं।
ऽ ।ऽ ऽऽ ।ऽ ऽऽ ।ऽ
धूप में ही बाल उनके हैं पके॥"
ऽ। ऽ ऽ ऽ। ।। ऽ ऽ ।ऽ

कुछ रूप ऐसे होते हैं जिनकी ध्वनि में भिन्नता होती है और येही भिन्न-भिन्न छन्दों का सूत्रपात करते हैं। सत्रह मात्रा का एक छन्द 'छन्दःप्रभाकर' में लिखा गया है, उसका नाम 'राम' है। ग्रन्थकार लिखते हैं कि प्रस्तार द्वारा यह छन्द नया रचा गया है। उन्होंने इस छन्द में 9 और 8 मात्रा पर विश्राम अथवा यति मानी है। उसकी गति या ध्वनि यह है–

"सुनिये हमारी, विनय मुरारी"

'छन्दोमंजरीकार' ने उपजाति नाम का एक छन्द माना है, उसके दूसरे और चौथे चरण की कला उन्होंने सत्रह मानी है। उसकी गति या ध्वनि यह है–

"हरे बिहारी, तुम हो दयाला"

'छन्दःप्रभाकर' में उन्नीस मात्राओं के चार छन्द लिखे गये हैं–

पीयूषवर्ष, सुमेरू, नरहरी और दिंडी। चारों की ध्वनि क्रमशः निम्नलिखित है--

पीयूषवर्ष– "सुमिर मन रघुबीर, सुख पैहै जहाँ।"

× × × ×

सुमेरू– "सिया के नाथ को नित, सीस नावो।"

× × × ×

नरहरी– "हरि सुनत भक्त की बानी, दुख भरी।"

× × × ×

दिंडी— “कथा बोलूँ है मधुर सुधा धारा ॥”

बरवा भी उन्नीस मात्राओं का होता है—

यथा— “आवति खिन अंगनैयाँ खिन चलि जाति।
उठि उठि गिनति तरैया, कटति न राति ॥”

ऊपर मैंने जिन सत्रह या उन्नीस मात्राओं के छन्दों की चर्चा की है, जिनमें कि बोलचाल नामक ग्रन्थ आद्योपान्त लिखा गया है। उनकी गति या ध्वनि हिन्दी भाषा के किसी सत्रह या उन्नीस मात्राओं के प्रचलित छन्द की गति या ध्वनि से नहीं मिलती तथापि प्रस्तार द्वारा उनका रूप मुझको ज्ञात हो गया है। अतएव उनका नामकरण करके मैं उन्हें हिन्दी-भाषा का ही छन्द कह सकता था। उर्दू अथवा फारसी का प्रत्येक छन्द प्रस्तार द्वारा हिन्दी भाषा का छन्द सिद्ध किया जा सकता है। उक्त दोनों छन्दों की बात ही क्या! परन्तु वास्तव बात यह है कि मैंने उर्द्र बह्र का अनुसरण कर उनको लिखा है, अतएव मुझको यह स्वीकार करना पड़ता है कि मैंने इन दोनों बह्रों को उर्दू से लिया है। उर्दू में ये दोनों बह्र प्रचलित हैं और इनमें बहुत-सी उत्तमोत्तम उर्दू कविताएँ लिखी गयी हैं; प्रमाण के लिए निम्नलिखित पद्यों को देखिये—

17 मात्रा— “तुम मेरे पास होते हो गोया।
जब कोई दूसरा नहीं होता ॥”
× × × ×

—मोमिन

“बेखुदी ले गयी कहाँ हमको।
देर से इन्तिजार है अपना ॥”
× × × ×

—आसी

19 मात्रा— “दिल के आईने में है तसवीरे यार।
जब जरा गर्दन झुकाई देख ली ॥”
× × × ×

—मीर हसन

“सुबह गुजरी शाम होने आयी मीर।
तू न चेता औ बहुत दिन कम रहा ॥”

—मीर

"हिन्दी में उर्दू बह्रों को किस नियम के साथ ग्रहण करना चाहिए" इस विषय पर मैं कुछ लिखना चाहता हूँ। अतएव इस उद्देश्य से भी मैं उनको उर्दू का बह्र ही मानकर आगे बढ़ता है।

हिन्दी में उर्दू बह्र

अमीर खुसरो विक्रमी चौदहवें शतक में हुए हैं। पहले-पहल हिन्दी की कविता उर्दू बह्र में इन्हीं के समय में लिखी गयी है। नीचे लिखे पद्य इसके प्रमाण हैं—

"सखी पिया को जो मैं न देखूँ
तो कैसे काटूँ अँधेरी रतियाँ।
किसे पड़ी है जो जा सुनावे
पियारे पी को हमारी बतियाँ॥"

यह बह्र मुतकारिब मुसम्मन मकबूजअसलम है—'फऊल फेलुन् फऊल फेलुन्, फऊल फेलुन् फऊल फेलुन्'—इसकी ध्वनि है। अर्थात् फऊल फेलुन् (।ऽ। ऽऽ) चार बार आने से यह बह्र बनती है।

हजरत अकबर फरमाते हैं—

"कहाँ हैं हममें अब ऐसे सालिक
कि राह ढूँढी कदम उठाया।
जो हैं तो ऐसे ही रह गये हैं
किताब देखी कलम उठाया॥"

कबीर साहब ने भी कभी-कभी अपनी हिन्दी रचनाओं में उर्दू बह्रों से काम लिया है। इनका समय अमीर खुसरो के 100 वर्ष बाद आता है। उनका निम्नलिखित पद्य इस बात का प्रमाण है—

"कबीरा इश्क का माता, दूई को दूर कर दिल से।
जो चलना राह नाजुक है, हमन सिर बोझ भारी क्या?"

यह हज़ज़ मुसम्मन सालिम है। मफ़ाईलुन् (। ऽ ऽ ऽ) को चार बार लाने से इस बह्र की ध्वनि बनती है। हजरत अकबर कहते हैं—

"हम ऐसी कुल किताबें,
क़ाबिले ज़ब्ती समझते हैं।
कि जिनको पढ़के लड़के,
बाप को ख़ब्ती समझते हैं॥"

इन दोनों कवियों के बाद हिन्दी साहित्य क्षेत्र में मलिक मुहम्मद जायसी, महात्मा सूरदास, गोस्वामी तुलसीदास और अवधी एवं ब्रजभाषा के तात्कालिक अन्य सुकवियों का पदार्पण होता है। किन्तु ये लोग हिन्दी भाषा के छन्दों से ही काम लेते हैं, इनमें से किसी एक को भी उर्दू बह्रों में कुछ लिखते नहीं देखा जाता। हाँ, विक्रमी अष्टादश शतक में आनन्दघन ने कुछ कविताएँ उर्दू बह्र में की हैं। उदाहरण यह है–

"सलोने श्याम प्यारे क्यों न आवो।
दरस प्यासी मरें तिनको जिआवो॥"

यह हज़ज़ मुसद्दस महज़ूफ़ है। मफ़ाईलुन् (। ऽ ऽ ऽ) दो बार और फ़ऊलुन् (। ऽ ऽ) एक बार लाने से इसकी ध्वनि बनती है। इसी बह्र में एक उर्दू शेर देखिये–

"सनम सुनते हैं तेरे भी कमर है।
कहाँ है? किस तरफ़ को है? किधर है?"

–जुरअत

विक्रमी उन्नीस शतक में सय्यद इंशाअल्लाह खाँ ने 'कहानी ठेठ हिन्दी' नाम की एक लघु पुस्तिका लिखी। इस पुस्तिका में इन्होंने जो पद्य लिखे हैं, वे भी ठेठ हिन्दी में हैं, किन्तु बह्र उनकी उर्दू है; उनमें से कुछ पद्य नीचे लिखे जाते हैं–

"छा गयी ठंढी साँस झाड़ों में।
पड़ गयी कूक सी पहाड़ों में॥"
"अब उदयमान और रानी केतकी दोनों मिले।
आस के जो फूल कुम्हलाये हुए थे फिर खिले॥"

पहला पद्य खफ़ीफ़ का है। फ़ाइलातुन् (ऽ। ऽ ऽ) मफ़ाइलुन् (। ऽ। ऽ) फ़ेलुन् (ऽ ऽ) इसकी ध्वनि है। दूसरा पद्य रमल, मुसम्मन महज़ूफ़ का है। फ़ाइलातुन् (ऽ। ऽ ऽ) को तीन बार और फ़ाइलुन् (ऽ। ऽ) को एक बार लाने से यह बह्र बनती है। कुछ उर्दू-पद्य भी देखिये–

"जग में आकर इधर उधर देखा।
तू ही आया नज़र जिधर देखा॥"

–मीरदर्द

× × × ×

"रहिये अब ऐसी जगह चलकर जहाँ कोई न हो।
हम सखुन कोई न हो औ हम ज़बाँ कोई न हो॥"

–ग़ालिब

विक्रमी बीसवीं शताब्दी में हिन्दी भाषा में उर्दू बह्रों का विशेष प्रसार हुआ है। इस प्रसार की गति आजकल बहुत द्रुत हो गयी है। इस शताब्दी के आदि में ललितकिशोरी जी ने उर्दू बह्र में बहुत सी रचनाएँ की हैं। हिन्दी संसार में ये रचनाएँ 'रेखता' के नाम से प्रसिद्ध हैं। रास-लीलाओं में इनका बड़ा आदर है। कौआली का भी लगभग यही स्वरूप है। साधारण लोगों में इस ध्वनि का विशेष प्रचार है। *ललितकिशोरीजी का एक पद्य देखिये—

"इस रस के पावै चसके जेहि लोक-लाज खोई।
मैं बेंचती हूँ मन के माखन को लेवै कोई॥"

इस बह्र का नाम मुज़ारा मुसम्मन् अख़रब है। मफ़ऊल (ऽ ऽ।) फ़ाइलातुन् (ऽ। ऽ ऽ) दो बार आने से इस बह्र की ध्वनि बनती है। इसका स्वरूप हिन्दी के दिग्पाल छन्द से मिलता है। इस बह्र में कुछ उर्दू पद्यों को देखिये—

"शोरे जुनूँ हमारा आख़िर को रंग लाया।
जो देखने को आया हाथों में संग लाया॥"

(बहरुल उरूज, 2—पृष्ठ)

× × × ×

"हर आन हम को तुम बिन इक इक बरस हुई है।
क्या आ गया ज़माना अय यार रफ़्ता रफ़्ता॥"

—मीर

उक्त शताब्दी के प्रथमार्ध में भारतेन्दु बाबू हरिश्चन्द्र और श्रीमान् पण्डित प्रतापनारायण मिश्रजी ने उर्दू बह्रों में अच्छी कविताएँ की हैं। भारतेन्दु जी का विचार है कि खड़ी बोली की कविता हिन्दी में सरस और मधुर नहीं हो सकती। उन्होंने अपनी 'हिन्दी भाषा' नामक पुस्तक के पृष्ठ 10 में एक स्थान पर खड़ी बोली की कविता (जिसका नामकरण आपने 'नयी भाषा' किया है) दोहे में लिख कर अपनी सम्मति यों प्रकट की है—

"नयी भाषा की कविता—

भजन करो श्रीकृष्ण का मिलकर के सब लोग।
सिद्ध होयगा काम और छूटेगा सब सोग॥

अब देखिये यह कैसी भोंड़ी कविता है। मैंने इसका कारण सोचा कि खड़ी बोली में कविता मीठी क्यों नहीं बनती! तो मुझको सबसे बड़ा कारण यह जान पड़ा कि इसमें क्रिया इत्यादि में प्रायः दीर्घ मात्रा होती है, इससे कविता अच्छी नहीं बनती।"

---

* उर्दू का दूसरा नाम रेखता है। ज्ञात होता है कि उर्दू बह्र में लिखे जाने के कारण ही इस प्रकार की कविताओं का नाम रेखता रख लिया गया है।

यह विचार होने के कारण जब आपने खड़ी बोली की कविता की है, तब अधिकांश स्थानों पर काम उर्दू बह्र से ही लिया है। कुछ रचनाएँ देखिये–

"वह अपनी नाथ दयालुता,
तुम्हें याद हो कि न याद हो।
वह जो कौल भक्तों से था किया,
तुम्हें याद हो कि न याद हो॥
वह जो गीध था, गनिका वह थी,
वह जो व्याध था मल्लाह था॥
इन्हें तुमने ऊँचों की गति दिया,
तुम्हें याद हो कि न याद हो॥"

यह कामिल मुसम्मन् सालिम है। मुतफ़ाइलुन् (।। ऽ। ऽ) को चार बार लाने से इसकी ध्वनि बनती है। इस बह्र में लिखी गयी यह उर्दू गजल बहुत मशहूर है–

"वह जो हमसे तुमसे करार था
तुम्हें याद हो कि न याद हो।
हमें याद है सब ज़रा ज़रा
तुम्हें याद हो कि न याद हो॥"

बाबू साहब के पद्य का आधार यही है। श्रीमान् पण्डित प्रतापनारायण मिश्र की भी कुछ रचनाएँ देखिये–

"बिधाता ने याँ मक्खियाँ मारने को।
बनाये हैं खुशरू जवाँ कैसे कैसे॥
अभी देखिये क्या दशा देश की हो।
बदलता है रंग आसमाँ कैसे कैसे॥"

यह मुतक़ारिब मुसम्मन् सालिम है। फ़ऊलुन् (। ऽ ऽ) चार बार आने से इस बह्र की ध्वनि बनती है। कुछ उर्दू पद्य भी देखिये–

ज़ेहन पर हैं उनके गुमाँ कैसे कैसे।
कलाम आते हैं दरमियाँ कैसे कैसे॥
न गोरे सिकन्दर न है क़ब्र दारा।
मिटे नामियों के निशाँ कैसे कैसे॥

–आतिश

प्राचीन लेखकों में माननीय प्रेमघन और श्रीमान् बाबू बालमुकुन्द गुप्त की भी हिन्दी रचनायें उर्दू बह्रों में पायी जाती हैं। मगर अब उन लोगों की रचनाओं का उदाहरण देकर

मैं इस लेख को न बढ़ाऊँगा। सम्भव है कि इस क्रम में अनभिज्ञता के कारण कुछ और नाम छूट गये हों, किन्तु इससे उद्देश्य-निरूपण में अन्तर न पड़ेगा। वर्तमान काल खड़ी बोली की रचनाओं के प्रसार का है। इस कारण आजकल अधिकांश लोग उर्दू बह्रों से काम लेने लगे हैं। प्रतिष्ठित लेखकों में उर्दू बह्रों में अधिकतर लिखने वाले श्रीमान् पण्डित गयाप्रसाद शुक्ल 'सनेही' और श्रीमान् लाला भगवानदीन हैं। मेरे विषय में एक स्थान पर अपनी 'कविता कौमुदी' में श्रीमान् पण्डित रामनरेश त्रिपाठी ने यह लिखा है—

> "उर्दू वाले 'और' को 'औ' और 'पर' को 'प' लिखकर भी अपना भाव प्रकट कर सकते हैं, किन्तु हिन्दी में यह गुनाह माना जाता है। हिन्दी में शब्दों के रूप और उच्चारण में अन्तर नहीं होना चाहिए। नियमित सँकरे रास्ते से ही चलना चाहिए; किन्तु हर एक बार माल पूरा आना चाहिए। थोड़े माल से ग्राहकों का जी नहीं भर सकता। ऐसा करने के लिए हिन्दी के कुछ कवि उर्दू वालों का ही रास्ता पकड़ना चाहते हैं। वर्तमान कवियों में इस मत के पोषक पण्डित अयोध्यासिंह उपाध्याय कहे जा सकते हैं।"

मैंने खड़ी बोली की कविता में अधिकतर उर्दू बह्रों का प्रचार किया है; ज्ञात होता है कि यह देखकर पण्डितजी ने ऐसा लिखने की कृपा की है; किन्तु मेरे उद्देश्य को आप यथातथ्य प्रकट नहीं कर सके हैं। मेरे उर्दू बह्रों में एक सज्जन ने पिंगल के दोष भी दिखलाये हैं। कुछ लोगों ने मुझसे ये प्रश्न भी किये हैं कि उर्दू बह्रें हिन्दी में किन नियमों के साथ ग्रहण की जा सकती हैं? अतएव मैं इस विषय में कुछ लिखने को बाध्य हुआ।

प्रत्येक भाषा का यह नियम है कि उसमें रस और भाव के अनुकूल कुछ छन्द अथवा वृत्त नियत होते हैं। संस्कृत में भी रसानुकूल वृत्तों की योजना है। कोमल और मधुर भावों के लिए यदि मालिनी और वसन्ततिलका आदि का प्रयोग होता है तो गम्भीर ओर ओजमय भावों के लिए शार्दूल-विक्रीड़ित आदि से काम लिया जाता है। हिन्दी में शृंगार रस की सरस और मनोहर रचनाओं के लिए यदि मत्तगयन्द सार और बरवे गृहीत हैं तो वीर अथवा रौद्र रस के लिए कड़खा, त्रिभंगी और वीर छन्द काम में आता है। क्यों! इसलिए कि छन्द मनोभावों के प्रकट करने के समुचित साधन हैं। जिस छन्द द्वारा जो मनोभाव यथातथ्य प्रकट होगा उस मनोभाव के व्यक्त करने के लिए वही छन्द उपयुक्त और उत्तम समझा जावेगा। खड़ी बोली का रोजमर्रा और बोलचाल जिस उत्तमता से प्रायः उर्दू बह्रों में लिखा जा सकता है, जितनी ओजस्विता उनमें आती है, बहुधा हिन्दी छन्दों में नहीं। जिस सुविधा से खड़ी बोली की क्रियाएँ उर्दू बह्रों में प्रायः खपती हैं, हिन्दी छन्दों में नहीं। वे उर्दू बह्रों में आकर यदि उनको सजाती हैं तो उर्दू बह्रें भी उनको सुन्दर बनाने में कम सहायक नहीं होतीं और यही कारण है कि आजकल उर्दू बह्र का प्रचार कुछ अधिक हो गया है।

मैं ऊपर यह दिखला आया हूँ कि हिन्दी में उर्दू बह्रों का प्रचार आधुनिक नहीं है, वरन् चिरकालिक है। कारण दूरा कुछ नहीं, उपयोगिता मात्र है। इसलिए यह नहीं कहा जा सकता कि हिन्दी मैं उर्दू बह्रों का अधिक प्रचार करके अनधिकार चेष्टा की गयी है। मुख्यतः उस अवस्था में जब कि वे हिन्दी वृत्तों के ही अन्तर्गत हैं। हाँ, यह अवश्य विचारणीय है कि उनका व्यवहार हिन्दी में किस रूप में होना चाहिए। अब मैं इसी विषय पर प्रकाश डालूँगा।

बह्र-व्यवहार-नियम

हिन्दी छन्दों के नियम सरल, सुबोध और अल्प श्रमसाध्य हैं। अतएव इन्हीं नियमों के साथ हमको उर्दू बह्रों को भी ग्रहण करना चाहिए। उर्दू में उनका प्रचलित होना हमारे दृष्टि आकर्षण के साधन अवश्य हैं, पर हैं वे हिन्दी वृत्तों के ही रूपान्तर। ऐसी अवस्था में वे हिन्दी छन्दों के नियम के अन्तर्गत हैं। अतएव वे हमारे लिए उन्हीं नियमों के साथ ग्राह्य हैं इसमें तर्क-वितर्क को स्थान नहीं। अब रही यह बात कि यदि उर्दू के नियम उनसे भी सरल, सुबोध और उपयोगी हों तो वे क्यों न ग्रहण किये जावें! मैं इसको स्वीकार करता हूँ और अब इसी बात की मीमांसा में प्रवृत्त होता हूँ।

हिन्दी में सब छन्दों की मात्राएँ नियत हैं। ह्रस्व की एक मात्रा और दीर्घ की दो मात्राएँ होती हैं। अतएव मात्रा गिनने में कोई उलझन नहीं होती। ध्वनि अथवा गति के लिए उदाहरण की ध्वनि ही पर्याप्त होती है। कुछ यति और स्थान विशेष पर लघु-गुरु के नियम हैं। बस, इतना ही। किन्तु इतना ज्ञान ही इतना पूर्ण होता है कि छन्दोरचना हो जाने पर एक मात्रा की कसर नहीं पड़ती। कभी-कभी दीर्घ को ह्रस्व पढ़ना पड़ता है, परन्तु ऐसा अवसर कदाचित् ही उपस्थित होता है। अधिकांश छन्दों में ऐसी नौबत ही नहीं आती। बहुत से प्रतिष्ठित कवि यति और स्थान-विशेष पर लघु-गुरु स्थापन के नियम को भी नहीं मानते। वे केवल उदाहरण के छन्दोगति पर ही दृष्टि रखते हैं और ऐसी अवस्था में भी निर्दोष कविता करते हैं। यति के विषय में कुछ आचार्यों की भी यही सम्मति है। छन्दोमंजरीकार लिखते हैं–

"श्वेतमाण्डव्य मुख्यास्तु नेच्छन्ति मुनयो यतिम् ॥"

श्वेतमाण्डव्यादि मुनि यति नहीं मानते। दीर्घ का लघु पढ़ा जाना यद्यपि प्रचलित है तथापि हिन्दी छन्दोरचना इतनी सुन्दर होती है कि ऐसा अवसर बहुत कम आता है। छन्द के प्रति चरण में ही अनेक शब्दों के तोड़ने-मरोड़ने की आवश्यकता नहीं होती। मैं रोला छन्द लेकर अपने कथन को स्पष्ट करूँगा।

छन्दःप्रभाकर में रोला का लक्षण यह लिखा है–

"रोला की चौबीस कला यति शंकर तेरा।"

अर्थ इसका यह हुआ कि रोला की चौबीस कला अर्थात् मात्राएँ होती हैं, और शंकर यानी ग्यारह और तेरह पर यति होती है। इसकी टीका में ग्रन्थकार ने यह लिखा है–"अन्त

में दो गुरु अवश्य चाहिए, किन्तु यह सर्वसम्मत नहीं है।" इससे यह पाया जाता है कि अन्त में दो गुरु होने का नियम सर्वमान्य नहीं है, अतएव रोला का जो लक्षण पद्य में लिखा है वही मुख्य है। लक्षण का पद्य हमें छन्दोगति भी बतलाता है। अतएव इस गति पर ध्यान रख हम यति का निर्वाह करते हुए 24 मात्रा पूरी कर दें तो रोला-छन्द बन जावेगा। हमको किसी दूसरी उलझन में नहीं फँसना होगा। श्रीयुत् बाबू जगन्नाथदास रत्नाकर बी.ए. ने नागरी-प्रचारिणी पत्रिका भाग 5 अंक 1 में रोला छन्द के विषय में बहुत कुछ लिखा है। उसमें एक स्थान पर 'प्राकृत पिंगल सूत्राणि' के टीकाकार बंशीधर की यह सम्मति उन्होंने प्रकट की है–

"रोलायाम् चतुर्विंशतिमात्राः प्रतिचरणं देयाइत्यावश्यकम्। तत्र प्रकारद्वयेन सम्भवति, लघुद्वययुक्तैकादशगुरुदानेन यथेच्छं गुरुलघुदानेन वा।"

दूसरे स्थान पर 'छन्दोर्णव-पिंगलकार' कविवर भिखारीदास का यह विचार "अनियम है है रोला" लिखा है। इसके बाद बहुत मीमांसा करके यह निष्कर्ष निकाला है–

"रोला छन्द में 11 मात्राओं पर विरति होना आवश्यक नहीं है। पर यदि हो तो अच्छी बात है।"

निम्नलिखित प्रतिष्ठित कवियों के पद्यों से भी यही सिद्ध होता है कि रोला छन्द में अन्त में दो गुरु और ग्यारह मात्राओं पर यति होना आवश्यक नहीं है।

"ब्रह्म कमंडलमंडन भवखंडन सुरसरबस।"
× × ×
"ऐरावतगज गिरि पवि हिमनगकंठहारकल।"
× × ×
"घहरत घंटा धुनि धमकत धौंसा करि साका।"
× × ×
"वारिधि नाते ससिकलंक मनु कमल मिटावत।"

भारतेन्दु

"या बन की बर बानिक या बन ही बनि आवै।"
× × ×
"साखा दल फल फूलनि हरि प्रतिबिम्ब बिराजै॥"
× × ×
"निंकर विभाकर दुति मेटत सुभ मनि कौस्तुभ अस।"
× × ×
"सुन्दर नन्द-कुँवर उर पर सोइ लागत उड़ु जस॥"

नन्ददास

इन बातों के उल्लेख करने का अभिप्राय यह है कि हिन्दी-भाषा-छन्दों के नियमों को सुलभ और सुबोध बनाने की बराबर चेष्टा हुई है। बन्धनों को कसने के स्थान पर ढीला किया गया है, और ऐसे मार्ग निकाले गये हैं जिनसे जटिलताओं का निराकरण हो। रोला को किसी-किसी आचार्य ने इतना मुक्त कर दिया है कि यदि 24 मात्राएँ ही छन्दोगति का ध्यान करके लिख दी जावें तो रोला छन्द बन जावेगा, और रचयिता को दूसरे बन्धनों में न पड़ना होगा। अन्य छन्दों के विषय में भी इसी प्रकार की बहुत सी बातें कही और बतलाई जा सकती हैं, परन्तु यह केवल बाहुल्य मात्र होगा। वास्तव बात यह है कि जिह्वा ही छन्दोगति की तुला है। यदि थोड़ी सावधानी के साथ छन्द के साधारण नियमों का ध्यान रखकर रचना की जावे तो दोष की सम्भावना बहुत ही कम रहती है। यह बात एक अभ्यस्त पुरुष के लिए है, शिक्षार्थी के लिए यह बात नहीं कही जा सकती। उसको कुछ काल तक प्रत्येक नियमों का पूरा अभ्यास करके अपनी रचना-शक्ति को बढ़ाना ही होगा, तभी उसको सफलता प्राप्त होगी। शिक्षार्थी के लिए ही अधिकतर उपयोगी नियम बनाये गये हैं, कि जिनके द्वारा गन्तव्य पथ पर वह सुगमता से चल सके। हिन्दी छन्दः शास्त्र में जहाँ एक ओर सुगमता और सहज बोध का राजमार्ग है वहीं दूसरी ओर अनुकूल नियमों और उपयोगी परिभाषाओं की चरम सीमा है।

अब आइये इसी कसौटी पर उर्दू की बह्रों को कसें। उर्दू में इस प्रणाली को 'तक़तीअ' कहते हैं। दोनों भाषाओं में पद्यों की अधिकांश रचना ध्वनि अथवा छन्दोगति के अनुसार होती है; भ्रम प्रमाद मनुष्य का स्वाभाविक गुण है। भूल-चूक किससे नहीं होती कभी-कभी चिर अभ्यस्त पुरुष भी मार्गच्युत हो जाता है। शीघ्रता से की गयी रचनाएँ अथवा चित्तवृत्ति की अननुकूलता भी प्रायः छन्दों को सदोष बना देती है। ऐसी अवस्था में प्रश्न होने पर अथवा अपने चित्त के समाधान के लिए छन्दों को नियत गण अथवा मात्राओं पर कसना पड़ता है। शिक्षा के समय अथवा किसी के बोध-वर्धन के लिए भी इसकी आवश्यकता होती है। इसी क्रिया को उर्दू में तक़तीअ और हिन्दी में जाँच अथवा परीक्षा कहते हैं। हिन्दी में यह क्रिया लघु गुरु मात्राओं और कतिपय उल्लिखित विशेष नियमों द्वारा होती है। उर्दू में 'तक़तीअ' रुक्नों द्वारा की जाती है जिसके दो मूल चिह्न 'साकिन' और 'मुतहर्रिक' हैं। हिन्दी के लघु गुरु मात्राओं के विषय में हिन्दी-संसार को मुझे कुछ विशेष बतलाने की आवश्यकता नहीं, उसको पिंगल से अल्प परिचित जन भी भली भाँति समझता और जानता है। यहाँ मुझको रुक्नों और 'साकिन', 'मुतहर्रिक' दो मूल चिह्नों का वर्णन करना है, जिससे यह ज्ञात हो सके कि दोनों मार्गों में कौन विशेष सरल, बोधगम्य अथच उपयोगी है।

मैं ऊपर कह आया हूँ कि हिन्दी में छन्द का उदाहृत पद्य ही उसकी ध्वनि अथवा गति का सूचक होता है। उर्दू में यह बात नहीं है, उसमें यह काम रुक्न करते हैं। 'बाल

की खाल काढ़ने वाले' यदि इसकी ध्वनि उर्दू वाले को बतानी होगी तो वह "फ़ाइलातुन्-मफ़ाइलुन् फ़ेलुन्" रुक्नों द्वारा उसको प्रकट करेगा। ऐसे ही सब बह्रों के लिए उसमें रुक्न नियत हैं; कभी एक ही रुक्न तीन चार बार आकर बह्रों की ध्वनि बतलाते हैं और कभी उनके साथ दूसरे दूसरे रुक्न भी होते हैं। जैसे अकेले 'मफ़ाईलुन्' को चार बार लाने से किसी बह्र का एक मिसरा बनता है, वैसे ही "मफ़ऊल मफ़ाईलुन्" "मफ़ऊल मफ़ाईलुन्" से भी किसी दूसरी बह्र का एक मिसरा बन जाता है। ये ही उर्दू बह्रों की ध्वनियों के जनक हैं।

अब रहा प्रश्न 'साकिन' और 'मुतहर्रिक' का। यह उर्दू में हमारी लघु-गुरु मात्राओं का काम देते हैं, परन्तु उतने सरल और सुबोध नहीं हैं। इनमें जटिलता है। 'पद्य-परीक्षाकार' पंडित नारायण प्रसाद बेताब ने उनका वर्णन उक्त ग्रन्थ में हिन्दी पिंगल के ढंग पर किया है; अतएव उसी ग्रन्थ से उनके वर्णन को मैं यहाँ अविकल उद्धृत करता हूँ–

"**साकिन**–(1) शब्द के अन्त या मध्यवर्ती स्वरहीन अक्षर (व्यंजन) को साकिन कहते हैं। उर्दू में कोई शब्द ऐसा नहीं जो साकिन से शुरू होता हो।

(2) दीर्घ स्वर दो स्वरों के योग से बनते हैं (जैसे कि अ + अ = आ) इसलिए दो स्वरों का अन्तिम स्वर 'साकिन' होता है। दीर्घ स्वर जिन व्यंजनों में मिल जायगा वह व्यंजन गुरु हो जावेगा। गुरु की दो मात्रा होती है। जैसे जा, की, बू, से लो, इनमें अन्तिम मात्रा को 'साकिन' जानिये।

मुतहर्रिक–(1) अ, इ, उ, ऋ स्वयं मुतहर्रिक हैं।

(2) जिस व्यंजन में उक्त स्वर सम्मिलित होंगे, वह भी मुतहर्रिक होगा।

(3) जब दो साकिन समीप आ पड़ते हैं तो दूसरे को मुतहर्रिक मान लेते हैं। उदाहरण–

"किस 'बात्' पर है तेरा दिमाग़ आसमान पर।
मंज़िल गहे फ़कीरो तवंगर 'ज़मीन्' है॥"

"इस शेर में बात् का त् और ज़मीन् का न् वास्तव में साकिन हैं, पर साकिन के बाद आने से मुतहर्रिक का स्थान ले रहे हैं। तीन साकिन एकत्र हो जाते हैं तो दूसरा मुतहर्रिक और तीसरा लोप हो जाता है। जैसे दोस्त, पोस्त को 'तक़तीअ' में दोस, पोस शुमार करेंगे।"

–पद्यपरीक्षा पृष्ठ 21-22

उदाहरण के द्वारा इस विषय को मैं और स्पष्ट करना चाहता हूँ। मिर्जा ग़ालिब के इस मिसरे को देखिये–

"आगे आती थी हाल दिल पर हँसी।"

हमको इसकी 'तक़तीअ' करनी है। इसलिए पहिले देखना चाहिए कि इसके रुक्न क्या हैं! इसके रुक्न हैं—

फ़ा इ ला तु न् - म फ़ा इ लु न् - फ़े लु न्

मस म मस म स म मस म म स मस म स

अब नियम के अनुसार हमको यह देखना है कि इसमें कितने साकिन और कितने मुतहर्रिक हैं, और उनका स्थान क्या है। उक्त रुक्नों में पहिले में 'फ़ा' व 'ला' दो दीर्घ और दूसरे व तीसरे में 'फ़ा' व 'फ़े' एक एक दीर्घ हैं। इन सबों का व्यंजनांश मुतहर्रिक और अंतिम दीर्घांश साकिन (देखो साकिन का नियम 2) होगा। अतएव उनके नीचे पहिले मुतहर्रिक का छोटा रूप 'म' और बाद को साकिन का छोटा रूप 'स' लिखिये। पहले रुक्न का इ और तु दूसरे रुक्न का इ व लु और तीसरे रुक्न का लु नियमानुसार मुतहर्रिक हैं (देखिये मुतहर्रिक का नियम 1, 2)। अतएव उनके नीचे भी 'म' लिखिये, तीनों रुक्नों के अन्त में स्वरहीन अथवा हलन्त न् है अतएव वह साकिन है। (देखिये साकिन का नियम 1)। अतएव उन पर स लिखिये। अब केवल दूसरे रुक्न का म रह गया, वह मुतहर्रिक के नियम 2 के अनुसार मुतहर्रिक है। अतएव उसके नीचे म लिखिये। रुक्नों के कुल अक्षरों पर साकिन और मुतहर्रिक लिख गये। इसलिए अब यह देखना चाहिए कि रुक्नों में कुल संख्या साकिन व मुतहर्रिक की क्या है और उनमें कितने साकिन और मुतहर्रिक हैं और उनका स्थान क्या है! गिनने पर मालूम होगा कि कुल साकिन और मुतहर्रिक 17 हैं। उनमें से 10 मुतहर्रिक और 7 साकिन हैं। पहले, तीसरे, चौथे, छठे, आठवें, नवें, ग्यारहवें, बारहवें, चौदहवें और सोलहवें स्थान पर मुतहर्रिक हैं और शेष स्थानों पर साकिन। अब उक्त मिसरे पर भी साकिन मुतहर्रिक के सूक्ष्म रूप म, स, को उक्त नियमानुसार लिखिये। यदि उनके साकिन व मुतहर्रिक की संख्या रुक्नों की संख्या के बराबर हों और स्थान भी उनके वे ही हों तो समझिये मिसरा शुद्ध है अन्यथा सदोष। नियमानुसार मिसरे पर स म लिखे गये तो उसका निम्नलिखित स्वरूप हुआ—

आ गे आ ती थी हा ल दि ल प र हँ सी

मस मस मस मस मस मस म म स म स म मस

'म' व 'स' के गिनने पर ज्ञात हुआ कि उनकी कुल संख्या 20 है, और अलग-अलग मुतहर्रिक की संख्या 11 और साकिन की संख्या 9 है, जो कि रुक्नों की कुल संख्या और साकिन व मुतहर्रिक की अलग-अलग संख्या से अधिक है। मिला कर देखिये; दोनों के साकिन मुतहर्रिक के स्थान भी नहीं मिलते। इसलिए मिसरा अशुद्ध ओर सदोष है।

तो क्या मिर्जा ग़ालिब ऐसे उस्ताद भी मिसरा गलत लिख गये? नहीं, यह बात नहीं है। वास्तव बात यह है कि अधिकांश उर्दू बह्रों में हिन्दी के अनेक शब्द शुद्ध रूप में नहीं

आते। इसलिए 'तक़्तीअ' करने के समय कुछ गुरु लघु बना दिये जाते हैं और कुछ पूरे शब्द अधूरे रखे जाते हैं, तब कहीं जाके पूरी पड़ती है और अरकान से उनका मिलान होता है, इस नियम के अनुसार मिसरे का निम्नलिखित रूप होगा–

आ ग आ ती थि हाल दिल प हँसी।

आप देखें इसमें आगे का गे, ग; थी, थि; और पर, प बन गया। जब नियमानुसार उन पर 'साकिन' 'मुतहर्रिक' लिखा गया तो निम्नलिखित रूप हुआ–

आ	ग	आ	ती	थि	हा	ल	दि	ल	प	हँ	सी
मस	म	मस	मस	म	मस	म	म	स	म	स	मस

यह रूप साकिन मुतहर्रिक की संख्या और स्थान दोनों की दृष्टि से रुक्नों के समान है। अतएव सिद्ध हुआ कि मिसरा शुद्ध है। एक बात और मैं यहाँ प्रकट कर देना चाहता हूँ–वह यह कि जब दो मुतहर्रिक साथ आते हैं तो उर्दू नियमानुसार वे दीर्घ होकर प्रायः गुरु का रूप धारण कर लेते हैं। अतएव दीर्घ वर्ण के समान ही उनके साकिन और मुतहर्रिक माने जाते हैं। इसी व्यवस्था के अनुसार ऊपर के 'दिल' और 'पहँ' दीर्घ माने गये और दीर्घ वर्ण के अनुसार उनके साकिन मुतहर्रिक का निर्णय किया गया।

पिंगलसार के रचयिता पृष्ठ 100 में लिखते हैं–

> "हम, तुम, कब, जब, अब, इस, उस, चल इत्यादि का वास्तविक रूप उर्दू में हम्, तुम्, कब्, जब्, अब्, इस्, उस्, चल् हैं। हल् अक्षर अपने पूर्व को गुरु करके स्वयं नष्ट हो जाता है। इस कारण दोनों लघु भी एक गुरु ही हो जायेंगे।"

इसका भाव भी लगभग वही है, जो मैंने अभी बतलाया है। साकिन और मुतहर्रिक की जटिलताएँ आपने देख लीं, उनके नियमों की दुरूहता भी समझ ली। मैं समझता हूँ कुछ सज्जन ऊब भी गये होंगे, कुछ उसको ठीक-ठीक समझ भी न सके होंगे। अतएव स्पष्ट को और स्पष्ट करने एवम् हिन्दी-लघु गुरु के नियम की सरलता और सुबोधता दिखलाने के लिए अब मैं हिन्दी पिंगल के अनुसार रुक्नों के ही सहारे उक्त मिसरे की शुद्धता की जाँच कहता हूँ। हिन्दी में पिंगल के नियमानुसार कुल रुक्नों का यह स्वरूप होगा। नीचे मिसरा भी लिखा है–

फ़ा	इ	ला	तुन्	म	फ़ा	इ	लुन्	फ़े	लुन्
ऽ	।	ऽ	ऽ	।	ऽ	।	ऽ	ऽ	ऽ
आ	ग	आ	ती	थि	हा	ल	दिल	पहँ	सी
							ऽ	ऽ	

ऊपर की क्रिया देखने से ज्ञात हो गया कि यह 17 मात्रा का छन्द है। संशोधित रूप में मिसरा बिलकुल शुद्ध है। पहले रुक्न के तुन् व दूसरे रुक्न के लुन् को दो लघु और फ़ेलुन को चार लघु लिख कर भी ती, दिल् और प हँसी को मिलावें तो भी कोई अन्तर न पड़ेगा। क्योंकि छन्द मात्रिक रूप में ग्रहण किया गया है। आप देखें लघु गुरु प्रणाली से कितना शीघ्र और कितनी सुगमता से छन्द की जाँच हो गयी।

नियमों की अपूर्णता

अब हम उक्त नियमों की पूर्णता की जाँच करेंगे। साकिन के विषय में कहा गया है कि शब्द के अन्त और मध्य में जो हल् वर्ण होगा वह साकिन होगा। यदि शब्द के आदि में हल् वर्ण हो तो क्या होगा? इसका उत्तर यह है कि उर्दू में कोई शब्द साकिन से प्रारम्भ नहीं होता। हिन्द का 'प्रेम' व 'स्नेह' शब्द उर्दू में 'परेम' व 'सनेह' हो जावेगा, इसलिए आदि के हल् वर्ण के विषय में कुछ कहना व्यर्थ समझा गया। उर्दू के लिए यह सिद्धान्त ठीक हो सकता है, किन्तु हिन्दी वालों के लिए यह सिद्धान्त 'अव्याप्ति' दोष से दूषित है। यदि हम उक्त बह्र में ही यह मिसरा लिखें "प्रेम का पाँव चूमने वाले" तो उर्दू के नियमानुसार प्रेम की तक़तीअ नहीं हो सकती, क्योंकि आदि के हल् वर्ण के विषय में वह कोई नियम नहीं बनाता, और ऐसी अवस्था में हिन्दी के लिए उसकी अपूर्णता प्रकट है।

मुतहर्रिक के विषय में एक नियम यह है कि अ, इ, उ, ऋ ये चारों स्वर मुतहर्रिक हैं। यही नहीं, ये चारों स्वर जिस व्यंजन में मिले होंगे वे भी मुतहर्रिक होंगे। इसलिए यह सिद्ध होता है कि यदि ऐसे वर्णों का नियमानुसार यथास्थान प्रयोग न होगा तो बह्र सदोष हो जावेगी। प्रयोजन यह कि ति, तु, तृ या ऐसे ही और व्यंजन जिनमें इ, उ, ऋ सम्मिलित हों मुतहर्रिक है, अतएव यदि ऐसे व्यंजनों का प्रयोग साकिन के स्थान पर होगा तो रचना दोषयुक्त हो जावेगी, क्योंकि छन्द अथवा बह्र की गति वा ध्वनि में अन्तर पड़ जावेगा।

श्रीयुत बाबू जगन्नाथदास रत्नाकर की सम्मति भी कुछ इसी प्रकार की है। उन्होंने प्रथम अखिल भारतीय कवि सम्मेलन के प्रधान पद से इस विषय में जो कुछ कहा है, उसके विशेषांश नीचे दिये जाते हैं—

> "फ़ारसी शब्दों में कतिपय विशेष अवस्थाओं के अतिरिक्त प्रायः दो लघुवर्ण एक साथ नहीं पड़ते। इसीलिए उर्दू छन्द में, हिन्दी के दो लघुवर्ण जब एक साथ आते हैं, तो उनमें से अन्त लघु हलवत् उच्चारित होता है, जिससे उसके पूर्व का लघुवर्ण गुरु हो जाता है।"
>
> "पर जब लोग यह समझ कर कि उर्दू छन्दों के किसी गुरु के स्थान पर दो लघु लाने में कोई हानि नहीं है, इकारान्त अथवा उकारान्त शब्द

भी उर्दू छन्दों में लाने लगते हैं, तो उनका बिगाड़ बढ़कर लक्षित होने लगता है।"

"यद्यपि उर्दू के किसी किसी छन्द में एक गुरु के स्थान पर दो लघु अथवा दो लघुओं के स्थान पर एक गुरु रख देने से उसकी लय में कोई त्रुटि लक्षित नहीं होती। जैसे उस छन्द में जो हरिगीतिका से मिलता है, पर अधिकांश छन्दों में ऐसा लघु गुरु का परिवर्तन छन्द की गति बिगाड़ देता है।"

आइये इसकी परीक्षा करें, इसको जाँचें और देखें कि वास्तव में बात क्या है! जिस मुतहर्रिक स्थानीय व्यंजन में अ सम्मिलित हो उसमें कोई झगड़ा न पड़ेगा, क्योंकि उर्दू में वह प्रायः हलन्त मान लिया जाता है। ऐसे ही 'ऋ' सम्मिलित वर्ण भी बहुत थोड़े मिलेंगे, अतएव परीक्षा में ऐसे वर्णों को लेता हूँ इ अथवा उ सम्मिलित हों। नीचे के पद्यों को देखिये।

1. **कौन सुंदर रुचि न चौगूनी हुई**

× × ×

2. **हैं बुरी रुचियाँ बुराई से भरी।**

× × ×

3. **ठीक धुनिये के धुने रूई हुई।**

× × ×

4. **गिटकिरी जो हो न सुंदर रुचि भरी।**

× × ×

5. **राज-मुकुटों पर लगी मोती लड़ी।**

× × ×

6. **बीज बोते ही नहीं मरुभूमि में।**

× × ×

7. **है बुरा बहुतायतों में क्यों फँसे।**

× × ×

8. **और पहुँचाते रहें ठंढक सभी।**

इन पद्यों की ध्वनि वही है जो "जब जरा गरदन झुकाई देख ली" की है। इसके अरकान हैं—"फ़ाइलातुन् फ़ाइलातुन् फ़ाइलुन्" अरकान पर साकिन, मुतहर्रिक लिखने से उनका निम्नलिखित रूप होगा—

	फ़ा	इ	ला	तुन्	फ़ा	इ	ला	तुन्	फ़ा	इ	लुन्
	मस	म	मस	मस	मस	म	मस	मस	मस	म	मस
	ऽ	।	ऽ	।	ऽ	।	ऽ	।।	ऽ	।	ऽ
1.	कौ	न	सुं	दर	रुचि	न	चौ	गू	नी	हु	ई
2.	हैं	बु	री	रुचि	याँ	बु	रा	ई	से	भ	री
3.	ठी	क	धुनि	ये	के	धु	ने	रू	ई	हु	ई
4.	गिट	कि	री	जो	हो	न	सुं	दर	रुचि	भ	री
5.	रा	ज	मुकु	टो	पर	ल	गी	मो	ती	ल	ड़ी
6.	बी	ज	बो	ते	ही	न	हीं	मरु	भू	मि	में
7.	है	बु	रा	बहु	ता	य	तों	में	क्यों	फँ	से
8.	औ	र	पहुँ	चा	ते	र	हें	ठं	ढक	स	भी

ऊपर के कोष्ठक के देखने से ज्ञात होगा कि पहले, दूसरे और चौथे पद्य के रुचि की चि और तीसरे पद्य के धुनि की नि और पाँचवें पद्य के मुकु का कु छठे पद्य के मरु का रु सातवें पद्य के बहु का हु और आठवें पद्य के पहुँ का हुँ जो कि इ और उसे सम्मिलित होने के कारण मुतहर्रिक हैं, साकिन का स्थान ग्रहण करते हैं किन्तु इससे पद्य की ध्वनि में कोई अन्तर नहीं पड़ा। पद्य में ध्वनि ही प्रधान वस्तु है। जब वही नहीं बिगड़ी एक मात्रा की भी कसर नहीं पड़ी, तब साकिन और मुतहर्रिक के फेर में पड़कर हम पद्य को सदोष नहीं कह सकते और ऐसी अवस्था में उक्त नियम की अवास्तवता और अपूर्णता स्पष्ट है। एक बात और है, और वह यह कि यदि हम चि के स्थान पर च्, नि के स्थान पर न्, कु, रु, हु, हुँ के स्थान पर क, र, ह, हँ लिख देवें, तो उर्दू क़ायदे से उनको हलन्त मान कर उन्हें साकिन मान लिया जावेगा और तब पद्य निर्दोष हो जावेगा। विचारने का स्थल है कि हिन्दी के लिए यह नियम कहाँ तक उपयोगी है। हिन्दी-पिंगल के अनुसार नि व न् अथवा चि व च् इत्यादि की एक ही मात्रा है। अतएव वे दोनों अवस्थाओं में समान हैं। फिर उसमें किसी परिवर्तन की क्या आवश्यकता, यह बात भी ऐसी है जो हिन्दी के लिए उक्त नियम को अनुपयुक्त बतलाती है।

उर्दू के लिए उक्त नियम को उपयुक्त भले ही कहा जावे, किन्तु उर्दू के जो मान्य शोअरा हैं उनको प्रायः उक्त नियम का पालन करते नहीं देखा जाता। आप सबसे पहले अमीर खुसरो की "जे हाल मिसकीं मकुन तग़ाफुल दुराय नयना बनाय बतियाँ" यह प्रसिद्ध ग़ज़ल लीजिए। इस गजल के छः बन्दों के अन्त में बतियाँ, रतियाँ, पतियाँ, छतियाँ है। इस बह्र के अरकान हैं 'फ़ऊल-फ़ेलुन्' चार बार। अन्तिम रुक्म फ़ेलुन् है। इसके नीचे बतियाँ, इत्यादि को रखिये तो ति मुतहर्रिक साकिन का स्थान ग्रहण करती है,

'(देखिये निम्नलिखित कोष्ठक)' अतएव कुल की कुल गजल सदोष हो जाती है, किन्तु यह मानने के लिए क्या उर्दू शोअरा तैयार होंगे! इसी ग़जल के तीसरे, पाँचवें, सातवें और नवें बन्द के अन्त में क्रमशः कोतह, तसकीं, आँमह और खुसरो शब्द हैं जो कि शुद्ध हैं। अतएव 'बतियाँ' इत्यादि को भी उन्होंने शुद्ध ही समझ कर लिखा है। उनको अशुद्ध कदापि नहीं माना है। क्योंकि उससे ध्वनि में अन्तर नहीं पड़ता।

फ़े	लुन्	फ़े	लुन्	फ़े	लुन्	फ़े	लुन्	फ़े	लुन्
मस	मस	मस	मस	मस	मस	मस	मस	मस	मस
बति	याँ	को	तह	तस	कीं	आँ	मह	खुस	रो

निम्नलिखित पद्यों को भी देखिये—

1. घड़ियाल थे रोदबार में सुस्त।
2. बटिया है न है सड़क नमूदार। — हाली
3. रहिये अब ऐसी जगह चलकर जहाँ कोई न हो।
4. पड़िये गर बीमार तो कोई न हो तीमारदार।
5. तोप खसकी तो प्रोफ़ेसर पहुँचे। — अकबर
6. दश्त से कब वतन को पहुँचूँगा।
7. कि छठा अब तो साल आ पहुँचा। — नासिख़

पहले दोनों पद्य के अरकान हैं "मफ़्ऊल्, मफ़ाइलुन्, फ़ऊलुन्" अतएव पहला रुक्न 'मफ़्ऊल्' है जिसका दूसरा अक्षर साकिन है, परन्तु उक्त दोनों पद्यों का दूसरा अक्षर इकार युक्त होने के कारण मुतहर्रिक है, साकिन नहीं। तीसरे, चौथे पद्य के अरकान हैं—"फ़ाइलातुन्, फ़ाइलातुन्, फ़ाइलातुन्, फ़ाइलुन्" पहिला रुक्न फ़ाइलातुन है, फ़ा का व्यंजनांश मुतहर्रिक और दीर्घांश नियमानुसार साकिन है, अतएव रहिये के हि और पड़िये के ड़ि को साकिन होना चाहिए। पर दोनों मुतहर्रिक हैं। पाँचवें और सातवें पद्यों के अरकान हैं—"फ़ाइलातुन् मफ़ाइलुन् फ़ेलुन्", अतएव उनका अन्तिम रुक्न 'फ़ेलुन् है। फ़े का द्वितीयांश साकिन है, पर पाँचवें और सातवें पद्य में उसके स्थान पर पहुँचे और पहुँचा का 'हुँ' है जो कि मुतहर्रिक हैं। छठे पद्य के अरकान वे ही हैं जो पाँचवें और सातवें के हैं। इसलिए 'मुफ़ाइलुन्' के 'लुन्' का स्थान वही है जो पद्य के पहुँ का स्थान है, न् साकिन है, अतएव हुँ को भी साकिन होना चाहिए किन्तु वह मुतहर्रिक है। अतः सब पद्य सदोष हैं, जो कि बड़े-बड़े मान्य शायरों के हैं। किन्तु ध्वनि शुद्ध होने के कारण उन लोगों ने इधर दृष्टि नहीं दी है, और न देना चाहिए था, क्योंकि ध्वनि ही प्रधान वस्तु है। जब उर्दू के शोअरा ही उक्त नियम की उपेक्षा करते आये हैं तो हिन्दी में वह नियम कैसे ग्राह्य हो सकता है। मुख्य कर उस अवस्था में जब कि उसके नियम इस विषय में पूर्ण हैं। वास्तव बात

यह है कि किसी शास्त्र का एक पारंगत विद्वान् नियम का पालक हो कर भी उसका परिष्कारक होता है और स्थानविशेष तथा उपयुक्त स्थलों पर समुचित स्वतन्त्रता ग्रहण करने में भी संकुचित नहीं होता, चिरअभ्यस्त और अभ्यासपरायण में अन्तर होता है। प्रथम कभी-कभी स्वतन्त्रता ग्रहण कर उन्मुक्त पथ का पथिक बनता है और एक आदर्श उपस्थित करता है किन्तु द्वितीय का नियमित पथ पर सतर्क होकर चलना ही उसकी सिद्धि-प्राप्ति का साधन होता है। अनेक सहृदय ध्वनि के सहारे ही ऐसी सुन्दर और निर्दोष कविता कर जाते हैं कि जैसी पिंगल-पथ में फूँक-फूँक कर पाँव रखने वाला भी नहीं कर सकता, एक ऐसे ही सहृदय का यह कथन है–

"शेर मी गोयम बेहज़ आबेहयात।
मन न दानम फ़ाइलातुन् फ़ाइलात॥"

हाली, अकबर और नासिख के उक्त पद्य कुछ ऐसे ही भावों के परिणाम हैं।

जिस नियम के विषय में मैं इस समय लिख रहा हूँ उसकी उपयोगिता पर मैं एक प्रकार से और प्रकाश डालूँगा, मेरे इस ग्रन्थ में निम्नलिखित पद्य भी हैं–

1. सिर बने चालाक परले सिरे के।

× × ×

2. साथ तो कनफूल का ही रहेगा।

× × ×

3. हम कहेंगे और मुँह पर कहेंगे।

इन पद्यों के अरकान हैं–"फ़ाइलातुन्-फ़ाइलातुन् फ़ाइलुन्" अंतिम

ऽ। ऽ

फ़ाइलन् का रूप है मस म मस। किन्तु पद्यों के अन्तिमांश

। ऽ ऽ

'सिरे के', 'रहेगा' और 'कहेंगे' का रूप है, म मस मस, दूसरे स्थान पर साकिन के बजाय मुतहर्रिक और तीसरे स्थान पर मुतहर्रिक के बजाय साकिन है। इसलिए पद्य सदोष कहे जा सकते हैं, किन्तु मैं उनको सदोष नहीं मानता। उन्नीस मात्रा के छन्दों में उनका रूप क्रमशः 558वाँ, 426वाँ, 935वाँ है। उनकी ध्वनि भी नहीं बिगड़ती। फिर उन्हें सदोष मानने का कोई कारण नहीं। यह मैं स्वीकार करूँगा कि कभी-कभी गुरु के स्थान पर लघु और लघु के स्थान पर गुरु लिख जाने पर छन्दोगति में कुछ अन्तर पड़ जाता है। जैसाकि इनमें हुआ है, किन्तु अनेक अवस्थाओं में आचार्यों द्वारा यह स्वीकार नहीं किया गया है, क्योंकि अन्तर बहुत सूक्ष्म होता है और उसका प्रभाव छन्दोगति पर अति सामान्य पड़ता है। मैं इसके कुछ प्रमाण दूँगा। निम्नलिखित पद्यों को देखिये–

1. उलटा जपत कोल ते भये ऋषिराउ॥

× × × **–गो. तुलसीदास**

2. नाम भरोस नाम बल नाम सनेहु॥

कोल और नाम के स्थान पर 'लको व मना पढ़कर देखिये, उस समय रहस्य समझ में आ जायेगा; उर्दू में इस प्रकार के प्रयोग बहुत मिलते हैं।'

1. 'वही भी काम नहीं करती नसीहत कैसी।'

× × ×

2. 'कहीं मजलूम की फरियाद रसी काम उसका।'

× × ×

3. 'वही इक शै है कि है अदल कहीं नाम उसका।'

× × ×

4. 'कभी ठहराते हैं गर्दिश को जमाने की बुरा।'

× × ×

5. 'कभी सरकार को कहते हैं कि है बे परवा।'

× × ×

6. 'हुई तकलीफ से या चैन से औकात बसर।'

× × ×

7. 'सगे भाई से वह छिपाता है।'

× × ×

8. 'कही तारीख दुखतरे मोमिन।'

ऊपर के छः पद्यों के अरकान हैं, "फ़ाइलातुन् फ़इलातुन् फ़इलातुन् फेलुन्" उनमें से आदिम रुक्न है 'फ़ाइलातुन्' जिसके आदिम अक्षर हैं फ़ाइ अर्थात् मस म (ऽ ।) किन्तु (वही, कहीं, कभी, हुई, हैं, म मस = । ऽ) प्रयोजन यह कि छओं पद्यों में दीर्घ के बाद ह्रस्व चाहिए। परन्तु सबों में ह्रस्व के बाद दीर्घ है। सातवें आठवें पद्य के अरकान हैं–

"फ़ाइलातुन् मफ़ाइलुन् फ़ेलुन्"

अतएव उक्त नियमानुसार इन पद्यों के आदि में भी पहले दीर्घ तब ह्रस्व होना चाहिए; किन्तु ऐसा नहीं है। यदि कहा जावे कि 'फ़ाइलातुन्', के स्थान पर 'फ़इलातुन्' भी हो सकता है, और ऐसी अवस्था में दीर्घ वर्णों को ह्रस्व अथवा गुरु को लघु पढ़ने से ही काम चल जावेगा, और पद्य में वह दोष न रह जावेगा, जो दिखलाया गया है। तो मैं यह कहूँगा कि ऐसा कह कर साधारण दोष छिपाने के लिए महान दोष का दोषी होना होगा, क्योंकि

S (ये) बिलकुल गिर जावेगी, मैं इस कथन को युक्तिसंगत नहीं मान सकता। वास्तव बात यह है कि नियमों की दृष्टि से वे अशुद्ध हैं; किन्तु उर्दू के उस्तादों के द्वारा ही वे लिखे गये हैं। इसका कारण क्या है? कहा जा सकता है कि भ्रम प्रमाद है। परन्तु क्या सभी पद्यों में भ्रम प्रमाद हुआ है? मौलाना हाली का जो 'काव्य संग्रह' इण्डियन प्रेस प्रयाग में छपा है उसमें बहुत से पद्य ऐसे हैं। इसलिए मैं भ्रम प्रमाद की बात नहीं मान सकता। वास्तव बात यह है कि ध्वनि पर दृष्टि रखकर ये पद्य लिखे गये हैं। नियम के प्रतिकूल वे अवश्य हैं, किन्तु ध्वनि ने नियम पर दृष्टि डालने का अवसर नहीं दिया। अन्तर इतना सूक्ष्म है जो न होने के बराबर है। अतएव उस पर दृष्टि न जाना स्वाभाविक था। हिन्दी-पिंगल इसी स्वाभाविकता का प्रचारक है। वह नियम में बाँधता है। किन्तु बहुत कुछ स्वतन्त्रता भी देता है। जिन पद्यों को मैंने ऊपर लिखा है; जिनका अन्तिम रूप। SS यह है, वह हिन्दी पिंगल के अनुसार ध्वनिमूलक हैं। अतएव मैंने उनको ग्रहण कर लिया है। साथ ही मैंने यह भी प्रतिपादन कर दिया है कि इस प्रकार ध्वनिमूलक पद्यों के लिखने में उर्दू के प्रसिद्ध पद्यकारों ने भी साधारण नियमों की उपेक्षा की है। यह बात भी यही बतलाती है कि ध्वनि हम चाहे जहाँ से लें, किन्तु उस पर शासन हिन्दी-पिंगल का ही रहना चाहिए, मुख्यतः उस अवस्था में जब कि वे हमारे ही छन्दों के रूपान्तर हों।

छन्दोगति के अनुसार शब्दोच्चारण

इसी स्थल पर मैं एक बात और प्रकट कर देना चाहता हूँ। वह यह कि कभी-कभी पद्य में ऐसे शब्द आ जाते हैं, जिनको छन्दोगति के अनुसार पढ़ना पड़ता है। प्रयोजन यह कि जिस प्रकार उनका उच्चारण होता है, उस प्रकार उनका उच्चारण न कर छन्दोगति की रक्षा के लिए उन्हें सँभाल कर पढ़ना पड़ता है। वाल्मीकिरामायण के निम्नलिखित श्लोकों को देखिये—

'तावद्रामायणकथा लोकेषु प्रचरिष्यति।'

× × ×

'इक्ष्वाकूणामतिरथो यज्वाधर्मपरो वशी।'

× × ×

'पितृशुश्रूषणरता धनुर्वेदे च निष्ठिताः।'

× × ×

'पुरे कोशे जनपदे बान्धवेषु सुहृत्सु च।'

× × ×

'इयं सीता मम सुता सहधर्मचरी तव।'

× × ×

'सा तु ताराधिपमुखी रावणेन निरीक्ष्यताम्।'

चिन्हित वाक्यों को यदि निम्नलिखित प्रकार से पढ़ें तो छन्दोगति की पूरी रक्षा होगी–

रामाय-णकथा, कूणाम-तिरथो, शुश्रूष-णरता, कोशेज-नपदे, सीताम-मसुता, ताराधि-पमुखी।

किन्तु अर्थ कुछ न होगा। अतएव इनको इस प्रकार पढ़ना चाहिए कि उच्चारण शुद्ध हो, परन्तु छन्दोगति भी ठीक रहे। इस प्रकार का प्रयोग भाषा में भी मिलता है। यथा–

'कुंकुम तिलक भाल स्रुति कुंडल लोल।'
'सिय तुअ अंग रंग मिलि अधिक उदोत॥' } **–गो. तुलसीदास**

× × ×

सफरिन भरे रहीम सर बक बालकनहिं योग।

चिह्नित वाक्यों को निम्नलिखित रीति से पढ़ा जावे तो छन्दो गति की पूरी रक्षा होगी, परन्तु अर्थ में व्याघात होगा। अतएव सँभाल के ही पढ़ना पड़ेगा।

–रहीम

"कंकुमतिल-कभाल, सियतु-अअंग, बालक नहिं"

कुछ उर्दू के भी उदाहरण लीजिए–

1. **'थीं लोमड़ियाँ ज़बाँ निकाले।'**

× × ×

2. **'समझो आँखों की पुतलियाँ सबको,'**

× × ×

3. **'तो वह महकमा जिसका काजी खुदा है।'**

लोमड़ियाँ को लोम-ड़ियाँ, पुतलियाँ को पुत-लियाँ और महकमा को मह-कमा पढ़ने ही से वह बह्र शुद्ध रहेगी, नहीं तो सदोष हो जावेगी; किन्तु यह शुद्ध उच्चारण उन शब्दों का नहीं है तथापि वे इसी रूप में गृहीत हैं। पिंगल के नियमों का पालन करके भी कभी-कभी कवि ऐसे ही झगड़ों में पड़ता है और विवश होकर आवश्यकतावश ऐसे शब्दों का प्रयोग करने के लिए बाध्य होता है। यह प्रणाली चिरप्रचलित है और प्रायः सब भाषाओं में गृहीत है। इस प्रकार के प्रयोग से महाकवि भी नहीं बच पाये हैं। छिद्रदर्शीजन प्रायः इस प्रकार के प्रयोगों को उठाकर दिल के फफोले फोड़ते हैं और मनमानी जली-कटी सुनाते हैं; साथ ही यह भी कहते हैं कि इस प्रकार का शब्दविन्यास कवि की असमर्थता प्रकट करता है। वे नहीं सोचते कि इस प्रकार का आचरण किसी विशेष कारण ही से

कोई कवि अथवा महाकवि करता है। चाहिए कि ऐसे प्रयोगों पर गहरी दृष्टि डाली जावे और तह की मिट्टी लाई जावे। उस समय यह ज्ञात हो जावेगा कि सहस्रों पद्यों में समर्थता प्रकट करके कोई कवि यथाशक्य असमर्थता प्रकट करने का इच्छुक न होगा। भ्रम प्रमाद की बात दूसरी है।

इस प्रकार के कतिपय पद्य इस ग्रन्थ में भी हैं, यथा–

1– 'अँतड़ियाँ क्यों निकाल लेवें हम।'
× × ×

2– 'कब भला मार सेंत-मेंत पड़ी।'
× × ×

3– 'किस तरह ठीक ठीक वह होगा।'
× × ×

4– 'खुरचते देखकर उसे खुरचन।'
× × ×

अँतड़ियाँ को अँत-ड़ियाँ, सेंतमेंत पड़ी को सेंतमें-तपड़ी, ठीक ठीक वह को ठीकठी-कवह खुरचते को खुर-चते पढ़ने से ही छन्दोगति शुद्ध रहेगी; अतएव ऐसे पद्यों को सँभाल कर इस भाँति पढ़ना चाहिए कि शब्द शुद्ध पढ़े भी जावें और छन्दोगति में भी अन्तर न पड़े। ऐसे दश पाँच पद्य ग्रन्थ से निकाल भी दिये जा सकते थे, परन्तु इस विषय में भी कुछ कथन की आवश्यकता थी इस चिर-प्रचलित प्रणाली पर प्रकाश डालना प्रयोजनीय था। अतएव ग्रन्थ में उनको रहने दिया गया। किन कारणों से ऐसे प्रयोग पद्यों में हुए हैं, उनको पाठक पूरा पद्य पढ़कर ही जान सकते हैं। उनके विषय में कुछ लिखना बाहुल्यमात्र है। मुहावरे की रक्षा करने और पद्य को अलंकृत करने के लिए ही ऐसा किया गया है। यद्यपि अन्तर अत्यन्त सूक्ष्म है, और उससे ध्वनि में नाममात्र की ही कसर है, किन्तु वास्तव बात प्रकट करना, उपयोगी समझ कर इस विषय में इतना लिखा गया।

यहाँ कहा जा सकता है कि च्युति, च्युति है, कोई कितना ही बड़ा क्यों न हो उसके फिसलने की अनुगामिता नहीं की जा सकती। यह सच है। किन्तु यह च्युति अथवा फिसलन नहीं है। यह भावसौंदर्य अथवा किसी अभिप्रेत विषय की अभिव्यक्ति के लिए समुचित स्वतन्त्रता-ग्रहण अथवा नियमों से जकड़ी हुई छन्दोगति में किसी मनोराग के यथातथ्य प्रकट करने का सहज साधन है। तथापि यह अवश्य ग्रहणीय पथ नहीं है। अनिच्छा होने पर यह प्रणाली त्याग दी जा सकती है।

हिन्दी शब्दों पर उर्दू-छन्दों-नियम का प्रभाव

एक विषय और कहने को रह गया, वह यह कि उर्दू के वाक्य-विन्यास पर साकिन-मुतहर्रिक का क्या प्रभाव पड़ा है। प्रयोजन यह कि साकिन-मुतहर्रिक के शासन में रहकर उर्दू रचनाओं में अन्य भाषा विशेषतः हिन्दी के शब्दों की क्या दशा हुई है। इस बात की विवेचना के लिए निम्नलिखित विषयों की आलोचना आवश्यक है–

1. दीर्घ वर्णों का ह्रस्व अथवा गुरु का लघु उच्चारण।

2. अनेक पूरे लिखे सर्वनामों, कारकों और उपसर्गों का अधूरा उच्चारण और कभी उनका अपूर्ण व्यवहार।

3. एक ही शब्द का विभिन्न प्रयोग।

4. कुछ अन्यान्य बातें।

अब पहले विषय को लीजिए। हिन्दी में भी कभी-कभी दीर्घ वर्णों का ह्रस्व उच्चारण होता है। कवि प्रिया में आचार्य केशव की यह आज्ञा है–

> **"दीरघ लघु करिके पढ़ै सुखही मुख जेहि ठौर।**
> **तेऊ लघु कर लेखिये केशव कवि सिरमौर ॥"**

किन्तु ऐसा अवसर बहुत कम आता है। वर्णवृत्त में तो ऐसा प्रयोग होता ही नहीं, अधिकांश मात्रिक छन्द भी इस दोष से मुक्त होते हैं। केवल सवैयाओं में इसका विशेष व्यवहार देखा जाता है। कोई-कोई सवैया में भी ऐसा प्रयोग करना पसन्द नहीं करते। बात यह है कि हिन्दी में कई शब्द ऐसे हैं कि जिनमें दीर्घ वर्ण को ह्रस्व की भाँति बोला ही जाता है। जैसे कोहार, लोहार, जेहि, तेहि इत्यादि। ऐसे लघु बोले जाने वाले दीर्घ चिह्नों के लिए कोई विशेष चिह्न हिन्दी में नहीं है। अतएव उनका उच्चारण जो नहीं जानते वे प्रायः भटक जाते हैं। इसीलिए डॉक्टर जी. ए. ग्रियर्सन ने एक वक्रचिह्न निर्माण किया था, वे कोहार के को और तेहि के ते को इस प्रकार लिखते थे–'को., ते.'। किन्तु उसका प्रचार नहीं हुआ। प्रचार भले ही न हो, पर कोहार, लोहार जिनकी भाषा के शब्द हैं, वे उनका उच्चारण भली-भाँति जानते हैं।

अतएव ऐसे शब्दों के उच्चारण में तो दीर्घ को लघु नहीं करना पड़ता क्योंकि वे स्वतः उसी रूप में उच्चरित होते हैं। परन्तु कभी-कभी ऐसे दीर्घ वर्ण भी पद्यों में आते हैं जो यत्न करके लघु पढ़े जाते हैं। गोस्वामी जी के इस पद्य में कि "तेहि अवसर सीता तहँ आई," तेहि के 'ते' को लघु नहीं करना पड़ा है, वरन् वही उसका यथार्थ उच्चारण है। यही बात नीचे के पद्यों में भी है। इन पद्यों के साहेब और कोइलिया के हे और को को ह्रस्व ही बोला जाता है–

"साहेब कहूँ न राम से तोसे न वसीले" —तुलसी

× × ×

"भोरहिं बोलि कोइलिया बढ़वत ताप" —रहीम

परन्तु निम्नलिखित पद्यों में आप देखें, दीर्घ को नियमानुसार लघु बनाया गया है। जो वर्ण चिह्नित हैं उन्हें लघु पढ़ना होगा।

'हाँक सुनत दसकंध के भये बंधन ढीले।' —तुलसीदास

× × ×

'हरीचन्द ऐसेहि निबहैगी होनी होय सो होय।'
'नई प्रीति नए चाहनवारे तुमहूँ नये सुजान।' —भारतेन्दु

आप देखें उक्त पद्यों में कुछ वर्णों को दीर्घ से लघु बनाया गया है, किन्तु कितनी सुविधा के साथ। ध्वनि के प्रवाह में उसका ज्ञान तक नहीं होता। हिन्दी में यह प्रयोग अत्यन्त परिमित है, किन्तु उर्दू में इस प्रकार का प्रयोग बहुतायत से होता है। जहाँ हिन्दी में 100 में कठिनता से दो एक पद्य ऐसे मिलेंगे वहाँ उर्दू में प्रतिशत 95 पद्य ऐसे पाये जायेंगे। जहाँ हिन्दी के वर्णवृत्त में इस प्रकार के प्रयोग का लेश भी नहीं है, वहाँ उर्दू की कोई बह्र ऐसी नहीं जो इस दोष से मुक्त हो। मिर्ज़ा ग़ालिब के निम्नलिखित पद्य को देखिये—

"कोई मेरे दिल से पूछे तेरे तीर नीम कश को।
यह खलिश कहाँ से होती जो जिगर के पार होता॥"

इसका शुद्ध रूप है—

"कइ मेर दिल स पूछे तर तीर नीम कश को।
य खलिश कहाँ स होती ज जिगर क पार होता॥"

इस दो बन्द के पद्य में आठ स्थान पर परिवर्तन हुआ है। शब्द का रूप कितना विकृत हो गया है, वे किस बेदर्दी से तोड़े-मरोड़े गये हैं, इसको आप लोग स्वयं समझ सकते हैं।

यही दशा अधिकांश उर्दू-पद्यों की होती है और उदाहरण देना अनावश्यक है। हिन्दी और उर्दू का प्रत्येक अनुभवी विद्वान इस बात को जानता है। आचार्य केशव कहते हैं कि जिस दीर्घ को मुख सुखपूर्वक अर्थात् आसानी से ह्रस्व कर लेता है उसको भी लघु मानना चाहिए। ऊपर के शेर में इस सिद्धान्त की सार्थकता कहाँ तक हुई है इसको सहृदयगण स्वयं समझ सकते हैं।

अब दूसरे विषय को लीजिए। निम्नलिखित पद्यों को देखिये—

1. **'यह मसायले तसव्वुफ़ यह तेरा बयान ग़ालिब।'**

2. 'तुझे हम वली समझते जो न बादः ख़्वार होता॥' —ग़ालिब
3. 'कीजिये तसनीफ़ और तालीफ़ में सइये बलीग़।'
4. 'इसमें एक अपना पसीना और लहू कर दीजिये।'
5. 'और न हो ग़र शेरो इंशा की लियाकत आप में।'
6. 'शाइरे और मुंशियों पर नुक्ताचीनी कीजिये।'
7. 'जिसको हैवाँ पर दे सकें तरजीह।'
8. 'जब पड़े उनपर गर्दिशे अफ़लाक।' —हाली
9. 'इस सादगी पर कौन न मर जाय ऐ खुदा।'
10. 'उसी को देख कर जीते हैं जिस क़ाफिर पर दम निकले।' —ग़ालिब
11. 'जल्लाद को लेकिन वह कहे जाँय कि हाँ और।' —ग़ालिब
12. 'वह थकते हैं और चैन पाती है दुनिया।' —हाली

पहले पद्य में दो यह लिखे हैं परन्तु पढ़ने में दोनों य आता है। दूसरे पद्य का जो ज पढ़ा जाता है। तीसरे, चौथे, पाँचवें, छठे पद्य में जितने और आये हैं वे सब केवल औ पढ़े जाते हैं। सातवें, आठवें, नवें, दसवें पद्य में पर लिखा है किन्तु प पढ़ा जाता है। ग्यारहवें और बारहवें पद्य का वह केवल व पढ़ने में आता है। इस प्रकार का प्रयोग उर्दू पद्यों में बहुत मिलेगा। अब यह, वह और पर के स्थान पर य, व, प भी लिखने लगे हैं, किन्तु जो के स्थान पर ज एवं और के स्थान पर केवल औ लिखना अब तक प्रारम्भ नहीं हुआ है। दोनों अवस्थाओं में सर्वनामों और अव्ययों पर जो व्यावहारिक अत्याचार होता है, वह स्पष्ट है। गद्य में कभी पद्य के अनुसार न तो अव्यय और सर्वनाम पढ़े जाते हैं, और न उनका संक्षिप्त और अर्द्ध रूप ही लिखा जाता है, परन्तु पद्य में दोनों प्रकार के अशुद्ध प्रयोग गृहीत हो गये हैं। यह नहीं है कि कथित सर्वनामों और अव्ययों का शुद्ध व्यवहार पद्यों में नहीं होता; होता है, परन्तु अल्प। नीचे के पद्यों को देखिये इनमें उक्त सर्वनामों और अव्ययों का शुद्ध प्रयोग हुआ है—

1. 'कमाते हैं वह और खाती है दुनिया।'
× × ×
2. 'दौलत की हविस अस्ल गदाई है यह।'
× × ×
3. 'सामान की हिर्स बेनवाई है यह।'
× × ×
4. 'वीराँ है बाग़ तिस पर फूली नहीं समाती।'
× × ×
5. 'जो काम है उनका यही इनआम है गोया।'

कहा जाता है कि इस प्रकार शब्दों की काट-छाँट अथवा उनका अपूर्ण उच्चारण नियमानुकूल है, और इनको मकतूबी कहते हैं। परन्तु हिन्दी में इस प्रकार का प्रयोग सदोष माना जाता है। बहुत से नियम आवश्यकतानुसार बना लिए जाते हैं। किन्तु वे निर्दोष नहीं होते, उनका उद्देश्य-निर्वाह मात्र होता है। संस्कृत में भी इस प्रकार का एक नियम है, "अपि माषं मषं कुर्यात छन्दोभंगं न कारयेत्।" किन्तु दोनों की व्यापकता और उद्देश्य में बड़ा अन्तर है।

अब तीसरे विषय को लीजिए। समस्त शब्दों का एक रूप और यथार्थ उच्चारण होता है। उसका उसी रूप में उच्चारण और प्रयोग उचित है। अन्यथा चरण दूषित समझा जाता है। उर्दू में इसकी परवाह कम की जाती है। उर्दू का एक शब्द है–उम्मेद। इसको इसी रूप में लिखा जाना चाहिए, किन्तु कभी इसे 'उम्मेद' और कभी 'उमेद' लिखते हैं। निम्नलिखित पद्यों को देखिये–

1. **'मुनहसिर मरने पर हो जिसकी उमेद।'**

× × ×

2. **'नाउमेदी उसकी देखा चाहिए।'**

× × ×

3. **'देखे ऐ उमेद, कीजो हम से न तू किनारा।'**

× × ×

4. **'नहीं उम्मेद कि गुजरे किसी खातिर प गिराँ।'**

× × ×

5. **'वह उम्मेद क्या जिसकी हो इम्तिहा।'**

'तरह' एक शब्द है, उसको कभी 'तरह' लिखते हैं कभी 'तर्ह'। देखिये–

1. **'जो उनमें तेज़ होश हैं सौ-सौ तरह से वह।'**

× × ×

2. **'कि रादा क़ैद रहें मुर्ग़ खुश इलहाँ की तरह'**

× × ×

3. **'जो के बिक जाँय कहीं यूसुफ़े कनआँ की तरह।'**

× × ×

4. **'हमारी तर्ह से होना है एक रोज़ फ़कीर।'**

× × ×

5. **'नफ़स जिस तर्ह बने लायके ख़िदमत हो जाय।'**

× × ×

6. 'की है मर्दों ने इसी तर्ह से दुनियाँ में गुज़र।' —हाली

शुद्ध शब्द 'मिसी' है, फ़ारसी का शेर है—

'मिसी मालीदा बर लब रंग पानस्त'

मगर इसी शब्द को कभी 'मिसी' और कभी 'मिस्सी' लिखते हैं, देखिये—

'मिसी मालीदा लब पै रंग पाँ है।'

× × ×

'तमाशा है तहे आतश धुआँ है।'

'कबूद रंग है मिस्सी का मेरे होठ हैं लाल।' —नासिख़

एक ही पद्य में इन्सान का दो प्रयोग देखिये—

'रब्त इन्सान से करता जो वो इन्साँ होता।'

'जान' के प्रयोग को देखिये। मिर्ज़ा ग़ालिब लिखते हैं—

'जाँ क्यों निकलने लगती है तन से दमे सेमाअ।'

× × ×

'तेरे वादे पर जिये हम तो यह जान छूट जाना।'

× × ×

'जान भी दी हुई उसीकी थी।' —ग़ालिब

ज़मीन को कभी ज़मीन और कभी ज़मीं, आसमान को कभी, आसमान और कभी आसमाँ, जहान को कभी जहाँ और कभी जहान लिखा जाता है। जहाँ सरफ़ नहो के नियमानुसार ऐसा प्रयोग होता है, उसके विषय में मेरा कुछ वक्तव्य नहीं है। किन्तु जहाँ बह्नों के बखेड़े से ऐसा प्रयोग होता है वही दूषित है। जिस स्थान पर हम गद्य में आसमान, जान, इत्यादि पढ़ते हैं वैसे ही स्थान पर पद्य में आसमाँ और जाँ इत्यादि पढ़ा जाना समुचित नहीं हो सकता; और उसीके विषय में मेरा तर्क है। इस प्रकार की जटिलता का प्रयोग बहुत नियम की जटिलता का बोधक है। मैंने यही दिखलाने के लिए इन कतिपय पंक्तियों को लिखा है। यद्यपि उदाहरण में मैंने थोड़े शब्द दिये हैं, परन्तु ऐसे बहुत से शब्द बतलाये जा सकते हैं।

अब चौथे विषय को लीजिए। अन्य बातें बहुत-सी लिखी जा सकती हैं। परन्तु मैं केवल एक ही बात की चर्चा यहाँ करूँगा। क्योंकि स्थान का संकोच है; लेख बहुत बढ़ गया। उर्दू में एक मात्रा की वृद्धि प्रायः अन्त में कर दी जाती है। परन्तु बह्न वही बनी रहती है। अर्थात् अन्त की एक मात्रा की वृद्धि से बह्न में कोई अन्तर नहीं होता। प्रायः

किसी शेर का एक मिसरा तो बह्र के अनुसार होता है, और दूसरे मिसरे में एक मात्रा की वृद्धि हो जाती है, तथापि उसमें कोई परिवर्तन नहीं समझा जाता। यथा–

"हुए बाल ग़फ़लत में सर के सफेद।
उठो मीर जागो सहर हो गयी॥"

पहिले मिसरे में एक मात्रा की वृद्धि नहीं मानी गयी, ऐसे पद्य बहुत से दिखलाये जा सकते हैं। दो पद्य और देखिये–

1. **'काँटा है हर एक जिगर में अटका तेरा।**
हलक़ा है हरेक गोश में लटका तेरा॥
माना नहीं जिसने तुझको जाना है ज़रूर।
भटके हुए दिल में भी है खटका तेरा॥'

× × ×

2. **'मुमकिन य नहीं कि हो बशर ऐब से दूर।**
पर ऐब से बचिये ताबमक़दूर ज़रूर॥
ऐब अपने घटाओ प ख़बरदार रहो।
घटने से कहीं उनके न बढ़ जाय ग़रूर॥'

पहले पद्य में तीन चरणों की मात्रा एक है। केवल तीसरे चरण में एक मात्रा की वृद्धि हुई है। दूसरे पद्य में तीसरा चरण जितने मात्रा का है, उससे शेष तीन चरणों में एक-एक मात्रा अधिक है। कहा जाता है कि संस्कृत श्लोकों में जैसे अन्तिम हलन्त वर्ण की गणना नहीं होती उसी प्रकार उर्दू-बह्रों की अन्तिम एक मात्रा की वृद्धि, वृद्धि नहीं कही जाती। संस्कृत के वृत्त वर्णिक होते हैं, उनमें हलन्त वर्ण अग्राह्य हो सकता है। किन्तु मात्रिक छन्दों में इस वृद्धि का त्याग नहीं हो सकता। हिन्दी में एक मात्रा की वृद्धि से अनेक छन्द बनते हैं, और उनके अनन्त रूप होते हैं। ताटंक छन्द में एक मात्रा की वृद्धि से वीर बनता है और वीर में एक मात्रा बढ़ाने से त्रिभंगी हो जाता है। ताटंक का कुल रूप होता है 1346269; वीर का 2678309 और त्रिभंगी का 3524578। आप देखें एक मात्रा की वृद्धि से लाखों की वृद्धि होती है। अतएव एक मात्रा की वृद्धि कुछ प्रभाव नहीं रखती, यह बात नहीं कही जा सकती। यह बात भी ऐसी है जो हिन्दी के लिए उर्दू बह्रों के नियमों की अनुपयोगिता सिद्ध करती है।

शेष वक्तव्य

विचारणीय विषय यह था कि उर्दू बह्रों के नियम यदि पिंगल के छन्दोनियम से सरल सुबोध और उपयोगी होवें तो वे क्या न ग्रहण किये जावें! इस विषय की अब तक जो

मीमांसा की गयी है, उससे यह स्पष्ट हो गया कि छन्दोनियम उर्दू-बह्रों के नियम से कहीं सरल और सुबोध अथच उपयोगी हैं। जितनी ही उर्दू बह्र के नियमों में जटिलता है उतनी ही छन्दोनियमों में सुबोधता और सरलता है। यदि बह्रों के नियम बीहड़ों के पेचीले मार्ग हैं तो छन्दोनियम राजपथ हैं। मैंने उर्दू बह्र के नियमों की जाँच पिंगल-नियमों के अनुसार की है, और दोनों का मिलान भी किया है, उनका गुण-दोष भी दिखलाया है। अतएव तर्क का स्थान शेष नहीं है। तथापि यह कहा जा सकता है कि उर्दू-बह्रों को उर्दू नियमों की कसौटी पर कसना चाहिए; और उसी की दृष्टि से उसके गुण-दोषों का विवेचन होना चाहिए। पद्यपरीक्षाकार पृष्ठ 18 में इसी विषय पर यह लिखते हैं–

> "तक़तीअ करते समय अवश्यकता हो तो गुरुवर्ण को लघु मान लेते हैं। हिन्दी में भी यह छूट जारी है, परन्तु अन्तर यह है कि हिन्दी वाले–किसी-किसी छन्द में इस छूट से लाभ उठाते हैं; वर्णवृत्तों में कदापि नहीं, और उर्दू वाले हर बह्र में। भी का भि, किसी का किसि, से का स, थे का थ, मेरी को मिरी, मेरि, मिरि, इसी तरह तेरी को भी। मेरा को मेर, मिरा, मिर इसी तरह तेरा को भी। यह वे को व, वह, वो को व मानने में हानि नहीं। यह घटाना-बढ़ाना अन्धाधुन्ध नहीं, नियत नियमानुसार है। सातों विभक्तियों के प्रत्यय गुरु से लघु होते रहते हैं।"

जिन नियमों के आधार से उर्दू-शब्द-संसार में ऐसा विप्लव उपस्थित होता है यदि वे नियम हैं तो अनियम किसे कहेंगे? उर्दू भाषा के नियामक भले ही इस प्रकार के परिवर्तन को नियत नियमानुसार समझें, परन्तु हिन्दी भाषा के आचार्यों ने उन्हें दोष माना है। यह मैं स्वीकार करूँगा कि हिन्दी भाषा में भी इस प्रकार के कुछ थोड़े से परिवर्तन होते हैं, परन्तु वे परिमित हैं, उर्दू के समान अपरिमित नहीं हैं। अँगरेजी भाषा का 'नाइट' (Night) शब्द अँगरेजी नियमानुसार शुद्ध है किन्तु भाषा-विज्ञानविद् अवश्य उसे देखकर कहेगा कि उक्त शब्द में जी (g) एच् (h) की आवश्यकता नहीं, क्योंकि उनका उच्चारण नहीं होता। लिपि की महत्ता यही है कि जो लिखा जावे वह पढ़ा जावे। सुवाच्य, सुबाध और वैज्ञानिक लिपि वही है, जिनके अक्षरों का विन्यास उच्चारण अनुकूल हो, अन्यथा वह लिपि भ्रामक और दुर्बोध होगी, और उच्चारण की जटिलता को बढ़ा देगी। यही दशा अँगरेजी में लिखे गये 'नाइट' शब्द की है, तथापि वह शुद्ध है, और नियमित है। उर्दू में लिखे गये کور (कोर) शब्द को देखिये, इसको 'कूर', 'कोर', 'कवर' और 'कौर' पढ़ा जा सकता है; लिखा गया एक अर्थ में एक उच्चारण के लिए, किन्तु वह है अनेक रूपरूपाय, तथापि वह शुद्ध और नियमित है। ऐसी ही अवस्था उर्दू-बह्र के नियमों की है, वे उर्दू तक़तीअ और प्रणाली से भले ही शुद्ध हों, किन्तु हिन्दी नियमों की कसौटी पर कसने के

बाद उनका वास्तव रूप प्रकट हो जाता है। दो समानोद्देश वाली वस्तुओं का मिलान करने से ही, उनका गुण-दोष, उनकी महत्ता और विशेषता विदित होती है। जिस प्रकार हिन्दी भाषा के वर्ण सहज, सुबोध और सुवाच्य हैं; जैसे उसका शब्द-विन्यास सुनियमित और अजटिल है, वैसे ही उसके छन्दोनियम भी हैं; इसके प्रतिकूल उर्दू की दशा है। जैसे उसके हुरूफ दुर्बोध और जटिल हैं, जैसे ही उसके शब्द-विन्यास और उच्चारण कष्टसाध्य हैं। वैसे ही उसके बह्रों के नियम दुस्तर, जटिल और नियमित होकर भी अनियमित हैं। अतएव हिन्दी संसार के लिए उनकी उपयोगिता अनेक दशाओं में अनुपयोगिता का ही रूपान्तर है। इन बातों पर दृष्टि रख कर उर्दू-बह्रों के व्यवहार के विषय में मेरी यह सम्मति है—

1. आवश्यकता होने पर उर्दू-बह्रों की ध्वनि ग्रहण की जावे। किन्तु उसका उपयोग हिन्दी के उदाहृत लक्षण पद्यों के समान किया जावे।
2. ध्वनि आधार से गृहीत प्रत्येक उर्दू-बह्र हिन्दी-छन्दों के अन्तर्गत है, अतएव उसका शासन पिंगल शास्त्र के अनुसार होना चाहिए; हिन्दी छन्दोनियम ही उसके लिए उपयोगी और सुविधामूलक हो सकता है।
3. गृहीत उर्दू बह्रों की शब्द और वाक्यरचना हिन्दी-छन्दों की प्रणाली से होनी चाहिए, उसी विशेषता के साथ कि एक मात्रा की भी कहीं न्यूनाधिकता न हो।
4. यथाशक्ति शब्द-प्रयोग इस प्रकार किया जावे कि गुरु को लघु बनाने की आवश्यकता न पड़े। यदि उपयोगितावश ऐसी नौबत आवे तो वह अत्यन्त परिमित और नियमित हो।
5. शब्द तोड़े-मरोड़े न जावें, च्युतदोष से सर्वथा बचा जावे। उर्दू की जिन त्रुटियों का ऊपर उल्लेख हुआ है, उनसे किनारा किया जावे और निर्दोष छन्दोगति का पूरा ध्यान रखा जावे।

मैंने इन्हीं बातों पर दृष्टि रखकर इस ग्रन्थ में उर्दू-बह्रों का प्रयोग किया है। जहाँ कहीं कुछ अन्तर है उसका निर्देश भी यथास्थान नाना सूत्रों से कर दिया गया है। आशा है 'बोलचाल' की उर्दू-बह्रें भी अपने व्यवहार के विषय में इस ग्रन्थ द्वारा बहुत कुछ पथ-प्रदर्शन करेंगी। कुछ थोड़े से दूसरे प्रकार के पद्य भी कहीं-कहीं ग्रन्थ में मिलेंगे। उनकी संख्या बहुत थोड़ी है। वे हिन्दी के ही छन्द हैं, अतएव उनके विषय में विशेष कुछ नहीं लिखा गया।

मुहावरा

'मुहावरा' अरबी शब्द है, यह 'हौर' शब्द से बना है, 'ग़यासुल्लुगात' में (पृष्ठ 445) इस शब्द के विषय में यह लिखा गया है–

"मुहावरा बिज़्ज़म मीम बफ़तेह् वाव, बा यकदीगर कलाम करदन व पासुख़दादन यक दीगर–अज़सेराह वकनज़ वग़ैर आँ।"

इसका अर्थ यह है कि 'मुहावरा' के 'मीम' पर पेश और 'वाव' पर ज़बर है, अर्थ उसका परस्पर बातचीत और एक दूसरे के साथ सवाल जवाब करना है। 'फ़रहंग आसिफिया' जिल्द चहारुम सफ़हा 303 कालम अव्वल में 'मुहावरा' के विषय में यह लिखा गया है–

मुहावरा–इस्म मुज़क्कर (1) हम कलामी, बाहमगुफ़्तगू, सवाल जवाब (2) इस्तिलाहआम, रोज़मर्रा, वह कलमा या कलाम जिसे चन्द सक़ात ने लगवी मानी की मुनासिबत या गैरमुनासिबत से किसी खास मानी के वास्ते मुख़्ततस कर लिया हो। जैसे 'हैवान' से कुल जानदार मक़सूद हैं, मगर मुहावरे में ग़ैरजीउल अक़ूल पर उसका इतलाक़ होता है और ज़ीउल अक़ूल को इन्सान कहते हैं (3) आदत, चसका, महारत, मश्क़ रब्त, अभ्यास जैसे मुझे अब इस बात का मुहावरा नहीं रहा।

अपने परम प्रसिद्ध कोष (पृष्ठ 1067) में वेबस्टर साहब ने मुहावरा अर्थात् 'इडियम' के विषय में यह लिखा है–

*1. किसी जाति-विशेष अथवा प्रान्त या समाज-विशेष की भाषा या बोली।

2. किसी भाषा की व्याकरण-सम्बन्धी शैली अथवा वाक्य-विन्यास का विशेष स्वरूप। भाषा का विशेष लक्षण अथवा उसका ढाँचा।

---

*(1) The language proper or peculiar to a people a tongue or to a district or community (a dialect).

(2) The syntactical or structural form peculiar to any language, the genius or caste of a language.

"किसी भाषा के उन साधारण नियमों का समाहार जो उस भाषा की व्याकरण-सम्बन्धी शैली की विशेषता दिखलाता और दूसरी भाषाओं से उसे अलग करता है—जी. पी. मार्श"

3. (अ) किसी भाषा के विशेष ढाँचे में ढला वाक्य।

(ब) वह वाक्य जिसकी व्याकरण-सम्बन्धी रचना उसी के लिए विशिष्ट हो, और जिसका अर्थ उसकी साधारण शब्द-योजना से न निकल सके।

4. किसी एक लेखक की व्यंजन-शैली का विशेष रूप अथवा वाग्वैचित्र्य—जैसे 'ब्राउनिंग' के दुरूह मुहावरे।

5. पुरुष विशेष का 'स्वभाव-वैचित्र्य'।

हिन्दी शब्द-सागर (पृष्ठ 2793) में यह लिखा है—

मुहावरा—संज्ञा पुं. (1) लक्षणा या व्यंजना द्वारा सिद्ध वाक्य या प्रयोग जो किसी एक ही बोली अथवा लिखी जाने वाली भाषा में प्रचलित हो, और जिसका अर्थ प्रत्यक्ष (अभिधेय) अर्थ से विलक्षण हो। किसी एक भाषा में दिखाई पड़ने वाली असाधारण शब्द-योजना अथवा प्रयोग। जैसे 'लाठी खाना' मुहावरा है, क्योंकि इसमें खाना शब्द अपने साधारण अर्थ में नहीं आया है, लाक्षणिक अर्थ में आया है। लाठी खाने की चीज नहीं है पर बोलचाल में 'लाठी खाना' का अर्थ 'लाठी का प्रहार सहना' किया जाता है। इसी प्रकार 'गुल खिलाना', 'घर करना', 'चमड़ा खींचना', 'चिकनी चुपड़ी बातें' आदि मुहावरे के अन्तर्गत हैं। कुछ लोग इसे रोज़मर्रा या बोलचाल भी कहते हैं (2) अभ्यास, आदत, जैसे आजकल मेरा लिखने का मुहावरा छूट गया।

अब तक जो लिखा गया, उससे पाया जाता है, कि 'मुहावरा' का शुद्ध उच्चारण 'मुहावरा' है, न कि 'मुहाविरा' 'महाविरा' आदि; जैसा कि लोग प्रायः उच्चारण करते हैं। ऊपर जो उर्दू, अँगरेजी और हिन्दी कोषों के अंश उद्धृत किये गये हैं, उनके अवलोकन करने से यह भी ज्ञात हुआ कि, अरबी में इस शब्द का जो परिमित अर्थ है, उससे कहीं व्यापक उसका अर्थ हिन्दी और उर्दू में गृहीत है। अँगरेजी के 'इडियम' (Idiom) शब्द का

Idiom.—signifies the totality of the geenral rules of construction which characterize the syntax of a peculiar language and distinguish it from other tongues.—G.P. Marsh.

He followed their language (the Ratin) but did not comply with the idiom of ours.—Dryden.

(3) (*a*)—"An expression confirming or appropriate to the peculiar structural form of a language. (*b*) An expression that is peculiar to itself in grammatical; one the meaning of which as a whole cannot be derived from the conjoined meaning of its elements."

(4) A form or forms of expression characteristic of an author as Browing's idiom is often difficult.

(5) Peculiarity. Obs. or R.

Webster's International Dictonary, page 1067 col. 3.

अर्थ (जो कि मुहावरा का पर्यायवाची शब्द बतलाया जाता है) और भी व्यापक है। संस्कृत में 'मुहावरा' का पर्यायवाची शब्द कोई नहीं पाया जाता; जो एक दो शब्द प्रचलित किये गये, वे गृहीत नहीं हुए; कारण इसका यह है कि वे सर्वमान्य नहीं हुए। श्रीमान् पण्डित रामदहिन मिश्र अपने हाल के प्रकाशित हुए 'मुहावरे' संज्ञक ग्रन्थ (पृष्ठ 7) में लिखते हैं–

> "संस्कृत तथा हिन्दी में इस शब्द के यथार्थ अर्थ का बोधक कोई शब्द नहीं है। प्रयुक्तता, वाग्रीति; वाग्धारा और भाषा सम्प्रदाय आदि शब्दों को इसके स्थान पर रख सकते हैं। हिन्दी में मुहावरे के बदले में विशेषतः वाग्धारा शब्द का व्यवहार देखा जाता है। किन्तु मेरे विचार से मुहावरा शब्द के बदले भाषा-सम्प्रदाय शब्द का लिखना कहीं अच्छा है। क्योंकि वाग्रीति वाग्धारा और प्रयुक्तता, इन तीन शब्दों का अर्थ इससे ठीक-ठीक झलक जाता है, और भाषागत अन्यान्य विषयों का आभास भी मिल जाता है।"

यह पण्डितजी की व्यक्तिगत सम्मत्ति है। इस अवतरण से यह भी पाया जाता है कि संस्कृत में मुहावरे शब्द का पर्यायवाची शब्द खोजा जाने लगा है, सफलता-रत्न किसके हाथ लगेगा, यह नहीं कहा जा सकता। जहाँ तक मैं जानता हूँ मुहावरे के अर्थ में वाग्धारा शब्द का प्रयोग हिन्दी में करते, पहले पहल स्वर्गीय पण्डित केशवराम भट्ट को देखा जाता है, उन्हीं की देखादेखी बिहार में कुछ सज्जन मुहावरे के अर्थ में वाग्धारा शब्द का प्रयोग करते अब भी पाये जाते हैं, किन्तु इनकी संख्या उँगलियों पर गिनी जा सकती है। अब तक बिहार में ही उसका व्यापक प्रचार नहीं हुआ। मुहावरा शब्द सुन कर जिस अर्थ की अवगति होती है। वाग्धारा शब्द से नहीं होती। संस्कृत-विद्वान् वाग्धारा शब्द सुनकर उसका 'मुहावरा' अर्थ कदापि न करेंगे, उसकी अभिधा-शकित से ही काम लेंगे। इसलिए मेरा विचार है कि 'वाग्धारा', 'मुहावरा' का ठीक पर्यायवाची शब्द नहीं है, यही अवस्था प्रयुक्तता, वाग्रीति और भाषा-सम्प्रदाय शब्दों की है। ये शब्द गढ़े हुए, अवास्तव और पूर्णतया उपयुक्त नहीं हैं, किन्तु दोनों विद्वानों का उद्योग प्रशंसनीय है।

संस्कृत भाषा और मुहावरा

संस्कृत भाषा में मुहावरे नहीं हैं, यह बात नहीं कही जा सकती। प्रसिद्ध 'कुवलयानन्द' का निम्नलिखित श्लोक हमारी दृष्टि को संस्कृत के कई 'मुहावरों' की ओर आकृष्ट करता है–

"अरण्य रुदितं कृतं शवशरीरमुद्वर्तितं।
स्थलेऽब्जमवरोपितं सुचिरमूषरे वर्षितं॥

स्वपुच्छमवनामितं वधिरकर्णजापः कृतः।
धृतोन्धमुखदर्पणो यदबुधोजनस्सेवितः ॥"

निम्नलिखित वाक्यों में भी संस्कृत 'मुहावरों' का प्रयोग सुन्दरता से किया गया है। मुहावरों के नीचे लकीर खींच दी गयी है।

मासानेतान् गमय चतुरो लोचने मीलयित्वा – उत्तर मेघ पद्य 112

अवशेन्द्रियचित्तानाम् हस्तिस्नानमिबक्रिया–हितोपदेश

आः कोप्यस्माकमूपुरतो नास्ति य एनं गलहस्तयति–हितोपदेश

किन्तु त्वं च कूपमण्डूकः–हितोपदेश

अंगुलिदाने भुजम् गिलसि–आर्य्यासप्तशती

तावदार्द्रपृष्ठाः क्रियन्ताम् वाजिनः–शकुन्तला नाटक

ईदृशं राजकुलम् दूरे वन्धताम्–कर्पूरमंजरी

जब संस्कृत में मुहावरे पाये जाते हैं, तो हृदय में यह बात अपने आप उठती हैं कि इस प्रकार के प्रयोगों का नामकरण क्यों नहीं हुआ? कोई भाषा ऐसी नहीं है, जिसमें मुहावरे नहीं। जो जीवित भाषाएँ हैं, उनकी बात ही क्या, मृतक भाषाओं में भी मुहावरों का प्रयोग मिलता है। लैटिन भाषा मुहावरों से भरी है। भाषा-सम्बन्धी कार्यों में उनके द्वारा अनेक सुविधाएँ होती हैं, और उनकी सहायता से विचारों के प्रकट करने में बहुत बड़ा सहारा मिलता है। अनेक मानसिक भाव थोड़े शब्दों में ही मुहावरों द्वारा प्रकट होते और साथ ही प्रभावजनक बनते हैं। लेख मुहावरों द्वारा चटकीले हो जाते हैं और कविता चटपटी; उनमें भाव-गाम्भीर्य्य भी आता है। ऐसी दशा में यह नहीं कहा जा सकता कि संस्कृत जैसी सम्पन्न भाषा ने उसकी उपेक्षा की। जिस भाषा ने अर्थालंकार ही नहीं शब्दालंकार तक के वर्णन में पराकाष्ठा दिखलाई है, बाल की खाल निकाली है, वह मुहावरों के विषय में मौन रही, यह बात स्वीकार नहीं की जा सकती। लोकोक्ति अथवा कहावत से साहित्य-क्षेत्र में मुहावरों की उपयोगिता कहीं अधिक है; मुहावरों का कार्यक्षेत्र भी विस्तृत है। जिन वाक्यों अथवा रचनाओं में लोकोक्तियों का प्रयोग होता है, संस्कृत साहित्य ने उसे अलंकृत माना है, और इसीलिए लोकोक्ति अलंकार की सृष्टि हुई है। लक्षण उसका यह है–

"लोकप्रवादानुकृतिर्लोकोक्तिरिति भण्यते"

जिस पद्य में लोक-प्रवाद अर्थात् कहावत की अनुकृति होती है, उसको लोकोक्ति अलंकार कहते हैं, जैसे–

"साँची भई कहनावतिया अरी ऊँची दुकान की फीकी मिठाई"

यहाँ प्रश्न यह उपस्थित होता है, कि क्या वाग्विलास मुहावरों द्वारा अलंकृत नहीं होता! यदि होता है तो फिर क्या कारण है कि मुहावरों का प्रयोग आलंकारिक भी नहीं समझा गया है? प्रायः मुहावरों का प्रयोग एक वाक्य के समान होता है, संस्कृत में ऐसे वाक्यों को लक्षणा के अन्तर्गत माना है, मेरा विचार है कि इसी कारण संस्कृत के विद्वानों ने मुहावरों की कोई अलग कल्पना नहीं की, और न उसका नामकरण ही किया। साहित्यदर्पणकार ने लक्षणा का लक्षण यह लिखा है–

**"मुख्यार्थबाधे तद्‌युक्तो ययान्योऽर्थः प्रतीयते।
रूढ़ेः प्रयोजनाद्वाऽसौ लक्षणा शक्तिरर्पिता॥"**

भाषा टीका में इस श्लोक का यह अर्थ लिखा गया है–

"लक्षणा शक्ति का निरूपण करते हैं–'मुख्यार्थेति' अभिधा शक्ति के द्वारा जिसका बोधन किया जावे, वह मुख्यार्थ कहाता है, इसका बोध होने पर अर्थात् वाक्य में मुख्यार्थ का अन्वय अनुपपन्न होने पर, रूढ़ि (प्रसिद्धि) के कारण अथवा किसी विशेष प्रयोजन का सूचन करने के लिए, मुख्यार्थ से संबद्ध (युक्त) अन्य अर्थ का ज्ञान जिस शक्ति के द्वारा होता है, उसे लक्षणा कहते हैं। यह शक्ति 'अर्पित' अर्थात् कल्पित या अमुख्य है।"

चन्द्रालोककार लक्षणा का लक्षण यह लिखते हैं–

**"मुख्यार्थस्याविवक्षायां पूर्वाऽवाची च रूढ़ितः।
..........................वदन्ती लक्षणा मता।"**

टीकाकार इस पद्य का यह अर्थ लिखते हैं–

"जिस समय शब्द-शक्ति-जनित मुख्यार्थ नहीं प्रकट होता अर्थात् मुख्यार्थ अविवक्षित रह जाता है, वहाँ आपाततः लक्षणा का आश्रय लेना पड़ता है, अर्थात् लक्षणा द्वारा अर्थ प्रकट होता है। इसके पूर्वा और अर्वाचीना दो भेद (रूढ़ि से) माने गये हैं।"

काव्य-प्रभाकर (पृष्ठ 72) में लक्षणा के विषय में यह लिखा गया है–

लक्षणा शक्ति

दोहा

**'मुख्य अर्थ के बाधते पुनि ताही के पासु।
और अर्थ जाते बनै कहैं लक्षणातासु।'**

उक्त ग्रन्थ में निरूढ़ि (रूढ़ि) लक्षणा का उदाहरण देकर उसका जो अर्थ किया गया

है, वह नीचे दिया जाता है–

"फली सकल मन कामना लूट्यो अगणित चैन।
आजु अचै हरि रूप सखि भये प्रफुल्लित नैन।"

"मनकामना वृक्ष नहीं है जो फले; मनकामना पूर्ण होती है। चैन कोई दृश्य वस्तु नहीं जो लूटी जावे, किन्तु उसका उपभोग अनुभव द्वारा होता है। हरि का रूप जल नहीं है, जो आचमन किया जावे, वरन् नेत्रों से देखा जाता है। नैन कोई पुष्प नहीं है जो विकसित होवे, किन्तु चित्त प्रफुल्लित होता है।"

भाव लेखक का यह है कि 'मनकामना फलना', 'चैन लूटना', 'हरि रूप का अचवना', 'नेत्रों के प्रफुल्लित होने', का जो अर्थ गृहीत हुआ है, वह मुहावरे पर दृष्टि रख कर; क्यों कि उनका अभिधा-मूलक वह अर्थ नहीं है। इसीलिए उन्होंने उसको रूढ़ि-लक्षणा माना है।

अपने व्यंग्यार्थ-मंजूषा में श्रीमान् लाला भगवानदीन ने रूढ़िलक्षणा के सात उदाहरण दिये हैं। पृष्ठ 11 में छठा उदाहरण देकर वे जो कुछ लिखते हैं वह नीचे दिया जाता है–

–**"नारि सिखावन करेसि न काना।"** करेसि न काना यह रूढ़ि है। **इसका अर्थ है–तूने नहीं माना।**

'कान न करना' एक मुहावरा है जिसका अर्थ है–'न सुनना।' उसी मुहावरे का इस चौपायी में प्रयोग हुआ है, जिसको रूढ़ि-लक्षणा बतलाया गया है।

'फ़रहंग आसिफिया' के नम्बर-2 पर, 'वेबस्टर कोष' के नम्बर 3 ब पर और 'हिन्दी शब्द सागर कोष' के नम्बर-1 पर मुहावरा का जो अर्थ बतलाया गया है, उसका साहित्य-दर्पण और चन्द्रालोक की लक्षणा के लक्षण से बहुत कुछ साम्य है; भाव सबके लगभग एक ही हैं। जो हिन्दी उदाहरण मैंने काव्य-प्रभाकर और व्यंगार्थ-मंजूषा से दिये हैं, और जो उनकी व्याख्याएँ दिखलाई हैं, उनसे भी मेरे इस विचार की पुष्टि होती है कि संस्कृत के विद्वानों ने मुहावरों को लक्षणा के अन्तर्गत माना है, और इसीलिए इस प्रकार के वाक्यों के लिए किसी दूसरे नामकरण की आवश्यकता नहीं हुई। यह मेरा निज का विचार है; मैंने यथाशक्ति उसकी पुष्टि की भी चेष्टा की है। सम्भव है कि मेरा विचार भ्रान्त हो। मुझे बड़ा हर्ष होगा यदि कोई विद्वान् सज्जन मेरे विचार का निराकरण करके तथ्य बात को प्रकट कर देंगे; और यह बतला देंगे कि संस्कृत में मुहावरा का पर्यायवाची शब्द यह है। किन्तु मैं इस विषय में सन्दिग्ध हूँ, और मेरा एक प्रकार से यह निश्चय है कि मुहावरे के इतना ही व्यापक और बहु-अर्थबोधक शब्द शायद संस्कृत में नहीं है, यदि होता तो आज तक इस विषय में इतना अन्धकार न रहता। ऐसी अवस्था में

आवश्यकता की पूर्ति और हिन्दी-भाषा कोष की पूर्णता के लिए दो ही बातें हो सकती हैं—

1. यह कि 'मुहावरा' शब्द ही को ग्रहण कर लिया जावे।

2. यह कि उसके स्थान पर कोई सर्वसम्मत संस्कृत शब्द गढ़ा जावे, अथवा कोई समानार्थक प्राचीन संस्कृत शब्द स्वीकार कर लिया जावे।

पहली बात मुझको अधिक युक्तिसंगत ज्ञात होती है, निम्नलिखित कारणों से—

1. यह कि एक प्रकार से 'मुहावरा' शब्द हिन्दी-संसार में गृहीत हो गया है, 'इडियम' के स्थान पर आजकल उसी का प्रयोग हो रहा है, कोषों तक में उसे स्थान मिल गया है, ऐसी अवस्था में उसकी उपेक्षा अथवा उसका त्याग असुविधामूलक होगा।

2. यह कि जब अनेक अरबी, फ़ारसी अथवा अँगरेजी आदि अन्य भाषाओं के शब्द प्रयोजनवश गृहीत होकर हिन्दी भाषा की आवश्यकताओं को पूरा कर रहे हैं, तो 'मुहावरा' शब्द के ही त्याग का आग्रह क्यों किया जावे, विशेषकर उस अवस्था में जब कि उतना व्यापक और अर्थबोधक पर्यायवाची शब्द संस्कृत में पाया नहीं जाता।

यह मेरा निज का विचार है, इसका यह अर्थ नहीं है कि मैं उद्योग का विरोधी हूँ। वास्तव बात तो यह है कि संस्कृत का उपयुक्त पर्यायवाची शब्द मिल जावे तो सबसे पहले मैं उसको ग्रहण करने और मुहावरा के स्थान पर उसका प्रचार करने के लिए कटिबद्ध हूँ। अन्यथा यही उचित जान पड़ता है, जिसे मैंने अभी ऊपर निवेदन किया है। 'ग़नी' 'गरीब' अरबी के क्लिष्ट शब्द हैं, किन्तु व्यवहार और उपयोगिता पर दृष्टि रख कर गोस्वामीजी ने उनको ग्रहण कर लिया, और 'गनी, गरीब, ग्राम, नर नागर' लिखते संकुचित नहीं हुए। यही बात मुहावरा के प्रयोग के विषय में कही जा सकती है।

मुहावरा शब्द की अर्थ-व्यापकता

'फ़रहंग आसिफ़िया' में 'मुहावरा' शब्द का जो अर्थ लिखा गया है, वह बहुत व्यापक और अनेक अर्थों का द्योतक है। जिस अरबी भाषा का यह शब्द है, उसमें उसके जो अर्थ माने गये हैं, उससे कहीं अधिक अर्थ उसके फ़ारसी और उर्दू में किये गये हैं। मेरा विचार है, उन्हीं पर दृष्टि रखकर 'फ़रहंग आसिफ़ियाकार' ने उसके अर्थ की व्यापकता बढ़ायी है। 'हिन्दी शब्द सागर' में उसके वही अर्थ दिखलाये गये हैं, जो विशेष करके हिन्दी भाषा में प्रचलित हैं। 'इडियम' का जो अर्थ वेबस्टर साहब ने अपनी 'डिक्शनरी' में किया है, वह इन दोनों से अधिक व्यापक, गम्भीर और विशेषार्थक है। मौलाना हाली ने 'मुहावरा' के विषय में जो कुछ लिखा है, उसे मैं नीचे लिखता हूँ; उसके देखने से प्रस्तुत विषय पर बहुत कुछ प्रकाश पड़ेगा।

'मुहावरा' लुग़त (कोष) में बातचीत करने को कहते हैं, चाहे वह बातचीत अह्लज़बान (भाषा-भाषियों) के रोज़मर्रा के मुवाफ़िक़ हो या मुखालिफ़ लेकिन इस्तिलाह (सांकेतिक अर्थ) में ख़ास अह्लज़बान के रोज़मर्रा या बोलचाल या बयान करने के ढंग का नाम मुहावरा है। पस यह ज़रूर है कि मुहावरा हमेशा दो या दो से ज़ियादा अलफ़ाज (शब्दों) में पाया जावे। क्योंकि मुफरदलफ़्ज (प्रत्येक शब्द) को रोज़मर्रा या बोलचाल या असलूब बयान (वर्णन शैली) नहीं कहा जाता। व ख़िलाफ़ लुग़त (कोष) के कि उसका इतलाक़ (निर्देश) हमेशा (सदैव) मुफ़रद अलफ़ाज पर या ऐसे अलफ़ाज़ पर जो ब-मंजिला[1] मुफ़रद (जैसे इकतीस) के हैं किया जाता है। जैसे पाँच और सात दो लफ़्ज़ हैं जिन पर अलग-अलग लुग़त का इतलाक़ हो सकता है मगर इनमें से हर एक को मुहावरा नहीं कहा जावेगा, बल्कि दोनों को मिलाकर जब पाँच-सात बोलेंगे तब मुहावरा कहा जावेगा। यह भी जरूर है कि वह तरकीब जिस पर मुहावरा होने का इतलाक़ किया जावे, क़यासी[2] न हो बल्कि मालूम हो कि अह्लज़बान उसको इसी तरह इस्तेमाल करते हैं। जैसे अगर पाँच या सात, आठ या आठ सात पर क़यास करके छ आठ या आठ छ या सात नौ बोला जावेगा, तो उसको मुहावरा नहीं कहेंगे, क्योंकि अह्लज़बान कभी इस तरह नहीं बोलते। 'बिला नाग़ा' पर क़यास करके उसकी जगह 'बे नाग़ा', 'हर रोज़' की जगह 'हर दिन' आये दिन की जगह 'आये रोज़' बोलना भी मुहावरा नहीं कहा जावेगा। क्योंकि ए अलफ़ाज इस तरह अह्लज़बान की बोलचाल में कभी नहीं आते।

"कभी मुहावरा का इतलाक़ ख़ास कर उन अफ़आल (क्रियाओं) पर किया जाता है, जो किसी इस्म (संज्ञा) के साथ मिल कर अपने हक़ीक़ी मानों (वास्तविक अर्थों) में नहीं बल्कि मजाज़ी मानों (लाक्षणिक वा सांकेतिक अर्थों) में इस्तेमाल होते हैं। जैसे उतारना इसके हक़ीक़ी मानी (वास्तविक अर्थ) किसी जिस्म (शरीर) को ऊपर से नीचे लाने के हैं। जैसे घोड़े से सवार का उतारना, खूँटी से कपड़ा उतारना, कोठे पर से पलंग उतारना। लेकिन इनमें से किसी पर मुहावरे के दूसरे मानी ठीक नहीं आते। क्योंकि इन सब मिसालों (उदाहरणों) में उतारना अपने हक़ीक़ी मानों (वास्तविक अर्थों) में इस्तेमाल किया

1. ब-मंजिला = समान। 2. क़यासी = अनुमानित

गया है। हाँ 'नक़्शा उतारना', 'नक़ल उतारना', 'दिल से उतारना', 'दिल में उतारना', 'हाथ उतारना', 'पहुँचा उतारना', यह सब मुहावरे कहलावेंगे। क्योंकि इन सब मिसालों (उदाहरणों) में उतारने का इतलाक़ (निर्देश) मजाज़ी मानों (सांकेतिक अर्थों) पर किया गया है। खाना, इसके हक़ीक़ी मानी (वास्तविक अर्थ) किसी चीज़ को दाँतों से चबाकर या बिना चबाये हलक़ (गले) से उतारने के हैं। जैसे 'रोटी खाना', 'दवा खाना', 'अफीम खाना', वगैरः। लेकिन इनमें से किसी को दूसरे मानी (अर्थ) के लिहाज़ से मुहावरा नहीं कहा जावेगा। क्योंकि इन सब मिसालों में खाना अपने हक़ीक़ी मानों (वास्तविक अर्थों) में इस्तेमाल किया गया है। हाँ, 'ग़म खाना', 'क़सम खाना', 'धोखा खाना', 'पछाड़े खाना', 'ठोकर खाना' यह सब मुहावरे कहलावेंगे।"

"मुहावरे के जो मानी हमने पहले बयान किये हैं, वह आम (सामान्य) हैं, यानी दूसरा मानी भी उसमें शामिल है, लेकिन दूसरा मानी पहले मानी से ख़ास (विशेष) है। पस जिस तरकीब (व्यापार) को पहले मानों के लिहाज़ (विचार) से मुहावरा कहा जावेगा, उसको दूसरे मानों (अर्थों) के लिहाज़ से भी मुहावरा कहा जा सकता है, लेकिन यह जरूर नहीं है कि जिस तरकीब (व्यापार) को पहले मानों (अर्थों) के लिहाज़ से मुहावरा कहा जावे, उसको दूसरे मानों (अर्थों) के लिहाज़ से भी मुहावरा कहा जावे। जैसे—'तीन पाँच करना' (यानी 'झगड़ा टंटा करना') उसको दोनों मानों के लिहाज़ से मुहावरा कह सकते हैं, क्योंकि यह तरकीब अह्लज़बान की बोलचाल के भी मुबाफ़िक़ है, और उसमें तीन पाँच का लफ़्ज अपने हक़ीक़ी मानों (वास्तविक अर्थों) में नहीं बल्कि मज़ाज़ी माने (सांकेतिक अर्थों) में बोला गया है। लेकिन 'रोटी खाना', या 'मेवा खाना', या पान सात या दस बारह वगैरः सिर्फ पहले मानों के लिहाज़ से मुहाविरा करार पा सकते हैं, दूसरे मानों (अर्थों) के लिहाज़ से नहीं, क्योंकि यह तमाम तरकीबें अह्लज़बान के मुआफ़िक़ तो ज़रूर हैं, मगर उनमें कोई लफ़्ज़ मज़ाज़ी मानों (सांकेतिक अर्थों) में इस्तेमाल नहीं किया गया।"

"रोज़मर्रा और मुहावरा में एक फ़र्क़ और भी है। रोज़मर्रा की पाबन्दी जहाँ तक मुमकिन हो, तक़रीर[1] और तहरीर[2] नज़्म[3] व

1. तक़रीर = व्याख्यान, बातचीत। 2. तहरीर = लेखन। 3. नज़्म = पद्य।

नसर[1] में जरूरी समझी गयी है। यहाँ तक कि कलाम[2] में जिस क़दर रोज़मर्रा की पाबन्दी कम होगी, उसी क़दर वह फ़साहत[3] के दर्जा से गिरा समझा जावेगा। जैसे–"कलकत्ते से पिशावर तक सात आठ कोस पर एक पक्की सराय और एक कोस पर मीनार बना हुआ था", यह जुमला (वाक्य) रोज़मर्रा के मुआफ़िक़ (अनुसार) नहीं है, बल्कि उसकी जगह होना चाहिए–"कलकत्ते से पिशावर तक सात सात आठ आठ कोस पर एक एक पक्की सराय और कोस कोस भर पर एक एक मीनार बना हुआ था" इसी प्रकार और भी।"

–'मुक़द्दमा शेर व शायरी' पृष्ठ 141, 142, 143।

मौलाना हाली ने उन वाक्यों के विषय में कुछ नहीं लिखा जो शब्द योजना के विरुद्ध सांकेतिक अर्थ द्वारा भाषामर्मज्ञों अथवा सर्वसाधारण में गृहीत हैं, जैसे 'मुँह में ताला लगा होना', 'फूटी आँख से न देखना', इत्यादि। उन्होंने 'तीन पाँच करना', का अर्थ झगड़ा-टंटा करना लिखकर और उसको मुहावरा मानकर रूपान्तर से इस बात को स्वीकार किया है; परन्तु जैसे अफ़आल (क्रियाओं) का उदाहरण देकर और उनकी परिभाषा लिखकर उनको मुहाविरा सिद्ध किया है, उसी प्रकार वाक्य के विषय में कोई परिभाषा नहीं लिखा। यद्यपि अधिकतर मुहावरे के अर्थ में सांकेतिक अर्थ-द्योतक वाक्य ही गृहीत होते हैं; तथापि मैं यह कहूँगा कि–मौलाना साहब ने 'मुहावरा' के विषय में जो कुछ लिखा है, उसका निचोड़ यही है, कि मुहावरा के दो रूप हैं–एक वह जिसको हम रोज़मर्रा या बोलचाल कह सकते हैं, और दूसरा मुख्य मुहावरा जो किसी वाक्य के सांकेतिक अथवा लाक्षणिक अर्थ द्वारा विदित होता है। किसी क्रिया में स्वतः मुहावरा के रूप में गृहीत होने की शक्ति नहीं है, वह जब किसी विशेष संज्ञा के साथ मिलकर वाक्य में परिणत होती है, और अपना साधारण अर्थ छोड़कर विशेष अर्थ देती है, तभी उसकी मुहावरा संज्ञा होती है, ऐसी अवस्था में प्रधानता वाक्य ही की हुई।

श्रीमान् पण्डित रामदहिन मिश्र ने अपने ग्रन्थ में इस विषय में जो कुछ लिखा है, वह भी द्रष्टव्य है; उसको मैं नीचे उद्धृत करता हूँ।

मुहावरे के विषय में कई मत मतान्तर हैं, कई लोगों ने कई रीतियों से मुहावरे का लक्षण माना है–

1. कितने ठीक-ठीक लेख-शैली वा बोलने के ढंग को मुहावरा मानते हैं, जैसे जड़ाऊ के तरह-तरह के गहने, यहाँ 'तरह-तरह के जड़ाऊ गहने' लिखना बामुहावरा है।

2. कोई-कोई व्याकरण-विरुद्ध होने पर भी सुलेखक के लिखे होने के कारण

---

1. नसर = गद्य। 2. कलाम = वाक्य। 3. फ़साहत = प्रसादगुण।

किसी-किसी शब्द और वाक्य को बामुहावरा बतलाते हैं, जैसे 'उपरोक्त' (उपर्युक्त), 'सराहनीय' (प्रशंसनीय), 'सत्यानाश' (सर्वनाश), 'हम जब घर गये तब' (हमने) लड़के को बीमार देखा।

3. कोई-कोई कहावत को ही मुहावरा कहते हैं, जैसे 'नौ नगद न तेरह उधार', 'नौ की लकड़ी नब्बे खर्च', आदि।

4. कोई-कोई विलक्षण अर्थ प्रकाशित करने वाले वाक्य को ही मुहावरा कहते हैं। जैसे 'बाल की खाल निकालना', 'दाँतों में तिनका दबाना', 'आठ-आठ आँसू रोना', आदि।

5. कितने भङ्गी-पूर्वक अर्थ-प्रकाशन के ढंग को ही मुहावरा मानते हैं—जैसे फ़ारसी भाषा के कवियों ने इस नयी भाषा को शाहजहानी बाजार में अनवस्था में इधर-उधर फिरते देखा, उन्हें इसकी भोली सूरत बहुत पसन्द आयी, वह उसे अपने घर ले गये।

6. बहुतों ने शब्द वा वाक्य को भिन्नार्थ-बोधक होने से ही मुहावरा माना है। जैसे आँख, (उससे जब लड़के का बोध होता है) 'यह अन्याय कब तक चलेगा', अर्थात् अन्याय को सदा प्रश्रय नहीं मिलेगा।

7. कोई कोई आलंकारिक भाषा को ही मुहावरा कहते हैं, जैसे—'बसन्त बरसो परै', 'चूनरी चारु चुईसी परै', 'स्वर-लहरी आकाश में लहराने लगी', 'नेत्रों के सामने सब नाचने लगते हैं', 'तुम पराये धन पर नाचते हो', आदि।

8. बहुत लोग विचित्र रूप से अर्थ प्रकट करने वाले वाक्य को मुहावरा कहते हैं। जैसे—'अँगरेजों के राज्य में बाघ बकरी एक घाट पानी पीते हैं', अर्थात् बड़ी शान्ति है।

9. कोई-कोई एक खास अर्थ के बोधक वाक्य को मुहावरा कहते हैं। जैसे—'लघु शंका करने जाओ', 'बाह्य भूमि को गया है', आदि।

10. कोई-कोई एकार्थ में बद्ध क्रिया आदि को मुहावरा कहते हैं, जैसे—'हाथी चिंघाड़ता है', 'घोड़ा हिनहिनाता है', क्योंकि अगर इनमें बोलना क्रिया लगावें तो ये बामुहावरा नहीं हो सकते।

11. कोई-कोई प्रचलित शब्द-प्रयोग को ही मुहावरा बतलाते हैं। जैसे—नैहर की जगह 'मैके' और छूँछे की जगह 'खाली' आदि।

12. कोई-कोई किसी विषय पर प्रायः प्रयुक्त होने वाले शब्द या वाक्य लाने ही को मुहावरा कहते हैं। जैसे—किसी के राज्य वर्णन में 'राम-राज्य' कह देना आदि।

—हिन्दी मुहावरे पृष्ठ 7, 8

पण्डित जी ने लक्षणों द्वारा जो 12 प्रकार के मुहावरे दिखलाये हैं उनमें से नम्बर 3 और 4 के प्रयोगों को छोड़, शेष समस्त का अन्तर्भाव 'रोज़मर्रा' अथवा 'बोलचाल' में हो जाता है, अतएव उनको मुहावरे का एक अलग प्रकार मानना उचित नहीं। पण्डित जी ग्रन्थ के पृष्ठ 9 में स्वयं लिखते हैं।

"मुहावरे का लक्षण यह हो सकता है कि जहाँ जिस रीति से बोलचाल के शब्दों और शब्द-समूहों का ठीक-ठीक प्रयोग करना चाहिए वहाँ उसी प्रकार उनका प्रयोग करना। अर्थात् लिखने पढ़ने तथा बोलचाल की परिपाटी के अनुकूल लिखना और बोलना।"

"इस लक्षण के भीतर ऊपर के जितने मत-मतान्तर हैं प्रायः सभी आ जाते हैं।"

रहे नम्बर-3 और 4 के प्रयोग। नम्बर-3 में कहावतों को मुहावरा बतलाया गया है। मैं इस विचार से सहमत नहीं हूँ—कहावतें मुहावरें में कदापि परिगणित नहीं हो सकतीं, उनकी स्वतन्त्र स्थिति है। मैं आगे चलकर 'मुहावरे और कहावतें' शीर्षक स्तम्भ में इस विषय को स्पष्ट करूँगा। नम्बर-4 के प्रयोग वे ही हैं, जो 'बे-मुहावरे' कहलाते हैं; जिनकी स्थिति रोज़मर्रा अथवा बोलचाल से भिन्न है; और जिनका आधार वाक्यों का लाक्षणिक अथवा सांकेतिक अर्थ है। ऐसी अवस्था में मुहावरे के दो ही व्यापक स्वरूप स्वीकृत होते हैं, एक तो वह जिसे रोज़मर्रा या बोलचाल कहते हैं, और दूसरा वह जो मुहावरा नाम ही से पुकारा जाता है।

हिन्दी-शब्द-सागर में लक्षणा या व्यंजना द्वारा सिद्ध-प्रयोग को मुहावरा बतला कर अन्त में यह वाक्य लिखा है–"कुछ लोग इसे रोज़मर्रा या बोलचाल भी कहते हैं"। किन्तु मौलाना हाली की सम्मति इसके विरुद्ध है। उनका अवतरण आप लोग देख चुके हैं। वे कहते हैं कि मुहावरा का अन्तर्भाव रोज़मर्रा में हो सकता है, परन्तु मुहावरे में रोज़मर्रे का अन्तर्भाव नहीं हो सकता। उन्होंने उपपत्तियाँ दी हैं, उनकी उपपत्ति युक्तिसंगत है। इस मतान्तर का कारण दृष्टिकोण-भेद है। वास्तव बात यह है कि हिन्दी-संसार की दृष्टि विशेषतया मुहावरा की ओर है, वह सांकेतिक अर्थ में गृहीत वाक्य ही को मुहावरा मानता है, और इसी अर्थ में यह शब्द अधिकतर सर्वसाधारण में प्रचलित भी है, इसीलिए उसकी दृष्टि रोज़मर्रा अथवा बोलचाल की ओर उतनी नहीं है, जितनी कि उर्दू वालों की। ऐसी अवस्था में हिन्दी-शब्द-सागर में जो कुछ लिखा गया, उचित लिखा गया। किन्तु वास्तविकता मौलाना हाली की मीमांसा में ही है, अतएव मुहावरा के जो दो व्यापक स्वरूप स्वीकृत हुए हैं, वे ही विशेष युक्तिसंगत ज्ञात होते हैं।

फ़रहंग आसिफ़िया में इस्तिलाह आम (सांकेतिक प्रयोग) और रोज़मर्रा के अतिरिक्त एक शाब्दिक प्रयोग को भी मुहावरा बतलाया है। वह कहता है कि 'हैवान' एक ऐसा शब्द है, जो प्रत्येक जीवधारी के लिए प्रयुक्त हो सकता है, परन्तु उस भाषा के मर्मज्ञों ने यह स्वीकार कर लिया है, कि इस शब्द का प्रयोग उसी के लिए किया जा सकता है, जो बुद्धिमान नहीं है, मनुष्य के लिए उसका प्रयोग नहीं हो सकता क्योंकि वह बुद्धिमान है, इसलिए इस प्रकार के प्रयोग को भी वह मुहावरा मानता है। यह वैसा ही प्रयोग है, जैसा पं. रामदहिन मिश्र के 6 नम्बर के प्रयोग में 'आँख' का पुत्र के अर्थ में गृहीत होना। यह मान लिया जावे किन्तु इसमें व्यापकता नहीं है। यदि इस प्रकार मानते चलें, तो हिन्दी

भाषा के अनेक शब्दों को इस़ परिधि में लाना पड़ेगा। इसके अतिरिक्त ऐसे ही शब्दों को हिन्दी में 'लक्षक' कहते हैं। ऐसी अवस्था में कोई आवश्यकता नहीं मालूम होती कि इस प्रकार के शब्दों को भी मुहावरा कह कर व्यर्थ भ्रान्ति उत्पन्न की जावे। मेरा विचार है कि मुहावरा शब्द को 'वाक्य' तक ही परिमित रहना चाहिए, यही सम्मति मौलाना हाली ने भी अपने वक्तव्य में प्रकट की है। अभ्यास आदि वाचक शब्दों के अर्थ में जिस स्थल पर मुहावरा शब्द गृहीत होता है, उसके विषय में कुछ लिखने की आवश्यकता नहीं, क्योंकि वह वाक्य की परिधि से बाहर है।

वेबस्टर साहब ने अपने कोश में 'इडियम' के पाँच अर्थ लिखे हैं, उनमें से प्रथम और द्वितीय अर्थ, हिन्दी भाषा के लिए सुसंगत नहीं हैं, उतना व्यापक अर्थ 'मुहावरा' का हिन्दी में नहीं होता। हिन्दी में मुहावरा शब्द उसी अर्थ में गृहीत है, जिसका निरूपण उन्होंने अपने 3(अ) और 3(ब) में किया है। 3(अ) में जो अर्थ किया गया है, वही हमारा रोज़मर्रा और बोलचाल है, और 3(ब) में जो अर्थ उन्होंने किया है, वही 'मुहावरा' है। चौथे अर्थ में किसी लेखक के भाव-व्यंजन शैली के विशेष रूप अथवा उसके वाग्वैचित्र्य को भी मुहावरा माना है, और ब्राउनिंग के दुरूह मुहावरों का उल्लेख उदाहरण स्वरूप किया गया है। हिन्दी भाषा में इस प्रकार के वाग्वैचित्र्य को मुहावरा नहीं माना जाता, उसको कवि-विशेष की शैली, अथवा उसके भाव-प्रकाशन की विभिन्न प्रणाली मानी जाती है। उसमें चमत्कार, हृदय-ग्राहिता और गम्भीरता पायी जा सकती है, उस पर उसके निजत्व की छाप लगी हो सकती है, उसमें शब्दालंकार और अर्थालंकार की छटा दिखलाई पड़ सकती है, पर उस शैली अथवा प्रणाली की गणना 'मुहावरा' में नहीं हो सकती। ब्राउनिंग के कतिपय मुहावरे नीचे दिये जाते हैं, उनके समझ लेने पर प्रस्तुत विचार पर बहुत कुछ प्रकाश पड़ेगा।

'The boy with his white breast.'

शब्दार्थ– 'सफ़ेद छाती का बालक'

भावार्थ– 'शुद्ध हृदय का बालक'

'Filletted victim.'

शब्दार्थ– 'पुष्ट जानुवाला वलि'

भावार्थ– 'पुष्ट शरीर का वलि'

'What will but felt the fleshy screen.'

शब्दार्थ– 'कौन सी ऐसी इच्छा है जिसे मांस-पिण्ड के बने शरीर को अनुभव न करना पड़ा हो।'

भावार्थ– 'किस इच्छा ने शरीर-बन्धन का अनुभव नहीं किया।'

'What hand and brain went ever paired.'

शब्दार्थ– 'कौन से हाथ और मस्तिष्क साथ-साथ जुड़े रहे हैं।'

भावार्थ– 'जो मनुष्य सोचता है वह सब कर नहीं सकता।'

ब्राउनिंग के वाक्य और उन वाक्यों के शब्दार्थ और भावार्थ को पढ़कर उनके वाग्वैचित्र्य को कौन स्वीकार न करेगा। उन्होंने भाषा के प्रयोगों और आनुषंगिक भावों के साहचर्य्य से जिन विचित्र वाक्यों की उद्‌भावना की है, वे गम्भीर और उदात्त हैं, किन्तु अत्यन्त जटिल हैं। उनके समझने में बहुत माथापच्ची करना पड़ता है, फिर भी उनका अर्थ स्पष्ट नहीं होता। निम्नलिखित वाक्यों को देखिये इनका कई अर्थ किया जाता है।

(1) 'Archers of Athens taped by the tetli'.

(2) 'Mark within may eye its iris mystic lettered.'

संस्कृत में महनीय-कीर्ति माघ की रचनाएँ भी जटिल हैं, उनके अनेक श्लोक ऐसे हैं, जिनका अर्थ करने में दाँतों पसीना आता है। मल्लिनाथ जैसे समर्थ टीकाकार को उनकी टीका करने में अपनी समस्त आयु लगानी पड़ी। किम्वदन्ती प्रसिद्ध है–"मेघे माघे गतं वयः"। कबीर साहब के कुछ पद और कविवर सूर के दृष्टकूट भी बहुत गम्भीर और जटिल हैं, उनका अर्थ करना भी लोहे के चने चबाना है। कबीर साहब के कई एक पद तो ऐसे हैं कि उनका अर्थ करना ही झख मारना है; फिर भी भक्ति-उद्रेक से उनमें विचित्रता का अनुभव किया जाता है और उनके अर्थ करने की चेष्टा की जाती है। एक उदाहरण लीजिए–

"ठगिनी क्या नयना झमकावै।
कबिरा तेरे हाथ न आवै॥
कद्‌दू काटि मृदंग बनाया नीबू काटि मजीरा।
सात तरोई मङ्गल गावें नाचै बालम खीरा॥
भैंस पदमिनी आसिक चूहा मेढ़क ताल लगावै।
चोला पहिरि गदहिया नाचै ऊँट बिसुन पद गावै॥
आम डार चढ़ि कछुआ तोड़ै गिलहरि चुनि चुनि खावै।
कहै कबीर सुनो भाई साधो बगुला भोग लगावै॥"

एक पद और देखिये–

"यहि बिरवा चीन्है जो कोय। जरा मरन रहिते तन होय॥
बिरवा एक सकल संसारा। पेड़ एक फूटल तिनि डारा॥
मध्यकि डारि चारि फल लागा। साखा पत्र गिनै को बाका॥
बेलि एक त्रिभुवन लपटानी। बाँधेते छूटै नहिं ज्ञानी॥
कहैं कबीर हम जात पुकारा। पंडित होय सो लेहु बिचारा॥"

दोनों पदों में से दूसरे पद में तो अर्थ-बोध की कुछ सामग्री है भी; किन्तु पहला पद विचित्र है, उसका अर्थ करना पानी को मथ कर घी निकालना है, तथापि ऊटपटांग अर्थ करने वाले मिल ही जाते हैं।

एक पद कविवर सूरदास जी का देखिये—

"इन्द्र उपबन इन्द्र अरि दनुजेन्द्र इष्ट सहाय।
सुन्न एक जु थाप कीने होत आदि मिलाय॥
उभय रास समेत दिनमनि कन्यका एं दोइ।
सूरदास अनाथ के हैं सदा राखन बोइ॥"

यह पद भी जटिल है, बहुत सिर मारने पर ही तथ्य-लाभ की आशा हो सकती है। ब्राउनिङ्ग के वाक्य भी इसी प्रकार के हैं, प्रसंग के अनुसार उस पर गहन विचार करने ही से सिद्धि-लाभ की आशा हो सकती है।

हिन्दी-संसार में भाव-गाम्भीर्य की दृष्टि से कविवर केशवदास की रचनाओं का प्रधान स्थान है, उनके एक-एक पद्य के चार-चार, पाँच-पाँच अर्थ होते हैं। उनकी रचनाएँ इतनी पाण्डित्यपूर्ण होती हैं कि साधारण विद्या-बुद्धि का मनुष्य उनको समझ नहीं सकता; उनका वाग्वैचित्र्य भी विलक्षण है। शब्द-योजना और प्रौढ़ रचना में गम्भीरताप्रिय कविपुंगव देव का भी विशेष स्थान है, उनकी भाव-प्रकाशन शैली भी विचित्र है। कहीं उनका शब्द-विन्यास इतना अपूर्व है कि वैसा कहीं अन्यत्र दृष्टिगोचर नहीं होता। 'गोरो गोरो मुख आज ओरो सो बिलानो जात', 'बिछौनन-बीच बिछी जनु बीछी', 'लाज के निगड़ गड़दार अड़दार चहूँ चौंकि चितवन चरखीन चमकारे हैं', आदि वाक्य-विन्यास कितने विलक्षण हैं। प्रयोजन यह कि यदि वाग्वैचित्र्य का विचार करने लगें, तो हिन्दी-संसार के अनेक कविपुंगवों में यह विशेषता दृष्टिगोचर होगी। कोई यदि लिखता है, 'तन जोति जुन्हाई उईसी परै', 'मुखचारुता चारु चुईसी परै', तो दूसरा लिखता है, 'गिरिते गरेते निज गोदते उतारै ना', 'गुलगुली गिल में गलीचा हैं, गुनीजन हैं, गजक गिजा है, औ चिरागन की माला है' इत्यादि। प्रयोजन यह कि ब्राउनिङ्ग-सा वाग्वैचित्र्य अथवा विशेष प्रकार से भाव-व्यंजन-शैली संस्कृत और हिन्दी भाषा के अनेक लब्धप्रतिष्ठ और मान्य कवियों की रचना में पायी जाती है, परन्तु उनको 'मुहावरा' नहीं माना जाता। दोनों भाषाओं में उनकी गणना शब्दालंकार अथवा अर्थालंकार के भीतर होती है। इसलिए वेबस्टर साहब ने चतुर्थ भेद 'मुहावरे' का जो माना है, मेरा विचार है वह हिन्दी भाषा में गृहीत नहीं हो सकता।

यह कहा जा सकता है कि जो सर्वमान्य प्रतिष्ठित कविवृन्द हैं; जिनकी भाषा टकसाली मानी जाती है; और जिनकी रचनाओं, वाक्य-विन्यास और शब्द-योजना-प्रणाली को हम प्रमाण-कोटि में ग्रहण करते हैं, क्या वे लोग हमारे साहित्य-पथ के आदर्श नहीं

हैं? यदि हैं तो उनके इस प्रकार के उदाहरणों और प्रयोगों को विशेषता क्यों न दी जावे? यह सत्य है, किन्तु वे ही तो रोज़मर्रा अथवा बोलचाल हैं। भाषा-तत्वविदों और आचार्यों ने बोलचाल पर दृष्टि रखकर जो वाक्य-रचना-प्रणाली उद्‌भावन कर दी है, जिस प्रकार शब्द-विन्यास का उदाहरण उपस्थित किया है, वे ही हमारे आदर्श हैं, और उसी आदर्श का नाम रोज़मर्रा अथवा बोलचाल है। जहाँ यह रोज़मर्रा अथवा बोलचाल साधारण वाक्य से आगे बढ़कर लक्षणा अथवा व्यंजना द्वारा अपना भाव प्रकट करता है, और शब्दार्थ से काम नहीं लेता, वहाँ वह मुहावरा हो जाता है। अतएव 'मुहावरा' के वही दो व्यापक स्वरूप गृहीत होते हैं, जिनका निरूपण मैं ऊपर कर आया हूँ।

वेबस्टर साहब का पाँचवाँ लक्षण अथवा भेद शब्द तक परिमित है; वाक्य रूप में वह गृहीत नहीं होता, अतएव वह मुहावरा नहीं माना जा सकता। यदि वाक्य-स्वरूप ही में उसे ग्रहण कर लें, तो उसका अन्तर्भाव बोलचाल में ही हो जावेगा। अतएव सब प्रकार से अन्तिम निर्णय यही होता है, कि हिन्दी में मुहावरे के व्यापक स्वरूप दो ही होंगे एक रोज़मर्रा अथवा बोलचाल और दूसरा स्वयं मुहावरा।

मुहावरों का आविर्भाव

मुहावरों की उत्पत्ति कैसे हुई, कैसे वह फूलती-फलती और विस्तृत होती है उसके साधन क्या हैं! उसमें परिवर्तन होता है या नहीं, और यदि होता है तो किस प्रकार! अन्य भाषा से मुहावरे लिए जाते हैं या नहीं, और यदि लिए जाते हैं, तो किन नियमों के साथ! इन बातों पर प्रकाश डालना आवश्यक जान पड़ता है। अतएव मैं अब इस ओर प्रवृत्त होता है।

पहली बात मुहावरों का आविर्भाव अथवा उनकी उत्पत्ति है, वह विभिन्न कारणों और अनेक सूत्रों से होती है। मनुष्य के कार्यक्षेत्र विस्तृत हैं; उसके मानसिक भाव भी अनन्त हैं। घटना और कार्य-कारण-परम्परा से जैसे असंख्य वाक्यों की उत्पत्ति होती है उसी प्रकार मुहावरों की भी। अनेक अवसर ऐसे उपस्थित होते हैं, जब मनुष्य अपने मन के भावों को कारण-विशेष से संकेत अथवा इंगित किम्वा व्यंग्य द्वारा प्रकट करना चाहता है। कभी कई एक ऐसे भावों को थोड़े शब्दों में विवृत करने का उद्योग करता है, जिनके अधिक लम्बे-चौड़े वाक्यों का जाल छिन्न करना उसे अभीष्ट होता है। प्रायः हास-परिहास, घृणा, आवेग, उत्साह आदि के अवसर पर उस प्रवृत्ति के अनुकूल वाक्य-योजना होती देखी जाती है। सामयिक अवस्था और परिस्थिति का भी वाक्य-विन्यास पर बहुत कुछ प्रभाव पड़ता है और इसी प्रकार के साधनों से मुहावरों का आविर्भाव होता है। अपने 'वर्डस् एण्ड इडियम' नामक ग्रन्थ में श्रीमान् स्मिथ यह लिखते हैं–

*"जिस प्रकार शब्दों के लाक्षणिक अर्थ होते हैं, ठीक उसी प्रकार बहुत से शब्द-समुदायों के भी लाक्षणिक अर्थ मिलते हैं। जिस स्थल-विशेष से उनकी उत्पत्ति हुई है, देखा जाता है उनका व्यवहार उनके विपरीत अर्थों में होता है। प्रायः ये लाक्षणिक प्रयोग स्पष्ट होते हैं। पर बहुत से साधारणतया प्रचलित मुहावरों का प्रयोग उनके उत्पत्ति-स्थल तथा उनके आरंभिक अर्थ के ज्ञान बिना ही किया जाता है।"

†"वास्तव में कुछ ऐसे मुहावरे भी हैं, जिनका पूर्ण निश्चित विवरण देने में विशेषज्ञ भी असमर्थ हैं। इस प्रकार के असम्बद्ध वाक्य-समूह हमारी भाषा के अनेक मुहावरों की विचित्रता हैं, और इस बात के परिचायक हैं कि मनुष्य-मस्तिष्क में निष्फल तथा असम्बद्ध बातों का भी बहुत कुछ अंश है, एवं मनुष्य-समुदाय असंगत तथा उच्छृंखल प्रयोगों को प्यार करता और तर्क के सामने झुकने में कुछ आनाकानी करता है। जिसके परिणामस्वरूप कभी-कभी बन्धन-विच्छेद करके वह मुहावरे वाली भाषा का प्रयोग कर बैठता है। अपने शब्दों में स्पष्टता देने के लिए हम लोग उन्हें कुछ अर्थ देना चाहते हैं–तथापि हम लोग कभी-कभी बेमतलब के शब्दों को ही प्रधानता देते दिखाई पड़ते हैं। ऐसा मालूम होता है जैसे वह असम्बद्धता ही कभी-कभी हमारे ध्यान को आकर्षित करती तथा स्पष्टता एवं सुन्दरता को बढ़ाती है।"

---

* The way in which words take on metaphorical meaning is one of the best known of linguistic phenomena; the same thing happens to many phrases which also acquire figurative meaning and are used for acts or circumstances more or less analoguous to those which gave them birth. Often these figurative idioms are more or less transparent. But many of our most current idiomatic phrases we use with little or consciousness of their original use and signification.

(Words and Idioms pp. 185—6)

† Indeed, there are a number of idiomatic phrases for which even specialists have not been able to find a completely certain explanation. This expressiveness of irrelevant phrases is a curious feature of many of our idioms and seems to show that there is a certain irrelevance in the human mind, a certain love for the illegical and absurd, a reluctance to submit itself to reason, to which break loose now and then, and finds expression for itself in idiomatic speech. We like our words to have a meaning for we like them to be vivid; but we sometimes seem almost to prefer inappropriate meanings, as if their very irrelevance appealed to the imagination and added to their vividness and charm.

(Words and Idioms pp. 186-187)

* "लाक्षणिक अर्थ वाले एवं व्याकरण-सम्बन्धी मुहावरों की अधिक संख्या साधारण व्यवसायों तथा प्रचलित खेलों से ली गयी है। मनुष्य के प्रत्येक व्यवसायों में उससे सम्बन्ध रखने वाली वस्तुओं तथा कठिनाइयों के वर्णन के लिए अपने शब्द-समुदाय तथा उद्देश्य होते हैं। इन व्यावसायिक भाषा के केवल शब्द ही नहीं, वरन् मुहावरे तक हमारी नियमित भाषा में आ जाते हैं। हमारी नियमित भाषा शब्द-निर्माण की कठिनाइयों के कारण अन्य भाषा-निर्मित मुख्य-मुख्य व्यवहारात्मक तथा प्रचलित शब्द-समुदायों को ग्रहण कर लेती है। इसके अतिरिक्त इसका कारण यह भी है कि जीवन के प्रत्येक स्थल की अनेक बातों को उचित रूप से प्रकाश करने में वह समर्थ नहीं होती। एक यह भी कारण है कि साधारण व्यवसाय तथा शिकार आदि में लगे हुए मनुष्यों द्वारा निर्मित मुहावरे स्पष्ट, सजीव, सुन्दर तथा बोलचाल के उपयुक्त होते हैं और उनका आवेशमय आलाप में स्वागत किया जाता

---

* Metaphorical idioms, and indeed, many Grammatical idioms also come to us in great numbers from humble occupation and popular forms of sport, each kind of human activity has its own vocabulary, its terms to describe its materials, its methods, its difficulties and its aims and from these vocabularies not only words, but idiomatic phrases often make their way into the standard language. Our speech is never adequate to express the inexhaustible richness of life, with all its relations and thoughts, and feelings; the standard language is hampered, too, by many impredîments in the always difficult process of word-formation, and is therefore ready to seize on any of the special terms which are already current, and to which it can give the wider significance it desires. Then too the idioms and happy phrases invented by people engaged in popular sports and occupations being terse, colloquial, vivid and charged with eager life, are just the kind that are sought for and welcomed in animated speech. Sailor at sea, hunters with their dogs, labourers in the fields, cooks in their kitchens, needing in some crisis a vigorous phrase of communal or warning or reprobation, have often hit on some expressive collocation of words, some vivid and homely metaphor from the objects before them; and these phrases and metaphors striking the fancy of their companions have been adopted into the vocabulary of their special sport or occupation. Soon a number of these phrases are found to be capable of a wider use; often for convenience, often with a touch of humour, they come to be applied to analogous situations; a sailor applies his sea phrases to the predicaments in which he finds himself on land; the fisherman (as indeed we see in the gospels) talks of life in terms of fishing, the housewife helps herself out with metaphors from her kitchen or her farmyard; the sportsman expresses himself in the idioms of his sport, the little by little the most useful of these phrases make their way by the means which have been described in a former chapter, from popular speech into the standard language and come to be universally understood. **(Words and Idioms pp. 188-189)**

है। नाविक, शिकारी, मज़दूर, रसोइये, कभी-कभी ज़ोरदार आज्ञा तथा चेतावनी देने में ऐसे शब्द-समुदायों की रचना कर डालते हैं, जो स्पष्ट तथा घरेलू होते हैं और उनके सामने की वर्तमान सामग्रियों से गृहीत होते हैं। ये आलंकारिक वाक्य-समूह उनके अन्य साथियों का ध्यान आकर्षित करते हैं, जो अपने व्यवसाय तथा शिकार आदि की भाषा में उनको स्थान देते हैं। शीघ्र ही इनमें से कुछ शब्द-समुदाय विशेष तथा विस्तृत अर्थों का प्रतिपादन करने लगता है और कभी सुविधा के लिए कभी बातचीत में हँसी-मजाक का पुट देने के लिए भिन्न परिस्थितियों में प्रयुक्त होता है। नाविक जल-सम्बन्धी शब्द-समुदाय को स्थल-सम्बन्धी अपनी अवस्थाओं के वर्णन में व्यवहार करता है, मछुआ जीवन-सम्बन्धी बातें मछली मारने के शब्दों में प्रकट करता है। एक गृहस्थ स्त्री अपने भाव प्रकाशन में पाकशाला के शब्दों की सहायता लेती है और एक शिकारी शिकार के शब्दों में अपने भाव प्रकाशित करता है। इसी प्रकार शनैः शनैः बहुत से भड़कदार तथा लाभदायक शब्द साधारण बोलचाल से नियमित भाषा में चले आते हैं और सब उन्हें समझने लगते हैं।"

*'शब्द-रचना के समान शब्द समुदाय की रचना भी मुख्यतया अशिक्षित समाज से हुई है। हमारे भड़कदार तथा सजीव शब्दों के समान, हमारी भाषा के अच्छे मुहावरे पुस्तकालय या बैठकखाने तथा चमकीले तमाशगाहों से उत्पन्न न होकर कारख़ानों, रसोईघरों, खेत तथा खलिहान आदि में निर्मित हुए हैं।'

श्रीमान् स्मिथ ने जो कुछ अँगरेज़ी मुहावरों के आविर्भाव के विषय में कहा है, थोड़े अन्तर से वे ही बातें हिन्दी मुहावरों के लिए भी कही जा सकती हैं। इसलिए ऊपर के अवतरणों से आशा है कि प्रस्तुत विषय पर बहुत कुछ प्रकाश पड़ेगा। अब कुछ उदाहरणों को देकर मैं इस विषय को और स्पष्ट करूँगा।

संस्कृत का एक मुहावरा है–'काष्ठ प्रदान'। श्रीमान् जीवानन्द विद्यासागर सम्पादित पंचतंत्र के 85 पृष्ठ में इसका प्रयोग हुआ है। प्रतप्त कौलिक अपने मित्र रथकार से कहता है–

---

* "The phrase-making, like the word-making, faculty belongs pre-eminently to the unlettered classes, and our best idioms, like our most vivid and living words, come to us, not from the library or the drawingroom or the "gay-pattere", but from the workshop, the kitchen and the farm-yard."

(Words and Idioms, p. 212)

"यदि त्वं मां सुहृदंमन्यसे, ततः काष्ठप्रदानेन प्रसादः क्रियताम्"

यदि तुम मुझको मित्र मानते हो तो 'काष्ठ प्रदान' करने की कृपा करो। विद्यासागर जी ने 'काष्ठ प्रदान' का अर्थ यह लिखा है–

"काष्ठप्रदानेन चितारचनेन इत्यर्थः"

डॉक्टर यफ़ कीलहार्न पी. एच. डी. अपने पंचतंत्र के नोट्स में (पृष्ठ 18) यह लिखते हैं–

'The offering of wood' for the preparation of funeral pile.

"चिता बनाने के लिए लकड़ी दीजिए" (वा जमा कीजिए)

गोडबोले महोदय उक्त ग्रन्थ के अपने नोट्स में (पृष्ठ 62) यह अर्थ लिखते हैं–

Let a favour be done by giving (me) wood, by burning me.

"मुझे जलाने के लिए लकड़ी देने की कृपा कीजिये।"

तीनों अर्थों में अभिधा शक्ति से काम नहीं लिया गया है, लक्षणा अथवा व्यंजना से ही भाव ग्रहण करने की चेष्टा की गयी है। तीनों का तात्पर्य अन्तिम संस्कार है। अन्तिम संस्कार करने के लिए चिता की आवश्यकता होती है और चिता लकड़ी संग्रह करके बनाई जाती है, अतएव इस कार्य-परम्परा पर दृष्टि रखकर कौलिक 'काष्ठ प्रदान' शब्द का प्रयोग करता है और उसके द्वारा अन्त्येष्टि-क्रिया करने की सूचना देकर यह बतलाता है कि अब मेरा अन्तिम समय समीप है। इतने भावों का द्योतक एक छोटा वाक्य 'काष्ठ प्रदान' है, इसके द्वारा मुहावरे के प्रयोग और उसके उत्पत्ति के कारण पर बहुत कुछ प्रकाश पड़ता है। इस 'काष्ठ प्रदान' वाक्य की सार्थकता उस समय और बढ़ जाती है जब उस क्रिया का ध्यान किया जाता है, जो किसी मृतक के अन्तिम संस्कार के समय की जाती है। जब मृतक जल जाता है, और संस्कार-क्रिया समाप्तप्राय होती है, उस समय शव के साथ जाने वाले अपने-अपने स्थान से उठते हैं, और कतिपय काष्ठखण्ड सहयोगसूचन और मृतक-प्रति स्नेहप्रदर्शन के लिए चिता में डालते हैं। तत्पश्चात् स्नान करते और तिलांजलि देकर घर वापस आते हैं। मेरा विचार है कि 'काष्ठ प्रदान' मुहावरे की उत्पत्ति इसी क्रिया को देखकर हुई है। जो अर्थ विद्वानों ने ऊपर किये हैं, वे अस्पष्ट हैं और उनके द्वारा उस मुहावरे पर उतना प्रकाश नहीं पड़ता जितना इस 'काष्ठ प्रदान' की प्रचलित परम्परा द्वारा।

पंचतंत्र के पृष्ठ 23 में एक वाक्य है–"अर्द्धचन्द्रम् दत्वा निस्सारितः" अर्धचन्द्र देना, एक मुहावरा है, इसका अर्थ है–गरदनिया देना, अथवा गला पकड़ कर बाहर निकाल देना। विद्यासागर महाशय इसका अर्थ यह करते हैं–

"अर्द्धचन्द्रः गलहस्त इत्यर्थः"

और व्याख्या यों करते हैं–

"अर्द्धचन्द्रस्य अर्द्धचन्द्राकारकरस्य दानेन" (सरल पंचतंत्र, पृ. 29)

गोडबोले महोदय अपने अँगरेज़ी नोट्स में इसका यह अर्थ बतलाते हैं–

अर्द्धचन्द्र : The bent into a semicircle like the crescent of the moon for the purpose of seizing, चन्द्रार्द्धः means literally 'the half moon' and figuratively to sieze between the thumb and the forefinger (both stretched out). P 36-37. (पंचतंत्र)

"हाथ को बालचन्द्र की भाँति गला पकड़ने के लिए अर्द्ध वृत्ताकार रूप में परिणत करना।"

"इसका शब्दार्थ आधा चन्द्रमा है, जिसका व्यंगार्थ यह है कि अँगूठा और तर्जनी दोनों को गला पकड़ने के लिए (अर्द्धचन्द्राकार) फैलाना"। प्रयोजन यह कि गरदनिया, देने के लिए जब हम किसी का गला पकड़ते हैं, तो हाथ के अँगूठे और तर्जनी के फैलने पर उसके मध्य का आकार अर्धचन्द्र का सा हो जाता है। अतएव यह स्पष्ट है कि 'अर्द्धचन्द्र देना' मुहावरे की उत्पत्ति इसी आधार से हुई।

'दाँतकाटी रोटी' एक मुहावरा है, जिनमें परस्पर बड़ी घनिष्ठता और एकान्त प्रीति होती है, उनके लिए इस मुहावरे का प्रयोग होता है।

विशेष सम्बन्ध होने पर भारतीय हिन्दू एक-दूसरे का स्पर्श किया हुआ भोजन ग्रहण करते हैं, साथ बैठकर खाना भी साधारण बात नहीं। अपनी थाली में किसी बड़े प्यारे ही को खिलाया जाता है। ऐसे कोई मिलेंगे जो एक-दूसरे के दाँत की काटी रोटी खा सकते हों, ऐसा वे ही लोग करेंगे जिनकी आत्मीयता अथवा प्रेम की पराकाष्ठा हो गयी हो। इसी बात पर दृष्टि रखकर 'दाँतकाटी रोटी' मुहावरे की उद्‌भावना हुई है।

'दाँत निकालना' भी एक मुहावरा है। इसका अर्थ है–दीनता दिखलाना, गिड़गिड़ा कर किसी वस्तु के लिए प्रार्थी होना। हम लोग बराबर देखते हैं कि जब कोई भूखा मनुष्य, अथवा कोई अर्थी जन किसी से अन्न की अथवा किसी दूसरी वस्तु की दीन बनकर प्रार्थना करता है, तो उस समय उसके दाँत निकल आते हैं इसी को लक्ष्य कर 'दाँत निकालना' मुहावरे की सृष्टि हुई है।

श्रीमान् स्मिथ ने अनेक मुहावरों के आविर्भाव के विषय में जो कुछ लिखा है, उसका कुछ अंश भी प्रस्तुत विषय के विशेष स्पष्टीकरण के लिए यहाँ उद्‌धृत किया जाता है–

*"शिकार, शिकारी कुत्ते तथा घोड़ों से हमारी बोलचाल की भाषा में

---

* From the chase, from hounds and horses, many 10 phrases have come to enrich our colloquial speech, and of all animals the dog and the horse play largest parts in idiom. **(Words and Idioms, P. 195)**

बहुत से शब्द आ गये हैं, अन्य सभी पशुओं की अपेक्षा घोड़े तथा कुत्तों से लिए गये मुहावरे अधिक हैं–

"To rain cats and dogs."

शब्दार्थ–'बिल्ली और कुत्ते बरसना।'

भावार्थ–'मूसलाधार पानी बरसना'

"To lead a cat and dog life."

शब्दार्थ–'बिल्ली और कुत्ते का सा जीवन बिताना।'

भावार्थ–'तुच्छ जीवन व्यतीत करना।'

*"ये दो मुहावरेदार प्रयोग दो पालतू पशुओं (कुत्ते और बिल्ली) की परम्परागत शत्रुता का संकेत करते हैं–"

"To show the white feather."

शब्दार्थ–'सुफेद पंख दिखलाना'

भावार्थ–'हार मानना'

**"इस मुहावरे की उत्पत्ति मुर्गों की लड़ाई पर दृष्टि रख कर हुई है, क्योंकि शिकारी पक्षियों में श्वेत पंख का होना पालन-पोषण में त्रुटि होने का द्योतक है।"

"To lick into shape."

"चाट कर आकार देना"

"Unlicked cub."

"बिना चाटा हुआ बच्चा"

†"इनकी उत्पत्ति इस यूरोपीय दन्तकथा के आधार से हुई है कि रीछ इसी प्रकार अपने बच्चों के आकार की रचना करते हैं।"

"To hide ones head in the sand."

"बालू में अपने शिर को छिपाना"

¶"इसकी उत्पत्ति घबड़ाये हुए शुतुमुर्ग के आचरण से हुई है।"

"Crocodile's tears."

"घड़ियाल के आँसू"

---

* Refer to the traditional enimity between these two domestic animals. **(Words and Idioms. p. 200).**

** A white feather in the tail of a game bird being a sign of bad breeding. **(Words and Idioms, p. 202)**

† Are drived from the notion of European folklore that bears give from to their cubs in this manner.

¶ 'Is from the supposed behaviour of embarrassed ostriches.'

*"यह इस विश्वास से उत्पन्न हुआ है कि मनुष्यों को भक्षण करते समय घड़ियाल आँसू बहाते हैं।"

"True blue."

"असली नीला"

¶"इसकी उत्पत्ति कोवेनान्टर्स के समय से हुई, जब राजकीय रक्तवर्ण विरुद्ध नील वर्ण को ही उन्होंने अपने लिए स्वीकार किया।"

मुहावरों का आविर्भाव और मूल भाषा एवं अन्य भाषा

मुहावरों का आविर्भाव कैसे होता है, उसके क्या हेतु और साधन हैं, इसका उल्लेख मैं थोड़े में कर चुका। अब मैं यह दिखलाऊँगा कि किस प्रकार वे मूल भाषा अथवा अन्य भाषा के आधार से किसी भाषा में प्रचलित हो जाते हैं। पहले मूल भाषा को लीजिए। चलती भाषाओं में बहुत से ऐसे मुहावरे मिलते हैं, जो कहीं से प्रसूत जान पड़ते हैं, किन्तु वास्तव में वे अनेक परिवर्तनों के परिणाम होते हैं, और उनका अस्तित्व मूल भाषा में मिलता है। अतएव किसी भाषा के मुहावरों के आविर्भाव का प्रथम क्षेत्र मूल भाषा है। हिन्दी भाषा के अनेक मुहावरे संस्कृत मुहावरों के अनुवाद ज्ञात होते हैं, किन्तु वास्तव में वे अनुवाद नहीं हैं। संस्कृत से प्राकृत, प्राकृत से अपभ्रंश; और अपभ्रंश से हिन्दी में आये हैं। कुछ ऐसे मुहावरे नीचे लिखे जाते हैं; किसी किसी का प्राकृत रूप भी लिख दिया गया है।

संस्कृत मुहावरे	**हिन्दी मुहावरे**
कर्ण लगति चैकस्य प्राणैरन्यो वियुज्यते	कान लगना
पदं मूर्ध्नि समाधत्ते केसरी मत्तदन्तिनः	शिर पर पाँव रखना
अधुना मन्मुखमवलोकयसि	मुँह देखना
पदमेकं चलितुं न शक्नोति	पग भर न चल सकना
शिरस्ताडयन् प्रोवाच	शिर पीट कर कहना
घासमुष्टिमपि न प्रयच्छति	मूठी भर घास
कश्चित् तस्य ग्रीवायां लगति	गले लगाना
कर्णमुत्पाटयामि ते	कान उखाड़ना
तत्र कतिचिद्दिनानि लगिष्यति (पंचतंत्र)	वहाँ कुछ दिन लगेंगे
नगरगमनस्य मनः कथमपि न करोति	(शकुन्तला नाटक) मन न करना

---

* 'Come from the belief that crocodiles shed tears while eating human beings.' **(Words and Idioms. p. 234)**

¶ 'Comes from the times of the Covenanters, who adopted blue as their colour in contradistinction to the royal red.' **(Words and Idioms. p. 221)**

संस्कृत	प्राकृत	हिन्दी
न खलु दृष्ट मात्रस्य तवाङ्कं समारोहति	ण क्खु दिट्ठमेतस्स तुह अङ्कं समारोहदि	गोद में बैठना
अन्यथावश्यं सिञ्चतं मे तिलोदकम्	अणहा अवस्सं सिंचध तिलोदअं (शकुन्तला नाटक)	तिलोदक देना
जलाञ्जलिर्दीयते	जलंजली दिज्जदि	जलांजलि देना
भणोत् उन्मुद्रितया जिह्वया तद्दीयते पिशुनलोक	भणउम्मुद्दिआये जीहाये तादिज्जये पिसुणलोअ	खुली जीभ से कहना
मुखेषु मुद्रा	मुहेसु मुद्दा (कर्पूरमञ्जरी)	मुँह पर मोहर लगाना

किस प्रकार मूलभाषा के मुहावरे शनैः-शनैः परिवर्तित होकर तत्प्रसूत प्रचलित भाषाओं में व्यवहृत होते हैं, यह बात ऊपर के वाक्यों पर विचार करने से भली-भाँति हृदयंगम होगी। मुहावरों के आविर्भाव के इतिहास में सबसे पहले यही प्रणाली सामने आती है, जितने हेतु मुहावरों के आविर्भाव के हैं, उन सबमें मैं इसको प्रधान मानता हूँ। इसके बाद उन मुहावरों का स्थान है, जो किसी अन्य भाषा से गृहीत होते हैं। ऐसे मुहावरे मुख्य रूप में अल्प मिलते हैं, अधिकांश वे पूर्ण अनुवादित किम्वा अर्द्ध-अनुवादित रूप में देखे जाते हैं। भिन्न-भिन्न जातियों के साहचर्य्य, परस्पर आदान-प्रदान, जेता और विजित जाति के विविध सम्बन्ध-सूत्रों से जैसे बहुत से व्यावहारिक वाक्य, विचार, आदर्श और नाना सिद्धान्त एक भाषा के दूसरी भाषा में प्रवेश कर जाते हैं, उसी प्रकार कुछ मुहावरे भी। अपेक्षित भाव का अभाव, माधुर्य्य की न्यूनता और लेखनशैली की वांछित हृदयग्राहिता भी एक 'असमृद्ध भाषा' को दूसरी समृद्ध भाषा से मुहावरे ग्रहण करने के लिए विवश करती है। यद्यपि एक भाषा के मुहावरे का अनुवाद दूसरी भाषा में प्रायः नहीं हो सकता, फिर भी यथासम्भव यह कार्य किया जाता है। श्रीमान् स्मिथ लिखते हैं–

> *"अँगरेज़ी भाषा में स्वाभाविक व्यवहार से कुछ शब्द-समुदायों की रचना हो गयी है, जिनका यदि हम अन्य भाषाओं में अनुवाद करना चाहें, तो हमें भाव-द्योतक शब्द-समुदाय ही देना पड़ेगा। यदि हम शाब्दिक अनुवाद करेंगे तो सफल न हो सकेंगे। वास्तविक मुहावरे के जाँचने की कसौटी अनुवाद है, कहीं-कहीं शब्दशः अनुवाद करने

* "Our speech is full of habitual phrases, which, if translated into a foreign language, must be rendered in some equivalent phrase, not in a word-for-word translation. This test of a translation is a good touchstone of idiom. Even the simplest phrasal collection would lose its idiomatic force in a word-for-word translation.

(Words and Idioms. pp. 176-177)"

में साधारण शब्द-समुदाय के भी मुहावरे-द्योतक भाव नष्ट हो जाते हैं।"

*"अन्य भाषाओं के अधिकतम मुहावरों का अनुवाद यदि हम अपनी भाषा में ठीक-ठीक कर लेवें तो भी इससे उसकी पूर्ति न होगी; उस समय तक जब तक कि उन्हें अपनी भाषा के प्रयोगों के अनुसार न बना लें।"

तथापि यह स्वीकार करना पड़ता है, मुहावरों का भावानुवाद तो होता ही है, शाब्दिक अनुवाद भी होता है, और अधिकतर होता है। जहाँ मुहावरों के पूर्ण अथवा अर्द्ध-शाब्दिक अनुवाद से काम चल जाता है, वहाँ भावानुवाद की ओर दृष्टि जाती ही नहीं। शाब्दिक अनुवाद में असफलता होने पर भावानुवाद की शरण ली जाती है। श्रीमान् स्मिथ स्वयं एक स्थान पर लिखते हैं–

¶"बाइबिल के अँगरेज़ी अनुवादों का अँगरेज़ी भाषा पर बहुत बड़ा प्रभाव पड़ा है। कई शताब्दियों तक इंग्लैण्ड में कोई पुस्तक इतनी अधिक नहीं पढ़ी गयी, जितनी बाइबिल। बहुत से शब्द और मुहावरे, जो बहुधा हेब्रू और ग्रीक शब्दों के अक्षरशः अनुवाद हैं–हमारी भाषा में सम्मिलित कर लिए गये हैं।"

गुणग्राहिता योग्यता-लाभ की कुंजी है, रत्नचय का संग्रह समृद्धता का प्रधान उपकरण है। सद्वस्तु की आकांक्षा सफलता-लाभ का साधन है और कुसुमचयन सौन्दर्यप्रियता की सामग्री। उन्नत जातियों में इन गुणों का विकास पूर्ण रूप में पाया जाता है; वे उनसे लाभ उठाते हैं, और जीवन के उपयोगी साधनों को इनके द्वारा अलंकृत करते रहते हैं। अँगरेज़ जाति भी एक समुन्नत जाति है, इसीलिए उनमें भी इस प्रकार के गुणों का विकास उचित मात्रा में पाया जाता है। यही कारण है कि उनकी मातृभाषा को हम उपयोगी उपकरणों से सुसज्जित पाते हैं, और उसमें अन्य भाषाओं के बहुत से सुन्दर मुहावरे, रत्न-समान जगमगाते मिलते हैं। इन रत्नों को उन लोगों ने अनेक स्थानों से संग्रह किया है, और अपनी भाषा में उनको उचित स्थान दिया है। कहीं वे मुख्य रूप में पाये जाते हैं, कहीं

---

* "With the greater number of foreign idioms, however a literal translation will not suffice; they must be re-embodied in the run and rhythm of our speech, given a metallic ring to make them current, and stamped perhaps for this purpose with another image." **(Words and Idioms. p. 402)**

¶ "The immense influence on our language of the English translations of the Bible has often been remarked on; for centuries the Bible has been the book which has been most read and most quoted in England; not only many words, but many Idiomatic phrases (often the literal translations of Hebrew of Greek-idioms) have been added to our language from its pages." **(Words and Idioms. p. 223)**

उनमें उचित परिवर्तन मिलता है। अपने 'वर्ड्स एण्ड इडियम' नामक ग्रन्थ में मिस्टर स्मिथ ने इसका बड़ा विस्तृत वर्णन किया है। उसके विशेष अंशों को यदि मैं इस भूमिका में उठा पाता, तो उससे आप लोगों का विशेष मनोरंजन होता, किन्तु स्थान-संकोच के कारण मैं ऐसा न कर सका। अँगरेज़ी में किस उदारता से अन्य भाषाओं के मुहावरे ग्रहण किये गये हैं और उसमें कितनी व्यापकता है; मिस्टर स्मिथ इस विषय में यह कहते हैं–

> *"हमारी भाषा में अनुवादित मुहावरों के अतिरिक्त लैटिन, फ्रेंच तथा इटली के ऐसे मुहावरों की भी अधिक संख्या है, जिन्हें हमने ज्यों का त्यों बिना अपनी भाषा का रूप दिये ही ले लिया है।"

फ्रेंच के निम्नलिखित मुहावरे ऐसे हैं, जो बिना किसी परिवर्तन के ज्यों के त्यों अँगरेज़ी में ले लिए गये हैं–

Vice Versa	**Coup'dètat**	**tite-à-tète**
विपरीत क्रम से	राजनीतिक चाल	दो मित्रों की बातचीत

Mutatis Mutandis—
आवश्यक परिवर्तन के उपरान्त

अनुवादित रूप में निम्नलिखित मुहावरे फ्रेंच से अँगरेज़ी में आये हैं। उनकी अनुवाद-प्रणाली क्या है? और किस प्रकार भाव के आधार पर उनकी सृष्टि हुई है, ये बातें उनके शब्दार्थ और भावार्थ पर विचार करने से भलीभाँति हृदयंगम हो सकती हैं–

फ्रेंच वाक्य शब्दार्थ सहित	अँग्रेजी वाक्य	अँग्रेजी वाक्य का शब्दार्थ	भावार्थ
'Faire d'unepierre duexcoups'. एक पत्थर से दो चिड़िया का मारना	'To kill two birds with one stone.'	'एक पत्थर से दो चिड़ियों का मारना'	'एक साधन द्वारा दो कार्य होना'
'Porter auxunes'. 'आकाश तक ढो ले जाना'	'To praise to the skies.'	'आकाश तक प्रशंसा करना'	'प्रशंसा का पुल बाँधना'
'Faire fauseeroute'. 'गलत रास्ता पकड़ना'	'To take the wrong turning'.	'ठीक मार्ग न ग्रहण करना'	'पथभ्रष्ट होना'
'Rix entre cuiretchain'. 'चमड़े और मांस के बीच में हँसना'	'To laugh between the sleeves?'	'आस्तीन के बीच में हँसना'	'छिप कर हँसना'

* In addition to the idioms which have been translated into English, there are a large number of Latin, French, and even Italian idioms which we have borrowed without assimilating them in any way. **(Words and Idioms. p. 248)**

हिन्दी भाषा में किस प्रकार अन्य भाषा के मुहावरे यथातथ्य अथवा अनुवादित हो कर आये हैं, अब मैं उनके उदाहरण दूँगा। उर्दू भाषा कोई अन्य भाषा नहीं, वह हिन्दी भाषा का रूपान्तर मात्र है, उसमें अरबी और फ़ारसी के अनेक मुहावरे मुख्य रूप में अधिकता से प्रयुक्त होते हैं। शुद्ध हिन्दी में भी इस प्रकार के प्रयोग होते हैं, परन्तु कम। मौलाना आजाद अपने 'आबेहयात' नामक पुस्तक के पृष्ठ 41 में लिखते हैं–

"एक ज़बान (भाषा) के मुहावरे को दूसरी ज़बान में तरजुमा (अनुवाद) करना जायज़ (उचित) नहीं, मगर इन दोनों ज़बानों (फ़ारसी और उर्दू) में ऐसा इत्तिहाद (प्रेम) हो गया है, कि यह फ़र्क भी उठ गया और अपने कारआमद (उपयोगी) ख़्यालों को अदा करने के लिए दिलपिज़ीर (हृदयग्राही) और दिलकश (मनोहर) और पसंद (प्रिय) मुहावरात जो फ़ारसी में देखे गये उन्हें कभी बजिन्स और कभी तरजुमा करके ले लिया गया।"

दिल दादन–फ़ारसी मुहावरा है। अर्थ है–'आशिक होना'। मीर साहब इस मुहावरा को इसी रूप में यों बाँधते हैं–

'ऐसा न हो दिलदादः कोई जाँ से गुज़र जाय,'

तरदामन–फ़ारसी मुहावरा है। शब्दार्थ है 'पुरगुनाह' (पापी)। मीरदर्द साहब कहते हैं–

तरदामनी प शेख हमारी न जाइयो।
दामन निचोड़ दूँ तो फिरिश्ते वज़ू करें॥

चिराग़े सहरी–फ़ारसी मुहावरा है। शब्दार्थ है,–'प्रभातदीप,' भावार्थ है; 'कुछ क्षण का मेहमान,' (मरणोन्मुख)। मीर साहब कहते हैं–

'टुक मीर जिग़र सोख्ता की जल्द ख़बर ले।
क्या यार भरोसा है चिराग़े सहरी का॥'

'पुम्बा दहन' और 'दराज़ ज़बान' तथा 'चिराग़े मुरदा' भी फ़ारसी के मुहावरे हैं। 'पुम्बा दहन' का शब्दार्थ है 'तूल पूरित मुख', भावार्थ है–'कम बोलने वाला'। 'दराज़ ज़बान' का अर्थ है–'लम्बी जीभ वाला', भावार्थ है–'बकबक करने वाला', (बे अदब)। 'चिराग़े मुरदा' का अर्थ है–'मृत प्रदीप', भावार्थ है–'बुझा हुआ दीया'।

ज़ौक कहते हैं–

'शीशये मैकी यह दराज़ ज़बान।
उस प है यह सितम कि पुम्बादहाँ॥'

× × × ×

'शमामुर्दा के लिए है दमे ईसा आतिश।
सोज़िशे इश्क़ से जिन्दा हों मुहब्बत के कतील॥'

ऊपर के शेरों में फ़ारसी मुहावरे शुद्ध रूप में ही गृहीत हुए हैं; उनमें कोई परिवर्तन नहीं हुआ है। उर्दू शेरों में इस प्रकार के प्रयोगों का आधिक्य है। हिन्दी रचनाओं में भी इस प्रकार के उदाहरण मिलते हैं–

'हमचश्मों में किया क्यों मुझे ऐ मेरे प्यारे रुसवा।'

× × × ×

'ज़ीस्त नहीं है सरासर बस सर गरदानी है यह।'

× × × ×

'है ज़िन्दा दर गोर वह जिसको मरने का आज़ार न हो।'

× × × ×

'वहीं दौड़े उठ के पियादःपा तुम्हें याद हो कि न याद हो।'

× × × ×

'यहाँ तो जाँ बलब है जब से सावन की चढ़ाई है।'

–फूलों का गुच्छा (हरिश्चन्द्र)

जिन वाक्यों पर लकीर खिंची है, वे सब शुद्ध फ़ारसी मुहावरे हैं, और अपने मुख्य रूप ही में ऊपर के पद्यों में प्रयुक्त हैं। पूर्ण अथवा अर्द्ध अनुवाद के रूप में भी हिन्दी में बहुत से मुहावरे अरबी और फ़ारसी से गृहीत हैं। जिनमें फ़ारसी मुहावरों का शुद्ध रूप में प्रयोग हुआ है; 'आबेहयात' से मैंने ऊपर ऐसे उर्दू पद्यों को उठाया है, उसी ग्रन्थ से कुछ अनुवादित मुहावरों के पद्यों को भी नीचे लिखता हूँ।

फ़ारसी के मुहावरे	**हिन्दी अनुवाद**
'बर आमदन'	'बर आना'
'बसर आमदन'	'बसर आना'

उदाहरण–

सौदा– 'इस दिल के तुफ़े आह से कब शोला बर आये।
अफ़ई को यह ताक़त है कि उससे बसर आये॥'

फ़ारसी मुहावरे	**हिन्दी अनुवाद**	**भावार्थ**
'दर आमदन'	'दर आना'	'घुस आना' 'मार डालना'
'पैमाना पुर करदन'	'पैमाना भरना'	'समाप्ति पर होना'
'अज़ ज़ामाबेरूँ शुदन'	'जामा से बाहर होना'	'आपे से बाहर होना'
'दिल अज़ दस्त रफ़तन'	'हाथ से दिल जाता रहना'	'बे अख्तियार हो जाना'

उदाहरण–

ज़ौक़– 'याँ तक न दिल आज़ार ख़लायक़ हो कि कोई।'

'मलकर लहू मुँह से सफ़े महशर में दर आये॥'

× × × ×

सौदा– 'साक़ी चमन में छोड़ के मुझको किधर चला।'
'पैमाना मेरी उम्र का ज़ालिम तू भर चला॥'
ज़ौक़– 'कब सबा आयी तेरे कूचे से अय यार की मैं।
जो हुबाबे लबे जू जामा से बाहर न हुआ।'

× × × ×

सौदा– 'हाथ से जाता रहा दिल देख महबूबाँ की चाल।'

ये उदाहरण ऐसे हैं, जिनमें पूर्ण अनुवाद नहीं हुआ है; फ़ारसी मुहावरे का कोई न कोई शब्द उनमें मौजूद है। एक उदाहरण ऐसा देखिये जिसमें पूरे मुहावरे का अनुवाद है। 'अर्क़ अर्क़ शुदन' एक फ़ारसी मुहावरा है; उसका अनुवाद 'पानी पानी हो जाना' किया गया है–ज़ौक़ का एक शेर है–

'आग दोज़ख की भी हो जायगी पानी पानी।
जब ये आसी अरके शर्म में तर जायंगे॥'

"पोस्त कशीदन" भी फ़ारसी का मुहावरा है, उसका पूरा अनुवाद 'खाल खींचना' है। इसी प्रकार के और मुहावरे भी बतलाये जा सकते हैं। कितने मुहावरे ऐसे हैं, जो फ़ारसी मुहावरों के पूरे अथवा अधूरे अनुवाद नहीं हैं, उनकी उत्पत्ति फ़ारसी और हिन्दी शब्दों के सहयोग से स्वाभाविक रीति से हुई है। ऐसे कुछ मुहावरे नीचे लिखे जाते हैं–

'हवा बाँधना', 'हवा हो जाना', 'हवा बतलाना', 'हवा खाना', 'मुँह पर हवाइयाँ छूटना', 'तूफ़ान बाँधना', 'खबर लेना', 'आसमान सर पर उठाना'–आदि।

हिन्दी में इस प्रकार के मुहावरे बहुत हैं। इनकी उत्पत्ति बोलचाल के आधार से आवश्यकता के अनुसार हुई है, अतएव ये व्यापक हैं, और इनका प्रचार भी बहुत अधिक है। ये सर्वसाधारण में समझे भी जाते हैं। किन्तु अनुवादित हो कर जो मुहावरे आये हैं, उनका व्यवहार प्रायः सुशिक्षित समाज तक परिमित है। सत्य बात तो यही है कि किसी भाषा के मुहावरे का दूसरी भाषा में अनुवाद होना, प्रायः असम्भव है। 'तरदामनी', 'पुम्बा दहन', 'दराज़ ज़बान', 'चिराग़े सहरी', आदि मुहावरे जो अपने मुख्य रूप ही में गृहीत हुए हैं, यदि उनका शाब्दिक अनुवाद करके रख दिया जावे, तो हिन्दी में वे उन भावों के द्योतक न होंगे, जिन भावों के द्योतक वे फ़ारसी में हैं। 'चिराग़े सहरी' का अनुवाद हम 'प्रभात-प्रदीप' कर दें, तो उसका अर्थ 'प्रातःकाल का दीप' तो हो जायगा, किन्तु उसका भावार्थ 'मरणोन्मुख' अथवा 'कुछ क्षण का मेहमान' समझा जाना दुस्तर होगा। कारण यह है कि इस अर्थ में हिन्दी में 'प्रभात-प्रदीप' का प्रयोग नहीं होता। एक भाषा से दूसरी भाषा

में शाब्दिक अनुवाद तभी सम्भव, पर होगा जब दोनों के वाक्यों में अभिधा-शक्ति से काम लिया गया हो। कहीं-कहीं भाषा-शैली की भिन्नता के कारण इसमें भी व्याघात उपस्थित होता है। ऐसी अवस्था में जिन मुहावरों में लाक्षणिक अर्थों की ही प्रधानता होती है, उनके शाब्दिक अनुवाद का उद्योग हास्यास्पद क्यों न होगा। यही कारण है कि इस कार्य को असम्भव बतलाया जाता है। ऊपर के उदाहरणों से यह बात और स्पष्ट हो गयी। अँगरेज़ी भाषा में जो इस प्रकार के मुहावरे ग्रहण किये गये हैं, उनमें भी वांछित सफलता नहीं हुई है। श्रीमान् मिस्टर स्मिथ लिखते हैं–

> *"एडिसन के कथनानुसार मिल्टन ने हेब्रू, ग्रीक तथा लैटिन भाषा के प्रयोगों द्वारा भी अँगरेज़ी भाषा की वृद्धि की है, और उसे सम्पन्न बनाया है, परन्तु वे प्रयोग हमारी भाषा में मिल-जुल नहीं गये हैं। ये एक प्रकार की साहित्यिक विचित्रताएँ अथवा पाण्डित्य-प्रदर्शन के विनोद हैं, इन्हें हम अपने मुहावरेदार प्रयोगों को समृद्ध बनाते नहीं पाते।"

इस कथन में बहुत कुछ सत्यता है, मैं इससे अधिकांश सहमत हूँ। एक भाषा के मुहावरे का अनुवाद सफलता के साथ दूसरी भाषा में तभी हो सकता है, जब उनमें भाव अथवा विचार का साम्य होता है। क्रियापदों की बात और है, क्योंकि उनमें अभिधा-शक्ति ही से प्रायः काम लिया जाता है, इसके अतिरिक्त उनका प्रयोग प्रायः अपने रूप ही में होता है, थोड़े अन्तर से अन्य भाषा की क्रिया का स्वरूपमात्र दे दिया जाता है, इसलिए उनमें उतनी अस्पष्टता नहीं आती, जितनी कि उन मुहावरों के अनुवाद में आती है जिनका कि प्रयोग लाक्षणिक होता है। ऐसे मुहावरों का अनुवाद तभी सुसंगत होगा, जब या तो उसके भावार्थ का अनुवाद किया जावे, अथवा वह ऐसा मुहावरा हो, जो अनुवाद करने पर अन्य भाषा के मुहावरों का अधिकांश स्वरूप ग्रहण कर लेवे; किम्वा उसके प्रचलित मुहावरों में मिलजुल जावे, अन्यथा श्रीमान् स्मिथ के कथनानुसार वह साहित्यिक विचित्रता अथवा विनोदमात्र होगा।

'बर आमदन', 'बसर आमदन', 'दर आमदन' का अनुवाद 'बर आना', 'बसर आना', 'दर आना', करना यद्यपि हिन्दी भाषा में नवीन क्रियाओं का आविर्भाव करना है, किन्तु उनमें अर्थ का कोई भेद नहीं है, वरन् फ़ारसी क्रियाओं की हिन्दी बनाई गयी है; क्रियाएँ रूपान्तर मात्र हैं–अतएव उनमें अधिक जटिलता नहीं है, वाक्य के अन्य शब्दों की

---

* Milton, as Addison pointed out, raised his language, and added to the richness of its texture, by a daring use of Hebrew and Greek and Latin constructions, but none of these have been woven into the texture of the language—they are literary curiosities pedantic fecilities, rather than enrichments our idiomatic speech.

(Words and Idioms. pp. 247-248)

सहायता से थोड़ा विचार करने पर उनका अर्थ ज्ञात हो सकता है। किन्तु 'पैमाना पुरकरदन' का अनुवाद 'पैमाना भरना' उतना सरल नहीं है, उसमें जटिलता भी उससे अधिक है क्योंकि दोनों का सम्बन्ध लाक्षणिक अर्थ से है। जो फ़ारसी नहीं जानता, और उसके मुहावरों से अभिज्ञ नहीं है, वह अभिधाशक्ति से उसका अर्थ पैमाने का भरना ही करेगा; 'मार डालना' अर्थ कदापि न करेगा। हाँ, उर्दू के कवि यथावसर उसका लाक्षणिक अर्थ ही करेंगे, और वे लोग इसी अर्थ में प्रायः उसका प्रयोग करते भी हैं। हिन्दी में अब तक व्यापक रूप में यह मुहावरा गृहीत नहीं है, इससे इस अनुवाद की जटिलता स्पष्ट है। 'पैमाना' शब्द निकाल कर यदि उसके स्थान पर 'नपना' हिन्दी शब्द रख दिया जावे, तब तो वह इतना जटिल हो जावेगा कि उसका लाक्षणिक अर्थ हो ही न सकेगा। इसीलिए मुहावरे का अर्द्ध-अनुवाद ही हुआ है, और इसी से अपने लाक्षणिक अर्थ के लिए वह बहुत कुछ सुरक्षित है। फ़ारसी के अधिकांश मुहावरे उर्दू में अर्द्ध-अनुवादित होकर ही गृहीत हुए हैं, और इसी से उनके लाक्षणिक अर्थ ग्रहण में सुविधा होती है।

'अज़जामा बेरूँ शुदन' और 'दिल अज़दस्त रफ़्तन' का अनुवाद हुआ है, 'जामे से बाहर होना', और 'दिल का हाथ से जाता रहना'। हिन्दी में इस ढंग के दो मुहावरे हैं–'आपे से बाहर होना' और 'मन का हाथ न रहना'। जो इन दोनों मुहावरों का अर्थ है, वही दोनों अनुवादित मुहावरों का अर्थ है। अतएव ये दोनों मुहावरे हिन्दी में घुल मिल गये हैं और समान रूप से हिन्दी उर्दू दोनों में व्यवहृत होते हैं। यद्यपि ये दोनों शाब्दिक अनुवाद ही हैं, फिर भी इनमें जटिलता नहीं आयी, और लाक्षणिक अर्थ भी सुरक्षित रहा, कारण वे ही हैं, जिनका उल्लेख मैं ऊपर कर आया हूँ। पैमाना भरना से इन दोनों का अनुवाद अच्छा है इसीलिए उससे इनकी व्यापकता भी अधिक है।

मुहावरों का भावानुवाद और बिम्ब-प्रतिबिम्ब भाव

उर्दू में ऐसे मुहावरे बहुत कम हैं जिनका आश्रय भावानुवाद है। कारण इसका यह है कि अधिकतर फ़ारसी मुहावरे ज्यों के त्यों उसमें ले लिए गये हैं–जहाँ अनुवाद की आवश्यकता हुई, वहाँ इस प्रकार से उसका सफल शब्दानुवाद किया गया कि भावानुवाद पर दृष्टि डालने की नौबत ही नहीं आयी। फिर भी भावानुवाद का अभाव नहीं है। फ़ारसी का एक मुहावरा है–'सौसने दहज़बाँ'। सौसन एक फूल है, मुहावरे में उसको दहज़बाँ बाँधते हैं। 'दहज़बाँ' का अर्थ है–'दस-जीभ-वाला'। फूल की पँखड़ियों को देखकर यह कल्पना की गयी है। रुबा कहते हैं–

'खोला बहार ने जो कुतुबख़ानये चमन।
सौसन ने दस वरक़ का रिसाला उठा लिया।'

यहाँ दस वरक़ की कल्पना दह-ज़बान पर दृष्टि रख कर ही की गयी है। यद्यपि इस

वर्णन में आलंकारिकता है, और यह मुहावरे का अनुवाद मुहावरे के रूप में नहीं हुआ है, किन्तु यह तो स्पष्ट है कि दह-ज़बान का भाव ग्रहण करके ही दस वरक़ की सृष्टि हुई है। इसी प्रकार भाव-ग्रहण द्वारा मुहावरे की रचना भी हुई है। हज़रत मीर लिखते हैं—

'हो नजात उसकी बेचारा हमसे भी था आशना'

इस बंद पर मौलाना आज़ाद का यह नोट है—

"बेचारा हमसे भी आशना था, बऐनहूँ तरजुमा फ़ारसी मुहावरे का है कि—'बेचारा माहम आशना बूद', उर्दू में 'हमारा आशना' कहते हैं।"

आप देखें यहाँ शाब्दिक अनुवाद के स्थान पर भावानुवाद को प्रधानता दी गयी है और उसी को शुद्ध उर्दू मुहावरा माना गया।

यदि उर्दू में ज्यों का त्यों फ़ारसी मुहावरों के ग्रहण करने की प्रणाली न चल पड़ती तो अधिकांश मुहावरों की सृष्टि भावानुवाद द्वारा ही होती। अनेक मुहावरे फ़ारसी के ऐसे हैं कि जिनका शब्दानुवाद हो ही नहीं सकता, इसी विवशता के कारण प्रायः फ़ारसी के मुहावरे यथातथ्य उर्दू में गृहीत मिलते हैं। कुछ प्रमाण लीजिए—

"किसी का कब कोई रोज़े सियह में साथ देता है।
कि तारीकी में साया भी जुदा रहता है इन्साँ से॥"

× × × ×

"रहा टेढ़ा मिसाले नैशे कज़्दुम।
कभी कजफ़ह्म को सीधा न पाया॥"

इन शेरों में दो मुहावरे आये हैं, पहले में 'रोज़े सियह', और दूसरे में 'कजफ़हम'। ये दोनों मुहावरे अपने-अपने शेरों की जान हैं। उनसे शेरों की भाव-गम्भीरता और आलंकारिकता बहुत बढ़ गयी है। यदि इन मुहावरों को अपने स्थान से हटा दें, और वैसे ही भाव-द्योतक मुहावरे उनके स्थान पर रख दें तो शेरों का सौन्दर्य बहुत कुछ नष्ट हो जावेगा, और उनकी आलंकारिकता जाती रहेगी। 'रोज़े सियह', एक फ़ारसी मुहावरा है, उसका शब्दार्थ है—'काला दिन', भावार्थ है—'बुरे दिन'। 'रोज़े सियह' मुहावरे से ही, तारीकी (अन्धेरे) में साया का इन्सान (मनुष्य) से जुदा रहने का जो दृष्टान्त दिया गया है, उसकी ठीक-ठीक सार्थकता होती है; साभिप्राय प्रयोग का स्वरूप भी झलक जाता है। इस 'रोज़े सियह' के स्थान पर यदि 'काला दिन' शब्दानुवाद करके रख दें, तो इस वाक्य से उक्त मुहावरे का अर्थ ही बोध न होगा, यदि भावानुवाद करके 'बुरे दिन' लिख दें तो, भाव तो समझ में आ जावेगा, परन्तु 'रोज़े सियह' मुहावरे की विशेषताएँ नष्ट हो जावेंगी। इसलिए कवि ने फ़ारसी मुहावरे को ही ज्यों का त्यों रख दिया, उसके किसी अनुवाद से काम चलाने का उद्योग उसने नहीं किया। यदि कोई इस शेर का ठीक-ठीक अनुवाद करना

चाहे तो हिन्दी में उसका वैसा सुन्दर अनुवाद हो ही न सकेगा। काम चलाऊ अनुवाद होगा, और ऐसी अवस्था में 'रोज़े सियह' के स्थान पर 'बुरे दिन' का प्रयोग करना पड़ेगा। यह निस्सन्देह भावानुवाद है, किन्तु इस प्रकार के अनुवाद को सफल अनुवाद नहीं कहा जा सकता। किसी भाषा के मुहावरों के भावानुवाद प्रायः इसी प्रकार के होते हैं।

दूसरे शेर का 'कजफ़ह्म' मुहावरा भी इसी प्रकार का है। कज़दुम (बिच्छू) के नैश (डंक) के टेढ़े होने से 'कजफ़ह्म' मुहावरे का बहुत बड़ा सम्बन्ध है। कजफ़ह्म का शब्दार्थ है,–'टेढ़ी-समझ वाला'; इसलिए बिच्छू के डंक से उसका पूरा साम्य है, और इसी कारण शेर, भाव और शब्द-विन्यास दोनों बातों में बहुत बढ़ गया है। यदि इसके 'कजफ़ह्म' वाक्य को निकाल दीजिए, और भावानुवाद करके कोई वाक्य उस स्थान पर रख दीजिए तो सारा कवित्व ही नष्ट हो जावेगा। हिन्दी में 'कजफ़ह्म' को 'उल्टी समझ वाला', अथवा 'उलटी समझ का मनुष्य' कहेंगे। विचारने की बात है कि 'कज' के स्थान पर 'उलटा' शब्द का प्रयोग करके हम कहाँ तक शेर के भावों की रक्षा कर सकेंगे। यदि न कर सकेंगे, तो यह स्वीकार करना पड़ेगा, कि इस मुहावरे का यथातथ्य अनुवाद हिन्दी में नहीं हो सकता, और यह बात सही है। ऐसे अवसरों पर हम भावानुवाद से काम ले कर कार्य-निर्वाह कर सकते हैं, किन्तु मुहावरों की विशेषताओं को खो बैठते हैं।

सब भाषाओं में कुछ ऐसे मुहावरे मिलते हैं, जो एक-दूसरे का प्रतिबिम्ब जान पड़ते हैं। मनुष्यों के हृदय बहुत-सी बातों में एक-दूसरे की समानता रखते हैं। घटना-चक्र में पड़कर प्रायः सब जाति और देशों के मनुष्य किसी किसी विषय को एक ही ढंग से सोचते-विचारते और मनन करते हैं। मानवों के दुःख सुख से प्रभावित मानस-विकारों में भी कम समानता नहीं मिलती। अनेक अवस्थाओं में निरीक्षण-प्रणाली भी एक ही होती है। इसलिए अनेक देशों के अनेक मुहावरों में भी साम्य मिलता है, क्योंकि विचार परम्परा ही उनकी जननी है। इस प्रकार के मुहावरों का शाब्दिक और भावानुवाद दोनों सरल होता है, और उनमें उन कठिनाइयों का सामना नहीं करना पड़ता, जिनकी चर्चा मैंने अभी की है।

फ़ारसी का एक मुहावरा है–'गोशकरदन', जिसका भावार्थ है–'सुनना'। सौदा लिखते हैं–

"कब इसको गोशकरे था जहाँ में अह्‌ल कमाल,"

हिन्दी में ठीक ऐसा ही मुहावरा है 'कान करना'। कुछ लोगों का विचार है कि फ़ारसी के 'गोशकरदन' मुहावरे से ही इसकी उत्पत्ति है, किन्तु यह सत्य नहीं है। जिस समय उर्दू भाषा का जन्म भी नहीं हुआ था, जब वह विचार में भी नहीं आयी थी, उसके दो सौ वर्ष पहले गोस्वामी तुलसीदास जी इस मुहावरे का प्रयोग करते हैं, और अपनी रामायण में लिखते हैं–

"नारि सिखावन करेसि न काना।"

फ़ारसी का एक मुहावरा 'दरीदादहन' है; ठीक ऐसा ही हिन्दी का मुहावरा 'मुँहफट' है। फ़ारसी और हिन्दी के निम्नलिखित मुहावरों में भी बहुत कुछ साम्य है–

फ़ारसी मुहावरा	**हिन्दी मुहावरा**
'ख़ुशम न मीआयद'	'मुझे अच्छा नहीं लगता'
'ख़ाक बर सर करदन'	'सिर पर धूल डालना'
'अश्कशोई करदन'	'आँसू पोंछना'

कुछ इस प्रकार के अँगरेज़ी मुहावरे भी देखिये–

'To throw dust in some one's eyes.'	'आँख में धूल झोंकना'
'Grapes are sour.'	'अंगूर ही खट्टे हैं'
'To slay the slain.'	'मरे को मारना'

कुछ ऐसे मुहावरे भी हैं, जिनका शब्दार्थ तो नहीं मिलता किन्तु भावार्थ मिल जाता है। यद्यपि वे एक-दूसरे का अनुवाद नहीं होते, किन्तु भावसाम्य के कारण एक-दूसरे का प्रतिबिम्ब ज्ञात होता है।

फ़ारसी का एक मुहावरा है 'चशमक़ज़दन'; जौक़ लिखते हैं–

"लब पर तेरे पसीने की बूँद अय अकीक़े लब।
चशमक़ज़नी करेहै सुहेले यमन के साथ॥"

'चशमकज़दन' का वही अर्थ है, जिसको हिन्दी में 'कटाक्ष करना' कहते हैं। भावार्थ दोनों का एक है, किन्तु शब्दार्थ में अन्तर है। फ़ारसी में 'अज़ जाँ गुज़श्तन' का वही भावार्थ है जाऐ 'जो पर खेल जाने' का है। 'अज जाँ गुज़श्तन' का शब्दार्थ है–'जान से गुज़र जाना'। ज़फ़र का शेर है–

'वहाँ जावे वही जो जान से जाये गुज़र पहले।'

शब्दार्थ में अन्तर होने पर भी 'अज़ जाँ गुज़श्तन' और 'जी पर खेल जाना' दोनों का भावार्थ एक है। निम्नलिखित मुहावरों के शब्दार्थ में भी अन्तर है किन्तु भावार्थ उनका एक है–

फ़ारसी मुहावरे	**शब्दार्थ**	**हिन्दी मुहावरे**
ज़बाँदराज़ी	ज़बान (जीभ) का लम्बा होना	जीभ चलाना
लब कुशादन	होंठ खोलना	मुँह खोलना

इस ढंग से अँगरेज़ी मुहावरे भी हैं। देखिये–

अँगरेज़ी मुहावरे	शब्दार्थ	हिंदी मुहावरे
'To wear one's heart on one's sleeve.'	'अपने आस्तीन पर दिल रखना'	'कलेजा काढ़कर दिखाना'
'Something at the bottom.'	'तह में कुछ होना'	'दाल में काला होना'
'To rain cats and dogs.'	'कुत्ता बिल्ली बरसना'	'मूसलधार पानी बरसना'
'To make an ass of.'	'एक गदहा बनाना'	'गदहा बनाना'

मुहावरों का इस प्रकार का बिम्ब-प्रतिबिम्ब भाव स्वाभाविक है, ये चेष्टा द्वारा अनूदित नहीं हैं, अतएव मुहावरों के आविर्भाव के कारणों में इनको स्थान नहीं मिल सकता। मुहावरों के आविर्भाव के दो ही विशेष कारण ज्ञात होते हैं। एक चलती भाषा अथवा पूर्वतन भाषा के आधार से परम्परा द्वारा उनकी सहज उत्पत्ति, दूसरा अन्य भाषा से मुख्य रूप में अथवा शब्दानुवाद किम्वा भावानुवाद द्वारा उनका ग्रहण। प्रामाणिक पुरुषों और लब्धप्रतिष्ठ विद्वानों के विशेष प्रकार के वाक्य भी काल पाकर के मुहावरे में परिगणित हो जाते हैं। कोई-कोई ऐसे वाक्यों को भी एक कारण मानते हैं। किन्तु मेरा विचार है कि इसका अन्तर्भाव प्रथम कारण में हो जाता है, क्योंकि तात्कालिक प्रचलित भाषा ही उसकी प्रसूति का कारण है, चाहे वह कार्य पुरुष-विशेष के कारण ही क्यों न हो। प्रथम कारण का जहाँ निरूपण है, वहाँ आप लोग यह पढ़ आये हैं कि साधारण पुरुषों का विशेष वाक्य भी जब अधिकतर व्यवहार में आ जाता है, तो वह भी मुहावरा बन जाता है। ऐसी अवस्था में किसी विशेष पुरुष का कोई बहुव्यापक वाक्य यदि मुहावरे में गृहीत हो जाये तो क्या आश्चर्य! अन्तर इतना ही है कि साधारण मनुष्यों के वाक्यों का प्रचार बोलचाल द्वारा होता है, और विद्वज्जनों का प्रायः पुस्तकों द्वारा। किन्तु काल पाकर यह पुस्तक का वाक्य भी बहुत कुछ लोगों की जिह्वा पर चढ़ जाता है, और साहित्य-पुस्तकों में भी व्यवहृत होने लगता है। उसी समय वह भी मुहावरों में परिगणित हो जाता है। दोनों की उत्पत्ति का आधार प्रचलित भाषा ही है, इसलिए विद्वज्जनों के विशेष वाक्यों को भी प्रथम कारण के अन्तर्गत मानना ही उचित जान पड़ता है। श्रीमान् स्मिथ के निम्नलिखित विचारों से भी इसी सिद्धान्त की पुष्टि होती है—

> *"बाइबिल के बाद अँगरेज़ी भाषा के मुहावरों की शरीर-वृद्धि करने में सबसे समृद्ध साहित्यिक अवलम्ब शेक्सपियर के नाटक है।"

* After the Bible, Shakespeare's plays are, as we might expect, the richest literary source of English idioms." **(Words and Idioms. p. 227)**

*"यद्यपि शेक्सपियर की पुस्तकों के द्वारा ये सब शब्द हम तक पहुँचे हैं, परन्तु इसका यह अर्थ नहीं कि शेक्सपियर द्वारा ही उनका निर्माण हुआ है। उसकी पुस्तकें साधारण बोलचाल के बहुत से प्रयोगों से भरी हुई हैं, 'out of joint' शब्द का प्रयोग शेक्सपियर ने 'हैमलेट' नामक नाटक में किया है, परन्तु शेक्सपियर के तीन सौ वर्ष पूर्व की पुस्तक में भी इसका पता लगता है।"

वेबस्टर साहब ने विशिष्ट विद्वांनों के इस प्रकार के वाक्यों को एक प्रकार का अलग मुहावरा माना है। ऐसी अवस्था में जिन दो कारणों का निर्देश मैंने ऊपर किया है, उनके अतिरिक्त एक तीसरा कारण मुहावरों के आविर्भाव का यह भी माना जा सकता है; किन्तु मेरी इसमें असम्मति है, कारण ऊपर लिख चुका हूँ।

मुहावरे और कहावतें

प्रायः मुहावरों और कहावतों का अन्तर समझाने में भूल की जाती है। वास्तव में कहावत और मुहावरे एक नहीं हैं, दोनों में भेद है, और दोनों के नियम अलग-अलग हैं। मिस्टर स्मिथ लिखते हैं–

†"कुछ कहावत तथा कहावतों के शब्द भी हमारी बोलचाल की भाषा में घुल-मिल गये हैं, इन्हें भी शायद हम मुहावरा मान सकते हैं।"

उन्होंने कुछ ऐसी कहावतों को उदाहरणस्वरूप लिखा भी है–उनमें से दो नीचे लिखी जाती हैं–

'Two heads are better than one.'

शब्दार्थ– 'एक शिर से दो शिर अच्छे हैं।'

भावार्थ– 'एक आदमी के सोचने से दो आदमी का सोचना अच्छा है।'

'No fool like an old fool.'

शब्दार्थ– 'पुराने मूर्ख की भाँति कोई मूर्ख नहीं है।'

भावार्थ– 'प्रत्येक मूर्ख की मूर्खता में उसका निज का संस्कार होता है।'

---

* "While, however, these expressions are familiar to use us from Shakespeare's writings, it by no means follows that they are all of his invention; his plays are full of tags from popular speech; the idiom, "out of joint" has been found three hundred years before the date of Hamlet." **(Words and Idioms. p. 229)**

† "Certain proverbs and proverbial phrases are also so firmly embedded in our colloquial speech that they may perhaps, without stretching the definition too far, be regarded as English idioms". **(Words and Idioms. p. 176)**

पहले तो उनका उद्धृत वाक्य ही सन्दिग्ध है; वे लिखते हैं—“शायद हम इन्हें भी मुहावरा मान सकते हैं” इस वाक्य से क्या पाया जाता है? यही न कि ऐसी कहावतों और वाक्य-समुदाय को वे असन्दिग्ध भाव से मुहावरा मानने के लिए प्रस्तुत नहीं हैं। दूसरी बात यह है कि उन्होंने उदाहरण में जिन मुहावरों का उल्लेख किया है, उनमें मुहावरों के लक्षण नहीं पाये जाते। यह बात मैं हिन्दी के नियमों पर दृष्टि रख कर कहता हूँ, अँगरेज़ी सिद्धान्त के अनुसार कोई मीमांसा करने के लिए स्थान का संकोच है। इस विषय में श्रीमान् स्मिथ की सन्दिग्धता ही हमारे लिए पर्याप्त है। प्रयोजन यह कि अँगरेज़ी भाषा में असन्दिग्ध भाव से कोई कहावत मुहावरा नहीं मानी जा सकती। ऐसी अवस्था में कहावत और मुहावरों की भिन्नता स्पष्ट है।

मेरा विचार है, मुहावरों के वाक्य, काल, पुरुष, वचन और व्याकरण के अन्य अपेक्षित नियमों के अनुसार यथा संभव बदलते रहते हैं, किन्तु कहावतों के वाक्यों में यह बात नहीं पायी जाती, वे एक प्रकार से स्थिर होते हैं। मुहावरों का प्रयोग जैसे असंकोच भाव से साधारण वाक्यों में होता है, वैसे कहावतों का नहीं, उनके लिए विशेष वाक्य प्रयोजनीय होते हैं। लाक्षणिक अर्थ के विषय में दोनों में बहुत कुछ समानता है, किन्तु दोनों की परिवर्तनशीलता और स्थिरता में बड़ा अन्तर है, और ये ही विशेष बातें एक को दूसरे से अलग करती हैं।

एक हिन्दी मुहावरा है—‘मुँह बनाना’, धातु के समान व्याकरण नियमानुसार इसके अनेक रूप बन सकते हैं। यथा—‘मुँह बनाया’, ‘मुँह बनाते हैं’, ‘मुँह बनावेंगे’, ‘मैं मुँह बनाऊँगा’, ‘उन्होंने मुँह बनाना छोड़ दिया’, ‘उसका मुँह बनता ही रहा’ आदि। कहावतों में यह बात नहीं पायी जाती। एक कहावत है—“अन्धी पीसे कुत्ते खायँ” जब रहेगा तब इसका यही रूप रहेगा। अन्तर होने पर वह कहावत न रह जावेगी, उसके अर्थ-बोध में भी व्याघात होगा। किसी से कहिये—‘अन्धी पीसती है कुत्ते खाते हैं’ या यों कहिये—‘अन्धी पीसेगी कुत्ते खायेंगे’ तो पहले तो वह समझ ही न सकेगा कि आप क्या कहते हैं। यदि समझ जावेगा तो नाक-भौं सिकोड़ेगा और आपके प्रयोग पर हँसेगा। कारण यह है कि कहावतों का रूप निश्चित है, और उसके शब्द प्रायः निश्चित रूप ही में बोले जाते हैं।

‘मुँह बनाना’ का जैसे अनेक रूप बन सकता है, उसी प्रकार विविध वाक्यों में उसका प्रयोग भी हो सकता है। किन्तु एक स्थिर वाक्य, ‘अन्धी पीसे कुत्ते खायँ’ का प्रयोग किसी विशेष प्रकार के वाक्य के साथ ही होगा। यही बात प्रायः अन्य मुहावरों और कहावतों के लिए भी कही जा सकती है।

अन्य भाषाओं के कुछ मुहावरों और कहावतों को लेकर मैं अपने कथन की पुष्टि करूँगा। इस प्रकार के कुछ उदाहरण हिन्दी के प्रामाणिक पद्य-लेखकों के भी उपस्थित करूँगा।

संस्कृत का एक मुहावरा है—'मुखमवलोकनम्'; इस मुहावरे का हिन्दी रूप है—'मुँह देखना'। उक्त मुहावरे के दो विभिन्न प्रयोग देखिये—

'क्रव्यमुखः चतुरकमुखमवलोकयति,'

× × × ×

'पिशितं भक्षयित्वा अधुना मन्मुखमवलोकयसि'

कुछ संस्कृत मुहावरों के विभिन्न प्रयोग और देखिये—

'मुखदर्शनम्' 'मुँह दिखलाना'

प्रयोग—

"कथं सापत्न्या मित्राणां च मुखम् दर्शयिष्यामि"

"भोः कृतघ्न मा मे त्वं स्वमुखम् दर्शय"

संस्कृत मुहावरा—'अरण्यरुदनम्'; 'हिन्दी मुहावरा'—'जंगल में रोना' इसके तीन विभिन्न प्रयोग देखिये—

1. 'अरण्यरुदितोपमम्'..............................पंचतंत्र
2. 'अरण्ये मया रुदितमासीत्'.................. शकुन्तला नाटक
3. 'अरण्यरुदितं कृतं'.............................. कुवलयानन्द

उक्त संस्कृत मुहावरों की परिवर्तनशीलता आपने देखी। अब मैं संस्कृत की दो कहावतों को नीचे लिखता हूँ। इनको भी देखिये; इनका प्रयोग जहाँ होगा, इसी रूप में होगा; अन्तर की उसमें सम्भावना ही नहीं—

1. 'हसतकंकणं कि दर्पणे प्रेक्ष्यसे'
2. 'शीर्षे सर्पो देशान्तरे वैद्यः'

प्रथम कहावत का हिन्दी रूप है 'हाथ के कंगन को आरसी क्या!' दूसरे का प्राकृत रूप है—'सीसे सप्पो देसन्तरे वेज्जो'। आपने देखी कहावतों की अपरिवर्तनशीलता। कहीं-कहीं कहावतों में ही परिवर्तन होता है, किन्तु विशेष कर पद्यों में ही, और वह भी बहुत साधारण; उस परिवर्तन में उनकी विशेषता सुरक्षित रहती है। दो पद्यों को देखिये—

1. 'हाथ के कंगन को कहा आरसी'
2. 'ऊँची दुकान की फीकी मिठाई'

इन दोनों पद्यों में से प्रथम में 'क्या' के स्थान पर 'कहा' हो गया है; दूसरे में 'ऊँची दुकान फीका पकवान' कहावत के 'पकवान' के स्थान पर 'मिठाई' अनुप्रास के झमेले से हुई और उसी सूत्र से फीका, 'फीकी' बन गया, और अक्षरों की पूर्ति के लिए बीच में 'की' आ गयी। किन्तु यह परिवर्तन कितना साधारण है, इसको आप लोग स्वयं समझ सकते हैं।

कतिपय उर्दू प्रयोगों को भी देखिये–

'अज़सरे चीज़े गुज़श्तन'–फ़ारसी मुहावरा है। भावार्थ है–'दस्तबरदार होना' अथवा 'किनारा कर लेना'–'किसी चीज़ से गुज़र जाना'। सय्यद इन्शाँ लिखते हैं–

'ख़ोदा के वास्ते गुज़रा मैं ऐसे जीने से।'

× × × ×

'पहले जब तक न दो आलम से गुज़र जायेंगे।
तू अपने शेवये जौरो ज़फ़ासे मत गुज़रे॥' –ज़ौक

× × × ×

'आपसे हैं गुज़र गये कब के।' –दर्द

'अज़ जाँ गुज़श्तन'–फ़ारसी मुहावरा का 'जान से गुज़र जाना' शब्दार्थ और 'जान पर खेल जाना' भावार्थ है। इसके भिन्न-भिन्न प्रयोग देखिये–

'ऐसा न हो दिलदादा कोई जाँ से गुज़र जाय'

× × × ×

'अब जी से गुज़र जाना कुछ काम नहीं रखता'
'वहाँ जावे वही जो जान से जाये गुज़र पहले।' –ज़फर

उर्दू कविता में प्रयुक्त कुछ हिन्दी मुहावरों को देखिये–

'कलेजा थामना'–हिन्दी मुहावरा है, उर्दू में 'कलेजा थामना' अथवा 'दिल थामना' दोनों लिखते हैं। इसके विभिन्न प्रकार के प्रयोग देखिये–

'दिले सितमज़दा को हमने थाम थाम लिया' –मीर

× × × ×

'दिल को थामा उनका दामन थाम के।'

× × × ×

'बात करता हूँ कलेजा थाम के।' –दाग़

'सर झुकाना'–हिन्दी मुहावरा है। कुछ उसके प्रयोग ये हैं–

'ख़ुदा के आगे ख़िजालत से सर झुका के चले।' –अनीस

× × × ×

'अदना से जो सर झुकाये आला है वह।' –दबीर

× × × ×

'दुश्मन के आगे सर न झुकेगा किसी तरह।' –दाग़

'मुँह फेरना'–हिन्दी मुहावरा है। उसके विभिन्न व्यवहार–

'कोई उनसे कहे मुँह फेर कर क्यों कत्ल करते हो।' —आतिश

× × × ×

'न फेरो उससे मुँह आतिश जो कुछ दरपेश आ जावे।'

× × × ×

'पड़ा तीर दिल पर जो मुँह तूने फेरा।' —अमीर

× × × ×

'हाय मुँह फेर के ज़ालिम ने किया काम तमाम।' —आसी

'आँखें बिछाना'—हिन्दी मुहावरा है। इसके भी दो प्रयोग देखिये—

'निगाहों की तरह वह शोख़ फिरता है जो मुहफ़िल में।
कफ़े पा के तले महवे जमाल आँखें बिछाते हैं।' —अमीर

'आँखें बिछायें हम तो उर्दू की भी राह में।
पर क्या करें कि तू है हमारी निगाह में।' —दाग़

कुछ हिन्दी कविता के प्रयोगों को भी देखिये—

मुहावरा—'उर लाय ले ना' अथवा 'उर लावना'।

'राम लखन उर लाय लये हैं।'

× × × ×

'सनेह सों सो उर लाय लयो है।' 'गीतावली' —तुलसीदास

× × × ×

'जब सिय सहित बिलोकि नयन भरि राम लखन उर लैहों।' —तुलसीदास

मुहावरा—'गलानि-गरना'।

'अंब अनुज गति लख पवनज भरतादि गलानि गरे है।'

× × × ×

'सुकृत संकट पर्यो जात गलानिन गर्यो।'

× × × ×

'गरत गलानि जानि सनमानि सिख देति।' 'गीतावली' —तुलसीदास

मुहावरा—'रुख लिए रहना'।

'सासु जेठानिन सों दबती रहै लीने रहै रुख त्यों ननदी को।'

× × × ×

'हरिचन्द तो दास सदा बिन मोल को बोलै सदा रुख तेरो लिए।' —हरिश्चन्द्र

मुहावरा—'चबाव करना'।

'अब तो बदनाम भई ब्रज में घरहाई चबाव करौ तो करौ।'
× × × × **—हरिश्चन्द्र**
'जो सपनेहू मिलैं नंदलाल तो सौतुख मैं ए चबाव करैं।'

मुहावरा—'गरे परना'।

'या मैं न और को दोख कछू सखि चूक हमारी हमारे गरें परी।'
× × × × **—हरिश्चन्द्र**
'हेरिबो हमारो तो हमारे गरे परिगो।'
× × × ×

'रहै गरे परि, राखिये तऊ हीय पर हार' – बिहारी

मुहावरा—'मूँड़ चढ़ाना'।

'मुँह लाये मूड़हि चढ़ि अंतहु अहिरिनि तोहि सूधी करि पायी' – तुलसीदास
× × ×

'मूँड़ चढ़ाये हूँ, रहै परो पीठ कच भार' – बिहारी

इन उदाहरणों से उन नियमों की पूरी पुष्टि हो गयी जिनको मैंने मुहावरों की विशेषता बतलायी थी। यह बात कहावतों में नहीं पायी जाती। अधिकांश मुहावरों के अन्त में क्रियापद धातु चिह्न के साथ मिलता है, इस कारण उनका नाना रूप व्याकरण नियमानुसार होता रहता है; कहावतें भी इस प्रकार की मिलती हैं, पर कम। अनेक महाकवियों, और देश-कालज्ञ लोकप्रिय सुजनों की कविताएँ और रचनाएँ भी कहावत का काम देती हैं, और वे भी कहावतों में ग्रहण कर ली गयी हैं, जैसे—'होइहैं सोइ जो राम रचि राखा', 'जो जस करै सो तस फल चाखा'; इत्यादि। इसलिए उसमें नान्त क्रियापद का प्रायः अभाव है। नीचे कुछ कहावतों को उदाहरण के लिए लिखता हूँ। उनसे इस सिद्धान्त पर बहुत कुछ प्रकाश पड़ेगा।

'आँख के अंधे गाँठ के पूरे', 'आधा तीतर आधा बटेर', 'इन तिलों तेल नहीं', 'ईश्वर की माया कहीं धूप कहीं छाया', 'करिया अक्षर भैंस बराबर'; इत्यादि।

ऐसी भी कुछ कहावतें हैं, जिनके अन्त में क्रियापद है, उनको भी देखिये; किन्तु वे प्रायः अपरिवर्तनीय हैं।

'चमड़ी जाय दमड़ी न जाय', 'खरबूज़ा देख कर खरबूज़ा रंग पकड़ता है', 'पेट खाय आँख लजाय'; आदि।

नान्त क्रियापद-वाली कहावतें भी मिलती हैं, उनका स्वरूप भी व्याकरणानुसार कभी-कभी बदलता है, किन्तु मुहावरों के इतना नहीं। प्रायः ऐसी ही कहावतों में मुहावरों की भ्रान्ति होती है, किन्तु उनके वाक्यों की अधिकांश स्थिरता उनको मुहावरों से अलग

कर देती है। कुछ ऐसी कहावतें नीचे लिखी जाती हैं–

'जिस पत्तल में खाना उसी में छेद करना', 'ओखली में सिर देना', 'कान पूँछ न हिलाना'; आदि।

मुहावरों के समान कहावतों के शब्द भी कभी-कभी पद्यों में बदलते हैं। किन्तु प्रायः उनका वास्तविक रूप उनमें मौजूद रहता है। उदाहरण लीजिए–

"हाय सखी इन हाथन सों अपने पग आप कुठार मैं दीनों" –हरिश्चन्द्र

× × × ×

"पाँव कुल्हाड़ा देत हैं मूरख अपने हाथ" –वृन्द

कहावत है–'अपने हाथ अपने पाँव में कुल्हाड़ा मारना'। दोनों पद्यों में शब्दान्तर अवश्य है, किन्तु कहावत का मुख्य रूप अक्षुण्ण है।

एक विशेष बात मुहावरों और कहावतों में अन्तर की यह पायी जाती है कि सम्पूर्ण कहावतों का अन्तर्भाव लोकोक्ति अलंकार में हो जाता है। कहावतों का प्रयोग मिलते ही, पद्य लोकोक्ति अलंकार का मान लिया जाता है। मुहावरों के लिए यह नियम नहीं है; वे लक्षणा और व्यंजना पर अवलम्बित हैं, अतएव लगभग कुल अलंकार मुहावरों में आ जाते हैं। शब्दालंकार भी मुहावरों में मिलते हैं, किन्तु कहावत में उनका आधिक्य है। स्वभावोक्ति, ललित, गूढ़ोक्ति अलंकारों के अतिरिक्त मुहावरों में उपमा, उत्प्रेक्षा, अतिशयोक्ति आदि अलंकारों की भरमार है।

निम्नलिखित पद्यों को देखिये; इनमें लोकोक्तियों का प्रयोग है, अतएव ये पद्य लोकोक्ति अलंकार के माने जावेंगे। इस प्रकार के पद्यों में यदि दूसरा अलंकार मिलेगा भी, तो वह गौण माना जावेगा।

'एक जो होय तो ज्ञान सिखाइये कूप ही में यहाँ भाँग परी है', 'तेरी तो हाँसी उनैं नहिं धीरज नौ घरी भद्रा घरी में जरै घर', 'इहाँ कोहँड़ बतिया कोउ नाहीं', 'का बरखा जब कृषी सुखानी', 'घर घर नाचैं मूसरचन्द', 'घरकी खाँड़ खुरखुरी लागै, बाहर का गुड़ मीठा', 'जिसकी लाठी उसकी भैंस'; इत्यादि।

कुछ मुहावरों का अलंकारत्व देखिये–

उपमा–'आँख की पुतली', 'आँख का तारा', 'कलेजे की कोर'।

अत्युक्ति–'आसमान के तारे उतारना', 'आग बोना', 'आँख से चिनगारी निकलना', 'आग बबूला होना', 'उँगली पर नचाना', 'खड़े बाल निगलना'।

पदार्थावृत्ति दीपक–'आठ आठ आँसू रोना', 'बाल बाल बीनना'।

स्वभावोक्ति–'बाल का खिचड़ी होना', 'आँख लाल होना', 'होंठ काँपना', 'कलेजा धड़कना', 'गोल गोल बातें कहना'; आदि।

अब तक जो कुछ लिखा गया, आशा है उससे मुहावरा और कहावत की विशेषताओं पर बहुत कुछ प्रकाश पड़ा, विशेष लिखना बाहुल्य होगा।

मुहावरों का शब्द-संस्थान तथा शब्द-परिवर्तन

श्रीमान् 'मेक-मारडी' ने अपने 'इंगलिश इडियम' नामक ग्रन्थ में एक स्थान पर यह लिखा है–

> *"चिर-प्रयोग के कारण मुहावरे स्थिर हो गये हैं, उनमें किसी प्रकार का परिवर्तन नहीं किया जा सकता"।

किसी अंश में यह कथन सत्य है, सर्वांश में यह बात स्वीकार नहीं की जा सकती। मुहावरों का शब्द-संस्थान ही नहीं बदलता, उसके शब्द भी बदल जाते हैं। किन्तु इसके कुछ नियम हैं। गद्य में इस प्रकार का परिवर्तन कम मिलता है, वरन् प्रायः होता ही नहीं, किन्तु पद्यों में इस प्रकार का परिवर्तन अधिकतर देखा जाता है। वाक्य के शब्दों का संस्थान भाव-विकास का आधार होता है, उसके अनुसार व्याकरण-संगत स्थिति की रक्षा अनेक अवस्थाओं में नहीं होती। क्रुद्ध होकर जिस समय कोई कहता है–"लगा दो उसको दो लात", "पकड़ लो उसका कान", "निकाल दो उसको घर में से"; उस समय, यह स्पष्ट है कि वह व्याकरण के नियमों की रक्षा नहीं करता। इसी प्रकार पद्य के नियमों की रक्षा के लिए प्रायः मुहावरों का शब्द-संस्थान भी बदल दिया जाता है, उनमें साधारण कतर-ब्योंत भी की जाती है, और आवश्यक परिवर्तन भी होता रहता है। इस प्रकार का शब्द-परिवर्तन कुछ विशेष कारणों से होता है, किन्तु उतना ही जितना प्रयोजनीय होता है। कभी-कभी शब्द-परिवर्तन इतना अधिक हो जाता है, कि एक मुहावरा दूसरे का अनुवाद मालूम होता है। इन सब बातों का प्रमाण मैं दूँगा। पहले मुहावरों का शब्द-संस्थान देखिये–

"<u>तद्दीयताम्</u> <u>द्रागेतस्य</u> <u>चन्द्रार्द्ध</u>" – **पंचतंत्र**
"अरण्ये मया रुदितमासीत्" – **अभिज्ञान शाकुन्तल**
"अन्यथावश्यं <u>सिञ्चतं</u> मे <u>तिलोदकम्</u>"
"<u>तद्दीयते</u> पिशुनलोकमुखेषु मुद्रा" – **कर्पूरमंजरी**
"<u>मुष्टि</u> <u>ग्राह्यम्</u> च <u>मध्यम्</u>"

---

* "But long usage has fixed the idiomatic expression in each case, and from the idiom we may not swerve." **(English Idioms and how to use them. Chap. I p. 15.)**

चन्द्रार्द्धः दीयताम्, मुद्रा दीयताम्, अरण्ये रुदित् सिञ्चतं तिलोदकम्, मुष्टि ग्राह्यम् मध्यम् मुहावरे हैं; किन्तु उनका शब्द-संस्थान ऊपर की पंक्तियों में यथास्थान नहीं है, अन्य शब्द भी बीच-बीच में हैं—जैसे दीयताम् और चन्द्रार्द्धः के मध्य में 'द्रागेतस्य'; दीयते और मुद्रा के बीच में 'पिशुनलोकमुखेषु'; मुष्टि ग्राह्यम् और मध्यम् के बीच में 'च' आदि; अतएव यह स्पष्ट है कि मुहावरों के शब्दों का प्रयोग यथास्थान और यथानियम नहीं है। यह बात प्रत्येक भाषा में पायी जाती है। अन्य भाषाओं का उदाहरण देने के लिए स्थान का संकोच है, उर्दू और हिन्दी भाषा के कुछ उदाहरण नीचे दिये जाते हैं, आशा है उनसे बहुत कुछ प्रकाश प्रस्तुत विषय पर पड़ेगा।

1. 'बहार आयी चमन होता है मालामाल दौलत से।
निकाला चाहते हैं ज़र गिरह गुंचों ने खोली है॥' —अमीर

× × × ×

2. 'झाड़ती हैं कौन से गुल की नज़र।
बुलबुलें फिरती हैं क्यों तिनके लिए॥' —अमीर

3. 'तेग़ोखंजर से न झगड़ा सरो गर्दन का चुका।
चल दिये मोड़ के मुँह फैसला करने वाले॥' —अमीर

× × × ×

4. 'दिल लगी दिल लगी नहीं नासेह।
तेरे दिल को अभी लगी ही नहीं॥' —दाग़

× × × ×

5. 'खुलते नहीं हैं राज जो सोज़े निहाँ के हैं।
क्या फूटने के वास्ते छाले जुबाँ के हैं॥' —दाग़

× × × ×

6. 'हाथ निकले अपने दोनों काम के।
दिल को थामा उनका दामन थाम के॥' —दाग़

× × × ×

7. 'जहाँ लग गयी कारगर हो गयी।
मेरी आह तेरी नज़र हो गयी॥' —दाग़

× × × ×

8. 'जब पड़े उन पै गर्दिशे अफ़लाक।
अपनी आसाइशों प डाल दे ख़ाक॥' —दाग़

ऊपर के पद्यों में जिन वाक्यों पर लकीर खींच दी गयी है, उनमें कुछ तो ऐसे हैं, जो उलट कर लिखे गये हैं, जैसे–**'होता है माला माल'**, **'मोड़ के मुँह'**, **'खुलते नहीं हैं राज'**, **'फूटने के वास्ते छाले'** और **'डाल दे खाक'**; इत्यादि।

कुछ ऐसे हैं, जिनके बीच में दूसरे वाक्य आ गये हैं, जैसे–**'गिरह और खोली है' के बीच में 'गुंचों ने', 'झाड़ती हैं और नजर' के बीच में 'कौन से गुल की', 'झगड़ा और चुका' के बीच में 'सरो गर्दन का', 'दिल को और लगी ही' के बीच में 'अमी'**; इत्यादि।

सातवें शेर में 'लग गयी', पहले मिसरे में, और 'नज़र' दूसरे मिसरे में है। इससे क्या पाया जाता है? यही कि मुहावरों का शब्द-संस्थान स्थिर नहीं होता; वाक्यों के समान उनका स्थान पद्य में आवश्यकतानुसार बदलता रहता है। कतिपय हिन्दी भाषा के पद्यों को भी देखिये–

'क्यों न मारै गाल बैठो काल डाढनि बीच'
'बाहर बजावैं गाल भालु कपि काल बस' } **–गीतावली**

'गरैगी जीह जो कहौं और को हौं'
'लियो छड़ाइ, चले कर मीजत, पीसत दाँत गये रिस रेते'
'द्वार द्वार दीनता कही काढ़ि रद, परि पाहूँ' } **–विनयपत्रिका**

× × × ×

'आये उधो फिरि गये आँगन डारि गये गर फाँसी'
'षटपद करी सोऊ करि देखी हाथ कछू नहिं आये'
'मधुबन बसत आस दरसन की जोइ नैन मगहारे' } **–सूरदास**

× × × ×

'तो लखि मो मन जो लही सो गति कही न जाति।'
'ठोड़ी-गाड़ गड़्यौ तऊ उड़्यौ रहत दिन-राति॥'
'दृग उरझत टूटत कुटुम जुरत चतुर-चित प्रीति।'
'परति गाँठि दुरजन-हियें दई नई यह रीति॥' } **–बिहारीलाल**

'नहिं तो हँसी तुम्हारी ह्वैहै।'
'तहँ को बिघन बनै कछु कहि कै एहि डर धरकत छाती।'
'हेरि चुकी बहु दूतिन को मुख थाह सबनकी लीनी।' } **'प्रेम फुलवारी' –हरिश्चन्द्र**

जिन वाक्यों पर लकीर खिंची हुई है, उन सब वाक्यों में शब्द-संस्थान यथास्थान नहीं हैं; किसी किसी वाक्य में मुहावरे के शब्दों के बीच में अन्य वाक्य भी हैं। कविवर बिहारीलाल के पहले दोहे में 'मन' पहले चरण में हैं और उसके व्यापार तीसरे और चौथे

चरण में हैं। इससे भी मुहावरों के शब्द-संस्थान के विषय में यही निश्चित होता है, कि वह प्रयोजनानुसार पद्य में बदलता रहता है। विशेष अवस्थाओं में गद्य में भी।

मुहावरों का शाब्दिक न्यूनाधिक्य

मुहावरों की शाब्दिक स्थिरता के विषय में यह भी कहा जाता है कि वह जितने शब्दों का होता है, उसमें न्यूनाधिक्य नहीं होता। यदि उसमें न्यूनाधिक्य किया जाता है, तो वह नियम-विरुद्ध बन जाता है। मुहावरों के शब्द परिमित होते हैं, इसलिए उनको परिमित रहना ही अपेक्षित है। जब इसमें व्याघात होगा, तब मुहावरा, मुहावरा न रह जावेगा; साधारण वाक्य बन जायेगा। जिनकी दृष्टि इस विशेषता पर नहीं होती, प्रायः उन पर मुहावरे का उचित ज्ञान न होने का लांछन लगाया जाता है। मुशायरों में मैंने देखा है कि ऐसे अवसरों पर बड़ी ले-दे मचती है और चूकने वाले को बेतरह बनाया जाता है। फिर भी यह स्वीकार करना पड़ेगा, कि पद्य में इस नियम की रक्षा कभी-कभी नहीं होती। कुछ उदाहरण लीजिए–

'मुँह लाल करना', एक मुहावरा है। इसी रूप में इसका प्रयोग होना उचित है। निम्नलिखित शेर में 'सौदा' ने इसका ठीक प्रयोग किया है।

'बराबरी का तेरे गुल ने जब ख़याल किया।
सबा ने मार थपेड़ा मुँह उसका लाल किया॥'

किन्तु नीचे लिखे गये शेर में उसका शुद्ध प्रयोग नहीं हुआ। 'मीर' ने मुहावरे के वाक्य के साथ 'खूब' बढ़ाकर नियम का पालन नहीं किया।

'चमन में गुल ने जो कल दाविये जमाल किया।
जमाल यार ने मुँह उसका ख़ूब लाल किया॥'

'कलेजा थाम लेना' या 'दिल थाम लेना', मुहावरा है; 'दिल थाम थाम लेना', कोई मुहावरा नहीं है; परन्तु 'मीर' अपने एक शेर में इसका प्रयोग करते हैं–

'दिले सितमज़दा को हमने थाम थाम लिया।'

इस प्रकार का प्रयोग संस्कृत और हिन्दी में भी मिलता है; कुछ उदाहरण देखिये–

"मासानेतान् गमय चतुरो लोचने मीलयित्वा।" –मेघदूत

× × × ×

"सहस्व कतिचिन्मासान् मीलयित्वा बिलोचने।" –काव्य प्रभाकर

पहले पद्य का 'लोचने' दूसरे पद्य में 'बिलोचने' हो गया है; यद्यपि यह साधारण अन्तर है, तथापि इस बात का प्रमाण है कि मुहावरों में शाब्दिक न्यूनाधिक्य भी होता है।

“फरकि सुअंग भये सगुन, कहत मनो मग मुद मङ्गल छायो।”
× × × ×
“दसमुख तज्यो दूध माखी ज्यों आपु काढ़ि साढ़ी लई।”
× × × ×
“बन्धु अपमान गुरु ग्लानि चाहत गरन”
× × × ×
“फरकन लगे सुअङ्ग कि दिसि दिसि मन प्रसन्न दुख दसा सिरानी।”
—तुलसीदास

“पै तौलौं जौलौं रावरे न नेकु नयन फेरे”
“नीच जन मन ऊँच जैसो कोढ़ में की खाज”
—विनयपत्रिका

× × × ×

“भामिनि भयेहु दूध की माखी” —रामायण
“हाथ झार जस चलै जुआरी” —पदमावत
“चले जुआरी दोउ हथझार” —ग्रन्थ साहब

× × × ×

“बड़े पेट के भरन मैं है रहीम दुख बाढ़ि।
याते हाथी हहरिकै दये दाँत द्वै काढ़ि॥”
—रहीम

× × × ×

“जब जब वै सुधि कीजियै तब तब सब सुधि जाहिं” —बिहारी

× × × ×

“हरीचन्द पै केहि हित हम सों तुम अपनो मुख मोड़्यो”
× × × ×
“निज चबाव सुनि औरो हरखत करत न कछु मन मैल।”
—हरिश्चन्द्र

ऊपर के पद्यों में से दो पद्यों में ‘फरकि सुअंग’ और ‘फरकन लगे सुअंग’, इन दो मुहावरों का प्रयोग हुआ है। मुहावरा, ‘अङ्ग फरकना’ है; अतएव दोनों पद्यों में अंग के साथ ‘सु’ का प्रयोग असंगत है, वह अधिक है।

एक पद्य में ‘दूध माखी’ का प्रयोग है, और दूसरे में ‘दूध की माखी’ का। ‘दूध की माखी’, शुद्ध प्रयोग है। ‘दूध माखी’ में ‘की’ की न्यनूता है।

तीसरे पद्य में ‘ग्लानि’ के साथ ‘गुरु’ का, पाँचवें पद्य में ‘नयन’ के साथ ‘नेकु’ का, ‘दये दाँत द्वै काढ़ि’ में ‘द्वै’ का, ‘सब सुधि-जाहिं’ में ‘सब’ का, ‘कछु मन मैल’ में ‘कछु’ का प्रयोग अधिक है। क्योंकि मुहावरा ‘गलानिगरना’, ‘नयन फेरना’, ‘दाँत काढ़ देना’, ‘सुध जाना’ और ‘मन मैला’ करना है। इसलिए इनके साथ अन्य शब्दों का प्रयोग संगत नहीं।

मुहावरा है—'कोढ़ की खाज'—अतएव इस वाक्य में जो 'में' का प्रयोग छठे पद्य में हुआ है, वह छन्दोभंग की रक्षा के लिए ही हुआ है। मुहावरे की दृष्टि से उसमें 'में' की कोई आवश्यकता नहीं। 'दोउ हथझार' के स्थान पर 'हाथ झार' प्रयोग ही सङ्गत है, जैसा कि 'पद्मावत' का प्रयोग है। नवें पद्य में 'द्वै' शब्द अधिक है।

वास्तव बात यह है कि पद्य-रचना के समय छन्दोभंग का विचार अथवा पादपूर्ति की चिन्ता सर्वदा पद्यकार के सिर पर सवार रहती है, इस लिए पद्यकार प्रायः ऐसे कार्य करने के लिए विवश होता है, जो नियमानुकूल नहीं होते। इसी झमेले में पड़ कर वह शब्दों को भी तोड़ता-मरोड़ता, और कभी-कभी भावों का भी सर्वनाश कर बैठता है। ऐसी अवस्था में यदि मुहावरे उसके हाथों में पड़कर सुरक्षित न रहें और उनमें शाब्दिक न्यूनाधिक्य होता रहे तो कोई आश्चर्य नहीं, किन्तु ऐसा कदाचित् होता है। अधिकांश पद्यों में मुहावरों का स्वरूप यथातथ्य मिलता है, और उनमें वे अविकृत रूप में ही पाये जाते हैं। हाँ, यह अवश्य स्वीकार करना पड़ेगा कि गद्यों में मुहावरे जितना सुरक्षित रहते हैं, उतना पद्यों में नहीं। गद्यों में भी मुहावरों का स्वरूप बदलता है; जैसे—'चुराओ आँख चुराओ'—इत्यादि। किन्तु ऐसा अवसर विशेष अवस्थाओं में ही आता है। उदाहृत वाक्य इसका प्रमाण है, जिसका 'चुराओ' शब्द चुराने पर जोर देने के लिए आँख के पहले भी आया है। कुछ ऐस पद्य भी देखिये जिनमें मुहावरे शुद्ध रूप में व्यवहृत हैं—

'वह दिल लेके चुपके से चलते हुए।
यहाँ रह गये हाथ मलते हुए॥'

× × × ×

'न इतराइये देर लगती है क्या।
ज़माने को करवट बदलते हुए॥'

× × × ×

'करे वादा पर वादा वह हम को क्या।
ये चकमे ये फ़िकरे हैं चलते हुए॥'

× × × ×

'जरा दाग़ के दिल पर रक्खो तो हाथ।
बहुत तुमने देखे हैं जलते हुए॥' —दाग़

× × × ×

'सहर को दर प जाता हूँ तो फ़रमाते हैं अन्दर से।
अभी सो कर उठे हैं हाथ मुँह धोते हैं आते हैं॥' —अमीर

× × × ×

'ओंठगी चनन केवरिया जोहौं बाट।
उड़गै सोन चिरैया पञ्जर हाथ॥' —**रहीम**

× × × ×

'क्यौं बसियै क्यौं निबहियै नीति नेह-पुर नाहिं।
लगालगी लोयन करैं, नाहक मन बँधि जाहिं॥'

× × × × —**बिहारीलाल**

'कब को टेरत दीन रट होत न स्याम सहाय।
तुमहूँ लागी जगत-गुरु जगनायक जग-बाय॥'

'देव जू जो चित चाहिएए नाह तो नेह निबाहिये देह हृयो परै।
जो समझाइ सुझाइये राह कुमारग मैं पग धोखे धऱ्यो परै॥
नीके मैं फीके ह्वै आँसू भरो कत ऊँची उसास गरो क्यों भऱ्यो परै।
रावरो रूप पियो अँखियान भऱ्यो सो भऱ्यो उबऱ्यो सो ढऱ्यो परै॥' —**देव**

× × × ×

'अबहिं उरहनो दै गयी, बहुरो फिरि आयी।
सुनु मैया तेरी सौं करौं, याकी टेव लरन की, सकुच बेंचि सी खाई॥'

× × × ×

'या ब्रज में लरिका घने, हौंही अन्याई।
मुँह लाये, मुँड़हिं चढ़ी अन्तहुँ अहिरिनि तोहिं सूधी कर पायी॥'

—**तुलसीदास**

इन पद्यों में जिस शुद्धता के साथ मुहावरों का प्रयोग हुआ है, सच्चा आदर्श वही है। विवशतावश मुहावरों के शब्दों में जो न्यूनाधिक्य होता है, वह अच्छा नहीं समझा जाता, वह मान्य भी नहीं होता, इसलिए पद्यों का इस प्रकार का प्रयोग प्रमाण-कोटि में गृहीत नहीं हो सकता। कवि-कर्म की जटिलताओं के कारण कोई त्रुटि क्षम्य हो सकती है, किन्तु त्रुटि छोड़ वह और कुछ नहीं हो सकती। कवि-कर्म इतना गहन है कि वह सर्वथा निर्दोष नहीं हो सकता, किन्तु इस कारण किसी दोष को गुण नहीं कहा जा सकता, मेरा विचार है कि मुहावरे के शब्दों में न्यूनाधिक्य उचित नहीं; ऐसा होने पर मुहावरे की विशेषता लाञ्छित होती है। शब्द-संस्थान में अन्तर पड़ने पर मुहावरे का स्वरूप अक्षुण्ण रहता है, उसमें कुछ व्यतिक्रम भर हो जाता है, किन्तु मुहावरे के शब्दों में न्यूनाधिक्य होने पर उसकी प्रामाणिकता सन्दिग्ध होती है, जो संगत नहीं। आदर्श अथवा मान्य कविगण का प्रयोग शिरोधार्य होता है, वही अन्धकारमय प्रदेश का प्रदीप है, किन्तु उनका व्यापक प्रयोग ही ग्राह्य है, अव्यापक प्रयोग नहीं। अनेक स्थान पर किये गये शुद्ध प्रयोग के सामने एक

स्थान पर किया गया अशुद्ध प्रयोग मान्य नहीं हो सकता। मत-भिन्नता स्वाभाविक है; आचार्यों का पथ भिन्न हो सकता है, किन्तु प्रमाणभूत प्रायः अधिक सम्मति ही होती है। इस सिद्धान्त पर दृष्टि रख कर यह स्वीकार करना पड़ेगा कि मुहावरों के शब्दों का न्यूनाधिक्य नियमानुकूल नहीं।

इस अवसर पर यह प्रकट कर देना आवश्यक है, कि जो मुहावरा सूक्ष्म होकर अथवा कट-छँट कर छोटा हो जाता है और व्यवहार में आ जाता है, वह इस नियम में नहीं आता। 'दाँत काटी रोटी', एक मुहावरा है; जिस अर्थ में इस मुहावरे का प्रयोग होता है, उसी अर्थ में केवल 'दाँत काटी' का प्रयोग भी होता देखा जाता है। यह रूप मुख्य मुहावरे का संक्षिप्त रूप है, और उसी प्रकार सङ्गत है, जैसे अनेक वाक्यों और नामों का संक्षिप्त रूप।

मुहावरों का शाब्दिक परिवर्तन

अब इस विषय पर प्रकाश डालना और शेष रहा कि मुहावरों के शब्दों का परिवर्तन होता है या नहीं। मुहावरों के अनुवाद के विषय में मैं पहले बहुत कुछ लिख आया हूँ, परिवर्तन और अनुवाद में अन्तर है। अनुवाद एक भाषा से अन्य भाषा में होता है, किन्तु परिवर्तन भाषा की परिधि के भीतर ही हुआ करता है। परिवर्तन का अर्थ यह है कि 'मुँह बनाना' के स्थान पर 'बदन बनाना' अथवा 'आनन बनाना' लिख सकते हैं या नहीं? प्रयोजन यह कि मुँह को बदल कर उसके स्थान पर 'बदन' अथवा 'आनन' रख दें, तो 'मुँह बनाना' मुहावरा सुरक्षित रहेगा या नहीं? उसके भावार्थ में व्याघात होगा या नहीं? अब हम इसी विषय की मीमांसा में प्रवृत्त होते हैं।

प्रत्येक मुहावरा शब्दों तक परिमित होता है, उसके शब्द रूढ़ होते हैं, इसलिए अपरिवर्तनीय होते हैं। ये मुहावरे के शब्द जिस भाव के द्योतक होते हैं, वे भाव उन्हीं शब्दों तक नियमित होते हैं, क्योंकि उनका सम्बन्ध उन्हीं शब्दों से होता है। कारण इसका यह है कि मुहावरे के रूप में वे उन्हीं शब्दों में गृहीत हुए हैं, और चिरकाल से साहित्य अथवा बोलचाल में उसी रूप में प्रचलित हैं। वे एक प्रकार के शाब्दिक संकेत हैं, जो कतिपय विशेष शब्दों से सम्बन्ध रखते हैं। वे उन पारिभाषिक शब्दों के समान होते हैं, जो परिवर्तित होने पर मुख्य अर्थों के बाधक बन जाते हैं। इसीलिए मुहावरों के शब्दों का परिवर्तन नियम-विरुद्ध माना जाता है। फिर भी ऐसे प्रयोग मिलते हैं, जिनमें मुहावरों के शब्द बदले दृष्टिगत होते हैं। इसके विशेष कारण हैं, मैं उन कारणों का उल्लेख करूँगा।

मूल भाषा के अनेक मुहावरे तत्प्रसूत भाषाओं में परिवर्तित रूप में पाये जाते हैं, वे अनूदित से ज्ञात होते हैं, किन्तु वास्तव में वे अनूदित नहीं होते; वे चिरकालिक क्रमिक परिवर्तन के परिणाम होते हैं। किसी मूल भाषा से सम्बन्ध रखने वाली इस प्रकार की कई भाषाओं में जब एक ही मुहावरा विभिन्न शब्दों में पाया जाता है, तो प्रायः यह अनुमान

होने लगता है, कि इनमें से कोई एक किसी दूसरे का अनुवाद है। परन्तु वास्तव में वह अनुवाद नहीं होता, वह अपने-अपने शब्दों में मूल भाषा के मुहावरे का क्रमागत रूपान्तर होता है। ऐसे रूपान्तर-भूत मुहावरों में जो शब्द-भिन्नता होती है, उसकी गणना परिवर्तन में नहीं हो सकती, अतएव परिवर्तन के प्रमाण में इस प्रकार के रूपान्तर-भूत मुहावरे गृहीत नहीं हो सकते। परिवर्तन का प्रमाण हमको एक भाषा की परिधि के भीतर ही खोजना चाहिए। आशा है इस प्रकार के प्रमाण बहुत कम मिलेंगे, और यदि मिलेंगे तो किसी विशेष हेतु से मिलेंगे, इसलिए इसी सिद्धान्त को स्वीकार करना पड़ता है कि मुहावरे के शब्दों का परिवर्तन नहीं होता।

हिन्दी उर्दू पद्यों में अनेक मुहावरों के शब्द बदले पाये जाते हैं। हिन्दी में ही खड़ी बोली की कविता अथवा गद्य में जिस रूप में मुहावरे लिखे जाते हैं, ब्रजभाषा अथवा अवधी में वे मुहावरे उस रूप में नहीं मिलते, उनमें शाब्दिक परिवर्तन पाया जाता है, ऐसी अवस्था में यह कहा जा सकता है कि मुहावरों के शब्दों का परिवर्तन होता है। यह उचित तर्क है, मैं उसकी विवेचना करूँगा। मैं ऊपर कह आया हूँ कि मूल भाषा से तत्प्रसूत भाषाओं में जो मुहावरे क्रमशः रूपान्तरित हो कर आते हैं, वे परिवर्तन-कोटि में गृहीत नहीं हो सकते। क्योंकि वे चिरकालिक क्रमशः व्यवहार का परिणाम होते हैं, इसलिए वे स्वयं मुहावरे होते हैं, परिवर्तन अथवा अनुवाद नहीं। संस्कृत का मुहावरा 'जलाञ्जलिर्दीयते' प्राकृत में 'जलंजली दिज्जदि' हुआ; हिन्दी में 'जल-अँजुली देना' बन गया। यह न तो अनुवाद है और न परिवर्तन। अपभ्रंश भाषा का एक दोहार्द्ध है–

"महि वीढह सचराचरह जिण सिर दिण्हा पाय"–नागरी प्रचारिणी पत्रिका

इसका 'सिर दिण्हा पाय' ही हिन्दी का 'सिर पर पाँव देना' है। किन्तु हिन्दी का यह मुहावरा न तो अनुवाद है, न उसमें शाब्दिक परिवर्तन हुआ है, वरन् दूसरा पहले के क्रमशः विकास का ही फल है। इसलिए इस प्रकार के मुहावरे शाब्दिक परिवर्तन के अन्तर्गत नहीं हैं। हिन्दी के निम्नलिखित पद्यों को देखिये; इनमें स्पष्ट शाब्दिक परिवर्तन हुआ है–

'तुम जनि मन मैलो करो लोचन जनि फेरो।'
'द्वार द्वार दीनता कही काढ़ि रद परि पाहूँ।'
'करत नहीं कान बिनती बदन फेरे।'
'मैं तो दियो छाती पवि।' } **–विनयपत्रिका**

× × × ×

'देखो काल कौतुक पिपीलकनि पंख लागो।' **–गीतावली**
'है तब दसन तोरिबे लायक।' **–रामायण**
'नयन ये लगि कै फिर न फिरे।' **–हरिश्चन्द्र**

मुहावरा है—'आँख फेरना'। हिन्दी का एक कवि कहता है—'साईं अँखियाँ फेरियाँ बैरी मुल्क जहान', उर्दू का एक मिसरा है—'आँख फेरी जिस घड़ी फिर काहे का नाता रहा'। 'आँख फेरो' के स्थान पर गोस्वामी जी ने 'लोचन फेरो' लिखा है। वे 'नयन फेरे' भी लिखते हैं—'पै तौलौं जौलौं रावरे न नेकु नयन फेरे'। इन प्रयोगों में मुहावरे के शब्दों का परिवर्तन स्पष्ट है। निम्नलिखित पंक्तियों को भी देखिये—

मुहावरों का वास्तविक रूप	**पद्यों का प्रयोग**
'दाँत काढ़ना' वा 'निकालना'	'रद काढ़ि'
'मुँह फेरना'	'बदन फेरे'
'पत्थर कलेजे पर रखना'	'दियो छाती पवि'
'चींटी को पंख निकलना' वा 'लगना'	'पिपीलकनि पंख लागो'
'दाँत तोड़ना'	'दसन तोरिबे'
'आँख लगना'	'नयन लगना'

हिन्दी के अधिकतर मुहावरे तद्भव शब्दों ही में पाये जाते हैं। व्यवहृत तत्सम अथवा अन्य भाषा के प्रचलित शब्दों से भी हिन्दी के मुहावरे बने हैं, परन्तु उनकी सख्या थोड़ी है। जो तत्सम अथवा अन्य भाषा के शब्द तद्भव शब्दों के समान ही व्यापक हैं, उन शब्दों का मुहावरों में पाया जाना स्वाभाविक है, क्योंकि हिन्दी भाषा के अंगभूत वे भी हैं। किन्तु अप्रचलित संस्कृत शब्दों का हिन्दी मुहावरों में प्रायः अभाव है। गोस्वामी जी के 'रद काढ़ि' का 'रद', 'बदन फेरे' का 'बदन', 'पिपीलकनि पंख लागो' का 'पिपीलिका', 'दसन तोरिबे' का 'दसन' शब्द इसी प्रकार का है। सर्वसाधारण में इन शब्दों का प्रचार नहीं है, इसलिए मुहावरों में इनका प्रयोग नहीं हो सकता। किन्तु गोस्वामी जी ने ऐसा किया है, कारण पद्य के बंधनों की गहनता है। यदि इन वाक्यों में अभिधा-शक्ति से काम लिया गया होता, वे लक्षणा अथवा व्यंजनामूलक न होते, तो वे साधारण वाक्य माने जा सकते थे। किन्तु वे मुहावरे के रूप में ही व्यवहृत हैं, अतएव उनका शब्दान्तर चिन्तनीय हो जाता है। 'बदन फेरना' और 'दसन तोरना' का प्रयोग 'गीतावली' और 'विनयपत्रिका' में भी हुआ है, यथा—

'सुनु सुग्रीव साँचहुँ मो पर फेर्‌यो बदन बिधाता।' —**गीतावली**

"तौ तुलसिहिं तारिहौ विप्र ज्यों दसन तोरि जमगन के" —**विनयपत्रिका**

'दसन' के स्थान पर पद्य में निर्दोष भाव से 'दाँत' का प्रयोग हो सकता था, किन्तु नहीं किया गया। इससे यह कहा जा सकता है कि इसमें शब्दान्तर नहीं है, वरन् प्रकृत रूप में ही इसका प्रयोग हुआ है, किन्तु यह ठीक नहीं। मैं ऊपर दिखला आया हूँ, गोस्वामी जी 'आँख फेरना' के स्थान पर 'लोचन फेरना' और 'नयन फेरना' दोनों लिखते हैं; यदि

हो सकता है, तो मुहावरे के रूप में एक ही प्रयोग ठीक हो सकता है, दोनों नहीं। इसके अतिरिक्त अन्य उदाहरण भी ऐसे हैं, जिनमें गोस्वामी जी को शाब्दिक परिवर्तन करते देखा जाता है। 'सिर धुनना'; एक मुहावरा है; गोस्वामी जी इस मुहावरे को शुद्ध रूप में भी लिखते हैं, और उसमें आवश्यकतानुसार शाब्दिक परिवर्तन भी कर देते हैं; जैसे–

'काल स्वभाव करम विचित्र फल दायक सुनि सिर धुनि रहौं।'
'सिर धुनि धुनि पछितात मींजि कर।' –विनयपत्रिका

× × × ×

'बरज्यो न करत कितो सिर धुनिये।' –कृष्ण गीतावली

× × × ×

'कामल सरीर गभीर वेदन सीस धुनि धुनि रोवहीं।' –रामायण

× × × ×

'बार बार कर मींजि सीस धुनि गीधराज पछिताई।' –गीतावली

तीन पद्यों में 'सिर' का प्रयोग है; दो पद्यों में 'सिर' के स्थान पर 'सीस' का। 'हाथ मलना'; एक मुहावरा है; गोस्वामी जी इसे कभी 'कर मींजना' लिखते हैं, कभी 'हाथ मींजना'। ऊपर दूसरे और पाँचवें पद्य में 'कर मींजना' का प्रयोग आप देख चुके हैं; नीचे के पद्य में 'हाथ मींजना' का प्रयोग देखिये।

'तौ तू पछितैहैं न मींजि हाथ।' –विनयपत्रिका

'कलेजे से लगाना' अथवा 'कलेजे लगाना'; मुहावरा है; इस के प्रयोग को देखिये।

'सरल सुभाय भाय हिय लाये।'
'लिये उठाइ लगाइ उर लोचन मोचति वारि।' –तुलसीदास
'कौशल्या निज हृदय लगाई।'

मेरा विचार है कि 'रद काढ़ि', 'बदन फेरे', 'दसन तोरि' आदि में शाब्दिक परिवर्तन ही हुआ है, वे मुख्य रूप में प्रयुक्त नहीं हैं। 'पिपीलिका' शब्द कठिन संस्कृत शब्द है, चींटी के स्थान पर इसका प्रयोग, मुख्यतः मुहावरे में कभी संगत नहीं है, किन्तु छन्दोगति की रक्षा के लिए ही उसका प्रयोग किया गया है। 'रद काढ़ि' भी ऐसा ही प्रयोग है। 'बदन फेरे' और 'दसन तोरि' के विषय में मैं इतना और लिख देना चाहता हूँ कि कबीर साहब की रचना में भी 'मुँह फेरना' मुहावरे का प्रयोग मिलता है, जो गोस्वामी जी से सौ वर्ष पहले हुए हैं; यथा–

'हौं वारी मुँह फेर पियारे। करवट दे मों को काहे को मारे।' –ग्रन्थ साहब

इसलिए यह अवश्य है कि आवश्यकतावश गोस्वामी जी ने 'मुँह' के स्थान पर 'बदन'

का प्रयोग किया है। 'दाँत' शब्द का प्रयोग करते और मुहावरे को शुद्ध रूप में लिखते भी गोस्वामी जी को देखा जाता है; यथा–

'तापर दाँत पीसि कर मींजत को जानै चित कहा ठई है।' –**विनयपत्रिका**

इस पद्य में 'दाँत पीसना' मुहावरे का शुद्ध प्रयोग है। गोस्वामी जी ने यहाँ मुहावरे की रक्षा की है, जिससे में पद्य में जोर आ गया है। 'पीसि' के साहचर्य से यहाँ 'दसन' का प्रयोग अनुप्रास की दृष्टि से सुन्दर होता, किन्तु रसाकूल न होता, इसीलिए गोस्वामी जी ने 'दाँत' शब्द का प्रयोग ही इस पद्य में किया। 'दसन तोरिबे' का प्रयोग भी ऐसा ही है, यद्यपि उसमें मुहावरे की रक्षा नहीं हुई।

'दियो छाती पबि', विचित्र प्रयोग है। अभिधा द्वारा इसका कुछ अर्थ नहीं होता, व्यंजना द्वारा इसका वही अर्थ होता है, जो अर्थ 'कलेजे पर पत्थर रखने' का है। मेरा विचार है, इसी मुहावरे के आधार से उक्त मुहावरे की सृष्टि गोस्वामी जी ने की है, उसमें प्रत्यक्ष प्रौढ़ोक्ति है, शाब्दिक परिवर्तन तो इतना अधिक है कि मुख्य मुहावरे की छाया तक उसमें नहीं मिलती। उसको एक स्वतंत्र मुहावरा भी कहा जा सकता है, जिसके आचार्य स्वयं गोस्वामी जी हैं। ऐसी अवस्था में उसको शाब्दिक परिवर्तन की परिधि से बाहर मानना होगा। **'बज्र की छाती करना'**, एक मुहावरा है; यह मुहावरा भी इस मुहावरे का आधार हो सकता है।

'नयन ए लगि कै फिर न फिरे'; यह रचना बाबू हरिश्चन्द्र की है। इसमें 'आँख' के स्थान पर 'नयन' का प्रयोग हुआ है। 'आँख लगना' मुहावरा है; 'बिहारीलाल' लिखते हैं–**'आँखिन आँख लगी रहै आँखें लागत नाहिं'**; किन्तु हरिश्चन्द्र ने इस पद्य में मुहावरे की रक्षा नहीं की है। आवश्यकतावश 'आँख' को 'नयन' से बदल दिया है, यह स्पष्ट शाब्दिक परिवर्तन है।

प्रान्तिक शब्द-विभेद परिवर्तन नहीं होता

इस स्थल पर यह प्रकट कर देना भी युक्तिसंगत जान पड़ता है, कि हिन्दी भाषा के अनेक मुहावरे ऐसे हैं जो प्रान्तिक भाषाओं की दृष्टि से एक दूसरे का अनुवाद मालूम होते हैं, अथवा जिनमें शाब्दिक परिवर्तन पाया जाता है। किन्तु वास्तव में न तो वे अनुवाद होते हैं, और न उनमें शाब्दिक परिवर्तन होता है, वरन् वे क्रमागत विकास का परिणाम होते हैं, और अपनी प्रान्तिकता का परिच्छद धारण किये हमारे सम्मुख आते हैं। उनमें से प्रत्येक की स्वतंत्र सत्ता होती है। एक ही मुहावरे के ब्रजभाषा, अवधी और खड़ी बोली में जो विभिन्न रूप मिलते हैं, वे ही इसके प्रमाण हैं। कुछ उदाहरण लीजिए–

'राम नाम जपे जैहै जिय की जरनि।'
'द्वार द्वार हीनता कहि काढ़ि रद परि पाहूँ।' } –विनयपत्रिका

× × × ×

'सूधो पाँय न महिं परत सोभा ही के भार'
"मूँड़ चढ़ायेहूँ रहै पर्यौ पीठि कच भार।
रहै गरें परि राखियै तऊ हियें पर हार।" } –बिहारीलाल

× × × ×

'मुँह लाये मूँडहिं चढ़ी अन्तहुँ अहिरिनि तोहिं सूधी कर पायी।'
'मूँड़ मारि हिय हारिकै हित हेरि हहरि।' } –तुलसीदास

× × × ×

'मधुबन बसत आस दरसन की नयन जोहि मग हारे।'
'अवधि गनत इकटक मग जोहत तब एती नहिं झूखी।' } –सूरदास

× × × ×

'अब मैं कब लौं देखूँ बाँट।' – हरिश्चन्द्र

× × × ×

'नाथ कृपा ही को पन्थ चितवत दीन हों दिन राति।' – विनयपत्रिका

उल्लिखित पद्यों में जो मुहावरे आये हैं, उन पर लकीर खींच दी गयी है; खड़ी बोलचाल में उनका प्रयोग किस रूप में होगा, यह नीचे दिखाया जाता है।

पद्य के मुहावरे	खड़ी बोलचाल के रूप
'जिय की जरनि'	'जी की जलन'
'परि पा'	'पाँव पड़ कर'
'सूधो पाँय न परत'	'सीधा पाँव नहीं पड़ता'
'मूँड़ चढ़ाये'	'सिर चढ़ाये'
'गरें परि'	'गले पड़ कर'
'मुँह लाये'	'मुँह लगाये'
'मूँड़हिं चढ़ी'	'सिर पर चढ़ी'
'मूँड़ मारि'	'सिर मार कर'
'जोहि मग'	'राह देख कर'
'मग जोहत'	'राह देखते'
'देखूँ बाट'	'राह देखूँ'
'पंथ चितवत'	'राह देखना'

पद्य के मुहावरे अवधी और ब्रजभाषा के हैं। खड़ी बोली में उनका व्यवहार जिस रूप में होता है, वह भी बतलाया गया। मेरा विचार है, कि इनमें से कोई एक दूसरे का अनुवाद नहीं है, और न इनमें शाब्दिक परिवर्तन हुआ है। दोनों ही स्वतन्त्र हैं, और उनकी अलग सत्ता है। मूल उनका एक है, किन्तु उनका विभिन्न रूप प्रान्त के अनुसार है। जिस प्रान्त का जिस प्रकार का शब्द-प्रयोग अथवा उच्चारण था, उसी के अनुसार उसकी परिणति है। इसमें मत-भेद हो सकता है, किन्तु मेरा विचार यही है। क्यों? यह मैं बतलाता हूँ।

निम्नलिखित मुहावरों को देखिये—

पद्य के मुहावरे	**खड़ी बोली के रूप**
'जिय की जरनि'	'जी की जलन'
'परि पा'	'पाँव पड़ कर'
'सूधो पाँय न परत'	'सीधा पाँव नहीं पड़ता'
'गरें परि'	'गले पड़ कर'
'मुँह लाये'	'मुँह लगाये'

भाव-प्रकाशन, व्यंजना, और शब्द विन्यास में ये दोनों प्रकार के मुहावरे प्रायः एक हैं; इनमें यदि है तो थोड़ा प्रान्तिकता का ही अन्तर है। ब्रज प्रान्त का 'जिय' दिल्ली प्रान्त में 'जी' हो जाता है, ब्रज प्रान्त में 'ड़' एवं 'ल', के स्थान पर प्रायः 'र' का उच्चारण होता है। पा, पाय, पाव एक ही हैं। उर्दू, फ़ारसी और कभी-कभी हिन्दी में भी 'पाय' के स्थान पर केवल 'पा' का प्रयोग होता है। पापोश, पाजेब, पालागन, इसके प्रमाण हैं। खड़ी बोली की क्रिया प्रायः दीर्घान्त और ब्रज भाषा की प्रायः लघ्वन्त होती है, खड़ी बोली में पूर्वकालिक क्रिया का चिह्न, कर, के आदि हैं, ब्रज भाषा में यह कार्य ह्रस्व 'इ' से ही चल जाता है। 'पड़ना' धातु की पूर्वकालिक क्रिया का रूप खड़ी बोली में 'पड़ कर' होगा, ब्रज भाषा में वह केवल 'परि' होगा। 'ड़'कार हो जावेगा 'र'कार और उसमें ह्रस्व 'इ'कार मिल कर पूर्वकालिक क्रिया का काम देगी। 'मुँह लाये' और 'मुँह लगाये' की क्रियाओं का अन्तर भी साधारण है। इसलिए यह स्पष्ट है कि दोनों प्रकार के मुहावरों में यदि अन्तर है तो प्रान्तिकता का; और यह स्वाभाविक है। वह इस बात का भी सूचक है, कि वास्तव में एक दूसरे के अनुवाद नहीं हैं, और न उनमें किसी उद्देश्य से शाब्दिक परिवर्तन हुआ है, वरन् एक स्वरूप ही देश-सम्बन्धी विशेष कारणों से दो लिबासों में है।

कुछ मुहावरे ऐसे भी हैं, जिनमें शाब्दिक परिवर्तन हुआ ज्ञात होता है। जैसे—'मूँड चढ़ाये', 'मूँड़हिं चढ़ी' 'मूँड़ मारि'। इन मुहावरों में 'सिर' के स्थान पर 'मूँड़' का प्रयोग हुआ मालूम होता है, किन्तु वास्तव में यह बात नहीं है। सर्वसाधारण में आज भी इन मुहावरों में मूँड़ का ही प्रयोग होता है। ब्रज भाषा अथवा अवधी की जितनी कविताओं में इस प्रकार के मुहावरों का व्यवहार हुआ है, उनमें से अधिकांश में 'मूँड़' का ही प्रयोग

मिलता है। गोस्वामी जी यदि 'मूँड़हिं चढ़ी' अथवा 'मूँड़ मारि' लिखते हैं, तो सौ सवा सौ वर्ष बाद इन्हीं प्रयोगों को इसी रूप में कविवर बिहारीलाल भी करते हैं। एक जगह वे लिखते हैं—'मारौं मूँड़ पयोधि', इसका भी वही रंग है। इससे क्या पाया जाता है! यही कि इनमें शाब्दिक परिवर्तन नहीं है, वरन् बोलचाल के अनुसार उनका स्वाभाविक रूप यही है। उदाहृत मुहावरों के सब शब्द तद्भव हैं, तत्सम एक भी नहीं; इससे भी उनकी स्वाभाविकता की पुष्टि होती है। कविता-गत बन्धनों के कारण जो इस प्रकार के प्रयोग होते हैं, उनमें एकदेशीयता होती है, वे व्यापक नहीं होते। वे प्रयोगकर्ता तक ही प्रायः परिमित होते हैं, दूसरे कवियों को उस प्रकार का प्रयोग करते नहीं देखा जाता, अर्थात् उनकी पुनरावृत्ति नहीं होती, अकस्मात् की बात दूसरी है। बोलचाल में भी उनका पता नहीं चलता, कारण यह है कि वे कवि के स्वतंत्र प्रयोग होते हैं। इन बातों पर विचार करने से यही पाया जाता है, कि 'मूँड़ चढ़ाये' आदि मुहावरे गढ़े नहीं, वरन् बोलचाल से ही प्रसूत हैं।

कोमल कान्त पदावली के आचार्य जयदेव जी एक स्थान पर लिखते हैं—'रचयति शयनं सचकितनयनं पश्यति तव पन्थानम्'; 'पश्यति तव पन्थानम्', का अर्थ हुआ, 'तुम्हारा राह देखती है'। 'राह देखना' भी एक मुहावरा है, क्योंकि उसका अर्थ 'प्रतीक्षा करना' है, 'पथ को देखना' नहीं। गोस्वामी जी इस मुहावरे को एक स्थान पर इस रूप में लिखते हैं—'नाथ कृपाही को पन्थ चितवत दीन हौं दिन राति'। सूरदास जी इस मुहावरे को 'मग जोहना' के रूप में लिखते हैं—'नयन जोहि मग हारे', 'अवधि गनत इकटक मग जोहत'; इसके प्रमाण हैं। रहीम खाँ खानखाना लिखते हैं—'ओंठगी चनन केवरिया जोहौं बाट'; बाबू हरिश्चन्द्र कहते हैं—'अब मैं कब लौं देखूँ बाट'। एक मुहावरे का इतना विभिन्न रूप भ्रामक है, यदि उसको वाक्य मान लिया जावे, तो सब झगड़ा तै हो जाता है, किन्तु वास्तव में वह वाक्य नहीं है, मुहावरा है; क्योंकि उसका अर्थ व्यंजना अथवा लक्षणा द्वारा होता है, अभिधा-शक्ति द्वारा नहीं। सत्य बात यही है कि 'बाट जोहना' ब्रज भाषा का एक मुहावरा है। आजकल यह मुहावरा हिन्दी गद्य में भी प्रचलित है। गोस्वामी जी का, 'पन्थ चितवत' और सूरदास जी का 'मग जोहना' उसके रूपान्तर अवश्य हैं, किन्तु उनका आधार बोलचाल है। वे शब्दान्तरित अथवा गढ़े नहीं हैं। जयदेव जी के संस्कृत वाक्य से गोस्वामी जी के वाक्य का मेल हो सकता है, किन्तु 'पन्थ चितवत' गोस्वामी जी का निर्माण नहीं है, वास्तव में उसका सम्बन्ध बोलचाल से है, आज भी अवध प्रान्त में उसका व्यवहार देखा जाता है। 'मग जोहना' भी ऐसा ही वाक्य है। इसलिए यह भिन्नता स्वाभाविक है; इसका आधार शाब्दिक परिवर्तन नहीं। मेरा विचार है कि ऐसे मुहावरों को भी शाब्दिक परिवर्तन के अन्तर्गत न मानना चाहिए। बाबू हरिश्चन्द्र का 'बाट देखूँ' अवश्य विचारणीय है। ब्रजभाषा-रूप उसका "बाट देखौं" होना चाहिए, किन्तु बाबू

साहब ने अपने वाक्य को यह रूप नहीं दिया। यह भ्रम, प्रमाद अथवा छापे की अशुद्धि हो सकती है, तो भी यह विचार करना पड़ेगा कि ब्रजभाषा में 'बाट देखौं' से 'बाट जोहौं' और खड़ी बोली में 'बाट देखूँ' से 'राह देखूँ' लिखना अच्छा होगा, क्योंकि ऐसी अवस्था में दोनों में स्वाभाविकता होगी।

श्रीमान् बाबू श्यामसुन्दरदास अपने 'हिन्दी भाषा का विकास' नामक ग्रन्थ में एक स्थान पर यह लिखते हैं—

> 'प्राचीन समय में यमुना और गङ्गा की उपत्यका में दो प्रकार की प्राकृतें बोली जाती थीं—एक शौरसेनी प्राकृत थी जो पश्चिम में बोली जाती थी और दूसरी मागधी थी, जो पूर्व में बोली जाती थी। इन दोनों प्राकृत भाषाओं की प्रचार-सीमा के बीच में वह स्थान पड़ता है, जो अवधी की सीमा के अन्तर्गत आता है। यहाँ ऐसी भाषा का प्रचार था, जो कुछ तो शौरसेनी से मिलती थी, और कुछ मागधी से। इस बोलचाल की भाषा को अर्धमागधी नाम दिया गया है। इसी प्राचीन अर्धमागधी की स्थानापन्न अवधी भाषा है, कुछ विद्वानों ने पूर्वी हिन्दी, नाम भी दिया है।'
>
> "अवधी के भी दो रूप मिलते हैं, एक पश्चिमी दूसरा पूर्वी। पश्चिमी अवधी लखनऊ से कन्नौज तक बोली जाती है, अतएव ब्रज भाषा की सीमा के निकट पहुँच जाने के कारण उसका इस पर बहुत प्रभाव पड़ा है, और वह उससे अधिक मिलती है।"
>
> **—पृष्ठ 63, 64**

इन अवतरणों से यह पाया जाता है कि ब्रज भाषा और खड़ी बोली दोनों शौरसेनी से उत्पन्न हैं, अर्थात् दोनों की जननी शौरसेनी है। ब्रजभाषा (शौरसेनी) का प्रभाव अवधी पर बहुत कुछ बतलाया गया है, विशेष कर पश्चिमी अवधी पर। ब्रजभाषा और खड़ी बोली दोनों का आधार शौरसेनी प्राकृत का अपभ्रंश है, ब्रजभाषा के नाते अवधी पर भी उसका बहुत कुछ प्रभाव है। इससे यह स्पष्ट है कि इन बोलियों में जो मुहावरे आये हैं, वे अधिकांश शौरसेनी अपभ्रंश पर ही अवलम्बित हैं और ऐसी अवस्था में उनके मुहावरों का प्रायः एक होना स्वाभाविक है। जहाँ यह सत्य है, वहाँ यह भी सत्य है कि प्रत्येक मुहावरे अपनी बोलियों के आकार में ही विकसित हुए हैं, और इसीलिए वे उसी रूप में पाये जाते हैं। ऐसी दशा में यह कहना संगत न होगा कि उनमें शाब्दिक परिवर्तन हुआ है, या उनमें से एक दूसरे का अनुवाद है और यही मुझको प्रतिपादन करना था।

उर्दू का शाब्दिक परिवर्तन

उर्दू के विषय में यह बात नहीं कही जा सकती, उसमें बहुत शाब्दिक परिवर्तन मिलता है। जिस प्रकार फ़ारसी के बहुत से मुहावरे उर्दू में सम्मिलित कर लिए गये हैं, उसी प्रकार हिन्दी के बहुत से मुहावरों के शब्दों को बदल कर उनको उर्दू का रूप दे दिया गया है। यदि कहा जावे कि इस परिवर्तन का आधार भी बोलचाल है, क्योंकि उर्दू बोलने वाली जनता भी तो है। तो इसका उत्तर यह है कि जिस प्रकार बहुत से फ़ारसी के मुहावरे साहित्यिकों द्वारा उर्दू में बिना सर्वसाधारण अथवा उर्दू बोलने वालों की बोलचाल का ध्यान किये हुए सम्मिलित किये गये हैं, उसी प्रकार हिन्दी के अनेक मुहावरों के शब्दों को भी फ़ारसी के शब्दों से बदल दिया गया है। प्रमाण इसका यह है कि आज भी फ़ारसी के जो कठिन शब्द उर्दू बोलने वाली जनता के व्यवहार में नहीं हैं, वे शब्द भी हिन्दी मुहावरों में हिन्दी शब्दों के स्थान पर प्रयुक्त पाये जाते हैं, और ऐसे वाक्यों का उर्दू साहित्यिकों द्वारा मुहावरे के स्वरूप में व्यवहार किया जाता है। दूसरी बात यह कि नियम-विरुद्ध होने पर भी उर्दू कवियों को एक मुहावरे को दो दो रूप में प्रयोग करते पाया जाता है। यदि हिन्दी का कोई मुहावरा बोलचाल के आधार पर परिवर्तित होकर उर्दू में सम्मिलित हो गया है, तो उसका व्यवहार उसी रूप में होना चाहिए, किन्तु यह नहीं होता; उर्दू में उसका व्यवहार तो होता ही है, आवश्यकता पड़ने पर उस मुहावरे का हिन्दी रूप भी काम में लाया जाता है, और इस प्रकार सुविधा के अनुसार दोनों का व्यवहार होता रहता है। यह शाब्दिक परिवर्तन छोड़ और कुछ नहीं होता। कविता की सुविधाओं का सम्पादन ही उसका उद्देश्य कहा जा सकता है। यह मैं स्वीकार करूँगा कि पद्य में होते-होते उसका व्यवहार गद्य में भी होने लगता है, किन्तु इससे भी शाब्दिक परिवर्तन का ही पक्ष पुष्ट होता है, क्योंकि यदि हिन्दी को फ़ारसी-शब्दमय बनाना इष्ट न होता, तो गद्य में उसके उर्दू रूप लिखने की क्या आवश्यकता थी! क्योंकि पद्य के समान उसमें कोई बन्धन होता ही नहीं। इन्हीं विचारों से मैं इस सिद्धान्त पर पहुँचा हूँ कि उर्दू में अधिकांश हिन्दी मुहावरों के शब्दों में जो परिवर्तन देखा जाता है वह शाब्दिक परिवर्तन होता है।

मैंने जो कुछ कथन किया है, उसका उदाहरण भी आप लोगों के सामने उपस्थित करता हूँ। हिन्दी का एक मुहावरा है—'बिजली गिरना' या 'गिराना'। अकबर लिखते हैं—

'गिरा कीं चुपके-चुपके बिजलियाँ दीनी अक़ायद पर।'

अमीर लिखते हैं—**'आशिकों के दिल पै गिरती हैं हजारों बिजलियाँ।'**

अकबर लिखते हैं—**'जिसका ख़याल बर्क़ गिराता है होश पर।'**

अन्तिम शेर में भी ऊपर के शेरों के समान 'बिजली गिराता है' लिखना चाहिए था, किन्तु बिजली के लिए स्थान नहीं था, इसलिए 'बर्क़ गिराता है' लिखा गया है। 'बर्क़'

ऐसा शब्द है, जिसे साहित्यिकों को छोड़ कर अन्य उर्दू बोलने वाले कदाचित् ही बोलते हैं, फिर भी उसका प्रयोग किया गया है। ग़ालिब का शेर है–

'इश्क़ पर जोर नहीं, है यह वह आतिश ग़ालिब।
कि लगाये न लगे और बुझाये न बने॥'

'आग लगाना' और 'आग बुझाना' हिन्दी मुहावरा है। 'आतिश लगाना' या 'आतिश बुझाना' मुहावरा नहीं है, फिर भी ग़ालिब ने ऊपर के शेर में ऐसा ही प्रयोग किया है, कारण–पद्यगत संकीर्णता है। बोलचाल पर दृष्टि रख कर यह प्रयोग कदापि नहीं हुआ, मेरा मतलब किसी के घर की बोलचाल से नहीं, सर्वसाधारण की बोलचाल से है। 'आग लगाना' का ठीक प्रयोग देखिये। आतिश लिखते हैं–

"लगाती आग बिजली की चमक है ख़ानये तन में।"

फ़ारसी का एक मुहावरा है **'अज़ जाँ गुज़श्तन'**–उर्दू के शाअरों ने इस मुहावरा को उर्दू में दाखिल कर लिया है। 'ज़फ़र' कहते हैं–

'वहाँ जाये वही जो जान से जाये गुज़र पहले।'

इस मुहावरे को 'मीर' ने यों बाँधा है–

'अब जी से गुज़र जाना कुछ काम नहीं रखता।'

'अज़ जाँ गुज़श्तन' अर्थात् 'जान से गुज़र जाना'; अर्थ है–'जी पर खेल जाना'। ज़फ़र ने मुहावरे को अपने पद्य में ठीक बाँधा है, किन्तु मीर ने 'जान' को बदल कर 'जी' कर दिया है। यद्यपि 'जी से गुज़र जाना' कोई मुहावरा नहीं है, फ़ारसी के शब्दों के अनुसार 'जान से गुज़र जाना' ही ठीक है। किन्तु 'जान' का पर्यायवाची शब्द 'जी' है, इसलिए मीर ने पद्य के बन्धन में पड़ कर 'जी से गुज़र जाना' लिखा। यहाँ स्पष्ट शाब्दिक परिवर्तन है।

हिन्दी मुहावरा है–**'कलेजा थामना'**। नीचे के पद्यों में इसका शुद्ध प्रयोग हुआ है–

'रह गया बस नाम लेते ही कलेजा थाम के।' –जुरअत
'बात करता हूँ कलेजा थाम के।' –दाग़

अब इसका परिवर्तित प्रयोग देखिये–

'दिले सितम ज़दा को हमने थाम थाम लिया।' –मीर
'दिल को थामा उनका दामन थाम के।' –दाग़

इन पद्यों में 'कलेजे' को 'दिल' से बदल दिया गया है।

मुसहफ़ी का शेर है–

'जी ही जी' बीच बहुत शाद हुआ करती है।

दाग़ लिखते हैं–

'ऐ दाग़ दिल ही दिल में घुले जब से इश्क में।'

मुसहफ़ी का 'जी ही जी' दाग़ का 'दिल ही दिल', हो गया।

जुरअत लिखते हैं–

'हाथ हम अपने कलेजे पर धरे फिरते हैं'

दाग़ कहते हैं–

'ज़रा दाग़ के दिल पर रक्खो तो हाथ'

'कलेजे पर हाथ रखना' मुहावरा है, दोनों पद्यों का परिवर्तन स्पष्ट है। हिन्दी-शब्दसागर कोश को उठा कर आप देखें; और 'जी' व 'जान', 'दिल' और 'कलेजे' के मुहावरों को मिलावें, तो अधिकांश मुहावरे दोनों के एक पाये जायँगे। 'जी' के मुहावरे के 'जी' को बदल कर 'जान' रख दीजिए, तो अनेक 'जी' के मुहावरे 'जान' के मुहावरे बन जावेंगे; इसी प्रकार 'कलेजे' के मुहावरे 'दिल' के मुहावरे हो जावेंगे। नीचे कुछ ऐसे उर्दू पद्य मैं लिखता हूँ जिनमें इतना अधिक स्पष्ट परिवर्तन है कि उसमें तर्क का स्थान नहीं। उर्दू का मुहावरा ही आपको बतला देगा कि उसका हिन्दी मुहावरा क्या है। तथापि उनका मुख्य स्वरूप भी मैं आपको बतलाऊँगा।

दाग़– **"दिल टूट जायगा किसी उम्मेदवार का।**
ग़श खाके दाग़ यार के क़दमों पर गिर पड़ा॥"

× × × ×

हाली– **"ऐ शबे माहेताब तारों भरी।**
अपने आशाइशों प डाल दे ख़ाक॥"

× × × ×

अकबर– **'फाँकिये ख़ाक आप भी साहब हवा खाने गये।'**

× × × ×

ज़ामिन– **'करूँ ख़िदमत मैं आँखों से बिठालूँ चश्म पर पहले।'**

× × × ×

अकबर– **'लेकिन मजाल क्या जो नज़र से नज़र मिले।'**

× × × ×

इन्शा– **'ज़बाँ भी खैंच लेना तुम अगर मुँह से फ़ुग़ाँ निकले।'**

× × × ×

नासिख़– 'दिल धड़कता है जुदाई की शबे तार न हो।'

× × × ×

नूह– 'बुलबुल को कोई समझा दे क्यों ख़ून के आँसू रोती हैं।'

दाग़ के शेरों में 'दिल' की जगह 'जी' और 'क़दमों' के स्थान पर 'पाँवों'; हाली के शेरों में 'शब' के स्थान पर 'रात' और 'ख़ाक' के स्थान पर 'धूल', अकबर के पहले शेर के 'ख़ाक' के स्थान पर 'धूल' दूसरे शेर में 'नज़र' के स्थान पर 'आँख'; ज़ामिन के 'चश्म', इन्शा की 'ज़बाँ', नासिख़ के 'दिल' और नूह के 'ख़ून' के स्थान पर क्रम से आँख, जीभ, कलेजा और लहू लिखिये; उस समय मुहावरों का मुख्य रूप आप पर प्रकट हो जावेगा। ये शाब्दिक परिवर्तन विशेष उद्देश्य और पद्यों की उलझनों के कारण हुए हैं। ऐसे और बहुत से परिवर्तन बतलाये जा सकते हैं, किन्तु जितने प्रमाण दिये गये हैं, वे पर्याप्त हैं।

यदि कहा जावे कि ये वैसे ही शाब्दिक परिवर्तन हैं, जैसे—ब्रजभाषा के 'बाट जोहना' और 'मग जोहना', आदि; तो मैं कहूँगा यह ठीक नहीं; उनका आधार सर्वसाधारण की बोलचाल है, किन्तु उर्दू मुहावरों के परिवर्तित शब्दों के पास सर्वसाधारण के बोलचाल की सनद नहीं है। फिर भी मैं यह कहता हूँ कि उदाहृत मुहावरों में यदि इस प्रकार के कुछ मुहावरे हैं तो निकाल दिये जावें। उनके निकाल दिये जाने पर भी कुछ मुहावरे ऐसे बचते हैं, जिनमें शाब्दिक परिवर्तन स्वीकार करना होगा। मेरा वक्तव्य केवल इतना ही है कि उर्दू में कुछ मुहावरे हिन्दी से इस प्रकार के लिए गये हैं, कि उनमें शाब्दिक परिवर्तन हुआ है। मैंने कुछ ऐसे हिन्दी भाषा के पद्यों को भी दिखलाया है, जिनमें शाब्दिक परिवर्तन होना स्वीकार करना पड़ेगा। मैंने कुछ पद्य गोस्वामी जी के व एक पद्य बाबू हरिश्चन्द्र का उदाहरण में दिया है। गोस्वामी जी हिन्दी संसार के सर्वमान्य और सर्वप्रधान महाकवि हैं, बाबू हरिश्चन्द्र का स्थान आधुनिक कवियों में सबसे ऊँचा है; अतएव इन लोगों की कविताओं के उदाहरणों को ही मैंने पर्याप्त समझा है। और भी हिन्दी के महाकवियों और आचार्यों के उदाहरण भी उपस्थित किये जा सकते हैं, किन्तु गह तिस्तार गात्र होगा। हिन्दी का कोई कवि, महाकवि या आचार्य ऐसा नहीं है, कि जो आवश्यकता होने पर पद्यगत मुहावरों में शाब्दिक परिवर्तन न करता हो, अतएव ऐसे उदाहरणों की कमी नहीं है, किन्तु व्यर्थ विषय-कलेवर-वृद्धि संगत नहीं।

अन्तिम निष्पत्ति

प्रस्तुत विषय यह था कि मुहावरों में शाब्दिक परिवर्तन नहीं होता, किन्तु हिन्दी और उर्दू दोनों भाषाओं के मान्य और प्रतिष्ठित कवियों की पद-रचना के मुहावरों का शाब्दिक परिवर्तन पाया गया। मेरा विचार है पद्यगत यह शाब्दिक परिवर्तन प्रमाणकोटि में गृहीत नहीं हो सकता। कविकर्म की दुरूहता के कारण कवि को अनेक स्थानों पर नियमोल्लंघन

करना पड़ता है, उनका यह नियमोल्लंघन निरंकुशता ही कही गयी है, कभी प्रमाणकोटि में गृहीत नहीं हुई। मुहावरों का शाब्दिक परिवर्तन भी ऐसा ही है, इसलिए उसको भी प्रमाणकोटि में ग्रहण नहीं किया जा सकता। गद्य की ही प्रणाली को हम आदर्श मान सकते हैं, क्योंकि उसका पथ मुक्त होता है और गद्य में कभी भी शाब्दिक परिवर्तन मुहावरों में नहीं किया जाता, इसलिए सिद्धान्त यही होता है कि मुहावरों में शाब्दिक परिवर्तन न होना चाहिए। यह मैं स्वीकार करूँगा कि उर्दू गद्य में यह विशेषता सर्वथा सुरक्षित नहीं होती, किन्तु उसका अधिकांश प्रयोग ही हमारे पक्ष को पुष्ट करता है, क्योंकि किसी उद्देश्य-विशेष से कथंचित् किया गया कोई कार्य सर्वसंगत सिद्धान्त के सामने मान्य नहीं हो सकता, चाहे वह गद्य-सम्बन्धी हो वा पद्य-सम्बन्धी। कहा जा सकता है कि वर्तमान हिन्दी अथवा उर्दू गद्य का प्रचार हुए अभी एक शतक भी नहीं हुआ, ऐसी अवस्था में उसका आदर्श प्रमाणकोटि में नहीं आ सकता। मैं कहूँगा कि क्यों नहीं आ सकता! किसी आदर्श को लेकर ही तो दोनों गद्यों का आविर्भाव हुआ, फिर आदर्श मान्य क्यों नहीं? खड़ी बोली का नामकरण चाहे जब हुआ हो, किन्तु इस बोली का अस्तित्व नहीं था, यह नहीं कहा जा सकता। अस्तित्व होने पर ही नामकरण हो सकता है, इसके अतिरिक्त खड़ी बोली की प्राचीन रचनाओं का अभाव नहीं है। 'खुसरो' बहुत प्राचीन कवि हैं, वे कबीर साहब और हमारे समस्त हिन्दी के प्रतिष्ठित आचार्यों के पहले के हैं। उनकी हिन्दी रचनाओं में सुन्दर खड़ी बोली का आदर्श मिलता है, कुछ प्रमाण लीजिए–

"बात की बात ठठोली की ठठोली।
मरद की गाँठ औरत ने खोली॥"

× × × ×

"चार अंगुल का पेड़ सवा मन का पत्ता।
फल लगे अलग अलग पक जाय इकट्ठा॥"

× × × ×

"एक कहानी मैं कहूँ तू सुनले मेरे पूत।
बिना परों वह उड़ गया बाँध गले में सूत॥"

× × × ×

"नयी की ढीली पुरानी की तंग।
बूझो तो बूझो नहीं चलो मेरे संग॥"

× × × ×

"दानाई से दाँत उस पर लगाता नहीं कोई।
सब उसको भुनाते हैं पर खाता नहीं कोई॥"

देखिये, कैसी सुन्दर मुहावरेदार हिन्दी है, फिर कैसे कहें कि वर्तमान खड़ी बोली की हिन्दी अथवा उर्दू-गद्य का कोई आदर्श नहीं। अवश्य आदर्श है; और मेरा विचार है कि मुहावरों के प्रयोग के लिए उक्त दोनों भाषाओं का गद्य ही आदर्श है। उनमें मुहावरों के शब्दों का परिवर्तन नहीं होता, अतएव मैं इसी सिद्धान्त को स्वीकार करने के लिए विवश हूँ कि मुहावरों में शाब्दिक परिवर्तन न होना चाहिए। यदि मुहावरों में स्वतंत्र भाव से शाब्दिक परिवर्तन होने लगेगा, तो मुहावरों का विशेषत्व नष्ट हो जावेगा, और वह साधारण वाक्य बन जायगा।

मुहावरों की उपयोगिता

श्रीमान् स्मिथ लिखते हैं—

> *"शब्दों के अतिरिक्त भाषा की सौन्दर्य वृद्धि के लिए अन्य बातों की भी अपेक्षा होती है—वे परम आवश्यक हैं—इनको हम मुहावरा कह सकते हैं।"

एक दूसरे स्थान पर वे लिखते हैं—

> ¶"मुहावरे हमारी बोलचाल के लिए जीवन की चमकती चिनगारी स्वरूप तथा स्फूर्ति हैं। वे भोज्य पदार्थों की उस जीवनप्रदायिनी सामग्री (Vitamins) के समान हैं, जो उनको सुस्वादु तथा लाभप्रद बनाती हैं। मुहावरों से शून्य भाषा या लेखनशैली अमधुर, शिथिल तथा असुन्दर हो जाती है।"

> †"विज्ञानवेत्ताओं, पाठशाला के अध्यापकों तथा लकीर के फ़कीर व्याकरण के आचार्यों द्वारा मुहावरों के प्रयोग कम आदर से देखे जाते हैं परन्तु अच्छे लेखक उन्हें प्यार करते हैं। क्योंकि वास्तव में वे भाषा के जीवन एवं आत्मा हैं।"

---

* "There is another element of enrichment which is of greater importance." "This element is composed of what we call idioms." **(Words and Idioms. p. 167).**

¶ "Idioms are little sparks of life and energy in our speech; they are like, those substances called vitamins which make our food nourshing and wholesome; diction deprived of idiom soon becomes tasteless, dull, insipid. This is why an infusion of foreign idiom is better than no idiom at all."

† "Idiom is held in little esteem by men of science, by-schoolmasters, and old-fashioned grammarians, but good writers love it, for it is, in truth, "the life and spirit of language,." It may be regarded as the sister of poetry, for like poetry it retranslates our concepts into living experiences."

(Words and Idioms. pp. 276-277)

"मुहावरों को कविता की सहोदरा के समान हम मान सकते हैं, क्योंकि कविता के ही समान हमारे भावों को जीवित अनुभावों के रूप में वे प्रकाशित करते हैं।"

मौलाना हाली लिखते हैं—

"मुहावरा अगर उम्दा तौर से बाँधा जावे तो बिला शुबहा पस्त शेर को बलन्द और बलन्द को बलन्दतर कर देता है।"

ऊपर की पंक्तियों में मुहावरों का जो महत्त्व बतलाया गया है, उससे उनकी उपयोगिता प्रकट है। जितने मुहावरे होते हैं, वे प्रायः व्यञ्जनाप्रधान होते हैं। हिन्दी शब्दसागर के प्रणेताओं ने भी यह बात मानी है। यह स्वीकृत है कि साधारण वाक्य से उस वाक्य में विशेषता होती है, और वह अधिक भावमय समझा जाता है, जिसमें लक्षणा अथवा व्यंजना मिलती है। ऐसे वाक्यों में भावुकता विशेष होती है और अनेक भावों का वह सच्चा दर्पण भी होता है। उसमें थोड़े शब्दों में बहुत अधिक बातें होती हैं, और अनेक दशाओं में वह कितने मानसिक भावों का सूचक होता है। यही कारण है कि आचार्यों ने व्यंजना को काव्य (कवितामय वाक्य-समूह) की आत्मा माना है। 'प्रतापरुद्रीय' ग्रन्थकार लिखते हैं—

'शब्दार्थौ मूर्तिराख्यातौ जीवितं व्यंग्यवैभवम्।
हारादिवदलंकारास्तत्र स्युरुपमादयः॥'

काव्य की मूर्ति शब्द और अर्थ हैं। व्यंग्य, जीवन और उपमा आदिक हारादि के समान उसके आभूषण हैं।

साहित्यदर्पणकार ने व्यंजना को जो महत्त्व दिया है, वह भी साधारण नहीं। वे लिखते हैं—

"वाच्यातिशायिनि व्यंग्ये ध्वनिस्तत् काव्यमुतमम्"

जिस व्यंग्य में वाच्य से विशेषता हो वह ध्वनि है, ध्वनि-मूलक काव्य उत्तम समझा जाता है। 'अप्पय दीक्षित' भी उस व्यंजना को ध्वनि कहते हैं, जिसमें वाच्य से विशेषता होती है। यथा—

"यत्र वाच्यातिशायि व्यंग्यं स ध्वनिः"

यह ध्वनिमूलक व्यंजना ही अधिकतर मुहावरों का आधार होती है, ऐसी अवस्था में उनकी उपयोगिता अप्रकट नहीं। 'प्रतापरुद्रीय' ग्रन्थ के कर्त्ता ने अलंकारों पर भी व्यंजना को प्रधानता दी है। व्यंजना का जिसमें अधिक विकास हो उसी काव्य को साहित्य-दर्पणकार ने उत्तम माना है। फिर व्यंजना-सर्वस्व मुहावरों की उपादेयता समर्थित क्यों न होगी? जब हम कहते हैं, 'तुम बाल की खाल निकालते हो', तो यही नहीं प्रकट करते कि वह असाध्य

साधन में लगा हुआ है, या ऐसा कार्य कर रहा है जो कष्टसाध्य है, वरन् इस वाक्य के कहने के साथ, बाल के स्वरूप, उसकी बारीकी, उसकी खाल का अनस्तित्व, उसके उतारने की चेष्टा की निष्प्रयोजनीयता, कार्यकर्त्ता की असमर्थता, और उसकी अनुचित प्रवृत्ति आदि सभी की सूचना अत्यन्त गुप्त रीति से हम उसको देते हैं, और इस प्रकार एक छोटे से वाक्य से बहुत बड़े वाक्य का कार्य लेते हैं। यह उपयोगिता थोड़ी नहीं। जब किसी कार्य की दुरूहता से घबड़ा कर कोई कहता है कि इसका करना 'टेढ़ी खीर' है, तो यही नहीं सूचित करता कि मुझसे यह कार्य नहीं हो सकता, यदि उसको इतना ही कहना होता, तो सीधे यह वाक्य ही वह कह देता, उसको 'टेढ़ी खीर' न बनाता। जब उसने उसको टेढ़ी खीर बनायी, तो अवश्य उसने इस संकेत-वाक्य द्वारा उन सब जटिलताओं को श्रवणकर्ता के सामने रखा, जिसका सम्बन्ध इस छोटे से वाक्य के साथ है। अनेक ऐसे पुरुष भी इस मुहावरे का प्रयोग करते देखे जाते हैं, जो इस मुहावरे से सम्बन्ध रखने वाले कथानक को नहीं जानते। परन्तु उनको यह ज्ञात है कि इस मुहावरे का प्रयोग कैसे अवसर पर होता है। उनका यह ज्ञान ही उनके लिए पर्याप्त होता है और वही उनके समस्त मानसिक भावों को श्रोता पर प्रकट कर देता है। सबकी आत्मा किसी कार्य में अपनी असमर्थता प्रकट करने में संकुचित होती है, सभी यह चाहते हैं कि यदि असमर्थता प्रकट ही करनी पड़े तो इस प्रकार प्रकट की जावे, जिसमें कलंक बहुत कुछ अस्पष्ट हो। इसलिए वह ऐसा ही वाक्य कहना चाहता है, जो उसके भाव को प्रकट भी कर दे और कलंक से उसको बहुत कुछ सुरक्षित भी रखे। 'टेढ़ी खीर', वाक्य किसी कार्य में असफलता-प्राप्त पुरुष के लिए ऐसा ही है। वह उसके मनोभाव को प्रकट भी कर देता है, और उसके लांछन पर उस कार्य की दुरूहता का परदा भी डाल देता है। मुहावरों की उपादेयता इसी प्रकार की है, वे अनेक मानसिक भावों को थोड़े में प्रकट कर देने के साधन, और प्रायः आन्तरिक अनेक उलझनों के निराकरण के हेतु होते हैं। मिस्टर स्मिथ एक स्थान पर इस विषय में अपने विचार इस रूप में प्रकट करते हैं–

> *"वे मनोभाव जो विचार-नियम के विद्रोही हैं, जो कल्पना के बदले प्रतिकृति को, व्याकरण के बदले शब्द-रचना की स्निग्धता को और तर्क के बदले स्फूर्ति को उत्तम समझते हैं, यद्यपि तर्क की कसौटी पर नहीं कसे जा सकते, तो भी वे वस्तुओं का वह सजीव परिज्ञान हैं, जो यथार्थ भाषा के मुहावरा रूपी झरोखों से झलख जाते हैं।"

* "This element of thought which is rebellious to the laws of thought, which prefers images to abstraction, energy to logic, terseness to grammar—it is precisely this illogical but living sense of things which looks out at us through the idiomatic loopholes in national language." **(Words and Idioms p. 276)**

हिन्दी-संसार मुहावरों की उपयोगिता से अनभिज्ञ नहीं, वह चिरकाल से उनका प्रयोग करता आता है। प्राचीन कवियों और आधुनिक अनेक गद्य-लेखकों द्वारा भी वह आदृत है। किन्तु खड़ी बोली के कवियों की यथोचित दृष्टि अभी मुहावरों के प्रयोग पर नहीं पड़ी है, मुझे विश्वास है, यह उपेक्षा बहुत दिन न रहेगी। यदि खड़ी बोली की कविता को मधुर बनाना हमें इष्ट है; यदि कर्कश शब्दावली से उसको बचाना है, यदि बोलचाल के रंग में उसे रँगना है, यदि उसको प्रसादमयी, सम्पन्न, एवं हृदयहारिणी बनाने की इच्छा है, तो हमको मुहावरों का आदर करना होगा और उनके उचित प्रयोग से उसकी शोभा बढ़ानी होगी। साथ ही रोज़मर्रा अथवा बोलचाल का भी पूर्ण ध्यान रखना होगा। मुहावरों के उपेक्षित होने पर भाषा में उतना विप्लव नहीं होता, जितना उस समय होता है, जब बोलचाल का प्रयोग करने में असावधानी की जाती है। मुहावरों का अशुद्ध प्रयोग भाषा को सदोष बनाता है, किन्तु रोज़मर्रा अथवा बोलचाल का अथवा व्यवहार उसके मूल पर ही कुठाराघात करता है। वह भाषा का जीवन है, उसके नाश से भाषा स्वयं नष्ट हो जाती है। बोलचाल का ठीक-ठीक प्रयोग न होना वाक्य को दुर्बोध भी बनाता है।

आजकल प्रायः यह चर्चा सुनी जाती है कि खड़ी बोली की हिन्दी कविता, उर्दू भाषा जैसी सुन्दर और हृदयग्राहिणी नहीं होती। इस कथन में बहुत कुछ सत्यता है, कारण यह है कि बोलचाल अथवा रोज़मर्रा और मुहावरों पर जितना उर्दू कवियों का अधिकार है, जिस सुन्दरता से वे इनका प्रयोग अपनी कविताओं में करते हैं, खड़ी बोली के कवियों को न वह अधिकार ही प्राप्त है, न वह योग्यता ही। उनकी दृष्टि भी जैसी चाहिए वैसी इधर नहीं, इसलिए उन्हें उर्दू कवियों जैसी सफलता भी नहीं मिलती। नीचे के उर्दू पद्यों को देखिये, इनको रोज़मर्रा और मुहावरों ने कितना हृदयग्राही और सुन्दर बना दिया है—इनमें कैसा प्रवाह है और कितनी सरसता!

अनीस– **"मिला जिन्हें उन्हें उफ़तादगी से औज मिला।**
उन्होंने खाई है ठोकर जो सर उठाके चले॥
अनीस दम का भरोसा नहीं ठहर जाओ।
चिराग़ लेके कहाँ सामने हवा के चले॥"

× × × ×

दबीर– **"याँ शोर, वहाँ गुल, इधर आयी, उधर आयी।**
वह चमकी, वह तड़पी, वह छुपी, वह नज़र आयी॥
वह तेग़ गयी खोद में वह सर में दर आयी।
गर्दन से बढ़ी सीना लिया ता कमर आयी॥
सिन उसका घटा था जो दिलेराना बढ़ा था।
मुँह की वही खाता था जो मुँह उसके चढ़ा था॥"

× × × ×

नसीम– “जाँ निकल जावेगी तन से ऐ नसीम।
गुल को बूए गुल हवा बतलायेगी॥”

× × × ×

सबा– “उठ गये हैं नसीम जिस दिन से।
ऐ सबा वह हवाय बाग़ नहीं॥”

× × × ×

अमीर– “लाश पर इबरत यह कहती है अमीर।
आये थे दुनिया में इस दिन के लिए।”

× × × ×

हसन– “चल दिल उसकी गली में रो आवें।
कुछ तो दिल का गुबार धो आवें॥
गो अभी आये हैं यह है जी में।
फिर भी टुक उसके पास हो आवें॥
गो ख़फ़ा सब हुआ करें पर हम।
एक ज़रा उसको देख तो आवें॥”

× × × ×

दाग़– “तुमने हमसे बदले गिन गिन के लिए।
हमने क्या चाहा था इस दिन के लिए॥
फ़ैसला हो आज मेरा आप का।
यह उठा रक्खा है किस दिन के लिए॥”

मुहावरा के विषय में मौलाना हाली की सम्मति ऊपर उठा चुका हूँ, रोज़मर्रा के विषय में वे क्या कहते हैं, वह भी सुनिये–

> “नज़्म हो या नसर (पद्य हो या गद्य) दोनों में रोज़गर्रा की पाबन्दी जहाँ तक मुमकिन हो निहायत जरूरी है।”
>
> “मुहावरा को शेर में ऐसा समझना चाहिए, जैसे कोई खूबसूरत अज़ो (सुन्दर अंग) बदन इन्सान (मनुष्य-शरीर) में और रोज़मर्रा को ऐसा जानना चाहिए जैसे तनासुब आज़ा (अवयव-संगठन) बदन इन्सान (मनुष्य-शरीर) में। जैसे बग़ैर तनासुब आज़ा के किसी ख़ास (मुख्य) अज़ो (अवयव) की खूबसूरती (सुन्दरता) से हुस्न बशरी (मानस सौन्दर्य) कामिल (पूर्ण) नहीं समझा जाता। उसी तरह बग़ैर रोज़मर्रा

की पाबन्दी के महज़ (केवल) मुहावरों के जा बेजा रख देने से शेर में कुछ खूबी (उत्तमता) पैदा नहीं हो सकती।"

–मुकद्दमा शेर व शायरी, पृष्ठ 144

मीर अनीस उर्दू के प्रतिष्ठा-प्राप्त शायरों में हैं। मरसिया कहने में वे अपने समय के अद्वितीय थे। आज तक उनके जैसा करुणारस का आचार्य उर्दू संसार में उत्पन्न नहीं हुआ। जिस समय वे अपनी कविता पढ़ते, जनता पर जादू सा करते। मौलाना शिबली ने 'मवाजिना अनीस व दबीर' नाम की एक पुस्तक लिखी है, इसमें उन्होंने प्रधानता का सेहरा अनीस के सर पर ही बाँधा है। क्यों! इसलिए कि उनकी भाषा में रोज़मर्रा और मुहावरों की ही अधिकता होती थी। वे लिखते हैं–

"जो अलफ़ाज़ (शब्द-समूह) और जो ख़ास तरकीबें (मुख्य प्रयोग) अह्लज़बान (भाषा-भाषियों) की बोलचाल में ज़ियादा मुस्तमल (व्यवहृत) और मुतदावल (गृहीत) होती हैं, उनको रोज़मर्रा कहते हैं। रोज़मर्रा अगर्चे एक जुदागाना वस्फ़ (भिन्न गुण) समझा जाता है। लेकिन दरहक़ीकत (वास्तव में) वह फ़साहत (प्रसादगुण) ही का एक फ़र्द ख़ास (अंग विशेष) है। यह ज़ाहिर है कि आम बोलचाल में वही लफ़्ज (शब्द) ज़बान पर आवेंगे जो सदा साफ़ और सहल हों और अगर उनमें कुछ सक्ल (क्लिष्टता) और गिरानी (गहनता) भी हो तो रात दिन की बोलचाल और कसरत इस्तेमाल (अधिक व्यवहार) से वह मँज कर साफ हो गये हों।"

"रोज़मर्रा के लिए फ़सीह (प्रसादगुण-सम्पन्न) होना लाज़िम (आवश्यक) है। मीर अनीस के कलाम में निहायत कसरत (बहुत अधिकता) से रोज़मर्रा और मुहावरा का इस्तेमाल (व्यवहार) पाया जाता है, इस पर उनको नाज़ (गर्व) भी था।"

–मवाज़िना अनीस व दबीर, पृष्ठ–31

अनीस के अतिरिक्त अमीर, दाग़ आदि उर्दू भाषा के जो अत्यन्त प्रसिद्ध और मान्य कवि हैं, उन सबकी रचनाओं में भी रोज़मर्रा और मुहावरों की अधिकता पायी जाती है। मीरहसन का 'सेहरुल्बयान' और नसीम का 'गुलजार नसीम' ऐसी मसनवियाँ हैं, जो उर्दू में अपना जोड़ नहीं रखतीं। जिसने इनको एक बार पढ़ा है, वह उनकी शतमुख से प्रशंसा किये बिना नहीं रह सकता। कहा जा सकता है, इसका भेद क्या है? दूसरा कोई भेद नहीं, यही भेद है कि उनमें मुहावरों और रोज़मर्रा की वह बहार है, जो देखने से काम रखती है। प्रमाण भी लीजिए–

मीरहसन साहब लिखते हैं–

“वह जोगिन भी सौ सौ तरह कर अदा।
हरेक तान में उसको लेती लुभा॥
कभी तीखी चितवन से घायल किया।
कभी मीठी बातों से मायल किया॥
कभी तिरछी नज़रों से मारा उसे।
कभी सीधे दिल से पुकारा उसे॥
वह हरचंद आँखें दिखाती रही।
पर नज़रों से दिल को लुभाती रही॥”

–सेहरुल्बयान

कुछ नसीम के पद्यों को भी देखिये–

“इनसाँ व परी का सामना क्या। मुट्ठी में हवा का थामना क्या।
रातों को जो गिनती थी सितारे। दिन गिनने लगी ख़ुशी के मारे।
करती थी जो भूक प्यास बस में। आँसू पीती थी खा के क़समें।
जामा से जो ज़िन्दगी के थी तंग। कपड़ों के एवज़ बदलती थी रंग।”

–गुलज़ार नसीम

रोज़मर्रा अथवा बोलचाल की भाषा में क्या महत्त्व है, उर्दू के कविगण उसका कितना सूक्ष्म विचार करते हैं, और उसके विषय में कितने सावधान रहते हैं, कुछ उसके उदाहरण भी देखिये। रोज़मर्रा की पाबन्दी का प्रतिपादन करते हुए एक स्थान पर मौलाना हाली लिखते हैं–

> “आज तक उनसे मिलने का मौका न मिला”; यहाँ ‘न मिला’ की जगह ‘नहीं मिला’ चाहिए। “खाबिन्द के मरने से दरगोर हुई”; यहाँ ‘जिन्दा दरगोर हो गयी’ चाहिए। “सो गये जब बख़्त तब बेदार आँखें हो गयीं”; ‘हो गयीं’ की जगह ‘हुईं’ चाहिए। “देखते ही देखते यह क्या हुआ”; यहाँ ‘क्या हो गया’ चाहिए।

–मुकद्दमा शेर व शायरी, पृष्ठ–143

मौलाना आज़ाद ने ‘आबेहयात’ नामक पुस्तक के 478 पृष्ठ में एक छेड़छाड़ की चर्चा यों की है–

> एक दफ़ा शेख़ मरहूम (शेख़ इबराहीम-ज़ौक़) ने मशायरा में एक ग़ज़ल पढ़ी, मतला यह था–

“नरगिस के फूल भेजे हैं बटवे में डाल कर।
ईमाँ यह है कि भेज दो आँखें निकाल कर।”

शाह साहब (शाह् नसीर) ने कहा कि मियाँ इबराहीम! फूल बटवे में नहीं होते—यह कहो—

'नरगिस के फूल भेजे हैं दोने में डाल कर।'

उन्होंने कहा, दोने में रखना होता है, डालना नहीं होता; यों कहूँगा—

'बादाम दो जो भेजे हैं बटवे में डाल कर।'

रोज़मर्रा अथवा बोलचाल की इस सूक्ष्मता और गहनता की ओर हिन्दी भाषा के इने-गिने सुलेखकों और सुकवियों की ही दृष्टि है, अधिकांश इस विषय में निरपेक्ष अथवा असावधान हैं। वांछनीय यह है कि यदि आपनी भाषा को सम्मानित, सुशृंखलित और सम्पन्न बनाना है, यदि उसको राष्ट्र भाषा के प्रतिष्ठित पद पर बैठालना है, तो इस विषय में हम उर्दू वालों से पीछे न रहें।

इन दिनों तो प्रकृति बड़ी ही प्रबल है—पहली यह कि अपने वाक्य-विन्यास पर भरोसा रखना और उसी को साहित्य-सर्वस्व समझना। दूसरी यह कि नये मुहावरों का आविष्कार करना अथवा अँगरेज़ी मुहावरों का अधिक अनुवाद रख देना, और ऐसा करते समय अपनी भाषा की संस्कृति और सरणि का ध्यान बिल्कुल न रखना। किन्तु यह दोनों प्रकृति प्रशंसनीय नहीं। अपनी भाषा पर भरोसा रखना, बुरा नहीं; सब कवियों में यह विशेषता होती है, परन्तु रोज़मर्रा का त्याग भी उचित नहीं, क्योंकि वही किसी कवि के वाक्यों को विशेष प्रसाद-गुण-सम्पन्न कर सकता है। रोज़मर्रा का सहारा न लेने से प्रायः वाक्य जटिल हो जाता है, जो दुरूहता का कारण होता है। कवि का निज रचित वाक्य सुन्दर हो सकता है, किन्तु यदि उसमें रोज़मर्रा का पुट नहीं है, तो यह भी हो सकता है कि वह यथार्थ बोधगम्य न हो। इसके अतिरिक्त यदि कहीं उसने रोज़मर्रा की टाँग तोड़ी, तब तो चन्द्रमा के समान वह उस कलंक से कलंकित हो जाता है, जिस पर प्रायः लोगों की दृष्टि पड़ती है। मुहावरों **के विषय में** भी ऐसी ही बात कही जा सकती है। मुहावरे भाषा के शृंगार हैं, सुविधा एवं सौन्दर्य-सृष्टि अथवा भाव विकास के लिए उनका सृजन हुआ है। उनकी उपेक्षा उचित नहीं। वे उस आधारस्तंभ के समान हैं, जिनके अवलम्ब से अनेक सुविचार-मन्दिर का निर्माण सुगमता से हो सकता है। भाव-साम्राज्य में उनके विशेष अधिकार हैं, उनको छोड़ हम अनेक उचित स्वत्वों से वंचित हो सकते हैं। कहा जाता है उनके प्रयोग भी कभी-कभी भाव को जटिल बना देता है, और वाक्य को भी बोधगम्य नहीं रखते। यदि यह सत्य है, तो नये मुहावरों की सृष्टि क्यों की जाती है, उनमें तो ये दोष और अधिक हो सकते हैं। सच्ची बात यह है कि संसार में निर्दोष कौन पदार्थ है, साधारण दोषों के कारण महान् गुणों का त्याग नहीं हो सकता। कभी-कभी अवश्य मुहावरों के समझने में उलझन होती है और उस समय यथातथ्य भाव-विकास भी नहीं होता। किन्तु

ऐसा विशेषकर वहीं होता है, जहाँ मुहावरों का समुचित व्यवहार नहीं होता, अथवा जहाँ किसी की अनभिज्ञता उसका अर्थ समझने में समर्थ नहीं होती। इसलिए ऐसी बातें मुहावरों की उपयोगिता के विरुद्ध प्रमाणकोटि में ग्रहण नहीं की जा सकतीं। अठारहवीं सदी में इंगलैण्ड में इसी प्रकार के कई एक दोष मुहावरों पर लगा कर कुछ विद्वानों ने उनके बहिष्कार का आन्दोलन आरम्भ किया था, किन्तु यह आन्देलन विफल हुआ, और मुहावरों की उपयोगिता ने उसको पूर्ववत् अपने प्रतिष्ठित सिंहासन पर समासीन रखा। मिस्टर स्मिथ लिखते हैं–

> *"अठारहवीं शताब्दी की रुचि ने मुहावरों को, गँवारू तथा नियमविरुद्ध बतला कर बुरा कहा है। यहाँ तक कि एडिसन ने भी गद्य में मुहावरों को स्थान देते हुए, कवियों को इसके प्रयोग करने में सावधान किया है। डॉक्टर जानसन ने अपने कोष में मुहावरों को व्याकरण के नियमों के विरुद्ध, तथा दूषित आदि विशेषणों से कलंकित कर, अँगरेज़ी भाषा से उन्हें दूर करने का प्रयत्न किया है।"
>
> †"यद्यपि यह आक्षेप अब पुराना हो गया है, और हम लोग लॉण्डर के इस विचार से सहमत हैं कि प्रत्येक अच्छा लेखक मुहावरों का अधिक प्रयोग करता है, और मुहावरे भाषा के जीवन तथा आत्मा हैं, तथापि अठारहवीं शताब्दी के विचार का कुछ असर अभी तक विद्यमान है। यद्यपि हम लोग विपक्षियों के दिये हुए कारणों का विश्वास अब नहीं करते।"

कुछ दिनों से एक और प्रवृत्ति भी प्रबलभूत है, लोग अपनी अज्ञता अथवा अनभिज्ञता को स्वीकार करना पसन्द नहीं करते। उनकी कल्पित आत्ममर्यादा उनको ऐसा करने के लिए विवश करती है। अपनी असमर्थता स्वीकार करने के स्थान पर उनको 'अंगूर को खट्टा' कहना ही प्रिय है। यदि किसी विषय में उनको क्षमता नहीं है, अथवा साहित्य के किसी अंग पर ये अधिकार नहीं रखते, तो वे उसी को कलंकित और दूषित बनाने की

---

* "The taste of the eighteenth century on the whole condemned it, regarding idiomatic phrases as vulgarisms, and as offences against logic and human reason. Even Addison while employing idioms in his prose, warned poets against their use, and Dr. Johnson more ambitiously attempted to banish them from our language, often stigmatizing them as "log" and "ungrammatical" in his Dictionary".

† "Although this point of view is now an obsolute one, and we should all probably agree with Landor's saying that "every good writer has much idiom, it is the life and spirit of language", even when they have been shown to be devoid of valid ground and reason; still often leave behind a slight stigma of disapprobation".

(Words and Idioms p. 264)

चेष्टा करेंगे, उसी को अव्यवहार्य और अप्रयोज्य बतलावेंगे, अपनी त्रुटि पर दृष्टिपात न करेंगे। यदि छन्दोज्ञान ठीक-ठीक नहीं, तो कहेंगे वर्ण और मात्राओं की नियमबद्धता अग्राह्य है, स्वतंत्र विचार के लोग उन्मुक्त पथ को ही उत्तम समझते हैं। पिंगल अथवा साहित्य के नियमों की अनुगामिता को वे दुर्बलता का चिह्न मानते हैं, उनकी स्वयं स्वीकृत सबल आत्माएँ उनका तिरस्कार करती हैं, और निज निर्माण किये हुए स्वतन्त्र पथ पर स्वच्छन्द विचर कर ही आनन्द लाभ करती हैं। सब नवीन विचार वाले ही ऐसा कहा करते, नियमबद्धता से घबड़ाते और उसका प्रतिपालन नहीं करना चाहते, यह बात नहीं कही जा सकती। उनमें भी विवेकशील और विचारमान सज्जन एवं सुकवि हैं, जो साहित्य के नियमों पर पूरा ध्यान रखते और सफलता के साथ भगवती वीणापाणि की सेवा करते हैं। किन्तु आजकल व्यापकता इसी प्रकार के विचारों की देखी जाती है। ऐसी अवस्था में मुहावरों और रोज़मर्रा पर वक्र दृष्टि होना स्वाभाविक है। किन्तु मैं इसको शुभ लक्षण नहीं मानता, इससे साहित्य का प्रसाद गुण नष्ट हो रहा है और उसका सुन्दर और सज्जित मार्ग, कंटकाकीर्ण और असुन्दर बनता जाता है।

प्रायः यह तर्क किया जाता है कि क्या रोज़मर्रा अथवा बोलचाल के शब्द परिमित होते हैं? क्या उनमें वृद्धि नहीं होती? क्या नवीन मुहावरे नहीं बनते? यदि बनते हैं, तो इस प्रकार का तर्क कहाँ तक उचित है? उत्तर यह है कि बोलचाल के शब्द परिमित नहीं होते, उनकी वृद्धि होती रहती है, किन्तु उनके वर्द्धन का अधिकार सर्वसाधारण को प्राप्त है, किसी कवि अथवा ग्रन्थकार को नहीं। जो कवि बोलचाल का अनुसरण करना चाहते हैं, वे जनता के वागविलास पर दृष्टि रखते हैं, उसी से प्रचलित भाषा की शिक्षा पाते हैं। जनता की भाषा कवि की कविता की अनुगामिनी नहीं होती। कवि स्वतन्त्र भाषा का प्रयोग कर सकता है, और अपनी रचना को मनोभिलषित शब्दमाला से सजा सकता है। किन्तु उसकी भाषा जितनी ही बोलचाल से दूर होगी, उतनी ही उसकी रचना दुर्बोध और जटिल हो जायेगी, और उतनी ही उसकी लोकप्रियता में न्यूनता होगी। कविता का उद्देश्य मनोविनोद ही नहीं है, समाज-उत्थान, देश-सेवा, लोकशिक्षण, परोपकार और सदाचार-शिक्षा आदि भी है। जिस कविता में प्रसाद-गुण नहीं उससे ठीक-ठीक मनोविनोद भी नहीं हो सकता, इसलिए यथार्थ कविता वही है, जो अधिकतर सरल और बोधगम्य हो और ऐसी कविता तभी होगी, जब उसमें बोलचाल का रंग होगा। जो 'स्वान्तः सुखाय' का राग गाते हैं उनसे मुझको इतना ही कहना है कि इस विचार में घोर स्वार्थपरता की बू आती है। किसी के विशेष विचार पर किसी को अधिकार नहीं, किन्तु कविता के उद्देश्यों पर दृष्टि रखकर ही कोई मीमांसा की जा सकती है। उक्त बातों के औचित्य का ध्यान करके मेरा विचार है कि कविता की भाषा को रोज़मर्रा का त्याग न करना चाहिए। आवश्यकता पड़ने पर हम कुछ स्वतंत्रता ग्रहण कर सकते हैं, किन्तु बोलचाल की भाषा से बहुत दूर पड़ जाना, अथवा उसका अधिकांश त्याग समुचित नहीं।

मैं यह भी स्वीकार करता हूँ कि नये मुहावरे बनते हैं, और एक भाषा से अनूदित होकर दूसरी भाषा में भी आते हैं। इस विषय में पहले मैं बहुत कुछ लिख आया हूँ। यहाँ विशेष लिखने की आवश्यकता नहीं। तथापि इतना निवेदन करूँगा कि नियमित बातें ही ग्राह्य होती हैं और उचित आविष्कार ही यथाकाल आदृत होते हैं। सबके स्वत्व समान नहीं होते, योग्यता भी सबकी एक-सी नहीं होती, सब आविष्कारक नहीं होते, और न सभी के शिर पर महत्ता की पगड़ी बाँधी जाती है। सब कार्यों में अधिकारी भेद होता है, और जिस विषय में जिसका पूर्ण अधिकार स्वीकृत होता है, उस विषय में उसी की प्रणाली स्वीकृत और गृहीत होती है।'

श्रीमान् स्मिथ कहते हैं–

*'नवीन शब्दों का आविष्कार कठिन नहीं, कविता में एक ऐसी पंक्ति का लिख देना, जो सर्वसाधारण में प्रचलित हो जावे दुष्कर नहीं। परन्तु भाषा में एक नये मुहावरे की उत्पत्ति के लिए कुछ वैसी ही शक्ति आवश्यक जान पड़ती है, जो या तो शेक्सपियर में मिलती है, अथवा बहुत से ऐसे अनपढ़ नर-नारियों में जिनके नाम सर्वदा अज्ञात की गोद में रहेंगे।'

यह लिख कर कि–

**"बाइबिल के बाद शेक्सपियर की नाटकावली अँगरेज़ी भाषा के मुहावरों की सबसे बड़ी जन्मस्थली है।"

"यह विशेषकर शेक्सपियर का ही गौरव है कि उसके शब्द तथा प्रयोग हमारी बोलचाल की भाषा में मिल कर एक हो गये हैं।"

श्रीमान् स्मिथ यह भी लिखते हैं–

¶"जितने मुहावरे तथा उक्तियाँ शेक्सपियर की लेखनी से निकली हैं,

---

* "It is possible to invent a new word, it is possible to write a line of poetry which will go to increase the stock of English quotations, but to add a new idiom to the language seems almost to require powers such as were only possessed by Shakespeare, and by thousands of illiterate men and women whose names will never be known." **(Words and idioms. p. 231).**

** "After the Bible, Shakespeare's plays are, as we might expect, the richest literary source of English idioms." **(Words and idioms. p. 227)**
"They have as Dr. Bradley puts it, "entered into the texture of the diction of the literature and daily conversation."

¶ "While, however, these expressions are familiar to us from Shakespeare's writings, it by no means follows that they are all of his invention; his plays are full of tags from popular speech; the idiom "Out of joint", has been found three hundred years before the date of Hamlet". **(Words and idioms. p. 229)**

वे सब उसके आविष्कृत किये नहीं हैं। उसके नाटक नित्य की बोलचाल की भाषा से भरे हैं। "Out of joint" शब्द का प्रयोग शेक्सपियर ने 'हैमलेट' नामक नाटक में किया है, परन्तु शेक्सपियर के तीन सौ वर्ष पूर्व की पुस्तक में भी उसका पता लगता है।"

इन वाक्यों से क्या पाया जाता है, यही न कि शेक्सपियर जैसे महाकवि और क्षमताशाली लेखक द्वारा जो मुहावरे आविष्कृत माने जाते हैं, उनके विषय में भी यह नहीं कहा जा सकता कि वे सबके सब उन्हीं के आविष्कार हैं, क्योंकि उनमें से कितनों का पता उनसे सैकड़ों वर्ष की पूर्व की पुस्तकों में मिलता है। इससे यही सिद्ध होता है, कि मान्य विद्वानों के नाम से जो मुहावरे प्रसिद्ध हो जाते हैं, उनमें से भी कितनों का आधार बोलचाल होती है, और खोजने पर उनमें से कितनों का पता पूर्व के ग्रन्थों में भी चलता है। मुहावरों का विषय ऐसा ही जटिल है, उनका निर्माण आसान नहीं, मनःकल्पित विचित्र वाक्य आग्रहपूर्वक मुहावरे नहीं बनाये जा सकते। बोलचाल के आधार से ही मुहावरे गढ़े जा सकते हैं और वे ही मुहावरों का आविष्कार कर सकते हैं, जो शेक्सपियर जैसे सर्वमान्य विद्वान हों, सबका यह काम नहीं। उर्दू में भी कुछ उस्तादों ने मनमाने मुहावरे गढ़े, पर उपयुक्त न होने के कारण थोड़े ही दिनों में वे लोप हो गये, उनका प्रचार न हो सका। मौलाना आज़ाद अपने आबेहयात नामक ग्रन्थ के 45 पृष्ठ में लिखते हैं–

"बाज़ फ़ारसी के मुहावरे या उनके तरजुमे ऐसे थे कि मीर व मिरज़ा वगैरह उस्तादों ने उन्हें लिए मगर मुतआखिरीन ने छोड़ दिये।"

ये मुहावरे मनःकल्पित नहीं थे। एक सम्पन्न भाषा उनका आधार थी, फिर भी वे प्रचलित न हो सके। जिनका आधार केवल पुनःकल्पना है, उनकी बात ही क्या! फ़ारसी का एक मुहावरा है–'बू करदन', इसका अर्थ है सूँघना। सौदा लिखते हैं–

"देखूँ न कभी गुल को तेरे मुँह के मैं होते।
संबुल के सिवा जुल्फ़ तेरी बू न करूँ मैं ॥"

मीरसाहब कुछ आगे बढ़ते हैं और यों लिखते हैं–

"गुलको महबूब हम क़यास किया।
फ़र्क़ निकला बहुत जो बास किया ॥"

पहले पद्य में 'बू करना' और दूसरे पद्य में 'बास किया' सूँघने के अर्थ में लिखा गया है। आप देखें ये प्रयोग कितने भ्रामक हैं। यही कारण है कि एक विशेष भाषा का सहारा पाने पर भी इनका प्रचार नहीं हुआ। यही बात उन मुहावरों के विषय में भी कही जा सकती है, जो मनःकल्पित होते हैं, अथवा जो वाक्यरचना का बल अथवा अपना शब्दवैभव प्रकट करने के लिए बिना उचित आधार के गढ़े जाते हैं। जिन गढ़े मुहावरों का अवलम्ब कोई

अत्यन्त प्रचलित अथवा शासक की भाषा होती है, और जो बोलचाल की भाषा से अधिकतर मिलते-जुलते और उसकी प्रकृति के अनुकूल होते हैं, वे ही मुहावरे काल पाकर प्रचलित हो जाते हैं। जिन मुहावरों में ये बातें नहीं होतीं, वे क्षणस्थायी होते हैं, और बुलबुलों के समान बनते बिगड़ते रहते हैं। वरन् एक भ्रान्त लेखक के उपेक्षित लेख के ही सम्बल होते हैं, कवि-सम्प्रदाय अथवा सर्वसाधारण की दृष्टि उधर जाती ही नहीं। उर्दू में सैकड़ों मुहावरे ऐसे पाये जाते हैं, जो नवीन हैं, और आवश्यकतानुसार अथवा किसी विशेष उद्देश्य से गढ़े गये हैं; किन्तु वे गृहीत हैं और उनका चलन हो गया है। कारण इसका यह है कि उनका आधार वह फ़ारसी भाषा है, जो उस समय के शासकों की आदृत भाषा थी। दूसरी बात यह कि उनका स्वरूप उस समय की बोलचाल की भाषा के ढाँचे में ढला हुआ है। अनेकों में केवल हिन्दी शब्दों का शाब्दिक परिवर्तनमात्र है, ऐसी अवस्था में उनका प्रचार हो जाना स्वाभाविक था, विशेषकर इसलिए कि उनके आविष्कार और प्रचार में उस समय के बावजूद विद्वानों और कविसम्प्रदाय के प्रतिष्ठित और मान्य आचार्यों का विशेष हाथ था। हवा बाँधना, हवा बतलाना, गुल खिलाना, जान से गुज़रना, दिल धड़कना, आदि ऐसे ही मुहावरे हैं। इस समय भी नवीन मुहावरों का आविष्कृत होकर प्रचलित हो जाना अस्वाभाविक नहीं, किन्तु उनमें आवश्यक नियमबद्धता अपेक्षित है। अँगरेज़ी भाषा वर्तमान शासकों की भाषा है, उसके कुछ मुहावरों का हिन्दी अथवा उर्दू में प्रचलित हो जाना विचित्र नहीं, किन्तु उसकी हिन्दी प्रकृति होनी चाहिए। सर्वसाधारण में प्रचलित हुए बिना ही, कवि सम्प्रदाय अथवा लेखक-मण्डल में ही इस प्रकार के कुछ मुहावरों का प्रचार हो सकता है, यदि उसमें सभी अपेक्षित बातें मौजूद हों। आजकल हिन्दी और उर्दू दोनों में कई एक अँगरेज़ी मुहावरे अनूदित होकर प्रचलित हैं; उनमें एक 'सफेद झूठ' भी है। अँगरेज़ी के 'व्हाइट लाई' (White lie) मुहावरे का यह अनुवाद है। हिन्दी अथवा उर्दू में जिस अर्थ में 'बिल्कुल झूठ' का प्रयोग होता है, उसी अर्थ में आजकल इस मुहावरे का प्रचलन है। मेरा तो विचार यह है कि 'बिलकुल झूठ' वाक्य के मौजूद होते, 'सफेद झूठ' के व्यवहार की आवश्यकता नहीं, किन्तु समय-प्रवाह को कौन रोके, सभी विजित जाति जेता का पदानुसरण अनेक बातों में करती है, हम लोग इस छूत से कैसे बचते! काल नवीनता-प्रिय होता है, बहुत से भावुक नये भावों के भूखे होते हैं, नयी बातें सामने लाकर कितने महत्वाकांक्षी महत्त्व लाभ के लिए भी लालायित रहते हैं, ऐसी दशा में इस प्रकार का प्रवाह रोका नहीं जा सकता। 'सफ़ेद झूठ' का व्यवहार ऐसे ही विचारों का परिणाम है। इस प्रकार के शब्द अथवा वाक्य जब पहले-पहल किसी बोलचाल की भाषा में आते हैं, तो उनके अर्थबोध में व्याघात होता है, किन्तु इस संकट का निवारण वे ही लोग करते हैं, जो एक प्रकार से उसके आविष्कारक अथवा प्रचारक होते हैं। उनका मूल भाषा का ज्ञान ही उसकी दुर्बोधता को दूर करता है, फिर धीरे-धीरे वह शब्द अथवा

वाक्य अन्यों का भी परिचित हो जाता है, और इस प्रकार एक नवीन मुहावरे के प्रचार का सूत्रपात होता है। 'सफ़ेद झूठ' का प्रचार पहले कुछ अँगरेज़ी के विद्वानों में पीछे क्रमशः उन लोगों से मिलने-जुलने वालों में, बाद को जनता में हुआ, अब हिन्दी और उर्दू की लिखित भाषा में भी उसका व्यवहार होने लगा है। इस प्रकार के व्यवहार का कोई विरोध नहीं, यह स्वाभाविक है। कवि-सम्प्रदाय के कुछ मुहावरे निजके होते हैं, उनका व्यवहार उनके सम्प्रदाय तक परिमित होता है। उर्दू में 'फ़लक को खबर न होना', 'हरफ़ आना', 'पैमाना पुर करना', आदि ऐसे ही मुहावरे हैं। ऐसे मुहावरे सर्वमान्य नहीं होते, फिर भी उतने निन्दनीय नहीं, क्योंकि एक विशेष सीमा में उनका प्रचार रहता है। निन्दनीय तो वे गढ़े वाक्य हैं, जिनकी सृष्टि निराधार अनर्गल शब्द योजना द्वारा होती है और उनको मुहावरा नाम इसलिए दिया जाता है कि जिसमें उसके अयोग्य और भ्रान्त उद्‌भावक महाकवि कालिदास और माघ एवं ब्राउनिंग अथच शेक्सपियर के उच्च सिंहासन पर विराजमान हो सकें। यह वामन होकर चाँद छूने का साहस है। ऐसी अनधिकार चेष्टा सदा हास्यास्पद होती है और आदर की दृष्टि से नहीं देखी जाती।

मैं अध्यवसाय का विरोधी नहीं हूँ और न उद्योगशीलता का शत्रु। मैं उस जाति की पदधूलि अपने शिर पर वहन करता हूँ, जो चिन्ताशीलता का परिचय देती है। मैं उन सहृदय और मननशील विवुधों की नतमस्तक होकर वन्दना करता हूँ जो अपनी भाषा में संजीवनी शक्ति का संचार करने और उसको नित्य नूतन अलंकारों से अलंकृत बनाने के लिए उत्सुक हैं। मैं नव नव भावोन्मेष को भाषा का जीवन, और अभिनव आविष्कारों को भावुकता-युवती का शृंगार समझता हूँ। प्राचीनता और नवीनता दोनों के लिए स्थान है, और यथास्थान दोनों अभिनन्दनीय हैं। कविता-कामिनी को सुसज्जित देख कौन-सा हृदय प्रफुल्लित न होगा, किसकी धमनी में आनन्दधारा का प्रवाह न होगा। प्रतिभा का विकास किसको विकसित नहीं बनाता, और सहृदयता किसको विमुग्ध नहीं करती। आज का अल्पज्ञ कल विशेषज्ञ हो सकता है। किसी समय जो कवि-कर्म्म आदर की दृष्टि से नहीं देखा जाता, कालान्तर में उसी पर सम्मान-पुष्पवृष्टि होती दिखलाई पड़ती है। जो उद्‌भावना कभी लांछित और अपमानित होती देखी गयी कुछ दिनों बाद उसी के सामने बड़े-बड़े विरोधियों को नतमस्तक होते देखा गया। कालिदास और माघ को समय फिर उत्पन्न कर सकता है और ब्राउनिंग एवं शेक्सपियर जैसी सत्कीर्ति उनके अन्य उत्तराधिकारी भी प्राप्त कर सकते हैं। किसी मनुष्य विशेष पर ही कोई विशेष महत्ता नहीं हो गयी, और न किसी प्रधान पुरुष के हाथ संसार की समस्त प्रधानता बिक गयी। यह मैं स्वीकार करता हूँ और इस प्रकार के समस्त सिद्धान्तों से सहमत हूँ। किन्तु अहम्मन्यता और उच्छृंखलता का समर्थन इन बातों से नहीं हो सकता। कोई भी साहित्यमर्मज्ञ और भाषा-हिताभिलाषी यह न चाहेगा, कि उसका सुन्दर अंग-प्रत्यंग छिन्न-भिन्न कर दिया जावे, और शृंगार के बहाने उसका संहारपथ प्रशस्त बनाया जावे। वृथा आस्फालन अच्छा

नहीं, अथवा ज्ञान उत्तम नहीं; न तो अल्पज्ञ का विशेषज्ञ बनना समर्थनीय है, न मन्द की कविकीर्ति-कामना अभिनन्दनीय। साहित्य राज्य में अराजकता वांछनीय नहीं होती, न ज्ञान लव दुर्विदग्ध का विदग्धताभिमान प्रशंसनीय, और न उल्लेखनीय है आत्माभिमान प्रसूत उद्‌भावना। यदि निन्दा की जाती है तो इसी की, और यदि तीव्र दृष्टिपात किया जाता है तो इसी पर। किसी दुर्भाव से नहीं, ईर्षा-द्वेषवश नहीं केवल साहित्य की मंगल-कामना, और अपनी मातृभाषा की हितदृष्टि से। प्रार्थना यही है कि जो कुछ किया जावे नियमानुकूल किया जावे, चित्त की किसी अयथावृत्ति के वशवर्ती हो कर वह पथ न ग्रहण किया जावे, जिससे उपकार के बदले साहित्य का अपकार हो, और उसका कान्त कलेवर कलुषित बन जावे।

मुहावरों की उपयोगिता और उपकारिता सर्व स्वीकृत है, इस पर यथेष्ट प्रकाश डाला गया। उधर उचित दृष्टि भी साहित्य-सेवियों की आकृष्ट की गयी। आजकल उसके व्यवहार में जो शैथिल्य अथवा उच्छृंखलता है, उसके विषय में भी जो वक्तव्य था, वह कहा गया। किन्तु मुहावरों की उपयोगिता का लाभ उसी समय होगा, जब हम उसके यथार्थ ज्ञान का उद्योग, और उचित रीति से उसका व्यवहार करें। मुहावरों का अंग-भंग करना अथवा उनको बिगाड़ कर लिखना उचित नहीं, इससे बोध में व्याघात होता है, और इष्ट-प्राप्ति नहीं होती। नये मुहावरों की कल्पना अथवा आविष्कार अनुचित नहीं, ऐसा उद्योग बराबर होता आया है। किन्तु अधिकारी पुरुष को ही, समस्त नियमों पर दृष्टि रख कर ऐसा करना चाहिए। अन्यथा सफलता नहीं मिलती और उपहास अलग होता है। अपना व्यापक ज्ञान-प्रदर्शन अथवा पाण्डित्य प्रकट करने के लिए, लोगों से आविष्कारक-जन का गौरव लाभ करने की कामना से, अयोग्य पुरुषों द्वारा जो मुहावरों के निर्माण का उद्योग किया जाता है, न तो उसमें कृतकार्यता होती है, और न कीर्ति। इसलिए इस प्रकार के दुस्साहस से बचना चाहिए। वह बुद्धिमान् कदापि न माना जावेगा जिसका परिश्रम तो व्यर्थ होवे ही, साथ ही जिसकी अपकीर्ति भी हो।

विशेष वक्तव्य

मनुष्य को कभी-कभी ऐसा कार्य हाथ में लेना पड़ता है, जिसमें उसकी स्वाभाविक प्रवृत्ति नहीं होती, अब मैं एक ऐसा ही विषय हाथ में ले रहा हूँ, जिस पर मैं कुछ लिखना नहीं चाहता था। किन्तु कतिपय आवश्यक बातों पर प्रकाश डालना, उचित बोध हो रहा है, अतएव मैं अब इसी अप्रिय कार्य में प्रवृत्त होता हूँ। यह 'बोलचाल' नामक ग्रन्थ जिस भाषा में लिखा गया है, उसी भाषा में मेरे दो ग्रन्थ **'चुभते चौपदे'*** और **'चोखे चौपदे'***

---

* ये दोनों ग्रन्थ भी जहाँ से यह ग्रन्थ प्रकाशित है वहीं से छपे हैं।

नामक अब से चार वर्ष पहले प्रकाशित हो चुके हैं। कुछ सामयिक पत्रों में उनकी आलोचना हुई है, उचित आलोचना के विषय में मुझको कुछ वक्तव्य नहीं। किन्तु एक दो पत्रों ने आलोचना करते-करते उक्त ग्रन्थों के विषय में ऐसी बातें लिख दी हैं, जिनसे ज्ञात होता है कि उन्होंने उनके प्रकाशन का उद्देश्य नहीं समझा। किसी-किसी ने कुछ शब्दों के प्रयोग पर भी तर्क किये हैं। मैं इन्हीं बातों पर कुछ लिखने की चेष्टा करता हूँ। यद्यपि ऐसा करना रूपान्तर से अपने ग्रन्थों की आलोचना में आप प्रवृत्त होना है, किन्तु मेरा लक्ष्य यह नहीं है, मैं कतिपय आवश्यक और तथ्य बातों पर प्रकाश डालने का ही इच्छुक हूँ। मैं यह भी जानता हूँ कि अपनी आलोचना आप करना, आजकल बुरा नहीं माना जाता, क्योंकि इससे कितनी अज्ञात बातें अन्धकार से प्रकाश में आ जाती हैं। तथापि मैं यही कहूँगा कि इस पथ का पथिक नहीं हूँ; कतिपय विशेष बातों के विषय में ही कुछ कहना चाहता हूँ।

रोज़मर्रा अथवा बोलचाल और मुहावरों की उपयोगिता के विषय में पहले मैं बहुत कुछ लिख चुका हूँ। यथाशक्ति मैंने उसकी उपयोगिता का प्रतिपादन भी किया है। प्रसाद-गुण ही ऐसा गुण है जिसका आदर सब रसों में समान भाव से होता है, प्रसाद-गुण उस समय तक आ ही नहीं सकता, जब तक कविता का ऐसा शब्दविन्यास न हो, जिसको सुनते ही लोग समझ जावें। ऐसी सरलता कविता में तभी आवेगी, जब उसकी रचना बोलचाल के आधार पर होगी, अन्यथा उसका तत्काल हृदयंगम होना सम्भव पर न होगा, क्योंकि अपरिचित शब्द तात्कालिक बोध के बाधक होते हैं। शब्द-बोध के बाद ही भाव का बोध होता है, जहाँ शब्द-बोध में बाधा पड़ी, वहीं भाव के समझने में व्याघात उपस्थित होता है, जहाँ यह अवस्था हुई, वहाँ प्रसाद-गुण स्वीकृत नहीं हो सकता। साहित्यदर्पणकार ने प्रसाद-गुण का जो लक्षण लिखा है, उससे अक्षरशः इस विचार की पुष्टि होती है; वे लिखते हैं—

चितं व्याप्नोति यः क्षिप्रं शुष्केन्धनमिवानलः।
स प्रसादः समस्तेषु रसेषु रचनासु च।
शब्दास्तद्व्यञ्जका अर्थबोधकाः श्रुतिमात्रतः॥

"जैसे सूखे ईंधन में अग्नि झट से व्याप्त होती है, इसी प्रकार जो गुण चित्त में तुरन्त व्याप्त हो, उसे प्रसाद कहते हैं। यह गुण समस्त रसों और सम्पूर्ण रचनाओं में रह सकता है। सुनते ही जिनका अर्थ प्रतीत हो जाय ऐसे सरल और सुबोध शब्द प्रसाद के व्यंजक होते हैं।"

—साहित्यदर्पण, द्वितीय भाग, पृष्ठ 64

यही कारण है कि कविता वही आदरणीय और प्रशंसनीय मानी जाती है, जिसके शब्द

सरल और सुबोध हों। लगभग प्रत्येक भाषा के विद्वान् इस विचार से सहमत हैं। कविवर मिल्टन लिखते हैं–

'Poetry ought to be simple, sensuous and impassioned'

"कविता को सरल, बोधगम्य और भावपूर्ण होना चाहिए।"

अँगरेज़ी का एक दूसरा विद्वान् कहता है "Simplicity is the best beauty" –सरलता (सादगी) सबसे बड़ी सुन्दरता है–

गोस्वामी तुलसीदास जी लिखते हैं–

"सरल कवित कीरति बिमल, तेहि आदरहिं सुजान"

हिन्दी भाषा का एक दूसरा सुकवि कहता है–

"जाके लागत ही तुरत, सिर डोलैं न सुजान।
ना वह है नीको कवित, ना वह तान न बान॥"

उर्दू के एक सहृदय कवि यह कहते हैं–

"शेर दर-अस्ल हैं वही हसरत।
सुनते ही दिल में जो उतर जाये"

महा कवि अकबर क्या कहते हैं उसको सुनिये–

"समझ में साफ़ आ जाये पसाहत, इसको कहते हैं।
असर हो सुनने वालों पर 'बलाग़त' इसको कहते हैं॥
तुझे हम शायरों में क्यों न अकबर मुन्तख़ब समझें।
बयाँ ऐसा कि दिल माने, ज़बाँ ऐसी कि सब समझें।"

इन दोनों शेरों में रूपान्तर से वे यही कहते हैं कि कविता की भाषा ऐसी ही होनी चाहिए जिसको सब समझ सकें। इसी का नाम फ़साहत है, जिसे हम प्रसाद-गुण कहते हैं।

मिर्ज़ा ग़ालिब उर्दू-संसार के माघ हैं। वे कविवर केशवदास के समान गूढ़ कविता के आचार्य हैं। अपनी गूढ़ कविताओं से लोगों को उद्विग्न होते देख कर एक बार उनको स्वयं यह कहना पड़ा था–

"मुश्किल है ज़ेबस कलाम मेरा ऐ दिल।
सुन सुन के उसे सख़ुनवराने कामिल॥
आसाँ कहने की करते हैं फ़र्मायश।
गोयम मुश्किल वगर न गोयम मुश्किल॥"

भाव के साथ उनका शब्द-विन्यास भी दुरूह होता था, जैसा ऊपर के पद्य से प्रकट है। एक दिन उनकी इन बातों से घबरा कर उनके सामने ही हकीम आग़ा जान ने भरे मुशायरे में ये शेर पढ़े थे–

"मज़ा कहने का जब है यक कहे औ दूसरा समझे।
अगर अपना कहा तुम आँप ही समझे तो क्या समझे॥
कलामे मीर समझे औ ज़बाने मीरज़ा समझे।
मगर अपना कहा यह आप समझें या खुदा समझे।"

भरी सभा में एक प्रतिष्ठित कवि को इस प्रकार लांछित क्यों होना पड़ा था? इसलिए कि उसकी कविता में सरलता नहीं होती थी। यह प्रसंग भी प्रसाद-गुणमयी कविता की ही महत्ता प्रकट करता है।

उर्दू संसार में मीर अनीस की फ़साहत प्रसिद्ध है। मौलाना शिबली लिखते हैं–

> "मीर अनीस के कमाल शायरी (महान कविकर्म) का बड़ा जौहर (गुण) यह है कि बावजूद इसके कि उन्होंने उर्दू शुअरा (कवियों) में से सबसे ज़ियादा अलफ़ाज (शब्द) इस्तेमाल किये और सैकड़ों मुख्तलिफ़ वाक़ेआत (विभिन्न प्रसंग) बयान करने की वजह से, हर किस्म और हर दर्जा के अलफ़ाज (शब्द) उनको इस्तेमाल करने पड़े, ताहम उनके कलाम में ग़ैरफ़सीह (प्रसाद-गुणरहित) अलफ़ाज (शब्द) निहायत कम पाये जाते हैं।"
>
> "मीर अनीस साहब के कलाम का बड़ा ख़ास्सा (गुण) यह है कि वह हर मौक़ा पर (प्रत्येक अवसर पर) फ़सीह से फ़सीह (अधिक प्रसादगुण सम्पन्न) अलफ़ाज (शब्द) ढूँढ़ कर लाते हैं"

–मवाज़िना दबीर व अनीस।

मीर अनीस अपने विषय में स्वयं क्या कहते हैं उसको भी सुन लीजिए–

'मुरग़ाने खुशइलहान चमन बोलें क्या।
मर जाते हैं सुन के रोज़मर्रा मेरा॥'

मौलाना शिबली साहब ने जिसे मीर अनीस की फ़साहत बतलाई है, उसे स्वयं मीर साहब अपना रोज़मर्रा कहते हैं। इससे भी यही पाया जाता है, कि सरल, सुबोध, बोलचाल (रोज़मर्रा) की भाषा में ही फ़साहत मिलती है और सर्वप्रिय एवं आदरणीय प्रायः ऐसी ही भाषा की कविता होती है।

जो भाषा परिचित होती है, जिस भाषा के शब्द अधिकतर जिह्वा पर आते रहते हैं, जिनको कान प्रायः सुनता रहता है, वे ही शब्द सुबोध हो सकते हैं और उन्हीं में सरलता

भी होती है। ऐसे शब्द उसी भाषा के होते हैं, जो बोलचाल की है। इसीलिए उत्तम कविता वही मानी जाती है, जिसमें बोलचाल का रंग रहता है। भाषा बोलचाल से जितनी ही अधिक दूर होती जाती है, उतनी ही उसकी दुरूहता बढ़ती जाती हे। कवि और ग्रन्थकार विशेष अवस्थाओं में ऐसी दुरूह भाषा लिखने के लिए भी बाध्य होता है, किन्तु उसमें व्यापकता कम होती है और विशेष अवस्थाओं में उसमें प्रसाद-गुणमयी भाषा के समान स्थायिता भी नहीं होती।

यह बात उसी भाषा के लिए कही जा सकती है, जिसका सम्बन्ध प्रायः सर्वसाधारण से होता है। दर्शन अथवा विज्ञान आदि गम्भीर विषयों के सम्बन्ध में यह बात नहीं कही जा सकती, उनकी भाषा प्रायः दुरूह होती ही है। कविता का सम्बन्ध अधिकतर सर्वसाधारण से होता है, उनकी शिक्षा-दीक्षा अथवा उनके आमोद-प्रमोद एवं उत्थान के लिए वह अधिक उपयोगिनी समझी जाती है, इसलिए उसका सरल और सुबोध होना आवश्यक है। इन्हीं सब बातों पर दृष्टि रख कर और हिन्दी-संसार के साहित्य-सेवियों और प्रेमियों की दृष्टि बोलचाल और मुहावरों की ओर विशेषतया आकृष्ट करने के लिए मुझको ऐसी पुस्तक लिखने की आवश्यकता जान पड़ी, जो कि बोलचाल में हो, और जिसमें मुहावरों का पुट पर्याप्त हो। मैं इसी चिन्ता में था कि अकस्मात् एक दिन एक नमूना मेरे सामने उपस्थित हो गया, मैं उसी को आदर्श मान कर कार्यक्षेत्र में उतरा, और उसी के फल, 'चुभते चौपदे', 'चोखे चौपदे' और यह 'बोलचाल' नामक ग्रन्थ हैं। पूरा विवरण इसका मैं ग्रन्थ के आदि में लिख चुका हूँ।

इस बोलचाल नामक ग्रन्थ में निम्नलिखित विशेषताएँ हैं—

1. ग्रन्थ आदि से अन्त तक हिन्दी तद्भव शब्दों में लिखा गया है, संस्कृत के तत्सम शब्द बहुत कम आये हैं, अधिकांश वे ही तत्सम शब्द गृहीत हैं, जो तद्भव शब्दों के समान ही व्यापक और सर्वसाधारण में व्यवहृत हैं।

2. ग्रन्थ में आदि से अन्त तक बोलचाल की रक्षा की गयी है, सर्वसाधारण की खड़ी बोली ही उसका आदर्श है, यदि कहीं कुछ थोड़ा अन्तर है तो उसके कारण पद्यगत और कवितागत विशेषताएँ हैं।

3. ग्रन्थ में बाल से तलवे तक, अंगों के जितने मुहावरे हैं, उनमें से अधिकांश आ गये हैं। पद्य में उनका प्रयोग प्रायः इस प्रकार किया गया है, कि वह पद्य ही उसके व्यवहार प्रणाली का शिक्षक हो सके।

4. अन्य भाषा के शब्द तथा दूसरे देशज वे सब शब्द भी ले लिए गये हैं, जो सर्वसाधारण में प्रचलित हैं और जिनका व्यवहार हिन्दी तद्भव शब्द के समान जनता में होता है, केवल इतना ध्यान अवश्य रखा गया है कि वे हिन्दी 'टाइप' के हों।

5. बोलचाल में प्रचलित अनेक शब्द ऐसे हैं जो बहुत व्यापक हैं, भावमय हैं, विशेषार्थ के द्योतक हैं और अधिक विचार थोड़े में प्रकट करने के साधन हैं, किन्तु लिखित भाषा में उनका स्थान नहीं है, मैंने कुछ ऐसे शब्द भी ग्रहण कर लिए हैं। अपनी संकीर्णता का दूरीकरण और उनकी रक्षा की ममता इसके हेतु हैं।

जिन विशेषताओं का मैंने उल्लेख किया है, उनकी विस्तृत व्याख्या करने की आवश्यकता नहीं जान पड़ती, प्रस्तुत ग्रन्थ के कुछ पद्य ही उसके प्रमाण हैं। कुछ बातें ऐसी हैं, जिनको मैं और अधिक स्पष्ट कर देना चाहता हूँ। हिन्दी के मुख्य आधार उसके तद्भव शब्द हैं, उनके स्थान पर तत्सम शब्दों का प्रयोग करना उसके वास्तविक रूप को विकृत करना है। आजकल की हिन्दी कविता को उठा कर देखिये तो उसमें प्रतिशत 75 संस्कृत के तत्सम शब्द मिलेंगे, किसी-किसी पद्य में वे प्रतिशत 95 पाये जाते हैं। हिन्दी की जो बहुत सरल कविता होती है, उसमें भी प्रतिशत 25 से कम संस्कृत के तत्सम शब्द नहीं होते। कदाचित् ही कोई ऐसी कविता मिलेगी, जिसमें वे प्रतिशत 10 हों। ब्रजभाषा की कितनी कविताएँ अवश्य ऐसी हैं, जिनमें प्रतिशत 5 या इससे भी कम संस्कृत के तत्सम शब्द पाये जाते हैं, किन्तु उसमें प्रायः अर्द्धतत्सम शब्दों की अधिकता है। उर्दू गद्य पद्य की अवस्था हिन्दी के वर्तमान गद्य पद्य की सी है, उसमें संस्कृत के तत्सम शब्दों के स्थान पर अरबी फ़ारसी शब्दों की भरमार है। फिर भी उर्दू में रोज़मर्रा का बड़ा ध्यान है, इसलिए उसमें कुछ शेर ऐसे मिल जाते हैं, जिनमें केवल हिन्दी के तद्भव शब्दों का प्रयोग होता है, किन्तु पूरी ग़ज़ल ऐसी नहीं मिलती, किताब ऐसी मिलेगी ही नहीं। हिन्दी में भी खोजने पर ऐसी दो चार कविताओं का मिल जाना असम्भव न होगा, जो तद्भव शब्दों में लिखी गयी हों। किन्तु इधर दृष्टि किसी की नहीं गयी। अतएव किसी ने तद्भव शब्दों में सौ दो सौ पद्य लिखने का उद्योग नहीं किया, और न इस बात का ध्यान रखा कि तद्भव शब्दों में कविता लिखने के समय उसमें अप्रचलित तत्सम शब्द आवें ही नहीं। मैंने इस बात का उद्योग किया और तद्भव शब्दों में ही बोलचाल नामक ग्रन्थ को लिखा। अधिकांश कविता इस ग्रन्थ की ऐसी ही है, यदि किसी कविता में अप्रचलित तत्सम शब्द आ भी गये हैं, तो वे शायद ही प्रतिशत 5 से अधिक होंगे, ऐसे पद्य भी प्रतिशत एक से अधिक न पाये जावेंगे। इसीलिए मैंने यह लिखा है, कि प्रस्तुत ग्रन्थ की विशेषता यह है कि वह तद्भव शब्दों में लिखा गया है।

दूसरी, तीसरी और चौथी विशेषताओं के विषय में कुछ लिखना आवश्यक नहीं। मैं कुछ पद्य आगे चलकर लिखूँगा, उनके द्वारा आप लोग स्वयं यह निश्चय कर सकेंगे कि मेरे कथन में कितनी सत्यता है। पाँचवीं विशेषता के विषय में केवल इतना निवेदन करना मैं उचित समझता हूँ कि अव्यवहृत कुछ शब्दों को ग्रहण करके मैंने कोई अनुचित कार्य नहीं किया है। यदि लिखित अथवा काव्य की भाषा को बोलचाल की भाषा रखना है, या

अधिकतर उसको उसका निकटवर्ती बनाना है, तो बोलचाल के व्यापक और विशेषार्थ-द्योतक शब्दों का त्याग न होना चाहिए। देखा जाता है, कि हिन्दी के अनेक शब्दों का तिरस्कार इसलिए किया जा रहा है, कि उनके स्थान पर हम अन्य भाषा के शब्दों से काम ले रहे हैं, और दिन-दिन उनको भूलते जा रहे हैं। ऐसा करना अपनी मातृ भाषा पर अत्याचार करना है। मैंने अनेक उर्दू बोलने वालों और बोलचाल में अधिकतर अँगरेज़ी-शब्द प्रयोग करने वाले सज्जनों को देखा है, कि कभी-कभी चेष्टा करने पर भी न तो उनको हिन्दी-शब्द याद आते हैं, और न वे उनका प्रयोग कर सकते हैं। यह हमारी दुर्बलता है, और इससे हमारी जातीयता कलंकित होती है। मेरा विचार है कि हिन्दी के उपयोगी और व्यापक शब्दों को मरने न देना चाहिए, और पूर्ण उद्योग के साथ उनको जीवित रखना चाहिए। यह सजीवता का चिह्न है, संकीर्णता का नहीं। जितनी सजीव जातियाँ हैं, उन सबमें इस प्रकार की ममता पायी जाती है। यदि कोई न्यूनता हमारे शब्दों अथवा भाषा में हो तो उसका सुधार हम कर सकते हैं, किन्तु उनका त्याग उचित नहीं। मैंने इसी विचार से अनेक शब्दों के जीवित रखने की चेष्टा की है। बोलचाल की भाषा लिखने का उद्योग करके मुझको कहीं-कहीं विवश होकर ऐसा करना पड़ता है। इसका यह अर्थ नहीं कि ग्रामीण शब्दों का प्रयोग करके मैंने अपने शब्दाधिकार को कलंकित किया है, और काव्य-शास्त्र के एक विशेष नियम को तोड़ा है। वरन् इसका यह अर्थ है कि मैंने एक उपयुक्त शब्द की जीवन-रक्षा करके अपनी मातृभाषा की सेवा की है और उसको विस्तृत बनाने का उद्योग किया है। इस प्रकार का प्रयत्न अनुचित नहीं वरन् विद्वानों द्वारा समर्थित है। मिस्टर स्मिथ कहते हैं–

> *"ड्राइडेन के समय के पश्चात अँगरेज़ी भाषा में मुहावरों की संख्या बहुत बड़ी है, विशेषतया 19वीं शताब्दी में इनकी बहुत वृद्धि हुई। पुराने अँगरेज़ी-साहित्य के अध्ययन ने केवल लुप्त शब्दों का ही नहीं, प्रत्युत पुराने शब्द-समुदाय का भी–जिन्हें हम आधा भूल चुके थे–पुनरुद्धार किया है।"

कतिपय अव्यवहृत शब्द के व्यवहार के विषय में मैंने जो कुछ लिखा, आशा है उसके औचित्य को विचार-दृष्टि से देखा जावेगा। सम्भव है कुछ भाषा-मर्मज्ञ मेरे विचार से सहमत न हों, किन्तु यह मतभिन्नता है, जो स्वाभाविक है।

जिन पद्यों के लिखने का उल्लेख मैं पहले कर आया हूँ वे अब लिखे जाते हैं

---

* Since the time of Dryden, the number of idioms in the English language has greatly increased, and in the nineteenth century in especial, very great additions were made to this part of our vocabulary. The study of our older literature restored to us not only words which had fallen obsolete, but also many old terms of phrase which had been half forgotten. **(Words and idioms. P. 274)**

1. हैं गये तन बिन बहुत, सब छिन गया। लोग काँटे, हैं घरों में वो रहे॥
है मुसीबत का नगाड़ा बज रहा। पाँव पर रख पाँव हम हैं सो रहे॥

× × × ×

2. लुट गये पिट उठे गये पटके। आँख के भी बिलट गये कोये॥
पड़ बुरी फूट के बखेड़ों में। कब नहीं फूट फूट कर रोये॥

× × × ×

3. जो हमें सूझता, समझ होती। बैर बकवाद में न दिन कटता॥
आँख होती अगर न फूट गयी। देखकर फूट क्यों न दिल फटता॥

× × × ×

4. है टपक बेताब करती बेतरह। हैं न हाथों से बला के छूटते॥
टूटते पाके पके जी के नहीं। हैं नहीं दिल के फोफले फूटते॥

× × × ×

5. बेबसी बाँट में पड़ी जब है। जायगी नुच न किसलिए बोटी॥
चोट पर चोट तब न क्यों होगी। जब दबी पाँव के तले चोटी॥

× × × ×

6. कर सकें हम बराबरी कैसे। हैं हमें रंगतें मिली फीकी॥
हम कसर हैं निकालते जी से। वे कसर हैं निकालते जी की॥

× × × ×

7. बात अपने भाग की हम क्या कहें। हम कहाँ तक जी करें अपना कड़ा॥
फट गया जी फाट में हमको मिला। बँट गया जी बाँट में मेरे पड़ा॥

× × × ×

8. देखिये चेहरा उतर मेरा गया। हैं कलेजे में उतरते दुख नये॥
फेर में हम हैं उतरने के पड़े। आँख से उतरे उतर जी से गये॥

× × × ×

9. हैं बखेड़े सैकड़ों पीछे पड़े। हैं बुरा काँटा जिगर में गड़ गया॥
फँस गये हैं उलझनों के जाल में। है बड़े जंजाल में जी पड़ गया॥

× × × ×

10. हैं लगाती न ठेस किस दिल को। टेकियों की ठसक भरी टेकें॥
है कपट काट छाँट कब अच्छी। पेढ़ को काट कर कहाँ फेंकें॥

दूसरी तीसरी और चौथी विशेषताओं पर इन पद्यों को कसिये, उस समय आप समझ सकेंगे, कि उनमें वास्तवता है या नहीं। मैं एक-एक पद्य की आलोचना करके अपने दावा

को सिद्ध करने में प्रवृत्त नहीं होना चाहता, क्योंकि न तो ऐसा करना उचित जान पड़ता है और न इस भूमिका में इतना स्थान है। जो बात सत्य है, खोजियों की सूक्ष्म दृष्टि से वह छिपी न रहेगी, सत्य में स्वयं शक्ति होती है, वह बिना प्रकट हुए नहीं रहता। समय समय पर कुछ सज्जनों ने इस प्रकार के पद्यों के भाव, भाषा और ढंग के विषय में जो सम्मति मुझसे प्रकट की है, उसकी चर्चा इस अवसर पर मैं अवश्य करना चाहता हूँ, जिससे उनकी सम्मति के विषय में अपना वक्तव्य प्रकट कर सकूँ।

एक हिन्दी भाषा के प्रसिद्ध विद्वान् ने मेरे चौपदों की चर्चा करके मुझसे एक बार कहा—'मैं उसकी भाषा को हिन्दी नहीं कह सकता। मैंने कहा उर्दू कहिये। उन्होंने कहा, उर्दू भी नहीं कह सकता। मैंने कहा, हिन्दुस्तानी कहिये। उन्होंने कहा, मैं इसको हिन्दी उर्दू के बीच की भाषा कह सकता हूँ। मैंने कहा, हिन्दुस्तानी ऐसी ही भाषा को तो कहते हैं। उन्होंने कहा, हिन्दुस्तानी में उर्दू का पुट अधिक होता है, इसमें हिन्दी का पुट अधिक है। मैंने निवेदन किया, फिर आप इसको हिन्दी ही क्यों नहीं मानते! उन्होंने कहा, चौपदों की बह्र उर्दू, उसके कहने का ढंग उर्दू उसमें उर्दू की ही चाशनी और उर्दू का सा ही रंग है, उसकी भाषा चटपटी भी वैसी है, उसे हिन्दी कहूँ तो कैसे कहूँ! मैंने कहा, तो इस उलझन को आप सुलझाना नहीं चाहते। उन्होंने कहा, उलझन सुलझते ही सुलझते सुलझती है, शायद कभी सुलझ जावे। आपके चौपदों को पढ़ कर मेरे हृदय की विचित्र गति हो जाती है, मैं उसकी भाषा को विचित्र ही कहूँगा।'

मौलवी अहमद अली फ़ारसी के विद्वान और उर्दू के एक सहृदय कवि थे, ख़ास निज़ामाबाद के रहने वाले थे, हाल में उनका स्वर्गवास हो गया। वे मेरे पास आजमगढ़ में जब आते, तब कुछ चौपदे मुझसे सुनते। कभी प्रसन्न होते, कभी कहते—यह तो 'उलटी गंगा बहाना है' भई; इसको तो मैं कोई ज़बान नहीं मान सकता। यदि मैं पूछता क्यों? तो कहते, यह हिन्दी तो है नहीं, उर्दू भी नहीं है, यह तो एक मनगढ़न्त भाषा है। यदि मैं पूछता, आप हिन्दी किसे मानते हैं और किसे उर्दू, तो कहते हिन्दी मैं उसे मानता हूँ, जिसमें संस्कृत शब्द हों, जैसे गोस्वामी जी की रामायण। उर्दू वह है जो फ़ारसी अरबी शब्दों से मालामाल हो, इसमें दोनों बातें नहीं हैं, इससे मैं इसको कोई ज़बान नहीं मान सकता। एक दिन मैंने उनको निम्नलिखित पद्य सुनाये, और पूछा कृपा कर बतलाइये ये किस भाषा के पद्य हैं?

आके तब बैठता है वह हम पास।
आपमें जब हमें नहीं पाता॥
क्या हँसे अब कोई औ क्या रो सके।
जी ठिकाने हो तो सब कुछ हो सके॥
मुँह देखते ही उसका आँसू मेरा बहाना। –हसन

रोने का अपने या रब! अब क्या करूँ बहाना॥

× × × ×

लोग घबरा के यह कहते हैं कि मर जायेंगे।
मर के गर चैन न पाया तो किधर जायेंगे॥ –ज़ौक़

कहने लगे–'उर्दू के'। मैंने कहा–क्यों? पहले, दूसरों पद्यों में एक भी फ़ारसी अरबी का शब्द नहीं है, तीसरे, चौथे पद्यों में एक एक शब्द अरबी फ़ारसी का है, ये कुल पद्य हिन्दी शब्दों ही से मालामांल हैं, इन्हें आप उर्दू पद्य क्यों कहते हैं? ऐसे ही पद्य मेरे भी तो हैं कहने लगे कि–हाँ, ऐसे ही पद्य आपके भी हैं, किन्तु उनमें बहुत से हिन्दी के ऐसे शब्द आये हैं, जिनका व्यवहृत उर्दू में नहीं होता, जैसे–नेह, पत इत्यादि। आप कभी-कभी संस्कृत शब्दों का भी व्यवहार करते हैं, जैसे वीर, अनेक आदि। यह बात उर्दू के नियम के अनुकूल नहीं, इसलिए मैं चौपदों को उर्दू का पद्य नहीं मान सकता। मैंने कहा–मौलाना अकबर और मौलाना हाली के नीचे लिखे पद्यों को आप किस भाषा का कहेंगे। दोनों के पद्यों में 'परोजन', 'भोजन', 'कथा' और 'अटल' ऐसे ठेठ हिन्दी और संस्कृत के शब्द मौजूद हैं–

दुनिया तो चाहती है हंगामये परोजन।
याँ ते है जेब खाली जो मिल गया वह भोजन॥ –अकबर

× × × ×

चाहो तो कथा हमसे हमारी सुन लो।
है टैक्स का वक्त भी इसी तरह अटल॥ –हाली

बोले,–उर्दू ही कहूँगा, दो एक संस्कृत शब्दों के आने से वे हिन्दी के पद्य थोड़े ही हो जावेंगे! मैंने कहा, चौपदों पर आपकी ऐसी निगाह क्यों नहीं पड़ती! कहने लगे–चौपदों के वाक्यों में उर्दू तरकीब बिलकुल नहीं मिलती, उसकी वाक्य-रचना अधिकतर हिन्दी के ढंग की है। हिन्दी का कोई अच्छा शब्द न मिलने पर आपने उसके स्थान पर पद्य में संस्कृत का शब्द ही रखा है, फ़ारसी अरबी का शब्द कभी नहीं रखा, फिर मैं उसे उर्दू कैसे कह सकता हूँ! उर्दू के ढंग की रचना चौपदों की अवश्य है, परन्तु रंग उस पर हिन्दी का ही चढ़ा है। मैंने कहा तो उसे हिन्दुस्तानी कहिये, उन्होंने कहा, मैं हिन्दुस्तानी कोई ज़बान नहीं मानता; खिचड़ी ज़बान मैं उसे अवश्य कह सकता हूँ। वे ऐसी ही बातें कहते-कहते उठ पड़ते, चलते-चलते कहते–"आप इसे नयी हिन्दी भले ही मान लें, पुरानी हिन्दी तो यह हरगिज़ नहीं है और न उर्दू है।"

एक दिन खड़ी बोली के कट्टर प्रेमी एक नवयुवक आये; छेड़ कर चौपदों की चर्चा की, और बातों बातों में ही कह पड़े,–"चौपदों की भाषा बेजान-सी मालूम पड़ती है। मैंने

कहा, उसकी जान मुहावरे हैं। वे बोले, जिसके पास शब्द भण्डार है, वह मुहावरों को कुछ नहीं समझता। मैंने कहा, आप लोग तो ब्रजभाषा जैसी मधुर भाषा को भी निर्जीव मानते हैं। उन्होंने कहा, निस्सन्देह! उसके जितने शब्द हैं सब ऐसे ज्ञात होते हैं, मानों उन पर ओस पड़ गयी है। मैंने कहा, शायद आप 'शुभ्रज्योत्स्ना', 'दीर्घ उच्छ्वास', 'प्रचण्ड दोर्दण्ड' और 'विचारोत्कृष्टता' जैसे शब्दसूह को पसन्द करते हैं। उन्होंने कहा, अवश्य, देखिये न शब्दों में कितना ओज ज्ञात होता है। उसास और उच्छ्वास को मिलाइये, पहले शब्द की साँस निकलती जान पड़ती है, दूसरा शब्द ओज-गिरिशिखर पर चढ़ता ज्ञात होता है। मैंने कहा, यह आपका संस्कार है, किन्तु आपको यह जानना चाहिए कि साहित्य-संसार में सरल, सुबोध और कोमल पदावली ही आदृत होती आती है। गौड़ी से वैदर्भी का ही स्थान उच्च है। जिन रसों में परुष शब्दयोजना संगत मानी गयी है, उन रसों का वर्णन करते समय परुष शब्दावली में सरल, सुबोध शब्दमाला का अन्तर्निहित चमत्कार ही लोगों को चमत्कृत करता है। ब्रजभाषा संसार की समस्त मधुर भाषाओं में से एक है, उसके शब्दों पर ओस नहीं पड़ गयी है, वे सुधा से धुले हुए हैं। यह दूसरी बात है कि हम फूल को फूल न समझ कर काँटा समझें। मयंक में यदि किसी को कलंक-अंक ही दिखलाई पड़ता है, तो यह उसका दृष्टिदोष है, मयंक की इससे कोई क्षति नहीं। मेरो बातों को सुनकर उन्होंने जी में यह तो अवश्य कहा होगा, कि आपका भी तो यह एक संस्कार ही है, परन्तु प्रकट में यह कहा—चौपदे सरल सुबोध अवश्य हैं, परन्तु हम लोगों को उतने रोचक नहीं जान पड़ते। मैंने कहा, यह भीं रुचि की बात है, "भिन्न रुचिर्हिलोकः"।"

चौपदों की भाषा के विषय में आये दिन इसी प्रकार की बातें सुनी जाती हैं, अपना विचार प्रकट करने का अधिकार सब को है, किन्तु तर्क करने वालों की बातों में ही रूपान्तर से मेरा पक्ष मौजूद है। वास्तव बात तो यह है कि चौपदों की भाषा ऐसी है कि उसको हिन्दी में छाप दीजिए तो वह हिन्दी और फ़ारसी अक्षरों में छाप दीजिए तो उर्दू बन जायेगी। थोड़े से अव्यवहृत शब्दों के झगड़े कोई झगड़े नहीं; उर्दू के बड़े-बड़े कवि भी इस प्रकार के तर्कों से नहीं छूटे। यदि हिन्दुस्तानी भाषा हो सकती है, तो ऐसी ही भाषा हो सकती है। किन्तु मैं तो उसे तद्भव शब्दों में लिखी गयी, सरल और सुबोध हिन्दी ही मानता हूँ, अधिकतर पद्यों में बोलचाल का निर्वाह होने से वह और साफ सुथरी हो गयी है। बहुतों को वह पसन्द आयी है, कुछ लोग उससे नाक-भौं सिकोड़ें तो यह कोई आश्चर्य की बात नहीं। सब वस्तु सबको प्यारी नहीं होती।

पद्यों के कवित्व के विषय में 'काव्य की भाषा', शीर्षक स्तम्भ में अपना वक्तव्य प्रकट कर आया हूँ, यहाँ इतना और लिख देना चाहता हूँ कि प्रस्तुत ग्रन्थ का कोई पद्य शब्दालंकार और अर्थालंकार से रहित नहीं है। उसके पद्यों में शिक्षा, उपदेश, सदाचार और लोकाचार का सुन्दर चित्र है, उसमें अनेक मानसिक भावों का उद्घाटन है। ग्रन्थ में शृंगार रस का लेश नहीं, न उसमें कहीं अश्लीलता है। कितने भाव उसमें नये हैं, इतने नये कि

कदाचित् ही किसी लेखनी ने उसको स्पर्श किया हो। उदाहरण स्वरूप इस प्रकार के कुछ पद्य नीचे उद्धृत किये जाते हैं—

1. पास तक भी फटक नहीं पाते। सैकड़ों ताड़ झाड़ सहते हैं॥
आप में कुछ कमाल ऐसा है। फिर भी सिर पर सवार रहते हैं॥

× × × ×

2. जो बहुत बनते हैं उनके पास से। चाह होती है कि कब कैसे टलें॥
जो मिलें जी खोल कर उनके यहाँ। चाहता है जी कि सिर के बल चलें॥

× × × ×

3. चाह जो यह है कि हाथों से पले। पेड़ पौधों से अनूठे फल चखें।
तो जिसे हैं आँख में रखते सदा। चाहिए हम आँख भी उस पर रखें॥

× × × ×

4. किस तरह से सँभल सकेंगे वे। अपने को जो नहीं सँभालेंगे॥
क्यों न खो देंगे आँख का तिल वे। आँख का तेल जो निकालेंगे॥

× × × ×

5. जो रही मा मकान की फिरकी। वह मिले कुछ अजीब बहलावे॥
हो गयी सास गेह पर लट्टू। पाँव कैसे न फेरने जावे॥

इतना गुण होने पर भी यदि कुछ सज्जन यही समझें कि मैंने चौपदों को लिख कर अपना समय नष्ट किया है; यदि 'चुभते चौपदे' के देशदशा और समाज-दुर्दशा सम्बन्धी पद्य उनके हृदय को न लुभावें, यदि 'चोखे चौपदे' के भावमय पद्य उनकी भावुकता पर प्रभाव न डालें, यदि 'बोलचाल' के पद्यों से मुहावरों के व्यवहार की शिक्षा उनको न मिले, यदि उसके कवित्व-गुण उनके मन को विमुग्ध न करें, और वे अपनी भौंहों की बंकिमता को अधिक बंक बनाने में ही अपनी साहित्य-मर्मज्ञता समझें तो मैं यही कहूँगा—

न सितायश की तमन्ना न सिला की पर्वा।

न सही गर मेरे अशआर में मानी न सही॥

सामयिक अवज्ञा से कोई नहीं बचा, इसकी ओट में ईर्षा, द्वेष, अहम्मन्यता, असहिष्णुता और मानसिक दुर्बलता भी छिपी रहती है, इसलिए इसमें विलक्षण व्यापकता है। संस्कृत संसार के अभूतपूर्व महाकवि भवभूति भी इसकी चपेटों से न बचे, अपने क्षोभ को इन शब्दों में प्रकट करते हैं—

'ये नाम केचिदिह नः प्रथयन्त्यवज्ञां जानन्तु ते किमपि तान्प्रति नैष यत्नः।
उत्पत्स्यतेपि मम कोपि समानधर्मा कालोप्ययं निरवधिर्विपुला च पृथ्वी॥'

ऐसी अवस्था में कोई साहित्यिक अपने को सुरक्षित नहीं समझ सकता, और न मैंने सुरक्षित रहने के उद्देश्य से प्रस्तुत ग्रन्थ का कुछ परिचय देने की चेष्टा की है। मेरा लक्ष्य उसका वास्तविक स्वरूप प्रकट कर देने का है, जिससे उसके सिद्धान्तों और भाषा आदि के विषय में भ्रान्ति न हो। कवियों की प्राचीन परम्परा यह भी है कि वे अपने मुख से अपनी बहुत कुछ प्रशंसा करते हैं। पण्डितराज-जगन्नाथ अपने विषय में यह लिखते हैं—

'गिरां देवी वीणा गुणरणनहीनादरकरा।
यदीयानां वाचाममृतमयमाचामति रसम्॥
वचस्तस्या कर्णय श्रवणसुभगं पण्डितपते।
रघुन्वन्मूर्धानं नृपशुरथवायं पशुपतिः॥'

सुधावर्षी सुकवि जयदेवजी अपने विषय में यह कहते हैं—

'यदि हरिस्मरणे सरसं मनो यदि विलासकलासु कुतूहलम्।
मधुरकोमलकान्तपदावलीं शृणु तदा जयदेव सरस्वतीम्॥'

भारतेन्दु बाबू हरिश्चन्द्र की आत्मश्लाघा देखिये—

'परम प्रेमनिधि रसिकवर, अति उदार गुनखान।
जग जनरंजन आशु कवि, को हरिचन्द समान॥

जग जिन तृण सम करि तज्यो, अपने प्रेम प्रभाव।
करि गुलाब सों आचमन, लीजत वाको नाँव॥'

उर्दू कवियों में यह रंग बहुत गहरा है। अनीस और मौलाना अकबर की आत्मप्रशंसा आप सुन चुके हैं, कुछ कवियों की और सुनिये। ग़ालिब कहते हैं—

'रेख़ता के तुम्हीं उस्ताद नहीं हो ग़ालिब।
सुनते हैं अगले ज़माने में कोई मीर भी था॥'

दाग़ का दिलदिमाग़ देखिये—

'तेरा आतिश बयानी दाग़ रोशन है ज़माने पर।
पिघल जाता है मिस्ले शमा दिल हर इक सखुनदाँ का॥'
—ग़ालिब

इन्शाअल्लाह खाँ की ऊँची उड़ान विचित्र है—

'यक तिफ़्ले दविस्ताँ है फलातूँ मेरे आगे।
क्या मूँ है अरस्तू जो करे चूँ मेरे आगे॥
बोले है यही खामः कि किस किस को मैं बाँधूं।
बादल से चले आते हैं मज़मूँ मेरे आगे॥'

किन्तु मैं इस पथ का पथिक नहीं—'नवै सो गरुआ होय' सिद्धान्त ही मुझको प्यारा है, यही मेरा जीवनमंत्र हैं। इष्ठ यह था कि चौपदों की भाषा, भाव आदि के विषय में जो अयथा बातें कही गयी हैं, उनको मैं स्पष्ट कर दूँ। मैंने उनका पूरा स्पष्टीकरण करके यही किया है। यदि ऐसा करने में कुछ अनौचित्य हुआ हो तो वह परिमार्जनीय है।

कुछ शब्दों के व्यवहार और उनके लिंग के विषय में भी तर्क किये गये हैं। ऐसे शब्दों के विषय में मेरा वक्तव्य क्या है, उसे प्रकट कर चुका हूँ। एक शब्द को उदाहरण की भाँति उपस्थित करके मैं इस विषय को और स्पष्ट करूँगा। मैंने कहीं-कहीं 'कचट' शब्द का प्रयोग किया है, जैसे—'जी की कचट'। जनता की बोलचाल में यह शब्द व्यवहृत है, किन्तु लिखित भाषा में इसका प्रयोग लगभग नहीं पाया जाता। किन्तु 'कचट' शब्द जिस भाव का द्योतक है, उस भाव का पर्यायवाची शब्द न मुझको संस्कृत में ही मिलता है, न अरबी अथवा फ़ारसी ही में। अँगरेज़ी में भी शायद न मिलेगा। ऐसी अवस्था में यदि उसका प्रयोग हिन्दी कविता में किया गया, तो मेरा विचार है कि यह कार्य अनुचित नहीं हुआ। कविता के लिए लम्बे-लम्बे वाक्यों से एक उचित शब्द का प्रयोग अधिक उपकारक और भावमय होता है, इस बात को कौन सहृदय न मानेगा! फिर 'कचट' जैसा शब्द क्यों छोड़ा जावे, विशेषकर बोलचाल की भाषा लिखने में। 'कचट' शब्द ग्रामीण नहीं है, नागरिक है; इस प्रान्त के पूर्व भाग के कई नगरों में वह बोला जाता है, इसलिए ग्राम्य-दोष से दूषित भी वह नहीं माना जा सकता। यदि ग्राम्य-दोष दूषित भी वह होता तो भी व्यापकता और भावमयता की दृष्टि से उसका त्याग उचित न कहा जाता, क्योंकि यही तो सहृदयता है। भाव और विचार की दृष्टि से जब ग्राम्य कविता भी आदरणीय हो जाती है, तो उपयुक्त ग्राम्य शब्द का आदर न करना क्या सुविवेक होगा! ऐसे कतिपय शब्दों के ग्रहण का उद्देश्य, आशा है, इन पंक्तियों से स्पष्ट हो गया होगा। सम्भव है यह मत सर्वमान्य न हो, किन्तु औचित्य और न्याय-दृष्टि से ही मैं अपना मत व्यक्त करने के लिए बाध्य हुआ।

मैं पवन और वायु शब्द को स्त्रीलिंग लिखता हूँ। मेरी यह सीनाजोरी नहीं है; अधिकांश प्राचीन कवियों ने इन शब्दों को स्त्रीलिंग ही लिखा है, फिर भी इसके स्त्रीलिंग लिखने पर तर्क किया गया है; प्राचीन प्रतिष्ठित लेखकों के कुछ पद्य प्रमाण-स्वरूप नीचे उद्धृत किये जाते हैं—

'अकेली भूलि परी बन माँह।
कोऊ बाय बही कतहूँ की छूटि गयी पिय बाँह॥' —सूरदास
'तुमहूँ लागी जगत गुरु, जगनायक जग बाय।' —बिहारी
'चली सीरी बाय तू चली नभो विहान री-गंग —कविता कौमुदी, पृ. 264

'साँस की पवन लागे कोसन भगत है'-बेनी —कविता कौमुदी, पृ. 360

'बिना डुलाये ना मिलै, ज्यों पंखा की पौन' —वृन्द—कविता कौमुदी, पृ. 386

'तैसी मन्द सुगंध पौन दिनमनि दुख दहनी'

—नागरी दास—कविता कौमुदी, पृ. 409

पौन बहैगी सुगंधि 'ममारख' लागैगी ही मैं सलाक सी आयकै

—ममारख—सुन्दरी तिलक

"घनी घनी छाया में बन की पवन लागे झुकि झुकि आवै नींद कल ना गहति है—"

इसका अर्थ गद्य में यों करते हैं—

"घनी छाया में मन्दी और ठण्डी पवन पाटलि के फूलों की सुगन्ध लिए आती है, जिसके लगने से हृदय को सुख होता है।" —राजा लक्ष्मण सिंह

"एक ओर से शीतल मन्द सुगन्ध पवन चली आती थी, दूसरी ओर से मृदंग और बीन की ध्वनि"—राजा शिवप्रसाद—हिन्दी निबन्धमाला, प्रथम भाग, पृ. 40

"फूले रैन फूल बागन में सीतल पौन चली सुखदाई" —हरिश्चंद-कर्पूर मंजरी

"सन सन लगी सीरी पवन चलन" —हरिश्चंद—नील देवी

"तथा सिन्धु से चली वायु तहाँ पंखा शीत चलाती है"

"अभाव से नहिं बुझे नहीं लालसा पवन जिसको लागी"

—पं. श्रीधर पाठक, 'श्रान्त पथिक' पृ. 6, 11

"पवन तीन प्रकार की होती है शीतल, मन्द, सुगन्ध—जल स्पर्श करती हुई जो पवन चलती है उसे शीतल पवन कहते हैं। ठहर-ठहर" कर धीमी गति से चलने वाली पवन को मन्द पवन कहते हैं," इत्यादि—भानु कवि—काव्य प्रभाकर, पृष्ठ 361

श्रीधर भाषाकोष (पृ. ३९६) में पवन को स्त्रीलिंग लिखा है।

पं. कामताप्रसाद गुरु ने अपने हिन्दी व्याकरण में पवन को संस्कृत में पुल्लिग और हिन्दी में स्त्रीलिंग माना है।

बात यह है कि हिन्दी भाषा में बयार और बतास शब्द स्त्रीलिंग है, इन्हीं के साहचर्य से वायु और पवन को भी स्त्रीलिंग लिखा जाने लगा। कोई-कोई कहते हैं कि हवा, शब्द के संसर्ग से ही, पवन और वायु को भी स्त्रीलिंग लोग लिखने लगे, किन्तु मैं इसको स्वीकार नहीं करता। 'हवा' फ़ारसी शब्द है, उसका व्यापक प्रचार होने के पहले ही उक्त शब्दों का स्त्रीलिंग लिखना प्रारम्भ हो गया था; सूरदास जी की कविता इस बात का प्रमाण है। पुस्तक, जप, औषध, आत्मा, विनय आदि शब्द संस्कृत में पुल्लिग लिखे जाते हैं, हिन्दी

में स्त्रीलिंग। देवता संस्कृत में स्त्रीलिंग है, हिन्दी में पुल्लिग। यदि ये प्रयोग तर्कयोग्य नहीं, तो पवन और वायु का स्त्रीलिंग में व्यवहार करना भी आक्षेपयोग्य नहीं। इस समय कुछ हिन्दी लेखक इन शब्दों को संस्कृत के अनुसार पुल्लिग लिखते हैं, किन्तु अधिकांश लोग अब भी इनको स्त्रीलिंग ही मानते हैं। यदि खड़ी बोली और सामयिक शुद्ध परिवर्तनों की दुहाई देकर उक्त शब्दों का पुल्लिग लिखना उचित समझा जावे, तो संस्कृत के उन अनेक शब्दों के लिंग को भी बदलना होगा, जिनका व्यवहार हिन्दी में उनके प्रयोग के प्रतिकूल किया जाता है। यदि सर्वसम्मत हो तो ऐसा करना, अथवा हो जाना असम्भव नहीं, किन्तु मैं समझता हूँ इसमें एकवाक्यता न होगी, क्योंकि यह आवश्यक नहीं है कि संस्कृत के अनुसार ही हिन्दी भाषा के सब प्रयोग हों। दोनों भाषाएँ भिन्न-भिन्न हैं; सुविधा के अनुसार हिन्दी भाषा स्वतन्त्र पथ ग्रहण कर सकती है। भाषा का नियम ही यही है, एक भाषा अन्य भाषा से आवश्यक शब्द लेती है, परन्तु उसको अपने रंग में ढाल देती है, और अपनी अवस्था के अनुसार उसमें परिवर्तन भी कर लेती है। मैं समझता हूँ, वायु और पवन शब्द अथवा इसी प्रकार के शब्दों को भी उभयलिंगी मान लेना ही उत्तम है। प्रत्येक भाषा में ऐसे शब्द मिलेंगे। उर्दू का 'बुलबुल' शब्द भी ऐसा ही है। लखनऊ वाले कवि उसको पुल्लिग और देहली वाले स्त्रीलिंग लिखते हैं। ऐसे ही दूसरी भाषाओं के भी अनेक शब्द बतलाये जा सकते हैं।

कर्तव्यसूत्र से मुझको 'बोलचाल' नामक ग्रन्थ के कतिपय विषयों पर प्रकाश डालना, और कतिपय शब्दों के प्रयोग के विषय में भी अपना विचार प्रकट करना आवश्यक बोध हुआ। आशा है विबुधजन उसी भाव से इन बातों को ग्रहण करेंगे, जिस भाव से कि वे लिखी गयी हैं। किसी विवाद के वशीभूत होकर मैंने ऐसा नहीं किया है; भ्रम, प्रमाद यदि कहीं दृष्टिगत हो तो, सूचना मिलने पर मैं उसको सच्चे हृदय से स्वीकार करने के लिए प्रस्तुत हूँ।

मैंने इस भूमिका के लिखने में अनेक ग्रन्थों से सहायता ली है। मैंने उनके अवतरण भी आवश्यक स्थलों पर उठाये हैं, इसके लिए मैं उक्त ग्रन्थों के रचयिताओं का हृदय से कृतज्ञ हूँ, और विनीत भाव से उनके प्रति कृतज्ञता प्रकाश करता हूँ।

'काशी धाम' **'हरिऔध'**

कविता

बाल

देव देव

चौपदे

बात कैसे बता सकें तेरी।
हैं मुँहों में लगे हुए ताले॥
बावले बन गये न बोल सके।
बाल की खाल काढ़ने वाले॥ 1॥

पाँव मेरे हिले नहीं वाँ भी।
थे बखेड़े जहाँ अनेक मचे॥
हर जगह मिल गये तुमारा बल।
सब बलाओं से बाल बाल बचे॥ 2॥

ठीक लौ जो लगी रहे हरि ओर।
तो करेगा न कुछ जगत-जंजाल॥
जो न होती रहे कपट की काट।
क्या रखे और क्या कटाये बाल॥ 3॥

पा तुम्हें जो भूल अपने को गया।
वह डराये, कब किसी से डर सका॥
जो कि प्यारे हाथ तेरे बिक गये।
कौन उनका बाल बाँका कर सका॥ 4॥

सब जगह जिसकी दिखाती है झलक।
जान उसको वे न जो अब तक सके॥
तो हुए बूढ़े बने पक्के नहीं।
धूप में ही बाल उनके हैं पके॥ 5॥

निराले नगीने

कर रहे हैं न भूल, भूलों को।
जो भली बात हैं बता आते॥
क्या बहुत ही मलीन होने से।
बाल मैले मले नहीं जाते॥ 6॥

बात बूढ़े जवान की क्या है।
टल सकीं कब बुरी लतें टाले॥
बाँकपन को सुपेद होकर भी।
छोड़ते हैं न बाल घुँघुराले॥ 7॥

काम अपना निकालने में कब।
और पर और को दया आई॥
दे सदा हाथ से जड़ों में जल।
काटते बाल कब कँपा नाई॥ 8॥

पाप को पाप जो न मानें, वे।
क्यों किसी पाप में न ढल जाते॥
देख कर बाल क्यों न वे निगलें।
जो खड़े बाल हैं निगल जाते॥ 9॥

बने बरतन

मैं नहीं चाहता जवान बना।
क्या करें पेट सब कराता है॥
कब भला सादगी पसन्दों को।
बाल रँगना पसन्द आता है॥ 10॥

है उन्हें काम मतलबों से ही।
वे करें क्यों सलूक किस नाते॥
आँख से देख कर बिना हिचके।
जो खड़े बाल हैं निगल जाते॥ 11॥

लानतान

पढ़ चुके सारी कमाई हो चुकी।
हाथ सब कुछ हम अभागों के लगा॥
जब तुमारा इस तरह आठो पहर।
बाल की ही खूँटियों पर जी टँगा॥ 12॥

मीठी चुटकी

बाप दादों की छोटाई की कभी।
इस छँटाई में न कुछ परवा रहे॥
पर बता दो तज छटापन यह हमें।
हो छँटे क्यों बाल हो छँटवा रहे॥ 13॥

बोझ लादे हुए फिरे सिर पर।
दूसरों का बिगाड़ क्या पाये॥
वह तुम्हीं को लिपट गयी उलटे।
बाल रख कर भली बला लाये॥ 14॥

बात बात में बात

उस्तुरों से उड़े हवा में उड़े।
और दो चार पौडरों से उड़े॥
इस तरह से उड़ा किये लेकिन।
पर लगाकर कभी न बाल उड़े॥ 15॥

रूप औ रंगतें बदलने के।
लग गये हैं उन्हें अजब चसके॥
बाल में बात यह मिली न्यारी।
बँध गये कस गये मगर खसके॥ 16॥

लताड़

एक बेमुँहकी किसी दुधमुँही पर।
यों बिपत ढाना न तुमको चाहिए॥
चूसने को उस बिचारी का लहू।
बाल चुनवाना न तुमको चाहिए॥ 17॥

बुरी लत

संगतें कीं भली सँभाल चले।
पर भला किस तरह कुबान छुटे॥
जी करे है चपत जमाने को।
देख करके किसी के बाल घुटे॥ 18॥

दुनियादारी

टूटना जब कि चाहिए था जाल।
तब गया और भी जकड़ जंजाल॥
बढ़ गयी और भी सुखों की भूख।
जब कि खिचड़ी हुए हमारे बाल॥ 19॥

अन्योक्ति

क्यों न लहरा लहर उठायें वे।
साँप कह लोग तो डरे ही हैं॥
आँख में धूल क्यों न वे झोंकें।
बाल तो धूल से भरे ही हैं॥ 20॥

हैं अगर बारबार धुल निखरे।
तो करें बेतरह न नखरे ए॥
जो खरे हैं न तो खरे मत हों।
बिख बिखेरें न बाल बिखरे ए॥ 21॥

बीर जैसा जमा उन्हें देखा।
जब कटे आन बान साथ कटे॥
कब दबे बाल के बराबर भी।
बाल भर भी कभी न बाल हटे॥ 22॥

है बुराई में भलाई रंग भी।
नेह में 'रूखा बहुत बनकर' सना॥
है छँटाने से छटा उसको मिली।
जब बना तब बाल बनवाये बना॥ 23॥

जब मिले तब मिले बड़े सीधे।
चौगुने नेह चाह को देखो॥

हैं धुले धूल से भरे भी हैं।
बाल के बालभाव को देखो ॥ 24 ॥

गूँथ डाले गये गये खोले।
तेल उन पर मले गये तो क्या ॥
वे जगह पर जमे रहे अपनी।
बाल पर जो छुरे चले तो क्या ॥ 25 ॥

आप उन पर पड़ी न अच्छी आँख।
दूसरों को दिया भरम में डाल ॥
छोड़ अपना सियाह असली रंग।
हैं खटकते किसे न भूरे बाल ॥ 26 ॥

छूटना है मुहाल खोटा रंग।
जल्द आयी पसन्द गन्दी चाल ॥
धो सियाही सके न धुल सौ बार।
भर गये धूल में भले ही बाल ॥ 27 ॥

चोटी

सूझ-बूझ

चोट जी को जब नहीं सच्ची लगी।
प्रेमधारा जब नहीं जी में बही ॥
चोंचलों से नाथ रीझेगा न तब।
है गयी यह बात चोटी की कही ॥ 1 ॥

सूरमे

खौलता जिनकी रगों का है लहू।
है दिलेरी बाँट में जिनके पढ़ी ॥
डाँट सुनकर सूरमापन से भरी।
कब न उनकी हो गई चोटी खड़ी ॥ 2 ॥

लानतान

धर्म की वेदूह क्यों पोटी न लें।
चौगुनी जब चाह रोटी की रखें॥
जब चटोरे बन कटा चोटी सके।
किस तरह तब लाज चोटी की रखें॥ 3॥

बेबसी

सब सहेंगे पर करेंगे चूँ नहीं।
बेबसी होगी बहुत हम पर फबी॥
सिर सकेंगे किस तरह से हम उठा।
जो तले हो पाँव के चोटी दबी॥ 4॥

हितलटके

मर मिटे पर छोड़ दे हिम्मत नहीं।
एक भी साँसत न सीधे से सहे॥
है न खोटी बात इससे दूसरी।
हाथ में जो और के चोटी रहे॥ 5॥

पछतावा

रंगरलियाँ मना जनम खोया।
रंग लाती रही समझ मोटी॥
तब खुली आँख और सुध आयी।
जब कि ली काल ने पकड़ चोटी॥ 6॥

लताड़

अब तो चूड़ी पहन हाथ में दोनों।
रहा माँग में सेंदुर ही का भरना॥
तब से सारा मरदानापन भागा।
जब से सीखा कंघी-चोटी करना॥ 7॥

सिर

देव देव

पा गये तेरा सहारा सब सधा।
पार पाया प्यारधारा में बहे॥
एक तेरे सामने ही सिर नवा।
सिर सबों के सब जगह ऊँचे रहे॥ 1॥

डूब जाये या कि उतराता रहे।
क्या उसे जो प्यारधारा में बहा॥
बेच तेरे हाथ जिसने सिर दिया।
फिर उसे क्या सिर गया या सिर रहा॥ 2॥

एक से एक हैं बढ़े दोनों।
ढूँढ़ उनके सके न पैमाने॥
चूक अपनी, न चूकना प्रभु का।
सिर लगा सोच सोच चकराने॥ 3॥

फूल गेंदे गुलाब बेले के।
एक ही सूत में गये गाँथे॥
आपकी सूझ को कहें क्या हम।
आपकी रीझ बूझ सिर माथे॥ 4॥

अपने दुखड़े

सब तरह से दबे हुए जो हैं।
वे नहीं दाँत काढ़ते थकते॥
क्यों न उन पर सितम करे कोई।
वे कभी सिर उठा नहीं सकते॥ 5॥

क्या छिपाये रहे बचाये क्या।
सब घरों बीच जब कि लूट पड़े॥
क्या करे औ किसे पुकारे क्या।
जब कि सिर पर पहाड़ टूट पड़े॥ 6॥

सजीवन जड़ी

किस लिये सिर को नवाता तब फिरे।
जब कि सिर पर सब बलाओं को लिया॥
मूसलों की तब करे परवाह क्या।
जब किसी ने ओखली में सिर दिया॥ 7॥

फेर में कौन है नहीं पड़ता।
क्या नहीं दिन फिरा किसी का फिर॥
सिर गया घूम किस लिये इतना।
ठीकरा फोड़ दूसरों के सिर॥ 8॥

क्यों नहीं सिरतोड़ कोशिश कर सके।
गिर गये क्यों जाति को अपनी गिरा॥
किस तरह तब सिर सुजस-सेहरा बँधे।
जब कि होवे सिरधरों का सिर फिरा॥ 9॥

जाति हित की राह है काँटों भरी।
वे खलें कुछ को सभी को क्यों खलें॥
बिछ सकें तो क्यों न आँखें दें बिछा।
चल सकें तो क्यों न सिर के बल चलें॥ 10॥

काम धीरज से जिन्होंने है लिया।
कब झमेले देख उनके मुँह सुखे॥
सह सके जो लोग सारी सिर पड़ी।
वे दुखी देखे गये कब सिर दुखे॥ 11॥

सूरमा एक बार मरता है।
नित मरेंगे सहम सहम कायर॥
छोड़ दे सूर बीर क्यों साहस।
काल है नाचता नहीं सिर पर॥ 12॥

वे बिपत को देख कर दहले नहीं।
वे नहीं घबरा गये दुख से घिरे॥
लोक हित के हाथ जिनके सिर बिके।
वे हथेली पर लिये ही सिर फिरे॥ 13॥

हितगुटके

दूसरे उसको सतायेंगे न क्यों।
जो सताता और को है हर घड़ी॥
किसलिये यों आप हैं सिर धुन रहे।
आपके सिर आपकी करनी पड़ी॥ 14॥

चाहता है जो भला अपना किया।
आप भी वह और का चाहे भला॥
जो फँसाते हैं बला में और को।
क्यों भला आती न उनके सिर बला॥ 15॥

नीच सिर पर जब चढ़ा सोचा न तब।
सिर पकड़ते हो भला अब किस लिये॥
जब कि धुआँ उठ सका ऊँचा कभी।
तब किसे छोड़ा बिना मैला किये॥ 16॥

छोड़ दो बान बात गढ़ने की।
रेत पर भीत रह सकी कब थिर॥
कुछ तुम्हीं हो नहीं समझवाले।
यह समझ लो कि है समझ सिर सिर॥ 17॥

उँगलियाँ जो कड़ी मिलीं तुमको।
तोड़ते मत फिरो नरम पंजा॥
है बुरी बात जो किसी का सिर।
मारते मारते करें गंजा॥ 18॥

है निठुरपन औ बड़ा ही नीचपन।
है नहीं कोई बड़ा इससे सितम॥
पाँव का ठोकर जमाने के लिये।
क्यों किसीका सिर बना दें गेंद हम॥ 19॥

तीन पन तो पाप करते ही गया।
सब तरह की की गयी सबसे ठगी॥
तब भला क्या मन मनाने तुम चले।
जब कि सिर पर मौत मँडलाने लगी॥ 20॥

थपेड़े

वह खुले आम हो गया नीचा।
आँख से नेकचलनियों की गिर॥
बात की सूझ बूझ की तुमने।
जो बड़ों को नहीं नवाया सिर॥ 21 ॥

पास तक भी फटक नहीं पाते।
सैकड़ों ताड़ झाड़ सहते हैं॥
आपमें कुछ कमाल है ऐसा।
फिर भी सिर पर सवार रहते हैं॥ 22 ॥

धूल में मिल जाय वह सुकुमारपन।
जो किसीकी धूल उड़वाने लगे॥
फूल ही तो टूट कर उस पर गिरा।
किस लिये सिर आप सहलाने लगे॥ 23 ॥

औरों की चुटकी लेते लेते ही।
तुम ने ही सब अपने परदे खोले॥
इसको ही कहते हैं कहनेवाले।
जादू वह जो सिर पर चढ़ कर बोले॥ 24 ॥

तोड़ देंगे सिर बड़प्पन का न क्यों।
लड़ बड़ों के साथ जड़पन के सगे॥
है उन्हींकी चूक पत्थर क्या करे।
टूट जावे सिर अगर टक्कर लगे॥ 25 ॥

जी कड़ाई में निरे जड़ जीव का।
पत्थरों से है बढ़ा होता कहीं॥
भाग से आयी मुसीबत टल गयी।
सिर अगर टकरा गये टूटा नहीं॥ 26 ॥

धूल में ही आपने रस्सी बटी।
दैव से भी आपकी है चल गयी॥
क्या हुआ जो और पर आयी बला।
आपके सिर की बला तो टल गयी॥ 27 ॥

मर्यादा

जो अदब के सामने हैं झुक चुके।
जो सके मरजाद के ही संग रह॥
रँग जमाने को बड़ों के सामने।
सिर उठायेंगे भला वे किस तरह॥ 28॥

पड़ सकती जो नहीं किसी पर सीधी।
क्यों न धूल उन आँखों में देवें भर॥
प्यार छलकता है जिनकी आँखों में।
रखें लोग क्यों उन्हें न सिर आँखों पर॥ 29॥

छेड़छाड़

चाहिए था इस तरह हिलना उसे।
जो कि देता फूल सा सबको खिला॥
देख जिसको मुँह बहुत कुम्हला गये।
इस तरह से आपका सिर क्यों हिला॥ 30॥

चाँदनी कितने कलेजों में पसार।
सैकड़ों ही आँख से मोती निकाल॥
सब निराले ढंग के पुतले हैं आप।
सिर हिलाना भी दिखाता है कमाल॥ 31॥

झिड़की

देखिये, मत टालिये, कर दीजिये।
राह में काँटे हमारी बो गये॥
कह दिया था हो सकेगा अब न कुछ।
आज फिर क्यों आप यों सिर हो गये॥ 32॥

वे कभी फूले फलेंगे ही नहीं।
जो बिपत हैं दूसरों पर ढाहते॥
जो नहीं तुम मानते यह बात हो।
तो नहीं हम सिर खपाना चाहते॥ 33॥

जोखों

बेबसी से आज जोखों में पड़े।
नीच हैं धन चाहते दुख झेल कर॥
क्या हमें थोड़ा मिला लाखों मिले।
सिर गँवाया जो न सिर से खेलकर॥ 34 ॥

अभागे

आंज मैं बेचैन क्यों इतना हुआ।
इस तरह से क्यों घड़ों आँसू बहा॥
एक पल भी आँख लग पाई नहीं।
रात भर सिर दर्द क्यों होता रहा॥ 35 ॥

दुख बहुत भोगे, बड़ी साँसत सही।
आँसुओं की धार ही में नित बहे॥
टूट पड़ती ही रही सिर पर बिपद।
सिर पटकते कूटते ही हम रहे॥ 36 ॥

दिनों का फेर

मुँह दिखातीं नहीं उमंगें अब।
सब बड़े चाव हो गये सपने॥
है बुढ़ापा डरावना इतना।
सिर लगा बात बात में कँपने॥ 37 ॥

है दिनों के फेर से किसकी चली।
थे पड़े नुच धूल में बेले खिले॥
ताज थे जिन पर कभी हीरे जड़े।
उन सिरों को पाँव ठुकराते मिले॥ 38 ॥

सिर सूँघना

गोद में चाव से सभों को ले।
नेह की बेलि सींच देते हैं॥
प्यार की बास से न बस में रह।
सिर उमग लोग सूँघ लेते हैं॥ 39 ॥

अपना मतलब

दी गयी क्यों डाल मेरे सिर बला।
बच गये हम आज सिर से खेल के॥
दूसरों की आँख में सब दिन रहे।
दूसरों के सिर बराबर बेल के॥ 40 ॥

तरह-तरह की बातें

दुख-हवायें हैं बहुत झकझोरतीं।
क्यों नहीं सुख-पेड़ की हिलतीं जड़ें॥
है मुसीबत की घटा घहरा रही।
क्यों न ओले सिर मुड़ाते ही पड़ें॥ 41 ॥

खायँगे मुँह की पड़ेंगे पेंच में।
जो खिजाने और बहकाने लगे॥
कोढ़ की तो खाज हम हैं बन रहे।
किस लिये सिर आप खुजलाने लगे॥ 42 ॥

जो बला जाने बिना ही सिर पड़े।
क्यों भला उससे न जाते लोग घिर॥
किस तरह बन्दर बिचारा जानता।
है तबेले की बला बन्दर के सिर॥ 43 ॥

दूसरों को देख फलते फूलते।
मुँह बना जिसका रहा सब दिन तवा॥
क्यों कलेजे के बिना जनमा न वह।
सिर गुबुकपन पर दिया जिसने गँवा॥ 44 ॥

है बुरा कुछ धन जगह के ही लिये।
बेच करके नाम जो कोई जिये॥
नामियों ने राज की तो बात क्या।
नाम पाने के लिये सिर तक दिये॥ 45 ॥

चूक है तब भी अगर सँभले नहीं।
जब कि ऊँचे पर हुए आकर खड़े॥
भूल है तब भी न जो भारी बने।
जब कि सारा भार सिर पर आ पड़े॥ 46 ॥

थे अभी कल तक रगड़ते नाक वे।
आज इतना किस तरह जी बढ़ गया॥
कर उतारा हम उतारेंगे उसे।
भूत सिर पर जो किसी के चढ़ गया॥ 47॥

बन गयीं चाहतें चुड़ैलों सी।
रँग चढ़ा सूरतें निवानी का॥
चोचले चल गये उमंगों के।
भूत सिर पर चढ़े जवानी का॥ 48॥

जो कि उकठा काठ है बिलकुल उसे।
क्यों खिलाना या फलाना हम चहें॥
क्या करेंगे तीर पत्थर पर चला।
कूढ़ से सिर मारते कब तक रहें॥ 49॥

सिर और बाल

तब हरा कुँभला गया जी भी बना।
क्यों भला उनसे न रस बूँदें चुयें॥
सिर! बले तुम में दिये जो ज्ञान के।
जब उन्हीं के बाल काले हैं धुएँ॥ 50॥

देख कर उनका कड़ापन रूप रँग।
बात सिर! मैंने कही कितनी सही॥
हो बुरे कितने विचारों से भरे।
बाल बन कर फूट निकले हैं वही॥ 51॥

जब कि सिर बो दिये बदी के बीज।
जब बुरे रंग में सके तुम ढाल॥
तब भला किस लिये न लेते जन्म।
बाल जैसे कुरूप काले बाल॥ 52॥

सिर और पाँव

जोहते मुँह दिन बिताते एक हैं।
एक के जी की नहीं कढ़ती कसर॥
पाँव सिर को हैं लगाते ठोकरें।
सिर सदा गिरते मिले हैं पाँव पर॥ 53॥

तुम उसे भी कभी न हीन गिनो।
जो दबा नित रहे बहुत ही गिर॥
पाँव ने ठोकरें लगा करके।
कर दिये चूर चूर कितने सिर॥ 54॥

घट सकेगा पद न भारी का कभी।
बात लगती कह भले ही ले छटा॥
जो लगा दीं पाँव ने कुछ ठोकरें।
तो भला सिर मान इससे क्या घटा॥ 55॥

तुम न भारीपन गँवा हलके बनो।
मत किसी को प्यार करने से रुको॥
हैं अकड़ते पाँव तो अकड़े रहें।
पर सभी के सामने सिर तुम झुको॥ 56॥

अन्योक्ति

थी कभी चमकी जहाँ पर चाँदनी।
देख पड़ती है घटा काली वहीं॥
धूल सिर! तुम पर गिरी तो क्या हुआ।
फूल चन्दन ही सदा चढ़ते नहीं॥ 57॥

मत करो हर बात में चालाकियाँ।
साथ में पड़ तुम किसी सिरफिरे के॥
हैं बनी बातें बिगड़ जातीं कहीं।
सिर! बने चालाक परले सिरे के॥ 58॥

गोद में गिर प्यार के पुतले बने।
जंग में गिर कर सरगसुख से घिरे॥
पर उसी दिन सिर! बहुत तुम गिर गये।
पाजियों के पाँव पर जिस दिन गिरे॥ 59॥

यों न थोड़ा मान पा इतरा चलो।
धूल उड़ती कब नहीं है धूल की॥
सिर अगर फूले समाते हो नहीं।
फूल की माला पहन तो भूल की॥ 60॥

था भला तुम खुल गये होते तभी।
जब तुमारा ढब न जाता था सहा॥
चोट खाई तर लहू से हो गये।
तब अगर सिर! खुल गये तो क्या रहा॥ 61॥

जब बुरी रुचि-कीच में डूबे रहे।
तब हुआ कुछ भी नहीं नित के धुले॥
सिर! यही था ठीक खुलते ही नहीं।
बेपरद करके किसी को क्या खुले॥ 62॥

साधते निज काम वैसे ही रहे।
जब तुमारा काम जैसे ही सधा॥
सिर कभी तुम पर बँधी सेल्ही रही।
मोतियों का था कभी सेहरा बँधा॥ 63॥

जब पड़े लोग टूट में तुमसे।
तब अगर टूट तुम गये तो क्या॥
जब रहे फूट डालते घर में।
तब अगर फूट तुम गये तो क्या॥ 64॥

झोंक दो उन मतलबों को भाड़ में।
उन पदों को तुम गिनो मुरदे सड़े॥
मान खो अभिमानियों के पाँव पर।
सिर! तुम्हें जिनके लिये गिरना पड़े॥ 65॥

सब तरह की की गयी करनी व फल।
रात दिन सम साथ दोनों हैं जुड़े॥
सिर रहे जब दूसरों को मूँड़ते।
तब भला तुम भी न क्यों जाते मुड़े॥ 66॥

जब कलेजा ही तुमारे है नहीं।
तब सकोगे किस तरह तुम प्यार कर॥
सिर! जले वह सुख तुम्हें जो मिल सका।
वार अपने को छुरे की धार पर॥ 67॥

जब सके बाँध पूच मंसूबे।
तब तुम्हें क्यों न हम बँधा पाते॥
जब कि अन्धेर कर रहे हो सिर।
तब न क्यों बाल बाल बिन जाते॥ 68॥

लोग बेजोड़ चाल चलते ही।
चट लगा जोड़ बन्द लेवेंगे॥
सिर अगर तोड़फोड़ भाता है।
तो तुम्हें तोड़ फोड़ देवेंगे॥ 69॥

सिर भलाई हाथ में ही सब दिनों।
सब निराले रंग की ताली रही॥
कब भला उजले हुए जल से धुले।
कब लहू से लाल हो लाली रही॥ 70॥

सिर बहुत से बंस को तुमने अगर।
कर दिया बरबाद आपस में लड़ा॥
तो तुमारी बूझ मिट्टी में मिली।
औ तुमारी सूझ पर पत्थर पड़ा॥ 71॥

सादगी में कब भले लगते न थे।
बाँकपन किसने दिया तुमको सिखा॥
सिर अगर पट्टा लिया तुमने रखा।
तो बनावट का लिया पट्टा लिखा॥ 72॥

बाल जूड़े में अभी तो थे बंधे।
छूटते ही क्यों उन्हें लटका दिया॥
भूल अपनापन फबन की चाह से।
सिर तुम्हीं सोचो कि तुमने क्या किया॥ 73॥

हो सनक सिड़ सेवड़ापन से भरे।
सब तरह की है बहुत तुममें कसर॥
पर सराहे सिर गये सबमें तुमहीं।
यह सरासर है कमालों का असर॥ 74॥

खोपड़ी

हितगुटके

आँच में पड़ लाल जब लोहा हुआ।
मार पड़ती है तभी उस पर बड़ी॥
जब कि होते हो तमक कर लाल तुम।
लाल हो जाती न तब क्यों खोपड़ी॥ 1॥

डाँट के साथ बेधड़क मुँह से।
जब कि हैं गालियाँ निकल आती॥
लट्ठ का सामना हुए पर तो।
खोपड़ी लाल क्यों न हो जाती॥ 2॥

फल उसीकी करनियों का वह रही।
जब कभी जिसको भुगतनी जो पड़ी॥
गंज उसमें है बुराई का न कम।
हो गयी गंजी इसीसे खोपड़ी॥ 3॥

क्यों बिठाली तभी नहीं पटरी।
जब बढ़ा बैर था न थी पटती॥
जब कि रिस से रही फटी पड़ती।
तब भला क्यों न खोपड़ी फट्ती॥ 4॥

जड़ लड़ाई की कहाती है हँसी।
लत हँसी की छोड़ दो, मानो कही॥
क्यों खिजाते खीजनेवालों को हो।
खोपड़ी तो है नहीं खुजला रही॥ 5॥

सुनहली सीख

है बुरे संग का बुरा ही हाल।
कब न उसने दिया बिपद में डाल॥
थी चली तो कुचालियों ने चाल।
खोपड़ी हो गयी हमारी लाल॥ 6॥

फूल बरसे, फूलही मुँह से झड़े।
कब नहीं लोहा लिये लोहू बहा॥
चाहिए था रंग बिगड़े ही नहीं।
रँग गयी जो खोपड़ी तो क्या रहा॥ 7॥

काम कब जागे मसानों में सधे।
भाग जागे कब किये भूलें बड़ी॥
हो जगाते खोपड़ी क्यों मरमिटी।
छोड़ जीती जागती निज खोपड़ी॥ 8॥

जो कि बेचारापन सिखाती है।
मिल न जिसमें सके बिचार बड़े॥
खोपड़ी कौन काम की है वह।
दे सके काम जो न काम पड़े॥ 9॥

निराले-नगीने

कौन केवल नाम पाने के लिये।
साँसतें अपनी कराता है बड़ी॥
हम कहे जावें धनी, इस चाह से।
कौन गंजी है कराता खोपड़ी॥ 10॥

दूसरों के ही गुनाहों से कभी।
बेगुनाहों ने उठाये दुख बड़े॥
मुँह सुनाता बेतुकी गाली रहा।
पर थपेड़े खोपड़ी ही पर पड़े॥ 11॥

बेढंगे

कह सुनायेंगे न मानेंगे कभी।
बात चाहे हो न कितनी ही सड़ी॥
कुछ अजब है खोपड़ी उनकी बनी।
जो कि खा जाते हैं सबकी खोपड़ी॥ 12॥

कह बड़ी पूच बेतुकी बातें।
बेतुकापन बहुत दिखाते हैं॥
है अजब चाट लग गयी उनको।
खोपड़ी जो कि चाट जाते हैं॥ 13॥

दिनों का फेर

फूल की माला कभी जिस पर फबी।
कँलगियाँ जिस पर रहीं सब दिन ठटी॥
धूल में मिल कर पड़ी थी खेत में।
एक दिन वह खोपड़ी टूटी फटी॥ 14॥

बीत सकते एकसे सब दिन नहीं।
एकसी होती नहीं सारी घड़ी॥
बास से जो थी फुलेलों के बसी।
बाँस खाये थी पड़ी वह खोपड़ी॥ 15॥

तरह तरह की बातें

डाल कितने बल बुलाया है उसे।
है बला सिर पर हमारे जो पड़ी॥
हम भला कैसे न औंधे मुँह गिरें।
है अजब औंधी हमारी खोपड़ी॥ 16॥

लोग कितने लुट हँसी में ही गये।
खेल में फुँकती है कितनी झोंपड़ी॥
कौनसे अन्धेर अन्धाधुन्ध को।
कर दिखाती है न अन्धी खोपड़ी॥ 17॥

सोच कर अपनी गयी-बीती दशा।
है नहीं जिसमें कि हलचल सी पड़ी॥
मैं कहूँगा तो हुआ कुछ भी नहीं।
जो न सौ टुकड़े हुई वह खोपड़ी॥ 18॥

क्यों कढ़ेंगे चिलचिलाती धूप में।
वे सहेंगे किस तरह आँचें कड़ी॥
भाग से ही धूप थोड़ी सी लगे।
है चिटिक जाती न जिनकी खोपड़ी॥ 19॥

माथा

देव देव

देखने वाली अगर आँखें रहें।
तो कहाँ पर नाथ दिखलाये नहीं॥
बीच ही में घूम है माथा गया।
लोग माथे तक पहुँच पाये नहीं॥ 1॥

दिल के फफोले

कल नहीं जिसके बिना पल भर पड़ी।
देख कर जिसका सदा मुखड़ा जिये॥
जो वही दे आँख में चिनगी लगा।
तो भला माथा न ठनके किस लिये॥ 2॥

पीस डाला है जिन्होंने जाति को।
फिर मचाने वे लगे ऊधम नये॥
देख कर यह घूम सिर मेरा गया।
बैठ माथे को पकड़ कर हम गये॥ 3॥

करतबी

क्या नहीं है कर दिखाता करतबी।
कब कमर कस वह नहीं रहता खड़ा॥
उलझनें आयीं बहुत सी सामने।
बल न माथे पर कभी उसके पड़ा॥ 4॥

पाठ जिसने कर दिखाने का पढ़ा।
संकटों में जो सका जीवट दिखा॥
काम करके ही जगह से जो टला।
वह सका है टाल माथे का लिखा॥ 5॥

हैं चिमट कर काढ़ लेतीं चींटियाँ।
धूल में मिलजुल गयी चीनी छिंटी॥
है भला किस काम का वह जो कहे।
कब किसी से लीक माथे की मिटी॥ 6॥

धाक जिनकी मानती दुनिया रही।
साध कर सब काम जो फूले फले॥
वे भला कब छोड़ अपने पन्थ को।
मान माथे की लकीरों को चले॥ 7॥

काम की धुन में लगे हँसते हुए।
सब तरह की आँच को जिसने सहा॥
लीक माथे की कुचल कर जो बढ़े।
कब भला उनके न माथे धन रहा॥ 8॥

दूर कर दूँगा उपायों से उन्हें।
बासमझ यह बात जी में ठान लें॥
उलझनें जितनी कि माथे पर पड़ें।
फेर माथे का न उनको मान ले॥ 9॥

नयी पौध

हैं नयी पौधें बिगड़ती जा रहीं।
क्या कहूँ यह रोग उपजा है नया॥
देख कर उनका निघरघटपन खुला।
लाज से माथा हमारा झुक गया॥ 10॥

निज धरम से ए खिंचे ही से रहे।
खिंच नहीं आये इधर खींचा बहुत॥
देख इनका इस तरह माथा फिरा।
आज माथा हो गया नीचा बहुत॥ 11॥

आजकल के छोकरे सुनते नहीं।
हम बहुत कुछ कह चुके अब क्या कहें॥
मानते ही वे नहीं मेरी कही।
हम कहाँ तक मारते माथा रहें॥ 12॥

सब पढ़ा लिक्खा मगर कोरे रहे।
रह नहीं पाया छिछोरापन ढका॥
क्यों बड़ों का कर नहीं सकते अदब।
देख उनको क्यों न माथा झुक सका॥ 13॥

दूसरा क्या काम होगा आपसे।
फबतियाँ लेंगे बनायेंगे उन्हें॥
कह दिया बाबा यही क्या कम किया।
आप क्यों माथा नवायेंगे उन्हें॥ 14॥

कूढ़

कुछ न समझे बेतुकी बातें कहे।
कुछ न जाने, जानने का दम भरे॥
इस तरह के कूढ़ से करके बहस।
किस लिये माथा कोई पच्ची करे॥ 15॥

सुनहली सीख

लोग उनसे ही सदा डरते रहे।
सब बुरे बरताव से जो डर सके॥
कर सके अपना न जो ऊँचा चलन।
वे कभी माथा न ऊँचा कर सके॥ 16॥

राह में रोड़े पड़ेंगे क्यों नहीं।
जायगी जब धूल में रस्सी बटी॥
रंग रहता है नहीं माथा रँगे।
बात कब माथा पटकने से पटी॥ 17॥

थपेड़े

क्या कहें दुख है बड़ा, बातें भली।
कर सकीं, जो आपके जी में न घर॥
आप ही मुझको सिकुड़ जाना पड़ा।
आपका माथा सिकुड़ता देख कर॥ 18॥

क्या हुआ जो आज आकर जोश में।
आपने बातें बहुत लगती कहीं॥
देख सेंदुर दूसरे का मैं कभी।
फोड़ लेना चाहता माथा नहीं॥ 19॥

बेबसी

कुछ भले मानस रहे दुख झेलते।
देख यह, मैंने वचन हित के कहे॥
कुछ न बोले आँख उनकी भर गयी।
ठोंक कर माथा बेचारे चुप रहे॥ 20 ॥

दुख मुझे सारे भुगतने ही पड़े।
मैं जनता सौ सौ तरह के कर थका॥
कोसते हो दूसरों को किस लिये।
कौन माथे की लिखावट पढ़ सका॥ 21 ॥

तरह-तरह की बातें

सामने कब आपके कोई पड़ा।
आपका किस पर नहीं है दबदबा॥
दूसरों की बात ही क्या, भाग भी।
देख ऊँचा आपका माथा दबा॥ 22 ॥

आप पर बीती गये वे लोग भग।
जो अभी थे आपको देते भड़ी॥
दूसरों की की गयी सब नटखटी।
देखता हूँ आपके माथे पड़ी॥ 23 ॥

दुख भरे अपने बहुत दुखड़े सुना।
पाँव उसका हम पकड़ते ही रहे॥
पर दया बेपीर को आयी नहीं।
रात भर माथा रगड़ते ही रहे॥ 24 ॥

आपसे रुतबा हमारा कम नहीं।
आपसे रगड़े नहीं हमने किये॥
आपसे कुछ माँगने आये नहीं।
आपने माथा सिकोड़ा किस लिये॥ 25 ॥

तोड़ नाता प्यार का बेदर्द बन।
नाश दीये ने फतिंगे का किया॥
रात भर जलना व थर थर काँपना।
दैव ने माथे इसी से मढ़ दिया॥ 26 ॥

जो मिला वह आप उस पर कुछ न कुछ।
लाद देने के लिये ललका रहा॥
बोझ से ही तो रहा सब दिन दबा।
बोझ माथे का कहाँ हलका रहा॥ 27॥

जिसके दर पर झूम रहे थे हाथी।
ओर न मिल सकता था जिसके धन का॥
वही माँगता फिरता था कल टुकड़े।
देख दशा यह मेरा माथा ठनका॥ 28॥

अन्योक्ति

पेच में अपनी लिखावट के फँसा।
दूसरों को फेर में डाला किये॥
देख माथा यह तुमारी नटखटी।
हो किसी का जी न खट्टा किस लिये॥ 29॥

सुख दुखों की जड़ बताये जो गये।
भेद जिनके खुल नहीं अब तक सके॥
छाँह तक दी उस लिखावट की नहीं।
सब, सदा माथा बहुत तुमसे छके॥ 30॥

झंझटों में दूसरों को डाल कर।
क्या रहा माथा भरोसा नाम का॥
जो तुमारे काम ऊँचे हैं न तो।
है न ऊँचापन तुम्हारा काम का॥ 31॥

वे न हों, या हों, करे बकवाद कौन।
हम उन्हें तो देख सकते हैं न चीर॥
पर सुनो माथा यही क्या है सलूक।
क्यों बनाते हो लकीरों का फकीर॥ 32॥

जो रहे सब दिन कनौड़े ही बने।
आज उनके सैकड़ों ताने सहे॥
किस तरह माथा तुम्हें ऊँचा कहें।
जब हमें नीचा दिखाते ही रहे॥ 33॥

आज दिन पहने जवाहिर जो रहा।
कल वही गहने गिरों रख कर जिया॥
जब कि तुमसे लोग तंगी में पड़े।
तो तुम्हारा देख चौड़ापन लिया॥ 34॥

भौंह

सुनहली सीख

जो नहीं सींच सींच कर पाले।
तो कुचल दे न बेलियाँ बोई॥
हौसलों के गले मरोड़े क्यों।
भौंह अपनी मरोड़ कर कोई॥ 1॥

अपयशों से बचे रहे वे ही।
चल सके जो बचा बचा करके॥
दूसरों को रहे नचाता क्यों।
भौंह अपनी नचा नचा करके॥ 2॥

इस तरह से चाहिए चलना उसे।
प्यार का पौधा सदा जिससे पले॥
बिजलियाँ जिससे कलेजों पर गिरें।
इस तरह से भौंह कोई क्यों चले॥ 3॥

आनबान

किस लिये पट्टी पढ़ाते हैं हमें।
कह सकेंगे हम नहीं बातें गढ़ी॥
खिंच गयीं भौंहे बला से खिंच गयीं।
चढ़ गयीं हैं तो रहें भौंहें चढ़ी॥ 4॥

कर भला किसको नहीं सीधा सके।
बात सीधी कह बने सीधे रहे॥
दूर टेढ़ापन किसी का कब हुआ।
बात टेढ़ी, भौंह टेढ़ी कर कहे॥ 5॥

हितगुटके

क्यों नशे में अनबनों के चूर हो।
मेल की बूटी नहीं क्यों छानते॥
दूसरे तब भौंह तानेंगे न क्यों।
जब कि तुम हो भौंह अपनी तानते॥ 6॥

छोड़ मरजादा गँवा संजीदगी।
यह बता दो कौन संजीदा बना॥
मान कैसे मान को खोकर रहे।
है मटकना भौंह मटकाना मना॥ 7॥

नोकझोंक

जब कि उलझी मतलबों में वह रही।
जब कि भलमंसी उसे छूते मुई॥
जब टके सीधे हुए सीधी हुई।
तब किसी की भौंह सीधी क्या हुई॥ 8॥

है अजब यह ही कलेजे में न जो।
बात लगती नोक बरछी सी खुभे॥
आप ही समझें अचम्भा कौन है।
जो कटीली भौंह काँटे सी चुभे॥ 9॥

आँख

देव देव

पाँवड़े कैसे न पलकों के पड़ें।
जोत के सारे सहारे हो तुम्हीं॥
आँख में बस आँख में हो घूमते।
आँख के तारे हमारे हो तुम्हीं॥ 1॥

देखनेवाली न आँखें हों, मगर।
देखने का है उन्हें चसका बड़ा॥
आप परदा किस लिए हैं कर रहे।
हो भले ही आँख पर परदा पड़ा॥ 2॥

जान कर भी जानते जिसको नहीं।
क्यों उसीके जानने का दम भरें॥
आप ही क्यों आँख अपनी लें कुचो।
क्यों किसी की आँख में उँगली करें॥ 3 ॥

देख कर आँख देख ले जिनको।
वे बनाये गये नहीं वैसे॥
आँख में जो ठहर नहीं सकता।
आँख उस पर ठहर सके कैसे॥ 4 ॥

राह पर साथ राहियों के चल।
साहबी साख से उसे देखें॥
आँख का आँख जो कहाती है।
हम उसी आँख से उसे देखें॥ 5 ॥

जोत न्यारी तो नहीं दिखला पड़ी।
आँख में क्यों ज्ञान के दीये बलें॥
आँख में अंजन अनूठा लें लगा।
हम जमायें आँख या आँखें मलें॥ 6 ॥

है जहाँ में कहाँ न जादूगर।
पर दिखाया न देखते ही हो॥
भूल जादूगरी गयी सारी।
आँख जादूभरी भले ही हो॥ 7 ॥

है जहाँ आँख पड़ नहीं सकती।
आँख मेरी वहाँ न पाई जम॥
जग-पसारा न लख सके सारा।
आँख हमने नहीं पसारा कम॥ 8 ॥

दिल के फफोले

गाय काँटों से छिदी है जा रही।
फूल से जाती सजाई है गधी॥
आँख कैसे तो नहीं होती हमें।
जो न होती आँख पर पट्टी बँधी॥ 9 ॥

रात कैसे कटे न आँखों में।
क्यों न चिन्ताभरी रहें माँखें॥
हो गया छेद जब कि छाती में।
क्यों न छत से लगी रहें आँखें॥ 10॥

मतलबों का भूत सिर पर है चढ़ा।
दूसरों पर निज बला टालें न क्यों॥
जब गयी हैं फूट आँखें भीतरी।
लोन राई आँख में डालें न क्यों॥ 11॥

क्यों दुखे बेतरह, बहुत दुख दे।
किस लिये बार बार है गड़ती॥
है रही फूट फूट जाये तो।
किस लिये आँख है फटी पड़ती॥ 12॥

चाहिए क्या उसे झिपा देना।
हैं जिसे देख लोग झुक जाते॥
क्यों उसे आँख से गिरा देवें।
आँख पर हैं जिसे कि बिठलाते॥ 13॥

सच्चे देवते

आँख उनकी राह में देवें बिछा।
प्यारवाली आँख से उनको लखें॥
आँख जिससे जाति की ऊँची हुई।
आँख पर क्या आँख में उनको रखें॥ 14॥

लौ-लगों से न क्यों लगा लें लौ।
दिल उन्हें दिल से क्यों नहीं देते॥
पाँव की धूल लालसा से ले।
आँख में क्यों नहीं लगा लेते॥ 15॥

अपने दुखड़े

आँख अन्धी किस तरह होती न तब।
जब मुसीबत रंग दिखलाती रही॥
आँख पानी के बहे है बह गयी।
आँख आये आँख ही जाती रही॥ 16॥

क्यों निचुड़ता न आँख से लोहू।
जब लहू खौल बेतरह पाया॥
आँख होती न क्यों लहू जैसी।
आँख में जब लहू उतर आया॥ 17॥

जब कि काँटे राह में बोने चले।
बीज तो क्यों फूल के वो देखते॥
जब हमारी आँख टेढ़ी हो गयी।
क्यों न टेढ़ी आँख से तो देखते॥ 18॥

ठीकरी आँख पर गयी रक्खी।
अन्धपन आँख का नहीं जाता॥
देख कर जाति का लहू होते।
किस तरह आँख से लहू आता॥ 19॥

जाति को जाति ही सतावे तो।
दूसरे भी न क्यों बनें दादू॥
क्यों न हो आँख आँखवालों को।
आँख पर आँख क्यों करे जादू॥ 20॥

हम निचोड़ें कहाँ तलक उसको।
आँख में अब नहीं रहा आँसू॥
आँख पथरा न किस तरह जाती।
आँख से है घड़ों बहा आँसू॥ 21॥

बेतरह हैं दबे दुखों से हम।
क्यों करें आह किस तरह काँखें॥
तन हुआ सूख सूख कर काँटा।
भूख से नाच हैं रही आँखें॥ 22॥

दूर कायरपन नहीं जब हो सका।
तब भला कैसे न दिल धड़का करे॥
बाँह मेरी तो फड़कती ही नहीं।
है फड़कती आँख तो फड़का करे॥ 23॥

दिल के छाले

देख कर दुखभरी दशा उनकी।
आँख किसकी भला न भर आयी॥
अधखिले फूल जो कि खिल न सके।
अधखुली आँख जो न खुल पायी॥ 24॥

तू न तेवर भी है बदल पाता।
क्या किसी ने सता तुझे पाया॥
देख उतरा हुआ तेरा चेहरा।
आँख में है लहू उतर आया॥ 25॥

जो उजाला है अँधेरे में किये।
लाल अपना वह न खो बैठे कोई॥
काढ़ लीं जावें न आँखें और की।
आँख को अपनी न रो बैठे कोई॥ 26॥

आनबान

बढ़ नहीं पाया कभी कोई कहीं।
बेतरह बेढंग लोगों को बढ़ा॥
हम नहीं सिर पर चढ़ा सकते उसे।
वह भले ही आँख अपनी ले चढ़ा॥ 27॥

लुचपने पाजीपने से झूठ से।
हम डरेंगे वे भले ही मत डरें॥
आँख की देखी कहेंगे लाख में।
मारते हैं आँख तो गारा करें॥ 28॥

कुढ़ उठा जी भला नहीं किसका।
जब दिखाई पड़ीं कढ़ी आँखें॥
कुछ हमें भी गया नशा सा चढ़।
देख उसकी चढ़ी चढ़ी आँखें॥ 29॥

हितगुटके

वह बनेगी भला लड़ेती क्यों।
जो रही लाड़ प्यार में लड़ती॥
आँख जब थे निकालते योंही।
आँख कैसे न तब निकल पड़ती॥ 30॥

है बड़ा ही निठुर निपट बेपीर।
बेबसों को सता गया जो फूल॥
जो उठा तक सके न अपनी आँख।
आँख उस पर निकालना है भूल॥ 31॥

नाम के ही कुछ गुनाहों के लिये।
है गला घोंटा नहीं जाता कहीं॥
जो कि टेढ़ी आँख से हो देखता।
आँख उसकी काढ़ ली जाती नहीं॥ 32॥

दूसरों पर जो निछाबर हो गये।
सह सके पर के लिये जो लोग सब॥
पाठ परहित का नहीं जो पढ़ सके।
वे भला उनसे मिलाते आँख कब॥ 33॥

वे किसी काम के नहीं होते।
तुन सकेंगे न वे तुनी रूई॥
जो कि चाहेंगे जाँय सब कुछ बन।
पर निकालेंगे आँख की सूई॥ 34॥

नाच रँग की मिठास के आगे।
नींद मीठी न जब रही भाती॥
जागना जब न लग सका कड़वा।
तब भला आँख क्यों न कड़वाती॥ 35॥

यह तभी होगा कि लगकर के गले।
हम दबायेंगे न समधी का गला॥
प्यार की रग जब न हो ढीली पड़ी।
जब न होवे आँख का पानी ढला॥ 36॥

और को करते भलाई देखकर।
ऊब करके किस लिये साँसें भरें॥
कर सकें, हम भी भला ही तो करें।
आँख भौं टेढ़ी करें तो क्यों करें॥ 37॥

मुँह पिटा मुँह की सदा खाते रहें।
मान से मुँह मोड़ मनमानी करें॥
हैं बिना मारे मरे वे लोग जो।
आँख मारें आँख के मारे मरें॥ 38॥

फिर गयीं आँखें अगर तो जाँय फिर।
आँख फेरे हम न बातों से फिरें॥
खोल कर आँखें न आँखें मूँद लें।
आँख पर चढ़ कर न आँखों से गिरें॥ 39॥

बात बिगड़े बेतरह बिगड़ें नहीं।
क्यों रखें पत, कर किसी को राख हम॥
आँख होते किस लिये अन्धे बनें।
आँख निकले क्यों निकालें आँख हम॥ 40॥

जो न होना चाहिए होवे न वह।
साखवाले ध्यान रक्खें साख का॥
आँख वाले पर न चलना चाहिए।
आँख का जादू व टोना आँख का॥ 41॥

हैं खटकते क्यों किसी की आँख में।
मूँदने को आँख क्यों बातें गढ़ें॥
फोड़ने को आँख फोड़ें आँख क्यों।
क्यों चढ़ा कर आँख आँखों पर चढ़ें॥ 42॥

देख लें आँख क्यों किसी की हम।
पड़ गये भीड़ क्यों कुढ़ें काँखें॥
क्यों खुला आँख कान को न रखें।
क्यों करें काम बन्द कर आँखें॥ 43॥

किस लिये हम रखें न मनसूबे।
किस लिये बात बात में माँखें॥
क्यों झिपाता रहे हमें कोई।
क्यों झिपें और क्यों झपें आँखें॥ 44॥

सुनहली सीख

बादलों की भाँति उठना चाहिए।
जल बरस कर हित किये जिसने बड़े॥
इस तरह से किस लिये कोई उठे।
आँख जैसा बैठ जाना जो पड़े॥ 45॥

है जिसे कुछ भी समझ वह और की।
राह में काँटा कभी बोता नहीं॥
कर किसीसे बेसबब उपराचढ़ी।
आँख पर चढ़ना भला होता नहीं॥ 46॥

हैं भले वे ही भलाई के लिये।
रात दिन जिनकी कमर होवे कसी॥
प्यार का जी में पड़ा डेरा रहे।
आँख में सूरत रहे हित की बसी॥ 47॥

जो कि जी की आग से जलता रहा।
मिल सकी है कब उसे ठंढक कहीं॥
देख पाती जो भला नहिं और का।
आँख वह ठंढी कभी होती नहीं॥ 48॥

जो कलेजा पसीज ही न सका।
तो किया रात रात भर रो क्या॥
मैल जो धुल सका नहीं मन का।
आँख आँसू से धो किया तो क्या॥ 49॥

उलझनें डालता फिरे न कभी।
और की राह में कुआँ न खने॥
है बुरा, जान बूझ करके जो।
आँख की किरकिरी किसी की बने॥ 50॥

तिर सके जो न दुख-लहरियों में।
क्यों न उनमें तो फिर उतर देखें॥
हम किसी के फटे कलेजे को।
आँख क्यों फाड़ फाड़ कर देखें॥ 51॥

तो दया है न नाम को हममें।
हैं हमें देख नेकियाँ रोतीं॥
चूर होते किसी बेचारे से।
चार आँखें अगर नहीं होतीं॥ 52॥

जब कि भाते नहीं सगों को हो।
किस तरह दूसरों को तब भाते॥
जब कि तुम हो उतर गये जी से।
आँख से तो उतर न क्यों जाते॥ 53॥

उन भली अनमोल रुचियों ओर जो।
बन सुचाल अँगूठियों के नग सकीं॥
जी लगायेंगे भला तब किस तरह।
जब नहीं आँखें हमारी लग सकीं॥ 54॥

चाहता चित अगर तुमारा है।
चितवनों के तिलिस्म को तोड़ो॥
आँख से आँख का मिलाना, या।
आँख में आँख डालना छोड़ो॥ 55॥

भेद दुख का हमें मिलेगा तब।
जब कि हम आप भोग दुख लेवें॥
देख लें आँख फोड़ कर अपनी।
और की आँख फोड़ तब देवें॥ 56॥

दुख अगर कान खोल कर न सुनें।
तो न हम कान में भरें रूई॥
जो निकालें न आँख का काँटा।
डाल दें तो न आँख में सूई॥ 57॥

तो अहित बीज क्यों बखेरें हम।
जाय हित-बेलि जो नहीं बोई॥
क्यों मजा किरकिरा किसी का कर।
आँख की किरकिरी बने कोई॥ 58॥

अंग हैं एक दूसरे के सब।
क्या न आँखें दुखीं दुखे दाढ़ें॥
क्यों किसी आँख में करें उँगली।
काढ़ कर आँख आँख क्यों काढ़ें॥ 59॥

हो सके वह न दूर आँखों से।
हम बहुत प्यार से जिसे रक्खें॥
आँख जिस पर कि है हमें रखना।
सामने आँख के उसे रक्खें॥ 60॥

है वही प्यार से भरा मिलता।
हम बड़े प्यार से जिसे देखें॥
कौन है आँख का नहीं तारा।
हम कड़ी आँख से किसे देखें॥ 61॥

आँख जल जाय देख देख जिसे।
आँख काजल उसे बना लें क्यों॥
आँख का तिल है गर हमें प्यारा।
आँख का तेल तो निकालें क्यों॥ 62॥

निराले नगीने

हैं बेगाने तो बेगाने ही मगर।
कम नहीं लाते सगे सगे पर बला॥
है हमारी आँख देखी बात यह।
आँख पर ही आँख का जादू चला॥ 63॥

काम अपना निकालने वाले।
काम अपना निकाल लेते हैं॥
आँख में धूल डालनेवाले।
आँख में धूल डाल देते हैं॥ 64॥

जब किसी से कभी बिगड़ जावें।
तो बुरे ढंग से न बदले लें॥
धूल दें आँख में भले ही हम।
लोन क्यों आँख में किसी को दें॥ 65॥

लोग बेचैन क्यों न होवेंगे।
तंग बेचैनियाँ करेंगी जब॥
नींद जब रात रात भर न लगी।
क्यों उनींदी बनें न आँखें तब॥ 66॥

है कहीं पर मान मिल जाता बहुत।
है मुसीबत का कहीं पर सामना॥
पोंछ डाला जो गया मुँह में लगे।
आँख में कालिख वही काजल बना॥ 67॥

है कहाँ पर भले नहीं होते।
पर मिले आपसे कहीं न भले॥
आपसे आप ही जँचे हमको।
आ सका आप सा न आँख तले॥ 68॥

नोक झोंक

जब कि दे सकते नहीं जी में जगह।
तब कहीं क्या जी लगाना चाहिए॥
सोच लो आँखें चुरा कर और की।
क्या तुम्हें आँखें चुराना चाहिए॥ 69॥

प्यार में मोड़ मुँह मुरौअत से।
किरा तरह लाज मुँह दिखा पाती॥
सामने हो सकीं न जब आँखें।
आँख तब क्यों चुरा न ली जाती॥ 70॥

भाँपते क्यों न भाँपने वाले।
किस लिये बात हो बनाते तुम॥
जब चलाई गयी छिपी छुरी।
आँख कैसे न तब छिपाते तुम॥ 71॥

फिर नहीं देखा, न सीधी हो सकी।
रंग रिस पर प्यार का पाया न पुत॥
तुम मचलते ही मचलते रह गये।
पर तुमारी आँख तो मचली बहुत॥ 72॥

जब नहीं रस बात में ही रह गया।
प्यार का रस तब नहीं सकते पिला॥
जब कि जी ही मिल नहीं जी से सका।
तब सकोगे किस तरह आँखें मिला॥ 73॥

जब नहीं मेलजोल है भाता।
किस लिए जोड़ते फिरे नाते॥
जब कि है मैल जम गया जी में।
आँख कैसे भला मिला पाते॥ 74॥

वह लबालब भरा भले ही हो।
पर चलेगा न कुछ किसीका बस॥
बस यही सोच लो कहें क्या हम।
आँख टेढ़ी किये रहा कब रस॥ 75॥

क्यों बनी बातें नहीं जातीं बिगड़।
ऐंठ अनबन बीज ही जब बो गयी॥
जो किसीका जी नहीं टेढ़ा हुआ।
आँख टेढ़ी किस तरह तो हो गयी॥ 76॥

मुँह चिढ़ायेंगे या बनायेंगे।
फबतियाँ हँसते हँसते लेवेंगे॥
क्या भला और आपसे होगा।
आँख में धूल झोंक देवेंगे॥ 77॥

प्यार का देखना है बलबूता।
हार करके रमायेंगे न धुईं॥
हम न बेचारपन दिखायेंगे।
चार आँखें हुईं बला से हुईं॥ 78॥

है नहीं मुझमें अजायबपन भरा।
वह न यों बेकार हो जावे कहीं॥
क्यों बहुत हो फाड़ करके देखते।
आँख है कोई फटा कपड़ा नहीं॥ 79॥

बस किसी का रहा न पासे पर।
मति किसीकी किसी नेकब हर ली॥
लाल गोटी हुई हमारी तो।
आपने लाल आँख क्यों कर ली॥ 80॥

काम आती नहीं सगों के जब।
और के काम किस तरह आती॥
तब मिले किस तरह किसीसे, जब।
आँख से आँख मिल नहीं पाती॥ 81॥

चौकसी जिसकी बहुत ही की गयी।
खोजते हैं अब नहीं मिलता वही॥
देखते ही देखते जी ले गये।
आँख का काजल चुराना है यही॥ 82॥

किसलिये मुँह इस तरह कुम्हला गया।
किस मुसीबत की है परछाईं पड़ी॥
पपड़ियाँ क्यों होठ पर पड़ने लगीं।
आँख पर है किसलिये झाईं पड़ी॥ 83॥

दिल हमारा हमें नहीं देते।
साथ ही बन रही बुरी गत है॥
क्यों बनोगे न बेमुरौअत तब।
आँख में जब नहीं मुरौअत है॥ 84॥

जो कभी सामने न आ पाया।
हो सकेगा मिलाप उससे कब॥
जब हमें आँख से न देख सके।
आँख से आँख क्यों मिलाते तब॥ 85॥

जब कि टूटा बहुत बड़ा नाता।
तब मुरौअत का तोड़ना कैसा॥
जब किसीसे किसीने मुँह मोड़ा।
तब भला आँख मोड़ना कैसा॥ 86॥

आँख ने धूल आँख में झोंकी।
कर गयी आँख आँख साथ ठगी॥
क्यों नहीं आँख खुल सकी खोले।
क्यों लगे आँख जब कि आँख लगी॥ 87॥

किस तरह उसको गिरावें आँख से।
आँख पर जिसको कि हमने रख लिया॥
किस तरह उससे बचावें आँख हम।
आँख में जिसने हमारी घर किया॥ 88॥

आँख अपनी क्यों चुरा है वह रहा।
आँख जिसके रंग में ही है रँगी॥
क्यों नहीं आँखें उठा वह देखता।
आँख जिसकी ओर मेरी है लगी॥ 89॥

क्यों उसीको खोज हैं आँखें रहीं।
आँख में ही है किया जिसने कि घर॥
देखने को आँख प्यासी ही रही।
आँख भर आयी न देखा आँख भर॥ 90॥

वह न फूटी आँख से है देखता।
ऊबती आँखें बिगड़ जायें न क्यों॥
किस लिये हम आँख की चोटें सहें।
आँख देखें आँख दिखलायें न क्यों॥ 91॥

आँख से ही जब निकल चिनगारियाँ।
आँख को हैं बेतरह देतीं जला॥
तो कहायें आँखवाले किस लिये।
आँख होने से न होना है भला॥ 92॥

है अगर डूब डूब जाती तो।
किस लिये आँख डबडबा आवे॥
क्यों चढ़ी आँख जब हुई नीची।
क्यों उठे आँख बैठ जो जावे॥ 93॥

आँख क्यों ऊँची नहीं हम रख सके।
आँख होते आँख कैसे खो गयी॥
आँख से उतरें उतर चेहरा गया।
देख नीचा आँख नीची हो गयी॥ 94॥

आँख पर जिसको बिठाते हम रहे।
आँख से कैसे गिरा उसको दिया॥
आँख दिखला कर नचायें क्यों उसे।
जो हमारी आँख में नाचा किया॥ 95॥

जो कि अपनी ही चुराता आँख है।
चोर बनना क्यों उसे लगता बुरा॥
आँख का सबसे बड़ा वह चोर है।
जो चुराता आँख है आँखें चुरा॥ 96॥

ऐब धब्बे बुरे गँवा पानी।
बेतुकी बात धो नहीं सकती॥
सामने आँख वह करे कैसे।
सामने आँख हो नहीं सकती॥ 97॥

आँख मेरी क्यों नहीं ऊँची रहे।
आ सकेगा आँख में मेरी न जल॥
लाल आँखें हो गयीं तो हो गयीं।
हैं बदलते आँख तो लेवें बदल॥ 98॥

वे बड़े आनबानवाले हैं।
अनबनों का हमें बड़ा डर है॥
देखते बार बार हैं उनको।
आँख होती नहीं बराबर है॥ 99॥

आँख अपनी छिपा छिपा करके।
फेर मुँह आँख फेरते देखा॥
बात ही बात में तिनक करके।
आँख उनको तरेरते देखा॥ 100॥

आपकी आँखें अगर हैं हँस रहीं।
तो हँसें, बातें बता दें, जो हुईं॥
चार आँखें हो अगर पाईं नहीं।
क्यों नहीं दो चार आँखें तो हुईं॥ 101॥

जब गयी आँख पटपटा देखे।
तब पटी बात कैसे पट पाती॥
लट गये जब कि चाल उलटी चल।
आँख कैसे न तब उलट जाती॥ 102॥

जो हमारी आँख में फिरते रहे।
वे रहे वैसे न आँखों के फिरे॥
जो गिराये गिर न आँखों से सके।
गिर गये वे आँख का पानी गिरे॥ 103॥

आँख के सामने अँधेरा है।
क्यों न अन्धेर कर चलें चालें॥
आँख में है घुला लिया काजल।
आँख में धूल क्यों न वे डालें॥ 104॥

आँख की फूली फले कैसे नहीं।
हैं न कीने प्यार का घर देखते॥
जब कि आँखें अब न वह उनकी रहीं।
क्यों न तब आँखें दबा कर देखते॥ 105॥

सब सगे हैं उन्हें सतायें क्यों।
आँख गड़ आँख में गड़े कैसे॥
चाहिए लाड़ प्यार अपनों से।
आँख लड़ आँख से लड़े कैसे॥ 106॥

हूँ न काँटा कि आँख में खटकूँ।
मैं न पथ में बबूल बोता हूँ॥
हूँ किसी आँख में न चुभता मैं।
मैं नहीं आँख-फोड़ तोता हूँ॥ 107 ॥

लाल मुँह है लाल अंगारा हुआ।
दूसरों पर बात क्यों हैं फेंकते॥
कढ़ रही हैं आँख से चिनगारियाँ।
आँख सेंकें, आँख जो हैं सेंकते॥ 108 ॥

रस के छींटें

भाग में मिलना लिखा था ही नहीं।
तुम न आये साँसतें इतनी हुईं॥
जी हमारा था बहुत दिन से टँगा।
आज आँखें भी हमारी टँग गयीं॥ 109 ॥

कुछ मरम रस का न जाना, ठग गयीं।
जो न देखे रसभरी चितवन ठगीं॥
है निचुड़ता प्यार जिसकी आँख से।
जो न उसकी आँख से आँखें लगीं॥ 110 ॥

प्यार जिस मुख पर उमड़ता ही रहा।
नेकियाँ जिस पर छलकती ही रहीं॥
रह न आलापन सका, उसका समा।
आँख में जो है समा पाता नहीं॥ 111 ॥

भौं चढ़ा करके लहू जिसने किये।
क्यों लहू रो हाथ वह अपने भरे॥
सीखता जादू फिरे तब किस लिये।
जब किसी की आँख ही जादू करे॥ 112 ॥

चाह इतनी ही न है! मतलब सधे।
हो न कुछ जादू चलाने में कसर॥
क्या हुआ जो बात में जादू नहीं।
हो किसी की आँख में जादू अगर॥ 113 ॥

किस लिये वह आग है बरसा रहा।
रस सभी जिसका कि है बाँटा हुआ॥
सब दिनों जो आँख में ही था बसा।
आज वह क्यों आँख का काँटा हुआ॥ 114 ॥

किस लिये होता कलेजा तर नहीं।
क्यों जलन भी है बनी अब भी वही॥
मेंह दुख का नित बरसता ही रहा।
आँसुओं से आँख भीगी ही रही॥ 115 ॥

विष उगलती है मदों की खान है।
चोचलें भी हैं भरे उनमें निरे॥
क्या अजब मर मर जिये माता रहे।
आँख का मारा अगर मारा फिरे॥ 116 ॥

जोत पायेंगे बहुत प्यारी कहाँ।
वे टटोलेंगे भला किस भाँति दिल॥
नाम औ रँग में भले ही एक हों।
आँख के तिल से नहीं हैं और तिल॥ 117 ॥

है समा आसमान सब जाता।
है सका सब कमाल उसमें मिल॥
क्या तिलस्मात हैं न दिखलाते।
आँख के ए तिलिस्म वाले तिल॥ 118 ॥

बावलापन साथ ही लाना बला।
जो न तेरे चुलबुलापन से कढ़ा॥
आँख! तो अनमोल तुझको क्यों कहें।
मोल तुझसे है ममोलों का बढ़ा॥ 119 ॥

आँख जिससे आँख रह जाती नहीं।
आँख से मेरी न वह आँसू बहे॥
आँख से वे दूर हो पावें नहीं।
आँख में मेरी समाये जो रहे॥ 120 ॥

आँख है आँख को लुभा लेती।
आँख रस आँख में बरसती है॥
देखने को बड़ी बड़ी आँखें।
आँख किसकी नहीं तरसती है॥ 121॥

और की आँख आँख में न गड़े।
चाहिए आँख आँख को न ठगे॥
आँख लड़ जाय आँख से न किसी।
आँख का बान आँख को न लगे॥ 122॥

देख भोलापन किसी की आँख का।
आँख कोई बेतरह भूली रही॥
देख टेसू आँख में फूला किसी।
आँख में सरसों किसी फूली रही॥ 123॥

आँख है प्यार से भरी कोई।
है किसी आँख से न चलता बस॥
है कोई आँख विष उगल देती।
है किसी आँख से बरसता रस॥ 124॥

चाल चलना पसन्द है तो क्यों।
आँख से आँख की न चल जाती॥
जब पड़ी बान है मचलने की।
आँख कैसे न तो मचल जाती॥ 125॥

आँख का फड़कना

प्यार करते राह में काँटे पड़े।
वार हम पर हो रही है बेधड़क॥
रंज औरों के फड़कने का नहीं।
आँख बायीं तू उठी कैसे फड़क॥ 126॥

कुछ भरोसा करो किसी का मत।
भौंह किसकी विपत्ति में न तनी॥
है सगा कौन, कौन है अपना।
आँख ही जब फड़क उठी अपनी॥ 127॥

सब सगे एकसे नहीं होते।
हैं न तो सब सनेह में ढीले॥
आँख दायीं न दुख पड़े फड़की।
आँख बायीं फड़क भले ही ले॥ 128॥

चेतावनी

क्यों समय को देख कर चलते नहीं।
काम की है राह कम चौड़ी नहीं॥
आँख तो हम बन्द कर लें किस लिये।
आँख दौड़ाये अगर चौड़ी नहीं॥ 129॥

आँख में है निचुड़ रहा नीबू।
आँख है फूटती, नहीं बोले॥
आँख का क्यों नहीं उठा परदा।
खुल सकी आँख क्यों नहीं खोले॥ 130॥

पास जिनका चाहिए करना हमें।
पास उनके क्यों खड़ी है दुख घड़ी॥
आँख मेरी ओर है जिनकी लगी।
आँख उनपर क्यों नहीं अब तक पड़ी॥ 131॥

जाति को देख कर दुखी, कोई।
आँख कर बन्द किस तरह पाता॥
आँख चरने न जो गयी होती।
दुख तले आँख के न क्यों आता॥ 132॥

मौत का ही सामना है सामने।
भूलते हैं पन्थ बतलाया हुआ॥
हैं अँधेरी रात में हम घूमते।
है अँधेरा आँख पर छाया हुआ॥ 133॥

प्यार के पुतले

सामने आँख के पला जो है।
दूसरे हैं पले नहीं वैसे॥
जो कहाता है आँख का तारा।
आँख में वह बसे नहीं कैसे॥ 134॥

क्यों नचाता हमें न उँगली पर।
उँगलियों को पकड़ चला है वह॥
चाहिए सामना उसे करना।
आँख के सामने पला है वह॥ 135 ॥

लाड़वाली है कहाती लाड़िली।
लाल वे हैं लाल कहते हैं जिसे॥
आँख में है आँख का पुतली बसी।
आँख के तारे न प्यारे हैं किसे॥ 136 ॥

मुँह सपूतों का अछूतापन भरा।
चाह से जिसको भलाई धो गयी॥
हो गया ठंढा कलेजा देख कर।
आँख में ठंढक निराली हो गयी॥ 137 ॥

तरह-तरह की बातें

साथ ही हम एक घर में हैं पले।
हैं हमारा पूछते क्यों आप घर॥
जायगा चरबा उतरा क्यों नहीं।
छा गयी है आँख में चरबी अगर॥ 138 ॥

दाँत टूटे पर न रँगीनी गयी।
बाल को रँगते रँगाते ही रहे॥
लाल करते ही रहे हम होंठ को।
आँख में काजल लगाते ही रहे॥ 139 ॥

मत बेचारी बेबसी से तुम भिड़ो।
है तुमारी आस ही उसको बड़ी॥
गिड़गिड़ाती है पकड़ कर पाँव जो।
क्यों तुमारी आँख उस पर ही गड़ी॥ 140 ॥

है चूक बहुत ही बड़ी, है न चालाकी।
बन समझदार नासमझी का दम भरना॥
बेटे के आगे बाप को बुरा कहना।
है बदी आँख की भौं के आगे करना॥ 141 ॥

किसने अपने बच्चों का लहू निचोड़ा।
किसने बेटी बहनों का लहू बहाया॥
कहता हूँ देखे अन्धाधुन्ध तुमारा।
सामने आँख के अँधियाला है छाया॥ 142॥

जब बिगड़े भाग बिगड़ने के दिन आये।
तब कान खोल कैसे निज ऐब सुनेंगे॥
पी ली है हमने ऐसी भंग निराली।
उलटे आँखें नीली पीली कर लेंगे॥ 143॥

जिनमें बुराइयाँ घर करती पलती हैं।
जो बन जाती हैं निठुरपने का प्याला॥
तो समझ नहीं राई भर भी है हममें।
जो उन आँखों में राई लोन न डाला॥ 144॥

अन्योक्ति

आँख में गड़कर किसी की तू न गड़।
दूसरों पर टूट तू पड़ती न रह॥
लाड़ तेरा है अगर होता बहुत।
ऐ लड़ाकी आँख तो लड़ती न रह॥ 145॥

ले सता तू सता सके जितना।
और को पेर पीस कर जी ले॥
दिन बितेंगे बिसूरते रोते।
आज तू आँख हँस भले ही ले॥ 146॥

पीसने वाले गये पिस आप ही।
कर सितम कोई नहीं फूला फला॥
मत कटीली बन कलेजा काट तू।
ऐ चुटीली आँख मत चोटें चला॥ 147॥

जो कि सजधज में लगा सब दिन रहा।
वीरता के रंग में वह कब रँगा॥
सूरमापन है नहीं सकती दिखा।
आँख सुरमा तू भले ही ले लगा॥ 148॥

धूल में तेरा लड़ाकापन मिले।
जब लड़ी तब जाति ही से तू लड़ी॥
देख तब तेरी कड़ाई को लिया।
आँख अपनों पर कड़ी जब तू पड़ी॥ 149॥

जब निकलने लग गयीं चिनगारियाँ।
तब ठहरती किस तरह तुझमें तरी॥
तब रसीलापन कहाँ तेरा रहा।
जब रसीली आँख रिस से तू भरी॥ 150॥

टूट पड़ लूटपाट करती है।
चित्त को छीन चैन है खोती॥
देख दंगा दबंगपन अपना।
आँख तू दंग क्यों नहीं होती॥ 151॥

हो सकेगी वह कभी कैसे भली।
हम सहम जिससे निराले दुख सहें॥
डाल देती है भुलावों में अगर।
तब भला क्यों आँख को भोली कहें॥ 152॥

राह सीधी चल नहीं क्या सध सका।
है सिधाई ऐंठ से आला कहीं॥
क्यों सुहाता है न सीधापन तुझे।
आँख सीधे ताकती तू क्यों नहीं॥ 153॥

डाल कर और को अँधेरे में।
औ बना कर सुफेद को काला॥
जब रही छीनती उँजाला तू।
आँख तुझमें तभी पड़ा जाला॥ 154॥

जो उँजेले से हिला सब दिन रहा।
क्यों न ऊबेगा अँधेरे में वही॥
आँख तू तो जानती ही है इसे।
है न जाला औ उँजाला एक ही॥ 155॥

जब कभी एक हो गयी तर तो।
दूसरी भी तुरत हुई तर है॥
कब दुखे एक दूसरी न दुखी।
आँख दोनों सदा बराबर है॥ 156॥

पलक

देवदेव

जब कि प्यारे गड़े तुम्हीं जी में।
तब भला दूसरा गड़े कैसे॥
जब तुम्हीं आँख में अड़े आ कर।
तब बिचारी पलक पड़े कैसे॥ 1॥

सुनहली सीख

काँपती मौत भी रही जिनसे।
जो रहे काल मारतों के भी॥
लोग तब डींग मारते क्या हैं।
जब पलक मारते मरे वे भी॥ 2॥

कब भला है पसीजता पत्थर।
क्यों न झंडे मिलाप के गाड़ें॥
क्यों बिठालें उन्हें न आँखों पर।
क्यों पलक से, न पाँव हम झाड़ें॥ 3॥

देसहित जो ललक ललक करते।
जान जो जाति के लिये देते॥
तो पलक पाँवड़े न क्यों बिछते।
क्यों पलक पर न लोग ले लेते॥ 4॥

निराले नगीने

जो फिरा दें न फेरने वाले।
तो फिरे तो हवा फिरे कैसे॥
जब गिराना न आँख ही चाहे।
तब गिरे तो पलक गिरे कैसे॥ 5॥

किस तरह से रँग बदलता है समय।
ठीक इसकी है दिखा देती झलक॥
हैं गिरे उठते व गिरते हैं उठे।
है यही उठ गिरा बता देती पलक॥ 6॥

जब सगों पर रही बिपत लाती।
तब भला क्यों निहाल हो फिरती॥
जब गिराती रही बरौनी को।
तब पलक आप भी न क्यों गिरती॥ 7॥

कौन कहता है कि हित के संगती।
छोड़ हित अनहित सकेंगे ही न कर॥
कम नहीं उसमें बरौनी गिर गड़ी।
पाहरू सी है पलक जिस आँख पर॥ 8॥

मानवाले मान जिससे पा सके।
इसलिये हैं फूल भावों के खिले॥
राह में आँखें बिछाई कब गयीं।
कब पलक के पाँवड़े पड़ते मिले॥ 9॥

नोक झोंक

है न बसता प्यार जिसमें आँख वह।
है छिपाये से भला छिपती कहीं॥
किस तरह से आप तब उठ कर मिलें।
जब पलक ही आपकी उठती नहीं॥ 10॥

एक पल है पहाड़ हो जाता।
देखने के लिये न क्यों ललकें॥
हम पलक-ओट सह नहीं सकते।
आइये हैं बिछी हुई पलकें॥ 11॥

रंग होता अगर नहीं बदला।
प्यार का रंग तो दिखाता क्यों॥
जो पलक भी नहीं उठाता था।
वह पलक पाँवड़े बिछाता क्यों॥ 12॥

क्यों उमगता आपका आना सुने।
किस लिये घी के दिये तो बालता॥
जो पलक पर चाहता रखना नहीं।
तो पलक के पाँवड़े क्यों डालता॥ 13॥

आँसू

अपने दुखड़े

कम हुआ मान किस कमाई से।
यम न यम के लिये बना क्यों यम॥
क्यों नहीं चार बाँह आठ बनी।
रो चुके आठ आठ आँसू हम॥ 1॥

कर सका दुख दूर दुख में कौन गिर।
दिल छिला किसका हमारा दिल छिले॥
पोंछने वाला न आँसू का मिला।
कम न आँसू डालने वाले मिले॥ 2॥

वह भला कैसे बलायें ले सके।
बात से जो है बलायें टालता॥
आँसुओं से वह नहा कैसे सके।
जो नहीं दो बूँद आँसू ढालता॥ 3॥

चूकते ही हम चले जाते नहीं।
आप हमको डाँट बतलाते न जो॥
भेद खुल जाते हमारे किस तरह।
आँख से आँसू टपक पाते न जो॥ 4॥

मत बढ़ो हितबीज जिनमें हैं पड़े।
खेत में उन करतबों के ही रमो॥
अब कलेजा थामते बनता नहीं।
ऐ हमारे आँसुओ तुम भी थमो॥ 5॥

हम कहे किस तरह कि खलती है।
जो हुई पेटहित पलीद ठगी॥
हिचकियाँ लग गयीं अगर न हमें।
आँसुओं की अगर झड़ी न लगी॥ 6॥

हितगुटके

बात सुन कर ज्ञान या बैराग की।
आँख भर भर कर बहुत ही रो लिया॥
मैल कुछ भी धुल नहीं जी का सका।
आँसुओं से मुँह भले ही धो लिया॥ 7॥

तो कहें कैसे कि पकते केस से।
सीख कुछ बैराग की हम पा सके॥
जो पके फल को टपकता देख कर।
आँख से आँसू नहीं टपका सके॥ 8॥

चल सका कुछ बस न आँसू के चले।
फेरते क्यों, वे नहीं फेरे फिरे॥
गिर गये आँसू गिरा करके हमें।
क्यों न गिरते आँख का पानी गिरे॥ 9॥

यह सरग से आन धरती पर बही।
आँख में वह कढ़ कलेजे से बहा॥
चाहते गंगा नहाना हैं अगर।
क्यों न लें तो प्रेम-आँसू से नहा॥ 10॥

आँख के आँसू अगर हैं चल पड़े।
तो हमें उनको फिराना चाहिए॥
आँख का पानी गिरे गिर जायँगे।
क्या हमें आँसू गिराना चाहिए॥ 11॥

आनबान

आन जाते देख आँसू पी गये।
हम न ओछापन दिखा ओछे हुए॥
पोंछने वाला न आँसू का मिला।
पुँछ गया आँसू बिना पोंछे हुए॥ 12॥

निराले नगीने

आप ही सोचें बिना ही आब के।
रह सकेगी आबरू कैसे कहीं॥
आँख का रहता न पत पानी बना।
आँख में आँसू अगर आता नहीं॥ 13॥

एक के जी की कसर जाती नहीं।
प्यार का दम दूसरे भरते रहे॥
धूल तो है धूल में देती मिला।
तरबतर आँसू उसे करते रहे॥ 14॥

जब किसी का जी कलपता है न तो।
रो उठे रोते कभी बनता नहीं॥
बँध सकेगी तब भला कैसे झड़ी।
आँसुओं का तार जब बँधता नहीं॥ 15॥

कौंध बिजली की तुरत थमते मिली।
क्या अचानक मेह है थमता कहीं॥
रुक भले ही एक-ब-एक जावे हँसी।
एक-ब-एक आँसू कभी रुकता नहीं॥ 16॥

नोक झोंक

तुम पसीजे भी पसीजे हो नहीं।
कब न निकले और न कब आँसू बहे॥
कब न आये आँख में आँसू उमड़।
कब भरे आँसू न आँखों में रहे॥ 17॥

किस तरह तो दूर हो पाती जलन।
आँख में आता अगर आँसू नहीं॥
मुँह गया है सूख तन है सूखता।
सूख पाता है मगर आँसू नहीं॥ 18॥

छूट जायेंगे बिपद से क्यों न हम।
आपकी होगी अगर थोड़ी दया॥
आपने जो पूछ दुख मेरे लिये।
कुछ भले ही हो न पुँछ आँसू गया॥ 19॥

अन्योक्ति

किस तरह ठंढक कलेजे को मिले।
जब रहे तुम आप गरमी पर अड़े॥
जब सका जी का नहीं काँटा निकल।
किस लिये आँसू निकल तब तुम पड़े॥ 20 ॥

मान जाओ तुम बुरा परवा नहीं।
पर नहीं है मानता जी बे कहे॥
जब किसी की आबरू पर आ बनी।
किस लिये आँसू भला तब तुम बहे॥ 21 ॥

जब पिघलने की जगह पिघले नहीं।
फिर पिघलते किस लिये तब वे रहे॥
जब नहीं बेदरदियों पर बह सके।
तब अगर आँसू बहे तो क्या बहे॥ 22 ॥

दूसरों का क्यों भरम खोता रहे।
क्यों किसी को भी मकर करके छले॥
जो ढले रंगत अछूती में नहीं।
तो अगर आँसू ढले तो क्या ढले॥ 23 ॥

जो सनद अनमोलपन की पा चुके।
आँख के जो पाक परदों से छने॥
है बुरा जो वह अमल आँसू ढलक।
जाय पड़ कीचड़ में काजल में सने॥ 24 ॥

आँसुओं की बूँद ही तो वे रहीं।
बात है बनती बिगड़ती चाल पर॥
नोक से कोई बरौनी के छिदी।
गिर गयी कोई गुलाबी गाल पर॥ 25 ॥

दुख पड़े आँसू जिधर से हो कढ़े।
थे मुसीबत के वहीं लेटे पड़े॥
आँख से निकले चिमट काजल गया।
नाक से निकले लिपट नेटे पड़े॥ 26 ॥

चाहिए जिनको परसना प्यार से।
वे नहीं उनको परसते जो रहे॥
जो तरसते को नहीं तर कर सके।
किस लिये आँसू बरसते तो रहे॥ 27॥

जो रहे हैं ऊब उनको ऊब से।
जो बचाने को नहीं है ऊबती॥
डूबते हैं जो, गये वे डूब तो।
आँसुओं में आँख क्या है डूबती॥ 28॥

मिल किसी को भी न दुख पर दुख सके।
जाय कोई गिर नहीं ऊँचे चढ़े॥
तब गढ़े में गाल के गिरते न क्यों।
जब कढ़े-आँसू बहुत आगे बढ़े॥ 29॥

आँख जैसा सीप में होता नहीं।
रस अछूता, लोच, सुन्दरता बड़ी॥
भेद है, बेमोल, औ बहुमोल में।
है न आँसू की लड़ी मोती लड़ी॥ 30॥

दीठ और निगाह

देवदेव

क्यों करे दौड़धूप वाँ कोई।
मन जहाँ पर न दौड़ने पावे॥
जिस जगह है न दौड़ सकती वाँ।
दौड़ती क्यों निगाह दौड़ाये॥ 1॥

आप जो फल भले भले देते।
किस लिये फल बुरे बुरे चखते॥
तो बचाते निगाह क्यों अपनी।
आप हम पर निगाह जो रखते॥ 2॥

काम गहरी निगाह से लेते।
सब कसर एक साथ खो जाती॥
क्यों भला फैलती निगाह नहीं।
आपकी जो निगाह हो जाती॥ 3॥

सुख घड़ी है घड़ी घड़ी टलती।
दुख-घड़ी पास कब रही न खड़ी॥
देखते ही सदा निगाह रहे।
पर कहाँ आपकी निगाह पड़ी॥ 4॥

दिल के फफोले

काम कुछ झाड़ फूँक से न चला।
लोन राई उतार ब्योंत थकी॥
हम उतारे कई रहे करते।
पर उतारे उतर न दीठ सकी॥ 5॥

किस तरह देख, देख दुख लेवे।
देख कर भी न देख पाती है॥
दीठ हमने गड़ा गड़ा देखा।
दीठ तो चूक चूक जाती है॥ 6॥

नोक झोंक

किस लिये हैं गड़ा रहे उसको।
क्यों गड़े जब कि है न गड़ पाती॥
लाख कोई रहे लड़ाता, पर।
बे-लड़े क्यों निगाह लड़ पाती॥ 7॥

है जहाँ प्यार रार भी है वाँ।
जो कि है मोहती वही गड़ता॥
कब जुड़ी दीठ साथ दीठ नहीं।
दीठ से दीठ कब नहीं लड़ती॥ 8॥

किस तरह ठीक कर सके कोई।
कर ठगी आज ठग गयी कैसे॥
दीठ हम तो रहे बचाते ही।
दीठ को दीठ लग गयी कैसे॥ 9॥

दीठ का ही जिसे सहारा है।
वह किसी दीठ से कभी न गिरे॥
फेरिये आप दीठ मत अपनी।
उठ सकेगी न दीठ दीठ फिरे॥ 10॥

दीठ का दीठ साथ नाता है।
तुल गयी दीठ दीठ तुल पाये॥
बँध गयी दीठ दीठ के बँधते।
खुल गयी दीठ दीठ खुल पाये॥ 11॥

हैं बढ़े और वे कढ़े भी हैं।
क्यों किसी आँख से कभी कढ़ते॥
जँच गये जब निगाह में मेरी।
क्यों नहीं तब निगाह पर चढ़ते॥ 12॥

मान कोई बुरा भले ही ले।
हैं बुरी सूरतें नहीं भाती॥
क्यों छिपायें न दीठ हम अपनी।
क्या करें दीठ ही नहीं जाती॥ 13॥

तेवर

नोक झोंक

कर पुआलों का बनिज सन बीज बो।
हाथ रेशम के लगे लच्छे नहीं॥
क्यों बुरे तेवर किसीके हैं बुरे।
आपके तेवर अगर अच्छे नहीं॥ 1॥

तो न टेढ़े के लिये टेढ़े बनें।
बान बनती हो अगर बातें गढ़े॥
काम जो तेवर बिना बदले चले।
तो चढ़ा तेवर न लें तेवर चढ़े॥ 2॥

भौंह टेढ़ी देख टेढ़ी भौंह हो।
आँख मेरी आँख से उनकी लड़े॥
त्योरियाँ तो क्यों बदल हम भी न लें।
आज तेवर पर अगर हैं बल पड़े॥ 3॥

ताकना

सच्चे देवते

है भलाई ही जिसे लगती भली।
दूसरों ही के लिये जो सब सहे॥
हम भले ही ताक में उसकी रहें।
वह किसीकी ताक में कैसे रहे ॥ 1॥

हित गुटके

है हमारा तपाक वैसा ही।
क्या हुआ दाँत है अगर टूटा॥
ताक में बैठ राह सकते हैं।
ताकना झाँकना नहीं छूटा॥ 2॥

मेल जो मेलजोल कर न रखें।
तो लहू भी न लोभ से गारें॥
तीर तन का न जो निकाल सकें।
तो न हम तीर ताक कर मारें॥ 3॥

नोक झोंक

जो बुरा आपको नहीं कहता।
आप क्यों हैं उसे बुरा कहते॥
ताक में आपकी रहे कब हम।
आप क्यों हैं हमें तके रहते॥ 4॥

दाल गल सकती नहीं तो मत गले।
पर किसीका क्यों दबा देवें गला॥
ताक पर रख कर सभी भलमंसियाँ।
कब किसी को ताक रखना है भला॥ 5॥

रोना

दिल के फफोले

लुट सदा के लिये गया सरबस।
आज बेवा सोहाग है खोती॥
फूट जोड़ा गया जनम भर का।
क्यों न वह फूट फूट कर रोती॥ 1॥

गोद सूनी हुई भरी पूरी।
है धरोहर बहुत बड़ा खोती॥
छिन गया लाल आँख का तारा।
'मा' न कैसे बिलख बिलख रोती॥ 2॥

कब मरा मिल सका, बहुत रो कर।
क्यों न जन आँख सा रतन खोवे॥
साल दो साल क्या कलप कितने।
क्यों न कोई कलप कलप रोवे॥ 3॥

जान को बेजान होते देख कर।
आँसुओं से क्यों न मुँह धोने लगें॥
गाल में है लाल जाता काल के।
लोग चिल्ला कर न क्यों रोने लगें॥ 4॥

जो रहा लोक-प्यार का पुतला।
बेलि जिसने मिलाप की बोई॥
बेतरह आज है सिसिकता वह।
क्यों न रोवे सिसिक सिसिक कोई॥ 5॥

जी दुखे पर आँख से आँसू बहा।
क्यों न दुख खोवें अगर दुख खो सकें॥
धूल में मिल, धौल खाकर मौत की।
क्यों न रो धो लें, अगर रो धो सकें॥ 6॥

कुछ न छोड़ा मौत ने सब ले लिया।
एक दुख बेढंग देने के सिवा॥
क्यों न रोवें क्यों न छाती पीट लें।
क्या रहा रो पीट लेने के सिवा॥ 7॥

चल बसा जिसको कि चल बसना रहा।
बस न चल पाया बिलपते ही रहे॥
नारियाँ घर में बिलखती ही रहीं।
सब खड़े रोते कलपते ही रहे॥ 8॥

सिर न कूटें और न छाती पीट लें।
बावले दुख से न हों धीरज धरें॥
कम दुखद है एकका मरना नहीं।
दूसरे क्यों बे-तरह रो रो मरें॥ 9॥

दिल के छाले

है निगलती तमाम लोगों को।
है बला पर बला सदा लाती॥
हैं बुरी मौत लाखहा मरते।
मौत को मौत क्यों नहीं आती॥ 10॥

कौन है मौत हाथ से छूटा।
हो महाराज या कि हो मक्खी॥
है बुरी मौत तो बुरी होती।
मिल सके मौत तो मिले अच्छी॥ 11॥

वह जिया तो क्या जिया, जिसके लिये।
मर गये पर जाति सब रोई नहीं॥
जो मरे तो लोक-हित करता मरे।
मौत कुत्ते की मरे कोई नहीं॥ 12॥

जन्म जब हमने लिया था उस समय।
हँस रहे थे लोग हम थे रो रहे॥
इस जगत में इस तरह जी कर मरे।
हम हँसें हर आँख से आँसू बहे॥ 13॥

दुख जिन्हें है बहुत दुखी करता।
मौत की नींद क्यों न वे सोवें॥
नर अमर क्यों बिना मरे होगा।
लोग क्यों ढाढ़ मार कर रोवें॥ 14॥

चाह होवे, और हों फूले फले।
चाहिए यह, मौत आ जावे तभी॥
उस समय कोई मरा तो क्या मरा।
देखता है जब दवा आँखें सभी॥ 15॥

जी की कचट

पीस देगा पर न पछता सकेगा।
संग का यह ढंग है माना हुआ॥
दर्द ही जिसको नहीं, उसके लिये।
और का रोना सदा गाना हुआ॥ 16॥

लाख समझाया मगर समझा नहीं।
हाथ का हीरा हमें खोना पड़ा॥
अनसुनी ही की गयी सारी सुनी।
आज जंगल में हमें रोना पड़ा॥ 17॥

क्या अजब गिर पड़ें कुएँ में सब।
या उन्हें ठोकरें पड़ें खानी॥
तब भला किस लिये न हो धोखा।
जब कि भेड़ी सिरे की हो कानी॥ 18॥

हो भरोसा कुछ न कुछ सबको सदा।
क्यों न कोई खेत के दाने बिने॥
बे-सहारे हार कर कोई न हो।
सब छिने लकड़ी न अन्धे की छिने॥ 19॥

मरें कमाई करने वाले।
संड मुसंडे माल उड़ावें॥
मुँदी आँख दोनों ही की हैं।
अन्धी पीसे कुत्ते खावें॥ 20॥

नाक

देवदेव

चाहतें बेतरह गयीं कुचली।
साँसतें भी हुईं नहीं कुछ कम॥
आप लें, या कभी न दम लेवें।
नाक में हो गया हमारा दम॥ 1॥

हितगुटके

बात पूरी करें पुरे कैसे।
जब दिखाई पड़े सदा पोले॥
बोल कैसे न हो कु-बोल, अगर।
बोलती नाक नाक में बोले॥ 2॥

नाक जब हैं सिकोड़ते हित सुन।
किस तरह नाक तो बचावेंगे॥
नाक पर बैठने न दे मक्खी।
नक-कटे नाक ही कटावेंगे॥ 3॥

दम दिखा और नाक में दम कर।
दिल बढ़े, बैर हैं बढ़ा लेते॥
नाक उड़ जाय या उतर जावे।
नक-चढ़े नाक हैं चढ़ा लेते॥ 4॥

आदमी का रहन सहन व चलन।
रह सका पाक पाक रखने से॥
वे सुनें जो कि नाक कुल की हैं।
रह सकी नाक, नाक रखने से॥ 5॥

कर सकें हित न, तंग तो न करें।
बात जी में बुरी न पावे थम॥
मोम की नाक, मोम दिल होवें।
नाक मल मल करें न नाकों दम॥ 6॥

किस लिये नाक तब दबाते हैं।
दाब में देह जब नहीं आती॥
जब कि करतूत से गये कतरा।
नाक कैसे न तब कतर जाती॥ 7॥

है कसर तो वही भारी जी में।
हो सकेगा हवास को खो क्या॥
पड़ कतर-ब्योंत में कुढंगों के।
नाक ही जो कतर गयी तो क्या॥ 8॥

तरह तरह की बातें

पड़ इन्हीं के पेच में पिछड़ी रही।
जाति ने इनकी बदौलत सब सहा॥
चाल चलने में बड़े चालाक हैं।
चोचलों से कब न नाकों दम रहा॥ 9॥

जान होते जाँय क्यों बे-जान बन।
मर मिटे पर मान कर देवें न कम॥
किस तरह कोई रगड़वा नाक ले।
एड़ियाँ रगड़ें न रगड़ें नाक हम॥ 10॥

एकसे सब एकसे होते नहीं।
हो कमल से पाँव खिलते हैं नहीं॥
फूल झड़ते हैं फुलाने से न मुँह।
नाक फूले फूल मिलते हैं नहीं॥ 11॥

है उन्हें काम बेहयापन से।
और का काम ही तमाम हुआ॥
डूबने को कहीं कुआँ न मिला।
नक्कुओं से गये बहुत नकुआ॥ 12॥

क्यों लगे धब्बे न वह धोता फिरे।
मान नकटे का नहीं होता कहीं॥
बेसबब उतरी निठुर के हाथ से।
नाक तू चित से मगर उतरी नहीं॥ 13॥

बेसमझ सूझ बूझ के आगे।
कुछ नहीं है नसीहतों में दम॥
किस लिये आप वे सिकुड़ जाते।
नाक उनकी सिकुड़ न पाई कम॥ 14 ॥

तब चखेंगे न क्यों बुरे फल हम।
जब बुरी बेलि ही गयी बोई॥
तब करेगा न नाक में दम क्यों।
नाक का बाल जब बना कोई॥ 15 ॥

अन्योक्ति

साँस उसकी किस लिये फूले भला।
दूसरों को वह फले या मत फले॥
नाक तो है साँस लेने की जगह।
साँस दायीं या कि बायीं ही चले॥ 16 ॥

बन गयी फूल तू कभी तिलका।
तू कभी है बहुत बसी होती॥
नाक तेरे अजीब लटके हैं।
है तुझी में लटक रहा मोती॥ 17 ॥

जो रही बार बार चढ़ जाती।
तो बता दे हमें खसी तू क्या॥
नाक तुझमें बसा रहा मल जो।
फूल की बास से बसी तो क्या॥ 18 ॥

कान

हितगुटके

जब कि खूँटी उमेठने से ही।
ताँत की सब कसर नहीं जाती॥
तब भला कान ऐंठ देने से।
आँत की ऐंठ क्यों निकल पाती॥ 1 ॥

जब डँटे काम पर रहेंगे हम।
तब हमें डाँट लोग क्यों देंगे॥
पाँव उखड़े न जब भले पथ से।
कान कैसे उखाड़ तब लेंगे॥ 2॥

कान काटें न कपटियों के वे।
क्यों रहें तेल कान में डाले॥
कान कतरें न कान कतरा कर।
देस के कान फूँकने वाले॥ 3॥

क्यों उठा कान हम न उठ बैठें।
काढ़ लें क्यों न आँख की सूई॥
कान कर के खड़ा खड़े होवें।
कान में क्यों भरी रहे रूई॥ 4॥

नित करें कान काम की बातें।
क्यों न हित-पैंठ बीच पैठें हम॥
कान में डाल उँगलियाँ क्यों लें।
किस लिये कान मूँद बैठें हम॥ 5॥

कान दे कर सुनें हितू बातें।
बन्द करके न कान अकड़ें हम॥
क्यों मले कान कान मल निकले।
कान पकड़े न कान पकड़ें हम॥ 6॥

क्या हुआ जो बजे उमग बाजे।
देस-हित-गीत भी गया गाया॥
किस तरह कान खोल डालें हम।
कान का मैल कढ़ नहीं पाया॥ 7॥

रेंगती कान पर नहीं जब जूँ।
तब भला आँखें खोलते कैसे॥
जब कि है कान ले गया कौआ।
कान को तब टटोलते कैसे॥ 8॥

सुनहली सीख

क्यों पड़ी कान में न हित-बातें।
दूसरा कान क्यों पकड़ पावे॥
कान का खोंट क्यों न कढ़वालें।
क्यों भरे कान कान भर जावे॥ 9॥

हम लगा कान बात क्यों सुनते।
है बुरे छाव की पड़ी छाया॥
कान का जा सका न बहरापन।
आँख का मैल कढ़ नहीं पाया॥ 10॥

चाहिए जाति-हित-भरी बातें।
जो भली लग सकें न तो न खलें॥
छेद है कान में न तो न सुनें।
किस लिये हाथ कान पर रख लें॥ 11॥

हो भली और काम की भी हो।
हों न उसमें विचार अनभल के॥
दूसरे कान से लगे जब हैं।
क्यों सुन बात कान के हलके॥ 12॥

हित की बातें

खोल करके कान हित-बातें सुनें।
उँगलियाँ क्यों कान में देते रहें॥
कान के कच्चे कहें कच्ची नहीं।
कान के पतले न पत लेते रहें॥ 13॥

बेतरह हैं बिलख रहीं बेवा।
चैन बेचैन जी नहीं पाता॥
कान है फट रहा सुनें कैसे।
कान अब तो दिया नहीं जाता॥ 14॥

कीं बड़ों की शिकायतें न कभी।
कब भलों पर बुराइयाँ डालीं॥
गालियाँ दीं, न तो चुगुलियाँ कीं।
कान में डाल क्यों उँगलियाँ लीं॥ 15॥

अन्योक्ति

दुख सहे साँसत सही कट फट गये।
और ले ली नेकचलनी से बिदा॥
भूल है थोड़ी सजावट के लिये।
कान कितनी ही जगह जो तू छिदा॥ 16॥

तू पहन ले बने चुने गहने।
नित भली चाह क्यों न फबती ले॥
बेध दे और को न या बेधे।
आप तू कान बिध भले ही ले॥ 17॥

सब सहेगा जो सहाओगे उसे।
पर भला तौहीन कैसे सहेगा॥
कान! गहने फूल के हैं कुछ घड़ी।
साथ तो कनफूल का ही रहेगा॥ 18॥

पी रसीले सुर अघाया ही किया।
तू अनूठी तान से भरता रहा॥
जब निराला रस बहा तुझसे नहीं।
कान तू ही सोच तब तू क्या बहा॥ 19॥

जो कि जंजाल में हमें डाले।
चाहिए जाल वह नहीं बुनना॥
कान है बात यह बुरी होती।
छोड़ दो तुम बुराइयाँ सुनना॥ 20॥

गाल

हितगुटके

बात बेलौस की न दिल से सुन।
चाहिए क्या बिपद बुला लेना॥
पा जिन्हें फूल फल चले, उनसे।
चाहिए गाल क्या फुला लेना॥ 1॥

गाल कोई रहे फुलाता क्यों।
है उठा गाल बैठ भी जाता॥
जब तमाचा लगा तमाचे पर।
गाल कैसे न तमतमा आता॥ 2॥

जब कि बदरंग था उसे बनना।
किस लिये रंग तो रहा लाता॥
जब कि बाई पची जवानी की।
गाल कैसे न तो पचक जाता॥ 3॥

गाल उभरे भरे बहुत देखे।
गाल सूखे रँगे न देखे कम॥
फूल है फूल क्यों उसे मसलें।
क्यों मलें गाल, गाल चूमें हम॥ 4॥

प्यार के पुतले

कौन सा मन न मोह जाता है।
आँख भोली सुडौल भाल लखे॥
कौन होता भला निहाल नहीं।
लाल के लाल लाल गाल लखे॥ 5॥

हैं फबीले लुभावने चिकने।
काँच गोले भले न ऐसे हैं॥
आईने से अमोल अलबेले।
गाल फूले गुलाब जैसे हैं॥ 6॥

तरह तरह की बातें

गाल होता लाल है तो लाल हो।
कह सकेंगे हम न बेजा सुन बजा॥
मारते हैं गाल तो मारा करें।
हैं बजाते गाल तो लेवें बजा॥ 7॥

देह पर जब कि पड़ रहा हो दुख।
अंग कैसे न दुख उठाता तब॥
सूजना बज कि पड़ गया मुँह को।
गाल कैसे न सूज जाता तब॥ 8॥

हम कहेंगे खरी न सहमेंगे।
क्यों न बन्दूक लोग छतिया लें॥
आप तो गाल चीर देंगे ही।
क्यों न दो गाल और बतिया लें॥ 9॥

अन्योक्ति

तब लुभा कर भले लगे तो क्या।
जब कि छूटी न फूलने की लत॥
जब रहा रँग न तब करें क्या ले।
गाल तेरा गुलाब सी रंगत॥ 10॥

पेच में जब तू पचकने के पड़ा।
रह नहीं सकता सुबुकपन तब बना॥
झुर्रियों का जब झमेला है लगा।
गाल तब जो तू तना तो क्या तना॥ 11॥

रंगतें हैं बहुत भली अपनी।
औ बुरी हैं बनावटों वाली॥
लाल मत बन गुलाल से तब तू।
गाल असली रही न जब लाली॥ 12॥

वह सुबुकपन है भला किस काम का।
धूप से जिसकी हुई साँसत बड़ी॥
तब फबीली क्या रही दहले दले।
जब गोराई गाल की पीली पड़ी॥ 13॥

मिल गया है बड़ा अनूठा रंग।
पर कहाँ मिल सकी महँक अनुकूल॥
भूल मत, सोच गुल खिलाना छोड़।
गाल क्या तू गुलाब का है फूल॥ 14॥

जब किसी पर दया नहीं आयी।
जब कि तू बेतरह जलाता है॥
तब हुआ क्या पसीज जाने से।
गाल तू क्यों पसीज जाता है॥ 15 ॥

क्यों गये भीग आँसुओं से तब।
जब दिखाई दिये हमें सूखे॥
तब कहेंगे तुम्हें न माखन सा।
गाल जब तुम बने रहे रूखे॥ 16 ॥

भर गये धूल में पड़े रूखे।
और पाया न नेह भी टिकने॥
जब बना रह सका न चिकनापन।
गाल तब क्या बने रहे चिकने॥ 17 ॥

मुँह

दिल के फफोले

आँख थी ही बन्द मुँह भी बन्द है।
मुँह उठा कर कौन मुँह ताका नहीं॥
सिल गया मुँह आज दिन भी है सिला।
टूट मँह का तो सका टाँका नहीं॥ 1 ॥

खा तमाचा लिया अगर मुँह पर।
तो कहें कौन बात क्या सोचें॥
मुँह दिखाते अगर नहीं बनता।
क्यों न तो बार-बार मुँह नोचें॥ 2 ॥

जो बड़े हैं हर तरह वे हैं बड़े।
कर न उनका मान क्यों उनको खलें॥
चाहिए था मुँह नहीं आना हमें।
अब भला हम कौन मुँह लेकर चलें॥ 3 ॥

जाति किस तरह तू जीती रह सकेगी।
एक नहीं मानी तूने उनकी कही॥

रँगे रहे जो अपनापन के रंग में।
चले गये अपना सा मुँह लेकर वही॥ 4॥

लानतान

लोग अपने हकों पदों को भी।
बीरता के बिना नहीं पाते॥
जब गयी बीरता बिदा हो तब।
क्या रहे बार बार मुँह बाते॥ 5॥

बे-तरह मुँह की अगर खाते नहीं।
तो चबाते क्यों न लोहे के चने॥
सामने आकर करें मुँह सामने।
मुँह दिखायें मुँह दिखाते जो बने॥ 6॥

छेद मुँह में है अगर, छेदें न तो।
किस लिये बेढंग कोई मुँह चले॥
आग ही जो मुँह उगलता है सदा।
आग उस मुँह में लगे वह मुँह जले॥ 7॥

हितगुटके

क्यों कहें हम न चाहता सब है।
बात सुनना बड़ी बड़े मुँह से॥
मुँह अगर फूलता किसी का है।
क्यों नहीं फूल तो झड़े मुँह से॥ 8॥

भूल कर कोई न मुँह काला करे।
मुँह रहे हित रंग से सब दिन रँगा॥
पुत सियाही जाय क्यों मुँह में किसी।
चाहिए मुँह में रहे चन्दन लगा॥ 9॥

मुँह न जिसमें लगा सकें उसमें।
मुँह लगा लाग में न आयें हम॥
देख कर मुँह कहें न मुँहदेखी।
मुँहलगों को न मुँह लगायें हम॥ 10॥

क्यों किसी मुँह की बनी लाली रहे।
क्यों किसी मुँह में रहे लोहू भरा॥
मल किसी का मुँह न कोई मुँह खिले।
लाल मुँह कर हो न कोई मुँह हरा॥ 11॥

तोलना हो तो भले ही तोल ले।
क्यों सताने के लिये कोई तुले॥
मुँह किसी का बन्द करके क्या खुला।
चाहिए मुँह खोल करके मुँह खुले॥ 12॥

मुँह बना देख मुँह बनायें क्यों।
मान अरमान का करें क्यों कम॥
मुँह गिरे मुँह गिरे हमारा क्यों।
मुँह फिरे मुँह न फेर लेवें हम॥ 13॥

मुँह सँभालें सिकोड़ करके मुँह।
मान रख लें न क्यों मना करके॥
मुँह चिढ़ा कर न खाँय मुँह की हम।
मुँह बिगाड़ें न मुँह बना करके॥ 14॥

हित अगर मोड़ मुँह नहीं लेता।
तो न सुख की सहेलियाँ मुड़तीं॥
रंग उड़ता अगर न चेहरे का।
तो न मुँह पर हवाइयाँ उड़तीं॥ 15॥

नाड़ी की टटोल

जब उमंगें उभर नहीं पाईं।
तब भरा किस तरह से रह पाता॥
पूच की जब कि पच गयी बाई।
तब भला क्यों न मुँह पचक जाता॥ 16॥

किस तरह काले न तब कपड़े बनें।
सूत काले रंग में जब हों रँगे॥
दिल किसी का जब कि काला हो गया।
तब सियाही क्यों नहीं मुँह में लगे॥ 17॥

क्या करेंगे तब भला अलवान ले।
जब कि कम्बल ही बहुत सजता रहा॥
काम बाजों का रहा तब कौन सा।
मुँह बजाने से अगर बजता रहा॥ 18॥

और को फूला फला लख जो कुढ़े।
वे नहीं देखे गये फूले फले॥
जो कि परहित देख कर जलते रहे।
कल्ह जलते आज उनका मुँह जले॥ 19॥

तब चले थे रँग जमाने आप क्या।
जब भरम ही आपका था खो गया॥
मिल गया सारा बड़प्पन धूल में।
आज तो इतना बड़ा मुँह हो गया॥ 20॥

मिल सके उनसे कहीं हलके नहीं।
ज़ो हवा लगते पतंगों सा तनें॥
जो रहे मनमानियों में मस्त वे।
क्यों न अपने मुँह मियाँमिट्ठू बनें॥ 21॥

क्यों न पत ले उतार औरों की!
जब कि निज पत गँवा गया वह डँट॥
बात फट से अगर न कह दे, तो।
फिर उसे लोग क्यों कहें मुँहफट॥ 22॥

गिर गया जो कि आप मुँह के बल।
वह भला कैसे मुँह बचा पावे॥
मुँह पिटाये पिटे नहीं कैसे।
मुँह गया टूट टूट तो जावे॥ 23॥

चार आँखें अगर नहीं होतीं।
क्यों न बेचारपन दिखायें तो॥
जो उन्हें है पसन्द मुँह चोरी।
क्यों न मुँह चोर मुँह चुरायें तो॥ 24॥

जब कि मुँह सामने नहीं होता।
तब झिपेंगे न क्यों झिपाने से॥

क्यों न मुँह देख आईने में लें।
मुँह छिपेगा न मुँह छिपाने से ॥ 25 ॥

है हँसी की बात हँसना चाहिए।
बीज बनने हैं चले दाने घुने ॥
हम हँसे तो क्या, न हँसता कौन है।
बात बूढ़े मुँह मुहासे की सुने ॥ 26 ॥

निराले नगीने

पड़ गया है जो बुरों के साथ में।
क्यों बनेगा वह बुरे जी का नहीं ॥
फल चखे फीका व फीकी बात कह।
कौन सा मुँह हो गया फीका नहीं ॥ 27 ॥

दुख उठाना किसे नहीं पड़ता।
कौन सुख ही सदा रहा पाता ॥
था कभी चख रहा नगद पेड़ा।
मुँह थपेड़ा कभी रहा खाता ॥ 28 ॥

सुनहली सीख

चाहते हैं हम अगर सच्चा बना।
क्यों न तो आचें सचाई की सहें ॥
पीठ पीछे है बुरा कहना बुरा।
चाहिए जो कुछ कहें मुँह पर कहें ॥ 29 ॥

मुँह न जाये सूख सूखी बात सुन।
सब दिनों रस से रहें हम तर-बतर ॥
मुँह लटक जाये न लटके में पड़े।
आँख से उतरे, न मुँह जाये उतर ॥ 30 ॥

दुख बढ़ाये सदा रहा बढ़ता।
कब नहीं कम किये हुआ दुख कम ॥
पेट में पैठ पेट को पालें।
क्यों पड़ें मुँह लपेट करके हम ॥ 31 ॥

जो कहें उसको समझ करके कहें।
बेसमझ ही चूक कर हैं चूकते॥
क्यों न उलटे थूक तो मुँह पर गिरे।
जब कि सूरज पर रहे हम थूकते॥ 32॥

हित तजे किसका नहीं होता अहित।
दुख मिले सुख के न कब लाले पड़े॥
छल किये छाती न कब छलनी बनी।
मुँह छिले मुँह में न कब छायी पड़े॥ 33॥

है इसीसे आज साँसत हो रही।
और है सब ओर दुख-धारा बही॥
क्यों सही बातें नहीं जातीं कही।
क्या जमाया है गया मुँह में दही॥ 34॥

प्यार के पुतले

लाल का मुँह फूल सा फूले लखे।
क्यों न तारे भौंर जैसे घूमते॥
क्यों बलायें चाव से लेते नहीं।
चूमने वाले न क्यों मुँह चूमते॥ 35॥

खिल सकेगी किस तरह दिल की कली।
बेतरह है लाल अलसाया हुआ॥
फूलता फलता हमारा चाव क्यों।
फूल सा मुँह देख कुम्हलाया हुआ॥ 36॥

नोक झोंक

क्यों किसी मुँह पर मुहर होवे लगी।
क्यों किसी मुँह से लगा प्याला रहे॥
मुँह किसी का जाय मीठा क्यों किया।
क्यों किसी मुँह में लगा ताला रहे॥ 37॥

हम तरसते हैं खुले मुँह आपका।
मुँह हमारा आप क्यों हैं सी रहे॥

आप मुँह भर भी नहीं हैं बोलते।
आपका मुँह देख हम हैं जी रहे॥ 38॥

कब नहीं काँटे बखेरे हैं गये।
भूल है जो मन-भँवर भूला रहा॥
किस लिये तो फूल झड़ पाये नहीं।
मुँह फुलाने से अगर फूला रहा॥ 39॥

तरह तरह की बातें

भूलते तो न देख भोला मुँह।
मोहते तो न बात सुन भोली॥
बोल कर बोलियाँ अनूठी जो।
बोलती बेटियाँ न मुँहबोली॥ 40॥

सब बनी बातें बिगड़ जिनसे गयीं।
किसलिए बात गयीं ऐसी कही॥
क्यों भुला दी आपने, वह काम की।
बात मुँह में जो अभी आयी रही॥ 41॥

जो गुलाबों की तरह से थे खिले।
था अनूठा रस सदा जिनसे चुआ॥
उन दिलों से देख कर धुआँ उठा।
मुँह भला किसका नहीं धुआँ हुआ॥ 42॥

तब भला कैसे न पड़ते फेर में।
दुख हुआ जब सामने आकर खड़ा॥
फाँकते ही धूल हम दिन भर रहे।
एक दाना भी नहीं मुँह में पड़ा॥ 43॥

अन्योक्ति

जब कि बेढंग वह रहा चलता।
तब तमाचे न किस लिये खाता॥
जब भली बोलियाँ नहीं बोला।
तब भला क्यों न मुँह मला जाता॥ 44॥

क्या सकी जान तब मरम रस का।
जब बनी जीभ बेतरह सीठी॥
क्या रहा तब मिठाइयाँ खाता।
कह सका मुँह न बात जब मीठी॥ 45॥

रख बुरे ढंग कर बुरी करनी।
जब कि बू के पड़े रहे पाले॥
पान चाहे इलायची खा कर।
तब वृथा मुँह बने महँकवाले॥ 46॥

क्यों कढ़ेगी बुरी डकार न तब।
जब रहेंगी कसर भरी आँतें॥
मुँह भली बास से बसे कैसे।
कह बुरी बास से बसी बातें॥ 47॥

भर निराले बहुत रुचे रस से।
हों भले ही छलक रहे प्याले॥
बेसमय बूँद किस तरह टपके।
मुँह लगातार राल टपका ले॥ 48॥

जाति है जिनके बड़प्पन से बड़ी।
जब उन्हें तूने कड़ी बातें कहीं॥
टूट कैसे तो नहीं मुँह तू गया।
और तुझमें क्यों पड़े कीड़े नहीं॥ 49॥

जो खुला मीठे कलामों के लिये।
लाल बन कर पान से जो था खुला॥
खुल गया मरते समय भी मुँह वही।
जो कभी था खिलखिला करके खुला॥ 50॥

बेतरह हैं निकल रहे दोनों।
मुँह सँभल क्रोध आग कम न जगी॥
झाग में औ बुरे कलामों में।
लाग है आज कुछ अजीब लगी॥ 51॥

मुँह तुम्हीं सोच लो कि तुम क्या हो।
थूक कफ औ खेखार के घर हो॥
बात टेढ़ी कहो न टेढ़े बन।
दैव का कुछ तुम्हें अगर डर हो॥ 52॥

बात जिसकी बड़ी अनूठी सुन।
दिल भला कौन से रहे न खिले॥
है बड़ी चूक जो उंसी मुँह को।
चुगलियाँ गालियाँ चबाव मिले॥ 53॥

मत उठा आसमान सिर पर ले।
मत भवें तान तान कर सर तू॥
ढा सितम रह सके न दस मुँह से।
मुँह उतारू न हो सितम तू॥ 54॥

दाँत

लान-तान

गुर गिरों के प्यार का जाना नहीं।
गिर गये हो तुम बहुत ही इस लिये॥
यह कहूँगा एक क्या सौ बार मैं।
कटकटाते दाँत हो तुम किस लिये॥ 1॥

दून की तो आप लेते थे बहुत।
क्यों दिलेरों के डगाये डग गये॥
बेतरह जी में समा डर क्यों गगा।
इस तरह क्यों दाँत बजने लग गये॥ 2॥

दूध का दाँत है नहीं टूटा।
क्यों भला दाँत पीस मत खोते ॥
बेतरह हैं पड़े खटायी में।
दाँत खट्टे न किस तरह होते॥ 3॥

दाँत वे हैं निकालते तो क्या।
हैं सदा पूँजियाँ हड़प लेते॥

दाँत से क्यों न कौड़ियाँ पकड़ें।
दाँत हैं दूध-पूत पर देते ॥ 4 ॥

लोग उँगली दाब लें दाँतों तले।
हैं मगर वे तेज डसने में बड़े ॥
दाँत सारे गिर गये तो क्या हुआ।
दाँत बिख के हैं नहीं अब तक झड़े ॥ 5 ॥

मिल पराया धन उन्हें जैसे सके।
किस लिये बन जाँय वे वैसे नहीं ॥
दाँत उनको हैं अगर चोखे मिले।
तो लगायें दाँत वे कैसे नहीं ॥ 6 ॥

निराले नगीने

हैं दुखी दीन को सताते सब।
हो न पाई कभी निगहबानी ॥
लग सका और दाँत में न कभी।
हिल गये दाँत में लगा पानी ॥ 7 ॥

बात जो जी में किसी के जम गयी।
पाँव उस पर किस तरह जाता न जम ॥
जो कि जी में है हमारे गड़ गया।
कब नहीं उस पर गड़ाते दाँत हम ॥ 8 ॥

तरह तरह की बातें

वह कहा जाता है लोहे का चना।
वह नहीं हलवा किसी के मुँह में है ॥
जो उसे ले चाव दानों की तरह।
यह बता दो दाँत किसके मुँह में है ॥ 9 ॥

यों चुराना जी बहुत ही है बुरा।
क्या किया तुमने कि जी उकता गया ॥
एक गुत्थी भी नहीं सुलझी अभी।
किस लिये दाँतों पसीना आ गया ॥ 10 ॥

बैठ जाता दाँत है डर-बात सुन।
चौंकते हैं चोट की चरचा चले॥
हम किसी का दाँत देते तोड़ क्या।
हैं दबाते दूब दाँतों के तले॥ 11॥

सैकड़ों ही ढंग के दुखड़े नये।
सामने क्यों आँख के हैं फिर रहे॥
हो भला, उनकी बलायें दूर हों।
नींद में वे दाँत क्यों हैं किर रहे॥ 12॥

मैं तड़पता हूँ बहुत बेचैन बन।
इन दिनों कैसी हवाएँ हैं बही॥
पास पाटी के फटकते वे नहीं।
दाँत-काटी सब दिनों जिनसे रही॥ 13॥

बज रहा है अब नगारा कूच का।
जीव के पिछले बिछौने तग गये॥
वे घड़ी दो एक के मेहमान हैं।
सुन रहा हूँ दाँत उनके लग गये॥ 14॥

क्या करेंगे कर सकेंगे कुछ नहीं।
सोचिये किस खेत की मूली हैं ये॥
लाल होते देख आँखें आपकी।
देखता हूँ दाँत इनके रँग गये॥ 15॥

कुछ अदब सीखो बहुत मैं कह चुका।
सुन सकूँगा अब न कोई बात मैं॥
दाँत निकले इस तरह जो फिर कभी।
तो समझ लो तोड़ दूँगा दाँत मैं॥ 16॥

बँध गये हाथ पाँव हों जिसके।
मार जिससे कि हो न जाती सह॥
तंग जी बार बार होने पर ।
दाँत कैसे न काट लेवे वह॥ 17॥

बात बात में बात

देख तुझको चित कहाँ उतना दुखा।
वह बना जी को दुखी जितना खली॥
जो अचानक बिन खिले कुँभला गयी।
दाँत तू क्या कुन्द की है वह कली॥ 18॥

बान जो पड़ गयी उखड़ने की।
तो न हम पाँव की तरह उखड़ें॥
जो कि गिरता रहा उभड़ करके।
दाँत जैसा कभी न हम उभड़ें॥ 19॥

सोच लें बढ़ने सँभलने के लिये।
याँ उमड़ते या उभड़ते हैं न सब॥
कब नहीं आँसू उमड़ करके ढले।
दाँत गिरने के लिए उभड़े न कब॥ 20॥

अन्योक्ति

तोड़ना फोड़ना दबा देना।
छेदना बेधना बिपद ढाना॥
दाँत को कब नहीं पसन्द रहा।
चीरना फाड़ना चबा जाना॥ 21॥

मैल की तह अगर रही जमती।
तो कभी हैं न मोतियों जैसे॥
जब किसी काल में खिले न मिले।
दाँत हैं कुन्द की कली कैसे॥ 22॥

है निराली चमक दमक तुममें।
सब रसों बीच हो तुम्हीं सनते॥
दाँत यह कुन्दपन तुम्हारा है।
जो रहे कुन्द की कली बनते॥ 23॥

है न तुझमें मुलायमीयत वह।
बास कुछ भी नहीं सका पा तू॥
दाँत जब तू नहीं फला फूला।
तब बना कुन्द की कली क्या तू॥ 24॥

देख ली तब दाँत बातें चाव की।
होंठ को जब तुम चबाते ही रहे॥
दब सकोगे तब सगों से किस तरह।
जीभ को जब तुम दबाते ही रहे॥ 25॥

वे बहुत ही मोल के जब हैं न तब।
भूल की मोती अगर बनने चले॥
मान मनमाना किये मिलता नहीं।
दाँत नीलम कब बने मिस्सी मले॥ 26॥

मान लो बात मोल मत खो दो।
दाँत मैले बने रहो मत तुम॥
दूर कर दो तमाम मैलापन।
मत सहो और की मलामत तुम॥ 27॥

जो तुम्हें चाहना सुखों की है।
तो लहू में किसी तरह न सनो॥
कौन दुख में पड़ा न गन्दे रह।
दाँत मत गन्दगी-पसन्द बनो॥ 28॥

दूसरों को बेतरह गड़ और चुभ।
मात करते हो सदा तुम तीर को॥
देखता हूँ मानता कोई नहीं।
दाँत! अपनी पीर सी पर-पीर को॥ 29॥

कूटते औ पीसते ही वे रहे।
काम देगी क्या दवा औ क्या दुआ॥
मिल गया बेदर्दियों का फल उन्हें।
दर्द जो बेदर्द दाँतों में हुआ॥ 30॥

जीभ

लान-तान

बेतरह काट कर रही है जब।
क्यों न तो जीभ काट ली जाती॥
काम है दे रही कतरनी का।
जीभ कैसे कतर न दी जाती॥ 1॥

क्या उसे कुछ चोट इसकी है नहीं।
चाहिए अपनी दवा चटपट करे॥
कर चटोरापन बहुत, पड़ चाट में।
क्यों चटोरी जीभ घर चौपट करे॥ 2॥

बेतरह चल बुराइयाँ कर कर।
किसलिये खाल वह खिंचाती है।॥
चाम की जीभ चामपन दिखला।
चाम के दाम क्यों चलाती है॥ 3॥

दे रही है बुरी बुरी गाली।
एक क्या बीसियों बहाने से॥
लालची बन गँवा रही है घर।
चल रही जीभ है चलाने से॥ 4॥

है सदा बात बेतुकी कहती।
किस समय दाम का सकी दम भर॥
है न किससे बिगाड़ कर लेती।
जीभ बिगड़ी बिगाड़ती है घर॥ 5॥

क्यों बहुत खींचतान बढ़ती है।
खैंच लें जीभ खैंचते जो हैं॥
जो नहीं जीभ ऐंठ जाती तो।
ऐंठ दें जीभ, ऐंठते क्यों हैं॥ 6॥

राल टपका बहुत रही है क्यों।
क्यों निकल बार-बार आती है॥
क्यों न गिर जाय है अगर गिरना।
किस लिये जीभ लपलपाती है॥ 7॥

हितगुटके

बन भली है भलाइयाँ करती।
बात को देख-भाल लेती है॥
चाहिए जीभ को सँभालें हम।
जीभ सँभली सँभाल लेती हैं॥ 8॥

जीभ कैसे निकाल लेवेंगे।
क्या फबी हैं उन्हें फबी बातें॥
जीभ किसने नहीं दबा ली है।
सुन दबी जीभ की दबी बातें॥ 9॥

जो उसे बदनामियों का डर नहीं।
तो बुरी करनी कमाई से डरे॥
सब दिनों कर खाज पैदा कोढ़ में।
क्यों किसी की जीभ खुजलाया करे॥ 10॥

मान तब तक मिल नहीं सकता हमें।
बात के जब तक न हो लेंगे धनी॥
तब धनी हम बात के होंगे नहीं।
जीभ पत्ता जब कि पीपल का बनी॥ 11॥

है चटोरापन भला होता नहीं।
पर चटोरे मानते हैं कब कहीं॥
चल बसी किसकी नहीं दौलत भला।
जब कि बेढब जीभ चलती ही रही॥ 12॥

सब रहे कोसते बुरा कहते।
पर न कब वह कड़ी पड़ी झगड़ी॥
क्यों किसी को बिगाड़ दे कोई।
जीभ बिगड़ी सदा रही बिगड़ी॥ 13॥

निराले नगीने

है बुरी लत का लगाना ही बुरा।
बन हठीली क्यों न वह हठ ठानती॥
हम अमी भर भर कटोरी नित पियें।
पर चटोरी जीभ कब है मानती॥ 14॥

नित बुराई बुरे रहें करते।
पर भली कब भला रही न भली॥
दाँत चाहे चुभें, गड़ें, कुचलें।
पर गले दाँत जीभ कब न गली॥ 15॥

जिन्द

रंग में ढंग में चिटिकने में।
चाट में जिन्द हूबहू देखा॥
लोग ऐसे यहीं मिले जिनको।
जीभ से चाटते लहू देखा॥ 16॥

अन्योक्ति

प्यास में सूख तब न क्यों जाती।
जब कि बेढंग रस रहा बाँटा॥
जब कि बोना पसन्द है काँटा।
हो गयी जीभ तू तभी काँटा॥ 17॥

जीभ जो है चाह सुख से दिन कटे।
तो न लगती बात तू कह दे कभी॥
जब फफोले और के जी पर पड़े।
हैं फफोले पड़ गये तुझ पर तभी॥ 18॥

बाद जिस दुख के किसी को सुख मिले।
है बुरा वह दुख नहीं यह सोच रख॥
जो तुझे जल का बढ़ाना स्वाद है।
कर कसाला रस-कसैला जीभ चख॥ 19॥

रंग जिनमें किसी लहू का है।
क्यों तुझे हैं पसन्द वे बीड़े॥
है बुरा पड़ बुराइयों में भी।
जीभ तुझमें पड़े न जो कीड़े॥ 20॥

जो खटायी है तुझे रुचती रुचे।
क्यों कढ़ा वह बोल जो विष बो गया॥
जीभ तू ही सोच क्या मतलब सधा।
जी अगर खट्टा किसी का हो गया॥ 21॥

तालू

लान-तान

दिन रहे तालू उठाने के नहीं।
क्यों न आँखों में समय पाया समा॥
जाति का तालू अगर है सूखता।
दाँत तालू में तुमारे तो जमा॥ 1॥

निराले नगीने

रोग के जब पड़ गया पाले रहा।
तब भला कैसे न वह जाता लटक॥
प्यास जब थी बेतरह चटकी हुई।
किस तरह तालू न तब जाता चटक॥ 2॥

दुख उठाना ही न क्यों उनको पड़े।
पर समय पर साथ देवेंगे सगे॥
बोलते जब बोलने वाले रहे।
किस तरह तब जीभ तालू से लगे॥ 3॥

लब और होंठ

लान-तान

वह सदा है माल उनका मूसती।
वे भले ही भाव को मूसा करें॥
सब दिनों वह है उन्हीं का चूसती।
चूसते हैं होंठ तो चूसा करें॥ 1॥

क्यों न देवें दबा बुरे दिल को।
क्या चुगुल को दबा दबा होगा॥
क्यों न जायें चबा चबावों को।
होंठ को क्या चबा चबा होगा॥ 2॥

जब नहीं है बहाव ही उसमें।
तब अगर धार कुछ बही तो क्या॥
जब उसे हम बता नहीं सकते।
होंठ पर बात तब रही तो क्या॥ 3॥

जब लहू में न रह गयी गरमी।
तब गये मान कौन गरमाता॥
किस तरह बाँह तब फड़क उठती।
होंठ भी जब फड़क नहीं पाता॥ 4॥

पड़ रही हैं सब तरह की उलझनें।
देख उनको किस तरह से चुप रहें॥
चाहिए मुँह खोल कर कहना जिसे।
लोग होठों में उस कैसे कहें॥ 5॥

जो कि चिलबिल्ले गये सब दिन गिने।
जो वचन देकर विचल जाते रहे॥
बात सुन करके विचारों से भरी।
कब नहीं वे होंठ बिचकाते रहे॥ 6॥

दिल के फफोले

चित फटा होंठ फट गये तो क्या।
है खड़ी पास आ विपत्ति-घड़ी॥
काटते होंठ हम दुखों से हैं।
होंठ पर है पड़ी हुई पपड़ी॥ 7॥

जायगा मुँह किस तरह कुँभला न तब।
बढ़ रही हो दिन-ब-दिन जब बेबसी॥
जब उमंगें बेतरह हैं पिस रहीं।
होंठ पर तब किस तरह आती हँसी॥ 8॥

फूलता फलता पनपता एक है।
एक ने बरबाद हो कर सब सहा॥
जी रहा दुख से मसलता एक का।
मुस्कुराता एक होठों में रहा॥ 9॥

हितगुटके

वह सदा तो ठहर नहीं सकती।
फिर अगर कुछ घड़ी थमी तो क्या॥
हड़बड़ी में घड़ी घड़ी मत पड़।
होंठ पर जो घड़ी जमी तो क्या॥ 10॥

जब बुरी चाल हम लगे चलने।
लोग तब क्यों न चुटकियाँ लेंगे॥
जब निकलने लगे कलाम बुरे।
लोग क्यों होंठ तब न मल देंगे॥ 11॥

नोक झोंक

पिंड छूटा कभी न लालच से।
लाभ के साथ लोभ कब न बढ़ा॥
है लबों में नहीं ललाई कम।
पर मिला कब न पान रंग चढ़ा॥ 12॥

लब हिलाये न क्यों बहे रस, जब।
हित-पियाला भरा लबालब हो॥
बज सके बीन तो रहे बजती।
लब खुले, बन्द किस लिये तब हो॥ 13॥

बात भी आप जब नहीं करते।
तब भला रंग ढंग क्यों मिलता॥
सिर भला किस तरह हिलेगा तब।
लब हिलागे अगर नहीं हिलता॥ 14॥

अन्योक्ति

जब कि तुम प्यारे रहे लगते नहीं।
क्यों गये तब फूल औ फल-दल कहे॥
धूल में नरमी तुमारी तब मिले।
होंठ जब जी में खटकते तुम रहे॥ 15॥

फल इनारू का अगर तू बन सका।
तो कहें हम दाख सा कैसे तुझे॥
लाख दावा हो मिठाई का मगर।
होंठ तू मीठा नहीं लगता मुझे॥ 16॥

हँसी

हितगुटके

हैं सुला सकते नहीं जो फूल पर।
तो न काँटों पर किसी को दे सुला॥
जो हँसायें औ खेलायें हम नहीं।
तो न हँसते खेलतों को दें रुला॥ 1॥

है बुरा जो भिड़ें अड़ें अकड़ें।
क्यों मचलते रहें मचा ऊधम॥
काम वह, चाहिए जिसे करना।
क्यों न कर दें हँसी-खुशी से हम॥ 2॥

छेड़ लो जो चाहते हो छेड़ना।
पर न हो बेहूदगी उसमें बसी॥
बस तभी तक गुदगुदाना चाहिए।
जब तलक आती किसी को है हँसी॥ 3॥

बात क्यों ऐसी गयी मुँह से कही।
जो कि गाँसी सी किसी जी में धँसी॥
है चुहल करना भला होता नहीं।
जड़ लड़ाई की कहाती है हँसी॥ 4॥

है हमें जो निरोग रखना तन।
चाहते हैं अगर न दुख झेलें॥
तो फिरें नित खुली हवा में हम।
खूब जी खोल कर हँसें खेलें॥ 5॥

किसी बात की बहुतायत है बेंड़ी।
सबसे ऊँचे गये लोग हैं खसते॥
हँसी अमी है मगर बहुत हँस देखो।
पेट फूल जायेगा हँसते हँसते ॥ 6 ॥

चाल चलन है अगर बनाना।
तो कुचाल से नाता तोड़ो॥
हाहा - हीही - करतों में पड़।
हाहा - हीही करना छोड़ो ॥ 7 ॥

नोक झोंक

है हँसी खेल ही हँसी करना।
वे हँसेंगे हमें हँसा लेंगे॥
किस तरह से हँसी उड़ायें हम।
वे हँसी में हमें उड़ा देंगे ॥ 8 ॥

हम हँसी का काम करते हैं नहीं।
डर कुरुचि से क्यों सुरुचि सोती रहे॥
हँस रहे हैं लोग तो हँसते रहें।
है अगर होती हँसी होती रहे ॥ 9 ॥

वे हँसे खेले हँसे बोले बहुत।
फूल मुँह से बात कहते ही झड़े॥
होंठ पर आयी हँसी आँखें हँसीं।
खुल गये दिल खिलखिला कर हँस पड़े ॥ 10 ॥

फूल जैसे किस लिये जायें न खिल।
आँसुओं से गाल क्यों धोयें न हम॥
जब हँसायें औ रुलाये हैं गये।
तब भला कैसे हँसे रोयें न हम ॥ 11 ॥

सूख सारा तन गया, सूखी नसें।
सूख कर तर आँख जाती है धँसी॥
हम गये हैं सूख, सूखी बात सुन।
क्यों न सूखा मुँह, हँसे सूखी हँसी ॥ 12 ॥

जब रसीली बात रसवाली बनी।
तब भला कैसे न रस-धारें बहें॥
तब हँसी के किस तरह लाले पड़ें।
जब कि हम हँसते हँसाते ही रहें॥ 13॥

जब कि सूखा जवाब दे न सके।
वे किसी ऍंच-पेंच में फँस कर॥
तब भला और चाल क्या चलते।
टाल देते न बात क्यों हँस कर॥ 14॥

तब कहाँ आया तरस, आँखें अगर।
देख कर उसको तरसती ही रहें॥
बे-तरह जब थी दिलों को फाँसती।
क्यों न फाँसी तब हँसी को हम कहें॥ 15॥

हँसी-दिल्लगी

पड़ सकेगा बल न मेरी भौंह पर।
हम भला बेढंगियों में क्यों फँसें॥
बल उन्हीं के पेट में पड़ जायगा।
है अगर हँसना हँसोड़ों को हँसें॥ 16॥

कँप जाते हैं पत्ता खड़के।
औरों को बन जाते हैं यम॥
देख शेर गीदड़ का बनना।
हँसते हँसते लोट गये हम॥ 17॥

गये पेट में बल पड़ मेरे।
हँसी नहीं पा सकती थी थम॥
सुन सुन कर हँसोड़ की बातें।
हँसते हँसते लोट गये हम॥ 18॥

अन्योक्ति

कौन हँसता तब नहीं तुझ पर रहा।
जब कि तू भोंड़े लबों में थी फँसी॥
तब भला कैसे हँसी तेरी न हो।
जब हँसी तूने किसी की की हँसी॥ 19॥

जब कि सूखापन दिखा सूखी बनी।
तब गयी बेकार रस-डूबी कही॥
तब अमी की सोत क्यों मानी गयी।
जब कि विष जैसी हँसी लगती रही॥ 20॥

जो कि अपने आप ही फँसते रहे।
क्यों उन्हीं के फाँसने में वह फँसी॥
जो बला लाई दबों पर ही सदा।
तो लबों पर किसलिये आयी हँसी॥ 21॥

बात

अपने दुखड़े

हैं नहीं उठता हमारा पाँव भी।
जातियाँ सब दौड़ में हैं बढ़ रहीं॥
इस तरह पीछे अगर पड़ते रहे।
बात भी तो लोग पूछेंगे नहीं॥ 1॥

न पके, पर अढ़ाई चावल की।
कब न खिचड़ी अलग पका ली है॥
किस तरह बात का असर होगा।
सब तरह बात जब निराली है॥ 2॥

लान-तान

हो भले ही बात करने का न ढब।
जड़ भला चुप किस तरह से रहेंगे॥
क्यों न दुखने सिर लगे सुन सुन, मगर।
बात बेसिर-पैर की ही कहेंगे॥ 3॥

दिन-बदिन है बात बिगड़ी जा रही।
बेतरह लगती हमें अब लात है॥
पर बताई बात सुनते ही नहीं।
सोचते ही हम नहीं क्या बात है॥ 4॥

उन्हें चार बातें तुम कह दो।
या अपने ही सिर को धुन लो॥
काम क्या करेंगे बातूनी।
लम्बी लम्बी बातें सुन लो॥ 5॥

नाम काम का सुन पड़ते ही।
लम्बी लम्बी साँस भरेंगे॥
भला सकेंगे क्या कर, वे जो।
लम्बी लम्बी बात करेंगे॥ 6॥

हितगुटके

रोकते छेंकते रहे यों ही।
कब भला मच गया नहीं ऊधम॥
बेसबब बात बात में अड़ करें।
क्यों करें बात का बतंगड़ हम॥ 7॥

और को कोस लें मगर दुख में।
डालने को कुढंग क्या कम हैं॥
क्यों फँसेंगे न तब बलाओं में।
जब बुरी बात में फँसे हम हैं॥ 8॥

चाल की बात है बुरी होती।
कट गयी नाक फिर नहीं जुड़ती॥
बात को दें उड़ा न यह कह कर।
पड़ गयी बात कान में उड़ती॥ 9॥

भूल है, पहुँचें ठिकाने हम न जो।
राह सीधी कब न दिखलाई गयी॥
है कसर जो कर उसे बरपा न हों।
कब नहीं हितबात बतलाई गयी॥ 10॥

किस तरह तब बची रहे हुरमत।
और मुँह की बनी रहे लाली॥
सैकड़ों टाल-टूल कर, हित की।
बात ही जब गयी बहुत टाली॥ 11॥

सुनहली सीख

वह सकेगी डाल कैसे पेंच में।
वह रहे क्यों सादगी की घात में॥
मिल सकी पेचीदगी जिसमें नहीं।
बू बनावट की न हो जिस बात में॥ 12॥

जो कहें उसको सँभल करके कहें।
चूक जाने की न आने दें घड़ी॥
तब किसी की बात क्या फिर रह गयी।
बात ही वापस अगर लेनी पड़ी॥ 13॥

मान सकता बात यह कोई नहीं।
गीत गूँगा आदमी गाता रहा॥
बात करना ही जिसे आता नहीं।
वह लगाता बात का ताँता रहा॥ 14॥

सोच, समझी बात कहने के लिये।
जीभ को जब तक न अपनी साध लें॥
धाक तब तक किस तरह बाँधें बँधे।
बात का पुल हम भले ही बाँध लें॥ 15॥

एक का मुँह लाल रिस से हो गया।
फूल जैसा एक का मुखड़ा खिला॥
बात से हाथी किसी को मिल गया।
औ किसी को पाँव हाथी का मिला॥ 16॥

काम का दो बना निकम्मों को।
काम की बात सैफड़ों सिखला॥
औ मना दो न-मानतों को भी।
दो करामात बात की दिखला॥ 17॥

जो नहीं हैं जानते वे जान लें।
बात में ही है भरी करतूत सब॥
कब न भारी बात कह भारी बने।
बात हलकी कह बने हलके न कब॥ 18॥

मीठी चुटकी

वह मिले तो भला मिले कैसे।
है बड़ी चाह भाग है खोटा ॥
माँगते हैं स्वराज हम, लेकिन।
है बड़ी बात और मुँह छोटा ॥ 19 ॥

क्यों न उसको लोग मलते ही रहें।
कान फिर भी हो न पाता तात है ॥
लूटते हैं वाहवाही आप ही।
हम कहें क्या, आपकी क्या बात है ॥ 20 ॥

नोक झोंक

क्या हुआ पीट जो दिया उसको।
राह पर जो कि है पिटे आता ॥
लात का आदमी समझ देखो।
बात से मान किस तरह जाता ॥ 21 ॥

क्या अजब जो रंज हमसे वे रहें।
है हमें भी रंज उनसे कम नहीं ॥
क्यों चलायेंगे हमारी बात वे।
जब चलाते बात उनकी हम नहीं ॥ 22 ॥

जीभ पर आये बिना रहती नहीं।
बात जो जी में जमी सब दिन रही ॥
तब भला कैसे न कच्चापन खुले।
बात कच्ची जब गयी मुँह से कही ॥ 23 ॥

ढंग से जो बोलते बनता नहीं।
तो ढँगीलापन यही है चुप रहे ॥
तब भला किसको कहें बेढंग हम।
जब ढँगीला बात बेढंगी कहे ॥ 24 ॥

कीच में लेट जो सुखी होंगे।
क्यों करेंगे पसन्द वे गद्दे॥
हो अगर भद्द तो बला से हो।
बात भद्दी कहें न क्यों भद्दे॥ 25॥

काम की सच्ची कसौटी पर कसें।
चाहते हैं आप जो हमको कसा॥
नेहफंदे में फँसाते क्यों नहीं।
फल मिलेगा कौन बातों में फँसा॥ 26॥

कुछ असर है अगर नहीं जी में।
तो न जी बात छील छील भरें॥
चिड़चिड़ापन अगर पसन्द नहीं।
तो खुचुड़ बात बात में न करें॥ 27॥

साँस

देवदेव

रह सुखों से अलग सुखी होवें।
सब दुखों से घिरे हुए न घिरें॥
है अगर चाह यह, सदा प्रभु को।
क्यों न तो साँस साँस पर सुमिरें॥ 1॥

हितगुटके

और सब जो खो गया तो खो गया।
पर कभी हिम्मत न खोनी चाहिए॥
नाश हो पर हो निराशा क्यों कभी।
साँस होते आस होनी चाहिए॥ 2॥

काम धीरज के किए ही हो सका।
काम बनता है बिना धीरज कहीं॥
किस लिये हम डाल कन्धा दें कभी।
साँस जब तक आस क्या तब तक नहीं॥ 3॥

साँस जो है उखड़ उखड़ जाती।
तो किसी काम की न छाती है॥
बेतरह साँस फूलती है क्यों।
साँस क्यों टूट टूट जाती है॥ 4॥

साँस ठंढी भरें भँवर में क्यों।
साँस हो बन्द, नाव को खेवें॥
है अगर चाह साँस लेने की।
साँस तो ऊब ऊब क्यों लेवें॥ 5॥

रुक गयी साँस, साँस रोके से।
भर गयी साँस, साँस भर पाये॥
साँस निकले है, साँस के निकले।
साँस आती है, साँस के आये॥ 6॥

काल की चाल को कहें क्या हम।
क्या दिया बुझ गया न बलने से॥
साँस ही के चले चले अब तक।
चल बसे आज साँस चलने से॥ 7॥

निराले नगीने

हम भले ढंग में ढलें कैसे।
रुचि भले ढंग में नहीं ढलती॥
तब चले ठीक ठीक नाड़ी क्यों।
साँस ही ठीक जब नहीं चलती॥ 8॥

आ बनी जान पर किसी के जब।
ताब तब किस तरह निबह पाती॥
घोंट देवें गला किसी का जब।
तब भला साँस क्यों न घुट जाती॥ 9॥

तब भला साहस दिखाते किस तरह।
जब बहाने बेतरह करने लगे॥
दौड़ते क्या, दौड़ लम्बी देख कर।
साँस ही लम्बी अगर भरने लगे॥ 10॥

दम

देवदेव

जो हमारी याद की भी याद है।
क्यों न उसको याद पल पल पर करें॥
मार सकते दम नहीं जिसके बिना।
क्यों न हरदम हम उसी का दम भरें॥ 1 ॥

चेतावनी

प्यार उसका ही भरा जी में रहें।
रंग में उनके न क्यों रँग जाँय हम॥
देस की औ जाति की हमदर्दियाँ।
है अगर कुछ दम करें तो दम-बदम॥ 2 ॥

जाय बिजली दौड़ क्यों रग में नहीं।
काम क्यों सरगर्मियों से हम न लें॥
जाति का जब तक न बेदमपन टले।
चाहिए हम लोग तब तक दम न लें॥ 3 ॥

रहें जमी ए बातें जी में।
हमी देस का दुख हर लेंगे॥
कठिन से कठिन कामों को भी।
दम के दम में हम कर देंगे॥ 4 ॥

लान-तान

क्या करें ले बनी चुनी बातें।
काम का और दाम का प्यासा॥
दे सकें तो हमें मदद देवें।
दे चुके बार बार दमझाँसा॥ 5 ॥

जाँच में जब उतर न ठीक सके।
तब अगर हम जँचे जँचे तो क्या॥
क्यों मिला धूल में दिया दम-खम।
दम चुरा कर बचे बचे तो क्या॥ 6 ॥

वह ऊँचाई काम देगी कौन सा।
मान ही जिससे किसी का हर गया॥
तब भला तुम दम चढ़ाने क्या चले।
बेतरह जब दम तुमारा भर गया॥ 7॥

तब न कैसे भला दबा लेगा।
आप ही जब कि जायँगे हम दब॥
तब न दमदार चाहिए बनना।
दम गया सूख देखते दुख जब॥ 8॥

सुनहली सीख

हम रिझा सच्ची लगन को कब सके।
एक मीठी बात ही का रस पिला॥
जब मिला तब मिल मिलान से सका।
कब भला दिल दम-दिलासा से मिला॥ 9॥

क्या हुआ कितनी दुआवों के पढ़े।
क्या हुआ कितनी दवाओं के किये॥
दम निकलने की घड़ी जब आ गयी।
रुक सका तब दम न दम भर के लिये॥ 10॥

छल-कपट को न दें जगह जी में।
पाँव पावे न पापपथ में थम॥
ओट में बैठ कर न चोट करें।
दम किसी का न घोंट देवें हम॥ 11॥

नाम कमाओ, सदा नाम से।
मोल दाम का होता कम है॥
काम रखो मत बुरे काम से।
लोगो जब तक दम में दम है॥ 12॥

दें न इस तरह पीस किसी को।
आँसू आठों पहर बहे जो॥
इतना नाक में न दम कर दें।
मरते दम तक याद रहे जो॥ 13॥

हितगुटके

पैर पीछे पड़े न पीछे पड़।
काम छेड़ा हुआ नहीं छूटे॥
दम न साधें न मार दम लें हम।
जाय दम टूट पर न दम टूटे॥ 14॥

दम-बदम देस का करें हित हम।
जान तक जाति के लिये देवें॥
फूलने दम लगे, न दम फूले।
दम निकल जाय पर न दम लेवें॥ 15॥

बैठ उठ कर सदा कमीनों में।
मान-मरजाद कर न देवें कम॥
दम दिये दाम फूँक क्यों देवें।
दम लगा कर न हम बनें बेदम॥ 16॥

क्यों भरोसा और के दम का करें।
सूझजल से हितकियारी सींच लें॥
मुँह न ताकें, क्यों दबें, सच्ची कहें।
क्यों किसी के दम दिये, दम खींच लें॥ 17॥

दिल के फफोले

मोड़ना मुँह कुटुम्ब से होगा।
माल असबाब छोड़ना होग॥
तोड़ नाता तमाम दुनिया से।
दम किसी रोज तोड़ना होगा॥ 18॥

छोड़ तन पींजड़ा समय आये।
उड़ एकाएक हंस जावेगा॥
आँख टँग जायगी बिना टाँगे।
दम अटक कर अटक न पावेगा॥ 19॥

कौन है काल हाथ से छूटा।
हैं बताये गये बहुत लटके॥
है दिखाता उसे जगत सपना।
किस लिये दम न आँख में अँटके॥ 20॥

आह

हितगुटके

आप वह लड़ सका नहीं, तो क्या।
पर सितम किस तरह नहीं लड़ती॥
मार पड़ती रही किसी पर जब।
आह कैसे न तब भला पड़ती॥ 1॥

है अगर यह चाह सब चाहें हमें।
फैलती कीरत रहे फूलें फलें॥
बेतरह तो दिल मसल देवें नहीं।
आह भूले भी किसी की हम न लें॥ 2॥

कोसते सब सदा रहे हमको।
बात ऐसी करें बदी की क्यों॥
ले सकें तो असीस लें जस लें।
आह लेवे भला किसी की क्यों॥ 3॥

दिल के फफोले

आह भर भर गया हमारा जी।
पर दुखों का उठा नहीं देरा॥
आह खींचे न खींच-तान गयी।
आह मारे न मन मरा मेरा॥ 4॥

हैं बुरी, बेतरह बुरी दोनों।
क्यों कराहें न, क्यों उन्हें चाहें॥
साँसतें कर बहुत सताती हैं।
आह ठंढी, गरम गरम आहें॥ 5॥

आह करते कराहते हम हैं।
चैन सूरत पड़ी नहीं दिखला॥
कब कसक कढ़ सकी कढ़े आहें।
आह निकली मगर न दम निकला॥ 6॥

छींक

अपने दुखड़े

तब समझदारी समझ में आ गयी।
छींक आते नाक जब कटने लगी॥
जो सजाती जाति को थी सब तरह।
रह गयी है अब न वह संजीदगी॥ 1॥

पते की बातें

क्यों हुए छींक छोड़ दे साहस।
हैं छिछोरे कहीं नहीं ऐसे॥
क्यों चले नाक काटने साहब।
छींक आये, न छींकते कैसे॥ 2॥

नाम लेंगे वहाँ दया का क्यों।
हैं जहाँ बोटियाँ बिहस बँटती॥
मिल सकेगी वहाँ छमा कैसे।
छींकते नाक है जहाँ छँटती॥ 3॥

और के मंगल-महल की मूरतें।
क्यों भला सेंदुर लगा वे टीकते॥
और का जी डोल जाने के लिये।
नाक में कुछ डाल जो हैं छींकते॥ 4॥

जँभाई

नाड़ी की टटोल

नींद आँखों में सबों के थी भरी।
काहिली से बेतरह वे थे हिले॥
ऊँघ जाते और अलसाते हुए।
जो मिले हमको जँभाते ही मिले॥ 5॥

भेद कोई है नहीं सब एक हैं।
ढंग से क्या है यही बतला रही॥
एक को लेते जँभाई देख क्यों।
है जँभाई पर जँभाई आ रही॥ 6॥

थूक

हितगुटके

चूक तब कैसे किसी के सिर पड़े।
जब हमी थे चूक कर के चूकते॥
थूक मुँह पर क्यों न तब उलटा गिरे।
जब कि सूरज पर रहे हम थूकते॥ 1॥

जो कि जिस काम जोग है, उससे।
ले न वह काम, हैं सभी छकते॥
साटता गोंद है जिसे, उसको।
थूक से साट हम नहीं सकते॥ 2॥

चाहिए धूल डालना जिस पर।
क्यों उसे खोल खोल दिखलावें॥
हम भले ही किसी निघर घट को।
थूक लें, और से न थुकवावें॥ 3॥

जब छिछोरे चापलूसों का सदा।
कान हैं कर चापलूसी काटते॥
लोग कैसे थूकते मुँह पर न तब।
जब पराया थूक हम हैं चाटते॥ 4॥

अन्योक्ति

वह भला दूध पी सके कैसे।
जो रहा बार बार दुख जाता॥
क्यों गला रोटियाँ निगल पावे।
थूक भी घोंट जब नहीं पाता॥ 5॥

बोल भी जो सका निकाल नहीं।
वह किसी काल में न कूक सका॥
कौर उससे उतर सके कैसे।
जिस गले से उतर न थूक सका॥ 6॥

लोग जिसको देख करके घिन करें।
वह जहाँ है क्यों नहीं रहता वहीं॥
थूक मुँह से तू निकल आता न जो।
लोग थू थू तो कभी करते नहीं॥ 7॥

बोल और बोली

हितगुटके

बेसमय बेरुचे बिना समझे।
बेदिली साथ जीभ के खोले॥
बोलते बोलते अबोल बने।
बन सकी बात कब बहुत बोले॥ 1॥

प्यार से भीग डूब परहित में।
जीभ अपनी सँभाल कर खोलें॥
जो कभी बोलने लगें हम तो।
बेधड़क आन बान से बोलें॥ 2॥

तरह तरह की बातें

है गया भूल डींग का लेना।
बात मुँह से निकल नहीं पाती॥
मिल गये आज बोलने वाले।
बोलती बन्द क्यों न हो जाती॥ 3॥

जब समय था तब नहीं मुँह खुल सका।
बात पीछे प्यार की खोली गयी॥
जब हमारा मन हुआ नीलाम था।
किसलिये बोली न तब बोली गयी॥ 4॥

बोलबाला हो नहीं उनका सका।
जो बना कर मुँह, रहे, मुँह खोलते॥
बोलने में कब न बढ़ बोले बढ़े।
बोल लें, बोली अगर हैं बोलते॥ 5॥

जब दिये खोल बन्द सब उसके।
किसलिये पर न खोलती चिड़िया॥
छोड़ सूना सरीर पिंजड़े को।
उड़ गयी आज बोलती चिड़िया॥ 6॥

हिचकी

जी की कचट

वह कलेजा थाम कर कलपे न क्यों।
सब तरह की साँसतें जिसने सहीं॥
पास जिसके दुख हिचिक आता रहा।
आज उसको हिचकियाँ हैं लग रहीं॥ 1॥

आ बनी जान पर किसी की क्यों।
किसलिये वह न बेतरह बिचकी॥
चाहिए था उसे हिचिक जाना।
आह! हिचकी न किस लिये हिचकी॥ 2॥

साँस बेढग जब रही रुकती।
नोच बेचैनियाँ तभी पायीं॥
मौत कैसे न याद करती तब।
हिचकियाँ जब कि बेतरह आयीं॥ 3॥

मौत करती याद है क्या इस लिये।
वह बनी है कंठ की इस दम सगी॥
हैं हिचिकते प्राण तन को छोड़ते।
या इसीसे आज है हिचकी लगी॥ 4॥

हितगुटके

जो सहज में रोग होता दूर हो।
तो कभी हम दुख न भोगें, देर कर॥
किसलिए पानी न पी लेवें तुरत।
जाय पानी ही पिये हिचकी अगर॥ 5॥

डर सकेंगे डाँट डपटों से न वे।
जो सहमते ही नहीं उलटा टँगे॥
वे न मानेंगे दबाने से गला।
जो हिचिकते ही नहीं हिचकी लगे॥ 6॥

मूँछ

लान-तान

बात भी तो पूछता कोई नहीं।
डींग हो हर बात में क्या ले रहे॥
देख लो मुँह तो तवा सा हो गया।
मूँछ पर तुम ताव क्या हो दे रहे॥ 1॥

निज बड़े ही पलीद जी से ही।
क्यों न अपना पलीदपन पूँछें॥
जब नहीं रह गया बड़प्पन कुछ।
पूँछ हैं तो बड़ी बड़ी मूँछें॥ 2॥

डाँट जो बैठे उसीसे डर बहुत।
है पकड़ कर कान उठते बैठते॥
जब हमारी ऐंठ ही जाती रही।
तब भला हम मूँछ क्या हैं ऐंठते॥ 3॥

चाहते थे जोंत मनमानी मिले।
पर अँधेरा छा गया आँखों तले॥
जब कि लेने के हमें देने पड़े।
तब भला हम मूँछ टेने क्या चले॥ 4॥

जब बड़ों ने नहीं बड़ाई दी।
बोझ हैं तो बड़ी बड़ी मूँछें॥
जो हुआ दुख सुने न कान खड़ा।
पूँछ हैं तो खड़ी खड़ी मूँछें॥ 5॥

बेहया है बेहयापन से भरा।
मूँछ पकड़े मूँछ होती है कड़ी॥
है मरोड़े कान मूँछ मरोड़ता।
मूँछ उखड़े मूँछ करता है खड़ी॥ 6॥

मूँछ निकली, गयी निकाली, जब।
किस तरह तब कहें कि है रुचती॥
क्या जमीं बारबार तब मूँछें।
जब कि नोचे गये रहीं नुचती॥ 7॥

जी की कचट

हम अपाहिज अगर न बन जाते।
तो बुरी बान की न बन आती॥
आलसी हाथ उठ अगर पाते।
मूँछ मुँह में कभी नहीं जाती॥ 8॥

मूँछ कैसे पट भला होती नहीं।
पट न पाई आन से, पत खो गयी॥
गिर गये, मूँछें हमारी गिर गयीं।
देख नीचा, मूँछ नीची हो गयी॥ 9॥

बाँट में पड़ता न जो बेचारपन।
तो बिचारी बाल बिनवाती नहीं॥
जो मुड़ी, कतरी, बनायी वह गयी।
तो भला था मूँछ ही आती नहीं॥ 10॥

हितगुटके

वह बुरी ही गिनी गयी सब दिन।
क्यों करें झूठ मूठ की शेखी॥
बात ऐंठी हुई सुनी कितनी।
मूँछ ऐंठी हुई बहुत देखी॥ 11॥

और दो चार बार औरों से।
बात ही वे उखड़ उखड़ पूँछें॥
क्या हमें है पड़ी उखाड़ें जो।
आप ही जायँगी उखड़ मूँछें ॥ 12 ॥

जो चलेंगे नहीं ठिकाने से।
ठोकरें लोग क्यों न देवेंगे॥
जो बुरी छान बीन होगी तो।
मूँछ के बाल बीन लेवेंगे ॥ 13 ॥

तौर ही है हमें बता देता।
और से किसलिये भला पूँछें॥
बन सकेंगी न मूँछ असली वे।
है बनी मूँछ ही बनी मूँछें ॥ 14 ॥

क्यों उसे प्यार हम न हों करते।
क्यों न वह हो हमें बहुत भाती॥
बाढ़ बेढंग है नहीं अच्छी।
है बढ़ी मूँछ काट दी जाती ॥ 15 ॥

पते की बात

जब कि जी में बसी सिधाई थी।
बन सकी तब नहीं सुई टेढ़ी॥
जी किसी का अगर न टेढ़ा है।
किस तरह मूँछ तो हुई टेढ़ी ॥ 16 ॥

जो रँगे रंग तो नहीं रहता।
जो रखें तो कभी न ठग पायें॥
बात तो है हमें बनानी ही।
क्या करें मूँछ जो न बनवायें ॥ 17 ॥

बच गयी थोड़ी सियाही और थी।
देखता हूँ आप ही वह खो गयी॥
मुँह हमारा और उजला हो गया।
हित हुआ जो मूँछ उजली हो गयी ॥ 18 ॥

दाढ़ी

हितगुटके

वे सकें जो उसे नहीं अपना।
प्यार का रस पिला पिला करके॥
तो न देवें हिला किसी जी को।
लोग दाढ़ी हिला हिला करके॥ 1॥

जो दिखावट औ बनावट से बचे।
रामरस, रँग प्रेम रंगत में चखे॥
तो बढ़ाये औ बनाये बाल क्या।
क्या मुड़ाये और क्या दाढ़ी रखे॥ 2॥

हैं भरी साध दाढ़ियाँ सीधी।
बात हम हैं बता रहे ताड़ी॥
सैकड़ों दाढ़ियाँ बँधी देखीं।
देख लीं दाढ़ियाँ बहुत, फाड़ी॥ 3॥

थपेड़े

लोग सबसे अमोल पूँजी को।
क्यों बुरे ढंग से लुटाते हैं॥
आबरू को घटा घटा करके।
किसलिये दाढ़ियाँ घुटाते हैं॥ 4॥

बैरियों से जी बचाते हैं वही।
रंग जिन पर है न जीवट का चढ़ा॥
जी बढ़ा जिनका न बैरों का बढ़े।
क्या करेंगे वे भला दाढ़ी बढ़ा॥ 5॥

लान-तान

जब रही बार बार बन बनती।
किसलिये बेतरह बढ़ी दाढ़ी॥
जब मुड़ी नुच गयी कटी उखड़ी।
तब चढ़ी क्या रही, चढ़ी दाढ़ी॥ 6॥

रंग बिगड़े रंग क्या लाती रही।
आबरू का काल क्या होती रही॥
रख सकी मुँह की अगर लाली नहीं।
लाल दाढ़ी लाल क्या होती रही॥ 7॥

क्यों कुढ़े जी न देखकर उसको।
आँख उस पर न जाय क्यों काढ़ी॥
लाल थी पूच लालसाओं से।
जिस पके आम की पकी दाढ़ी॥ 8॥

निराले नगीने

हो सकेंगी कभी न वह असली।
क्यों न कोई जतन करे लाखों॥
है बनावट हमें पसन्द नहीं।
देख दाढ़ी बनी हुई आँखों॥ 9॥

जो कि करते सादगी को प्यार हैं।
कब रँगीलापन गया उनसे सहा॥
लोग रँगने में कसर करते नहीं।
रंग कब रंगीन दाढ़ी का रहा॥ 10॥

बाहरी रूप रंग भावों ने।
भीतरी बात है बहुत काढ़ी॥
खुल भला क्यों न जाय सीधापन।
देख सीधी खुली हुई दाढ़ी॥ 11॥

आन बान

ऐब लगता है, भले ही तो लगे।
डाँट बतलावे बिपत गाढ़ी हमें॥
किस तरह से हम उसे काली करें।
मिल गयी भूरी अगर दाढ़ी हमें॥ 12॥

क्या करें जो बेकसर हों दूसरे।
और हममें हो भरी सारी कसर॥
क्यों जलें हम देखकर दाढ़ी बड़ी।
मिल गयी छोटी हमें दाढ़ी अगर॥ 13॥

वह भले ही कढ़े मगर उसने।
है न जी की कसर कभी काढ़ी॥
क्यों किसी को बड़ा समझ लें हम।
देख करके बहुत बड़ी दाढ़ी॥ 14॥

अन्योक्ति

सब तरह की बनी सियाही में।
जाय सौ ढंग से न क्यों ढाली॥
पर सुपेदी उसे मिलेगी ही।
कौन दाढ़ी सदा रही काली॥ 15॥

बाढ़ जो डाल गाढ़ में देवे।
तो भला किसलिये बढ़ी दाढ़ी॥
जो चढ़ी आँख पर किसी की तो।
क्यों चढ़ाई गयी चढ़ी दाढ़ी॥ 16॥

ढाल में निज कुढंगपन के ढल।
वह भला किसलिये निढाल करे॥
और को डाल डाल उलझन में।
गोल दाढ़ी न गोलमाल करे॥ 17॥

है भलाई वाँ ठहर पाती नहीं।
हो बुराई पर जहाँ माला चढ़ा॥
तो सुपेदी लोग हो जावे न क्यों।
रंग दाढ़ी पर अगर काला चढ़ा॥ 18॥

सूरत

हितगुटके

जो न मरजाद रख सकें अपनी।
तो न बरबाद कर उसे देवें॥
जो बनाये न बन सके सूरत।
तो न सूरत बिगाड़ हम लेवें॥ 1॥

देख लें सबको सभी को लें समझ।
हैं यहाँ पर सब तरह की मूरतें॥
देख रोती सूरतें हिचकें न हम।
मुँह न बिगड़े देख बिगड़ी सूरतें॥ 2॥

काम सूरत-हराम कर न सका।
क्यों न बनती हरामियों की गत॥
जब कि सूरत बदल गयी बिलकुल।
किस तरह तब दिखा सके सूरत॥ 3॥

नोक झोंक

हो भले ही वह बहुत भद्दी बुरी।
लोग चाहे मुँह बनायें या बकें॥
बन गयी जैसी, बनी है वैसिही।
हम भला सूरत बना कैसे सकें॥ 4॥

रंग लाई दूसरी रंगत नहीं।
औ लुनाई ने बनाई बावली॥
साँवले ही रंग में आँखें रँगी।
देख कर सूरत सलोनी साँवली॥ 5॥

जो कि जी को लुभा नहीं लेती।
वह नहीं है लुभावनी मूरत॥
जब नहीं है सुहावनापन ही।
तब कहाँ है सुहावनी सूरत॥ 6॥

जो न उसमें हैं दया की रंगतें।
जो न उसमें नेह-धारायें बहीं॥
तो लुनाई है लुनाई ही नहीं।
है भली सूरत भली सूरत नहीं॥ 7॥

भूल पायें न सूरतें भोली।
वे सदा आँख में रहें बसती॥
दिन हँसी खेल में बितायें हम।
सूरतें देखते रहें हँसती॥ 8॥

बेहतरी की बताइये सूरत।
बन गयी गत उतर रही पत है॥
कर रहे हें सवाल क्यों मुझसे।
सच तो यह है सवाल सूरत है॥ 9॥

गला

हितगुटके

सब दिनों उसका भला होगा नहीं।
जो कि औरों का नहीं करता भला॥
एक दिन उसका गला दब जायगा।
दूसरों का जो दबाता है गला॥ 1॥

तब बला आती न सिर पर किस तरह।
दूसरों पर जब कि लाते थे बला॥
क्यों गला तब जायगा रेता नहीं।
जब किसी का रेत देते हैं गला॥ 2॥

एक छोटा गुनाह होने पर।
जान ले लें न, मार दें, डाँटें॥
क्या हुआ दाँत काट लेने से।
किसलिये हम भला गला काटें॥ 3॥

है न भीतर और बाहर एक-सा।
तो रहे हम किसलिये बनते भले॥
मिल सका जी से अगर जी ही नहीं।
तो गले मिलने किसी के क्या चले॥ 4॥

जो भले थाले कलेजे में उमग।
छरहरे फैले हुए फूले फले॥
प्यार के पौधे लगा पाते नहीं।
तो लगाते हैं किसी को क्या गले॥ 5॥

प्यार से जो दिल हमारा हो भरा।
जो भलाई पर हमारी आँख हो॥

वार करने को उठें तो हाथ क्यों।
किस गले पर क्यों चले तलवार तो॥ 6॥

है मरे को न मारता कोई।
क्यों बिना यम बने बने जन यम॥
किसलिये ऐंठ दें गला ऐंठा।
क्यों गला घुट रहा मरोड़ें हम॥ 7॥

हम न सूखे गला, गला कतरें।
चिढ़ नमक क्यों छिड़क जले पर दें॥
है अगर हो गया गला भारी।
तो छुरी फेर क्यों गले पर दें॥ 8॥

जो कि पथ देख भाल कर न चला।
वह भला क्यों न ठोकरें खाता॥
जब गला फाड़ फाड़ चिल्लाये।
किस लिये तब गला न पड़ जाता॥ 9॥

भूल क्यों जाँय हम उचित बातें।
क्यों कहें सच न, बात क्यों गढ़ दें॥
क्यों गले बाँध कर गला बाँधें।
क्यों मिला कर गले, गले मढ़ दें॥ 10॥

सुनहली सीख

जो हमें चोट ही चलाना है।
तो चलावें कुचाल पर चोटें॥
है गला घोंटना पसन्द अगर।
तो गला हम गुमान का घोटें॥ 11॥

चाह दिखला, न चाह में डाले।
प्यार कर बैर किसलिये साधे॥
क्यों गले लग गले पड़े कोई।
मिल गले किसलिये गला बाँधे॥ 12॥

जो भला बनता बला वह क्यों बने।
जो करे तर किसलिये वह दे जला॥
क्यों गला फूला बुरा फल दे हमें।
क्यों गले का हार कस देवे गला॥ 13॥

नोक झोंक

चाहता है अगर सताना तो।
क्यों सताये न सौ बहाने से॥
बाँधने से न क्यों गला बँधता।
क्यों न दबता गला दबाने से॥ 14॥

आज भी है धँसी कलेजे में।
काढ़ने से कहाँ कढ़ी गाँसी॥
जब कि वे फाँस हैं रहे हम को।
क्यों गले में न तो लगे फाँसी॥ 15॥

प्यार के रंग में रँगा मैं हूँ।
काम साधे सदा सधा मेरा॥
क्यों गला छूटता गला पकड़े।
है गले से गला बँधा मेरा॥ 16॥

वे कसें उतना कि जितना कस सकें।
छूट वह पावे न कर कोई कला॥
बात जब उतरी गले से ही नहीं।
तब भला कैसे खुले खोले गला॥ 17॥

जब छुरी चल रही गले पर है।
क्यों कलेजा न तो तड़प जाता॥
हाथ उनका लहू भरा देखे।
क्यों हमारा गला न भर आता॥ 18॥

दिल बहुत मल रहा हमारा है।
किस तरह एक कर इन्हें पायें॥
साथ हैं बेसुरे गले देते।
क्यों गले से गला मिला गायें॥ 19॥

अन्योक्ति

जब कि सुर था बिगड़ बिगड़ जाता।
तब कहें क्यों, कि वह सुरीला था॥
जब कि रस कुछ रहा न गाने में।
तब भला क्या गला रसीला था॥ 20॥

तब भला कैसे न बेचैनी बढ़े।
मौत से जब बेतरह खटकी रही॥
किस तरह से तब उतर पानी सके।
जब गले में साँस आ अटकी रही॥ 21॥

रोग ने किसकी रगें ढीली न कीं।
औ दुखों ने कर दिया किसको न सर॥
है उसीसे जल उतर पाता नहीं।
जिस गले से कौर जाता था, उतर॥ 22॥

है तुमारा बहुत बुरा यह ढब।
है गला यह बहुत बुरा बाना॥
आप तो तू रहा बिगड़ता ही।
किसलिये है बिगाड़ता गाना॥ 23॥

गरदन

लान-तान

आज भी हैं बन्द आँखें बैसिही।
आज भी हमने न अपना पथ लखा॥
क्या न सिर पर बोझ भारी है लदा।
क्या न गरदन पर गया जूआ रखा॥ 1॥

चौंकते हो देख कर तलवार क्यों।
जान से तो मान प्यारा है कहीं॥
और की गरदन बची तो क्या बची।
जब कि अपनी ही बची गरदन नहीं॥ 2॥

ऐंठ गरदन बेतरह ऐंठी गयी।
रह गयी दो कौड़ियों की ही अकड़॥
हाथ गरदन पर अगर डाला गया।
क्यों न जाती आबरू गरदन पकड़॥ 3॥

क्यों न फन्दे बुरे फँसायेंगे।
क्यों न हो जायगी लहू से तर॥
क्यों न गरदन फँसे, नपे, उतरे।
है नहूसत सवार गरदन पर॥ 4॥

हितगुटके

करनियों के फल नहीं किसको मिले।
दुख सहा कर दुख नहीं किसने सहे॥
क्या हुआ उनकी अगर गरदन उड़ी।
और की गरदन उड़ाते जो रहे॥ 5॥

मुँह दिखाये तो दिखाये किस तरह।
जब किसी की आबरू ले ली गयी॥
किस तरह गरदन भला नीची न हो।
जब कि गरदनिया किसी को दी गयी॥ 6॥

जाति औ देस जाय क्यों तन बिन।
क्यों निछावर करें न अपना तन॥
कुछ कभी तो न पा सकेंगे हम।
जो नपाये नपी नहीं गरदन॥ 7॥

अपने दुखड़े

है कुदिन मेरा सुदिन होता नहीं।
है बला सिर की नहीं टाले टली॥
किस तरह गरदन बचाने से बचे।
कब नहीं तलवार गरदन पर चली॥ 8॥

थामने से थम न बेताबी सकी।
सामने जब मौत की आयी घड़ी॥

चढ़ गयीं आँखें, पलक थिर हो गयी।
ढल पड़ा आँसू ढलक गरदन पड़ी ॥ 9 ॥

नोक झोंक

बढ़ गयी बेएतबारी बेतरह।
है नहीं बेएतनाई अब ढकी ॥
तब भला दिल हिल सकेगा किस तरह।
जब हिलाये हिल नहीं गरदन सकी ॥ 10 ॥

हो किसी को मानते सनमानते।
हो किसी को बेतरह तुम तानते ॥
जान कर भी आज तक जाना नहीं।
हो तुम्हीं गरदन हिलाना जानते ॥ 11 ॥

चाहिए क्या सुन विनय हिलना उसे।
रीझ जिसमें रंग ला होती मिली ॥
जब कि अपने आप वह हिलने लगी।
तब अगर गरदन हिली तो क्या हिली ॥ 12 ॥

बाँह गरदन में पड़े तब किस तरह।
बन गये जब आँख की हम किरकिरी ॥
लोग गरदनिया हमें हैं दे रहे।
आपकी गरदन नहीं फेरे फिरी ॥ 13 ॥

कब न गरदन रहे झुकाते हम।
आपकी उठ सकी नहीं गरदन ॥
हैं अगर आप तन रहे तन लें।
हम सकेंगे न तन गये भी तन ॥ 14 ॥

चाल टेढ़ी है बहुत लगती भली।
चाह है कह बात टेढ़ी जी भरें ॥
आँख टेढ़ी और टेढ़ी हैं भवें।
क्यों भला टेढ़ी न वे गरदन करें ॥ 15 ॥

कौन सी हमने नहीं साँसत सही।
वे सितम करते नहीं हैं हारते ॥

बेतरह गरदन हमारी है दबी।
मार लें गरदन अगर हैं मारते ॥ 16 ॥

हैं किसे बेचैन कर देती नहीं।
धारवाली छूरियाँ तन पर रखी ॥
क्यों न गरदन एक दिन उड़ जायगी।
क्या उठी तलवार गरदन पर रखी ॥ 17 ॥

कण्ठ

देवदेव

आपके दरपर पहुँच करके प्रभो।
है बड़ा ही दीन भूखा जा रहा ॥
दीजिए दो घूँट पानी ही पिला।
बेतरह है कण्ठ सूखा जा रहा ॥ 1 ॥

अपने दुखड़े

रंग में भंग हो गया जो हो।
किस तरह तो उमंग दिखलावें ॥
चाव पावें कहाँ बिना चित के।
गीत क्यों कण्ठ के बिना गावें ॥ 2 ॥

बेतरह है बन्द होता जा रहा।
हैं गये वे भी सहम, थे लंठ जो ॥
कुछ भरोसा खुल न सकने का रहा।
भाग खुल जाये खुले अब कण्ठ जो ॥ 3 ॥

सुनहली सीख

भूल जावें उन कलामों को न हम।
जो कि सचमुच हैं कमालों में सने ॥
कंठ रखना चाहिए जिनको उन्हें।
कंठ रखें कंठ जो रखते बने ॥ 4 ॥

बोलती मीठा रहें बोलें अगर।
बोल कर बेढंग, क्यों दें दिल हिला ॥

आप कोयल-कंठियाँ यह सोच लें।
किसलिये है कंठ कोयल सा मिला ॥ 5 ॥

बात बात में बात

दूसरे गुम रास्ता अपना करें।
हम करेंगे रास्ता अपना न गुम ॥
किस तरह तुमको कबूतर सा कहें।
हो कबूतर-कंठ जैसे, कंठ तुम ॥ 6 ॥

जन उठे कान के रसायन हैं।
सुर लयों से भरे सुरीले कंठ ॥
सींचते कंठ हैं अलापों का।
रस बरसते हुए रसीले कंठ ॥ 7 ॥

लंठ का लंठपन नहीं छूटा।
कूढ़ को कूढ़पन सदा भाया ॥
कुछ कहे कंठ तब भला कैसे।
कंठ ही फूट जब नहीं पाया ॥ 8 ॥

भाग तब किस तरह भले फल दे।
जब रहे हम न फूलते फलते ॥
वे भला कंठ से लगें कैसे।
कंठ पर तो कुठार हैं चलते ॥ 9 ॥

अन्योक्ति

राग का रंग तब जमे कैसे।
जब कि सुर हो न ढंग में ढाला ॥
पा सके क्यों अलाप आलापन।
जब कि होवे न कंठ ही आला ॥ 10 ॥

जीभ है पास वह वही कह ले।
बात जिसको पसन्द जो आवे ॥
क्यों भला, कंठ से सुरीले को।
बेसुरे संख सा कहा जावे ॥ 11 ॥

चंद जिसका कि है सगा भाई।
हाथ में हैं जिसे कि हरि रखते॥
कंठ! उस संख बीर संगी की।
किसलिये हो बराबरी करते॥ 12॥

सुर

अपने दुखड़े

किसलिये जी की न गाँठें खोलते।
एकता का रंग जो पहचानते॥
एक सुर से बोलते तो क्यों नहीं।
सुर अगर सुर से मिलाना जानते॥ 1॥

बात जी में जो न होती दूसरी।
ताल कैसे ठीक रह पाता नहीं॥
एक सुर से चाहते गाना अगर।
सुर मिले तो सुर बदल जाता नहीं॥ 2॥

सुनहली सीख

मुँह न ताकें काम पड़ने पर कभी।
काम जितना हो सके उतना करें॥
जो लगाये तान लग पाती नहीं।
तानपूरे को उठाकर सुर भरें॥ 3॥

हो गये बेमेल रस कब रह सका।
है जहाँ पर मेल रस भी है वहीं॥
किस तरह से तब भला रंगत रहे।
जब हुई सुर ताल से संगत नहीं॥ 4॥

फब न वैसे सके कहीं पर भी।
निज जगह पर फबे सभी जैसे॥
लग सके सुर नहीं जहाँ पर जो।
सुर भला वह वहाँ लगे कैसे॥ 5॥

तब भला क्या अलापने बैठे।
जब नहीं था अलापने आया॥
तब कहाँ रह सका सुरीलापन।
जब न सुर ठीक ठीक लग पाया॥ 6 ॥

अन्योक्ति

धूल में मिल गया रसीलापन।
जो न सूखा हुआ गला सींचा॥
तब भला किसलिये हुए ऊँचे।
सुर! अगर देखना पड़ा नीचा॥ 7 ॥

गाना

देवदेव

पेट के ही पसन्द हैं धन्धे।
लोक-हित भूल कर नहीं भाया॥
गीत गाते गुमानियों का हैं।
गुन तुमारा कभी नहीं गाया॥ 1 ॥

ताकते हैं न दूसरों का मुँह।
और के द्वार पर नहीं जाते॥
बस हमारे तुम्हीं रहे सरबस।
यश किसी और का नहीं गाते॥ 2 ॥

तब भला किसलिये बजा बाजा।
जब न भर भाव में बहुत भाया॥
जब सराबोर था न हरि-रस में।
गीत तब किसलिये गया गाया॥ 3 ॥

तुम जिधर हो उधर चलें कैसे।
मन हमारा अगर नहीं जाता॥
किस तरह गा सकें तुमारा गुन।
गुन हमें मानना नहीं आता॥ 4 ॥

तुम अगर झाँकी दिखा देते हमें।
किस तरह से तो कुआँ हम झाँकते॥
ताकते तब क्यों हमारी ओर तुम।
जब पराया मुँह रहे हम ताकते॥ 5॥

तब उसे माना कहाँ सबमें रमा।
जब कि मनमाना सितम ढाते रहे॥
जब दिया आराम जीवों को नहीं।
राम का तब गीत क्या गाते रहे॥ 6॥

सुर हुआ बेसुरा गला बिगड़ा।
लय गयी लोट नाम सुन उसका॥
गीत पर गीत हैं गये गाये।
लोग हैं गा सके न गुन उसका॥ 7॥

निराली धुन

भर लहू सूखती हुई रग में।
मर रही जाति को जिलाते हैं॥
गीत गा आनबान में डूबे।
तान पर तान जब लगाते हैं॥ 8॥

मोहते किसको न मीठे सुर मिले।
चाव, मीठे गान हाथों से पला॥
बात मीठी है बड़ी मीठी मगर।
है मिठाई में बढ़ा मीठा गला॥ 9॥

गिटकिरी जो हो न सुन्दर रुचि-भरी।
तान में जो हो न हित-ताना तना॥
जो बना पाता न जन का जन्म हो।
तब अगर गाना बना तो क्या बना॥ 10॥

ठीक ठेका हो धुनें भी ठीक हों।
और बँधता ही रहे सम का समा॥
ताल आता ताल पर होवे मगर।
जब जमा तब जी जमे गाना जमा॥ 11॥

मिल न पाया सरंगियों का सुर।
बज रहा है मृदंग मनमाना॥
साज वाले बिगाड़ते जब हैं।
क्यों बिगड़ जायगा न तब गाना॥ 12॥

बन गया मस्त मन, गया दिल खिल।
हो गया पुर उमंग पैमाना॥
खुल गयी गाँठ गाँठ वालों की।
गठ गये लोग, सुन गठा गाना॥ 13॥

हितगुटके

है जिसे मनमानियों की सूझती।
मानता है वह किसी का कब कहा॥
वह भला कैसे बनाने से बने।
जो सदा गाने बजाने में रहा॥ 14॥

नौजवानों के गले पर चाल चल।
वह चलाता ही रहा अकसर छुरा॥
है बुरा, वे लोग जो उसको सुनें।
है बुरा गाना बना देता बुरा॥ 15॥

गुन दिखाकर वहाँ करेंगे क्या।
हो जहाँ पर गया बुरा माना॥
किरकिरी आँख की बनें न किसी।
हम सुना गिटकिरी भरा गाना॥ 16॥

पड़ कभी बेकारियों के पेंच में।
कर कभी मक्कारियों का सामना॥
आज दिन हैं नाचते गाते सभी।
हो भले ही नाचना गाना मना॥ 17॥

हम न सुख की चाह से बेबस बनें।
बेतरह उसके विचारों से डरें॥
मोह जायें क्यों हरिन सम तान पर।
क्यों बधिक के बान से बिध कर मरें॥ 18॥

बात बात में बात

तान किसको मोह लेती है नहीं।
है सुरों का कौन दीवाना नहीं॥
तब भला हमने सुना तो क्या सुना।
सुन सके सुन्दर अगर गाना नहीं॥ 19॥

कौन जादू के हुए वह भी चला।
बच गया धीरज हमारा जो रहा॥
बावला बन जा रहा है मन कहाँ।
आज क्या गाना कहीं है हो रहा॥ 20॥

रागिनी की रंगतें बिगड़ें नहीं।
टूटने पाये न रागों का धुरा॥
हों न बेताले समय भूलें नहीं।
बेसुरे गाना न गायें बेसुरा॥ 21॥

दीन दुखियों पर दया आयी नहीं।
चूस लेने को चुड़ैलों को चुना॥
कब खड़ा कर कान, दुखड़ा सुन सके।
हो खड़े, गाना बहुत उखड़ा सुना॥ 22॥

दुख-घटा है घिरी हुई सिर पर।
हैं नयन जल सदा बरस जाते॥
बेतरह जल रहा कलेजा है।
ऊबते हैं मलार हैं गाते॥ 23॥

तरह तरह की बातें

रीझ जायें हम निराली तान पर।
बात या ताने, भरी जी में गुनें॥
जब उमंगें ही हमारी पिस गयीं।
क्या उमंगों से भरा गाना सुनें॥ 24॥

काम अपना सौ तरह से साधना।
कौन ऐसा है जिसे भाता नहीं॥
है सुनाता कौन मतलब की नहीं।
कौन अपनी ही सदा गाता नहीं॥ 25॥

हम पुराने ढंग पर ही मस्त हैं।
गीत भी हमने पुराने ही चुने॥
है नयापन की जिसे धुन लग गयी।
वह नयी धुन का नया गाना सुने॥ 26॥

वे सुनें डींग हाँक करके ही।
है जिन्हें तानसेन बन जाना॥
भीख लें माँग कंठ औरों से।
सीख लें सरगमों बिना गाना॥ 27॥

किसलिये तब तान तुम हो ले रहे।
जब गले के हैं नहीं सुर भी भले॥
बान जब थी गुनगुनाने की पड़ी।
किसलिये गाना सुनाने तब चले॥ 28॥

गीत गाया जा सके तब किस तरह।
बेतरह जब गत बनी जाती रही॥
जानकर भी यह नहीं जाना गया।
है न गाना गुनगुनाना एक ही॥ 29॥

गोरखधन्धा

क्यों खिले फूल, क्यों हँसे, महँके।
रंग लाये, झड़े, गिरे, सूखे॥
सिर धुने भी न धुन मिली इसकी।
लोग हैं गीत गा रहे रूखे॥ 30॥

सूरतें जो दिखा पड़ीं कितनी।
क्या हुईं वे, कहाँ गयीं खोई॥
गुनगुनाते हुए मिले कितने।
गीत यह गा सका नहीं कोई॥ 31॥

आज हैं मस्त और ही धुन में।
अब न है राग रंग मनमाना॥
है लगाना न तान का आता।
अब गया भूल गीत का गाना॥ 32॥

आस है अब और पाने की नहीं।
जो हमें पाना रहे हम पा चुके॥
है न कोई गीत गाने से बचा।
जो हमें गाना रहे हम गा चुके॥ 33॥

कन्धा

हितगुटके

बाँट में जिनके बनावट है पड़ी।
बन सके कब वे दिखावट से भले॥
पाँव से जिसको कुचलते ही रहे।
आज क्या कन्धा उसे देने चले॥ 1॥

किसलिये कोई बहकता है बहुत।
बाज भी है एक दिन बनता बया॥
आसमाँ जिसने उठा सर पर लिया।
वह उठाया चार कन्धों पर गया॥ 2॥

जब घटे इतने कि मिट्टी में मिले।
तब अगर हम बढ़ गये तो क्या बढ़े॥
आँख पर कितनी चढ़े तब किसलिये।
चल पड़े जब चार कन्धों पर चढ़े॥ 3॥

बेतरह कंधे करोड़ों थे दबे।
बारहा जिनके सितम-जूवे तले॥
वे भरे बेचारपन लाचार बन।
एक दिन थे चार कन्धों पर चले॥ 4॥

तब लड़ाई किसलिये करने चलें।
काँप जब थरथर उठें रन के लखे॥
हम अगर कर वार पाते हैं न तो।
क्या हुआ तलवार कन्धे पर रखे॥ 5॥

आनबान

दूसरे हैं ढालते ढाला करें।
दूसरों के ढंग में हम क्यों ढलें॥
लोग क्यों अन्धा बनाते हैं हमें।
क्यों पकड़ कन्धा किसी का हम चलें॥ 6॥

कसरती हैं, न है कसर हममें।
है भला सुधि किसे न धन्धे की॥
हम न अन्धे हैं आप ही सँभलें।
देख ली है उड़ान कन्धे की॥ 7॥

जाति-सेवा

पाँव सेवा-पन्थ में जो रख पड़े।
सब तरह का भेद तो देवें उठा॥
पाँव जिसके बेतरह हों भर गये।
क्यों न कन्धे पर उसे लेवें उठा॥ 8॥

नाम सेवा का न वे लें भूलकर।
देख दुख जिनके न दिल हों हिल गये॥
बोझ उन पर रख बनें अन्धे नहीं।
बेतरह कन्धे अगर हों छिल गये॥ 9॥

बाँह

देवदेव

यह दया कर बताइये हमको।
दुख दरद क्यों गये न टाले हैं॥
आपकी बाँह है बहुत लम्बी।
आप ही चार बाँह वाले हैं॥ 1॥

तरह तरह की बातें

हैं बहुत ही लुभावनी लगती।
चौगुनी कर सुखों भरी चाहें॥
दल-भरी बेलि, फल-भरे पौधे।
जल-भरे मेघ, बल-भरी बाँहें॥ 2॥

बन गुमानी गुमान के गढ़ में।
हौसले बाँध बाँध मत बैठो॥
मिट सहसबाँह बीसबाँह गये।
बाँह को ऐंठ ऐंठ मत ऐंठो॥ 3॥

दूर जिसने कर न दी कमहिम्मती।
क्यों न वह मरदानगी मर कर मुई॥
जो नहीं उसने पछाड़ा बाघ को।
बाँह लम्बी जाँघ तक तो क्या हुई॥ 4॥

वे नहीं ब्योंत सैकड़ों करके।
बोझ सिर का बना सके हलका॥
जो न पग पर खड़े हुए अपने।
है जिन्हें बल न बाँह के बल का॥ 5॥

कलाई

नोक झोंक

तू बुरे फँस गया कहूँ तो क्या।
क्यों हुई गत बुरी बुरी मेरी॥
रात भर कल हमें नहीं आयी।
है कलाई मुरुक गयी तेरी॥ 1॥

बात बिगड़ी बनी बनाई सब।
है भलाई न बेहयाई में॥
है बुरी बात ही बला लायी।
मोच आयी अगर कलाई में॥ 2॥

सुनहली सीख

कब कड़ी वह पड़ी नहीं तुझ पर।
कब पड़ा तू नहीं पिसाई में॥
मन न, रम बार बार उसमें तू।
है न नरमी नरम कलाई में॥ 3॥

तू कलाई समझ किये लालच।
कब नहीं साँसतें पड़ीं सहनी॥
कुछ न रखा चमक दमक में है।
क्यों चमकदार चूड़ियाँ पहनीं॥ 4॥

तरह तरह की बातें

सोच उसकी सके न जब नरमी।
तब बिचारी पनाह पाती क्यों॥
तोड़ते जब रहे कड़े पंजे।
तब कलाई न टूट जाती क्यों॥ 5॥

हम बँधायें मगर बँधाने से।
बँध सकीं हिम्मतें भला किसकी॥
वह उतर कब सका अखाड़े में।
हो कलाई उतर गयी जिसकी॥ 6॥

था भला दो चार लेते पैन्ह तो।
चूड़ियाँ क्या मिल न पायीं माप की॥
आपके मरदानापन की है सनद।
औरतों की - सी कलाई आपकी॥ 7॥

हथेली

बात बात में बात

है भली कब उतावली होती।
बूझ को बावली सकी वह कर॥
हम जमाय मगर जमाने से।
जम न सरसों सकी हथेली पर॥ 1॥

रंग में मरदानगी के जो रँगे।
वे भला नामरदियों से कब घिरे॥
बाँध जिसने देस-हित सेहरा लिया।
वे हथेली पर लिये ही सिर फिरे॥ 2॥

सोच में देख और को डूबा।
आँख कैसे भला न आयी भर॥
किसलिये जी जला नहीं देखे।
गाल रक्खे हुए हथेली पर॥ 3॥

वह अनूठा हो नया हो लाल हो।
पर निरालापन नहीं उसमें रहा॥
क्या बड़प्पन मिल हथेली को सका।
जो उसे पत्ता गया बड़ का कहा॥ 4॥

उँगली

हितगुटके

तो बड़े किस तरह न कड़वापन।
बात कड़वी अगर गयी उगली॥
तो उठेंगी न उँगलियाँ कैसे।
आँख में की गयी अगर उँगली॥ 1॥

बैठ पाये न जो बिठाने से।
लोग तो बात को बिठायें क्यों॥
जो न हम आँख खोल उठ बैठें।
लोग उँगली न तो उठायें क्यों॥ 2॥

क्यों भला हर बात में सीधे बनें।
काम चलता है सिधाई से कहीं॥
जब कढ़ा टेढ़ी उँगलियों से कढ़ा।
घी कढ़ा सीधी उँगलियों से नहीं॥ 3॥

बात क्या हम भागवालों की कहें।
हैं उन्हीं के हाथ की कल बिजलियाँ॥
कब नहीं घी के दिये घर में बले।
कब रहीं घी में न पाँचों उँगलियाँ॥ 4॥

जो न अकड़े, दे सहारा दुख पड़े।
चाहिए जायें न हम उससे अकड़॥
क्यों पकड़ जायें पकड़ पकड़े बुरी।
लें न उँगली को पकड़ पहुँचा पकड़॥ 5॥

तो बुरी चाल भी कभी न चलें।
चल सकें हम अगर न चाल भली॥
दाल क्यों इस तरह गलायें हम।
जो गले हाथ पाँव की उँगली॥ 6॥

दिल के फफोले

देवते जिनके दबावों से दबे।
दबदबे जिनके हिंडोलों में पले॥
देख दबते औ दबकते अब उन्हें।
दाबनी उँगली पड़ी दाँतों तले॥ 7॥

सामने जो कभी न ताक सके।
मान हैं आज दिन घटाते वे॥
पाँव को चाट चाट जो जीये।
हैं अँगूठा हमें चटाते वे॥ 8॥

तर कलेजा वह करेगा किस तरह।
देख पाया जो न आँखों की तरी॥
भूल देगा वह हमारी भूल क्यों।
भर गया जो देख कर उँगली भरी॥ 9॥

तब भला साँसत न होती किस तरह।
जब कि है करतूत वैसी की गयी॥
हाल तब बेहाल का कैसे सुनें।
कान में जब डाल उँगली ली गयी॥ 10॥

लताड़

मत बहँक कर बात बेसमझी कहो।
लो समझ, हो बेसमझ कहते किसे॥
नाच सौ सौ वह नचाता है तुम्हें।
उँगलियों पर तुम नचाते हो जिसे॥ 11॥

जो न है जूठ वह न जूठ बने।
हो भली चाल की नहीं चुगली॥
मान जाओ करो न मनमानी।
है मना मुँह में डालना उँगली॥ 12॥

दूसरों की सुध करोगे किस तरह।
है तुम्हें सुध एक अपने कौर की॥
चाबना है तो चने चाबा करो।
चाबते हो उँगलियाँ क्यों और की॥ 13॥

नोंक झोंक

जो निगल तुम सको निगल देखो।
हैं किसी बात में नहीं हम कम॥
क्या न उसको निकाल लेवेंगे।
डाल करके गले में उँगली हम॥ 14॥

आप तेवर बेतरह बदलें नहीं।
क्या हुआ जो लग गये काँटे कई॥
देखिये जाये कलेजा छिद नहीं।
छिद गयी उँगली बला से छिद गयी॥ 15॥

जो चलें तो चाल ऐसी ही चलें।
रह सके जिससे कि पतपानी बचा॥
उँगलियों पर क्या नचावेंगे हमें।
आप अपनी उँगलियाँ लेवें नचा॥ 16॥

हम भला जी किसलिये छोटा करें।
एक क्या बन जायँगी कल ही कई॥
जो अँगूठी गिर गयी गिर जाय तो।
है नहीं उँगली हमारी गिर गयी॥ 17॥

छानबीन

सब दिनों चमका सितारा एक का।
एक को घेरे रही नित बेकसी॥
एक-से हो जायँगे कैसे सभी।
हैं नहीं सारी उँगलियाँ एक-सी॥ 18॥

हैं यहीं पर कमाल के पुतले।
औ बहुत से यहीं गये-घर हैं॥
दम भरें तब बराबरी का क्यों।
जब न सब उँगलियाँ बराबर हैं॥ 19॥

दीन को नीचा दिखाता है सभी।
कौन मानेगा नहीं इसको सही॥
देख लो छोटी जिसे हैं कह रहे।
है वही उँगली गयी कानी कही॥ 20॥

एक चमड़े और लहू से हैं बनी।
एक-सी ही हैं मुलायम औ कड़ी॥
पोर सब में है दिखाती तीन ही।
हों भले ही उँगलियाँ छोटी बड़ी॥ 21॥

तरह तरह की बातें

प्यार की मनभावनी तसवीर को।
क्या न धब्बों से बचाना चाहिए॥
लग गयी हैं तो लगी आँखें रहें।
पर नहीं उँगली लगाना चाहिए॥ 22॥

इस जगत की सब निराली सनअतें।
हैं समझ औ सूझ से बरतर कहीं॥
पारखी कितने परख करके थके।
पर सके रख आज तक उँगली नहीं॥ 23॥

जो बड़ों के दबे नहीं दबते।
लोग देखे गये कहाँ ऐसे॥
दब गया हाथ जब दबाने से।
तब दबेंगी न उँगलियाँ कैसे॥ 24॥

बात बेसिर-पैर की की जाय क्यों।
खोलने से क्यों नहीं आँखें खुलीं॥
क्या रहा धोता, न जो जल धो सका।
धुल न पायीं उँगलियाँ तो क्या धुलीं॥ 25॥

जो अनूठी रंगतों में ही रँगी।
जो कि काला छींट छूते भी डरी॥
जी गया जल, आँख में जल आ गया।
देख उस उँगली को काजल से भरी॥ 26 ॥

कट गयी, काली बनी, लाली गँवा।
हो सके तो काम उँगली कर भले॥
पा सकी क्या आँख में सुरमा लगा।
मिल सका क्या दाँत में मिस्सी मले॥ 27 ॥

बात अपनी याद कर मत भूल जा।
क्या बुरी गत थी नहीं तेरी हुई॥
हाल चुभने का तुझे मालूम है।
किसलिये उँगली चुभाती है सुई॥ 28 ॥

काम करता न कौन है अपना।
जी करे तो चुगुल करे चुगुली॥
काम जिससे लिया इशारा का।
क्यों इशारा करे न वह उँगली॥ 29 ॥

एक भी तसवीर ऐ उँगली बड़ी।
आँकने से है नहीं तेरे अँकी॥
बात रह रह यह खटकती है हमें।
क्यों गिरह खोले न तेरे खुल सकी॥ 30 ॥

कान कितनों का कतरती ही रही।
लिख कतर-ब्योंतों-भरी कितनी सतर॥
काम देती जब कतरनी का रही।
तब भला उँगली न क्यों जाती कतर॥ 31 ॥

नख (नँह)

अपने दुखड़े

है दिनों का फेर या कमहिम्मती।
जो लड़ाने से नहीं जी लड़ सका॥
हम गड़ायें तब भला कैसे उसे।
नँह गड़ाने से नहीं जब गड़ सका॥ 1॥

जो समझ बूझ काम करते तो।
किस तरह बैर-बीज वह बोता॥
क्या मिला कान के कतरने से।
था भला नँह कतर दिया होता॥ 2॥

तरह तरह की बातें

टूटने कटने उखड़ने के लिये।
जो कढ़ें तो बाल-सा हम क्यों कढ़ें॥
बाढ़ जिसकी गाढ़ में है डालती।
जो बढ़ें तो हम नखों-सा क्यों बढ़ें॥ 3॥

तब भरें तो पैंतरे कैसे भरें।
पिंडलियाँ जब थरथराती ही रहीं॥
तब भला तलवार मारें किस तरह।
ताब जब नँह मारने की भी नहीं॥ 4॥

क्या करेंगे वे हमारा सामना।
देख कर जो दूध-फोओं को भगे॥
क्या लगावेंगे उन्हें तलवार हम।
दाँत जिनके लग लये नँह के लगे॥ 5॥

हानि पहुँचाना बुरों की बान है।
गाड़ियों का क्या बिगाड़ा चहों ने॥
क्या कतरनी का बिगाड़ा पान ने।
क्या नहरनी का बिगाड़ा नँहों ने॥ 6॥

जो कहीं पंख बिल्लियाँ पातीं।
तो उजड़ता जहान का खोता॥
क्यों हमें शेर-से मिलें पंजे।
क्योंकि गंजे को नँह नहीं होता॥ 7॥

क्यों न मचलें बढ़ चलें चोखे बनें।
है भला छोटे बड़े होते कहीं॥
क्यों हमारे नख न हों तीखे बहुत।
पर सकेंगे बघनँहे वे बन नहीं॥ 8॥

धन के मटके दौड़ उन्होंने।
हैं दोनों हाथों से लूटे॥
इसीलिये दौलतवालों के।
नँह होते हैं टूटे फूटे॥ 9॥

चुटकी

हितगुटके

वे उतर सकते नदी में भी नहीं।
बात से ही जो समुन्दर तर सके॥
कर सकेंगे काम वे कोई नहीं।
काम जो चुटकी बजाते कर सके॥ 1॥

रुच गया है मारना मरना जिन्हें।
क्या उन्हें जो मन किसी का जाय मर॥
चोट जी को लग रही है तो लगे।
लोग लेलें ले सकें चुटकी अगर॥ 2॥

वे जम्हाते हैं जम्हाते तो रहें।
जायँगे गिर चापलूसी के किये॥
क्यों न चुटकी माँग करके ही जियें।
हम भला चुटकी बजायें किसलिये॥ 3॥

क्यों जवाब उसको टका-सा दे दिया।
हाथ में हैं भाग से होते टके॥

किसलिये डाँटा, लगा चाँटा दिया।
दे अगर आटा न चुटकी भर सके ॥ 4 ॥

चोट खाकर किसलिये पीछे हटे।
चोटियाँ यों ही उखड़ती हैं कहीं ॥
फिर बिठायें औ बिठाते ही रहें।
बैठ पाती है अगर चुटकी नहीं ॥ 5 ॥

दिन सदा ही एक-सा रहता नहीं।
मंगतों को चाहिए देना हमें ॥
देखकर चुटकी किसी को माँगते।
चाहिए चुटकी नहीं लेना हमें ॥ 6 ॥

सुनहली सीख

रोटियों के हैं जिन्हें लाले पड़े।
सुध उन्हीं की चाहिए लेना हमें ॥
जो पराया माल चट करते नहीं।
चाहिए चुटकी उन्हें देना हमें ॥ 7 ॥

बावलापन बाँकपान बेहूदपन।
हैं हमें हित से लड़ाना चाहते ॥
है हमारी चूक हम उनको अगर।
चुटकियों में हैं उड़ाना चाहते ॥ 8 ॥

टाँकने में काहिली जब की गयी।
तब टँके तो ठीक कुछ कैसे टँके ॥
तो भला पूरी पड़ेगी किस तरह।
जो नहीं चुटकी लगा पूरी सके ॥ 9 ॥

भीख क्यों माँगे मरे तो जाय मर।
क्यों किसी के भी बुरे तेवर खले ॥
चुटकियों की चोट जो लगती रही।
किसलिये तो माँगने चुटकी चले ॥ 10 ॥

तरह तरह की बातें

हम रहेंगे प्यार करते ही सदा।
तुम भले ही प्यार हमको मत करो॥
हम बनेंगे क्यों, बनो तो तुम बनो।
हम भरेंगे दम, तुम्हीं चुटकी भरो॥ 11॥

आज तो चोट बेतरह चलती।
हम सभी लोग चोट दे देते॥
तुम उन्हें कुछ अजीब चेटक कर।
चुटकियों में अगर न ले लेते॥ 12॥

चुल्लू

देवदेव

सोचते हो तो सकोगे सोच क्या।
सोच कर उसको जगत सारा थका॥
मत बनो उल्लू न उल्लूपन करो।
कौन चुल्लू में समा सागर सका॥ 1॥

हितगुटके

सोचिये कौर क्यों किसी मुँह का।
जाय, कर सैकड़ों सितम छीना॥
है यही काढ़ना कलेजे का।
है यही चुल्लुओं लहू पीना॥ 2॥

प्यार का पौधा पनपता किस तरह।
जब रहें हम सींचते पल पल नहीं॥
किस तरह से तब मिले दल फूल फल।
दे सके जब एक चुल्लू जल नहीं॥ 3॥

लानतान

ऐब छिपता है छिपाने से नहीं।
सर करेगी एक दिन कोई कसर॥
क्यों न अपने आप उल्लूपन खुले।
आप चुल्लू में हुए उल्लू अगर॥ 4॥

बाप मा का क्यों भरेंगे आप दम।
जब गये दम तोड़कर वे लोग मर॥
भर सके तो क्या भला दम भर सके।
दे सके जल भी न चुल्लू भर अगर॥ 5॥

हम कपूतों की कपूती क्या कहें।
क्या नहीं उनके लिए खोना पड़ा॥
हाथ है धोना पड़ा मरजाद से।
आज हमको चुल्लुओं रोना पड़ा॥ 6॥

पंजा

हितगुटके

हों बली तो बली भले ही हों।
क्यों करें मार मार सिर गंजा॥
मोड़ते क्यों फिरें किसी से मुँह।
तोड़ते क्यों फिरें नरम पंजा॥ 1॥

है कमीनापन कमी से ही भरा।
कब न अन्धापन रहा अन्धेर में॥
पैर दें तो क्यों किसी को पेर दें।
फेर कर पंजा पड़ें क्यों फेर में॥ 2॥

संग बन कर पीस क्यों देंगे उन्हें।
जब हमें प्यारे बहुत ही हैं सगे॥
उँगलियों का बेतरह जब लाड़ है।
तब भला पंजा लड़ाने क्यों लगे॥ 3॥

बन्धनों में प्यार के ही बँध गये।
हैं पराये भी बने परिवार के॥
रीझता है प्यार से ही लोक-प्रभु।
कौन पंजे में नहीं है प्यार के॥ 4॥

लताड़

चुस गया लोहू कलेजा कढ़ गया।
नुच गया तन क्या समय के फेर से॥
बात ही यह थी शरारत से भरी।
क्यों गया पंजा लड़ाया शेर से॥ 5॥

वीरता कब बाँट में उनके पड़ी।
बाल जिनके बाँकपन में हैं पके॥
ले सकें वे लोग लोहा किस तरह।
जो कभी पंजा नहीं हैं ले सके॥ 6॥

तरह तरह की बातें

देखिये पंजा मिला कर देखिये।
दून की बातें कहीं तो क्यों कहीं॥
कौन पंजा पत्थरों से है बना।
ताश में क्या ईंट का पंजा नहीं॥ 7॥

जो हमें कुछ मिल गया तो क्या मिला।
मान औ मरजाद के क्यों हों गिले॥
कौन सिर गंजा करायेगा भला।
एक क्या दस बीस पंजा के मिले॥ 8॥

हाथ आयीं बल-भरी बाँहें जिन्हें।
हौसले भी साथ जिनका दे गये॥
कब चले वे लोग पंजों के न बल।
कब भला पंजा नहीं वे ले गये॥ 9॥

सिर पर है गरूर की गठरी।
सकें किस तरह सीधे चल वे॥

हैं तन बल धन जन बलवाले।
चलें क्यों न पंजों के बल वे ॥ 10 ॥

वह बिलकुल है सीधा सादा।
छू न गया है छक्का पंजा ॥
भला तोड़ दें क्यों उसका जी।
क्यों मरोड़ दें उसका पंजा ॥ 11 ॥

जो लड़े तो सिंह से कैसे लड़े।
क्यों हरिन सब साँसतें लेवे न सह ॥
मिल सका जिसको कि पंजा ही नहीं।
वह भला पंजा चलावे किस तरह ॥ 12 ॥

मूका

हितगुटके

खीजने पर भी रहें हम आदमी।
धार में ही आदमीयत की बहें ॥
बूक लें बूका अगर हैं चाहते।
पर न मुँह पर मारते मूका रहें ॥ 1 ॥

चंद मामूली मलालों के लिए।
बारहा भरमार चूकों की हुए ॥
दूसरा मारे न मारे आप हम।
हम मिटेंगे मार मूकों की हुए ॥ 2 ॥

कर सकेगा कुछ न छूमन्तर वहाँ।
है जहाँ पर आ रही छन छन बला ॥
है जहाँ गोली दनादन चल रही।
क्या करेंगे हम वहाँ मूका चला ॥ 3 ॥

आप हैं खा गये अगर मुँह की।
जाय मुँह पर न किसलिये थूका ॥
मुँह खुलेगा नहीं, अगर होगा।
आपका मुँह व आपका मूका ॥ 4 ॥

मान मरजाद से न मुँह मोड़ें।
कर हमें दें कमीना पन कम क्यों॥
जब रहें मारते रहें मूका।
मुक्कियाँ मारते रहें हम क्यों॥ 5॥

नोक झोंक

दो हमें महरूम कर, मुँह तोड़ दो।
रंगतों में प्यार की हम तो रँगे॥
तुम अँगूठा तो दिखाते ही रहे।
अब हमें मूका दिखाने क्या लगे॥ 6॥

मूठी

अपने दुखड़े

पल सके तो पेट कैसे पल सके।
कब कमाई तंजियाँ खोती नहीं॥
हो सके तब किस तरह चूल्हा गरम।
जब कि मूठी ही गरम होती नहीं॥ 1॥

जब किसी के हाथ में कोई पड़ा।
दैव ने उसको तभी दुख दे दिया॥
तब चटायेगा अँगूठा क्यों नहीं।
जब कि मूठी में किसी ने ले लिया॥ 2॥

भेद सबने बहुत बड़ा पाया।
बात सच्ची व बात झूठी में॥
हो दिलासा हमें वृथा देते।
दिल अगर ले सके न मूठी में॥ 3॥

जो चखाना हो चखा लो तुम हमें।
चाह कर हम फल बुरे कैसे चखें॥
जी गया भर आँख आँसू से भरी।
लोग मूठी भर न मूठी में रखें॥ 4॥

चपत और तमाचा

तरह तरह की बातें

गुन भले गुन और सुन सीखें भली।
क्यों नहीं औगुन किसी के भग गये॥
तब भला आँखें खुलीं तो क्या खुलीं।
जब तमाचा चार कस के लग गये॥ 1॥

कब मुसीबत न सामने आयी।
कब भला दुख रहे न मँडलाते॥
कब पड़े हम नहीं बखेड़े में।
कब थपेड़े रहे नहीं खाते॥ 2॥

चाहिए मरदानगी का रँग रहे।
रंग में नामरदियों के क्यों रँगे॥
किस तरह मुँह है दिखाते बन रहा।
क्या थपेड़े हैं नहीं मुँह पर लगे॥ 3॥

रूठना ऐंठना उखड़ जाना।
है अजब रंग ढंग दिखलाता॥
सैकड़ों ताड़ झाड़ सब दिन कर।
है चपत झाड़ना हमें आता॥ 4॥

ताली

हितगुटके

जब करो काम आँख खोल करो।
होवें आँखें अगर अँजी तो क्या॥
चुटकियों पर उन्हें उड़ा दो तुम।
चुटकियाँ तालियाँ बजीं तो क्या॥ 1॥

हम कहें क्यों वीर की ललकार ही।
लोथ ढाने का लगाती तार है॥
हैं बरसती गालियों पर गोलियाँ।
तालियों पर चल गयी तलवार है॥ 2॥

आनबान

लीक कीरत की भलाई से भरी।
कब मिटाने से बुरों के मिट गयी॥
पीट दें तो क्यों किसी को पीट दें।
पिट गयी ताली बला से पिट गयी॥ 3॥

नीचपन नंगपन कुटिलपन को।
हम कभी काम में न लायेंगे॥
जी करे दूसरे बजा लेवें।
हम नहीं तालियाँ बजायेंगे॥ 4॥

बात बात में बात

आप जब गालियाँ रहे बकते।
तब सुनेंगे न किसलिये गाली॥
हूजिये आप लाल पीले मत।
कब बजी एक हाथ से ताली॥ 5॥

संगिनी है अनेक तालों की।
है कई रंग ढंग में ढाली॥
है पहले बजी हथेली की।
है सहेली उमंग की ताली॥ 6॥

हाथ

हितगुटके

हो जहाँ सामने खड़ा दुखदल।
हम वहाँ भी न बुद्धि-बल खोवें॥
चाहिए तोड़ना तभी बन्धन।
बेतरह हाथ जब बँधे होवें॥ 1॥

दूर बेकारियाँ करें सारी।
हर तरह का विकार वे हर लें॥
लोग हैं लाग में अगर आये।
तो लगे हाथ लोक-हित कर लें॥ 2॥

वे खुलेआम हैं भला करते।
जो कि हित-आँख खोल लेते हैं॥
वे खुले दिल न मान क्यों देंगे।
जो खुले हाथ दान देते हैं॥ 3॥

तब भला कोई हितू कैसे बने।
रंग हित का जब चढ़ाया ही नहीं॥
हाथ कोई तब मिलाता किस तरह।
हाथ हमने जब बढ़ाया ही नहीं॥ 4॥

हैं पकड़ते कौड़ियों को दाँत से।
टेंट से पैसे कभी कढ़ते नहीं॥
तब बढ़े तो क्या बढ़े हित के लिये।
जब हमारे हाथ हैं बढ़ते नहीं॥ 5॥

नोचता कोंचता किसी को था।
औ किसी पर रहा बला लाता॥
बेतरह जब सदा रहा चलता।
किस तरह हाथ तब न रह जाता॥ 6॥

तब भला पाँव क्या रहा जमता।
जब भली राह में न पाया जम॥
जब हितों से रहे नहीं हिलमिल।
तब चले हाथ क्या हिलाते हम॥ 7॥

मर मिटो पर मान से मोड़ो न मुँह।
मान लो मरजादवालों की कही॥
उठ पड़ो हित के लिये कस कर कमर।
हैं उठा कर हाथ हम कहते यही॥ 8॥

हैं सभी मस्त रंग में अपने।
कब तपी को रही न रुचि तप की॥
क्यों न बक्की किया करे बकबक।
हथलपक क्यों करे न हथलपकी॥ 9॥

जब मिला तब मिल सका उससे कुफल।
पेड़ आलस का सुफल फलता नहीं॥
पेट तब कैसे चलाये चल सके।
जब किसी का हाथ ही चलता नहीं॥ 10॥

क्यों किसी का इस तरह घोंटे गला।
बेतरह घुटने लगे जिससे कि दम॥
क्यों पराया माल हथियाते फिरें।
क्यों निहत्थे पर उठायें हाथ हम॥ 11॥

सुनहली सीख

घर के लोगों में जो हित है।
जो मित उनके माथों में है॥
तो है पाँचों उँगली घी में।
लड्डू दोनों हाथों में है॥ 12॥

देस के दहले हुए दिल से डरो।
जाति की बेचैनियों से भी बचो॥
क्यों अधिक जी की कचट हो कर रहे।
आँख अपनी हाथ से अपने कुचो॥ 13॥

राह में घर में नगर में गाँव में।
हो सके तो हित करें और साथ दें॥
पर समय असमय बिना समझे हुए।
क्यों किसी के हाथ में हम हाथ दें॥ 14॥

और की देख रेख कर दौलत।
लालची बन बहुत न ललचायें॥
कुछ अगर चाह बेहतरी की है।
तो बहुत हाथ मुँह न फैलायें॥ 15॥

किसलिये काम ठान देवे वह।
कुछ जिसे पर कभी न दिखलावे॥
तब न तलवार हाथ में लेवे।
जब न दो चार हाथ चल पावे॥ 16॥

नित सजग करती उजग है रात की।
तन बुढ़ापा बाढ़ में है बह रहा॥
हिल सको तो लोक-हित से हिल रहो।
हाथ हिल सिर साथ है यह कह रहा॥ 17 ॥

बेतरह जो घिरी अँधेरी आज।
तो समझ बूझ क्या नहीं है साथ॥
तो जगा दी गयी नहीं क्यों जोत।
जो नहीं सूझता पसारे हाथ॥ 18 ॥

अपने दुखड़े

किस तरह दे सके सहारा वह।
आप जो और के सहारे हो॥
किस तरह हाथ तब उठायें हम।
कुछ न जब हाथ में हमारे हो॥ 19 ॥

जब हमीं सधने नहीं हैं दे रहे।
किस तरह तब काम साधे सध सके॥
जब बँधायेंगे उसे हम आप ही।
तब न कैसे हाथ बाँधे बँध सके॥ 20 ॥

लाड़ प्यार को लात मार कर।
क्यों लड़ते हैं भाई भाई॥
गाई कौन भलाई रिस में।
क्यों करते हैं हाथापाई॥ 21 ॥

पड़ गये हाथ में पराये के।
कौन से दुख भला गये न सहे॥
नाक में दम सदा रहेगा ही।
और के हाथ में नकेल रहे॥ 22 ॥

और क्या मिलता मिले पैसे न वे।
हम जिन्हें कुछ पीस कर पाते रहे॥
जब खिजाते और जलाते ही रहे।
किसलिये तब हाथ खुजलाते रहे॥ 23 ॥

निराले नगीने

पाप से तब पिंड छूटे किस तरह।
जब न वे पूरी तरह खोये गये॥
दूर हो तो किस तरह मल दूर हो।
हाथ मलमल कर न जब धोये गये॥ 24॥

क्या बिपद में देख, छोटों को बड़े।
कर बहुत ही प्यार बहलाते नहीं॥
छोड़ ऊँचापन नहीं ऊँचे सके।
पाँव को क्या हाथ सहलाते नहीं॥ 25॥

किस तरह तब दूर मन का मैल हो।
मैल तन का जब छुड़ा पाते नहीं॥
तब उड़ायेंगे पतंगें किस तरह।
हाथ जब मक्खी उड़ा पाते नहीं॥ 26॥

बड़े बड़ों का मुँह मलने की।
मति थोड़े से माथों में है॥
मन हाथों में करने का बल।
छोटे छोटे हाथों में है॥ 27॥

लताड़

रंग उस दिन जायगा बदरंग हो।
ढंग यह जिस दिन किसी को खलेगा॥
हैं चलाते तो चलायें सोच कर।
यह चलाना हाथ के दिन चलेगा॥ 28॥

वह समझ कर भी समझता ही नहीं।
है कुदिन कठिनाइयों से टल रहा॥
क्यों कमाये औ करे कुछ काम क्यों।
काम जब हथफेर से है चल रहा॥ 29॥

क्या उठा तब वह भलाई के लिये।
जब किसी का कर नहीं सकता भला॥
कल्ह गलते आज ही गल जाय वह।
हाथ जो पड़ कर गले घोंटे गला॥ 30॥

फोड़ दी आँख तोड़ दी गरदन।
कब उतारे नहीं बहुत से सर॥
पर कतर हैं दिये परिन्दों के।
हाथ हो तुम उठे नहीं किस पर॥ 31॥

लाल हैं जो लोग कितनी गोद के।
बेतरह क्यों हो उन्हें तुम गोदते॥
बन बिगड़ अड़ एक बेजड़ बात पर।
हाथ हो क्यों जड़ किसी की खोदते॥ 32॥

जो अभी कुछ भी न खिल पाई रही।
क्यों गयी तत्ते तवे पर वह तली॥
क्या भली की कल न ली क्यों हाथ ने।
किसलिये तोड़ी गयी कच्ची कली॥ 33॥

साहसी हों औ सदा साहस रखें।
कूर कायर का कभी दें साथ क्यों॥
हम निकालें पाँव पावें जो निकल।
हाथ दिखलायें दिखायें हाथ क्यों॥ 34॥

नोक झोंक

हैं भरे आप तो भरे रहिये।
क्यों मरे प्यार को जिलाते हैं॥
जब न दिल मिल सका मिलाने से।
किसलिये हाथ तब मिलाते हैं॥ 35॥

रीझ में सूझ बूझ साहस में।
हम किसी से कभी नहीं कम हैं॥
किसलिये हाथ दूसरा मारे।
आइये हाथ मारते हम हैं॥ 36॥

बैठ पाती थीं न जो बातें उन्हें।
बैठ उठ करके बिठाना ही पड़ा॥
जो उठे थे, ठोंक देने को उन्हें।
हाथ हमको तो उठाना ही पड़ा॥ 37॥

हाँ, नहीं, क्या कह रहे हो दो बता।
है दुरंगे रंग में दोनों रँगा॥
सिर हिलाते तुम रहे जिस ढंग से।
हाथ भी उस ढंग से हिलने लगा॥ 38॥

जो रहा छेंकता निगाहों को।
वह चला रहा छेंकने तो क्या॥
आप तो बात फेंकते ही थे।
अब लगे हाथ फेंकने तो क्या॥ 39॥

ले लिया है तो उसे ले लो तुम्हीं।
जी किसी का कब फिरा जाकर कहीं॥
हाथ मलना तो पड़ेगा ही हमें।
पास कोई हथकड़ा तो है नहीं॥ 40॥

जायँगे लोग धूम से कुचले।
रह सकेगा सदा न यह ऊधम॥
जाइये खाइये नहीं मुँह की।
आइये हाथ मारते हैं हम॥ 41॥

तरह तरह की बातें

तब भला साथ दे सकें किस भाँत।
जब किसी का नहीं निबहता साथ॥
तब सके सूझ तो सके क्यों सूझ।
जब नहीं सूझता पसारे हाथ॥ 42॥

है कमा खाना मरद का काम ही।
माँग खाना मौत से तो है न कम॥
दें न निज पानिप गँवा पानिप रखें।
पाँव रोपें पर न रोपें हाथ हम॥ 43॥

पापियों को पीट देते ही रहे।
कब थके पर भी मिले थे हम थके॥
रोकते ही रोकने वाले रहे।
हाथ रोके रुक नहीं मेरे सके॥ 44॥

जो रहे बेसबब कड़े पड़ते।
वे भला खायँगे न कोड़े क्यों॥
राह के जो बने रहे रोड़ें।
हाथ जावें न तो मरोड़े क्यों॥ 45॥

किस तरह कम्बल रजाई मिल सके।
आग खोजे भी नहीं मिलती कहीं॥
सीत रातें हैं सिसिकते बीततीं।
हाथ तक हम सेंक सकते हैं नहीं॥ 46॥

जब कि था संग से पड़ा पाला।
चाहिए था कि ढंग दिखलाता॥
जब न उसको सका सँभल खसका।
हाथ कैसे न तब खसक जाता॥ 47॥

काँख

लताड़

नेम से तब पाठ क्या करते रहे।
प्रेम के जब लग नहीं पाये गले॥
लोक-हित पावों तले जब था पड़ा।
काँख में पोथी दबा तब क्या चले॥ 1॥

क्यों गिरेंगे भला न मुँह के बल।
बेतरह ऊँघ, ऊँघने वाले॥
आँख नीची कुबान है करती।
क्या करें काँख सूँघने वाले॥ 2॥

जब रहे मैल से भरे ही वे।
तब बुरे जीव क्यों न उपजायें॥

है बुरा बैलपन हमारा ही।
काँख के बाल जो बला लायें ॥ 3 ॥

रह बुरी तौर से बुरे न बनें।
बेहतरी की बनी रहे कुछ बू ॥
हद न हो जाय बदपसन्दी की।
बद बना दे न काँख की बदबू ॥ 4 ॥

तरह तरह की बातें

धन अगर कुछ कभी कमा पाते।
तो कहाते नहीं गये-बीते ॥
जो बजा बीन बाँसुरी सकते।
तो बगल क्यों बजा बजा जीते ॥ 5 ॥

दे सकें तब किस तरह जी में जगह।
जब हमें घर में नहीं पैठा सके ॥
वे बिठायेंगे भला क्यों आँख पर।
जो बगल में भी नहीं बैठा सके ॥ 6 ॥

कौन उसकी दाब में आया नहीं।
वह गया किसको न चावल-सा चबा ॥
काल तो है उस बली से भी बली।
जिस बली की काँख में दसमुख दबा ॥ 7 ॥

हों बुरे पर कब सगे छोड़े गये।
देख ले जो देखने को आँख हो ॥
तन उसे छन भर अलग करता नहीं।
क्यों न मैली ही कुचैली काँख हो ॥ 8 ॥

कर न मिट्टी पलीद लें अपनी।
गन्दगी से न गन्द दें फैला ॥
हो न मैलान मान वालों का।
काँख के मैल से कभी मैला ॥ 9 ॥

अंग है तन तजे उसे कैसे।
कब लगी ही रही न सीने से॥
क्यों न बदतर बने नरक से भी।
तर-बतर काँख हो पसीने से॥ 10॥

छाती

अपने दुखड़े

झक झझक बकवाद औ उसकी बहँक।
है नहीं किसको बहुत ही खल रही॥
देख उजबकपन जले-तन की जलन।
आज है किसकी न छाती जल रही॥ 1॥

राजमुकुटों पर लगी मोती-लड़ी।
जोत जिसका पाँव छू पाती रही॥
देख दर-दर दीन बन फिरते उसे।
कब नहीं छाती दरक जाती रही॥ 2॥

जब कि तन-बल साथ मन-बल भी घटा।
तब गला कैसे न कोई घोंटता॥
जो न लटती थी लटी वह जाति जब।
साँप छाती पर न तब क्यों लोटता॥ 3॥

क्या कहें कुछ बस नहीं है चल रहा।
हैं न लेने दे रहे बेपीर कल॥
दिल हमारा मल मसल कर बेतरह।
लोग छाती पर रहे हैं मूँग दल॥ 4॥

मन हमारा मरा मसोसों से।
तन हमारा हुआ दुखों से सर॥
तो बनें क्यों न आप पत्थर हम।
कर न छाती सके अगर पत्थर॥ 5॥

मार-मन तन-कस गँवा सारी कसर।
कर जतन कितने बचें कैसे न हम॥

भूत बन वह कब नहीं सिर पर चढ़ा।
कब रहा है पाप छाती का न यम ॥ 6 ॥

सब तरह से हम बुरे हैं बन गये।
पर बुरा तब भी न अनभल का हुआ ॥
आप हम हलके बहुत ही हो गये।
बोझ छाती का नहीं हलका हुआ ॥ 7 ॥

चाहते हैं हम करोड़ों लें कमा।
क्या करें जो दैव ने कौड़ी न दी ॥
किस तरह चौड़ी बना लेवें उसे।
दैव ने छाती अगर चौड़ी न दी ॥ 8 ॥

हितगुटके

खीज कर जो रह न आपे में सका।
पाठ दुख का आप ही उसने पढ़ा ॥
जो बढ़ा रिस-वेग अपने आप तो।
भूत सिर पर पाप छाती पर चढ़ा ॥ 9 ॥

किस तरह कायर दिखाये वीरता।
किस तरह नामर्द मारे औ मरे ॥
है बुरा रन-आग के धधके अगर।
वीर की छाती हिले धकधक करे ॥ 10 ॥

जो भले भाव हों भरे जी में।
तो रहेगी न नीचता भाती ॥
जो लगे काम का न कोड़ा तो।
क्या करेगी कड़ी कड़ी छाती ॥ 11 ॥

शम्भु की है लुभावनी मूरत।
हित-भरी प्रेम-भाव में माती ॥
है लड़ी पूत प्रीति-माला की।
है मनुज-जीवनी जड़ी छाती ॥ 12 ॥

है भरी गूढ़ गूढ़ भावों से।
है बड़ी ठोस प्रीति की थाती॥
पूत-हित के कठोर पत्तर से।
हैं मढ़ी माँ कड़ी कड़ी छाती॥ 13॥

फल-भरे पेड़ जल-भरे बादल।
हैं झुके प्यार-गोद में पलते॥
पास जिनके कमाल कोई है।
बे न छाती निकाल हैं चलते॥ 14॥

क्यों सितम पर सितम न तब होते।
क्यों बला पर नहीं बला आती॥
जब दबे हम रहे मुसीबत से।
जब दुखों से दबी रही छाती॥ 15॥

जाति को वह उबार देवेगा।
बीसियों बार बन करामाती॥
है अगर 'वीर' बुद्धि बल-वाला।
है अगर वीरता-भरी छाती॥ 16॥

हाथ अपना क्यों लहू से हम भरें।
लत बुरी से ही बुरी गति है बनी॥
किस लिये हम तीर मारें ताक कर।
जो तनी है तो रहे छाती तनी॥ 17॥

लताड़

तब भला क्या खड़े हुए रण में।
है अगर कँपकँपी हमें आती॥
सिरकटे सिर अगर गया चकरा।
देख धड़ जो धड़क उठी छाती॥ 18॥

तो निगाहें हो सकीं सुथरी नहीं।
और रुचि भी है नहीं सुधरी हुई॥
जो उभरते भाव हैं जी में बुरे।
देख कर के छातियाँ उभरी हुई॥ 19॥

हैं बड़े पाक दूध की कलसी।
हैं बहुत ही पुनीत हित-थाती॥
जो न हो पाकपन-भरी आँखें।
तो न देखें उठी उठी छाती॥ 20॥

रस के छींटे

कौन है बे-बिसात वह जिसकी।
बन सकी बात बे-बिसाती से॥
किस तरह से लगें गले तब हम।
जब लगाये गये न छाती से॥ 21॥

दूसरी कुछ छातियों में भी हमें।
मिल न पाई प्यारा-धारा की कमी॥
जान आयी पी जिसे बेजान में।
मिल सकी माँ-छातियों में वह अमी॥ 22॥

बेबसी से बेतरह बेहाथ हो।
हार किसने है न खोया नौलखा॥
हाथ मलमल कब न रह जाना पड़ा।
कब गया पत्थर न छाती पर रखा॥ 23॥

देख हम जिसकी झलक हैं जी रहे।
क्यों उसी की है नहीं उठती पलक॥
छीलने से क्यों उसी के दिल छिला।
दिल दुखे जिसके गयी छाती दलक॥ 24॥

पा जिसे अठखेलियाँ करती हुई।
चाव-धारायें उफन करके बहीं॥
उस जवानी की उमंगों से उभर।
कौन सी छाती हुई ऊँची नहीं॥ 25॥

मुँह बना तो क्या बुराई हो गयी।
आप ही जब हैं बनाने से बने॥
बे-तरह जब आप ही हैं तन गये।
तब भला कैसे नहीं छाती तने॥ 26॥

जलती छाती

वह हमारी आँख का तारा रहा।
देख उसको भूल दुख जाती रही॥
कौन सुख पाती नहीं थी प्यार कर।
चूम मुख छाती उमड़ आती रही॥ 27 ॥

आँख जल-धारा गिराती ही रही।
पर जलन उसकी हुई कुछ भी न कम॥
दुख-अगिन उसमें दहकती ही रही।
कर सके छाती कभी ठण्डी न हम॥ 28 ॥

क्या करेंगे लेप हम ठंढे लगा।
मुख कमल जैसा खिला देखा न जब॥
वह मिली ठंढक न जिसकी चाह थी।
ठंढ से छाती हुई ठंढी न कब॥ 29 ॥

प्यार-जल छिड़कें वचन प्यारे कहें।
और पहुँचाते रहें ठंढक सभी॥
है जलन की आग जिसमें जल रही।
हो सकी ठंढी न वह छाती कभी॥ 30 ॥

तरह तरह की बातें

वे समझती हैं पराई पीर कब।
हैं बड़ी बे-पीर जितनी जातियाँ॥
मूँग भी दलते रही उन पर रहे।
जो रहे मलते मसलते छातियाँ॥ 31 ॥

जाति-मुखड़ा देख फूलों-सा खिला।
कौन सुन्दर रुचि न चौगूनी हुई॥
भर गया आनन्द किस जी में नहीं।
कौन-सी छाती हुई दूनी नहीं॥ 32 ॥

चल गये दाँव हल हुए मसले।
टल गये सब बुरी भला सर की॥
न खिला कौन दिल गिरह खोले।
कौन छाती हुई न गज भर की॥ 33 ॥

वह बड़ा कायर बड़ा डरपोक है।
जो जिया जग में इरादे रोक कर॥
दूसरा चाहे कहे या मत कहे।
हम कहें यह क्यों न छाती ठोंक कर॥ 34 ॥

सब तरह का पा सका आनन्द जो।
है वही आनन्द को पहचानता॥
जो नहीं फूला समाता फूल फल।
है वही छाती फुलाना जानता॥ 35 ॥

उस पुलक से पुर हुई भरपूर जब।
जो भुलाने से नहीं है भूलती॥
जब उमंगों से उमग कर भर गयी।
तब भला कैसे न छाती फूलती॥ 36 ॥

नारि नर छाती बताती है हमें।
प्यार थाती है अधिक किसमें धरी॥
एक से है दूध की धारा बही।
दूसरी है दूध से बिलकुल बरी॥ 37 ॥

एक-सी है नारि नर छाती नहीं।
एक है खर दूसरी में है तरी॥
है सजीवन एक बालक के लिये।
दूसरी है बाल से पूरी भरी॥ 38 ॥

खोल मुँह बार बार क्या न कहा।
घट गये प्यार जाति थाती के॥
कब खुला कान आँख भी न खुली।
खुल किवाड़े सके न छाती के॥ 39 ॥

बीज बोते ही नहीं मरुभूमि में।
है जहाँ जल की न धारायें बहीं॥
पूत-सी थाती मिले क्यों बाँझ को।
छातियों में दूध होता ही नहीं॥ 40 ॥

दूध की धारा बहाती किस तरह।
है अगर वह प्रेम में माती नहीं॥
किस तरह से तो जिलाती जीव को।
है अगर छाती करामाती नहीं॥ 41 ॥

बात लगती बे-लगामों की सुने।
औ जलन के बे-तरह पाले पड़े॥
दिल भला किसका नहीं है छिल गया।
कौन छाती में नहीं छाले पड़े॥ 42 ॥

सर हुआ ऊँचा असर ऊँचा हुआ।
हो उमग ऊँची अघा पाती नहीं॥
बैठ ऊँची ठौर ऊँचा पद मिले।
क्यों भला ऊँची बने छाती नहीं॥ 43 ॥

काम उसका है तरस खाना नहीं।
चाहिए वह हो लहू से तरबतर॥
वह उतर चित से न पायेगी तभी।
जाय जब तलवार छाती में उतर॥ 44 ॥

कलेजा

अपने दुखड़े

जब बचा अपनी न मिलकीयत सकी।
मिल गये जब धूल में सब मामले॥
किस तरह तब जाति मालामाल हो।
है अगर मलता कलेजा तो मले॥ 1 ॥

दुख मिले जिससे करें वह काम क्यों।
दुख उठाते जी अगर है डर रहा॥
कूदते हैं क्यों धधकती आग में।
है अगर धक-धक कलेजा कर रहा॥ 2 ॥

आँख अब तक खुल नहीं मेरी सकी।
दिन बदिन गुल है निराला खिल रहा॥
बे-तरह है जाति की जड़ हिल रही।
है कहाँ मेरा कलेजा हिल रहा॥ 3॥

चाव को भाव को उमंगों को।
है जिन्होंने तमाम दिल घेरा॥
चोट पर चोट देख कर खाते।
है कलेजा कचोटता मेरा॥ 4॥

चैन उसको तब भला कैसे मिले।
जब किसी का पेट होवे ऐंठता॥
बैठ सुख से किस तरह कोई सके।
जब कलेजा जा रहा हो बैठता॥ 5॥

भाग बिगड़े कब न हित मोटें लुटीं।
कब बुरी चोटें नहीं हमने सहीं॥
कब हमें मुँह की नहीं खानी पड़ी।
कब कलेजा आ गया मुँह को नहीं॥ 6॥

चित्त बेचैन बन गया इतना।
एक दम चैन ही नहीं पाता॥
बे-तरह भर गये मसोसों से।
है कलेजा मसक मसक जाता॥ 7॥

जो लगे दीया बुझाने तेल ही।
जगमगाती जोत तो कैसे जगे॥
तब भला कैसे कलेजा पोढ़ हो।
जब कलेजे में किसी पानी लगे॥ 8॥

मतलबों से सभी हुए अन्धे।
बन गया पेट के लिये जग यम॥
है कलेजा भरा हुआ दुख से।
पर दिखायें किसे कलेजा हम॥ 9॥

वे बड़े दुख-दरद-भरे दुखड़े।
सुन जिन्हें उर अनार-सा दरका॥
किस तरह से कहे सुने कोई।
जो कलेजा करे न पत्थर का॥ 10॥

हितगुटके

वह किसी जीभ में बसे कैसे।
है बुरी बान जो कि नेजे में॥
बात से छेद छेद कर क्यों हम।
छेद कर दें किसी कलेजे में॥ 11॥

तो भला किस तरह रहा जाता।
देख कर बारहा उजड़ते घर॥
जो समझ पर पड़ा न पत्थर है।
है कलेजा अगर नहीं पत्थर॥ 12॥

जो कढ़े तो ढंग से कढ़ती रहे।
है बहँक कर बात का कढ़ना बुरा॥
जो बढ़े तो ढंग से बढ़ता रहे।
है कलेजे का बहुत बढ़ना बुरा॥ 13॥

है यही वह बहुत भला थाला।
प्यार पौधा जहाँ कि पल पाया॥
जो करें तर उसे न हित-जल से।
तो कलेजा न जाय कलपाया॥ 14॥

लग सकी जिसकी लपट पहले हमें।
बैर की वह क्यों जगावें आग हम॥
बे-तरह जल भुन लगाई लाग से।
क्यों कलेजे में लगावें आग हम॥ 15॥

किसलिये दिल हैं किसी का छेदते।
जो समाई है नहीं दिल में दुई॥
जो लुभा करके लुभाते हैं नहीं।
क्यों चुभाते हैं कलेजे में सुई॥ 16॥

तरह-तरह की बातें

दिल दुखे क्यों दुखी बने कोई।
जाय क्यों आँख आँसुओं से भर॥
बात यह पूछना अगर होवे।
पूछिये हाथ रख कलेजे पर॥ 17॥

जाय लट क्यों न चोट खा-खा कर।
जो लटू है लुनाइयों ऊपर॥
क्यों न हो लोट-पोट लट देखे।
साँप है लोटता कलेजे पर॥ 18॥

दूध से घर भरा रहा जिसका।
जो कि खोया रहा सदा खाना॥
खुरचते देख कर उसे खुरचन।
क्यों कलेजा खुरच नहीं जाता॥ 19॥

आप माँग जीती थी जिसमें माँग खा।
जिसका धन देखे धनेश-मद खो गया॥
उसे ललाते देखे टुकड़े के लिये।
आज कलेजा टुकड़े टुकड़े हो गया॥ 20॥

क्यों न पहनने को हमको टुकड़े मिलें।
क्या अचरज जो मुँह का टुकड़ा खो गया॥
टुकड़े टुकड़े होते लख कर जाति को।
जो न कलेजा टुकड़े टुकड़े हो गया॥ 21॥

भीतर भीतर तर होने का भाव ही।
बहु अनहोनी बातों का बानी हुआ॥
सारे झरने पानी पानी हो गये।
देख कलेजा पत्थर का पानी हुआ॥ 22॥

बड़े सोच में पड़े कड़े दुखड़े सहे।
घड़ों बहा आँसू लोहू चख से चुआ॥
रेजा रेजा सिर का भेजा हो गया।
देख कलेजा पत्थर का पानी हुआ॥ 23॥

जिस तरह वह सब रसों में सन सका।
कौन वैसा ही रसों में है सना॥
प्यार उसका है उसी के प्यार-सा।
है कलेजे सा कलेजा ही बना॥ 24॥

दिल

हितगुटके

जो कि है बात बात में चिढ़ता।
वह चिढ़ेगा न क्यों चिढ़ाने से॥
क्यों करे खाज कोढ़ में पैदा।
दिल कुढ़ेगा न क्यों कुढ़ाने से॥ 1॥

रंग उन पर कब चढ़ा करतूत का।
रंगरलियाँ रंग में ही जो रँगे॥
दिल लगावे किस तरह तब काम में।
जब किसी का दिल्लगी में लगे॥ 2॥

चाहिए जो कुछ कहे खुल कर कहे।
बात दिल की क्यों न नहीं जाती कही॥
तब किवाड़े किस तरह दिल के खुलें।
बात दिल की जब किसी दिल में रही॥ 3॥

जो बुराई के लिये ही है बना।
क्या अजब उसमें बुराई जो ठने॥
जब छोटायी बाँट में उसके पड़ी।
किस तरह छोटा न छोटा दिल करे॥ 4॥

पेड़-सा फल न दे सकी डाली।
बेलियों-सी मिली कली न खिली॥
दूसरे तंग हो रहे हैं क्यों।
क्यों करे तंग दिल न तंगदिली॥ 5॥

वे हिला लेते उन्हें देखे गये।
जो न औरों के हिलाने से हिले॥
दाल उनकी है कहाँ गलती नहीं।
क्या दिलाते हैं नहीं दो दिल मिले॥ 6॥

दूसरे दिल खोल कर कैसे मिलें।
जब सगे भाई नहीं होंगे हिले॥
तब मिलेंगे लाखहा दिल किस तरह।
जब मिलाने से नहीं दो दिल मिले॥ 7॥

बात सब समझे करे हित-ब्योंत सब।
जो कहे उसको सँभल करके कहे॥
बे-ठिकाने है बहुत दिन रह चुका।
दिल ठिकाने है ठिकाने से रहे॥ 8॥

काम में सर गरम रहें कैसे।
जब भरम का हुआ किया फेरा॥
क्यों न तो हम भटक भटक जाते।
दिल भटकता रहा अगर मेरा॥ 9॥

डाल कर रस नीम का, बेकार हम।
किस लिये रस से भरा गड़वा करें॥
हम किसी से किस लिये कड़वे बनें।
बात कड़वी कह न दिल कड़वा करें॥ 10॥

रंग तब परतीत का कैसे चढ़े।
दूर हो पाई न जब रंगत दुई॥
क्यों जमे तब पाँव जब पाया न जम।
क्यों जमे दिल जब दिलजमई हुई॥ 11॥

तो धमा-चौकड़ी मचावेगा।
जो बना धूम-धाम से धिंगड़ा॥
अब बिगड़ने न हम उसे देंगे।
दिल अगर है बिगड़-बिगड़ बिगड़ा॥ 12॥

किस तरह तब वह कसर से बच सके।
जब किसी का रह सका कस में न दिल॥
तो बढ़ेगी बे-बसी कैसे नहीं।
रख सकेंगे हम अगर बस में न दिल॥ 13॥

क्या नहीं दिल दूसरों के पास है।
बात लगती चाहिए कहना नहीं॥
क्यों भरा सौदा किसी दिल में रहे।
चाहिए दिल में कसर रहना नहीं॥ 14॥

भेद अपना ही नहीं जब पा सके।
क्यों सके तब दूसरों का भेद मिल॥
किस तरह बस में करें दिल और का।
कर सके बस में अगर अपना न दिल॥ 15॥

किस तरह तब आँख हित की हो सुखी।
प्यार का मुखड़ा न जब होवे खिला॥
मेल-रंगत मेलियों पर क्यों चढ़े।
जब न होवे दिल किसी दिल से मिला॥ 16॥

अपने दुखड़े

बात सुनता न बेहतरी की है।
है बहकता बहुत बहाने से॥
थक गये हम मना मना करके।
मानता दिल नहीं मनाने से॥ 17॥

देस ने एकता-गले पर जब।
आँख को मूँद कर छुरा फेरा॥
रह गये हम तड़प तड़प करके।
देख कर दिल तड़प गया मेरा॥ 18॥

है सुझाने से न जिसको सूझता।
हम भल उसको सुझावें किस तरह॥
क्या बुझाना ही नहीं हम चाहते।
पर बुझे दिल को बुझावें किस तरह॥ 19॥

है नहीं ताब साँस लेने की।
जाय छिल, है अगर गया दिल छिल॥
आस पर ओस पड़ भले ही ले।
क्या करेगा मसोस करके दिल॥ 20॥

आबरू किस तरह बचायें हम।
कुछ बचाये सका न बच मेरा॥
दिल लचकदार भी लचक न सका।
रह गया दिल ललच ललच मेरा॥ 21॥

दिल के फफोले

जो हमारे ही बनाये बन सके।
देख करके बे-तरह उनको तने॥
जब हमी हैं आज दीवाने हुए।
दिल भला तब क्यों न दीवाना बने॥ 22॥

दुख पड़े बदरंग बन कुँभला गया।
रह गया मुखड़ा न अब मेरा हरा॥
जो कि फूले फूल-सा फूला रहा।
अब वही दिल है फफोलों से भरा॥ 23॥

अब वही भाव है हमें भाता।
जो बड़ों को न भूल कर भाया॥
आँख भर देख जाति की भूलें।
दिल भला कौन-सा न भर आया॥ 24॥

है बहकता, है बिगड़ करता बदी।
प्यार का उसको सहारा है नहीं॥
दूसरे तब हों हमारे किस तरह।
दिल हमारा जब हमारा है नहीं॥ 25॥

जाति के, चाव से भरे चित को।
रंज पा बार बार बहुतेरा॥
देख कर चूर-चूर हो जाते।
हो गया चूर-चूर दिल मेरा॥ 26॥

देख कर दुख दुखी हुए जन का।
बेतरह है मसल मसल जाता॥
तब भला कल हमें पड़े कैसे।
दिल बिकल कल अगर नहीं पाता॥ 27॥

नोक झोंक

तमकनत इतनी भरी है किस लिये।
जो सितम कर भी सके उकता नहीं॥
काठपन-से काम मत लो काठ बन।
क्यों दुखी-दुख देख दिल दुखता नहीं॥ 28 ॥

हम न दिल आपका दुखायेंगे।
आप करते रहें हमें बेदिल॥
आप आँखें बदल भले ही लें।
हम भला किस तरह बदल लें दिल॥ 29 ॥

पट सके किस तरह सचाई से।
छल कपट से हुई न सेरी है॥
तब भला क्यों न दम दिलासा दें।
जब कि दिल में नहीं दिलेरी है॥ 30 ॥

मानता ही वह नहीं मेरा कहा।
कब भला उसने न मन-माना किया॥
तब हमारा दिल हमारा क्यों रहे।
जब हमारा दिल किसी ने ले लिया॥ 31 ॥

और का पचड़ा बखेड़ा और का।
देखता हूँ और के ही सिर गया॥
चाहिए तो फेर लेवें फिर उसे।
फेरने से दिल अगर है फिर गया॥ 32 ॥

कब वही तब दूसरे दिल में नहीं।
एक दिल में प्यार-धारा जब वही॥
कौन अनहित हित नहीं पहचानता।
राह दिल से कब नहीं दिल को रही॥ 33 ॥

रख सका जो रंगतें अपनी सदा।
रंग लाकर के समय पर ही नया॥
आज उसका रंग बिगड़ा देखकर।
रंग चेहरे का हमारे उड़ गया॥ 34 ॥

प्यार ही जब रहा नहीं दिल में।
प्यार के साथ बोलते क्या हो॥
क्यों नहीं दिल टटोलते अपना।
दिल हमारा टटोलते क्या हो॥ 35॥

आस पर मेरी न जाये ओस पड़।
टूटने पाये न प्यारी प्यार कल॥
फल मिलेगा कौन सुख फल के दले।
देखिये जाये न दिल-सा फूल मल॥ 36॥

है जगह उसमें न कीने के लिये।
हैं बदी-धारें वहाँ बहती नहीं॥
कर सकें तो साफ दिल अपना करें।
साफ दिल में है कसर रहती नहीं॥ 37॥

किस लिये प्यार तो करे कोई।
प्यार से प्यार जो न दिल को हो॥
क्यों न तो रार ही मचा देवे।
रार से जो करार दिल को हो॥ 38॥

तब उमंगें रीझती कैसे रहें।
जो न मुखड़ा प्यार का होवे खिला॥
तब भला कैसे किसी से मेल हो।
जब किसी का दिल न हो दिल से मिला॥ 39॥

तो घटा मोल हम न दें उसका।
और का माल यों गया मिल जो॥
तो उसे प्यार साथ ही पालें।
पा लिया प्यार से पला दिल जो॥ 40॥

खिला रहे हैं किसी फूल को।
किसी फूल को नोच रहे हैं॥
दिखा दिखा कर लोच निराला।
दिल ही दिल में सोच रहे हैं॥ 41॥

किसलिये दिल उठे किसी का खिल।
और क्यों जाय दिल किसी का हिल॥
हम किसी की करें गवाही क्यों।
जब गवाही न दे हमारा दिल॥ 42॥

लग गयी और ही लगन उसको।
तज गया काम सौ बहाने से॥
थक गये हम लगा लगा करके।
लग सका दिल नहीं लगाने से॥ 43॥

प्यार की आँच लग अगर पाती।
किस तरह मोम तो न बन जाता॥
हम पिघलने उसे नहीं देते।
दिल पिघलता अगर पिघल पाता॥ 44॥

बात टालें न सच बता देवें।
कर गया काम कौन-सा लटका॥
देख करके खुटाइयाँ कितनी।
दिल खटक कर अगर नहीं खटका॥ 45॥

प्यार-बन्धन जो अधूरा ही बँधा।
क्यों न जाता टूट तो टोटका हुए॥
दिल हमारा ही खटकता है नहीं।
कौन दिल खटका नहीं खटका हुए॥ 46॥

है जहाँ नीरस सभी रस के बिना।
क्यों वहाँ रस की न धाराएँ बहें॥
दम-दिलासा दे दुखा देवें न दिल।
दिल करे तो बात दिल की ही कहें॥ 47॥

है भला वह अगर नहीं भूला।
खुल गया भाग, जो नहीं भटका॥
तो किसी का गया लटक मुँह क्यों।
दिल अटक कर अगर नहीं अटका॥ 48॥

मुँह बनाते देख कर आँखें बदल।
दुख दुगूना दुख-भरे जी का हुआ॥
बात फीकी सुन पड़े, फीके हुए।
रंग फीका देख दिल फीका हुआ॥ 49॥

बात बात में बात

बात बेढंगी उठाते जो न तुम।
जी कभी झुँझला न जाता इस तरह॥
जो न होती बात उठती बैठती।
बात दिल में बैठ जाती किस तरह॥ 50॥

जब जगाई न जायगी ढब से।
जम सकेगी न बात तब दिल में॥
तब भला बात बैठती कैसे।
बैठ पाई न बात जब दिल में॥ 51॥

एक है सुख-तरंग में बहता।
एक दुख के समुद्र में पैठा॥
दिल भरा एक, एक दिल उमगा।
दिल उठा एक, एक दिल बैठा॥ 52॥

जी

हितगुटके

बात जिसको बिगाड़ देना है।
किस तरह बात वह बनायेगा॥
किस तरह काम-चोर काम करे।
क्यों न जी-चोर जी चुरायेगा॥ 1॥

काम में लग सका नहीं जो जी।
क्यों उसे काम में लगा पाता॥
तब भला ऊबता नहीं कैसे।
जी अगर ऊब ऊब है जाता॥ 2॥

क्यों नहीं हैं सँभालते उसको।
जी अगर है सँभल नहीं पाता॥
तो बहँक जायँगे न हम कैसे।
जी अगर है बहँक बहँक जाता॥ 3॥

सुख वहाँ पर किस तरह से मिल सके।
जिस जगह दुख की सदा धारा बहे॥
जब न अच्छापन हमें अच्छा लगा।
तब भला जी किस तरह अच्छा रहे॥ 4॥

आज तक जो फल न कोई चख सका।
हम बड़े ही चाव से वह फल चखें॥
वह करें जो कर नहीं कोई सका।
जी करे तो हाथ में जी को रखें॥ 5॥

कब बला कौन-सी नहीं टलती।
सूरमापन सँभल दिखाने से॥
कँपकँपी जायगी न लग कैसे।
कँप गया जी अगर कँपाने से॥ 6॥

चाहिए जाँय बन न खोटे हम।
भूल में पड़ सभी भटकता है॥
देख कर खोट खोट वालों की।
कौन-सा जी नहीं खटकता है॥ 7॥

खुल कहें औ खोल कर बातें कहें।
सच कहे पर है किसी का कौन डर॥
तब हमारी बात क्या रह जायगी।
बात जी की रह गयी जी में अगर॥ 8॥

हैं अगर दुख झेलते तो झेल लें।
पर पराया दिल दुखाने से डरें॥
चिढ़ गये जी हम चिढ़ा देवें न जी।
जी हुए खट्टा न खट्टा जी करें॥ 9॥

क्यों करेंगे न ऊधमी ऊधम।
बे-दहल क्यों न जी कँपायेंगे॥
मन-चले क्यों न चाल चल देंगे।
जी-जले क्यों न जी जलायेंगे॥ 10॥

किस तरह ठीक ठीक वह होगा।
ध्यान उसका अगर सदा न धरें॥
किस तरह काम हो सके कोई।
लोग जी जान से अगर न करें॥ 11॥

है न जिस पर काम की रंगत चढ़ी।
बात मुँह से वह न काढ़े भी कढ़े॥
कर दिखायें काम बढ़-बढ़ कर न क्यों।
बात बढ़-बढ़ कर करें क्यों जी-बढ़े॥ 12॥

कह सकें बातें अछूती तो कहें।
चख सकें तो फल बड़े सुन्दर चखें॥
दे सकें तो साथ देते ही रहें।
रख सकें तो हाथ में जी को रखें॥ 13॥

रह सका वह अगर नहीं बस में।
तो हमें किस तरह बसा पाता॥
तो मचलने न हम उसे देवें।
जी अगर है मचल मचल जाता॥ 14॥

है बदी की बात बद देती बना।
छल भलाई के गले का है छुरा॥
हैं बुरी रुचियाँ बुराई से भरी।
जी बुरा करना बहुत ही है बुरा॥ 15॥

कब भलाई भले नहीं करते।
ऊधमी को पसन्द है ऊधम॥
दूसरा जी बुरा करे कर ले।
किस लिये जी बुरा बनायें हम॥ 16॥

क्यों सतायेंगी न बे-उनवानियाँ।
है हमें यह बात ही बतला रहा॥
दे रहा है मत असंयम मत करो।
जी हमारा है अगर मतला रहा॥ 17॥

बोल कर कड़वा न कड़वे जाँय बन।
मैल की जी में रहे बैठी न तह॥
कर बुराई क्यों बुरे जी के बनें।
जी करें फीका न फीकी बात कह॥ 18॥

जी जमा काम पर नहीं जिसका।
काम वह कर कभी नहीं पाता॥
जाय कैसे नहीं फिसल कोई।
जी अगर है फिसल फिसल जाता॥ 19॥

अपने दुखड़े

नित सितम हैं नये नये होते।
है समय सब मुसीबतें ढाता॥
आज ताँता लगा दुखों का है।
किस तरह जी भला न उकताता॥ 20॥

पड़ गयी जब कि बाँट में चिन्ता।
तब भला किस तरह न बँट जाता॥
यह हमारी उचाट का है फल।
जी अगर है उचट उचट जाता॥ 21॥

लुट गया सुख हुआ दुगूना दुख।
पत गयी आ बिपत्ति ने घेरा॥
चोट खा चाव चूर चूर हुआ।
क्यों नहीं जी कचोटता मेरा॥ 22॥

है बदी बात बात में होती।
क्यों न जी बदहवास हो जाता॥
बन गये दास, दास के भी हम।
जी न कैसे उदास हो जाता॥ 23॥

किस तरह बात हम कहें अपनी।
कुछ पता पा सके न तन-कल का॥
आप हम हो गये बहुत हलके।
बोझ जी का हुआ नहीं हलका॥ 24॥

कब उसे हम रहे न बहलाते।
जी हमारा नहीं बहलता है॥
आज तक दुख-सवाल हल न हुआ।
जी दहल ले अगर दहलता है॥ 25॥

धन गया, धुन बाँध मन-माना हुआ।
मिल रहा है आज दाना तक नहीं॥
धाक सारी धूल में है मिल रही।
जी हमारा क्यों करे धकधक नहीं॥ 26॥

हो बसर या बसर न हो सुख से।
पर न बरबाद हो किसी का घर॥
बन सके काम या न काम बने।
पर कभी आ बने नहीं जी पर॥ 27॥

बढ़ गयी चिढ़ कुढ़न हुई दूनी।
रुचि हुई नीच मति गयी मारी॥
दुख मिले मन हुआ दुखी मेरा।
तन हुआ भार जी हुए भारी॥ 28॥

है बहुत ही बुरा अधूरापन।
है न बेहतर बिना बँधा जूरा॥
जब कि है पड़ सकी नहीं पूरी।
जी भला किस तरह रहे पूरा॥ 29॥

सोचते थे कि दम निकलने तक।
नेक दम खम न हो सकेगा कम॥
रो उठे ढाल ढाल कर आँसू।
देख जी का निढाल होना हम॥ 30॥

तो बसर क्यों बुरी तरह होती।
बे-तरह जो न घूम सर जाता॥
दूर होती तमाम कोर कसर।
सर हुए जो न जी बिखर जाता॥ 31॥

आँख पर छापा पड़ा चाहें छिनीं।
सब सुखों पर दे दिया दुख-पुट गया॥
पर लुटेरे हैं तरस खांते नहीं।
लूट में जी तक हमारा लुट गया॥ 32॥

बे-तरह जी मल मसल कर लाखहा।
है बुरी चालें बहुत-सी चल चुका॥
थक गये सौ सौ तरह से रोक कर।
रोकने से जी कहाँ मेरा रुका॥ 33॥

थालियाँ छीन ली गयीं सुख की।
और दुख-डालियाँ गयीं भेजी॥
जौर से जी निकल गया मेरा।
आज भी आ सका न जी में जी॥ 34॥

कब नहीं सारी बला सिर पर पड़ी।
कब नहीं चाँटा हमें खाना पड़ा॥
जो रहा है बीत जी है जानता।
क्या कहें जी से हमें जाना पड़ा॥ 35॥

भय-भरा भाग हो भला न सका।
है कुदिन में सुदिन न दिखलाता॥
जी दुखी हो सका सुखी न कभी।
चैन बे-चैन जी नहीं पाता॥ 36॥

जी यही बार बार कहता है।
क्या किसी को मिला हमें पीसे॥
आज रोना पड़ा गँवा सरबस।
हाथ धोना पड़ा हमें जी से॥ 37॥

नोक झोंक

बात जी में चाहिए रखना नहीं।
चाहते जी में अगर हैं पैठना॥
जी हमारा किसलिये रखते नहीं।
चाहते जी में अगर हैं बैठना॥ 38 ॥

चैन की बंसी बजाते आप हैं।
चैन मेरा जी नहीं है पा रहा॥
बात जी में आपके धँसती नहीं।
पर हमारा जी धँसा है जा रहा॥ 39 ॥

आपका बे-पीर बन खुल खेलना।
दिन-ब-दिन जी को बहुत है खल रहा॥
आपका जी तो मिला जी से नहीं।
बे-तरह जी है हमारा जल रहा॥ 40 ॥

बात तकरार की पसन्द रही।
पा सके प्यार हम न मर-मर कर॥
भर सका जी अगर नहीं अब भी।
कोस लें क्यों न आप जी भर कर॥ 41 ॥

बरतरी तब किस तरह उसको मिले।
जब बुराई से न जी होवे बरी॥
आप जी में घर करें तब किस तरह।
जब कसर जी में हमारे हो भरी॥ 42 ॥

दुख हमारा कान तब कैसे करें।
कान ही जब हो नहीं पाता खड़ा॥
बात जी में आपके आयी नहीं।
दूसरे को खेलना जी पर पड़ा॥ 43 ॥

क्या कहें है जी हमारा जानता।
आज तक जो कुछ हमें सहना पड़ा॥
भेद सारे खुल गये तो क्या करें।
जी खुले जी खोल कर कहना पड़ा॥ 44 ॥

है हमें जलते बहुत दिन हो गये।
बन गया है आँख का जल भी बला॥
आज वे हैं किसलिये जल-भुन रहे।
जी जलाना चाहते हैं, ले जला॥ 45॥

क्यों न हम आहें गरम भरते रहें।
रस, बहुत प्यारा न सीने पर चुआ॥
आँख ठंढी हो न पायी देख मुख।
बात ठंढी सुन न जी ठंढा हुआ॥ 46॥

क्यों बसे जीभ में मिठाई तब।
जब कि जी में न प्यार बसता है॥
बात रस से भरी कहें कैसे।
जी तरस ले अगर तरसता है॥ 47॥

लोच क्यों हो न लोच वालों में।
जी लचकदार किसलिये न लचे॥
क्यों न ललका करें ललक वाले।
लालची जी न किसलिये ललचे॥ 48॥

साँसतें छेड़ छेड़ होती हैं।
वह नमक घाव पर झिड़कता है॥
हैं सितम आज बे-धड़क होते।
जी हमारा बहुत धड़कता है॥ 49॥

काठ से भी वह कठिन है बन गया।
अब गया है ढंग ही उसका बदल॥
सर-गरम बन मत उसे पिघलाइये।
घी नहीं है, जायगा क्यों जी पिघल॥ 50॥

देखने देवें, न आँखें मूँद दें।
खोलते ही मुँह नहीं मेरा सिले॥
आप मेरे मान ही को मान दें।
दान हमको जी हमारा ही मिले॥ 51॥

माल का मोल जो घटाते हैं।
हैं किसी का काम के न वे बीमे॥
किसलिये गाँठते रहें मतलब।
गाँठ पड़ जाय क्यों किसी जी में॥ 52॥

बात बात में बात

है सभी प्यारा पराया कौन है।
भेद यह कोई नहीं बतला गया॥
क्यों किसी से जी किसी का फिर गया।
क्यों किसी पर जी किसी का आ गया॥ 53॥

क्या बुरा है, जान की नौबत हुए।
जान देने की अगर जी में ठनी॥
तो न कैसे जाय जी पर खेल वह।
है अगर जी पर किसी के आ बनी॥ 54॥

जी हिलाने से हिले किसके नहीं।
छीलने से जी नहीं किसके छिले॥
कब न कीं चालाकियाँ चालाक ने।
जी चलाते कब नहीं जी-चल मिले॥ 55॥

बाल दीया किस तरह कोई सके।
बालने से जब कि वह बलता नहीं॥
चाल चलना भूल अब हमको गया।
क्यों चलायें जी अगर चलता नहीं॥ 56॥

बाँट में बेचारगी जब है पड़ी।
तब भला हम क्यों बचायेंगे न जी॥
खप नहीं सकती खपाये बे-दिली।
सिर खपाया अब खपायेंगे न जी॥ 57॥

वीरता को धता बता करके।
हाथ पर के न बीर बिकता है॥
हम हिचिकते नहीं बला में पड़।
जी हिचिक ले अगर हिचिकता है॥ 58॥

तो बता दें भेद उसका किस तरह।
जो भड़क करके कभी भड़के न जी॥
क्यों तड़प पाये न तड़पाये गये।
सुन फड़कती बात क्यों फड़के न जी॥ 59॥

कब मुसीबत टालने से टल सकी।
कब किसी का भाग फूटा जुड़ गया॥
देख भुट्टे की तरह गरदन उड़ी।
हाथ का तोता उड़ा जी उड़ गया॥ 60॥

मन

तब गले मिल किस तरह हिल-मिल रहें।
गाड़ियों जी में भरे हों जब गिले॥
तब मिले क्यों मेल-सा अनमोल धन।
जब मिलाने से नहीं मन ही मिले॥ 1॥

जब हवा अनुकूल लग पाई नहीं।
तब भला जी की कली कैसे खिले॥
जो हिलायें क्यों न तो हिल मिल चले।
मन मिलायें क्यों न हम जो मन मिले॥ 2॥

तब भला मुँह की न खाते किस तरह।
सूझ-बूझों से रहा जब मुँह मुड़ा॥
धूल उड़ती तब भला कैसे नहीं।
है अगर रहता हमारा मन उड़ा॥ 3॥

रह सकेगी आन क्यों धन-मान की।
हो न पाया दिल धनी जो धन रखे॥
रख सका तो दूसरों का मन नहीं।
तो रहेगा मान कैसे मन रखे॥ 4॥

हित-भरी तरकीब बतलाई बहुत।
बेहतरी की बात बहुतेरी कही॥
जान लें जो जान लेना हो उन्हें।
मन कहे तो मान लें मेरी कही॥ 5॥

वह करें जिससे भले फल मिल सकें।
हैं बुरे से भी बुरे फल पा चुके॥
चाहिए सचमुच मिठाई खाँय अब।
मुद्दतों मन की मिठाई खा चुके॥ 6॥

मानता है वह मनाने से नहीं।
'पास' के सामान सारे ही चुके॥
तब भला हम किस तरह रोकें उसे।
जब न रोके से हमारा मन रुके॥ 7॥

मन रहे हाथ मान रहता है।
मन-बहँक सूझ-बूझ खोती है॥
मन गये हार हार होवेगी।
मन गये जीत जीत होती है॥ 8॥

पास सुख-सामान सब रहते हुए।
तब सुखी किस भाँत कोई जन रहे॥
जब कि तन बस में पड़ा हो और के।
दूसरों के हाथ में जब मन रहे॥ 9॥

छोड़ देवे न साथ साहस का।
तू बला देख बावला न बने॥
यह बुरा है उतावलेपन से।
मन कभी तू उतावला न बने॥ 10॥

पस्त तो हम आप हो जावें नहीं।
जब कभी पस्ती दिखावे पस्त मन॥
भूल कर बदमस्त बन जायें न हम।
क्यों करे मस्ती हमारा मस्त मन॥ 11॥

धुन उन्हें है और ही होती लगी।
बन गये जो दास तन के धन के हैं॥
आपने माना न, खोया मान अब।
मानते क्यों जब कि अपने मन के हैं॥ 12॥

हम गये हैं बैठ बनकर आलसी।
छल रही है 'पालिसी' हमको नयी॥
प्यास मृगजल से किसी की कब बुझी।
भूख मन के मोदकों से कब गयी॥ 13॥

चल सके हाथ पाँव तब कैसे।
जब कि हामी रहा न मन भरता॥
काम में तब न क्यों कसर होगी।
जब रहा मन कसर-मसर करता॥ 14॥

बोल सीधे अगर नहीं सकते।
बोलियाँ लोग बोलते क्यों हैं॥
क्यों न लेवें टटोल अपने को।
और का मन टटोलते क्यों हैं॥ 15॥

बस चलाये चल नहीं सकता जहाँ।
जायगी कैसे न बढ़ वाँ बेबसी॥
मन करे कैसे कि कह कुछ और लें।
बात मन की जब नहीं मन में बसी॥ 16॥

अपने दुखड़े

दुख दुगुना दिन-ब-दिन है हो रहा।
उठ सका अदबार का डेरा नहीं॥
छिन गया धन सूख सारा तन गया।
रह गया मन हाथ में मेरा नहीं॥ 17॥

क्या सहारा देस को हम दे सके।
जाति-हित-धारा नहीं जी में बही॥
चाह कर भी कर न चित-चाही सके।
आह! मन की बात मन में ही रही॥ 18॥

याद कर देस की दसा बिगड़ी।
एक पल भी न चैन आता है॥
देखकर मान धूल में मिलता।
मन हमारा मसोस जाता है॥ 19॥

कब जगह पर हम जमे ही रह सके।
कब भला पूरी हुईं बातें कही॥
मान कब अरमान निकले पा सके।
कब भला मन की न मन में ही रही॥ 20॥

बात सुलझाये अगर सुलझी नहीं।
लोग तो जायें उलझ क्यों इस तरह॥
जब न सूझा तब सुझायें क्यों उसे।
हम बुझे मन को बुझायें किस तरह॥ 21॥

ठोकरें खा पाँव चूमें किस तरह।
नाक में दम हो गये क्यों दम भरें॥
मार पर है मार पड़ती तो पड़े।
काम मर-मर क्यों मरे-मन से करें॥ 22॥

तब अबस है लालसा धनलाभ की।
जब न कौड़ी का हमारा तन रहा॥
और का मन किस तरह लें हाथ में।
हाथ में अपने न अपना मन रहा॥ 23॥

लालसा सुख की हमें है कम नहीं।
पर सुखी अब तक नहीं कहला सके॥
हम बहलते तो बहलते किस तरह।
मन न बे-बहला हुआ बहला सके॥ 24॥

रंग उस पर चढ़ा न साहस का।
बन सका वह उमंग का न सगा॥
वीरता क्या थके सहारा दे।
मन उमग कर भी जो नहीं उमगा॥ 25॥

तो किसी काम के नहीं हैं हम।
बन सकें जाति के अगर न सगे॥
तन अगर जाति-हित-वतन न बने।
मन अगर जाति-मान में न लगे॥ 26॥

तो दिखायें मुख न, देखे देस-दुख।
जो न दुख-धारें कलेजे में बहीं॥
जाति-मुखड़ा देख कुम्हलाया हुआ।
जो हमारा मन गया कुम्हला नहीं॥ 27॥

नोक झोंक

बात मानी एक भी मेरी नहीं।
वह मकर के काम कर घेरा गया॥
ताकता तक मोहनेवाला नहीं।
मोह में पड़ मोह मन मेरा गया॥ 28॥

आपको चाहिए अगर तन धन।
आप तो तन समेत धन ले लें॥
माँग लें माँग जो सकें हमसे।
आपका मन करे तो मन ले लें॥ 29॥

बात ताने-भरी सुनाते ही।
ताड़ना औ लताड़ना देखा॥
मुँह बहुत ही बिगड़ बनाते ही।
मन बिगड़ना बिगाड़ना देखा॥ 30॥

बात बात में बात

है सही मानी गयी वह बात कब।
हो सकी जिस पर नहीं उसकी सही॥
तब किसी की मान मन कैसे सके।
जब जगत है मानता मन की कही॥ 31॥

धज्जियाँ सुख की धड़ल्ले से उड़ा।
धाँधली-धुन में बँधे उसमें धँसा॥
धूम से अन्धेर अन्धा-धुन्ध कर।
ऊधमी मन ऊधमों में है फँसा॥ 32॥

है कुपथ में पाँव वैसे ही जमा।
हाट में हठ की हठी बन हैं डटे॥
जब हमीं हैं चाहते हटना नहीं।
तब भला कैसे हटाये मन हटे॥ 33॥

तब भला कैसे न वह खिल जायगा।
फूल जैसा जब किसी का दिल खिले॥
क्यों न होगा औज होकर औज में।
क्यों न होगा मौज मनमौजी मिले॥ 34॥

जान-गाहक जहान में सारे।
देखने को नहीं मिला जन-सा॥
है उसी में भरा कसाई-पन।
है कसाई न दूसरा मन-सा॥ 35॥

कौन-सी तदबीर हमने की नहीं।
और उससे क्या नहीं हमने कहा॥
कम कमीनापन हुआ उसका नहीं।
यह कमीना मन कमीना ही रहा॥ 36॥

कब न रंगत एक थी उन पर चढ़ी।
कब न दोनों साथ कुम्हलाये खिले॥
एक मिलकर हो सके दो तन नहीं।
एक होते हैं मगर दो मन मिले॥ 37॥

तो खलों की तरह सताता क्यों।
'पालिसी' का अगर न दम भरता॥
किस तरह बे-इमान तो बनता।
मान ईमान मन अगर करता॥ 38॥

क्यों गँवा पानी न दे धन के लिये।
क्यों न मेहमानी किये नानी मरे॥
पाँव मतलब का करे पोंछा न क्यों।
क्यों न ओछा काम ओछा मन करे॥ 39॥

पेट

हितगुटके

सब तुझे क्यों कहें छली कपटी।
किसलिये जोग तू इसी के हो॥
है जहाँ पाँव पाँव है ही वाँ।
पेट में पाँव क्यों किसी के हो॥ 1॥

है अगर कुछ दाल में काला नहीं।
भेद अपना क्यों नहीं तो भूलता॥
दूसरे का पेट फूला देख कर।
दूसरे का पेट क्यों है फूलता॥ 2॥

छोड़ ओछे सके न ओछापन।
रह भले ही न जाय पतपानी॥
पेट में बात पच सके कैसे।
पच सका पेट का नहीं पानी॥ 3॥

जो समय पर है सँभल सकता नहीं।
तो किये का क्यों न फल पाता रहे॥
ऐंठता है ऐंठता ही तो रहे।
आ रहा है पेट तो आता रहे॥ 4॥

तो पराये रह हितू कैसे सकें।
जो 'बहँक' सग, कर नहीं सकता भला॥
तो बिगड़ हित क्यों करेंगे दूसरे।
पेट अपना जो बिगड़ लाये बला॥ 5॥

तू न घर-घर घूम कुत्ते की तरह।
लात खाकर रोटियाँ खाया न कर॥
मत हिलाया पूँछ कर पूछे बिना।
लेट करके पेट दिखलाया न कर॥ 6॥

क्यों न वह फूल फल फबीले दे।
बेलि विष की न जायगी बोई॥
क्यों छुरी मिल न जाय सोने की।
पेट है मारता नहीं कोई॥ 7॥

क्यों न अन्धेर से रहें बचते।
ऊधमी क्यों बनें हलाकू से॥
चोर का, चार कौड़ियों के ही।
पेट कर दें न चाक चाकू से॥ 8॥

था कहा जो रस-भँवर हो बन रहे।
ध्यान तो हर एक काँटे का रखो॥
जो कमाया पाप तो पापी बनो।
जो फुलाया पेट तो फल भी चखो॥ 9॥

तन रहेगा दुरुस्त तब कैसे।
तनदुरुस्ती न जब कि प्यारी हो॥
जब भरे पर भरा गया है वह।
तब भला क्यों न पेट भारी हो॥ 10॥

जब कि अवसर जायगा दुख का दिया।
तब किसी पर दुख पड़ेगा क्यों नहीं॥
काम गड़ने का किया जब जायगा।
पेट कोई तब गड़ेगा क्यों नहीं॥ 11॥

सिर मुड़ाते ही अगर ओले पड़े।
तो कहें कैसे कि वह पड़ता रहे॥
क्या बड़ी गड़बड़ नहीं हो जायगी।
गुड़गुड़ाता पेट जो गड़ता रहे॥ 12॥

जब हटा तब हटा दवा से ही।
रोग हटता नहीं हटाने से॥
जब छँटा तब छँटा कसे काया।
पेट छँटता नहीं छँटाने से॥ 13॥

आँख निकली किसे लगी न बुरी।
दाँत निकला कभी नहीं भाया॥
जीभ निकली भली नहीं लगती।
पेट निकला पसन्द कब आया॥ 14॥

हित-भरा कारबार 'नेचर' का।
कब नहीं तन-बिकार को खोता॥
हम कसर की चपेट में पड़ते।
पेट जारी अगर नहीं होता॥ 15॥

भेद घर का बिना घुसे घर में।
लोग हैं जान ही नहीं पाते॥
पेट की बात जानना है तो।
पेट में पैठ क्यों नहीं जाते॥ 16॥

हिचकियाँ लग जायँ यों रोवें न हम।
है बुरा, बहुतायतों में क्यों फँसें॥
जो हँसें हँसते ठिकाने से रहें।
पेट जाये फूल इतना क्यों हँसें॥ 17॥

कौन है ऐसी बला जैसी कि भूख।
है भयों से ही भरा उसका उभार॥
मार लों आँखें 'जमा' लो मार क्यों न।
पेट मत मारो मरेगा पेट मार॥ 18॥

हैं कुदिन में मिले किसे मेवे।
जो मिले आँख मूँद कर खा लें॥
भूख में साग पात क्यों देखें।
जो सकें डाल पेट में डालें॥ 19॥

क्यों बने बेसमय उबल ओछा।
क्यों समझदार भूल कर भूले॥
फूल करके सभी न फलता है।
क्यों गये फूल पेट के फूले॥ 20॥

काम झिपने का किये ही सब झिपे।
कब भला कोई झिपाने से झिपा॥
क्यों न अपना मुँह छिपाते हम फिरें।
कब छिपाये पेट दाई से छिपा॥ 21॥

कर सकें तो सदा करें हित हम।
कील नख में कभी नहीं ठोकें॥
भर सकें पेट तो रहें भरते।
किसलिये पेट में छुरी भोंकें॥ 22॥

अपने दुखड़े

हैं रहे बीत दिन दुखों में ही।
स्वाद सुख का हमें नहीं आया॥
रात में नींद भर नहीं सोते।
है कभी पेट भर नहीं खाया॥ 23॥

बल नहीं है, क्यों बलाओं से बचें।
पेट में है आग बलती तो बले॥
है न वह जल दूर कर दे जो जलन।
पेट जलता है हमारा तो जले॥ 24॥

क्या कहें चलती हमारी कुछ नहीं।
कब न यह चाहा कि वह पलता रहे॥
छूटतीं उसकी बुरी चालें नहीं।
चल रहा है पेट तो चलता रहे॥ 25॥

सब दिनों जिन पर निछावर सुख हुआ।
बन गये वे लोग दुखिया दुख भिने॥
डालते थे जान जो बे-जान में।
आज वे हैं जानवर जाते गिने॥ 26॥

कौर मुँह का किसी छिने कैसे।
काल की जो कराल टेक न हो॥
पाट हम पेट भी नहीं पाते।
किस तरह पेट पीठ एक न हो॥ 27॥

मिल रहा है हमें नहीं टुकड़ा।
पेटुओं साथ पट नहीं पाता॥
आज है जा रही दुही पोटी।
पेट है पीठ से लगा जाता॥ 28॥

है बड़ा दुख फिर सके फेरे नहीं।
राह तज हैं बीहड़ों में फिर रहे॥
बात गुर की बन सकी अब भी न गुर।
हैं गिरा कर पेट दिन दिन गिर रहे॥ 29॥

क्या हमें टोना किसी का है लगा।
या अभागे भाग ही की टेक है॥
जब उसे हर बार खोना ही पड़ा।
पेट से होना न होना एक है॥ 30॥

लान तान

क्या उन्हें परवा पिसें जो दूसरे।
चाहिए पेटू रहें फूले फले॥
पेट उनका भाड़ हो पर जाय भर।
पेट जलता हो किसी का तो जले॥ 31॥

सब तरह की साँसतें हमने सहीं।
लात बद-लत की बदौलत खा गये॥
तौर बिगड़े कौर मुँह का छिन गया।
पेट भर पाया न, मुँह भर पा गये॥ 32॥

बीरता जा बसी रसातल में।
बन गये हैं बिलास के ढूहे॥
क्यों न तो नाम सुन लड़ाई का।
पेट में दौड़ने लगें चूहे॥ 33॥

तब कुदिन-दर बन्द करने क्या गये।
जब लगे आँखें सहम कर मूँदने॥
फाँदने दीवार दुख की क्या चले।
पेट में चूहे लगे जब कूदने॥ 34॥

चाब ले माल बात झूठी कह।
है तुझे ज्ञान ही नहीं सच का॥
पेट भर ले अगर रहा है भर।
पेट तू ने लखा नहीं पचका॥ 35॥

मोल मिट्टी के बिकेगा क्यों न वह।
साख ही जिसने कि मटियामेट की॥
मुँह पिटाये भी पिटा उसका नहीं।
क्यों न पेटू को पड़ेगी पेट की॥ 36॥

बात की बात में पचेंगी वे।
रोटियाँ क्यों न खाँय ईंटे की॥
किसलिये खाँय चींटियों इतना।
है गिरह पेट में न चींटे की॥ 37॥

सजीवन जड़ी

काम से मोड़ें न मुँह तोड़ें न दम।
चाम तन का क्यों न छन छन कर छिले॥
हिल गये दिल भी न हिलना चाहिए।
जाँय हिल क्यों पेट का पानी हिले॥ 38॥

धीरता धीर बीर लोगों की।
कब भला फूट फूट कर रोई॥
भार है पड़ रही, रहे पड़ती।
क्यों मरे पेट मार कर कोई॥ 39॥

चाहते हैं अगर भलाई तो।
चाब के साथ प्रेम रस चखिये॥
काटिये पेट मत किसी का भी।
पेट की बात पेट में रखिये॥ 40॥

छेड़ लोगों को कहलावें सभी।
पर करें संजीदगी अपनी न कम॥
भेद खोलें पर न खुलने भेद दें।
पेट लेवें पर न देवें पेट हम॥ 41॥

जो उचित है वह करें चित को लगा।
बात में आ क्यों लबड़-धौंधौं करें॥
आ, न बुत्ते में किसी के भी सकें।
पेट के कुत्ते किया पों पों करें॥ 42॥

बात बात में बात

हाथ में जो कि आ नहीं सकता।
हम उसे हाथ में करें कैसे॥
क्यों भरा घर न दूध घी से हो।
हम भरे पेट को भरें कैसे॥ 43॥

मौत सिर पर नाचने जब लग गयी।
तन दुखों का किस तरह बानी न हो॥
हो गया पानी किसी का जब लहू।
पेट कैसे तब भला पानी न हो॥ 44॥

बात कोई बना भले ही ले।
है जहाँ मिल सकी वहाँ दाढ़ी॥
कब कढ़ी, कब भला गयी काढ़ी।
है किसी पेट में कहाँ दाढ़ी॥ 45॥

आबरू की निकल पड़ी आँखें।
कट कलेजा गया सुचाली का॥
लाज सिर पीट पीट कर रोई।
गिर गये पेट पेट वाली का॥ 46॥

आज है मन में उमंग कुछ और ही।
है समा मुँह पर अजब छाया हुआ॥
भूल गदराया हुआ जोबन गया।
देख कर के पेट गदराया हुआ॥ 47॥

ठाट से भलमंसियों की हाट में।
मुँह बना काला फिराता है हमें॥
नाक कटवा है बनाता नक-कटा।
पेट गिरवाना गिराता है हमें॥ 48॥

टूट सुख-खेत का गया अंकुर।
झड़ पड़ा फूल चाह-डाली का॥
सिर पटक आस पेट भर रोई।
गिर गये पेट पेट वाली का॥ 49॥

हैं रसातल को चले हम जा रहे।
बेहयापन मुँह चिढ़ाता है हमें॥
हैं गिरे जाते जगत की आँख से।
पेट गिरवाना गिराता है हमें॥ 50॥

एक फूले नहीं समाती है।
रह गये पेट क्यों न हो साँसत॥
एक है सोचती बिपत आयी।
क्यों रहे पेट रह सकेगी पत॥ 51॥

जब कि है हो रही बहुत गड़बड़।
किसलिये हो अगड़-बगड़ खाते॥
तो अपच दूर क्यों करे पाचक।
पेट जब तुम पचा नहीं पाते॥ 52॥

आँत

हितगुटके

आज दिन है अगर बढ़ी अनबन।
तो किसी के लिए बने क्यों यम॥
रंज हमको निकालना है तो।
अँतड़ियाँ क्यों निकाल लेवें हम॥ 1॥

बल पड़े रह गये सगे न सगे।
बल पड़े खल गयीं भली बातें॥
बल पड़े दूसरे न क्यों बिगड़ें।
बल पड़े जब बला बनी आँतें॥ 2॥

टूट पाता है भला उपवास कब।
हाथ से परसी हुई थाली छुला॥
जब खुला तब खुल खिलाने से सका।
खोलने से बल न आँतों का खुला॥ 3॥

दुख-नदी पार जिस तरह पहुँचे।
उस तरह देह-नाव खेते हैं॥
पेट भरता न देख कर अपना।
लोग आँतें समेट लेते हैं॥ 4॥

तो कहें कैसे कि तुममें जान है।
क्यों रगों में तो लहू-धारें बहीं॥
जाति की आँतें उलटती देख कर।
आ गयीं मुँह में अगर आँतें नहीं॥ 5॥

हो भले तो न, प्यार-धारा से।
मैल दिल का सके न जो धुलवा॥
है कहाँ दान में तुमारे बल।
आँत का बल सके न जो खुलवा॥ 6॥

हों भले ही हाथ में भाला लिये।
पर किसी की छीन क्यों लेवें सुई॥
जब कि लम्बे मतलबों से पुर रही।
तब किसी की आँत लम्बी क्या हुई॥ 7॥

अपने दुखड़े

हर तरह की चाहतें मेरी उचित।
बेतरह अब ठोकरें हैं खा रही॥
हैं सुनी जाती नहीं बातें भली।
आज आँतें हैं गले में आ रही॥ 8॥

पेट ही जब कि पल नहीं पाता।
क्यों करें औज मौज की बातें॥
है यही चाह सुख मिले न मिले।
तन सुखायें न सूखती आँतें॥ 9॥

तरह तरह की बातें

दूर अब भी हुआ न मन का मोह।
चाह अब भी लगा रही है लात॥
देह में बल न आँख में है जोत।
पेट में आँत है, न मुँह में दाँत॥ 10॥

पेट के फेर में पड़े जब हैं।
तब भला किसलिये न दें फेरी॥
दाँत कैसे नहीं निकालें हम।
आँत है कुलबुला रही मेरी॥ 11॥

रात दिन जो रही भला करती।
दिन फिरे वह फिरी दिखाती है॥
जो न चित्त से कभी उतर पाई।
अब उतर आँत वह सताती है॥ 12॥

है अमर कौन, जायगा सब मर।
है बढ़ाये उमर नहीं बढ़ती॥
क्यों कुढ़ें और हम कुढ़ें किस पर।
कढ़ गयी आँत तो रहे कढ़ती॥ 13॥

कोख

दुखड़े

किसलिये सुख हुआ हमें सपना।
क्यों गयी दुख-समुद्र में गेरी॥
तो मरी क्यों न मैं जनमते ही।
कोख मारी गयी अगर मेरी॥ 1॥

किस तरह दूर हो जलन उसकी।
चित्त में जब कि सोग आग बली॥
भाग में ही लिखा गया जलना।
क्यों जले सब दिनों न कोख-जली॥ 2॥

बोझ-सा जाति के लिए जो है।
बोझ उस नीच का कभी न सहे॥
जो लहे बे-कहे कपूतों को।
क्यों न तो बन्द कोख बन्द रहे॥ 3॥

तरह तरह की बातें

हो बहुत साँवली अधिक गोरी।
क्यों न होवे सपेद या भूरी॥
है बड़ी भागवान वह, जो हो।
कोख औ माँग से भरी पूरी॥ 4॥

क्यों न सुख चैन दूर कर सारा।
नींद औ भूख प्यास वह खोती॥
क्यों बने तन न काँच की भट्ठी।
कोख की आँच है बुरी होती॥ 5॥

यह बना घर बिगाड़ देती है।
पौध की जड़ उखाड़ देती है॥
मिल न इसकी सकी जड़ी कोई।
कोख उजड़ी उजाड़ देती है॥ 6॥

सामने आ बड़े-बड़े पचड़े।
भाग की देख-भाल देख भगे॥
है बड़ी वह अभागिनी जिसकी।
कोख हो बन्द जोड़ बन्द लगे॥ 7॥

बंस-बैरी कलंक नरकुल का।
बात बनती बिगाड़ने वाला॥
कोख उजड़ी सदा रहे उजड़ी।
जो जने घर उजाड़ने वाला॥ 8॥

गोखले-सा खुले हुए दिल का।
प्रेम में मस्त राम के ऐसा॥
कोख खुल के कमाल कर देगी।
जो जने लाल मालवी जैसा॥ 9॥

पसली

तरह तरह की बातें

जातिहित देसहित जगतहित की।
बात सुन बार बार बहु तेरी॥
तो रहे हम बहुत फड़कते क्या।
जो न पसली फड़क उठी मेरी॥ 1॥

तो कही बात क्यों उमंग-भरी।
तो भला किसलिये कमर कस ली॥
बात करते समय पिसे जन का।
है फड़कती अगर नहीं पसली॥ 2॥

कौन होगा और के दुख से दुखी।
क्यों कलेजे में न चुभता तीर हो॥
पीर है बेपीर को होती नहीं।
क्यों न पसली में किसी की पीर हो॥ 3॥

सीखते हैं क्यों दया करना नहीं।
क्यों सितम से हैं नहीं मुँह मोड़ते॥
तोड़ने वाले कलेजा तोड़ कर।
पसलियाँ क्यों हैं किसी की तोड़ते॥ 4॥

बान जिसकी मार खाने की पड़ी।
मानता है वह बिना मारे कहीं ?
तो भला हो नीच ढीला किस तरह।
की गयी पसली अगर ढीली नहीं॥ 5॥

पीठ

हितगुटके

आम कच्चा है न होता रस-भरा।
ओल कच्चा काट खाता है गला॥
काम का है कान का कच्चा नहीं।
है न घोड़ा पीठ का कच्चा भला॥ 1॥

दे सकेगा वह कभी धोखा नहीं।
बात सच्ची जो सचाई से कहे॥
तो गिरेगा एक बच्चा भी नहीं।
पीठ का सच्चा अगर घोड़ा रहे॥ 2॥

पेट अपना जो हमें देता नहीं।
पेट में उसके भला क्यों पैठते?
पास उनके बैठते हम किस तरह?
फेर कर जो पीठ हैं फिर बैठते॥ 3॥

कह सके तो हम कहें मुँह पर उसे।
बात कोई किसलिये पीछे कहें॥
पीठ दिखलावें भले ही दूसरे।
हम भला क्यों पीठ दिखलाते रहे॥ 4॥

जो भली बात कान कर न सका।
क्यों न तो कान ही उखेड़ें हम॥

खीज करके उधेड़बुन में पड़।
पीठ की खाल क्यों उधेड़ें हम ॥ 5 ॥

सुनहली सीख

वे अगर हैं मोरियों सा बह रहे।
क्यों न दरिया की तरह तो हम बहें ॥
चाहिए पीछे न हम उनके पड़ें।
बात ओछी पीठ-पीछे जो कहें ॥ 6 ॥

देस की प्रीति से न मुँह मोड़ें।
प्यार के साथ जाति-पग सेवें ॥
पीठ देवें न प्रेमपथ में पड़।
चाहिए पीठ तक नपा देवें ॥ 7 ॥

पते की बातें

तोंद ही जायगी पचक उनकी।
और को प्यार कर न क्यों घेरें ॥
तोंद पर हाथ फेरते कैसे।
पीठ पर हाथ जो न वे फेरें ॥ 8 ॥

मुँह दिखाते लाज लगती है उसे।
पद-बढ़े मुँह फेर कर ऐंठें न क्यों ॥
मुद्दतों वह पीठ मल मल था पला।
पीठ मेरी ओर कर, बैठे न क्यों ॥ 9 ॥

बच न पाये बुरी पकड़ से हम।
ब्योंत कर बार बार बहुतेरी ॥
लाग है हो गयी बलाओं से।
क्यों लगायें न पीठ वे मेरी ॥ 10 ॥

अपने दुखड़े

दुख कहें किस तरह कहें किससे।
दिन हमारे कभी रहे न भले ॥
हैं कभी हाथ मींज मींज जिये।
हैं कभी पीठ मींज मींज पले ॥ 11 ॥

थक गये रोक रोक करके हम।
काल-गति जा सकी नहीं रोकी॥
दूसरे पीठ ठोंकते क्या हैं।
दैव ने पीठ तो नहीं ठोंकी॥ 12॥

लताड़

जब कि चल-फिर काम कर सकते रहे।
की गयी है रात दिन तब तो ठगी॥
तब चले हैं लौ लगाने राम से।
पीठ जब है चारपाई से लगी॥ 13॥

जो बहुत ही ऐंठने वाले रहे।
हैं वही देखे गये उलटे टँगे॥
क्या रही तब हैकड़ों की हैकड़ी।
पीठ पर जब सैकड़ों कोड़े लगे॥ 14॥

बेचते नाम निज बड़ों का हैं।
या कि शिर पर कलंक हैं लेते॥
पेट अपना कभी खलाते हैं।
या कभी पीठ हैं दिखा देते॥ 15॥

कब भला मार सेंत-मेंत पड़ी।
कौन है पापफल नहीं पाता॥
जो करे काम बेंत खाने का।
पीठ पर बेंत है वही खाता॥ 16॥

कमर

हितगुटके

साहसी देख और का साहस।
आप भी हैं उमंग में भरते॥
तो कमरबन्द क्यों हुआ ढीला।
हैं कबूतर अगर कमर करते॥ 1॥

मार दे क्यों न मारने वाला।
मार से क्यों न जाय कोई मर॥
बात मुँह-तोड़ क्यों न मुँह तोड़े।
क्यों कमर-तोड़ तोड़ दे न कमर॥ 2॥

पा सके भाग वह कहाँ साबित।
है जिसे भाग मिल गया फूटा॥
कर सके काम कम भले ही वह।
क्या कमर कस करे कमर-टूटा॥ 3॥

अपने दुखड़े

तो फिरें किस तरह हमारे दिन।
दैव ने आँख है अगर फेरी॥
साध पूरी हुई न काम सधा।
हो न सीधी सकी कमर मेरी॥ 4॥

भाग-कपड़ा बेतरह है फट गया।
सी सके कैसे उसे करनी-सुई॥
थी कमर मेरी कभी टेढ़ी नहीं।
दैव के टेढ़े हुए टेढ़ी हुई॥ 5॥

क्यों हमें मिल सकें न चार चने।
आप क्यों खाँय खीर ही रींधी॥
कर सकें आप क्यों टके सीधे।
कर सकें क्यों न हम कमर सीधी॥ 6॥

जाँघ

तरह तरह की बातें

बाँह के बल को बँधी पूँजी बना।
पड़ सका है पेट का लाला किसे॥
भाग को उसने कभी कोसा नहीं।
जाँघ का अपनी भरोसा है जिसे॥ 1॥

तन भला तब किस तरह मोटा रहे।
पेट को मिलती न जब रोटी रही॥
फल उसे खोटी कमाई का मिला।
जाँघ मोटी जो नहीं मोटी रही॥ 2॥

तन कँपा, डर समा गया जी में।
चौकसी, चूक की बनी चेरी॥
मैं सका नाँघ दुख-समुद्र नहीं।
बेतरह जाँघ हिल गयी मेरी॥ 3॥

तू भला बीरता करेगा क्या।
जो सुने एक बार रन-भेरी॥
कँप उठा बेंत की तरह सब तन।
जो हिली जाँघ बेतरह तेरी॥ 4॥

घुटना

सजीवन जड़ी

सूर जो तलवार की ही आँच में।
तन रहे साहस दिखा कर सेंकते॥
लट गये भी लटपटाते वे नहीं।
दम घुटे भी हैं न घुटने टेकते॥ 1॥

दुध-मुँहे जिसकी बदौलत हैं बने।
क्या नहीं वह ढंग खलना चाहिए॥
चल चुके हम लोग घुटनों मुद्दतों।
अब हमें घुटनों न चलना चाहिए॥ 2॥

बल जिसके पाँवों में है वह।
जगत पालने में पलता है॥
वही घूमता है घर में ही।
जो घुटनों के बल चलता है॥ 3॥

चेतावनी

घटा दुखों की घिर आवेगी।
घटे मान डूबेगा डोंगा॥
घोंट घोंट कर गला जाति का।
घुटनों में सिर देना होगा॥ 4॥

गली गली वह क्यों घूमेगा।
अभी गोद में जो है पलता॥
क्यों टट्टी वह फाँद सकेगा।
जो है घुटनों के बल चलता॥ 5॥

दिल के फफोले

जिसे लगा छाती से पाला।
वह क्यों चढ़ छाती पर बैठा॥
वही तोड़ता है क्यों घुटने।
जो घुटनों से लगकर बैठा॥ 6॥

वह पेट पालने हमें नहीं है देता।
था बड़े प्यार से जिसको पोसा-पाला॥
क्यों नहीं बैठने देता है वह घर में।
था जिसे लगाकर घुटनों से बैठाला॥ 7॥

एड़ी

हितगुटके

जाति के रगड़े बढ़ाते जो रहे।
मान उनका क्यों रगड़ चन्दन करें॥
हम रगड़ते ही रहेंगे नित उन्हें।
हैं रगड़ते तो रगड़ एड़ी मरें॥ 1॥

प्यास हमको पास करने की नहीं।
दूसरे जो पिस रहे हैं तो पिसें॥
है भली लगती हमें घिसपिस नहीं।
लोग एड़ी घिस रहे हैं तो घिसें॥ 2॥

रुक सका वह खेत के रोके नहीं।
जब सकी तब रोक जल-मेंड़ी सकी॥
कुछ न सिर सिरमार कर भी कर सका।
एड़ घोड़े को लगा एड़ी सकी॥ 3॥

क्यों न होवे मली धुली सुथरी।
हो सकेगी न पैंजनी बेड़ी॥
बन सकेगी न लाल लाख जनम।
क्यों किसी की न लाल हो एड़ी॥ 4॥

हो सकेगा चूर मोती का नहीं।
क्यों न चूना चौगुना सब दिन पिसे॥
मान मिलता है बिना जौहर नहीं।
कौन एड़ी हो सकी कौहर घिसे॥ 5॥

हो सकेगा कुछ नहीं एका बिना।
मेहनतें बेढंग करके क्यों मरें॥
लोग चोटी और एड़ी का अगर।
एक करते हैं पसीना तो करें॥ 6॥

तरह तरह की बातें

मुँह-देखी बातें जिसमें हैं।
लगे न उसका मुखड़ा प्यारा॥
वार जाँय क्यों उस पर जिसने।
एड़ी चोटी पर से वारा॥ 7॥

बने हुए मुखड़े पर उसके।
खिंची बनावट की है रेखा॥
उसमें दिखला पड़ी दिखावट।
एड़ी से चोटी तक देखा॥ 8॥

चोट चलाती हो जो चोरी।
कहा चाव से तो क्यों प्यारे॥
लगी चमोटी-सी चित को है।
एड़ी चोटी पर से वारे॥ 9॥

लात

हितगुटके

वह करेगा किस तरह बातें समझ।
जब कि ना-समझी बनी उसकी सगी॥
वह सकेगा मान कैसे बात से।
लात खाने की जिसे है लत लगी॥ 1॥

मानता है अगर नहीं गदहा।
किसलिये तो न हम खबर लेवें॥
झाड़ता है अगर दुलत्ती तो।
क्यों न दो लात हम उसे देवें॥ 2॥

है बुरा, काम जो बुरा कर के।
मूँछ हम बार बार हैं टेते॥
लात का आदमी नहीं है तो।
क्यों उसे लात हैं लगा देते॥ 3॥

है न अरमान मान का मन में।
वीरता है बहक भगी जाती॥
आज भी है लगी नहीं जी से।
लात पर लात है लगी जाती॥ 4॥

काम यह तो कमीनपन का है।
क्यों छिड़कता नमक कटे पर है॥
तो तुझे लाख बार लानत है।
लात चलती अगर लटे पर है॥ 5॥

पाँव

हितगुटके

जो सदा पेट हैं दिखाते वे।
किस तरह बीरता दिखावेंगे॥
सब दिनों हाथ रोपने वाले।
किस तरह पाँव रोप पावेंगे॥ 1॥

तो सुभीता न कर सकें कोई।
तो बखेड़ा न कर खड़ा देवें॥
आ सकें हम अगर नहीं आड़े।
तो कहीं पाँव क्यों अड़ा देवें॥ 2॥

देख बल-बूता करें जो कुछ करें।
काम मनमाना करेगा मान कम॥
हो पसरने के लिए जितनी जगह।
क्यों न उतना ही पसारें पाँव हम॥ 3॥

तंग बलि की तरह न हो कोई।
हम न बामन समान बन जावें॥
फैलने के लिए जगह न रहे।
पाँव इतना कभी न फैलावें॥ 4॥

क्यों पड़ा सूझ-बूझ का लाला।
बे-तरह रञ्ज हो रहे हो क्या॥
ठेस दिल में न चाहिए लगनी।
पाँव में ठेस लग गयी तो क्या॥ 5॥

जो सगों का बना रहा न सगा।
वह रहा देश-गीत क्यों गाता॥
वह सकेगा उठा पहाड़ नहीं।
पाँव भी जो उठा नहीं पाता॥ 6॥

बे-ठिकाने बनें वहाँ जा क्यों।
है जहाँ कुछ नहीं ठिकाने से॥
क्यों उठे और क्या करें उठ कर।
पाँव उठता नहीं उठाने से॥ 7॥

किसलिये तो लोक-हित करने चले।
जो सहज संकट नहीं जाता सहा॥
क्यों सराहे राह के राही बने।
बेतरह जो पाँव है थर्रा रहा॥ 8॥

चाहिए जिस जगह जिसे रखना।
क्यों नहीं हम उसे वहीं रखते॥
किस तरह पाँव तो ठहर पावें।
हैं कहीं के कहीं अगर रखते॥ 9॥

चाह के क्यों उसे लगे चसके।
जो पड़े पेंच पाच में खिसका॥
क्यों बना प्यार-पंथ-राही वह।
राह में पाँव रह गया जिसका॥ 10॥

जाय जी जल अगर जलाये जी।
जाय जल आँख जो सदैव खले॥
वह जले हाथ हो जलन जिसमें।
वह जले पाँव जो न फूल फले॥ 11॥

अपने दुखड़े

नह गड़ाये वहाँ गड़े कैसे।
सींग मेरा सका जहाँ न समा॥
हम वहाँ आप जायँ जम कैसे।
है जमाये जहाँ न पाँव जमा॥ 12॥

बल भली-रुचि-वायु का पाये बिना।
फरहरा हित का फहरता ही नहीं॥
हम भले पथ में ठहरते किस तरह।
पाँव ठहराये ठहरता ही नहीं॥ 13॥

जब कि बेताब हो रहा है दिल।
गात तब ताब किस तरह लाता॥
जब कि है काँपता कलेजा ही।
पाँव कैसे न काँप तब जाता॥ 14॥

किस तरह चल फिर सकें कुछ कर सकें।
बन गयी है काहिली हिलमिल सगी॥
हाथ में मेरे जमाया है दही।
है हमारे पाँव में मेंहदी लगी॥ 15॥

कर सकें नाँव-गाँव हम कैसे।
दाँव हैं मिल रहे नहीं वैसे॥
कुछ नहीं काँव-काँव से होगा।
पाँव हैं कुछ उखड़ गये ऐसे॥ 16॥

कौन है चापलूस हम जैसा।
हैं हमीं मोह के पिये प्याले॥
हैं हमीं चाटते सदा तलवे।
हैं हमीं पाँव चूमने वाले॥ 17॥

किस तरह और पर बला लावें।
हो बला ने अगर हमें घेरा॥
किस तरह लड़ खड़े किसी से हों।
पाँव जब लड़खड़ा गया मेरा॥ 18॥

बात जी में एक भी धँसती नहीं।
जा रहा है और दलदल में धँसा॥
काम लीचड़ चित्त से है पड़ गया।
पाँव कीचड़ में हमारा है फँसा॥ 19॥

किस तरह राह तो न तै होती।
राह के ढंग में अगर ढलते॥
क्यों ठिकाने न चाल पहुँचाती।
पाँव जो हम उठा उठा चलते॥ 20॥

अब तनिक ताब है नहीं तन में।
मुँह चला कुछ कभी नहीं खाते॥
हाथ सकता नहीं उठा सूई।
दो कदम पाँव चल नहीं पाते॥ 21॥

तब कहें कैसे सुदिन हैं आ रहे।
भाग मेरे दिन-बदिन हैं जग रहे॥
जब भले पत पर लगाकर लौ चले।
पाँव से हैं पाँव मेरे लग रहे॥ 22॥

लोग क्यों लान तान करते हैं।
मान पाना किसे नहीं भाता॥
लट गयी देह राह है अटपट।
पाँव कैसे न लटपटा जाता॥ 23॥

अंग जो जाति-हित न कर पाये।
किसलिये तो न हम तुरन्त मुए॥
रह गये हाथ पथ न रह पाई।
हो गये सुन्न पाँव सुन्न हुए॥ 24॥

लिया कलेजा थाम न किसने।
बिगड़े बने बनाये घर के॥
देख कुलों का लोप न कैसे।
पाँव तले की धरती सरके॥ 25॥

सजीवन जड़ी

बावले हों उतावले बन क्यों।
पास वे हैं बिचार-बल रखते॥
जो भले चाहते भलाई हैं।
पाँव वे हैं सँभल सँभल रखते॥ 26॥

दाँत निकले न दाँत टूटे भी।
गिड़गिड़ायें न गड़बड़ों से डर॥
बँध गये भी न हाथ बाँधे हम।
सिर गिरे भी गिरें न पाँवों पर॥ 27॥

कर सकें जो भली तरह न उसे।
काम का तो न छोड़ कर बैठें॥
जो न सिर-तोड़ कर सकें कोशिश।
तो न हम पाँव तोड़ कर बैठें॥ 28॥

लोक-हित के किये जिन्हें न खलीं।
सब नखों में गड़ी हुई कीलें॥
पाँव की धूल झाड़ पलकों से।
पाँव उनका पखार कर पी लें॥ 29॥

रम सका राम में नहीं जो मन।
तो भला क्यों रमे न अनरथ में॥
जो न जी में थमीं भली बातें।
पाँव कैसे थमे भले पथ में॥ 30॥

क्यों न हो धूम-धाम से ऊधम।
क्यों करें जाति-हित उमंगें कम॥
टूट सिर पर पड़े बलायें सब।
किसलिये हाथ पाँव डालें हम॥ 31॥

चाटते क्यों और का तलवे रहें।
मरतबा चाहे बहुत ही कम रखें॥
सिर रहे, चाहे चला ही जाय सिर।
पाँव पर सिर क्यों किसी के हम रखें॥ 32॥

जीवन स्रोत

किसलिये जाय टूट जी मेरा।
जाय विष-घूँट किसलिये घूँटा॥
टूट मेरी नहीं गयीं बाँहें।
है हमारा न पाँव ही टूटा॥ 33॥

जग दहल जाय तो दहल जावे।
है दहलता नहीं हमारा दिल॥
हिल गये तो पहाड़ हिल जावें।
पाँव सकता नहीं हमारा हिल॥ 34॥

वह अटल है पहाड़-सा बनता।
है किसी ठौर जब कि जम जाता॥
क्यों न टल जाँय चाँद औ सूरज।
सूर का पाँव टल नहीं पाता॥ 35॥

शेर को देख जो नहीं दहले।
वे डरेंगे न देख खिजलाहट॥
हैं दहाड़ें जिन्हें हटा न सकीं।
वे हटे सुन न पाँव की आहट॥ 36॥

है हमीं में कमाल अंगद का।
क्यों दबें दैव के दबाने से॥
पाँव भी जब डिगा नहीं मेरा।
हम डिगेंगे न तब डिगाने से॥ 37॥

काम कर क्या कमा नहीं सकते।
डाल देंगे जहान में डेरे॥
किसलिये पाँव और का पकड़ें।
पाँव क्या पास है नहीं मेरे॥ 38॥

कौन है दौड़-धूप में हम-सा।
काम हमने न कौन कर डाला॥
किस तरह कान काटता कोई।
पाँव हमने नहीं कटा डाला॥ 39॥

क्यों बुरे फल नहीं चखेगा वह।
है जिसे फल बुरे-बुरे चखना॥
जो रखे वह रखे हमें न जचा।
पाँव से पाँव बाँध कर रखना॥ 40॥

क्यों बलायें न घेर लें हमको।
क्यों न हो नाक में हमारा दम॥
मौत सिर पर सवार हो जावे।
पाँव में सिर कभी न देंगे हम॥ 41॥

चल पड़े तो चल पड़े अब क्यों अड़ें।
क्यों न ओले बेतरह पथ में पड़ें॥
सैकड़ों आयें बलायें सामने।
क्यों न काँटे पाँव में लाखों गड़ें॥ 42॥

सुनहली सीख

जो भँवर जन-हित-कमल का बन जिये।
राम-रस पीकर रहे जो गूँजते॥
हैं जगत में पूजने के जोग वे।
पाँव पूजा-जोग जो हैं पूजते॥ 43॥

जो भले, कर के भलाई बन सके।
दूसरों को जो नहीं हैं भूँजते॥
पुज रहे हैं औ पुजेंगे भी वही।
पाँव जो माँ बाप का हैं पूजते॥ 44॥

काढ़ने से साँप में से मणि कढ़ा।
मूढ़ वे हैं काढ़ते जो खीस हैं॥
रीस औरों की करें हम किसलिये।
दूसरों के पाँव क्या दस बीस हैं॥ 45॥

आप अपना न बाल बिनवा दें।
आप अपना लहू न हम गारें॥
चाहिए यह कि हाथ से अपने।
हम कुल्हाड़ी न पाँव में मारें॥ 46॥

पूजने जोग जो नहीं हैं तो।
भूल कर भी न पाँव पुजवावें॥
धो सकें हैं अगर न मन का मल।
चाहिए तो न पाँव धुलवावें॥ 47॥

जो न हैं मान-जोग मान उन्हें।
मान मरजाद किसलिये खोयें॥
मल-भरा मन धुला नहीं जिनका।
पाँव उनका कभी न हम धोयें॥ 48॥

क्यों बुरे ढंग हैं पसन्द पड़े।
क्यों भले ढंग हैं नहीं भाते॥
पाँव तब तोड़ क्यों किसी का दें।
पाँव जब जोड़ हम नहीं पाते॥ 49॥

जब सँभल पाँव रख नहीं सकते।
क्यों बुरा फल न हाथ तब आता॥
जब बुरी राह पर उतर आये।
पाँव कैसे न तब उतर जाता॥ 50॥

औरतों का बिगड़ गये परदा।
रह सका आन-बान कब किसका॥
लोग बाहर उसे निकाल चुके।
पाँव बाहर निकल गया जिसका॥ 51॥

डाह से जल बुराइयाँ न करो।
जो न करके भलाइयाँ जस लो॥
बन सको फूल-सा बनो कोमल।
पाँव मत-फूल को कभी मसलो॥ 52॥

तरह तरह की बातें

लोग जिनका पाँव सहला सब दिनों।
माल सुख से सब तरह का चाबते॥
दाबनी दाँतों तले उँगली पड़ी।
देख उनको पाँव दुख में दाबते॥ 53॥

राज-सा आज कर रहे हैं वे।
नाज जिनको न मिल सके रींधे॥
फिर कहें बात किस तरह सीधे।
किस तरह पाँव रख सकें सीधे॥ 54॥

किस तरह तब कटे सुखों से दिन।
घर अगर काट काट है खाता॥
जब उसे काटने लगे जूते।
किस तरह पाँव तब न कट जाता॥ 55॥

हितभरी गुनभरी सुहागभरी।
रसभरी छबिभरी बहू प्यारी॥
बहु पुलक भर गये उभर आयी।
पाँव भारी हुए हुई भारी॥ 56॥

आँख खोले खुल न मूढ़ों की सकी।
सीटते हैं आप तो सीटा करें॥
पीटने वाले न माने लीक के।
पीटते हैं पाँव तो पीटा करें॥ 57॥

हौसले के बहुत भले पौधे।
हैं फबन साथ फूलते फलते॥
माँ, ललक सौगुनी ललकती है।
लाल हैं पाँव पाँव जब चलते॥ 58॥

जो रही माँ, मकान की फिरकी।
वह मिले कुछ अजीब बहलावे॥
हो गयी सास-गेह पर लट्टू।
पाँव कैसे न फेरने जावे॥ 59॥

जान बेजान में नहीं होती।
हैं न तोते, बने हुए तोते॥
नाम है काम है कहाँ वैसा।
काठ के पाँव पाँव क्यों होते॥ 60॥

कौन-सा लाभ वाँ गये होगा।
हैं जहाँ लोग बे-तरह अड़ते॥
पाँव पड़ते नहीं चलें कैसे।
पाँव क्यों बार बार हो पड़ते॥ 61॥

अन्योक्ति

दैव ने जो दिया दया करके।
पा उसी को बहुत निहाल बनो॥
जो नहीं लाल आप ही हो तो।
पाँव! मेंहदी लगा न लाल बनो॥ 62॥

हंस-सी चाल चल नहीं सकता।
रात दिन मन्द-मन्द क्यों न चले॥
वह कमल-सा अमल बना न कभी।
पाँव को क्यों न लाख बार मले॥ 63॥

है बिपत पर बिपत सदा आती।
दुख दुखी को न कब रहे घेरे॥
धूल से तो रहे भरे ही वे।
कीच से पाँव भर गये मेरे॥ 64॥

जब मिला तो फल बुरा उससे मिला।
फल फलाने का बुरा ही तौर है॥
फूल जैसा फूल वह पाता नहीं।
फूल जाना पाँव का कुछ और है॥ 65 ॥

राह बेंड़ी है बुरे काँटों भरी।
जो परग दो चार चलते ही गड़ें॥
बेतरह वे कोस काले चल छिले।
पाँव में कैसे नहीं छाले पड़ें॥ 66 ॥

है बदी का बुरा बहाव जहाँ।
हैं निबहते वहाँ न हम जैसे॥
है कपट-पथ अगर नहीं अटपट।
पाँव तो फिर रपट गया कैसे॥ 67 ॥

फूल-सा है नरम न पर हित-पथ।
क्यों सँभाले भला सँभल पाता॥
कम न फिसलन वहाँ मिली उसको।
पाँव कैसे नहीं फिसल जाता॥ 68 ॥

हों गरम, उनका गरम होना मगर।
जब खला तब साथ वालों को खला॥
दूसरों को हैं जला सकते नहीं।
पाँव जलते, हाथ को लेवें जला॥ 69 ॥

है कमल से कहीं अनूठा वह।
कौन पापी उसे परस न तरा॥
पाप को धूल में मिलाता है।
सन्त का पाक पाँव धूल-भरा॥ 70 ॥

जो रही सब दिनों पसन्द उसे।
चाल वह छोड़ किस तरह पाता॥
चल सका जब न जाति-हित-पथ पर।
पाँव कैसे न तब बिचल जाता॥ 71 ॥

तलवे

सजीवन जड़ी

जो नहीं बढ़ती हमारी सह सकें।
चाहिए उनकी न हम चोटें सहें॥
जो अँगूठा हैं चटाते रात दिन।
हम न उनके चाटते तलवे रहें॥ 1॥

तो कहाँ पर-हित कठिन पथ पर चले।
जो न उसकी साँसतें सारी सहीं॥
छिल गये छाले पड़े छिद-छिद गये।
बन गये तलवे अगर छलनी नहीं॥ 2॥

तरह तरह की बातें

हम जहाँ जायें मिले वह मति वहाँ।
हित-बसन जिससे सदा उजला रहे॥
खोज में हैं, जायँगे किस खोज में।
आज तलवे हैं बहुत खुजला रहे॥ 3॥

बे-तरह जल उठे न कैसे जी।
देस को देख तंग ठलवों से॥
चिनगियाँ क्यों न आँख से छिटकें।
आग लग जाय क्यों न तलवों से॥ 4॥

रात दिन हम आप ही हैं जल रहे।
बेतरह तुम क्यों जलाते हो मुझे॥
आग है वह क्यों लगाई जा रही।
जो कि तलवों से लगे सिर में बुझे॥ 5॥

क्यों न छिल-छिल जाँय छिद छलनी बनें।
क्यों न पर-हित-रंग में रँग दुख सहें॥
गुर उन्हें है प्यार रंगत का मिला।
क्यों न तलवे लाल ईंगुर से रहें॥ 6॥

काल-करतूत ही निराली है।
बन रहे थे कभी कमल-दल वे॥
तर अतर से कभी उन्हें पाया।
भर गये धूल से कभी तलवे॥ 7॥

है उन्हें लाभ से नहीं मतलब।
क्यों न खल जाँय जब कि हैं खल वे॥
छेदते चूकते नहीं काँटे।
क्या मिला छेद छेद कर तलवे॥ 8॥

कब बुरी सुधरी बिना साँसत सहे।
जब तनी तब चाँदनी ताने तनी॥
ठीक धुनिये के धुने रूई हुई।
चोख तलवों के मले चीनी बनी॥ 9॥

रात दिन दल लालसाओं का लिये।
चल रहे थे चार सालों से ललक॥
तंग तलबेली हमें थी कर रही।
आज पहुँचे बाल से तलवों तलक॥ 10॥

❑

काब्योपबन

अर्थात्

नानारसमयी कवितावली

भूमिका

आज एक नवीन उपहार लेकर आप लोगों की सेवा में उपस्थित होता हूँ। उपहार और कुछ नहीं—मम अर्पित और उपहारों की भाँति यह भी एक पुस्तक है—नाम है काब्योपबन। आप लोगों ने एक से एक सुन्दर उपबनों को अवलोकन किया होगा, उपबन की नाना लता बेलियों और मनोहर फल फूलों को देखा होगा, वहाँ अनेक कलकंठ पक्षियों का कल नाद सुना होगा, हरे भरे वृक्षों का अपूर्व सौन्दर्य्य दृग्गोचर किया होगा। आज इस उपबन में भी पदार्पण कीजिये—देखिये दृष्ट उपबनों के से कुछ उपस्कर इसमें हैं या नहीं? सम्भव है कि इसकी लतिकायें उतनी ललित न हों, इसके पुष्पचय उतने मनोमुग्ध कर और अनूठे न हों, इसके पक्षियों में उतनी कलकंठता और मृदु भाषिता न हो, और इसके तरुपल्लव भी जैसी चाहिए वैसी नयन विमोहन शक्ति न रखते हों, परन्तु फिर भी तो यह उपबन है—आप लोगों को मनोविनोद की सामग्री कुछ न कुछ अवश्य मिलेगी। मैं प्रकृति की सी विलक्षण तूलिका कहाँ पाऊँगा, उसके समान विचित्र चित्र चित्रण क्षमता कहाँ से लाऊँगा, और जब यह बातें मेरे वश की नहीं, तो मैं किस मुँह से प्रकृति कर सज्जित उपबन की स्पर्द्धा कर सकता हूँ। हाँ! मनुष्य स्वभाव सुलभ आकांक्षायें अवश्य हैं, पर यह आकांक्षा इतनी ही है, कि आप लोग रस लुब्ध भ्रमरों समान उत्तमोत्तम उपबनों में बिचरण करते हुए कभी-कभी कृपया इस उपबन में भी सुशोभित हूजियेगा—विशेष प्रार्थना धृष्टता मात्र है।

यह नैसर्गिक नियम है कि फूलों में काँटा होता है, बेला और चमेली के साथ क्यारियों में गेंदा और गुलमेहदी भी होती है। वृक्षों की अपूर्व हरीतिमा जिस पल्लव राशि की सरस सामग्री है, उन्हीं पल्लवों में नीरस सूखे, और कदाकार पल्लव भी होते हैं। यह निश्चित स्वाभाविकता है कि सर्वांश में कोई वस्तु कदापि निर्दोष नहीं होती। फिर एक अपक्व और अपूर्ण बुद्धि द्वारा प्रस्तुत उपबन के निर्दोषिता की चर्चा ही क्या! यदि है तो इतनी प्रार्थना है कि आप लोग "मधुकर सरिस संत गुण ग्राही" का उदाहरण बन कर सर्वदा इसके गुणों को ग्रहण कीजियेगा, दोषों पर दृष्टि न दीजियेगा, अन्यथा निरर्थक हृदय में निरानन्द का संचार होगा, जो उपहार प्रस्तुतकारी का इष्ट नहीं है। किन्तु मेरे इस निवेदन का यह

अभिप्राय कदापि नहीं है, कि आप लोग उचित शिक्षा प्रदान किम्बा निष्पक्ष दोष गुण विवेचन से भी विरत रहें। क्योंकि किसी सुन्दर पुष्प किम्बा किसी मनोहर उद्यान सौन्दर्य्य को देखकर विमुग्ध हो जाने वालों की कमी नहीं है—आवश्यकता ऐसे मनीषियों की है, जो कि यह निर्धारण करें और बतलावें कि किसी उद्यान में सौन्दर्य्य कैसे सम्पादन किया जा सकता है—उसको मनोहर बनाने की सामग्री क्या है और वह कौन सी युक्ति है कि जिससे नयनाभिराम सरस कुसुम समूह उत्पन्न किये जा सकते हैं।

किसी उपबन में जाइये तो एक ओर जहाँ प्रफुल्ल कुसुम समूह और हरित पल्लवराजि हृदय का सुप्रसन्न और विमुग्ध करती हैं—तो दूसरी ओर पृथ्वी पर पड़ी हुई फूलों की पंखड़ियाँ और सूखे एवम् नीरस पत्र समूह भावुक जन के हृदय में संसार की अनित्यता का चित्र अंकित करके उसको खिन्न करने में नहीं चूकते। एक स्थान पर यदि अपनी कलित काकली से कोकिल चित्त को समुत्फुल्ल कर देता है, तो दूसरी ठौर पपीहे की पी कहाँ की ध्वनि प्राण को व्यथित बनाये बिना नहीं रहती। ठीक यही अवस्था आप इस उपबन की भी पावेंगे। यह उपबन भी कभी आपको मुग्ध करेगा, कभी खिन्न बनावेगा। कभी आनन्द का स्रोत हृदय में प्रवाहित करेगा, कभी विषाद की विकट मूर्त्ति सामने लाकर खड़ी कर देगा। इसमें पदार्पण कर के कभी आप हँसेंगे, कभी रोवेंगे—कभी उत्तेजना से अधीर बनेंगे, और कभी शान्ति की सुस्निग्ध छाया में सुशीतल होंगे। परन्तु मेरा यह अनुमान मात्र है, इसकी चरितार्थता कहाँ तक होगी, यह मैं नहीं कह सकता।

दश वर्ष के भीतर इस प्रान्त के लोगों की रुचि में विचित्र परिवर्त्तन हुआ है। इस समय ब्रजभाषा का पूर्ववत् अखण्ड दोर्दण्ड प्रताप नहीं है, आज कविता क्षेत्र में अपनी एक छत्र राज सत्ता प्रवर्तित करने में वह अक्षम है। दिन दिन वह स्थान च्युत हो रही है—और शनैः शनैः उसका स्थान—खड़ी बोली ग्रहण करती जाती है। सामयिक पत्रों में ब्रजभाषा के उच्छेद साधन के लेख आज भी लिखे जा रहे हैं—परन्तु उसका प्रतिवाद करनेवाले कहाँ हैं। एक दिन वह था जब प्रातःस्मरणीय स्वर्गीय पं. प्रताप नारायण मिश्र ने ब्रजाभाषा के पक्ष पर खड़े होकर अपने प्रौढ़ लेखों से दैनिक हिन्दोस्थान पत्र और सहृदय पं. श्रीधर पाठक को हिला डाला था, परन्तु यह सब बातें अब कथानक में परिणत हो गयीं, क्योंकि समय का प्रवाह ब्रजभाषा के अनुकूल नहीं है। जहाँ तक देखा जाता है रुचि, विषय और भाव में भी विभिन्नता रखती है, चार-पाँच सौ वर्ष से जो शृंगार रस अक्षुण्ण प्रवाहित था, आज उसके अनर्गल प्रवाह स्रोत में भी विघ्न उपस्थित हुआ है। लोगों का आग्रह अब प्राकृतिक दृश्यों के वर्णन, स्वभाव चित्रों के चित्रण, देशानुराग वर्द्धन, जाति देश और समाज के उन्नति-साधन की ओर विशेष है, और इसीलिए इसी प्रकार की कविता अधिकता से लिखी जाने लगी है, शृंगार रस की कविता भी दृष्टिगत होती है, परन्तु अत्यन्त विरल। जब रुचि विकार की यह अवस्था है तब, काब्योपबन, समान ग्रन्थ लेकर आप लोगों की

सेवा में उपस्थित होना, अवश्य काण्ड ज्ञान शून्य होने का परिचय देना है, क्योकि ग्रन्थ की अधिकांश भाषा ब्रजभाषा है और कविता भी अधिकतर शृंगाररसमयी है। तथापि मैं दो कारणों से इसको सेवा में उपस्थित करने के लिए बाध्य हूँ—एक तो मेरे जीवन की बहुत सी घटनाओं पर इसके आशयों द्वारा आलोक पड़ेगा, दूसरे अब भी ऐसे सहृदय उपस्थित हैं, जो ब्रजभाषा का आदर करते हैं, और शृंगार रस की कविता मजे ले लेकर पढ़ते हैं।

आज तक मेरे पाँच कविताग्रंथ (प्रेमाम्बु वारिधि, प्रेमाम्बु प्रवाह, प्रेमाम्बु प्रस्रवण, प्रेमप्रपंच और प्रेमपुष्पोपहार) प्रकाशित हो चुके हैं। चुनी हुई कवित्तों का एक 'शृंगार सिन्दूर' नामक नायिका विभेद का ग्रन्थ और है, परन्तु अभी वह मुद्रित नहीं हुआ है। कारण यह कि प्रथम तो ग्रन्थ अधूरा है, दूसरे उसमें कुछ नवीनता उत्पादन की आवश्यकता है, अन्यथा अब ग्रन्थ के समादृत होने की आशा नहीं है। उक्त ग्रन्थों में संगृहीत कविताओं के अतिरिक्त आज तक की शेष समस्त कविताएँ इस 'काब्योपबन' में एकत्रित की गयी हैं। बाल्यकाल में अपनी स्वाभाविक रुचि और भाषा में जो कविता की गयी है, और आज कल की रुचि पर दृष्टि रख कर कुछ परिमार्जित विचार एवम् बुद्धि द्वारा जो विषय लिखे गये हैं—उनमें से अधिकांश का इसमें संग्रह है। यह मैं स्वीकार करूँगा कि इसके कतिपय अंश की कविता जैसी चाहिए वैसी मधुर और उत्तम नहीं है। परन्तु यह जान कर इस विषय में आप लोग मुझको अवश्य क्षमा करेंगे कि इसमें उस अवस्था की कविता भी संगृहीत है, जिस समय मैं साहित्य पथ में दो चार डग भी भली प्रकार नहीं रख सकता था।

इस ग्रन्थ में चौबीस विषय संगृहीत हैं, उनमें से कतिपय ऐसे हैं, जिनके विषय में कई एक ज्ञातव्य बातें इस प्रकार की हैं, कि जिनका वर्णन इस अवसर पर आवश्यक जान पड़ता है। अतएव मैं विषय क्रम से यथा रीति उनका वर्णन करता हूँ।

कबीरकुण्डल—यह बहुत प्राचीन रचना है। जिन दिनों मैं मिडल वरनाक्यूलर में शिक्षा पा रहा था, राजा शिवप्रसाद की पहली गुटका कोर्स में थी, उसके अन्त में कबीर साहब के कुछ दोहे भी हैं। स्वर्गीय पूज्य पितृव्य चरण महात्मा पण्डित ब्रह्मा सिंह जी का नियम था कि पाठशाला में जो कुछ मैं पढ़ कर आता, उसको घर पर वह मुझसे सुनते, और साथ ही उचित शिक्षा भी देते। इस नियम के अनुसार उन्होंने (कबीर साहब, के दोहों को भी सुना) और उनके सम्बन्ध में बहुत सी बातें बतलाईं। इन दिनों मैं उक्त महात्मा से 'रूप दीप' पिंगल भी पढ़ रहा था। "सब आयो इस एक मैं डार पात फल फूल। कबिरा पीछे का रहा गहि पकरा जिन मूल ॥" एक दिन उन्होंने कबीर साहब के इस दोहे की व्याख्या मुझको बतलाई। बाल स्वभाव चपलता वश उसी दिन मैंने व्याख्यानुसार दोहे को कुण्डलिये में परिणत कर दिया। इस पर उक्त महोदय बड़े प्रसन्न हुए, और मुझ से कुल दोहों पर

कुण्डलिया बना डालने के लिए कहा। मैंने भी आज्ञा पालन की, और कई एक दोहों पर कुण्डलिया बना डाली। इन्हीं कुण्डलियों का संग्रह 'कबीरकुण्डल' है। एक बार 'रसिक' रहस्य के नाम से छोटे ग्रन्थ के आकार में 'कबीरकुण्डल' खड्गविलास प्रेस वांकीपूर में छपा था, परन्तु अब संशोधित और परिवर्द्धित होकर 'काब्योपबन' में सन्निवेशित किया गया है। यद्यपि इन कुण्डलियों में कोई कवितागत विलक्षणता नहीं है, किन्तु यह प्रगट है कि जीवन में सदुपदेश की बहुत बड़ी आवश्यकता है, और आशा है कि यह कतिपय कुण्डलिया इस विषय में अवश्य उपयुक्त पाई जावेंगी।

दृष्टान्त कलिका—सुप्रसिद्ध साहित्यकार 'कुसुमदेव' कृत संस्कृत दृष्टान्त कलिका का यह भाषानुवाद है किन्तु अविकल अनुवाद पर विशेष दृष्टि नहीं रखी गयी है, वरन भाषा की सरसता और भाव का विचार रख कर स्वतन्त्र अनुवाद से काम लिया गया है। कहीं-कहीं मूल दृष्टान्त और भाव में भी परिवर्तन हुआ है परन्तु बहुत कम। तीन श्लोक सानुवाद मैं नीचे लिखता हूँ—उनके द्वारा अनुवाद की प्रणाली का बहुत कुछ ज्ञान होगा।

श्लोक।

गुणानर्चन्ति जन्तूनां न जाति केवलां क्वचित्।
स्फाटिकं भाजनं भग्नं का किन्यापिन गृह्यते॥ 1॥

दोहा।

पूजत गुन जन्तून के, नहिं केवल ही जात।
फूटो भाजन फटिक को, कौड़िहुं को न बिकात॥ 1॥

श्लोक।

काल क्रमेण परिणाभ बशादनब्या।
भावा भवन्ति खलु पूर्वमतीव तुच्छा॥
मुक्तामणिर्जलद तोय कणोप्यणीयान्।
संपद्यते च चिरकीचकरंध्रमध्ये॥ 2॥

दोहा।

काल पाइ बिधि बस सरस, भाव न लहत बिकास।
मुक्ता वारो घन कनहुं, नसत कबहुं परि बांस॥ 2॥

श्लोक।

घन मपि परदत्तं दुःखमौचित्य भाजाम्।
भवति हृदित देवानन्दकारी तरेषाम्॥
मलय जरसबिन्दुर्बर्द्धते न प्रसन्नम्।
नयति चरस बाहा देव मत्यन्तमत्र॥ 3॥

दोहा।

दुखद घनहु पर के मिले, लहत सबै उर प्यार।
मलय गंध तरु गन गहत, जद्दिप सहत कुठार॥ 3॥

समस्यापूर्त्ति--समय समय पर समाचारपत्रों और मासिकपत्रों में जो समस्यायें प्रकाशित होती रही हैं, उनमें से कितनी समस्याओं की पूर्त्ति का संग्रह—यह 'समस्यापूर्त्ति' है। कोई कोई पूर्त्ति इसमें ऐसी भी है, जो किसी विद्वान किम्बा कवि की तत्काल प्रदत्त समस्या पर की गयी है। एक समस्या की पूर्त्ति कई प्रकार से किया जाना, कवियों की दृष्टि में बहुत दिनों तक आदर की वस्तु रही है, अब भी यह विचार बिल्कुल लोप नहीं हो गया है, और यही कारण है कि इस समस्यापूर्त्ति में आप लोग एकही समस्या पर बीसियों पूर्त्तियाँ पावेंगे। इस तरह की पूर्त्तियों में जो सब से उत्तम पाई गयी वह 'शृंगार सिन्दूर' में संगृहीत हैं—शेष पूर्त्तियाँ यहाँ लिखी गयी हैं। ऐसे ही उद्योगों का फल 'षट्ऋतु दर्पण' की भी कविता है, परन्तु 'समस्यापूर्त्ति' में सन्निवेशित न कर के 'षट्ऋतु दर्पण' नाम से वह पृथक लिखी गयी है। इन पूर्त्तियों में से अधिकांश प्रथम प्रयत्न का फल हैं—हाँ! कोई कोई पूर्त्ति ऐसी भी है कि जिसकी रचना का काल वर्तमान ईसवी शतक के अन्तर्गत है।

'मयंकनवक' और 'दिनेशदशक'—यह दोनों कविता 'कल्पित छन्द' में की गयी हैं। 'कल्पित छन्द' कोई छन्द नहीं है, यतः इस छन्द की कल्पना मैंने की है, अतएव इस का नाम भी मैंने 'कल्पित छन्द' ही रखा है। यह छन्द शार्दूल विक्रीड़ित छन्द की छाया लेकर निर्माण किया गया है। शार्दूल विक्रीड़ित संस्कृत के अपर छन्दों की भाँति वर्णात्मक छन्द है—लक्षण उसका यह है—

श्लोक।

आद्यं यत्र गुरुत्रयं प्रियतगे षष्टम् ततश्चाष्टमम्।
सन्त्येकादश तस्त्र यस्त दनुचेदष्टा दशाद्यान्तिमाः।
मार्तण्डैर्मुनि भिश्च यत्र बिरतिः पूर्णेन्दु बिम्बानने।
तद्वत्तं प्रबदन्ति काव्य रसिकाः शार्दूल बिक्रीड़ितम्॥ 1॥ श्रुतबोध॥

भाव श्लोक का यह है कि जिसके आदि में तीन और छठे, आठवें, बारहवें, तेरहवें, चौदहवें, सोलहवें, सत्रहवें स्थान पर और अन्त में गुरु और शेष स्थानों पर लघु होवे—साथ ही बारह और सात अक्षर पर विराम होवे, तो ऐसे चार चरण के छन्द को शार्दूल विक्रीड़ित कहते हैं। यहाँ पर यह स्पष्ट है कि यह छन्द उन्नीस अक्षर का है, जिसमें बारह और सात अक्षर पर विराम है, परन्तु इस बारह और सात अक्षर के मध्य भी मुख्य मुख्य स्थानों पर गुरु और लघु का नियम है। उर्दू भाषा के समस्त छन्द मात्रिक हैं, अतएव वजन पर दृष्टि रख कर उसमें बिना स्थान निर्देश के लघु गुरु अक्षरों का व्यवहार किया जाता है—इससे

वर्णात्मक छन्दों से उसके छन्दों की रचना में बहुत कुछ सुविधा होती है। इसके अतिरिक्त मेरा निज का अनुभव है कि मात्रिक छन्दों की रचना में वर्णात्मक छन्दों की अपेक्षा बहुत कुछ स्वतन्त्रता रहती है। यहाँ यदि अभ्यास का झगड़ा उठाया जावे तो कहा जावेगा कि अभ्यास प्रधान वस्तु है, जिसको जिस प्रकार के छन्द का पूरा अभ्यास है, उसकी रचना में उसको बहुत कुछ स्वतन्त्रता और सुविधा रहती है। परन्तु वक्तव्य तो यह है कि यदि वर्णात्मक और मात्रिक दोनों छन्दों में समान अभ्यास है, तो विशेष सुविधा किस छन्द की रचना में होगी। मुझ को आशा है कि–अनुभव प्राप्त सुजन यह अवश्य स्वीकार करेंगे कि मात्रिक छन्दों की रचना में ही विशेष सुविधा होगी। निदान इसी विचार के वशीभूत होकर एक दिन मैंने यह चेष्टा की कि क्या शार्दूल विक्रीड़ित को मात्रिक छन्द का रूप नहीं दिया जा सकता है? और यदि दिया जा सकता है तो किस नियम के साथ। मैंने कुछ काल सोच विचार कर यह निश्चित किया कि अठारह मात्रा और बारह मात्रा पर विराम का नियम रख कर यदि बिना स्थाननिर्देश के भी लघु गुरु का प्रयोग किया जावे, और बारह अक्षर एवम् सात अक्षर पर विराम का बन्धन भी रखा जावे, तो भी रचना हो सकती है, और यह छन्द ठीक शार्दूल विक्रीड़ित के ढंग का होगा। यति में कुछ अवश्य अन्तर पड़ेगा, परन्तु अन्तर पड़ने से क्या दोष आवेगा, अपेक्षित तो यह है कि यति भंग न होने पावे। निदान मैंने अपनी इस कल्पना के अनुसार एक छन्द की कल्पना कर के इसी छन्द में मयंक नवक और दिनेश दशक की रचना की है। तीस मात्रा के छन्दों के प्रस्तार से भी यह रूप उपलब्ध हो सकता है, परन्तु इस वज़न का कोई छन्द तीस मात्रिक छन्दों में अब तक निर्णीत नहीं है, जो दो तीन छन्द प्रचलित हैं, उनका वज़न दूसरा है। प्रायः इस प्रकार का कार्य्य रक्षण शील दल द्वारा अनुमोदित नहीं होता, अतएव वह लोग इस प्रकार के अनधिकार हस्तक्षेप को बहुत अनुचित समझते हैं और इस दशा में यह अवश्य है कि मेरी चपलता भी उक्त सुजनों की दृष्टि में अच्छी न समझी जावेगी। परन्तु विनीत प्रार्थना यह है कि मैंने उक्त छन्द की कल्पना सर्व साधारण में प्रचार के उद्देश्य से नहीं की है, और न इसको सर्वमान्य बनाना मेरा इष्ट है। मैंने एक विचार के वशीभूत होकर यह कार्य्य किया है, और दो विषय रचकर इस कार्य्य की परीक्षा भी की है। सम्भव है कि मैं भ्रम प्रमाद में भी पड़ा होऊँ। आशा है कि बिबुध गण यदि उचित समझेंगे तो इस विषय में अपना वक्तव्य प्रकाश करेंगे।

भगवती पंचक–पं. विष्णु सिंह प्रख्यात नाम पं. बनारसी सिंह–मेरे पूज्य पितृव्य चरण हैं–बीस वर्ष से अधिक हुआ कि एक दिन विषम ज्वर से वह अत्यन्त पीड़ित हुए जिस समय उनका कष्ट उत्तरोत्तर वृद्धि पर था, उन्होंने मुझको बुलाया, और आज्ञा दी कि कुछ कविता रचकर जगज्जननी से रोग निवृत्ति की प्रार्थना करो। निदान भगवती पंचक लिखकर उनकी आज्ञा का पालन किया गया। परमेश्वर की विचित्र महिमा है, कि भगवती

पंचक लिखे जाने के दूसरे ही दिन उनका ज्वर जाता रहा। सम्भव है कि इसको संयोग कहा जावे—परन्तु क्या इसको विश्वास का माहात्म्य नहीं कह सकते?

नख शिख—एक दिन कुछ भावुक जनों के साथ पीयूषवर्षी कविवर बिहारी लाल के दोहों की चर्चा हो रही थी, उसी समय मेरे जी में यह बात आयी कि 'हरिऔध हज़ारा' नाम का एक हज़ार दोहों का काव्य मैं भी निर्माण करूँ जिसमें पाँच-पाँच सौ दोहे नख शिख वर्णन और नायकाविभेद के हों। तदनुसार कार्य आरम्भ हुआ। जिस समय मैं कपोल का वर्णन लिख रहा था, और एक सौ सत्तासी दोहे लिखे जा चुके थे। उस समय यह विचार अचानक हृदय में उठा कि जो समय और परिश्रम शृंगार रस की कविता करने में व्यय किया जा रहा है, यदि किसी उपयोगी और लोकोपकारक विषय में लगाया जावे, तो उत्तम होगा। निदान इस विचार ने मुझको अगत्या उक्त कार्य्य करने से विरत किया, और मैं 'अधखिला फूल' नामक सामाजिक उपन्यास निर्माण करने में संलग्न हुआ। परन्तु यतः यह दोहे परिश्रम कर के लिखे गये थे, अतएव मैं इनकी ममता को विसर्जन न कर सका। और यही कारण है कि नख शिख शीर्षक देकर यह दोहे भी 'काब्योपबन' में सन्निवेशित किये गये। यद्यपि शिखा से कपोल तक का वर्णन 'नख शिख' नाम का अधिकारी नहीं है, परन्तु यतः इन दोहों का जन्म नख शिख लिखने के उद्देश्य से ही हुआ है; अतएव इनके अधूरे संग्रह का नाम भी 'नखशिख' ही रखा गया।

शोकाश्रु—प्रातःस्मरणीय पं. प्रतापनारायण मिश्र के स्वर्गारोहण होने पर यह कविता लिखी गयी थी। स्वर्गीय महाराजकुमार बाबू रामदीन सिंह जी ने उक्त महोदय की मृत्यु होने पर 'ब्राह्मण' मासिकपत्र के कुछ अतिरिक्त नम्बर निकाले थे, जिनमें उनके असमय मृत्यु पर हृदय विदारक कविता और लेख प्रकाशित हुए थे। शोकाश्रु भी उक्त पत्र में प्रकाशित हो चुका है। एक महाशय इसको पृथक छपाने के लिए अनुरोध करते हैं परन्तु यह भी अन्य विषयों के साथ 'काब्योपबन' में ही सन्निवेशित किया गया।

प्रशंसावली—तमसा कूल परिशोभी क़सबा निज़ामाबाद मेरी जन्म भूमि है, यहाँ एक तहसीली स्कूल है, मेरे जीवन का प्रथम कर्म्मक्षेत्र यही स्थान है। 16 जून सन् 1884 ई. से 10 जुलाई सन् 1890 तक मैं यहाँ अधिक अध्यापक और सहकारी अध्यापक रहा हूँ। निज़ामाबाद ज़िला आज़मगढ़ में है। यह ज़िला उस समय स्वर्गीय पं. लक्ष्मीशंकर मिश्र एम.ए. की अध्यक्षता में था। वह बहुत दिनों तक इस प्रान्त में इन्स्पेक्टर और असिस्टेंट इन्स्पेक्टर मदारिस थे। उनको बालकों के मुख से हिन्दी भाषा किम्बा उर्दू कविता सुनने का बड़ा अनुराग था, वह कभी-कभी प्रसन्न होकर बालकों को उत्तम कविता होने पर पुरस्कृत भी करते थे। किन्तु इस प्रकार की सम्पूर्ण कवितायें बालकों की कृत्य न होती थीं, प्रायः यह अध्यापकों द्वारा लिखी जाती थीं। क्योंकि उस समय प्रशंसित पं. जी के प्रसन्नता लाभ का एक मार्ग यह भी था। अतएव मैं उनके शुभागमन के समय अपने शिक्षक पं. रामवर्ण उपाध्याय द्वारा आज्ञापित हो कर—जो कि उस समय स्कूल के

प्रथमाध्यापक थे–प्रति वर्ष ऐसी कविता करने के लिए बाध्य था। निदान इसी प्रकार की सम्पूर्ण कविताओं का संग्रह 'प्रशंसावली' में है–कुछ कवितायें ऐसी भी हैं जो उक्त पं. जी से सम्बन्ध नहीं रखतीं। परन्तु उनकी संख्या बहुत थोड़ी है। इन कविताओं को मैंने समय समय पर अपने कार्य्योद्धार के लिए लिखा है और अपने संकल्प में सफल भी हुआ हूँ। परन्तु इन्हीं थोड़ी सी कविताओं ने अगत्या मुझको ऐसा न करने की सुबुद्धि भी दी। क्योंकि जिस पुरुष के सन्निकट मैं स्वार्थसाधन के लिए कविता लेकर उपस्थित हुआ, उस ने मेरा कार्य्य तो अवश्य कर दिया, परन्तु उसकी घृणित दृष्टि लाभ करने से मैं वंचित न रहा–एक बार एक महाशय कह भी उठे कि इतनी स्वार्थलोलुपता का कारण क्या है? निदान इन व्यवहारों से मुझको अत्यन्त मर्म्माहत होना पड़ा–और दृढ़ता कर के यह प्रणाली त्याग करनी पड़ी। परन्तु क्या आश्चर्य है कि इस प्रणाली के त्याग करने से न तो मेरे कार्य्यक्षेत्र में कोई विघ्न उपस्थित हुआ, और न मेरे उचित सम्मान में किसी प्रकार की बाधा पड़ी। विपन्न जन दूसरों की अनुचित चाटुकारी कर के अपना जीवन निर्वाह करने के लिए बाध्य हैं–अतएव उनको इसके पठन-पाठन से अवश्य लाभ होगा। और वह भी यथा समय इसी प्रणाली से अपना कार्य्योद्धार कर के अपने कष्टमय जीवन की रक्षा कर सकेंगे। किन्तु साधारण पाठकों को प्रशंसावली के पठन से किसी विशेष लाभ की सम्भावना नहीं है। हाँ! इस बात का अनुभव उनको अवश्य होगा कि एक स्वार्थान्ध पुरुष निजस्वार्थसाधन के लिए कहाँ तक सत्यता का अपलाप कर सकता है।

उक्त विषयों के अतिरिक्त और सब विषय थोड़े और छोटे छोटे हैं, और उनसे सम्बन्ध रखने वाली कोई बात ऐसी नहीं है कि जिसमें कुछ मुख्यता होवे। केवल इतना और निवेदन करना है कि इस ग्रन्थ में ब्रजभाषा और खड़ी बोली–दोनों प्रकार की कविता संगृहीत है। ब्रजभाषा की कविता अधिकतर, शृंगाररस की है, परन्तु खड़ी बोली की जितनी कविता है, वह सभी सामयिक और परिमार्जित रुचि की है। दोनों प्रकार की कविताओं में माधुर्य्य और लालित्य कितना है और जिस उद्देश्य से वह लिखी गयी हैं, उसमें उन्होंने पूर्णता लाभ की है या नहीं, इस विषय में मेरा कुछ कथन करना नितान्त गर्हित होगा, क्योंकि ऐसा करना अपनी कविता की आलोचना में आप प्रवृत्त होना है। अतएव मैं इस की उचित मीमांसा भाषामर्म्मज्ञ सहृदयजनों पर छोड़ता हूँ। ब्रजभाषा की कविताओं में 'दृष्टान्त कलिका', 'विनोद-बयालीसा', 'नखशिख', 'शोकाश्रु' और 'प्रमोदपंचक' इत्यादि एवम् खड़ी बोली की कविताओं में 'त्रिरत्न', 'मयंकनवक', 'दिनेशदशक', 'आर्य्यपंचक', 'स्वर्गारोहण', 'बालकविनोद' आशा है कि विशेष रुचि से पढ़े जावेंगे।

आज़मगढ़ | बशम्बद

5-10-07 | हरिऔध

काव्योपबन

मंगलाचरण।

सवैया।

बाधा बिनास करै सिगरी कलकुंजन बेनु बजावन वारो। बिघ्न हरै हरिऔध सदा बृजबालन को बिलमावनवारो ॥ मेटै हमारो अभाव सबै बृखभानुसुता को लुभावनवारो। मेरो अमंगल दूर करै वह मंगलमूल कहावनवारो ॥ 1 ॥

कवित्त।

अगम अगाधा आदि प्रकृति अरूपा अजा अकरन करा सार सुरति समाधा को। स्वाहा स्वधा रमा उमा अमित सरूपवारी अगति अनादि आदि समन उपाधा को ॥ हरिऔध स्याम सुखदाता को हरितरंग जा तन की झाईं परे होत पल आधा को। प्रकृति अबाधा मूल बिस्वसुख साधा ऐसी नागरि सुराधा मेरी हरो भवबाधा को ॥ 2 ॥

दोहा।

गुनिगन गुनिगनि गनित करि, करत जासु गुन गान।
गुनातीत गनना रहित, जैति सकल गुनखान ॥ 1 ॥

थकित चकित चित बुध कहत, नइति जाति सब काल।
ब्रजबालनकृत बहु श्रमित, जैति जग नमित बाल ॥ 2 ॥

अगम अनादि अरूप अज, अकल अभै अप्रमाद।
जैति ब्रह्म व्यापक बरद, विगत विखाद बिबाद ॥ 3 ॥

दुरित दोख दुख दल दलन, जगत अमंगल जैन।
जैति सकल कलिमल मथन, अमल कमल सम नैन ॥ 4 ॥

अतसी कुसुम सरिस सुतन, सरसीरुह सम नैन।
चैन दैन वारे जगत, जैति अमिय सम बैन ॥ 5 ॥

ब्रजबालन गोहन फिरत, गो दोहन रत होय।
मन मोहन वारो जगत, जै मन मोहन कोय ॥ 6 ॥

राजत सिंहासन सुभग, श्रीराधे रसिकेस।
सो छवि सेस न करि सकत, बरनि सारदा सेस ॥ 7 ॥

इत ऐहो कबहूं लला, तो जैहो फल पाय।
इमि कहि दै तारी हँसत, राधे होहु सहाय ॥ 8 ॥

नाना बाधन दूर करि, तजि सब साधन सोग।
जग जाको साधन करत, जैसो साधन जोग ॥ 9 ॥

अनगन जतन किये कहो, पावै मन किमि वाहि।
मान न आहत जगत में, जीव मनन करि जाहि ॥ 10 ॥

दशगुरूप्रशंसा

छप्पय।

जैति भगत तन घरन सुखद जन श्रीगुरु नानक।
जय श्री प्रभु बल बीर काज वितरक बहु वानक॥
जय निज बचन दिनेस हरन तम त्रिभुवन बहुविधि।
जै रत परमानन्दजगत बंदित मंगलनिधि॥
जय जैति जैति भवभय समन, जगहितरत संकटहरन।
हरिऔध राखि हिय में मयाहित मलीन जनहूँ करन ॥ 1 ॥

जैति ज्ञानधन हरित करन बर कृखी प्रेम पथ।
जैति भुवन जन केकि कुलन आनन्द कन्द अथ॥
जैति सरित स्रुति सार भक्ति स्रोतिहिं बिसतारक।
जैति प्रेम बर बिटप सरस करि जन निसतारक॥
जय जैति कालुकुल कमल रबि श्रीगुरुअंगद बपुधरन।
हरिऔध अमित कलिमलमथन भूरिभाग्य अकरनकरन ॥ 2 ॥

जैति अटल पथज्ञान अटल करता दुख हरता।
जैति जगत के जीवन को मन प्रमुदित करता॥
जैति अलौकिक करम धरम रत विरति सहायक।
जैति क्रोध मद लोभ आदि अपवादन घायक॥
जय जयति जैति जगजालहर श्रीगुरु अमर अकालप्रिय।
प्रभु करहु क्यों न लखिप्रीतिरति बास सुथलहरिऔधहिय ॥ 3 ॥

अति प्रचंड भवमारतंड दीघित ते आकुल।
व्यथित थकित नर भ्रमित स्रमित पथ कलिकलमखकुल ॥
दुसह ताप जग धूप तपित अतुलित आकुल मन।
बहुत तृखित ततकाल तोय हित व्याकुल प्रति छन ॥
अवलोकि तासु अस गति कियो अमित अपूरब सुधासर।
जय रामदास गुरु जग बिदित हरीऔध संताप हर ॥ 4 ॥

जैति अम्बु परिपूरित प्रतिपल प्रगटत पातक।
जैति थान अहि वक्र नक्र क्रोधादिक घातक ॥
जैति अज्ञता सम्बुकास्पद खल मल सज्जित।
जैति मोह कर भयदलोल कल्लोल सुरज्जित ॥
जै अकुपार जगसेतुकृत धृत कलिजित नर अपति पत।
जय अति उदारचित औधहरि बिमलब्रह्म बेदांतरत ॥ 5 ॥

जैति प्रबल परतापधारि परिकृत महिपावन।
प्रबल खलन दखि मरदि जैति रज मांहि मिलावन ॥
जैति मदोत्कट आन मथन प्रमुदित मन स्वामी।
जैति सरबदा सुजन सुखद सब भांति अकामी ॥
जय जैति जैति जग ज्ञानप्रद, श्रीमद हरि गोविन्द गुर।
हरिऔध सुरुचि अभिरुचि निरखि बास करहु सुचि हियस्वपुर ॥ 6 ॥

जय प्रकृष्ट उत्कृष्ट श्रेष्ठ पालक श्रुतिसासन।
जय भवाब्धि बर तरणि तूर्ण तरकित तमनासन ॥
जय प्रतप्त तपनीय ताप तापन तुरकन तन।
जय तराक तोयेस बिस्व बन्दित गुनिजनगन ॥
जै गम्य ज्ञान गरबित गरन गुनित गुनिन गायित गतन।
हरिऔध गुप्त गत अगति गति श्रीगुरुवर हरिरायगन ॥ 7 ॥

जयति बिगत ब्यामोह बाल बपुजन सुखदानी।
जयति बिरति रति रूप विविध बहु विरद निसानी ॥
जैति सकल सुंभ करम धरम साधक प्रतिपादक।
जय अज्ञहुँ उर माहि ज्ञानअंकुर उतपादक ॥
जय व्यक्ति वर्य्य विकसित बदन विपुल बुद्धि वर वानिप्रद।
हरिऔध बिखम बाधा कदन श्रीहरि कृष्ण बिमल विरद ॥ 8 ॥

जैति बिखम बैखम्य बिस्व बाधक विरागरत।
जैति व्यर्थ व्यवसाय व्यवच्छेदक अव्यग्र गत॥
जैति व्यक्तिवर व्यक्त व्यवस्था वेद विकासक।
जय विकार व्यभिचार व्यंगता बानि बिनासक॥
जय व्याप्त बिस्वरत बिरत व्रत ब्रात्यव्याघ्र व्यतिरिक्त व्यय।
हरिऔध बिपुध बर गुन बलित श्रीगुरु नवम बिमल हृदय॥ 9॥

जय उतफुल्ल उदार उदान समान उपासित।
जप उरगत उद्बेग उपद मन उपद उदासित॥
जय उत्यक्त उपद्रवादि उतुंग उजागर।
जय उद्धत उनमत्त उदघटन उपगम आगर॥
जप उनमनादि उनमन उदित उनमूलन उतसाह अरि।
हरिऔध रखत उपरति अधिक उर श्रीगुरु गोविन्द हरि॥ 10॥

दोहा।

प्रथित गूढ़ गुरु गुन गनन, गृह गौरव गति ज्ञान।
गुरुता गुंफित गुरु दसक, गाइ गहड्ड गुरु मान॥ 1॥

दोहा।

जय जग व्यापक रत बिमल, ज्ञान खान मतिऐन।
गुरु नानक आनन्द निधि, संतन जन सुख दैन॥ 1॥

अनुपम गुन आलय अमित, महिमा युत सुखकन्द।
गुरु नानक असरन सरन, दरन दीन दुख दन्द॥ 2॥

आरति हरन कृपायतन, जन हितरत सब काल।
जगत अमंगल जै करन, कालूलाल कृपाल॥ 3॥

अमल करनवारे समल, मानस परम दयाल।
कालूकुल कल कमल रवि, कलि कलमख के काल॥ 4॥

परवरतक जग सरल पथ, लै स्रुति सासन सोध।
जय अबोध जीवन करन, वारे सदा सबोध॥ 5॥

बिमल ज्ञान बर बारिमय, जन को जीवन जोय।
सिखि सिख गन धीरद जयति, नानक नीरद कोय॥ 6॥

उदयकाल कोउ किमि परै, जगत जाल तम कूप।
बारिज बेदी बंस के, बिमल बिभाकर रूप॥ 7॥

कलह कुपथ कुकरम कपट, कलि कुनीति को काल।
कल कमाल वारो अहै, कालूकुल को लाल॥ 8॥

जग जीवन नानक भये, तजि भूतल को भोग।
पावन कही पदावली, पल पल गावन जोग॥ 9॥

नानक उनमूलन करी, केते जन की भूल।
मत सुख मूल सरलबिरचि, स्रुतिपथ के अनुकूल॥ 10॥

स्रुति सरोज मकरन्द को, मंजुल मत्त मिलिन्द।
कलुख कालिमा को अहै, कालूलाल कलिन्द॥ 11॥

बगरी चाँदनि के सरिस, करत प्रमोद प्रकास।
कलँगीधर की देखिअत, कल कीरति चहुँ पास॥ 12॥

होती जो सोढीस नहिं, तेरे तप मैं ताव।
आब रहेहूँ होत तो, आबहीन पंजाब॥ 13॥

तू होती सोढीस नहिं, तो बनि कै बेआब।
सब हिन्दू पंजाब के, बदि होते गरकाब॥ 14॥

तपतो जो पूख़न सरिस, सोढी भूखन नाहिं।
कैसे को टारत कहो, भारत भुव तम कांहिं॥ 15॥

लखि भारत दुख सोढि बर, होत जो आरत नाहिं।
को आरज कुल को करत, तो कारज जग गांहिं॥ 16॥

जो जग मैं नहिं जनमते, सोढीकुल सिरताज।
प्रबल केहरी लौं बनत, सबल न सिंहसमाज॥ 17॥

भूलेहूं अकुलात नहिं, लहत जात अति प्यार।
गावत गुन सोढीस मन, पावत मोद अपार॥ 18॥

विद्या गुरु पूज्य पितृव्यचरण महात्मा पंडित ब्रह्मसिंह जी की प्रशंसा।

दोहा।

बिबुध बृन्द बन्दित बिबिध, बिरद बिभूखित जोय।
ब्रह्म बिदित बेदान्त रत, जैति ब्रह्म हरि कोय॥ 1॥

निगुन निगुनता मैं लखत, सगुन सगुनता जौन।
बिना ब्रह्म हरि को जगत, सब सदगुन को भौन ॥ 2 ॥

जो न गिरा गम्भीर तौ, करति ब्रह्म हरि काम।
बनतौ कैसें काम को, तो हरिऔध निकाम ॥ 3 ॥

कृपा तिहारी ब्रह्म हरि, जो न होत भरपूर।
मिलत न तो हरिऔध लौं, खोजे हूं कहुं कूर ॥ 4 ॥

स-जतन जो नहिं ब्रह्महरि, करतो मतन बखान।
कैसे जानत जगत गति, तो हरिऔध अजान ॥ 5 ॥

सवैया।

लालन पालन प्यार सों कीनो अधीनता बालपने की परेखी। विद्या दई बहुभांति हिये उपजाई परेस की प्रीति बिसेखी ॥ वापुरी औधहरी मति होति है ब्रह्महरी तौ महानता पेखी। कानन केती कृपालुता हौं सुनी तेरी उदारता आंखिन देखी ॥ 6 ॥

राजप्रशंसा।

कवित्त।

दैदै तापदापवारे बैरि बरिवंडहू को पूखन लौं प्रबल प्रताप हू प्रचण्ड हो। बंदनीय बिसद उदार गुन हूँ की मात बंदनीयता हूँ त्यों बिदित ब्रहमण्ड हो ॥ हरिऔध नीकी नीति मण्डित उमण्ड तेरो एरी भारतेश्वरी उदित नवखण्ड हो। परम उदण्ड दण्डनीय दल दण्डन मैं दोरदण्ड वारी तेरी कीरति अखण्ड हो ॥ 1 ॥

सीपज सी सीप सी सतोगुन सी सारदा सी सरद पयोद हू सी सुखद प्रचण्ड हो। बकन सी बसन बिधौतसी बरफहू सी गंगबारि हू सी बंदनीय ब्रहमण्ड हो ॥ हरिऔध हांसरस की सी हीर हारहू सी राजहंसनी हू सी गदित नवखण्ड हो। कलित कलाधर सी कम्बु सी कुमुदहू सी कल कुन्दहू सी तेरी कीरति अखंड हो ॥ 2 ॥

देखि देखि नीकी नीति पालन प्रजा की नैन कीरति निहारि छांई सरिस अंजोरिया। बाघ बकरी को बारि पीअत बिलोकि साथ बेगम बराकू हू की परी हेरि बोरिया।

हरिऔध दयादान दिपत दिगन्त जाको दीनहू को रोकत न जाके द्वार पोरिया। जोरि जोरि हाथ जगदीसहिं मनावैं सदा जुग जुग जीओ महारानी विकटोरिया ॥ 3 ॥

प्रजा पुंज पंकज समूह की दिनेस जोति सकल सुनीति औखधिन की अँजोरिया। सेवक समाज सिखि बृन्द की अनूठी घटा कामधेनु ताकी जाको जुरत न बोरिया ॥ हरिऔध कहै किती कुटिल कुनीतिन सों बिनसत भारत की अमिय कटोरिया। रंकन को कलपलता सी त्रान देनवारी जुग जुग जीओ महारानी विकटोरिया ॥ 4 ॥

दरि दरि दुसह दिमाग दल द्रोहिन को करि करि कम्पित कितेक रूस कोरिया। पालि पालि प्यारे पुत्रसरिस प्रजान पुंज गौरव सों राखि कै गनीमहूं की गोरिया ॥ हरिऔध दारिद बिदारि दीन हीनहूं को प्याइकै पियूषभरी प्यार की कटोरिया। जस सों जुगुत सों जलूस सों जयादिक सों जुग जुग जीओ महारानी विकटोरिया ॥ 5 ॥

बिवुध बरूथ जगतीतल मैं जौलौं पढ़ैं सुठि इतिहास और कलित कहानी को। पाली जाय जौ लौं भूमि काहू एक भूपहूं सों कोऊ पता पावै जौ लौं नीति की निसानी को ॥ हरिऔध जौ लौं साम दाम दण्ड भेदहूं को मंत्रिन बिचारैं धारैं बांकी बद्धिबानी को। भ्राजै सुभ्र सुजस महीतल मैं तौ लौं भूरि साठसालवारे प्यारे राज महारानी को ॥ 6 ॥

सवैया।

जाइ कै स्वर्ग पुलोमजा मैं लखी जोई उदारता धीरता बानी। औरो रती मैं लखी सुखमा हरिऔध प्रबीनता ओप औ पानी ॥ सोई धरा इक कामिनी मैं लखी वंचित ह्वै मति यों अकुलानी। कैधों सची अहै कैधों रती अहै कैधों अहै विकटोरिया रानी ॥ 7 ॥

जोरिबे को जगजाल जितेकन है मणिदीप सुजान की जानी ॥ पालिबे को पथ प्रेम पताल मैं है हरिऔध रमा गुनखानी। दारिबे को दुख देवन को दिविलोक मैं है दिवि की ठकुरानी। नीकी सुनीति निबाहिबे को नित भूमैं अहै विकटोरिया रानी ॥ 8 ॥

बानी गिरा सों सिया सों सतीपन लै सुरआपगा सों सत पानी। त्यों हरिऔध सची सों असंकता तेज घृताची सों लै अनुमानी ॥ मान रमा सों दमा सों प्रताप लै छीन छमा सों छमा मनमानी। रूप रती सों सती सों सुओप लै बेधा रची विक्टोरिया रानी ॥ 9 ॥

हानि अरीन सिवानी समान बखानी करै पैन मानहिं ठानी। जानी सबै पै अजानी रही हरिऔध कबों न करी मनमानी ॥ आनी हिये में सुरानी समान उदारता लोक की काज प्रमानी। है महरानि हूं की महरानी दयावती श्री विकटोरिया रानी ॥ 10 ॥

दाहती द्रोहिन को दल को दुख दारती दासन दीनन दानी। भूतल भारत को भय मोचती भूपन भीरहूं को सनमानी ॥ त्यों हरिऔध हितून निहोरती तोरती हीनन की सब हानी। ताप निवारती तापिन को चिरजीवी रहो विकटोरिया रानी ॥ 11 ॥

'कबीरकुण्डल' अर्थात् महात्मा कबीर के दोहों पर कुण्डलिया।

कुण्डलिया।

जद्दिप हम कायर कुटिल खरे चाकरी चोर।
तद्दिप कृपा न छाड़ियो चितै आपनी ओर।
चितै आपनी ओर बड़न की है यह रीती।
तजि औगुन गन करहिं नीच हूं पै बहु प्रीती।
कहत सबै हरिऔध रावरो प्रभु जू तद्दिप।
अति पामर मतिमन्द पतित पुंगव हम जद्दिप ॥ 1 ॥

गुरू विचारा क्या करै जो हिरदा भया कठोर।
नौ नेजे पानी चढ़े तऊ न भीजे कोर।
तऊ न भीजै कोर रहै जैसो को तैसो।
घन सों जग हित होत पै रहत ऊसर वैसो।
होय न कारो वसन सेत कौनिहूँ प्रकारा।
करै कहा हरिऔध कूर हित गुरू बिचारा ॥ 2 ॥

जिन खोजा तिन पाइयाँ गहरे पानी पैठ।
हौं बौंरी ढूँढन गई रही किनारे बैठ ॥
रही किनारे बैठि पैठि नहिं खोजन लागी।
करि अमूल अनुमान कूलहूँ सों उठि भागी ॥
तजे बिना हरिऔध तरकना सिध पाई किन।
लह्यो सांच सुख सोय जुगुत को जोहि कियो जिन ॥ 3 ॥

बालू जैसी करकरी उज्जल जैसी धूप।
ऐसी मीठी कछु नहीं जैसी मीठी चूप।
जैसी मीठी चूप सांचहूं नहिं कछु तैसो।
रवि समान निकलंक मोद बरधक ससि जैसो।
पूरन हित मनकाम सरस चिन्तामनि सालू।
पै पैठत इमि हरीऔध हिय जिमि जल बालू ॥ 4 ॥

नव द्वारे का पींजरा तामैं पंछी पौन।
अटकत अचरज जानिये गये अचम्भा कौन ॥
गये अचम्भा कौन पौन पंछी है स्वासा।
नव द्वारे मुख गुदा लिंग द्वै दृग श्रुति नासा।
तन पंजर मैं खुले सदा हरिऔध निहारे।
खग हित एक अनर्थ का कहब जहं नव द्वारे ॥ 5 ॥

गये अचम्भा कौन अग्र तृन गत जल केरो।
गिरिबो अजगुत कहा ठहरिबो ही तेहि बेरो ॥
रची बालुका भीत ढहब हरिऔध न बंचन।
अतिहि अचरज अहै तेहि खरो रहिबोही छन ॥ 6 ॥

द्वार धनी के परि रहै धका धनी को खाय ॥
कबहूं धनी निवाजि हैं जो दर छाड़ि न जाय ॥
जो दर छाड़ि न जाय एक दिन तो अस ह्वैहै।
ह्वै के धनी दयाल सबै दिन को दुख ख्वैहै ॥

मिलिहैं सोइनहिं संक मनोरथ हैं जे जीके।
परो रहौ हरिऔध कैसहूं द्वार धनीके॥ 7 ॥

साहब के दरबार मैं कमी काहु की नांहिं।
बन्दा मौज न पावई चूक चाकरी मांहिं॥
चूक चाकरी मांहिं सबै है प्रभु के पांहीं।
पै ते तैसो लहैं जु जैसों सेवक मांहीं।
जांगर चोरी किये कहा धन को भरवासा।
होय कियेई खरो काज सबही कुछ आसा॥ 8 ॥

चूक चाकरी मांहिं कियो अपनो सब पावै।
जानता सकल जहान बेदहूं यहै बतावै॥
कीकर सों हरिऔध आम को कहा सुपासा।
बिना किये प्रभु सेव कबौं सुख की नहिं आसा॥ 9 ॥

मेरा मुज को कछु नहीं जो कछु है सो तोर।
तेरा तुज को सौंपते क्या लागै है मोर॥
क्या लागै है मोर अहो मुरलीधर प्यारे।
जीव पिण्ड धन धाम सबै तव ऊपर वारे॥
सकल जगतगत बस्तु बिभव सुख है प्रभु तेरा।
पै समझत हरिऔध मन्दमति है यह मेरा॥ 10 ॥

दुख सुख एक समान है हरख सोक नहिं व्याप।
परुपकार निहकामता उपजै छोह न ताप॥
उपजै छोह न ताप रोस ढिग भूलि न आवै।
सदा एकरस सान्त द्रोह नहिं परसन पावै॥
निसकलंक निसकपट सदा निसछल प्रभु सन्मुख।
सुगुन सन्त हरिऔध बिदित एं मेटन भौदुख॥ 11 ॥

जो तो को कांटा बुवै ताहि बोव तू फूल।
तोको फूल को फूल है वाको है तिरसूल॥
वाको है तिरसूल बचन जासों अति ओखो।
पै जो अस कृत करै होय ताको नहिं धोखो॥
भलो कियो हरिऔध भलो नहिं करत सु कोजो।
है पै सोई बीर बुरो पै भलो करै जो॥ 12 ॥

वाको है तिरसूल सुजन समझहु जिय मांहीं।
जो गुर दीने मरत ताहि बिख दीजत नांहीं॥
कर सों परसत ही प्रयास बिन मरत अहै जो।
को ऐसो हरिऔध तासु हित बान गहै जो॥ 13॥

वाको है तिरसूल नहीं कछु संसय यामें।
प्रगट जगत मैं सहम सोक बहुधा खल पावें॥
घन सीतल मारुतहिं करत पै घन निदरत सो।
यही हेतु हरिऔध तुरतही तपत होत जो॥ 14॥

दुरबल को न सताइये जाकी मोटी हाय।
मुये खाल की सांस सो सार भसम ह्वै जाय॥
सार भसम ह्वै जाय जा सरिस दृढ़ कछु नांहीं।
नर की कहा बिसात छार नहिं जो ह्वै जाहीं॥
हरत्रिसूल हरिचक्र बज्र बज्री अति परबल।
सो न करत हरिऔध जो करत हहरन दुरबल॥ 15॥

या दुनियां में आइकै छाड़ देय तू ऐंठ।
लेना है सो लेइ लै उठी जात है पैंठ॥
उठी जात है पैंठ मिलत सबही कछु या में।
अर्थ धर्म कैंवल्य काम ग्राहकगन पावें॥
चोखो सौदो करै पैंठ मों पैठि सवाया।
समझि हिये हरिऔध हाट की थित मित माया॥ 16॥

उठी जात है पैठ गहरु करिबो नहिं नीको।
सौदो सोई करै होय जासों हित जीको।
चूकि गये हरिऔध या समय चूक सवाया॥
कारज जामें सधै करै सोई तजिमाया॥ 17॥

ऐसी बानी बोलिये मन का आपा खोय।
औरन को सीतल करै आपौ सीतल होय।
आपौ सीतल होय कोऊ दुख नेक न पावै।
जो अपनो रिपु होय ताहु को हिय हुलसावै॥
पर मनमोहन काज सिद्धि जग मैं यह जैसी।
कहत सांच हरिऔध जुगुत कोई नहिं ऐसी ॥ 18॥

दुख मैं सुमिरन सब करै सुख मैं करै न कोय।
जो सुख मैं सुमिरन करै तो काहें दुख होय॥
तो काहें दुख होय प्रगट लखियत जग मांहीं।
जो संजम नित करत होत ताको रुज नाहीं॥
बिना दण्ड निज पाठ रखत जो बालक सन्मुख।
नहिं पावत हरिऔध कबहुं सो ताड़न को दुख॥ 19॥

तो काहें दुख होंय कहत हम भुजा उठाई।
ताहि कहा दुख होत जासु जदुनाथ सहाई॥
जबहीं प्रभु सो होत भूलि भवभोग बहिरमुख।
तबहिं होत हरिऔध या अधम को अतिही दुख॥ 20॥

एकै साधे सब सधै सब साधे सब जाय।
जो तू सींचे मूल को फूले फले अघाय।
फूले फले अघाय चित्त की पूजे आसा॥
सिगरे कारज सरैं होय सब भाँति सुपासा।
लहहिं नहीं कछु जगत मांहिं बहु साधन जैके॥
सोइ लहैं हरिऔध सिद्धि करि साधन एकै॥ 21॥

फूले फले अघाय होय स्रमहूं बहु नांहीं।
जो तिय पति हित करत चहैं कुल मैं सब ताहीं॥
सरै नहीं कोउ काज किये प्रति जल कन टेकै।
तबै सरै हरिऔध होय जब घन की एकै॥ 22॥

सब आयो इस एक मैं डार पात फल फूल।
कबिरा पाछे का रहा गहि पकरा जिन मूल॥
गहि पकरा जिन मूल गह्यो जाने मन कांहीं।
इन्द्रिन गहिबे हेत होत ताको श्रम नाहीं॥
है सेयो हरिऔध कृश्नपदपंकज को जब।
अहै कहा परवाह जो न हम सेयो सुर सब॥ 23॥

माटी कहे कुम्हार सों तू क्या रूंधे मोहि।
एक दिन ऐसा होयगा मैं रूंधौंगी तोहि॥
मैं रूंधोंगी तोहि कछू बनिहै नहिं तोसों॥
कहा जानि कै करत अहै रगरो तू मोसों॥

हाड़ मांस कच आदि सबै निज मूल उपाटी।
ह्वैहैं क्रम सों बसुन्धरा मैं मिलि माटी ॥ 24 ॥

मैं रूधौंगी तोहि कहा तादिन तू करिहै।
सुत तिय नात कुटुम्ब मीत कोऊ न उबरिहै॥
ह्वै जैहै कछु काल मांहिं गहि जग परिपाटी।
लखतलखत जगजीव भूमि मैं मिलि जुलि माटी ॥ 25 ॥

पोथी पढ़ि पढ़ि जग मुआ पण्डित भया न कोय।
ढाई अक्षर प्रेम का पढ़ै सो पण्डित होय॥
पढ़ै सो पण्डित होय सोई गुनवन्त कहावै।
जेहि खोजत सनकादि ताहि गहि नाच नचावै॥
लहै सिद्धि हरिऔध कामना बिनसहिं थोथी।
पावै पद निरबान प्रसंसत जाको पोथी ॥ 26 ॥

पढ़ै सो पण्डित होय भेद निगमागम बूझै।
जानि परै सत असत पन्थ परमारथ सूझै॥
मिटै बाद हरिऔध तरकना बिनसहिं थोथी।
लहै सोई विज्ञान कह्यो जाको गहि पोथी ॥ 27 ॥

चलन चलन सब कोइ कहै पहुंचै बिरला कोय।
एक कनक औ कामिनी दुरलभ घाटी दोय॥
दुरलभ घाटी दोय पैठि जामैं जग मांहीं।
निकसत कोऊ एक नतरु सबही रहि जाहीं॥
जिमि पंजर को बिहंग जालगत सफरी को गन।
तिमि नर को हरिऔध होय या घाटी बिचलन ॥ 28 ॥

दुरलभ घाटी दोय महा भ्रम तम सों छायो।
ज्ञान दिनेस कलाहिं जासु ढिग जानन आयो॥
या घाटी मैं नहिं निबाह क्योंहूं या दृग बल!
बिना खुले हरिऔध हृदय के दीह दृगंचल ॥ 29 ॥

दुरलभ घाटी दोय निबहिबो जासों बेरो!
तिनहूं को हरिऔध कियो जिन जुगुत घनेरो॥
नांघि याहि जग मांहि सोई पहुंचत पावन थल।
जाको मन कबहूं न होत या घाटी चंचल ॥ 30 ॥

चाह घटी चिन्ता गई मनुआं बे परवाह!
जाको कछू न चाहिये सो साहनपति साह॥

सो साहनपति साह इन्द्र को रंक बिचारै।
तीन लोक के बिभौ काहिं तृन सम निरधारै॥
पारस को हरिऔध हेतु बिन जानै कांचा।
रहै सदा अलमस्त लोक की लगै न आंचा॥ 31॥

कलि का बाम्हन मसखरा ताहि न दीजै दान।
कुटुम सहित नरके चला साथ लिये जजमान॥
साथ लिये जजमान पै धरमरत जो होवै।
ताको तू दिल खोलि दान दै पातक खोवै॥
नरक देत सों सबहिं आपहूं अन्तकाल गलि।
पै यह बदि हरिऔध सरग सुखदेत निदरि कलि॥ 32॥

साथ लिये जजमान कालिमा कुलहिं लगाई।
अपजस लै जगमांहिं फजीहत जग करवाई॥
आप डुंबते बोरि आनूहं को बरबस छलि।
है मैटत मरजाद हाय हरिऔध अधम कलि॥ 33॥

साथ लिये जजमान याहि भाखत सब कोऊ।
है सुपात्र को दान सदा सुख बरधक दोऊ।
पै खल को हरिऔध दान दीवो है असझक।
जैसे कूकर को खिआइबो व्यंजन बहुतक॥ 34॥

जहाँ दया तंहं धरम है लोभ जहाँ तंहं पाप।
जहाँ क्रोध तंहं काल है जहाँ छमा तहं आप॥
जहाँ छमा तहं आप जहाँ मद सुख तहं नाहीं।
जहाँ काम हरिऔध अहै अपजस तेहि ठांही॥
जहाँ मोह तहं ताप द्रोह जहं त्रास अहै तहं।
जहाँ तोख तहं सान्त तहां निरबान ज्ञान जंह॥ 35॥

जहाँ छमा तहं आप उचित सबही को याते।
तजब क्रोध औ लोभ होहिं सिगरे अघ जाते॥
ग्रहन करब हरिऔध दया औ सुखद छमा कहँ।
ताहु थान पै बीर प्रान संकट होवे जहँ॥ 36॥

सांच बरोबर तप नहीं भूठ बरोबर पाप।
जाके हिरदे सांच है ताके हिरदे आप॥

ताके हिरदे आप ईस निवसत नयधारी।
होत जगत में सब सुकाज को सो अधिकारी॥
झूठो पाप कमाय करत दोउ लोक बिनासा।
पै साँचे हरिऔध कांहि सब होत सुपासा॥ 37 ॥

ताके हिरदे आप कहत पै बुधजन ऐसो।
गो द्विज परहितकाज झूठ कहिबो नहिं तैसो॥
त्योंही परमनदुखद सोक कर अप्रिय अजाँचा।
उचित नहीं हरिऔध भूलिहूँ कहिबो साँचा॥ 38 ॥

ताके हिरदे आप सकल पातक की रासी।
यही झूठ हरिऔध अहै खल जासु उपासी॥
त्यों जेते जग सुकृत सबन को मूल अकांचा।
सज्जन सेवित सुखद यही है संबित साँचा॥ 39 ॥

साँचे स्राप न लागई सांचे काल न खाय।
साँचे को साँचा मिलै साँचे मांहिं समाय॥
साँचे मांहिं समाय न साँचे को दुख लागै।
साँचे को जस मिलै भाग साँचे को जागै॥
साँचे को भय नहीं न साँचे को कोउ जाँचे।
साँचे की हरिऔध सिद्धि सुख पावैं साँचे॥ 40 ॥

साँचे मांहिं समाय स्राप झूठे को लागै।
बिदित जासु जस जगत कालगति सो किमि पागै।
साँचहिं साँचा मिलत रीति यह जगप्रति आसा।
साँचे के हरि मैं समाइबे मों न अनासा॥ 41 ॥

माला फेरत जुग गया पाय न मन का फेर।
कर का मनका छाड़िके मन का मनका फेर॥
मन का मनका फेर छाड़ि तू कर का मनका।
जो मन का सुख चहत और इत उत हित मन का॥
मनका का करि सकत जो न मन का मद टाला।
मित मन का हरिऔध करै तजि मन का माला॥ 42 ॥

मन का मनका फेर जो न मन की मित चीने।
कछू सिद्धि नहिं होय जोग जप तप ब्रत कीने॥

उचित अहै हरिऔध सबहिं याते सब काला।
मन को मारन मीत छोरि जप तप ब्रत माला॥ 43 ॥

मन का मनका फेर कहा मनका के फेरे।
जो इत उत हरिऔध मन भ्रमत इन्द्रिन प्रेरे॥
चहिये मन को गहन मिटै जासों भ्रमजाला।
चाहे असि कर गहै गहै चाहे कर माला॥ 44 ॥

साहब सों सब होत है बन्दे सों कछु नांहि।
राई को परबत करै परबत राई मांहिं॥
परबत राई मांहिं पलक मैं लोक सँवारै।
पलही मैं जग मांहिं प्रलय कौतुक बिस्तारै॥
नभ को धरती करै धरा को करै अकासा।
पाहन को हरिऔध देय पावन बिस्वासा॥ 45 ॥

परबत राई मांहिं लखै किन आँख पसारे।
नित नौ अघ जिन किये नाथ तिनहूं को तारे॥
महा पतित हरिऔध भर्‌यो जामें औगुन सब।
हित ताहू को करत भरत पोखत सो साहब॥ 46 ॥

परबत राई मांहिं ऊँच को नीच-बनावै।
नीचहू को हरिऔध जगत सों ऊँच जनावै॥
दाहब सीतल बिरचि करै सीतल को दाहब।
साहब सेवक करै करै सेवक को साहब॥ 47 ॥

परबत राई मांहिं सदा जो पाप कमावै।
ताहू को प्रतिपालि दीनपति मग सुख पावै॥
जो अपने सों बिमुख कठिन ताको हित चाहब।
पै यामें हरिऔध अति निपुन है सो साहब॥ 48 ॥

बुरा जो दीखन मैं चला बुरा न दीखै कोय।
जो दिल खोजों आपना मुझ सा बुरा न कोय॥
मुझ सा बुरा न कोय मिले हम जासों चाही।
सो हमसों हित चह्यो मिल्यो ह्वै अति उत्साही॥
पै जासों हरिऔध मिले हम बगल रखिछुरा।
तासों दुख मोहिं मिल्यो हुतो जद्यपि सो न बुरा॥ 49 ॥

मुझ सा बुरा न कोय जग पतितपावन प्यारे।
तुम तजि मो सम पतित कांहिं कहु कौन सुधारे॥

कहा भयो हरिऔध बुरा इन मांहिं जुराजो।
तुम तो पावननाथ ताहु को बंस बुरा जो ॥ 50 ॥

मुझ सा बुरा न कोय न कोऊ मुझ सा पापी।
करत सदा अपराध देखि जाको महि कांपी ॥
ऐसे खल हरिऔध नाथपद सों न मुरा जो।
सो केवल वा बिरद आस है चहत बुरा जो ॥ 51 ॥

मुझ सा बुरा न कोय आइ जग मैं मद छाई।
जो बहुजन को अनायास अरि लियो बनाई ॥
कोऊ ऐसो नांहिं होय हरिऔध दुरा जो।
आपहिं बैरी मीत लेत करि होत बुरा जो ॥ 52 ॥

देह धरे को दण्ड है सब काहू को होय।
ज्ञानी भुगतै ज्ञान सों मूरख भुगतै रोय ॥
मूरख भुगतै रोय आपनी मूरखतासों।
होत लाभ हूं थोर ज्ञान जो भाखै तासों ॥
पै एहो हरिऔध दौरि दुखसिन्धु परे को।
है निकारिबोही प्रधान फल देह धरे को ॥ 53 ॥

मूरख भुगतै रोइ ईस सिर देइ बुराई।
अपनो करम बिसारि दूख सों बहु अकुलाई ॥
नहिं समझत हरिऔध भूलि यह ज्ञान परे को।
कै सुख कै दुख मिले जगत मैं देह धरे को ॥ 54 ॥

मूरख भुगतै रोय समझि जग को सुखरासी।
छोभ अधीरज दम्भ आदि को होय उपासी ॥
पै ज्ञानी हरिऔध जानि दुख रूप वरेको।
धीर छमादिक धारि लेत फल देह धरेको ॥ 55 ॥

काल करे सो आज कर आज करे सो अब्ब।
पल मैं परलै होयगी बहुरि करोगे कब्ब ॥
बहुरि करोगे कब्ब है गहरु को छन नांहीं।
झिंझियाघट जल सरिस आयुदिन छीजत जाहीं।
कहा का समय होन न क्योंहूं जानि परेसो।
याहू पै हरिऔध है बिदित काल करेसो ॥ 56 ॥

बहुरि करोगे कब्ब लखत परतछ यहि ठाईं।
नसत विलम्ब न होत बारि बुद बुद की नाईं ॥

याहू पै हरिऔध जब समै आनि परेसो।
कियो नहीं कछु होत त्यागि जो काल करेसो ॥ 57 ॥

बहुरि करोगे कब्ब कहत हम भुजा उठाई।
नहिं बनिहै तब कछू काल जब ग्रसिहै आई ॥
याते जो कछु करन बेगही करि पथ ताका।
भजै नाथ को हरीऔध है सब कछु जाका ॥ 58 ॥

बहुरि करोगे कब्ब अहै यह मतलब याको।
आरस तजि हरिऔध करै है करनो जाको ॥
कबौं न ऐसो नसै काज त्रुटि कीने जैसो।
औ यह जाने हिये होत जो काल करे सो ॥ 59 ॥

पाव पल्ल की सुध नहीं करे काल को साज।
काल अचानक मारिहै ज्यों तीतर को बाज ॥
ज्यों तीतर को बाज मीन को ज्यों बक मारे।
ज्यों मृग को मृगराज क्यों न फिर सुरति सम्हारे ॥
जो ह्वै सकै सो करै आज तजि आस कल्ल की।
ह्वै सचेत हरिऔध त्यागि ढिल पावपल्ल की ॥ 60 ॥

ज्यों तीतर को बाज होयगी सुधिहूं नांहीं ॥
रहि जैहै पछतात ससोकित ह्वै हिय मांहीं ॥
अरे अन्ध नर करत कहा फिर आस कल्ल की।
भजत क्यों न हरिऔध छोरि त्रुटि पावपल्ल की ॥ 61 ॥

ज्यों तीतर को बाज जदपि यह सबही जानै।
तदपि न ऐसे करै जो दोऊ थल सुख मानै ॥
अजब अहै हरिऔध या जगत को भरमाव।
जासों नर दुखही को दिन प्रति करत उपाव ॥ 62 ॥

आस पास जोधा खड़े सबै बजावैं गाल।
माँझ महल सों ले चला ऐसा बरबस काल ॥
ऐसा बरबस काल सु कब आयो क्यों आयो।
कैसे प्रान निकासि कौन पथ होइ सिधायो ॥
देख्यो तक नहिं कोय ह्वै गये सबहिं निरास।
नस्यो कोह हरिऔध बिजय की बिनसी आस ॥ 63 ॥

ऐसा बरबस काल कौनबिधि सों कब आयो।
कैसे प्रान निकासि कौन पथ होइ सिधायो ॥

लख्यो न किनहूं नेक कियो कलबल प्रकास जो।
खरे रहे हरिऔध बीर सब आस पास जो ॥ 64 ॥

ऐसा बरबस काल न बल जासों कुछ लाग्यो।
रहे जके से खरे छोरि मद मानहु भाग्यो ॥
या छन करिबो उचित कहा भो नहिं प्रकास जो।
याते अपजस लह्यो बीर हे आस पास जो ॥ 65 ॥

ऐसा बरबस काल कहा फिर धन जन आसा।
कैसो बल गज तुरग कहा तिय सुत भरवासा ॥
जिय समझ्यो है कहा करत इन को बिसास जो।
तू तजि दै हरिऔध रखत कछु आस पास जो ॥ 66 ॥

ऐसा बरबस काल बचत जासों कोउ नाहीं ॥
करि कै जतन अनेक कैसहूं या जग माहीं ॥
रोकि बायुगति करै लौह गृह मैं निवास जो।
तऊ नसै तेहि सौंह रहत नित आस पास जो ॥ 67 ॥

माली आवत देखि के कलियाँ करीं पुकार।
फूले फूले चुनि लिये काल हमारी बार।
काल हमारी बार हाय कछु सों कछु ह्वै है।
यह उपबन यह चंचरीक यह थल छुटि जैहै।
रहि जैहै जग मांहिं नाहिं अपनी कछु लाली ॥
पै एहो हरिऔध दया करिहै कब माली ॥ 68 ॥

काल हमारी बार भोरही याथल आई।
लै जैहै चुनि मोहिं धारि चित मैं निठुराई ॥
दैहै निरखन नाहिं नेक जग की परनाली।
बीचहिं करिहै नास आइ यह निरदय माली ॥ 69 ॥

काल हमारी बार अहै पै कुछ बस नाहीं।
हाय दैव का कियो कौन बिधि कहं चलि जांहीं ॥
ज्यों ह्वै है सुधि कछू लखनहित जग की लाली।
त्यों दै है हरिऔध आइ मोको दुख माली ॥ 70 ॥

साँईं तुम न बिसारियो लाख लोग मिल जाहिं।
हम से तुम कौ बहुत हैं तुम से हम को नाहिं ॥

तुम से हम को नाहिं कौन यह जानत नाहीं।
जल को मीन अनेक एक जल मीनन काहीं॥
घन को हैं हरिऔध किते चातक चहुं पासा।
पै चातक को अहै एक घन ही की आसा॥ 71॥

तुम से हम को नाहिं प्रभो याते अपनाओ।
चितै आपनी ओर पतित हरिऔध तराओ॥
लखहु न भूलि मुरारि मया करि मो अघमाई।
दीन हीन अवलम्ब एक तूहीं है साँईं॥ 72॥

तुम से हम को नाहिं मया करि मोहिं निहारो।
सुमति देइ सब काल हमारी कुमति निवारो॥
लीजै मोहिं उबारि गीध गनिका की नाँईं।
तुम तजि को हरिऔध हितू जग मों है साँईं॥ 73॥

तुम से हम को नाहिं जगत हूं को कोउ नाहीं।
याते तजि तौ चरन कमल प्यारे कहँ जाहीं॥
तुम ही ते सब काल होत है सबहि सुपासा।
सदा रखत हरिऔध एक तुमरीही आसा॥ 74॥

तुम से हम को नाहिं कहत हम सांची प्यारे।
जग मैं पापी अमित एक तू पापिन तारे॥
कुटिल कुकरमी सकै नाहिं हरिऔध गनाई।
पै सब को हित करत एक तूही जग साँईं॥ 75॥

दृष्टान्त कलिका

अर्थात् कुसुमदेव कृत संस्कृत दृष्टान्तशतक का भाषानुवाद।

दोहा।

एक सम्भु सुमिरन हरत, अन्तक जग को जोर।
प्रबल दवागिन देत है, ज्यों बुझाइ घनघोर॥ 1॥

साधुहिं होत प्रबीन है, सदगुन बरनन कांहिं।
नवचूतांकुर स्वाद को, पिक पटु जानन मांहिं॥ 2॥

दुर्जन दूखत है तुरत, सज्जन सदगुन कांहिं।
मलिन बनावत धूम ज्यों, सेत बसन छन मांहिं॥ 3॥

जैसो औगुन लखि परत, वैसो नर गुन नाहिं।
प्रगटत प्राय कलंक ससि, नहिं विकास निसि मांहिं ॥ 4 ॥

नास करत नर को व्यसन, केवल बिसद बिबेक।
समरथ निसितम हरन मैं, होत दिवापति एक ॥ 5 ॥

बुध समुझत उपदेश को, मूरख समुझत नाहि।
गहत प्रसून सुगन्ध तिल, पै न गहत जौ ताहि ॥ 6 ॥

चाहनवारो मन्द रिपु, नयो रहत करि ब्याज।
पहिले नै पाछे हनत, गज सओज मृगराज ॥ 7 ॥

बहुधा प्रगटत धीर की, गुन गरिमा चहुं पास।
दग्ध किये हूं अगर की, फैलत दिन सुबास ॥ 8 ॥

लहत मनस्वी को हृदय, रोसहुं मैं न प्रमाद।
तचत अंगारन भस्म ते, पावत लोग प्रसाद ॥ 9 ॥

उत्तम सहत कलेस को, इतर सहत नहिं ताहिं।
महासान घरसन सहत, मनिगन रजकन नाहिं ॥ 10

स्वजातीय बैरी बिना, जय कबहूं नहिं होय।
बिना बज्र मनि मुकुतमनि, भेदि सकै नहिं कोय ॥ 11 ॥

सज्जन ही साधून के, गुनगन करत बिकास।
पवन प्रसून सुगन्ध को, दिसि दिसि करत प्रकास ॥ 12 ॥

जितो करत लघुहित तिती, नहिं महान सों आस।
समरथ बारिधि होत नहिं, कूप बुझावत प्यास ॥ 13 ॥

बीरतादि गुन पुरुख के, सील सहित छबि ठौर।
तियसोभा भूखन करत, जोबन मैं कछु और ॥ 14 ॥

बहुधा साधुन सों लहत, जड़ता बस जड़ रंज।
उदय भये निसिनाथ के, सकुचत जल मैं कंज ॥ 15 ॥

गुन सों प्यारो होत नर, कबौं रूप सों नाँहिं।
सुघर फूल बिन गन्ध को, देत न काहू कांहिं ॥ 16 ॥

हित चाहनवारो सुहृद, कोउ काहू को होत।
खिलत कमल सकुचत कुमुद, रवि के भये उदोत ॥ 17 ॥

का अचरज जो पिसुन जन, करत बड़न सों रोस।
अहि धारन द्वै जीह करि, निधि को करत सदोस ॥ 18 ॥

सम्पति मैं पर होत ढिग, बिपति स्वजन बिन प्यार।
लसत सरोरुह मैं भ्रमर, सूखत उदक सिवार॥ 19॥

मलिन नीच अवमान ते, सम्पति रहत अदूर।
लसुन बसाये अंग मैं, पोतत सबै कपूर॥ 20॥

व्यसन अनन्तर होत सुख, थोरो कै अधिकाय।
खाय कसैलो रस अधिक, जल को स्वाद जनाय॥ 21॥

समुझत अन्तर गुनन को, बुध मूरख समुझै न।
सरस मालती गन्ध को, जानत नाक न नैन॥ 22॥

अधिर बैस मैं होत है, नर की मति बलवान।
चन्दन तरु प्राचीन मैं, उपजत गन्ध महान॥ 23॥

मोहत बुध की आतमा, जतन कियेहूं चाह।
दौरत नव तृन बैल लखि, चलत सुनियमित राह॥ 24॥

बढ़त लोभ नर के हिये, अधिक धनागम मांहिं।
बहुधा तप रितु मैं बहत, अधिक सीत हिम नांहिं॥ 25॥

सहज गुनहुँ नर को बढ़त, साधुबाद को पाय।
काम सुरस के लेप ते, कंचन दुति अधिकाय॥ 26॥

जो सत की निन्दा करत, आपुहिं दूखत सोय।
परत ताहि के सीस रज, तजत गगन पै जोय॥ 27॥

सन्त सुभाव न आपनो, तजहिं कुसंगति पाइ।
कोकिल तजत न मंजु रुत, काकमण्डली जाइ॥ 28॥

सुख करकस चित होत खल, दुख मैं कोमल होय।
सतिल कठिन जनात है, नरम तपायो तोय॥ 29॥

प्रीत कियेहूं दुष्ट जन, बहुधा रिस बस होत।
लहि सनेह अँखियन कलुख, छन मैं होत उदोत॥ 30॥

असुभ और सुभ करम फल, काल पाइ प्रगटन्त।
सालि सरद ही में पकत, कबहुं न पकत बसन्त॥ 31॥

भोगेच्छा उपभोग ते, भोगिन की न नसाय।
क्रम क्रम लौन अहार ते, प्यास बढ़त ही जाय॥ 32॥

दुर्लभहूं नीके सरत, स्वजातीय बल पाय।
कान समाये बारि को, बारि लेत बहिराय॥ 33॥

निरुपभोग जन्तून की, महि रुच्छता लखाय।
बिधि बातासिन को दई, जिमि द्वै जीह बनाय ॥ 34 ॥

ऊर्जित सज्जन को निरखि, द्वेष करत बहु नीच।
लखि मयंक पूरन ग्रसत, राहु गगन के बीच ॥ 35 ॥

किये बिना उद्योग कोउ, सम्पति पावत नांहिं।
कियो पान मथि छीरनिधि, सुरगन अमृत कांहिं ॥ 36 ॥

दुख करकस सुख मैं नरम, साधुन चित दरसात।
कठिन जेठ कोमल चइत, होत तरुन को पात ॥ 37 ॥

जन दुर्जनता को न कहुं, आकर कारन मान।
उपजि सुधानिधि ने हरत, कालकूट जन प्रान ॥ 38 ॥

बुध संसीलन ते सुगुन, दोखहुँ मैं मिलि जाय।
मथि अम्बुधि देवन लही, सुधा गरल को पाय। ॥ 39 ॥

आपत हूं मैं परि तजत, निज सुभाव नहिं सन्त।
पावक परसि कपूर ते, कल सुबास प्रगटन्त ॥ 40 ॥

अवसि गुनिन के होत हैं, गुनीन अस जिय आस।
अनल दग्ध चन्दन भसम, नेक न रखत सुबास ॥ 41 ॥

आपत कालहुं मैं लहत, साधु प्रसंसा मान।
तबहुं चन्द सुन्दर लगत, ग्रसत राहु जब आन ॥ 42 ॥

बिना परिच्छा तत्व नहिं, प्रगट करहिं सतलोग।
खींचेही यह जानियत, संकट चलन के जोग ॥ 43 ॥

लहि धन गरबित होत जड़, कबौं न बिनधन होय।
जल पूरो गरजत जलद, नहिं गरजत बिन तोय ॥ 44 ॥

कारज बस ह्वै जन करत, प्रीति सहित ब्यवहार।
मेखपाल हित लोम के, पालत मेख सप्यार ॥ 45 ॥

खल जीतत बुध जुगुत सों, निग्रह करिकै नांहिं।
ढाहत खनि ढिग की पुहुमि, महारूख पल मांहिं ॥ 46 ॥

दुख सुख मैं सम ह्वै रहहु, लखि जग मैं दुख लेस।
तेल मले काटे रहत, जैसे थिर सिर केस ॥ 47 ॥

खल दुर्जनता परि लहत, सज्जन सों जन मान।
चढ़न मेरु स्रम सों पथिक, लहत सिखर पर त्रान ॥ 48 ॥

आप अनोखी वस्तु को, नहिं बनाव सो काम।
सान चढ़त कौने सुन्यो, मुकता रतन ललाम ॥ 49 ॥

सोहत निरगुन नहिं कबौं, विबुधमण्डली माँहि।
तम मैं छवि दीपक लहत, रबि प्रकास मैं नाहिं ॥ 50 ॥

पीछे बहु बाधा करहिं, नहिं बिपच्छि समुहांहिं।
हरन करत पै को लखत, प्रान्तर मल पल मांहिं ॥ 51 ॥

दुर्ग देस मैं पैठि कै, लहत पराभव सूर।
दलदल मैं फँसि दुरद हूं, दुख पावत भरपूर ॥ 52 ॥

सनय सूरता देत जय, केवल देत न सोय।
पथ्य होत बिख और सँग, मरन भखे यों होय ॥ 53 ॥

बहु कोमल जन मिलि सकैं, एक सूर नहिं टारि।
जांहि सौंह इक बाज के, बहु कपोतसुत हारि ॥ 54 ॥

बिकत जाहि की आतमा, सब खोजत है वाहिं।
सहसन दै गज लीजियत, कबौं केसरी नाहिं ॥ 55 ॥

गुन अन्तर गुन को चहत, प्रगटन हित निज रूप।
बाल भाव बालकन को, तरुनाई न अनूप ॥ 56 ॥

सुलभ पदारथ जगत मैं, होत न आदरनीय।
तजि अपनी तिय को चहत, सबै पराईतीय ॥ 57 ॥

बसन संवारत मूढ़ जन, वेंचि आपनो गात।
निज तन भूखन और को, को पहिरावन जात ॥ 58 ॥

छनिक बिनासी भोग सों, उत्तम लहत न प्यार।
तजि सुन्दर सरसिज कोऊ, चाहत नांहिं सिवार ॥ 59 ॥

बरनि असम्भव गुन हिये, पावत लाज प्रकास।
कर्निकार मैं गन्ध कहि, को न लहत उपहास ॥ 60 ॥

दोखी धन के लोभ सों, होत नाम केहि नांहिं।
बधिक दूरही सों हनत, मास काज खग काहिं ॥ 61 ॥

करत समीपी सरस हिय, गुनिजन गुन परबेस।
होत पौनही मैं खिले, कमल गन्ध को लेस ॥ 62 ॥

नर को निजहिय भाव लौं, परहिय भाव जनात।
टेढ़ो कुटिल कृपान मैं, प्रतिमा मुख दरसात ॥ 63 ॥

दूख बेग बाधै अधम, नहिं उत्तम जन कांहिं।
तुरत सीत प्रविसत पगन, नैनन परसत नांहिं ॥ 64 ॥

चिरथायी गुनवान कोउ, देवन हूँ मैं है न।
श्रीवारो पूरो ससी, रहत एकही रैन ॥ 65 ॥

उपजत जाते दोख कछु, ताही ते बिनसाय।
परे फफोले आग के, नसैं आगही पाय ॥ 66 ॥

जाके हिय निहचै नहीं, भ्रमत आपही सोय।
बात चक्र परि पातही, इत उत घूरित होय ॥ 67 ॥

कथा प्रबन्ध बँधेहुँ चित, कोउ कोउ तोख लहन्त।
कोकिल ही कूकत फिरत, बगर्‌यो निरखि बसन्त ॥ 68 ॥

बुधिबल जीवी बिबुध को, उपजत नहि अभिमान।
दूजे को भूखन पहिरि, कोउ नहिं चलत उतान ॥ 69 ॥

देत अधम सों मांगिबो, उत्तमजनहिं नवाय।
रतन कौस्तुभादिकि लियो, हरि अबुन्धि पै जाय ॥ 70 ॥

बहु जन के सम श्रम किये, होत कोऊ फलवान।
सुधा पान मथि छीरनिधि, देवन कियो न आन ॥ 71 ॥

गुन सों पूजित होत नर, नहिं कबहूं कुल पाय।
बसत चन्द सिव सीस पै, रवि-हय यान कहाय ॥ 72 ॥

दुखद, सुखद, नहिं, परदुखै, भोग लहै जो कोय।
पी लोहू पर को तुरत, जों कहुं पीड़ित होय ॥ 73 ॥

कोउ अनचाहे अरथ को, चिर दिन चाहत नांहिं।
भूखन भूखित नहिं करत, चूहा निज तन कांहिं ॥ 74 ॥

कटु भाखन सों हिय उठत, गूढ़ क्रोधहूं जागि।
ज्वलत तोय कन के परे, ईंधन में की आगि ॥ 75 ॥

ताको लोग न मानहीं, ढिग जो बसत महान।
नमत न पावनि गंग को, तीर रखत जो थान ॥ 76 ॥

लखहिं आपने सम स्वजन, पर जानहिं गुनवान।
गोपन जान्यो गोप हरि, देवन ईस समान ॥ 77 ॥

उत्तम पावत तोख हिय, पोखे अंगन कांहिं।
सिंचन कीने मूल के, तरुसमूह हरियाहिं ॥ 78 ॥

ख्यात नरन मैं छवि लहत, गुनवानहिं सब ठाम।
सिर ग्रीवा पग बाहु मैं, मनि लागत अभिराम ॥ 79 ॥

रहत नहीं चिरकाल लौं, बिपति सुजन के साथ।
तेजहीन कछु छन रहत, राहु ग्रसित निसिनाथ ॥ 80 ॥

खल सुभाव अपनो तजत, कबौ पाइ भल साथ।
रबि की तीखन किरिनते, सृजत सुधा निसिनाथ ॥ 81 ॥

साधु नीच दुख देत सम, क्रोध भये पर कांहिं।
दहत 'दारु' 'चन्दन' रखत, भेद दहन मैं नांहिं ॥ 82 ॥

लहि सुठौर सोहत सबै, पाइ कुठौर न कोय।
दूखन अंजन अधर पै, भूखन अँखियन होय ॥ 83 ॥

सहज बुरो वैसहिं रहत, कोउ विभूतिहूं पाय।
गोबर मैं निवसत रमा, तऊ न मंजु लखाय ॥ 84 ॥

पूजत गुन जन्तून के, नहिं केवलही जात।
फूटो भाजन फटिक को, कौड़िहुँ को न बिकात ॥ 85 ॥

आवत जस उतसव फबत, तैसो फबत न जात।
जस सोहत ससि सांझ को, वैसो लगत न प्रात ॥ 86 ॥

पराधीन जीवी जनहिं, गनत मनस्वी नांहिं।
बलि भोजी काकन कबौं, कोकिल नाहिं सिहांहिं ॥ 87 ॥

आकसमिक धन लाभ ते, नर सन्तोख नसाय।
बरखाजल सरिता भरे, सेतु नास ह्वै जाय ॥ 88 ॥

लसै सरग मैं आतमा, कबौं बसै महि आन।
होत मसानहूँ बाग औ, बागहुँ बनत मसान ॥ 89 ॥

उच्च कोटि गत बस्तु जग, सुभ औ सुखकर होय।
प्रानिन की बाधा हरत, साफ कियो जिमि तोय ॥ 90 ॥

तोख लहत बुध मान सों, औ खल धन को पाय।
तूठत जय सों देवता, बलि सों भूत बलाय ॥ 91 ॥

नासन मैं निज जाति के, प्रानिन चाव लखात।
बाज बिहंगनहीं हनत, करत न उरग निपात ॥ 92 ॥

अपने मतलब सों जगत, पूजत हित सों नांहिं।
रखत दुधारू धेनु को, धरम सों न घर मांहिं ॥ 93 ॥

महत तेज ऐसो लसत, जहँ अनोज दुरि जाहिं।
भये प्रकासित भानु के, उड़ुगन गगन बिलाहिं॥ 94॥

दानी कहुँ कोऊ रहत, घर घर जाचक जूह।
चिन्तामनि खोजन मिलत, पथ पथ रेनु समूह॥ 95॥

गुन अनुकूल गँभीरता, बस सुबस्तु जग कोय।
बेनु मधुर बाद्यन सुखद, एकै सत सुर होय॥ 96॥

सवैया।

ऐसो अहै जग मैं सुकृती कोऊ जो सबही सों समादर पावै। मान सजाति मैं सोऊ लहै गुनमान है जो मन को अपनावै॥ पै हरिऔध से कूरन मै वा समादर बारी न बानि दिखावै। राम को नाम पढ़ै सुगना यह काक कपूत बृथा मुख बावै॥ 97॥

दोहा।

दुखद धनहुँ पर के मिले, लहत सबै उर प्यार।
मलयगन्ध तरुगन गहत, जद्यपि सहत कुठार॥ 98॥

काल पाइ बिधि बस सरस, भाव न लहत बिकास।
मुक्तावारो घन कनहुँ, नसत कबहुँ परिबाँस॥ 99॥

अनुवादित हरिऔध कृत, कुसुमदेव सहुलास।
यह कलिका दृष्टान्त की, कबि हिय लहै बिकास॥ 100॥

समस्यापूर्त्ति।

समस्या–

"धौंसा की धुकार पै पुकार मरदाने की"

कवित्त।

दौरि दौरि दिसन दरत दाप द्रोहिन को दल मैं दिखात पाँति दुरद दिवाने की। बार बार बैरिन को बेधत बगारि बान बीर गन बिरद बिचारि निज बाने की॥ औध हरि आहब अपार अधिकानो आज अैंठ आनि ऐंचत कबन्ध उमगाने की। कान सुनि कायर कितेक कूदि कटि जात धौंसा की धुकार पै पुकार मरदाने की॥ 1॥

दूर करि दाप देव दानव दिंगीसन को दाबि लेत दीनता दिगन्त दुरि जाने की। बड़े बड़े बीरन की बीरता बिगारि देत बैरिता बिदारि बहु बैरि बरकाने की॥ हरिऔध तेहिन

को तरपब तोपि लेत ताब हरितन के तरुन तमकाने की। दरिदेत दुरद दिसान के दिमाग हूं को धौंसा की धुकार पै पुकार मरदाने की ॥ 2 ॥

"जीत की धुजा है कि भुजा है पौनपूत की।"

कवित्त।

सेनपन सज्जी कृत सेन से उतंग सोहै धीर नसि जात जाते कायर कपूत की। बीरता चढ़त अवलोकि चित बीरन के सूरता बढ़त तैसे सूरमा सपूत की ॥ हरिऔध बैरिगन हूं को ब्यूह बिललात मान मिटि जात ज्यों कुटेव अवधूत की। बीर ना जनात चिन्ति चित्त जऊ थकि जात जीत की धुजा है कि भुजा है पौनपूत की ॥ 3 ॥

बीरन की बीरता बिलोकत बिलाय जात सिगरी बड़ाई होत बात कहनूत की। जाकी उच्चता के लखे गगन खरो खिसात पीर होत छाती पाकरिपु पुरहूत की ॥ हरिऔध जाको देखि दुरत दिगन्त दौरि द्रोहिन को दल दीनता दिखाइ दूत की। नृपगन नमित पगन भारतेस्वरी की जीत की धुजा है कि भुजा है पौनपूत की ॥ 4 ॥

"ग्रीखम प्रचण्ड मारतण्ड हनुमान भो"

कवित्त।

केहरि लौं दानव दरीन मैं दुरन लागे सीत भीत दानवी दरप को निदान भो। लागे दसकण्ठ कुम्भकान कुज कुंभिलान जीव कुल लंक लोग हूं को कलकान भो ॥ नागसुता सरिता सुखन लागी हरिऔध तापित सुरेस जीत सिखर समान भो। उदित उदण्ड उदयाचल सुबेल सैल ग्रीखम प्रचण्ड मारतण्ड हनुमान भो ॥ 5 ॥

पावस पयोद नाद सिखिनि सिया के हेत कपिन चकोर ससि सरद समान भो। असुर अनीक फिरखीन को हिमन्त हिम सिसिर सरीर अमरारि तरु जान भो ॥ बड़भागी बिदित बिभीखन मिलिन्द कांहिं सरस बसन्तरितु सुमन प्रमान भो। बापी बारि बसुधा बिदित बीसवांह काज ग्रीखम प्रचण्ड मारतण्ड हनुमान भो ॥ 6 ॥

जुरी जोम करिकै जमात दनुजातन की अमरेस जाको जोहि लरजि अजान भो। जुटि जुटि जऊ राम जोधन जड़न लागी तऊ हरिऔध ऐसो कौतुक भान भो ॥ जेते रहे जरन उड़न औ तपन लागें तृन तूल तोय ज्यों औ जकत जहान भो। अंगद अनलपुंज अनिल उदण्ड नील ग्रीखम प्रचण्ड मारतण्ड हनुमान भो ॥ 7 ॥

सज्जित करन हित अंजनी गगन गोद सरद सुखाकर के निसिप समान भो। गोनिधि गरव दसग्रीव के ग्रसन काज कठिन कुयोग अगुगलित गुमान भो ॥ हरिऔध उदित अकाल कूर केतु सम सबै लंक लोगन के हित कलकान भो। बीस बाँह बिकल बिहाल बन्द बारि काज ग्रीखम प्रचण्ड मारतण्ड हनुमान भो ॥ 8 ॥

“बाँसुरी बजावै है”

कवित्त।

बिबस बनाइ बारनादिक बिहंग हूं को बनचर बानरादि हूं को बहरावै है। बिटप औ बल्ली हूं बिमोहि बिलमावै बारि बहत बयार हूं की गति बिरुझावै है। हरिऔध बूझि देखै बैगुन बिलोकै कहा बावरी जो ब्रजवनितान को बनावै है। बिबुध बरूथ बिबुधेस बिधि हूं को बेधि बीर बन माली बन बाँसुरी बजावै है॥ 9॥

“बीजुरी अँधेरे में”

कवित्त।

कल जलकेलि जमुना मैं रचे कान्ह जू के करि जुवतीन की जमाति निज घेरे मैं। मोहन के अंक सों छबीली राधिका को छूटि डूबत बिलोक्यों बारि वा दिन सबेरे मैं॥ हरिऔध ताकी एक अजब अनूठी आज उपमा बसी है ऐसी आनि उर मेरे मैं। गोद सों गरबवारे बारिद हितू के गिरि गरक गई है मनों बीजुरी अँधेरे मैं॥ 10॥

“उँज्यारी चली जाति है”

कवित्त।

दूर परि कैसहूं अभा की अँधियारी माँहिं छन छन छोभ सों छबीली पछताति है। बार बार बारि भरे आँखिन बिलोकि ब्योम प्रीतम बियोग सों बिपुल बिलखाति है॥ हरिऔध औचकही हेरि हरि आनन को आसा सों मयंक मिलिबे की उमगाति है। कटि मैं नकल पटपीत की प्रभा है मंजु प्यारे ब्रजचन्द पै उँज्यारी चली जाति है॥ 11॥

“भानुतनया पै बृखभानुतनया चली”

कवित्त।

गारत गमन सों गुमान गजराजहू को जघन बिगारत बडाई बर कदली। आनन प्रभा को पुंज दिगन बगारत सुबास तन प्रगट पसारत गली गली॥ हरिऔध किन्नरीन हू को मद टारत निवारत परी हूं प्रभा स्यामरंग मैं रली। भोरही लै गोपतनया की भीर भावभरी भानुतनया पै बृखभानु तनया चली॥ 12॥

मंद मंद वैसही हँसत नभचंद रह्यो चटकीली चांदनी हूँ तनक नहीं हली॥ डोले नांहिं नेक हू असोक करुना रसाल खोलि मुख हू नास की नीको कंज की कली। हरिऔध काहू को न दाही दुख मैं बिलोकि प्यारे बिना बिकल बिहाय केलि की थली॥ सोकसनी गोपतनया समेत सीलवारी भानुतनया पै बृखभानुतनया चली॥ 13॥

"कीरति सुता की हैं"

कवित्त।

रंभासी जुहारैं मैनकासी खरी चौर ढारें गंगासी गिरासी परिचारिका सदा की हैं। रतीसी तिलोतमासी सचीसी सराहैं ठाढी सेविका कलिन्दजासी किती ललना की हैं॥ हरिऔध कल किन्नरीनसी अरी ही रहैं की समासी देवमासी खासी छबि छाकी हैं। दमासी उमासी गरिमासी सुखमासी कौलमासी परमासी दासी कीरति सुता की हैं॥ 14॥

"हिये में प्रानप्यारी के"

कवित्त।

बीति गये बरस कितेकन बिदेस आये बस कछु ऐसे परे बिधि अधिकारी के। सबै भौन जान के बिचारे ब्योंत बार बार बिगरे बिगारे या उदर अपकारी के॥ हरिऔध आवत ही गृह मैं नवेली नारिफंद परि गये या बियोग अबिचारी के। और कहा कहौं नेक हँसि बतरान हूं की हाय रही हौसही हिये में प्रानप्यारी के॥ 15॥

"आई जह्नुबालिका"

कवित्त।

सजि सित बसन सुहावे सलोने अंग परम पुनीत प्रीति रीति प्रतिपालिका। भूखित ह्वै हीरक बिमण्डित बिभूखन सों चलत निराली चाल मोहत मरालिका॥ हरिऔध गोरे गोरे सुन्दर गरे में डारि सेत सेत सरस प्रसूनन की मालिका। छवि सरसावत सुनावत रसीले तान मंजु रासमण्डल मैं आई जह्नुबालिका॥ 16॥

"अबला है कौन"

कवित्त।

नेक ही नजर बदले पै ना परत कल कौन कहै ताको होत हाल झिरके पै जौन। नाक मैं रहत दम हुकुमन मारे सदा आनन बिलोकत ही होत दिन रैन गौन॥ हरिऔध एते हूं पै बचत न क्यों हूं प्रान मुख ते कढ़त याते नहिं रहि जात मौन। मरद बिचारो जाते हारो सो रहत होस ऐसे सबला को राख्यो नाम अबला है कौन॥ 17॥

"एककल है"

कवित्त।

पौन लौं चलत कोऊ कैसे कै बखानै गौन जन्त्र है कि तन्त्र है कि आन कोऊ छल है। धूमिल दिसान को करत धूम धारन सों धूम ही मैं कोऊ करामात कैधों बल है॥ एहो

हरिऔध बारीकी ही मैं अरूझि जात बूझि ना सकत होत बुधि हूं बिफल है। अमित प्रभाकी छवि छाकी यह काकी रेल किती उपमाकी जाकी बाँकी एक कल है ॥ 18 ॥

"देवपादप उखरिगो"

कवित्त।

मुनिन सरोज को दिनेस अथयो अकाल गुनिन कुमोद चन्द राहुमुख परिगो। हरिऔध ज्ञानिन क़ो चिन्तामनि चूर भयो मानिन प्रदीपहूं को तेज सब हरिगो ॥ पारस हेराइ गयो हीन जन हाथन को भारती को प्यारो एकलौतो तात मरिगो। सागर सुखानो आज सन्तजन मीनन को दीनन को हाय देवपादप उखरि गो ॥ 19 ॥

"तीरथ के तीर काहू तीर मारियत है"

कवित्त।

कहा दुख पावै पछतावै अकुलावै महा नैनन सों बारि कौन काज ढारियत है। स्रौन से सपूत के नसे ते कौन राखै प्रान याते ऐसी इन की दसा निहारियत है ॥ हरिऔध भली भई जो पै अन्ध दई साप पापिन के ऐसेही प्रमाद टारियत है। तू तो इतना हूँ ना विचार्यो मन एरे मूढ़ तीरथ के तीर काहू तीर मारियत है ॥ 20 ॥

"किम्मत कहां रही"

कवित्त।

सौहैं पाइ सेर हूं को संकित न होवै सूर साहस के आगे नाहिं काहू की सुनै कही। कठिन कठोर काजही को महिमण्डल मैं साहसी सवाँरि साँची कीरति सदा लही ॥ हरिऔध धनाधीस हूं की धाक मानैं नाहिं बिफल न होत बीरता की बानि जो गही। हिम्मत ही वारे मान हिम्मत किये पै लहैं हिम्मत गये पै काकी किम्मत कहां रही ॥ 21 ॥

"एकही रजाई मैं"

कवित्त।

चारि सुत मेरे खरे काँपत करेजो चांपि बालिका हूं सीसी करि कहै मरी माई मैं। सात टूक सारी मांहिं सिसकै हमारी नारि प्रान की परी है पौन पूस की खराई मैं। हरिऔध याहू पै भये हैं उपबास चार मिलत अकाल सों न कौड़ि हूं कमाई मैं। मोसे मन्दभागिन को मौत हूं न आई राम कैसे कटै रात फटी एकही रजाई मैं ॥ 22 ॥

"सुजस जगो रहै"

कवित्त।

प्रथित पुरातन पथन मैं प्रतीत राखै परउपकार ही मैं परम पगो रहै। नाखै लोभ ललना के लोयन ललाम हूं को लोकहित साधन मैं ललकि लगो रहै ॥ हरिऔध काम राखै हिय की अकाम-तते सकल सकाम-तते भभरि भगो रहै। सीतल ह्वै पावै मोद हीतल अरीन हूं को जाते जगतीतल मैं सुजस जगो रहै ॥ 23 ॥

"बेटी बृखभान की"

कवित्त।

गैल रोकि ठाढ़े रहो ऐलफैल बातें कहो मैल मन गहो जो उचारै कोऊ कान की। गागरीन फोरो ताकि ताकि ककरीन मारो खोर सांकरीन मैं बिगारो पति आन की ॥ हरिऔध मानो कैन मानो पै बतानो परै आनन पै आनो परै बतिया प्रमान की। काहे को अरूझो मों सों बार बार जूझो बलि एतऊ तो बूझो राधे बेटी बृखभान की ॥ 24 ॥

"तिरछे चितै गई"

कवित्त।

प्रान प्यारी हियरो हरनवारी जोमवारी अति छबिवारी मोहि मन को कितै गई। मंद मृदुबैनवारी कमल से नैनवारी उरज उतंगवारी करि दुचितै गई ॥ गज से गमनवारी कोमल पगनवारी मोद सों हमारे हरिऔधहिं रितै गई। सानवारी मानवारी गरब गुमानवारी मंजु मुसुकानवारी तिरछे चितै गई ॥ 25 ॥

"सांच को आंच कहां लगती है"

सवैया।

जानती हैं हम बातैं सबै हम को कहा तू छल सों ठगती है। तेरी कुटेव परी यह कौन धों जो उस वासन मैं पगती है ॥ जानि लै बावरी जीमैं अजौं हरिऔध कहा रिस कै जगती है। कोऊ कितो बकवाद करै पर सांच को आंच कहाँ लगती है ॥ 26 ॥

होत है हानि जऊ जुन के बिना पै नहीं सो मन को ठगती है। काजहूं नांहिं सधै कबहूं मति पै एहि दूख सों ना डगती है ॥ जानत है हरिऔध भली बिधि औ सुधि या सुख सों पगती है। कोऊ किती ततबीर करो पर सांच को आंच कहां लगती है ॥ 27 ॥

काहें इतो अकुलात अजान ह्वै क्यों मति तेरी महा जकती है। धीरज क्यों न धरै हियमैं अरु काहें नहीं सुधि हूं थमती है ॥ जानि लै जीमैं बिचारि कहै हरिऔध कहा नर की गनती है। देवहूं क्यों न उपाव करैं पर सांच को आंच कहां लगती है ॥ 28 ॥

“चंचल नारि छिपै न छिपाये”

सवैया।

पूजत है पति मानि सती सुख जेठ लहै हमरे गुन गाये। सासु कहै बड़भागिनी मोहि रहै ननदी हम को पतियाये॥ मोको न चैन परै हरिऔध बिना पर के पति को उरलाये। कौन कहै इन बातन बावरी चंचल नारि छिपै न छिपाये॥ 29॥

आइ कै द्वार पै ठाढ़ी रहै निज ऊंचे उरोजन को उचकाये। बातैं करै दृग दोऊ नचाय रहै सिर ओढ़नी को खसकाये॥ भौहैं मरोरि लखै हरिऔध हंसै सब सों चहै पीउ पराये। अंचल खोलि चलै पथ ऐंठत चंचल नारि छिपै न छिपाये॥ 30॥

“रतिरीति मैं प्रीति घटावती हो”

सवैया।

हँसि कै छतियान सों लागि प्रिये नहिं नैन सों नैन मिलावती हो। कुच तोपि के हाथन सों अपनो मुख चूम्मन को तरसावती हो॥ हरिऔध कहा तकसीर भई तुम सोऊ नहीं बतरावती हो। अपनो मुख ढाकि क्यों अंचल सों रतिरीति मैं प्रीति घटावती हो॥ 31॥

धन हो नित नेम सों नेह बढ़ाइ बिराग हमैं सिखराबती हो। कहि नीके प्रसंग पुरानन के हिय ज्ञान की जोति जगावती हो॥ तुमसी तिया भाग नहीं जग पैयै नहीं हरिऔधै भुलावती हो। हरिनाम को भाव बताइ हमैं रतिरीति में प्रीति घटावती हौ॥ 32॥

“आरतबानी”

सवैया।

कैसी भई है कहा है भयो बिगर्‍यो मन क्यों तजि प्रीत पुरानी। है सिखयो यह रीति नई किन कौने दई यह मन्त्र सयानी॥ कैसो करेजो भयो सजनी हरिऔध कहा हिय मैं हठ ठानी॥ तू इत मौन ह्वै बैठी भटू उत लाल उचारत आरतबानी॥ 33॥

क्यों इतनो बढ़ि बातैं करै हम सों चलिहै न कबौं मनमानी। जानती हैं हम तेरे सुभायन औ तिन की गतिहूं सब जानी॥ काहें घनो बकबाद करै हरिऔध बनै सब जानि अयानी। ऐसही काज परे पर बावरी लाल उचारत आरतबानी॥ 34॥

रूप की रासि रची बिधना हमैं देखि सची हिय माहिं लजानी। चैन मयी मनमोहनी मूरति हेरि रतीहूं रहै चकरानी॥ नेकही भौंह मरोरि लखे हरिऔध लखै कस भो मनमानी। घायल से भये घूमत हैं खग औ मृग भाखत आरतबानी॥ 35॥

आनन मेरो बिलोकि भयो सकलंक ससी मनमानि गलानी। दंत को देखि दरार भयो हिय दारिम के अतिही दुख मानी॥ हेरि कै नैनन को हरिऔध जू मीन को जूह दुर्‍यो तकि

पानी। कंठ की कूक सुनेही कराहत कोकिल हूं कहि आरतबानी ॥ 36 ॥

वाहवा ऐसही चाहिये लालन खूब करी तुम प्रीति गलानी। का कहनो है बड़े हौ कृपानिधि है यह रावरी रीति सुहानी ॥ धन्न हो धन्न हो वारियां लालन हौ हरिऔध बड़े सुखदानी। रावरो ऐसो सुप्रीतम पाइ बृथा हम भाखत आरतबानी ॥ 37 ॥

भूखन भौंन भँडार सबै हरिऔध कहै तिमि सेज सुहानी। नात पिता सुत मीत मिलापिन औ जग मैं जितने हित मानी ॥ छोरि सबै छन मैं चलि जात है प्रान तबौं नहिं चेतत प्रानी। रोअत नारि खरी घर मैं अरु मात उचारत आरतबानी ॥ 38 ॥

सूरज की गरमी बिनसी कब सीतलता कब चन्द नसानी। चन्दन भो कब गंध बिना लतिका कब बायु बिना लहरानी ॥ जो परीबानि सुभाव सों जाहि की सो हरिऔध सदा ठहरानी। सूर भज्यो रन को कब छोरि कै बीर कही कब आरतबानी ॥ 39 ॥

है यह रीति सदा की उचारत हैं सिगरे जग के सत प्रानी। देख्यो पुरान अठारह मैं हम ऐसी विचित्र अनेक कहानी ॥ है सिगरो इतिहास प्रमान मैं त्यों हरिऔध कहैं सब ज्ञानी। आपने कारज के अटके सिगरो जग भाखत आरतबानी ॥ 40 ॥

जोई चहै सो करै गहि तेह को मानै सुरेसहू की नहिं कानी। आपने पौरुख आगे गनै तिनका सम देवन की रजधानी ॥ नेक करै परवाह न काहू की त्यों हरिऔध रहै अति मानी। भीर परेहू न बीर कबौं मुख आपने भाखत आरतबानी ॥ 41 ॥

दाँत बड़े बड़े टेढ़े घने मुख कन्दरा लौं पसर्‌यो भयदानी। रोम खड़े तन नाक बड़ी दृग लाल भयावने काल निसानी ॥ कृश्न को रूप कराल महा हरिऔध कहै मन मैं अनुमानी। देखत ही भभरे सबै भूपति कादर लौं कहि आरतबानी ॥ 42 ॥

थूक खेखार सों न्हात सदा पहिरै चमड़ो दुरगंध निसानी। भूखन धारत हाड़न को तनखून की कीच रहै लपटानी ॥ औधहरी कहै लोक मैं पाप कमाइ परै जब रौरव प्रानी। पीवत मूत सड़ो मल खात पड़ो कफ भाखत आरतबानी ॥ 43 ॥

भाय सों भैंटत धाय कबौं कबहूं गहि मात रहै बिलखानी। बाग की गोद गिरै कबहूं तलफै कबहूं ढिग जाय चचानी ॥ आपने गौन को जानि तिया हरिऔध कहै मन मैं दुख मानी। भौन मैं जाय कबौं बिलखात कबौं कहि रोवत आरतबानी ॥ 44 ॥

ताकी खुसामद मैं चित देत है जो सब भांति अहै दुखदानी। दीन है बातैं सहै सब की मन आपने नेकौ धरै न गलानी ॥ जोहत है मुख-नीचन को हरिऔध नसावत है पतपानी। आपने कारज के अटके सिगरो जग भाखत आरतबानी ॥ 45 ॥

घास को खाइकै दूध स्रवैं अरु तात जनैं जग के सुखदानी। सेवन मूये करैं पग को तऊ मारत मोहि न होत गलानी। लीजै बचाय भनै हरिऔध दया करिकै विकटोरिया रानी। गाय गरीबिनी के मुख सों यह दीनता की सुनि आरतबानी ॥ 46 ॥

है गुन आगरी दूख सहै सुधरी सब भांति है नाँहिं अघानी। है थल याको मिल्यो उरदू

कहँ याहु पै होत महा मनमानी ॥ मानि कही हरिऔध की यापै दयाकरिये विकटोरिया रानी। कैसहूं नांहिं सुनी अब जात है नागरी की अति आरतबानी ॥ 47 ॥

कोप कै लै कर मैं करवाल कराल कढ़ी जब डाँटि भवानी। सुम्भ हनी रिसकै तबहीं इक सैहथी तेजभरी बिखसानी ॥ ताहि निपाति हन्यो गिरिनन्दिनी बान अनेक महा धनु तानी। जाहि लगे दनुजेस जक्यो अरु सैन भजी कहि आरतबानी ॥ 48 ॥

कोऊ कटै पुनि दौरि अरै कोऊ जूझि परै बढ़िकै रिस ठानी। घायल ह्वै कोऊ घूमत है कोऊ मातो फिरै रन के मद सानी ॥ औधहरी कहै कोऊ बकै बृथा, कोऊ तकै अरि को धनुतानी। कोऊ लरै तरु लौं पग रोपि कै कोऊ परै कहि आरतबानी ॥ 49 ॥

रूख के पातन को रँग औरै भयो अरु सोक पगे सब प्रानी। पंखी भये सिगरे अति बावरे खिन्न पसूंहू भये दुख मानी ॥ ब्योम में बन्द भयो रथ चंद को औ हरिऔध रुक्यो नदपानी। पौनहूं को पथ भूलि गयो सुनि राधिका की अति आरतबानी ॥ 50 ॥

"अँसुआन सों भींज्यो लिलार को टीको"

सवैया।

तोहि कहा है भयो जो कहै हरिऔध लौं बावरी बैन अठीको। मोसी सती ह्वै भला कब चाहि है प्रानपिआरो कोऊ तरुनी को ॥ जीह ते तेरे कढ़ै अस बैन क्यों याही अचंभो अहै मम जी को। कोऊ न भाखि है भूलि कबौं अँसुआन सों भींज्यो लिलार को टीको ॥ 51 ॥

तू कहै मैं न कहौंगी कबौं नहिं मोहि बिसास है वा जुवती को। साँचहूं है न भली वह बावरी पै न तू जानती है करनी को ॥ वाको पतिब्रत के रँग मैं रँगिबो हरिऔध न भावत जी को। आजु लौं नाहि सुन्यो कबहूं अँसुआन सों भींज्यो लिलार को टीको ॥ 52 ॥

ढूंढ़ि कै कुंज मैं त्यों कलकूल पै नाहिं लह्यो जब प्रानपती को। रोदन ऐसो कियो बृखभानुजा दूख भो जाते सबै जगती को ॥ जा समै सीस उठाइ लख्यो हरिऔध कहै दुख मोइ ससी को। सोक पगे रजनी पति के अँसुआन सों भींज्यो लिलार को टीको ॥ 53 ॥

तू गुन आगरी है सजनी त्यों सबै कछु जानती है जगती को। याते चहै सो कहै सब सोहि है सांच असांच बुरो अरु नीको ॥ मैं तो यही कहिहौं हरिऔध सों छोरि के संक सबै सबही को। आँख सों देखी न कान सुनी अँसुआन सों भींज्यो लिलार को टीको ॥ 54 ॥

गात के सेद समूह सों हौं सुन्यो भींज्यो सदा पट औ तन नीको। त्यों सुन्यो बार अनेकन स्रेन सों भींज्यो जहान मैं बीर ब्रती को ॥ नैन के नीरहूं सों हरिऔध सुन्यो हम भींज्यो हियो तरुनी को। पै सुन्यो आज लौं नांहिं कबौं अँसुआन सों भींज्यो लिलार को टीको ॥ 55 ॥

“सिर ओढ़नी बैंजनी पैंजनी पायन”

सवैया।

पान की पीक लसै अधरान कपोलन की छबिहूं कहि जायन। हार विराजत है बर हीय पै श्रीफल हूं कुच सों अधिकायन ॥ पै हरिऔध जू सोहत हैं यह चार न जानत हौं केहि भायन। अंजन नैन मिसी मुख मैं सिर ओढ़नी बैंजनी पैंजनी पायन ॥ 56 ॥

मैं बतरावती हौं मनमोहन कजित क्यों घने बैठि उपायन। जाइ मिलो दुख दूर बहाइ कै वा मनमोहनी सों बढ़ि जायन ॥ है भलो औसर मानहु साँच उठो हरिऔध तजो सब चायन। हौ अबै जात लखी ब्रज मैं सिर ओढ़नी बैंजनी पैंजनी पायन ॥ 57 ॥

रूप की रासि कै कामिनी काम की इन्दुकला कै सची ठकुरायन। मैनका मानभरी कै तिलोतमा संभुप्रिया किधौं तीय नरायन ॥ जानी न जात अहो हरिऔध जऊ करि सोचत कोटि उपायन। आवति है यह कौन चली सिर ओढ़नी बैंजनी पैंजनी पायन ॥ 58 ॥

मैं सब भांति बिगारि दई अपने किये को कछू होत उपायन। ऐसो अनादर पाइकै री सखी कौन अहै जो इतो अनखायन ॥ रूसि रह्यो हरिऔध सों बालम हाय कहा कहिये कहिजायन। कौन बनाइहै री सजनी सिर ओढ़नी बैंजनी पैंजनी पायन ॥ 59 ॥

“कौन को प्यारी लगै न दिवारी”

सवैया।

तेल भयो महँगो घर मैं कोऊ बारि सकै नहिं दीपक चारी। गाँठ मैं दामहूं नाहिं रह्यो करिये तिवहार की जो कछु त्यारी ॥ भौन गिरे परे तो हरिऔधजू आपने हाथन लेत संवारी। बात रही अब तो कहिबेहिकी कौन को प्यारी लगै न दिवारी ॥ 60 ॥

दीपक की अवली दुख देति है दीह दुखाइकै हीय दुखारी। भावत ना छन भौन बनाइबो बानसी लागत बोल जुआरी ॥ प्यारे बिदेस बसे हरिऔधजू फीकी लगै सब सौज तयारी। जानी न जात है कौने कही यह कौन को प्यारी लगै न दिवारी ॥ 61 ॥

स्वच्छ कै बीथी गलीन दुआरन देत गिरे परे भौन सँवारी। नीकी सजाइकै हाट बजार को लेति प्रदर्सनी की छबि धारी ॥ दीपक की अवलीन प्रकासि कुहू को बनावति रैन उज्यारी। ह्वै गुनवारी इती हरिऔध जू कौन को प्यारी लगै न दिवारी ॥ 62 ॥

नीकी लगै लगी दीपकपाँति भयो हियरो सब भांति सुखारी। दूरभयो मन को सिगरो दुख लागी सुहान बनाव तयारी। आइगये हरिऔध बिदेस सों कीनो घनों जगदीस मयारी। तेरी कही अब सांची भई सखी कौन को प्यारी लगै न दिवारी ॥ 63 ॥

ह्वै गयो है हियरो कछु ऐसही जाते न भावत है कछु त्यारी। का अब आस है वा हरिऔध सों जो नित राखत और सों यारी ॥ काहें बकै किन मौन गहै नहिं नीकी लगै बकबाद बृथारी। जानती हैं हमहूं यह बावरी कौन को प्यारी लगै न दिवारी ॥ 64 ॥

“मन तो मृग की सी छलांगै भरै”

सवैया।

बेलमाइबे को बहु भांति सों गाइ बजाइ जऊ अनुरागैं करै। हिय मोह बढ़ाइबे को सजनी लहि दांव अनेक सँवागैं धरै ॥ तऊ कैसे मिलो कपटी हरिऔध सों कैसहूं ना हिय दागैं हरै। लखि आवत ब्याध लौं दूरहि ते मन तो मृग की सी छलांगै भरै ॥ 65 ॥

जऊ पंथ निकास के केते अहैं तऊ एकऊ ना लखि नैन परै। सुधि आपनी भूलति है सिगरी निज चालहूं को सब मान हरै ॥ हरिऔध कहा कहिये यह आपने हाथन आपनी हानि करै। परि केहरि कान्ह के सौंहैं अरी मनुआँ मृग की सी छलांग भरै ॥ 66 ॥

“हिमन्त मैं कंत गरेलगि सोवै”

सवैया।

मोसो कहा बकबाद करै हम सों कहा आपने भावन गोवै। मैं हरिऔध समीप न जाइहौं तू उन के हित कैसहूं रोवै ॥ ऐसोई दाह बढ़ी जो अहै तो कहा इत बैठी निसा सब खोवै। मो पै दया करि तूही न जाइ हिमन्त मैं कंत गरेलगि सोवै ॥ 67 ॥

तू सदा रूसी रहै कबहूं हंसि कै मुख आपने पी को न जोवै। कौन भलो कहिहै इन चालन क्यों मरजाद तू आपनो खोवै ॥ सीसी करै हरिऔध परो उत सेज पै तू इत मान सँजोवै। कैसो करेजो अहै तव जो न हिमन्त मैं कंत गरेलगि सोवै ॥ 68 ॥

“जिय सूधी चितौन की साधै रही”

सवैया।

दुख देत हौ क्यों तुम ह्वै के दयाल न जात कछू यह बातैं कही। तुमरी अहै बानि सनेह की पै हरिऔध कहो किमि मानैं सही ॥ उर लाय लै एरे मया करि कै अब तो हम से सहिजाते नहीं। तरसी हौं सदा हँसि बोलन को जिय सूधी चितौन की साधै रही ॥ 69 ॥

मिलिबे हित नेह बढ़ाइकै जाइ अनादर सों नित बाधै लही। हमरी हितवारी सुवानिहूं को सब सों हरिऔध उपाधै कही ॥ सखी कैसे न प्रान बियोगी बनैं दुख क्यों हमरो हिय दाधै नहीं। दृग फेरे रहे पिय मोसो सदा जिय सूधी चितौन की साधै रही ॥ 70 ॥

हम खीझि जऊ हित बानी तजी उनकी तऊ प्रीति अगाधै लही। कब हूं रिस मान्यो न मोसों भटू हम कीनो जऊ अपराधै सही ॥ हरिऔध सदा सुख मोको दियो गुरु बातन हूं ना असाधै कही। अरी तू कहै मैं ना कहौंगी कबौं जिय सूधी चितौन की साधै रही ॥ 71 ॥

“चिता पर पौढ़न के दिन आये”

सवैया।

मैं कहौं सांच मया करि मानि लै लाभ कहा छल सों बतराये। है हरिऔध सदा को नबार घनो दुख ताको अहै पतिआये ॥ बृद्ध भई पै न बुद्धि अहै उन बातन मैं बहु तोहि भुलाये। झूठ न मोसों कहै अब तेरे चिता पर पौढ़न के दिन आये ॥ 72 ॥

चाभि गये तुमरे पुरखान को तोहु को डारत हैं अब खाये। का भयो जो हम बृद्ध भये अबहीं मरिहैं बहु काल बिताये ॥ ना डरिहौं लरि जैहौं तुरन्त सुनो हरिऔध कहौं समझाये। जो कबहूं कहिहै यह मोसों चिता पर पौढ़न के दिन आये ॥ 73 ॥

“अँखियान तिहारी”

सवैया।

प्यारी कहा कहिये दुख आपनो आइ बिदेस परे हम हारी। ना कबहूं अब देखि परै तुमरी मुसकानि इतै छबिवारी ॥ छूटि बिनोद गयो सिगरो हरिऔध भयो सब भांति दुखारी। सालती हैं अजहूं हिय मैं अँसुआन भरी अँखियान तिहारी ॥ 74 ॥

कैसहूं मोहिं न भूलत है सो पयानसमै को बिसूरिवो भारी। होत है दूख घनों हिय मैं तुमरी गति याद परै जब प्यारी ॥ बावरो सो हरिऔध भयो वह क्यों बिसरै नटि जान अगारी। सालती हैं अजहूं हिय मैं अँसुआन भरी अँखियान तिहारी ॥ 75 ॥

“सार यहै उपकार तजैना”

सवैया।

छार ह्वै जाय बिचार सबै तबहूं अपकार को साज सजैना। पार लगै कै डुबै मँझधार मैं यार की नाव पै छोरि भजैना ॥ भार परै कै सुतार परै हरिऔध उबार की बार लजैना। प्यार करै कै अप्यार करै कोऊ सार यहै उपकार तजैना ॥ 76 ॥

सूर भयो तो कहा रनभूमि मैं जो लखि सामुहें वीर गजैना। है कहा पण्डित होइबे को फल जो जदुनाथ को जानि भजैना ॥ लाभ कहा है नरेस भये गुनमान को जो हरिऔध जजैना। का भयो ज्ञानी भये जो न जानत सार यहै उपकार तजैना ॥ 77 ॥

क्यों सिबि आपने गात को आमिख देत सचान को संकित ह्वै ना। जानि कहा निज अस्थि को देत दधीच सचीप्रति को भरि नैना ॥ रन्ति क्यों जाँचक को हरिऔध जू भोजन देत छुधा निज ख्वैना। होत न ऐसो विचार जो हीय मैं सार यहै उपकार तजैना ॥ 78 ॥

काँपत है अजहूं हियरो सरदी छन छोरि कै दूर भजैना। प्यारो बिदेस बसै कबहूं उन

को इत आइवो भूलि सजैना ॥ याहू पै लागि हिमन्त बयार सतावत है हरिऔध लजैना। जानत पौन न जानत है अरी सार यहै उपकार तजैना ॥ 79 ॥

साँझही सों नभजोति पसारिकै दाह बढ़ावत संक करैना। प्रीतम के मुख चंद को ध्यान दिवाइ नसावत है सब चैना ॥ भाखत याते बनै हरिऔधजू मोसों जथारथ ही यह बैना। है द्विजराज पै जानत है नहीं सार यहै उपकार तजैना ॥ 80 ॥

लूटि कै खाय सदा धन और को झूठेही ईस की संक रखैना। होत जो काज लखै कहुँ काहु को दौरि बिगारिबे मांहिं दबैना ॥ खूब जो माल मिलै हरिऔध तो काटत सीसहूं के बिचलैना। मूरख मानै महा तेहि जो कहै सार यहै उपकार तजैना ॥ 81 ॥

मैं यह जानत नीके सदा अरी भाग लिखी कोऊ मेटि सकैना। वा कपटी हरिऔध सों आसरो भूलि कबौं हित प्यार को हैना ॥ जो हियरो उन को अजहूं अरी मेरो कलेस बिचारि द्रवैना। मौन गहै फिर लाभ कहा कहे सार यहै उपकार तजैना ॥ 82 ॥

औसर आवत हाथ सदा नहीं क्योंहूं बिना भये काज रहैना। केवल भू जसही रहि जात है अन्त समै कछु साथ चलैना ॥ औधहरी हैं असार धनादिक गातहूं को परमान अहैना। याते सदा यह जानत ही रहै सार यहै उपकार तजैना ॥ 83 ॥

"बालपने को"

सवैया।

नेकहूं मोको न लाज अहै इत कैसऊ औघट ठान ठने को। भूलि कै राखत ध्यान नहीं अपने हिय मैं बिगरे औ बने को ॥ लोनो मनोहर मैनमयी हरिऔध सरूप सुगंध सनेको। बीर बताय दै क्यों मिलि है हमरो वह भावतो बालपने को ॥ 84 ॥

"बार बराबर"

सवैया।

मोहन ब्योंत बनाइ घने उत लाई बधू तिहुं लोक उजागर। जानी न जात कहा इत बैठि रहे तुम ह्वै सबही गुन आगर ॥ बेग उठो हरिऔध बलाय ल्यों बूझि बिचारि चहौ कत आदर। बीर की सौं बिगरैगी बनी सबै बार करो जिन बार बराबर ॥ 85 ॥

"गुरदेव रुपैया"

सवैया।

सीलको नाम सुने अकुलात सनेह न मानत लोग लुगैया। धर्म्म सों राखत काम नहीं उपकार जनात घनो दुख दैया ॥ दीन की पीर न होत हिये पहिचानत ना कोऊ भूलि समैया। जानि परी हरिऔध हमैं अब तो सब को गुरदेव रुपैया ॥ 86 ॥

"करिये कबिता की"

सवैया।

चाहत हिन्दी गरीबिनी को हित राखत लाज गई प्रतिभा की। पूरत आस गुनी हरिऔध की नासत बानि बुरी जनता की ॥ कोऊ सपूत या भारत मैं खरो बांह गहे कर सों करुना की। आँसू बहाइ गहे हिय भाखत उन्नति क्यों करिये कबिता की ॥ 87 ॥

खड़ी बोली को सवैया।

जो कुछ भी तुम को नहीं प्रीति है हिन्दी गरीबिनी वो सुखदा की। प्रेम तुमारा नहीं जब है अपने कुल गोत की रीति मैं बाकी ॥ सूझती है हर बात में आप को जो हरिऔध अजीब चलाकी। क्या हम से फिर पूछते हो तुम उन्नति कैसे करैं कबिता की ॥ 88 ॥

"गौर गिरी अरधंग सों छूटि कै"

सवैया।

कै घन सों बिछुरी चपला कै छुटी कुसुमायुध सों रति जूटि कै। चन्द सों चन्दकला कै खसी कै अरूंधती भू नभ सों परि टूटि कै ॥ कै हरिऔध लुठी बृखभानुजा कुंजन मोहन संग सों फूटि कै। कैहरिहीन परी कमला किधौं गौर गिरी अरधंग सों छूटि कै ॥ 89 ॥

डार किती सुरपादप की गिरी देवदमामों गिर्‌यो दिवि फूटि कै। सृंग गिरे कनकाचल के नभ सों बहु तारे गिरे महि टूटि कै ॥ भंग समै धनु संकर के हरिऔध कहा करि कै यह भू टिकै। अंकम सों हरि के कमला गिरी गौर गिरी अरधंग सो छूटि कै ॥ 90 ॥

आब लुनाई अनूपता आनन राधिका मैं विधना भरी कूटि कै। मंजुता ओप मनोहरता दई पूनो ससी सुखमा सब लूटि कै ॥ औरो करी हरिऔध किती निपुनाई सबै जग की छबि घूटि कै। सिंधु मैं ताको बिलोकि रमा गिरी गौर गिरी अरधंग सों छूटि कै ॥ 91 ॥

तू कहै क्यों बिछुरी हरिऔध ते बात नहीं इतनो अलि टूटि कै। प्रेम सबै बिसराइ कै आपनो औ तिन को सिगरो सुख लूटि कै ॥ गै इतनो सगझै नहिं बावरी सांचहूं बैठी अहै मद-घूटि कै। चन्द तजी कब चंदकला कब गौर गिरी अरधंग सों छूटि कै ॥ 92 ॥

"प्यारी की डीठ है काम कटारी"

सवैया।

रीति है कै कोऊ मोहन मंत्र की कै रति की है सखी कोऊ प्यारी। सौति मनोहरता की किधौं कै कटाच्छ की है जुवती सुकुमारी ॥ कै हरिऔध क्रिया दृग कंज की कै है कला जग जीतनवारी। कैधों सिंगार की सांग अनी किधौं प्यारी की डीठ है काम कटारी ॥ 93 ॥

भौहैं दोऊ अति तीखी कृपान हैं है बरुनी बरछी ते करारी। गोले अजायब अम्बक हैं पलकैं जुग हैं तुपकैं कलवारी ॥ फांस अपूरब डोरे अहैं हरिऔध है अंजन सैफ दुधारी। बान बिखीले अने बिवि नैन हैं प्यारी की डीठ है काम कटारी ॥ 94 ॥

है नहीं सील सनेह भरी न है सीतलता सरसावनवारी। मोहन बारी न है जग की न है प्रानिन को चितचोरनवारी ॥ तू हरिऔध की मानै कही कबौं कोऊ न मानिहै बात तिहारी। काढ़त प्रान को पैठि हिये अरी प्यारी की डीठ है काम कटारी ॥ 95 ॥

आज मिल्यो इन आंखिन को फल ऐसी अनूपम जोरी निहारी। कैसो सरूप है भाव हैं कैसे अहै कितनी इन की छबि न्यारी ॥ हाय! कहा करि कोऊ बचै हरिऔध महा इन सों हम हारी। प्यारे को बंक बिलोकन बान है प्यारी की डीठ है काम कटारी ॥ 96 ॥

"आसन मारे"

सवैया।

सूत पै बालुका भीत रची अहै बेगवती तटिनी के किनारे। पीपर पात की छोर पै दीखत बारि की बूंद बयार के द्वारे ॥ या छनथायी सरीर मैं प्रान अहै हरिऔध न साँस सहारे। मोम के मंदिर माखन को मुनि बैठौ हुतासन आसन मारे ॥ 97 ॥

ऐसो प्रताप है या जग मैं तप जोग को भाखत हैं बुधवारे। सीतलता दरसै दिननाथ मैं तू परसै करसों नभ तारे ॥ ह्वै सकै साँची सोऊ हरिऔध जू कोऊ कदाँच जो ऐसो उचारे। मोम के मंदिर माखन को मुनि बैठो हुतासन आसन मारे ॥ 98 ॥

सूखे पयार के कानन मैं तन लाह के तारन को पट डारे। माला लिये कर पारद की निज घी के कमंडलु को ढिग धारे ॥ घोर तपोबल सों हरिऔध जू तीखन पौन अहार सहारे। मोम के मंदिर माखन को मुनि बैठो हुतासन आसन मारे ॥ 99 ॥

बात कहा कहिए बलि तात की जानत हैं सब जाननवारे। श्री हरिऔध की सौं हम जोगिन हीं गुन जानत जोग के सारे ॥ हौं दिखराइहौं तोहि भटू तजि कै हठ जो मम संग सिधारे। मोम के मंदिर माखन को मुनि बैठो हुतासन आसन मारे ॥ 100 ॥

"सालत सौति बचाइबो तेरो"

सवैया।

कैसी करैं कित को चलि जाँय न भावत है छन भौन बसेरो। मारि मरौं कि जरौं दव मैं यह चाहत है दुखिया मन मेरो ॥ फूटि क्यों भाग गयो हमरो भलो हाय भयो झगरो निबटेरो। मारिबो पी को न सालत है पर सालत सौत बचाइबो तेरो ॥ 101 ॥

"एक ते है गईं द्वै तसवीरें"

सवैया।

थापन के हित प्रेम महातम राखन काज सनेह नजीरैं। पूरन प्रेम प्रकासन कारन मेटन काज घनी भव भीरैं॥ या जग चित्रपटी मैं अहो हरिऔध बिना बिधि की ततवीरैं। श्री बृखभानुजा औ ब्रजचन्द की एक ते है गईं द्वै तसवीरैं॥ 102॥

"इन्दिरा सागर बीच रही है"

सवैया।

आधेई अंगन की मिसकै अनुरागिनी संकर की निबही है। बृद्धा बनी रति सी तरुनी बकवाद की सारदा बानि गही है॥ रूप तिहारो निहारिकै राधिके नाकनटीन की कौन कही है। लाज सों भाजि सहोदर के संग इन्दिरा सागर बीच रही है॥ 103॥

"साँच मैं पाँच निसाकर देखे"

सवैया।

जो कोऊ भूठ कहै तो कहै अब को इन बातन को अवरेखे। पै या धरा पै कहो किन आज लौं पाँच मयंक को आँखिन पेखे॥ नैनन मूँदि समाधि मैं बैठि अहो हरिऔध बिनाहिं परेखे। संभु के पाँचहूं सीसन पै कहूं साँच मैं पाँच निसाकर देखे॥ 104॥

"न जरे पर लोन लगाइये जू"

सवैया।

तुम तो हौ सुजान त्यों जानो सबै तुम को क्यों अजान बनाइये जू। अँसुआ अँखियान मैं क्यों उमड़े कहो कैसे तुमैं समभाइये जू॥ हरिऔध पै मानो कही इतनी करिकै जो न नेह निबाहिये जू। परपीर बिचारि कै आपनी सी न जरे पर लोन लगाइये जू॥ 105॥

"जोरन देत नहीं मुख सों मुख"

सवैया।

अंगन दाह दुगूनी भई सबै हाय! अनंग हर्यो हमरो सुख। कैहै कहा हरिऔध कहो अधरामृत पान को पैहै न जो रुख॥ जीवन मूरि कहाँहौं कहौ ना सजीवनमूरि हूं सों दबिहै दुख। जीहैं न जीवनहूं रहे जो हमैं जोरन देत नहीं मुख सों मुख॥ 106॥

"बांसुरी तान जो कान परैगी"

सवैया।

चैन हमारो नसैहै सबै प्रतिरोमन मैं बिरहागि बरैगी। कानिहूं रैंहै नहीं कुल की सखि आन की सीख न काम करैगी ॥ जाइ कोऊ बरजो हरिऔध को नातो सबै बतिया बिगरैगी। प्रानहूं रैहै न अंगन मैं यह बाँसुरी तान जो कान परैगी ॥ 107 ॥

"भींजत आप बचावत मोहीं"

सवैया।

गोरस लै अबै आई इतै नभ मैं घिरि आई घटा तब लोहीं। हौं उर मैं अकुलाई महा जलपात सों भो सबै गात भिजोहीं ॥ श्री हरिऔध लौं सूधो कबौं जेहि दीठहुं नाहिं लखी ललचोहीं। तू कत भौहैं नचावत बीर जो भींजत आप बचावत मोहीं ॥ 108 ॥

"ब्रजराज मिलैं सो इलाज करौ"

सवैया।

अँखियाँ कलपैं अवलोकन को कत कुंजनजान ते बाज करौ। उर पीर उठे हौं अधीर भई तेहि की ततबीर हूं आज करो ॥ हरिऔध की सौंह जो मोचन मैं दुख मों दुखिआन के ब्याज करौ। अब लाज ते काज कहा सजनी ब्रजराज मिलैं सो इलाज करौ ॥ 109 ॥

"सीत बड़ो बिपरीत करै"

टोटक छंद।

रबि को ससि लौं अति सीत करै, जल को पल मैं नवनीत करै।
तजि प्रीत न तू अनरीत करै, लखु सीत बड़ो बिपरीत करै ॥ 110 ॥

खड़ी बोली।

"बहार"

चौतुका।

लपट के कहने लगे मुझ से वो अरे दिलदार।
सता न मुझ को तू इतना जता न झूठा प्यार ॥
तेरे चले गये मुझ को न जीने देगी यार।
अजब अदा से ए आती हुई बसन्त बहार ॥ 111 ॥

“होता नहीं”

चौतुका।

तुम से मिलने की आस अब न रही।
क्या बुरी बात हमने फिर यह कही॥
मान होता है रूपवालों को।
अपने कहने का ध्यान होता नहीं॥ 112॥

“आया”

चौतुका।

अंग किसलय समान है पाया।
होंठ फूलों पै रंग है लाया॥
फिर समझ में हमैं नहीं आता।
जी में कैसे कठोरपन आया॥ 113 ॥

“सराहों तो को मैं”

सिखिरिणी छंद।

सराहों तोको मैं जनन मनवारे मुरअरे।
उचारों तेरो मैं सुजस हरि प्यारे दृग भरे॥
तिहारी ही आसा रखत प्रति सांसा महत मैं।
तऊ कैसे स्वामी जगत दुख ऐसे सहत में॥ 114॥

सराहों तोको मैं गुनन कहि तेरे सब समै।
तिहारे बैनों मैं बिकल मन मेरो बहु रमै॥
तिहारे द्वारे को कबहुं न पधारे तजि कहीं।
तऊ तेरी प्यारी लखत छबि न्यारी हम नहीं॥ 115॥

“रहेंगे”

चौतुका।

चुप चाप कही सुनी सहेंगे।
कुछ भी न किसी से हम कहेंगे॥
भूलेंगे कभी न तुम को जीते।
हो कर के तुमारे ही रहेंगे॥ 116॥

“आता नहीं”

चौतुका।

क्या कहें हम से तो अब कुछ भी कहा जाता नहीं।
दुख लिखा है भाग में जिस के वह सुख पाता नहीं॥
हम तरसते हैं तुम्हारे देखने को रात दिन।
देखने भी तुझ को मेरी ओर पर आता नहीं॥ 117॥

“बिनोदबयालीसा”

दोहा।

पावन गुन गावत सदा, तजि प्रपंच करि प्यार।
कर जोरे भावन सहित, करि नव नेह प्रचार॥ 1॥

चार पदारथ पाइयत, नन्द कुँवर के जाप।
एक पाद पंकज गहे, दूर होत सब ताप॥ 2॥

सारद ससि सोहत गगन, बरसत सुरस अथोर।
भू आभा दूनी भई, छई छटा चहुं ओर॥ 3॥

नभआभा औरै भई, बढ़ी बिभा ससि गांहिं।
तिगुन तेज तारन लस्यो, बसुधा वारन पांहिं॥ 4॥

अमल धवल नभतल भयो, नवल प्रभा को पाय।
खिले कमल जल मैं लसत, पल पल नव छबि छाय॥ 5॥

निकरत नभ मैं निरखियत, रसमय किरन पसारि।
रतनाकर अंकम रतन, नव रतनन छबि धारि॥ 6॥

नैनन के चारी किये, प्यारी रसबस होत।
एक उँज्यारी नैन की, जीतत ससि की जोत॥ 7॥

चढ़ी दुगूनी चारुता, बरस चतुरदस पाय।
इक नख की लाली प्रभा, ससि की लेत लजाय॥ 8॥

दूनी मुख सुखमा फबी, भई छगूनी आब।
ताब न महताबहिं रही, भयो उदधि गरकाब॥ 9॥

बरस पंचदस की तिया, तेजवंत सब गात।
ससि सिसकत सौंहैं परे, सूर सूर ह्वै जात॥ 10॥

मैनबान बाहत बिखम दाहत जलनिधि तात
त्रिबिध पौन तापित करत, अंग अंग थहरात ॥ 11 ॥

चहूं ओर मुख के लसत, दुगुन दिनेस उजास।
बिवस होत बुधि निरखिकै, रसमय दसन बिकास ॥ 12 ॥

दोऊ नैनन मैं रही, छबि रावरी समाय।
चहूं ओर तिहुंलोक में, तूही एक लखाय ॥ 13 ॥

सजी सेन दुहुं ओर भरि, दिसन भयावन सोर।
भरे धूर नभ मैं भई, भानुकला बिसभोर ॥ 14 ॥

नभ लाली छाई बिखम, खुले कपाली नैन।
किलकिलात काली फिरी, किये कुचाली मैन ॥ 15 ॥

एक ओर बाजत पनव, एक ओर करतार।
मंजु मधुर सुर सुनि परत, दस दिस मुदित अपार ॥ 16 ॥

मधुर तान गूंजत गगन, तजत तेज गुन भान।
रसमय करत बसुंधरा, समय सुरन को गान ॥ 17 ॥

मानहीन कोउ होत नहिं, एक हीन गुन पाय।
गुन गरबित मैं नहिं कबौं, गुनगरिमा दरसाय ॥ 18 ॥

कांटे लौं कसकत रहत, अस कत बोलत बैन।
अकरुन किये कहा फिरत, करु सकरुन ए नैन ॥ 19 ॥

हिलि मिलि वे चलि जात हैं, ए दृग रहहिं बिसूरि।
नैनन हूं को देखियत, नैनन पारत धूरि ॥ 20 ॥

छकी गमन सुनि छैल को, बनी छबीली मूक।
छटपटात छिति पर परी, छाती भई छटूक ॥ 21 ॥

बाजू के बलही रहौं, यह बतरावति लाल।
बाजू पकरि केवार को, बाजूवारी बाल ॥ 22 ॥

कबौं केलिहूं के समै, सकी न जाहि सकेलि।
बहु अवहत आई बहू, तू वाही अवहेलि ॥ 23 ॥

पिय जिय राजी भो तजी, सजी सौत सब धीर।
मँजी रही कब की जु यों, बजी मंजु मंजीर ॥ 24 ॥

कारे कारे कूबरे, सिगरे बरन लखाहिं।
बरनि सकत कैसे कोऊ, सुबरन बरनी काहिं ॥ 25 ॥

काहि न नकवानी भई, तनक तोहि तिय जोय।
नकटी नाक बिना कटे, नाकनटीहूं होय ॥ 26 ॥

केलिथली तजिकै अली, छली छैल अकुलात।
दली मली अकली लली, चली गली मैं जात ॥ 27 ॥

सरत सकारे काज नहिं, बनत नकारे मोहिं।
ए कारे कारे सकल, निपट नकारे होहिं ॥ 28 ॥

ए दृग तिरछेई चलत, कुटिल भृकुटि बसुजाम।
बिनसुआस पूजेहुँ क्यों, भयो सुआसिन नाम ॥ 29 ॥

लौटावत लूटी परी, लौटि लपेटे भाग।
लटपटात लोयन गये, बँधे लटपटी पाग ॥ 30 ॥

अनुदिन भ्रमत बिलोकियत, इन बपुरी अँखिआन।
अखिल जगत मैं मिल सक्यो, पै तिल तजि नहिं आन ॥ 31 ॥

आंचर क्यों न सम्हारियत, ए कुच उघरत बाम।
काहु कलमुहें से परै, राम करै जनिकाम ॥ 32 ॥

ए उमड़े अंसुआ नहीं, कत पुरवति अभिलाख।
अरी सनेह भरी लसै, यह तिलवारी आँख ॥ 33 ॥

मो नैनन बेलमाइ ए, नैन करत उतपात।
का अजगुत की बात जो, जात जात मिलि जात ॥ 34 ॥

चली उतायल तजि कहा, जस लीजत क्यों नांहिं।
पीर होत एरी अली, मेरी पसली मांहिं ॥ 35 ॥

रिस कारन कछु ना कहत, भयो कहा है तोहि।
आज सकारे ही कहा, कहत सकारन मोहि ॥ 36 ॥

कैसो रस उपजत हिये, क्योंहूं कहत बनैन।
औचक मैन भुजा गहत, परत भुजा पर नैन ॥ 37 ॥

बाल भाल बिंदुली परी, अरी न अलक लखाय।
नागिनि मनि मुख मैं लिये, बसी ससी मों आय ॥ 38 ॥

नीली पीली लाल मुख, सोहत बेंदी नांहिं।
सनि सुरगुरु मंगल जुरे, निसिमनि मंडल मांहिं ॥ 39 ॥

निर्मल नीले नभ दिपत, नव दुतिवंत कलिन्द।
फूले फूले कमल पै, भूले फिरत मिलिन्द ॥ 40 ॥

हरे लेत काको न मन, खिले फूल यह लाल।
हरी हरी यह पत्तियाँ, हरी हरी यह डाल ॥ 41 ॥

चाह भरी अंखियान ते, हम चितबत तुव ओर।
पै न चूकि चितयो कबों, तू एरे चितचोर ॥ 42 ॥

"मयंक नवक"

कल्पित छन्द।

इस नीले निर्मल अनन्त नभ में-उज्जल चमकता हुआ।
ताराओं पर बिजय लाभ करके-मन में उमगता हुआ ॥
सीतल किरनों को पसार करके-रस को बरसता हुआ।
शोभा देता है मयंक देखो-मृदु मन्द हँसता हुआ ॥ 1 ॥

मन्द मन्द हँसता हुआ गगन में-जो है बरसता सुधा।
अपना कोमल कर पसार करके-जो है परसता सदा ॥
जिस की बाँकी छबि निहार कर के-आँखें अघाती नहीं।
इतने गुनवाला मयंक प्यारा-होगा जगत का न क्यों ॥ 2 ॥

वह अति प्यारा चाँद देख करके-जिस की अनूठी छटा।
किसके जी में है भला न बहती-धारा सुधा की भली ॥
काले काले दाग हाय! उसमें भी हैं दिखाते हमें।
आकर के इस जगत बीच किसको-दोषी न होना पड़ा ॥ 3 ॥

अति मरजादा शील धीर जलनिधि-है जन्मदाता पिता।
पारबतीपति परम पूज्य सिरपर-है बास जिस का सदा।
पदवी भी जगबन्दनीय जिस को- द्विजराज की है मिली।
हा! बिधना ऐसे महान ससि को-तूने कलंकी किया ॥ 4 ॥

भ्राता धन्वन्तार समान ज्ञाता-भगिनी स्वयं इन्दिरा।
आदरदाता पूजनीय पशुपति-बारीश पाता पिता ॥
सनकादिक सुर सिद्ध संघ सेवित-श्रीबिश्नु भगिनीपती।
अपराधी द्विजराज को न तबभी-दोषापनोदन हुआ ॥ 5 ॥

लोग चढ़ाकर नाकभौंह उसको-चाहे कलंकी कहें।
गुरुतियगामी महानीच कहकर-चाहे न लें नाम भी ॥
घटने बढ़ने दिन मलीन होने-की भी कुचरचा करें।
रंजन करता है हृदय रज़निका-पर एक रजनीस ही ॥ 6 ॥

राका रजनी के समान रंगिणि-जिस की मनोहारिणी।
रूपवती रोहिणी आदि जिसकी-हैं सप्तबिंशति प्रिया॥
हा जगदीश्वर! वह कवीक पतिभी-गुरुबामगामी हुआ।
कामी जन का अकरणीय कुछ भी-संसार में है नहीं॥ 7॥

दिन में रहता है मलीन खोकर-अपनी अनूठी छटा।
घटने बढ़ने का कुरोग भी है-सब काल पीछे लगा॥
एक निशा मेंही मयंक रहता-पूरा प्रभावान है।
इस दुखमय संसार में सदा से-सुख अंश थोड़ा रहा॥ 8॥

अति कोमल कमनीय कान्तिवाले-प्यारे कलानाथ को।
कवलित करता है सकोप आकर-सुत सिंहिका को बृथा॥
होता है तो भी मयंक द्वारा-कितने जनों का भला।
संकट में भी जो उदार जन हैं-तजते भलाई नहीं॥ 9॥

दिनेशदशक।

कल्पित छन्द।

स्वच्छ सरोवर सलिलराशि उत्थित-सद्वीचि उद्दीप्तकर।
अमल कमल कुल को प्रफुल्लकारी-त्रयलोक आलोक प्रद॥
फैला करके अरुण अंशुमाला-निर्मेघ आकाश में।
उदयाचल पर उदयदीप्तिदाता-देखो दिवाकर हुआ॥ 1॥

हैं काले काले कुअंक कितने-जैसे कलानाथ में।
वैसेही कितने कुअंक अंकित-है पद्मिनी प्राण भी॥
पर भूलेभी कभी उसे कोई कहता-कलंकी नहीं।
तेजस्वी का तेजही सदा से-दोषापहारी रहा॥ 2॥

ताराओं को तेजहीन करके-तूने तिरोहित किया।
छिति नभ छाई छपा प्राणपति की-प्यारी छटा छीन ली॥
दिब्य गुणों वाला दिनेश तुझसा-देखा नहीं दूसरा।
पर का तू उत्कर्ष है न सहता-तुझ में यही दोष है॥ 3॥

उज्जल मणि निर्मल अनन्त नभ का-दिङ्मण्डलालोकप्रद।
पोषणकर्ता निखिलप्राणिगण का-पाता अखिल विश्व का॥
पंकजकुल का परम प्रीतिभाजन-तमराशिनाशी सदा।
दिब्य गुणोंवाला प्रदीप्ति दानी-तूही दिवानाथ है॥ 4॥

पोषण करता है प्रकाश देकर-पूषण निशानाथ को।
प्रातः काल वही निशंक उस को-करता प्रभाहीन है॥
अवलम्बन के सामने सदा से तेजस्विता है बुरी।
प्रतिपालित का दुसहदर्प सहते-देखा किसी को नहीं॥ 5॥

गाते हैं गुण बिहँग बृन्द तेरा-प्रातःसमय प्रेम से।
जगज्जीव तरु लता बेलि तृण का-तू जीवनाधार है॥
थोड़ी भी अपकीर्त्ति है न इस में-ऐ लोकलोचन बिभो।
अवलोकन करता उलूक तेरे-उत्कर्ष को जो नहीं॥ 6॥

धारण कर के रूप रंग कितने-तारे गगन में उगें।
कान्तिमई कमनीय मूर्त्ति लेकर-होवे कलाकर उदै॥
अवनीतल पर प्रभापुंजवाले-मणि दीप लाखों जलें।
तेजोराशि बिना दिवाकर कढ़े-खिलती कमलिनी नहीं॥ 7॥

अपनी अति उज्वल बिचित्र किरणें-समभाव से सर्बदा।
बितरण करता है सरोजरंजन-सारे जगज्जीव को॥
उस से तृणतरु एक एक रजकण-होता प्रभावान है।
भावुकजन हैं भुवनबीच जितने-उनका यही भाव है॥ 8॥

पंकजपुंज उदय प्रभाकर भये-होते समुत्फुल्ल हैं।
अन्तर्हित हैं कुमुदबृन्द करते-अपनी बिकासच्छटा॥
भेद नहीं रखता दिनेश तब भी-उज्वल प्रभादान में।
हैं जग में सम शत्रु मित्र दोनों-समदर्शियों के लिये॥ 9॥

पाखण्डीजन का प्रपंच सब दिन-प्राबल्य पाता नहीं।
होती है परिणाम में सदा से-शुभ सत्यही की बिजै।
अन्त धरातल को प्रदीप्त किरणें-करती प्रभावान हैं।
घन से चिरदिन मारतण्डमण्डल आच्छन्न रहता नहीं॥ 10॥

षट्ऋतु।

बसन्तवर्णन।

कवित्त।

बौरे बौरे आमन पै बोलन लगे हैं पिक मधुपजमात हूं को मोद अधिकानो है। मंद मंद सीतल समीर सरसन लागी दिसि दिसि सौरभ सरस बगरानो है॥ हरिऔध हरित

हरित कल कोंपल मैं कलित कुसुम को कदम्ब बिकसानो है। कैधों अनुरागन उमगि जग औरै भयो कैधों बन बागन बसन्त दरसानो है ॥ 1 ॥

ठौर ठौर भौंरन लग्यो है भुण्ड भौंरन को कोकिलकलाप चारों ओर बगरानो है। अम्बन अनारन को रंग कुछ औरै भयो कलित कदम्बन मों आब अधिकानों है ॥ हरिऔध हरे हरे पात लतिकान लागे पादप पलास सों पथिक भरमानो है। बीथिन बजारन मों बैहर बहन लागी बिपिन बगीचन बसन्त दरसानो है ॥ 2 ॥

पादप पलास मैं लगाय पुंज पावक को पीत करि पातन को गात मन मानो है। बौरो करि बागन मैं बिपुल रसालन को मत्त करि कोकिल को कुल उमगानो है ॥ हरिऔध धूरि-पूरि बिपिन बगीचन मों अपत बनाय रूखराजि हरखानो है। दुखी बिरहीनदाह दून दरसावन को दई मारो दुखद बसन्त दरसानो है ॥ 3 ॥

बिकसित बारिज समान बिविनैनन सों औधहरि आँसुन को रस बरसानो है। कुसुम पलास सम अम्बक भये हैं लाल बैहर लौं सांसनसमूह अधिकानो है ॥ बौरन सरिस बौरे बैन निकसन लागे पातन के पुंजन लौं मुख पियरानो है। बिछुरि गये पै वा बिसासी के बियोगबस बदन बियोगिन बसन्त दरसानो है ॥ 4 ॥

किंसुक कुसुम लौं सरीर मैं लगी हैं आग बिपिन प्रसून लौं बियोग बिकसानो है। द्रुमन के पातन लौं अंग अंग पीरो पर्‌यो देखि कण्ठ कूकन को पिक सकुचानो है ॥ लहलही लता के नवीन दल जूहन लौं हरिऔध दूख हियरे को हरियानो है। बौरी! कहा भौंरी सी फिरों न भरमत आज बालम बिदेस औ बसन्त दरसानो है ॥ 5 ॥

बौरे आम किंसुक कुसुम कचनार फूले ललित लतान मैं सुदल सरसानो है। कलरव कोकिल के कुल को ककुभ छायो चंचरीक चपल को चाव परसानो है ॥ हरिऔध बनन बिकास भो प्रसूनन को बारिज बरुथ हूं सों रज बरसानो है। बौरी! बार बार कत बिहरै करेजो नाहिं बालम बिदेस औ बसन्त दरसानो है ॥ 6 ॥

कोकिल कलामी को सुमन मतवारो भयो रमत मिलिन्दहूं सुमन रससाने पै। किंसुक कदम्ब जाल बिकसि निहाल भये कुसुम कदम्ब भे सरस बिकसाने पै। हरिऔध तरुन को तनहूं तरुन ऐसो ताबरस वारो भयो पात सरसाने पै। एरे निरदई तोहि दई मति कैसी दई बसत बिदेस जो बसन्त दरसाने पै ॥ 7 ॥

पीर भये पातपुंज पादपसमूह हूं के पीरी भई सरसों प्रसून पीरे लाई है। अन्न पकि पीरे परे अगनित खेतन मों फूलन सों पीरी ह्वै कै रहर अघाई है ॥ हरिऔध पीरे पाग बाँधि औ बसन धारि पीरी भई जनताहूं बाजत बधाई है। एरी मेरी आंखिन मैं छाई पियराई नाँहिं पीरे बौरवारे वा बसन्त की अवाई है ॥ 8 ॥

सवैया।

द्वै गये हैं दिन बीर बसन्त के कोकिल को इतरैवो छजै ना। पै हरिऔध सो कूकत है बहु डारन बैठि कै मौन भजै ना॥ होत है पीर घनी हिय मैं तऊ पातकी भूलि कै नेक लजै ना। साँच है द्वै खग जानैं कहा अरी सार यहै उपकार तजै ना॥ 9॥

ऐसोई दूखत हो हियरो अब क्वैलिया कूकत मौन भजै ना। लागे हरे तरु होन सबै त्यों प्रसून पै गुंजत भृंग रजै ना॥ फूलन लागे पलास नदाहिबो नेक जिनैं हरिऔध सजै ना। पै कहै कौन बसन्त सों जायरी सार यहै उपकार तजै ना॥ 10॥

कुंजन कूजन दै पिकपुंज को चाव सों पंकज को अलि सेवै। फूलि कै दाह बढ़ावन दै दई मारे पलासन को करि टेवै॥ होइ हरे तरु जूहन को हरिऔध हमैं दुख देवन देवै। बौरि कै बौरी बनाइ बियोगिनी क्यों तरु अम्ब तू पातक लेवै॥ 11॥

"ग्रीष्म वर्णन"

कवित्त

वायु ते बिजन ते बसन ते बरेतिन-ते बिदहत बन ते ब्यथित ब्रहमण्ड ते। तृन ते तरून ते तपन ते तरंगन ते तोय ते तरनि ते तपत नवखण्ड ते॥ हरिऔध ग्रीखम गजब गरमान लाग्यो गरद ते गोसन ते गगन अखण्ड ते। आग ते अँगार ते अगारन ते अंगन ते अवनि ते आँगन ते आतप प्रचण्ड ते॥ 1॥

सीरे सीरे बसन औ ब्यंजन बरफ बोरे बारुनी अँगूर की बलित बहु ठण्ड ते। औधहरि अरक अनार औ गुलाबनीर चन्दन चहल पूर्‍यो घनसार खण्ड ते॥ तरतहखाने त्यों उसीर के उटज आछे तरुनी नबीन पूरी त्रैगुन उमण्ड ते। कहा त्रास ताको जाके पास हैं बिलास एते गरबित ग्रीखम के आतप प्रचण्ड ते॥ 2॥

दुखद दवारि सम बहत बयार चण्ड कढ़त अपार आँच भूतल अखण्ड ते। निकसत बनत न भौन ते किवारहू लौ दहत तमाम अंग तपन उदण्ड ते॥ हरिऔध ठण्डहू तकत तहखानन को जब सों छयो है आनिग्रीखम घमण्ड ते। प्रातही ते पुहुमि अकास औ अवासन मैं आग सी लगत आली आतप प्रचण्ड ते॥ 3॥

किधौं छ्वै त्रिनैन को त्रितिय नैन आवत है किधौं तचि बाडव अनल बरिवण्ड ते। हरिऔध किधौं मिलि फनिपति फूकन सों किधौं पूरि पावक प्रलै की झारचण्ड ते॥ दिसन को दावा सी दहत जो बहत बायु कढत किधौं है सो दवारि चक्र खण्ड ते। किधौं दहि 'मारतण्ड मएडलज' लूकन ते किधौं तपि ग्रीखम के आतप प्रचण्ड ते॥ 4॥

दिसन भभूकैं उठैं जरत जलाकन सों पावक लगै है पौन पूखन उदण्ड ते। प्रानिन को प्यास ते पतन निज प्रान होत सूकैं सर सरित जमाति जोति चण्ड ते॥ हरिऔध जब

सों भयो है दाप ग्रीखम को तचि तहखाने तपैं तपन अमण्ड ते। फूकैं आनि दहत दवागिन लौं देहिन को लूकैं निकरैं जो लूमि आतप प्रचण्ड ते ॥ 5 ॥

किधौं पीन पावक की लपट अचूकन ते किधौं कोऊ बीर के दवाशर उदण्ड ते। किधौं त्रिपुरारि के त्रितिय नैन लूकन सों हरिऔध किधौं बड़वागि बरिवण्ड ते ॥ जगत मैं ऐसो आज जोर भो जलाकन को किधौं कालिका के कोप अनल अखण्ड ते। किधौं प्रलय पूखन की प्रबल मरीचिन ते किधौं चण्डग्रीखम के आतप प्रचण्ड ते ॥ 6 ॥

दीह दाह आपही दुरत नहिं क्यों हूं हुतो तपत उसासन की तपन अखण्ड ते। रह्यो तन ऐसही तचत दिन रैन मेरो दहत हुतोई हीय बिरह अखण्ड ते। औधहरि अब तो प्रबल भो निदाधदाध कहत विचारि याते मति बरिवण्ड ते। बालम बिदेसी जो बिबेकी है मिलैगो नांहिं बावरी बचौंगी तो न आतप प्रचण्ड ते ॥ 7 ॥

पूरब मैं ग्रीखम को पूखन प्रकास्यो आनि तीन लोक तापित करत कर चण्ड ते। ताके त्रास बालम बियोग सों व्यथित बाल तकि तहखानो खूब कढी गृहखण्ड ते ॥ औधहरि ता छन प्रतीत अस ता सों भयो आँच उमड़ी जो-ऊबि-तातन अठण्ड ते। देहिन दिसान के दहन मैं दुगूनो होत बपुख बियोगिन को आतप प्रचण्ड ते ॥ 8 ॥

बिखम बयार झकर भूरि झरसन लागी धूरि पूरि गगन दवारि परबस भो। आतप ते तृन तरु पातहूं तचन लागे बिपुल बिहंग हूं बिकल बरबस भो ॥ मेरी कही मानि हरिऔध मंजु छाँहन मैं नेसुक सिरैये गैल गमन अबस भो। तीखन भई है धूप भीखम भयो है भानु ग्रीखम तपन अंग आलस बिबस भो ॥ 9 ॥

सवैया।

बाजि सों बाज सों बारन सों बत सों बक सों बिगरी कलकानी। गोप सों गाय सों गीध सों गोह सों गीदर सों गरमी गरमानी ॥ बागन मैं बनमैं बिखरी हरिऔध बिलोकि निदाघनिसानी। कोल सों काक सों कोकिल सों कढ़ी कीस हूं कीर सों आरत बानी ॥ 10 ॥

आग सी लागत है दसहूं दिसि होतही भोर महा भयदानी। होत है तावा समान धरातन फूंकत है बहि बायु तपानी ॥ खौलत है जल कूपन को हरिऔध कहै तलफैं सब प्रानी। कौतुक का उचरै जग जो अस ग्रीखम को लखि आरत बानी ॥ 11 ॥

कैधौं बियोगिनी घूमत है कोऊ घोर चिकार कै पौन समानी। कैधौं पियासो कोऊ पगि प्यास मैं सोर कै मांगत है कछु पानी। कैधौं बहै यह ग्रीखम बात अहो हरिऔध महा धुन ठानी। कैधौं बसन्त बियोग सों बावरी बायु उचारत आरत बानी ॥ 12 ॥

ग्रीखम की उपमा लिखिबे हित कागद लेखनी औ मसियानी। पास मँगाय धरी हरिऔध महामुद सों मन मैं सुख मानी ॥ पै हिय सों रसना लगि आवत सूखि गयो मसिभाजन पानी। लेखनी छार भई दह्यो कागद जीह जरी कहि आरत बानी ॥ 13 ॥

ऐसो बिचार भयो लिखिये कछु ग्रीखम की उपमा मन मानी। पूछनों का सो रह्यो ततकाल लई कर लेखनी औ मसियानी ॥ पै हरिऔध परे इतनेहि मैं छाले अनेक हिये बिच आनी। जीह को छोरि कै भागी गिरा दहती कहती मुख आरत बानी ॥ 14 ॥

पावसवर्णन।

कवित्त।

बिटप मैं बेलिन मैं बेलिन बितानहूं मैं बिलसत कैसी बारि बूंदन कतार है। बनन मैं बागन मैं बिबिध बगीचन मैं बरही गोहार की बिपुलता अपार है ॥ हरिऔध बगर मैं बीथिन बजारन मैं बहु बारि धार ही को बिबिध बिहार है। बारिद मैं बकनबिलास मैं अकास हूं मैं बीजुरी बिकास हूं मैं बरखाबहार है ॥ 1 ॥

बिछिगे बिछावने बिबिधबनी दूबन के बारि बहु नारिन सों बहत सदा रहै। नाचि नाचि उठत मयूर तरुछाँहन मैं मन्द मन्द बारिद सों परत फुहार है ॥ हरिऔध हरेपात बरसत बारिबूँद सीकरनवारी जो पै चलत बयार है। बारेक बिलोके बार बार औरै होत बीर कैसी बागन मैं बरखाबहार है ॥ 2 ॥

कैसी यह सोहत है बेलिन बनाई भूमि कैसी यह बापी मैं गिरत जलधार है। साँप लौं चलत कैसो बारि बहिनारिन सों मोर नाचि नाचि कैसो करत बिहार है। हरिऔध कैसे धोये पात हिलि भावत हैं पीपी की पपीहा कैसी करत पुकार है ॥ बारेक बिलोके बार बहुत बिनोद होत बीर कैसी बागन मैं बरखाबहार है ॥ 3 ॥

बोलै लागे दादुर पपीहा पी कहनलाग्यो फेर होनलागी झींगुरन झनकार है। नाचै लागे बरही तड़ित चमकन लागी जनसमुदाय हूं अलापत मलार है ॥ हरिऔध प्यारे बिन बचौगी कहाधौं करि सीकर लै फेर लागी चलन बयार हैं। घूमि घूमि फेरि नभ घन घहरान लागे बीर ब्रज आई फेर बरखाबहार है ॥ 4 ॥

ठौर ठौर नाचत समूह मिलि मोरन को गिरि पै पपीहा बैठि करत पुकार है। भई भूमि हरित नवीन बहु दूबन सौं कौतुक नदीन बारि करत अपार है ॥ हरिऔध घूमत सिखान तरु छ्वै छ्वै घन गरजि गरजि बरसात जलधार है। हेरे बार बार हौस हिय को न पूरो होत बनन मैं एरी कैसी बरखाबहार है ॥ 5 ॥

कहूं मोर नाचत पपीहा कहूं बोलत है कोकिल करत कहूं मन्त्र को उचार है। कहूं बारि बहत गिरत जलधार कहूं कहूं भूमि भुकि परसत तरुडार है। हरिऔध कहूं जोर सरित जनावति है कहूं घेरि गिरि घन करत बिहार है ॥ हेरे क्यों हूं पूरो हौस हिय को न होत आली बनन मैं छाई कैसी बरखाबहार है ॥ 6 ॥

भई भूमि असित तमाल तरु तोमन ते नभहूं लखात कारी तोयद कतार है। घहरत बार बार नभ बारिबाहब्यूह बसुधा बरहिबृन्द बोलत अपार है। हरिऔध अवनि मैं उलहत

लोनी लता गगन मैं बीजुरी को प्रगट पसार है ॥ बिस्वगत ब्योम औ बिसालिनी बसुन्धरा मैं बूझत समान एरी बरखाबहार है ॥ 7 ॥

प्याला प्याइ मद को प्रवाल सम हाथन सों बार बार प्यारे को करत बहु प्यार है। बकगन पांति को बिलोकत बिनोद मानि बरही बिहार को बखानत सद रहै ॥ हरिऔध चपला चमाके चौंकि प्रीतम की छाती सों लगति चोरि लेत चितमार है। बँगलान करत बिलास जिन बालम सों बेस उन हीं की बीर बरखाबहार है ॥ 8 ॥

बादर न होंय चढ़ी तोपैं चली आवति हैं गरजन होत फैली धुन है अवाज की। बूँदें ना परत बरखत हैं बिखीले बान इन्द्रधनु है ना है कमान रनकाज की ॥ हारऔध धुरवान होंहि फांस जेंवरी है झरना लगी है झरी आयुध समाज की। बीजुरी न होय एरी बधन बियोगिनी की तीखन कृपान है मनोज महाराज की ॥ 9 ॥

घूमि घूमि घहरि घमण्डवारे घन आये घेरि घेरि घरन झमकि झरलाई है। त्योंहीं पीउ पीउ रटि पपिहा पुकार कीनो तापै केकि कुलहू करत कुटिलाई है ॥ कारे कारे घन माँहिं प्यारी बकगन पाँति गातगत मुक्तामनि सुरति दिवाई है। एरी मेरी बीर हरिऔध हूं बितीही चहै आयो पापी पावस न आये जदुराई हैं ॥ 10 ॥

बारिबाह की ना लगी तार है कतार आवै कारे कारे कोट के सवारन समाज की। कौंध है न, तेग की प्रभा है, कूंकैं केकी नांहिं, बोलत नकीब बानी दौलत दराज की। हरिऔध पांति है न बक की, धुजा लखाति, धुनि ना सुनात एरी बारिदअवाज की। धौंसा देत बधन बियोगिनीबरूथ काज आवत सवारी आज मेघ महाराज की ॥ 11 ॥

सवैया।

नाम अहै परजन्य तिहारो बिना तुमरे जग काज सरै ना। जीवन जीवन हो हरिऔध त्यों ताप निवारत बार लगै न ॥ ऐसे न क्यों बरसो फिर जाहि ते प्रीतम जाइ बिदेस सकै ना। जानत हो तुम नीके जहान मैं सार यहै उपकार तजै ना ॥ 12 ॥

गोरस लै अबै आई इतै तब लौं घिरि आई घटा नभ सो ही। हौं उर मैं अकुलाई महा तजि पन्थ जबै चले भाजि बटोही ॥ श्री हरिऔध लौं सूधो दया भरो बापुरो छोहरो नन्द को छोही। तू कत भौंहें नचावत बीर जो भींजत आप बचावत मोही ॥ 13 ॥

शरदवर्णन।

कवित्त।

परम प्रकासपुंज पूनो की बिभावरी को दिवा लौं दिसन मांहिं दिपन लगोरी है। दीखत दुरेई द्रुम दलन उलूकबृन्द गुंजत मिलिन्द कल कुंजन अजोरी हैं। हरिऔध बोलत बिहंगजूह वैसही है तारकसमूह हूं पै बजर परोरी है। चाहत न चन्द को चकोर रबि जोरी जानि भोरी भई चाँदनी को निरखि चकोरी है ॥ 1 ॥

हेमन्तवर्णन।

कवित्त।

छूटत न कम्प तन केरो छनहूं के हेत सीरी सीरी पौन तापै करत सहाय है। परसत बारि के प्रतीत अस ही को होत पोर पोर आँगुरी की जनु गलि जाय है। हरिऔध धूप हूं मैं बैठे ना मिटत सीत चन्द हूं ते सीतल दिवाकर लखाय है। सी सी सी करत निसि दिवस सबै सिराय जानत हिमन्त कोऊ कठिन बलाय है ॥ 1 ॥

सवैया।

आपने प्रीतम के तन मैं रुचि सों सिगरो तन आपनो गोवै। लागि कै त्यों पिय की छतियान सों सीत के भै सों निरापद होवै ॥ नेह भरी हरिऔध की बातन को रस चाखि निसा सब खोवै। भाग वा भामिनी के भले हैं जो हिमन्त में कन्त गरे लगि सोवै ॥ 2 ॥

मोंसों अभागिनी कौन है री कहि जात न क्योंहू घनों दुख होवै। जाइ बसे हरिऔध बिदेस मैं को छतिया लगि कै दुख खोवै ॥ पौढ़त ओढ़ि कै साल दुसालन गात सबै तऊ सीत समोवै। भाग वा भामिनी के भले हैं जो हिमन्त मैं कन्तगरे लगि सोवै ॥ 3 ॥

दिनहूं को हिमन्त की आपत ते छिनहूं को न भानु अभीत करै। लगि तीर सी सीतल पौन सरीर मैं हीतल हूं सों अनीत करै ॥ हरिऔध सों एरी भटू मिलि कै अपनो हियरो तू निचीत करै। तजि प्रीत को तू न करै अनरीत री सीत बड़ो बिपरीत करै ॥ 4 ॥

शिशिरवर्णन।

कवित्त।

दूर करि हीते त्रास सीत दुखदायनी को औचक करेजो लेत छन मैं कँपाय है। सीरी पौन कबहूं चलतहुती हरिऔध तीर सी चलत सोई नित दरसाय है ॥ पादप समूह निज पातन गिरे ते अब पाथकन सीत सों न सकत बचाय है। होत जग काँहि जौन दुसह हिमन्त हूं से सिसिर न जानी जाय कौन सी बलाय है ॥ 1 ॥

दिन दिन जामिनी को मान कम होन लाग्यो दिवस प्रमान हूं बढ़त दिखराय है। अब नहिं वैसो दाप सीत दरसावत है घाम के लगे पै गात कछु गरमाय है ॥ हरिऔध बैठे ओढ़ि साल औ दुसालन के गरमी बिचारिहूं को दाँव लगि जाय है। भाखे बनै तऊ तन तीरसी पवन लागे सिसिर न जानी जाय कौन सी बलाय है ॥ 2 ॥

ओढ़ि ओढ़ि बैठत बसन हम तूलहूं के कहाकहौं एरी तऊ सीत लगि जाय है। सेंकत रहत हाथ पाँव निज पावक सों तबहूं परसि देखै ठरत बनाय है ॥ कौन हरिऔध भाखै सरदी घटन लागी मोको तो प्रताप वाको बढ़त दिखाय है। कांपि कांपि उठत करेजो आज मेरो

आली सिसिर न जानी जाय कौनसी बलाय है ॥ 3 ॥

ठौर ठौर ऐसो कछू होत उतपात एरी निकसत भौन ते बसन रँगिजाय है। पीछूं परैं गाइ गाइ गीतन कबीरन को कतहूं खरी जो कोऊ नारि दिखराय है। हरिऔध संक ना करत गुरु लोगन की भाँड़न सरिस भयो जनसमुदाय है। बकत रहत है निलज्ज नर गारिन को सिसिर न जानी जाय कौन सी बलाय है ॥ 4 ॥

मन रसवारो भयो जानि हम हूं को परै प्रीतम तिहारो पै रहत तव भाय है। ठौर ठौर मोद औ प्रमोद अधिकान लाग्यो ताकी कमी तोहू मैं न परत दिखाय है ॥ भीने भाँति भाँति के उमंग सब दीखत हैं हरिऔध सोऊ तो मैं अधिक जनाय है। साँची कहे तो सों कैसे कहत बनत आली सिसिर न जानी जाय कौन सी बलाय है ॥ 5 ॥

निदरि बसन्त के मैं दिवस बिताय दीने ग्रीखम गरूरी हूं को दियो बिसराय है। पावस को त्रास छन जिय मैं न मेरे भयो दुखद सरद हूं को लियो अपनाय है ॥ प्रानपति प्रीतम बिदेसी भये हरिऔध निबही हिमन्त हूं मैं सहमि सकाय है। जीतन को जाके ताब तन मैं न मेरे रह्यो सिसिर न जानी जाय कौन सी बलाय है ॥ 6 ॥

शिशिर अन्तर्गत होलीवर्णन।

कवित्त।

कैसे कूल कालिदीं कदम्बतरुछाहन मैं कानन मैं कुंजन मैं कौतुक ठनोरी है। केसर ते कनक कमोरिन ते कुंकुम ते कलित पिचूकन ते कसर कढोरी है। हरिऔध कैसी करी कान्ह करतूत आली कहत न क्योंहू बनै कौसल टरोरी है। कचते कपोलन ते कान ते कुंचन ते किसोरी की कथान ते कढ़त कल होरी है ॥ 1 ॥

सुछबि अबीरवारी बांकी बलबीर जू की आँखिन में बीर बार बार बसिबेलगी। गुनि गुनि गारी वा गरूर वारे ग्वारन की गरबीली ग्वारी हूं गुमान ग्रसिबेलगी ॥ हरिऔध हेरै हित होरी को महा हुलास हीय वारी हरखि हिये में हँसिबेलगी। धूम धुधकीन की त्यों धधक मृदंगहू की ध्यानन मैं धमकि धमार धँसिबेलगी ॥ 2 ॥

धूंधर अबीर की न घन की घटा है घोर सुर ना तमूर सोर मोरन मचायो है। गमक मृदंग की न धमक पयोद की है बीजुरी की चमक पिचूकन लखायो है ॥ हरऔध परत फुहारैं नाँहि रंगहू की जलधारैं तजत जलद जुरि आयो है। चाँचर मची है नाँहिं तजि नभमण्डल को आज मेघमण्डल धरा पै आनि छायो है ॥ 3 ॥

सवैया।

प्यारी अहैं दिन फाग के काहु को आज कहूं कोऊ संक करै ना। घूंघट खोलि दै जाते गुलाल सों श्रीहरिऔधहू हौस रखै ना ॥ होत है मेरो भलो इतनेहिं मैं ऐसो समै नित हाथ लगै ना। यों तो अहै यह रीति सदाहिं की सार यहै उपकार तजै ना ॥ 4 ॥

रामायण पंचक।

कवित्त।

कहा कहैं कौन सी जुगुत करि कैसे कहैं चाहिये कथन को बिकास कैसो करिबो। उपमा कहाँ लौं करैं रचिकै प्रकार कौन उचित है कौन सों प्रबन्ध अनुसरिबो ॥ मोको ना जनात हरिऔध हम साँची कहैं नातो कौन काज होत एतो आज अरिबो। मन मानो मोहित रहत मन मेरो हेरि काहू मंजु मानस को मानस को हरिबो ॥ 1 ॥

सपनेहूं ऊख की मिठाई को न ध्यान होत स्वाद मिसरी को मीठो लागत न तनको। हरिऔध कन्द को न चाह चित क्योंहू होत चाव रहि जात नाहिं चीनी के चखनको ॥ भूलि जात माधुरी मयूख से सरसहू की रुचत पियूखहूं न काहू भाँति मनको। फूटी आँखिहूं से देखि सकत न दाख हूं को चाखि रस तुलसी कबन्द के कथन को ॥ 2 ॥

मन अनुमानै हेरि मंजुता मनोहर को लखि मधुराई होत ध्यान अस ही को है। कोमलता निरखि बिचार मति ऐसो करै देखि जनप्रियता जनात यह जीको है ॥ हरिऔध निरखि निपट निकलंकता को भनत हरेक नीतिमान अवनीको है। जैसोई रुचिर चारु चरित सियापति को वैसोई कलित कल काव्य तुलसी को है ॥ 3 ॥

करन मैं उपमा करत निपुनाई घनी नीकी नीकी नायिका के नयन निकाई की। लेत जस बल को बखानि बर बीरन के बदत बिचार सों बिखमता लराई की। औधहरि भरित उमंग औरहू अनेक भनत बिभूति भोरे भावन भलाई की। कारीगरी काहूं सों कहत पै न क्योंहू बनै तुलसी कबिन्द की कलित कबिताई की ॥ 4 ॥

किधौं प्रेमपूरन को दिपत प्रतापपुंज किधौं फल प्रबल प्रयोग दरसात है। किधौं हरिऔध काहू मन्त्र को महातम है किधौं मूल कोऊ छन्दपद की जमात है ॥ किधौं तुलसी की कोऊ जुगुत अनोखी अहै रामायन जाते ऐसो रुचत सुहात है। किधौं करतूति काहू कठिन कमाल की है किधौं कौशलेस जस केरी करामात है ॥ 5 ॥

भगवतीपंचक।

छप्पय।

द्रबहु दीन पै दयाधारि सुखदाइनि मेरी।
छमहु कियो अपराध मात सरनागत तेरी ॥
समन करहु सिगरो कलेस जनि बेर लगावहु।
नासहु सकल कलेस बिखमजर दूर बहावहु ॥
हरिऔध कहत करजोरि सुनहु मात हितबाहिनी।
करि दया बिश्नु हरि दूख को दूर करहु दुखदाहिनी ॥ 1 ॥

सुरथनाम नृप को कलेस जिमि दूर बहायो।
बैस्य समाधिहुं केर सकल बिपदा जिमि घायो॥
देवन को दुख दूर कियो पल में जिमि माता।
ब्रह्मा को जिमि दियो त्रान जन की सुखदाता॥
हरिऔध बिनय तिमि कान कै अहो-जगत की स्वामिनी।
करि दया विश्नुहरि दूख को हरहु दयाला नामिनी॥ 2॥

अहो जगत की मात अहो दुखनासनवारी।
अहो दीन की प्रकृत पीर को करखनहारी॥
अहो सकल संसारकांहिं सुख रूप शिवानी।
अहो मंगला छेमकरी भद्रिका भवानी॥
हरिऔध बिनय सुनि बिखमजर बिश्नुहरी को हठि हरहु।
तिमि कठिन तृखा को सान्ति कै हृदयदाह सीतल करहु॥ 3॥

उनपात करत तुम पातक के नासन माहीं।
सब बिधि अहो समर्थ मात यामैं सक नाहीं॥
उन संचत अपराध सदा पै तुम गिरिनंदिनि।
अहो किते अपराध कांहिं पलमाँहि निकंदिनि॥
याते बिनती हरिऔध सुनि अति दयालुता राखि चित।
निज दास बिश्नुहरि को बिखम दूख दारिकै करहु हित॥ 4॥

तव चरनन बल मात किते जग भये सुखारे।
किते दूख सों बचें किते रोगन को दारे॥
किते लहे मनकाम अमित की पूजी आसा।
किते भये बिनदाह किते पाये सुखरासा॥
अतएव धारि बल ताहि को हरिऔधहुं सोई चहै।
करि कृपा जननि तू जाहि ते बिश्नुहरि रुज को दहै॥ 5॥

त्रिरत्न।

प्रभुप्रताप।

षट्पद।

चाँद वो सूरज गगन में घूमते हैं रात दिन।
तेज वो तम से दिशा होती है उजली वो मलिन॥
वायु बहती है घटा उठती है जलती है अगिन।
फूल होता है अचानक बज्र से बढ़कर कठिन॥

जिस निराले काल के भी काल के कौशल के बल।
वह करे सब काल में संसार का मंगल सकल ॥ 1 ॥

क्या नहीं है हाथ में उस के वह क्या करता नहीं।
चाहता जो कुछ है वह फिर वह कभी टरता नहीं ॥
सुख नहीं पाता है वह जिस पर है वह ढरता नहीं।
कौन फिर उस को भरे जिस को है वह भरता नहीं ॥
जितनी हैं करतूति उस की वह निराली हैं सभी।
उस के भेदों का पता कोई नहीं पाता कभी ॥ 2 ॥

कितनेहीं सुन्दर बसे नगरों को देता है उजाड़।
धूल कर देता है ऊँचे ऊँचे कितनेहीं पहाड़ ॥
एक झटके में करोड़ों पेड़ लेता है उखाड़।
इस सकल ब्रह्माण्ड को पलभर में सकता है बिगाड़ ॥
उस के भय से कांपते हैं देवते भी रांत दिन।
मोम हो जाता है वह भी जो है पत्थर से कठिन ॥ 3 ॥

राज पाकर जिस को करते देखते थे हम बिहार।
माँगता फिरता है वह कल भीख हाथों को पसार ॥
एक टुकड़े के लिये जो घूमता था द्वार द्वार।
आज धरती है कँपाती उस के धौंसे की धुकार ॥
नित्त ऐसी कितनीही लीला किया करता है वह।
रंक करता है कभी सिर पर मुकुट धरता है वह ॥ 4 ॥

कितनेही उजड़े हुए घर को बसाता है वही।
कितनेही बिगड़े हुए को भी बनाता है वही ॥
गिरनेवाले को पकड़ कर के उठाता है वही।
भूलनेवाले को सीधा पथ दिखाता है वही ॥
इस धरा पर है नहीं सुनता कोई जिस की कही।
उस दुखी की सब बिथा सुनता समझता है वही ॥ 5 ॥

डाल सकता सीस पर जिस के पिता छाया नहीं।
गोद माता की खुली जिस के लिये पाया नहीं ॥
है पसीजी देख कर जिस की बिथा जाया नहीं।
काम आती दीखती जिस के लिये काया नहीं ॥
बाँह ऐसे दीन की है प्यार से गहता वही।
सब जगह सब काल उस के साथ है रहता वही ॥ 6 ॥

वह अँधेरी रात जिस में है घिरी काली घटा।
वह बिकट जंगल जहाँ पर शेर रहता है डटा॥
वह महा मरघट पिशाचों का जहाँ है जमघटा।
वह भयंकर ठाम जो है लोथ से बिल्कुल पटा।
मत डरो ए कुछ किसी का कर कभी सकते नहीं॥
क्या सकल संसार पाता है पड़ा सोता कहीं॥ 7॥

जिस महा मरु भूमि से कढ़ती सदा है लू लपट।
बारि की धारा मधुर रहती उसी के है निकट॥
जिस बिशद जलराशि का है दूर तक मिलता न तट।
है उसी के बीच हो जाता धरातल भी प्रगट॥
वह कृपा ऐसी किया करता है कितनी ही सदा।
लाभ जिससे हैं उठाते सैकड़ों जन सरबदा॥ 8॥

जिस अंधेरे को नहीं करता कभी सूरज समन।
उस अंधेरे को सदा करता है वह पल में दमन॥
भूल कर के भी किसी का है जहाँ जाता न मन।
वह बिना आयास के करता वहाँ भी है गमन॥
देवतों के ध्यान में भी जो नहीं आता कभी।
उस खेलाड़ी के लिये हस्तामलक है वह सभी॥ 9॥

जगमगाती गगनमण्डल की विविध तारावली।
फूल फल सब रंग के सब भाँति की सुन्दर कली॥
सब तरह के पेड़ उन की पत्तियां साँचे ढली।
अति अनूठे पंख की चिड़ियाँ प्रकृति हाथों पली।
आँखवाले के हृदय में हैं बिठा देती यही।
इन अनूठे विश्व चित्रों का चितेरा है वही॥ 10॥

जिस ने देखा है अरोरा बोरि एलिस का समा।
रंग जिस की आँख में है मेघमाला का जमा॥
जो समझले ब्यूह तारों का अधर में है थमा।
जो लखे सब कुछ लिये है घूमती सिगरी छमा॥
कुछ लगाता है वही करतूति का उस की पता।
भाव कुछ उस के गुनों का है वही सकता बता॥ 11॥

है कहीं लाखों करोड़ों कोस में जल ही भरा।
है करोड़ों मील में फैली कहीं सूखी धरा॥
है कहीं परबत जमाये दूर तक अपना परा।
देख पड़ता है कहीं मैदान कोसों तक हरा॥
बह रही नदियाँ कहीं हैं गिर रहे झरने कहीं।
किस जगह उस की हमें महिमा दिखाती है नहीं॥ 12॥

जी लगा कर आँख की देखो क्रिया कौतुक भरी।
इस कलेजे के बनावट की लखो जादूगरी॥
देख कर भेजा बिचारो फिर बिमल बाजीगरी।
इस तरह सब देह की सोचो सरस कारीगरी॥
फिर बता दो यह हमें संसार के मानव सकल।
इस जगत में है किसी की तूलिका इतनी प्रबल॥ 13॥

जब जनमने का नहीं था नाम भी हम ने लिया।
दो घड़ा तैयार दूधों का तभी उस ने किया॥
आपदा टाली अनेकों बुद्धि बल बिद्या दिया।
की भलाई की न जानें और भी कितनी क्रिया॥
तीन पन है बीतता तब भी तनक चेते नहीं।
हम पतित ऐसे हैं उस का नाम तक लेते नहीं॥ 14॥

हे प्रभो! है भेद तेरा बेद भी पाता नहीं।
सेस शिव सनकादि को भी अन्त दिखलाता नहीं॥
क्या अजब है जो हमें गाने सुयश आता नहीं।
ब्योमतल पर चींटियों का जी कभी जाता नहीं॥
मन मनाने के लिये जो कुछ ढिठाई की गई।
कीजिये उस को छमा प्रभु बात तो अनुचित भई॥ 15॥

कर्म्मबीर।

षट्पद।

देख कर जो बिघ्न बाधाओं को घबराते नहीं।
भाग पर रह करके जो पीछे हैं पछताते नहीं।
काम कितनाही कठिन हो पर जो उकताते नहीं।
भीड़ पड़ने पर भी जो चंचल हैं दिखलाते नहीं॥

होते हैं यक आन में उन के बुरे दिन भी भले।
सब जगह सब काल में रहते हैं वह फूले फले॥ 1॥

आज जो करना है कर देते हैं उस को आजही।
सोचते कहते हैं जो कुछ कर दिखाते हैं वही॥
मानते जी की हैं सुनते हैं सदा सब की कही।
जो मदद करते हैं अपनी इस जगत में आपही॥
भूल कर वह दूसरे का मुँह कभी तकते नहीं।
कौन ऐसा काम है जिस को वह कर सकते नहीं॥ 2॥

जो कभी अपने समय को यों बिताते हैं नहीं।
काम करने की जगह बातें बनाते हैं नहीं॥
आज कल करते हुये जो दिन गंवाते हैं नही।
यत्न करने में कभी जो जी चुराते हैं नहीं॥
बात है वह कौन जो होती नहीं उनके किए।
वह नमूना आप बन जाते हैं औरों के लिए॥ 3॥

गगन को छूते हुए दुर्गम पहाड़ों के शिखर।
वह घने जंगल जहाँ रहता है तम आठो पहर॥
गर्जते जलराशि की उठती हुई ऊँची लहर।
आग की भयदाइनी फैली दिशाओं में लवर॥
है कंपा सकती कभी जिस के कलेजे को नहीं।
भूल कर भी वह नहीं नाकाम रहता है कहीं॥ 4॥

चिलचिलाती धूप को जो चाँदनी देवें बना।
काम पड़ने पर करें जो शेर का भी सामना॥
हँसते हँसते जो चबा लेते हैं लोहे का चना।
'है कठिन कुछ भी नहीं' जिन के है जी में यह ठना॥
कोस कितनेहूं चलें पर वह कभी थकते नहीं।
कौन सी है गाँठ जिस को खोल वह सकते नहीं॥ 5॥

ठीकरों को वह बना देते हैं सोने की डली।
रेग को करके दिखा देते हैं वह सुन्दर खली॥
वह बबूलों में लगा देते हैं चम्पे की कली।
काक को भी वह सिखा देते हैं कोकिल का कली॥
ऊसरों में हैं खिला देते अनूठे वह कमल।
वह लगा देते हैं उकठे काठ में भी फूल फल॥ 6॥

काम को आरम्भ कर के यों नहीं जो छोड़ते।
सामना करके नहीं जो भूल कर मुँह मोड़ते॥
जो गगन के फूल बातों से बृथा नहिं तोड़ते।
सम्पदा मन से करोड़ों की नहीं जो जोड़ते॥
बन गया हीरा उन्हीं के हाथ से है कारबन।
कांच को करके दिखा देते हैं वह उज्ज्वल रतन॥ 7॥

पर्बतों को काट कर सड़कें बना देते हैं वह।
सैकड़ों मरुभूमि मैं नदियाँ बहा देते हैं वह॥
अगम जलनिधि गर्भ में बेड़ा चला देते हैं वह।
जंगलों में भी महा मंगल रचा देते हैं वह॥
भेद नभतल का उन्हों ने है बहुत बतला दिया।
है उन्हों ने ही निकाली तार की सारी क्रिया॥ 8॥

कार्य्यथल को वह कभी नहिं पूछते 'वह है कहाँ'।
कर दिखाते हैं असम्भव को वही सम्भव यहाँ॥
उलझनें आकर उन्हें पड़ती हैं जितनीहीं जहाँ।
वे दिखाते हैं नया उत्साह उतनाही वहाँ॥
डाल देते हैं बिरोधी सैकड़ोंहीं अड़चलें।
वह जगह से काम अपना ठीक करके ही टलें॥ 9॥

जो रुकावट डाल कर होवे कोई पर्बत खड़ा।
तो उसे देते हैं अपनी युक्तियों से वह उड़ा॥
बीच में पड़कर जलधि जो काम देवे गड़बड़ा।
तो बना देंगे उसे वह छूद्र पानी का घड़ा॥
बन खँगालेंगे करेंगे व्योम में वाजागरी।
कुछ अजब धुन काम के करने की उन में है भरी॥ 10॥

सब तरह से आज जितने देस हैं फूले फले।
बुद्धि बिद्या धन बिभव के हैं जहाँ डेरे डले॥
वे बनाने से उन्हीं के बन गये इतने भले।
वे सभी हैं हाथ से ऐसे सपूतों के पले॥
लोग जब ऐसे समय पाकर जनम लेंगे कभी।
देस की वो जाति की होगी भलाई भी तभी॥ 11॥

विद्या।

द्विपद।

इस चमकते हुए दिवाकर से।
रस बरसते हुए निसाकर से ॥ 1 ॥
जो अलौकिक प्रकाशवाली है।
औ सरसता में जो निराली है ॥ 2 ॥
वह जगद्वन्दनीय विद्या है।
अति अनूठा प्रभाव जिस का है ॥ 3 ॥
जोति सूरज जहाँ नहीं जाती।
यह वहाँ भी है रंग दिखलाती ॥ 4 ॥
जो ससी को सरस नहीं कहते।
इस के रस से हैं मोद वह लहते ॥ 5 ॥
यह सुधा है अमर बनाती है।
यह सुयश बेलि को उगाती है ॥ 6 ॥
हो गये व्यास बालमीक अमर।
आज भी है सुकीर्त्ति भूतल पर ॥ 7 ॥
कामदा यह सुकल्प लतिका है।
शान्तिदात्री विचित्र बटिका है ॥ 8 ॥
कालिदासादि कामुकों का दल।
पा चुका है अनन्त इच्छित फल ॥ 9 ॥
शान्ति इस से शुकादि ने पाई।
दीप्ति जिन की दिगन्त है छाई ॥ 10 ॥
गंग की यह पवित्र धारा है।
जिस ने जा बाल को उधारा है ॥ 11 ॥
नीच को ऊँच यह बनाती है।
काठ में भी सुफल फलाती है ॥ 12 ॥
था विदुर का कहाँ नहीं आदर।
कौन कहता उन्हें न नयनागर ॥ 13 ॥
सद्गुणों का प्रदीप्त पूषण था।
वह विबुधमण्डली विभूषण था ॥ 14 ॥
शक्ति है अति अपूर्व विद्या की।
धूम सी है विचित्र क्षमता की ॥ 15 ॥

विश्व के बीच वस्तु हैं जितनी।
एक में भी न शक्ति है इतनी ॥ 16 ॥
स्वच्छ नीले अनन्त नभतल का।
सूर्य्य बुध सोम शुक्र मंगल का ॥ 17 ॥
इन चमकते हुए सितारों का।
पूंछवाले अनन्त तारों का ॥ 18 ॥
भेद सब यह हमें बताती है।
मंजु दिल की कली खिलाती है ॥ 19 ॥
सैकड़ों कोस एक कोस बना।
रेल की है अजब हुई रचना ॥ 20 ॥
जो समाचार साल में आता।
है उसे पल में तार पहुँचाता ॥ 21 ॥
है रसायन की ऐसी चारु क्रिया।
सब धरागर्भ जिस ने छान लिया ॥ 22 ॥
बन गई हैं विचित्र नौकायें।
जो जलधिगर्भ में चली जायें ॥ 23 ॥
था असम्भव अनन्त में उड़ना।
युक्ति से दिव्य व्योमयान बना ॥ 24 ॥
अब नये फूल फल हैं उपजाते।
हैं मृतक भी सजीव बन जाते ॥ 25 ॥
देखने भालने लगे अन्धे।
पुतलियाँ कर रही हैं सब धन्धे ॥ 26 ॥
बात बहरे समस्त सुनते हैं।
कपड़े बन्दर भी अच्छे बुनते हैं ॥ 27 ॥
बोलने चालने लगे गूंगे।
बन गये रंग रंग के मूंगे ॥ 28 ॥
दूरबीनें कलें बनीं ऐसी।
हैं न देखी सुनी गईं जैसी ॥ 29 ॥
किन्तु यह सब कमाल है किस का?
गुणमयी एक दिव्य विद्या का ॥ 30 ॥
बेदमन्त्रों के जो हुए द्रष्टा।
हो गए उपनिषद के जो स्रष्टा ॥ 31 ॥

आज भी उन महर्षि की बाणी।
है ज़गत बीच शुद्ध कल्याणी ॥ 32 ॥
तर्क गौतम कणाद जैमिनि का।
कृत्य पाणिडत्य पूर्ण पाणिनी का ॥ 33 ॥
शंकराचार्य्य का स्वमतमण्डन।
सूरि श्रीहर्ष का प्रबल खण्डन ॥ 34 ॥
आज भी है अजस्र काम आता।
है जगत में प्रकाश फैलाता ॥ 35 ॥
यह सभी है विभूति विद्या की।
है उसी की सुकीर्त्ति सह बांकी ॥ 36 ॥
माघ भवभूति का सुधा वर्षण।
भारवी का अपूर्व सम्भाषण ॥ 37 ॥
यह सदाही श्रवण कराती है।
दिव्य कल कण्ठता दिखाती है ॥ 38 ॥
है जननि के समान यह ढरती।
है पिता के समान हित करती ॥ 39 ॥
है तरुणि केलिकाज बन जाती।
कीर्ति को है दिगन्त फैलाती ॥ 40 ॥
यह निर्धन के लिये महा धन है।
दुष्टजन के लिये सुशासन है ॥ 41 ॥
है निबल के लिये अनूपम बल।
है समुद्योग का समुत्तम फल ॥ 42 ॥
है बिमल तेज तेजहीनों को।
रत्न की मंजु खानि दीनों को ॥ 43 ॥
है जरा ग्रस्त के लिए लकुटी।
ब्यग्र उद्विग्न काज शान्ति कुटी ॥ 44 ॥
यह बिपत में बिराम दायिनि, है।
कलान्ति में मोद की विधायिनि है ॥ 45 ॥
सहचरी है अनिन्ध कर्म्मों में।
है ब्यवस्था विशुद्ध धर्म्मों में ॥ 46 ॥
यह निरवलम्ब का सहारा है।
तप्त हिय की सुबारिधारा है ॥ 47 ॥

कालिमा की कलिन्दनन्दिनि है।
पाप के पुंज की निकंन्दिनि है ॥ 48 ॥
है सुकोकिल समान कलबैनी।
हंस की भाँति मंजु गुन ऐनी ॥ 49 ॥
मोर के पक्ष लौं सुचित्रित है।
यन्त्र की भाँति यह नियन्त्रित है ॥ 50 ॥
मल्लिका है प्रफुल्ल मोद मई।
पल्लवित बेलि है प्रमोद छई ॥ 51 ॥
है हृदयतम विनाशिनी सुप्रभा।
सद्विचारों की है विचित्र सभा ॥ 52 ॥
है कला उक्ति युक्ति में ढाली।
है तुला बुद्धि तौलनेवाली ॥ 53 ॥
स्वर्ग की सैर यह कराती है।
मंजु अलकापुरी लखाती है ॥ 54 ॥
है सजाती नवल जलदमाला।
है पिलाती पियूष का प्याला ॥ 55 ॥
है सुनाती मधुर भ्रमरगूंजन।
पक्षि कुल का अलाप कल कूजन ॥ 56 ॥
है दिखाती हरीभरी डाली।
फूल फल से लदी सुछबिवाली ॥ 57 ॥
है जहाँ पर त्रिबिध पवन बहती।
हैं जहाँ मत्त कोकिला रहती ॥ 58 ॥
जो सदा सौरभित सुपुष्पित है।
जो सुक्रीड़ित वो मंजु मुखरित है ॥ 59 ॥
इस तरह के अनेक उपबन में।
बाग में बाटिकान में बन में ॥ 60 ॥
है हमें यह बिहार करवाती।
है छटा का रहस्य बतलाती ॥ 61 ॥
स्वच्छ जलराशि मय सरोवर पर।
हिम धवल कर प्रदीप्त गिरवर पर ॥ 62 ॥
यह हमें है सप्रेम ले जाती।
है सुछबि का बिकाश दिखलाती ॥ 63 ॥

बुद्धि जाती जहाँ न मन जाता।
जो सदा है अचिन्त्य कहलाता ॥ 64 ॥
जो न मिलता हमें विचारों से।
हैं न पाते जिसे सहारों से ॥ 65 ॥
है उसे भी यही लखा देती।
थाह उस का है कुछ यही लेती ॥ 66 ॥
विश्व विद्या करों बिशेष पला।
है इसी से हुआ अशेष भला ॥ 67 ॥
है अकथ वो असीम गुणमाला।
है उसे कौन भाखनेवाला ॥ 68 ॥
है यहाँ पर कहा गया जितना।
वह अखिल के समीप है कितना ॥ 69 ॥
कुछ नहीं है, महा अकिंचित कर।
जिस तरह बून्द और रतनाकर ॥ 70 ॥
इस लिये नेति नेति कहते हैं।
मुग्ध होते हैं मौन गहते हैं ॥ 71 ॥

नखसिख।

सीसबर्णन।

दोहा।

मिलत निरखि या सीस ते, नव रस की बकसीस।
सादर सीसनवाइ को, देत न सदा असीस ॥ 1 ॥

लखि सब सीस धुनत रहत, कहि सी सी, बसु जाम।
याही ते तियसीस को, पर्‌यो 'सी' 'स' यह नाम ॥ 2 ॥

फूलि उठे दृग सखिन के, लखि छबि देत असीस।
ह्वै सफूल दूनों फबत, सीस-फूल तियसीस ॥ 3 ॥

फूल कहूं फल कहुं लगत, यह बिपरीत महान।
सीस-फूल सों देखिअत, सफल होत अँखिआन ॥ 4 ॥

सुरपुर बसतहुं लेत यह, सुनासीर मन खेंच।
परत सरा-सर-पेंच मैं, लखि तेरो-सर-पेंच ॥ 5 ॥

करत रहत बन्दी सदा, करि कै मन को छाम।
कहा याहि ते है पर्‌यो, बन्दी याको नाम? ॥ 6 ॥

माँगबर्णन।

दोहा।

दृग दुहूंन की देखियत, बढ़त जात नित माँग।
कहा माँगि नहिं सकत मन, माँगन-वारी माँग ॥ 7 ॥

रूप धरे अपनो दिपत, अति अनूप अनुराग।
सरस सिंदूरवती नही, यह युवती की माँग ॥ 8 ॥

मन आवत पाटीन मैं, सेत माँग तिय हेरि।
तम बिदारि मानों कढ़ी, किरन तमीपति केरि ॥ 9 ॥

पारि देत मन पेंच मैं रचि पेंचीले स्वांग।
नीकी मुकुतावलि बलित, गजगमनी की माँग ॥ 10 ॥

लसत असित पाटीन मैं, नहिं अरुनारी माँग।
रससिंगार धारन करत, सरस धार अनुराग ॥ 11 ॥

पाटीबर्णन।

दोहा।

कबौं पटी नहिं काहु की, तिय पाटी के साथ।
याहि अटपटी मैं किते, पटकत पाटी माथ ॥ 12 ॥

पढ़ि बिधि की पाटी कहत, जग परिपाटी कांहिं।
जो सुख पाटी सों पटे, पाट ठटेहूं नांहिं ॥ 13 ॥

चोटीबर्णन।

दोहा।

दमन काज हम एक मैं, अदमनीय दुरदीठ।
काम चमोटी सी लसै, कामिनि चोटी पीठ ॥ 14 ॥

चित को बिचलावत चलत, कुटिल चाल न लखात।
लखि बेनी ब्याकुल बनो, फिरत ब्याल बलखात ॥ 15 ॥

कैसे कोऊ सहि सकै, बिख बेनी की ज्वाल।
बिवर बसेहूं नहिं भयो, गरल बिवरजित ब्याल ॥ 16 ॥

बिख सों कछु चढ़िजात सुनि, या बेनी की बात।
लहर न आवत काहि लखि, नागिन सी लहरात ॥ 17 ॥

बिख वाके काटे चढ़त, याके नेक लखात।
क्यों बेनी सी औगुनी, गिनी नागिनी जात ॥ 18 ॥

आहि आहि करतहिं रहत, कैसे सकत सराहि।
लगत चोट चित चौगुनी, तिय तव चोटी चाहि ॥ 19 ॥

का अजगुत की बात जो, मानवहिय हरखात।
सुमनसजी बेनी लखे, सुमनस-जीन अघात ॥ 20 ॥

का अचरज आली कोऊ, जो कलपत अकुलाय।
काली चोटी लखि सकत, नहिं ब्याली कलपाय ॥ 21 ॥

लखि बेनी कम्पन लुठन, हिलन डुलन बलखान।
काला, मुँह काला कियो, लग्यो कला हूं खान ॥ 22 ॥

जूराबर्णन।

दोहा।

पूरा पूरा नहिं मिलत, जऊ अजूरा वाहि।
बनो मजूरा मन फिरत, तिय तब जूरा चाहि ॥ 23 ॥

पूरा बिखधर फन दियो, बिख कूरा बतराय।
मन अजान तब हूं जुरा, वा जूरा सों जाय ॥ 24 ॥

तव जूरा को भेद तिय, समुझ परत कछु नांहिं।
है छटाँकभर हूं न पै, मन बाँधत छन माँहिं ॥ 25 ॥

जूरा बाँधन मैं कछू, साधन और लखात।
कहूँ बँधनवारो न मन, जहँ बरबस बँधिजात ॥ 26 ॥

पीछूं बँधि जूरा हिये, यहै दृढ़ावत बात।
जो याके पीछे परत, सो पीछे पछतात ॥ 27 ॥

अलकबर्णन।

दोहा।

भ्रमत इनैं न बिलोकियत, बन बागन गुंजारि।
अलि कुल अकुलाने फिरत, अलकावली निहारि॥ 28॥

पल पल ललकत ही रहैं, लालन लोयन दोय।
लखे आलुलायित अलक, लालायित चित होय॥ 29॥

कैसे कोउ मानव सके, निज मन नैनन रोकि।
अलकावारे हूं फँसत, अलकावलि अवलोकि॥ 30॥

पगि सनेह ठगि लेहिं मन, देहिं जाल मैं गेरि।
करै कुटिलता क्यों नहीं, कुटिल अलकतिय केरि॥ 31॥

ए नैना ललकन लगे, पल पल पलकन टार।
तेरे कल अलकन चितै, जलकन केरि बहार॥ 32॥

बँधत अरूझत ही हित, रहत न मन को दन्द।
जो छोर्‌यो जूरा पर्‌यो, अलकावलि के फन्द॥ 33॥

पान काल जब चूकि कै, लट ब्यालिनि बलखात।
जलकन मिस मुख ससिसुधा, बूंद बूंद खसि जात॥ 34॥

लार बहावत ब्यालिनी, मुख मयंक मधु हेत।
टपकत अलकन ते न अलि, यह जलकन छबि देत॥ 35॥

नेक नहीं मेरी सुनत, हारि परे हम टेरि।
एरी क्यों लटजात मन, यह तेरी लट हेरि॥ 36॥

गति मन नैनन की निरखि, मति बतरावति मोहि।
ए जुल मैं परिजात हैं, जुलमी जुलफन-जोहि॥ 37॥

केसबर्णन।

दोहा।

बरबस अरुझि पर्‌यो जऊ, रहे मनहिं बहु रोकि।
नेक संकुचित नहिं भयो, कुंचित केस बिलोकि॥ 38॥

छहरत छाये छवा लौं, छन्द छगूने धार।
प्यारे प्यारे छरहरे, छबिवारे ए बार॥ 39॥

कारे कारे चीकने, सने सनेह सुदेस।
मो अटकाये लेत मन, ए लटकाये केस ॥ 40 ॥

बिन बूझे सरबर करत, तू बावरी बयार।
बिगरेहूं बनतहिं रहत, ए बगरे बर बार ॥ 41 ॥

किधौं तार मखतूल ए, कै सुखमूल सेवार।
कै प्यारे प्यारे तेरे, सुथरे कारे बार ॥ 42 ॥

मेरे मन आवत निरखि, कामिनि तेरे बार।
दीप-सिखा-मुख ते कढ़त, काजर की यह धार ॥ 43 ॥

कै सांपिनीसिसून को, गहि आन्यो मुरवान।
किधौं छरहरे केस ये, छहरत छये छवान ॥ 44 ॥

बगरे ए न बिलोकियत, मेचक चिकुर अथोर।
कढ़ि कलंक एकत भयो, मुख मयंक दुहुँ ओर ॥ 45 ॥

मो चित कछु एतनो चहत, उठत उमाहि उमाहि।
ए तेरे रुचिकर रुचिर, रचे चिकुर तिय चाहि ॥ 46 ॥

गुलुफ गुलाब प्रसून दिसि, कै सिसून अहि जाहिं।
कै छबिवारे बार ए, छये छवा छहराहिं ॥ 47 ॥

भालबर्णन।

दोहा।

बिरचन मैं जाके चले, बिधिहुं निराली चाल।
निरखि भाल भूले मनहिं, कैसे सकहिं सँभाल ॥ 48 ॥

लखनहार लखतहिं रहत, सकत न लोयन टार।
तेरो नवलीला बलित, लसत सुललित लिलार ॥ 49 ॥

कै सिंदूर को बिन्दु यह, बाल भाल दरसात।
लाल कनी-लपटी किधौं, हीरकपटी लखात ॥ 50 ॥

जके थके निरखत रहे, सके न बूझि बिचार।
पारत रसिकन पेच मैं, परि कै सिकन लिलार ॥ 51 ॥

नवल बाल के भाल पै, कै बल परो लखाय।
कै दरपन तल पै परी, लहर लरी दरसाय ॥ 52 ॥

रवि किरनन ते मनिसरिस, गहत जोति मन लाल।
चमकीली बिंदुली लखे, अली लली के भाल ॥ 53 ॥

बाल भाल ऊँचो लसै, किधौं समूचो चैन।
छटा अटा कै यह पटा, मंजु चौहटा मैन ॥ 54 ॥

साल होत सौतिन हिये, मनहूं सम्हलि सकैन।
तिय तव भाल बिसाल की, लखि बिसालता नैन ॥ 55 ॥

भौंहबर्णन।

दोहा।

कहा करैं अनुमान किमि, कही न मानत मोर।
मुरत न मोरे मन पर्‌यो, भामिनि भौंह मरोर ॥ 56 ॥

भामिनि भौंह बिलोकियत, बिगरत बनत सबेग।
गजब गुजारत कौन पै, यह गुजराती तेग ॥ 57 ॥

बिन गुन बिसिख बिलोकियत, बीरन करत अमान।
कहैं क्यों न हम कामिनी, भौंहन कामकमान ॥ 58 ॥

बीर बूझियत भौंह को, बंकिम झुकी बिलोकि।
चली जाति अलि की अवलि, नैन कमल अवलोकि ॥ 59 ॥

कैसी तिय भौंहन अरी, परी गिरह यह आहि।
काढ़नवारो बाल की, खाल-न खोलत जाहि ॥ 60 ॥

बंक पाँति बिधि कर लिखी, बिबिध भाव आधार।
को बिचार भौंहन करै, बिना भये मुख चार ॥ 61 ॥

जन मन नैनन को हरति, मति गति करति अपंग।
बंक भृकुटि की बंकता, मिली कुटिलता संग ॥ 62 ॥

नेत्रबर्णन।

दोहा।

चैन दैनवारे सरस, ऐन मैन बरनीय।
क्यों न रमै मन रमनि के, निरखि नैन रमनीय ॥ 63 ॥

कछु आँखिन ऐसो छर्‌यो, अरी मछरियन कांहिं।
लखत बावरी सी बनी, फिरत बावरी मांहिं ॥ 64 ॥

कुसुमन की बरखा करत, कुसुमसरहुं के हीय।
कामिनि ए तेरे नयन, कुसुम सरिस कमनीय ॥ 65 ॥

निसि दिन रसहूँ मैं बसे, लह्यो न सो रस मीन।
जो रस इन अँखिआन को, बरबस बिधना दीन ॥ 66 ॥

याही ते बन में बसे, खंज बनज मृग मीन।
कछु अनबनहीं सी रही, अँखिअन सों निबही न ॥ 67 ॥

करि सैनन उपजावहीं, मैनहुँ के मन मैन।
एनी नैनी के नये, नीके ए दोउ नैन ॥ 68 ॥

होत वहाँ हूं थिर नहीं, जहँ पानी की खान।
इतनो बेपानिप कियो, मछरिन को अँखिआन ॥ 69 ॥

दृगन लजे मीनन लखत, इत उत दौरत नांहिं।
डूबन को ढूंढ़त फिरत, ए अगाध जल कांहिं ॥ 70 ॥

नेक न थिरता गहन की, है खंजन की बान।
काको नहिं चंचल करैं, ए चंचल अँखिआन ॥ 71 ॥

कढ़त न काढ़े कैसहूं, किये जतन दिन रैन।
कछु चित मैं ऐसे गड़े, बड़े बड़े ए नैन ॥ 72 ॥

चखन हाथ पानी गये, भई झखन अस दाह।
कटे मरमिटेहूं रही, पानी ही की चाह ॥ 73 ॥

चंचल खंजन मीन से, कंजन से कमनीय।
मृग दृग से भोरे भले, सुफल फले दृग तीय ॥ 74 ॥

लखे लुनाई दृगन की, लाजि भजे से आहिं।
खंजन गगन विपिन मृगन, झख कंजनबन मांहिं ॥ 75 ॥

का अजगुत अवलोकियत, लगे दृगन सर पीन।
तरफरात खंजन फिरत, फरफरात सफरीन ॥ 76 ॥

काको रँग बिगरत नहीं, लखि बदले दृग रंग।
भये सुरंगहुं मृगन को, कबिगन कहत कुरंग ॥ 77 ॥

जितनो तिरछे ह्वै चलैं, तितनों करैं निहाल।
इतनो लोच न क्यों रखैं, ए तब लोचन बाल ॥ 78 ॥

काहि न ए अपनावहीं, इन को कौन अहैन।
सकैं कहा ए करि नहीं, बाम तिहारे नैन ॥ 79 ॥

कौन मसाले से बने, देखे भाले हैंन।
रस के प्याले से लसैं, निपट निराले नैन ॥ 80 ॥

नीति निपुन नागर परम, रसगागर मुदऐन।
सागर सील सनेह के, सब गुन आगर नैन ॥ 81 ॥

सरबस चितयेहूं सहत, रसिकन को दैजात।
लोचन नाम भयेहुँ क्यों, इतनो लोच लखात ॥ 82 ॥

लखनहार तन मन दृगन, असन सयन सुख चैन।
बरबस निज बस मैं करहिं, ए रस बरसत नैन ॥ 83 ॥

नेत्रलालीबर्णन।

दोहा।

लाल लाल डोरे परे, कै अँखियान मँझार।
सुधा सरोवर मैं लसै, कै अनुराग सेवार ॥ 84 ॥

किधौं कलित कोयन रही, लोयन लाली राजि।
अरुन राग रंजित किधौं, ऊखा रही बिराजि ॥ 85 ॥

लहू बहावत देखिअत, अबलौं अँखिअन कांहिं।
आली यह लाली नहीं, लहू लग्यो तन मांहिं ॥ 86 ॥

पूतरीबर्णन।

दोहा।

लोयन कोयन मैं अरी, असित पूतरी नांहिं।
कारे नग ए जगमगत, रतनारे नग मांहिं ॥ 87 ॥

ललना लोयन मैं न यह, पुतरी लसत असेत।
अतसी की पखुरी बसी, कमलदलनछबि देत ॥ 88 ॥

कारी कारी पूतरी, प्यारी अँखिअन मांहिं।
मानिक रंजित रजत मैं, मरकत राजत नांहिं ॥ 89 ॥

बाल बिलोचन मैं न यह, पुतरी असित बिभात।
अरुन रागजुत सित गगन, मैं राजत रबितात ॥ 90 ॥

अंजनरेखबर्णन।

दोहा।

अंजनलीक अलीक कहि, कत बहरावत मोहि।
भृग दृग प्यारी पै रही, कारी धारी सोहि ॥ 91 ॥

कै अंजन की रेख लखि, अँखिअन होत बिनोद।
सोवत खंजन सिसु परो, कै खंजन की गोद ॥ 92 ॥

कहि अंजन की रेख कत, कबिजन बनत अजान।
बरबस काहू सों बिगरि, बिख उगिलत अँखियान ॥ 93 ॥

बिना सुधाहूं नहिं सधत, बिखहूं बिना बनैन।
का सों काज रखैं न ए, काजनवारी नैन ॥ 94 ॥

काजररेख रखै न जी, जारनवारी आँख।
काहु जी-जरे के जरे, जी की है यह राख ॥ 95 ॥

पलकबर्णन।

दोहा।

अदलि बदलि बाटन दृगन, अनुमानत निज मान।
पल पल तुलत मनहिं लखत, पलकन के पलरान ॥ 96 ॥

पलकन मैं अवलोकियत, लोयन कोयन नांहिं।
रस सिंगार सफरी अरी, मैन भेक मुख मांहिं ॥ 97 ॥

पलपल उठहिं गिरहिं परहिं, थिरता भूलि गहैंन।
नैनन के ललकन परत, पलकनहूं नहिं चैन ॥ 98 ॥

इन बिगरी अँखियान को, बस मैं राखन चाहि।
प्यारी पलकन मिस लगी, मदनकिवारी आहि ॥ 99 ॥

बरुनीबर्णन।

दोहा।

अनलगेहूं अनगन जनन, अकुलावति चहुँओक।
बरु-नीकी बरछी अनी, नहिं बरुनी की नोक ॥ 100 ॥

कै सिंगार चांटे जुरे, कै बरुनी बिविनैन।
कै कमलन कांटे लगे, कै ए सांटे मैन॥ 101॥

अरी चुभावत कत रहत, सूची मोहिय मांहिं।
बाम तिहार बरुनि को, बरु निहारिहौं नांहिं॥ 102॥

सूची बरुनी तरुनि मैं, जोरे डोरे नैन।
दरजी मैन सिअत रहत, प्रेम बसन दिन रैन॥ 103॥

बरुनी बरनन मैं करत, कत इतनों चित गौर।
जगबिजयिनि अँखियान पै, ढुरत देखिअत चौर॥ 104॥

बरुनीवारी पलक मैं, अंखिया न्यारी नांहिं।
खंजन के जोरे परे, मैन पींजरे मांहिं॥ 105॥

बेधन को सूधी भई, नाहक सदा लखाय।
बरिआई बरुनीन की, अरी न बरनी जाय॥ 106॥

नेत्रतिलबर्णन।

दोहा।

तेज बिहीन बिलोकियत, मलिन रूप औ रंग।
ए तिल कैसे तुलि सकैं, नैन तिलन के संग॥ 107॥

करामात दृग तिलन की, तिल भर कही न जात।
अविकल जामें सकल जग, जल थल सहित समात॥ 108॥

जगत तमोमय दुंहुन बिन, निरखि होत अनुमान।
अनगन ए तारे गगन, तारे दृगन समान॥ 109॥

बिख उगिलत बिगरत लरत, बंक चलत गहि मान।
कहा एक तिल पै करत, इतनो नैन गुगान॥ 110॥

चाल निराली दृगन की, बूझि परत कछु नांहिं।
कैसे ए तिल एक सों, लेहिं तौलि मन कांहिं॥ 111॥

दृगकोरबर्णन।

दोहा।

कित इन की गति है नहीं, कहाँ न इन को जोर।
काके हिय मैं नहिं गड़े, ए बांके दृगकोर॥ 112॥

नासा ढिग दृगकोर लखि, तुरत लियो चित सोच।
खीजि चलायो कीर पै, खंजन अपनी चोंच ॥ 113 ॥

मोलजोल कीने बिना, लै अमोल मन मोर।
चाहत कहा अकोर अब, ए तेरे दृगकोर ॥ 114 ॥

रहि रहि कसकतही रहत, कीनेहुँ जतन करोर।
कढ़त न काढ़े कैसहूं, इन अंखिअन की कोर ॥ 115 ॥

कीनेहूं सुजतन करत, बिखमय तन मन प्रान।
सबिख बिसिख गांसीन सी, गड़ी कोर अंखिआन ॥ 116 ॥

चितवनबर्णन।

दोहा।

बार बार बिगरत रहत, बूझि परत नहिं गाथ।
क्यों चित बनत न देखिअत, तिय चितवन के साथ ॥ 117 ॥

तियचितवन पै रोस कत, चित इतनो दरसाय।
क्यों न कटीले दृगन कढ़ि, करै कंटकित काय ॥ 118 ॥

निपट चंचला भये मन, तजत न अपनो गौन।
उचित न एती आतुरी, लखि चातुरी चितौन ॥ 119 ॥

गौन करति चोरनसरिस, मंदमंद हियभौन।
चितचोरनवारी अरी, तेरी चारु चितौन ॥ 120 ॥

किये कटीले कमल औ, मीनन के उपमान।
निपट कटीली ह्वै गई, कामिनि की अँखिआन ॥ 121 ॥

कछू निराली चाल चलि, बोलेहुं बिना सईठ।
काम बसीठी सी करति, यह कामिनि की डीठ ॥ 122 ॥

सरस कमल नैनन कढ़ी निपट रसमई नीठ।
काजर के परसे भई, गरलमई यह डीठ ॥ 123 ॥

सगी सरसता की रँगी, मनमथ रंग मजीठ।
रति की प्यारी सहचरी, अति अनियारी डीठ ॥ 124 ॥

बंक बिलोकन बाम लखि, मो चित होत उचाट।
करति अहै तरवार की, तिरछी वारहिं काट ॥ 125 ॥

देह गेह की सुधि बिबस, को नहिं देत बिसारि।
एरी यह जादू भरी, तेरी नजर निहारि ॥ 126 ॥

समर सामुहे देखिअत, सूरमाहुं की पीठ।
कान कामिनी की करै, बंकगामिनी डीठ ॥ 127 ॥

नासिकाबर्णन।

दोहा।

तीकी चल अँखियान मध, नीकी नाक लखाय।
रारी खंजन बीच मैं, कीर पर्‌यो कै आय ॥ 128 ॥

नेसुक सिकुरत नाक लखि, परत सांकरे आन।
नाक निवासिन को रहत, सदा नाक मैं प्रान ॥ 129 ॥

निज बिसरी सुधिहूं सकत, क्योंहूं नाहि सम्हारि।
कीरति कीर बिनासिका, छबि नासिका निहारि ॥ 130 ॥

रूप नासिका सों मिलत, पै न गंध अनुकूल।
तुलना करि तिलफूल सों, कबिकुल कीजत भूल ॥ 131 ॥

करिकै मधुपूरित हियो, नहिं अपनावति काहि।
गंध गाहिनी नासिका, मन उमाहिनी आहि ॥ 132 ॥

या तियनथ की बात कछु, कहत बनत है नांहिं।
मुकुत मिलेहूं देखिअत, फँसी नासिका मांहिं ॥ 133 ॥

मिलेहुं टँगीसी देखियत, दुहुँ दिसि दोऊ भौंह।
को ना साँसत सहत परि, या नासा के सौंह ॥ 134 ॥

छिद्र नाक बर बरनि मै, नथ राजत है नांहिं।
सुबरन कांहि बिलोकियत, परो सांकरे मांहिं ॥ 135 ॥

निधरक जन सौहैं रहत, चूमत अधर रसाल।
बेसर-मोती कत चलत, बेसरमों की चाल ॥ 136 ॥

करै बिबस बरबस, परै, निसिबासर नहिं चैन।
बिसरायेहूं बिसासिनी, यह बेसर बिसरैन ॥ 137 ॥

करि सरबर राखत सदा, बेसर सों रसरीति।
को ना साकी है लखे, नासा की यह नीति ॥ 138 ॥

काहू को न बिलोकियत, याकी करत सबील।
काकी नहिं कीलत अकिल, या नासा की कील ॥ 139 ॥

री नासा साँची कहै, हौं यह पूछत बात।
क्यों दरसाए कीलहूं, यों तरसाये जात ॥ 140 ॥

पूरो पूरो होत है, जा में सुर परिपाक।
मैन तानपूरे लसैं, कै ए पूरे नाक ॥ 141 ॥

कै तियनासा के लसैं, ए पूरे सुखरास।
किधौं सुबास बिलास के, हैं ए मंजु मवास ॥ 142 ॥

मन आवत पूरे सहित, निरखि नासिका नैन।
घुमरी की आधार सी, है यह तुमरी मैन ॥ 143 ॥

नहिं केवल नथ कामिनिहिं, ऐसो भयो सुपास।
को मुकतन को संग करि, लहत न नाक निवास ॥ 144 ॥

बर बरनी की नाक मैं, नथ सुबरन की नांहिं।
करि हलका गोपन कियो, निज हलकापन काँहिं ॥ 145 ॥

तजि ममता निज बरन की, मल परिहरि तन दाहि।
करि मुकतन को संग नथ, नाक बिराजत आहि ॥ 146 ॥

कानबर्णन

दोहा।

बुरो कहै कोऊ किधौं, करत रहै गुनगान।
काम कान से परतही, छुटी कान की बान ॥ 147 ॥

नाँहिं ससंकित सीपही, अहै बने उपमान।
का, न, करत लखि कान को, कानि न परत सकान ॥ 148 ॥

बिधत कटुबयनहूं सुनत, अनुरागत लहि तान।
सबै करावत कान की, का, न, करन की बान ॥ 149 ॥

कहा भयो अपवाद जो, बाद करत सब कोय।
अहै प्रसंसित मत यही, स्रुतिसम्मत मति होय ॥ 150 ॥

भूखित भूखनभाव सों, जो भुव महिं दरसाहिं।
कहा भयो भावुक भये, जो स्रुति भावहिं नांहिं ॥ 151 ॥

करनबिवर कामिनि निरखि, मन अनुमानत मोर।
सुरुचिर सेंध बिरचि धँस्यो, मधुर नाद चितचोर॥ 152 ॥

चहत भुलायो पै कबौं, क्योंहू भूलत नांहिं।
लगी रहै दिन रैन लौ, कानन के लौ मांहिं॥ 153 ॥

बड़े बड़े मुकतन कियो, निज बस मैं हठ ठानि।
बसीकरन की बानि अस, बसीकरन मैं आनि॥ 154 ॥

मुकतन हूं को है जहां, निवसन को अधिकार।
कानन गये कहा, रखत, जब कानन सों प्यार॥ 155 ॥

लोक बेद बिपरीत यह, रीत जकत चित जोय।
स्रुतिसेवी मुकतन लखे, अतन उद्वै तन होय॥ 156 ॥

सिद्ध पीठ से मैन के, ए दोउ स्रौन सुहांहिं।
बाला को सेवत लखत, जहँ मुकतनहू कांहिं॥ 157 ॥

तौ बिसरावन काज हम, जतन कियो नहिं कौन।
सांची कहौ तरौन क्यों, मो चित ते उतरौन॥ 158 ॥

कहा बहाला देत मोहि, कहत कहा बहु घेरि।
को, न, कबाला करत मन, काननबाला हेरि॥ 159 ॥

जो बरनत नहिं बनत तो, क्यों करि रहत न मौन।
कह जानि स्रुतिसेवकन, कबिगन कहत तरौ-न॥ 160 ॥

सुबरन के भूखन लसैं, सुबरनही की गोद।
बाला को बाला लखे, होत दुबाला मोद॥ 161 ॥

उदबेगन दिवसेस की, उठत दीठि उपरौन।
तिय तरौन को तेज लखि, ताकत बनत तरौ-न॥ 162 ॥

अति सूछम परमानु से, मनहू माहिं समात।
बारीकी मो सों न या, बारी-की कहि जात॥ 163 ॥

बारी बारी हौं बिबस, कितने किये उपाय।
बारी के पेचन परी, मति न उबारी जाय॥ 164 ॥

कानन मैं बारी कहूं, सुन्यो बिलोक्यो नांहिं।
कितनी बारी देखियत, पै तिय कानन मांहिं॥ 165 ॥

कै कानन ते कढ़न हित, पल पल अति अकुलात।
बारी बारी कान मैं, कै बारी हिलि जात॥ 166 ॥

प्यारी प्यारी छबिसनी, सुबरनवारी जोय।
बारी पै वारी भई, मति मतवारी होय ॥ 167 ॥

कोउ याके-मुख मैं दियो, यह कैसो मद गेरि।
मन मेरो झूमन लग्यो, झूमक झूमन हेरि ॥ 168 ॥

बहुत बिचारे हूं करति, मेरी मति नहिं काम।
झूमि कहाँ कासों कहैं, ए झूमक अभिराम ॥ 169 ॥

हैं न कंज-कल-नैनि के, ए झूमक छबिरास।
अपत होइ कमलन लियो, कानन मांहिं निवास ॥ 170 ॥

कत कोऊ बूझे बिना, काहू को पतियात।
लखे पात उतपात है, पात पात मन जात ॥ 171 ॥

मनमन्दिर हिं सलाकजुत, कीबो उचित जनात।
यह कानन की बीजुरी, करत महा उतपात ॥ 172 ॥

सुरुचिर स्रौनन के लखे, चकाचौंध लगि जात।
तहां दीठि काकी जुरी, जहां बीजुरी पात ॥ 173 ॥

भावैं बाद करै कोऊ, भावैं करै कबूल।
भूल जात काको न मन, लखि कानन कनफूल ॥ 174 ॥

इक् द्वै फूलन कन रचित, कहि कींजत चित भूल।
इन कनफूलन को रच्यो, लै कितने कनफूल ॥ 175 ॥

कपोलबर्णन।

दोहा।

काको नहिं बेलमावहीं, काहि न करहिं निहाल।
ए गुलाब के फूल से, गरबीली के गाल ॥ 176 ॥

वा कपोल को है बलित, ललित लालिमा जौन।
माखन को गोला कहे, माख-न मानत कौन ॥ 177 ॥

अनगन जनमन को करैं, अनुरंजन सब काल।
भोरे भोरे भावजुत, गोरे गोरे गाल ॥ 178 ॥

कल कौसल करि नहिं करैं, का कौ-सल मन प्रान।
गोल गोल ए गाल कहि, गोल गोल बतिआन ॥ 179 ॥

बरजोरे कत जो रहत, मन मोरे सब काल।
गोरे गोरे ए गरल, भरे निगोरे गाल॥ 180॥

गोरे गोरे चीकने, अमल अनूप अमोल।
मो चित बिचलित होत लखि, लोने ललित कपोल॥ 181॥

कछु अनखुन करि नहिं चलैं, अँखअनहीं सों चाल।
गालिब का पै होत नहिं, गहब गुलाबी गाल॥ 182॥

मदन महीपति की परै, अमदन दीठि अमोल।
लहियत लाखन की खिलत, यों लखि खिलत कपोल॥ 183॥

सपरत कछु न परत बनत, लोयन भये अडोल।
पलक-पोल पल मैं खुलत, पुलकित पाइ कपोल॥ 184॥

अमलत-हि को नहिं कियो, अमल कपोलन चेरि।
दरप नसावत देखिअत, दुति दरपनहूं केरि॥ 185॥

लखि वा अमल कपोल को, क्यों न काँच सकुचाय।
जेहि सौंहैं मुँह करन मैं मुकर मुकरहूं जाय॥ 186॥

नैनतिलन को देखियत, स्रवत बारि सब काल।
तिलहिं बनावत तालतिय, सतिल तिहारो गाल॥ 186॥

शोकाश्रु।

सुहृद वर श्रीयुत पण्डित प्रतापनारायण मिश्र की मृत्यु सम्बन्धिनी कविता।

रोला छन्द।

अहह आज क्यों सिहरि सिहरि हियरो दुख पावत।
कहा आज आँखिन मैं अँसुआ भरि भरि आवत॥
क्यों उचाट है भयोन लागत मन कहुं मेरो।
क्यों असारता जगत केरि हिय लेत बसेरो॥
निसा मांहिं नभ उदय होइ बहु रस बरसाई।
प्रमुदित कै मन प्रान सुसीतलता सरसाई॥
जग अपनो करिलेत सोई निसिनायक प्यारो।
सिगरो तेज गँवाइ प्रात बनि जात बिचारो॥

थोरे ही दिन चढ़े सोऊ ससि नहिं दरसावै।
या अनन्त आकास के उदर मांहिं समावै॥
काल पाइ कै कबौं होत घटना जो ऐसी।
तो जगजीवन कांहिं बेदना होत सुकैसी॥
पै ऐसी नित किती होत घटना जग मांहीं।
याते इन को हेरि होत अब अस दुख नाहीं॥
या कारन ते समझि परत मोको यह नीके।
दुख के हेत न अहैं ए सबै मेरे ही के॥
कोऊ कारन और अहै जाते अकुलाई।
लहत न है जिय चैन मोद जनु गयो हेराई॥
आह! कहा सुनिपर्यो रहहु पकरन हिय देहू।
कहा कहत ठरहु जनि हमरो जीवन लेहू॥
हाय हाय रे हाय कही तुम कैसी बानी।
गलि गलि जाते अहै होत हमरो हिय पानी॥
कहा कह्यो? परताप मिश्र सों भारत प्यारो।
पर्यो काल की गाल भयो चहुं दिस अँधियारो?॥
हाय! समुझि अब पर्‍यो अचानक दुख को हेतू।
त्राहि त्राहि का भयो गयो कहँ द्विजकुलकेतू॥
हाय! हमारे परम प्रेमभाजन हितवारे।
हाय! रसिक सिरमौर कबिन के प्रानपियारे।
हाय! सील के सिन्धु हाय नेहिन हितकारी॥
हाय! दीन औ दुखियन के साँचे उपकारी।
हा! हिन्दी के हेत प्रान धन वारनवारे॥
हा! भाषा की बेलि सींचि सरसावनहारे।
हा! सुमधुर लिखि गद्य पद्य हिय मोद बिधायक॥
हा! सुललित करि काब्य बिबुध जनगन सुखदायक।
हाय! सनातन हिन्दूमत के सांचे प्रेमी॥
हाय! देव आराधनादि के निसचल नेमी।
हा! भारत की दीन हीन गति के वर ज्ञाता॥
हाय! देस की गिरी दसा के धीरजदाता।
हा! हिन्दी सहित्यकाज निसदिन स्रमकारी॥
हाय! सब्द की काटछांट के बर अधिकारी।
हाय! नागरीप्रेमिन के हिय सों अनुरागी॥

हाय! मान मरजाद काज पदहूं के त्यागी।
हा! प्रसिद्ध अति ललितपत्र ब्राह्मणसम्पादक॥
हा! बँगला सों राजसिंह आदिक अनुबादक।
हाय! सु 'मन की लहर' 'प्रेमपुष्पावलि' करता।
हाय! मधुर कहि बैन कलुख हियरे के हरता॥
हाय! देस के दसा सुधारन के अभिलाखी।
हाय! दीनजनहूं सों आदर करि मृदुभाखी॥
हाय! दया के भौन हाय करुना के सागर।
हाय! हिये की गति जानन मैं अतिही आगर॥
यह देखहु कोमल सुहावनी नारि तिहारी।
कहत हुते तुम जाहि प्रेम सों प्रानपियारी॥
मधुर मधुर कहि बैन सदा जाको अपनायो।
अति अचैन ह्वै गये तासु मुख जब कुम्हलायो॥
लखि तव आनन ओर रही जीवन जो धारत।
नेसुक अन्तर भये होत जाको जिय आरत॥
जो तुमरे हित मात पिता अपनो कुल त्याग्यो।
तुम को हंसत निहारि रहत जाको दुख भाग्यो॥
लगि तुमरे हिय मांहि स्वर्गसुख जो लघु जान्यो।
तुमरे बैनन कांहिं अमिय लौं जो अनुमान्यो॥
तुमरे तजि आधार अहै जाको कोउ नाहीं।
संतानहूं कोउ है न दूख जाते नसि जाहीं॥
ताही की गति हाय आज ऐसी हम हेरत।
छटपटाति महि परी प्रानपति कहि कहि टेरत॥
बसन मलिन ह्वै गयो अहै भूखन सुधि नाहीं।
बगराये सब केस सीस पटकत गहि मांहीं॥
सूखि गयो मुख ढरत नैन सों आँसुनधारा।
रकत स्रवत है फूटि फूटि कै अँखियन तारा॥
दरकि दरकि हिय मांहिं होत है पीर घनेरी।
प्रान कढ़न मैं परत जानि कछु अहै न देरी॥
पै तुम ताकी ओर भूलिहूं नाहिं निहारत।
दुखमोचन हित एक बात मुख सों न उचारत॥
यह तुमरे सब मीत जिनहिं लखि बहु सुख पायो।
आइ जाइ सनमानि प्रीति जिन सों उपजायो॥

कहि कहि मीठे बैन जिनैं नित प्रमुदित कीनो।
बहु आमोद प्रमोद मांहिं जिन को सँग दीनो॥
रोअत दुख सों खरे बसन आँसुन मैं बोरत।
पै तिनहूं सों हाय! आज तुम दीठ न जोरत॥
अहह कहत दुख होत महा हिय दरकन लागै।
दुसह दूख संताप सोक हियरे मैं जागै॥
अति दुखारिनी खीनमना हिन्दी गुनवारी।
जाकी लखि कै दसा दृगन भरि आवत बारी॥
जाकी उन्नति काज बहुत तुम जतन बिचार्‍यो।
नये नये लिखि लेख जाहि तुम बहुत सुधार्‍यो॥
रचि कबिता रसमयी जाहि तुम भूखित कीना।
करि रचना अति सरस जाहि बहु जस तुम दीना॥
नित जाही को ध्यान रह्यो तुमरे हिय मांहीं।
रोग ग्रसेहूं तजत हुते जाको तुम नांहीं॥
अपने थोरेहुं आय मांहिं जाके हित प्यारे।
बहुत खरच तुम कियो तबहुँ नहिं भये सुखारे॥
सोचि सोचि के दीनदसा जाकी दुख पाई।
निज अँखियन सों देत हुते अँसुअन झरलाई॥
कै बावरे समान बकन लागत हे कबहूं।
पै सीतल नहि होत हुतो तुमरो हिय तबहूं॥
जाके हित की बात कान मैं परतहिं फूली।
अपनी देहदसाहुं कांहिं जाते तुम भूली॥
भारतेन्दु के अस्त भये तुमरो मुख देखे।
जो निज जीवन रखत हुती कैसहुँ अवसेखे॥
हाय सोई नागरी आज कलपति दुख पाई।
रोम रोम पैं है मलीनता ताके छाई॥
जाकी दसा निहारि अरिहुं की दरकति छाती।
जाके मुख सों कढ़ति साँस प्रति छन है ताती॥
सोई नागरी बिलखि लखत तव आनन कांहीं।
हाय! कहा ह्वै गयो कहो बोलत क्यों नांहीं॥
यह ग्राहकमण्डली सदा जासों हित राख्यो।
यह सुरसिकगन मधुर काव्य तव रस जिन चाख्यो॥

जिन को लिखि लिखि सरस लेख तुम बहुत लुभायो।
करि कबिता रसभरी सुधा जिन को तुम प्यायो॥
कौसल मय आसय अनेक लिखि मन हरिलीनो।
करिकै जुगुत अनूप चकित जिन को तुम कीनो॥
वेई आँखिन भरे बारि बिलखत मनमारे।
पै तिनहूं सों आज कछू तुम कहत न प्यारे॥
अबहीं वा दिन प्रेमभरी पतिया लिखि भेजी।
फिर बीचहिं तुम करी हाय कैसी यह तेजी॥
मम बिरचित प्रद्युम्नबिजय को बहुत बखान्यो।
लखन रुकमिनी परिनय हित अतिही सुख मान्यो॥
सोई छपि कै आज अहै मेरे ढिग आई।
कैसे तुम लखि सकत देहुं सोइ जतन बताई॥
हाय! हौस ही रही हमारे हियरे मांहीं।
दरसाबन हित तुमहि रुकमिनी परिनय कांहीं॥
लखहु तात किन आइ तुमहिं ताको दरसावहिं।
तुमरे अरु अपने हिय की यह आस पुजावहिं॥
अरे निरदई काल कहा अजगुत यह कीनो।
जो ऐसो अति असह दूख रसिकन को दीनो॥
कहा सुकोमल कलित बेलि हीं की जड़ काटी।
कहा मनोहर सरस रूखही कांहिं उपाटी॥
कहा अपूरब अमित दाम के रतनहिं फोरी।
कहा सुगन्धित सुरंग अनोखे सुमनहिं तोरी॥
तेरो हिय है सुखी होत रे कालकसाई।
जो अकालही लेत महापुरुखन अपनाई॥
बंकिम बाबू को बिनासि अबही दुख दीनों।
फिर बीचहि परताप मिश्र को क्यों हरिलीनो॥
कहा नहीं लै गयो हाय! तू आज अचानक।
कितने को सरबस्व कितेकन को मनिमानक॥
बहुतन को प्रिय सुहृद अनेकन को अति प्यारो।
कितने जन के नैन आँसु को पोंछनवारो॥
बहु जन को आधार किते नर को उपकारक।
कामिनी को सिन्दूर नागरी को हितकारक॥

पै बिचलित नहिं भयो हाय! तेरो हिय पापी।
तिलभर हूं तोको दयालुता हाय! न ब्यापी॥
पाहन हूं ते कठिन अहै तेरो हिय जानत।
जो ऐसो अघ करत दूख मन मैं नहिं मानत॥
हा! हिन्दी नहिं जानि परत तव भाग खोटाई।
समझि न मोकों परत कालगति की कुटिलाई॥
उपजत नहिं दरसात कोऊ तेरो हितकारी।
ऐसे अब कम होंहि जिनै लागै तू प्यारी॥
पेटकाज सब लोग सिखहिं उरदू अँगरेजी।
याते तिन मैं होत तिनहिं की ऐसी तेजी॥
चाहत तेरी ओर लाज तिन को बहु लागत।
हिय मैं पीर न तनिक होत तेरो हित त्यागत॥
हम आँखिन है लख्यो ऐसहूं लोगन कांहीं।
जो लखि हिन्दीलेख महा आकुल ह्वै जाहीं॥
फारि फूरि कै तुरत देंहिं ताको महिडारी।
पै हिन्दूसन्तान होन के बर अधिकारी॥
देसनिवासिन की गति ऐसी परत लखाई।
दयाजोग सरकार को न तू परी जनाई॥
ऐसे असमय मांहिं अहैं जे बचेबचाये।
इने गिने द्वै चार हितू तेरो जस छाये॥
तिनहूं को यह काल अकालहिं लेत उठाई।
महा भयंकर हमैं परत परिनाम लखाई॥
कोऊ नांहिं दिखात दरद यह मेटनवारो।
गुनि गुनि कै बनि जात बावरो चित्त हमारो॥
अबहीं तो भारतसुधार कछु होन न पायो।
कलह फूट अरु बैर अहै चहुँ दिस बहु छायो॥
हित अनहित नहिं समझि सकहिं अँगरेजीवारे।
पै संसोधन काज भये डोलहिं मतवारे॥
जाहि न चाहत करन कबौं सरकार हमारी।
ताहि करावन काज एक स्वर उठत पुकारी॥
धनरच्छन की रीत देस बासिनहिं न आई।
नव सिच्छित जन सके सिल्प को नहिं अपनाई॥

दारिद दिन दिन बढ़त जात है भारत मांहीं।
पै रोकन की अहै काहु को कछु सुधि नाहीं॥
पढ़ि पढ़ि खोटे ग्रन्थ नीच सों सिच्छा पाई।
आरजसन्तति केरि होत है बहुत बुराई॥
अपनो अपनो धरम छोरि कै सिगरी जाती।
करि मनमानो करम सिरावति अपनी छाती॥
रतन सतीपन छोरि त्यागि पति की सेवकाई।
बहु स्वतंत्रता चहँहिं नारि लघु सिच्छा पाई॥
ऐसी बाकी किती बात अजहूं हैं प्यारे।
फिर क्यों बिरद बिसारि हाय परलोक सिधारे॥
का इत सों उत अधिक करि सकत हो तुम जाई।
जो थोरेहि दिन मांहिं गये इतने अकुलाई॥
आजकाल हैं देसहितारथ के मदमाते।
कोट बूट पतलून धरे बहुजन दरसाते॥
ठोकि ठोकि के मेज मधुर अँगरेजी बोली।
कबौं भाखि गम्भीर कबौ करि सरस ठिठोली॥
सकल सभासद केरि लेहिं हियरो अपनाई।
कबौं हँसाय खेलाय कबौं अँसुआन बहाई॥
कै लिखि लिखि कै देसहितैषी लेखन रूरे।
समाचार पत्रन के कितने कालम पूरे॥
नवसिच्छित जन के समाज मैं आदर पावत॥
अँगरेजहूं को सरस पदन सों चकित बनावत॥
पै न देसहित अहैं कछू इन लोगन मांहीं।
भेंट अहै वा बूँद सों अजौं इन को नांहीं॥
इन की सब करतूति अहै केवल जसलागी।
जासों हम को कहहिं लोग भारत अनुरागी॥
कै भाखहिं है चढ़ी बढ़ी इन की अँगरेजी।
बोलचाल मैं लखहु करत हैं कैसी तेजी॥
कैसे कैसे लिखत अनोखे लेखन कांहीं।
बड़े बड़े अंगरेज लिखि सकत जैसो नांहीं॥
नतरु गहत जब कलम खरे कै होत सभा मैं।
तो ऐसोई लिखत कहत कछु सार न जामैं।

निन्दत अपनी रीत नीत चाहत अनहोनी।
परै जाहि ते रही सही पति हूं सब खोनी॥
उन के हिय को भाव सदा ऐसही जनावै।
भारत की सब जाति एक जामैं ह्वै जावै॥
आरजधरम नसाय रहै जरहूं नहिं बाकी।
सीखैं कोरी भाँति भाँति की लोग चलांकी॥
लिखि पढ़ि खोटी नीति नारि बाहर कढ़ि कूदैं।
तजैं लाज निज नैन पुरुख मूँदैं तो मूँदै॥
खान पान को भेद न कछु कतहूं रहि जावै।
चार चार करि खसम नारि निज जनम नसावै॥
अहैं गँवारन गीत बेद ताको सब छोरैं।
रच्यो जाल ब्राह्मनन ताहि दलि मलि कै तोरैं॥
एक भाव मत जाति होंहिं सब भारतबासी।
कपट कुभावन के अनन्य सब होंहिं उपासी॥
जो इतनोहीं होत तो रह्यो अस दुख नांहीं।
उन की प्रीत न अहै देश की बस्तुहुँ मांहीं॥
इत को भूखन बसन भूलि उन को नहिं भावै।
इत को पुस्तक ग्रन्थ न उन को हियहुलसावै॥
इत की कारीगरी मैं न उन को मन लागै।
इत की सिल्पहुं मैं न चित्त उन को अनुरागै॥
कहँ लौं भाखहुं नारि हूं न इत केरि सुहावै।
पै इतनो धन कहा जो न इत की तिय आवै॥
ऐसे ऐसे देसहितैषिन की गति हेरी।
तुमैं याद करि तात फटति छतिया है मेरी॥
कहत देसहित जाहि रह्यो ताको तुम जानत।
देसहितैषी अजौं तुमैं सांचो सब मानत॥
अपने देसहिं के बने बसन तुम नित धार्‌यो।
देसी वस्तु प्रचार काज बहु जतन विचार्‌यो॥
रीति नीति मरजाद धरम निज देसहिं मांहीं।
खरी प्रीत तव रही कबौं छोर्‌यो तेहि नाहीं॥
जासों उन्नति होई सकत भारत की सांची।
कियों काज तुम सोई सदा बिबुधन सों जाँची॥

जा कारज को न्यायवती सरकार हमारी।
बिना कष्ट करि सकत ताहि तुम कह्यो बिचारी॥
नहिं बिरुद्ध सरकार के कबौं तुम कछु भाख्यो।
सदा ध्यान ताके महानपद को हिय राख्यो॥
हाय! तुमारी टूट कहो कैसे कै पूजै।
बार बार धुनि यही आज चहुँ दिसि मैं गूँजै॥
हित के बदले मैं जिन सों नित होत बुराई।
देसहितैषी अजौं परत ऐसे दरसाई॥
पै प्यारे तुमरो दुख कैसे इन ते जावै।
सीतलता तजि चन्द राहु सों कोउ किमि पावै॥
या भारत मैं अहैं लोग ऐसे बहु नांहीं।
जो चीन्हहिं ताके साँचे हितकारिन कांहीं॥
नतरु आज तव प्रान बियोग भये सब ओरा।
उठत भयंकर हाय हाय को आरत सोरा॥
रखनकाज चिरकाल जगत मैं नाम तिहारो।
करते लोग उपाय खोजते बिबिध सहारो॥
पै ए दिन हैं अजौं दूर या भारत कांहीं।
लहि ऐसी सरकार बढ़त नातो क्यों नांहीं॥
प्रातकाल नभ कर पसारि तमरासि नसाई।
छन छन अपनो ओप पुँज चहुँदिस बगराई॥
तेजोमय करि जगत देत जो रवि दिन पाये।
ह्वै मलीन छपिजात सोई रजनी मुख आये॥
रतन सरिस चमकहिं अनन्त नभ में जो तारे।
रातकाल लखि जिनै लहैं सुख अँखियन तारे॥
तिनहीं की गति भोर भये ऐसी ह्वै जावै।
सोक होत हिय लखे नयन अँसुआ भरि आवै॥
सातदीप नव खण्ड मांहिं जिन को जस ब्याप्यो।
थर थर जिन को सुनत नाम अरि को दल काँप्यो॥
जिन को तेज निहारि गये सुरजहुं सकाई।
तिनकी आज कथाहुँ नांहिं कहुँ परत सुनाई॥
बालमीकमुनि ब्यासदेव आदिक रिखिराई।
ज़िन की कलकीरति दिगन्त अजहूं है छाई॥

जिन को गुनि उपकार गरो अजहूं भरि आवै।
तिन की आज समाधिहूं नहिं कतहूं दरसावै॥
जग की ऐसिहिं रीति सदा सों है चलिआई।
आज जाहि हम लखत सो न कल परत दिखाई॥
परि अनन्त या काल स्रोत सबहीं नसि जावै।
धन बिद्या बल रूप आदि कछु काम न आवै॥
याते तुमरे काज अन्त हमहूं को प्यारे।
करन परत संतोख नैन अँसुअन को धारे॥
पै जब लौं हिन्दीप्रचार भारत मों रै है।
सरस बेलि भाखा की जब लौं नहिं कुम्हलैहै॥
जब लौं गैहैं लोग नागरी की गुनगाथा।
देवाच्छर की ओर झुकैहैं जब लौं माथा॥
जब लौं हिन्दी सरसलेख को आदर ह्वैहै।
कल कविता भाखा की जब लौं जग जस छैहै॥
जब लौं रहिहै एक जनहुं हिन्दीहितकारी।
लगिहै जब लौं एक जीव को हिन्दी प्यारी॥
तब लौं आदरसहित नाम तुमरो सब लैहैं।
हिन्दीहितकारिन मैं तुम को आसन दैहैं॥
याते अब हम कहन चहत औरहुँ कछु नाहीं।
केवल बिनवत प्रेम सहित इतनो तुम पाहीं॥
या अभागिनी हिन्दी की उतहूं सुधि करियो।
समय पाई कै याके दूखन को तुम हरियो।
वैसहिं रहिहौ याहि काज निज समय बितावत।
कबौं भूलिहौ नांहिं तुमैं हम सपथ दिवावत॥
सांति देय प्रभु तुमैं आतमा तव सुख पावै।
भारतमाता तुमहिं सरिस कोउ सुत उपजावै।
यही प्रार्थना अहै जगतपति पाँहिं हमारी।
भांति भांति पनि सांति सब्द त्रै बार उचारी॥

शोकोच्छ्वास।

बाबू हरिश्चन्द्र की मृत्युसम्बन्धिनी कविता।

दोहा।

सोकसिन्धु पसर्‍यो प्रगट, आज धरातल घेरि।
कालराहु कवलित कियो, भारतेन्दु को टेरि॥ 1॥

सुनतहुते जग आज लौं, राहुग्रसत ससिपूर।
अनपूरो हरिचन्द किमि, ग्रस्यो काल अगु कूर॥ 2॥

लहि समोद जा सोम सों, सुजस ब्रजेस मयूख।
भारतगुनी चकोर गन, चह्यो न ऊख पियूख॥ 3॥

बिकसत हे जाको निरखि, कबिगन कुमुद समूह।
राका लौं जासों लसी, भाखा कबिता जूह॥ 4॥

जाइ दुर्‍यो अब सो कितै, नहिं जनात है हाय।
अरे निरदई काल कछु, तोसों नांहि बसाय॥ 5॥

अस्त होत पूरो ससी, या ते मिलत बहोर।
कैसो यह अजगुत भयो, मिलन आस को तोर॥ 6॥

ऐसो तोहि न उचित थो, अरे काल मतिमन्द।
क्यों अकालही हरिलिंयो, भारतेन्दु हरिचन्द॥ 7॥

हाय हाय है मचिगयो, भारत मांहि अजान।
कहा लाभ यासों भयो, लह्यो कलंक निदान॥ 8॥

मेरी अभिलाखा लता, दई समूल उखार।
अरे काल मैं नहिं कियो, कबहूं तव अपकार॥ 9॥

मैं न कबहुं नैनन लखो, भारतेन्दु गुनऐन।
कृश्नकथा तिन की रची, पै पल भूलत हैन॥ 10॥

नित नव सो रस पियन की, हुती हिये मैं आस।
तेहि बिनासि कै तू अधम, पायो कौन सुपास॥ 11॥

हे जनरच्छक मुक्तिप्रद, भव भय हरन मुरारि।
हरिहर विधि बन्दित सदा, स्रमित रिन उरगारि॥ 12॥

जो चाह्यो सो करि लियो, प्रेरि काल सकलंक।
ना तो का करि सकत थो, काल बापुरो रंक ॥ 13 ॥

अब अस बिनवत दीन है, हरीऔध सुनु नाथ।
भारतेन्दु हरिचन्द को, कीजै परम सनाथ ॥ 14 ॥

हे भारतवासी महा, कीनों काल कुचाल।
आज नसी आसा किती, जानत श्री नँदलाल ॥ 15 ॥

सम्बत ससि जुग गो अवनि, माघ कृश्न कुज बार।
षष्ठी तिथि निसि मैं तज्यो, भारतेन्दु संसार ॥ 16 ॥

कवित्त।

ऐसो है कठोर कौन आज भूमि भारत मैं जाके काज दुख को कुबीज नाहिं ब्वै गयो। दै कै यह कठिन कलेस अरे कूर काल कहु तेरो हियरो निहाल कैसे ह्वै गयो॥ हरिऔध कहै कैसे एरे कपटी निकाम कृश्नरत प्यारो हरिचन्द तोसो ज्वै गयो। मूरख निलाज कहा लाज हूं न आई तोहि भारत के भाग को सुहाग आज ख्वै गयो ॥ 1 ॥ 17 ॥

एकै रह्यो सदा जो सप्रेम राधिकेस ध्यायो कीनों त्यों सनेम काज केते गुनिवर को। हरिऔध कहै कूर भारतनिवासिन को दीनी बार बार वीर वारी बुद्धिवर को॥ भाव भरे भारतेन्दु बाबू हरिचन्दहूं को पल ना बिसार्‌यो तोते खल है अपर को। कपटी कपूत कूर लम्पट कराल काल करत लखात तू अकालही कहर को ॥ 2 ॥ 18 ॥

दोहा।

हौं चाहत जब लौं गगन, भ्रमत रहैं हरि चन्द।
भुव तबलौं भूलै नहीं, भारतेन्दु हरिचन्द ॥ 19 ॥

स्वर्गारोहण।

षट्पद।

किस लिये आज मेरा जी है घबराया।
आँसू आँखों में क्योंकर है भरआया॥
सब का मन है किस लिये आज मुरझाया।
किस लिये अँधेरा सभी ओर है छाया॥
सब लोग किस लिये आज आह करते हैं।
रोते हैं वो ठण्डी साँसें भरते हैं ॥ 1 ॥

किस लिये दिसायें आज नहीं हैं वैसी।
यह धूप हो गई है धुँधली क्यों ऐसी॥
वह चमक रही क्यों नहीं चाहिये जैसी।
सूरज की गत हो गई आज है कैसी॥
क्यों बार बार इतना वह थर्राता है।
किस लिये वैसही डूब नहीं जाता है॥ 2॥

यह चिड़ियां क्यों नहिं आज चहचहाती हैं।
किस लिये चुप हुई बैठी दिखलाती हैं॥
उड़ती भी हैं क्यों नहीं क्या जनाती हैं।
अपने खोतों की ओर क्यों न जाती हैं॥
जिस से इन की हो गई दसा है ऐसी।
इन के ऊपर है आज बीतती कैसी॥ 3॥

वह पेड़ों में रह गई न क्यों हरियाली।
पत्तियां हो गई हैं उन की क्यों काली॥
झुक गई आप ही क्यों है उन की डाली।
किस लिये बेलियों की भी रही न लाली॥
लुट गई आज क्यों इन की सारी संपत।
क्यों रही नहीं फल फूलों में वह रंगत॥ 4॥

किस लिये घिर रही है इतनी अँधियाली।
है रात आज की तो देखो उँजियाली॥
किस लिये चाँदनी रही नहीं मनवाली।
है किस ने काली छींट चांद में डाली॥
क्यों नहीं चमकते हैं वैसेही सारे।
इतने धुँधले हो गये आज क्यों तारे॥ 5॥

क्या कहें नहीं हम से कुछ भी कह जाता।
मुँह को है कहते हुए कलेजा आता॥
जिस का झण्डा सब से ऊँचा फहराता।
भलमनसाहत में जिसे न कोई पाता॥
उठ गई आज विकटोरिया वही मेरी।
है घिरी इसी से चारों ओर अँधेरी॥ 6॥

बालकविनोद।

भगवान की बड़ाई।

जो है हमें बनानेवाला। उस का है सब काम निराला॥
देखो आसमान के तारे। कितने हैं आँखों के प्यारे॥
कोई नीला कोई पीला। कोई उजला वो चमकीला॥
देखो सूरज को है कैसा। चाँदी का गोला हो जैसा॥
कैसा प्यारा चाँद बनाया। जिसने देखा वही लुभाया॥
ठण्डी ठण्डी हवा बहाई। जो पेड़ों में होकर आई॥
यह पानी जो पीने का है। कितना अच्छा वो मीठा है॥
कर देती है आग हमारा। काम पका देने का सारा॥
जो यह मिट्टी है दिखलाती। कितने कामों में है आती॥
रंग रंग के फूल खिलाये। जिन के ऊपर भौंर लुभाये॥
बड़ा अनूठा वो मनभाया। चिड़ियों को गाना सिखलाया॥
हरे भरे पत्ते वो डाली। पेड़ों को दी है हरियाली।
तुम्हें उसी ने आँखें दी हैं। जिन पर पलकें लगी हुई हैं॥
कान दिये वो नाक बनाई। जीभ उसी से तुम ने पाई॥
हाथ पाँव वो बदन तुम्हारा। है उसकाही रचा सँवारा॥
लड़को तुम उस का गुन गाओ। उस को पूजो उसे मनाओ॥
इस से होगा भला तुम्हारा। पाओगे दुखसे छुटकारा॥

गिलहरी।

कहते जिसे गिलहरी हैं सब। सभी निराले उस के हैं ढब॥
पेड़ों से नीचे है आती। फिर पेड़ो पर है चढ़ जाती॥
कुतर कुतर फल को है खाती। बच्चों को है दूध पिलाती॥
उस की रंगत भूरी कारी। आँखों को लगती है प्यारी॥
होती है यह इतनी चंचल। कहीं नहीं इसको पड़ती कल॥
उछलकूद में है यह जैसी। दौड़धूप में भी है वैसी॥
बैठी इस धरती के ऊपर। दोनों हाथों में कुछ लेकर॥
जब वह जल्दी से है खाती। तब है कैसी भली दिखाती॥
चिकना चिकना रोआं इस का। लुभा नहीं लेता जी किस का॥
मत तुम इस को ढेले मारो। जी में इतनी बात बिचारो॥
कहीं इसे जो लग जावेगा। तो इस का जी दुख पावेगा॥
अब तक सब ने है यह माना। जी का अच्छा नहीं दुखाना॥

बन्दर।

देखों लड़को बन्दर आया। एक मदारी उस को लाया॥
कुछ है उस का ढंग निराला। कानों में है उस के बाला॥
फटे पुराने रंग बिरंगे। कपड़े उस के हैं बेढंगे॥
मुँह डरावना आँखें छोटी। लम्बी दुम थोड़ी सी मोटी॥
भवें कभी वह है मटकाता। आँखों को है कभी नचाता॥
ऐसा कभी किलकिलाता है। जैसे अभी काट खाता है॥
दांतों को है कभी देखाता। कूदफाँद है कभी मचाता॥
कभी घुड़कता है मुँह बाकर। सब लोगों को बहुत डराकर॥
कभी छड़ी लेकर है चलता। है वह योंही कभी मचलता॥
है सलाम को हाथ उठाता। पेट लेट कर है दिखलाता॥
ठुमुक-ठुमुक है कभी नाचता। कभी कभी है टके मांगता॥
सिखलाता है उसे मदारी। जो जो बातें बारी बारी॥
वह सब बातें वह करता है। सदा उसी का दम भरता है॥
देखो बन्दर सिखलाने से। कहने सुनने समझाने से॥
बातें बहुत सीख जाता है। कई काम कर दिखलाता है॥
फिर लड़को तुम मन देने पर। भला क्या नहीं सकते हो कर॥
बनो आदमी तुम पढ़ लिखकर। नहीं एक तुम भी हो बन्दर॥

बहन।

देखो लड़को बहन तुम्हारी। कैसी है भोली वो प्यारी॥
उस के हाथ पांव यह छोटे। पतले पतले थोड़े मोटे॥
लाल लाल वो गोरे गोरे। जैसे किसी रंग के बोरे॥
कितने आँखों को हैं भाते। कैसे हैं अच्छे दिखलाते॥
उस का धीरे धीरे चलना। कभी खेलना कभी मचलना॥
दो दो दाँतों को दिखलाकर। उसका हँसना कुछ मुँसकाकर॥
तुतली बातें प्यारी प्यारी। उस का कहना बारी बारी॥
भला नहीं किस को ठगता है। किसे नहीं प्यारा लगता है॥
उसे खेलौना जब देते हो। या जब उसे गोद लेते हो॥
तब वह कैसा खिल जाती है। कैसी प्यारी दिखलाती है॥
तुम उस को मत कभी रुलाओ। मत छेड़ो मत उसे डराओ॥
जो है इतनी भाली भोली। थोड़े में खुश होने वाली॥

बुरी बात है उसे रुलाना। उसे छेड़ना और खिजाना॥
बातों से उस को बहलाओ। प्यार दिखाकर हँसो हँसाओ॥
अच्छे लड़के तभी बनोगे। वो सब के प्यारे तुम होगे॥

कोयल।

काली काली कूकू करती। जो है डाली फिरती॥
कुछ अपनी ही धुन में ऐंठी। छिपी हरे पत्तों में बैठी॥
जो पंचम सुर में है गाती। वह ही है कोयल कहलाती॥
जब जाड़ा कम हो जाता है। सूरज थोड़ा गरमाता है॥
तब होता है समा निराला। जी को बहुत लुभानेवाला॥
हरे पेड़ सब हो जाते हैं। नये नये पत्ते पाते हैं॥
कितनेही फल वो फलियों से। नई नई कोंपल कलियों से॥
वह कुछ ऐसे लद जाते हैं। जो बहुत भले दिखलाते हैं॥
रंग रंग के प्यारे प्यारे। फूल फूल जाते हैं सारे॥
बसी हवा बहने लगती है। दिसा सब महँकने लगती है॥
तब यह होती है मतवाली। कूक कूक कर डाली डाली॥
अजब समां दिखला देती है। सबका मन अपना लेती है॥
लड़को जब अपना मुँह खोलो। तुम भी मीठी बोली बोलो॥
इस से कितने सुख पाओगे। सब के प्यारे बन जाओगे॥

प्रशंसावली

अर्थात्

नाना सत्पुरुषों की प्रशंसाविषयिणी कविता।

कवित्त।

चंचरीक चतुर चहत जाको चारु गंध नभग नरन को सो सरन सुनित्त है। पूरी होत कामुक की कामना अतुल जासों कलित कथनजाको ललित कबित्त है॥ गहत गुनीन मन कहत अलाप कल या गुन बिलोकि कै रहत चकिचित्त है। कंज है कि कुंज है कि कोष है कि कोकिल है कर है कि कवि है कि काशिकेश कित्त है॥ 1॥

दुखिन की दीनता औ दुख के दरन काज पूरन के हेत मनोकाम दीन उर को। हरिऔध गो द्विज समूह सन्मानन मैं राखन मैं सारो सौज साज निजपुर को॥ साधु संत सेवन औ आदर करन माँहिं चरन गहन माँहिं गौरव सों गुर को। बदि बदि बैरिन की बरता बिगारन मैं बिदित बिरद बीर बिजै बहादुर को॥ 2॥

छप्पै।

जब लौं ब्योम दिनेस और ससि की गति होवै।
जब लौं अहिपति सेस सेजमुरको रिपु सोवै॥
जब लौ महिमण्डल मैं गिरि तरु कानन सोहैं।
जब लौं जुवतीजन कटाच्छ सों पुरुखन मोहैं॥
जब लौं समुद्र मरजाद तजि जग को नहिं प्लावन करै।
तब लौं हरिऔध बिबुध हियो बिमल रावरो जस हरै॥ 3॥

कवित्त।

बिबुध बिहंग बृन्द बिटप बिसालतूही मेधावीन मण्डलीमराल मानसर है। भावुकता भामिनी के भाल को तिलक भव्य तूही भूरि भावन सरोज भानुकर है॥ हरिऔध भाखे तूही एहो काँकरौली भूप कामुक कबीन को कलित कल्पतर है। सविता कुदिन की करालता ते कुम्हिलाई कविता लता को एक तूही वारिधर है॥ 4॥

बीथिन मैं बार बार बगर बजारन मैं बिबिध बिनोद की बिसालताहूं बगरी। पूरित प्रमोदपुंज पुलकि पसीजि चले केते कवि कोबिद प्रवीन पाइ पगरी॥ हरिऔध काशी कविसभा की बिलोकि धूम सफल भई है सेवा सारदा की सगरी। धाई धाई इन्दिरा लुगाई सी फिरत आज बाजत बधाई चन्दसेखर की नगरी॥ 5॥

दोहा।

उदय भानु सम जग बिदित, सूरज भानु उदार।
द्रवहु दीन पै दया करि, भूलि न करहु अवार॥ 1॥

पढ़ब आदि सों अन्त लौं, तजब न एहि सुखकन्द।
दुखी निरखि द्विज दीन को, दीजै आज अनन्द॥ 2॥

आस रावरी जिय अधिक, दूजे की अस नांहिं।
तुव आछत कुछ नहिं भयो, तो जै हैं केहि पांहिं॥ 3॥

पांच बरस बीते दुखी, का पै कहँहुँ पुकार।
तुमरे चलत न अब चहत, अस दीनता हमार॥ 4॥

चलत चलत पग थकि गये, तकत आस जुग नैन।
करत खुसामद दिन गये, थके याहि ते बैन॥ 5॥

कहँ लौं मैं निज दुख कहँहुँ, सुनि दुख पैहो भूरि।
अब अस कीजै जाहि ते, होय आस हिय पूरि॥ 6॥

तीव्र ताप रवि अधिप तपि, तकि तव सीतल ठौर।
आइ पर्‌यो क्योंहूं सु चलि, नहिं निदरहु अब और ॥ 7 ॥

मैं नहिं बहु भाखन चहत, बिस्तर भय सुख दैन।
जान लेब इतनेहिं मैं, सकल बात गुन अैन ॥ 8 ॥

तुम दयालु मैं दीन हौं, तुम आरज मैं बिप्र।
सब बिधि है बानक बन्यो, रखत आसु हूं छिप्र ॥ 9 ॥

करि पूरन तेहि देहु तुम, या गरीब को मान।
याके बदले करैगो, तुमरो हित भगवान ॥ 10 ॥

कवित्त।

दै के आस कीजै ना निरास सुखदानी आज जासों जौन भाखै तासों फेर भजनो कहा। कीजै दीन द्विज केरो काज जग जस लीजै 'सूर्य्यभानु' बिगत प्रकाश छजनो कहा ॥ हरिऔध रावरो प्रताप याते दूनो होवे कारज है थोरो याके हेत सजनो कहा। 'यातो काहू रंग मैं न रँगिये सुजान प्यारे रँगे तो रँगेई रहे फेर तजनो कहा' ॥ 11 ॥

सांच हौं बखानों या मैं संकहूं कछू ना अहै आपहूं बिचारैं आप तजे कौन जोवैगो। आप हैं कृपालु आप सूर्य्यभानु नाम राखैं आप को प्रकास तो तिमिर सब खोवैगो ॥ हरिऔध आप को भरोसो दृढ़ राखै याते लिपि जो लिलार वाको खूब आज धोवैगो। औरन के तजे आस आप की घनेरी राखी आपहूं तजेंगे तो निबाह कैसे होवैगो ॥ 12 ॥

दोहा।

बलि सुत को पति तासु सुत, तेहि बैरी को तात।
सो तुमरी रच्छा समुद, करत रहैं दिन रात ॥ 13 ॥

रोलाछन्द।

एहो द्विजकुल कमल बाल रवि बहु गुनवारे।
एहो द्विजता कल कवीक ससिजन रखवारे ॥
विद्यानारि सिंगार कला युवती तन भूखन।
एहो अरिकुल अन्धकार हित खर तर पूखन ॥
सुनीतिज्ञ बर बिज्ञ अभिज्ञ सकल ग्रन्थनमत।
तज्ञ परम कालज्ञ गुणज्ञ कृतज्ञ अनवनत ॥
कलित कर्म्म के कोष कुसल करतव्य कृपाकर।
कोबिद करुनासिन्धु काब्यपटु कौतुक आकर ॥

रमासरिस रमनीय जन सुखद संकर के सम।
एहो श्रीयुत श्रीलरमाशंकर बुध सत्तम॥
कीट सेसकी गाथ लवा खगपति गति भाखै।
है अजगुत की बात पै सबै निज रुचि राखै॥
प्रभा कीट नहिं पहुँचि सकत क्यों हूं रबिआगे।
पहुँचि गये पै चमकि गये तेहि दोख न लागे॥
प्रभु के बर मरजाद सौह कछु भाखन केरी।
दोऊ भुजा उठाइ कहत है सकति न मेरी॥
पै जो रखि हिय दया नाथ मों को अपनायो।
ताही को बलपाय जन कहत निज मन भायो॥
निज मन की परतीत काज जग दिनमनि काहीं।
दीप दिखाइ प्रबोध करत बिचलत हिय नांहीं॥
बहु-तरंग मालिनी गंग को बारि चढ़ावत।
अर्थ धर्म के धाम बिश्नु को भोग लगावत॥
बिबुध न दूखत तिनैं लहत तिनहूं मनभायो।
याही ते कहि कछू हम चहत प्रभु बिलमायो॥
हम इक लघु द्विज हुते जीविका ही जेहि थोरी।
अनाधार अवलम्ब रहित गति ही जग मोरी॥
कोउ न सहायक हुतो न कोउ हित चाहनवारो।
रह्यो अति कठिन राजद्वार मैं गमन हमारो॥
बहुत बार करि ब्योंत न हम इच्छितफल पायो।
सदा अनासा रही साथ मुख सुख न दिखायो॥
पै प्रभु कृपा सुजोति जगे थोरे दिन मांहीं।
नसी निरासा निबिड़कालिमा तजि हठकांहीं॥
जिमि दिनेस की जोति पाइ चमकहिं नभतारे।
जिमि आतप के परे छुद्र रजकन दुति धारे॥
लोहा पारस परसि होय जिमि सुबरन पावन।
चन्दन तरु की लगे वायु तरु होत सुहावन॥
तिमि प्रभु को पद परसि भाग लघुजन को जाग्यो।
चिर संचित दुख दोख छोरि हम को जनु भाग्यो॥
या सताब्दी माँहिं अहै द्विजगन गति जैसी।
हम जानत जग मांहिं आन गति अहै न तैसी॥

सेवा करत लजात भीख मांगे नहिं पावत।
खेती मैं स्रम होत बनिज को ढंग न आवत॥
पूज्य बनन की चाह पै न कछु बरता राखत।
मान चहत मनमांहि पै सदा सब सों माखत॥
अहै कौन सो समय कहा करनो कब चाहै।
इन को याको ढंग भूलि दीनों बिधिना है॥
कछु लिखि पढ़ि जहँ जात तहाँ कछु ऐसी ठानत।
जाते देखतही अरुचि सबै निज मन आनत॥
ऐसे असमय समै जो ढरे प्रभु जन ऊपर।
जन ताको प्रतिकार करि सकत नहिं या भूपर॥
पै प्रभु को अनमोल समय अब चहत न खोअन।
पृथक चहत प्रभु सुजस केरि मनिका हम पोअन॥
याते इतनो चाहि जन करत बिनय समापन।
होत न अधिक हियाव लग्यो हमरो हिय कांपन॥
जब लौं नभ मैं देखि परैं बुधि बल नव तारे।
जब लौं रबि के आस पार फिरि भूमि न-हारे॥
जब लौं जलनिधि उदर भेदि नवदीप दिखाहीं।
आकरखन बल नभ जौलौं उडुगन ठहराहीं॥
जब लौं मनु को बंस जगत मैं जस बिस्तारै।
जब लौं जल को करखि मूल सों तरुतन धारै॥
तौ लौं सौरभ सरिस फैलि प्रभु सुजस सुहावन।
सज्जनगन मन भौंर काहिं सीखै बिलमावन॥

दोहा।

बहत वायु मलयज परसि, दिसि सुगन्ध सरसाय।
चन्दन पादप होयगो, आज तरुन समुदाय॥ 1॥

जानि बसन्तागम परत, हिय सरसावत चैन।
हरित सुबिकसित देखिअत, आज तरुन मुद अैन॥ 2॥

सरस सरद को आगमन, है प्रिय आज लखात।
सारस हंस चकोर कुल, जाते अति उमगात॥ 3॥

जन रंजन बरखागमन, मन निरधारत मोर।
जाते दादुरगन रटत, और नटत बनमोर॥ 4॥

सुभागमन श्री ह्वैट को, अहै ओपमय सूर।
हीरक लौं चमकत जगत, जाते रजकन कूर ॥ 5 ॥

छन्द।

किधौं सूर लै चन्द को साथ आयो।
महा ओप को पुंज है आज छायो ॥
किधौं मन्त्रि के साथ पाकारि सोहै।
धरा आज जाते बड़ो चित्त मोहै ॥
किधौं काम लै कै बसन्तर्तु राजै।
खिले पुष्प औ भृंग को वाद्य बाजै ॥
किधौं शुक्र लै चन्द को तात भासै।
महाज्ञान औ बुद्धि बानी बिकासै ॥
किधौं व्यास के साथ श्रीसूत दीसै।
बड़े विद्यमानीन को मान मीसै ॥
किधौं ह्वैट ज्ञानी रमा सम्भु साकं।
बिराजै कहै ज्ञानदं गूढ़ बाकं ॥ 1 ॥

दोहा।

विद्या प्राची दिसा के, स्वागत प्रखर दिनेस।
नसत अविद्या जामिनी, भये जासु लवलेस ॥ 1 ॥

लहत मोद सरसिज सुघर, बालक को समुदाय।
जिन के सुगुन सुगन्ध ते, पाठक हिय हुलसाय ॥ 2 ॥

सारस सरिस अनन्द अति, पावत पाठक लोग।
पै वे सुमति सुनिसा मैं, लहत जु कुमति बियोग ॥ 3 ॥

दुरे उलूक समान ये, पाठक आजु लखात।
जो आलस जड़ता निसा, सुख पावत सरसात ॥ 4 ॥

उडुगन लौं खलगन सकल, दुरे देखिअत आज।
तम असमझ मैं लहत है, जिन को मोद समाज ॥ 5 ॥

कुमति कवीक भई हिये, अति लज्जित अकुलाय।
उदय भये अज्ञान ससि, जेहि अनन्द अधिकाय ॥ 6 ॥

अब प्रभु ते बिनती करत, जन दोऊ कर जोर।
हाथ आयहै नहिं कबौं, ऐसो समै बहोर ॥ 7 ॥

मिडिल पास बालकन को, जिमि पकर्‍यो प्रभु हाथ।
राज काज मैं थान दै, तिन को कियो सनाथ ॥ 8 ॥

जिमि उठाय ग्रन्थन बुरे, कियो सुग्रन्थ प्रचार।
अरु भारत बासीन को, दियो चैन करि प्यार ॥ 9 ॥

जिमि बिभाग विद्या करी, उन्नति प्रभु दै ध्यान।
औ ताके दुख को हर्‍यो, दरि औरन को मान ॥ 10 ॥

जिमि प्रचारि विद्या नई, जड़ता दई निकार।
या बिधि ते कितनो कियो, भारत को उपकार ॥ 11 ॥

तिमि करि दया दयानिधे, सुनहु दीन को बैन।
पकरि नागरी बांह को, कीजै ताहि सचैन ॥ 12 ॥

राजकाज मैं थान दै, पुजवहु मन की आस।
त्यों जस दुन्दुभि को सबद, बगरावहु चहुं पास ॥ 13 ॥

छन्द।

भयो आज यह नगर आगमन प्रभु ते ऐसो।
कछु बखानि करि सकत पै न जस चाहत वैसो ॥
धरा यहाँ की लसत मंजु मन मोहत सब के।
लगत रम्य आराम मलीन रहे जो कब के ॥
बहत पवन सनिगन्ध मन्द सीतल सुखदायक।
बिकसे कुसुम अनन्त मोद के परम सहायक ॥
करत कुतूहल बालबृन्द पाठकहिय हुलसत।
नगर नारि नर मुदित खेद को नेक न परसत ॥
डगर बगर अति धूम हाट औ बाट मनोहर।
खिजत स्वर्ग मन मांहिं होय लज्जित अपने उर ॥
कल्प कुसुम ते सरस यहाँ को सुमन बिराजत।
कल्प बृच्छ को निदरि मनोहर तरुगन राजत ॥
एडमन्ड ह्वाइट इसक्वायर सी यस लखियत।
आज नाथ आगमन सकल कौतुक जो कहियत ॥

दोहा

स्वागत मूढ़ कुधातु के, पारस परम अनूप।
स्वागत सुगुन सुखेत के, नव परजन्य सरूप ॥ 1 ॥

स्वागत कला कलापिनी, हित घननाद समान।
स्वागत जड़ता तिमिर के, दिनकर ओप निधान ॥ 2 ॥

स्वागत खलता कृषी के, जग हिम उपल समूह।
स्वागत विद्या मही के, नव पादप को जूह ॥ 3 ॥

स्वागत गुनी सरोज के, सुखदायक परभात।
स्वागत कुमुद सुजान के, हिमकर सीतल गात ॥ 4 ॥

स्वागत बिदुष मराल के, मानसरोवर कूल।
स्वागत श्रीयुत लच्छमी, संभु सकल सुखमूल ॥ 5 ॥

दोहा।

अहै सुसोभित या नगर, सो अपार गुनधाम।
कहत सुनत हरखत हियो, जाको सुजस ललाम ॥ 1 ॥

देवराज लौं तेज जेहि, लखि सुख पावत लोग।
धन्वन्तर लौं जासु जस, सकल दरत दुखसोग ॥ 2 ॥

सुरगुर लौं जाकी कला, विद्या भनत कबिन्द।
जेहि उदारता मेघ सम, भाखत सबै अनिन्द ॥ 3 ॥

धरासरिस जा मैं छमा, प्रगट देखिअत नैन।
अमी पियूखहुँ ते सरस, जाके मुख को बैन ॥ 4 ॥

भई जासु अधिकार मैं, विद्योन्नति सब ठौर।
कुमति अज्ञाता हीनता, बनी काल को कौर ॥ 5 ॥

जिती असत पुस्तक रहीं, तिन को भो अपकार।
सरस सुखद सदग्रन्थ को, दिन दिन होत प्रचार ॥ 6 ॥

निज पद जे न लहत हुते, लिखि पढ़िकै ते आज।
पाइ आपने पदन को, सारत अपने काज ॥ 7 ॥

दीन हीनहूं सुख लहत, दुखियन पावत चैन।
पाइ आपने थान को, कहत साँच ए बैन ॥ 8 ॥

याते बिनवत ईस ते, कर सम्पुट को जोर।
सेस सीस जौलौं धरा, गंग बहै निधि ओर॥ 9॥

रबि ससि उडुगन ते रहै, जब लौं राजत ब्योम।
तौलौं ताको जस बढ़ै, कबौं न होय बिलोम॥ 10॥

छप्पै।

जब लौं जग मैं नीति नृपन के हिये बिराजै।
जब लौं उडुगन सहित गगनरजनीपति राजै॥
जब लौं भू मैं अति पुनीत गंगाजल सोहै।
जब लौं बुधजन हियो कबिन की कबिता मोहै॥
एहो श्रीयुत श्री लक्ष्मीशंकर तब लौं हम चहत।
फैले प्रफुलित गुनिमन करत बसुधा तव कीरति महत॥ 1॥

दोहा।

एहो गुनिजन प्रान धन, द्विजकुल के सिरमौर।
बिज्ञ रसिक पण्डित गुनी, सकल सुमति के ठौर॥ 1॥

ज्ञानवान बिद्वान वर, महिमायुत मतिमान।
कृपासिन्धु करुनायतन, रहित क्रोध अभिमान॥ 2॥

श्रीयुत श्रीश्री लच्छमी, सम्भु सकलगुन ऐन।
अरिसमूह संताप कर, मीतन के सुख दैन॥ 3॥

जिन मार्‌यो लंकेस को, हिय मैं बान प्रहारि।
बीच सभा मैं जिन दियो, कंस केस गहि डारि॥ 4॥

हम चाहत हिय मैं सदा, अति प्रमोद उपजाय।
वह तुमरी रच्छा करैं, है सब ठौर सहाय॥ 5॥

छन्द।

स्वागत सब गुन अैन रसिक बर विद्यासागर।
स्वागत नीति निधान विज्ञबर मानदनागर॥
हम थोरी मति रखत अहैं प्रभु बहु गुनवारे।
फिर कैसे कहि सकत रावरे हम गुन सारे॥
पै लखि कै छबि आज रावरी हिय सुख पावत।

याही ते कछु कहन काज हम चाव बढ़ावत॥
एहो श्रीयुत राय बहादुर लछिमी संकर।
चटसालन के इन्सपेक्टर एम ए पदधर॥
निज डिप्टी श्रीमान मोलवी अकबर खाँ को।
साथ लिये जिमि फबत हम कहत वा उपमा को॥
किधौं दैत्यगुरु साथ भानु को तात सुहावत।
किधौं चन्द के संग भूमि को सुतछबि पावत॥
हम निश्चय करि सकत नांहिं याते सुख पाई।
केवल इतनो चहत मोद हिय मैं उपजाई॥
जब लौं बन गिरि नदी सहित यह पुहुमी राजै।
तबलौं प्रभु को सुजस बिबुध गन हिये बिराजै॥ 1॥

दोहा।

लछिमी जाके गृह बसत, छबि पावत सब भाँति।
कै लछिमी के सरिस जेहि, जग की रीत जनाति॥ 1॥

शंकर, शं, करतै रहत, जाको सहित उमाह।
कै शंकर के सम अहै, जा मति केर प्रबाह॥ 2॥

राय सरिस जाको अहै, सौज साज एहि काल।
कै सिखरावति राय जेहि, नीतिहुँ कांहिं सुचाल॥ 3॥

होत बहादुर कूर हूं, जाके बल को पाय।
किधौं बहादुर लौं कबौं, जाको रोस जनाय॥ 4॥

राय बहादुर बिबुध बर, लक्ष्मी शंकर सोय।
चिरजीवौ जग मैं अटल, तव प्रताप नित होय॥ 5॥

दोहा।

सुखी होहु बुधजन उमहिं, मोद बढ़ाइ अपार।
तिन को दरसन पाइहौ, तुमैं करत जो प्यार॥ 1॥

कहा करत हो मौन गहि, अहो गुनीजन धीर।
चलहु क्यों न तिन को लखन, जा हित रहे अधीर॥ 2॥

सुनत न क्यों मेरी चले, कहा करन कबिराय।
आयो है जासों मिलत, तुम अतिही सुखपाय॥ 3॥

लरिकन तुम क्यों करत हो, अब बिलम्ब न जनाय।
अपनी उन्नति के समय, कोऊ चूकि न जाय ॥ 4 ॥

को आयो को सोर सुनि, मैं अति पुलकित होय।
केवल इतनोहीं कह्यो, राय बहादुर कोय ॥ 5 ॥

दोहा।

अहो आज का होत है, कौतूहल एहि ग्राम।
कहा जानि पहिरत अहै, बालक बसन ललाम ॥ 1 ॥

क्यों प्रमोद अस होत है, जाते सहित हुलास।
सजे बजे बालक कढ़त, तजि आपनो अवास ॥ 2 ॥

है बिनोद क्यों अस बढ़ो, अहो मीत गुनऐन।
जाते भू सूधो परत, लरिकन को पद हैन ॥ 3 ॥

जानि परत मोको नहीं, कहा जानि कै आज।
सनमुख आवत है सजी, लरिकन केरि समाज ॥ 4 ॥

अहा जानि मैं अब गयो, भो भ्रम केर बिनास।
श्रीलक्ष्मीशंकर बिदुख, आये पूरन आस ॥ 5 ॥

ग़ज़ल।

आते हैं आज लक्ष्मीशंकर।
तेज में जो हैं दूसरे दिनकर ॥
हमने सोचा जो और तो समझा।
बुद्धि भी उन की है बहुत बढ़कर ॥
योंहीं यह भी बिचार में आया।
रूप क्या काम से है कुछ घटकर ॥
ठीक ही आपने कही यह बात।
हैं बृहस्पतिसमान वह बुधवर ॥
नीति भी जानते सभी हैं वह।
दैत्यगुरु के समान हैं पटुतर ॥
गुन भी उनका है नीरनिधि की भाँति।
सब तरह से अथाह रतनाकर ॥

क्या दया का बखान मुझ से हो।
धर्म्म की आँख रहती है उनपर॥
अन्त होता नहीं प्रशंसा का।
क्या करें जो न हम रहें चुपकर॥ 1॥

क़िता।

क्यों फूल रहे हैं आज तरुगन?
क्यों घूम रहे हैं भृंग बनबन?
आते हैं हमारे इन्सपेक्टर।
होता है इसी से चित्त रंजन॥ 1॥

क्यों बिनोद हम से आज मिलता है।
क्यों कलेजे का दूख छिलता है॥
लच्छमी संभु की अवाई है।
जी हमारा इसी से खिलता है॥ 2॥

बहती है बायु मन्द मन्द गन्ध को लिये।
करते हैं गान भृंग पान पुष्परस किये॥
है आगमन कहो तो आज किस महानकी।
जिस से हमैं किसी ने कई लाख देदिये॥ 3॥

आर्य्यपंचक।

लावनी।

जैसा हमने खोया न कोई खोवेगा।
ऐसा नहिं कोई कहीं गिरा होवेगा॥
एक दिन थे हम भी बल विद्या बुधवाले।
एक दिन थे हम भी धीर बीर गुनवाले॥
एक दिन थे हम भी आन निभानेवाले।
एक दिन थे हम भी ममता के मतवाले॥
जैसा हम सोये क्या कोई सोवेगा।
ऐसा नहिं कोई कहीं गिरा होवेगा॥ 1॥

जब कभी मधुर हम सामगान करते थे।
पत्थर को मोम बनाकर के धरते थे।
मन पसू और पंखी तक का हरते थे॥

निरजीव-नसों में भी लोहू भरते थे॥
अब हमें देख कर कौन नहीं रोवेगा।
ऐसा नहिं कोई कहीं गिरा होवेगा॥ 2॥

जब कभी बिजय के लिये हम निकलते थे।
सुन कर के रणहुंकार सब दहलते थे॥
बल्लियों कलेजे बीर के उछलते थे।
धरती कँपती थी नभतारे टलते थे॥
अपनी मरजादा कौन यों डबोवेगा।
ऐसा नहिं कोई कहीं गिरा होवेगा॥ 3॥

हम भी जहाज पर दूर दूर जाते थे।
कितने दीपों का पता लगा लाते थे॥
जो आज पासफ़िक ऊपर मँडलाते थे।
तो कल अटलांटिक में हम दिखलाते थे॥
अब इन बातों को कहो कौन ढोवेगा।
ऐसा नहिं कोई कहीं गिरा होवेगा॥ 4॥

तिल तिल धरती था हम ने देखा भाला।
अमरीका में था हम ने डेरा डाला॥
यूरप में भी था हम ने किया उँजाला।
अफ़रीक़ा को था अपने ढँग में ढाला॥
अब कोई अपना कान भी न टोवेगा।
ऐसा नहिं कोई कहीं गिरा होवेगा॥ 5॥

सभ्यता को जगत में हम ने फैलाया।
जावा में हिन्दूपन का रंग जमाया॥
जापान चीन तिब्बत तातार मलाया।
सब ने हम से ही धरम का मरम पाया॥
हम सा घर में काँटा न कोई बोवेगा।
ऐसा नहिं कोई कहीं गिरा होवेगा॥ 6॥

अब कलह फूट में हमें मजा आता है।
अपनापन हम को काट काट खाता है॥
पौरुख उद्यम उत्साह नहीं भाता है।
आलस जम्हाइयों में सब दिन जाता है॥

रोरो गालों को कौन यों भिंगोवेगा।
ऐसा नहिं कोई कहीं गिरा होवेगा ॥ 7 ॥

अब बात बात में जाति चली जाती है।
कँप कँपी समुन्दर लखे हमें आती है ॥
हरिऔध समझते ही फटती छाती है।
अपनी उन्नति अब हमें नहीं भाती है ॥
कोई सपूत कब यह धब्बा धोवेगा।
ऐसा नहिं कोई कहीं गिरा होवेगा ॥ 8 ॥

लावनी।

आओ प्यारे बैठो तुम को समझावें।
हम श्राद्धकरम का मरम तुम्हें बतलावें ॥
जो कभी किसी का हित कोई करता है।
तो सुजन सदा उस को जी में धरता है ॥
मर जाने पर भी दम उस का भरता है।
उस के लड़केबालों पर भी ढरता है ॥
नित भले जगत को भली नीति सिखलावें।
हम श्राद्धकरम का मरम तुम्हें बतलावें ॥ 1 ॥

मुँह के ऊपर हैं बातें सभी बनाते।
जीतेजी तो हैं प्यार सभी जतलाते ॥
पर जगत बीच हैं मरद वही कहलाते।
जो मरजाने पर भी हैं नेह निभाते ॥
ऐसे ही जन जग में स्वर्गीय कहावें।
हम श्राद्धकरम का मरम तुम्हें बतलावे ॥ 2 ॥

जो कहते हैं क्या मरे हुए को मानें।
वह निज गौरव की बात नहीं अनुमानें ॥
मरजादा अपने बड़ों की न पहचानें।
वह कुछ कृतज्ञता का बिभेद नहिं जानें ॥
वह गूढ़ बात में मन भी नहीं लगावें।
हम श्राद्धकरम का मरम तुम्हें बतलावें ॥ 3 ॥

जो मरे हुये जगबीच मान नहिं पाते।
तो क्यों समाधि मक़बरे अनेक लखाते ॥

क्यों सभा समाजों में उन का जस गाते।
क्यों चन्दा करके यादगार बनवाते॥
जगबीच मरे सब ठौर समादर पावें।
हम श्राद्धकरम का मरम तुम्हें बतलावें॥ 4॥

है कौन पिता माता समान उपकारी।
है रोम रोम ऊपर उन का ऋन भारी॥
मरतेही जो भूलैं ऐसे हितकारी।
तो हम सा है जगबीच कौन अपकारी॥
है यही उचित जो हम उन को नित ध्यावें।
हम श्राद्धकरम का मरम तुम्हें बतलावें॥ 5॥

है हिन्दूजाति सदा उन का गुनगाती।
मरतेही उन को भूल नहीं है जाती॥
जिस दिन उन के मरने की तिथि है आती।
उस की सनेह से भर आती है छाती॥
वह उमग उमग कर नैनों नीर बहावें।
हम श्राद्धकरम का मरम तुम्हें बतलावें॥ 6॥

हिन्दू उस दिन हैं उन का परब मनाते।
अपने पुरोहितों को हैं सबिधि जिमाते॥
कंगाल गरीबों में हैं अन्न बँटाते।
सादर हैं अपने भाईबन्द खिलाते॥
वह प्रेमबिवस तन की सुधि भी बिसरावें।
हम श्राद्धकरम का मरम तुम्हें बतलावें॥ 7॥

जिस से इतना धन बिना नहीं बन आवे।
वह एक बरहमन अपने यहां जिमावे॥
यों यादगार पित की हरसाल मनावे।
हिन्दू कृतज्ञता का गौरव दिखलावे॥
ऐसे अवसर नर बड़े भाग से पावें।
हम श्राद्धकरम का मरम तुम्हें बतलावें॥ 8॥

यह ऐसी अच्छी यादगार है जारी।
जिस को कर सकते हैं सारे नर नारी॥
कालिज आदिक जो यादगार हैं भारी।
उन के दौलतवाले ही हैं अधिकारी॥

इस रीति चलाने वाले को बल जावें।
हम श्राद्धकरम का मरम तुम्हें बतलावें ॥ 9 ॥

अब रहा नहीं धन जो उतसाह दिखावें।
पितरों को जल देकरही मन समझावें ॥
इक मूठी चावल का हम पिण्ड बनावें।
उस को अरपनकर जी की कसक मिटावें ॥
यों दुख में भी नहिं निज परतीत नसावें।
हम श्राद्धकरम का मरम तुम्हें बतलावें ॥ 10 ॥

अपने अच्छे गुन वो सुनीति को खोकर।
निज कुल मरजादा को सब भाँति डुबोकर ॥
कौमीयत को भी बृथा लगाकर ठोकर।
तुम कभी न उन्नत होगे आरज होकर ॥
हरिऔध प्यार से यह तुम को जतलावें।
हम श्राद्धकरम का मरम तुम्हें बतलावें ॥ 11 ॥ 2 ॥

लावनी।

हम लाख बात की एक बात कहते हैं।
हिन्दू रहकर ही भारत के रहते हैं ॥
हैं मुसलमान जितने हम को दिखलाते।
उनमें हम हिन्दूबंस अधिक हैं पाते ॥
पर अब हिन्दूही उन्हें नहीं हैं भाते।
भारत से उन के दूर हुये सब नाते ॥
कहते इन आँखों से आँसू बहते हैं।
हिन्दू रहकर ही भारत के रहते हैं ॥ 1 ॥

दजला फुरात उन की प्यारी नदियाँ हैं।
अब अरब रूमही को वह सदा सराहैं ॥
मक्का को और मदीनाही को चाहैं।
वह सदा मुहम्मदसंग सनेह निबाहैं ॥
कितनेही कलेजे इस दुख से दहते हैं।
हिन्दू रहकर ही भारत के रहते हैं ॥ 2 ॥

जितने हिन्दू ईसाई बने लखावें।
वह ईसा को अपना औतार बतावें ॥

तीरथ करने को यरूशलम में जावें।
वह जारडन के जल को पवित्र बतलावें॥
वह चालढाल यूरपही का गहते हैं।
हिन्दू रहकर ही भारत के रहते हैं॥ 3॥

ब्रह्मो समाज आरज समाज मतवाले।
कहने ही को बनते हैं भारतवाले॥
दुनिया भर से हैं इन के ढंग निराले।
इन लोगों ने अपने ही घर हैं घाले॥
यह निज मनमानी सदा किया चहते हैं।
हिन्दू रह कर ही भारत के रहते हैं॥ 4॥

हैं बड़ी जाति जितनी जग बीच लखाती।
उन सब की हैं जातीय बस्तु दिखलाती॥
पर इन को हैं जातीय बस्तु नहिं भाती।
सुनकर के उन का नाम लाज है आती॥
ये यूरप की बातों हीं पर ढहते हैं।
हिन्दू रहकर ही भारत के रहते हैं॥ 5॥

इन का जी श्रीगंगे सुनकर जलता है।
काशी प्रयाग पर क्रोध सब निकलता है॥
दसमी दीवाली को आसन टलता है।
श्री राम कृष्ण गुनगान बहुत खलता है॥
सुनकर पुरान को ये नहीं उमहते हैं।
हिन्दू रहकर ही भारत के रहते हैं॥ 6॥

ये नाहक बिखरस बीच घोल जाते हैं।
ये मिलेहुओं को बरबस बिलगाते हैं॥
ये कलह फूट जन जन में फैलाते हैं।
ये रही सही जातीयता नसाते हैं॥
ये इन बातों में महामोद लहते हैं।
हिन्दू रहकर ही भारत के रहते हैं॥ 7॥

अब भी जै श्रीगंगे की धुनि अतिप्यारी।
उमगा देती है बीस कोटि नर नारी॥

देते सुनकर मन्दिर मुरत को गारी।
है बीस कोटि तनते कढ़ती चिनगारी॥
जल भुन कर ये इन बातों को सहते हैं।
हिन्दू रहकर ही भारत के रहते हैं॥ 8॥

ऐ भारत का मुख उज्जल करनेवालो।
सोचो समझो अपना घर देखो भालो॥
घबराकर के पग इधर उधर मत डालो।
अपनी मरजादा को धीरज से पालो॥
हरिऔध धरमबल से सभी निबहते हैं।
हिन्दू रहकर ही भारत के रहते हैं॥ 9॥ 3॥

खेमटा।

हम साँची कहै मत मानो बुरा।
आरज का यह काम नहीं है जो वह राखे बगल में छुरा॥
वह गाड़ी कब लीक गहेगी ठीक न होवे जिस का धुरा।
भेदभरी घर की बातन को कौन भला नहिं रखता दुरा॥
तुरत भले नहिं कह देते हैं जो जब उन के जी में फुरा।
आरज ए हरिऔध वही है जो जन हित में जी से जुरा॥ 4॥

हम कैसे तुमैं समझावैं कहो। रार मचावत हो उनहीं सो तुम जिन को अपनाया चहो॥ जिन के जी में घर करना है तुम उनहीं से किनारे रहो। मानत हो सब थल प्रभु बासी फिर क्यों मन्दिर देखे दहो॥ पण्डित जन गुन को गहते हैं पर तुम औगुन ही को गहो। आरज तुम हरिऔध तभी हो जो दुख काहू के जी को न हो॥ 5॥

विनोदसप्तक।

ठुमरी।

बतियाँ न बनावो अति चपल स्याम। बिनगुन हार हिये पै राजत बलय पीठ बिकसित ललाम॥ चंचल नयन अरुन अलसौंहैं बिथुरी अलक जगे त्रिजाम। परत कहा हरिऔध पगन पै मोंसों रह्यो अब कौन काम॥ 1॥

पलहूं नहिं भूलत हाय दई। साँवलि सूरत माधुरि मूरत नैन कमलसम चैन मई। मन्द मन्द पग धरन धरा पै कटि किंकिनि धुनि जगत जई। हरीऔध वह बिहँसन बोलन वह सुकपोलन अलक छई॥ 2॥

हमरी गति है है कौन हरी। पापहि मांहिं आयु सब बीती गुन नहिं गायो एक घरी।

करत कुचर्चा अति सुख मानत परहित की नहिं बानि परी। जो तुमहूं प्रभु बिरद भुलैहो तो कैसे हरिऔध तरी ॥ 3 ॥

चैता।

बिगरल मोर करमवां नहिं जानों कौने करनवां। घर गाँव छुटल दियार देस छूटल छुटि गैलैं सिगरे सजनवां ॥ खोजलेहुँ कतहुँ न हित हम पावत सब सुख भैलैं सपनवां। घाम नहिं गिनली बतास नहिं गिनली सुख सों न कैली सयनवाँ। मरि मरि के निज काम सँवरली तबहुं भयल मनमनवां। बरस बरस की होरिहुँ के दिन दुख कै भयल समनवां। तुम बिन को हरिऔध उबारै हे हरि बिपति हरनवां ॥ 4 ॥

सजनी सैयां नहिं आये बगिअन फुलल बेइलिया। अमवा बौरे भँवरवा भूले पिअर भइल कनइलिया ॥ चटकन लगी गुलाब की कलिया कुहकत फिरत कोइलिया। अजहुँ न पिय हरिऔध निठुर के मन की मिटल मइलिया ॥ 5 ॥

पिय परदेसवां में छाये कटत चइत की न रतिया। डारन कुहुकि कोइलिया बोलत चाँदनि भइल सवतिया ॥ चन्दहिं देखि करेजवा बिहरत बाढ़ल नई बिपतिया। छन छन अँखियन नाचन लागी पिय हरिऔध सुरतिया ॥ 6 ॥

खेमटा।

साँवरे मोरी बहियां गहोना। समुझि बूझि मुखबैन उचारो, कोऊ अनुचित बात कहोना ॥ बरबस रार करत कत मोंसों गैल रोकि तुम ठाढ़ रहोना। मानि कही हरिऔध हमारी हम सों दधि को दान चहोना ॥ 7 ॥

प्रमोदपंचक।

दादरा।

कैसो है मोहन छैल छबीला। बिहँसन मंजु बयन अति प्यारे कैसो है दोऊ नैन रसीला ॥ घुघुरारी अलकैं सुकपोलन कैसो फबै दोउ अधर रँगीला। दमकत दारिम सी दसनाविल चारु चिबुक है कैसो नुकीला। मृदुल बिसाल सुहावन बाहैं कंध दोऊ है कैसो सजीला। लसत उदर हरिऔध मनोहर कटिपट पीत है कैसो फबीला ॥ 1 ॥

मानत ना मदमाते नयनवां। ललकत छबि अवलोकन के हित छनक रहन नहिं देत अयनवां। पल पल बिकल भये से डोलत सपनसरिस भयो असन सयनवां। भरि भरि अँसुआ रोवन लागैं सुनि हरिऔध के हित के बयनवां ॥ 2 ॥

कैसे बसत बिदेस सजनवां। कबहुँ न हिय हमरो दुख आनत काहें बनत सब जानि अजनवां। कलपि कलपि हम दिवस बितावत भावत हमहिं न पल धन जनवां। पिय हरिऔध गले लगि जाओ हम नहिं चाहत माल खजनवाँ ॥ 3 ॥

कबहुं कियोन हम उचित करमवां। करि करि पापन मन सुख मानत अपने कुल को तजत धरमवां ॥ जनअपकारहिं मैं पन बीतत रखत न अँखियन केर सरमवां। तुम बिन को करुनानिधि प्यारे हिय हरिऔध को हरय भरमवां ॥ 4 ॥

तुमहिं करत हरि जनसनमनवां। तुमहिं मया करि पालत पोखत तुमहिं देत अनगन जन धनवां ॥ रिसबस होत न अवगुनहूं लखि दूर करत मन को अभिमनवां ॥ जिअत रहत हरिऔध न भूलै तुमरो प्रभु भयहरन चरनवां ॥ 5 ॥

विनय।

छंद हरगीतिका।

जय परम करुना अैन आरति हरन श्रीसुखकन्द जू।
जय प्रगट अकरन करन बितरन बिस्व चरित अमन्द जू॥
जय सन्त जन प्रिय जगत पालक असुरदलबल गंजनम्।
जय सकल कलिमल प्रबल पातकपुंज सबल बिभंजनम्॥
जय दीन दुख मोचन दयामय अखिल संकट नासनं।
जय सकल ताप कुरोग सोग समूह पल पल त्रासनं॥
जय अज अनीह अकाम अच्युत अकल अभै निरंजनं।
जय बिबुध बृन्द बिरंचि बिमल बिरागभाजन रंजनं॥
जय परम नागर जग उजागर गुनन आगर सुजस मै।
जय सत्त नित्त अचिन्त हित रत जगत जीवन सब समै॥
जय अगति अगम अबोध अकथ अनादि आनँद आलयं।
जय कमल दल दृग करन परम प्रमोद चित कमलालयं॥
जय परम प्रबल कपूत कंस बिधंस कर जगदुखहरं।
जय महामदपूरित महीपन मथन मुरअरिमुदकरं॥
जय अमल जदुकुल कंज दिनकर तम महीतल मोचनं।
जय ब्रज बिलासिनि मोहकर कृत भाल रंजित रोचनं॥
जय बिबुध बंदित रूप दस धरि सुरन के सुखदायकं।
जय अनल जल नभ पौन अखिल दिगन्त भूतल नायकं॥
जय प्रथित मथुरा पुरी प्रगटि प्रमोदकारी जनन के।
जय परम प्रभुता धारि पूरन करनवारे पनन के॥
सनकादि नारद सिव सुकादि अनादि कहिं संकित रहैं।
नित नेति निगमागम बिरंचि बखानि चकित बने चहैं॥

मति बावरी सी होति नहिं अनुमान मनहूं करि सकै।
चित बार बार बिचारि बिबुध बरूथहूं की बुधि थकै॥
कोऊ कहा करिकै प्रभो फिर रावरेगुन को कहै।
जन दोउ कर को जोरि कै करुनायतन इतनो चहै॥
हम कै बुरो कै भलो पै अपनाय हम को लीजिये।
बर जगत हितबारी सुबानि सदा हमैं प्रभु दीजिये॥
जन जानि मो पै मया कै मोको सप्रेम पतीजिये।
नित पापरत हरिऔध पामर पाहि जगजस लीजिये॥ 1॥

॥ इति ॥

❑

ऋतु-मुकुर

अर्थात्

षट्ऋतुओं की उत्तमोत्तम कविताएँ

निवेदन

ब्रजभाषा की कविता का आजकल कितना आदर है, यह अप्रगट नहीं। आज दिन शृङ्गार रस की कवितायें भी अच्छी दृष्टि से नहीं देखी जातीं। ऐसी अवस्था में इस ऋतु-मुकुर को लेकर सामने आना, अपना उपहास कराना है। किन्तु करूँ क्या, 'निज कवित्त केहि लाग न नीका' वाली बात है। किसी को इसकी कविता प्यारी न लगे, इसका विषय भी न रुचे, यह दूसरी बात है। किन्तु मेरी इसमें ममता है, मैंने इसे कलेजा घुला घुला कर लिखा है, इसलिए मैं इसको प्यार करता हूँ, और इसलिए मैं इसे प्रकाशित कराना भी चाहता हूँ। आज भी ब्रजभाषा की कविता पर मुग्ध होने वाले हैं, आज भी इस सिद्धान्त पर चलने वालों की कमी नहीं है कि 'बात अनूठी चाहिए भाषा कोऊ होय'। शृङ्गार रस के भावुक भी अब तक हिन्दी-संसार में मौजूद हैं। आज भी रसज्ञ और सहृदय सुजनों की न्यूनता नहीं है। सम्भव है कि उनके हाथों में यह छोटी सी पुस्तक पड़े और इसकी कवितायें कुछ आदरलाभ करें। मेरे सन्तोष के लिए इतना ही बहुत है। यदि एक भी सहृदय इसकी कविता पढ़ कर रीझेगा, और उसका शिर एक बार भी किसी पद्य पर हिल जावेगा, तो मैं अपने परिश्रम को सफल समझूँगा।

विनीत
हरिऔध
28-11-17

ऋतु-मुकुर

मंगलाचरण

दोहा

अनुरंचित जाते सदा, ऋतु मनरंजन होय।
पंकजनयन कृपायतन, जैति निरंजन कोय।

शरद-वर्णन

कवित्त

उदधि गँभीरहूँ मैं सरसत नीरहूँ मैं
सीतल समीर हूँ मैं समुद समायो है।
कलित कलीनहूँ मैं गुंजत अलीनहूँ मैं
केलि की थलीनहूँ मैं ललित लखायो है।
हरिऔध आसहूँ मैं अमल अकास हूँ मैं
सरस प्रकास हूँ मैं दिपत दिखायो है।
तारन कतारहूँ मैं सरित अपारहूँ मैं
सरन सिवारहूँ मैं सरद सुहायो है॥ 1॥

मन्द मन्द हँसन गगन बिच चन्द लाग्यो
करतूति दामिनी भई है कला नट सी।
निरमल जलवारे सरन खिले हैं कंज
जिन पै लगी है भौंर भीरन की ठट सी।
हरिऔध चहूँओर सरद विकास पायो
पावस प्रतापो की गई है आयु घट सी।
चटकीली चाँदनी ते रंजित भई है भूमि
कढ़त दिसान सों सुगन्ध की लपट सी॥ 2॥

बिना कीच कैसी स्वच्छ राजत वसुन्धरा है
कैसी मंजुनीलिमा अकास मैं बसति है।
मन्द मन्द गन्ध लै समीरहूँ बहत कैसो
कैसी यह बिमल दिसाहूँ बिहँसति है।
हरिऔध दासत हैं सरन सरोज कैसे
धीर बहि कैसी सरिता हूँ सरसति है।
सोहत है सीतल मयंक नभ कैसो
अवनीतल पे कैसी चारु चाँदनी लसति है ॥ 3 ॥

नीर वारे कारे कारे घन की निकाई नसी
पाई अब नीलिमा अनन्त नभ नीकी है।
केकारव केकिन कदम्ब ते अनाकुल है
सोभा हंस कुल ते अपार अवनी की है।
हरिऔध घोर अन्धकारहूँ न दीखै कहूँ
आभा चहूँ चारु चन्द वारी रजनी की है।
चपलाई चंचला की परत लखाई नाहिं
चारों ओर छाई चारुताई चाँदनी की है ॥ 4 ॥

बिकसित बारिज बरूथ मैं बढ़ी है बिभा
बार बार बौरे बौरे भृंग लपटान की।
घट गई चहूँ ओर घहरि घहरि घूमि
घिरि घिरि घरी घरी घेरन घटान की।
औध हरि अनुपम सरद अवाई पाइ
आभा भई औरै आज आँगन अटान की।
छन छन छनद मैं छिनि छूटी चाँदनी है
छूटैं चन्द्र मण्डलते छहर छटान की ॥ 5 ॥

बिमल बिकास सों बिकासित भयो है व्योम
परम प्रकास पुंज पसर्यो धरा पै है।
दीपति दुगूनी सों दिखात है दिसाहूँ दिव्य
रजत दव्यो सो दल द्रुमन प्रभा पै है।
हरिऔध बिबिध बनावरी बिभा की बात
पूनो की विभावरी की भाखी जात कापै है।
चारु चाँदनी हूँ छीर धार सी चहूँ घा लसै
स्रवत सुधा सों आज चन्द्र बसुधा पै है ॥ 6 ॥

छीरनिधि कैधों आज छहरै छमा पै आनि
छाया नाथ कैधों छपानाथ मिस ऊमा हैं।
सुभ्रता सतोगुन की राजत धरा पै किधौं
सेतता तिलोक की बिभासत अजूबा है।
सरद मैं कैधों भू को भावन सों हरि औध
रजतमयी कै दिव्य देवतन पूजा है।
कोऊ नटकीली जोतति कैधों अटकीली भई
चटकीली चाँदनी कै बगरी चहूँ घा है ॥ 7 ॥

कैधों महा तीव्र तेज वारो बड़ो तारो कोऊ
तजि कै अनन्त या धरा की ओर छूट्यो है।
कैधों ओपवारे असुरारि को अपार जूह
मोद मानि सृंग पै हिमाचल के जूट्यो है।
हरिऔध कैधों चारु चाँदनी सरद फैली
कैधौं भू पै हीरा की कनीन कोऊ कूट्यो है।
छोर निधि कैधों आज फूट्यो है वसुन्धरा पै
छिति पै छपाकर कै छोरि नभ टूट्यो है ॥ 8 ॥

अन्तक लौं दीखत अनन्त निसिकन्त कै
प्रकास प्रलैकाल के दुरन्त दिनपत को।
महा तापवारो किधौं मारुत चहूँघा चलै
स्वास बिखवारो कै फनीस फुंकरत को।
हरिऔध किधौं तीव्र तारक पतन होत
पावक बमत कै त्रिसूल पसूपत को।
पसरी कराल काल सरद जुन्हैया कैधों
ज्वाल माल आवत है जारत जगत को ॥ 9 ॥

हित तू हमारो नाथ कीनो ना हिमन्त हूँ मैं
कैसहूँ सिसिर मैं न सुरति सम्हार्‌यो तू।
आवन को तन्त तेरा भयो ना वसन्त हूँ मैं
मेरो जिय ग्रीखम जलाकनहूं जार्‌यो तू।
हरिऔध काभो जो न पावस प्रताप हूं मैं
मेरे तन तापहूं की तमक निवार्‌यो तू।
जरद भई हौं मारी करद करेजे काम
कैसे मेरी दरद मैं बिसार्‌यो तू ॥ 10 ॥

सवैया

मूरति मान कै मोद लसै कै विनोद भरो रजनी मुख राजै।
भाग भरी जग की जननी के सुभाल को कै यह भूखन भ्राजै।
कै हरिऔध सतोगुन की यह सीतलता भरी सूरति छाजै।
पारद पुंज कै रूप धरे फबे कै नभ सारद चन्द बिराजै॥ 11॥

नवनीलिमा या नभ की हमरो यह भाव भरो मन भेदत है।
बहि बास मयी यह सीरी बयार बिनोदम हूं को बगेदत है।
यह सारद सोभा 'बिना हरिऔध' अरी सुखहूं सब खेदत है।
छुटै छोभ हूँ ना रतियाको छनौं छतिया को छपाकर छेदत है॥ 12॥

हेमन्त-वर्णन

कवित्त

तीखी जोति जालहूं मैं जरत मसाल हूं मैं
जगी ज्वाल मालहू मैं लपट्यो लसन्त है।
कूलन कछार-हूं मैं सरित अपारहूं मैं
बन मैं बयारहूं मैं बहु बिहरन्त है।
हरि औध ब्योम हूं मैं तारन के तोमहूं मैं
सूरज मैं सोमहूं मैं दरस्यो सतन्त है।
हंसन अहारहूं मैं हिम के पहारहूं मैं
हीरा हीर हारहूं मैं राजत हिमन्त है॥ 1॥

पोर पोर आँगुरी की वारिते गरन लागी
सीकर मलीन या दिगन्तन करै लगो।
कोमल मरीचैं ह्वै गई मारतण्ड हूँ की
आतप मैं प्रानिन को प्रेमहूं अरै लगौ।
हरि औध भू पर लखात है हिमन्त छायो
दिन दिन वासर को गात हूं गरै लगो।
या तन को सीरी पौनपरसे कसाला होत
पादप के पातन पै पाला हूं परै लगो॥ 2॥

बदन दुराये रैन रहत मयंक हूं है
त्रासै ते समीर बीर सरद ठयो सो है।
भू तजि लखात बारि नभजात सीकर ह्वै
गात सेत गगन गिरीन ह्वै गयो सो है।

हरि औध महा उतपात या हिमन्तही ते
धूमिल दिगन्तनहूं बरन लयो सो है।
दबक्यो दिवाकर दिखात अति भोतही ते
संकुचित सीत ही ते वासर भयो सो है॥ 3॥

सिसकत रहत तमीपत हूं त्योंही होत
तपत तमारहूं को कढ़त कसाला है।
सी सी करि घरी घरी घूमत चहूंघा रहै
अरी गरमी को पर्‌यो पौन हूं को लाला है।
हरि औध आकुल ह्वै अरो खरो रूखहूँ है
ठगे सीत भरो जाहि और ठौर ठाला है।
बूझि परै बाला हिम गाला सी दुसाला माँहिं
पाइ सीतकाला ज्वालमाला भई पाला है ॥ 4॥

साला लगैं सकल दरीन लौं हिमाचल की
गाला गाढ़ हिम को मसाला होत निरनै।
माला लगै मोती की हिमोपल जमाति जैसी
प्याला पान मद को जनात हिमतिरनै।
हरि औध हेरत हिमन्त करतूति ऐसी
ज्वाला धार जल की लगति होत थिर नै।
पाला लगै पावक दुसाला लगै कंज पात
चन्द की मरीचि लागैं सूरज की किरनैं॥ 5॥

दीखै सीकरन माहिं सपरि गयो सो ससी
दिवानाथ लंका ओर आकुल अरे अहैं।
सीरी साँस भरति अधीर ह्वै समीरहूँ है
सरित सरोवर हूँ हिम मैं गरे अहैं।
हरि औध पावक हूं पाहन मैं गैठ्यो जात
दलन दुराये गात पादप खरे अहैं।
पाला नाहिं पर्‌यो सीत प्रबल प्रमाद ही ते
प्रान बिन तारे आइ पातन परे अहैं॥ 6॥

गरी औ छुहारे पीन पिस्ता औ बदाम डारे
बेला ते निकारे तेल प्यारे परे पाला हैं।
बिबिध बनात भौन बात नहिं जात जामें

तम्बू औ कनात सुख देत सीत काला हैं।
हरि औध कूपन को आप पान पीक दाप
तपन के ताप मेटैं हिम के कसाला हैं।
मद भरो प्याला ज्वाल मालापट तूल वाला
बाला औ दुसाला या हिमन्त के मसाला हैं ॥ 7 ॥

धाई चली आवति है कैधों ध्रुव धाम ही ते
कैधों गिरी भू पै चन्द मण्डल के फोरेते।
कैधों याहि काढ्यो कोऊ उदक सरीर गारि
कैधों बनी सीतलता जग की निचोरे ते।
हरि औध कहे ऐसी दुसह हिमन्त बात
कैधों भई सीरी बार बार हिम बोरे ते।
कैधों चले चन्दन परसि मलयाचल को
कैधों कढ़ि आवत हिमाचल के कोरे ते ॥ 8 ॥

बात ना चलैये नाथ सिसिर बितावन की
सुरति बसन्त मैं बिसारि कै न फूलै तू।
गरब न कीजै भूलि ग्रीखम गँवावन कौ
पावस न आवन उमंग मैं न झूलै तू।
हरि औध कैसो तेरो कठिन करेजो है जो
सरद समैया हूँ मैं रह्यो प्रतिकूलै तू।
कीने केते तंत हूँ के प्रानन को अन्तह्वै है
कही मानि कन्त या हिमन्त को न भूलै तू ॥ 9 ॥

सवैया

फाग रचै पिय सों सिसिरै पति साथ बसन्त मैं बागन होवै।
ग्रीखम मैं तहखाने रमै घन की छबि पावस मैं संग जोवै!
भाग भरी हरि औध तिया सुख सों अपनो सिगरो दिन खोवै।
साथ लखै सरदै नभ चन्द हिमन्त मैं कन्त गरे लगि सोवै ॥ 10 ॥

कैधों प्रभाकर आतप मैं अरे कै मद प्यालन को अपनाये।
कैधों धरे पट तूल भरे किधौं साल दुसालन सों लपटाये।
सीत हिमन्त की कैधों टरै हरि औध अधूम अँगार तपाये।
ऊँचे उरोज की ओज भरी कै सरोज मुखीन को अङ्क लगाये ॥ 11 ॥

शिशिर-वर्णन

कवित्त

घटी जात रात हूँ मैं दिन अधिकात हूँ मैं
पिय रात पात हूँ मैं प्रगट जनावै है।
तीखे होत घाम हूँ मैं केते धूम धाम हूँ मैं
ललना ललाम हूँ मैं रमत लखावै है।
हरि औध तान हूँ मैं रंगवारे गान हूँ मैं
आनवारी बानहूँ मैं मधुर दिखावै है।
चोप चाव चैन हूँ मैं मन्द मन्द बैन हूँ मैं
मुद ऐन मैन हूँ मैं सिसिर सुहावै है॥ 1 ॥

तोख तन पावै तूल भरे कपरे के धरे
अजहूँ मलीनता दिगन्तन गई नहीं।
प्यारे लगैं भौन भारी भारी परदान वारे
भीखनता अजौं भानु मण्डल लई नहीं।
हरि औध चहूँ ओर सिसिर छयो तो कहा
आपहूं मैं सीतलता सहज भई नहीं।
दिव्य वा निकाई चारु चन्द मैं समाई नाहिं
अजौ चारुताई चाँदनी हूँ मैं ठई नहीं॥ 2 ॥

साथ प्रान नाथ के सिसिर मैं समोद बाम
सरित सरोवरादि हूँ मैं अवगाहै ना।
बार बार धूप ही में बैठै छबि वारी जाय
छकी सीत छोभ ही मैं चाहै छनो छाँहैना।
हरि औध री सी करै सीतल समीर लागे
सीतलता वाकी अजौं सुमुखि सराहैना।
चित में उमाहै नाहिं नेकौ चाँदनी मैं कढ़े
चाव करि चन्दमुखी चन्दहूं को चाहैना॥ 3 ॥

तपि कै तमारि निज तीखन मरीचिन ते
नेकौ सीत प्रबल प्रमादन को तौरै ना।
पावक को दहत अँगारो पटतूल डारो
पूरो पूरो हिम को महत मान मौरै ना।

हरि औध सिसिर समैया हूं मैं सीरी पौन
गौन करि भौनहू मौं देत दुख थोरै ना।
अपर की कहां पाई जरदी पतौ अन हूं
सरदी मरदी कै तऊ बेदरदी छोरै ना ॥ 4 ॥

सवैया

सीस लसै सिर पेच न सुन्दर कान के कुण्डल ना चहती है।
बाजू धरै भुज मैं न भटू कल कंकन हूँ कर ना गहती है।
या सिसिरै हरि औध मनोहर हार हूँ ना हिय पै बहती है।
कण्ठ सिरी मन मैं न टिकै कटि किंकिनी ते नटि कै रहती है ॥ 5 ॥

शिशिर-अन्तर्गत होली-वर्णन

कवित्त।

द्वारन को दर को दरीचिन को देहरी को
दिसन को देहिन को रंजित कीनो है।
बगर को बीथिन को बाटन बजारन को
बिटप को बेलिन को कीनो रँग भीनो है।
औध हरि अबिर उड़ाइ कै अवासन को
औरै ओप अवनि को आँगन को दीनो है।
नूपुर को नासिका को नथ को नवेलिन को
बाल अलबेलिन को लाल करि लीनो है ॥ 1 ॥

तबल पै तारन पै तंत्रिन तमूरन पै
तन तान वारे पै प्रवाल तरसत है।
कानन पै कुंजन पै कंज पै कुमोदिनी पै
क्यारिन पै कूल पै ललाई दरसत है।
औध हरि आनन पै अंगन पै औनिहूँ पै
ऐन पै अटा पै अरुनाई अरसत है।
गोधन पै गिरि पै गवैयन पै गोपन पै
गोपिन के गोल पै गुलाल बरसत है ॥ 2 ॥

बोलि बोलि बैसवारी ब्रज की वधूटिन को
लूट सी करी है वा अबीर बारे थाल की।

मारि पिचकारी ताकि कलित कपोलन पै
लाल लाल मण्डली बनाई ग्वाल बाल की।
हरि औध चौंकत सी कैसी मंद मंद आज
चोरत सी चाल मानो मंजुल मरालकी।
गोरे गोरे गालवारी एरी वह गोरी बाल
लाल पै चली है मूठ भरि कै गुलाल की ॥ 3 ॥

तूरन तमूरन के तारन तिगूने परे
पूरन प्रथाहूं परी प्रचलित तारी की।
ब्रज बनितान हूँ विलोकि विस बोरी बनीं
गोरी गोरी ग्वारिनैं गँवाई सुधि गारी की।
हरि औध हरखि हरखि हँसि रीझि रीझि
हुरि हारे हारे हौस होर हुरि हारी की।
ललकि लला के भरे ललित गुलाल मूठ
लपकि लगाई बाल चोट पिचकारी की ॥ 4 ॥

गरबीले ग्वारन की गारी हूँ न कीनी कान
तनिक न मानी आन तीखी तान तारी की।
रंग की उमंग की अनंग वारे बैनन की
सुरति न कीनी साँवरे की गति न्यारी की।
हरि औध ध्यान मैं न आनी धोखेहूँधमार
धूमहूँ धमारवारे धीर धुर धारी की।
मीडित गुलाल मंजु बदन रसाल मोरि
बिहँसि बचाई बाल चोट पिचकारी की ॥ 5 ॥

छोरो रंग चाव सों हमारे इन अंगन पै
कबहूँ कछू ना लाल भूलि हम कहिहैं।
बोरि दीजै सिगरी हमारी सारी केसर मैं
'मानि कै बिनोद मन' मौन साधि रहिहैं।
औध हरि अँखियां छकी हैं छवि रावरी
मैं इन पै दया ना कीने क्यों हूँ ना निबहि हैं।
परिबो पलक को तो कैसहूँ सहत प्यारे
परिबो गुलाल को गोपाल कैसे सहिहैं ॥ 6 ॥

खेलत हो होरी पूरि अमित उमङ्ग मैं पै
कौन मतिमान ऐसो नोखो ठान ठनिहै।

डारत हो रंग पै न अंग को विवेक राखो
कोमल गुलाब सों न ताको कौन गनिहै।
औध हरि आप ही बिचार किन देखत हो
बार बार कौन ऐसी बातन बखनिहैं।
कछु परिबे के नाम हीं जो सूजि लाल होत
ता दृग गुलाल डारे कैसे लाल बनिहै ॥ 7 ॥

ठानत हो सदा हठ आपनी ही बातन को
ताके रोकिबो को कहाँ काको को सहेजिहै।
होय जैहै कछू विपरीत तो बताओ लाल
बरसाने कौन सों सँदेसो कोऊ भेजिहै।
हरि औध अविर गुलाल लौ बनी है बात
बूझि देखो कहँ लौं करेजो परतेजि है।
पुष्प रस कनिका लगे ते जाको पीर होत
ताको अंग कैसे रंग घावन अँगेजिहै ॥ 8 ॥

बीर बरसानो छोरि गोकुल गई ही आज
जान्यो ना गोपाल ऐसो ऊधम मचाय हैं।
सारी बोरि दीनी सारो गात करि लीनो लाल
और कछु कीनो ताका कहे सकुचाय हैं।
हरि औध अब तो न आपने रहे हैं नैन
करि कै उपाव कौन इनै समझाय हैं।
अंग लाग्यो रंग तो सलिल सों छड़ाय लैहैं
नेह संग लाग्यो ताको कैसे कै छड़ाय हैं ॥ 9 ॥

गावत है गारी भरो गीतन असङ्क ह्वै कै
बोलन कबीर मैं निसङ्क अति दरसाय।
लाल कीनो बीथिन बजारन गुलाल फेंकि
अबिर उड़ाय लीना अरुन दिसा बनाय।
हरि औध अपमान ऐसी सह्यो परै कैसे
ललिते कहा तू इतो रही आज अर गाय।
गहि कै गरब वाको होरी को निवारै क्यों न
ऊधम मचावै कौन एरी बरसाने आय ॥ 10 ॥

आवत हो लीने कहा कर पिचकारी आज
ब्रज मैं जनात तू तो निपट हठीलो है।

नेक मेरी बातन को करत न भूलि कान
होरी के गुमान मैं गजब गरबीलो है।
हरि औध कहा लाभ अनरस कीने होत
सुवस बसे हूँ ब्रज कैसो तू लजीलो है।
एहो लाल वापै रंग छोरिबो छजत नाहीं
गात रंग ही सों वाको बसन रंगीलो है ॥ 11 ॥

डारि दीनों रंग तो उमङ्ग कत ऊनो भयो
बिगर्‌यो कहा जो दियो घालि मुख रोरी है।
कुंकुम चलाये कौन हानि भई अंगन की
मारि पिचुकारी कौन करी बरजोरी है।
हरि औध तेरो होत कहा अपकार है जो
बार बार ग्वालन की बजत थपोरी है।
रूसन को रार को न रिस को कछू है काम
एरी वृखभान की किसोरी आज होरी है ॥ 12 ॥

ऐसो बाढ़्यो फाग को प्रपंच ब्रज बीथिन मैं
बीज लालिमा को मानो लोकन मैं ब्वैगयो।
लाल भयो गगन अवनि सब लाल भई
दिसन ललाई छाई तेज रवि ख्वै गयो।
हरि औध लाल लाल हेरि गिरि तरु तोम
नर पसु पंखी मान ज्ञान विधि ग्वै गयो।
लाग्यो जौ लौं झांकन झरोखे सों उझकि तौलौं
लाल मुख बापुरे बिधाताहूं को ह्वै गयो ॥ 13 ॥

अजहूँ न भूले हैं प्रसङ्ग डफ बाजन के
सालति है भङ्ग भीनी अजहूं कनखिया।
अंग अंग भीने से गुलाल मैं लखात अजौं
गावत जनाति सी मृदंग संग सखिया।
हरि औध होरी के तरंग हिय वैसही हैं
देखि सुनि पूजी है न अजौं अभिलखिया।
व्यंग भरे वयन उपंग भरे प्राणनाथ
रंग भरी मूरति अनंग भरी अँखिया ॥ 14 ॥

सवैया।

विटक सी करि चोरि गई चित चाव भरी चलि चंचल चाल सों।
मोहि गई मन मोहन को वा अवीर भरी मनि मोतिन माल सों।
ए हरि औध चलाइ पिचूकन बेधि गई जुग नैन बिसाल सों।
लाल गुलाल लपेटि गई वह गोरटी हाल ही लाल के गाल सों ॥ 15 ॥

ताकि कै मारत हो पिचकारी तऊ मन मैं तनकौ नहिं खीजत।
रंग मैं सारी भिगोय दई हम ताको उराहनों हूँ नहिं दीजत।
पै इतनी विनती हरि औध मया करि क्यों हमरी न सुनीजत।
सांवरे रंगरंगी अँखियान को प्यारे गुलाल ते लाल क्यों कीजत ॥ 16 ॥

बसन्त-वर्णन

कवित्त

दौरि दौरि द्रुमन मैं दौरन द्विरेफ लागे
औध हरि द्विज मैं अनन्द अरसानो है।
दारिम मैं दाभन मैं दुब मैं दरीचिन मैं
दरन मैं द्वारन मैं रस बरसानो है।
दिवस मैं दीधित मैं दिवि मैं दिवाकर मैं
देवन मैं दुगन बिनोद सरसानो है।
दीप मैं दुनी मैं देस देस मैं दिगीसन मैं
दिग मैं दिगन्त मैं बसन्त दरसानो है ॥ 1 ॥

अलि सों अलीन सों अगर सों अवासन सों
अंसुन सों औध हरि ओज अरसानो है।
सर सों सरोज सों सिवार सों सुकेसिन सों
सज सों सिंगार सों सुरस सरसानो है।
तरु सों तमोल सों तरैयन सों तानन सों
तबल सों तारन सों तोख तरसानो है।
बास सों बयार सों बसन सों बगीचन सों
बेलिन सों बन सों बसन्त दरसानो है ॥ 2 ॥

काहें पान पीक मैं न प्रीति सो पुरानी रही
काहें पात पादप को पीत दिखरानो है।

काहें कसि जूरे को न बंधन बँधत आली
काहें कूक पिक से अनन्द अधिकानो है।
हरि औध काहें भृङ्ग भ्रमत कलीन कूजि
काहें कुंज कुंज मैं कलोल मनमानो है।
काहें बन बागन को बानक बन्यो है और
बोलत बिहँग क्यों बसन्त दरसानो है ॥ 3 ॥

आमन को बौरन बिलोकि मन बौरो भयो
किंसुक आनारन सों दाह अधिकानो है।
कोकिल की कूकन करेजे में करत हूक
भौंर को भ्रमत देखि चित भरमानो है।
हरि औध पीरे पीरे पातन की पाँति हेरि
पीर के उठे ते सारो गात पियरानो है।
बौरी! कहा बौरी सी फिरों न बिलखत आज
बालम बिदेस औ बसन्त दरसानो है ॥ 4 ॥

पादप को पुंज पूरि गयो पीरे पातन सों
पाटल प्रसूनहूं परागन पगन्त है।
कुहू कुहू क्वैलिया कदम्बन पै कूकै लगी
कुंज कुंज काम की कला हूं प्रगटंत है।
ए हो हरि औध कुन्द कंज कचनारन में
बगर बजारन बिनोद बगरन्त है।
ठौर ठौर भौंरन लग्यो है भौंर झौंर वारो
बागन मैं बौर बारो बगर्‌यो बसन्त है ॥ 5 ॥

नये नये कोंपल मैं मंजरी लसी है मंजु
न्यारी ही भई है छटा दिपत दिगन्त की।
चहूँ ओर चंचरीक पटली करति गान
आभा भई गगन अनोखी निसि कन्त की।
रूठि हरि औध सों छबीली कहा बैठि रही
देखै कसी सुछबि बनी है छबिवन्त की।
पौन के लगे ते कसी डोलति हैं रूख राजि
कैसी आज फूली फुलवारी है बसन्त की ॥ 6 ॥

ग्रीखम बितायो तो बहुरि हम बूझि लै हैं
कहा भयो आयो जो न बारि बरसाने पै।

बिगर्‌यो कछू न जो सरद मैं बिसारि दीनो
का छति मिल्यो न जो हिमन्त नियराने पै।
हरि औध कहा परवाह जो विचार्‌यो नाहि
हिय मैं हमारो दूख सिसिर दिखाने पै।
एरे निरदई तोहि दई मति कैसी दई
बसत विदेस जो बसन्त दरसाने पै ॥ 7 ॥

फूले हैं पलास कैधों दहकि दबारि लागी
कूकैं पिक कैधों कण्ठ वधिक प्रवीन को।
उलही धरा पै लसी लतिका ललित कैधों
जोहि जोहि जालन सों जकर्‌यो जमीन को।
हरि औध बाहत बिखीले बाँके बानन को
कैधों बिकस्यो है जूह कुसुम कलीन को।
एरी बन बागन मैं बगर्‌यो बसन्त कैधों
पंचबान खेलत सिकार बिरहीन को ॥ 8 ॥

काढ़ि लैहै क्वैलिया करेजो कूकि कुंजन मैं
बावरी करैंगे मौरि आम अमराई मैं।
गूंजि गूंजि भौंरन की भीरहूँ अधीर कै है
पीरहूं उठैगी पीरे पात की पराई मैं।
ए हो हरि औध मेरे हिय ना हुलास रैहै
बारिज बिकास हेरे पास की तराई मैं।
अन्तक लौं अन्त ए करैंगे काम तन्त वारे
कन्तजो न आया या बसन्त की अवाई मैं ॥ 9 ॥

मोरि मान गरब गुमान अभिमान हूं को
मरदि गयो है मेरे मनहूं मलीन को।
चूर चूर करि कै चपल चित चैनहूं को
चोरि लै गयो है चाव कुसुम कलीन को।
प्रीतम हमारे हरि औध प्रान प्यारे बिना
करि कै उजार मंजु केलि की थलीन को।
पारि कै अनन्त सोकसागर मैं अन्त आली
मारि कै चल्यो है री बसन्त बिरहीन को ॥ 10 ॥

सवैया

फूलि कै फूंकन मैं तन को तरु किंसुक को तनिकौ लरजै ना।
आमहूं बौरि कै बागन बूझत बौरी बनावन मैं हरजै ना।
गूंजिवो त्यागि कै भृंग न ताइबे को हरि औध रखै गरजै ना।
कूकि कै काढ़त प्रान क्यों कोऊ कसाइनी क्वैलिया को बरजै ना ॥ 11 ॥

ग्रीष्म-वर्णन

कवित्त

पूरि गयो ग्रीखम को भीखम प्रताप भूरि
पौदन मैं पातन मैं पूखन उदण्ड ते।
हरिऔध पीन पीन पसुन मैं पाखर मैं
पंकन मैं पावक मैं तपन अखण्ड ते।
पुर मैं प्रदेसन मैं पथ गत पंथिन मैं
पंथन मैं पंखिन मैं अंसुन अमण्ड ते।
पुहुभि मैं पौह मैं पहार मैं प्रतीकन मैं
पाहन मैं पौन हूँ मैं आतप प्रचण्ड ते ॥ 1 ॥

वायु दहि दाहक दिसान विदिसान होत
निकसत पावक लौं झार ब्रहमण्ड ते।
जलकन जरि कै तपत तैल कन होत
कढ़त अपार आँच अगनित अण्ड ते।
हरिऔध रजकन दाध्यो लौहकन होत
विदहत तीन लोक दाह बरि बण्ड ते।
जठर के जीवन को जीवन जवाल होत
जगत बिहाल होत आतप प्रचण्ड ते ॥ 2 ॥

पूरि गई भीखनता पुर मैं प्रदेसन मैं
पौर मैं पहारन मैं पूखन उदण्ड की।
ग्राम मैं गलीन मैं गुबार मैं गगनहूँ मैं
गोगन अगनहूँ मैं ग्रीखम प्रचण्ड की।
हरिऔध पादप मैं पौन मैं प्रसून हूँ मैं
पाहन पसून हूँ मैं आतप अखण्ड की।
अमल महल मैं झरोखन मैं गोखन मैं
माखन मैं प्रबल मरीचैं मारतण्ड की ॥ 3 ॥

सूख्यो कण्ठ तालु संग रसना दहन लागी
पूखन विखै में ओठ अजहूं न डोले हैं।
बानी जू सिधानीं त्रास मानि हिय ताप केरो
आतप प्रताप की न बात जऊ बोले हैं।
हरिऔध कहा अब और कहिबे की रही
केवल विचार ते कढ़त तन शोले हैं।
काम ना करत ही निदाघ दाघ आँकन की
पग अनुमान हूँ के परत फफोले हैं ॥ 4 ॥

तजि कै तमोल तिल तेल तहखानन को
तरुनी तियान ते बिदूरता गहत है।
बरफ बनाई बारुनी ते ह्वै बिरत बीर
बिजन बयार ते बिनोद न लहत है।
हरिऔध सीरे सीरे व्यंजन बिहाय सारे
बसन बिभूखनादि नेक न चहत हैं।
जोर भये जगत मैं जरत जलाकन के
जीवन को जीवन मैं जीवन रहत है ॥ 5 ॥

लपट औ बिदहत लूकन को कावा होत
वायु दहि दावा होत दिन कर चण्ड ते।
औध हरि अगनित आयत अलावा होत
रजकन लावा होत तपन अखण्ड ते।
दिसि दिसि दगधित धूरन को धावा होत
ग्रीखम छलावा होत दीधित उदण्ड ते।
जगत पजावा होत तीन लोक आवा होत
भूमि तपि तावा होत आतप प्रचण्ड ते ॥ 6 ॥

कहा इत ठाढ़ी करै लखै किन कैसो दाह
देहिन दिसान को दहतदरसत है।
तरुन के पातन को तन तचि कारो भयो
तोय तपि ताप सों तपन परसत है।
हरि औध गिरिन को गात गरमानो घनो
जरि जरि रज की जमात भरसत है।
भाजि चलु एरी भौन माहिं भोर ही ते आज
आतप-अगार ते अँगार बरसत है ॥ 7 ॥

अतल समीपी तहखानन सलिल सींचि
उटज उसीर घेर्‍यो सघन घमण्ड ते।
बरफ गुलाब सों बनाइ बहु ब्योंतन को
कीनी कीच केवरे की अमित उमण्ड ते।
हरि औध चन्दन कपूर चूर चहल कै
पूरित कीनी ओरहूँ अनेक ठण्ड ते।
औचक ही एतहूं पै लपटैं करेजे आनि
लपटैं कढ़ैं जो वीर आतप प्रचण्ड ते ॥ 8 ॥

अमित उमण्ड सो विहंडित ह्वै बार बार
ठण्डता अठण्डता भई है खण्ड खण्ड की।
अण्ड वण्ड बाँकी बरि वण्डता हूँ होन लागी
वीर! घनसार खण्ड हूं से बरिवण्ड की।
ग्रीखम प्रचण्ड की प्रचण्डता मैं हरिऔध
खण्डित उदण्डता भई है ब्रहमण्ड की।
दण्डत उदण्ड ह्वै अखण्ड महि मण्डल को
दावा दण्ड मण्डित मरीचैं मारतण्ड की ॥ 9 ॥

चन्दन कपूर चूर चन्द चांदनी हूँ आप
करत न मन्द ताप ग्रीखम प्रचण्ड की।
अरक अनार मंजु केवरो गुलाब नीर
हरत न बीर पीर पूखन उदण्ड की।
हरिऔध बार बार तर तहखाननहूँ
झरसत भूरि झार आतप अखण्ड की।
खासे खसखाननहूं दण्डित करत खूब
दावा दण्ड गण्डित मरीचैं मारतण्ड की ॥ 10 ॥

आतप मैं पूखन की प्रखर मराचिन ते
थर थर रूखन को पाँति हूँ कम्पति है।
जीवन की भाखै कौन जीवन बिनाहूं जरि
रज की जमाति नाम जीवन जपति है।
हरि औध भभरि भभूकन औ लूकन ते
छायावान कुंजन मैं छाया हूं छपति है।
जोमते जलाकन के जगत पजावा भयो
भौन भये आवा भूमि तावा सी तपति है ॥ 11 ॥

सवैया

तीखन जामैं दिनेस लगै निसि नायक प्रानन ते अति प्यारो।
जा ऋतु मैं अवगाहि सदा नर सीतल वारि बनै मुद वारो॥
सुन्दर साँझ लगै हरि औध अनायुध जामैं अनंग विचारो।
सोई निदाघ समै अब आयो सरीरिन हूँ को सतावन वारो॥ 12॥

पावस-वर्णन

कवित्त

विपिन सो बागन सों बिविध बगीचन सों
विटप सों बेलिन सों बहरत मार है।
वास सों बसन सों बनाव सों बिलासन सों
बेस बँगलान हूँ सों बरघत प्यार है।
हरि औध वापिका सों विलसत वीचिन सों
वन के बहन सों बिलास बहु बार है।
बारिसों बयार सों बलाहक सों बीजुरी सों
बरही सों बारिद सों बरखा बहार है॥ 1॥

कुंजन मैं क्यारिन मैं कूल मैं कछारन मैं
कलित कलोलिनी मैं करत क्रिया रहै।
दिसन मैं देसन मैं दूरग दिगन्त हूँ मैं
दिवस मैं दीपन मैं दीसत उदार है।
औध हरि अवनि मैं आँगन अकास हूं मैं
अभित अगारन मैं अरत अपार है।
वारुनी मैं वागन मैं वन मैं विलासिनी मैं
बरही मैं बारिद मैं बरखा बहार है॥ 2॥

वनी ठनी विविध विलासवती वाम होय
बास बँगलान होय बसन बसा रहै।
बार बार बीजुरी को विपुल विकास होय
बरखत वारि होय बारिद घिरा रहै।
हरि औध वीना बेनु बजत समोद होय
बाँदी होय बेना होय बढ़त बिभा रहै।
बौरा होय बीरी होय बारुनी बयार होय
बारी बैस होय तबै वरखा बहार है॥ 3॥

कुंजन मैं बार बार कूकत कलापी कुल
पपिहा पुकार बार बार प्रीति परखत।
धुमि धुमि घेरि बार बार घन घहरात
दूलत दिखात बार बार पात दरखत।
हरि औध बार बार झिल्ली झनकार होत
पिय हिय लागि बार बार तिय हरखत।
बीजुरी बिकासित करत व्योम बार बार
बारिधर बार बार वारि धारा बरखत ॥ 4 ॥

प्यारे प्यारे कारे घन घूमत चहूं घो
लगे तन मन वापुरे बिदेसिन के लरजे।
उल ही ललित लतिका हूँ लहरान लागी
सलिल सनेसे भये सूखे रहे थरजे।
हरिऔध धूंध रत धुरवा दिसान कोने
फोरैं कान केकी ए न मानैं बीर बरजे।
पीरद वियोगिनी के धीरद संयोगिनी के
नीरद के गगन नगारे आनि गरजे ॥ 5 ॥

पी कहाँ वहाँ हूँ जो पुकारतो पपीहा पापी
प्यारी कैसे प्रानन को धीरज बधावतो।
क्यों हूँ मन मानतो न उनको मनाये आली
जो पै मोरनी लै मोर सोरहूँ मचाव तो।
हरि औध कैसे देस बसत न बूझो जाय
बावरी न कोऊ या विभेदहूँ बतावतो।
ऐस ही जो होतो ह्वाँ डरारो बजमारो घन
कैसे मनवारो ना हमारो कन्त आवतो ॥ 6 ॥

कारी कारी घटा नभ घूमि घहरान लागी
बावरी हमारी तऊ बतिया बनी कहाँ।
हरि औध प्यारी छबि छाई अवनीतल पै
पावै मोद सीतल ह्वै मेरो तबौं ही कहाँ।
लाग करि आई बाग बिरह दबाइबे को
एरी पै अभाग वारी पावै सुघरी कहाँ।
नेकौ या हमारो जौलौं जीहरा न जान पायो
पातकी पपीहरा पुकार्‌यो तौलौं पी कहाँ ॥ 7 ॥

सरद सिरानो सबै सिसकत आठो जाम
हिम्मत हिमन्त मैं हिये की गई हार हूँ।

सी सी सी करत सारी सिसिर समैया नसी
दुख सों बसन्त हूं मैं भई सरसार हूं।
हरि औध बची ना विविध गुरु वेदन सों
गरबित ग्रीखम के गरद गुवार हूँ।
बजमारो बालम विलार्‌यो ना विदेस आली
विलखि विताय दीनी बरखा बहार हूँ॥ 8॥

भूखन बिना हीं भूरि भूखित भई सी लसै
भावुकता दीखै भामिनी के भाव भोरे मैं।
चंचल चितौन चित्त मांहि चुभि चुभि जात
चारुताई चौगुनी लखात चारु डोरे मैं।
पन्नगी सी पेंग पारि पारि कै पलटि जात
लपकि लपटि जात हरि औध केरे मैं।
ऊँची ऊँची तानन ते कानन सुधा बगारि
गोर गोरे आनन की झूलत हिण्डोरे मैं॥ 9॥

सवैया

(10)

या कजरारी घटान छटान को बैठी अटान विलोकत जात है।
मोद मयूरिन को लखि कै मन हीं मन मोद भरी मुसकात है।
पात परी सी घरी ही घरी हरि औध के अङ्क परी अलसात है।
बाल विलासवतीन को लाल विनोद विलासमयी बरसात है।

(11)

छाई रही अबला मन मैं धुरवान की धावन देखि उदासी।
श्रीहरि औध हूँ आये विदेस सों आइ कही इतने हिं मैं दासी।
आनँद के अंसुआन बहे अकुलाइ कै दौरि चली चपला सी।
लाल के अंग तमाल सों जाइ रही लपटाइ लवंग लता सी।

(12)

चहुं कोद पयोद विलोकन मैं निज मोद भरो मन दीबो करो।
करि कौतुक हूँ कल कुंजन मैं हियरा हमरो हरि लीबो करो।
हरि औध मयूरिन सों मिलि कै नव प्रेम सुधा नित पीबो करो।
चोरवा चित को हित कीनो भटू मोरवा सोरवा अबकीबो करो।

❑

अयोध्यासिंह उपाध्याय
‘हरिऔध’
रचनावली

खण्ड-5

खण्ड-1

❑ प्रियप्रवास ❑ वैदेही-वनवास

खण्ड-2

❑ पारिजात ❑ पद्य-प्रमोद

खण्ड-3

❑ चोखे चौपदे ❑ चुभते चौपदे ❑ हरिऔध-दोहावली ❑ बाल-कवितावली ❑ हरिऔध-सतसई

खण्ड-4

❑ बोलचाल ❑ काब्योपबन ❑ ऋतु-मुकुर

खण्ड-5

❑ रसकलस

खण्ड-6

❑ अधखिला फूल ❑ ठेठ हिन्दी का ठाट ❑ इतिवृत्त ❑ वेनिस का बाँका ❑ अभिभाषण ❑ विविध

खण्ड-7

❑ हिन्दी भाषा और साहित्य का विकास

खण्ड-8

❑ कबीर वचनावली ❑ रस साहित्य और समीक्षाएँ ❑ संदर्भ-सर्वस्व ❑ विविध

खण्ड-9

❑ पद्य-प्रसून ❑ आधुनिक कवि ❑ मर्म-स्पर्श

खण्ड-10

❑ श्रीप्रद्युम्नविजय व्यायोग ❑ श्रीरुक्मिणीपरिणयनाटक ❑ कल्पलता ❑ पवित्र पर्व ❑ प्रेम पुष्पोपहार ❑ अच्छे अच्छे गीत ❑ स्वर्गीय संगीत ❑ कतिपय ब्रजभाषा काव्य ❑ हरिऔध आत्म-चरित

अयोध्यासिंह उपाध्याय
'हरिऔध'
रचनावली

खण्ड-5

सम्पादक
सदानन्द शाही

वाणी प्रकाशन

वाणी प्रकाशन
ज्ञान के विविध आयामों के प्रकाशक

वाणी प्रकाशन का 'लोगो' विख्यात चित्रकार मक़बूल फ़िदा हुसेन की कूची से

वाणी प्रकाशन, 4695, 21-ए, दरियागंज, नयी दिल्ली-110002
वाणी प्रकाशन, अशोक राजपथ (पटना कॉलेज के सामने), पटना (बिहार)

AYODHYASINGH UPADHYAYA 'HARIAOUDH' RACHNAWALI-5

Edited by Sadanand Shahi

Complete work of Ayodhyasingh Upadhyaya *'Hariaoudh'*

ISBN : 978-93-5000-200-1

प्रथम संस्करण

मूल्य : 9000/-

वाणी प्रकाशन

फोन : 0091#11#23273167, 23275710

फैक्स : 0091#11#23275710

वेबसाइट : www.vaniprakashan.in

ई-मेल : vaniprakashan@gmail.com
vani_prakashan@yahoo.com

आर.टेक ऑफसेट प्रिंटर्स द्वारा दिल्ली-110095 में मुद्रित

प्रकाशकीय

अयोध्यासिंह उपाध्याय 'हरिऔध' भारतेन्दु युग और द्विवेदी युग के बीच एक अत्यन्त महत्त्वपूर्ण कड़ी हैं। खड़ी बोली हिन्दी के पहले महाकाव्य के रचनाकार के रूप में उनका ऐतिहासिक महत्त्व तो है ही, हिन्दी भाषा के अनूठे शिल्पकार के रूप में उनका योगदान कहीं ज्यादा महत्त्व का है। उन्नीसवीं और बीसवीं शताब्दी में जब हिन्दी की रूप रचना को लेकर तरह-तरह की बहसें चल रही थीं—हरिऔध ने हिन्दी भाषा के सभी सम्भावित और आकांक्षित रूपों को अपनी लेखनी से मूर्त किया। हरिऔध के रचना संसार से गुजरते हुए उनके भाषा सम्बन्धी संघर्ष को सहज ही लक्षित किया जा सकता है। ब्रजभाषा से शुरू करके **वेनिस का बांका** और **प्रियप्रवास** की संस्कृत निष्ठ हिन्दी फिर **ठेठ हिन्दी का ठाट** की ठेठ हिन्दी से होते हुए **बोलचाल** की सामान्य हिन्दी का रूप हरिऔध के यहाँ मौजूद है। वे भाषा के रूप को लेकर होने वाली बहसों में अपनी रचनाओं के साथ उतरते हैं और एक सच्चे प्रयोग कर्ता की तरह समाज की प्रतिक्रिया के आलोक में भाषा का रूप बदल देते हैं। उनकी यह प्रयोगशीलता केवल भाषा के स्तर पर नहीं बल्कि छन्द विधान के स्तर पर भी दिखाई देती है। संस्कृत के वर्ण वृत्तों का प्रयोग हो, हिन्दी के मात्रिक छन्दों का या फिर उर्दू बहरों का; हिन्दी के आँगन में वे सबको व्यावहारिक रूप से उतार कर आगे आने वाले रचनाकारों के लिए मार्ग प्रशस्त करते हैं। वजह चाहे जो रही हो, हिन्दी साहित्य के इतिहास में हरिऔध के महत्त्व को स्वीकार करते हुए भी उनके ऐतिहासिक महत्त्व और अवदान का सम्यक विवेचन नहीं हो सका है। इस ग्रन्थावली को प्रस्तुत करते हुए हमारे मन में कहीं एक भूल सुधार का भाव भी काम कर रहा था। हरिऔध साहित्य को एक साथ प्रस्तुत करते हुए हम यह उम्मीद कर रहे हैं कि हरिऔध की प्रयोगधर्मिता की ओर अपेक्षित ध्यान जाएगा और उनके वास्तविक अवदान को आँकने की दिशा में यत्न होंगे। ग्रन्थावली में यथा संभव हरिऔध के प्रामाणिक पाठ को प्रस्तुत करने की कोशिश की गयी है। किसी एक संस्करण में रह गयी अशुद्धियाँ बाद के कई संस्करणों में दुहरायी जाती रही हैं उन्हें भी यथा स्थान सुधार दिया गया है।

यदि यह ग्रन्थावली हरिऔध के साहित्य में छिपे हिन्दी भाषा के विकास के इतिहास की खोज के लिए प्रेरित और प्रोत्साहित कर सकी तो हमें अपना श्रम सार्थक लगेगा।

—अरुण माहेश्वरी

अनुक्रमणिका

रस-कलस

विशेष वक्तव्य

'रस-कलस' को जन्म देना सामयिक है या नहीं, इसका विचार रसिक वृन्द करें। मुझे जो निवेदन करना है, उसे निवेदन करता हूँ। यह सच है कि ब्रजभाषा का वह आदर अब नहीं रहा, किन्तु यह भी सत्य है कि जब तक वह बोलचाल की भाषा है, तब तक उसमें जीवन है। उसकी पद अर्चना करनेवाले आज भी पर्याप्त संख्या में मौजूद हैं, और उस समय तक उपस्थित रहेंगे, जब तक उसके बोलनेवाले धराधाम पर विद्यमान रहेंगे। भारतवर्ष की जितनी प्रान्तिक भाषाएँ मरहटी, बंगला, पंजाबी और गुजराती आदि हैं, उन सबमें रचनाएँ हों, भोजपुरी और मैथिली जैसी बोलियों में कविताएँ लिखी जावें, किन्तु ब्रजभाषा का ही वह स्वत्व छीन लिया जावे, ऐसा कहना न्यायसंगत नहीं। जो जिसका प्राकृत अधिकार है, उससे उसको वंचित करना टेढ़ी खीर है, यह किसी के बूते की बात नहीं। इसलिए यह कहना कि अब ब्रजभाषा में कविता करना झख मारना और समय-प्रवाह के विरुद्ध चलना है, यदि प्रमाद नहीं तो अज्ञान अवश्य है। रही शृंगार रस की बात, इस विषय में मुझे यह कहना है, कि क्या शृंगार रस की रचनाएँ इस योग्य हैं कि उनको वक्र दृष्टि से देखा जावे, और उनकी कुत्सा की जावे। कदापि नहीं, शृंगार रस ही साहित्य का शृंगार है, जिस दिन वह इस गौरव से वंचित होगा, उसी दिन उसका सौंदर्य नष्ट हो जावेगा। शृंगार रस पर जो खड्गहस्त हैं, वे उसका मर्म जानते ही नहीं; वे अमृत को विष समझ रहे हैं। अश्लील शृंगार रस अवश्य निंदनीय है, फिर भी निंदा की सीमा है, जहाँ वह किसी कला का अंग होगा, वहाँ उसको उसी दृष्टि से ग्रहण करना होगा। जिन्होंने शृंगार रस की कुत्सा करने का बीड़ा ले रखा है वे कलेजे पर हाथ रखकर बतलावें कि क्या वे सचमुच हृदय से उसे कुत्सा योग्य समझते हैं या अंध-परम्परा में पड़े हैं। यदि वास्तव में हृदय से उसे ऐसा समझते हैं, तो उनकी रचनाओं में उसका स्रोत क्यों बह रहा है? और वे क्यों उनकी सरसता, मोहकता और व्यापकता पर लट्टू हैं। समझ लेना चाहिए नायिका भेद की रचनाएँ ही शृंगार रस नहीं हैं। जिन निरूपणों में प्रेम का आभास है, जिन कविताओं में प्रकृति और छटाओं का वर्णन है, जहाँ मधुरता, सरलता, हृदयग्राहिता, और सौंदर्य्य है, वहीं शृंगार रस विराजमान है।

मैं यह स्वीकार करता हूँ कि प्राचीन प्रणाली का अनुकरण ही आजकल भी अधिकांश वर्तमान ब्रजभाषा के कवि कर रहे हैं, निस्संदेह यह एक बहुत बड़ी त्रुटि है। समय को देखना चाहिए और सामयिकता को अपनी कृति में अवश्य स्थान देना चाहिए। देश-संकटों की उपेक्षा देश-द्रोह है, और जाति के कष्टों पर दृष्टि न डालकर अपने रंग में मस्त रहना महान अनर्थ। मातृभूमि की जिसने उचित सेवा समय पर न की वह कुल-कलंक है, और जिसने पतित समाज का उद्धार नहीं किया वह पामर। यह विचार कर ही प्राचीन प्रणाली के कवियों की दृष्टि इधर आकर्षित करने के लिए 'रस-कलस' की रचना की गई है। आज तक जितने 'रस-ग्रन्थ' बने हैं, उनमें शृंगार रस का ही अयथा विस्तार है, और रसों का वर्णन नाम मात्र है। इसके अतिरिक्त संचारी भावों के उदाहरण भी प्रायः शृंगार रस के ही दिए गए हैं, ऐसा न करके अन्य विषयों का उदाहरण भी उनमें होना चाहिए था। 'रस-कलस' में इन सब बातों का आदर्श उपस्थित किया गया है, और बतलाया गया है कि किस प्रकार अन्य रसों के वर्णन का विस्तार किया जा सकता है, और कैसे जाति, देश और समाज संशोधन सम्बन्धी विषयों को उनमें और संचारी भावों में स्थान दिया जा सकता है। इस ग्रंथ में देश-प्रेमिका, जाति-प्रेमिका और समाज-प्रेमिका आदि नाम देकर कुछ ऐसी नायिकाओं की भी कल्पना की गई है, जो बिल्कुल नई है, परन्तु समाज और साहित्य के लिए बड़ी उपयोगिनी है। इस समय देश में जिन सुधारों की आवश्यकता है, जिन सिद्धान्तों का प्रचार वांछनीय है, उन सबों पर प्रकाश डाला गया है, और उनके सुन्दर साधन भी उसमें बतलाए गए हैं। पाश्चात्य विचारों के प्रवाह में पड़कर देश की कुलांगनाओं में, अंध अनुकरणकारियों एवं विदेशी भावों के प्रेमियों में जो दोष आ रहे हैं, उनका वर्णन भी उसमें मिलेगा, साथ ही उनकी भर्त्सना भी। नव रसों में शृंगार रस प्रधान है, इसलिए ग्रन्थ में उसके सब अंगों का वर्णन है, किन्तु कविता की भाषा संयत है। कुछ अत्यन्त अश्लील विषयों को छोड़कर शृंगार रस-सम्बन्धी सब विषय मैंने ले लिए हैं, और सबका वर्णन यथा स्थान किया है; केवल इस उद्देश्य से कि जिसमें यह बतलाया जा सके कि जहाँ अश्लीलता की सम्भावना हो, वहाँ संयत और गूढ़ भाषा लिखकर किस प्रकार उसका निवारण किया जा सकता है। सम्भव है कहीं मैं अपने इस उद्देश्य में पूर्णतया सफल न हो सका होऊँ, परन्तु ऐसे स्थल की अधिकांश कविताओं को विचारपूर्वक पढ़ने से प्रत्येक सहृदय पुरुषों पर प्रकट हो जावेगा कि मैंने इस विषय में कितना परिश्रम किया है और कितनी सावधानी से काम लिया है। मैं ऐसे कुछ और विषयों को भी छोड़ सकता था, परन्तु ऐसा करने पर मेरे उद्देश्य में व्याघात होता, अतएव मैं उन्हें न छोड़ सका। ब्रजभाषा में 'रसविलास' 'रसराज' और 'जगद्विनोद' आदि ऐसे बड़े अपूर्व 'रसग्रन्थों' के होते, 'रस-कलस' की रचना की कोई आवश्यकता नहीं थी, और न मैं ऐसा करता, यदि इन उद्देश्यों से मैं प्रेरित न होता, और यदि प्राचीन प्रणाली के कवियों की दृष्टि को

सामयिकता और देश प्रेम की ओर आकृष्ट करना इष्ट न होता। मैं नहीं कह सकता कि अपने उद्देश्य में मुझको कितनी सफलता मिली, परन्तु वास्तविक बात का प्रकट करना आवश्यक था। सहृदय विबुध समाज मेरे कथन को कहाँ तक स्वीकार करेगा, यह समय बतलावेगा।

इस समय हिन्दी संसार के कुछ विद्वानों की शृंगार रस पर बड़ी कड़ी दृष्टि है, संभव है ग्रन्थ में कुछ ऐसा स्थान या अंश पाया जावे, जो उन्हें अश्लील ज्ञात हो। ऐसी दशा में उन सज्जनों से मेरा निवेदन यह है कि ग्रन्थ के कुछ अंशों अथवा विशेष स्थानों के आधार से उसके विषय में कोई सिद्धान्त निश्चित करना युक्ति-संगत न होगा। ग्रन्थ के अधिकांश स्थानों को देखकर ही मेरे उद्देश्य की उचित मीमांसा हो सकेगी। दूसरी बात यह कि अश्लीलता का निर्णय उचित दृष्टि से ही करना पड़ेगा, दोष-प्रदर्शन की दृष्टि से नहीं। आलोचक को न्याय तुला हाथ में रखना चाहिए और आवेश में न आना चाहिए; अन्यथा सत्य का अपलाप होगा। प्रायः देखा गया है कि एक विद्वान् जिसे अश्लील नहीं मानता, दूसरा उसी को अश्लील मानकर वाद करने के लिए कमर कस लेता है। इसका हेतु रुचि वैचित्र्य अथवा मतभेद है—जो सर्वत्र दृष्टिगत होता है। दोनों आलोचना-विचार के उत्पादक हैं, किन्तु अविवेक उन्हें उत्पीड़क बना देता है। मैं अश्लीलता के विषय में पहले बहुत कुछ लिख चुका हूँ, इससे इस विषय में यहाँ विशेष लिखना पिष्ट पेषण मात्र होगा। परन्तु इतनी प्रार्थना अवश्य है कि अश्लीलता की मीमांसा के समय अपने पक्ष को न देखकर दूसरे के पक्ष को भी देखना चाहिए। शरीर में ऐसे अनेक पदार्थ हैं, जो उससे अलग होकर अश्लीलतम बन जाते हैं, परन्तु अपने स्थान पर उनकी उपयोगिता असंदिग्ध है। मेरे कथन का यह प्रयोजन नहीं कि ग्रन्थ के गुण-दोष की आलोचना न की जावे, और जहाँ-जहाँ वास्तव में अश्लीलता हो, उससे मुझे अभिज्ञ न किया जावे। प्रायः मनुष्य अपने दोषों के विषय में अन्धा होता है, इसलिए यदि बन्द आँखें खोल दी जावें, तो इससे बढ़कर दूसरी कौन कृपालुता होगी? आँखें खुल जाने पर अथवा अपना दोष जान लेने पर मैं सावधान तो हो ही जाऊँगा, दूसरे संस्करण में ग्रन्थ के संशोधन की भी चेष्टा करूँगा। इसलिए जिस मार्ग से ऐसे महान् कार्य्य हो सकें उसको रोकने की चेष्टा मैं क्यों करूँगा? केवल विद्वज्जन से इतनी ही प्रार्थना है, कि विचार के समय उचित विवेक दृष्टि से ही काम लिया जावे।

इस ग्रन्थ को, विशेषकर भूमिका के लिखने में मुझको जितने ग्रन्थों से सहायता मिली है, उनकी एक तालिका ग्रन्थ में लगा दी गई है। मैं इन सब ग्रन्थों के रचयिताओं को हृदय से धन्यवाद देता हूँ, और उनका बहुत बड़ा आभारी हूँ। क्योंकि मेरे ग्रन्थ में जो कुछ विभूति है, वह सब उन्हीं के विशद ग्रन्थों अथवा उन्हीं के ग्रन्थों से उद्धृत विशेष अंशों का प्रसाद है। मैं क्या और क्या मेरी प्रतिभा, यदि इन ग्रन्थों का अवलंबन न होता, तो

शायद मैं इस ग्रन्थ की रचना में समर्थ न होता। भूमिका में मैंने 'साहित्यदर्पण' और 'रसगंगाधर' से बहुत अधिक सहायता ली है। 'साहित्यदर्पण' की साहित्याचार्य्य श्रीमान् पं. शालिग्राम शास्त्री विरचित 'विमला' नाम्नी हिन्दी टीका, और श्रीमान् पं. पुरुषोत्तम शर्मा चतुर्वेदी के 'हिन्दी रसगंगाधर' से मुझको संस्कृत के वाक्यों और अवतरणों का हिन्दी अनुवाद प्राप्त करने में बहुत बड़ी सहायता मिली है, मैंने प्रायः यथातथ्य उन्हीं के हिन्दी अनुवाद को अपने ग्रन्थ में रख दिया है, अतएव मैं इस विषय में उन दोनों सज्जनों का विशेष ऋणी हूँ। मैंने रसों अथवा संचारी भावादि के लक्षण स्वयं लिखे हैं, किन्तु कहीं-कहीं किसी-किसी ग्रन्थ के लक्षणों को ही उत्तम समझकर अपने ग्रन्थ में उठाकर रख दिया है; मैं इसके लिए उन ग्रन्थों के रचयिताओं का भी कम उपकार नहीं मानता।

–अयोध्यासिंह उपाध्याय

2-8-1931

प्राक्कथन

अत्यन्त प्रसन्नता का अवसर है कि इधर हमारी भाषा और हमारे साहित्य की उत्तरोत्तर श्रीवृद्धि होती जा रही है, प्रत्येक विद्वान् और सुयोग्य महानुभाव इनकी उन्नति के लिए अनुदिन तन, मन, धन से प्रयत्नशील हो रहा है। नए-नए सुन्दर-सराहनीय ग्रन्थ-रत्नों से भाषा-भण्डार के भरने का स्तुत्य कार्य किया जा रहा है। विशेष प्रसन्नता होती है यह देखकर कि अब हमारे विद्वज्जन स्थायी साहित्य के निर्माण में भी नवीन विधानों के साथ, वैज्ञानिक ढंग से, अपनी सुरुचि दिखलाने लगे हैं और ऐसे-ऐसे ग्रन्थ-रत्न उपस्थित करने लगे हैं जिन पर वास्तव में हिन्दी-भाषा-भाषियों को गर्व हो सकता है और जो अन्य भाषाओं के रत्नों की श्रेणी में रखे जाकर भी निस्संकोच भाव से मूल्यवान् कहे जा सकते हैं। प्रस्तुत ग्रन्थ-रत्न 'रस-कलस' इसी प्रकार का एक परम मूल्यवान् नया अथच न्यारा रत्न है। हम मुक्तकण्ठ से कहते हैं कि यह ग्रन्थ हिन्दी-साहित्य की रीति-ग्रन्थ-माला में सुमेरु के समान ही सर्व-शिरोमणि है। रस-सिद्धान्त पर इधर वैज्ञानिक विवेचन की शैली से कोई भी सुन्दर सर्वांगपूर्ण ग्रन्थ न लिखा गया था, अतएव इस प्रकार के एक ग्रन्थ की महती आवश्यकता थी, जिसकी पूर्ति श्री उपाध्याय जी ने इस ग्रन्थ-रत्न के द्वारा करके हिन्दी-साहित्य तथा तत्प्रेमियों का चिरस्मरणीय हित किया है। प्राचीन कवियों में से कुछ ने इस विषय पर अपने रीति-ग्रन्थों में प्रकाश डाला है अवश्य, किन्तु बहुत सूक्ष्म रीति से। उनका प्रधान उद्देश्य अपने काव्य एवं कवित्व का प्रदर्शन करना मात्र था, वे वास्तव में कवि-कर्म-कुशल कलाकार थे, काव्य-शास्त्र-सुधा-रसाम्बुधि-सिद्धान्त-तरंगस्नात आचार्य न थे। इसीलिए उन्होंने केवल मूल बातें देकर उनकी उदाहरण-रचना को ही अपना अभीष्ट लक्ष्य रखा था और तदनुसार आचरण भी किया था। उनके ग्रन्थों में सिद्धान्त-समीक्षा या मीमांसा तो एक प्रकार से गौण और उदाहरण-रचना-कौशल का प्रदर्शन ही प्रधान है। इसके साथ ही कुछ कवियों ने तो रस सिद्धान्त का पूरा प्रदर्शन भी नहीं किया, उसके किसी एक विशेष अंग पर ही प्रकाश डाला है। नखशिख-वर्णन और नायक-नायिका का भेद ही प्रायः रचना के लिए प्रधान विषय रहे हैं, जगद्विनोदादिक पुस्तकें इसके उदाहरण हैं। तात्पर्य यह है कि इस विषय की मार्मिक तथा विस्तृत विवेचना की ओर हमारे विद्वानों ने कोई विशेष ध्यान न दिया था।

यद्यपि इस समय इस विषय की दो-चार पुस्तकें हिन्दी-साहित्य-सद्म में उपस्थित हैं, जिनमें से श्री. अयोध्या-नरेश कृत 'रस-कुसुमाकर', 'हिन्दी-काव्य में नव रस' एवं 'काव्य-प्रभाकर' अति प्रधान और प्रचलित मानी जाती हैं, किन्तु वास्तव में ये सब पुस्तकें सर्वांगपूर्ण, सुव्यवस्थित तथा वैज्ञानिक विवेचन की दृष्टि से सन्तोषप्रद नहीं सिद्ध होतीं। इस अभाव की ऐसे सुन्दर-ग्रन्थ के द्वारा स्तुत्य पूर्त्ति करने के लिए श्री. उपाध्यायजी को जितना भी साधुवाद दिया जाय, थोड़ा ही है। इस ग्रन्थ-रत्न से उपाध्यायजी कवि-काव्याचार्य-श्रेणी में उच्च स्थान प्राप्त कर अमर यश के भव्य भाजन होते हुए शाश्वत स्मरणीय हो गए हैं।

यथार्थ में काव्यशास्त्र के ऐसे गूढ़ और जटिल विषयों पर प्रकाश डालने के लिए कमनीय कवि-कर्म-कौशल, काव्य-कला-कोविदत्व और विशद विद्वत्ता की आवश्यकता है। केवल कवि-प्रतिभा ही न तो इसके शास्त्रीय विवेचन में सफल और समर्थ सिद्ध होती है और न केवल विद्वत्ता या आचार्य्यता ही सर्वथा पर्याप्त हो सकती है। वस्तुतः काव्य-शास्त्र के मार्मिक विवेचन के लिए कवि-प्रतिभा और विद्वत्ता दोनों की समान रूप से आवश्यकता है। कहा भी गया है—

'कवि : कवयते काव्यं मर्में जानाति पंडितः'—तथा—

'अपूर्वो भाति भारत्याः काव्यामृतफले रसः'

'चर्वणे सर्वसामान्यं स्वादवित्केवलं कविः'।

कहना न होगा कि श्री. उपाध्यायजी में दोनों गुण सुन्दर रूपों में विद्यमान हैं। आप उच्चकोटि के 'कवि-सम्राट' भी हैं और प्रशस्त काव्याचार्य भी हैं, इसीलिए आप काव्य-कला के सभी प्रकार मान्य, मर्मज्ञ और काव्य-कौशल-तत्वज्ञ हैं। हो सकता है कि कुछ लोग हमारे इस कथन पर किसी कारण कुछ किन्तु-परन्तु करते हुए नाक-भौं सिकोड़ें, किन्तु न्याय के लिए हम उसकी सर्वथा उपेक्षा ही करते हैं। 'सत्ये नास्ति भयं क्वचित्' पर विश्वास रखकर हम स्पष्टवादिता तथा सत्य-प्रियता को ही महत्त्व देते हुए उपाध्यायजी को वर्त्तमान समय का एकमात्र महाकवि तथा प्रशस्त आचार्य कहने में रंचक भी नहीं हिचकिचाते।

यदि सत्य और न्याय को हृदय में रखकर देखा और कहा जाय तो उपाध्यायजी का स्थान इस समय हिन्दी-साहित्य के क्षेत्र में सर्वोच्च सिद्ध होता है। भाषा के समस्त प्रधान और साहित्यिक रूपों पर—चाहे वह खड़ी बोली हो, चाहे ठेठ हिन्दी या कथित (So called) हिन्दुस्तानी (चलती हुई बामुहावरा साधारण हिन्दी), चाहे ब्रजभाषा हो और चाहे अवधी, सभी पर आपको असाधारण और पूरा अधिकार प्राप्त है। उनके सब रूपों की समस्त उत्कृष्ट और साधारण शैलियों के सुप्रयोग में भी आप सर्वर्था सफल और प्रशस्तरूपेण पटु सिद्ध हुए हैं। आपके 'प्रिय प्रवास, चोखे चौपदे, बोलचाल, ठेठ हिन्दी का ठाठ, कबीर-

वचनावली की भूमिका, सभापति के रूप में दिए गए भाषण' आदि रचनाओं से आपकी खड़ी बोली के विविध रूपों और ढंगों में प्रकामाभिराम पटुता तो हिन्दी-संसार को प्रकट हो ही चुकी है, अब इस 'रस-कलस' के द्वारा आप की ब्रजभाषा-मर्मज्ञता का भी यथेष्ट परिचय प्राप्त हो जाएगा। वास्तव में ऐसी बहुमुखी प्रतिभा तथा पांडित्य परिपुष्ट-काव्य कला-कुशलता के साथ भाषा-भांडार-भांडारिता विरले ही महापुरुषों के सौभाग्य में देखी जाती है। हम कह सकते हैं कि न केवल इस वर्त्तमान समय में ही उपाध्यायजी हिन्दी-साहित्य-क्षेत्र में सर्वोच्च कवि-कीर्ति की कल कमनीय-कांति-कौमुदी के कलित कलाधर हो रहे हैं, वरन् इसी प्रकार चिरकाल तक बने रहेंगे।

हिन्दी-साहित्य के इतिहास से यह सर्वथा स्पष्ट है कि हिन्दी-साहित्य के अलंकृत या कला-काल में रीति-ग्रन्थों की रचना करने की एक परिपाटी चल पड़ी थी, जो लगभग दो सौ वर्ष तक बड़ी प्रबलता और प्रचुरता के साथ साहित्यागार को रुचिर रीति-ग्रन्थों से सुसज्जित करती रही। इसी परिपाटी या प्रणाली के प्राबल्य-प्रभाव से प्रेरित होकर आचार्य महाकवि केशव, मतिराम, भूषण, देव, दास, पद्माकर आदि कविवरों ने अलंकार एवं रसादि-सम्बन्धी कतिपय सुन्दर ग्रन्थ रचे थे। इस परम्परा को 1800 ई. के लगभग से शिथिलता प्राप्त हो चली और धीरे-धीरे वर्त्तमान समय में इसका एक प्रकार से लोप-सा हो गया। इधर की ओर कुछ महानुभावों ने देश-काल के अनुसार रीति-ग्रन्थों की रचना-शैली में कुछ रूपान्तर उपस्थित करने का सफल प्रयास किया और दोहों आदि छन्दों में न देकर गद्य में ही अलंकारादि की परिभाषाएँ देने तथा उनकी मार्मिक विवेचना करने की नव-पद्धति चलाई। परन्तु प्रायः विद्वानों ने अलंकार-विवेचन पर ही विशेष ध्यान दिया था, रस-सिद्धान्त के विवेचन की ओर वे अग्रसर न हुए थे। सच पूछिए तो रस, नायक-नायिका-भेद तथा नख-शिख वर्णन वाली परम्परा की इस नव युग में एक प्रकार से इतिश्री ही हो गई थी। परन्तु श्री उपाध्यायजी ने इस परम्परा को भी ठीक उसी प्रकार नए जीवन का दान दिया, जिस प्रकार आपने अपने परम प्रशस्त 'प्रिय-प्रवास' के द्वारा कृष्ण-काव्य की परम्परा को विशेषत्व प्रदान किया है। कृष्ण-काव्य की रचना-परम्परा में ब्रजभाषा का ही प्राधान्य रहा है क्योंकि वह उस ब्रज की मंजु-मधुर भाषा है जहाँ ब्रज-विपिन-बिहारी ने अपनी अति प्रियशीला ललित लीला की थी। उपाध्यायजी ने उसमें खड़ी बोली का संचार कर युगांतर ही उपस्थित नहीं कर दिया, वरन् खड़ी बोली को भी कृष्ण-लीला के सुधारस से सिंचित कर संजीवन रस प्रदान किया है। इतना ही नहीं, खड़ी बोली की कविता-कामिनी को भी उन्होंने सुधेय गेय गोविन्द-पदारविन्द-मकरंदानंद-सेविनी मलिन्द-महिषी होने का सुअवसर दिया और इस प्रकार उसे सौभाग्य शालिनी भी बनाया है। संस्कृत सरस पद-विन्यास संयुक्त, भावमय, सुप्रवृत्ति-सम्पन्न, सुवर्ण-वृत्तालंकृत और मोहन-मन-मोहिनी बनाकर उन्होंने सदा के लिए उसे जिस सरस सुमनासन पर बिठला

दिया है वह भी सर्वसुलभ नहीं।

जिस प्रकार 'प्रिय-प्रवास' के वाणी-विलासकर अनुपम आवास में आपने लोकोपकारादि अन्य, स्वभावजन्य, गेय गुणों को, विशद विकाश-प्रकाश देनेवाले, नए न्यारे रम्य रंगों से अनुरंजित, विविध विचार-विधि-व्यंजित, ब्रजेश के विचित्र चारु-चित्र चित्रित कर, समयानुकूल मंजु-मौलिकता दिखलाई है, उसी प्रकार इस 'रस-कलस' में भी देश-कालोपयुक्त, युक्ति-युक्त, पाश्चात्य, दुर्गुण-विमुक्त आर्यावर्तीय सभ्यता-संस्कृति-सुकृति सूचक, ध्रवधार्य, आर्य कार्य के आदर्श उपस्थित कर, ब्रजभाषा की प्राचीन रचना-परम्परा में, भव्य रूपेण नव्य मौलिकतामयी जीवन स्फूर्ति के द्वारा उसकी अपूर्ति में पूर्ति के लाने का भी सफल प्रयास किया है। कतिपय नई नायिकाओं की भी आपने देश-कालानुकूल मौलिक कल्पना की है—यथा देश-प्रेमिका, जाति-सेविका आदि, जो सराहनीय एवं अनुकरणीय है।

नायक-नायिका-भेद जैसे विषय पर रचना करते हुए भी आपने शिष्टता (श्लीलता) का सर्वत्र सुन्दर और सराहनीय निर्वाह किया है। वस्तुतः यह बड़ा ही कठिन कार्य है। और आप ही जैसे सुयोग्य महाकवि का काम है। सर्वत्र भव्य भारतीय नव्य भावनाओं की ही गहरी छाप है, अपने ही समाज के सुन्दर-स्तुत्य आचारों-विचारों की महत्ता-सत्ता स्थान-स्थान पर दिखलाई गई है। दूर से देखने पर दिव्यदामाभिराम पाश्चात्य देशों के उन दुर्गुणों की मिथ्या मनोहरता के बड़ी युक्ति तथा मार्मिकता से दिखलाने की चेष्टा की गई है, जिनकी बहिरंग-रंग रुचिरता से समाकृष्ट हो, भ्रांत नवयुवक मृगतृष्णा में भूले-भटके तथा तंग आए कुरंग-वृन्द-से पथ-भ्रष्ट अथच ताप-तप्त बन पश्चात् पश्चात्ताप करते फिरते हैं। यही उपाध्यायजी का कवि-सन्देश देश के लिए जान पड़ता है। रचना का एक दूसरा प्रधान उद्देश्य भी यही प्रतीत होता है। वास्तव में प्रत्येक लेखक एवं कवि का यही मुख्य कर्तव्य-कर्म तथा परिपालनीय धर्म है कि वह अपनी रचना के द्वारा अपने देश तथा समाज की समय-सम्मानित सभ्यता-संस्कृति का संरक्षण करता हुआ प्राचीन परम्परा का यथेष्ट (यथावश्यकता) परिमार्जन एवं परिशोधन कर अपने वास्तविक धर्म-कर्म का प्रचार करे, और पर-प्रभाव-प्रभावित एवं भ्रम-भूल से भूले हुए नवयुवकों को सत्पथ पर अग्रसर कर देश-जाति के हित-संपादन में लगे-लगाए। जो लेखक या कवि अपने ऐसे उत्तरदायित्व को नहीं समझते और देश-जाति के हिताहित का ध्यान नहीं रखते या परखते, वे वास्तव में रचयिता-राजि-भूषण होकर भी देश-दूषण ही ठहरते हैं। उनकी अमूल्य रचनाएँ भी बिना मूल्य हो लुप्त होती हुई अपने साथ समय के गुप्त गह्वर में उन्हें भी सदा के लिए सुप्त कर देती हैं। कोई भले ही इस प्रकार के कवि को उपदेशक तथा समाज-सुधारक कहता हुआ उसके स्थान को कुछ दूसरा दिखलाने का प्रयत्न करे और उसे कुछ कम महत्त्व दे—यद्यपि वास्तव में इन गुणों के कारण उसका स्थान एवं महत्त्व और अधिक बढ़ जाता है—किन्तु ऐसा समझदार संसार उस व्यक्ति के ऐसे कथन को ही महत्त्व न देगा जो यह

जानता है कि कवि ही वह व्यक्ति है जो देश-जाति को उन्नत एवं अवनत करने, बनाने-बिगाड़ने, योग्यायोग्य पद देने में समर्थ होता है। कवि तो वस्तुत सृष्टि का स्रष्टा है ('कविर्मनीषी परिभूः स्वयम्भूः'—वेद) वही अखिलेश है, किन्तु हो वह सच्चा कवि। जितने भी सच्चे कवि हुए हैं, सभी ने समाज-हित के लिए अपनी रुचिर रसना से सुधार-रस-धारा प्रवाहित की है, सभी ने उचित उन्नतिकारी, उपकारी उपदेश देश-समाज को दिए हैं। यही कार्य उपाध्यायजी ने भी किए हैं।

'रस-कलस' शब्द ही ग्रन्थ के वर्ण्य विषय को स्पष्ट रूप से प्रकट कर देता है, इसलिए इस सम्बन्ध में यहाँ केवल इतने ही कहना सर्वथा अलम् है कि इसमें काव्य के शृंगार, हास्य, करुण, रौद्र, वीर, भयानक, बीभत्साद्भुत और शान्त नामक नवों रसों, उनके 9 स्थायी और 33 संचारी भावों, विभावों (आलंबन—जिसके अन्तर्गत है, समस्त नायक नायिका-भेद और उनका नख-शिख-वर्णन, और उद्दीपन—जिसके अन्दर आते हैं सखा-सखी भेद और कर्म, समय, स्थान, प्रकार तथा षट्ऋतु-वर्णन) और 4 प्रकार के अनुभावों (जिनके अन्दर अंगज, अयत्नज और स्वभावज हाव-भावादि अलंकार आ जाते हैं) का यथोचित और यथाक्रम सर्वांग-पूर्ण सुन्दर और सराहनीय विशद वर्णन किया गया है। सर्वत्र उदाहरण मंजु, मृदु, मधुर और मौलिक दिए गए हैं। प्रायः अन्य रस-ग्रन्थों में शृंगार रस का ही विस्तार दिखलाया जाता है और विभावानुभावादि सम्बन्धी उदाहरणों में भी इसी रस को प्रधानता दी जाती है, तथा अन्य रसों का केवल सूक्ष्म परिचय मात्र दे दिया जाता है जिससे वाचक-वृन्द को यथेष्ट ज्ञान नहीं हो पाता। यह ग्रन्थ इस न्यूनता से सर्वथा मुक्त होकर समस्त रसों के विशद वर्णन से संयुक्त हो अधिक उपयुक्त बन गया है। शृंगार रस चूँकि सर्व-रस-प्रधान रसराज तथा साहित्य-शिरमौर माना गया है, इसलिए उसके समस्त अंग-प्रत्यंग का नवरंग ढंग-रंजित तथा विविध-विचार-व्यंजित विमल-वासना-वलित, सुकल्पना-कलित, अति ललित वर्णन किया गया है। केवल कुछ ऐसे ही विषय छोड़ दिए गए हैं जो इतने अश्लील हैं कि उनका सर्वथा सुशिष्ट और सुरुचिमिष्ट बनाना असंभाव्य ही सा ठहरता है, जहाँ तनिक भी ऐसे विषय अपने साधारण रूप में भी आ गए हैं वहाँ उनके अनीसिप्त प्रभाव के अभाव को दूर करने के लिए भाषा दुर्बोध, गूढ़ तथा कुछ जटिल कर दी गई है, जिससे उस प्रसंग का अंतरंग अंग उन्हीं सज्जन वाचक-वृन्द को अवगत को सके जो कला-कौशल-प्रेमी और नीति-रीति नेमी होकर सत्सार-सराहक और गुण ग्राहक हैं और जिनके विद्या-व्रत-स्नात वर-विवेक-जन्य-विचार उनके मनोविकार पर पूर्णतया प्रभाव डालकर उन्हें स्वच्छन्द छल-छन्द की ओर नहीं दौड़ने देते। वास्तव में यही सत्कवि का कर्तव्य-कर्म और रचना-रस-रंग के नैर्मल्य का मुख्य मर्म है।

प्रायः यह देखा जाता है कि कवि लोग किसी एक विशेष रस (प्रायः शृंगार, वीर, करुण) में रचना करने का अभ्यास कर लेते हैं और इसीलिए उस रस में वे चोखी तथा

कभी-कभी अनोखी रचना भी करते हैं। किन्तु अन्य रसों की रचना करने में वे प्रथम तो समर्थ ही नहीं होते और यदि कुछ होते भी हैं तो सर्वथा सफल नहीं होते। यह परम-प्रखर-पांडित्य-पूर्ण, पटु-प्रतिभावान् सत्कवि-महान् का ही कार्य होता है कि वह प्रत्येक रस में सराहनीय सफलता से सुन्दर, सुखद और रोचक रचना कर ले। महाकवि का यह एक प्रधान और विचक्षण लक्षण है। श्री. उपाध्यायजी में यह लक्षण आकर उन्हें महाकवि मानने के लिए पाठकों को उसी क्षण प्रेरित करता है जब वे उनकी विलक्षण रचना का सम्यक् समावलोकन कर चुकते हैं। इस ग्रन्थ में जिस रस के जो उदाहरण दिए गए हैं उन सबमें उस रस का यथोचित परिपाक पाया जाता है, जिससे उनमें सरसता के साथ ही साथ सफल सार्थकता तथा स्वाभाविकता-सी मिलती है। साकारता और सजीवता तो कहीं भी किसी प्रकार कम हुई ही नहीं। इन उदाहरणों में भी उपाध्यायजी ने बड़ी मार्मिक, धार्मिक, उपयुक्त तथा उपादेय बातें कही हैं। अद्भुत रस के उदाहरणों में आपने 'रहस्यवाद' के सच्चे स्वरूप और उसके गूढ़-गहन, मोहन, मर्म अथवा रुचिर-रोचक रहस्य का चारु चित्रण सहज, सूक्ष्म किन्तु मूल-मन्त्र सूचक रूप से किया है और इस प्रकार रहस्यवादियों को भी सच्चे रहस्यवाद की पथरीली राह को रसीली करके दिखलाया है। यों ही अन्यत्र कतिपय स्थानों पर भी उन्होंने कितनी ही आवश्यक समस्याओं के सुलझाने, समझने तथा समझाने की ओर न्याय-निकेत सुन्दर संकेत दिए हैं।

ग्रन्थ की रचना-वस्तु-सम्बन्धी इन अवश्य अवलोकनीय और अनिवार्य रूपेण प्रशंसनीय मौलिक विशेषताओं की ओर सूक्ष्मतया इस प्रकार संकेत करके यहाँ हम इस ग्रन्थ की भाषा के सम्बन्ध में भी संक्षेप से प्रकाश डालना उचित समझते हैं, क्योंकि भाषा की महत्ता भाव-सत्ता के सन्मुख यदि अधिक नहीं तो न्यून भी कदापि नहीं है। कह भी सकते हैं कि रचना-क्षेत्र में भावों की अपेक्षा भाषा का ही महत्त्व अधिक प्रबल और प्रधान है। यद्यपि भाषा को भावों का परिधान-सा कहा जाता है तथापि यदि विचारपूर्वक देखा जाय तो परिधान होते हुए भी यही प्रधान, भाव-प्रभाव-निधान और विचार-विधान विधायक ठहरती है। बिना भाषा के विचारों या भावों का विकास तथा विद्या-बुद्धि-विलास का प्रकाश हो ही नहीं सकता। भाव चाहे कितने ही अच्छे क्यों न हों—यदि वे अच्छी भाषा में अच्छे ढंग और रुचिर रचना रंग के साथ व्यक्त न किए गए तो वे सर्वथा अरोचक और अन्यथा ही से हो जाते हैं। चारु चोखी भाषा और अनोखी रीति-नीति से प्रकट किए गए विचार साधारण होते हुए भी असाधारण से होकर धारणा में धारण करने के योग्य और मनोज्ञ हो जाते हैं। इसलिए भाषा को रचना-कला में विशेष महत्त्व देखकर सुसज्जित तथा वैचित्र्य-विनिमज्जित करके मृदु, मधुर, मनोहर बनाने के विविध विधान भाषा-भाव-भूषणों के रूपों में बनाए गए हैं, अस्तु।

उपाध्यायजी ने इस ग्रन्थ की रचना उस परम प्रशस्त परम्परा-प्रचलित सुललित ब्रजभाषा में की है जो अपने मार्दव, माधुर्य आदि गेय गुणों की गरिमा के कारण, काव्य

की एकमात्र उपयुक्त भाषा के रूप में साहित्य स्रष्ट कवि-राज-समाज में सर्व साधारण द्वारा अनुमोदित होकर धारण की गई है, उसी के लोक-प्रिय अनुपम आलोक से साहित्यादित्य* आलोकित होकर अद्यापि अवलोकित होते हैं। आपने अपनी रचना में ब्रज-भाषा का तो प्रयोग किया है, किन्तु यह ब्रजभाषा अन्य साधारण कवियों की-सी नहीं, वरन् अपने रंग-ढंग की विशेष ब्रजभाषा है। कहा जाता है कि भारतेंदु बाबू ने ब्रजभाषा तथा उसकी रीति-नीति में देश कालानुसार नवीन विशेषताओं का संचार किया था, कुछ अंशों में यह ठीक है। किन्तु यदि विचारपूर्वक एक निष्पक्ष न्याय-पोषक निरीक्षण की भाँति सूक्ष्म और विचारपूर्ण दृष्टि से देखा जाय तो वास्तव में ब्रजभाषा को नवीन रूप में परिमार्जित और संस्कृत करने का स्तुत्य कार्य इस काल में विशेषतया श्री. स्व. 'रत्नाकर' जी ने ही किया है। उन्होंने साहित्यिक ब्रजभाषा का एक रूप निश्चित कर उसे परिष्कृत तथा परिपुष्ट कर प्रचलित किया है, आजन्म उन्होंने इसी भाषा की पूरी देख-भाल और सेवा की, और तब उसे अपने अनुकूल चलाने में समर्थ हो सके। श्री 'रत्नाकर' जी ने ब्रजभाषा को साहित्यिक सौष्ठव एवं स्थैर्य के साथ एक निश्चित रूप से परिष्कृत तो किया किन्तु उसे रखा प्राचीन ही रंग-ढंग में, उन्होंने उसे निखारने का ही सफल सराहनीय प्रयास किया। श्री उपाध्यायजी ने ब्रजभाषा में दूसरे प्रकार की विशेषताओं के निखारने का प्रयत्न किया है और अपने इस प्रशंसनीय प्रयास में वे सफल भी हुए हैं।

सबसे बड़ी विशेषता, जो आप की ब्रजभाषा में स्पष्ट रूप से दृष्टिगोचर होती है, यह है कि आपने अपनी भाषा में नवीन भावों को व्यंजित करने की क्षमता उद्दीप्त कर दी है, इसके लिए कहीं-कहीं उन्हें उसे विशेष रूप से चलाना भी पड़ा है। आपने प्रायः पुराने घिसे-घिसाये और प्रयोगच्युत ऐसे शब्दों के निराकरण या दूरीकरण से भाषा को स्वच्छ करने का प्रयत्न किया है जिसका प्रयोग केवल परम्परागत रूढ़ियों की प्रेरणा से ही प्रायः प्राचीन परम्परानुयायी कवि किया करते हैं, जिनके प्रयोग, अर्थ आदि से जनता अब परिचित नहीं रह गई और जो भाषा की दुरूहता के ही कारण होते हैं। आपने कतिपय शब्द अपने नवीन भावों के लिए संस्कृत से लेकर बड़ी कुशलता से प्रयुक्त कर भाषा की शब्द राशि को बढ़ाते हुए भाव-व्यंजकता भी बढ़ा दी है। वास्तव में किसी कवि का यह कार्य विशेष महत्ता एवं सत्ता सूचित करता है। जो कवि जितने ही नए, निराले शब्द एवं प्रयोग (मुहावरे) कल्पित कर इस प्रकार प्रयुक्त करता है कि उनसे भाषा की भाव-व्यंजक क्षमता, शब्द-राशि तथा विचित्रता बढ़-चढ़ जाती और उसमें विलक्षणता भी आ जाती है वह उतनी ही उत्कृष्ट श्रेणी का कवि माना जाता है। प्रत्येक महाकवि अपनी प्रतिभा के प्रभाव से अपनी एक विशेष भाषा तथा शैली (रीति-नीति) लेकर साहित्य-क्षेत्र में अवतीर्ण होता और जीर्ण-शीर्ण

---

* साहित्य-सूर्य = सूरदास।

प्रयोग-परिचित-च्युत रूढ़िगत शब्दादिकों के चर्वित चर्वण-प्राबल्य से समुत्पन्न अनिष्ट अजीर्ण को अपने अजीर्ण (नये-निराले) शब्दादिकों से दूर करने का प्रयत्न करता है। दूसरे लोग फिर उसी का अनुकरण या अनुसरण करते हैं और उसे अपना पथ-प्रदर्शक और प्रधान प्रवर्तक मानने लगते हैं। उपाध्यायजी को भी हम इसी श्रेणी का महाकवि कह सकते हैं।

भाषा आपकी सर्वथा सुव्यवस्थित, संयत और सुगठित है, शब्दावली सब प्रकार भावानुकूल, रसपरिपोषक और सबल है। कोई भी शब्द शिथिल, अनावश्यक और केवल छन्द या पाद का परिपूरक नहीं है। प्रायः आपने एक प्रधान और भावपूर्ण शब्द को लेकर उसी से बननेवाले अन्य कई प्रकार के शब्दों को यथावश्यकता चारु चमत्कार-चातुर्य के साथ प्रयोग करके एक विशेष प्रकार का कौशल दिखलाया है। सर्वत्र पद-मैत्री और वर्ण-मैत्री अपने सुन्दर रूपों में पाई जाती है। शब्दों के उक्त विशेष प्रयोग से बड़ी विलक्षणता एवं विचक्षणता अनुप्रासों के रूपों में प्रतिभात होती है।

शब्दों के भिन्न-भिन्न प्रकाराकार वाले प्रयोगों से रचना-कला में रचयिता की प्रकामाभिराम पटुता प्रकट होती है। यह दिखलाने का भी पूरा प्रयत्न किया गया है कि शब्द कितने भिन्न-भिन्न अर्थों में कितने भिन्न-भिन्न रूपों या आकारों-प्रकारों से प्रयुक्त किया जाता या जा सकता है; इस कार्य में सफलता भी बहुत हुई है। भाषा को मुहावरेदार रखने का भी अच्छा प्रयत्न किया गया है। इससे भाषा में लालित्य के साथ ही साथ प्रसादगुण की भी वृद्धि हो गई है। शब्द-संचयन और सगुंफन भी बड़ा ही संयत और सराहनीय है, जिससे प्रकट होता है कि उपाध्यायजी ने शब्द-संग्रह में बड़ा स्तुत्य श्रम किया है। वस्तुतः ऐसे ही उच्चकोटि के कवियों का यह काम है जो प्रगाढ़ पांडित्य और भाषाधिपत्य के सूचित करने में सर्वथा समर्थ होते हैं। कवि, यदि यथार्थ कहा जाय, एक कुशल शब्द-संग्रहकार है, शब्दों में ही उसकी शक्ति,* अनुरक्ति और भक्ति रहती है, और रहनी भी चाहिए। जितनी ही सफलता उसे शब्द-संग्रह में प्राप्त होगी उतनी ही सफलता उसे रचना-कार्य में भी प्राप्त हो सकेगी। कुछ लोगों का कहना है कि शब्दों के चुनाव और कला-कौशल के साथ संगठित करने से रचना की उस स्वाभाविकता को, जो प्रधान और मुख्य है, धक्का पहुँचता है और वह नष्ट-भ्रष्ट हो जाती है। कहीं किसी अंश में यह ठीक हो सकता है, किंतु सर्वत्र इसे चरितार्थ मानना वास्तव में रचना-कला (काव्य-कला) और कवि कर्म-कौशल के मर्म का न समझना ही है। काव्य में वैचित्र्य या वैलक्षण का ही पूरा ध्यान रखकर शब्द-चयन और पद-संगुफन अथवा वाक्य-विन्यास के संगठन का कार्य करना चाहिए। हम कह सकते हैं कि जैसी स्तुत्य एवं चिरस्मरणीय तथा अनुकरणीय

* 'कवहिं अरथ-आखर बल साँचा'—तुलसीदास

सफलता उपाध्यायजी को खड़ी बोली के प्रयोग में मिली है, प्रायः वैसी ही ब्रजभाषा के प्रयोग में भी प्राप्त हुई है। सच्ची कवि-प्रतिभा वही है जो समान सफलता के साथ काव्य-कला के भिन्न-भिन्न अंगों में पृथक-पृथक रीति-नीति (शैली) और भाषा के द्वारा कृतकार्य हो सके।

सारांश यह है कि भाषा, भाव, कला-कौशल आदि सभी दृष्टियों से उपाध्यायजी का यह ग्रन्थ-रत्न वस्तुतः अपने रंग-ढंग का अप्रतिम और परम प्रशंसनीय ठहरता है। संभव है कि किसी को इसके मयंक-अंक में कहीं कुछ कालिमा भी दिखलाई पड़े, किन्तु यह इसकी कमनीय-कौमुदी-कांति के समक्ष निष्पक्ष रूप से देखने पर क्या होगी? कुछ नहीं, केवल दृष्टि-भ्रान्ति। हाँ, जलौका-प्रवृत्ति वाले भले ही व्यर्थ के लिए छिद्रान्वेषण कर सकते हैं और नीरस जन स्वार्थ आदि किसी विशेष कारण से निन्दा तक कर सकते हैं, इसके लिए स्वयं उपाध्यायजी ही ने कह दिया है—

'हरिऔध' कैसे 'रस-कलस' रुचैगो ताहि,
जाको उर रुचिर रसन तैं न सोहैगो।

मूलग्रन्थ पर इस प्रकार विहंगम-दृष्टि के द्वारा प्रकाश डाल चुकने पर हम ग्रन्थ के पूर्वार्द्ध का भी, जो भूमिका के रूप में है, कुछ संक्षिप्त परिचय दे देना चाहते हैं। यह पूर्वार्द्ध भी अपनी विशिष्ट महत्ता और सत्ता रखता है और अनिवार्य रूप से अवलोकनीय, विचारणीय और ग्रहणीय या अनुसरणीय है। इसमें ब्रजभाषा तथा उसके काव्य पर प्रायः जो अनर्गल आक्षेप किए जाते हैं और जिन्हें प्रमादिक, तर्क-प्रमाण-शून्य, ईर्षा-द्वेष-जन्य तथा निराधार या निरर्थक समझकर ब्रजभाषा-प्रेमी विद्वान् उपेक्षा के ही साथ देखते-सुनते आए हैं उनके उत्तर बड़ी ही सतर्कता, योग्यता और गम्भीरता से दिए गए हैं और ब्रजभाषा की महान् महत्ता-सत्ता का पांडित्यपूर्ण प्रतिपादन किया गया है। बड़ी ही न्यायप्रियता, निष्पक्षता तथा युक्ति के साथ उसके पक्ष का विपक्ष-वृन्द कृत वितंडावाद के समक्ष समर्थन भी किया गया है। इससे खड़ी बोली के विद्वान् विधायक आचार्य उपाध्यायजी का ब्रजभाषा में विशद एवं मार्मिक अध्ययन तथा ज्ञानानुभव स्पष्टतया प्रकट होता है। इसी प्रकार इसी भूमिका में आपने श्रृंगार रस पर किए जानेवाले कड़े कटाक्षों की भी निस्सारता और निर्मूलता दिखलाई है और उसे सतर्क रसराज सिद्ध किया है। ऐसा करके वस्तुतः उपाध्यायजी ने भूले हुए नवयुवकों की आँखें खोल दी हैं और उन्हें ब्रजभाषा तथा उसके श्रृंगारात्मक काव्य-कौशल का सच्चा मर्म समझा दिया है; अब कोई समझे, या न समझे, माने-चाहे न माने।

मूलग्रन्थ, चूँकि रीति-ग्रन्थों की परम्परागत रचना-शैली से लिखा गया है, इसलिए उसमें रस-सिद्धान्त से सम्बन्ध रखनेवाले विविध मत-मतांतरों, उनके आधार पर होनेवाले क्रमिक विकास आदि की सम्यक् समीक्षा या मीमांसा नहीं की गई और इस प्रकार

विषय-विवेचन का एक अत्यन्त आवश्यक या अनिवार्य अंग रह गया था। अतएव उपाध्यायजी ने अपनी भूमिका में (जिसका कार्य वस्तुतः विषय में प्रवेश कराना और उसके सम्बन्ध की अन्य आवश्यक बातों का यथेष्ट निरूपण या स्पष्टीकरण करते हुए समुचित परिचय देना है) इन सब बातों का बड़ा ही मार्मिक और पांडित्यपूर्ण विवेचन किया है और इस न्यूनता की परमोपयोगी तथा परमावश्यक पूर्ति कर दी है। भूमिका के इस अंश से उपाध्यायजी के प्रगाढ़ पांडित्य, विस्तृताध्ययन तथा पूर्ण ज्ञान का स्पष्ट रूप से पता चलता है।

इस प्रकार रस-सिद्धान्त के हिन्दी में एक सर्वोपरि, सर्वमान्य तथा सर्वथा श्लाघनीय ग्रन्थ के उपस्थित करने पर हम उपाध्यायजी को सहर्ष हृदय से बधाई देते हैं और मुक्तकंठ से उनके सफल श्रम की प्रशंसा करते हैं। हमें सुदृढ़ विश्वास है कि समस्त सहृदय तथा सुयोग्य समाज हमारे ही समान उपाध्यायजी को इस महत्त्वपूर्ण कार्य के लिए हृदय खोलकर बधाई देता हुआ इस ग्रन्थ-रत्न का समुचित समादर करेगा।

इस ग्रन्थ-रत्न में हमारी समझ से यदि रसों एवं भाव-भावनाओं (Feelings and Emotions) का मनोवैज्ञानिक (Psychological) विवेचन भी और जोड़ दिया जाय (चाहे वह परिशिष्ट के ही रूप में रखा जाए) तो अत्युत्तम होकर सोने और सुगंधि की कहावत को चरितार्थ कर दे। इसी के साथ यह भी दिखला देना उपयुक्तोपादेय सिद्ध होगा कि रस-सिद्धान्त नाटक-रचना से प्रारंभ होकर अर्थात् नाटकों के ही आधार पर प्रथम उठाया और उन्हीं के लिए आवश्यक ठहराया जाकर क्यों, कब और कैसे काव्य-शास्त्र के अन्दर प्राधान्य प्राप्त कर सका। इस संस्करण में इन बातों के दिए जाने की कठिनाई को देखते हुए हम उपाध्यायजी से दूसरे संस्करण में इनके देने का अनुरोध करते हैं, और इसलिए यह साग्रह कहते हैं जिससे यह ग्रन्थ सर्वांग-पूर्ण होकर अपने रंगढंग का अकेला ही रहे और चिरस्थायी बन जावे।

अन्त में हम फिर उपाध्यायजी को इस ग्रन्थ-रत्न के सफलतापूर्वक प्रणयन करने तथा हिन्दी-साहित्य में काव्य-शास्त्र के इस अंग की प्रशंसनीय पूर्ति करने के लिए सहर्ष हार्दिक साधुवाद देते हैं और विश्वास रखते हैं कि भावुक कवि-समाज, सहृदय वाचक-वृन्द तथा सुयोग्य समालोचक-समुदाय इसको समुचित समादर देते हुए अनुराग के साथ अपनाएगा। तथास्तु।

रमेश भवन
प्रयाग

—विद्वज्जन कृपाकांक्षी
रामशंकर शुक्ल 'रसाल'
एम.ए.

भूमिका

रस-निर्देश

रस शब्द अनेकार्थक है, व्युत्पत्ति इसकी 'रस्यते इति रसः' है, जिसका अर्थ यह है कि जो चखा जावे अथवा जिसका स्वाद लिया जावे वह 'रस' है। जब हम कहते हैं, 'इनके गले में अथवा इनकी बातों में बड़ा रस है' तो उस समय इसका अर्थ मधुरता और मिठास होता है। जब राका-मयंक को देखकर हम कहने लगते हैं, 'वह रस बरसा रहा है' उस समय इसका अर्थ आँखों को तर करनेवाला कोई पदार्थ होता है, चाहे उसको सुधा कहें या और कुछ। जब आम-अंगूर खाते हैं, ईख को चूसते हैं और उस समय यह कह उठते हैं, कि उनका रस कितना अच्छा है, तब रस का अर्थ वह तरल पदार्थ होता है जो उनमें भरा मिलता है। हरे पत्तों को निचोड़ने पर उनमें से हरे रंग का पानी की तरह का एक पदार्थ निकलता है उसको भी रस कहा जाता है, जैसे, आम अथवा सुदर्शन के पत्ते का रस। खट्टा, मीठा, खारा, कड़ुवा, तीखा, कसैला—इन प्रसिद्ध छह रसों को कौन नहीं जानता? ये भी अपनी अलग सत्ता रखते हैं। वैद्यक के रस भी विशेष अर्थ के द्योतक हैं, कभी उनका प्रयोग एक शरीर-सम्बन्धी धातु के विषय में होता है, कभी रासायनिक रीति से तैयार हुई कुछ औषधों के लिए। जब रहीम खाँ खानखाना के इस दोहे को पढ़ते हैं—

> **'कहु रहीम कैसे निभे केर-बेर को संग?**
> **वे डोलत रस आपने उनके फाटत अंग॥**

तो ज्ञात होता है कि रस का अर्थ उमंग और मौज भी है। वेद में परमात्मा को रस कहा गया है, जैसे 'रसो वै सः'। जल को भी रस कहते हैं, इस तरह रस का प्रयोग बहुत अर्थों में देखा जाता है।

जैसे रस शब्द अनेकार्थक है उसी प्रकार उसकी रसन-प्रणाली भी भिन्न-भिन्न है। कान ने जैसी मधुर बातों को सुना, आँखों ने जिस प्रकार मयंक का रस बरसते देखा, जीभ ने जिस प्रकार फूलों के अथवा खट्टे-मीठे पदार्थों के रस को चखा—उन सबका

प्रकार एक नहीं अलग-अलग है। इससे आस्वादन-प्रणाली की भिन्नता स्पष्ट है। साहित्य में जैसे रस शब्द का ग्रहण इन सबों से भिन्न दूसरे ही अर्थ में होता है उसी प्रकार उसकी व्यापकता भी अधिक है और उसके आस्वादन का ढंग भी विलक्षण।

रस के साधन

शब्द दो प्रकार का होता है, ध्वन्यात्मक और वर्णात्मक। जिस समय विमुग्धकारी वंशी बजती रहती है अथवा कोई सुकंठ पक्षी गान करता रहता है उस समय भी हमारे कानों तक उनकी लहर पहुँचती रहती है, परन्तु उनमें झंकार मात्र होती है, वर्णविन्यास नहीं होता। अतएव ऐसे शब्द को 'ध्वन्यात्मक' कहते हैं, क्योंकि वह ध्वनि पर ही अवलम्बित होता है। दूसरा वर्णात्मक शब्द वर्ण-विन्यास-युक्त होता है। एक वर्ण-विन्यास व्यक्त और दूसरा अव्यक्त होता है। जैसे आँय, बाँय, साँय—शब्द वर्ण-विन्यास युक्त हैं, किन्तु इनका कोई अर्थ नहीं, अतएव ये अव्यक्त हैं। जब हम कहेंगे 'आप कृपा करके आइए' तो यह व्यक्त हो जावेगा, इसलिए कि इसके वर्णों का कुछ अर्थ है। ध्वन्यात्मक शब्दों से व्यक्त वर्णात्मक शब्द अधिक प्रभावशाली और उपयोगी होता है।

ध्वन्यात्मक शब्दों में कितना आकर्षण है यह अविदित नहीं। वाद्यों का मधुर वादन, पक्षियों का कलकूजन, कमनीय कंठों का स्वर कितना हृदय-विमोहक है, यह सब जानते हैं। शेख सादी कहते हैं—

बेहज़ रूयज़ेबास्त आवाज़े .ख़ुश।
कि ईं इज़्ज़े नफ़सस्त वीं क़ूत रूह।

सुन्दर मुख से मधुर ध्वनि कहीं उत्तम है। वह आनन्दित करता है और इससे प्राणों की पुष्टि होती है। जिस समय बाजे मधुरता से बजते रहते हैं क्या उस समय वे उन्मादक नहीं होते? क्या कामिनी-कंठ लोगों पर जादू नहीं करता? बालकों के कंठ की कूक क्या स्वर्गीय सुधा नहीं बरसाती? मुरलीमनोहर की मुरली क्या पादप एवं लता-बेलियों तक को स्तम्भित नहीं करती थी? श्रीमद्भागवतकार लिखते हैं—

वनचरो गिरितटेषु चरन्तार्वेणुनाह्वयति गाः स यदा हि।
वनलतास्तरव आत्मनि विष्णुं व्यंञ्जयन्त्य इव पुष्पफलाढ्याः।
प्रणतभारविटपा मधुधाराः प्रेमहृष्टतनवः ससृजुः स्म॥

—श्रीमद्भागवत, 10/35/8, 9

भगवान् जब वन में प्रवेश कर पहाड़ में विचरनेवाली अपनी गायों को वेणु बजाकर बुलाते हैं तब पुष्प-भारनम्र लताएँ अपनी आत्मा में परमात्मा का अनुभव करती हुई स्नेह से परिपुष्ट हो तरु-समूह के साथ फूल-फल से मधुधारा की वर्षा करने लगती हैं। कविवर

सूरदासजी क्या कहते हैं उसे भी सुनिये—

सुनहु हरि मुरली मधुर बजाई।
मोहे सुर नर नाग निरंतर ब्रज-बनिता सब धाई।
जमुनातीर प्रवाह थकित भयो पवन रह्यो उरझाई।
खग-मृग मीन अधीन भये सब अपनी गति बिसराई।
द्रुमवल्ली अनुरागु पुलक तनु ससि थक्यो निसि न घटाई।
सूरस्याम बृन्दावन बिहरत चलहु चलहु सुधि पाई॥

यदि भगवान् श्रीकृष्ण की मुरली के विषय में कुछ 'इदं कुतः' हो और उसके वर्णन को रंजित समझा जावे तो लोक की घटनाओं पर ही दृष्टि डाली जावे। क्या नट की तुमड़ी का नाद सुनकर सर्प विमुग्ध नहीं हो जाता? क्या बधिक की वीणा पर हरिण अपने प्राण उत्सर्ग नहीं कर देता? वास्तविक बात यह है कि ध्वनि अपार शक्तिमयी है, अतएव ध्वन्यात्मक शब्द भी प्रभावशालिता में कम नहीं। परन्तु वर्णात्मक शब्द उससे भी लोकोत्तर हैं। वेद भगवान् जिस ज्ञान का महत्त्व शब्दों में प्रकट करते हैं—'ऋते ज्ञानान्न मुक्तिः', बिना ज्ञान के मुक्ति नहीं होती, उस ज्ञान का आधारस्तम्भ वर्णात्मक शब्द है। संसार का साहित्य, जो समस्त सभ्यताओं का जनक है, वर्णात्मक शब्दों की ही विभूति है। इसीलिए ध्वन्यात्मक से वर्णात्मक शब्दों का महत्त्व अधिक है और निम्नलिखित श्लोक में संगीत से साहित्य का स्थान प्रथम।

साहित्यसंगीतकलाविहीनः साक्षात्पशुः पुच्छविषाणहीनः।

'साहित्य-संगीत-कला-विहीन जन बिना सींग पूँछ का पशु है।'

तैत्तिरीय उपनिषद् में लिखा है—

"धर्मो विश्वस्य जगतः प्रतिष्ठा लोके धर्मिष्ठं प्रजा उपसर्पन्ति, धर्मेण पापमपनुदति, धर्मे सर्व प्रतिष्ठितम् तस्माद् धर्मे परमं वदन्ति"

धर्म सारे जगत् की प्रतिष्ठा है, लोक में धर्मिष्ठ पुरुष की ओर प्रजा जाती है, धर्म से पाप कटता है। सब कुछ धर्म पर प्रतिष्ठित है, इसीलिए धर्म को सबसे बढ़कर कहा गया है।

जिस धर्म की ऐसी महत्ता है उसके आधार संसार के धर्मग्रन्थ हैं और धर्मग्रन्थों के अवलम्बन वर्णात्मक शब्द। मन्त्र की महिमा को कौन नहीं जानता। गोस्वामी तुलसीदास कहते हैं—'मन्त्र परम लघु जासु बस, बिधि हरि हर सुर सर्व'। मन्त्रों के विषय में ऋग्वेद की यह आज्ञा है—

"मन्त्रो गुरुः (1/167.4); सत्यो मन्त्रः (1,1,52,2); मन्त्रेभिः सत्यैः (1,67,3) तमिद्वोचेमा विदथेषु शम्भुवं मन्त्रं देवा अनेहसम् (1,40,6)।

मन्त्र गुरु हैं, मन्त्र सत्य हैं, हे देवतों, हम यज्ञों में उन सच्चे मन्त्रों को कहें जो सुख देनेवाले और पाप बचानेवाले हैं।

ये मन्त्र क्या हैं? वर्णात्मक शब्दों के समूह मात्र। इससे अधिक वर्णात्मक शब्दों की महत्ता और क्या बतलाई जा सकती है। व्यवहार में देखा जाता है कि जिसकी वाचाशक्ति जितनी बढ़ी और सुसंगठित होती है संसार में उसको उतनी ही सफलता मिलती है। 'बात की करामात' प्रसिद्ध है और इस कहावत को कौन नहीं जानता—'बातै हाथी पाइये बातै हाथी पाँव'। मनुष्य के हृदय पर अधिकार करने की शक्ति जितनी इसमें है, अन्य किसी दूसरी वस्तु में नहीं। जहाँ वचन-रचना और ध्वनि दोनों मिल जाती हैं, वहाँ मणिकांचन योग हो जाता है और असम्भव सम्भव होता है। भाव और विचारों को इनके द्वारा वह सहायता मिलती है कि इनकी सफलता की पराकाष्ठा हो जाती है। जैसा इनके द्वारा बाह्य जगत् प्रभावित होता है वैसा ही अन्तर्जगत् भी।

बाजा कितनी ही मधुरता से क्यों न बजता हो, किन्तु उसमें वह तन्मयता नहीं होती जितनी उस समय होती है जब उसके साथ मधुर संगीत भी होता हो। यदि यह मधुर संगीत भावमय हो तो क्या कहना! वह तो बिल्कुल तन्मय कर देता है। उस समय देहाध्यास तक जाता रहता है। ऐसा क्यों होता है? मैं यह बतलाने की चेष्टा करूँगा।

ध्वन्यात्मक और वर्णात्मक शब्दों के प्रभाव के विषय में ऊपर लिख आया हूँ। जिस समय कोई सुन्दर बाजा बजता रहता है अथवा कोई कल ध्वनि वायु में ध्वनित होती रहती है उस समय उसको कान आस्वादन करता है और उसके साहचर्य से हृदय में आनन्द की एक लहर-सी उठती रहती है, किन्तु उसमें सोचने, समझने, विचारने एवं मनन करने की कोई बात नहीं होती। न तो उनको सुनकर कोई विशेष भाव हृदय में उत्पन्न होता और न धीरे-धीरे बढ़कर वह प्रगाढ़ ही बनता है। समय की कोमलता, मधुरता, सरसता, रूक्षता और तीव्रता की दृष्टि से जितनी राग-रागनियों की कल्पना हुई है उनके स्वरों में निस्सन्देह ऐसा विकास मिलता है जो हृदय में अनेक सामयिक भावों को उदित करता है। वंशी की ध्वनि जितनी विरागमयी है, वीणा की ध्वनि उतनी ही उल्लासकारी। रण-वाद्य जैसा उत्तेजक है, मृदंग वैसा ही मानस-विमोहक। जब कोकिल बोलता है तो ज्ञात होता है कि उन्माद हृदय का आलिंगन करता है, किन्तु चातक के स्वर में यह बात नहीं पाई जाती, उसको सुनकर चित्त किसी मर्म पीड़ा का अनुभव करने लगता है। किसी-किसी पक्षी का स्वर इतना मधुर और मोहक होता है कि वह प्रकृति-वधूटी का वसुन्धरा-विमुग्धकर कोई अलौकिक आलाप जान पड़ता है। यद्यपि इन बातों से हमारी मानसिक स्थिति और संस्कृति का बहुत कुछ सम्बन्ध है तथापि स्वरों और ध्वनियों की भाव-प्रवणता अस्वीकार नहीं की जा सकती। फिर भी यह कहना पड़ेगा कि वचन-रचना उससे अधिक प्रभावमयी है। व्यापकता में चाहे वह उसका सामना न कर सके, किंतु प्रभावशालिता में उसको

अवश्य उत्कर्ष है। आप लोगों ने व्यासासन पर से यदि किसी सुवक्ता को किसी विषय का निरूपण करते सुना होगा अथवा किसी 'हॉल' में बैठकर किसी प्रसिद्ध वाग्मी का भाषण श्रवण किया होगा तो आप लोगों से यह छिपा न होगा कि वचन-रचना में कितनी शक्ति होती है। जनता को हँसा देना, रुला देना, उत्तेजित कर देना, उसके मन को अपनी मुट्ठी में कर उससे मनमानी करा लेना उनके बाएँ हाथ का खेल होता है। भगवान् बुद्ध, महात्मा ईसा और हज़रत मुहम्मद ने अपनी विचित्र वाक्य-रचना-शक्ति से संसार में जो चमत्कार कर दिखलाया वह लोकोत्तर और अभूतपूर्व है। कोई मधुर ध्वनि और मनोहर निनाद आज तक वह कार्य न कर सका। कालान्तर में भी न कर सकेगा। 'सरगम' का समादर है, परन्तु क्या उतना ही जितना भावमय गान का? हारमोनियम की स्वर लहरी विमुग्ध करती है, किन्तु क्या फ़ोनोग्राफ के इतना ही? कनसर्ट का कमाल आप लोगों ने देखा होगा, अनेक सम्मिलित स्वर किस प्रकार उसमें आकर्षण उत्पन्न करते हैं, जिसने उसको सुना होगा वह इस बात को भली-भाँति जानता है। किन्तु गाना आरम्भ होने दीजिए। फिर देखिए, वह किस प्रकार इन समस्त स्वर लहरियों पर अधिकार कर लेता है। उसके एक-एक भावमय पदों को स्पष्ट सुनाई देने के लिए किस प्रकार स्वर-लहरियों को संयत होना पड़ता है और फिर वह किस प्रकार सहृदय जनों को विमुग्ध करके भावमत्त बनाता और उनके आनन्द को द्विगुण-त्रिगुण करता रहता है, यह अविदित नहीं। कभी-कभी तो एक-एक पद पर लोग लोट-पोट हो जाते और तत्सम्बन्धी अन्य पदों को सुनने के लिए इतना उत्कर्ण हो उठते हैं कि क्षण-भर का विलम्ब भी असह्य हो जाता है। यदि आप लोगों ने कव्वाली सुनी होगी अथवा किसी संत-समाज में बैठकर भजन-गान होते देखा होगा तो आप लोगों को श्रोताओं की तल्लीनता अविदित न होगी। उस समय की वहाँ की उत्सुकता और उस समय का वहाँ का भावावेश विलक्षण होता है। यह ज्ञात होता है कि चारों ओर से अपूर्व आनन्द का समुद्र उमड़ रहा है और उसमें लोग मग्न हो रहे हैं, हाथ-पाँव मार रहे हैं, उछल रहे हैं और जितना ही अलौकिक रस का पान कर रहे हैं उत्तरोत्तर उनकी तृषा उतनी ही बढ़ती जा रही है। कितना ही मधुर बाजा बजे, कितनी ही मुग्धकारी ध्वनि क्यों न हो, उसके द्वारा प्रायः ऐसा भावावेश नहीं होता, क्योंकि उसका रस उतना प्रगाढ़ नहीं हो सकता। भावमय शब्दों को कान सुन सकते हैं, यदि ये शब्द मधुर कंठ से निकले हैं तो उसकी मधुरता का आनन्द वे प्राप्त कर सकते हैं, किन्तु उनमें जो लोकोत्तर अथवा अपूर्व भाव है उसके ग्रहण करने की शक्ति उसमें नहीं होती, अतएव भावमय शब्द-प्रसूत-विह्वलता वे उत्पन्न नहीं कर सकते। यह कार्य हृदय का है और हृदय के भाव-विह्वल होने पर ही, इस प्रकार का भावावेश देखा जा सकता है।

कंठस्वर, मधुरध्वनि और वचन-रचना के अतिरिक्त वेशविन्यास, भावभंगी, कथन-शैली इत्यादि का प्रभाव भी हृदय पर पड़ता है। इनकी सहकारिता से वचन-रचना अपने भावों

को अधिकाधिक पुष्ट कर सकती है। कर-संचालन, अंग-संचालन, अथच अंगुलि-निर्देश से अनेक अस्पष्ट भाव स्पष्ट हो जाते हैं और कितनी ही अव्यक्त बातें व्यक्त बनती हैं। नृत्त अथवा नृत्य एवं अभिनय के ढंग की अनेक कलाएँ भी यथावसर भावपुष्टि का साधन बनती रहती हैं। अतएव इनकी उपयोगिता भी अल्प नहीं। जब ध्वन्यात्मक और वर्णात्मक शब्द अंग-संचालनादि अन्य साधनों और कलाओं के आधार से किसी भाव को पुष्ट करते हैं उसकी वास्तविक पुष्टि उसी समय होती है और साहित्य के उस रस की यथार्थ उत्पत्ति भी प्रायः तभी होती है, जो सहृदय-हृदय-संवेद्य माना जाता और जिसका सुख ब्रह्मानन्द समान कहा जाता है। इसीलिए प्रायः दृश्य-काव्यों द्वारा ही साहित्यिक रस की मीमांसा की गई है क्योंकि उसमें प्रायः सभी साधनों का समीकरण होता है।

रस की उत्पत्ति

यह स्वाभाविकता है कि मनुष्य मनुष्य के सुख से सुखी और उसके दुख से दुखी होता है। सम्बन्ध-विशेष होने पर इसकी मात्रा में तारतम्य हो सकता है, किन्तु यह असम्भव है कि एक मानव के हृदय का प्रभाव दूसरे मानव के हृदय पर न पड़े। संकृति, विचार-विभिन्नता और विरोध अन्तर डाल सकते हैं, किन्तु यह अपवाद है, साधारण नियम नहीं। जब हम किसी को रोते देखते हैं तो हमारा दिल पिघल जाता है और हम भी उसको दुःख का अनुभव करने लगते हैं और जब किसी को प्रफुल्ल देखते हैं। तो हम भी प्रफुल्ल हो जाते हैं। और उसके हृदय का आनन्द हमारे हृदय में भी प्रवेश करता है। वास्तव में प्राणी-मात्र का हृदय एक है और एक गुप्त तार सदा उसको मिलाये रहता है, यह दूसरी बात है कि कोई प्रतिबन्ध बीच-बीच में उसको तोड़ता रहे। एक भूखा हमारे सामने आकर जब पेट दिखा और आँसू बहाकर कुछ माँगता है तो उसका यह कारुणिक भाव हमारे हृदय में करुणा उत्पन्न किए बिना नहीं रहता। हमने एक बंगाली को देखा कि जब मधुर स्वर में वह बेला बजाने लगता तो आप भी मस्त हो जाता और अपने मधुर-वादन और भावभंगी द्वारा अन्धों को भी कुछ-न-कुछ मस्त बना देता। जो कवि कविता पढ़ते-पढ़ते स्वयं मुग्ध हो जाता है वह दूसरों को भी मुग्ध बनाए बिना नहीं छोड़ता। भजनानंदी औरों को भी आनन्दित कर लेता है। यदि यह सत्य है तो यह भी सत्य है कि एक सरस हृदय से निकले हुए प्रभावजनक भाव अन्य हृदय को सरस बनाए बिना नहीं छोड़ते। यह हुई साधारण अवस्था की बात और जब प्रगाढ़ होकर यह अवस्था उच्चतर हो जाती है तभी रस की उत्पत्ति होती है। नाट्यशास्त्र महामुनि भरतमुनि लिखते हैं—

'विभावानुभावव्यभिचारिसंयोगद्रसनिष्पत्तिः'

विभाव, अनुभाव और व्यभिचारी भाव के संयोग से रस की उत्पत्ति होती है। काव्य-प्रकाशकार इसकी टीका यों करते हैं—

‘कारणान्यथ कार्याणि सहकारीणि यानि च।
रत्यादेः स्थायिनो लोके तानि चेन्नाट्यकाव्ययोः।
विभावा अनुभावाश्च कथ्यन्ते व्यभिचारिणः।
व्यक्तः स तैर्विभावाद्यैः स्थायी भावो रसः स्मृतः।’

लोक में रति आदिक स्थायी भावों के जो कारण, कार्य और सहकारी होते हैं नाटक और काव्य में वे ही विभाव, अनुभाव और व्यभिचारी—क्रम से—कहलाते हैं। इन विभावादि की सहायता से व्यक्त स्थायी भाव की रस संज्ञा होती है।

अब यहाँ प्रश्न यह होगा कि विभाव, अनुभाव और व्यभिचारी अथवा संचारी भाव किसे कहते हैं। इस विषय में साहित्य-दर्पणकार यह लिखते हैं—

1. विभाव—‘रत्याद्युद्बोधका लोके विभावाः काव्यनाट्ययोः’

लोक में जो रति आदिक के उद्‌बोधक हैं वे ही काव्य और नाटकों में ‘विभाव’ कहलाते हैं, इसकी व्याख्या ग्रन्थकार ही यों करते हैं—

“ये हि लोके रामादिगतरतिहासादीनामुद्बोधकारणानि सीतादयस्त एव काव्ये नाट्ये च निवेशिताः सन्तः विभाव्यन्ते आस्वादाङ्कुरप्रादुर्भावयोग्या क्रियन्ते सामाजिकरत्यादिभावाः एभिः इति विभावा उच्यन्ते।”

“लोक में सीता आदिक जो रामचन्द्रादि की रति आदि की उद्‌बोधक प्रसिद्ध हैं वे ही यदि काव्य और नाटक में निवेशित किए जावें तो ‘विभाव’ कहलाते हैं, क्योंकि वे सहृदय द्रष्टा तथा श्रोताओं के रत्यादि भावों को विभासित करते हैं अर्थात् उन्हें रसास्वाद की उत्पत्ति के योग्य बनाते हैं।”

विभाव के दो भेद हैं—पहला आलम्बन और दूसरा उद्दीपन। रति आदिक स्थायी भावों के आधार नायक-नायिका ‘आलम्बन’ और उनके उदीप्त करनेवाले चन्द्र, चाँदनी, मलय-पवन आदि ‘उद्दीपन’ कहलाते हैं। साहित्य-दर्पणकार लिखते हैं—

**आलम्बनोद्दीपनाख्यौ तस्य भेदावुभौ स्मृतौ।
आलम्बनो नायकादिस्तमालम्ब्य रसोद्गमात्।
उद्दीपनविभावास्ते रसामुद्दीपयन्ति ये।**

2. अनुभाव—‘अनुभावयन्ति इति अनुभावाः’।

रति आदिक अस्थायी भावों का जो अनुभव कराते हैं उन्हें अनुभाव कहते हैं। अमरकोशकार लिखते हैं—‘अनुभावो भावबोधकः’।

3. व्यभिचारी अथवा संचारी भाव।

साहित्य-दर्पणकार कहते हैं—

'स्थिरतया वर्त्तमाने हि रत्यादौ निर्वेदादयः प्रादुर्भावतिरोभावाभिमुख्येन चरणाद्व्यभिचारिताः कथ्यन्ते'।

रति आदिक स्थायी भाव में आविर्भूति और तिरोभूत होकर जो निर्वेद आदि भाव अनुकूलता से व्याप्त रहते हैं उन्हें विशेष रीति से संचरण करते देखकर संचारी कहा जाता है।

मानस के हृदय में वासना अथवा संस्कार-रूप से अनेक भाव सदा उपस्थित रहते हैं, वे किसी कारण-विशेष द्वारा जिस समय व्यक्त होते हैं उसी समय उनकी उपस्थिति का पता चलता है। इन भावों में जिनमें अधिक स्थिरता और स्थायिता होती है, जो किसी भी काव्य-नाटकादि में आद्योपान्त उपस्थित रहते हैं, प्रधानता और प्रभावशालिता में औरों से उत्कर्ष रखते हैं, साथ ही जिनमें रस-रूप में परिणत होने की शक्ति रहती है, उनको स्थायी भाव कहा जाता है। यथा–

रसावस्थः परंभावः स्थायितां प्रतिपद्यते।

जो भाव रस-अवस्था को प्राप्त हो, वही स्थायी होता है। रसगंगाधर में स्थायी भाव के विषय में यह लिखा गया है–

विरुद्धैविरुद्धैर्वा भावैर्विच्छिद्यते न यः।
आत्मभावं नयत्याशु स स्थायी लवणाकरः॥ (1)
चिरं चित्तेऽवतिष्ठन्ते सम्बध्यन्तेऽनुबन्धिभिः।
रसत्त्वं ये प्रपद्यन्ते प्रसिद्धाः स्थायिनोऽत्र ते॥ (2)
सजातीयविजातीयैरतिरस्कृतमूर्तिमान्।
यावद्रसं वर्त्तमानः स्थायीभाव उदाहृतः॥ (3)

जो भाव विरोधी एवं अविरोधी भावों से विच्छिन्न नहीं होता, किन्तु विरुद्ध भावों को भी शीघ्र अपने रूप में परिणत कर लेता है, उसका नाम स्थायी है, उसकी अवस्था लवणाकर के समान होती है, जो प्राप्त समस्त वस्तुओं को लवण बना लेता है॥ 1॥ जो भाव बहुत समय तक चित्त में रहते हैं, विभावादिकों से सम्बन्ध करते हैं, और रस-रूप बन जाते हैं, वे स्थायी कहलाते हैं॥ 2॥ जो मूर्तिमान् भाव सजातीय और विजातीय भावों से तिरस्कृत न किया जा सके और जब तक रस का आस्वादन हो तब तक वर्त्तमान रहे, उसे स्थायी भाव कहते हैं॥ 3॥

भरत मुनि कहते हैं–

यथा नराणां नृपतिः शिष्याणां च यथा गुरुः।
एवं हि सर्वभावानां भावः स्थायी महानिह॥

जैसे मनुष्यों में राजा, शिष्यों में गुरु, वैसे ही सब भावों में स्थायी भाव श्रेष्ठ होता है।

काव्यप्रकाशकार पहले अष्ट रसों का नाम बतलाते हैं। वे ये हैं—

शृंगारहास्यकरुणरौद्रवीरभयानकाः।
वीभत्साद्‌भुतसंज्ञौ चेत्यष्टौ नाट्ये रसाः स्मृताः॥

फिर कहते हैं—**'एषां स्थायी भावानाह'।**

अब इनके स्थायी भावों को बताता हूँ। उनके नाम सुनिये—

रतिर्हासश्च शोकश्च क्रोधोत्साहो भयं तथा।
जुगुप्सा विस्मयश्चेति स्थायिभावाः प्रकीर्तिता॥

अन्त में लिखते हैं—**निर्वेदः स्थायिभावोऽस्ति शान्तोऽपि नवमो रसः।**

इन पंक्तियों के पठन करने से यह स्पष्ट हो गया कि शृंगार, हास्य, करुण आदि नव रसों के जनक रति, हास, शोक आदि नव स्थायी भाव हैं। इन स्थायी भावों में से कोई एक जब विभाव, अनुभाव और संचारी भाव की सहायता से लोकोत्तर आनन्द रूप में परिणत होकर व्यक्त होता है, तब उसकी 'रस' संज्ञा होती है।

मान लीजिए कि कहीं कोई रामलीला-मण्डली आई है और किसी सुसज्जित स्थान पर रामलीला हो रही है। मधुर स्वर से बाजे बज रहे हैं, कमनीय कंठ से रामायण का गान हो रहा है, और अपार जनता वहाँ एकत्र है। इतने में जयध्वनि हुई, और एक रमणीय वाटिका में किशोर-वयस्क भगवान् रामचन्द्र अपने प्रिय अनुज के साथ पुष्पचयन करते दिखाई पड़े। फिर कंकण-किंकिणी की ध्वनि हुई और मंदगति से श्रीमती जनकनंदिनी का सखियों समेत उसमें प्रवेश हुआ। धीरे-धीरे पुष्पवाटिका की लीला का समा बँधने लगा और चारों ओर आनन्द का समुद्र उमड़ पड़ा। अनेक भावुक भक्तजनों की तल्लीनता बढ़ गई, और वे परमानंद-पयोधि में ऐसे मग्न हो गए कि सबकुछ भूल गए। कभी वे सिर हिलाते, कभी झूमते, कभी वाह-वाह करते और कभी युगलमूर्तियों की छवि को एकटक देखते रह जाते।

इस दृश्य में भावुक भक्तजनों की रति स्थायी भाव है, क्योंकि रसत्व उसको ही प्राप्त है। भगवान् रामचन्द्र और श्रीमती जानकी आलम्बन-विभाव हैं, क्योंकि उनकी रति अर्थात् प्रेम के आधार वे ही हैं, और वे ही उसको विभावित करते हैं। तरंगायमान स्वरलहरियों का प्रसार, भाव-मय रामायण की चारु चौपाइयों का गान, युगलमूर्तियों का शृंगार आदि उद्दीपन विभाव हैं, क्योंकि वे ही रति के उद्दीप्त करने के कारण हैं। भक्तजनों का सिर हिलाना, झूमना आदि अनुभाव हैं, क्योंकि वे ही रति-भाव के बोधक हैं। उत्सुकता और उत्फुल्लता आदि संचारी हैं, जो रति-भाव में समय-समय पर संचरण करके उसको उत्तरोत्तर वर्द्धित करते रहते हैं। स्थायी भाव के कारण को विभाव, कार्य को अनुभाव और सहकारी

को संचारी भाव कहते हैं। मैं समझता हूँ, जो उदाहरण मैंने उपस्थित किया है, उससे यह बात भली भाँति समझ में आ गई होगी। फिर भी इसको और स्पष्ट किए देता हूँ। भक्तजन के स्थायी भाव रति के कारण-भूत कौन हैं? युगलमूर्ति और उनके शृंगारादि। अतएव आलम्बन और उद्दीपन विभाव दोनों इसमें आ गए। रति के कार्य उनमें किस रूप में प्रकट हुए, झूमने और एकटक अवलोकन करने आदि में, ये ही अनुभाव हैं। रति को अपने कार्य में किससे सहायता मिलती रही, उत्सुकता और उत्फुल्लता आदि से, ये ही संचारी भाव हैं। इसलिए विभाव का कारण, अनुभाव का कार्य और सहकारी का संचारी होना स्पष्ट है।

रसास्वादन प्रकार

आप लोगों को इसका अनुभव होगा कि रामलीला के दृश्यों का सबके हृदय पर समान प्रभाव नहीं पड़ता। कोई उनको देखकर अत्यन्त विमुग्ध होता है, कोई अल्प और कोई नाम-मात्र को। कुछ लोग वहाँ ऐसे भी दिखलाई देते हैं, जिनका हृदय रामलीला देख प्रभावित होकर भी प्रभावित नहीं होता। इससे यह जाना जाता है कि रस का अधिकारी सबका हृदय नहीं होता। जिसमें भावुकता नहीं—जिसकी वासना रस-ग्रहणाधिकारिणी नहीं—और जिसकी संस्कृति में रसानुकूल साधनाएँ नहीं, उनके हृदय में रस की उत्पत्ति नहीं होती। साहित्य-दर्पणकार ने इस बात के प्रमाण में एक विद्वान् का यह वचन उद्धृत किया है—

सवासनानां सभ्यानां रसस्यास्वादनं भवेत्।
निर्वासनास्तु रङ्गान्तः काष्ठकुड्याश्मसन्निभाः॥

"वासनायुक्त सभ्यों को ही रसास्वाद होता है। वासना रहित पुरुष तो नाट्य-शाला में काठ, पत्थर और दीवाल के समान ही जड़ बने रहते हैं।"

प्रयोजन यह कि समस्त साधनों के उपस्थित होते भी जिसके हृदय का स्थायी भाव तथातथ्य व्यक्त नहीं होता, उसके हृदय में रस की उत्पत्ति होती ही नहीं। रस की उत्पत्ति तभी होगी जब स्थायी भाव व्यक्त होकर विभाव, अनुभाव और संचारी भाव के साथ सर्वथा तल्लीन हो जाएगा। साहित्य-दर्पणकार कहते हैं—

ननु तर्हि कथं रसास्वादे तेषामेकः प्रतिभास इत्युच्यते—
प्रयीयमानः प्रथमं प्रत्येकं हेतुरुच्यते।
ततः सम्मिलितः सर्वो विभावादि सचेतसाम्।
प्रपानकरसन्यायाच्चर्व्यमाणो रसो भवेत्।

यथा खण्डमरिचादीनां सम्मेलनादपूर्व इव कश्चिदास्वादः प्रपानकरसे संजायते विभावादिसम्मेलनादिहापि तथेत्यर्थः।

"अच्छा तो फिर रसास्वाद में उन सब विभावादिकों का एक प्रतिभास अर्थात् एकरस के रूप में परिणाम कैसे होता है? भिन्न-भिन्न कारणों से भिन्न-भिन्न कार्य ही होने चाहिए। इसका समाधान करते हैं। पहले विभावादि पृथक्-पृथक प्रतीत होते हैं, उसी समय उन्हें हेतु कहा जाता है, इसके अनन्तर भावना के बल से और व्यंजना की महिमा से आस्वाद्यमान सब सम्मिलित विभावादिक सहृदयों के हृदय में प्रपानक रस की भाँति अखण्ड एकरस के रूप में परिणत हो जाते हैं। जैसे किसी प्रपानक रस में खाँड़, मिर्च, जीरा, हींग आदि के सम्मेलन से एक अपूर्व उन सबके पृथक्-पृथक् स्वाद से विलक्षण आस्वाद पैदा होता है, उसी प्रकार विभावादि के सम्मेलन से एक अपूर्व रसास्वाद पैदा होता है, जो विभावादिकों के पृथक्-पृथक् आस्वाद से विलक्षण होता है।" **–विमलार्थदर्शिनी**

यहाँ यह प्रश्न हो सकता है कि स्थायी भाव के व्यक्त होने का क्या अर्थ? दूसरी बात यह कि सब दर्शकों के रति भाव को रसता क्यों नहीं प्राप्त होती?

जितने स्थायी अथवा संचारी भाव हैं वे वासना-रूप से सदैव मानवमात्र के हृदय में वैसे ही विद्यमान रहते हैं जैसे पृथ्वी में गंध। कहा गया है कि 'गंधवती पृथ्वी'; किन्तु पृथ्वी की गंध, वृष्टि होने पर ही विदित होती है। इसी प्रकार भावोदय भी विशेष कारणों से होता है। जिस समय कोई भाव हृदय में उदित होकर कार्यकारी बनता है, उसी समय उसकी प्रतीति अनुभावों द्वारा होती है। आदि में लहरें समुद्र में अव्यक्त अवस्था में रहती हैं, बाद को वे व्यक्त होती हैं। इस व्यक्ति का भी अनेक रूप होता है, कभी यह रूप बहुत साधारण होता है और कभी बहुत व्यापक, विशाल और अचिंतनीय! यही अवस्था हृदय और भावों की है। आप हृदय को समुद्र और भावों को लहरें समझें, भावोदय के कारणों को विविध समीर। कैसे अव्यक्त भाव व्यक्त होकर कार्यकारी हो जाता है, तरंगों की स्थिति और उनकी गति-विधि पर विचार करने से यह बात भी स्पष्ट हो जावेगी। अब रही दर्शकों के रति भाव की बात।

मैं पहले कह आया हूँ कि लीला देखने में सब दर्शकों की तल्लीनता समान नहीं होती, ऐसी अवस्था में सबके हृदयों में रति भाव का उदय एक रूप में न होगा, उसमें तारतम्य होगा। कहीं वह तरलातितरल, कहीं तरल, कहीं प्रगाढ़ और कहीं उससे भी प्रगाढ़ होगा। कोई बाजों का अनुरागी होता है, कोई गाने का; कोई वेशभूषा का, कोई स्वाभाविक दृश्यों का; कोई रामायण सुनने का; कोई उसकी भावमय कविताओं का, कोई उसके शब्द-विन्यास का, कोई हाव-भाव-कटाक्ष का, कोई नाच-रंग का और कोई वार्तालाप का, कोई स्वरूपों को साधारण मनुष्य समझेगा, कोई राजकुमार और कोई अवतार। इस दृष्टि से उनमें किसी की रति सामान्य होगी, किसी की उससे अधिक और किसी की अगाध। कोई इनमें से

दो-दो तीन-तीन बातों के प्रेमी मिलेंगे, कोई कई एक के और कोई सभी बातों के। जिसकी जैसी रुचि होगी, उसी के अनुसार उसकी भावग्राहिता होगी और उसी के परिणाम से उसकी रति तरल, प्रगाढ़ अथवा अधिक प्रगाढ़ होगी। मैं पहले गान, वाद्य, अभिनय इत्यादि साधनों के प्रभाव का विस्तृत वर्णन कर आया हूँ। यह भी बतला चुका हूँ कि सब साधनों का सम्मिलित प्रभाव जितना हृदय-ग्राही, विमुग्धकर और व्यापक होता है, उतना किसी एक अथवा दो-चार का नहीं। ऐसी अवस्था में आप यह सोच सकते हैं कि किसके हृदय का रति-भाव किस अवस्था में किस कोटि का होगा। केवल दूध-दही, घी, शहद, मीठे को अलग-अलग अथवा इनमें से किसी दो-तीन-चार को एक साथ आस्वादन करने वाला पंचामृत के स्वाद का आनन्द नहीं प्राप्त कर सकता और न अनेक सुन्दर और स्वादिष्ट पेय पदार्थों से बने हुए प्रपानक रस पान का परमानंद वह पा सकता है, जिसने उनमें से किसी एक-दो पेय वस्तुओं का ही स्वाद चखा है। आशा है, इतना निवेदन करने के बाद यह बात समझ में आ गई होगी कि सबके रति-भाव को रसता क्यों नहीं प्राप्त होती। वास्तविक बात यह है कि परमानंद प्राप्ति का अधिकारी पूर्ण ज्ञान-प्राप्त, उदात्त और भावुक हृदय ही होता है और उसी से रति-भाव को रसता प्राप्त होती है। अपनी भावना के अनुकूल थोड़ा-बहुत आनंद लाभ करनेवाले की रति का ऐसा सौभाग्य कहाँ? भगवान् मरीचिमाली की किरणें अनेक वस्तुओं पर प्रतिफलित होती हैं, किन्तु हिमाचल के हिम-धवल शृंगों का गौरव किसे प्राप्त होता है?

यहाँ पर मैं यह भी प्रकट कर देना चाहता हूँ कि जितने स्थायी भाव हैं, अनेक अवस्थाओं में वे संचारी ही रहते हैं, विशेष अवस्था में ही उनको रसत्व प्राप्त होता है। रति अथवा अनुराग की भी यही अवस्था है। साहित्य-दर्पणकार लिखते हैं–

अत्र च रत्यादिपदोपादानेन स्थायित्वे प्राप्ते पुनः स्थायिपदोपादानं रत्यादीनामपि रसान्तरेऽस्थायित्वप्रतिपादनार्थम्। ततश्च हासक्रोधादयः शृंगारवीरादौ व्यभिचारिण एव।

भावार्थ इसका यह है, 'जो रति आदि एक रस के स्थायी हैं, वे ही दूसरे रस में जाकर अस्थायी हो जाते हैं, अतः शृंगार-वीरादि रसों में हास, क्रोध आदि जो हास्य और रौद्रादि रसों के स्थायी हैं, संचारी (अस्थायी) हो जाते हैं।

'रत्नाकर'-कार भी यही कहते हैं, जिसका प्रतिपादन रसगंगाधरकार भी करते हैं–

रत्यादयः स्थायिभावाः स्युर्भूयिष्ठविभावजाः।
स्तोकैर्विभावैरुत्पन्नास्त एव व्यभिचारिणः॥

'अधिक विभावादिकों से उत्पन्न हुए रति आदि स्थायी भाव होते हैं और वे ही जब थोड़े विभावादिकों से प्रसूत होते हैं तो व्यभिचारी कहलाते हैं।'

–हिन्दी रसगंगाधर

इससे क्या प्रतिपादित हुआ? यही न कि जिन दर्शकों के हृदय में रति-भाव संचारी भाव के रूप में प्रकट होगा, उसमें उसको रसता नहीं प्राप्त हो सकती। रसता उसी के हृदय के रति-भाव को प्राप्त होगी, जिसमें उसका आविर्भाव स्थायी रूप में होगा। ऐसे भावुक अल्प होते हैं, यही आचार्यों की सम्मति भी है। साहित्य-दर्पण में इसका यह प्रमाण उठाया गया है–

'पुण्यवन्तः प्रमिण्वन्ति योगिवद्रससंततिम्'।

'जैसे कोई-कोई विशिष्ट योगी ब्रह्म का साक्षात्कार करते हैं, इसी प्रकार कोई-कोई पुण्यवान् अर्थात् वासनाख्य संस्कार से युक्त सहृदय पुरुष रस का आस्वाद लेते हैं।'

–साहित्य-दर्पण

अब आप लोग समझ गए होंगे कि किसलिए अधिकांश दर्शकों की रति को रसता नहीं प्राप्त होती। वास्तविक बात यह है कि जिन हृदयों में रति संचारी-भाव में ही परिणत हुई, उनमें तो उसको स्थायी भाव का पद भी नहीं प्राप्त हुआ। फिर उसकी रसता कैसे मिलती? वसंतागम से जो उन्माद कोकिल के हृदय में उत्पन्न होता है, जलदागम से जो प्रगाढ़ प्रेम पपीहा के हृदय में उदय पाता है, उसके अधिकारी अन्य पक्षी नहीं हो सकते। श्रावण के मेघ की उपादेयता क्वार के श्वेत बादलों में नहीं मिलती।

साहित्य में रस किसे कहते हैं, उसकी उत्पत्ति कैसे होती है? उसका अधिकारी कौन है? प्रायः अधिकांश दर्शकों के भावों को रसता क्यों नहीं प्राप्त होती? इन विषयों पर मैं अपना विचार प्रकट कर चुका। रस-सम्बन्धी कुछ और बातें भी सुनिये।

रस का इतिहास

काव्य के दो भेद हैं–श्रव्य काव्य और दृश्य काव्य। जो काव्य केवल श्रवण किया जा सकता है, उसको 'श्रव्य' कहते हैं, जैसे महाभारत, रामायण आदि; और जो काव्य रंगमंच पर खेलकर दिखलाया जाता है, उसे 'दृश्य' कहते हैं, जैसे शकुन्तला और उत्तररामचरित आदि। पहले मैं इस बात का प्रतिपादन कर आया हूँ कि रस-उत्पत्ति के लगभग समस्त साधन दृश्य काव्य में पाए जाते हैं। इसलिए पहले-पहल दृश्य काव्य के आधार से ही रस की ओर विबुधों का विचार आकर्षित हुआ। जिस तरह रंगमंच का अभिनय देखकर लोग पुलकित होते थे और तरह-तरह के भावों से उनका हृदय गद्गद होता था, साथ ही जब विचारशील अपने साथ अन्यों को भी आनन्दस्रोत में बहते देखते तो उनको यह विचार होता कि जिस रस की प्राप्ति से दर्शक-मण्डली इस प्रकार विमुग्ध होती है, उस रस का आधार कौन है? और वह कैसे उत्पन्न होता है? स्मरण रहे, यहाँ पर रस से उस तरल रस और साधारण आनन्द से ही प्रयोजन है, जो अभिनय के समय प्रायः सब दर्शकों

को प्राप्त होता है। उस परमानन्द अथवा प्रगाढ़ रस से नहीं, जिसका निरूपण बाद को गम्भीर गवेषणा के उपरान्त साहित्य-मर्मज्ञों ने किया। हृदय में तर्क उपस्थित होने पर सदस्यों ने उस पर विचार आरम्भ किया और उनके सिद्धान्तों पर पहुँचे। रसगंगाधर ने उसका बड़ा सुन्दर वर्णन किया है, उन्हीं के ग्रन्थ के आधार पर मैं इस विषय में यहाँ कुछ लिखता हूँ।

आप लोग जानते हैं कि नाटकों में जनता की दृष्टि को अपनी ओर अधिक आकर्षण करनेवाले, उसके पात्र ही होते हैं। अभिनेता में ही यह शक्ति होती है कि अपने अभिनय और कला कौशल से वह दर्शकों के हृदय में स्थान ग्रहण कर लेवे। अतएव पहले-पहल कुछ लोगों का यह विचार हुआ कि 'भाव्यमानो विभाव एव रसः'। नाटक-पात्रों के वेष में आकर जो अभिनेता हमारे सामने तत्संबंधी प्रेममूलक अथवा अन्य मनोभावों से सम्पर्क रखनेवाले कार्य-कलाप करता एवं नाना प्रकार की लीलाओं और हाव-भाव-कटाक्ष से हम लोगों को विमुग्ध बनाता है, मूर्तिमान् रस वही है। क्योंकि नाटक-पात्रों के समस्त भावों और व्यापारों का आधार अथवा आलंबन वही होता है।

अनेक विचारशीलों को यह बात न जंची। उन्होंने सोचा, अभिनेताओं में यों तो कोई आकर्षण होता नहीं, जब वे विशेष वेशभूषा में रंगमंच पर आते हैं और अपनी अंगभंगी, चेष्टाओं और रागरंग से लोगों को विमुग्ध करते हैं तभी दर्शकों को आनन्द प्राप्त होता है। अतएव रस चेष्टाओं और अंगभंगी आदि ही में रहता है, अभिनेताओं में नहीं। उनके इस विचार को रसगंगाधरकार ने इन शब्दों में प्रकट किया है 'अनुभावस्तथातथेतरे'। भाव इसका यह है कि कुछ लोगों की यह सम्मति है कि 'अनुभावों' में रस रहता है।

कतिपय भावुकों के मन में यह बात भी न जमी। उन्होंने कहा, 'चेष्टाएँ और अंगभंगी आदि अनुभाव किसी मानसिक भाव के परिणाम होते हैं, इसलिए रस रह सकता है तो उसी में रह सकता है, क्योंकि कारण का गुण ही कार्य में होता है, अतएव उनके मुख से यह बात निकली—'व्यभिचार्येव तथातथा परिणमति', अर्थात् हृदय के व्यभिचारी भाव ही रस-रूप में परिणत होते हैं।

ज्यों-ज्यों इस विषय में तर्क आगे बढ़ा और विचार होने लगा, त्यों-त्यों नई-नई धारणाएँ हुईं और एक के बाद दूसरे मत प्रकट होने लगे। किसी ने कहा, 'विभावादयस्त्रयः समुदितौरसाः', विभाव, अनुभाव और संचारी भाव तीनों मिलकर इसकी सृष्टि करते हैं, क्योंकि वे परस्पर अन्योन्याश्रित हैं। किसी ने कहा, 'त्रिषुय एव चमत्कारी स एव रसोऽन्यथा तु त्रतोऽपि नैव'—'तीनों में जो चमत्कारी होगा, उसी की रस-संज्ञा होगी, अन्यथा किसी की नहीं।' जिस समय यह विवाद चल रहा था, उसी समय महामुनि भरत ने यह व्यवस्था दी 'विभावानुभावव्यभिचारिसंयोगाद्रसनिष्पत्तिः'। विभाव, अनुभाव और व्यभिचारी भाव के संयोग से रस की निष्पत्ति होती है। किन्तु यह उन्होंने नहीं बतलाया

कि इन तीनों का संयोग किसके साथ होने से, परस्पर होने से अथवा किसी अन्य के साथ होने से। मेरा विचार है, नीचे के वार्तिक में उन्होंने इस बात को भी स्पष्ट कर दिया है। उक्त सूत्र लिखकर वे स्वयं प्रश्न करते हैं–'को दृष्टान्तः' इसका क्या दृष्टान्त है? फिर स्वयं उत्तर देते हैं–

'यथा हि–गुडादिभिर्द्रव्यैर्व्यज्जनौषधिमिश्च षाड्वादयो रस निवर्तन्त्ते, तथा नानाभावोपगता अपि स्थायिनो भावा रसत्वमाप्नुवन्तीति।'

जिस प्रकार गुड़ादिक द्रव्य व्यंजनों और औषधियों से विविध प्रकार के पानक रस बनते हैं, वैसे ही अनेक भावों से युक्त होकर स्थायी भाव भी रसत्व को पाप्त होते हैं।

'नानाभावोपगता अपि स्थायिनो भावा रसत्वमाप्नुवन्तीति' का 'स्थायिनो भावाः' किस भाव का व्यंजक है? इसी भाव का कि विभाव, अनुभाव और संचारी भावों का जब स्थायी भावों से संयोग होगा, तभी रस की उत्पत्ति होगी। रस किसमें और कैसे उत्पन्न होता है, इस बात का निर्णय महामुनि भरत ने अपने उल्लिखित सूत्र में स्पष्टतया कर दिया है। किन्तु इसके अर्थ में यह मतभिन्नता हो गई, इसलिए विवाद कुछ दिन और चला, भट्ट-लोल्लट आदि विद्वानों ने कहा–

यह स्वीकार कर लिया जाता है कि विभाव, अनुभाव और संचारी भाव के संयोग से रति आदिक स्थायी भाव को रसत्व प्राप्त होता है। किन्तु यह रति आदिक भाव किनके होते हैं? उन लोगों का कथन है कि ये रति आदिक भाव नाटक-पात्रों के होते हैं, चाहे वह नायक-नायिका हो, अथवा कोई और अपेक्षित पात्र। यहाँ यह प्रश्न होगा कि वे पात्र तो अतीत के गर्भ में होते हैं, अथवा कल्पना-संसार में विचरण करते रहते हैं, उनके रति आदिक स्थायी भावों से दर्शक-समुदाय कैसे प्रभावित होगा और यदि प्रभावित नहीं होगा, तो उनके करुण, निर्वेद, हास्य और आनंदादि का क्या हेतु होगा? वे लोग कहते हैं, अभिनेताओं पर वे उन पात्रों का आरोप कर लेते हैं, अर्थात् वेष-भूषा और कार्य-कलाप द्वारा दर्शक लोग उस समय अभिनेताओं को ही नाटक-पात्र मान लेते हैं और उनका यह ज्ञान ही उनके सुख-दुःख अथवा आनन्द का कारण होता है।

शंकुक कहते हैं कि आरोप कर लेने में अवास्तविकता है। यदि आरोप करने के स्थान पर अनुमान कर लेना कहा जावे तो अधिक संगत होगा।

भट्टनायक ने आरोप अनुमान की बात नहीं मानी। उन्होंने कहा–'अभिनय देखने के समय जो आनन्द का प्रवाह बहता है, अथवा करुण आदि रस जिस भाव का विस्तार करते हैं, वे मोहक और व्यापक होते हैं। इसलिए उस समय दर्शक यह अनुभव नहीं कर पाते कि जिन रति आदिक भावों के आधार से वे रस विशेष का आस्वादन कर रहे हैं, उनके हैं, अथवा किसी नाटकीय पात्र के। वास्तव में उस समय वे बिल्कुल निरपेक्ष होते हैं।

काव्य-प्रकाशकार को किसी की सम्मति पसन्द नहीं आई, उन्होंने स्पष्ट कहा–

कारणान्यथ कार्याणि सहकारीणि यानि च।
रत्यादेः स्थायिनो लोके तानि चेन्नाट्यकाव्ययोः॥
विभावा अनुभावास्तत् कथ्यन्ते व्यभिचारिणः।
व्यक्तः स तैर्विभावाद्यैः स्थायी भावो रसः स्मृतः॥

लोक में रति आदिक स्थायी भावों के जो कारण, कार्य और सहकारी होते हैं, नाटक और काव्य में वे ही विभाव, अनुभाव और व्यभिचारी क्रम से कहलाते हैं। इन विभावादि की सहायता से व्यक्त स्थायी भाव की रस-संज्ञा होती है।

इसके आगे वे लिखते हैं 'अभिव्यक्तः सामाजिकानाम् वासनामतया स्थितः स्थायी रत्यादिको.........अलौकिकचमत्कारकारी शृंगारादिको रसः।'

किस व्यक्त स्थायी भाव की रस-संज्ञा होती है, इस वार्तिक में यह स्पष्ट हो जाता है। उन्होंने बतलाया कि सामाजिकों (दर्शकों) के हृदय में वासना रूप में स्थित स्थायी, रति आदिक भाव को ही रसत्व प्राप्त होता है। मैं समझता हूँ, निम्नलिखित वार्तिक में इसी बात को नाट्यशास्त्रकार भरत मुनि उनसे भी पहले कह चुके हैं—

"नानाभावाभिनयव्यंञ्जितान्वागङ्गसत्त्वोपेतान् स्थायिभावानास्वादयन्ति सुमनसः प्रेक्षकास्तस्मान नाट्यरसा इत्यभिव्याख्याताः।"

नाना भावाभिनय से व्यंजित वचनावली और अंगभंगी द्वारा दर्शक लोग मन में स्थायी भावों के रस का आस्वादन करते हैं इसीलिए नाटकों में 'रस' माना गया है।

लगभग यही सम्मति अभिनव गुप्ताचार्य की है, वरन् वास्तविक बात तो यह है कि काव्यप्रकाशकार का विचार उसके प्रभाव से प्रभावित है। साहित्य-दर्पणकार का भी यही मत है और कुछ शाब्दिक परिवर्तन से इसी सिद्धान्त को पंडितराज जगन्नाथ भी स्वीकार करते हैं। बीच-बीच में और तर्क-वितर्क भी हुए हैं, परन्तु इस समय सर्वमान्य सिद्धान्त यही है।

हिन्दी शब्दसागर के रचयिता विबुधजन इस विषय में जो लिखते हैं, उसे देखिए—

"हमारे यहाँ के आचार्यों में इस विषय में बहुत मतभेद है कि रस किसमे तथा कैसे अभिव्यक्त होता है। कुछ लोगों का मत है कि स्थायी भावों की वास्तविक अभिव्यक्ति मुख्य रूप से उन लोगों में होती है, जिनके कार्यों का अभिनय किया जाता है। (जैसे राम, कृष्ण, हरिश्चन्द्र आदि) और गौण रूप से अभिनय करनेवाले नटों में होती है, अतः इन्हीं में लोग रस की स्थिति मानते हैं। ऐसे आचार्यों का मत है कि अभिनय देखनेवाले का काव्य पढ़नेवालों के साथ रस का कोई सम्बन्ध नहीं है। इसके विपरीत अधिक लोगों का यह मत है कि अभिनय देखनेवालों तथा काव्य पढ़नेवालों में ही रस की अभिव्यक्ति होती है। ऐसे लोगों का कथन है कि मनुष्य के अन्तःकरण में भाव पहले से विद्यमान रहते

हैं और काव्य पढ़ने अथवा नाटक देखने के समय वही भाव उदीप्त होकर रस का रूप धारण कर लेते हैं। और यही मत ठीक माना जाता है। तात्पर्य यह कि पाठकों या दर्शकों को काव्यों अथवा अभिनयों से जो अनिवर्चनीय और लोकोत्तर आनन्द प्राप्त होता है, साहित्य-शास्त्र के अनुसार वही 'रस' कहलाता है।"

–हिन्दी शब्द सागर, पृष्ठ 2908

रस का विषय बड़ा वादग्रस्त है; कुछ मर्मज्ञ विद्वानों की धारणा है कि अब तक रस की उचित मीमांसा नहीं हुई। जो हो; किन्तु मैं यह कहूँगा कि उसका शास्त्रार्थ जिस विस्तृत रूप से ग्रन्थों में लिपिबद्ध है, वह साहित्य की बहुमूल्य और मननशीलता की अद्भुत सम्पत्ति है। वह अगाध समुद्र है, डूबने पर उसमें बहुमूल्य रत्न प्राप्त होते हैं, किन्तु यह कार्य है बड़ा उद्वेगजनक और दुस्तर। मैंने थोड़े में जिन बातों का परिचय दिया है, वह कहाँ तक यथातथ्य है, यह कहना कठिन है। जहाँ शब्दों की ही पकड़ है और बात-बात में तर्क-वितर्क होता है, वहाँ निश्चित रूप से किसी सिद्धान्त का संक्षिप्तीकरण सुलभ नहीं। किन्तु यह दुस्साहस मैंने किया है, आशा है पाठकों को इससे रस का इतिहास जानने में कुछ सुविधा अवश्य होगी।

संस्कृत को छोड़कर रस की कल्पना और किसी भाषा में नहीं हुई। अँगरेजी, अरबी, फारसी और उर्दू में भाव के ही पर्यायवाची शब्द मिलते हैं, रस के नहीं। रस का विवेचन जितना ही विमुग्धकर है, उतना ही पांडित्यपूर्ण।

रस की आनन्दस्वरूपता

काव्य प्रकाशकार लिखते हैं–

'पानकरसन्यायेन चर्व्यमाणः पुर इव परिस्फुरन् हृदयमिव प्रविशन् सर्वांगीणमिवालिङ्गन् अन्यत् सर्वमिव तिरोदधत् ब्रह्मस्वादमिवानुभावयन् अलौकिकचमत्कारकारी शृंगारादिको रसः'।

'पानक रस के समान जिनका आस्वाद होता है, जो स्पष्ट झलक जाते, हृदय में प्रवेश करते, व्याप्त होकर सर्वांग को सुधारस-सिंचित बनाते, अन्य वेद्य विषयों को ढक लेते और ब्रह्मानन्द के समान अनुभूत होते हैं, वे ही अलौकिक चमत्कार सम्पन्न शृंगार रस कहलाते हैं।'

यह हुई शृंगारादिक रस की परिभाषा। यहाँ प्रश्न यह होता है कि करुण, भयानक आदि रसों में, जिनके स्थायी भाव शोक, जुगुप्सा और भय आदि हैं, इस परिभाषा की सार्थकता कैसे होगी? क्योंकि वे तो दुःखमय होते हैं।

इसका उत्तर साहित्य-दर्पणकार इस प्रकार देते हैं–

करुणादावपि रसे जायते यत्परंसुखम् ॥
सचेतसामनुभवः प्रमाणं तत्र केवलम्।
किंच तेषु यदा दुःखं कोऽपि स्यात्तदुन्मुखः ॥

नहिं कश्चित् सचेतन आत्मनो दुःखाय प्रवर्त्तते। करुणादिषु च सकलस्यापि साभिनिवेशप्रवृत्तिदर्शनात्सुखमयत्वमेव।

'करुणा आदि रसों में भी जो परमानन्द होता है, उसके लिए सहृदयों का अनुभव ही प्रमाण है। यदि करुणादि रसों में दुःख होता हो तो करुणादि रस-प्रधान काव्य नाटकादि के श्रवण, दर्शन आदि में कोई भी प्रवृत्त न हो क्योंकि कोई भी समझदार अपने दुःख के लिए प्रवृत्त नहीं होता; परन्तु करुण रस के काव्यों में सभी लोग आग्रहपूर्वक प्रवृत्त होते हैं, अतः वे रस भी सुखमय ही हैं।

–विमलार्थदर्शिनी

यह कहकर स्वयं तर्क करते हैं, दुःख के कारण से सुख की उत्पत्ति कैसे होगी? उत्तर देते हैं–

'लौकिकशोकहर्षादिकारणेभ्यो लौकिकशोकहर्षादयो जायन्ते, इति लोक एव प्रतिनियमः, काव्ये पुनः सर्वेभ्योऽपि विभावादिव्यः सुखमेय जायते।'

'शोक के कारणों से शोक के उत्पन्न होने और हर्ष के कारणों से हर्ष के उत्पन्न होने का नियम लोक में ही होता है, (काव्य और नाटकों में) विभावादिकों से सुख ही मिलता है।'

फिर स्वयं तर्क करते हैं–

'कथं तर्हि हरिश्चन्द्रादिचरितस्य काव्यनाट्ययोरपि दर्शनश्रवणभ्यामश्रुपातादयो जायन्ते।'

यदि सुख ही होता है तो हरिश्चन्द्र आदि के करुणरसमय चरित को काव्य एवं नाटकों में देखने-सुनने से अश्रुपातादि क्यों होते हैं?

उत्तर देते हैं–

'अश्रुपातादयस्तद्वद्द्रुतत्वाच्चेतसो मतः'।

चित्त के द्रवित होने के कारण से, प्रयोजन यह कि चित्त दुःख में ही द्रवित नहीं होता आनन्द में भी द्रवित होता है और उस समय भी अश्रुपातादि होते हैं।

साहित्य-दर्पणकार ने जो कुछ कहा है, सूत्र रूप से कहा है। मैं यथामति उसकी व्याख्या करके उसको स्पष्ट करना चाहता हूँ। मानव-समाज के कुछ संस्कार सार्वभौम हैं, किसी देश अथवा किसी जाति का प्राणी क्यों न हो, गुणों का आदर और दुर्गुणों का अनादर अवश्य करेगा। मानस के जो उदात्त और महान भाव हैं, उसकी पूजा सब जगह सभी करते

हैं, इसी प्रकार उसके जो कुत्सित, घृणित एवं निन्दनीय विचार हैं, उनको हेय, असत् और तिरस्कार योग्य कौन नहीं मानता? सती स्त्री जैसे संसार में वन्ध है, असती स्त्री वैसे ही अक्षम्य। सदाचारी पुरुष सब स्थानों में देवता समझा जाता है और दुराचारी पुरुष वसुन्धरा भर में दानव। जहाँ किसी शिष्ट, उदारचेता, धर्मप्राण, पुरुष को देखकर हृदय प्रफुल्ल और कृतकृत्य होता है, वहाँ दुष्ट, उत्पीड़क एवं धर्मच्युत जन को देखकर क्रुद्ध और संतप्त बन जाता है। प्रायः देखा गया है कि नरपिचाशों का नाश, दमन और उत्पीड़न देखकर समाज हर्ष-विह्वल हो जाता है और वही महात्माओं की कदर्थना देखकर कलेजा थाम लेता है। जब यह संसार मनुष्य मात्र का है, वह भी एक देशी नहीं 'सर्वदेशी' तो यह स्वीकार करना पड़ेगा कि काव्य-श्रवण अथवा नाटक-दर्शन के समय भी वह जैसा का तैसा रहेगा, उसमें यदि कारण विशेष से किसी काल में कुछ परिवर्तन होगा, तो नाममात्र का। अपवाद की बात और है, वह कहाँ नहीं होता?

जितने साहित्यिक ग्रंथकार और नाटककार होते हैं, सबका उद्देश्य सदादर्श-प्रचार होता है। प्रायः अधिकांश ग्रंथ इस उद्देश्य से लिखे जाते हैं कि उनके द्वारा जाति, देश और समाज का उत्थान हो और उनमें ऐसे भावों का प्रचार हो जिससे उनके सुख-शान्ति की वृद्धि हो। लक्ष्य सबका यही होता है, लिखने की प्रणाली में भिन्नता हो सकती है। इस सूत्र से नाटक आदि में भले-बुरे सभी प्रकार के पात्र होते हैं। भले की भलाई और बुरे की बुराई दिखलाकर एक का उत्कर्ष और दूसरे का पतन दिखलाया जाता है। इसलिए कि जिसमें दर्शकों के हृदयों में भलाई करने और बुराई न करने की रुचि उत्पन्न हो। अपने उद्देश्य की सिद्धि में जिस ग्रंथकार अथवा नाटककार की लेखनी जितनी ही विलक्षण होती है, जितनी ही उसमें मार्मिकता होती है, जितनी ही सुन्दरता से वह सूक्ष्म मानसिक भावों का चित्रण कर सकती है, उसकी रचना उतनी ही अपूर्व, मनोहारिणी और प्रभावजनक होती है। इसी प्रकार इन भावों का अभिनेता अपने कार्य में जितना ही दक्ष, पटु और भावुक होता है, जितनी ही सहृदयता से भावों का व्यंजन कर सकता है, उसका अभिनय उतना ही सफल होता है, और उतना ही वह दर्शक-जन के हृदय को आकर्षित कर उसे विमुग्ध और आनन्दित कर सकता है।

मान लीजिए, रंगालय में जनता समवेत है, रामलीला हो रही है, वनवास प्रकरण है, और चारों ओर करुण-रस प्रवाहित है। सामने न तो महाराज दशरथ हैं, न कौशल्या देवी, न कैकेयी, न मंथरा, न भगवान् रामचन्द्र, न श्रीमती जनकनंदिनी आदि। कुछ अभिनेता इन लोगों का पार्ट लेकर अपना अभिनय तन्मयता से कर रहे हैं। फिर भी सहस्रों वर्ष का बीता दृश्य सामने है और जनता आनन्दमग्न है। जब कैकेयी और मंथरा सामने आती हैं, तो उसका हृदय घृणा से भर जाता है, उसकी आँखों में चिनगारियाँ निकलने लगती हैं, वह दाँत पीसने लगती है और उसकी भौहें टेढ़ी हो जाती हैं। जब कौशल्या देवी की

करुणामयी मूर्ति देखती है, अश्रुविसर्जन करने लगती है, बार-बार रोती है, फिर भी तृप्त नहीं होती। जब भगवान रामचन्द्र की मर्यादामयी मूर्ति का अवलोकन करती है, श्रद्धा से भर जाती है, उनकी पितृ-भक्ति, धैर्य और त्याग को देखकर उन पर निछावर होती है, कभी कलेजा थामती है, कभी मूर्तिमान् आर्य-गौरव की मन-ही-मन आरती उतारने लगती है। जब भग्नहृदया जानकी देवी दृष्टिगत होती हैं, तब उसकी छाती फटने लगती है। जब वह उन्हें वन जाने के लिए प्रस्तुत देखती है और उनके मुख की ओर ताकती है, आठ-आठ आँसू रोने लगती है। फिर जब भगवान् रामचन्द्र भगवती जानकी को वन की भयंकरता बतलाने लगते हैं, उस समय न जाने कहाँ का भय आकर उसके जी में समा जाता है। उस समय तो वह और भीत होती है, जब जानकनंदिनी के कुसुमादपि कोमल कलेवर पर दृष्टिपात करती है। किन्तु जनता की ये समस्त दशाएँ क्या उसे दुःखभागिनी बनाती हैं, नहीं, कदापि नहीं। वरन् प्रत्येक दशा में वह विचित्र सुख और आनन्द का अनुभव करती है। क्यों? इसलिए कि जिस संस्कृति से उसका हृदय संस्कृत है, उसके चरितार्थ करने की उसमें बड़ी ही मुग्धकारी सामग्री उसको मिलती है। दूसरी बात यह है कि मानसिक भावों को जिस समय जिस रूप में परिणत होना चाहिए, उस समय उसके उस रूप में परिणत होने से आनन्द और सुख की प्राप्ति होती है, अन्यथा चित्त बहुत तंग करता है और यह ज्ञात होने लगता है कि हृदय न जाने किस बोझ से दबा जा रहा है। तीसरी बात यह है कि अभिनय करने के समय अभिनेता अपने पार्ट को जब इस मार्मिकता से करता है कि असली और नकली का भेद प्रायः जाता रहता है, तो उस समय दर्शकों को जो आनन्द होता है, वह भी अपूर्व ही होता है। चाहे यह अभिनय करुण रस का हो, चाहे वीभत्स या भयानक रस का। कारण इसका यह है कि उस समय की अभिनेता की स्वकर्मपटुता और अद्भुत अनुकरणशीलता चुपचाप उन पर विचित्र प्रभाव डाले बिना नहीं रहती।

मौलवी अहमद अली एक मुसलमान थे। उनको हरिश्चन्द्र नाटक देखने का बड़ा अनुराग था। वे सहृदय और सुकवि भी थे। इस नाटक के करुण स्थलों पर प्रायः उनकी आँखें भर आतीं, पर वे खुलकर न रोना चाहते। परिणाम यह होता कि विशेष स्थलों पर चित्त उनको चैन नहीं लेने देता। जब वे खुलकर रो लेते, तभी उनको सुख मिलता। सबल प्रवाह को रोक दो, देखो जल कैसे चक्कर में पड़ जाता है। उसको आगे बढ़ने दो, उस समय वह अपनी स्वाभाविक गति से मंद-मंद सानंद बहता दिखलाई पड़ेगा।

एक नाटक का ऐसा दुष्ट पात्र था, जो रास्ते में काँटे बिछाकर, अँधेरे में साँप के समान रस्सी खड़ी कर, चुपचाप लोगों की देह में सुई चुभोकर, बिछावनों में कंकर भरकर, भिड़ के छत्तों को छेड़कर और कभी-कभी जलते अंगारे ऊपर फेंककर बच्चों तक को बहुत तंग किया करता। लोगों का उससे नाकों दम था, सब उसके शत्रु हो गए थे। एक दिन एक

हट्टे-कट्टे मोटे-ताज़े गुरुघंटाल ने उसको पकड़ा। उसके पास तरह-तरह के साँप, बड़े-बड़े बिच्छू, लोहे के तेज़ काँटे, नोकदार छुरी, अनेक प्रकार के भाले और कई तरह के नुकीले दूसरे हथियार थे। उसके साथी के हाथ में एक अँगीठी थी, जिसमें जलते अंगारे दहक रहे थे। जब वह साँप निकालकर उस दुष्ट से कहता—'कटा दूँ', बिच्छू निकालकर कहता—'क्या डंक मरवा दूँ,' तब उसकी नानी मर जाती और वह इतना डर जाता कि 'ओः ओः' छोड़कर उसके मुँह से सीधी बात न निकलती। जब उसकी देह में वह लोहे के काँटे चुभो देता, या नुकीली छुरी या कोई हथियार गड़ा देता, या यह कहता कि यह अँगीठी तुझ पर उलट दूँ, तब वह इतना डर जाता और उसकी घिग्घी ऐसी बँध जाती कि वह मौत को सामने देखने लगता और ऐसी चेष्टाएँ करता कि मानों अब मरा। पर दर्शक उसकी यह दशा देखकर कभी हँसते, कभी तालियाँ बजाते, कभी कहते, 'अच्छे से पाला पड़ा।' इसी को कहते हैं, 'इस हाथ दे उस हाथ ले।' एक ओर भयानक रस का उग्र रूप और दूसरी ओर था मूर्तिमान आनंद। यह विपर्यय क्यों? केवल संस्कार-वश।

प्रायः देखा जाता है कि जब रंगमंच पर किसी बड़े अत्याचारी की यातना आरम्भ होती है, लहूपिपासियों का लहू बहाया जाता है और दूसरों की नाक काटनेवालों की नाक काट ली जाती है, जब देश-हितैषियों के गले पर छुरा चलानेवालों, पेट में कटार भोंकनेवालों का लहू पान किया जाता है, अथवा देशद्रोहियों का सिर गेंद बनाया जाता है, उनके मांस के लोथड़े उछाले जाते हैं, और उनकी अंतड़ी चबाई जाती है तो यह वीभत्स कांड देखकर दर्शक-मण्डली के रोंगटे नहीं खड़े होते और न उनके हृदय में कुछ दुःख ही होता है। वरन् वे जितना छटपटाते हैं, जितना रोते-कलपते हैं और जितनी हाय-हाय करते हैं, उतनी ही वह हर्षित होती और उल्लास प्रकट करती है। क्यों? इसलिए कि नाटककार की लेखनी के कौशल से अत्याचारियों, देशद्रोहियों और उत्पीड़कों के प्रति उनके हृदय में इतनी घृणा जाग्रत रहती है कि उनको उनकी नाटकीय यातना देखकर ही सुख मिलता है। दूसरी बात यह कि मनुष्य का संस्कार बड़ा प्रबल होता है, वही अपनी प्रवृत्ति के अनुकूल उसके हृदय में सुख-दुःख, घृणा और प्रेम की सृष्टि करता है। अत्याचारियों, देशद्रोहियों, मानव-उत्पीड़कों के प्रति मनुष्य मात्र का संस्कार द्वेष और घृणामय है। इसलिए जब वह उनकी दुर्गति होते देखता है तो सन्तोष का तो लाभ करता ही है, यह सोचकर भी उत्फुल्ल होता है कि संसार-कंटकों की जितनी दुर्गति दिखलाई जावे, उतना ही उत्तम, क्योंकि उसी को देखकर जनता के नेत्र खुलते हैं, उन्मार्ग-गामियों को त्रास होता है और दुर्जनों से वसुधा सुरक्षित रहती है। नाटक देखने के समय एक भाव और सब दर्शकों के हृदय में जाग्रत रहता है वह यह कि वे उसको खेल समझते हैं, तात्कालिक होनेवाली सत्य घटना नहीं। इसलिए रंगमंच के सुख-दुःखमय दृश्यों का, अभिनेताओं के कौशलमय अभिनयों का, रंगभूमि के गान-वाद्य और परदों के बहुरंजित सीन-सीनरी आदि का प्रभाव तो उन पर पड़ता है और

वे प्रभावित भी होते हैं, परन्तु उनको वह शोक, मोह और क्षोभ नहीं सताता जो वास्तविक घटना के घटित होने के समय प्रत्येक प्रत्यक्षदर्शी मानव-हृदय को कष्ट पहुँचाता है और इस प्रकार उस समय उनका चित्त उन स्वाभाविक आघातों से भी सुरक्षित रहता है, जो ऐसे अवसरों पर प्रत्येक मानव-हृदय पर साधारणतया होते रहते हैं।

अब तक जो मैंने निवेदन किया है, आशा है, उससे यह अवगत हो गया होगा कि किस प्रकार करुण-रस से भी सुख की प्राप्ति होती है, और कैसे भयानक रस और वीभत्स रस में भी हृदय में आनन्द का संचार होता है। नाटकों में विभाव, अनुभाव और संचारी भाव के जिस व्यापार द्वारा इस प्रकार के रसों की उत्पत्ति, परिणति आदि होती है, उसको विभावन, अनुभावन और संचारण कहते हैं। साहित्य-दर्पणकार लिखते हैं–

"विभावनं रत्यादेर्विशेषेणास्वादाङ्कुरणयोग्यतानयनम्। अनुभावनमेवंभूतस्य रत्यादेः। समनन्तरमेव रसादिरूपतया भावनम् सञ्चारणं तथाभूतस्यैव तस्य सम्यक चारणम्"।

'रति आदिक स्थायी भावों को आस्वादोत्पत्ति (रसोद्बोध) के योग्य बनाना 'विभावन' कहलाता है। विभावन के द्वारा आस्वादोत्पत्ति के योग्य हुए उन रति आदिक को तुरन्त रस-रूप में परिणत कर देनेवाले व्यापार का नाम अनुभावन है। इस प्रकार सुसम्पन्न रति आदिक को भले प्रकार संचारित कर देने का नाम संचारण है'।

–विमलार्थदर्शिनी

वे यह भी लिखते हैं–

'ये खलु वनवासादयी लोके दुःखकारणानि इत्युच्यन्ते, त एव हि काव्यनाट्यसमपिता अलौकिकविभावनव्यापारवत्तया कारणशब्दवाच्यता विहायालौकिकविभावशब्दवाच्यत्वं भजन्ते।'।

"लोक में जो वनवास आदिक दुःख के कारण कहे जाते हैं, वे यदि काव्य और नाटक में निबद्ध किए जावें तो फिर उनका कारण शब्द से व्यवहार नहीं होता, किन्तु अलौकिक विभाव शब्द से होता है। इसका कारण यह है कि काव्यादि में उत्पत्ति होने पर उन्हीं कारणों में विभावन नामक एक अलौकिक व्यापार उत्पन्न हो जाता है।"

–विमलार्थदर्शिनी

प्रयोजन यह कि लोक में अथवा संसार के साधारण व्यवहार में साक्षात् सम्बन्ध से विभाव, अनुभाव एवं संचारी भाव के जो कार्यकलाप होते हैं, काव्य में उनका चित्रण और नाटकों में उनका अनुकरण मात्र होता है। नित्य लोक में जितनी घटनाएँ होती रहती हैं, उनका सम्बन्ध परिस्थिति के अनुसार सुख-दुःख दोनों से होता है। इन घटनाओं से जिनका सम्बन्ध होता है, उनको सुख-दुःख दोनों प्राप्त होते रहते हैं। यह स्वाभाविकता है, संसार की रचना ही सुख-दुःखमयी है। काव्य और नाटकों की रचना का उद्देश्य आमोद-

प्रमोद और आनन्द प्राप्ति है, साथ ही शिक्षा और देश-सुधार आदि। इसी इष्ट की प्राप्ति के लिए काव्य पढ़े-सुने और नाटक देखे जाते हैं। अनेक अवस्थाओं में चिन्तित और दुःखित होने पर मन बहलाने के लिए भी काव्य और नाटकों की शरण ग्रहण की जाती है। इसलिए काव्य और नाटक आनन्द के ही साधन हैं, और उससे आनन्द की ही प्राप्ति होती है। लौकिक विभावादि से उनके विभावादि में अन्तर होता है, अतएव वे अलौकिक कहलाते हैं। यहाँ अलौकिक का अर्थ लोक से सम्बन्ध न रखनेवाला है, अपूर्व अथवा परम विलक्षण नहीं। आशा है, अब तक जो कुछ कहा गया, उससे यह स्पष्ट हो गया कि विभावन-अनुभावन आदि क्या हैं, और इन नामों की कल्पना क्यों हुई। यह बात भी समझ में आ गई होगी, कि नाटकों और काव्यों में करुण, वीभत्स और भयानक रसों में भी आनन्द की ही प्राप्ति होती है, दुःखों की नहीं।

रस और ब्रह्मास्वाद

'रस का आस्वाद ब्रह्मानन्द के समान होता है।' समस्त साहित्य-मर्मज्ञों का यही सिद्धान्त है। काव्यप्रकाशकार कहते हैं–

'ब्रह्मस्वादमिवानुभावयन्'

वह ब्रह्मानन्द के समान अनुभूत होता है। साहित्यदर्पणकार अपने ग्रन्थ में एक स्थान पर यह वाक्य उद्धृत करते हैं–

'परमार्थतस्त्वखण्ड एवायं वेदान्तप्रसिद्धब्रह्मतत्त्ववद्वेदितव्यः'

'वास्तव में रस वेदान्त-प्रसिद्ध ब्रह्म की तरह अखण्ड और वेद्य है।'

ऐसे ही और प्रमाण भी उठाये जा सकते हैं, किन्तु इससे व्यर्थ विस्तार होगा। मेरा विचार है, इन उक्तियों का आधार पवित्र वेद की यह श्रुति है–'रसो वै सः'। अब यह चिन्तनीय है कि ऐसी धारणा क्यों हुई? मैं कहूँगा, निम्नलिखित कारणों से–

1. काव्यप्रकाश की बालबोधिनी टीकाकार, ब्रह्मास्वाद का यह अर्थ करते हैं–

'ब्रह्मास्वादे (मुक्तिदशायां) ब्रह्ममात्रं प्रकाशते, रसे तु विभावाद्यपीति भेदात् सादृश्यम्'।

'ब्रह्मास्वाद अर्थात् मुक्ति-दशा में ब्रह्ममात्र ही प्रकाशित रहता है और भावों का तिरोभाव हो जाता है। विभावादि जब स्थायी भावों के साथ मिलकर रस-रूप में परिणत होते हैं, उस समय भी केवल रस विकसित रहता है, और सब उसी में लीन हो जाते हैं।' कहा भी है–**'अन्यत् सर्वमित्र तिरोदधत्'**। इसलिए वह ब्रह्मस्वाद सहोदर है, अथवा ब्रह्मास्वाद से उसकी समानता है।

2. कुछ विद्वानों का सिद्धान्त है, **'काव्यस्य शब्दार्थौ शरीरं रसादिश्चात्मा'** शब्द और अर्थ काव्य के शरीर हैं, और रस आत्मा। साहित्यदर्पणकार लिखते हैं–'वाक्यं रसात्मकं काव्यम्' काव्य वह है जिसकी आत्मा रस है, इससे भी उसका ब्रह्म-स्वरूप होना सिद्ध है।

3. अग्निपुराण में लिखा है–

अक्षरं परमं ब्रह्म सनातनमजं विभुम्।
वेदान्तेषु वदन्त्येकं चैतन्यं ज्योतिरीश्वरम् ॥
आनन्दः सहजस्तस्य व्यज्यते स कदाचन।
व्यक्तिः सा तस्य चैतन्यचमत्काररसाह्वया ॥

जिसको वेदान्त में अक्षर, परब्रह्म, सनातन, अज, व्यापक, चैतन्य और ज्योतिस्वरूप कहा गया है, उसका सहज आनन्द किसी समय जब प्रकट होता है, तो उस अभिव्यक्ति को चैतन्य, चमत्कार अथवा रस कहा जाता है।

4. नाटकों में देखा जाता है कि रस का उद्रेक होने पर एक काल में सहस्रों मनुष्य मन्त्रमुग्धवत् बन जाते हैं, एक साथ हँसते-रोते और तालियाँ बजाते हैं, आनन्द-ध्वनि करते हैं, शर्म-शर्म या थू-थू कहने लगते हैं और कभी-कभी अपने से बाहर हो जाते हैं। यह रस की अलौकिकता है, क्योंकि साधारणतया लोक में दो एक प्राणिविशेष में ही उसकी उपस्थिति देखी जाती है। दूसरी बात यह कि वह अपरिमित है, इसलिए कि अनेक श्रोताओं और दर्शकों के हृदय में वह एक ही समय में उदित और विकसित होता है।

5. रस में ज्ञानस्वरूपता और स्वयंप्रकाशता है। साहित्य-दर्पणकार कहते हैं–

'अभिन्नोऽपि स प्रमात्रा वासनोपनीतरत्यादितादात्म्येन गोचरीकृतः इति च? ज्ञानस्य स्वप्रकाशत्वमनङ्गीकुवतामुपरि वेदान्तिभिरेव पातनीयो दण्डः।

'यद्यपि रस आत्मा के स्वरूप से अभिन्न है, चिन्मय है, तथापि अनादि वासना के द्वारा उपनीत अर्थात् ज्ञान में प्रतिभासित जो रत्यादिक उनके साथ अभिन्न रूप से गृहीत होता है। इस प्रकार रस की ज्ञानस्वरूपता और उसके साथ रत्यादि का अभेद सिद्ध हुआ। ज्ञान स्वयं प्रकाश है, अतः रस भी स्वयं प्रकाश है। **–विमलार्थप्रकाशिनी**

यहाँ पर यह प्रश्न हो सकता है कि क्या वास्तव में समस्त नाटक देखने और काव्य पढ़ने-सुननेवालों को ब्रह्मास्वाद की प्राप्ति होती है? उत्तर यह है कि नहीं। जिसकी जैसी वासना होगी, भाव-ग्रहण की जैसी शक्ति होगी, जिसमें जैसी सहृदयता होगी, रस आस्वाद का वह वैसा ही अधिकारी होगा। रस की भी कोटि है, उसका सबसे उच्च कोटि का स्वरूप ब्रह्मास्वाद है, उसके अधिकारी सर्वत्र थोड़े हैं। रस का साधारण रूप जो प्रायः उससे निम्नकोटि का होता है, वही सर्वसाधारण का उपभोग्य कहा जा सकता है, चाहे उसकी मात्रा में कुछ तारतम्य भले ही हो। जिसने नाट्यशाला में बैठकर नाटक देखा होगा, किसी

सुवक्ता का व्याख्यान किसी सभा में सुना होगा अथवा किसी प्रसिद्ध संकीर्तन-मण्डली का भक्तिमय कीर्तन श्रवण किया होगा, उसको इस बात का अनुभव स्वयं होगा। परमात्मा का नाम है सच्चिदानन्द। क्यों? इसलिए कि वह सत् है, चित् है और आनन्दस्वरूप है। अतएव आनन्द मात्र ईश्वर का स्वरूप है, परन्तु इस सच्चे आनन्द के अधिकारी कितने हैं? प्रत्येक प्राणी में, हरे-भरे वृक्षों में, विकसित सुमनों में, रस भरे नाना फलों में। प्रयोजन यह है कि जहाँ शिव है, सत्य है, सौन्दर्य है, वहाँ ईश्वर की आनन्दमयी सत्ता मौजूद है। परन्तु उसका सच्चा उपभोग करनेवाले, कोई महानूहृदय महात्मा ही हैं। सर्वसाधारण अपने ज्ञान, विवेक, विचार और दृष्टि के अनुसार ही उनसे यथाशक्य थोड़ा या बहुत आनन्द प्राप्त कर सकते हैं। यही अवस्था नाटक-दर्शकों अथवा काव्य आदि श्रवणकर्ताओं की भी समझनी चाहिए। किन्तु इससे रस के ब्रह्मास्वाद होने में बाधा नहीं पड़ती, क्योंकि रस परिणति की अन्तिम सीमा वही है।

विभावादिकों की रसव्यंजकता

आप लोग पढ़ते आए हैं कि विभाव, अनुभाव और संचारी भाव तीनों का संयोग जब रति आदिक स्थायी भावों से होता है, तभी रस की उत्पत्ति होती है। किन्तु देखा जाता है कि इनमें से किसी एक के द्वारा भी रस उत्पन्न हो जाता है, ऐसी अवस्था में इसकी मीमांसा आवश्यक है। साहित्यदर्पणकार लिखते हैं–

'ननु यदि विभावानुभावव्यभिचारिभिर्मिलितैरेव रसस्तत्कथं तेषामेकस्य द्वयोर्वा सद्भावेपि स स्यादित्युच्यते'।

'यदि विभाव, अनुभाव और संचारी इन तीनों के मिलने पर ही रसास्वाद होता है, एक दो से नहीं होता, तो जहाँ कहीं एक अथवा दो ही वर्णन हैं, वहाँ जो रसास्वाद दीख पड़ता है, सो कैसे होगा?'

उत्तर देते हैं–

'सद्भावश्चेद्विभावादेर्द्वयोरेकस्य वा भवेत्।
झटित्यन्यसमाक्षेपे तथा दोषो न विद्यते॥'

विभावादिकों में से दो अथवा एक के उपनिबद्ध होने पर जहाँ प्रकरणादि के कारण दोष का झट से आक्षेप हो जाता है, वहाँ कुछ दोष नहीं होता।'

–विमलार्थप्रकाशिनी

आक्षेप का अर्थ 'व्यंजनीय रस के अनुकूल शेष (अन्य) दो भावों का भी बोध करा देना।'

कुछ प्रमाण लीजिए–केवल विभाव द्वारा रस की अभिव्यक्ति–

दमदम दमकत दामिनी घहरत नभ घनघोर।
मान करत कत मानिनी मोर मचावत सोर ॥ 1 ॥

इस दोहे में उद्दीपन विभाव का वर्णन है; न तो संचारी का है, न अनुभावों का। परन्तु मानिनी का मानयुक्त होना, उसके हृदय का सामर्ष होना सूचित करता है, जो एक संचारी भाव है। जब वह मान दशा में है तो उसकी भौंहें अवश्य चढ़ी होंगी, मुँह भी निस्संदेह बिगड़ा होगा, इसलिए अनुभाव भी उसमें मिले और तीनों के आधार से ही रस की सिद्धि हुई।

केवल अनुभाव द्वारा रसविकास—

टपटप टपकत सेदकन अंग अंग थहरात।
नीरजनयनी नयन मैं काहें नीर लखात ॥ 2 ॥

स्वेद बिंदु का टपकना, अंगों का कम्पित होना, आँखों में जल आना अनुभाव है, और इन्हीं का वर्णन दोहे में है। किन्तु कारण अप्रकट है, किसी विभाव के कारण ही ऐसा हो रहा है, चाहे वह आलंबन हो अथवा उद्दीपन, अतएव अनुभावों द्वारा ही विभाव की सूचना मिल रही है। किसी श्रम, आवेग, चिन्ता और शंका के द्वारा ही ऐसी दशा होने की सम्भावना है, अतएव संचारी का उद्‌बोध भी उससे हो रहा है।

केवल संचारी द्वारा रस का आविर्भाव—

करति सुधारस पानसी रस बस ह्वै सरसाति।
कत गयंदगतिगामिनी उमगति आवति जाति ॥ 3 ॥

इस दोहे में हर्ष और औत्सुक्य पूर्ण मात्रा में मौजूद हैं, जो कि संचारी हैं। वे ही उस विभाव की ओर भी संकेत कर रहे हैं जो उनके आधार हैं। उमग-उमग कर आना-जाना अनुभाव के अग्रदूत हैं।

इन उदाहरणों से यह स्पष्ट है कि विभाव, अनुभाव और संचारी भाव तीनों के द्वारा ही रस की उत्पत्ति होती है, किसी एक के द्वारा नहीं। जहाँ इनमें से कोई एक या दो होता है, वहाँ आक्षेप द्वारा शेष दो या एक का भी ग्रहण हो जाता है। यही बात पण्डितराज जगन्नाथ भी रसगंगाधर में कहते हैं—यथा

"एव च प्रामाणिके मिलितानां व्यञ्जकत्वे यत्र क्वचिदेकस्मादेवा साधारणाद्रसोद्बोधस्तत्रेतरद्वयमाक्षेप्यमनोनानैकान्तिकत्वम्"।

"ऐसे स्थलों में अन्य दोनों का आक्षेप कर लिया जाता है, सो यह बात नहीं है कि रस कहीं सम्मिलितों से उत्पन्न होता है और कहीं एक ही से, किन्तु तीनों के सम्मेलन के बिना रस उत्पन्न होता ही नहीं।"

—**हिन्दी रसगंगाधर**

इसके अतिरिक्त एक बात और है। वह यह कि यदि केवल विभाव या अनुभाव अथवा संचारी भाव से रस की उत्पत्ति होने लगे तो रस के निर्णय में व्याघात उपस्थित होगा। कारण यह है कि एक विभाव अनेक रसों का विभाव हो सकता है, ऐसे ही एक अनुभाव अथवा संचारी भाव कई रसों में पाया जाता है। काव्यप्रकाशकार लिखते हैं–

'व्याघ्रादयो विभावा भयानकस्येव वीराद्भुतरौद्राणाम्। अश्रुपाता दयोऽनुभावाः शृंगारस्येव करुणभयानकयोः, चिन्तादयो व्यभिचारिणः शृंगारस्येव वीर-करुणभयानकानामिति, पृथगनैकान्तिकत्वात् सूत्रे मिलिता निर्दिष्टाः।'

"भयानक रस के विभाव व्याघ्र आदि वीर, अद्भुत और रौद्र रस के भी विभाव, शृंगार रस के अनुभाव अश्रुपातादिक करुण और भयानक रस के भी अनुभाव और चिन्तादिक व्यभिचारी शृंगार रस के अतिरिक्त वीर, करुण और भयानकादि अन्य रसों के भी व्यभिचारी भाव हो सकते हैं। इसीलिए सूत्रकार भरत मुनि ने सूत्र में इन सबके सम्मिलन से ही रस की उत्पत्ति मानी है, पृथकत्व से नहीं।" **–हिन्दी रसगंगाधर**

ऐसी अवस्था में यह स्पष्ट है कि विभाव, अनुभाव और संचारी, तीनों के संयोग से ही एक ऐसे रस की उत्पत्ति होगी, जो अन्य रसों से भिन्न होगा और जिसकी समता दूसरे से न हो सकेगी।

रस की कल्पना

रस की कल्पना संस्कृत में हुई है। अँगरेजी अथवा अरबी-फारसी में इसका पर्यायवाची कोई शब्द नहीं। वास्तव में परिपुष्ट भाव का ही नाम रस है, इसलिए भाव के पर्यायवाची शब्द ही अन्य भाषाओं में मिलते हैं, अँगरेजी में भाव को 'इमोशन' और फ़ारसी में 'जज़बा' कहते हैं। अभिनय अवलोकन के समय जो तन्मयता दर्शकों में देखी जाती है, उसके आधार से ही रस की कल्पना हुई ज्ञात होती है, क्योंकि नाट्यशास्त्र में ही पहले-पहल इसका नियमबद्ध उल्लेख हुआ है। महामुनि भरत कहते हैं कि 'द्रुहिण' नामक किसी आचार्य्य द्वारा इसका आविष्कार हुआ। वे लिखते हैं–'एते ह्यष्टौ रसाः प्रोक्ता द्रुहिणेन महात्मना' किन्तु अग्निपुराण में उसकी उत्पत्ति इस प्रकार लिखी गई है–

अक्षरं परमं ब्रह्म सनातनमजं विभुम्।
आनन्दः सहजस्तस्य व्यज्यते स कदाचन॥
व्यक्तिः सा तस्य चैतन्यचमत्काररसाह्वया।
आद्यस्तस्य विकारो यः सोहङ्कार इति स्मृतः॥
तताभिमानस्तत्रेदं समाप्तं भुवनत्रयम्।
अभिमानाद्रतिः सा च परिपोषमुपेयुषी॥

रागाद्भवति शृंगारो रौद्रस्तैक्ष्ण्यात्प्रजायते।
वीरोऽवष्टम्भजः सङ्कोचभूर्बीभत्स इष्यते ॥
शृंगाराज्जायते हासो रौद्रात्तु करुणो रसः।
वीराच्चाद्‌भुतनिष्पत्तिः स्याद्‌बीभत्साद्‌भयानकः ॥

'जो अक्षर, परब्रह्म, सनातन, अज और विभु है, उसका सहज आनन्द कभी-कभी प्रकट हो जाता है। यह अभिव्यक्ति चैतन्य, चमत्कार और रसमय होती है। उसके आदिम विकार को अहंकार कहते हैं, उससे अभिमान (ममता) की उत्पत्ति हुई, जो भुवन में व्याप्त है। उस अभिमान (ममता) से रति उत्पन्न होकर परिपुष्ट हुई। बाद को राग (रति) से शृंगार की, तीक्ष्णता से रौद्र की, गर्व से वीर की और संकोच से बीभत्स की सृष्टि हुई। फिर शृंगार से हास्य, रौद्र से करुण, वीर से अद्‌भुत और बीभत्स से भयानक का आविर्भाव हुआ।

महामुनि भरत भी पहले चार रस की ही उत्पत्ति मानते हैं, और उनसे अन्य रसों की। वे लिखते हैं–'तेषामुत्पत्तिहेतवश्चत्वारो रसाः शृंगारो रौद्रो वीरो बीभत्स इति'। 'उनके (रसों के) उत्पत्ति के हेतु चार रस हैं–शृंगार, रौद्र, वीर और बीभत्स।' इनके उपरान्त वे यह कहते हैं–

शृंगाराद्धि भवेद्धास्यो रौद्राच्च करुणो रसः।
वीराच्चैवाद्‌भुतोत्पत्तिर्बीभत्साच्च भयानकः ॥
शृंगारानुकृतिर्यातु स हास्यस्तु प्रकीर्तितः।
रौद्रस्यैव च यत्कर्म स ज्ञेयः करुणो रसः ॥
वीरस्यापि च यत्कर्म सोऽद्‌भुतः परिकीर्तितः।
बीभत्सदर्शनं यच्च ज्ञेयः स तु भयानकः ॥

शृंगार से हास्य, रौद्र से करुण, वीर से अद्‌भुत और बीभत्स से भयानक की उत्पत्ति हुई। शृंगार की अनुकृति हास्य का, रौद्र का कर्म्म करुण का, वीर का कार्य अद्‌भुत का और बीभत्स दर्शन भयानक का जनक है।

अग्निपुराण में रसों की उत्पत्ति जिस प्रकार दिखलाई गई है, वह बहुत ही स्वाभाविक है। ईश्वर रस स्वरूप है, श्रुतियों में उसको 'रसो वै सः' कहा गया है, इसलिए उसको रस का आधार कहना, अथवा उसके द्वारा रस का विकास दिखलाना, वास्तविकता पर प्रकाश डालना है। रस क्या है? उसके आनन्द की अभिव्यक्ति है। आनन्द का यथार्थ उद्रेक ही रसत्व को प्राप्त होता है। आनन्द का उपभोग अहंभाव ही व्यक्तित्व का आधार है। बिना अहंभाव के व्यक्तित्व अस्तित्व में नहीं आता, अतएव जगदात्मा का आदिम विकार अहंभाव है। यह अहंभाव विश्व में व्याप्त होकर साभिमान हो जाता है, क्योंकि

केन्द्रित होने पर उसमें ममत्व आ जाता है। ममत्व से ही रति की उत्पत्ति होती है। जब तक किसी वस्तु अथवा व्यक्ति में किसी की ममता न होगी, तब तक उससे उसकी रति (प्रीति) न हो सकेगी। ममता ही प्रीति की जननी है। रति कहिए, चाहे प्रीति कहिए, चाहे प्रेम कहिए वह आनन्द कामुक है, वह इस विषय में इतना तन्मय रहता है कि दृष्टिविहीन बनता है। दूसरों को नहीं देखता, अपने ही आनन्द में निमग्न रहता है, यही शृंगार रस का रूप है। जब किसी कारण से आनन्द-प्रवाह में व्याघात उपस्थित होता है, तो वह कुछ तीखा हो जाता है, उसमें कुछ तीक्ष्णता आ जाती है, उस समय रौद्र रस सामने आता है। रौद्र रस का स्थायी भाव क्रोध है, क्रोध और गर्व का घनिष्ठ सम्बन्ध है। गर्व होने पर ममत्व व्याघात का सामना करने के लिए उत्साहित होता है, यही वीर रस है। सामना करने के समय ममत्व को यदि अपने अथवा व्याघात कर्ताओं के प्रति कारण-विशेष से घृणा उत्पन्न हो जाती है तो वह संकुचित हो जाता है, यही बीभत्स रस है। ये ही चारों प्रधान रस हैं, जिनके आधार से शेष रसों की उत्पत्ति होती है।

अब देखिए, इन चार रसों से अन्य चार रसों की उत्पत्ति कैसे हुई? महामुनि भरत कहते हैं कि 'शृंगार रस की अनुकृति हास्य है।' अनुकृति का अर्थ है, अनुकरण, अथवा नकल करना। आप लोग जानते हैं, नकल हँसी की जड़ है। किसी की वेशभूषा, चाल-ढाल, बातचीत आदि की नकल जब विनोद के लिए की जाती है, तब उस समय हँसी का फव्वारा छूटने लगता है। शृंगार रस की सब बातों की नकल कितनी हास्य विनोदमय होगी, इसके बतलाने की आवश्यकता नहीं, हास्य में स्थायिता है। वह आकर्षक और व्यापक भी बहुत है, इसलिए बाद को हास्य भी एक रस माना गया। क्रोध में आकर यदि कोई किसी को प्रहार कर बैठता है, अथवा किसी को लगती किंवा कटु बातें कहता है, तो वह व्यथित अथवा आहत हुए बिना नहीं रहता, उसके हृदय में शोक भी उत्पन्न हो जाता है, और वह अपने दुःखों का वर्णन करके रोने कलपने लगता है, यही करुण रस है, जो रौद्र रस का कार्य है। इसलिए करुण रस की उत्पत्ति रौद्र रस से मानी गई है। इसमें भी स्थायिता और व्यापकता है, अतएव धीरे-धीरे यह भी रस में परिगणित हो गया। यह कौन नहीं जानता कि वीर के कार्य आश्चर्यजनक होते हैं, वीरपुंगव अंजनीनन्दन ने, महापराक्रमी भीष्मपितामह ने, महाभारत विजयी धनंजय ने जो वीरता के कार्य किए हैं वे किसको चकित नहीं बनाते। महाराणा प्रताप, वीरवर नैपोलियन के वीरकर्म भी लोक विश्रुत हैं, और सब लोग इनको अद्‌भुतकर्मा कहते हैं। इसलिए वीरता के कर्मों को अद्‌भुत रस का जनक माना गया है। रणभूमि को रक्ताक्त देखकर, मज्जा मेद मांस को जहाँ-तहाँ खाते-पीते नुचते अवलोकन कर, कटे-मुण्डों पर बैठ काकों को आँखें निकालते, गीधों को अंतड़ियाँ खींचते, शृगालों को लोथ घसीटते और कुत्तों को हड्डियाँ चबाते देख किसके हृदय में भय का संचार न होगा।

इसीलिए बीभत्स दर्शन से भयानक की उत्पत्ति मानी गई है। मेरा विचार है इस विषय में जो सिद्धान्त महामुनि भरत और अग्निपुराण के हैं, वे युक्तिसंगत और उपपत्तिमूलक हैं।

जैसे पहले चार रस, फिर आठ रस की कल्पना हुई, वैसे ही काल पाकर नवाँ रस शान्त भी स्वीकृत हुआ। यद्यपि तर्क वितर्क इस विषय में भी हुए, परन्तु आजकल अधिक सम्मति से नव रस ही माने जाते हैं। रसगंगाधरकार लिखते हैं–

'यैरपि नाट्ये शान्तो रसो नास्तीत्यभ्युपगम्यते तैरपि बाधकाभावान्महाभारतादि प्रबन्धानां शान्तरसप्रधानतया अखिललोकानुभवसिद्धत्वाच्च काव्ये सोवऽश्य स्वीकार्यः। अतः एवाष्ठौ नाट्ये रसा इत्युपक्रम्य शान्तोऽपि नवमो रसः इति मम्मटभट्टः अप्युपसमहार्षुः'।

"जो लोग नाटकों में शान्त रस नहीं है, यह मानते हैं उन्हें भी किसी प्रकार की बाधा न होने के कारण एवं महाभारतादि ग्रन्थों में शान्त रस ही प्रधान है, यह बात सब लोगों के अनुभव से सिद्ध होने के कारण उसे काव्यों में अवश्य स्वीकार करना पड़ेगा। इसी कारण मम्मटभट्ट ने भी अष्टौ नाट्ये रसाः स्मृताः' इस तरह प्रारम्भ करके 'शान्तोऽपि नवमो रसः' इस तरह लिखकर उपसंहार किया है।"

–हिन्दी रसगंगाधर

यहाँ यह प्रश्न हो सकता है कि शान्त रस की कल्पना कैसे हुई? इसका उत्तर स्वयं काव्यप्रकाशकार देते हैं। वे लिखते हैं 'निर्वेदस्थायिभावोऽस्ति शान्तोऽपि नवमो रसः' जिसका स्थायी भाव निर्वेद है नवाँ वही शान्त रस है। रसगंगाधरकार निर्वेद की व्याख्या यों करते हैं–

'नित्यानित्यवस्तुविचारजन्मा विषयविरागाख्यो निर्वेदः, गृह कलहादिजस्तु व्यभिचारी।'

"जिसकी उत्पत्ति नित्य और अनित्य वस्तुओं के विचार से होती है, जिसका नाम विषयों से विरक्ति है, उसे निर्वेद कहते हैं, वही निर्वेद यदि गृहकलहादि जन्य हो तो व्यभिचारी होगा।"

प्रदीपकार कहते हैं–

'शमोऽस्य स्थायी, निर्वेदादयस्तु व्यभिचारिणः स च शमो निरीहावस्थायाम् आनन्दः स्वात्मविश्रामादिति।'

इसका (शांत रस का) स्थायी भाव 'शम' है, क्योंकि निर्वेद की गणना व्यभिचारी भावों में है। शम तृष्णा रहित अवस्था के उस आनन्द को कहते हैं, जिसमें आत्म-विश्राम-प्रसूत सुख की प्राप्ति होती है–

उसका वर्णन महर्षि कृष्ण द्वैपायन न यों किया है।

'यच्च कामसुखं लोके यच्च दिव्यं महत्सुखम्।
तृष्णाक्षयः सुखश्चैते नार्हतः षोडशीं कलाम्॥'

संसार में जितने कामप्रद सुख हैं, जितने दिव्य और महान् सुख हैं, वे तृष्णाक्षय सुख के सोहलवें भाग के बराबर भी नहीं हैं।

पण्डितराज जगन्नाथ ने साधारण निर्वेद को व्यभिचारी माना है और रस-अवस्था-प्राप्त को स्थायी। उसी को प्रदीपकार ने 'शम' कहा है। सिद्धान्त दोनों का एक है। चाहे उसे शम कहें या उच्च कोटि का निर्वेद—किन्तु यह स्थायी भाव कितना महत्त्व रखता है, वह महर्षि द्वैपायन के कथन से प्रकट है। कोई समय था, जब भारतवर्ष में शान्त रस की धारा बह रही थी। आज भी उसका प्रवाह बहुत कुछ सुरक्षित है। आर्य-संस्कृति में उसकी बड़ी महत्ता है, और इस जाति के समस्त महान ग्रन्थ उच्च कण्ठ से उसका यशोगान कर रहे हैं। मानव जीवन में त्याग की बड़ी महिमा है और इसमें संदेह नहीं कि सच्ची शान्ति और परमानन्द की प्राप्ति उसी से होती है। ऐसी अवस्था में उसका रस में न गिना जाना असम्भव था। काल पाकर मनीषियों की दृष्टि इधर गई और वह भी रसों में गिना गया। यहाँ तक कि नाटक में भी उसको स्थान मिला और इस रस का 'प्रबोध चन्द्रोदय' नाटक एक क्षमताशालिनी लेखनी द्वारा निर्मित होकर संस्कृत-साहित्य में समादरणीय स्थान पा गया।

रस की संख्या नव तक आकर समाप्त हो गई, यह नहीं कहा जा सकता। अब भी नए-नए रसों की कल्पना हो रही है। वास्तविक बात यह है कि भाव ही उत्कर्ष पाकर रस का स्वरूप धारण करते हैं। काव्यप्रकाशकार कहते हैं—'रतिर्देवादिविषया व्यभिचारी तथाञ्जितः' 'भावः प्रोक्तः' देवादि (अर्थात् देव, मुनि, गुरु, नृप, पिता, ज्येष्ठ भ्राता आदि गुरुजनों और लघु भ्राता एवं पुत्रादि की रति और व्यंजित व्यभिचारी की संज्ञा भाव है।) इस सिद्धान्त के अनुसार देव भक्ति और वात्सल्य आदि भाव हैं, रस नहीं; किन्तु कुछ आचार्यों ने इन्हें भी रस माना है। कुछ लोग सख्य को रस कहने लगे हैं। अतएव रस की संख्या कहाँ तक पहुँचेगी, यह नहीं कहा जा सकता। किन्तु आजकल सर्वसम्मत नव ही रस हैं। भाव और रस पर मेरा एक बृहत् विवेचन वात्सल्य रस शीर्षक आगे लिखे जानेवाले एक लेख में होगा। इसलिए इस अवसर पर रस और भाव पर अधिक लिखने की चेष्टा नहीं की गई।

कुछ लोग कहते हैं कि काव्यों में जो भाव व्यापक और अधिक प्रभावजनक पाए गए और जिनमें स्थायिता भी अधिक मिली, रंगशाला में अभिनय के समय जो मनोभाव आदि के अंत तक स्थिर और यथावसर अधिकाधिक प्रभाव विस्तारपटु और विशेष आकर्षक देखे गए, जिनकी प्रतीति काव्य और नाट्य में प्रायः अथवा लगातार होती है, जिनमें चमत्कार के साथ विमुग्धता भी मिलती है—जब साहित्य-मर्मज्ञों की दृष्टि उनकी ओर विशेषतया

आकृष्ट हुई, तब उन्होंने उनको विवचेनापूर्वक स्थायी भाव माना, और उन्हीं के आधार से फिर रस की कल्पना की। यह कार्य्य एक काल में नहीं, धीरे-धीरे क्रमशः हुआ। आज भी वह विचारपरस्परा अप्रहित है। रसगंगाधरकार इसी सिद्धान्त के थे—वे लिखते हैं—

"तत्र अप्रबन्धस्थिरत्वादमीषां भावनां स्थायित्वम्। न च चित्तवृत्तिरूपाणामेषामाशुविनाशित्वेन स्थिरत्वं दुर्लभं वासनारूपतया स्थिरत्वं तु व्यभिचारिष्यति प्रसक्तमिति वाच्यम्। वासनारूपाणाममीषां मुहुर्मुहुरभिव्यक्तेरेव स्थिरपदार्थत्वात् व्यभिचारिणां तु नैवं तदभिव्यक्तेर्विद्युदुद्योतप्रायत्वात्"।

'ये रति आदिक भाव किसी काव्यादिक में उसकी समाप्ति पर्यन्त स्थिर रहते हैं, अतः इनको स्थायी भाव कहते हैं। आप कहेंगे कि ये तो चित्त-वृत्ति स्वरूप हैं, अतएव तत्काल नष्ट हो जाने वाले पदार्थ हैं, इस कारण इनका स्थिर होना दुर्लभ है, फिर इन्हें स्थायी कैसे कहा जा सकता है? और यदि वासनारूप से इनको स्थिर माना जावे, तो व्यभिचारी भाव भी हमारे अंतःकरणों में वासनारूप से विद्यमान रहते हैं, अतः वे भी स्थायी भाव हो जावेंगे। इसका उत्तर यह है कि यहाँ इन वासनारूप भावों का बार-बार अभिव्यक्त होना ही स्थिरपद का अर्थ है। व्यभिचारी भावों में यह बात नहीं होती, क्योंकि उनकी चमक बिजली की चमक की तरह अस्थिर होती है।'

—हिन्दी रसगंगाधर

रस की कल्पना कैसे हुई, इस विषय में जो ज्ञात हुआ, लिखा गया। भिन्न-भिन्न रसों का विशेष वर्णन मुख्य ग्रन्थ में किया गया है।

परस्पर विरोधी रस

कुछ रसों का कुछ रसों के साथ विरोध है। जिस रस का जिस रस से विरोध नहीं है उस रस का उसके साथ अविरोध माना जाता है।

साहित्यदर्पणकार लिखते हैं—

आद्यः करुणबीभत्सरौद्रवीरभयानकैः।
भयानकेन करुणेनापि हास्यो विरोधमाक्॥
करुणो हास्यशृंगाररसाभ्यामपि तादृशः।
रौद्रस्तु हास्यशृङ्गारभयानकरसैरपि॥
भयानकेन शान्तेन तथा वीररसः स्मृतः।
शृङ्गारवीररौद्राख्यहास्यशान्तैर्भयानकः॥
शान्तस्तु वीरशृङ्गाररौद्रहास्यभयानकैः।
शृङ्गारेण तु बीभत्स इत्याख्याता विरोधिता॥

इन श्लोकों का यह अर्थ हुआ–

विरोध है–

1. श्रृंगार रस का करुण, बीभत्स, रौद्र, वीर, भयानक के साथ।
2. हास्य रस का भयानक और करुण के साथ।
3. करुण रस का हास्य, श्रृंगार के साथ।
4. रौद्र रस का हास्य, श्रृंगार और भयानक के साथ।
5. भयानक रस का श्रृंगार, वीर, रौद्र, हास्य और शान्त के साथ।
6. वीर रस का भयानक और शान्त के साथ।
7. शान्त रस का वीर, श्रृंगार, रौद्र, हास्य और भयानक के साथ।
8. बीभत्स का श्रृंगार रस के साथ।

साहित्यदर्पणकार ने शान्त का विरोधी श्रृंगार, हास्य और रौद्र को माना है, परन्तु इन तीनों का विरोधी शान्त को नहीं माना। इसी प्रकार रौद्र का विरोधी हास्य को लिखा है, परन्तु हास्य का विरोधी रौद्र को नहीं कहा। ऐसे ही वीर रस को श्रृंगार रस का विरोधी माना है, परन्तु श्रृंगार को वीर रस का विरोधी नहीं लिखा। अन्य रसों में यह बात नहीं पाई जाती, जैसे हास्य रस का विरोधी भयानक को लिखा है, तो भयानक का विरोधी हास्य रस को भी बताया है, इत्यादि।

रसगंगाधरकार लिखते हैं–

"तत्र वीरश्रृंगारयोः, श्रृंगारहास्ययोर्वीररौद्रयोः, श्रृंगाराद्भुतयोश्चाविरोधः। श्रृंगारबीभत्सयोः, श्रृंगारकरुणयोर्वीरभयानकयोः, शान्तरौद्रयोः, शान्तश्रृंगारयोश्च विरोधः" (पृ.73)

इसका यह अर्थ हुआ–

अविरोध है–

1. श्रृंगार का वीर, हास्य और अद्भुत के साथ।
2. वीर का रौद्र के साथ।

विरोध है–

1. श्रृंगार का बीभत्स, करुण और शान्त से।
2. वीर का भयानक के साथ।
3. रौद्र का शान्त के साथ।

दोनों प्रसिद्ध विद्वानों के सिद्धान्तों में ये अन्तर हैं–

साहित्यदर्पणकार ने वीर को श्रृंगार रस का विरोधी माना है, परन्तु रसगंगाधरकार ने अविरोधी रसगंगाधरकार ने श्रृंगार का विरोधी शान्त को माना है, परन्तु साहित्यदर्पणकार ने यह नहीं माना, यद्यपि उन्होंने शान्त का विरोधी श्रृंगार को लिखा है। रसगंगाधरकार ने रौद्र का विरोधी शान्त को लिखा है, परन्तु साहित्यदर्पणकार ने यह नहीं लिखा, यद्यपि

शान्त का विरोधी रौद्र को स्वीकार किया है।

अद्‌भुत के विषय में साहित्यदर्पणकार बिल्कुल चुप हैं, किन्तु रसगंगाधरकार ने उसको शृंगार और वीर दोनों का अविरोधी बतलाया है।

रसों के विरोध और अविरोध के विषय में यद्यपि इस प्रकार की भिन्नता आचार्यों की सम्मतियों में देखी जाती है, किन्तु मैं यह कहूँगा कि साहित्यदर्पण की सम्मति बहुत मान्य है, साथ ही अधिकतर निर्दोष और पूर्ण है।

रस-परिपाक के लिए आवश्यक है कि दो विरोधी रसों का वर्णन साथ-साथ न किया जावे, क्योंकि इसका परिणाम यह होता है कि या तो वे परस्पर एक-दूसरे के रस-विकास के बाधक होते हैं, जिससे रस-आस्वादन का आनन्द कलुषित हो जाता है। अथवा यदि दोनों सबल हुए, तो संघर्ष उपस्थित होने पर दोनों का नाश हो जाता है, जिससे वह उद्देश्य विनष्ट होता है, जिसके लिए उनकी सृष्टि हुई।

रस-विरोध का परिहार

जब दो विरोधी रस एकत्र आ जावें, तो उस समय विरोध-परिहार का उद्योग करना चाहिए, ऐसा हो जाने पर रस-व्याघात की आशंका दूर हो जाती है। विरोध-परिहार कैसे किया जावे, इस विषय में काव्यप्रकाश की यह सम्मति है—

आश्रयैक्ये विरुद्धो यः स कार्यो भिन्नसंश्रयः।
रसान्तरेणान्तरितो नैरन्तर्येण यो रसः॥
स्मर्यमाणो विरुद्धोऽपि साम्येनाथ विवक्षितः।
अङ्गिन्यङ्गत्वमाप्तौ यौ तौ न दुष्टौ परस्परम्॥

इन पंक्तियों का अर्थ यह हुआ—

विरोध का परिहार हो जाता है—

1. जब दो विरोधी रसों का आधार एक हो तो उनका आधार भिन्न-भिन्न कर देने से।
2. दो विरोधी रसों के मध्य में एक ऐसे रस को स्थापित कर देने से जो दोनों का अविरोधी हो।
3. जब विरोधी रस का आधार स्मरण हो।
4. जब दो विरोधी रसों में साम्य स्थापित कर दिया जावे।
5. जब दो विरोधी रस किसी अन्य रस के अंगांगी भाव से अंग बन गए हों।

अब उदाहरण देता हूँ—निम्नलिखित दोहे को देखिए—

बान तानि कै कान लौं खैंचे कठिन कमान।
भभरि भभरि सारे सुभट भागे भीरु समान ॥

वीर और भयानक एक दूसरे के विरोधी हैं, इसलिए किसी पद्य में एक साथ नहीं आ सकते, परन्तु इस पद्य में दोनों साथ आए हैं, फिर भी रस-प्रवाह में बाधा नहीं पड़ी, कारण यह है कि पहले चरण का आलंबन (आधार) वीर और दूसरे चरण का आलंबन (आधार) भयातुर सुभट हैं। यद्यपि दोनों रसों का आधार एक ही पद्य है, किन्तु दोनों के दो आलंबन हो जाने के कारण वह बाधा दूर हो गई, जो एक ही आलंबन होने से उपस्थित होती, इसलिए रस का आस्वादन अबाध रहा। पद्य पढ़कर स्वयं आपको इसका अनुभव होगा। रस-परिहार के पहले नियम में यही बात कही गई है अब दूसरे नियम का उदाहरण लीजिए—

का भी जो उर मैं भर्‌यो भव विराग बर बित्त।
भुवन बिमोहक माधुरी हरति न काको चित्त ॥

बड़े-बड़े विरागियों के चित्त को भी अलौकिक लावण्य विचलित कर देता है, यह बात अविदित नहीं, इस दोहे में इसी बात का वर्णन है। पहली पंक्ति में विराग का निरूपण है, दूसरी पंक्ति के अन्त में माधुरी द्वारा चित्त का हरण होना, शृंगार गर्भित है, दोनों परस्पर विरोधी हैं, किन्तु मध्य के 'भुवन-विमोहक' वाक्य ने (जो अद्‌भुत रस की अवतारणा करता है) दोनों के विरोध का परिहार कर दिया है। भवविरागमूलक शान्त रस के उपासक के चित्त को कोई माधुरी कदापि आकर्षित नहीं कर सकती, क्योंकि विराग और आसक्ति परस्पर विरोधी हैं। परन्तु जो अद्‌भुत माधुरी भुवन-विमोहक है, उसका उसके चित्त को हरण कर लेना स्वाभाविक है। इसलिए उसके द्वारा शान्त और शृंगार के विरोध का परिहार हुआ। दूसरे नियम का यही वक्तव्य था। अब तीसरे नियम का उदाहरण लीजिए—

सोहै, रुधिर भरो परो महि में सहि-सहि वार।
कबौं कान्तकर जो हुतौ कलित कंठ को हार ॥

किसी वीर रसिकशिरोमणि की भुजा को रुधिर भरी पृथ्वी पर पड़ी देखकर एक सहृदय का यह कथन है। उसकी भुजा को इस बुरी दशा में पाकर वह समय याद आ गया, जब वह सुन्दरी ललनाओं के कमनीय कंठों में पड़ा रहकर किसी अपूर्व गजरे की शोभा धारण करता होगा, अतएव उसका शोक बढ़ गया और उसके हृदय का भाव दोहे के रूप में परिणत हुआ। यहाँ स्पष्ट शृंगार, करुण रस का सहायक है, बाधक नहीं, इसीलिए यह स्वीकार किया गया है कि स्मरण किए गए विरोधी रस से विरोध का परिहार हो जाता है। चौथे नियम का उदाहरण यह है—

काल बिमुखंता का कहौं मुख न कहत बर बैन।
रस बरसन पावत नहीं रस बरसनपटु नैन ॥

यह एक प्रेमिक की उक्ति है, वह अपनी स्वर्गगता प्रेमिका के शरीर को सामने पड़ा देखकर भग्नहृदय है और प्रेम का उद्रेक होने से, अपने हृदय की वेदना को व्यथामय शब्दों में वर्णन कर रहा है। यहाँ प्रत्यक्ष नायक का प्रेम (जो शृंगार रस का स्थायी है) शोक का अंग बन गया है क्योंकि वह उसकी वृद्धि कर रहा है। अतएव विरोधी होने पर भी वह रस का बाधक नहीं, वरन् वर्द्धक है, इसलिए चौथे नियम का संगत होना स्पष्ट है। पाँचवें नियम का उदाहरण–

कहा भयो जीते समर लहे कुसुम सम गात।
बात कहत ही मनुज जो काल गाल में जात ॥

इस पद्य के प्रथम चरण में वीर रस और द्वितीय चरण में शृंगार रस विराजमान है। तीसरा-चौथा चरण शान्त रस-गर्भित है। वीर और शृंगार परस्पर विरोधी हैं, किन्तु वे दोनों शान्त रस के अंग बन गए हैं। इसीलिए उनके पारस्परिक विरोध का परिहार हो गया है। शान्त रस की प्रधानता ही पद्य में दृष्टिगोचर हो रही है, शेष दोनों रसों ने अंगांगी-भाव से उसमें अपने को विलीन कर दिया है, क्योंकि वे उसकी पुष्टि कर रहे हैं। इसलिए पंचम नियम की विरोध-परिहार-शक्ति स्पष्ट है।

रसगंगाधरकार कहते हैं–

"यत्र साधारणविशेषणमहिम्ना विरुद्धयोरभिव्यक्तिस्तत्रापि विरोधो निवर्त्तते"

'जहाँ एक से विशेषणों के प्रभाव से दो विरुद्ध रस अभिव्यक्त हो जाते हैं, वहाँ भी उनका विरोध निवृत्त हो जाता है'–यथा–

आहव मैं आरक्त ह्वै बहि यौवन मदभार।
कर आलिंगन अवनि को सोये सुभट अपार ॥

उनकी यह सम्मति भी है–

"किं च प्रकृतरसपरिपुष्टिमिच्छता विरोधिनोऽपि रसस्य बाध्यत्वेन निबन्धनं काव्यमेव, तथा हि सति वैरिविजयकृता वर्णस्य कापि शोभा संपद्यते। बाध्यत्वं च रसस्य प्रबलैर्विरोधिनो रसस्याङ्गैर्विद्यमानेष्वपि स्वाङ्गेषु निष्पत्ते प्रतिबन्धः"

'प्रकरण प्राप्त रस को अच्छी तरह पुष्ट करने के लिए विरोधी रस का बाधित करना उचित है, अतः उसका वर्णन अवश्य करना चाहिए, क्योंकि ऐसा करने से, जिस रस का वर्णन किया जा रहा है, उसकी शोभा वैरी का विजय कर लेने के कारण अनिवर्चनीय हो जाती है। रस के बाधित किए जाने का अर्थ यह है कि विरोधी रस के अंगों के प्रबल

होने के कारण, अपने अंगों के विद्यमान होने पर भी रस की अभिव्यक्ति का रुक जाना। अर्थात् किसी रस के अभिव्यक्त होने की सामग्री होने पर भी, दूसरे रस की सामग्री के प्रबल होने के कारण, उसके अभिव्यक्त न होने का नाम है, रस का बाध्य होना।'

—हिन्दी रसगंगाधर (पृ. 137)

रस-दोष

रस-दोष का वर्णन काव्यप्रकाशकार और साहित्यदर्पण के रचयिता ने कविता-गत दोषों के साथ किया है, किन्तु रसगंगाधरकार ने उसको रस के ही निरूपण में लिखा है। मैं भी इस विचार से इसका वर्णन यहाँ करता हूँ कि जिससे रस-सम्बन्धी सब बातें इस प्रकरण में आ जावें। साहित्यदर्पणकार ने निम्नलिखित रस-दोष बतलाए हैं। यही सम्मति काव्यप्रकाशकार की भी है—

रसस्योक्तिः स्वशब्देन स्थायिसंचारिणोरपि॥
परिपंथिसांगस्य विभावादेः परिग्रहः।
आक्षेपः कल्पितः कृच्छ्रादनुभावविभावयोः॥
अकाण्डे प्रथनच्छेदौ तथा दीप्तिः पुनः पुनः।
अंगिनोऽननुसंधानमनङ्गस्य च कीर्तनम्॥
अतिविस्तृतिरङ्गस्य प्रकृतीनां विपर्ययः।
अर्थानौचित्यमन्यच्च दोषा रसगता मताः॥

ये सब रस के दोष होते हैं।

1. किसी रस का उसके वाचक पद से अर्थात् सामान्यवाचक रस शब्द से या विशेषवाचक शृंगारादि शब्दों से कथन करना।
2. स्थायीभाव और संचारी भावों का उनके वाचक पदों से अभिज्ञान करना।
3. विरोधी रस के अंगभूत विभाव अनुभावादिकों का वर्णन करना।
4. विभाव और अनुभाव का कठिनता से आक्षेप हो सकना।
5. रस का अस्थान (अनुचित स्थान) में विस्तार या विच्छेद करना—बारबार उसे उद्दीप्त करना।
6. प्रधान को भुला देना अर्थात् अंगी का अनुसंधान न करना।
7. जो अंग नहीं है उसका वर्णन करना।
8. अंगभूत रस को अति विस्तृत करना।
9. प्रकृतियों का विपर्यास करना अर्थात् उन्हें उलट-पलट देना।
10. अर्थ अथवा अन्य किसी के औचित्य को भंग कर देना।

अब उदाहरण देकर प्रस्तुत विषय को स्पष्ट करता हूँ।

1. सामान्य रस शब्द और विशेष शृंगार शब्द का शब्द-वाच्यत्व।

काके उर उपजत न रस मृगनयनी को चाहि।
बिधु मुख-छबि शृंगार मैं मग्न करत नहिं काहि ॥

इस पद्य के प्रथम भाग में रस शब्द और द्वितीय भाग में शृंगार शब्द आया है, पहला शब्द रस स्वयं अपना वाचक है, अतएव वह सामान्य है, दूसरा शृंगार शब्द का विशेष वाचक है। अतएव पद्य में दोनों दोष उपस्थित हैं, इसलिए यह रचना सदोष है। प्रयोजन यह कि कविता में व्यंजना ही प्रधान होती है, जहाँ इस शक्ति से काम न लेकर अभिधा द्वारा काम निकाला जाता है, वहाँ कविता अपना महत्त्व खो देती है और उस पद से गिर जाती है, जो उसको महत्त्व प्रदान करता है, अतएव उसका सदोष होना स्पष्ट है। इस पद्य में अभिधा द्वारा काम लिया गया है, रस और शृंगार का नाम लेकर उसकी व्यंजना बिगाड़ दी गई है। उसको इतना खोल दिया गया है कि उसमें व्यंजना का अवसर ही नहीं रहा। यदि 'काके उर उपजत न रस' के स्थान पर 'काको उर सरसत नहीं' अथवा 'काको उर उमगत नहीं' होता, और शृंगार के स्थान पर 'आनन्द' रखा जाता, तो दोष दूर हो जाता। कविता की व्यंजना द्वारा ही रस का ज्ञान होना चाहिए, यदि रस ने प्रकट होकर स्वयं अपना नाम बतलाया तो उसमें कवि-कर्म कहाँ रहा?

2. स्थायीभाव का स्वशब्द वाच्यत्व

'भई संचरित रति हिये छबि लखि बनी निहाल।'

संचारी भाव का स्वशब्द वाच्यत्व

'लज्जावश नव बाल के भे कपोल युग लाल ॥'

पहले चरण में रति शब्द का और दूसरे चरण में लज्जा का प्रयोग होने से पहले में स्थायीभाव और दूसरे में संचारी भाव अपने शब्दों में ही प्रकट किया गया, इसलिए दोनों में रस-दोष आ गया। इनमें भी वही बात है, जो ऊपर कही गई है, अर्थात् जिस बात को व्यंजना द्वारा प्रकट होना चाहिए था, उसे अभिधा द्वारा सूचित किया गया है। रसगंगाधरकार लिखते हैं–

"इत्थमविरोधसंपादनेनापि निबध्यमानो रसो रसशब्देन शृंगारादिशब्दैर्वा नाभिधातुमुचितोऽनास्वाद्यतोपत्तेः। तदास्वादश्च व्यञ्जनमात्रनिष्पाद्य इत्युक्तत्वात्। यत्र विभावादिभिरभिव्यक्तस्य रसस्य स्वशब्देनाभिधानं तत्र को दोष इति चेत्, व्यङ्ग्यस्य वाच्यीकरणे सामान्यतो वमनाख्यदोषस्य वक्ष्यमाणत्वात्। आस्वाद्यतावच्छेदकरूपेण प्रत्ययाजनकतया रसस्थले वाच्यवृत्तेः कापेयकल्पत्वेन विशेषदोषत्वाच्च। एवं स्थायिव्यभिचारिणामपि शब्दवाच्यत्वं दोषः।"

"जिस रस का वर्णन किया जावे उसके रस शब्द अथवा शृंगारादि शब्दों से बोल देना अनुचित है, क्योंकि ऐसा करने से रस आस्वाद करने योग्य नहीं रहता, प्रकट हो जाने के कारण उसका मजा जाता रहता है, इसलिए पहले कह चुके हैं, कि रस का आस्वादन केवल व्यंजना वृत्ति से ही सिद्ध होता है। आप पूछ सकते हैं कि जहाँ विभावादिकों से अभिव्यक्त हुए रस को उसका नाम लेकर वर्णन कर दिया जावे, वहाँ कौन दोष होता है, तो उत्तर यह है कि व्यंग्य को वाच्य बना देने से सभी व्यंजनों में 'वमन' नामक दोष होता है। पहले तो हुई सामान्य दोष की बात। पर रसों का जिस रूप में आस्वादन किया जाता है, वह प्रतीति वाच्यवृत्ति (अभिधा) के द्वारा अर्थात् उन रसों का नाम लेने से उत्पन्न नहीं हो सकती। अतः जहाँ रसों का वर्णन हो, उस स्थल पर ऐसा करना बन्दर की सी चेष्टा है; जो अपने घाव को ठीक करने के लिए खोदकर और बिगाड़ डालता है। इसी तरह स्थायी भावों और व्यभिचारी भावों को भी अभिधा शक्ति के द्वारा वर्णन करना अर्थात् उनके नाम से लेकर लिखना दोष है।"

–हिन्दी रसगंगाधर (पृ. 139)

3. विरोधी रसों के अंग-भूत विभाव अनुभावादिकों का वर्णन करना तीसरा दोष है–यथा–

'मान करत कत कामिनी है यौवन दिन चार'।

यौवन का क्षणिक वर्णन शान्त रस का अंग है, वह उसका उद्दीपन विभाव है, जो शृंगार-रस का विरोधी है, अतएव शृंगार-रस में इस प्रकार का कथन सदोष है।

4. विभाव और अनुभाव का कठिनता से आक्षेप हो सकना। प्रयोजन यह कि जो वर्णन ऐसा हो जिसमें विभाव-अनुभाव का निर्देश कठिनता से हो सके, जिसके विभाव-अनुभाव का निश्चय होना दुस्तर हो, तो वह वर्णन भी दोषयुक्त माना जावेगा–

हँसत कलानिधि को निरखि मंद मंद मुसुकाति।
अवलोकतु नवलाबधू नयन नचावत जाति॥

इस पद्य में कलानिधि का उद्दीपन विभाव और नवल वधू का आलंबन विभाव होना स्पष्ट है, किन्तु अनुभाव का आक्षेप उसमें सुगमता से नहीं किया जा सकता और यही इस पद्य का रस-दोष है। हृदय में रस का विकास उसी समय यथार्थ रीति से होता है, जब उसकी अनुभूति में बाधा न पड़ती हो। जिस पद्य के विभाव, अनुभाव आदि अबाध रीति से हृदयंगम होते हैं, वह पद्य जिस प्रकार सहज बोधगम्य और हृदयग्राही होता है, वैसा वह पद्य नहीं, जिसमें उनके बोध में कोई बाधा आ खड़ी हो। इसीलिए इस प्रकार के व्यापार को सदोष माना गया है। नवला का मंद-मंद मुस्काना और उसका 'नयन नचाते जाना' अवश्य अनुभाव है, किन्तु नायक के विषय में स्पष्ट निर्देश न होने से यह विदित नहीं होता कि ये दोनों रति सम्बन्धी कार्य हैं, अथवा साधारण विलास मात्र। दूसरी बात

यह कि 'अवलोकहु' के विषय में यह स्पष्ट नहीं ज्ञात होता कि यह शब्द कौन किससे कहता है, इससे भी अनुभाव के स्पष्ट करने में जटिलता उपस्थित हो जाती है। यदि यह किसी सखी, सखा अथवा अन्य जन की उक्ति है, तो उनका उद्देश्य विलास अवलोकन कराना मात्र है, अथवा रति उत्पादन। कष्ट-कल्पना द्वारा ही कोई बात निश्चित होगी, इसीलिए इस प्रकार की रचना को सदोष कहा गया है।

चिंता की चेरी बनी बारि बिमोचत नैन।
कहा करौं बिचलित बने चूर भयो चित चैन॥

जिस दशा का वर्णन इस पद्य में है, शृंगार रस में विरहिणी की भी ऐसी दशा हो सकती है और शोकग्रस्त होने पर किसी संतप्ता रमणी की भी यह करुणामयी दशा देखी जा सकती है, ऐसी अवस्था में यह निश्चित करना कठिन है कि यह किसी विरहिणी की उक्ति है, अथवा किसी शोकमयी साधारण रमणी की। अतएव इस पद्य का विभाव-निर्णय सहज नहीं। यह असहजता ही रस-दोष है।

नीचे के पाँच दोष प्रकरण सम्बन्धी हैं, समस्त संस्कृत के लक्षण-ग्रन्थों में उनका उल्लेख प्रकरण द्वारा ही किया गया है। समस्त प्रकरण नाटकों से लिए गए हैं, अथवा काव्य-ग्रन्थों से। इधर हिन्दी भाषा में जो दो-चार ग्रन्थ इस विषय में लिए गए हैं, उनमें भी प्रकरणों के उदाहरण संस्कृत के तत्सम्बन्धी ग्रन्थों से ही लिए गए हैं। मैं भी उन ग्रन्थों के ही उदाहरण आप लोगों के सामने उपस्थित करूँगा। यह अवश्य है कि मैंने उन्हीं नाटकों अथवा काव्य-ग्रन्थों को लिया है, जिनका अनुवाद हिन्दी भाषा में हो चुका है। आशा है, इससे विषय के समझाने में असुविधा न होगी।

5. रस का अस्थान में विस्तार या विच्छेद करना, बार-बार उसे उद्दीप्त करना—अकाण्ड में अथवा अनवसर रस का विस्तार करना—जैसा वेणीसंहार नाटक के दूसरे अंक में किया गया है। जिस समय युद्ध छिड़ा हुआ था और अनेक कौरव वीरगति को प्राप्त हो रहे थे, उस समय दुर्योधन का भानुमती के साथ शृंगार-रस-सम्बन्धी विस्तृत वार्तालाप कराया गया है।

स्थान में विच्छेद—इसका उदाहरण महावीरचरित में मिलता है—

विवाद के अवसर पर जिस समय परशुराम और रामचन्द्र आवेशपूर्ण थे, और वाद उग्र रूप धारण किए हुए था, उस समय कंकणमोचन के लिए रामचन्द्र को बुलाकर विवाद का अन्त कराया गया—यही अस्थान अथवा अकाण्ड-विच्छेद है।

रस का बार-बार उद्दीपन करना। जैसा कुमारसंभव में रति-विलाप के समय कराया गया है। इस विलाप में करुण रस को बार-बार उद्दीप्त करने की चेष्टा की गई है—चतुर्थ सर्ग के 26वें श्लोक तक रति का विलाप चलता है। इसके उपरान्त उसके आश्वासन के लिए वसन्त आता है। उसे देख रति का शोक और बढ़ता है। दो श्लोक में यह दिखलाकर

कवि फिर रति के विलाप को प्रारम्भ करता है जो 38वें श्लोक तक चलता है। एक बार विलाप को समाप्त करके उसको फिर उद्दीप्त किया गया है, अतएव इसको दोष माना है। मेरा विचार है कि इससे रस का परिपाक हुआ है, उसमें दोष नहीं आया किन्तु यह एक उदाहरण है। प्रयोजन यह कि जब रस बार-बार इतना उद्दीप्त किया जावे कि जो उद्वेगजनक हो, तब वह अवश्य दूषित हो जावेगा।

6. अंगी का अनुसंधान न करना—रत्नावली नाटिका के चतुर्थ अंक में यह वर्णन है कि सिंहलेश्वर का कंचुकी वाभ्रव्य जब आता है—तो सागरिका को ही भूल जाता है, यद्यपि नाटिका की प्रधान-नायिका वही है, उसका यह अननुसंधान काव्य-दृष्टि से दोषयुक्त है, क्योंकि इससे कर्तव्यपरायणता में च्युति दृष्टिगत होती है।

7. अनंग का वर्णन—प्रयोजन इसका यह है कि जो अंग नहीं है, उसका अयथा वर्णन कर्पूरमंजरी में प्रधान नायिका के वसन्त वर्णन का उचित समादर न करके सट्टक के प्रधान पात्र ने बन्दियों की वर्णना की प्रशंसा की। बन्दी सट्टक के अंग नहीं थे, उनकी तो बड़ाई की गई, और प्रधान अंग का अनादर। अतएव यह अनंग वर्णन हुआ, काव्य में यह दोष माना गया है, इसलिए कि इससे वर्णनीय के प्रति वर्णन के एक प्रधान अधिकारी की उपेक्षा प्रकट होती है।

8. अंगभूत रस की विशेष विस्तृति—अभिप्राय यह है कि नाटक में जो रस प्रधान है, उसके अतिरिक्त उसके अंगभूत किसी दूसरे रस का विस्तृत वर्णन। किरातार्जुनीय काव्य में वीर रस प्रधान है। शृंगार रस इस काव्य में वीर रस का अंगमात्र है। परन्तु कवि ने इस काव्य के आठवें सर्ग में अप्सराओं के विलाप का विशद वर्णन किया है, अर्थात् अंगभूत शृंगार रस के वर्णन को विस्तृति दी। ऐसा करना इसलिए सदोष है कि अप्रधान प्रधान पद पा जाता है।

9. प्रकृतियों का विपर्यास करना—मतलब यह है कि जो जिसकी प्रकृति है, उसके विरुद्ध उसको अंकित करना अथवा उसके कार्य-कलाप दिखलाना। साहित्यदर्पणकार लिखते हैं—

"प्रकृतगो दिव्या अदिव्या दिव्यादिव्याश्चेति। तेषां धीरोदात्तादिता, तेषामप्युत्तमाधममध्यमत्वम्। तेषु च यो यथाभूतस्तस्यायथावर्णने प्रकृतिविपर्ययो दोषः। यथा धीरोदात्तस्य रामस्य धीरोद्धतवच्छद्मना बालिवधः। यथा वा कुमारसम्भवे उत्तमदेवतयोः पार्वतीपरमेश्वरयोः संभोगशृंगारवर्णनम्। 'इदं पित्रोः संभोगवर्णनमिवात्यन्तमनुचितम्' इत्याहुः।"

"प्रकृतियाँ तीन प्रकार की होती हैं—दिव्य, अदिव्य, दिव्यादिव्य। इनके धीरोदात्त आदि (धीरोदात्त, धीरोद्धत, धीरललित, और धीरप्रशान्त) भेद भी पहले कहे हैं। उनमें भी

उत्तमत्व, मध्यमत्व और अधमत्व होता है। इनमें से जो जैसी प्रकृति का है उसके स्वरूप के अनुरूप उसका वर्णन न होने से प्रवृति-विपर्यय होता है। जैसे धीरोदात्त नायक श्रीरामचन्द्रजी का धीरोद्धत की भाँति कपट से बाली का वध करना और कुमारसम्भव में उत्तम देवता श्रीपार्वती और महादेव का संभोग शृंगार वर्णन करना। इसके विषय में प्राचीन आचार्य मम्मट कहते हैं कि माता-पिता के संभोग वर्णन के समान यह वर्णन अत्यन्त अनुचित है।''

—**हिन्दी साहित्यदर्पण**

दिव्य देवताओं की, अदिव्य मनुष्य की और दिव्यादिव्य प्रकृति अवतारों और संसार के महापुरुषों की मानी जाती है। इसलिए इन लोगों का वर्णन जिस समय किया जावे, उस समय इस बात का ध्यान रखना चाहिए कि जो जिस प्रकृति का हो उसका वर्णन वैसा ही हो, अन्यथा उस वर्णन में प्रकृति विपर्यय दोष आ जावेगा। असम्भव कार्यों को कर दिखलाना, स्वर्ग पाताल को छान डालना, समुद्र का उल्लंघन करना, बिना किसी यंत्र के आधार के शारीरिक शक्तियों द्वारा पक्षियों के समान आकाश में उड़ना, दिव्य शक्तिवालों अथवा विशेष अवस्थाओं में दिव्यादिव्य शक्तिवानों का कार्य है, यदि अदिव्य शक्तिवालों से इस प्रकार के कर्म कराये जावें तो वही प्रकृति-विपर्यय कहलावेगा, और यह दोष है। इसी प्रकार यदि मानवों अर्थात् अदिव्य प्रकृतियों की दुर्बलताएँ, उनकी लम्पटताएँ, उनका दुर्व्यसन, उनका भ्रम, मोह, प्रमाद, दिव्य अथवा दिव्यादिव्य प्रकृतियों में दिखलाए जावें, तो यह भी प्रकृति-विपर्यास होगा। अतएव इस प्रकार की वर्णनाएँ सदा गर्हित गिनी गई हैं और इसलिए उनको सदोष माना गया है। तब रसों से जहाँ तक उदात्त भावों का सम्पर्क है, वहाँ तक उसका सम्बन्ध दिव्य, अदिव्य, दिव्यादिव्य, सभी प्रकार की प्रकृतियों से है, इसलिए उसकी परिधि के अन्तर्गत उनका सब प्रकार का वर्णन समुचित समझा जावेगा। किन्तु रसों के जो उद्वेगजनक अथवा विरक्तिकर प्रसंग हैं, जिनसे देश, समाज अथवा व्यक्ति विशेष का अहित होने की संभावना हो, जो आत्मशुद्धि अथवा आन्तरिक विकास के विरोधी किंवा उत्पादक हों—जैसे शृंगार रस के अश्लील अथवा अमर्य्यादित विषय, उनसे जब अदिव्य प्रकृति ही कलुषित होती है, तो दिव्य अथवा दिव्यादिव्य प्रकृति कैसे लांछित न होगी। क्रोधांधता, कामुकता, किंकर्तव्यविमूढ़ता आदि अदिव्य प्रकृति को भी उपहास्य और निंदित बनाती हैं। फिर ये दिव्य और दिव्यादिव्य प्रकृतियों को कलंकित और जघन्य क्यों न बनाएँगी। जिस आत्मबल की न्यूनता से अदिव्य प्रकृति भी अपनी महत्ता खो देती है, उसके ह्रास से दिव्य और दिव्यादिव्य प्रकृतियों का कितना पतन होगा, वे कितने अश्रद्धाभाजन बनेंगे, इसको सभी सहृदय स्वयं समझ सकते हैं। इसीलिए यदि उनके चरित्र में ऐसे वर्णन होंगे, जिनमें उक्त अवगुण और दुर्भाव पाए जावेंगे, तो उनमें भी प्रकृति-विपर्यय दोष माना जावेगा। इसी प्रकार और बातों को भी समझना चाहिए।

10. अर्थ अथवा अन्य किसी के औचित्य को भंग कर देना—अर्थ के अनौचित्य के विषय में साहित्यदर्पणकार लिखते हैं—

"एभ्यः पृथगलंकारदोषाणां नैव संभवः"

"एभ्य उक्तदोषेभ्यः। तथा उपमायामसादृश्यासंभवयोरुपमानस्य जाति प्रमाणगतन्यूनत्वाधिकत्वयोरर्थान्तरन्यासे उत्प्रेक्षितार्थसमर्थने चानुचितार्थत्वम्"

"इन दोनों से पृथक् अलंकार दोष नहीं हो सकते, वे इन दोषों के अंतर्गत हैं।"

1. उपमा में असादृश्य अर्थात् साधारण धर्म की अप्रसिद्धि और असंभव अर्थात् उपमान की अप्रसिद्धि हो—
2. उपमान में जाति या प्रमाण न्यूनता या अधिकता विद्यमान हो—
3. 'अर्थान्तरन्यास' अलंकार में यदि उत्प्रेक्षित अर्थ का समर्थन किया गया हो—तो वहाँ 'अनुचितार्थ दोष' होगा। यथा—

"बिरचत काव्य कलाकरहि कला संकलन हेतु।"
"ज्वलित बारि धारा सरिस बरसत बिसिख समूह।"

इन दोनों पद्यों में प्रथम में काव्य का उपमान कलाकर (चन्द्रमा) को और दूसरे में विशिख समूह का उपमान ज्वलित वारि-धारा को बनाया है, दोनों में अप्रसिद्धि दोष है, काव्य का उपमान चन्द्रमा लोक में प्रसिद्ध नहीं है, इसी प्रकार वारि-धारा जलती नहीं होती, यह बात भी प्रसिद्धि के प्रतिकूल है—अतएव दोनों में अप्रसिद्धि दोष है, इसलिए उनमें अनुचितार्थत्व है। क्योंकि उनमें प्रयोग का औचित्य नहीं है।

'साहसीक है समर में नृप चंडाल समान'

इस पद्य में राजा का उपमान चांडाल है—जो अनुचित है—उसमें जातिगत न्यूनता है—

'हैं कपूर के खंडसम चंद्रबिंब छबि देत'

'क्योंकि कहाँ कपूर खण्ड और कहाँ चन्द्रबिम्ब—इस पद्य में प्रमाणगत न्यूनता है।'

'बिलसित है हर के सरिस नीलकण्ठ यह मोर'

इस पद्य के उपमान में जातिगत आधिक्य है, क्योंकि कहाँ तिर्यग्योनि मयूर और कहाँ महामहिम महेश्वर; इसलिए अनौचित्य की पराकाष्ठा है—

'हैं तिय तेरे कुच युगल काहू अद्रि समान'।
'ललना तेरो भाल है चमकत चन्द्र समान'।

इस पद्य के उपमान में प्रमाणाधिक्य है, अतएव अनौचित्य है, क्योंकि कुच और

पहाड़, भाल और चन्द्र की समता कैसी?

दिवा भीत तम को रखत गिरि निज गुहा मझार।
सरनागत लघु जनहुँ को बड़े करत उपकार॥

जिसकी उपमा दी जाती है, अथवा उदाहरण देकर जिसे पुष्ट किया जाता है, वह कुछ असत्य-सा प्रतीत होता है। यदि ऐसा न होता तो उसके समर्थन की आवश्यकता न होती। तम जड़ पदार्थ है, वह भीत हो नहीं सकता, फिर सूर्य से डरकर उसका गुहा में छिपना कैसा! यदि यह सत्य नहीं है, तो असत्य का समर्थन और प्रतिपादन करना उचित नहीं। यदि ऐसा किया जावे तो वह अनौचित्य है, इस पद्य में यही किया गया है, अतएव उसमें अनुचितार्थ दोष मौजूद है।

अर्थ के अतिरिक्त अन्य अनौचित्यों के विषय में साहित्यदर्पणकार यह लिखते हैं–

"अन्यदनौचित्यं देशकालादीनामन्यथा यद्वर्णनम्"

"इसके अतिरिक्त देशकाल आदि के विरुद्ध वर्णन को भी अनौचित्य के अन्तर्गत जानना चाहिए।" **–हिन्दी साहित्यदर्पण**

एक दूसरे स्थान पर वे लिखते हैं–

"अनौचित्यप्रवृत्तत्वं आभासो रसभावयोः"

"अनौचित्यं चात्र रसानां भरतादिप्रणीतलक्षणानां सामग्रीरहितत्वे प्रत्येकदेशयोगित्वोपलक्षणपरं बोध्यम्।"

"रस और भाव यदि अनौचित्य से प्रवृत्त हुए हों तो उन्हें यथाक्रम रसाभास और भावाभास कहते हैं।"

अनौचित्य पद को यहाँ एकदेशयोगित्व का उपलक्षण जानना चाहिए, अर्थात् यह पद यहाँ लक्षण से 'एक सम्बन्ध' का बोधक है। जहाँ भरत आदि से प्रणीत, रसभावादि के लक्षण पूर्ण रूप से संगत न हों, किन्तु विभावादि सामग्री की न्यूनता के कारण कुछ एक अंश से ही सम्बन्ध रखते हों, वहाँ रसभाव का अनौचित्य जानना चाहिए।"

रसगंगाधरकार 'अनौचित्य' के विषय में यह लिखते हैं–

"अनौचित्यं तु रसभंगहेतुत्वात्परिहरणीयम्। भङ्गश्च पानकादिरसादौ सिकतादिनिपातजनितेवारुंतुदता। तच्च जातिदेशकालवर्णाश्रमवयोवस्थाप्रकृतिव्यवहारादेः प्रपञ्जजातस्य तस्य तस्य यल्लोकशास्त्रसिद्धमुचितद्रव्यगुणक्रियादि तद्भेदः। जात्यादेरनुचितं यथा–गवादेस्तेजोबलकार्याणि पराक्रमादीनि। सिंहादेश्च साधुभावादीनि। स्वर्गे जराव्याध्यादि। भूलोके सुधासेवनादि। शिशिरे जलविहारादीनि। ग्रीष्मे वह्निसेवा। ब्राह्मणस्य मृगया। बाहुजस्य प्रतिग्रहः। शूद्रस्य निगमाध्ययनम्।

ब्रह्मचारिणो यतेश्च ताम्बूलचर्वणम्। बालवृद्धयोः स्त्री सेवनम्। यूनश्च विरागः दरिद्राणामाढ्याचरणम्। आढ्यानां च दरिद्राचारः।"

"जो बातें अनुचित हैं, उनका वर्णन रस के भंग का कारण है, अतः उसे तो सर्वथा न आने देना चाहिए। रसभंग किसे कहते हैं, उसको भी समझ लीजिए। जिस तरह शर्बत आदि किसी वस्तु में कोई कड़वी वस्तु गिर जाने के कारण वह खटकने लगती है, इसी प्रकार रस के अनुभव में खटकने को रसभंग कहते हैं। अनुचित होने का अर्थ यह है कि जिन-जिन जाति, देश, काल, वर्ण, आश्रम, अवस्था, स्थिति और व्यवहार आदि सांसारिक पदार्थों के विषय में जो-जो लोक और शास्त्र से सिद्ध एवं उचित द्रव्य, गुण अथवा क्रिया आदि हैं, उनसे भिन्न होना। जाति आदि के सम्बन्ध में जो अनुचित बातें हैं, अब उनके कुछ उदाहरण सुनिए। जाति के विरुद्ध, जैसे बैल और गाय आदि के तेज और बल के कार्य, और सिंह आदि का सीधापन आदि। देश के विरुद्ध—जैसे स्वर्ग में बुढ़ापा, रोग आदि और पृथ्वी में अमृतपान आदि। काल के विरुद्ध—ठंड के दिनों में जल-विहार आदि, और गरमी के दिनों में अग्नि-सेवन आदि। वर्ण के विरुद्ध—जैसे ब्राह्मण का शिकार खेलना, क्षत्रिय का दान लेना और शूद्र का वेद पढ़ना आदि। आश्रम के विरुद्ध—जैसे ब्रह्मचारी और संन्यासी का पान चबाना और स्त्री ग्रहण करना। अवस्था के विरुद्ध—जैसे बालक और बूढ़े का स्त्री-सेवन और युवा पुरुष का वैराग्य। स्थिति के विरुद्ध—जैसे दरिद्रों का भाग्यवानों जैसा आचरण और भाग्यवानों का दरिद्रों जैसा आचरण।"

विद्वद्वर आनन्दबर्द्धन लिखते हैं—

अनौचित्यादृते नाऽन्यद्रसभंगस्य कारणम्।
प्रसिद्धौचित्यबन्धस्तु रसस्योपनिषत्परा॥

"रस के भंग का, अनौचित्य के अतिरिक्त, अन्य कोई कारण नहीं है। प्रसिद्ध औचित्य का वर्णन करना ही, रस की बड़ी संपत्ति है।"

—हिंदी रसगगाधर (पृ. 143, 144)

रसाभास

ऊपर आप पढ़ आए हैं कि रस जब अनौचित्य से प्रवृत्त होता है तो उसे रसाभास कहते हैं। रसभंग होने पर ही रसाभास होता है और अनौचित्य भी रसभंग का कारण है। अनौचित्य क्या है? वह भी बतलाया जा चुका है। किन्तु इससे यह सीमित नहीं हुआ, उसकी संख्या आगे भी बढ़ सकती है। देश, काल, पात्र एवं सामाजिक आचार-विचार और व्यवहार के अनुसार अनौचित्य अनेक रूपरूपाय है, फिर भी लक्ष्य की ओर दृष्टि आकर्षण के लिए, उसके कतिपय रूपों का वर्णन मिलता है। रसगंगाधरकार ने जिन अनौचित्यों

का उल्लेख किया है, वे लिखे जा चुके हैं। साहित्यदर्पणकार क्या कहते हैं, उसे भी सुनिए–

उपनायकसंस्थायां मुनिगुरुपत्नीगतायां च।
बहुनायकविषयायां रतौ तथानुभयनिष्ठायाम्॥
प्रतिनायकनिष्ठत्वे तद्वदधमपात्रतिर्यगादिगते।
शृंगारेऽनौचित्यं रौद्रे गुर्वादिगतकोपे॥
शान्ते न हीननिष्ठे गुर्वाद्यालम्बने हास्ये।
ब्रह्मवधाद्युत्साहेऽधमपात्रगते तथा वीरे॥
उत्तमपात्रगतत्वे भयानके ज्ञेयमेवमन्यत्र।

"नायक के अतिरिक्त किसी अन्य पुरुष में यदि नायिका का अनुराग हो तो वहाँ अनौचित्य जानना। एवं गुरुपत्नी आदि में अथवा अनेक पुरुषों में यद्वा दोनों में से किसी एक में ही (दोनों में नहीं) किंवा प्रतिनायक अर्थात् नायक के शत्रु में या नीच पात्र में यदि किसी की रति (अनुराग) वर्णित हो तो वहां शृंगार-रस में अनौचित्य के कारण शृंगाराभास अथवा रसाभास जानना। इसी प्रकार यदि गुरु आदि पर क्रोध हो तो रौद्र रस में अनौचित्य होता है। एवं नीच पुरुषों में स्थित होने पर शान्त में, गुरु आदि आलंबन हो तो हास्य में, ब्राह्मण-वध आदि कुकर्मों में उत्साह होने पर अथवा नीच पात्रस्थ उत्साह होने पर वीर रस में और उत्तम पात्रगत होने पर भयानक रस में अनौचित्य होता है। इसी प्रकार और भी जानना चाहिए।"

कुछ उदाहरण नीचे लिखे जाते हैं–

उपनायकनिष्ठ रति–अथवा परपुरुषानुराग–

लखहु लपटि तरु पुंज सों ललित लता लहराहि।
पथिक जात हो कित चले इत बिरमत कत नाहिं॥

इस दोहे में किसी विलासिनी का अनुराग एक पथिक के प्रति प्रकट होता है जो उसका अपरिचित है, अतएव उसका उपनायकनिष्ठ होना स्पष्ट है।

बहुनायकनिष्ठ रति–

किन नयनन में नहिं बसे को न इनहिं मन देत।
बड़े छबीले छयल ए काको नहिं छरि लेत॥

जिसके मुख से यह दोहा निकला है उसका मन अनेक सुन्दर युवकों के सौन्दर्य-सरोज का मधुप है, इसलिए उसका बहुनायकनिष्ठ होना प्रकट है।

अनुभयनिष्ठ रति–इसका भाव यह है कि जहाँ नायिका में प्रेमभाव उत्पन्न होकर

केवल नायक ही में उसका विकास हुआ हो, अर्थात् ऐसी रति जो नायक नायिका दोनों में उत्पन्न नहीं हुई, यथा–

'पिय तन छाँह बनन चहत तिय लखि छाँह डराति'

पति का प्रेम तो इतना वर्द्धित है कि वह प्रायः पत्नी के साथ ही रहना चाहता है, किन्तु पत्नी इतनी सलज्ज और संकोचवती है कि पति की छाया देखकर भी घबराती है। रस की पूर्णता दोनों के प्रेमसाम्य ही से होती है, इसलिए यहाँ भी रसाभास है–

प्रतिनायकनिष्ठ रति–अर्थात् ऐसी रति जो नायक के शत्रु में हो, यथा–

हो सुंदर सुनयन रुचिर रुचि कामिनि चित चोर।
कत चितवति है चतुर तिय प्रियतम अरि की ओर॥

पति के शत्रु की ओर उसके सौन्दर्य के कारण किसी स्त्री को बार-बार अवलोकन करते देखकर किसी बुद्धिमती सखी को यह बात असंगत जान पड़ी, अतएव वह उसको सावधान करती है। क्योंकि उसकी चितवन में उसके रूप के आकर्षण की झलक उसे दिखलाई पड़ी। यह प्रत्यक्ष रसाभास है, क्योंकि सहधर्मिणी की यह प्रवृत्ति अनौचित्य के अन्तर्गत है।

अधमपात्रगत रति–अर्थात् जो पात्र रति योग्य नहीं है, उससे प्रीतियुक्त होना, यथा–

काहे लालायित बनत कोऊ द्विजकुल जात।
मानि मानि यवनीन को नवनी कोमल गात॥

एक विप्रवंश जात की किसी युवती की नवनीतकोमलांगी कहकर प्रशंसा करना और उसके प्रेमपाश में बद्ध होना कितना अनुचित है, इसको प्रत्येक आर्यधर्मावलंबी समझ सकता है। अधमपात्रगत रति का यह रोमांचकर उदाहरण है।

तिर्यग् योनिगत रति–तिर्यग् योनि कीट पतंगादि हैं, इनकी प्रीति का अथवा शृंगारलीला का वर्णन करना तिर्यग् योनिगत रति कहलाती है, यथा–

जाति चमेली कुंज गैं निरखति ललित लतान।
अलिनी खोजति फिरति है, अलि को करि कलगान॥

तिर्यग् योनिगत रति की वर्णना को इसलिए रसाभास माना है कि उसमें अधिकांश विकल्पना होती है, वास्तविकता कम। मानव-समाज की रति के समान उसमें पूर्णता भी नहीं होती।

रौद्र रसाभास; यथा–

बात कहा बैरीन की को मो सम बलवान।
बिगरि गये बापहूँ पै हौं बगारि हौं बान॥

गुरुजन पर क्रोध करना उचित नहीं, पिता सर्वप्रधान गुरु है। इस दोहे में कहा गया है कि यदि मैं बिगड़ जाऊँगा, तो बाप को भी बाण मार दूँगा, इससे बढ़कर क्या अनौचित्य होगा, अतएव इसमें प्रत्यक्ष रौद्र रसाभास है।

भयानक रसाभास—जहाँ किसी नरपुंगव अथवा वीर में भय दृष्टिगत होता है, वहाँ भयानक रसाभास होता है, यथा—

सुने असुर की असुरता सुरपुर सकल सकात।
देखि दसवदन को वदन सुरपति सुख पियरात ॥

इस पद्य में वीर-शिरोमणि इन्द्र के मुख का रावण के भय से पीत होना वर्णित है, इसलिए इसमें भयानक रसाभास है।

करुण रसाभास—जो करुणा अथवा दया का पात्र नहीं है, जब उस पर कृपा अथवा उसके विषय में करुणा की जाती है, तब करुण रसाभास होता है, यथा—

चहत अपावन करन सो भवपावन रस सोत।
देख पतित की यातना जो दुख निपतित होत ॥

पाप कर्म्म में रत रहने के कारण जिसका पतन हो गया है, उसकी यातना अथवा ताड़ना होने से ही समाज का मंगल हो सकता है, अतएव वह इस योग्य होता है कि उसकी यातना हो और दण्ड दिया जावे। ऐसों का शासन होते देखकर जो दुखित होता है, वह दया का अनुचित प्रयोग करता है और उसकी करुणा उचित नहीं होती। इस पद्य में इसी का वर्णन है, अतएव इसमें करुण रसाभास है।

हास्य रसाभास—जब हास्य रस का आलंबन वृद्धजन अथवा गुरुजन होते हैं, अर्थात् जब वृद्धजन अथवा गुरुजन की हँसी उड़ाई जाती है, तब हास्य रसाभास होता है, यथा—

सैत केस मिस अवनि मैं पसरी कीरति सेत।
कौन दाँत के गिर गये दाँत सुमुखि पै देत ॥

इस पद्य में एक वयोवृद्ध की हँसी उड़ाई गई है। प्रायः देखा जाता है कि वृद्धावस्था में हवस बढ़ जाती है, किसी किसी का मन वृद्धावस्था में भी युवा बना रहता है, वे दाँत गिर जाने पर भी सुमुखियों पर दाँत देते रहते हैं। 'दाँत गिर जाने पर दाँत देना' एक अद्भुत बात है; इसलिए पद्य में कहा गया है कि वृद्ध ने अद्भुत कर्मा बनकर श्वेत दाढ़ी के बहाने पृथ्वी पर अपनी श्वेत कीर्ति फैलाई है। यह घोर व्यंग्य है, जो वृद्ध के चरित्र पर कुत्सित कटाक्ष करता है। चित्र सच्चा है, किन्तु एक वृद्धजन का उससे सम्बन्ध होने के कारण उसे पढ़कर चित्त में क्षोभ होता है। वृद्धजन के साथ ऐसी हँसी उचित भी नहीं होती। अतएव यहाँ हास्य रसाभास है।

वीर रसाभास—जहाँ पर उत्साह औचित्य से गिर जाता है—वहाँ वीर रसाभास होता है, यथा—

बीर बहकि बाहत नहीं कबहुँ बधिक सम बान।
बालक अबला बधनिरत वृथा बनत बलवान॥

किसी बालक और अबला वध में उत्साहित जन के प्रति किसी तेजस्वी महात्मा की यह उक्ति है। इसमें कहा गया है कि वीर उत्साह होने पर बधिक के समान निरीह प्राणियों पर बाण नहीं चलाता, क्योंकि यह अनौचित्य है। इसी प्रकार बालक एवं अबला पर हाथ उठाना भी कापुरुषता का परिचायक है, बलवान् द्वारा ऐसा अनुचित कार्य नहीं हो सकता। अतएव इस पद्य में स्पष्ट वीर रसाभास है।

बीभत्स रसाभास—किसी कारण से जहाँ बीभत्स में अनौचित्य दृष्टिगत होता है, वहाँ बीभत्स रसाभास होता है, यथा—

रुधिर पियत तो कत कँपत सुनत नरक को नाम।
हाड़ चिचोरत रहत तो कहत जात कत राम॥

रुधिर पान करने के समय किसी रक्त पिपासित का नरक का नाम सुनकर कँप जाना उसकी दुर्बलता का सूचक है, अतएव अनौचित्य है। इसी प्रकार हाड़ चिचोरते समय राम-राम कहते जाना भी समुचित नहीं, क्योंकि इससे एक ओर नाम की मर्यादा नष्ट होती है, और दूसरी ओर उसकी पाप-प्रवृत्ति की चरितार्थता नहीं होती, अतएव इस पद्य में बीभत्स पूर्ण रूप से विराजमान है।

शान्त रसाभास—जहाँ शान्त रस के प्रवाह में अनुचित कार्य-कलाप बाधा उपस्थित करें, वहाँ शान्त रसाभास होगा, यथा—

का बिराग भो जो रहे राग रंग में लीन।
रहे रामरत जो न तो का करवा कोपीन॥

'विरागभाजन बनकर राग रंग में लीन होना, और करवाकोपीन धारणकर राम में रत न होना, अनौचित्य है। अतएव यहाँ स्पष्ट शान्त रसाभास है।'

अद्भुत रसाभास—जब किसी विषय का वर्णन आश्चर्य की सीमा से आगे बढ़कर असंभवता तक पहुँच जाता है, वहाँ अद्भुत रसाभास होता है—क्योंकि इस प्रकार का वर्णन उचित नहीं होता। यथा—

उछरि अंजनीसुअन ने लीलि लियो ततकाल।
निरखि बाल रविबिम्ब को सुमधुर फल सम लाल॥

'सूर्यो आत्मा ही जगतः।' सूर्य्य जगत् की आत्मा है, वह हिन्दू जाति का आराध्य

देव है, उसके विषय में यह लिखना कि उसको नर ने नहीं वरन् वानर ने निगल लिया, कितना बड़ा अनौचित्य है। सूर्य्य के सामने अंजनीनन्दन की सत्ता हिमालय के सामने एक चींटे इतनी भी नहीं, भला वे सूर्य्य को क्या निगलते। जिस कार्य का उल्लेख दोहे में है, वह अद्भुत क्या महान् अद्भुत है, परन्तु प्रलापमात्र है और अनौचित्यपूर्ण भी, अतएव उसमें प्रत्यक्ष रसाभास है। एक दोहा और देखिए—

का न करति ललना, हनति पति को ले करवाल।
कँपि कलंक भय ते बनति कोख लाल को काल ॥

एक ललना का कर में करवाल लेकर पतिदेव का वध करना, अपने फूल से कोमल लाल का कलंक भय से नाश कर देना, कितना विस्मयपूर्ण और आश्चर्यजनक है। किन्तु दुःख है कि संसार में ऐसा होता है। दोनों कार्यों में अनौचित्य की पराकाष्ठा है, इसलिए पद्य में अद्भुत रसाभास मौजूद है।

इसी प्रकार के रसाभास के और उदाहरण दिए जा सकते हैं, किन्तु मैं समझता हूँ विषय स्पष्ट हो गया, अतएव विस्तार की आवश्यकता नहीं। रसाभास का लक्षण क्या है, और वह रस ही होगा या और कुछ, इसकी मीमांसा रसगंगाधरकार ने विशेषतया की है, अभिज्ञता के लिए उनका विचार भी नीचे उद्धृत किया जाता है—

"तत्रानुचितविभावालम्बनत्वं रसाभासत्वम्। विभावादावनौचित्यं पुनर्लोकानां व्यवहारतो विज्ञेयम्। यत्र तेषामयुक्तमिति धीरिति केचिदाहुः। तदपरे न क्षमन्ते। मुनिपत्न्यादिविषयकरत्यादेः संग्रहेऽपि बहुनायकविषयाया अनुभयनिष्ठयाश्च रतेरसंग्रहात्। तत्र विभावगतस्यानौचित्यस्याभावात्। तस्मादनौचित्येन रत्यादिर्विशेषणीयः इत्थं चानु चितविभावालम्बनाया बहुनायकविषया अनुभयनिष्ठांयाश्च संग्रह इति। अनौचित्यं च प्राग्वदेव।"

"उसके लक्षण के विषय में कुछ विद्वानों का मत है—अनुचित विभाव को आलंबन मानकर यदि रति आदि का अनुभव किया जाए तो रसाभास हो जाता है। रहा यह कि किस विभाव को अनुचित मानना चाहिए और किसको उचित, सो यह लोक व्यवहार से समझ लेना चाहिए। अर्थात् जिसके विषय में लोगों की यह बुद्धि है कि यह अयोग्य है, उसी में अनौचित्य का आरोप किया जा सकता है। पर दूसरे विद्वान इस लक्षण को सुनकर चुप नहीं रहते, वे कहते हैं—इस लक्षण के द्वारा यद्यपि मुनि-पत्नी आदि के विषय में जो रति आदि होते हैं, उनका संग्रह हो जाता है, क्योंकि इतर मनुष्य मुनि-पत्नी आदि को अपना प्रेमपात्र माने यह अनुचित है। तथापि अनेक नायकों के विषय में होनेवाली और प्रियतम प्रियतमा दोनों में से केवल एक ही में होनेवाली रति का इसमें संग्रह नहीं होता, क्योंकि वहाँ तो विभाव अनुचित नहीं, किन्तु प्रेम अनुचित रूप से प्रवृत्त हुआ है, अतः

अनुचित विशेषण रति आदि के साथ लगाना उचित है। अर्थात् यह लक्षण बनाना चाहिए–

"जहाँ रति आदि अनुचित रूप से प्रवृत्त हुए हों वहाँ रसाभास होता है।"

इस तरह जिसमें अनुचित विभाव आलंबन न हो, जो अनेक नायकों के विषय में हो, और जो प्रियतम प्रियतमा दोनों में न रहती हो, उस रति का भी संग्रह हो जाता है। अनुचितता का ज्ञान तो इस मत में भी पूर्ववत् (लोक व्यवहार) से ही कर लेना होगा।''

"तत्र रसाद्याभासत्वं रसत्वादिना समानाधिकरणं निर्मलस्यैव रसादित्वाद्-हेत्वाभासत्वमिव हेतुत्वेनेत्येके। नह्यनुचितत्वेनात्महानिरपि तु दोषत्वादाभास-व्यवहारोऽश्वाभासदिव्यवहारवदित्यपरे"।

–मुख्य ग्रन्थ 84 पृ. द्वि. खं.

रसाभासों के विषय में एक और विचार है। कुछ विद्वानों का कथन है "जहाँ रसादि के आभास होते हैं, वहाँ रस आदि नहीं होते, उन दोनों का साथ-साथ रहना नियम विरुद्ध है, क्योंकि जो निर्मल हो, जिसमें अनुचितता न हो, उसी का नाम रस है। जैसे कि जो हेत्वाभास होता है, वह हेतु नहीं। दूसरे विद्वानों का कथन है–अनुचित होने के कारण स्वरूप का नाश नहीं हो सकता अर्थात् वह रस ही है, किन्तु दोषयुक्त होने से उन्हें आभास कहा जाता है, जैसे कोई अश्व दोषयुक्त हो, तो लोग उसे अश्वाभास कहते हैं।"

–हिन्दी रसगंगाधर पृ. 269, 270

मैं समझता हूँ, यह अन्तिम सम्मति ही ठीक है, कुछ अनौचित्य के कारण रस कलुषित हो सकता है किन्तु यह नहीं हो सकता कि उसमें रस का अभाव हो जावे। यह भी समझ लेना चाहिए कि सब जगह अनौचित्य से रसाभास नहीं हो जाता। जहाँ अनौचित्य से किसी रस की पुष्टि होती हो, अथवा जहाँ अनौचित्य का उद्देश्य चरित्र सुधार, कलंक अपनोदन, किंवा दोष अवगतकरण हो, वहाँ वह वर्जित नहीं होता। अनौचित्य वही निंदनीय होता है, जो रस के प्रतिकूल हो। यथा–

कंचन-संचय में निपुन रखत कंचनी मान।
कैसे बनै महंत नहिं महि में महिमावान ॥

किसी धर्माचार्य पर कटाक्ष करना अनौचित्य है, इसमें यही किया गया है, अतएव इसमें रसाभास माना जा सकता है। किन्तु महंत के चरित्र शोधन के लिए ही, इस पद्य में उनकी हँसी उड़ाई गई है, अतएव यहाँ अनौचित्य हास्य रस को पुष्ट करता है, उसके प्रतिकूल नहीं है, इसलिए इसमें रसाभास नहीं माना जाएगा। इसी प्रकार अन्यों को भी समझना चाहिए।

शृंगार रस

शृंगार रस की परिभाषा

नाट्य-शास्त्र के आचार्य महामुनि भरत ने शृंगार की यह परिभाषा लिखी है–

"यत्किञ्चिल्लोके शुचिमेध्यमुज्वलं दर्शनीयं वा तच्छृंगारेणोपमीयते।"

जो कुछ लोक में पवित्र, उत्तम, उज्ज्वल एवं दर्शनीय है, वह शृंगार रस कहलाता है।

"यथा गोत्रकुलाचारोत्पन्नान्याप्तोपदेशसिद्धानि पुंसां नामानि भवन्ति, तथैवैषां रसानां भावानां च नाट्यश्रितानां चार्थानामाचारोत्पन्नान्याप्तोपदेशसिद्धानि नामानि। एवमेष आचारसिद्धो ह्योज्ज्वलवेषात्मकत्वाच्छृङ्गारो रसः।"

जैसे गोत्र, कुल और आचार से उत्पन्न आप्तोपदेश सिद्ध पुरुषों के नाम होते हैं। उसी प्रकार नाट्याश्रित रसों और भावों के 'अर्थ के आधार पर' आचारोत्पन्न आप्तोपदेश सिद्ध नाम हैं। इसी प्रकार का आचार सिद्ध, हृदयग्राही, उज्ज्वल वेषात्मक होने के कारण शृंगार (रस) कहलाता है।

साहित्यदर्पणकार लिखते हैं–

शृंगं हि मन्मथोद्भेदस्तदागमनहेतुकः।
उत्तमप्रकृतिप्रायो रसः शृंगार इष्यते ॥

"काम के उद्‌भेद (अंकुरित होने) को शृंग कहते हैं, उसकी उत्पत्ति का कारण अधिकांश उत्तम प्रकृति से युक्त, रस 'शृंगार' कहलाता है।"

शृंगार क्या है, उसकी परिभाषा क्या है? मेरा विचार है, महामुनि भरत और साहित्यदर्पणकार की उक्तियों से यह बात स्पष्ट हो गई है। जो कुछ संसार में दर्शनीय अर्थात् सुन्दर है, साथ ही जो पवित्र, उत्तम और उज्ज्वल है, उसका जिसमें सरस एवं हृदयग्राही, वर्णन विकास अथवा प्रदर्शन होगा, वह शृंगार रस कहला सकेगा। आचार्य भरत

के 'नाट्याश्रित' वाक्य से केवल नाटकों का ही ग्रहण न होगा, काव्यों और अन्य साहित्यिक विषयों का समावेश भी उसमें समझा जावेगा। कारण यह है कि शृंगार रस की परिभाषा उन सबको अन्तर्गत कर लेती है। आचार्य्य के सम्मुख नाटक का विषय था, इसलिए अपने सूत्र में उसी का उल्लेख उन्होंने किया, और इसका कोई दूसरा हेतु नहीं। काव्य दो प्रकार का होता है, दृश्य और श्रव्य। इसलिए 'रमणीयार्थप्रतिपादक' दोनों है, क्योंकि पण्डितराज कहते हैं, 'रमणीयार्थप्रतिपादकः शब्दः काव्यम्।' फिर दृश्य काव्य श्रव्य का उपलक्षण क्यों न माना जाएगा। साहित्यदर्पणकार कहते हैं कि काम के अंकुरित होने को शृंग कहते हैं, इसलिए उसकी उत्पत्ति के आधार, उत्तम प्रकृतियों के अवलंबन, रस को शृंगार कहा जाता है। इस कथन में भी उत्तम प्रकृति का प्राधान्य है। उत्तम प्रकृति ही पवित्र, उज्ज्वल और दर्शनीय होगी। अतएव शृंगार रस की परिभाषा के विषय में हम दोनों वावदूक विद्वानों का एक ही सिद्धान्त और एक ही विचार अवलोकन करते हैं जिससे उसकी विशेष पुष्टि होती है।

शृंगार रस का विवेचन

शृंगार रस के देवता विष्णु भगवान हैं। नाट्यशास्त्रकार लिखते हैं, 'शृंगारो विष्णुपदेवस्तु' यही सम्मति साहित्यदर्पणकार की भी है, वे कहते हैं, 'स्थायिभावो रतिः श्यामवर्णोयं विष्णुदैवतः'। जिस रस का जो गुण, स्वभाव और लक्षण होता है, उसका देवता प्रायः उन्हीं गुणों और लक्षणादि का आदर्श होता है, क्योंकि उसी के आधार से उस रस की कल्पना होती है। भगवान् विष्णु में सतोगुण की प्रधानता है, वे सृजन कर्त्ता के भी सृजनकारी हैं। उन्हीं की नाभि से जो विश्व का केन्द्र है, उस ब्रह्मा की सृष्टि हुई है, जो शतदल कमल पर विराजमान थे। यह शतदल कमल और कुछ नहीं, अनन्त जलराशि में प्रकटीभूत क्षुद्रतम पार्थिव अंश मात्र था। वे शेषशायी हैं, प्रयोजन यह कि विनष्टभूत अखिल ब्रह्माण्ड के जो शेषांश सूक्ष्मातिसूक्ष्म परमाणु स्वरूप में, शून्य में, अनन्त अगाध समुद्र में समान वर्त्तमान रहते हैं, वे उन्हीं में विश्राम करते हैं। उनकी सहकारिणी वह शक्ति है जो रमा है, जो उनके समान ही सर्वत्र ही रमण करती है, सबका पालन-पोषण करती है, और जो उन्हीं लोकोत्तर के सदृश लोकोत्तरा है। वे हिरण्यगर्भ हैं, 'कोटिसूर्यसमप्रभ' हैं, अर्थात् असंख्य दिव लोक, अपरिमित सूर्य मण्डल, और अनन्त दीप्तिमान पिण्डों के जनक हैं। उनका पवित्रतम-पद देश पुण्यसलिला भगवती भागीरथी का उत्पादक है, उस भगवती भागीरथी का, जो त्रिपथगा हैं, स्वर्ग, मर्त्य और पातालविहारिणी हैं; जो भगवान् शिव के शिरोदेश की मालती माला हैं, और हैं उस कंठगत कालकूट विषमता की शमनकारिणी, जिससे त्रिलोक के भस्मीभूत होने की आशंका उपस्थित हो गई थी। वे हैं कोटि मन्मथ मनमथन और उस निर्जीव के जीवन दाता, जो

अपने किसलय कोमल करों में सुमन शर धारण करके त्रिलोक को आयत्त करता है। फिर यदि यह कहा जावे कि लोक में जो कुछ पवित्र, उत्तम, उज्ज्वल और दर्शनीय है, वह शृंगार रस है, तो क्या आश्चर्य! क्योंकि वह ऐसे अलौकिकता निकेतन, समानविभूतिसर्वस्व, रसो वै सः' का ही आदिम विकास तो है।

मैं रस-प्रकरण में अग्निपुराण के आधार से लिख आया हूँ; सर्व व्यापक और सर्वशक्तिमान विभु का स्वाभाविक आनन्द अभिव्यक्ति अवस्था में चित्शक्ति सम्पन्न और चमत्कारमय होता है। उसके अहं भाव से अभिमान का आविर्भाव, और संकलित अभिमान से रति की उत्पत्ति होती है। यही रति शृंगार रस की जननी है इसलिए रति उसका स्थायीभाव है।

प्रकृतिवाद में रति शब्द का अर्थ लिखा है–

रति–सं. स्त्री. स्मरप्रिया, कामपत्नी, अनुराग, आसक्ति, क्रीड़ा, रमण, संतोष।

–पृ. 811

हिन्दी शब्दसागर में यह अर्थ लिखा गया है।

रति–सं. स्त्री (3) प्रीति, प्रेम, अनुराग, मुहब्बत। **–पृ. 2893**

प्रदीपकार लिखते हैं–

"रतिस्तु मनोकुलूलेष्वर्थेषु सुखसंवेदनम्"।

मन के अनुकूल अर्थों में सुखप्रसूत ज्ञान का नाम रति है।

सुधासागरकार कहते हैं–

'स्मरकरम्बितान्तः करणयोः स्त्रीपुंसयोः परस्परं रिरंसा रतिः स्मृता।'

स्त्री पुरुष के कामवासनामय हृदय की परस्पर रमणेच्छा का नाम रति है।

साहित्यदर्पणकार बतलाते हैं–

'रतिमनोनुकूलेऽर्थे मनसः प्रवणायितम्'।

प्रिय वस्तु में मन के प्रेमपूर्ण उन्मुख होने का नाम रति है।

जब कहते हैं 'रतिर्देवादिविषया' तब रति का अर्थ भक्ति, प्रेम, अनुरागादि होता है, इसलिए रति शब्द का अनेकार्थक होना स्पष्ट है। जहाँ वह अनेकार्थक है, वहाँ, उदात्त एवं मनोरम है। क्योंकि 'प्रेम एव परो धर्म्मः' प्रेम ही परम धर्म है।

भक्तिसूत्रकार कहते हैं–

'अनिवर्चनीयं प्रेमस्वरूपं मूकास्वादनवत्।'

प्रेम का स्वरूप वर्णन नहीं किया जा सकता, गूँगे के आस्वादन के समान।

एक अँगरेज़ी का विद्वान कहता है–

Love and life are words with a similar meaning.

'प्रेम और जीवन एक ही अर्थ के द्योतक शब्द हैं।'

सहृदयवर हेनरी वान डाइक कहते हैं–

Love is not getting, but giving; not a wild dream of pleasure and a madness of desire. Oh, no, love is not that. It is goodness and peace and pure living; yes. Love is that; and it is the best thing in the world and the thing that lives longest.

'प्रेम आदान नहीं, किन्तु प्रदान है। वह न तो भोग-विलास का सम्मोहक स्वप्न है, और न वासनाओं का उन्माद। ये सब प्रेम नहीं हो सकते। भलाई, शान्ति और सदाचारिता को प्रेम कहते हैं। इन सद्‌गुणों में प्रेम ही का निवास है। संसार में इस प्रकार का प्रेम ही सर्वश्रेष्ठ और चिरस्थायी वस्तु है।'

बाबू हरिश्चन्द्र कहते हैं–

जाकौ लहि कछु लहन की चाह न चित में होय।
जयति जगत पावन करन प्रेम बरन यह दोय॥

कबीर साहब कहते हैं–

पोथी पढ़ि पढ़ि जग मुआ पण्डित भया न कोय।
ढाई अच्छर प्रेम का पढ़ै सो पण्डित होय॥

एक संस्कृत का विद्वान कहता है–

सर्वे रसाश्च भावाश्च तरंगा इव वारिधौ।
उन्मज्जन्ति निमज्जन्ति यत्र से प्रेमसंज्ञकः॥

सब रस और भाव समुद्र में लहरों के समान जिसमें उठते और लीन होते रहते हैं उसका नाम प्रेम है।

ऐसी महिमामयी, विश्वव्यापिनी, अनन्त गुणावलंबिनी रति, जिस शृंगार रस का स्थायीभाव है, वह यदि पवित्र, उज्ज्वल, उत्तम एवं दर्शनीय न होगा, तो कौन होगा; क्योंकि विभाव, अनुभाव और संचारी भावों के सहयोग से स्थायीभाव ही रस में परिणत होता है। यदि कहा जावे कि 'स्त्री पुरुष के काम-वासनामय हृदय की परस्पर रमणेच्छा का नाम भी तो रति है! फिर वह इतना प्रशंसनीय कैसे होगा?' तो उत्तर यह है कि काम का वास्तविक स्वरूप न समझने से ऐसा प्रश्न होगा, अतएव मैं काम का यथार्थ स्वरूप समझाने की चेष्टा करूँगा। ऊपर लिख आया हूँ कि 'काम के अंकुरित होने का कारण अधिकांश उत्तम प्रकृति से युक्त शृंगार रस है।' यह साहित्यपर्दणकार की सम्मति है। हृदय की सकामता

क्या है? यह वह मानसिक प्रवृत्ति है, जो संसार के सृजन का हेतु है। यदि वह न हो तो संसार उत्पन्न न हो जावेगा–विश्व में प्राणियों का ही अभाव न हो जावेगा, कहीं हराभरा एक तृण भी दृष्टिगोचर न होगा। स्त्री-पुरुष की रमणेच्छा, सकामता की ही प्रक्रिया है। मंगलमय विधाता की यह वह विधि है, जिसमें संसार की सारी पवित्रता, उज्ज्वलता, उत्तमता और दर्शनीयता एकत्रीभूत हैं। यह वह रहस्यमय शिवसंकल्प है, जिस पर आत्मोत्सर्ग कर काम अनंग बन गया और उसकी सहधर्मिणी रति ने स्त्री पुरुष को एक सूत्र में बाँध दिया। दोनों की परस्पर सम्मिलनेच्छा स्वाभाविक है। इसी से उसका आधार उत्तम प्रकृति से युक्त श्रृंगार रस है–जो प्रशंसनीय है, और जिसमें किसी कुत्सित भाव को स्थान नहीं। अंग्रेजी का एक विद्वान कहता है–

"The purest, noblest and most unselfish aspiration and purposes derive their strength and being from the sweet influences which have their beginning and continuance in this power which draws men and women together in happy and holy wedlock. By these sweet influences the most perfeot natures are moulded and ennobled. By them are formed the strongest ties that hold humanity to the accomplishment of every high and holy endeavour."

"नर नारी जिस शक्ति के वश आनन्दमय विवाह-बन्धन में आबद्ध होते हैं, वही उन मधुर प्रभावों की सत्ता और उद्गम का कारण है, जिससे पवित्र से पवित्र, उच्च से उच्च और निःस्वार्थ से निःस्वार्थ भावनाओं तथा कर्मों को बल और स्थिति प्राप्त होती है। इन मधुर प्रभावों द्वारा सम्पूर्णतया आदर्श प्रकृतियों में सुधार तथा उच्चता संपादित होती है। जिस मनुष्य का वास्ता प्रत्येक उच्च और पवित्र प्रेरणा से है, वह मनुष्यता इन्हीं मधुर प्रभावों की दृढ़-से-दृढ़ गाँठों द्वारा जकड़ी रहती है।"

–मतिराम ग्रंथावली की भूमिका पृ. 4

आर्य संस्कृति के अनुसार विवाह का बन्धन पवित्र बन्धन है, और स्त्री-पुरुष का स्वाभाविक संयत सम्मिलन एक पुनीत विधान। इसी के लिए कहा गया है, 'पुत्रप्रयोजनाद्दारा' स्त्री पुत्र के प्रयोजन के लिए है। भाव यह कि सृजन-प्रणाली की रक्षा के लिए ही दम्पत्ति-सम्मिलन की आयोजना है। पुत्रोत्पादन इतना पुण्यमय कार्य समझा जाता है, कि उसके विषय में शास्त्रों में इस प्रकार के वाक्य मिलते हैं 'अपुत्रस्य गतिर्नास्ति' अपुत्र की गति नहीं होती। बड़े-बड़े स्मृतिकारों ने इस विषय में जो कहा है, उसे भी सुनिए। भगवान् मनु यह कथन करते हैं–

पुत्रेण लोकाञ्जयति पौत्रेणानन्त्यमश्नुते।
अथ पुत्रस्य पौत्रेण ब्रघ्नस्याप्नोति विष्टपम्॥ 1॥

पुन्नाम्नो नरकाद्यस्मात् त्रायते पितरं सुतः।
तस्मात् पुत्र इति प्रोक्तः स्वयमेवस्वयम्भुवा ॥ 2 ॥

मनुष्य पुत्र से सब लोकों को पाता है, पौत्र से बहुत काल तक स्वर्ग में रहता है और प्रपौत्र से सूर्यलोक को प्राप्त करता है। पुं नाम नरक का है, उससे पुत्र पिता को बचाता है, इसलिए स्वयं ब्रह्मा ने उसको 'पुत्र' संज्ञा प्रदान की है।

महर्षि अत्रि का यह वचन है–

पिता पुत्रस्य जातस्य पश्येच्चेज्जीवतो मुखम्।
ऋणमस्मिन्स नयति अमृतत्वं च गच्छति॥

पुत्र का जन्म होने पर जीवित पुत्र का मुख देखने से ही पिता पितरों के ऋण से मुक्त होता है और उसी दिन शुद्ध हो जाता है, क्योंकि पुत्र पिता को नरक से बचाता है।

वशिष्ठ देव की यह आज्ञा है–

अनन्ताः पुत्रिणा लोका नापुत्रस्य लोकोस्तीति श्रूयते।

पुत्रवाले को अनन्त काल तक स्वर्ग मिलता है, पुत्रहीन मनुष्य को स्वर्ग की प्राप्ति नहीं होती।

बौधायन स्मृति का यह वाक्य है–

जायमानो वे ब्राह्मणस्त्रिर्ऋणी जायते ब्रह्मचर्येणर्षिभ्यो यज्ञेन देवेभ्यः प्रजया पितृभ्य इति।

ब्राह्मण तीन ऋण से युक्त होकर जन्म लेता है, वह ब्रह्मचर्य धारण करने पर ऋषि-ऋण से, यज्ञ करने पर देव-ऋण से और संतान उत्पन्न करने पर पितृ-ऋण से छूटता है।

–धर्मशास्त्रसंग्रह

मंगलमयी सृष्टि के संरक्षण के लिए किस प्रकार इन वचनों के द्वारा मनुष्य जाति को सतर्क किया गया है और कैसे एक धर्म-कार्य की ओर प्रवृत्ति दिलाई गई है और कितने रोचकभाव से; इसकी व्याख्या करने की आवश्यकता नहीं। किन्तु एक विशेष बात की ओर दृष्टि आकर्षण प्रयोजनीय ज्ञात होता है। वह यह कि संतानोत्पत्ति इसलिए आवश्यक है कि जिससे मनुष्य तीन ऋण से मुक्त हो सके। वे तीन ऋण हैं, देव-ऋण, ऋषि-ऋण और पितृ-ऋण। देव-ऋण चुकाने का अर्थ है, अनेक यज्ञों और सदनुष्ठानों द्वारा सर्व भूत हित और लोक सेवा, ऋषि-ऋण से मुक्त होने का भाव है सच्छास्त्रों का पठन और मनन कर जनसाधारण में सद्भावों और विश्व हितकर विचारों का प्रचार और पितृ-ऋण से उद्धार पाने का उद्देश्य है, वंश वृद्धि, एवं देश कालानुसार कुल की शिष्टजनानुमोदित मर्यादा और परम्परा का पालन। मनुष्य का यह प्रधान कार्य है कि जब तक वह जीवित रहे तब तक

इन महान् कर्त्तव्य कर्मों को स्वयं करता रहे और अपने पीछे अपना एक ऐसा प्रतिनिधि छोड़ जावे, जो इन शुभ कार्यों को यथापूर्व चलाता रहे। यह बात बिना पुत्र उत्पन्न किए नहीं प्राप्त हो सकती, इसलिए शास्त्रों में संतानोत्पत्ति का इतना महत्त्व है। संतानोत्पत्ति बिना स्त्री-पुरुष सम्मिलन के नहीं हो सकती, इसलिए उनका संयोग कितना पुनीत और महान कार्य है। आशा है, यह बात भली-भाँति स्पष्ट हो गई। एक अँगरेज़ी विद्वान भी लगभग ये ही बातें कहते हैं, देखिए–

"He is no longer to live for himself, but for his wife and children and in a larger sense for his descendants—for the good of the race. He is to continue by transmitting himself, that life may remain when he is gone what he does involve the interest of his wife and of those who are to come after him. Love is to conquer selfishness. He is to rise above himself and the present good and future happiness of others are to constitute his well-being."

'विवाह के बाद पुरुष की जीवन-यात्रा केवल अपने लिए नहीं होती, वरन् अपनी स्त्री और बच्चों के लिए अथवा व्यापक अर्थ में यों कहिए कि जाति-हित की दृष्टि से अपने उत्तराधिकारियों के लिए है। अपनी आत्मीयता को वह दूसरों को इस प्रकार से सौंपता है कि मर जाने पर भी वह जीवित रहता है। उसके प्रत्येक काम में उसकी पत्नी तथा बच्चों का हित लिपटा रहता है। स्वार्थ-परता पर प्रेम की विजय होती है, पति को अहंभाव के ऊपर उठना पड़ता है। उसकी सत्ता का प्रयोजन अब से दूसरों की वर्तमान भलाई और भविष्य के आनन्द में ही है। **–मतिराम ग्रंथावली की भूमिका पृ. 7**

एक प्रकार से और इस विषय को देखिए। जिसका शृंगार किया जाता है, वह उत्तम, उज्ज्वल और दर्शनीय बन जाता है। यह शृंगार चाहे प्रकृति के करों से किया गया हो, चाहे मनुष्य जाति द्वारा। शरद मयंक, समुज्ज्वल राका रजनी, अनंत तारकावलि, विलसित नीलनभोमंडल, लोकरंजिनी अरुणरागआरंजिता ऊषा, हिम धवल गिरिशृंग श्रेणी, हरित-दल-विभूषित पादपावली, अनन्त सौन्दर्य निकेतन विकच कुसुम समूह, विचित्र चित्रित विहंग वृंद और नाना रंग आकार के चमत्कारमय कीट-पतंग किसको विमुग्ध नहीं बनाते, किसके लोचनों को नहीं चुराते और किसके हृदय को आनन्दित नहीं करते। मानव जाति के बनाए संसार के अनेकों मन्दिर, सहस्रों स्तम्भ, कितने ही 'पिरामिड', बहुत से पुल, लाखों पुष्पोद्यान, असंख्य विलास-मन्दिर, करोड़ों बाग-बगीचे, अनेक मूर्तियाँ और खिलौने, इतने साफ सुथरे, सुन्दर, मनोहर और देखने योग्य हैं कि उनकी जितनी प्रशंसा की जाए वह थोड़ी है। ये समस्त विश्व-विभूतियाँ पवित्र इसलिए हैं कि उनका दर्शन निर्दोष है और वे लोकोत्तर आनन्दसदन हैं। यह शृंगार का माहात्म्य है।

जब इस शृंगार को रसत्व प्राप्त हो जाता है, तो सोना और सुगन्ध की कहावत चरितार्थ होती है। उस समय वास्तव में मणिकांचन योग उपस्थित होता है, निर्जीवप्राय सजीव बन जाता है और स्वर्ण कलस रवि-किरण-कांत!!

क्या इन बातों पर गम्भीरता पूर्वक विचार करने पर यह नहीं स्वीकार करना पड़ता कि शृंगार रस की पवित्रता और महत्ताओं के विषय में जो कथन किया गया, वह सत्य और युक्तिसंगत है।

शृंगार रस की व्यापकता

संसार में जो पवित्र, उत्तम, उज्ज्वल और दर्शनीय है, उसमें शृंगार रस का विकास है, इस कथन से ही शृंगार रस कितना व्यापक है, यह स्पष्ट हो जाता है। परन्तु सूत्र-रूप में कही गई इस विषय की व्याख्या आवश्यक है, जिसमें वह भली-भाँति हृदयंगम हो जावे।

प्राणियों में मनुष्य सर्वप्रधान है। जब उसकी ओर दृष्टि जाती है तब शृंगार रस की व्यापकता अन्य प्राणियों की अपेक्षा उसमें अधिक पाई जाती है। किसी-किसी प्राणी में शृंगार रस का अंश बहुत ही प्रबल देखा जाता है, परन्तु उसका सर्वांश अथवा अधिकांश जितना मानव-जाति में मिलता है, अन्यों में नहीं। दर्शनीयता जितनी सौन्दर्य्य में मिलती है, अन्य गुणों में नहीं। जितना आकर्षण और हृदयग्राहिता रूप में होती है, जितना मोहक वह होता है, दूसरा नहीं। इसीलिए काम लोकोत्तर, कमनीय और कुसुमायुध है। उसकी सहधर्मिणी रति है, जो प्रेममयी, आसक्तमयी, रमणशीला और क्रीड़ाकला-पुत्तलिका है। काम यदि सौन्दर्य्य-सरसीरुह है, तो वह उसकी शोभा, काम यदि राकामयंक है, तो रति उसकी कौमुदी; शृंगार रस का दोनों के साथ आधार-आधेय का सम्बन्ध है। शृंगार रस शिशु का एक जनक है, और दूसरी जननी। मानव हृदय काम-रति परायण है, अतएव उसके प्रांगण में प्रायः शृंगार रस शिशु रमण करता रहता है। जिसका परिणाम वे ललित कलाएँ हैं जिनसे सारा धरातल ललितभूत है।

सुन्दर-सुन्दर चित्र तरह-तरह के वसन-आभूषण, कोमल कान्त बिछौने, नयनरंजन सामग्री, लोकमोहन आलोक, गगनचुंबी प्रासाद, सुसज्जित उद्यान, मनोहर नहरें, अनेक देव दुर्लभ विभव और बहुत से अपूर्व सुखसाधन, मनुष्य जाति की सौन्दर्य्यप्रियता से ही प्रसूत हैं। संगीत साहित्य के सूक्ष्म से सूक्ष्म आविष्कार, स्वर ध्वनियों की लालायितकर लहरें, विविध वाद्ययन्त्रों के मधुर निनाद, नृत्य और नृत्त के नाना विभेद, हाव-भाव कटाक्ष के महाप्रयोग, हास विलास के क्रिया कलाप, रूप माधुरी के विविध वर्णन, प्रकृति विभूतियों के मनोहर चित्रण, कवि-हृदय के सरस उद्‌गार, रसिक जनों के रस प्रसूत सम्बल, सौन्दर्य्य प्रेम प्रकरण ही के विविध संस्करण हैं। मानव किस प्रकार इनके द्वारा अपनी सकामता को चरितार्थ करता है, कैसे इनमें अनुरक्त रहकर अपने जीवन को आनन्दमय बनाता है,

यह अविदित नहीं, प्रत्येक सहृदय इसे जानता है।

वधिक की वीणा में कौन-सी वशीकरण विभूति होती है कि उसको श्रवण कर मृग इतना तन्मय हो जाता है कि उसके बाण पर आत्मोत्सर्ग करने में भी संकुचित नहीं होता? कृत्रिम करिणी को भी देखकर गजराज पर कौन-सा जादू हो जाता है कि वह गर्त्त में ही पतित नहीं होता, उस पराधीनता के बन्धन में भी बँध जाता है जो उसको आजन्म जीवन के स्वतन्त्रता सुख से वंचित कर देता है? घोड़ियों में कौन-सी आकर्षिणी शक्ति है, जिनको अवलोकन करते ही घोड़े आनन्द-विह्वल होकर उछलने-कूदने ही नहीं लगते, अपने उच्चरव से दिशाओं को भी ध्वनित करने लगते हैं? मंथर गति, पीवर ग्रीव? विशाल काय बैलों में कौन-सी मोहिनी रहती है कि उनको घूमते देख गाएँ आपे में नहीं रहतीं और पास पहुँचकर परस्पर लेहन करने में ही आनन्द लाभ करती हैं? वह कौन-सी प्रेरणा है कि अपने बच्चों में पशु मात्र का सहज प्यार होता है? वह कौन-सा भाव है जिसके वशवर्ती होकर पशुओं के जोड़े आपस में एक-दूसरे की ओर खिंचते, मुँह से मुँह मिलाते, उछलते-कूदते और तरह-तरह की क्रीड़ाओं में रत रहते हैं? इन सब बातों का एक ही उत्तर है, वह यह कि ये सब भगवान् कुसुमायुध की विचित्र लीलाएँ हैं।

प्रातःकाल ऊषा को अरुण राग रंजित और कान्त रविकर आपीड़ से सुसज्जित अवलोकन कर विहंगवृन्द जो अलौकिक-गान आरम्भ करता है, जैसी कलकण्ठता दिखलाता है, जैसे मधुर स्वरों से दिशाओं को पूरित कर देता है, जैसा चहकता और उमंग में भर जाता है, वह किस प्रवृत्ति का परिचायक है? क्या उस रागमयी का अनुराग ऐसा कराता है, या उसका सौन्दर्य्य अथवा उसका विकास? कुसुमाकर जब कुसुमावलि का माल्य धारण कर दिशाओं को सुरभित करता है, पादपपंक्ति को नवल फल दल संभार से सजाता है, तो कोयल क्यों उन्मादिनी बनती है; क्यों रात-रात भर बोलती है? क्यों कूक-कूक कर कलेजा निकाले देती है। क्या इनका कोई पारस्परिक सम्बन्ध है? क्या प्रेमोन्माद ही तो उसे उन्मादिनी नहीं बनाता। जब घन गगन मण्डल में घिर जाते हैं, मंद-मंद गरजते हैं, कभी घूमते हैं, कभी रस बरसाते हैं, तब पपीहा क्यों पी-पी की रट लगाता है, मयूर क्यों मत्त होकर नर्त्तन करता है, घन-पटल को अवलोकन कर इनको कौन रस मिलता है? कौन से आनन्द की धारा इनके मानसों में बहने लगती है, क्या इन बातों में कोई रहस्य नहीं? पारावत कितना प्यारा पक्षी है, सौन्दर्य्य की तो वह मूर्त्ति है। जिस समय वह अपने नीलाभ गले को फुलाकर बोलने लगता है, अपनी पूँछ को झुका और फैलाकर नृत्य आरम्भ करता है, उस समय उसकी विहंगिनी ही उस पर मुग्ध नहीं होती, वरन् उसे उस अवस्था में जो देखता है, वही मोह जाता है। उसका यह मोहक रूप क्यों? क्या ये सब शृंगार रस के ही कौतुक नहीं?

भृंग फूलों पर गूँजता फिरता है, कभी उन पर बैठता है, कभी उनसे रस ग्रहण करता

है और कभी एक पुष्प का रज वहन करके दूसरों तक पहुँचा आता है। तितलियाँ नाचती फिरती हैं, चूम-चूमकर फूलों की बलाएँ लेती हैं। उनसे गले मिलती हैं, अपने रंग में उन्हें और उनके रंग में अपने को रंगती हैं और फिर न जाने कहाँ चक्कर काटती हुई चली जाती हैं। मधुमक्खी चुपचाप आती है, फूलों के साथ विहार करती है, उनसे रस संचय करती है, कुछ को पी जाती है, और कुछ को लिए सँभलती, बचती न जाने कहाँ से कहाँ पहुँच जाती है। यदि हम आँख उठाकर देखें तो अपने चारों ओर असंख्य कीट-पतंगों को, इसी प्रकार के कार्यों में रत पाएँगे। प्राणी ही नहीं यदि हम अन्तर्दृष्टि से काम लेंगे, तो पेड़ों और लता बेलियों क्या फूल-पत्तों तक में कामदेव के साथ रति-देवी विहार करती मिलेंगी, और वहीं रस रूप में शृंगार देव भी अपना प्रभाव विस्तार करते दृग्गोचर होंगे। वास्तविक बात यह है कि संसार में जो कुछ है, वह सब एक-दूसरे के साथ अदृश्य सूत्र से ग्रथित है। यह सम्बन्ध मानव बुद्धि से परे भले ही हो, किन्तु इस सम्बन्ध द्वारा कहीं ज्ञात और कहीं अज्ञात रूप से संसार का सृजनादि समस्त मंगलमूलक कार्य यथा काल होता रहता है। एक अँगरेज़ विद्वान कहता है–

> "All things by immortal power
> To each other linked are,
> Near or far, that thou canst not stir a flower.
> Hiddenly without troubling of a star."

"समस्त वस्तुएँ चाहे वे दूर-दूर हों, चाहे पास-पास, एक अनन्त शक्ति के द्वारा गुप्त रीति से एक-दूसरे से लगाव रखती हैं। तुम बिना एक सितारे को प्रभावित किए हुए, एक फूल को भी नहीं तोड़ सकते।" **–'सुधा' संख्या 24 पृ. 548**

शृंगार रस की व्यापकता का एक मनोहर चित्र प्रसंग सूत्र से कविकुलगुरु कालिदास ने अपने कुमारसम्भव नामक ग्रन्थ में बड़ी सहृदयता से अंकित किया है, उसको भी देखिए। जिस समय भगवान् भवानीपति पर आक्रमण करने के लिए, कुसुमायुध अपनी पूर्ण शक्ति का विस्तार कर प्रयाण करता है, उस समय की दशा का वर्णन वे यों करते हैं–

> **मधु द्विरेफः कुसुमैकपात्रे पपौ प्रियां स्वामनुवर्तमानः।**
> **शृंगेण च स्पर्शनिमीलिताक्षीं मृगीमकण्डूयत कृष्णसारः॥**
> **ददौ रसात् पंकजरेणुगन्धि गजाय गण्डूषजलं करेणुः।**
> **अर्द्धोपभुक्तेन बिसेन जायां संभावयामास रथांगनामा॥**
> **पर्याप्तपुष्पस्तवकस्तनाभ्यः स्फूरत् प्रवालोष्ठमनोहराभ्यः।**
> **लतावधूभ्यस्तरवोऽप्यवापुर्विनम्रशाखा भुजबंधनानि॥**

भ्रमरगण अपनी-अपनी प्रिया का अनुगामी बनकर एक पुष्परूप पात्र में मधुपान करने लगा, कृष्णसार मृगों ने अपने-अपने सीगों से मृगीगण के गात्र को खुजलाया, अतएव स्पर्श सुख से विमोहित होकर उन्होंने अपनी आँखें बन्द कर लीं। करिणीगण न पद्म-पराग से सुरभित सरोवर सलिल को करों के द्वारा कुंजर समूह को पिलाया और चकवा ने कमल नाल का एक टुकड़ा लेकर उसमें से आधा स्वयं खाया और आधा अपनी प्रियतमा को खिलाया। इतना ही नहीं, प्रभूत-पुष्प-स्तवक-स्तन और प्रवालोपम अधर-पल्लव से सुशोभित लता-वधूटियों ने भी अपनी आनत-शाखा-बाहु द्वारा पादप समूह को आलिंगन करना आरम्भ कर दिया।

कविकुलतिलक गोस्वामी तुलसीदास ने इस विषय का वर्णन जिस प्रकार किया है, वह भी दर्शनीय है—

सबके हृदय मदन अभिलाखा। लता निहारि नवहिं तरु शाखा।
नदी उमगि अंबुधि कहँ धाई। संगम करहिं तलाव तलाई।
जँह अस दसा जड़न कै बरनी। को कहि सकहि सचेतन करनी।
पसु पच्छी नभ जंल थल चारी। भये काम बस समय बिसारी।
देव दनुज नर किन्नर व्याला। प्रेत पिसाच भूत बैताला।
इनकी दसा न कहेउँ बखानी। सदा काम के चेरे जानी।

मैं समझता हूँ, अब तक जो शृंगार रस की व्यापकता के विषय में लिखा गया, वह पर्य्याप्त है। एक अँगरेज़ विद्वान की सम्मति और सुन लीजिए—

It is under the awakening of reporductive life that the fields put on their verdure; the flowers unfold their beauty and fragrance, the birds put on their brigthest plumage and sing their sweetest song while the chirp of the cricket, the note of the katy did, is but the call to its mate for the many tounged voices, which break the stillness of field and forest are lent myriad notes of love.

"सृजन सम्बन्धिनी प्रेरणाओं से जाग्रत होकर ही मैदान अपनी सब्जी दिखलाते हैं, फूल अपने सौन्दर्य्य और सुगन्ध को प्रकट करते हैं, पक्षीगण अपने चमकीले-से-चमकीले पर धारण करते हैं, तथा मधुर-से-मधुर गीत गाते हैं। झिल्ली की झंकार, कोयल की कूक अपने जोड़े के आह्वान के अतिरिक्त और कुछ नहीं है। मैदान और वनों की निस्तब्धता को भंग करनेवाले जो इन नाना प्रकार के पक्षियों के कलरव सुन पड़ते हैं, ये सब प्रेम के ही असंख्य गीत हैं।" **—मतिराम ग्रन्थावली की भूमिका पृ. 4**

शृंगार रस की प्रधानता

शृंगार रस की व्यापकता के विषय में जो कुछ लिखा गया उसे आपने अवलोकन कर लिया, दूसरी विशेषता इस रस में यह है कि यही सब रसों में प्रधान और आदिम माना जाता है—प्रकृतिवादकार लिखते हैं—

शृंगार—सं. पु. आद्यरस—ईहाते रति स्थायीभाव—पृ. 992।

हिन्दी शब्दसागर में शृंगार के विषय में यह लिखा गया है—

शृंगार—सं. पु. साहित्य के अनुसार नौ रसों में से एक रस जो सबसे अधिक प्रसिद्ध है, और प्रधान माना जाता है...इसका स्थायीभाव रति है।...यही एक रस है जिसमें संचारी विभाव, अनुभाव, सब भेदों सहित होता है, और इसी कारण इसे रसराज कहते हैं।

—**पृ. 3345**

आचार्य केशवदास कहते हैं—

नवहूँ रस को भाव बहु तिनके भिन्न विचार।
सब को केसवदास कहि नायक है सिंगार। —**रसिकप्रिया**

कविपुंगव देव कहते हैं—

भूलि कहत नव रस सुकवि सकल मूल सिंगार। —**कुशलविलास**

कविवर पद्माकर कहते हैं—

नव रस में सिंगार रस सिरे कहत सब कोय। —**जगद्विनोद**

भोजदेव अपने शृंगार प्रकाश नामक ग्रन्थ में लिखते हैं—

शृंगारवीरकरुणाद्भुतहास्यरौद्रबीभत्सवत्सलभयानकशांतनाम्नः ।
आश्नासियुर्दशरसान् सुधियोर्वदंति शृंगारमेव रसनाद्रसमामनामः ॥

शृंगार, तीर, करुण अद्भुत, हास्य, रौद्र, बीभत्स, वत्सल, भयानक और शान्त नामक दस रस बुद्धिमानों ने बतलाए हैं, किन्तु आस्वादन पर दृष्टि रखकर शृंगार ही रस माना जा सकता है।

प्रकृतिवादकार शृंगार को आद्य रस बतलाते हैं, कविपुंगव देव की सम्मति यह है कि सब रसों का मूल शृंगार है, अतएव लगभग दोनों का एक ही सिद्धान्त है। मैंने भी निरूपण में अग्निपुराण के आधार से यह प्रतिपादित किया है कि आद्य रस शृंगार ही है, और सब रसों की उत्पत्ति इसी से हुई है, अतएव शृंगार रस का प्राधान्य स्पष्ट है। कामदेव को शृंगारयोनि और शृंगारजन्मा कहते हैं, इसलिए काम का उत्पादक शृंगार है, यह स्वीकार करना पड़ता है। साहित्यदर्पणकार की भी सम्मति यही है, पहले के पृष्ठों में इसकी चर्चा

हो चुकी है। सृष्टि का सृजन काम पर ही अवलंबित है, ऐसी अवस्था में भी सब रसों में शृंगार को ही प्रधानता प्राप्त होती है।

मैंने स्थान विशेष में काम और रति को शृंगार का जनक और जननी भी लिखा है। कारण, भरत मुनि का यह वाक्य है–

'तत्र शृंगारो' नाम रतिस्थायिभावप्रभव उज्ज्वलवेशात्मकः।

'शृंगार' रति स्थायिभाव से उत्पन्न हुआ है, और उज्ज्वल वेशात्मक है।

जब शृंगार रति से उत्पन्न है, तो वह उसकी जननी हुई, और उसका पति कामदेव उसका जनक है–यह स्पष्ट है। किन्तु इस स्थान पर शृंगार से आद्य अथवा मूल शृंगार से नहीं, वरन् उस शृंगार से मतलब है, जिसको दंपत्ति का सम्मिलन अथवा स्त्री-पुरुष का सांसारिक सृजन सम्बन्धी कार्य कह सकते हैं। गोस्वामी तुलसीदास जी लिखते हैं–

जग पितु मातु महेस भवानी।
तेहि शृंगार न कहौं बखानी॥

यह शृंगार भी इतना व्यापक है कि प्राणियों क्या पेड़ों और लता वेलियों में भी उसकी उपस्थिति पाई जाती है। जनक ही जननी में पुत्र-रूप से उत्पन्न होता है, यह सभी जानता है, 'आत्मा वै जायते पुत्रः'।

महाभारतकार भी यही लिखते हैं–

आत्मात्मनैव जनितः पुत्र इत्युच्यते बुधैः।
तस्माद्भार्यां नरः पश्तेन्मातृवत्पुत्रमातरम्॥

बुद्धिमानों का कथन है कि आत्मा ही पुत्र रूप में उत्पन्न होती है, इसलिए नर को स्त्री को मातृ-रूप में देखना चाहिए, क्योंकि पुत्र की माता वही है। ऐसी अवस्था में मूल शृंगार से इस शृंगार में विशेष अन्तर नहीं पाया जाता, फिर भी कुछ अन्तर अवश्य है। इसी अन्तर पर दृष्टि रखकर काम को उसका जनक और रति को उसकी जननी माना जाता है। अस्तु।

हिन्दी शब्दसागरकार कहते हैं कि इसी एक रस में सब संचारी भाव विभावों एवं अनुभावों सहित आते हैं, इसीलिए इसे रसराज कहते हैं। मैं भी इस सिद्धान्त को मानता हूँ, परन्तु कुछ लोगों की सम्मति है कि सब संचारी भाव शृंगार रस में नहीं आते। साहित्यदर्पणकार लिखते हैं–

त्यक्त्वौग्रयमरणालस्यजुगुप्सा व्यभिचारिणः।

उग्रता, मरण, आलस्य और जुगुप्सा को छोड़कर सब व्यभिचारी अथवा संचारी भाव इसमें आते हैं।

महामुनि भरत लिखते हैं—

'व्यभिचारिणस्त्रासालस्योग्रयजुगुप्सा वर्जम्'।

व्यभिचारियों में त्रास, आलस्य, उग्रता और जुगुप्सा शृंगार में नहीं आते।

साहित्यदर्पणकार ने त्रास नहीं रखा। उसके स्थान में मरण रखा है। शेष त्यज्य संचारी भावों के विषय में दोनों आचार्यों की एक सम्मति है।

मैं देखना चाहता हूँ कि जिन संचारी भावों को त्यज्य बतलाया गया है, साहित्यकार उनका प्रयोग शृंगार रस में करते हैं या नहीं। पहले तो यही देखिए कि जिस मरण संचारी को सर्वथा अमंगलमूलक माना है, जिसके विषय में साहित्यदर्पणकार यह लिखते हैं—

'रसविच्छेदहेतुत्वान्मरणं नैव वर्ण्यते'।

'रस का विच्छेदक होने के कारण शृंगार रस का वर्णन नहीं किया जाता, वही मरण काम दशा की दश दशाओं में से एक है, क्योंकि अन्तिम अवस्था वही है।' फिर उसका वर्णन शृंगार में क्यों न होगा। यद्यपि वे लिखते हैं—

जातप्रायं तु तद्वाच्यं चेतसा कांक्षितं तथा।
वर्ण्यतेऽपि यदि प्रत्युज्जीवन स्याददूरतः॥

"मरण तुल्य दशा का वर्णन कर देना चाहिए, और चित्त से आकांक्षित मरण का भी वर्णन कर देना चाहिए। यदि फिर शीघ्र ही पुनर्जीवित होना हो तो मरण का भी वर्णन कर देते हैं।"

विशेष दशा में ही सही, किन्तु यदि मरण का वर्णन किया जाता है, तो शृंगार रस में उसका वर्णन हो गया, फिर उसका त्याग कहाँ हुआ? चित्त से आकांक्षित मरण भी मरण दशा का वर्णन ही है, चाहे उसमें अधिक रस-विच्छेद भले ही न होता हो। भारतेन्दु जी के निम्नलिखित पद्य में इसी भाव की व्यंजना है, परन्तु है मरण का ही वर्णन—

'एहो प्रानप्यारे बिन दरस तिहारे भये,
मुये हूँ पै आँखें ए खुली ही रह जायँगी॥'

कुछ लोगों की यह सम्मति है कि यदि यह बात सत्य है कि वियोग जनित पीड़ाधिक्य मरण का कारण भी होता है, तो उसका वर्णन क्यों न किया जावे। वियोग की वास्तविक अन्तिम दशा पर दृष्टि रखकर ही आचार्यों ने मरण को काम की दश दशा में स्थान दिया है, फिर उसकी उपेक्षा क्यों? कविवर बिहारीलाल ऐसे ही विचारवालों में ज्ञात होते हैं। उन्होंने निम्नलिखित पद्य में मरण का वर्णन किया है—

कहा कहौं वाकी दसा हरि प्रानन के ईस।
बिरह ज्वाल जरिबो लखे मरिबो भयो असीस॥

फ़ारसी के कवि और उन्हीं की देखा-देखी उर्दू के कवि मरण दशा का वर्णन बड़े जोश-खरोश के साथ करते हैं। मरण समय की समस्त वेदनाओं, उस काल की अदर्शनीय यन्त्रणाओं, पीड़ाओं और बीभत्सकाण्डों को मजे ले लेकर कहते हैं। क़ब्र में की आरज़ूओं और तमन्नाओं को दिल खोलकर सामने रखते हैं। क़तल के वक्त के तमाम नज़ारों को इस तरह क़लमबन्द करते हैं कि उस समय का दृश्य आँखों के सामने आ जाता है, फिर भी अमंगल कामना उनके हृदय में घर नहीं करती—इसको विचार-विभिन्नता छोड़ और क्या कहें। कुछ उनकी तबीयतदारी देखते चलिए—

लाश पर इबरत यह कहती है 'अमीर'
आये थे दुनिया में इस दिन के लिये॥
क़रीबे क़ब्र हम आये कहाँ-कहाँ फिर कर।
तमाम उम्र हुई जब तो अपना घर देखा॥
खुशी न हो मुझे क्योंकर कजा के आने की।
खबर है लाश पर उस बेवफ़ा के आने की॥
लगी ठोकर जो पाये दिलरुबा की।
महीनों तक मेरी तुरबत हिला की॥
कहते हैं आज 'ज़ौक़' जहाँ से गुज़र गया।
क्या खूब आदमी था खुदा मग़फ़रत करे॥

प्रयोजन यह कि किसी प्रकार हो, परन्तु मरण दशा का वर्णन शृंगार रस में होता है। शृंगार रस के स्तम्भ, रोमांच, स्वरभंग, कंप और वैवर्ण्य का भय अथवा त्रास भी हेतु होता है। प्रायः आलस्य ही जृंभा का कारण होता है, ये सब सात्विक भाव हैं। बिब्बोक हाव शृंगार के ही अन्तर्गतं है, इसमें जुगुप्सा और उग्रता दोनों संचारी भाव पाए जाते हैं, इसके अतिरिक्त प्रौढ़ा अधीरा मानिनी नायिकाओं के हृदय में भी अनेक अवसरों पर दोनों संचारी भाव बड़े उग्र रूप में प्रकट होते हैं—कुछ प्रमाण लीजिए—

"नख ते सिख लौं पट नील लपेटे लली सब भाँति कँपै डरपै।
मनो दामिनि सावन के घन मैं निकसै नहीं भीतर ही तरपै।"
भई भीति बस, प्रीति बस, किधौं भयो पवि पात।
उर धरकत, थरथर कँपत, कत तिय तेरो गात॥
दर दर दौरति सदन दुति सम सुगन्ध सरसाति।
सेज परी आलस भरी तोरति अंग जम्हाति॥
जैहै जो भूखन काहू तिया को तो मोल छला के लला न बिकैहै
छैल छबीले छुओगे जो मोहिं तो गात मैं मेरे गुराई न रैहै।

रहे देखि दृग हैं कहाँ? तोहि न लाज की छूत।
मैं बेटी वृषभानु की, तू अहीर को पूत॥
कत मो ढिग आवत रहत बकत कहा बेकाज।
तो पे कहा परी न जो गिरी लाज पै गाज॥

ऐसी दशा में यह स्वीकार करना पड़ता है कि जो वर्जित संचारी भाव हैं, प्रयोजनवश वे भी उसमें गृहीत होते हैं, फिर यह क्यों न माना जाय कि इस रस में सब संचारी भाव आते हैं। वास्तविक बात तो यह है कि जीवन-सम्बन्धी घटनाओं का जितना अधिक सम्बन्ध श्रृंगार से है, अन्य रसों से नहीं। दाम्पत्य-जीवन में घटना सूत्र से जितनी मानसिक वृत्तियों का विकास एवं विविध नायिकाओं के आधार से जितने भावों का आविर्भाव श्रृंगार रस में होता है, अन्य रसों में हो ही नहीं सकता, क्योंकि प्रायः नूतन घटनाएँ उनमें संघटित नहीं होतीं, इसलिए उनमें समस्त संचारी भाव आ ही नहीं सकते। और रसों से श्रृंगार रस की यह बहुत बड़ी विशेषता है, इसलिए उसे रसराज माना जाता है। यह भी उसकी प्रधानता की ही दलील है।

श्रृंगार रस के ग्रन्थों में जहाँ रसों का वर्णन किया गया है, वहाँ सब रसों के संचारी भावों का निर्देश मिलता है। श्रृंगार रस को छोड़कर शेष आठ रसों में प्रत्येक के आधे से भी कम संचारी भाव आते हैं, किसी-किसी में तो चार-पाँच ही। इसीलिए भोजदेव कहते हैं कि रसन शक्ति जैसी श्रृंगार रस में है और जैसा आस्वादित वह होता है अन्य रस नहीं। मैं पहले बतला आया हूँ कि संसार के प्राणि-मात्र इस रस के रसिक हैं। क्योंकि जैसी ही इसकी विस्तृत व्यापकता है वैसा ही विस्तृत इसका आस्वादन है। शान्त रस का स्वाद पशु-पक्षी, कीट-पतंग को क्या मिलेगा। हास्य मनुष्य को छोड़कर संसार के किसी प्राणी में नहीं मिलता। विश्व का वैचित्र्य विस्मयमूलक है, यह निश्चय ही अद्‌भुत रस का जनक है। इस विस्मय का बोध पशु-पक्षी आदि को नहीं होता, क्योंकि इसका लक्षण उनमें नहीं देखा जाता। प्रातः काल की विलक्षणता पक्षियों को विमुग्ध नहीं करती, वरन, उसका सौन्दर्य्य। इसी प्रकार मयूर मेघ की छटा और पिक कुसुमाकर का विकास अवलोकन कर मत्त होता है, उनका वैचित्र्य देखकर नहीं। मल-मूत्र अथवा निन्दनीय पदार्थ देखकर घृणा करना मनुष्य की प्रकृति है, अन्य प्राणियों में यह अनुभव शक्ति नहीं होती, इसलिए बीभत्स रस के पात्र भी वे नहीं होते। पक्षियों में स्वच्छ रहने की प्रकृति देखी जाती है, किसी किसी पशु में भी, किन्तु इसका हेतु मल से घृणा नहीं, सौन्दर्य्य-प्रियता है, जिसका आधार श्रृंगार है। पशु पक्षियों में, कई एक जलचर जन्तुओं में शोक की मात्रा पाई जाती है, शोक करुण रस का स्थायीभाव है, अतएव इन सबों में करुण रस का अभाव नहीं माना जा सकता, परन्तु मनुष्य जाति में यह रस जिस परिष्कृत और व्यापक रूप में है, जैसा आस्वादन इस रस का वह करता है, अन्य नहीं। वीर और रौद्र रस के विषय में भी यही

बात कही जा सकती है, जिनके स्थायीभाव उत्साह और क्रोध हैं। चींटी भी दबने पर काटती है, और उत्साह की तो वह मूर्ति होती है, परन्तु उनके क्रोध में क्षमा को स्थान नहीं और न उनके उत्साह में परहित-परायणता है, अतएव इन दोनों रसों का आस्वादन भी जितना मनुष्य करता है, अन्य प्राणी नहीं; परन्तु प्रश्न यह है कि विशेषता लाभ करने पर भी क्या मानव करुण, रौद्र एवं वीर का उतना ही आस्वादन करता है, जितना शृंगार रस का? यदि नहीं तो अन्य प्राणियों का जीवन शृंगार-रस-सर्वस्व क्यों न होगा। हाँ, भय ही एक ऐसा रस है जिसका आस्वादन प्राणिमात्र को समान भाव से होता है। कहा भी है, 'आहारनिद्राभयमैथुनं च सामान्यमेतत् पशुभिर्नराणाम्' परन्तु जैसा सहचर शृंगार रस है, भय नहीं। भय कभी होता है, कभी नहीं। उसका विकराल मुखमंडल सदा नहीं डराता रहता, परन्तु शृंगार रस में सौन्दर्य्य का विकास कब नहीं लुभाता। यह बात समस्त प्राणियों के विषय में कही जा सकती है।

जब इन बातों पर दृष्टि दी जाती है, तब यह स्वीकार करना पड़ता है कि वास्तव में जितना व्यापक, उदात्त एवं सर्वदेशी, शृंगार रस का आस्वादन है, अन्य रसों का नहीं। यह भी उसकी प्रधानता का असाधारण प्रमाण है। फिर भी कुछ बातें ऐसी हैं, जिन पर और विचार होना आवश्यक है। साहित्यदर्पणकार के पितामह यह कहते हैं–

रसे सारश्चमत्कारः सर्वत्राप्यनुभूयते।
तच्चमत्कारसारत्वे सर्वत्राप्यद्भुतोरसः॥
तस्मादद्भुतमेवाह कृती नारायणो रसम्॥

उत्तर रामचरितकार यह लिखते हैं–

एको रसः करुण निमित्तभेदाद्भिन्नः पृथकपृथगिवाश्रयते विवर्त्तन्।
आवर्त्तबुद्बुद्तरंगमयान् विकारानम्भो यथा सलिलमेव हि तत्समस्तम्॥

इसी प्रकार कोई हास्य को प्रधानता देता है, और कोई शान्त को। एक विद्वान् ने भक्ति को रस मानकर उसी को सब में प्रधान बतलाया है।

सब रसों में चमत्कार साररूप से प्रतीत होता है, इसलिए सर्वत्र अद्भुत रस पाया जाता है, इस सिद्धान्त पर दृष्टि रखकर पण्डितप्रवर नारायण एक अद्भुत रस को ही स्वीकार करते हैं। प्रत्येक रस जब पूर्ण विकसित अवस्था में होता है, तभी उसकी रस संज्ञा सार्थक होती है। यदि करुण रस विकास प्राप्त है, तो अवश्य शोक स्थायी भाव प्रबल होगा, ऐसी दशा में यदि चमत्कार के आधार विस्मय ने आकर उसको दबा दिया तो करुण का स्थान अद्भुत ने ग्रहण कर लिया, उसको रसत्व प्राप्त ही नहीं हुआ, फिर उसकी सत्ता कैसे लोप हुई। दूसरी बात यह कि यदि पूर्णता प्राप्त करुण रस में चमत्कार का भी प्रवेश हो गया, तो विस्मय के आधार से अद्भुत रस उसका सहकारी मात्र होगा, इसलिए उसका

स्थायी भाव, संचारी बन जावेगा, तब उसको रसत्व प्राप्त ही न होगा, फिर वह प्रधान कैसे बन बैठेगा। ऐसी दशा में पण्डित जी का कथन युक्ति संगत नहीं। आशा है, यह बात समझ में आ गई होगी। इस विषय में श्रीमान् पण्डित रामचन्द्र शुक्ल ने अपने 'काव्य में रहस्यवाद' नामक ग्रन्थ के पृष्ठ 67 में जो लिखा है, वह नीचे उद्धृत किया जाता है; उससे भी मेरे कथन की पुष्टि होती है।

"पण्डित (नारायण पण्डित) ने इस बात पर ध्यान न दिया कि रस के भेद प्रस्तुत वस्तु या भाव के विचार से किए गए हैं, अद्भुत या साधन के विचार से नहीं। शृंगार रस की किसी उक्ति में उसके शब्द विन्यास आदि में जो विचित्रता होगी, वह वर्णनप्रणाली की विचित्रता होगी, प्रस्तुत वस्तु या भाव की नहीं। अद्भुत रस के लिए स्वतः आलंबन विचित्र अथवा आश्चर्य्यजनक होना चाहिए। शृंगार का वर्णन कौतुकी कवि लोग कभी-कभी वीर रस की सामग्री अलंकार रूप में रख किया करते हैं। क्या ऐसे स्थानों पर शृंगार रस न मानकर वीर रस मानना चाहिए?"

करुण रस में विषय में उत्तररामचरितकार ने जो लिखा है, उसके प्रतिपादन में उन्होंने कोई युक्ति नहीं दी। वे केवल इतना ही कहते हैं :

'एक करुण रस ही निमित्त भेद से भिन्न होकर पृथक-पृथक परिणामों को ग्रहण करता है, जल में आवर्त्त, बुद्बुद, तरंगादि जितने विकार हैं, वे समस्त सलिल ही होते हैं।'

करुण रस का स्थायी भाव शोक है, शोक उसी के विषय में होता है, जिससे रति अर्थात प्रीति है। प्रीति के अभाव में शोक हृदय में स्थान पा नहीं सकता। जब हम किसी प्राणी को कष्ट में देखते हैं, अथवा उसको विपन्न पाते हैं, तो हमारे हृदय में शोक का आविर्भाव इसलिए होता है, कि उसमें हमारी ममता होती है। ममता ही प्रेम, प्रीति अथवा स्नेह की जननी है। यही प्रीति जब द्रवणशीला होती है, तब दया कहलाती है; करुणा अधिकतर दयावलंबिनी होती है, इसलिए यह मानना पड़ेगा कि प्रीति के अभाव में करुणा का जन्म ही न होगा, फिर उसका विकार प्रीति कैसे होगी? यदि कहा जावे कि प्राणी होने के नाते प्राणियों में स्वाभाविक आत्मीयता हो सकती है, किन्तु अनेक अवसरों पर वेलि, लता, पुष्पादि की दशा पर क्यों करुणा होती है? तो इसका उत्तर यह है कि मनुष्य ने उन्हीं में से होकर मानव-जीवन लाभ किया है, अतएव उनके साथ भी उसकी स्वाभाविक ममता होती है। प्राणि-शास्त्र-विशारद आज इस बात को मुक्त कण्ठ से स्वीकार करते हैं। दूसरी बात यह है कि वनस्पतियों से मनुष्य जाति का बड़ा उपकार होता है, वे उसके चिर सहचर हैं, उनका प्रत्येक अंश उसके काम आता है। उनके पत्र पुष्प संसार सौन्दर्य्य के सर्वस्व हैं, उनकी हरियाली लोकलोचन विभूति है, ऐसी दशा में मनुष्य जाति का उनसे स्नेह होना स्वभावसिद्ध है।

फिर उनको म्लान और विपन्न देखकर उसका हृदय सकरुण हो तो क्या आश्चर्य! रति से करुण रस की उत्पत्ति मैं पहले भी सिद्ध कर चुका हूँ। इसलिए शृंगार रस की उत्पत्ति करुण रस से किसी प्रकार स्वीकृत नहीं हो सकती। अन्य रसों के बारे में भी ऐसी बातें कही जा सकती हैं, परन्तु यह प्रस्तुत विषय नहीं है, इसलिए छोड़ता हूँ।

हास्य रस के विषय में मैं पहले लिख आया हूँ कि वह मनुष्य तक परिमित है, इसलिए न तो वह शृंगार रस के इतना व्यापक है और न उनके इतना आस्वादित होता है, उसमें सृजन शक्ति भी नहीं है, अतएव वह अपूर्ण और गौणभूत है। यदि शृंगार रस जीवन है तो वह है आनन्द, यदि वह प्रसून है तो यह विकास; जिससे दोनों में आधार आधेय का सम्बन्ध पाया जाता है, आधेय से आधार का प्रधान होना स्पष्ट है। किसी-किसी का यह तर्क है कि शृंगार रस यौवन तक परिमित है, परन्तु हास्य रस समान भाव से बाल्यावस्था, यौवन और वृद्धावस्था तीनों में उदित रहता है, इसलिए शृंगार पर उसकी प्रधानता क्यों न मानी जावे। इस विचार में एक देश-दर्शन है, क्योंकि शृंगार का एकदेशी रूप सामने रखा गया है। तर्ककर्त्ता ने सर्वदेशी शृंगार रस के व्यापक रूप पर दृष्टि डाली ही नहीं। यदि उसके उद्दीपन विभावों को ही सामने रखा जाता तो ऐसी बात न कही जाती। क्या मलयानिल युवकों को ही मुग्ध बनाता है, बाल-वृद्ध को नहीं? क्या हँसता हुआ मयंक, रस बरसाते हुए घन, पुष्प-संभार-विलसित वसन्त, पपीहे की पिहक, कोकिल की काकली और मयूर का नर्त्तन, बालक और वृद्ध को आनन्द निमग्न करने की सामग्री नहीं है? क्या ललनागण का सौन्दर्य्य वृद्धजनों को विमुग्ध नहीं बनाता; क्या उनका मधुरालाप, उनका मनोहर कण्ठ और उनका स्वर्गीय गान, उनकी सूखी धमनियों में रक्त का संचार नहीं करता? क्या बालिकाओं के भोले-भाले रूप का बालकों पर कुछ प्रभाव नहीं पड़ता? क्या वे उनकी ललित लीलाओं पर मोहित नहीं होते? फिर इस प्रकार की अनर्गल बातों का क्या अर्थ? किसी-किसी का यह कथन भी है, कि जीवन सुख-दुःख पर ही अवलंबित है, दुःख का रोदन और सुख का हास संबल है। इसलिए जीवन का सम्बन्ध जितना करुण रस और हास्य से है, अन्य किसी रस से नहीं। किन्तु शृंगार के अस्तित्व में आए बिना दुःख-सुख की कल्पना हो ही नहीं सकती; अग्निपुराण के आधार से यह बात प्रतिपादित हो चुकी है और किस प्रकार शृंगार से हास्य रस और करुण रस की उत्पत्ति होती है, यह भी बतलाया जा चुका है। फिर इस प्रकार की आपत्तियाँ कहाँ तक संगत हैं। मेरा विचार है जिस पहलू से विचार किया जावेगा, शृंगार पर हास्य को प्रधानता न मिल सकेगी।

शान्त रस की कल्पना त्याग और विरागमय है। मनुष्य को छोड़कर अन्य प्राणियों में इस भाव का अभाव है। मनुष्यों में भी इने-गिने लोगों में ही इसका यथार्थ विकास देखा जाता है। अन्तर्जगत से इसका जितना सम्बन्ध है, उतना बाह्य जगत से नहीं। संसार क्षेत्र में जितना कार्य शृंगार का है, शान्त का नहीं। इसीलिए महात्मा भरत ने इसकी गणना

रसों में नहीं की, उन्होंने आठ रस ही माने हैं। बाद के आचार्य्यों ने इसकी गणना रसों में की है, किन्तु किसी ने उसको सर्वप्रधान रस बनाने की चेष्टा अब तक नहीं की, इसलिए मैं भी इस बात को नहीं उठाना चाहता। अब रहे वीर, रौद्र, भयानक और बीभत्स। बीभत्स और भयानक 'यथा नामस्तथा गुणः' हैं, उनकी चर्चा ही क्या। पहले मैं यह लिख भी आया हूँ कि इनसे शृंगार में क्या विशेषता है, इसलिए इनको छोड़ता हूँ। वीर और रौद्र रस प्रधान रसों में हैं। वीर का स्थायी भाव उत्साह और रौद्र का क्रोध है। प्राणी मात्र के जीवन के लिए दोनों की बड़ी आवश्यकता है। क्रोध के अभाव में आत्मसंरक्षण नहीं हो सकता और उत्साह के अभाव में जीवन यात्रा का यथार्थ निर्वाह नहीं हो पाता। वीर भाव जीवन को जाग्रत और रौद्र भाव उसको सतर्क रखता है। संसार-कार्य-क्षेत्र उत्साह से हरा-भरा है और क्रोध से सुरक्षित। संसार की शान्ति वीरता का मुख देख जीती है और विश्व के दुर्जन, क्रोध की लाल आँखें देख कम्पित होते हैं। वीर के गले के विजय हार से वसुंधरा सुगन्धित है और रौद्र की रक्त रंजित तलवार से दानवी कदाचार कुण्ठित। उत्साह हो चाहे क्रोध, वीर रस हो चाहे रौद्र रस, उनके जो सन्देश अथवा लोकोपकारक भाव हैं, उनमें जो पवित्रता, उत्तमता, उज्ज्वलता और दर्शनीयता है वे सब शृंगार समर्पित विभूतियाँ हैं, शृंगार द्वारा ही वे उन्हें प्राप्त हुई हैं, क्योंकि 'यत्किञ्चिल्लोके शुचिमेध्यमुज्ज्वलं दर्शनीयं वा तच्छृंगारेणोपमीयते।' ऐसी अवस्था में शृंगार ही उनका शृंगारक और उस हेतु का मूल है, जिसके लिए मंगलमय विश्व में उनकी सृष्टि हुई। अतएव इन दोनों रसों को भी शृंगार से प्रधानता नहीं मिल सकती।

किसी-किसी ने वात्सल्य रस को दसवाँ रस माना है और कुछ लोगों ने भक्ति को रस में परिगणित करने की चेष्टा की है। इतना ही नहीं, इनको सर्वप्रधान भी कहा गया है। वात्सल्य रस शीर्षक एक बहुत बड़ा लेख आगे आप लोगों को मिलेगा। मैंने उसमें इन दोनों के रसत्व के विषय में बहुत कुछ लिखा है, परन्तु इनको रसों में स्थान नहीं दे सका। कारण इसका यह है कि वत्सलता एवं भक्ति रति का ही एक रूप है। माँ की संतान विषायेणी रति वत्सलता है और भक्तों की ईश्वर विषयिणी रति भक्ति। इसलिए इनमें परस्पर ऐसी भिन्नता नहीं कि इनको अलग एक रस माना जावे। ज्ञात होता है, प्राचीन बड़े-बड़े आचार्य्यों ने भी यही विचार कर वत्सलता और भक्ति को अलग रस नहीं माना। रति की व्यापकता कितनी है, मैं भली-भाँति इसका प्रतिपादन कर चुका हूँ, ऐसी अवस्था में भक्ति का अथवा वात्सल्य रस का उसमें अन्तर्भाव होना असंगत नहीं। जन साधारण अथवा मानव की प्रीति ही यथा काल व्यापक होकर ईश्वरीय प्रेम अथवा भक्ति में परिणत होती है, यह भी एक अनुभूत सिद्धान्त है। उसमें भी भक्ति और रति की एकता ही निश्चित होती है, मात्रा में भले ही कुछ अन्तर हो। इस सिद्धान्त पर उपनीत होने पर उस विवाद का निराकरण हो जाता है, जो वात्सल्य और भक्ति को अलग रस मानने में

उत्पन्न होता है। क्योंकि जब वे शृंगार के ही अंगभूत हैं तो फिर उनमें परस्पर प्रधान और अप्रधान होने का तर्क कैसा? एक प्रकार से और इस विषय को देखिए। देव विषयिणी रति को आचार्यों ने भाव माना है, इसलिए ईश्वर विषयक रति भी भाव है, पुत्र-प्रेम को भी भाव ही कहा गया है—काव्यप्रकाशकार कहते हैं—

"रतिर्देवादिविषया व्यभिचारी तथाञ्जितः। भावः प्रोक्तः
आदिशब्दान्मुनिगुरुनृपपुत्रादिविषया॥"

काव्यप्रकाश के टीकाकार लिखते हैं—**"अनुभावादिभिरपुष्टयाश्च न रसत्वं किंतु भावत्वमेवेति भावः।"** अनुभावादि से जो अपुष्ट होते हैं उनको रसत्व नहीं प्राप्त होता, वे भाव ही रहते हैं। ऐसी दशा में भाव से रस का स्थान ऊँचा हुआ। यदि देव एवं पुत्र रति की गणना भाव ही में है, जैसा कि ऊपर के वाक्यों से सिद्ध होता है, तो भी शृंगार रस को वात्सल्य भाव और भक्ति (देव रति) पर प्रधानता ही मिलती है। अब तक जो कुछ कहा गया उससे शृंगार रस की प्रधानता ही प्रतिपादित हुई, और यही इष्ट था।

शृंगार रस का साहित्य

'साहित्य भावः साहित्यिम्' जिसमें सहित का भाव हो, उसको साहित्य कहते हैं। इस सहित की व्याख्या क्या है? उसे 'हिन्दी शब्दसागर' के निम्नलिखित अवतरण में देखिए—

साहित्य—संज्ञा पुं. (संस्कृत) (1) एकत्र होना, मिलना, मिलन। (2) वाक्य में पदों का एक प्रकार का सम्बन्ध जिसमें वे परस्पर अपेक्षित होते हैं और उनका एक ही क्रिया से अन्वय होता है। (3) किसी एक स्थान पर एकत्र किए हुए मिलित उपदेश, परामर्श या विचार आदि। लिपिबद्ध विचार या ज्ञान (4) गद्य और पद्य सब प्रकार के उन ग्रन्थों का समूह जिनमें सार्वजनिक मानव भाव बुद्धिमत्ता तथा व्यापकता से प्रकट किए गए हों।

—पृ. 3526

प्रकृतिवाद में साहित्य शब्द का यह अर्थ लिखा है—

साहित्य—(सहित + य—भावे इत्यादि) सं. क्वी. संसर्ग, मिलन। शब्द शास्त्र, काव्य शास्त्र, सम्बन्ध विशेष, एकक्रियान्वयित्व।

शब्दविवेककार कहते हैं—

परस्परं सापेक्षाणां तुल्यरूपाणां युगपदेकक्रितान्वयित्वं साहित्यम्।

शब्दकल्पद्रुमकार कहते हैं—

तुल्यवदेकक्रियान्वयित्वं बुद्धिविशेषविषयित्वं वा साहित्यम्।

शब्द-शक्तिप्रकाशिकाकार कहते हैं—

मनुष्यकृतः श्लोकमयग्रन्थविशेषः साहित्यम् ।

कवीन्द्र रवीन्द्र क्या कहते हैं, उसे भी सुनिए–

साहित्य का विषय मानव हृदय एवं मानव चरित्र है।

'मानवचरित्र ही नहीं। वस्तुतः वही प्रकृति और मानवचरित्र मनुष्य के हृदय में अनुक्षण जो आकार धारण करता है, जो संगीत ध्वनि करता रहता है, भाषा रूप में परिणत वह चरित्र तथा वह गान ही साहित्य कहलाता है।'

–साहित्य पृ. 5

संसार सौन्दर्य्यमय है, हमारी दृष्टि जिधर जाती है, उधर ही सौन्दर्य्य का विकास दृष्टिगत होता है। आकाश के उज्ज्वल नक्षत्र यदि अन्तस्तल में अद्‌भुत भाव उत्पन्न करते हैं, हृदय को विमुग्ध रखते हैं, तो धरातल के कुसुम कदम्ब, हरे-भरे वृक्ष, ललित लतिकाएँ और तरह-तरह के दूसरे दृश्य मानसों को कम विमोहित नहीं बनाते। इतना ही नहीं, ललनाओं का लावण्य, बालकों का लोकमोहन रूप, उनकी कलित ललित क्रीड़ाएँ, पक्षियों का सुन्दर आकार प्रकार, उनका लोकोत्तरगान, नाना सुस्वरूप पशु वृन्द का केलि-कलाप, अनेकानेक कीट पतंगों का अद्‌भुत चित्रण, उनके विविध विहार, किसके मन नयन में घर नहीं करते? सुन्दर समय, ऋतुओं का मनोहर विकाश, सुसज्जित उद्यान, बाग-बगीचे और रमने, सैकड़ों हास-विलास के उपस्कर, मन के विचार और नाना मोहक भाव, हृदय का सौन्दर्य्य, मनोमुग्धकर आलाप किसको आनन्द में निमग्न नहीं कर देते? इन सांसारिक सुन्दर से सुन्दर बाह्य एवं आन्तरिक दृश्यों को देखकर लोग मोहित और आनन्दित ही नहीं होते, उल्लसित भी होते हैं। उस दशा में जो भाव हृदय में उत्पन्न होते हैं, जो रस सोत की लहरें मानसों में उठती हैं, आनन्द उद्‌गार के स्वरूप में बाहर निकलने का उद्योग करती हैं। यही उनका शाब्दिक रूप है। किसी विशेष सहृदय द्वारा वे जब पद्य रूप में परिणत हो जाती हैं, कविता कहलाती हैं। गद्य में भी वे लिखी जाती हैं, किन्तु गद्य से उनका पद्य रूप विशेष मोहक होता है, क्योंकि उनमें संगीत होता है। कवि-कर्म्म ही काव्य है और काव्य ही साहित्य। बाह्य जगत में अन्तर्जगत का कवि कर्म्म और साहित्य कम विमोहक और विलक्षण नहीं होता। इसीलिए उच्च कोटि का साहित्य वही माना जाता है, जिसमें दोनों ही का सुन्दर वर्णन और विश्लेषण हो। कवीन्द्र रवीन्द्र की उक्ति का मर्म, व हिन्दी शब्दसागर के कथन का निचोड़ यही है।

जब मैं संस्कृत भाषा के साहित्य ग्रन्थों को उठाकर देखता हूँ, महाभारत से महान और विशालकाय एवं वाल्मीकि रामायण से मधुर और सरस ग्रन्थों का अवलोकन करता हूँ, कपिपुंगव कालिदासादि के काव्य ग्रन्थों, महान विद्वान् मम्मट आदि के रस अलंकारादि सम्बन्धी रीति ग्रन्थों पर दृष्टिपात करता हूँ, पुराणों और आख्यान पुस्तकों को पढ़ता हूँ, तो सबमें शृंगार रस की धारा प्रखर वेग से बहती मिलती है और सबों में ही वह ओत-प्रोत

पाया जाता है। कारण इसका यह है कि सांसारिक जीवन शृंगार सर्वस्व है। सांसारिकता का आधार गार्हस्थ्य जीवन है, गार्हस्थ्य जीवन पुत्र-कलत्रावलंबित है, पुत्र-कलत्र मूर्तिमंत शृंगार है, अतएव सांसारिकता का संबल शृंगार है। विश्व के जितने आहार-विहार उपादेय हैं, जितने हास-विलास वांछनीय हैं, जितने केलिकलाप कमनीय हैं, जितनी लीलाएँ लोकप्रिय एवं ललित हैं, जितने आचार-विचार और व्यवहार प्रशंसनीय हैं, उनमें से अधिकांश शृंगार रस के अन्तर्गत हैं, इसीलिए उक्त समस्त ग्रन्थों में उसका ही पूर्ण प्रसार देखा जाता है। कवीन्द्र रवीन्द्रनाथ एक स्थान पर कवि और महाकवि पर विचार करते हुए अपने प्राचीन साहित्य नामक ग्रन्थ (पृ.1-2) में यह लिखते हैं–

"काव्य को दो भागों में बाँटा जा सकता है, किसी काव्य में अकेले कवि की बातें होती हैं और किसी काव्य में बृहत् सम्प्रदाय का इतिवृत्त। अकेले कवि की बातें कहने का यह भाव नहीं कि वह अन्य लोगों के लिए ज्ञेय नहीं। यदि ऐसा होता, तो उसे पागलपन कहा जाता। उसका यह अर्थ है कि कवि में ऐसी क्षमता है कि जिसके भीतर से उसके सुख-दुःख, उसकी कल्पना और उसके जीवन की अभिज्ञता के सहारे, विश्वमानव का चिरन्तन हृदयावेग और जीवन-सम्बन्धी मर्म-कथा अपने आप प्रकट हो उठती है।"

'जैसे एक प्रकार के कवि हैं; वैसे ही दूसरे प्रकार के कवि हैं, जिनकी रचना के भीतर से समग्र देश, समग्र युग, अपने हृदय की अभिज्ञता को प्रकट करके उसको मानव जाति की चिरकालिक सामग्री बना देता है।

'इस दूसरे प्रकार के कवि को महाकवि कहा जाता है। समग्र देश और समग्र जातियों को सरस्वती इसका सहारा ग्रहण कर सकती है। ये लोग जो रचना करते हैं उनको किसी व्यक्ति विशेष की रचना नहीं कहा जा सकता। ज्ञात होता है मानों वह किसी विशाल वृक्ष के समान देश के भूतल जठर से उत्पन्न होकर उसी देश को ही आश्रयच्छाया प्रदान करते हैं। शकुन्तला और कुमारसंभव में विशेष भाव से कालिदास की निपुण लेखनी का परिचय मिलता है। किन्तु रामायण और महाभारत के विषय में यह ज्ञात होता है कि पुण्यसलिला भगवती भागीरथी और अचल हिमाचल के समान वे भारत की ही सम्पत्ति हैं–व्यास एवं वाल्मीकि उपलक्षण मात्र हैं।"

कविवर रवीन्द्रनाथ ने जो कवि और महाकवि की विशेषता बतलाई है, उससे आपको उन लोगों का महत्त्व भली-भाँति अवगत हो गया होगा, जो संस्कृत-साहित्य के कर्त्ता हैं। कवि होना ही दुस्तर है, महाकवि होना तो 'नाल्पतपसः फलम्' है। ऐसे वन्दनीय कवियों और महाकवियों की रचनाओं में भी जो शृंगार रस का आधिक्य है, उसका क्या कारण? जो पुण्यश्लोक हैं, आर्य आदर्श के स्तम्भ हैं, इस तमसाच्छन्न काल में भी जो आलोक विकीर्ण कर हमको पथ-भ्रान्त नहीं होने देते, क्या उन्होंने बहककर ऐसा किया है? ऐसी कल्पना तो स्वप्न में भी नहीं हो सकती। वास्तविक बात यह है कि शृंगार रस की प्रधानता,

व्यापकता, उज्ज्वलता और दर्शनीयता ही उसको इस उच्च पद पर आरूढ़ करती आई है। संस्कृत साहित्य ही नहीं संसार के साहित्य को भी हाथ में उठाकर यदि आप देखेंगे तो उसमें भी शृंगार रस इसी पद पर आरूढ़ मिलेगा। ऐसी अवस्था में यदि हिन्दी-साहित्य में शृंगार रस कुछ अधिक मात्रा में है तो आश्चर्य्य क्या! जिस स्वाभाविकता सूत्र में संसार की भाषाएँ बँधी हुई हैं, उसे वह छिन्न कैसे करता।

सब काल का आदर्श समान नहीं होता। आदर्श के अनुसार रुचि बदलती है और रुचि के अनुसार साहित्य में भी परिवर्तन होता है। साहित्य अपने समय का दर्पण होता है, जिस काल में उसकी रचना होती है, उस काल का अधिकांश चित्र उसमें यथातथ्य प्रतिबिंबित रहता है। किसी साहित्य की आलोचना करने से पहले, जिस काल का परिणाम वह साहित्य है, उस पर दृष्टि रखना आवश्यक है। एक काल में भी विभिन्न विचार के लोग होते हैं, किन्तु जो तत्व समाज द्वारा गृहीत हो जाता है, उस समय का आदर्श वही होता है। काल पाकर वह आदर्श उपयोगी न रहे, परन्तु अपने समय में भी वह उपयोगी नहीं था; यह नहीं कहा जा सकता। विधवा-विवाह आर्य जाति में कभी सम्मान की दृष्टि से नहीं देखा गया, विधवाओं के ब्रह्मचर्य पालन और आत्मसंयम की ही प्रशंसा की गई है, और उनके त्याग का ही गुण-गान किया गया है। आज इस विचार की कुत्सा की जा रही है और विधवा-विवाह को ही उपकारक माना जा रहा है। विधवा-विवाह प्रचलित भी हो रहा है। किन्तु जिस विधवा-विवाह को अनुचित ठहराया गया, उस समय वैसा करना ही समुचित नहीं था, यह नहीं कहा जा सकता। साहित्य प्रायः सत्पथ पर चलने की ही चेष्टा करता है, यह दूसरी बात है कि काल पाकर वह पथ अच्छा न समझा जावे। यह साधारण सिद्धान्त है, अपवाद की बात और है।

संस्कृत-साहित्य का एक काल ऐसा है, जिसमें साहित्य के प्रत्येक अंग का सूक्ष्म विवेचन किया गया है और उसके विशेष अंशों पर गहरी दृष्टि डाली गई है। यह कार्य बड़े त्याग और परिश्रम से किया गया और उसमें इतनी सफलता प्राप्त की गई कि उसको देखकर आज भी पाश्चात्य विद्वान चकित होते हैं। इस महान् उद्योग में न तो स्वार्थ की गंध है, न वासनाओं की बास। उसमें समाज और देश की वरन् लोक की हितकामना ही निहित है, उसके द्वारा अपनी विद्या एवं कला की भी चरमोन्नति की गई है। रस-सम्बन्धी गहन विचार भी ऐसा ही कार्य है। शृंगार रस सब रसों में प्रधानता रखता है, इसलिए उसके प्रत्येक अंग पर साहित्य ग्रन्थों में बड़ा सूक्ष्म विवेचन है। उसका नायिका विभेद-विभाग कला की दृष्टि से अपूर्व तो है ही, उपयोगिता भी उसमें कम नहीं है। साहित्य के जितने उद्देश्य मैं ऊपर उद्धृत कर आया हूँ वे सब उसमें पाए जाते हैं। उसके कुछ अंश असामयिक समझे जा सकते हैं, परन्तु वास्तव में वे असामयिक हैं या नहीं, इस पर विचार करना होगा और विचार करते समय उस काल पर भी दृष्टि रखनी होगी, जिस समय

उनकी रचना हुई। इतना ही नहीं, उनको सामने रखकर वर्त्तमान प्रगति पर भी दृष्टि डालनी होगी और मिलान करके देखना होगा, कि वांछनीय कौन है। ऐसा मैं आगे चलकर करूँगा; इस समय मैं यह बिचारूँगा कि संस्कृत-साहित्य में नायिका-विभेद की कल्पना कब हुई, संस्कृत-साहित्यकारों ने उसको किस रूप में ग्रहण किया और फिर वह कैसे पल्लवित हुआ?

संस्कृत-साहित्य और नायिका-भेद

समाज-नियमन सुगम नहीं। मनोवृत्तियाँ बड़ी प्रबल होती हैं, उनमें अन्तर्दृष्टि नहीं होती, अथवा वे आवरित होती हैं। अपना स्वार्थ उनको जितना प्यारा होता है, परमार्थ नहीं। उनकी उच्छृंखलता अन्यों की परतन्त्रता अथवा स्वतन्त्रता पर दृष्टिपात नहीं करती। उनकी कामुकता इतनी अंधी होती है कि दूसरों की मानमर्यादा को देखती ही नहीं। फिर समाज कैसे चले? यदि सब मनमानी ही करता रहे, तो समाज में नित्य विप्लव ही होता रहेगा, शान्ति रहेगी ही नहीं, फिर सुव्यवस्था कैसे होगी? यदि सुव्यवस्था न होगी तो समस्त कार्यकलाप विशृंखल हो जावेंगे, जिसका परिणाम समाज और देश का विनाश होगा। इसीलिए देशकालज्ञ विबुधों ने ऐसे नियम बना रखे हैं, या ऐसे नियम यथाकाल बनाते रहते रहते हैं, जिनके पालन से सर्व देश सुरक्षित रहता है और समाज अथवा मानव समूह का उन्नति-स्रोत बन्द नहीं होता। नियम बनाना उतना कठिन नहीं, जितना उसका पालन करना। भिन्न-भिन्न रुचि और नाना प्रकार की प्रकृति होने के कारण जब तक नियमों में सामंजस्य नहीं होता, तब तक उनका यथारीति न तो पालन होता है, न समाज सुव्यवस्था सूत्र में बँध सकता है। सामंजस्य स्थापन के लिए रुचि और प्रकृति का यथार्थ ज्ञान आवश्यक है। समाज दो भागों में विभक्त है, स्त्री और पुरुष उसके विभाग हैं। स्त्री और पुरुषों के स्वभाव में स्वाभाविक बहुत बड़ी-बड़ी भिन्नताएँ हैं। इसलिए समाज की सुव्यवस्था के लिए एक को दूसरे की रुचि और प्रकृति का पूर्ण ज्ञान होना आवश्यक है। इसी प्रकार पुरुष का पुरुष के और स्त्री का स्त्री के भावों एवं विचारों से अभिज्ञ होना वांछनीय है। जहाँ प्रकृति नहीं मिलती, स्वभाव का पूरा परिज्ञान नहीं होता, वहाँ पद-पद पर पतन होता है, और सफलता दूर भागती है। किन्तु जहाँ मनोविज्ञान पर दृष्टि रखकर कार्य संचालन किया जाता है, वहाँ स्खलन कदाचित् ही होता है, क्योंकि रुचि देखकर और स्वभाव पहचानकर कार्य क्षेत्र में अवतीर्ण होने से असफलता प्रायः सामने आती ही नहीं। इस उद्देश्य की सिद्धि के लिए अनेक साधनों की सृष्टि हुई है। सैकड़ों ग्रन्थ लिखे गए हैं, बहुत-सी कविताएँ रची गई हैं, और नाना प्रकार की शिक्षाओं का आयोजन नाना सूत्रों से किया गया है। नाट्य-शास्त्र की रचना भी इसी उद्देश्य से हुई है, क्योंकि नाटकों के द्वारा मानसिक भावों का प्रत्यक्ष दर्शन कराकर जितना मानवी प्रकृति एवं रुचि का

परिज्ञान कराया जा सकता है, अन्य साधनों द्वारा नहीं। नाटकों में मनोरंजन तो होता ही है, मानवी विचारों का सूक्ष्म-से-सूक्ष्म अंश भी सामने आ जाता है। मेरा विचार है सबसे पहले संसार में इस बात को महामुनि भरत ने सोचा, क्योंकि उनका नाट्य-शास्त्र शायद इस विषय का पहला ग्रन्थ है। उन्होंने अपने ग्रन्थ में नाटक-सम्न्धी सम्पूर्ण बातों का पूर्ण विवेचन कर दिखाया है, और उससे सम्बन्ध रखनेवाले प्रत्येक विषय का विशद वर्णन भी किया है। रस की कल्पना उन्होंने ही की है, और अनेक मानसिक सूक्ष्म भावों का विश्लेषण भी उन्हीं की लेखनी का कौशल है। उन्होंने स्थायी भाव और संचारी भावों का वर्णन तो किया ही है, नायक-नायिका सम्बन्धी अनेक भावों और विचारों की सुन्दर व्याख्या भी की है, उद्देश्य केवल मनोभावों का यथार्थ पाठ पढ़ाकर समाज का मंगल साधन ही है। नाट्य-शास्त्र के कुछ अध्यायों में उन्होंने जिस प्रकार नायक-नायिकाओं के भेद बतलाकर उनके सूक्ष्म मानसिक भावों का चित्रण किया है, वह दर्शनीय है। उसमें जो कुछ वर्णन किया गया है, मैं समझता हूँ वह मनोविज्ञान विषयक बहुमूल्य सामग्री है। मेरा विचार है, रस और नायिका विभेद आदि के पहले आचार्य्य वे ही हैं। अग्निपुराण में उनके विषय में यह लिखा है—'भरतेन प्रणीतत्वाद्भारतीरीतिउच्यते' इससे ज्ञात होता है कि वे उसी काल में हुए जिस काल में व्याकरण के आचार्य्य गौतम आदि हुए हैं। उस काल में जिन विषयों का विवेचन हुआ है, वैज्ञानिक रीति से और बड़ी गम्भीरता से हुआ है, इसीलिए नाट्य-शास्त्र का प्रत्येक वर्णन भी इसी रंग में डूबा हुआ है।

नाट्य-शास्त्र के छठवें अध्याय में रस का और सातवें अध्याय में भावों का वर्णन है। इन दोनों में आठ रसों और विभाव, अनुभाव एवं संचारी भावों का बड़ा सरस और व्यापक निरूपण है। वे लिखते हैं—

"तत्राष्टौ भाव स्थायिनः। त्रयस्त्रिशद्व्यभिचारिणः। अष्टौ सात्त्विकाः। एवमेते काव्यरसाभिव्यक्तिहेतवे एकोनपंचाशद्भावाः प्रत्यवगंतव्याः। एभ्यश्च सामान्यगुणयोगेन रसाः निष्पद्यंते।"

आठ स्थायी भाव, तैंतीस व्यभिचारी भाव और साठ सात्विक भाव मिलकर 49 भाव होते हैं; काव्य में रस अभिव्यक्ति के हेतु वे ही होते हैं। इन्हीं से सामान्य गुण योग द्वारा रस बनते हैं।

यह लिखकर उन्होंने सबका पूर्ण वर्णन किया है और बड़े विस्तार से बतलाया है कि अभिनय के समय उनको कैसे काम में लाना चाहिए। यद्यपि नाट्य-शास्त्र में इनका वर्णन अभिनय के लिए ही हुआ है, किन्तु पीछे इनका उपयोग श्रव्य-काव्य में भी आवश्यकता के अनुसार किया गया। नायिका-भेद के ग्रन्थों में नायिका तीन प्रकार की मानी गई है, यह कल्पना भी नाट्य-शास्त्र से ही ली गई है—उसके 22वें अध्याय में लिखा गया है—

सर्वासामेव नारीणां त्रिविधा प्रकृतिः स्मृता।
उत्तमा मध्यमा चैव तृतीया चाधमा स्मृता॥

प्रकृति के विचार से स्त्रियाँ तीन प्रकार की होती हैं—उत्तमा, मध्यमा और अधमा।

इसी अध्याय में एक दूसरे स्थान पर आठ प्रकार की नायिकाओं का वर्णन है, वे भी इसी रूप में यथातथ्य नायिका-भेद के ग्रन्थों में ले ली गई हैं—वे ये हैं—

तत्र वासकसज्जा वा विरहोत्कंठितापि वा।
खंडिता विप्रलब्धा वा तथा प्रोषितभर्तृका॥
स्वाधीनपतिका वापि कलहांतरितापि वा।
तथाभिसारिका चैव इत्यष्टौ नायिकाः स्मृताः॥

इसी अध्याय में काम की दश दशाओं का उल्लेख यों किया गया है—

प्रथमे त्वभिलाषः स्याद्द्वितीये चितनं भवेत्।
अनुस्मृतिस्तृतीये तु चतुर्थे गुणकीर्तनम्॥
उद्वेगः पंचमे प्रोक्तो विलापः षष्ठ उच्यते।
उन्मादः सप्तमे ज्ञेयो भवेद् व्याधिस्तथाष्टमे॥
नवमे जड़ता चैव मरणं दशमे भवेत्।

बाइसवें अध्याय में हावों का वर्णन इस प्रकार किया गया है—

लीलाविलासो वाच्छत्तिर्विभ्रमः किलकिंचितम्।
मोट्टायितं कुट्टमितं बिब्बोको ललितं तथा॥
विर्विहृतश्चेति सयुक्ता दश स्त्रीणां स्वभावजाः।

इसी प्रकार से किसी-न-किसी रूप में नायिका भेद की समस्त सामग्री इस ग्रन्थ में मिल जाती है। नायक, नायिका, सखा, सखी और दूतियों के भेद, उपभेद और अवस्थाओं का इतना विशद वर्णन इस ग्रन्थ में किया गया है कि श्रव्य-काव्य ग्रन्थों में उनका उल्लेख तक नहीं मिलता। हाँ, छाँटकर कुछ नायक, नायिका, सखा, सखी एवं दूतियों के भेद-उपभेद को उनमें स्थान मिला है, यत्र-तत्र कुछ विशेष बातें भी लिखी गई हैं। कहने का प्रयोजन यह कि नायिका भेद का उद्‌गम स्थान नाट्य-शास्त्र ही है। जो नाट्य-शास्त्र लिखता है 'यत्किंचिल्लोके शुचिमेध्यमुज्ज्वलं दर्शनीय वा तच्छृङ्गारेणोपमीयते' वह नायिका भेद को कभी ग्रहण न करता, जो उसमें अभव्य भावना होती। वास्तव में उसने लोकहित दृष्टि ही से उसका निरूपण किया है और उसको लिखकर साहित्य के उस अंग की पुष्टि की है, जिसके अभाव में उसका शरीर पूर्ण सशक्त न बन सकता।

नायिका भेद का कुछ वर्णन अग्निपुराण में भी है, परन्तु साहित्यदर्पण में उसका पूर्ण

विकास देखा जाता है। मैं समझता हूँ आजकल जिस प्रणाली से नायिका विभेद लिखा जाता है; उसके आदि प्रवर्त्तक साहित्यदर्पणकार ही हैं। रसमंजरी में साहित्यदर्पण की ही छाया दृष्टिगत होती है। यह ग्रन्थ ईसवी सोलहवीं शताब्दी का है और केवल नायिका भेद पर लिखा गया है। ग्रन्थ अच्छा है, आधुनिक प्रणाली का आदर्श है। उसमें साहित्यदर्पण से कहीं-कहीं कुछ भिन्नता है, पर नाम मात्र को। संभव है संस्कृत में नायिका भेद के और ग्रन्थ भी हों, किन्तु वे मेरे देखने में नहीं आए परन्तु अधिकांश-काव्य-ग्रन्थों में ऐसे वाक्य यत्र-तत्र मिल जाते हैं, जिससे पाया जाता है कि उनके रचयिता नायिका भेद से परिचित अवश्य हैं और उसके प्रेमी भी हैं, चाहे उनकी स्वतन्त्र रचना नायिका भेद पर भले ही न हो। गीतगोविंद इसका प्रमाण है, जिसके पाँचवें सर्ग में अभिसारिका, छठे में वासकसज्जा, सातवें में विप्रलब्धा, आठवें में खण्डिता, नवें में कलहांतरिता और दसवें में मानिनी का वर्णन है। ऐसे और ग्रन्थ भी बतलाए जा सकते हैं। कहने का प्रयोजन यह कि संस्कृत साहित्य के बड़े-बड़े आचार्यों और विद्वानों द्वारा भी नायिका विभेद उपेक्षित नहीं हुआ और न उसकी रचना शंका की दृष्टि से देखी गई। यदि उसमें कुछ तत्व और आकर्षण न होता–उसमें कुछ उपयोगिता न होती तो ऐसा कदापि न होता।

संसार के साहित्य को उठाकर देखिए, उसमें भी यह विषय भरा पड़ा है। संस्कृत के विद्वानों के समान उन्होंने इस विषय का कोई विभाग नहीं बनाया और न उनको नियमबद्ध कर उन पर विवेचन किया, फिर भी उनकी रचनाओं में वे विचार और भाव पाए जाते हैं, जो कि हमारे नायिका विभेद में मिलते हैं। संसार के मनुष्य मात्र के भाव दाम्पत्य-धर्म के विषय में अधिकांश एक हैं, क्योंकि प्रकृति प्रायः मिलती है। इसलिए विचारों का एक होना स्वाभाविक है। मनुष्य मात्र का हृदय एक उपादान से बना है, इसलिए उनकी स्वाभाविक चिन्ताएँ समान होती हैं। सुख-दुःख के अनुभव का भाव संसार भर का एक ढंग में ढला देखा जाएगा, यदि उसमें कृत्रिमता आकर शामिल न हो गई हो। मैं अपने कथन का प्रमाण दूँगा।

नायिका किसे कहते हैं, जो लोक-सुन्दरी हो, जिसका रूप देखकर आँखें अनुभव करें कि सौन्दर्य्य स्वयं रूप धारण करके सामने आ गया। संस्कृत-हिन्दी साहित्य में नायिकाओं के रूप का वर्णन आप लोगों ने बार-बार पढ़ा है। एक अँगरेज़ विद्वान् टी. लाज की नायिका को देखिए–

With orient pearl, with ruby red.
With marble white, with sapphire blue
Her body every way is fed,
Yet soft in touch and sweet in view;
    Heigh ho, fair Rosaline!
Nature herself her shape admires;

The Gods are wounded in her sight;
And Love forsakes his heavenly fires,
And at her eyes his brand doth light;
Heigh ho, would she were mine!

उसकी देह कहीं मोती, कहीं लाल मणि, कहीं श्वेत संगमर्मर और कहीं नीलम से पुष्ट हुई है। परन्तु स्पर्श में कितनी कोमलता है, दर्शन में कितनी मधुरता है! स्वयं प्रकृति उसके रूप की प्रशंसा करती है। देवता तक उसे देखकर मुग्ध हो जाते हैं। कामदेव तो स्वर्ग को छोड़कर उसी के नेत्रों से अपना शर तीक्ष्म करते हैं। क्या वह मेरी नहीं होगी!

हमारी स्वकीया नायिका का क्या रूप है, उससे साहित्य-सेवी परिचित हैं। उसमें पति-दोष देखने की शक्ति नहीं होती, वह मूर्तिमती प्रेम होती है और सच्ची सहधर्मिणी बनकर रहती है—देखिए जी. डार्ली की नायिका वही है कि दूसरी?

Give me, instead of Beauty's breast,
A tender heart, a loyal mind,
Which with temptation I could trust,
Yet never linked with error find,—
One in whose gentle bosom I
Could pour my secret heart of woes,
Like the care—burthen'd honey-fly
That hides his murmurs in the rose.
My earthly comforter! whose love,
So indefeasible might be
That, when my spirit won above,
Hers could not stay for sympathy.

मैं सुन्दरता की मूर्ति नहीं चाहता हूँ। मैं चाहता हूँ कि ऐसा कोमल हृदय हो, ऐसी दृढ़ अविचल बुद्धि हो, जो स्पृहणीय हो। लोभ में भी जिस पर विश्वास कर सकूँ, परन्तु दोषनिरूपण से जिसका सम्बन्ध न हो। जिससे मैं अपने गुप्त दुःखों की बातें कह सकूँ और जिससे मेरी समस्त चिन्ता और सारा सन्ताप दूर हो जावे।

ऐसी ही नायिका यह कह सकती है—

Were I as high as heaven above the plain,
And You, my Love, as humble and as low.
As are the deepest bottoms of the main
Whereso'er you were, with you my love should go.

यदि मैं मैदान के ऊपर के आकाश की तरह ऊँची होती और तुम मेरे प्यारे, सबसे गम्भीर समुद्र-तल की तरह नीचे पड़े होते, तो जहाँ-जहाँ तुम रहते, तुम्हारे संग वहीं-वहीं

मेरा प्रेम रहता।

मध्याधीरा वह है जो आगत अपराधी पति का भी सम्मान करे, जिसके रूखेपन में भी स्निग्धता हो। क्या कालेरिज की निम्नलिखित नायिका ऐसी ही नहीं है?

But now her looks are coy and cold,
To mine they ne'er reply,
And yet I cease not to behold,
The Love-light in her eyes.

वह देखती तो मेरी ओर इस ढंग से है, जिससे यह प्रकट हो कि उसमें प्रेम नहीं है, परन्तु उसके नेत्रों में प्रेम की ज्योति है।

अधमा वह है जो प्रेम करने पर भी प्रियतम से रुष्ट रहती है। एक ऐसी ही व्यथित से उसका मित्र क्या कहता है, उसे सुनिए—उसकी पंक्तियों में से अधमा का भाव फूटा पड़ता है—

Why so pale and wan, fond lover?
Prythee, why so pale?
Will, when looking well can't move her,
Looking ill prevail?
If of herself she will not love,
Nothing can make her,
The Devil take her!

तुम इतने पीले क्यों पड़ गए? जब तुम अच्छे रहे, तब तो उस पर तुम्हारा कुछ भी प्रभाव नहीं पड़ा—वह रूठी ही रही। अब इतना दुःख करने से लाभ क्या? अगर वह स्वयं प्रेम नहीं कर सकती तो किसी तरह मनाने से वह राजी न होगी।

एक व्यथिता परकीया का उदाहरण देखिए—

Wi' lightsome heart I pu'd a rose,
Free off its thorny tree;
And my false lover staw the rose,
But left the thorn wi'me.

प्रोषितपतिका—जो पति के प्रवास-दुख से दुःखिता हो उसे प्रोषित पतिका कहते हैं—

Come ye, yet once again, and set your foot by mine,
Whose woeful plight and sorrows great, no tongue may well define.
My love and lord, alas ! in whom consists my wealth,
Hath fortune sent to pass the seas, in hazard of his health.
Whom I was wont t' embrace with well contended mind,
Is now amid foe foaming floods at pleasure of the wind.

तुम फिर एक बार आओ और मेरे साथ रहो, तुम्हारी दुःखमयी दशा और बड़े-बड़े कष्टों का वर्णन कोई जिह्वा अच्छी तरह नहीं कर सकती। मेरे प्यारे और मेरे प्रभु, मेरे जीवन-धन तुम्हीं हो, स्वास्थ्य के लिए आपत्तिजनक होते हुए भी भाग्य ने तुमको समुद्र पर भेज दिया है। तुमको स्पर्श करने से मुझे संतोष होता था। हा! अब तुम समुद्र की भीषण लहरों के बीच पड़े होगे।

वासकसज्जा—जो शृंगार से सजकर अपने स्थान पर बैठी हुई पति की प्रतीक्षा करती है—

O some where, meek unconscious dove,
That sittest ranging golden hair,
And glad to find thyself so fair
Poor child, that waitest for thy love.
× × × × ×
And thinking this will please him best.
She takes a riband or a rose.

अपने बालों को सँवारती हुई वह अपने प्रियतम की प्रतीक्षा में बैठी है। यह सोचकर कि वह इससे अधिक खुश होगा, वह कभी बालों में रिबन लगाती है, कभी गुलाब।

कलहांतरिता—जो प्रिय से कलह करके पश्चाताप करती है उसे कलहांतरिता कहते हैं—

I loved him not; and yet, now he is gone,
I feel I am alone.
I cheeked him while he spoke; yet could he speak,
A las! I would not check.

मैं उसे चाहती नहीं थी, पर अब वह चला गया है, तो मुझे बिलकुल सूना लगता है। जब वह बोलता था तब तो मैंने उसे रोक दिया। परन्तु अब यदि वह आ जाए और बोले, तो मैं उसे नहीं मना करूँगी।

फ़ारसी और अरबी में भी ऐसे विचारों की कमी नहीं है, परन्तु उनके पद्यों को उठाकर मैं इस लेख को बढ़ाना नहीं चाहता। उर्दू में उन दोनों भाषाओं के ही विचार भरे पड़े हैं, इसलिए कुछ उर्दू के ही इस प्रकार के पद्य आप लोगों के सामने रखूँगा। यह स्पष्ट है कि उक्त भाषाओं में माशूक आम तौर से अमरद होता है, इसलिए उसकी शायरी में स्त्रियों के भावों का प्रदर्शन बहुत कम है। फिर भी इस प्रकार के विचारों का अभाव नहीं है। मसनवियों में और यों भी ऐसे विचार मिल जाते हैं। उन्हीं में से कुछ नीचे लिखे जाते हैं। संस्कृत में मुझको नख-शिख वर्णन कम मिला। मेरा विचार है कि हिन्दी में यह प्रणाली फ़ारसी और उर्दू से आई है। हिन्दी में पहले-पहल नख-शिख-वर्णन 'पद्मावत' में मिलता

है, जो ग्रन्थ मलिक मुहम्मद जायसी का लिखा है। यह निश्चित है कि उन्होंने फ़ारसी में 'सरापा' वर्णन का ही अनुकरण अपने ग्रन्थ में किया है। इसलिए इस विषय में फ़ारसी उर्दूवाले तो हिन्दीवालों से भी आगे हैं। फिर भी उसके इस तरह के कुछ विचारों को देखिए। एक विरहिणी अथवा प्रोषितपतिका का वर्णन गुलजार नसीम में यों किया गया है–

रातों को जो गिनती थी सितारे। दिन गिनने लगी खुशी के मारे॥
करती थी जो भूख प्यास बस में। आँसू पीती थी खा के क़समें॥
सूरत में ख़याल रह गई वह। हैयत में मिसाल रह गई वह॥

–नसीम

एक परकीया की बातें सुनिए–

उड़ गई यों वफा ज़माने से। कभी गोया किसी में थी ही नहीं॥
गुल है ज़खमी बहार के हाथों। दिल है सदचाक यार के हाथों॥
दम बदम क़ता होती जाती है। उम्र लैलो निहार के हाथों॥
इक शिगूफ़ा उठे है रोज़ नया। इस दिले दाग़ेदार के हाथों॥

–हसन

एक मुग्धा का चित्र देखिए–

कुछ जवानी है अभी कुछ है लड़कपन उनका।
या दग़ाबाजी के क़बजे में है जोबन उनका॥

–असीर

× × × × × ×

कमसिनी है तो निराली हैं ज़िदें उनकी।
इस पै मचले हैं कि हम दर्दे जिगर देखेंगे॥

–फसाहत

एक रूपवती नायिका के सौन्दर्य का वर्णन यों किया गया है–

आया जो वह गुल चमन में। फूले न समाये पैरहन में॥

दो पद्य विच्छित्तिहाव के देखिए–जहाँ साधारण वेष-रचना से शोभा बढ़ती है–वहाँ विच्छित्ति हाव होता है–

है जवानी खुद जवानी का सिंगार। सादगी गहना है इस सिन के लिए।
शोख़ी बेबाकी मुक़्तिजा सिन का। नाक में फक्त सींक का तिनका॥

–अमीर

एक धृष्ट नायक की बातें सुनिए–देखिए आप कितने बेदहल हैं–

दिल मुझसे लिया है तो ज़रा बोलिये हँसिये।
चुटकी में मसलने के लिए दिल नहीं होता॥
ऐ चश्मेयार देख तग़ाफुल से बाज़ आ।
दिल टूट जायगा किसी उम्मेदवार का॥

—अमीर

नायिका भेद के मूल में जो सत्य है, वास्तविक बात यह है कि वह सार्वभौम एवं सार्वकालिक है। उसके भीतर वे स्वाभाविक मानवी भाव सदा मौजूद रहते हैं, जो व्यापक और सर्वदेशी हैं, इसलिए उसकी अभिव्यक्ति विश्व भर में अज्ञात रूप से यथाकाल और यथावसर होती रहती है। वह मंगलमयी प्रकृति का वह गुप्त विधान है जिससे संसार संस्कृति सूत्र स्वतः परिचालित होता रहता है। मेरा विचार है, नाट्य-शास्त्रकार ने उसको वैज्ञानिक रीति से विधिबद्ध करके साहित्य की शोभा ही नहीं बढ़ाई है, लोकहित साधन का भी आयोजन किया है।

साहित्य और कला

कुछ लोग साहित्य को कला नहीं मानते किन्तु लोग उसको भी कला कहते हैं। महाराज भर्तृहरी का यह श्लोक कि 'साहित्यसंगीतकलाविहीनः साक्षात् पशुः पुच्छविषाणहीनः' यह बतलाता है, कि साहित्य कला नहीं है, क्योंकि 'कला' का प्रयोग जिस प्रकार संगीत के साथ है, साहित्य के साथ नहीं, परन्तु इसका उत्तर यह कहकर दिया जाता है, कि 'संङ्गीतमपि साहित्यिम्'। चतुर्दश विद्या में साहित्य को जिस प्रकार स्थान नहीं मिला है, उसी प्रकार चौंसठ कला में भी नहीं, हाँ समस्यापूर्ति को कला माना गया है। यदि समस्यापूर्ति कला है तो कविता भी उपलक्षण से कला मानी जा सकती है, क्योंकि उसके विषय में यह स्पष्ट कहीं नहीं लिखा गया है कि वह कला नहीं है। दूसरी बात यह कि आजकल के विद्वानों की यह स्पष्ट सम्मति है कि कविता ललितकला है—बंगाल के प्रसिद्ध विद्वान् द्विजेंद्रलाल राय लिखते हैं—

"नियम-बद्ध होने के कारण काव्य और नाटक सुकुमार कला कहलाते हैं।"

—कालिदास और भवभूमि पृ. 82

पाश्चात्य विद्वान् उसको खुल्लम खुल्ला कला कहते हैं। चेम्बर्स कहता है—

"Poetry is the art of expressing in melodious words the thoughts which are the creations of feeling and imagination."

"मधुर शब्दों में कल्पना और भाव-प्रसूत विचारों को प्रकट करने की कला को कविता कहते हैं।"

मेकाले का यह वाक्य है—

"By poetry we means the art of employing words in such a manner as to produce an illusio ı on imagination."

"शब्दों के प्रयोग की ऐसी कला को कविता कहते हैं, जिससे उसकी कल्पना में चमत्कार का आविर्भाव होता है।"

ऑक्सफोर्ड कनसाइज़ डिक्शनरी में Poetry का अर्थ यह लिखा है :

'Poetry'—Art, work of the poet."

'कला' कवि का किया हुआ कर्म (कविता)।

अतएव काव्य अथवा कविता का कला होना सिद्ध होता है, इस सूत्र से साहित्य को भी कला कह सकते हैं। किन्तु इस विषय में तर्क की आवश्यकता नहीं, क्योंकि मेरा विषय काव्य और कविता ही है और उसका 'कला' होना सिद्ध है। अतएव अब मैं प्रकृत विषय की ओर प्रवृत्त होता हूँ। नायिका विभेद अधिकांश काव्य अथवा कविता रूप में ही है, अतएव मैं देखना चाहता हूँ कि कला के रूप में वह कहाँ तक संगत है। पहले काव्य और कविता के विषय में आचार्यों की सम्मति देखिए—

अग्निपुराणकार यह कहते हैं—

'संक्षेपाद् वाक्यमिष्टार्थव्यवच्छिन्ना पदावली।
काव्यं स्फुटदलंकारं गुणवद्दोषवर्जितम् ॥'

जिसके वाक्य संक्षिप्त, जिसकी पदावली इष्टार्थ सम्पन्न हो, जिसमें सुन्दर अलंकार हों, जो गुणयुक्त और दोषवर्जित हो वह काव्य कहलाता है—

अदोषौ सगुणौ सालंकारौ शब्दार्थौ काव्यम्'।

—वामन

जो दोषविहीन, गुणयुक्त और अलंकार सहित शब्दार्थ हैं, वे काव्य कहलाते हैं।

'रमणीयार्थ प्रतिपादकः शब्दः काव्यम्।

—पण्डितराज

रमणीय अर्थ प्रतिपादक शब्द को काव्य कहा जाता है।

रसात्मकं वाक्यं काव्यम्।

—साहित्यदर्पणकार

रसात्मक वाक्य को काव्य कहते हैं।

अंग्रेज़ कवि ले हंट लिखते हैं—

"Poetry is the best words in their best order."

'जिसमें सर्वोत्तम शब्द सर्वोत्तम क्रम से स्थापित हों, वही कविता है।'

"He is the best whose verse exhibits the greatest amount of strength, sweetness, unsuperflousness, veriety, straight for wardness and oneness"

'सर्वोत्तम कवि वही है, जिसके पद्यों में सामर्थ्य, माधुर्य, रोचकता, सहज प्रवाह और भाव की सामंजस्यपूर्ण एकता हो।'

शेली का यह कथन है–

"Poetry is the record of the best and happiest moments of the happiest and best minds."

'कविता सर्वश्रेष्ठ दृढ़तम मस्तिष्कों के श्रेष्ठ और सुखमय अवसरों की रचनाओं का समूह है।'

ड्राइडेन की यह सम्मति है–

"Poetry is articulate music."

'कविता अर्थपूर्ण संगीत है।'

इन उद्धरणों का निचोड़ यही है कि जिसका शब्द-विन्यास सर्वोत्तम हो; जिसमें माधुर्य, रोचकता और रस प्रवाह हो, मधुर भावमयी कल्पना हो, अर्थपूर्ण संगीत हो; जिसकी शब्द-योजना में चमत्कार हो, रमणीयता हो, वही कविता अथवा काव्य है। कवि कर्म करनेवाले यह भली-भाँति जानते हैं कि ऐसी रचनाएँ श्रेष्ठ और सुखमय अवसरों पर ही हो सकती हैं और वह भी उन मस्तिष्कों से जो सर्वश्रेष्ठ और दृढ़तम हों। क्या ये सिद्धान्त कला की ओर ही अंगुलिनिर्देश नहीं करते? क्या इन वाक्यों के पठन से इस बात की पुष्टि नहीं होती कि कविता वास्तव में एक कला है? क्या कला की जाँच कला की दृष्टि से ही नहीं होनी चाहिए?

वास्तविक बात यह है कि कला की इयत्ता कला में ही परिमित होती है, कला की सफलता और पूर्णता कला की ही निर्दोषता पर निर्भर है। विकलांग कला, कला हो सकती है, किन्तु वह निर्दोष नहीं कही जा सकती। इसलिए कला की महत्ता कला की सर्वांगता पूर्ति पर ही अवलम्बित है। यदि किसी चित्रकार का बनाया कोई नग्न चित्र हस्तगत हो तो, हमको नग्नता चित्रण-चातुरी पर ही दृष्टि डालनी होगी, उसकी सर्वांगीण पूर्ति को देखकर ही यह मीमांसा करनी पड़ेगी कि चित्रकार चित्रण-कला में पारंगत है या नहीं। उसमें अश्लीलता हो, अभव्यता हो, आदर्शनीयता हो, ऐसे स्थान हों जिनको सलज्ज आँखें न देख सकें, किन्तु उन्हीं से उनकी शोभा है, वे ही उस चित्र की पूर्णता के साधन हैं। वे जितना ही पूर्ण होंगे, जितनी ही स्पष्टता के साथ दिखलाए गए होंगे, उतने ही चित्रकार के कौशल और उसकी सूक्ष्म निरीक्षण-शक्ति के प्रदर्शक होंगे। चित्रकार के चित्रण-कला की पराकाष्ठा के लिए इतना ही पर्याप्त है। उपयोगितावाद उसके अन्तर्भूत नहीं, अतएव

चित्र की परीक्षा के समय उस पर दृष्टि डालने की भी आवश्यकता नहीं। चित्रकार चित्र को ठीक-ठीक चित्रण करके ही सिद्धि लाभ करता है और यहीं पर उसके कार्य की समाप्ति हो जाती है। परीक्षक भी उसकी कृति की परीक्षा यहीं तक कर सकता है, और उसी के आधार से उसको योग्यता की सनद दे सकता है, आगे बढ़ने का उसको अधिकार नहीं।

मैं जब कला की कसौटी पर नायिका भेद की कविता को कसता हूँ, तो उसको बावन तोले पाव रत्ती ठीक पाता हूँ। ऊपर जितने लक्षण कविता के बतला आया हूँ, वे सब उसमें पाए जाते हैं, इस विषय में उसकी रचनाएँ संसार की किसी समुन्नत भाषा का सामना कर सकती हैं। इस विषय के प्रसिद्ध संस्कृत अथवा हिन्दी के कवियों ने जब जिस भाव का चित्रण किया है, उस समय उस भाव का उत्तम-से-उत्तम चित्र खींचकर सामने रख दिया है। आप चाहे जिस चित्र को उठा लीजिए, और कला के विचार से उस पर दृष्टि डालिए तो आपको आश्चर्य-चकित हो जाना पड़ेगा। भावुकता कविता की रीढ़ है। नायिका भेद की कविताओं में वह कूट-कूटकर भरी है। यदि मनोभावों का स्वाभाविक विकास देखना चाहें, तो उसमें देखें। इस विषय के कवि का रसपूर्ण हृदयांबुद्धि जब उत्ताल तरंग-माला संकुल होता है, उस समय कैसे-कैसे भाव-मौक्तिक सहृदयों पर उत्सर्ग कर जाता है, इसका अनुभव उसी को होता है, जो कला की दृष्टि से उन मोतियों की परख करता है। जिनकी दृष्टि ऐसी नहीं, वे उन्हें भले ही पोत या और कुछ समझ लेवें।

आजकल एक विचार-धारा बड़े वेग से बह रही है, पहले वह कितनी ही अन्तर्मुखी क्यों न रही हो, परन्तु आज वह बहिर्मुखी है। जिनको कवि-कर्म का दावा है, जो अपनी विजयिनी कविता को उन साधारण के श्रद्धा पुष्प माल्य द्वारा अर्चित देखना चाहते हैं, वे प्रायः कहा करते हैं, कविता हृदय की वस्तु है। भावोद्रेक होने पर जो कविता स्रोत हृदय सरोवर से स्वभावतया फूट निकलता है, वास्तविक कविता के गुण उसी में होते हैं। जिस सरस हृदय का उच्छलित प्रवाह नैसर्गिक होता है, उसी में वह कल-कल की ध्वनि मिलती है, उसी में वह उन्मादिनी गति पाई जाती है, जो सहृदय जन के कर्ण कुहर में प्रवेश करके अजस्र आनन्द सुधा वर्षण करती रहती है। इस प्रकार की कविता न तो किसी अलंकार की भूखी रहती है, न किसी विलक्षण शब्द-विन्यास की, वह अपने रंग में आप ही मस्त रहती है और अपनी इस अलौकिक मस्ती में मार्मिक हृदय पर अधिकार कर लेती है। इस प्रकार की कविता भावमयी होती है, भाव ही उसका सम्बल होता है, चाहे उसको कोई समझ सके या न समझ सके, चाहे उसका कुछ उपयोग हो या न हो, किन्तु उसका भाव ही उसका सर्वस्व होता है। मोर जब नर्त्तनशील होता है, तो उसके मुग्धकर गुणों का विकास स्वाभाविक होता है, वह लोगों को मुग्ध भी करता है, किन्तु मयूर इस विषय में यत्नशील नहीं होता। यह विचार सर्वांश में मान्य नहीं, किन्तु यह कहा जा सकता है कि लगभग ऐसा ही रहस्य स्वाभाविक कविता में है, वह किसी को विमुग्ध करने की इच्छुक

नहीं, किन्तु उसके नैसर्गिक गुण अपना प्रभाव डाले बिना नहीं रहते। कला के विषय में भी यही कहा जा सकता है। खग कलरव से लेकर सुकविगण की समस्त सूक्तियों तक में कला का चमत्कार दृष्टिगत होता है। जिस दृष्टि से उसका आविर्भाव है, उसी दृष्टि से उसका अवलोकन यथार्थता है, अन्यथा विडम्बना की विकराल मूर्ति ही सामने आती है।

एक बात मैं और प्रकट कर देना चाहता हूँ। वह यह कि कला में हृदय की भावुकता ही नहीं होती, उसमें मस्तिष्क का कार्य-कलाप भी होता है। दोनों के साहचर्य्य से ही कला पूर्णता को प्राप्त होती है। नायिका विभेद की कविता में यथास्थान दोनों का समुचित विकास देखा जाता है, इसलिए उसकी कविताएँ कला की दृष्टि से बहुत ही उच्च कोटि की पाई जाती हैं।

शृंगार रस की उपयोगिता

शृंगार रस का मैं जैसा वर्णन कर आया हूँ, उसके उपरान्त उसकी उपयोगिता का उल्लेख व्यर्थ जान पड़ता है। परन्तु बात यह है कि नायिका विभेद की कुछ असंयत कविताओं के कारण उसका नाम इतना बदनाम हो गया है कि मुझको इस अंश का शीर्षक 'शृंगार रस की उपयोगिता' ही देना पड़ा, जिसमें उसके मिथ्या कलंक का अपनोदन हो सके। वास्तव में इस शीर्षक में नायिका विभेद कविताओं और भावों की रचनाओं पर कोई दोष लगाया नहीं जा सकता, यह बात मैं ऊपर लिख आया हूँ। यदि यह सच है कि कला कला के लिए है, तो उपयोगिता का प्रश्न उपस्थित हो ही नहीं सकता। किन्तु इस प्रकार की रचनाओं की उपयोगिता भी अल्प नहीं, इसलिए मैं उस पर भी कुछ लिखना आवश्यक समझता हूँ।

संस्कृति की जड़ साहित्य है, चाहे यह साहित्य कण्ठगत नागरिक अथवा ग्रामीण गीत हो, या पुस्तकगत नाना प्रकार की रचनाओं का समूह। साहित्य का वातावरण जैसा होता है, जाति तदनुकूल ही बनती है। जैसे भावों का पोषण साहित्य करता है, जाति अथवा समाज में वैसे ही भाव स्थान पाते हैं। कहा जाता है, जाति के भावों और विचारों का परिचय साहित्य से मिलता है, कारण इसका यह है, कि जाति के संस्कारों के आधार वे ही होते हैं। मनुष्य के संस्कार धीरे-धीरे बनते हैं; उनका प्रारम्भ माता की गोद से होता है, परन्तु साहित्य और शिक्षा का प्रभाव भी उन पर कम नहीं पड़ता। मानस लोरियों और कथानकों से ही गठित नहीं होता, वह साहित्य के विविध रसों में पगता रहता है। पुरुष हो चाहे स्त्री, दोनों ऐसे खिलौने हैं, जो साहित्य-कुम्भकार के हाथों गढ़े हैं। यह निर्माण क्रिया चिरकाल से होती आई है, और प्रलय काल तक होती रहेगी।

लड़कियाँ जब माँ के कण्ठ का मधुर गाना सुनती है, उस समय वे बहलती ही नहीं,

कुछ संस्कृति संचय भी करती हैं। लड़के जब पुस्तकों का पाठ पढ़ते हैं, उस काल उनकी शिक्षा ही नहीं होती, उनके हृदय पटल भी खुलते हैं। युवक और युवतियों से जब कविता पाठ कराया जाता है, तब उसका उद्देश्य आनन्द लाभ करना ही नहीं होता, उनके चरित्र और भावों का निर्माण भी उस समय सामने रहता है। यदि स्त्री पति परायणा, लज्जावती, सहृदया, सदाचारिणी एवं उदार स्वभावा है, तो समझना चाहिए, परम्परागत सत्साहित्य के अंक में लालित होने का ही यह सुपरिणाम है, और यदि वह कोपन स्वभावा, उच्छृंखलता प्रिया, दुराचारिणी, निर्लज्जा एवं कटुवादिनी है, तो जानना चाहिए कि किसी कुत्सित साहित्य के प्रपंच में पड़ने का ही यह फल है। ये ही बातें पुरुष के गुणदोष के विषय में भी कही जा सकती हैं।

संसार-सुखशान्ति गाड़ी के दो पहिए हैं, एक पुरुष दूसरी स्त्री। यदि ये दोनों पहिए ठीक-ठीक काम देते हैं, तो यह सुख-शान्ति की गाड़ी यथारीति चलती रहती है, और मनुष्य जीवन आनन्दमय बनता रहता है। अन्यथा जिस परिमाण में पहियों में दोष आ जाता है, उसी परिमाण में सुख-शान्ति गाड़ी की गति बिगड़ती और अनेक अवस्थाओं में नष्ट-भ्रष्ट हो जाती है। जब तक पुरुष को स्त्री के हृदय और उसके मनोभावों का यथातथ्य ज्ञान नहीं होता और जब तक स्त्री पुरुष के स्वभाव से पूर्णतया परिचित नहीं होती, उस समय तक संसार यात्रा का यथोचित निर्वाह नहीं होता। जब तक दोनों दोनों के गुण-दोष नहीं जानते, प्रवृत्ति को नहीं पहचानते, जब तक वे नहीं समझ सकते कि संसार सुमनमय ही नहीं है, उसमें काँटे भी हैं, तब तक न तो वे अपने जीवन को सफल बना सकते हैं, और न आए दिन की आपदाओं से बच सकते हैं। दुनिया बहुरंगी है, जो उसके सब रंगों को पहचानता है, उसी के मुख की लाली रह सकती है, वह चाहे स्त्री हो चाहे पुरुष। जहाँ सती-साध्वी कुलललनाएँ हैं, वहीं प्रवंचनामयी वारवधूटियाँ भी हैं। जहाँ कोमल स्वभावा सरल बालिकाएँ हैं, वहीं कटुवादिनी गर्विणी मानवती नायिकाएँ भी हैं। जहाँ पति की परछाहीं से भीत होनेवाली मुग्धाएँ हैं, वहीं अनेक कलाकुशल प्रौढ़ाएँ भी हैं। कहीं स्वकीया हैं, कहीं परकीया, कहीं सामान्या। जब तक कोई संसारी पुरुष इन सबका यथार्थ ज्ञान न रखेगा, तब तक उसकी संसार यात्रा का निर्वाह सफलतापूर्वक कैसे होगा। इसी प्रकार जब तक सब प्रकार के पुरुषों से ललनाएँ अभिज्ञ न होंगी तब तक क्या पद-पद पर उनके पतन की संभावना न होगी? संसार विचित्रताओं का आगार है। हमारे सामने बिंबा फल है, और रसाल भी; ईख है और नरकट भी; सुधा है और गरल भी; तब तक हम कैसे उन्हें पहचानेंगे जब तक उनकी परीक्षा न करेंगे। परीक्षा तब तक कैसे करेंगे, जब तक हमको अनुभव न प्राप्त होगा। यह अनुभव चाहे पुस्तक द्वारा प्राप्त हो, चाहे अन्य साधनों से। अनेक दृष्टियों से पुस्तक द्वारा अनुभव ही सर्वोत्तम है। क्या नायिका विभेद की पुस्तकें ऐसी ही पुस्तकें नहीं हैं? क्या स्त्री-पुरुष के सम्बन्ध का ऐसा सूक्ष्म विवेचन किसी अन्य

पुस्तक में भी है?

रूप का मोह कामनायमय होता है, किन्तु प्रेम त्यागमय। नायिका भेद की स्वकीया त्यागमयी होती है, क्योंकि आर्य ललनाओं के त्यागमय जीवन की ही प्रशंसा है। उसको वही आदर्श प्रिय है, जो उच्च है, और जिसमें लोकहित की वासना है। वह अपने सुख से ही सुखी नहीं रहती, वह अपने प्राणधन के सुख पर ही उत्सर्गीकृत जीवन होती है। वह पति के कुटुम्ब को उसी आँख से देखती है, जिस आँख से उसका पति उसे देखता है। वह पति के कर्तव्य को ही अपना कर्तव्य समझती है, अतएव स्वार्थमय परिवार में भी शान्ति की मूर्ति बनी रहती है। वह होती है तो मानवी, किन्तु सबकी दृष्टि में देवी दीखती है, क्योंकि दिव्य गुण ये ही तो हैं। एक स्वकीया का चित्र देखिए—

सेवा ही में सास और ससुर की रहै सदैव सौतिन सों नांहिं सपनेहूँ मैं लरति है।
सीलसुघुराई त्यों सनेहभरी सोहति है रोस-रिस-रार ओर क्योंहूँ ना ढरति है।
'हरिऔध' सकल गुनागरी सती समान सूधे-सूधे भायन सयानप तरति है।
परम पुनीत पति-प्रीति मैं पगी ही रहै, प्रानधन प्यारे पै निछावर करति है॥

नैनन को तरसैये कहाँ लौं, कहाँ लौं हियो बिरहागिनि तैये।
एको घरी न कहूँ कल पैये कहाँ लगि प्रानन को कलपैये।
आवै यही अब जी मैं विचार सखी चलि सौतिहुँ के घर जैये।
मान घटे ते कहा घटिहै जा पै प्रानपियारे को देखन पैये॥

लखि सासुहिं हास छिपाये रहै ननदी लखि ना उपजावति भीतहि।
सौतिन सों सतराति कबौं न जेठानिन सों नित ठानति प्रीततहिं।
दासिनहूँ सों उदास न 'देव' बढ़ावति प्यारे सों प्रीति प्रतीतहिं।
धाय सों पूछति बातें बिनै की सखीन सों सीखै सुहाग की रीतहि॥

पाश्चात्य स्त्रियों के लिए सौत की कल्पना भी प्रकंपितकारी है, किन्तु भारतीय ललनाओं में इतनी सहनशीलता होती है, कि 'सौतिन सों नाहिं सपनेहूँ मैं लरति है,' वरन् एक कवि के कथनानुसार 'आपने सुहाग भरे भाल पै लगाई भटू सौतिन की माँगहूँ मैं सेंदुर भरति है', कहा जा सकता है, यह कवि कल्पना है। मैं कहूँगा कवि कल्पना नहीं, हमारे परम्परागत साहित्य जन्य संस्कृति का माहात्म्य है, कुलीन घरों में जाकर देख लीजिए, ऐसी महान् हृदया स्त्रियों का अभाव अब भी नहीं हुआ है। फिर जब तक समाज में किसी भाव का प्रचलन न होगा, तब तक कवि लेखनी से उसकी प्रसूति कैसे होगी? साहित्य समाज के आचार-व्यवहार का ही प्रतिबिम्ब होता है, वह आरम्भ यों ही होता है, काल पाकर वह स्वयं आदर्श भले ही बन जावे। जिस दिशा में पाश्चात्य स्त्रियाँ 'डाईवोर्स' करने को तैयार हो जाती हैं, आवेदन-पत्र लेकर कोर्ट में दौड़ जाती हैं, उस अवस्था में भी हमारी

कुल-बालाएँ कितने संयम से काम लेती हैं। यह कविता की पंक्तियाँ बतला रही हैं। अब रहा यह कि प्रणाली कौन अच्छी है, हमारी कुल-ललनाओं की अथवा योरोपियन स्त्रियों की? मैं कहूँगा जरा आँख उठाकर योरोप अथवा अमेरिका की वर्त्तमान सामाजिक हलचल को देखिए, उस समय प्रश्न का उत्तर आप ही मिल जावेगा।

मर्यादा और शिष्टता सभ्यता की सहचरी है, उनकी रक्षा से ही मानवता की शोभा होती है। उनका पालन सम्मानित तो करता ही है, मनस्तुष्टि का कारण भी होता है। जो सम्मान चाहता है, उसको दूसरों का स्वयं सम्मान करना चाहिए। पतिपरायण स्त्रियाँ स्वयं पति द्वारा कम आदृता नहीं होतीं। स्त्री पुरुष का सम्बन्ध इतना घनिष्ठ है कि वे नीरक्षीर समान सम्मिलित रहते हैं। उनमें भेदभाव कम होता है। कोई सेवा ऐसी नहीं, जिसे स्त्री पुरुष की और पुरुष स्त्री की न कर सके। हास-विलास, आहार-विहार में वे दो शरीर एक प्राण होते हैं। फिर भी आर्य ललनाओं का पति में पूज्य भाव होता है। जहाँ कहीं इस पूज्य भाव का निरूपण पाया जाता है, वहाँ पर आर्य आदर्शों एवं कुल-ललनाओं के चरित्र की उज्ज्वलता का बड़ा सुन्दर विकास देखा जाता है। निम्नलिखित पद्यों में ऐसे भावों का बड़ा पवित्र चित्रण है—

फूलन सों बाल की बनाइ गुही बेनी बाल,
भाल दीन्हीं बेंदी मृगमद की असित है।
अंग अंग भूखन बनाइ ब्रजभूखन जू,
बीरी निज करते खवाई अति हित है॥
ह्वै कै रस बस जब दीबे को महावर के,
'सेनापति' स्याम गह्यो चरन ललित है।
चूमि हाथ नाइ के लगाइ रही आँखिन सों,
कही 'प्रान प्यारे यहं अति अनुचित है॥'

× × ×

अंग रांग औरै अँगन, करत कछू बरजीन।
पै मेंहदी न दिवाइहौं, तुमसों पगन प्रबीन॥
खान पान पीछू करति, सोवति पिछले छोर।
प्रानपियारे तें प्रथम, जगति भावती भोर॥
धरति न चौकी नग जरी, याते उर में लाइ।
छाँह परे परपुरुष की, जनि तियधर्म नसाइ॥

देखी आपने आर्य-बाला की मर्यादाशीलता और शिष्टता? साधारण हास विलास और क्रीड़ा में भी वह पति को अपना चरण स्पर्श कराना पाप समझती है। पति के खा-पी लेने पर खाती-पीती है, उसके सो जाने के बाद सोती है, और प्रातःकाल उसके उठने के पहले

उठ जाती है। वह नजगड़ी चौकी इसलिए हृदय पर धारण नहीं करती कि कहीं परपुरुष की छाया उस पर पड़ने से उसके स्त्री-धर्म में छूत न लग जावे। संभव है, आजकल इस प्रकार के विचारों में अत्युक्ति की गंध पाई जावे, और इनमें वास्तविकता न मिले। परन्तु ऐसे ही सर्वाभिमुखी, देशव्यापी, एवं पवित्र आदर्शों के द्वारा ही दाम्पत्य भावों की महत्ता सुरक्षित एवं परिवर्द्धित होती आई है। इन कविताओं की व्यंजना कितनी भावमयी और उदात्त है, इसके लिखने की आवश्यकता नहीं। पाश्चात्य स्त्रियाँ अपने स-बूट चरणों को पतिदेव के युगल हाथों पर रखकर घोड़े पर से उतरने में ही अपना गौरव समझती हैं; हास-विलास और आहार विहारादि में स्वतन्त्रता ग्रहण कर अन्यों के साथ स्वच्छन्द विचरने में ही स्वाधीनता सुख का अनुभव करती हैं। दुर्भाग्य से हमारे देश में भी उनका अनुकरण होने लगा है। किन्तु स्मरण रहे, मायिकता से सरलता, अहमहमिकता से मानवता, कटुता से मधुरता एवं उच्छृंखलता तथा मदांधता से सदाशयता सदा श्रेष्ठ मानी गई है, वह सदा श्रेष्ठ रहेगी भी, क्योंकि महान गुण से ही महत्ता प्राप्त होती है।

नायिका भेद की रचनाओं में स्त्री पुरुष के अनेक स्वकीय विचारों एवं भावों का भी बड़ा सुन्दर चित्रण है। उनमें ऐसे जीते जागते चित्र हैं कि हृदयों पर अद्‌भुत प्रभाव डालते हैं। स्त्री-पुरुष की प्रकृतियों एवं व्यवहारों में धीरे-धीरे कैसे परिवर्तन होते हैं, किस अवस्था में उनके कैसे विचार होते हैं, उन विचारों का परस्पर एक-दूसरे पर क्या प्रभाव पड़ता है। स्त्री-पुरुष के सम्बन्धों में कैसे कटुता, कैसे मधुरता आती है, जीवन-यात्रा के मार्ग में कैसे-कैसे रोड़े हैं, प्रेम-पथ कितना कंटकाकीर्ण और दुर्गम है, समाज के स्त्री-पुरुषों की रहन-सहन प्रणाली साधारणतः क्या है? वह कैसी विचित्रमयी है? उसके चक्र में पड़कर जीवन यात्रा में क्या-क्या परिवर्तन हो जाते हैं? हिन्दू-समाज की व्यापक रूढ़ियाँ क्या हैं, स्त्री-पुरुषों में क्या-क्या चालबाजियाँ होती हैं? आपस में वे एक-दूसरे के साथ कैसी-कैसी कुटिलताएँ करते हैं, वियोग-अवस्था में उनकी दशा क्या होती है, और सुख के दिन उनके कैसे सुन्दर और आनन्दमय होते हैं, इन सब बातों का व्यापक वर्णन आपको नायिका भेद के ग्रन्थों में मिलेगा। कार्य क्षेत्र के लिए सम्यक् ज्ञान ही उपकारक है। संसार का सुख-दुःख सहयोगियों के मानसिक भावों के ज्ञान अज्ञान पर ही निर्भर करता है, अतएव उनके साधनों की उपेक्षा उचित नहीं। किस युक्ति से उन ग्रन्थों में इन बातों की अवतारणा हुई, फिर वे कैसे पल्लवित पुष्पित बनीं, कुछ इसे भी देखिए–

संसार स्वार्थमय है, दूसरे का कलंक अपने सिर पर कौन लेता है। परन्तु सच्चा प्रेम अद्‌भुत कर्मा है, वह यह कार्य भी करता है। आप आँच सहता है, परन्तु अपने प्रेमपात्र को आँच नहीं लगने देता। एक कुल-ललना का आत्म-त्याग देखिए–उसका पति नपुंसक है, अतएव वह अपने को बाँझ कहा जाना पसन्द करती है, किन्तु भेद नहीं खोलती।

सुत हित सुनो पुरान यों लोंगन कह्यो निहोरि।
चाहि चाह युत नाइ मुख मुसिक्यानीं मुख मोरि।
गुरु जन दूजे ब्याह की प्रति दिन कहत रिसाइ।
पति की पत राखति बहू आपुन बाँझ कहाइ।

प्रायः कहा जाता है, भारतीय सभ्यता स्त्री जाति के विषय में उदार नहीं है, यहाँ की पुरुष जाति स्त्री का सम्मान करना नहीं जानती। यह वृथा लांछन है, जहाँ महापुरुषों के ये वाक्य हैं–

प्रत्यक्ष देवता माता जाया छायास्वरूपिणी।
स्नुषा मूर्तिमती प्रीतिः दुहिता चित्तपुत्तली।

वहाँ के लोगों के विषय में ऐसा कहना सत्य नहीं; शृंगार रस में प्रेम गर्विता नायिका की सृष्टि इसका प्रबल प्रमाण है। उसकी बातें सुनिए–

सपने हूँ मन भावतो करत नहीं अपराध।
मेरे मन ही मैं रही सखी मान की साध॥

रूपजन्य मोह की आदिम अवस्था कितनी उत्कट और उत्सुकतामयी होती है। किसी बाधा के पहुँचने पर वह कितनी गम्भीर और जटिल हो जाती है, कितनी वेगमयी एवं अबाधित अथच उग्र बन जाती है, इन बातों का नायिका भेद के ग्रन्थों में बड़ा विलक्षण वर्णन है। इसको पूर्वानुराग कहते हैं। वह चार प्रकार का होता है। कुछ उसके पद्य देखिए–

सोहैं दिवाय दिवाय सखी इक बारक कानन आन बसाये।
जानै को 'केसव' कानन ते कित ह्वै हरि नैनन माँहि समाये॥
लाज के साज धरेई रहे तब नैनन ले मनहीं सों मिलाये।
कैसी करौं अब क्यों निकसै री हरेई हरे हिय में हरि आये॥

× × ×

जब ते कुँवर कान्ह रावरी कलानिधान,
कान परी वाके कहूँ सुजस कहानी सी।
तबहीं ते 'देव' देखी देवता सी, हँसति सी,
रीझति सी, खीझति सी, रूठति, रिसानी सी।
छोही सी, छली सी, छीन लीनी सी, छकी छिन सी,
जकी सी, टकी सी, लगी थकी, थहरानी सी।
बीधी सी, बँधी सी, विष बूड़ति बिमोहिनी सी,
बैठी बाल बकति, बिलोकति, बिकानी सी॥

प्रश्न यह है, इन पद्यों में कोई आकर्षण है या नहीं? कोई विमुग्धकारी शक्ति है या नहीं? कोई हृदय हिला देनेवाली माया है या नहीं? अवश्य है, इनमें पत्थर को मोम बना देनेवाली कला है, निर्मोह मन को मोह लेनेवाला मन्त्र है, जी में जगह करनेवाला जादू है, और है इनमें वह महा प्रयोग, जो अँधों की आँखें खोलता है, और दुराग्रही संसार को सावधान होकर चलने की शिक्षा देता है। फिर कैसे कहें कि इनमें कोई उपयोगिता नहीं।

स्त्री जाति और तो क्या यह भी नहीं चाहती कि पराई स्त्री का नाम भी पति के मुख पर आ जाए। जब मुख पर नाममात्र आ जाने से रस में विष घुल जाता है, तो पराई स्त्री के संसर्ग से स्त्री जाति को कितना अधिक कष्ट हो सकता है, क्या यह शिक्षा नीचे के पद्य से नहीं मिलती–

दोऊ अनंद सों आँगन माँझ बिराजे असाढ़ की साँझ सोहाई।
प्यारी के बूझत और तिया को अचानक नाम लियो रसिकाई॥
आई उनै मन में हँसी कोपि तिया सरचाप सी भौहैं चढ़ाई।
आँखिन ते गिरे आँसू के बुंद सुहास गयो उड़ि हंस की नाई॥

जब हम किसी वियोगिनी अथवा प्रोषितपतिका के मुख से यह सुनते हैं–

पर कारज देह को धारे फिरो परजन्य यथारथ ह्वै दरसो।
निधिनीर बनावत हौ मधुरी सबही बिधि सज्जनता सरसो॥
'घनआनँद' जीवनदायक हौ कछु मेरिऔ पीर हिये परसो।
कबहूँ वा बिसासी सुजान के आँगन मो अँसुआन को लै बरसौ॥

तब क्या किसी विरहिणी की व्यथा का चित्र हमारी आँखों के सामने नहीं खिंच जाता? क्या हमारे हृदय में पीड़ा-सी नहीं होने लगती? क्या हमारा जी तड़प नहीं जाता? उस समय क्या हमारी आँखें नहीं खुलतीं? क्या हमको यह ज्ञान नहीं होता कि विरह स्त्री जाति के लिए कितना वेदनामय है? यह ज्ञान अपने तथा अन्यों के लिए क्या उपयोगी नहीं?

नीचे की रचनाओं को देखिए! इनमें मानसिक भावों का सूक्ष्म चित्रण है, आर्य ललनाओं के स्नेहमय हृदय का रुचिर निरूपण है, प्रेम पारावार के तरंग भंग का सच्चा प्रदर्शन है, और है मानव मानस सुमन का सरस विकास। भाव इनके इतने सुन्दर हैं कि उपयोगिता उनमें से फूटी पड़ती है। यह उपयोगिता एकदेशी नहीं व्यापक है, और है पवित्र पाठों से पूर्ण–

गिरि ते ऊँचे रसिक-मन, बूड़े जहाँ हजार।
वहै सदा पसुनरन को प्रेम-पयोधि पगार॥

इक भीजे, चहले परे, बूड़े बहे हजार।
कितने अवगुन जग करत नय बय चढ़ती बार॥
बिछुरे जिये सकोच यह बोलत बनै न बैन।
दोऊ दौर लगे हिये किये निचौंहैं नैन॥
तच्यो आँच अति बिरह की रह्यो प्रेमरस भींजि।
नैनन के मग जल बहै हियो पसीजि पसीजि॥
यद्यपि सुन्दर सुघर पुनि सगुनो दीपक देह।
तऊ प्रकास करै तितो भरिये जितौ सनेह॥
जो चाहै चटकन घटै मैलो होय न मित्त।
रजराजस न छुवाइये नेह चीकने चित्त॥
तनक कंकरी के परे नैन होत बेचैन।
वे बपुरे कैसे जियें जिन नैनन में नैन॥

प्रायः कहा जाता है, गणिकाओं का वर्णन करके नायिका विभेद के ग्रन्थों में अनर्थ कर दिया गया है। किन्तु गणिका के वर्णन में भी विशेषता है, उसमें भी उत्तम पाठ मौजूद हैं। देखिए—

धीरज मोचन लोचन लोल बिलोकि के लोक की लीक त छूटी।
फूटी गये श्रुति ज्ञान के केसव आँख अनेक बिबेक की फूटी॥
छोड़ि दई सरिता सब काम मनोरथ के रथ की गति टूटी।
त्यों न करै करतार उबारक जा चितवै वह बार बधूटी॥

यदि कहा जावे कि इस पद्य में वह नायिका रूप में वर्णित नहीं है—इसलिए यह पद्य प्रमाण कोटि में नहीं गृहीत हो सकता। तो निम्नलिखित पद्य लिया जावे—

क्यों हूँ न याम जनात है जात रिझावत ऐसी रहैं रतिआन मैं।
देखत ही मन टूटि परै कछु राखहिं ऐसी छटा छतिआन में।
ए 'हरिऔध' करो कितनो हूँ बिलंब पै होत नहीं पतिआन मैं।
बीस गुनी मिसिरी ते मिठास है बार बिलासिनी की बतिआन मैं॥

क्या इस पद्य के पढ़ने से यह नहीं ज्ञात होता कि वैसिकों का कितना पतन हो जाता है। उनके पतन का चित्र ही तो इस पद्य के पद-पद में अंकित है, उनकी कामुकता का ही वर्णन तो इसमें है। फिर उनको कौन निंदनीय न समझेगा, ऐसे ऐसे पुरुषों की ओर दृष्टि फेरकर सर्वसाधारण को सावधान करना ही तो इस पद्य का उद्देश्य है, फिर वह उपयोगी क्यों नहीं। यदि कहा जावे किसी कुलांगना के हाथ में यह पद्य नहीं दिया जा

सकता, तो मैं कहूँगा यदि उनको अपने पति, पुत्र को पतन से बचाने का अधिकार प्राप्त है, यदि उनको इस विषय में सावधान रखना है, तो उनके सामने इस पद्य को अवश्य रखना चाहिए। जिससे उनकी आँखें खुली रहें, और वें अपने पति, पुत्र की रक्षा इस कुमार्ग से कर सकें। इस पद्य में जितना प्रलोभन है, उतनी ही उसमें सतर्कीकरण की शिक्षा है। बुराई का यथार्थ ज्ञान होने पर ही, उससे पूरी तौर पर कोई बचाया जा सकता है।

नायिका विभेद के ग्रन्थों में उच्च कोटि के पुरुषों के वर्णन के साथ जैसे अधम से अधम पुरुषों का निरूपण भी किया गया है, उसी प्रकार पूज्य पतिव्रता स्त्रियों के साथ गणिकाओं तक का विवरण है। कारण इसका यह है कि तुलना का अवसर हाथ आने पर ही हमें भले बुरे का ज्ञान होता है। राका निशा का यथार्थ ज्ञान तमोमयी आभा कराती है, और अरुण राग रंजित ऊषा की विशेषताओं को कालिमामयी संध्या ही बतलाती है। काक और पिक का क्या अन्तर है, फूल और काँटों में क्या भेद है, सुधा क्यों वांछनीय है और गरल क्यों निन्दनीय, यह मिलान करने पर ही जाना जा सकता है। जैसे पुरुष जीवन को परकीया कलंकित करता है, और गणिका नष्ट; उसी प्रकार स्त्री जीवन को लांछित करती है उपपति, और कष्टमय बनाता है वैसिक। इसलिए एक को दूसरे के यथार्थ परिचय की आवश्यकता है। नायिका भेद के ग्रन्थ इन उद्देश्यों को सामने रखकर लिखे गए हैं। यह देखा जाता है कि अनेक पुरुष स्त्रियों द्वारा इसलिए आदर नहीं पाते, वरन् वंचित और तिरस्कृत होते हैं कि उनमें रसज्ञता नहीं होती, और वे उन कलाओं के ज्ञाता नहीं होते, जिनसे ललनाकुल को अपनी ओर आकर्षित किया जा सकता है। इसी प्रकार कितनी स्त्रियों को इसलिए दुःख भोगना और पति के प्यार को गँवाना पड़ता है, कि उनमें न तो वे भाव होते हैं, जो मनों को मुट्ठी में करते हैं, और न वे मनोहर ढंग, और न वे मधुर व्यवहार जो हृदय के सुकुमार भावों पर अधिकार करते और नीरस मानसों में भी रस-धारा बहाते हैं। नायिका भेद के ग्रन्थ इन बातों का भी प्रतिकार करते हैं और बड़ी सरसता से वे मार्ग बतलाते हैं, जिन पर चलकर स्त्री पुरुष दोनों अपने जीवन को सुखमय बना सकते हैं। जैसे कुछ विद्याएँ और कलाएँ ऐसी हैं कि जिनका कुछ न कुछ ज्ञान होना जीवन के लिए उपयोगी है, वैसे ही साहित्य के इस अंग पर भी अधिकार होना आवश्यक है। संसार में सर्वज्ञ कौन है, अल्पज्ञ होना अच्छा नहीं, इसलिए जहाँ तक हो सके प्रत्येक पुरुष और स्त्री विशेष आवश्यक विषयों का विज्ञ बनने की चेष्टा अवश्य करे। विज्ञता ग्रन्थ पढ़कर ही नहीं लाभ की जा सकती। विषयज्ञों का साथ करके भी बहुत कुछ सीखा जा सकता है। नायिका भेद की उपयोगिता के विषय में मैं बहुत कुछ लिख चुका। मेरा विचार है, कि सदुद्देश से ही उसकी रचना हुई है। निर्दोष आमोद-प्रमोद और सरस हास-विलास का उत्तेजन भी उसके सृजन का हेतु हो सकता है। किन्तु यह उसके व्यापक उद्देश का एक देश मात्र है। मैंने उपयोगिता के उदाहरण ब्रजभाषा के पद्यों को उठाकर

ही दिए हैं, इसलिए नहीं कि संस्कृत में इस प्रकार के पद्य नहीं हैं, वरन इसलिए कि जिसमें व्यर्थ ग्रन्थ के कलेवर की वृद्धि न हो।

शृंगार रस और ब्रजभाषा

शृंगार रस की रचनाएँ यदि कला की कसौटी पर कसे जाने पर ठीक उतर जातीं, तो भी किसी को उन पर उँगली उठाने का अधिकार न होता, क्योंकि कला की सार्थकता कला तक ही परिमित है। यदि कला की दृष्टि से कोई कला पूर्ण पाई गई तो उसको पूर्णता प्राप्त हो गई, फिर उसमें कोई न्यूनता नहीं मानी जा सकती। नायिका भेद की रचनाएँ ऐसी ही हैं अतएव वे अभिनन्दनीय हैं, उपेक्षणीय नहीं। जब उनमें उपयोगिता भी पाई गई, तो उनके लिए मणिकांचन योग हो गया, वे सब प्रकार आदरणीय हो गईं। इतना ही नहीं उनकी उद्भावना ऐसे महापुरुषों द्वारा हुई है, जो सत्यव्रत ही नहीं अर्चनीय भी हैं। भरत मुनि स्वयं आप्त हैं, किन्तु उन्होंने शृंगारादिक अष्ट रसों का आविष्कारक जिनको माना है, उनको महात्मा विशेषण दिया है, वे लिखते हैं 'एते ह्यष्टौ रसाः प्रोक्ता द्रुहिणेन महात्मना' इसलिए नायिका भेद की कल्पना लोकहित कामना से ही हुई है, यह स्वीकार करना पड़ेगा। फिर भी उसके कारण शृंगार रस आजकल अच्छी दृष्टि से नहीं देखा जाता। नायिका-भेद-सम्बन्धिनी शृंगार रस की अधिकतर रचनाएँ ब्रजभाषा में हैं, अतएव इसी सूत्र से आजकल ब्रजभाषा की छीछालेदार भी की जा रही है। विचारणीय यह है कि इस विषय में ब्रजभाषा का उत्तरदायित्व कहाँ तक है—

अग्निपुराण का वचन है—

शृंगारी चेत् कविः काव्ये जातं रसमयं जगत्।
स चेत् कविर्बीतरागी नीरसं व्यक्तमेव तत्॥

भाव यह है कि यदि कवि शृंगारी होता है, तो उसके काव्य से जगत् रसमय हो जाता है, किन्तु यदि वह बीतरागी होता है, तो सब ओर नीरसता फैल जाती है। मैं शृंगार रस की प्रधानता का प्रतिपादन कर आया हूँ, यह भी बतला चुका हूँ कि शृंगार रस ही सब रसों का जनक है। यही कारण है कि संस्कृत भाषा के साहित्य में शृंगार रस का स्रोत बहता है। कवि-कुल-गुरु कालिदास के समय से लेकर पण्डितराज जगन्नाथ के समय तक जितने बड़े-बड़े काव्यकार हो गए हैं, जितने लोगों ने लक्षण-ग्रन्थ, अलंकार-ग्रन्थ, अथवा छोटे-बड़े रस-ग्रन्थ, नाटक, चंपू, किंवा प्रबन्ध ग्रन्थ लिखे हैं, उपन्यास, कथानक या मुक्तकों की रचनाएँ की हैं, उनमें से अधिकांश में शृंगार रस की ही छटा देखने में आती है। अन्य विषयों में भी शृंगार का पुट कुछ-न-कुछ अवश्य रहता है। कारण इसका यही है कि संसार रस का ग्राहक है, और सरसता बिना शृंगार के आती नहीं। पुराण,

उपपुराण अथवा संहिताएँ धर्म दृष्टि से लिखी गई हैं, परन्तु उनमें भी प्रायः शृंगार रस का मधुर आलाप श्रुति गोचर होता है। प्राकृत और अपभ्रंश के साहित्य ग्रन्थों की भी यही दशा है। सातवाहन की प्राकृत गाथा सप्तशती को देखकर ही आचार्य गोवर्धन ने 'आर्या सप्तशती' की रचना की। दोनों में ही शृंगार रस छलका पड़ता है। विरोध करनेवालों ने उस समय भी उसका विरोध किया और मूल पर ही कुठराघात करना चाहा। काव्य की ही निन्दा कर डाली, लिख मारा—

"असभ्यार्थाभिधायित्वान्नोपदेष्टव्यं काव्यम्।"

'अश्लील भावों का द्योतक होने के कारण काव्य की रचना न होनी चाहिए।'

पर इसको किसी ने न सुना—यह बात नक़्क़ारखाने में तूती की आवाज़ हुई, क्योंकि स्वाभाविक भावों का प्रतिरोध नहीं होता। प्रयोजन यह कि शृंगार रस का स्रोत चिरकाल से प्रवाहित है, वह संस्कृत से प्राकृत में आया, और प्राकृत से ब्रजभाषा में। ऐसा होना स्वाभाविक था, ब्रजभाषा ने स्वयं इसकी उद्‌भावना नहीं की।

कुछ लोगों का विचार है कि स्त्री जाति के अंगों का वर्णन उचित नहीं, क्योंकि यह एक प्रकार की अमर्यादा है। हास-विलास और प्रिय-प्रियतम की क्रीड़ाओं एवं उनके रसमय कथनोपकथन का चित्रण भी संगत नहीं, क्योंकि उसमें अश्लीलता आ जाती है। मेरा विचार है, इस कथन में मार्मिकता नहीं। खोपड़ी खरौंचकर कुछ बातें कही गई हैं, परन्तु उनमें सहृदयता का लेश नहीं। आँखें विश्व-सौन्दर्य्य देखने के लिए बनी हैं, और हृदय भाव ग्रहण करने के लिए। किन्तु ये बातें कहती हैं आँखों पर पट्टी बाँध लेने और कलेजे पर पत्थर रख लेने के लिए, सौन्दर्य्य देखकर पशु विमुग्ध हो जावें, चिड़ियाँ चहकने लगें, परन्तु मनुष्य को विशेषकर कवि को जीभ हिलाने का अधिकार नहीं! यदि उसने सुन्दर दाँत देखकर उसे मोती जैसा कह दिया, मुख को मयंक-सा, आँखों को कमल-सा बतला दिया, तो मर्यादा पर वज्रपात हुए बिना न रहेगा। यदि मर्द के दाँत मोती जैसे कह दिए जावें, तब तो शायद मर्यादा सुरक्षित भी रह जावे, किन्तु स्त्री के दाँत को मोती कहा नहीं कि उस पर बिजल गिरी नहीं। यदि योरप और अमेरिका की श्वेतांग ललनाएँ अपने अंग प्रत्यंगों की वर्णना रसमयी भाषा में कर अपने रूप-यौवन का विज्ञापन देती रहें, समाचार-पत्रों के कालम के कालम काले करती रहें, तो वह हमारे पाश्चात्य सभ्यतानुरागियों के लिए संगत होगा, क्योंकि वे वर्त्तमान युग की अधिष्ठातृ देवियाँ हैं। प्रिया-प्रियतम के हास विलास, क्रीड़ा एवं कथनोपकथन से संसार का साहित्य क्यों न भरा हो, वे क्यों न नीरस जीवन की रसधारा हों, दुःख भरे संसार के सुख-संदोह हों, किन्तु उनके अश्लील हो जाने का डर है, इसलिए वे वर्णनीय नहीं। पानी इसीलिए नहीं पीना चाहिए कि वह खारा भी होता है, वायु सेवन इसलिए नहीं करना चाहिए कि उसमें दुर्गन्धि भी मिलती है, व्यंजन इसलिए नहीं खाना चाहिए कि वह रोग-प्रवण भी होता है और आग

को इसलिए काम में नहीं लाना चाहिए कि उसमें उँगलियाँ भी जल सकती हैं। ऐसे लोगों का विचार कहाँ तक मान्य है, इसको आप लोग स्वयं समझ सकते हैं। गुण-समूह में जिनकी दृष्टि साधारण से साधारण दोष पर ही रहती है, वे हों कैसे ही, परन्तु इस विचारवाले लोग भी हैं। अपने सिद्धान्तानुसार वे ब्रजभाषा के नख-शिख वर्णन को अच्छी दृष्टि से नहीं देखते। किन्तु नख-शिख वर्णन भी परम्परा द्वारा ही ब्रजभाषा में गृहीत हुआ है। तर्क करनेवालों का यह कथन है कि उसने फारसी और उर्दू से यह प्रणाली ग्रहण की है, किन्तु यह सत्य नहीं है। कवि-कुल-गुरु कालिदास के कुमारसंभव के सातवें सर्ग में हिमालय-नन्दिनी के अनेक अंगों का बड़ा सुन्दर वर्णन किया है। विवाह काल में सखियों ने उनको जैसे सुसज्जित किया, उसका वर्णन बड़ा ही मनमोहक है। इसके अतिरिक्त अंगों के उपमानों की कल्पना ब्रजभाषा के कवियों की नहीं है, वे वे ही उपमान हैं, जो संस्कृत के आचार्य्यों द्वारा वर्णित हैं। कवि-प्रिया में कविवर केशवदास ने इस विषय का बड़ा विशद वर्णन किया है। वे यह भी लिखते हैं—

नख ते सिख लौं बरनिये, देवी दीपति देखि।
सिख ते नख लौं मानुखी, केसवदास बिसेखि ॥

इस नियम का उल्लेख उन्होंने प्राचीन आचार्य्यों के मन्तव्य अनुसार ही किया है; इससे पाया जाता है कि नख-शिख-वर्णन-प्रणाली परम्परागत है। हाँ, यह अवश्य है कि ब्रजभाषा में उसका विस्तृत रूप देखने में आता है। कारण इसका उर्दू एवं फ़ारसी रचनाओं में हिन्दी भाषा का उत्कर्ष साधन है, क्योंकि उस काल के अधिकांश कवियों में यह प्रवृत्ति पाई जाती है। उस समय अपनी भाषा की रक्षा के लिए ऐसा करना आवश्यक था।

अब रहे स्वकीया, परकीया और गणिका के विषय। स्वकीया की कल्पना बड़ी सुन्दर कल्पना है। उसमें इतनी मोहकता है कि निर्गुणवादी सन्तों ने भी उसकी ममता नहीं छोड़ी। जो साकारता की चर्चा होने पर कानों पर हाथ रखते हैं, उनको भी परमात्मा को पति और अपने को पत्नी मानकर मानसिक उद्‌गारों को प्रकट करते देखा जाता है। वास्तव में स्वकीया का जीवन बड़ा ही उदात्त, त्यागमय एवं प्रेममय है। उसकी कामनाएँ बड़ी ही मधुर और भावमय हैं; अतएव उसके हृदयोद्‌गार अनेक अवसरों पर बड़े ही आकर्षक होते हैं। कुछ असहृदय उनको सुनकर भले ही नाक-भौंह सिकोड़ें, किन्तु संसार इस रस में निमग्न है। यहाँ तक कि जो संसार-त्यागी हैं वे भी अपनी मानसिक व्यथाओं और आकुलताओं को पत्नी का भाव ग्रहण कर ही लोक-रति तक पहुँचाते हैं। कबीर कट्टर निराकारवादी हैं। जरा उनकी बातें सुनिए—उनकी उक्ति कितनी मर्मस्पर्शिनी है; और वे किस प्रकार स्वकीया हृदय के भावों को व्यंजित करते हैं। यह बात उनके गान का एक-एक पद ध्वनित कर रहा है—

तोको पीव मिलेंगे घूंघट को पट खोल रे।
घट घट मैं वह सांईं रमता कटुक बचन मत बोल रे।
धन जोबन को गरब न कीजै झूठा पचरंग चोल रे।
सुन्न महल में दियना बारि ले आसा सों मत डोल रे।
जोग जुगुत सों रंगमइल में पिय पायो अनमोल रे।
कहै 'कबीर' अनंद भयो है बाजत अनहद ढोल रे॥ 1॥

× × ×

मिलना कठिन है कैसे मिलौंगी पिय जाय।
समुझि सोचि पग धरौं जतन से बार बार डिंग जाय।
ऊंची गैल राह रपटीली पांव नहीं ठहराय।
लोक लाज कुल की मरजादा देखत मन सकुचाय।
नैहर बास बसा पीहर में लाज तजी नहिं जाय।
अधर भूमि जहँ महल पिया का हम पै चढ़ो न जाय।
धन भई बारी पुरुष भये भोला सुरत झकोरा खाय।
दूती सतगुरु मिले बीच मैं दीन्हों भेद बताय।
साहब 'कबिर' पिया सों भेट्यो सीतल कंठ लगाय॥ 2॥

× × ×

बालम आओ हमारे गेह रे।
तुम बिन दुखिया देह रे॥
सब कोई कहै तुम्हारी नारी मोको यह संदेह रे।
एक मेक ह्वै सेज न सोवे तब लग कैसो नेह रे।
अन्न न भावै नींद न आवै गृह बन धरे न धीर रे।
ज्यों कामी को कामिनि प्यारी ज्यों प्यासे को नीर रे।
है कोउ ऐसा पर उपकारी पिय से कहै सुनाय रे।
अब तो बेहाल 'कबीर' भये हैं बिन देखे जिउ जाय रे॥ 3॥

* * *

सपने में सांईं मिला सोवत लिया जगाय।
आँख न खोलूँ डरपती मन सपना ह्वै जाय॥ 4॥

स्वकीया के विषय में अधिक तर्क-वितर्क भी नहीं किया जाता। अतएव मैं परकीया और गणिका के विषय को लेता हूँ। कहा जाता है, इन दोनों नायिकाओं का वर्णन करके ब्रजभाषा ने उच्च आदर्शों का तिरस्कार किया है। प्रश्न यह है क्या ब्रजभाषा द्वारा ही

इन दोनों नायिकाओं की वर्णना हुई है? यह भी तो संस्कृत साहित्य से ही ब्रज-भाषा में आई हैं, इसलिये इन दोनों नायिकाओं का निरूपण भी साहित्यशास्त्र के नियमानुसार परंपरागत है, इसमें ब्रजभाषा का क्या अनौचित्य? जब मैं परंपरा की बात कहता हूं तो इसका यह अर्थ न समझना चाहिये कि मैं परंपरा के अंधानुकरण का पक्षपाती हूँ। परंपरा वहीं तक ग्राह्य है, जहाँ तक वह आपत्तिजनक न हो। जब उसके द्वारा समाज अथवा जाति का अमंगल होता हो, जब उसके आधार से उनमें बुराइयाँ फैलती हों तो वह इस योग्य है कि उसकी उपेक्षा की जावे। इसको मैं स्वीकार करता हूँ। इसलिये जब मैं परंपरा की बात कहता हूँ तो उसका इतना ही प्रयोजन होता है कि प्रस्तुत विषय की उद्भावना ब्रजभाषा द्वारा नहीं हुई। कहा जा सकता है कि ब्रजभाषा उसे छोड़ सकती थी, यह तर्क ठीक है। अतएव अब मैं यह देखूंगा कि ब्रजभाषा ने उसे क्यों नहीं छोड़ा—साहित्यदर्पणकार लिखते हैं—

'उत्तमप्रकृतिप्रायो रसः शृंगार इष्यते॥
परोढां वर्जयित्वा तु वेश्यां चाननु रागिणीम्।
आलम्बनं नायिकाः स्युर्दक्षिणाद्याश्च नायकाः॥

"अधिकांश उत्तम प्रकृति से युक्त रस शृंगार कहलाता है। परस्त्री तथा अनुराग-शून्य वेश्या को छोड़कर अन्य नायिकायें तथा दक्षिण आदि नायक इस रस के आलंबन विभाव माने जाते हैं।"

यह लिखकर भी साहित्यदर्पणकार ने परकीया और गणिका का वर्णन अपने ग्रंथ में किया है। वे लिखते हैं—

परकीया द्विधा प्रोक्ता परोढा कन्यका तथा।
यात्रादिनिरतान्योढा कुलटा गलितत्रपा॥
कन्या त्वजातोपयमा सलज्जा नवयौवना।
धीरा कलाप्रगल्भा स्याद्वेश्या सामान्यनायिका॥

"परकीया नायिका दो प्रकार की होती है, एक अन्य विवाहिता और दूसरी अविवाहिता कन्या। उनमें से यात्रा आदिक मेले तमाशों की शौकीन निर्लज्जा 'अन्योढ़ा' कहलाती है।"

"अविवाहिता सलज्जा नवयौवना कन्या कहलाती है और धीरा नृत्य गीतादि 64 कलाओं में निपुण सामान्या स्त्री वेश्या।"

कन्या के विषय में लिखते हैं, अस्याश्च पित्राद्यायत्तत्वात्परकीयात्वम्'। यह पिता आदि के वश में होने से परकीया कहलाती है।

इसके बाद स्वाधीनपतिका आदि आठ प्रकार की नायिकाओं को गिनाकर वे यह भी कहते हैं—

इति साष्टाविंशतिशतमुत्तममध्याधमस्वरूपेण।
चतुराधिकाशीतियुतं शतत्रयं नायिकाभेदाः।

मतलब यह है कि स्वीया के 13 भेदों में जब परकीया के दो भेद और एक वेश्या को मिलायेंगे तो उनकी संख्या 16 होगी। इसको स्वाधीन पतिका आदि आठ भेदों से गुणेंगे तो उनकी संख्या 128 होगी। उत्तमा, मध्यमा, अधमा के विचार से यही संख्या 84 हो जायगी। इससे यह पाया गया कि स्वकीया, परकीया के समान गणिका के भी स्वाधीनपतिका आदि आठ भेद हो सकते हैं और उनमें भी 'उत्तमा' आदि का क्रम रखा जा सकता है। साहित्यदर्पण में गणिका अथवा परकीया के इन भेदों का वर्णन नहीं है। परंतु 'रसमंजरी' में इनका विलक्षण निरूपण है। रसमंजरीकार भानुदत्त की उपस्थिति षोड़श शताब्दी में बतलाई जाती है।

नाट्य-शास्त्रकार ने अपने ग्रंथ में स्वीया, परकीया एवं सामान्या का वर्णन इस प्रकार से नहीं किया है, जिस प्रकार से उक्त ग्रंथों में पाया जाता है। किंतु उन्होंने इतनी नायिकाएं अपने ग्रंथ में लिखी हैं कि उनमें इन सबका अंतर्भाव हो जाता है। बाइसवें अध्याय में वे लिखते हैं—

वेश्यायां कुलटायां वा प्रेष्यायां वा प्रयोक्तृभिः।
एभिर्भावविशेषैस्तु कर्तव्यमभिसारणम्॥ 218॥

तेइसवें अध्याय में आठवें श्लोक में वे यह कहते हैं—

दिव्या च नृपपत्नी च कुलस्त्री गणिका तथा।
एतास्तु नायिकाज्ञेया नाना प्रकृतिलक्षणाः।

इसीं अध्याय में 15, 16, 17 श्लोकों में उन्होंने स्त्रियों के सत्तरह भेद बतलाये हैं। वे ये हैं—महादेवी, देवी, स्वामिनी, स्थापिनी, भोगिनी, शिल्पकारी, नाटकीया, नर्त्तकी, अनुचारिका, परिचारिका, संचारिणी, प्रेषणचारिका, महत्तरी, प्रतीहारी, कुमारी, स्थविरा, आयुक्तिका फिर अनुरक्ता, विरक्ता आदि कुछ और नायिकाएँ उन्होंने गिनाई हैं और सबों के लक्षण बतलाये हैं। उनके देखने से लगभग सब नायिकाएँ उनमें आ जाती हैं। जिनका वर्णन उक्त ग्रंथकारों ने किया है। इससे पाया जाता है कि परकीया अथवा गणिका की वर्णना आधुनिक नहीं है। वरंच बहुत प्राचीन है। प्राचीन होने से ही कोई विषय श्लाघनीय अथवा अभिनंदनीय नहीं होता, इसलिये विचारणीय यह है कि साहित्य में परकीया और गणिका का ग्रहण कहाँ तक युक्ति संगत हो।

जब मैं किसी विषय के परंपरागत अथवा प्राचीन होने पर जोर देता हूँ तो उसका अर्थ यह होता है कि उनके उद्भावक वे हैं, जो विश्वबंधु और सत्यव्रत कहे जा सकते हैं। ऐसी अवस्था में वे तर्क योग्य नहीं। फिर भी मैं प्रस्तुत विषय की ओर प्रवृत्त होता हूँ। कहा

जाता है कि परकीया का आदर्श ही बुरा है, यह ऐसा आदर्श है जो कुलांगनाओं को मार्गच्युत कर सकता, उनको भ्रांत बना सकता और निष्कलंक कुल में कलंक लगा सकता है। जो कुछ कहा गया उसमें सत्यता का अंश है, किंतु सांसारिकता बिल्कुल नहीं। प्रेम बड़ा रहस्य-मय है, प्रेमपरायण हृदय समाज का बंधन क्या किसी बंधन को नहीं मानता, ऐसे उदाहरण नित्य हमारी आँखों के सामने आते रहते हैं। हम आँखें छिपा सकते हैं, किंतु घटना बिना हुए नहीं रहती। हृदय से हृदय का सम्मिलन स्वाभाविक है, सत्य है, विधि का अनुल्लंघनीय विधान है। लौकिक नियम उसका नियंत्रण कर सकता है, किंतु उसकी सीमा है। जहां सीमोल्लंघन होता है वहां यह नियम टूट जाता है। इन बातों पर दृष्टि रख कर ही सिद्धांतों अथवा आदर्शों की मीमांसा हो सकती है। यदि परकीया सत्य व्यापार है, और समाज में चिरकाल से गृहीत है, तो उसका उल्लेख गर्हित क्यों? हिंदु समाज का वरन् संसार का सर्वोच्च आदर्श स्वकीया है। परंतु उसके नीचे ही परकीया का स्थान है, उसका प्रेम भी उदात्त है, और एक प्रेमी ही तक परिमित है। उसमें त्याग की मात्रा भी न्यून नहीं, उसके प्रेम-पथ में विघ्न बाधाओं के ऐसे दुरारोह पर्वत खड़े मिलते हैं जिनका सामना स्वकीया को करना ही नहीं पड़ता, तो भी वह अपने व्रत में उत्तीर्ण होती है, और प्रेम-कसौटी पर कसे जाने पर भी उसी के समान ही ठीक उतरती है, फिर उसकी अवहेलना क्यों?

परकीया नायिका में जो प्रेमजन्य व्याकुलता होती है, उसमें जो अधीरता, उत्सुकता, प्रेमोन्माद और तड़प देखी जाती है, वह बड़ी ही अदम्य एवं वेदनामयी होती है। पहाड़ी नदियों की गति में बड़ी प्रखरता, बड़ी ही सबलता, बड़ा वेग और बड़ी ही दुर्दमनीयता होती है, क्योंकि उसके पथ में विघ्न बाधा स्वरूप अनेक प्रस्तर खंड, अनेक संकीर्ण मार्ग और बहुत से पहाड़ी दर्रे होते हैं। परकीया नायिकाओं का पथ भी इसी प्रकार विपुल संकटाकीर्ण होता है। उसको लोक-लाज की बेड़ी काटनी पड़ती है, वंशगत बंधन तोड़ना पड़ता है, गुरुजनों की भर्त्सना, गाँववालों का उत्पीड़न और सखियों का तिरस्कार सहना पड़ता है; अतएव उसकी गति भी पहाड़ी नदियों की सी उद्वेलित होती है। उसके हृदय के भावों का चित्रण टेढ़ी खीर है, साथ ही बड़ा ओजमय, प्रायक और मर्मस्पर्शी भी है। उसमें सत्यता है, सौन्दर्य है, और है प्रेम-पथ का भीषण दृश्य। उसमें वह अटलता है जो हथेली पर सर लिये फिरने वालों में ही देखी जाती है। प्रत्येक भाषा की लेखनी का चमत्कार इस भाव के प्रदर्शन में देखने योग्य है, वह साहित्य की एक अपूर्व सम्पत्ति है। थोड़े-से पद्य आप लोगों के अवलोकन के लिये यहां उपस्थित किये जाते हैं।

अति खीन मृनाल के तारहुँ ते तेहि ऊपर पाँव दे आवनो है।
सुई बेह तें द्वार सँकीन तहाँ परतीत को टांडो लदावनो है।
कवि बोधा अनी घनी नेजहुँ तें चढ़ि तापै न चित्त डगावनो है।
यह प्रेम की पंथ कराल सखी तरवार की धार पै धावनो है ॥ 1 ॥

× × ×

कोऊ कहै कुलटा, कुलीन, अकुलीन कहौ,
कोऊ कहौ रंकिनि, कलंकिनी कुनारी हौं।
कैसो परलोक, नरलोक, बर लोकन में,
लीनी मैं अलीक, लोक लोकन ते न्यारी हौं।
तन जाव, मन जाव, देव गुरुजन जाव,
जीव क्यों न जाव टेक टरति न टारी है।
बृंदाबन बारे बनवारी के मुकुट पर,
पीतपट वारी प्यारी सूरति पै बारी है ॥ 2 ॥

एक विजातीया परकीया की बातें सुनिये—

सुनो दिलजानी मेरे दिल की कहानी तुम,
दस्त ही बिकानी बदनामी भी सहूँगी मैं।
देव पूजा ठानी मैं निवाज हूँ भुलानी तजे,
कलमा कुरान सारे गुनन गहूँगी मैं।
साँवरा सलोना सिर ताज दिए कुल्लेदार,
तेरे नेह दाग मैं निदाग हो दहूंगी मैं।
नंद के कुमार कुरबान तांड़ी सूरत पै,
तांड़ नाल़ प्यारे हिंदुआनी हो रहूँगी मैं ॥ 3 ॥

× × ×

क्यों इन आँखिन सों निरसंक ह्वै मोहन को तन पानिप पीजे।
नेकु निहारे कलंक़ लगै इहि गाँव बसे कहो कैसे के जीजे।
होता रहै मन यों मतिराम कहूँ बन जाय बड़ो तप कीजे।
ह्वै बनमाल हिए लगिये अरु ह्वै मुरली अधरा रस लीजे ॥ 4 ॥

भेस भये बिख भावते भूखन भूख न भोजन की कछु ईछी।
मीच की साध न सोंधे की साध न दूध सुधा दधि माखन छीछी।
चंदन तौ नितयो नहीं जात चुभी चित माँहि चितौनि तिरीछी।
फूल ज्यों सूल सिला सम सेज बिछौनन बीच बिछी जनु बीछी ॥ 5 ॥

इस भाव के कुछ फ्रेंच भाषा के पद्य भी देखिये—

Oh! que I' amour est charmante!
Moi, si ma tante le vent beiu,
J'y suis bein consentante,
Mais si ma tante ne vent pas

Daus un convent J'y entre.
Ah due I' amour eat charmante!
Mais si ma tante ne vent pas,
Daus un convent J'y entre,
J'y prierai Dilu four mes parents,
Mais non pas four man tante.

"आह! प्रेम करने में कैसा सुख है! यदि मेरी चाची सिर्फ इसके लिए आज्ञा दे दे। हाय! इस बात को मैं कितना चाहती हूँ! यदि चाची ने आज्ञा न दी तो मैं उपासना मंदिर में जाऊँगी।"

"आह! प्रेम में कैसा सुख है! किंतु यदि मेरी चाची मुझे इसकी आज्ञा न देगी, तो मैं किसी उपासना मंदिर में जाऊँगी, वहाँ ईश्वर से सबके (सब सम्बन्धियों के) लिये प्रार्थना करूँगी, पर अपनी चाची के लिये नहीं।"

Mon per' me dit tonjours,
Marie toi, ma fille!
Non, non, mon, pere,
Je ne venx plus aimer,
Car mon amant est l'earmeea
Elle s'est habileec
En brance militaire,
Ell'fit conper priser ses blonds chevenx.
A la facon d'son amourenx

"पिता नित्य मुझसे कहते हैं कि बेटी! दूसरे से ब्याह कर ले। नहीं नहीं, पिता, मैं फिर से दूसरे से प्रेम नहीं कर सकती, क्योंकि मेरे हृदय का देवता सेना में है।"

"(प्रेमी के लौटने की संभावना न देखकर) बालिका ने पुरुषोचित वेष बनाया, प्रेमी की ही भाँति सुन्दर, मुलायम, घूँघरवाले बाल कटवा दिये। इसके बाद उसने सेना की ओर यात्रा की।"

कुछ उर्दू के पद्यों को भी देखिये।

गुल है ज़ख़्मी बहार के हाथों। दिल है सदचाक यार के हाथों।
दम बदम क़ता होती जाती है। उम्र लैलो निहार के हाथों।
जाँ बलब हो रहा हूँ मिस्ले हुबाब। मैं तेरे इन्तज़ार के हाथों।
इक शिगूफ़ा उठे है रोज नया। इस दिले दाग़दार के हाथों।
यह जो खटके है दिल में काँटा सा। मिज़ा है नोकेख़ार है क्या है?
चश्मे बददूर तेरी आँखों में। नशा है, या खुमार है क्या है?

× × ×

कैसी वफ़ा! कहाँ की मुहब्बत! किधर की मेह्र!
वाकिफ ही तू नहीं है कि होता है यार क्या?

संसार की जितनी प्रेम कहानियाँ हैं, उनमें से अधिकांश का आधार परकीया है। चाहे वे भगवान् श्रीकृष्ण अथवा श्रीमती राधिका सम्बन्धिनी कथाएँ हों, चाहे लैला मजनूँ, चाहे शीरीं फ़रहाद आदि की दास्तानें। किसी भाषा के साहित्यिक ग्रंथों, काव्यों, उपन्यासों और नाटकों को उठा लीजिये, उनमें से अधिकतर में प्रेमिक एवं प्रेयसी, आशिक-माशूक, और लवर एवं बिलवेड् की कथाएँ बड़ी रसीली और ओजस्विनी भाषाओं में लिखी मिलेंगी। कारण इसका यह है कि इस प्रकार की रचनाओं में बड़ी हृदयग्राहिता होती है। स्वकीया का मार्ग कंटकाकीर्ण नहीं होता, और न उसके मार्ग में आदिम प्रेम के पचड़े होते हैं, इसलिए उसके मानस में वे भाव नहीं उदित होते जो परकीया के हृदय में नाना प्रकार की विघ्न-बाधाओं का सामना करने के कारण उत्पन्न होते हैं। अनेक संकटों में पड़ने, नाना दुःख झेलने और सैकड़ों झंझटों से टक्कर लेने पर जो सफलता मिलती है वह बड़ी मुग्धकारी और आनंदमयी होती है। उसका वर्णन बहुत ही चमत्कारक और मनोहर होता है, इसलिए हृदयों को मोह लेने की उसमें अपूर्व सामग्री मिलती है। उस वर्णन में आपत्तिपतिता, प्रेमोन्मादिता, विह्वला और नितांत उत्कंठिता का जो द्रावक क्रंदन सुना जाता है, जो मर्मबेधी पीड़ा देखी जाती है, जो उद्भ्रांत भाव दृग्गोचर होता है, उससे कौन ऐसा सहृदय है जो प्रभावित नहीं होता, और कौन ऐसा हृदय है जो द्रवीभूत नहीं बनता। यही कारण है कि उसकी कथाएँ रोचक होती हैं, चाव से पढ़ी सुनी जाती हैं और सब उन्हें प्यार करते हैं। यदि परकीया में वास्तविकता न होती, उसकी बातें सत्य न होकर कल्पित होतीं; तो उसमें इतनी स्वाभाविकता न मिलती। इसी स्वाभाविकता के कारण संसार के साहित्य में उसका आदर है, और यह व्यापक आदर ही उसके अस्तित्व के महत्त्व का प्रतिपादक है।

साहित्य-दर्पणकार कहते हैं, परकीया दो प्रकार की होती है, एक वह अविवाहिता कन्या जो माता पिता अथवा किसी दूसरे अभिभावक के अधिकार में रहते किसी पुरुष से स्वतंत्र प्रेम करती है, और दूसरी वह जो पति के आधीन होते पर-पुरुषानुरागिणी बनती है। रसमंजरीकार भी यही लिखते हैं—

अप्रकटपरपुरुषानुरागा परकीया। सा द्विविधा वरोढ़ा कन्यका च। कन्यायाः पित्राद्यधीनतया परकीयता।

पहली गुरुजन का बंधन तोड़ती है, और दूसरी पतिदेव का। वर्त्तमान सभ्य जगत की ललनाएँ आज कल यही तो कर रही हैं। यूरोप और अमेरिका की कन्याएँ माता-पिता की परवा न करके आप स्वयं किसी पुरुष को वरण कर लेती हैं। वहाँ की पतिवती ललनाएँ पति का त्याग कर जब जी में आता है किसी अन्य को प्रियतम बना लेती हैं। उन सभ्य

देशों में ऐसा करना अनुचित नहीं समझा जाता, वरन् यह स्त्री जाति का स्वत्व समझा जाता है और माना जाता है कि ऐसा करने ही में स्त्री-जाति की मर्यादा और महत्ता सुरक्षित रहती है। क्योंकि इस प्रणाली से उनकी पराधीनता की बेड़ी कटती है, और स्वतंत्रता का सच्चा सुख उन्हें प्राप्त होता है। आज कल भारत की सुशिक्षिता ललनाएँ भी इन प्रथाओं की ओर सतृष्ण नेत्रों से देख रही हैं, और स्वयंवरा होने की ही इच्छा दिन-दिन प्रबल नहीं हो रही है, पतियों के परित्याग का अधिकार प्राप्त करने का उद्योग भी चल रहा है। यदि वांछनीय यही है, तो परकीया को नायिकाओं में स्थान देकर प्राचीन साहित्यकारों ने स्त्री-जाति के स्वत्व की ही रक्षा तो की है, उन्होंने प्रकृति की नाड़ी टटोलकर उस समय उनके इस अधिकार को स्वीकार किया, उनकी वेदनाओं और उत्कंठाओं का मार्मिक भाषा में उल्लेख किया, जिस समय समाज उनको जैसी चाहिये वैसी अच्छी दृष्टि से नहीं देखता था। इतना निवेदन करने के बाद क्या यह बतलाने की आवश्यकता रही कि परकीया का वर्णन युक्तिसंगत है या नहीं!

अब रही गणिका। समाज में गणिका का भी उपयोग है। नाट्य-शास्त्रकार महात्मा भरत ने अपने ग्रंथ में बड़े विस्तार से यह लिखा है, कि नाटकों में गणिका की उपयोगिता से कहाँ-कहाँ कौन सा लाभ उठाया जा सकता है। एक नीतिशास्त्रकार गणिका के विषय में यह कहता है—

देशाटनं पण्डितमित्रता च वारांगना राजसभाप्रवेशः।
अनेक शास्त्राणि विलोकितानि चातुर्यमूलानि भवन्ति पंच॥

"देशाटन, पंडित की मित्रता, वारांगना का सहवास, राजसभा-प्रवेश, अनेक शास्त्रों का अवलोकन, ये पाँचों चातुर्य्यकला सीखने के मूल हैं।"

महाराज भर्तृहरि ने नृप-नीति को वारांगना के समान लिखा है, इस पद्य में उन्होंने वारांगनाओं के कुछ गुणों का भी उल्लेख किया है। देखिये—

सत्याऽनृता च परुषा प्रियवादिनी च।
हिंस्रा दयालुरपि चार्थपरावदान्या।
नित्यव्यया प्रचुरनित्यधनागमा च।
वारांगणेव नृपनीति अनेकरूपा॥

"सत्या है, अनृता भी; परुषा है, प्रियवादिनी भी, हिंस्रा है, दयावती भी; अनुदारा है, वदान्या भी; नित्यव्यया है, प्रचुर धनागमा भी; वास्तविक-बात यह है कि वारांगना के समान नृप-नीति अनेक रूपा है।"

साहित्यदर्पणकार भी उसको 'क्वापि सत्यानुरागिणी' लिखते हैं, मृच्छकटिक की बसन्तसेना उसका प्रमाण है। वे यह भी लिखते हैं—

तस्कराः पंडका मूर्खाः सुखप्राप्तधनास्तथा।
लिगिंनश्छन्नकामाद्या आसां प्रायेण वल्लभाः॥

"चोर, नपुसंक, मूर्ख, जिनको अनायास धन मिल गया है वे और छद्य वेषधारी, प्रच्छन्न कामुक पुरुष प्रायः वेश्याओं के वल्लभ होते हैं।" कम-से-कम इस पद्य से यह तो ज्ञात होता है, कि दुष्टों के एक बहुत बड़े दल से कुलांगनाएँ वेश्याओं के कारण सुरक्षित रहती हैं। कभी-कभी दुष्टजनों और बदमाशों का जो आक्रमण कुल ललनाओं पर होता रहता है, वही इसका प्रमाण है। छावनियों के सैनिकों के लिए जिस प्रकार उनका उपयोग होता है, वह भी अविदित नहीं।

इन बातों पर विचार करने से यह नहीं कहा जा सकता कि समाज में गणिकाओं का कुछ उपयोग नहीं। वास्तविक बात यह है कि इन्हीं दृष्टियों से नायिकाओं में उनकी गणना है। शरीर में कुछ ऐसे अंग हैं, जिनका नाम लेना भी अश्लीलता है, फिर भी वे शरीर में हैं और उपयोगी हैं। इसी प्रकार वेश्याएँ कितनी ही कुत्सित क्यों न हों, पर वे समाज का एक अंग हैं और उनका भी उपयोग है। इसीलिए साहित्य में उनकी चर्चा है। किन्तु यह स्मरण रहे कि जहाँ उनका वर्णन है, वहाँ उनकी कुत्सा ही की गई है। नायिका-विभेद के ग्रंथों में उनको स्वार्थ-परायण ही अंकित किया गया है। उनके कपटमय मानसिक भावों के चित्रण में जैसी उच्च कोटि की कविताएँ की गई हैं, कला की दृष्टि से उनकी जितनी प्रशंसा की जावे, थोड़ी है। कामुकों के आँख खोलने, और लम्पटों को सावधान करने की भी पर्याप्त सामग्री उनमें पाई जाती है। जब एक वेश्या के मुख से कोई कवि कहलाता है—'नाथ हमैं तुमैं अंतर पारत हार उतारि इतै धरि राखो'—उस समय जहाँ वह कवि कला का कमाल दिखलाता है, एक स्वार्थमय मानस का विचित्र चित्र खींचता है, वहीं यह भी बतलाता है कि किस प्रकार गणिकाओं की मधुरतम बातों में प्रतारणा छिपी रहती है, और कैसे वह प्रेम का कपट जाल फैलाकर कामुकों को फाँस लेती हैं। इस पद्य में विवेकियों के लिये यह सुन्दर शिक्षा है, और असावधानों के लिये सावधानता का मंत्र। इसलिए जिस दृष्टि से देखा जावे साहित्य में गणिकाओं का नायिका रूप में ग्रहण असंगत नहीं ज्ञात होता।

एक बात और सुनिये। हाल में अमेरिका की किसी कौंसिल में यह प्रस्ताव उपस्थित किया गया कि वहाँ की गणिकायें नगर के बाहर बसाई जावें, और नगर में रहने का उनका अधिकार हरण कर लिया जावे। प्रस्ताव उपस्थित होने पर यह तय पाया कि पहले यह निश्चित कर लिया जावे कि किन आधारों से कोई स्त्री गणिका मानी जा सकती है। यह बात स्वीकृत हुई और आधार निश्चित किए जाने लगे। किंतु कौन गणिका है और कौन अगणिका यह निश्चित करने में इतना विवाद बढ़ा कि कोई बहुसम्मत आधार ही निश्चित न हो सका। परिणाम यह हुआ कि प्रस्तावक को प्रस्ताव उठा लेना पड़ा। यह वर्तमान

सभ्य जगत के सर्वप्रधान देश का हाल है, तर्क करने वाले महाशय इस रहस्य का उद्‌घाटन करके स्वयं सोचें कि गणिका का नायिकाओं में स्थान पाना संगत है या असंगत।

साहित्यकारों ने स्वयं यह बतलाया है कि कौन-कौन विषय अश्लील और जुगुप्सा-जनक हैं। यदि उनकी दृष्टि में नायिका-भेद अमर्यादित और जुगुप्सा-मय होता तो कभी वे अपने ग्रंथों में उसे स्थान न देते और न उसे श्रृंगार रस मानते। प्रायः ब्रजभाषा की नायिका-भेद की रचनाओं पर कटाक्ष करते हुए यह कहा जाता है कि जिस समय भारत का पतन हो रहा था, और वह दुर्व्यसनों और भोग लिप्साओं में फँस गया था, उन्हीं दुर्दिनों में नायिका भेद की कल्पना की गई, और विषय-प्रिय लोगों के उत्साह दान से वह लालित, पालित और परिवर्द्धित हुई। किंतु इतिहास से ऐसा पाया नहीं जाता। नायिका भेद का इतिहास आप लोग सुन चुके। जिस काल में उसकी सद्‌भावना हुई उस समय ब्रजभाषा का कंठ भी नहीं फूटा था, फिर उस पर इस प्रकार का कटाक्ष कहाँ तक संगत है।

श्रृंगार रस का दुरुपयोग

संसार में उत्तम से उत्तम और पवित्र से पवित्र कोई ऐसी वस्तु नहीं, जिसका दुरुपयोग न हो सके। सुधा स्वर्गीय पदार्थ है, और उसमें जीवनप्रदान क्षमता है। किंतु यदि किसी संसार-उत्पीड़क को जीवन दान करने के लिए उसका उपयोग होगा, तो यह उपयोग सदुपयोग न होगा, दुरुपयोग कहलावेगा। जल का नाम जीवन है, यदि उसका उपयोग उचित मात्रा में होगा, तो वह स्वास्थ्यरक्षा का प्रधान साधन बनेगा, किंतु यदि वह आवश्यकता से अधिक पी लिया जावे, तो व्याधि का कारण और कष्टदायक होगा। इसलिये सब वस्तुओं का सदुपयोग ही वांछनीय है। श्रृंगार रस क्या है, यह मैं बतला चुका हूँ, उसकी उपयोगिता संसार-व्यापिनी है, किंतु दुःख है, उसका दुरुपयोग भी हुआ। संस्कृत के कुछ महाकवियों ने भी ऐसा किया, और ब्रजभाषा के अनेक कवि एवं महाकवियों ने भी। महाकवि कालिदास की कुछ रचनाएँ अश्लील हैं। कुमारसंभव के अष्टम सर्ग में उन्होंने पार्वती देवी के साथ भगवान् शिव का जो विहार-वर्णन किया है वह अवर्णनीय था। अनेक संस्कृत के विद्वानों ने इसकी निंदा की है। साहित्यदर्पणकार लिखते हैं—

यो यथाभूतस्यायथावर्णने प्रकृतिविपर्ययो दोषः—यथा कुमारसंभवे उत्तमदेवतयोः पार्वतीपरमेश्वरयोः संभोगश्रृंगारवर्णनम्।

"जो जैसी प्रकृति का है, उसके स्वरूप के अनुरूप वर्णन न होने से प्रकृति विपर्यय दोष होता है, जैसे कुमारसंभव में उत्तम देवता श्रीपार्वती और महादेव का संभोग श्रृंगार वर्णन करना।"

आचार्य मम्मट भी यही कहते हैं—

रतिः संभोगश्रृंगाररूपा उत्तमदेवताविषयानवर्णनीया, तद् वर्णनं हि पित्रोः संभोगवर्णनमिवात्यमनुचितम्।

"उत्तम देवता विषयक संभोग शृंगार वर्णन करना योग्य नहीं, उसका वर्णन माता-पिता के संभोग वर्णन समान अत्यन्त अनुचित है।"

उनका मेघदूत बड़ा ही अपूर्व ग्रन्थ है, किंतु कभी-कभी सुरुचि पर उसके द्वारा भी वज्रपात होता है। शृंगार-लतिका का कोई-कोई पद्य-पुष्प भी जैसा चाहिये वैसा सुगन्धित नहीं। नैषध हो, चाहे माघ, चाहे किरातार्जुनीय–लगभग सभी काव्य-ग्रन्थों में कुछ न कुछ पद्य ऐसे हैं जो परिमार्जित रुचि के नहीं कहे जा सकते। गीत-गोविन्द की कोमलकान्त पदावली की जितनी प्रशंसा की जावे थोड़ी है, इस विषय में कोई काव्य ग्रन्थ उसका समकक्ष नहीं। पद्यों को पढ़िये तो ज्ञात होता है कि एक-एक शब्द सुधा वर्षण कर रहा है। काव्य की दृष्टि से वह अद्वितीय है। किंतु इस रस सरोवर में कुछ ऐसे भावकमल हैं, जिनको सुरुचि कमनीय नहीं मानती। नाटकों में प्रायः नांदी पाठ के ऐसे पद्य मिलते हैं जो सुरुचि संगत नहीं कहे जा सकते। वास्तविक बात यह है कि संस्कृत-साहित्य-अश्लीलता तो मानता है, किंतु जहाँ कोई विषय किसी भाव के न वर्णन करने से अपूर्ण रह जाता है, अथवा जहाँ कोई आशय प्रसंग प्राप्त सत्य है, वहाँ वह उसकी पूर्ति को ही प्रधानता देता है। उस समय वह अश्लीलता के फेर में नहीं पड़ता। क्योंकि अश्लीलता की भी सीमा है। वैद्यक ग्रन्थों में जहाँ नाना रोगों की व्याख्या है, क्या वहाँ गुप्तांगों के रोगों का वर्णन न होगा, अवश्य होगा और यदि अवश्य होगा, तो उन अंगों के एक-एक अंश का क्या खुला निरूपण उसमें न मिलेगा? यदि मिलेगा, तो क्या इससे ग्रंथ में अश्लीलता आ जावेगी? कोषों में वे शब्द मिलते हैं, मुख से जिनका उच्चारण करते संकोच होता है। उनमें ऐसे शब्द मिलते ही नहीं, उनका पूरा विवरण भी होता है, तो क्या इससे कोष निंदनीय बन जाता है? स्त्री के वे अंग जो सदा गुप्त रखे जाते हैं, जिनकी ओर दृष्टि उठाकर देखना भी अभद्रता समझी जाती है, जिनकी चर्चा भी कलंकित करती है। डॉक्टर उन्हीं अंगों की जाँच पड़ताल करता है, उनका स्पर्श करता है, आवश्यक होने पर उनको टटोलता है, उनको चीरता-फाड़ता है, तरह-तरह से उन्हें देखता-भालता है, परन्तु यह कार्य गर्हित नहीं माना जाता और न डॉक्टर ही को कोई बुरा कहता है; क्योंकि उसका उद्देश्य सत् है। ऐसा करने के समय वह मनोविकारग्रस्त नहीं होता, और न उसकी निर्दोष मनोवृत्ति पापवासना-मूलक होती है। विशेषज्ञ लोग कला की सर्वांग पूर्णता के लिए साहित्यकारों के अश्लीलता उपेक्षा-सम्बन्धी कार्य को इसी प्रकार का मानते हैं। मत-भिन्नता को कहाँ स्थान नहीं, परन्तु एक हद तक वह सिद्धान्त स्वीकार किया जा सकता है। मैं समझता हूँ, संस्कृत-साहित्य की इस प्रकार की बहुत सी रचनाएँ इस हद के अन्दर आ जा सकती हैं। परन्तु उसमें भी ऐसे कवि पाये जाते हैं, जिनकी काम-वासनामय प्रवृत्ति उनसे ऐसी अश्लील रचना कराने में समर्थ हुई है, जो किसी भाँति अनुमोदनीय नहीं। कुछ ऐसी ही रचनाएँ ब्रजभाषा में भी हैं।

श्रीमती राधिका का पद बहुत ऊँचा है, उनको वही गौरव प्राप्त है, जो किसी

लोकाराधनीया ललना को दिया जा सका है। भगवान श्रीकृष्ण यदि लोक-पूज्य महापुरुष हैं, तो श्रीमती राधिका सर्वजन आदृता रमणी। वे यदि मूर्तिमान प्रेम हैं, तो ये मूर्तिमती प्रेमिका। वे यदि विष्णु के अवतार हैं, तो ये हैं लक्ष्मी स्वरूपिणी। वे यदि हैं देवादिदेव, तो ये हैं साक्षात स्वर्ग की देवी। अपने सच्चे प्रणय और निःस्वार्थ प्रेम के कारण ही उनके नाम को भगवान श्रीकृष्ण के पवित्र नाम के प्रथम स्थान प्राप्त हुआ। कहा जाता है; श्रीमद्भागवत में उनका नाम नहीं, रामानुजाचार्य्य ने भी ईश्वरीय युगल मूर्ति की कल्पना के समय उनका स्थान रुक्मिणी देवी को दिया, इसलिये उनको अथवा उनके नाम को वह महत्ता नहीं प्राप्त होती, जो अन्य देव-विभूतियों को मिलती है। भागवत में भले ही उनका नाम न हो, किन्तु ब्रह्मवैवर्त पुराण के कृष्ण-खण्ड और हित हरिवंश पर्व में उनका नाम मिलता है। महात्मा विष्णु स्वामी और निम्बार्काचार्य्य ने राधा नाम की प्रतिष्ठा की है, महाप्रभु बल्लभाचार्य ने भगवान श्रीकृष्ण की उपासना के साथ श्रीमति राधिका के स्वर्गीय प्रेम का प्रचार भी किया है। स्वामी हित हरिवंश ने तो राधा-वल्लभी एक संप्रदाय ही बना डाला, जिसमें उन्होंने उन्हीं को सर्वाराध्या बतलाया। चैतन्यदेव स्वयं मूर्तिवान राधा थे, उन्होंने श्रीमती राधिका के उदात्त प्रेम का जो आदर्श उपस्थित किया वह अभूतपूर्व है। बंग कवि चंडीदास, मैथिल-कोकिल विद्यापति, पीयूषवर्षी महापुरुष जयदेव और प्रज्ञाचक्षु महाकवि सूरदास ने जिस विश्वव्यापी स्वर में श्रीमती राधिका का गुणगान किया, वह लोक विश्रुत है। उत्तरीय भारत और गुजरात के लक्षाधिक मंदिरों में भगवान श्रीकृष्ण के साथ श्रीमती राधिका की मूर्ति आज भी प्रतिष्ठित है। लगभग सहस्र वर्ष से वे करोड़ों हिन्दुओं के भक्ति-मंडित हृदय-सिंहासन पर विराजमान हैं। उनके विषय में उनके सम्प्रदाय वालों और संस्कृत के कुछ प्रधान ग्रंथो ने जो लिखा है, वह तो उनको सर्व लोकों से उच्च गोलोक की अधिष्ठात्री देवी और जगदंबिका बतलाता ही है, किन्तु नव शिक्षा-दीक्षित लोगों ने वर्तमान काल में उनके विषय में जो लिखा है, वह भी उनकी महत्ता का पूर्ण द्योतक है—बंगभाषा के साहित्यकार बाबू दीनेशचंद्र सेन बी.ए. अपने ग्रंथ के पृष्ठ 244 में यह लिखते हैं—

"अपूर्व प्रेम और भक्ति के उपकरण से श्रीमती राधिका सुन्दरी निर्मित हैं, वे आयशा अथवा कुन्दनंदिनी नहीं हैं—जो उनके विरहजन्य कष्ट की एक कणिका वहन कर सके, अथवा उनके सुख-समुद्र की एक लहरी धारण करने में समर्थ हो, इस प्रकार का नारी चरित्र पृथ्वी के काव्योद्यान में कहाँ है।"

बंग प्रान्त के प्रसिद्ध विद्वान और लेखक श्रीयुत पूर्णचंद्र वसु अपने 'साहित्य चिंता' नामक ग्रंथ में श्रीमती राधिका के विषय में यह लिखते हैं—

"आर्यों के भक्ति शास्त्र में एक और आदर्श प्रेम है, राधा उस प्रेम की प्रतिमा हैं, गोपियाँ उस प्रेम की सहचरी हैं। राधिका मधुर गोपिका-प्रेम का प्रकृष्ट निदर्शन हैं।

पति-पत्नी का प्रेम जहाँ तक उन्नत हो सकता है, उस उन्नतावस्था को राधिका का प्रेम पहुँचकर कृष्ण भक्ति से परिपूर्ण हो गया था। इसी से इस भक्ति का नाम प्रेमा-भक्ति है। दाम्पत्य प्रेम की परिपूर्णता को भगवदर्पण करना ही इसका उद्देश्य है; क्योंकि भगवान ही प्राणवल्लभ हैं। राधिका और गोपियों के अतिरिक्त और कोई नहीं कह सकता कि भगवान हमारे प्राणवल्लभ हैं। सत्यभामा ने ऐसा कहा था, पर राधिका-प्रेमी-कृष्ण ने उनका यह दर्प चूर्ण कर दिया था। सत्यभामा का प्रेम दपित भक्ति का रूप था, वह राधिका की आत्मसमर्पण-कारिणी प्रेमाभक्ति की तुलना नहीं कर सकता। रुक्मिणी की भक्ति में प्रेम की मधुरता दाम्पत्य प्रेम की मधुरता में मिल गई थी, जिससे उनका प्रेम पूर्णता को प्राप्त हो चुका था। राधिका उसी प्रेम भक्ति में उल्लासिनी और कृष्ण-लीलामयी हो गई थीं। उनके लिये कृष्ण का प्रेम ही संसार था, वही उनका सर्वस्व था। कृष्ण ही राधा के धन, सुख और चिंता थे, वे श्याम के प्रेम में ही मत्त थीं।"

श्रीमती राधिका की इस महिमामयी मूर्ति को ब्रज़भाषा के थोड़े से ही कवियों अथवा महाकवियों ने पहचाना, अधिकांश ने उनकी एवं भगवान श्रीकृष्ण की लीलाओं को साधारण दृष्टि से ही देखा और साधारण दृष्टि से ही उनको अंकित किया। इस प्रकार के कविगण भी अधिक उपालंभ योग्य नहीं, क्योंकि फिर भी उनकी रचनाएँ अमर्यादित नहीं। दुःख उन कवियों के कृत्य पर है, जिन्होंने साधारण विषयी पुरुष स्त्री के समान उनके चरित्रों को अंकित किया और इस प्रकार पवित्र शृंगार रस का दुरुपयोग करके ब्रजभाषा को भी कलंकित बनाया। माता-पिता की विहार-सम्बन्धी अनेक बातें ऐसी हैं, जिनको पुत्र अपने मुख पर भी नहीं ला सकता, उनके विषय में अपनी जीभ भी नहीं हिला सकता, क्योंकि यह अमर्यादा है। देखा ज़ाता है, आज भी कोई पुत्र ऐसा करने का दुस्साहस नहीं करता। फिर भगवान् श्रीकृष्ण और श्रीमती राधिका के हास-विलास का नग्न चित्र क्यों अंकित किया गया? क्या वे जगत के पिता माता नहीं और हम लोग उनके पुत्र नहीं? क्या ऐसा करके बड़ा ही अनुचित कार्य नहीं किया?

खेद है कि ऐसी धृष्टता उन्हीं कवियों के हाथ से अधिकतर हुई जिन्होंने नायिका भेद के ग्रंथ लिखे। उन्हीं लोगों के कारण ही आजकल नायिका भेद की रचनाओं की इतनी कुत्सा हो रही है। नायक के रूप में मुरली-मनोहर और नायिका के रूप में श्रीमती राधिका का ग्रहण किया जाना, उनके लिये अनर्थों का मूल हुआ। इस अविवेक का कहीं ठिकाना है कि करते हैं छीछालेदर जगत के माता-पिता की और समझते हैं उसको पवित्र भगवत् सुयश-गान! उत्तर काल में यह भाव इतना प्रबल हुआ कि सत्-असत् का ज्ञान ही जाता रहा। मन्दिरों में भजन करने के लिये बैठे हैं, श्रोतृमंडली भगवत गुणानुवाद सुनकर पुण्य-संचय करने के लिये एकत्र है। किन्तु हम प्रारम्भ करते हैं, ऐसे गान और पढ़ने लगते हैं ऐसी कविताएँ जिनको सुनकर निर्लज्जा के कान भी खड़े हों। परन्तु सोचते हैं

यही कि स्वर्ग का द्वार उन्मुक्त हो रहा है और हम पर पुष्प-वृष्टि करने के लिये गगन-पथ में देवताओं के विमान चले आ रहे हैं। इससे बढ़कर दूसरा अज्ञान क्या होगा? कहते मर्मपीड़ा होती है कि यह अज्ञान हम लोगों में इतना घुसा कि उससे समाज का बहुत बड़ा अपकार हुआ, आज भी हो रहा है, किन्तु हमारी आँखें ठीक-ठाक कहाँ खुलीं।

यह मैं स्वीकार करता हूँ कि प्रेम-देव भगवान श्रीकृष्ण और प्रेम प्रतिमा श्रीमती राधिका को लाभ कर ब्रजभाषा-साहित्य में वह जीवन आया और उसका ऐसा शृंगार हुआ कि न भूतो न भविष्यति। ब्रजभूमि ने यदि उसे भव्य बनाया, तो कलिंदतनया ने उसमें वह रस-धारा बहाई, उसको उन ललित लहरियों से लसाया, उन कल-कल रवों से और मनोहर दृश्यों से सुशोभित किया कि जिसकी प्रशंसा शत मुख से भी नहीं हो सकती। कहाँ है वृन्दावन सा वन और कहाँ हैं ब्रज की कलित कुंजों-सी कुंजें। किस भाषा की कविता में वह अलौकिक मुरलिका बजी, वह विश्व विमुग्धकर गान हुआ, जिसको सुनकर पशुपक्षी तक विमुग्ध हो गये, वृक्ष का पत्ता-पत्ता पुलकित हो गया। किस काव्य-संसार को मनमोहन-सा रसिक शिरोमणि, माधव-सा मधुर हृदय, कोटि काम कमनीय कृष्ण-सा लोकमोहन और अखिल-कलाकुशल केशव-सा कामद कल्पतरु प्राप्त हुआ। किस साहित्य ने श्रीमती राधिका-सी लोकललाम रमणी, वृषभानु-नंदिनी-सी प्रेमपरायण, सरल-हृदया, त्यागमयी, आनन्द की मूर्ति युवती पाई। किन्तु दुःख है कि कुछ अविवेकी कवियों ने इस महत्व को नहीं समझा और उलटी ही गंगा बहाई।

मैं यह भी मानता हूँ कि जिस समय अपने सूफी धर्म के प्रेम की मधुरता और मोहकता की ओर कुछ मुसलमान धर्म के उन्नायक हिंदुओं के हृदय को आकर्षित कर रहे थे, मलिक मुहम्मद जायसी जैसे सत्कवि प्रेम कहानियाँ हिन्दी में लिखकर हिन्दुओं के मानसचित्रपट पर लैला-मजनूँ, शीरीं फरहाद एवं यूसुफ़-जुलेख़ा की प्रेम प्रणाली का चित्र अंकित कर रहे थे। जब निर्गुणवादी संतों के चेले खंजरी पर विराग के गीत गा-गा हिंदू जनता को घर-बार छोड़ने के लिये उत्सुक बना रहे थे, उसके हृदय में देवी देवता की अप्रीति उत्पन्न कर उसे निरुद्देश्य बनाने में दत्त-चित्त थे, उस समय विष्णु स्वामी, निम्बार्काचार्य और विशेष कर महात्मा बल्लभाचार्य्य ने प्रेममय श्रीकृष्ण की उपासना के लिये श्रीमती राधिका का अनुराग और त्याग-पूर्ण आदर्श उपस्थित कर जो उपकार हिन्दू-जाति का किया वह स्वर्णाक्षरों में लिखने योग्य है। उसके प्रभाव ने जहाँ ऐसे लोग उत्पन्न किये, जिन्होंने समझा कि भगवद् भक्ति अथवा ईश्वरानुराग प्राप्ति के लिये गृह त्याग आवश्यक नहीं, वहाँ चैतन्य देव जैसे महापुरुष और मीराबाई जैसी पवित्र-चरित्रा रमणी को भी जन्म दिया। जिन्होंने श्रीमती राधिका के आदर्श पर प्रेममय जीवन व्यतीत कर अपना ही नहीं, भारतवर्ष के अनेक प्राणियों का उद्धार किया। आज भी बंगाल-प्रान्त में करोड़ों स्त्री-पुरुष चैतन्य देव के आदर्श पथ के पथिक हैं। मीराबाई के हृदय में प्रेम की

कैसी प्रबल धारा बही, उसको निम्नलिखित पद्यों में देखिये–

बसो मेरे नैनन में नँदलाल।
मोहनी मूरति साँवरी सूरति नयना बने बिसाल।
अधर सुधारस मुरली वाजित उर बैजंती माल।
छुद्र घंटिका कटितट शोभित नूपुर सब्द रसाल।
मीरा प्रभु संतन सुखदाई भक्तबछल गोपाल ॥ 1 ॥

मेरे तो गिरधर गोपाल दूसरो न कोई
दूसरो न कोई साधो सकल लोक जोई।
भाई तजा बंधु तजा तजा संग सोई।
साधु सँग बैठि-बैठि लोकलाज खोई।
भगत देख राजी भई जगत देख रोई।
अँसुवन जल सींचि-सींचि प्रेम बेलि बोई।
अब तो बात फैल गई जानै सब कोई।
मीरा को लगन लगी होनि हो सो होई ॥ 2 ॥

कृष्णगढ़ के महाराज सावंतसिंह उपनाम नागरीदास ने राधाकृष्ण-प्रेम-पथ के पांथ बनकर ही राज्य को तृण समान त्यागा और प्रेम-रस निचुड़ती हुई ऐसी सरल कविताएँ कीं, जिनको पढ़कर आज भी सुधा-रस का आस्वादन होता है। रसखान जाति के मुसलमान थे, उन पर युगल-स्वरूप की माधुरी ने ऐसा जादू डाला कि वे अपना धर्म त्याग कर वैष्णव बन गये और ऐसी सच्ची वैष्णवता दिखलाई कि गोस्वामी विट्ठलनाथ ने अपनी 52 वैष्णवों की वार्ता में उनको भी सादर स्थान दिया। देखिये, निम्नलिखित पद्यों में उनके हृदय का सच्चा प्रेम कैसे छलका पड़ता है–

मानुस हों तो वही रसखान बसौं ब्रज गोकुल गाँव के ग्वारन।
जो पसु हों तो कहा बस मेरो चरौं नित नंद की धेनु मझारन।
पाहन हों तो वही गिरि को जो धर्‌यो कर छत्र पुरन्दर धारन।
जो खग हों तो बसेरो करौं मिलि कालिंदी कूल कदम्ब की डारन ॥ 1 ॥

× × × × ×

या लकुटी अरु कामरिया पर राज तिहूँ पुर को तजि डारौं।
आठहुँ सिद्धि नवो विधि को सुख नंद की गाय चराय बिसारौं।
आँखिन सों रसखान कहै ब्रज के बन बाग तड़ाग निहारौं।
कोटिन हूँ कलधौत के धाम करील के कुंजन ऊपर बारौं ॥ 2 ॥

यह राधा-कृष्ण प्रेम का प्रवाह हिंदी-साहित्य संसार में इतना व्यापक है कि जो प्रेम के रंग में सच्चे जी से रँगा, वही इस युगल-मूर्त्ति की प्रीति-डोरी में बँध गया। हित हरिवंश और हरिदास आदि महात्मागण, अष्ट छाप के वैष्णव और घनआनन्द आदि सुकविगण ने इस रंग में रँगकर जो रचनाएँ की हैं वे बड़ी ही भावमयी एवं मधुर हैं; स्थान-स्थान पर उनमें सच्चे प्रेम का सुन्दर चित्रण पाया जाता है—कुछ रचनाएँ घनआनंद की देखिये—

गुरुनि बतायो राधा मोहन हूँ गायो सदा
सुखद सुहायो बृंदावन गाढ़े गहु रे।
अद्भुत अभूत महि मंडन परे ते परे
जीवन को लाहु हा! हा! क्यों ताहि लहु रे।
आनँद को घन छायो रहत निरंतर ही
सरस सुदेय सों पपीहापन बहु रे।
जमुना के तीर केलि कोलाहल भीर
ऐसे पावन पुलिन पै पतित परि रहु रे ॥

× × × × ×

अति सूधो सनेह को मारग है जहाँ नेको सयानप बाँक नहीं।
तहाँ साँचे चलैं तजि आपनपौ झिझकै कपटी जो निसाँक नहीं।
घन आनँद प्यारे सुजान सुनौ इत एक तें दूसरी आँक नहीं।
तुम कौन सी पाटी पढ़े हो लला मन लेहु पै देहु छटाँक नहीं॥

× × × × ×

हमसों हित कै कितकौ नित ही चित बीच बियोगहि पोइ चले।
सु अखैबट बीज लौं फैलि पर्यौ बनमाली कहाँ घौं समोइ चले।
घन आनँद छाँह बितान तन्यो हमें ताप के अताप खोइ चले।
कबहूँ तेहि मूल तो बैठिये आइ सुजान जो बीजहिं बोइ चले॥

इतना ही नहीं, इस युगल मूर्ति के प्रेम और मधुर लीलाओं के रस का प्रवाह मर्यादित एवं संयत रामाबत सम्प्रदाय में भी बहा। पहले पहल 'हरि' नामक संस्कृत के एक सुकवि और सहृदय विद्वान ने 'जानकीगीतम्' नामक एक गीति काव्य लिखकर 'गीतगोविन्द' का सफल अनुकरण किया। अभी इनका काल निश्चित नहीं हुआ, किंतु इन्हें विलास वर्णन और सरस पद विन्यास में गीतगोविंदकार का समकक्ष कहा जा सकता है। उनका एक पद्य देखिये—यह पद्य गीतगोविन्द के 'ललित लवंगलता परिशीलन कोमल मलय समीरे' गीत के आधार पर लिखा गया है—

मृदुल रसाल मुकुल रसतुदिल पिकनिकरस्वन भासे।
माधविका सुमना नव सौरभ निर्भर सकलिताशे॥

× × × × ×

बिलसति रघुपति रति सुख पुंजे।
निर्मल मलयज कुंकुम पंकिल तनुरिह वरतनु पुंजे।
विषम विशिख कर नखर निचय सम किंशुक कुसुम कराले।
मानवतीगणमानविदारिणि चञ्चलमधुकरजाले॥
धृत मकरन्द सुगंध गंधवह भाजि विराजित शोभे।
विविध वितान कान्ति परिशीलन जनित युवति जन लोभे।
हरि परिरचितमिदं मधुवर्णन मनु रघुनाथमुदारम्।
पिवत बुधा मधु मधुर पदावलि निरुपम भजनसुधारम्॥

ऐसा करना उचित हुआ अथवा अनुचित यह अन्य विषय है। किन्तु इसका अनुकरण बहुत हुआ। साकेतपुरी—लक्ष्मण टीला के प्रसिद्ध महंत युगलानन्यशरण इसके प्रभाव से विशेष प्रभावित हुए। उन्होंने श्रीमती जानकी देवी और उनकी सखियों को लेकर भगवान रामचंद्र का रास-मंडल तक लिख डाला। उनकी एवं उन्हीं की मंडली के कतिपय सहृदय कवियों की रचनाएँ अष्टछाप के वैष्णवों की रचनाओं-सी ही सरस हैं। किन्तु उनमें वास्तविकता कहाँ, काया काया है और छाया छाया। हाँ, राधा कृष्ण की माधुर्य उपासना का रंग लबालब भरा है।

यह सब जानते और मानते हुए भी यह कहना पड़ता है। कि ब्रज भाषा में कुछ ऐसी रचनाएँ हैं जिनमें बीभत्स काण्ड की पराकाष्ठा हो गई है। मैं उदाहरण के लिये कुछ ऐसी कविताएँ उद्धृत कर सकता हूँ, किन्तु ऐसा करना युक्ति संगत नहीं ज्ञात होता। जिस अश्लीलता की निन्दा की जा रही है, उसी से इस ग्रंथ के कलेवर को कलंकित करना क्या उचित होगा? ऐसी रचनायें प्रायः नायिका भेद के रीति ग्रंथों में पायी जाती हैं। प्रेम के रंग में रंगकर केवल प्रेम के निरूपण अथवा वर्णन में जो कविताएँ की गईं अथवा ग्रन्थ रचे गये उनमें इस प्रकार का दोष बहुत कम मिलता है।

हृदय के उद्गार मानसिक भावों के चित्र होते हैं। मनुष्य जैसा सोचता विचारता है, वैसे ही भाव अवसर आने पर प्रकट करता है। जो व्यसन-प्रिय है, जिसको नग्न चित्र अंकित करना ही प्यारा है, उससे यह आशा नहीं हो सकती, कि वह परिमार्जित रुचि की बातें लिखेगा, अथवा कहेगा। संसार विचित्रतामय है, उसमें सभी प्रकार के लोग हैं। इसलिये यह नहीं सोचा जा सकता कि कभी इस प्रकार के लोग पृथ्वी में न रहेंगे। यदि यह सत्य है तो यह भी सत्य है, कि अश्लीलता का किसी काल में लोप न होगा, वह

सदा रहेगी, समयानुकूल उसमें थोड़ा बहुत परिवर्तन भले ही होता रहे। कोई देश ऐसा नहीं जिसमें इस प्रकार के मनुष्य न हों, कोई समाज ऐसा नहीं, जिसमें यह रोग न लगा हो, और कोई साहित्य सुमन ऐसा नहीं, जिसमें यह कंटक न हो। विश्व में सुरुचि के लिये ही जगह है, कुरुचि के लिये नहीं, यह नहीं कहा जा सकता। 'त्यागभूमि' के तीसरे वर्ष के छठे अंक पृष्ठ 683 में महात्मा गाँधी का एक लेख 'नव-जीवन' से उद्धृत हुआ है, उसमें वे लिखते हैं–

'कोई देश और कोई भाषा गंदे साहित्य से मुक्त नहीं है। जब तक स्वार्थी और व्यभिचारी लोग दुनिया में रहेंगे, तब तक गंदा साहित्य प्रकट करने वाले और पढ़ने वाले भी रहेंगे।'

उर्दू-साहित्य अश्लीलतामय है, उसमें चिरकीं और जाफ़र जटल ऐसी कुत्सित प्रवृति के कवि हो गये हैं, कि जिनकी जितनी कुत्सा की जावे थोड़ी है। चिरकीं का एक दीवान है, जो मलमूत्र के वर्णन से भरा पड़ा है। जाफ़र जटल भी उनसे पीछे नहीं है, गंदा मजमून लिखने में वह अपना सानी नहीं रखता। इसीलिये मौलाना हाली यह लिखने के लिये विवश हुए–

बुरा शेर कहने की गर कुछ सज़ा है।
अबस झूठ बकना अगर नारवा है।
तो वह महकमा जिसका क़ाज़ी खुदा है।
मुकर्रर जहाँ नेको बद की सज़ा है।
गुनहगार वाँ छूट जावेंगे सारे।
जहन्नुम को भर देंगे शायर हमारे।

जब इन बातों पर दृष्टि ड़ाली जाती है, तो अपरिमार्जित रुचि के कवियों के अपराध की मात्रा अपेक्षाकृत न्यून हो जाती है, क्योंकि उनका इतना पतन नहीं हुआ। फिर भी वे क्षमा नहीं किये जा सकते। क्योंकि जिनको जगत का पिता माता माना, उनका सुरत वर्णन करते उनकी लेखनी कुंठित नहीं हुई। साहित्यदर्पणकार ने यह लिखा है–

'सुरतारम्भगोष्ठ्यादावश्लीलत्वं तथा पुनः'

'जहाँ कामगोष्ठी हो वहाँ अश्लीलत्व गुण होता है'

कुछ लोग इस सूत्र के आधार से यह अनर्गल प्रलाप करते हैं, कि जब कामगोष्ठी में अश्लीलत्व गुण होता है, तो सुरत वर्णन में जो अश्लीलता मिले, वह सदोष नहीं कही जा सकती। ज्ञात होता है संस्कृत के कुछ साहित्यकारों ने सुरत वर्णन में जो अनुचित स्वतंत्रता ग्रहण की है, उसका आधार इसी प्रकार का कोई प्राचीन सूत्र होगा। परन्तु वास्तविक बात यह है कि साहित्यदर्पण के सूत्र का यह भाव कदापि नहीं है। वह तो यह

कहता है कि यदि सुरत वर्णन के समय गुप्त स्थानों का खुला नाम अश्लीलता बचाने के लिये न लिखकर उसका पर्यायवाची ऐसा कोई शब्द उसके स्थान पर लिख दिया जावे, जिसका दूसरा अर्थ भी हो तो वह शब्द अश्लील न समझा जावेगा, क्योंकि उसका प्रयोग दोष दूरीकरण के लिये ही हुआ। ऐसी अवस्था में साहित्यदर्पण का उक्त सूत्र वर्णन में अश्लीलता का प्रतिपादक नहीं, वरन् विरोधी है। दूसरी बात यह कि जब स्पष्ट शब्दों में कह दिया गया कि–

'अश्लीलत्वं व्रीड़ाजुगुप्साऽमंगलव्यअकत्वात् त्रिविधम्'

"लज्जा, घृणा और अमंगल व्यंजक होने से अश्लील तीन प्रकार का होता है।"

–साहित्यदर्पण

तो फिर बात गढ़ कर उस पर पर्दा डालने से हास्यास्पद ही बनना होगा, इष्ट सिद्धि न होगी। अश्लीलता का रूप इतना व्यापक है कि जो वर्णन लज्जाजनक, घृणाव्यंजक और अमंगलमूलक होगा, वह सब अश्लीलता दोष से दूषित हो जावेगा। सूरत हो जावेगा। सुरत का वर्णन ही लज्जाजनक और घृणाव्यंजक है, यदि सहित्य का अंग समझ कर उसका वर्णन किया जावे ही तो उसको संयत से संयत होना चाहिये, न यह कि खुल खेला जावे और कोढ़ में खाज पैदा की जावे। यह तो साधारण सुरत वर्णन की बात है। माता-पिता का सुरत वर्णन तो हो ही नहीं सकता। नायिका के अंग प्रत्यंग और उनके हास-विलास और क्रीड़ादि का वर्णन भी किसी किसी कवि ने असंयत भाव से कर अपनी रचना को कामुकता का अखाड़ा बना दिया है। ये ऐसे दोष हैं कि इन पर पर्दा नहीं डाला जा सकता। फिर क्यों न कहा जावे कि इस प्रकार की रचनाओं में श्रृंगार रस का दुरुपयोग हुआ।

श्रृंगार रस और वर्त्तमानकाल

एक दिन था, जब भारतवर्ष मुसलमान सम्राटों के प्रबल प्रभाव से प्रभावित था, और उनकी सभ्यता धीरे-धीरे उसके अंतस्थल में वैसे ही प्रवेश कर रही थी, जैसे आजकल पाश्चात्य रहन-सहन की प्रणाली उसके हृदय में स्थान ग्रहण कर रही है। मुसलमानों के साम्राज्य का सबसे अधिक प्रभाव भारतवर्ष पर अकबर के समय में पड़ा; जहाँगीर और शाहजहाँ के समय में वह अक्षुण्ण रहा, औरंगजेब के समय में उसका ह्रास प्रारम्भ हो गया। ब्रजभाषा के प्रसार, विस्तार और समुन्नति का प्रधान काल यही है। इन डेढ़ सौ बरसों में जैसा उसका श्रृंगार हुआ, जैसी वह फूली-फली, जैसे सहृदय कवि उसमें उत्पन्न हुए, फिर वैसा नहीं हुआ। जैसा आजकल के शासकों का प्रभाव, उनकी सभ्यता, रंग-ढंग एवं उनकी रीति-नीति का असर भारत की भाषाओं और भावों पर पड़ रहा है उस समय वैसा ही प्रभाव मुसलमान शासकों की प्रत्येक बात का ब्रजभाषा के साहित्य पर पड़ा था। कारण यह

कि—यथा राजा तथा प्रजा। मुसलमान जाति विलास-प्रिय है। उसका साहित्य विलासिता के भावों से मालामाल है। प्रेम की कहानियों और प्रेमी एवं प्रेमिकाओं के रंग रहस्यों और चोचलों की उसमें भरमार है। फ़ारसी की कविताओं में क्या है, इस बात को आप मुसलमानों की उर्दू कविताओं को पढ़कर जान सकते हैं, क्योंकि वही उसकी उद्गम भूमि है। उर्दू में जो हास, विलास, जो प्रेम के ढकोसले, पचड़े, बखेड़े मिलते हैं, उसमें जो लंपटता, कामुकता, लिप्सा और वासनाओं के बीभत्स काण्ड दृष्टिगत होते हैं, वे सब फ़ारसी ही से उसे मिले हैं, फारसी के ग्रंथ ही मुसलमानी साहित्य के सर्वस्व हैं। उस पर अरबों की संस्कृति का भी बहुत बड़ा प्रभाव है, परन्तु पारस की संस्कृति का रंग ही उसका निजस्व है। इन दोनों संस्कृतियों से जैसी खिचड़ी पकी, उसका आस्वाद फ़ारसी के साहित्य ग्रन्थों में खूब मिलता है। वास्तविक बात यह है कि मुसलमान उससे प्रभावित हैं और वे उनकी चिर संस्कृतियों के दर्पण हैं। जो अकबर बड़ा सभ्य और शिष्ट समझा जाता है, उसके मीनाबाज़ार की बातों को सुनकर विलासिता भी कंपित होती है। जहाँगीर और शाहजहाँ की बातें किससे छिपी हैं। औरंगजेब जो बड़ा मज़हबी आदमी समझा जाता है, उसकी सेना के वर्णन में एक अँगरेज़ ने लिखा है कि वह रंडी, भड़वों से भरी रहती थी। सिपहसालारों और सिपाहियों की यह अवस्था थी कि हथियार पीछे रह जावे तो मुज़ायक़ा नहीं, पर क्या मजाल कि 'साजेतरब' हाथ से छूटे। प्रायः लोग नशे में चूर और मखमूर मिलते। सुबह को दवा खाते और रात में नींद न आने की शिकायत करते पाये जाते। परिणाम यह हुआ कि औरंगजेब की आँख बन्द होते ही राजकुल की विलासिता इतनी बढ़ी कि उसने बादशाही को ही निगल लिया। मुसलमानों की विलासिता की पराकाष्ठा वाजिदअलीशाह में दृष्टिगत होती है, जिसने उस पर अपने 'तख्तोताज' तक को निछावर कर दिया।

यह विलासिता ब्रजभाषा में भी घुसी और उसने उसके साहित्य ग्रन्थों के कुछ अंगों को उपहास योग्य बना दिया। कारण सामयिक प्रभाव और उस काल के लोगों का मनोभाव है। जैसा समाज होता है, अधिकांश साहित्य का रूप वैसा ही होता है। शासक जब विलासिता-प्रिय है, और उसके साधनों को प्रश्रय देता है, तो अनेक कारणों से शासित में उसका प्रसार हुए बिना नहीं रहता। शासित को कुछ तो उसकी मनस्तुष्टि के लिए उसके जैसा बनना पड़ता है, कुछ अपने स्वार्थ-साधन के लिये और कुछ उसके संसर्ग प्रभाव से प्रभावित होकर। औरंगजेब के बाद का सौ वर्ष का काल ले लें, तो ज्ञात हो जावेगा कि इन सौ वर्षों में भी ब्रजभाषा को लांछित करने वाली कम कविताएँ नहीं हुईं। मैं यह स्वीकार करूँगा कि इस प्रकार की कुछ कविताएँ अपनी भाषा की मान रक्षा के लिये भी हुईं हैं, क्योंकि प्रतिद्वंद्विता का अवसर आने पर कोई कितना ही दबा क्यों न हो पर अपने धन-मान की रक्षा का उद्योग करता ही है। कहा जाता है कि कविवर बिहारीलाल के

अधिकांश दोहे उर्दू अथवा फ़ारसी शेरों की बलंदपरबाजियों को नीचा दिखाने के लिये ही लिखे गये हैं। यह सत्य भी हो सकता है, क्योंकि उनकी नाजुकखयाली, बंदिश, मुहावरों की चुस्ती और कलाम की सफ़ाई बड़े-बड़े उर्दू शोअरा के कान खड़े कर देती है। फिर भी यह स्वीकार करना पड़ेगा कि ब्रज भाषा की अधिकांश अमर्यादित रचनाएँ सामयिक प्रवृत्तियों और प्रवाहों का फल हैं।

एक वह समय था, जिसने ब्रजभाषा की इस प्रकार की कविताओं को जन्म दिया, आज वह समय उपस्थित है, जब ऐसी कविताओं की कुत्सा की जा रही है, साथ ही ब्रजभाषा को भी भला बुरा कहा जा रहा है और शृंगार रस का नाम सुनते ही नाक-भौं सिकोड़ी जा रही है। किन्तु यह भ्रांति है। ब्रजभाषा साहित्य बहुत विस्तृत है, कबीर साहब के समय से लेकर आज तक जितने संत हो गये हैं, उन सब संतों की बाणी लगभग ब्रजभाषा में है। जिस मुसलमान शासन काल में ब्रजभाषा में अवांछित कविताएँ हुईं, उसी काल में देश में महाराणा प्रताप, गुरु-गोविन्द सिंह और वीर छत्रसाल आदि ऐसे-ऐसे नरकेशरी उत्पन्न हुए, जिन्होंने निगले हुए कौर को शत्रु के गले में उंगली डालकर निकाल लिया। इतना ही नहीं, उनके उत्तेजन से ब्रजभाषा साहित्य में वीर रस तथा अन्य रसों के ऐसे उत्तमोत्तम ग्रंथ बने, जिनका जितना गौरव किया जावे थोड़ा है। शृंगार रस की ही पवित्र प्रेम-संबंधिनी इतनी अधिक और अपूर्व कविताएँ उस समय हुईं, जिनके सामने थोड़ी-सी अमर्यादित कविताएँ नगण्य और तुच्छ हैं, फिर क्या ब्रजभाषा की कुत्सा करना उचित है? रहा शृंगार रस—उसका नाम सुनकर जो कान पर हाथ रखता है, वह आत्म प्रतारणा करता है, वह जानता ही नहीं कि शृंगार रस किसे कहते हैं। मैं जानता हूँ कि समय क्या है? और इस समय समाज और देश को किन बातों की आवश्यकता है, परन्तु भ्रांत बनने से काम नहीं चलेगा, उचित पथ ग्रहण करने से ही सिद्धि प्राप्त होगी। देशानुराग के गीत गाये जावें, सोये देश को जगाया जावे, खीसू धमनियों में उष्ण रक्त का प्रवेश कराया जावे, बंद आँखें खोली जावें, भूलों को रास्ता बतलाया जावे, देशद्रोहियों को दबाया जावे, और एकता मंत्र का अपूर्व घोष किया जावे। ऐसी ओजमयी रचनाएँ की जावें, ऐसे मार्मिक पद्य लिखे जावें और ऐसी ज्वलंत उत्साहमयी ग्रन्थ-मालायें निकाली जावें जिनसे इष्ट सिद्धि हो, उद्देश की प्राप्ति हो और भारतीय भी संसार में अपना मुख उज्ज्वल कर सकें, इसमें किसको आपत्ति है? वरन् आजकल का यह प्रधान कर्त्तव्य है। किन्तु बातुल बनकर न तो सुधा को गरल कहा जावे, न चिंतामणि को काँच। शृंगार रस जीवन है, जिस दिन आप उसका त्याग करेंगे, उसी दिन आप का स्वर्ण-मंदिर ध्वंस हो जावेगा और आप रसातल चले जावेंगे। आवश्यकता है कि आप शृंगार रस के मर्म को समझें और दूसरे को समझावें। शृंगार रस ही, वह रस है, जो निर्जीव को सजीव, नपुंसक को वीर, क्रियाहीन को सक्रिय और अशक्त को सशक्त बनाता है। शृंगार रस ही वह मंच है, जिस

पर चढ़कर आप उन मर्मस्थलों को देख सकेंगे, जिनकी रक्षा से आप समुन्नति सोपान पर चढ़ कर उस श्रेय को प्राप्त कर सकेंगे, जो मानव जीवन का प्रधान उद्देश्य है। मैं स्वीकार करूँगा कि शृंगार रस के नाम पर कुछ ऐसे कार्य हुए हैं, जो हमको अविहित मार्ग की ओर अग्रसर करते हैं। परन्तु परमात्मा ने बुद्धि-विवेक किसलिये दिये हैं? वे किस दिन काम आवेंगे? जो देश का अथवा लोक का उद्धार करना चाहता है, और बुद्धि विवेक को ताक पर रख देता है, वह चाहता तो है स्वर्ग सोपान पर चढ़ना, किन्तु उसके पास वे दोनों आँखें कहाँ हैं, जिनके बिना संसार की यात्रा भी नहीं हो सकती।

आजकल हिन्दी काव्य-क्षेत्र में तीन प्रकार के कवि देखे जाते हैं। एक वे हैं, जो बिलकुल प्राचीनता के प्रेमी हैं। आज भी वे उसी रंग में रँगे हुए हैं, जिसमें कविवर देव, सहृदयवर बिहारीलाल एवं रसिक-प्रवर पद्माकर आदि रंगे हुए थे। ब्रजभाषा ही उनकी आराध्या देवी है, और वे उसकी अर्चना में ही निरत हैं। उनकी अधिकांश रचनाएँ नायक नायिकाओं पर ही होती हैं, या वे अपने ढँग पर भगवान-कृष्णचंद्र अथवा मर्यादा पुरुषोत्तम रामचंद्र का गुण गा-गाकर अपनी संसार-यात्रा समाप्त कर रहे हैं। आजकल देश की क्या दशा है, देश में क्या हो रहा है, देशवासियों पर क्या बीत रही है, और किस प्रकार दिन-दिन हिन्दू जाति का पतन हो रहा है, उनको इन बातों से प्रयोजन नहीं। देख कर भी इन बातों को वे नहीं देखते और सुनाने पर भी उनको सुनना नहीं चाहते। वे अपने रंग में मस्त हैं, अपने धुन के पक्के हैं, उनको दुनिया के झगड़ों से प्रयोजन नहीं। खड़ी बोली की कविता कितनी ही सुन्दर क्यों न हो, परन्तु उनकी दृष्टि में उसका कोई आदर नहीं, वे उसे रूखी-सूखी भाषा समझते हैं, फिर अपनी रसमयी ब्रजभाषा को छोड़कर उसकी ओर क्यों दृष्टिपात करें। वे अपनी शांति को भंग करना नहीं चाहते। परन्तु जब कोई प्राचीन कवियों पर आक्रमण करता है, ब्रजभाषा को खरी-खोटी सुनाता है, तब उनके धैर्य का बाँध टूट जाता है, और उस समय जो कुछ मुँह में आता है कह डालते हैं। वे छायावाद की कविताओं को फूटी आँखों से भी देखना नहीं चाहते, चाहे उनमें स्वर्ग-सौंदर्य ही क्यों न भरा हो। वे छायावादियों को कवि भी नहीं मानते, क्योंकि वे समझते हैं कि ऊटपटांग बकने के सिवा उनको आता ही क्या है। उनमें अजब बेपरवाई है, और कुछ ऐसी अकड़ भरी हुई है, कि वे अपनी रूई सूत में ही उलझे रहते हैं, दूसरी बातों की ओर आँख उठाकर भी देखना नहीं चाहते। इस समय देश के प्रति, समाज के प्रति, जाति के प्रति और मानव समुदाय के प्रति उनका क्या कर्त्तव्य है, इन बातों को वे विचारना भी नहीं चाहते, या विचार ही नहीं सकते। वे किसी के राह के रोड़े भी नहीं, यदि कोई दूसरा उनको अपनी राह का रोड़ा न बना ले। इस दल में अधिकतर वयोवृद्ध हैं जो निश्चिंत भाव से रहकर अपने स्वच्छंद जीवन को व्यतीत कर देना चाहते हैं।

दूसरे दल में अधिकतर वे अल्पवयस्क अल्हड़ कविजन हैं, जो इस समय हिन्दी-साहित्य क्षेत्र में नवीनता का आह्वान कर रहे हैं। उनके हृदय में उमंगें लहर मार रही हैं उत्साह उनमें कूट-कूट कर भरा है, 'नूत्नम नूत्नम पदे पदे' उनका महामन्त्र है। वे प्राचीन लकीरों को पीटना नहीं चाहते, वे अपना एक प्रशस्त मार्ग अलग निर्माण करने की ही धुन में हैं। उनको प्राचीनता से घृणा है, चाहे वह भारतीय आदर्श रत्न का भण्डार ही क्यों न हो। ये प्राचीन प्रतिष्ठित कवियों की पगड़ी उछालते रहते हैं। उनकी भाषा नई, उनका भाव नया, उनकी सूझ नई, उनका विचार नया, रंग नया, ढंग नया, छंद नया, प्रबंध नया, रीति नयी, नीति नयी, कोष नया, व्याकरण नया, उनका जो कुछ है सब नया ही नया है।—चाहे यह सच न हो। वे हिन्दी-भाषा के प्रेमी हैं, किन्तु वह भी प्राचीना है, शायद इसीलिये उसको बे-तरह नोच खसोट रहे हैं। पुराने मुहावरे लिखना पसन्द नहीं, या लिख ही नहीं सकते, किन्तु नये मुहावरों का ढेर लगा रहे हैं। वाक्यों का कुछ अर्थ हो या न हो, परन्तु वे गढ़े जावेंगे अवश्य। यदि ब्रह्मा भी आकर कहें यह क्या, तो उनका कान भी मल दिया जावेगा; यदि किसी संकोच से ऐसा न किया जा सकेगा। तो कान मलने को हाथ तो अवश्य उठ जावेगा। बात करते समय उससे भले ही काम लिया जावे, पर कविता लिखने के समय क्या मजाल कि बोलचाल की कोई कल ठीक रहने पावे। वे बातें करेंगे बड़ी लम्बी, तोड़ेंगे आसमान के तारे ही, चाहे वे किसी की समझ में भले ही न आवें, और उनका हाथ भले ही वहाँ तक न पहुँच सके। वे प्राचीनों की रचनाएँ सुनकर कान पर हाथ रखेंगे, होठ काटेंगे, चाहे उनकी कविताएँ इस योग्य भी न हों कि किसी के कानों में पड़ें। देश-प्रेम से उनका भी कोई सम्बन्ध नहीं; ऐसा करना वे विश्वबंधुत्व के विरुद्ध समझते हैं। वे कौड़ी बड़ी दूर की लाना चाहेंगे; पर घर की लुटती मुहरों के बचाने से बचेंगे। आँसू की लड़ियों को लेकर मोती पिरोवेंगे, पर भारतमाता के आँसुओं की उन्हें परवा नहीं। वे राग गायेंगे संसार भर के भ्रातृभाव का, किन्तु अपने भाई का गला कटता देखकर आँखें बन्द कर लेंगे। वे शिक्षा देंगे अहिंसा वृत्ति की परन्तु उनके हृदय में प्रतिहिंसा-वृत्ति ही चक्कर लगाती रहती है। जाति का स्वर बिगड़ जावे, देश का गला न चले, समाज की घिग्घी बँध जावे, तो वे क्या करेंगे, वे तो अपनी टूटी वीणा उठावेंगे, और मस्त होकर उसे बजाते रहेंगे, चाहे उसको कोई सुने या न सुने। यदि कहीं से वाह-वाह की आवाज आ गई तो फिर क्या माँगी मुराद मिल जावेगी।

तीसरे दल में कुछ प्राचीन और कुछ युवक कवि हैं। उनकी संख्या थोड़ी है, परन्तु मातृ-भाषा के सच्चे सपूत वे ही हैं। वे ब्रजभाषा को सर आँखों पर रखते हैं, और खड़ी बोली को गले लगाते हैं, उनको दोनों से प्यार है। वे हिंदी-भाषा की दोनों मूर्तियों को सर नवाते हैं, और दोनों को ही अर्चनीय समझते हैं। उनका विचार है, प्रतिभा किसी

एक ही नहीं, ब्रजभाषा में भी उसका विकास देखा जाता है, और खड़ी बोली में भी। वे ब्रजभाषा के प्राचीन कवियों को गुरु मानते हैं, और कहते हैं। कि ये ही वे महापुरुष हैं, जिन्होंने हिन्दी-भाषा को अलंकृत किया, उसे रत्नों से सजाया, उसमें जीवन डाला, उसको सुधामयी बनाया, और उसकी वह सेवा की जो अलौकिक कही जा सकती है। ये उन नवयुवक सुकवियों का भी आदर करते हैं जो खड़ी बोली को सुरभित सुमन प्रदान कर रहे हैं; उसे सरस, मधुर और भावमयी बना रहे हैं, उसमें वह शक्ति ला रहे हैं, जिससे वह ज्योतिर्मयी, नव-नव शक्तिमयी, अनुपमयुक्तिमयी, रागमयी, और देशनुरागमयी, बन सके। वे सोचते हैं, मातृ-भाषा के सेवकों में परस्पर कलह-विवाद अच्छा नहीं, ये तो भाई-भाई हैं। उनके क्षीर-नीर समान मिले रहने में ही भलाई है। प्राचीनों के लिये यदि स्थान है, तो आधुनिक लोगों के लिये भी। यदि गुरु का स्थान है, तो शिष्य का भी। किसी काल में गुरु भी शिष्य था, काल पाकर शिष्य भी गुरु हो सकता है। योग्य शिष्य संसार में कभी-कभी गुरु से भी अधिक चमके, पर वे गुरु की गुरुता को कभी नहीं भूले। परमात्मा ने जिनको प्रतिभा दी है, वे प्रकाशमान होकर ही रहे। उनको यह इच्छा कभी नहीं हुई कि गुरु की कीर्ति का लोप कर हम अपना मुख उज्ज्वल करें। जो प्राचीनों की कुत्सा इसलिये करते हैं कि उनकी कीर्ति को मलिन कर अपनी कीर्ति का विकास करें, वे भूलते हैं। मयंक यदि सूर्य के प्रकाश की महत्ता स्वीकार न करेगा तो उसकी सत्ता ही न रह जावेगी, उनका विचार है कि जो सहृदय है, उसकी असहृदयता अच्छी नहीं, जो रस-धारा बहा सकता है, वह नीरस क्यों बने?

इन तीनों दलों में कैसा रुचि वैचित्र्य है, और कैसी विचार मित्रता। परन्तु श्रृंगार रस के प्रभाव से तीनों ही प्रभावित हैं। पहले दलवाले आज भी उसी नशे की झोंक में हैं, जिस नशा ने उनकी परम्परा वलों को आज से तीन चार सौ बरस पहले बदमस्त बनाया था। न आज वह महफिल है, न वह साक़ी, न वह पैमाना है, न वे दूसरे सामान। फिर भी उनको नशा आता है, और वे ऐसी बातें बक जाते हैं, जो अब ज़बान पर न आनी चाहिये। भगवद्गुणानुवाद गाये जायें, नीति की बातें कही जावें, श्रृंगार रस का संयत भाव से वर्णन किया जावे इसमें किसको क्या आपत्ति हो सकती है; परन्तु अब ऐसी रचनाएँ न की जावें, जो श्रृंगार रस के साथ ब्रजभाषा को भी कलंकित करती हैं। मातृ-भूमि की सेवा करना सब का धर्म है, उसके गाढ़े दिनों में काम आना प्रधान कर्त्तव्य है। यदि यह न हो सके और लेखनी इस प्रकार का विचार लिखने में कुंठित हो, तो समाज में गन्दगी फैलाने से बचा जावे। जो बात किसी विशेष काल में विशेष कारणों से हो गई, जो चूक विषयासक्त राजा-महाराजाओं के संसर्ग से, थोड़े या बहुत धन के लालच से की गई, उसकी पुनरावृत्ति व्यर्थ न होनी चाहिये। परन्तु वे आज भी सावधान नहीं हैं, वही अपना पुराना राग गाये जा रहे हैं।

दूसरे दलवाले शृंगार रस के नाम से ही चिढ़ते हैं, ब्रजभाषा से उनको विशेष घृणा इसलिये है कि वे उसको उसकी जननी समझते हैं। उनकी इस चिढ़ की उत्पत्ति विशेषकर शृंगार रस की उन असंयत रचनाओं के कारण हुई, जो सर्वसाधारण में प्रायः उन्होंने सुनी या शृंगार रस की प्रायः प्रचलित पुस्तकों में देखी। जिस शृंगार रस पर वे खंगहस्त हैं, वह शृंगार रस का बीभत्स रूप है। शृंगार रस का वास्तविक रूप वह है, जो स्वयं उनकी सबसे अच्छी रचनाओं में पाया जाता है, परन्तु इस बात को वे समझ नहीं पाते। वे न समझें, परन्तु शृंगार रस से उनकी रचनाएँ ओतप्रोत हैं। उसको मैं ही नहीं कहता, आजकल के अधिकाँश हिन्दी के साहित्य-सेवियों की यह सम्मति है। इन लोगों के जो दस-बीस ग्रन्थ प्रकाशित हो चुके हैं, उनमें से किसी को उठा लीजिये, उस समय यह ज्ञात हो जावेगा कि मेरा कथन कहाँ तक सत्य है। उसके अधिकाँश भाग में अवलोकन करने पर शृंगार रस की धारा ही बहती मिलेगी।

अब रहा तीसरा दल, इस दल में ही, सामयिकता अधिक है। युवकजन ही देश के प्राण हैं, उन्हीं का मुख अवलोकन कर मातृभूमि की सूखी नसों में गर्म लोहू प्रवाहित होता है। फिर यदि वे ही इस महामन्त्र का मर्म न समझें, तो इससे बढ़कर दुःख की बात दूसरी कौन होगी? यह दल भी इस बात को भलीभाँति समझता है, और इसलिये उसकी सेवा में तन मन धन से रत रहता है। उसकी अधिकाँश कविताएँ भी देशानुरागमयी होती हैं, फिर भी वह शृंगार रस की कविताओं का अनादर नहीं करता। वह यथावसर उसकी सेवा भी करता रहता है, और ऐसी रचनाएँ उपस्थित करता है, जिनसे हृदय की कलिकाएँ खिल जाती हैं, क्योंकि वह जानता है कि मनुष्य-जीवन से उसका कितना सरस सम्बन्ध है।

आजकल हिन्दी-साहित्य के सामने एक और विषम समस्या उपस्थित है, चाहे गद्य हो चाहे पद्य, उसमें इन दिनों एक विचित्र ऊधम मचा हुआ है। कुछ स्वतंत्र विचार के जीव इस उच्छृंखलता के विधाता हैं। उनका सम्बन्ध इन तीनों दलों में से किसी से नहीं है, वे निरंकुश हैं, और हैं अपने मन के, परन्तु देश-प्रेम के पर्दे में अपने को छिपाये हुए हैं। किसी के पास जाति-सुधार का बल है, और किसी को समाज-सेवा की लगन। कोई प्रचलित रूढ़ियों के मिटाने का दीवाना है, और कोई हिन्दुओं की वंशगत बुराइयों के दूर करने का कामुक। एक स्कूल-कॉलेजों के अध्यापकों और छात्रों के दुश्चरित्रों की आलोचना करता है, तो दूसरा स्त्री-जाति की दुर्दशाओं का हृदय-विदारक चित्र अंकित करने में संलग्न है। कोई जाति-बंधन तोड़ना चाहता है, कोई अछूतों के उठाने का प्रयत्न करता है; परन्तु इनमें कितने प्रतिहिंसापरायण हैं, और कितने अर्थलोलुप। कितने वृत्ति के दास हैं, कितने कुचरित्र। कितने दुर्जन और दुष्ट-प्रकृति हैं, कितने अपवित्र हृदय और लंपट। कितने नाम चाहते हैं, कितने दाम। कितने अपने पत्र का प्रचार चाहते हैं,

कितने अपनी पुस्तकों का प्रसार। वेष उनका मराल का है, परन्तु चाल बगलों की। वे मुख से और लेखनी से सदुद्देश का प्रचार करते हैं, परन्तु हृदय से हैं वायसवृत्ति, मलिन पदार्थ को ही प्यार करते हैं। उनके हाथ में झंडा है उपकार का, किन्तु उनका व्रत है अपकार। ऐसे लोगों के हाथों में पड़े कुछ पत्रों और पत्रिकाओं में आजकल ऐसे लेख निकल रहे हैं, जिससे स्त्री पुरुष के द्वंद्व की मात्रा प्रति दिन वर्द्धनोन्मुख है, किन्तु इन दिनों ऐसे लेख लिखना समाज-सेवा समझा जाता है। यदि कुछ स्त्रियाँ पुरुषों के अत्याचार के लेख लिख-लिखकर कालम के कालम काले करती हैं, तो स्त्रैण पुरुष उनका भी कान काटते हैं—वे पुरुष जाति को भरपेट गलियाँ दे डालते हैं। इस तरह के लेख आद्योपांत अश्लीलतामय होते हैं, परन्तु यह है इस काल का प्रधान कर्त्तव्य, और पुरुष जाति को निष्पक्षपातिता का प्रमाण पत्र लाभ करने का प्रधान अवसर। चाहे समाज ध्वंस क्यों न हो जावे, और पाश्चात्य देश के समस्त दुर्गुण पवित्र भारतवर्ष में क्यों न फैल जावें। इतना ही नहीं, आजकल कुछ ऐस गन्दे उपन्यास निकल रहे हैं, और उनमें ऐसे कुत्सित और घृणित चरित्र अंकित होते हैं कि अश्लीलता उनको स्पर्श नहीं कर सकती, और बेहयाई उनकी ओर आँख उठाकर देख नहीं पाती। परन्तु उनमें है हिन्दू जाति की बुराइयों का कच्चा चिट्ठा, जिनके प्रदर्शन बिना सुधार हो ही नहीं सकता, फिर उनको क्यों न फड़कते शब्दों में लिखा जावे; कोई पागल 'घासलेटी' 'घासलेटी' भले ही चिल्लाये, उसकी सुनता कौन है। ऐसी और बातें बतलाई जा सकती हैं, जिनसे दिन-दिन हिन्दी-साहित्य की समस्या जटिल हो रही है, किन्तु क्या उसका उचित प्रतिकार हो रहा है। ब्रजभाषा में शृंगार रस का दुरुपयोग हुआ, और यह निस्संदेह सामयिक दुर्गुण था, जो विलास-प्रिय बादशाहों, राजाओं, महाराजाओं के कारण उसमें आया। इस एक दुर्गुण के कारण, अनेक गुण गौरवशालिनी ब्रजभाषा की निन्दा हो रही है, और वर्त्तमान काल का पठित समाज यह कार्य कर रहा है। परन्तु आज यह क्या हो रहा है? उस समय में जिस समय विश्वमोहिनी पाश्चात्य सभ्यता की विमुग्धकर ज्योति से भारत वसुंधरा प्रकाशित है, यह महा अश्लील साहित्य का घना अंधकार उसमसें क्यों फैल रही है?

मैं समझता हूँ सामयिक दुर्गुणों का ज्ञान प्रायः समय पर नहीं होता। काल पाकर जब दुर्गुणों के दोष प्रकट होने लगते हैं, उस समय उसका यथार्थ ज्ञान होता है। मुसलमान राज्य के कारण जो दुर्गुण ब्रजभाषा में आये, उस समय कई कारणों से वे ही उपयोगी जान पड़े, इसीलिये वे अधिकाँश लोगों में गृहीत हुए। क्या उस समय दुर्गुणों के विरोधी यहाँ थे? अवश्य थे, परन्तु स्वार्थ मनुष्य को अंधा बना देता है। स्वार्थी मनुष्य स्वार्थ के सामने रहने पर न तो दुर्गुणों को देखता है, और न किसी हित की बातें सुनता है। यह स्वार्थ कई प्रकार का होता है, यह धन सम्पत्ति की प्राप्ति तक ही

परिमित नहीं होता, इसमें यश, मान की कामना, मर्यादा की रक्षा, कार्योद्धार, गौरव-लाभ, एवं विपत्ति निवारण आदि सभी बातें, सम्मिलित रहती हैं। दूसरी बात यह है कि जब समाज के अग्रणी अथवा प्रधान किन्हीं कारणों से उनकी ओर आकर्षित हो जाते हैं, तो साधारण मनुष्य उनका निराकरण समष्टि रूप में नहीं कर सकते, व्यष्टि रूप में भले ही कर लें। आजकल की भी यह अवस्था है। अँगरेज़ जाति हमारी शासक है, पाश्चात्य शिक्षा-दीक्षा से ही इन दिनों अधिक लोग शिक्षित-दीक्षित हैं, नाना रूप और नाना मार्गों से पाश्चात्य भाव यहाँ के लोगों के हृदय में स्थान पा रहे हैं, इसलिए वहाँ की सभ्यता ही लोगों को पसन्द आ रही है, और वहाँ की रहनसहन प्रणाली ही प्यारी लग रही है। आज का नव शिक्षित समाज, स्त्री स्वतन्त्रता, युवती-विवाह, सहभोज, विधवा विवाह आदि का पक्षपाती, और बाल विवाह, जाति-पाँति एवं धर्म-बन्धन आदि का विरोधी है, यह यथातथ्य शासक जाति और पाश्चात्य भावों का अनुकरण है। ये बातें जिस रूप में गृहीत हो रही हैं भारत की हितकारिणी हैं या नहीं; इनका क्या परिणाम होगा, इसको बतलाने पर भी आज कोई नहीं सुनता। समय का प्रवाह आज इन बातों के अनुकूल है, अतएव इन्हीं विचारों में उन्नति शील या सुधारकजन बह रहे हैं और दूसरों को भी अपना साथी बना रहे हैं। जो लोग इनका विरोध कर रहे हैं, उनकी गत बनाई जा रही है, और उनके प्रतिकूल घृणित से घृणित बातें कही जा रही हैं। समाचार-पत्रों में उनके विरुद्ध जो कार्टून निकाले जा रहे हैं, होली इत्यादि के अवसरों पर जैसी गालियाँ उनको पत्रों में दी जाती हैं, जैसा उनको कोसा जाता है, जैसी बेहूदा बातें उन्हें कही जा रही हैं, उनमें अश्लीलता की भरमार होती है, और निर्लज्जता की ही पराकाष्ठा। इसी प्रकार शिक्षा दोष अथवा नवीन सभ्यता के संसर्ग से जो दुर्व्यसन और चरित्र गत कुसंस्कार छात्रों, मास्टरों, एवं नव शिक्षितों में प्रतिदिन वर्द्धनोन्मुख हैं, समाज के प्रबंधकों के आचार-व्यवहार से जो निन्दनीय बातें देश में फैल रही हैं, असंयत, उच्छृंखल, और ढोंगियों के प्रपंचों से जो बुराइयाँ जाति में स्थान पा रही हैं, रँगें सियारों और नाम के नेताओं के कारण जो अपकार हिन्दुओं का हो रहा है, उनका वर्णन आजकल जिन शब्दों में होता है, जिस प्रकार उनका खुला चिट्ठा जनता के सामने रखा जाता है, उसकी अधिकांश प्रणाली भी बड़ी ही घृणित और हेय है। परन्तु सुधार का उन्माद और जातिगत एवं व्यक्तिगत द्वेष इन बातों के विचारने का अवसर ही नहीं देते। लेखनी हाथ में आने पर पेट का कुछ मल बाहर निकाल देने में ही चैन आता है, चाहे पत्र के कालम कितने ही कलंकित क्यों न हो जावें। जी की कुढ़न अश्लील से अश्लील वाक्यों में ही निंदनीयों को स्मरण करती है, चाहे वे नरक-कुंड भले ही बन जावें।

जो सच्चे और ईमानदार होते हैं, उनका भाषण परिमित होता है, और उनकी लेख-

माला मर्यादित। पर ऐसे लोग कितने हैं? अधिकतर ऐसे ही लोग दुनियाँ में देखे जाते हैं, जो हवा का रुख देखकर चलते हैं, और पेट पालने के लिये, चार पैसा कमाने के लिये, अपन मतलब गाँठने के लिए, दिल की कसर निकालने के लिये, या झूठमूठ की वाहवाही लूटने के लिए, कुछ से कुछ बन जाते हैं। वे लोग अपना कच्चापन अथवा नकली भाव छिपाने के लिये अपनी बातों को इतना रंजित करते हैं, उनमें इतना नमक मिर्च लगाते हैं, कि असलियत गधे के सींग की तरह गायब हो जाती है। ये बातें यदि हजो की, निन्दा की अथवा भड़प्पन की होती हैं, तो वे उनकी इन काररवाइयों से इतनी निन्दनीय बन जाती हैं, कि मूर्तिमान, बीभत्स का अकांड तांडव उनमें दृष्टिगत होने लगता है। परन्तु किसमें शक्ति है कि आज की इस आवश्यक बहक को धता बता सके। आज जो इसके सामने पड़ेगा, उसी का, कचूमर निकल जावेगा। जो इससे टकरायेगा वही चूर-चूर हो जायेगा। स्त्री-स्वतन्त्रता के पक्ष और विपक्ष में इन दिनों कुछ पत्र-पत्रिकाओं में ऐसे गन्दे लेख लिख निकल रहे हैं, कि अगला समय होता, तो कोई उनको अपनी बहू-बेटियों को छूने भी न देता। परन्तु आजकल वे पत्र-पत्रिकाएँ मूल्य देकर मँगाई जा रही हैं और आदर के साथ कुलाँगनाओं को अर्पण की जा रही हैं। कारण इसका सामयिक प्रवाह और वर्त्तमान काल का उत्तेजित मनोभाव है। इस समय उनका विरोध करना, असफलता को निमंत्रण देना है। यह समय न रहने पर और प्रचलित आंदोलन का दोष प्रकट होने पर ही उनके दुर्गुणों का यथार्थ ज्ञान हो सकता है। चाहे जो हो, इस समय इन बातों के कारण हिन्दी-साहित्य कितना कलुषित हो रहा है, यही प्रकट करना, इन विषयों की चर्चा का उद्देश है।

आशा है, मेरे भावों के समझने में भूल न की जावेगी। मैंने जो कुछ लिखा है, उसका मतलब उचित आन्दोलन की निन्दा नहीं है। सुधार-सम्बन्धी अथवा देशोद्धार मूलक जितने आन्दोलन ईमानदारी से सच्चे लोगों के द्वारा हो रहे हैं, न तो वे निन्दनीय हैं, न आक्षेप योग्य। बालविवाह का विरोध अथवा विधवा-विवाहादि का जो प्रचार मर्यादित रीति से किया जा रहा है, वह सर्वथा अनुमोदनीय है। मैं स्व्यं उनसे सहानुभूति रखता हूँ। मैंने निन्दा की है भंडाचार की, और उस प्रणाली की जो घृणित भावों से भरी है। मैंने बुरा कहा है, उन लोगों को जो बनते हैं सुधाकर परन्तु हैं राहु, जो वेष रखते हैं साधु का, परन्तु हैं कालनेमी। जो आर्य-संस्कृति के शत्रु हैं, किन्तु सुधार के बहाने उसके मित्र बनते हैं। मेरा लक्ष्य उस नीति की कदर्थना है, जिसके आधार से पाश्चात्य दुर्गुण, सद्गुण के रूप में गृहीत हो रहे हैं, और विजातीय भाव समादृत होकर जातीयता को ठोकरें जमा रहे हैं। जो मेरे भाव को न समझकर व्यर्थ आस्फाल न करेंगे, अथवा टट्टी की ओट में शिकार खेलना चाहेंगे वे अपने चित्त के कल्मय को प्रकट करेंगे, मेरे मानस के उद्गारों को नहीं।

क्या लिखते क्या लिखा गया, विषयान्तर हो गया। परन्तु अपने वक्तव्य को स्पष्ट करने के लिये ही मुझको इस पथ का पथिक होना पड़ा। कहना यह है कि प्रायः सामयिकता के नाम पर बहुत-सी बुराइयाँ, भलाइयाँ बनकर समाज में गृहीत हो जाती हैं। वर्त्तमान काल का हिन्दू-समाज और उसका आधुनिक कुत्सित साहित्य इसका प्रत्यक्ष प्रमाण है। वास्तविक बात यह है कि जितना कलुषित आजकल हिन्दी-साहित्य का कुछ अंश हुआ अथवा हो रहा है, ब्रजभाषा उतनी कलुषित कभी नहीं हुई। घृणित बाल-प्रेम के आधार से शृंगार रस की इन दिनों जैसी मिट्टी पलीद हो रही है, उसके जैसे नारकीय चित्र उपन्यासों में अंकित किये जा रहे हैं, मासिक पत्रों और पुस्तकों में हिन्दू जाति के घर की भीतरी बातों का जैसा कच्चा चिट्ठा लिखा जा रहा है, वे रोमांचकर हैं, उनको इस रूप में देश और समाज के सामने लाना अनुचित है। बिना दोष प्रदर्शन किये दोष का क्षालन नहीं हो सकता, यह सत्य है, परन्तु जुगुप्सा का नग्न नृत्य कदापि वांछनीय नहीं। उसके द्वारा वर्त्तमान हिन्दी-साहित्य जितना लांछित हुआ, ब्रजभाषा वैसी कलंकित कभी नहीं हुई। ब्रज-भाषा में जो शृंगार रस का दुरुपयोग हुआ, और उसमें अश्लील रचनाएँ हुईं, इसका कारण समय है। उस समय उसको अपनी इस प्रकार की रचनाओं से सुरक्षित रखना असंभव था, उसी प्रकार जैसे कि आजकल खड़ी बोली के गद्य पद्य अपने को उन सामयिक दोषों से नहीं बचा रहे हैं, जो उसमें सुधार के बहाने प्रवेश कर रहे हैं। ब्रजभाषा मे जो दोष हैं—हैं, उन पर उँगली उठाना व्यर्थ है, उनसे यह शिक्षा क्यों नहीं ली जाती, कि खड़ी-बोली भी चहले में न फँसे। ब्रजभाषा पर कीचड़ किस मुख से उछाला जा रहा है, जब खड़ी बोली उससे भी गई बीती बन रही है। दोनों अपनी ही सम्पत्ति हैं, उनकी उज्ज्वलता हमारा मुख उज्ज्वल करेगी, उनकी कालिमा हमें कलंकित बनावेगी। आपस का वितंडावाद अच्छा नहीं, पारस्परिक कलह बुरा है। ब्रजभाषा के सेवकों की संख्या आज भी कम नहीं है, उनका धर्म है कि वे प्राचीन बुरा प्रणाली को त्यागकर उसको उत्तमोत्तम नवीन आभरणों से सजावें। हिन्दी-साहित्य-क्षेत्र आजकल खड़ीबोली के उन्नायकों के हाथ में है, उन्हें चाहिये कि वे जिस प्रकार उसको सुसज्जित कर रहे हैं, उसी प्रकार उसको कूड़े-करकट से भी बचावें। उचित दृष्टि होने पर एक दूसरे के मार्ग का कंटक न बनेगी और अपना उचित स्थान लाभकर समुचित कीर्त्ति प्राप्त करने में समर्थ होगी। वर्त्तमान समय शृंगार रस के अपने वास्तविक रूप में विकसित होने का है, इस तत्व को हिन्दी संसार जितना समझेगा, उतना ही शृंगारित और सुसज्जित होगा और वह स्थान लाभ कर सकेगा, जिसको संसार की समुन्नत भाषाएँ प्राप्त कर सकी हैं। कला के साथ उपयोगिता सम्मिलित होकर कितना उपकारक बन जाती है, मैं समझता हूँ, इस विषय में विशेष कुछ लिखने की आवश्यकता नहीं।

वात्सल्य रस

बालक परमात्मा का अधिक समीपी कहा जाता है, उसमें सांसारिक प्रपंच नहीं पाया जाता है। जितना वह सरल होता है, उतना ही कोमल। छल उसे छूता नहीं, कपट का उसमें लेश नहीं। उसके मुखड़े पर हँसी खेलती रहती है, और उसकी चमकीली आँखों से आनन्द की धारा बहती जान पड़ती है। उसके मुसकुराने में जो माधुर्य्य है, वह अन्यत्र दृष्टिगत नहीं होता। वह जितना ही भोला-भोला होता है, उतना ही प्यारा। उसकी तुतली बातें हृत्तंत्री में संगीत उत्पन्न करती हैं, और उसके कलित कंठ का कलनाद कानों में सुधा बरसाता है। वह दांपत्य सुख का सर्वस्व है, भाग्यवान् गृहस्थ-गृह का उज्ज्वल प्रदीप है, और है स्वर्गीय लीलाओं का ललित निकेतन। परमात्मा का नाम आनन्दस्वरूप है, बालक इसका प्रत्यक्ष प्रमाण है। एक उत्फुल्ल बालक को देखिये, इस मधुर नाम की सार्थकता उसके प्रत्येक उल्लास से हो जावेगी। बालकों की इस आनन्दमयी मूर्ति का चित्रण अनेक भावुक कवियों ने बड़ी ही मार्मिकता से किया है। इस रस-समुद्र मे जो जितना ही डूबा, वह उतना ही भाव-रत्न संचय करने में समर्थ हुआ। एक अँगरेज़ सुकवि की लेखनी का लालित्य देखिये। वह लिखता है—

'I have no name:
I am but two days old';
What shall 'I call thee?'
'I happy am,
Joy is my name.'
'Sweet joy befall thee!
Pretty Joy!
'Sweet Joy, but two days old,
Sweet Joy I call thee :
Thou do'st smile
I sing the while,
Sweet joy befall thee!!

—**W. Blake**

मेरा नामकरण अभी नहीं हुआ है, मैं दो दिन का बच्चा हूँ। तो हम तुमको क्या कह कर पुकारें? मूर्तिमान उल्लास हूँ, मेरा नाम आनन्द है। तो तुमको मधुरतर आनन्द प्राप्त हो!

मेरे प्रियतर आनन्द! मेरे मधुरतर आनन्द! मेरे दो दिन के प्यारे बच्चे! तुमको मधुर से मधुर आनन्द प्राप्त हो!

तुम मधुर हँसी हँसो, मुसकुराओ, मैं भी स्वर्गीय गान आरम्भ करता हूँ—भोले-भाले बच्चे, तुमको अधिकाधिक आनन्द प्राप्त हो!

बालभावों का चित्रण करने में, उनके आनन्द और उल्लासों के वर्णन में कविकुल-शिरोमणि सूरदास जी की सुधावर्षिणी लेखनी ने बड़ी मार्मिकता दिखलाई है—आहा! देखिये—

सोभित कर नवनीत लिये।
घुटुरुन चलत रेनु तनु मंडित मुख दधि-लेप लिए।
चारु कपोल लोल लोचन गोरोचन तिलक दिए।
लट लटकानि, मनो मत्त मधुपगन मादक मदहिं पिए।
कठुला कंठ, बज्र, केहरि नख, राजत रुचिर हिए।
धन्य 'सूर' एको पल या सुख का सत कल्प जिए॥ 1 ॥

* * *

हौं बलि जाऊँ छबीले लाल की।
धूसर धूरि घुटुरुवनि रेंगनि बोलन बचन रसाल की।
छिटिक रहीं चहुँ दिसि जु लटुरियाँ लटकन लटकति भाल की।
मोतिन सहित नासिका नथुनी कंठ कमल-दल-माल की।
कछुकै हाथ कछू मुख माखन चितवनि नैन बिसाल की।
'सूर' सु प्रभु के प्रेम मगन भईं ढिग न तजनि ब्रज बाल की॥ 2 ॥

* * *

हरिजू की बाल छबि कहौं बरनि।
सकल सुख की सींव कोटि मनोज-सोमा-हरिन।
मंजु मेचक मृदुल तनु अनुहरत भूखन भरनि।
मनहुँ सुभग सिंगार सुरतरु फव्यो अदभुत फरनि।
लसत कर प्रतिबिम्ब मनि आँगन घुटुरुवनि चरनि।
जलज संपुट सुभग छबि भरि लेत उर जनु धरनि।
पुन्य फल अनुभवति सुतहिं विलोकिकै नँदघरनि।
'सूर' प्रभु की बसी उर किलकनि ललित लरखरनिं॥ 3 ॥

हिन्दी-साहित्य-गगन-मयंक गोस्वामी तुलसीदास का कवित्व-संबंधी सर्वोच्च सिंहासन बाललीला-वर्णन में भी सर्वोच्च ही रहा है। क्या भाव-सौंदर्य्य, क्या शब्द-विन्यास, सभी बातों में उनकी कीर्तिपताका भगवती वीणापाणि के उच्चतर करकमलों में ही विद्यमान है। देखिये, रससमुद्र किस सरसता से तरंगायित है—

नेक बिलोकि धौं रघुबरनि।
चारि फल त्रिपुरारि तोको दिये कर नृपघरनि।
बाल भूखन बसन तन सुंदर रुचिर रज भरनि।
परसपर खेलनि अजिर उठि चलनि, गिरि गिरि परनि।
झुकनि झाँकनि छाँह सो किलकनि, नटनि, हठि लरनि।
तोतरी बोलनि, बिलोकनि मोहनि मनहरनि।
चरित निरखत बिबुध 'तुलसी' ओट दै जलधरनि।
चहत सुर सुरपति भयो सुरपति भए चहैं तरनि॥ 1 ॥

* * *

छँगन मँगन अँगना खेलत चारु जार्‌यो भाई।
सानुज भरत लाल लखन राम लोने लरिका लखि मुदित मातु समुदाई।
बाल बसन भूखन धरे नखसिख छबि छाई।
नील पीत मनसिज सरसिज मंजुल मालनि मानो है देहनि ते दुति पाई।
ठुमुक ठुगुक पग धरनि नटनि लरखरनि सुहाई।
अजनि मिलनि रूठनि तूठनि किलकनि अवलोकनि बोलनि बरनि न जाई।
सुमिरत श्रीरघुबरन की लीला लरिकाई।
'तुलसिदास' अनुराग अवध आनँद अनुभक्त तब को सो अजहुँ अघाई॥ 1 ॥

* * *

छोटी छोटी गोड़ियाँ अँगुरियाँ छबीली छोटी
नखजोति मोती मानो कमल-दलनि पर।
ललित आँगन खेलैं ठुमुक ठुमुक चलैं,
झुँझनु, झुँझनु पाय पैंजनी मृदु मुखर॥
किंकिनी कलित कटि हाटकजटित मनि,
मंजु कर कंजन पहुँचियाँ रुचिरतर।
पियरी झीनी झँगुली साँवरे सरीर खुली,
बालक दामिनि ओढ़ी मानो बारे बारिधर॥
उर बघनहा, कंठ कठुला, झूँडूले केस,
मेढ़ी लटकन मसि बिन्दु मुनि मनहर।

अंजन रंजित नैन, चित चोरै, चितवनि मुख-
सोभा पर वारौं अमित कुसुमसर॥
चुटकी बजावति नचावति कौसल्या माता,
बालकेलि गावति मल्हावति सुप्रेम भर।
किलकि किलकि हँसैं, द्वै द्वै दतुरियाँ लसैं
'तुलसी' के मन बसैं तोतरे बचन बर॥ 3॥

कैसा सरस और अद्‌भुत बाल-केलि वर्णन है। ऐसे और कई एक पद गीतावली में हैं, किन्तु सबके उद्‌धृत करने का स्थान कहाँ! इच्छा होने पर भी उनको छोड़ता हूँ। कुछ रचनाएँ खड़ीबोली की भी देखिये। सामयिक रुचि की रक्षा के लिये ही ऐसा किया जाता है, नहीं तो अमृतरस-पान कराकर इक्षुरस पिलाने का उद्योग कौन करेगा?

लड़कपन

भोला-भाला बहुत निराला लाखों आँखों का उँजियाला।
खिले फूल सा खिला फबीला बड़े छबीले मुखड़ेवाला॥ 1॥
हँसी खेल का पुतला प्यारा बड़ा रँगीला नोखा न्यारा।
जगमग जगमग करनेवाला उगा हुआ चमकीला तारा॥ 2॥
स्वर्ग लोक में रहनेवाला रस सोतों में बहनेवाला।
जी को बहुत लुभानेवाला बात अनूठी कहनेवाला॥ 3॥
रस के किसी पेड़ से टूटा फल उमंग हाथों का लूटा।
समय बड़ी सुथरी चादर पर कढ़ा सुनहला सुंदर बूटा॥ 4॥
महँक भरे फूलों का दोना हँसती हुई आँख का टोना।
लेनेवाला मोल मनों का खरा चमकनेवाला सोना॥ 5॥
साथ रंग रलियों के खेला मीठा बजनेवाला बेला।
मनमानापन का मतवाला बड़ा लड़कपन है अलबेला॥ 6॥

चंद-खिलौना

चंदा मामा दौड़े आओ दूध कटोरा भरकर लाओ।
उसे प्यार से हमें पिलाओ मुझपर छिड़क चाँदनी जाओ॥ 1॥
मैं तेरा मृगछौना लूँगा उसके साथ हँसूँ खेलूँगा।
उसकी उछल कूद देखूँगा उसको चाटूँगा चूमूँगा॥ 2॥

तू है अगर चाँदनीवाला तो मैं भी हूँ लाल निराला।
जो तू अमृत है बरसाता तो मैं भी रस-सोत बहाता ॥ 3 ॥
जो तेरी किरणें हैं न्यारी तो मेरी बातें हैं प्यारी।
तू है मेरा चंद खिलौना मैं हूँ तेरा छुन्ना मुन्ना ॥ 4 ॥

बाल-विभव

बालकों में कैसी आकर्षणी शक्ति होती है, उनके भाव कितने भोले होते हैं, उनमें कितनी विनोदप्रियता, रंजनकारिता और सरसता होती है, ऊपर की रचनाओं को पढ़कर यह बात भली-भाँति हृदयंगम हो गई होगी। ऐसे बालक किसके बल्लभ न होंगे। कौन उन्हें देखकर उत्फुल्ल न होगा, कौन उन्हें प्यार न करेगा, और वे किसके उल्लास-सरोवर के सरसीरुह न बनेंगे? माँ-बाप के तो बालक सर्वस्व होते हैं, ऐसी अवस्था में उनको देखकर उनके हृदय में अनुराग सम्बन्धी अनेक सुन्दर भावों का उदय होना स्वाभाविक है। माँ-बाप अथवा गुरुजनों का यह भाव परिपुष्ट होकर विशेष आस्वाद्य हो जाता है, वही, कुछ सहृदय जनों की सम्मति है कि वात्सल्य रस कहलाता है। अधिकतर आचार्य्यों ने नौ रस ही माने हैं, वे वात्सल्य भाव को अलग रस नहीं मानते। इस भाव ही को नहीं, बड़ों का छोटों के प्रति जो अनुराग होता है, उन सबको वे वात्सल्य कहते हैं और 'रति' स्थायी भाव में उनका अन्तर्भाव करते हैं। उन लोगों का विचार है कि रस का जितना परिपाक शृंगार में होता है, वात्सल्य में नहीं, अतएव इसको वे 'भाव' ही मानते हैं, रस नहीं। कुछ सम्मतियाँ देखिये–

काव्यप्रकाशकार ने रसों का नामो उल्लेख करने के पहले लिखा है–तद्विशेषानाह। इसकी व्याख्या करते हुए, 'बालबोधिनी' टीकाकार लिखते हैं–

'केचिदाहुरेक एव शृंगारो रस इति! केचिच्च प्रेयांसदांतोद्धतैः सह वक्ष्यमाणा नवेति द्वादशरसाः। तत्र स्नेहप्रकृतिकः प्रेयांसः। अयमेव वात्सल्य इति बोध्यम्। धैर्य्य स्थायीभावको दांतः, गर्वस्थायीभावक उद्धतः। तन्मतनिरासाय सामान्य-ज्ञानोत्तरं विशेषजिज्ञासोदयाच्च वृत्तिकृदाह–तद्विशेषानाटेति–तद्विशेषान् तस्य रसरय बिशेषान् भेदान्। रससामान्यलक्षणं तु रसत्वमेव, न च तत्र मानाभावः, रसपदशक्यता-वच्छेदकतया तत्सिद्धेः"।

किसी की सम्मति है कि एक शृंगार रस ही रस है। किसी ने प्रेयांस दांत, उद्धत के साथ वर्णित नवरस को द्वादश रस माना है। जिस रस का स्थायी स्नेह हो उसको प्रेयांस कहते हैं, इसी का नाम वात्सल्य है। जिसका स्थायी धैर्य्य है, उसको दांत, जिसका स्थायी गर्व है उसको उद्धत कहा गया है। इन मतों के निरसन के लिये और

सामान्य ज्ञान के उपरांत विशेष जिज्ञासा उदय होने पर वृत्तिकार कहते हैं तद्विशेषानाह—उस रस के विशेष भेदों को बतलाता हूँ। रस का सामान्य लक्षण रसत्व है, इसके लिये प्रमाण की आवश्यकता नहीं है, रस पद की शक्यता से ही वह सिद्ध है।

एक दूसरे स्थान पर वे लिखते हैं—

प्रेयांसादित्रयस्तु भावांतर्गता इति भावः। एतेनाभिलाषस्थायिको लौल्यरसः, श्रद्धास्थायिको भक्तिरसः स्पृहास्थायिकः कार्पण्याख्यो रसोऽतिरिक्त इत्यपास्तम्। त्रयाणामपि भावांतर्गतत्वात्।

"प्रेयांसादि तीनों को 'भाव' के अन्तर्गत माना है। जिसका स्थायी अभिलाष है उसको लौल्य रस, जिसका स्थायी श्रद्धा है उसको भक्ति रस, जिसका स्थायी स्पृहा है उसको कार्पण्य रस कहा है, किन्तु ये तीनों भी भाव ही के अन्तर्गत हैं।"

सोमेश्वर की सम्मति निम्नलिखित बतलाई गई है—

"स्नेहो, भक्तिर्वात्सल्यमिति रतेरेव विशेषाः। तेन तुल्ययोरन्योन्यं रतिः स्नेहः, अनुत्तमस्योत्तमे रतिर्भक्तिः, उत्तमस्यानुत्तमे रतिर्वात्सल्यम् इत्येवमादौ भावस्यैवास्वाद्यत्वमिति।"

स्नेह, भक्ति, वात्सल्य, रति के ही विशेष रूप हैं। तुल्यों की अन्योन्य रति का नाम स्नेह, उत्तम में अनुत्तम की रति का नाम भक्ति और अनुत्तम में उत्तम की रति का नाम वात्सल्य है। आस्वाद्य की दृष्टि से ये सब 'भाव' ही कहे जाते हैं।

एक अन्य विद्वान की अनुमति यह है—

"स्नेहो भक्तिर्वात्सल्यं मैत्री आवंध इति रतेरेव विशेषाः। तुल्ययोर्मिथोरतिः स्नेहः प्रेमेति यावत्। तथा तयोरेव निष्कामतया मिथो रतिर्मैत्री, अवरस्य वरे रतिभक्तिः सैव विपरीता वात्त्सल्यम्। सचेतनानामचेतने रतिरावंध इति।"

स्नेह, भक्ति, वात्सल्य, मैत्री, आबंध, रति के ही विशेष रूप हैं। तुल्य लोगों की परस्पर रति, स्नेह अथवा प्रेम, उनकी परस्पर निष्काम रति 'मैत्री', श्रेष्ठ में साधारण की रति 'भक्ति' छोटों में बड़ों की रति 'वात्सल्य' और अचेतन में सचेतन की रति 'आबंध' कहलाती है।

ऊपर के अवतरणों के देखने से यह बात स्पष्ट हो जाती है, कि वात्सल्य को रति का ही रूप माना गया है और यह बतलाया गया है कि वह 'रस' नहीं 'भाव' है। साहित्यदर्पणकार 'भाव' का लक्षण यह बतलाते हैं—

"संचारिणः प्रधानानि देवादिविषया रतिः।
उद्बुद्धमात्रः स्थायी च भाव इत्यभिधीयते॥"

"प्रधानता से प्रतीयमान निर्वेदादि संचारी तथा देवता, गुरु आदि के विषय में अनुराग एवं सामग्री के अभाव से रस रूप को अप्राप्त उद्‍बुद्धमात्र रति, हास, आदिक स्थायी, ये सब 'भाव' कहाते हैं।"

दूसरे स्थान पर वे लिखते हैं–

"देव-मुनि-गुरु-नृपादिविषया च रतिरुद्‍बुद्धमात्रा विभावादिभिरपरिपुष्टतया रसरूपतामनापद्यमानाश्च स्थायिनो भावा भावशब्दवाच्याः।"

"देवता, मुनि, गुरु और नृपादि-विषयक रति (अनुराग) भी प्रधानतया प्रतीत होने पर 'भाव' कहलाती है, और अद्‍बुद्धमात्र अर्थात् विभावदि सामग्री के अभाव से परिपुष्ट न होने के कारण रस रूप को अप्राप्त हास, क्रोधादि भी 'भाव' ही कहलाते हैं।"

काव्यप्रकाशकार की भी यही सम्मति है। वे लिखते हैं–

"रतिर्देवादिविषया व्यभिचारी तथांजितः–भावः प्रोक्तः।"

बालबोधिनी टीकाकार की व्याख्या यह है–

"रतिरिति सकलस्थायिभवोपलक्षणम्। देवादिविषयेत्यपि अप्राप्तरसावस्थोपलक्षणम्। तथा शब्दश्चार्थे। तेन देवोदिविषया सर्वप्रकारा, कांतादिविषयापि अपुष्टारतिः, हासादयश्च अप्राप्तरसावस्थाः, विभावादिभिः प्राधान्येनांजितो व्यंजितो व्यभिचारी च भावः प्रोक्तः भावपदामिधेयः।"

भावार्थ इसका यह है कि देवता, मुनि, गुरु, नृप अथच पुत्रादि-विषयक अनुराग (रति) कांतादि विषयिणी अपुष्ट रति, विभावादि के प्राधान्य से व्यंजित व्यभिचारी और रस अवस्था को अप्राप्त हासादिक स्थायी की 'भाव' संज्ञा होती है।

'भाव' का लक्षण आप लोगों ने देखा, अब 'रस' का लक्षण देखिये। नाट्यशास्त्रकार भरत मुनि लिखते हैं–

'विभावानुभावव्यभिचारिसंयोगाद्रसनिष्पत्तिः'।

विभाव, अनुभाव, और व्यभिचारी भाव के संगोग से रस की निष्पत्ति होती है। काव्यप्रकाशकार की यह सम्मति है–

"कारणान्यथ कार्याणि सहकाराणि यानि च।
रत्यादेः स्थायिनो लोके तानि चेन्नाट्यकाव्ययोः।
विभावा अनुभावास्तत् कथ्यंते व्यभिचारिणः।
व्यक्तः स तैर्विभावाद्यैः स्थायी भावो रसस्मृतः॥

नाट्य और काव्य में रति आदिक स्थायी भावों के जो कारण, कार्य और सहकारी

होते हैं, उनको विभाव, अनुभाव और व्यभिचारी क्रम से कहते हैं। इन विभावादि की सहायता से व्यक्त, स्थायी भाव की रस संज्ञा होती है।

विभावादिकों की व्याख्या 'बालबोधिनी' टीकाकार ने यह की है–

'वासानारूपतयातिसूक्ष्मरूपेणावस्थितान् रत्यादीन् स्थायिनः विभाववंति आस्वादयोग्यतां नयंतीति विभावाः।'

वासना रूप से अति सूक्ष्म आकार में स्थित रति आदिक स्थायी भावों को जो आस्वादन योग्य बनाते हैं, उनको विभाव कहते हैं–यथा नायक-नायिका, पुष्पवाटिकादि।

'रत्यादीन् स्थायिनः अनुभावयति अनुभवविषयीकुर्वेंतीति अनुभावाः।'

रति आदिक स्थायी भावों को जो अनुभव का विषय बनाते हैं, उनको अनुभाव कहते हैं–यथा कटाक्षादि।

"विशेषणाभितः (सर्वांगव्यापितया) रत्यादीन् स्थायिनः काये चारयंति संचारयंति मुहुर्मुहुरभिव्यंजयंतीति वा व्यभिचारिणः।" "स्थायिन्युन्मग्ननिमग्नाः कल्लोला इव वारिधौ।"

सर्वांग में व्यापित होकर जो रति आदिक स्थायी भावों के शरीर में संचरण करते हैं, समुद्र में कल्लोल-समान उठते और विलीन होते हैं, उनको संचारी भाव कहते हैं– हर्ष, उद्वेग, चपलता आदि इसके उदाहरण हैं।

रस की यह परिभाषा अथवा लक्षण साहित्यक है, इससे जैसा चाहिये वैसा प्रकाश प्रस्तुत विषय पर नहीं पड़ता। काव्यप्रकाशकार ने रस की जो निम्नलिखित व्याख्या की है, वह सर्वबोधगम्य एवं मानव अवस्था की सूचक है।

"पानकरसन्यायेन चर्व्यमाणः पुर इव परिस्फुरन् हृदयमिव प्रविशन् सर्वांगीण मिवालिंगन् अन्यत् सर्वमिव तिरोदधत् ब्रह्मास्वादमिवानुभावयन् अलौकिक-चमत्कारकारी शृंगारादिको रसः।"

"पानक रस के समान जिनका आस्वाद होता है, जो स्पष्ट झलक जाते, हृदय में प्रवेश करते, व्याप्त होकर सर्वांग को सुधारससिचिंत बनाते, अन्य वेद्य विषयों को ढक लेते, और ब्रह्मानन्द के समान अनुभूत होते हैं, वे ही अलौकिक चमत्कारसंपन्न शृंगारदि रस कहलाते हैं।"

भाव किसे कहते हैं? रस में क्या विशेषता है? ऊपर के अवतरणों को पढ़कर यह बात आप लोगों ने समझ ही ली होगी। वास्तविक बात यह है कि विशेष उत्कर्षप्राप्त, हृदयग्राही, व्यापक, अनिर्वचनीय आनन्दप्रद अधिकतर मनोमुग्धकर भाव ही रस

कहलाता है। दुग्ध की स्वाभाविक सरसता और मधुरता कम नहीं, किन्तु अवट जाने पर जब वह अधिक गाढ़ा हो जाता है, सुस्वादु मेवों के साथ जब उसमें सिता भी सम्मिलित हो जाती है, तो उसका आस्वाद कुछ और ही हो जाता है, रसों की भी कुछ ऐसी ही अवस्था है। नाट्यशास्त्र-प्रणेता कहते हैं–

"न भावहीनोऽस्ति रसो न भावो रसवर्जितः।
परस्परकृता सिद्धिस्तयोरभिनये भवेत्।"

"रस के बिना भाव नहीं और भाव के बिना रस नहीं होते। इन रस और भावों की सिद्धि एक दूसरे पर निर्भर है।"

रस और भावों में इतनी स्पष्टता होने पर भी रस और भाव के निरूपण में एकवाक्यता नहीं है। विभिन्न मत इस विषय में भी हैं, और अब तक कोई ऐसा सिद्धांत निश्चित नहीं हुआ जो सर्वमान्य हो। ऊपर आप यह वाक्य देख चुके हैं, "केचिदाहुरेक एव शृंगारो रस इति" जिससे पाया जाता है कि कोई-कोई आचार्य शृंगार रस को ही रस मानते हैं, और किसी रस को रस मानना ही नहीं चाहते। साहित्यदर्पणकार लिखते हैं कि उनके पितामह पंडितप्रवर नारायण अद्भुत रस को ही रस मानते हैं, अन्य रसों को वे स्वीकार ही नहीं करते। यथा–

"रसे सारश्चमत्कारः सर्वत्राप्यनुभूयते।
तच्चमत्कारसारत्वे सर्वत्राप्यद्भुतो रसः॥
तस्मादद्भुतमेवाह कृति नारायणो रसम्।"

"सब रसों में चमत्कार साररूप से प्रतीत होता है। और चमत्कार (विस्मय) के साररूप (स्थायी) होने से सब जगह अद्भुत रस ही प्रतीत होता है, अतः पंडित नारायण केवल एक अद्भुत रस ही मानते हैं।"

उत्तररामचरितकार करुण रस को ही प्रधान मानते हैं, वे लिखते हैं–

एको रसः करुण एव निमित्तभेदाद्भिन्नः पृथक् पृथगिवाश्रयते विवर्त्तान्।
आवर्त्तबुद्बुदतरंगमयान विकारान् अम्भो यथा सलिलमेव हि तत्समस्तम्॥

"एक करुण रस ही निमित्तभेद से भिन्न होकर पृथक्-पृथक् परिणामों को ग्रहण करता है। जल के आवर्त्त, बुद्बुद, तरंगादि जितने विकार हैं, वे समस्त सलिल ही होते हैं।"

नाट्यशास्त्रकार ने आठ ही रस माने हैं। यथा–

"शृंगारहास्यकरुणरौद्रवीरभयानकाः।
बीभत्साद्भुतसंज्ञौ चेत्यष्टौ नाट्ये रसाः स्मृताः॥"

"नाट्य में शृंगार, हास्य, करुण, रौद्र, वीर, भयानक, बीभत्स और अद्भुत आठ रस माने गये हैं।"

काव्यप्रकाशकार ने नवाँ शांत रस भी माना है। यथा–

"निर्वेदस्थायिभावोऽस्ति शांतोऽपि नवमो रसः।"

"नवम रस शांत है जिसका स्थायी भाव निर्वेद है।"

रसगंगाधरकार कहते हैं–

"अथ कथमेत एव रसः? भगवदालंबनस्य रोमांचाश्रुपातादिभिरनुभावितस्य हर्षादिभिः परिपोषितस्य, भागवतादिपुराणश्रवणसमये भगवद्भक्तैरनुभूयमानस्य भक्तिरसस्य दुरपह्नवत्वात्र। भगवदनुरागरूपा भक्तिश्चात्र स्थायिभावः। न चासौ-शांतरसेऽन्तर्भावमर्हति, अनुरागस्य वैराग्यविरुद्धत्वात्। उच्यते–भक्तेर्देवादि-विषयरतित्वेन भावांतर्गततया, रसत्वानुपपत्तेरिति।"

"क्या रस इतने ही हैं? भगवान् जिसके आलंबन हैं, रोमांच अश्रुपातादि जिसके अनुभाव हैं, भागवतादि पुराणश्रवण के समय भगवद्भक्त भक्तिरस के उद्रेक से जिसका अनुभव करते हैं, वही भगवदनुरागरूपा भक्ति यहाँ स्थायी भाव है। शांत रस में इसका अंतर्भाव नहीं हो सकता। क्योंकि अनुराग और वैराग्य परस्पर विरोधी हैं। किन्तु भक्ति देवादि रति विषय से सम्बन्ध रखती है, अतएव वह भाव के अन्तर्गत है, उसमें रसत्व नहीं माना जा सकता।"

रसगंगाधरकार पंडितराज जगन्नाथ असाधारण विद्वान थे। वे स्वयं प्रश्न उपस्थित करते हैं कि क्या रस इतने ही हैं? प्रश्न उपस्थित करने के उपरांत पूर्व पक्ष का प्रतिपादन बड़ी योग्यता से करते हैं। जिन विभाव, अनुभाव एवं संचारी भावों के आधार से स्थायी भाव रसत्व को प्राप्त होता है, उसका निरूपण भी यथेष्ट करते हैं, उनकी पंक्तियों को पढ़ते समय ज्ञात होने लगता है कि आप भक्ति को रस स्वीकार करेंगे, किन्तु उन्होंने उसको देवादि-विषयिनी रति कहकर 'भाव' ही माना और यह भी नहीं बतलाया कि देव-विषयक रति का रसत्व क्यों नहीं प्राप्त होता। परमात्मा का नाम रस है, श्रुति कहती है, 'रसौ वै सः'। रस शब्द का अर्थ है, 'यः रसयति आनन्दयति स रसः'। वैष्णवों की माधुर्य उपासना परम प्रिय है, अतएव भगवदनुरागरूपा भक्ति को वे रस मानते हैं। यह विषय पंडितराजजी के लक्ष्य में था, इसलिये उन्होंने पूर्क्ष-पक्ष में उसको ग्रहण किया, किन्तु प्राचीन आचार्यों की सम्मति को प्रधान मानकर उसको भाव ही बतलाया।

आगे के पृष्ठों में आप पढ़ चुके हैं कि कुछ रसनिर्णायकों ने प्रेयांस, दांत, उद्धत, लौल्य, भक्ति और कार्पण्य को भी रस माना है। ज्ञात होता है कि इन लोगों का विचार

भी पंडितराजजी के ध्यान में था, और इसलिये भी सबमें भक्ति को प्रधान समझकर उन्होंने उसके रस होने के विरुद्ध अपनी लेखनी चलाई। जो हो, मेरे कथन का अभिप्राय यह है कि रस-निरूपण का विषय निर्विवाद नहीं है। जैसा आप लोग देख चुके, इस विषय में भी भिन्न-भिन्न आचार्यों के भिन्न-भिन्न मत हैं। हाँ, यह अवश्य है कि अधिक सम्मति नवरस संबधिनी है। जिस प्रकार यह सत्य है, उसी प्रकार यह भी सत्य है कि कुछ मान्य विद्वानों ने वात्सल्य रस को भी दसवाँ रस माना है। उनमें मुनीन्द्र और साहित्यदर्पणकार का नाम विशेष उल्लेख योग्य है। साहित्यदर्पणकार लिखते हैं–

"स्पष्ट चमत्कार होने के कारण वत्सल को भी रस कहा गया है।"

"स्फुट चमत्कारितया वत्सलं च रसं विदुः*"

भारतेन्दु बाबू हरिश्चंद ने भी अपने नाटक नामक ग्रन्थ में 'वत्सल' को रस माना है। उन्होंने रसों के नामों का उल्लेख इस प्रकार किया है–

"श्रृंगार, हास्य, करुण, रौद्र, वीर, भयानक, अद्भुत, बीभत्स, शांत, भक्ति वा दास्य, प्रेम वा माधुर्य्य, सख्य, वात्सल्य, प्रमोद वा आनन्द।"

'प्रकृतिवाद' बँगला का एक प्रसिद्ध कोष है। उसके रचयिता बंग भाषा के एक प्रसिद्ध विद्वान् हैं। वे रस शब्द का अर्थ बतलाते हुए लिखते हैं–

"केहो केहो वात्सल्यकेओ रस बलियाथाकेन, तन्मते रस दश प्रकार"–"कोई-कोई वात्सल्य को भी रस कहते हैं, उनके मत से रस दश प्रकार का होता है।"

साहित्यदर्पणकार ने वत्सल को रस मानने का कारण उसका स्पष्ट चमत्कारक होना बतलाया है, साथ ही उसको मुनीन्द्रसम्मत भी लिखा है। मेरा विचार है कि वत्सल में उतना स्पष्ट चमत्कार नहीं है, जितना भक्ति में, किन्तु उसको उन्होंने भी रस नहीं माना। बाबू हरिश्चन्द्र ने भक्ति वा दास्य लिखकर उसको दास्य तक परिमित कर दिया है, किंतु भक्ति बहुत व्यापक और उदात्त है, साथ ही उसमें इतना चमत्कार है कि श्रृंगार रस भी उसकी समता नहीं कर सकता। वैष्णव विद्वानों ने भक्ति को रस माना है, और अन्य सब रसों से उसको प्रधानता दी है। आचार्यवर मधुसूदन सरस्वती अपने 'भक्ति-रसायन' नामक ग्रन्थ में लिखते हैं–

---

* भोजदेव ने भी अपने 'श्रृंगारप्रकाश' नामक ग्रंथ में 'वत्सल' को रस माना है, और रसों की संख्या दस बतलाई है। वे लिखते हैं–

श्रृंगारवीरकरुणाद्भुतहास्यरौद्रबीभत्सवत्सलभयानकशांतनाम्नः।
आश्नासियुर्दशरसान् सुधियो वदंति श्रृंगारमेव रसनाद्रस मामनामः॥

श्रृंगार, वीर, करुण, अद्भुत, हास्य, रौद्र, बीभत्स, वत्सल, भयानक, और शांत नामक दस रस बुद्धिमानों ने बतलाये हैं, किन्तु आस्वादन पर दृष्टि रखकर श्रृंगार ही रस माना जा सकता है।

"रसांतरविभावादिसंकीर्णा भगवद्रतिः।
चित्ररूपवदन्याद्दृग्रसतां प्रतिपद्यते॥
रतिर्देवादिविषया व्यभिचारी तथाजितः।
भावः प्रोक्तो रसो नेति यदुक्तं रसकोविदैः॥
देवांतरेषु जीवत्वात् परानंदाप्रकाशनात्।
तद्योज्यं–परमानंदरूपेण परमात्मनि॥
कांतादिविषया वा ये रसाद्यास्तत्र नेदृशम्।
रसत्वं पुष्यते पूर्णसुखास्पर्शित्वकारणात्॥
परिपूर्णरसा क्षुद्ररसेभ्यो भगवद्रतिः।
खद्योतेभ्य इवादित्यप्रमेव बलवत्तरा॥"

"अन्य रसों के समान विभावादि से युक्त होकर भक्ति चित्र-फलक के सदृश मनोरंजक बनकर रसत्व को प्राप्त होती है। रसकोविदों ने देवादिविषयक रति और अंजित व्यभिचारी को भाव बतलाया है–रस नहीं, किन्तु इस विचार को अन्य देवताओं तक ही परिमित समझना चाहिये, क्योंकि उन लोगों की रति अलौकिक आनन्ददायिनी नहीं होती, परमानन्दस्वरूप परमात्मा की भक्ति के विषय में यह बात नहीं कही जा सकती। कांतादिविषयक रसों में रसत्व का पोषण यथेष्ट नहीं होता, क्योंकि उनको पूर्ण-सुख स्पर्श नहीं करते। प्राकृत क्षुद्र रसों से परिपूर्णरसा भगवद्भक्ति वैसी ही बलवती है, जैसी खद्योतों में आदित्य की प्रभा।

सम्भव है, इस उक्ति को रंजित माना जावे, किन्तु अभिनिविष्ट चित्त से विचार करने पर वह सत्य समझी जावेगी। भक्ति नव प्रकार की होती है।

"श्रवणं कीर्तनं विष्णोः स्मरणं पादसेवनम्।
अर्चनं वेदनं दास्यं सख्यमात्मनिवेदनम्॥"

भारतेन्दुजी ने जिन नवीन रसों की चर्चा अपने लेख में की है, लगभग उन सब का अन्तर्भाव भक्ति में हो जाता है। भक्ति दास्य ही नहीं है, यह बात इस श्लोक में स्पष्ट हो गई। आचार्यप्रवर मधुसूदन 'सरस्वती' की उक्ति का समर्थन भी अधिकांश में नवधा भक्ति करती है। पादसेवनं से लेकर दास्यं, सख्यं, आत्मनिवेदनं तक भक्ति का चमत्कार है। दामपत्य धर्म का सर्वस्व भी दास्य, सख्य और आत्मनिवेदन है। यों तो भगवदाज्ञा है, कि 'ये यथा मां प्रपद्यंते तांस्तथैव भजाम्यहम्', किन्तु व्यापक भगवदुपासना तीन ही रूप में होती है। 1–पिता-पुत्र भाव, 2–स्वामी-सेवक भाव, और 3–पति-पत्नी भाव में। शृंगार रस में प्रधान नायक पति और नायिका स्वकीया होती है। ऐसी अवस्था में शृंगार रस का भी अधिकांश भक्ति के अन्तर्गत आ जाता है। कबीर साहब निर्गुण

उपासक माने जाते हैं। कुछ लोग उनको आधुनिक संत मत के निर्गुण उपासकों का आचार्य भी समझते हैं। निर्गुण उपासना का अधिकांश सम्बन्ध ज्ञानमार्ग से है, उसका आध्यात्मिक उत्कर्ष बहुत कुछ बतलाया जाता है। किन्तु जब भक्ति अथवा प्रेम का उद्रेक हृदय में होता है, तब सगुण उपासना ही सामने आती है, और उपासना के उक्त तीनों रूपों में से किसी एक का अथवा तीनों का आश्रय चित्त की वृत्ति के अनुसार ग्रहण करना पड़ता है। निर्गुणवादी होकर भी कबीर साहब को इस पथ का पथिक होना पड़ा है। उनको तीनों रूपों में परमात्मा को स्मरण करते देखा जाता है, किन्तु पत्नी भाव की उनकी उपासना बहुत ही हृदयग्राहिणी है। यह उपासना माधुर्यमयी है, इसकी वेदनाएँ मर्मस्पर्शिनी होती हैं, अतएव उनमें विचित्र रस-परिपाक पाया जाता है। कबीर साहब की निम्नलिखित रचनाओं में कितनी मार्मिकता है, आप लोग स्वयं उसका अनुभव कीजिये–

बिरहिन देय सँदेसरा सुनो हमारे पीव।
जल बिन मछली क्यों जिए पानी में का जीव॥
अँखियाँ तो झांई परी पंथ निहार निहार।
जीहड़ियाँ छाला पड़ा नाम पुकार पुकार॥
बिरहिन उठि उठि भुइं परै दरसन कारन राम।
मुए पाछे देहुगे सा दरसन केहि काम॥
मूए पाछे मत मिलौ कहै कबीरा राम।
लोहा माटी मिल गया तब पारस केही काम॥
सब रग ताँत रबाब तन बिरह बजावै नित्त।
और न कोई सुन सकै कै सांई कै चित्त॥
पिया मिलन की आस रहौं कब लौं खरी।
ऊँचे नहिं चढ़ि जाय मने लज्जा भरी॥
पाँव नहीं ठहराय चढूं गिरि गिरि परूँ।
फिरि फिरि चढहुँ सम्हार चरन आगे धरूँ॥
अंग अंग थहराय तो बहुबिध डरि रहूँ।
करम कपट मग घेरि तो भ्रम में परि रहूँ॥
बारी निपट अनारि तो झीनी गैल है।
अटपट चाल तुम्हार मिलन कस होइ है॥
अंतर पट दे खोल सब्द उर लावरी।
दिल बिच दास कबीर मिलैं तोहिं बावरी॥

इन पंक्तियों में कैसा आत्मनिवेदन है, उसे बतलाना न होगा। प्रत्येक शब्द में वह

व्यंजित है। आत्मनिवेदन का अर्थ आत्मोत्सर्ग लीजिये, चाहे आत्मदशानिवेदन, दोनों ही भाव उनमें मौजूद हैं। अतएव उनमें भक्ति रस का प्राचुर्य स्पष्ट है। काव्य-प्रकाशकार ने रस का जो व्यापक और मानसिक अवस्था-प्रदर्शन सम्बन्धी लक्षण लिखा है, भक्ति में वह जितना सुविकसित पाया जाता है, अन्य रस में उसका उतना विकाश नहीं देखा जाता। वे लिखते हैं–'पानक रस के समान रस को आस्वाद्य होना चाहिये।' उनके कहने का भाव यह है कि जैसे पीने का रस चीनी, दूध, केवड़ा, इलायची आदि भिन्न-भिन्न पदार्थों से बनकर उन सबसे पृथक् एक विचित्र स्वाद रखता है, और अधिक स्वादिष्ट भी होता है, उसी प्रकार, विभावादि के मिश्रण से जो रस बनता है, उसका आस्वादन भी अपूर्व और विलक्षण होना चाहिए। भक्ति में यह गुण और रसों से अधिक पाया जाता है। जब भगवद्-प्रेम विषयक स्थायी भाव, परमानन्द स्वरूप परमात्मा आलंबन विभाव को पाकर पुलक, अश्रुपात आदि अनुभावों एवं हर्ष, आवेग, विबोध, औत्सुक्य आदि संचारी भावों के सहारे भक्ति में परिणत होता है, उस समय भक्त जनों के हृदय में जिस अलौकिक रस का अविर्भाव होता है, वह कितना लोकोत्तर तथा दैवी विभूति-सम्पन्न देखा जाता है, क्या यह अविदित है। क्या उसी के आस्वादन जनित आमोद का वर्णन इन शब्दों में नहीं है?

"त्वत्साक्षात्करणाह्लादयिशुद्धाब्धिस्थितस्य मे।
सुखानि गोष्पदायन्ते........................ ॥"

–भागवत

तुम्हारे साक्षात्करण आह्लाद के विशुद्ध समुद्र में स्थित होने के कारण मुझको समस्त सुख गोष्पद समान ज्ञात होते हैं।"

क्या उसी रसास्वादनकारी क़ी अद्भुत दशा का उल्लेख यह नहीं है?–

क्वचिंद्रुदन्त्यच्युतचिंतया क्वच्द्धिसंति नंदंति वदंत्यलौकिकाः।
नृत्यंति गायंत्यनुशीलयंत्यजं भवंति तूर्ष्णीं परमेत्य निर्वृताः॥

"अच्युत का चिन्तन करके कभी रोते हैं, कभी हँसते, आनन्दित होते और अलौकिक बातें कहते हैं। कभी नाचते, गाते, भगवान् का अनुशीलन करते और परमात्मा को प्राप्त कर संतोष लाभ करने के उपरांत मौन हो जाते हैं।"

क्या उसी रस का प्याला पीकर भक्तिमयी मीरा ने यह नहीं गाया?–

मेरो तो गिरिधर गोपाल दूसरो न कोई।
जाके सिर मोर-मुकुट मेरो पति सोई।
साधुन सँग बैठि बैठि लोकलाज खोई।
अब तो बात फैल गई जानै सब कोई।

अँसुवन जल सींचि सींचि प्रेम बेलि बोई।
मीरा को लगन लगी होनी हो सो होई॥

क्या उसी रस की सरसता के स्वाद ने उनके समस्त राजभोगों को भी नीरस नही बनाया था?

क्या उसी रस का भाँड लेकर भक्ति-अवतार गौराँग ने बंगाल प्रांत को प्रेमोन्मत्त नहीं बनाया? स्वयं उस रस से सिक्त होकर क्या उन्होंने वह रस-प्लावन नहीं किया, जिसमें भारत का एक विशाल प्रांत आज भी निमग्न है? आज से चार सौ वर्ष पहले इस पुण्यभूमि ने जो स्वर्गीय गान सुना, जो त्रिलोकमोहन नर्तन देखा, जो अभूतपूर्व भक्तिउद्रेक अवलोकन किया, क्या वह उसी रस की महत्ता नहीं थी?

क्या उसी रस से सराबोर मंसूर ने सूली पर चढ़कर यह नहीं पुकारा–

'यह उसके बाम का ज़ीना है आए जिसका जी चाहे।'

क्या उस रस के रोम-रोम में, रग रग में भीजने का ही यह निरूपण नहीं है–

'बाद मरने के हुआ मनसूर को भी जोशे इश्क़।
खून कहता था अनल हक़ दार के साया तले॥'

कोई सामने आये और बताये कि दूसरे किस रस का आस्वाद ऐसा है!

रस की और विशेषता क्या है? यह कि वह स्पष्ट झलक जाता है, हृदय में प्रवेश कर जाता है, सर्वांग को सुधारस सिंचित बनाता है और अन्य वेद्य विषयों को तिरोहित कर देता है। अन्य रसों पर भी यह लक्षण घटित हो सकता है, दूसरे रसों में भी यह विशेषता पाई जा सकती है, किन्तु भक्ति रस में तो इस लक्षण और विशेषता की पराकष्ठा हो जाती है, वरन् कहना तो यह चाहिये कि भक्ति रस में ही इन विशेषताओं की वास्तविक सार्थकता होती है। जब भक्ति अंन्य वेद्य विषयों को तिरोहित कर देती है, तभी तो वह स्पष्ट झलक जाती है, तभी तो हृदय में प्रवेश करती है और तभी तो सर्वांग सुधारस-सिंचित होता है। यदि ऐसा न होता तो यह क्यों कहा जाता–"प्रेम एव परो धर्म्म;""God is love, love is God"! क्यों गोस्वामीजी महाराज कहते 'जेहि जाने जग जाय हेराई' और वेद्य विषयों की बात ही क्या, जब भक्ति रस के प्रभाव से 'रसो वै सः" का ज्ञान हो जाता है, तो संसार स्वयं तिरोहित हो जाता है, स्वयं खो जाता है, क्योंकि जिसको उसकी खबर हो जाती है, उसको स्वयं अपनी खबर नहीं रहती। "आँरा कि खबर शुद खबरशबाज़ नयामद"। और तो और, बेचारी मुक्ति को भी कोई नहीं पूछता। जब भक्ति हृदय में प्रवेश कर गई तो मुक्ति को उसमें स्थान कहाँ। उसका तिरोधान तो हो ही जावेगा–

"राम-उपासक मुक्ति न लेहीं। तिन कहँ राम भक्ति निज देहीं।"

श्रीमद्भागवत का भी यही वचन है। सुनिये—

“न किंचित् साधवो धीरा भक्ता ह्येकांतिनो मम।
वांछन्त्यपि मया दत्तं कैवल्यमपुनर्भवम् ॥”

‘मेरे एकांत भक्त धीर साधुजन कुछ नहीं चाहते, मम प्रदत्त कैबल्य और अपुनर्भव की भी कामना नहीं रखते।’ रहा सर्वांग का सुधारस सिंचित होना, इसका अनुभव किस भावुक पुरुष को नहीं है? जिस समय किसी देवालय तथा किसी सात्विक स्थान-विशेष में भक्तिमय भगवद्-सुयश का गान प्रारम्भ होता है, अथवा जब किसी भक्तिरस-पूर्ण हृदय के मुख से उनकी कथामृत की वर्षा होने लगती है, उस समय कौन है जो सुधास्रोत में निमग्न नहीं हो जाता? परम भागवत राजा परीक्षित भक्ति-अवतार श्रीशुकदेवजी से क्या कहते हैं; सुनिये—

“नैषातिदुःसहा क्षुन्मां त्यक्तोदमपि बाधते।
पिबंतं त्वन्मुखाम्भोजच्युतं हरिकथामृतम् ॥”

‘परम दुःसह क्षुधा और पिपासा भी मुझको बाधा नहीं पहुँचा रही है, क्योंकि आपके कमल-मुख से निःसृत सुधा मैं पान कर रहा हूँ।’ जो क्षुधा अंग-अंग को शिथिल कर देती है, शरीर को निर्जीव बना देती है, जो पिपासा यह बतला देती है, कि जीवन का आधार जीवन ही है, राजा परीक्षित कहते हैं, कि वही क्षुधा और वही पिपासा, सो भी साधारण नहीं, परम दुःसह, उनको बाधा नहीं पहुँचाती है, उनकी आकुलता अथवा निरानन्द का कारण नही होती है, इस कारण कि वह एक भक्तिभाजन महात्मा के मुख से निकले हरिकथामृत का पान कर रहे हैं। आपने देखा, भक्ति-रस का सर्वांग में सुधा-सिंचन। यदि भक्ति में यह शक्ति न होती तो क्या राजा परीक्षित के मुख से ऐसी अपूर्व बात कभी निकल सकती? आपमें यदि कभी भक्ति का उद्रेक होता है, या यदि कभी आपने किसी भक्ति-उद्रिक्त प्राणी को अभिनिविष्ट चित्त से देखा है, तो आपको इस बात का अनुभव होगा कि जिस समय हृदय में भक्ति-स्रोत प्रवाहित होता है, उस समय उसकी क्या दशा होती है। क्या उस समय समस्त अंगों में अलौकिक रस-सिंचन नहीं होने लगता, क्या यह नहीं ज्ञात होता कि शरीर पर कोई अमृत-कलस ढाल रहा है। कोई रग-रग में किसी ऐसे आनन्द की धारा प्रवाहित कर रहा है जिसका आस्वादन सर्वथा लोकोत्तर है? यही तो सर्वांग में सुधारस सिंचन है। ब्रह्मानन्द का अनुभव ऐसे ही अवसरों पर होता है। भक्ति रस के अतिरिक्त दूसरा कौन रस है, जिसके द्वारा ब्रह्मानन्द की प्राप्ति यथातथ्य हो सके? रस को ब्रह्मानन्द-सहोदर कहा है किन्तु भक्ति रस में ही इस लक्षण की व्याप्ति है। सांख्यकार ने त्रिविध दुःख की अत्यन्त निवृत्ति को पर पुरुषार्थ कहा है। किन्तु भक्तिरस-सिक्त मनुष्यों को दुःख का अनुभव होता ही नहीं,

क्योंकि 'ब्रह्मविद ब्रह्मैव भवति' वह जानता है, 'सर्वे खल्विदं ब्रह्म' वह समझता है 'आनंदाद्ये न खल्विमानि भूतानि जायंते आनंदेन जातानि जीवंति आनन्दं प्रयान्त्यभिसंविशंति'। 'आनन्दं ब्रह्मणो विद्वान् तस्यैवानंदस्यान्ये मात्रामुपजीवंति' और किस रस में इस सिद्धांत के अनुभव की शक्ति है? भक्ति ही वह आधार है जिसके आश्रय से इस भाव का विकाश होता है। भक्तिमान को छोड़कर कौन कह सकता है, "राम सियामय सब जग जानी। करहुँ प्रणाम जोरि युग पानी॥" कौन कह सकता है–'बर्जे दरख्तान दरनज़रे होशियार। हरवरक़े दफ़्तरेस्त मारफ़ते किर्दगार॥' 'द्रष्टा की दृष्टि में हरे वृक्षों का एक-एक पत्ता परमात्मा के रहस्य-ग्रन्थ का एक-एक पन्ना है'। कितनी गहरी भक्तिमत्ता है। गुरु नानक देव कहते हैं।–

गगन तल थाल रवि चंद दीपक बने तारकामंडला जनुक मोती।
धूप मलयानिलों पवन चँवरो करै सकल बनराय फूलंत जोती॥
कैसी आरती होय भव खंडना।

"गगनतल के थाल में तारकमंडल मोती के समान जगमगा रहे हैं, सूर्य चन्द्र उसमें दीपक सदृश शोभायमान हैं। मलयानिल धूप का काम देता है, समीर चमर झलता है; समस्त तरु पुष्प लेकर खड़े हैं, इस प्रकार भवभयनिवारण करनेवाली परमात्मा की अखंड आरती होती रहती है।"

कैसी उदात्त और आनन्दमयी कल्पना है। जिसकी भक्ति के उच्छ्वास ने संसार को परमानन्दमय बना दिया है, उसी के प्रफुल्ल हृदय का यह उद्गार है। ब्रह्मानन्द का अनुभव यही तो है। यही है वह भक्तिभाव जिसे पाकर 'कुर्वेति कृतिनः केचिच्चतुर्वर्ग तृणोपमम्।'

अब रही चमत्कार की बात। भक्ति का चमत्कार और विलक्षण है। भक्तिरस के रसिक ही के विषय में यह कहा गया है–

"न पारमेष्ठ्यं न महेन्द्रधिष्ण्यं न सार्वभौमं न रसाधिपत्यम्।
न योगसिद्धीरपुनर्भवं वा वाञ्छन्ति यत्पादरजः प्रपन्नाः॥"

–भागवत

'परमात्मा के चरणरज के प्रेमिक न तो कैलाश की कामना करते हैं, न स्वर्ग की, न सार्वभौम की, न राज्य की, न योगसिद्धि की, न अपुनर्भव की।' कैसा अलौकिक चमत्कार है! और सुनिये भगवान् उद्धव से क्या कहते हैं–

"न साधयति माँ योगो न सांख्यं धर्म उद्धव।
न स्वाध्यायस्तपस्त्यागो यथा भक्तिर्ममोर्जिता॥"

–भागवत

'न तो मैं योग से मिलता हूँ न सांख्य धर्म से, न स्वाध्याय से, न तप से; लोग मुझे ऊर्जित भक्ति से ही पा सकते हैं।' ऐसा चमत्कार किस रस का है? और भी सुनिये। भगवद्वाक्य है–

"तत्कर्मभिर्यत्तपसा ज्ञानवैराग्यतश्च यत्।
योगेन दानधर्मेण श्रेयोभिरितरैरपि॥
सर्वे मद्भक्तियोगेन मद्भक्तो लभतेऽञ्जसा।"

–भागवत

'जो कर्म से, तप से, ज्ञान से, वैराग्य से, योग से, दान से, धर्म से एवं दूसरे श्रेयों से पाया जा सकता है, वह सब मेरा भक्त एक भक्ति योग द्वारा ही पा जाता है।' भक्ति की कैसी अपूर्व चमत्कृति है।

वैदिक काल से प्रारम्भ करके पौराणिक काल तक का जितना साहित्य है, उसके बाद के जितने काव्य अथवा अन्य धार्मिक किंवा ऐतिहासिक ग्रन्थ हैं, वे समस्त भक्ति के चमत्कार से भरे पड़े हैं। वैदिक साहित्य के प्राकृतिक देवताओं और ईश्वर की भक्ति का चमत्कार ही संसार के ज्ञान भांडार का विकास है। महाभारत, रामायण और पुराणों के महामहिम पुरुषों की उदात्त देवभक्ति, गुरुभक्ति, पितृभक्ति, आदि का चमत्कार क्या भारतवर्ष का पवित्र और जगदादर्शभूत महान् आत्मत्याग और अलौकिक सदाचार नहीं है। बुद्धदेव और बौद्धधर्म में अशोक की अनन्य भक्ति का चमत्कार उसका वह बौद्धधर्म-प्रचार है, जिसके आलोक से लगभग समस्त एशिया महादेश आलोकित है, और जिसकी छाया आज कल दूरवर्ती यूरोप और अमेरिका आदि अन्य महादेशों पर भी पड़ रही है। महात्मा ईसा की, जगत्पिता की, उदात्त भक्ति का चमत्कार वह ईसवी धर्म है, जिसके माननेवालों की संख्या आज संसार में सबसे अधिक है।

संसार के अनंत धर्ममन्दिर अपने गगनस्पर्शी गुम्बदों और मीनारों द्वारा क्या ईश्वर-भक्ति के चमत्कारों का ही उद्घोष नहीं कर रहे हैं? क्या उसी के गुणगान में धर्म-सम्बन्धी विविध बाजे और गगनभेदी गंभीर निनाद नहीं संलग्न हैं? संसार के तीर्थों की अपार जनता का समारोह, धार्मिक असंख्य कार्य्य-कलाप, धर्मयाजकों अथच उपदेशकों का विश्वव्यापी धर्मप्रचार क्या किसी अचिंत्य शक्ति की भक्ति के चमत्कार का ही परिणाम नहीं है? संसार में आजकल जो नाना परिवर्तन हो रहे हैं, विविध आविष्कार और उद्योग किये जा रहे हैं, क्या वे विश्वभक्ति, देशभक्ति, समाजभक्ति, जाति-भक्ति और आत्मभक्ति के ही चमत्कार नहीं हैं? यदि इन बातों का उत्तर स्वीकृति है, तो यह स्पष्ट है कि भक्ति जैसा चमत्कार किसी रस में नहीं है, इस दृष्टि से भी उसकी सब रसों पर प्रधानता है।

काव्यप्रकाशकार ने जो व्यापक लक्षण रसों के बतलाये थे, उसके आधार से विचार करने पर भी भक्तिरस का स्थान उच्च ही नहीं उच्चतर सिद्ध हुआ। भक्ति-साहित्य भी किसी अन्य रस के साहित्य से अल्प नहीं, हिंदी-संसार में तो संतों की वाणियों ने उसका भांडार भली-भाँति भर दिया है। फिर भी भक्ति को भाव ही माना जाता है, उसे रस नहीं कहा जाता। इस विषय में पंडितराज जगन्नाथजी ने भी उसका पक्ष नहीं लिया। तो भी अनेक वैष्णव विद्वानों ने उसके रस-प्रतिपादन का उद्योग किया है और यह बड़े हर्ष की बात है।

वात्सल्य रस के प्रसंग में भक्तिरस पर कुछ लिखना विषयांतर था। किन्तु मैंने वात्सल्य रस का पक्ष पुष्ट करने के लिये ही कार्य्य किया है। मैं कहना यह चाहता हूँ कि जब भक्ति जैसे प्रधान रस की उपेक्षा हो सकती है, तो वात्सल्य रस का उपेक्षित होना आश्चर्यजनक नहीं। मैं पहले दिखला आया हूँ कि वात्सल्य को कुछ प्रसिद्ध विद्वानों ने रस माना है। अब मैं देखूँगा कि उसमें रस होने की योग्यता है या नहीं। किसी भाव को रस मानने के लिये यह आवश्यक है कि वह विभाव, अनुभाव और संचारी भावों द्वारा परिपुष्ट हो। यह बात वत्सल रस में पाई जाती है। साहित्यदर्पणकार लिखते हैं—

"स्फुटं चमत्कारितया वत्सलं च रसं विदुः।
स्थायी वत्सलतास्नेहः पुत्राद्यालंबनं मतम्॥
उद्दीपनानि तच्चेष्टा विद्याशौर्यदयादयः।
आलिंगनांगसंस्पर्शशिरश्चुम्बनमीक्षणम ॥
पुलकानन्दवाष्पाद्या अनुभावाः प्रकीर्तिताः।
संचारिणोऽनिष्टशंकार्हर्षगर्वादियो मताः॥"

"प्रकट चमत्कार होने के कारण कोई-कोई वत्सलरस भी मानते हैं। इसमें वात्सल्य स्नेह स्थायी होता है। पुत्रादि इसके आलंबन और उसकी चेष्टा तथा विद्या, शूरता, दया आदि उद्दीपन विभाव हैं। आलिंगन, अंगस्पर्श, सिर चूमना, देखना, रोमांच, आनन्दाश्रु आदि इसके अनुभाव हैं। अनिष्ट की आशंका, हर्ष, गर्व आदि संचारी माने जाते हैं।"

यदि कहा जावे कि अपने विभाव, अनुभाव आदि के द्वारा स्थायी वत्सलता स्नेह उतना परिपुष्ट नहीं होता जो रसत्व को प्राप्त हो तो यह बात स्वीकार नहीं की जा सकती। यह सच है कि उद्बुद्धमात्र कोई स्थायी भाव तब तक रस नहीं माना जा सकता जब तक उसमें स्थायिता और विशेष परिपुष्टि न हो, किन्तु जो रस माने जाते हैं, उनसे वत्सलरस किसी बात में न्यून नहीं है, उसमें भी विशेष स्थायिता और रसपरिपुष्टि है। काव्यप्रकाशकार ने रस के जो व्यापक और मनोभावद्योतक लक्षण बतलाये हैं, उनपर मैं वात्सल्य रस को कसता हूँ। आशा है उससे प्रस्तुत विषय पर यथेष्ट प्रकाश पड़ेगा। वे लक्षण ये हैं—

(1) रसों का आस्वाद पानक रस समान होता है, (2) वे स्पष्ट झलक जाते हैं, (3) हृदय में प्रवेश करते हैं, (4) सर्वांग को सुधारससिंचित बनाते हैं, (5) अन्य वेद्य विषयों को ढक लेते हैं,(6) ब्रह्मानन्द के समान अनुभूत होते हैं और (7) अलौकिक चमत्कृति रखते हैं।

पानक रस किसे कहते हैं, पहले मैं यह बतला चुका हूँ। अनेक वस्तुओं के सम्मिलिन से जो रस बनता है, उसका स्वाद जैसे उन भिन्न-भिन्न वस्तुओं से भिन्न और विलक्षण होता है, उसी प्रकार विभाव, अनुभावादि के आधार से बने हुए रस का आस्वाद भी उन सबों से अलग और विलक्षण होना चाहिये। वात्सल्य रस में यह बात पाई जाती है। बालकों की बालक्रीड़ा देखकर माता पिता में जो तन्मयता होती है, वह अविदित नहीं। उनकी तोतली बातों को सुनकर उनके हृदय में जो रस-प्रवाह होता है, क्या वह अपूर्व और विलक्षण आस्वादमय नहीं होता? माता पिता को छोड़ दीजिये, कौन मनुष्य है जिसे बाललीला विमोहित नहीं करती? देखिये, निम्नलिखित पद्य में इस भाव का विकास किस सुन्दरता से हुआ है–

बर दंत की पंगति कुंदवली अधराधर पल्लव खोलन की।
चपला चमकै घन बीच जगै छबि मोतिन माल अमोलन की।
घुघुरारी लटैं लटकैं मुख ऊपर कुंडल लोल कपोलन की।
निवछावर प्राण करै तुलसी बलि जाउँ लला इन बोलन की॥

वात्सल्य स्नेह विभाव, घुघुरारी लटें, बोलन आदि उद्दीपन, मधुर छवि-अवलोकन आदि अनुभाव, और हर्ष संचारी भाव के मिलन से जिस रस का आस्वाद आस्वादन-कारिणी को हुआ है, जो पद्य के प्रति पदों में छलक रहा है, क्या पानक रस के आस्वाद से कहीं विलक्षण नहीं है? क्या विमुग्धता का स्रोत उसमें नहीं बह रहा है?

सरित्, सरोवर आदि में लहरें उठती ही रहती हैं किन्तु सब लहरें न तो स्पष्ट होती हैं, न यथातथ्य दृष्टिगोचर होती हैं। यही बात मानस-तरंगों अथवा हृदय के भावों के विषय में भी कही जा सकती है। अनेक लहरें हृदय में उठती हैं, और तत्काल विलीन हो जाती हैं। किन्तु कुछ भावों की लहरें ऐसी होती हैं, जो स्पष्ट झलक जाती हैं, और उनमें स्थायिता भी होती है। रस-प्राप्त भाव ऐसे ही होते हैं। वात्सल्य-रस भी ऐसा ही है। सहृदय शिरोमणि सूरदास जी के निम्नलिखित पद्य में उसका बड़ा सुन्दर विकास है। अन्तिम वाक्य 'कीन्हें सात निहोरे' ने तो इस पद्य में जान डाल दी है–

जेंवत नंद कान्ह इक ठौरे।
कछुक खात लपटात दुहूँ कर बालक हैं अति भोरे।
बड़ो कौर मेलत मुख भीतर मिरिच दसन टुक तोरे।

तीछन लगी नयन भरि आए रोवत बाहर दौरे।
फूँकति बदन रोहिनी माता लिये लगाइ अँकोरे।
सूर स्याम को मधुर कौर दे कीन्हें सात निहोरे।

बालक समान हृदयवल्लभ कौन है? वही तो कलेजे की कोर है, वही तो कलेजे का टुकड़ा (लख्त-जिगर) है, फिर उसके भोले भाले भाव हृदय में प्रवेश क्यों न करेंगे। बालकों के समान हृदयविमोहन, संसार मैं कौन है? कुसुमचय भी बड़े मनोहर होते हैं, किन्तु बालकों जैसी सजीवता उनमें कहाँ। देखिये हृदय-प्रविष्ट भाव की सरसता! गोस्वामी जी निम्नलिखित पद्य लिखकर, मैं तो कहूँगा कि, रस की रसता भी छीने लेते हैं–

पौढ़िए लालन पालने हौं झुलावौं।
कर पद मुख चख कमल लसत लखि लोचन भँवर भुलावौं।
बाल विनोद मोद मन्जुल मनि किलकनि खानि खुलावौं।
तेइ अनुराग ताग गुहिबे कहँ मति मृगनयनि बुलावौं।
तुलसी भनित भली भामिनि उर सो पहिराय फुलावौं।
चारु चरित रघुबर तेरे तेहि मिलि गाइ चरन चित लावौं॥

बालक का मयंक सा मुखड़ा आँखों में सुधा बरसाता है, उसकी तुतली बातें कानों में अमृत की बूँद टपकाती हैं, उसके चुम्बन के आस्वाद के सम्मुख पीयूष ऊख बन जाता है, और उसका आलिंगन अंग-अंग पर चाँदनी छिड़क देता है। जब वह हँसता-खेलता आकर शरीर से लपट जाता है, या किलकालियाँ भरता हुआ गोद में आ बैठता है, तब क्या उस समय 'सर्वांगीणमिवालिंगनू' का दृश्य उपस्थित नहीं हो जाता? यह वात्सल्य भाव की रस में परिणति ही तो है, और क्या है। देखिये सुधा निचोड़ती हुई एक माता क्या कहती है–

मेरे प्यारे बेटे आओ।
मीठी मीठी बातें कहके मेरे जी की कली खिलाओ।
उमग-उमग कर खेलो कूदो लिपट गले से मेरे जाओ।
इन मेरी दोनों आंखों में हँसकर सुधा बूँद टपकाओ॥

जिसने कभी बालकों के साथ खेला है, वह जानता है कि उस समय कितनी तन्मयता हो जाती है। बालक उस समय जो कहता है, वही करना पड़ता है। उस समय वास्तव में अन्य वेद्य विषय तिरोहित हो जाते हैं, यदि न हों तो खेल का रंग ही न जमेगा। यदि खेल का रंग न जमा तो बाल-विलास का आनन्द ही जाता रहेगा। प्रसिद्ध राजनीतिज्ञ ग्लाडस्टोन एक दिन अपने पौत्र के साथ खेल रहे थे। आप घोड़ा बने हुए

थे और पौत्र उनकी पीठ पर सवार होकर उनसे घोड़े का काम ले रहा था। उसी समय उनसे मिलने के लिए एक सज्जन आये, और उनका यह चरित्र देखकर उनके पास ही कुछ दूर पर खड़े हो गये। किन्तु वे अपनी केलि-क्रीड़ा में इतने तन्मय थे कि बहुत देर तक उनका ध्यान ही उधर नहीं गया। खेल समाप्त होने पर जब यह बात उनको ज्ञात हुई, तो वे हँस पड़े। बोले, 'आशा है कि आपके यहाँ भी लड़के होंगे।' इसी को कहते हैं वेद्य विषय का तिरोभाव। इसी तन्मयता का चित्र महात्मा सूरदासजी किस सहृदयता से खींचते हैं, देखिये। अन्तिम पद्य में 'श्याम को मुख टरत न हिय ते' बड़ा मार्मिक है—

आँगन स्याम नचावहीं जसुमति नँदरानी।
तारी दै दै गावहीं मधुरी मृदु बानी।
पायन नूपुर बाजई कटि किंकिनि कूजै।
नन्हीं एड़िअन अरुनता फलबिम्ब न पूजै।
जसुमति गान सुनै स्रवन तब आपुन गावै।
तारि बजावत देखिकै पुनि तारि बजावै।
नचि नचि सुतहिं नचावई छबि देखत जिय ते।
सूरदास प्रभु स्याम को मुख टरत न हिय ते।

रस का परिपाक ब्रह्मानन्द समान अनुभूत होता है, इसकी वास्तवता चिंतनीय है। बीभत्स रस एवं भयानक और रौद्र रस में इसकी चरितार्थता तादृश नहीं होती। हाँ! शांत, करुणा, अद्‌भुत और विशेष दशाओं में हास्य और वीर में भी इस लक्षण की सार्थकता हो सकती है। भक्तिरस में तो यह लक्षण पूर्णता को पहुँच जाता है; वत्सलरस में भी उसका पर्याप्त विकास दृतिगत होता है। संसार मे जो आनन्द-स्वरूप परमात्मा का कोई मूर्तिमान् आकार है, तो वह बालक है। ब्रह्म के संसार से निर्लिप्त होने का भाव जो कहीं मिलता है, तो बालक में मिलता है। दुःख सुख में सम बालक ही देखा जाता है, निरीहता उसी में मिलती है। फिर वात्सल्य रस ब्रह्मानन्द-सहोदर क्यों न होगा। गोस्वामी तुलसीदासजी का इसी भाव का एक बड़ा सुन्दर पद है, जो अपने रंग में अद्वितीय है—

माता लै उछंग गोबिन्द मुख बार बार निरखै।
पुलकित तनु आनन्द घन छन छन मन हरखै।
पूछत तोतरात बात मातहि जदुराई।
अतिसय सुख जाते तोहि मोहि कहु समुझाई।
देखत तव बदन कमल मन अनन्द होई।
कहै कौन? रसन मौन जाने कोई कोई।

सुन्दर मुख मोहि देखाउ, इच्छा अति मोरे।
मम समान पुन्यपुन्ज बालक नहिं तोरे।
तुलसी प्रभु प्रेमवस्य मनुज रूपधारी।
बाल-केलि लीला-रस ब्रज जन हितकारी।

तुतलाकर लीलामय ने माता से पूछा, तुमको अपार सुख किसमें है? माता ने कहा—तेरा कमलवदन देखकर मन आनन्दित होता है। कैसा आनन्द होता है, इसको कौन कहे, रसना तो चुप है, इसको कोई-कोई जानता है। लीलामय ने कहा—वह सुन्दर मुखड़ा मुझे दिखला। माता ने कहा—मेरे समान तेरा पुण्यपुन्ज कहाँ! यहाँ पर ब्रह्मानन्द को भी निछावर कर देने को जी चाहता है। संसार में बालक के मुख अवलोकन के आनन्द का अनुभव माता ही को हो सकता है। और कोई संसार में इस अनुभव का पात्र नहीं, पिता भी नहीं। बालक-कृष्ण भी पिता ही के वर्ग का है, इसीलिये माता ने कहा तेरा पुण्यपुंज ऐसा कहाँ! फिर जो आनन्द ऐसा अलौकिक और अनिर्वचनीय है, कि जिसको रसना भी नहीं कह सकती, जिसको कोई-कोई जानता ही भर है, किन्तु कह वह भी नहीं सकता, उसे वे कैसे कहें। यही तो ब्रह्मानन्द है। जिस की अधिकारिणी कोई कोई यशोदा जैसी भाग्यशालिनी माता ही है, स्वयं अवतारी बालक कृष्ण भी नहीं। अपने मुख को आप कोई कैसे देख सकता है, जब तक विमल बोध का दर्पण सामने न होवे।

चमत्कार के विषय में तो वात्सल्य रस वैसा ही चकितकर है, जैसा कि स्वयं बालक। जब बालक-मूर्ति ही चमत्कारमयी है तब उससे सम्बन्ध रखनेवाले भाव चमत्कृतकर क्यों न होंगे! बालक का जन्मकाल कितना चमत्कारमय है और उस समय चारों ओर कैसा रस का स्रोत उमड़ पड़ता है, इसका अनुभव प्रत्येक हृदयवान पुरुष को प्राप्त है। उस समय के गीतों के गान में जो झंकार मिलती है, सोहरों में जो विमुग्धकारी ध्वनि पाई जाती है, वह किसी दूसरे अवसर पर श्रुतिगोचर नहीं होती। संतान ही वंश-वृद्धि का आधार, पिता का आशास्थल, माता का जीवन सर्वस्व और संसार-बीज का संरक्षक है। उसी में यह चमत्कार है कि जैसी ममता उसकी पशु पक्षी कीट पतंग को होती है वैसी ही देवता, मनुष्य और दानवों को भी। उसकी लीलाएँ जितनी मनोरंजिनी हैं, जितनी उसमें स्वाभाविकता और सरलता मिलती है, मानव जीवन की किसी अवस्था में उतनी मनोरंजन आदि की सामग्री नहीं पाई जाती। ये बातें भी चमत्कारशून्य नहीं, तो भी नीचे मैं वात्सल्य रस के कुछ पद्य देता हूँ। आप देखें, इनमें कैसा स्वभाव-चित्रण और कविता-गत-चमत्कार है। बालक जैसे सरल और कोमल होते हैं, वैसे ही उनके भाव और विचार भी सरल और कोमल होते हैं, उद्धृत कविताओं में आपको उनका बड़ा ही मनोहर स्वरूप दिखलाई पड़ेगा।

मैया! मैं नाहीं दधि खायो।
ख्याल परे ये सखा सबै मिलि मेरे मुख लपटायो।
देख तुही छीके पर भाजन ऊँचे घर लटकायो।
तुही निरखि नान्हें कर अपने मैं कैसे करि पायो।
मुख दधि पोंछि कहत नँदनन्दन दोना पीठ दुरायो।
डारि साँट मुसुकाइ तबहिं गहि सुत को कंठ लगायो।
बाल विनोद मोद मन मोह्यो भगति प्रताप दिखायो।
सूरदास प्रभु जसुमति के सुख सिव बिरंचि बौरायो॥

शिव विरंचि बावले बने हों या न बने हों, किन्तु महात्मा सूरदासजी का बड़ी सजीव भाषा में सहज बाल-स्वभाव का चित्रण अत्यंत मार्मिक और हृदयग्राही है। एक-एक चरण में विमुग्धकारी भाव हैं और उनको पढ़कर रसोन्माद-सा होने लगता है। चमत्कार के लिए इतना ही बहुत है। शिव विरंचि का उन्माद तो बड़ा ही चमत्कारक है, संभव है हमारे दिव्यचक्षु महाकवि ने इसको अवलोकन किया हो। बालक कृष्ण की विचित्र लीला क्या नहीं कर सकती!

अबहिं उरहनो दै गई बहुरो फिरि आई।
सुनु भैया! तेरी सौं करौं याकी टेव लरन की सकुच बेंचि सी खाई॥
या ब्रज मैं लरिका घने हौं ही अन्याई।
मुँहलाए मूँड़हि चढ़ी अंतहु अहिरिनि तोहि सूधी कर पाई॥
सुनि सुत की अति चातुरी जसुमति मुसुकाई।
तुलसिदास ग्वालिनि ठगी, आयो न उतर कछु कान्ह ठगौरी लाई॥

अहीरिन ने भी अच्छे घर बैना दिया था, बेचारी दो दो बार उलाहना देने आई, पर फिर भी उसीको मुँह की खानी पड़ी। उसने मुँह की ही नहीं खाई, भोले-भाले बालक द्वारा ठगी भी गई। दूध दही तो गया ही था, उल्लू भी बनी, जवाब तक न सूझा। बालक कृष्ण ने ऐसी बातें गढ़ीं कि यशोदादेवी को मुसकाना ही पड़ा। इन गढ़ी बातों को सुनकर किसके दाँत नहीं निकल आयेंगे! हमारे कृष्ण भगवान् ने चाहे जो किया हो, किन्तु गोस्वामी तुलसीदासजी की लेखनी का चमत्कार इस पद्य में चमत्कृतकर है।

जो कसौटी मैंने वात्सल्य रस के कसने की ग्रहण की थी, मेरे विचार से उसपर कस जाने पर वात्सल्य रस पूरा उतरा। इसके अतिरिक्त जब मैं विचार करता हूँ तो वात्सल्य रस उन कई रसों से अधिक व्यापक और स्पष्ट है, जिनकी गणना नवरस में होती है। हास्य रस का स्थायी भाव हास है; हास्य मनुष्य-समाज तक परिमित है; पशु-पक्षी-कीट-पतंग नहीं हँसते, किन्तु वात्सल्य रस से तो जीवजन्तु भी रहित नहीं, चींटी तक अपने

अंडे-बच्चों के पालन में लगी रहती है, मधुमक्खियाँ तक इस विषय में प्रधान उद्योग करती दृष्टिगत होती हैं। यदि वनस्पति-सम्बन्धी आधुनिक आविष्कार सत्य हैं, और उनमें भी स्त्री पुरुष मौजूद हैं, तो वत्स और वात्सल्य भाव से वंचित वे भी नहीं हैं; फिर भी 'हास्य' को रस माना गया, और 'वात्सल्य' इस कृपा से वंचित रहा। वीभत्स में भी न तो वत्सल इतनी रसता है, न व्यापकता, न संचरणशीलता; फिर भी वह नव रस में परिगणित है और 'वत्सल' को वह सम्मान नहीं प्राप्त है। बीभत्स रस भी मानव-समाज तक ही परिमित है। इतर प्राणियों में उसके ज्ञान का अभाव देखा जाता है, इस दृष्टि से भी वत्सल की समानता यह नहीं कर सकता, तथापि वह उच्च आसन पर आसीन है। वत्सलरस का साहित्य निस्संदेह थोड़ा है, इस विषय में वह रससंज्ञक स्थायीभावों का सामना नहीं कर सकता। हिंदी-भाषा के किसी आचार्य्य अथवा प्रतिष्ठित विद्वान् ने 'वत्सल' को रस नहीं माना, इसलिये उसकी कविता साहित्य-ग्रन्थों में प्रायः दुष्प्राप्य है। केवल बाबू हरिश्चन्द्र ने उसको रस माना है; किन्तु उनकी भी इस रस की कोई कविता मुझे देखने में नहीं आई। जितने हिन्दी भाषा में रस-सम्बन्धी ग्रन्थ हैं, उन सबमें आवश्यकतावश नव रस की कविता मिलती है, किन्तु यह गौरव वत्सल को नहीं मिला। साहित्य से किसी भाव की व्यापकता का पता चलता है, क्योंकि इससे जनसमुदाय की मानसिक स्थिति का भेद मिलता है। अतएव यह स्वीकार करना पड़ता है, कि इस विषय में वत्सल रस उतना सौभाग्यशाली नहीं है। फिर भी मैं यह कहूँगा कि हिन्दी संसार में जितना साहित्य वात्सल्य रस का पाया जाता है, वह अद्‌भुत, अपूर्व और बहूमूल्य है। कविशिरोमणि सूरदास और कविचूड़ामणि गोस्वामी तुलसीदासजी की वत्सलरस-सम्बन्धी रचनाएँ अल्प नहीं हैं, और इतनी उच्च कोटि की हैं, कि उनकी समानता करनेवाली कविता अन्यत्र दुर्लभ है। वत्सलरस के साहित्य के गौरव और महत्त्व के लिये मैं उनको यथेष्ट समझता हूँ, क्योंकि वे जितनी हैं उतनी ही अलौकिक मणि समान हिन्दी संसार-क्षेत्र को उद्‌वासित करनेवाली हैं। आजकल बाल साहित्य के प्रचार के साथ वत्सलरस की विभिन्न प्रकार की सरस रचनाओं का भी प्राचुर्य्य है। ज्ञात होता है, कुछ दिनों में शृंगार, हास्य, वीर आदि कतिपय बड़े-बड़े रसों को छोड़कर इस विषय में भी वात्सल्य रस अन्य साधारण रसों से आगे बढ़ जावेगा। यदि इस एक अंग की न्यूनता स्वीकार कर लें तो भी अन्य व्यापक लक्षणों पर दृष्टि रखकर मेरा विचार है कि वत्सल की रसता सिद्ध है, और उसको रस मानना चाहिये। मतभिन्नता के विषय में कुछ वक्तव्य नहीं, वह स्वाभाविक है।

'हरिऔध'

रस-कलस

मंगलाचरण

मनहरण

कुंठितकपालन की कालिमा कलित होति
अवलोके सुललित लालिमा पदन की।
सुन्दर-सिन्दूर-मन्जु गात सुख बितरत
दरत दुरित-पुन्ज दिव्यता रदन की॥
'हरिऔध' सकल अमंगल बिदलि देति
मंगल-कलित कान्ति मंगल-सदन की।
संकट-समूह-सिंधु-सिंधुता बिलोपिनी है
बंदनीय सिंधुरता सिंधुरबदन की॥ 1॥

तुरत तिरोहित अपार उर-तम होत
पग-नख-तारक-प्रसूत जोति परसे।
रुचिर विचार मन्जु सालि बहु बिलसत
जन-अनुकूलता बिपुल बारि बरसे॥
'हरिऔध' सब-रस-बलित बनत चित
दयावान मन के स्नेह-साथ सरसे।
सकल अभाव, भाव भूति भव-भूति होति
भारती-बिभूति भूतिमान मुख दरसे॥ 2॥

सुकबि-समूह-मन्जु-साधना-बिहीन जन
लोक-समाराधना को साज कैसे सजिहै।
बिभु की बिभूति ते बिभूतिमान बनि बनि
भाव-साथ कूर क्यों सुभावना को भजिहै॥

'हरिऔध' असरस उर क्यों सरस ह्वैहै
कैसे अरुचिरता अचारु-रुचि तजिहै।
मेरी मति-बीन तो मधुर ध्वनि पैहै कहाँ
एरी बीनवारी जो न तेरी बीन बजिहै ॥ 3 ॥

बचन-बिलास ते न जाको मन बिलसत
छहरत छबि ते न जाकी मति छरी है।
बिबिध रसन ते न जाको चित सरसत
रुचि की रुचिरता न जाहि रुचिकरी है॥
'हरिऔध'-भारती न भूलिहूँ लुभैहै ताहि
जाके उर माहिँ भारतीयता न अरी है।
वैभव मैँ जाके है अभाव मन्जु भावन को
भावुकता नाहिँ जाकी भावना मैँ भरी है ॥ 4 ॥

कोकिल की काकली को मान कैसे कैहै काक
भील कैसे मन्जु मुकतावलि को पोहैगो।
कैसे बर बारिज बिलोकि मोद पैहै भेक
बादुर बिभाकर-बिभव कैसे जोहैगो॥
'हरिऔध' कैसे 'रस-कलस' रुचैगो ताहि
जाको उर रुचिर रसन ते न सोहैगो।
आँखिन मैँ बसत कलंक-अंक ही जो अहै
कोऊ तो मयंक अवलोकि कैसे मोहैगो ॥ 5 ॥

स्थायी भाव

जिसकी रस में सदा स्थिति होती है अथवा रसानुकूल हृदय में जो विकार (भाव) उत्पन्न होता है उसे स्थायी भाव कहते हैं। उसके निम्नलिखित नव भेद हैं–

1. रति, 2. हास, 3. शोक, 4. क्रोध, 5. उत्साह, 6. भय, 7. ग्लानि, 8. आश्चर्य और 9. निर्वेद।

1. रति

प्रिय वस्तु में मन की प्रेमपूर्ण परायणता का नाम 'रति' है। इसके तीन भेद हैं–उत्तम, मध्यम और अधम।

(क) उत्तम रति

सदा एकरस रहनेवाली अनन्य प्रीति को 'उत्तम रति' कहते हैं। यह अधिकाँश स्वार्थशून्य होती है। इसमें सेव्य-सेवक-भाव की प्रधानता रहती है।

कवित्त–

नैन मैं मधुरता मनोहरता भावन मैं
चावन मैं चारुता-बिकास दरसत है।
जानति न रीति अनरीति औ अनीति की है
पूत परतीति रोम-रोम परसत है॥
'हरिऔध' पति-प्रीति-पाग-पगी अंगना के
भाग-भरे भाल पै सुहाग बरसत है।
देह मैं सदेह बिलसति सुकुमारता है
नेह-भरे उर मैं सनेह सरसत है॥ 1॥

चंद-मुख की ही बनी रहति चकोरिका है
सरस-सनेह-स्वाति-बूँद की है चातकी।

प्यारो तन कारो करि राखति नयन-तारो
वारति गोराई वा पै गोरे-गोरे गात की॥
'हरिऔध' औगुनी को औगुनहूँ गुन होत
देति है कुबातहूँ को उपमा नबात की।
पात लौं हिलति पवि-पात सिर पै है होत
पातक-निरत पतिहूँ को कहे पातकी॥ 2॥

बंदनीय-बिरद बिलोकि पुलकित बाल
पावन बिचार की प्ररोचना मैं बोरी है।
बिमल बिबेक की बिमलता बखानति है
कीरति-कलित-रस-कनक-कमोरी है॥
'हरिऔध' गौरव निहारि गौरवित होति
गुन-गन-गान ते गरीयसी न थोरी है।
चावमयी पिय-चाव-स्वाति-जल-चातकी है
रुचिर-चरित-चारु-चन्द की चकोरी है॥ 3॥

भाग भोग-राग ते सोहाग को सराहति है
सजिकै सहज साज बनति सजीली है।
फूल ते फबति न फबति कनफूल ते है
मन की फबन ही ते फबति फबीली है॥
'हरिऔध' भावमयी भाव-सिन्धु-इन्दिरा है
माधव-मधुर-छबि-छकित छबीली है।
रौरव गनति है अगौरव-दरब काँहिं
पति - प्रेम - गोरव - गरब - गरबीली है॥ 4॥

सवैया–

पौर-परोसिनी पै पति को सुनि प्यार-पगी कबौं टोकत नाहीं।
भीतर-भौन अलीनहूँ मैं परे कामहूँ के कछु ठोकत नाहीं॥
रोस किये 'हरिऔध' के बाल वे बैन सुधा-सने रोकत नाहीं।
लाज-भरी अँखियान उठाइ मयंकहूँ को अवलोकत नाहीं॥ 5॥

(ख) मध्यम रति

अकारण परस्पर प्रीति को 'मध्यम रति' कहते हैं। इसमें मैत्रीभाव की प्रधानता होती है। इसका स्वार्थ तरल और एकदेशीय होता है।

कवित्त–

दोऊ दुहूं चाहैं दोऊ दुहुँन सराहैं सदा
दोऊ रहैं लोलुप दुहूँन छबि न्यारी के।
एकै भये रहैं नैन-मन-प्रान दोहुँन के
रसिक बनेई रहैँ दोऊ रस-क्यारी के॥
'हरिऔध' केवल दिखात द्वै सरीर ही है
नातो भाव दीखै हैं महेस-गिरिबारी के।
प्रानप्यारे चित मैं निवास प्रानप्यारी रखै
प्रानप्यारो बसत हिये मैं प्रानप्यारी के॥ 6 ॥

सवैया–

चूमत पी को कपोल तिया को पियहूँ अधरा-रस चाखै।
अंक गहै 'हरिऔध' को कामिनि पी नवला को भुजा भरि भाखै॥
आपने जीवन-प्रान-समान लला को लली करिबो अभिलाखै।
लालहूँ नेहमयी नव बाल को आँखिन की पुतरी करि राखै॥ 7 ॥

(ग) अधम रति

जिस प्रीति में स्वार्थ की प्रधानता होती है उसे 'अधम रति' कहते हैं। सांसारिक व्यवहार में यही प्रीति अधिकतर सर्वत्र दृष्टिगत होती है।

कवित्त–

काके बाल बाल लोक-कलिमा-निकेतन हैं
काके मंद-भाल पै कलंक-अंक आँके हैं।
काकी केलि सकल प्रवंचना-सहेलिका है
काके हाव-भाव पाप-पंथ के पताके हैं॥
'हरिऔध' बार-बनिता-सी को बिलासिनी है
छल-छन्द-छुरे काके अंग छबि-छाके हैं।
गरल-भरित काके बयन सलोने अहैं
लोने-लोने नयन लहू मैं सने काके हैं॥ 8 ॥

उबरि उबरिहूँ न उबरि सकत कोऊ
बार-बार बारिधि-बिपत्ति महिं बोरै है।
सुधा-सने बैन कहि कबहूँ निहोरति है
तेह करि नेह के तगा को कबौं तोरै है॥

कबहूँ चुरैल की चची बनि चिचोरति है
कबौं चाव चौगुनो दिखाइ चित्त चोरै है।
रंच न सकाति कै अकिंचन कुबेरहूँ को
कंचन-से तन काँहिं कंचनि निचोरै है ॥ 9 ॥

सवैया–

बैन बिचारि बिनै सों कहै तबहू पत बापुरे की न बची रहै।
ताकि सकै नहिं सौ हैं पिया तऊ त्योर चढ़े रहैं तेह-तची रहै ॥
जी उचटावन मैं 'हरिऔध' चुरैलहूँ की बनी खासी चची रहै।
रोस रहै रस की बतियाहुँ मैं प्यारहूँ मैं महा रार मची रहै ॥ 10 ॥

2. हास

विचित्र वचन-चातुरी अथवा विनोदूपर्ण रूप-रचना के प्रभाव से आनन्द-युक्त मनोविकार को 'हास' कहते हैं।

कवित्त–

बिना पूँछ बानर बनाइ मत पीछूँ परै
पूछत न बात तो पकरि न पछरि दै।
कारो हौं कुरूप हौ मैं तू तो रूपवारी अहै
चूमन न देत तो कबौं तो चुमकारि दै ॥
'हरिऔध' सूधो कहा साधहूँ रखत नाहिं
तू तो सुधरी है मेरी बिगरी सुधारि दै।
घरी-घरी घूरन चहत घरवारो तोहि
एरी घरवारी नेक घूँघट उघारि दै ॥ 1 ॥

नेक ही नजर बदले पै ना परत कल
कौन कहे ताको होत हाल झिरके पै जौन।
हुकुम के मारे सदा नाक मैं रहत दम
आनन बिलोकत ही होत दिन-रैन गौन ॥
'हरिऔध' एतेहूँ पै बचत क्यों हूँ प्रान
मुख ते कढ़त याते नहिं रहि जात मौन ॥
मरद बिचारो जाते हारो सो रहत होस।
ऐसी सबला को काहें अबला कहत कौन ॥ 2 ॥

कैसे तो न तुपक निहारि आँखि तोपि लेहिं
बार-बार छाती जो छरी के छुए धरके।

कैसे उतपात नाम ही ते ना सकात रहैं
थर-थर गात काँपि जात पात खरके॥
'हरिऔध' कहै कैसे कबौं अरि सौ हैं होहिं
जात हैं रसातल जो पाँव ही के सरके।
कैसे डरे दौरि कै न द्वार के किबारे देहिं
का करैं बिचारे हैं दुलारे बीरबर के॥ 3॥

सरिता सलिल है बहत कल-कल नाहिं
खिलखिल हँसि है हुलास-पगो हुलसत।
दारिम-फलन दन्त-राजि है निकसि लसी
खोलि मुँह बिकच-सुमन-बृंद सरसत॥
'हरिऔध' हेरि-हेरि राका रजनी को हास
मुदित दिगंत है विकास-भरो बिलसत।
हँसि-हँसि लोटि-लोटि जात चारु चाँदनी है
मंजुल मयंक अहै मंद-मंद बिहँसत॥ 4॥

सवैया–

हौँ मन को, मन ही को मनाइहौं मानिहौं बात नहीं बहसी की।
ना रहिहौं कस मैं कबौं काहु के कान न कैहौं कही अकसी की॥
लोक की लाज ते काज कहाजब लाज रही 'हरिऔध' न सी की।
है हँसी होति तो होति हँसि रहै है न हमैं परवाह हँसी की॥ 5॥

दोहा–

सुछबि छई छिति-तल-जयी बिजयी छितिप समान।
है बसुधा को मोहती सुधामयी मुसुकान॥ 6॥

बिसराए बिसरति नहीं मोहति तन-मन-प्रान।
जन-मन-नयनन मैं बसी मनमोहन मुसुकान॥ 7॥

(हसन-क्रिया के छः भेद)

उत्तम–स्मित और हसित
मध्यम–बिहसित और उपहसित
अधम–अपहसित और अतिहसित

(क) स्मित

जब नेत्रों तथा कपोलों पर कुछ विकास हो और अधर आरंजित तब 'स्मित' होता है; इसमें दाँत नहीं निकलते। आश्रय-स्थान—गंभीर और शिष्ट जन-मुख-मंडल।

सवैया—

अनखान भरे सब सौतिन के उर मैं बिख-धार बहावति-सी।
तम-पूरे अनेहिन के हिय-भौन मैं चाँदनी चारु उगावति-सी ॥
रसिया 'हरिऔध' के अंतर मैं रस कौ सुभ सोत लसावति-सी।
मुसुकावति आवति है ललना अँखियान सुधा बरसावति-सी ॥ 8 ॥

दोहा—

अहै बनावति रस बरसि मानस को मधु-मान।
बिकसित ललित कपोल करि अधर-बसी मुसुकान ॥ 9 ॥

(ख) हसित

यदि नेत्रों और कपोलों के विकास के साथ दाँत भी दिखलाई पड़ें तब वह 'हसित' होता है। इसका आविर्भाव भी प्रायः गम्भीर और शिष्ट मुखमन्डल पर ही देखा जाता है।

दोहा—

दरसावति दमकत दसन लालहि करति निहाल।
हँसि रसावति है सुधा बरसाने की बाल ॥ 10 ॥

(ग) बिहसित

नेत्रों और कपोलों के विकास के साथ दाँत दिखलाते हुए जब आरंजित मुख से कुछ मधुर शब्द भी निकलें तब 'बिहसित' होता है।

दोहा—

हँसी मंजु मुख मोरि कै किलकी बनी ललाम।
बदन-राग-रंजित भई रागमयी बर बाम ॥ 11 ॥

(घ) उपहसित

विहसित के लक्षणों के साथ सिर और कन्धे कँपने लगते हैं, नाक फूल जाती है, तिरछे ताका जाता है, तब 'उपहसित' होता है।

दोहा–

तिरछी अँखियन ते चितै चित चोरति चलि चाल।
खिलि-खिलि आनन खोलिकै खिलखिलाति है बाल ॥ 12 ॥

(ङ) अपहसित

आँसू टपकाते हुए उद्धत हास को 'अपहसित' कहते हैं।

दोहा–

बहुत हँसि - हँसि हाँसी करति कहति रसीले बैन।
सिर हिलि - हिलि सरसत रहत मोती बरसत नैन ॥ 13 ॥

(च) अतिहसित

आँसू बहाते हुए ताली देकर ऊँचे स्वर में ठठाकर हँसने को 'अतिहसित' कहते हैं।

दोहा–

तिय तारी दै-दै हँसति हिलति लता लौं जाति।
पुलक-बारि लोयन भरे पुलकित बिपुल लखाति ॥ 14 ॥

3. शोक

हित की हानि अथवा इष्ट-नाश किंवा प्रिय पदार्थ की अप्राप्ति से हृदय में जो दुख होता है उसका नाम 'शोक' है।

कवित्त–

छन-छन छीजत न देखहिं समाज-तन
हेरहिं न विधवा छ टूक होत छतियान।
जाति को पतन अवलोकहिं न आकुल ह्वै
भूलि ना बिलोकहिं कलंकी होत-कुल-मान ॥
'हरिऔध' छिनत लखहिं ना सलोने लाल
लुटत निहारहिं न लोनी-लोनी ललनान।
खोले कछु खुलीं पै कहाँ हैं ठीक-ठीक खुलीं
अधखुली अजौं हैं हमारी खुली अँखियान ॥ 1 ॥

काहू की ठगौरी पर ठग ह्वै गये हैं सग
बन गये पर बिमुख मुख कौर कौर।

जाति को है ठोकर पै ठोकर लगति जाति
काठ सी कठोरता पुकारति है और-और ॥
'हरिऔध' करत कठिन ठकठेनो काल
ठुकराई ठकुराइनें हैं ठाढ़ी पौर-पौर।
है न वह ठाट वह ठसक न वह टेक
ठिटके दिखात ठूँठे ठाकुर हैं ठौर-ठौर ॥ 2 ॥

तावा के समान है तपत उर तापवारो
गरम हमारो लोहू सियरो भयो नहीं।
पीर लहि मुख पियरानो पीर वारन को
बदन दिखात तबौं पियरो भयो नहीं ॥
'हरिऔध' जोहि-जोहि निरजीव जीवन कौ
जीवन-बिहीन मीन जियरो भयो नहीं।
जाति टूक-टूक भई टूकौ ना मिलत माँगे
टूक-टूक तऊ हाय हियरो भयो नहीं ॥ 3 ॥

नाविक जो नाविकता-नियम बिसारि दैहै
बनि बीर वीरता-बिरद जो न बरिहै।
नाव को सवार ही जो कैहै छेद नाव माहिँ
सकल बचाव के उपाव ते जो अरिहै ॥
'हरिऔध' बहि-बहि प्रबल बिरोध-बायु
बार-बार पथ जो उबार को बिगरिहै।
कैसे जाति-उपकार - पोत मँझधार परो
आपदा-अपार-पारावार पार करिहै ॥ 4 ॥

मर्मवेध

मुनिन-सरोज को दिनेस अथयो अकाल
गुनिन-कुमुद-चन्द राहु-मुख परि गो।
'हरिऔध' ज्ञानिन को चिंतामनि चूर भयो
मानिन-प्रदीपहूँ को तेज सब हरि गो ॥
पारस हेराइ गयो हीन-जन-हाथन कौ
भारती को प्यारो एकलौतो तात मरि गो।
सागर सुखानो आज संतजन-मीनन कौ
दीनन को हाय देव-पादप उखरि गो ॥ 5 ॥

सवैया–

बातैं सरोस कबौं कहिकै हित सौं कबहूँ समझाइबो तेरो।
मेरे घने अपराधन को बहु ब्योंत बनाइ दुराइबो तेरो।
कोह किये कपटी 'हरिऔध' के रंचकहूँ न रिसाइबो तेरो।
मारिबो पी कौ न सालत है पर सालत सौत बचाइबो तेरो ॥ 6 ॥

दोहा–

खोले ना अँखिया खुलति बनि दुखिया है मूक।
होति बिपति बतिया सुने छतिया नाहिं छ टूक ॥ 7 ॥

दिन-दिन छीजत जाति है रही न पति छिति माहिं।
रेजो-रेजो होत है कठिन करेजो नाहिं ॥ 8 ॥

4. क्रोध

शत्रु के अपमान, आग्रह और दंभ से उत्पन्न हुए हर्ष के प्रतिकूल मानसिक भाव को 'क्रोध' कहते हैं। हृदय के प्रिय और अनुकूल भावों पर आघात होने से भी 'क्रोध' का प्रादुर्भाव होता है।

कवित्त–

जैहै जो बिगरि तो पकरि कै रगरि दैहौं
देखि अनखैहै तो अनख बनि जैहौं मैं।
सूधे जो न बौलिहै तो ठोंकि-ठोंकि सूधो कैहौं
बात जो बनाइहै तो लातहूँ लगैहौं मैं ॥
'हरिऔध' ऐंठिहै तो ऐंठिबो रहैगो नाहिं
दाँत पीसिहै तो दौरि दाँत तोरि दैहौं मैं।
आँख फोरि डारिहौं दिखाइहै जो आँख मोहि
कोऊ आँखि काढ़िहैं तो आँखि काढ़ि लैहौं मैं ॥ 1 ॥

रोस भये अरि को मसक-सम मीसि दैहै
रार मचे सूर-साधना को ना सरेखिहै।
भीर परे भीरुता न भरिहै रगन माहिं
लाग लगे पवि को पतौआ सम लेखिहै ॥
'हरिऔध' अरे ह्वैहै अचल हिमाचल लौं
भिरे पुरहूत को पतंगम लौं पेखिहै।
लोहा लिये कालहूँ के काल ते सकैहै नाहिं
लाल-लाल आँखि कोऊ लाल कैसे देखिहै ॥ 2 ॥

मनमानी किये कबौं मानिहौं मनाये नाहिं
बड़े-बड़े मानिन को मान मोरि देहौं मैं।
प्रतिकूल परम - प्रबल - दल - पोत काँहिं
निज बल-बारिधि मैं बोरि-बोरि देहौं मैं॥
'हरिऔध' गारिहौं गरब मगरूरिन कौ
बड़े दगादार कौ तगा लौं तोरि देहौं मैं।
गाल मारिहै तो आरि-गाल फरि मोद पैहौं
आँख दिखराई है तो आँख फोरि देहौं मैं॥ 3॥

आग बरसाइहौं अरिन के अगारन मैं
गरल सुधारस-सरोबर मैं घोरिहौं।
बाँके-बाँके बीरन की बीरता बिगारि देहौं
छिति के छितिप की छितिपता को छोरिहौं॥
'हरिऔध' तेह भये पूरिहौं पयोनिधि कौ
बड़े-बड़े तरु को तिनूका सम तोरिहौं।
फोरिहौं गिरिन को उतारि लैहौं तारन को
रवि को बिथोरि दैहौं ससि को निचोरिहौं॥ 4॥

सवैया–

सूधियै नीकी लगै सबको भला बंकता भौहँन को कत दीजत।
नूतन लालिमा लाभ किये कत गोल कपोल की है छबि छीजत॥
चूक परी न चलै 'हरिऔध' पै नाहक ही इतनो कत खीजत।
बाल हौं योंहीं निहाल भई अब लाल कहा आँखियान को कीजत॥ 5॥

दोहा–

चिनगी लाइ चितै-चितै हरहिं चारु चित-चैन।
दहत नेह की देह हैं तेह-तये तिय-नैन॥ 6॥

रिसहूँ मैं सरसत रहत बरबस बनत रसाल।
ललना-लोचन लाल ह्वै लालहिं करत निहाल॥ 7॥

5. उत्साह

शूरता, दान और दया से उत्पन्न हुई प्रबज इच्छा के आविर्भाव को 'उत्साह' कहते हैं। बल, विद्या, प्रताप, दयालुता, दान-सामर्थ्य, कार्यकारिणी शक्ति और धर्म-उद्रेक इसके आधार हैं।

कवित्त–

जागि-जागि केहूँ जे न जागहिं जगाइ तिनैं
सूखी धमनीन मैं रुधिर-धार भरिहौं।
सुधरि सुधरि कै समाजहिं उधारि लैहौं
परम-अधीरता निवारि धीर धरिहौं॥
'हरिऔध' उबरि उबारि बरिहौं बिभूति
बीरता अबीरता अवनि मैं बितरिहौं।
धोइ देहौं कुजन-मयंक को कुअंक-पंक
जाति-भाल-अंक को कलंक सब हरिहौं॥ 1॥

बास हीन बिरस असंयत सनेह काँहिं
बासवारे-सुमन-सुबास सों बसैहौं मैं।
सकल सुपास सुख-संचन कसौटिन पै
रंच न सकैहौं चाव-कंचन कसैहौं मैं॥
'हरिऔध' जाति-हित करि हारिहौं ना कबौं
बैर-धूरि काँहिं बारि-पात ह्वै नसैहौं मैं।
बिबिध बिरोध-बारिनिधि बारि को सुधारि
बारिधर की-सी बारिधारा बरसैहौं मैं॥ 2॥

पीछे जो हटैंगे तो पगन काँहिं पंगु कैहौं
कर जो कँपैंगे तो करन को कटैहौं मैं।
छिलि जैहै जो न जाति-उर के छतन ते तो
छल-धाम छाती काँहिं छलनी बनैहौं मैं॥
'हरिऔध' जो न कढ़ि पैहैं चिनगारियाँ तो
लोचनता लोचनन केरि छीनि लैहौं मैं।
भीति ते भरैगो तो रहैगो भेजो भेजो नाहिं
काँपिहै करेजो तो करेजो काढ़ि देहौं मैं॥ 3॥

सवैया–

पारि सकौं अपने परपंच की बेरी परीनहूँ के बर पायन।
आनि सकौं ससिहूँ की कला अपने कल कौसल और उपायन॥
कामिनि कौन तिहूँ पुर मैं 'हरिऔध' हौं जाकौ सकौं अपनायन।
आन तियान की बात कहा ठगि लाऊँ कहो दिवि की ठकुरायन॥ 4॥

दोहा–

छ्वै उछाह-कर बनत है मरु-छिति छबिमय कुंज।
कनक कनकता लहत है रजत होत रज-पुंज ॥ 5 ॥

उर उमगे उधरति धरा नभ बिचरत नभ-यान।
नख पै ते गिरि नहिं गिरत जल पै तिरत पखान ॥ 6 ॥

6. भय

अपराध, भयंकर शब्द, विकृत-चेष्टा और रौद्रमूर्ति जीवादि द्वारा जो मनो विकार उत्पन्न होता है उसका नाम 'भय' है।

कवित्त–

संका की चुरैल है बनावति दुचित-चित
भूत-अभिभूत भाव उर को गयो नहीं।
भूरि भीरुता है होति भीति-अनुभूति ही ते
भरि जात जी मैं कब भभर नयो नहीं॥
'हरिऔध' पात खरकत है कँपत गात
कब छिति माहिं छोभ रहत छयो नहीं।
उभय नयन माँहिं भय अजहूँ है भरो
सभय हमारो मन, अभय भयो नहीं ॥ 1 ॥

काको चार बाँह है बड़ो है बलवान कौन
का न हमैं बीरता-बिभूति को सहारो है।
काहें फिर अरि अवलोकन बजत दाँत
काहें भूत-अभिभूत होत भाव सारो है॥
'हरिऔध' काहें रोम-रोम है भभर-भरो
काहें भीति-पूरित बिलोचन को तारो है।
धरकत उर काहें खरकत पात ही के
थर-थर काहें गात काँपत हमारो है ॥ 2 ॥

सवैया–

हाँस-भरी गगरीन भरे हौं चली हरुये 'हरिऔधहिं' हेरी।
बावरो बानर औचक आई गह्यो अचरा मग मैं अरि एरी॥
काँपि उठी भभरी चली भाजि हौं टूटी गिरे गगरी सिर केरी।
बीर अजौं बतिया न कढ़ै धरकी छतिया रतिया भर मेरी ॥ 3 ॥

दोहा–

है न देस हित भय भरो है न भयावह बात।
उभरि-उभरि कत चित्त तू भभरि-भभरि भजि जात॥ 4॥

भव-जन-मानस भय-भरे क्यों न भभरि भहराहिं।
है न भूत-भावन-भजन भूत-भावना माँहिं॥ 5॥

7. जुगुप्सा

किसी अपराध के हृदय में उदय होने, किसी दोष के स्मरण करने, घृणित वस्तु के देखने, छूने और किसी नारकीय जन की बातों के सुनने से जो मनोविकार उत्पन्न होता है उसे 'ग्लानि' अथवा 'जुगुप्सा' कहते हैं।

कवित्त–

चेरो हौं न तेरो, तेरो मोलहूँ लियो हौं नाहिं
तानिहै हमैं तो हौं तिगूनो तोहि तानिहौं।
नीचपन कैहै तो नचैहौं तो कौ नाना नाच
साँच तजे काँच इतनौ ना सनमानिहौं॥
'हरिऔध' बदि-बदि बाद जो बढ़ैहै मोसों
बादी के समान तोको बद तो बखानिहौं।
मान करिहौं ना, मान कीनेहूँ मनैहौं नाहिं
एरे मन तेरी मनमानी मैं न मानिहौं॥ 1॥

चित की अबलता अबलता रही तो कबौं
कैसे जर सबल सबलता की खनि है।
ताब-हीन तन जो बनैगौ ताबवारो नाहिं
कैसे तो न तमकि तमकवारो. तनिहै॥
'हरिऔध' कैसे जाति धँसिहै धरा मैं नाहिं
मानस-अधीर जो न धीरता मैं सानि है।
कैसे दूरि ह्वैहै वैरि-बिबिध-बिरोध-धूरि
आँसुन की धारा बारि-धारा जो न बनिहै॥ 2॥

पंच बनि बधिक-बिपंची के करत काम
कब परपंची ह्वै प्रपंच मैं फँसे नहीं।
बोरि-बोरि बारि मैं तगा के सम तोरि-तोरि
छोरि-छोरि बन्धन गये कब कसे नहीं॥

‘हरिऔध’ मुख-लाली रखत न लाली रखि
कब भाल-अंक के कलंक सों लसे नहीं।
धीरता रही न डूबी धरम-धुरीनता है
उधरी धरा न पै धरा में तो धँसे नहीं ॥ 3 ॥

कहा दुख पावै पछतावै अकुलावै महा
नैनन ते नीर कौन काज ढारियत है।
स्रौन-से सपूत के नसे ते कौन प्रान राखै
याते ऐसी इनकी दसा निहारियत है॥
‘हरिऔध’ भली भई जो पै अंध दियो साप
पापिन के ऐसे ही प्रमाद टारियत है।
तू तो इतनाहूँ ना बिचार्‌यो मन एरे मूढ़
तीरथ के तीर काहू तीर मारियत है ॥ 4 ॥

दोहा–

कैसे करुनाकर कहँहिं करहु कृपा की कोर।
चित आकुल है जात चितवन अपनी ओर ॥ 5 ॥

पावन चित मैं बहत है परम अपावन सोत।
कैसे मुख सौहैं करहिं मुख सौहैं नहिं होत ॥ 6 ॥

8. आश्चर्य

विस्मयजनक पदार्थों के देखने, अलौकिक सामर्थ्य-संपन्न विभूतियों के अवलोकन करने अथवा उनका वर्णन सुनने वा उन्हें स्मरण करने से जो मनोविकार उत्पन्न होता है उसका नाम ‘आश्चर्य’ है।

कवित्त–

गगन के न्यारे-न्यारे तारन-कतार देखे
करत कलोल देखे मीनन कौ जल मैं।
रतन-अमोल अवलोके रतनाकर मैं
जगमग जोति देखे जगत अनल मैं॥
‘हरिऔध’ काको चित चकित बनत नाहिं
लाल-लाल फूल देखे हरे-हरे दल मैं।
घहरत कारे-कारे घन की घटा निहारि
छहरत छाई छटा देखे छिति-तल मैं ॥ 1 ॥

बिपुल-बिनोद सों कढ़े हैं दंत दारिम के
बिहँसि रही है चाँदनीहूँ निसिकंत की।
कल-कंठ कौसल सों करत मधुर-गान
थिरक रही है कला मदन-महन्त की॥
तेरी ही अनूठी छटा हेरि 'हरिऔध' प्यारे
कलित कलीन को ठनी है बिकसन्त की।
भौंर-भीर भाँवरैं भरत उनमत्त ह्वै कै
फूली आज मन्जु फुलवारी है बसन्त की॥ 2॥

तेरी ही कला ते कलानिधि है कला-निधान
है सकेलि तेरि केलि कलित पतंग मैं।
गुरु-गिरि-गन हैं तिहारी गुरुता के लहे
पावन-प्रसंग है तिहारो दूत संग मैं॥
'हरिऔध' तेरी हरियाली ते हरे हैं तरु
तू ही हरि बिहर रह्यो है हर अंग मैं।
तेरो रंग ही है रंग-रंग के प्रसूनन मैं
तू ही है तरंगित तरंगिनी-तरंग मैं॥ 3॥

भव-बारि-बाह-ब्यूह-बूँद-सी बसुंधरा है
नाना-वायु नाना-वायु-मन्डल सहारे हैं।
आकर अनन्त हैं अनन्त है निसाकरहूँ
रस-रासि-रस ते सरस रस-सारे हैं॥
'हरिऔध' मिल्यो ना अपार-पारावार-पार
सीमित असीम की असीमता ते हारे हैं।
प्रभु मन्जु-तेज को विकास है पतंग-पुन्ज
बिभु-तनु-तोयधि-तरंग नभ-तारे हैं॥ 4॥

सवैया–

मंद ही मंद सुगौन कै सूरज चन्द ह्वै मौन तुमैं निरधारै।
कानन को तृनहूँ सदा साँवरे तोको अनन्त अचिन्त उचारै॥
धीर-पयोधिहूँ 'औध-हरी' मरजाद सों तोको गभीर पुकारै।
सीतल या मलयानिलहूँ अवली-तल तेरो प्रताप पसारै॥ 5॥

दोहा–

देखत ही कितनो गुनो लोचन तिल है जात।
कैसे नभ तारन-सहित तारन माँहिं समात ॥ 6 ॥
सरसित मानस मैं बहे सरस प्रेम-रस सोत।
गागर मैं सागर भरत गागर सागर होत ॥ 7 ॥

9. निर्वेद (शम)

विशेष ज्ञान द्वारा सांसारिक विषयों में विराग–क्षणभंगुर पदार्थों को देखकर हृदय में त्याग का विकास–होने से जो एक प्रकार का मनोविकास उत्पन्न होता है उसका नाम 'निर्वेद' है।

कवित्त–

कुसुमाकर सदा ना बनत कुसुमाकर है
बारिद सदैव बारिधारा ना बहत हैं।
सब दिन ललित दिखात नाहिं लोनी लता
लहलहे तरु ना सदैव उलहत हैं॥
'हरिऔध' कौन काल-कवलित होत नाहिं
सदा कल-नाद कल-नादी ना लहत हैं।
फली-फूली बेली फूली-फली ही लखात नाहिं
फूले-फूले फूलहूँ न फूले ही रहत हैं ॥ 1 ॥

गारी दै दै गजब गुजारत गरीबन पै
ऐसो मन गौरब गुमान गरस्यो परै।
लोभ बढ़े पूजित पिता औ प्यारे तातहू को
प्रान लेत तनकौ न प्रीति परस्यो परै॥
सरबस और को हरत 'हरिऔध' भाखै
सदा उर सौगुनो सनेह सरस्यो परै।
जीवन अदीरघ भयेहूँ देखो देहिन मैं
कैसो दीह-दुसह-दिमाग दरस्यो परै ॥ 2 ॥

दौरि-दौरि दीनता दिखावत दिमागिन को
दीह-दुख होत है दया-निधि के टेरे मैं।
आपनी भलाई को भरोसो भूतभैरव सों
तेरो भाव होत भूत-भावन न मेरे मैं॥

'हरिऔध' तीनों लोक प्रकट-प्रताप तऊ
कैसेहूँ न पूरन-प्रतीति होति तेरे मैं।
सूरज उगेहूँ तम बूझत चहूँघा नाथ
सूझत न मोको आँखि आछत उँजेरे मैं॥ 3॥

माधुरी परी है मंद कमनीय कंदहूँ की
मिसिरीहूँ बिसरि गई ना रही काम की।
सूखी ऊख निपट निकाम है्वै गयो मयूख
गरिमा नसी है आमहूँ-से रस-धाम की॥
'हरिऔध' दाख फूटी आँख सों न देखी जाति
गोरसहूँ गुरुता गँवाई गुन-ग्राम की।
चीनी बसुधा मैं है्वै गई है औगुनी तो कहा
सौगुनी सुधा सों है मिठाई हरि-नाम की॥ 4॥

पाहन भये पै चाहैं पद-रज प्रेमिन कौ
बिहग भये पै बसैं बंदनीय बन मैं।
फल-फूल परसै पगन पादपादि भये
पसु भये पावैं थान संतन-सदन मैं॥
'हरिऔध' कीट भये काहू भाँति भावैं तोहि
नर भये तेरो पूत-प्रेम रमै मन मैं।
जाने कहा योग और जुगुत एक जानैं तोहि
जीवतेस जाई जौन योनि माँहिं जनमैं॥ 5॥

सवैया–

भूलि के औरन की सुधि अंध है्वै जाकी सुगंध पै भौंर लुभानो।
संभु के सीस पै जो बिलस्यो 'हरिऔध' जू जाते सरौ सरसानो॥
त्यों सुखमा कहि जाकी अजौं मनहूँ ना कबीनहूँ को अनुलानो।
सोई सरोरुह धूर भरो परो भू पै गरो बगरो कुम्हिलानो॥ 6॥

दोहा–

धोखो है, काको बिभव, है काको यह भौन।
है काको यह धन, धरा, अहै धराधिप कौन॥ 7॥

अरत रहत बिगरत बनत लरत-भिरत करि रार।
कत सोचत नहिं बावरे है जीबो दिन चार॥ 8॥

है घन-छाया ओस-कन है तरु पीरो पात।
तू का है कितनो अहै कत इतनो इतरात ॥ 9 ॥

धूलि माँहिं रावन मिल्यो गई रसातल लंक।
कहा कलंकित होत कोउ सिर पर लेइ कलंक ॥ 10 ॥

का धन, का जन, का बिभव, का महि, का परिवार।
सपने की संपति अहै सब आहार बिहार ॥ 11 ॥

◆◆◆◆◆

संचारी भाव

जो भाव रस के उपयोगी होकर जल के तरंग की भाँति उसमें संचरण करते हैं उनको 'संचारी भाव' कहते हैं। ऐसे भावों की संख्या तैंतीस है। क्रमशः उनका उल्लेख किया जाता है–

1. निर्वेद

विपत्ति, ईर्षा और ज्ञानादि के कारण अपने शरीर अथवा सांसारिक विषयों में जो विराग भाव उत्पन्न होता है उसे 'निर्वेद संचारी' कहते हैं। दीनता, चिन्ता, आँसू, विवर्णता, उच्छ्वास, आकुलता आदि इसके लक्षण हैं।

कवित्त–

भूलि न निहारैं पर-नारि ए हमारी नैन
रूखे बैन भाखन ते रसना भगी रहै।
पर-अपवाद सों न कान हित राखैं कबौं
मान-ममता मैं मेरी मति न पगी रहै॥
'हरिऔध' चित ना प्रपंचन सों प्यार राखै
सदाचार-संचन मैं सुरुचि जगी रहै।
मगन सदा ही रहै मनुआँ हमारो राम
पगन तिहारे मेरी लगन लगी रहै॥ 1॥

सवैया–

कारज सीस को होत सबै पद-पंकज की रज को अपनाये।
स्वारथ होत हैं नैन दोऊ छबि साँवरी सूरत की दिखराये॥
पातकी कान पुनीत बनैं 'हरिऔध' की प्यारी कथान सुनाये।
पावन होति है जीह अपावन भावन सों हरि के गुन गाये॥ 2॥

पाप ही मैं सब जन्म गयो हित सों न कबौं हरि के गुन गाये।
नेह कियो पर-नारिन सों जग-बंचन को बहु बेस बनाये॥
झूठ कह्यो 'हरिऔध' सदा सब काज किये अपने मन भाये।
क्यों अजहूँ नहिं चेतत मूढ़ चिता पर पौढ़न के दिन आये॥ 3॥

खोट कियो कितनो हित पेट के कूर कमीनन को सँग दीनो।
पीर-सी होन लगी उर जो 'हरिऔध' कहूँ नवला लखि लीनो॥
ताप भयो पर को हित देखत पाप मैं बीति गयो पन तीनो।
ना करनी करनीन कियो कबहूँ करुनाकर याद न कीनो॥ 4॥

दोहा–

मन तू कत भटकत फिरत बिपिन बबूरन माँह।
तजि बहु-फलद मुकुन्द-पद कलित-कलपतरु-छाँह॥ 5॥

कामिनि सुत हित नात सों कहा जुरत जिय जात।
भजन देहिं बल-तात के ए न चरन-जलजात॥ 6॥

2. ग्लानि

मनस्ताप, श्रम, दुःख, क्षोभ आदि से उत्पन्न हृदयजनित विकलता, शिथिलता अथवा असहनशीलता को 'ग्लानि' कहते हैं। इसके लक्षण कार्य करने में अनुत्साह, घृणा, उपेक्षा आदि हैं।

कवित्त–

हहरत हियरो अधिक अधमाई हेरि
हहरन वाको कै जुगुत कौन हरिये।
मेरो बार-बार अहै बिबिध-बिकार-भरो
होवै क्यों उबार बार-बार क्यों उबरिये॥
'हरिऔध' पातकी है पातक-पयोधि परो
कैसे पाप-पीनता गलानि ते न गरिये।
सौहैं करि कहत रिसौंहीं अँखियान देखि
सौंहैं होत नाहिं कैसे सौहैं मुँह करिये॥ 1॥

पामर है पामरता-पुंज के पयोनिधि है
प्रकटत रहत प्रभाव पुरहूती के।
परम अबुध है बिबुधता दिखावत है,
कायर है बरत बिरद रजपूती के॥

'हरिऔध' जाति-भाल-अंक हे कलंक-भरो
धूत ह्वै के बसन रखत अवधूती के।
पूत को है पूत पै अपूत-पाग मैं है पगो
बनत सपूत काम करत कपूती के ॥ 2 ॥

सवैया–

मोल है जैसो जवाहिर को यह जानत जौहरी ना बनजारो।
रीति कुलीन की जानै कुलीन ही ना 'हरिऔध' कबौं चरवारो ॥
क्यों इतनो बिलपै-कलपै जो कियो पहले अरि कै पतियारो।
रे मन कूर न तोसों कही कब नन्द-कुमार है कामरीवारो ॥ 3 ॥

3. शंका

बहुत बड़े अनिष्ट अथवा इष्ट-हानि के विचार को 'शंका संचारी' कहते हैं। इसके लक्षण विवर्णता, कम्प, स्वरभंग, इधर-उधर दृष्टिगत करना, मुँह सूखना आदि हैं।

कवित्त–

आँखि जो न खुली तो बिगरि जैहै सारो खेल
खलता सफलता की खाल खिंचवाइहै।
काल ह्वैहै कलह बिबाद बिकराल ह्वैहै
बिन जैहै बाल-बाल बैर अधिकाइहै ॥
'हरिऔध' जान जो न ऐहै तो अजान जन
जीवन-बिहीन जाति-जीवन बनाइहै।
भरत कुमार भेट ह्वैहैं महा-भरत की
भारत की भूमि भारतीयता गँवाइहै ॥ 1 ॥

सूखतो न बदन बिकंपित न गात होतो
हाथ-पाँव चलतो प्रगति अनुसरती।
जाति-हित-रत ह्वै बिहित-रुचि-पूत होते
बनति बनाये बात कीरति पसरती ॥
'हरिऔध' चित की न चेतनता दूर होति
परम अधीर-मति धीर क्यों न धरती।
भय भूत करतो प्रभूत अभिभूत नाहिं
शंका की चुरैल जो चुरैलता न करती ॥ 2 ॥

सवैया–

मुख कैसे दिखैहौं सहेलिन को उनकी दिसि कैसे कहो चहिहौं।
यह सील की बानि हमारी जरौ अब गारी हजारहूँ सहिहौं॥
मोहि बेर बड़ी 'हरिऔध' भई कब लौं या निकुंजन मैं रहिहौं।
कढ़िहौं किमि गैल मैं गोकुल की कोऊ पूछिहै तो हौं कहा कहिहौं॥ 3॥

4. असूया

दूसरे के उत्कर्ष का असहन और उसके हानि पहुँचाने की इच्छा को 'असूया' कहते हैं। दोषकथन, भृकुटिभंग, तिरस्कार और क्रोध आदि इसके साधन हैं।

कवित्त–

कहा भयो जो है मधु-माधव-सनेही महा
का भयो जो सौरभ-समूह-सहचर है।
का भयो जो परम-रसिक है रसालता को
का भयो जो कामुक सु-कुसुम-निकर है॥
'हरिऔध' कहा भयो जो है कल-गान-कारी
का भयो जो पद्मिनी को प्रेमिक-प्रवर है।
तन कारो मन कारो रंग कारो रूप कारो
परम नकारो यह कारो मधुकर है॥ 1॥

होवै काम-कमनीय मोहक मयंक सभ
होवै मधु-सरिस मधुरता बितरतो।
साहबी सुरेस-सी धनिकता धनेस की-सी
धर्मराज जैसो धर्म-भाव होवै धरतो॥
'हरिऔध' होय सुरगुरु-सम गौरवित
माहिमा त्रिदेव-सी मही मैं होवै भरतो।
माननीय होवै पै अमाननीयता है इति
मानव ह्वै मानवी का मान है न करतो॥ 2॥

सवैया–

मंजु मनोहरता कल-कीरति बेलि सदा अबनी महँ बोतो।
रूप-अनूपमता 'हरिऔध' निहारि कोऊ सुख-नींद न सोतो॥
साँची कहौं मधुराई लखे मम आननहूँ अपनी पत खोतो।
मानती हौं हूँ तिहारी कही जो मयंक मैं बीर कलंक न होतो॥ 3॥

दोहा–

होवैं दल कोमल कलित सब फल भरे पियूख।
होंय फबीले फूलहूँ तऊ रूख हैं रूख ॥ 4 ॥

5. श्रम

अधिक कार्य करने अथवा मार्ग चलने आदि से उत्पन्न शैथिल्य (थकान) का नाम 'श्रम' है। इसके लक्षण साँस फूलना, नींद आना, पसीना निकलना और आलस्य आदि हैं।

कवित्त–

आँखि मूँदि परे हैं उठायेहूँ उठहिं नाहिं
छाले भरे पग छाँह छोरि-छोरि छके हैं।
दूर है अवास, बास-थल है न बास जोग,
थोरो रह्यो दिन पास रहे नाहिं टके हैं॥
'हरिऔध' होति है सरीर माँहिं पीर घनी
पीरे परे ऐसे मानों पान-दल पके हैं।
कुपथ विपथ की कथानहूँ कहहिं नाँहिं
चले कौन पथ क्यों पथिक ऐसे थके हैं॥ 1 ॥

सवैया–

मुख पै श्रम के कन छाये अहैं खुलि गालन पै अलकैं हैं परी।
सिथिलाई भई सब-अंगन मैं कुम्हिलाई लसै मनो फूल-छरी॥
निरखो 'हरिऔध' चहूँधा लखै अलबेली अजौं अलसान-भरी।
मन-मारे सहारे तमालन के बन-बीथिन मैं थकी प्यारे खरी॥ 2 ॥

दोहा–

ओस-भरित-तरु-पात लौं सेंद-सलिल-मय-गात।
बतरावत है विपथ-गत थकित-पथिक की बात ॥ 3 ॥

बिधु-बदनी के बदन पै है बिलसत श्रम-बिंदु।
किधौं सुधा-सीकरन-मय है राका-निसि-इंदु ॥ 4 ॥

सेद स्रवै कर पग कँपै बनै सिथिल-तन छाम।
तजत काम वारो नहीं तऊ आपनो काम ॥ 5 ॥

मलिन बनै छिदि भिदि नुचै श्रम-कर ते तन-ग्रंथ।
छोरत नहिं पूरो पथिक पंथ रुकेहूँ पंथ ॥ 6 ॥

6. मद

जिसमें मोह के साथ आनंद का मिश्रण हो, उस दशा को 'मद' कहते हैं, मद-पान इसका साधन है। इसके लक्षण अनर्गल प्रलाप, अनुचित बर्ताव, आरक्त, नयन, मुसकान में विशेष मधुरता, वक्रोक्ति में रमणीयता आदि हैं। किसी-किसी ने मद संचारी में धन, यौवन, रूपादि के अभिमान (मद) को भी माना है।

कवित्त–

कंचन-रचित मनि-मंडित-महल-मंजु
दीन-उर-दाह दावानल माहिं दहिहै।
त्रिभुवन-पूरित प्रतीति-प्रतिभू-प्रताप
पातक के प्रबल-प्रवाह माहिं बहिहै ॥
'हरिऔध' वा दिन गिरैगो गिरि गौरव को
जा दिन गरीब की गोहार गरो गहिहै।
कान मूँदि मूँदि कान करिहै न बात कौलों
मद-वारो आँखि मूँदि-मूँदि कौलौं रहिहै ॥ 1 ॥

औरन की आनि को न कैसे सनमान हो तो
मोल मति-मानता को ममता न खोती जो।
लालिमा मलिन कैसे होति लोक-आनन की
कलह-कुबीज मन-कलिमा न बोती जो ॥
'हरिऔध' मोदिनी की मंजुता महान होति
समता गुमान-कदाचार से न रोती जो।
मानवता-मंदिर को मंजुल-महंत होतो
मानव में मादकता मद की न होती जो ॥ 2 ॥

सवैया–

मधुराई मनोहरता मुसुकानि मैं औचक आइ समानी नई।
रस की बतिआनहूँ मैं 'हरिऔध' अनेक-गुनी निपुनाई ठई ॥
मद छाके छबीली-बिलासन हूँ सुबिलासिता की बर बेलि बई।
छलकी-सी छटा अँखियान परै छबि आननहूँ पै छगूनी छई ॥ 3 ॥

दोहा–

मान राज-मंदिर-रुचिर नहि मिलतो रज माहिं।
ओले-जैसे बरसते जो मद-गोले नाहिं ॥ 4 ॥

लसित नवल-लतिकान सी बहु-लालसा उमंग।
दलित होति किमि, नहिं दलत जो मद-समद-मतंग ॥ 5 ॥

अनुचित उचित बिचार करि चित न कौन अकुलात।
गौरव गिरि पै होत लखि पल-पल मद-पवि-पात ॥ 6 ॥

जा मैं लसत कुलालसा कला-कलित-सुख-सोम।
तामस-मानस-गगन-गत-मद है वह तम तोम ॥ 7 ॥

बर - रस कामुक कहि सके जाहि न कबौं रसाल।
अकमनीय-मन-बिपिन को है मद वह तरु-ताल ॥ 8 ॥

7. धृति

तत्त्वज्ञान, साहस, सत्संग आदि के प्रभाव से विपत्ति-काल में अविचलित-चित्त होना 'धृति' कहलाता है। तृप्ति, चित्त की स्थिरता, धीरता, बुद्धि की गहनता इसके लक्षण हैं।

कवित्त–

तमके गगन-तल के तारन को तोरि लैहै
उमगे तरंगमान-तोयधि को तरिहै।
उचके चकित कैहै चन्द को खेलौना करि
सपरे स-कौतुक तरनि-तेज हरिहै ॥
'हरिऔध' कहा धाक बाँधि कर पैहै नाहिं
धीर जो अधीरता बिहाई धीर धरिहै।
लपके कचरि चूर करिहै हिमाचल को
पके पाकसासन को पकरि पछरिहै ॥ 1 ॥

तीर-सम-सिसिर-समीर बधि दैहै नाहिं
मन्द-मन्द-मलय-पवन पुनि बहिहै।
करे-कारे-तोयद-कतार दिखरैहैं नाहिं
भाग-नभ हँसत-बिमल-बिधु लहिहै ॥
'हरिऔध' आकुल अनाकुल बिपुल ह्वैहै
दुख-तूल-पुंज को अदुख-दावा दहिहै।

प्रतिकूलता मैं अनुकूलता निवास कैहै
काल पाके काल की करालता न रहिहै ॥ 2 ॥

सवैया–

पास परोसिन आइ नितै परतीन की नाना-कथान को जोरै।
बात चले सखियाँ सिगरी परदेस गये की दिखावत खोरै ॥
नेह रखै 'हरिऔध' नहीं अपनायतहूँ ते सदा मुख मोरै।
लाला रहे पतिऔ की तबौं पति को पतिनी परतीत न छोरै ॥ 3 ॥

है दुख औ सुख दोऊ जहान मैं कोऊ नहीं दुख-ही-दुख पैहै।
बीती गये अँधियारी निसा 'हरिऔध' दिवाकर होत उदै है ॥
क्यों इतनो मन आतुर होत है औसर पै सब ही बनि जैहै।
पीतम को मुखचन्द लखे फिर या दुखिया अँखिया सुख पैहै ॥ 4 ॥

दोहा–

भये तिरोहित रजनि-तम रंजित गगन दिखात।
पल-पल आकुल है बिपुल तू अलि कत अकुलात ॥ 5 ॥

रहिहै चोरत कब तलक घन तेरो चित-चोर।
चौंकि चौंकि चिलवत कहा चारों ओर चकोर ॥ 6 ॥

8. आलस्य

श्रांति और जागरणादि-जनित निश्चेष्टता तथा सामर्थ्य होने पर भी उत्साह-हीनता को 'आलस्य' कहते हैं। पड़े रहना, जँभाई लेना, एक जगह बैठे रहना आदि इसके लक्षण हैं।

कवित्त–

आँखि अवलोकिहूँ सकत अवलोकि नाहिं
कान चाव साथ बात कान है न करतो।
बचन उचारत बिरस रसना है होति
मन है न बहुत उभारेहूँ उभरतो ॥
'हरिऔध' आलस रमित रोम-रोम मैं है
उर मैं उमंग है न मंजु भाव भरतो।
हाथ पर हाथ धरे बासर बितीत होत
परि-परि भूतल पै पाँव है न परतो ॥ 1 ॥

पलक उठति तो न पल मैं पतन होतो
तिल जो तुलत हानि होती क्यों अतुलतो।
चलति चलाये जो न तन-कल काहिली के
कैसे बन जात कांति-हीन कांत-कुल तो॥
'हरिऔध' होतो जो न आलस लिलार-लिपि
कैसे तो हमारो न कलंक-अंक धुलतो।
मुँह जो खुलत तो अभाग खुल खेलतो क्यों
आँख जो खुलति भाग कैसे तो न खुलतो॥ 2॥

सवैया–

अरुनाई अकास मैं छाई लखाति दिवाकर हूँ निकरोई चहै।
'हरिऔध' गुलाब-कलीहूँ खिली सुखदाइनि-सीरी-बयार बहै॥
परी सेज कहा अँगिरात जम्हात तू लोयन को उठि लाह लहै।
पलकैं न खुलैं अलकैं बिथुरी इतनी क्यों अली अलसानी अहै॥ 3॥

दोहा–

तब कैसे उठि कछु करहिं चलहिं फिरहिं कहुँ जाहिं।
जब पग-पग पै पग अरत परत परगहूँ नाहिं॥ 4॥

९. विषाद

इष्ट न प्राप्त होकर अनिष्ट होने से जो दुःख अथवा उपायाभाव के कारण पुरुषार्थ-हीनता-जन्य जो मानसिक कष्ट होता है, उसको 'विषाद' कहते हैं। इसके लक्षण निःश्वास, उच्छ्वास, मनोवेदना आदि हैं।

कवित्त–

पकि पकि रहिहैं पकरि कै करेजो कौ लौं
कलपि-कलपि कौ लौं बासर बिताइहैं।
कौ लौं बिधवा पग-बधिक बेधि-बेधि दैहै
कौ लौं बेझो बनि-बनि बिपुल बिलखाइहैं॥
'हरिऔध' कौ लौं अनुकूल-काल पैहैं नाहिं
कौ लौं कालिमा के लगे पलक न लाइहैं।
कौ लौं ह्वैहैं बलि बलवान-रुचि-बेदिका पै
भारत की बाला कौ लौं अबला कहाइहैं॥ 1॥

करि-करि कलह कलंकित करत कुल
सबल-करन लाभ कर बने लूले हैं।
फल की हैं चाह पै सफलता मिलति नाहिं
फूले-फूले फिरत अजौं न फले-फूले हैं॥
'हरिऔध' सोचि-सोचि व्यथित बनत चित
बिललात रहत बिलात ज्यों बलूले हैं।
लाले परे सुख के, कसाले सहे, भाले सहे
भोलेपन माहिं भोले-भाले हिन्दू भूले हैं॥ 2॥

सवैया–

अनजानता जोहि कै या जग की नित जीवन के दिन जोरै लगी।
अपमान औ मान की बात कहा है अपानहूँ ते मन मोरै लगी॥
'हरिऔध' अमोही भये अँखियान के आँसुन हूँ को निहौरै लगी।
तन की सुधि होति नहीं तनकौ अब तो बन के तृन तोरै लगी॥ 3॥

दोहा–

है वांके हित तिमिरमय आज अवनि सब ओक।
लोक समालोकित हुतो लहि जाको आलोक॥ 4॥
बहु ललकित लोचन हुतो हेरि जेहि कलि-केलि।
है बिदलित भूतल परी वह अलबेली बेलि॥ 5॥

10. मति

भ्रान्ति का कारण रहते भी यथार्थ ज्ञान बना रहना 'मति' है। इसके लक्षण मुस्कुराहट, धैर्य, संतोष और आत्मावलंबन हैं।

कवित्त–

लाल है कै काहू के विलोचन न काल होते
छिनै मुँह-कौर ना करेजो कोऊ छिलतो।
कुचित, कुतेवर, बनावतो दुचित नाहिं
कहत उचित बातहूँ ना मुँह सिलतो॥
'हरिऔध' सदन सदन सुख-साज होतो
बदन-सरोज मंद-मंद हँसि खिलतो।
प्रेम होतो कैसे तो न मिलते मिलाये मन
मेल होतो कैसे तो न मेल-फल मिलतो॥ 1॥

पावन परम कैसे बनतो अपावन तो
भेद जो पतित-जन-पावन को जानतो।
रहतो अकाम तो सकामता सतावति क्यों
कैसे कुसुमायुध कुसुम-सर तानतो॥
'हरिऔध' कुमति बनति कमनीय कैसे
मतिमानता को जो सदैव सनमानतो।
ममता मनन की जो होति मनमानी छोरि
मानव को मन तो मनाये क्यों न मानतो॥ 2॥

सवैया–

लोग भले ही सिकोरि कै आपनी भौंहन काहिं लखावैं कलंकहिं।
कामी कुसंगी निसाचर हूँ अनुमानि सदा कितनो किन संकहिं॥
एक ही भाव सों ए 'हरिऔध' करै अनुरंजित राव औ रंकहिं।
सीतलता हितकारिता हेरिकै को द्विजराज कहै न मयंकहिं॥ 3॥

दोहा–

उचित जतन करि हेरतो जो घन-रुचि-तन ओर।
क्यों मोहित होतो न तो मोहि मोहि मन मोर॥ 4॥

क्यों होतो कमनीय-तम सकल-अवनि-तल नाहिं।
कमल-नयन जो निवसते लोयन-कोयन माहिं॥ 5॥

11. चिन्ता

हित की अप्राप्ति के कारण उत्पन्न आधि को 'चिन्ता' कहते हैं। इसके लक्षण उद्विग्नता, ताप और उन्निद्रता आदि हैं।

कवित्त–

काहें गुन भारत को गुनहूँ न मानो जात
काहें गुन होत जात औरन को औगुनो।
काहें सुख लेसहूँ रह्यो न सुख-पूरति मैं
सहत कलेस क्यों कलेस-हीन सौगुनो॥
'हरिऔध' काहें भूल में है नित भूल होति
काहें अनुकूल प्रतिकूल होत नौगुनो।
दुख भरपूर बार-बार है विसूर होत
सोचि-सोचि चित चूर-चूर होत चौगुनो॥ 1॥

कैसे भला दिन दिन दूनो दुख ह्वैहै नाहिं
आँखिबारो जो न आँखि खोलि भलो करिहै।
आपनो हितू ही मारिहै जो हाथ मारि-मारि
कैसे नाहिं कोऊ तो बिना ही मौत मरिहै॥
'हरिऔध' गाज जो गराइहै गरजवारो
कैसे तो गरीब पै न गाज गिरि परिहै।
याही भाँति अन्न भाव रैहै जो अभाव भरो।
कैसे पेट भूरि-भूखे भारत को भरिहै॥ 2॥

दोहा–

लोल लोचनन को किये ललना परम अलोल।
कहा करति है कल्पना कर पर रखे कपोल॥ 3॥

12. मोह

भय, दुख, घबराहट और भ्रमजनित चित्त की साधारण अचेतनता और भ्रांति को 'मोह' कहते हैं। इसके लक्षण मूर्छा, अज्ञान, पतन, सिर घूम जाना आदि हैं।

कवित्त–

छिति-छबि-पुंजता अमोल-मुकुतावलि को
मंजु-दृग-तारन मैं पोहत रहत है।
मलय-अनिल नभ-तल-नीलिमा मैं लसि
चित चोरिबे को पंथ जोहत रहत है॥
'हरिऔध' चारुता-निकेतन-मयंक माहिं
तारन-कतारन मैं सोहत रहत है।
होवै महा-महिम महान मतिमान होवै
काको मन मोह नाहिं मोहत रहत है॥ 1॥

प्रेमी-जन कैसे प्रेम-पथ को पथिक होतो
प्रेम के हिंडोरे माहिं प्रेमिका क्यों भूलती।
दीपक पै गिरिकै पतंग क्यों दहत गात
मृगी क्यों बधिक की बधिकता कबूलती॥
'हरिऔध' मोहकता होति जो न मोह माहिं
मोहित करति क्यों लवंग-लता फूलती।
बँधि-बँधि कोमल कमल के उदर माहिं
मधुप-अवलि क्यों मधुपता को भूलती॥ 2॥

दोहा–

देह गेह को नेह तजि चित-आकुलता रोकि।
ललना है ललकति रहति लाल-बदन अवलोकि ॥ 3 ॥
नयनन ते सूझत नहीं मुँह मैं रहे न दाँत।
अपनो तन अपनो नहीं मन को मोह न जात ॥ 4 ॥

13. स्वप्न

निद्रा में निमग्न पुरुष के विषयानुभव करने का काम 'स्वप्न' है। इसका व्यापार कोप, आवेग, भय, ग्लानि, सुख, दुख से पूर्ण होता है।

कवित्त–

धोखे को महल कैसे मिल जातो धूर माहिं
मति की तुला पै कोरी बंचना क्यों तुलती।
खोलते तो कैसे समाधान-नख-कमनीय
पल-पल बहु कलकानि गाँठ घुलती ॥
'हरिऔध' कैसे चित्रकारी सपने की सब
लहिकै बिबोध-बरि-धर-धारा धुलती।
भेद खुल गये सारो खेल कैसे खेल होतो
जो न खुल जाति आँखि आँखि कैसे खुलती ॥ 1 ॥

आये कंत गात कछु अंक अवलोकन कै
मान मन ठानि उठि कंठ सों लगायो ना।
सहमि सकानो खरो हेरत पिया को हेरि
जिय कै कठोर दया हिय मैं बसायो ना ॥
प्रानप्यारो परस्यो पगन 'हरिऔध' पै
तऊ न पतियाई औ सुबोलहूँ सुनायो ना।
सपनो समझि सब अपनो नसायो चैन
नैन के खुले पै आली बैन कहि आयो ना ॥ 2 ॥

सवैया–

रोगन सोगन भोगन मैं परि तापन ते तिगुनो तपनो है।
हैं अपने अपने हित के हित कौन हितू जग मैं अपनो है ॥
औधि को भूलत क्यों 'हरिऔध' तू साँस के नापन को नपनो है।
कोऊ सजीवन कौ लौं जिआइहै जीवन जीवन को सपनो है ॥ 3 ॥

दोहा–

सुख-मय दुख-मय भूति-मय सरस विरस बहुरूप।
सपने की संपति सरिस है संसार सरूप ॥ 4 ॥

सब कछु है कछु है नहीं अवलोकन भर सार।
अपनो है अपनो नहीं है सपनो संसार ॥ 5 ॥

14. विबोध

निद्रा दूर करनेवाले कारणों से उत्पन्न चैतन्य-लाभ को 'विबोध' कहते हैं। इसके लक्षण जँभाई, अंगड़ाई, आँख खोलना, अंगों का अवलोकन करना आदि होते हैं।

कवित्त–

भाग-भाग कहि सो बनैगो कैसे भागवारो
भभरि-भभरि जो अभाग ते है भागतो।
जो है लोक-सेवा की लगन नाहिं साँची लगी
कैसे लाभवारो ह्वैहै लोगन की लागतो॥
'हरिऔध' नाना-अनुराग को कहा है फल
देस-राग में है जो न मन अनुरागतो।
कहा जागि कियो कहा लाभ है जगाये भयो
जागे हूँ जो जी मैं जाति-हित है न जागतो ॥ 1 ॥

बीर जन-बीरता बसुन्धरा-बिबोधिनी है
साहसी ही साहस दिखाइ होत आगे हैं।
सबल के सामने सरोवर पयोनिधि है
सावधान सामने धरनि-धुरे धागे हैं॥
'हरिऔध' सारी सिद्धि तिनकी सहोदरा है
सिद्ध-पाग में जो सच्ची साधना के पागे हैं।
भाग जागे भू मैं कौन भोग भोग पाये नहीं
जाग गये जग में न काके भाग जागे हैं ॥ 2 ॥

दोहा–

खुलत न आँखें अधखुली बार-बार अँगिरात।
जगत जगाये क्यों नहीं रही नहीं अब रात ॥ 3 ॥

फिरत तमीचर देखियत है तम चारो ओर।
जागहु जागहु जगत-जन मूस रहे हैं चोर ॥ 4 ॥

15. स्मृति

सदृश वस्तु के अवलोकन तथा चिन्तन, बिहार-स्थल के परिदर्शन आदि से जो पूर्वानुभूत बात याद हो जाती है, उसे 'स्मृति' कहते हैं। इसके लक्षण चांचल्य और भौंह चढ़ाना आदि होते हैं।

कवित्त–

बीरता रही न बंदनीयता बिलोप भई।
सदा के सपूत है कपूत निबहत हैं।
देवराज देखि सुख जिनको सिहात हुतो
वेई आज सारी दैव साँसत सहत हैं॥
'हरिऔध' बिधि-अबिधान को कहाँ लौं कहै
अबिधि-प्रवाह माँहिं बिबुध बहत हैं।
चारो फल लहि जे सफल लोक-पाल हुते
तिनके सलोने लाल लोन ना लहत हैं॥ 1 ॥

जहाँ हुती एकता, बिबुधता बिराजमान
तहाँ बैर, कलह, बिबाद को बसेरो है।
जहाँ हुतो बिमल-बिचार-बिधु को बिकास
तहाँ छल-कपट-सघन सघन धन घेरो है॥
'हरिऔध' बिगरे अतीत बैभवन हेरि
बार-बार उर होत व्यथित-घनेरो है।
बंस-अचेतनता बिलोकि चारु-चेतन को
चेत करि बनत अचेत चित मेरो है॥ 2 ॥

सवैया–

के हमहूँ कबौं लोक-ललाम लौं लोक-ललामता के रखवारे।
कोमलता-कमनीयता-लालित गात-मनोहरता मतवारे॥
भाल के अंक रहे भव के 'हरिऔध' रहे दिवि-देव-दुलारे।
लाल रहे कमला-कल-अंक के भूतल-भारती-लोयन-तारे॥ 3 ॥

दोहा–

सुख ललित कल-रुचि कलित कुल-कलंक के काल।
कबहूँ हमहूँ लोक के रहे अलौकिक लाल ॥ 4 ॥

कबौं न हम ऐसे हुते बोध-बिहीन बराक।
बँधी धरा-तल धाक ते बँची नाक-पति नाम ॥ 5 ॥

16. अमर्ष

दूसरे के अहंकार को न सहकर उसके नष्ट करने की कामना, अथवा आक्षेप और अपमानजन्य चित्तविक्षेप का नाम 'अमर्ष' है। आँखों में लाली, शिरकम्प, भ्रूभंग और तर्जन आदि इसके लक्षण हैं।

कवित्त–

भूतल जो भव की बिभूति को दुराइहै तो
बिगरि बिगरि ताको बारिधि मैं बोरिहौं।
गिरि निज-गौरव-गरूर दिखराइहै तो
करिकै प्रहार काँचे-कुंभन लौं फोरिहौं ॥
'हरिऔध' तपि-तपि ताप जो अतुल दैहै
तरनि-किरिन को तो तगा सम तोरिहौं।
चितचोरि चोरि चारु-सुधा को चुराइहैं तो
चूर-चूर करिकै मयंक को निचोरिहौं ॥ 1 ॥

हरिहौं कलंक सारो कुल के कलंकिन को
रखि मुख-लाली लोक-कालिमा निवारिहौं।
कलह-ललक को ललकि लहू गारि लैहौं
बद को सुधारि बदी-हृदय बिदारिहौं ॥
'हरिऔध' करिकै मिलाप ह्वै सबल जैहौं
फैली फूट पापिनी को उर फारि डारिहौं।
उघरि-उघरि जाति-बैर को पछारि दैहौं
कचरि-कचरि कै कचूमर निकारिहौं ॥ 2 ॥

दोहा–

करत बिबिध उत्पात जो नेकौ नाहिं सकात।
तो मन कत बिललात तू लगे लोक की लात ॥ 3 ॥

हम कैसे इनको नहीं मूँदि रखहिं दिन रात।
मेरे लोचन लालची रूप देखि ललचात ॥ 4 ॥

लंगर को संकित करहिं हरहिं चपल-चित-चैन।
हैं मुँह की लाली रखत लाल-लाल मम नैन ॥ 5 ॥

कैसे नहिं फरकै अधर बंक बनै नहिं भौंह।
अकलंकित-चित होत नहिं करत कलंकित सौंह ॥ 6 ॥

17. गर्व

अपने प्रभाव, ऐश्वर्य, विद्या तथा कुलीनता आदि का अहंकार करना, अन्य से अपने को अधिक मानना 'गर्व' कहलाता है। अन्य में तुच्छ दृष्टि, अविनय, ओष्ठ का कंपन, अंगुष्ठ का अनुचित रीति से दिखलाना आदि इसके लक्षण हैं।

कवित्त–

लोक-हित-सुरसरि-सलिल सनेही महा
जाति-हित-पूत बेदिका को बर-बलि है।
देस-सेवा-नव-मेघ-माला को मुदित-मोर
कुमति-मलिन-महि-पादप अवलि है ॥
'हरिऔध' रस-मान-सर को मराल-मंजु
भाव-सर-बारिजात कल्पना को कलि है।
ललना-ललित-चरितावलि को लोलुप है
कविता-कलित-कुसुमावलि को अलि है ॥ 1 ॥

सवैया–

है धन गो-धन मंजुल मंदिर है सजी सेज औ साज सँवारे।
चाव है चारु बिचार हैं सुंदर भावुकता भरे भाव हैं सारे ॥
मो सम कौन सुखी 'हरिऔध' है हैं ललना दृग लोल हमारे।
है लली लोयन की पुतरी बनी लाल बने अहैं लोयन-तारे ॥ 2 ॥

पंखी बताइ हँसी करै हंस की केहरि को है पसून मैं लेखो।
मंजुल मानै न मीनन कौ 'हरिऔध' बखानै न बारिज बेखो ॥
आपने रूप ही की उपमा करै और की चाहै न राखन रेखो।
दाग को दोख दिखावत चंद मैं या तरुनी को दिमाग तो देखो ॥ 3 ॥

दोहा–

है ऐसी कमनीयता नहिं कनकाचल माँहिं।
भारत - भूतल - रज - सरिस है रजताचल नाहिं ॥ 4 ॥

जासु भावमयता कहत गहत भारती मौन।
भूतल मैं भारत - सरिस भूरि - भाग है कौन ॥ 5 ॥

18. उत्सुकता

अभीष्ट की प्राप्ति में विलंब का असहन 'उत्सुकता' कहलाता है। इसके लक्षण चित्त-संताप, आतुरता, आकुलता, निःश्वास, पसीना आदि हैं।

कवित्त–

रस सरसाइ बरसाइ वर सुधा कब
मानस-गगन मैं मयंक-सम खिलिहौ।
कब उर माँहिं जमी मादकता-मैल काँहिं
निज अनुकूलता सु छूरिका ते छिलिहौ॥
'हरिऔध' कब बैनतेयता - बनक लैके
मेरे पाप - पुंज पन्नगाधिप को गिलिहौ।
पलक पलक पर लालसा सतावति है
सौगुनी ललक भई लाल कब मिलिहौ ॥ 1 ॥

सवैया–

मानव की मति दानवता तजि मानवता कब मंजु लहैगी।
नीति कुनीति कहैहै नहीं कब सुंदर-नीति सुपंथ गहैगी॥
आकुल है 'हरिऔध' महा कब आकुलता कतहूँ न रहैगी।
प्रेम-सुधाकर के करते कब शांति-सुधा बसुधा मैं बहैगी ॥ 2 ॥

दोहा–

रहत रैन-दिन अति-दुचित चित नहिं पावत चैन।
कब मुख-कमल दिखाइहौ अमल-कमल-दल नैन ॥ 3 ॥
काहे नाहिं कृपायतन करत कृपा की कोर।
लाखन अँखियाँ हैं लगी तब अँखियन की ओर ॥ 4 ॥

19. अवहित्य

भय, लज्जा और गौरवादि के कारण अपनी अवस्था अथवा किसी बात को छिपाना 'अवहित्य' कहलाता है। इसके लक्षण बात बनाना, दूसरी ओर देखना, अनभीष्ट कार्य में प्रवृत्त दिखाना आदि हैं।

सवैया–

मानत हार हैं हार भये पर पै मन मैं अनुमानत जीतै।
हैं हरुओ पर चाहत हैं सुनो औरन ते गरुओपन गीतै॥
प्रीति को बानो रखै 'हरिऔध' पै पावन मोद किये अनरीतै।
आँखि चुरावत राति सिराति है बात बरावत बासर बीतै॥ 1॥

दोहा–

कुल-ललना सकुची सहमि मिले नैन ते नैन।
मुँह के मुँह में ही रहे कहे अधकहे बैन॥ 2॥
चित-चंचलता देखिकै पिय-चंचल-दृग माँहि।
लागी गिनन कमल-मुखी केलि-कमल-दल काँहिं॥ 3॥

20. दीनता

विविध दुःख तथा विरह आदि के कारण चित्त के ओज-रहित होने का नाम 'दीनता' है। खिन्नता, मलिनता, साहस-हीनता आदि इसके लक्षण हैं।

कवित्त–

मानत न मन मनमानी ही करत नित
तनहूँ हमारो नाहिं बस मैं हमारे है।
बहु दुख बार बार दुखित बनावत है
दादिर-दमामो-दीह बाजत दुआरे है॥
'हरिऔध' मान महनीयता को देत नाहिं
मति कमनीयता ते रहति किनारे है।
दीनबंधु तोसों दीनबंधु कौन दूसरो है
दीनता हमारी दीनबंधुता सहारे है॥ 1॥

कैसे मुख जोहतो सुजनता-बिमुख-जन को
साँसत-दुसह कैसे बार बार सहतो।
कर जोरि जोरि क्यों निहोरतो अनेहिन को
तेहिन के तेह की तरंग मैं क्यों बहतो॥
'हरिऔध' कैसे बलवानन की बलि होते
कैसे खल-गौरव के रौरव में रहतो।
दयानिधि तू जो दयानिधिता दिखावतो तो
कैसे दीन दीनता-दवागिनि मैं दहतो॥ 2॥

दोहा–

निरखि निरखि निज दीनता क्यों न दीन बिलखाहिं।
दीनबंधु मैं देखियत दीनबंधुता नाहिं ॥ 3 ॥

दीनबंधु कौ दीन को बंधु जानि मन माहिं।
नित फूले फूले फिरत पै फल पावत नाहिं ॥ 4 ॥

21. हर्ष

इष्ट की प्राप्ति से चित्त को जो आनन्द होता है उसे 'हर्ष' कहते हैं। इसके लक्षण गद्‌गद स्वर, पुलकावलि, उत्फुल्लता आदि हैं।

कवित्त–

मन के बिलास ही ते ललित बिलासिता है
मन सुधार-धार ही सुधानिधि मैं बही है।
मन-रस ही ते है रसिकता सरस होति
माधुरी ते रुचि माधुरी की रही है॥
'हरिऔध' मंजु मन ही है मंजुता को मूल
लोन-मन ही ते लता लोनी लहलही है।
मन के प्रमोद ही ते दिसा है प्रमोदमयी
मनोमोद ही ते मौदमयी सारी मही है ॥ 1 ॥

सवैया–

मोहन मोहमयी मुरली सुनि मोहित ह्वै तिय है सुधि खोती।
मोदमयी बतिया उर-भूमि मैं है बर बीज बिनोद के बोती॥
हेरि मनोहरता 'हरिऔध' की नैनन ते बरसावति मोती।
लालन की अलकावलि को लखि है तन मैं पुलकावलि होती ॥ 2 ॥

दोहा–

ललकित-पुलकित-नयन ते करि रस-पान अथोर।
हँसत निरखि नभ-चंद को है बिहँसत मन-मोर ॥ 3 ॥

किलकत हँसत ललकि ललकि जात जननि की गोद।
मोद होत काको नहीं निरखत बाल-बिनोद ॥ 4 ॥

कवित्त–

कोमल-कलित-कंठ-गान ते निहाल होत
सुनि बर बादन बिनोदित रहत है।
अवलोकि लोने लाल ललना-ललाम-मुख
प्रति-पल पुलक-प्रवाह मैं बहत है॥
'हरिऔध' भागवान चौगुनो-उमाह-भरो
चंद चाँदनी को चाहि चाहि उमहत है।
पुलकित बनत बिलोकि बिटपावलि को
मोद कुसुमावलि ते बिपुल झरत है॥ 5॥

22. व्रीड़ा

कारण-विशेष से जिस लज्जा का हृदय मैं संचार होता है उसे 'व्रीड़ा' कहते हैं। इसके लक्षण मानव-संकोच, सिर का नीचा होना आदि हैं।

कवित्त–

पानी गिर गयो जिन आँखिन को कैसे तिनैं
पानी वारी करिकै अपानिपता हरिहै।
भली जो बनति है भली कहि बुराइन को
कैसे भाव उनमैं भलाइन को भरिहै॥
'हरिऔध' जाति-मुख-लालिमा रहैगी किमि
कुल-कामिनी ही जो न कालिमा ते ड़रिहै।
आवत समीप जो लजाति अहै लाज ही तो
लाजवारो लाज को इलाज कहा करिहै॥ 1॥

घरनी जो घर को बनाइहै न साँचो घर
घरवारो घर की बिपति कैसे सहिहै।
कामिनी जो कैहै काम नाहि कुल-कामिनी को
कामुक को कुल तो कुलीनता क्यों लहिहै॥
'हरिऔध' पय जो पिआइहै न पयवारी
कैसे कबौं अ-पय उरों ते पय बहिहै।
लाजवारी यदि लाज करत लजाइहै तो
कोऊ लाजवारो कैसे लाजवारो रहिहै॥ 2॥

दोहा–

लाज गँवावति जाति की नेक न आई लाज।
गजब गुजारत दीन पै सिर पै गिरी न गाज ॥ 3 ॥

सुन्दरता के सजन को है अति सुन्दर साज।
है कुलीनता की तुला कुल-ललना की लाज ॥ 4 ॥

काहे घूँघट खोलिकै नहिं करि लेति निहाल।
लालन-लोयन-ललक को कत ललकावति बाल ॥ 5 ॥

23. उग्रता

स्वार्थ, रोष तथा अपराधादि के कारण उत्पन्न हुई निर्दयता और चन्डता का नाम 'उग्रता' है। इसके लक्षण शिरकम्पन, तर्जन-गर्जन और ताड़नादि हैं।

कवित्त–

भारत को जन भरि भरि भारतीयता मैं
जा दिन उभरि जाति भीरुता भगाइहै।
भूरि-भाग बनि भूति मान ह्वैहै भूतल मैं
सकल भुवन काँहिं भवन बनाइहै ॥
'हरिऔध' साहस दिखाइहै तो सारो लोक
सहमि सहमि सारी सूरता गँवाइहै।
डोलि जैहै आसन महेस कमलासन को
सासन बिलोकि पाकसासन सकाइहै ॥ 1 ॥

दीन-दुख देखि देखि दुखत करेजो नाहिं
दूनो दाम माँगहिं दुखन की दवाई के।
औरन को गरो दाबि दाबि गरुआई गहैं
पोर पोर मैं हैं भरे भाव करुआई के ॥
'हरिऔध' कूरन की कूरता कहालौं कहै
चित्त ना कसहिं काम करहिं कसाई के।
पेरि पेरि औरो पीर देहिं पीरवारन को
पिसे काँहिं पीसि पैसे माँगहिं पिसाई के ॥ 2 ॥

दोहा–

कोऊ चित मम चैन को पीसि पीसि है जात।
जो पाहन होतो न तो पाहनपन न लखात ॥ 3 ॥

तिनके मानस देखियत कालहुँ चाहि कराल।
निज लालन के हित हनहिं जे औरन के लाल ॥ 4 ॥

24. निद्रा

परिश्रम, क्लांति, ग्लानि और मादक-द्रव्य-सेवन आदि से उत्पन्न चित्त के बाह्य विषयों से निवृत्ति का नाम 'निद्रा' है। इसके लक्षण जँभाई, आँख मींचना, उच्छ्वास और अँगड़ाई लेना आदि हैं।

कवित्त–

अलसात जात अंग तोरि तोरि अँगिरात
बहुत जम्हात रात बीति गई सारी है।
बुरे बुरे सपन बिलोकिकै बिकल होत
सुरति भये हूँ नाहिं सुरति सँभारी है॥
'हरिऔध' काहू के जगाये हूँ जगत नाहिं
बिपुल पुकारे हूँ न पलक उघारी है।
अधखुली आँखिन को खोलि खोलि मूँद लेत
खुलि खुलि आँखि नहिं खुलति हमारी है ॥ 1 ॥

खोलत न मुख देह गेह की नहीं है सुधि
सूरज उगे हूँ सारी सुरति बिगोये हैं।
हिलत न डोलत न बोलत बुलाये नेक
होत न सचेत अचेतनता समोये हैं॥
'हरिऔध' हारि गयो उठत उठाये नाहिं
कहा काहू बेदना ते राति भर रोये हैं।
खुलि खुलि केहूँ नींद खुलिहै सकति नाहिं
कब के उनींदे हैं कि ऐसी नींद सोये हैं ॥ 2 ॥

दोहा–

मन अनुरंजन करत है अनुरंजित-नभ-राग।
जागि गयो सिगरो जगत जागनवारो जाग ॥ 3 ॥

पारे कब नहीं कूप मैं अपनो रूप बिसारि।
कब बरबस खोये नहीं सोये पाँव पसारि ॥ 4 ॥

25. व्याधि

शरीर में विविध रोग के संचार का नाम 'व्याधि' है। इसके लक्षण काम, आकुलता, मूर्छा, विकलता आदि हैं।

कवित्त–

कलही कलंक-धाम कुल के कपूतन ते
धूत अवधूतन ते सारो देस भरो है।
जन-जन-जीवन प्रमाद-परिपूरित है
घर घर बहु बाद पाँव रोपि अरो है॥
'हरिऔध' हेरि हेरि पकरि करेजो लेत
सहमे सहमि गात-रोम होत खरो है।
अतन-समान है समाज को पतन होत
तन बिन गयो तन जाति-मन मरो है॥ 1॥

दूबरो सरीर अंग अंग है कसर-भरो
सूखो सो बदन सादी रहन-सहन है।
चरु है बिचार है चकित-कर चितवन
चाव है बचाव-भरो रुचिर बचन है॥
'हरिऔध' को है भाव बिबिध-बिभाव-भरो
परम-प्रभाव-भरो कलित कथन है।
उर अनुराग-भरो मानस बिराग-भरो
जीवन बियोग-भरो रोग-भरो तन है॥ 2॥

सवैया–

मोपै न मंत्र-प्रयोग भयो कोऊ मोहि डस्यो न भुअंगम कारो।
भूत की बाधा न मोपै भई नहिं बावरों-सो भयो चित्त हमारो॥
तू उपचार के ब्योंत करै कहा जानै कहा 'हरिऔध' बेचारो।
बान-सी मारि गयो उर मैं अरी बीर बड़ी बड़ी आँखिनवारो॥ 3॥

दोहा–

सारे सुख मैं बहत हैं बिबिध दुखन के सोत।
है सब योग-बियोग-मय भोग-रोग-मय होत॥ 4॥
सुख चाहे नहिं सुख मिलत सहे बनत दुख-भोग।
मेरो रोगी तन भयो कबहूँ नाहिं निरोग॥ 5॥

26. मरण

कारण-विशेष से शरीर से प्राण-वायु निकल जाने का नाम 'मरण' है। इसके लक्षण श्वासहीनता, निष्प्राणता आदि हैं।

कवित्त–

काल-गति अवलोकि धरिबो धरा पै पग
कीरति कमाइबो है काल-बल हरिबो।
लोक-पति-लाह अहै लहिबो अमर पद
लोमसता अहै लालसान ते उबरिबो॥
'हरिऔध' ह्वैबो बलि लोक-हित-बेदिका पै
मान के सहित जाति-मान रखि मरिबो।
जीवन गँवाइ जीबो अहै जगती-तल मैं
अहै बसुधा-तल मैं सुधा-पान करिबो॥ 1॥

सकल मही-तल मैं महिमा-निकेतन की
महनीय महिमा निहारि उमहत है।
जल थल अनल अनिल को बिकास बनि
बिकसित अवनि अकास मैं रहत है॥
'हरिऔध' कर के निकर की बिभाकरता
बारिधता बूद की निबाहि उमहत है।
एकता बिचारि जग-जीव जग-जीवन की
जीवन गँवाइ जन-जीवन लहत है॥ 2॥

दोहा–

वह न अमर है तो अहै अमर अमर-सम कौन।
जिअत मरत मरि मरि जिअत जगती-तल मैं जौन॥ 3॥

परो काठ-सम तन रहत सुत तिय हा हा खात।
तजि धन जन प्यारो सदन प्रान कहूँ चलि जात॥ 4॥

27. अपस्मार

अवस्था-विशेष के कारण मिरगी-रोग के समान चित्त का विक्षेप होना 'अपस्मार' कहलाता है। भूमि-पतन, कम्पन, प्रस्वेद, मुख से झाग और लार का निकलना इसके

लक्षण हैं। भूत-बाधा अथवा प्रयोग आदि के कारण यह अवस्था उत्पन्न होती है।

कवित्त–

विधि-बामता है कै करालता कपाल की है
किधौं पाप-दव है प्रपंच-पूरि दहतो।
किधौं फल अहै रुज बिबिध असंयम को
कै है या मैं नियति-रहस्य कोऊ रहतो॥
'हरिऔध' कछु भेद होत ना ती कैसे जीव
कर पग पटकि दुसह-दुख सहतो।
धूल मैं लुठत कैसे कमल-मृदुल-तन
फूल-जैसे आनन ते फेन कैसे बहतो॥ 1॥

सवैया–

कै अहिफेन भख्यो कै डँस्यो अहि भूत भिर्‍यो कै कहूँ भभरी है।
आनन ते बहु फेन बहावति काँपत गात बेहाल खरी है॥
ए 'हरिऔध' जनात न का भयों सूखति जाति क्यों बेलि हरी है।
फूल-छरी-सम धूरि-भरी यह भूतल पै परी कौन परी है॥ 2॥

दोहा–

खोये रतनन सुरति करि हहरत हा हा खात।
अवनि लुठत काँपत हिलत फेनिल जलधि लखात॥ 3॥

कै दुख-बस महि परि कँपति फेन तजति अकुलाति।
कै मिरगी मुँह मैं परी है मृगदृगी दिखाति॥ 4॥

28. आवेग

अचानक इष्ट वा अनिष्ट की प्राप्ति से चित्त की आतुरी को 'आवेग' कहते हैं। इसके आकुलता, स्तम्भ, कंप, हर्ष और शोक आदि लक्षण हैं। इष्ट-जन्य आवेग में हर्ष और अनिष्ट-जन्य में शोक होता है।

कवित्त–

निज बेस बसन बिसारिहैं बिराने बने
बस होते बेबसी बितान क्यों तनत हैं।

जानि जानि सकल सजीवन-जरी को गुन
जीवन गँवाइ जाति-जर क्यों खनत हैं॥
'हरिऔध' सदा के चतुर चातुरी बिहाइ
आतुर कहाइ आतुरी मैं क्यों सनत हैं।
बावले कहावत क्यों बात बावलों-सी कहि
क्यों करि उतावली उतावले बनत हैं॥ 1 ॥

परग परग चले पारग पथों के होत
थोरो थोरो किये काम होत बहुतेरो है।
खिन खिन सूखे सूखि जात है सरित-सर
छिन-छिन छीजे छूटि जात घन-घेरो है॥
'हरिऔध' पल पल बीते राति बीति जात
धीरे धीरे दूर होत अवनी-अँधेरो है।
होत ना उबार तो उबार कहा ह्वैहै नाहिं
कत अकुलात बार बार मन मेरो है॥ 2 ॥

अकुलानि भरो साप-फन सहकारी भाव
उर मैं उफान-जैसो कत उफनत है।
सारी साहसिकता क्यों सिकता-समान भई
सूरता-बिहीनता मैं सूर क्यों सनत है॥
'हरिऔध' धीर को तजति कत धीरता है
बार बार सुधि क्यों सिधारत अनत है।
पुरु के सरिस तरु कैसे सरु होत जात
गिरि ऐसो गरुओ क्यों हरुओ बनत है॥ 3 ॥

सवैया–

छबि रावरी हेरि छबीली छकी सिगरे छल-छंदन छोरै न लगी।
अलकावली लाल तिहारी लखे कुल-कानि हू ते मुख मोरै लगी॥
'हरिऔध' निहारिकै नैन सुहावने देवन हूँ को निहारै लगी।
तरुनाई तिहारी निहारि तिया उकतान-भरी तृन तोरै लगी॥ 4.॥

दोहा–

लरखरात पग कर कँपत थरथरात है गात।
तितनी आकुलता बढ़ति जितनो जिय अकुलात॥ 5 ॥

कत कछु को कछु है कहति कत अँगिराति जम्हाति।
काहें चंचलता-मयी चंचल-नयनि लखाति ॥ 6 ॥

29. त्रास

किसी अहित भावना से हृदय में जो भय उत्पन्न होता है उसे 'त्रास' कहते हैं। कंप, आकुलता, आशंका आदि इसके लक्षण हैं।

कवित्त–

बनिकै अमर करि समर बचैहौं मान
कसिकै कमर काम करिहौं अँगेजो मैं।
यमदंड केरी दंडनीयता निवारी देहौं
करि देहौं खंड-खंड काल हूँ को नेजो मैं ॥
'हरिऔध' कैसो त्रास त्रास मानिहौं ना कबौं
रहन न देहौं पास भीति-भरो भेजो मैं।
खरे ह्वैहैं रोम रोम-रोम तो उखारि देहौं
काँपिहै तो रेजो रेजो करिहौं करेजो मैं ॥ 1 ॥

दोहा–

है न देस-हित भय-भरो है न भयावह बात।
उभरि उभरि कत चित्त तू भभरि भभरि भजि जात ॥ 2 ॥
गिरति उठति उठि उठि गिरति सिहरति भजति जम्हाति।
कत मामिनि भय ते भरी भभरी भूरि दिखाति ॥ 3 ॥

30. उन्माद

काम, शोक, भय आदि के प्राबल्य से चित्त में जो एक प्रकार का विक्षेप और व्यामोह होता है उसे 'उन्माद' कहते हैं। हँसना, रोना, गाना, व्यर्थ बकना आदि इसके लक्षण हैं।

कवित्त–

दुख के समूह ते करत हित-कामना है
मोहित ह्वै मोह ते बजावत बधावरो।
बोझो राखि सीस पै बिबिध सहबासिन को
ढोअत है कंधन पै अंधन को काँवरो ॥

'हरिऔध' बनो घरवारन को घोरो रहै
बनै कबौं भोरो कबौं गोरो कबौं साँवरो।
हारो हारो रहत सहारो है लहत नाहिं
रावरो बनत ना हमारो मन बावरो॥ 1॥

तूठे रहे झूठे झूठे भावन ते भोरे बनि
तिनके अँगूठे देखे जो नित तने रहे।
जग को प्रपंच मानि छूटे ना प्रपंचन ते
जाल तोरि तोरि जाल जकरे घने रहे॥
'हरिऔध' साँसन की आस को न आस मानि
साँसत-समूह माँहिं संतत सने रहे।
साँवरे बजत रहे बहँक बधावरे ही
रावरे कहाये तऊ बावरे बने रहे॥ 2॥

दोहा–

बहु बिरुझत बहँकत बकत बिगरत बनत बिमोहि।
बार बार मन बावरो करत बावरो मोहि॥ 3॥

रोवत गावत बहु हँसत रीझत खीझत जात।
बहँकत बिगरत बावरो बहरावत बतरात॥ 4॥

31. जड़ता

विवेकशून्य और किंकर्त्तव्य-विमूढ़ चित्तवृत्ति को 'जड़ता' कहते हैं। इसके लक्षण टकटकी लगाके देखना, चुप होना, चलने-फिरने में असमर्थ होना आदि हैं।

कवित्त–

जहाँ के तहाँ हैं परे कर पग अंगना के
तन भयो काठ ना उघारति पलक है।
बिपुल धुलति जाति हिलत डुलत नाहिं
कलित कपोल पै न लुरति अलक है॥
'हरिऔध' कहा भयो कहत बनत नाहिं
कामिनी को भई आज कौन-सी कलक है।
लोयन-ललक है कै झलक लगन की है
छल है छलावा है कि छोह की छलक है॥ 1॥

चलत न हाथ पाँव सुनत न कोऊ बात
खुलति न आँखि गात-सुरति बिसारी है।
कहा होत अहै कहा ह्वैहै कहा कीबो अहै
याहू को न ज्ञान सारी सुधी हूँ सिधारी है॥
'हरिऔध' मूकता है मन मूक हूँ ते घनी
मानों महामोह भये गई मति मारी है।
पाइकै सजीवता सजीव है बनति नाहिं
जीवन-बिहीन कैसी जड़ता हमारी है॥ 2॥

दोहा–

देह गेह के नेह ते साँसत सहत अतीव।
तऊ तजत जड़ता नहीं यह मेरो जड़ जीव॥ 3॥

चकित भई अचपल भये लोचन चपल रसाल।
चितै चितेरे को बनी चित्र-पूतरी बाल॥ 4॥

32. चपलता

मत्सर, द्वेष, रागादि के कारण अनवस्था तथा अस्थिरता सहित कार्य करने को चपलता कहते हैं। इसके साधन धमकाना, कठोर शब्द कहना और उच्छृंखल आचरण करना आदि हैं।

कवित्त–

पल पल दौरत करत मनमानी रहै
जतन किये हूँ मोह मन को गयो नहीं।
परि परि बस माँहिं बासना बिसासिनी के
कब तन पापी नाना ताप ते तयो नहीं॥
'हरिऔध' हारि पर नेको हित होत नाहिं
कब सुख-चाह सुख चाहत नयो नहीं।
बाल-मति आकुलता-अंचल तजत नाहिं
मेरो चित चंचल अचंचल भयो नहीं॥ 1॥

बैरि-दल जाते बार बार बलवारो बनै
लोप होवै ऐसी लोक-लोपिनी अबलता।

दिन दिन दूनों जाते दानवी-दमन होवै
धूरि माँहिं मिलै ऐसी मानवी सरलता॥
'हरिऔध' जाते नर-बिपुल बिफल होवै
धस माँहिं धँसै ऐसी सकल-बिफलता।
जाते लहै चौगुनी बिकलता बिकल जन
चूर-चूर होवै ऐसी चित्त की चपलता॥ 2॥

सवैया–

कुंज मैं राजति ही मुख-मंजु ते कै कल-कंजन की छबि औगुनी।
बात वहै तहाँ तौ लौं भई नहिं जाहि रही मन माहिं कबौं गुनी॥
चौंकि परी 'हरिऔध' को चाहि उमाहि चली बनि आकुल-चौगुनी।
नौगुनी चावमयी-चपला भई लोचन-चंचलता भई सौगुनी॥ 3॥

दोहा–

चाव भरे चित-चोर को लखि चितवत ललचात।
चंचल-नयनी को भयो चित चलदल को पात॥ 4॥

चली जाति कल-कुंज मैं चौंकति खरके पात।
चपला निज-गति-चपल ते करि चपला को मात॥ 5॥

33. वितर्क

किसी प्रकार का विचार उठते ही चित्त में संदिग्ध भावों का उदय होना और इदं कुतः में लग जाना वितर्क कहलाता है। इसके लक्षण भृकुटी-भंग, सिर हिलाना और उँगली उठाना आदि हैं।

कवित्त–

सुनि सुनि केहूँ हैं सुनत हित-बात नाँहिं
जानि गुन-औगुन गुनन मैं न सने हैं।
जिनही ते जान है परति जान-हीनन मैं
तिनकि तिनकि तनि तिनही ते तने हैं॥
'हरिऔध' का हैं ए हमारे आन-बानवारे
जड़ हैं कि जीवन-बिहीनन के जने हैं।
भोरे हैं कि चाहन उमाहन ते कोरे अहैं
कै हैं हर-बाहन कि पाहन के बने हैं॥ 1॥

जो मन हमारो सदा मानतो हमारी कही
परम बिमुख को तो मुख कैसे जोहते।
जो न मति होति लुंज कैसे तो मनुज ह्वैके
गुंजा-पुंज काँहिं मंजु मोतिन मैं पोहते॥
'हरिऔध' कामना रखति कमनीयता तो
कमनीय भाव कैसे उर मैं न सोहते।
तेरी दया होति तो न दयनीय होते राम
तेरी मया होति ते न माया-मोह मोहते॥ 2॥

छिन छिन छीजत है जाति को छबीलो तन
छूत-छात मैं परि अछूतो बल ख्वै गयो।
लाल ललना के छिने छतिया छिलति नाहिं
पातक छछूँदर उछाहन को छ्वै गयो॥
'हरिऔध' काहें आँखि खोलेहूँ खुलत नाहिं
गिरि-सम गौरव अगौरव में ग्वै गयो।
मति छरि गई कै उछरिकै चुरैल लागी
सरि गयो भजो कै करेजो रेजो ह्वै गयो॥ 3॥

दोहा–

पामर तज को है कहा पामरता पहचान।
पद पद पर ह्वै पतित क्यों पैहै पद निर्वान॥ 4॥

नहिं बोलत खोलत पलक तिय-तन डोलत है न।
लागी अहै चुरैल कै लगे नैन ते नैन॥ 5॥

◆◆◆◆◆

आलंबन विभाव

नायिका

जिस सुन्दरी स्त्री को अवलोकन कर हृदय में शृंगार रस का संचार होता है उस रूपलावण्यवती युवती को नायिका कहते हैं। यथा–

कवित्त–

दीठ के परे ते गात-मंजुता मलिन होति
देखे अंग दलकहि दल सतदल के।
कोमल कमल सेजहूँ पै ना लहति कल
भारी लगैं बसन अमोल मलमल के॥
'हरिऔध' हरा पहिराये बपु-कम्प होत
पायन मैं गड़हिं बिछौने मखमल के।
कुसुम छुये ते रंग हाथन को मैलो होत
छिपत छपाकर छबीली-छबि छलके॥ 1॥

अमल धवल चारु चाँदनी सरदवारी
आनन-उजास आगे लागति कपट सी।
आतप की धापहूँ ते तन कुँभिलान लागै
देखि छबि नीकी जाति रतिहूँ रपट सी॥
'हरिऔध' कोमलता ऐसी कामिनी की अहै
पखुरी-गुलाब गात आवति उपट सी।
नूतन प्रसून लौं सुरंग अंग अंग दीखै
कढ़त सरीर सों सुगन्ध की लपट सी॥ 2॥

चकित चितै कै चाव चौगुनो बढ़ाइ चौंकि
चित अनुमानि लाल भूल्यो चैन सुख है।

चलि कत चरचा करै री चारुता को चूकि
सची चेरी वाकी चारुता के सनमुख है॥
'हरिऔध' चाँदनी लौं हास चख झख के से
चलन अमोल चामीकर लौं बपुख है।
चपला सी चमक चितौन है चकोर जैसी
चम्पा लौं बरन चारु चन्द्रमा सो मुख है॥ 3॥

कोमल कलित करि-कर लौं सु-कर नीके
कामिनी के परम प्रमोद उर पारे देत।
दीपति-बलित-दन्त पाँति की दुगूनी दुति
दम्भवारे दारिभ कौ उदर बिदारे देत॥
'हरिऔध' बाँके बड़े बान से बिखीले नैन
बारिजातहूँ को बर बरन बिगारे देत।
गहब गुलाब से गुलुफवारी कामिनी कौ
मन्द-मन्द गमन गयन्द-मद गारे देत॥ 4॥

सवैया–

कौन कथा मृग मीन की है किन दारिम दाख की बात कही है।
किन्नर नाग नरादि के नारिन की 'हरिऔध' जू कौन सही है॥
रूप तिहारो निहारिकै राधिके देव-बधून की देह दही है।
भाजि हिमाचल मैं गिरिजा बसी इंदिरा सागर बीच रही है॥ 5॥

शिख-नख-वर्णन

शीश

दोहा–

मिलत निरखि या सीस ते नव रस की बकसीस।
सादर सीस नवाइ को देत न सदा असीस॥ 1॥

फूलि उठे दृग सखिन के छबि लख देत असीस।
है सफूल दूनो फबत सीस-फूल तिय-सीस॥ 2॥

फूल कहूँ फल कहुँ लगत यह बिपरीत महान।
सीस-फूल सों देखियत स-फल होहिं अँखियान॥ 3॥

सुर-पुर बसतहुँ लेत यह सुनासीर-मन खेंच।
परत सरासर पेच मैं लखि तेरो सरपेंच ॥ 4 ॥

माँग

दोहा–

दृग दुहूँन की देखियत बढ़त जाति नित माँग।
कहा माँगि नहिं सकति मन-माँगनवारी माँग ॥ 1 ॥

रूप धरे अपनो दिपत अति-अनूप अनुराग।
सरस-सिंदूरवती नहीं यह युवती की माँग ॥ 2 ॥

पारि देत मन पेच मैं रच पेचीले स्वाँग।
नीकी-मुकतावलि-बलित गज-गमनी की माँग ॥ 3 ॥

पाटी

दोहा–

कबौं पटी नहिं काहु की तिय-पाटी के साथ।
याहि अटपटी मैं किते पटकत पाटी माथ ॥ 1 ॥

पढ़ि बिधि की पाटी कहत जग-परिपाटी काँहिं।
जो मुख पाटी सों पटे पाट ठटेहूँ नाँहिं ॥ 2 ॥

चोटी

दोहा

बिख सों कछु चढ़ि जात सुनि या बेनी की बात।
लहर न आवत काहि लखि नागिनि सी लहरात ॥ 1 ॥

बिख वाके काटे चढ़त याके नेकु लखात।
क्यों बेनी सी औगुनी गिनी नागिनी जात ॥ 2 ॥

का अजगुत की बात जो मानव-हिय हरखात।
सुमन-सजी बेनी लखे सुमनस-जी न अघात ॥ 3 ॥

चित को बिचलावत चलत कुटिल चाल न लखात।
लखि बेनी व्याकुल बनो फिरत ब्याल बल खात ॥ 4 ॥

कैसे कोऊ सहि सकै बेनी-बिख की ज्वाल।
बिवर बसेहूँ नहिं भयो गरल-बिबरजित ब्याल ॥ 5 ॥

जूरा

दोहा–

पूरा बिखधर-फन दियो बिख-कूरा बतराय।
मन-अजान तबहूँ जुरा वा जूरा सों जाय॥ 1॥

तब जूरा को भेद तिय समुझि परत कछु नाँहिं।
है छटाँक-भरहूँ न पै मन बाँधत छन माँहिं॥ 2॥

जूरा बाँधन मैं कछू साधन और लखात।
कहूँ बँधनवारो न मन जहँ बरबस बँधि जात॥ 3॥

अलक

दोहा–

भ्रमत इनैं न बिलोकियत बन-बागन गुंजारि।
अलि-कुल अकुलाने फिरत अलकावली निहारि॥ 1॥

पल-पल ललकत ही रहैं लालन-लोयन दोय।
लखे आलुलायित अलक लालायित चित होय॥ 2॥

कैसे कोउ मानव सकै निज मन-नैनन रोकि।
अलकावारेहूँ फँसहिं अलकावलि अवलोकि॥ 3॥

बँधत अरूझत ही रहत मिटत न मन को दंद।
जो छोर्‌यो जूरा पर्‌यो अलकावलि को फंद॥ 4॥

पान-काल जब चूकिकै लट-व्यालिनि बल खाति।
जल-कन मिस मुख-ससि-सुधा बूँद बूँद गिरि जाति॥ 5॥

लार बहावत नागिनी मुख-मयंक-मधु-हेत।
टपकत अलकन ते न अलि यह जल-कन छबि देत॥ 6॥

नेक नहीं मेरी सुनत हारि परे हम टेरि।
एरी क्यों लटि जात मन यह तेरी लट हेरि॥ 7॥

गति मन-नैनन की निरखि मति बतरावति मोहि।
ए जुलमैं परिजात हैं जुल्मी जुलफन जोहि॥ 8॥

केश

कवित्त

मन्जुल सिवार सुकुमार-पन्नगी-कुमार
मेरे जान मखतूल-तारहूँ ते नीके हैं।
रस-धाम करैं ए अकाम-मनहूँ को छाम
तम ते बनाये बीछि काम-रमनी के हैं॥
'हरिऔध' सरस-सिंगार-रस के हैं सार
कारक-अपार-मोद सारी आवनी के हैं।
घुघुरारे आनन-बगारे छबिवारे प्यारे
सटकारे कारे कारे केस कामिनी के हैं॥ 1॥

दोहा–

छहरत छाये छवा लौं छंद छगूने धार।
प्यारे प्यारे छरहरै छबिबारे ए बार॥ 2॥

कारे कारे चीकने सने-सनेह सु-देस।
मन अटकाये लेत हैं ए लटकाये केस॥ 3॥

बिन बूझे सरबर करत तू बावरी बयार।
बिगरेहूँ बनतहिं रहहिं ए बगरे बर-बार॥ 4॥

मेरो मन सोचत निरखि कामिनि तेरे बार।
दी-सिखा-मुख ते कढ़त काजर की यह धार॥ 5॥

कै साँपिनि के सिसुन को गहि आन्यो मुरवान।
किधों छरहरे केस ए छहरत छये छवान॥ 6॥

बगरे ए न बिलोकियत मेचक चिकुर अथोर।
कढ़ि कलंक एकत भयो मुख मयंक दुहुँ ओर॥ 7॥

भाल

दोहा–

बिरचन मैं जाके चले बिधिहुँ निराली चाल।
निरखि भाल भूले मनहिं कैसे सकहिं सँभाल॥ 1॥

जके थके निरखत रहे सके न बूझि बिचार।
पांरत रसिकन पेच मैं परिकै सिकन लिलार॥ 2॥

नवल बाल के भाल पै कै बल परो लखाय।
कै दरपन-तल पै परी लहर-लरी दरसाय ॥ 3 ॥

बाल-भाव ऊँचो लसै किधौं समूचो चैन।
छटा-अटा कै यह पटा मंजु चौहटा-मैन ॥ 4 ॥

भौंह

दोहा–

कहा करैं अनुमान किमि कही न मानत मोर।
मुरत न मोरे मन पऱ्यो भामिनि-भौंह-मरोर ॥ 1 ॥

भामिनि-भौंह बिलोकियत बिगरत बनत सबेग।
गजब गुजारत कौन पै यह गुजराती तेग ॥ 2 ॥

बिन गुन बिसिख बिलोकियत बीरन करत अमान।
कहैं क्यों न हम कामिनी - भौंहन काम-कमान ॥ 3 ॥

बीर बूझियत भौंह को बंकिम झुकी बिलोकि।
चली जात अलि की अवलि नैन-कमल अवलोकि ॥ 4 ॥

बंक पाँति बिधि कर लिखी बिबिध-भाव-आधार।
को बिचार भौंहन करै बिना भये मुख चार ॥ 5 ॥

जन-मन-नैनन को हरति गति-मति करति अपंग।
बंक भौंह की बंकता मिली कुटिलता-संग ॥ 6 ॥

नेत्र

कवित्त–

किधौं बिवि नैन कमनीय कामिनी के नीके
लसि मंजु आनन मैं मन लेत मोल हैं।
किधौं अति-सरस-सरद-सरसीरुह मैं
निवसि युगल अलि बनिगे अबोल हैं ॥
'हरिऔध' किधौं काम-कलित-मुकुर माँहिं
सोहत बिमोहत रतन अनमोल हैं।
मानी मनसिज - युग - मीन मन मोद मानि
किधौं चंद - मंडल मैं करत कलोल हैं ॥ 1 ॥

लाँबे लाँबे कुंचित चिकुर पीठ परि राजैं
सुबरन-भीति पै फनिंद गतिवारे से।

गोरे गोरे सुघर कपोल पै सु-तिल सोहैं
मसि-बिन्दु सुमन-गुलाब मैं सँवारे से॥
'हरिऔध' ऐसी कछू बनी है छबीली आज
सीस लसैं मोती अंधकार बिच तारे से।
कारे कारे तारे ए अरुन अँखिया मैं डोलैं
अमल कमल मैं मिलिन्द मतवारे से॥ 2॥

दोहा–

निसि-दिन रसहूँ मैं बसे लह्यो न सो रस मीन।
जो रस इन अँखियान को बरबस बिधना दीन॥ 3॥

याही ते बन मैं बसे खंज बनज मृग मीन।
कछु अनबन ही सी रही अँखियन सों निबही न॥ 4॥

करि सैनन उपजावहीं मैनहुँ के मन मैन।
एनी-नयनी के नये नीके ए दोउ नैन॥ 5॥

होत वहाँ हूँ थिर नहीं जहँ पानी की खान।
इतनो बेपानिय कियो मछरिन को अँखियान॥ 6॥

दृगन लजे मीनन लखत इत उत दौरत नाँहिं।
डूबन को ढूँढ़त फिरहिं ए अगाध जल काँहिं॥ 7॥

नेक न थिरता गहन की है खंजन की बान।
काको नहिं चंचल करहिं ए चंचल अँखियान॥ 8॥

कढ़त न काढ़े कैसहूँ किये जतन दिन-रैन।
कछु चित मैं ऐसे गड़े बड़े बड़े ए नैन॥ 9॥

चखन हाथ पानी गये भई झखन अस दाह।
कटे मर मिटे हूँ रही पानी ही की चाह॥ 10॥

काको रँग बिगरत नहीं बदलो लखि दृग-रंग।
भये सुरंगहुँ मृगन को कबि-गन कहत कुरंग॥ 11॥

जितनो तिरछे ह्वै चलैं तितनो करैं निहाल।
इतनो लोच न क्यों रखैं ए तव लोचन बाल॥ 12॥
काहि न ए अपनावहीं इनको कौन अहै न।
कहा करि सकत हैं नहीं बाल तिहारे नैन॥ 13॥

कौन मसाले से बने देखे भाले हैं न।
रस के प्याले से लसैं निपट निराले नैन ॥ 14 ॥

नीति - निपुन नागर परम रस-गागर मुद-ऐन।
सागर सील सनेह के सब-गुन-आगर नैन ॥ 15 ॥

नेत्र-लाली

दोहा–

लाल लाल डोरे परे कै अँखियान-मँझार।
सुधा-सरोबर मैं लसै कै अनुराग-सेवार ॥ 1 ॥

किधौं कलित-कोयन रही लोयन-लाली राजि।
अरुन-राग-रंजित किधौं ऊखा रही बिराजि ॥ 2 ॥

लहू बहावत देखियत अब लौं अँखियन काँहिं।
आली यह लाली नहीं लहू लग्यो तन माँहिं ॥ 3 ॥

पुतली

दोहा–

लोयन-कोयन मैं अरी असित पूतरी माँहिं।
कारे-नग ए जगमगत रतनारे नग माँहिं ॥ 1 ॥

ललना-लोयन मैं न यह पुतरी लसति असेत।
अतसी की पखुरी बसी कमल-दलन छबि देत ॥ 2 ॥

कारी कारी पूतरी प्यारी अँखियन माँहिं।
मानिक-रंजित रजत मैं मरकत राजत नाँहिं ॥ 3 ॥

बाल-बिलोचन मैं नहीं पुतरी असित दिखात।
अरुन-राग-जुत सित-गगन मैं राजत रवि-तात ॥ 4 ॥

अंजन-रेखा

दोहा–

अंजन-लीक अलीक कहि कत बहरावति मोहि।
प्यारी मृग-दृग पै रही कारी धारी सोहि ॥ 1 ॥

कै अंजन की रेख लखि अँखियन होत बिनोद।
सोवत खंजन-सिसु परो कै खंजन की गोद ॥ 2 ॥

कहि अंजन की रेख कत कबि-जन बनत अजान।
बरबस काहू सों बिगरि बिख उगिलहिं अँखियान ॥ 3 ॥

बिना सुधाहूँ नहिं सधत बिखहूँ बिना बनै न।
कासों काज रखैं न ए काजरवारे नैन ॥ 4 ॥

काजर-रेख रखैं न जी-जारनवारी आँख।
काहु जी-जरे के जरे जी की है यह राख ॥ 5 ॥

पलक

दोहा–

अदलि बदलि बाटन दृगन अनुमानत निज मान।
पल पल तुलत मनहिं लखत पलकन के पलरान ॥ 1 ॥

पल पल उठहिं गिरहिं परहिं थिरता भूलि गहैं न।
नयनन के ललकन परत पलकनहूँ नहिं चैन ॥ 2 ॥

वरुणी

दोहा–

अनलगेहुँ अनगन जनन अकुलावति चहुँ ओक।
बरु नीकी बरछी अनी नहिं बरुनी की नोक ॥ 1 ॥

कै सिंगार चाँटे जुरे कै बरुनी बिबि-नैन।
कै कमलन काँटे लगे कै ए साँटे-मैन ॥ 2 ॥

अरी चुभावति कत रहति सूची मो हिय माँहिं।
बाम तिहारी बरुनि को बरु निहारिहौं नाँहिं ॥ 3 ॥

सूची तरुनी बरुनि मैं जोरे डोरे नैन।
दरजी मैन सियत रहत प्रेम-बसन दिन-रैन ॥ 4 ॥

बरुनी-बरनन मैं करत कत इतनो चित गौर।
जग-बिजयिनि अँखियान पै ढुरत देखियत चौर ॥ 5 ॥

बरुनीवारी पलक मैं न्यारी आँखेया नाँहिं।
खंजन के जोरे परे मैन पींजरे माँहिं ॥ 6 ॥

नेत्र-तिल

दोहा–

तेज-बिहीन बिलोकियत मलिन रूप औ रंग।
ए तिल कैसे तुलि सकहिं नैन-तिलन के संग ॥ 1 ॥

बिख उगिलत बिगरत लरत बंक चलत गहि मान।
कहा एक तिल पै करत इतनो नैन गुमान ॥ 2 ॥

चाल निराली दृगन की बूझि परत कछु नाँहिं।
कैसे ए तिल एक सों तौलि लेहिं मन काँहिं ॥ 3 ॥

दृग-कोर

दोहा–

कित इनकी गति है नहीं कहाँ न इनको जोर।
काके उर मैं नहिं गड़ी बाँके दृग की कोर ॥ 1 ॥

मोल-जोल कीने बिना लै अमोल मन मोर।
चाहति कहा अकोर अब तेरे दृग को कोर ॥ 2 ॥

रहि रहि कसकत ही रहति कीनेहुँ जतन करोर।
कढ़ति न काढ़े कैसहूँ तिय तव अँखियन-कोर ॥ 3 ॥

चितवन

दोहा–

बार बार बिगरति रहति बूझि परत नहिं गाथ।
क्यों चित बनत न देखियत तिय-चितवन के साथ ॥ 1 ॥

किये कटीले कमल औ मीनन कौ उपमान।
निपट कटीले ह्वै गईं कामिनि की अँखियान ॥ 2 ॥

देह गेह की सुधि बिबस को नहिं देत बिसारि।
ए री यह जादू-भरी तेरी नजर निहारि ॥ 3 ॥

समर-सामुहें देखियत सूरमाहुँ की पीठ।
का न कामिनी की करै बंक-गामिनी दीठ ॥ 4 ॥

नासिका

दोहा–

तो की चल अँखियान मैं नीकी नाक लखाय।
रारी-खंजन बीच कै कीर पर्यो है आय ॥ 1 ॥

नेसुक सिकुरत नाक लखि पर साँकरे आन।
नाक-निवासिन को रहत सदा नाक मैं प्रान ॥ 2 ॥

या तिय-नथ की बात कछु कहत बनत है नाँहिं।
मुकुत मिले हूँ देखियत फँसी नासिका माँहिं ॥ 3 ॥

निधरक जन सौहें रहत चूमत अधर रसाल।
बेसर-मोती कत चलत बेसरमों की चाल ॥ 4 ॥

बरबस बिबस करै परै निसि-बासर नहिं चैन।
बिसरायेहुँ बिसासिनी तिय-बेसर बिसरै न ॥ 5 ॥

नहिं केवल कामिनी - नथहिं ऐसो भयो सुपास।
को मुकुतन को संग करि लहत न नाक-निवास ॥ 6 ॥

तजि ममता निज बरन की मल परिहरि तन दाहि।
करि मुकुतन को संग नथ नाक बिराजत आहि ॥ 7 ॥

कान

दोहा–

कहा भयो अपवाद जो बाद करत जन कोय।
अहे प्रसंसित मत यही स्रुति-सम्मत-मति होय ॥ 1 ॥

भूखति भूखन-भाव सों ए भू मैं दरसाहिं।
कहा भयो भायुक भये जो स्रुति भावहिं नाहिं ॥ 2 ॥

बड़े बड़े मुकुतन कियो निज बस मैं हठ ठानि।
बसीकरन की बानि अस बसी करन मैं आनि ॥ 3 ॥

मुकुतन हूँ को है जहाँ निवसन को अधिकार।
कानन गये कहा रखत, जब कानन सों प्यार ॥ 4 ॥

लोक-बेद बिपरीत यह रीति जकत चित जोय।
स्रुतिसेवी मुकुतन लखे अतन-उदै तन होय ॥ 5 ॥
सिद्धपीठ से मैन के ए दोउ स्रवन सुहाहिं।
बाला को सेवत लखत जहँ मुकुतनहूँ काँहिं ॥ 6 ॥

प्यारी प्यारी छबि-सनी सुबरन-बारी जोय।
बारी पै वारी भई मति मतवारी होय ॥ 7 ॥

हैं न कंज-कल-नयनि के ए झूमक छबि-रास।
अपत होइ कमलन कियो कानन माहिं निवास ॥ 8 ॥

कत कोऊ बूझे बिना कानन को पतियात।
लखे पात उतपात है पात पात मन जात ॥ 9 ॥

मन-मन्दिरहिं सलाकयुत कीबो उचित जनात।
यह कानन की बीजुरी करति महा उतपात ॥ 10 ॥

सुरुचिर स्त्रौनन के लखे चकाचौंध लगि जात।
तहाँ दीठ काकी जुरी जहाँ बीजुरी-पात ॥ 11 ॥

कपोल

दोहा–

काको नहिं बेलमावहीं काहि न करहिं निहाल।
ए गुलाब के फूल से गरबीली के गाल ॥ 1 ॥

वा कपोल को है बलित-ललित-लालिमा जौन।
माखन को गोला कहे माख न मानत कौन ॥ 2 ॥

बरजोरे कत जो रहत मन मोरे सब काल।
गोरे गोरे ए गरल-भरे निगोरे गाल ॥ 3 ॥

गोरे-गोरे चीकने अमल अनूप अमोल।
मो चित बिचलित होत लखि लोने ललित कपोल ॥ 4 ॥

कछु अनखुन करि नहिं चलै अँखियन ही सों चाल।
गालिब कापै होत नहिं गहब गुलाबी गाल ॥ 5 ॥

सपरत कछु न परत बनत लोयन भये अडोल।
पलक-पोल पल मैं खुलत पुलकित पाइ कपोल ॥ 6 ॥

अनगन-जन-मन को करैं अनुरंजन सब काल।
भोरे भोरे भावजुत गोरे गोरे गाल ॥ 7 ॥

दाँत

दोहा–

हैं मोती से कुन्द के कोरक से दरसात।
चंद्रमुखी के चारुतामय चमकीले दाँत ॥ 1 ॥

ललकित लोयन मैं बहति अभिनव रस की धार।
दारिम-दाने सी लसी दसनावली निहार ॥ 2 ॥

रसना

दोहा–

कबहूँ बरसति है सुधा कबहुँ बनति सुखदानि।
रसमय जीवन करति है रसना रस की खानि॥ 1॥

बहु-बिध-बचनावलि-जननि कलित कला की केलि।
है रसालता की थली है रसना रस-बेलि॥ 2॥

वाणी

दोहा–

बहु बिलास की सहचरी मंजुल-रुचि-अनुभूति।
बर-बरनी-बानी अहै मधुमय-कथन-बिभूति॥ 1॥

बीन सरिस कल-नादिनी उन्मादिनी अपार।
है गौरांगिनि की गिरा स्वर-गौरव-आगार॥ 2॥

हँसी

दोहा–

हँसे खिलति है चाँदनी बहति सुधा की धार।
दमकि जाति है दामिनी रीझत है रिझवार॥ 1॥

बिलसि मनोहर अधर पै हँसी मोहि मन लेति।
बरबस मोह-मरीचिका डारि मोहिनी देति॥ 2॥

मुसकान

कवित्त–

किधौं तम-बिन्दु की कतार मैं सुधा की धार
किरिन कढ़ी है किधौं कालिमा प्रतीची मैं।
काँति कैधों हीरा की लसति पाँति-नीलम मैं
जोति बगरी है कै कलिंदजा की बीची मैं॥
हाँस-रस-सोत कै सिंगार-रस-बूँदन मैं
'हरिऔध' कैधौं कला मन्द की मरीची मैं।
कारे-दंद-पाँति मैं लसी है मुसुकान किधौं
थिरकि रही है बिज्जु बादर-दरीची मैं॥ 1॥

दोहा–

मीत-नयन मन-अयन मैं बरसि सरस रस जाति।
मंद मंद महि पग धरति मंद मंद मुसुकाति ॥ 2 ॥

है दामिनी की दमक सी दमकति करि रस-दान।
बदन-कलानिधि-कला सी कलामयी मुसुकान ॥ 3 ॥

स-छबि बनावति छबिहुँ को बनि सौगुन छबिबान।
कुसुम-बिकास-बिमोहिनी बिकसित-मुख-मुसुकान ॥ 4 ॥

सोहति सोही सिता सम मोहति मोह समान।
ललना-लाल-अधर-लसी ललक-भरी मुसुकान ॥ 5 ॥

अधर

कवित्त–

कोऊ कहै अमी को निवास अमरावती मैं
कोऊ कहै कवि की कलित कबितान मैं।
कोऊ कहै अमल मयंक की मरीचिन मैं
कोऊ कहै सिसु की सरस बतरान मैं ॥
'हरिऔध' कोऊ कहै मंजुल रसाल माहिं
कोऊ कहै गौरवी गवैयन के गान मैं।
मेरे जान केवल निवास है अमिय केरो
कामिनी के कुसुम-समान अधरान मैं ॥ 1 ॥

सवैया–

बिंब बँधूक जपा-दल बिद्रुम लाल हूँ लालिमा पै ललचाहीं।
माधुरी की समता को सदाहिं ये ऊख पियूख मयूख सिहाहीं ॥
का 'हरिऔध' से मानव की कथा देवता दानव हू बलि जाहीं।
बीर कहै किन धीर धरा अधरा अवलोकि धरातल माहीं ॥ 2 ॥

बर बिद्रुभ मैं कहा लाली इती कहा मंजुलता जपा ऐसी गहै।
कहा लाल मैं लाल लगाई इती समता कहा बापुरो बिम्ब लहै ॥
कहा ऊख मयूख पियूख मैं एती मिठास अहै 'हरिऔध' कहै।
जिती माधुरी कोमलता कमनीयता मोहकता अधरा मैं अहैं ॥ 3 ॥

दोहा–

मनसिजहूँ वाके बिना जीवन धारत नाहिं।
सुधा मिली काको नहीं अधर-सुधाधर माहिं ॥ 4 ॥

गगन-लालिमा मैं लसित कल कौमुदी समान।
काको मुदित करति नहीं अधर-बसी मुसकान ॥ 5 ॥

चिबुक

दोहा–

गिरे चिबुक कै गाड़ मैं निबुक सकत मन नाहिं।
मधुप समान परो रहत मंजुल पाटल माहिं ॥ 1 ॥

देखि छके चितवत रहे मोहे कहि अनमोल।
रसिक-नयन-तिल कब सके स-तिजल चिबुक को तोल ॥ 2 ॥

मुख

कवित्त–

बीजुरी बिचारी है विकल बिलखानी फिरी
हीरक के हारहूँ को तेज सब हरिगो।
चूर-चूर भयो चोप चुन्नी की चिलकहूँ को
दुतिवारे - दीपक - दिमाग हूँ उतरिगो ॥
'हरिऔध' बदन बनावत ब्रजेस्वरी को
बिधि हूँ को बहुरो बनाइबो बिसरिगो।
तरनि के तन में न तनिक लुनाई रही
तारन समेत तारापति फीको परिगो ॥ 1 ॥

दीपति दुगूनी दुति रैन दिन आठो जाम
दामिनी-दमक सम परत न मंद है।
दबकि रहत देखे दीपमालिका को दीप
बारिज कुमुद पेखे लहत अनंद है ॥
'हरिऔध' सीरो तापकर छन-छन ओप
बढ़त अपार बूझि परत न छंद है।
तेज है कि तंत्र है कि तारा कि यंत्र है
कि राधिका-बदन है कि रवि है कि चंद है ॥ 2 ॥

सवैया–

आइकै ब्योम बसेरो लियो अब आपनो रूप अनेक सँवारत।
द्वै कबौं तीन कलादिक सों प्रकटै कबौं पूरी कलान को धारत॥
राधिका-आनन की समता हित ब्योंत नये 'हरिऔध' बिचारत।
ऊबि गयो बसि बारिधि-अंक मैं मानों मयंक कलंक पखारत॥ 3॥

दोहा–

छबि लखि वारति प्रान रति मोहत रहत मनोज।
है सुन्दरता-सरित कौ सुन्दर-बदन सरोज॥ 4॥

वाकी बिभा लहे लसत अनुपम-रस नभ-अंक।
है बिनोद-बारीस को मंजुल-बदन मयंक॥ 5॥

ग्रीवा

दोहा–

सरस-राग अनुराग को वाते निकसत सोत।
लखे कंठ कंठा-सहित चित उत्कंठित होत॥ 1॥

वाको कहे कपोत सम होत ललित-उर लंठ।
हर कंबु की कंबुता कोकिल-कंठी-कंठ॥ 2॥

भुजा

दोहा–

बिरचित है बर-बीजुरी बिबिध-बिलास सकेलि।
सुबरन-बरनी की भुजा है सुबरन की बेलि॥ 1॥

काम-पास-कमनीय कै सुख-सर-मंजु-मृनाल।
बिचलित होत बिलोकि चित बलय-बलित-भुज-बाल॥ 2॥

कलाई

सवैया–

चूरी सुचारु की चारुताई लखे चंचलता चित चौगुनी आवै।
छंद पछेलन के फरफंद ते मंद भयो मनहूँ दिखरावै॥
सूधी सुगोल भई तो कहा 'हरिऔध' हियो जो महा अकुलावै।
एरी हेरात है आई कलौ कोऊ कैसे कलाई लखे कल पावै॥ 1॥

हथेली

दोहा–

लोक-लालिमा ते ललित लखि करतल-अवदात।
खटके ही मैं रहत हैं बट के टटके-पात ॥ 1 ॥

अधिक लालिमा लहन हित ललकित रहि सब काल।
रखति लाल को हाथ मैं बाल-हथेली-लाल ॥ 2 ॥

उँगली

दोहा–

चंपक-कलित-कलीन को किधौं बिराजत जूह।
किधौं मंजु-कर-कमल मैं बिलसत करज-समूह ॥ 1 ॥

कर कितने संकेत-कल काहि न करत निहाल।
नवल-बाल की आँगुरी ईंगुर जैसी लाल ॥ 2 ॥

कुच

कवित्त–

श्रीफल कहे ते सुख होत सपनेहूँ नाहिं
तोख होत हिय मैं न कंदुक बखाने से।
कंचन-कलस की कथान को उठावै कौन
रति को सिँधोरा कहे रहत लजाने से॥
'हरिऔध' जामैं बसि मत्त-मन-भृंग मेरो
कढ़त न दीखै अजौं कौनहूँ बहाने से।
सोभा-सने सौहैं सौहैं ससि लौं सु-आनन के
सरस-उरोज ए सरोज सकुचाने से ॥ 1 ॥

सवैया–

सुन्दर चाँद सों भोरो-भलो मुख काको अहै भुवि मैं चित-चोरना।
गोरो-गुलाब लौं भाव-भरो तन लेत है काको भटू मन-छोरना ॥
ए 'हरिऔध' अनूठी-छटा लखे कैसहूँ कोऊ सकै मुख मोर ना।
काको न ए बड़े-नैन किये बस काके हिये मैं गड़ी कुच-कोर ना ॥ 2 ॥

उदर

दोहा–

कै है कोऊ काम - थल चलदल - दल - अनुरूप।
कै बिलसित त्रिबली - बलित - नवला - उदर - अनूप ॥ 1 ॥

सोहत है सरसिज - दलन सरिस सरस - छबि धारि।
लगत असुंदर मानसर सुंदर - उदर निहारि ॥ 2 ॥

रोम-राजि

कवित्त–

उरजबिलंबी कारे केस पन्नगेसन सों
केलि करि खेलि मेलि बदन बदन ते।
सुठि-सुरसरि-धार मोतीहार मैं समोद
बार बार बिहरि बिलासिनी मदन ते॥
'हरिऔध' पान काज नाभि-सर को पियूख
बिसरि अपान मिलि मदन-कदन ते।
लसत न कंचुकी सकुच ढिग रोम-राजि
निकसत पन्नगी पिनाकी के सदन ते ॥ 1 ॥

माला

कवित्त–

सरपेच है कै पेच माहिं पारै आँखिन कौ
बेसर है बिकल बनावै मति आन की।
'हरिऔध' बड़े बीर हूँ की धीर बाला हरै
कनफूल उर को है कनिका कृसान की॥
कामिनी तिहारी कहा तेरे तन-भूखन हूँ
करत अनोखी कौन हैहै प्रान की।
मोल लेत माल मुकतान हौं सुन्यो पै लख्यो
मोल मन मेरो लेत माल मुकतान की ॥ 1 ॥

नाभी

दोहा–

काम-मथानी है किधौं कामद-रस को कूप।
कि है रूप को बर-बिवर कामिनी-नाभि अनूप ॥ 1 ॥

हैं सिंगार को कुंड कै छबि-सर-भँवर-ललाम।
रोम-राजि-नागिनि-बिवर किधौं नाभि अभिराम॥ 2॥

पीठ

दोहा–

काम-चमोटी सी लसी चोटी की है ईठ।
कंचन-पाटी है किधौं कदली-दल है पीठ॥ 1॥

ललना-सुन्दर-पीठ पै कवरी परी लखाति।
कनक-सिला पै कै असित-नागिनि है लहराति॥ 2॥

कटि

दोहा–

वा मैं वैसी मोहिनी मंजुलता है नाहिं।
केहरि की कटि सी कहत कत कामिनि-कटि काहिं॥ 1॥

कहि मृनाल के तार सी कबि-कुल लेत कलंक।
करति लालची लोलचन तिय लचकीली लंक॥ 2॥

जंघा

दोहा–

मति-हीनन के मतन को ए रे मन मत मानु।
दंभ करत ते जे कहत रंभ-खंभ सम जानु॥ 1॥

कहा कहहिं हम जानु को जोहि रूप औ रंग।
कनक-खंभ करि-कर किधौं मंजुल-मदन-निषंग॥ 2॥

पिंडुरी

दोहा–

कौन देत नहिं कलभ - कर - कोमलता को टोंकि।
सुथरी - प्यारी - पींडुरी प्यारी की अवलोकि॥ 1॥

काको भावति है नहीँ काहि लुभावति नाहिँ।
अति - सुढार यह पींडुरी रस ढारति दृग माहिँ॥ 2॥

गुल्फ

दोहा–

देखि मंजुता मृदुलता चित यह करत कबूल।
गोरी के गोरे गुलुफ हैं गुलाब के फूल॥ 1॥

परम-मनोहरता मिले मोहित मन करि देत।
गोल गोल नवला-गुलुफ मोल काहि नहिं लेत॥ 2॥

कै सुख-उपवन-सुमन कै गति-सम्पुट-अभिराम।
कै सुन्दरता-कुलुफ कै गुलुफ बड़े-छबि-धाम॥ 3॥

एड़ी

दोहा–

वाते निकसत ही रहत बर-बिनोद-रस-सोत।
कौहर सी एड़ी लखे को हरखित नहिं होत॥ 1॥

लहि लालिमा अनार सी ईंगुर सी सब काल।
ललना की एड़ी ललित लालहुँ करति निहाल॥ 2॥

तजि सुहावनो सब समय बनि एड़ी-अनुकूल।
दुपहर को फूलत रहत दुपहरिया को फूल॥ 3॥

पाँव

दोहा–

ललना के पद-युगल हैं लोभनीय रमनीय।
कोमल-पल्लव से मृदुल अमल-कमल कमनीय॥ 1॥

निरखि मंजुता पगन की मगन होत है मार।
मुदित तिहूँ पुर को करति नूपूर की झनकार॥ 2॥

पद-नख

दोहा–

बहु-मोहक सुकुमारता बिकसित सी दिखराति।
गोरी-पग-अँगुरीन मैं बिलसति तारक-पाँति॥ 1॥

प्यारी पग-अँगुरीन मैं लसति नखन की जोति।
चंपक की कलिका किधौं मनि-गन-मंडित होति॥ 2॥

पद-तल

दोहा–

काम-पताका सम रुचिर सरसिज सरिस ललाम।
ललना को पग-तल अहै चन्दन-दल-अभिराम ॥ 1 ॥

अनुरागी-जन-उरन मैं सरस-राग भरि देति।
तिय-पग-तल की लालिमा मुख-लाली रखि लेति ॥ 2 ॥

◆◆◆◆◆

नायिका के भेद

जाति के अनुसार चार – 1. पद्मिनी, 2. चित्रिणी, 3. शंखिनी, 4. हस्तिनी।
प्रकृति के अनुसार तीन – 1. उत्तमा, 2. मध्यमा, 3. अधमा।
धर्मानुसार तीन – 1. स्वकीया, 2. परकीया, 3. सामान्या।
वयःक्रमानुसार तीन – 1. मुग्वा, 2. मध्या, 3. प्रौढ़ा।
अवस्थानुसार दश – 1. खंडिता, 2. कलहांतरिता, 3. विप्रलब्धा, 4. उत्कंठिता, 5. वासकसज्जा, 6. स्वाधीनपतिका, 7. अभिसारिका, 8. प्रवत्स्यत्पतिका, 9. प्रोषितपतिका, 10. आगतपतिका

विशेष

खंडितादि दश भेद मुग्धा, मध्या, प्रौढ़ा और परकीया में होते हैं। किसी किसी ने सामान्या में भी इन दशों भेदों को दिखलाया है, किन्तु सामान्य में इन दशाओं का निरूपण का निरूपण कुछ विद्वानों ने रसाभास माना है। मेरा विचार भी यही है, अतएव सामान्या में इन दश भेदों का वर्णन नहीं किया गया।

जाति-सम्बन्धी भेद

1. पद्मिनी

पद्मिनी पद्म-गंधा, रति-सुन्दरी, सुकुमार-तन, अल्प-रोमवती और अधिकतर गान-वाद्य-परायण होती है।

दोहा–

अति-सुन्दर सब-रस-भरी सील-सकोच-निधान।
कौन कामिनी लोक मैं है पद्मिनी समान ॥ 1 ॥

2. चित्रिणी

चित्रिणी विचित्र-प्रकृति, नृत्य-गान-रता, अल्प-लज्जाशीला और परिहास-प्रेमिका होती है।

दोहा–

गाइ बजाइ दिखाइ छबि भरति हिये मैं जोति।
चलि कबूतरी-सी तिया नयन-पूतरी होति ॥ 1 ॥

3. शंखिनी

शंखिनी कृशांगी, निर्लज्ज और अभिमानिनी होती है।

दोहा–

अनख करति तनिकै चलति लजति न नेकौ बाल।
देखि निलजता आप ही सलज बनत हैं लाल ॥ 1 ॥

4. हस्तिनी

हस्तिनी स्थूल-शरीर, लोम-वती, गज-गामिनी, कोपन-स्वभावा, उद्धत-प्रकृति और कटुवादिनी होती है।

दोहा–

नख-सिख भारीपन-भरो रंग-रूप अ-ललाम।
नाहिं काम हूँ ते सरत काम-भरी को काम ॥ 1 ॥

प्रकृति-सम्बन्धी भेद

1. उत्तमा

उत्तम-स्वभावा, धर्म-परायणा, उदार-हृदया, देश-समाज-प्रेमिका और अहितकारी होने पर भी पति की हितकारिणी स्त्री को उत्तमा कहते हैं।

पति-प्रेमिका

कवित्त–

सेवा ही मैं सास औ ससुर की सदैव रहै
सौतिन सों नाहिं सपने हूँ मैं लरति है।

सील सुघराई त्यों सनेह-भरी सोहति है
रोस रिस रार ओर क्यों हूँ ना ढरति है॥
'हरिऔध' सकल गुनागरी सती समान
सूधे सूधे भायन सयानप नरति है।
परम-पुनीत पति-प्रीति मैं पगी ही रहै
प्रानधन प्यारे पै निछावर करति है॥ 1॥

सवैया–

बैन कहे करुये पिय के हरुये तिय बोलि सदा सनमानै।
दोस अनेकन देत तऊ कबहूँ अपने मन रोस न आनै॥
ना करनी ही करै 'हरिऔध' पै बाल न नाकर-नूकर ठानै।
नाह के कीने गुनाहन हूँ तिय आपनो नेह निबाहन जानै॥ 2॥

सौतिन की तिरछौंही चितौन ते होवै नहीं तनकौ तलबेली।
काम की कीरति सी 'हरिऔध' लखे रुख रूखो न होत कटेली॥
पी-अनुकूलता-बारि बिना हूँ सदा थल सीतलताहिं सकेली।
या अलबेली हिये पलुहै पल ही पल प्रीति-प्रतीति की बेली॥ 3॥

आपनो अंग पतंग दहै पै न दीपक-जोति को भाव जनावै।
पीतम के सँग प्यार-पगी-पतिनी नहिं पावक हूँ को सकावै॥
प्रीति-पुनीत की ऐसियै रीति महीतल मैं 'हरिऔध' लखावै।
ब्याकुल है कलपै मन-मीन बिना जल ना पलकौ कल पावै॥ 4॥

परिवार-प्रेमिका

कवित्त–

सुधा-सने बैन के विधान मैं अबिधि है न
सहज-सनेह की न साधना अधूरी है।
सब ते सरस रहि सरसति सौगुनी है
भोरे भोरे भावन ते भूरि भरी-पूरी है॥
'हरिऔध' सौति के सुहाग ते सुहागिनी है
सास औ ससुर की सराहना ते रूरी है।
पति-पूत-प्यार मानसर की मरालिका है
परिवार - पूत - प्रेम - पयद - मयूरी है॥ 1॥

बर-दार बनति कुदारता निवारति है
अनुदारता हूँ मैं उदार दरसति है।
पर-पति-पूत को स्व-पति-पूत सम जानि
पावन-प्रतीति पूत-पग परसति है॥
'हरिऔध' परिवार-हित नव-वीरुध पै
बिहित-सनेह-बर-बारि बरसति है।
अनरस हूँ मैं रस-बात बिसरति नाहिं
रस-मयी-बाल रोस हूँ मैं सरसति है ॥ 2 ॥

बानी के समान हंस-बाहनी रहति बाल
नीर-छीर बिमल-बिवेक बितरति है।
सती के समान सत धारिहै सुखित होति
बामता मैं बामता ते रखति बिरति है॥
'हरिऔध' रमा सम रमति मनोरम मैं
भाव-अमनोरम ते लरति भिरति है।
पूत-प्रेम-पोत पै अपार-पूतता ते बैठि
परिवार-प्यार-पारावार मैं फिरति है॥ 3 ॥

जाति-प्रेमिका

कवित्त–

सरसी समाज-सुख सरसिज-पुंज की है
सुरुचि-सलिल की रुचिर-सफरी सी है।
नाना कुल-कलिमा-कलुख की कलिंदजा है
कल-करतूत-मंजु-मालिका लरी सी है॥
'हरिऔध' बहु-भ्रम-भवर समूह भरी
सकल-कुरीति-सरि सबल-तरी सी है।
जाति-हित-पादप-जमात नव-जीवन है
जाति-जन-जीवन सजीवन-जरी सी है॥ 1 ॥

भारतीय-भव-पूत-भावन-बिभूति पाइ
भाव-मयी अपने अभावन हरति है।
अवलोकि अवलोकनीय-बहु-बिभव को
काल-अनुकूल अनुकूलता करति है॥

'हरिऔध' भारत को भुव-सिरमौर जानि
भावना मैं बिभु-सिरमौरता भरति है।
धारि धुर सुधरि समाज को सुधारति है
धीर धरि जाति को उधारि उघरति है॥ 2॥

देश-प्रेमिका

कवित्त–

गौरवित सतत अतीत-गौरवों ते होति
गुरुजन-गुरुता है कहती कबूलती।
मुदित बनति अवनीतल मैं फैलि फैलि
कीरति की कलित-लता को देखि फूलती॥
'हरिऔध' प्रकृति-अलौकिकता अवलोकि
प्रेम के हिंडोरे पै है पुलकित झूलती।
भारत की भारती-बिभूति ते प्रभावित है
भामिनि भली है भारतीयता न भूलती॥ 1॥

वारती नगर पर मंजु-अमरावती कौ
नागर-निकर कौ पुरन्दर है जानती।
धेनु कौ कहति कामधेनु सम काम-प्रद
कामिनी कौ सुर-कामिनी है अनुमानती॥
'हरिऔध' भारत-अवनि-अनुरागवती
बिपिन कौ नन्दन-बिपिन है बखानती।
तरु कौ बतावति कलपतरु-कमनीय
मेरु कौ मनोरम सुमेरु ते है मानती॥ 2॥

गौरव को गान सुने गौरव गहति बाल
पव-गुरुता ते गिरे गिरि ते गिरति है।
देस की सजीवता ते लहति सजीवता है
जीवन-बिहीनता ते बढ़ति बिरति है॥
'हरिऔध' भूति देखे बनति बिभूतिवती
बिपति के घेरे घोर-दुख ते घिरति है।
भारत के भूले गात-सुधि भूलि भूलि जाति
फूले फले फूली फूली ललना फिरति है॥ 3॥

कांतिमती बनति दिवसपति-कांति ते है
रंजित करति लोक-रंजिनी रजनि है।
सुधाधर-सुधा-सम सलिल-सु-सिंचित है
बसुधा-बिदित रत्न-राजि-मंजु-खनि है॥
'हरिऔध' भावमयी भामिनी-बिभावना है
भुवन-बिकास-भूति भारति-जननि है।
भवन-प्रभूत-अनुभूत सिद्धि-साधना है
भूतल की सार-भूत भारत-अवनि है॥ 4॥

नयन मैं नयन-विमोहन-सुमन छबि
मन मैं बसति मधु-माधव-मधुरिमा।
कबि- कल-कंठता है बिलसति कानन मैं
आनन मैं अमित-महानन की महिमा॥
'हरिऔध' धी मैं धमनीन मैं बिराजति है
बसुधा - धवल - कर - कीरति - धवलिमा।
अंग अंग मैं है अनुराग-राग अंगना के
रोम रोम मैं है रमी भारत की गरिमा॥ 5॥

सुरसरि सम सनमानति सकल सरि
सारे सर मैं है मानसरता निहारती।
सुमनस-सुमन कहति सुमनावलि को
लतिका को कल्पलतिका है निरधारती॥
'हरिऔध' अंगना भुवन मैं पुनीत भनि
भारत-अवनि की उतारति है आरती।
रजत निछावर करति रज-पुंजन पै
मंजुल-राजीव-राजि पै है राज वारती॥ 6॥

पग ते गहति पग पग पै पुनीत-पथ
अमर-निकर काज कर ते करति है।
गाइ गाइ गुन-गन सुगुन-निकेतन के
मंजु-बर लहि बर-बिरद-बरति है॥
'हरिऔध' मानस मैं भूरि-कमनीय-भाव
भारत की बंदनीय-भूति के भरति है।

सुर-धुनि-धार को परसि उधरति बाल
धरती की धूरी लै लै सिर पै धरति है ॥ 7 ॥
कहाँ है मधुर-साम-गान-मुखरित-भूमि
बानी के बिलास की कहाँ है पूत-पलिका।
कहाँ है सकल-रस-सरस-सरोज-पुंज
सुख-मूल-मानव-समाज-मंजु अलिका ॥
'हरिऔध' भारत-विभव-बर-बायु बल
बिकच बनै न कैसे बाला-उर-कलिका।
प्रेम-सुधा बिपुल-बिमुग्धा बसुधा मैं भरि
कहाँ पै बजी है महा-मोहिनी मुरलिका ॥ 8 ॥

जन्मभूमि-प्रेमिका

कवित्त–

कनक-प्रसू है कमनीयता-निकेतन है
माननीयता-महि मदीयता की अवनी।
लोक-पति-ललित त्रिलोकपति-लीला-थल
आलोकित-परम अलौकिकता-सजनी ॥
'हरिऔध' कैसे बिरमै न बहु-मोद मानि
रमनीय-भाव मैं रमित-मन-रमनी।
जीवन-बिधायिनी है प्रानधन-जीवन की
जननी-जनक की है जन्म-भूमि-जननी ॥ 1 ॥

कैसे सुर-सरि सुर करति असुर हूँ को
कासी क्यों बनति मुक्ति-मेदिनी-मनोहरा।
अरुचिर-दारु चारु-चन्दन बनत कैसे
काँच-महि कैसे होति कंचन-कलेवरा ॥
'हरिऔध' कैसे सैल लहत सती-सी सुता
सिता क्यों सुहाति है सुधारस-सहोदरा।
कैसे बसुधा को बसुधापन बिदित होत
जो न होति सिद्ध-भूमि भारत-बसुंधरा ॥ 2 ॥

चकित बनति हेरि उच्चता हिमाचल की
चाहि कनकाचल की चारुता-चरमता।

मुदित करति निधि-मानता है नीरधि की
मानस-मनोहरता सुर-पुर की समता॥
'हरिऔध' मोहकता हेरि मोहि मोहि जाति
जनता-अमायिकता मैं है मन रमता।
महनीय-महिमा निहारि महती है होति
ममतामयी की मातृमेदिनी की ममता॥ 3॥

बेद-गान-गौरवित जननी गजानन की
पति की प्रसविनी कहति गज-गमनी।
सेवति है सुर-सुरपति सेवनीय जानि
मानति है मानि दानवीय-दल-दमनी॥
'हरिऔध' पावनता भारत-अवनि पेखि
परम-पुनीत रस-पूत होति धमनी।
मन मैं रमै न कैसे रमा-रमनीय-धाम
राम-जन्म-महि मैं रमै न कैसे रमनी॥ 4॥

निजतानुरागिनी

कवित्त–

सास-असरसता अलसता बधू-जन की
अ-लसित-सकल-बिलासिता सताती है।
सुकुसुम-कोमल-कुमारन की काम-रुचि
कामिनी-अकमनीय-कामना कँपाती है॥
'हरिऔध' देखि देखि देस को पतनप्राय
परम-दुखित देस-प्रेमिका दिखाती है।
बालिका-बियाह-बिधि बिबिध बिथा है देति
बिधवा-बिवाह की अ-बिधि बेधि जाति है॥ 1॥

बसन बिदेसी की बसनता बिसरि सारी
बिबस बनेहूँ देसी-बसन बिसाहै है।
समता-बिचार मैं असमता बिपुल देखि
पति-प्रीति-ममता को परखि उमाहै है॥
'हरिऔध' परकीयता को परकीय जानि
सकल स्वकीयता को सतत सराहै है।

भारत की पूजनीयता को पूजनीय मानि
भारतीय-बाला भारतीयता निबाहै है ॥ 2 ॥

सुन्दर-सिन्दूर-बिन्दु ही ते सुन्दरी है होति
पौडर कौ समझि असुन्दर डरति है।
सोंधे के सु-बास ते सुबासित रहति भूरि
साबुन के परसे उसासन भरति है॥
'हरिऔध' पर के असन कौ असनि कहै
आपने बसन बेस कौ न बिसरति है।
सारी-असँवारी हूँ पहिरि पुलकति प्यारी
साया परे साया के सवाया सिहरति है ॥ 3 ॥

लोक-सेविका

कवित्त

बनत कुलीन अकुलीन के करत काम
कुल कौ कलंकित कुलीनता करावै है।
बिधवा-बिलाप ते बिकल बसुधा है होति
बिबुध-समाज कौ बिबुधता न भावै है॥
'हरिऔध' लोक-सेविका को कल कैसे परै
काल की करालता न काहि कलपावै है।
लोने लोने लालन लहति लुनाई नाहिं
लालना-ललाम से ललामता न पावै है ॥ 1 ॥

कल-कानि-कलित-कुलीन-खग-कुल काँहिं
बाल है बचावति कलेस-लेस-लासा ते।
बिदलित-मानव को दलन निवारति है
दलति रहति दिल-दहल दिलासा ते॥
'हरिऔध' दुख अनुभवति दुखित देखि
जीतति है दाँव भाव-पूत-प्रेम-पासा ते।
उपवास करति बिलोकि उपवासित को
बनति पिपासित पिपासित-पिपासा ते ॥ 2 ॥

रूखी रूखी बातन ते रुख बदलति नाहिं
रूखी न परति है रुखाई देखि रूखे की।

खोवति न साख सीख देति है सखीन हूँ कौ
सुखी ना रहति सूखी नसैं देखि सूखे की॥
'हरिऔध' खूखापन काहि अखरत नाहिं
खूखी है बनति मूठी बात सुनि खूखे की।
दुखित को करिकै अदूखित सुखित होति
भूखित न होति बाल भूख देखि भूखे की॥ 3॥

सेवा सेवनीय की करति सेविका समान
सेवन औ सेवनीयता ते सँवरति है।
सधवा को सोधि सोधि सोधति सुधारति है
बिधवा को बोधि बोधि बुधता बरति है॥
'हरिऔध' धोवति कलंकिनी-कलंक-अंक
बंक-मति-बंकता असंकता हरति है।
आनंदित होति करि आदर अनिंदित कौ
निंदित की निंदनीयता को निदरति है॥ 4॥

मोद मानि मंद-जन-मंदता निवारति है
मान दै अमंद को है मंद मंद बिहँसति।
बरसत नेह-बारि गानरस-बिरस माहिं
असरस-चित को सरस करि सरसति॥
'हरिऔध' बिकच-बदन अवलोकि बाल
बिकसित-कुसुम-समान बहु बिकसति।
रहति सु-बासित सु-कीरति-सुबास ते है
बिमल-बिलास ते बिलासिनी है बिलसति॥ 5॥

धर्म-प्रेमिका

कवित्त–

भजनीय प्रभु के भजन किये भाव-साथ
यजनीय जन के यजन काज तरसे।
लोक अवलोकि परलोक-साधना मैं लगे
बचे लोभ-मूल-लोक-लालसा-लहर से॥
'हरिऔध' परम-पुनीत अंगना है होति
बार बार नैनन ते प्रेम-बारि बरसे।

धरमधुरीन की सहज-धारना के धरे
पग-धूरि धरम-धुरंधर की परसे ॥ 1 ॥

लालसा रखति है ललित-रुचि लालन की
लोक-हित खेत को लुनाई ते लुनति है।
रुचिर-बिचार-उपबन मैं बिचरि बाल
चावन के सुमन-सुहावन चुनति है॥
'हरिऔध' आठौ याम परम अकाम रहि
भुवनाभिराम-राम-गुनन गुनति है।
सुर-लीन-मानस-निकुंज माहिं प्रेम-रली
मुरली-मनोहर की मुरली सुनति है॥ 2 ॥

भाल पै भलाई की बिभूति-भल बिलसति
नीकी-नीति निवसति नयन-निकाई मैं।
रसना सरस है रहति राम-रस चाखि
लसति बिमलता है लोचन-लुनाई मैं॥
'हरिऔध' गरिमा ललित-गति मैं है लसी
गुरुता बिराजति है गात की गोराई मैं।
लोक-हित-कामना सकल-काम मैं है कसी
कमनीयता है बसी कामिनी-कमाई मैं॥ 3 ॥

2. मध्यमा

प्रियतम-दोष-दर्शिनी, किंचित्कोपन-स्वभावा, व्यंग-विदग्धा, मर्म-पीड़िता, स्नेहशीला किन्तु शंकित स्त्री को मध्यमा कहते हैं।

व्यंग-विदग्धा

कवित्त–

भौंह की हरत कमनीयता कमान कहि
लोचन लजत बान-उपमान लहिकै।
काकौ नाहिं पीर होति कीर नासिका कौ कहे
बिंबाधर-समता-बिषमता बेसहि कै॥
'हरिऔध' कैसी कांत-कल्पना है कामुक की
कुर कौ कहत करि-कर है उमहिकै।

करत कंलकित मयंक-मुखी बतराइ
आकुल करत अहि काकुल कौ कहिकै ॥ 1 ॥

मोल लोल-लोचन को हरत ममोला कहि
अधर-सुधाधर मैं बिंबता लहत है।
अमल-कपोल को बतावत मधूक सम
कल-कंठ काहिं कंबु कहिकै दहत है॥
'हरिऔध' न्यारी मंजु-मानस की मंजुता है
सुन्दर को करत असुन्दर रहत है।
बनज बनावत बदन-बिधु-रंजन कौ
खंजन स अंजन-नयन कौ कहत है ॥ 2 ॥

चाव है पै चाव मैं अभाव तिय-भाव को है
पूत-प्रेम ब्यंजन-बिहीन रुचि-थाली है।
तन-सु-सदन स्वामी सहज-सरस है न
ममता-रहित मन-उपबन-माली है॥
'हरिऔध' लालन को ललना बिलोकि चुकीं
कर मैं न लसति ललित नीति-ताली है।
नाहिं है सलोनोपन मिलत सलोने माहिं
लोने लोने लोयन मैं नेह की न लाली है ॥ 3 ॥

मर्म-पीड़िता

कवित्त–

बिधुर बिवाह पै बिवाह क्यों करत जात
बिधवा क्यों बिधवा सदैव रहि हहरति।
जन क्यों कुजनता कियेहूँ ना कुजात होत
जनि जनि लाल है जननि काटें थहरति॥
'हरिऔध' काहे अहै अवनि अनीति-मयी
काहे नाहिं यामैं है सुनीति-लता लहरति।
नर की ललामता क्यों लसति अलीन माहिं
नारि-छवि काहे है छलीन माहिं छहरति ॥ 1 ॥

नर जो पढ़त सो नरोतम बनत काहे
काहे सो कु-नारि होत नारि जो पढ़ति है।

पियजू के पाप काहे पापहूँ न माने जाहिं
काहे नेक चूके तिय आँखि पै चढ़ति है॥
'हरिऔध' घूमि गये सकल-बसुंधरा मैं
काहे घरबारन की कीरति बढ़ति है।
काहे तो उघरि जात वाको लाज-चादर है
घरनी जो घरहूँ ते बाहर कढ़ति है॥ 2॥

प्यारो जो न कैहै कछू उपचार प्यार को तो
प्यारी कौ लौं प्यार कै कै प्यार को उबारिहै।
प्रिय जो प्रतीति की प्रतीति उपजैहै नाहिं
तिय तो प्रतीत-पथ कौलौं निरधारिहै॥
'हरिऔध' कैसे नातो ललना-बिगार ह्वैहै
बात बात मैं जो बात लालन बिगारिहै।
कोऊ पति-वारी तो कहाँ लौं पति-मान कैहै
कोऊ पति पतिनी की पति जो उतारिहै॥ 3॥

सवैया–

आदर आये करै अति ही बतियाँ हूँ सुधा सों भरी मुख भाखै।
बान सनेह बिगोवै नहीं कबौं सील हूँ ना अँखियान की नाखै॥
दोस दै रोस किये 'हरिऔध' के नेकहूँ ना अपने मत माखै।
पै परतीन के प्रेम-पगे-पति को पतिनी परतीति न राखै॥ 4॥

3. अधमा

पति की अहितकारिणी, उद्धत-स्वभावा और कर्कश स्त्री को अधमा कहते हैं।

कवित्त–

रूप है तो कहा कोऊ और रूपवारो नाहिं
रखत रसालता न बनत रसीले हैं।
बनक बनाइ इतरात बात बात मैं हैं
रंग बिगरेहूँ बने रहत रँगीले हैं॥
'हरिऔध' नारि कहा छगुनी छबीली नाहिं
छिति माहिं बेई नहीं छयल छबीले हैं।
गोरी-गोरी-ललना गरे परि न भोरी बनैं
गोरे-गोरे-मरद निगोरे गरबीले हैं॥ 1॥
नैनन के बान साँचे बान ही बनैंगे अब

कामिनी के पास बाँकी-भौंहन की असि है।
बरसि बचन गोले बिबस बनैहै महा
कसक निकासि भुज-पासन सों कसिहै॥
'हरिऔध' रखहिं अकस न अकस-वारे
ना तो कोऊ सुबस बसेहूँ नाहिं बसिहै।
केहरि सी लंक - वारी हरि है कलंक-अंक
नागिनि अलक-वारी नागिनि सी डँसिहै॥ 2॥

आन-बान-वारो आन-बान दिखराइहै तो
कैसे ना कमान को कमान-वारी सजिहै।
मैनन के अंबु मैं जो अंबुता न साँची पैहै
कंबु तो न कैसे कंबुता दिखाइ बजिहै॥
'हरिऔध' कामिन की कनक सनक-सारी
कनक - लतान की कनकता ते भजिहै।
चंचरीक-रुचि-छोरिहै न चंचरीकता तो
चंपकता चंपक-बरनि कैसे तजिहै॥ 3॥

चंचल-चखन-वारी चंचल न कैहै काहि
भोरी भीरु भूरि-धूरि आँखिन मैं भरिहै।
फंदे सी अलक-वारी फंद माहिं पारि दैहै
छैलन को फूल की छरी सी नारि छरिहै॥
'हरिऔध' हारे हार मानिहै न हार-वारी
दुलही-दुलार-वारी दूलह सों लरिहै।
कलही नकारे गोरे-गोरे-गाल-वीर सुनैं
लाल मुँह लाल लाल गाल-वारी करिहै॥ 4॥

धर्म-सम्बन्धी भेद
स्वकीया

विनय-शीला, सरल-स्वभावा, गृह-कर्म-परायणा और पति-रता स्त्री को स्वकीया कहते हैं।

उदाहरण

कवित्त–

पावन - पुनीत - गूढ़ - गुन - मन - भावन के
चावन सहित एरी रसना उचारि लैं।

दान सनमान मैं तिलोक मैं न ऐसो आन
मेरी कही मान यहै मन निरधारि लै॥
सकल-अलौकिकता एक 'हरिऔध' ही मैं
तू हू उर बार बार बिलखि बिचारि लै।
प्यारे प्यारे मुख पै सँवारे कारे-केसन कौ
एरे मेरे नेह-वारे नैनन निहारि लै॥ 1॥

सवैया–

कामिनि के कल-बैन सुने नहीं कानन हूँ करी कोटि-कला है।
प्रीतम-प्रीति-प्रतीति मैं बाल सनेह-वती-सिय लौं सबला है॥
ही 'हरिऔध' मयी अँखियन बिराजत एक ही नंदलला है।
भाग-भरी त्यों सुहाग-भरी अनुराग-भरी नवला-अबला है॥ 2॥

स्वकीया के भेद

अवस्था के अनुसार स्वकीया के निम्नलिखित तीन भेद हैं–1. मुग्धा, 2. मध्या और 3. प्रौढ़ा।

1. मुग्धा

समधिक-लज्जावती, काम-चेष्टा-रहित, अंकुरित-यौवना को मुग्धा कहते हैं।

उदाहरण

कवित्त–

बयन सुधा मैं सनि सनि सरसन लागे
कान परसन लागे नयन नवेली के।
आँगुरी की पोरन मैं ललिमा दिपन लागी
गुन गरुआन लागे गरब गहेली के॥
'हरिऔध' हेरि हेरि हियरो हरन लागी
चाहि चितवन लागी कोरक चमेली के।
मंजु छबि तिल-तल पर छहरान लागी
छूअन छवान लागे केस अलबेली के॥ 1॥

कर पग जल-जात सरिस भये हैं मंजु
गति मैं भई है सोभा सरस-नदन की।

आनन अमन्द-चन्द सरिस दिपन लाग्यो
जाहि सों जगी है जोति अतन-मदन की॥
'हरिऔध' यौवन सरद की समैया पाइ
कुन्द की कली लों भई पाँति है रदन की।
चंचलता आँखिन बसी है खंजरीट जैसी
चाँदनी-सी फैली चारु चाँदनी बदन की॥ 2॥

सवैया–

पीन भये कुच कामिनी के दोऊ केहरि सी कटि खीन भई है।
बंकत भौंहन माहिं ठई मुख पै नव जोति-कला उनई है॥
जोबन अंग दिप्यो 'हरिऔध' गये गुन हूँ अब आय कई हैं।
केस लगे छहरान छवान छ्वै कानन लौं अँखियान गई हैं॥ 3॥

मुग्धा के भेद

ज्ञान के अनुसार मुग्धा के दो भेद हैं–1. अज्ञातयौवना और 2. ज्ञातयौवना।

अज्ञातयौवना

जिस मुग्धा को अपने यौवन के आगमन का ज्ञान नहीं है, उसे अज्ञातयौवना कहते हैं।

उदाहरण

सवैया–

ऊबि गई हौं बतावै कहा नहीं क्यों हँसिमौन की बान गही है।
घेरत हैं 'हरिऔध' कहा हमैं नूतनता हम कौन लही है॥
ए बजमारे न टारे टरैं कहा औरन की इनैं पीर नहीं है।
ठौर न झौंरन को है कहूँ किधौं भौंरन की मति भूलि रही है॥ 1॥

ज्ञातयौवना

जिस मुग्धा को अपने अंकुरितयौवना होने का ज्ञान होता है उसे ज्ञातयौवना कहते हैं।

सवैया–

चंचलता ही न आनि ठनी कछु होन लगी अँखियान सों चूको।
बीर बनाव-सिंगार हूँ मैं अनुराग भयो सो लखात बधू को॥

पी 'हरिऔध' की बात चले पगि लाज मैं लागी बिलोकन भू को।
चोज सों ऊँचे उरोजन हेरि लखै लगी रोज सरोजन हूँ को॥ 1॥

ज्ञातयौवना के भेद

ज्ञातयौवना के दो भेद हैं—1. नवोढ़ा और 2. विश्रब्धनवोढ़ा

नवोढ़ा

लज्जा और भय के आधिक्य से जो पति का संसर्ग नहीं चाहती, वह नायिका नवोढ़ा कहलाती है।

उदाहरण

दोहा—

इत उत दौरि दुरति रहति दूरहि ते बतराति।
पिय तन-छाँह बनन चहत तिय लखि छाँह सकाति॥ 1॥

बरवा—

करि चतुरैया चाहत पकरन बाँह।
छ्वै नहिं सकत छयलवा पै तन-छाँह॥ 2॥

विश्रब्धनवोढ़ा

रति में अल्प अनुराग और पति में कुछ विश्वास जिसे हो जाता है उस नायिका को विश्रब्धनवोढ़ा कहते हैं।

उदाहरण

सवैया—

प्रीतम को गुन जानै नहीं तबहूँ सुनि नाम लजान लगी है।
कानन को 'हरिऔध' कही रस की बतिया हुँ सुहान लगी है॥
राखति काम को चाव नहीं तऊ काज की ऐसी सु-बान लगी है।
संक समेत मयंक-मुखी पिय-मंजुल अंक मैं जान लगी है॥ 1॥

दोहा—

चौंकति चकित बनति बिहँसि बितरति बहु आनन्द।
चन्द-मुखी अब चाव सों चितवति पिय-मुख-चन्द॥ 2॥

2. मध्या

जिस नायिका में लज्जा और काम-वासना समान होती है उसको मध्या कहते हैं। यह दशा सूक्ष्म और अचिरस्थायिनी होती है।

उदाहरण

सवैया–

बैठी हुती सखियान मैं बाल बड़ी अँखियान मैं अंजन लाइकै।
चारु-कपोलन पै छिटकी अलकैं छबि देत हुतीं छहराहकै॥
बात-रसीली सुनाइ रसे 'हरिऔध' हँसे इतनेहि मैं आइकै।
नार नवाइ सकाइ रही मुसकाइ रही दृग मोरि लजाइकै॥ 1॥

दोहा–

रहि रहि उमगत रहत उर सकुच ताहि गहि लेति।
तिय चाहति पिय सों मिलन लाज मिलन नहिँ देति॥ 2॥

3. प्रौढ़ा

संपूर्ण काम-कला में निपुण किंचित् लज्जावती नायिका को प्रौढ़ा कहते हैं।

उदाहरण

कवित्त–

कंचुकी छोरि कसे कुच की मुकतान के मंजु-हरान उतारी।
दूरि कै दोऊ भुजान के भूखन मंजु मनोहर बैन उचारी॥
अंक असंक भरे 'हरिऔध' कौ रीति गहे रति की अति प्यारी।
काम-कलोल मैं काल बितावति बाल-बिलोल-बिलोचन-वारी॥ 1॥

दोहा–

कबहूँ कबहूँ कामिनी रखति लाज सों काज।
तन मैं मन मैं नयन मैं अतन बिराजत आज॥ 2॥

प्रौढ़ा के भेद

प्रौढ़ा के दो भेद हैं–1. रतिप्रीता और 2. आनंदसंमोहिता।

रतिप्रीता

जिसको रति से अधिक प्रीति होती है उसे रतिप्रीता कहते हैं।

दोहा–

भरे उमंग परे रहहु कहाँ भयो पिय भोर।
है तमचुर को रव नहीं बोलत तम मैं चोर ॥ 1 ॥

आनंदसमोहिता

रति-सुख-जनित से मोहित नायिका को आनंदसमोहिता कहते हैं।

उदाहरण

दोहा–

नाना केलि-कला करति लहे लाल सुख-कंद।
रोम रोम मैं भरि बहत वाको उर-आनंद ॥ 1 ॥

अंगराग आनंद को अंग अंग मैं पोति।
रस-बस ह्वै ह्वै कामिनी काम-कामिनी होति ॥ 2 ॥

मध्या और प्रौढ़ा के भेद

मान-भेद के अनुसार मध्या और प्रौढ़ा के तीन भेद होते हैं अर्थात–1. धीरा, 2. अधीरा, 3. धीराधीरा।

1. धीरा

नारी-विलास-सूचक चिह्नों को देखकर धैर्य के साथ सादर कोप प्रकाश करनेवाली नायिका को धीरा कहते हैं। उसके दो भेद हैं–मध्याधीरा और प्रौढ़ाधीरा।

मध्याधीरा

सादर व्यंग वचन द्वारा रोष प्रकट करनेवाली मध्याधीरा कहलाती है।

उदाहरण

कवित्त–

मिलि मिलि मोद-वारी भुकुलित मल्लिका सों
कुंज कुंज क्यारिन कलोल करि फूले हो।
पान कै प्रकाम-रस आम-मंजरीनहूँ के
उर-अभिराम को अराम उनमूले हो॥
'हरिऔध' ठौर ठौर झौंरि झुकि झूमि झूमि
चूमि चूमि कंज की कलीन की कबूले हो।

तजि महमही-मंजु-मालती-चमेलिन को
कौन भ्रम बेलिन भँवर आज भूले हो ॥ 1 ॥

सवैया–

चौगुनी चंचलता हुँ किये हमैं चाव ही सों चुप है रहनो है।
औगुन की बतियानहूँ मैं 'हरिऔध' सदा गुन ही गहनो है॥
भाव तिहारे भलेई अहैं हमैं भूलि न भौंर कछू कहनो है।
फेरी करौ कै करो जिनि तेरी सरोजिनि को सब ही सहनो है॥ 2 ॥

प्रौढ़ाधीरा

प्रकट में मान का कोई भाव न दिखलाकर संयोग समय उदासीनता ग्रहण करने वाली नायिका प्रौढ़ाधीरा कहलाती है।

उदाहरण

सवैया–

आवत ही बिकसौहैं मिली अलसौहैं बिलोकि नहीं बदल्यो रुख।
बैन हरे हरे बोलि सुधा-सने वैसे हीं बाल दियो पिय को सुख॥
पै रचे केलि-क्रिया 'हरिऔध' के दाबि सकी नहीं अंतर के दुख।
छोरन देत न कंचुकी के बँद जोरन देत नहीं मुख सों मुख॥ 1 ॥

2. धीराधीरा

नारी-विलास-सूचक चिह्नों को देखकर कुछ गुप्त और कुछ प्रकट कोप दिखलानेवाली नायिका धीराधीरा कहलाती है। इसके भी दो भेद हैं—मध्या धीराधीरा और प्रौढ़ा धीराधीरा।

मध्या धीराधीरा

रोदन-सहित व्यंग वचन कहनेवाली नायिका मध्या धीराधीरा कहलाती है।

उदाहरण

सवैया–

भोर भये पै पधारे कहा भयो मेरी सदा सुख ही की घरी है।
एरी कछू 'हरिऔध' करैं हमैं तो उनकी परतीति खरी है॥
बूझि बिचारि कहै किन बावरी बीच ही मैं कत जाति मरी है।
साँवरे प्रेम पसीजि परी नहिं मो अँखिया अँसुआन भरी है॥ 1 ॥

दोहा–

ए उमड़े अँसुआ नहीं कत कीजै सखि माख।
अरी सनेह-भरी लसै यह तिल-वारी आँख ॥ 2 ॥

प्रौढ़ा धीराधीरा

मान करके तर्जन-गर्जन-पूर्वक व्यंग-वचन-बाण द्वारा पति को बिद्ध करनेवाली नायिका को प्रौढ़ा धीराधीरा कहते हैं।

उदाहरण

सवैया–

बतीयान बनाये नहीं बनिहै ढिग आवो नहीं खरे दूर रहो।
अपने मन ही की करी तो करी कत काहु के बैन अनैसे सहो ॥
'हरिऔध' तुम्है हम जानती हैं हकनाहक ही हमको न दहो।
चले जाहु गुनाह भई तो भई तुम नाह न बाँह हमारी गहो ॥ 1 ॥

3. अधीरा

नारी-विलास-सूचक चिह्नों को देख अधीर हो प्रत्यक्ष रोष करनेवाली स्त्री को अधीर कहते हैं। उसके दो भेद हैं—मध्या अधीरा और प्रौढ़ा अधीरा।

मध्या अधीरा

रुष्ट होकर कटु भाषण करने वाली नायिका को मध्या अधीरा कहते हैं।

उदाहरण

सवैया–

नीकी नई निपुनाई करी अँखियान को लागति है अति प्यारी।
भोर ही भाग सों भाव-भरी यह आज भली करतूति निहारी ॥
रीझि रही तजि खीझि सबै 'हरिऔध' छकी मति हेरि हमारी।
कौन सी बाल है लाल कहो यह माल बिना गुन गूँधनवारी ॥ 1 ॥

प्रौढ़ा अधीरा

मान करके तर्जन-ताड़न द्वारा कंपित हो हो रोष प्रकट करनेवाली नायिका को प्रौढ़ा अधीरा कहते हैं।

उदाहरण

सवैया–

रोस के काँपति क्यों इतनी भला काहु को यों पत कोऊ उतारै।
कौन सी चूक है ऐसी परी मुख जो अजौं तू अपनो न सम्हारै॥
ऐसी न लालिमा है अँखियान की जो 'हरिऔध' पै आँखि न पारै।
सूल सी सालति ऐसियै भूल अरी पिय को मति फूल सों मारै॥ 1॥

स्वभाव-सम्बन्धी भेद

नायिका के स्वभाव-संबंधी तीन भेद बतलाये गये हैं – 1. अन्यसुरतिदुःखिता, 2. वक्रोक्तिगर्विता और 3. मानवती। यह भेद मध्या और प्रौढ़ा ही में माना गया है। परकीया और सामान्या में भी गृहीत हो सकता है।

अन्यसुरतिदुःखिता

अन्य स्त्री के शरीर पर प्रिय-संभोग चिह्न देखकर दुःख प्रकाश करनेवाली नायिका अन्यसुरतिदुःखिता कहलाती है।

उदाहरण

कवित्त–

पान-वारे-ओठन की लालिमाहूँ लूटी गई
गारत भयो है रंग गोरे-गोरे-गाल को।
आली तेरे आनन को ओपहूँ परानो कहूँ
मरदि गयो है मान तेरी मंजु-चाल को॥
'हरिऔध' सारे-अंग सेद मैं रहे हैं डूबि
ऊबि ऊबि सासैं भरे भाखत न हाल को।
एरी रूप-वारी कौने तोपै बटपारी करी
एरी बारी भोरी कौने लूट्यो तेरे माल को॥ 1॥

दोहा–

परम निठुर पै जात ही भयो कहा तोहि बीर।
कत तू परि परि गई उठी कौन सी पीर॥ 2॥

कत हौं पठई कत गई तू वापै करि प्यार।
अरी रीझि कैसे गयो तो पै मो रिझवार॥ 3॥

तू बड़भागिनि ह्वै गई भयो भाग मो मंद।
अरी चंद-बदनी बनेउ कत फीको मुख-चंद॥ 4॥

वक्रोक्तिगर्विता

वक्रोक्तिगर्विता के दो भेद हैं—रूपगर्विता और प्रेमगर्विता।

रूपगर्विता

रूप का गर्व रखनेवाली नायिका रूपगर्विता कहलाती है।

उदाहरण

कवित्त–

छोरि छोरि आम की रसीली मंजरीन काँहिं
निकसि गुलाब के प्रसून रस-बारे से।
गुंजरत याही ओर देखु यह आवत है
अति-कमनीय कंज-बन के किनारे से॥
'हरिऔध' की सौं आइ अबहीं मचैहै धूम
गूँजि गूँजि आनन-सुबास के सहारे से।
भूलि अब भौन ते न बाहर कढ़ौगी कबौं
ऊबि गई एरी या मलिंद मतवारे से॥ 1॥

सवैया–

पंकज चंद लखे सकुचै मुख सौहैं मयंक हूँ लाज गही है।
मोहकता मम आनन लौं अजहूँ जलजातन नाहिं लही है॥
गोल-कपोल विलोचन-लोल-सरोजन मैं 'हरिऔध' नहीं है।
एते विभेद भयेहूँ कहा इन भौंरन की मति भूलि रही है॥ 2॥

दोहा–

क्यों हूँ सहि लीनी कहे कुंद-कली लौं दंत।
मो मुख कहे मयंक सम होत कलंकित कंत॥ 3॥

बरवा–

रजनीपतिम - छबि अँखिया निरखि लजाय।
कैसे मोर छयलवा रहत लुभाय॥ 4॥

प्रेमगर्विता

पति-प्रेम का गर्व रखनेवाली स्त्री प्रेमगर्विता कहलाती है।

उदाहरण

कवित्त–

साजि साजि बीरी पानदान भरि राखै
खासे खासदानहूँ मैं लाइ अत धर्‍यो करै।
मानत न लै लै साज साजत रहत सेज
तानत वितान जाते सुमन झर्‍यो करै॥
'हरिऔध' भूखन हूँ सकल सजाइ भर्‍यो
मंद-मंद बतराइ मोद मन मैं करै।
चहल-पहल परिचारिकान हूँ के रहे
महल हमारे मंजु टहल कर्‍यो करै॥ 1॥

बिमुख मयूख ते ह्वै ऊबि ऊख-रस हूँ ते
अधर-पियूख ही को परकि पियो करै।
आन न बिलोकै हेरि आनन-मनोहर को
तानन सुनाइ मोहि प्रानन लियो करै॥
'हरिऔध' कारी सटकारी तमतोमवारी
जोहि जोहि जोमवारी जुलफैं जियो करै।
प्यारे-प्यारे-मन-वारे मोहित-करनहारे
सौतुक हमारे केते कौतुक कियो करै॥ 2॥

मानवती

प्रिय का अपराध सूचित करनेवाली चेष्टा जिस स्त्री में पाई जाती है उसे मानवती कहते हैं।

उदाहरण

कवित्त–

किती कामिनीन वारे रसिक कलानिधी सों
कालिमा लगी ना कबौं कौमुदी-कहानी मैं।
मदमाते भृंगन सों माखै मालती हूँ नाहिं
भाखै ना मसूसि रूसि मरी मुरझानी मैं॥
'हरिऔध' की सौं कही मानू एरी मानवारी
बतियाँ न मान की हैं तनकी निसानी मैं।
करत गुमान तू तो कैसे रैहै अरमान
मान तू करत तो करत मनमानी मैं॥ 1॥

सवैया–

कछु मोसों भई तकसीर नहीं हठ कै हकनाहक तू न अरै।
'हरिऔध' है सूधो सदा को कहा करिकै छल छंदन ताको छरै॥
मन मानै हमारी कही कबहूँ पै मया कै न मोसों मिजाज करै।
यह कैसी कुबानि तिहारी परी जो घरी-घरी तासों तनेनी परै॥ 2॥

ज्येष्ठा-कनिष्ठा

कतिपय विवाहिता स्त्रियों में पति को जो सबसे अधिक प्यारी हो उसको ज्येष्ठा और अन्य स्त्रियों को कनिष्ठा कहते हैं।

दोहा–

पिय जिय राजी भो उठी सजी सौति-उर पीर।
मँजी रही कब की जो यों बजी मंजु-मंजीर॥ 1॥

कवित्त–

सुन्दर सुहाग की सराहना न मोते होति
तेरे मंजु भागहूँ की गरिमा अथोर है।
भोरे भोरे भाव हैं अभाव-हारी 'हरिऔध'
चरचा तिहारे चावहूँ की चहुँ ओर है॥
आलय मैं केती आला-आला-अलबेली अहैं
तिहारे निरालापन ही को तऊ सोर है।
प्रीतम बँध्यो है प्यारी तेरे प्रेम-डोर ही में
तेरी नैन-कोर ही मैं मैन की मरोर है॥ 2॥

परकीया

जो स्त्री गुप्त रूप से परपुरुष की अनुरागिनी होती है उसे परकीया कहते हैं।

उदाहरण

कवित्त–

चहूँ ओर चरचा चबाइन चलायो आनि
पायन परी है खरी-बेरी लोक-लाज की।
गुरु-जन हूँ की भीर तरजन लागी परी
बरजन ही की बानि आलिन-समाज की॥

हाय 'हरिऔध' हूँ से अपने पराये भये
सूझति न मोको कोऊ सूरति इलाज की।
कढ़ति न क्यों हूँ रोम रोम मैं समाई वह
सूरति-सलोनी-मनभाई ब्रज-राज की ॥ 1 ॥

आँसुन मैं डूबि डूबि जावें टक लावें नाहिं
ऊबि अकुलावें जो पै धीरज बँधाइये।
'हरिऔध' छबि पै छकहिं छलकहिं छूटि
छूटि ललकहिं जो पै छनक न लाइये॥
थिर ना रहहिं लोक-लाजहिं बहहिं भूलि
सौहैं ना लखहिं जो पै पलटि लखाइये।
कबहूँ जो रोचन-तिलक-वारे-साँवरे पै
छोरिकै सकोचन ऐ लोचन लगाइये ॥ 2 ॥

सवैया–

दुख आपनो कासों कहौं सजनी सदा साथ लगी तो उपाधै रही।
सबकी सब भाँति रही सहतै तबहूँ रुचि तो पल आधै रही॥
कब प्यार कियो कपटी 'हरिऔध' लगी नित ही यह ब्याधै रही।
मुख बोलन को हौं सदा तरसी जिय सूधि चितौन की साधै रही ॥ 3 ॥

कान ए का न करैं फिर क्यों सुनि तानन हीं इन बानि बिगारी।
मोहि गयो मन-मोहन पै तो भई तबहूँ मन सों मन-वारी॥
पै हमैं बूझि परी ना अजौं 'हरिऔध' की सौं बतिया यह न्यारी।
बावरी कैसे रँगी रँग लाल में मो अँखियान की पूतरी - कारी ॥ 4 ॥

कल कानि रमी करि कौन कला ललना-कुल आकुल-प्रानन मैं।
'हरिऔध' नयो रस काने भर्‌यो रसिया के अलौकिक-गानन मैं॥
किन नाई सुधा बसुधा-तल की मुरली की मनोहर-तानन मैं।
अलि मोहनी आनि कहाँ ते बसी मनमोहन मोहन-आनन मैं ॥ 5 ॥

दुख-वारि विमोचत नैन रहैं अहै चैन न मैन के बानन मैं।
पथ-प्रेम कौ छेम भरो है नहीं अहै नेम न नेह-निदानन मैं॥
'हरिऔध' है योग बियोग सनो अहै छोह नहीं छबि-मानन मैं।
चतुराइन की चरचा है कहा अहै चूक भरी चतुरानन मैं ॥ 6 ॥

दोहा–

हिलि-मिलि वे चलि जात हैं ए दृग रहहिं बिसूरि।
नैननहूँ को देखियत नैनन पारत धूरि ॥ 7 ॥

मो नैनन बेलमाइ ए नैन करहिं उतपात।
का अजगुत की बात जो जाति जाति मिलि जात ॥ 8 ॥

चाह-भरी अँखियान ते हम चितवत तुव ओर।
पै न चूकि चितयो कबौं तू ए रे चित-चोर ॥ 9 ॥

बिकत बिपुल-आकुल रहत बहँकत बनत अयान।
बंसी-तानन कान सुनि नयन निरखि मुसुकान ॥ 10 ॥

लौटावत लूटी परी लौटि लपेटे भाग।
लटपटात लोयन गये बँधे लटपटी पाग ॥ 11 ॥

बरवा–

झलही मोर ननदिया बरबस आय।
बोलति बोल बिरहिया जिउ जरि जाय ॥ 12 ॥

खान पान सुधि भूलि गयेहु अपान।
टप टप टपकत अँसुआ दोउ अँखियान ॥ 13 ॥

बिसरति नाहिं सनेहिया तजत न आन।
जल बिन तलफि मछरिया त्यागत प्रान ॥ 14 ॥

बढ़ति जाति बिकलैया निसि न सिराति।
दिन दिन सजनी देहिया छीजति जाति ॥ 15 ॥

परकीया के भेद

परकीया नायिका के दो भेद हैं–ऊढ़ा और अनूढ़ा। इन दोनों के भी दो-दो भेद है–उद्‌बुद्धा और उद्‌बोधिता।

ऊढ़ा

जो विवाहिता स्त्री गुप्त रीति से दूसरे से प्रीति करती है उसे ऊढ़ा कहते हैं।

उदाहरण

कवित्त–

बिलोकेहू विपूल बिहाल न गहैं बिराम
बान सखियान की परी है बरजन की।

तोखैं ना तनिक तात तमकि तनेने होंहिं
बात हित-नात की है काँत तरजन की॥
एरी बीर 'हरिऔध' निपट अधीर कियो
पीर उर आनत न लाख लरजन की।
भोरी बनी बिपुल बिथोरी बिस बोरी बनी
जरो री निगोरी ऐसी लाज गुरुजन की॥ 1॥

बारि के भरेहूँ तोख लहत न कैसहूँ हैं
हँसिबो न जानैं ऐसी महत-उदासी हैं।
लोक-लाजहूँ ते काज राखत कछू ना कबौं
गाज के परेहूँ तेरी पूरन-उपासी हैं॥
'हरिऔध' औरन की चाह सपनेहूँ नाहिं
तेरे प्रेम-बूँद ही की अनुदिन आसी हैं।
उघरी ए अँखियाँ हमारी ऐन-चातकी सी
ए रे घनश्याम तेरे रूप-रस-प्यासी हैं॥ 2॥

सवैया–

बावरो सो मन मेरो भयो रहै भूलि न भावत भौन बसेरो।
पीर सी होति रहै हियरे दुख पावत पातकी-प्रान घनेरो॥
क्यों हूँ नहीं 'हरिऔध' कहूँ लगै ऊबत है जियरो बहुतेरो।
एरी न जानत मो पै कहा कियो पीतम मेरी परोसिनी केरो॥ 3॥

बीर अधीर भई तो कहा परी पीर करी छतिया अब चाँपनी।
प्रीति रती न जा 'हरिऔध' मैं ताकी प्रतीति करी बनी पापिनी॥
या अपकीरति की बतिया निज हाथन मोहिं परी सखि थापनी।
भो पतिआन पै गाज परै पति-आन के हाथ गई पति आपनी॥ 4॥

अनूढ़ा

जो अविवाहिता स्त्री पुरुष से गुप्त प्रीति करती है उसे अनूढ़ा कहते हैं।

कवित्त–

संकुचित भौहैं करि सोचति कछू है कबौं
कंटकित गात होत कबौं गरबीली को।
ढरकि रहे हैं सेद-कन रोम-कूपन सों
छाम ह्वै गयो है तन सकल छबीली को॥

'हरिऔध' कहै डूबि डूबि मन काहें जात
गहन लगी क्यों ऊबि ऊबि गति ढीली को।
लहि लहि लाज कौन काज भरि भरि आवै
रहि रहि आज नैन ललना रसीली को ॥ 1 ॥

सवैया–

सुनती बतिया सखियान हूँ की गुरु लोगन हूँ की कही करती।
नहिं बारि बहावती आँखिन सों अपने उर धीरज हूँ धरती ॥
हकनाहक ही हठ कै 'हरिऔध' हितून हूँ सों ना कवौं अरती।
अरी वा मन-भावन साँवरे के सँग कैसहूँ भाँवरें जो भरती ॥ 2 ॥

सुन्दर चीकनो चाव भरो अलबेलो अलौकिकता को सहारो।
लाइ हिये दुख-मेटनवारो छबीलो छकी-अँखियान को तारो ॥
सूधो सजीलो सुजान गुनी 'हरिऔध' धरातल गौरववारो।
वीर बताय दै क्यों मिलिहै वह भावतो बालपने को हमारो ॥ 3 ॥

उद्‌बुद्धा

अपनी इच्छा से उपपति से प्रेम करनेवाली परकीया को उद्‌बुद्धा कहते हैं।

कवित्त–

मंद-मंद समद-गयंद की सी चालन सों
ग्वालन लै लालन हमारी गली आइये।
पोखि-पोखि प्रानन को सानन सहित
इन कानन को बाँसुरी की तानन सुनाइये ॥
'हरिऔध' मोरि मोरि भौहैं जोरि जोरि दृग
चोरि चोरि चितहूँ हमारो ललचाइये।
मंजुल-रदनवारो मुद के सदनवारो
मदन-कदनवारो बदन दिखलाइये ॥ 1 ॥

काको सुत कैसी छबि धारत बसन कैसे
कैसी बानी बोली को पियूख बरसावै है।
जानत जुगुत कैसी मोहत कहाँ धौं करि
मंद-मुसुकान काकी मन अपनावै है ॥
'हरिऔध' की सौं कही मानु चलु देखैं नेक
काको रूप-कामिनी को बावरी बनावै है।

काके बस ब्रज की बिलासिनी भई हैं बीर
कौन बनमाली बन बाँसुरी बजावै है ॥ 2 ॥

सवैया–

हम कैसी करैं कित को चलि जायँ महा दुख मैं हमैं पारती हैं।
हरिकै छल सों सिगरी कुलकानि बिचारन हूँ को बिगारती हैं॥
'हरिऔध' न मानती हैं छनहूँ कबौं सूधेहूँ नाहिं निहारती हैं।
यह रावरी नेहमयी अँखियाँ हमैं बावरी सी किये डारती हैं ॥ 3 ॥

साँझ सकारे मया करिकै कबहूँ गुरु लोगन के अनदेखे।
आपनी या छबि मैनमयी दरसायो करौ हित कै हित लेखे॥
नातो अहो 'हरिऔध' सुनो तन रैहै नहीं पतिआन के पेखे।
प्यारे न मानती हैं अँखियाँ बिन रावरी साँवरी सूरत देखे ॥ 4 ॥

उद्‌बोधिता

उपपति-चातुरी से प्रेरित होकर प्रीति करनेवाली नायिका को उद्‌बोधिता कहते हैं।

उदाहरण

सवैया–

मोको बिलोकित ही अपने मन मैं सुख मानि महा-उमगानी।
आसन दीनी समादर कै मुख बोलि हरे हरे मंजुल-बानी॥
सील के पेचन माहिं परी 'हरिऔध' सनेह-सनी सकुचानी।
प्यारे तिहारी प्रमोद-भरी पतिआ पढ़िकै पुलक़ी पतिआनी ॥ 1 ॥

परकीया के छः भेद

व्यवहार और कार्य कलाप सम्बन्ध से परकीया छः प्रकार की होती है। 1. गुप्ता, 2. विदग्धा, 3. लक्षिता, 4. कुलटा, 5. अनुशयाना और 6. मुदिता।

1. गुप्ता

पर-पुरुष-विहार-सम्बन्धी क्रिया को गोपन करनेवाली परकीया गुप्ता कहलाती है। वह तीन प्रकार की होती है—1. भूतगुप्ता, 2. वर्तमानगुप्ता और 3. भविष्यगुप्ता।

भूतगुप्ता

भूतकालिक विहार गोपन करनेवाली भूतगुप्ता कहलाती है।

उदाहरण

दोहा–

भाग जगावन काज मैं माँगन गई भभूत।
कहाँ करौं भोरे-जनन काहिं भिन्यो जो भूत ॥ 1 ॥
सुनत हुती मैं रसिक-जन हुतो सरस बतरात।
मोहि कलंकित करि कहति कत कलंक की बात ॥ 2 ॥

वर्तमानगुप्ता

वर्तमानकालिक विहार गोपन करनेवाली वर्तमानगुप्ता कहलाती है।

उदाहरण

कवित्त–

टूक टूक कीनी मेरी कंचुकी हुँ कोरवारी
सारी-छरतारी फारी जेवर नसायो है।
तिलरी हूँ मंजु मनि मोतिन की तोरि डारि
बेनी हूँ बिथोरि डारि छोरि दधि खायो है॥
'हरिऔध' त्रासन ते काँपत करेजो अजौं
साँसु न कढ़ति आँसु आँखिन मैं छायो है।
खूँत-भरो निपट-कुचाली कूर करतूत
कैसो या सपूत आली काहू घर जायो है ॥ 1 ॥

दोहा–

गिरि ते गिरत निहारिकै पकरि लियो प्रिय मोहि।
तू बौरी सी कत बकति भयो कहा है तोहि ॥ 2 ॥

भविष्यगुप्ता

उदाहरण

दोहा–

जो कुंजन जैहौं नहीं किमि लैहौं दल फूल।
का कैहौं अनुकूल जन जो ह्वैहैं प्रतिकूल ॥ 1 ॥

बर पूजन जैहौं न क्यों है बरसाइत कालि।
छल-छन्दी कैहै कहा मो पै कीच उछालि ॥ 2 ॥

2. विदग्धा

चतुराई और बुद्धिमत्ता के साथ पर-पुरुष-विहार-सम्बन्धी कार्य साधन करनेवाली परकीया को विदग्धा कहते हैं। उसके दो भेद हैं—वचनाविदग्धा और क्रियाविदग्धा।

वचनविदग्धा

पर-पुरुष-विहार-संबंधी कार्य साधन में वचन-चातुरी से काम लेनेवाली परकीया वचनविदग्धा कहलाती है।

उदाहरण

कवित्त—

बैन ननदी के सुनि सूल सी उठन लागी
देवर के तेवर करेजो मेरो हूलिगो।
सासु की सुने पै आँखि आँसु ढरकन लाग्यो
सौतिन की बातन हमारो पेट फूलिगो॥
हेरि 'हरिऔध' टेरि सखिन सुनाई बाल
जात हौं तहाँई जितै मैन उनमूलिगो।
तट-कालिंदी पै बंसी बट के निकट बीर
नीर भरिबे को घट घाट ही पै भूलिगो ॥ 1 ॥

क्रियाविदग्धा

क्रिया-चातुरी से पर पुरुष विहार-सम्बन्धी कार्य साधन करनेवाली परकीया क्रियाविदग्धा कहलाती है।

उदाहरण

दोहा—

चपल-नयन चित-चोर को चित्वन लखि चहुँ ओर।
कै मंजुल-मंजीर-ध्वनि सरस करी दृग-कोर ॥ 1 ॥

3. लक्षिता

जिस परकीया का परपुरुषानुराग लक्षणों से प्रकट हो जाता है उसे लक्षिता कहते हैं।

उदाहरण

कवित्त–

नैन मदमाते बैन कछु अलसाते कढ़ैं
उर मैं उमंग अधिकाते की दुहाई है।
कंप होत गात ना समात कंचुकी मैं कुच
आनन लखात तेरे अजब लुनाई है॥
'हरिऔध' हेतु बीर बावरी बनी सी डोलै
धरति न धीर कैसी करति ढिठाई है।
रंग ढंग दीखे बूझि परत कुरंग-नैनी
आज तेरे अंगन अनंग की चढ़ाई है॥ 1॥

बिहँसित-बदन प्रमोद-पुंज-पगे-बैन
बड़ी बड़ी आँखि ते बिनोद बरसत है।
केसरित-कलित-कपोल केस छूटे लसैं
सीकरित-अधर दुगूनो सरसत है॥
'हरिऔध' मंद-मंद-मंजु-मंथरित-गौन
ताकि रति-रौनहूँ तिगूनो तरसत है।
आनँद-उमंगवारी एरी संगवारी बाल
तेरे अंग आज रंग औरै दरसत है॥ 2॥

4. कुलटा

अनेक-पुरुष-रता, व्यभिचारिणी, काम-वासना मयी स्त्री को कुलटा कहते हैं।

उदाहरण

सवैया–

एक को भौंह मरोरि लख्यो कह्यो एक सों हौ तुम तो निरमोही।
एक सों नैन मिलाइकै बोली लखो नभ कारी घटा किमि सोही॥
चाव सों एक को आइ गह्यो उमड़े घन को झर लावत जोही।
एक सों भाख्यो बिलासिनि यों किन भींजत आइ बचावत मोही॥ 1॥

5. अनुशयाना

संकेत-स्थल के नष्ट होने से संतप्त रमणी को अनुशयाना कहते हैं। इसके तीन भेद हैं–1. संकेतविघट्टना (वर्तमान), 2. संकेतनष्टा (भावी) तथा 3. रमणगमना (भूत)।

संकेतविघट्टना

वर्तमान संकेत-स्थल नष्ट होने से दुःखित ललना को संकेतविघट्टना कहते हैं।

उदाहरण

दोहा–

कहा भयो जो ह्वै गई लता-बिहीन निकुंज।
घर समीप बिलसत अहैं अ जौं घने-तरु-पुंज ॥ 1 ॥

सूने-सदनन के नसे चूर भयो कत चित्त।
बहु बिहार - उपबन अहैं अजौं बिहार-निमित्त ॥ 2 ॥

संकेतनष्टा

दोहा–

कत सिसकति ह्वैहै उतै रसिक-जनन ते भेंट।
हैं तेरी ससुरारि मैं सुन्दर सजे सहेट ॥ 1 ॥

सखि ससुरे मैं सैर की अहै असुबिधा नाहिं।
उत अभिमत-फल-दायिनी बहु फुलवारी आहिं ॥ 2 ॥

रमणगमना

संकेत-स्थल में प्रियतम के गमन का अनुमान कर जो स्त्री अपनी अनुपस्थिति पर तप्त होती है उसे रमणगमना कहते हैं।

कवित्त–

आलिन को आनन बिलोकि अकुलानी महा
केला के झमेला मिले कुफल करेला के।
गारत गुलाबी रंग भयो गोरे गालन को
सौहैं परी जाय मानो औचक सँपेला के ॥
ढारि ढारि आँसुन की धार दोऊ आँखिन सों
निंदत बिचार 'हरिऔध' अवहेला के।
बेला बीती बूझिकै बेहाल अलबेली भई
अलबेले हाथन बिलोकि फूल बेला के ॥ 1 ॥

बरवा–

आयो प्रिय अमरैया गैयन साथ।
पहुँचि न सकति लुगैया मींजति हाथ ॥ 2 ॥

बिलखति खरी गुजरिया बिहरति नाहिं।
निरखि गुलाब-गजरबा प्रिय-गर माहिं ॥ 3 ॥

6. मुदिता

वांछित की अकस्मात् प्राप्ति से आनन्दित होनेाली परकीया को मुदिता कहते हैं।

कवित्त–

अँधियारी कुहू की डरारी-कारी-रैन माहिं
जामैं घिरी भारी-घटा पवन-प्रसंग ते।
दामिनी दिपे पै भौन बार पै बिलोक्यो बाल
मंद-गौन-वारो-प्यारो मंजुल-मतंग ते ॥
'हरिऔध' मोहि मद-प्याला सी पिअन लागी
ज्वाला हूँ कढ़न लागी बाला-अंग अंग ते।
उरज-उतंग ते अनंग रंग पैठी जाति
ऐन बैठी ऐंठी जाति आनँद-उमंग ते ॥ 1 ॥

गरबीली-गोरटी लजीली-अँखियान-वारी
लूटी सी फिरति छूटी सखिआन-संग ते।
कुंज-पुंज क्यों हूँ लखि पाई गुंज माल वारो
जाकी सुघराई है सवाई सौ अनंग ते ॥
'हरिऔध' हेरे भई बेसुध बिकी सी बाल
भाव-भंगी ह्वै गई छगूनी भंग-रंग ते।
तरकत मैन की तरंग ते तनी के बंद
भरकत अंग अंग आनँद-उमंग ते ॥ 2 ॥

सामान्य अथवा गणिका

केवल धन के निमित्त प्रेम करनेवाली स्त्री सामान्या कहलाती है। इसमें प्रवंचना की मात्रा अधिक होती है।

उदाहरण

कवित्त–

मंद मंद मीठे बैन बोलि मन औरे करै
नैन-सैन ही सों मैन जू को उरथान दै।

पीनता दिखावै हाव-भाव परिपाटी माहिं
रमन-प्रनाली मैं प्रवीनता प्रमान दै॥
'हरिऔध' सुधा ही सी स्रवत कहै जो कबौं
प्रानप्यारे मोको मंजु माल-मुकतान दै।
मान दै दै सहित सनेह अपनावै प्रान
हरति अपान हूँ को हँसि करपान दै॥ 1॥

दशविध नायिका

अवस्था के अनुसार नायिकाओं के दश भेद होते हैं। वे ये हैं–

1. प्रोषितपतिका, 2. खंडिता, 3. कलहान्तरिता, 4. विप्रलब्धा, 5. उत्कंठिता, 6.वासकसज्जा, 7. स्वाधीनपतिका, 8. अभिसारिका, 9. प्रवत्स्यत्पतिका, 10. आगतपतिका।

प्रेम-पथ पर दृष्टि रखकर ये भेद स्वकीया और परकीया में ही माने गये हैं। कुछ लोगों ने गणिका में भी इन दशाओं को माना है; किन्तु कतिपय विद्वानों के सिद्धान्तानुसार मैं भी इसको रसाभास समझता हूँ।

प्रोषितपतिका

प्रियतम के विदेश-गमन से व्यथित और दुःखदग्ध स्त्री को प्रोषितपतिका कहते हैं।

उदाहरण

मुग्धा प्रोषितपतिका

दोहा–

सखियन हूँ ते नहिं कहति पिय-प्रवास की पीर।
नीरज-नयनी-नयन हूँ नाहिं बिमोचत नीर॥ 1॥

कोऊ बतरावत नहीं क्यों चित होत अचेत।
पिय बिन ए कारे जलद क्यों जिय जारे देत॥ 2॥

मग्धा प्रोषितपतिका

दोहा–

बिरह-घरी बीतति नहीं युग सम दिवस सिराहिं।
सखियन को लखिकै रुकत अँखियन को जल नाहिं॥ 1॥

असन बसन की सुधि नहीं साँसत सहत सरीर।
कहति न बिरह-भरे बयन बहत नयन ते नीर॥ 2॥

प्रौढ़ा प्रोषितपतिका

कवित्त–

चूमि चूमि प्यार ते उचारती बचन ऐसे
जाते प्रेम प्रीतम को तोपै भूरि छावतो।
मोहित है तेरे चोंच माहिं चारु-चामीकर
'हरिऔध' हीरा हेरि हिय पै लगावतो॥
एरे काक बोलत कहा है ककनीन बैठि
मंजुल-मनीन तेरे चरन जरावतो।
नैनन को तारो बाँकी-बड़ी-अँखियान- वारो
प्यारो-प्रान वारो जो हमारो कंत आवतो॥ 1॥

पी कहाँ वहाँ हूँ जो पुकारतो पपीहा पापी
प्यारो कैसे प्रानन को धीरज बँधावतो।
क्यों हूँ मन मानतो न उनको मनाये आली
जो पै मोरनी लै सोर मोर हूँ मचावतो॥
'हरिऔध' कैसे देस माहिं निवसत आली
कोऊ तो बिभेद याको हमको बतावतो।
ऐसई जो होतो वाँ डरारो बजमारो घन
कैसे मनवारो ना हमारो कंत आवतो॥ 2॥

पतिया न आई एक बतिया न साँची भई
प्रीति मैं तिहारी तऊ छतिया पगी रहै।
आज काल ही मैं प्रान चाहत पयान कीने
तिनमैं प्रतीति तेरी तबहूँ खगी रहै॥
प्यारे 'हरिऔध' तुम्हैं नीके ना निहार्‌यो तऊ
रोइ रोइ जामिनी मैं अँखिया जगी रहै।
मनमन समन हूँ मैं मगन भयो ना तऊ
पगन तिहारे मेरी लगन लगी रहै॥ 3॥

सवैया–

तजि रावरी साँवरी सूरत साँवरे या हिय और समातो नहीं।
वह मीठी सुधा सों सनी बतियाँ सुनि कानन धीर धरातो नहीं॥

हम कैसी करैं 'हरिऔध' कहो अब मोसों कछू तो सिरातो नहीं।
इन आँखिन प्यारे तिहारे बिना जग और तो कोऊ दिखातो नहीं ॥ 4 ॥

दोहा–

दमकति नभ मैं दामिनी घन छाये चहुँ ओर।
चित तरसत है दरस को बरसत है दृग मोर ॥ 5 ॥

नभ धुरवा धावन लगे बिधत बिरह के तीर।
तनिक धीर नहिं धरि सकत मो चित परम अधीर ॥ 6 ॥

बरवा–

कैसे बसत बिदेसवाँ बलमु-नदान।
तलफत मोर करेजवा कलपत प्रान ॥ 7 ॥

चमकत चपल बिजुरिया अलि चहुँ पास।
काँपत मोर करेजवा उपजत त्रास ॥ 8 ॥

परकीया प्रोषितपतिका

कवित्त–

बावरी ह्वै जाती बार बार कहि वेदन को
बिलखि बिलखि जो बिहार-थल रोती ना।
पीर उठे हियरा हमारो टूक टूक होत
ध्याइ प्राननाथ जो कसक निज खोती ना॥
'हरिऔध' प्यारे के पधारि गये परदेस
नैन नसि जात तो सपन सँग सोती ना।
तन जरि जातो न अँसुआ ढरत आली
प्रान कढ़ि जातो जो प्रतीति उर होती ना ॥ 1 ॥

मरो मुरझायो मन मारिये कहाँलौं कहो
कठिन हिये पै कौलौं पाहन बसाइये।
कोटि काम हूँ ते अभिराम स्याम प्यारे-काज
कलपि कलपि कौलौं बासर बिताइये॥
'हरिऔध' अनुछन आँखिन को तारो हुतो
जाके बिना एक पल हूँ ना कल पाइये।
ऊधो वाही लालन के सुललित पायन की
धूरिहूँ मिलै ना जो लै लोचन लगाइये ॥ 2 ॥

सवैया–

क्योंहूँ नहीं सहि जाहिं अरी उर में उपजे दुख-पुंज अपार ए।
दाह दुगूनियै होत उसासन प्रान रहे 'हरिऔध' अघार ए॥
हाय ! न सीतल होत छनौ कबहूँ इन नैनन के जल-धार ए।
डारत छार किये हियरा बिरहागि के बीर अधूम-अँगार ए॥ 3॥

पीर पराई पछानत हौ परतीतहूँ प्यारे प्रसंसन जोग है।
भापहूँ को है अभाव नहीं कमनीय-सुभाव हूँ को सहयोग है॥
पै 'हरिऔध' न जानि पर्यो परदेस मैं क्यों बिसर्यो मो बियोग है।
भाखिये भूल तिहारी कहा मनभावते भाग ही को सब भोग है॥ 4॥

ओट भयेहूँ तिहारी बड़ी अँखियान ते होत रहै बिपरीतै।
माधुरी मंजुल-बैनन की 'हरिऔध' अजौं हमरो मन जीतै॥
डोलत बावरी सी बन-बीथिन बूझति ना कछु नीत अनीतै।
ना बिसरै वह सूरत-प्यारी बिसूरत ही निसि बासर बीतै॥ 5॥

खंडिता

अन्य-नारी-सम्भोग-चिह्न से चिह्नित प्रातरागत नायक-दर्शन से कुपिता खंडिता कहलाती है।

मुग्धा

दोहा–

चकित भई अवलोकिकै उलटे पलटे बेख।
मन-रंजन के अधर पै निरखे अंजन-रेख॥ 1॥

लाल भोर आये कछू बोल न पाई बाल।
गुनन लगी कारन निरखि उर की बिन-गुन माल॥ 2॥

मध्या

कवित्त–

बोलत बनै न बारि बहै बड़ी आँखिन सों
बिफल बनी है देखि बेख बल-भैया को।
लाली लखि नैनन की रिस सों भई है लाल
भूल्यो सब ख्याल अंक निरखि सुगैया को॥
'हरिऔध' हरे हरे आखर हिये के कढ़ि
आवत अधर पै न पावत समैया को।

मदन-मजेज मैं बिहाल बावरी सी बनी
बदन बिलोकै बैठी सेज पै कन्हैया को ॥ 1 ॥

दोहा–

अधर लगो अंजन निरखि चितवति दृग भरि लेति।
उससि कछू चाहति कहन लाज कहन नहिं देति ॥ 2 ॥

प्रौढ़ा

कवित्त–

मेरे भाग जागत ही जामिनी बितैबो हुतो
कौन काज आप हैं लखात अलसाने से।
प्यारी पीक लीकहिं अनूठे अधरान छोरि
कहा लाभ कलित-कपोल पै लगाने से ॥
'हरिऔध' प्यारे साँची कहौ छलछंद छोरो
भोर ही कहाँ हो आज फिरत भुलाने से।
रावरे बिसाल दृग-कंज लाल ह्वै रहे हैं
सूरज उगे हूँ क्यों सरोज सकुचाने से ॥ 1 ॥

परचि गई हौं पेचपाच-वारे बैनन सों
परपंच कीने मोहि मिलत सहारो ना।
काट-छाँट-वारी-बानि काटत करेजो अजौं
कपट कियेहूँ कूट-बचन उचारो ना ॥
'हरिऔध' जाहु जागि जामिनी बिताई जितै
जियरा हूँ जावक लिलार लाइ जारो ना।
ढंग-वारी-साखिन पै ढारो न हमारो मन
रंग-वारी-आँखिन को मोपै रंग डारो ना ॥ 2 ॥

परकीया

दोहा–

हौं जागी सारी निसा बनि बड़-भागिनी - बाल।
लाल तिहारे ए नयन-युगल भये क्यों लाल ॥ 1 ॥

भूरि-भाग-वारो भयो काहू के पग सोहि।
लाल! भाल-जावक दहत क्यों पावक बनि मोहि ॥ 2 ॥

कलहान्तरिता

प्रिय से कलह कर अंतरित पश्चात्तापपरायणा स्त्री कलहान्तरिता कहलाती है।

उदाहरण

मुग्धा

दोहा–

जल छलकत है नयन मैं भलो लगत नहिं भोर।
पिय ते कलह किये भयो क्यों कलही मन मोर ॥ 1 ॥

मुख ते कछू कहति नहीं कितनो करति सकोच।
लरिकाई छूटी नहीं कहा लरे को सोच ॥ 2 ॥

सरस बनावहु जलद-तन चलि करि रस-मय-केलि।
अहै कलह-रवि-कर तई दुलही-उलही-बेलि ॥ 3 ॥

मध्या

दोहा–

पिय सों लरि लरि तू रही तब तो बहु इतरात।
अब लोयन को जल बनो तेरो कलह दिखात ॥ 1 ॥

सोचि सोचि अपनी दसा कत सकुचित सुकुमारि।
कलह-कालिमा क्यों धुलति जो न होत दृग-वारि ॥ 2 ॥

प्रौढ़ा

कवित्त–

मान के किये ते मान रहत कहाँ धौं कैसे
मेरे जान मान ही की बातैं हैं अमान की।
मन मैं मसूसि महा-मुरझि रही हौं बीर
नेक सुधि मोको ना रही है खान-पान की ॥
हाय! 'हरिऔध' हूँ सों हियरो हरन-वारो
रूसि गयो मोसों जरो बानि अपमान की।
छबि पै लुभाई को लगैहै छतिया सों मोहि
पान को करैहै सुधा मंजु-बतियान की ॥ 1 ॥

दोहा–

बरबस करुये बयन कहि मो सरबस हरि लीन।
कैसे नीरस नहिं बनति रसना रस सों हीन ॥ 2 ॥

परकीया

दोहा–

टूटि सलिल-भाजन गयो छूटि न पायो पंक।
कलह भयो तासों अली जा हित सह्यो कलंक ॥ 1 ॥

ता सरसिज को कर सकी कहा सहज सनमान।
सरसत मो मन अलि अहै करि जाको रस-पान ॥ 2 ॥

विप्रलब्धा

संकेत-स्थल में प्रियतम की अप्रप्ति से आकुल और क्षुब्ध नायिका विप्रलब्धा कहलाती है।

उदाहरण

मुग्धा

दोहा–

पीर उठे पीरी परी पिय ते भई न भेंट।
दुलही-दुख दूनो भयो सूनो मिले सहेट ॥ 1 ॥

तिय आई आयो न पिय भई समय की भूल।
काँटे लों कसकन लगे कलित-कुंज के फूल ॥ 2 ॥

मध्या

दोहा–

देखि सेज सूनी परी केलि-भवन भो काल।
बिचलित अलबेली भई बिन अलबेले लाल ॥ 1 ॥

केलि-भवन आई बधू भरी उमंग उछाह।
बारि-बाह लोचन बने बिना बिलोके नाह ॥ 2 ॥

प्रौढ़ा

दोहा–

बार बार बहराइकै तूने क़ियो अबार।
बादि अहै पिय के बिना उपबन-बिपिन-बहार ॥ 1 ॥

ललक-भरी आई बधू मिले नाहिं सुख-मूल।
केलि-भवन हूँ नाहिं भयो केलि-मयी अनुकूल ॥ 2 ॥

परकीया

कवित्ता–

सीतल-सलिल-वारे सर सरसावैं नाहिं
कुंत लौं लगे हैं कुंज-पुंज गरबीली को।
सुललित-फूलन सों सूल-सी उठन लागी
भयो अनुकूल न मयंक अरसीली को॥
'हरिऔध' मंद-मंद मारुत हरयो अनंद
लूटन लग्यो है मैन चैन हूँ छबीली को।
लाल बिन एरी बीर मंजुल-निकुंज हूँ मैं
नीरस भयो है रस ललना-रसीली को॥ 1॥

उत्कंठिता

आने का निश्चय करके भी जिसका प्रियतम विहार-स्थल में यथासमय न आवे अथवा आवे ही नहीं, उस आकुल और उत्कंठित स्त्री को उत्कंठिता अथवा उत्का कहते हैं।

उदाहरण

मुग्धा

दोहा–

कहा भयो आये न क्यों भुख ते कढ़त न बैन।
चित-चंचलता कहत है चंचल-नयनी नैन॥ 1॥

कहाँ रुके अरुझे कहाँ किधौं गये पथ भूल।
या सोचन चंपक-बरनि बनी कुसुम को फूल॥ 2॥

मध्या

दोहा–

भई बेर क्यों का भयो यह बिचारि सुकुमारि।
कबौं बिलोकति पथ कबौं भरति दृगन मैं बारि॥ 1॥

बैठति उठति बिकल बनति बिलपति लहति न चैन।
चितवति सखि-मुख दुखित बनि काटे कटति न रैन॥ 2॥

प्रौढ़ा

दोहा–

बीती निसि आये नहीं अब लौं नयनानंद।
कहा करौं कैसे गहौं बामन बनिकै चंद ॥ 1 ॥

सेज-परी सिसकति कबौं कबौं भरति है आह।
घरी घरी उठि उठि बधू पिय की जोहति राह ॥ 2 ॥

बरवा–

आवति खिन अँगनैया खिन चलि जाति।
उठि उठि गिनति तरैया कटति न राति ॥ 3 ॥

पसरी निरखि जुन्हैया चंदहिं चाहि।
कामिनि परी सेजरिया उठति कराहि ॥ 4 ॥

परकीया

कवित्त–

पौन मंद बह्यो छाई सेतता दिसन माहिं
दीपक मलीन भयो अंधकार टरिगो।
गात सियारानो बोले बृंद चरनायुध के
कलरौ चिरियन को चारो ओर भरिगो ॥
'हरिऔध' आये नाहिं अँखियाँ उनींदी भई
अहह हमारो भाग आज हूँ बिगारिगो।
एरी बीर देखु अरुनाई छाई अंबर मैं
तारन-समेत तारापति फीको परिगो ॥ 1 ॥

वासकसज्जा

प्रिय-समागम का निश्चय करके जो केलि-सामग्री को सज्जित करती अथवा सखियों द्वारा सुसज्जित कराती हो उसे वासकसज्जा कहते हैं।

उदाहरण

मुग्धा

दोहा–

नवला कत सकुचित इतो सजत सँवारत कुंज।
दुरे छबीली होत का दुरत नहीं छबि-पुंज ॥ 1 ॥

काहे सजति न सेज अलि साज मिले अनुकूल।
बिकच-कमल-कर मैं फबहिं खिले फबीले फूल ॥ 2 ॥

मध्या

दोहा–

महल-टहल के समय मन काको हरति न बीर।
कलरव-रत-कटि-किंकिनी बजत मंजु-मंजीर ॥ 1 ॥

सकुचित कबौं सकुच तजति तिय सब लेति सहेज।
अभिमत-साजन ते सजति सखिन सजाई सेज ॥ 2 ॥

प्रौढ़ा

दोहा–

बोलि बोलि सखियान को कहि कहि बैन रसाल।
केलि-सदन को सुर-सदन सरिस बनावति बाल ॥ 1 ॥

बासि बासि बर-बास ते सजि सजि केलि-अबास।
बिलसति रहति बिलासिनी करि करि बिबिध-बिलास ॥ 2 ॥

परकीया

कवित्त–

बैठी हुती मंदिर मैं कलित-कुरंग-नैनी
जाको लखि काम-कामिनी को मान किलिगो।
क्यों हूँ कढ़्यो तहाँ आइ साँवरो-छबीलो-छैल
जाको गान-तानन ते ताके कान पिलिगो ॥
मुख खोलि उझकि झरोखे 'हरिऔध' झाँके
लोक-सुंदरी को मंजु-रूप ऐसो खिलिगो।
नीलिमा-गगन मैं मगन ह्वै गयो कलंक
आनन-उजास मैं मयंक-बिंब मिलिगो ॥ 1 ॥

अभिसारिका

प्रियतम-समागम-निमित्त संकेत-स्थल में गमन करनेवाली अथवा प्यारे को बुलाने वाली नायिका को अभिसारिका कहते हैं।

उदाहरण

मुग्धा

दोहा–

परग परग पै बहु अरति खटकै पात सकाति।
चली जाति पिय पास तिय सेद-सनी सकुचाति ॥ 1 ॥

पंथ चलत बिचलित भई कंपित भो सब गात।
भये चौगुने-चपल चख चित भो चलदल-पात ॥ 2 ॥

मध्या

दोहा–

पिय पहँ जात लजाति बहु लंक लचे बल खाति।
तजति उतायल भाव तिय जो पायल बजि जाति ॥ 1 ॥

सोच सकोचन करत ते दली मली दिखराति।
लली अली लै गलिन ह्वै केलि-थली मैं जाति ॥ 2 ॥

प्रौढ़ा

दोहा–

चली कंत ढिग कामिनी सफल करन अभिसार।
सुर-पुर-तिय मोहति निरखि रति-मोहक सिंगार ॥ 1 ॥

ललना ललन मिलन चली गति लखि लजत गयंद।
बदन-चंद की जोति ते होति चंद-दुति मंद ॥ 2 ॥

परकीया

सवैया–

मानी-मनोज को मान मरोरत मोहन मोहन को मृग-नैनी।
जीति जतावत जौम-भरी जलजात-बरूथन को जग-जैनी ॥
'हरिऔध' अलकावलि सों अलि को अकुलावति आनँद-ऐनी।
भानुजा-कूल पै जात चली कल-कुंजन कूजत कोकिल-बैनी ॥ 1 ॥

सुंदर-भाव-भरे तन पै बगरी बर-भूखन-जोति भली है।
सोंधे सनी अलकावलि हूँ चहुँ घेरि लई अलि की अवली है ॥
मंजुल-गौन पै ऐ 'हरिऔध' गयंद हूँ की गति जाति छली है।
भानु-लली-प्रिय-रंग-रली कल-केलि-थली महँ जाति चली है ॥ 2 ॥

परकीया के भेद

परकीया अभिसारिका के तीन भेद हैं – 1. शुक्लाभिसारिका, 2. कृष्णाभिसारिका और 3. दिवाभिसारिका।

शुक्लाभिसारिका

चाँदनी रात के अनुकूल वेश धारण करके प्रिय-समागम के लिये जाने वाली स्त्री को शुक्लाभिसारिका कहते हैं।

दोहा–

सेत-बसन हीरक-जटित बिबिध-बिभूखन धारि।
चली चाँदनी रात मैं चंदकला-सी नारि ॥ 1 ॥

कृष्णाभिसारिका

अँधियाली रात्रि के अनुकूल वेश धारण करके प्रिय-समागम के लिये जानेवाली परकीया स्त्री को कृष्णाभिसारिका कहते हैं।

कवित्त–

नीले-नीले-नूतन-निचोल नये तन धारि
असित-मिसी मैं पूरि पंगति रदन की।
भूखन पहिरि नव-नीलम-जटित अंग
दीपति दुराइ खोलि जेहरि पदन की ॥
'हरिऔध' अति अँधियारी अमा रैन माहिं
बनिकै मिजाज-वारी भामिनी मदन की।
चलत सहेट चंद-मुखी के चहूँधा चाहि
चाँदनी सी फैली चारु चाँदनी बदन की ॥ 1 ॥

दोहा–

नील निचोलन के सहित पहिरि नीलमनि-माल।
चली तमो-मय रजनि मैं तमो-मयी बनि बाल ॥ 2 ॥

दिवाभिसारिका

प्रिय-मिलाप के लिये दिन में संकेत-स्थल को जानेवाली अथवा उसको बुलानेवाली परकीया को दिवाभिसारिका कहते हैं।

दोहा–

दूर करन कामिनी चली मदन-जनित-संताप।
तप-रितु-तीखे-तपन के ताप को न गिनि ताप ॥ 1 ॥

प्रवत्स्यत्पतिका

प्रियतम-प्रवास-गमन से व्याकुल और संतप्त स्त्री को प्रवत्स्यत्पतिका कहते हैं।

उदाहरण

मुग्धा

दोहा–

पिय को करत पयान लखि भरि आये युग नैन।
चाहत कछू कहन बधू पै कछु कहत बनै न ॥ 1 ॥

ढिग आई प्रिय-गमन सुनि भयो चकित-चित लोल।
आँखि खोलि देखन लगी पै न सकी मुँह खोल ॥ 2 ॥

मध्या

सवैया–

ठाढ़ि सिंगार कै नारि हुती इतने मैं बिदेस गयो सुनि पी को।
नैन ते नीर झर्‌यो इतनो अस हाल भो जाते तहाँ तरुनी को ॥
डूबि गई पहिले कटि लौं 'हरिऔध' उरोज डुब्यो पुनि नीको।
ऐसहीं देखत ही दृग के अँसुआन सों भीज्यो लिलार को टीको ॥ 1 ॥

बरवा–

प्रीतम जात बिदेसवाँ निपट अनेस।
सिसकति खरी गुजरिया बगरे केस ॥ 2 ॥

प्रौढ़ा

कवित्त–

रावरे निहारे बिना बावरी बनैगी कौन
देखे बिना तुम्हैं काकी अँखिया सिहायगी।
कौन सूनी-सेज पै चढ़ैगी परतेजि प्रान
दूनी-दाह काके अंग अंगन दिखायगी ॥
'हरिऔध' प्यारे जो पै करत पयान तो कहो
तो प्रान राखि कौन कौलों अकुलायगी।

कौन दुख पैहै नैन नीर बरसैहै कौन
कौन बिलखैहै कौन पीछे पछतायगी ॥ 1 ॥

परकीया

कवित्त–

चलन चहत प्रान-प्यारो परदेस आली
आकुल है हियरा हमारो सुधि लेखै ना।
चकि चकि रहत चहूँकित चितैकै चित्त
बेदन-बिबस ह्वैकै सुरति सरेखै ना॥
'हरिऔध' प्यारे संग करन पयान ही मैं
आपनी भलाई पापी प्रान हूँ परखै ना।
बिलखि बिलखि भरि भरि बार बार बारि
नैनहूँ निगोरो आज नैन भरि देखै ना ॥ 1 ॥

आगतपतिका

प्रियतम-विदेशागमन से उत्फुल्ल स्त्री को आगतपतिका कहते हैं।

उदाहरण

मुग्धा

दोहा–

सुनि मुख ते सखियान के पिय को आवत ऐन।
पड़े पलक के पाँवड़े ललकन लागे नैन ॥ 1 ॥

आये लाल बिदेस ते ललना भई निहाल।
अनुरंजित-चित-रुचि कहत रोरी-रंजित-भाल ॥ 2 ॥

मध्या

दोहा–

सुने कंत को आगमन उमड़्यो उमग-पयोद।
ललना-युगल-नयन लगे बरसन बारि-बिनोद ॥ 1 ॥

प्रीतम आये पौर पै भई देखि बहु भीर।
छकी प्रै सकी तोरि नहिं लोक-लाज-जंजीर ॥ 2 ॥

बरवा–

आवत जानि छयलवा पकरि कपाट।
कामिनी खरी अटरिया जोहति बाट ॥ 3 ॥

प्रौढ़ा

कवित्त–

बार बार प्यार ते बिलोके चंद-मुख-चारु
फेर मैं परे से अंधकार मेरे ही के हैं।
छीन लीनो मैन ते अचैन हूँ हमारो सबै
चैन-दैन-बारे-बैन बोरे जे अमी के हैं ॥
'हरिऔध' बिरह-हरनवारी आँखिन सों
करत प्रयोग मोपै मोहक ससी के हैं।
पी के मिले जटिल अनेसे सबै जी के नसे
अब हम जान्यो कि हमारे भाग नीके हैं ॥ 1 ॥

सवैया–

छाई रही अबला-मन मैं धुरवान को धावन देखि उदासी।
श्री 'हरिऔध' हूँ आये बिदेस सों आइ कही इतनेहिं मैं दासी ॥
आनँद के अँसुआन बहे अकुलाइकै दौरि चली चपला-सी।
लाल के अंग-तमाल सों जाइ रही लपटाइ लवंग-लता सी ॥ 2 ॥

बरवा–

धरकत बाम-नयनवाँ सजनी मोर।
आवत अयन सजनवाँ सुनत बहोर ॥ 3 ॥

आवत सदन सजनवाँ अति बड़ भाग।
उड़ि उड़ि आज अँगनवाँ बोलत काग ॥ 4 ॥

परकीया

दोहा–

सुनि आवन सुखकंद को छोरि सकल छर-छंद।
ललकत तिय देखन चली छबि छलकत मुख-चंद ॥ 1 ॥

मिले बिदेसी मीत के रह्यो न मान मरोर।
ललना के लोयन बने आनन-चंद-चकोर ॥ 2 ॥

स्वाधीनपतिका

जिस नायिका का प्रिय उसके सौन्दर्य अथवा सद्‌गुणों पर मुग्ध होकर उसका वशीभूत होता है उसे स्वाधीनपतिका कहते हैं।

उदाहरण

मुग्धा

दोहा–

जकी छकी नवला रहति छिपि छिपि बितवति काल।
तन मैं छबि छहरत निरखि छनौं न छोरत लाल ॥ 1 ॥

छाँह बचावति लाड़िली छोरत ना अलि-बृंद।
तऊ बदन-अरबिंद के लालन भये मिलिंद ॥ 2 ॥

मध्या

दोहा–

लाल-गरे परि ललित बनि लहि सु-बास सब काल।
फबि फैलावति ही रहति फूल-माल-सी बाल ॥ 1 ॥

सकुच-भरी पति-करन ते सज्जित ह्वै सरसाति।
परी किन्नरी-सी रुचिर-सेज परी दरसाति ॥ 2 ॥

प्रौढ़ा

सवैया–

काज परेहूँ न जाय कबौं कहूँ मो पति आपनी आनि अरो रहै।
नेक न मानत औरन की 'हरिऔध' को मेरो ही ध्यान खरो रहै ॥
साजत साज सँवारत भूखन सुंदर भावन माहिं भरो रहै।
भूख औ प्यास बिसारि सदैव अवास मैं मेरे ही पास परो रहै ॥ 1 ॥

परकीया

सवैया–

अरी और तियान ते सोहैं परेहूँ कबौं अपनो दृग जोरै नहीं।
अनखाय नहीं अपमान किये रसहूँ मैं कबौं बिस घोरै नहीं ॥
'हरिऔध' हमारो हजारन मैं हमरे हित ते मुँह मोरै नहीं।
छकि मो छबि ऊपर छाँह की भाँति छबीलो हमैं छन छोरै नहीं ॥ 1 ॥

•••••

नायक

रूप-यौवन-सम्पन्न, उत्साह-शील, उदार, कुलीन, सुशील, जन-अनुराग-भाजन, चतुर, बुद्धिमान, तेजस्वी और महान् हृदय पुरुष नायक कहलाता है। स्वभाव के अनुसार उसके चार भेद माने गये हैं। वे निम्नलिखित हैं–

1. धीरोदात्त, 2. धीरोद्धत, 3. धीरललित और 4. धीरप्रशान्त।

1. धीरोदात्त

क्षमावान्, धीर-गंभीर, स्थिर-प्रकृति, महान्-चेता, हर्ष-शोकादि में अविचलचित्त, दृढ़व्रत, विनयी और उदारहृदय पुरुष धीरोदात्त कहलाता है।

उदाहरण

कवित्त–

सूधो सधो उदधि-गभीर धीर-बीर है जो
जाकी धी मैं धरम-धुरीनता है निवसी।
सबल सुसील सत्यसंध साहसी है जौन
सरद-सिता सी जाकी साधना है बिकसी॥
'हरिऔध' लोक-हित ललित बनत जाते
बिपुल-बिभूति जाके लोमन ते निकसी।
महि माहिं परम-महान सोई मानव है
जाके मंजु-मानस मैं मानवता बिलसी॥ 1॥

सवैया–

राखैं दोऊ मरजाद सदा है गंभीरता दोहुँन मैं मनमानी।
भू मैं अहैं रतनाकर हूँ दोऊ दीखै समान दुहूँन मैं पानी॥
ए 'हरिऔध' रहैं रस एक ही दोहुँन की गति जाति न जानी।
एक-से भूतल मैं बिलसैं दोऊ सागर औ गुन-आगर प्रानी॥ 2॥

दोहा–

सुखित सकल को करि बनत सुर-समान नर कौन।
बसुधा पै बरसत सुधा सरसत ससि-सम जौन॥ 3॥

2. धीरोद्धत

अभिमानी, शूर, चपल, मायावी, प्रचंड, दुर्दान्त, कोपन-स्वभाव और अपनी प्रशंसा के पुल बाँधनेवाला पुरुष धीरोद्धत कहलाता है।

उदाहरण

कवित्त–

मैं हौं महा-मानी करि पैहौं का न माया किये
बाधा बोध भये दौरि बाँधि देहौं बिधि को।
बिगरे बिदारि देहों बड़े-बड़े बीरन कौ
तमके नसैहौं सारी-साधना की सिधि को॥
'हरिऔध' कोप किये लोप कैहौं लोकन को
पावक ते पूरि देहौं पुहुमी-परिधि को।
ककुभ के बारन की बोटी बोटी काटि देहौं
गिरि को उपाटि देहौं पाटि देहौं निधि को॥ 1॥

दोहा–

मोहि मुदित दिनमनि करत ससि सेवत सब भाँति।
मेरे पद-नख सरिस है नभ-तल-तारक-पाँति॥ 2॥

मायामय हूँ होत है जा माया लखि मौन।
मो सम जग मैं दूसरो मायावी है कौन॥ 3॥

धनु लै धावत मोहि लखि कौन न होत अधीर।
धरकत धरनी-धरन उर धरती धरति न धीर॥ 4॥

काको कलपावत नहीं करि निज लोचन लाल।
काल कालहूँ को बनत गहि कर मैं करवाल॥ 5॥

परम-प्रबल माया-निपुन धीर-बीर मद-मान।
को बसुधा-तल मैं भयो बारिद-नाद समान॥ 6॥

3. धीरललित

निश्चिन्त, कोमल-स्वभाव, नृत्य-गीतादि में अनुरक्त, हँसी-खेल में निपुण, काम कामिनी-प्रेमिक और नीतिरत गम्भीर पुरुष धीरललित कहलाता है।

उदाहरण

कवित्त–

चिन्ता ते रहत दूर चारु-चाव भरो चित
सुख-मुख चाहि चाहि चाहना हँसति है।
धारत कमल-मुख कोमलता मानस की
कामना मैं कमनीय-कामिनी बसति है॥
'हरिऔध' रुचि राग-रंग मैं रहति रमी
मंजु-तान कान मैं सुधा ह्वै निवसति है।
ललित-कलान ते मगन है रहत मन
लोयन मैं लालिमा लगन की लसति है॥ 1॥

सवैया–

चाव सों है तिनको बहु चाहत जे अहैं चारुता-चाहक-चेरे।
घूमत है रस-मंजु थलीन मैं साथ अलीन के साँझ सबेरे॥
है 'हरिऔध' सनेहिन को धन जीअत है रहि नेहिन नेरे।
सोहत है कुसुमावलि सों लसि मोहत मोहन-आनन हेरे॥ 2॥

दोहा–

कोमल मुख ते कढ़त है कोमलतामय बैन।
ललित देखि ललकत रहत धीरललित को नैन॥ 3॥

तन मैं मन मैं नयन मैं बहत रहत रस-सोत।
चिन्तामनि चोरी भये चित चिंतित नहिं होत॥ 4॥

ललकि लुनाई लखन की लोयन को है लाग।
अंगन मैं छलकत रहत राग-रंग-अनुराग॥ 5॥

4. धीरप्रशान्त

नायक के अधिकांश गुणों से युक्त प्रशान्त ब्राह्मणादिक को धीरप्रशान्त कहा जाता है। इनमें त्याग और क्षमाशीलता की विशेषता होती है।

उदाहरण

कवित्त–

परम-कुलीन है कुलीनता को गौरव है
पै न काहू अकुलीन काहिं निदरत है।

बिभव-भरो है पै न अनुभव-हीनता है
भूति-हीन-जन को बिभूति बितरत है॥
'हरिऔध' सूर है पै बनत कबौं ना सूर
सारो-उर-तम सूर सरिस हरत है।
धीर है पै देखिकै अधीर को अधीर होत
बीर है पै धर्म-बीर-बीरता बरत है॥ 1॥

धीरता गंभीरता बिदित बर बीरता मैं
सबल-सरीरता मैं सांति निवसति है।
तेज ओज साहस अभीति नीति रीति माहिं
प्रीति-परतीति माहिं सुचिता बसति है॥
'हरिऔध' उदित-उदारता-निकेतन है
चोखी-चातुरी को चित-चारुता कसति है।
मानस-महत्ता ते है महति रहती मति
उर मैं सतोगुन की सत्ता बिलसति है॥ 2॥

दोहा–

निज-गौरव हित नहिं हरत पर के गौरव काहिं।
जनता को हित बसत है सुजन-सुजनता माहिं॥ 3॥

जो जन होत अधीर नहिं परे भीर पर भीर।
हरत रहत पर-पीर जो है सोई बर-बीर॥ 4॥

कौन सुजन ताके सरिस अहै अवनि मैं आन।
जो अपने सनमान सम समझत पर-सनमान॥ 5॥

निरखे हूँ निरखत नहीं जन-अपराधन काहिं।
छमावान जैसी छमा है छमाहुँ मैं नाहिं॥ 6॥

बहु-असरस जामैं परे परम-सरस है होत।
सुजन-तरल-उर मैं बहत ऐसो रस को सोत॥ 7॥

नायकों के सात्त्विक गुण

नायकों के सात्त्विक गुण आठ हैं। वे निम्नलिखित हैं–

1. शोभा, 2. बिलास, 3. माधुर्य, 4. गाम्भीर्य, 5. धैर्य, 6. तेज, 7. ललित और 8. औदार्य।

शोभा

शूरता, चातुरी, सत्य, उत्साह, अनुरागिता, नीच में घृणा और उच्च में स्पर्द्धा उत्पन्न करनेवाले अन्तःकरण के धर्म को शोभा कहते हैं।

उदाहरण

कवित्त–

सूरता मैं सासन-उदारता है दरसति
साँच माहिं नीति-निपुनाई निवसति है।
भूत की भलाई है उछाह मैं बिराजमान
घिन माहिं नीच-हित-वासना बसति है॥
'हरिऔध' सोभा ही ते सोभावान सोभित है
उच्च-रुचि प्रतियोगिता ते बिकसति है।
अनुरागिता मैं लोक-अनुराग को है रंग
चातुरी मैं चारु-चित-चारुता लसति है॥ 1॥

दोहा–

अवनी-तल-अपकार-तम करि निज-कर सों दूर।
लहे सूरता बनत है जन-जीवन-नभ-सूर॥ 2॥

नर-गौरव-गिरि-सिखर को करति बिपुल-छबिमान।
लोक-हितकरी-चातुरी लसि चाँदनी समान॥ 3॥

मानवता बिकसित न तो जो न सचाई होति।
है वह जन-मन-ससि-सुधा नर-तन-दीपक-जोति॥ 4॥

बहु-फल-दायक बनत है छन छन करि छबिवंत।
है उछाह नर-बिटप को सरसत लसत बसंत॥ 5॥

मानव-मानस-मोहिनी रस-दायिनी-महान।
कौन अहे अनुरंजिनी अनुरागिता समान॥ 6॥

जाते अघ मैं घुन लगै सो घिन ताहि सुहात।
नीचन को सौं जतन सों सुजन सुधारत जात॥ 7॥

जन करि करि प्रतियोगिता कब न जगावत भाग।
कौन लगावत है नहीं भली-लगन की लाग॥ 8॥

विलास

विलासमान की दृष्टि धीर, गति विचित्र और वचनावली मुसकुराहट लिये होती है, तथा भाव में गर्व का विकास होता है।

उदाहरण

कवित्त–

गौरवित-गति ते मृगाधिप को मान हरि
ओज-मंजु-गिरि पै बिहरि बिलसत है।
भरत दिगंत मैं दिवाकर समान तेज
मुख मैं प्रभाव-पूत-बचन बसत है॥
'हरिऔध' सबल - बिलास को बिकास बनि
कंज लौं बिभूति-सरसी मैं बिकसत है।
धीरता-बलित-चितवन ते चकित करि
मद-भरो-बीर मंद मंद बिहँसत है॥ 1॥

दोहा–

पर-अपकारक उरन मैं उपजावति बहु-पीर।
बीर-धीर-चितवन करति पापिन काहिं अधीर॥ 2॥

भीर परति है कुजन पै निरखि बदन-गंभीर।
बनति रहति है अगति-गति धीर-बीर-गति-धीर॥ 3॥

लोक-विजयिनी-बीरता चलति बीर को घेरि।
अरि-कुरंग थहरत रहत केहरि-सी गति हेरि॥ 4॥

बिदित करति है बीर की बिभुता सबल-सरीर।
प्रकटति चित-गंभीरता गिरा-मेघ-गंभीर॥ 5॥

माधुर्य

आकुल होने के कारणों के उपस्थित होने पर भी आकुल न बनना माधुर्य कहलाता है।

उदाहरण

कवित्त–

तहाँ अरि साहसी मचावत समर-घोर
जहाँ सूरमाहुँ को न पाँव ठहरत है।

तहाँ करवाल लै कमाल कै कै किलकत
महा-काल-केतन जहाँ पै फहरत है॥
'हरिऔध' जघन हिलत ना डटे-दल मैं
घेरे परे घन के समान घहरत है।
पवि-पात भये नाहिं नेकौ थहरत गात
नाहिं नर-केहरि निहारि हहरत है॥ 1 ॥

दुख को समूह देखि सामुहे सकात नाहिं
साहस-सहित सारि आपदा सहत है।
प्रतिकूल-वायु बहे आकुल न नेकौ होत
आँच सहे कंचन सी मंजुता लहत है॥
'हरिऔध' बार बार तंग जंग माहिं भये
अंग-अंग भरित उमंग ते रहत है।
खर-तीर-पीर हूँ ते बनत अधीर नाहिं
भीर परे बीर बीरता कै निबहत है॥ 2 ॥

दोहा–

भव-दुख-पारावार को है सो अनुपम-पोत।
बिचलितकर-साधन लहे जो चित-चलित न होत॥ 3 ॥

नर-पुंगव थहरत नहीं कठिन काल अवलोक।
आकुल करत न तासु चित आकुलतामय-ओक॥ 4 ॥

दुख-दिवस हुँ मैं दुख सकत सबल-मनन को छू न।
कंटक मैं ही रहत है बिकच गुलाब-प्रसून॥ 5 ॥

गाम्भीर्य

भय, शोक, क्रोध और हर्ष आदि के कारण उपस्थित होने पर भी निर्विकार रहना गाम्भीर्य कहलाता है।

उदाहरण

कवित्त–

उदधि-गभीर-उर छुभित कबौं ना होत
वामैं छबि अछबि समान ही है छहरति।
सकल-बिकार-हीन-बहु-बिध-भावन मैं
छोभमयी-भावना छनेक नाहिं ठहरति॥

'हरिऔध' मानस विमोहित तहौं ना होत
जहाँ महा-मोह की पताका-मंजु फहरति।
चित माहिं नाना-लालसान ते ललित-भूत
लोभनीय-लोभ की लहर नाहिं लहरति ॥ 1 ॥

दोहा–

कामिनि की कमनीयता कामुक करति न ताहि।
जासु कामना मैं बसति काम-बासना नाहिं ॥ 2 ॥

सदा एक-रस रहत बुध भये बिबेक उदोत।
सुख मैं सुखित बनत नहीं दुख मैं दुखित न होत ॥ 3 ॥

मुरपति-अनुपम-पद लहे होत न बिपुल-निहाल।
निरखि उठत करवाल हूँ बनत न लोचन लाल ॥ 4 ॥

हरि परे हूँ हरन हित पर-धन हेरत है न।
बहु-रिस हूँ मैं नहिं कहत बिबुध अनैसे बैन ॥ 5 ॥

बेधत नाहिं गभीर-उर मारि कुसुम-सर मैन।
चोरि सकति चिन्ता नहीं वाके चित को चैन ॥ 6 ॥

धैर्य

बड़े से बड़ा विघ्न उपस्थित होने पर भी अपने काम पर डटे रहने का नाम धैर्य है।

उदाहरण

कवित्त–

धरि धरि धूरि मैं मिलेहै उधमिन काहिं
अंधाधुंध हूँ को अंधपन सारो खोवैगो।
साधि साधि सब साधनान काहिं पैहै सिधि
उचित-बिधान कै अबिधि को बिगोवैगो ॥
'हरिऔध' धीर काम छोरैगो अधूरो नाहिं
धुन-बारि द्वारा धाक धब्बन को धोवैगो।
बाधक के बंधन बिधिन में बँधैगो नाहिं
बाधा पर बाधा परे बाधित न होवैगो ॥ 1 ॥

बिबिध-बिपुल-बिघ्न बारिवाह को समीर
बहु-बिध-बाधक-बिधान-तम-रवि है।

सकल-बिफलता-सरोजनी को हिम-पात
अगति-गहनता-तृनावलि को गवि है॥
'हरिऔध' निज-काज-साधन-निरत-धीर
नाना-प्रतिबंध-पुंज-पावक को हवि है।
आपद-अगाध-अंबुनिधि को है कुंभजात
पुंजीभूत-बिपद-पहारन को पवि है॥ 2॥

दोहा–

सारत अपनो काज सब भभरत देखि न भीर।
पीर न पीरन को गनत बनत अधीर न धीर॥ 3॥

छुटी समाधि न संभु की भयो न तप-अवसान।
लगे सरग-तिय-नयन-सर चले पंचसर-बान॥ 4॥

तीखे सहसन बिसिख ते बिधि-बिधि कै बहु ठाँव।
तजत धीरता धीर नहिं धरत न पीछे पाँव॥ 5॥

तेज

अन्य के किये गये आक्षेप और अपमानादि को प्राण जाने की संभावना होने पर भी सहन न करना तेज कहलाता है।

उदाहरण

कवित्त–

रोम रोम बिधे बाधा बाधा को न मानि लेहिं
बिबिध-बिरोधन निवारि निबहत हैं।
अपमान भये पै अपान हूँ बिसरि जाहिं
मान गये प्रान-दान करि उमहत हैं॥
'हरिऔध' बाद भये बदत न काल हूँ को
खीजे बैर बामदेव हूँ ते बेराहत हैं।
होत हैं तिरोहित सकारे के सितारे सम
औरन को तेज तेज-वारे ना सहत हैं॥ 1॥

बंक-भौंह अवलोकि बंकता गहत भूरि
नेसुक-कलंक लगे भूलत अपान है।
बात बढ़े बात बात माहिं रिस-बस होत
सीस के गयेहूँ ना सहत अपमान है॥

'हरिऔध' तीखी-अँखियान हेरि तीखो होत
आन पर आन बने गहत कृपान है।
तेजवान-जन-अभिमान-तम को है भानु
दुवन-गुमान-बन-दहन समान है ॥ 2 ॥

दोहा–

तजत आन-वारो नहीं कबहूँ अपनी आन।
बचन-बान नहिं सहि सकत सहत बान पै बान ॥ 3 ॥

दहत रहत है तूल सम दंभिन-दल-अभिमान।
तेजवान को तेज है पावक-पुंज-समान ॥ 4 ॥

प्रकृति-पुस्तिका को अहै परम-प्रभा-मय-पेज।
दानव-मानस-तम हरत मानव-मन रवि-तेज ॥ 5 ॥

तेजवान नहिं सहि सकत काहू की ललकार।
वार करन हित कर गहत तुरत कौन तरवार ॥ 6 ॥

तेजवान-कर मैं अहै वह कराल-करवाल।
जासु सहचरी कालिका है जेहि सहचर काल ॥ 7 ॥

ललित

वाणी, वेश और शृंगार की चेष्टाओं की मधुरता की ललित संज्ञा है।

उदाहरण

कवित्त–

मधुर युगल-पद-तल-मंजु-ललिमा है
नू पुर-मधुर-ध्वनि मोहक-मदन है।
मधुर कपोल - बिलसित - अलकावलि है
मधुर अधर-राग-रंजित-रदन है ॥
'हरिऔध' परम-मधुर युग-लोचन है
परम-मधुर बिधु बिमल-बदन है।
मधु बरसावत है मधुर मधुर बोलि
मधु के समान लाल माधुरी-सदन है ॥ 1 ॥

बेस बसनादि माहिं बिलसत माधुरी है
बिबिध-बिलास मैं बिकास दरसत है।

रमनीय-तन कामिनीन-मन मोहत है
कमनीय-कांति देखि काम तरसत है॥
'हरिऔध' मुख मनोहरता-निकेतन है
सुधा के समान मंजु-हास सरसत है।
भाव-भरे-कोयन मैं लसति ललामता है
बड़े बड़े लोयन ते रस बरसत है॥ 2॥

सवैया–

सुन्दर-बेस-सुहावन-बानक पाग-सजी-सित सीस पै सोहति।
मंजु बनी अलकावलि काहिं न कौनसी कामिनी है जकि जोहति॥
दीठी के तारन मैं कमनीयता है छबि की मुकुतावलि पोहति।
बैन की माधुरी है चित चोरति नैन की माधुरी है मन मोहति॥ 3॥

दोहा–

मंद मंद हँसि मधुर बनि मोहत है मन मोर।
काको चित चोरत नहीं चितवन ते चित-चोर॥ 4॥

कस मैं रहत न मन निरखि कारो कुंचित-केस।
काको बस मैं नहिं करत बहु-सुहावनो-बेस॥ 5॥

मो मन मोहत बर-बसन बदन-मंजु-अवदात।
लोनो-नयन ललित-बयन परम-सलोनो गात॥ 6॥

मोहन के ही कथन मैं है मोहन की बान।
काके मधुर-बयन सुने कान करत मधु-पान॥ 7॥

मुरली-बादन मैं करत काको बदन कमाल।
काकी बानक है बनी अंक-लसे बन-माल॥ 8॥

औदार्य

प्रियभाषणपूर्वक दान, शत्रु मित्र में समान दृष्टि और चित्त के उदार भाव को औदार्य कहते हैं।

उदाहरण

कवित्त–

एकरस सबको मधुर-रस-दान काज
सरस-रसाल सम फरत रहत है।

बारिधर सरिस बरसि लोक-हित-बारि
याचक-समूह-सर भरत रहत है॥
'हरिऔध' प्रेम साथ प्रिय बैन बोलि बोलि
चैन-दैनवारी बानि बरत रहत है।
दीनता की दीनता को दरिकै दुरंतमान
दिन दिन दानी दान करत रहत है॥ 1॥

चारुतामयी है है अचारुता सहारौ नाहिं
कु-बिचार कैसो सुबिचारन की सूची हैं।
बुरो भाव जानैं ना सुभावना-निकेतन हैं
कुरुचिवती न अहैं सुरुचि-समूची हैं॥
'हरिऔध' सूधी हैं अहैं न बंक-गति-वारी
पगी है सनेह मैं लोहार की न कूँची हैं।
नीची कैसे होंहि कबौं नीचन पै कैसे परैं
ऊँचन की अँखियाँ रहति अति-ऊँची हैं॥ 2॥

कैसे एक बिपुल-पुनीत बनि पुलकत
कैसे दूजो पतित कहाइ दुख सहतो।
कैसे एक घर मैं बधावरौ बजत नित
दूजो घर कैसे दीह-दावा माहिं दहतो॥
'हरिऔध' जीव यदि जानतो अभेद भेद
कैसे तो बिभेद के प्रवाह माहिं बहतो।
बुरी छूत-छात जो न छाती पै सवार होति
कैसे तो अछूत को अछूत कोऊ कहतो॥ 3॥

कौन है परायो कौन आपनो बिचारै किन
ऊँच नीच मानि कत पाप मैं पगत है।
मिलि मिलि सबसों सुखित कत होत नाहिं
क्यों न सुख सबको बिलोकि उमगत है॥
'हरिऔध' भागो भागो काहूसों फिरत कत
या जग मैं कौन तेरो सगो ना लगत है।
तन तन माहिं जगमगत रतन एक
जन जन माहिं एक जोत ही जगत है॥ 4॥

सवैया–

मानवता तिनमैं है कहाँ जे कुरंगन बेधि बिनोद हैं पावत।
ते 'हरिऔध' कहाँ हैं दयालु जे बान बिहंगन पै हैं चलावत॥
है तिनको उर मंजु कहाँ जे अहैं मधुपावलि को कलपावत।
है तिनमैं कहाँ कोमलता कुसुमालि को धूल मैं जे हैं मिलावत॥ 5॥

दोहा–

रवि ससि काको सग कहहिं काको समझहिं आन।
सबको गिनत समान हैं समता-ममतावान॥ 6॥

को बैरी है कौन है दान-बीर को बीर।
सबको वितरत है सुरभि बहि बहि सरस समीर॥ 7॥

बिना कहे दानी करत दया दान हरि पीर।
बिन जाँचे सरि-सरन मैं नीरद बरसत नीर॥ 8॥

दानिन को चित होत है दीन-जनन अनुकूल।
कर सुबरन बरसत रहत झरत बदन ते फूल॥ 9॥

तजि उदार जन को हरत दीनन को धन-प्यास।
है काके कर-कमल मैं कमला-मंजु-मवास॥ 10॥

नायक के और भेद

रूप-यौवन-सम्पन्न, गुण-मान, राग-रस-ज्ञाता, सुरसिक, सहृदय और नानाकला कुशल नायक के धर्मानुसार तीन भेद–1. पति, 2. उपपति और 3. वैसिक; तथा अवस्था के अनुसार दो भेद हैं–1. मानी और 2. प्रोषितपति–माने गये हैं।

उदाहरण

कवित्त–

चोज-वारी बातन सों मोहत मनोज हूँ को
मंजु-मुख-लुरित अलक लोक-फंद है।
साँवरो सलोनो मंद-मंद हँसि टोनी करै
गौरवित-गमन बिमोहक गयंद है॥
'हरिऔध' बैन कैसे ताकी सुखमा को कहै
जाको हेरि नैनहूँ को नाको होत बंद है।
आँखिन को तारो लोक-हियरा-हरन-वारो
जीवन-सहारो प्यारो ब्रज-नभ-चंद है॥ 1॥

मगन भयो है मन ललिमा पगन पेखि
ढर्‌यो पींडुरी की या सुढार-ढलकन पै।
सुगठन जोहि जक्यो युगल-जघनहूँ को
छक्यो काछनी हूँ सुछबि-छलकन पै॥
'हरिऔध' राजी भयो नव-रोम-राजी हेरि
मोहि सो गयो है मंजु-माल-हलकन पै।
गोल गोल अमल-कपोल पै मचलि अऱ्यो
बाँकुरो-बिहारी की अमोल-अलकन पै॥ 2॥

कंज से नयन-बैन अमिय सने से अहैं
अलकन हूँ पै आभा नौगुनी लखाई है।
चितवन-चारु चाल मंजुल-मराल की सी
छलकति रोम रोम छबि-सुखदाई है॥
'हरिऔध' हेरि हेरि लोक-कामिनीनहूँ की
देव-भामिनीनहूँ की मति भरमाई है।
नैन-अभिराम सुख धाम घन-स्यामजू की
सुंदरता काम हूँ ते सौगुनी सवाई है॥ 3॥

सवैया–

छलकी सी चहुँधा छई सी परै छबि अंगन माहिं समाती नहीं।
सुकुमारता जैसी लसै तन मैं कहूँ तैसियै और दिखाती नहीं॥
'हरिऔध' बिलोकत ही बनि आवै लखे अँखिया हूँ अघाती नहीं।
मन-भावती-साँवरी-सूरत रावरी बावरी काहि बनाती नहीं॥ 4॥

1. पति

शास्त्र-विधि से विवाहित कुल-मर्यादाशील सुपुरुष को पति कहते हैं।

सवैया–

धीर गँभीर गुनी गरुओ जेहि गौरव की गरिमा नित गैयत।
सील सकोच सनेह सनो सुखमा लखि हियो सरसैयत॥
मोद-भरो 'हरिऔध' मनोहर मैन की मूरत जाहि बतैयत।
री बड़भागिनी भाखे कहा बड़े भागन प्यारो पती जग पैयत॥ 1॥

पति के भेद

पति पाँच प्रकार के होते हैं—1. अनुकूल, 2. दक्षिण, 3. धृष्ट, 4. शठ और 5. अनभिज्ञ।

अनुकूल

जो पुरुष एक ही विवाहिता पत्नी में अनुराग रखकर दूसरी की कामना नहीं रखता उसको अनुकूल कहते हैं।

सवैया–

लखि प्यारी तिहारी मनोहरता सुर की बनिता हूँ सराहैं नहीं।
मन-मोहनी आनि मिले हूँ कबौ अपने मन माहिं उमाहैं नहीं॥
'हरिऔध' बिहाइकै प्रेम तिहारो कछू हम और बिसाहैं नहीं।
तब आनन छोरिकै आन कछू अँखियान बिलोकन चाहैं नहीं॥ 1॥

दक्षिण

अनेक स्त्रियों पर समान स्नेह रखनेवाले पति को दक्षिण कहते हैं।

सवैया–

हम ऐसे अजौं अवलोके नहीं अलकावलि पेच परे जे नहीं।
जग मैं जनमें जन ऐसे कहाँ या उरोजन ओर ढरे जे नहीं॥
'हरिऔध' न ऐसे सुने छिति मैं छबि नीकी निहारि छरे जे नहीं।
ए बड़ी बड़ी आँखे बधूटिन की गड़ि जात हैं काके करेजे नहीं॥ 1॥

धृष्ट

बहुत अपमानित होकर भी जो लज्जित नहीं होता और चाटुकारी करता है उस अधम पति को धृष्ट कहते हैं।

कवित्त–

कैसहूँ जो आपनो कियो है मन मेरी आली
नीकी करै ताको जो सँवाचि अब फेरै ना।
रार जो मची है मेरे नैन हिय प्रानन मैं
भलो अहै ताको जो बिवेचि तू निवेरै ना॥
'हरिऔध' याहू को न मन मैं कछू है आनि
मोको कबौं प्यारे प्राननाथ कहि टेरै ना।

साँची कहै होत बार बार बलिहारी अरी
बाँके नैनवारी क्यों हमारी ओर हेरै ना ॥ 1 ॥

शठ

छल-पूर्वक अपराध गोपन करने में निपुण पति को शठ कहते हैं।

कवित्त–

भौहैं जनि तानै रोस मन मैं न आनै
हौं कियो न मनमानी मेरी बातन मैं कान दै।
अँखियाँ ललौहैं नाहिं नीर बरसौहैं भईं
कहौं करि सौहैं मेरी पति तू न जान दै॥
'हरिऔध' बापुरो न जानै छल छदै ताहि
क्यों न सनमानै निज अंक माहिं थान दै।
मति कलपावै मेरे प्रान कही मेरी मान
एरी प्रानप्यारी मोको हँसि कर पान दै ॥ 1 ॥

अनभिज्ञ

जिसको शृंगार-रस की सरस क्रियाओं का यथार्थ ज्ञान नहीं होता ऐसे असमर्थ पुरुष को अनभिज्ञ कहते हैं।

सवैया–

अकुलाये बनै न बिलोकत हूँ कत लोक की लीकन डाँकती हो।
अनजान बनी सी कहा जल पै नख ते अखरान को आँकती हो॥
'हरिऔध' अबूझ अजौं है कहा बिन बूझे झरोखन झाँकती हो।
तरुनी तुम कौन को आन-भरी तिरछी अँखियान से ताकती हो ॥ 1 ॥

2. उपपति

परदारानुरागी पुरुष को उपपति कहते हैं। इसके दो भेद हैं–वचन-चतुर और क्रियाचतुर।

सवैया–

मैन जगावती हैं तन मैं अपने बस मैं मनहूँ करि राखैं।
बोले बिनाहूँ भुरावति सी बतियानहूँ भाव-भरी बहु भाखैं॥
नेसुक सैनन ही 'हरिऔध' की पूरी करैं कितनी अभिलाखैं।
ढारहिं धार सुधा की हिये बहु-प्यार-भरी परतीन की आँखैं ॥ 1 ॥

बरवा–

चोरति करि चतुरैया चित को चैन।
ताकति तरुन तिरियवा तिरछे नैन ॥ 2 ॥

वचन-चतुर

वचन-चातुरी द्वारा पर-स्त्री-सम्बन्धी प्रीति-कार्य्य-साधन-तत्पर पुरुष को वचन-चतुर कहते हैं।

कवित्त–

मोती-माल गंग-तीर-बासी मन मेरो
कुच संभु को उपासी तापै रोस धारियत है।
तानि तानि बाँकी दोऊ भोंहन-कमानन
बिखीले नैन-बानन सों बेधि डारियत है॥
'हरिऔध' राखै नाहिं नेक ध्यान धर्म हूँ को
बेद औ पुरान हूँ की लीक टारियत है।
एरी नैन-तीर-वारी कहा तीर-बासिन को
तीरथ के तीर काहू तीर मारियत है ॥ 3 ॥

चंचलता चौगुनी ठनैगी चंद-मुख चाहि
चाव भरे चटुल-चकोरन चारी मैं।
भीरु-भूरि ह्वैहै भटू भभरि सुगंध-अंध
ठौर ठौर झौंरवारी-भौंर-भीर-भारी मैं॥
'हरिऔध' मोर मंजु-बेनी हूँ बिथोरि दैहै
बृंदाबन-छोर की बिलास-वारी-बारी मैं।
सारी जरतारी पैन्हि भूलि जनि जा री उतै
आ री प्रानप्यारी तू हमारी फुलवारी मैं ॥ 4 ॥

क्रियाचतुर

क्रियाचातुरी से परस्त्री-सम्बन्धी प्रीति-कार्य-साधन-तत्पर पुरुष को क्रियाचतुर कहते हैं।

सवैया–

क्यारिन कूल कछारन मैं कल-कुंजन-पुंजन गाजन लागी।
बिस्व-बिमोहक वारी-कला बगरी चहूँ ओर बिराजन लागी॥

ए 'हरिऔध' बिहाइकै लाजहूँ लाजवतीन को भाजन लागी।
बावरी कै ब्रज की बनितान को बाँसुरिया बन बाजन लागी॥ 1॥

3. वैसिक

वेश्यानुरक्त पुरुष को वैसिक कहते हैं।

सवैया–

क्यों हूँ न याम जनात है जात रिझावत ऐसी रहैं रतिआन मैं।
देखत ही मन टूटि परै कछु राखहिं ऐसी छटा छतिआन मैं॥
ए 'हरिऔध' करो कितनोहूँ बिलंब पै होत नहीं पतिआन मैं।
बीस-गुनी मिसिरी ते मिठास है बार-बिलासिनी की बतिआन मैं॥ 1॥

1. मानी

प्रिया से रुष्ट होकर मान करनेवाला पुरुष मानी कहलाता है।

कवित्त–

झरसति पूखन प्रकोप की प्रखरता ते
रूखे-रुख तीखन-मरीचिन पे कुम्हिलात।
कुबचन-प्रबल पवन की झकोर लागे
प्रति-पल वाको वा मृदुल-तन थहरात॥
'हरिऔध' बिरह-दबारि की दपट लागे
महमही-मंजुल-प्रमोद-वारी मुरझात।
तेरे प्रेम-बारि ही ते एरे बारि-धर स्याम
बाल अलबेलि नेह-बेली ज्यों लहलहात॥ 1॥

2. प्रोषितपति

विदेश में प्रिया-विरह से विकल और संतप्त पुरुष प्रोषितपति कहलाता है।

सवैया–

घोर मचाइकै सोर घरी घरी घेरि करै घन हूँ बिपरीतै।
दौरि दिसान महा-भयदाइनि-दमिनि हूँ करै दीह-अनीतै॥
कैसी करैं 'हरिऔध' कहो कै कछू है बिदेस की ऐसियै रीतै।
प्यारी बिना बहु-भारी भई यह कारी-डरारी-निसा नहिं बीतै॥ 1॥

कैसहूँ मोहि न भूलत है सो पयान-समै को बिसूरिबो भारी।
होत है दाह घनी उर मैं तुमरी गति याद परै जब प्यारी॥
बावरो सो 'हरिऔध' भयो वह क्यों बिसरै नटि जान अगारी।
सालती हैं अजहूँ उर मैं अँसुवान-भरी अँखियान तिहारी॥ 2॥

•••••

उद्दीपन-विभाव

जो रस को उद्दीपित करते हैं उन्हें उद्दीपन-विभाव कहते हैं। सखा, सखी, दूती, ऋतु, पवन, घन, उपवन, चंद्र, चाँदनी, पुष्प और परागादि उनके अंतर्गत हैं।

उदाहरण

कवित्त–

कुंज-पुंज मैं है मंजु गुंजत मिलिंद-बृंद
छबि-पुंजता है कंज-पुंज मैं कलोलती।
भारवती सौरभ के भार ते बिपुल बनि
बैहर-बसंत की है मंद मंद डोलती॥
'हरिऔध' लालिमा अनार कचनारन की
ललकि ललकि है लुनाई-मुख खोलती।
मानव-अबौरो-मन बार बार बौरो करि
बौरी-कोकिला है बौरे-आमन पै बोलती॥ 1॥

कौमुदी कुमोदिनी की परम-प्रमोदिनी है
कमनीय-मेदिनी है कुमुद-निकर ते।
राजति रजत-दुति ते है तरु-राजि-दल
रुचिर बनी है बेलि रुचि-रुचिकर ते॥
'हरिऔध' राका-रजनी हूँ लोक-रंजिनी है
बहु-अनुरंजिता है कांति-कांतकर ते।
सुधा-धाम बार बार करि बसुधा-तल को
सुधा-बिंदु चुवत सुधाकर के कर ते॥ 2॥

दोऊ हैं जलधि-जात सरसात सीकरन
दोऊ हैं बसीकरन-पथ अनुसरते।

दोऊ हैं सुखद ताप-कदन मदन-धाम
सीतलता-सहन सरस-रसधर ते॥
'हरिऔध' दोऊ हैं सजीबन स-जीवन के
आजीवन जीवन को मोद हैं बितरते।
सुधा-धार स्रवत धरा पर सुधाधर ते
सुधा-बिंदु चुवत सुधाकर के कर ते॥ 3॥

पुलकित-कोमल-कलित-किसलै समान
सु-ललित-पानि औ मृदुल-पग दरसात।
बिकसित-सरस-प्रसून लौं प्रमोद-वारे
प्यारे प्यारे अधर सुगंधन-सने लखात॥
'हरिऔध' जाकी हरियाली लाल जोबन की
लगे-नेह-बायु मंद मंद मंजु लहरात।
लपटी नव-तनु-तमाल अलबेले-लाल
बाल-अलबेली नेह-बेली ज्यों लहलहात॥ 4॥

कंत जो न आयो कत आयो तो बसंत-पापी
पावक लगावति पलासन की पाँति है।
कल-कंठ-कूक बहु-बिकल बनावति है
बौरे-बौरे आमन बिलोकि बिलखाति है॥
'हरिऔध' बैहर ते बिहरि करेजो जात
अवलोकि कुसुम-अवलि अकुलाति है।
पीर-पीर-पातन ते पीरी परी जाति बाल
सीरे उपचारन ते सीरी परी जाति है॥ 5॥

दोहा–

अमल-धवल-नभ-तल भयो नवल-प्रभा को पाय।
खिले-कमल जल मैं लसत पल पल नव-छवि छाय॥ 6॥

निकरत नभ मैं निरखियत रस-मय-किरिन पसारि।
रतनाकर-अंकम-रतन नव-रतनन-छबि धारि॥ 7॥

मधुर-तान गूँजत गगन तजत तेज गुन भान।
रस-मय करत बसुंधरा समय-सुरन को गान॥ 8॥

निर्मल-नीले-नभ दिपत नव-दुतिवंत कलिंद।
फूले-फूले-कमल पै झूले फिरत मिलिंद॥ 9॥

हरे लेत काको न मन खिले फले ए लाल।
हरी हरी ए पत्तियाँ हरी भरी ए डाल॥ 10॥

बरवा–

बन बागन मैं मोरवा करत पुकार।
इत उत होत झिँगुरवा घन-झनकार॥ 3॥

सखा

समान-शील-व्यसन, सुख-दुःखादि में नायक का सच्चा सहायक पुरुष सखा कहलाता है।

उदाहरण

दोहा–

सुख मैं सुखित सदा रहत दुख मैं दुखित दिखात।
सहज-सखा सब दिवस रस बरसत सरसत जात॥ 1॥

सखा के भेद

सखा चार प्रकार के होते हैं–1. पीठमर्द, 2. विट, 3. चेट और 4. विदूषक।

1. पीठमर्द

मानवती नायिकाओं के प्रसन्न करने में समर्थ सखा पीठमर्द कहलाता है।

उदाहरण

दोहा–

घूमि घूमि घिरि घिरि लगे नभ मैं घन घहरान।
मान छोरि दै मानिनी कही हमारी मान॥ 1॥

सरस-देह पादप भये नेह-पाठ करु कंठ।
कोकिल-कंठी मान तजु कूकि उठे कल-कंठ॥ 2॥

2. विट

जो सखा सब प्रकार की कलाओं में कुशल होवे उसको विट कहते हैं।

उदाहरण

दोहा–

मोहत ललना-लाल-उर बिलसि लालसा माहिं।
सकल-कला-कोबिद सकत कौन करि नाहिं ॥ 1 ॥

बिबिध-भाव प्रगटत रहत सरस एक ते एक।
तिय-पिय-सुख-तन छाँह बनि छोरत नाहिं छनेक ॥ 2 ॥

3. चेट

नायक-नायिका को यथावसर चातुरी से मिला देने में निपुण सखा चेट कहलाता है।

उदाहरण

दोहा–

कबौं मिलावत कुंज मैं कबौं कालिंदी-कूल।
चेट करत चेटक रहत काल मिले अनुकूल ॥ 1 ॥

मुक्तामय कत करत नहिं सींचि बारिधर -गात।
लखे मालती-कुंज मैं कनक-बेलि लहरात ॥ 2 ॥

क्यों न मयूरी करति है सफल नयन-जलजात।
कालिन्दी के कूल पै बिलसत बारिद-गात ॥ 3 ॥

4. विदूषक

विविध कौतुक, स्वाँग और हास-विलास द्वारा जो नायक और नायिका को आनन्दित करता रहता है उसे विदूषक कहते हैं।

उदाहरण

दोहा–

हँसत हँसावत ही रहत रिझवत सहित बिबेक।
सौतुक ललना लाल के कौतुक करत कितेक ॥ 1 ॥

करत रसिकता ही रहत बसि रसिकन मन माहिं।
हरि बनि राधा को छलत बनि राधा हरि काहिं ॥ 2 ॥

सखी

जिस सहचरी से नायक-नायिका कोई भेद नहीं छिपाते तथा जो सुख-दुःख में सच्ची हितकारिणी और सहायिका होती है उसे सखी कहते हैं।

उदाहरण

दोहा–

चित-कलिका हित जो बनति प्रातकाल की पौन।
सखी सरिस सुखदाइनी सरस-मना है कौन ॥ 1 ॥

सखी के भेद

हित-दृष्टि से सखी चार प्रकार की होती है– 1. हितकारिणी, 2. व्यंग्य-विदग्धा, 3. अंतरंगिणी और 4. बहिरंगिणी। कर्म उसके चार होते हैं–1. मंडन, 2. शिक्षा, 3. उपालंभ और 4. परिहास।

1. हितकारिणी

जो नायिका का कार्य शुद्ध हृदय और निष्कपट भाव से करती है वह सखी हितकारिणी कहाती है।

दोहा–

हित ही मैं रत रहति है हितू-सखी दिन-राति।
सुखित बिलोके सुख बनति दुख मैं दुखित दिखाति ॥ 1 ॥

तन मन वारत ही रहति धरति न धन को ध्यान।
सखी निबाहित नेह है हित पै है बलिदान ॥ 2 ॥

2. व्यंग्यविदग्धा

उचित अवसर पर जो व्यंग्य-वचन द्वारा अपना कार्य-साधन करती अथवा निज अभिप्राय प्रकट करती है, उसे व्यंग्यविदग्धा सखी कहते हैं।

उदाहरण

दोहा–

कत अँगिरात जम्हाति बहु भयो कौन सो तंत।
कत धरकत उर अधर कत अरी भयो छतवंत ॥ 1 ॥

बाल कहा तेरे भये लोचन इतने लाल।
वामैं बिलसत लाल हैं परिगो किधौं गुलाल ॥ 2 ॥

3. अंतरंगिणी

सर्वभेदज्ञ और प्रत्येक रहस्य की बात जाननेवाली सखी अंतरंगिणी कहाती है। यह सखी जो कार्य जिसके निमित्त करती है उसका ज्ञाता उसको छोड़ अन्य नहीं हो सकता।

उदाहरण

दोहा–

सब मम-मन ही की करति मान-भरी रहि मौन।
अंतरंगिनी के बिना अंतर जानति कौन ॥ 1 ॥

जासु बचाये पति रही क्यों न ताहि पतियाहिं।
तासों अंतर कौन जो अंतर राखत नाहिं ॥ 2 ॥

4. बहिरंगिणी

बाहर की जो अनेक बातों से अभिज्ञ होती है और अपना कार्य स्पष्ट बातें कहकर करती है उसको बहिरंगिणी सखी कहते हैं।

उदाहरण

दोहा–

रीझि रिझावति ही रहति मंद मंद मुसुकाति।
बतिया कहि कहि रस-भरी रस बरसत ही जाति ॥ 1 ॥

साध पुजावति सुख लहति बिलसति भरे-उमंग।
गरब गहेली हूँ सधति सधी सहेली संग ॥ 2 ॥

मंडन

नायिका को वसन-आभूषणों से सजाना, उसके बालों को गूँध देना इत्यादि मंडन कहलाता है।

दोहा–

सोहत तव गर मैं रहै मो मन बनै निहाल।
मोहन को मोहत रहै मंजु महमही माल ॥ 1 ॥

पहिराई चुनि चूनरी सजे सुहावन-साज।
अंजन-रंजित दृग किये पिय-मन-रंजन काज॥ 2॥

शिक्षा

सुखी शिक्षा संबंधिनी जो बात कहती है उसे शिक्षा कहते हैं।

कवित्त–

दीपक-सिखा-सी-दुति-खासी देह की दिखाय
सौतिन को दुसह-दवा सी दहिबो करो।
भाव-भरी इन अँखियान सों चितै कै
मनमोहन चितै को चोरि लीबो चहिबो करो॥
पाइ परजंक पै पियारे 'हरिऔध' काहिं
अंक भरि भावती मयंक गहिबो करो।
दाख लौं रसीले रस-बरसीले-बैन बोलि
निज-अभिलाख लाख-लाख कहिबो करो॥ 1॥

उपालंभ

नायक एवं नायिका को उलाहना देना उपालंभ कहलाता है।

दोहा–

जा रस ते सरसत रहत मनसिज-मंजुल-बान।
तरुनी तू तानति कहा तापै भौंह-कमान॥ 1॥

जाते असरसता लहति परम-सरस-दृग-कोर।
भली भामिनी होति नहिं ऐसी भौंह-मरोर॥ 2॥

वाके छत ते अछत-उर छरछरात दिन रात।
क्यों तेरे तिरछे-नयन बरछी हैं बनि जात॥ 3॥

परिहास

नायिका को हँसाने, छेड़ने अथवा आनन्दित करने के लिए सखी जो बात कहती है उसे परिहास कहते हैं।

दोहा–

चख ते चिनगारी कढ़ी चितवन पिय की ओर।
तजि चिनगी चुगिहै कहा आनन-चंद-चकोर॥ 1॥

उचित मिलन ही मिलन है भलो न अनमिल-संग।
गोरो-तन कारो बनत परसे कारो-रंग ॥ 2 ॥

है सुन्दर भोरि - हँसी गोरी-गोरी-देह।
नेह निबाहत कौन है करि नेहिन सों नेह ॥ 3 ॥

दूती

संदेश ले जानेवाली, नायक-नायिका में संयोग करानेवाली और समयोपयोगी वचन-रचना में निपुण स्त्री को दूती कहते हैं। वह तीन प्रकार की होती है—उत्तमा, मध्यमा और अधमा। उसके कर्म छः हैं—1. विनय, 2. स्तुति, 3. निंदा, 4. प्रबोध, 5. संघट्टन, 6. विरह-निवेदन। कभी नायिका स्वयं भी दूतत्व करती है, उसे स्वयंदूती कहते हैं।

उदाहरण

कवित्त—

छबि अवलोके मैलो लगत छपाकर है
लोल-लोल-लोचन बिलोके ललचाति है।
मधुमयी मंजु-मुसुकान चित चोरति है
मोहनी पै मोहि मोहिं मोहित दिखाती है ॥
'हरिऔध' कमनीय-कम सम तन हेरि
कामिनी की सारी-मान-कामना हेराति है।
रिस-भरी रस-भरे सैनन ते सरसाति
सीरे-सीरे-बैनन ते सीरी परि जाति है ॥ 1 ॥

सवैया—

आनन-चंद की जो है चकोरिका चित्त ते ताहि उतारत लाजैं।
चातकी जो पन से तन की अहै तापै न गाज गिराइके गाजैं ॥
जो 'हरिऔध' सुधा न पिआवत तो बसुधा मैं बसेहुँ न भाजैं।
जो सुख-साजन ते न सजावत साजन तो दुख-साज न साजैं ॥ 2 ॥

दूती-प्रकार

मधुर और प्रिय वचनों द्वारा अपना कार्य साधन करनेवाली को उत्तमा, कुछ मधुर कुछ तीखी बातों से काम लेनेवाली को मध्यमा और उग्रस्वभावा तथा मधुर-कटुवादिनी को अधमा दूती कहते हैं।

विनय

स्त्री अथवा पुरुष से विनय करके जब दूती कार्य-साधन करती है तब उसे विनय कहते हैं।

उदाहरण

उत्तमा दूती

दोहा–

सुधि लीजै मो बिनय सुनि गहत पिपासित पाय।
सुधा-पियासे को सकति तू ही सुधा पिआय॥ 1॥

मध्यमा

दोहा–

मोहहु मोहित रसिक पै रस बरसहु दै मान।
नयनन तजहु नीरज-नयनि करहु बिनय मम कान॥ 1॥

अधमा

दोहा–

कर जोरे हूँ नहिं तजति बरजोरी की बान।
गिनती के हैं सुख-दिवस करु बिनती को ध्यान॥ 1॥

काँटे लौं कसकत रहत अस कत बोलत बैन।
अकरुन किये कहा फिरति करु सकरुन ए नैन॥ 2॥

स्तुति

जब दूती स्तुति अथवा प्रशंसा द्वारा अपना कार्य साधन करती है तब उसे स्तुति कहते हैं।

उदाहरण

उत्तमा

दोहा–

तेरे जैसे नहिं सुने मधुर-रस-भरे बैन।
ऐसे काके कमल से बड़े बड़े हैं नैन॥ 1॥

कवित्त–

बिबस बनाइ बारनादिक बिहंग हूँ को
बनचर बानरादि हूँ को बहरावै है।
बिटप औ बल्ली हूँ बिमोहि बिलमावै बारि
बहत बयार हूँ की गति बिरुझावै है॥
'हरिऔध' बूझि देखै बैगुन बिलोकै कहा
बावरी जो ब्रज-बनितान को बनावै है।
बिबुध बरूथ बिबुधेस बिधि हूँ को बेधि
बीर बनमाली बन बाँसुरी बजावै है॥ 2॥

मध्यमा

दोहा–

कामैं ऐसी सरसता कामैं ऐसो भाव।
कहूँ मिल्यो नहिं भावती तो सम मृदुल-स्वभाव॥ 1॥

अधमा

दोहा–

अपनावत ही रहत हैं मोहि लेत हैं मोल।
मेरे लोयन मैं बसे तेरे लोयन लोल॥ 1॥

निंदा

नायक अथवा नायिका की निंदा करके दूती का कार्य साधन करना निंदा कहलाता है।

उदाहरण

उत्तमा

दोहा–

सुरसरि - धारा मैं परति बैतरनी को बारि।
कबहूँ निंदित जो बनति पर अनिंदित नारि॥ 1॥

मध्यमा

कवित्त–

कहा कलपाये ऐसी कलप-लता-सी हूँ को
जीवन-स्वरूप जाके जग मैं जिये के हो।

भलो कौन भाखिहै रखे ते भेद तासों तुम
एक फल जाके नाना-साधन किये के हो॥
'हरिऔध' कहत बनै ना पै कहेई बने
खीन लखि ताको जाके जनम लिये के हो।
कूटि कूटि कपट तिहारे पोर पोर भरी
निपट कठोर तुम साँवरे हिये के हो॥ 1॥

दोहा–

हौं निंदत भूले नहीं है निंदित तव चाल।
क्यों एनी-नैनी कहे परति तनेनी बाल॥ 2॥

अधमा

दोहा–

भाल-अंक को कहि बुरो भौंह करति कत बंक।
तू है नाहिं कलंकिनी तो कत लग्यो कलंक॥ 1॥

प्रबोध

स्त्री अथवा पुरुष का प्रबोध करके अर्थात् उन्हें समझा-बुझाकर जब दूती अपना कार्य साधन करती है तब वह प्रबोध कहलाता है।

उदाहरण

उत्तमा

दोहा–

सुख-रजनी ऐहै बहुरि नसि जैहैं सब संक।
बिकसित ह्वैहै उर-कुमुद लखि पिय-बदन-मयंक॥ 1॥

मध्यमा

दोहा–

परी जाति कत दूबरी कत तव तन पियरात।
धीर धरे ही भावती दुख के दिवस सिरात॥ 1॥

अधमा

दोहा–

वे सोअत सुख-नींद हैं तू रोअति दिन-राति।
वे उत आकुल हैं न तो तू इत कत अकुलाति॥ 1॥

संघट्टन

नायक और नायिका के परस्पर सम्मिलन का साधन दूती की जिस क्रिया द्वारा होता है उसे संघट्टन कहते हैं।

उदाहरण

उत्तमा

कवित्त–

गति-मति मान-अपमान की कथान भूलि
तेरे गुन-गान ही की बिरद लियो है री।
दिन-रैन तेरे नैन-बैन ही की बातैं कहै
तेरी तीखी-सैनन पै मन हूँ दियो है री॥
रटनि लगी है आठो जाम तेरे नाम ही की
तेरो ही भयो सो 'हरिऔध' को हियो है री।
आली तूने लोनो लोनो सोनो सों सरीर लहि
सहज-सलोनो हूँ पै टोनो सो कियो है री॥ 1॥

कलित-कपोलन पै अलकैं लुरी हैं मंजु
सुललित-आभा लसी अधर-तमोर की।
हियरो हरनवारे हिय पै फबे हैं हार
अंगन-प्रभा है आछे-भूखन-अथोर की॥
'हरिऔध' बेस-बसनादिक बखाने बनै
आने बनै उर मैं निकाई नैन-कोर की।
एरी बीर काकी मति बावरी बनी है नाहिं
सु-छबि बिलोकि बाँकी नवल किसोर की॥ 2॥

मध्यमा

सवैया–

जीवन है सिगरे जग को लखि जीवन तेरे ही आनन-ओर है।
प्रान है कामिनि को 'हरिऔध' पै हेर्‌यो करै तब-आँखिन-कोर है॥
भाग है ऐसो तिहारो भटू इतनी कत कीजत मान-मरोर है।
है घन-स्याम पै तेरो पपीहरा है ब्रज-चंद पै तेरो चकोर है॥ 1॥

अधमा

सवैया–

मैनमयी लखि मूरति स्याम की बीर न कैसहूँ धीर धरैगी।
नैन परी जो कहूँ मुसुकान तो फेर न ऐसो गुमान करैगी॥
साँची कहौं 'हरिऔध' मिले सबही अठिलानि की बानि टरैगी।
का न करैगी अरी तू अबै यह बाँसुरी-तान जो कान परैगी॥ 1॥

विरह-निवेदन

नायक-नायिका दोनों का विरह दूती एक दूसरे पर जिस कार्य द्वारा प्रकट करती है उसे विरह-निवेदन कहते हैं।

उदाहरण

उत्तमा

कवित्त–

छिन छिन छीजत है परम छबीलो अंग
बिपुल-बिलासवती हिम सी बिलाति है।
रस -हीन सहज-सरलता सरसि होति
सूखति सनेहमयी-सरिता लखाति है॥
'हरिऔध' आये तो तुरंत अवलोको चलि
बिधुरा बियोग-बारिनिधि मैं समाति है।
सुधि आयें सिहरि सिहरि बहु सिसकति
गात सियराये बाल सीरी परी जाति है॥ 1॥

दोहा–

नेह-स्वातिजल-दान कै सरसहु घन-अभिराम।
पी पी कहि प्यारी रटति पपिहा लौं तव नाम॥ 2॥

चलहु बहु सरस बनि रहहु पिय असरस-दुख-पुंज।
कंज-नयनि तौ बिन भई अललित ललित-निकुंज॥ 3॥

मध्यमा

दोहा–

सरसिज है सोई सरस जो सब दिन सरसात।
सूखे-मुँह ते कत कहति तू सखि सूखी-बात॥ 1॥

बिकसित ह्वै ह्वै करति है भँवर काहिं रस-लीन।
कबौं कमलिनी न बनति कोमलता ते हीन ॥ 2 ॥

अधमा

दोहा–

कहिहै बतिया बहँकि तो कछू न रहिहै हाथ।
कितनी रहति कुरंगिनी एक कुरंगम साथ ॥ 1 ॥

देखी कितनी सुंदरी सुने बहु-मधुर-बैन।
तेरे ही कामिनि नहीं अहै कमल-से नैन ॥ 2 ॥

स्वयंदूती

जो नायिका दूती का कार्य स्वयं करती है उसे स्वयं-दूती कहते हैं।

उदाहरण

सवैया–

कौन सों सोग भये जलजात लौं कोमल आनन है कुम्हलायो।
कौन सी पीर भई उर मैं अहै आँखिन जाते अजौं जल छायो ॥
साँची कहो 'हरिऔध' कहा भयो जो इतनो मन है मुरझायो।
काके वियोग बिभूति मले तन गोरो गुलाब सों क्यों पियरायो ॥ 1 ॥

कवित्त–

दूनी आब-ताब है गुलाब गुलदाउदी मैं
आभा उपनाति सी लखाति है निवारी मैं।
चम्पा चारु-चाँदनी पै चौगुनी चढ़ी है बिभा
सौगुनी-प्रभा है सेत-सेवती सँवारी मैं ॥
'हरिऔध' जैयै कत कलित-कुसुम काज
कूल कालिंदी की वा अलीनवारी-बारी मैं।
न्यारी-न्यारी छबि के सुगंध-वारे प्यारे-फूल
क्यारी-क्यारी फूले हैं हमारी फुलवारी मैं ॥ 2 ॥

अन्य उद्दीपन-विभाव

पवन

दोहा–

परसि परसि काको नहीं पुलकित करत सरीर।
सहज-सुबासन ते सनो सीतल-मंद-समीर ॥ 1 ॥

वन

दोहा–

अलका को मोहत रहति वाकी ललित-निकुंज।
नंदन-अभिनंदन अहै छिति-तल-बन छबि-पुंज ॥ 1 ॥

पादप-पुंज-प्रधान-थल खग-मृग-निकर-निवास।
बहु-बिलसति बन-भूमि है बनि मधु-मंजु-मवास ॥ 2 ॥

उपवन

दोहा–

कलित-पादपावलि-लसित ललित-लतान-निकेत।
मंजुल-कुसुमावलि-वलित उपवन है छबि देत ॥ 1 ॥

पुष्प

दोहा–

ललकित-लोयन मैं बिलसि बनि छिति-छबि-अनुकूल।
फूले हैं क्यारीन मैं रंग रंग के फूल ॥ 1 ॥

पराग

दोहा–

क्यारिन मैं मह मह महँकि लहि अलिगन-अनुराग।
बन-बागन बिहरत रहत सरस-प्रसून-पराग ॥ 1 ॥

चंद्र

दोहा–

स्याम स्याम-छबि अंक से अंकित करि निज-अंक।
मोहि मोहि काको नहीं मोहित करत मयंक ॥ 1 ॥

नभ मैं कम तारे नहीं काम-रूप अ-कलंक।
बरसत बसुधा मैं सुधा सुधा-निवास-मयंक ॥ 2 ॥

कैसे छिटकति चाँदनी करि छबिमय छिति-अंक।
क्यों होती रंजित रजनि होतो जो न मयंक ॥ 3 ॥

चोर-चैन-हर चारुता-चोर रुचिर-रुचि-रंक।
है चकोर-चित चोर जग-लोचन-चोर-मयंक ॥ 4 ॥

केहि आनंदित नहिं करत हँसि हँसि बनि सुख-अंक।
प्रकृति-भाल-चंदन-तिलक गगन प्रसुन मयंक ॥ 5 ॥

चाँदनी

दोहा–

काहू की कीरति-बिमल फैली है मन मोहि।
कै चमकति है चाँदनी चारु धरा पै सोहि ॥ 1 ॥

चारु-चंद की चाँदनी बिलसी भू-तल माहिं।
सुधा-धार धोवति अहै कैधों बसुधा काहिं ॥ 2 ॥

काको है सुख होत नाहिं काहि न होत हुलास।
लखे चाँदनी-अंक मैं गुल-चाँदनी-बिलास ॥ 3 ॥

कै छिटकी है चाँदनी लहे समय अनुकूल।
राका-रजनी को अहै कैधों कांत-दुकूल ॥ 4 ॥

किधौं बिछी है चाँदनी किधौं प्रकृति को हास।
किधौं खिली है चाँदनी कैधों चंद-बिकास ॥ 5 ॥

षट् ऋतु

वसंत

कवित्त–

पादप को पुंज पूरि गयो पीरे-पातन ते
पाटल-प्रसून हूँ परागन पगंत है।
कुहू कुहू क्वैलिया कदंबन पै कूकै लगी
कुंज कुंज काम की कला हूँ प्रगटंत है ॥
एहो 'हरिऔध' कुंद कंज कचनारन मैं
बगर बजारन बिनोद बगरंत है।

ठौर ठौर झौंरन लग्यो है भौंर-झौंर-वारो
बागन मैं बौर-वारो बगज्यो बसंत है॥ 1॥

नये-नये-कोंपल मैं मंजरी लसी है मंजु
न्यारी ही भई है छटा दिपत-दिगंत की।
चहूँ ओर चंचरीक-पटली करति गान
आभा भई गगन अनोखे निसिकंत की॥
'हरिऔध' छिति पर छाई है छगूनी छटा
चारों ओर सुछबि बनी है छबिवंत की।
पौन के लगे ते कैसो डोलत है तरु-बृंद
कैसी आज फूली फुलवारी है बसंत की॥ 2॥

कम कमनीय हैं न जग-अनुरंजिनी हैं
बिलसति कोंपलें बिटप-अंक जेती हैं।
फूले फूले फूलन पै गुंजत मधुप-पुंज
चिरिया हूँ चहकि चहकि चित चेती हैं॥
'हरिऔध' लतिकाएँ बिपुल ललित बनि
ललकित लोचन मैं लोच भरि देती हैं।
करि अठखेलियाँ ललामता की लाली रखि
लाल लाल बेलियाँ निहाल करि लेती हैं॥ 3॥

मधु-मोह बनि है मधुप मैं बिराजमान
काकली है कोकिल-कलाप मैं बसत है।
चौगुनी-चमक बनि राजत मयंक मैं है
चारु-चाँदनी मैं चारुता मिस हँसत है॥
'हरिऔध' हरे-हरे तरु मैं हरीतिमा है
छबि-ब्याज बारिज-बरूथ मैं बसत है।
सरस-सुमन पै बरसि रस सरसत
बेलिन-बिलास मैं बसंत बिलसत है॥ 4॥

फूले हैं पलास कैधौं दहकि दवारि लागी
कूकैं पिक कैधों कंठ बधिक-प्रबीन को।
उलही धरा पै लसी लतिका-ललित कैधों
जोहि जोहि जालन सों जकर्‌यो जमीन को॥

'हरिऔध' बाहत बिखीले-बाँके बानन को
कैधों बिकस्यो है जूह कुसुम-कलीन को।
एरी बन बागन मैं बगर्‌यो बसंत कैधों
पंचबान खेलत सिकार बिरहीन को ॥ 5 ॥

काढ़ि लैहै क्वैलिया करेजो कूकि कुंजन में
बावरी बनैहै मौरि आम-अमराई मैं।
गूँजि गूँजि भौंरन की भीर हूँ अधीर कैहै
पीर हूँ उठैगी पीरे-पात की पराई मैं॥
एहो 'हरिऔध' मेरे हिय ना हुलास रैहै
बारिज-बिकास हेरे पास की तराई मैं।
अतंक लौं अंत ए करैंगे काम-तंत-वारे
कंत जो न आयो या बसंत की अवाई मैं॥ 6 ॥

मोरि मान सकल गुमान अभिमान हूँ को
मरदि गयो है मेरे मन हूँ मलीन को।
चूर चूर करिकै चपल-चित चैन हूँ को
चोरि लै गयो है चाव कुसुम-कलीन को॥
प्रीतम हमारे 'हरिऔध' प्रान-प्यारे बिना
करिकै उजार मंजु केलि की थलीन को।
पारिकै अनंत-सोक-सागर मैं अंत आली
मारिकै चल्यो है री बसंत बिरहीन को॥ 7 ॥

सवैया–

कै कुसुमावलि है बिकसी अथवा कुसुमाकरता उमही है।
पा मलयानिल-मोहकता मलयाचल सी बनी मंजु मही है॥
नन्दन के बन सी कमनीयता पादप-पुन्ज मैं पूरि रही है।
चैत-सुधाकर के कर सौं कढ़ि चारु-सुधा बसुधा पै बही है॥ 8 ॥

फूलिकै फूलन मैं तन को तरु-किंसुक को तनिकौ लरजै ना।
आम हूँ बौरिकै बाग मैं बूझत बौरी बनावन मैं हरजै ना॥
गूँजिबो त्यागिकै भृंग न ताइबे की 'हरिऔध' रखै गरजै ना।
कूकिकै काढ़त प्रान क्यों कोऊ कसाइनी क्वैलिया को बरजै ना॥ 9 ॥

दोहा–

कुसुमित करि उपवन बिपिन बनि बनि बहु छबिवंत।
बरबस लोयन मैं बसत बिलसत सरस-बसंत ॥ 10 ॥

बसि बसि जन-लोयनन मैं ललकित-चित हरि लेति।
सेमल-सुमन-ललामता लालायित करि देति ॥ 11 ॥

काको मन मोहत नहीं कासों लहत न प्यार।
चैत-सित-सिता मैं बिलसि सेत-सुमन-कचनार ॥ 12 ॥

को नहिं ललकत बहु-लसित हेरि पलासन-पाँति।
कौन लालसा कुसुम-कुल-लाली लखि न ललति ॥ 13 ॥

आकर होतो कुसुम को जो कुसुमाकर नाहिं।
कैसे सुंदर-कुसुम-सर मिलत कुसुम-सर काहिं ॥ 14 ॥

कैसे बनि बिकसित-बिपुल बिकसत सुमन-अनंत।
कैसे रस बरसत रहत सरसत जो न बसंत ॥ 15 ॥

ग्रीष्म

कवित्त–

सूख्यो कंठ ताल साथ रसना दहन लागी
पूखन बिखै मैं ओठ अजहूँ न डोले हैं।
बानी जू सिधानीं त्रास मानि बहु ताप केरो
आतप-प्रताप के न बैन जऊ बोले हैं ॥
'हरिऔध' बापुरो कहै कछु कैसे कहै
तन ते विचार के किये ही कढ़े सोले हैं।
दावा किये उर मैं निदाघ-दाघ आँकन कौ
अनुमान-पग हूँ मैं परत फफोले हैं ॥ 1 ॥

तजिकै तमोल तिल-तेल तहखानन कौ
तरुनी-तियान ते बिदूरता गहत है।
बरफ बनाई बारुनी ते है बिरत बीर
ब्यजन-बयार ते बिनोद न लहत है ॥
'हरिऔध' सीरे-सीरे व्यंजन बिहाय सारे
बसन-बिभूखनादि हूँ को ना चहत है।

जोर भये जगत मैं जरत-जलाकन के
जीवन को जीवन मैं जीवन रहत है ॥ 2 ॥

लपट और बिदहत लूकन को कावा होत
बायु दहि दावा होत दिनकर-चंड ते।
'हरिऔध' अगनित-आयत अलावा होत
रज-कन लावा होत तपन-अखंड ते ॥
दिसि दिसि दगधित-धूरन को धावा होत
ग्रीखम-छालावा होत दीधित-उदंड ते।
जगत पजावा होत तीन-लोक आवा होत
भूमि तपि तावा होत आतप-प्रचंड ते ॥ 3 ॥

कहा इत ठाढ़ी करै लखै कि न कैसो दव
देहिन दिसान को दहत दरसत है।
तरुन के पातन कौ तन तचि कारो भयो
तोय तपि ताप सों तपन परसत है ॥
'हरिऔध' गिरिन को गात गरमानो घनो
जरि जरि रज को समूह झरसत है।
भागि चलु एरी भौन माहिं भोर ही ते आज
आतप-अगार ते अँगार बरसत है ॥ 4 ॥

अमित - उमंग सों बिहंडित है बार बार
ठंडता अठंडता भई है खंड खंड की।
अंड बंड बाँकी बरिवंडता हूँ होन लागी
बीर घनसार-खंड हूँ से बरिवंड की ॥
ग्रीखम-प्रचंड की प्रचंडता मैं 'हरिऔध'
खंडित उदंडता भई है ब्रहमंड की।
दंडहि उदंड है अखंड-महि-मंडल को
दावा-दंड-मंडित-मरीचै मारतंड की ॥ 5 ॥

आतप मैं पूखन की प्रखर मरीचिन ते
थर थर रूखन की पाँति हूँ कँपति है।
जीवन की भाखै कौन जीवन बिना हूँ जरि
रज की जमाति नाम-जीवन जपति है ॥

'हरिऔध' भभरि भभूकन औ लूकन ते
छायावान-कुंजन मैं छाया हूँ छपति है।
जोम ते जलाकन के जगत पजावा भयो
भौन भये आवा भूमि तावा सी तपति है॥ 6॥

सूखे जात तपरितु-त्रास ते सरित सर
कूपन मैं आप दुरि ताप ते बचत है।
पानिप-बिहीनता बिलोकि बारि-वारन की
बारिधि के पेट माहिं पानी ना पचत है॥
'हरिऔध' भीखनता हेरिकै भभूकन की
भूरि-भय-अभिभूत भूतल जँचत है।
पल पल बहु-हिम-जल ते सिंचत तऊ
तवा लौं स-अंचल हिमाचल तपत है॥ 7॥

बार बार बरि बरि उठहिं बिपुल-बन
पावक मैं पादपता पादप की पगी है।
तपरितु-ताप ते तवा सम तपति महि
बारि हूँ की सीतलता आतप ते भगी है॥
'हरिऔध' भरे से अगार हैं अँगारन सों
आग सी बगर औ बजारन मैं लगी है।
ज्वाला उगिलत ज्वालामुखी के समान रवि
ज्वालमाला सारे जगती-तल मैं जगी है॥ 8॥

प्रतपित तपरितु-ताप ते बसुंधरा है
प्रलय-प्रकोप ते तिहूँ पुर किधौं तये।
पावक-दुरंत ते दिगंत है दहत किधौं
दावा-मय सेस के सहस-फन ह्वै गये॥
'हरिऔध' कोऊ दव-गिरी है बमत दव
नरक-अँगार कैधों छिति-तल पै छये।
खुलिगो तिलोचन को तीसरो बिलोचन कै
दावा माहिं द्वादसो दिवाकर उदै भये॥ 9॥

दावामय बने सीरे सीरे सारे-उपचार
सेस-फल साँस भई सरस-समीरता।

पावक ते पूरि गये सरित सरोवरादि
नभ छाई धूरि बनि धरती-अधीरता॥
'हरिऔध' तपरितु-तीखन-तपन तपे
तात भा तुहिन लोप भई नीर-नीरता।
चंदनता चूर चूर भई चारु-चंदन की
दूर भई सिगरी उसीर की उसीरता॥ 10॥

सवैया–

लेप उसीर को है सरसावत भावत चंदन-चूर बगारो।
सेद-सनो-तन है सुख पावत सीरे-समीर को पाइ सहारो॥
ही अनुरागत है अवलोकत सीतल-बारि है लागत प्यारो।
तावन-वारो उपावन हूँ किये आयो निदाघ सतावन-वारो॥ 11॥

भीखन भोर ही ते बनि पूखन है जन के तन को बहु तावत।
आग लगाइ अगारन माहिं अँगार धरातल पै बगरावत॥
का 'हरिऔध' करै कित जाय अहै तप-ताप अपार तपावत।
ना तहखानन मैं कल आवति ना खसखानन मैं सुख पावत॥ 12॥

दोहा–

निज-जननी को देखि दुख उठति ताप लहि भूरि।
धधकत दव लखि धरनि मैं रवि दिसि धावति धूरि॥ 13॥

दहन बने रवि-करन के दाह न सकत निवारि।
कैसे हूँ उबरत नहीं जो न बरत जन बारि॥ 14॥

काहि बहुत पावत नहीं तपरितु-आतप-ताप।
तपन आपहूँ करन ते पिअत सरित सर आप॥ 15॥

जा अचरज जो बहु जगी जग-जीवन की प्यास।
बन को नाम जपति अहै जरि जरि बन की घास॥ 16॥

पावस

कवित्त–

प्यारे-प्यारे तन कारे-घन घूमन चहूँधा लगे
तन मन बापुरे बिदेसिन के लरजे।
उलही ललित लतिका हूँ लहरान लागी
सलिल-सने से भये सूखे रहे थर जे॥

'हरिऔध' धूँधरित धुरवा दिसान कीने
फोरैं काम केकी ए न मानैं बीर बरजे।
पीरद बियोगिनी के धीरद सँयोगिनी के
नीरद के गगन नगारे आनि गरजे ॥ 1 ॥

कुंजन मैं बार बार कूकत कलापी-कुल
पपिहा पुकार बार बार प्रीति परखत।
घूमि घूमि घेरि बार बार घन घहरात
हिलि हिलि तरु बार बार चित करखत ॥
'हरिऔध' बार बार झिल्ली-झनकार होति
तिय-हिय लागि बार बार पिय हरखत।
बीजुरी बिकासित करद व्योम बार बार
बारिधर बार बार बारि-धारा बरखत ॥ 2 ॥

बनी ठनी बिबिध-बिलासवती-बाल होय
बास बँगलान होय बसन बसा रहै।
बार बार बीजुरी को बिपुल-बिकास होय
बरखत बारि होय बारिद घिरा रहै ॥
'हरिऔध' बीना बेनु बजत स-मोद होय
बाँदी होय बेना होय बढ़त बिभा रहै।
बीरा होय बीरी होय बारुनी बयार होय
बारी बैस होय तबै बरखा-बहार है ॥ 3 ॥

कारी कारी घटा नभ घूमि घहरान लागी
बावरी हमारी तऊ बतिया बनी कहाँ।
'हरिऔध' प्यारी छबि छाई अवनी-तल पै
पावै मोद सीतल ह्वै तबौं मेरो ही कहाँ ॥
लाग करि आई बाग बिरह दलाइबे कौ
एरी पै अभाग-वारी पावै सुघरी कहाँ।
जौलौं या हमारो जी हरान नैकौ होन पायो
पातकी-पपीहरा पुकार्यो तौलौं पी कहाँ ॥ 4 ॥

भूखन बिना ही भूरि भूखित भई सी लसै
भावुकता दीखै भामिनी के भाव भोरे मैं।
चंचल-चितौन चित माहिं चुभि चुभि जाति
चारुताई-चौगुनी लखाति चारु-डोरे मैं ॥

पन्नगी सी पेंग पारि पारिकै पलटि जात
लपकि लपटि जात 'हरिऔध'-कोरे मैं।
ऊँची-ऊँची-तानन ते कानन सुधा बगारि
गोरे-गोरे-आनन की झूलति हिंडोरे मैं ॥ 5 ॥

सवैया–

या कजरारी घटान-छटान की बैठी अटान बिलोकित जाति है।
मोद मयूरिन को लखिकै मन ही मन मोद-भरी मुसुकाति है॥
प्रात परी सी घरी ही घरी 'हरिऔध' के अंक परी अलसाति है।
बाल बिलासवतीन को बीर बिलासमयी बरसात की राति है ॥ 6 ॥

चहुँ-कोद पयोद बिलोकन मैं निज मोद-भरो मन दीबो करो।
करि कौतुक हूँ कल-कुंजन मैं हियरा हमरो हरि लीबो करो॥
'हरिऔध' मयूरिन सों मिलिकै नव-प्रेम-सुधा नित पीबो करो।
चोरवा चित को हित कीनो भटू मोरवा सोरवा अब कीबो करो ॥ 7 ॥

दोहा–

बीर धीर कैसे धरहुँ रहत न चित मैं चेत।
परम अधीर-पपीहरा पी पी कहि जिय लेत ॥ 8 ॥

अरुन पीत सित कत करत स्याम सलोनो अंग।
कत बादर बद बनत हैं बदलि बदलि कै रंग ॥ 9 ॥

मो मन ही मानत नहीं कहा करैगो मैन।
बादर के बरसे कहा जब जल बरसत नैन ॥ 10 ॥

शरद्

कवित्त–

मंद मंद हसन गगन बिच चंद लाग्यो
करतूति दामिनी भई है कला-नट सी।
निरमल-जल-वारे सरल खिले हैं कंज
जिन पै लगी है भौंर भीरन की ठट सी॥
'हरिऔध' चहूँ ओर सरद बिकास पायो
पावस-प्रतापी की गई है आयु घट सी।
चटकीली चाँदनी ते रंजित भई है भूमि
कढ़ति दिसान सों सुगंध की लपट सी ॥ 1 ॥

बिना कीच कैसी स्वच्छ राजति बसुंधरा है
कैसी मंजु-नीलिमा अकास मैं बसति है।
गंध लै समीर हूँ बहत मंद मंद कैसो
कैसी यह बिमल-दिसा हूँ बिहँसति है॥
'हरिऔध' दीसत हैं सर मैं सरोज कैसे
धीर बहि कैसी सरिता हूँ सरसति है।
सोहत है सीतल मयंक कैसो नभ माहिं
कैसी अवनी-तल पै चाँदनी लसति है॥ 2॥

नीर-वारे कारे कारे घन की निकाई नसी
नीलिमा अनंत-नभ-मंडल की नीकी है।
केका-रव केकिन-कदंब ते अनाकुल ह्वै
बहु सोभा हंस-अवली ते अवनी की है॥
'हरिऔध' घोर अंधकार हूँ न दीखै कहूँ
आभा चहूँ ओर चंद-वारी रजनी की है।
चपलाई चपला की अब ना लखाई परै
छिति पर छाई चारुताई चाँदनी की है॥ 3॥

बिकसित-बारिज-बरूथ मैं बढ़ी है बिभा
छबि अधिकाई भूरि-भृंग-लपटान की।
घेरि घेरि घूमत दिखात हैं न कारे-घन
घरी घरी होति नाहिं घहर घटान की॥
'हरिऔध' अनुपम-सरद-अवाई देखि
आभा भई औरै आज आँगन अटान की।
छन छन चाँदनी ते बनति छबीली छिति
छूटे चंद-मंडल ते छहर छटान की॥ 4॥

बिमल-बिकास ते गगन बिकसित भयो
परम-प्रकास-पुंज पसज्यो धरा पै है।
दीपति-दुगूनी सों दिखाति है दिसा हूँ दिव्य
राजत रजत द्रुम-दलन-प्रभा पै है॥
'हरिऔध' बिपुल-बिकासिनी-बिभा की बात
पूनो की बिभावरी की भाखी जात कापै है।
धीर-धार जैसी चारु-चाँदनी चहूँधा लसै
स्रवत सुधा सों आज चंद बसुधा पै है॥ 5॥

छीरनिधि कैधों आज छहरत भूतल पै
छायानाथ कैधों छपानाथ मिस ऊगा है।
सुभ्रता सतोगुन की राजत दिगंत मैं कै
समवेत-सेतता तिलोक की अजूबा है॥
'हरिऔध' सरद मैं कैधों सुर-मंडल ने
रजत-मयी कै मंजु-मेदिनी को पूजा है।
कोऊ नट-कीली जोति कैधों अटकीली भई
चटकीली-चाँदनी कै बगरी चहूँधा है॥ 6॥

कैधों महा तीब्र-तेज-वारो बड़ो-तारो कोऊ
ताजिकै अनंत या धरा की ओर छूट्यो है।
कैधों ओप-वारे असुरारि को अपार जूह
मोद मानि सृंग पै हिमाचल कै जूट्यो है॥
'हरिऔध' कैधों चारु-सरद-सिता है लसी
कैधों भू पै हीरा की कनीन कोऊ कूट्यो है।
छीरनिधि कैधों आज फूट्यो है बसुंधरा पै
छिति पै छपाकर कै नभ छोरि टूट्यो है॥ 7॥

अंतक लौं दिव मैं दिपत निसिकन्त
कै प्रकाश प्रलै-काल के दुरंत-दिनपत को।
महा-ताप-वारो चलै मारुत चहूँधा किधौं
स्वास बिख-वारो है फनीस फुंकरत को॥
'हरिऔध' किधौं तीब्र-तारक-पतन होत
पावक बमत कै त्रिसूल पसुपत को।
पसरी कराल-काल-सरद-जुन्हैया किधौं
ज्वालमाल आवत है जारत जगत को॥ 8॥

हित तू हमारो नाथ कीनो ना हिमन्त माहिं
कैसहूँ सिसिर मैं न मानस सम्हार्यो तू।
आवन को तंत तेरो भयो या बसंत माहिं
मेरो जिय ग्रीखम-जालकन मैं जार्यो तू॥
'हरिऔध' का भो जो न पावस-प्रताप माहिं
मेरे तन-तापन को तामस निवार्यो तू।
जरद भई हूँ मारी करद करेजे काम
कैसो मेरो दरद सरद से बिसार्यो तू॥ 9॥

सवैया–

मूरतिमान कै मोद लसै कै बिनोद-भरो रजनी-मुख राजै।
भाग-भरी जग की जननी के सु-भाल को कै यह भूखन-भ्राजै॥
कै 'हरिऔध' सतोगुन की यह सीतलता भरी सूरति छाजै।
पारद-पुंज कै रूप धरे फबै कै नभ सारद-चंद बिराजै॥ 10॥

नव-नीलिमा या नभ की हमरो यह भाव-भरो मन बेधत है।
बहि बासमयी यह सीरी-बयार बिनोदन हूँ को बगेदत है॥
'हरिऔध' बिना सब सारद-सुंदर-साज करेजो कुरेदत है।
छुटै छोभ हूँ ना रतिया को छनौं छतिया को छपाकर छेदत है॥ 11॥

दोहा–

सारद-ससि सोहत गगन बरसत सुरस-अथोर।
दूनी भू-आभा भई छई छटा चहुँ ओर॥ 12॥

औरै आभा नभ बसी बिभा लसी ससि माहिं।
बसुधा भयी सुधामयी तारे तरनि लखाहिं॥ 13॥

हेमन्त

कवित्त–

तीखी-जोति जाल हूँ मैं जरत-मसाल हूँ मैं
जगी ज्वालमाल हूँ मैं लपट्यो लसंत है।
कूलन कछार हूँ मैं सरित सेवार हूँ मैं
बग मैं बयार हूँ मैं बहु बिहरंत है॥
'हरिऔध' ब्योम हूँ मैं तारन के तोम हूँ मैं
सूरज मैं सोम हूँ मैं दर्‌यो सतंत है।
हंसन-अहार हूँ मैं हिम के पहार हूँ मैं
हीरा हीर-हार मैं राजत हेमंत है॥ 1॥

पोर पोर आँगुरी की बारि ते गरन लागी
सीकर मलीन या दिगंतन करै लगो।
कोमल मरीचैं ह्वै गई हैं मारतंड हूँ की
आतप मैं प्रानिन को प्रेम हूँ अरै लगो॥
'हरिऔध' भू पर लखात है हेमंत छायो
दिन दिन बासर को गात हूँ गरै लगो।

या तन को सीरी-पौन परसे कसाला होत
पादप के पातन पै पाला हूँ परै लगो ॥ 2 ॥

बदन दुराये ही हरत रैन मैं मयंक
त्रासै ते समीर बीर सरद भयो सो है।
भू तजि लखात नभ-जात बारि सीकर ह्वै
गात सेत गगन गिरिन ह्वै गयो सो है॥
'हरिऔध' महा उतपात ते हेमंत ही के
धूसरित बरन दिगंतन लयो सो है।
दबक्यो दिवाकर दिखात अति भीत ही ते
सीत ही ते संकुचित बासर भयो सो है॥ 3 ॥

सिसकत रहत तमीपति रजनि माहिं
तमरिपु हूँ को होत कढ़त कसाला है।
सी सी करि घरी घरी घूमत चहूँधा रहै
सीरी-पौन हूँ को गरमी को पर्‌यो लाला है॥
'हरिऔध' आकुल ह्वै अरो खरो रूख हूँ है
ठरो सीत-भरो वाको ठौर हूँ को ठाला है।
बूझि परै बाला हिम-गाला सी दुसाला माहिं
पाये सीतकाल ज्वालमाला भई पाला है॥ 4 ॥

दीखै सीकरन माहिं सपरि गयो सो ससी
दिवानाथ लंका ओर आकुल अरे अहैं।
सीरी साँस भरती अधीर ह्वै समीरन हूँ
सरित सरोवर हूँ हिम मैं गरे अहैं॥
'हरिऔध' पावक हूँ पाहन मैं पैठ्‌यो जात
दलन दुराये गात पादप खरे अहैं।
पाला नाहिं पर्‌यो सीत प्रबल प्रमाद ही ते
प्रान बिन तारे आइ पातन परे अहैं॥ 5 ॥

सीतल हिमाचल-दरी सी सब साला लगैं
संगिनी प्रतीति होति सुधा सीरे-पंक की।
माला लगै मोती की हिमोपल-जमाति जैसी
कामिनी जनाति है बिभूति हिम-अंक की॥

‘हरिऔध’ हेरत हिमंत करतूति ऐसी
तुहिन-सनी सी है सुपेती परजंक की।
पाला लगै पावक दुसाला लगै कंज-पात
रवि की मरीचि लागैं किरनै मयंक की॥ 6॥

पाला को कसाला ताहि कंपित न करि पैहैं
जाके कंठ माहिं मृगनाभि मंजु-माला है।
बहि बहि सीतल-समीर क्यों सतैहै ताहि
सकल-बिभूतिमयी जाकी सुख-साला है॥
‘हरिऔध’ ताको हिम-पात को कहा है त्रास
जाके पास परम-मधुर-मधु-प्याला है।
जगी ज्वाल-माला है बसन तूल-वाला अहै
वाला है दुसाला है हेमंत को मसाला है॥ 7॥

धाई चली आवति है कैधों ध्रुव-धाम ही ते
कैधों गिरी भू पै चंद-मंडल के फोरे ते।
कैधों याहि काढ़्यो कोऊ उदक-सरीर गारि
कैधों बनी सीतलता जग की निचोरे ते॥
‘हरिऔध’ कहै ऐसी दुसह-हिमंत-बात
कैधों भई सीरी बार बार हिम बोरे ते।
कैधों चली चंदन परसि मलयाचल को
कैधों कढ़ि आवति हिमाचल के कोरे ते॥ 8॥

बात ना चलैये नाथ सिसिर बितावन की
सुरति बसंत मैं बिसारिकै न फूल तू।
गरब न कीजै भूलि ग्रीखम गँवावन को
पावस न आवन उमंग मैं न झूलै तू॥
‘हरिऔध’ कैसो तेरो कठिन करेजो है जो
सरद समैया हूँ मैं रह्यो प्रतिकूलै तू।
कीने केते तंतन के प्रानन को अंत ह्वैहै
कही मानि कंत या हेमंत को न भूलै तू॥ 9॥

सवैया–

फाग रचै पिय सों सिसिरै परि साथ बसंत मैं बागन होवै।
ग्रीखम मैं तहखाने बसै धन की छबि पावस मैं सँग जोवै॥

भाग-भरी 'हरिऔध' तिया सुख सों अपनो सब साज सँजोवै।
साथ लखै सरदै नभ चंद हेमंत मैं कंत-गरे लगि सोवै॥ 10॥

कैधों प्रभाकर-आतप मैं अरे कै मद-प्यालन को अपनाये।
कैधों धरे पट-तूल-भरे किधौं साल-दुसालन सों लपटाये॥
सीत हेमंत को कैधों टरै 'हरिऔध' अधूम-अँगार तपाये।
कै कमनीय उरोजन-वारी सरोज-मुखीन को अंक लगाये॥ 11॥

दोहा–

जीव जन्तु की बात का तृन-तरु होत सभीत।
पाला को लहि बिपुल-बल पाला-मारत सीत॥ 12॥

भूमि कुहासा-मय भई सीत न समझत पीर।
दुरि दिन बितवत दिवसपति सर सर चलत समीर॥ 13॥

तृन-तरु-तन जीवन-बदन भाफ-पुंज है भूरि।
किधौं कुहासा है परत परसत पुहुमी पूरि॥ 14॥

शिशिर

कवित्त–

घटी-जाति राति हूँ मैं दिन अधिकात हूँ मैं
पियरात पात हूँ मैं प्रगट जनावै है।
तीखे होत घाम हूँ मैं केते धूमधाम हूँ मैं
ललना ललाम हूँ मैं रमत लखावै है॥
'हरिऔध' तान हूँ मैं रंग-वारे गान हूँ मैं
आन-वारी बान हूँ मैं मधुर दिखावै है।
चोप चाव चैन हूँ मैं मंद मंद बैन हूँ मैं
मुद-ऐन-ऐन हूँ मैं सिसिर सुहावै है॥ 1॥

तोख तन पावै तूल-भरे कपरे के धरे
अजहूँ मलीनता दिगंत की गई नहीं।
प्यारे लगैं भौन भारी-भारी परदान-वारे
भीखनता अजौं भानु-कर ने लई नहीं॥
'हरिऔध' चहूँ ओर सिसिर छयो तो कहा
आप हूँ मैं सीतलता-सहज भई नहीं।

मंजुल-निकाई चारु चंद मैं समाई नाहिं
चारुता-अनूठी चाँदनी मैं चितई नहीं ॥ 2 ॥

साथ प्राननाथ के सिसिर मैं समोद-बाल
सरित सरोवरादि माहिं अवगाहै ना।
बार बार धूप ही मैं बैठे छबि-वारी जाय
सीत-छोभ माहिं छकी चाहै छनौ छाँहै ना ॥
'हरिऔध' सी सी करै सीतल-समीर लगे
सीतलता वाकी अजौं सुमुखी सराहै ना।
चाँदनी मैं कढ़े नेकौ चित मैं उमाहै नाहिं
चंद-मुखी चाव करि चंद हूँ को चाहै ना ॥ 3 ॥

तपिकै तमारि निज तीखन-मरीचिन ते
नैकौ सीत प्रबल-प्रमादन को तोरै ना।
पावक को दहत-अँगारो पट तूल-डारो
पूरो पूरो हिम को महत-मान मोरै ना ॥
'हरिऔध' सिसिर समैया हूँ मैं सीरी-पौन
गौन करि भौनन मैं देत दुख थोरै ना।
औरन की कहा पाई जरदी पतौअन हूँ
सरदी मरदी कै तऊ बेदरदी छोरै ना ॥ 4 ॥

सवैया–

भावत ना सरपेच असुंदर कान के कुंडल को कहती है।
बाजू धरै भुज मैं न भटू कर सों कल-कंकन ना गहती है ॥
माह मैं ऐ 'हरिऔध' मनोहर-हार हूँ ना उर पै बहती है।
कंठ-सिरी मन मैं न टिकै कटि-किंकिनी ते नटिकै रहती है ॥ 5 ॥

तीसी लसी बहु-खेतन मैं अपनी कुसुमावलि सों छबि छावत।
पात चने के हरे हरे कोमल काकी नहीं अँखिया बेलमावत ॥
ए 'हरिऔध' प्रसून केराव के लै चित काहि नहीं ललचावत।
मानस काको नहीं सरसे सरसों के सहावने फूल लुभावत ॥ 6 ॥

मंजुल-बायु लगे बल खाइ बिलोचन माहिं समाय रही हैं।
ओस की बूँदन सों सरसाय सहेलिन माहिं सोहाय रही हैं ॥
ए 'हरिऔध' किती तितिलीन को प्यार से पास बुलाय रही हैं।
पीरे-प्रसूनन सों बिलसी उलही रहरैं लहराय रही हैं ॥ 7 ॥

दोहा–

सिता नहीं प्यारी लगति ससि हूँ करत स-गीत।
निसि सियराये ही बढ़ति सिसिर समय को सीत ॥ 8 ॥

उर मैं हिम-सर सों लगत सिहरत सकल-सरीर।
सी सी कहि सिसकत न को परसत सिसिर-समीर ॥ 9 ॥

परि साँसत मैं सीत की हरति रहति है ऊब।
हरे हरे निज-दलन मिस हरे हरे कहि दूब ॥ 10 ॥

लोक सीत-साँसत सहत दुरि दिन बितवत घाम।
सिसिर माहि कुहरा परे मचत महा कुहराम ॥ 11 ॥

ओस-सीकरन माहिं दुरि सीत सहति भरि ऊब।
हरे हरे कोमल-दलन-बलित दूबरी-दूब ॥ 12 ॥

शिशिर-अंतर्गत होरी

कवित्त–

द्वारन को दर को दरीचिन को देहरी को
दिसन को देहिन को रंजित कीनो है।
बगर को बीथिन को बाटन बजारन को
बिटप को बेलिन को कीनो रँग भीनो है॥
'हरिऔध' अबिर उड़ाइकै अवासन को
औरै ओप अवनि को आँगन को दीनो है।
नूपुर को नासिका को नथ को नवेलिन को
बाल अलबेलिन को लाल करि लीनो है ॥ 1 ॥

तबल पै तारन पै तंत्रिन तमूरन पै
तान-वारे तन पै प्रवाल तरसत है।
कानन पै कुंजन पै कंज पै कुमोदिनी पै
क्यारिन पै कूल पै ललाई दरसत है॥
'हरिऔध' आनन पै अंगन अवनि हूँ पै
ऐन पै अटा पै अरुनाई अरसत है।
गोधन पै गिरि पै गवैयन पै गोपन पै
गोपिन के गोल पै गुलाल बरसत है ॥ 2 ॥

ऐसो बाढ़्यो फाग को प्रपंच ब्रज-बीथिन मैं
बीज लालिमा को मानों लोकन मैं ब्वै गयो।
लाल भयो गगन अवनि सब लाल भई
दिसन ललाई छाई रवि-तेज-ख्वै गयो॥
'हरिऔध' लाल लाल हेरि गिरि तरु तोम
नर पसु पंखी मीन बिधि-ज्ञान ग्वै गयो।
लाग्यो जौ लौं झाँकन झरोखे सो उझकि
तौलौं राता मुख बापुरे-बिधाता हूँ को ह्वै गयो॥ 3॥

बोलि बोलि बैस-वारी ब्रज की बघूटिन को
लूट सी करी है वा अबीर-वारे-थाल की।
मारि पिचकारी ताकि कलित-कपोलन पै
लाल लाल मंडली बनाई ग्वाल-बाल की॥
'हरिऔध' चकित बनति बहु चौंकत सी
चोरत सी चाल काहू मंजुल-मराल की।
गोरे-गोरे-गाल-वारी ए री वह गोरी-बाल
लाल पै चली है मूठ भरिकै गुलाल की॥ 4॥

गरबीले-ग्वारन की गारी हूँ न कान कीनी
तनक न मानी आन तीखी-तान-तारी की।
रंग की उमंग की अनंग-भरे बैनन की
सुरति न कीनी साँवरे की गति न्यारी की॥
'हरिऔध' ध्यान मैं न आ़नी धोखे हूँ धमार
धूम हूँ धमार-वारे धीर-धुरधारी की।
मीड़ित-गुलाल-मंजु-बदन-रसाल मोरि
बिहँसि बचाई बाल चोट पिचकारी की॥ 5॥

गावत है गारी भरो गीतन असंक ह्वैकै
बोलन कबीर मैं निसंक अति दरसाय।
लाल कीनो बीथिन बजारन गुलाल फेंकि
अबिर उड़ाई लीनी अरुन दिसा बनाय॥
'हरिऔध' ऐसो अपमान कैसे सह्यो परै
ललिते कहा तू इतो रही आज अरगाय।
गहिकै गरब वाको होरी को निवारै क्यों न
ऊधम मचावै कौन ए री बरसाने आय॥ 6॥

डारि दीनो रंग तो उमंग कत ऊनो भयो
बिगर्‌यो कहा जो मुख माहि मली रोरी है।
कुंकुम चलाये कौन हानि भई अंगन की
मारि पिचुकारी कौन करी बरजोरी है॥
'हरिऔध' तेरो होत कहा अपकार है
जो बार बार ग्वालन की बजति थपोरी है।
रूसन को रार को न रोस को कछू है काम
एरी बृखभानु की किसोरी आज होरी है॥ 7॥

ठानत हो सदा हठ आपनी ही बातन को
ताके रोकिबेको कहाँ काको को सहेजिहै।
होइ जैहे कछू बिपरीति तो बतावो लाल
बरसाने कौन सो सँदेसो कोऊ भेजिहै॥
'हरिऔध' अबिर गुलाल लौं बनी है बात
बूझि देखो कहँ लौं करेजो परतेजिहै।
पुष्प-रस-कनिका लगे ते जाको पीर होति
ताको अंग कैसे रंग-धावन अँगेजिहै॥ 8॥

कत पिचकारी कर माहिं लीने आवत है
ब्रज मैं जनात तू तो निपट हठीलो है।
नेक मेरी बातन को भूलि ना करत कान
होरी के गुमान मैं गजब गरबीलो है॥
'हरिऔध' कहा लाभ अनरस कीने होत
सुबस बसे हूँ ब्रज कैसो तू लजीलो है।
ए हो लाल वापै रंग छोरिबो छजत नाहिं
गात-रंग ही सों वाको बसन रँगीलो है॥ 9॥

बीर बरसानो छोरि गोकुल गई ही आज
जान्यो ना गोपाल ऐसो ऊधम मचायहैं।
सारी बोरि दीनी सारो गात करि लीनो लाल
जैसो छल कीनो ताहि कैसे बतरायहै॥
'हरिऔध' अब तो न आपने रहे हैं नैन
करिकै उपाय कौन इनै समझायहैं।
अंग लाग्यो रंग तो सलिल सो छुड़ाय लैहैं
नेह संग लाग्यो तासों कैसे छूटि पायहैं॥ 10॥

छोरा रंग चाव सों हमारे इन अंगन पै
कबहूँ कछू ना लाल भूलि हम कहिहैं।
बोरि दीजै सिगरी हमारी सारी केसर मैं
मन मैं बिनोद मानि मौन साधि रहिहैं॥
'हरिऔध' अँखियाँ छकी हैं रावरी छबि मैं
इनपै दया ना कीने क्यों हूँ ना निबहिहैं।
परिबो पलक को तो कैसहूँ सहत प्यारे
परिबो गुलाल को गोपाल कैसे सहिहैं॥ 11॥

सवैया–

चेटक सी करि चोरि गई चित चाव-भरी चलि चंचल-चाल सों।
मोहि गई मनमोहन को वा अबीर-भरी मनि-मोतिन-माल सों॥
ए 'हरिऔध' चलाई पिचूकन बेधि गई जुग-नैन बिसाल सों।
लाल-गुलाल लपेटि गई वह गोरटी हाल ही लाल के गाल सों॥ 12॥

ताकि कै मारत हो पिचकारी तऊ मन मैं तनकौ नहिं खीजत।
रंग मैं सारी भिंगोय दई हम ताको उराहनो हूँ नहिं दीजत॥
पै इतनी बिनती 'हरिऔध' मया करि क्यों हमरी न सुनीजत।
साँवरे-रंग-रँगी अँखियान को प्यारे गुलाल ते लाल क्यों कीजत॥ 13॥

•••••

अनुभाव

जिन क्रियाओं से रसास्वाद का अनुभव होता है उनको अनुभाव कहते हैं। यह चार प्रकार का होता है– 1. सात्त्विक, 2. कायिक, 3. मानसिक और 4. आहार्य

1. सात्त्विक

शरीर के स्वाभाविक अंग-विकार को सात्त्विक भाव कहते हैं। इनके आठ भेद निम्नलिखित हैं–

1. स्तंभ, 2. स्वेद, 3. रोमांच, 4. कंप, 5. स्वर-भंग, 6. वैवर्ण्य, 7. अश्रु और 8. प्रलय। किसी किसी ने जृंभा को भी सात्त्विक भाव माना है; ऐसी दशा में उसके नव भेद होंगे।

स्तंभ

कारण-विशेष से समस्त अंगों की गति अथवा क्रिया का अवरोध हो जाना स्तंभ कहलाता है।

उदाहरण

दोहा–

लाल लखे ललना छकी भो चित बिपुल अचैन।
बोले बोलत नहिं बनत खोले खुलत न नैन ॥ 1 ॥
पारे पलक परत नहीं लोयन भये अडोल।
लोल-लोयनी करति है काहे नाहिं कलोल ॥ 2 ॥

स्वेद

केलि, भय, परिश्रम आदि के कारण रोम-कूप से निकले जल-बिन्दु को स्वेद कहते हैं।

उदाहरण

सवैया–

ऊँची अटा पै अकेली हुती अलबेली खरी करि रूप-उँजारो।
एड़िन छ्वै छहरात हुतो 'हरिऔध' छुट्यो कच घूँघुर-वारो॥
औचक आइ दोऊ अँखियाँ इतनेहि मैं मूँद लियो पिय-प्यारो।
भेद-भरो मन ऊबि छरो गयो सेद मैं डूबि गयो तन सारो॥ 1॥

रोमांच

किसी कारण रोमों का खड़ा हो जाना रोमांच कहलाता है।

उदाहरण

सवैया–

बूझि भली-बिध कीजै कछू अलि काज उतावली के नहिं नीके।
चौगुनी-चंचल होति चले 'हरिऔध' कथानक केलि-थली के॥
धीर धरे हूँ बनैगी न बीर जो कामिनी क्यों हूँ परी कर पी के।
नेक ही नैन लरे सिगरे-तन-रोम खरे ह्वै गये रमनी के॥ 1॥

कंप

शीत, कोप और भय आदि से अकस्मात् अंग अंग के काँप उठने को कंप कहते हैं।

उदाहरण

सवैया–

संग सहेलिन को गयो छूटिकै बानर पीछूँ पर्यो बन केरो।
तोको अचानक आइ कपूत कोऊ कै कलेस दियो बहुतेरो॥
कै यह पूस को सीरो-समीर सताइ गयो 'हरिऔध' घनेरो।
कौनसी बात भई बतराय दै जो इतनो तन काँपत तेरो॥ 1॥

दोहा–

कहा भयो कत बावरी तेरो मुख पियरात।
कत पीपर के पात लौं थर थर काँपत गात॥ 2॥

स्वर-भंग

स्वाभाविक ध्वनि में विकार होने को स्वर-भंग कहते हैं।

उदाहरण

सवैया–

घिरे नभ मैं घन घूमत हे 'हरिऔध' हुती सब ओर बहार।
बिचार कियो अस चाव-भरो चित गाइये मंजुल-राग-मलार॥
इतै अलबेली अलाप कियो उतै आइ गये ब्रजराज-कुमार।
भयो सुर-भंग निहारत ही उतर्‌यो मानों बाजत बीन को तार॥ 1॥

वैवर्ण्य

शरीर की कांति में अंतर पड़ने को वैवर्ण्य कहते हैं।

उदाहरण

सवैया–

अबै आई बिनोद-भरी मुसकात भयो यह बीच ही कैसो दई।
'हरिऔध' सों धाइकै कोऊ कहो इतनो यह जात हैं काहें तई॥
नित ही बन-कुंजन आवति हैं बजी बाँसुरिया हूँ न आज नई।
अरी कौन-सी पीर भई पल मैं भी परोसिनी जो परि पीरी गई॥ 1॥

अश्रु

कारण-विशेष से नेत्रों से जल-पात होने का नाम अश्रु है।

उदाहरण

सवैया–

आई अपार-बिनोद-भरी बनिता ढिग साँवरे-सील-निधान के।
आदर-मान ही मैं 'हरिऔध' कढ़े मुख बैन बिदेस-पयान के॥
ऊबिकै ऊँची उसास लई सुख भूल गये सिगरे सनमान के।
मोती समान कपोलन ह्वै अँखियान ते बूँद गिरे अँसुआन के॥ 1॥

दोहा–

तुमरे बिछुरै प्रानपति रहे न अपने नैन।
बारि बिमोचत रैन-दिन पावत पलौ न चैन॥ 2॥

अरी बीर बरजत कहा रुदन करन दै मोहिं।
सजल-नयन-बल ही सकल-हिय-दुख हरुए होहिं॥ 3॥

प्रलय

किसी वस्तु में तल्लीन होकर देह-दशा की विस्मृति को प्रलय कहते हैं।

उदाहरण

दोहा–

ललकति राधा नाम लै पुलकति पकरि अलीन।
ललना लालन ह्वै गई ह्वै लालन मैं लीन ॥ 1 ॥

जृंभा

भय, मोह और आलस्य के कारण क्षण-क्षण मुँह खोलकर जमुहाई लेने को जृंभा कहते हैं।

उदाहरण

दोहा–

जुरे नयन पिय-नयन ते नयन फेरि फिरि जाति।
सजल-भाव ते भूरि जलज-मुखी जमुहाति ॥ 1 ॥

2. कायिक

आँख, भौंह, हाथ आदि शरीर के अंगों द्वारा जो चेष्टाएँ अथवा क्रियाएँ की जाती हैं उनको कायिक कहते हैं।

उदाहरण

सवैया–

अति प्यार-पगी बतिया हुँ सुने पिय-प्यारे प्रतीति को छोरै लगी।
अनुराग-रँगे अभिलाखन मैं अभिमान के आखर जोरै लगी ॥
'हरिऔध' के सीस महावर-रेख निहारत ही मुख मोरै लगी।
तिरछी अँखियान ते ताकि तिया अनखान-भरी तृण तोरै लगी ॥ 1 ॥

3. मानसिक

मन-संबंधी आमोद-प्रमोद का नाम मानसिक अनुभाव है।

उदाहरण

कवित्त–

गिरि-सानु पै है चारु चाँदनी लसति कैसी
पसरी प्रभा है कैसी पादप-निकर मैं।

झरना झरत नीर-कन हैं पियत कैसे
ओप है अपार कैसो पाहन-पसर मैं॥
'हरिऔध' कैसी खिली कलित-कुमोदिनी है
सुभ्रता बसी है कैसी सीपन-सगर मैं।
कैसो बारि हलत समीर मंद-मंद लागे
कैसो झलमलत मयंक मानसर मैं॥ 1॥

रंग-भरे कलित-कमोरे रंग बरसत
चारुता निचोरे लेति रोरि मंजु-भाल की।
मानस मैं मोद-सुधा-सरिता हिलोरे लेति
प्रीति-गाँठ जोरे लेति जोति मनि-माल की॥
'हरिऔध' छोरि पिचकारी चित छोरे लेति
बोरे लेति रस मैं लचकि लंक बाल की।
लालन के लोने-लोने-लोयन को चोरे लेति
गिरि गोरे-गालन पै गरद गुलाल की॥ 2॥

दोहा–

बिलसत हैं सरसिज-युगल मनरंजन-ससि-गोद।
मोद-निकेतन बदन लखि काहि न होत बिनोद॥ 3॥

4. आहार्य

वेश-धारण को आहार्य अनुभाव कहते हैं।

दोहा–

पहिरि सु-कुण्डल कल-मुकुट पीत-बसन बन-माल।
कर मैं मुरली लै बनी मुरली-धर ब्रज-बाल॥ 1॥

सात्त्विक अलंकार

नायिकाओं के अट्ठाईस सात्त्विक अलंकार माने गये हैं। उनमें से तीन अंगज, सात अयत्नज और अट्ठारह स्वभावसिद्ध हैं।

अंगज : 1. भाव, 2. हाव और 3. हेला।

अयत्नज : 1. शोभा, 2. कांति, 3. दीप्ति, 4. माधुर्य, 5. प्रगल्भता, 6. औदार्य और 7. धैर्य।

स्वभावसिद्ध : 1. लीला, 2. विच्छित्ति, 3. बिलास, 4. विभ्रम, 5. किल-किंचित, 6. मोट्टायित, 7. बिब्बोक, 8. कुट्टमित, 9. विहृत, 10. ललित, 11. मद, 12. केलि, 13. तपन, 14. मौग्ध्य, 15. कुतूहल, 16. विक्षेप, 17. हसित और 18. चकित।

विशेष

प्रायः भाषा-ग्रन्थों में दश 'हाव' माने गये हैं, और ये वे ही हैं जो स्वभाव-सिद्ध अलंकारों की गणना में 1 से 10 संख्या तक लिखित हैं। कोई कोई इन में 'हेला' को मिलाकर 'हाव' की संख्या ग्यारह और कोई 'बाधक' को मिलाकर बारह बतलाते हैं। समस्त 'हाव' अनुभाव के अंतर्गत है, उनका स्वतन्त्र स्थान नहीं है।

संयोग-समय में नायिकाओं में जो स्वाभाविक चेष्टाएँ अथवा भौंह नेत्रादि के विलक्षण व्यापार मनोविकारों के आधार से होते हैं वे ही 'हाव' कहलाते हैं। ये प्रायः मानोभावों के अल्प-विकास के सूचक मात्र होते हैं।

अंगज सात्त्विक अलंकार

1. भाव

निर्विकार चित्त में उद्‌बुद्ध मात्र काम-विकार को भाव कहते हैं।

उदाहरण

दोहा–

वहै पवन सौरभ वहै वहै आम को बौर।
वहै कामिनी हूँ अहै भयो आज मन और॥ 1॥

है कालिन्दी-तट वहै वहै कदंब रसाल।
आज कहा तोको भयो इत आवत ही बाल॥ 2॥

वहै कोकिला-रव अहै वहै भृंग-गुंजार।
आज बनी क्यों बावरी निरखि बसंत-बहार॥ 3॥

वहै मलय की मंजुता खग-कुल वहै कलोल।
भयो जात कत लाड़िली तव चित इतनो लोल॥ 4॥

2. हाव

संयोग-समय में स्त्रियों के स्वाभाविक भ्रू-भंग-विलासादि कों हाव कहते हैं।

उदाहरण

दोहा–

सरसावति काको नहीं रस-निचुरत मुसुकान।
तिरछी-चितवन कहति है तिय-चित की बतियान॥ 1॥

रस राखन मैं नहिं रखति नेक कसर दृग-कोर।
पिय-मन की कहि जाति है तिय की भौंह-मरोर॥ 2॥

3. हेला

संयोग-समय में विविध-विलास-भावों के प्रकटित होने का नाम हेला है।

उदाहरण

दोहा–

गुलचा दै तिरछे चितै दृग नचाइ मुख मोरि।
बाल भुरावति लाल को बिहँसी भौंह मरोरि॥ 1॥

कबौं करति हाँसी कबौं छीनि लेति उर-माल।
कबौं छाछ-वाली कहति अहै छिछोरो लाल॥ 2॥

अयत्नज सात्त्विक अलंकार

1. शोभा

रूप यौवन आदि से सम्पन्न शरीर की सुन्दरता को शोभा कहते हैं।

उदाहरण

दोहा–

छन छन नवता लहत है छबि छलकत-अवदात।
चंद सरिस सुंदर-बदन मृदुल-सलोनो-गात॥ 1॥

तिल बन जाति तिलोत्तमा काम-कामिनी छाम।
है ललामता को निलय ललना-रूप-ललाम॥ 2॥

2. कांति

स्मर-विलास से बढ़ी हुई शोभा का नाम कांति है।

उदाहरण

दोहा–

काम-कलामय ह्वै लसति हरति कल्पना-क्लांति।
बिकसे-अभिनव-कुसुम सी कांतिमयी की कांति ॥ 1 ॥

बिलसे नवला-अंग मैं काम-कला की जोति।
चामीकर से गात की चमक चौगुनी होति ॥ 2 ॥

3. दीप्ति

बहुविस्तृत कांति को दीप्ति कहते हैं।

उदाहरण

दोहा–

दीपावलि तन-दुति निरखि दबकी सी दिखराति।
बिबिध-जोति उजरी फिरति जरी बीजुरी जाति ॥ 1 ॥

बिलसत यौवन मैं अहै वाको भाव-अनूप।
लोक-बिकासक-काम को दुति है बिकसित-रूप ॥ 2 ॥

4. माधुर्य

सब दशाओं में रमणीय रहना माधुर्य कहलाता है।

उदाहरण

दोहा–

होत नहीं मसि-बिन्दु ते अललित बाल-लिलार।
औरो मन-रंजन करत दृग लहि अंजन-सार ॥ 3 ॥

अधर पान की पीक ते अधिक ललाम लखात।
मिसी मले नवला-दसन नव-नीलम बनि जात ॥ 2 ॥

तिरछे चलि लहि बंकता करि चंचलता मान।
अधिक मधुमयी बनति हैं ललना की अँखियान ॥ 3 ॥

5. प्रगल्भता

केलि-कला में निर्भयता का नाम प्रगल्भता है।

उदाहरण

दोहा–

दोऊ आलिंगन करहिं दोऊ करहिं कलोल।
पिय को तिय तिय को पिया चूमत अधर कपोल ॥ 1 ॥

6. औदार्य

सदा विनय रखना औदार्य कहलाता है।

उदाहरण

दोहा–

मधुर बोलि सनमान करि सबको हित उर धारि।
करति सदन को सुर-सदन सुर-ललना सी नारि ॥ 1 ॥

7. धैर्य

आत्मश्लाघा से युक्त अचंचल मनोवृत्ति को धैर्य कहते हैं।

उदाहरण

दोहा–

नव-प्रसून नावक बनै पावक मलय-समीर।
परम धीर-अनुरागिनी ह्वैहै नाहिं अधीर ॥ 1 ॥

पिय-मुख-चन्द चकोरिका जीहै पंथ निहार।
सुधा-बिन्दु होवै गरल बरसै इन्दु अँगार ॥ 2 ॥

स्वभावसिद्ध सात्त्विक अलंकार

1. लीला

प्रेम-वश प्रिया-प्रियतम का अन्योन्य-वेश-धारण लीला हाव कहलाता है।

उदाहरण

दोहा–

लालन बनि बनि राधिका राधा बनि बनि लाल।
बिहँसत बोलत बहु लसत ललकत करत निहाल ॥ 1 ॥

कवित्त–

सिखि-पच्छ सोह्यो सीस कुण्डल-ललित कान
जापै फबि फैली प्रभा अलक-समाज की।
बंसी कर लसी उर बन-माल मोती-माल
जोति कछु तीखी परी अँखिया-सलाज की ॥
कटि-तट पीत-उपरैना लस्यो 'हरिऔध'
कहत बनै ना स्यामताई-मंजु आज की।
बिजन बिराजि बृखभानु जू की जाई
कैसी बनक बनाई मन-भाई ब्रजराज की ॥ 2 ॥

2. विच्छित्ति

साधारण शृंगार से नायिका के मोहक शोभाधिक्य का नाम विच्छित्ति है।

उदाहरण

सवैया–

या कल-कंज से पायन की लखि लालिमा लाल हूँ लागत औगुनी।
चारुता चारु-चमीकर ते नवला-बर-अंग बिराजति चौगुनी ॥
दीख परै 'हरिऔध' हमैं नव - भूखन ते तन की दुति नौगुनी।
एक ही केसर-आड़ दिये सुखमा मुख की ससि ते भई सौगुनी ॥ 1 ॥

3. विलास

संयोग-समय में नेत्र-व्यापार कटाक्षादि तथा गति, स्थिति, आसनादि की विलक्षणता को विलास कहते हैं।

उदाहरण

दोहा–

ललकति पुलकति मुरि हँसति चितवति लहति बिकास।
नवल-बाल बिलसति रहति करि करि बिबिध-बिलास ॥ 1 ॥

चितवति कवौं चकित बनति कबौं हँसति मुसुकाति।
करि बिलास बहु लाड़िली लोयन माहिं समाति ॥ 2 ॥

4. विभ्रम

प्रिय के संयोग समय में आतुरता वश भूषणादि का उलटे-पलटे धारण कर लेना विभ्रम कहलाता है। भ्रांति का नाम भी विभ्रम है।

उदाहरण

दोहा–

कल-रव है चिरियान को धुनि कटि-किंकिन की न।
कहा छरी मति जाति है निरखत फूल-छरीन ॥ 1 ॥

अदल-बदल भूखन गये तन-सुधि रही न तोहि।
तौ मन तौ मन नहिं रह्यो मनमोहन पै मोहि ॥ 2 ॥

5. किलकिंचित

एक साथ ही भय, हास्य, त्रास, क्रोध, कुछ मुस्कुराहट आदि का प्रकट होना किलकिंचित कहलाता है।

उदाहरण

दोहा–

रोस करति रूसति हँसति बिकसति बनति स-भीत।
जोहि जोहि तिरछे नयन मोहि लेत मन-मीत ॥ 1 ॥

लजति मजति खीजति जजति सजति सजावति गात।
बरसि बरसि रसरिस करति कहति रसीली-बात ॥ 2 ॥

6. मोट्टायित

प्रियतम के रूप, गुण, स्वभावादि की प्रशंसा अथवा बर्णन सुनकर मुग्ध अथवा अनुरक्त होना मोट्टायित कहलाता है।

उदाहरण

दोहा–

सुनत स्याम-घन के सरिस अहैं सरस घन-स्याम।
प्रेम-बारि लोयन भरे बरसे मुकुत-ललाम ॥ 1 ॥

कहत बाल-रवि के सरिस बल्लभ हैं गोबिंद।
बिकसित भो तिय-मुख-कमल पुलके नयन-मिलिंद ॥ 2 ॥

7. बिब्बोक

गर्व-पूर्वक प्रिय के अनादर का नाम बिब्बोक है।

उदाहरण

कवित्त–

बन-वारो कारो-कूर-किंसुक न पावै ठौर
उपवन-वारी मंजु-मल्लिका की क्यारी मैं।
बैठि नहिं क्यों हूँ सकै बायसे-लड़ैतो जाय
मंडली-मराल-बालिका की छबि-वारी मैं॥
'हरिऔध' कौन तू कहाँ को है बिचारै कि न
नेसुक मैं नातो नंद हूँ को देहौं गारी मैं।
कैसे सौहैं दीठ तू करत रे कुँवर कान्ह
जानत कहा न बृखभानु की दुलारी मैं॥ 1॥

8. कुट्टमित

सुख-समय में मिथ्या दुःख-चेष्टा और कृत्रिम रोष प्रकट करने का नाम कुट्टमित है।

उदाहरण

सवैया–

तोसों गरीब सनेह कै मो सम राज-सुता सों कहा फल पैहै।
तेरे समान सपूत सों नेह कै कौन तिया जग मैं जस लैहै॥
दूर खरे 'हरिऔध' रहो परे छाँह तिहारी सबै बिनसैहै।
साँवरो नंद को छोरो छुवै जनि गोरो सरीर मो गोरो न रैहै॥ 1॥

9. विहृत

संयोग-समय में लज्जादि के कारण मनोभिलाष में व्याघात उपस्थित होना विहृत कहलाता है।

उदाहरण

दोहा–

तिय कछु चाहत कहन पै लाज जीह गहि लेत।
मुख के मधुमय-बयन के काज नयन करि देत॥ 1॥

वा लज्जा ते बावरी कहा काज तू लेति।
पिय के कान समीप जो बीन बजन नहिं देति ॥ 2 ॥

10. ललित

सर्वांग सरस और शृंगारित करने को ललित हाव कहते हैं।

उदाहरण

दोहा–

लाल रिझावन को हँसति बोलति बैन रसाल।
लोने-लोने-नयन को लोल बनावति बाल ॥ 1 ॥
लोच-भरे लोचनन ते बनति ललन-चित-चोर।
चाव सहित ललना रहति पिय-मुख-चंद-चकोर ॥ 2 ॥

11. मद

सौभाग्य, यौवन आदि के अभिमान से उत्पन्न मनोविकार को मद कहते हैं।

उदाहरण

दोहा–

वे किनमैं हैं बावरी हैं जिनमैं रस नाहिं।
मधु न होत तो मधुप क्यों जात माधवी पाहिं ॥ 1 ॥
कौन अहै गुन-आगरी रसिक जिअत केहि जोहि।
अरी नागरी ही सकति नागर-नर को मोहि ॥ 2 ॥

12. केलि

कांत के साथ कामिनी की बिहार-क्रीड़ा को केलि कहते हैं।

उदाहरण

दोहा–

सजि सजि सुमन-समूह सों बनि बसंत की बेलि।
पुलकि पुलकि ललना करति निज-लालन ते केलि ॥ 1 ॥

13. तपन

प्रियतम के वियोग में कामजनित उत्ताप को तपन कहते हैं।

उदाहरण

दोहा–

सीरे सीरे लेप सब बनत दीप के नेह।
नव बियोग-तप-ताप ते तवा भई तिय-देह ॥ 1 ॥

कबहुँ रुकत कबहूँ बहत कबहूँ होत अथाह।
सोच सकोचन मैं परो लोचन-बारि-प्रवाह ॥ 2 ॥

14. मुग्धता

ज्ञात पदार्थ को भी प्रियतम के सामने अज्ञात समान पूछना मुग्धता कहलाती है।

उदाहरण

दोहा–

पिय बतरावहु बोलिकै मधुर अमी से बैन।
खिले कमल से हैं किधौं मुँदे कमल से नैन ॥ 1 ॥

अस जनात लाली गई अवनी-तल पै पोति।
कत लालन मो-पग परत लाल चाँदनी होति ॥ 2 ॥

15. कुतूहल

रमणीय वस्तु के देखने के लिए चंचल होना कुतूहल कहलाता है।

उदाहरण

दोहा–

जाकी कलित-कथान को तू भाखति कथनीय।
सो कित को है कौन है कैसो है कमनीय ॥ 1 ॥

अली जहाँ है बज रही मुरली सब-रस-मूल।
चलु चलु अवलोकन करैं सो कालिंदी-कूल ॥ 2 ॥

16. विक्षेप

भूषणों की अधूरी रचना, बिना कारण इधर-उधर देखना, धीरे से प्रियतम से कोई रहस्य की बात कहना आदि विक्षेप कहलाता है।

उदाहरण

दोहा–

इत उत चितै कबौं कछू धीरे कहि हँसि देति।
पहिरि अधूरो-आभरन मन-पूरो करि लेति॥ 1 ॥

पहिरे द्वै द्वै चूरियाँ इत उत चितवत जाति।
बतिया कहि कहि भेद की भेद-भरी मुसुकाति॥ 2 ॥

17. हसित

यौवन-विकास से उत्पन्न अकारण हास को हसित कहते हैं।

उदाहरण

दोहा–

पिय-मन-मोहन को करति रस-बस बिबिध बिलास।
मधुर-मंद-गति गहति तिय मंद मंद करि हास॥ 1 ॥

कौन नहीं कामुक बनत कौन सकत चित रोकि।
हास-भरी-नवलान को औचक हास बिलोकि॥ 2 ॥

18. चकित

प्रियतम के सामने अकारण डरना और घबराना चकित कहलाता है।

उदाहरण

दोहा–

कछु सकाइ सकुचाइ कछु कछु अकुलाइ अकाल।
चकित बनावति काहि नहि चकित-बिलोचन-बाल॥ 1 ॥

इत उत चितवति चौंकि बहु भरि लोयन मैं भाव।
चकित बनावत लाल को चकित-बाल को चाव॥ 2 ॥

बोधकहाव

उदाहरण

दोहा–

ललना लालन को चितै दीन्हे बार वगारि।
लालन निज-मुख पै लियो कर-नीलांबर डारि॥ 1 ॥

•••••

रस निरूपण

स्थायी भाव जब विभाव, अनुभाव और संचारी भावों के सहित चमत्कृत होकर मनुष्यों के हृदय में अलौकिक और विलक्षण आनंद का स्वरूप धारण करता है, तब वह रस कहलाता है।

उदाहरण

कवित्त–

सोच ना रखत भव-मोचन को भाव देखि
रुचि माहिं रुचिर-प्ररोचना भरत है।
प्रतपित होत पाप-ताप ते न प्रेम लहे
प्रथित-प्रताप-बल पातक हरत है॥
'हरिऔध' हरि के बिचारित-चरित गाइ
बिचलित-चित को उबारि उबरत है।
पावन-अनिंदित-पराग को मिलिंद बनि
वंदित-पदारविंद बंदन करत है॥ 1॥

मंजु-चंद-मुख देखि मानस बनत सिंधु
सुनि बैन कान रस-पान के अघाये हैं।
कल-केलि अवलोकि मुदित-महान होत
भोरे भोरे भावन के भूरि-सुख पाये हैं॥
'हरिऔध' मंजुल-मधुर-मुसकानि हेरि
उमगि उमगि सुधा-सर मैं अन्हाये हैं।
परम-सलोने गोरे-गालन पै वारि जात
लोने-लोने-लालन पै लोचन लुभाये हैं॥ 2॥

बन बन माहिं दरसत सुर-तरु नाहिं
सरस-रसाल को सदन है न बौर बौर।

नर नर माहिं नाहिं नरता निहारी जाति
प्रभुता-प्रभाव-पूत होत नाहिं पौर पौर॥
'हरिऔध' सब मैं समान गुन-गन है न
बहु-सरस-बलित बनत नाहिं कौर कौर।
घर घर माहिं रमनीय-रमनी है कहाँ
कमनीय-खनि अवनि मैं है न ठौर ठौर॥ 3॥

मद-माती-मुदित-मयूर मंडली के काज
पारत पियूख कौन घन की घहर मैं।
मंजु-सुर-मत्त या कुरंगन के हेत कौन
बेबसी भरत बेनु-बधिक-निकर मैं॥
'हरिऔध' होति जो न मोह मैं महानता तो
बँधत मिलिंद कैसे कंज के उदर मैं।
मन कैसे रमत चकोर औ मरालन कौ
मोद-वारे मंजुल-मयंक-मानसर मैं॥ 4॥

मरु-भूमि-मरुत बनत मलयानिल है
रहत अमरता न अमर-नगर मैं।
लहत न बारि-बूँद बारि-धर बारिधि मैं
बन जाति बारि-धारा धूरि बारि-धर मैं॥
'हरिऔध' अनुकूल-दैव प्रतिकूल भये
गरल सुधा की सोत होत सुधा-कर मैं।
पावत न मधु है मधुप मधु माधव मैं
मिलत मराल कौ न मोती मानसर मैं॥ 5॥

मरु-भूमि नंदन बिपिन बनि बिलसत
नंदन-बिपिन दग्ध होत दरसत है।
पामर-परम नाक-पति-पद पावत है
नाक-पति पामर-पगन परसत है॥
'हरिऔध' कल्पना-रहित काल-कौतुक है
कल्प-तरु कबहूँ अँगारे बरसत है।
अ-सरस बनत बसंत दाघ के समान
दाघ बनि सरस-बसंत सरसत है॥ 6॥

गुनिन मैं गौरव लहत गुन-आगर है
नागर-निकर निवसत है नगर मैं।
सोहत है पावन-सलिल सुर-सरि माहिं
किसलय-कलित लसत तरु-वर मैं॥
'हरिऔध' मान है समान संग माहिं होत
मंजुलता बसति मयंक-मंजु-कर मैं।
सर मैं खिलत सरसीरुह-समूह देखे
मिलति मराल-मंडली है मानसर मैं॥ 7॥

चरन बिनाहुँ अहै चलति अचल माहिं
करन बिनाहुँ वार करति अपार है।
बीरन को मारि मारि अमर बनावति है
धीरन को वाकी धार परम-अधार है॥
'हरिऔध' संतत हरति जन-जीवन है
जीवन को तबहूँ रखति बहु-प्यार है।
पानिप अछत सदा रहति पिपासित है
तेज-वारी ह्वैके तम-वारी तरवार है॥ 8॥

सवैया–

बावरी बोध न होवै अजौं कर कैसे लियो गिरि-गोधन सारो।
त्यों छन ही महँ पान कियो किमि पावक हूँ बन-दाहन-वारो॥
हेरि कहै 'हरिऔध' हिं देवकी क्यों गहि नाथि लियो अहि-कारो।
कंस हूँ को मल मारि लियो किमि फूलसों कोमल-लाल हमारो॥ 9॥

काम न ऐहै बिकास कबौं रस-हीनन सों रस प्यास न जैहै।
चाहे करै उपवास सदा कबौं काहू बिसासी-अवास न जैहै॥
कै बन-बास उदास रहै पै अनेहिन को बनि दास न जैहै।
पास कपास-प्रसूनन के अलिबास-बिलास को आस न जैहै॥ 10॥

दोहा–

दोऊ नैनन मैं रही छबि-राबरी समाय।
चहूँ-ओर तिहुँ-लोक मैं तू ही एक लखाय॥ 11॥

कारे कारे कूबरे सिगरे बरन लखाहिं।
बरनि सकत कैसे कोऊ सुबरन-बरनी काहिं॥ 12॥

कहा भाग ऐसो अहै बिगरि बनै जो बात।
कबहूँ दूध बनै न सो जो कैसहुँ फटि जात॥ 13॥

भलो बुरो समयो नहीं है अपने बस माहिं।
पै 'हरिऔध' न होत सो भाग लिखी जो नाहिं॥ 14॥

बोलि रिसौहैं-बैन ए कत कीजत अलि बार।
बन-बागन में बावरी बगरी देखु बहार॥ 15॥

•••••

श्रृंगार

स्थायी भाव–रति

देवता–विष्णु भगवान् अथवा श्रीकृष्ण

वर्ण–श्याम

आलंबन–नायक और नायिका

उद्दीपन–

सखा, सखी, वन, बाग, उपवन, तड़ाग, चंद्र, चाँदनी, चंदन, भ्रमर, कोकिल, ऋतुविकास आदि–

अनुभाव : भृकुटि-भंग, कटाक्ष, हाव, भाव, मृदु मुसकान आदि–

संचारी भाव : उग्रता, मरण, आलस्य, और जुगुप्सा को छोड़कर शेष 29 स्मृति, हर्ष, औत्सुक्य, जड़ता, मति, विबोध आदि भाव–

किसी किसी की सम्मति है कि इस रस में कुल संचारी भाव आते हैं–

विशेष

विभाव, अनुभाव और संचारी भाव के संयोग से शृंगार रस उत्पन्न होता है, इनके द्वारा ही रति की पुष्टि होती है। प्रिय वस्तु में मन के पूर्ण-प्रेम-परायण-भाव का नाम रति है, ऐसी रति उत्तम कोटि के नायक नायिकाओं में ही होती है, अतएव प्रायः पर-स्त्री और अनुराग-शून्य वेश्या को कुछ लोग नायिका में परिगणित नहीं करते। 1. संयोग और 2. विप्रलंभ शृंगार के दो भेद है।

इस रस में संचारी, विभाव और अनुभाव सब भेदों सहित आते हैं; अतएव इसे रसराज कहते हैं।

1. संयोग शृंगार

एक दूसरे के प्रेम में पगकर नायक नायिका जब परस्पर दर्शन, स्पर्शन और संलापादि में रत होते हैं, तब वह संयोग शृंगार कहलाता है।

उदाहरण

कवित्त–

राधिका-नयन मैं हैं मोहन-नयन बसे
मोहन बिकत राधा-नयन निकाई पै।
प्यारी-मुख-सुखमा सराहत रहत प्यारो
प्यारी मोहि जात प्यारे-मुख-मंजुताई पै॥
'हरिऔध' स्याम को कहति रमनी है काम
स्याम रति वारत रमनि रुचिराई पै।
लाल को लुभावति है ललना-ललित-छबि
ललना लटू है भई लाल की लुनाई पै॥ 1॥

पिय-तन-धन तिय-मुदित-मयूरनी है
पिय-तिय-नलिनी मिलिंद-मतवारे हैं।
कौमुदी तरुनि है कुमुद-मन मोहन की
मोहन तरुनि लतिका के तरु प्यारे हैं॥
'हरिऔध' नारि है सरसि मीन प्रीतम की
प्रीतम मराली-नारि मानसर प्यारे हैं।
बाल बनी बालम-बिलोचन की पूतरी है
लाल बने ललना के लोयन के तारे हैं॥ 2॥

2. विप्रलंभ शृंगार

जब अनुराग अत्यंत प्रबल और प्रिय-समागम का अभाव रहता है, तब विप्रलंभ अथवा वियोग शृंगार की उत्पत्ति होती है। इसके निम्नलिखित तीन भेद हैं– 1. पूर्वानुराग, 2. मान और 3. प्रवास।

उदाहरण

सवैया–

बावरी बेकल क्यों न बनौं पल ही पल क्यों न उठौं अकुलाई।
बेदन ते बिलखौं न कहा इन नैनन ते अँसुआन बहाई॥
क्यों न गहौं 'हरिऔध' अधीरता कैसे लहौं थिरता मनभाई।
एरी लगी छत मैं छतिया के गोपाल की वा अँखियान लुनाई॥ 1॥

1. पूर्वानुराग

मिलन अथवा समागम से प्रथम हृदय में जो अनुराग का आविर्भाव होता है, उसको पूर्वराग अथवा पूर्वानुराग कहते हैं। इसके चार मार्ग हैं–

1. प्रत्यक्ष दर्शन, 2. चित्र-दर्शन, 3. श्रवण-दर्शन, 4. स्वप्न-दर्शन।

1. प्रत्यक्ष-दर्शन

किसी वस्तु अथवा व्यक्ति के नयनगोचर होने पर जिस अनुराग का प्रादुर्भाव होता है, उसे प्रत्यक्ष-दर्शन कहते हैं।

उदाहरण

कवित्त–

कलित-कपोलन पै अलकैं लुरी हैं मंजु
सुललित-आभा लसी अधर-तमोर की।
हियरा-हरन-वारे उर पै फबे हैं हार
अंगन प्रभा है आछे-भूखन-अथोर की॥
'हरिऔध' बेस बसनादिक बखाने बनै
आने बनै चित मैं निकाई नैन-कोर की।
एरी बीर काकी मति बावरी बनी है नाहिं
सु-छबि बिलोकि बाँकी नवल-किसोर की॥ 1॥

अति अनुकूल सुख-मूल कालिंदी के कूल
लोक-सिद्ध-पीठ जाको श्रुति ठहरावै है।
'हरिऔध' स-बिधि सम्हारि निज-साँसन को
आसन हूँ मारि संक-त्रासन भगावै है॥
एरी बीर बिटप कदंब पै न बैठो आज
रस पैठो मंजु-मीठी-बाँसुरी बजावै है।
काहू मोहिनी को मोह-वारो मन मोहन को
मोहन हमारो मंत्र-मोहन जगावै है॥ 2॥

भूलि ना सकी हौं हूलि हूलि हिय मेरे उठै
ललित-लुनाई वाके लोयन-ललाम की।
प्यारी छबि पापी-प्रान पलक बिसारै नाहिं
आनन बगारे कारे-कारे-केस-दाम की॥

‘हरिऔध’ कान हूँ न मानै पान कीने बिना
चैन-दैन-वारी-सुधा बैन-अभिराम की।
आँखिन समाई क्यों हूँ कढ़त न माई वह
मंद मंद मंजुल अवाई घनस्याम की॥ 3॥

दोहा–

मो मन अपनो करत है बाँकी-भौंह-मरोर।
आवत है चितवत-चकित चाव-भरो-चित चोर॥ 4॥

2. चित्र-दर्शन

चित्र-दर्शन द्वारा जिस अनुराग की उत्पत्ति होती है उसे चित्र-दर्शन कहते हैं।

उदाहरण

सवैया–

भावुकता-भव-भूति-निकेतन भाव-भरी मुख है बहु-भावत।
भाल को रोचन मोहत है मन लोचन लोच-भरो ललचावत॥
ए ‘हरिऔध’ हँसी हित-जोरति हेरन है हियरा हुलसावत।
चित्र तिहारो चितेरे बताइ दै चित्त बसे हुँ क्यों चुरावत॥ 1॥

दोहा–

चितै चित्र मैं लाल के अमल-अमोल-कपोल।
ललकित लालायित भये ललना-लोयन-लोल॥ 2॥

3. श्रवण-दर्शन

रूप, गुण अथवा कीर्ति के श्रवण से जो अनुराग उत्पन्न होता है उसे श्रवण-दर्शन कहते हैं।

उदाहरण

सवैया–

तू बतरावति है मुसकाइकै मो मति माधुरी माहिं फँसी है।
पल्लव से तव होंठ हिले नव-नेह-लता उर माहिं लसी है॥
हौं छबि देखे बिनाहिं छरी गई तू छरे मोहिं भई सु-जसी है।
नैन मैं मेरे रमे मन-मोहन बैन मैं मोहनी तेरे बसी है॥ 1॥

दोहा–

मानस को मोहन लगे मन-मोहन छबि-ऐन।
लोने लोने बैन सुनि भये सलोने नैन ॥ 2 ॥

4. स्वप्न-दर्शन

स्वप्न में दर्शन करने से किसी में जो अनुराग उत्पन्न होता है, उसे स्वप्न-दर्शन कहते हैं।

उदाहरण

सवैया–

राति ही ते है अराति भयो उर आकुल-भाव उसास सनो है।
है न उबार उमाहन ते बहु-दाहन ते दुख होत घनो है॥
भूलति सूरति ना 'हरिऔध' की सावन-नीरद नैन बनो है।
सो सपनो जरि जाउ सखी अपनो सुख जाते भयो सपनो है ॥ 1 ॥

दोहा–

होवै बहु कमनीय कोउ कै कामिनि अनुकूल।
सपनो सपनो है अरी तू यह सपनो भूल ॥ 2 ॥

2. मान

प्रियापराधजनित प्रणत-कोप को मान कहते हैं। यह तीन प्रकार का होता है–लघु, मध्यम और गुरु।

लघु मान

पर-पत्नी-अवलोकन-जनित मान को लघु मान कहते हैं। यह हँसी और मीठी बातों ही से निवृत्त हो जाता है।

उदाहरण

दोहा–

मोको करि करि बावरी हँसहिं खिजहिं खिसियाहिं।
पिय ए अँखियाँ रावरी कत इत उत चलि जाहिं ॥ 1 ॥

मध्यम मान

परस्त्री-प्रशंसा-सूचक वाक्य अथवा आदरपूर्वक उसका नाम लेते सुनकर जो मान है, उसे मध्यम मान कहते हैं। यह विनय और शपथ आदि से दूर हो जाता है।

उदाहरण

दोहा–

अब लौं पतियाई बहुत पिय कब लौं पतियाहिं।
जो जिय को भावति न तिय मुँह मैं आवति नाहिं॥ 1॥

गुरु मान

अन्य-स्त्री-रमण-विश्वास-जनित मान को गुरु मान कहते हैं। यह नाना अलंकार देने और पाँव पड़ने से दूर होता है।

उदाहरण

दोहा–

प्रिय तो मनहीं की करहु जो मन मानत नाहिं।
वाही के परसहु पगन जा पग परसे जाहिं॥ 1॥

3. प्रवास

प्रियतम के परदेश-निवास को प्रवास कहते हैं। वह दो प्रकार का होता है-- 1. भूत प्रवास, 2. भविष्य प्रवास।

भूत प्रवास

जिस प्रवास का संबंध भूतकाल से होता है उसे भूत प्रवास कहते हैं।

उदाहरण

सवैया–

अति आतुर प्यासे समान पियूख भरे अखरा-रस पीजत है।
दीन हूँ ढिग आवन के गुनिकै अपनो हियरा थिर कीजत है॥
पद प्रानप्रिया पढ़िकै 'हरिऔध' बहे अँसुआ तनु भीजत है।
यह रावरी-प्रेम-पगी-पतिया रखिकै छतिया नित जीवत है॥ 1॥

पति ही परदेसी भयो ते कहो तिय जीवन को फल कौन लहा।
'हरिऔध' न धीरज होवै छनौ अकुलात अहे मन मेरो महा॥
तन मो सी तियान के दाहन मैं जग मैं जस कौन सो तेरो रहा।
बिहरै हियरा नहिं बूझि परै बिधना हम तेरे बिगार्‌यो कहा॥ 2॥

लखिकै या कपूत-कला-निधि कौ सिगरो कल आपनो खोवती हैं।
नभ के इन तारन की अवली निज नैन के तारन पोवती हैं॥

'हरिऔध' न आँख लगै कबहूँ दुख सों पल हूँ नहिं सोवती हैं।
पतिया पढ़िकै सिगरी रतिया पकरे छतिया हम रोवती हैं॥ 3॥

दोहा–

जिय तरसत पिय-मिलन कौ पावत पलौ न चैन।
पूस मास पावस भयो दृग बरसत दिन रैन॥ 4॥

बिबस भई बनि बावरी कैसे दिवस सिराहिं।
छरछराति छाती रहति पाती आवति नाहिं॥ 5॥

भविष्य प्रवास

जिस प्रवास का संबंध भविष्यकाल से होता है, उसे भविष्य प्रवास कहते हैं।

उदाहरण

दोहा–

लखत बिदेस पयान को होत तिगूनो तंत।
मानत कंत कही नहीं आवत सरस-बसंत॥ 1॥

जाहु बिदेस इतो कहहु तब जीहैं केहि जोहि।
कहि पी कहाँ पपीहरा जब कलपैहै मोहि॥ 2॥

छकी गमन सुनि छैल को बनी छबीली मूक।
छटपटाति छिति पर परी छाती भई छटूक॥ 3॥

वरवा–

प्रीतम जात विदेसवाँ निपट अनेस।
सिसकत खरी तरुनिया बगरे केस॥ 4॥

दश-दशा

प्रियतम की वियोगावस्था में जो दशाएँ प्राणी की होती हैं, वे प्रायः दश प्रकार की होती हैं, इसलिए इनको दश दशा कहते हैं। ये दशाएँ अभिलाषा से प्रारम्भ होकर मरण तक पहुँचती हैं। उनके नाम ये हैं–

1. अभिलाषा, 2. चिंता, 3. स्मरण, 4. गुण-कथन, 5. उद्वेग, 6. प्रलाप, 7. उन्माद, 8. व्याधि, 9. जड़ता और 10. मरण। किसी किसी ने 11वीं दशा मूर्छा भी मानी है।

1. अभिलाषा

वियोगावस्था में प्रियतम के मिलने की इच्छा को अभिलाषा कहते हैं।

उदाहरण

कवित्त–

सोभा के निधान सुख-कंद-कल-कंधन पै
मान सों या आपनी भुजान कब रखिहौं।
मधुर-सुधा से सुखमा से भरे बैनन को
कब इन प्यासे दोऊ स्रौनन सों चखिहौं॥
'हरिऔध' प्यारे को लगाइ छतिया सों कब
बतिया प्रतिती-प्रीति रीति की परखिहौं।
मृदु-बोल बोलि कब लोल-नैन-लालन कौ
करत कलोल कालिंदी के कूल लखिहौं॥ 1॥

ब्रज मैं पधारि ब्रजजीवन बिनोद दैहैं
बृन्दावन-बीथिन मैं बिहँसि बिचरिहैं।
लैहैं सुधि बिपुल-बिहाल-ब्रज-बालन की
तानन सुनाइ सुधा कानन मैं भरिहैं॥
'हरिऔध' फेर कबौं अनुकूल ह्वैहैं लाल
कूल पै कलिंद-तनया के केलि करिहैं।
हरिहैं हमारो दुख-पुंज गुंजमाल-वारे
कुंज के बिहारी फिर कुंज मैं बिहरिहैं॥ 2॥

दोहा–

कब बियोग-निसि बिनसिहै लहे दिवस-संयोग।
कब अँखियाँ अवलोकिहैं मुख अवलोकन-योग॥ 3॥
घन-रुचि-तन-नव-छबि निरखि कब नचिहै मन-मोर।
बदन-चंद अवलोकिहै कब मन-नयन-चकोर॥ 4॥

2. चिंता

प्रिय-प्राप्ति अथवा चित्त-शान्ति-साधन विचार को चिंता कहते हैं।

उदाहरण

कवित्त–

प्रेम को पियूख जो न परतो प्रपंच माहिं
तो न योग-योग देव-दानव मैं ठनती।
सुख को पयोधि तो न बनती अ-सुख-सिंधु
बिबिध-बिभूति अबिभूति मैं न सनती॥
'हरिऔध' अबिधि-उपाधि क्यों परति पीछे
अवधि की आस क्यों बिसास-जर खनती।
तो न मन-काम-रिपु कामुकता काम देति
मोहन की मोहनी जो मोहनी न बनती॥ 1॥

सवैया–

होति न जो ममता ब्रज की ब्रज के दुखियान को क्यों दुख खोतो।
भूलतो जो अनुरागिनी को अनुराग को तो बहतो किमि सोतो॥
तो बनतो 'हरिऔध' हितू नहिं जो उर मैं हित-बीज न बोतो।
मोहनी तो मन को न बिमोहित मोहन मैं यदि मोह न होतो॥ 2॥

बावरी सी भई बेदन ते कलपैं पल ही पल प्रान हमारे।
भूलि न चैन परै अँसुआन मैं डूबे रहैं अँखियान के तारे॥
मेरी घरी है पहार भई जब ते 'हरिऔध' बिदेस सिधारे।
बीर हमैं न बतावत है कोऊ कैसे बितावत हैं दिन प्यारे॥ 3॥

दोहा–

चिनगी सी तन मैं लगति चौंकत राति सिराति।
चिन्ता-मनि चेतत नहीं चित-चिन्ता नहिं जाति॥ 4॥

छार करति क्यों तन नहीं है दाहति दिन राति।
जो चिंता है चिता तो क्यों न चिता बन जाति॥ 5॥

3. स्मरण

वियोग-समय में प्रिय के संयोग-समय की बातों, चेष्टाओं और समागम-सुखों की स्मृति को स्मरण कहते हैं।

उदाहरण

कवित्त–

काहे लोल-लहर समीर ते करत केलि
सरिता कलोल-मयी होति क्यों सलिल से।
काहे हैं रसालता ते लसत रसाल-पुंज
डोलत प्रसून क्यों है मंजुल-अनिल से॥
'हरिऔध' चित जो बिलोकिकै बिकल होत
काहे तरु-बृंद तो बने हैं मोह-मिल से।
लतिका-ललित तो लसी है क्यों तमाल-अंक
क्यों है कंज कलित-कलिंदजा मैं बिलसे॥ 1॥

सवैया–

मंजु-तमालन सो लिपटी नव-लोनी-लता है बिथा उपजावति।
कुंजन के बर-बेलि बितान की मंजुलता है महा-कलपावति॥
सुन्दरता ससि-सोभित-रैन की चारु-सिता-सितता है सतावति।
बारिद के अवलोकत ही अलि बारिद-गात की है सुधि आवति॥ 2॥

वेई निकुंजन जा मैं लखि इन नैनन ते वह सूरत-साँवरी।
वेई कलिंदजा के कल कूल भरी जहाँ प्रीतम के संग भाँवरी॥
वेई घने-बर-बेलि-बितान जहाँ 'हरिऔध' भई हो निछावरी।
हौं झिझकी परी झाँवरी बीर बिलोकत ही मति ह्वै गई बावरी॥ 3॥

दोहा–

नव-जल-धर-तन सुधि भये चूर होत चित-चैन।
लखि कलिंद-तनया-सलिल होत सलिल-मय नैन॥ 4॥
है लहरति लोनी-लता वायु बहति है मंद।
दुचित होत मा चित चितै चैत - चाँदनी चंद॥ 5॥

4. गुण-कथन

वियोग-समय में प्रिय-गुणानुवाद-कथन को गुण-कथन कहते हैं।

उदाहरण

कवित्त–

पर-दुख-दुखी क्यों न दुखी दुख देखि होत
काहे पीर पर-पीर-हारी ना हरत है।

पर-नैन-भरे जाको नैन भरि आवत है
वाको दृग मो दृग भरे ना क्यों भरत है॥
'हरिऔध' सोई मोहिं धीरत बँधावै क्यों न
धीर जो अधीरन बिलोकि ना धरत है।
दयानिधि क्यों न दयानिधिता दिखावत है
करुना क्यों करुना-निधान ना करत है॥ 1॥

आँखिन को तारो क्यों हमारो है परारो होत
उर को हरन-हारो कत होत कोही है।
असरस होत क्यों सरस-आदरस-वारो
क्यों न देत दरस मयंक-मुख-जोही है॥
'हरिऔध' बिरह-पयोधि परी ऊबति हौं
क्यों न बाँह गहत सु-बाट को बटोही है।
जनम को छोही काहें पर अछोही भयो
मोहन सों मोही काहें भयो निरामोही है॥ 2॥

सवैया–

कामुकता-कमनीय-निकेतन कामिनी की अँखियान को तारो।
सूधो सधो सुख-धाम सुधा-सनो सुन्दर-सील-सनेह सहारो॥
भाव-भरो सुथरो भव-बल्लभ जीवन-जीवन-भूतल-प्यारो।
मोहि न कोऊ मही-तल मैं मिल्यो मोहन लौं मन-मोहन-वारो॥ 3॥

साँबरे-अंगन सी सुकुमारता साँवरे-अंगन मैं निवसी है।
मंजुल-आनन सी कमनीयता मंजुल-आनन माँहि लसी है॥
ए 'हरिऔध' अहै दृग से दृग मंजु-हंसी सम मंजु-हँसी है।
मोहन-बैनन सी मधु-मानता मोहन-बैनन ही मैं बसी है॥ 4॥

दोहा–

गिरत उठत थहरत उड़त थिरकत होत उतंग।
तऊ न तव-गुन-गुन तजत मो-मन अगुन-पतंग॥ 5॥

रही अवधि की अवधि नहिं सुधि हूँ की सुधि नाहिं।
तिय पी सुगुन-सरस-सुधा सरसति बसुधा माहिं॥ 6॥

5. उद्वेग

प्रिय-वियोग से व्याकुल होकर किसी विषय में चित्त न लगने का नाम उद्वेग है।

उदाहरण

कवित्त–

गात पियरात तो न हियरो हिरानो जात
चिंता तो बिवेक-हीन-बेदना न जनंती।
सूखतो न अधर उसास ते न ऊब होति
रार तो न आस औ निरास माहिं ठनती॥
'हरिऔध' बिधि को बिधान तो बेधि देत
तो न प्रेम - मंजुता अमंजुता मैं सनती।
वायु चिर-संगिनी बिहंगिनी सी बेगवान
योगिनी वियोग मैं वियोगिनी जो बनती॥ 1॥

सवैया–

राति सिराति तो बार न बीतत बात बियोग की काहि बतैये।
जोहत पंथ थके युग लोचन क्यों दुख-मोचन को लखि पैये॥
बेसुध हौं 'हरिऔध' बिना भई कौलौं बिथान कथान सुनैये।
का करिये सखि संगम की बिधि बायु बिहंगम क्यों बनि जैये॥ 2॥

दोहा–

ऊबति बीते अवधि दिन कोमल-तन-कुँभिलात।
तितनो आकुल होति तिय जितनो चित अकुलात॥ 3॥

सुन पिय-आगम प्रात ही युग सम बीतत राति।
परलहि परी बनन चहति सेज परी अकुलाति॥ 4॥

6. प्रलाप

प्रिय की अनुपस्थिति में उसे उपस्थित मानकर अथवा वियोग से विशेष व्यथित होकर अनर्गल किंवा निरर्थक वार्तालाप को प्रलाप कहते हैं।

उदाहरण

कवित्त–

कूकन न दै री कुंज-पुंज मैं पिकन काहि
आवन सदन मैं न मंजुल-बयारि दै।

तोरि दै सकल तरु-बृंद के नवल-दल
लोहू लाल-सेमल-प्रसूनन को गारि दै॥
'हरिऔध' बिरह-बेहाल-मन मेरो अहै
एरी बीर अलि की अवलि कौ बिडारि दै।
कलित-कमल-कुल-कोमलता-काल बनि
ललित-लतान की ललामता निवारि दै॥ 1॥

रसना पुनीत-गुन गाई गौरवित होति
रुचि चारु-चरित बिचारि बिकसति है।
सुमिरि सुमिरि मंजु-भाव मन मोहि जात
उर मैं प्रभावित-प्रतीति प्रविसति है॥
'हरिऔध' प्रीतम-बिदेसी है बिदेसी कहाँ
रोम रोम माहिं पूत-प्रीति बिलसति है।
बैनन मैं बसति बिदित-बिरुदावलि है
नैनन मैं सूरति-सलोनी निवसति है॥ 2॥

सवैया–

मानिहौं नातो न बारिधि-बंस को बारिधिता को कबौं ना सकैहौं।
ना कमला कमलापन सोचिहौं ना कमला-पति को पतिऐहौं॥
मोहि सताइ बचैगो न पातकी पातक-सिंधु मैं ताहि डुबैहौं।
देहौं बिथोरि कलंकित-कलिमा छोरि मयंक मयंकता लैहौं॥ 3॥

तो से कपूत के पाप ही ते बड़वानल बारिधि को तन तावत।
तो सम पामर होत न कौन तो गौतम-ती को कलंक लगावत॥
पी 'हरिऔध' बिना अब पातकी मोहुँ को पावक लाइ सतावत।
डूबत को कहूँ ए रे मयंक तृ एक चुलूक हूँ बारि न पावत॥ 4॥

दोहा–

ताको कैसो बिरह-दुख ताको कहा प्रवास।
मेरे मानस मैं अहै निस-दिन जासु निवास॥ 5॥

कैसी है यह साँवरी-सूरति कहत बनै न।
निवसति है अँखियान मैं अँखियाँ निरखि सकै न॥ 6॥

रुधिर-भरो क्यों है खरो किंसुक कुसुमन-ब्याज।
आह आह कै कोकिला कहा कराहति आज॥ 7॥

मो चित बिचलित होत है बहि बहि दहत सरीर।
बरजि बरजि आवै न इत सीतल-मंद-समीर ॥ 8 ॥

7. उन्माद

वियोगावस्था में संयोगोत्सुक हो बुद्धि-विपर्यय-पूर्वक वृथा व्यापार करने, जड़-चेतन-विवेक-रहित होने और व्यर्थ हँसने, रोने आदि को उन्माद कहते हैं।

उदाहरण

कवित्त–

हँसै रोवै गावै बतरावै बकै बोलै नाहिं
उठै बैठै धावै भरै बन बन भाँवरी।
नभ को निहारै कछू कहै फिर भी भू को चहै
जकी ही सो रहै जो बिलौकै छबि साँवरी॥
'हरिऔध' काहू की कही न उर आनै
रूख पात हूँ सों पूछै औ बखानै रात रावरी।
काल रही नैनन की पूतरी जो बाल आज
ए रे निरदयी तेरे देखे बिना बावरी ॥ 1 ॥

इत उत दौरी फिरैं हसैं रोवैं थिरै नाहिं
अनु-छन दीबो करैं बन बन भाँवरी।
इक टक लावैं जो पयोद लखि पावैं कहूँ
भिरहिं तमाल हूँ बिलोकि छबि साँवरी॥
'हरिऔध' उघरी ही रहैं लाज हूँ ना बहैं
पलकन हूँ ना चहैं बीते हूँ बिभावरी।
प्यारी वह सूरत तिहारी अहो प्रान-नाथ
अँखियाँ हमारी भईं देखे बिना बावरी ॥ 2 ॥

सवैया–

बातैं बियोग-बिथा सों भरी अरी बावरी जानैं कहा बनवासी।
पीर हूँ नारिन के उर की ना पछानत ए तरु-तीर-निवासी॥
सोभा स्वरूप मनोहरता 'हरिऔध' सी यामैं न है छबि खासी।
बाल तमाल सों धाइ कहा तू रही लपटाइ लबंग-लता सी॥ 3 ॥

दोहा–

बनति कमलिनी राति की बिगत-निसा ससि-जोति।
भये रावरी-छबि सुरति बाल बावरी होति ॥ 4 ॥

रोअत हँसत लरत भिरत ललकत लहत न चैन।
बिना रावरे-मुख लखे भये बावरे नैन ॥ 5 ॥

8. व्याधि

वियोग-व्यथा-जनित शरीरकृशता, पांडुता आदि अस्वास्थ्य को व्याधि कहते हैं।

उदाहरण

कवित्त–

भावत न भौन भार भये अंग-भूखन हैं
सेज सतराति ना सुहाति मंजु-सारी है।
चाँदनी दहति है अँगारे बरसत चंद
चारु-भूत कंजन की चारुता न प्यारी है॥
'हरिऔध' बिना सुख-साध आधि-व्याधि भई
पावक ते पूरित प्रसूनन की क्यारी है।
फूँकि फूँकि देत है बसंत बजमारो मोहिं
कूकि कूकि कोकिला हूँ हनति कटारी है॥ 1 ॥

सवैया–

लोनी-लवंग-लता लहराइ बिलोचन मेरे नहीं ललचावत।
कोमल-मंजुल-पादप के दल हैं न अलौकिकता दिखरावत॥
कौन सो रोग भयो बिछुरे पिय भोग नहीं जिय को बेलमावत।
हैं फल भावत ना मन-भावने हैं न लुभावने फूल लुभावत॥ 2 ॥

दोहा–

है बिलास की आस नहिं पास रह्यो सुख कौन।
मोहिं अभावन-मय कियो मन-भावन तजि भौन॥ 3 ॥

छन छन छीजत जात तन छबि-बिहीन भो भौन।
मो छतिया मैं है गयो पति बिछुरत छत कौन॥ 4 ॥

बरवा–

सूखत याहि अनेसवाँ यह तन हाय।
पिय सों कहत सनेसवा कोउ न जाय ॥ 5 ॥

छुवतहिं सखिन अँगुरिया जरि बरि जाहिं।
धधकति बिरह-अगिनिया अंगन माहिं ॥ 6 ॥

दाहत देह दुलहिया बिरह-अँगार।
सीतल होत न अँखियन की जलधार ॥ 7 ॥

9. जड़ता

अंगों तथा मन के चेष्टाशून्य होने और इन्द्रियों की गति के अवरोध को जड़ता कहते हैं।

उदाहरण

कवित्त–

पतिया छुये ही काहें छतिया छिलन लागी
गात छोरि गई क्यों छबीली-छबि छलकैं।
क्यों है छरि गई क्यों छलावा मैं परी लखाति
छूटे केस क्यों हैं छटा-हीन मंजु अलकैं ॥
'हरिऔध' कहा भयो कौन सी बही है बायु
काहें लोप भईं लोक-लोभनीय-ललकैं।
बोलि बोलिके हूँ काहें सकति न बोलि बाल
खोलि खोलिके हूँ काहें खोलति न पलकैं ॥ 1 ॥

सवैया–

चंपक की लता चारु रही नहिं क्यों कुंभिलात है बेलि चमेली।
काहें भई चकिकै जकिकै छकिकै छन में नव-बाल दुहेली ॥
ए 'हरिऔध' बिलोकत ही पतिया क्यों भई तिय को तलबेली।
काहें न खोलति है अँखियान को बोलति काहें नहीं अलबेली ॥ 2 ॥

दोहा–

पर की कही नहीं सुनत अपनी कहति न बात।
तिय है पाहन ह्वै गई किधौं भयो पवि-पात ॥ 3 ॥

हिलत डुलत बोलत नहीं खोले खुलत न नैन।
कहा भयो पतिया पढ़त धरकति छतिया है न ॥ 4 ॥

10. मूर्छा

वियोग-दशा में शरीर के दुःख-सुख का ज्ञान न रहने का नाम मूर्छा है।

उदाहरण

कवित्त–

जो चित चिता की भाँति चिनगी लगावै चेति
वाते तो अचिंतित अचित उपकारी है।
जो उर नरक नाना-यातना-निकेतन है
वाकी अनुरागिनी धरा मैं कौन नारी है॥
'हरिऔध' बिधि के बिधान ते कहा है बस
या ही ते बतावति बियोग-व्यथा-बारी है।
मीनता मलीन-मीन-चेतनता ते है मंजु
चेतना ते चौगुनी अचेतनता प्यारी है॥ 1॥

सवैया–

होत है ज्ञान कबौं हित कौ नहिं गाँठ कबौं हित की जुरि जाति है।
मोह-मयी कबहूँ दिखराति कबौं सब मोहन ते मुरि जाति है॥
प्रीति कबौं छलकी सी परै कबौं दीरघ-लोयन मैं दुरि जाति है।
है सियराति अचेत भये तिय चेतन चाँदनी मैं चुरि जाति है॥ 2॥

दोहा–

दही तिया पतिया पढ़त रही देह-सुधि नाहिं।
पकरि उर छिलत आपनो मुरछि परी महि माहिं॥ 3॥

कित ते इत आई अरी मंद मंद करि गौन।
मुरछित ह्वै छिति पर परी अहै परी यह कौन॥ 4॥

11. मरण

प्राण-परित्याग का नाम मरण है। वियोगावस्था में चरम नैराश्य की गणना मरण-दशा में की जाती है।

उदाहरण

कवित्त–

परलोक हूँ मैं पन पूरो होत काहु को तो
उर को प्रतीति प्रानप्यारे की घनी रहै।

अहित भये हूँ मेरे प्रति-रोम-कूपन मैं
'हरिऔध' प्यारे ही के हित की ठनी रहै॥
हौं तो हौं मरत पै मिलत जो मुये हूँ कछु
तो हौं चहौं प्रेम ही की बारुनी छनी रहै।
लगी रहै लोयन कौ ललक बिलोकन की
मुख-अवलोकन की लालसा बनी रहै॥ 1॥

ह्वैहैं दुखी अँखियाँ हमारी तुमैं देखे बिना
आग हूँ बरैगी बार-बार मेरे उर मैं।
तेरे कल-बैन बिना कान हूँ न पैहैं कल
नीरसता छैहै किन्नरीन हूँ के सुर मैं॥
अधर तिहारो पान कीने बिना 'हरिऔध'
माधुरी न रहि जैहै सुधा से मधुर मैं।
तेरे बिना ए रे प्रान-प्यारे ए हमारे प्रान
पाइहैं प्रमोद ना पुरंदर के पुर मैं॥ 2॥

सवैया–

काल कराल करालता मैं परि छाती छितीसन हूँ की छिली है।
रैहैं नहीं अमराधिप से अमरावति हूँ कबौं जाति गिली है॥
ए 'हरिऔध' दली जो गई नहीं ऐसी कहाँ कोऊ बेलि खिली है।
जैहै सुधानिधि हूँ कबहूँ मरि काहि सुधा बसुधा मैं मिली है॥ 3॥

दोहा–

अंत-समय अनुराग-मय पिय आवहिं जो भौन।
तो मम-जीवन-सम सफल जीवन है जग कौन॥ 4॥

मग जोहत लोचन थके अब रहि जात न मौन।
जिअत मिलहु जो मिलि सकहु मुये मिलत है कौन॥ 5॥

तुम आये नहिं देह तजि पौन करत है गौन।
मम प्यासी अँखियान को प्यास बुझैहै कौन॥ 6॥

जिअन-लालसा है नहीं सुनहु रसिक-सिरमौर।
अधर-सुधारस लालची चाहत सुधा न और॥ 7॥

मरत पै चहत मानियहु मेरी इतनी बात।
मम-तन-रज पै पिय कबहुँ रखियहु पग-जल जात॥ 8॥

◆◆◆◆◆

करुण रस

स्थायी भाव–शोक

देवता–यमराज

वर्ण–कपोतचित्रित

आलंबन

प्रिय-बंधु, समाज, देश की अपार हानि, स्वजनवृंद का मरण, शोचनीय व्यक्ति, दुःखदग्ध प्राणिसमूह आदि।

उद्दीपन

दाह-कर्म, प्राणिसमूह की विविध यातना, शोचनीय अथवा दुःखजनक-दशा का दर्शन, समाज और देश-पतन का निरीक्षण आदि।

अनुभाव

भूमि-पतन, रोदन, भाग्यनिंदा, दुःखप्रदर्शन, विवर्णता, उच्छ्‌वास, निःश्वास, स्तंभ, प्रलाप आदि।

संचारी भाव

निर्वेद, मोह, व्याधि, ग्लानि, स्मृति, विषाद, जड़ता, उन्माद, चिंता आदि।

विशेष

इष्ट के नाश और अनिष्ट की परिपुष्टता अथवा आभिर्भाव से इस रस की उत्पत्ति होती है। किसी किसी ने वरुण को इस रस का देवता माना है।

उदाहरण

दिनों का फेर

कवित्त–

रमा-कमनीय-कर-लालित रहे जे लोक
तिनके अमोल-लाल अन्न को ललात हैं।
सुन्दर सँवारे जाके सुर से सदन हुते
धरा परे ताके मैन-तारे दिखरात हैं॥
'हरिऔध' फूटे भाग भुवनाभिरामन के
भोरे-भोरे-तात भूमि-भार भये जात हैं।
जाको बल-विभव बिलोकि लोक-पाल भूले
ताके कुल-बालक बलूले लौं बिलात हैं॥ 1 ॥

पल पल पैहैं आज तिनको पतन होत
देव-विभवों ते भौन जिनके भरे रहे।
ताको तात पलत चबाइ तरु-पातन को
परे जो सदैव कल्प-पादप तरे रहे॥
'हरिऔध' तेई अंधकूप पाहुने हैं बने
भूप है स-भीत द्वारे जिनके खरे रहे।
ताको देखि आसन तजत ना गवासन हूँ
सासन ते जाके पाकसासन डरे रहे॥ 2 ॥

धन के कुबेर गये बीते हैं बराक हूँ ते
सूखि सूखि सुर-तरु बने हैं तुच्छ तिनके।
साज-बाज जिनको धराधिप ते दूनो हुती
तिनके गिरों हैं रोम रोम पास रिन के॥
'हरिऔध' तेज-हीन तारे हैं तरनि बने
एक से रहे हैं मेदिनी मैं दिन किनके।
तने बिने तिनके निवास हैं तरुन तरे
सोने के सदन हैं सुमेर जैसे जिनके॥ 3 ॥

कलित-कपाल अहैं कालिमा-बलित होत
सूखे जात कोमल कमल से बदन हैं।
लालसा-लसित उर मैं है सूल सालि जाति
कसक-प्रतोद मंजु-मोद के कदन हैं॥

‘हरिऔध’ लोचन हमारे अजहूँ ना खुले
भये बिकराल कूर-काल के रदन हैं।
रतन-समूह भरे सौध बिनसे हैं जात
सूने परे जोत सजे सोने के सदन हैं ॥ 4 ॥

बसुधा मैं बंदनीय ज्ञान को बिकास भयो
जाके बेद-गान की मधुर-ध्वनि गूँजे ते।
ताके वंश-जात मूढ़ता के तम ते हैं घिरे
मान हैं रखत माँगि माँगि मान दूजे ते॥
‘हरिऔध’ जाकी भूत-भावना बिभूति हुती
सोई है अपूत भाव-पूत-उर भूँजे ते।
आज पेट-पूजा ताकी पूजनीय-पूँजी भई
पूजनीय पूजे गये जाके पग पूजे ते॥ 5 ॥

करुण-कथा

कवित्त–

कैसे भला चौगुनो न चित-चैन चूर होतो
क्यों न चंद-बदन बिपुल होतो पियरो।
कैसे रोम रोम मैं समायो दुख ऊन होतो
कैसे होतो कछुक दहत-गात सियरो॥
‘हरिऔध’ बिधवा-बिलाप जो करत नाहिं
कैसे भला बावरो बनत तो न जियरो।
कैसे पिक-कूक ते करेजो ना मसकि जात
हूक ते न कैसे टूक टूक होतो हियरो ॥ 1 ॥

कब लौं निबाह होतो बेदना-बहन करि
कौलौं करि केते ब्योंत काया काहिं कसती।
ब्रत-उपवास कै बितावति दिवस कौलौं
कब लौं बचावति विवेचना बिनसती॥
‘हरिऔध’ बार बार बिपुल-बेहाल बनि
कैसे बाल-बिधवा बसुंधरा मैं बसती।
मन को मसोस जो न कढ़तो उसास-मिस
उर की कसक जो न आँसू ह्वै निकसती ॥ 2 ॥

रूप होते जाको है कुरूपता-कुरोग लगो
कबौं जो कलंक-अंक ते न उबरति है।
बारि - धर जाको तन दहत बरसि बारि
जाकी मति मधु-रितु-माधुरी छरति है॥
'हरिऔध' ऐसी बाल-बिधवा अभागिनी है
जाको दुख अनुरागिनी हूँ ना दरति है।
चाँदनी चमकि जाके चित को हरति चेत
चाको चैन चूर चंद-चारुता करति है॥ 3॥

ससुर को सुर जाके सुर सों मिलत नाहिं
जाकी जर सासु है बिसासिनी खनति है।
देवर के तेवर हैं जाको बेधि बेधि देत
औगुन-गनन जाके ननद गनति है॥
'हरिऔध' कैसे होवै बिधवा ब्यथित नाहिं
जाको जाति नाना यातना हित जनति है।
जाकी पति पिता-सम पाता हूँ रखत नाहिं
जाके हित माता हूँ बिमाता सी बनति है॥ 4॥

सवैया–

नागिनि-सी भई फूल को सेज दवागिनि-सी उर माहिं बरी है।
मंजु कला-कर काल भयो बिधवा-सुख-साज पै गाज परी है॥
सो विधि क्यों न भई जरि छार अहो 'हरिऔध' जो दाह भरी है।
काहें भई छतिया छत-पूरित काहें छरी गई फूल-छरी है॥ 5॥

जाको छबीलो उछाह भरो छलिया-बिधि के छलछंद ते छूट्यो।
जाको सु-जीवन मंजु-हरा भव-कंटक काण के हाथ तें टूट्यो॥
ए 'हरिऔध' सुहागिन होत ही जाको सुहाग अभाग ने लूट्यो।
वा सम कौन अभागिनि जाको भये बड़भागिनी भाग है फूट्यो॥ 6॥

कारुणिकता

कवित्त–

जाकी कुसुमावलि-कलित चितचोर हुती
सोई भूरि-धूरि-भरो भूतल पै परो है।
जाको फल चाखि रही रसना सरस बनी
पात बिनु नीरस है ताको गात गरो है॥

एहो 'हरिऔध' जो अवनि-अंक-लाल हुतो
सोई आज काल को कवल बनि अरो है।
ताप-जरो जीव जाते सुखित-खरो है भयो
सोई हरो भरो तरु सूखो सरो मरो है॥ 1 ॥

सवैया–

नीले बितान मैं हैं न लसे अब हैं न बसे तम मैं बनि न्यारे।
हैं रजनी के न अंक बिभूखन हैं न बिलोचन-रंजन-हारे॥
ए 'हरिऔध' न हीरक से अब हैं बिलसे बर-जोति-बगारे।
तेज-बिहीन ह्वै धूरि-भरे महि मैं हैं परे बिखरे नभ-तारे॥ 2 ॥

मर्म्म-व्यथा

कवित्त–

आवत है दूर ते बिमोहित बिपुल बनि
भावतो न मानतो अभाव को तो हरतो।
तन-मन-वारि भूरि-भावरैं भरत हेरि
रीझ जो न जातो भले-भाव ते तो भरतो॥
'हरिऔध' कहै ए रे दीप तू दिपे है कहा
लोक ते नहीं तो परलोक ते तो डरतो।
देह क्यों दहत है पतंग जैसे प्रेमिक को
नेह भरो ह्वैके क्यों सनेह है न करतो॥ 1 ॥

सवैया–

चंद चकोर को चाहै नहीं पै चकोर है चंद को चाहि निहारत।
नीर कबौं नहिं मानत मीन कौ मीन है नीर ते जीवन धारत॥
ए 'हरिऔध' अनेही कबौं नहिं नेह कै नेहिन काहि निहारत।
है न पयोद पपीहरा प्रेमिका प्रान पपीहा पयोद पै वारते॥ 2 ॥

लोचन-विहीनता

कवित्त–

जाति-दयनीय-दसा देखि दुख होत नाहिं
लोच-भरी-बात पै रहत ललचाये हैं।
हित को अहित औ अहित को कहहिं हित
पेच-पाच-वारे पेच-पाच पै लुभाये हैं॥

'हरिऔध' भूल ही पै भूल हैं करत जात
अजहूँ लिलार-लेख को न भूल पाये हैं।
कोरे बनि करहिं निहोरे कर जोरे रहैं
भोर-भोरे-भाव भोरे हिंदुन को भाये हैं॥ 1॥

जगत मैं जाकी जगमगत सु-जोत रही
वाकी जाति-वारे नाहिं जागत जगाये हैं।
तेज-हीन भये जात तात तेज-वारन के
जीवन-बिहीन जग-जीवन के जाये हैं॥
'हरिऔध' आज तिल ताल तिनहूँ को भयो
कबहूँ तिलोक के जे तिलक कहाये हैं।
भरत के पूत हूँ उभारे उभरत नाहिं
भारतीय भोरे भोरे भाव पै लुभाये हैं॥ 2॥

तंत कै कै हिंदुन को अंत जो न दैहैं करि
कैसे तो दिगंत माहिं कीरति बितरिहैं।
कैसे भारतीयता-विभव को बिकास कैहैं
भूति जो न भरत-कुमारन की हरिहैं॥
'हरिऔध' देस-प्रेम-पाग मैं पगैंगे किमि
जो न जाति-लालसा लहू सों हाथ भरिहैं।
कैसे कुल-कमल कहाइहैं कमाल करि
कुल को कलंक ते कलंकी जो न करिहैं॥ 3॥

सवैया–

केते कलंक भयों के भये बलि केते गये गरिमा ते गिले हैं।
ऐसे धरा मैं अनेक धँसे जिनके मुख-पंकज हूँ न खिले हैं॥
छीजि गये अजौं छीजत जात तऊ हिय पाहन से न हिले हैं।
घूर पै फूल-से-बाल मरे बहु धूल मैं लाखन लाल मिले हैं॥ 4॥

विनय

सवैया–

औगुन के ही रहे बन औगुनी नाहिं गुनी गुन की गरुआई।
औरन पेरि भई पुलकावलि जानि परी नहिं पीर पराई॥

आकुल भो 'हरिऔध' कहाँ अवलोकत ही जनता अकुलाई।
देखि भरी दुखिया-अँखियान की है न कबौं अँखिया भरि आई॥ 1॥

आँखि-विहीन हौं आँखिन आछत नाथ कबौं अँखिया मत फेरो।
मो मति पंगु भई है मया करो अंध औ पंगु को पंथ निबेरो॥
है 'हरिऔध' तिहारो न और को जैहै कहाँ तजिकै पग तेरो।
मो करनीन ते काज कहाँ करुना करिकै करुनाकर हेरो॥ 2॥

विपत्ति-वासर

दोहा–

जल सूखे असरस भयो सरसिज नाहिं लखाहिं।
कैसे बिसर न जायँ खग ऐसे सरवर काहिं॥ 1॥

दूर भई सब मंजुता ताकत नाहिं मिलिंद।
अवनीतल पै है परो धूरि-भरो अरबिंद॥ 2॥

मिलत नहीं फल फूल दल रही न छाया आस।
कैसे आवैं खग सकल सूखे-तरुवर-पास॥ 3॥

झरि सूखे रज मैं मिले भये काल प्रतिकूल।
न्यारी लाली रखत है लाल लाल जे फूल॥ 4॥

जिन मैं तरुवर लहलहे रहे महा-छबि देत।
हैं उजरे सूखे परे हरे भरे ते खेत॥ 5॥

मनोव्यथा

दोहा–

कब तोको निरखत नहीं पपिहा प्रीति-समेत।
घन तू पाहनता करत जो पाहन हनि देत॥ 1॥

कत चमकावत बारि-धर चपला-मिस तरवारि।
चाहत केवल बूँद द्वै चातक चोंच पसारि॥ 2॥

आजु कालि मैं लेहु सुधि मरत जिआवहु पालि।
घन तब जल बरसे कहा सूखि गयो जब सालि॥ 3॥

हरो भरो मरु नहि भयो बुझी न चातक-प्यास।
घन तो बरसत बारि कत जो जरि गयो जवास॥ 4॥

अकरुण चित्त

दोहा–

कोऊ चितवत चित्त दै कब चाहक की ओर।
अछत चारु कर चंद के चिनगी चुगत चकोर ॥ 1 ॥

कहा नेह करि कीजिये भलो न नेही संग।
दीपक के देखत दहत अपनो गात पतंग ॥ 2 ॥

कैसे तानत बान तू छोड़ि मनोहर तान।
रंग रखत कैसे बधिक हरि कुरंग को प्रान ॥ 3 ॥

जो जानत जन तोरिहैं लखि सुखमा-सुखमूल।
तो काहेको फूलतो कबहूँ कोऊ फूल ॥ 4 ॥

कहा मनोहरता मिले पाये सरस-सुबास।
मधुप न मोहत तो कहा सुंदर-सुमन-विकास ॥ 5 ॥

बेचारे बिहंग

दोहा–

बसत बिपिन मैं खात फल पिअत सरित-सर-नीर।
तिन बिहगन कहँ बेधहीं मारि बधिक-गन तीर ॥ 1 ॥

काहे बिधि सुंदर कियो दियो सुहावन-रंग।
बधिक-बान बेधत रहत जो बिहंग को अंग ॥ 2 ॥

तीखे बानन ते बिधत कुसुम-मनोहर-अंग।
चित्रित पर लै का करैं ए बापुरे बिहंग ॥ 3 ॥

बसुधा मैं बेधत बधिक गहत गगन मैं बाज।
कहाँ जाय बिहरै बसै बेबस बिहग-समाज ॥ 4 ॥

अंतर्वेदना

दोहा–

जाते आलोकित बनैं तिमिर-भरे सब ओक।
कबहूँ फिर अवलोकिहै भारत वह आलोक ॥ 1 ॥

गई आँखि हूँ जाहि लहि जोहन-वारी होति।
कहा कबौं फिर जागिहै जाति माहिं सोइ जोति ॥ 2 ॥

जाते बहु-बिकसित बनत जन जन पूजे आस।
का कबहूँ ह्वैहै न फिर वैसो सरस-बिकास ॥ 3 ॥

◆◆◆◆◆

अद्भुत

स्थायी भाव–विस्मय अथवा आश्चर्य

देवता–ब्रह्मा

वर्ण–पीत

आलंबन

अलौकिक-वस्तु, असंभावित-व्यापार, लोकोत्तर-कार्यकलाप, विचित्र दृश्य, आदि।

उद्दीपन

लोक-चकितकर कार्य-कलाप, वस्तु और व्यापारों का दर्शन, गुण-श्रवण, महिमा-निरूपण, वैचित्र्य-अवलोकन आदि।

अनुभाव

स्तंभ, स्वेद, रोमांच, गद्गद स्वर, संभ्रम, नेत्रविकास आदि।

संचारी भाव

वितर्क, आवेग, भ्रांति, हर्ष, औत्सुक्य, चांचल्य आदि।

विशेष

किसी किसी ने इस रस के देवता को गंधर्व माना है

रहस्यवाद
मनहरण

कवित्त–

छबि के निकेतन अछूते-छिति छोर माहिं
काकी छबि-पुंजता छगूनी छलकति है।
बन उपबन की ललामता ललाम ह्वै ह्वै
काकी लखि ललित-लुनाई ललकति है॥
'हरिऔध' काको हेरि पादप हरे हैं होत
कुसुमावलि काको अवलोकि पुलकति है।
कौन बतरैहै बेलि माहिं काकी केलि होति
कली कली माहिं काकी कला किलकति है॥ 1॥

मंद मंद सीतल-सुगंधित-समीर चलि
कत प्राणि-पुंज को पुलकि परसत है।
भूरि-अनुराग-भरी ऊषा को कलित अंक
कत प्रति-बार ह्वै सराग सरसत है॥
'हरिऔध' अंत ना मिलत इन तंतन को
कत ह्वै सुहावनो दिगंत दरसत है।
काकी सुधा-धार ते सुधाकर सरस वनि।
सारी बसुधा पै न्यारी-सुधा बरसत है॥ 2॥

लहलहे काको लहे-उलह-बिटप होत
कासों हिले लतिका ललाम ह्वै ह्वै हिलती।
काके गौरवों ते गौरवित ह्वै लसत गिरि
धन-रासि धरा काके बल सों उगिलती॥
'हरिऔध' होतो लोक मैं न लोक-नायक तो
कलिका कुसुम की बिलोकि काको खिलती।
दमक दिखाति काकी दमकति-दामिनी मैं
चाँदनी मैं चंद मैं चमक काकी मिलती॥ 3॥

एक तिनके ते है अनंतता बिदित होति
पथ-रज-कन हूँ कहत 'नेति' हारे हैं।
सत्ता की महत्ता पत्ता पत्ता है बताये देति
काल की इयत्ता गुने लोमस बिचारे हैं॥

'हरिऔध' अनुभूति-रहित बिभूति अहै
बिभव-पयोधि-बारि-बिंदु लोक सारे हैं।
भव-तन मैं हैं भूरि भूरि रवि सोम भरे
बिभु रोम रोम मैं करोरों ब्योम-तारे हैं ॥ 4 ॥

देहिन को सुखित सनेहिन-समान करि
पंखे अति-मंजुल-पवन के हिलत हैं।
चंद के मनोरम-किरन ते अवनि काज
चाँदनी के सुंदर बिछावने सिलत हैं ॥
'हरिऔध' कौन कहै काके अनुकूल भये
सीपन मैं मोती मनभावने मिलत हैं।
कीच माहिं अमल-कमल बिकसित होत
धूल माहिं सुमन सुहावने खिलत हैं ॥ 5 ॥

काल-अनुकूल कैसे कारज सकल होत
पिक कूके कैसे सारो ककुभ उमहतो।
बिकसित कैसे होति कला कुसुमायुध की
कैसे लहराति लता पादप उलहतो ॥
'हरिऔध' हेतु-भूत सत्ता जो न कोऊ होति
कुसुम-समूह कुसुमाकर क्यों लहतो।
बैहर क्यों डोलति बहन कै मरंद भारं
मलय-समीर मंद मंद कैसे बहतो ॥ 6 ॥

फूल खिले देखे कै बिलोके हरे-भरे-तरु
भूलि निज-भाव ललचाई ललकैं थकीं।
जा थल दिखातो लोक-लोचन छबीलो लाल
औरै छबि देख वाँ उमंग-छलकैं छकीं ॥
'हरिऔध' उत भव-हित मैं लुकत हरि
इत सुख-मुख जोहि जोग-जुगतें जकीं।
कित हैं लसे न बिलसे न दृग सौहैं कबौं
आँखि मैं बसे हूँ ना बिलोकि अँखियाँ सकीं ॥ 7 ॥

बसि घर-बार मैं बिसारे घर-बारिन को
घरी घरी बचि घेर घारन के घेरे ते।

तम मैं उँजारो किये उर को उँजारो लहि
देखे जग-जीवन के जीवन को नेरे ते॥
'हरिऔध' कहै भेद खुलत अभेद को है
सारे-फेर-फारन ते मानस को फेरे ते।
कानन के कानन की बातन को कान करि
आँखिन की आँखिन को आँखि माहिं हेरे ते॥ 8॥

नैश गगन

कवित्त–

आलोकिक उजरे सुनहरे सुहावने हैं
कारे पीरे नीले हरे भूरे रतनारे हैं।
नयन-विमोहन बिचित्रता-निकेतन हैं
बिधि-कमनीय-कंज-कर के सँवारे हैं॥
'हरिऔध' बिभु-बिभुता के हैं अनंत ओक
लोक-अनुरंजन के सहज सहारे हैं।
तेज-तोय-निधि के बबूले-चमकीले चारु
व्योम-तरु-तोम के फबीले-फूल तारे हैं॥ 1॥

प्रकृति-असीमता-अनंतता के अंकुर हैं
आकर हैं अमित-प्रभाकर के थल के।
बिपुल-अलौकिकता-ललित-निकेतन हैं
केतन हैं लौकिक-ललामता-महल के॥
'हरिऔध' बिभु की बिभूति ते बिभूतिमान
वैभव हैं मूलभूत साधन सकल के।
दिवि के दुलारे लोक-प्यारे तेज-पुंज-तारे
सुथरे सँवारे सारे तारे नभ-तल के॥ 2॥

कोटि कोटि कोस को है अंतर सितारन मैं
लाख लाख कोस माहिं काया निवसी अहै।
अवलोके गये नाहिं अजहू कई करोर
मति अजौं कोटिन की थिति मैं फँसी अहै॥
'हरिऔध' गिने नाना-तारन-कतारन के
अरब खरब की विवृति बिनसी अहै।

तारे हैं अनंत या अनंत-नभ-मंडल मैं
एक एक तारे मैं अनंतता बसी अहै ॥ 3 ॥

कोटि कोटि तारे भिन्न भिन्न रंग-रूप-वारे
बिपुल बगारे जोति बगरे अरे अहैं।
कोटि कोटि छन छन छीजत बनत जात
जगत-जवाहिर से कोटिन जरे अहैं ॥
'हरिऔध' कोटि कोटि दिवि-पति देव
कोटि कोटि धाता पाता अंक मैं परे अहैं।
सारे-बिभा-वारे के समूह को सहारे दै दै
भारे-भारे-भूरि-भानू नभ मैं भरे अहैं ॥ 4 ॥

किधौं हैं अनंत मैं अनंत-वायु-यान उड़े
प्रकृति-बधू के किधौं लोचन के तारे हैं।
नंदन-बिपिन तरु के हैं किधौं दिव्य-फल
किधौं कल्प-पादप-प्रसून-पुंज प्यारे हैं ॥
'हरिऔध' किधौं हैं विमान दिवि देवन के
उड़हिं पतंग कै पतंगम ए सारे हैं।
रतन पसारे हैं कि पारे के सँवारे पिंड
अनल-अँगारे किधौं न्यारे नभ-तारे हैं ॥ 5 ॥

सागर सरित सर बन उपबन मेरु
धन जन बिपुल बहन्न कै अभै से हैं।
पल पल भ्रमत रहहि बिकसहिं भूरि
दिव्यता-निकेतन बतावैं किमि कैसे हैं ॥
'हरिऔध' लाख लाख कोस को कलेवर है
तारक-विमान मंजु आप आप-जैसे हैं।
बड़े वेग-वान छबि-मान तेज के निधान
आन नभयान ना जहान माहिं ऐसे हैं ॥ 6 ॥

किधौं नील-अंबर मैं सलमा-सितारे टँके
किधौं नभ-अंक मैं अनंत जोति-जाल हैं।
स्यामल चँदोवे के किधौं हैं चमकीले-बिंदु
किधौं मान-सर मैं कलोलत मराल हैं ॥

'हरिऔध' किधौं ताल माहिं हैं कमल फूले
किधौं तम-तोम माहिं बरत मसाल हैं।
तारक कै निसि-कंठ-माल के मुकुत-मंजु
खेलत कै दिवि मैं दुलारे देव-बाल हैं॥ 7॥

हीरक लुभात हेरि सेतता सितारन की
वारति ललाई लाल-तारन पै गुंजता।
तारक-अवलि अवलोकि मोहि मोहि जाति
नंदन-बिपिन-कुसुमों की कल-कुंजता॥
'हरिऔध' मंजुता कथन मैं कला-कर की
मानव चकित होत हेरि मति-पुंजता।
छहरि छहरि छके-नैनन को छोरे लेति
तारों-भरी राति की अछूती-छबि-पुंजता॥ 8॥

कतहूँ प्रकृति की अछूती - छटा छहरति
कहूँ देव-बाला मंजु-मंडली हँसति है।
कतहूँ दिखाति है कतार तारकावलि की
कहूँ जगी-जोति सुधा-धारा मैं धँसति है॥
'हरिऔध' ताकी अलौकिकता बतावे कौन
जामैं सारी कांति कांति-कांत की बसति है।
बह-रबि-ससि ते ललित ओक ओक अहै
नभ मैं ललामता त्रिलोक की लसति है॥ 9॥

बिचित्र चित्र

कवित्त–

दिवि है अदिवि उत देव हूँ अदेव अहैं
बाकी न्यारी-जोति अहै जगत जहाँ नहीं।
वाको तेज जित को हरत तम-तोम नाहिं
तेज बितरत है तरनि हूँ तहाँ नहीं॥
'हरिऔध' जहाँ पै न रस सरसत वाको
सरस मिलत सरि सर हूँ वहाँ नहीं।
तीनों लोक माहिं रंग रंग की कलायें करि
मन की तरंग है तरंगति कहाँ नहीं॥ 1॥

मरो जन हेरत न भुवन-बिभूति काहिं
जोहत न भानु-जोति भव मैं पसारे हैं।
सूँघत न सुनत न गहत कहत कछु
काठ-सम रहत बिचारन ते न्यारे है॥
'हरिऔध' नाहिं अनुभवत परस पौन
सारी-अनुभूतिन ते रहत किनारे है।
जीवन-बिहीन-जन को न जग-भान होत
जगत की सत्ता जीव-जीवन-सहारे है॥ 2॥

कहूँ तरु हिलत लसति तृनराजि कहूँ
कुसुम खिलत कहूँ बेलि उलहित है।
नाचत मयूर कहूँ गान है करत भृंग
कलित कथान कहूँ सारिका कहति है॥
'हरिऔध' कतहूँ कलोलत हैं मृग-यूथ
प्रकृति-बधूटी कहूँ नटति रहति है।
कहूँ रंग रंग के कमल सों लसे हैं सर
कतहूँ तरंग-वती सरिता बहति है॥ 3॥

कहूँ रस-धारा कहूँ बहति रुधिर-धारा
कोऊ कुम्हिलात कोऊ कंज लौं खिलत है।
कहूँ है मसान कहूँ सरग बिराजमान
कोऊ बिहँसत कोऊ बेत लौं हिलत है॥
'हरिऔध' बिधि-करतूति बहु-रंगिनी है
कहूँ राग-रंग कहूँ हियरा छिलत है।
कतहूँ अराजक है राजत स्वराज कहूँ
कोऊ राज लेत कोऊ रज में मिलत है॥ 4॥

आगि लगि जाति है जवासन के तन माहिं
बिदहत अरक-दलन अवलोके हैं।
पी पी कहि बारि पी न सकत पपीहरा है
पवि के प्रहार हूँ रुकत नाहिं रोके हैं॥
'हरिऔध' पावस मैं निसि तम-तोम माहिं
बरत प्रदीप पादपन पै बिलोके हैं।
बारिद बहावत सुधा है बसुधा-तल पै
बरसत मोती मंजु-मारुत के झौंके हैं॥ 5॥

हंस को गयंद औ गयंद हंस होत हेरे
रंभा के सु-खंभ बारिजौं पै गये रोके हैं।
चंपक की कलित-कलीन माहिं तारे मिले
भुजग कलभ-कर माहिं अवलोके हैं॥
'हरिऔध' मंजुल जपा-दल बनत लाल
गहब गुलाबन पै मोती गये लोके हैं।
कंजन मैं ललित-लुकंजन लसत देखे
बिधु मैं चपल युग-खंजत बिलोके हैं॥ 6 ॥

अनुकूल रहि प्रतिकूलता करहिं नित
बचन-रसाल कहि खींची लेत खाल हैं।
छल ना करहिं पै करेजो छीलि छीलि देहिं
राखत कपाल बानि लेत बाल बाल हैं॥
'हरिऔध' का हैं ए स्वराज-तरु-आलबाल
सुमन की माल कै भुजंग-बिकराल हैं।
जाति-हित-ढाल किधौं हितू कंठ-करवाल
हिंदू-कुल-लाल किधौं हिंदू-कुल-काल हैं॥ 7 ॥

मन्दिर बिलोकिकै पुरंदर सिहाने रहैं
पास सदा इंदिरा को आसन परो रहै।
सारे-लोक पिसैं पावै कन ना पिपीलिका हूँ
पै प्रभूत-धन धराधिप लौं धरो रहै॥
'हरिऔध' चाहत हैं भोरे-भाग-वारे यहै
छूवै ना छदाम द्वारे धनद खरो रहै।
भावते अभाव हरि भोला-नाथ भूले रहैं
भवन सदैव भूरि-वैभव-भरो रहै॥ 8 ॥

दोहा–

है लौकिकता-रहित हरि परम अलौकिक चीज।
है बारिद-भव-सालि को जगत-बिटप को बीज॥ 9 ॥

चित-अलि कत भरमत रहत कहाँ नहीं है बास।
बिकसित-कुसुमन मैं अहै काको सरस-बिकास॥ 10 ॥

कहाँ नहीं निवसत अहै सकल-लोक अभिराम।
लखन जोग लोयन लखत वाको रूप-ललाम॥ 11 ॥

आलोकित वाको करै मिल्यो न वह आलोक।
लोक छोरि परलोक जो कत अवलोकत लोक ॥ 12 ॥

तीनों लोकन मैं फिरे देखे तीनों काल।
कहि पायो परलोक को को अवलोकित-हाल ॥ 13 ॥

हित चाहै पर-अहित करि दै दै पूजा भूरि।
हरि आँखिन हूँ मैं अधम झोंकन चाहत धूरि ॥ 14 ॥

का जग है काहें भयो कहा हेतु का काम।
कौन बतैहै कौन है या मंदिर को राम ॥ 15 ॥

बाँधन हित भव-उदधि मैं सत-रज-तम को सेतु।
है त्रि-देव की कल्पना एक देव के हेतु ॥ 16 ॥

प्रेम-पिपासा है बढ़ी चित प्रति-दिन पवि होत।
पारावार तरन चहत रचि पाहन को पोत ॥ 17 ॥

कैसे अनुरागी बनै है न राग-मय अंग।
लाल न कारो चित भयो लहे लाल को रंग ॥ 18 ॥

◆◆◆◆◆

हास्य

स्थायी भाव–हास

देवता–प्रमथ अर्थात् शिवगण

वर्ण–श्वेत

आलंबन : विकृत आकार, विचित्र वेशभूषा और अनुपयुक्त वचन आदि के आधार।

उद्दीपन : विचित्र स्वरूप, अव्यवस्थित वेशभूषा व आकार प्रकार, टेढ़े मेढ़े वचन और हृदय में गुदगुदी उत्पन्न करनेवाले अंगभंगी, भाव आदि।

अनुभव : नेत्रों का मुकुलित और बदन का विकसित होना, मध्य अथवा ऊँचे स्वर से हँसना, खिलखिलाना आदि।

संचारी भाव : निद्रा, आलस्य, हर्ष, चपलता आदि।

विशेष

किसी किसी ने स्थायी भाव हास के छः भेद माने हैं, यह युक्तिसंगत नहीं। सभी स्थायी भाव वासनारूप हैं, अतएव अंतःकरण में उनका स्थान है, शरीर में नहीं। स्मित, हसित, विहसित, अवहसित, अपहसित और अतिहसित के नाम और लक्षण बतलाते हैं कि उनका निवासस्थान देह है, अतएव ये हसन-क्रिया के ही भेद हैं।

उदाहरण

कांत कल्पना

कवित्त–

कारे कारे अहि ते कपाल परिपूरित है
अलि की अवलि आली अलक-लुरी की है।

बरछी बिसारे-बान-बलित बिलोचन हैं
अधरहिं लाली मिली बिंबता बुरी की है॥
'हरिऔध' गात मैं बसत करि केहरि हैं
कुरुचि ते चूर भई चारुता चुरी की है।
कैसी कमनीय-कामिनी की कमनीयता है
कल्पना मधुर कैसी रूप-माधुरी की है॥ 1॥

सवैया–

साँप से केस भवैं करवार सी हैं अँखियाँ सफरीन सी नाची।
सीप से कान हैं नासिका कीर सी बिंबता है अधरान मैं राची॥
कंबु सो कंठ उरोज हैं मेरु से लंक मृनाल के तंतु सी बाँची।
चारुता है कै अचारुता है यह चंद-मुखी किधौं कोऊ पिसाची॥ 2॥

परिहास-परायण

कवित्त–

कामुक-कुजन को कुजनता के काज कैहै
सहज-मना तो क्यों सहज-साज सजिहै।
कुरुचि-निकेतन जो बोइहै कुरुचि-बीज
सुरुचिवती तो क्यों सुरुचिता न तजिहै॥
'हरिऔध' कोऊ असरलता निबाहिहै तो
सरला-परम क्यों सरलता को भजिहै।
निपट-निलज जो निलजता दिखाइहै तो
नारी-लाज-वारी कौलौं लाज कै कै लजिहै॥ 1॥

सवैया–

सामने होति नहीं अँखियाँ मुँह फेरि सुनावत बैन रसीले।
आनन जोहत बासर बीतत मोहिं रिझावत खोजि वसीले॥
ए 'हरिऔध' मरोरत भौंह नचावत नैनन को करि हीले।
कोऊ लजीली लजैहै कहाँ लगि आप ही जो हैं लजात लजीले॥ 2॥

घुड़की धमकी

कवित्त–

आँखि दिखराइहैं तो दुगुनी दिखैहौं आँखि
पर-चित-चोरन की कसर निकारिहौं।

रार जो मचैहैं तो तिगूनी तकरार ह्वैहै
पीछे परे बार बार पकरि पछारिहौं॥
'हरिऔध' मान किये बनिहौं गुमानिनी हौं
कैसे भला नारी ह्वै अनारिन ते हारिहौं।
गारिहौं गरब सारो गोरे-गात-वारन को
मरद-निगोरन की गरमी निवारिहौं॥ 1॥

मंद मंद हँसि मंजु-बैनन सुनैहैं नाहिं
चित हूँ न चंचल-चितौनन ते चोरिहैं।
लोल-लोल-लोयन ते मानस लुभैहैं नाहिं
भौंह हूँ न भाव-साथ कबहूँ मरोरिहैं॥
'हरिऔध' नर हैं नकारे तो नकारे रहैं
नारि हूँ नरन ते तमाम नातो तोरिहैं।
अब चाव साथ बैठि रुचिर-अगारन मैं
गोरे-गात-वारन को गोरी ना अगोरिहैं॥ 2॥

आदर न पैहैं तबौं बार जो बितैहैं खरे
तबौं ना लुभैहैं जो मनो-भव लौं लसिहैं।
सहज-सनेह के न भाजन बनैंगे तबौं
मंद मंद मोहक-मयंक लौं जो हँसिहैं॥
'हरिऔध' अकस तजत ना अकस-वारो
कसे काँहि कब लौं कसौटिन पै कसिहैं।
कबौं काहू कामिनी नयन मैं बसे तो बसे
नर अब नारि के नयन मैं न बसिहैं॥ 3॥

सरस-बदन-वारी बिरस-बदन ह्वैहै
गुगन-गहन-वारी औगुन को गहिहै।
उपहास कै है मंद-मंद-बिहँसन-वारी
नेह-गेह-वारी नेह-गेहता न लहिहै॥
'हरिऔध' पति-परतीति मैं न प्रीति रहे
राग-मयी महि मैं बिराग-धारा बहिहै।
पिक-बैनी पिक-बैनता ते पुलकैहै नाहिं
मृग-नैनी मृग-नैनता ते रूसि रहिहै॥ 4॥

मोहक-मधुर-प्रेम-मलय-समीर लगे
कामना की बेलि नाहिं मंद मंद हिलिहै।
नंदन-बिपिन-सम-मानस-मनोरम मैं
मंजु-भाव-पारिजात-कुसुम न खिलिहै॥
'हरिऔध' कांत को अकांत अवलोकिहै तो
मृदुल-करेजो कुल-कामिनी को छिलिहै।
कोमलता कमल-बदन की न काम ऐहै
कनक-लता मैं कमनीयता न मिलिहै॥ 5॥

सबला अबला

कवित्त–

सास औ ससुर मैं न नेह जो भयो तो कहा
दृग मैं सनेह-मयी जब महि सारी है।
माता और पिता के मनाये और माने कहा
मानवी को जब मंजु-मानवता प्यारी है॥
'हरिऔध' मानै क्यों समाज-जीति मान-वारी
वाने जब समता की ममता पसारी है।
पूजि पूजि पद प्रेम-रंग-रंगे-प्रेमिन को
बिना पति पूजे पूजनीय होत नारी है॥ 1॥

कैहौं सावधान ह्वै स्वतंत्रता-सुरा को पान
कौलौं परतंत्रता कसैलो-रस चखिहौं।
हरिहौं गुमान मगरूरी-अविचारिन को
परम-अनारिन कौ नारी हूँ परखिहौं॥
देखि 'हरिऔध' बंक-भौंह ना सकैहौं नेक
मुख ना कलंक-अंक-अंकित के लखिहौं।
बे-परद ह्वैहौं ना निवारि सारे-परदान
चादर उतारि लाज-चादर मैं रखिहौं॥ 2॥

जुलुमी-नरन के दुसह-जुलुमन काहिं
आजु लौं सह्यो तो सह्यो अब नाहिं सहिहै।
देखिहै न आँख कबौं फूटी-आँखि-वारन को
याहू को न सोच है कि कोऊ कहा कहिहै॥

'हरिऔध' ढाहि ढाहि भीतन अभीत ह्वैहै
टूक टूक करि परदान को उमहिहै।
नाचिहै उघरि जो उघारन न मुख पैहै
बंद कौ लौं घरनी घरन माहिं रहिहै ॥ 3 ॥

सवैया–

प्रीति न कैहैं कबौं परदान ते नीति-पुरातन ना प्रतिपालिहै।
लाख करौ कोऊ पै कुल-लाज को लोयन-कोयन माहिं न लालिहै ॥
जो कहिहै 'हरिऔध' कबौं कछु सूल लौं तो तेहिके उर सालिहै।
घूँघट घालि लै घूँघट-लोलुप घूँघट-वारी न घूँघट घालिहै ॥ 4 ॥

पुष्प-वर्षा

कवित्त–

लंबी लंबी बतियाँ सुनी है लालसायें भरी
सुफल न लाये नेह-बीज देख बोके हैं।
चूर चूर किये केते अरुचि-रचावन को
चूके बिना चित के चपल-भाव रोके हैं॥
'हरिऔध' बाला है अचल लौं अचल ताहि
नाहिं बिचलाते चाल-मारुत के झोके हैं।
बार बार लाली अवलोकी है कपोलन की
लालन के लाल-लाल-लोयन बिलोके हैं॥ 1 ॥

अखिल-छबीले हैं छबीली-छबि-अनुरागी
रस-मयी रसिका के रसिक बसेरे हैं।
मधु-मयी मधु की मधुरता पै मोहित है
मधु-लोभी करते मधुप-सम फेरे हैं॥
'हरिऔध' कैसे नारि समता करैगो नर
रूपसी मैं रत रूप-वारे बहुतेरे हैं।
लाल सब लोच-वारे-लोचन के लालची हैं
कामुक-सकल काम-कामिनी के चेरे हैं॥ 2 ॥

छबि के निकेतन हैं छबि के सहारे बने
तन मैं नवलता लसावति नवेली है।

मोहकता मिली जोहि जोहि मोहनी को मुख
गौरव गहाइ देत गरब-गहेली है॥
'हरिऔध' नरता की नारिता सजीवन है
नारि के सनेह ही ते साहिबी सहेली है।
अलबेले याहि ते रहत अलबेले बने
अलबेलेपन मैं बसति अलबेली है॥ 3॥

भामिनी के ओप-वारे भाल के बिमल-भाव
तम-वारे मानस के मंजुल-अँजोर हैं।
घन-रुचि-रुचिर चिकुरवारी-कामिनी के
कामुक-निकर-कमनीय-तन-मोर हैं॥
'हरिऔध' सकल-सरस-चित चाव-साथ
सरसा के कलित-रसों मैं सराबोर हैं।
चखन की कोर चितचोर की है चितचोर
चंद-मुख-वारे चंद-मुखी के चकोर हैं॥ 4॥

सवैया–

बंदी ललाम न कैहै लिलार को जो न बनी रहिहै मुख-लाली।
जो है बिलासिता की जननी तो न कानन माहिं बिराजिहै बाली॥
बाजिहै ना पग-नूपुर हूँ यदि मानवता बनिहै मतवाली।
दूखित ह्वैहै बिभूखन ते तो बिभूखित ह्वैहै न भूखन-वाली॥ 5॥

अधजल गगरी

कवित्त–

बालपन ही ते जो न बानरता बादि देति
लोग क्या न तारी दै दै बानर तो कहते।
दूर जो न करति बिपुल पसु की सी बानि
कैसे तो न पसुता-तरग ही मैं बहते॥
'हरिऔध' गहते न गैल मनुजातन की
बँहके गरूर-वारे गौरव न लहते।
नारी को परखि कौन हरति अनारीपन
नारी जो न होति तो अनारी नर रहते॥ 1॥

सच्चे जाति-हितैषी

सवैया–

है जनता को जगावत जागिकै पै नहीं जागि सकी मति सूती।
हैं अवनीतल के उपकारक छाँह नहीं कुल-प्रीति है छूती॥
जाति रसातल जाति चली पै कहावत हैं जग मैं करतूती।
सारत काज सपूत समान हैं काहे सपूत की और सपूती॥ 1॥

वा नरता को करेजो निकारिहौं नारिता की जर जो खनती है।
वा बिधि के उर हूँ को बिदारिहौं जो बिधि-बामता मैं सनती है॥
ए 'हरिऔध' कबौं नहिं मानिहौं छूटी न गाढ़ी अजौं छनती है।
तो सधवा करिहौं बिधवान को जो सधवा बिधवा बनती है॥ 2॥

नेता

सवैया–

जाति मैं बोअत आगि रहैं कुल मैं हैं बिरोध की आग जगावत।
आग लगाइकै दूर खरे रहि ब्योंत बुझावन के हैं बतावत॥
है 'हरिऔध' बने अगुआ पर आग हो के उगिले सुख पावत।
हैं सुलगावत देस मैं आग तऊ मुँह मैं नहीं आग लगावत॥ 1॥

नाम से काम बड़ी बड़ी बात बड़े कपटी तऊ उन्नत-चेता।
चौंकत पातन के खरके पग फूँकि धरैं पै बनैं जग-जेता॥
हैं धँसे जात धरातल माहिं कहावत लोक मैं ऊरध-रेता।
जोरत प्रीति अनीति न छोरत नीति न जानत नाम है नेता॥ 2॥

सच्चे बीर

कवित्त–

अपनी अधम-रुचि रुचि-कर-बेलि काहिं
बालिका-रुधिर धार ही सों सदा सींचिहौं।
तनिक न ह्वैहौं दुखी तिय-तन-तापन ते
देखि महा-पापन को नयन न मीचिहौं॥
नाम मेरो सुने नाक नरक सिकोरिहै तो
यमराज-दंड सौंहैं बनिहौं दधीचि हौं।
खोलिहै जो मुँह तो तुरंत ऐंचि लैहौं जीह
बोलिहै जो बाल-बिधवा तो खाल खींचिहौं॥ 1॥

सवैया–

हैं मिटे जात पै आँखिन खोलत हैं बहे जात पै देत हैं खेवा।
हैं सग को कबौं बात न पूछत हैं ठग काहिं खिआवत मेवा॥
है सनमान बिसासिन नारि को हैं चली जात रसातल बेवा।
देस को सेवक दूसरो कौन है दूसरी कौन है देस की सेवा॥ 2॥

ऊँची न कैसे रखैं अँखियाँ बने ऊँच हैं नीचन काहिं चपेटे।
औरन को किमि मान करैं जब मान मिल्यो मरजाद के मेटे॥
माहुर हैं पै बने मधु-मान हैं हैं फन साँप के फूल लपेटे।
कैसे न दूर बड़प्पन सों रहैं हैं बड़े औ बड़े बाप के बेटे॥ 3॥

सच्चे सपूत

सवैया–

पूत हौं काहु को दास नहीं अपनो पद कैसे नहीं पहिचानिहौं।
एक पढ़ो लिखो मूढ़ है दूसरो कैसे समान दुहूँन को जानिहौं॥
जो 'हरिऔध' भई मन की नहीं कैसे भला तो नहीं हठ ठानिहौं।
बाप के मानन की कहा बात मैं बाप के बाप हूँ को नहिं मानिहौं॥ 1॥

कोऊ नवीन नवीनता को तजि कैसे पुरातन-पंथ गहैगो।
याको करै परवाह कहा लगि बाप जो बाहि कपूत कहैगो॥
ए 'हरिऔध' सपूत कहा करै कैसे भला अपमान सहैगो।
बात के माने नहीं मन मानिहै बाप के माने न मान रहैगो॥ 2॥

का करै पूत बड़ो सुखिया जननी जो रहै दुखिया बनि भूखी।
बाको भला कबौं कैसे मिले कछु दैव बनाइ दियो जेहि खूखी॥
बाप के भाग ही को यह भोग है जो नहीं पावत रोटियौ रूखी।
जो मुख सूखो न देख्यो गयो कबौं सो सुख बात कहै यदि सूखी॥ 3॥

साहब बहादुर

कवित्त–

सूट की सनक क्यों न सिर पै सवार होय
क्यों न कोट पतलून प्रीति होवै महती।
नकटाई कालर गले न परि जाय कैसे
टोप बूट-चाट क्यों रहै न रुचि सहती॥
'हरिऔध' क्यों न बुरो मानैं जात-पाँत-वारे
क्यों न होवै जनता अनेक बात कहती।

साहब हमारे कैसे साहब बनहिं नाहिं
साहब बने ही जो पै साहिबी है रहती ॥ 1 ॥

बाप को न मानैं सनमानैं जननी को नाहिं
मेम कुल-बाला का बखाने उमहत हैं।
निज बेस तजि पर-बेस पै बिकाने रहैं
बोली हूँ बिरानी बोलि बोलि निबहत हैं ॥
'हरिऔध' कौनसी सपूती दिखरैहैं और
साहब हमारे साहिबी ही मैं रहत हैं।
पोटी दूहि दूहिकै पुनीत-परिपाटिन की
चोटी काटि काटि बात चोटी की कहत हैं ॥ 2 ॥

सवैया–

सूट की चाट के चेरे रहे कबहूँ उतरी नहीं बूट की बूटी।
संपति बानक-बंदिनी सी रही हैट के हाथ गई पति लूटी ॥
ए 'हरिऔध' बँधी मरजाद हूँ कोट के बंधन मैं परि टूटी।
कालर काल भई कुल-मान की नाक कटी नकटाई न छूटी ॥ 3 ॥

कच्चा चिट्ठा

सवैया–

काम ते क्यों न करैं मनमानते जे मन के गये दास गिने हैं।
कैसे नहीं तब ताने सहैं जब बानैं बुरी रहती दहिने हैं ॥
ए 'हरिऔध' है मूँछ बनी अथवा मुख के छबि-वारे छिने हैं।
या बिगरैल बिलासिनि हाथ सों बालम मूँछ के बाल बिने हैं ॥ 1 ॥

चाहत के रस चाखन चाहहिं भूत के पूत चुरैल के चेले।
बानर है पहचानन चाहत पारस से मनि को मुख मेले ॥
का 'हरिऔध' कहै गति काल की केले समात कहाहिं करेले।
छैल छिछोरे छछूँदर हैं बने बैल कहावत हैं अलबेले ॥ 2 ॥

वज्र-प्रहार

कवित्त–

पाइकै बिजाति-पग-लेहन सरग-सुख
कैसे जाति-हित के नरक माहिं परिहै।
करिकै कुटिल-नीति-सरस-सुधा को पान
कैसे ना सुनीति की सुरा को परिहरिहै ॥

'हरिऔध' तोरत जो गगन-तरैया अहै
कैसे दृग-तारन मैं जोति तो बितरिहै।
कुल को कलंक अकलंकता को बानो अहै
हिन्दू-कुल बिपुल-कलंक कैसे हरिहै ॥ 1 ॥

कैसे तो कपूत ह्वै सपूत-सिरमोर ह्वैहै
भारतीयता के झूठे भाव न दिखैहै जो।
देस-प्रेम पथ को पथिक क्यों कहैहै कूर
आपने समाज मैं न पावक लगैहै जो ॥
'हरिऔध' क्यों कुल-कलंक पैहै नेता-पद
काढ़िकै करेजो जाति को न कलपै है जो ॥
आप हूँ पिसाई माहिं परिकै पिसैगो खल
पिसे जात हिंदुन को औरो पीसि दैहै जो ॥ 2 ॥

जा कुल के अहैं कैसे वा कुल के काल ह्वैहै
गाज बनि आकुल-समाज पै क्यों परिहैं।
कैसे भारतीयता बहाने भार-भूत रहि
जाति-भव-विदित-बिभूति काहिं हरिहैं ॥
'हरिऔध' नेता कहवाइ क्यों अनीति कैहैं
रुधिर-पिपासित-उदर कैसे भरिहैं।
पास कै प्रपंचिन को पाइहैं पिसाई कैसे
हिन्दुन को पीसिकै पिसान जो न करिहैं ॥ 3 ॥

वचन-बाण

कवित्त–

वे हैं मूढ़ जो न रूप-चंद छवि देखि मोहैं
नरक-अँधेरी काको कहाँ पै लखाति है।
जहाँ बाँकी परम-मधुर-झनकार होति
काको तहाँ कथा पाप-पुन्न की सुनाति है ॥
'हरिऔध' लोभ की लहर लहराति जहाँ
तहाँ जाति-पाँति पाँति-बाहर जनाति है।
पेटवारे कैसे तब पेट की न मानैं कही
बेचि बेचि बेटी जब पेटी परि जाति है ॥ 1 ॥

चावन की चारुता मैं चारुता रहति नाहिं
भावन ते भावुकता करति किनारो है।
बिबिध-बिलास की बिलासिता बिलीन होति
रस-हीन बनत सकल-रस प्यारो है॥
'हरिऔध' बिना धन रूप है बिरूप होत
सुन्दर सनेह हूँ ना लहत सहारो है।
कैसे भरो पूरो छैल चाहहिं छबीली नाहिं
कहूँ नाहिं पूछो जात छूछो-हाथ-वारो है॥ 2॥

मुँह-कौर छीनि छीनि भूखे नर-नारिन कौं
कैसे भरे पेटन को बार बार भरते।
कैसे देस-प्रेमिन के नैनन के सूल होते
कैसे जाति-प्रेमिन के चित ते उतरते॥
'हरिऔध' कैसे दास बनते बिलासिता के
कैसे धन धनिक-बसुंधरा को हरते।
चित को बिदेसी भाव कैसे तो बिदित होत
जो न हम देसी ह्वै विदेसी पट धरते॥ 3॥

सवैया–

तो कहा सीढ़िन पै चढ़िकै कियो चाव के साथ जो ऊँचे चढ़े ना।
तो कहा दूर भई मन-मूढ़ता मानवता ते गये जो मढ़े ना॥
तो कहा कोऊ कियो गढ़िकै 'हरिऔध' गये यदि ठीक गढ़े ना।
तो कहा आंगे बढ़े जो बढ़े नहीं तो कहा पूत-पढ़े जो कढ़े ना॥ 4॥

सीस पै माँग बनी अवलोकिकै पौरूख पानिप खोइ परायो।
बाल बने अरु मूँछ मुँड़ी लखि बीर को बानो महा बिलखायो॥
साहस कैसे बिचारो करै नर मैं न रह्यो नर को सरमायो।
जाति रपूतन सूरपनो सब आँखिन मैं सुरमा ह्वै समायो॥ 5॥

निराले लाल

दोहा–

वे जनमे हैं आप ही अथवा मिले भभूत।
कैसे मानैं बाप को हैं न बाप के पूत॥ 1॥

क्यों न भला चाँटे सहैं हैं माई के लाल।
कैसे मुँह-लाली रहै बिना भये मुँह लाल ॥ 2 ॥

नामी नेता

दोहा–

रही नीति की सुधि नहीं भूली नीयत बात।
कैसे करैं अनीति नहिं नेतापन है जात ॥ 1 ॥

निकसै मुँह ते बात किमि जाति गई जब चेति।
बात रखन की लालसा बात बनन नहिं देति ॥ 2 ॥

जा नेता की मति हरत नेतापन-अनुराग।
सो न परत जो नरक मैं तो हैं नरक अभाग ॥ 3 ॥

दिल के फफोले

दोहा–

कैसे तिनकी लालसा लह-भरी नहिं होय।
जिनकी मुँह-लाली रही कुल-ललना को खोय ॥ 1 ॥

ते किमि रखिहहिं जाति-पति कितनाहूँ लें काँखि।
आँखिन के तारे छिने जिनकी गई न आँखि ॥ 2 ॥

बेगानोपन लहि बने जो बेगाने माल।
कैसे हिंदू-हित करें वे हिंदू-कुल-बाल ॥ 3 ॥

वे क्यों देखैं जाति-दुख देखि देखि दिन रैन।
द्वै द्वै अँखियन के अछत जिनकी अँखियाँ हैं न ॥ 4 ॥

इतनो हूँ समझत नहीं तऊ बनत हैं पूत।
जाको कहत अछूत हैं वामैं कैसी छूत ॥ 5 ॥

माननीय महंत

दोहा–

कैसे बनें महंत नहिं महि मैं महिमा-वान।
सकल दान चेली करति रखति रखेली मान ॥ 1 ॥

मानत बात न काहु की सुख के साज अनंत।
जाय महंती या रहै मन की करत महंत ॥ 2 ॥

बार-बिलासिनि सों बिलसि करि कमला सों हेत।
चाहत सरग महंत नहिं यहीं सरग-सुख लेत ॥ 3 ॥

सच्चे साधु

दोहा–

जो साधुन को भेस धरि करत असाधुन-काम।
ताको जो मिलिहैं न तो काको मिलिहैं राम ॥ 1 ॥

जो योगी संयोग लहि तजिहै योग-प्रसंग।
तो गुरुता दिखराइहै कैसे गेरुओ रंग ॥ 2 ॥

वे कैसे नहिं भूलिहैं ताड़ बिलोकि अपान।
जिनकी ताड़ी लगति है करि ताड़ी को पान ॥ 3 ॥

पावन जो करतो नहीं वाको संत-सुजान।
सुरा-मान होतो न तो सुरसरि-सलिल-समान ॥ 4 ॥

कैसे काहू संत को तो सिर जातो घूम।
धूम-पान की नहिं मचति जो धरती मैं धूम ॥ 5 ॥

जो नव-जीवन-दायिनी गाँजा-चिलम न होति।
कैसे साधु - जमात मैं जगति ज्ञान की जोति ॥ 6 ॥

जो न भोग को भूलतो योगी पी पी भंग।
कैसे होता भाव-मय भव-भयावनो-रंग ॥ 7 ॥

भंग-तरंग

दोहा–

मतवाली कैसे नहीं वाकी कला लखाय।
जा कवि-मुँह-लाली रहति मद की लाली पाय ॥ 1 ॥

तो क्यों जय लहिहैं नहीं कहि जय जय कवि कोय।
जो कविता पै विजयिनी विजया-देवी होय ॥ 2 ॥

छन हूँ छूटत है नहीं कूँड़ी-सोंटा-संग।
कविता सों गाढ़ी छनति गाढ़ी छाने भंग ॥ 3 ॥

वा कवि मैं ही मिलति है कवि की सहज-उमंग।
जाकी कविता-रंग में विलसति भंग-तरंग ॥ 4 ॥

धूरि माहिं सुध-बुध मिलै प्रतिभा होय अपंग।
सुधा-मयी कविता करत कवि-जन छाने भंग॥ 5॥

कवि - पुंगव कलि-काल मैं कूरहुँ को करि लेति।
कौन जड़ी-बूटी नहीं बूटी जन को देति॥ 6॥

देवी होति चुरैल है देव - दूत यम - दूत।
भंग-भवानी सों मिले नाना-भाव-भभूत॥ 7॥

व्यंग-बाण

दोहा–

जन को लूटत रहहिं लै दुगुनो-तिगुनो-ब्याज।
अहैं महाजन करत हैं महाजनी के काज॥ 1॥

सोना ताँबा को करहिं ताँबा सोना काहिं।
साहु कहावहिं पै सदा मूसि मूसि धन खाहिं॥ 2॥

साहु साहु कहि होत है सब दिन साहु-बखान।
कतर-ब्योंत करि चोर हूँ के हैं कतरत कान॥ 3॥

चाहत सरग - विमान हैं दै दमरी को दान।
बनियन की छूटत नहीं बनियापन की बान॥ 4॥

कौड़ी खात हराम की लेत राम को नाम।
कौन दूसरो पाइहै स्वर्ग-लोक-अभिराम॥ 5॥

◆◆◆◆◆

वीर-रस

स्थायी भाव–उत्साह

देवता–महेन्द्र

वर्ण–कनक-कांति-निभ-गौर

आलंबन विभाव : रिपु अथवा रिपु का विभव एवं ऐश्वर्य्य आदि।

उद्‌दीपन विभाव : रिपुचेष्टा, उसकी ललकार, मारु-वाघ, रण-कोलाहल, कड़ख गान आदि।

अनुभाव : अंग-स्फुरण, नेत्र की अरुणिमा, युद्ध के सहायक उपादान–धनुष आदि की खोज, सैन्य-संग्रह आदि।

संचारी भाव : गर्व, असूया, उग्रता, धैर्य्य, मति, स्मृति, तर्क आदि।

विशेष

किसी किसी ने इन्द्र को इस रस का देवता माना है। वीर-रस के प्रायः चार भेद माने गये हैं– 1. धर्मवीर, 2. युद्धवीर, 3. दानवीर, 4. दयावीर।

मेरो विचार है कि पाँचवा कर्मवीर भी माना जाना चाहिये।

धर्मवीर

वेद-शास्त्र के वचनों और सिद्धांतों पर अचल श्रद्धा और विश्वास आलंबन विभाव, उनके उपदेशों और शिक्षाओं का श्रवण, मनन आदि उद्‌दीपन विभाव, तदनुकूल आचरण और व्यवहार अनुभाव एवं धृति, क्षमा आदि धर्म के दश लक्षण संचारी भाव हैं। धर्मवीर मैं धर्म-धारण और धर्म-संपादन के उत्साह की पुष्टि है।

उदाहरण

कवित्त–

समय-सरसता निहारि सरसत जात
कूल-अनुकूलता बिलोकि उमहत है।
बार बार भरि भरि अमित-उमंग माहिं
तरल-तरंगिनी-तरंग मैं बहत है॥
'हरिऔध' लोक-पति-लीला पै लुभानो मन
ललकि ललकि भाव-लीनता लहत हैं।
बोलत रहत है सलिल-कल-कल माहिं
कला-मयी-केलि मैं कलोलत रहत है॥ 1॥

दरति रहति है दुरित के दुरंत-भाव
हरति रहति है मन मलिन-मलीनता।
करति रहति है अपार-उपकारन को
नासति रहति अपकारन की पीनता॥
'हरिऔध' मोचति बिलोचन-बिपुल-मल
सोचति सदैव सदाचार-समीचीनता।
जनम सुधारि सारी धरनी उधारति है
धरम-धुरंधर की धरम-धुरीनता॥ 2॥

पलित-जटा-कलाप कलित-पताका अहै
साध-भरी-साधना के सुन्दर सदन की।
कानन की मुद्रा योग-मुद्रा की सहेलिका है
माला कर-कंज की क्रिया है मंजु-मन की॥
'हरिऔध' संत-जन-सहज उपासना की
बोधिनी है पूत-बिभा गैरिक-बसन की।
सुचि अनुभूति की प्रसूति है तिलक-रुचि
भव की बिभूति सी बिभूति है बदन की॥ 3॥

आपदा-सहित सारी अपकारिता निवारि
कनक-कनकता को कहत निकाम ना।
वाकी बामता मैं अभिरामता-अमित भरि
तजत सकामता समेत धन-धाम ना।

'हरिऔध' होत अविवेकी ना विवेक-वारो
रति ते बिरति हूँ मैं गहत बिराम ना।
सारत है काम सारी-काम-वारी बातन ते
राखत न काम-मयी कामिनी की कामना ॥ 4 ॥

मानस में सरिता सनेह की है लहरति
लोचन मैं लोक-प्रेम-रस निचुरत है।
कोमल-बयन मैं लसत है सुधा को सोत
चावन को चित-चारुता ते चुपरत है॥
'हरिऔध' भावुकता-भरित-उदार-नर
भावन मैं भावना सुहावन भरत है।
लहि भूत-हित को प्रभूत-अनुभूत-पोत
बनि भाव-पूत भव-सागर तरत है ॥ 5 ॥

गमन करत मंद मंद है सु-पथ माहिं
अपुनीत-पंथ को न पग परसत है।
लोक-हित-लोलुपता ललित-अयन बनि
रस-बितरन को बयन तरसत है॥
'हरिऔध' संत-जन वरद-करन माहिं
वसुधा-विमोहिनी-बिभूति दरसत है।
प्रेम-बर-बारि बार बार बरसत नैन
उर मैं सुधा को मंजु-सोत सरसत है ॥ 6 ॥

लोक होत ललित तिलोक-पति-लाभ होत
ललक अलौकिक-विलोचन लहत है।
रुचि होत रुचिर बिचार अति चारु होत
मानस महान-मोद लहि उमहत है॥
'हरिऔध' भीने भव-रंग मैं बिभूति होति
भूत-हित-तरु प्रीति-भू मैं पलुहत है।
चित चाव भरे होति भावना प्रभाव-मयी
भाव-भरे-उर में अभाव ना रहत है ॥ 7 ॥

जाकी कृति रतन-मयी है रतनाकर सी
जाकी कल-कीरति कलाकर सी सेत है।

लोक-पति की सी जाकी लोक-हित-चिंतना है
जाको चित चेतना लौं रहत सचेत है।
'हरिऔध' सोई है धरा मैं धर्म-धुर-धारी
जाकी धनु-धारिता न रुधिर-उपेत है॥
दान-धारा जाकी धाराधर लौं बरसि जाति
जो जन धरा-धर लौं धीरता-निकेत है॥ 8॥

चित के मलिन भाव अमलिन होत जात
बिमल-बिलोचन के प्रेम-बारि चूये ते।
उचित बिचारन के कंधे ना छिलन देत
उपचित बहु अबिचारन के जूये ते॥
'हरिऔध' धरम-धुरंधर मुदित होत
मोह-मद बिनसे प्रमादिन के मूये ते।
छाये रहे उर मैं अवनि के अछूते भाव
बनत अपूत ना अछूत-जन छूये ते॥ 9॥

छीन को बिलोकि छीन धन छीन लेत नाहिं
बनिकै सचेत न हरत चित-चेत है।
औरन को दुख देखि परम दुखित होत
हरो भरो करत रहत हित-खेत है॥
'हरिऔध' जीवन दै जीवन-बिहीनन को
पूजनीय-जन जगती मैं जस लेत है।
रिस कै मसकि मीसि देत ना मसक हूँ को
दाँत पीसि पीसि काहू को न पीसि देत है॥ 10॥

हरत रहत है अहेतुक-बिकारन को
काहू पै कबौं न कोह करत कहर है।
मद-मान-मत्तता निवारत है वाको मद
प्रेम-पूत काम के फरेरे की फहर है॥
'हरिऔध' मोह ते न मोहत महान जन
वाको मोह-रवि पाप-ताप-तम-हर है।
लोक-हित-लाभन पै ललकि लुभानो रहै
होति लहू-लोहित न लोभ की लहर है॥ 11॥

आँखि फारि देखे आँखि काहू को न फोरि देत
आह भरे भुस खाल माहिं ना भरत है।
जीह के हिलाये जीह काहू की न खैंचि लेत
मुँह खोले कंठ पै कुठार ना धरत है॥
'हरिऔध' धीर - बीर बनत अधीर नाहिं
धाक हित जेंवरी न धूरि मैं बरत है।
एक-टूक रोटी-हित बतिया दो-टूक कहे
काहू को करेजो टूक टूक ना करत है॥ 12॥

कमनीय-रुचि को कलंकित करत नाहि
कोमलता कोमल-हृदै की ना हरत है।
बनि बनि कीट ना बसत सुमनन माहिं
पावक न भोरे-भोरे-भाव मैं भरत है॥
'हरिऔध' लोभ-हीन ललित-ललक-वारो
काहू के न अनुकूल-काल ते लरत है।
लाल लाल आँखें करि लाल है न काल होत
लहू नाहिं लोक-लालसान को करत है॥ 13॥

बेद की बिभूति ते बिभूति-मान बनि बनि
लोक-बंदनीय-बर-बिरद बरत है।
गौरव गहत गाइ गाइ गौरवित-गुन
ज्ञान-रवि पाइ उर-तिमिर हरत है॥
'हरिऔध' धर्म-वारो सारो मन-मानो छोरि
मुनिन-मतन काहिं मनन करत है।
भारत के भूत-हित भरे भाव-पंकज पै
मत्त मन और भूरि-भावरैं भरत है॥ 14॥

महिमा महंतन की मति को करति मंजु
संतन की संतता असंतता हरति है।
पावनता परसे अपावनता दूर होति
देव-रुचि दुरित-दुरंतता दरति है॥
'हरिऔध' मानवता भावुकता भूति बनि
भावन मैं लोक-हितकारिता भरति है।
धर्म-धुर-धारी के सुधारे लोक सुधरत
धर्म के उधारे सारी धरा उधरति है॥ 15॥

कूर होत कंपित मथित मगरूर होत
पामरता दूर होति परम-नकारे की।
धरकति छाती है अधम-अधिकारिन की
दहलति दानवता दानवी-दुलारे की॥
'हरिऔध' धरती अनीति-भरी धसकति
सुनिकै धुकार धर्म-ध्वनित नगारे की।
हाँक सुने बड़े बड़े हाँक-वारे हहरत
मानत न कौन धाक धर्म-धाक-वारे की॥ 16॥

सुरसरि-सलिल बनावत सुरा को नाहिं
सुर बनि बनि ना असुरता पसारे देत।
बिधि बाँधि बाँधि नाहिं बाँधत अबिधि बाँध
बंदित ह्वै बंदनीय-बानो ना बिगारे देत॥
'हरिऔध' पूत-नीति - पथ को पथिक प्यारो
बातन ते तारे ना गगन के उतारे देत।
बारिद ह्वै बहुधा बरसि ना अँगारे जात
सुधा-मिस बसुधा पै बिस ना बगारे देत॥ 17॥

दोहा–

अमल-आरसी-सम अहै बिपुल-बिमल-मन तौन।
पूत-भाव-प्रतिबिंब ते प्रतिबिंबित है जौन॥ 18॥

द्रवत पसीजत जो रहत लहि परितापन काहिं।
वाको उर नवनीत है या अवनी-तल माहिं॥ 19॥

है वाके मुख-चंद को चित अनुराग चकोर।
पर-हित-रुचि चोरत नहीं जाके चित को चोर॥ 20॥

लोचन-वारे को न क्यों सब थल लसत लखाहिं।
जगत-बिलोचन बसत हैं जब जन-लोचन माहिं॥ 21॥

ललित-लुनाई जगत की दिन दिन होत रसाल।
लोने लोने नयन मैं बसे सलोने-लाल॥ 22॥

क्यों सुधरति जो नहि लहति धरम-धुरंधर-सूरि।
तो कैसे उधरति धरा जो न धरति पग-धूरि॥ 23॥

अति-पावन-पग-संत को जो नहिं परसत अंग।
पावनता कैसे लहति पतित-पावनी-गंग ॥ 24 ॥

बहु सजीवता दान करि जीव-बिहीनन काहिं।
सुधा बहावत संत-जन बहुधा बसुधा माहिं ॥ 25 ॥

कर्मवीर

कर्तव्य-परायणता और कार्य-सिद्धि के सिद्धांतों पर दृढ़ विश्वास आलंबन विभाव, कार्यकारिणी शक्ति के सफल प्रयोगों का अनुधावन और चिंतन उद्दीपन विभाव, कार्य-सिद्धि के साधनों और प्रयोगों का समुचित व्यवहार अनुभाव एवं धृति, मति, गर्व, उग्रता आदि संचारी भाव हैं। कर्मवीर के कार्य-साधन में पूर्ण उत्साह की पुष्टि है।

उदाहरण

कवित्त–

बिपुल अलौकिक-कलान ते कलित बनि
रेल-तार काज क्यों अकल्पनीय करते।
दामिनी क्यों कामिनी लौं सारति सदन-काम
कैसे दिवि-बिभव दिवा-पति बितरते॥
'हरिऔध' जो न कर्म-बीरता धरा मैं होति
बारिधि को बाँधि कैसे बानर उतरते।
फिरते बिमान-अनगन क्यों गगन माहिं
कैसे नग-निकर नगन ते निकरते ॥ 1 ॥

कैसे पृथु प्रथित बन पृथिवी को दूहि
कैसे सातो सागर सगर-सुत सँवारे लेत।
कैसे पार करत पवन-पूत पारावार
गिरि-कर-धारी कैसे गिरिवर धारे लेत॥
'हरिऔध' जो कर्म-बीर की बिरद होति
बार बार बीर कैसे बसुधा उबारे लेत।
दृगन के तारे क्यों सहारे होते साधन के
नभ-तल-तारे कैसे मानव उतारे लेत ॥ 2 ॥

कैसे मघवा के घन प्रबल बिलीन होते
ब्रज की बसुंधरा बिभूति कैसे लहती।

करति सजीव क्यों सजीवन सी मूरि मिलि
धूर होति कैसे कौसलेस-बिथा महती॥
'हरिऔध' जो न करतूती-करतूत होति
साहसी सपूत की सपूती कैसे रहती।
कैसे धूरि-धारा को उधारि या धरातल पै
सुरसरि-धारा सी पुनीत-धारा बहती॥ 3॥

जल-निधि कैसे दान करत अपार-निधि
गाढ़ी कैसे गगन-बिभूतिन ते छनती।
नाना कल केते लोक-यान क्यों जनम लेते
बीजुरी क्यों विपुल-निराली-जोति जनती॥
'हरिऔध' जो न करतूत होति मानव मैं
बायु बहु-बिभुता-बितान कैसे तनती।
कैसे रमा राजति बिराजित बिभूति माहिं
रजमयी महि क्यों रजत-वती बनती॥ 4॥

कैसे बास बनत असन को बिधान होत
बिबिध-सुपास के बसन कैसे सिलते।
दीपक क्यों दिपत दिखात तम-पुंज माहिं
निकसति कैसे सुधा सागर-सलिल ते॥
'हरिऔध' जो न काम-धुन होति कामुक मैं
राख माहिं कनक-कनूके कैसे मिलते।
कैसे मरु-भूमि फल-मूल-अनुकूल होति
धूल मैं क्यों परम अनूठे फूल खिलते॥ 5॥

साधक की साध सारी-साधना-निकेतन है
सिद्धि बिना इति है न साहसी के अथ मैं।
संगिनी सफलता सफल करतूत की है
बिजय बिराजति है कर्म-समरथ मैं॥
'हरिऔध' सारी बाधा बाधति अबाध गति
भू मैं विचरत बीर बैठि भूति-रथ मैं।
पार करि लेत है अपार-पारावार हूँ को
मानत न हार है पहार परे पथ मैं॥ 6॥

काम-धुन-वारो कौन काम है न साधि लेत
वाको सारो काम कियो साधना सरत है।
धरा मैं धँसत पैठि जात है पतार हूँ मैं
बिहरत नभ मैं दिसा मैं पसरत है॥
'हरिऔध' संभव बनावत असंभव को
लोक को अलौकिक-बिभूति बितरत है।
बूझ-बल नागर करत है अनागर को
सूझ-बल गागर मैं सागर भरत है॥ 7॥

तोरि देहै पवि को मरोरि देहै मेरु-दंड
मरुत महान मरु-महि की निवरिहै।
दूरि कै प्रखर पवनातप प्रकोप-ताप
अवरोधि पावक पयोधि पार परिहै॥
'हरिऔध' बाधा परे साध-भरे साधन मैं
कर्मबीर बाधक-अबाध-गति हरिहै।
दरिहै दिगंत-दंति-कुल को दुरंत-दाप
प्रबल-प्रहार कै पहार चूर करिहै॥ 8॥

भूरि-भाग-भाजन न भाजत सभीत बनि
बहि बहि भारन भरत भव-धाम है।
कसिकै कमर कौन समर करत नाहिं
अजर अमर ह्वै रखत कुल-नाम है॥
'हरिऔध' कर्म-बीर पीछे ना धरत पग
बीछे बीछे पथ पै अरत बसु-जाम है।
जमदूत जोरा-जोरी किये हूँ जुरत जात
काल हूँ की छोरा-छोरी छोरत न काम है॥ 9॥

कैसे मुख-लालिमा रहति लोक-कामना की
काम की लगन कृति-कालिमा न खोती जो।
कैसे भव-सुख-लाभ-तरु पल्लवित होत
बीज हित-कारिता के बीरता न बोती जो॥
'हरिऔध' कैसे धरा धारति उधार-ब्रत
धीर-मति धाम धाम का मल न धोती जो।
कैसे अवनी मैं बड़े कमनीय काम होते
काम-धुन-वारे मैं न काम-धुन होती जो॥ 10॥

दोहा–

तजत काज अपनो नहीं लहत बिजय को हार।
हार न मानत साहसी सिर पर गिरे पहार ॥ 11 ॥

परि कंटक-बाधान मैं होत चौगुनो चेत।
काज-कंज-सुमिलिंद बनि बीर-बृंद रस लेत ॥ 12 ॥

जन निज बल ते बनि बली होत भूति को भौन।
किये भरोसो भाग को भागवान भो कौन ॥ 13 ॥

पावन चरित सजीव-जन है जग जीवन-मूरि।
ताप निवारत कर-परस पाप हरत पग-धूरि ॥ 14 ॥

करतूती-कर-तल परसि मुकुत कहावत पोत।
रजत बनति रज-राजि है कनक लौह-कन होत ॥ 15 ॥

गुन-आगर-जन मनि लहत पहुँचत उरग समीप।
मोती ते गागर भरत लहि सागर की सीप ॥ 16 ॥

दूर होत घर घर तिमिर जगति जगत में जोति।
तेज-वंत-तरवा परसि नवनी अवनी होति ॥ 17 ॥

सबल-बाहु-बैभव मिले सकल होत अनुकूल।
कंटक-जाल कलित-कुसुम बनत रसाल बबूल ॥ 18 ॥

दै अबित्त को बित्त बहु हरत कुपित को पित्त।
सचल बनावत अचल को परम-अविचलित-चित्त ॥ 19 ॥

मानस-बल बलवान-तन संकट पावत छू न।
नावक बनत मयंक-कर पावक बनत प्रसून ॥ 20 ॥

युद्धवीर

शत्रु का प्रताप, पौरुष और ऐश्वर्य आदि आलंबन, मारू-वाद्य और सैन्य-कोलाहल आदि उद्दीपन, अंग-स्फुरण और नेत्र-लालिमा आदि अनुभाव, गर्व, उग्रता और धृति आदि संचारी भाव हैं।

युद्धवीर में बल-पौरुष-प्रतापादि-जनित उत्साह की पुष्टि है।

कवित्त–

धूरि मैं समैहैं गोले ओले के समान गिरि
टूक टूक ह्वैहै तोप बार बार दनकी।

घोर घमासान बीरता की धूमधाम ह्वैहै
धीरता रही जो बनी धीरन के मन की॥
'हरिऔध' बिरद निबाहत बिरदावारो
बात अबिदित है न बात-भरे तन की।
बर-बीर छिति माहिं छोरत अछूतो जस
सुधि हूँ न लेत छिदी के छतन की॥ 1॥

पीछे ना परैगो कबौं परम-उमंग-भरो
रण-रंग-रंगो दंग करिकै पधारैगो।
बार बार धूँआधार कठिन समर करि
कीरति अपार या धरा पर पसारैगो॥
'हरिऔध' बैरिन को उदर बिदारि दैहै
लात मारि मारि आँत अरि की निकारैगो।
जाकी करतूत मैं लगी ना छूत एकौ बार
राजपूत-पूत भूत सिर को उतारैगो॥ 2॥

उठो उठो बीरो चीरो आरिन-करेजन कौ
पीरो मुख परे बनी बात हूँ बिगरिहै।
छटकि छटकि छाती छगुनी करैयन को
कौन आज उछरि उछरि कै कचरिहै॥
'हरिऔध' कहै बीर-बृंद ना अबेर करौ
हाँक ते तिहारी धीर हूँ ना धीर धरिहै।
पारावार-धार मैं उड़ैगी छार आँच लगे
ठोकर की मार ते पहार गिरि परिहै॥ 3॥

बहँके बहँकि सारी बहँक निवारि देहौं
बाल बाल बीनिहौं बलकि बने बलवान।
तमके तमकि तम हरिहौं तमारि सम
दाँत पीसिहैं तो दाँत तोरिहौं मरदि मान॥
'हरिऔध' बैरिन की बीरता बिफल कैहौं
बादिन पै बादिकै बगारिहौं बिखीले बान।
मुँह जो बनैहैं तो पकरि मुँह तोरि देहौं
आँखि जो दिखैहैं तो निकारि लैहौं अँखियान॥ 4॥

बिदित पुरारि-बज्र बज्रता बिलोप कैहै
बिकराल-काल की करालता को खलिहै।
चकी के प्रबल-चक्र काहिं चूर चूर कैहै
कालिका-कृपान की कृपानता को छलिहै॥
'हरिऔध' कोऊ रन-बाँकुरो उमंग भरि
बंक कर भौहैं सत्रु सौहैं जब चलिहै।
खंड खंड करिहै पिनाकी के पिनाक काहिं
ठोकि भुज-दंड यम-दंड हूँ को दलिहै॥ 5॥

बीर-कुल-बाल ह्वै न सहिहौं त्रिकाल माहिं
लोक-प्रतिकूल की अकल्पित-कुचाली को।
खलन की खाल खींचि लैहौं खलता के किये
बाल बाल बीनिहौं बिरोधी-बल-शाली को॥
'हरिऔध' कर मैं कराल-करवाल गहि
अरि-कुल-काल ह्वै रिझैहौं मैं कपाली को।
मानव-अमंडनीय-मुंडन को काटि काटि
मुंडन की मालिका पिन्हैहौं मुंडमाली को॥ 6॥

पातक को पल पल प्रबल-प्रसार देखि
जा दिन अपार-बिकरार-रूप धरिहौं।
करिकै प्रकम्पित पताल के प्रवासिन को
गरल सहस्र-फन-फूँक लौं बितरिहौं॥
'हरिऔध' दिपत-दिगंत मैं दवारि भरि
प्रलय-प्रभाकर लौं व्योम मैं बिचरिहौं।
ज्वाल पर ज्वालामुखी लौं बमन करि
सारी मेदिनी को ज्वाल-माला-मयी करिहौं॥ 7॥

बाल बाल बिने पै मनोबल न जाको जात
सोई बलवान गयो सबल बखानो है।
सोई साहसी है जो समर मैं सपूती करै
रोम रोम माहिं जाके साहस समानो है॥
'हरिऔध' बाहु-बल बिजय-बधावरो है
सूरन की सूरता अमरता बहानो है।

हैबो ना अधीर धीर-धीरता को बैभव है
हैबो ना अ-बीर बीर बीरता को बानो है ॥ 8 ॥

परम अकुंठित बिरोधिनी स-कंठता की
कुलिस सी कठिन कठोरता मैं ढाली है।
अंग-भंग-निपुन तरंगित तरंगिनी सी
भरति-उमंग रन-रंग-मतवाली है ॥
'हरिऔध' बैरि-उर-बिवर-बिहारिनी है
काल को कराल रसना सी कंपवाली है।
लहू-लाली-भरी कै कपाल-माली-आली अहै
बीर-करवाल काल-ब्याली किधौं काली है ॥ 9 ॥

पग जो न दैहैं साथ पंगु तो बनैहैं तिनैं
कर जो न कैहैं कही लुंचता सकारिहौं।
बार बार ताको छत बिछत बनैहौं छेदि
जाति-दुख-छत जो न छाती मैं निहारिहौं ॥
'हरिऔध' जाति-हित जीहौं जाति-हित कैहौं
प्रतिकूल भये रोम रोम मैं उखारिहौं।
बिमुख बनैगो तो न मुख रहि जैहै मुख
रस जो न राखिहै तो रसना निकारिहौं ॥ 10 ॥

कंचन बिहाइ काँच पै जो मोहि जैहै मन
तो मैं ताको मानवी बिमोह सब हरिहौं।
बासना सतैहै तो बसैहै नाहिं बासना की
बिचलित चाव ते बचाव कै उबरिहौं ॥
'हरिऔध' जाति पीसि पेट पालिहौं ना कबौं
आँखि जो फिरी तो आँखि माहिं धूर भरिहौं।
चूक पर चूक जो निबोरी हित होति जाति
रसना निगोरी को तो टूक टूक करिहौं ॥ 11 ॥

एक बूँद रुधिर रहैगो जौलों गात माहिं
देस-अनुराग-ताग तबलौं न तोरिहौं।
अपनी बिभूति को बचैहौं बाल बाल बिने
खाल के खिँचेहूँ रक्त अरि को निचोरिहौं ॥

'हरिऔध' पैहौं दिव्य हार हारहूँ के भये
बजर परे हूँ सिद्धि छूटी गाँठ जोरिहौं।
छाती के छिले हूँ मोरिहौं ना छमता ते मुख
रोम रोम छिदे जाति-ममता न छोरिहौं ॥ 12 ॥

फुँकरत देखि फनि-पति को न भीत होत
देव-सेनापति की दुरंतता दरत है।
दबत न देखि भूरि भैरवता भैरव की
संयमिनी-नाथ दंड-पानिता हरत है ॥
'हरिऔध' मानत धरा-पति को धाक नाहिं
सौहैं परे नाक-पति हूँ को निदरत है।
करवाल गहे ना डरत लोकपाल हूँ ते
बीर-बर बिकराल काल ते लरत है ॥ 13 ॥

करिकै समर धूआँधार धीर बीर नर
बार बार अरि को पछारि है उछरतो।
काटत फिर गज-बाजि की कतार काहिं
पीर भीर-भार मैं सँभारि है उभरतो ॥
'हरिऔध' तार बाँधि बाँधि तीखे तीरन को
भीरु-भावना मैं है भभर-भूरि-भरतो।
हनित कटार पार होत है करेजन के
बार पर बार तरवार की है करतो ॥ 14 ॥

बड़े बड़े बीरन को पकरि पछारि देत
भारी भारी भीरन हनत पल-भर मैं।
रोम रोम छिदे छनौ छोरत उछाह नाहिं
छत लगे हाथी को उछारत अधर मैं ॥
'हरिऔध' करिकै धरा को शर-धारा-मयी
मुंड-माला देत मुंड-मालिका के कर मैं।
कसिकै कमर बनि अमर अमर-सम
सूरमा करत सूरमापन समर मैं ॥ 15 ॥

रन की विभीषिका से भीत कबहूँ ना होत
रन-रंग-रँगो-बीर बीरता बरत है।

काल-दंड गहि दंड देत है उदंड काहि
बरि-वंड-दल को बिहंडि बिहरत है॥
'हरिऔध' मारतंड-मंडल-समान बढ़ि
तामसिक-मंडली को तामस हरत है।
खंड-खंड परम-प्रचंड भुज-दंड करि
रुंड-मुंड-झुंड मैं बितुंड लौं लरत है॥ 16 ॥

दोहा–

पवि-समान तोरत रहत करिवर-कुंभ-अपार।
काहु गदा-धर-करन को गुरु-तर गदा-प्रहार॥ 17 ॥

लोक-लाल-प्रतिपाल-रत कुल-कलंक-नर-काल।
कामद-कल्पलता सरिस है नृपाल-करवाल॥ 18 ॥

जिअत न जो नर-केहरी नर-केहरि-ब्रत धारि।
कदाचार-करि-कुंभ को कैसे सकत बिदारि॥ 19 ॥

गरजि गरजि जो बीर-बर करत न बारिद काज।
पर-अकाज-रत कु-जन पै कौन गिरावत गाज॥ 20 ॥

भू-मंडल मैं जो नहीं होत बीर-भुज-दंड।
दंडित करत उदंड को तो काको कोदंड॥ 21 ॥

जो काली-रसना-सरिस होति न बीर-कृपान।
रुधिर-पान-रत-नरन को रुधिर करत को पान॥ 22 ॥

बीर-भाव मैं भूति को होतो जो न उभार।
तो को करतो भूत-हित को हरतो भू-भार॥ 23 ॥

परति भार मैं काहि लखि भार-भूत-जन-भीर।
उबरति कैसे बसुमती जो न उबारत बीर॥ 24 ॥

किमि दुरंत-नर-दव-दही-मही लहति रस-सोत।
जो न बान-धारा-बलित बीर-बारि-धर होत॥ 25 ॥

लाला प्रानन को परत लहत न कोऊ त्रान।
जब दामिनि लौं समर मैं दमकति बीर-कृपान॥ 26 ॥

दयावीर

दीन, आर्त्त और दुःख-दग्ध जन आलंबन; आर्त्त-स्वर, करुण-क्रन्दन, दुःख-पूर्ण, वर्णन और हृदयद्रावी विनय आदि उद्दीपन; मृदु भाषण, उदार आश्वासन, दुःख-

दूरीकरण-चेष्टा आदि अनुभाव; एवं चंचलता, उत्कंठा और धृति आदि संचारी भाव हैं। दयावीर में चित्तार्द्रता-संभूत उत्साह की परिपुष्टि है।

कवित्त–

ताको सुर-तरु के समान है फलद होत
मूठी नाज काज जो तिगूनो तरसत है।
परम प्रवंचित अकिंचन-कु-धातु काहिं
फली-भूत पारस-समान परसत है॥
'हरिऔध' दीनन को दीनता-तिमिर हरि
ससि के समान ह्वै सरस सरसत है।
बार बार जन-विटपालि पै बरद-वर
बारिद-समान बारि-धार बरसत है॥ 1॥

बिपुल-पिपासित-पिपासा कैसे दूर होति
कैसे पेट भूरि-भूखे लोगन को भरतो।
कैसे द्रवीभूत होत पाहन-समान उर
गज कैसे ग्राह के बदन ते उबरतो॥
'हरिऔध' होति जो दयालु मैं दयालुता न
मंजु-मोती कैसे पातकीन पै बगरतो।
बनतो सदय कौन दुखियान-दुख देखि
कौन दयनीयन पै दौरि दया करतो॥ 2॥

मानवता-मंजु-बेलि चित-आलबाल माहिं
प्रति दिन फैलि फैलि फूलति फलति है।
पर-उपकारिता बिलोचन मैं बिलसति
लोक-हित-कारिता क़रन ते पलति है॥
'हरिऔध' बार बार बिपति-हरन-बानि
बिबिध-बिथा को अ-बिथा ते बदलति है।
दलित-जनन के दलन की दलक सारी
दयावान दिल की दयालुता दलति है॥ 3॥

पगन मैं सुपथ-गमन बेस मैं है बसी
कर मैं मंजु-दान-मिस निवसति है।
बदन मैं सोहति सनेह-सने-बैन बोलि
पर-काज साँसत सहति बिहँसति है॥

‘हरिऔध’ दया-वान जन की निराली दया
असरस-पाहन परसि सरसति है।
उर मैं बसति है तरलता-निवास बनि
लोयन मैं वारि है बिपुल बिलसति है॥ 4॥

कैसे गिरि-अंक ते प्रसूत-सरि-धारा होति
मंजुल-सलिल क्यों सरन माहिं रहतो।
मा की छतियान मैं भरत क्यों अछूतो छीर
बिबुध-बरूथ क्यों रसा को रसा कहतो॥
‘हरिऔध’ होति दयामय मैं दया जो नाहिं
कैसे तो मयंक ते सुधा को सोत बहतो।
कैसे तरु-लता मैं सरसता-निवास होत
तोयद को तोम तो तरलता क्यों लहतो॥ 5॥

कुसुम-सरिस होत कोमल कठोर-पवि
मंजुल-मृनाल लौं मृदुल होत मूसरो।
सुधा होति सुरसरि-सलिल-समान पूत
नीरसता छोरिकै सरस होत ऊसरो॥
‘हरिऔध’ तेरी कृपा-कोर ते उधरि जात
धीर तजि धूरि मैं मिलत धमधूसरो।
कोऊ तोसों दीनबंधु दीखत दुनी मैं नाहिं
दयानिधि तोसों दयावान कौन दूसरों॥ 6॥

अभु-पग-बल पवि-प्रबल-प्रहार ही ते
चूर होत पातकीन-पातक-पहार है।
तेरो वर-विरद निवारत बिबिध-ताप
दूर करि देत भव-विविध-विकार है।
‘हरिऔध’ ऐसो उपकारी है अपर कौन
तोसों कौन करत अपार-उपकार है।
तोसों कौन बिदित-दयानिधि दुनी मैं अहै
दिवि-माहिं तोसों कौन उदित-उदार है॥ 7॥

बिभा देत भानु सुधा स्रवत सुधाकर है
बरसत बारि-धर वर बारि-धार है।
सरस बनावत रसा को है बिपुल-रस
मंद मंद बहति मनोरम-बयार है॥

'हरिऔध' बगर बगर मैं बगरि भूरि
करति बिनोदित बसंत की बहार है।
छहरि छहरि जात तारन-कतार हूँ मैं
कृपा-पारावार की कृपालुता अपार है ॥ 8 ॥

दोहा–

तृन-तरु-हित बसतो न जो प्रभु-दयालुता माहिं।
पाहन तो न पसीजतो तजि पाहनता काहिं ॥ 9 ॥

जो न दया-निधिता लहे सरसत दया-निधान।
कैसे जीवन को करत जीवन जीवन-दान ॥ 10 ॥

सुख-मय नहिं होतो दिवस रस-मय होति न राति।
जो न दया-मय की दया दया-मयी दिखराति ॥ 11 ॥

जो न दया-निधि की दया घेरति बन घन-घोर।
कौन दूबरी दूब पै बरसत बारि-अथोर ॥ 12 ॥

ब्रज-ललना लोनी-लता कैसे होति ललाम
दया-बारि ते सींचतो जो न बारि-धर-स्याम ॥ 13 ॥

दानवीर

याचकगण और दानपात्र आलंबन; कर्तव्यज्ञान, कलित-कीर्ति-धवलिमा, दानपात्र की पात्रता आदि उद्दीपन; अकृपणता और सर्वस्व-दान एवं औदार्य आदि अनुभाव और हर्ष आदि संचारी भाव हैं।

दानवीर में दान करने के उत्साह की पुष्टता है।

कवित्त–

कंचन-समान है अकिंचन-जनन काज
पर-हितकारिता सरस मंजु रस है।
कौमुदी है सब सुख-साधना कुमोदिनी की
कामुक निमित्त काम-धेनु को दरस है॥
'हरिऔध' दीनता-धरा की है परम-निधि
कु-दिन कु-धातु काहि पारस-परस है।
जीवन-बिधायिनी है अवनि उदारता की
तेरी दान-धरा सुधा-धारा ते सरस है ॥ 1 ॥

पलुहति कैसे उपकार की कलित-बेलि
सुफल उदारता-लता हुँ कैसे लहती।
भूरि-दुख-धूरि की दुखदता क्यों दूर होति
जीव-दया-सरिता सरस कैसे रहती॥
'हरिऔध' कैसे अकिंचनता तृनावलि मैं
लसति हरीतिमा-बिभूति-वती-महती।
दीन - तरु होत क्यों हरित हित-बारि लहे
दीनता धरा पै जो न दान-धारा बहती॥ 2॥

दीन-दुख-दुसह-दवारि बर-बारिद है
दारिद-अपार-पारावार पूत-बेरो है।
भवन है बिपुल-उदार-उर-भावन को
चारु-भूत-चावन को रुचि-कर-खेरो है॥
'हरिऔध' पर-हितकारिता-बिकास-भूमि
लोक-उपकारिता को लसित-बसेरो है।
चेरो अहै दया-मान-विगलित-मानस को
तेरो दान मया-मंजु-आनन-उँजेरो है॥ 3॥

अविभव माहिं है बिराजत बिभव बनि
भाव ह्वैकै बिपुल-अभाव मैं बसत है।
रस है अरस मैं बिभा है बिभा-हीनन मैं
सुख ह्वैकै असुखीन माहिं निवसत है॥
'हरिऔध' भोजन ह्वै भूखे की हरत भूख
नीर ह्वै पिपासित-गरे मैं प्रविसत है।
दीनता निवारि के अदीन सब दीनन को
दिन दिन दानिन को दान बिलसत है॥ 4॥

सींचन को बंस-बिरदावलि-दलित-बेलि
गात को रुधिर बारि-धारा लौं बहैहौं मैं।
तन बेंचि बेंचि रोम रोम ते निबाहि पन
बंचित-समाज-बंदनीयता बचैहौं मैं॥
'हरिऔध' धन-करि बंधन-निवारि पैहौं
सिर दै दै साँची-देस-बंधुता दिखैहौं मैं।
जीवन-बिहीन को सजीवन बनैहौं जूझि
जाति-हित जीवन हूँ दान करि देहौं मैं॥ 5॥

तेरो पद ऊँचो-पद ऊँची-पदवीन को है
दारिद-दुरित को दरन तेरो दर है।
तेरो प्यार दाता है अपार-अधिकारन को
बिपुल-बिभूति को बिधाता तेरो बर है॥
'हरिऔध' तौ मन मृदुलता-निकेतन है
तेरो उर अतुल उदारता को घर है।
फलदर दयालुता तिहारी कल्प-बेलि-सी है
कामधेनु-कामद तिहारो कांत-कर है॥ 6॥

तोसों कौन दूसरो द्रवत पर-दुख देखि
तोसों कौन दानी को दयालुता-निकेत है।
याचकन काहिं कौन करत अयाचक है
कंचन बरसि जात कौन चित-चेत है॥
'हरिऔध' रंकन को करत कुबेर कौन
सकल अकिंचन की कौन सुधि लेत है।
काने सनमाने दीन-जन जानि दीनन को
आने अनजाने को खजाने खोलि देत है॥ 7॥

धन जन असन बसन बासनन देइ
दानबीर दीनन की दीनता दरत है।
हीर-हार मंजु-मनि-मोतिन की माल लेत
भूर-भव-विभव भवन मैं भरत है॥
'हरिऔध' राजी है करत बर-बाजी देइ
साजी धेनु-राजि दै अधेनुता हरत है।
लावत अबार न बराकन-उबारन मैं
बार बार बारन-कतार बितरत है॥ 8॥

दिन दिन रतन-बखेरन की बानी हेरि
रतन-समूह-आकरन मैं अरो अहै।
धरनि मैं धन भूधरन मैं छिपे हैं नग
मुकुत अगाध-अंबुनिधि मैं परो अहै॥
'हरिऔध' तेरी दान-बीरता बखान सुने
भभरि कुबेर भूरि-भीति ते भरो अहै।
कनक-अपार बार बार बितरत देखि
सोने को पहार एक कोने मैं खरो अहै॥ 9॥

घनता तिहारी ही रसालता की अवलोकि
घन-माला घूमि घूमि नभ मैं घिरति है।
रवि की किरिन बिकसित है बसुंधरा पै
तेरी गुरुता ते गौरवित है गिरति है॥
'हरिऔध' तेरी ही दमक को दमामो दै दै
दमकत दामिनी दिगंत मैं फिरति है।
लहिकै तरनि लौं तिलोक-तम-हारी तेज
तारावलि तेरी दान-धारा मैं तिरति है॥ 10॥

दोहा–

जगती-तल मैं कौन है दानी जलद-समान।
जो जीवन हित करत है अपनो जीवन दान॥ 11॥

बायु सहत छीजत दहत गरत गँवावत मान।
तबहूँ जलधर जगत को करत रहत जल-दान॥ 12॥

दानी साँसत हूँ सहे दान देइ जस लेत।
सहि पाहन बनि बनि बिफल सफल बिटप फल देत॥ 13॥

जो न सुधानिधि लेत सुधि बनि बनि दयानिधान।
सरस-सुधा तो करत को बसुधा-तल को दान॥ 14॥

वा सम कौन दयालु है अवनी-तल मैं आन।
पर-दुख देखि द्रवत रहत जो नवनीत-समान॥ 15॥

वा सम दानी कौन जो गात उघार निहारि।
बस न चलत हूँ देत है अपने बसन उतारि॥ 16॥

साँचो दानी-सरस-उर अहै घन-सरिस कौन।
ऊसर मैं सर ते अधिक रस बरसत है जौन॥ 17॥

मान गुमान कबौं नहीं होत दान अनुकूल।
बिन फूले फल देत हैं गूलर-तरु को फूल॥ 18॥

◆◆◆◆◆

रौद्र

स्थायी भाव–क्रोध

देवता–रुद्र

वर्ण–अरुण अथवा रक्त

आलंबन : शत्रु अथवा वह पुरुष जो जाति और देश का द्रोही हो, कदाचारी और कपटाचारी व्यक्ति आदि–

अनुभाव : भ्रूभंग, अधरदंशन, ताल ठोंकना, डाँटना, ललकारना, रोमांच, स्वेद, मद, परुष-भाषण आदि–

संचारी भाव : गर्व, चपलता, मोह, अमर्ष, उग्रता, आवेग आदि–

उद्दीपन : शत्रु की चेष्टायें और उसका व्यवहार, उसका आस्फालन, अस्त्र-शस्त्र-प्रहार और आक्रोश, देशद्रोही, जाति-शत्रु और कदाचारी पुरुषों का कार्य्य-कलाप और उनकी कूटनीति आदि–

विशेषता

इस रस में उद्दीप्त क्रोध की प्रबलता और पुष्टता होती है।

उदाहरण

अहंभाव

कवित्त–

कब लौं अभाग तू बनाइहै अभागो मोहि
जो न भागिहै तो तोको पौरुख दिखैहों मैं।
काढ़िहौं कचूमर पकरि मुँह लाल कैहौं
चाल चलिहै तो बाल बाल बीनि लैहों मैं॥

ए रे कूर मानिहै कही ना 'हरिऔध' की तो
घूर माहिं तोको चूर चूर कै मिलैहौं मैं।
पसुता दिखैहै तो पिसान करि दैहौं पीसि
मसक समान मूढ़ तोको मीसि दैहौं मैं॥ 1॥

सामने जो ऐहै महा बिकराल-काल हूँ तो
लोहा लेइ तासों ताल ठोंकि ठोंकि लरिहौं।
गरजि गिराइहौं गुमान मगरूरिन कौ
तरजि तिलोक-पति हूँ को तेह हरिहौं॥
'हरिऔध' धाइहौं कँपाइ दिगदंतिन कौ
बड़े बड़े धीर-धुर-धारिन कौ धरिहौं।
बैरिन की अँखियाँ बनैहौं बारि-धारा-मयी
धूरि-धारा-मयी मैं बसुंधरा कौ करिहौं॥ 2॥

दून की जो लैहै ताप दैहौं तिगुनो तो ताहि
बहँके बहँक-बानि काहिं बहकैहौं मैं।
कीच जो उछारिहै तो पकरि पछारि दैहौं
पीछे जो परैगो तो न पीछे पाँव नैहौं मैं॥
'हरिऔध' करिकै बिरोध का बिरोधी कैहै
वाको अवरोध-बारि-धारा मैं बहैहौं मैं।
बल जो दिखाइहै बिलाइहै बलूले सम
बैर-बलि-बेदिका पै वाको बलि दैहौं मैं॥ 3॥

उत्तेजिता बाला

कवित्त–

बीजुरी बिलसि घन-अंक मैं जो कैहै केलि
तो मैं ताकी फूटी-आँखि हूँ ते ना निहारिहौं।
सारी वारि-बूँदन को बारिधि मैं बोरि दैहौं
बसुधा ते बरखा बयारि को निकारिहौं॥
'हरिऔध' बैर करिहैं जो मो बियोगिनी ते
तो मैं मोर-कुल को मरोरि मारि डारिहौं।
आदर न दैहौं कबौं कादर-पपीहन कौ
बजमारे-बादर को उदर बिदारिहौं॥ 1॥

मंजुल-रसाल मंजरीन को बिथोरि देहौं
रसना-बिहीन कैहौं कोकिल-नकारे को।
कुसुम - समूह की कुसुमता निवारि देहौं
मारि देहौं गुंजत-मिलिंद-मतवारे को॥
ए हो 'हरिऔध' जो सतैहैं दुख दैहैं मोहिं
बिरस बनैहौं तो सरोज-रस-वारे को।
अंतक लौं सारे-सुख-तंत को निपात कैहौं
अंत करि देहौं या बसंत बजमारे को॥ 2॥

पवि-प्रहार

मनहरण

कवित्त–

कैसे तो रसातल पठाइ देहौं तोको नाहिं
ताड़ित जो तो ते होत भारत-अवनि है।
तू जो बार बार करत हितून पै तो
मेरो कर कैसे ना कटारी तोहि हनिहै॥
'हरिऔध' कहै ए रे कुल के कलंक जो तू
तमकि तमकि जाति-नेहिन पै तनिहै।
मेरी बंक-भौं तो तेरी बंकता नसैहै क्यों न
मेरो लाल-नैन क्यों न तेरो काल बनिहै॥ 1॥

एड़ी और चोटी को पसीनो करि एक जो तू
खोटी है करत क्यों न दाँत कोट कैहौं मैं।
रोटी के निमित्त पेट काटि लेत औरन के
ऐसी छोटी बातन ते कैसे ना घिनैहौं मैं॥
'हरिऔध' तू जो जाति-पीठ की चमोटी बन्यो
कैसे तो न बार बार पोटी दूहि लैहौं मैं।
मोटी-मोटी बाहैं बदी-मोटैं जो बनति हैं तो
ए रे नर तेरी बोटी बोटी काटि देहौं मैं॥ 2॥

कमनीय-कामिनी मैं कुल मैं कुलीनता मैं
कालिमा लगाइ क्यों कलंक मैं सनत है।

काहें बहु-आनन के सुनत अनैसे बैन
काहें अपकीरत-बितानन तनत है॥
'हरिऔध' तो ते जो पै हिन्दू-हित होत नाहिं
हिन्दू ह्वैकै जो तू जर हिन्दू की खनत है।
काहें करवाल कालिका की ना परति तो पै
काहें तो न काल को कलेवा तू बनत है॥ 3॥

कोऊ गिरि काहें तेरे सीस पै गिरत नाहिं
धाक खोइ काहें तू धरा मैं ना धँसत है।
काहें ना रसातल सिधारत रसा के हिले
काहें ना कपालिनी-कुफाँस मैं फँसत है॥
'हरिऔध' हिन्दू बनि हिन्दू-कुल-बाल होइ
हिन्दू-गरो जो तू जेवरीन ते कसत है।
काहें तो प्रचंड-यम-दंड ना लगत तोहि
काहें तोको कारो काल-नाग ना डँसत है॥ 4॥

मानव की कहा ह्वैहैं कुपित अमानव हूँ
खग मृग मीनन की मंडली कँपावैगी।
तरु काल ह्वैहै फूल फल मैं समैहै सूल
दल दलि दैहै बेलि लता कलपावैगी॥
'हरिऔध' कहै देस-द्रोही तू न पैहै कल
धाई धूरि-धारा असि-धारा सी सतावैगी।
भारत के कोटि कोटि कीट काटि काटि खैहैं
चींटे चोट कैहैं चींटी तोको चाटि जावैगी॥ 5॥

दिनकर-किरिनैं करेजो तेरो बेधि देहैं
चंद की कलायें तोको गरल पिआइहैं।
अंत तेरो करिहैं दिगंतन के दंति दौरि
धूरि माहिं तोको धरा-धर हूँ मिलाइहैं॥
'हरिऔध' जो तू कुल-लाल ह्वै बनैगो काल
हिंदुन को तेरे दृग-लाल जो कँपाइहैं।
कारे-कारे-बारि-बाह ते तो पावि-पात ह्वै
नभ-तारे तो पै जो अँगारे बरसाइहैं॥ 6॥

रेति-रेति जाति-गरो कौलों तू मनैहै मोद
चेति चेति कौलौं लोक-चित्त-चाव हरिहै।
काल बनि बनि काहू काहिं कलपैहै कौलों
लाल ह्वैहै कौलौं तू लहू सों हाथ भरिहै॥
मानत है काहें 'हरिऔध' की कही ना कूर
कालिमामयी तू कौलौं मेदिनी को करिहै।
कोऊ ज्वाला-मुखी फूटि कैहै टूक टूक तोहि
ए रे महा-पापी तो पै बज्र टूटि परिहै॥ 7॥

दिवि ह्वैहैं अदिवि धनाधिप बराक ह्वैहै
सकल बिभूति अ-बिभूति पद पावैगी।
सुर ह्वैहै असुर सुराधिप-सम न ह्वैहै
काम-धेनु सारी कामधेनुता गँवावैगी॥
कहै 'हरिऔध' ए रे हिन्दू-कुल के कलंक
जाति काहिं तेरी कूटनीति जो कँपावैगी।
ज्वाला-माला ह्वैहै तो मयंक-कला केलि-मयी
तोको कल्प-बेलि कल्प कल्प कलपावैगी॥ 8॥

तेरो नाम सुने नाक नीचता सिकोरि लैहै
तेरो मुख देखे महा-पातक सिहरिहै।
पामरता पैहै यम-यातना परसि तोहि
लोक-कालिमाहुँ को कलंकित तू करिहै॥
'हरिऔध' कहत पुकारि जाति-बैरी सुन
जाति-बैर-बिरद बहँकि जो नू बरिहै।
गौरव तिहारो तो अगौरव-बिभूति ह्वैहै
कौरव-समान तू हूँ रौरव मैं परिहै॥ 9॥

कैसे भल हिंदुन को कबहूँ अकाज हो तो
हिंदू ह्वै अहिंदू-काज जो न करि जातो तू।
भीर क्यों परति क्यों भभरि-हित भागि जात
नाना बैर-भावन ते जो न भरि जातो तू॥
'हरिऔध' जाति तो अकंटक न कैसे होति
कंटक-समान पंथ तें जो टरि जातो तू।

गरि जातो सरि जातो कतहूँ निकरि जातो
जरि जातो बरि जातो जो पै मरि जातो तू ॥ 10 ॥

दोहा–

गरल बमत बहकत रहत दहत हरत चित-चैन।
कैसे लोने नैन मैं राई लोन परै न ॥ 11 ॥

कैसे ऐंची जाय नहिं क्यों न बनहि बदनाम।
जब चलि जीभ चलावतै रहति चाम के दाम ॥ 12 ॥

संत बनेहूँ जो हरत काहू गर को हार।
काहें वाके सीस पै टूटि न परत पहार ॥ 13 ॥

ते असंत हैं संत नहिं क्यों न गहहिं करवाल।
जिनकी अँखियाँ लाल है बनहिं लोक-हित-काल ॥ 14 ॥

जो भिरिहैं करिहौं उभरि बीर-भाव को अंत।
हौं बैरिन कौं तोरिहौं सकल-बिखीले-दंत ॥ 15 ॥

बचि पैहै बैरी नहीं परि सौहैं करि सौंह।
हरिहै सारी बंकता बंक भई मम भौंह ॥ 16 ॥

◆◆◆◆◆

भयानक

स्थायी भाव–भय

देवता–काल

वर्ण–श्याम अथवा कृष्ण

आलंबत : भयंकर दृश्य, घोर दर्शन जन्तु अथवा प्राणि विशेष, भीतिवर्द्धक स्थान आदि।

उद्दीपन : भयंकर दृश्यों का अवलोकन, भयजनक प्राणियों और स्थानों का दर्शन, उनकी चेष्टायें और उनके कार्य्यकलाप।

अनुभाव : विवर्णता, कंप, मूर्छा, स्वेद, रोमांच, स्वरभंग आदि।

संचारी भाव : आवेग, मोह, त्रास, दैन्य, शंका, मृत्यु आदि।

इस रस में इंद्रिय-विक्षोभ के साथ भय की पुष्टि होती है। इसके पात्र कापुरुष और भीरु स्त्री आदि हैं।

विशेष

किसी किसी ने इस रस का देवता यमराज को माना है।

भय की बिभूति

मनहरण

कवित्त–

याजन यजन बहु-साधन बिराग राग
ब्रत उपवास काल-त्रास करतूति है।
साँसत-सहन नाना-सासन प्रतीति प्रीति
सहज-भयानक-बिभावना प्रसूति है॥

'हरिऔध' बिबिध-बिभीषिका थहर भरी।
सकल-ससंक-भाव-गात-भूति है।
भभरे जनन की भभर भूत-प्रेत-प्रीति
भीरु-जन-अनुभूति भय की बिभूति है॥ 2॥

भूत-प्रेत परम-भयावनी कुमूर्ति देखे
चैन न कबौं ना भूतहूँ को पूत सूतिहै।
फुँकरत फनि-गन फनिता बतैहै कौन
कालिका-करालता कहाँ लौं कोऊ कूतिहै॥
'हरिऔध' काहि से गरल-कंठता है छिपी
काको ना कपाल-नैन-ज्वाल-अनुभूति है।
भैरव समेत भूत-नाथ की प्रभूत-भूति
भूरि-भय-भावना-भयंकर-बिभूति है॥ 2॥

कहा अजगुत बक्र-दंत बिकराल-काय
कदाकार कोऊ भूरि-भीति उपजैहे जो।
कौन है विचित्रता विकल्पित बिपुल-मूर्ति
बनिकै भयंकरी बिभीषिका बढ़ैहै जो॥
'हरिऔध' कछू ना अचंभौ तम-तोम-तरु
भैरव-बिभूति है अपार डरपैहै जो।
जहाँ तहाँ खरे क्यों दिखैहैं ना प्रभूत-भूत
भय-अभिभूत-मन भूत बनि जैहे जो॥ 3॥

बिभीषिका

कवित्त–

सूरता बिलोके साँचे-सूर-कुल-केसरी की
बड़े-बड़े साहसी समर गैं सकाने हैं।
बीरता बिकंपित भई है बाँके-बीरन की
बैरिन के बैभव बलूले लौं बिलाने हैं॥
'हरिऔध' कर-करवाल-गहे केते भीरु
भीत ह्वैकै गिरि की गुहान मैं समाने हैं।
धनु ताने केते हहराने केते थहराने
केते भहराने केते भभरि पराने हैं॥ 1॥

बासर बड़े हैं पे अबासर बनैंगे बिधि
लोमसता-चाव कौलौं लोमस दिखावैंगे।
चिरजीवी जेते हैं न वेऊ चिरजीवी अहैं
कैसे चिर-जीवन जगत-जीव पावैंगे॥
'हरिऔध' अमरावती न अमरावती है
सारे लोक काल के उदर मैं समावैंगे।
कौन है अमर है अमरता निवास कहाँ
एक दिन अमर अमर मर जावैंगे॥ 2॥

प्रलय काल

कवित्त–

सारे-लोक लोकपाल सहित विलोप ह्वैहैं
कुल-कला-निधि काल-गाल मैं समावैंगे।
तारकता तजि तजि तारक तिरोहित ह्वै
प्रलय-पयोधि मैं बलूले पद पावैंगे॥
'हरिऔध' देव देव-लोक हूँ दुरैंगे कहूँ
दिवि मैं दिवा-पति न दिपत दिखावैंगे।
मिलि जैहैं सारे भूत ही न पंच-भूत माहिं
एक दिन पंच-भूत भूत बन जावैंगे॥ 1॥

सिव की समाधि भई भंग भीम-नाद भयो
कँपे लोक-पाल धीर ध्रुव ना धरे रहे।
सहमे सुरासुर स-संकित दिगंत भयो
सारे पारावार ना प्रपंच से परे रहे॥
'हरिऔध' प्रलय-बिभूति को बिकास देखि
भुवन-स-भूधर भयातुर अरे रहे।
भीत भये भूत भारी-भीरुता धरा मैं भरी
सित-भानु डरे भानु भभरे खरे रहे॥ 2॥

धाँय धाँय दहिहै धरातल मसान-सम
अगनित खानैं ज्वाल-माल-जाल जनिहैं।
पावक ते पूरित दिगंत हूँ दुरंत ह्वैहै
दव के अधर मैं बितान बहु तनिहैं॥

'हरिऔध' ऐहै ऐसो बार जब नाना लोक
लोकपाल-सहित हुतासन मैं सनिहैं।
सूर ससि जारे जैहैं प्रलय-अँगारे माहिं
सारे तारे तपत-तवा की बूँद बनिहैं ॥ 3 ॥

डरपैहै घिरि घेरि दानव-समान घन
परम-प्रचंडता प्रभंजन दिखावैगो।
कर्नभेदी-गरज कँपैहै दिग्गजन काहिं
काको बिज्जु-ब्यापक-प्रकोप ना कँपावैगो॥
'हरिऔध' बारि-धर मूसल-समान-धार
बारि-निधि-प्लावन लौं बिबस बनावैगो।
भूमि-तल निलय बनैहै भू-बलय माहिं
सारो-लोक प्रलय-सलिल मैं समावैगो ॥ 4 ॥

सारे-प्रांत प्लावन मैं परिकै बिलीन ह्वैहैं
पुर-ग्राम-पत्तन की सत्ता लोप पावैगी।
पवि-पात भये बिनिपात ह्वैहै जीवन कौ
प्रलय-प्रबलता ते जनता बिलावैगी॥
'हरिऔध' प्रखर-प्रभंजन-प्रकोप कीने
बिदलित पूरी-पादपावलि दिखावैगी।
मिलि जैहै धूरि मैं धरा-धर बिधूनित ह्वै
धारा-धर-धारा मैं बसुंधरा समावैगी ॥ 5 ॥

ज्वाल-माला-बमन सहस-फन-सेस कैहै
काल-ज्योति ज्वलित-दिगंतन मैं जगिहै।
मदन - दहन को दहन-पटु खुलैगो नैन
दाहकता दाहक-त्रिसूल की उमगिहै॥
'हरिऔध' प्रबल-प्रलय-परिपाक भये
लोक-ओक पावक-बिपाक-पाक पागिहै।
परम-प्रचंड-मारतंड उगिलैगो आग
अनल-अखंड महि-मंडल मैं लगिहै ॥ 6 ॥

कूदि कूदि उछरि उछरि कै लगैहै आग
लाग कै लवर ब्योम-ब्यापिनी उठावैगो।
दाहैगो अनंत-जीव-जंतु-यातुधान-दल
बरत-मसाल घर-बार को बनावैगो॥

'हरिऔध' करिहै दिगंत को दवारि-दग्ध
बसुधा-बिभूति को बिभूति के दिखावैगो।
प्रलय-प्रकोप-पौन-पूत अति बंका-बीर
डंका दै दै नाना-लोक-लंका को जरावैगो ॥ 7 ॥

ज्वाल-माल जगे ह्वैहैं जगती के जीव
घर-बार बसन-बितान जैसो बरिहै।
तृन-पुंज-सरिस दहत दिखरैहै मेरु
बन मैं भयंकरी-लवर फूटि परिहै ॥
'हरिऔध' बारहो-दिवाकर उदित भये
दुसह-दवारिता दिगंतन मैं भरिहै।
तूल-सम सकल-धरातल को तरु-तोम
तेल-सम तोय-निधि तोय-रासि जरिहै ॥ 8 ॥

नाचि नाचि जरति जमात मनुजातन की
बारि ही मैं बरत रहत बारि-बारे हैं।
बिहग उड़त गिरि परत दहत जात
पसु-बृंद पावक मैं परि पचि हारे हैं ॥
'हरिऔध' कहाँ जायँ कहा करैं कैसे बचैं
प्रलय-प्रपंच ते प्रपंचित बिचारे हैं।
अवनि गगन ही अहैं न उगिलत आग
सरित-पतीन हूँ मैं भरित अँगारे हैं ॥ 9 ॥

भानु ते भभरि भूरि कंपित भयो है लोक
पवि-उर प्रलय-प्रकोप ते हिलत है।
द्रवीभूत-धातुन को प्रबल-प्रवाह आइ
पल पल नाना-प्रानि-पुंज को गिलत है ॥
'हरिऔध' हाहाकार पूरित दिगंत भयो
कहाँ जाय कोऊ कहीं त्रान ना मिलत है।
तारे ही गगन ते न गिरहि सरारे-भरे
भूतल हूँ आग है अँगारे उगिलत है ॥ 10 ॥

भभरि भभरि भागिहैं पै कहाँ जैहैं भागि
हहरि हहरि काँपिहैं पै क्यों उबरिहैं।

कहा कैहैं माता पिता भ्राता क्यों बचैहैं काहि
आप ही जो प्रबल-दवारि माहिं परिहैं ॥
'हरिऔध' कैसे तो बिमूढ़ जन ह्वैहैं नाहिं
सिगरे सदन जो बरूद जैसे बरिहैं।
धरती बनैगी जो पै जरती-चिता-समान
कैसे तो न सारे जगती के जीव जरिहैं ॥ 11 ॥

धसके धरातल मैं धँसि जैहैं नाना जीव
ज्वाल माल लगे गेह धू धू धू धू जरिहैं।
परि परि पावक मैं बिपुल-पहार-पंक्ति
प्रलय - पटाका ह्वै प्रचंड रव करिहैं ॥
'हरिऔध' बार बार भू पै बज्र-पात ह्वैहै
काल-पेट दहत-भुवन भूरि भरिहैं।
काँचे-घट-तुल्य सारे लोक फूटि फूटि जैहैं
टकराये कोटि कोटि तारे टूटि परिहैं ॥ 12 ॥

नभ-तल भू-तल पताल है दवारि भरो
दिवि है दहत है उदधि-बारि बरतो।
तारक-कतार परि पावक मैं छार होत
प्रानि-पुंज-प्रान है दुरंत-दव हरतो ॥
'हरिऔध' नाना-पुर-नगर-अगारन मैं
उलका-निपात है अँगारन को भरतो।
कोपे काल प्रलय-अनल बिकराल भयो
जगे ज्वाल-माल है जगत सारो जरतो ॥ 13 ॥

कोऊ हा हा खात थहरात कोऊ भहरात
कोऊ परो दुसह दवारि मैं दिखात है।
तरु हैं जरत धू धू धू धू हैं जरत मेरु
धाँय धाँय बरत धरातल को गात है ॥
'हरिऔध' ठौर ठौर धधकत आग ही है
ज्वाला मैं जरति जीव-जंतु की जमात है।
महा हाहाकार है सुनात ओक ओक माहिं
प्रलय जराये लोक लोक जरो जात है ॥ 14 ॥

कर को प्रहार तारकावलि को लोप कैहै
दिवि को दलैगो दिवा-पति को मिटावैगो।

नाना-अंग-चालन दिगंतन को कैहै चूर
ध्वंस कै धरातल को धूरि मैं मिलावैगो॥
'हरिऔध' होत महा-काल को कराल नृत्त
सहस-बदन-ब्याल-बैभव बिलावैगो।
लात लगे टूटिहै अतल-तल पत्ता-सम
पल मैं पताल हूँ को लत्ता उड़ि जावैगो॥ 15॥

सृंग-नाद सुने घोर-डमरू-डिमिक भये
कोपे महा-काल के सुरासुर सिहरिगे।
उच्छलत-बारिधि को बारि बिचलित भयो
धसके धरा-तल धरा-धर बिदरिगे॥
'हरिऔध' चौदहो भुवन भयभीत बने
काँपे पंच-भूत दसो दिग्गज भभरिगे।
कोल गयो डील काठ मारिगो कमठ हूँ को
बैल बिललानो ब्याल-बदन बिहरिगे॥ 16॥

हुँकरत बैल के बलूले लौं बिलाने लोक
फुँकरत फनि के अनंत-ओक जरिगे।
प्रकटे त्रिलोचन-त्रिसूल के दुरंत-दव
सारे प्रानी दावा मैं पतंग-सम परिगे॥
'हरिऔध' कहै प्रलयंकर-प्रकोप भये
मरिगे अमर बारि-धार-वारे बरिगे।
गरे के गरल ते अँगारे झरे भूतल पै
नयन उघारे तारे पावक ते भरिगे॥ 17॥

बामदेव बामता ते मर ह्वै अमर जैहैं
कोटि कोटि मनुजात कीट जैसे मरिहैं।
धूरि माहिं मिलि हैं सुमेर से धरा-धर हूँ
बारिद-प्रलै के तेल-बिंदु जैसे जरिहैं॥
'हरिऔध' त्रिपुरारि-नयन तृतीय खुले
तीनों लोक तूल के अँबार जैसे बरिहैं।
काल-कोप पौन के हिलाये ब्योम-तरु-तोम
फल के समान सारे तारे झरि परिहैं॥ 18॥

लोकन की सत्ता औ महत्ता महा-भूतन की
प्रलय महान बिकराल कर लूटैगो।

अतंक-अनंत की अनंतता को अंत ह्वैहै
टूक टूक ह्वैबे ते छपा-कर न छूटैगो ॥
'हरिऔध' हर के अकांड-तांडवों के भये
भांड के समान सारो ब्रह्मांड फूटैगो।
प्रबल-प्रचंड-भारतंड खंड खंड ह्वैहै
परम - उदंड - यम - काल - दंड टूटैगो ॥ 19 ॥

प्रलय प्रकोप

दोहा–

रवि ससि रहि जैहैं नहीं बचिहै नाहिं अनंत।
अंत समय करिहै प्रलय अंतक हूँ को अंत ॥ 1 ॥

जरि जैहै सारो जगत बारि जैहे बनि घास।
उगे दिवाकर बारहो बहे पवन उनचास ॥ 2 ॥

नरक वर्णन

दोहा–

पग पग पै पग-बेधिनी पथ-पौरुख-गिरि गाज।
है कंटक-मय नरक-महि कुल-कंटक जन काज ॥ 1 ॥

पग पारत जरि बरि उठत तरफत हा हा खात।
अहे आततायीन हित नरक-अवनि अय-तात ॥ 2 ॥

साँसत पै साँसत सहत पिसत दहत दिन रात।
जब कौरव से पातकी रौरव मैं परि जात ॥ 3 ॥

कौन नारकी बिन जिअत निज तन लोहू चाटि।
को काकी पोटी दुहत बोटी बोटी काटि ॥ 4 ॥

जरहिं बरहिं पल पल पिसहिं मिसहिं खाहिं तरवारि।
कौन यातना ना सहहिं नरक परे नर नारि ॥ 5 ॥

काल-ब्याल-मय-महि मिले दहत देखि सब ओक।
भागे भागे फिरत हैं नरक अभागे-लोक ॥ 6 ॥

गिरत परत सोनित बमत फूटत रहत कपार।
पापी पावन नरक मैं पल पल प्रबल-प्रहार ॥ 7 ॥

जरत नरत को जीव है पै न होत जरि छार।
धरा आगि उगिलत रहत बरसत गगन अँगार ॥ 8 ॥

◆◆◆◆◆

वीभत्स

स्थायी भाव–जुगुप्सा अथवा ग्लानि वा घृणा
देवता–महाकाल
वर्ण–नील

आलंबन : दुर्गन्धयुक्त पदार्थ, माँस, रुधिर, चर्बी, विष्टा, मूत्र आदि।

उद्दीपन : दुर्गन्धित पदार्थों में कीड़े पड़ना, उन पर मक्षिकादि-पतन।

अनुभाव : थूकना, मुँह फेर लेना, आँख बंद करना, नाक सिकोड़ना, रोमांच आदि।

संचारी भाव : मोह, मूर्छा, आवेग, व्याधि आदि।

इस रस में ग्लानि और घृणा की परिपूर्णता होती है और इन्हीं भावों द्वारा यह पुष्ट होता है।

विशेष

इस रस में जुगुप्सा की पुष्टि और ग्लानि एवं घृणा की अधिकता होती है। इस रस का पात्र उद्वेगमय मानस होता है।

युद्ध-भूमि

मनहरण

कवित्त–

काटि काटि खात मुंड-माल में के मुंडन कौ
मास भेद मज्जा ते अघाइ उमहति है।
असित-कलेवर डरावने विसाल-नेत्र
चाबि-चाबि हाड़ बिकरालता गहति है॥
'हरिऔध' बाल बगरे हैं काल-जाल जैसे
बार बार अट्ट अट्ट हँसति रहति है।

शव-राशि-कढ़ी रण-भूमि रक्त-धारा माहिं
शव पै सवार शव-वाहना बहति है ॥ 1 ॥

कटी अँगुरीन ते सिंगारति रहति गात
आँत ते सँवारि भूरि-गौरव गहति है।
मेद मास मज्जा खाइ खाइकै मुदित होति
स्वेद चाटि चाटि स्वाद सौगुनो लहति है॥
'हरिऔध' कहै रण-भूमि-सरि-धारा माहिं
बिपुल-बिनोदित ह्वै भैरवी बहति है।
खिलति महा है गज-खाल को बसन धारि
लोहू को महावर लगाइ उमहति है ॥ 2 ॥

खोपरीन खाइकै बदन ते बमति जवाल
रुंड-मुंड-झुंडन बिहंडि बिहरति है।
पकरि कबंधन करति है रुधिर-पान
प्रचुर-करेजन चबाइ उछरति है॥
'हरिऔध' जोरि जोरि जीह गज-बाजिन की
पान सम चाबि मोद भावरैं भरति है।
रण-भूमि माहिं भूत-नाथ की बिभूति बनि
भूत-लीला भूतन की मंडली करति है ॥ 3 ॥

कूकर-समूह अंग भंग कै भिरत भूरि
भरित-उमंग-काक आँखि काढ़ि खात है।
रुरुआ ररत भूत भीर है करत रव
भैरव-निनाद-भरो भूतल दिखात है॥
'हरिऔध' रण में लुठत है बिपुल-लोथ
पल पल शोणित-प्रवाह अधिकात है।
घात माहिं बैठि गीध आँत ऐंचि ऐंचि लेत
गात नोचि नोचि खात जम्बुक-जमात है ॥ 4 ॥

सवैया–

काल कलेऊ बनावत लोक को कालिका मुंढन ठाट है ठाटति।
गीध-समूह निकारत आँत है त्यों करवार घने-सिर काटति॥
ए 'हरिऔध' अरी रण-बाहिनी लोथ ते है धरनी-तल पाटति।
नाचति हाड़ चबाइकै योगिनी चाट ते लोहू चुरैल है चाटति ॥ 5 ॥

मानव-तन

कवित्त–

कीचर भरे हैं नैन नेटा भरी नासिका है
थूक औ खेखार लार पूरित बदन है।
नख ते बिहीन अहै एक आँगुरी हूँ नाहिं
हाड़ को है ढाँचो रोम-संख्या अनगन है॥
'हरिऔध' अंग अंग अहै चाम आवरित
रक्त मेद मज्जा मास स्वेद को सदन है।
कूर-करतूत-भरो छूत-भरो खूँत-भरो
मल-भरो मूत-भरो मानव को तन है॥ 1॥

श्मशान-भूमि

कवित्त–

कहूँ धूम उठत बरति कतहूँ है चिता
कहूँ होत रोर कहूँ अरथी धरी अहै।
कहूँ हाड़ परो कहूँ जरो अध-जरो बाँस
कहूँ गीध-भीर मास नोचत अरी अहै॥
'हरिऔध कहूँ काक कूकर हैं शव खात
कतहूँ मसान मैं छछूंदरी मरी अहै।
कहूँ जरी लकरी कहूँ है सरी-गरी-माल
कहूँ भूरि-धूरि-भरी खोपरी परी अहै॥ 1॥

कूकर शूकर

कवित्त–

चंद-मुखी चाव ते बनावत चुरैल काहि
ताको कहै कंज जो बिसिख-बिख-धर है।
नरक-बिधायिनी को मानत सुरांगना है
आमिख के पिंड को गिनत गौरि-बर है॥
'हरिऔध' काहै काम कामिनी-बिजित-नर
कूकर कि सूकर कि काक है कि खर है।
मान जो हरत ताके मुख को चबात पान
मूसत जो माल ताको चूसत अधर है॥ 1॥

नरपिशाच

कवित्त–

साँप ते डरावने भयावने हैं भूतन ते
काक जैसे कुटिल अपार-अरुचिर हैं।
अपजस-भाजन कलंक के निकेतन हैं
कामुकता-मंदिर के निंदित अजिर हैं॥
'हरिऔध' मानव-स्वरूप माहिं दानव हैं
आँखि कान आछत ते आँधर बधिर हैं॥
हाड़ जे चिचोरत बेचारी-बिधवान के हैं
भोली-बालिकान के जे चूसत रुधिर हैं॥ 1॥

बानि कै सजीवन जे जीवन हरत जात
जीवन को केते छल करि जे छरत हैं।
सतत पतंग-प्रानि-पुंज के दहन काज
मेदिनी मै दीपक-समान जे बरत हैं॥
'हरिऔध' का हैं वे अमानव कि मानव हैं
छाति पै सजातिन के मूँग जे दरत हैं।
औरन को मूसि मूसि जिनको बढ़त मास
लहू चूसि चूसिकै जे फूलत फरत हैं॥ 2॥

नराधम

दोहा–

ताको थूकै क्यों न जन होठ दुखन ते काटि।
जाकी काया पलति है थूक पराया चाटि॥ 1॥

पहलो दिवि को दूत है पूजो है यम-दूत।
साँचो पूत सपूत है है कपूत तो मूत॥ 2॥

लाज न आई नीच को भयो कान नहिं तात।
बात बात पै दैखियत जनता थूकत जात॥ 3॥

वा सम अधम न दूसरो जो दुख देत दुलारि।
जाकी मुँह-लाली रहत ललना-लोहू गारि॥ 4॥

सो मानव है जगत मैं तो दानव है कौन।
मास खात लोहू पिअत हाड़ चिचोरत जौन॥ 5॥

कलंक कथा

दोहा–

बिगरत है परलोक हूँ कीने काज अपूत।
खरो खिन्न नर को करत नरक भरो मल-मूत ॥ 1 ॥

सौहैं मुँह कैसे करैं है कलंक-मय गाथ।
लहू बने लोचन अहैं लहू भरे हैं हाथ ॥ 2 ॥

ताके चित की बासना तासु चाव कहि देत।
अगल बगल अवलोकिकै बगल सूँधि जो लेत ॥ 3 ॥

मैलो मुख मल बमत है जब कबहूँ समुहात।
भेद बतावत भीतरी स्वेद-गंध-मय-गात ॥ 4 ॥

बोलि अनैसे-बैन जो बरबस बनत बलाय।
तो मुँह मैं कीरे परैं तुरत जीह सरि जाय ॥ 5 ॥

◆◆◆◆◆

शांत

स्थायी भाव–शम अथच निर्वेद

देवता–शांतिमूर्ति विष्णु

वर्ण–कुंद-पुष्प-कांति समान शुक्ल

आलंबन : संसार की असारता और अनित्यता का ज्ञान, परमात्मा के सत्य स्वरूप का अनुभव।

उद्दीपन : सद्गुरु-प्रप्ति, सत्संग, पवित्र आश्रम, पवित्र तीर्थ, रमणीय एकांत वन, सच्छास्त्र-अनुशीलन, श्रमण, मनन आदि।

अनुभाव : रोमांच, पुलकावलि, अश्रु-विसर्जन आदि।

संचारी भाव : घृति, मति, हर्ष, स्मरण, प्राणियों पर दया आदि।

विशेष

काम-क्रोधादि-शमन-पूर्वक निर्वेद की परिपुष्टता को शांत कहते हैं। इसका आश्रय उत्तम पात्र है।

असार संसार

मनहरण

कवित्त–

मिलि जैहैं धूरि मैं धरा-धर धरा-तल हूँ
काल-कर सागर-सलिल को उलीचिहै।
बड़े बड़े लोक-पाल बिपुल-बिभव-वारे
पल मैं बिलैहैं ज्यों बिलाति बारि-बीचि है॥

'हरिऔध' बात कहा तुच्छ-तन-धारिन की
कबौं मेदिनी हूँ मीच-भै ते आँख मीचिहै।
सरस-बसंत ह्वै बिरस सरसैहै नाहिं
बरसि सुधा-रस सुधाकर न सींचिहै ॥ 1 ॥

ऐसी ही लसैगी हरिआरी हरे-रूखन मैं
ऐसी ही ललामता ललित-लता लहिहै।
ऐसोई करैगो कूजि कूजि कल-गान खग
सुमन-सुरभि लै समीर मंद बहिहै॥
'हरिऔध' एक दिन तू ही आँखि मूँदि लैहे
ऐसी ही रहैगी मोद-मयी जैसी महि है।
ऐसी ही चमक चारु-चाँदनी चुरैहै चित
ऐसोई हँसत मंद मंद चंद रहिहै ॥ 2 ॥

प्रान बिन ताको तजि भजति सदा की नारि
तरसत हुती जाको किन्नरी बरन को।
दाहत चिता पै रखि सुंदर सरीर वाको
जाकी पलिका को पावा हुतो सुबरन को॥
'हरिऔध' देखत मसान माहिं ताको परो
जाकी धाक कंपत करेजो भू-धरन को।
चौर होत हुती जिनैं मसक-निवारन को
तिनैं खात देखे नोचि नोचि गीदरन को ॥ 3 ॥

पूजित-सचीस-धनाधीस औ फनीसहूँ के
जगदीस ईसहूँ के सीस जो धरी रहै।
कामिनी के कंठ कुच करन चरन हूँ की
जाते जेवरन हूँ की सुखमा खरी रहै॥
'हरिऔध' कल औ कलेस काल-कौतुक है
सदा नाहिं एक ही सी काहू की घरी रहै।
धूरि-भूरि-भरी गरी छिन्न-करी भूपै कबौं
बस्तु हूँ अनोखी मंजु-माला-सी परी रहै ॥ 4 ॥

आत्मग्लानि

कवित्त–

चल फिर न सकहिं परे हैं फेर माहिं तऊ
बार बार फेरे पाप-पथ ते फिरे नहीं।
घरी घरी घर के घनेरे-दुख घेरे रहैं
तब हूँ रुचिर-रुचि घेरे ते घिरे नहीं॥
'हरिऔध' आयु-भोग-भाजन भरत जात
चित-भीरुता ते तऊ उभरि भिरे नहीं।
गई आँखि तऊ आँखि होति आँखि-बारन की
गिरे दाँत तऊ दाँत बिख के गिरे नहीं॥ 1॥

बड़े-बड़े-लोचन के लालची बनेई रहे
बिसर न पाई बात बेंदी-बिकसी की है।
छी छी छी छी कहैं लोग तऊ है न ही छी छी सुधि
सुछबि न भूल पाई छाती-उकसी की है॥
'हरिऔध' चूकि चूकि करहूँ न चूक चुकी
कसक सकी न कढ़ि कंचुकी-कसी की है।
उकसि उकसि आज हूँ न कस मैं है मन
अकस न छूटि पाई काम-अकसी की है॥ 2॥

निर्वेद

कवित्त–

मेरी नारि-मेरो पूत मेरो परिवार सारो
मेरो गाँव मेरो गेह मेरो धन जन है।
मेरो मीत मेरो तात मेरो हित मेरो नात
मेरो मुख मेरो नैन मेरो यह तन है॥
'हरिऔध' ऐसे नाना चावन को चेरो अहै
मोह-भरे-भावन मैं रहत मगन है।
छोरि छोरि हारे छोरे बंधन न छूटि पाये
मोरि मोरि हारे मोरे मुरत न मन है॥ 1॥

सवैया–

चाह नहीं सुर पादप की तर वाँ के तरून के जो रहि जैयै।
प्यास पियूखहूँ की न हिये 'हरिऔध' जो पूखन-जा लखि लैयै॥
काम-दुघाहुँ सों काम कहा वह गो-धन जो अपनो धन कैये।
त्यागिये राज तिहूँ पुर को अज-पूजित जो ब्रज की रज पैयै॥ 2॥

मुख जोहत जो नित मेरे रहे उनको अब बैन सुनातो नहीं।
जिन सामुहें दीठ न कीनी कबौं उनको अब जोम जनातो नहीं॥
'हरिऔध' कहा कहै औरन की सगहूँ लगतो नगिचातो नहीं।
अब तो जग-जीवन तेरे बिना जग आपनो कोऊ दिखातो नहीं॥ 3॥

आरस छोरि लहौं तुलसी-दल पारस पाइ पल न उमाहौं।
गावत वे प्रभु के गुन-पावन पावत मोद पलास की छाँहौं॥
या जग मैं जकरे सँकरे परौं भाग छुटे 'हरिऔध' सराहौं।
साँवरे राज ते काज कहा हमैं रावरे पायन की राज चाहौं॥ 4॥

पाइ बिभौ कबहूँ गरबात कबौं हित पेट के आतुर धावै।
मोद सों मत्त बनै कबहूँ अति चिंतित ह्वै कबहूँ अकुलावै॥
भूलै कबौं 'हरिऔध' सनेह मैं सोक पगो कबहूँ बिलखावै।
या बिध बावरो जीव बनो रहै कैसे कबौं गुन रावरो गावै॥ 5॥

का पदवी जन-मान बिभौ मिले जो पल मैं तजि संग पराहीं।
विद्या विवेक ते काज कहा छल छोरिकै तोको न जो पतियाहीं॥
तौ 'हरिऔध' दया-निधि साँवरे और कछू कबौं चाहत नाहीं।
काहू उपावन प्रीति बनी रहै भावन वा पद पावन माहीं॥ 6॥

विराग

दोहा–

थोरे मैं अवसर परे ओरे लौं गरि जात।
गोरे-गोरे-गात पै कत कोऊ गरबात॥ 1॥

बाहु हेरि बहकत वृथा बनि पर-सुख-ससि राहु।
सहसन के देखे कटी सहस-बाहु की बाहु॥ 2॥

कोऊ बल करि अबल पै कत बलकत इतरात।
लखे बलूले के सरसि बहु-बल-बान बिलात॥ 3॥

सारी धरती मैं रही जासु धाक की धूम।
धूमिल सक्यो मसान करि तासु चिता की धूम॥ 4॥

जाके धौंसे की रही महि मैं भरी धुकार।
धू धू धू धू जरि भयो सो छिति-तल की छार ॥ 5 ॥

तीन हाथ महि मैं परो तिनको गात लखात।
जे अवनी-तल-पति रहे अवनी मैं न समात ॥ 6 ॥

का अनगन जन बाजि गज को धन लाख करोर।
मनुज लेत मुँह मोरि जब-देखि काल-दृग-कोर ॥ 7 ॥

❑

'रस-कलस' की रचना में सहायतार्थ पुस्तकों की सूची

गणनांक	पुस्तक का नाम	पुस्तक प्रणेता का नाम	भाषा
1	अग्निपुराण	महर्षिव्यास	संस्कृत
2	श्रीमद्भागवत	महर्षिव्यास	"
3	नाट्यशास्त्र	महामुनि भरत	"
4	भक्तिसूत्र	देवर्षि नारद	"
5	शब्दविवेक	कश्चित्	"
6	शब्दकल्पद्रुम	कश्चित्	"
7	शृंगारप्रकाश	भोजदेव	"
8	धर्मशास्त्रसंग्रह	कश्चित्	"
9	काव्यप्रकाश	आचार्य्य मम्मट	"
10	रसगंगाधर	पंडितराज जगन्नाथ	"
11	साहित्यदर्पण	आचार्य विश्वनाथ	"
12	रघुवंश	महाकवि कालिदास	"
13	कुमारसंभव	महाकवि कालिदास	"
14	उत्तररामचरित	महाकवि भवभूति	"
15	भक्तिरसायन	मधुसूदन सरस्वती	"
16	रसमंजरी	कश्चित्	"
17	गीतावली रामायण	गोस्वामी तुलसीदास	हिन्दी
18	सूरसागर	प्रज्ञाचक्षु सूरदास	"
19	रामचंद्रिका	आचार्य केशवदास	"
20	कविप्रिया	आचार्य केशवदास	हिन्दी
21	रसिकप्रिया	आचार्य केशवदास	"
22	देवग्रंथमाला	कविपुंगव देवदत्त	"
23	रहिमनशतक	रहीमखाँ खानखाना	"
24	मतिराम ग्रंथावली	मतिराम	"
25	बिहारी सतसई	कविवर बिहारीलाल	"
26	जगद्विनोद	पद्माकर भट्ट	"
27	कबीर ग्रन्थावली	कबीर साहब	"
28	हरिश्चन्द्र ग्रन्थावली	भारतेन्दु हरिश्चन्द्र	"
29	हिन्दी शब्दसागर	कतिपय प्रसिद्ध विबुध	"

30	काव्यप्रभाकर	बाबू जगन्नाथ प्रसाद भानु	”
31	काव्यकल्पद्रुम	बाबू कन्हैयालाल पोद्दार	”
32	नवरस	पं. बाबूराम बित्थरिया	”
33	हिन्दी-रसगंगाधर	पं. पुरुषोत्तम शर्मा	”
34	रसकुसुमाकर	महाराज अयोध्या	”
35	मीरा-भज़नावली	मीराबाई	”

इन ग्रन्थों के अतिरिक्त सामयिक पत्र-पत्रिकाओं और अनेक अँगरेज़ी, फारसी, उर्दू और बंगला ग्रन्थों से भी इस ग्रन्थ की रचना में सहायता ली गई है।

अयोध्यासिंह उपाध्याय
'हरिऔध'
रचनावली

खण्ड-6

खण्ड-1

❑ प्रियप्रवास ❑ वैदेही-वनवास

खण्ड-2

❑ पारिजात ❑ पद्य-प्रमोद

खण्ड-3

❑ चोखे चौपदे ❑ चुभते चौपदे ❑ हरिऔध-दोहावली ❑ बाल-कवितावली ❑ हरिऔध-सतसई

खण्ड-4

❑ बोलचाल ❑ काब्योपबन ❑ ऋतु-मुकुर

खण्ड-5

❑ रसकलस

खण्ड-6

❑ अधखिला फूल ❑ ठेठ हिन्दी का ठाट ❑ इतिवृत्त ❑ वेनिस का बाँका ❑ अभिभाषण ❑ विविध

खण्ड-7

❑ हिन्दी भाषा और साहित्य का विकास

खण्ड-8

❑ कबीर वचनावली ❑ रस साहित्य और समीक्षाएँ ❑ संदर्भ-सर्वस्व ❑ विविध

खण्ड-9

❑ पद्य-प्रसून ❑ आधुनिक कवि ❑ मर्म-स्पर्श

खण्ड-10

❑ श्रीप्रद्युम्नविजय व्यायोग ❑ श्रीरुक्मिणीपरिणयनाटक ❑ कल्पलता ❑ पवित्र पर्व ❑ प्रेम पुष्पोपहार ❑ अच्छे अच्छे गीत ❑ स्वर्गीय संगीत ❑ कतिपय ब्रजभाषा काव्य ❑ हरिऔध आत्म-चरित

अयोध्यासिंह उपाध्याय 'हरिऔध' रचनावली

खण्ड-6

सम्पादक

सदानन्द शाही

वाणी प्रकाशन

वाणी प्रकाशन
ज्ञान के विविध आयामों के प्रकाशक

वाणी प्रकाशन का 'लोगो' विख्यात चित्रकार मक़बूल फ़िदा हुसेन की कूची से

वाणी प्रकाशन, 4695, 21-ए, दरियागंज, नयी दिल्ली-110002
वाणी प्रकाशन, अशोक राजपथ (पटना कॉलेज के सामने), पटना (बिहार)

AYODHYASINGH UPADHYAYA 'HARIAOUDH' RACHNAWALI-6

Edited by Sadanand Shahi

Complete work of Ayodhyasingh Upadhyaya *'Hariaoudh'*

ISBN : 978-93-5000-200-1

प्रथम संस्करण

मूल्य : 9000/-

वाणी प्रकाशन

फोन : 0091#11#23273167, 23275710

फैक्स : 0091#11#23275710

वेबसाइट : www.vaniprakashan.in

ई-मेल : vaniprakashan@gmail.com

vani_prakashan@yahoo.com

आर.टेक ऑफसेट प्रिंटर्स द्वारा दिल्ली-110095 में मुद्रित

प्रकाशकीय

अयोध्यासिंह उपाध्याय 'हरिऔध' भारतेन्दु युग और द्विवेदी युग के बीच एक अत्यन्त महत्त्वपूर्ण कड़ी हैं। खड़ी बोली हिन्दी के पहले महाकाव्य के रचनाकार के रूप में उनका ऐतिहासिक महत्त्व तो है ही, हिन्दी भाषा के अनूठे शिल्पकार के रूप में उनका योगदान कहीं ज्यादा महत्त्व का है। उन्नीसवीं और बीसवीं शताब्दी में जब हिन्दी की रूप रचना को लेकर तरह-तरह की बहसें चल रही थीं—हरिऔध ने हिन्दी भाषा के सभी सम्भावित और आकांक्षित रूपों को अपनी लेखनी से मूर्त किया। हरिऔध के रचना संसार से गुजरते हुए उनके भाषा सम्बन्धी संघर्ष को सहज ही लक्षित किया जा सकता है। ब्रजभाषा से शुरू करके **वेनिस का बांका** और **प्रियप्रवास** की संस्कृत निष्ठ हिन्दी फिर **ठेठ हिन्दी का ठाट** की ठेठ हिन्दी से होते हुए **बोलचाल** की सामान्य हिन्दी का रूप हरिऔध के यहाँ मौजूद है। वे भाषा के रूप को लेकर होने वाली बहसों में अपनी रचनाओं के साथ उतरते हैं और एक सच्चे प्रयोग कर्ता की तरह समाज की प्रतिक्रिया के आलोक में भाषा का रूप बदल देते हैं। उनकी यह प्रयोगशीलता केवल भाषा के स्तर पर नहीं बल्कि छन्द विधान के स्तर पर भी दिखाई देती है। संस्कृत के वर्ण वृत्तों का प्रयोग हो, हिन्दी के मात्रिक छन्दों का या फिर उर्दू बहरों का; हिन्दी के आँगन में वे सबको व्यावहारिक रूप से उतार कर आगे आने वाले रचनाकारों के लिए मार्ग प्रशस्त करते हैं। वजह चाहे जो रही हो, हिन्दी साहित्य के इतिहास में हरिऔध के महत्त्व को स्वीकार करते हुए भी उनके ऐतिहासिक महत्त्व और अवदान का सम्यक विवेचन नहीं हो सका है। इस ग्रन्थावली को प्रस्तुत करते हुए हमारे मन में कहीं एक भूल सुधार का भाव भी काम कर रहा था। हरिऔध साहित्य को एक साथ प्रस्तुत करते हुए हम यह उम्मीद कर रहे हैं कि हरिऔध की प्रयोगधर्मिता की ओर अपेक्षित ध्यान जाएगा और उनके वास्तविक अवदान को आँकने की दिशा में यत्न होंगे। ग्रन्थावली में यथा संभव हरिऔध के प्रामाणिक पाठ को प्रस्तुत करने की कोशिश की गयी है। किसी एक संस्करण में रह गयी अशुद्धियाँ बाद के कई संस्करणों में दुहरायी जाती रही हैं उन्हें भी यथा स्थान सुधार दिया गया है।

यदि यह ग्रन्थावली हरिऔध के साहित्य में छिपे हिन्दी भाषा के विकास के इतिहास की खोज के लिए प्रेरित और प्रोत्साहित कर सकी तो हमें अपना श्रम सार्थक लगेगा।

—अरुण माहेश्वरी

अनुक्रमणिका

3. इतिवृत्त 189-310

4. वेनिस का बाँका 311-430

5. अभिभाषण 431-476

6. विविध 477-484

अधखिला फूल

समर्पण

श्रील श्रीयुत मानोन्नत अखिलगुणगौरवालंकृत सी. ई. क्राफ़ोर्ड साहब बहादुर मुहतमिम बन्दोबस्त आज़मगढ़ बिबुधबृन्दविभूषणेषु!

प्रभुवर!

बालार्कअरुणरागरंजित प्रफुल्ल पाटलप्रसून, परिमलविकीर्णकारी मन्दबाही प्रभात समीरण, अतसीकुसुमदलोपमेयकान्ति नवजलधरपटल, पीयूषप्रवर्षणकारी सुपूर्ण शुभ्र शारदीय शशांक, रविकिरणोद्भासित वीचिविक्षेपणशीला तरंगिणी, श्यामलतृणावरण-परिशोभित उत्तुंग शैलशिखरश्रेणी, नवकिशलयकदम्बसमलंकृत बासंतिक बिबिध बिटपावली, कोकिलकुल-कलंकीकृत कण्ठसमुत्कीर्ण कलनिनाद, अत्यन्त मनोमुग्धकर और हृदयतलस्पर्शी हैं। किन्तु इन अलौकिक प्रमोदकर प्राकृतिक पदार्थों की अपेक्षा किसी पुरुषरत्न के पवित्र ओदार्य्यादिगुण विशेषहृदयग्राही और विमुग्धीकृत-मनःप्राण हैं। अतएव कश्चित् आश्चर्य का विषय नहीं है, यदि महोदय के लोकोत्तरगुणग्राम औदार्य्य, धैर्य्य, दया, दाक्षिण्य, अदम्य उत्साह, अद्भुत साहस, विलक्षण कार्य्यदक्षता और अश्रुतपूर्व अमायिकता इत्यादि मेरे हृदय को हर्षोत्फुल्ल और विमुग्ध करें। आज वही हर्षोत्फुल्ल और विमुग्ध हृदय अपने भक्त्युद्गार-स्वरूप इस 'अधखिला फूल' नामक उपन्यास को विनीत भाव से आपके करकमलों में सादर समर्पित करता है। यह सत्य है कि यह साधारण उपहार महानुभाव के पदमर्य्यादासम्मुख बहुत ही तुच्छ है, किन्तु जिन मानवमौलिमुकुट महाराजों के सन्निकट एक विभवशाली व्यक्ति का समर्पित रत्नाकीर्ण आभरण उपढोकनस्वरूप परिगृहीत होता है—उन्हीं के चरणकमलों में एक दीन भावुक जन के अर्पण किये हुए कतिपय साधारण प्रसून भी आदृत और स्वीकृत होते हैं। विशेष लिखना लोकलोचन भगवान भास्कर को दीप दिखलाना है।

विनयावनत,

हरिऔध

श्रीगणेशाय नमः

भूमिका

आज ठेठ हिन्दी की यह दूसरी पुस्तक आप लोगों के सामने है। मुझको इस बात का खेद है कि यह पुस्तक स्वर्गीय श्रीयुत बाबू रामदीन सिंह की उपस्थिति में न तो पूरी लिखी जा सकी और न छप सकी। उनको इस पुस्तक के आद्योपान्त अवलोकन का, और जहाँ तक शीघ्र सम्भव हो सके इसके प्रकाश कर देने का एकान्त अनुराग था। किन्तु समय ने उनकी यह इच्छा पूरी न होने दी, वे इसको अधूरा छोड़ कर स्वर्गारूढ़ हुए—और हम लोगों को अपर शोक से संतप्त कर गये। उनके स्वर्गगमन के एक वर्ष उपरान्त आज यह पुस्तक प्रकाशित होती है—और आप लोगों के सम्मुख उपस्थित की जाती है। यद्यपि आज वे इस धरातल में नहीं हैं। तथापि उनकी प्रत्येक सदिच्छा की पूर्त्ति—हम लोगों का वैसा ही कर्त्तव्य है—जैसा कि उनकी उपस्थिति में होता। अतएव आज भी इस ग्रन्थ के प्रकाशन द्वारा, उनकी एक इच्छा को पूरी होते देख कर हम यह समझते हैं, कि उनके विषय में हमारे जितने कर्त्तव्य हैं, उनमें से एक का पालन हुआ, और हमारे लिये यह एक संतोष का विषय है।

जिस भाषा में यह भूमिका लिखी गयी है—यह भाषा आजकल हिन्दी लेखकों को अभ्यस्त सी है। क्योंकि अधिकतर ग्रन्थ और समाचार-पत्र इसी भाषा में लिखे जाते और प्रकाशित होते हैं। जिस विषय में जिसको अभ्यास है, उसमें वह प्रत्येक कार्य्य सुविधा के साथ कर सकता है। इसी सूत्र से इस भूमिका की भाषा में आजकल कोई उपन्यास किम्बा ग्रन्थ लिखना, इतना दुष्कर नहीं है, जितना कि इसी भाषा की आनुषंगिक किसी नवीन भाषा में। मनुष्य स्वभावतः सुविधा को प्यार करता है और यथासामर्थ्य उसी ओर प्रवृत्त होने की चेष्टा करता है। तदनुकूल 'ठेठ हिन्दी का ठाट' लिखने के पश्चात् उसी भाषा में कोई दूसरा ग्रन्थ लिखने का मेरा विचार न था। किन्तु मानोन्नत महात्मा डाक्टर जी. ए. ग्रियर्सन साहब बहादुर की असाधारण गुणग्राहकता और अभूतपूर्व उत्साहप्रदान से, मैं 'अधखिला फूल' नामक यह दूसरा ग्रन्थ भी ठेठ हिन्दी में लिखने को बाध्य हुआ। मेरे क्षुद्र ग्रन्थ का उक्त महात्मा ने जितना समादर किया है, उसके लिए मेरा समुत्सुक हृदय

कृतज्ञताव्यञ्जक सद्भावसुमनोञ्जलि द्वारा भक्तिभाव से अद्यापि उनकी पूजा करता है। उक्त महानुभाव की असाधारण गुणग्राहकता, अभूतपूर्व उत्साहप्रदान और अपूर्व समादर–वास्तव बात तो यह है कि केवल मेरे लिये ही नहीं–हिन्दीहितैषी मात्र के लिये कृतज्ञताप्रकाश की वस्तु और अपार आनन्द की सामग्री है। अतएव आत्मश्लाघा दोष से दूषित होने का भय होने पर भी मैं उनको प्रकाश करना चाहता हूँ। पाठकगण देखें वीर बृटिश जाति का हृदय कितना गुणग्राही है–और वह गुण का कहाँ तक समादर करती है।

श्रीयुत स्वर्गीय बाबू रामदीन सिंह जी द्वारा 'ठेठ हिन्दी का ठाट' पाकर प्रशंसित महोदय ने उसके विषय में जो अनुमति प्रकाश की है–उससे न केवल उनका पूर्ण हिन्दी-भाषानुराग ही द्योतित होता है–वरन् उनकी सहृदयता और सज्जनता का भी पूरा परिचय मिलता है। वह अनुमति यह है–

टाउनसेन्ड
शिमला
5/7/99

प्रिय महा

'ठेठ हिन्दी का ठाट' के सफलता और उत्तमता से प्रकाश होने के लिये मैं आपको बधाई देता हूँ। यह एक प्रशंसनीय पुस्तक है।

+ + + + +
+ + + + +

मुझे आशा है कि इसकी बिक्री बहुत होगी जिसके कि यह योग्य है। आप कृपा करके पण्डित अयोध्यासिंह से कहिये कि मुझे इस बात का बहुत हर्ष है कि उन्होंने सफलता के साथ यह सिद्ध कर दिया है कि बिना अन्य भाषा के शब्दों का प्रयोग किये ललित और ओजस्विनी हिन्दी लिखना सुगम है। संस्कृत शब्दों का प्रयोग आधार-दण्ड की नाईं है। लँगड़े यदि चलने के समय उस आधार से चलें तो ठीक है, परन्तु आप यदि किसी हृष्ट-पुष्ट मनुष्य को उससे काम लेते हुए देखेंगे, तो हँसेंगे। उसी प्रकार हम लोगों को उस लेखक पर, जो हिन्दी लिखने में संस्कृत के बहुत से शब्दों का प्रयोग करता है, हँसी आवेगी। मैंने सम्पूर्ण कापियाँ इस पुस्तक की, जो आपने कृपा करके भेजी थीं, ऐसे मित्रों के पास भेज दी हैं, जो सम्भव है कि इसकी वृद्धि करने में सहायक होंगे। मैं कुछ पुस्तकें, पश्चिमोत्तर प्रान्त के शिक्षा विभाग के उच्च कर्मचारियों के पास भेजना चाहता हूँ।

+ + + + +
+ + + + +

आपका सच्चा
जार्ज. ए. ग्रिअर्सन

उक्त महात्मा केवल उद्धृर्व लिखित अनुमति ही प्रगट करके क्षान्त नहीं हुए, उन्होंने कार्य्यदक्ष पुरुषों के समान अपने विचार को कार्य्य में भी परिणत करना चाहा। जिस समय कथित ग्रन्थ उनको प्राप्त हुआ, उनकी सेवा का समय पूर्ण हो गया था, और वे विलायत-यात्रा के लिए प्रस्तुत हो रहे थे। कुछ ही दिनों पीछे वे भारतवर्ष को परित्याग कर विलायत पधार गये। अतएव उन्होंने जो कुछ विचार 'ठेठ हिन्दी का ठाट' के विषय में प्रान्तिक राजकर्मचारियों से प्रगट किया था वह कार्य्य में परिणत न हो सका। केवल बङ्गल प्रान्त के शिक्षा-विभाग ने उसको बिहार प्रदेश की पुरस्कार-पुस्तकों में ग्रहण किया। किन्तु इससे उक्त महाशय भग्नोत्साह नहीं हुए, उन्होंने विशेष चेष्टा करके उसको 'सिविल-सर्विस' परीक्षा की पाठ्यपुस्तकों में युक्त कराया और आजकल वह उक्त परीक्षा की पाठ्यपुस्तकों में परिगृहीत है। उक्त पुस्तक के कोर्स में परिगृहीत हो जाने पर प्रशंसित महोदय ने निम्नलिखित पत्र स्वर्गीय बाबू साहब को लिखा था।

रथफार्नहम
किम्बरली
सरे—15-1-03

प्रिय महाशय,

आप यह सुनकर अवश्य प्रसन्न होंगे कि 'ठेठ हिन्दी का ठाट' भारतवर्षीय सिविलसर्विस परीक्षा की पाठ्यपुस्तकों में यहाँ पर स्वीकृत हुआ।

\+ + + + +

\+ + + + +

आपका सच्चा
जार्ज. ए. ग्रिअर्सन

Townsend
Simla
5-7-99

My dear Sir,

I must congratulate you on the successful issue of 'Theth Hindi ka That'. It is an admirable book and I have written to Mr. Pedler and other friends strongly recommending its use in schools. I trust that it will have the large sale which it deserves. Will you kindly tell Pandit Ayodhya Singh how glad I am that he has so successfully proved that it is easy to write elegantly and at the same time strongly in Hindi without having to use foreign words. The use of Sanskrit words is like a crutch. It is quite right for a lame man to use a crutch when he has to walk, but if you see a strong man using a crutch you only laugh at him. So you should laugh at a writer who uses many Sanskrit words when he wants to write Hindi. I have sent all the copies of the book, which you were so good as to send me, to friends who would be likely to help it forward.

\+ + + + +

\+ + + + +

Yours very sincerely
GEORGE A. GRIERSON

एक दूसरे अवसर पर जो उन्होंने अपनी अनुमति मेरे विषय में प्रकट की है—उसके लिए मैं उक्त महोदय को शतशः धन्यवाद दे कर भी तृप्त नहीं होता हूँ। मिर्जापुर निवासी बाबू काशीप्रसाद से हिन्दी भाषा के सुलेखक भली-भाँति परिचित हैं। वर्तमान हिन्दी साहित्य-सेवकों में एक यह महाशय भी हैं। इन्होंने उक्त महोदय के पास एक पत्र लिख कर हिन्दी भाषा के ऑथरों के विषय में कुछ प्रश्न किये थे। इनके पत्र के उत्तर में जो कुछ उक्त महात्मा ने लिखा है उसका अविकल अनुवाद नीचे प्रकाश किया जाता है। पाठकगण देखें एक क्षुद्र लेखक का उत्साह इस पत्र में किस प्रकार वर्द्धन किया गया है।

"आपने मुझसे पूछा है कि हिन्दी में मेरी अनुमति अनुसार सबसे बड़ा ऑथर (ग्रन्थकार) कौन है? मैं बिना किसी आगा-पीछा के कहता हूँ कि मेरे विचार में भारतवर्षीय ग्रन्थकारों में तुलसीदास निर्विवाद सबसे बड़े ग्रन्थकार हैं। मैं उनको संस्कृत के सबसे बड़े ग्रन्थकारों से भी बढ़ कर समझता हूँ। मुझको अच्छी हिन्दी पढ़ने में बहुत आनन्द प्राप्त होता है। विचार प्रगट करने के सम्बन्ध से आजकल जितनी सर्वाङ्गपूर्ण भाषायें प्रचलित हैं, मैं उनमें से एक इस भाषा को भी समझता हूँ। परन्तु मेरा विचार है कि संस्कृत शब्दों को मिलाकर उस लेखप्रणाली द्वारा जो थोड़े दिनों से...में प्रचलित हो रही है, इसकी बहुत बड़ी हानि की जा रही है। शुद्ध ठेठ हिन्दी एक उत्कृष्ट भाषा है, हिन्दी और संस्कृत शब्दों का सम्मेलन जो...में प्रचलित है, मेरे विचारानुसार बहुत ही भयानक सम्मिश्रण है, और उसी प्रकार व्यर्थ है, जैसा कि फारसी शब्दों से भरी हुई उर्दू—जिसको कोई-कोई मौलवी काम में लाते हैं। तुलसीदास ने जिस विचार को चाहा, ठेठ हिन्दी में प्रगट किया, मुझको कोई कारण ऐसा दृष्टिगत नहीं होता है, कि जिससे लोग यह सोचें कि वह उनसे अधिक जानते हैं।

दूसरे ग्रन्थकार जिनका मैं विशेष अनुरक्त हूँ 'बिहारीलाल' हैं और मुझको सूरदास की रचनाओं के पढ़ने का भी अनुराग है। कतिपय लल्लूलाल के गद्य भी बहुत ही हृदयग्राही हैं, परन्तु उनके समय से मेरे विचार में बहुत ही कम लोग शुद्ध (ठेठ) हिन्दी के लिखनेवाले हुए हैं।

Rathfarnham
Camberley
Surrey
15-1-03

DEAR SIR,

You wiil no doubt be glad to hear that 'Theth Hindi ka That' has been made a text-book for the Indian Civil Service in this country.

\+ \+ \+ \+ \+
\+ \+ \+ \+ \+
\+ \+ \+ \+ \+

Yours very sincerely
GEORGE A. GRIERSON

मेरी इच्छा है कि और लोग भी 'हरिऔध' के बनाये हुए 'ठेठ हिन्दी का ठाट' के स्टाइल में लिखने का उद्योग करें और लिखें–जब मैं देखूँगा कि पुस्तकें वैसी ही भाषा में लिखी जाती हैं, तो मुझको फिर यह आशा होगी कि आगामी समय इस भाषा का अच्छा होगा, जिसको कि मैं तीस वर्ष से आनन्द के साथ पढ़ रहा हूँ।"*

इस अवसर पर मैं उन दूसरे सज्जनों को भी नहीं भूल सकता कि जिन लोगों ने भी मेरी इस क्षुद्र पुस्तिका को आदर की दृष्टि से देखा है। काशी नागरीप्रचारिणी सभा के उत्साही सभासद उक्त सभा के नवें वार्षिक विवरण के पृष्ठ 21 में लिखते हैं–

"इस वर्ष एक सभासद ने यह प्रश्न किया कि हिन्दी गद्य और पद्य की कौन-कौन ऐसी उत्तम पुस्तकें हैं, जिन्हें सब लोगों को और विशेष कर उन लोगों को पढ़ना चाहिए, जो हिन्दी में योग्यता प्राप्त करना चाहें। बहुत विचार कर सभा ने निश्चय किया कि नीचे लिखी गद्य और पद्य की पुस्तकें हिन्दी में उत्तम हैं, और इनके पढ़ने से हिन्दी का अच्छा ज्ञान तथा इसके इतिहास और गठन में किस प्रकार परिवर्तन हुआ है और किस काल में कैसी भाषा का प्रचार था–इसका भी पूरा-पूरा ज्ञान प्राप्त हो जायगा।"

(* Letter from Dr. G. A. Grierson to B. Kashi Prasad)

Rathfarnham,
Camberely.
Surrey. 10. 1. 04.

You ask me who in my opinion is the best author in Hindi. I have no hesitation in saying that I am certain that the greatest author in any Indian language was Tulsi Das. I Consider him a greater writer than even the best Sanskrit authors. I delight in reading good Hindi, which I consider to be one of the most perfect language in existence when considered as a medium for expressing thoughts but I consider that it is very greatly injured of late years by the fashion which is growing up in ... of using Sanskrit words in writing Hindi. Pure Theth Hindi is a magnificient language. The mixture of Hindi and Sanskrit which is current in ... is to my mind a horrible concoction, quite as unnecessary , as the highly persianised Urdu employed by some Maulvis, Tulsi Das was able to express all that he wanted in Theth Hindi, and I do not see why people of the present day should think that they know better than him, Another very favourite author of mine is Bihari Lal, and I am also fond of reading Sur Dasa. Some of Lallu Lal's Prose Hindi is very charming, but since his day, in my opinion, there have been very few writers of Pure Hindi at all. I wish more people would try, and write in the style of the Theth Hindi ka Thath of Hariaudh. When I see books written in that language I shall again have hopes for the future of the language which it has been my pleasure to study for the last thirty years.

इतना लिखकर पृष्ठ 21 में 21 गद्य ग्रन्थ के और 20 पद्य ग्रन्थ के नाम उक्त महोदयों ने लिखे हैं।* मैं इन महाशयों का अत्यन्त अनुगृहीत हूँ और उनको अनेक धन्यवाद देता हूँ कि उन्होंने इक्कीस गद्य ग्रन्थों में एक मेरी क्षुद्र पुस्तिका 'ठेठ हिन्दी का ठाट' को भी स्थान दिया है।

हिन्दीभाषा के सुप्रसिद्ध लेखक पं. श्यामबिहारी मिश्र एम. ए., डिप्टी कलक्टर ज़िला बस्ती, ने अपने 17 मार्च, सन् 1901 के पत्र में, और स्वनामख्यात प्रसिद्ध पुरुष पं. महाराज नारायण शिवपुरी, डिप्टीकलक्टर मथुरा ने अपने 7 मई, सन् 1902 की चीठी में उक्त ग्रन्थ के विषय में अपनी उत्तम अनुमति प्रगट की है, अतएव मैं इन महाशयों को भी अनेक धन्यवाद प्रदान करता हूँ। खेद है कि भूमिका के विस्तार भय से मैं उन पत्रों को यहाँ उद्धृत नहीं कर सकता।

मैं स्वनामधन्य पुरुष आनरेबुल श्रीयुत पं. मदनमोहन मालवीय महाशय का भी बाधित हूँ और उनको भी उन शब्दों के लिये—जिनको कि उन्होंने सेवा में उपस्थित होने के समय उक्त ग्रन्थ के विषय में मुझसे कहे थे—विनीतभाव से अनेक धन्यवाद देता हूँ।

'अधखिला फूल' नामक इस दूसरे ग्रन्थ को भी मैंने ठेठ हिन्दी में ही लिखा है, यह मैं पहले कह चुका हूँ। ठेठ हिन्दी किसे कहते हैं? और उसकी उत्पत्ति क्या है? ये सब बातें मैंने 'ठेठ हिन्दी का ठाट' की भूमिका में लिख दी हैं, अतएव यहाँ फिर उनको लिखकर मैं पिष्टपेषण नहीं करना चाहता। हाँ, यह अवश्य है कि जो परिभाषा मैंने ठेठ हिन्दी के उक्त ग्रन्थ में लिखी है, उसके विषय में मेरे कतिपय भाषामर्म्मज्ञ मित्र अपनी कुछ स्वतन्त्र अनुमति रखते हैं—किन्तु उन लोगों की यह स्वतन्त्र अनुमति भी एक दूसरे से विभिन्न है। वे फ़ारसी, अरबी, तुरकी, अँगरेज़ी, और फ्रेंच शब्द जो टूट-फूट कर सर्वथा हिन्दी भाषा

---

* इक्कीस गद्य व बीस पद्य ग्रन्थ निम्नलिखित हैं—

गद्य ग्रन्थ : 1. चन्द्रावली, 2. सत्यहरिश्चन्द्र, 3. कर्पूरमञ्जरी, 4. मुद्राराक्षस, 5. शकुन्तला, 6. राजा भोज का सपना, 7. ठेठ हिन्दी की कहानी, 8. ठेठ हिन्दी का ठाट, 9. प्रेमसागर, 10. बेकन बिचार रत्नावली, 11. रत्नावली, 12. कादम्बरी, 13. हितोपदेश, 14. बादशाहदर्पण, 15. दुःखिनी बाला, 16. प्राकृतिक भूगोल चन्द्रिका, 17. भाग्यवती, 18. स्त्रीशिक्षा सुबोधिनी, 19. बनिता बुद्धिप्रकाशिनी, 20. रणधीर प्रेममोहिनी नाटक, 21. श्रीनाथजी की प्राकट्यवार्ता।

पद्य ग्रन्थ : 1. बिहारी सतसई, 2. सुखसागर तरंग, 3. सुजान सागर, 4. सूरसागर, 5. रामचरितमानस, 6. रासपंचाध्यायी, 7. उत्सव माला, 8. हम्मीरहठ, 9. जगतविनोद, 10. भारतशिक्षा, 11. एकान्तवासी योगी, 12. संगीत शाकुन्तल, 13. अनुरागबाग, 14. प्रेमरत्न, 15. पद्मावत, 16. कबीर का बीजक, 17. दादू की बानी, 18. रामचन्द्रिका, 19. जरासंधबध महाकाव्य, 20. पृथ्वीराजरासो।

के आकार में परिणत हो गये हैं ठेठ हिन्दी का शब्द कहलाने योग्य हैं या नहीं? ठेठ हिन्दी लिखने में उनका उसी आकार में प्रयोग होगा जैसा कि वे सर्वसाधारण द्वारा बोले जाते हैं, या उनके शुद्ध रूप का? यदि ऐसे शब्दों का प्रयोग ठेठ हिन्दी की पुस्तकों में होगा, तो किस नियम के साथ और कैसे स्थल पर होगा? ये सब बातें अवश्य विचारणीय हैं। और यदि समय हाथ आया तो मैं अपने एक दूसरे उपन्यास की भूमिका में—जिसको मैं स्वयं प्रवृत्त हो कर ऐसी ही एक प्रकार की भाषा में लिख रहा हूँ—इन सब बातों की यथासामर्थ्य मीमांसा करूँगा। इस समय मैं इस विषय में कुछ नहीं लिखना चाहता।

जिस समय मैंने 'ठेठ हिन्दी का ठाट' लिखा था उस समय साधारण लोगों की बोलचाल पर बहुत दृष्टि रखता था। और जिन संस्कृत शब्दों को एक साधारण से साधारण ग्रामीण को मैंने बोलचाल के समय काम में लाते देखा था, उन्हीं शुद्ध संस्कृत शब्दों का प्रयोग मैंने उक्त ग्रन्थ में किया है, किन्तु ये शुद्ध संस्कृत शब्द दो अक्षरों के हैं, जैसे रोग, दुख-सुख इत्यादि। मैंने उस ग्रन्थ में तीन अक्षर के शुद्ध संस्कृत शब्दों का प्रयोग भी किया है, किन्तु अल्प, उपाय इत्यादि दोही चार शब्द इस प्रकार के उसमें आये हैं। कारण इसका यह है कि उस समय तक मैंने कतिपय तीन अक्षर के संस्कृत शब्दों के विषय में यह निश्चित नहीं कर लिया था कि ये शब्द अवश्य सर्वसाधारण की बोलचाल में व्यवहृत हैं—उस समय ये सब शब्द मीमांसित हो रहे थे। किन्तु अब मैंने इन शब्दों के विषय में निश्चय कर लिया है कि ये सब अवश्य सर्वसाधारण की बोलचाल में आते हैं, अतएव इस ग्रन्थ में मैंने इन सब शब्दों का प्रयोग निस्संकोच किया है—ये तीन अक्षर के शब्द चंचल, आनन्द, सुन्दर इत्यादि हैं।

'ठेठ हिन्दी का ठाट' की भूमिका में मैंने ठेठ हिन्दी लिखने में ऐसे शुद्ध संस्कृत शब्दों का प्रयोग करना उत्तम नहीं समझा है कि जिनके स्थान पर अपभ्रंश संस्कृत शब्द प्राप्त हो सकते हैं, और इसीलिये 'कहानी ठेठ हिन्दी' में जो चंचल शब्द का प्रयोग हुआ है उस पर मैंने कटाक्ष किया है। किन्तु अब मैं इस विचार को समीचीन और युक्तिसंगत नहीं समझता, क्योंकि यदि इस नियम को मान कर ठेठ हिन्दी लिखी जावेगी, तो उसका परिमाण विस्तृत होने के स्थान पर संकुचित हो जावेगा। जल एक शुद्ध संस्कृत शब्द है, और उसी प्रकार सर्व साधारण का परिचित है जिस प्रकार पानी—अतएव प्रयोग स्थल पर ठेठ हिन्दी लिखने में शुद्ध संस्कृत शब्द जल उसी प्रकार रखा जा सकता है, जिस प्रकार संस्कृत अपभ्रंश शब्द पानी—क्योंकि ठेठ हिन्दी लिखने में विशेष विचारणीय विषय यही है कि उसमें सर्वसाधारण के बोलचाल की रक्षा लिखित भाषा के नियमों का पालन करते हुए की जावे। निदान इसी सूत्र से आनन्द और सुन्दर का पर्य्यायवाची हरख और सुघर शब्द मिलते हुए भी मैंने 'अधखिला फूल' में इन शब्दों का प्रयोग यथास्थान किया है।

एक बात और है, वह यह कि कोई-कोई शुद्ध संस्कृत शब्द अपने पर्य्यायवाची किसी

दूसरे शब्द किम्बा अपभ्रंश संस्कृत शब्द से विशेष परिमाण में व्यवहृत होते हैं। अतएव इस उपयोगिता का ध्यान अवश्य रखना चाहिए। यदि इस उपयोगिता का ध्यान हम न रखेंगे, तो भाषा के माधुर्य्य, सौन्दर्य्य और विस्तार का कियदंश में विनाश होगा। मेरे इस कथन का यह भाव नहीं है कि यहाँ सर्वसाधारण की बोलचाल का विचार छोड़ दिया जावे—वरन् इस बात की सर्वथा रक्षा करते हुए उक्त विचार को कार्य में परिणत करना चाहिए, यह मेरा वक्तव्य है। जैसे चंचल शब्द है—इसका पर्य्यायवाची चुलबुला एक दूसरा शब्द है। हम ठेठ हिन्दी लिखने में चंचल शब्द के प्रयोग की जहाँ आवश्यकता हो, वहाँ चुलबुला शब्द का प्रयोग कर सकते हैं। किन्तु इस शब्द का व्यवहार उतने परिमाण में नहीं हो सकता जितने परिमाण में कि चंचल शब्द का व्यवहार होता है। चुलबुली लड़की, चुलबुला घोड़ा, हम लिख सकते हैं, पर चुलबुली आँखें नहीं लिख सकते। पर चंचल शब्द का प्रयोग हम तीनों स्थानों पर एक-सा कर सकते हैं—जैसे चंचल लड़की, चंचल घोड़ा, चंचल आंखें। इसलिए सर्व साधारण के व्यवहार में चंचल शब्द रहते हुए भी यदि शुद्ध संस्कृत शब्द होने के कारण हम चंचल शब्द को ठेठ हिन्दी लिखने में स्थान न देंगे, और उसके स्थान पर चुलबुला शब्द ही प्रयोग करेंगे—तो इस अवस्था में हम अवश्य कियदंश में भाषा के माधुर्य्य, सौन्दर्य्य और विस्तार को नष्ट करेंगे—और यही विषय मैंने ऊपर निरूपण किया है।

'अधखिला फूल' में ऊमस, नेह, बयार, निहोरा, सजीला, छबीली, बापुरे, सरबस, अनोखा, निबारती, नेरे, धनेरे, चेरे, इत्यादि शब्द भी लिखे गये हैं। इनमें से और ऐसे ही बहुत से शब्द, 'ठेठ हिन्दी का ठाट' में भी आये हैं। वर्तमान काल के कई एक विद्वानों ने मुझसे इन शब्दों और इसी प्रकार के अपर शब्दों के प्रयोगविषय में कई प्रकार के तर्क किये हैं। उन लोगों का कथन है कि यदि हिन्दी भाषा में इन शब्दों या इसी प्रकार के अपर शब्दों का स्वतन्त्रता से प्रयोग होता रहेगा, तो निम्नलिखित आपत्तियाँ उपस्थित होंगी—

1. हिन्दी भाषा की सर्वस्वीकृत लेखप्रणाली और नियम में व्याघात होगा, और स्वेच्छाचार को प्रश्रय मिलेगा।
2. लब्धप्रतिष्ठ लेखकों की स्थापित परम्परा और शैली का उल्लंघन होगा।
3. अप्रचलित और नवीन शब्दों का प्रयोग होगा।
4. भाषा को ग्रामीण होने का लांछन लगेगा।

मैं यह नहीं कह सकता कि उन लोगों के ये विचार कहाँ तक समीचीन और सुसंगत हैं। परन्तु इस विषय में मेरी जो सम्मति है, मैं उसको यहाँ लिखना चाहता हूँ, जिसमें दूसरे भाषामर्म्मज्ञ विद्वानों का उक्त महाशयों की अनुमति और मेरी सम्मति पर दृष्टि रख कर उचित आलोचना करने का अवसर हस्तगत हो।

प्रथम आपत्ति यह है कि हिन्दी भाषा के सर्वस्वीकृत लेखप्रणाली और नियम में व्याघात होगा, और स्वेच्छाचार को प्रश्रय मिलेगा। पहले यह देखना है कि इस आपत्ति के उत्थापित होने का मूल कारण क्या है? मैं इस कारण को सविस्तार नीचे लिखता हूँ—

उर्दू लिखने में जिस प्रकार लखनऊ और देहली की बोलचाल और उस भाषा के प्राचीन लेखकों की लेखप्रणाली का ध्यान रखा जाता है—हिन्दी लिखने के समय अनेकांश में वैसा नहीं किया जाता। उर्दू के समाचार-पत्र कलकत्ते और बम्बई से भी निकलते हैं, परन्तु उनमें मरहठी और बंगाली की छूत तक नहीं लगती। जिस रंग और स्टाइल में ढले हुए आप दिल्ली, लखनऊ और लाहौर के उर्दू समाचार-पत्रों को देखेंगे, ठीक उसी रंग और स्टाइल में ढले हुए इन समाचार-पत्रों को भी पावेंगे—मजाल नहीं जो शब्दविन्यास और मुहाविरों में भेद हो सके। यही दशा उर्दू ग्रन्थकारों और अपर लेखकों की भी है—ये लोग चाहे कलकत्ते और बम्बई में बैठ कर उर्दू लिखें, चाहे नागपुर और सिन्ध में, किन्तु इन लोगों की उर्दू वही साँचे की ढली उर्दू होगी—कहीं भी वे चूकते दिखलाई न देंगे। किन्तु हिन्दी भाषा के पत्र जिस प्रान्त से निकलते हैं, उनमें उस प्रान्त के भाषा की छूत कुछ न कुछ अवश्य लग जाती है। हिन्दी भाषा के कई एक ग्रन्थकार और अपर लेखक भी इस दोष से मुक्त नहीं हैं। यदि इसी प्रान्त के अंशभूत बैसवारे के रहनेवाले अपने लेखों में 'भरुका' शब्द का प्रयोग कर देते हैं, तो भोजपुरी महाशय 'नीमन' शब्द का प्रयोग करने से नहीं चूकते, और बुन्देलखंडी महाशय 'भंड़िआ' शब्द लिखने से नहीं घबड़ाते। प्रयोजन यह कि यदि युक्तप्रान्त से कई सौ कोस दूर बम्बई और कलकत्ते में बैठे हुए पत्र-सम्पादकगण किसी स्थलविशेष पर उस प्रान्त का शब्द प्रयोग करने पर, किम्बा वाक्यरचना में त्रुटि होने पर, इस विषय में एकांश में दोषी हैं, तो इस प्रान्त में बैठे हुए लेखक और ग्रन्थकारगण इस प्रकार की भूल करने के लिये अनेकांश में दोषभागी हैं।

इस लेख से सम्भव है कि किसी महाशय को कुछ भ्रम होवे, अतएव मैं इसको कुछ और स्पष्ट करके लिखना चाहता हूँ। जो कुछ ऊपर लिखा गया है उसका यह भाव नहीं है कि अब तक हिन्दी भाषा के लिए कोई प्रणाली या नियम निर्धारित नहीं है, या अन्य प्रान्तों के जितने सम्पादकगण हैं और इस प्रान्त के जितने ग्रन्थकार और लेखक हैं वे सभी भाषा लिखने में यथेच्छाचार में प्रवृत्त हैं, और सभी मनमाना अप्रयोज्य शब्दों का प्रयोग करके भाषा को कलुषित करते हैं। वरन् अभिप्राय यह है कि हिन्दी भाषा की जो लेखप्रणाली उद्भावित हो कर नियमबद्ध हुई है, कई एक पत्रसम्पादकों और नवोत्साहित अभिनव लेखकों और ग्रन्थकारों द्वारा उसकी यथोचित रक्षा नहीं हो सकती है। कितने लोग स्वयं प्रवृत्त हो कर इस दोष में लिप्त होते हैं और कितने ही अमनोनिवेश, भ्रान्ति और अप्रगल्भतावश ऐसा करते हैं। प्रमाण में 'हितवार्ता' और 'हिन्दोस्तान' पत्र के सम्पादकगण और बिहार प्रान्त के वर्तमान पाठ्यपुस्तकों के लेखकगण बतलाये जा सकते हैं। निदान इन्हीं सब विषयों पर दृष्टि रख कर प्रथम आपत्ति उत्थापित की गयी है।

अब देखना यह है कि हिन्दी भाषा की सर्वस्वीकृत लेखप्रणाली और नियम क्या हैं और ऊमस इत्यादि शब्दों के प्रयोग से स्वेच्छाचार को प्रश्रय मिलता है या नहीं।

हिन्दी गद्य के जन्मदाता पं. लल्लू लाल और उन्नतकर्त्ता बाबू हरिश्चन्द्र हैं। पं. लल्लू लाल ने हिन्दी गद्य लिखने में अधिकांश ब्रजभाषा की क्रियाओं, सर्वनामों, कारकचिह्नों, और अव्ययों से काम नहीं लिया। उसमें उन्होंने खड़ी बोलचाल की क्रियाओं इत्यादि का प्रयोग किया है और अपने विचारों को अधिकतर संस्कृत शब्दों में प्रगट किया है—तथापि उसमें ब्रजभाषा के शब्द इस अधिकता से भरे हुए हैं कि प्रति पृष्ठ में बीसियों दिखलाये जा सकते है। कहीं-कहीं ब्रजभाषा की क्रिया और सर्वनाम इत्यादि भी पाये जाते हैं। पाठकगण! प्रेमसागर के निम्नलिखित पैरे पर दृष्टि डालिये, और देखिये, उसमें जिन शब्दों के नीचे आड़ी लकीर खिंची है—वे सब ब्रजभाषा के शब्द हैं या नहीं?

"इतनी कथा कह श्री शुकदेवजी बोले, महाराज, अब मैं रितु बरनन करता हूँ—कि ऐसी ऐसी श्री कृष्णचन्द्र ने तिन में लीला करी सो चित्त दे सुनो। प्रथम ग्रीष्म ऋतु आयी तिस ने आते ही सब संसार का सुख ले लिया, और धरती आकाश को तपाय अग्नि सम किया। पर श्री कृष्ण के प्रताप से वृन्दावन में सदा बसंत ही रहे यहाँ घनी घनी कुंज के वृक्षों पर बेलें लहलहा रहीं, बरन बरन के फूल फूले हुए, तिन पर भौरों के झुण्ड के झुण्ड गूँज रहे, आमों की डालियों पर कोयल कुहक रहीं, ठण्ढी ठण्ढी छाहों में मोर नाच रहे, सुगन्ध लिये मीठी मीठी पवन बह रही और एक ओर वन के न्यारी ही शोभा दे रही थी। तहाँ कृष्ण बलराम गायें छोड़ सखा समेत आपस में अनूठे अनूठे खेल खेल रहे थे कि इतने में कंस का पठाया ग्वाल का रूप बनाय प्रलम्ब नामक राक्षस आया, विसे देखते ही श्रीकृष्णचन्द्र ने बलदेवजी को सैन से कहा।"

19वाँ अध्याय।

बाबू हरिश्चन्द ने इस लेखप्रणाली को बहुत परिष्कृत किया और इसे वर्तमान ढंग में ढाला, और इस सौन्दर्य्य और माधुर्य्य के साथ संस्कृत शब्दों का प्रयोग किया कि उनके लेखों को पढ़ते पढ़ते मन मुग्ध हो जाता है। तथापि ब्रजभाषा के शब्दों का प्रयोग इनकी भाषा में भी अधिकता से हुआ है, बरन संस्कृत शब्दों के साथ इन्होंने जहाँ ब्रजभाषा के शब्दों का प्रयोग किया है—उनकी भाषा वहीं विशेष हृदयग्राहिणी और मधुर हुई है। निम्नलिखित कतिपय पंक्तियाँ ध्यान देने योग्य हैं।

क्यों जी ऐसे निठुर क्यों हो गये हो? क्या वह तुम नहीं हो, इतने दिन पीछे मिलना, उस पर भी आँखें निगोड़ी प्यासी ही रहें? मुँह न छिपाओ, देखो, यह कैसा सुन्दर नाटक का तमाशा तुम को दिखलाता हूँ! क्योंकि जब तुम अपने नेत्रों को स्थिर करके यह तमाशा देखने लगोगे, तो मैं उतना ही अवसर पा कर तुम्हारी भोली छबि चुपचाप देख लूँगा।"

पाखण्ड विडम्बन नाटक का समर्पण।

पं. प्रतापनारायण मिश्र, पं. अम्बिकादत्त व्यास, पं. राधाचरण गोस्वामी, पं. दामोदर शास्त्री, पं. बदरीनारायण चौधरी, पं. सदानन्द मिश्र, पं. बालकृष्ण भट्ट, बाबू श्रीनिवास दास, बाबू काशीनाथ, बाबू तोताराम, इत्यादि सुजन 'हरिश्चन्द्री हिन्दी' के प्रचार और पुष्ट करनेवाले हैं। इन लोगों ने पूर्णतया उनके दिखाये पथ को अवलम्बन किया है। जब आप लोग इन महाशयों के लेख को उठा कर देखेंगे, उस समय यह बात बहुत स्पष्ट हो जावेगी। विस्तार-भय से मैं इन लोगों का लेख यहाँ उद्धृत नहीं करता। वर्तमान काल के जो धुरंधर लेखक हैं उनको भी आप लोग अधिकांश में इस रंग में रँगा हुआ पावेंगे, क्योंकि हिन्दी लिखने में ब्रजभाषा के शब्दों का बिलकुल बायकाट इनमें से एक ने भी नहीं किया।

एक प्रकार से हम और इस विषय को सिद्ध करेंगे। हम निश्चित करना चाहते हैं कि जिनके समवाय को हम शुद्ध हिन्दी भाषा, और संस्कृत शब्दों का मेल होने पर जिस समवाय को हम साधु भाषा कहते हैं, वह कौन से शब्द हैं। बाबू हरिश्चन्द्र ने हिन्दी भाषा और उसकी लेखप्रणाली को नियमबद्ध करने के लिए अपने 'हिन्दीभाषा' नामक ग्रन्थ में बारह प्रकार की हिन्दी लिखी है, जिन का लक्षण इस प्रकार निश्चित किया है। अधिक संस्कृत शब्द-युक्त हिन्दी, अल्प संस्कृत-शब्दप्रयुक्त हिन्दी, शुद्ध हिन्दी, अधिक फारसी शब्दयुक्त हिन्दी, बंगालियों की हिन्दी, अंग्रेज़ों की हिन्दी इत्यादि। अर्थात् संस्कृत, अँगरेज़ी, फारसी शब्दों के न्यूनाधिक प्रयोग और उच्चारणविभेद से हिन्दी के बारह भाग उन्होंने किये हैं। अब यहाँ यह स्पष्ट है कि हिन्दी भाषा के सम्पूर्ण विभागों के आधारभूत हिन्दी शब्द हैं—केवल संस्कृत और फारसी इत्यादि के शब्दों के अल्पाधिक प्रयोग से उसके विभाग होते हैं। इसलिए यदि इन बारह विभागों पर दृष्टि डाली जावे तो यह सिद्ध हो जायगा कि हिन्दी शब्द कौन हैं।

बाबू साहब ने इन विभागों के प्रदर्शन के पहले प्रत्येक प्रकार की हिन्दी का रूप पद्य में दिखलाया भी है—इनमें मुख्य ब्रजभाषा, बुंदेलखंडी, भोजपुरी और बैसवारी, इत्यादि हैं। और वास्तव में इन प्रान्तों में जो शब्द बोले जाते हैं, वे हिन्दी भाषा के ही शब्द हैं—ऐसी दशा में यह कहा जा सकता है कि इन सम्पूर्ण प्रान्त की भाषाएँ अपने शुद्ध रूप में, किम्बा न्यूनाधिक संस्कृत इत्यादि के शब्दों के साथ लिखी जावेंगी तो हिन्दीभाषा होंगी। परन्तु यह सभी जानते हैं कि ऐसा नहीं है। यह सब उस स्टाइल की हिन्दी न होगी कि जिस स्टाइल में वर्तमान हिन्दी भाषा लिखी जाती है। अब यहाँ यह विषय विवेचनीय है कि इनमें से उस स्टाइल की भाषा कौन हो सकती है? इस विषय की मीमांसा के लिए विशेष अनुसंधान की आवश्यकता नहीं है, बाबू साहब ने जो शुद्ध हिन्दी नाम की भाषा का निदर्शन उक्त ग्रन्थ में दिया है, उस पर दृष्टि रख कर विचार किया जावे तो इस विषय की मीमांसा आप हो जावेगी। क्योंकि जो शुद्ध हिन्दी का पैरा है, उसके शब्द अवश्य हिन्दी के शब्द गिने जावेंगे और उनका समवाय अवश्य हिन्दी भाषा मानी जावेगी। यहाँ यह भी

स्मरण रखना चाहिए कि इस शुद्ध हिन्दी पैरे को बाबू साहब ने लिखने योग्य हिन्दी स्वीकार की है। वह पैरा यह है—

"पर मेरे प्रीतम अब तक घर न आये, क्या उस देश में बरसात नहीं होती, या किसी सौत के फन्दे में पड़ गये, कि इधर की सुध ही भूल गये। कहाँ तो वह प्यार की बातें, कहाँ एक संग ऐसा भूल जाना—कि चीठी भी न भिजवाना। हा! मैं कहाँ जाऊँ, कैसी करूँ, मेरी तो ऐसी कोई मुँहबोली सहेली भी नहीं कि उससे दुखड़ा रो सुनाऊँ—कुछ इधर-उधर की बातों ही से जी बहलाऊँ!"

हिन्दीभाषा

इस पैरे में सर्वनाम अव्यय, कारकचिह्नों और क्रियाओं को छोड़कर प्रीतम, अब, घर, देश, बरसात, सौत, फन्द, सुध, प्यार, एक संग, चीठी, मुँहबोली, सहेली, दुखड़ा, बात, जी, इत्यादि शब्द आये हैं। इनमें अब, घर, देश, बरसात, प्यार, एक संग, चीठी, बात और जी ऐसे शब्द हैं, जो सुख, दुख, नाक, कान, आँख, इत्यादि शब्दों के समान युक्तप्रान्त के प्रत्येक भागों में एकरस बोले जाते हैं, अतएव इन शब्दों के विषय में कुछ वक्तव्य नहीं है। देखना तो यह है कि प्रीतम (पीतम), सौत, फन्द, सुध, मुँहबोली, सहेली, और दुखड़ा, किसी प्रान्त विशेष के शब्द हैं या क्या? यदि इन शब्दों के विषय में थोड़ा भी विचार किया जायगा, तो अवश्य कहना पड़ेगा कि ये सब शब्द ब्रजभाषा के हैं। अतएव यहाँ हमको यह मानना पड़ेगा कि जिन शुद्ध हिन्दी शब्दों के समवाय को हम हिन्दी भाषा कहते हैं—जिस समवाय में संस्कृत शब्दों का प्रयोग होने पर साधु भाषा बनती है, वे सब शब्द अब, घर, देस, बरसात, प्यार, एक संग इत्यादि के समान जन-साधारण में प्रचलित शब्द-समूह हैं, और इन शब्दों में यदि किसी प्रान्त-विशेष का कोई शब्द भाषा-पथप्रदर्शक लेखकों द्वारा परिगृहीत हुआ है तो वह ब्रजभाषा है—और यही हम को सिद्ध करना था।

हम यह भी दिखलाना चाहते हैं कि क्या कारण है जो भाषा के पथप्रदर्शकों द्वारा ब्रजभाषा के शब्द कहीं-कहीं परिगृहीत हुए हैं। परन्तु इस विषय की मीमांसा करने के पहले हमको यह सोचना चाहिए कि भाषा में संस्कृत शब्दों के ग्रहण किये जाने का क्या कारण है? वास्तव में बात यह है कि प्रान्तिक ठेठ शब्दों की अपेक्षा संस्कृत शब्द अधिक व्यापक हैं। बैसवारे, भोजपुर और बुन्देलखंड में जो ठेठ शब्द व्यवहृत हैं, राजपुताने, मध्यहिन्द और बिहार में उनका समझना कठिन होगा। ऐसे ही राजपुताने मध्यहिन्द और बिहार के ठेठ शब्द, बैसवारे, भोजपुर और बुन्देलखंड में नहीं समझे जावेंगे, किन्तु इन शब्दों के स्थान पर यदि कोई संस्कृत शब्द रख दिया जायगा, तो उसके समझने में उतनी असुविधा न होगी। यह सुविधा इसलिए है कि अब भी संस्कृत का थोड़ा-बहुत प्रचार भारत के प्रत्येक प्रान्त में है। इसके अतिरिक्त श्राद्ध-तर्पण और संस्कारों के समय, कथा-वार्त्ता और धर्म्मचर्चाओं में, व्याख्यानों और उपदेशों में, नाना प्रकार के पर्व और उत्सवों में, हमको

पण्डितों का साहाय्य ग्रहण करना पड़ता है। पण्डितों का भाषण अधिकतर संस्कृत शब्दों में होता है। वे लोग समस्त क्रियाओं को संस्कृत पुस्तकों द्वारा कराते हैं—अतएव ऐसे अवसरों पर भी हमारा संस्कृत शब्दों का ज्ञान उत्तरोत्तर बढ़ता रहता है। और यह हम लोगों के लिए दूसरी सुविधा है।

ब्रजभाषा के शब्दों की अपेक्षा भी अधिक व्यापक हैं, और यही कारण उनके भाषा के सुलेखकों द्वारा परिगृहीत होने का है। ब्रजभाषा शब्द संस्कृत शब्दों की अपेक्षा भी अधिक व्यापक हैं; इस विषय की सिद्धि के लिए विशेष प्रमाणसंग्रह की आवश्यकता नहीं। सभी जानते हैं कि युक्तप्रान्त, राजपूताने, मध्यहिन्द और बिहार में संस्कृत ग्रन्थों वा श्लोकों के पढ़नेवालों की अपेक्षा रामायण, ब्रजविलास, दधिलीला, दानलीला और भाषा के अपर काव्यों के पढ़नेवाले और सूरदास के पदों के गानेवाले अधिक मिलेंगे। वास्तव बात यह है कि ब्रजभाषा प्रान्तिकभाषा होने पर भी धर्म्मग्रन्थों और भाषा काव्यग्रन्थों के साहाय्य से आज पाँच सौ वर्ष से हिन्दी बोलनेवाले मात्र की सुपरिचिता भाषा है।

जो कुछ ऊपर लिखा गया उससे स्पष्ट है कि वर्तमान हिन्दीभाषा ब्रजभाषा के आधार से गढ़ी गई है—या यों कहें, ब्रजभाषा का पुट दे कर हिन्दीभाषा पर रंग चढ़ाया गया है—और यह प्रणाली प्राचीन हिन्दी सुलेखकों द्वारा बहुत सोच-विचार कर युक्तिपूर्वक स्थापित हुई है। वादग्रस्त, ऊमस इत्यादि शब्द ब्रजभाषा के ही हैं, इसलिए यदि हिन्दीभाषा, मुख्यतः ठेठ हिन्दी, लिखने में इन शब्दों का प्रयोग किया गया, तो न तो इससे सर्वस्वीकृत लेखप्रणाली और नियम का व्याघात हुआ। और न स्वेच्छाचार को प्रश्रय दिया गया। अतएव प्रथम आपत्ति की अयौक्तिकता सिद्ध है। अब हम दूसरी आपत्ति पर दृष्टि डालते हैं।

दूसरी आपत्ति यह है—"लब्धप्रतिष्ठ लेखकों की स्थापित परम्परा और शैली का उल्लंघन होगा" अर्थात् आपत्तिकर्त्ता का यह कथन है कि हिन्दीभाषा के लब्धप्रतिष्ठ पथप्रदर्शक सुलेखकों द्वारा ब्रजभाषा से जो शब्द वर्तमान स्टाइल की हिन्दीभाषा में गृहीत हुए हैं, परवर्ती लेखकों को भी वही शब्द ग्रहण करने चाहिए। ब्रजभाषा से उनके अतिरिक्त नवीन शब्द ग्रहण करना एक स्थापित परम्परा और बँधी हुई शैली का उल्लंघन करना है। प्रमाण में वे उर्दू को उपस्थित करते हैं, और बतलाते हैं कि उसके मुस्तनद उस्तादों (प्रामाणिक लेखकों) ने जो शब्द उर्दू में ब्रजभाषा के ग्रहण किये हैं, उनके परवर्ती लेखकों ने भी उन्हीं शब्दों को अपने गद्य और पद्य में स्थान दिया है—नवीन शब्द ग्रहण करने का उद्योग कदापि नहीं किया। वरन् कितने शब्दों को छोड़ भले ही दिया।

यहा आपत्ति कियदंश में समुचित हो सकती है, सर्वांश में नहीं। उर्दू का प्रमाण हिन्दी के लिए यथातथ्य नहीं ग्रहण किया जा सकता। यदि उर्दूवालों ने उत्तरकाल में ब्रजभाषा से नवीन शब्द ग्रहण नहीं किये, वरन् कतिपय गृहीत शब्दों को छोड़ दिया, तो उस का फल क्या हुआ? उसका फल यही हुआ है कि उसमें अरबी और फ़ारसी के अप्रचलित

और अत्यन्त कठोर शब्द प्रचलित हो गये, और उसने लखनवी उर्दू की नींव डाली। आप लखनऊ के मुख्य शायरों की कविता उठाकर पढ़िये, देखिये उनमें मिर्जादबीर के "ज़ेरे क़दमे वालिदा फिर दो सवरी है" इस मिसरे का अनुकरण सर्वत्र है या नहीं। इस मिसरे में आप देखेंगे, केवल उपसर्ग भाषा का है, और सम्पूर्ण शब्द फ़ारसी अरबी के हैं? किन्तु एक शताब्दी भी नहीं बीतने पायी थी कि ऐसी उर्दूभाषा मर्म्मज्ञों की दृष्टि में निन्दनीय ठहरायी गयी, और अब पुनः देहलीवालों के अनुकरण पर आसान उर्दू लिखने की चेष्टा हो रही है। बुद्धिमान मनुष्य का यह कार्य्य है कि अपने आस-पास होते हुए प्रत्येक कार्य्य के हानि-लाभ पर दृष्टि डाल कर सांसारिक कार्य्यों में प्रवृत्त हो। हम लोगों को उर्दू द्वारा जो यह शिक्षा मिली है, उसको कदापि न भूलना चाहिए। यदि हम समय और आवश्यकतानुसार अपर भाषा के प्रचलित शब्दों और ब्रजभाषा से नूतन शब्दों को हिन्दीभाषा में न ग्रहण करेंगे–तो अवश्य है कि एक दिन वह भी संस्कृत शब्दों से भर जावेगी कि जिसके विषय में पीछे हम को भी सतर्क होना पड़ेगा। फिर उर्दू हमारी जातीय भाषा नहीं है–यदि ब्रजभाषा के शब्दों के ग्रहण करने में वह संकोच करे तो कर भी सकती है, पर हिन्दी भाषा कदापि ऐसा नहीं कर सकती, ब्रजभाषा के शब्दों के लिए उसको अपना द्वार सदा उन्मुक्त रखना चाहिए।

यहाँ यह तर्क किया जा सकता है कि ऐसी अवस्था में फिर कोई परम्परा और शैली नहीं स्थापित हो सकती। किन्तु अभिनिविष्ट चित्त से थोड़ा विचार करने पर यह तर्क इस विषय में उपस्थित नहीं किया जा सकता। भाषा की जो परम्परा और शैली नियत है यदि उसको छिन्न-भिन्न करके मैं कोई दूसरी परम्परा और शैली नियत करने को कहता, तो अवश्य यह तर्क किया जा सकता था। परन्तु जब मैं उसकी रक्षा करते हुए आवश्यकतानुसार यथा-समय दो-एक शब्द मात्र उसमें युक्त कर लेने को कहता हूँ तो फिर इसमें तर्क करने का अवसर कहाँ रहा। मैं यह नहीं कहता, 'देखो' को 'द्यखो' लिखो, मैं यह नहीं कहता कि 'हम आते थे' को 'हमनीका आवत रहलीं' लिखो–मैं यह नहीं कहता कि 'हाँ सखी' के स्थान पर 'हम्बे बीर' लिखो–मेरा विचार कदापि नहीं है कि खड़ी बोलचाल की जो क्रियायें, कारक के चिह्न, और उपसर्ग इत्यादि उसमें व्यवहृत होते हैं, उसमें परिवर्तन किया जाय–मेरा यह उद्देश्य भूल कर भी नहीं है कि वाक्य-योजना और वाक्यविन्यासप्रणाली में नवीनता उत्पन्न की जावे–मैं यदि कहता हूँ तो यह कहता हूँ कि आवश्यकतानुसार कश्चित् संज्ञा या विशेषण या इसी प्रकार का कोई दूसरा शब्द हिन्दीभाषा में ब्रजभाषा से ग्रहण कर लिया जावे तो कोई क्षति नहीं। ब्रजभाषा क्या, समय तो हमको यह बतलाता है कि अँगरेज़ी, फ़ारसी, अरबी, तुर्की, इत्यादि के वे सब शब्द भी कि जिनका प्रचलन दिन दिन देश में होता जाता है, और जिनको प्रत्येक प्रान्त में सर्वसाधारण भली-भाँति समझते हैं, यदि हिन्दीभाषा में आवश्यकतानुसार गृहीत होते रहें, तो भी कोई क्षति नहीं।

यहाँ यह पूछा जा सकता है कि फिर ब्रजप्रान्त छोड़ कर युक्तप्रान्त के अन्य प्रान्तों और मध्यहिन्द एवं राजपूताने और बिहार के ठेठ शब्दों ने कौन सा अपराध किया है, जो उनको वर्तमान हिन्दी भाषा में स्थान न दिया जावे। वास्तव में उन शब्दों ने कोई अपराध नहीं किया है, किन्तु उनका उक्त शब्दों के इतना व्यापक न होना ही उनके स्थान न पाने का कारण है। किन्तु यदि दाल में नमक की भाँति किसी आवश्यकतावश किसी स्थान-विशेष पर कभी कोई शब्द प्रयुक्त हो जावे तो वह इतना गर्हित भी नहीं कहा जा सकता।

अब तीसरी आपत्ति को लीजिये–तीसरी आपत्ति यह है "अप्रचलित और नवीन शब्दों का प्रयोग होगा"। यहाँ यह स्मरण रहे कि इस आपत्ति में अप्रचलित और नवीन शब्द का प्रयोग गद्य हिन्दी लेखों में अप्रचलित और व्यवहृत शब्दों के विचार से हुआ है। अतएव यह स्पष्ट है कि आपत्तिकर्ता पद्य में उन शब्दों के प्रचलित होने की उपेक्षा करके यह आपत्ति उत्थापित करते हैं–परन्तु उनकी यह उपेक्षा युक्तियुक्त नहीं है, क्योंकि भाषा के अंग गद्य-पद्य दोनों हैं। इसके अतिरिक्त जब ऊपर कथन की गई युक्तियों से व्यापक होने के कारण वे सर्वसाधारण के अनेकांश में परिचित हैं तो लेख में उनका अप्रचलित होना उनके पहले पहल व्यवहार किये जाने का बाधक नहीं है–क्योंकि उक्त दशा में वे सर्वसाधारण के लिए असुविधा के कारण नहीं हो सकते। रहा नवीनता का झगड़ा! उसके विषय में मुझको इतना ही वक्तव्य है कि वर्तमान काल के विद्वानों और भाषातत्वविदों की अनुमति इस प्रणाली के उत्तम होने के अनुकूल है। उनका कथन है कि आवश्यकतानुसार नवीन शब्दों का प्रयोग करने से भाषा की वृद्धि और प्रसार में प्रश्रय मिलता है, और अभिनव भावों के प्रकाश करने में सुविधा होती है। प्रमाण में अँगरेज़ी भाषा उपस्थित की जाती है, और दिखलाया जाता है कि आवश्यकतानुसार इस भाषा में सर्वदा नवीन शब्द गृहीत होते रहते हैं, इसलिए पृथ्वीतल की सम्पूर्ण भाषाओं में आज यह भाषा समुन्नत और वृद्धि पर है। इसी सूत्र से थोड़े दिन हुए एक विद्वान ने उर्दू की वृद्धि और समुन्नत होने की सूचना दी है। प्रत्युत यह स्वीकार किया जा सकता है कि भाषा में नवीन शब्द ग्रहण की प्रणाली निन्दनीय नहीं है, वरन् उत्तम है।

चौथी आपत्ति कुछ पुष्ट है, और वह यह है, "भाषा को ग्रामीण होने का लांछन लगेगा।" यहाँ यह विचार्य्य है कि भाषा के ग्रामीण न होने की चेष्टा क्यों की जाती है? और किसी परमावश्यक स्थल पर दो-चार ग्राम्य शब्दों के आजाने से ही भाषा ग्रामीण हो जाती है या क्या? जो शिष्टसमाज की बोलचाल की भाषा होती है, लिखित भाषा वही हुआ करती है। कारण इसका यह है कि वह सब प्रकार सुसम्पन्न और पूर्ण होती है, इसलिए किसी विषय के लिपिबद्ध करने में विद्वानों द्वारा आदर उसीका होता है। और ऐसी दशा

में भाषा के ग्रामीण न होने देने की चेष्टा स्वाभाविक है। किन्तु किसी परमावश्यक स्थल पर दो-चार ग्राम्य शब्दों के प्रयोग से ही भाषा ग्रामीण नहीं हो सकती—भाषा ग्रामीण उसी समय होगी—जब हम शिष्टसमाज में गृहीत शब्दों को अनेकांश में न ग्रहण करेंगे—किम्बा शब्दों के लिखने में उनके उच्चारण और व्यवहार का ध्यान न रखेंगे। अर्थात् छत को छात, भूँकने को भूसने, और बाल को बार इत्यादि एवं पांव के स्थान पर गोड़—नाक के स्थान पर नकुरा—और समय और बेला के स्थान पर बिरिया इत्यादि लिखेंगे। यह भी स्मरण रहे कि जैसे कविता में संकीर्ण स्थल पर—कोई भावव्यञ्जक मधुर ग्रामीण शब्द कवियों द्वारा परिगृहीत हो जाता है और वह उतना निन्दनीय नहीं समझा जाता, प्रत्युत पद्य की शोभा ही वर्द्धन करता है। उसी प्रकार किसी स्थानविशेष पर किसी मुख्य कारण से यदि गद्य में भी कोई मधुर ग्रामीण शब्द प्रयुक्त हो जावे, तो केवल इसी कारण से ग्रन्थ की भाषामात्र को गँवारी होने का लांछन नहीं लग सकता।

उर्दू भाषा छील-छाल कर बहुत ठीक की गयी है। इस भाषा के गद्य और पद्य में जो शब्द आते हैं, वे बहुत ही बीछे बराये हुए शब्द हैं, तथापि ब्रजभाषा के अनेक ग्राम्य शब्द अब तक उसकी शोभा वर्द्धन कर रहे हैं। पाठकगण! नीचे के शेरों को देखिये, इनमें जिन शब्दों के नीचे आड़ी लकीर खिंची हुई है, वे सब विशेष ध्यान देने योग्य हैं। यतः उर्दू के गद्य और पद्य दोनों की भाषा एक ही है, अतएव मैंने गद्य का कोई पैरा न उठाकर आप लोगों के मनोरंजन के ध्यान से कतिपय पद्यों को ही उठाया है।

दर्द — अय दर्द बहुत किया <u>परेखा</u> हम ने।
देखा तो अजब जहाँ का <u>लेखा</u> हम ने।
बीनाई न थी तो देखते थे सब कुछ।
जब आँख खुली तो कुछ न देखा हम ने॥

नसीम — बादे सहरी चली जो सन से।
वह शमा <u>सिधारी</u> अंजुमन से॥

मोमिन — उम्र <u>सारी</u> तो कटी इश्क बुतांमें मोमिन।
आखिर वक्त में क्या खाक मुसल्मां होंगे॥

सौदा — जैसी <u>सजधज</u> थी गले<u>बीच</u> हेमायल गुल की।
वैसी ही इत्र की बू वैसी ही <u>सोंधे</u> की महंक॥

इन्शां — कोई शबनम से छिड़क बालों पै अपने पौडर।
कुरसिये नाजप जल्वा को दिखावेगा <u>फ़बन</u>॥
अहल नज्जारा की <u>आँखों</u> में नजर आवेगी।
बाग में नरगिसे शोहला की हवाई <u>चितवन</u>॥

यदि परेखा, लेखा, सिधारी, सारी, सजधज, सोंधे, फबन, चितवन शब्दों के ग्राम्य होने में सन्देह हो, तो यह तो सभी स्वीकार करेंगे कि यह ठेठ ब्रजभाषा के शब्द हैं। और जब इन ठेठ शब्दों के प्रयोग से दर्द इत्यादि उर्दू के लब्धप्रतिष्ठ शायरों की और निगोड़ी, सौत, फन्द, इत्यादि ऐसे ही शब्दों के प्रयोग से बाबू हरिश्चन्द्र इत्यादि सुलेखकों और पथप्रदर्शकों की भाषा को ग्रमीण होने का दोष नहीं लगा, तो आशा है कि मेरे ऊमस, नेह, निहोरा, इत्यादि शब्दों के प्रयोग से 'अधखिला फूल' और 'ठेठ हिन्दी का ठाट' की भाषा को भी ग्रामीण होने का दोष नहीं लगेगा, क्योंकि यह सब शब्द भी उसी टाइप के हैं। मुख्यतः उस अवस्था में जब कि ये दोनों पुस्तकें ठेठ हिन्दी में बिना अन्य भाषा और संस्कृत का कोई अप्रचलित शब्द प्रयोग किये लिखी गयी हैं।

हम यथासामर्थ्य चारों आपत्तियों की अयौक्तिकता सिद्ध कर चुके, साथ ही उस आशंका का भी निरसन हुआ, जो कि आपत्तियों के उत्थापन का कारण थी। सम्भव है कि इस विषय में भाषामर्म्मज्ञों की कुछ और सम्मति हो, किन्तु अब मुझको कुछ वक्तव्य नहीं है।

इतना लिखने के पश्चात् भी यदि उन शब्दों के विषय में किसी महाशय को विशेष तर्क-वितर्क होवे, तो मेरी प्रार्थना यह है कि वे गम्भीर गवेषणा से काम लें, उस समय उनको ऊमस, अनोखा, सजीला का व्यवहार हिन्दी को कौन कहे उर्दू गद्य में भी मिलेगा। नेह, बयार, निहोरा, छबीली, बापुरे, सरबस, निबारती आदि का प्रयोग भी वे लब्धप्रतिष्ठ हिन्दी-लेखकों के गद्य ग्रन्थों में पावेंगे। हाँ! नेरे, घनेरे, चेरे शब्दों का प्रयोग उनको शायद ही गद्य ग्रन्थों में मिलेगा। मैंने भी उनको गद्य में स्थान नहीं दिया है, ये शब्द पद्य ही में आये हैं। गद्य से पद्य में सर्वत्र कुछ स्वतन्त्रता होती है। मैं ग्रन्थों से वाक्यों को उद्धृत करके अपने कथन की पुष्टि भी करता, किन्तु इस विषय में ऊपर विस्तृत लेख लिखने के पश्चात् मैंने व्यर्थ इस भूमिका के कलेवर की वृद्धि उत्तम नहीं समझा।

जो कुछ मैंने अभी कतिपय पंक्तियों में लिखा है, यदि पहले ही मैं इसको लिख देता, तो इस विषय में विस्तृत लेख लिखने की आवश्यकता न होती। क्योंकि जब लब्धप्रतिष्ठ लेखकों द्वारा उनका व्यवहार सिद्ध है, तो फिर तर्क को स्थान कहाँ रहा। किन्तु ऐसी दशा में किसी सिद्धान्त पर उपनीत होना कठिन होता, और इसीलिए मुझको विस्तृत लेख लिखना पड़ा।

इस अवसर पर और एक विषय की मीमांसा आवश्यक है, वह यह है कि जस, अपजस, विपत, इत्यादि शब्द जो अशुद्ध रूप में व्यवहृत हुए हैं, क्या यह प्रणाली ठीक है? शब्दों को तोड़-मरोड़ कर रखने की अपेक्षा उनका शुद्ध रूप में व्यवहार करना क्या उत्तम नहीं है? जहाँ तक मैं समझता हूँ, कह सकता हूँ कि व्यवहारस्रोत में पड़ कर जो टेढ़े-मेढ़े शब्द-प्रस्तर-समूह घिसते-घिसते सुन्दर और सुडौल आकार में परिणत हो गये हैं फिर

उनको उसी पूर्व रूप में लाने की चेष्टा व्यर्थ है। आजकल की हिन्दी भाषा में शुद्ध संस्कृत शब्द अधिकतर व्यवहृत होते हैं, और प्रायः धुरन्धर लेखकों की चेष्टा शुद्ध संस्कृत शब्द-समूह व्यवहार करने की ओर अधिक देखी जाती है—किन्तु शुद्ध संस्कृत शब्दों के स्थान पर व्यवहृत अपभ्रंश संस्कृत शब्दों का प्रयोग मैं उससे उत्तम समझता हूँ। आँख, नाक, कान, मुँह, दूध, दही के स्थान पर लिखने के समय हम इनका शुद्ध रूप अक्ष, नासिका, कर्ण, मुख, दुग्ध, दधि इत्यादि व्यवहार कर सकते हैं, किन्तु भाषा इससे कर्कश हो जावेगी, जन-साधारण की बोधगम्य न होगी। साथ ही उसका हिन्दीपन लोप हो जावेगा। किसी भाषा के लिखने की चेष्टा करने पर यथासाध्य उसको उन्हीं शब्दों में लिखना चाहिए, जिनमें कि वह बोली जाती होवे—अन्यथा वह उन्नत कदापि न होगी। मैं यह स्वीकार करता हूँ कि लिखित भाषा और कथित भाषा में सर्वदा कुछ न कुछ अन्तर अवश्य हुआ करता है—परन्तु यह अन्तर इतना न होना चाहिए जिससे कि आप उसके रूप पहचानने में भी कुंठित होवें।

यदि कोई वादग्रस्त विषय लिखना होवे, किम्बा कोई गूढ़ मीमांसा करनी हो, अथवा मनोभावव्यञ्जक कोई उपयुक्त शब्द भाषा में न प्राप्त होता होवे—तो हम संस्कृत शब्दों से हिन्दी लिखने के समय अवश्य काम ले सकते हैं—ऐसी अवस्था में हमको कोई दोषभागी भी न बनावेगा। किन्तु यदि हम कोई साधारण बात लिखना चाहते हैं, और भाषा के भंडार से हमको आवश्यकतानुसार शब्द प्राप्त हो सकते हैं, और हम फिर भी संस्कृत शब्दों की तृष्णा नहीं त्यागते, और दौड़ कर भाषा के चिकने कोमल शब्दों को संस्कृत का पूर्वरूप देने का ही आग्रह करते हैं, तो अवश्य हम दोषभागी हैं।

यदि यह कहा जावे कि "आँख, नाक, कान इत्यादि जो अपभ्रंश संस्कृत शब्द हैं, वे वास्तव में जन-साधारण द्वारा ऐसे ही बोले जाते हैं, अतएव उनको शुद्ध करके लिखने की कोई आवश्यकता नहीं है। जस इत्यादि को इसलिए शुद्ध रूप में लिखने को कहा जाता है कि वास्तव में उनका जन-साधारण में इस रूप में व्यवहार नहीं है यह सब सर्वथा बने हुए और कल्पित अवगत होते हैं।" तो हम कहेंगे कि यदि यह विचार सत्य है, तो हम को भी कोई विरोध नहीं है, मैं भी उसी रूप में शब्द के व्यवहार का पक्षपाती हूँ कि जिस रूप में वह सर्वसाधारण द्वारा बोला जाता है, यदि सर्वसाधारण द्वारा वह उस रूप में नहीं बोला जाता है कि जिस रूप में वह लिखा गया है तो अवश्य त्याज्य है। किन्तु वक्तव्य यह है कि क्या यह विचार सत्य है? क्या सर्वसाधारण जस को यश और अपजस और विपत को विपत्ति बोलते हैं! कदापि नहीं, वरन् उन का उच्चारण वही है, जैसा कि लिखा गया है। उच्चारण के विषय में इन शब्दों पर आक्षेप कदापि नहीं हो सकता। हाँ, यह कहा जा सकता है कि इस रूप में किसी ग्रन्थ में ये शब्द नहीं लिखे गये, परन्तु मैं इस बात को भी नहीं मान सकता। उर्दू में बराबर यश के स्थान पर जस का व्यवहार होता है।

कविता में अनेक स्थानों पर अपयश के स्थान पर अपजस का प्रयोग हुआ है, सर्वसाधारण में वह बोला भी इसी रूप में जाता है, विपत के विषय में भी वही कहा जा सकता है।

मैं उच्चारण को आदर्श मान कर, यतः कार्य करने का पूर्ण पक्षपाती हूँ, अतएव मैंने अपने अनुभव पर निर्भर करके उक्त दोनों ग्रन्थों में प्रायः शुद्ध संस्कृत शब्दों के स्थान पर बोल चाल में व्यवहृत अपभ्रंश संस्कृत शब्दों के व्यवहार की चेष्टा की है, और उन को उसी आकार और रूप में लिखा है कि जिस आकार और रूप में वे व्यवहृत होते हैं। या यों समझिये ठेठ हिन्दी में ग्रन्थ लिखने के लिए कटिबद्ध हो कर मुझ को विवशतानिबन्धन ऐसा करना पड़ा है। किन्तु मेरा यह पक्षपात सर्वथा निर्दोष है या नहीं, यह मैं नहीं कह सकता। मैंने ऐसे शब्दों के व्यवहार की पुष्टि भी की है। परन्तु इस पुष्टि से मेरा यह अभिप्राय नहीं है कि किसी पुस्तक में इस प्रकार के किसी शब्द के प्रयोग मिलने पर ही उस शब्द का उस प्रकार हम को प्रयोग करना चाहिए। सिद्धान्त की बात तो यह है कि प्रत्येक लेखक को इस प्रकार का प्रयोग करने का अधिकार है। किन्तु उस अवस्था में जब कि वह निश्चय कर लेवे कि उस शब्द का व्यवहार सर्वसाधारण में उसी प्रकार होता है।

स्मरण रहे कि यह प्रयोग 'देखो' के 'द्यखो' लिखने के समान नहीं है, कारण इस का यह है कि देखो का व्यवहार अधिकतर प्रान्तों में इसी रूप में होता है—हिन्दी और उर्दू के सुलेखकों ने भी इस को इसी रूप में लिखा है—अतएव इन बातों पर दृष्टि देकर इस का इसी रूप में लिखा जाना सुसंगत है। किसी एक प्रान्त के उच्चारण का आग्रह कर के उस को 'द्यखो' लिखना ऐसा ही अनुचित है, जैसा सर्वसम्मत और भाषापरिगृहीत 'नाक' शब्द के स्थान पर किसी प्रान्तविशेष के उच्चारण का आग्रह करके 'नकुरा' लिखना असंगत है।

इस ढंग से शब्दप्रयोग करते प्राचीन हिन्दी लेखकों को भी देखा जाता है, प्रमाण में मैं बाबू हरिश्चन्द्र के सत्यहरिश्चन्द्र नाटक से एक पैरा नीचे उद्धृत करता हूँ। इस पैरे में जिन शब्दों के नीचे आड़ी लकीर है, वे सब शब्द ध्यान देने योग्य हैं।

"हाय! यह <u>बिपत</u> का समुद्र कहाँ से उमड़ पड़ा, अरे ! छलिया मुझे छल कर कहाँ भाग गया! (देखकर) अरे <u>आयुस</u> की रेखा तो इतनी लम्बी है फिर अभी से यह बज्र कहां से टूट पड़ा। अरे ऐसा सुन्दर मुँह, बड़ी-बड़ी आँख, लम्बी-लम्बी भुजा, चौड़ी छाती, गुलाब सा रंग। हाय ! मरने के तुझ में कौन से <u>लच्छन</u> थे, जो भगवान ने तुझे मार डाला! हाय! लाल ! अरे बड़े-बड़े <u>जोतसी</u> गुनी लोग तो कहते थे कि तुम्हारा बेटा बड़ा प्रतापी चक्रवर्ती राजा होगा, बहुत दिन जीवेगा, सो सब झूठ निकला! हाय ! पोथी, पत्रा, पाठ, दान, जप, होम, कुछ भी काम न आया! हाय! तुम्हारे बाप का कठिन <u>पुन्न</u> भी तुम्हारा सहाय न भया और तुम चल बसे! हाय!"

शैव्याबिलाप

जैसे ब्रजभाषा शब्दों के व्यवहार के विषय में लोगों ने तर्क किये, उसी प्रकार कई महाशयों ने कतिपय शब्दों के स्त्रीलिङ्ग होने के विषय में वाद भी किया। इन में मुख्य शब्द, उमंग, चाल-चलन, और चर्चा हैं। मैं इन शब्दों के विषय में भी कुछ लिखना चाहता हूँ। लिंगविभेद का झगड़ा बहुत दिनों से उर्दू और हिन्दी दोनों भाषाओं में चला आता है। उर्दू ही में कुछ लोग एक शब्द को पुल्लिङ्ग और दूसरे को स्त्रीलिङ्ग लिखते हैं। लखनवी और देहलवी उर्दू को मिला कर देखिये उस समय आप को मेरे कथन के कितने ही प्रमाण मिलेंगे। हिन्दी भाषा में भी देखा जाता है कि बाबू हरिश्चन्द्र और उन के परवर्त्ती लेखकों के अनुसरण करनेवाले तो पुस्तक और आत्मा को स्त्रीलिंग लिखते हैं और पंडितऊ हिन्दी लिखनेवाले इन्हीं शब्दों को पुल्लिङ्ग लिखते हैं। ऐसा ही विभेद आप वायु और पवन शब्द में देखेंगे, इन शब्दों को कोई पुल्लिङ्ग लिखता है, और कोई स्त्रीलिङ्ग। ऐसे ही और शब्द भी बतलाये जा सकते हैं। किन्तु इस विवाद को छोड़ कर मुझे वादग्रस्त शब्दों की मीमांसा करना है, अतएव मैं इसी कार्य्य में प्रवृत्त होता हूँ।

पहले मैं उमंग शब्द को लेता हूँ—और देखता हूँ कि हिन्दी भाषा के सुलेखकों ने इस को स्त्रीलिङ्ग लिखा है वा पुल्लिङ्ग। सबसे प्रथम मैं बाबू हरिश्चन्द्र के ग्रन्थ से ही प्रमाण उद्धृत करता हूँ। उनके कर्पूरमंजरी सट्टक के पृष्ठ 23 में यह वाक्य है—

"राजा—परस्पर सहज स्नेह अनुराग के उमंगों का बढ़ना अनेक रसों का अनुभव, संयोग का विशेष सुख, संगीत साहित्य और सुख की सामग्री मात्र को सुहावना कर देना, और स्वर्ग का पृथ्वी पर अनुभव करना।"

बाबू राधाकृष्ण दास हिन्दी के वर्त्तमान सुलेखकों में हैं, बाबू हरिश्चन्द्र की जीवनी के पृष्ठ 16 में लिखते हैं—

"बाबू हर्षचन्द्र के बाल्यकाल ही में इन के पूजनीय पिता ने परलोक प्राप्त किया। लोगों ने इन के उमंग का अच्छा अवसर उपस्थित देख उन्हें राय रत्नचन्द बहादुर से लड़ा दिया।"

कविवर भिखारी दास भाषा के प्रसिद्ध कवियों में हैं, उनके शृंगारनिर्णय के पृष्ठ 39 में यह सवैया लिखी हुई है—

सवैया

समीप निकुंजन कुंजबिहारी गये लखि सांझ पगे रसरंग।
इतै बहु द्योस में आय कै धाय नवेली को बैठी लगाइ उछंग॥
उड़ी तहं दास बसी चिड़ियां उड़िगो तिय को चित वाहि के संग।
बिछोह तें बुंद गिरे अँसुआँ के सुवाके गुने गये प्रेम-उमंग॥ 1॥

हिन्दी—कोष के पृष्ठ 30 में यह शब्द अर्थ के साथ इस प्रकार लिखा हुआ है, कोष्ठगत 'प' से उसी ग्रन्थ के आदि पृष्ठ की सूचना के अनुसार पुल्लिङ्ग समझना चाहिए।

उमङ्ग (प) मग्नता, धुन, तृष्णा।

ऊपर जो प्रमाण संग्रह किये गये, उन से स्पष्ट है कि हिन्दी में 'उमङ्ग' शब्द को पुल्लिङ्ग लिखते हैं।

अब कुछ उर्दू के शायरों की कविता नीचे लिखता हूँ, पाठकगण देखें। इस में 'उमंग' शब्द का व्यवहार 'स्त्रीलिंग' की भाँति हुआ है।

अकबर— साम्हने थीं लेडियाने माह वश जादू नज़र।
यां जवानी की उमंग वो उन को आशिक की तलाश॥

नैरंग— सहरा को खींचती है दिलेजार की उमंग।
बैठा रहे जो घर में यह किसको करार है!

अब चालचलन को देखिये।

सुप्रसिद्ध भारतमित्र पत्र के वर्तमान सम्पादक बाबू बालमुकुन्द गुप्त हिन्दी और उर्दू दोनों पर समान अधिकार रखते हैं, अतएव इन्हीं का लेख हिन्दी के विषय में प्रमाणस्वरूप यहाँ उद्धृत किया जाता है, क्योंकि केवल हिन्दी जाननेवाले की अपेक्षा हिन्दी और उर्दू दोनों जाननेवाले का लेख विशेष पुष्टि का हेतु होगा—

"जज्ज—अगर तुम नहीं मानोगे तो मैं सरकार में तुम्हारी चालचलन की रिपोर्ट करूँगा।"

एक दूसरी ठौर—

"अगर एक ज़िलाजज्ज एक बारिष्टर को गाली दे तो बारिष्टर जज्ज की चालचलन पर रिमार्क कर सकता है।

भारतमित्र 4 जून, सन् 1904 ई. कॉलम चौथा पंक्ति 80, 81, वो 115, 116—

मौलवी हसन अली साहब मुहम्मद मिशनरी अपने नेकचलनी नामक प्रबन्ध में लिखते हैं।

"गो इनसान पूरी लियाक़त न रखता हो, और दौलत में भी कम हो, लेकिन अगर उस का चालचलन उम्दा और शाइस्ता है, तो उसकी क़दर और मंज़िलत हमेशा बढ़ती रहेगी"—

मुअल्लिमुत्तहज़ीब पृष्ठ 72

सर सैय्यद अहमद साहब 'अपनी मदद आप' शीर्षक प्रबन्ध के आठवें टुकड़े में लिखते हैं—

"लॉर्ड बेकन का निहायत उम्दा कौल है—कि इल्म से अमल नहीं आता, इल्म को अमल में लाना इल्म से बाहर को इल्म से बरतर है, इल्म की निस्वत अमल और सवानेह उमरी की निस्वत उम्दा चालचलन आदमी को ज्यादा ज़ज़ और क़ाबिल अदब बनाता है—"

मुअल्लिमुत्तहज़ीब पृष्ठ 91

ऊपर जो वाक्य उद्धृत किये गये, उनके देखने से पाया जाता है कि हिन्दीवाले चालचलन को स्त्रीलिंग लिखते हैं—किन्तु उर्दूवाले इसी शब्द का प्रयोग पुल्लिङ्ग की तरह करते हैं।

अब चर्चा की चर्चा हमें और करनी है। सब से पहले भारतेन्दु जी की एक सवैया हम नीचे लिखते हैं।

सवैया

जग जानत कौन है प्रेमबिथा केहि सों चरचा या वियोग की कीजिये।
पुनि को कही मानै कही समझे कोऊ क्यों बिन बात की रारहिं लीजिये॥
नित जो हरिचंद जू बीतै सहैं बकि कै जग क्यों परतीतहि छीजिये।
सब पूछत मौन क्यों बैठि रही पिय प्यारे कहा इनै उत्तर दीजिये॥

सुन्दरीतिलक पृष्ठ 226 में यह सवैया लिखी है।

सवैया

पी चलिबे की चली चरचा सुनि चन्द्रमुखी चितई दृगकोरन।
पीरी परी तुरतै मुख पै बिलखी बनि व्याकुल मैन सकोरन॥
को बरजै अलि कासों कहौं मन झूलत नेह ज्यों लाज झकोरन।
मोती से पोइ रहे अँसुआ न गिरे न फिरे वरुनीन के कोरन॥

उर्दू कवियों की भी दो कवितायें देखिये—

अकबर— अकबर से आज हज़रते वायज ने यों कहा।
चरचा है जा बजा तेरे हाले तबाह का॥

कश्चित— दुनियें के जो मज़े हैं, हरगिज यह कम न होंगे।
चरचा यही रहेगा अफ़सोस हम न होंगे॥

ऊपर की कविताओं के देखने से स्पष्ट है कि भाषा में चर्चा को स्त्रीलिंग लिखते हैं और उर्दूवाले उसको पुल्लिङ्ग बाँधते हैं।

अब यहाँ उलझन यह आन पड़ी कि जब भाषा और उर्दू लिखनेवालों के प्रयोग में इस प्रकार प्रभेद है—तो इन शब्दों के स्त्रीलिङ्ग पुल्लिङ्ग की मीमांसा कैसे हो। वास्तव बात यह है कि इस प्रकार के शब्दों के लिङ्ग की मीमांसा बहुत कठिन है। ऐसे अवसर पर हमारा कर्तव्य यही है कि जब हम भाषा लिखें तो ऐसे शब्दों के प्रयोग के विषय में भाषावालों का मार्ग ग्रहण करें, और जब उर्दू लिखें तो उर्दू वालों का। अन्यथा हमारा लेख पुल्लिङ्ग, स्त्रीलिङ्ग के दोष से मुक्त न हो सकेगा।

यह हम स्वीकार करेंगे कि भाषा लिखनेवालों में भी कोई-कोई उर्दूवालों के समान

चालचलन को पुलिङ्ग लिखते हैं, परन्तु अल्प। अधिकतर भाषा लिखनेवाले प्राचीन हिन्दी लेखकों का ही अनुसरण करते हैं। हाँ, उमंग, की बात निराली है, भाषा-गद्य-पद्य लिखनेवालों में भी अधिक लोग इस को स्त्रीलिङ्ग ही लिखते हैं। बाबू हरिश्चन्द्र ने चन्द्रावली नाटिका पृष्ठ 25 में इस को स्त्रीलिङ्ग ही लिखा है—स्वर्गीय पं. प्रतापनारायण मिश्र इस को सदा स्त्रीलिङ्ग ही लिखते थे। अतएव यदि व्यवहार के आधिक्य पर विचार किया जावे तो यह अवश्य कहना पड़ेगा कि इस शब्द का स्त्रीलिङ्ग लिखा जाना ही अच्छा है। इसी प्रकार आधिक्य पर दृष्टि डाल कर उन शब्दों की मीमांसा कर लेनी चाहिए, कि जो भाषा में भी दो प्रकार से लिखे जाते हैं—अर्थात् भाषा ही में कोई स्त्रीलिङ्ग और कोई पुल्लिङ्ग लिखता है।

वास्तव बात यह है कि शब्दों का स्त्रीलिंङ्ग और पुल्लिङ्ग लिखा जाना और किसी वाक्य का ठीक-ठीक लिपिबद्ध होना समाज के बोलचाल पर निर्भर करता है। व्याकरण भी बोलचाल के अनुसार ही विधिबद्ध होता है, अर्थात् बोलचाल की विधिबद्ध प्रणाली ही व्याकरण है। अतएव समाज द्वारा जो शब्द जिस प्रकार काम में लाया जाता है, अथवा जो वाक्य जिस प्रकार व्यवहृत होता है, उस को उसी प्रकार काम में लाना और व्यवहार करना चाहिए।

दो-चार शब्दों के विषय में मुझ को कुछ बातें और कहनी हैं, उन को कह कर अब मैं इस लेख को समाप्त करूँगा।

'अधखिला फूल' के पृष्ठ 81 पंक्ति 9 में 'पतोहें' और पृष्ठ 110 पंक्ति 20 में देवतों, और पृष्ठ 129 पंक्ति 10 में बिपतों, शब्द का प्रयोग हुआ है। व्याकरणानुसार इन शब्दों का शुद्ध रूप, पतोहुयें, देवताओं, और बिपत्तियों, होता है। अतएव यहाँ पर प्रश्न हो सकता है, कि इन शुद्ध रूपों के स्थान पर, पतोहें इत्यादि अशुद्ध रूप क्यों लिखे गये? बात यह है कि पतोहू और बिपत्ति शब्द का बहुवचन व्याकरणानुसार अवश्य पतोहुयें, और बिपत्तियाँ होगा, परन्तु सर्वसाधारण बोलचाल में पतोहू के स्थान पर पतोह और बिपत्ति के स्थान पर बिपत शब्द का प्रयोग करते हैं, अतएव व्याकरणानुसार इन दोनों शब्दों का बहुवचन पतोहें, और बिपतों किम्बा बिपतें यथास्थान होगा। इस के अतिरिक्त उच्चारण की सुविधा, कारण, अब पतोहुयें और बिपत्तियों के स्थान पर पतोहें व बिपतों शब्दों का ही सर्वसाधारण में प्रचार है, इसलिए पतोहुयें और बिपत्तियों के स्थान पर पतोहें और बिपतों लिखा जाना ही सुसंगत है। हाँ देवतों शब्द किसी प्रकार व्याकरणानुसार सिद्ध न होगा, क्योंकि देवता शब्द का बहुवचन जब होगा तो देवताओं ही होगा। अतएव इस शब्द के विषय में अशुद्ध प्रयोग का दोष अवश्य लग सकता है। परन्तु स्मरण रहे कि व्याकरणानुसार यद्यपि देवतों पद असिद्ध है तथापि सर्वसाधारण की बोलचाल में देवताओं शब्द नहीं है, देवता का बहुवचन उन लोगों के द्वारा देवतों ही व्यवहृत होता है, और समाज

की बोलचाल को सदा व्याकरण पर प्रधानता है, अतएव देवताओं के स्थान पर देवतों पद का ही प्रयोग किया गया है। किन्तु यदि इस में मेरा दुराग्रह समझा जावे तो देवतों शब्द के स्थान पर देवताओं शब्द ही पढ़ा जावे, इस विषय में मुझ को विशेष तर्क-वितर्क नहीं है।

पतोहें, और बिपतों, किम्बा विपतें इत्यादि के समान पहले से भी प्रयोग होता आया है, आप लोग बाबू हरिश्चन्द्र के निम्नलिखित पद के उन शब्दों पर ध्यान दीजिये, जिन के नीचे आड़ी लकीर दी हुई हैं। उन शब्दों का बहुवचन रीतियाँ, नीतियाँ, प्रीतियाँ, व्याकरणानुसार होना चाहिए, परन्तु उनका उच्चारण रीत, नीत, प्रीत समझ कर बहुवचन रीतैं, नीतैं, प्रीतैं बनाया गया है।

पद

कुढ़त हम देखि देखि तुब रीतैं। सब पै इक सी दया न राखत नयी निकाली नीतैं॥ अजामील पापी पर कीनी जौन कृपा करि प्रीतैं। सो हरिचन्द हमारी बारी कहाँ बिसारी जी तैं॥

ठेठ हिन्दी का ठाठ, के बहुत प्रचार के साथ उसकी भाषा के विषय में लोगों की अनेक तर्कनायें भी हुईं, समय-समय पर श्रवणपरम्परा से मुझको उनका ज्ञान होता रहा, परन्तु जब नागरीप्रचारिणी सभा के सभा-भवन-उत्सव पर मैं काशी गया तो वहाँ कई एक सज्जनों से इस विषय में विशेष बातचीत हुई। मेरे भक्तिमान कनिष्ठ सहोदर पं. गुरुसेवक सिंह उपाध्याय बी. ए. डिप्टी कलक्टर मिर्जापुर ने जब इस ग्रन्थ की एक-एक प्रति महामहोपाध्याय पं. सुधाकर द्विवेदी इत्यादि सुजनों को अर्पण की थी, तो उन लोगों ने भी इस विषय में कई एक बातें कही थीं। निदान जो-जो तर्क-वितर्क 'ठेठ हिन्दी का ठाठ' की भाषा के विषय में आज तक हुए हैं, मैंने यथासामर्थ्य उन सबका उत्तर इस भूमिका में लिख दिया है। किन्तु मेरा उत्तर सुसंगत है या नहीं, यह मैं नहीं कह सकता। इसका विचार भाषा मर्म्मज्ञों के हाथ है। मुझको इस बात का खेद है कि मेरी इच्छा के विरुद्ध भूमिका बहुत विस्तृत हो गयी, किन्तु क्या करूँ, प्रसंगवश मुझको अनेक विषयों की अवतारणा करनी पड़ी—आशा है आप लोग विवश समझ कर क्षमा करेंगे।

मैंने इस 'अधखिला फूल' को भी ठेठ हिन्दी में ही लिखा है, और यथासामर्थ्य किसी अन्य भाषा के शब्द न आने देने की चेष्टा की है, ऐसा कई ठौर लिखा जा चुका है किन्तु इस पौने दो सौ पृष्ठ की पुस्तक में अनवधानता अथवा भ्रमवश भी अन्य भाषा का कोई शब्द प्रयुक्त नहीं हुआ है—यह मैं नहीं कह सकता। यदि ऐसी त्रुटि कहीं दृष्टिगोचर होवे, तो मैं अपने सहृदय पाठक से उसकी मार्जना और उससे अभिज्ञता प्रदान की प्रार्थना करता हूँ। किन्तु विनय यह है कि जवान और बच्चा इत्यादि शब्दों पर गम्भीर गवेषणा पूर्वक दृष्टि डाली जावे, क्यों यद्यपि ये शब्द फ़ारसी ज्ञात होते हैं किन्तु वास्तव में ये संस्कृत

शब्द युवन् और बत्स के अपभ्रंश हैं।

एक विषय में मैं बहुत लज्जित हूँ—और वह इस भूमिका की भाषा है। इस भूमिका में बहुत से संस्कृत शब्दों का प्रयोग करके मैं गोस्वामी तुलसीदासजी के इस वाक्य का कि "पर उपदेस कुसल बहुतेरे। जे आचरहिं ते नर न घनेरे॥" स्वयं आदर्श बन गया हूँ। किन्तु क्या करूँ एक तो जटिल विषयों की मीमांसा करनी थी, दूसरे यह भूमिका बहुत शीघ्रता में लिखी गयी है, अतएव उक्त दोष से मैं मुक्त न हो सका। यदि परमात्मा सानुकूल है तो आगे को इस विषय में सफलता लाभ करने की चेष्टा करूँगा।

विनयावनत

'हरिऔध'

अधखिला फूल

पहली पंखड़ी

बैशाख का महीना, दो घड़ी रात बीत गयी है। चमकीले तारे चारों ओर आकाश में फैले हुए हैं, दूज का बाल सा पतला चाँद, पश्चिम ओर डूब रहा है, अँधियाला बढ़ता जाता है, ज्यों-ज्यों अँधियाला बढ़ता है, तारों की चमक बढ़ती जान पड़ती है। उन में जोत सी फूट रही है, वे कुछ हिलते भी हैं, उनमें चुपचाप कोई-कोई कभी टूट पड़ते हैं, जिससे सुनसान आकाश में रह-रह कर फुलझड़ी सी छूट जाती है। रात का सन्नाटा बढ़ रहा है, ऊमस बड़ी है, पवन डोलती तक नहीं, लोग घबड़ा रहे हैं, कोई बाहर खेतों में घूमता है, कोई घर की खुली छतों पर ठण्ढा हो रहा है, ऊमस से घबड़ा कर कभी कोई टिटिहरी कहीं बोल उठती हैं।

भीतों से घिरे हुए एक छोटे से घर में एक छोटा-सा आँगन है, हम वहीं चल कर देखना चाहते हैं, इस घड़ी वहाँ क्या होता है। एक मिट्टी का छोटा-सा दीया जल रहा है, उसके धुँधले उजाले में देखने से जान पड़ता है, इस आँगन में दो पलंग पड़े हुए हैं। एक पलंग पर एक ग्यारह बरस का हँसमुख लड़का लेटा हुआ उसी दिये के उजाले में कुछ पढ़ रहा है। दूसरे पलंग पर एक पैंतीस-छत्तीस बरस की अधेड़ स्त्री लेटी हुई धीरे-धीरे पंखा हाँक रही है, इस पंखे से धीमी-धीमी पवन निकल कर उस लड़के तक पहुँचती है, जिससे वह ऐसी ऊमस में भी जी लगा कर अपनी पोथी पढ़ रहा है। इस स्त्री के पास एक चौदह बरस की लड़की भी बैठी है। यह एकटक आकाश के तारों की ओर देख रही है, बहुत बेर तक देखती रही, पीछे बोली माँ! आकाश में ये सब चमकते हुए क्या हैं?

माँ ने कहा, बेटी! जो लोग इस धरती पर अच्छी कमाई करते हैं, मरने पर वे ही लोग स्वर्ग में बास पाते हैं, उनमें बड़ा तेज होता है, अपने तेज से वे लोग सदा चमकते रहते हैं। दिन में सूरज के तेज से दिखलाई नहीं पड़ते, रात में जब सूरज का तेज नहीं रहता, हम लोगों को उनकी छवि देखने में आती है। यह सब चमकते हुए तारे स्वर्ग के जीव हैं, इनकी छटा निराली है, रूप इनका कहीं बढ़ कर है। न इन लोगों के पास रोग आता

न ये बूढ़े होते, दुख इनके पास फटकता तक नहीं। यह जो तारों के बीच से उजली धार-सी दक्खिन से उत्तर को चली गयी है, आकाश गंगा है, इसका पानी बहुत सुथरा, मीठा और ठण्ढा होता है, वह लोग इसमें नहाते हैं। मीठे अनूठे फलों को खाते हैं। भीनी-भीनी महंकवाले अनोखे फूल सूँघते हैं, भूख-प्यास का डर नहीं, कमाने का खटका नहीं, जब जो चाहते हैं मिलता है, जब जो कहते हैं होता है, सदा सुख-चैन से कटती है, इन लोगों के ऐसा बड़भागी जग में और दूसरा कोई नहीं है।

उत्तर ओर यह जो अकेला चमकता हुआ तारा दिखलाई पड़ता है, जिसके आस-पास और कोई दूसरा तारा नहीं है, यह ध्रुव है। ध्रुव एक राजा के लड़के थे, इन्होंने बड़ा भारी तप किया था, उसी तप के बल से आज उनको यह पद मिला हुआ है।

इन सर के ऊपर के सात तारों को देखो, ये सातों ऋषि हैं। इनमें ऊपर के चार देखने में चौखूँटे जान पड़ते हैं, पर नीचे के तीन कुछ-कुछ तिकोने से हैं। इन्हीं तीनों में जो बीच का तारा है, वे वशिष्ठ मुनि हैं। उनके पास ही जो बहुत छोटा-सा तारा दिखलाई पड़ता है, वे अरुंधती हैं, ये वशिष्ठ मुनि की स्त्री हैं। ये बड़ी, सीधी, सच्ची, दयावाली, और अच्छी कमाई करनेवाली हो गई हैं, अपने पति के चरणों में इन का बड़ा नेह था। इनकी भाँति जो स्त्री अपने पति के चरणों की सेवकाई करती है, पति को ही देवता जानती है, उन्हीं की पूजा करती है, उन्हीं में लव लगाती है, सपने में भी उनके साथ बुरा बरताव नहीं करती, भूल कर भी उनको कड़ी बात नहीं कहती, कभी उनके साथ छल-कपट नहीं करती वह भी मरने पर इसी भाँति अपने पति के साथ रह कर स्वर्गसुख लूटती है।

जिन जीवों की कमाई पूरी हो जाती है, जिनका पुण्य चुक जाता है, वे सब फिर स्वर्ग से आकर धरती में जनमते हैं, ऐसे ही जीव ये सब रात के टूटते हुए तारे हैं। धीरे-धीरे अपना तेज खो कर स्वर्ग से गिरते हैं, और फिर आकर इस धरती में जन्म लेते हैं।

लड़का चुपचाप माँ की बातों को सुनता था, जब माँ ने बातें पूरी कीं, बोला, माँ तुम यह सब क्या कहती हो, ये सब तारे ऋषि-मुनि नहीं हैं, जैसी हमारी यह धरती है, वैसे ही एक-एक तारा एक-एक धरती है, इनमें कोई-कोई हमारी धरती से भी सैकड़ों गुना बड़ा है, ये तारे लाखों कोस की दूरी पर हैं। इसी से देखने में छोटे जान पड़ते हैं, नहीं तो बहुत-सी बातों में ये सब ठीक हमारी धरती के से हैं। जैसे हमारी धरती पर नदी, पहाड़, झील, वन, पेड़, गाँव, घर, जीव, जन्तु हैं, वैसे ही इन तारों में भी समुद्र, नदी, वन, पहाड़, पेड़, पौधे, और जीव हैं; चाँद में जो काले-काले धब्बे देखने में आते हैं, वे उसमें के नदी-पहाड़ हैं। जैसे अपनी रात होने पर हम लोग इन तारों को आकाश में चमकता हुआ देखते हैं, वैसे ही जब उन तारों में रात होती है, तो वहाँ के रहनेवाले भी हमारी धरती को इसी भाँति आकाश में चमकता हुआ तारा देखते होंगे। तारों के बीच से उत्तर से दक्खिन को जो उजली धार सी निकल गयी है, यह आकाश गंगा नहीं है, यह अनगिनत तारों की

पाँती है जो बहुत छोटे और बहुत दूर होने से आँखों को दिखलाई नहीं देते, और आँखों से न दिखलाई देने ही से उनको पाँती एक उजली धार सी जान पड़ती है; नहीं तो सचमुच यह कोई नहीं है, और न उजली धार ही है। अरुंधती, जिन को तुम वशिष्ठ मुनि के पास बैठी समझती हो, उनसे लाखों कोस की दूरी पर होगी यहाँ से बहुत दूर पर होने ही से हम तुमको वे दोनों पास-पास जान पड़ते हैं। ये जो तारे टूटते हैं, वे स्वर्ग के जीव नहीं हैं जो धरती की ओर जनमने के लिये गिरते हैं, भगवान ने अन्त सबका बनाया है। दिन पाकर इन तारों का भी नाश होता है, उस घड़ी ये तारे बिखर जाते हैं, और उनके अनगिनत टुकड़े आकाश में इधर-उधर गिरने लगते हैं जो टुकड़े हम लोगों की आँखों के सामने होकर निकलते हैं, वे ही टूटते हुए तारे हैं। आजकल के पढ़े-लिखे लोग कहते हैं, दस सौ बरस पीछे हमारा चाँद भी बिखर जायगा, जिस घड़ी यह बिखरेगा, इसके टुकड़े भी टूटते हुये तारे की भाँति आकाश में दिखलाई पड़ेंगे।

वह चौदह बरस की लड़की जो उस अधेड़ स्त्री के पास बैठी हुई थी, लड़के की बातों को सुन कर खिलखिला कर हँस पड़ी, वह अधेड़ स्त्री भी जो इन दोनों लड़कों की माँ है, इन बातों को सुन कर कुछ घड़ी चुप रही, फिर बोली, बेटा! ये सब नयी बातें हैं, कुछ अचरज नहीं जो ठीक हों, पर हम लोगों के उतने काम की नहीं हैं, ऐसी बातें कुछ तुम लोगों ही के काम की होती हैं।

लड़के ने कहा, माँ! ये बातें नयी कैसे हैं, एक पण्डितजी परसों कहते थे, ये सब बातें हमारे यहाँ भी लिखी हुई हैं। यह जो एक तारा दक्खिन ओर झुका हुआ सर के ऊपर लाल रङ्ग का दिखलाई देता है, इसका नाम मङ्गल है। आजकल के पढ़े-लिखे लोग कहते हैं, यह तारा हमारी धरती ही का टुकड़ा है, और इसी से निकल कर बना है, इसकी सब बातें लगभग धरती ही की-सी हैं। वे पण्डितजी कहते थे कि इस बात को हमारे बड़े लोग भी जानते थे, क्योंकि जो न जानते होते तो मङ्गल को धरती का बेटा* क्यों कहते। ऐसे ही एक छोटा-सा तारा जो कभी सवेरे बेले पूर्व और कभी साँझ को पश्चिम ओर आकाश में नीचे को दिखलाई देता है, वह बुध है। कहा जाता है कि इसको बने अभी थोड़ा दिन हुआ है, यह अभी नया है, यह जाना भी बहुत पीछे गया है। पण्डितजी कहते थे, बुध के लिये ठीक ऐसी ही बातें हमारे यहाँ भी लिखी हैं।

माँ-बेटे में ये बातें होती ही थीं, इतने ही में आकाश में बड़ा उजाला हो गया, और एक बड़ा तारा टूटकर आकाश से गिरते हुए उनको दिखलाई पड़ा। यह तारा ठीक इन लोगों के घर की सीध में आ रहा था, और ज्यों-ज्यों पास आता जाता था, एक सनसनाहट की धुन चारों ओर फैलती जाती थी, जिससे इन लोगों में खलबली सी मच गयी। पर देखते ही देखते यह तारा इन लोगों के घर से दूर एक खेत में जा गिरा, और लड़का उठ कर उसी ओर चला गया।

---

* संस्कृत में मङ्गल का नाम भौम भूमितनय इत्यादि भी लिखा है।

दूसरी पंखड़ी

जिस खेत में यह टूटा हुआ तरा गिरा, उसमें देखते ही देखते एक भीड़-सी लग गयी, लोग पर लोग चले आते थे, और सब यही चाहते थे, किसी भाँति भीड़ चीर कर उस तारे तक पहुँचें, पर इतने लोग वहाँ इकट्ठे हो गये थे, जिससे पीछे आये हुए लोगों का उसके पास तक पहुँचना कठिन था। जितनी मुँह उतनी बात सुनने में आती थी, सब इस सोच में डूबे हुए थे, यह क्या है। टूटे हुए तारे के चारों ओर बहुत लोग खड़े थे, पर उनमें से एक भी इतना जीवट नहीं रखता था, जो उसके छूकर उसका भेद बतलावे, कुछ घड़ी यों ही बीती, वह जैसे पहले एक पत्थर की बड़ी चट्टान की भाँति खेत में पड़ा हुआ था, अब भी बिना हिले-डुले वैसे ही पड़ा है, पर उसको कोई हाथ तक नहीं लगा सकता। पीछे एक ने कुछ जीवट किया, अपना कलेजा थामा, और दूर से एक ढेला उस पर फेंका। ढेला सनसनाता हुआ आकर उस पर गिरा, उस सुनसान रात में खटाक का शब्द हुआ, और फिर वैसा ही सन्नाटा छा गया। वह तनिक हिला तक नहीं, जैसे पहले पड़ा था वैसे ही पड़ा रहा। अबकी बार एक दूसरे जन ने एक मोटी लाठी से ठोक-ठोक कर उस को भली-भाँति देखा, और कहा, यह तो पत्थर की चट्टान है, कोई डरने की बात नहीं है, सब लोग पास आओ इसको देखो जो मैं कहता हूँ सच है कि नहीं। धीरे-धीरे छड़ी और हाथों से टटोल कर सब लोगों ने इस दूसरे जन की बात मानी, पर अब यह सोचा जाने लगा, आकाश से इतनी बड़ी पत्थर की चट्टान क्योंकर गिरी।

लोग यह सोच रहे थे, इसी बीच एक बूढ़ा बोल उठा—भाइयो! यह मैनाक पहाड़ का एक टुकड़ा है, पहले पहाड़ों को पंख होते थे, इसलिए वे सब उड़ते और बहुत से गाँवों को गिर कर उजाड़ दिया करते थे, जब यह बात राजा इन्द्र से न देखी गयी, तो उन्होंने अपने हथियार से सब पहाड़ों का पंख काट डाला। मैनाक उनके डर से भागा, और समुद्र में जाकर छिप रहा, इससे वह आज तक बचा हुआ है। जान पड़ता है इस कलयुग में वह फिर समुद्र से निकला है, और उड़ता हुआ किसी गाँव पर गिरने के लिए किसी ओर गया है, उसी से यह एक टुकड़ा निकल कर यहाँ गिर पड़ा है, यह एक मन से घट थोड़े ही होगा। जो उसमें से निकल कर न गिरता, तो आकाश में इतना बड़ा पत्थर का टुकड़ा

कहाँ से आता। बड़ी कुशल हुई जो मैनाक इस गाँव पर नहीं गिरा, नहीं तो आज हम लोगों को कहीं ठिकाना भी न मिलता।

एक बूढ़े पुराने ढङ्ग के पण्डित भी वहाँ खड़े थे, वे बोले, यह बात नहीं है, जो यह मैनाक का टुकड़ा होता तो इसमें जोत कहाँ से आती, आप लोगों ने नहीं देखा था, इसके गिरने के समय कैसा उजाला हुआ था, और जब यह आकाश से नीचे को आ रहा था, जान पड़ता था सूरज का टुकड़ा धरती की ओर आ रहा है। मैं समझता हूँ, यह स्वर्ग का कोई जीव है, किसी शाप से पत्थर होकर धरती में आया है। पुराणों में लिखा है अपने पति के शाप से अहल्या को पत्थर होना पड़ा था, जान पड़ता है यही दशा इसकी भी हुई है। अभी घड़ी भर पहले दूसरे तारों की भाँति आकाश में ये भी चमकते रहे होंगे, पर जग का कैसा ढङ्ग है, जो घड़ी भर पीछे हम इनको पत्थर हो कर धूल-मिट्टी के बीच एक खेत में पड़ा हुआ पाते हैं। राम का नाम जपने के लिये इससे बढ़ कर और कौन-सी डरावनी बात दिखलायी जा सकती है।

एक नये पढ़े बाबू भी वहाँ खड़े थे, बोले, आप लोग जो कहें, पर जहाँ तक मैं सोचता हूँ टूटे हुए तारे छोड़ यह और कुछ नहीं है। आकाश में इतने बड़े और इससे कई गुने लम्बे-चौड़े और छोटे अनगिनत टुकड़े दिन-रात चक्कर लगाया करते हैं, दिन पाकर जब ऐसे बहुत से टुकड़े धीरे-धीरे इकट्ठे हो जाते हैं, तो एक तारा बन जाता है, इस तारे में कुछ दिनों में जोत भी आ जाती है, और तब यह चमकीला हो जाता है। ऐसे ही बनने के बहुत दिनों पीछे बहुत से तारे बिखर भी जाते हैं। जिस घड़ी ये बिखरते हैं, उस बेले इनके अनगिनत टुकड़े आकाश में इधर-उधर फैलते हैं, उनमें से पहले की भाँति बहुत से फिर आकाश ही में चक्कर लगाने लगते हैं, बहुत से इतने छोटे होते हैं, जो कठिनाई से देखे जा सकते हैं, जो कुछ इनसे बड़े होते हैं, वे आकाश से धरती तक पहुँचते-पहुँचते राख बन जाते हैं, इन में जो बहुत बड़े होते हैं, वे कभी-कभी धरती पर भी आन गिरते हैं। ऐसी बात सैकड़ों ठौर हो चुकी है, कुछ पहले पहल यहीं यह बात नहीं हुई है। आप लोग इसको भली भाँति देखें, यह पत्थर की चट्टान नहीं है, जिन सब वस्तुओं से हमारी यह धरती बनी है, वे ही सब वस्तुएँ इसमें भी हैं।

ये सब बातें हो ही रही थीं, इसी बीच पूर्व ओर से बहुत बड़ा धक्का आया, जिससे सामने के सब लोगों के पाँव उखड़ गये, और एक लड़का धड़ाम से उसी टूटे हुए तारे के ऊपर गिर पड़ा, गिरते ही उसके सिर में बहुत चोट आयी, सिर फूट गया, लहू बहने लगा, और वह अचेत हो गया। यह देख कर सब लोग घबरा उठे, और फिर जितने मुँह उतनी बात सुनी जाने लगी। दो-चार लोगों ने धर-पकड़ कर उस लड़के को उसके घर पहुँचाया, और धीरे-धीरे यह चर्चा गाँव भर में फैल गयी। थोड़ी ही देर में टूटे हुए तारे के पास की भीड़ भी छँट गयी।

तीसरी पंखड़ी

एक बहुत ही सजा हुआ घर है, भीतों पर एक से एक अच्छे बेल-बूटे बने हुए हैं। ठौर-ठौर भाँति-भाँति के खिलौने रक्खे हैं, बैठकी और हाँड़ियों में मोमबत्तियाँ जल रही हैं, बड़ा उजाला है, बीच में एक पलंग बिछा हुआ है, उस पर बहुत ही सुथरा और सुहावना बिछावन लगा है, पास ही कई एक बढ़िया चौकियाँ भी पड़ी हैं, इनमें से एक पर एक लम्बा-चौड़ा बाजा रखा हुआ है, यह बाजा अपने आप बज रहा है, कभी मीठे-मीठे सुर भरता है, कभी अच्छे-अच्छे गीत सुनाता है, कभी अपने आप चुप हो जाता है। रात का सन्नाटा है, कहीं कोई बोलता नहीं, इससे इस बाजे का सुर रंग दिखला रहा है। जिस पलंग की बात हमने ऊपर कही है, उसी पर लेटा हुआ एक जन इस बाजे को बहुत जी लगा कर सुन रहा है, तनिक हिलता तक नहीं। बाहर जो कहीं कुछ खड़कता है, तो भौंहें टेढ़ी हो जाती हैं, पर बाजे में इतना लीन होने पर भी वह जैसे कुछ चंचल है, आँखें उसकी किवाड़ की ओर लगी हैं। कान कुछ खड़े से हैं। जान पड़ता है किसी की बाट देख रहा है। और क्या जाने उतावले होकर ही जी बहलाने के लिए उसने बाजे में कुंजी दे रक्खी है, नहीं तो इतना चंचल क्यों?

खिड़कियों में से धीरे-धीरे ठण्ढी-ठण्ढी बयार आती है ओर चुपचाप उस सन्नाटे में बाजे के मीठे-मीठे सुरों को लेकर बाहर निकलती है, दूर निराले में जाते हुए किसी थके हुए बटोही के कानों में कहीं अमृत की बूँद-सी ढाल देती है, कहीं गाँव से बाहर खेत के एक कोने में चुपचाप बैठे हुए किसी किसान के मन को ब्रज की बाँसुरी की सुरति कराती है। एक ठौर जो किसी कोयलकण्ठवाली के मतवाले को कलेजे में पीर सी उठा कर बावला बनाती है, तो दूसरी ठौर अँधियाले में खड़े हुए पेड़ों के धीरे-धीरे हिलते हुए पत्तों में से उनको कठिनाई से जैसा का तैसा बाहर निकालती है और पास के किसी कोठे में एक आँसु बहाती हुई बिरहिनी को रिझा कर अपने मन की-सी करना चाहती है, पर उलटा उसको अपने आपे से बाहर होता देख कर एक झरोखे से निकल भागती है, और फिर पहले की भाँति वैसी ही अठखेलियाँ करने लगती है। अब की बार वह एक हँसमुख स्त्री के मन को बस करने में लगी, उसके मन को लुभाया, उसकी उमङ्ग को दूना किया, पर

उसके हाथ के गजरों की महंक पर आप भी मोह गयी। इधर यह फूलों की बास से बसी हुई आगे बढ़ी, उधर वह उन मीठे-मीठे सुरों पर लोट पोट होती हुई लम्बी-लम्बी डेग भरने लगी। कुछ ही बेर में उसने उस सजे हुए घर को देखा।

बाजा बजते-बजते रुक गया, सुरों की दूर तक फैली हुई लहरें पहले पवन में पीछे धीरे-धीरे आकाश में लीन हुईं। सन्नाटा फिर जैसा का तैसा हुआ। पर यह क्या? फिर यह सन्नाटा क्यों टूट रहा है? यह घुँघुरुओं की झनकार कैसी सुनाई पड़ती है? बाजे के सुरों से भी रसीला सुर यह कौन छेड़ रहा है? क्या जिस जन को हम ने ऊपर इतना चंचल देखा था, यह उसी का ढाढ़स बँधानेवाला प्यारा सुर तो नहीं है? वह देखो, वह घर के बाहर भी तो निकला आ रहा है, क्या जिस ओर से झनकार आ रही है उसी ओर जाना चाहता है? क्यों जायगा। देखते नहीं, छम् छम् करती उसके पास आकर कौन खड़ी हो गयी? क्या यह ऊपर की गजरेवाली स्त्री तो नहीं है?

जो जन अभी घर से बाहर आया है, उसका नाम कामिनीमोहन है। कामिनीमोहन ने उस स्त्री की ओर देख कर कहा। क्यों बासमती? अच्छी तो हो?

बासमती। हाँ, अच्छी हूँ! बहुत अच्छी हूँ !! आज मैं आप का बहुत कुछ काम करके आयी हूँ, इसीलिए अच्छी हूँ। मेरे लिये अच्छा होना और दूसरा क्या है!!!

कामिनीमोहन। क्या सब ठीक हो गया? क्या अबकी बार तुम मोहनमाला ले ही लोगी? मैं सच कहता हूँ, बासमती! जो मेरा काम हो गया, तो मैं तुमको मोहनमाला ही न दूँगा, उसके सङ्ग एक सोने का कण्ठा भी दूँगा।

बासमती। आप इतने उतावले क्यों होते हैं? आपसे मैंने क्या नहीं पाया और क्या नहीं पाऊँगी। मैं मोहनमाले और कण्ठे को कुछ नहीं समझती। जिससे आपका जी सुखी हो, मैं उसी की खोज में रहती हूँ, और उसके मिलने पर सब कुछ पा जाती हूँ।

कामिनीमोहन। क्या हम यह नहीं जानते, तुम कहोगी तब जानेंगे? जो तुम्हारे में यह गुण न होता तो हम तुम्हारा इतना भरोसा क्यों करते? पर इस घड़ी इन बातों को जाने दो। आज क्या कर आयी हो यह बतलाओ?

बासमती। बतलाऊँगी, सब कुछ बतलाऊँगी, पर इस घड़ी नहीं, मैं जो कुछ ठीकठाक कर आयी हूँ, जो मैं बात करने में फँसूँगी, तो वह सब बिगड़ जावेगा, इसलिए अब मैं यहाँ ठहरना नहीं चाहती, उसी ओर जाती हूँ। आज मैं आपसे मिलने के लिये पहले कह चुकी थी, इसीलिए आयी हूँ। जो मैं न आती, आप घबराया करते।

कामिनीमोहन। क्या दो-एक बातें भी न बताओगी?

बासमती। अभी दो-एक बातें भी न बतलाऊँगी, अब मैं जाती हूँ, आप इन गजरों से अपना जी बहलाइये, मैं जब चलने लगी थी, आपके लिए इनको साथ लेती आयी थी। देखिये तो इन में कैसी अच्छी महंक है।

कामिनीमोहन ने गजरों को हाथ में लेकर कहा, अच्छा जाना चाहती हो तो जाओ, पर जी में एक अनोखी उलझन डाले जाती हो। जब तक फिर आकर मुझसे तुम सब बातें पूरी-पूरी न कहोगी, मुझको चैन न पड़ेगा। क्या इन गजरों के न कुम्हलाते कुम्हलाते तुम आकर मेरे जी की कली खिला सकती हो?

बासमती। आपके जी की कली मैं खिला सकती हूँ, पर इन गजरों के न कुम्हलाते-कुम्हलाते नहीं। कहाँ गजरों का कुम्हलाना! कहाँ कली का खिलना। क्या बिना भोर हुए भी कली खिलती है?

कामिनीमोहन। गजरे कब बिना भोर हुए कुम्हलाते हैं?

बासमती। आप ही सोचें। मैं यही कहूँगी जिस घड़ी फूलों से भी कहीं सुन्दर आपके हाथों में मैंने इन गजरों को दिया, यह अपनी बड़ाई को खो जाते देख कर उसी घड़ी कुम्हला गये! अब आगे यह क्या कुम्हलायेंगे?

कामिनीमोहन ने देखा, इतना कह कर वह मुस्कराती हुई वहाँ से चली गयी। और देखते ही देखते उसी अँधियाले में छिप गई। कभी-कभी दूर से आकर उसके बजते हुए घुँघुरुओं की झनकार कानों में पड़ जाती थी।

कामिनीमोहन कुछ घड़ी वहीं खड़ा-खड़ा न जाने क्या सोचता रहा, पीछे वह घर में आया, और फिर उसी पलंग पर लेट गया, पर नींद न आयी, घण्टों इधर-उधर करवटें बदलता रहा, भाँति-भाँति की उधेड़बुन में लगा रहा, आँखें मींच कर नींद के बुलाने का जतन करता रहा, पर नींद कहाँ? अबकी बार वह फिर पलंग पर से उठा, बिछावन को हाथों से झाड़ा, कुछ घड़ी धीरे-धीरे टहलता रहा, पीछे सोया, नींद भी आयी, और कुछ घण्टों के लिए भाँति-भाँति की उलझनों से छुटकारा पा गया।

चौथी पंखड़ी

चाँद कैसा सुन्दर है, उसकी छटा कैसी निराली है, उसकी शीतल किरणें कैसी प्यारी लगती हैं! जब नीले आकाश में चारों ओर जोति फैला कर वह छवि के साथ रस की वर्षा-सी करने लगता है, उस घड़ी उसको देख कर कौन पागल नहीं होता? आँखें प्यारी-प्यारी छबि देखते रहने पर भी प्यासी ही रहती हैं! जी को जान पड़ता है, उसके ऊपर कोई अमृत ढाल रहा है, दिशायें हँसने लगती हैं, पेड़ की पत्तियाँ खिल जाती है। सारा जग उमंग में मानो डूब-सा जाता है। ऐसे चाँद, ऐसे सुहावने और प्यारे चाँद में काले-काले धब्बे क्यों हैं? क्या कोई बतलावेगा!!! आहा! यह कमल-सी बड़ी-बड़ी आँखें कैसी रसीली हैं! इनकी भोली-भोली चितवन कैसी प्यारी है!! इसमें मिसिरी किसने मिला दी है!!! देखो न कैसी हँसती हैं, कैसी अठखेलियाँ करती हैं! चाल इनकी कैसी मतवाली हैं? यह जी में क्यों पैठी जाती हैं? बरबस प्रान को क्यों अपनाये लेती हैं? क्या इनकी सुन्दरता ही यह सब नहीं करती? ओहो! क्या कहना है! कैसी सुन्दरता है!! मन क्यों हाथों से निकला जाता है? इसलिए कि उस की सुन्दरता में जादू है!!! पर घड़ी भर पीछे यह क्या गत है? इनकी इतना उदास क्यों देखते हैं! यह आँसू क्यों बहा रही हैं? क्या कोई कह सकता है! जो आँखें ऐसी रसीली, ऐसी सुन्दर और ऐसी मतवाली हैं, उनको रोने-धोने और आँसू बहाने का रोग क्यों लगा? अभी कुछ घड़ी पहले हमने जिस स्त्री को अपने लड़के-लड़की के साथ मीठी-मीठी बातों से जी बहलाते देखा था, हँसती बोलती पाया था, वह इस घड़ी क्यों रो-कलप रही है, क्यों सर पर हाथों को मार रही है? क्या इसका भेद बतानेवाला कोई है? नहीं कहा जा सकता! जग में सभी ढंग के लोग हैं! कोई बतानेवाला भी होगा! पर मैं समझता हूँ जहाँ सुख है वहाँ दुख भी है, जहाँ अच्छा है वहाँ बुरा है, जहाँ फूल है, वहाँ काँटा है।

जाड़े का दिन है, शीत से कलेजा काँप रहा है, घने बादल आकाश में छाये हुए हैं। पवन चल रही है, जो फ़टा कपड़ा पास है, उससे देह तक नहीं ढँक सकती, सूरज की किरणों का ही सहारा है, पर बादल कैसे हटे? घबड़ाहट बड़ी है। इतने में आकाश में एक ओर बादल कुछ हटते दिखलाई पड़े, थोड़ा-सा आकाश खुल गया, इसी पथ से सूरज की

किरणें आ कर कुछ-कुछ काँपते हुए कलेजे को ढाढ़स बँधाने लगीं! जी थोड़ा ठिकाने हुआ, धीरे-धीरे यह भरोसा भी हुआ—अब बादल हटते जायेंगे। जग के सब कामों की यही गत है—जहाँ उलझन ही उलझन देखने में आती है—वहाँ थोड़ा-सा सुलझाव ही बहुत गिना जाता है—जो बातें बहुत ही गूढ़ हैं, उनका थोड़ा-सा ओर छोर-मिल जाना ही जी का बहुत कुछ बोध करता है। परमेश्वर की करतूत के गूढ़ भेदों को समझना सहज नहीं—किस घड़ी कौन काम किसलिए होता है, और उसका छिपा हुआ भेद क्या है, उसको हम लोग क्या जान सकते हैं? पर ऐसे बेले उस ठौर जो बातें देखने सुनने में आती हैं उन्हीं में से किसी एक को हम लोग उस काम का कारण समझ लेते हैं, और उस घड़ी इतने समझ लेने ही को बहुत जानते हैं। वह स्त्री जिसकी चर्चा हमने ऊपर की है, इस घड़ी क्यों रो रही है? सर पर क्यों हाथों को मार रही है? हँसते ही हँसते उसकी यह क्या गत हो गयी? हम इसका गूढ़ भेद क्या बतला सकते हैं, पर जो बात देख-सुन रहे हैं, उसको बतलावेंगे।

एक खाट बिछी हुई है, उस पर वही लड़का जिसको हमने आँगन में पलंग पर लेटे हुए पोथी पढ़ते देखा था, अचेत पड़ा हुआ है, सर से लहू बह रहा है, मुँह पीला पड़ गया है। पास ही पाँच-चार स्त्रियाँ भी बैठी हैं। इनमें एक लड़के की माँ, दूसरी उसकी बहन और तीसरी गजरेवाली है। दो उसी पड़ोस की और हैं। लड़के की माँ उसको अचेत और उसके सर से लहू बहना देख कर ही रो-पीट रही है। और उसकी बहन भी बहुत घबराई हुई है, पर इन दोनों को वही गजरेवाली समझा-बुझा रही है। पड़ोस की दोनों स्त्रियों में से एक पानी छोड़ती है, और दूसरी लड़के के घाव को धो रही है। लड़के की माँ का नाम पारबती, और बहन का नाम देवहूती है। गजरेवाली का नाम बासमती है, यह आप लोग जानते हैं। यह जाति की मालिन है।

पारबती और देवहूती को बहुत घबराई हुई देख कर बासमती ने कहा, लहू का जाना रुकता नहीं, लड़का अचेत पड़ा है, बैदजी आज घर नहीं हैं जो उनको बुला लाकर दिखलाऊँ, और जो बात मैं कहती हूँ उसको तुम मानती नहीं हो, फिर काम कैसे चलेगा? मेरी बात मानो, नहीं तो मैं देखती हूँ अनरथ हुआ चाहता है।

पारबती। मेरे घर आज तक कोई ओझा नहीं आया, देवहूती के बाप कहा करते, जिस घर में ओझा का पाँव पड़ा वह घर चौपट हुआ! फिर मैं तेरी बात कैसी मानूँ। पर हाँ! जो कोई दूसरा ऐसा मिले, जो मुझ दुखिया को इस दुख में सहारा दे सके तो तू जा उसको लिवा ला, मैं तेरा बहुत निहोरा मानूँगी।

बासमती। ओझा होने ही से क्या होता है, क्या सभी ओझे थोड़े ही बुरे होते हैं, फिर भले-बुरे किसमें नहीं होते। मैंने कई एक ऐसे बैद और पण्डित भी देखे हैं, जिनका नाम लेते पाप लगता है, तो क्या इससे सभी बैद और पण्डित बुरे हो जावेंगे? यह मैं मानती हूँ, हरलाल जाति का कोहार है, और ओझा है। पर कोहार और ओझा होने ही से वह बुरा

भी है, यह मैं कभी नहीं मान सकती। फिर हरलाल बैदई भी तो करता है, जब बड़े महाराज नहीं हैं, तो हरलाल को आप बैदई के लिए ही क्यों नहीं बुलातीं? ओझा होने से क्या बैदई करने के लिए भी वह नहीं बुलाया जा सकता?

पारबती। जिन लोगों में बहुत लोग बुरे होते हैं, जो उनमें दो-चार अच्छे भी हों तो उनके बुरे होने ही का डर रहता है। और जिन लोगों में बहुत लोग अच्छे होते हैं उनमें जो दो-चार बुरे भी हों तो इस बात की खटक जी में पहले नहीं होती। पण्डित और बैदों में बहुत लोग भले और अच्छे होते हैं, इससे उनमें जो कोई बुरा भी हो तो, पहले ही उससे जी नहीं खटकता। पर ओझा लोगों में जो लगभग सभी बुरे होते हैं, और उनमें जो बहुत करके नीच ही हुआ करते हैं, इससे पहले तो उनमें भलाई होती ही नहीं, और जो दो-एक कोई भला हो भी तो, मन को उनकी परतीत नहीं होती। इसलिए उनसे सदा दूर ही रहना अच्छा है। पर इस घड़ी मैं बावली बनी हूँ मेरा कलेजा फट रहा है, मेरा बच्चा अचेत खाट पर पड़ा है, भाग की खुटाई से बैदजी घर नहीं हैं। इसलिए जा! तू जा!! जो वह बैदई भी करता है, तो उसी को लिवा ला। वह साठ बरस का बूढ़ा भी है। पर मैं बड़े दुबिधे में पड़ी हूँ, जो मेरे पति का बचन नहीं है, उसको कर रही हूँ, कहीं ऐसा न हो, जो मुझे कुछ धोखा हो!!!

बासमती। मैं जाती हूँ, आप सब बातों में खटकती बहुत हैं, पर ऐसा न चाहिए, कभी-कभी हम लोगों की भी परतीत करनी चाहिए। आप देखेंगी, हरलाल आते ही बाबू को अच्छा कर देगा।

यह कह कर वह वहाँ से चली गयी।

पाँचवीं पंखड़ी

बासमती जाने के कुछ ही पीछे हरलाल को ले कर लौट आयी। हरलाल छड़ी से टटोल-टटोल कर पाँव रखते हुए घर में आया। उसके आते ही पारबती और देवहूती वहाँ से हट कर कुछ आड़ में बैठ गयीं, पर पड़ोस की दोनों स्त्रियाँ पहले ही की भाँति लड़के की सँभाल में लगी रहीं। हरलाल घर में आ कर सीधे लड़के की खाट के पास चला गया, पहले उसने उसकी नाड़ी देखी, पीछे सर और छाती को टटोला, नाक के छेदों के पास हाथ ले जा कर देखा, साँस कैसे चल रही है, आँखों को खोल कर उनके तारों को देखा, फिर सर में जो चोट आयी थी, उसकी देखभाल की, और यह सब करके बहुत ही अनमना-सा हो कर कहने लगा—बासमती! तुम मुझको लिवा तो लायी हो, पर बाबू की दशा बहुत ही बिगड़ गयी है, इनके सर से बहुत लहू निकल गया है, और अब तक निकल रहा है, इससे इनका प्राण इस घड़ी बड़ी जोखों में है। मैं क्या करूँ क्या न करूँ कुछ समझ में नहीं आता, जो चला जाऊँ तो कल्ह सबको मुँह कैसे दिखाऊँगा, और जो जतन और उपाय करने लगू तो जी को एक बड़ा भारी खटका होता है। पर दुरगा माई जो करें, जो मैं आ गया तो बिना कुछ किये अब न जाऊँगा। हाँ! यह बात मैं कहे देता हूँ, मुझको बल-भरोसा दुरगा माता का है, जो कुछ मैं करूँगा उन्हीं के भरोसे करूँगा, बिना उनका सुमिरन किये मैं कुछ नहीं कर सकता, बिपत में उन्हीं का नाम सहाय होता है, उन्हीं का नाम लेने से दुख कटता है, इसलिए अब मैं दुरगा माता का सुमिरन करूँगा, तू थोरा सा धूप, गूगुल ला दे।

पारबती की इस घड़ी बुरी गति थी, बेटे की बुरी दशा देख-सुन कर उसका कलेजा फट रहा था, आँखों से लहू गिर रहा था, रह-रह कर जी बावला होता था। इसी बीच हरलाल ने अपना टंट-घंट फैलाया। आया था बैदई करने, ओझाई करने पर उतारू हुआ। यह देख कर पारबती के रोयें-रोयें में आग लग गयी, उसका जी जल-भुन गया, पर वह करे तो क्या करे, चुपचाप सब कुछ सहना पड़ा। बिपत सामने खड़ी है, लड़का अचेत खाट पर पड़ा है, भाँति-भाँति की बातें जी में उपज रही हैं, न जाने कहाँ-कहाँ जी जा रहा है, ऐसे बेले दुरगा माता का सुमिरन करने को कौन रोक सकता है। जी न होने पर भी पारबती ने घर में से धूप और गूगुल ला कर मालिन को दिया। धूप-गूगुल को पाकर हरलाल के जी

की अटक भी दूर हुई। उसने आग मँगा कर उस पर धूप और गूगुल जलाया। देखते ही देखते सारा घर महँकने लगा, और इसके थोड़े ही पीछे एक सुरीले गले का सुर चारों ओर फैल गया। हरलाल ने सुमिरन के बहाने गाया।

गीत

दुरगा माता सीस नवाता हूँ चरणों पर तेरे।
मैं हूँ दास तुम्हारा दया करो तुम ऊपर मेरे॥
पार नहीं पाता है कोई बकते हैं बहुतेरे।
अपना भला देखता हूँ जस गाकर साँझ सबेरे॥
मुझमें नहिं ऐसी करनी है जो तू आवे नेरे।
अपनी ओर देख कर माता तू मत आँखें फेरे॥
कितने दुख कट जाते हैं जो तुम्हें नेह से टेरे।
लिये तुम्हारा नाम बिपत भी रहती है नहिं घेरे॥
लाज आज जाती है ज़ो हम करें उपाय घनेरे।
जन की पत रह जाती है पर तनिक तुम्हारे हेरे॥
यही आस मेरे जी में है क्या तू नहीं निबेरे।
जग में सब कुछ पाते हैं तेरे चरणों के चेरे॥ 1॥

सुमिरन करने पीछे हरलाल ने लड़के के सर और छाती पर हाथ फेरा, कुछ पढ़ कर दो-तीन बार फूँका, फिर थोड़ी सी मली हुई पत्तियाँ मालिन के हाथ में देकर कहा, इसको पीस कर अभी बाबू के घाव पर लगा दे। पत्तियाँ अभी पीसी जा रही थीं इसी बीच लड़के ने आँखें खोल दीं, और धीरे-धीरे करवट भी ली। लड़के को आँखें खोलते और करवट लेते देख कर सबके जी में जी आया। पारबती के जी को भी बहुत कुछ ढाढ़स हुआ।

हरलाल जब सुमिरन करने लगा, और उसका बहुत ही ऊँचा सुर घर में से निकल कर बाहर फैलने लगा उस घड़ी पारबती मर-सी गयी। उसने सोचा जो कोई इसको सुनता होगा, क्या कहता होगा, एक भलेमानस के घर में इतनी रात गये यह कैसा गीत हो रहा है? क्या यह विचार उसके जी को डावाँडोल न करता होगा? जो डावाँडोल करता होगा, तो वह हम लोगों को क्या समझता होगा? भले घर की बहू बेटी तो कभी न समझता होगा, क्या इससे भी बढ़ कर और कोई दूसरी बात लाज की है? क्या यह हम लोगों के लिए धरती में गढ़ जाने की बात नहीं है? पारबती जितना ही इन बातों को सोचने लगी, उतना ही दुखी होती गयी। उसका जी कहता था अभी हरलाल को घर से बाहर निकाल दूँ। पर एक तो उसका नेह के साथ दुरगा माता का सुमिरन कलेजे को पिघला रहा था, दूसरे लड़के की बुरी दशा ने उसको आपे में नहीं रखा था, इसलिए वह जैसा सोचती थी, कर

नहीं सकती थी। जब सुमिरन के पूरा होते-होते दो-चार बार झाड़-फूँक करने ही से लड़के ने आँखें खोल दीं, उस घड़ी पारबती पहले की सब बातें भूल गयी, और हरलाल की उसको बहुत कुछ परतीत हुई।

जब बासमती हरलाल को लेने गयी, उस बेले पड़ोस की दोनों स्त्रियों ने लड़के के सर को भली-भाँति धो-धाकर उस पर कपड़े की पट्टी बाँध दी थी। इस पट्टी को ठहर-ठहर कर वे दोनों भिंगो रही थीं। हरलाल ने आते ही यह सब देख लिया था, और नाक के छेद के पास हाथ ले जाकर और इसी भाँति की दूसरी जाँचों से उसने यह भी जान लिया था, लड़के को चेत अब हुआ ही चाहता है। वह अपना रंग जमाने के लिये ही आया था, इसलिए औषध से काम न निकाल कर उसने अपनी ओझाई को चमकाना चाहा, और ऐसा ही किया। पीछे उसने पत्तियाँ कुछ दी थीं, पर यह दिखलावा था, यह पत्तियाँ भी ऐसी ही वैसी थीं, कहने-सुनने से लेता आया था, पर बात वही हुई, जो वह चाहता था, पत्तियाँ लगाई तक नहीं गयीं; और लड़के ने आँखें खोल दीं। हरलाल की ओझाई ही पक्की रही।

लड़के को आँखें खोलते देख कर हरलाल की नस-नस फड़क उठी, उसने समझा अब मैंने सबके ऊपर अपना रंग जमा लिया। इसलिए अब वह अपनी दूसरी चाल चला। सबके देखते ही देखते वह हाथ-पैर नचाने लगा, सर हिलाने लगा, आँखें निकाल लीं, मुँह को डरावना बना दिया और रह-रह कर ऐसा तड़पता था, जिसको सुनकर कलेजा दहल उठता। मालिन को छोड़ कर और जितनी स्त्रियाँ वहाँ थीं, उसका यह रंग-ढंग देख कर घबड़ा गयीं। मालिन उसकी चाल को ताड़ गयी। भीतर ही भीतर बहुत सुखी हुई। कुछ घड़ी अनजान-सी बन कर उसका रंग-ढंग देखती रही, पीछे बोली—आप कौन हैं!

हरलाल। मैं काली हूँ रे, काली, डीह के थानवाली काली!!!

बासमती ने धूप और गूगुल अबकी बार बहुत सा जला कर कहा, आप काली माता हैं! कहाँ आयी हो महारानी?

हरलाल। कहाँ आयी हूँ रे, कहाँ आयी हूँ, इसी हरललवा ने बुलाया है, इसी के मारे आयी हूँ, यह मुझे इसी भाँति जहाँ तहाँ बुलाया करता है, यह नहीं जानता, इस लड़के ने अपनी करनी का फल पाया है, मैं इसे छोड़ थोड़े ही सकती हूँ।

बासमती आग पर धूप गिराते-गिराते बोली—लड़का आप ही का है, इसे जो आप न छोड़ेंगी, तो हम लोग कैसे जीयेंगी। इस से जो चूक हुई होगी, अनजान में हुई होगी, और जो जान में भी कोई चूक हुई हो, तो उसको जो आप न छमा करेंगी तो हम लोगों को दूसरा किसका भरोसा है।

हरलाल। अनजान! अनजान!! अनजान!!! अनजान रे अनजान! जो अनजान में कोई बात हुई होती, तो मैं इतना बिगड़ती क्यों? अब के छोकरे देवी-देवता को कुछ समझते ही नहीं। परसों यह जूता पहने मेरे मन्दिर के चौतरे पर बेधड़क चढ़ गया। तनिक भी

न डरा। यह न समझा, कलयुग है तो क्या, अब भी देवी-देवता में बहुत कुछ सकत है।

बासमती। सकत है क्यों नहीं माता! यह कौन कहता है सकत नहीं है!!! पर मैं पाँव पड़ती हूँ, नाक रगड़ती हूँ, मत्था नवाती हूँ, आप इस लड़के की चूक छमा करें! इस लड़के ने चूक तो बहुत बड़ी की है, पर आपकी छमा के आगे इसकी चूक कुछ नहीं है। जो आप इस लड़के की चूक छमा न करेंगी, तो हम सब आपके मन्दिर में धरना दे कर मर जायेंगी, कभी न जीयेंगी।

हरलाल। छमा! छमा!! छमा!!! ऐसे ही छमा करें?

बासमती। कैसे छमा करोगी? माता! जो आप करने को कहेंगी, हम लोग जैसे होगा वह करेंगी, हमको छमा मिलनी चाहिए।

हरलाल। अच्छा, मैं छमा करूँगी, पर जो उपाय मैं बताती हूँ, वह करना होगा, जो यह उपाय न होगा, तो मैं कभी इस लड़के को न छोड़ूँगी। मैंने हरललवा के रोने-गाने से इतना किया है, जो लड़के की आँखें खुल गयीं, नहीं तो अब इसकी आँखें न खुलतीं। मेरे ही कोप से आज यह उस भीड़ में उस टूटे हुए तारे पर गिरा, और इसका सर फूटा। जो मैं उपाय बतलाती हूँ जो वह न होगा, तो यह कभी अच्छा न होगा। और जो उपाय होने लगेगा तो यह दिन-दिन अच्छा होता जावेगा। क्यों, क्या कहती है? बोल!!!

बासमती। मैं क्या कहूँगी माता! जो आप कहेंगी वही होगा, कभी कुछ दूसरा भी हो सकता है! इस लड़के से बढ़ कर हम लोगों को क्या प्यारा है?

हरलाल। अच्छा सुन रे सुन! जो तुम करेगी तो मैं बताती हूँ। देवहूती के गुण पर मैं रीझी हुई हूँ, जो वह सौ अधखिला फूल अपने हाथों से तोड़ कर एक महीने तक मुझको नित चढ़ावे तब तो मैं उसके निहोरे इस छोकरे को छोड़ूँगी, नहीं तो किसी भाँति न मानूँगी। बोल! क्या कहती है, ऐसा होगा?

बासमती। क्यों न होगा महारानी! यह कौन बड़ा काम है, जो कोई बड़ा कठिन उपाय आप बतलातीं, तो इस लड़के के बचाने के लिये हम सब वह भी करतीं। इसमें क्या है?

हरलाल। अच्छा, जो तू मेरी बात मानती है तो ले मैं जाती हूँ, पर जान ले जो मेरी बात न हुई तो छह ही सात दिन के भीतर यह लड़का ऐसी जोखों में पड़ेगा, जिससे फिर इसका छुटकारा न होगा।

इतना कहने पीछे हरलाल का रङ्ग-ढङ्ग फिर पहले का-सा हो गया, न अब उसका हाथ-पाँव हिलता था, और न उसमें वह सब डरानेवाली बातें रह गयी थीं। वह इस घड़ी बहुत ही धीरा पूरा जान पड़ता था, पर उसके मुँह पर थकावट रूखेपन के साथ झलक रही थी।

पारबती हरलाल का अभुआना देख कर और उसकी बातें सुन कर बड़े झंझट में पड़ गयी, पहले हरलाल के ऊपर जो उसका विचार था, उसके सुमिरन का ढंग देख कर और लड़के को कुछ सम्हला और चेत में आया पाकर, अब वह और भाँति का हो गया था।

अब वह हरलाल को पाखण्डी न समझकर भलामानस समझने लगी थी। इसलिए उसने उसकी बातों को धोखाधड़ी की बात न समझ कर निरी सच्ची बात समझा, और अपने लड़के की करनी पर बहुत दुखी हुई। पर सबसे झंझट की बात उसके लिये सौ अधखिले फूलों से एक महीने तक देवी की पूजा हुई। वह मन ही मन इन सब बातों को सोच रही थी। इसी बीच हरलाल ने फिर थोड़ी सी और कोई पत्ती मालिन के हाथ में देकर कहा, अब मैं जाता हूँ, तुम इस पत्ती को दो-चार बार और बाबू के घाव पर रगड़वा कर लगवाना, माई चाहेगी तो वह इसी से अच्छे हो जावेंगे, अब कोई दूसरी औषध न करनी पड़ेगी। मेरा बड़ा भाग है जो मेरे हाथों बाबू का कुछ भला हुआ, पर आज मैं बड़े जोखों में पड़ गया, ऐसा अचानक माता कभी मेरे ऊपर नहीं आयीं। बासमती! जो तू न सम्हालती तो न जाने आज क्या हो जाता, देखना उनकी भेंट-पूजा की बात न भूलना। इतना कह कर वह चला गया। जब वह जाने लगा था पारबती ने उसको बासमती के हाथ कुछ दिया था।

छठी पंखड़ी

भोर के सूरज की सुनहली किरणें धीरे-धीरे आकाश में फैल रही हैं, पेड़ों की पत्तियों को सुनहला बना रही हैं, और पास के पोखरे के जल में धीरे-धीरे आकर उतर रही हैं। चारों ओर किरणों का ही जमघट है, छतों पर, मुँडेरों पर किरण ही किरण हैं। कामिनीमोहन अपनी फुलवारी में टहल रहा है, और छिटकती हुई किरणों की यह लीला देख रहा है। पर अनमना है। चिड़ियाँ चहकती हैं, फूल महँक रहे हैं, ठण्ढी-ठण्ढी पवन चल रही है, पर उसका मन इनमें नहीं है; कहीं गया हुआ है। घड़ी भर दिन आया, फुलवारी में बासमती ने पाँव रखा, धीरे-धीरे कामिनीमोहन के पास आ कर खड़ी हुई। देखते ही कामिनीमोहन ने कहा क्या अभी सो कर उठी हो?

बासमती। हाँ! अभी सो कर उठी हूँ!!! यह तो आप न पूछेंगे! क्या रात जागते ही बीती?

कामिनीमोहन। क्या सचमुच बासमती तुम आज रात भर जगी हो? जान पड़ता है इसी से तुम्हारी आँखें लाल हो रही हैं।

बासमती। नहीं तो क्या अभी सो कर उठी हूँ, इससे आँख लाल हैं!

कामिनीमोहन। मैं तुमको छेड़ता नहीं, बासमती! मैं भी यही कहता था, रात भर तुम जगी हो, उसी से। अब तक क्या सोती रही हो! अच्छा, इन बातों को जाने दो। कहो, रात क्या किया?

बासमती। मैंने रात सब कुछ किया, आपकी सब अड़चनें दूर हो गयीं। मुझको जो कुछ करना था मैं कर चुकी, अब देखूँ आप क्या करते हैं।

कामिनीमोहन। वह क्या बासमती?

बासमती। क्या आपने देवकिशोर बाबू की बात नहीं सुनी।

कामिनीमोहन। हाँ! इतना तो सुना है, वह रात टूटे हुए तारे के ऊपर गिर पड़ा, उसका सर फूट गया।

बासमती। सर क्या फूट गया, यह कहिये थोड़ी चोट आ गयी थी, पर बड़े लोगों की बातें ही बड़ी होती हैं और वह सुकुमार भी बहुत हैं, इसी से थोड़ा सा लहू निकलते ही

अचेत हो गये, नहीं तो कोई बात नहीं थी। दूसरा कोई होता तो उँह भी नहीं करता।

कामिनीमोहन। तो फिर मुझको इससे क्या?

बासमती। क्यों? इससे ही तो आपका सुभीता हुआ? इस काम ही ने तो आपके पथ के सब काँटों को दूर कर दिया।

कामिनीमोहन। कैसे?

बासमती। आप जानते हैं हरलाल कैसे हथकण्डे का है, आपके काम के लिये मैंने उसको बहुत दिनों से गाँठ रखा था, पर यह सोचती थी, जब तक वह किसी भाँति पारबती ठकुराइन के घर में पाँव न रखेगा, काम न निकलेगा। जब मैंने देवकिशोर बाबू के गिरने और सर में चोट लगने की बात सुनी, उसी घड़ी मुझको एक बात सूझी, मैं उसको पूरा करने के लिये चट घर से उठी, और हरलाल के पास पहुँची, उसको ठीक-ठाक करके, लगे पाँव देवकिशोर बाबू के घर गयी। भाग्य से बैद महाराज भी कल्ल कहीं गये हुए थे, इसलिए मैंने बातों में फाँस कर पारबती ठकुराइन को अपने रङ्ग में ढाल लिया और उन्हींके कहने से हरलाल को उनके घर लिवा गयी। मैं जब हरलाल को लेने जाती थी पथ में आपसे भी मिलती गयी थी, पर उस घड़ी आपसे कुछ कहा नहीं था, यह आप जानते हैं। हरलाल ने वहाँ पहुंच कर सब कुछ कर दिया।

कामिनीमोहन। क्या कर दिया! कहो भी तो?

बासमती। हरलाल ने वहाँ पहुँच कर देवकिशोर बाबू के सर की चोट को भली-भाँति देखा, देख कर जाना, बहुत थोड़ी चोट है, गीला कपड़ा बाँध कर जो रह-रह कर पानी उस पर दिया जाता है, यही उसको अच्छा कर देगा। पर दिखलाने को वह झूठ-मूठ जतन करने लगा। एक दिन उसने काली माई के चौरे पर देवकिशोर बाबू को जूता पहने चढ़ते देखा था, यह बात उसको भूली न थी, इसलिए इसी बहाने से उसने एक ऐसी नई उपज निकाली, जिससे आपका काम भली-भाँति निकल आया।

कामिनीमोहन। वह कैसे?

बासमती ने हरलाल के अभुआने की सारी बातें ज्यों की त्यों कामिनीमोहन से कह सुनाई। पीछे कहा। हरलाल के चले जाने पर पारबती ठकुराइन ने देवकिशोर के पास जाकर पूछा, बेटा, तुम कभी काली माई के चौरे पर जूता पहने चढ़ गये थे? लड़के ने कहा—हाँ, अम्मा मुझसे एक दिन यह चूक हो गयी थी। इतना सुनते ही ठकुराइन के रोंगटे खड़े हो गये, हरलाल की उनको बहुत कुछ परतीत हुई। वह कुछ घड़ी चुपचाप न जाने क्या सोचती रहीं, फिर बोलीं—बासमती! हरलाल ने सौ अधखिले फूल चढ़ाने को तो कहा, पर यह न बतलाया, किसका फूल! मैंने कहा, क्या यह भी बतलाने की बात है! कौन नहीं जानता, काली माई को अड़हुल का फूल ही प्यारा है; इसलिए सौ अड़हुल का अधखिला फूल ही एक महीने तक चढ़ाना होगा। उन्होंने कहा—इतने फूल मिलेंगे कहाँ!

मैंने कहा, कामिनीमोहन बाबू की फुलवारी में कौन फूल नहीं है? नित सौ नहीं पाँच सौ अधखिले फूल अड़हुल के वहाँ मिल सकते हैं? मेरी इन बातों को सुन कर ठकुराइन फिर कुछ घड़ी चुप रहीं, बहुत सोच-विचार करके पीछे बोलीं, क्या और कहीं नहीं मिल सकते? मैंने कहा—इस गाँव में और कहाँ इतने फूल मिलेंगे? उन्होंने कहा—अच्छा, वहीं से फूल आवेंगे, पर कब फूल तोड़े जावें जो वह अधिखिले मिलें। मैंने कहा—सूरज डूबते फूल उतार लिये जावें तो वह अधखिले ही रहेंगे, पर उस बेले देवहूती को वहाँ जाकर फूल तोड़ लाना चाहिए, नहीं तो रात में फूल तोड़ा जाता नहीं और दिन निकलने पर फिर वह फूले हुए ही मिलेंगे। ठकुराइन ने कहा, यही तो कठिनाई है, पर करूँ क्या, समझ नहीं सकती हूँ, जैसा मैं आज दुबिधे में पड़ी हूँ, वैसा दुविधे में कभी नहीं पड़ी। मैंने मन में कहा, बासमती फिर क्या ऐसा फन्दा डालती है, जो कोई उससे बाहर निकल जावे। जो ऐसा ही होता तो कामिनीमोहन बाबू मेरी इतनी आवभगत क्यों करते। पर इस मन की बात को मन ही में रख कर उनसे बोली, क्या आपको किसी बात का खटका है, मेरे रहते आपको किसी काम में कठिनाई नहीं हो सकती, मैं आप आकर देवहूती को लिवा जाऊँगी, और उनसे फूल तुड़वा लाया करूँगी। क्या मुझसे एक महीने तक इतना काम भी न हो सकेगा? उन्होंने कहा, क्यों नहीं बासमती! तुम सब कुछ कर सकती हो, मुझको तुम्हारा बड़ा भरोसा है। अच्छा, मैं तुम्हारे ही ऊपर इस काम को छोड़ती हूँ, जैसे बने बनाओ, पर ऐसी बात न होवे जिससे फिर देवकिशोर को कुछ झेलना पड़े। मैंने कहा, आप इन बातों को न घबरावें, भगवान् सब अच्छा करेगा। इसके पीछे यह बात ठीक हो गयी, मैं देवहूती के साथ साथ रह कर फूल तुड़वा लाया करूँगी, कल्ह से यह काम होने लगेगा। मैंने जतन करके देवहूती को आपकी फुलवारी तक पहुँचा दिया। अब आगे आपकी बारी है, देखूँ आप कैसे उस अलबेला को लुभाते हैं, आकाश का चाँद घर में आया है, उसको वश में कर रखना आपका काम है, मैं यही बात पहले कहती थी।

कामिनीमोहन बासमती की बात सुन कर फूला न समाता था, आज उसके जी में यह बात ठन गयी, अब ले लिया है। हँसते-हँसते बोला, क्यों न हो बासमती! तुम्हारा ही काम है, तुमने बहुत कुछ किया जो कुछ मुझसे हो सकेगा मैं भी करूँगा, पर सब कुछ करने का बीड़ा तुम्हीं ने उठाया है, इसलिए सब कुछ तुम्हीं को करना होगा।

बासमती। यह नहीं हो सकता, अब आपको भी कुछ करना होगा। पवन का काम मैं करूँगी, पर आग आपको लगानी पड़ेगी।

कामिनीमोहन। क्या उसको जला कर मिट्टी में थोड़े ही मिलाना है?

बासमती। क्या यह भी मैं कहूँगी, तब आप जानेंगे! पर यह बातें काम की नहीं हैं। मैं नेह की आग लगाने को कहती हूँ, जिस को पवन बन कर मैं सुलगाऊँगी।

कामिनीमोहन। क्या उसका कलेजा ऐसा है, जो नेह का आग मैं वहाँ लगा सकूँगा?

बासमती। क्यों? वह लोहे और पत्थर से थोड़े ही बना है? फिर आग लगानेवाले तो लोहे और पत्थर में भी आग लगाते हैं। ढङ्ग चाहिए।

कामिनीमोहन। लोहे और पत्थर में आग लगाना, काम रखता है। मैं समझता हूँ, बासमती! देवहूती का कलेजा सचमुच लोहे पत्थर का है। उसमें आग लगाना कठिन है।

बासमती। आपकी बातें ऐसी ही होती हैं, चाहते हैं बहुत कुछ, करते कुछ नहीं। उसका कलेजा मक्खन से भी बढ़ कर पिघलनेवाला है, आप इस बात को नहीं जानते, मैं जानती हूँ। अब मैं जाती हूँ, आप अपनी सी करिये, जो न बनेगा, उस को मैं तो ठीक कर ही दूँगी। यह कह कर बासमती वहाँ से चली गयी।

सातवीं पंखड़ी

चमकता हुआ सूरज पश्चिम ओर आकाश में धीरे-धीरे डूब रहा है। धीरे ही धीरे उसका चमकीला उजला रङ्ग लाल हो रहा है। नीले आकाश में हलके लाल बादल चारों ओर छूट रहे हैं। और पहाड़ की ऊँची उजली चोटियों पर एक फीकी लाल जोत-सी फैल गयी है। जो घर की मुँडेरों के ऊपर उठती हुई धूप को पकड़ कर किसी ने लाल रङ्ग में रंग दिया है, तो पेड़ों की हरी-हरी पत्तियों पर भी लाली की वह झलक है, जो देखने से काम रखती है। लाल फूलों का लाल रङ्ग ही अवसर पा कर चटकीला नहीं हो गया। पीले, उजले और नीले फूलों में भी ललाई की छींट-सी पड़ गयी है। धरती की हरी-हरी दूबों, नदी, तालाब, पोखरों की उठती हुई छोटी-छोटी लहरों, बेल-बूटों और झाड़ियों की गोद में छिपी हुई एक-एक पत्तियों तक में ललाई अपना रङ्ग दिखला रही है। जान पड़ता है सारे जग पर एक हलकी लाल चाँदनी-सी तन गयी है।

एक बहुत ही बड़ी और सुहावनी फुलवारी है। उसके एक ओर बहुत से अड़हुल के पौधे लगे हुए हैं। ये सब पौधे जी खोल कर फूले हैं—हरी-हरी पत्तियों में इन फूले हुए अनगिनत फूलों की बड़ी छटा है—जान पड़ता है चारों ओर ललाई का ऐसा समां देख कर ही इन फूलों पर इतनी फबन है। इन्हीं बहुत से फूले हुए फूलों में कुछ फूल अधखिले से हैं, इन पौधों के पास खड़ी एक अधेड़ स्त्री इन अधखिले फूलों को उँगली से बताती जाती है, और एक बहुत ही सुघर और लजीली लड़की अपने लाल-लाल हाथों से धीरे-धीरे उन फूलों को तोड़ रही है। उसका मुँह डूबते हुए सूरज की ओर है, जिस लाली ने सारी धरती को अपने रंग में डुबा कर चारों ओर एक अनूठी छटा फैला रखी है वही लाली इस खिली चमेली-सी लड़की की देह की छबि को भी दूना करके दिखला रही है। इस भोली-भाली लड़की के गोरे-गोरे गालों पर इस घड़ी जो अनूठी और निराली फबन है, कहते नहीं बनती, उसकी सहज लाली दूनी-तिगुनी हो गयी है, जिसको देख कर जी का भी जी नहीं भरता। पर उसको बिना झंझट देखना आँखों के भाग में बदा नहीं है, लड़की ने सर के कपड़े को कुछ आगे को खींच रखा है, यही कपड़ा जी भर कर उस छबि को देखने नहीं देता। जब पवन धीरे-धीरे आ कर उस कपड़े को हटाती है, उस घड़ी उसके काँच से सुथरे गालों की अनोखी लाली आँखों में रस की सोत-सी बहा देती है।

इन अड़हुल के पौधों के ठीक सामने पश्चिम ओर थोड़ी ही दूर पर एक बहुत ही ऊँची अटारी है अटारी में पूर्व ओर तीन बड़ी-बड़ी खिड़कियाँ हैं, इन्हीं खिड़कियों में से बीचवाली खिड़की पर कोई छिपा हुआ बैठा है—और छिपे ही छिपे, डूबते हुए सूरज की, फूली हुई फुलवारी की, चारों ओर फैली हुई लाली की, और उस सुन्दर सजीली लड़की की अनूठी छटा देख रहा है। डूबते हुए सूरज, चारों ओर फैली लाली, और भाँति-भाँति के फूलों वाली फुलवारी के देखने से उसके जी में जो रस की एक छोटी-सी लहर उठती है, और उससे जो सुख उसको होता है, किसी भाँति बतलाया जा सकता है। पर उस सुन्दर और छबीली लड़की के देखने से उसके गोरे-गोरे गालों की बढ़ी हुई अनूठी लाली पर, किसी भाँति डीठ डालने से, जो एक रस की धारा-सी उसके कलेजे में बह जाती है, उसका सुख न किसी भाँति बतलाया जा सकता, न लिखा जा सकता है। वह इस धारा में अपने आपे को खोकर धीरे-धीरे आप भी बह रहा है—और साथ ही अपने सुध-बुध को भी चुपचाप बहा रहा है।

जिस घड़ी हमने लड़की को फूल तोड़ते देखा था, वह पिछली बारी थी—जितना फूल उसको तोड़ना चाहिए था वह तोड़ चुकी—इसलिए अब वह घर की ओर चली, पीछे-पीछे वह अधेड़ मालिन भी चली। साँझ का समय, चिड़िया चारों ओर मीठे-मीठे सुरों में गा रही थी, भाँति भाँतिं के फूल-फूल रहे थे, ठण्ढी-ठण्ढी पवन धीरे-धीरे चल रही थी, भीनी-भीनी महंक सब ओर फैली थी, जी मतवाला हो रहा था। साथ की अधेड़ स्त्री समय पर चूकनेवाली न थी अपनी गिट्टी जमाने का अवसर देख कर बोली—देवहूती! देखो कैसा सुहावना समय है! कैसी निराली शोभा है! पर साँझ क्यों इतनी सुहावनी है? उसमें क्यों इतनी छटा है? क्या तुम इसको बतला सकती हो? साँझ का समय बहुत थोड़ा है—पर इस थोड़े समय में भी जितना प्यार और आदर उसका हो जाता है—और समय को होते देखने में नहीं आया। पर क्या यह गुण उसमें यों ही है? नहीं, यों ही नहीं है? वह अपने समय को जैसा चाहिए उसी भाँति काम में लाती है—इसी से वह इतने ही समय में अपना बहुत कुछ नाम कर जाती है। देखो, वह आते ही चाँद से गले मिलती है—पवन का कलेजा ठण्डा करती है—फूलों को खिला देती है—चिड़ियों को मीठा सुर सिखलाती है—पेड़ों को हरा-भरा बनाती है—आकाश को तारों से सजाती है—लोगों की दिन भर की थकावट दूर करती—और चारों ओर चहल-पहल की धूम-सी मचा देती है। सच है, समय रहते ही सब कुछ हो सकता है, समय निकल जाने पर कुछ नहीं होता। पर देखती हूँ, देवहूती तुम्हारा समय यों ही निकला जाता है, तुम्हारा यह रूप! यह जोबन!! और कोई प्यार करनेवाला नहीं! जैसा चाहिए वैसा आदर नहीं!!! क्या इससे बढ़ कर कोई और दुख की बात हो सकती है?

देवहूती ने ठण्ढी साँस भरी, उसकी आँखों में पानी आया, पर कुछ बोली नहीं, जी बहलाने के लिये इधर-उधर देखने लगी। इसी समय सामने फूले हुए कई पेड़ों की झुरमुट

में एक बहुत ही सजीला जवान दिखलाई पड़ा। यह धीरे-धीरे उन पेड़ों में टहल रहा था, और साँझ की धीरे बहनेवाली पवन उसके सुनहले दुपट्टे को इधर-उधर उड़ा रही थी। इस जवान की दुहरी गठीली देह पर सुघराई फिसली पड़ती थी, गोरा रंग तपे सोने को लजाता था। बड़ी-बड़ी रसोली आँखें जी को बेचैन करती थीं और ऊँचे चौड़े माथे पर टेढ़े-टेढ़े बाल कुछ ऐसे अनूठेपन के साथ बिखरे थे, जिनके लिये आँखों को उलझन में डाल देना कोई बड़ी बात न थी। भौंहें घनी और आँखों के ऊपर ठीक धनुष की भाँति बनी थी; पर रह-रह कर न जाने क्यों सिकुड़ती बहुत थीं। मुँह का डौल बहुत ही अच्छा, बहुत ही अनूठा और बहुत ही लुभावना था, पर उसकी निखरी गोराई में लाली के साथ पीलापन भी झलक रहा था। गला गोल, छाती चौड़ी और ऊँची, बाहें भरी और लाँबी, और उँगलियाँ बहुत ही सुडौल थीं। देह की गठन बनावट, लुनाई, सभी बाँकी और अनूठी थीं। देह के कपड़े हाथों की अँगूठियाँ, पाँव के जूते सभी अनमोल और सुहावने थे। इस पर जो पेड़ों से उसके ऊपर फूलों की वर्षा हो रही थी समा दिखलाती थी। देवहूती की आँख जिस घड़ी उसके ऊपर पड़ी वह सब भूल गयी, सुध-बुध खो-सी गयी। पर थोड़े ही बेर में काया पलट हो गया। जिस घड़ी उसकी आँख इसकी ओर फिरी और चार आँखें हुईं, देवहूती चेत में आ गयी। और आँखों को नीचा कर लिया।

वह साथ की स्त्री जो बासमती छोड़ दूसरी नहीं है, यह सब देख कर मन ही मन फूल उठी, उस सजीले जवान का जी भी अधखिली कली की भाँति खिल उठा, दोनों ने समझा रंग जैसा चाहिए वैसा जम गया। पर इस घड़ी देवहूती के जी की क्या दशा थी, इसकी छानबीन ठीक-ठीक न हो सकी। धीरे-धीरे सूरज डूबा, और धीरे ही धीरे देवहूती बासमती के साथ फुलवारी से बाहर हो कर घर आयी। पर उसका जी न जाने कैसा कर रहा है।

यह सजीला जवान कामिनीमोहन है, यह तो आप लोग जान ही गये होंगे। अटारी पर खिड़की में बैठा हुआ यही देवहूती की छटा देख रहा था—और उसकी छटा देख कर जो उस पर बीती आप लोगों से छिपा नहीं है। पर वहाँ बैठे-बैठे देवहूती पर अपना बान न चला सका, इसीलिए जब देवहूती फूल तोड़ कर चली, तो वह भी चट कोठे से उतर कर पेड़ों की झुरमुट में आया, और टहलने लगा। यहाँ कुछ उसके मन की-सी हो गयी, यह आप लोग जानते हैं।

आठवीं पंखड़ी

फूल तोड़ने के लिए देवहूती नित्य जाती, नित्य उसका जी कामिनीमोहन की ओर खींचने के लिए बासमती उपाय करती। कामिनीमोहन भी उसको अपनाने के लिए कोई जतन उठा न रखता, बनाव-सिंगार, सज-धज सबको काम में लाता। इस पर पेड़ों से लपटी फूली हुई बेलें, समय का सुहावनापन, हरी-हरी डालियाँ, लहलही लताएँ, छिपे-छिपे अपना काम अलग करतीं। देवहूती लहू-माँस से ही बनी है, जी उसको भी है, आँखें वह भी रखती है, कहाँ तक वह इन फन्दों से बच सकती। धीरे-धीरे उसका जी न जाने कैसा करने लगा, अनजान में ही उस के कलेजे में न जाने कैसी एक कसक-सी होने लगी। पर उसके जी में ही भीतर ही भीतर ये सब बातें ऐसा चुपचाप और ऐसा छिपे-छिपे होने लगीं जो बासमती की ऐसी चतुर स्त्री को भी उलझन में डाल रही थीं।

फूल तोड़ते चौबीस दिन हो गये। इतने दिनों में काम कुछ न निकला, यह बात बासमती के जी में आठ पहर खटकने लगी। कामिनीमोहन भी बेचैन हो चला था, इसलिए वह भी कभी-कभी बासमती को जली-कटी सुनाता, इससे बासमती और घबरायी। आज वह चुपचाप देवहूती के घर आयी, और सीधे उसकी कोठरी में चली गयी। वहाँ उसने देवहूती को सोया पाया, फिर क्या था, चटपट उसने अपना काम पूरा किया और वहाँ से चलती हुई।

पारबती ने बासमती को आते-जाते देख लिया था। बासमती क्यों आयी? और क्यों लगे पाँव चली गयी? इस बात का उसको बड़ा खटका हुआ। वह कई दिनों से देवहूती का रंग-ढंग देख रही थी, पर कोई बात जी में लाती न थी। क्यों जी में लाती नहीं थी? इसके लिए इस घड़ी मैं इतना ही कहता हूँ। उसके जी में कोई खटक नहीं थी—पर बासमती की आज की चाल ने उसको चौंका दिया। वह सोचने लगी, हो न हो कोई बात है। बासमती घर की मालिन है—उसके लिए कोई रोक नहीं—वह बे अटक देवहूती के पास आ-जा सकती है—मैंने कभी उसको देवहूती के पास उठने-बैठने से नहीं रोका। फिर आज वह मेरी आँख बचा कर क्यों उसके पास गयी? और क्यों बिना मुझसे कुछ कहे-सुने यहाँ से चुपचाप चली गयी? ये बातें ऐसी हैं जिस से पाया जाता है, उसके मन में कोई

चोरी है! चोर का जी आधा होता है, वह साह का सामना नहीं कर सकता। अपने मन की चोरी ही से वह इस घड़ी अपना मुँह मुझको न दिखला सकी। जिस काम को करने के लिए इस घड़ी वह यहाँ आयी थी, उस काम को करके वह मेरी ओर से बुरी थी, इसी से मेरे सामने आने का बल उसमें नहीं था। नहीं तो मेरे जी में तो कोई बात न थी। जो बुरा काम करता है, वह बस भर छिपने का पथ भी ढूँढ़ता है।

फिर सोचने लगी—देवहूती का रंग-ढंग भी तो इन दिनों कुछ और हो गया है! वह इतनी अनमनी क्यों रहती है? मैं इन बातों पर डीठ नहीं डालती थी, समझती थी लड़की है, कोई बात होगी। पर यह कोई ऐसी-वैसी बात नहीं है, कोई गहरी बात जान पड़ती है। नहीं तो, देवहूती को किस बात का दुख है? जो चाहती है, खाती है। जो चाहती है, पहनती है। मैं उसका मुँह देखती ही रहती हूँ। एक भाई है, वह भी कभी उसको आधी बात नहीं कहता, फिर वह इतनी अनमनी क्यों? हाँ, यह मैं कह सकती हूँ, वह सयानी हो गयी है! उसके दूसरे दिन हैं! पर सयानी वह आज तो नहीं हुई है—एक बरस से भी ऊपर हो गया। जब इतना दिन हो गया—और हँसी-खेल में ही वह लगी रही, तो इधर दस-पाँच दिन से—सयानी होने ही से वह अनमनी है यह बात जी में नहीं समाती। फिर पड़ोस में नन्दकुमार, कामिनीकिशोर, नन्दकिशोर, देवमोहन, कामिनीमोहन सभी लड़के हैं—बात चलने पर देवहूती जैसे नन्दकुमार, नन्दकिशोर और देवमोहन नाम लेती है—वैसा बेअटक कामिनीमोहन का नाम क्यों नहीं लेती? फिर मौसरे भाई कामिनीकिशोर को जब वह पुकारती है, तो क्या कारण है जो कामिनीमोहन का नाम उसके मुँह से निकल जाता है? और जो निकल जाता है, तो फिर अपने आप वह लजा क्यों जाती है? कोई टोकता भी तो नहीं। जब घर में कभी कोई बात कामिनीमोहन की उठती है, और देवहूती वहाँ बैठी रहती है—तो क्या कारण है जो वह इधर-उधर करने लगती है? क्यों वह वहाँ से उठ जाना चाहती है? क्यों उसकी बातें सुनने में उसको लाज लगती है? कामिनीमोहन का साथ बहुत दिनों से हम लोगों का है, ऐसे ही सदा उसकी बातें घर में होती आयी हैं, पर पहले देवहूती की ऐसी दशा तो कभी नहीं देखी गयी!! फिर थोड़े दिनों से उस के जी का ढंग ऐसा क्यों हो गया?

अबकी बात पारबती का मुँह गम्भीर हो गया, वह फिर सोचने लगी—देवहूती का ढंग था, वह चार लड़कियों को लेकर सदा खेला करती किसी को सर गूँधना, किसी को बेल-बूटे बनाना, किसी को गुड़िया बनाना सिखलाती—किसी को माला गूँथना, किसी को फूल के गहने बनाना किसी को पोत पिरोना बतलाती। किसी को छेड़ती—किसी को प्यार करती। पर आजकल ये सब बातें उसकी छूट सी गयी हैं—अकेले रहना उसको अच्छा लगता है—कोठे पर, कभी-कभी अपनी कोठरी में चुपचाप बैठी न जाने वह क्या सोचा करती है। दो-चार दिन से तो उसकी यह गत है—पास ही बैठी रहती है—और पुकारने

पर कभी-कभी बोलती भी नहीं। सच्ची बात यह है—उसका जी किसी ओर खिंचा हुआ है—जब वहाँ से हटे तब तो दूसरी ओर लगे—किस ओर उसका जी खिंचा है—अब यह समझने को नहीं है—सब बात भली-भाँति समझ में आ गयी। पर इसमें चूक किसकी है? हमारी! जो अपने पति की बात नहीं मानती, उसका भला कभी नहीं होता। पति ने कहा था, जिस घर में ओझा का पाँव पड़ा, वही घर चौपट हुआ। फिर मैं क्यों उनकी बात भूल गयी, क्यों अपने घर में ओझा को बुलाया, जो बुलाया, तो अब भुगतेगा कौन?

पारबती ने धीरे धीरे सब समझा, कुछ घबरायी, पीछे सँभल गयी, सोचा घबरा कर क्या होगा, यह घबराने का समय नहीं है, जैसा रंग-ढंग देखने में आता है, उससे बात अभी बहुत बिगड़ी नहीं पायी जाती, अभी बिगड़ने के लच्छन ही देखे जाते हैं, इसलिए घबराने से बिगड़ती हुई बात के बनाने का जतन करना अच्छा है। पारबती ने सोच कर ठीक किया, चाहे जो हो अब, आज से देवहूती को फूल तोड़ने के लिए न जाने दूँगी, इतना करने ही से सब झंझट दूर होगा। स्त्री कितना हू जीवट करे, पर देवी-देवता की बातों में उसका जीवट काम नहीं करता। देवकिशोर अब तक भली-भाँति अच्छा भी नहीं हुआ था, इसलिए ठीक करने को उसने ठीक तो किया, पर थोड़े ही पीछे उसका जी फिर चंचल हो गया, उसने सोचा, देवी की पूजा को अधूरा छोड़ना ठीक नहीं; जैसे हो छह दिन इस काम को और करना होगा। तो क्या बासमती भी पहले की भाँति साथ रहेगी? अब उसके जी में यह बात उठी। उसने सोच कर ठीक किया, हाँ! बासमती भी साथ रहेगी, जो देखने में हित बनी है, उससे बिगाड़ क्यों किया जाय! न जाने वह क्या सोचे, और क्या करे, यह समय उससे बिगाड़ करने का नहीं है। फिर सुधार क्या हुआ, वे ही सब बातें तो हुईं—अब यह विचार उसको सताने लगा। पर इस घड़ी सर उसका चकरा रहा था, और जो अड़चनें सुधार में आन पड़ी थीं, वे सहज न थीं, इसलिए विचार के लिए दूसरा समय ठीक करके वह घर के दूसरे काम में लग गयी।

नवीं पंखड़ी

कहा जाता है, दिन फल अपने हाथ नहीं, करम का लिखा हुआ अमिट है, हम अपने बस भर कोई बात उठा नहीं रखते, पर होता वही है, जो होना है, जतन उपाय ब्योंत सब ठीक है–पर उस खेलाड़ी के आगे किसी की नहीं चलती, चुटकी बजाते ही वह सब कुछ करता है और पलक मारते ही सबको बिगाड़ कर रख देता है। हम मिट्टी के पुतले क्या हैं, जो उस की बातों में हाथ डालें। यह सच है, यहाँ कौन जीभ हिला सकता है। पर हम यह कहेंगे–ये बातें उन्हीं के लिए हैं–जो सचमुच जी से ऐसा मानते हैं–उन लोगों के लिए नहीं है, जिनके भीतर कुछ और बाहर कुछ और, जहाँ बस चलता है कोई काम बन जाता है, वहाँ तो सब करतूत उनकी है। और जहाँ बस नहीं चलता, काम बिगड़ने लगता है वहाँ सब होनहार करती है। ये दुरंगी बातें ठीक नहीं, पक्का एक ही रंग होता है। एक ही समय में दो नाव पर चढ़ने में बहुत कुछ डर रहता है–पार एक ही नाव करती है। जिसको धरती पर रह कर बहुत-सा काम करना है, घरबारी बनना है, उस को जतन, ब्योंत उपाय का सहारा न छोड़ना चाहिए। उस खेलाड़ी को सब करने योग्य कामों में अपना सहाई समझ कर जो जतन, ब्योंत और उपाय करता है, वही जग में कुछ कर पाता है। जो ऐसा नहीं कर सकता वह पास की पूँजी भी गँवा देता है!

हमारे हरमोहन पाण्डेय इसी ढंग के लोग हैं–होनहार के भरोसे बाप का कमाया लाखों रुपया उड़ा चुके हैं। बीसों गाँव पास थे, पर एक-एक करके सब बिक चुके हैं। अब तक रहने का घर बचा था। आज उससे भी हाथ धोना चाहते हैं। बाहर बोली हो रही है, पर करम ठोंक कर आप भीतर पलग पर पड़े हैं। उनकी यह गत देख कर उनकी सीधी सच्ची घरनी उनके पास आयी। प्यार के साथ पास बैठ गयी। दोनों में इस भाँति बातचीत होने लगी।

घरनी। घर बिक रहा है–बाहर बोली हो रही है, क्या आप उनको सुनते हैं?

हरमोहन। सुनता हूँ–जो भाग में लिखा है, होगा।

घरनी। मैं यह नहीं कहती, मैं यह कहती हूँ–थोड़ी ही देर में यह घर छोड़ना होगा–उस घड़ी हम लोग क्या करेंगे, कहाँ रहेंगे?

हरमोहन। इस घर के पास जो हमारा खँडहर है, उसमें चल कर रहेंगे। भाग्य में तो खँडहर लिखा है, घर रहने को कहाँ मिलेगा?

घरनी। खँडहर में दिन कैसे बीतेगा? मेरा मुँह आज तक किसी पराये ने नहीं देखा, खँडहर में लाज क्यों कर रहेगी?

हरमोहन। भगवान जिसकी लाज नहीं रखना चाहते, उसकी लाज कौन रखे?

घरनी। अच्छा, मैं कुछ कहूँ? आप मानेंगे?

हरमोहन। कहो, क्या कहती हो?

घरनी। बंसनगर में मेरी बहिन रहती है, यह आप जानते हैं। जैसी भलमनसाहत उसमें है, वैसे ही देवता हमारे बहनोई भी हैं, यह बात भी आपसे छिपी नहीं है। इनके पास दो घर हैं—एक में वह आप रहते हैं, एक यों ही पड़ा है। मेरी बहन ने हम लोगों का दुख सुना है--कुछ दिन हुए उसने कहला भेजा था—जो घर भी बिक जाय तो ये यहाँ आकर रहें। हम लोगों का अब यहाँ क्या रखा है—जो आप चाहें तो वहाँ चल सकते हैं। यहाँ से वहाँ अच्छी ही बीतेगा।

हरमोहन। तुमने अच्छा कहा, चलो वहीं चलें। हमारा सोलह सौ रुपया भी तो उनके यहाँ है।

घरनी। रुपये की बात जाने दीजिये। दुख में उन लोगों ने हम लोगों को बहुत सँभाला है। सोलह सौ का चौबीस सौ दे चुके हैं।

हरमोहन। अच्छा जाने दो—हम रुपये की बात नहीं चलाते हैं।

इस बातचीत के दूसरे दिन अपनी घरनी, एक लड़के और एक लड़की के साथ हरमोहन ने अपने जन्म के गाँव देवनगर को छोड़ा। चौबीस घण्टे चलकर बंसनगर पहुँचे, और वहीं रहने लगे। यहाँ कहने-सुनने को वह कुछ काम भी करने लगे और इसी से उनका दिन बीतने लगा, पर इन लोगों का सब भार उन्हीं लोगों पर था, जिनके बुलाने से ये लोग वहाँ गये थे। उन लोगों ने इनके लड़के के पढ़ने-लिखने की ओर भी पूरा ध्यान रखा।

धीरे-धीरे तीन बरस बीत गये, चौथे बरस इन लोगों ने एक ऐसी बात सुनी, जिससे इन लोगों का रहा-सहा कलेजा और टूट गया। इन लोगों ने सुना इनका एक ही जमाई घरबार छोड़ कर किसी साधु के साथ कहीं चला गया, बहुत कुछ ढूँढ़ा गया, पर कहीं कुछ खोज न मिली।

हरमोहन पाण्डेय सीधे और सच्चे थे, अपने कामकाजियों और टहलुओं पर भरोसा बहुत रखते थे। आँख में शील इतनी थी, जो आजकल नहीं देखा जाता। जिसने आकर आँसू बहाकर कुछ माँगा, उसी ने कुछ पाया। बिना कुछ लिखाये-पढ़ाये सैकड़ों दे देते। जो कोई कुछ कहता, कहते जब उसको होगा दे ही जावेगा, ब्राह्मण का रुपया थोड़े ही मार लेगा। जो यहीं तक होता, बहुत बिगाड़ न होता! हरमोहन में बड़ा भारी औगुन आलस

था। आलस होने के कारण वह सब कामों में टाल-टूल बहुत करते, कामकाजियों ने लाकर जो लेखा सामने रखा, उसी को सच माना, कभी यह भी न कहा, इतने छोटे काम में इतना रुपया कैसे लगाया, किसी ने कभी कुछ कहा तो होनहार की दुहाई दे कर, भाग्य पर सब बातों का होना बतला कर उस से पीछा छुड़ाया। ऐसे लोगों का बेड़ा पार कब तक हो सकता है—इन सब बातों का बुरा फल हुआ, वह थोड़े ही दिनों में लुट गये। लोगों ने उनको सीधा पाकर अपना घर भर लिया, और इधर कान पर जूँ तक न रेंगी। धीरे-धीरे गाँव घर सब छोड़ना पड़ा। इन बातों को छोड़ हरमोहन में जितनी बातें थीं, बड़े काम की थीं, वह झूठ कभी नहीं कहते, छोटे-बड़े सबसे प्यार से मिलते। पाखण्डियों से दूर भागते, और दीन-दुखियों के तो माँ-बाप थे।

ऐसे लोगों के लिए भी बिपत है—बिपत किसी को नहीं छोड़ती—जब आती है भले ही आती है। बापुरे हरमोहन का सब तो गया ही था, आज उसको अपने जमाई के लिए भी रोना पड़ा। जीना तो भारी हो ही रहा था, उस पर और रंग चढ़ गया। हरमोहन की स्त्री रुपया-पैसा, गहने-कपड़े को कुछ नहीं समझती थी, वह हरमोहन का मुँह देखकर सब भूल जाती। इसी से हरमोहन को बिपत में भी बहुत कुछ सहारा रहता था। पर आज जो चोट हरमोहन को लगी है वही चोट दूनी होकर उसकी स्त्री को लगी। इससे वह जहाँ पड़ी है वहीं विलख रही है, हरमोहन की सुध कौन ले। हरमोहन बहुत घबराये। कब किसके जी में कैसा उलट-फेर होता है, इसको कोई क्या जान सकता है। आज भी हरमोहन को भाग्य और होनहार से काम लेना चाहिए था, पर बन नहीं पड़ा। वह घबराये हुए घर के बाहर निकले, और सीधे एक ओर चल खड़े हुए। गाँव के बाहर एक ने पूछा कहाँ जाते हो? कहा, कहीं जाता नहीं। गाँव के पूरब ओर एक वन था, उसी को दिखला कर कहा, इसी वन तक जाता हूँ। धीरे-धीरे यह बात उनकी स्त्री के कानों तक पहुँची, वह और घबरायी, लोग दौड़ाये, पर हरमोहन किसी को न मिले। एक-एक करके दिन बीतने लगे, महीने हुए, दो बरस बीत गये, पर हरमोहन फिर न लौटे। लोगों ने उनको मरा ही समझा, क्योंकि न वह कहीं जा सकते थे, और न कुछ कर सकते थे। स्त्री का दिन अपने एक लड़के और एक लड़की के साथ बड़े दुख से बीतने लगा।

यह स्त्री और हरमोहन कौन है? यह तो आप लोग समझ ही गये होंगे। पर जो न समझे हों तो, मैं बतलाता हूँ। स्त्री पारबती है—लड़की देवहूती है—लड़का देवकिशोर है—और इन दोनों का बाप हरमोहन है।

हरमोहन को लोगों ने मरा समझा, हम क्या समझें? जब पता नहीं लगा; तो हम और क्या समझेंगे, गाँव वालों का साथ हम भी देते हैं।

दसवीं पंखड़ी

चारों ओर आग बरस रही है—लू और लपट के मारे मुँह निकालना दूभर है—सूरज बीच आकाश में खड़ा जलते अङ्गारे उगिल रहा है और चिलचिलाती धूप की चपेटों से पेड़ो तक का पत्ता पानी होता है। छर्रों की भाँति धूल के छोटे-छोटे कण सब ओर छूट रहे हैं, धरती तपते तवे-सी जल रही है—घर आवाँ हो रहे हैं और सब ओर एक ऐसा सन्नाटा छाया हुआ है—जिससे जान पड़ता है—जेठ की दोपहर जग के सब जीवों को जला कर उनके साथ आप भी धू-धू जल रही है। बवंडर उठते हैं, हा हा हा हा करती पछवाँ बयार बड़े धूम से बह रही है।

देवहूती अपनी कोठरी में खाट पर लेटी है—लेटे ही लेटे न जाने क्या सोच रही है—कोठरी के किवाड़ लगे हैं—घर के दूसरे लोग अपनी-अपनी ठौरों सोये हैं। आप लोगों ने अभी एक जेठ की दोपहर देखी है—ठीक वही गत देवहूती के जी की है। यहाँ भी लू-लपट है, बवंडर है, जलता सूरज है, चिलचिलाती धूप है, कलेजे को तपता तवा, आवाँ जो कहिये सो सब ठीक है। देवहूती के हाथ में एक चीठी है, वह उस चीठी को पढ़ती है। पढ़ते ही उसके कलेजे में आग-सी बलने लगती है—वह घबराती है, और उसको समेट कर रख देना चाहती है। पर फिर भी चैन नहीं पड़ता, न जाने कैसा एक बंवडर-सा भीतर ही भीतर उठने लगता है—इसलिए वह उसको फिर खोलती है, फिर पढ़ती है और फिर पहले ही की भाँति अधीर होती है। कई बेर वह ऐसा कर चुकी है। अब की बेर उसने फिर उस चीठी को निकाला और पढ़ने लगी। चीठी यह थी।

चीठी

बातें अपनी तुमैं सुनाते हैं।
कुछ किसी ढब से कहने आते हैं॥
जब से देखा है चाँद सा मुखड़ा।
हम हुए तेरे ही दिखाते हैं॥
दिन कटा तो न रात कटती है।
हम घड़ी भर न चैन पाते हैं॥

भूल कर भी कहीं नहीं लगता।
अपने जी को जो हम लगाते हैं॥
जलता रहता है जल नहीं जाता।
यों किसी का भी जी जलाते हैं॥
बेबसी में पड़े तड़पते हैं।
हम कुछ ऐसी ही चोट खाते हैं॥
जी हमारा जला ही करता है।
आँसू कितना ही हम बहाते हैं॥
मर मिटेंगे तुम्हें न भूलेंगे।
नेम अपना सभी निभाते हैं॥
हम मरेंगे तो क्या मिलेगा तुम्हें।
जी-जलों को भी यों सताते हैं॥
है उन्हीं का, यहाँ भला होता।
जो भला और का मनाते हैं॥
आप ही हैं बुरे वे बन जाते।
जो बुरा और को बनाते हैं॥
हो तुम्हारा भला फलो फूलो।
अब चले हम यहाँ से जाते हैं॥

(कामिनीमोहन)

पढ़ते-पढ़ते उसका जी भर आया, फिर वही गत हुई। वह सोचने लगी, कामिनीमोहन से मैं कभी बोली भी नहीं–कभी आँख उठा कर भली-भाँति उसकी ओर देखा तक नहीं–न कभी कोई बात उससे कही–फिर वह इतना मुझको क्यों चाहता है? जान पड़ता है मैं जो थोड़ा-थोड़ा उसकी ओर खिंचने लगी हूँ–मेरा जी जो उससे बोलने के लिए ललचने लगा है–मैं जो उसको देख कर सुख पाने लगी हूँ–ये ही बातें ऐसी हैं, जो उसकी यह गत है, नहीं तो उसकी यह दशा क्यों होती? कामिनीमोहन मेरे लिए जलता है, आँसू बहाता है, उसको न रात को नींद आती है, न दिन को चैन पड़ता है, बेबसी से तड़पता है, जी उसका उचट गया है, जीना भी भारी है, पर मैं उससे बोलती तक नहीं, दो-चार मीठी बातों से भी उसका जी नहीं बहलाती–क्या इससे बढ़ कर भी कोई कठोरपन है? बोलने में क्या रखा है! जो मेरी दो बातों से किसी का भला होता है, तो इन दो बातों के कहने में क्या बुराई है।

बुराई कहते ही उसका कलेजा धक से हो गया, वह कुछ लजा-सी गयी, उसको ऐसा जान पड़ा जैसे उसने कोई चोरी की है, वह घबरा कर इधर-उधर देखने लगी। पर जैसा

सन्नाटा उसकी कोठरी में पहले था, अब भी था, किसी के पाँव की चाप भी कहीं सुनायी नहीं देती थी। उसने भली-भाँति आँख फैला कर चारों ओर देखा। सामने भीत पर एक छिपकली दूसरी छिपकली का पीछा कर रही थी, कोन में मकड़ी जाले में फँसी हुई एक मक्खी को लम्बी-लम्बी टाँगों से खींच कर निगलना चाहती थी। एक तितली घर भर में चक्कर लगा रही थीं बुढ़िया का सूत सर पर उड़ रहा था। और कहीं कुछ न था। वह कुछ सँभली, और फिर सोचने लगी। नहीं-नहीं, बुराई क्यों नहीं है! माँ कहती हैं भले घर की बहू बेटी का यह काम नहीं है, जो पराये पुरुष से बोल, पराये पुरुष की ओर आँख उठा कर देखना भी पाप है। फिर मैं क्यों ऐसा सोचती थी! क्या मैं भले घर की बहू बेटी नहीं हूँ? हाँ! मैं अभागिन हूँ, मेरे दिन पतले हैं, तीन बरस हुआ मेरे पति साधु हो गये। उनका पता भी नहीं मिलता। अब इस जन्म में उनसे भेंट होने का भी भरोसा नहीं। जो भेंट भी हो तो किस काम का। क्या वह फिर घरबारी होंगे? और ये बातें ऐसी हैं, जिससे सब ओर मुझको अँधेरा ही दिखलाता है। पर क्या इस अँधेरे में उजाला करने के लिए मुझको अपनी मरजाद छोड़नी चाहिए? कामिनीमोहन मेरे लिए आँसू बहाता है, तड़पता है, घबराता है, मरने पर उतारू है। पर क्यों मेरे लिये उसकी यह दशा है? मैं उस की कौन? वह हमारा कौन? जो इसको जी की लगावट कहें, तो भी सोचना चाहिए था, मैं क्या करता हूँ, यों जी लगाते फिरना कैसा? और जो ऐसा ही जी लगाना है, तो आँसू बहाना, घबराना, तड़पना, पड़ेहीगा, इसके लिए क्या मैं कर सकती हूँ? क्या दूसरा कर सकता है? रहा उसका रूप! अबकी बार देवहू ` फिर घबराई, कामिनीमोहन की छबि उसकी आँखों के सामने फिर गयी। उसकी बड़ी-बड़ी आँखें, निराली चितवन, उसका हँसी-भरा मुँह, चाँद सा मुखड़ा, अनूठा ढङ्ग, सहज अलबेलापन—सब एक-एक करके उसके जी में जागे। वह बहुत ही धीरे-धीरे, अपने जी से भी छिपे-छिपे, कहने लगी, कामिनीमोहन, तुम क्यों इतने सुन्दर हो? अब वह बहुत अनमनी हो गयी, जी न होने पर भी कहने लगी—कामिनीमोहन, क्या तुम सचमुच मेरे लिए मरने पर उतारू हो? क्या सचमुच मेरे बिना तुम्हारा दिन कटता है तो रात नहीं, और रात कटती है तो दिन नहीं? क्या सचमुच मेरे लिए तड़पते हो, और आँसू बहाते हो? ये कैसी बातें हैं, मैं समझ नहीं सकती हूँ। इन बातों के सोचते-सोचते देवहूती के जी में बड़ा भारी उलट-फेर हुआ। उसका सिर घूम गया और वह सन्नाटे में हो गयी।

धीरे-धीरे करताल बजने लगा, धीरे ही धीरे एक बहुत ही रसीला सुर चारों ओर फैल गया। इस खड़ी दुपहरी में यह सुर एक खुली खिड़की से देवहूती की कोठरी में घुसा। फिर धीरे-धीरे उसके कानों तक पहुँचा। कानों के पथ से यह और आगे बढ़ा और कलेजे में पहुँच कर ऐसा रङ्ग लाया। जिसमें देवहूती सर से पाँव तक रंग गयी। यह सुर एक भिखारी बाम्हन के बहुत ही सुरीले गले से निकलता था, जो बड़ी सिधाई के साथ उसके घर के पास खड़ा यह लावनी गा रहा था।

लावनी– पति छोड़ नारि के लिए न और गती है।
नारी का देवता जग में एक पती है।
जो पति की सेवा नेह साथ करती हैं॥
जो पति गुन की ही ओर सदा ढरती हैं।
पति के दुख में भी जो धीरज धरती हैं॥
सपने में भी जो पति से न लरती हैं।
उनके ऐसा धरती पर कौन जती है॥
नारी का देवता जग में एक पती है।

जिसका मन पती पराये पर नहिं आया॥
पर पति की जिसने छूई तक नहिं छाया।
पति ही जिसकी आँखों में रहे समाया॥
पति बिना जगत जिसको सूना दिखलाया।
वह भली नारियों की सिर-धरी सती है॥
नारी का देवता जग में एक पती है।

जो लाल आँख पति को है कभी दिखाती॥
जो छल करके पति से है पाप कमाती।
जो झूठमूठ पति से है बात बनाती॥
जो कभी पराये पति को है पतियाती।
उसकी परतीत न यहाँ वहाँ रहती है॥
नारी का देवता जग में एक पती है।

परपति से अहल्या ने जो नेह बढ़ाया॥
पत्थर होकर सब अपना भरम गँवाया।
सीता सावित्री ने जो पतिगुन गाया।
अब तक उनका जस सब जग में है छाया॥
पुजती पतिसेवा ही से पारबती है।
नारी का देवता जग में एक पती है॥ 1॥

देवहूती जिस रंग में रंगी थी, वह बहुत पक्का था, अब यह रंग फीका पड़नेवाला न था, लावनी सुन कर उसका जी ही ठिकाने न हुआ। उसको अपनी आज की बातों पर एक ऐसी खिसियाहट और घबराहट हुई, जिससे अपने आप वह धरती में गड़ी जाती थी। कोठरी में कोई था ही नहीं, पर मारे लाज के उस का सर ऊपर न उठता था। वह सोचने लगी–मुझको क्या हो गया था, जो आज मैं ऐसी बुरी बातों में उलझी रही। माँ कहती

हैं, जितने पल पराये पुरुष की बातों में बुरे ढंग से कोई स्त्री बिताती है, उस एक एक पल के लिए उसको भगवान के सामने कान पकड़ना पड़ता है। फिर क्या मैंने ऐसा किया? इन सब बातों को सोच कर जी ही जी में वह बहुत डरी, चीठी को फाड़ कर दूर फेंका, और कोठरी के किवाड़ों को खोल जी बहलाने के लिए बाहर निकल आयी। पर यहाँ भी वैसा ही सन्नाटा था, घर में कहीं कोई चाल न करता था। देवहूती फिर अपनी कोठरी में लौटी और किवाड़ लगा कर सो रही।

ग्यारहवीं पंखड़ी

देवहूती और उसकी मौसी के घर के ठीक पीछे भीतों से घिरी हुई एक छोटी-सी फुलवारी है। भाँति-भाँति के फूल के पौधे इसमें लगे हुए हैं, चारों ओर बड़ी-बड़ी क्यारियाँ हैं, एक एक क्यारी में एक-एक फूल है—फुलवारी का समां बहुत ही निराला है। जो बेले पर अलबेलापन फिसला जाता है, तो चमेली की निराली छबि कलेजे में ठण्ढक लाती है। नेवारी ने ही आँखों की काई नहीं निवारी है—जूही के लिए भी फुलवारी में तू ही तू की धूम है। कुन्द मुँह खोले हँस रहा है, सेवती फूली नहीं समाती। हरसिंगार क़ी आनबान, केवड़े की ऐंठ, सूरजमुखी की टेक, केतकी का निराला जोबन, मोगरे की फबन, चम्पे की चटक, मोतिये की अनूठी महंक—सब एक से एक बढ़कर हैं। इन फूल के पेड़ों से दूर जहाँ क्यारियाँ निबटती हैं—फूलों के छोटे-छोटे पौधे थे—इनके पीछे हरे-भरे केले के पेड़ अकड़े खड़े थे, जिनके लम्बे-लम्बे पत्ते बयार लगने से धीरे-धीरे हिल रहे थे। इन सबके पीछे फुलवारी की भीत थी, और उसके नीचे एक बहुत ही लम्बी चौड़ी खाई थी, खाई में जल भरा हुआ था, कई ओर कमल खिले हुए थे।

इस फुलवारी के बीच में एक पक्का चौतरा है, इस पर पारबती और देवहूती बैठी हुई हैं। भोर हो गया है; सूरज की सुनहली किरणें चारों ओर छिटक रही हैं। एक भौंरा एक फूल पर गूँज रहा है। गूँजता-गूँजता ठीक फूल की सीध में आता है, ठिठकता है, सिकुड़े हुए पाँवों को फैला कर फूल की ओर झुकता है। फिर ठिठकता है। और पहले की भाँति चक्कर लगा कर झूमने लगता है। कितने क्षण यों ही गूँजता रहा, फिर पंख समेट कर उस पर बैठ गया। कुछ बेर चुपचाप उसका रस पीता रहा। फिर अधरुँधे गले से भन्न-भन्न करने लगा। इस के पीछे गूँजता हुआ उस पर से उड़ गया। अब दूसरे फूल के पास गया, पहले इसके भी चारों ओर गूँजता रहा, फिर उसी भाँति इस पर बैठा, रस लिया, भन्न-भन्न बोला, फिर गूँजता हुआ इस पर से भी उड़ गया। पारबती और देवहूती के देखते-देखते यह बीसियों फूल पर गया, पर इसका मन न भरा। धीरे-धीरे वह और फूलों पर भी जा कर गूँजता और रस लेता रहा। पर जिस फूल पर से एक बार वह रस ले कर उड़ा उसके पास फिर न गया।

पारबती ने कहा—देवहूती! इस भौंरे को देखती हो? जो गत इसकी है, ठीक वही कुचाली पुरुषों की है। वह अपने रस के लिए इधर-उधर चक्कर लगाते फिरते हैं। भोली-भाली स्त्रियों को झूठी-मूठी बातें बना कर ठगते हैं। जब काम निकल जाता है फिर उनकी ओर आँख उठा कर नहीं देखते।

मीठे सुर से हमी लोग नहीं रीझते। चिड़ियाँ ही इसको सुन कर नहीं मतवाली बनतीं। कीड़े-मकोड़े ही पर इसका रंग नहीं जमता। यह पेड़ों तक को मोह लेता है। जो अच्छा बाजा मीठे सुर से बजता हो और पास ही कोई फूल का पौधा रखा हो, तो देखोगी उसकी पत्तियाँ सगबगा उठीं। उसका हरा रंग और गहरा हो गया। फूल खिल गये और उस पर जोबन छा गया। इसीलिए भौंरा आते ही फूल पर नहीं बैठ जाता। कुछ घड़ी फूल के आस-पास गूँजता है। या अपनी मीठी गूँज से उसके रस को उभाड़ता है। और तब उस पर रस लेने के लिए बैठता है।

एक छोटा-सा कीड़ा जो अपना काम निकालने के लिए इतना कुछ कर सकता है—रस पाने के लिए जो वह ऐसी दूर की चाल चल सकता है, तो अपना काम निकालने के लिए मनुष्य क्या नहीं कर सकता। जिस स्त्री को वह फँसाना चाहता है, उसका सामना होने पर वह कहता है, तुम मेरी आँखों की पुतली हो, मेरे प्राणों की प्यारी हो, तुमको देख कर मेरे कलेजे में ठण्ढक होती है, जी में आनन्द की धारा बहती है। तुम्हीं से मेरा जीना है। तुम्हीं से मेरे अँधेरे जी में उजाला है। जब तक आँखों के सामने रहती हो, समझता हूँ स्वर्ग में बैठा हूँ। आँखों से ओझल होते ही मुझ पर बिजली-सी टूट पड़ती है। जब उसके पास चीठी भेजता है, लिखता है—तुम्हारे बिना मेरा कलेजा जल रहा है। अनजान में ही न जाने कैसी एक पीर-सी हो रही है। खाना-पीना कुछ नहीं अच्छा लगता। दिन-रात का कटना पहाड़ हो गया है। चारों ओर सूना लगता है। जी को न जानें कैसी एक चोट-सी लग गयी है, हम सच कहते हैं जो तुम न मिलोगी हम कभी न जीयेंगे। तुम्हारे बिना हमारा है कौन? हम जानते हैं तुम्हीं को, नाम जपते हैं तुम्हारा ही, जग में जहाँ देखते हैं, तुम्हीं को देखते हैं। खाते-पीते उठते-बैठते सूरत तुम्हारी ही रहती है। हम रहते हैं कहीं, पर मन हमारा तुम्हारे ही पास रहता है। उसकी सिखायी पढ़ायी कुटनियाँ आती हैं, तो कहती हैं—बहू तुम्हारा कलेजा न जाने कैसा है, पत्थर भी पसीजता है। पर कितनाहू कहो, तुम नहीं मानती हो। वह तुम्हारे लिए मर रहे हैं, पड़े-पड़े तड़पते हैं, आठ-आठ आँसू रोते हैं, खाना पीना तक छूट गया है, पर तुम्हारे कान पर जूँ तक नहीं रेंगती। भला इतना भी किसी को सताते हैं! जी की लगावट अपने हाथ नहीं, जो किसी भाँति तुम पर उनका जी आ गया, तो तुमको इतना कठोर न होना चाहिए। सबका सब दिन एक ही-सा नहीं बीतता। क्या यह जोबन सदा ऐसा ही रहेगा? फिर थोड़े दिनों के लिए इतना क्यों इतराती हो? प्यासे ही को पानी पिलाया जाता है। भूखे ही को दो मूठी अन्न दिया जाता है। फिर न

जाने, क्यों तुम इन बातों को नहीं समझती हो। इतना ही नहीं, गहने-कपड़े, रुपये-पैसे की अलग लालच दी जाती है। कभी-कभी हाथ जोड़ने और नाक रगड़ने से भी काम लिया जाता है। तलवे की धूल तक सर पर रख ली जाती है। पर ये सब धोखेधड़ी की बातें हैं। छल और कपट इन बातों में कूट-कूट कर भरा रहता है। सच्चाई और भलमनसाहत की इनमें गन्ध तक नहीं होती।

जिसकी हम भगवान के घर से हैं, जिसके लिए हम बनी हैं, जो हमारा जनम-संघाती है, आँखों की पुतली हम हैं तो उसी की, प्राणों की प्यारी हैं तो उसी की। हमारे लिए तड़प सकता है, आँसू बहा सकता है; खाना-पीना छोड़ सकता है, जी सकता है, मर सकता है तो वही। जो ये सब गुण उसमें न हों तो भी जो कुछ है हमारा वही है। कहाँ तक वह हमारे काम न आवेगा। जो वह हमको छोड़ दे, जो ऐसा संयोग आन पड़े जिससे जनम भर फिर उसके मिलने की आस न हो; तो भी उसी के नाम के सहारे हमको अपना दिन काट देना चाहिए। ऐसा होने पर यहाँ-वहाँ हमारी और जै-जैकार होगी। दूसरा हमारा कौन है? जिसकी परछाईं पड़ते ही हमारा जनम बिगड़ता है, लोगों को मुँह दिखाना कठिन होता है, उससे हम को किस भलाई को आस हो सकती है? गहने-कपड़े, रुपये पैसे देह और हाथ के मैल हैं! इनके पलटे क्या सतीपन ऐसा रतन मिट्टी में मिलाया जा सकता है!!! गहने-कपड़े, रुपये-पैसे फिर मिल सकते हैं, पर जब स्त्री का सतीपन एक बेर बिगड़ जाता है, तो वह इस जनम में फिर कभी हाथ नहीं आता। ऐसी दशा में क्या कोई भलेमानस स्त्री, क्या कोई अच्छे घर की बहू-बेटी, गहने-कपड़े, रुपये-पैसे के लालच से अपना सतीपन गँवा सकती है?

हमने देखा है बहुत-सी भोली-भाली स्त्रियाँ कुचाली पुरुषों के फन्दे में फँस गयी हैं और उनका जनम बिगड़ गया है। ऐसे पुरुषों के हाथ जो स्त्रियाँ पड़ीं अपने पति के साथ फिर उनका अच्छा बरताव नहीं होता। यह एक मोटी बात है। जब अच्छा बरताव न होगा, पति का भी वह नेह उस स्त्री में न रह जावेगा। जब ये बातें हुईं, फूट की नींव पड़ी। जब फूट की नींव पड़ी, घर नरक हुआ, फिर सुख से दिन नहीं कट सकता, जिससे बढ़ कर दुख की बात कोई हो नहीं सकती। तो क्या थोड़े से सुख के लिए एक अनजान नीच, खोटे और कुचाली पुरुष के लिए अपना घर यों बिगाड़ देना चाहिए? और जो कहीं कोई रोग लग गया, क्योंकि ऐसे पुरुष रोग से भरे रहते हैं, तो सब सत्यानाश हुआ। रोग ने देह में घर किया, लड़के-बालों से मुँह मोड़ना पड़ा। जो लड़के-बाले हुए भी, तो पहले तो जीते नहीं, जो जीये तो वह भी जनम भर झींखते रहे। कहीं किसी ने देख-सुन लिया तो भी वही बात हुई। जग में नीचा अलग देखना पड़ता है और आँख तो किसी के सामने ऊँची हो ही नहीं सकती। ये तो यहाँ की बातें हुईं। वहाँ जो भगवान इस बुरे काम का पलटा देंगे उसकी सुरत करने से भी रोंगटे खड़े होते हैं।

पारबती इतना कह कर चुप हो गयी और देवहूती के मुँह की ओर देखने लगी। उसने देखा, उसके मुखड़े पर एक अनूठी ललाई झलक रही है, आँखों से जोत फूट रही है और वह बहुत ही धीरी-पूरी जान पड़ती है। पारबती यह देख कर मन ही मन बहुत सुखी हुई। इसके पीछे दोनों वहाँ से उठ कर चली गयीं।

बारहवीं पंखड़ी

देवहूती माँ के साथ फुलवारी से घर आयी। कुछ घड़ी घर का काम-काज करती रही। पीछे अपनी कोठी में आकर चुपचाप बैठी। इस घड़ी कुछ काम इसके पास नहीं था; पर मन के लिए कुछ काम चाहिए, मन बिना काम नहीं बैठ सकता। जब सुनसान रात में हम गाढ़ी नीदों सोते हैं, जिस घड़ी हमारे हाथ, पाँव, नाक, कान, आँख, मुँह किसी के लिए कोई काम नहीं रहता, मन उस घड़ी भी अपनी रूई-सूत में उलझा रहता है। जो बातें हम दिन में देखते-सुनते हैं, जो काम हम जागते में करते हैं, उन्हीं को उलट-पलट कर वह उस समय ऐसी मूरतें गढ़ता है; ऐसे-ऐसे दिखलावे दिखलाता है; जो सोच-विचार में भी नहीं आ सकते। इसी का नाम सपना है। देवहूती का मन भी इस घड़ी एक काम में लगा। यह सोचने लगी—इस धरती पर भी कैसे-कैसे लोग हैं! दूसरे को छलने के लिये कैसी-कैसी बातें बनाते हैं! कामिनीमोहन की चीठी को पढ़ कर मैंने उसका एक-एक अक्षर सच समझा था, पर आज उसका भंडा फूटा। माँ की बातों को सुन कर मैंने समझा ऊपर से वह जैसा भला और अच्छा है भीतर से वह वैसा ही बुरा और टेढ़ा है। राम ऐसे लोगों से काम न डालें। वह इन सब बातों को सोच ही रही थी, इतने में फूल तोड़ने का समय हुआ जान कर बासमती वहाँ आयी और उदास मन से देवहूती के पास बैठ गयी। देवहूती ने देख कर पूछा, बासमती आज इतनी उदास क्यों हो?

बासमती। बेटी! मैं उदास क्यों हूँ, मैं इसको क्या बताऊँ? न जाने मेरा जी कैसा है, जो दूसरे का दुःख देख ही नहीं सकता। और न जाने तुमने मुझ पर क्या कर दिया है, जो दिन-रात तुम मेरे चित्त से उतरती ही नहीं हो। जब मैं तुम्हारी बातें सोचती हूँ तभी मेरा जी भर आता है। इस घड़ी मैं यही सोच रही थी। इसी से उदास जान पड़ती हूँ—नहीं, तो और कोई दूसरी बात तो नहीं है।

देवहूती। क्यों? है क्या?

बासमती। क्या यह भी बताना होगा? बेटी! तू बड़ी भोली है। तेरा यह भोलापन ही तो मुझे और मार डालता है। न जाने तेरा दिन कैसे बीतेगा!

देवहूती। दिन तो सभी बीतते जाते हैं, क्या अब तक कोई नहीं बीता है?

बासमती। बेटी, तुम इन बातों को क्या समझोगी? हम लोगों ने इसी में बाल पकाये

हैं। समय क़ा फेरफार देखा है। हमी लोग इन बातों को समझती हैं। यह हम भी जानती हैं—सभी दिन बीत जाते हैं। कोई बीतने से नहीं रहता। पर क्या जैसे तुम्हारा दिन बीत रहा है, इसको इसी भाँति बीतना चाहिए? तुम्हारे ये ही दिन हँसने-बोलने और रंङ्गरलियाँ मनाने के हैं। तुम्हारे ये ही दिन बनाव-सिंगार और सज-धज के हैं। ये ही दिन हैं जो आँख किसी चाँद से मुखड़े की ऐसी मतवाली होती हैं, जो एक पल का ओट भी नहीं सह सकतीं। कान किसी मिसरी से भी मीठी बातों के ऐसे प्यासे होते हैं, जो रात-दिन उसका रस पीने पर भी प्यास नहीं उतरती। ये ही दिन हैं, जो घर में स्वर्ग की बयार चलती है, हाथों में चाँद आता है। थल में कमल फूलता है और पास ही कोकिल बोलता है, पर तुम्हारा दिन ऐसे कहाँ बीतता है? चमेली खिल गयी है, भँवर कहाँ है? तारों से सज कर रात की छबि दूनी हो गयी है, पर उसका मुँह उजला करनेवाला चाँद कहाँ है? तुम्हारा जोबन वन का फूल हो रहा है, जो सुनसान वन में खिलता है और वहीं कुम्हला जाता है।

देवहूती। तो क्या दूसरे का सेंदुर देख कर लिलार फोड़ना होगा?

देवहूती ने इस बात को इस ढङ्ग से कहा, और कहने के समय उसके मुखड़े पर कुछ ऐसा तेज दिखलायी पड़ा, जिसको देख कर बासमती काँप उठी। वह देवहूती की माँ से बहुत डरती, इसलिए चट बात पलट कर बोली—

बासमती। नहीं-नहीं, बेटी! मैं यह नहीं कहती। मैं यह कहती हूँ जो आज बाबू साधु न हो गये होते, तो तुम्हारी यह दशा क्यों होती! मैं तुम्हारा दुख देख कर ही रोती हूँ। और क्या मैं कोई दूसरी बात कहती हूँ?

देवहूती। यह सच है, पर क्या तुमको ऐसी बातें मुझसे कहनी चाहिए, जिन बातों को सुन कर मेरे जी को गहरी चोट लगे? तुमको तो ऐसी बातें करनी चाहिए, जिससे मैं अपना दुख कुछ घड़ी भूल जाऊँ—मेरा जी कुछ बहले।

बासमती। बेटी! मैं बहुत सीधी हूँ—काट-छाँट नहीं जानती। तुमको देख कर जो दुख मुझको होता है—उसको मैं तुमसे कह देती हूँ—पेट में नहीं रखती।

देवहूती। मैं यह नहीं कहती—पर वैसी बातों को सुन कर मेरे जी को बहुत बड़ी चोट लगती थी—इसीलिए मैंने तुमसे आज ये बातें कहीं—नहीं तो क्या काम था। देखो, बासमती! इस धरती पर हँसने, बोलने, रङ्गरेलियाँ मनाने, अच्छे गहने-कपड़े पहनने, प्यार करने और कराने ही में सुख नहीं है, और बातों में भी सुख है। जिसका सुहाग बना है, जिसका जोड़ा नहीं बिछुड़ा है—जिसका पति आँखों में बसता है—कलेजे का हार है, वह रङ्गरलियाँ मनावे, हँसे, बोले, अच्छे गहने-कपड़े पहने, तो उसके लिए सब सजता है—जो वह ऐसा न करे तभी बुरा है। जो-जो बातें एक दूसरे के सुख के लिए भगवान ने बनायी हैं—अपनी और अपने पति की भलाई के लिए उनको काम में न लाना भगवान की चलाई हुई बातों के मिटाने का जतन करना है। हमारे यहाँ पोथियों में लिखा है, "पति स्त्री का

देवता है।" सच है—जो जिसका देवता है—वही उसका सब कुछ है—स्त्री का पति ही सब कुछ है—जैसे बने उसीकी हो कर रहना चाहिए—इसी में सब सुख है। पर जिसका भाग फूट गया है—जिसका जोड़ा बिछुड़ गया है—जिसके सर का सेहरा उतर गया है—उसको इन बातों में सुख नहीं है—इन बातों को जी में लाना भी उसके लिए पाप है—उसके लिए सुख की दूसरी ही बातें हैं। इस धरती पर कितने बच्चे ऐसे हैं जिनकी माँ नहीं, कितने बाप हैं जिनको बेटी नहीं, कितने भाई हैं जिनकी बहन नहीं, कितने रोगी हैं जिनकी कोई सेवा करनेवाला नहीं—कितने दुखिया हैं जिनका कोई आँसू पोंछने वाला नहीं—कितने भूखे, कंगाल हैं जिनको कोई सहारा देनेवाला नहीं। क्या बिना माँ के बच्चों को पालने में, क्या बिना बेटी और बहन के बाप-भाई को धर्म की बेटी और बहन बनाने में, क्या रोगियों की सेवा करने में, दुखियों का आँसू पोछने में, भूखे और कंगालों को सहारा देने में, सुख नहीं है? बहुत बड़ा सुख है, और इसी सुख की खोज ऐसी स्त्रियों को करनी चाहिए। घर ही में कोई झगड़ालू है, किसी में ऐंठ बहुत है, किसी को अपनी ही पड़ी रहती है, कोई दूसरे की नहीं देख सकता, कोई थोड़े ही में बिगड़ जाता है, कोई मनाने पर भी नहीं मानता—कहीं कोई स्त्री पति से रूठ कर मुँह लपेटे पड़ी है—कहीं कोई बच्चा अपनी कड़वी माँ के थप्पड़ों को खा कर पड़ा रो रहा है—कहीं भाई-भाई लड़ रहे हैं—कहीं बाप-बेटे में चल रही है—कहीं सास-पतोहू में उलझी है—कहीं देवरानी-जेठानी तड़प रही हैं—कहीं ननद-भौजाई में तू-तू मैं मैं हो रही है। इन सबसे एक रस बरतने में समय-समय पर सबकी सँभाल करने में—उलझते को सुलझाने में—बिगड़ते को बनाने में—क्या सुख नहीं है? और क्या हम-सी स्त्रियों के लिए इस सुख से बढ़ कर कोई और सुख हो सकता है? यह सुख ऐसा-वैसा सुख नहीं है—इस सुख के मिलने पर—ऊसर में गंगा बहती है—अँधेरी रात में चाँद उठता है—जलती दोपहर में ठण्डी पवन चलती है—घूर पर पारस मिलता है—उकठा हुआ काठ हरा होता है—और रेतीली धरती पर वर्षा होती है। मैं इसी सुख की खोज में हूँ, इस धरती पर अब मेरे लिए कोई दूसरा सुख नहीं है।

पतिवाली स्त्रियों के पास बड़ा झंझट होता है, सबसे पहले उसको पति की सेवा टहल और सँभाल करनी होती है, क्योंकि सबसे बड़ा धर्म उसका यही है, इसलिए वह जैसा चाहिए वैसा इस सुख को नहीं पा सकती। हमारी ही ऐसी स्त्रियाँ इस सुख को ठीक-ठीक पा सकती हैं। पति के संग स्त्रियों का कुछ स्वार्थ भी रहता है, इसी से उनके सुख में कभी-कभी दुख की झलक भी पायी जाती है। पर जिस सुख की बात हमने कही है, माँ कहती हैं इसमें स्वार्थ की छूत नहीं रहती। इसलिए इसमें दुख का लेश भी नहीं रहता। इसी ढंग का सुख कोई-कोई पतिवाली स्त्री भी पाती हैं, पर वे ही जो सब स्वार्थों से मुँह कर पति की सेवा-टहल करती हैं।

बासमती देवहूती की बातों को सुन कर भौंचक बन गयी और उसका मुँह तकने छोड़ उससे फिर कुछ कहते न बना। इसके पीछे दोनों फूल तोड़ने के लिए चली गयीं।

तेरहवीं पंखड़ी

पहाड़ों में जा कर नदियों को देखो, दूर तक कहीं उनका कुछ चिह्न नहीं मिलता। आगे बढ़ने पर थोड़ा-सा पानी सोते की भाँति झिर झिर झिर झिर बहता हुआ देख पड़ता है और आगे बढ़ने पर इसी को हम एक पतली धार पाते हैं। यही पतली धार कुछ और आगे बढ़कर और कई एक दूसरे पहाड़ी सोतों से मिल कर एक छोटी नदी बन जाती है। कलकल कलकल बहती है। लहरें उठाती है। कहीं पत्थर की चट्टानों से टकरा कर छीटें उड़ाती है। फिर बड़ी नदी बनती है और बड़े बेग से समुद्र की ओर बहती है। हमारी चाहों का भी यही ढंग है, पहले जी में इसका कुछ चिह्न नहीं होता। पीछे धीरे-धीरे उसकी एक झलक-सी इसमें दिखलाई देती है। कुछ दिन और बीतने पर उसकी एक धार-सी भीतर ही भीतर फूटने लगती है। पीछे यही धार फैल कर जी में घड़ी-घड़ी लहरें उठाती है। अठखेलियाँ करती है। अड़चनों से टक्कर लगाती है। और अपने चाहते की ओर बड़े बेग से चल निकलती है।

देवहूती के लिए कामिनीमोहन की चाह भी अब यही पिछले ढंग की चाह है। वह उसी में डूब रहा है। उसी की भँवरों में पड़ कर चक्कर खा रहा है। लाख हाथ-पाँव मारता है, पर कहीं थल बेड़ा नहीं मिलता। वह अपनी बैठक में पलङ्ग पर लेटा है, उस की आँखें कड़ियों से लगी हैं, भौंहें कुछ ऊपर को खिंच गयी हैं और वह चुपचाप देवहूती की छबि मन ही मन खींच रहा है।

उसने चम्पे के फूलों से बना कर एक मूर्ति खड़ी की। कमल की पंखड़ियों से आँखें बनायीं–तिल के फूल से नाक सँवारी–दुपहरिया के फूल से होंठ बनाया–हाथ और पाँव में भी कमल की पंखड़ियों को लगाना चाहा, पर चम्पे के फूल से यहाँ भी काम लिया। हाँ ! उँगलियाँ बनाने में फूल से काम न चला, इसलिए वहाँ कलियाँ लगायीं। और सब जैसा का तैसा रहने दिया। भौंरों की पातियों को पकड़ कर बाल बनाना चाहा, पर ये सब ठहरते न थे, इसलिए चुनी हुई पतली-पतली सुथरी सेवारों से काम लिया–तब भी यह बनावट बहुत ही बाँकी रही। बेले का फूल बहुत ही उजला होता है, नेवारी और जूही का फूल भी वैसा ही होता है, चमेली का फूल इन सबों के इतना उजला नहीं होता, पर उसमें

उसमें कुछ लाली होती है, कामिनीमोहन ने जो साड़ी इस मूर्ति को पहनायी वह इन फूलों के रंग की न थी। हाँ। चमेली के फूल में से लाली निकाल ली जावे, तो इस साड़ी का रंग ठीक उसके फूल का-सा होगा। पर साड़ी के आँचल का एक कोना ऐसा न था, इसका रंग ठीक सरसों के फूल का-सा था, जिससे जान पड़ता है, उतनी साड़ी हलदी में रंगी हुई थी, साड़ी के नीचे कामिनीमोहन ने झूले के भाँति का एक और कपड़ा पहनाया, यह भी उजला ही था, जैसा हरसिंगार के फूल की पंखड़ी होती है। गहनों में, कानों में दो-चार बालियाँ, हाथों में पाँच चार चूड़ियों के साथ सोने का कड़ा, उँगलियों में दो-एक ऐसे-वैसे छल्ले, और पाँव में चाँदी के कड़े थे। पर झनकार किसी में न थी।

यह सब करके कामिनीमोहन ने उसमें जी डाला, जी डालते ही इस मूर्ति के मुखड़े पर न जाने कैसी एक जोत दिखने लगी, न जाने कैसी एक छटा उसके ऊपर छलकने लगी। सहज लजीला मुखड़ा होने से उसकी ललाई जो कुछ गहरी हो गयी थी, बहुत ही अनूठी थी, भोलापन इन सबों से निराला था। भोर के तड़के चम्पे की पंखड़ी को सूरज की सुनहली किरणों से चमकते देखा है—चाँद की प्यारी किरणों से धीरे-धीरे कुईं के फूल को खिलते देखा है—लजालु की हरी-हरी पत्तियों को कुछ छू जाने पर लाज के बस में पड़ते देखा है—पर वह बात कहाँ! वह अनूठापन कहाँ!!!

जी डाल कर कामिनीमोहन ने अपने आपको खो दिया, बड़ी उलझन में पड़ा, उसे उसके सर की साड़ी को खसका कर कुछ नीचा करना पड़ा, ज्यों-ज्यों वह सर की साड़ी नीचा करने लगा, उसकी उलझन बढ़ने लगी। वह सोचने लगा, जो देवहूती में लाज न होती तो क्या अच्छा होता, फिर सोचा, नहीं-नहीं, लाज ही तो उसकी चाह जी में और बढ़ा देती है! लाज ही से तो वह और प्यारी लगती है!!! खुले मुँह की स्त्रियाँ कितनी देखी हैं—पर क्या घूँघटवाली के ऐसा उनका भी आदर है? कपड़ों में लिपटी किवाड़ों की ओट में खड़ी स्त्री जितना जी को चंचल करती है—क्या द्वार पर आकर अकड़ी खड़ी हुई स्त्री के लिए भी जी उतना ही चंचल होता है! सीधी चितवन कितनी ही देखी है—पर क्या वह तिरछी चितवन के इतनी ही काट करती है? खिलखिला कर हँसना जी की कली खिलाता है—पर क्या होठों तक आ कर लौट गयी हुई हँसी के इतना ही? और क्या यह सब लाज के ही हथकण्डे नहीं हैं? जो कुछ हो, पर क्या अच्छा होता देवहूती, जो तुम्हारा मुखचन्द एक बार मैं बिना बादलों के देखने पाता! इस घड़ी कामिनीमोहन की सब सुध खो गयी थी, वह बावलों की भाँति कहने लगा, क्या न देखने दोगी, देवहूती? मान जाओ, एक बार तो देखने दो। पर फिर अचानक वह चौंक उठा, उसने सुना, जैसे कोई कहता है—आप क्यों अपने पाँवों में अपने आप कुल्हाड़ी मार रहे हैं? कामिनीमोहन ने सुधि में आ कर देखा—सामने बासमती खड़ी है। उसको देख कर वह कुछ लजाया, पर छूटते ही पूछा, क्यों बासमती? क्या मैं अपने आप पाँव में कुल्हाड़ी मार रहा हूँ?

बासमती। और नहीं तो क्या? एक ऐसी-वैसी छोकरी के लिए इतना आपे से बाहर होना, क्या अपने आप अपने पाँव में कुल्हाड़ी मारना नहीं है?

कामिनीमोहन। क्या करूँ, बासमती जी नहीं मानता, जो देवहूती दो चार दिन के भीतर मुझसे न मिली, तो मुझको बावला हुआ ही समझो।

बासमती। क्यों? देवहूती में कौन-सी ऐसी बात है? देवहूती से बढ़कर कितनी ही आपके लिए मर रही हैं, कितनी ही आप पर निछावर हो चुकी हैं, फिर देवहूती में क्या रखा है, जो आप उसके लिए बावले होंगे?

कामिनीमोहन। इसको मेरे जी से पूछो बासमती! मैं बातों से नहीं बतला सकता।

बासमती। यह आपकी बहुत बड़ी कचाई है, घबड़ाने से कुछ नहीं होता, धीरे-धीरे सभी बातें ठीक हो जाती हैं। आप की कचाई और घबराहट ही सब बातें बिगाड़ती हैं। आप जितना ही उसके लिए चंचल होते हैं वह उतना ही ऐंठती है। मैं कहती थी आप उसके पास कोई चीठी न लिखिये, पर आप ने न माना, अब वह इतना तन गयी है, जो पुटठे पर हाथ तक नहीं रखने देती!

कामिनीमोहन। तुम सदा ऐसी ही बातें कहा करती हो, कुछ होता जाता तो है नहीं, उलटे सब बातों को मेरे ही सर मढ़ती हो। क्या मेरी चीठी भेजने से पहले उसके ये ढंग न थे?

बासमती। जी नहीं, ये ढंग नहीं थे। क्या देवकिशोर भी कभी फूल तोड़ते समय वहाँ आता था, पर जिस दिन से आप की चीठी गयी है, उसी दिन से ज्यों फूल तोड़ने के लिए देवहूती फुलवारी में आती है, त्यों किसी ओर से देवकिशोर भी किसी बहाने आ धमकता है। और जब तक देवहूती फुलवारी से नहीं जाती—वह वहाँ से टलता तक नहीं।

कामिनीमोहन। इसमें भी तुम्हीं से कोई भूल हुई है, नहीं तो देवकिशोर इन बातों को क्या जानता?

बासमती। मुझसे कोई भूल नहीं हुई है, मैं तुम्हारी चीठी को ऐसा चुपचाप देवहूती के पास रख आयी....जो वह भी इस बात को न जान सकी। मैं ऐसे काम के लिए उसके घर में आयी गयी—जैसे छलावा—किसी ने देखा तक नहीं।

कामिनीमोहन। ये तुम्हारी बातें हैं, पारबती की डीठ कौन बचा सकता है। फूल तोड़ने के समय देवकिशोर का फुलवारी में आना उसी की चाल है।

बासमती कुछ खिसियानी-सी हो कर अपने आप सोचने लगी बात तो ठीक है, मैंने भी कुछ ऐसा ही सुना है, पर जी की बात जी ही में रख कर बोली—आप कहेंगे क्या, मैं पहले से ही जानती हूँ। जितनी चूक है—सब मेरी चूक है। जहाँ कोई बात बिगड़ी, उसमें मेरा ही दोष है। मैं आपकी लौंड़ी हूँ, जो आप ऐसी बातें कहते हैं तो मैं बुरा नहीं मानती, बात दिनों-दिन बिगड़ रही है, दुख इसी का है। आपका काम हो जावे, मैं कनौड़ी बन कर ही रहूँगी।

कामिनीमोहन। अब मैंने समझा, जान पड़ता है कल जब तू मेरे कहने से उसके यहाँ गयी, उस घड़ी वह तेरे हाथ न चढ़ी। इसी से आज इतना रंग पलटा हुआ है। नहीं, तू तो स्वर्ग की अप्सरा को धरती पर उतार लाने को कहती थी।

बासमती। अब भी मैं यही कहती हूँ—क्या अब जो अड़चनें बढ़ गयी हैं—इससे मैं हार मानूँगी? नहीं-नहीं, ऐसा आप मत सोचिये, बासमती ऐसी मिट्टी से नहीं बनी है, अपना काम करके ही दिखाऊँगी, पर इतना कहती हूँ—काम अब इधर नहीं निकल सकता।

कामिनीमोहन। आज तीसवाँ दिन है, फूल तोड़ते एक महीना हो गया, कल से देवहूती मेरी फुलवारी में फूल तोड़ने न आवेगी। जो आज काम न निकला तो फिर कब निकलेगा, जैसे हो बासमती आज काम पूरा करना चाहिए।

बासमती। आप फिर उतावली करते हैं, मेरी बात मान कर आप उतावले न हों, आजकल उसके रंग-ढंग ठीक नहीं हैं। आज उसको अपने रंग में ढालना टेढ़ी खीर है।

कामिनीमोहन। बासमती तुम भूलती हो, जो आज कुछ न हुआ, फिर कुछ न होगा। मैं तुम्हारी भाँति जी का कच्चा नहीं हूँ। जो कुछ मैंने सोच रखा है, आज उसको कर दिखाऊँगा। मैं तुमको इस घड़ी देख रहा था तुम कितनी हो, नहीं तो इन बातों से कुछ काम न था।

बासमती। राम करें आपने जो सोचा है, वह पूरा उतरे, मैं कच्ची हूँ कि पक्की, यह आप भली-भाँति जानते हैं—आज भी जानेंगे। मैं कितनी हूँ यह भी आपने बहुत दिनों से समझ रखा है—आज भी समझेंगे, पर आपका जी इस घड़ी कहाँ है, कुछ समझ में नहीं आता। आप उतावले हो कर ऐसी बातें कह रहे हैं, इसी से मुझको डर है। उतावलापन अच्छा नहीं। पर जब आप नहीं मानते हैं, तो मैं अपना मुँह पीट डालूँ तो क्या? मैं जाती हूँ—आप जो कुछ कीजियेगा, बहुत चौकसी से कीजियेगा। आप चाहे इस घड़ी न मानें पर मैं कहे जाती हूँ, जहाँ तक हो सकेगा, मेरे योग्य जो काम होगा, मैं उसमें न चूकूँगी।

बासमती के चलते-चलते कामिनीमोहन ने कहा—बासमती! कुछ कहना है—बासमती पास आयी। फिर न जाने दोनों में क्या चुपचाप बातें हुईं—इसके पीछे दोनों वहाँ से चले गये।

चौदहवीं पंखड़ी

कामिनीमोहन की फुलवारी के चारों ओर जो पक्की भीत है उसमें से उत्तरवाली भीत में एक छोटी-सी खिड़की है। यह खिड़की बाहर की ओर ठीक धरती से मिली हुई है, पर भीतर की ओर फुलवारी की धरती से कुछ ऊँचाई पर है। खिड़की से फुलवारी की धरती तक नीचे उतरने को बारह सीढ़ियाँ हैं। इस घड़ी इन्हीं सीढ़ियों से होकर बासमती और देवहूती फुलवारी में उतर रही हैं। पर जिस झोंक से देवहूती का पाँव उतरने के लिए उठ रहा है, बासमती का पाँव वैसा नहीं उठता। वह कुछ ठहर-ठहर कर नीचे उतर रही है। देवहूती सीढ़ियों से जब फुलवारी में उतरी, बासमती चार सीढ़ी ऊपर थी, देवहूती फुलवारी में उतर कर दो डेग आगे बढ़ी थी—त्योंही उसका पाँव नीचे की ओर धरती में धँसने लगा। देवहूती बहुत घबड़ायी, उसने बहुत चाहा, कुछ पकड़ कर ऊपर ही रह जावे, पर चाह पूरी न हुई—उसके औसान जाते रहे। देखते ही देखते देवहूती धरती में लोप हुई। जब उसका पाँव नीचे की धरती से लगा, उसकी आँखें खुलीं। आँखें खुलते ही उसने देखा, जिस छीके में वह ऊपर से नीचे आयी थी, और धरती पर पाँव लगते ही जिससे खट से अलग हो गयी थी, वह अब बड़े बेग से ऊपर को उठ रहा था। ज्यों-ज्यों वह ऊपर उठ रहा था, ऊपर का वह बड़ा छेद जिसमें हो कर देवहूती नीचे आयी थी मुँद रहा था। देखते ही देखते छेद मुँद गया, और छीका उसी छेद के ऊपर छत में जा लगा—जो अब देखने में छत का बेल-बूटा जान पड़ता था।

देवहूती इस घड़ी एक बहुत ही सजी हुई कोठरी में थी, सजने के लिए जो-जो चाहिए, वह सब इसमें था। इस कोठरी की भीतों की बनावट भी निराली थी, ऐसे-ऐसे नग इसमें लगे थे, जिससे सारा घर जगमगा रहा था। कोठरी के सामने एक छोटा-सा आँगन था, आँगन के चारों पहाड़-सी ऊँची-ऊँची भींते थीं। बाहर निकलने का कहीं कोई पथ न था। देवहूती ने यह सब देखा, और सोचने लगी, अब मैं क्या करूँ। कामिनीमोहन की ही यह चाल है, यह बात उसके जी में भली-भाँति जँच गयी, पर अब छुटकारा कैसे हो—यही वह सोच रही थी। इतने में ऐसा जान पड़ा, जैसे सामने की भीत को पीछे से कोई ठोंक रहा है, एक-एक करके तीन वार ऐसा हुआ, चौथी वार खटके के साथ भीत के भीतर छिपी

हुई एक खिड़की खुल गयी—और इसी पथ से कामिनीमोहन ने बड़े ठाट से कोठरी के भीतर पाँ रखा। कामिनीमोहन के कोठरी में आते ही फिर भीत जैसी की तैसी हुई—अब कहीं खिड़की का चिह्न न था।

पुरुषों के बिचलाने के लिए उस खेलाड़ी ने स्त्रियों को बहुत से हथियार दिये हैं, कौन हथियार कब काम में लाना चाहिए, इसको वे भली-भाँति जानती हैं। देवहूती भी स्त्री है, वह इस बात को नहीं जानती थी, यह नहीं कहा जा सकता। हाँ! इतना हो सकता है, सब स्त्रियाँ अपने हथियारों को एक ही ढंग से काम में नहीं ला सकतीं, जैसे भाला बरछी चलाने में कोई बहुत ही चौकस होता है—कोई कुछ उससे घट कर—कोई उससे भी घट कर। उसी भाँति अपना हथियार चलाने में स्त्रियों की गत है—देवहूती किस ढंग की थी हम नहीं बतला सकते—पर जिस घड़ी देवहूती और कामिनीमोहन की चार आँखें हुईं—देवहूती ने अपनी आँखों से बहुत-सा विष उसके ऊपर उगल दिया। इस घड़ी उसके सर का कपड़ा माँग से भी कुछ पीछे था, बिखरे हुए बाल दोनों गालों पर बड़े अनूठेपन के साथ हिलते थे, होठ अनोखे ढंग से खुले थे, जिस के भीतर मीठी मुस्कराहट झलक रही थी। भौंहें कुछ टेढ़ी थीं, आँखों में लाल डोरे पड़ रहे थे, और मुखड़े का ढंग बहुत ही निराला था। वह झुकी हुई अपने बालों में उलझी कान की बालियों को सुलझा रही थी, बीच-बीच में उसके हाथों की चूड़िया बहुत ही मीठेपन से बजती थीं। यह सब देख-सुन कर कामिनीमोहन का अपने आपे में न रहना कोई बड़ी बात नहीं है—सचमुच इस घड़ी वह अपने आपे में नहीं था—और सब भाँति देवहूती के हाथों का खेलौना हो गया था—कुछ घड़ी हक्का-बक्का बना वह उसको देखता रहा, पीछे जी सँभाल कर बोला, देवहूती तुम जितनी सुन्दर हो उतनी ही कठोर हो।

देवहूती। कठोर पुरुष लोग होते हैं, उन्हीं का कलेजा पत्थर का होता है, हम स्त्रियाँ कठोर होना क्या जानें।

कामिनीमोहन। हम महीनों से तुम्हारे लिए मर रहे हैं, आँसू बहा रहे हैं, पर तुमने कभी हमारी ओर आँख उठा कर देखा तक नहीं, उलटे कहती हो, पुरुषों का ही कलेजा पत्थर का होता है।

देवहूती। तुम हमारे जी की क्या जानते हो! जो तुम मेरे लिए मर रहे हो—तो मैं तुम्हारे लिए मर चुकी हूँ—जीती क्योंकर हूँ यह नहीं समझ में आता। तुम मेरे लिए आँसू बहा रहे हो, तो तुम्हारे लिए मेरा कलेजा जल कर राख हो गया है, उस में एक बूँद लहू नहीं जो आँसू निकले। हाँ, यह सच है, मैंने तुम्हारी ओर कभी आँख उठा कर नहीं देखा, पर तुमने कभी भले घर की बहू-बेटी को किसी को किसी के सामने आँख उठा कर देखते देखा है? मैं कब अकेली रही जो तुम्हारी ओर आँख उठा कर देखती। बासमती के सामने मुझसे ऐसा काम नहीं हो सकता।

कामिनीमोहन। क्या बासमती कोई और है?

देवहूती। और क्यों नहीं है! जो बात हमारे-तुम्हारे बीच की है, उसको तुम जानो, मैं जानूँ—तीसरे को जनाना मैं नहीं चाहती। इसीलिए मैंने तुम्हारी चीठी के पलटे में कोई चीठी भी नहीं भेजी—किसके हाथ भेजती। पर मेरा सब किया-कराया आज मिट्टी हुआ, आज बासमती ने सब जाना, मेरा यही उलाहना है—और कुछ नहीं।

कामिनीमोहन। यह चूक तो हुई। पर तुम्हारे फाँसने के लिए ही मैंने ऐसा किया, तुम्हारे जी की बात मैं नहीं जानता था, नहीं तो कभी ऐसा न करता।

देवहूती। तुम्हारा रूप, तुम्हारी मतवाली करनेवाली आँखें, तुम्हारी जी उलझानेवाली लटें, तुम्हारी रसभरी मुस्कराहट, जिसको न फाँसेगी—तुम्हारी यह चाल उसको नहीं फाँस सकती। इस निराली कोठरी में भी तुम उसका कुछ नहीं कर सकते। पर मैं तो यों ही तुम्हारे ऊपर मर रही हूँ—चाहे यों फाँसो चाहे वों—

कामिनीमोहन। यह कौन जानता था, आज जो कुछ मैंने किया उसमें बासमती ही आँखों की किरकिरी है, नहीं तो क्या तुम्हारे जी की बात मैं किसी भाँति जान सकता था?

देवहूती। तुम यह क्या कहते हो, जिस दिन मेरी आँख तुम्हारे ऊपर पड़ी, उसी दिन तुमको समझ लेना चाहिए था, मैं तुम्हारी हो चुकी। वह कौन स्त्री है जो तुमको देख कर तुम्हारे ऊपर निछावर न होगी।

कामिनीमोहन। यह बात दूसरी स्त्री कहे तो कहे, पर तुम मत कहो, देवहूती। मैं आप तुम पर निछावर हूँ, मैं ही नहीं, मेरा धन, प्राण, सब तुम पर निछावर है, मेरे घर की लक्ष्मी तुम्हीं हो, मैं तुम्हारे लिए सब छोड़ सकता हूँ—पर तुमको नहीं छोड़ सकता। जिस दिन तुम आँख भर कर मुझको देखोगी, जिस दिन अपनी फूल ऐसी बाँहों को फैला कर मुझसे मिलोगी उस दिन मैं अपना बड़ा भाग समझूँगा।

देवहूती। मुझको धन-सम्पत से कुछ काम नहीं, मैं तुम्हारे रूप-गुण की भिखारिनी हूँ—वही मुझको चाहिए। तुम्हारे संग उजाड़ में भी रहना हो तो वही स्वर्ग है। मुझको अब किसका आसरा है, जो मैं हाथ लगे सोने से भी मुँह मोडूँगी। पर बात इतनी है—मैं आजकल देवी की पूजा कर रही हूँ—कल पूजा पूरी होगी—फिर मैं आपसे बाहर नहीं। देवी-देवता की बात में सदा डरना चाहिए, पीछे कुछ हुआ तो जनम भर पछतावा रहेगा। मेरे दिन खोटे हैं, इससे मैं फूँक फूँक कर पाँव रखती हूँ। थोड़ा-सा आज बासमती का भी खटका लगा है—दूसरे दिन यह खटका भी न रहेगा। जितनी घड़ियाँ यहाँ बीत रही हैं, मैं लाजों मर रही हूँ, न जाने बासमती क्या सोचती होगी।

कामिनीमोहन। मैं तुम्हारा दास हूँ—जो तुम कहती हो मैं उससे बाहर नहीं हो सकता। मैं तुमको अभी फुलवारी में पहुँचाऊँगा—पर फिर मैं कैसे तुमसे मिलूँगा—यह बात मेरी समझ में नहीं आती।

देवहूती। मैं जिस घर में रहती हूँ—उसमें दक्खिन ओर एक बड़ा कोठा है, कोठे में दो खिड़कियाँ हैं, एक बड़ी और एक छोटी। बड़ी पर मैं बहुत बैठा करती हूँ—तुम भी उस ओर बहुत आते-जाते हो, परसों मैं तुमको जाते देख कर उस पर से एक चीठी गिराऊँगी, उस चीठी में जो लिखा हो, वही करना, क्या जाने मेरे दिन फिर पलटें।

कामिनीमोहन। अच्छा देवहूती, जाओ, मुझमें इतना बल नहीं, जो मैं तुम्हारी बात न मानूँ, पर इस दास को न भूलना।

इतना कह कर कामिनीमोहन ने देवहूती के पीछेवाली भीत को पहले ही की भाँति तीन बार ठोंका, चौथी बार ठोकने पर इस भीत में भी एक खिड़की दिखलायी पड़ी। देवहूती चट उसी में से हो कर बाहर हुई, भीत फिर जैसी की तैसी हुई। जाते-जाते देवहूती कह गयी, मैं सब भूल सकती हूँ—पर तुमको भूल नहीं सकती।

पन्द्रहवीं पंखड़ी

बड़ी गाढ़ी अँधियाली छायी है, ज्यों-ज्यों आकाश में बादलों का जमघट बढ़ता है, अँधियाली और गाढ़ी होती है। गाढ़ापन बढ़ते-बढ़ते ठीक काजल के रङ्ग का हुआ, गाढ़ी अँधियाली और गहरी हुई, इस पर अमावस, आधी रात और सावन का महीना। पहरों से झड़ी लगी है; बड़ी धूम से वर्षा हो रही है, बादल जी खोल कर पानी उगल रहे हैं,। कभी-कभी कौंध होती है—पर बहुत थोड़ी—बिजली झलक भर जाती है। मुँह निकालना उसको भी दूभर है। गरज बादलों के भीतर ही घूम रही है, पानी पड़ने की घोर चिंघाड़ सुन कर नीचे आते उसका कलेजा भी दहलता है। बूँदें धड़ाके के साथ गिर रही हैं, ओलती से मुट्ठियों मोटी धार पड़ रही है और चारों ओर पानी बहने की हर हर हर हर बहुत ही डरावनी धुन फैली हुई है। यह सब बहुत ही छिपे-छिपे घोर अँधियाली की गोद में होता है। आँखें फाड़ कर देखने पर भी कहीं बूँद और पानी की झलक तक नहीं दिखलाती। हाँ, बूँदों के गिरने, पानी के धूम से पड़ने और बहने की मिली हुई कठोर धुन इस अँधियाली के कलेजे को भी भेद कर कानों तक पहुँचती है, और रात के गहरे सन्नाटे को भी तोड़ रही है, पर घोर अँधियाली ने इसको भी अपने रङ्ग में रंग कर बहुत ही डरावनी बना रखा है।

इसी बेले एक गली में घुटनों पानी हेलते हुए तीन जन घुस रहे हैं। यह तीनों बीच गली में जाकर ठहरे। गली की पश्चिम ओर एक ऊँचा कोठा है, उसकी एक बड़ी खिड़की खुली हुई है। ऐसी घोर अँधियाली में इस खिड़की के भीतर उजाला है, खिड़की से गली की धरती तक एक रस्सी की सीढ़ी लगी हुई है, इन तीनों में से एक ने टटोल कर इस रस्सी की सीढ़ी को पाया और बहुत फुर्ती से उसके सहारे खिड़की तक पहुँच कर वह कोठे के भीतर पैठ गया। वहाँ उसने कोठे को सूना पाया, केवल एक चौदह पन्द्रह वर्ष की बहुत ही सुन्दर लड़की एक पलंग पर अलबेलेपन के साथ अचेत सो रही थी। एक चटाई पलंग के पास ही धरती पर बिछी हुई थी। एक मिट्टी का दिया टिमटिमाता हुआ जल रहा था, और कहीं कोई न था। कोठे पर चढ़नेवाला बहुत ही चुपचाप पहले कोठे की सीढ़ी के पास गया, वहाँ जो द्वार था उसको उसने बाहर की ओर से लगाया। धीरे-धीरे बिलाई के काँटों को पकड़ कर किवाड़ों को आगे की ओर खींचा पर वह न खुले, जी को पूरा ढाढ़स हुआ।

उसने भीतर से भी बिलाई लगा दी। इस द्वार के दक्खिन ओर एक बड़ी खिड़की थी, वह अब इसके पास आया, धीरे-धीरे इसके किवाड़ों को भी देखा, यह भी बाहर से लगे हुए थे, इसके कील काँटों को भी भली-भाँति देख कर पीछे इस की बिलाई भी उसने भीतर से लगा दी। यह सब करके वह निश्चिन्त हुआ—एक ऊँची साँस भीतर से निकल कर बाहर आयी। कलेजा धक-धक करने लगा—पर वह जी को थाम कर धीरे-धीरे पलंग की ओर बढ़ा। पलंग के पास पहुँचा ही था, इतने में जिस खिड़की से वह आया था, उसी खिड़की से उसने एक दूसरे जन को कोठे के भीतर पैठते देखा, कोठे के दीये की जोत ठीक इस पैठनेवाले के मुँह पर पड़ती थी, उसी धुँधली जोत में उसने देखा, पैठनेवाला उन्नीस-बीस बरस का लम्बा गठीला जवान है। हाथ-पाँव बहुत ही कड़े हैं, सारे अङ्ग खुले हुए हैं, केवल एक कसा हुआ लँगोटा देह पर है। सर के कटे हुए छोटे छोटे बालों से पानी की अनगिनत बूँदे टपक रही हैं, मुँह उसका बहुत गम्भीर है—जिस पर बेडरी और भलमनसाहत एक साथ झलक रही है।

इस पिछले जन को इस भाँति अचानक आया हुआ देख कर उस पहले जन के पेट में खलबली पड़ गयी, औसान जाते रहे और कलेजा बल्लियों उछलने लगा। जिस घड़ी पहले जन की आँख इस पिछले जन पर पड़ी थी, उसी घड़ी उसने ठीक कर लिया था, यह मेरे साथवाले दो जनों में से कोई एक नहीं है, यह इस गाँव का लोग भी नहीं जान पड़ता क्योंकि इस गाँव का ऐसा कौन है जिसको मैं नहीं जानता, पर इसको तो आज तक मैंने कभी नहीं देखा। इसलिए फिर यह है कौन? उसने उसी घड़ी उसी हड़बड़ी में सोचा, यह हो न हो कोई चोर है! और जो चोर नहीं है तो देवहूती का छैल है! जो इसी भाँति छिप कर नित इसके पास आता है। ये दोनों बातें ऐसी थीं, जिनके जी में समाते ही वह जल-भुन गया, उसके ऊपर उसको कुछ रोष भी हुआ, जिससे घबराहट दूर हुई, और जी कुछ कड़ा हुआ, इसलिए उसने कोठे में उसके पाँव रखते ही उससे कुछ अक्खड़पन के साथ पूछा, क्यों रे, तू कौन है?

पिछला जन। मैं तेरा यम हूँ।

पहला जन। हाँ, तू मेरा यम है! देख मुँह सँभाल कर बातें कर, छोटा मुँह बड़ी बात अच्छी नहीं होती।

पिछला जन। मैं ही तो इस अँधियाली रात में छिप कर दूसरे के घर में घुस आया हूँ। मैं ही तो एक परायी स्त्री का सत इस भाँति कपट करके बिगाड़ना चाहता हूँ—इसी से मुझको बड़ा डर है।

पहला जन। मैं तो दूसरे के घर में छिप कर परायी स्त्री का सत बिगाड़ने आया हूँ! पर यह तो बतला—तू यहाँ क्या आया है? क्या तू चोर नहीं है?

पिछला जन। मैं चोर हूँ या साह तुझे आप जान पड़ेगा, कुछ घड़ी में तू यह भी जानेगा,

मैं किसलिए यहाँ आया हूँ।

पहला जन। मैं कुछ घड़ी में क्या जानूँगा, अभी जानता हूँ तू मरने के लिए यहाँ आया है। चींटी को पंख निकलता है तो अपने आप वह आग पर जाकर जल मरती है।

पिछला जन। ठीक बात है! मैं मरने के लिए ही यहाँ आया हूँ, पर यह जान ले तुझे मार कर मरूँगा, बिना तुझे मारे मैं कभी न मरूँगा।

पहला जन। तू किस बूते इतनी हैकड़ी बघारता है? तू नहीं जानता मैं कौन हूँ?

पिछला जन। मैं जानता हूँ—तू देश का नीच, कुचाली और नटखट है।

पहला जन। चुप रह! जो गाली बकेगा तो जीभ पकड़ कर खेंच लूँगा।

पिछला जन। आ, देखूँ तो कैसे मेरी जीभ खेंचता है! एक ही झापड़ में तो अन्धा हो कर धरती पर गिर पड़ेगा।

पहला जन। मुन्ना! मुन्ना!! ओ मुन्ना!!! बघेल! बघेल!! ओ बघेल!!! अबकी बार चिल्ला कर कहा—ओ मुन्ना और बघेल! अभी कोठे पर चढ़ आओ।

पिछला जन। मुन्ना और बघेल के भरोसे ही यह सीटी पटाक थी, तो तेरी देखी गयी। पापी नीच! जा। अब तू भी वहीं जा जहाँ मुन्ना और बघेल गये हैं।

इतना कह कर कड़क कर पिछला जन पहले जन की ओर झपटा, धन-जन और जवानी के मद से मतवाले पहले जन से भी यह न सहा गया, वह भी छुरी निकाल कर इसकी ओर दौड़ा, पर पिछले ज़न ने बहुत ही फुर्ती से उसके हाथ से छुरी छीन ली, और गला पकड़ कर एक ही झटके में उसको पछाड़ कर उसके ऊपर चढ़ बैठा।

इस झपटा-झपटी और कड़का-कड़की में उस पलँग पर सोयी हुई लड़की की नींद टूट गयी—वह घबड़ा कर पलँग पर उठ बैठी, आँख मलते-मलते बोली, भगमानी! भगमानी!! यह कैसी धमा-चौकड़ी है!!! उसकी बोली उस सुनसान कोठे में गूँज उठी, पर किसी दूसरे का बोल न सुनाई पड़ा। उसने हड़बड़ी में आँखें खोल दीं, पास की चटाई पर किसी को न पाया, पर उससे थोड़ी ही दूर पर उसने कामिनीमोहन को धरती पर गिरा और उसके ऊपर एक अनजान को बैठे देखा। इस अनसोची और अनहोनी बात को अचानक देख कर वह काँप उठी—उसकी घिग्घी बँध गयी और वह चक्कर में आ गयी। अभी वह सँभली नहीं थी, इतने ही में उस पिछले जन ने जिसको अब हम देवस्वरूप नाम से पुकारेंगे, कहा—क्यों रे! राक्षसी!! भले घर की बहू-बेटी का क्या यही काम है?

लड़की ने कहा, आप क्या कहते हैं, मैं समझ नहीं सकती हूँ। पर जिस भले घर की बहू-बेटी के ऐसे निराले कोठे में, ऐसी अँधियाली रात में, इस भाँति दो अनजान पुरुष धमा-चौकड़ी करते हों वह भले घर की बहू-बेटी काहे को है। आप मुझको भले घर की बहू-बेटी न कहिये। मुझको अब इस धरती पर रहना भी भारी है। अब मैं यही चाहती हूँ धरती माता फट जावें और मैं उसमें समा जाऊँ।

देवस्वरूप ने कहा, तुम मत दुखी हो, मैंने तुम्हारा जी देखने के लिए ही वह बात ़्ही थी, अब मुझको तुमसे कुछ नहीं कहना है। मैं कामिनीमोहन से दो-चार बात करना ाहता हूँ। यह कह कर वह कामिनीमोहन की ओर फिरा, उसकी कड़ी आँखों से देख कर ोला, देखो कामिनीमोहन! मैं तुम्हारे ऊपर चढ़ कर बैठा हूँ, तुम्हारी छुरी यह मेरे हाथ में , मैं इसको तुम्हारे कलेजे में घुसेड़ दूँ—या तुम्हारे गले में चुभा दूँ, तो तुम अभी तड़प र मर जाओगे, इस घड़ी तुम्हारा मरना-जीना मेरे हाथ में है। पर सच बात यह है—तुमको ी से मारने के लिए यहाँ नहीं आया हूँ—मैं इस लड़की का धर्म बचाने के लिए यहाँ आया ा, राम की दया से वह बात पूरी हुई—मैं तुम्हारा जी ले कर क्या करूँगा। मैं तुमको अब ोड़ दे सकता हूँ। पर यों न छोड़ूँगा। तुम दो बातों के लिए मुझसे शपथ करो, तभी छोड़ूँगा, या शपथ करोगे?

कामिनीमोहन ने बहुत धीरे से कहा, आप क्या कहते हैं?

देवस्वरूप ने कहा, मैं यही कहता हूँ—एक तो आज से किसी परायी स्त्री को तुम ल-कपट करके मत फाँसो और न किसी भाँति उसका सत बिगाड़ो—दूसरे आज की ितनी बातें हैं, उनको अपने तक रखना, भूल कर भी किसी से न कहना।

कामिनीमोहन ने एक लम्बी साँस ली—बिष की-सी घूँट घोंट कर देवस्वरूप की कही ई बातों के लिए भगवान को बीच देकर शपथ किया, और एक आह भर कर कहा, आप ब मुझको छोड़ दीजिये, मेरा जी निकल रहा है।

अच्छा, जा छोड़ दिया, पर मेरी बात को भूलना मत, बुरा मान कर तुम मेरा कुछ नहीं र सकते, मैं ऐसा-वैसा मनुष्य नहीं हूँ—धर्म की रक्षा के लिए जो लोग कभी-कभी मनुष्य रूप में दिखलायी पड़ते हैं—मैं वही हूँ, तुम सचेत हो जाओ, धर्म के पथ पर चलोगे, ो आगे को तुम्हारे लिये बहुत अच्छा होगा। यह कह कर देवस्वरूप ने कहा, अच्छा, ामिनीमोहन अब तू इस कोठे से उतर, मैं भी तेरे साथ नीचे चलता हूँ।

इतनी बातचीत होने पीछे बारी-बारी दोनों उसी रस्सी की सीढ़ी से नीचे उतरे। नीचे तर कर देवस्वरूप ने उस रस्सी की सीढ़ी को खिड़की से खींच कर टुकड़े-टुकड़े कर डाला। वहूती चुपचाप यह सब लीला देखती रही, पर कोई बात उसकी समझ में नहीं आयी। ह खिड़की के किवाड़ लगा कर फिर अपने पलंग पर सो गयी। पर उसका जी रह-रह र बहुत घबड़ाता था।

अब भी वर्षा का वही ढंग था, अँधियाली भी वैसी ही गहरी थी, इसी अँधियाली और र्षा में देवस्वरूप कामिनीमोहन की आँखों से ओझल हुआ। कामिनीमोहन ने अपने दोनों ाथियों को इधर-उधर बहुत खोजा, पर उनको कहीं न पाया, चुपचाप मन मारे वह घर ाया, आज उसकी रात बहुत ही बेचैनी से कटी।

सोलहवीं पंखड़ी

"देखो! चाल की बात अच्छी नहीं होती।"

अपनी फुलवारी में टहलते हुए कामिनीमोहन ने पास खड़ी हुई बासमती से कहा-

बासमती। क्या मैंने कोई आपके साथ चाल की बात की है? आपके होठों पर आज वह हँसी नहीं है, आँखें डबडबायी हुई हैं, मुँह बहुत ही उतरा हुआ है—यही सब देखकर मैंने जो पूछा—आपका जी कैसा है?—तो यह मेरी चाल की बात है?

कामिनीमोहन। चाल की बात न है, और क्या है? तुम क्या नहीं जानती हो?—फिर सब बातें जानबूझ कर पूछने का ढचर निकालना चाल की बात नहीं है, तो क्या है?

बासमती। मैं क्या जानती हूँ? जितनी बातें मैं जानती हूँ उनमें एक बात भी ऐसी नहीं है, जिससे आप इतने उदास हों, मैं आपको हँसता-खेलता देखने आयी थी, पर उलटे मुरझाया हुआ पाती हूँ—अब मैं क्या जानती हूँ बीच में क्या गड़बड़ हुई।

कामिनीमोहन। चुप रहो, बासमती! क्यों बहुत बात बनाती हो? तुम सब जानती हो और सब तुम्हारा ही बिगाड़ा बिगड़ता है। मुझसे काम बनाने के बहाने अलग ऐंठती हो और वहाँ देवहूती की माँ को सब भेद बतला कर अलग कमाती हो, अब मैंने तुम्हारा मरम समझा है। पहले मैं तुमको ऐसा नहीं समझता था।

बासमती। राम! राम!! यह आप क्या कहते हैं, जो मैं आपसे छल-कपट करती होऊँ तो मेरी आँख फूट जावे, मेरे तन में ढोले पड़ें, मेरा एक पूत मेरे काम न आवे। मेरा कोई गला काट डाले, तो भी मैं आपकी बात दूसरे को नहीं बतला सकती, रुपया-पैसा क्या है जो उसके लालच से मैं ऐसा करूँगी।

कामिनीमोहन। जो ऐसा नहीं है, तो फिर ऐसी घोर अँधियाली में, ऐसी कठोर वर्षा में, खड़ी आधी रात को एक अनजान पुरुष मेरा काम बिगाड़ने के लिए वहाँ कैसे पहुँच गया।

बासमती। इसको राम जानें—मैं कुछ नहीं जानती, मैं जो झूठ कहूँ तो मेरी जीभ गल जावे। मैं आपकी लौंड़ी हूँ, काम लगने पर आपके लिए अपना कलेजा निकाल कर सामने रख सकती हूँ—आप इस भाँति मुझको दोष न लगाया करें।

कामिनीमोहन। क्या कहूँ बासमती रात की बात कुछ समझ में नहीं आती, सौ ठौर ी जाता है, तुम्हारा मन बूझने के लिए ही मैंने ये बातें कहीं, नहीं तो मैं जानता हूँ तुम ,सी नहीं हो, मेरी इन बातों को तुम बुरा न मानना।

बासमती। आपने क्या कहा जो मैं बुरा मानूँगी, जिस पर चलना है, जो अपना होता ;, उसी पर झाँझ निकाली जाती है। आप बिगड़ेंगे तो हम लोगों पर बिगड़ेंगे और किस र बिगड़ेंगे?

बासमती की बातों से कामिनीमोहन का दुख कुछ हलका हुआ, उसने अपने जी का ोझ और हलका करने के लिए धीरे-धीरे रात की सब बातें बासमती से कहीं, पीछे एक ाम्बी साँस भर कर कहा, बड़ा पछतावा यह है बासमती! मैं रात देवहूती से दो बातें भी कर सका।

बासमती। मैं आपके जी की बात समझती हूँ। आप दो नहीं दस बातें करते तो य्या—अब उस बूँद से भेंट नहीं हो सकती।

कामिनीमोहन। मैं देखता तो वह क्या कहती है!

बासमती। यह आप अपनी खिसियाहट मिटाते हैं, जब वह अपनी चिकनी-चुपड़ी ातों में आपको फाँस कर निकल गयी, तभी आपको समझना चाहिए था। वह नित कुलवारी के फाटक में होकर आती-जाती थी, जब उस दिन फाटक छुड़ा कर मैं उसको खिड़की की ओर ले चली, तो वह एक डग आगे न रखती थी, पर मेरे ऐसा था जो मैं केसी भाँति उसको उस ओर लिवा गयी।

कामिनीमोहन। मैं उसको इतना नहीं समझता था, उसके भोले-भाले मुखड़े से इतना ायानापन नहीं झलकता।

बासमती। वह देखने ही को भोली-भाली है, उसकी माँ ने उस को पूरी पक्की बना देया है। देखते नहीं उसका कलेजा! दो महीने आप नित उसके कोठे की ओर एक-एक नहीं चार-चार बार जाते रहे, पर क्या उसकी झलक तक दिखलाई पड़ी?

कामिनीमोहन। नहीं, कभी नहीं, झलक का देख पड़ना तो दूर! वह खिड़की भी मुझको कभी खुली नहीं मिली। इसी से तो बहुत समझ बूझ कर रात की बात ठीक की गयी थी, ार क्या कहूँ हम लोगों की यह चाल भी पूरी न पड़ी।

बासमती। चाल तो सभी पूरी पड़ी थी, पर अनसोची बात के लिए क्या किया जावे। ैं यह नहीं समझती हूँ यह दाल-भात में मूसल कौन था?

कामिनीमोहन। जो यह बात मैं जानता ही, तो फिर क्या था, आज ही उसको ठिकाने ागाता! वह तो अपने को देवता बतलाता था, पर वह जैसा देवता है मैं जानता हूँ! वह े कैंड़े का! यह मैं कहूँगा, पर अपने को देवता बतलाना उसकी निरी चाल थी।

बासमती। आपने आज उसको खोजवाया था?

कामिनीमोहन। खोजवा कर क्या करूँगा? ऐसी बातों पर धूल डालना ही अच्छा है फिर मुझसे बैर करके कोई इस गाँव में ठहर सकता है? वह कभी सटक गया होगा, यह बैठा थोड़े ही होगा।

बासमती। मुन्ना और बघेल तो आपके निज के लोग हैं, आप इनको क्यों नहीं उसके पीछे लगाते। इन दोनों के बीच की बात क्योंकर फूटेगी।

कामिनीमोहन मुन्ना और बघेल का भी रात ही से पता नहीं मिलता, क्या कहूँ रात कि जितनी बातें हैं सभी निराली हैं।

बासमती। क्यों? यह लोग क्या हुए?

कामिनीमोहन। मैंने पैंतालीस सौ रुपये का गहना देवहूती के लिए बनवाया था, इन गहनों को मैं इसलिए साथ लेता गया था, जो देवहूती न मानेगी, तो इन्हीं का लालच देकर उस को मनाऊँगा। जब मैं कोठे पर चढ़ने लगा, गहनों का डिब्बा बघेल को दे दिया, कोठे पर पहुँच कर मैं ऐसा उतावला हुआ जो यह बात भूल गयी। इसी बीच वे दोनों उस डिब्बे को लेकर चम्पत हुए। इतने रुपये का धन हाथ आया था, वह लोग क्यों कर छोड़ते!

बासमती! जो सौ रुपये भगमानी को और पचास-साठ रुपये देवहूती के घर के दूसरे कामकाजियों को दिये गये थे, मैं उसी के लिए मर रही थी, यह बात तो आपने ऐसी सुनायी, जो मुझ पर बिजली टूट पड़ी।

कामिनीमोहन। भगमानी को जो सौ रुपये दिये गये उसका क्या पछतावा है, उसने अपना सब काम ठीक-ठीक किया था, घर के भीतर की ओर से किवाड़ियाँ लगा ली थीं, कोठे की बड़ी खिड़की खोल कर उस पर रस्सी की सीढ़ी लगा दी थी, आप भी कोठा छोड़ कर कहीं चली गयी थी। काम पड़ने पर उसके घर के दूसरे कामकाजी भी सर न उठाते—पर इन दोनों ने बड़ा धोखा दिया।

बासमती। धोखा नहीं दिया, सर काट लेने का काम किया, पर मैं क्या कहूँ, मुझसे तो आज कुछ कहते ही नहीं बनता।

कामिनीमोहन। जाने दो बासमती! मुझको इन बातों की इतनी खोज नहीं है; पर देवहूती को हाथ से न जाने देना चाहिए।

बासमती। मैं कब देवहूती को छोड़नेवाली हूँ, पर दुख इतना ही है कि काम बिगड़ता जाता है। मैंने आपसे अभी नहीं कहा, आज पारबती ने अपने यहाँ के सब कामकाजियों को निकाल दिया। भगमानी बीसों बरस की पुरानी टहलुनी थी, आज उसको भी छुड़ा दिया। वे सब मेरे यहाँ रोते आये थे—इन सबसे मेरा बड़ा काम चलता था।

कामिनीमोहन। पारबती कैसी चाल की है, कुछ समझ में नहीं आता। पर वह कामकाजी लावेगी कहाँ से—रखेगी तो यहाँ ही के लोग! यहाँ कौन ऐसा है जो मेरा दबाव नहीं मानता, बासमती ! पारबती को जो तुमने न पछाड़ा, तो कुछ न किया।

बासमती। अपने चलते तो मैं चूकती नहीं, पर होनी को क्या करूँ! मैं भी यही कहती हूँ—जो पारबती ने मुँह की न खायी तो कुछ न हुआ।

कामिनीमोहन। अब की कोई बड़ी गहरी चाल चलनी चाहिए।

बासमती। मैंने समझा, अच्छा, अब मैं इसी सोच में जाती हूँ।

यह कह कर वह चली गयी।

सत्रहवीं पंखड़ी

आज भादों सुदी तीज है, दिन का चौथा पहर बीत रहा है, स्त्रियों के मुँह में अब तक न एक दाना अन्न गया, न एक बूँद पानी पड़ा, पर वह वैसी ही फुरतीली हैं, काम काज करने में उनका वही चाव है, दूसरे दिन कुछ ढिलाई भी होती, पर आज उसके नाम से भी नाक-भौं चढ़ती है, घर-घर में चहल-पहल है, बच्चों तक में उमंग भरी है। धीरे-धीरे घड़ी भर दिन और रहा, बनी-ठनी स्त्रियाँ घर-घर से निकलने लगीं; थोड़ी ही देर में गाँव के बाहर ठौर-ठौर चलती-फिरती फुलवारियाँ दिखलाई पड़ीं। बिछिया और पैजनियों की छमाछम, कड़े छड़े और घुँघुरुओं की झनकार से, सोती हुई दिशाएँ भी जाग उठीं—पवन में बीन बजने लगी। झुण्ड की झुण्ड स्त्रियाँ दक्खिन से उत्तर को जा रही थीं, उनके कोयल से मतवाले करनेवाले कण्ठ से जो गाना हो रहा था, उसको सुन कर योगियों के भी छक्के छूटते थे। स्त्रियों के झुण्ड में कभी-कभी हटो-बचो की धुन भी सुनाई देती थी, और देखते ही देखते कहार पालकियाँ लिये बहुत ही फुर्ती से इनके बीच में होकर निकल जाते थे। इन पालकियों में गाँव की थोड़े दिन की आयी हुई धनियों की पतोहें और किसी-किसी बड़े धनी के घर की स्त्रियाँ जाती थीं।

बंसनगर गाँव के उत्तर ओर सरजू नदी अटखेलियाँ करती हुई बह रही है, स्त्रियों का झुण्ड धीरे-धीरे आगे बढ़ कर इसी नदी के तीर पर पहुँचा। बंसनगर गाँव के ठीक सामने उस पर चाँदपुर गाँव था। सरजू का ढंग है—सदा अपनी धारों को पलटती रहती है, पर इन दोनों गाँवों के पास की धरती कँकरीली थी, इसलिए इन दोनों गाँवों के बीच वह सदा एक रस बहती—ये दोनों गाँव व्यापार की मण्डी थे। इस पार और उस पार बड़े अच्छे-अच्छे घाट थे। आज दोनों ओर घाट पर स्त्रियों की बड़ी भीड़ है। सरजू नदी कल-कल बह रही है, सूरज की किरणें उसमें पड़कर जगमगा रही हैं, लहर पर लहर उठती है—सूरज की किरणों में चमकती है—और फिर सरजू की बहती हुई धार में मिल जाती है। पानी के तल पर मगर, घड़ियाल उतरा और डूब रहे हैं, पाल से उड़ती हुई नाव आ-जा रही हैं, छोटी-मोटी डोंगियाँ लहरों में डगमगा रही हैं, और दूसरी बहुत-सी नाव घाट के एक ओर

पाँती बाँधे चुपचाप खड़ी हैं, जब कभी लहरें उठ कर घाट से टकराती हैं, एक-एक बार रह-रह कर ये नावें धीरे-धीरे हिल उठती हैं। सरजू तीर पर दोनों पार बहुत से मन्दिर और शिवालय थे, उनमें से बहुतों पर ध्वजा लगी हुई थी, बहुतों पर कलस थे, तीर पर भाँति-भाँति के फूले फले पेड़ थे, और इन सबकी छाया जल में पड़ रही थी। धीरे-धीरे तीर की स्त्रियों की छाया भी जल में पड़ी। जब कभी जल थिर रहता, उस घड़ी दोनों पार पानी के भीतर एक बहुत ही अच्छी बसी हुई बस्ती दिखलायी पड़ती, और जब लहरें उठतीं, पानी के हिलने पर उसमें सिलवटें पड़तीं, उस घड़ी टुकड़े-टुकड़े हो कर गाँव उजड़ता दिखलायी देता, और धीरे-धीरे जल में लोप हो जाता। जल में यही सब लीला हो रही है—स्त्रियाँ नहा-धो रही हैं—और उनके गीतों पर सरजू का जल लहरों के बहाने हाथ उठा-उठा कर नाच रहा है—और सारा गाँव सरजू पर खड़ा हो कर यह सब लीला देख रहा है।

सरजू के तीर पर पचास स्त्रियों के साथ बासमती खड़ी है, उसके साथ की बहुत सी स्त्रियाँ नहा-धो चुकी हैं, बहुत-सी नहा-धो रही हैं, इसी बीच देवहूती अपनी मौसी और पड़ोस की दूसरी दो स्त्रियों के साथ वहाँ आयी। आते ही न जाने क्या बात हुई जो देवहूती की मौसी और बासमती में बातचीत होने लगी, बासमती के साथ की दो-चार स्त्रियाँ इनको घेर कर खड़ी हो गयीं। देवहूती के साथवाली पड़ोस की दो स्त्रियों को भी बासमती के साथ की दूसरी दो स्त्रियों ने बातों में फाँसा, और इनमें से भी एक-एक को घेर कर बासमती के साथ की पाँच-पाँच चार-चार स्त्रियाँ खड़ी हो गयीं। देवहूती आगे बढ़ गयी, ज्यों वह पानी के पास पहुँची, त्यों उसको भी घेर कर बासमती के साथ की बीस-पचीस स्त्रियाँ खड़ी हो गयीं। उनमें से एक जो देवहूती के जान-पहचान वाली थी, उससे बोली, देवहूती देखो यह कैसा अच्छा फूल है।

देवहूती। हाँ, बहुत अच्छा फूल है, क्या तुमने बनाया है सरला! इसकी पंखड़ियाँ बहुत ठीक उतरी हैं, मैंने पहले इसको बेले का फूल ही समझा था।

सरला। क्या मैं ऐसा फूल बना सकती हूँ—भाभी ने बनाया है। तभी आज इनको पालकी पर चढ़ा कर लिवा लायी हूँ। सब से बड़ी बात इसकी महक है—देखो न! यह फूल कैसा महकता है!

देवहूती। क्या इसमें महक भी है? फूल तो बहुतों को बनाते देखा है, पर उसमें महक भी वैसी ही बना देना, निरी नयी बात है।

सरला। देखो न ! हाथ कंगन को आरसी क्या?

देवहूती ने हाथ में लेकर फूल सूँघा, सूँघते ही वह अचेत हो गयी, उसके हाथ के कपड़े सरजू में गिर पड़े जो आगे को बह निकले, और इसी बीच अचानक कहारों ने एक पालकी उठायी जिसको ले कर वे सब वहाँ से बड़े बेग से चलते बने। कहारों के पालकी उठाते ही उन्हीं स्त्रियों में से एक स्त्री दूसरी कई एक स्त्रियों के साथ उन्हीं बहते हुए कपड़ों

को दिखला कर कहने लगी—हाय! हाय!! यह क्या हुआ, नहाते-नहाते देवहूती कहाँ चली गयी, अरे यह बिना बादलों बिजली कैसे टूट पड़ी! उन सबों का रोना चिल्लाना सुन कर बासमती ने दूर ही से पूछा—क्या है! क्या है! तुम सब रोती क्यों हो? उन्हीं में से एक ने कहा, अभी नहाने के लिए देवहूती जल में पैठी थी, इसी बीच न जाने कौन जीव उसको पानी में खींच ले गया। यह सुनते ही देवहूती की मौसी और उसके पड़ोस की दोनों स्त्रियाँ हाय, हाय करते वहाँ दौड़ आयीं। उन्हीं स्त्रियों में से कई एक ने देवहूती के पानी में उतराते हुए कपड़ों को दिखला कर कहा, इन्हीं कपड़ों को फींचने के लिए देवहूती पानी में पैठी थी, अभी नहाने और कपड़ा फींचनें भी नहीं पायी थी, इसी बीच घड़ियाल जान पड़ता है, उसको पकड़ ले गया। उस की बातों को सुन कर सब चिल्ला उठीं, देवहूती की मौसी की बुरी गत हुई। वह पछाड़ खा कर धरती पर गिरी, और कहने लगी, मैं बहन से जाकर क्या कहूँगी। बासमती उसकी यह गत देख कर भीतर ही भीतर बहुत सुखी हुई, पर ऊपर से दिखलाने के लिए, उसको समझाने-बुझाने लगी। उन सबको रोते-चिल्लाते सुन कर दो-चार नावें दौड़ीं, कुछ लोग भी पानी में कूदे, सबों ने समझा कोई डूब गया है—पर जब यह सुना कि किसी को घड़ियाल उठा ले गया, उस घड़ी सब हाथ मल कर पछताने लगे—किसी से कुछ न करते बना।

थोड़ी ही बेर में घाट भर में यह बात फैल गयी—देवहूती को घड़ियाल उठा ले गया। बड़ी कठिनाई से डरते-डरते नहा-धो कर देवहूती की मौसी दूसरी स्त्रियों के साथ घर आयी। देवहूती का घड़ियाल के मुँह में पड़ना सुन कर पारबती की जो गत हुई, उसको हम लिख कर नहीं बतला सकते।

अठारहवीं पंखड़ी

एक बहुत ही घना वन है, आकाश से बातें करनेवाले ऊँचे-ऊँचे पेड़ चारों ओर खड़े हैं–दूर तक डालियों से डालियाँ और पत्तियों से पत्तियाँ मिलती हुई चली गयी हैं। जब पवन चलती है, और पत्तियाँ हिलने लगती हैं, उस घड़ी एक बहुत ही बड़ा हरा समुद्र लहराता हुआ सामने आता है। बड़, साल और पीपल के पेड़ों की बहुतायत है, पर बीच-बीच में दूसरे पेड़ भी इतने हैं जिससे सारा वन पेड़ों से कसा हुआ है। इस पर बेल-बूटे और झाड़ियों की भरमार, सूरज की किरणें कठिनाई से धरती तक पहुँचती थीं–कहीं-कहीं तो उनका पहुँचना भी कठिन था–वहाँ सदा अँधेरा रहता। एक चौड़ी खोर ठीक वन के बीच से होकर पच्छिम से पूरब को निकली थी, जहाँ पहुँच कर यह खोर लोप होती–वहाँ कुछ दूर तक वन बहुत घना न था। एक घड़ी दिन और है, वन में सर सर छट् पट की धुन हो रही है, बरसाऊँ बादल आकाश में फैले हुए हैं, पत्तों को खड़खड़ाती हुई बयार चल रही है–धीरे-धीरे सहज डरावना वन और भी डरावना हो रहा है।

जिस खोर की बात हमने ऊपर कही है, उसी खोर से घोड़े पर चढ़ा हुआ एक जन पश्चिम से पूर्व को जा रहा है। मुखड़े पर उमंग झलक रही है, आँखों से जोत निकल रही है, पर माथे में सिलवटें पड़ रही हैं, जिससे जान पड़ता है वह अपने आप कुछ सोच रहा है। घोड़ा बहुत ही धीमी चाल से चल रहा है–पर कान उसके खड़े हैं। कभी-कभी वह चौंक भी उठता है, उस घड़ी उसकी हिनहिनाहट उस सुनसान वन के सन्नाटे को तोड़ देती है और एक-एक बार उसी हिनहिनाहट से सारा वन गूँज उठता है। धीरे-धीरे तानपूरे का मीठा सुर चारों ओर फैलने लगा–साथ ही एक बहुत ही सुरीले गले से गीत गाया जाने लगा। पीछे तानपूरे का मीठा सुर और सुरीले गले की तान मिल कर एक हुई और एक बहुत ही सुहावनी और जी को बेचैन करने वाली धुन सारे वन में गूँजने लगी। यह धुन धीरे-धीरे ऊपर बयार में उठी, पीछे खोर पर जानेवाले के कानों तक पहुँची–वह चुपचाप गीत सुनने लगा–गीत यह था–

लावनी

जग का कुछ ऐसा ही है ढंग दिखाता।
एक रंग किसी का कभी नहीं दिन जाता॥

जिससे पौधों ने समा निराला पाया।
जिसने बरबस था आँखों को अपनाया॥
जिसके ऊपर था जी से भौंर लुभाया।
बहती बयार को भी जिसने महकाया॥
वह खिला सजीला फूल भी है कुम्हलता।
एक रंग किसी का कभी नहीं दिन जाता॥ 1॥

देखा जिसको जग बीच ध्वजा फहराते।
राजे जिसके पाँवों पर शीश नवाते॥
सुन करके जिसका नाम बीर घबराते।
जिसकी कीरत सब ओर सभी थे गाते॥
कल पड़ा हुआ वह धूल में है बिललाता।
एक रंग किसी का कभी नहीं दिन जाता॥ 2॥

पड़ते थे जिसके तीन लोक में डेरे।
यम भी डरता था आते जिस के नेरे॥
थे और देवते जितने जिसके चेरे।
काँपता स्वर्ग जिसके आँखों के फेरे॥
उस रावण को था गीध नोच कर खाता।
एक रंग किसी का कभी नहीं दिन जाता॥ 3॥

कब तक कितनी हम ऐसी कहें कहानी।
अपने जी में तू समझ सोच रे प्रानी॥
क्यों धरम छोड़ कर करता है मनमानी।
तू क्यों बिगाड़ता है अपना पत पानी॥
है पल भर में धन जोबन सभी बिलाता।
एक रंग किसी का कभी नहीं दिन जाता॥ 4॥

घोड़े पर चढ़ा हुआ कौन जा रहा है, क्या यह बतलाना होगा? ऊपर के गीत को सुन कर आप लोग आप समझ गये होंगे, वह कौन है? जो न समझे हों तो मैं बतलाता हूँ, वह कामिनीमोहन है। ऐसे घने वन में जहाँ सूरज की किरनें भी कठिनाई से जाती हैं, इस भाँति अचानक गीत होता हुआ सुन कर वह सन्नाटे में हो गया, फिर गीत भी ऐसा जो उसके दोनों कानों को भली-भाँति मल रहा था—जो वह सोच रहा था, मानों उसी के लिए उसको जली-कटी सुना रहा था। कामिनीमोहन बहुत घबराया, सोचने लगा, बात क्या है!

हो न हो दाल में कुछ काला है, पर कोई बात उसकी समझ में न आयी। सोचते-सोचते उसने देखा, वन में पेड़ एक ओर बहुत घने नहीं हैं, गाने की धुन उसी ओर से आ रही थी, गीत अब तक गाया जा रहा था। वह धीरे-धीरे घोड़े पर से उतरा, घोड़े को पेड़ से बाँधा और चुपचाप पाँव दबाये उसी ओर चला। ज्यों-ज्यों वह आगे बढ़ने लगा, गीत का गाया जाना रुकने लगा। पथ में एक बहुत ही लम्बा-चौड़ा बड़ का पेड़ था, डालियाँ इसकी बहुत दूर तक फैली हुई थीं और कई सौ जटाएँ डालियों से निकल कर धरती तक आयी थीं। इस पेड़ तक पहुँचते-पहुँचते गीत का गाया जाना रुक गया, सोचने पर जान पड़ा इसी पेड़ के नीचे गीत हो रहा था। कामिनीमोहन यहाँ पहुँच कर बड़ के चारों ओर घूमा, बहुत सी चिड़ियाँ झाड़ियों में से निकल कर ऊपर उड़ गयीं—छोटे-छोटे वन के जीव इधर-उधर भागते दिखाई पड़े, पर और कोई कहीं न दिखलाई दिया। कामिनीमोहन का जीवट आप लोग जानते हैं, वह चाहता था, पेड़ पर भी चढ़ कर देखें, पर कुछ समझ-बूझ कर न चढ़ा। उसके हाथ में एक तुपक थी, उसने डर दिलाने के लिए आकाश में उसको चलाया, सन्नाटे में उसकी धुन सारे वन में गूँज गयी—कां-कां करते बहुत से कौवे पेड़ पर से उड़ गये—पर और कुछ न हुआ। कामिनीमोहन कुछ घड़ी यहाँ खड़ा न जानें क्या सोचता रहा—पीछे खोर की ओर फिरा।

खोर पर पहुँच कर वह घोड़े पर चढ़ा ही था, इसी बीच उसने फिर तानपूरे की धुन और गाना सुना, अबकी बार तानपूरा बड़ी उमंग से बज रहा था, गाना भी बहुत ऊँचे सुर में हो रहा था, गीत ये थे—

गीत

कितने ही घर हैं पाप ने घाले।
कितने ही के किये हैं मुँह काले॥
पाप की बान है नहीं अच्छी।
ओ न पापों से काँपनेवाले॥
सोते हो तेल कान में डाले।
धर्म के हैं तुझे पड़े लाले॥
नाव डूबेगी बीच धार तेरी।
ओ धरम के न पालनेवाले॥

फिर इस भाँति गाना होते सुन कर कामिनीमोहन बहुत चकराया, वह कुछ डरा भी, जी में आया, फिर उस पेड़ तक चलूँ, और उस पर चढ़ कर देखूँ क्या बात है, वह घोड़े पर से उतरा भी, पर इसी बीच उसको एक पालकी सामने से आती हुई दिखलायी पड़ी, कहार सब बड़े बेग से पालकी चला रहे थे, पाँच लठधर पालकी के पीछे थे। पालकी को

देखते ही कामिनीमोहन का जी उस ओर गया। उसने कहारों से तो कहा ले चलो! ले चलो!! पर जो पाँच लठधर पीछे दौड़ रहे थे, उनमें से एक को पास बुलाया, जो चार रह गये थे, वे सीधे पालकी के साथ गये। जिसको कामिनीमोहन ने पास बुलाया था, जब वह पास आया, तो उसने कहा, कपूर काम तो तुमने बड़ा किया!

कपूर। मैंने कौन काम किया, जो कुछ किया सो बासमती ने किया, आज वह बड़ी चाल चली।

कामिनीमोहन। हाँ, कहो तो, कैसे क्या-क्या हुआ?

कपूर। आप घोड़े पर चढ़ कर धीरे-धीरे चलिये, मैं भी कहता चलता हूँ, नहीं तो कहार सब बहुत आगे बढ़ जावेंगे।

कामिनीमोहन घोड़े पर चढ़ा, धीरे-धीरे आगे बढ़ा, त्योंही वन में तानपूरे के साथ गीत होता हुआ उसको फिर सुनायी पड़ा, अब की बार पूरी-पूरी टीप लग रही थी, पवन में तान की लहर-सी फैल रही थी। गीत यह था—

गीत

फिर रहे हो बने जो मतवाले।
तो किसी के पड़ोगे तुम पाले॥
जो कसर काढ़ लेगा सब दिन की।
ओ किसी की न माननेवाले॥

इस गीत को कपूर भी सुन रहा था। उसने कहा, बाबू! वन में यह आज गाना कैसा हो रहा है? इस ओर मैं बहुत आया-गया हूँ, पर इस भाँति गाना होते कभी नहीं सुना। कामिनीमोहन ने कहा—जान पड़ता है यह जागती हुई धरती है, तभी यहाँ ऐसा गाना सुनाई दे रहा है, नहीं तो और कोई बात तो समझ में नहीं आती—जाने दो इन पचड़ों को, वन ही है—तुम अपनी बात कहो।

कपूर। आपके कहने से जिस भाँति दस-दस पाँच-पाँच दे कर गाँव की पचास स्त्रियों को बासमती ने आपके काम के लिए गाँठा था, आप जानते हैं। बेले के बने हुए फूल में जो अचेत करनेवाली औषध लगायी गयी थी, उसका भेद भी आपसे छिपा नहीं है। इन्हीं पचास स्त्रियों और बने हुए बेले के फूल ने आपका सब काम कर दिया।

यह कह कर कपूर ने सारी बातें कह सुनायीं, पीछे कहा, फूल को सूँघ कर ज्यों देवहूती अचेत हुई त्यों पास की पाँच-छः स्त्रियों ने उसको पकड़ कर एक पालकी में सुला दिया, इसी पालकी में सरला की भौजाई घाट पर आयी थी। कहार सब भी साट में थे। ज्यों देवहूती पालकी में सुलायी गयी, त्यों उन सबों ने पालकी उठा दी। पहले ये सब सीधे सरला की भावज के द्वार पर आये, वहाँ कुछ घड़ी पालकी उतारी, पीछे पालकी को उठा कर कुछ

दूर उसको इस भाँति ले चले, जैसे कोई रीती पालकी ले चलता है, गाँव के बाहर आकर के सब पवन से बातें करले लगे—और अब तक उसी ढंग से चले आ रहे हैं।

कामिनीमोहन। यह तो हुआ, पर क्या इस बात को उसकी मौसी ने नहीं जाना?

कपूर। वह कैसे जानती! जब कहार सब पालकी उठा कर चल दिये, उन्हीं स्त्रियों में से दो-एक ने देवहूती के हाथ से गिर कर पानी में बहते हुए कपड़ों को दिखलाकर ऐसी बातें कहीं, जिससे उसकी मौसी के जी में उसके घड़ियाल के मुख में पड़ने की बात ठीक जँच गयी—इस घड़ी सारे गाँव में यह बात फैल गयी है, देवहूती को घड़ियाल उठा ले गया।

कामिनी मोहन। बासमती अच्छी चाल चली—पारबती का कान काट लिया।

कपूर। बात सच है, पर स्त्रियों के बीच की बाते है, बहुत दिन तक छिपेगी।

कमिनीमोहन। न छिपे, काम निकल जाने पर कोई जान कर ही क्या करेगा। मैं देवहूती से ही ऐसी बातें कहलाऊँगा जिस को सुन कर सभी हाथ मलते रह जावेंगे।

कपूर। राम ऐसा ही करे। पर इस घड़ी जो करना है, उस को कीजिये, देखिये पालकी खोर तक पहुँच गयी।

कामिनीमोहन। कहारों से कहो पालकी रख दें।

कपूर ने पुकार कर कहा, कहारों ने पालकी रख दी, और घर की ओर फिरे। अब जो चार लठधर पीछे थे, वे पालकी लेकर वन में धँसे, कपूर ने इन चारों की आँखों पर पट्टी बाँध दी थी। दूर तक के सब इसी भाँति पालकी लेकर चले—कपूर आगे-आगे था। पीछे इन सबों से भी पालकी रखा ली गयी। कपूर साथ-साथ आकर इन सबों के खोर तक पहुँचा गया। यहाँ पहुँचने पर इनकी पट्टी खोल दी गयी—पट्टी खुलने पर ये चारों भी घर फिर आये। कपूर फिर वन में चला गया।

उन्नीसवीं पंखड़ी

वन में जहाँ जाकर खोर लोप होती थी, वहाँ के पेड़ बहुत घने नहीं थे। डालियों के बहुतायत से फैले रहने के कारण, देखने में पथ अपैठ जान पड़ता, पर थोड़ा-सा हाथ पाँव हिला कर चलने से वन के भीतर सभी घुस सकता। पथ यहाँ भूल-भुलाइयाँ की भाँति का था, भूल-भुलाइयाँ से बच कर आध कोस तक सीधे उत्तर मुँह चलने पर कई एक खँडहर दिखलायी पड़ते। इन खँडहरों के तीन ओर बहुत ही घना वन था। इन खँडहरों में एक बहुत बड़ा खँडहर था, यह बाहर से देखने पर सब ओर गिरा-पड़ा जान पड़ता। पर इसके भीतर एक बहुत ही अच्छा घर था, जिसको हम गुदड़ी का लाल कहेंगे। इस घर का आँगन बहुत ही सुथरा था। कोठे-कोठरियाँ बहुत ही चिकनी और बढ़ियाँ थीं, बाहर और भीतर के सब द्वारों में अच्छी-अच्छी किवाड़ियाँ लगी थीं। इस घर के बाहर पाँच बड़े मोटे-मोटे और काले भील पहरा दे रहे थे। इसी घर की एक छोटी कोठरी में, जिसमें एक छोटा-सा द्वार लगा है—देवहूती मन मारे चुपचाप एक चटाई पर बैठी है, पास ही एक बढ़ियाँ चौकी पर कामिनीमोहन बैठा है। दो घड़ी रात बीत गयी है, एक पीतल की दीवट पर एक पीतल का चौकोर दीया जल रहा है—दीये में चारों ओर चार मोटी-मोटी बत्तियाँ लगी हैं।

कामिनीमोहन ने देवहूती को चुप देख कर कहा, क्या तुम न मानोगी, देवहूती?

देवहूती। मैं न मानूँगी, तुम मेरा क्या करोगे?

कामिनीमोहन। तुमको मेरी बात माननी पड़ेगी, मैं तुम्हारा सब कुछ कर सकता हूँ। क्या तुम इतना भी नहीं समझती हो, मैंने आज क्या किया! अब तुम्हारी ऐंठ नहीं निबह सकती। इस घड़ी मैं जो चाहूँ करूँ, तुम्हारा किया कुछ नहीं हो सकता। पर रस में मैं विष नहीं घोलना चाहता।

देवहूती। क्या देवी-देवदे झूठ हैं! क्या परमेश्वर सो गया!! क्या धर्म रसातल को चला गया!! क्या वन-देवियाँ मर गयीं!!! जो तुम ऐसा कहते हो। कभी तुमने किसी सती स्त्री का सत इस भाँति बिगाड़ा है? कामिनीमोहन ऐसी बात न कहो—नहीं अभी अनर्थ होगा।

कामिनीमोहन। हाँ! ऐसा!!! यह जीवट उस दिन कहाँ था—जिस दिन तू पहली बार मेरे हाथों पड़ी। उस दिन मुझको बातों में फाँस कर तू निकल गयी—पर अब वह दिन

दूर गये। ऐसी झाँझ मैंने बहुत देखी है।

देवहूती। उस दिन मैं जो थी, आज भी वही हूँ। उस दिन जो तुम थे, आज भी वही हो। न तुम उस दिन कुछ कर सके–न आज कुछ कर सकोगे। उस दिन तुम्हारे हाथों से बचने के लिए मुझ से जो करते बन पड़ा, मैंने किया, आज जो करते बनेगा, फिर करूँगी। इस पर मुझको धर्म का बल है! देवतों का भरोसा है!! भगवान का सहारा है!!! फिर तुम मुझको क्यों धमकाते हो। मुझको मरना होगा, मैं मरूँगी, पर तुम्हारी बात मान कर अपना धर्म न खोऊँगी।

कामिनीमोहन। देवहूती, मैं अपने जी को बहुत सम्हालता हूँ। तुम्हारी इन लगती बातों का ध्यान नहीं करता। पर इतना न बढ़ो। नहीं अभी तुमको जान पड़ेगा–मैं क्या कर सकता हूँ।

देवहूती। कामिनीमोहन, तुम मेरा जी न जलाओ, देखो मेरे पास यह बहुत ही कड़ा बिष है–तुम मेरी ओर दो डग बढ़े नहीं और मैं इसको खा कर मरी नहीं– मुझ मरती का तुम क्या कर सकते हो। उस दिन जो मेरे पास विष होता, मैं तेरे सामने रंडियों का-सा स्वाँग न लाती। तुम्हारी उस दिन की चाल ही ने मुझको अपने पास विष रखना सिखला दिया है।

कामिनीमोहन देवहूती का जीवट देख कर चक्कर में आ गया। उसके ऊपर बहुत कड़ाई करना अच्छा न समझ कर बोला–देवहूती! तुम क्यों मरने के लिए इतना उतारू हो? क्या तुमको अपना जी प्यारा नहीं है? मरने में क्या रखा है, मरनेवाले के लिए चारों ओर अँधेरा है।

देवहूती। जो पाप करके मरते हैं, उन्हीं के लिए चारों ओर अँधेरा है। जो धर्म के लिए मरते हैं, उनके लिए सब ओर वह उजाला है, जिस पर सूरज की आँख भी नहीं ठहरती। मुझको धर्म प्यारा है, अपना जी प्यारा नहीं है। धर्म के लिए मैं जी को निछावर कर सकती हूँ।

कामिनीमोहन। देवहूती! तुम सब बातों में धर्म की दुहाई देती हो, पर क्या यह जानती हो धर्म किसे कहते हैं? काया के कसने में धर्म नहीं है–खाने, पीने, सुख भोगने में धर्म है–जिस से जी का बहुत कुछ बोध होता है।

देवहूती। तुम्हारे लिए यही धर्म होगा, पर मैं तो उसी को धर्म समझती हूँ, जिसको हमारे यहाँ की पोथियों ने धर्म बतलाया है, जिसको हमारे बड़े-बूढ़े धर्म मानते आये हैं। तुम्हारा धर्म ऐसा है, तभी न वह काम करते फिरते हो, जिसको चोर और डाकू भी नहीं कर सकते।

कामिनीमोहन। तुम्हारे फूल ऐसे होठों से इतनी कड़वी बातें अच्छी नहीं लगतीं देवहूती! अब मैं चोर और डाकू से भी बुरा ठहरा!!!

देवहूती। तुम्हीं सोचो! चोर किसी का धन हर लेते हैं—तो वह धन उसको फिर मिलता है। पर स्त्रियों का जो धन तुम हरते हो, वह उसको फिर इस जनम में कभी नहीं मिलता। डाकू बहुत करते हैं, किसी का जी लेते हैं; पर तुम स्त्रियों का धर्म लेते हो, जो जी से कहीं बढ़ कर है। फिर क्या बुरा कहा!!!

कामिनीमोहन। जी की लगावट बुरी होती है! मैं कोई ऐसी बात नहीं कहना चाहता जिससे तुम्हारा जी दुखेः पर तुम जो भला-बुरा मुँह में आता है, कह डालती हो। तुम्हारा जी भी किसी पर आया होता तो तुमको हमारी पीर होती। जिसको काँटा चुभा रहता है, वही पाँव सम्हाल-सम्हाल कर रखता है!

देवहूती। यह तुम कैसे जानते हो। मुझको तुम्हारी पीर नहीं है!! तुम बड़े-बड़े पापों के करने में भी नहीं हिचकते—तुम ने न जाने कितनी भोली भाली स्त्रियों का सत बिगाड़ा है! न जाने कितने घर में फूट का बीज बोया है। न जाने कितने भलेमानसों का मिट्टी में मिलाया है—तो क्या यह सब करके तुम यों ही छूटोगे। नहीं, इन सब पापों के पलटे तुमको नरक में बड़ा दुख भोगना पड़ेगा। यही सब समझ कर मैं तुमको पापों से बचाना चाहती हूँ—ऐसी बातें कहती हूँ जिससे फिर तुम पाप करने की ओर पाँव न उठाओ। जो मुझको तुम्हारी पीर न होती मैं ऐसी बात क्यों कहती।

कामिनीमोहन। नरक स्वर्ग कहीं कुछ नहीं है! परमेश्वर भी एक धोखे की टट्टी है!!! तुम्हारा न मिलना ही मेरे लिए नरक है। तुम्हारे मिलने पर मैं इसी देह से स्वर्ग में पहुँच जाऊँगा।

जिस घड़ी कामिनीमोहन ने ये बातें कहीं, उस घड़ी सब घरों के साथ—देवहूती की चटाई—कामिनीमोहन की चौकी—घर में और जो कुछ था वे सब—अचानक हिल उठे, और चौथाई घड़ी तक हिलते रहे। यह देख कर देवहूती ने कहा, देखो कामिनीमोहन! तुम्हारी बातें धरती माता से भी न सही गयीं—वह भी काँप उठीं। पहले लोगों ने बहुत ठीक कहा है, जब पाप का भार बढ़ जाता है तभी भूचाल आता है।

कामिनीमोहन। ऐसी ही ऐसी बेजड़ बातें तुम्हारे जी में समायी हैं, तभी तो तुम किसी की नहीं सुनती हो। पाप का भार बढ़ने ही से भूचाल नहीं आता, इस धरती के नीचे आग है, जब वह कुछ जलनेवाली वस्तु पाती है, तो उसमें लवर फूटती है। यह लवर ऊपर निकलना चाहती है, पर धरती की कड़ाई से ऊपर नहीं निकल सकती। उस समय उसका एक धक्का-सा धरती के ऊपर लगता है। इसी धक्के से धरती हिल जाती है—और इसी को भूचाल कहते हैं। पर तुम तो मेरी बात मानती नहीं हो, मैं कहूँ तो क्या कहूँ।

देवहूती। अब मानूँगी! देखिये बहुत मनगढ़ंत अच्छी नहीं होती। अभी धरती काँपी है! अबकी बार छत टूट पड़ेगी।

कामिनीमोहन। भला हो, छत टूट पड़े, तुम्हारे संग मरने में भी सुख है।

देवहूती। जो ऐसे ही मरना है तो किसी भले काम के लिए मरो, इस भाँति मर कर पहुँचने में नरक में भी खलबली पड़ेगी।

कामिनीमोहन। अब इसी भांति मरूँगा, देवहूती! नित्य के जलने से एक दिन किसी भाँति मर जाना अच्छा है। देखो! मेरे पास लाखों की सम्पत्ति है—बीसों गाँव हैं—पचासों टहलुवे हैं—भाँति भाँति की फुलवारियाँ हैं—रंग-रंग की चिड़ियाँ हैं—अच्छे-अच्छे खेलौने हैं—सजे-सजाये हाथी हैं—पवन से बातें करनेवाले घोड़े हैं—खिली चमेली-सी घरनी है—सारे गाँव पर डाँट है—पर मेरा जी इनमें से किसी में नहीं लगता। रात-दिन सोते-जागते तुम्हारी ही सुरत रहती है। घड़ी भर भी चैन नहीं पड़ता—फिर मैं इन सबको लेकर क्या करूँगा। मैं इन सबको तुम्हारे ऊपर निछावर करता हूँ, आप भी तुम पर निछावर होता हूँ, पर तुम मुझसे जी खोल कर मिलो। जो न मिलोगी देवहूती तो अब किसी भाँति मरना ही अच्छा है।

देवहूती। लाख, करोड़ की सम्पत्ति क्या है! राज मिलने पर भी धर्म नहीं गँवाया जा सकता। महाभारत में भीष्म की कथा पढ़ो, रामायण में जानकी माता को देखो। जहाँ की मिट्टी, पवन, पानी से ये लोगों बने थे, वहीं की मिट्टी, पवन, पानी से मैं भी बनी हूँ। फिर तुम मुझको धन सम्पत्ति की लालच क्या दिखलाते हो! रहा मरना-जीना यह तुम्हारे हाथ नहीं, जब तुम्हारा दिन पूरा होगा, तुम आप मरोगे। इसके लिए मैं क्या कर सकती हूँ।

कामिनीमोहन। तुम्हारा जी बड़ा कठोर है देवहूती! मैंने ऐसी रूखी बातें कभी नहीं सुनीं, पर जैसे हो मैं तुमको मनाऊँगा। तुम भी यह सोच लो, अब हठ छोड़ने ही में अच्छा है, यहाँ से तुम किसी भाँति बाहर नहीं निकल सकती हो, न यहाँ कोई किसी भाँति आ सकता है। सब भाँति तुम मेरे हाथ में हो, कितने दिन तुम्हारी यह टेक रहेगी; हार कर तुमको मेरा होना ही पड़ेगा। पर आज तुम सारे दिन व्रत रही हो, अब तक भूखी हो, इस पर पहर भर पीछे अभी तुमको चेत हुआ है, जी तुम्हारा झुंझलाया हुआ है, इससे कोई बात तुम्हारे मुँह से सीधी नहीं निकलती। लो अब इस घड़ी मैं जाता हूँ, यह पलङ्ग बिछा हुआ है, तुम इस पर सोओ, कल्ह मैं फिर मिलूँगा, पर मैं जो कहे जाता हूँ, उसको भली-भाँति सोचना।

जिस घड़ी कामिनीमोहन ने देवहूती से ये बातें कहीं, उसी समय उसको वन के भीतर फिर पहले की भाँति मीठे गले से गीत होता हुआ सुनाई दिया। साथ ही तानपूरा भी वैसे ही मीठे सुर से बज रहा था। गीत यह था—

गीत

मन की जहाँ चौकड़ी न आती।
सूरज की किरण जहाँ न जाती॥
है पौन जहाँ नहीं समाती।
घुसने जहाँ डीठ भी न पाती॥
वह ईश वहाँ भी है दिखाता।
बिगड़ी सब है वही बनाता॥

देवहूती ने इस गीत को सुना, सुन कर बहुत सुखी हुई। और गीत के पूरा होते ही कहा, सुना! कामिनीमोहन!

कामिनीमोहन। हाँ! सुना क्यों नहीं, पर यह वन है, यहाँ ऐसी लीला बहुत हुआ करती है, चाहे तुम कुछ समझो पर इन बातों से तुम्हारा कुछ भला नहीं हो सकता।

यह कह कर कामिनीमोहन चट कोठरी के बाहर हुआ। और बाहर आकर वन के भीलों से कहा, आज वन में रह-रह कर यह गीत कैसा हो रहा है। भीलों ने कहा–बाबू हम लोगों की समझ में भी कोई बात नहीं आती। अच्छा हम दो जन जाते हैं, खोज लगाते हैं। यह कह कर दो भील वन के भीतर घुस गये–और विचार में डूबा हुआ। कामिनीमोहन घर के भीतर आया।

बीसवीं पंखड़ी

धीरे-धीरे रात बीती, भोर हुआ, बादलों में मुँह छिपाये हुए पूर्व ओर सूरज निकला—किरण फूटी। पर न तो सूरज ने अपना मुँह किसी को दिखलाया, न किरण धरती पर आयी। कल की बातें जान पड़ता है, इनको भी खल रही थीं। काले-काले बादलों की ओट में चुपचाप दिन चढ़ने लगा, धीरे-धीरे पहर भर दिन आया। देवहूती जिस छोटी कोठरी में रात बैठी थी—अब तक उसी में बैठी है। कल दिन-रात भूखी रही—आज भोर ही नहा-धो कर कुछ खाना-पीना चाहिए था। पर उसने अभी मुँह तक नहीं धोया। रात भी उसकी जागते ही बीती, आँखें चढ़ी हैं—मुखड़ा खिंचा हुआ है—पर घबराहट का उस पर नाम तक नहीं था—वह जैसा गम्भीर पहले रहती—अब भी थी। बासमती देवहूती के पास सब ठौर पहुँचा करती—आज यहाँ भी पहुँची। देवहूती को चुपचाप बैठे देख कर बोली बेटी! तुम कब तक इस भाँति बैठी रहोगी? कल का दिन ब्रत में बीता, आज अभी तुमने मुँह तक नहीं धोया, जो होना होगा, होगा, तुम अन्न पानी क्यों छोड़ती हो?

देवहूती। अभी एक बार धोखा खा चुकी हूँ—और उसका फल भी भुगत रही हूँ—क्या अबकी बार फिर किसी दूसरे फन्दे में फँसाना है—जो तुम ऐसी चिकनी चुपड़ी बातें कहती हो, जिसका फूल सूँघ को मेरी सुध-बुध खो गयी, उसका अन्न-पानी खा-पी कर न जाने कौन गत होगी!!! बासमती! तुम क्यों इस भाँति मेरे पीछे पड़ी हो?

बासमती। बेटी! तू मेरी आँखों की पुतली है, मैं तेरे पीछे क्यों पडूँगी। तेरा दुख मुझसे देखा नहीं जाता, तेरी आँखों से आँसू गिरते देख कर मेरा कलेजा फटता है—तब मैं इस भाँति दौड़ कर तेरे पास आती हूँ; नहीं तो मुझको इन पचड़ों से क्या काम था। पर मेरा भाग्य बड़ा खोटा है। मैं जिसके लिए चोरी करती हूँ—वही मुझको चोर कहता है।

देवहूती। मैं तुमको भली-भाँति जानती हूँ बासमती! बहुत लल्लो-पत्तो अच्छा नहीं होता, तुम अपना काम करो, मेरे भाग्य में जो होना होगा—होगा। मैं तुम्हारी कोई नहीं हूँ—पर तुम मुझ पर इतना प्यार जतलाती हो, जितना कोई अपनी बेटी-बेटे का भी नहीं करता। तुम्हारी ये बातें ऐसी हैं, जो तुम्हारे पेट का भेद बतलाये देती हैं।

बासमती। बेटी! तुम कहोगी क्या ! कलयुग है न !!! अब के लड़के-लड़कियाँ ऐसे ही हैं। हम लोग तो बड़ी सीधी हैं! गाँव के लड़के-लड़की को अपना समझती हैं—दूसरे के लड़कों को अपने लड़के से भी बढ़ कर प्यार करती हैं। हम लोगों का जैसा भीतर है, वैसा ही बाहर है, हम लोग कपट करना क्या जानें।

देवहूती। ठीक है! दूसरे के घर की बहू बेटी को बिगाड़ना, भोली-भाली स्त्रियों को ठग कर कुचाली पुरुषों के हाथ में डाल देना, तुम ऐसी सीधी सतयुग की स्त्रियों का काम थोड़े ही है—यह तो कलयुग की स्त्रियों का काम है। बासमती! मेरा बड़ा भाग्य है—जो आज मैं यह जान गयी—नहीं तो मेरा मन तुम्हारे ऊपर न जाने कितना कुढ़ता था।

बासमती। बेटी! तुम अभी कल की लड़की हो—बहुत मत उड़ो। तुम्हारा मन मेरे ऊपर कुढ़ता है—कुढ़े, पर मेरा मन तो तुम से नहीं कुढ़ता! मैं वही बात कहती हूँ, जिसमें तुम्हारा भला हो, पर उसको मानना तुम्हारे हाथ है।

देवहूती। मेरा बड़ा अभाग्य है! जो मैं इस बात को नहीं समझती हूँ। सच है बासमती! तुमसे बढ़कर मेरा भला चाहने वाला कौन होगा!!!

बासमती। तुम्हारी ऐंठने की बान है—इससे तुम सब बातों में ऐंठती हो। मेरी अच्छी बात भी तुमको खोटी जान पड़ती है। पर सचमुच तुम्हारा बड़ा अभाग्य है, जो तुम इस भाँति सोने को पाँव दिखलाती हो, कामिनीमोहन ऐसा चाहनेवाला भाग्य से मिलता है। डुबकी बहुत लोग लगाते हैं—पर मोती कोई पाता है। कामिनीमोहन पर कितनी स्त्रियाँ निछावर हुईं, पर कामिनीमोहन तुम पर आप निछावर है। इस पर लाखों की सम्पत्ति आगे रखता है—सदा के लिए तुम्हारा दास बनता है—क्या ये बातें ऐसी हैं—जिन पर तुम डीठ न डालो। पर मिठाई खाने के लिए भी मुँह चाहिए। भील की स्त्रियाँ घुँघची का ही आदर करती हैं—वे लाल का मरम क्या जानें॥

देवहूती। सच कहा, बासमती! बनरी के गले में मोती की माला नहीं सोहती!!! पर कठिनाई तो यह है—इस पर भी मेरा जी नहीं छूटता।

बासमती। मुँह मत चिढ़ाओ बेटी! मेरी बातों को अपने जी में सोचो। क्या तुम्हारा यह जोबन सदा ऐसा ही रहेगा? क्या आँखें ऐसी ही रसीली रहेंगी? क्या गोरे-गोरे मुखड़े पर ऐसी ही छटा रहेगी? क्या देह ऐसी ही चिकनी-चुपड़ी रहेगी? क्या चितवन में सदा ऐसा ही टोना रहेगा? कभी नहीं!!! कुछ ही दिनों में, जोबन ढल जावेगा, आँखों में काली लग जायेगी, गालों में गड़हे पड़ेंगे, मोती ऐसे दाँत मिट्टी में मिलेंगे, देह पर झुर्रियाँ पड़ जायँगी, और तुम्हारी सब ऐंठ धूल में मिल जावेगी। आज एक राजाओं-सा धनी, देवतों सा सुघर और सजीला, तुम्हारी सीधी चितवन का भिखारी है। पर कुछ दिनों पीछे तुम्हारी ओर एक गया-बीता भी आँख उठा कर न देखेगा—जो धोखे से किसी की आँख पड़ भी जावेगी—तो वह नाक-भौंहें सिकोड़ने लगेगा। तुम्हारे ये दिन सब कुछ हैं—आगे क्या

है—पर तुम इन्हीं दिनों विष खाने बैठी हो—बलिहारी है इस समझ की।

देवहूती। ठीक कहती हो बासमती! जो मैं इन्हीं दिनों कुछ कमा धमा न लूँगी, तो आगे फिर कौन पूछेगा!!! अब तक रूप और जोबन बेंचते रंडियों ही को सुना था। पर आज जाना, भले घर की बहू-बेटियाँ—भली स्त्रियाँ—भी अपना रूप-जोबन बेंचती हैं। झख मारते हैं लोग जो रंडियों को बुरा समझते हैं।

बासमती। बहुत न बढ़ो! बहुत-सी भले घर की बहू-बेटियाँ देखी हैं। वह कौन स्त्री है जो कामिनीमोहन जैसे अलबेले जवान को देख कर उसकी नहीं होती। जिनको लाखों की सम्पत्ति है, जिनका काम ऐसा सुन्दर पति है, मैं उनकी बातें कहती हूँ। जो तुम्हारी ऐसी हैं—वे किस गिनती में हैं। तुम्हारे पास न तो जैसे चाहिए वैसे गहने-कपड़े हैं—न पूरा-पूरा धन है—न तुम्हारे पति का ही कहीं ठौर-ठिकाना है। पर तुम इन बातों को न समझ कर उलटे मुझी से इठलाती हो—भाग्य का फेर इसी को कहते हैं।

देवहूती। अब समझूँगी बासमती! भला तुम्हारे ऐसी समझानेवाली कहाँ मिलेगी! पर तुम भी समझो, जो सचमुच भले घर की बहू-बेटी हैं! जो कहने-सुनने को भली स्त्री नहीं है! जो पहनने को उसके पास कपड़ा तक न हो—हाथ में चूड़ी तक न हो—खाने को दो-दो दिन पीछे मिलता हो—पति भी निकम्मा और निखट्टू हो—तो भी वह अपनी मरजाद नहीं गँवा सकती—अपना सत नहीं बिगाड़ सकती—और अपना धर्म नहीं खो सकती। जिसको रत्ती भर समझ होगी—वह थोड़े से सुख के लिए सदा नरक की आग में जलना अच्छा न समझेगी। तुम कहती हो, यह जोबन सदा ऐसा ही न रहेगा, जोबन ढल जाने पर कोई सीधे आँख उठा कर न देखेगा—इस से पाया जाता है, जब तक जोबन है, तभी तक पूछ है, पीछे घोर अँधियाला है। तो क्या येही बातें ऐसी हैं—जिससे जोबन के दिनों में जी खोल कर मनमानी करनी चाहिए? आँख मूँद कर पाप-पुण्य का बिचार छोड़ देना चाहिए? ये बातें तो ऐसी नहीं हैं!!! ये बातें तो हमको और डराती हैं, डंका बजा कर कहती हैं, चार दिन के जोबन पर मत भूलो, पाप मत कमाओ, यह जोबन बाढ़ के पानी की भाँति देखते-देखते निकल जावेगा, फिर पछताना ही हाथ रहेगा। इससे पहले ही समझ-बूझ कर चलो, जो रङ्ग इतना कच्चा है, उसके भरोसे पाप करना अच्छा नहीं!

बासमती। जान पड़ा बेटी! तुम नरक-स्वर्ग का भेद भली-भाँति समझती हो, धर्म का मरम भी जानती हो, पर यह तो बतलाओ—अपने को आप मार देना किस पोथी में पुण्य लिखा है? क्या विष खाकर मर जाना पाप नहीं है?

देवहूती। जो मैं ऐसा न समझती, बिष खा कर कभी मर गयी होती। मुझको जीना भी भारी है, पर मैं जो अब तक बिष खा कर नहीं मरी, क्या उसका दूसरा कारण है? नहीं, दूसरा कारण नहीं है! मैं जानती हूँ, मेरे यहाँ की पोथियों में ऐसा करना बड़ा पाप लिखा है, तभी मैं आज तक ऐसा न कर सकी। पर धर्म की रक्षा के लिए किसी काम का करना

पाप नहीं है। जब मैं देखूँगी मेरा धर्म जाता है—पापी के हाथ से अब छुटकारा नहीं मिलता, उस दिन के लिए विष मेरे पास है। उस घड़ी मैं विष खाऊँगी, और विष खा कर अपने धर्म की रक्षा करूँगी।

बासमती। यह तो विष का पचड़ा हुआ—पर अन्न-पानी छोड़ कर जी को कलपा-कलपा कर मारना क्या है? यह कोई पुण्य होगा?

देवहूती। नहीं, यह भी पाप है! पर अन्न-पानी कौन छोड़ता है। यहाँ दो-चार दिन मैं अन्न-पानी न खाऊँगी तो क्या अब मैं अन्न-पानी खाऊँगी ही नहीं? ऐसा तुम समझ सकती हो—मेरा यह विचार नहीं है। मुझको यहाँ अन्न-पानी खाने-पीने में भी कोई अटक नहीं है, पर क्या करूँ, अब तुम लोगों की परतीत नहीं रही।

बासमती। जो जी में आवे करो, जब तुमको अपनी ही बात रखनी है, तो मैं कहाँ तक कहूँ। पर बहुत हठ अच्छा नहीं होता, यहाँ से तुम्हारा छुटकारा अब कभी नहीं हो सकता—दो-चार दिन नहीं, दो-चार बरस में भी यहाँ कोई नहीं पहुँच सकता। पर मुझसे रहा नहीं जाता, एक बात मैं फिर कहती हूँ। जो तुम यहाँ का अन्न-पानी काम में नहीं ला सकती हो, तो क्या वनफल और झरनों का पानी भी खा-पी नहीं सकती हो?

देवहूती। जो मेरे जी में आवेगा, मैं करूँगी। अपना प्राण सब को प्यारा होता है—पर तुम किसी भांति मेरी आँखों के सामने से दूर हो।

बासमती। बेटी! जितनी तुम टेढ़ी हो, मैं उतनी टेढ़ी नहीं हूँ। जो तुमको मेरा यहाँ रहना अच्छा नहीं लगता तो मैं जाती हूँ। मैं पहरे के भीलों से कहे जाती हूँ—वह तुमको वन में जाने से न रोकेंगे। तुम वन में जा कर अपनी भूख-प्यास बुझा आओ। पर भागना मत चाहना, नहीं तो भीलों के हाथ से दुख उठाओगी। यह कह कर बासमती चली गयी।

इक्कीसवीं पंखड़ी

बासमती के चले जाने पर देवहूती अपनी कोठरी में से निकली, कुछ घड़ी आँगन में टहलती रही, फिर ड्योढ़ी में आयी। वहाँ पहुँच कर उसने देखा, बासमती पहरे के भीलों से बातचीत कर रही है। यह देख कर वह किवाड़ों तक आयी—और बहुत फुर्ती के साथ किवाड़ों को लगा कर—फिर भीतर लौट गयी। जब देवहूती अपनी कोठरी के पास पहुँची—देखा उस कोठरी में से एक जन आँगन की ओर निकला आ रहा है। यह देख कर वह भौचक बन गयी—सोचा राम-राम करके अभी बासमती से पीछा छूटा है—फिर यह बिपत कहाँ से आयी। बड़ा अचरज उसको इस बात का था—यह कोठरी में आया तो कैसे आया? उसमें तो कहीं से कोई पथ नहीं जान पड़ता!!! देवहूती घबराने को तो बहुत घबरायी—पर उसके जी को कुछ ढाढ़स भी हुआ। उसने पहचाना यह वही जन है—जिसने उस अँधियाली रात में उसके कोठे पर कामिनीमोहन से उसका सत बचाया था। देवहूती यह सब जानबूझ कर कुछ सोच रही थी, इसी बीच उसने पास आकर कुछ दूर से पूछा, देवहूती! मुझको पहचानती हो?

देवहूती ने सर नीचे करके कहा—क्यों नहीं पहचानती हूँ! जिसने प्राण से भी प्यारे मेरे धर्म की रक्षा की, क्या मैं उस को भूल सकती हूँ!

आये हुए जन का नाम देवस्वरूप है, यह आप लोग अब समझ गये होंगे। देवहूती की बातों को सुन कर उसने कहा—मैं तुमसे कुछ बातचीत करने के लिए यहाँ आया हूँ—मुझ से बातचीत करने में तुमको कुछ आनाकानी तो नहीं है? मैं नहीं चाहता बिना पूछे तुमसे सारी बातें कहने लगूँ।

देवहूती। मुझको चेत है—आपने उस दिन कहा था, जो लोग धर्म की रक्षा के लिए कभी-कभी इस धरती पर दिखलाई देते हैं—मैं वही हूँ। जो सचमुच आप वही हैं तो आपसे बातचीत करने में मुझको कुछ आनाकानी नहीं है। पर बात इतनी है, इस भाँति आपसे बातचीत करते मुझको इस सुनसान घर में जो कोई देख लेगा—तो न जाने क्या समझेगा। जो कोई न देखे तो धर्म के विचार से भी किसी सुनसान घर में किसी परायी स्त्री का पराये पुरुष के साथ रहना और बातचीत करना अच्छा नहीं है। आप बड़े लोग हैं, इन बातों को

सोच कर जो अच्छा जान पड़े कीजिये, मैं आपसे बहुत कुछ नहीं कह सकती।

देवस्वरूप। मैं यह जानता हूँ। बासमती यहाँ आयी हुई है—दूसरी बातें जो तुम कहती हो मुझको भी उनका वैसा ही विचार है। मैं कभी यहाँ न आता, पर एक तो मैंने देखा, बिना अन्न-पानी तुम मर जाना चाहती हो। दूसरे आज अभी एक ऐसी बात हुई है, जिससे तुम्हारी सारी बिपत कट गयी। मुझको यह बात तुमको सुनानी थी, इसीलिए मुझको यहाँ आना पड़ा।

देवहूती। वह कौन-सी बात है जिससे मेरी सारी बिपत कट गयी? आप दया करके उसको बतला सकते हैं?

देवस्वरूप। कामिनीमोहन कल्ह रात ही में बासमती को यहाँ छोड़ कर घर चला गया था। आज दिन निकले वह गाँव से इस वन की ओर घोड़े को सरपट फेंकता हुआ आ रहा था। इसी बीच एक गीदड़ एक झाड़ी से दूसरी झाड़ी में ठीक घोड़े के सामने से होकर दौड़ता हुआ निकल गया। घोड़ा अचानक चौंक पड़ा—और उस पर से धड़ाम से कामिनीमोहन नीचे गिर पड़ा। गिरते ही उसका सर फट गया—और वह अचेत हो गया। उसके लोग जो पीछे आ रहे थे—घड़ी भर हुआ उसको उठा कर घर ले गये। जैसी चोट उसको आयी है— उससे अब उसके बचने का कुछ भरोसा नहीं है—मैं इसीसे कहता था तुम्हारी सारी बिपत कट गयी।

देवहूती। कामिनीमोहन ने अपनी करनी का फल पाया है, और मैं क्या कहूँ!!! पर सचमुच क्या आप कोई देवता हैं, जो इस भाँति बिना किसी स्वार्थ के दूसरों का दुख दूर करते फिरते हैं!

देवस्वरूप। मैं देवता नहीं हूँ—एक बहुत ही छोटा जीव हूँ। उस दिन मैंने यह बात इसलिए कही थी—जिसमें कामिनीमोहन डर कर पाप करना छोड़ देवे।

देवहूती। अभी अपको मुझसे कुछ और कहना है?

देवस्वरूप? दो बातें कहनी हैं। एक तो तुम कुछ खाओ-पीओ—दूसरे यहाँ का रहना छोड़ कर घर चलो। तुम्हारी माँ की तुम्हारे बिना बुरी गत है—उनकी दशा देख कर पत्थर का कलेजा भी फटता है।

देवहूती। आपका कहना सर आँखों पर—आप में बड़ी दया है। पर आप जानते हैं स्त्रियों का धर्म बड़ा कठिन है! आपने मेरी बहुत बड़ी भलाई की है—मेरा रोआँ-रोआँ आपका ऋणी है। पर इतना सब होने पर भी आप निरे अनजान हैं—आप जैसे अनजान और बिना जान-पहचान के पुरुष के साथ मैं कहीं आ-जा नहीं सकती। दूसरे जो दो दिन पीछे मैं इस भाँति अचानक घर चली चलूँ तो माँ न जाने क्या समझेंगी। अभी तो उन्होंने यही सुना है—मैं डूब कर मर गयी—रो-कलप कर उनका मन मान ही जावेगा। पर जो कहीं उनके मन में मेरी ओर से कोई बुरी बात समायी—तो अनर्थ होगा—मेरा उन का दोनों

का जीना भारी होगा। रहा कुछ खाना-पीना, इसके लिए अब आप कुछ न कहें। मैं समझ-बूझ कर जो करना होगा करूँगी।

देवस्वरूप। बात तुम बहुत ठीक कहती हो—मैंने तुम्हारी इन बातों को सुन कर बहुत सुख माना। पर इतना मुझको और कहना है—इस वन से तुम्हारा छुटकारा बिना मेरी परतीत किये नहीं हो सकता।

देवहूती। क्या मैं आप की परतीत नहीं करती हूँ—यह आप न कहें। मेरा धर्म क्या है, इस बात को आप सोचिये। और बतलाइये मुझको क्या करना चाहिए। इस जग में सैकड़ों बातें लोग ऐसी करते हैं—जिनमें ऊपर से देखने में उनका कोई अर्थ नहीं होता—पर समय पर कर उन्हीं बातों में उनकी बड़ी दूर की चाल पायी जाती है। आज जिसको किसी की भलाई के लिए अपना तन-मन-धन सब निछावर करते देखते हैं—कल्ह उसी को उसके साथ अपने जी की किसी बहुत ही छिपी चाह के लिए ऐसा बुरा बरताव करते पाते हैं—जिसको देख कर बड़े पापी के भी रोंगटे खड़े होते हैं। ये बातें ऐसी हैं जिनका मरम आप जैसे बड़े लोग भी ठीक-ठीक नहीं पाते। स्त्रियाँ क्या हैं जो इन भेद की बातों का ओर-छोर पा सकें। इसीलिए उन को यह एक मोटी बात बतलायी हुई है—अपने इने-गिने जान-पहचान के लोगों को छोड़ कर दूसरे को पतिआना उनका धर्म नहीं है। मैं आप से इन्हीं बातों को सोचने के लिए कहती हूँ। रहा इस वन से छुटकारा पाना। यह एक ऐसी बात है जिसके लिए मुझको तनिक घबराहट नहीं है—अपजस के साथ घर लौटने से जस के साथ वन में मरना अच्छा है।

देवस्वरूप—मैं तुम्हारे इन विचारों को सराहता हूँ। तुम्हारे धीरज करने से ही तुम्हारी सारी बिपत कटती है।

देवस्वरूप के इतना कहते ही उसी कोठरी में से एक जन और देवहूती की ओर आता दिखलायी पड़ा। इसके सिर पर बड़ी-बड़ी जटाएँ थीं, उसकी बहुत ही घनी उजली और लम्बी दाढ़ी थी, जो छाती पर भौंड़ेपन के साथ फैली थी, मुखड़े पर तेज था, पर यह तेज निखरा हुआ तेज न था, इसमें उदासी की छींट थी। माथे में तिलक, गले में तुलसी की माला, बायें कन्धे पर जनेऊ और हाथ में तूमा था। अँचले की भाँति एक धोती कमर से बँधी थी—जो कठिनाई से ठेहुने के नीचे तक पहुँचती थी। स्वभाव बहुत ही सीधा और भला जान पड़ता था, भलमनसाहत रोंये-रोंये से टपकती थी। जब यह देवहूती के पास पहुँचा, देवस्वरूप ने कहा, देवहूती इनकी ओर देखो, इनको मत्था नवाओ, और अब तुम इनके साथ जाकर कुछ खाओ-पीओ, मैं देखता हूँ तुम्हारा जी गिरता जाता है—इनके साथ जाने में भी क्या तुमको कोई अटक होगी?

देवहूती ने बड़ी कठिनाई से सर उठा कर इस दूसरे जन की ओर देखा, देखते ही चौंक उठी मानो सोते से जाग पड़ी। उस के जी में बड़ा भारी उलट-फेर हुआ—कुछ घड़ी वह ठीक

पत्थर की मूर्ति बन गयी। पीछे उसकी आँखों से आँसू बह निकले। देवस्वरूप ने उस दूसरे जन का भी रंग कुछ पलटता देख कर कहा—देखो, इन सब बातों का अभी समय नहीं है—इस घड़ी चुपचाप यहाँ से निकल चलना चाहिए, फिर जैसा होगा देखा जावेगा। यहाँ ही रहने में भी अब कोई खटका नहीं है—बासमती कुछ कर नहीं सकती। पर जब तक कामिनीमोहन का क्या हुआ, यह ठीक न जान लिया जावे, तब तक किसी हाथ आयी बात में चूकना अच्छा नहीं। देवस्वरूप की बातों को सुन कर दूसरा जन कोठरी की ओर चला—देवहूती बिना कुछ कहे उसके पीछे चली। इन दोनों के पीछे देवस्वरूप चला—तीनों कोठरी में आये।

कोठरी में पहुँच कर देवहूती ने देखा वहाँ की धरती में एक सुरङ्ग है—और उसी सुरङ्ग में से हो कर नीचे उतरने को सीढ़ियाँ हैं। इसी पथ से हो कर ये तीनों जन नीचे उतरे। नीचे उतर कर देवस्वरूप ने वहीं लटकती हुई एक लम्बी रस्सी को पकड़ कर खींचा, उसके खींचते ही सुरङ्ग का मुँह मुँद गया—और नीचे ऊपर पहले जैसा था—ठीक वैसा ही हुआ। पीछे वह तीनों जन नीचे ही नीचे वन में एक ओर निकल गये॥

बाईसवीं पंखड़ी

दिन बीतता है, रात जाती है, सूरज निकलता है, फिर डूबता है, साथ ही हमारे जीने के दिन घटते हैं। हम लोगों से कोई पूछता है, तो हम लोग कहते हैं, मैं बीस बरस का हुआ, कोई कहता है, मैं चालीस का हुआ। कहने के समय तनिक भी हिचक नहीं होती—मुखड़ा वैसा ही हँसता रहता है—मानों हम लोग जानते ही नहीं मरना किसे कहते हैं; पर सच बात यह है—हम बीस बरस—चालीस बरस—के नहीं होते। हमारे जीने के दिन में से—बीस बरस—चालीस बरस—घट जाते हैं। जो हम को पचास बरस जीना है—तो अब हमारा दिन पूरा होने में—तीस बरस—और दस बरस—और रह जाते हैं। दूर तक सोचा जावे तो इसमें हिचकने और मुँह के उदास बनाने की कोई बात है भी नहीं—मरना इतना डरावना नहीं है, जितना लोग समझते हैं। सच तो यों है मरने ही से जीने का आदर है—जो जग में मरना न होता—लोग जीने से घबरा जाते, न तो खाना कपड़ा मिलता, न ठहरने को ठौर मिलती, न रहने को घर अँटता, उस समय धरती पर कैसा लौट-फेर होता—यह बात सोचने से भी जी काँपता है। पर हम बहुत दूर की बात नहीं कहते हैं—हम उसी बात को दिखलाते हैं जिसको सोच कर सभी मरने से डरते हैं। धरती एक अनोखी ठौर है, इस पर जनम ले कर एक न एक बात में सभी उलझ जाते हैं। जिस ढंग का जिसका जी होता है—प्यार करने के लिए वैसा ही बहुत कुछ उसको यहाँ मिल जाता है। एक चितेरे को लो, देखो वह यहाँ के फल-फूल-पत्तियों, चमकते हुए सूरज, प्यारी किरणों वाले चाँद, जगमगाते हुए तारों, सुथरे जलवाली झीलों, हरे-भरे जङ्गलों, उजले-धौले पहाड़ों, कलकल बहती हुई नदियों, चाँद से मुखड़ेवाली नबेलियों, बाँके-बाँके बीरों और दूसरी सहज ही जी लुभानेवाली छटाओं को कितना प्यार करता है। इनको ले कर वह कैसी-कैसी काट-छाँट करता है—कैसे-कैसे बेल-बूटे बनाता है। दिन-रात होती है, सूरज उगता और डूबता है, पर उसको इन कामों से छुट्टी नहीं। वह देखता सब कुछ है, समय पर करता सब कुछ है, पर जैसा चाहिए उसका जी इधर नहीं रहता। वह अपनी धुन में डूबा हुआ, अपनी ही काट-छाँट में लगा रहता है। कितनी मूर्तियाँ बनाता है—कितने वन, परबत, नदी, झीलों की छबि उतारता है। पर फिर भी सोचता है, अभी मुझको बहुत कुछ करना है। अभी मैंने

यह मूर्ति नहीं बनायी, अभी तक मूर्ति में रङ्ग भरना है, इस मूर्ति के गालों की लाली ठीक नहीं उतरी, भौंहें भी ठीक-ठीक नहीं बनीं, आँखों के बनाने में तो मुझसे बहुत ही चूक हुई, तिरछी चितवन क्या यों ही दिखलायी जाती है!!! वह यही सब सोचता रहता है, इसी बीच काल उसको आ घेरता है—मन की बात मन ही में रह जाती है, वह कितनी बातों के लिए छटपटाता है—पर करे तो क्या करे—विष की-सी घूँट घोंट कर वह काल का सामना करता है—और बहुत-सी चाहों को जी में रखे हुए इस धरती से उठ जाता है। इसी भाँति कोई घर-बार बाल-बच्चों में उलझा रहता है, कोई पूजा-पाठ और जप-तप में लगा रहता है, कोई राजकाज और धन-धरती में फँसा होता है, कोई गाने-बजाने और हँसी-खेल में मतवाला होता है, पर सभी के ऊपर काल अचानक टूटता है, और सभी को बरबस इस धरती से उठा ले जाता है—सभी अपना काम अधूरा छोड़ते हैं, पछताते हैं, पर कुछ कर नहीं सकते।

कामिनीमोहन की भी आज ठीक यही दशा है—वह खाते-पीते, सोते-जागते, भोले-भाले मुखड़े का ध्यान करता, जहाँ रसीली बड़ी-बड़ी आँखें देखता वहीं लट्टू होता, गोरे-गोरे हाथों में पतली-पतली चूरियाँ उसको बावला बनातीं, सुरीले कण्ठ का बोल सुन कर वह अपनी देह तक भूल जाता, गदराया हुआ जोबन उसके कलेजे में पीर उठाता—उसकी इन्हीं बातों ने उसको नयी-नयी जवान स्त्रियों का रसिया बनाया। कितनी स्त्रियों का सत उसके हाथों खोया गया, कितनी स्त्रियाँ उसके हाथों मिट्टी में मिली, पर उसकी चाह न घटी, आजकल वह देवहूती पर मर रहा था, बिना देवहूती चारों ओर उसकी आँखों के सामने अँधेरा था। पर काल ने उसकी इन बातों को न सोचा, आज वह काल के हाथों पड़ा है काल को उसकी तनिक पीर नहीं है, आज वह उसको धरती से उठा लेना चाहता है।

कामिनीमोहन अपने घर की एक कोठरी में एक पलंग पर पड़ा हुआ आँखों से आँसू बहा रहा है। वहीं दस-पाँच जन और बैठे हुए हैं। दो-चार जन उसकी सम्हाल कर रहे हैं—गाँव के पुराने बैद पास बैठे हुए देखभाल कर रहे हैं। पर उनके मुखड़े पर उदासी छायी हुई है—वे कामिनीमोहन की दशा घड़ी-घड़ी बिगड़ते देख कर हाथ मल रहे हैं, पर उनसे कुछ करते नहीं बनता। कामिनीमोहन पहले अचेत था, पर बैद ने दो-एक बलवाली ऐसी औषधें खिलायी हैं, जिससे अब वह चेत में है। पर चेत में होने ही से क्या होता है—लहू सर से इतना निकल गया है और चोट इतनी गहरी आयी है—जिससे अब लोग उसकी घड़ी गिन रहे हैं—कामिनीमोहन के पास जो दस-पाँच जन बैठे हैं उनमें कुछ साधु और कुछ घरबारियों के भेस में। एक जन और बैठा है। इसका मुखड़ा भी उदास है, जी पर कुछ चोट-सी लगी जान पड़ती है, आँखें भी थिर हैं, पर कभी-कभी बिजली की कौंध की भाँति मुखड़े पर तेज भी झलक जाता है। साथ ही मुँह की एक ठण्डी साँस निकल कर बाहर की पवन में मिल जाती है। इसने कामिनीमोहन को अपनी ओर निराशाभरी डीठ से बार-बार ताकते देख कर कहा, क्या आप मुझको पहचानते हैं?

कामिनीमोहन। हाँ! पहचानता हूँ! देवस्वरूप आपका नाम है। उस दिन आप देवहूती की बिपत में सहाय हुए थे, क्या आज मुझको बिपत से उबारने के लिए आप यहाँ आये हैं?

देवस्वरूप की आँखों में पानी आया, उन्होंने कहा, मेरे हाथों जो आपका कुछ भला हो सके तो मैं जी से उसको करना चाहता हूँ, आपकी दशा देख कर मुझको बड़ा दुख है। पर क्या करूँ, मेरा कोई बस नहीं चलता। उस दिन देवहूती को बचाने के लिए जी पर खेल गया था, आज आपके लिए भी अपने को जोखों में डाल सकता हूँ, पर कैसे आपका भला होगा—यह मुझको बतलाया जाना चाहिए। मैं, जितने जीव हैं सबका भला करना, सबको बिपत से उबारना, अपना धर्म समझता हूँ—आपका भला करने में क्यों हिचकूँगा।

कामिनीमोहन। आप बड़े लोग हैं जो ऐसा कहते हैं—सच तो यों है, अब मैं किसी भाँति नहीं बच सकता—मेरे दिन पूरे हो गये। पर आप किसी भाँति यहाँ आ गये हैं, तो मैं आपसे दो-चार बातें पूछना चाहता हूँ, क्या आप उनको बतला सकते हैं?

देवस्वरूप। मैंने जो कुछ किया है—धर्म के नाते किया है, धर्म में खोट नहीं होती—आप पूछें मैं सब बातें सच-सच कहूँगा।

कामिनीमोहन ने इतना सुन कर, जो लोग कोठरी में बैठे थे बेद छोड़ उन सब लोगों से कहा, आप लोग थोड़ी बेर के लिए बाहर जाइये। उन लोगों के बाहर चले जाने पर उसने देवस्वरूप से कहा—पहले यह बतलाइये उस दिन आप देवहूती के कोठे पर कैसे पहुँचे, क्या आप देवहूती के कोई हैं? जो आप देवहूती के कोई नहीं हैं—तो आपने मेरी भेद की बातों को कैसे जान लिया।

देवस्वरूप। बड़ों न कहा है पाप कभी नहीं छिपता, क्यों उन्होंने ऐसा कहा है, यह बात थोड़ा-सा विचार करने पर अपने आप समझ में आती है। सच बात यह है—जिन पापों को हम बहुत छिपकर करते हैं, उनके भी देखने-सुनने वाले मिल जाते हैं। एक ही समय सब ओर न देखनेवाली हमारी आँखें चूकती हैं—दूसरी ओर लगा हुआ हमारा कान पास की बात भी नहीं सुनता। पर हमारे कामों की ओर लगी हुई देखनेवालों की आँखें—हमारी बहुत ही धीरे कही गयी बातों की ओर लगे हुए सुननेवालों के कान—अपने-अपने अवसर पर नहीं चूकते। बहुत ही चुपचाप ये सब अपना काम करते हैं—और हमारी बहुत-सी बातों को जान कर हमारी बहुत-सी होनेवाली बुराइयों का हाथ बँटाते हैं। पीछे इन्हीं देखने-सुनने वालों से हमारे पापों का भण्डा फूटता है। जिस दिन आपने रात में मुझको देवहूती के कोठे पर पाया, उसी दिन दोपहर को मैं देवहूती के घर के पासवाले पीपल के पेड़ के नीचे बैठा था। इस पीपल के पेड़ के पास एक पक्का कुआँ है—इसी कुएँ पर मुझको दो स्त्रियाँ बात करती दिखलायी पड़ी। उनमें एक बासमती थी, और दूसरी भगमानी। उन दोनों में बातचीत धीरे-धीरे हो रही थी, पर मैं सब सुनता था। एक-दो बार बासमती की डीठ मेरी ओर फिरी थी, पर उसने मुझको देख कर भी नहीं देखा। एक बार

जब उसकी डीठ मुझ पर पूरी पड़ी, तो वह कुछ चौंकी, पर उसी क्षण वह समझ गयी मैं बटोही हूँ। जो मैं गाँव का होता तो उसको कुछ उलझन होती भी, पर बटोही समझ कर वह मेरी ओर से निश्चिन्त हो गयी। और जो बातें भगमानी से कहने को रह गयी थीं, उनको भी उसी भाँति धीरे-धीरे उसने उससे कहा, पीछे दोनों वहाँ से चली गयीं। जितनी बातें बासमती और भगमानी में हुईं—उनको सुन कर मैं उस दिन होनेवाली सब बातों को भली-भाँति जान गया, और उसी समय अपने मन में ठाना, जैसे हो एक भले घर की स्त्री का सत बचाना चाहिए। यह सब सोच कर मैं छह घड़ी रात गये, देवहूती के घर के पिछवाड़े एक ठौर ओलती के नीचे आकर खड़ा हुआ। आप अपने दोनों साथियों के साथ ठीक मेरे पास से होकर निकले थे—पर आपने मुझको नहीं देखा। जिस खिड़की से होकर हम और आप ऊपर गये थे—वह खिड़की उस ठौर के बहुत पास थी। आपको दो और साथियों के साथ देख कर मैं घबराया, पर कुछ ही बेर में मेरी बिपत टल गयी, जब आपके दोनों साथी आपके गहनों का डिब्बा लेकर वहाँ से नौ-दो ग्यारह हुए। उन दोनों के चले जाने पर मैं कोठे पर चढ़ा। कोठे पर ज़ो कुछ हुआ, वह सब आप जानते हैं। मैंने बातचीत के समय आपसे कहा था, जहाँ वह दोनों गये वहाँ तू भी जा, पर उस समय उनको भगा हुआ जानकर मैंने आपको घबड़ा देने के लिए ऐसा कहा था, मेरा उस समय ऐसा कहने का कोई दूसरा अर्थ न था।

कामिनीमोहन। एक बात तो हुई—दूसरी बात मुझको यह पूछनी है—क्या इस गाँव के वन में भी आप आ-जा सकते हैं? क्योंकि कल जब मैं वन में गया था, तो उसमें कई बार मैंने गाना होते सुना। यह गाना आप ही के गले से होता जान पड़ता था; क्योंकि आपके गले को मैं भली-भाँति पहचानता हूँ।

देवस्वरूप। उस दिन मैंने जो कुछ देखा-सुना, उससे मेरे जी में बहुत बड़ी उलझन पड़ गयी। सब बातें जानने के लिए मेरा जी उकताने लगा। पर मुझको कोई बात ऐसी न सूझी, जिससे मेरा काम निकल सके। इसलिए मैं गाँव के बाहर धुनी रमा कर साधुओं के भेस में बैठा, यहाँ मुझको तुम्हारी बहुत-सी बातें जान पड़ीं। पर देवहूती पर तुम्हारा जी आया हुआ है—और तुम उसको फाँसना चाहते हो, ये बातें मैंने किसीसे न सुनीं। हाँ, तुम्हारी चालचलन की जितनी बुराई सुनी गयी, उतना ही पारबती और देवहूती के चालचलन को लोगों को सराहते सुना। लोगों ने तुम्हारी और बातों के साथ तुम्हारे वन के अड्डे की चर्चा भी मुझसे की। सभोंने मुझसे यही कहा, न तो उसमें कोई जा सकता है और न वहाँ का भेद कोई जानता है, पर इतना सभी कहते, वन के सहारे कामिनीमोहन बड़ा अनर्थ करता है। यह सब सुन कर मैंने अपने जी में यह दो बातें ठानी। एक तो जैसे हो आपका चालचलन ठीक किया जावे—दूसरे वन का सारा भेद जान लिया जावे। पहले मैंने वन का भेद जानना चाहा—और दो दिन पीछे गाँव से वन की ओर चला। वन

का भेद जानने में मुझको पूरा एक महीना लगा। मैंने वन के सब भीलों को अपना चेला बनाया, और उन सबों ने वन का सारा भेद मुझको बतला दिया। वन में मिट्टी के नीचे खँडहरों में से हो कर बहुत-सी सुरंगें निकली हुई हैं—मैंने उन भीलों के सहारे एक-एक करके उन सबको छान डाला। जिस दिन मैं सब कुछ देख-भाल कर गाँव की ओर लौट रहा था, मैंने दूर से आप को वन में आते देखा, और समझ गया—आप किसी बुरे काम के लिए ही वन में आ रहे हैं। मेरा दूसरा काम आपको पाप से बचाना था, इसलिए गाने के बहाने मैंने उस बेले ऐसी सीख आपको दी, जिसको सुन कर आप पाप करने से हिचके। पर दुख की बात है—उस दिन के मेरे किसी गीत ने काम नहीं किया, और आप अपनी बातों पर वैसे ही जमे रहे। जब आप मुझको बड़ के नीचे खोज रहे थे, तो मैं वहीं मिट्टी के नीचे एक सुरंग में था। जब आपसे और देवहूती से बातचीत उस खँड़हरवाले घर में हुई, तब भी मैं उसी कोठरी के नीचे के एक सुरङ्ग में खड़ा सब सुनता रहा, और यहीं से बाहर निकल कर आपकी बात पूरी होने पर मैंने अपना सबसे पिछला गीत देवहूती को ढाढ़स बँधाने के लिए गाया। आप कह सकते हैं तुम एक बटोही थे, तुमको इन बातों से क्या काम था, पर सच बात यह है, मैंने जनम भर अपने लिए ऐसे ही कामों का करना ठीक किया है, मुझको ऐसे कामों को छोड़ दूसरा काम नहीं है, और इसीलिए मैंने जिस दिन आपके गाँव में पाँव रखा, उसी दिन अपने को जोखों में डाल दिया था।

कामिनीमोहन ने एक ऊँची साँस भर कर कहा, आप कह सकते हैं, मरती बेले मुझको इन बातों से क्या काम था, पर सच बात यह है, मुझको देवहूती के चालचलन का खटका था, आप को इस भाँति उसका सहाय होते देख कर ही मेरे जी में यह खटका हुआ था। मैं अपने जी को बहुत समझाता था, नहीं, देवहूती का चालचलन कभी बुरा नहीं है—पर यह न मानता। अब आप की बातों को सुन कर मेरा सब भरम दूर हुआ—अब मैं अपना काम करके मरूँगा।

इतना कह कर कामिनीमोहन ने एक बात देवस्वरूप से कही—देवस्वरूप ने भी उसको अच्छा कहा। पीछे गाँव के बड़े-बड़े लोग बुलाये गये। सब लोगों के आ जाने पर एक काम कामिनीमोहन ने बहुत धीरज के साथ किया। पर ज्यों ही वह काम पूरा हुआ, कामिनीमोहन की साँस ऊपर को चलने लगी, उसकी आँखें बिगड़ गयीं, और रह-रह कर वह चौंक उठने लगा। उसकी यह गत देखकर देवस्वरूप ने कहा, कामिनीमोहन तुम रह रह कर इतना चौंकते क्यों हो? कामिनीमोहन की पलकें उठती न थीं—पर उसने धीरे-धीरे आँखें खोलीं और कहा, बड़ी डरावनी मूर्तियाँ सामने देख रहा हूँ—क्या यमदूत इन्हींका नाम है! मैं इनके डर से काँप रहा हूँ। मुझको जान पड़ता है, मुझको मारने के लिए वह सब मेरी ओर लपक रहे हैं। ओहो! कैसे-कैसे डरावने हथियार उन लोगों के हाथों में हैं। आप इनके हाथों से मुझको बचाइये, क्या यह सब मुझको नरक में ले जावेंगे? मैं इन्हीं सबों

से डर कर चौंक उठता हूँ। यह कहते-कहते कामिनीमोहन की आँखें फिर मुँद गयीं।

देवस्वरूप को कामिनीमोहन की बातें सुन कर बड़ा दुख हुआ। उन्होंने जी में सोचा, अभी कल ये कह रहे थे, नरक-स्वर्ग कहीं कुछ नहीं है, परमेश्वर भी एक धोखे की टट्टी है, और आज इनकी यह गत है, सच है, मरने के समय बड़े पापी की भी आँखें खुलती हैं। जब तक बने दिन होते हैं, मुनष्य बेबस नहीं होता, तभी तक उसको सब सीटी पटाक रहती है। बिपत पड़ने पर उसका जी कभी ठिकाने नहीं रहता। पर यह माटी का पुतला इन बातों को पहले नहीं सोचता, दुःख इतना ही है। इतना सोच कर देवस्वरूप ने कहा—कामिनीमोहन राम राम कहो, राम का नाम सब बिपतों को दूर करता है।

कामिनीमोहन। बान लगाने से ही सब कुछ होता है—जैसी बान सदा की होती है—काम पड़ने पर वही बान काम में आती है। मैंने आज तक राम का नाम जपने की बान नहीं डाली, इसलिए इस बेले भी मुझसे राम राम नहीं कहते बनता। मैंने जो पाप किये हैं—वे एक-एक करके मेरी आँखों के सामने नाच रहे हैं। मेरा जी बेचैन हो रहा है—अपने पापों का मुझको क्या फल मिलेगा, यह सोच कर मेरा रोआँ-रोआँ कलप रहा है, गले में काँटे पड़ रहे हैं, जीभ सूख रही है, तालू जल रहा है—मैं राम राम कहूँ तो कैसे कहूँ।

इतना कहते-कहते कामिनीमोहन चिल्ला उठा, मुझको बचाओ, बचाओ, ये काले-काले, डरावने, टेढ़े-टेढ़े दाँतवाले यमदूत मुझको मारे डालते हैं। फिर कहा, अरे बाप! अरे बाप!! मरा! मरा!!! क्या ऐसा कोई माई का लाल नहीं है, जो मुझको इनके हाथों से बचावे!!! आह! आह!! जी गया! जी गया!! मेरे रोंये-रोंये में भाले क्यों चुभाये जा रहे हैं! मेरी जीभ क्यों ऐंठी जाती है! मेरी बोटी-बोटी क्यों काटी जाती है! मेरा कलेजा क्यों निकाला जाता है! लोगो दौड़ो! लोगो दौड़ो!! अब तो नहीं सहा जाता!!!

देवस्वरूप ने कामिनीमोहन के सर पर हाथ रख कर कहा—कामिनीमोहन राम राम कहो, तुम्हारी सब पीड़ा दूर होगी। कामिनीमोहन ने कहा, राम-राम—फिर कहा, उहं! उहं!! रहो! रहो!! अरे मेरे गले में जलते-जलते लोहे के छड़ क्यों डाले देते हो!!! अरे अरे! यह क्या! यह क्या!! हाय बाप! हाय बाप!! मार डाला! मार डाला!!!

देवस्वरूप की आँखों से कामिनीमोहन की दशा देख कर आँसू चलने लगे—वह कामिनीमोहन से कुछ न कह कह आप उसकी खाट पर बैठे गये—धीरे-धीरे उसके कान में राम राम कहने लगे—पर कामिनीमोहन छटपटाता इतना था, जिससे वह भली-भाँति उसके कानों में राम राम भी नहीं कह सकते थे। अब कामिनीमोहन की साँस बड़े बेग से ऊपर को खिंच रही थी—गले में कफ आ गया था—साँस के आने-जाने में बड़ी पीड़ा हो रही थी। आः ! आः!! उहं! उहं!! करने छोड़ वह कुछ कह भी नहीं सकता था। गला घर्र-घर्र कर रहा था। इतने में उसकी देह को एक झटका-सा लगा—आँखों के कोये फट गये—और सड़ाके से साँस देह के बाहर हो गयी। सारे घर में हाहाकार मच गया।

तेईसवीं पंखड़ी

एक चूकता है—एक की बन आती है। एक मरता है—एक के भाग्य जागते हैं। एक गिरता है—एक उठता है। एक बिगड़ता है—एक बनता है। एक ओर सूरज अपने तेज को खो कर पश्चिम ओर डूबता है—दूसरी ओर चाँद हँसते हुए पूर्व ओर आकाश में निकलता है। फूल की प्यारी-प्यारी जी लुभानेवाली पंखड़ियाँ एक ओर झड़ती हैं—दूसरी ओर अपने हरे रंग से जी को हरा करते हुए फल सर निकालते हैं। इधर पतझड़ होती है—उधर नयी-नयी कोपलों से पौधे सजने लगते हैं। इधर रात की अँधियाली दूर होती है—उधर दिन का उजियाला फैलने लगता है। जग का यही ढंग सदा से चला आया है। कामिनीमोहन मर गया, दो-चार दिन गाँव में उसकी बड़ी चर्चा रही, कोई उसके लिए आठ-आठ आँसू रोता रहा, कोई उस पर गालियों की बौछार करता रहा, कोई उसको भला कहता रहा, कोई उसको बुरा बताता रहा। जो उसके बैरी मित्र कुछ न थे, वे उसके जवान मरने पर आँसू बहाते, पर जब उसकी बुरी चालों को सुनते, नाक-भौं सिकोड़ते, कहते—हाय! कामिनीमोहन! चार दिन के जीने पर तुम इतने आपे से बाहर हो गये थे, तुमको सोचना चाहिए था, मरने पीछे जग में जस और अपजस ही रह जाता है। दो-चार दिन पीछे लोगों को ये सारी बातें भूल गयीं। धीरे-धीरे कामिनीमोहन की ठौर एक दूसरा जन लोगों के जी में घर करने लगा, गाँव में जहाँ देखे वहीं उसीकी चर्चा होती—ये हमारे देवस्वरूप थे। ज्यों-ज्यों वे कामिनीमोहन की क्रिया बिध के साथ लगे, ज्यों-ज्यों वे गाँव के लोगों के साथ दया और प्यार से बरतने लगे, त्यों-त्यों लोगों का जी उनकी ओर खिंचने लगा।

धीरे-धीरे कामिनीमोहन का दसवाँ हुआ, फिर तेरहवीं हुई, देवस्वरूप ने कामिनीमोहन का सब काम पूरा-पूरा कराया, क्रिया-कर्म की कोई बिधि उठा न रखी। जब सब कर्म हो चुका, तो एक दिन एक चौपाल में सारा गाँव इकट्ठा हुआ, गाँव का कोई मुखिया ऐसा न था, जो उस समय वहाँ न पहुँचा हो। जब सब लोग आ कर अपनी-अपनी ठौरों बैठ चुके देवस्वरूप उठ कर खड़े हुए, और कहा—कामिनीमोहन ने मरते समय अपने धन के

लिए कुछ लिखा पढ़ी की है, ओर जो लोग उस समय वहाँ थे उनसे कहा था, मेरा सब कर्म हो जाने पर एक दिन गाँव के सब लोगों को इकट्ठा करना, और जो लिखावट आज मैं लिखता हूँ उसको पढ़ कर सबको सुनाना, पीछे इस लिखावट में जैसा लिखा है वैसा करना। आज आप लोग उसी लिखावट को सुनने के लिए यहाँ बुलाये गये हैं। आप लोगों के गाँव के पाँच बड़े मुखियाओं ने जिनको आप लोग यहाँ बैठे देख रहे हैं, उस लिखावट को मुझको पढ़ने के लिए दिया है—वह लिखावट यह मेरे हाथ में है। मैं अब इसको पढ़ता हूँ—आप लोग इसको सुनें। इतना कह कर देवस्वरूप उस लिखावट को पढ़ने लगे लिखावट यह थी—

"मैं कामिनीमोहन बेटा राधिकामोहन रहनेवाला बंसनगर परगना हरगाँव (गोरखपुर) का हूँ—

"मेरे कोई लड़की-लड़का नहीं है, जो सम्पत्ति मेरे पास है, वह सब मेरे बाप की कमाई हुई है, इसमें मेरे बंश के किसी दूसरे को कोई साझा नहीं है। मेरे मरने पर मेरा यह सारा धन मेरी स्त्री फूलकुँअर का होगा, पर इतना धन एक थोड़े बयस की स्त्री के हाथ में छोड़ जाना मैं अच्छा नहीं समझता, इसलिए मरने के पहले मैं अपने धन के लिए कुछ लिखा-पढ़ी करना चाहता हूँ—

"किसी का सर पर न होना, और बहुत-सा धन अचानक हाथ में आ जाना, अनर्थों की जड़ है, मेरे बाप के मरने पर मेरी यही गत हुई थी—मेरे मरने पर मेरी स्त्री की भी ठीक यही गत होगी। मेरा जन्म ब्राह्मण के घर में हुआ है—मैं लिखा पढ़ा भी हूँ—दस भलेमानस के साथ उठा-बैठा भी हूँ—समय का फेरफार भी देखा है। पर मैंने क्या किया? कोई बुरा कर्म मुझ से करने से छूटा? जब मेरी यह गत हुई, तो सब भाँति से कोरी एक स्त्री ऐसी दशा में क्या करेगी—यह कह कर बतलाने का काम नहीं है। पर इन सब बातों को सोच कर इस बेले जो मैं कोई ढंग निकाल जाऊँ—तो मैं समझता हूँ सभी समझवाले इस बात को अच्छा समझेंगे—

"मेरे बाप ने बड़ी कठिनाई से इतनी सम्पत्ति कमायी थी, एक-एक पैसे के लिए उन्होंने कितनों का रोआँ कलपाया था, छल-कपट करके कितनों का सरबस हरा था, पर इतनी बड़ी सम्पत्ति में से एक पैसा उनके साथ न गया, मैं उनका प्यारा बेटा हूँ, मैं भी आज इसको छोड़ कर चला। फिर क्यों लोग दूसरों का रोआँ कलपा कर धन इकट्ठा करते हैं, यह कुछ समझ में नहीं आता। क्या यह उन्हीं कलपे हुए लोगों की आह का फल नहीं है, जो आज इतनी बड़ी सम्पत्ति का कोई भोगनेवाला नहीं रहा? जान पड़ता है जब तक किसी की चलती है—तब तक नहीं सूझता। आज मुझको अपने बाप के लिए ये बातें सूझ रही हैं—पर कल्ह उनसे बढ़-बढ़ कर मैं बुरे-बुरे कर्म गली-गली करता था, उस घड़ी तो लोगों के समझाने पर भी मेरी आँख न खुली। मुझ को इस घड़ी इन पचड़ों से कुछ

काम न था, पर एक तो इन बातों को दिखला कर मैं इस ढंग से धन बटोरनेवाले की आँखें खोलता हूँ—दूसरे जिनको अपनी सम्पत्ति सौंपना चाहता हूँ, उन के कान भी खड़े किये देता हूँ। मरते समय मरनेवाले के मुँह की ऐसी बातें बहुत काम की होती हैं।

"देवहूती कौन है? कहाँ रहती है? मैं यह बतलाना नहीं चाहता। आजकल हमारे गाँव के सभी देवहूती को जानते हैं। पर मैं यह कहूँगा, देवहूती एक बहुत ही सीधी, सच्ची, सती, समझवाली, और भलेमानस स्त्री है। मैंने आज तक बहुत सी स्त्रियाँ बहुत से ढंग की देखीं—पर देवहूती ऐसी स्त्री मुझको देखने में नहीं आयी। मेरे दिन बड़े खोटे थे—जो मेरा जी देवहूती पर आया, और, अचरज नहीं है जो एक सती स्त्री पर बुरी डीठ डालने से ही आज मैं भरी जवानी में इस भाँति अचानक मर रहा हूँ। मैंने देवहूती को फाँसने के लिए क्या नहीं किया—कैसी-कैसी चाल नहीं चला—पर मेरी सब चालों में देवहूती के धर्म की जै-जैकार रही और मैं सदा मुँह की खाता रहा। क्या इतना कहने पर भी देवहूती के सत के लिए मुझको कुछ और कहना चाहिए—मैं समझता हूँ अब कुछ कहने का काम नहीं है—पर इतना कहूँगा। जैसे गंगाजल खारा नहीं हो सकता, चाँद की किरणें मैली नहीं हो सकतीं, सूरज पर अँधियाली नहीं दौड़ सकतीं—वैसे ही देवहूती के सत पर अपजस का धब्बा नहीं लग सकता। मैं पहले देवहूती को प्यार की डीठ से देखता था, पर आज मैं उसको एक देवी समझता हूँ—जी से उसके आगे मत्था नवाता हूँ—और जो कुछ साग-पात मेरे पास है, उसको आदर के साथ उसके सामने रख कर उसकी पूजा करना चाहता हूँ। मैं बड़ा पापी हूँ, क्या जानें इस पूजा के फल से उस लोक में मेरा कुछ भला हो। दूसरे यह भी दिखलाना है—जो स्त्री संकट के समय भी अपना धर्म निबाहती है, उस लोक की कौन कहे, उसको यहाँ ही सब कुछ मिलता है—

"मेरी स्त्री फूलकुँवर कैसी है? मैं इसको क्या कहूँ। पर मुझ ऐसे कुचाली पति से भी जो कभी उखड़ कर नहीं बोली—वह स्त्री कैसी स्त्री है—इसको समझने वाले आप समझ लें। हाय! आज उसके ऊपर कैसी विपत ढहती है! इस को नेक सोचने पर भी कलेजा फटता है। पर मैं उसको देवहूती के हाथ में सौंपता हूँ—देवहूती से बढ़ कर मैं किसी को ऐसा नहीं देखता, जो फूलकुँवर का आँसू ठीक-ठीक पोंछ सके—और उसको अपने धर्म पर भी रखे। देवहूती के हाथों फूलकुँवर का अच्छा निबटेरा होगा—मेरे जी को इसकी पूरी परतीत है—

"मेरे बंस के जो लोग हैं, भगवान की दया से वे सब अच्छे हैं—सबको दूध-पूत है—धन-सम्पत्ति का भी किसी को टोटा नहीं; इसलिए इन लोगों के लिए मैं कुछ करना नहीं चाहता। पर मुझसे पाँचवीं पीढ़ी में जो पण्डित रामस्वरूप हैं उनके दिन आजकल पतले हैं। इसलिए आज मैं उनको नहीं भूल सकता—इस समय मैं उनके लिए भी कुछ कर जाना चाहता हूँ—

"जो कुछ मैंने अब तक कहा और लिखाया है, उससे मेरे सुध-बुध का ठीक होना और मेरा सचेत रहना पाया जाता है–इसलिए "जो कुछ मैं लिखता हूँ सुध-बुध ठीक होते और सचेत रहते लिखता हूँ" मैं ऐसी बात अपनी इस लिखावट में लिखना नहीं चाहता–

"मेरे पास बीस गाँव हैं, इनमें से मनोहरपुर गाँव मैंने पं. रामस्वरूप को दिया। इस गाँव में बरस में बारह सौ रुपये बचते हैं–मैं समझता हूँ इतने रुपये बरसौढ़ी मिलते रहने पर वह अपना दिन भली-भाँति बिता सकेंगे–

"अब उन्नीस गाँव और रहे–इन उन्नीस गाँवों और दूसरी सारी सम्पत्ति को मैं देवहूती और फूलकुँवर को देता हूँ। उन्नीसों गाँवों पर देवहूती और फूलकुँवर दोनों का नाम चढ़ेगा, और दूसरी सारी सम्पत्ति भी इन दोनों के साझे की समझी जावेगी। मेरी स्त्री जैसी सीधी और भोली है, और देवहूती जैसी भलेमानस और समझवाली है, इससे मैं समझता हूँ कोई सम्पत्ति बाँटनी न पड़ेगी। देवहूती अपनी माँ और भाई के साथ आ कर मेरे घर में रहे, और फूलकुँवर और वह मिल कर सारी संपत्ति की सम्हाल करें, मेरे जी की प्यारी चाह यही है और जिसलिए मैं फूलकुँवर को देवहूती को सौंपे जाता हूँ–वह बात भी तभी पूरी होगी। इन दोनों में से किसी एक के मरने पर सारी सम्पत्ति दूसरे की समझी जावेगी। देवहूती का पति किसी साधु के साथ निकल गया है–वह कहाँ है कोई नहीं जानता। पर जो देवहूती का दिन पलटे और उसका खोया हुआ पति उसको फिर मिले, और भगवान उसको कोई बेटा देवे, तो देवहूती और फूलकुँवर दोनों के मरने पर सारी सम्पत्ति उसकी होगी। जो यह दिन भगवान न दिखलावें तो दोनों के मरने पर सारी सम्पत्ति मेरे वंश के लोग पावेंगे। ये दोनों स्त्रियाँ मेरी सम्पत्ति किसी भाँति दूसरे को न लिख सकेंगी–जो लिखेंगी तो वह लिखना न लिखने ऐसा समझा जावेगा। देवहूती जी करने पर अपने भाई को, ऐसे ही फूलकुँवर अपने भाई के छोटे लड़के को कोई गाँव लिख सकती हैं–पर इस गाँव की बचत बरस में चौबीस सौ से ऊपर की न होगी–

"मैं पण्डित हरनाथ, पण्डित रामस्वरूप, पण्डित रामदेव, बाबू महेश सिंह और बाबू राजबंस लाल, और जो यहाँ रहें तो देवस्वरूप के हाथों में–जिनके सामने यह लिखावट लिखी गयी है–अपनी सारी सम्पत्ति की देखभाल सौंपता हूँ। ये लोग मेरी सम्पत्ति को बिगड़ने और बुरे ढंग से काम में आने से बचावेंगे–और देवहूती और फूलकुँवर को ऐसी सीख देंगे जिससे वह मेरी सम्पत्ति को आज से अच्छे कामों में लगावें। स्त्रियों को अपने ऊपर छोड़ देना हमारे यहाँ अच्छा नहीं समझा जाता, इनके ऊपर किसी का दबाव भी होना चाहिए, इसलिए मुझको इतना और करना पड़ा। मैं समझता हूँ ऐसा करके मैंने कोई चूक नहीं की है–

"मुझको एक बात का दुख रह गया, मैं देवस्वरूप को अपनी सम्पत्ति में से कुछ देना चाहता था, पर उन्होंने न लिया, मेरा बहुत कुछ बोध होता, जो मेरी सम्पत्ति में से वे कुछ

थोड़ा भी लेते। इस लिखावट के लिखने में मुझको उनसे बहुत सहाय मिली है—इसके लिए मैं उनका निहोरा करता हूँ—

"जहाँ तक मैं सोचता हूँ अब मुझको कुछ और नहीं लिखना है—इसलिए इस लिखावट को मैं पूरा करता हूँ—

ह. कामिनीमोहन।"

देवस्वरूप पूरी लिखावट पढ़ कर बोले—आप लोगों को जो कुछ सुनाना था सुनाया गया। आप लोग इस लिखावट को सुन कर पूछ सकते हैं, देवहूती तो सरजू में डूब कर मर गयी! फिर क्या कोई दूसरी देवहूती है जिसको कामिनीमोहन ने अपनी सम्पत्ति दी है? मैं गाँव के उन पाँच बड़े मुखियाओं के कहने से—जिनका नाम लिखावट पढ़ते समय लिया जा चुका है—आप लोगों का यह भरम दूर करना चाहता हूँ। पर भरम दूर करने से पहले मैं आप लोगों से पूछता हूँ—क्या आप लोग हरमोहन पांड़े को जानते हैं?

लोगों की जो बड़ी भीड़ वहाँ इकट्ठी थी, उनमें से कुछ लोग बोल उठे—क्यों नहीं जानता हूँ, वह देवहूती के बाप थे। दो बरस हुआ, एक दिन वे गाँव के दक्खिन बन के पास एक जन को दिखलाई पड़े—फिर तब से उनकी खोज न मिली। हम लोग जानते है, उनको कोई बन का जीव उठा ले गया, और अब वह इस धरती पर नहीं हैं।

जिस घड़ी लोगों के मुँह से यह बात निकली, उसी समय उस भीड़ में एक जन उठ कर खड़ा हुआ। इस जन को हम वन में देख चुके हैं। जब देवस्वरूप के साथ घर लौटने में देवहूती ने नाहीं की थी, उस बेले यही जन देवहूती के पास आया था। उस समय हम लोगों ने जिस भेस में इस जन को देखा था, इस बेले उसका यह भेस नहीं है। इस घड़ी इस के सर पर पगड़ी है, देह पर अंगा है, गले में दुपट्टा है, और उजली लम्बी धोती पाँवों को छू रही है। पर दाढ़ी जैसी की तैसी थी, उसमें कुछ लौट-फेर न हुआ था। जब यह जन अपनी ठौर पर उठ कर खड़ा हुआ, देवस्वरूप ने कहा, क्या आप लोग इनको पहचानते हैं? यह सुन कर सारी भीड़ कुछ घड़ी चुप रही, पीछे दो जन भीड़ में से उठ कर खड़े हुए। और उन लोगों ने कहा, हाँ! हम लोग पहचानते हैं, यही हरमोहन पांड़े हैं। इन दोनों की बातें सुनकर सारी भीड़ खड़बड़ा उठी, बारी-बारी करके बहुत से लोग उठे-बैठे। सर ऊँचा-नीचा करके सबों ने देखभाल की, और कहा, ठीक है, यही हरमोहन पांड़े हैं। इस समय सारी भीड़ अचरज में आ गयी थी, और जितने मुँह उतनी बातें होने लगने से, हौरा-सा मच गया था, पर देवस्वरूप ने किसी भाँति फिर सबको चुप किया, और कहा अब आप लोग जानिये, जो दो बरस के मरे हुए हरमोहन पांड़े जी सकते हैं, तो पन्द्रह-बीस दिन की मरी देवहूती भी जी सकती है। सच बात यह है देवहूती भी मरी नहीं है, जीती है। यहाँ आप लोग हरमोहन पांड़े से पूछ कर अपना अपना भरम दूर करें। और इनके घर पर जा कर देखें, वहाँ आप लोगों को देवहूती जीती मिलेगी। देवस्वरूप इतना कह पाये

थे और हरमोहन पांड़े उनकी बातों को ठीक बतला ही रहे थे, इसी बीच भीड़ फिर खड़बड़ा उठी, बहुत लोग अपनी-अपनी ठौर छोड़ कर चौपाल के नीचे उतरने लगे। कोई रोता-चिल्लाता भी सुनाई पड़ा। सब लोग घबड़ा उठे, बात क्या है! पर जो था चौपाल के नीचे ही उतरा जा रहा था, इसलिए कुछ ठीक न जान पड़ा क्या है। यह हलचल देखकर गाँव के पाँचों मुखिया और देवस्वरूप भी चौपाल से नीचे उतरे, और भीड़ चीर कर आगे बढ़े। तो देखा, एक खाट पर बासमती लहू में डूबी हुई पड़ी तड़प रही है, उसकी देह में छुरी के सैकड़ों घाव लगे हुए हैं, और उसका बेटा उसकी खाट के पास खड़ा रो-चिल्ला रहा है। देवस्वरूप ने उसके बेटे की ओर देख कर कहा, यह क्या हुआ गंगाराम?

गंगाराम। देखो महाराज! गाँव को सूना पा कर न जाने कौन आज मेरी माँ को इस भाँति छुरियों से घायल कर गया। मैं अभी चौपाल में से उठ कर घर गया, तो वहाँ इसको पड़े तड़पते पाया। यह बहुत पुकारने पर भी नहीं बोलती, न किसी का नाम बतलाती। इसीसे आप लोगों को दिखलाने के लिए मैं इसको यहाँ खाट पर अपने एक पड़ोसी के साथ उठा लाया हूँ। बाबू आप लोग अब इसका निआव करें–दोहाई बाबू लोगों की।

जिस घड़ी गंगाराम बातें कर रहा था बासमती साँस तोड़ रही थी, उसके घाव, उसकी बुरी गत, और उसका तड़पना देख कर सबके रोंगटे खड़े थे, ऐसा कोई अंग नहीं था जहाँ छुरी चुभाई नहीं गयी थी। उसकी यह दशा देख कर गाँव के मुखियाओं ने कहा, इसको अभी थाने में ले जाओ। यह सुन कर गंगाराम ने ज्यों खाट उठायी, त्यों उसी में कहीं लिपटी एक लिखावट नीचे गिर पड़ी–लिखावट यह थी–

"बासमती ने कितनी भोली-भाली स्त्रियों और कितने भले घरों को बिगाड़ा है। मेरा जी इसी से इसके ऊपर बहुत दिनों से जलता था, पर कामिनीमोहन का डर मुझको कुछ करने न देता था। जिस दिन कामिनीमोहन मरे उसी दिन से मुझको अपने जी की जलन बुझाने का विचार था। पर अवसर हाथ न आता था। आज अवसर हाथ आने पर मैं अपने जी की जलन को बासमती के लहू से ठण्ढा करता हूँ और जो स्त्रियाँ कुटनपन करने में बड़ी चोख हैं, उनको बतलाता हूँ, वे चेत रखें, मेरे ऐसा उनको भी कोई कभी मिल रहेगा। किसीको जी से मारना और थाने के लोगों के हथकण्डों का बिचार न करके एक लिखावट भी पास रख जाना, एक नयी बात है। पर लोगों की भलाई के लिए मैं ऐसा करता हूँ–आगे मेरे भाग्य में जो बदा हो। **एक अपने जी पर खेलनेवाला।"**

लिखावट पढ़ जाने पर गंगाराम बासमती को ले कर थाने की ओर चला गया, पर जाने से पहले बासमती मर चुकी थी। जितने लोगों वहाँ थे सब लोग ने बड़े दुख से तड़प-तड़प कर बासमती को मरते देखा था, इसलिए उसीकी चर्चा करते-करते वे लोग भी अपने-अपने घर आये। पर न जाने कैसा एक डर आज गाँव के सब लोगों के जी में समा गया।

चौबीसवीं पंखड़ी

आज तक मर कर कोई नहीं लौटा, पर जिसको हम मरा समझते हैं, उसका जीते-जागते रह कर फिर मिल जाना कोई नयी बात नहीं है। ऐसे अवसर पर जो आनन्द होता है—वह उस आनन्द से घट कर नहीं कहा जा सकता—जो एक मरे हुए जन के लौट आने पर मिल सकता है। पारबती बड़ी भागवाली है—आज दो बरस का खोया हुआ पति ही उसको नहीं मिला, उस की आँखों की पुतली, वह देवहूती भी अचानक आ कर उससे गले मिली—जिसको वह डूब मरी समझ कर आठ-आठ आँसू रोती थी। आज उसके आनन्द का पार नहीं है। कुछ घड़ी के लिए वह बावली बन गयी, अपने देह तक की सुध भूल गयी, संसार उसकी आँखों में कुछ और हो गया, न उससे हँसते बनता था न रोते। पर कुछ ही बेर में वह भाफ जो धुन बाँध कर भीतर उठ रही थी, बाहर निकल पड़ी, और वह फूट-फूट कर रोने लगी। जब बहुत दिनों की जी में लगी दुखड़ों की काई झर-झर बहते हुए आँसुओं से धुल गयी और पारबती का जी कुछ हलका हुआ, उस घड़ी वह और सब बातें भूल कर हरमोहन से कहने लगी—क्या आपको मुझको इस भाँति छोड़ देना चाहिए था—आप किसके हाथ मुझको सौंप गये थे, जो दो बरस तक मेरी सुध भी न ली? सब तो गया ही था, मैं आपका ही मुँह देख कर रोती थी, फिर आप इतने कठोर क्यों हुए? पर फिर भी मेरे भाग्य अच्छे हैं, जो आपने इतने दिनों पीछे भी चेता, और मेरे उजड़े हुए घर को बसाया।

हरमोहन पांड़े भी इस बेले चुपचाप आँखों से आँसू बहा रहे थे, जब पारबती कह चुकी, वह बोले—जिस होनहार ने धन-सम्पत्ति और गाँव-घर मुझसे छुड़ाया था, उसी ने तुम्हारी ऐसी घरनी, देवहूती जैसी लड़की, और देवकिशोर जैसा लड़का भी मुझसे छुड़ाया। मुझको सब भाँति का दुख तो था ही, पर जमाई के किसी साधु के संग कहीं निकल जाने की बात जब मैंने सुनी, उसी घड़ी मेरे दुख का पार न रहा, मैंने सोचा ऐसे घर से तो वन अच्छा है, और इसी धुन में मैं वन में निकल गया। निकलने को तो मैं वन में निकल गया, पर वहाँ मुझको बहुत कुछ भुगतना पड़ा। महीनों मुझको बनफल खा कर और झरनों का पानी पी कर अपने दिन बिताने पड़े। बात यों है—वन में निकल जाने पर जब दो-चार दिन

पीछे जी ठिकाने हुआ, तो मेरे जी में कई बार यह बात उठी—मैं घर लौट चलूँ—मैं घर की ओर चला भी। पर जिस पथ से मैं वन में घुसा था, वह पथ कुछ ऐसी भूल-भुलइयाँ के ढंग का है, जिसने मुझको घर न लौटने दिया। जाते समय मुझको कहाँ जाना है, यह विचार तो था ही नहीं, इसलिए नाक की सीध में मैं वन में घुसता चला गया, पर निकलते समय मैं जिधर से निकलना चाहता था, कुछ दूर चलने पर फिर वहीं आ जाता था, महीनों तक मैं नित वन से निकलने का जतन करता रहा, पर एक दिन भी मेरे मन की न हुई। उलटे लेने के देने पड़ गये। महीनों बनफल खाने, झरनों का पानी पीने और धरती पर सोने से मैं रोगी हो गया, और मेरा चलना-फिरना तक रुक गया। इन दिनों मैं एक पत्ते की झोपड़ी में—जिसको मैंने अपने हाथों बनाया था, दिन-रात पड़ा रहता था। और इतना दुबला हो गया था, जिससे किसी जंगली जीव का सामना होने पर किसी भाँति अपने को बचा न सकता था।

पर मेरे दिन पूरे नहीं हुए थे, इसीलिए रोगी होने के थोड़े ही दिनों पीछे किसी ओर से घूमते-घामते दो भील मेरे पास आये, इन दोनों ने मुझको देखा, मेरा नाम-धाम पूछा और चुपचाप मुझको अपने घर उठा ले गये। मैंने उन दोनों से घर पहुँचा देने के लिए बहुत कहा, भाँति-भाँति की लालच दिलायी, पर उन्होंने मेरी एक न सुनी, कहा, आप इतने घबराते क्यों हैं? जब आप अच्छे हो जावेंगे, घर पहुँचा दिया जावेगा। मैं उनकी बातें सुन कर चुप हो रहा, कुछ डरा भी, पर अपने घर ला कर उन दोनों ने मेरी जितनी टहल की, मैं उसके लिए उनका जन्म भर ऋणी रहूँगा। मैं पाँच-छह महीने अच्छा नहीं हुआ, पर उन दोनों ने एक दिन भी मेरी टहल और सम्हाल करने से जी न चुराया। जब मैं भली-भाँति चंगा हुआ, उस समय मुझको घर से निकले एक बरस हो चुका था। बीच बीच में कई बार मैंने उन सबों से घर पहुँचाने के लिए कहा, पर जब मैं घर की बात उठाता, तभी वे सब टाल-टूल करते। क्यों वह टाल-टूल करते, मैं पहले इस भेद को न समझता था, इसलिए मैं सोचता—इन सबका प्यार मेरे साथ बहुत हो गया है, इसीलिए ये सब मुझको घर पहुँचाना नहीं चाहते।

धीरे-धीरे यह बात मेरे जी में जम गयी, और मैंने सोचा, अपने आप मुझको जंगल से बाहर निकलने के लिए कोई जतन करना चाहिए। पर यह काम मैं इस भाँति करना चाहता था, जिसमें वे दोनों भील जानें तक नहीं। क्योंकि सेवा-टहल करके उन्होंने इस भाँति मुझको अपने हाथों में कर लिया था, जिससे मैं किसी भाँति उनका जी तोड़ना अच्छा न समझता था।

तुम कहोगी भीलों की ओर इतना ध्यान! पर इन भीलों के बरताव की बात मैं क्या कहूँ। क्या बस्ती में बसनेवालों में इतनी भलमनसाहत हो सकती है? कभी नहीं! छल-कपट का वे सब नाम तक नहीं जानते, सीधे और सच्चे इतने हैं जितना होना

चाहिए। हम लोग मुँह पर बात बनाते हैं, बात चलने पर धरती-आकाश एक करते हैं, कभी-कभी ऐसी चिकनी-चुपड़ी सुनाते हैं, जिससे पाया जाता है हमसे बढ़ कर भला कोई दूसरा हो नहीं सकता। पर भीतर की सड़ी गन्ध से जी भिन्ना जाता है—काम पड़ने पर ऐसा भण्डा फूटता है, जिसके कहते हुए भी लाज लगती है मुझको बस्ती के लोगों से भली-भाँति काम पड़ चुका था, मैं बहुत से लोगों का रंग-ढंग देख चुका था, इसलिए जंगल में पहुँचने पर जब भीलों से पाला पड़ा, तो मुझको जान पड़ा, बस्ती के लोग इन भोले-भाले भीलों से कितनी दूर हैं। कभी-कभी मेरे जी में घर न पहुँचाने की बात खटकती थी, पर इसको भी मैं उनका प्यार ही समझ चुका था, चाहे मेरे साथ उनका यह प्यार न था, तब भी जिसलिए वे मुझको घर न पहुँचाते थे, यह भी एक ऐसी बात थी, जिससे वह और अच्छे समझे जा सकते हैं। कामिनीमोहन की ओर से वे सब वन के रखवाले थे, कामिनीमोहन ने उनसे कह रखा था, जो वन के भीतर गाँव का कभी कोई पाया जावे तो उसको बिना मुझसे पूछे बाहर न निकलने देना, फिर वह क्यों उनकी बातों पर न चलते? अवसर पा कर उन सबों ने कामिनीमोहन से मेरे घर पहुँचा देने के लिए पूछा भी था, पर जान पड़ता है उन दिनों उसकी डीठ देवहूती पर पड़ चुकी थी, इसलिए उसने मुझको जंगल में रख छोड़ने के लिए ही कहा। ये बातें कामिनीमोहन के मरने पर मुझको भीलों ने बतलायी थीं।

जब वन में एक बरस बीत कर दूसरा लगा, और बाल-बच्चों का नेह बहुत सताने लगा, तब मैं चुपचाप नित्य वन से निकल कर घर पहुँचने के लिए पथ ढूँढ़ने लगा। पर मुझ जैसे आलसी जीव के लिए वन में पथ ढूँढ़ लेना कठिन बात थी। जब वन में मैं पथ ढूँढ़ने निकलता और कहीं कुछ उलझन पड़ती, तभी मैं अपनी झोपड़ी में पलट आता, कहता अब कल पथ ढूँढूगा। पर इसी भाँति कल-कल करते दो बरस बीतने पर आये और मुझको पथ न मिला।

भाग्य से एक दिन देवस्वरूप से भेंट हुई। उन्होंने मुझे देख कर साधु समझा, और कहा, आपका दर्शन बड़े अवसर पर हुआ, आज मैं एक सती स्त्री का धर्म बचाना चाहता हूँ, पर मुझको डर था वह मेरी परतीत करे न करे। पर आपको देख कर मैं सुखी हुआ, आप बड़े-बूढ़े हैं, आपकी परतीत करने में उसको कुछ आगा-पीछा न होगा। आप मेरे साथ चलिये और एक धर्म के काम में सहाय हूजिये। मैं उनकी बातों को कुछ न समझ सका, पर धर्म की दुहाई देते देख कर उनके साथ हो गया। वे मुझको एक सुरंग से एक कोठरी में ले गये। ज्यों मैं कोठरी में पहुँचा एक ड्योढ़ी में से निकल कर देवहूती को कोठरी की ओर आते देखा। मैंने देवहूती को देख कर पहचाना, और उनसे कहा, यह तो मेरी लड़की है। यह यहाँ कैसे आयी, आप सब बातें मुझसे खोल कर कहें। उन्होंने मेरी बात सुन कर कहा तब तो और अच्छा हुआ, पर आप इस घड़ी न कुछ पूछें-पाछें और न कुछ बोलें—इस घर से बाहर निकल चलने पर सब बातें अपने आप जान जावेंगे। जब हम तीनों सुरंग

से बाहर निकले, तो देवस्वरूप मेरी झोपड़ी तक हम लोगों के साथ आये, पथ में बहुत-सी बातें देवहूती की भलमनसाहत और कामिनीमोहन की चाल की उन्होंने मुझ को सुनायी, मैंने भी अपना सारा दुखड़ा उनको सुनाया, बीच-बीच में देवहूती फूट-फूट कर रोती थी। जब मैं अपनी झोपड़ी में पहुँचा, वे कहने लगे—इस समय मैं एक काम से बंसनगर जाता हूँ, आप देवहूती के साथ कुछ दिन और वन में रहिये, थोड़े ही दिनों पीछे मैं आपको देवहूती के साथ आपके घर पहुँचा दूँगा। गाँव के पंचों के कहने से आज वही देवहूती के साथ मुझको घर लिवा लाये हैं, पथ में गाँव की बड़ी चौपाल में मुझको थोड़ी बेर के लिए ठहरा लिया था, चौपाल से थोड़ी दूर पर देवहूती की पालकी भी उतरवायी थी, सोचा था, क्या जानें कुछ काम पड़े। पर मुझको जीता देख कर गाँववालों ने देवहूती के लिए कुछ पूछ-पाछ न की। इसी बीच बासमती का पचड़ा फैल गया। मैंने देखा अब यहाँ रहना ठीक नहीं, इसलिए देवहूती के साथ घर चला आया। तुमने जो कुछ कहा ठीक है, पर होनहार किसी के हाथ नहीं, जो-जो नाच उसने नचाया, वह सब नाचना पड़ा, अब भी जो नाच वह नचावेगा, नाचना पड़ेगा, पर इस बुढ़ौती में एक बार हमारी तुम्हारी भेंट और बदी थी, वह हुई, आगे की राम जानें।

पारबती चुपचाप हरमोहन पांड़े की बातें सुनती रही, कभी रोती, कभी ऊँची साँसें लेती, और कभी चुपचाप उनके मुँह की ओर ताकती रही। जब हरमोहन पांड़े चुप हुए, वह बोली, भगवान ने जैसा मेरा दिन फेरा, सबका दिन फिरे। आपको और देवहूती को इन दो बरसों में जैसी बिपत झेलनी पड़ी, राम किसी बैरी को भी ऐसी बिपत में न डालें। मैंने जब भूल कर भी कभी किसी का बुरा नहीं किया, तो मेरा बुरा कैसे होता। कामिनीमोहन के मरने पर बासमती मेरे पास दो-तीन दिन आयी थी, उससे देवहूती की सब बातें सुनी थीं, मैं उससे मिलने की आस में ही दिन गिन रही थी, पर अचानक आपका भी दर्शन कर भगवान ने मेरे किस जनम के पुण्य का फल आज मुझको दिया है मैं नहीं कह सकती।

पारबती इन्हीं बातों को कह रही थी, इसी बीच गाँव की बहुत-सी स्त्रियाँ देवहूती से मिलने के लिए वहाँ आयीं। यह देखकर हरमोहन वहाँ से उठकर एक दूसरे घर में चले गये। पारबती देवहूती को स्त्रियों के पास छोड़ कर पहले हरमोहन के पास गयी। उनका हाथ-मुँह धुलाया, उनको कुछ खाने को दिया, पीछे स्त्रियों के पास लौट आयी। पारबती, देवहूती और आयी हुई स्त्रियों में क्या बातचीत हुई, मैं इसको लिखना नहीं चाहता। ऐसे अवसर पर जैसी बातें हुआ करती हैं, उसको आप लोग अपने आप समझ लें।

पच्चीसवीं पंखड़ी

जब तक हमको पेट भर खाने के लिए नहीं मिलता, हम दो मूठी अन्न के लिए तरसते रहते हैं, उन दिनों हमको यही सोच रहता है, कैसे पेट भर खाने को मिलेगा, कहाँ से दो मूठी अन्न लायें, जिससे पापी पेट की आग बुझे। पर पेट भर खाना मिलने पर, दो मूठी अन्न का ठिकाना हो जाने पर, हमारा जी पहले का-सा नहीं रह जाता। इस घड़ी हम सोचते हैं, कुछ कमाना चाहिए, हमारे पहनने के कपड़े कैसे फटे और बुरे हैं, भलेमानसों को मुँह तक नहीं दिखाया जाता, कहाँ से कुछ मिले, जो आये दिन पत रहे। जो भगवान ने दया की, इस दुखड़े से भी छुट्टी मिली, तो जी में आता है, घर चारों ओर से गिरा-पड़ा है, बरसात में घर की छतें चलनी बन जाती हैं, धूप के दिनों लू और लपट के थपेड़ों से जी पर आ बनती है, जैसे हो घर बनवाना चाहिए। जो भाग ने साथ दिया, पैसे हाथ चढ़ गये, तो घर बनते भी बेर नहीं होती। पर क्या हमारी चाहें यहीं आ कर ठिकाने लगती हैं? नहीं, घर बना तो हाथी-घोड़ा चाहिए, धन-धरती चाहिए, रुपये चाहिए। सच बात यह है, चाह कभी पूरी नहीं होती। जिसके लिए आज हम बेकल हैं, जो वह कल्ह मिल गया, तो परसों दूसरी ही उधेड़बुन में हम लगते हैं, और उसके लिए हाथ-पाँव मारते हैं। जो अब हमारे पास नहीं है। पारबती आजकल दिन-रात हरमोहन पांड़े और देवहूती के लिए रोती-कलपती थी; सोते-जागते उसको इन्हीं का ध्यान था। राम-राम करके उसके दुख की रात बीती, सुख के सूरज ने मुँह दिखलाया, हरमोहन पांड़े और देवहूती ने आ कर उसके अँधेरे घर में उजाला किया, वह दो-एक दिन इस सुख में भूली रही। पर दो ही दिन पीछे उसका जी फिर दुखी रहने लगा, वह देवहूती का रूप-जोबन देखती, उसके धन वैभव की बात विचारती, और सोचती, क्या कोई दिन वह भी होगा, जिस दिन देवहूती का उजड़ा हुआ घर बसेगा? फिर सोचती, यह भी बावलापन है! जो साधु हो गया, वह घरबारी कैसे होगा!!! फिर जी में बात आती, तो भगवान ने इसको इतना रूप क्यों दिया! इतना धन वैभव क्यों दिया!!! जो सदा उसको जलना ही है, तो यह रूप और धन वैभव किस काम आवेगा! क्या देवहूती को बिपत से उबारनेवाले देवस्वरूप उसकी इस बिपत से रक्षा करने का भी कोई उपाय सोचेंगे! देवस्वरूप का नाम मुँह पर आते ही वह चौंक उठी। देवस्वरूप को

एक दिन अचानक पारबती ने देख लिया था, देखते ही उसके जी का भाव न जाने कैसा हो गया था, इस घड़ी भी उसके जी का भाव वैसा ही हुआ, वह मन ही मन सोचने लगी, देवस्वरूप का मुखड़ा देवहूती के पति से इतना क्यों मिलता है? देवहूती का पति भी साधु हो गया है, देवस्वरूप भी साधु है! फिर क्या देवस्वरूप ही तो देवहूती का पति नहीं है? इन बातों को सोच कर पारबती बड़े गोरखधन्धे में पड़ी। वह जानना चाहती थी देवस्वरूप कौन है? कहाँ का है? क्यों दूसरों की भलाई के लिए दिन-रात उतारू रहता है? क्यों उसने देवहूती के साथ इतनी भलाइयाँ कीं? पर बहुत कुछ पूछ-पाछ करने पर भी वह इन बातों को न जान सकी। इसी बीच एक दिन पारबती ने सुना, कल देवस्वरूप बंसनगर से चले जावेंगे, उनको कई तीर्थों में जाना है, इसीलिए वे उतावली कर रहे हैं। पारबती ने गाँव से चले जाने के पहले एक दिन अपने यहाँ उन का नेवता करना चाहा—और यह बात हरमोहन पांड़े से कही। उन्होंने पारबती की बात मानी, और नेवता देकर एक दिन देवस्वरूप को अपने यहाँ बुलाया। जब वह खा-पी चुके तो घर से मिली हुई एक बैठक में उन दोनों जनों में इस भाँति बातचीत होने लगी।

हरमोहन। आपने हम लोगों के साथ जितनी भलाइयाँ की हैं, उनका हम लोग कहाँ तक निहोरा करें—बिना किसी अर्थ के इस भाँति दूसरों की भलाई करते आपसे पहले मैंने किसी दूसरे को नहीं देखा। आप अब बंसनगर छोड़ कर आजकल में जाना चाहते हैं, इससे हम लोगों का जी मल रहा है, आँखों से आँसू निकल रहे हैं। क्या आप फिर दर्शन दे कर हम लोगों को कृतार्थ करेंगे? आप जैसे साधुओं का दर्शन करने ही से हम जैसे घरबारियों का भला होता है।

देवस्वरूप। एक के बिपत में फँसने पर दूसरे का उसके बचाने के लिए उतारू हो जाना, हम सब लोगों का सबसे बड़ा धर्म है। मैंने वही किया है, इसमें आप के निहोरा मानने की कोई बात नहीं है। यह आपका बड़प्पन है जो इस बहाने आप मुझको सराहते हैं। और जो प्यार आप लोगों का मेरे साथ है, वह आप लोगों की दया है, मुझमें कोई गुण ऐसा नहीं है, जिस के लिए आप लोग मुझको इतना चाहें। यह यच है, मैं आजकल में बंसनगर छोड़ूँगा, पर कुछ दिनों पीछे आप लोगों का दर्शन करने की फिर चाह है। मेरा जनम ब्राह्मण के घर में हुआ है, एक तो यों ही ब्राह्मणों और साधुओं का भेष बहुत मिलता-जुलता है—दूसरे इधर दो-तीन बरस में साधुओं के साथ रहा भी हूँ। इससे मेरा भेस कुछ साधुओं का-सा देख कर आप मुझको साधु समझ रहे हैं, पर सच बात यह है, मैं साधु नहीं हूँ। साधु क्या, साधुओं के पाँव की धूल भी नहीं हूँ।

हरमोहन। आपकी बातें ठीक-ठीक मेरी समझ में नहीं आती हैं, क्या आप साधु नहीं हैं? घरबारी हैं?

देवस्वरूप। हाँ! घरबारी ही समझिये, जब मैं साधु बनने योग्य अभी नहीं हूँ तो अपने

को घरबारी कहने में क्यों हिचकूँगा। साधु होना टेढ़ी खीर है, बड़ा कठिन काम है। सर पर जटा बढ़ाये, भभूत रमाये, गेरुआ पहने, हाथ में तूंबा और चिमटा लिये, आप कितनों को देखते हैं, पर क्या वे सभी साधु हैं? नहीं वे सभी साधु नहीं हैं। भेस उनका साधुओं का-सा देख लीजिये, पर गुण किसी में न पाइयेगा। कोई पेट के लिए भभूत रमाता है, कोई चार पैसा कमाने के लिए जटा बढ़ाता है, कोई लोगों से पुजाने के लिए गेरुआ पहनता है, और कोई घर के लोगों से लड़ कर बिगड़ खड़ा होता है, और झूठ-मूठ साधुओं का भेस बनाये फिरता है। इन सब लोगों से निराले कुछ ऐसे लोग होते हैं—जो न तो कुछ काम कर सकते—न किसी काम में जी लगाते—जिस काम को वे करना चाहते हैं, आलस से वही काम उन के लिए पहाड़ होता है—फिर उनका दिन कटे तो कैसे कटे! वे सब छोड़-छाड़ कर साधु बनने का ढचर निकालते हैं, और इसी बहाने किसी भाँति अपना दिन काटते हैं। जब तक इन लोगों को तन ढाकने और पेट भरने ही तक मिलता है, तब कोई कहने-सुनने को ये लोग कुछ भले होते भी हैं, पर जो कहीं कुछ रुपया-पैसा हाथ चढ़ गया, कुछ धन-धरती मिल गयी, तो अनर्थ होता है, जो काम बिगड़े से बिगड़ा घरबारी नहीं कर सकता, उन कामों को यह झूठा साधु करता है और जितनी बुराई देश और देश के लोगों की इन लोगों के हाथों होती है, दूसरों के हाथ कभी नहीं हो सकती—हम से जवान साधु तो अनर्थ करते हैं। अभी भली-भाँति मूँछ भी नहीं आयी है—अट्ठारह-बीस बरस का वय है—जवानी ऊपर फिसली जाती है—अकड़-तकड़ देह में भरी हुई है—मन में सभी ढंग की चाहें हैं—एक चाह ने भी पूरा होने का अवसर नहीं पाया—इसी बीच साधु बनने की धुन समायी। साधु बने, भभूत रमाया, जटा बढ़ायी, गेरुआ पहना, पर इस साधु बनने से क्या हुआ, जब तक मन हाथ न आया, और जी की चाहें न मिटीं। हाँ! इतना होगा, भोले-भाले लोग उनको साधु महात्मा समझ कर उनसे किसी बात की झिझक न रखेंगे और वह महामना देश की और देश के लोगों की बुराई करते रहेंगे। किसी पोथी में इस भाँति साधु होना नहीं लिखा है, कहीं ऐसे साधुओं की बड़ाई नहीं की गयी है। आजकल साधु होना भेड़ियाधसान हो गया है—जिसको देखो वही साधु बना फिरता है, पर इस भाँति साधु होने से साधु न होना ही अच्छा है।

मैं यह नहीं कहता सभी साधु ऐसे हैं, जितने साधु देखने में आते हैं, सभी बुरे और खोटे हैं। पर यह कहूँगा जो भली-भाँति पढ़ा-लिखा नहीं है, जिसके साधु होने का समय नहीं आया, जो यह नहीं जानता साधु किसलिए हुआ जाता है, जिसने यह नहीं समझा, साधुभेस बनाने के पहले साधु का गुण होना चाहिए, उसका साधु बनना जग को धोखे में डालना है। साधु का भेस देखकर हमारा आपका उसका आदर-मान न करना, एक ऐसी बात है, जिससे कभी किसी अच्छे साधु का मान न करने का दोष भी हमको आपको लग सकता है। इसी से हम लोगों में जो साधु के भेस में देखने में आते हैं, उन सबका आदर

और मान करने की चाल है। पर यह हमारा और आप का करतब है, ऐसे झूठे भेस बनानेवाले के लिए यह और लाज की बात है। जितनी बातें मैं ऊपर कह आया हूँ, उससे आपने समझा होगा, मुझमें ऐसे गुण अब तक नहीं हैं, जिससे मैं साधु हो सकूँ, और इसीलिए मैंने आपसे कहा है, मैं साधुओं के पाँव की धूल भी नहीं हूँ। हाँ! साधु होने के लिए जतन कर रहा हूँ—आप बड़ों की दया से जो मेरा जतन पूरा हुआ, मेरा मन ठीक हो गया, और चाहें मिट गयीं, तो समय आने पर मैं साधु होने की चाह रखता हूँ। इस समय साधु कह कर आप मुझको न लजवावें।

हरमोहन। आप बहुत बड़े लोग हैं जो ऐसी बातें कहते हैं, मैं आपकी बातों को काट कर यह न कहूँगा—आपसे बढ़ कर कौन साधु हो सकता है। पर यह कहूँगा, हम लोगों का बड़ा भाग्य है, जो आप फिर दर्शन देने के लिए इस गाँव में आने की चाह रखते हैं। जो कभी-कभी आकर आप दर्शन दे जाया करेंगे, तो हम लोगों का बहुत कुछ भला होगा, इस घड़ी हम आपसे अपनी एक और भलाई की आशा रखते हैं। आप जानते हैं, दो बरस हुआ, देवहूती का पति किसी साधु के साथ कहीं निकल गया। आप कितने तीर्थों, नगरों और गावों में जाते हैं, ऐसा संजोग हो सकता है, जो आपके साथ उसकी भेंट होंवे, आप का जी इधर होने से ऐसा होने में और सुभीता होगा, जो भगवान यह दिन दिखलावें, और आपके साथ किसी दिन उसकी भेंट हो जावे, तो आप उसको घर फेर लाने के लिए जतन करेंगे। जिस भाँति देवहूती को आपने कितनी बिपतों में बचाया है उसी भाँति देवहूती को इस बिपत से भी बचावें। हम लोगों की बड़ी गिड़गिड़ाहट के साथ आपसे यही बिनती है।

देवस्वरूप। आपके बिना कहे उसी दिन से मेरे जी में यह बात बैठी हुई है, जिस दिन यह बात मैंने जानी। मैं जहाँ तक हो सकेगा देवहूती के पति को ढूँढ़ने में न चूकूँगा, पर आप दया करके उनका रूप-रंग क्या कुछ बतला सकते हैं?

हरमोहन। मैंने सुना है उसका रूप-रंग आपसे बहुत मिलता है।

देवस्वरूप यह सुन कर कुछ घड़ी चुप रहे—एक-एक करके कई बार हरमोहन के मुखड़े पर डीठ डालते रहे। फिर बोले—आपका नाम हरमोहन पांड़े छोड़ कुछ और है? क्या देवहूती का कोई दूसरा नाम भी है?

हरमोहन। मेरा नाम तो हरमोहन पांड़े ही है—पर मुझको लोग कहते मोहन पांड़े हैं। इसी भाँति देवहूती का भी कोई दूसरा नाम नहीं है—हाँ! प्यार से लोग उसको पियारी पुकारा करते हैं। क्यों? आपने यह क्यों पूछा?

देवस्वरूप कुछ इधर-उधर करके बोले—पियारी तो मर गयी न?

देवस्वरूप को इधर-उधर करते देखकर हरमोहन पांड़े ने एक गहरी डीठ उनके ऊपर डाली, इस समय उनके मुखड़े पर एक रंग आता, और एक जाता था, जी में अनोखा उलट फेर हो रहा था। पर उन्होंने सम्हल कर कहा, नहीं वह मरी नहीं, अब तक जीती है। क्यों

देवहूती के मरने की बात आप जानते हैं?

देवस्वरूप ने धीरज के साथ कहा—हाँ! मैंने सुना कुछ ऐसा ही था, पर आपकी बात भी सच हो सकती है। किसी बड़े रोग में बेसुध हो जाने पर बहुत लोगों के लिए ऐसी बातें फैल जाती हैं।

हरमोहन। ठीक ऐसा ही देवहूती के लिए भी हुआ है, जिस दिन यहाँ यह बात फैली, उसके थोड़े ही दिनों पीछे, मैंने उसके पति के किसी साधु के साथ निकल जाने की बात सुनी। जान पड़ता है अपनी स्त्री को मरा समझ कर ही, उसने ऐसा किया है। जो हो, पर आप यह बतलावें, आप इन बातों को कैसे जानते हैं? क्या आप रामनगर के रहनेवाले हैं?

एक जन सच्चे जी से तीर्थ जाने के लिए सज-धज कर खड़ा है, कैसे वहाँ जाकर देवताओं की सेवा-पूजा करके अपना जनम सफल करेगा! कैसे साधु-महात्माओं का दर्शन करके अपने को बड़भागी बनावेगा!! वह इन्हीं उमंगों फूला नहीं समाता है। इसी बीच अचानक उसने एक ऐसी बात सुनी, जिससे उसको तीर्थ जाने का विचार छोड़ना पड़ा, सारी चाहें उसकी धूल में मिल गयीं, और मुखड़े पर निराशा-भरी गहरी उदासी झलकने लगी। ठीक यही दशा हरमोहन की बात सुन कर देवस्वरूप की हुई। मुखड़े का चमकता हुआ चटकीला रंग फीका पड़ गया, आँखों की जोत कुछ मैली हो गयी, और अचानक वह कुछ घबरा से गये, पर देखते ही देखते ये सब बातें दूर हुईं, धीरज मुखड़े पर खेलने लगा, और उन्होंने कुछ चौंकते-चौंकते कहा, हाँ! मैं रामनगर का ही रहनेवाला हूँ।

हरमोहन पांड़े ने कुछ उकताहट के साथ कहा, आपके बाप का नाम?

देवस्वरूप ने वैसे ही धीरज के साथ कहा, पण्डित गोबिन्दस्वरूप?

अबकी बार हरमोहन का कलेजा धक से हो गया, उनहोंने लड़खड़ाती जीभ से कहा, और आपका नाम? फिर कहा—क्या देवस्वरूप ही आपका नाम है?

देवस्वरूप बोलना ही चाहते थे, इतने में लाल पगड़ीवाले, थाने के दो मुस्तंडे, अचानक बैठक में घुस पड़े, और डाँट कर बोले तुम लोग बासमती को मरवा कर यहाँ बैठे अट-कौसल कर रहे हो! उठो! अभी उठो!! देखो आज कैसी गाढ़ी छनती है। हरमोहन की नानी तो थाने वालों को देखते ही मर गयी थी, इस पर उन्होंने जो डाँट बतलायी, उससे उसके रहे सहे औसान भी जाते रहे। पर देवस्वरूप ने बिना किसी घबराहट के कहा, देखो ऊधम करने का काम नहीं है, जहाँ तुम लोग कहो वहाँ हम लोग। चल सकते हैं। देवस्वरूप का रंग-ढंग और धीरज देखकर फिर वे दोनों कुछ न बोले और जिधर से आये थे, देवस्वरूप और हरमोहन को लेकर चुपचाप उसी ओर चले गये।

छब्बीसवीं पंखड़ी

बासमती के मारे जाने पर दो-चार दिन गाँव में बड़ी हलचल रही, थाने के लोगों ने आकर कितनों को पकड़ा, मारनेवाले को ढूँढ़ निकालने के लिए कोई बात उठा न रखी, पर बासमती से गाँववालों का जी बहुत ही जला हुआ था, इससे लाख सर मारने पर भी थाने के लोग अपनी-सी न कर सके, अन्त को उन लोगों को हार माननी पड़ी, और दो चार-दिन पीछे गाँव में फिर चहल-पहल हुई। आज बंसनगर की निराली छटा है, फूल-पत्तियों से सज कर वह दूसरा स्वर्ग बन गया है। घर-घर द्वारों पर बन्दनवारें बँधी हैं, केले के खम्भे गड़े हैं, और जल से भरे कलसे रखे हैं। स्त्रियाँ मीठे सुरों में गा रही हैं, पुरुष जहाँ-तहाँ खड़े हँस-बोल रहे हैं, आपस में चुहलें कर रहे हैं, और लड़के किलक रहे हैं, उछल-कूद रहे हैं, तालियाँ बजा रहे हैं, और गाँव की छटा देखते हुए झुण्ड के झुण्ड इधर-उधर घूम रहे हैं। देखो यह सामने का मन्दिर कैसा सजा हुआ है, फूल-पत्तियों से, केले के खम्भों से, बन्दनवारों से वह कैसा अनूठा और सुहावना बन गया है! उसके सामने एक मंडप में बाजा कैसे मीठे सुरों में बज रहा है! इन सामने उछलते-खेलते आते हुए लड़कों की ओर देखो, उनकी धुन बाजों की धुन के साथ कैसी लग रही है! वे बाजों के मीठे सुर पर कैसा उमग रहे हैं! मन्दिर के ठीक बीच में एक बहुत ही ऊँचा झण्डा गड़ा हुआ है, इस झण्डे के इधर उधर दो छोटे झण्डे और हैं, धीरे बहने वाली बयार इन झण्डों के फरहरों को ले कर खेल रही है। हमारा जी भी उनमें उलझा हुआ है। उनके लाल फरहरों पर उजले कपड़े से बने अक्षरों में कुछ लिखा है, हम उसको पढ़ना चाहते हैं। अच्छा देखो, हमने उसको पढ़ लिया—जो सबसे बड़ा और ऊँचा झण्डा है, वह आकाश से बातें करते हुए कह रहा है 'धर्म की सदा जय' उसके पास का एक झण्डा ललकार रहा है 'अंत भले का भला और बुरे का बुरा' और दूसरा धीरे-धीरे अपने फरहरे को उड़ाता है, और बतलाता है—'साँच को आँच नहीं'। इस मन्दिर के पास ही एक घर है, घर के द्वार पर बहुत से लोग इकट्ठे हैं, इस घर को हम लोग कई बार देख चुके हैं, यह हरमोहन पांड़े का घर है, आओ देखें यहाँ क्या हो रहा है।

देखो, सामने एक लम्बी-चौड़ी चाँदनी तनी हुई है, चाँदनी के नीचे चौकियों पर और

चौकियों के नीचे धरती पर सुन्दर बिछावन बिछा हुआ है। एक-एक, दो-दो, चार-चार, दस-दस, करके लोग आ रहे हैं, और ढब से बिछावन पर बैठते जाते हैं। बिछावन ऊपर नीचे लगभग भर गया है, कितने ही लोग आस-पास खड़े भी हैं। पर फिर भी भीड़ पर भीड़ चली आती है—और लोग टूटे पड़ते हैं। धीरे-धीरे हरमोहन पांड़े के घर के पास की धरती, लोगों से खचाखच भर गयी, कहीं तिल धरने को ठौर न रही, पर इतनी भीड़ होने पर भी ऊधम नहीं था, सब लोग चुपचाप किसी की बाट देख रहे थे, पान बँट रहा था, पंखे झले जा रहे थे, और हरमोहन पांड़े अपने दस-बीस साथियों के साथ इन सब लोगों की आवभगत में लगे हुए थे।

अब हम घर के भीतर भी चल कर देखना चाहते हैं, वहाँ क्या होता है। हम लोगों में भलेमानसों के घर में जाने की चाल नहीं है। जिस भलेमानस के घर में लोग बेरोक टोक आते-जाते हैं, न उसी को कोई भला समझता, और न वही भला गिना जाता, जो ऐसा करता है। पर आप आइये, हमारे साथ चले आइये, घबराइये नहीं, हम लोग सब ठौर बेरोक-टोक आ-जा सकते हैं, और अपने साथ औरों को भी ले जा सकते हैं। इससे न घरवाले को ही कोई बुरा कहता है, न हमीं लोगों को कोई बुरा बनाता। जब यह चाल है, तो वह चाल भले ही न हो, हमको और आपको हिचकने का कोई काम नहीं। आइये, चले आइये, देखिये, कैसा निराला समा है। आपने कभी खिला हुआ कमल देखा है? और जो देखा है तो ऐसे बहुत से कमल जिस तालाब में खिले हों, क्या ऐसे किसी तालाब की छटा की सुरत आपको है? आपने कभी हँसते हुए पूरे चाँद की शोभा देखी है? और जो देखी है तो ऐसे सैकड़ों चाँदों से सजे हुए आकाश की छवि को आपने अपने मन में कभी आँका है? हरे-भरे पत्तों की आड़ में डाल पर बैठ कर कोयल को आपने कभी कूकते सुना है? और जो सुना है तो कितने ही पेड़ों की झुरमुट में ऐसी कई एक कोयलों के बोलने की छटा का ध्यान आपने कभी किया है? जो सुरत नहीं है, मन में कभी नहीं आँका है, और ध्यान नहीं किया है, तो उसकी सुरत कीजिये। उस छबि को मन में आँकिये और उस छटा का ध्यान कीजिये और फिर हरमोहन पांड़े के घर की शोभा को उससे मिलाइये। आज हरमोहन पांड़े के घर में सैकड़ों पूरे चाँद एक साथ निकले हैं, अनगिनत कँवल फूले हुए हैं, और रसीले कंठ से कितनी ही कोयलें बोल रही हैं। इस पर भाँति-भाँति और रंग-रंग के कपड़ों की फबन, गोटे पट्टे की चमक-दमक, घुँघरुओं की झनकार और रंग दिखला रही हैं। एक ठौर चढ़ती जवानी की बहुत-सी छबीलियाँ बैठी हैं, चाँद रस बरसा रहा है, कोयल बोल रही है, कँवल फूले हुए हैं और निराली गन्ध में बसी हुई बयार धीरे-धीरे चल रही है। वहीं देवहूती भी बैठी हुई घर में उजाला कर रही है—आज उसके मुखड़े पर निराला जोबन है! अनूठी छटा है! अनोखा आनंद है! आज उसके गहनों कपड़ों की छबि देखे ही बन आती है। पास बैठी हुई छबीलियाँ उसको छेड़ रही हैं, और कभी-कभी इन सबों का

वह ठहाका लगता है, जिससे सारा घर रह-रह कर गूँज जाता है। हम यहाँ ठहरना नहीं चाहते, इन छबीलियों में हमारा क्या काम! पर एक बात जी में रही जाती है, देवहूती का आज यह ठाठ क्यों!

इस दूसरी ठौर को देखो, यहाँ देवहूती की माँ पारबती बैठी हुई है, पास ही उसी के वय की सैकड़ों स्त्रियाँ डटी हुई हैं भाँति-भाँति की बातें चल रही हैं, पर ओर-छोर किसी का नहीं मिलता, जितने मुँह उतनी बातें सुनी जा रही हैं। कोई कुछ कहती है, तो दूसरी अपने मन से दस बातें और गढ़ कर उसमें मिला देती है, न जाने कहाँ की छानबीन हो रही है। पारबती क्या कह रही है, जी करता है उसे सुने पर पास की स्त्रियों ने ऐसा गड़बड़ मचा रखा है, जिससे कुछ सुना नहीं जाता। जाने दो इस पचड़े को, चलो बाहर ही चलें, देखें अब वहाँ क्या हो रहा है।

देखो, अभी यहाँ वैसा ही जमघटा है, लोग अभी तक उसी भाँति चुपचाप किसी की बाट देख रहे हैं—पर अब कोई आया ही चाहता है, क्योंकि लोगों में कुछ खलबली-सी पड़ रही है। अच्छा, आओ हम लोग भी यहीं ठहरें, देखें किसकी अवाई है!

मन्दिर के मंडप में जो बाजा बज रहा था, धीरे-धीरे वह धुन से बजने लगा, जय और बधाई की धुन से सारी दिशाएँ गूँज उठीं, साथ ही गाँव के पाँच-सात भलेमानसों के साथ धीरे-धीरे हमारे जाने पहचाने देवस्वरूप ने उस जमघटे के बीच पाँव रखा। देवस्वरूप देखने में वैसे ही धीरे-पूरे जान पड़ते थे, उनके मुखड़े का भाव वैसा ही था, धीरज उसी भाँति उस पर खेल रहा था, और जैसा गम्भीर वह पहले रहता था, अब भी था। वह सबसे जथा-जोग मिलते-जुलते चाँदनी के भीतर आये, और उसके ठीक बीच में एक ठौर बैठ गये।

जब देवस्वरूप बैठ गये, उनके मौसेरे ससुर नन्दकुमार, अपनी ठौर से उठे, और सबकी ओर देख कर कहने लगे—

"आज आप लोगों को बड़े आनन्द के साथ मैं यह बतलाता हूँ—देवस्वरूप ही देवहूती के वह खोये हुए पति हैं—जिनके लिए हम लोगों का एक-एक दिन एक-एक बरस हो रहा था। मैं यह जानता हूँ मेरे इस बात को बतलाने के पहले ही सारा गाँव यह बात जान गया है, क्योंकि जो सारा गाँव पहले ही इस बात को न जान गया होता, तो आज गाँव में यह धूमधाम न होती। पर सबके सामने इस बात को छोड़ मुझको और दो चार बातें कहनी हैं, इसीलिए आप लोगों के सामने कुछ कहने के लिए मैं खड़ा हुआ हूँ। कई बार देखा-देखी होने पर भी देवस्वरूप ने हरमोहन पांड़े को और हरमोहन पांड़े ने देवस्वरूप को तब तक क्यों नहीं पहचाना, जब तक न्योते के दिन उन लोगों में बातचीत न हुई, यह शंका अब तक लोगों को बनी हुई है। यह शंका ठीक है; पर आप लोगों को जानना चाहिए—तिलक के दिन से ब्याह के दिनों तक एक दिन भी इन दोनों जनों में देखा-देखी नहीं हुई थी और इसीलिए भेंट होने पर भी ये लोग एक दूसरे को न पहचान सके। तिलक

चढ़ाने पुरोहितों के साथ मैं गया था, और ब्याह के दिनों पांडेजी अचानक कठिन रोग में फँस गये थे, इसी से देखा-देखी न हो सकी थी। देवहूति ब्याह में बहुत छोटी थी, इसीलिए न उसको देवस्वरूप पहचान सके, और व देवस्वरूप को वह पहचान सकी। देवस्वरूप को पहचाना तो देवहूती की माँ ने पहचाना और वही पहचान सकती थीं, और उन्हीं के पहचानने से ही हम लोगों को आज का यह दिन देखने में आया। आप लोग कहेंगे—आज तक तुम कहाँ सोते थे, पर यह भी दिनों का फेर ही था, जो मैंने भी उसी दिन देवस्वरूप को देखा, जिस दिन यह बात धीरे-धीरे सब लोगों में फैल गयी थी। देवस्वरूप को लड़कपन में लोग देऊ कहते थे, उनके इस लड़कपन के नाम ने लोगों को और धोखे में डाला। अब मैं समझता हूँ आप लोग सब बात भली-भाँति समझ गये होंगे।"

इतना कह कर पण्डित नन्दकुमार अपनी ठौर पर बैठ गये। उस घड़ी जय और बधाई की वह धूम थी, जो किसी भाँति नहीं लिखी जा सकती। जिस घड़ी यह धूम मच रही थी, एक ऐसा उजाला चाँदनी के भीतर छा गया, मानो बिजली कौंध गयी—साथ ही—

'धर्म का बेड़ा पार'

इस ध्वनि से सारी दिशा गूँज उठी।

सत्ताईसवीं पंखड़ी

आज दस बरस पीछे हम फिर बंसनगर में चलते हैं। पौ फट रहा है, दिशाएँ उजली हो रही हैं, और आकाश के तारे एक-एक कर के डूब रहे हैं। सूरज अभी नहीं निकला हैं, पर लाली चारों ओर दिशाओं में फैल गयी है। कहीं-कहीं पेड़ों के नीचे अभी भी गहरी अँधियाली है—पर अँधेरा धीरे-धीरे दूर हो रहा है। चिड़ियाँ बोल रही हैं, कौए काँव-काँव कर रहे हैं, फूल खिल रहे हैं, और सरजू नदी बयार के ठण्ढे झोंकों से ठण्ढी हो कर धीरे-धीरे बह रही है। इसी सरजू के एक पक्के घाट पर एक जन बैठा हुआ पूजा कर रहा है, उसके माथे में चन्दन लगा है, उसकी दोनों आँखें अधखुली हैं, और मुखड़ा तेज से चमक रहा है। वह ऐसा एकचित्त हो कर पूजा कर रहा है, और इस भाँति सच्चे जी से भगवान के भजन में लगा हुआ है, जिसको देख कर बड़े पापी का जी भी पसीज जाता है। हम जानना चाहते हैं, यह कौन है। यह और कोई नहीं, हमारे जान-पहचान वाले देवस्वरूप हैं। सूरज निकलते-निकलते उन्होंने अपनी पूजा पूरी की, और सरजू के तीर से उठ कर घर की ओर चले—एक टहलू जो देखने में बड़ा भलामानस जान पड़ता था—पीछे-पीछे साथ-साथ था।

हम कुछ घड़ी के लिए देवस्वरूप का साथ छोड़ना चाहते हैं—और देखना चाहते हैं, गाँव की आजकल क्या दशा है। बंसनगर गाँव पहले ही हरा-भरा था, पर आजकल वह और चढ़-बढ़ गया था। गाँव में जो धनी थे, उनकी चर्चा ही क्या है—

आजकल दीन-दुखियों की दशा भी सुधर गयी थी। देवस्वरूप ने कामिनीमोहन का बहुत-सा धन पाकर अपने ठाट-बाट में नहीं लगाया, जो ढंग उनका पहले था, अब भी था। देवहूती भी उन्हीं के दिखाये पथ पर चलती थी, लाखों रुपये की सम्पत्ति पाकर उसने अच्छे-अच्छे गहने नहीं गढ़ाये, अपने लिए ऊँचे-ऊँचे पक्के घर नहीं बनवाये। देवस्वरूप ने उसको समझाया, कामिनीमोहन के धन के हम कौन! जो अपने पसीने की कमाई नहीं, उसको अपने काम में लगाना अच्छा नहीं। तब वह धन जिससे बहुतों का भला हो सकता है, हम लोग अपने काम में क्यों लावें? चाहें बढ़ाने ही से बढ़ती हैं, फिर पहले ही उनको बढ़ने का अवसर क्यों दिया जावे? देवस्वरूप ने गाँव के दीन-दुखियों की दशा देखी थी, कितनी ही अभागिन रांड़ स्त्रियों के दुःख पर कई बार आँसू बहाया था, उनको ये सब

बातें भूली नहीं थीं। देश जिन बातों से दिन-दिन गिर रहा था, वे बातें भी दिन-रात उनकी आँखों के सामने फिरा करतीं। इसलिए उन्होंने कामिनीमोहन का बहुत-सा धन पाकर उसको अच्छे कामों में लगाया, आज उनके किये हुए अच्छे कामों से ही बंसनगर का ढंग निराला हो गया था। देवस्वरूप का साथ छोड़ कर ज्यों हम आगे बढ़े, त्यों एक बहुत ही लम्बा-चौड़ा ऊँचा घर सामने दिखलाई पड़ा। इस घर के फाटक पर लिखा हुआ था—

कामिनीमोहन की धर्मशाला

—

आप आकर रहें यहाँ पर आज।
भाग्य ऐसे कहाँ हमारे हैं॥

हमने इस धर्मशाले के भीतर पैठ कर देखा, इसमें बटोहियों के सुख के लिए सब कुछ किया गया था। यहाँ बटोहियों को ठहराया ही नहीं जाता था, उनको दिन तक खाना भी मिलता था। और जो इसके कामकाजी थे, वे कितने भले और अच्छे थे, यह मुझसे बतलाया भी नहीं जा सकता। मैं उनकी आवभगत का ढंग देखकर मोह गया, उनकी मीठी बातों का रस चख कर जी ऊबता ही न था। मैं इस घर को भली-भाँति देखकर बाहर आया। बाहर आते ही इस घर से थोड़ी ही दूर पर बहुत ही लम्बा चौड़ा और कई खण्डों में बँटा हुआ एक दूसरा घर मुझको दिखलाई पड़ा। इस घर के फाटक पर लिखा हुआ था—

कामिनीमोहन का बनाया हुआ
अनाथालय

—

है सहारा जिसे नहीं, उस पर।
कौन आँसू नहीं बहावेगा?

इस घर में जब मैं गया, देवस्वरूप के जी में कितनी दया है, यह बात मुझको भली-भाँति जान पड़ी। यहाँ सैकड़ों लड़के और लड़कियाँ मुझको दिखलाई पड़ीं। इन लड़के और लड़कियों के माँ-बाप नहीं थे, और न दूसरा कोई इनको सहारा देनेवाला था, इसलिए देवस्वरूप और देवहूती ने अपनी दया का हाथ इनके सर पर रखा था। गाँव में जब हम घुसने लगे थे, हमारे कान में यह भनक पड़ी थी—जिनके माँ-बाप नहीं उनके माँ और बाप देवहूती और देवस्वरूप हैं—इस घर में आकर हमने यह बात आँखों देखी। जितने लड़के और लड़कियाँ यहाँ थे, सब ऐसे कपड़ों में थें, और उनका मुखड़ा ऐसा हरा-भरा था, जैसा बड़े सुख में पले लड़कों का भी नहीं देखा जाता। इन लड़कों को यहाँ लिखना-पढ़ना और दूसरे भाँति-भाँति के काम भी सिखलाये जाते थे, जिससे सयाने होने पर अपना पेट

वे आप पाल सकें। सबसे बड़ी बात यह थी—ऐसे लड़कों की खोज के लिए देवस्वरूप ने पचीसों ऐसे लोग रखे थे, जो देश-देश में घूम कर यही काम किया करते थे। मेरा जी इस घर को देख कर भर आया, और मैं सोचने लगा—हाय! न जाने कितने लड़के इस भाँति सहारा न पाकर इस धरती से उठ जाते होंगे, न जाने कितने अपना सबसे अच्छा हिन्दू धर्म छोड़ कर दूसरे धर्मों में चले जाते होंगे, पर हमारे देश में देवस्वरूप ऐसे कितने लोग हैं। हम सैकड़ों रुपये मिट्टी में मिला देते हैं, पर ऐसे कामों में एक पैसा भी हमसे नहीं उठाया जाता, क्या इससे भी बढ़कर कोई बात जी को दुखानेवाली है? इन बातों को सोचते मेरी आँखों में आँसू आने लगे, मैंने उनको बड़ी कठिनाई से रोका। इसी समय एक तीसरे घर पर डीठ पड़ी, इस घर के फाटक पर लिखा हुआ था—

कामिनीमोहन की पाठशाला

—

जिसने कुछ भी नहीं पढ़ा लिक्खा।
खो दिया हाथ का रतन उसने॥

मैंने इस घर में जाकर देखा, गाँव के सब जात के लड़के इसमें पढ़ रहे थे, और देश काल के विचार से यहाँ सभी ढंग की पढ़ाई होती थी, साथ ही इसके जिसका जो निज का काम था वह काम भी उसको यहाँ सिखलाया जाता था। इस घर में भी बहुत से खण्ड थे, एक-एक खण्ड में एक-एक बात सिखलायी और पढ़ायी जाती थी। ब्राह्मणों को और ऐसे लड़कों को जिनको कोई सहारा न था, यहाँ खाना-कपड़ा भी मिलता था। जिस खण्ड में ब्राह्मण के लड़कों को वेद पढ़ाया जाता था, उस खण्ड में जाने पर न जाने कितनी पुरानी बातें जी में घूमने लगीं। पण्डितों का सहज भेस, सीधी बोलचाल, और वेदों का सुर से पढ़ा जाना, बड़े पापी के जी में भी धर्म का बीज बोते थे। हमको यहाँ से हटना कठिन हो गया, पर किसी भाँति यहाँ से निकले, और ज्यों आगे बढ़े त्यों एक और लम्बा-चौड़ा घर सामने दिखलाई पड़ा। इस घर के फाटक पर लिखा था—

कामिनीमोहन के नाम पर
इस घर में सदाबरत बँटता है।

—

मत कभी पेटजलों को भूलो।
भूख की पीर बुरा होता है॥

गाँव में जो दीन-दुखी हट्टे-कट्टे और काम करने योग्य थे, उन को रुपया-अन्न और गाय-बैल देकर देवस्वरूप ने कई एक कामों में लगा रखा था। पर जो लूले, लँगड़े, अन्धे,

रोगी और अपाहिज थे, उन सबको यहाँ नित्य कोरा अन्न मिलता था। दूसरे गाँवों के भी ऐसे लोग जो सदाबरत बँटने के बेले यहाँ आते– वे फेरे नहीं जाते थे। उन सबों की आवभगत भी यही वैसी ही होती थी, जैसी गाँववालों की। हम यहाँ से और आगे बढ़े, कुछ दूर जाकर एक बहुत ही सुथरा और अच्छा घर दिखलाई पड़ा। इस घर के फाटक पर लिखा था–

> कामिनीमोहन का बनाया हुआ
> रोगियों के औषध कराने का घर
>
> —
>
> हम उन्हें भूला समझते हैं बहुत।
> रोगियों पर जो दया करते नहीं॥

इस घर में, गाँव ही के नहीं, दूसरे गाँवों के भी बहुत से रोगी औषध कराने के लिए आते थे। उन सबकी देखभाल और सम्हाल यहाँ बहुत ही जी लगा कर की जाती थी। रोगियों के ठहरने और रहने के लिए अलग-अलग बहुत से अच्छे-अच्छे घर थे–यहाँ उनको सब प्रकार का खाना भी मिलता था। जो यहाँ ठहरना नहीं चाहते थे, उनको औषध ही दी जाती थी। जो निरे कंगाल और भूखे रहते, उनको कपड़े भी मिलते थे। जो यहाँ पका-पकाया खाना चाहते, उनके लिए ब्राह्मण रखे हुए थे–जो कोरा अन्न माँगते थे, उनको कोरा अन्न ही मिलता था–रोगियों की टहल के लिए कई एक टहलू थे। अब तक यह सब देखते-भालते हम सरजू के तीर से थोड़ा ही आगे बढ़े थे–पर अब यहाँ से और आगे बढ़ कर हम गाँव में घुसे। गाँव में घुसने पर हमको एक घर भी उजड़ा हुआ न मिला। पहले गाँव में पचासों खँडहर थे, पर आजकल वे सब बस गये थे। गाँव में जिसको देखो वही सुखी, और वही काम में लगा हुआ दिखलाई देता। बीच गाँव में पहुँचने पर हमको कामिनीमोहन का घर दिखलाई दिया, साथ ही बहुत-सी बातों की एक साथ सुरत हुई। इस घर के फाटक पर पहले जैसे आठ पहर पहरा पड़ा करता था, आज भी पड़ता था। पर हम पहरेवालों से कह सुन कर किसी भाँति फाटक के भीतर गये। इस घर में दो खण्ड था।, एक पुरुषों का, दूसरा स्त्रियों का। जो खण्ड पुरुषों का था उसमें हमको बहुत से लोग काम करते दिखलाई पड़े–ये सब कामकाजी थे, और जो बहुत से अच्छे-अच्छे काम देवस्वरूप ने खोले थे, उन सबकी लिखा-पढ़ी, देखभाल और उनका लेखा इन लोगों के हाथ में था। मैं यहाँ से हटा और दूसरे खण्ड पर पहुँचा। यहाँ बड़ा कड़ा पहरा था। इस खण्ड के फाटक पर लिखा हुआ था–

अभागिनी फूलकुँवर ने अपना
यह प्यारा घर अपनी रांड़
बहनों को भेंट किया

—

सोग उसका सहा नहीं जाता।
हाय! जिसका रहा सुहाग नहीं॥

हम इस खण्ड में जाने नहीं पाये, पर पूछने पर हमको सब बातें जान पड़ीं। इस घर में गाँव की ऐसी रांड़ स्त्रियाँ काम करती थीं, जो भले घर की थीं, और जिनका कहीं सहारा नहीं था। उनको यहाँ सिलाई, बेल-बूटा काढ़ना, सूत का काम, और इसी ढंग के बहुत से और काम सिखलाये जाते थे, और उनसे बहुत थोड़ा काम लेकर, उनके खाने-पीने और कपड़ों का ब्योंत लगाया जाता था। पास ही लड़कियों की एक छोटी पाठशाला भी थी, इसके फाटक पर लिखा था–

फूलकुँवर की लड़कियों
की पाठशाला

—

वह लड़का भला न क्यों होगा।
माँ जिसकी पढ़ी-लिखी होगी॥

यह यहाँ से हटकर कामिनीमोहन की फुलवारी के फाटक पर पहुँचे। अब यह फुलवारी सबकी सम्पत्ति थी। देवस्वरूप ने इसको सारे गाँव के लोगों को दे दिया था। इसके फाटक पर लिखा हुआ था–

चौतुका

कौन चुप चाप कह रहा है वह।
क्यों छटा देख हम अटकते हैं॥
दो दिनों भी न फूल रहता है।
किन्तु काँटे सदा खटकते हैं॥
कामिनीमोहन।

इस फाटक को छोड़ कर हम आगे बढ़े। अब हमको देवस्वरूप का घर देखना था। जाते-जाते हमको हरमोहन पांड़े का घर मिला, और इसी घर की दाहिनी ओर देवस्वरूप का घर दिखलाई पड़ा, इस घर को देवस्वरूप ने अपने रुपये से बनवाया था, और आजकल वह देवहूती के साथ इसी में रहते थे। देवस्वरूप के पास बाप-दादे की इतनी सम्पत्ति थी,

जिससे वह अपना दिन भली-भाँति बिता सकते थे, इसलिए कामिनीमोहन की सम्पत्ति में से वे अपने लिए कभी एक पैसा नहीं लेते थे, और अपने लिए जो कुछ करते थे वह अपने बाप-दादे की सम्पत्ति से ही करते थे। इस घर के द्वार पर एक बहुत बड़ी बैठक थी, इसी बैठक में देवस्वरूप बैठे हुए थे, हम उसके भीतर गये। नित्य छह बजे दिन से ग्यारह बजे दिन तक देवस्वरूप अपने खोले सारे कामों की जाँच-पड़ताल और देखभाल करते थे, इसके पीछे वे खाने-पीने में लगते थे। अब बारह बजा ही चाहता था, इसलिए देवस्वरूप भी रोटी खाकर बैठक में आ गये थे। एक पाँच बरस का लड़का उनसे तोतली बातें कर रहा था, वह भी उसको खेला रहे थे, इसी बीच बारह बजा, और बैठक में एक कामकाजी आकर एक ओर बैठ गया, कुछ पीछे उजले कपड़ों में एक भलेमानस दिखलाई पड़े—देवस्वरूप ने उनको आदर से बैठाला, उनका कुशल-छेम पूछा, उनसे मीठी-मीठी बातें कीं, टहलते-टहलते पास जाकर उनके अनजान में सबकी आँखें बचाते हुए उनके एक कपड़े के कोने में कुछ बाँधा, और फिर अपनी ठौर आकर बैठ गये। ये अभी बाहर गये थे, इसी बीच किसीकी चीठी लिये एक जन और वहाँ आया, और वह चीठी देवस्वरूप को दी। देवस्वरूप ने उसको खोलकर पढ़ा। उसमें लिखा था—

"तुम बिन नाथ सुने कौन मेरी

आपका
जगमोहन"

देवस्वरूप पढ़ते ही सब समझ गये, और उस पर लिखा "पाँच फूल आपकी भेंट किये जाते हैं" और पाँच रुपये उस जन को दे कर वहाँ से चलता किया। बैठक में बैठे हुए कामकाजी ने चुपचाप लेखे के चिट्ठे पर लिखा—

नन्दकुमार लाल 5)
जगमोहन मिसिर 5)

एक बजे से चार बजे तक मेरे देखते-देखते कितने लोग आये, किसी ने अपनी लड़की का ब्याह बतलाया, किसी ने आँसू बहाया, किसी ने कोई और ही बहाना किया, और देवस्वरूप ने भी कुछ न कुछ सभी को दिया। ये जितने थे सब ऐसे थे, जिनका दिन कभी बहुत अच्छा था, पर अब पतला पड़ गया था, फिर भी भरम किसी भाँति बना था, देवस्वरूप ने उनके इस बने-बनाये भरम को बिगाड़ना अच्छा नहीं समझा, और इसीलिए एक यह ढंग भी उन्होंने निकाल रखा था। उन्होंने अपने सामने एक चौकठा लटका रखा था, उसमें लिखा हुआ था—

देखिये बिगड़े नहीं उनका भरम।
मरते हैं पर माँग जो सकते नहीं॥

इस ढग की स्त्रियों के लिए, ठीक ऐसा ही ढंग देवहूती का था, और इसीलिए गाँव में घर-घर इन लोगों की जै-जैकार होती थी। जो कुछ पढ़ना-लिखना होता, देवस्वरूप इसी बेले पढ़ते-लिखते भी थे, और पढ़ते-पढ़ते जो कोई काम ऐसा जान पड़ता जिसमें हाथ बँटाना वह अच्छा समझते, तो उसमें भी वह कुछ न कुछ देते थे। आज उन्होंने दो कामों में कुछ दिया, उन्होंने एक ठौर पढ़ा, बिजनौर में एक मन्दिर गिर रहा है, उस को फिर से ठीक करने के लिए पाँच सौ रुपये चाहिए—देवस्वरूप ने यहाँ सौ रुपये भेजे। दूसरी ठौर उन्होंने पढ़ा, बिहार में कुछ लोग अपनी देश भाषा की बढ़ती के लिए जतन कर रहे हैं, पर रुपये के टोटे से ठीक-ठीक काम नहीं चल सकता—देवस्वरूप ने यहाँ दो सौ रुपये भेजे। इसी भाँति वे और-और कामों में भी समय-समय पर कुछ-कुछ भेजा करते।

चार बजे देवस्वरूप अपनी बैठक से अपने दो-चार साथियों के संग निकले, और टहलते हुए गाँव के उत्तर ओर सरजू के तीर पर जा पहुँचे, हम भी साथ थे। यहाँ एक फुलवारी उन्होंने बनवायी थी, इस फुलवारी के चारों ओर ईंट की पक्की भीत थी, और भाँति-भाँति के बेल-बूटे और फल-फूल के पेड़ों से इसकी निराली छटा थी। फुलवारी के ठीक बीच में एक छोटा-सा पक्का तालाब था। जिसमें बहुत ही सुथरा जल भरा हुआ था। देवस्वरूप टहलते-टहलते इसी तालाब के पास आये और वहीं एक सुथरी ठौर देख कर बैठ गये। इन तालाब के पास एक बहुत ही सुन्दर मन्दिर था, इस मन्दिर के द्वार पर सोने के अक्षरों में खुदा हुआ एक पत्थर लगा था, जिसमें यह लिखा था—

फूलदेवी का मन्दिर

—

जो भरी हो भले गुनों ही से।
कौन देवी उसे न समझेगा॥

—

देवी कौन है? वही, जिसमें अच्छे गुण हों, मैं समझता हूँ फूलकुँवर ऐसी अच्छे गुणवाली स्त्री कोई होगी। उनकी दया और भलमनसाहत की बड़ाई कहाँ तक करें कामिनीमोहन ऐसे पति पर भी उनका इतना सच्चा प्यार था, जो उनके मरने के एक महीने के भीतर ही उन्होंने भी यह लोक छोड़ा। कौन ऐसा कलेजा है जो इन बातों को जान कर भी न कसकेगा! हम लोग उसी फूलदेवी का यह मन्दिर बनाकर अपने को धन्य समझते हैं, और सच्चे जी से उनका और उनके पति का उस लोक में भला चाहते हैं॥

देवस्वरूप और देवहूती।

पत्थर पढ़कर मुझको मन्दिर देखने की बड़ी चाह हुई। मैं हाथ-पाँव धोकर और कुछ फूल लेकर मन्दिर के भीतर गया। वहाँ जाकर देवी की मूर्ति देखने पीछे मेरी जो गत हुई, मैं उस को किसी भाँति नहीं बतला सकता। बहुत मोल के एक पत्थर की चौकी पर एक अपसरा ऐसी सुन्दर स्त्री की मूर्ति खड़ी थी—मुखड़ा हँसता हुआ होने पर भी कुम्हलाया हुआ था—उस पर गहरी उदासी झलक रही थी। दोनों आँखें आकाश की ओर लगी हुई थीं, जिनसे पल-पल कलेजे को टुकड़े-टुकड़े करती हुई निराशा टपक रही थी। दोनों हाथों में दो कमल के फूल थे, जो खिलते-खिलते कुम्हला गये थे, और देह पर के एकाध गहने और कपड़े इस ढंग से बने थे, जिनके देखते ही यह बात अचानक मुँह से निकलती थी—हा! परमेश्वर! ऐसों की भी यह गत!!! सिर के ऊपर ठीक सामने आकाश में ऊपर उठते हुए कामिनीमोहन की मूर्ति बनी हुई थी, जिसके चारों ओर धीरे-धीरे अँधियाली घिर रही थी, पर बीच-बीच में एक जोत फूटती थी, जो उस अँधियाली को दूर करना चाहती थी। पास ही दाहिनी ओर चौकी के नीचे देवहूती की मूर्ति बनी हुई थी, जो अपने हाथ की अँजुली से उसके पाँवों पर फूल डाल रही थी।

मैंने भी सर झुका कर हाथ के फूलों को फूलदेवी के पाँवों पर डाला, पीछे कलेजा पकड़े हुए मन्दिर के बाहर आया। यहाँ देवस्वरूप की बुरी गत थी, वे फूलकुँवर और कामिनीमोहन की चर्चा अपने साथियों से कर रहे थे, और बेढब दुखी थे। पीछे वह सरजू पर आये, सूरज को डूबता देखकर कुछ पूजा की, फिर घर की ओर चल पड़े। घर आकर वह नौ बजे तक आये हुए लोगों से मिलते-जुलते रहे, जब नौ बज गया, वे घर के पास के मन्दिर में गये। यहाँ एक घण्टे तक उन्होंने एक पण्डित से रामायण की कथा सुनी, पीछे मन्दिर की आरती हो जाने पर घर आये। अब दस बज गये थे, इसलिए खा-पी कर वे सोने गये हम भी यहीं तक उनके साथ थे, उनके सोने के घर में जाते ही हम उनसे अलग हुए।

देवस्वरूप बहुत दिन तक इस धरती पर रहे, उनके हाथों देश का, देश के लोगों का बहुत कुछ भला हुआ। देवहूती भी उन की छाया थी, जितने भले काम देवस्वरूप ने किये उन सबमें उस का हाथ था॥

अब इस धरती पर न देवस्वरूप हैं, न देवहूती! पर यश उन का अब तक है। नरक-स्वर्ग कोई मानता है, कोई नहीं मानता पर यश-अपयश सभी मानते हैं। नित्य लाखों लोग इस धरती पर जनमते-मरते हैं, पर देवस्वरूप की भाँति यश बटोरनेवाले कितने माई के लाल हैं?

॥ शुभम् ॥

❑

ठेठ हिन्दी का ठाट

अर्थात्

ठेठ हिन्दी में लिखी गयी एक मनलुभानेवाली कहानी

समर्पण

**श्रील श्रीयुत महामान्य, अशेष गुणगणालंकृत, विद्वज्जन-
मण्डलीमण्डन, विविध विरदावली विभूषित,
श्री 5 युत जी. ए. ग्रियर्सन बी. ए. आई. सी.
एस. सी. आई. ई. पी. एच. डी. इत्यादि
सज्जनशिरोभूषणेषु!**

महात्मन्!

मैं एक साधारण जन हूँ, आप मुझसे सर्वथा अपरिचित हैं। किन्तु महानुभाव की सत्कीर्ति कलकौमुदी, हिमधवलशृंगसमूह विमण्डित हिमाचल से, भारतसमुद्र के उत्तालतरंगमालाविधौत कन्याकुमारी अंतरीप तक सुविकीर्ण है। आज उसकी नैसर्गिक शीतलता पर भारतवर्ष का प्रत्येक पठित समाज विमुग्ध है, और प्रत्येक सुशिक्षित व्यक्ति उसकी मनः प्राण परितोषिणी माधुरी पर आसक्त। इसी सूत्र से मुझ अल्पज्ञ को भी आप से परिचय रखने की प्रतिष्ठा प्राप्त है और यही कारण है जो आज मैं आपकी सेवा में एक सदुपहार लेकर उपस्थित होने का साहसी हुआ हूँ। उपहार अपर कश्चित वस्तु नहीं मेरा ही निर्माण किया हुआ 'ठेठ हिन्दी का ठाट' नामक एक साधारण उपन्यास है, किन्तु यतः यह आप ही की प्रेरणा से महाराजकुमार बाबू रामदीन सिंह जी द्वारा आज्ञापित होकर लिपिबद्ध हुआ है, अतः मैं इसको आप ही के कर कमलों में सादर समर्पित करता हूँ, आशा है आप इसको ग्रहण कर मेरे आन्तरिक अनुराग की परितृप्ति साधन कीजियेगा। विशेष निवेदन कर मैं आपके अमूल्य समय को विनष्ट नहीं करना चाहता।

30 मार्च | आश्रित

सन् 1899 ई॰ | **अयोध्यासिंह उपाध्याय**

उपोद्घात

एक वर्ष बीतने पर है, हमारे अमायिकबन्धु महाराजकुमार बाबू रामदीन सिंह जी ने मुझसे ठेठ हिन्दी की कोई पुस्तक लिखने के लिए अनुरोध किया था, मैं भी उनकी आज्ञानुसार उसी समय इस कार्य के सम्पादन के लिए दत्तचित्त हुआ था, किन्तु कतिपय कारणों और दुर्निवार विघ्नों के एकत्र समावेश होने से अब तक मैं उस कार्य की पूर्त्ति से अमनोरथ रहा हूँ। किन्तु आज मैं बहुत प्रसन्न हूँ कि जिस विषय पर एक वर्ष से लक्ष्य रहा है, वह आज मेरे हस्तगत हुआ है। आज ठेठ हिन्दी में एक उपन्यास लिखकर मैंने उसको पूरा किया, आशा है उक्त बाबू साहब को भी इससे यथेष्ट आनन्द होगा।

जहाँ तक मेरा अनुभव है मैं कह सकता हूँ, ठेठ हिन्दी में अब तक केवल एक ग्रन्थ लिखा गया है, और वह लखनऊ के प्रसिद्ध कवि 'इनशा अल्लाह खाँ' की बनाई 'कहानी ठेठ हिन्दी' है। जो मेरा यह विचार ठीक है, और मैं भूलता नहीं हूँ, तो कहा जा सकता है कि मेरा 'ठेठ हिन्दी का ठाट' नामक यह उपन्यास ठेठ हिन्दी का दूसरा ग्रन्थ है।

अब देखना यह है कि वास्तव में मेरा उपन्यास ठेठ हिन्दी में लिखा जा सका है, या नहीं? इस बात की मीमांसा के लिए पहले इस बात की परिभाषा होनी चाहिए कि ठेठ हिन्दी किसे कहते हैं? परिभाषा करने के लिए हमको यह विचारना आवश्यक है कि इस विषय में पहले किसी महाशय ने कुछ लिखा है, या नहीं? सबसे पहले हम 'कहानी ठेठ हिन्दी' ही पर दृष्टि डालते हैं, उसमें ग्रन्थकार ने लिखा है—

"अब यहाँ से लिखने वाला यों लिखता है, कि एक दिन बैठे-बैठे यह बात अपने ध्यान चढ़ी कोई कहानी ऐसी कहिये जिसमें हिन्दवी छुट और किसी बोली की पुट न मिले, तब जाके मेरा जी फूल की कली के रूप खिले, बाहर की बोली और गँवारी कुछ उसके बीच में न हो। अपने मिलनेवालों में से एक कोई बड़े पढ़े-लिखे पुराने धुराने डाग, बड़े धाग, यह खटराग लाये, सिर हिलाकर नाक भौं चढ़ा कर आँखें पथरा कर लगे कहने यह बात होती नहीं दिखाई देती। हिन्दीपन भी न निकले, भाखापन भी न ठुस जाय, जैसे भल लोग अच्छों से अच्छे आपस में बोलते चालते हैं, ज्यों का त्यों वही सब डौल रहे, और छाँह किसी की न पड़े, यह नहीं होने का"।

इतने बड़े वाक्य में हमारे काम की इतनी बातें हैं, "हिन्दवी छुट और किसी बोली की पुट न मिले, बाहर की बोली और गँवारी कुछ उसके बीच में न हो। हिन्दवीपन भी न निकले भाखापन भी न ठुस जाय–जैसे भले लोग अच्छों से अच्छे आपस में बोलते चालते हैं ज्यों का त्यों वही सब डौल रहे–और छाँह किसी की न पड़े"। ग्रन्थकार को बहुत संकीर्ण मार्ग से चलना पड़ा है इसलिए वह अपने अभिप्राय को स्पष्टतया नहीं प्रकाश कर सके हैं और पुनरुक्ति दोष से भी लिप्त हुए हैं। किन्तु उनके लेख का अभिप्राय यह है, कि "जैसे शिक्षित लोग आपस में बोलते चालते हैं भाषा वैसी ही हो, गँवारी न होने पावे, उसमें दूसरी भाषा अरबी, फारसी, तुर्की, अँग्रेजी इत्यादि का कोई शब्द शुद्ध रूप या अपभ्रंश रूप से न हो, भाषा अपभ्रंश संस्कृत शब्दों से प्रयुक्त हो, और यदि कोई संस्कृत शब्द उसमें आवे भी तो वही, जो अत्यंत प्रचलित हो, और जिस को एक साधारण जन भी बोलता हो।" जहाँ तक मैं समझता हूँ ठेठ हिन्दी की परिभाषा भी यही हो सकती है। क्योंकि जब दूसरी ओर दृष्टि दौड़ाते हैं, तो भी वही सिद्धान्त निश्चित होता है, जिसको मैंने ऊपर निरूपण किया है। वह दूसरी ठौर भारतेन्दु बाबू हरिश्चन्द्र की बनाई 'हिन्दी भाषा' नाम की पुस्तिका है, उसमें जो उन्होंने नम्बर 3 की शुद्ध हिन्दी का नमूना दिया है, वही ठेठ हिन्दी है। शुद्ध और ठेठ शब्द का अर्थ लगभग एक ही है। वह नमूना यह है–

"पर मेरे प्रीतम अब तक घर न आये, क्या उस देश में बरसात नहीं होती, या किसी सौत के फन्दे में पड़ गये, कि इधर की सुध ही भूल गये। कहाँ तो वह प्यार की बातें कहाँ एक लंग ऐसा भूख जाना कि चिट्ठी भी न भिजवाना, हा! मैं कहाँ जाऊँ कैसी करूँ, मेरी तो ऐसी कोई मुँह बोली, सहेली भी नहीं कि उससे दुखड़ा रो सुनाऊँ, कुछ इधर उधर की बातों ही से जी बहलाऊँ"।

इन कतिपय पंक्तियों पर दृष्टि देने से जान पड़ता है कि जितने शब्द इनमें आये हैं, वह सब प्रायः अपभ्रंश संस्कृत शब्द हैं, प्रीतम शब्द भी शुद्ध संस्कृत शब्द प्रियतम का अपभ्रंश है। विदेशी भाषा का कोई शब्द वाक्य भर में नहीं है हाँ! 'कि' शब्द फारसी है, जो इस वाक्य में आ गया है, पर यह किसी विवाद के सम्मुख न उपस्थित होने के कारण, असावधानी से प्रयुक्त हो गया है। अन्यथा उनको "जिसमें किसी भाषा के शब्द आने का नियम नहीं है" यह शीर्षक देकर नम्बर 4 की भाषा न सृष्टि करनी पड़ती। उक्त वाक्य में देश, एक, संग शब्द भी आये हैं, यह सब शुद्ध संस्कृत शब्द हैं, किन्तु शुद्ध संस्कृत होने पर भी ऐसे शब्द हैं, जिनको एक साधारण जन भी बोलता है, और ठेठ हिन्दी शब्द के समान हैं, इसीलिए शुद्ध हिन्दी के वाक्य में इन शब्दों का रखना उन्होंने अनुचित नहीं समझा; यदि कोई कहे 'देश' शब्द वास्तव में 'देस' है, हस्तदोष या छापे की अशुद्धि के कारण देश हो गया है, क्योंकि साधारण लोग 'देस' ही बोलते हैं, तो शेष दो शब्दों के

शुद्ध संस्कृत होने में कोई सन्देह है, और ऐसी अवस्था में ठेठ हिन्दी लिखने के लिए इस अन्तिम नियम होने की भी बहुत आवश्यकता है, कि "यदि उसमें कोई संस्कृत शब्द आये भी तो वही जो अत्यंत प्रचलित हो और जिसको एक साधारण जन भी बोलता हो" क्योंकि बिना इस नियम के शिक्षित लोगों के बोलचाल की रक्षा ठेठ हिन्दी लिखने में नहीं हो सकती, यद्यपि मैं यह स्वीकार करता हूँ कि इस शिक्षित लोगों की बोलचालवाले नियम की रक्षा ठेठ हिन्दी लिखने के समय कहीं कहीं नहीं होती है, किन्तु उस अवस्था में हम लोगों को अधिकतर उसकी रक्षा न करने के लिए बाध्य होना पड़ेगा। सोचने का स्थान है कि जो शुद्ध संस्कृत शब्द अपभ्रंश संस्कृत शब्द से ही अधिक प्रचलित है, जिनको एक साधारण जन भी बोलता चालता है जैसे, माला, सुख, धन, दूर, उपाय, इत्यादि, वह ठेठ हिन्दी के शब्द क्यों न समझें जावें और तब वह ठेठ हिन्दी के शब्द हैं, तो उनका व्यवहार ठेठ हिन्दी लिखने में क्यों न किया जावेगा, और ऐसी अवस्था में उक्त नियम की उपयुक्तता आप प्रकट है।

कहानी ठेठ हिन्दी, जो इस भाषा की पहली पुस्तक है, उसके पढ़ने से यह विषय और स्पष्ट होगा, मैं कतिपय वाक्य उक्त ग्रन्थ के जिनमें प्रचलित संस्कृत शब्द का प्रयोग ग्रन्थकार ने किया है, नीचे उद्धृत करता हूँ–

"जिसका भेद किसी ने न पाया उस फल की मिठाई चक्खे–मरतों को जी दान दिये–इतने बरस उसी ध्यान में रहें–मेरा जी फूल की कली के रूप खिले–राई को पर्वत कर दिखाऊँ–बिजली से भी बहुत चंचल औ चपलाहट में है–उदास मत रहा करो–ब्राह्मण की हत्या का धड़का न होता–प्रीति का मारा–अधर में सिंहासन पर बैठ कर लदाये फिरता था–जब इसे अजन करे, इत्यादि"

मैं यह स्वीकार करता हूँ कि 'कहानी ठेठ हिन्दी' के लेखक ने उन नियमों में से एक की भी रक्षा पूरी पूरी नहीं की है, जिसको मैंने ऊपर उन्हीं के लेख की छाया लेकर प्रकाश किया है, क्योंकि उनके लेख में वनस्पति औ कलधौत इत्यादि अप्रचलित संस्कृत शब्द, सम्मुख और चंचल इत्यादि ऐसे शब्द जिनके स्थान पर अपभ्रंश संस्कृत शब्द प्राप्त हो सकते हैं, ठठिया, टहोका इत्यादि गँवारी शब्द, और 'अय', 'कूक' इत्यादि दूसरी भाषा के शब्द भी मौजूद हैं, किन्तु ऐसा उनके अमनोनिवेश और इस कारण से हुआ है, कि उस समय की उर्दू कविता में प्रायः चंचल और सम्मुख इत्यादि शब्दों का प्रयोग देखने में आता है, उद्देश्य उनको ऐसा न था। हाँ! भारतेन्दु बाबू हरिश्चन्द्र की लिखी शुद्ध हिन्दी की कतिपय पंक्तियाँ जो ऊपर प्रकाश की गयी हैं, उनमें निस्सन्देह उक्त नियमों का निर्वाह हुआ है, और मैं समझता हूँ, ठेठ हिन्दी लिखने के विषय में उनको एक उत्तम आदर्श मानना उचित है।

जो किसी को अपभ्रंश संस्कृत शब्दों ही द्वारा ठेठ हिन्दी लिखने का आग्रह हो, और ऐसी अवस्था में ऊपर प्रकाश किये गये नियमों में से अन्तिम नियम की उपेक्षा कर वह शेष नियमों के अनुसार कार्य कर दिखावे, तो यह उसकी अपूर्व चिन्ता और अलौकिक मनोनिवेश का फल होगा। किन्तु मेरी अनुमति यही है कि ठेठ हिन्दी लिखने के लिए अन्तिम नियम की भी आवश्यकता है, वरन मैं कह सकता हूँ कि बिना इस नियम को कार्य में परिणत किये ठेठ हिन्दी लिखना एक प्रकार असम्भव है।

ऊपर जो नियम प्रकाश किये गये हैं, उन्हीं पर दृष्टि रख के मैंने 'ठेठ हिन्दी का ठाट' नामक उपन्यास लिखा है। और चेष्टा ऐसी ही की है, जिससे उक्त उपन्यास ठेठ हिन्दी का उपन्यास कहलाने के उपयुक्त हो, किन्तु मैं इस विषय में लब्ध काम हुआ हूँ, या नहीं, इस विषय का विचार चिन्ताशील, सहृदय, भाषामर्म्मज्ञों के ऊपर छोड़ता हूँ।

उक्त नियमों के अनुसार मैंने अपने उपन्यास में जहाँ कोई अपभ्रंश संस्कृत शब्द नहीं मिल सका है, या मिला भी है तो उस शब्द के रखने से भाषा के गँवारी बनने की आशंका दिखलाई पड़ी है, वहाँ अत्यन्त प्रचलित शुद्ध संस्कृत शब्द लिखा है, किन्तु यह शब्द भी दो या तीन ही अक्षर का शुद्ध संस्कृत शब्द है, जिससे भाषा कठिन नहीं हो सकी है, जैसे माला, सुख, दूर, पती, कुल, रीति, जग, देह, रोग, धन, उपाय, उदास इत्यादि। मैं समझता हूँ संकीर्ण स्थलों पर ऐसे शब्दों के प्रयोग से भाषा के ठेठ हिन्दी होने में कोई शंका नहीं हो सकती। और मेरा विचार है कि जहाँ भाषा गँवारी बनती हो, और कोई उपयुक्त शब्द न मिलता हो, वहाँ दो या तीन अक्षर का अत्यन्त प्रचलित शुद्ध संस्कृत शब्द रखने से भाषा ठेठ हिन्दी ही रहेगी। वर्त्तमान काल की समाचारपत्रों, वा पुस्तकों की प्रचलित साधु भाषा न बन जावेगी। हाँ! यह अवश्य है कि जहाँ उपयुक्त अपभ्रंश संस्कृत शब्द मिल सकता हो, वहाँ किसी अत्यन्त प्रचलित शुद्ध संस्कृत शब्द का भी प्रयोग न करना चाहिए।

भाषा का विषय बहुत गम्भीर है, इदमित्थं नहीं कहा जा सकता, किन्तु इस विषय में मेरा जो विचार है, उसी को मैंने आज इस लेख द्वारा प्रकट किया है। जो मननशील भाषा मर्म्मज्ञ जन इस विषय में कोई दूसरा स्वतन्त्र मत रखते हों, तो उसके विषय में मुझको कुछ वक्तव्य नहीं है। किन्तु वह लोग जो मेरे इस लेख और उपन्यास को पढ़ कर उदार भाव से इस विषय में कुछ लिखेंगे, या उचित अनुमति प्रकाश करेंगे, तो मैं अत्यन्त अनुग्रहीत हूँगा, विशेष लिख कर इस लेख के बढ़ाने की आवश्यकता नहीं।

मंधुबन
30/3/99

पं. अयोध्यासिंह

ठेठ हिन्दी का ठाट

दोहा

ललकि ललकि लोयनन तेहि, लखि लखि होहु निहाल।
लाली इत उत की लहत, लहे जीव जेहि लाल॥

पहला ठाट

एक ग्यारह बरस की लड़की अपने घर के पास की फुलवारी में खड़ी हुई किसी की बाट देख रही है। सूरज डूबने पर है, बादल में लाली छाई हुई है, बयार जी को ठंढा करती हुई धीरे धीरे चल रही है। थोड़ी बेर में सूरज डूबा, कुछ झुटपुटा सा हो गया, फुलवारी के एक ओर से कोई उसी ओर आता दीख पड़ा, जिस ओर वह लड़की खड़ी थी। कुछ बेर में वह आकर उस लड़की के पास खड़ा हो गया, लड़की ने देख कर कहा, देवनन्दन अब तक कहाँ थे? मैं बहुत बेर से यहाँ खड़ी तुमको अगोर रही हूँ।

देवनन्दन चौदह पन्दरह बरस का लड़का है, उसके सुडौल गोरे मुखड़े, अच्छे हाथ पाँव, छरहरी डील, ऊँचे और चौड़े माथे, लम्बी बाँहें, और जी लुभानेवाली बड़ी बड़ी आँखों के देखने से जान पड़ता है जयंत सरग छोड़ कर धरती पर उतरा है। यह लड़का उसी गाँव में रहता है जहाँ वह लड़की रहती है, छोटेपन से ही दोनों दोनों को चाहते आये हैं। देवनन्दन तीसरे चौथे जब छुट्टी पाता, इस लड़की से आकर मिलता। यह लड़की भी बड़े चाव से उससे मिलती और अपनी मीठी मीठी बातों से उसके जी को लुभाती। लड़की जानती थी, आज देवनन्दन आवेगा, इसी से पहले से उसकी बाट देख रही थी, वह आया भी, पर कुछ अबेर कर के, इसीलिए लड़की ने उससे पूछा, देवनन्दन अब तक तुम कहाँ थे?

उसकी बातों को सुनकर देवनन्दन ने पहले प्यासी आँखों से उसको देखा, पीछे कहा—

"देवबाला! क्या मैं तुमको भूल सकता हूँ, पर क्या करूँ आज गुरु जी ने छुट्टी सूरज डूबने पर की, इसी से यहाँ आने में कुछ अबेर हो गयी, क्या मैं जो थोड़ी बेर और न आता, तो तू यहाँ से चली जाती?"

"हाँ भाई! क्या करती, अँधेरा होने पर यहाँ ठहर तो नहीं सकती, माँ जो कुढ़ने लगती हैं।"

देवनन्दन–तो फिर हमसे तुमसे आज भेंट कैसे होती?

देवबाला–कैसे होती, इसी से तो कहती हूँ, तुम जैसे पहले मेरे घर आया करते थे, उसी भाँति अब भी आया करो। माँ भी एक दिन कहती थीं, बहुत दिन हुआ देवनन्दन को मैंने नहीं देखा।

देवनन्दन–तुमारे घर आने में मुझे कौन अटक है, पर देखो यही दिन पढ़ने लिखने के हैं, जो इधर उधर घूम फिर कर इनको बिता दूँगा, तो फिर पढ़ना लिखना कैसे आवेगा।

देवबाला ने रूठ कर कहा, क्या हमारे घर आना इधर उधर घूमना है। हमारे घर घड़ी आध घड़ी के लिए आओगे, तो क्या इसी में तुम्हारा पढ़ना लिखना न हो सकेगा।

देवनन्दन ने हँस कर कहा, अच्छा अब मैं फिर तुमारे घर कभी कभी आया करूँगा। आँचल के नीचे क्या छिपाये हो देवबाला?

देवबाला–क्या देखोगे?

देवनन्दन–हाँ देखूँ, क्या है।

देवबाला ने आँचल हटा कर दिखलाया। देवनन्दन ने देखा, फूलों से बनी हुई एक बहुत ही अच्छी माला है।

देवनन्दन ने पूछा–"यह माला तुमने क्यों बनाई है देवबाला?"

देवबाला–बतलाओ देखें।

देवनन्दन–हम कैसे बतलावें, हम तुमारे जी की बात कैसे जान सकेंगे।

देवबाला–क्या तुम हमारे जी की बात नहीं जानते, जो नहीं जानते तो हम से मिलने के लिए यहाँ कैसे आया करते हो।

देवनन्दन ने देखा इन बातों के कहते कहते लाज से उसकी आँखें नीची हो गयीं। गाल की लाली कुछ और गहरी हो गयी। जिससे उसका आप ही सुहावना मुखड़ा और भला दिखलाई देने लगा।

देवनन्दन ने कहा–हाँ यह तो जानते हैं, तुम हमको प्यार करती हो, हमको देख कर फूली नहीं समाती हो, और इसीलिए हम तुमसे मिलने के लिए बड़े चाव से आते हैं। पर माला की बात तो निपट नयी है, हम इसको भला कैसे बता सकते हैं।

देवबाला ने कहा–क्या जिसको कोई प्यार करता है, कुछ अच्छा मिलने पर वह उसको उसे देना नहीं चाहता।

देवनन्दन–क्या यह माला तुमको यहीं मिली है?

देवबाला–नहीं माला नहीं, फूल मिला है, माला मैंने बनाई है।

देवनन्दन–तुमने मेरे लिए इतना कुछ किया है, अच्छा लाओ देखें?

देवबाला—क्या मेरे हाथ में तुम नहीं देख सकते हो, पहनो तो दूँ।

देवनन्दन—अच्छा दो, पहनूँगा।

देवबाला ने धीरे धीरे अपने बड़ के नये पत्ते से हाथों को बढ़ा कर वह फूल की माला देवनन्दन के हाथों में दी। देवनन्दन ने प्यार के साथ अपने हाथों से उस माला को लेकर गले में पहन लिया।

देवबाला ने देखकर कहा—देवनन्दन! तुमारे गले में यह माला बहुत ही भली लगती है, अब जब जब तुम आओगे, मैं तुमको एक माला बना कर दिया करूँगी।

देवनन्दन ने बहुत ही प्यार के साथ उसकी इन बातों को सुना। इसी बीच अँधेरा होने लगा। देवबाला ने कहा, अब अँधेरा हुआ जाता है, मैं यहाँ ठहर नहीं सकती।

देवनन्दन ने कहा—तो अच्छा तुम जाओ, अब मैं भी जाता हूँ।

यह सुनकर फुलवारी की एक ओर से धीरे धीरे देवबाला घर चली गयी। पीछे देवनन्दन भी कुछ सोचते सोचते फुलवारी से बाहर हुआ।

दूसरा ठाट

देवबाला की माँ का नाम हेमलता है। यह देवनन्दन को बहुत चाहती, जब वह घर आता, यह उसका बड़ा लाड़ प्यार करती, वह सोचती, फूल सी मेरी लाड़िली के लिए, कौल से देवनन्दन को छोड़ और कोई जोग बर नहीं हो सकता। घर में जब यह दोनों साथ खेलते, उस घड़ी हेमलता की आँखों को इनकी जोड़ी देखकर बड़ा सुख मिलता। जब यह दोनों छोटे थे, उन दिनों हेमलता इन को कभी कभी फूलों से सजाती, और दोनों को अपनी गोद में बैठाल कर सरग सुख लूटती। जब से देवनन्दन सयाना हुआ है, लाज से बहुत हेमलता के घर न आता था, और इसीलिए फुलवारी में देवबाला को उलहना देना पड़ा था। पर जब कभी वह आता, हेमलता उसी भाँति उसको प्यार करती, उसी भाँति देवबाला के साथ उसको मिलने जुलने और खेलने देती। हेमलता भले घर की पतोहू है, वह जानती थी ग्यारह बरस की लड़की का चौदह पन्दरह बरस के पराये लड़के के साथ मेलजोल भलेमानसों की चाल नहीं है। पर जो बात उसके जी में थी, उससे वह दोनों के आपस के नेह में कोई बुराई न समझती। घर की फुलवारी में भी देवबाला के पास देवनन्दन को आने जाने से न रोकती।

एक दिन हेमलता अपने पति रामकान्त के पास बैठी हुई पंखा झल रही थी, इधर उधर की बातें हो रही थीं, इसी बीच देवबाला की बात उठी। हेमलता ने कहा–"देवबाला ग्यारह बरस की हो गयी अब उसका ब्याह हो जाना चाहिए, मैं चाहती हूँ इस बरस आप इस काम को कर डालें।"

रामकान्त ने कहा–"यह बात मेरे जी में भी बहुत दिनों से समाई है, मैं भी इस बरस उसका ब्याह कर देना चाहता हूँ, पर क्या करूँ कहीं जोग घर बर नहीं मिलता, एक ठौर ब्याह ठीक भी हुआ है, तो वहाँ पाँच सौ रोक माँगते हैं। इसी से कुछ अटक है, नहीं तो इस बरस ब्याह होने में और कोई झंझट नहीं है।"

हेम–क्या आप मेरी बात न मानेंगे? मैं कई बार आप से कह चुकी हूँ, देवबाला के जोग देवनन्दन ही है। आप क्यों नहीं देवबाला का ब्याह देवनन्दन के साथ कर देते। देवनन्दन से बढ़ कर बर कहाँ मिलेगा।

राम—मैं तुमको कहाँ तक समझाऊँ, देवनन्दन का ब्याह हमारी लड़की के साथ नहीं हो सकता। यह मैं जानता हूँ, देवनन्दन का बाप बड़ा धनी है; देवनन्दन भी देखने सुनने पढ़ने लिखने सब बातों में अच्छा है, पर हाड़ में तो अच्छा नहीं है!

हेम—कैसा! हाड़ में अच्छा नहीं है कैसा! मैं तो जानती हूँ उसके ऐसा सुघर सजीला लड़का इस गाँव भर में कोई दूसरा नहीं है।

राम—जो तुमको यही समझ होती, तो मुझको इतनी सिरखप क्यों करनी पड़ती। मैं यह कहता हूँ, उसके घर की लड़की का ब्याह मेरे यहाँ हो सकता है, मेरे घर की लड़की उसके यहाँ नहीं दी जा सकती। वह जात में मुझसे उतरकर है।

हेम—यह कैसी बात! जिसकी लड़की लेते हैं, जिसके यहाँ भात खाते हैं, वह जात में कैसे उतरा कहा जा सकता है। मैं समझती हूँ ऐसी ठौर लड़की देने में कोई बुराई नहीं है।

राम—तुमारी समझ ही कितनी! तिरिया ही न हो; बाप दादे से जो बात होती आती है, उसको कोई कैसे छोड़ सकता है। क्या लोगों के हँसने का डर तुमको नहीं है?

हेम—हँसने का डर कैसा? जान बूझ कर बुरा काम न करना चाहिए, भला काम करने पर कोई हँसे, हँसा करे। फिर जो समझवाले हैं, पढ़े लिखे हैं, भले हैं, वह ऐसी बातों पर हँसते नहीं, कोई थोड़ी समझ का, अनपढ़, गँवार और नंगा लुच्चा हँसे हँसा करे इसमें कोई बुराई नहीं। बाप दादे जो कर गये हैं, वही करना चाहिए, पर बाप दादे ने जो कुछ भूल की हो, कोई बुरा काम किया हो, उसको न करना ही सब लोग अच्छा समझते हैं। आप ने जहाँ देवबाला का ब्याह ठीक किया है, मैं जानती हूँ। देवपुर के दयासंकर पांड़े के लड़के रमानाथ से आप देवबाला का गँठजोड़ा करना चाहते हैं। भला बताइये तो रमानाथ सा अनपढ़, काला कलूटा, गाँव भर का नंगा लड़का ही देवबाला के लिए जोग बर है, दयासंकर के छप्पर के झोंपड़े ही देवबाला सी दुलारी और प्यारी लड़की के रहने जोग घर है। जनम भर के लिए लड़की धूल में मिला दी जावे, यह कोई हँसी की बात नहीं है। लड़की को अच्छा खाना न मिले, अच्छा कपड़ा न मिले वह अनपढ़, गँवार, मूफट्ट, लोहलट्ठ के पाले पड़ कर जनम भर जला करे, यह हँसी की बात नहीं है, दुख की बात नहीं है। पर जोग बर के साथ अच्छे घर में लड़की देना, सो भी उसके यहाँ जिसकी लड़की लेते हैं जिसका भात खाते हैं, हँसी की बात है। जो हँसी हँसनेवाले के मूँ तक ही रहती है, जिस हँसी से हमारा कुछ बिगाड़ नहीं हो सकता, उस ओर तो हमारा मन जाता है, पर कैसे पछतावे की बात है, जिस काम के करने से हमारी लड़की जनम भर बिपत की नदी में डूबती उतराती रहती है, उस काम के न करने की ओर हमारा मन नहीं जाता। आप मेरी इन बातों को सोचें और अपनी फूल ऐसी सुकुआरी लड़की को ऊसर में न फेंकें।

राम—आज तो तुम ने बातों की झड़ लगा दी। इतनी सी बात के लिए इतना पचड़ा,

मैं तुमारी बातें समझता हूँ। पर जिस काम के करने से मुझको अपनी मूँछ नीची करनी पड़ेगी, उस काम को मैं जी रहते कभी न कर सकूँगा। दयासंकर और बातों में कैसे ही होवें, पर हाड़ में बहुत अच्छे हैं, उनके यहाँ ब्याह करने ही में मेरी पत रहेगी। देवनन्दन सोने का भी हो तो, हमारे काम का नहीं है।

हेम—भला काम करने में मूँछ नीची क्यों होगी, यह मैं नहीं समझती, पर जो आप नहीं मानते हैं, तो कोई अच्छा घर बर खोजिये। दयासंकर के यहाँ मैं अपनी लड़की का ब्याह कभी न होने दूँगी।

राम—न होने दोगी, तो गहने उतारो, घर दुआर बेचो, बारह चौदह सौ रोक दो, अच्छा घर बर मैं खोज देता हूँ। बेटी का ब्याह कर के घर घर भीख माँगते फिरना।

हेम—बड़े दुख की बात है, जिनको आप हाड़ वाले कहते हैं, उनके यहाँ अच्छा घर बर मिलने से हम लोग आप कंगाल बनते हैं, जो देवनन्दन का बाप सदासिव मिसिर भलेमानसों की भाँति बिना एक कौड़ी लिए हमसे ब्याह करना चाहते हैं, उनके यहाँ देवबाला के देने से आपकी मूँछ नीची होती है। तो क्या दयासंकर के यहाँ ब्याह कर के लड़की को जनम भर के लिए मिट्टी में मिला देना ही आप अच्छा समझते हैं।

राम—किसी को कोई मिट्टी में नहीं मिलाता, जो जिसके भाग में होता है, वही होता है, देवबाला के भाग में दुख बदा है तो उसको सुख कैसे मिलेगा?

हेम—सच है, पर किसी को जान बूझ कर जब हम आग में फेंक देंगे तो वह क्यों न जलेगा, भाग वहीं माना जाता है जहाँ बस नहीं चलता।

राम—हुआ बहुत हुआ चुप रहे, दयासंकर भिखारी नहीं है, अब भी उनके पास दस पाँच बीघा खेत है, रोटी दाल चली जाती है। घर का बोझ पड़ने पर रमानाथ भी बहुत कुछ सुधर जावेगा।

हेम—नहीं नहीं मान जाओ, हठ न करो, हाड़ लेकर क्या करना होगा। अच्छा घर बर मिलता तो आप हाड़ ही वाले के यहाँ ब्याह करते मैं न रोकती। पर जब अच्छा घर बर मिलना पैसा हाथ में न होने से कठिन है, तो मिले हुए जोग घर बर को न छोड़िये। सदाशिव मिसिर भी बाम्हन ही हैं, सब बातों में हमारे जैसे हैं। हम ऊँचे हैं, वह हम से उतर के हैं, यह सब घमण्ड की बातें हैं, पढ़े लिखे और समझ बूझ वालों को ऐसी बातें नहीं सोहतीं।

रामकान्त अब की बार चिढ़ गये, बोले। देखो आज तुमने मुझको बहुत खिजाया, पर चेत रखो, जो फिर मुझसे ऐसी बातें करोगी, मुझको बिना समझे बूझे छेड़ोगी, तो तुम को ठीक करने के लिए हमको जतन करना होगा। तुमारी बातों में आकर हम अपनी जात नहीं गँवा सकते। तुम तिरिया हो, हठ करना छोड़ और कुछ तुमको नहीं आता।

यह कह कर खिजलाये हुए रामकान्त घर से बाहर हो गये।

तीसरा ठाट

रामकान्त के चले जाने पर हेमलता कुछ घड़ी वहीं बैठी रही, पीछे वहाँ से उठी आँगन में आयी, जी बहलाने के लिए इधर-उधर टहलने लगी, पर जी न बहला, आँखों में आँसू आते धीरे-धीरे उनको वह पोंछ देती, रह रह कर जी में घबराहट होती, उसको भी वह दबाना चाहती, पर न आँख के आँसुओं ने माना, और न जी की घबराहट ही ने पीछा छोड़ा। वह सोचती "हाय! क्या से क्या हुआ जाता है; मेरी बहुत दिनों की आस, मेरा बहुत दिनों का भरोसा, सब धूल में मिला जाता है। मनाने से वह मानते नहीं, वह हठी है मैं जानती हूँ, जितना मैं उनको समझाऊँगी उरद के आटे की भाँति वह ऐंठते जावेंगे। फिर क्या करूँ, कैसे बात बने।" यह सब सोचते सोचते उसका जी बहुत घबराया, आँख के आँसुओं ने भी झड़ बाँधा। इसलिए वह आँगन से निकलकर घर की फुलवारी में आयी; कभी बेले कभी चमेली कभी दूसरे दूसरे फूल के पौधों के पास घूमने लगी। जी कुछ ही बहला था, अचानक एक गति से उसकी पीर और बढ़ गयी। गीत यह था।

गीत

मान जा भँवर कही तू मेरी।
भूल न रस लै इन फूलन को पैयाँ लागत तेरी॥
तोरि तोरि इनहीं को गजरा अपने हाथ बनैहों।
अपनावन को पहिनि गरे मैं मनवारे को दैहों॥
कितने फूलन वारे यामें नहिं तेरो बिगरै है।
पै माने इतनी ही बतिया छतिया मोर सिरैहै॥

कुछ ही बेर में उसने यह दूसरा गीत भी कलेजा पकड़े हुए सुना।

गीत

भौंर तू कही न मानी बात।
बेर बेर इनही फूलन पै आइ आइ मंडरात॥
भौंरी कही मानती मेरी तू तो है मतवारो।

कानन पारि न सुनत याहि ते नेको बैन हमारो॥
अरे ढीठ कारे मतवारे कहै क्यों न का पैहै।
आइ आइ मेरे फूलन को जो बिगारि तू जैहै॥

अब की बार वह न रह सकी, भीतर के दुख और पछतावे से बावली सी बन गयी। पर इसी बीच उसने यह तीसरा गीत फिर सुना, जिससे उसका मन एक दूसरी ही ओर गया।

गीत

भँवर अब कहा खिजावत मोही।
दौरत फिरत सु क्यों मो पाछे कहा भयो है तोही॥
जानि गयी मैं रूसि गयो तू सुनि कै बतिया मेरी।
साँची है कछु सुनन गुनन की अहै बानि नहिं तेरी॥
लखि तेरे औगुन हठ एरे चुप साधे ही रहिहौं।
जा, बजमारे अब मैं तो सों भूलि कछू नहिं कहिहौं॥

एक एक करके इन गीतों को फूल तोड़ते हुए देवबाला ने गाया था इसलिए पहले हेमलता का जी देवबाला के भोलेपन की ओर गया, रुलाई में हँसी आयी, पीछे वह सोचने लगी, जो बड़ों की भली चाल को छोड़ता है, वह कभी अच्छा नहीं करता, भलेमानसों की चाल है, वह अपने पाँच सात बरस की लड़की को भी लड़कों से मिलने जुलने नहीं देते। मिलने जुलने ही से हेलमेल होता है, हेलमेल ही से लगन लगती है। पर मैंने बड़ों की चाल छोड़ी, अपनी मनमानी बूझों के सहारे, देवबाला और देवनन्दन के आपस के हेलमेल को न रोका, इसी से आज देखती हूँ देवबाला के जी में देवनन्दन के नेह ने घर किया है। जिससे एक बहुत बड़ी बुराई होना चाहती है, क्योंकि अब देवनन्दन के साथ देवबाला के ब्याह की कोई आसा नहीं है। देवबाला को इससे कितनी पीड़ा, कितनी बिथा, कितना दुख होगा, सभी समझ सकता है। इससे मैं डर रही हूँ, ऐसा न होवे, जो देवबाला अपने जी पर खेले। भगवान तुम मुझको बचाओ, मैंने जो बुराई की है, उसके लिए मैं देखती हूँ मुझे बहुत कुछ झेलनी होगी। जिस देस में लड़की अपना ब्याह आप नहीं कर सकती, जिस देस में माँ बाप के हाथों ही निबटारा है, उस देस के लिए यह पुरानी चाल कितनी अच्छी है, जो लड़की लड़कों का सब भाँति का मेल रोका जावे, लड़कपन ही से इस देस के भलों की लड़कियाँ ओट में रहना सीखती हैं, उसका कारण यही है, जिसमें उनके जी में किसी का नेह घर न करने पावे। पर मैं ने अपने हाथों सब बात बिगड़ी है, जान बूझ कर बुरा किया है, इससे भलाई के मग में काँटे पड़ें तो कौन अचरज है।

हेमलता इसी उधेड़बुन में थी, इसी बीच देवबाला के कानों में किसी के पाँव की चाप पड़ी, उसने फिर कर देखा, हेमलता कुछ मन ही मन सोचती उसी की ओर आ रही है।

इससे वह कुछ लजाई, कुछ डरी, आँचल के फूल को जहाँ खड़ी थी, वहीं डाल दिया, पर जो दो चार फूल उसके हाथों में थे, उसको न फेंका, सोचा फेंकने से माँ को खुटक होगी, इससे इनका हाथों ही में रहना अच्छा हैं। अब हेमलता पास आ गयी थी, देवबाला भी अपनी ठौर से बहुत कुछ आगे बढ़ आयी थी। लाज और डर से देवबाला सिर ऊँचा न करती थी, वह जी में सोच रही थी, जो माँ ने मेरे गीतों को सुना होगा, तो अपने जी में क्या कहती होंगी। इतने में हेमलता ने कहा, देवबाला तू ने ये फूल क्यों तोड़े हैं?

देवबाला—माँ! क्या फूल नहीं तोड़ते?

हेमलता—क्यों नहीं तोड़ते, पर तू फूल लेकर क्या करेगी, फिर साँझ को कोई फूल तोड़ता है।

देवबाला—अच्छा! अब न तोड़ूँगी।

हेमलता—हाँ! अब मत तोड़ियो। और देवबाला तू अब सयानी हुई, इससे देवनन्दन से भी अब तू न मिला कर, क्योंकि ऐसा करने से लोग हँसेंगे, भलेमानसों की यह चाल नहीं है।

देवबाला कुछ डरी। कुछ अचरज में आयी, उससे कुछ बोला न गया। वह घबड़ाई हुई आँखों से अपनी माँ के मूँ की ओर देखने लगी।

इससे हेमलता को बड़ी बिथा हुई, पर उसने अपने जी की छिपाकर, कहा, क्यों देवबाला बोलती क्यों नहीं, इतनी घबराई क्यों?

देवबाला—माँ, घबराई तो नहीं, पर क्या बड़ों की सब बातों ही को सुनकर कुछ कहना पड़ता है।

हेमलता ने देखा इन बातों के कहते कहते उसका मुँह गम्भीर हो गया, आँखें थिर हो गयीं, और घबराहट की वह पहली बातें जाती रहीं। वह अचानक उसका यह ढँग देखकर डरी, फिर कुछ न बोली, चुपचाप पहले की भाँति उधेड़बुन में लगी हुई घर की ओर चली, देवबाला भी उसी के पीछे पीछे घर आयी। आज वह देवनन्दन से न मिल सकी।

इसके कुछ दिनों पीछे रमानाथ के साथ देवबाला का ब्याह ठीक हो गया, चढ़ावा भी चढ़ गया। धीरे धीरे गाँव के सब लोगों के साथ इस बात को देवबाला और देवनन्दन ने भी जाना।

चौथा ठाट

आज देवबाला छिपकर फुलवारी में आयी है, डबडबायी आँखों घबड़ायी हुई इस पेड़ तले उस पेड़ तले घूम रही है। कभी रोती है, कभी आँचल से आँसुओं को पोंछ डालती है। न जाने मन ही मन क्या सोचती है, कैसी कैसी बातें उसके जी में समा रही हैं, जिससे उसका मन थिर नहीं होता है। इतने में उसकी आँखें फूल की उन पंखड़ियों की ओर गयीं, जो अपने पौधों के पास कुम्हलाई हुई धरती पर पड़ी थीं, उनको देखकर उसके जी में बहुत सी बातें समाईं। उसने सोचा, "इस धरती पर सुख ही नहीं दुख भी है, अभी दो दिन की बातें हैं, यह पंखड़ियाँ कैसी हँस रही थीं, इनमें कैसी सुघराई थी, कैसा अनोखापन था, कैसी जी लुभानेवाली छटा थी। पर आज न वह हँसी है, न सुघराई है, न वह अनोखापन है, न वह छटा। आज वह कुम्हला गयी हैं, सुख गयी हैं, मुरझाई हुई धरती पर पड़ी है। जग का यही ढंग है, सब दिन एक सा नहीं बीतता, फिर जिस पर जो पड़ता है, उसको वह भुगतना होता है, होनहार अपने हाथ नहीं, मानुख सोचता और है, होता और है, घबराने से क्या होगा, जो भाग में लिखा है मिटने का नहीं, फिर धीरज क्यों न करें, बावली हो होकर कहाँ तक मरें।" इसी भाँत उसने और भी बहुत सी बातें सोचीं, पर उसके मन को ढाढस न होता था, कुछ बेर तक धीरज करके वह थिर, बिना घबराहट, और बहली हुई जान पड़ती। पर कुछ ही बेर में वह फिर घबराई, उदास और बावली बन जाती। जिस घड़ी उसका मन इस भाँत डाँवाडोल था, उसने फुलवारी की एक ओर से देवनन्दन को अपनी ओर आते देखा।

देवनन्दन धीरे धीरे उसके पास आया, धीरे धीरे अपनी आँखें उठा कर उसकी ओर देखा, पीछे दोनों एक पेड़ के नीचे बैठ गये। कुछ घड़ी दोनों चुप रहे, मन ही मन न जाने क्या-क्या सोचते रहे। फुलवारी में सब ओर सन्नाटा था, बयार ही धीरे-धीरे चलकर पत्तों को खड़खड़ाती थी, कभी-कभी कोई चिड़िया कहीं बोल उठती थी, नहीं तो और किसी भाँति फुलवारी का सन्नाटा न टूटता था। इससे बढ़ कर सन्नाटा इन दोनों पर छाया था, हाथ पाँव तक न हिलता था, आँख की पलक भी न पड़ती थी। पर कुछ ही देर में देवबाला चौंक पड़ीं, इस भाँत चुपचाप बैठे रहना उसको भला न जान पड़ा, अब झुटपुटा भी होने

लगा था, इसलिए उसने जी कड़ा करके कहा, देवनन्दन तुम जानते हो, तुमको आज हमने यहाँ क्यों बुलाया है?

देवनन्दन—क्यों बुलाया है देवबाला?

देवबाला—यह कहने को, तुम हमको भूल जाओ!

देवनन्दन—क्यों?

देवबाला—क्या यह भी कहना होगा, क्या सब बातें तुमने नहीं सुनी हैं?

देवनन्दन—हाँ! हमने सब बातें सुनी हैं, पर क्या इसीलिए तुमको भूलना होगा, चाह के भी तो कितने ढंग हैं, माँ-बाप की चाह क्या बेटे के साथ निराली नहीं होती, बहिन भाई का आपस का नेह क्या नेह में नहीं गिना जाता? तुम मुझसे छोटी हो, क्या मैं छोटी बहिन की भाँत तुम को प्यार नहीं कर सकता? क्या धरती में यह नाता भी अनोखा नहीं है! क्या मानुख के लिए निरास होने से किसी आस का होना अच्छा नहीं है?

देवबाला ने देखा, यह कहते कहते देवनन्दन की आँखें थिर हो गयीं, मुँह पर धीरज दिखलाई देने लगा, और घबराहट का नाम तक उसमें न था।

देवबाला ने एक ठंढी साँस भरी, कहा, देवनन्दन! तुम्हारी बातों को सुनकर मुझे बहुत ढाढस हुआ। मेरे कलेजा का बोझ बहुत हलका हो गया, आपका धीरज, आपकी भलमनसाहत, सराहने जोग है, मुझको तुमसे इन बातों के सुनने की आस न थी, मैं तुमको समझाया चाहती थी, पर तुमारी बातों ने मुझको आप समझा दिया।

देवनन्दन—क्यों देवबाला! क्यों तुमें मुझसे इन बातों के सुनने की आस न थी, क्या मैं बाम्हन का बेटा नहीं हूँ? क्या मैं हिन्दू के घर में नहीं जनमा हूँ? क्या मैं धरम की मरजादा नहीं जानता, क्या धरम मुझको प्यारा नहीं है? क्या हिन्दू की बेटी माँ बाप जो कहें वह न करके दूसरा कर सकती है? क्या हम लोग बड़ों की चाल छोड़ सकते हैं? क्या माँ बाप जो कहें उसको सिर झुका कर मान लेना ही हम लोगों का धरम नहीं है? क्या अपने बड़ों की मरजादा हम लोग बिगाड़ सकते हैं? कभी नहीं!!! फिर क्यों न ऐसी बातें हम कहें। देवबाला जिस दिन मैंने सुना, तुमारा ब्याह रमानाथ के साथ ठीक हुआ है, उसी दिन मैंने यह सब सोच लिया था, खटका यही था, कहीं तुमारे जी को ऐसा होने से कड़ी चोट न पहुँचे, पर भगवान की दया से मेरी यह खुटक जाती रही, अब अपना दिन मैं बहुत सुख से बिताऊँगा।

देवबाला ने कहा, देवनन्दन जाओ, भगवान तुम्हारा भला करें, जो तुमने मुझको समझा है वही समझकर मुझको भूलना न! अब मैं यह न कहूँगी तुम मुझको भूल जाओं। मैं भी तुमको अपना भाई समझती रहूँगी।

देवनन्दन उठकर खड़ा हुआ, जाना चाहता था, इतने में देवबाला ने फिर कहा, तनिक ठहरो, कुछ और कहूँगी।

देवनन्दन—क्या कहोगी देवबाला! कहो!!!

देवबाला—यही कहती हूँ, अपना ब्याह करना!

देवनन्दन—यह तुमने क्यों कहा देवबाला?

देवबाला—न जाने क्यों मेरे जी में अचानक यह बात आयी, इसीलिए मुझको तुमसे यह बात भी कहनी पड़ी, भुझको पूरा भरोसा है, तुम मेरी बात मानोगे।

देवनन्दन कुछ देर चुप रहा, फिर कहने लगा, देवबाला इस बीच में तुम कुछ न बोलो, मैं क्या करूँगा, ठीक नहीं कह सकता, मानुख के बस में कुछ नहीं है, वह खेलाड़ी जो नाच चाहता है, नचाता है, हमने सोचा था कुछ और, हुआ कुछ और, अब फिर सोचें कुछ और, हो कुछ और, तो इससे न सोचना ही अच्छा है, ऐसी बातें तुम न छेड़ो, इससे मेरा जी बहुत दुखता है, भगवान के लिए ऐसी बात कहने के लिए तुम अपना मुँह फिर न खोलना।

देवबाला—मैं आपका जी दुखाया नहीं चाहती, जिस बात के सुनने से आपको दुख होगा, वह मैं कभी न कहूँगी, पर अचानक मैं ऐसा क्यों कह पड़ी, मैं यह आप नहीं समझ सकती हूँ, भगवान ही के हाथ सब कुछ है यह आप बहुत ठीक कहते हैं।

इतना कहते कहते देवबाला की आँखों में आँसू भर आया, इस बात को देवनन्दन ने भी देखा, पर उसने धीरज को हाथ से जाने न दिया था, इसलिए बात फेर कर कहा, देवबाला! अँधेरा हुआ जाता है, क्या जानें घर तुमको कोई खोजे, इसलिए अब तुम जाओ, भगवान तुम्हारा धरम बनाये रहे। इसके पीछे देवबाला ने आँख पोंछ कर देखा, पर देवनन्दन को वहाँ न पाया।

पाँचवाँ ठाट

आज देवबाला ससुराल जा रही है, जिस दिन वह छिपकर फुलवारी में देवनन्दन से मिली थी, उसके कुछ ही दिनों पीछे उसका ब्याह रमानाथ के साथ हुआ, आज तीसरा दिन है, देवबाला के बाप रामकान्त उसका गौना करना चाहते थे, पर रमानाथ के बाप दयासंकर ने न माना, वह हठ करके देवबाला को लिए जाते हैं, दो घड़ी दिन आया है, अपने गाँव से एक कोस पर देवबाला की डोली आयी है, कहार सब उसको लम्बी डगों लिए जा रहे हैं, घर से चलते बेले देवबाला बहुत रोई है, अब तक रो रही है, पर धीरे-धीरे उसका दुख घट रहा है, डोली चलाकर कहार सब ज्यों-ज्यों उसकी जनम धरती को, उसके माँ-बाप को, उसकी लड़कपन की सहेलियों को, पीछे छोड़ रहे हैं, वोंही वों उसका दुख भी पीछे पड़ रहा है, कुछ ही बेर में देवबाला का जी ठिकाने हुआ, वह कुछ सम्हली, पर इसी घड़ी उसकी आँखों पर एक जी लुभानेवाली, झलक नाचने लगी, पहले सुडौल गोरा-गोरा मुखड़ा देख पड़ा, फिर घुघुरारे बार, फिर बड़ी बड़ी आँखें फिर मीठा मुसकिराहट, फिर ऊँचा और चौड़ा माथा, फिर छरहरी डील, इसके पीछे ऐसा जान पड़ा किसी की प्यार भरी बातें कानों को सुन पड़ती हैं, कोई प्यार से कह रहा है देवबाला!

देवबाला!! फिर क्या जान पड़ा, एक सुन्दर फुलवारी है, कहीं बेला फूला है, कहीं चमेली फूली है, कहीं पीले फूलों वाला गेंदा है, कहीं प्यारी प्यारी नेवारी है, कहीं मोगरा है, कही चंपा है, कहीं अनोखे फूल वाले हरसिंगार हैं, कहीं कचनार है, मैं उसमें खड़ी हूँ, फूल चुन रही हूँ, मन ही मन कुछ गा रही हूँ, इसी बीच उसी फुलवारी में धीरे धीरे एक ओर से कोई आ रहा है, मैं उसको बड़े चाव से एकटक देख रही हूँ। एक दिन वह था जब देवबाला के सामने इस झलक का रखनेवाला घंटों आकर खड़ा रहता, और वह फूली न समाती, एक दिन वह था जव वह सचमुच प्यारी प्यारी बातों को सुनती, और रीझ रीझ जाती, एक दिन वह था जब वह सच ही सच अपनी मनमोहने वाली फुलवारी में फूल चुनती फिरती, और उसकी एक ओर से अपने प्यारे को आता देखती, और उमंग से उछल उछल पड़ती। पर आज देवनन्दन की यह परछाँही की सी झलक, उसकी यह अनसुनी प्यार भरी बातें, यह धोखे की टट्टी की सी फुलवारी; उसमें किसी का आना, देवबाला के

जी को कुछ घड़ी के लिए बहुत ही दुखिया बनाने लगे। वह धीरे-धीरे अपनी प्यारी माँ अपने लाड़ प्यार करने वाले बाप सरग से भी भली जनम धरती से बिछुरने के दुख को कुछ भूल रही थी, अचानक इस बड़े दुख ने आकर उसके मन को घेर लिया, वह बहुत ही घबराई, बावली बन गयी। पर कुछ ही बेर में वह सम्हली, सोचने लगी, यह क्या!!! मैं दूसरे की तिरिया होकर दूसरे किसी की सूरत कैसे कर रही हूँ! क्या यह पाप नहीं है! बाम्हन की लड़की होकर हेमलता की कोख में जनम लेकर, हिन्दूनारी की मरजादा को जान कर, हिन्दुस्तान के पौन पानी से पल कर, बड़े घर की बहू-बेटी कहलाकर, जो दूसरे पुरुख की परछाँही भी मेरे कलेजे में धँसती है, झलक भी आँखों में समाती है तो क्या यह डूब मरने की बात नहीं है! आग में जल जाने की बात नहीं है!! पहाड़ से गिराकर काया के चूर चूर कर डालने की बात नहीं है !!! छीः ! छी!! छी!!! इससे बढ़ कर भी कोई पाप है? फिर उस ने सोचा, यह सब पचड़ा कैसा! बाप भाई की सुरत करना उनकी झलक का आँखों के साम्हने आ जाना, कैसे पाप होगा! देवनन्दन को भी तो मैंने बड़ा भाई माना है, फिर जो उसकी सुरत हो गयी तो इतना कुढ़ने की कौन बात है! धरम की दोहाई देने, पाप पाप करने का कौन काम है। जिस घड़ी देवबाला इन र.ब बातों में उलझी हुई थी, उसने जाना कहार सब उसकी डोली को किसी ठौर रखना चाहते हैं, थोड़ी ही देर में कहारों ने उसकी डोली एक ठौर उतारी। उसने थोड़े ओहार हटाकर देखा, एक बहुत बड़े पोखरे की दूसरी ओर उसकी डोली उतारी गयी है, दोपहर हो गया है, और उसके साथ के सब लोग नहाने-धोने और खाने-पीने में लग रहे हैं।

देवबाला पोखरे की छटा देखने में लगी। उसने देखा उसमें बहुत ही सुथरा नीले काँच ऐसा जल भरा है, धीमी बयार लगने से छोटी छोटी लहरें उठती हैं, फूले हुए कौंल अपने हरे हरे पत्तों में धीरे धीरे हिलते हैं। नीले आकास और आसपास के हरे फूले, फले, पेड़ों की परछाँही पड़ने से वह और सुहावना और अनूठा हो रहा है। सूरज की किरनें उस पर पड़ती हैं, चमकती हैं, उसके जल के नीले रंग को उजला बनाती हैं, और टुकड़े टुकड़े हो जाती हैं। आकास का चमकता हुआ सूरज, उसमें उतरा है, हिलता है, डोलता है, थर-थर काँपता है, और फिर पूरी चमक दमक के साथ चमकने लगता हैं मछलियाँ, ऊपर आती हैं, डूब जाती हैं, नीचे चली जाती हैं, फिर उतराती हैं, खेलती हैं, उछलती हैं, कूदती हैं। चिड़ियाँ ताक लगाये घूमती हैं, पंख बटोरकर अचानक आ पड़ती हैं, डूब जाती हैं, दो-एक को पकड़ती हैं, और फिर उड़ जाती हैं, कोई तैरता है, कोई नहाता है, कोई कपड़े फींचता है, कोई अंजुलियों में भर-भर कर उसके पानी से अपनी प्यास बुझाता है। गाय बछड़े पानी पीते हैं, बटोही सब घाट पर बैठे खा-पी रहे हैं। इन्हीं खाने-पीने वालों में से एक न कहा, “डोली उठाओ” देवबाला ने सुना चौंक पड़ी, सम्हल कर बैठ गयी।

इसी बीच कहारों ने डोली उठाई, और फिर उसको चलाने लगे। देवबाला की ससुराल

उसके नैहर से आठ कोस पर थी। दो घड़ी दिन रहे उसकी डोली वहाँ पहुँची, पर अभी बहुत लोग पीछे थे, दयासंकर भी पीछे थे, दयासंकर भी पीछे ही थे। इसलिए डोली गाँव के पास एक अमराई में उतारी गयी। पहले गाँव में से एक लड़की आयी, फिर एक टहलुनी आयी। उसके पीछे एक और आयी, इसी भाँत कितनी आयीं; चहल-पहल मच गयी। वहाँ देववाला की सास अपने घर के दुआरे पर गाँव की बहुत सी सुहागनों के साथ जमी गीतें गा रही थीं। छोटे-बड़े सबके जी में उमंग भरा था। इसी बीच फिर डोली उठी दुआरे पर आयी, देवबाला की सास दूसरी सुहागनों के साथ उसको डोली से उतार कर भीतर ले गयीं कहारों ने मुँह माँगी उतराई पायी।

पतोहू को घर में लिवा लाकर कुल की रीतियों के करने पीछे सास ने उसका मुँह गाँव घर की कितनी जनी को दिखाया। देवबाला को जो देखती वही मोह जाती। मैंने उनमें से दो एक को कहते सुना था, "रमानाथ की उस जनम की अच्छी कमाई रही है, जो उसको ऐसी सुघर घरनी मिली है।" दो-एक को मैंने चुपचाप बातें करते भी सुना था, उनमें से एक ने कहा था, "जीजी! दुलहिन के मुँह जोग बर नहीं है।" दूसरी ने कहा था, "रमानाथ तो उसके पाँवों का धोअन भी नहीं है।"

छठा ठाट

आधी रात का समा बड़ी अँधियाली रात, सब ओर सन्नाटा, इस पर बादलों की घेरघार, पसारने पर हाथ भी न सूझता। किसी पेड़ का एक पत्ता तक न हिलता। काले काले बादल चुपचाप पूरब से पच्छिम को जा रहे थे। बयार दबे पाँवों उन्हीं का पीछा किये बहुत ही धीरे-धीरे चलती थी और कहीं कोई आता जाता न था, पखेरू पंख तक हिलाते न थे। सब साँस खींचे, चुप साधे, डरावनी रात से सन्नाटे को और डरावना बना रहे थे पर तनक थिर होकर सुनने से सुनसान और सन्नाटे में भी किसी की दुख भरी रुलाई सुनाई पड़ती है। और इसी रुलाई को सुनकर ऐसे कठिन बेले में एक मानुख कान उठाये लम्बी डगों उसी ओर जा रहा है।

धीरे-धीरे काले बादल और काले हुए। अँधियाली और गहरी हुई, बिजली कौंधने लगी, धीमी-धीमी गरज होने लगी, सन्-सन् बयार चलने लगी। पहले नन्ही-नन्ही बूँदें पड़ीं, पीछे बड़ी-बड़ी बूँदों से झिप्-झिप् पानी बरसने लगा।

बापुरे बटोही पर बड़ी कड़ी बीती, अब वह किधर जावे, जिस रुलाई के सहारे वह आगे बढ़ रहा था, वह अब बहुत जी लगाने पर भी सुन नहीं पड़ती थी, बयार की सनसनाहट, बादलों की गड़गड़ाहट, पानी पड़ने की धूम में, उसका सुनना उसके बस की बात न थी। पानी पड़ते-पड़ते जाने वाले के सब कपड़े भीग गये, देह ठंढी पड़ गयी, बयार की झोंकों से कँपकँपी ने भी उसमें घर किया, ओलती की भाँत माथे से पानी गिर रहा था, आँख फाड़-फाड़ कर देखने पर भी कहीं कुछ सूझता न था। पर इन बातों की ओर उसका मन भूल कर भी नहीं जाता है, उसको सुरत लग रही है, तो इसी की, कैसे उस रुलाई को सुनूँ, कैसे उस ठौर तक पहुँचूँ। पर यह बात उसके हाथ से जाती रही, वह जितना जतन करने लगा, उतना ही पीछे पड़ने लगा। तो भी घबराया नहीं, उसी कठिन अँधियाली में, उसी कठोर बरखा में, आगे बढ़ता गया किधर जाता है, कहाँ जाता है, वह यह समझ तक नहीं सकता है, पर उसका जी उससे यही कह रहा है अब ले लिया है, थोड़े कड़े और हो, जहाँ जाना चाहते हो, वहीं पहुँचे जाते हो।

महीना असाढ़ का था, थोड़ी बेर के लिए ही यह सब धूमधाम थी। देखते ही देखते

आकास का काया पलट हो गया, पानी रुक गया, बयार धीमी हुई, बादल एक एक करके जाते रहे, तारे निकले, पूरब और चाँद भी निकलता दिखलाई पड़ा, कुछ ही बेर में चाँदनी भी निकली। अब उस जाने वाले के जी में जी आया, कुछ धीरज भी हुआ। गीले कपड़े उसने देह से उतारे, उनको भलीभाँत गारा, देह को पोंछा, पीछे उन्हीं कपड़ों को पहन लिया। कान लगा कर सुना तो वह दुख भरी रुलाई भी सुन पड़ी, पर अब यह बहुत पास सुन पड़ती थी। वह फिर आगे बढ़ने लगा, पर ज्यों ज्यों आगे बढ़ता था, कलेजा उसका टुकड़े-टुकड़े हुआ जाता था, रुलाई सही नहीं जाती थी। घबरा गया, पर तौ भी एक परग पीछे न हटा, थोड़ी बेर में वहाँ जा पहुँचा।

देखा धरती पर पड़ी हुई एक सोरह बरस की तिरिया फूट फूट कर रो रही है। सब कपड़े उसके भीग गये हैं, कीचड़ से देह भर गयी है, पर वह उसी भाँति कीचड़ में लोट रही है, उसी भाँत बिलख बिलख कर रो रही है, आँखें मुँदी हैं, मूँ पर बाल बिखर रहे हैं, उनसे मोती की भाँत पानी की बूँदें टपक रही हैं। जाने वाला, कुछ घड़ी चुपचाप खड़ा रहा, उसकी दसा देखकर आँसू टपकाता रहा। पीछे उससे न रहा गया, बोला, "तुम कौन हो? क्यों इतना बिलख-बिलख कर कीच में पड़ी रो रही हो? क्या तुम्हारा दुख मैं सुन सकता हूँ, सुनने पर इस दुख के हाथ से तुमको छुड़ाने के लिए जतन करूँगा।"

तिरिया कुछ न बोली, उसी भाँत बिलख-बिलख कर आँसू बहाती रही, उसी भाँत अपनी पुकार से पत्थर के कलेजे को पिघलाती रही। और उसी भाँत तड़प-तड़प कर कीचड़ पानी में लोटती रही।

जानेवाले ने कड़ी बोल से कुछ और पास जा कर कहा, "माँ! तुमारा दुख देखा नहीं जाता, कलेजा टूट रहा है, आँखों से चिनगारियाँ निकल रही हैं, धीरज हाथ से जाता रहा, मुझ बापुरे पर दया करो, आँखें खोलो, कहो कौन सा ऐसा दुख तुम पर पड़ा है जो तुम इतना बिलख रही हो, जग में देह से बढ़कर कुछ प्यारा नहीं है, पर तुम्हारा दुख छुड़ाने में मेरी देह भी जाती रहेगी, तो मैं सह लूँगा।"

अब की बार इसकी बोल उसके कानों पड़ी, उसने अपनी आँखों को खोला, बोली, "हमारा दुख ऐसा नहीं जो उसको कोई छुड़ा सके, राम जिसको दुख देते हैं, उसके लिए मानुख क्या कर सकता है, तुम क्यों हमारे दुख से दुखिया बनते हो, जहाँ जाते हो जाओ, हमारे भाग में यही लिखा है, जब तक जीयेंगे, इसी भाँत कलेजा कूटती रहेंगी।"

उसने कहा, "कोई दुख ऐसा नहीं है जो छूट न सके, राम किसी को दुख नहीं देते, उन्होंने कठिन से कठिन दुख के लिए भी जतन बनाया है, जतन करने से सब कुछ हो सकता है।"

वह बोली, "न सताओ, हमें जी भर कर रोने दो, हमारा दुख इसी से हलका होता है, दूसरा कोई उपाय हमारे लिए नहीं है, हमारे कलेजे का घाव पूरा नहीं हो सकता।"

उसकी इन सब बातों से जाने वाले की आँखों में पानी आता था, उसने आँसू पोंछ कर कहा, "मैंने तुमको माँ कहा है, फिर कहता हूँ माँ! जैसे होगा तुम्हारा दुख छुड़ाऊँगा, नहीं तो इस चार दिन के जीने से हाथ उठाऊँगा, तुमारे सामने यह टेक करता हूँ, साँस रहते इस टेक को निबाहूँगा, नहीं तो फूस की आग में जल मरूँगा।"

वह तिरिया इसकी बातें सुनकर भौचक बन गयी, बोली, "तुम कौन हो भाई! बिना समझे बूझे क्यों इतना हठ करते हो? अपना जी सब को प्यारा होता है, दूसरे के लिए अपने जी पर जोखों क्यों उठाओगे?"

वह बोला–"हम कोई होवें, पर बिपत में पड़े को उबारना ही हमारा धरम है, इस माटी के पुतले के लिए इससे अच्छा कोई दूसरा काम नहीं हो सकता।"

यह सुनकर वह और अचरज में आयी बोली, "जो ऐसा ही है, तो आओ, हमारे पीछे आओ, पर जी कड़ा रखना, देखो मुझ दुखिया को और दुखिया न बनाना।"

यह कह कर वह उठी, और फटे, मैले, कपड़ों में अपने देह को छिपा कर एक ओर चली, जाने वाला भी उसी के पीछे उसी ओर चला गया।

सातवाँ ठाट

एक बहुत ही बड़ा टूटा फूटा, गिरा पड़ा घर है, उसके पास दो जन घूम रहे हैं, एक वही बटोही और दूसरी वही दुख से बावली बनी तिरिया, उनके देखने से जान पड़ता है, वह दोनों जैसे कुछ खोज रहे हैं, थोड़ी देर में उस दुखी तिरिया ने कहा मेरा जी ठिकाने नहीं, झूठे ही मैं इधर उधर सिर मार रही हूँ, देखो दुआरा यही है, इसको खोलो, बटोही ने उसको खोला, दोनों भीतर गये। भीतर जाकर बटोही ने देखा एक अधगिरे घर में एक छोटी सी खाट बिछी हुई है, उस पर चार बरस का एक फूल सा लड़का लेटाया हुआ है, लड़का पहले बहुत सुन्दर रहा होगा, पर अब सूख कर काँटा हो गया है, अपने आप उठ तक नहीं सकता है, उस घड़ी उसकी साँसें चल रही थीं, और वह अधमरा हो रहा था। उसको देखकर वह तिरिया फिर फूट-फूट कर रोने लगी। बटोही ने कहा ठहरो, रोओ मत, मैं अभी इसको देख कर सब कुछ बतला देता हूँ, जहाँ तक मैं समझता हूँ यह बच जावेगा। इसके पीछे उसने अपनी झोली में से कोई औखद निकाली, लड़के के सिर, और छाती पर मला, फिर उसके हाथ-पाँव को टटोल कर कहा, यह लड़का अभी अच्छा हुआ जाता है, तुम घबराओ मत, इसको और कोई रोग नहीं जान पड़ता, मैं सोच रहा हूँ भूख से इसकी ऐसी दसा हो रही है। यह कह कर उसने फिर कोई औखध निकाल कर लड़के को पिलाया, जिससे साँसों का चलना रुक गया। और लड़का करवट फेर कर सो रहा।

लड़के को कुछ अच्छा देखकर उस तिरिया को धीरज हुआ, वह अब कुछ सम्हली, उसका जी भी कुछ ठिकाने हुआ, इसलिए वह बटोही की ओर अचरज के साथ देखने लगी, बोली, आप कोई देवता हैं, नहीं तो मुझ ऐसी अभागिनी को इस धरती पर सहारा देने वाला कौन है, चार बरस हुआ पती परदेस चला गया, आज तक न जान पड़ा, वह कहाँ हैं, क्या करते हैं, कैसे उनका दिन बीतता है, राम उनको सुख ही में रक्खें, पर यह भी नहीं जाना जाता, वह सुख में हैं, न जानें दुख में। खाने पीने का ठिकाना तो बरसों से नहीं है। पर रहने का ठिकाना यही एक घर है, वह भी दिन दिन गिर रहा है, समझती हूँ इस बरस की बरसात में यह न बचेगा। सब और से निरास तो थी ही, यही एक लड़का मुझ अभागिनी का सहारा है, आज उसकी भी बुरी दसा देखकर मैं आपे में न रही थी, जो बावला

हो गया था, आधीरात को, इसको अकेले घर में छोड़ कर बैद के यहाँ भागी जाती थी, बीच ही में मेह आया, तब भी बढ़ती गयी, पर, अचानक फिसल कर ऐसी गिरी, जिससे कुछ घड़ी जहाँ की तहाँ पड़ी रह गयी। डोल हिल भी न सकी। पर जान पड़ता है भगवान को मुझ पर कुछ दया हुई, जो उन्होंने उस घड़ी आप को मेरी भलाई करने के लिए वहाँ भेजा। आप कोई देवता है, मेरा मन कहता है आप कोई देवता हैं, आपने मेरे लड़के का जी बचाया, जो लड़का मुझ निधनी का धन, मुझ कंगाल की पूँजी, मुझ दुखिया का सहारा है, उसका जी बचाया, यह काम देवता छोड़ मानुख का नहीं हो सकता, मैं समझती हूँ बिपत पड़ने पर किसी को सहारा देना मानुख का काम नहीं है।

इस दुखिया की इन बातों से बटोही का कलेजा मुँह को आ रहा था, आँख से टप टप आँसू गिर रहे थे, मन ही मन वह मुरझा रहा था, बोला, बिपत पड़ने पर किसी को सहारा देना ही मानुख का काम है, जो दुखियों के दुख को नहीं जानता, पराई पीर से जिसका कलेजा नहीं कसकता, दुख में पड़े को जो नहीं उबारता, भूखों कंगालों पर जो नहीं पसीजता, वह मानुख नहीं पिसाच है। मैं देवता नहीं, एक छोटा मानुख हूँ, जिन औखधियों का गुन धरती पर सब जानता है, उसी के सहारे से इस घड़ी तुम्हारे लड़के का मैं कुछ भला कर सका हूँ, मेरी इसमें कोई करतूत नहीं है। इतना कह कर वह थोड़ी बेर चुप रहा, फिर बोला, तुमको जो दुख न हो, मुझसे कहने में कोई अटक न हो, तो मैं तुमसे कुछ पूछना चाहता हूँ।

अब तिरिया का जी बहुत ठिकाने हो गया था, पर न जानें क्यों वह अनमनी हो रही थी। एक एक कर के कई बार उसने बटोही को देखा, उसकी बातों को सुना, उस की बोली को परखा, और यही सब बातें ऐसी हुई हैं, जिससे वह अनमनी हो गयी है। पर अनमनी होने पर भी उसने बटोही की सब बातें सुनीं, और कहा, आप कुछ कहें पर मैं आपको देवता ही जानती हूँ, आप जो चाहें पूछें, मैं सब कहूँगी, मुझको कोई दुख न होगा। बिपत में पड़े हुए को उबारना ही जो अपना धरम समझता है, उससे अपनी बिथा कहने में किसको अटक होगी। बटोही ने कहा, मैंने आज तक तुमारे ऐसी दुखिया नारी आँखों नहीं देखी, तुम इतना क्यों दुखी हो, क्यों तुमारा घर इतना गिरा पड़ा है, क्यों तुमारे पास पहनने को कपड़ा नहीं है, खाने को नाज नहीं है, पानी पीने के लिए पास लोटा तक नहीं है? पति जब से परदेस गया क्या तब से कोई चीठी भी तुमारे पास नहीं आयी?

वह बोली क्या कहूँ, इन सब बातों की सुरत होने से मेरा जी फिर बावला बन गया, फिर मैं पहले की भाँति दुखिया बन गयी, कलेजा फटता है, मुँह से बात भी नहीं निकलती, पर कहूँगी, आप से कह कर ही मैं अपने कलेजे के बोझ को हलका करूँगी। यह कहकर उसने एक ऊँची साँस भरी।

बटोही ने कहा, मैं समझता हूँ, तुमको अपनी पिछली बातों के कहने में बड़ा दुख

होता है। ऐसी दसा में मैं भी उसको सुनना न चाहता, पर इसीलिए सुनना चाहता हूँ, क्या जाने मैं कोई ऐसा जतन कर सकूँ जिससे तुमारा दुख कुछ घटे। उसने फिर एक लम्बी साँस ली और कहा। मेरा ब्याह हुए पाँच बरस हुआ, मैं ऐसी अभागिनी हूँ, जो ब्याह के छही महीने पीछे मेरे ससुर मर गये, घर का सब काम काज वही करते थे, उन्हीं की कमाई का हम लोगों को सहारा था, उनके मरते ही हम लोगों के दुख का पार न रहा। पति, नारी का देवता है, वह कैसा ही क्यों न हो, पर तिरिया उसको अजोग और बुरा नहीं कह सकती, मैं भी अपने पती को बुरा नहीं कहती, और न वह बुरे हैं, पर हम लोगों के भाग की खुटाई से ऐसा संजोग हुआ। जिससे मेरे ससुर के मरने के पाँच ही छः महीने पीछे जो दस पाँच बीघा खेत था, वह बंधक पड़ गया, घर में जो दस-पाँच मन नाज था, वह सब उठ गया और दस-पाँच थान गहने जो मेरे देह पर थे वह सब भी बिक गये। दिन बड़ी कठिनाई के साथ बीतने लगे। भूख बुरी होती है, जब कोई ब्योंत न रहा, तो घर की कड़ी और किवाड़ी तक बेंच दी गयी, पर ऐसे कितने दिन चल सकता है। अब उनको यह धुन समाई, मैं पूरब कमाने जाऊँगा, यह सुनकर मैं बहुत रोई, उनसे कहा, सब कुछ तो हो गया, अब आप भी आँखों के ओझल होंगे तो मैं कैसे जीऊँगी। बहुत कहने सुनने पर उन्होंने किसी भाँत मेरी बात मानी, पर बिपत के दिन टालने से नहीं टलते, इन्हीं दिनों इस लड़के का जनम हुआ, एक दिन मेरी सास ने न जाने क्या उनसे लाने को कहा, पर वह कहाँ से लाते पास तो कुछ था ही नहीं, इस पर वह कुछ झँझलाईं, यह बात उनको बहुत बुरी लगी, मैं उनसे मिल नहीं सकती थी, जो कुछ समझाती बुझाती। इसलिए दूसरे दिन मैंने सुना वह कमाने पूरब चले गये, मेरा भाग फूटा, मैं रोते रोते बावली बन गयी, अब तक रोती हूँ, पर कोई आँसू का पोंछनेवाला नहीं है, यह कह कर वह चिल्ला उठी और ढाढ़ मार कर रोने लगी।

बटोही के आँख से भी आँसू बह रहा था, हिचकी लग रही थी, पर उसने अपने को सम्हाला, और उस तिरिया को बहुत समझाया, समझाने से उसको भी बोध हुआ, वह फिर कहने लगी, आप समझते होंगे, मुझको इन बातों के कहने से दुख होता है, और इसी से मैं रो उठती हूँ, पर नहीं, रोने ही से मेरा भला होता है, जो मैं रोती न, बावली हो जाती। पती का दुख भूली न थी, सास ने भी साथ छोड़ा, उनका कलेजा पति के मरने से चूर चूर तो था ही बेटे का बिछोह फिर वह कैसे सहतीं, उनके पूरब चले जाने के बीस ही दिन पीछे वह भी मर गयी, मैं इस धरती पर दुख भोगने के लिए अकेली रह गयी, न जानें मेरे प्रान कैसे हैं जो अब भी नहीं निकलते। जब मैं सब भाँत निरास हुई, खाने पीने का कुछ ठिकाना न रहा, सूत कात कर दिन बिताने लगी। बड़े घर की बहू बेटी ठहरी, क्या करती, किसी के घर जाकर कामकाज करने से बड़ों के नाम में बट्टा लगता। भीख माँग नहीं सकती, कौड़ी पास नहीं जो दूसरा कोई काम करती, फिर सूत कात कर दिन बिताने छोड़

मेरे पास कौन उपाय था। इस सूत के बेचने और रूई मोल लाने के लिए मैंने एक टहलुनी रक्खी थी, इस टहलुनी ने मेरे साथ जो किया, उसको मैं नहीं कह सकती, नारी हूँ, लाज की बात कैसे मुँह पर ला सकती हूँ, पर हाय! क्या इस धरती पर बचकर चलने वाले ही को ठोकर लगती है! क्या पाप करने वाले सभी बुरे कामों को कर सकते हैं, उनको दुखियाओं के ऊपर भी दया नहीं आती!!! क्या कहूँ, राम ऐसों का मुँह न दिखावें। जब मैंने देखा यह टहलुनी रहेगी तो मुझको अपना धरम निबाहने में बड़ी कठिनाई होगी तो मैंने उसको अपने यहाँ से निकाल दिया। पर ऐसा करके मैं बड़े झंझट में पड़ी, अब कौन सूत बेचे, कौन रूई लावे, कौन मेरे पैसों का नाज ला दे, कौन मेरे दूसरे कामों को करे, इसका कुछ ठिकाना न रहा,। पर राम ही बिगड़ी को बनाते हैं, मेरे पड़ोस में एक बूढ़ी बाम्हनी रहती हैं, उनसे मेरा दुख न देखा गया, तीन बरस से मुझ दुखिया की सहारा वही हैं, वही मेरा सब कामकाज कर देती हैं, उनको छोड़ मेर घर में पखेरू पंख भी नहीं मारता। सच तो यह है, मेरे साथ अपने को कौन दुखिया बनावे, मुझको रोने छोड़ और कुछ आता नहीं, जो दिन रात रोया करता है, उसके पास कौन आता है। पाँच चार महीने से मेरी देह में रोग ने भी घर किया है, अब कुछ कामकाज भी नहीं हो सकता, सूत भी नहीं कात सकती, इसी से दो-दो तीन-तीन दिन तक अन्न भी नहीं मिलता है, आपका कहना बहुत ठीक है, आप ने बहुत सोच कर कहा था, "भूख से इस लड़के की दसा ऐसी हो रही है।" अब मैं सोच रही हूँ, भूख ही से मेरा बच्चा इस दसा को पहुँच गया है, पर क्या करूँ, सब गँवा सकती हूँ। धरम और लाज तो नहीं गँवा सकती!!! इसके ननिहाल में भी तो कोई नहीं रह गया, जो वहीं चली जाऊँ, चार बरस से मेरे माँ-बाप की भी खोज नहीं मिलती, वह दोनों जन जब से जगरनाथ जी गये, फिर न फिरे, न जाने वह लोग कहाँ हैं, जीते हैं या मर गये, यह भी नहीं जान पड़ता, धरती तू क्यों नहीं फटती? जो मैं समा जाऊँ, क्या मुझ सी दुखिया को तू भी ठौर नहीं दे सकती। यह कहकर वह फिर रोने, कलपने लगी, और थोड़ी ही बेर में मुरझाकर धरती पर गिर पड़ी।

आठवाँ ठाट

बटोही ने जो कुछ आँखों देखा, कानों सुना, वह सब बातें उसको चकरा रही थीं, दुखी बना रही थीं, और सता रही थीं, पर इस घड़ी वह बहुत ही अनमना हो रहा था, वह दुखिया नारी रोई, मुरझाकर धरती पर गिरी, फिर आपही सम्हली, पर वह वैसा ही अनमना बना रहा, न जानें क्या सोचता रहा पर अब अचानक चौंक पड़ा, चौंकते ही कहा देवबाला!! इस देवबाला नाम में न जानें कोई टोना था, न जाने कोई मुरझा देने वाली सकती थी, जिससे इस नाम को सुनते ही वह तिरिया अचानक यह कहकर फिर अचेत हो गयी "हाय! मैं ऐसी आपे से बाहर हो रही हूँ, ऐसा मेरा जी ठिकाने नहीं है, जिससे बार-बार जी में आने पर भी, यह न पहचान सकी, मुझ दुखिया को सहारा देने वाला भैया देवनन्दन छोड़ और कोई नहीं है" यह सुनकर हमारा बटोही जो देवनन्दन छोड़ दूसरा नहीं है, फिर वैसा ही अनमना, फिर वैसा ही सोच में डूबा दिखलाई पड़ा, पर थोड़ी ही बेर में धीरज उसके मुखड़े पर देख पड़ा, उसने उपाय करके उस तिरिया को भी जो देवबाला है, सम्हाला, कुछ ही बेर में उसका जी भी ठिकाने हुआ, पर दोनों कुछ घड़ी चुप रहे, एक बात भी न बोले, न जानें कहाँ-कहाँ की बातें सोचते रहे, मैं समझता हूँ, वही पुरानी बातें उन दोनों के जी में घूम रही थीं, वह सुख के दिन, वह आपस का प्यार, वह फुलवारी का मिलना, वह मीठी बातें वह लड़कपन का रँग-ढँग, फिर दोनों की अड़चनें, धरम के झमेले, इसके पीछे भाई बहिन सा प्यार, वह अनूठे बरताव, एक-एक करके आँखों के सामने फिर रहे थे। और इसी से वह दोनों कितनी बेर तक कुछ भी न बोले। पर इस घड़ी देवनन्दन के जी में कुछ और ही बात ठन रही थी, इसलिए उन्होंने ढाढस कर के कहा, देवबाला! तुमारे दुख से कलेजा फटा जा रहा है, क्या करूँ जो राम चाहते हैं करते हैं, पर मैंने अपने जी में ठाना है जहाँ से होगा रमानाथ को मैं खोज निकालूँगा, यह मेरा काम है तुमारा नहीं, अब और कुछ पूछने को नहीं रहा, पर तुमको एक बात बतलानी और रही है, और वह रमानाथ का ठिकाना है, क्या कभी कोई चीठी आती है। देवबाला ने कहा, उनकी कोई चीठी जब से वह गये नहीं आयी, मैं उनका कुछ खोज ठिकाना नहीं जानती, मेरे भाग ने सभी बात बिगाड़ रखी है। इतना कहते-कहते उसकी आँखें फिर भर आईं और छल-छल करके आँसू टपक पड़े।

देवनन्दन चुप रहा, कुछ सोचने लगा, फिर बोला, अच्छा मैं खोज ठिकाना किसी भाँत जान लूँगा, तुम मत घबराओ। अभी पाँच-सात दिन मैं यहाँ रहूँगा, तब तक यह लड़का भी अच्छा हो जावेगा। और इसी गाँव में घूम फिर कर मैं रमानाथ का ठिकाना भी जान लूँगा। इसके पीछे मैं ठीक करूँगा, मुझको क्या करना चाहिए। इतना कह कर वह फिर चुप हो गया और मन ही मन कुछ सोचने लगा।

देवबाला इस घड़ी देवनन्दन को देख रही थी, उसने देखा उसके सब देह में राख मली हुई है, सिर पर लम्बी लम्बी जटायें हैं, हाथ में तूँबा और चिमटा है। गेरुये रंग का कपड़ा वह पहने हैं, सब भेस उसका साधुओं का है। देवबाला ने देख भाल कर पूछा, देवनन्दन! क्या तुम साधु हो गये हो, पर वह कुछ न बोला, न जाने क्या सोचता रहा, फिर कहा, यह सब फिर कभी बतलाऊँगा।

अब भोर होने लगा था, इसलिए दोनों जन अपनी-अपनी ठौरों से उठे और नहाने धोने में लग गये।

इसके पीछे देवनन्दन सात दिन यहाँ रहा, सात दिनों में उसने इस घर की दो कोठरियों और एक ओसारे को बनाकर ठीक किया, बरस दिन के खाने भर को नाज लिया, पाँच सात साड़ियाँ मोल लीं, और यह सब देवमाला को दिया, इस बीच लड़का भी भली भाँत अच्छा हो गया था। इसलिए आठवें दिन कुछ रोक भी देकर देवनन्दन ने देवबाला से कहा। मैं अब जाता हूँ, जहाँ तक हो सकेगा, मैं तुरन्त लौटूँगा, मैंने इस गाँव में रमानाथ का कुछ ठिकाना पाया है, लोग कहते हैं इस गाँव से चार कोस पर रामपुर नाम का एक गाँव है, उसमें भवानीदत्त नाम का कोई कायथ रहता है, पूरब में जहाँ रमानाथ रहते हैं, वही यह कायथ भी आता जाता है, आजकल वह घर आया हुआ है, उससे पूछने पर रमानाथ की बहुत सी बातें जान पड़ेंगी, आज मैं वहीं रहूँगा, उनसे सब पूछ-पाछ कर कल उसी ओर जाऊँगा, रमानाथ से भेट होना चाहिए, लिवा लान मेरे हाथ है, मैं उनको तीन महीने के भीतर ही लेकर यहाँ पहुँचूँगा, तुम घबराना मत।

देवबाला बोली, मैं क्या कहूँ, जो तुम करते हो, उसमें मैं हाथ डाल नहीं सकती, जो हाथ डालूँ भी तो तुम काहे को मानोगे, मैं भी समझती हूँ भाई से बढ़कर इस धरती में अपना कोई दूसरा नहीं है, आप जावें, मैं आपको रोक नहीं सकती, पर मैं बड़ी अभागिनी हूँ, इसी से मेरा कलेजा धक्क-धक्क कर रहा है। यह कह कर देवबाला बहुत ही उदास और अनमनी हो गयी। पर देवनन्दन ने उसको बहुत समझाया, ढाढस बँधाया, और इसके पीछे रामपुर की ओर पयान किया।

देवबाला के लिए फिर वही दिन रात आगे आये, पर उसके जी में यह बात बहुत उठा करती, क्या देवनन्दन साधु हो गये? उसका भेस साधुओं का क्यों है? अपना ब्याह उन्होंने नहीं किया क्या? जब मैंने उनसे इन बातों को पूछा तो उन्होंने क्यों नहीं बतलाया? पर कोई ऐसी बात उसके जी मैं नहीं समाती थी जिससे उसका बोध होवे।

नवाँ ठाट

वह देखो सामने रामपुर गाँव दिखलाई पड़ता है, चारों ओर हरे भरे बाँस के पेड़ लहरा रहे हैं, उनके पास ही दो एक पेड़ आम, जामुन, महुआ और कटहल के दिखलाई देते हैं, पास ही एक बहुत बड़ा ताल है, ताल के ऊपर गाँव से थोड़ा हटकर एक बड़ा भारी बड़ का पेड़ है, धीमी बयार लगने से उसके पत्ते धीरे-धीरे हिल रहे हैं, उस पर एक झंडी भी फहरा रही है, जान पड़ता है वहाँ काली का थान है। उसी पेड़ के नीचे बैठे दो जने बातें कर रहे हैं। उसमें एक हमारे जान-पहचान वाले देवनन्दन हैं, और दूसरा वही भवानीदत्त है, उनमें बहुत बेर तक बातें होती रहीं। जिससे देवनन्दन ने रमानाथ की बहुत सी बातें जानीं, पिछली बातें उन लोगों की यहाँ थीं।

देवनन्दन ने पूछा, जब रंगपुर में तुम दोनों जने साथ रहते थे, तो रमानाथ ने फिर रंगपुर का रहना क्यों छोड़ा?

भवानीदत्त—उन्होंने रंगपुर को अपने आप नहीं छोड़ा, मैं कह चुका हूँ रमानाथ की चाल चलन ठीक नहीं है, वह बड़ा छटा और लुच्चा है, जिस बाबू के यहाँ वह कामकाज करता था, उन्हीं बाबू की टहलुनी के साथ एक दिन वह पकड़ा गया, बाम्हन जान कर बाबू ने और कुछ तो न किया, पर टहलुनी और रमानाथ दोनों को अपने यहाँ से निकाल दिया, तभी से वह कलकत्ते रहता है; टहलुनी भी उसके साथ है, यह दो बरस की बात है, पर मैं यह ठीक कह सकता हूँ, अब भी वह कलकत्ते ही में है।

देवनन्दन—जब यह दो बरस की बात है, तो फिर तुम कैसे कह सकते हो, अब भी वह कलकत्ते में है?

भवानीदत्त—मुझको यहाँ आये दस पन्द्रह दिन हुए, मेरे वहाँ से चलने के दस पाँच दिन पहले बाबू का एक चाकर कलकत्ते आया था, वह कहता था मुझसे और रमानाथ से वहाँ भेंट हुई थी, इसी से मैं जानता हूँ, अब तक वह कलकत्ते में है। उसने और भी कई बातें रमानाथ की मुझसे कही थीं। पर उनको मैं आप से नहीं कहना चाहता, उन में कोई बात काम की नहीं है, सब ऐसी ही हैं, जिससे रमानाथ का नाम लेने को मन नहीं करता।

देवनन्दन—जाने दो मैं भी उनको नहीं सुनना चाहता, मुझको उन बातों से कोई काम नहीं है। जो कुछ मैं जानना चाहता था जान चुका।

इतना कह कर देवनन्दन चुप हो गये। भवानीदत्त ने भी फिर कोई बात न छेड़ी। देवनन्दन ने कुछ घड़ी पीछे कलकत्ते की ओर पयान किया।

दसवाँ ठाट

भादों का महीना, बड़ी अँधियारी छाई है, बादल घिरे हैं, दो एक बूँदें भी पड़ रही हैं, रात के एक बजे हैं, कहीं कोई आता जाता नहीं, पहरेवाले लम्बी ताने सो रहे हैं, दूर एक धुँधला उजाला बिजली का हो रहा है, पर उससे चारों ओर की अँधियाली को कुछ धक्का नहीं पहुँचता है, वह दूर के तारे की भाँति अपनी ही ठौर चमक रही है। इसी बेले कलकत्ते की सड़क पर एक भलामानस बहुत ही धीरे धीरे जा रहा है, उससे भी धीरे-धीरे पाँव दबाये एक जन उसका पीछा कर रहा है, इन दोनों से भी पाँच सात हाथ दूर एक जन और इन दोनों पर आँख गड़ाये लम्बी डगों चल रहा है। ज्यों ही वह भलामानस एक मोड़ पर पहुँचा, और मुड़कर एक गली में जाने लगा, वोंही पीछे वाला जन उस पर झपटा, और उठा कर उसको दे मारा, छाती पर चढ़ बैठा, और चाहता था, छुरी से उसका गला काट डाले, वोंही उस तीसरे जन ने उसको भी आकर धर दबाया, उसके हाथ से छुरी को छीन लिया और बहुत फुर्ती के साथ उसका हाथ-पाँव बाँध कर उसको वहीं डाल दिया। भलेमानस के औसान जाते रहे थे, वह अपने को मरा ही समझ रहा था, पर अब उसके जी में भी जी आया, वह चाहता था। चिल्लाकर पहरे वालों को बुलाऊँ, पर उस तीसरे जन ने रोका, कहा आप चुप रहें, मेरी बातों को सुन लें फिर जो चाहें करें। पहरेवालों को बुलाकर आप क्या करेंगे, जब तक मैं यहाँ हूँ आपका कोई एक रोआँ भी नहीं छू सकता। उन्होंने कहा आप जो कहेंगे मैं करूँगा, आपने मेरा जी बचाया है, आपके कहने से मैं कभी मुड़ना नहीं चाहता। वह बोले, यहाँ कुछ न कहूँगा, आप किसी ठौर चलें, वहीं सब बातें होंगी, मैं इस बँधुये को भी साथ ले चलूँगा। उन्होंने कहा अच्छा आइये मेरे साथ चले आइये। कुछ बेर में यह तीनों जन एक घर में पहुँचें। वहाँ एक खुली कोठरी में बैठकर इन लोगों में बातचीत होने लगी। एक जलते हुए दीवे को छोड़ वहाँ और कोई न था।

पहले तीसरे जन ने भलेमानस से कहा, आप बताइये, आप कौन हैं, क्या आप इस बँधुये को पहचानते हैं? इसने क्यों आज आप पर छुरी चलानी चाही थी?

उन्होंने कहा, मैं मारवाड़ी हूँ, आपकी दया से इन दिनों मेरा कामकाज कुछ अच्छा है, इसी से यहाँ के निठल्लू और निकम्मे सब मुझको कभी-कभी घेरा करते हैं, मैं भी उनको

कभी कभी कुछ दे दिया करता हूँ, पर अब इनमें गुण्डे और लुच्चे भी बहुत हो गये हैं, वह डराकर बहुत कुछ लेना चाहते हैं, जो न दो तो इसी भाँत गला घोंट कर मार देने ही में अपनी बड़ाई समझते हैं। यह जो इस घड़ी यहाँ बैठा है, इसने परसों मुझ से पचास रुपया रोक माँगा था, मैंने कहा, इस घड़ी मैं तुमको कुछ नहीं दे सकता, मैं समझता हूँ इसी से आज यह मेरा जी लेना चाहता था। इसको मैं पहचानता हूँ, यह मुझसे दो-चार बार दो-दो एक-एक रुपया ले चुका है। यह पछाँह का रहनेवाला बाम्हन है। आप बताइये आप कौन हैं?

तीसरे जन ने कहा, आप देख ही रहे हैं, मैं एक साधु हूँ, दूसरों के दुख को दूर करना ही हम लोगों का काम है, डेढ़ महीना हुआ, मैं कलकत्ते आया हूँ, तब रात से दिन इनको, जो आपके सामने बैठे हैं, खोज रहा हूँ, संजोग की बात है, आज अचानक इनसे भेंट हो गयी। मैं इन्हीं की खोज में एक ठौर जा रहा था, मग में देखा, आप पर घात लगाये यह चले जा रहे हैं, मुझको खटका हुआ, मैं भी पीछे-पीछे चला, जो सोचता था, वही हुआ, पर आपका जी बच गया, यह बड़ी बात हुई, मैंने यहाँ पहुँचने से पहले इनको न पहचाना था, दीवे के साम्हने आने पर मैंने इनको पहचाना, मेरा काम भी हुआ, अब मैं आप से यही चाहता हूँ आप इनका जी छोड़ दें, बिना पहचाने भी मैं इनको बचाना चाहता था, और इसीलिए आपको वहाँ से यहाँ लिवा लाया, बोलचाल होने पर पहरेवालों से पकड़े जाने का डर था।

मारवाड़ी ने कहा—एक तो यह बाम्हन हैं, दूसरे आप कहते हैं, इसलिए मैंने इनको छोड़ दिया। पर यह न जान पड़ा आप इनको क्यों खोजते रहे हैं।

मैं सब बातों को कह कर आपका जी भी दुखाना नहीं चाहता, पर अब इनसे कुछ पूछूँगा। यह कह कर उस तीसरे जन ने, उस जन की ओर फिर कहा, क्यों मुझको तुम पहचानते हो? रमानाथ तुम्हारा ही नाम न है?

रमानाथ के जी में इस घड़ी एक अचंभे का उलट फेर हो रहा था, वह सोच रहा था, एक यह है जो दूसरे के दुख को दूर करना ही अपना धरम समझते हैं, एक मैं हूँ, जो दिन रात दूसरे के सताने ही में चैन पाता हूँ, क्यों उनका जी ऐसा है, और मेरा ऐसा! मैं इसको समझ नहीं सकता हूँ। पर कुछ कुछ जी में आज यह बात समाती है, जो भले हैं, उन्हीं को सुख मिलता है मैं जितना ही सुख को खोजता फिरता हूँ, उतना ही वह मुझसे दूर भागता है, राम जानें यह क्या बात है, यह सोच कर वह बोला, हाँ रमानाथ मेरा ही नाम है, पर मैं आपको पहचानता नहीं हूँ, आप बड़े लोग हैं सब कुछ जान सकते हैं, अनजान को भी पहचान सकते हैं, पर मैं पापी हूँ, आप जैसों को कैसे पहचान सकता हूँ।

यह तीसरे जन हमारे देवनन्दन हैं। रमानाथ की बातें सुनकर उनका जी भर आया,

उन्होंने झट उसका हाथ-पाँव खोल दिया। पीछे मारवाड़ी से कहा, अब हम लोग जाते हैं, आप भी घर में जाइये। पर एक बात आप से कहे जाता हूँ, आप धनी हैं, आपके बैरी कितने होंगे, इसलिए आपको बहुत रात गये घर से बाहर न जाना चाहिये।

मारवाड़ी ने कहा, आप बहुत ठीक कहते हैं, पर आज दो घड़ी रात गये अचानक मेरा साथ मेरे साथियों से छूट गया, मैं एक भलेमानस के यहाँ काम से गया था, वहाँ से आ रहा था, बीच ही में यह बात हो पड़ी। साथ तो छूटा ही, पंथ भी भूल गया, इसी से आज यह धोखा हुआ, नहीं तो मैं कभी रात को अकेले बाहर नहीं जाता और न बहुत रात बीते तक कहीं रहता हूँ।

इतना कह कर वह मारवाड़ी उठा, और घर में से पाँच पाँच सौ रुपये की दो थैलियाँ ला कर देवनन्दन के सामने रक्खीं, और कहा, आपने जो कुछ आज मेरे साथ किया है, उसका पलटा जनम भर मुझसे नहीं हो सकता, पर इन दो थैलियों को मैं आपकी भेंट करता हूँ, आप इनको लीजिए, और अपना टहलुआ मुझको समझते रहिये।

देवनन्दन ने कहा, रुपया लेकर मैं क्या करूँगा, मैंने तुमारा जी बचा कर अपना काम किया है, तुमारा नहीं, इसका कुछ निहोरा नहीं है, तुम इन रुपयों को अपने पास रक्खो, इनको किसी धरम के काम में लगाओ, भूखों कंगालों में इनको बाँटो, इसी से मेरे जी को सुख होगा, तुम्हारा जन्म सुधरेगा, धरती में इससे बढ़कर कोई दूसरा काम नहीं है।

इतना कह कर देवनन्दन, रमानाथ के साथ चले गये।

ग्यारहवाँ ठाट

धीरे धीरे गंगा बह रही हैं, घाट पर कोई नहाता है, कोई जल भरता है, कोई उतरता है, कोई चढ़ता है, कोई खड़ा निकलते हुए सूरज को जल चढ़ाता है, वहीं दो जन और बैठे हैं, एक देवनन्दन और दूसरे रमानाथ। भोर के कामों से छुट्टी पा कर इन दोनों जनों में बातें हो रही हैं। देवनन्दन ने कहा रामनाथ! आज चार साढ़े चार बरस तुमको घर छोड़े हुआ, तुम क्यों ऐसे हो गये हो जो घर चीठी भी नहीं लिखते, क्या तुमको अपने उस छोटे बच्चे अपनी उस सीधी घरनी की भी सुरत नहीं होती! उनका दिन कैसे बीतता होगा, उनको खाने पहनने को कौन देता होगा, कपड़ा न रहने पर, दो-दो दिन पीछे भी कुछ खाने को न मिलने पर, वह किस का मुँह देखते होंगे, क्या इन सब बातों को तुम कभी नहीं सोचते, तुम्हारे छोड़ जिनका कोई दूसरा नहीं है, तुम्हीं जिनके जीने मरने के साथी हो, क्या तुम्ही को फिर इतना निठुर होना चाहिए। पसू भी अपने बच्चे को प्यार करता है! चिड़ियाँ भी अपने जोड़े के साथ रहती हैं, पर तुम्हारा जी न जाने कैसा है, जो तुम इन्हीं सब को भूले बैठे हो। जब वह तुम्हारा छोटा बच्चा भूख लगने पर माँ, माँ, करता, सूखे मुँह आकर अपनी माँ के पास खड़ा होता होगा, कहता होगा, माँ! भूख लगी है, उस घड़ी उस दुखिया पर कैसी बीतती होगी, वह कितना रोती होगी, क्या यह सोचकर तुम्हारा कलेजा नहीं कसकता। वह भलेमानस की घरनी है, तुमको छोड़ उसको सहारा देनेवाला कौन है!!! रमानाथ! जो अब तक तुमने इन बातों को नहीं सोचा, तो क्या अब भी न सोचेगे?

रमानाथ ने रोते-रोते कहा। कल जब से मैंने आपको देखा है, तब से मेरा जी ठिकाने नहीं है, न जानें क्यों बहुत सी पिछली बातों की सुरत हो रही है, आज आपकी बातों को सुनकर कलेजा फटा जाता है, जी घबरा रहा है, पर मुझको यह नहीं सूझता है, मैं क्या करूँ, न जाने उस जनम में मैंने कैसी कमाई की है, जिससे मुझको यह सब भुगतना पड़ रहा है।

देवनन्दन—तुम उस जनम की कमाई को क्यों झींखते हो, उस जनम की कमाई तुम्हारी बहुत अच्छी रही है, जो अच्छी न होती, बाम्हन के घर में जनम न होता, देवबाला ऐसी घरनी न मिलती। तुम अपनी इस जनम की कमाई को झींखो, जिससे दूसरे जनम

में न जानें तुम्हारी कौन गत होगी। जो देवबाला तुम्हारे पाँवों की धूल माथे में लगा कर अपने को सुहागिनी जानती, जिस देवबाला ने तुम्हारे लिए अपने देह के गहने तक उतार दिये, जिस देवबाला को तुम्हारा औगुन भी गुन जान पड़ता है, जिसने तुमारी बुराई पर आँख न डाली, तुमको देवता समझा, तुमारा मुँह देखकर ही दुख को सुख माना, हाय! तुमने उसी देवबाला को छोड़ा, और उसको छोड़ा भी तो किसी बाबू की टहलुनी रक्खा, क्या इससे भी बुरी कमाई कोई हो सकती है, रमानाथ! तुम्हारा जनम बाम्हन के घर में हुआ है, तुमको दूसरें का भला करना चाहिए जो कुछ मिल जाय इसी पर संतोष रखना चाहिये, ऐसा काम करना चाहिए, जिससे किसी का जी न दुखे, सबसे प्यार के साथ बरतना चाहिए, जिन कामों को करने से धरती के जीवों का भला हो, उन्हीं में जी लगाना चाहिए, पर तुम चोरी, ठगी, बटमारी करते हो, धोखा देकर डराकर दूसरों से धन लेते हो, जिन बुराइयों का नाम सुनकर रोआँ खड़ा होता है, उन्हीं के करने में जी लगाते हो कल तुमको मैंने अपनी आँखों दूसरे का गला काटते देखा, इस पर भी तुमारे पास एक कौड़ी नहीं है, इन बुरे कामों को करके तुम जो कमाते हो, उसको रंडी भड़ुओं को खिला देते हो, नाच रंग में उड़ा देते हो क्या इन बुराइयों से बढ़कर भी कोई बुराई है! इन कमाइयों का पलटा उस जनम में तुमको क्या मिलेगा, क्या भूल कर भी अपने जी में सोचते हो! कोल, भील, भर, पासी जिन कामों के करने में हिचकते हैं! जिन बुराइयों का नाम सुन कर कान पर हाथ रखते हैं!!! वही बुराइयाँ तुमसे होती हैं, उन्हीं कामों को तुम करते हो!!! क्या इससे नरक में भी ठौर मिलेगी, मैं समझता हूँ ऐसे लोगों को देखकर नरक भी काँप उठेगा। रमानाथ! क्या अब भी तुम सोच सकते हो! क्या अब भी सच्चे जी से भगवान को पुकार कर कह सकते हो! प्यारे! जो चूक आज तुम मुझसे हुई आगे को मैं कान पकड़ता हूँ, तू उनको छिमा कर, तेरी ही दया से मेरे सब पापों के कट जाने का आसरा है। मैं समझता हूँ, तुम बाम्हन के घर में जनमे हो, बाम्हन का ही लोहू मास तुमारे में है, अब तक तुमने जो किया सो किया, अब से अपना जनम बना सकते हो?

रमानाथ रो रहा था, फूट-फूट कर रो रहा था, पाप एक एक करके उसकी आँखों के सामने नाच रहे थे, देवनन्दन की बातों से उसके कलेजे पर चोट सी लगी थी, वह डरा भी बहुत था, उससे बोला न जाता था, पर उसने जी थाम कर कहा, आप मुझको बचाइये, आप मुझ डूबते को सहारा दीजिए, अब आप जो कहेंगे, वही मैं करूँगा, दो महीना हुआ मेरी रखेली भी मर गयी, यह झंझट भी मेरे सिर से जाता रहा, रहा पेट का झमेला, उसके निबाह के लिए जो आप कहेंगे, वही मैं करूँगा, जिसमें मेरा भला हो, जिससे मैं भगवान को अपना मुँह दिखा सकूँ, आप उन्हीं बातों को बताइये, अब मैं उन्हीं को करूँगा।

देवनन्दन ने कहा, सबसे सीधा ढर्रा यही है, तुम घर चल कर अपने बालबच्चों में रहो, अपनी दुखिया घरनी के उजड़ते ये घर को बसाओ, भाग से भली कमाई से जो मिले

उसको खा-पीकर अपना दिन बिताओ, इसी में तुमारा भला होगा, भगवान को मुँह दिखाने जोग तुम इन्हीं कामों को करके होगे?

रमानाथ ने कहा–ना! घर मैं न चलूँगा, कौन मुँह लेकर चलूँ! मैं आप ही के साथ साधु हो कर रहूँगा। अपना भला मैं इसी में देखता हूँ।

देवनन्दन–क्यों न घर चलोगे? घर चलना होगा! यही मुँह लेकर घर चलो, इसी मुँह के लिए तुमारी दुखिया घरनी तरसती है! यही मुँह उसके अँधियाले जी का उँजाला है? इसी मुँह के देखने के लिए वह एक-एक घड़ी को एक-एक बरस ऐसा समझ रही है। जो अपने बालबच्चों में धरम के साथ रहता है, उसको साधु बनने से क्या काम है! तुम घर चलो, तुमारी भलाई इसी में है।

रमानाथ–मेरे खेत सब गिरों हैं, दूसरा काम करने आता नहीं, आज तक मुझको अपने ही पेट से छुट्टी नहीं है, कल घर चलने पर बालबच्चों का निबाह कैसे होगा, जिन बखेड़ों से घबराकर मैं भागा था, उन्हीं सब बखेड़ों को आप फिर मेरे सिर डालते हैं, घर चलने पर मेरी गत फिर जैसी की तैसी होगी, आप दया करके मुझको घर चलने को न कहिये?

देवनन्दन–यह लो, इसको पढ़ो, देखो तुम्हारे सब खेत छूट गये, मैं इन बस बातों को ठीक कर चुका हूँ, मैं जानता था, तुम घर आने की बात चलने पर यही कहोगे, मैं घर चल कर खाऊँगा क्या? इसीलिए इसका रुपया चुका कर इसको साथ लेता आया हूँ, जो तुम न पढ़ सकते हो, इसको किसी से पढ़ा देखो। फिर आज तक तुम्हारे बालबच्चों का निबाह कैसे होता है! जिस दाता ने आज तक उनका निबाह किया है, वही अब भी करेगा, तुमको ऐसी-ऐसी बातें न उठानी चाहिए।

रमानाथ, देवनन्दन की करतूत देखकर और उनकी बातें सुनकर अचरज में आ गया, बोला अब मैं क्या कहूँ, जो आप कहते हैं वही करूँगा, घर चलूँगा, मैं आपकी बात टाल नहीं सकता, आप कहते हैं घर चलने ही से मेरा भला होगा, तो मैं घर चलूँगा?

इतनी बातें होने पीछे दोनों जन घाट पर से उठे, और अपने डेरे की ओर चले गये।

बारहवाँ ठाट

जिस दिन देवनन्दन, देवबाला को समझा-बुझा कर रमानाथ को खोजने निकले, उसी दिन देवबाला को अपना दिन फिर फिरने का भरोसा हुआ, एक महीने तक वह बहुत अच्छी रही पर सुख उसके भाग में बदा न था, दूसरे महीने उसको थोड़ा-थोड़ा जर आने लगा, तीसरे महीने वह बहुत बढ़ गया, खाना-पीना सब छुट गया, दिन-दिन वह दुबली होने लगी, कुछ दिन तक उठती बैठती रही, फिर उठ बैठ भी न सकती, दिन रात खाट पर पड़ी रहने लगी, अपना कोई पास न था, देखभाल दौड़-धूप कौन करे, उसी पड़ोस की बूढ़ी बाम्हनी से जो कुछ बनता, वह करती, उसने लोगों से पूछपाछ कर देवबाला को दो एक औखध भी खिलायी, पर उससे कुछ न हुआ, दिन दिन उसका रोग बढ़ता ही गया, आज उसकी दसा तनक भी अच्छी नहीं है, बुढ़िया मन मारे उसकी खाट के पास बैठी है, कभी चुपचाप रोती है, कभी देवबाला की आँख बचाकर आँसुओं को पोंछ देती है। देवबाला का चार बरस का छोटा बच्चा भी उसी खाट के पास खड़ा है, कभी रोता है, कभी माँ, माँ, कर के खाने को माँगता है, कभी धूल में लोटता है, कभी मुँह के पास जा कर कहता है, माँ! बोलती क्यों नहीं हो?

लड़के का रोना सुनकर देवबाला ने आँखें खोलीं, हाथ से लड़के को पास बुलाया, अपने आँचल से उसका धूल का झाड़ा कहा, बेटा क्यों रोते हो! अभी तुमारी माँ जीती है, इतना कहकर देवबाला ने लड़के को गोद में बैठा लिया, पर इतना रोई जिससे बिछावन तक भीग गया।

बुढ़िया ने कहा क्यों रोती हो देवबाला, अभी तुमारा क्या बिगड़ा है, इस बच्चे का मुँह देखो! इसको न रुलाओ, तुमारा मुँह देखकर यह रो-रो उठता है! ढाढस करो, इतना निरास क्यों हो!!!

देवबाला की साँसें चल रही थीं, बहुत बोला न जाता था, पर उसने जी थामकर कहा, जीजी? रोने दो, कल मैं रोने न आऊँगी, यह ढाढस करने का वेला नहीं है, फिर ढाढस कर ही के क्या होगा, जिन आँखों ने आँसू बहाना ही सीखा है, वह जीते कैसे मान सकती है। हाँ! यह बच्चा रोता है! यह नहीं देखा जाता है! लड़के का आँसू पोंछकर और उसका

मुँह चूमकर देवबाला ने कहा, यह कभी नहीं देखा जाता है! कलेजा फटता है! मरने के दुख से भी यह दुख भारी जान पड़ता है! पर इसको तो अभी बहुत दिन रोना है, आज मैं इसका धूल झाड़ती हूँ, मुँह चूमती हूँ, इसको रोते देख कर दुखिया बनती हूँ, हाय! कल इसका धूल कौन झाड़ेगा, कौन इसका मुँह चूमेगा, कौन इसको रोते देखकर कलेजा पकड़ेगा, कल यह किसको माँ कहेगा, कौन इसके मुँह को सूखा न देख सकेगी, भूख लगने पर जब यह रोवेगा, प्यास से जब इसका मुँह कुम्हिलावेगा, तब कौन इसको छाती से लगाकर कहेगी, बेटा मत रोओ। मेरे लाल! मत रोओ, देखो यह कलेऊ है, इसको खाओ! यह पानी तुमारे लिए लाई हूँ, इसको पीओ। कल यह बाल खोले मुँह बिचकाये रोता फिरेगा। धूल में भरा, भूखा, प्यासा, गलियों में ठोकरें खाता रहेगा, कभी माँ, माँ कर के कलपेगा, कभी एक टुकड़े रोटी के लिए, एक मुट्ठी अन्न के लिए तरसेगा, सूखे मुँह पछाड़ खा-खा कर धरती पर गिरेगा, उस घड़ी इसकी कौन गत होगी, कौन इसकी सुरत करेगा, मुझ भिखारिनी से जनमा जान कर लोग इससे घिन करेंगे, पास न फटकने देंगे, उस घड़ी यह चार बरस का लड़का किसका मुँह देखकर जीयेगा, जीजी! लो, तुम्हारे गोद में मैं इसको देती हूँ! तुम्हीं इस दुखिया बच्चे को सम्हाल सकती हो, तुमारे बिना और कोई मुझको अपना नहीं जान पड़ता है, तुमने आज तक मुझको सम्हाला है, अब इस बच्चे को सम्हालना, यह बच्चा तुमारा ही है, इतना कहते-कहते देवबाला की आँखें फिर मुँद गयीं, फिर वह अबोल हो गयी, कुछ घड़ी पीछे कहा पानी! बुढ़िया ने थोड़ा पानी पिला दिया।

अब की बार उसकी आँखें फिर खुलीं, उसने चारों ओर देखा, कहा, जीजी! एक बात और जी में रही जाती है, क्या अब उनको न देख सकूँगी, इस घड़ी जो उनको एक बार देख पाती, तो सब दिन का दुख भूल जाती, मरने का दुख भी भूल जाती, देवनन्दन के गये आज तीन महीने पूरे हो गये, जाती बेले उन्होंने कहा था, मैं उनको तीन महीने के भीतर ही लेकर पहुँचूँगा, क्या आज वह आवेंगे, जीजी! जिस दिन देवनन्दन उनको खोजने निकले, उस दिन मुझको बहुत भरोसा हुआ था, मुझको कई दिन ऐसा जान पड़ा, वह आये हैं, मैं उनके पास बैठी हूँ, रो रही हूँ, कहती हूँ, मैंने क्या किया, जो तुम मुझको भूल गये थे, तुमारा कैसा कलेजा है, जो चार-चार बरस तुमने मेरी सुरत नहीं की, तुम बड़े निठुर हो, जो तुमारे ऊपर अपना प्रान तक निछावर करना चाहती है, तुमारा ही मुँह देखकर जो सब कुछ भूल जाती है, क्या उससे भी तुमको रूठना चाहिए। वह इन बातों को सुनते हैं, अपने हाथों मेरा आँसू पोंछते हैं, कहते हैं, क्या मैं तुमको भूल सकता हूँ, पर भाग ने जो चाहा सो किया, जाने दो अब इन बातों को कहकर मुझको न लजवाओ, पर हाय! जीजी! यह सब मेरा सपना था वह तो आज भी नहीं आये, जी की जी ही में रही जाती है, जो मैंने कुछ पुन्न किया हो, जो मेरी पहले जनम की कोई भली कमाई हो, तो मैं यही चाहती हूँ उनको एक बार और देखूँ, इस मरते बेले और एक बार उनको देखकर अपनी,

आँखें ठंडी करूँ, जीजी! क्या भगवान मेरी यह पुकार सुनेंगे?

जिस घड़ी देवबाला बुढ़िया से इन बातों को कह रही थी, उसी बेले बाहर किसी के पाँव की आहट सुन पड़ी, थोड़ी बेर में देवनन्दन ने घर के भीतर पाँव रक्खा, देखा, देवबाला की साँसें चल रही हैं, आँख टँग गयी हैं, और बात उसके मुँह से बहुत ही रुक रुक कर निकल रही है। देवनन्दन बाहर ही से देवबाला की दसा सुनते आये थे, घर में आकर उसकी यह दसा देखकर उनका कलेजा फट गया, बहुत सम्हालने पर भी जो न सम्हला, पर उन्होंने कलेजा थाम कर कहा, देवबाला! रमानाथ आये हैं, क्या कहती हो?

देवबाला ने प्यार के आँसू बहाकर कहा, भैया! अब इस जनम में भेंट न होगी, मैं चली, पर मरने के दुख से भी बढ़कर जो दुख था, उसको तुमने दूर किया, मैं इसका कहाँ तक निहोरा करूँ, मुझको भूल न जाना, मैं अब इस घड़ी यही चाहती हूँ, उनको यहाँ आने दो।

देवनन्दन बड़े दुख के साथ घर में से बाहर हो गये, बुढ़िया भी वहाँ से उठकर दूसरी ठौर चली गयी, थोड़ी बेर में धीरे-धीरे सिर नीचा किये रमानाथ ने उस घर में पाँव रक्खा, रमानाथ का सिर लाज से ऊपर न होता था, आँख से आँसू भी गिर रहा था। देवबाला ने उसके आते देखा, कुछ घड़ी के लिए सब दुख भूल गयी, इस घड़ी उसकी आँखों में आँसू न था, वह बोली, "क्या कहूँ, भाग में यही लिखा था, साढ़े चार बरस पीछे प्यारे से भेंट होगी तो उस घड़ी जब प्रान बाहर निकलते होंगे, तब भी मैं अपने को बड़भागिनी समझती हूँ, जो मरते मरते मुझको तुमारे पाँवों की धूल मिल गयी। इतना कहकर देवबाला ने रमानाथ को पास बैठाला, पाँवों की धूल लेकर आँखों से मला, माथे पर चढ़ाया, पीछे कहा, मैंने जान बूझकर कभी कोई चूक नहीं की है, जो भूल कर मुझसे कोई चूक हुई हो, तो मैं चाहती हूँ तुम उसको छिमा करो, जो कुछ भी तुमारे जी में मैल होगी, तो मैं भगवान को मुँह कैसे दिखाऊँगी, रमानाथ ने कहा, प्यारी! तुमसे, और चूक! यह कैसे हो सकता है, पर जो कोई चूक हुई हो, मैंने उसको छिमा किया, भगवान तुमारा भला करे। अब की बार देवबाला फिर रोई, बोली, कैसा अच्छा होता, जो यह बात कुछ दिन पहले तुमारे जी में आती! भाग ने जो चाहा किया, अब मैं चली, इस बच्चे को तुम्हें सौंपे जाती हूँ, देखो यह रो रहा है, इसको चुप कराओ, और असीस दो, मैं जनम-जनम तुमारे चरनों की दासी होकर जनमूँ पर ऐसा दुख किसी जनम में न पाऊँ, जैसा इस जनम में मिला है।" रमानाथ ने रोते-रोते देखा, इतना कहते कहते देवबाला की आँखें अचानक मुँद गयीं, और देखते ही देखते प्रान उसके दुखिया देह से बाहर हो गया।

तेरहवाँ ठाट

सूरज वैसा ही चमकता है, बयार वैसी ही चल रही है, धूप वैसी ही उजली है, रूख वैसे ही अपनी ठौर खड़े हैं, उनकी हरियाली वैसी ही है, बयार लगने पर उनके पत्ते वैसे ही धीरे धीरे हिलते हैं, चिड़ियाँ वैसी ही बोल रही हैं, रात में चाँद वैसा ही निकला, धरती पर चाँदनी वैसी ही छिटकी, तारे वैसे ही खिले, सब कुछ वैसा ही है, जान पड़ता है देवबाला मरी नहीं, धरती सब वैसी ही है, पर देवबाला मर गयी, धरती के लिए देवबाला का मरना-जीना दोनों एक सा है, धरती क्या, गाँव में चहल पहल वैसी ही है, हँसना, बोलना, गाना, बजाना, उठना, बैठना, खाना, पीना, आना जाना सब वैसा ही है, देवबाला के मरने से कुछ घड़ी के लिए दो एक जन का कलेजा कुछ दुखा था, पर अब उनको देवबाला की सुरत तक नहीं है। वह भी देवबाला को भूल गये। हाँ अब तक एक कलेजे में दुख की आग धहधहा रही है, अब तक एक जन की आँखों में आँसू बहता है, वह देवबाला के लिए बावला बन रहा है, यह दूसरा कोई नहीं रमानाथ है। पीछे किरिया करम का झमेला हुआ, दूसरे कामकाज की झंझट हुई, रमानाथ को ही यह सब सम्हालना पड़ा, धीरे-धीरे उसका दुख भी घटने लगा, धीरे-धीरे वह भी देवबाला को भूल रहा है। एक-एक कर के दिन जाने लगे, देवबाला को मरे कई दिन हो गये, पर देवनन्दन अब तक उसको नहीं भूले हैं, अब तक वह लड़कपन की हँसती खेलती देवबाला, अब तक वह ब्याह के पहले की, बिना घबराहट की, लजीली, देवबाला, अब तक वह दुखिया रोती कलपती देवबाला, उनकी आँखों में, कलेजे में, जी में, रोंये-रोंये में, घूम रही है। सोते, उठते, बैठते, खाते, पीते, देवबाला ही की सूरत उनका बँध रही है। वह सोचते हैं। क्यों! देवबाला की कोई ऐसी कमाई तो नहीं थी जिससे उसको इतना दुख मिले, फिर किसलिए उसका ब्याह ऐसे निठल्लू, निकम्मे, अनपढ़, बुरे के साथ हुआ, जिससे उसको कलप-कलप कर दिन बिताना पड़ा, क्यों उसके माँ-बाप ने उसको ऐसे घर में ब्याहा, जहाँ वह एक मूठी नाज के लिए भी तरसती रही। क्यों ब्याह के छही महीने पीछे ससुर मर गया, बरस भर पीछे पुरुख परदेस चला गया, उसके थोड़े ही दिन पीछे सास भी मर गयी। माँ-बाप जगरनाथ जी गये, फिर न लौटे, रमानाथ कहते थे, वह दोनों एक ही दिन कलकत्ते में मर गये। क्यों एक के पीछे

एक यह सब कलेजा काँपनेवाली बातें होती गयीं, और क्यों जब उसके दिन फिर फिरने पर हुए तो वह आप ही चल बसी? क्या जो इस धरती पर डर कर चलता है वही मुँह के बल गिरता है? क्या धरम से रहने वाले ही को सब कुछ भुगतनी होती है? राम जानें यह क्या बात है! पर जो ऐसा न होता, देवबाला को इतना दुख न भोगना पड़ता। सास-ससुर सब दिन जीते नहीं रहते, माँ-बाप भी कभी लड़की के काम आते हैं, माँ, बाप, ससुर, सास के मरने से कभी देवबाला को इतना दुख न भुगतना होता, जो रमानाथ भला होता, रमानाथ के बुरे और निकम्मे होने ही से देवबाला की यह सब दसा हुई। इससे मैं समझता हूँ देस की बुरी रीत जो रमाकान्त के जी को डाँवाडोल न करती, अनसमझी से जो वह हाड़ ही को सब बातों से बढ़कर न समझते, झूठे घमंडों के बस उतर कर ब्याह करके लोगों से हँसे जाने का जो उनको डर न होता, तो वह हठ न करते, और जो वह हठ न करते, तो रमानाथ जैसे क्रूर के साथ देवबाला का ब्याह न होता, और जो रमानाथ के साथ देवबाला का ब्याह न होता, तो कभी देवबाला जैसी भली तिरिया की यह दसा न होती। देस की बुरी रीतियों, झूठे घमंडों से कितने फूल जो ऐसे ही बिना बेले कुम्हिला जाते हैं, कितनी लहलही बेलियाँ जो नुच कर सूख कर धूल में मिल जाती हैं, नहीं कहा जा सकता, राम! क्या तुम यही चाहते हो, यह देस बुरी रीतियों के बस ऐसे ही दिन मिट्टी में मिलता रहे?

इतना कहकर देवनन्दन फिर सोचने लगा, जब मैंने जग से सब नाता तोड़ लिया, जी के उचाट से घर दुआर छोड़ कर साधु हो गया, अपना ब्याह तक नहीं किया, एक कौड़ी भी अपने पास नहीं रखता, काम लगने पर दूसरे का दुख छुड़ाने के लिए दो चार सौ अपने भाई से लेता था, अब वह भी नहीं लेता, उसी को समझा दिया, मेरे बाँट के रुपये से दीन दुखियों का भला करते रहना, जब इस भाँत मैं सब झमेलों से दूर हूँ, तूँबा और लँगोटी ही से काम रखता हूँ, तो फिर एक तिरिया की घड़ी घड़ी सुरत किया करना, उसके दुखों को सोच-सोच कर मन मारे रहना, देस की बुरी रीत के लिए कलेजा पकड़ना, आँसू बहाना, मुझको न चाहिए, अब इन बखेड़ों से मुझको कौन काम है, धरती का ढंग ही ऐसा है, सब दिन सबका एक सा नहीं बीतता, उलट फेर इस जग में हुआ ही करता है, इसको कौन रोकने वाला है। फिर उसने सोचा भभूत लगाने से क्या होगा, गेरुआ पहनने से क्या होगा, घर दुआर छोड़ने से क्या होगा, लँगोटी किस काम आवेगी, तूँबा क्या करेगा, साधु होने ही से क्या, जो दूसरे का दुख मैं न दूर करूँ, दुखिया को सहारा न दूँ। जिस काम के करने से दस का भला हो उसमें जी न लगाऊँ। देस की बुरी रीत के दूर होने के लिए जतन करना, लोगों के झूठे घमंडों को समझा बुझाकर छुड़ाना, जिससे एक को कौन कहे लाखों का भला होगा, क्या मेरा काम नहीं है, क्या मेरे साधु होने का सबसे बड़ा फल यह नहीं है? देवबाला भूल जावे, भूल जावे, उसको अब भूल जाना ही अच्छा है! पर साँस रहते

मैं दूसरे की भलाई के कामों को कैसे भूल सकता हूँ! पर क्या कभी मेरे मन की बात पूरी होगी? क्या कभी यहाँ वाले अपने देस की बुरी चालों का दूर करना सीखेंगे? क्या दूसरों की भलाई का रंग यहाँ बालों पर चढ़ सकता है? क्या हठ छोड़ कर इस देस के लोग भली बातों के करने में जी लगा सकते हैं? क्या जतन करने से कुछ होगा?

इसी बेले देवनन्दन ने सुना, जैसे किसी ने कहा, "हाँ होगा" उन्होंने आँख उठा कर देखा, अकास से एक जोने सामने उतरती चली आती है, और उसी में बैठा जैसे कोई कह रहा है "हाँ! होगा" देवनन्दन थिर हो कर उसको देखने लगे, उसी में से फिर यह बात सुन पड़ी, "क्यों मुझको तुम जानते हो? मेरा नाम आसा है, मेरे बिना धरती का कोई काम नहीं चल सकता, मैं तुमको बतलाती हूँ, जतन करो जतन करने से सब कुछ होगा" देवनन्दन ने बहुत विनती के साथ कहा, कब तक होगा माँ? फिर बात सुनने में आयी, "जतन करने वालों को कब तक की बात मुँह पर लानी चाहिए, जब तक उसका काम न हो तब तक उसको जतन करते रहना चाहिए" देवनन्दन ने देखा, इतनी बातों के कहने पीछे यह जोत फिर आँखों से ओझल हो गयी।

देवनन्दन कब तक जीते रहे और किस किस ढंग से उन्होंने देस की बुरी चालों के दूर करने के लिए जतन किया, कैसे कैसे खोटी रीत छुड़ा कर अपने देस भाइयों का भला करना चाहा, इन सब बातों को यहाँ उठाने का काम नहीं है, पर जब तक वह जीते रहे, उनका यही काम था, कुछ दिनों पीछे रमानाथ भी उनका साथी हो गया था, बहुत दिन तक लोगों ने देवनन्दन को दूसरों की भलाई के लिए घूमते देखा था, पर पीछे उनको भी धरती छोड़नी पड़ी। जिस दिन उन्होंने धरती छोड़ी, उस दिन चारों ओर से लोगों को यह बात सुन पड़ी थी, "क्या फिर कोई देवनन्दन जैसा माई का लाल न जनमेगा"।

❑

इतिवृत्त

इतिवृत्त

पहला प्रसंग

रोग

हम कौन हैं, आप यह जानकर क्या करेंगे। फिर हम आप से छिप कब सकते हैं? आपकी हमारी जान-पहचान बहुत दिनों की है। हमने कई बार आप से मीठी-मीठी बातें की हैं आपका जी बहलाया है, आपके सामने बहुत-से फूल बिखेरे हैं, आपको हरे-भरे पेड़ों का समाँ दिखलाया है। कभी सुनसान डगर की सैर करायी है, कभी सावन-भादों की काली-काली घटाओं पर लट्टू घुमाया है। यह सुबह का चमकता दिनमणि है, यह प्यारा-प्यारा निकलता हुआ सूर्य है। यह छिटिकती हुई चाँदनी है, यह चिलचिलाती हुई धूप है, उँगलियाँ उठा कर आपको ये बातें दिखलाई हैं, और बतलाई हैं। पर आज इन बातों से काम नहीं, इस पचड़े से मतलब नहीं। हम कोई हों, आप बातें सुनते चलिए, यदि कुछ स्वाद मिले, आपका जी मेरी बातों के सुनने से सुख हो तो सुनते रहिये नहीं तो जाने दीजिए, दूसरी ही बातों से जी बहलाइये। याद रखिये, एक ही तरह की वस्तु खाते-खाते जी ऊब जाता है, कभी-कभी कुछ अच्छा नहीं लगता। ऐसी नौबत आती है कि दो एक दिन यों ही रह जाना पड़ता है, या कोई हल्की वस्तु थोड़ी सी खाकर दिन बिता लेते हैं। और जी तो बहुत होता है, कि अरहर की दाल आज बदल दो, आज उर्द की दाल रहने दो आज दाल चावल खाने को जी नहीं चाहता, आज मीठा चावल हो तो अच्छा। आप लोगों ने लाड़-प्यार की बहुत-सी कहानियाँ पढ़ी हैं, जी की लगावट और मनचलों की चालाकी भरे चोंचलों की तरह-तरह की रंग-बिरंगी लच्छेदार बातें सुनी हैं। आज मनफेर कीजिए, इस छोटी-सी रचना पर आँख डालिए, देखिए इसकी बातें काम की हैं या नहीं।

जाड़ों के दिन सुख-चैन के दिन होते हैं, न उनमें गरमी के दिन की सी उमस, घबराहट और बेचैनी रहती है न बवंडर उठते हैं। न लू-लपट चलती है, न प्यास के मारे नाकों दम रहता है, न बरसात के दिनों का सा बात बात का ज़ोर, न कीचड़ काँच का

बखेड़ा रहता है, न तरह-तरह के रोग फैलते हैं, और न विशूचिता अपना डरावना चेहरा दिखला कर दिल दहलाती है। इसका दिन साफ-सुथरा होता है, हवा धीमी और सुन्दर बहती है, जो कुछ खाइये ठीक-ठीक पचता है, न बहुत पानी पीया जाता है, न पेट भर खाने के लाले पड़ते हैं। बाजार सब प्रकार की वस्तुओं से पट जाता है। सेव, अंगूर और दूसरे मेवे बहुतायत से मिलते हैं। जब से ताऊन का पाँव भारत में पड़ा, दूसरे लोगों के लिए भी जाड़े के दिन सुख-चैन के दिन नहीं रहे। पर मुझको तो तीन साल से जाड़े के दिन बहुत सताते हैं। मुझसे एक वैद्य ने कहा था, कि चालीस बरस का सिन होने के बाद तुम्हारी बवासीर तुमको बहुत तंग करेगी, सचमुच वह मुझको अब बहुत तंग करती हैं। चालीसवें साल में ही उसने तंग करने की नींव डाली थी, अब हर साल नींव पर रद्दे रख रही है। विशेषकर माघ का महीना मेरे लिए डरावना हो गया है। इस महीने में रोग का वेग बहुत बढ़ जाता है, पीड़ा होती है, बहुत-कुछ भुगतना पड़ता है। इस साल यह वेग इतना बढ़ा और उसके ऐसे-ऐसे झटके लगे कि मैंने यह सोच लिया था, कि अब समय पूरा हो गया, जितने दिन और घड़ियाँ बीतती हैं, गनीमत है। पर, दिन पूरा कहाँ हुआ था, अभी शायद संसार में कुछ दिन और रहना है। इसलिए माघ बीतते-बीतते मैं बहुत कुछ सम्हल गया, और अब मैं पहले से बहुत कुछ अच्छा महसूस कर रहा हूँ।

यद्यपि अब मैं बहुत कुछ अच्छा हूँ, आठों पहर तबीयत दुरुस्त रहती; पर रोग कभी कभी अपना रंग दिखला जाता है। किसी-किसी दिन ऐसी भी दशा हो जाती है इससे कुछ नहीं कहा जा सकता कि कब क्या खाएँगे। कबीर साहब ने कहा है, "यह देह नव द्वार का पिंजड़ा है, उसमें हंतो चिड़िया रहती है, इसलिए उसका उड़ जाना तो विचित्र बात नहीं, वह पिंजड़े में ठहरी हुई है, यही आश्चर्य है।"

"नव द्वारे का पींजरा, तामें पंछी पौन।
रहने को आचरज है, गये अचम्भा कौन॥"

सच है, इस साँस का क्या ठिकाना, आई न आई। पण्डित रामकर्ण ओझा ब्याह कर उमंग भरे घर आये, रात भर स्त्री के साथ रंगरेलियाँ मनाते रहे, सुबह हँसते-खेलते उठे, नहाया-धोया, कुछ खा-पीकर दस बजे गुरुदेव से मिलने चले। अभी घोड़ा गाँव के बाहर आया था कि सर चकराने लगा, घोड़े से उतर कर पृथ्वी पर लेट गये। लेटते ही साँस देह के बाहर हो गई। बेचारे क्या जानते थे कि इस तरह अचानक मृत्यु उन पर टूट पड़ेगी। मुंशी अमृतलाल मुंसरिम कचहरी का कुल काम करके सन्ध्या समय घर आये। दस बजे रात तक दोस्तों के साथ गुलछर्रे उड़ाते रहे, ग्यारह बजे के लगभग रोटी खाकर सोये, पत्नी से बातें करते-करते नींद आ गई, पर थोड़ी देर में अचानक नींद टूट गई, जी कुछ घबराया, चारपाई से उठ, खड़े हुए, पर सँभल न सके, धड़ से पृथ्वी पर

ऐसे गिरे फिर न उठे। स्त्री ताकती ही रह गयी। एक बात भी मुँह से न निकल पायी। राय दुर्गाप्रसाद साहब बाबू मोहनसिंह से हँसी-मजाक कर रहे थे, बात से बात छूट चल रही थी, सिर में जरा धमक तक न थी, कि बाबू उनसे विदा हुए। पास ही घर पर पहुँच कर कपड़े उतारते थे कि नौकर की आवाज ने उन्हें चौंका दिया। वह दौड़कर राय साहब के पास आये, देखा, राय साहब पृथ्वी पर पड़े हुए साँसें तोड़ रहे हैं, कुछ कहना चाहते हैं, पर जुबान साथ नहीं देती है। इतने में जम्हाई आई, और काम तमाम।

मि. अलस्मिथ विलायत से हिन्दुस्तान आये, दिन भर कांग्रेस में लोगों को सुनते रहे। हँसते रहे, तालियाँ बजाते रहे, शाम को डेरे पर लौटकर काम-काज करते रहे, दोस्तों से मिलते जुलते रहे, दस बजे जो सोए उनकी आँखें फिर न खुलीं, दिल की हरकत बन्द हो गयी वे चल बसे। मिस्टर हूपर बोर्ड माल के मेम्बर थे, हाल ही तरक्की हुई थी, वे विलायत जा रहे थे। रास्ते में फ्रांस के एक होटल में ठहरे हुए थे, दिन भर शरीर बहुत अच्छा रहा, रात में उसी होटल में लाट साहब से मिले, बहुत देर तक इधर-उधर की बातें करते रहे। जब सोये तब तक भी कोई शिकायत न थी, पर चार बजे पेट में दर्द उठा, लोग डाक्टर बुलाने दौड़े पर जब तक डाक्टर आवें, दर्द ने उनको इस संसार से उठा लिया था। वे बेचारे आये, और अपना-सा मुँह लिए वापस गये।

जिन दिनों मैं नत्थूपुर में गिर्दावर कानूनगो था, एक दिन पिताजी ने अचानक दर्शन दिये, आजकल आप बहुत स्वस्थ थे, बड़े प्रफुल्ल थे, जब तक रहे ऐसे ही रहे, आठवें दिन जब घर को पधारने लगे, तब भी मैंने उनको वैसा ही पाया। पर हाय! नवाँ दिन बड़ा बुरा था, आज आप पहर दिन निकले घर पहुँचे, नहा-धोकर अच्छी तरह खाया-पीया, फिर आराम किया, जब सोकर उठे तब भी तबीयत वैसी ही फुरतीली थी। संध्या समय घर का कारबार करते रहे। दो घड़ी रात तक यही झमेले रहे। इसके बाद वे संगत जी में गये, उनका नियम था कि वे दो घड़ी रात गये नित्य संगत जी में जाते और वहाँ बड़े प्रेम से भजन करते, आज भी इस काम में कोई कसर नहीं बाकी थी, उनके भजनों का रंग वैसा ही जमा, लोग उनको सुनकर वैसा झूमते हुए ही राम रस में सराबोर हुए, पर कहते कलेजा मुँह को आता है, इतने में ये तमाम बातें सपना हो गईं। संगत जी से वापस आकर पिताजी ने स्नान किया, फिर सोए। पर सोने के दो घड़ी बाद पेट के दर्द से उनको उल्टी हो गई, इस समय रात का सन्नाटा था, छह घड़ी रात बीत चुकी थी और चचा उनके पास ही सोये थे, वे जगकर दौड़-धूप करने लगे। दो-एक घंटे में उनकी आँखें सदा के लिए बन्द हो गईं और फिर कोई हरकत नहीं राम जाने ये कैसी मौत है। कुछ घड़ी पहले क्या कोई भी जी में ला सकता था और भी बहुत सी बातें बतलाई जा सकती हैं, पर मतलब आप भी समझ गये होंगे, मतलब और कुछ नहीं; यही है कि—

क्या ठिकाना है ज़िन्दगानी का।
आदमी बुलबुला है पानी का॥

मैं मानूँगा कि जितनी ऐसी मौतें होती हैं वे देखने में जरूर आकस्मिक ज्ञात होती हैं, पर सच्ची बात यह कि वे वास्तव में बहुत दिनों के पुराने रोग का परिणाम होती हैं। जो प्राणी इस तरह मरता है, वह देखने में हट्टा-कट्टा और स्वस्थ भले ही हो, खाता-पीता और कामकाज करता ही क्यों न रहे, पर भीतर से वह खोखला होता है। रोग उसको उसी प्रकार चाट गया रहता है जैसे किसी लकड़ी को घुन या किसी पेड़ की जड़ को दीमक। प्रायः देखा गया है कि जो पेड़ बड़ी-बड़ी आँधियों में अपनी जगह से थोड़ा भी नहीं हिले, वे ही साधारण हवा की झोंकों से उखड़ गये और टूट कर धरा पर गिर पड़े। इसका कारण क्या है? इसका कारण कुछ और नहीं, यही है कि उस समय दीमकों ने खाकर उसकी जड़ को इतना दुर्बल कर दिया था कि वह साधारण हवा के झोंकों को भी सह नहीं सकता था। यही गति चटपट मरने वालों की भी है। पर इससे क्या! जो यह बात मान भी ली गई कि ऐसी मृत्यु बहुत दिनों के रोग का परिणाम होती है, तो भी इससे यह नहीं पाया जाता कि मनुष्य के जीवन का कोई ठिकाना है। बहुत से ऐसे लोग देखे गये हैं कि बिना किसी पुराने रोग के एक-ब-एक मर गये। उनके हृदय की गति अचानक बन्द हुई और वे चल बसे। कितने ऐसे पाये गये कि उनको साँप काट गया और वे घंटे आध घंटे ही में ठंडे हो गये। कोई नहाने के लिए पानी में उतरा और फिर ऊपर न उठा, कोई पेड़ से गिरा और वहीं का वहीं रह गया, किसी के ऊपर बिजली गिरी और दो-चार मिनट में ही उसका काम तमाम हो गया, किसी के ऊपर मकान गिरा और उसका दम वहीं टूट गया। सच बात यह है कि मनुष्य मृत्यु से हर घड़ी घिरा हुआ है, और इसलिए यह बहुत ठीक है कि मर जाना कोई आश्चर्य की बात नहीं है, जीते रहना ही विचित्रता है। पर यह सब होने पर भी संसार की यह रीति है कि एक बीमार मनुष्य से एक अधबीमार की और एक अधबीमार से एक भले चंगे के जीवन का भरोसा होता है। जो रोग मुझको है, वह चौबीस बरस का पुराना है, अब भी किसी-किसी दिन उसका वेग बहुत बढ़ जाता है, इससे मैंने जो पहले यह लिखा है कि नहीं जाना जाता कि कब क्या होगा, यही ठीक है। पर पहले से जो मैं बहुत कुछ अच्छा हूँ, इसलिए अभी कुछ दिन और जीते रहने की आशा बँध गई है और इसी आशा के सहारे आज मैंने फिर आप लोगों को कुछ मनमानी बातें सुनाने के लिए लेखनी पकड़ी है। देखूँ, मैं अपने विचार को कहाँ तक पूरा कर सकता हूँ।

जिन दिनों मैं बहुत रुग्ण था और जी में यह बात बैठ गई थी कि अब चलने में देर नहीं है। उन्हीं दिनों मृत्यु और परलोक कि विषय में मेरे जी में बहुत सी बातें उठी हैं, मैं उन बातों को आप लोगों को भी सुनाऊँगा। आशा है, आप लोग धैर्य से मेरी बातें सुनेंगे।

दूसरा प्रसंग

रोग का रंग

बाबू बंकिमचन्द्र चटर्जी बंगाल के एक बड़े प्रसिद्ध उपन्यास लेखक हैं। उन्होंने बंगला में 'विष वृक्ष' नाम का एक बड़ा ही अनूठा उपन्यास लिखा है। उसमें कालिदास की एक बड़ी मनोमोहक कहानी है—आप लोग भी उसको सुनिये। कालिदास के पास एक मालिन नित्य आया करती, यह मालिन बड़ी मनचली और चुलबुली थी, प्रकृति भी इसकी बड़ी रसीली थी। यह कालिदास से उनके बनाये रसीले श्लोकों को सुनती, और उसके बदले उन्हें फूलों को गजरा भेंट देती। कालिदास का 'मेघदूत' बड़ा ही मनोहर काव्य है, पर उसके आदि के कई एक श्लोक कुछ नीरस से हैं। एक दिन कालिदास ने मालिन को इन्हीं श्लोकों को सुनाया, मालिन ने नाक भौं चढ़ाई, कुछ मुँह बनाया, कहा, हम लोग अच्छे अच्छे फूलों के लिए चक्कर लगाती हैं, आप हमको नाम के फूलों की ओर क्यों घसीटते हैं। कालिदास ने कहा—तब तो तुम स्वर्ग में न पहुँच सकोगी। मालिन के कान खड़े हुए, उसने कहा—क्यों? कालिदास ने कहा—स्वर्ग में पहुँचने के लिए सौ सीढ़ियाँ तय करनी पड़ती हैं। इन सौ सीढ़ियों में पहले की कुछ सीढ़ियाँ अच्छी नहीं हैं। पर उनसे आगे की एक से एक बढ़ कर हैं। पर जब तक तुम पहले की सीढ़ियों को तै न करोगी, तब तक न तो तुम्हें अच्छी सीढ़ियाँ ही मिलेंगी, और न तुम स्वर्ग में ही पहुँच सकोगी। मालिन ताड़ गई, हँस कर बोली—चूक हुई, क्षमा कीजिए। अब मैं जान गई कि जो मीठे फलों का स्वाद लेना चाहता है, उसको फीके फल खाकर मुँह न बनाना चाहिए।

हम न तो अपने ग्रन्थ को 'मेघदूत' बनाना चाहते हैं, न अपने को कालिदास। हम पढ़नेवालों को मालिन बनाना भी नहीं चाहते। अभिप्राय हमारा इस रचना के परिणाम से हैं। आप लोग इसके आदि के कुछ प्रसंगों को पढ़कर घबरायेंगे अवश्य। पर मेरी विनय यह है कि घबराने पर भी आप लोग इसे पढ़ते चलिए, आगे चलकर बिना कुछ रस मिले न रहेगा।

हम लोग प्रायः लोगों को तरह-तरह के रोगों में फँसा हुआ पाते हैं। कोई सिर पकड़े

फिरता है, कोई पेट के दर्द की शिकायत करता है, किसी की आँख दुखती है, किसी का कान फटा पड़ता है, कोई ज्वर से चिल्लाता है, कोई अतिसार के उपद्रव से व्याकुल रहता है। निदान इसी तरह क़े बहुत से रोग लोगों को घेरे रहते हैं, और वे उनके हाथों बहुत कुछ भुगतते हैं। पर क्या कोई यह भी सोचता है कि इस तरह रोग के हाथों में पड़ जाने का क्या कारण है? रोग सब सुखों का काँटा है। अच्छे-अच्छे खाने, तरह-तरह के मेवे, भाँति-भाँति के फल, सुन्दर सेज, सजे हुए आवास, सुन्दरी रमणी, ऐसे ही और कितने भी सामान रुग्नावस्था में काटे खाते हैं, संसार की सारी सुख-विलास की सामग्री मिट्टी हो जाती है—पर क्या रोगग्रस्त होने से पहले कभी हम रुग्न न होने का विचार करते हैं? लोग जब खाट पर पड़ जाते हैं तो बात बात में विचारे भाग्य को कोसते हैं; देवी-देवताओं को मनाते है, भगवान की दुहाई देते हैं, पर क्या कभी यह भी विचारते हैं कि हमारा स्वास्थ्य बहुत कुछ हमारे हाथ है। जो हम जी से चाहें, यथार्थ रीति से सावधान रहें, और लड़कपन ही से स्वास्थ्य के नियमों पर चलाये जावें, तो रोगों से हम लोगों को बहुत कुछ छुटकारा मिल सकता है, पर दुःख है कि हम लोगों का ध्यान इस ओर बहुत कम होता है। मैं यह नहीं कहता कि स्वास्थ्य के नियमों पर चलने से हम लोग सर्वथा रुग्न होने से बचे रहेंगे, पर यह अवश्य कहता हैं कि बहुत कुछ बचे रहेंगे। कितनी अवस्थायें ऐसी हैं कि जिनमें हम लोग सर्वथा विवश हो जाते हैं और उनके बारे हमारा किया कुछ नहीं हो सकता, पर ऐसी दशायें बहुत कम हैं। अधिकतर ऐसी दशायें हैं कि यदि हम उनसे बचे रहें तो सब प्रकार के रोगों के पंजे से हमको छुटकारा मिल सकता है।

जो कोई सिर पकड़े बैठा हो, और सिर दर्द का रोना रोता हो, और आप उससे पूछें कि क्यों भाई! सिर में दर्द क्यों है? तो यदि वह थोड़ी भी समझ रखता होगा, तो कह उठेगा, कि रात मैं देर तक जागता रहा, या आज बहुत समय तक धूप में घूमता फिरा, या कोई ठंढी वस्तु खा गया, या खाने-पीने में देर हो गई, निदान कुछ न कुछ कारण अपने सिर दर्द का वह अवश्य बतलावेगा, जिससे यह बात पाई जाती है कि उसको अपने सिर दर्द का कारण अवश्य ज्ञात है। और ऐसी दशा में यह कहा जा सकता है कि यदि सिर दर्द के उस कारण से उस दिन वह बचता, तो उसके सिर में दर्द कभी न होता। अब यह बात यहाँ सोचने की है कि जब वह जानता था कि ऐसा करने से उसको इस तरह की वेदना हो जाती है, तो फिर उसने वैसा क्यों किया? यही भेद ऐसा है कि जो समस्त सुख-दुखों की जड़ है और जो इस भेद को जितना समझ सका है, वह इस संसार में उतना ही सुखी या दुःखी पाया जाता है। मान लो कि उसको रात में जागने से सिर दर्द हुआ था, तो फिर रात में वह क्यों जागा? अवश्य है कि या तो वह कोई तमाशा या नाच देखता रहा, या किसी मेले में सैर-सपाटा करता रहा, या कोई

पुस्तक देर तक पढ़ता रहा, या मित्रों के रोकने से रुका रहा, या ऐसी ही और कोई बात हुई, जिससे उसको रात में देर तक जागते रहना पड़ा। जब उसके सोने का समय हुआ होगा, तो उसके दिल ने उससे अवश्य कहा होगा कि अब चल कर सो रहो। परन्तु चाह ने कहा होगा कि थोड़ा नाच या तमाशा और देख लो, या थोड़ा सैर-सपाटा और कर लो, या थोड़ी देर तक पुस्तक और पढ़ लो, या देखो तुम्हारे मित्र रोक रहे हैं, उनकी बात न मान कर यों चले जाना ठीक नहीं। पर चाह बढ़ाने ही से तो बढ़ती है, इसी तरह थोड़ा थोड़ा करके उसने बहुत रात तक जगाया, जिसका फल यह हुआ कि दूसरे दिन सिर पकड़ कर बैठना पड़ा। मनुष्य को अपनी चाहों पर अधिकार रखना चाहिए, और सदा उसको बुद्धि के कहने पर चलना चाहिए, पर ऐसा बहुत कम होता है, जहाँ तक देखा जाता है चाह ही मनुष्य को दबा बैठती है, और इसी से उसको सब तरह के दुखों में फँसना पड़ता है। जो उसको चाह के दबाने की शक्ति होती, तो वह कभी स्वभाव के प्रतिकूल अधिक समय तक न जागता। न तो नाच-तमाशा या मेले की सजधज उसको ठहरा सकती, न पुस्तक की चटपटी बातें उसको विवश करतीं, और न कोई मित्र ही उसकी उचित बातों को सुनकर उसका रोक रखना पसंद करता। और ऐसी अवस्था में वह अवश्य यथा समय सोता, और कभी सिर दर्द का शिकार न होता। ऐसे ही और सब दुखों और रोगों की बातों को भी समझ लेना चाहिए। पर स्मरण रखना चाहिए कि चाहों का दबाना स्वभाव डालने से आता है, जब तक स्वभाव न डाला जावे, वे कभी वश में नहीं रहतीं, और मनुष्य को ही दबा बैठती हैं। इस स्वभाव डालने का सब से अच्छा समय लड़कपन है, जो लड़कपन से इस तरह का स्वभाव डालना नहीं सीखते वे पीछे कम सफलीभूत होते हैं।

मेरे एक मित्र प्रायः पेट के दर्द की शिकायत किया करते। मैंने एक दिन उससे पूछा—बात क्या है? उन्होंने कहा कि कोई अच्छी वस्तु मिलने पर जब मैं अधिक खा जाता हूँ या कोई कड़ी वस्तु खा लेता हूँ , तभी ऐसी नौबत आती है। मैंने कहा—फिर आप संयम से क्यों नहीं काम लेते? उन्होंने कहा—जीभ नहीं मानती। इसी तरह किसी की आँख नहीं मानती, किसी का कान नहीं मानता, किसी का जी नहीं मानता और किसी के और अंग नहीं मानते, और यह न मानना ही सब दुखों की जड़ है।

एक मुहर्रिर को मैंने देखा कि जब सूर्य डूब जाता, और अँधियाला बढ़ता रहता तो उस समय भी आपकी लेखनी चलती रहती, और आप काग़ज के पीछे पड़े रहते। ऐसे ही एक क्लर्क दो एक पैसे के तेल का बचाव करता, और रात में चाँदनी के सहारे अपने कागजों को लिखता रहता। थोड़े ही दिनों में दोनों की आँखे बिगड़ीं। लोगों ने फटकार बतलाई, तो उन्होंने कहा कि हम लोग क्या जानते थे कि ऐसी नौबत आवेगी। किसी ने मना भी तो नहीं किया। इससे पाया जाता है कि इन बेचारों ने जो कुछ किया

अनजान में किया, जो वे जानते कि ऐसा करने से आँखें बिगड़ जावेंगी तो शायद वे ऐसा न करते। ऐसे ही कितनी बातें ऐसी हैं, जो अनजान में हमारे ऊपर बुरा प्रभाव डालती हैं, हम लोग उसके बुरे प्रभाव को जानते ही नहीं जो उससे बचें। पर यह जानना चाहिए कि जो बातें बँधी हुई नियमों के प्रतिकूल हैं, या जिनके करने में हमको अपने जी पर दबाव डालना पड़ता है, उनको कभी न करना चाहिए। जो हम उसके बुरे प्रभाव को जानते भी न हों, किसी ने हमको बतलाया भी न हो, तब भी समझ लेना चाहिए कि उन बातों के करने से कुछ न कुछ बुराई अवश्य होगी। यह बँधी हुई चाल है कि लोग दिनभर काम करते हैं। और संध्या समय बन्द कर देते हैं, यह भी बँधी हुई चाल है कि जब रात को लिखना-पढ़ना होता है तो दीया या कोई दूसरी रोशनी जला लेते हैं। इसलिए मुहर्रिर और क्लर्क को आप ही सोचना चाहिए था कि जो बँधी हुई चाल है, उसे छोड़ कर चलना ठीक नहीं। और यदि वे इतना सोचते तो उनकी आँखें कभी न बिगड़तीं। ऐसे ही और बातों के विषय में भी सोच लेना चाहिए।

आज हम यह आप लोगों को सुनाने बैठे हैं, पर जब सूझना चाहिए था, उस घड़ी हमको भी ये बातें न सूझीं। हम पहले प्रसंग में लिख चुके हैं कि तीन साल से माघ का महीना हमारे लिए बहुत डरावना हो गया है। यहाँ तक कि इस साल जान बचने की भी बहुत कम आशा थी। पर क्या हमारी यह दशा बिल्कुल अपने आप है, नहीं इसमें बहुत कुछ हमारी भूल-चूक और लापवाही का भी हाथ है। सन् 1879 ई. में जब मेरा सिन चौदह साल का था, मिडिल वर्नाक्यूलर मैंने पास कर लिया, मुझको तीन रुपया गवर्नमेंट से स्कालर्शिप मिली, और क्वींस कॉलेज बनारस में अँगरेजी पढ़ने की आज्ञा हुई। मैं पन्द्रह वर्ष के सिन में बनारस गया, और बोर्डिंग हाउस में ठहरा। मैं कुनबे भर में एक लड़का था, बड़े लाड़-प्यार से पला था, कभी किसी तरह की कठिनता का सामना नहीं पड़ा था। घर पर पका पकाया भोजन मिलता, अच्छी से अच्छी खाने की वस्तु मेरे लिए इहतियात से रक्खी रहती। मैं जिस तरह चाहता रहता, जब चाहता नहाता-खाता, तनिक सिर भी धमकता, तो घर भर आवभगत में लग जाता। पर बनारस में ये सब बातें कैसे नसीब होतीं, यहाँ मुझको रोटी भी अपने हाथ से बनानी पड़ती, और वह भी मैं कठिनाई से एक बेले बना सकता, जो रसोई बनती, वह भी अच्छी न बनती, इससे उसको खाकर जी प्रसन्न न होता। चित्त पहले से ही वश में न था, रुपये हाथ में थे, फिर बनारस-सा नगर, एक से एक खाने की अच्छी वस्तुयें बिकने को आतीं, हमने भी उनपर हाथ मारना आरंभ किया। इसका फल यह हुआ कि जो कभी मैं कच्ची रसोई बनाता, तो बड़ी लापरवाही से बनाता, जिससे प्रायः वह बुरी बनती, जिसमें से मैं कुछ खाता, कुछ छोड़ देता। इससे भूख बनी ही रहती, और खोंचेवाले की राह ताकता रहता, ज्यों वह पहुँचता, मैं भी उसके पास जा धमकता, और जो जी में आता, लेकर खाता। इसका

परिणाम बड़ा बुरा हुआ, एक तो मेरी प्रकृति बादी, दूसरे बनारस का जलवायु बादी, तीसरा मेरा असंयम। पाँच-चार महीने में मुझे बादी बवासीर हो गई। इन दिनों मुझको दिन-रात कब्ज रहता, तबीअत जब देखो तब खराब। पर बात कुछ समझ में न आती। धीरे-धीरे ज्ञात हो गया कि मुझे बादी बवासीर हो गई, और मैं बनारस छोड़ कर निज़ामाबाद चला आया।

घर आने पर खाने-पीने का गड़बड़ जाता रहा, जलवायु का झगड़ा भी जाता रहा, इसलिए मेरा स्वास्थ्य जैसा पहले था, वैसा फिर हो गया, पर बादी बवासीर जड़ से न गई, कभी-कभी वह अपना रंग दिखला जाती। यह बवासीर सारी युवावस्था के लिए भी टाड़ा हुई, अट्ठारह-बीस बरस के सिन में भी जैसा चाहिए, वैसा बल शरीर में न आया। जैसा दुबला-पतला और दुर्बल बदन पहले था वैसा ही इन दिनों भी रहा। पर न तो बवासीर में कभी पीड़ा होती, और न उसकी वजह से कोई दूसरी ही ऐसी बुराई पैदा हुई जिससे मुझको कोई विशेष कष्ट होता। इसलिए इन दिनों बवासीर से मैं बहुत लापरवाह रहा, जिसका फल यह हुआ कि वह धीरे-धीरे अपना बल बढ़ाती रहीं। पच्चीस बरस के सिन में उसका रंग कुछ बदला, वह महीने दो महीने पर सताने लगी, पर उसका यह सताना भी साधारण था, दो एक दिन कुछ कष्ट रहता, फिर दूर हो जाता। धीरे-धीरे तीस साल पूरा हुआ, अब रुग्णता का रंग कुछ और गहरा हुआ, अब उससे तरह-तरह की पीड़ायें पैदा होने लगीं। अब मेरे कान भी खड़े हुए। मैं कुछ औषध-सेवन और दौड़-धूप भी करने लगा, पर आप देखें तो कैसी गहरी नींद के बाद आँख खुली। पन्द्रह वर्ष के पहले जिन बातों को दूर करना सहज था, अब वह बहुत ही कठिन हो गया। मैं चिनगारी को न बुझा सका, पर उससे जो एक डरावनी आग पैदा हो गई, तब उसे बुझाने के लिए दौड़ा। नासमझ और टाल-टूल करने वालों की यही दशा होती है। वे समय पर सोते हैं, और जब समय नहीं रहता, तब उनकी आँखें खुलती हैं, जो सफलता का मुँह न देखकर बड़े दुःख के साथ फिर बंद हो जाती हैं। तैंतीसवें साल बीमारी का बड़ा कड़ा धावा हुआ। मैंने समझा दिन पूरे हो गये, साथ ही अपनी लापरवाही और टाल-टूल की प्रकृति पर घृणा भी बड़ी हुई। परन्तु चार-पाँच महीने दुख झेल कर मैं फिर सँभल गया, किन्तु इस बार रुग्णता ने जो रंग पकड़ा वह निराला था। मैं इस निरालेपन को बतला सकता हूँ, पर नीरस बातों को कहाँ तक बढ़ाऊँ। थोड़े में इतना कह देना चाहता हूँ कि चालीस साल के सिन तक मैं कुछ सुखी भी था, पर चालीस साल के बाद से रोग ने बहुत दुखी कर रक्खा है, देखूँ यह रंगत कितनी चटकीली होती है।

तीसरा प्रसंग

जी का लोभ

जिन दिनों माघ के महीने में मेरा स्वास्थ्य बहुत बिगड़ गया था, उन्हीं दिनों की बात है, कि एक दिन दो घड़ी रात रहे मेरी नींद अचानक टूट गई। इस घड़ी रोग का पारा पूरी डिगरी पर था। सर घूमता था, दिल घबराता था, और जान पड़ता था कि कोई कीड़ा उसमें बैठ कर उसे बुरी तरह से नोच रहा है। हाथ-पाँव ऐंठ रहे थे, बेबस हुए जाते थे, और उनमें एक तरह की झनक पैदा हो गई थी। जी बैठता जाता था, दम फूल रहा था, आँखें तलमला रही थीं, और उनसे पानी निकल रहा था। साँस कभी नाकों की राह खर्राटे के साथ निकलती, कभी धीरे चलती, कभी टूटती हुई जान पड़ती और फिर ऐसा ज्ञात होता कि सारी देह में एक सन्नाटा-सा छा रहा है। थोड़ी ही देर में ऐसा जान पड़ा कि मैं अब अचेत हो जाऊँगा, और एक-ब-एक सारा बदन पसीने से तर हो गया। मैंने समझा अब देर नहीं है, जी बहुत घबराया, घबराहट ही में रजाई मैंने फेंक दी, चारपाई पर उठ बैठा, और फिर कमरे का किवाड़ खोल कर बाहर निकल आया।

बाहर बड़ी सर्दी थी। हवा धीरे-धीरे बह रही थी, पर बहुत ही ठंढी थी, बरफ को मात करती थी। बाहर आते ही जी ठिकाने हो गया, धीर-धीरे और शिकायतें भी कम हुईं। जब दौरे का वेग जाता रहा, और जी बहुत कुछ सम्हल गया उस समय मेरी दृष्टि नीले आकाश पर पड़ी। आकाश इस समय धुँधला था, और उसका विचित्र समाँ था। रंग-रंग के तारे उसमें छिटके हुए रहे थे, और खूब चमक थे। शुक्र भी बहुत कुछ ऊपर चढ़ आया था, और अपनी ऊदी रंगत में बड़ी आन-बान से जगमगा रहा था। मैंने इन तारों को बड़ी वेदनामयी दृष्टि से देखा, मेरी आँखों ने मेरे जी का गहरा दुख इन ताराओं को जतलाया, मानो उन्होंने बहुत ही चुपचाप उनसे कहा कि क्या हमारे दुखड़े पर तुमको रोना नहीं आता है। पर तारे तनिक भी न हिले, वे वैसे ही खिले रहे, वैसे ही हँसते रहे। और उनमें वैसी ही ज्योति फूटती रही। मानो उन्होंने कहा—नादान! क्या कभी तू किसी कीड़े-मकोड़े के दुखड़े की कुछ परवाह करता है। जब नहीं करता, तो हमारी ओर यह वेदना भरी दृष्टि क्यो? तू तो हम लोगों के सामने एक कीड़े-मकोड़े से भी

गया-बीता है।

अब मैंने दूसरी ओर दृष्टि डाली। सामने ही एक शिवालय का ऊँचा बुर्ज दिखलायी पड़ा। यह शुक्र की फीकी और हल्की ज्योति में कुछ-कुछ चमक रहा था, मानो भगवान की दया का हाथ ऊपर उठा हुआ मुझे ढाढस बँधा रहा था, कि घबराओ नहीं, सब अच्छा होगा।

ज्यों-ज्यों रात बीतती थी, सर्दी तेज़ होती जाती थी। मैं सिर से पाँव तक गरम कपड़े से लदा था, पर सर्दी फिर भी अपना काम कर रही थी, इसलिए अब मैं बाहर न ठहर सका और फिर कमरे में आकर चारपाई पर लेट गया। ऊपर से रजाई भी ओढ़ ली। पर नींद न आई, आज न जाने कहाँ-कहाँ की बातें आकर जी में घूमने लगीं, बहुत सी पुरानी बातों की सुरत हुई। मैं ज्यों-ज्यों बीमारी की बातें सोचने लगा, त्यों-त्यों न जाने क्यों मुझे अपना जी बहुत प्यारा मालूम होने लगा और मैं तरह-तरह की चिन्ताओं में डूब गया।

इस समय मुझे यह विचार बार-बार होने लगा कि लोगों को अपना जी क्यों इतना प्यारा है? मनुष्य ही नहीं, देखा जाता है कि चींटी से हाथी तक सभी इस रंग में रँगे हुए हैं। फूल संसार में हँसने के लिए ही आये हैं। पर आप उनको डाल से तोड़ कर अलग कीजिये। फिर देखिये वे कैसे कुम्हलाते हैं। पेड़ों से बढ़ कर हरा-भरा कौन होगा, पर उनकी जड़ पर टाँगा चलने दीजिए, फिर देखिये उनके एक-एक पत्ते पर कैसी एक उदासी न जाने कहाँ से आकर छा जाती है। आप कहेंगे फूल-पत्ते भी इस असर से नहीं बचे हुए हैं? मैं कहूँगा हाँ। फूल-पत्ते भी नहीं बचे हुए हैं पहले इस विषय में कुछ शक भी हो सकता था, पर अब वर्तमान काल की जाँच-पड़ताल ने इस विषय को बहुत स्पष्ट कर दिया है। जब चारपाये, चिड़ियाँ, पेड़-पत्ते तक को अपना जी प्यारा है, तब मनुष्य की चर्चा ही क्या! पर सोचना तो यह है कि जी इतना प्यारा क्यों है?

संसार के दृश्य बड़े निराले हैं; उसकी वस्तुयें ऐसी सुन्दर, ऐसी जी लुभानेवाली, और ऐसी अनूठी हैं, कि बड़े-बड़े दुखों को झेल कर भी हम उनको नहीं भूलते। उनका चाव, उनसे मिलनेवाले सुख, हमको संसार के लिए बावला बनाये रहते हैं। काल के दिनों में एक भूख से तड़पता हुआ मानव यह कह सकता है कि मृत्यु आ जाती तो अच्छा! पर यदि सचमुच मृत्यु उसके सामने आकर खड़ी हो जावे, तो उसकी गति भी लकड़ीवाले की सी ही होगी। जैसे बोझ से घबरा कर लकड़ीवाले ने सिर के गट्ठे को गिरा कर मृत्यु को याद किया था, और जब मृत्यु आई, तब उसने कहा—मैंने किसी और काम के लिए तुझे नहीं बुलाया था, तू मेरे इस गिरे हुए गट्ठे को उठा दे, बस यही काम है। उसी तरह आशा है कि मृत्यु से वह भी यही कहेगा, कि मैंने तुझको इसीलिए बुलाया था, कि शायद तू मुझको कुछ खाने को दे दे। क्योंकि सच्ची बात यह है कि मृत्यु को

वह खिजलाहट में पुकार उठता था, या इसलिए मृत्यु-मृत्यु चिल्लाता था कि जिसमें लोग समझें कि उसका दुख कितना भारी है और उसके ऊपर दया करें। नहीं तो मृत्यु-मृत्यु चिल्लाने से क्या अर्थ मृत्यु तो चुटकी बजाते आती है। एक सूई अपने कलेजे में गड़ा दो, देखो मृत्यु आ जाती है कि नहीं, या अपने गले में एक छुरी घुसेड़ दो, या अपने सिर को आग में डाल दो, देखो दम भर में काम तमाम हो जाता है या नहीं। पर सचमुच मृत्यु लाना कभी स्वीकार नहीं होता, भूखा मृत्यु को ऊपर से ही बुलाता था, जी से कभी नहीं। उसको ऐसी आपदा में भी आशा की झलक दिखलाती थी, वह जी में ही सोचता था, कि क्या हमारे ये दुख के दिन सदा रहेंगे, नहीं कभी नहीं, एक न एक दिन किसी दाता का हाथ उठेगा, हमारे दुःख दूर होंगे, और हमारे लिए फिर वही दिन-रात और सुख की घड़ियाँ होंगी।

दुःख के दिनों की यह दशा है। पर जहाँ चारों ओर सुख के ही डेरे हैं, वहाँ का क्या कहना। वहाँ तो सृष्टि हमारी आँखों में सोने की है। रत्नों जड़ी है। वहाँ तो यह सुनना भी अच्छा नहीं लगता, कि कभी हमें इसको छोड़कर उठ जाना पड़ेगा। फिर जी प्यारा क्यों न होगा। कहावत है कि—'जी से जहान है'। महमूद ग़ज़नवी ने लोगों का लहू चूस-चूस कर और कितने लोगों का रोआँ कलपा कर बहुत बड़ी सम्पदा इकट्ठी की थी। जब वह मरने लगा तो उसने आज्ञा दी कि उसकी कमाई हुई सारी सम्पत्ति उसके सामने लाई जावे। देखते ही देखते उसके सामने सोने, चाँदी और जवाहिरात के ढेर लग गये। वह देर तक उनको देखता रहा, और देख-देख कर रोया किया। वह क्यों इतना रोया, यह बतलाने की आवश्यकता नहीं। कहना इतना है, कि जिस जी के चले जाने के पीछे महमूद ग़ज़नवी की आँखों में इतनी बड़ी सम्पत्ति भी किसी काम की न रही, उस जी से बढ़कर कौन रत्न होगा। और उसको कौन प्यार न करेगा।

आपको अपनी घरवाली का चाँद-सा मुखड़ा दम भर नहीं भूलता, आपको उसकी रसीली बड़ी-बड़ी आँखें जो सपने में याद आती हैं, तो भी आप चौंक पड़ते हैं। जब कभी वह आकर पास बैठ जाती है, और प्यार से गले में हाथों को डाल कर मीठी-मीठी बातें करने लगती है, तो आप पर रस की वर्षा होने लगती है। कुछ घड़ियों के लिए भी आप उससे अलग होते हैं तो आपका जी मचलता है, जो कहीं परदेश जाने की नौबत आती है, तो ऊपर पहाड़ टूट पड़ता है। उसके बिना आपको चैन नहीं आता, जीना नीरस जान पड़ता है। वह आपके गले की माला है, आँखों की पुतली है, जीवन का सहारा है। औरत सब सुखों की कुंजी है। पर मुझे यह बतलाइये कि जो कोई बात ऐसी आन पड़े कि जिससे आप यह समझें कि अब सदा के लिए हमारा और इसका साथ छूटता है, तो उस घड़ी आपकी क्या गति होगी? आप पर कैसी बीतेगी। निःसन्देह आपका यह दुःख बहुत बड़ा होगा, और अब आप समझ गये होंगे कि 'जी' का लोभ इतना क्यों है?

आप अपने बच्चों को बहुत प्यार करते हैं, सचमुच बच्चे हैं भी प्यार की वस्तु, उनकी भोली-भाली सूरत पर कौन निछावर नहीं होता, उनकी तोतली और प्यारी बातें किसको नहीं भातीं। वे कलेजे के टुकड़े हैं, हाथ के खिलौने हैं, प्यार की जीती-जागती तस्वीर हैं, और आनन्द के लबालब भरे प्याले हैं। फिर कौन उन्हें दिल खोल कर न चाहेगा। आप जो उनको आँखों के ओझल करना भी पसन्द नहीं करते, तो कौन कहेगा कि यह ठीक नहीं, वे ऐसे ही धन हैं, कि सदा उनको आँखों के सामने ही रक्खा जावे पर बतलाइये जो आपकी आँखें इस तरह बन्द हों कि कभी उनके भोले-भाले चेहरों के देखने के लिए भी न खुल सकें, तो आपका कलेजा कसकेगा या नहीं। फिर आप सोच लें कि 'जी' इतना क्यों प्यारा है।

जब कोई इतना रुग्न हो जाता है कि उसे अपने बचने की आशा नहीं रहती, तब वह प्रायः अपनी आँखों में आँसू भर लाता है, कभी अपने मिलने वालों से ऐसी दुःख भरी बातें कहता है कि जिसको सुनकर कलेजे पर चोट-सी लगती है, कभी ठंढी साँसें भरता है, कभी घबराता है। पर क्यों? इसीलिए कि वह समझता है कि अब उससे संसार का वैचित्र्य से भरा हुआ बाजार छूटता है। उसको उसका बढ़ा हुआ परिवार, उसके मेली-मिलापी, उसकी ज़मीन-जायदाद, धन-दौलत, नौकर-चाकर, उसके बाग-बगीचे, कोठे-अटारी, मंदिर-मकान ही नहीं रुलाते, उनकी याद ही नहीं सताती, उनसे मिलने वाले सुखों का ध्यान ही नहीं दुःख देता। कितने ही पर्व-त्योहारों की बहार, कितने मेले-ठेलों का समाँ, कितने हाट-बाजार की धूम, कितनी सभा-सोसाइटियों का रंग, मौसिमों का निरालापन, खेल-तमाशों का जमाव भी एक-एक करके उसकी आँखों के सामने आते हैं, और उसको बेचैन बनाये बिना नहीं छोड़ते। यदि सृष्टि इतनी रंगीली न होती, तो शायद जी का इतना प्यार भी न होता।

सावन का महीना था। बादल झूम-झूम कर आते थे, कभी बरसते थे, कभी निकल जाते थे। काली-काली घटाओं की बहार थी, फुहारें पड़ रही थीं। कभी कोयल बोलती, कभी पपीहा पुकारता। हवा के ठंढे-ठंढे झोंके आते थे, पर बड़े मजे से आते थे, उनसे हरी-भरी डालियाँ हिलती थीं, और मोती बरस जाता था। धोये-धोये पत्तों पर समाँ था, फूलों की भीनी-भीनी महक फैल रही थी। इसी बीच दूर से आई हुई नफीरी की एक बहुत ही सुरीली ध्वनि ने एक रोगी को तड़पा दिया। मैं उनके पास बैठा था, वे दो एक दिन के ही मेहमान थे। पर ज्यों-ज्यों नफीरी की आवाज़ पास आती जाती थी, त्यों-त्यों वे बेचैन हो रहे थे। हम लोग इस समय जहाँ बैठे थे, वह एक वाटिका थी, जो ठीक सड़क के ऊपर थी। नफीरी के साथ-साथ कुछ देर में कुछ सुरीले गलों के स्वर भी सुन पड़े, थोड़ी ही देर में बड़ी मस्तानी आवाज से कजली गाती हुई गँवनहारिनों का एक झुण्ड नफीरी वालों के साथ ठीक वाटिका के सामने से होकर निकल गया। कुछ देर

अजब समाँ रहा। अबकी बार बीमार की आँखों में आँसू भर आया। वे बोले—पंडित जी, यह सावन के दिन अब कहाँ नसीब होंगे? हाय! अब मैं इनको सदा के लिए छोड़ता हूँ। मैंने कहा—एक दिन सभी को छोड़ना पड़ता है। उन्होंने कहा—हाँ, यह मैं मानता हूँ—पर क्या मैं थोड़े दिन और नहीं जी सकता हूँ। दो चार सावन तो ओर देखने को मिलते। मैंने कहा—आगे चल कर फिर आप यही कहेंगे। उन्होंने कहा, ठीक है, पर क्या इस सावन में हमीं मरने को थे। मैं चुप रहा, फिर बोला—आप घबराइये नहीं, अभी आप बहुत दिन जियेंगे। अब आप लोग देखें जी का लोभ! यहाँ का एक-एक दृश्य ऐसा है, जो हम लोगों को सानन्द संसार को नहीं छोड़ने देता।

एक पंडित जी कहा करते कि सृष्टि यदि बिल्कुल अँधियाली होती, और उसमें एक भी सुख का सामान न होता, तो कोई भी अपने 'जी' को प्यार न करता। पर जब उनसे पूछा गया कि अँधियाले में रहने वाले उल्लू और तरह-तरह के दुःख में फँसे मनुष्यों को क्या अपना जी प्यारा नहीं होता? तो वे कुछ देर चुप रहे, फिर बोले, हाँ भाई; संसार नाम में ही कुछ जादू है। शायद जब तक यह नाम भी रहेगा, तब तक किसी को भी इसके पचड़ों से छुडकारा न मिलेगा।

मैं चिन्ता में डूबा हुआ इसी तरह की बातें सोच रहा था, कि सुबह का दृश्य सामने आया। अँधेरा दूर हुआ, आकाश में लाली छाई और चिड़ियाँ चहकने लगीं। इसलिए मेरा जी इधर फँस गया, और कुछ घड़ी के लिए मुझको अपना सारा दुःख भूल जाना पड़ा।

चौथा प्रसंग

घबराहट

जब किसी बीमार के जी में यह बात बैठ जाती है कि अब बचना कठिन है, तो उसमें घबराहट का पैदा हो जाना कुछ आश्चर्य नहीं। अपने दुख को देखकर मैं भी बहुत घबराया, सोचने लगा, मृत्यु भी कैसी बुरी बला है, कि कोई प्रयत्न काम ही नहीं देता। कोई कभी गुम हो जाता है, तो आशा नहीं टूटती, भरोसा रहता है कि कभी तो मिलेगा! लोग उसकी हुलिया जारी कराते हैं, उसके लिए समाचार-पत्रों में नोटिस देते हैं। जहाँ कहीं उसके होने की आशा होती है, वहाँ लोगों को दौड़ाते हैं, इसी प्रकार के और भी कितने उपाय करते हैं। इन्हीं उपायों में से किसी न किसी एक उपाय से वह प्रायः मिल भी जाती है। जब कोई परदेश चला जाता है और बरसों घर की सुधि नहीं लेता, तब भी घरवाले उससे निराश नहीं होते, उसके पास चिट्ठियाँ भेजते हैं, घर का दुःख सुख उसको सुनाते हैं, या घर वालों में से कोई आप उसके पास चला जाता है, और किसी न किसी तरह उसको लिवा लाता है—जो वह नहीं आता तो भी धैर्य्य रहता है कि कभी तो वह समझेगा, और घर की सुधि लेगा। इसी तरह की और भी दशायें हैं कि जिनमें मनुष्य घर वालों से अलग हो जाता है—जैसे आठ-दस बरस के लिए कारागार बद्ध हो गया, या काले पानी भेज दिया गया, या कहीं वणिज-व्योपार करने चला गया। पर फिर भी उसकी आशा होती है, और लोग बिल्कुल उससे हाथ धो नहीं लेते। किन्तु मौत ऐसा गुम होना है, कि फिर पता नहीं लगता, ऐसा परदेश है कि वहाँ जाकर कोई नहीं लौटता, ऐसी कैद है कि जिससे कोई नहीं छूटता, ऐसा काला पानी है कि जहाँ से छुटकारा नहीं होता, और ऐसी ठौर है कि जहाँ जाकर फिर कोई नहीं पलटता। वहाँ कोई चींटी जाती, न कोई नोटिस पहुँचती है। न कोई हुलिया जारी होती है, और न कोई दूसरा उपाय काम आता है। फिर सोचने की बात है कि यदि मृत्यु से घबराहट न होगी तो किससे होगी।

एक ग्रन्थ में लिखा है कि सिकन्दर लगभग सारे संसार में घूम आया, उसका बहुत बड़ा भाग उसने अपने हाथों में कर लिया, उसके पास बड़े-बड़े पढ़े-लिखे पंडित थे, सब

तरह के कारीगर और शिल्पी थे, अच्छे से अच्छे गुणी और वैद्य थे, हवा से बातें करने वाले घोड़े थे। एक से एक अनूठी सवारियाँ थीं, सब तरह के निराले हथियार थे, धन दौलत से भंडार भरा था, जवाहिरात कंकरों की तरह लुढ़कते थे फिर भी मृत्यु आई, और सिकन्दर को एक साधारण प्राणी की भाँति मरना पड़ा। देखना चाहिए मृत्यु कैसी प्रबला है, फिर उसको देख कर हम जैसों का कलेजा दहले, और हम लोग घबराहट में पड़ें तो क्या आश्चर्य है।

आग लगती है तो उसे पानी से बुझा देते हैं, आँधी चलती है तो घर में बैठकर जी बचा लेते हैं, लू-लपट से बचने के लिए खस की टट्टियाँ लगाते हैं, पानी को छत्ते से रोकते हैं, रोगों में दवा खाते हैं, बहुत-सी आपदाओं में सम्पदा काम देती है, अँधियाले में ज्योति जगमगाती है, पर किसी ने न बतलाया कि मृत्यु से बचने के लिए क्या करना चाहिए। संसार में हर तरह की विपत्ति से बचने का कुछ न कुछ उपाय है, यदि उपाय नहीं है, तो मृत्यु से बचने का नहीं है फिर बेचारा मनुष्य घबराये न तो क्या करे।

घबराहट का यह ढंग है कि इसके सामने बड़े-बड़े चातुरों की आँख पर भी परदा पड़ जाता है, बड़े-बड़े बुद्धिमान भी उल्लू बन जाते हैं। जिस काम को हम जानते हैं कि इसके करने से कुछ नहीं होगा, जो बात हमारे किसी काम की नहीं, घबराहट में हम उसको भी कर बैठते हैं। जब कोई डूबने लगता है तो सामने बहते हुए तिनके को दौड़ कर पकड़ता है, पर क्या उसके सहारे से वह बच सकता है। थाली खो जाने पर लोग घड़े में हाथ डालते हैं, पर क्या सचमुच घड़े में थाली मिल सकती है। जब हम रुग्नता की आपत्ति में पड़ते हैं, या हमारा रोग प्रबल हो जाता है, तब भी हमारी यही अवस्था होती है कि हमसे जो लोग कहते हैं, हम वही करने को उतारू होते हैं, चाहे उनमें सभी बातें हमारे काम की हों चाहे न हों।

मेरे एक मित्र थे, उनकी प्रकृति थी कि जब वे किसी को बाँहों पर बहुत यन्त्र बाँधे हुए देखते, या किसी को झाड़-फूँक कराते हुए पाते, या किसी सीधे-सादे मनुष्य को किसी साधु-संत की दी हुई राख सिर पर या आँखों में मलते हुए देख लेते, तो बहुत हँसते मुँह बनाते, और जो अवसर पाते तो उसे बहुत तंग भी करते। एक दिन एक मनुष्य दुःख से घबरा कर एक मन्दिर में लोट रहा था, फूट-फूट कर रो रहा था, देवता के सामने गिड़गिड़ा रहा था, नाक रगड़ रहा था, कि वे उसके अपराधों को क्षमा करें। और उसके कष्टों को दूर कर दें। वहीं आप भी पहुँच गये आपको उसकी नासमझी पर बड़ा दुःख हुआ, बोले, देखिये न, यह बालू में से तेल निकालना चाहता है। एक दिन मैं उनके घर पर गया, इस समय सिर दर्द से आप बहुत बेचैन थे। एक मनुष्य आपका सिर पकड़े बैठा था, और कुछ छू-छा कर रहा था। मैंने कहा—मर्द! यह क्या? उन्होंने कहा—कुछ नहीं। इन्होंने अपनी उँगलियों से मेरे सिर को जोर से पकड़ रक्खा है। इससे

मुझको बड़ी तसकीन हो रही है। और इसीलिए मैंने ऐसा करना गवारा किया है। आप तो जानते ही हैं कि मैं इन बातों को पसन्द नहीं करता। मैंने कहा, इसी तरह आपको दूसरों की तसकीन का भी ख्याल रखना चाहिए। मेरी बात को सुनकर वे कुछ रूखे हुए। पर बोले नहीं। सच्ची बात यह है कि—घबराहट में तसकीन की ही खोज रहती है। चाहे वह किसी तरह मिले। जिन बातों को हम जी से घृणित समझते हैं। घबराहट में तसकीन के लिए हम उनको भी करने से नहीं हिचकते। क्योंकि उस घड़ी समझ ठीक-ठीक काम नहीं करती।

ऐसे लोग भी हैं, जों बड़ी-बड़ी विपत्तियों में भी नहीं घबराते। उनका धैर्य उनके सारे संकटों को हल कर देता है। पर ऐसे धैर्य धारण करने वाले कितने हैं? आप पोस्ते के खेत को देखिये, जहाँ तक आपकी दृष्टि जावेगी, आप श्वेत फूल ही देखेंगे, इन्हीं फूलों में कभी-कभी लाल फूल भी दिखलाई पड़ता है। पर दो चार भी नहीं, एक ही। इसी प्रकार गहरी विपत्ति में भी जिनका धैर्य काम करता है वे इस संसार में थोड़े हैं। मैं उन धैर्य्य धारण करने वालों में नहीं हूँ। मैं भी घबराने वालों में से हूँ। इसलिए संकटों में जैसी दशा ऐसे लोगों की होती है, मेरी भी हुई। जब तक रोग का वेग साधारण होता था, मेरी घबराहट भी साधारण थी। पर रात के वेग ने मुझे बहुत चौंका दिया। मैं सोचने लगा कि क्या रोग के हाथ से छुटकारा पाने का कोई उपाय भी है? और आज दिन भर यही सोचता रहा।

मिलने वालों की भी कमी नहीं थी। जब से प्रकृति प्रायः गड़बड़ रहने लगी, तभी से नित्य ही कुछ लोग मिलने के लिए आया करते थे। आज मैं कचहरी नहीं गया, इससे और अधिक लोग आये। इनमें सब तरह के लोग थे। कुछ लोगों से कचहरी का सम्बन्ध था, वे इसलिए आये कि सहानुभूति दिखलाने के ऐसे ही अवसर होते हैं, उन्होंने समझा कि इन अवसरों पर आया-गया, भूलता नहीं, हमारे दस-पन्द्रह मिनट लगेंगे, पर किसी अवसर पर हमारा यह दस-पन्द्रह मिनट काम आ जायेगा, कोई न कोई काम अवश्य निकलेगा। कुछ लोग संगी-साथी थे, वे हमारे दुःख से दुखी थे, वे प्रतिदिन जानना चाहते थे कि हमारा क्या हाल है। बिना हमें देखे उनको चैन नहीं पड़ता था। इसलिए वे आये। और हमें देख कर अपना बोध कर गये। कुछ लोग बड़े-बूढ़े थे, सब पर दया करना ही उनका काम है, वे दया करके आये, और जिन बातों को हमारे हित का समझा, बतला गये। कितने लोगों से राह चलते आँखें बराबर हो गईं। वे जानते थे आजकल इनका स्वास्थ्य अच्छा नहीं है। पहले की जान-पहचान थी, शील ने न माना, इसलिए वे लोग भी आये, कुछ दो बैठे, कुछ पूछा पाछा? फिर चले गये। कितने लोग कुछ लालच से आये, कुछ लोग इधर-उधर चक्कर लगाते लगाते हमारे यहाँ भी पहुँच गये। कोई-कोई यह सोच कर आये कि चलो देखें इसकी रस्सी कितनी दराज है। यह

कई बार अब तब हुआ, पर सम्हल गया, क्या अबकी बार भी तो न सम्हल जायेगा। पर ये लोग थे विचित्र, इनकी सहानुभूति की बातें बड़ी प्यारी थीं।

ऐसे अवसर पर जितने लोग आते हैं, कुछ न कुछ ऐसी बातें अवश्य कहते हैं कि जिससे रोगी को शान्ति मिले। ऐसा करने के दो कारण हैं। एक तो इससे रोगी के साथ सहानुभूति दिखलाई जा सकती है, दूसरी इसमें छिपी हुई बात यह है कि कहने वाले ऐसे अवसर पर ही अपने को बहुत सी बातों का जानकार और अवसर का समझने वाला सिद्ध कर सकते हैं। निदान हमारे यहाँ भी जितने लोग आये, सभी ने कुछ न कुछ बतलाया। जिसका जिस उपाय से भला हुआ था, जो क्रिया जिसको अनुकूल हुई थी, उसने वही हमको बतलाई। किसी ने झाड़-फूँक कराने की सलाह दी, किसी ने पूजा-पाठ कराने के लिए कहा, किसी ने दान-पुण्य की बड़ाई की, किसी ने तन्त्र-मन्त्र को सराहा। बहुतों ने तरह-तरह की औषधें बतलाईं, कुछ लोगों ने कई एक हकीम और वैद्य का नाम बतलाया, दो साहबों ने दो डाक्टरों की बड़ी प्रशंसा की। एक सज्जन ने एक जड़ी दी; और उसकी बड़ी लम्बी-चौड़ी प्रशंसा कर कहा, कि बस "इसको बाँधने की देर है" आपने इसे अपनी बाँह पर बाँधा नहीं, कि आप अच्छे हुए नहीं। मैं पहले से इन बातों को बिचारता आया हूँ—आज भी विचारता रहा। आप लोगों को भी अपना विचार सुनाऊँगा।

पाँचवाँ प्रसंग

झाड़-फूँक

आजकल एक विचार फैला हुआ है–जो बात चटपट समझ में न आ जावे, या दलीलों से जो पूरी तौर पर साबित न की जा सके, या जिसका प्रभाव ठीक-ठीक हम न जान सकें, वह बात मानने योग्य नहीं होती है। ऐसी बात को इस प्रकार के विचार वाले बिल्कुल ढकोसला समझते हैं। और जो लोग इस प्रकार की बातें मानते हैं, उन पर बुरी तरह से आक्रमण करते हैं, और जली-कटी सुनाने में भी नहीं चूकते। आजकल की ऐसी बातों में झाड़-फूँक भी है। एक मनुष्य ने कुछ पढ़ कर किसी को फूँक दिया। या हाथों से या और किसी वस्तु से उसको झाड़ दिया, और इससे उसका भला हो गया, या कोई रोग दूर हो गया, यह बात उनके जी में नहीं जमती, इसलिए ऐसी बातों में वह पड़ना नहीं चाहते। पड़ना ही नहीं चाहते, वरन् उनकी जड़ तक को खोद कर फेंक देना चाहते हैं। उनका विचार है कि भ्रम का परदा जितना ही लोगों की आँखों के सामने से दूर किया जावे, उतना ही अच्छा। जो कहीं कुछ ऐसा प्रभाव दिखलाई पड़ता है, कि जिसको हम आप झाड़-फूँक का प्रभाव कह सकें। तो उसको ऐसे लोग संयोग बतलाते हैं, जो सदा नहीं हुआ करता।

मेरी विचार है कि इस प्रकार की जितनी चालें हम लोगों में चली हुई हैं, उनका सिद्धान्त बुरा नहीं है, हाँ यह हो सकता है कि पीछे उसमें बहुत सी बुराइयाँ आकर मिल गई हों। झाड़-फूँक कब चला, किसने चलाया, यह बतलाना कठिन है, पर यह अवश्य कहा जा सकता है, कि जभी चली हो पर यह प्रणाली बहुत समझ बूझकर चलाई गई है। सबका हित और भला करना ही इसका उद्देश्य है। बहुत दिनों तक इसका ऐसे हाथों में रहना पाया जाता है कि, जिनसे समाज का बहुत कुछ भला हुआ, नहीं तो इसकी जड़ कभी उखड़ गई होती। अब जो कुछ उसका बचा-खुचा भाग हम लोगों के सामने है, वह न तो अच्छे हाथों में है, और न पहले की तरह पूरा और ठीक है, और इसीलिए अब उसका उतना आदर भी नहीं है। थोड़े दिनों से फिर कुछ अच्छे चिह्न दिखलाई पड़ने लगे हैं, पर वे कहाँ तक ठीक उतरेंगे अभी यह बतलाना कठिन है।

थोड़े दिन हुए समाचार-पत्रों में प्रायशः यह समाचार पढ़ने को मिले, कि अमेरिका से एक साहब आये हुए हैं जो हाथ से छू कर या झाड़कर बहुत से रोगों को दूर कर सकते हैं। उनके इस क्रिया की जाँच लाहौर में भी कराई गई। वहाँ उन्होंने कई एक रोगियों को हाथों से छू कर और झाड़कर आराम किया। किसी डिप्टी कमिश्नर ने भी उनको अपना रोग दूर करने के लिए लाहौर से बुलाया था। पर फिर इसके बाद क्या हुआ और वह कहाँ गये इसका कुछ पता न चला। यहाँ इस बात के लिखने का प्रयोजन यह है कि जो विज्ञान के ज्ञाता हैं, जिनकी आँखों पर भ्रम का परदा पड़ा हुआ नहीं माना जा सकता, उनमें भी ऐसी बातें अब मानी जाने लगी हैं, और वह लोग बहुत अच्छे ढंग से अब इस कार्य को करने लग गये हैं।

श्रीमद्भागवत में लिखा है कि जब संकट के गिरने पर दुध मुँहे बच्चे श्रीकृष्ण बाल बाल बच गये, तो इस तरह के बखेड़ों की शान्ति के लिए बहुत से ब्राह्मण बुलाये गये। उन लोगों ने आकर लड़के को झाड़ा-फूँका और शान्ति के लिए कई एक धार्मिक क्रियायें कीं। श्रीशुकदेवजी ने इस अवसर पर जो कथन किया है, उसका मर्म यह है कि—"जो झूठ नहीं बोलते, किसी से डाह नहीं रखते, कोई जीव नहीं मारते, जिनमें घमंड और बुराई नहीं होती, ऐसे सच्चे लोगों की दी हुई असीस कभी बिना पूरा हुए नहीं रहती।"

ये सूयानृतदंभेर्ष्या हिंसा मान विवर्जिताः।
न तेषां सत्य शीलाना माशिषो विफलाः कृतः॥

—भागवत

शुकदेवजी का वचन यह बतलाता है कि झाड़-फूँक करने के लिए पवित्र पुरुष चाहिए। आज कल झाड़-फूँक करना एक व्यापार हो गया है और यह काम अधिकतर ऐसे लोगों के हाथ में चला गया है, जो प्रायः मूर्ख होते हैं, और यह जानते तक नहीं कि इसका सिद्धान्त क्या है। यदि कुछ बुराई है तो यही, नहीं तो जितनी कड़ी आँखों से यह देखा जाने लगा है, कभी भी यह उतनी कड़ी आँखों से देखे जाने योग्य नहीं है।

कितने कीड़े ऐसे हैं कि यदि वे बदन से छू जावें, तो छाले पड़ जाते हैं, कितनों के छू जाने से बेतरह खुजली होने लगती है, आग के छू जाने से लोग जल जाते हैं, पानी छू जाने पर ठंढे होते हैं। बिजली की बेटरी छू गई नहीं कि हम बेहोश हुए नहीं। यदि कोई युवती ज़रा आँख बदल कर हमारा हाथ पकड़ लेती है तो हमारे रोंगटे खड़े हो जाते हैं। कलेजा धड़कने लगता है। हम इन सब बातों को मानते हैं, पर ऐसा सत्य पुरुष जिसकी पहचान श्री शुकदेवजी ने बतलाई है, अपने जी में हमारी भलाई चाहते हुए, हमारा रोग दूर करने की चाह से, यदि हमारे ऊपर हाथ फेरेगा, तो हमारा अवश्य भला होगा; न जानें हम इसे क्यों नहीं मानते। जब बड़े लोग (जिनके शरीर की बिजली भी

विशेष शक्तिमान होती है) अपने बढ़े हुए भीतरी बल को काम में लाते हुए, किसी पर हाथ फेरते हैं, तो उनके शरीर की बिजली तो काम करती ही है, उनका बढ़ा हुआ भीतरी बल भी उससे अधिक काम देता है, फिर किसी का भला क्यों न होगा? और रोगी कैसे अच्छा न होगा? बड़े लोगों की बातें तो दरकिनार, यह सब लोग जानते हैं कि एक स्वस्थ और अच्छे चाल चलन वाले मनुष्य के शरीर की बिजली अथवा विशेष शक्ति रोगी प्राणी पर वैसा ही प्रभाव डालती है, जैसे शरद ऋतु की कड़ी धूप में सताये हुए पौधों पर चाँदनी। परन्तु यदि हम इस अनुभूत बात को भी न मानें तो इस विषय में क्या कहा जाय।

लड़कों को एक रोग होता है, जिसमें उनका दम फूलता है, और कलेजा बेतरह उछलता है, इसे हलफा कहते हैं, यह बड़ी बुरी बीमारी है, लड़के इसके पंजे में पड़ कर बहुत जल्द मर जाते हैं। इस बीमारी में मोर का पंख जला कर शहद में चटाया जाता है। और बहुत लाभ करता है। आप लोगों ने देखा होगा कि भीख माँगने वाले योगी अपने साथ एक मुरछल भी रखते हैं, स्त्रियाँ इस मुरछल से प्रायः लड़कों को जोगियों से झड़वाया करती हैं, ये सब जोगी नाम के ही जोगी होते हैं, गुण इनमें कुछ नहीं होता, जब ये लड़कों को झाड़ देते हैं, तो बातें भी ऊटपटांग बकते हैं, इससे यह तो कभी नहीं माना जा सकता, कि उनमें लड़कों के भला करने का कोई विशेष बल है। पर लड़कों की देह से बार-बार जो मुरछल छुलाई जाती है, वह अपना प्रभाव अवश्य रखती है, ऊपर जो रोग कहा गया है, उसके कीड़ों को इन मोर के पंखों के छुलाने से बड़ा धक्का लगता है, और वे बहुत कुछ दबे रहते हैं। यह एक ऐसी बात है जिसको सभी जानते हैं, और ऐसी दशा में यह नहीं कहा जा सकता कि झाड़ने से कुछ होता ही नहीं।

झाड़ने के इतना ही फूँकने में भी गुण है, यह नहीं कहा जा सकता। पर फूँक भी कुछ-न-कुछ गुण अवश्य रखती है। हमारी आँखों में जब किरकिरी पड़ जाती है, या कोई छोटा तिनका घुस जाता है, तो उस समय आंखों में फूँक का दिलाना बहुत काम करता है। जब आँखों में आँखें कुछ पड़ जाने से या योंही गड़ने या दुखने लगती हैं, तो किसी कपड़े के छोटे गुट्ठे पर फूँक मार-मार कर यदि उस मुट्ठे को कुछ देर तक हम आँखों पर फेरते रहते हैं, तो आँख का गड़ना और दुखना दोनों बन्द हो जाता है। आप लजालू पौधे की पत्तियों पर फूँक मारिये तो यह देखने में आवेगा, कि उसकी पत्तियाँ सिकुड़ रही हैं, और उसकी डालियाँ झुकती जाती हैं। इन बातों पर से यह कहा जा सकता है, कि फूँक भी अपना प्रभाव कुछ रखता है, और उससे कुछ न कुछ भला भी होता है, और ऐसी दशा में हम फूँक को भी बिल्कुल व्यर्थ नहीं बतला सकते।

झाड़-फूँक में एक भेद की बात और है, वह यह कि जिस समय कोई झाड़-फूँक करता है, उस समय वह कोई न कोई मन्त्र भी पढ़ता रहता है। मन्त्र क्या है? वह

अपना कुछ प्रभाव रखता है या नहीं, हम यह बात भी थोड़े में यहाँ बतलाना चाहते हैं। यह सब लोग जानते हैं कि मंत्र और कुछ नहीं है। थोड़े से शब्दों का समूह मात्र है। शब्दों का गुण छिपा नहीं है, जिस काम के लिए जो शब्द माना हुआ है, अपनी जगह पर वह शब्द उस काम के लिए पूरा प्रभाव रखता है। यदि हम किसी राक्षसी को माँ कह कर पुकारेंगे, तो शायद वह भी पसीज जावेगी, क्योंकि माँ शब्द का प्रभाव ही ऐसा है। देखने में माँ एक अक्षर का शब्द है, पर इस एक अक्षर में ही, दया की पालने पोसने की, भला करने की, सहारा देने की, दुख दर्द में शरीक होने की, न जाने कितनी गूढ़ बातें हुई हैं, जब हम किसी को माँ कह कर पुकारते हैं, तो वे सभी गूढ़ बातें एक साथ उसके जी में जाग उठती हैं और वह हमारी ओर ढलने के लिए आप बेबस हो उठती है। यही हाल दूसरे शब्दों का भी है। बड़ी कुचरित्रा स्त्री को भी हम बेटी कह पुकारते हैं, तो वह हमारे सामने सिर नीचा कर लेती है। और उसके जी के सारे बुरे भाव एकदम पलट जाते हैं, पर 'बेटी' शब्द है तो दो ही अक्षर, हम किसी को गाली देते हैं, तो वह हमारा दाँत तोड़ने के लिए तैयार हो जाता है, पर यह गाली क्या है, केवल दो चार शब्द मात्र। आप किसी से प्यार जतलाते हैं, या किसी से मीठी बातें करते हैं, तो वह आपके पाँवों की धूल भी सिर पर चढ़ाने को उतारू हो जाता है, पर प्यार जतलाने या मीठी बातें करने में क्या कोई जादू है, नहीं यहाँ भी शब्द ही काम करते हैं। फिर मंत्र के शब्द जिस काम के लिए बनाये गये हैं, उस काम के करने में वे उपयोगी क्यों न सिद्ध होंगे। न जाने कितने सहस्र बरसों से हमारे जी में यह बात जमी हुई है कि मंत्र के शब्दों में यह प्रभाव है कि उनके जपने, जाप कराने, या उनके सहारे झाड़-फूँक कराने से बड़ी बड़ी आपदायें टल जाती हैं, बड़े-बड़े रोग कट जाते हैं, तो क्या इन शब्दों का हमारे लिए काम में लाना, सर्वथा व्यर्थ हो जावेगा, और हमको उसका कुछ फल न मिलेगा? संसार में जितने शब्द फैले हुए हैं, यदि वे अपनी जगह पर काम देते हैं, तो यह मानना पड़ेगा कि मंत्र के शब्द भी अवश्य अपनी जगह पर काम देंगे। और ऐसी दशा में मंत्र का प्रभाव और उसका उपकारक होना मान्य है।

आज कल के पढ़े-लिखे लोगों ने भी लगभग यह बात मान ली है, कि जिसमें कुछ भी भीतरी बल है, या आत्मबल। वह जब अपने बल को एक दुखिया के दुख दूर करने में लगाता है, उसके अच्छा कर देने के विचार जी में जगह देता है, और अपनी अच्छी से अच्छी स्वस्थता और आत्मबल का उस पर प्रभाव डालता है, तो उसके भला होने में कभी त्रुटि नहीं होती। अब इसी के साथ झाड़-फूँक के व्यापार, मंत्र के बल, और उस देवते के नाम को भी संयुक्त कीजिये, जिसके विनय और प्रार्थना का यह मंत्र होता है, और फिर बतलाइये कि झाड़-फूँक किसी काम की वस्तु है या नहीं।

ऐसे अवसर पर प्रायः लोग यह भी कहते हैं कि जब झाड़-फूँक से ही सब कुछ हो

सकता है, तो औषध क्यों खिलाई जाती है? पर पहले तो यह प्रश्न ही ठीक नहीं है, क्योंकि यह कोई नहीं कहता कि झाड़-फूँक ही सब कुछ है, उसके साथ-साथ दवा भी होनी चाहिए, और ऐसी प्रणाली भी है। पर यदि हम इस प्रश्न को मान भी लें तो इसका सीधा सादा उत्तर यह है, कि जो दवा के विश्वासी हैं, वे खुले और हवादार घर क्यों खोजते हैं, सर्दी और धूप से बीमार को क्यों बचाते हैं, रोगी को साफ़-सुथरे कमरों में क्यों रखते हैं, उसके बिछावन को सातवें-आठवें दिन क्यों बदलते हैं? जो ये सब भी दवाएं हैं, या दवा को सहायता पहुँचाने वाले सामान हैं, तो उनको समझना चाहिए कि झाड़-फूँक भी दवा है, या दवा को सहायता पहुँचाने वाली प्रणाली है। जो बिना ऊपर लिखी क्रियाओं के दवा का प्रभाव बहुत कम होता है। या दवा व्यर्थ सी हो जाती है। तो यह भी जानना चाहिए कि झाड़-फूँक का प्रभाव भी बहुत सी अवस्थाओं में बिना दवा के बहुत कम होता है, और झाड़-फूँक को सफल बनाने के लिए दवा का होना भी बहुत आवश्यक है। जब नौका भँवर में पड़ती है, तो उसके बचाने की सभी युक्तियाँ उस समय की जाती हैं, किसी युक्ति को लेकर झगड़ा नहीं उठाया जाता। इसी प्रकार जब कोई बीमार होता है, तो उसके लिए जितने प्रयत्न हो सकें, सभी करने चाहिए उलझन डालना व्यर्थ है।

किसी की सम्मति यह भी है कि जिनका आत्मबल बहुत बढ़ा हुआ होता है, वह झाड़-फूँक कर बड़े-बड़े रोगों में भी सफल हो सकते हैं, और ऐसी दशा में दवा की भी आवश्यकता न होगी, परन्तु ऐसे लोग हैं कहाँ? और यदि हैं भी तो इनेगिने। इसीलिए जहाँ तक देखा जाता है, छोटी-छोटी बीमारियों में, और स्त्रियों एवम् लड़कों के किसी मुख्य रोग में इससे काम लिया जाता है। सब रोगों या बड़ी-बड़ी बीमारियों में न तो केवल इस पर भरोसा किया जाता हैं न करना चाहिए। यदि छप्पर के किसी एक कोने में आग लग जावे तो उसको हम हाथ से पीट कर या उस पर धूल डाल कर उसे बुझा सकते हैं, पर जब यह आग बढ़ कर छप्पर भर में फैल जाती है, तो फिर उसको सैकड़ों घड़ा पानी से बुझाना कठिन होता है, और ऐसी दशा में उसको कोई हाथ से पीट कर या उस पर धूल डालकर कभी बुझाना नहीं चाहता। यही दशा आप झाड़-फूँक और किसी दूसरी ऐसी ही क्रियाओं की समझिये। ये सब उपाय मुख्य अवस्थाओं को छोड़ कर आरम्भ के हैं और इनसे आदि में ही काम लेना चाहिए।

बहुत दिनों से हमारे घर की यह चाल है कि अगर झाड़-फूँक कराई भी जाती है, तो बच्चों की कराई जाती है। और वह भी ऐसे लोगों से जो कि भलेमानस और योग्य होते हैं। जब से हमने होश सँभाला कभी न तो अपने घर में किसी पुरुष की झाड़-फूँक होते देखा न किसी स्त्री की। जब से घर का कारबार मेरे हाथ में आया, तब से कई अवसर ऐसे आ पड़े कि जिनमें लोगों ने मुझसे झाड़-फूँक कराने के लिए कहा, पर मेरा

चित्त कभी इस ओर नहीं गया। कारण यह है कि मेरे जी में यह बात बैठ गई है कि यह काम अब ऐसे लोगों के हाथों मे नहीं है, कि जिनके झाड़-फूंक का कुछ प्रभाव हो सके। झाड़-फूंक के विषय में मेरे जो विचार हैं, आप लोग उन्हें ऊपर देख आये हैं, उससे आप लोग समझ गये होंगे कि मैं झाड़-फूंक को बुरा नहीं समझता, पर यह अवश्य चाहता हूँ कि यह काम उन्ही लोगों से लिया जावे, जो इसके योग्य हों, नहीं तो उससे किनारे रहना ही अच्छा है। निदान यही सब सोच समझ कर मैंने अपने उन मित्रों की राय को पसन्द नहीं किया, जिन्होंने मुझे झाड़-फूंक कराने की सम्मति दी, सिवा इसके मेरा रोग भी ऐसा नहीं है कि वह झाड़-फूँक से जावे, इसलिए मैं इससे किनारे ही रहा। बच्चों की झाड़-फूंक मैं अब भी करा लेता हूँ, पर उन्हीं लोगों से जिनको कि मैं आत्मबल में बढ़ा हुआ पाता हूँ—या गाँव घर का जिन्हें मैं बड़ा-बूढ़ा स॰॰मझता हूँ।

छठा प्रसंग

पूजा-पाठ

आज कल का एक ढंग यह भी है कि पहले तो हमारे मन की जितनी बातें नहीं हैं, उनको हम मानना नहीं चाहते, और यदि किसी कारण से हमको उन्हें मानना पड़ता है, तो उनको हम उलट-पुलट कर अपने मन का बना लेते हैं। आज कल पूजा-पाठ के भी कुछ नये अर्थ गढ़े गये हैं, पर हमको उस नये अर्थ से काम नहीं। हमें मुख्य अर्थ से ही प्रयोजन है। पूजा-पाठ करने का क्या फल है? इसके करने से किसी का कुछ भला हो सकता है या नहीं? आज तक किसी का कुछ भला हुआ? और यदि हुआ तो क्या? यदि हम इन प्रश्नों का उत्तर देने लगें, तो बहुत लम्बा-चौड़ा उत्तर दिया जा सकता है, इस ग्रन्थ जैसी बहुतेरी पुस्तकें निर्मित हो सकती हैं, क्योंकि संसार की सारी धार्मिक पुस्तकें इसकी प्रशंसा से भरी पड़ी हैं। पर हमको उसके जटिल मार्ग में नहीं जाना है, उसके ऊँचे-ऊँचे पदों पर नहीं पहुँचना है, हमें केवल यह देखना है कि पूजा-पाठ करने या न कराने से रोगी को कुछ लाभ पहुँच सकता है, या नहीं, उसका रोग दूर हो सकता है या क्या?

पूजा-पाठ हम अपने आप भी कर सकते हैं, और दूसरों से भी करा सकते हैं। जो पूजा-पाठ हम दूसरों से कराते है, उसमें यथा शक्ति इस बात की चेष्टा करते हैं कि पूजा-पाठ करने वाला ऐसा मिले जो अच्छी तरह से पढ़ा-लिखा और भला हो, और अपना काम जी लगाकर ठीक-ठीक करे। जिस आत्मबल की चर्चा हमने झाड़-फूँक के वर्णन में की है, यदि उस आत्मबल को काम में लाकर कोई पूजा-पाठ करेगा, तो वह किसी रुग्न को कहाँ तक लाभ पहुँचा सकता है, यह बतलाने की आवश्यकता नहीं है। जिसका आत्मबल जितना बढ़ा होगा वह इस विषय में उतना ही सफल होगा, और यदि इतना ही लिखकर हम इस पूजा-पाठ की बात को यहीं छोड़ दें, तो भी हमारा काम पूरा होता है पर झाड़-फूँक और पूजा-पाठ में बड़ा भेद है, झाड़-फूँक कहीं होता है कहीं नहीं, पर पूजा-पाठ सब जगह होता है, और आज कल धर्म के विषयों में बहुत कमी हो जाने पर भी, इसका बहुत कुछ आदरमान है। इसलिए हम इस बारे में सब बातें पूरी तौर पर

लिखना चाहते हैं।

जितने पूजा-पाठ हैं वे सब किसी देवता के नाम पर होते हैं, सोचा यह जाता है कि इस पूजा-पाठ से देवते प्रसन्न किये जाते हैं, जिसके बदले वे हमारे बहुत से दुखों को दूर कर देते और कितने कामों को पूरा करते हैं। अब यहाँ पहले ही यह प्रश्न होता है कि क्या देवते कोई हैं? और क्या हमारे पूजा-पाठ से वे प्रसन्न भी हो जाते हैं? और क्या सच है कि वे प्रसन्न होकर हमारा दुख दूर कर देते, या हमारे कामों को पूरा कर देते हैं? देवते हैं या नहीं, यह कोई नया प्रश्न नहीं है, बहुत पुराना प्रश्न है, इस विषय में हमारे धर्म के ग्रन्थों में ही बहुत कुछ नहीं लिखा गया है, आज कल के नये जाँच पड़ताल करनेवालों ने भी इस विषय में खूब लिखा पढ़ी की है। हम यहाँ उन वैज्ञानिक बातों को नहीं दिखलाना चाहते पर इतना कहना चाहते हैं कि जो ईश्वर का होना मानते हैं, उनको देवते भी मानने पड़ेंगे, चाहे ये ईश्वर के दूसरे नाम करके माने जावें, चाहे उनकी कोई शक्ति समझी जावे, चाहे उनका कोई अलग रूप माना जावे। जो लोग ईश्वर को नहीं मानते, उनको भी एक ऐसी शक्ति माननी पड़ेगी, जो इस संपूर्ण संसार का सब कुछ है, और यह सब कुछ ही ईश्वर है, ईश्वर और कहते किसे हैं? पुष्पदन्ताचार्य ने महीम्न में एक स्थान पर लिखा है कि "मनुष्यों की प्रकृति भिन्न-भिन्न प्रकार की होती है, इसलिए वे सीधे टेढ़े बहुत से रास्तों से होकर निकलते हैं, पर वे उसी प्रकार परमात्मा के पास पहुँचते हैं, जैसे सब नदियों का पानी समुद्र में पहुँचता है।"

"रुचीनाम् वैचित्र्यात् कुटिल ऋजुनाना पथयुषाम्।
नृणामेकोगम्यस्त्वमसि पयसामर्णवमिव ॥"

संस्कृत का एक और कवि कहता है कि " जैसे आकाश से गिरा हुआ पानी बहुत से रास्तों से समुद्र में ही पहुँचता है, उसी तरह से समस्त देवतों को किये गये भाव ईश्वर के पास ही जाते हैं।"

"आकाशात् पतितं तोयम्, यथा गच्छति सागरे।
सर्वदेवं नमस्कारम, केशवं प्रति गच्छति ॥"

यह बात है बहुत ऊँचे दर्जे की, पर है बहुत सच, हमको सचाई ही से काम है। चाहे हमारे पाँव की कोई पूजा करे, चाहे सिर की, वह पूजा है हमारी ही। चाहे कोई कलक्टर का अदब करे, चाहे कमिश्नर का, चाहे मेम्बरान बोर्ड का, चाहे लाट साहब का, पर वास्तव में वह अदब है हमारे सम्राट का ही। और जब यह ठीक है, तो इस प्रश्न की आवश्यकता नहीं रही कि देवते हैं या नहीं?

पूजा-पाठ से देवते प्रसन्न होते हैं कि नहीं, यह दूसरा प्रश्न है। ऊपर जो कुछ लिखा

गया है, उससे यह बात आप लोग समझ गये होंगे, कि देवतों का पूजा-पाठ वास्तव में ईश्वर का पूजा-पाठ है। इसलिए हमको देखना है कि पूजा-पाठ से ईश्वर प्रसन्न होते हैं या नहीं। कोई कोई कहेंगे कि वाह, क्या अच्छी टालटूल है, प्रश्न तो है देवतों के प्रसन्न होने का, और आप खींच खाँच कर उसको ईश्वर पर ले गये। पर थोड़ा सा सोचने पर यह सन्देह नहीं रह सकता। यह कोई भी न कहेगा कि यदि कोई पेड़ सींचा जावे तो उससे उसके डाल और पत्ते हरे न होंगे। या डाल और पत्तों पर जो जल किसी तरह आकर गिरेगा, वह पेड़ को हरा-भरा न बनावेगा। इसलिए अब हम फिर अपने मुख्य अभिप्राय पर आते हैं, और देखते हैं कि पूजा-पाठ से ईश्वर प्रसन्न होते हैं कि नहीं।

ईश्वर का कोई रूप रंग नहीं है, वह क्या है, न तो यह ठीक-ठीक बतलाया जा सकता है, और न मन और बुद्धि उसके विषय में कुछ काम करती है। फिर भी वह किसी प्रकार बतलाया ही जाता है, और मन और बुद्धि से भी काम लेना ही पड़ता है, क्योंकि बहुत से विषयों में यह देखा गया है, कि कुछ मान कर आगे बढ़ने से बाद को परिणाम ठीक निकल आता है। इसी सिद्धान्तों पर और किसी प्रकार ईश्वर के भेद की गुत्थी को थोड़ा बहुत सुलझाने के लिए हमारे यहाँ संसार को ही ईश्वर का रूप माना गया है। हमारी देह पर यदि कोई धूल डालता है, तो हम बुरा मानते हैं, पर उसी पर यदि कोई फूल चढ़ा देता है, तो हम प्रसन्न होते हैं। इसलिए समझना चाहिए कि जिस काम से संसार को या संसार के किसी एक भाग को यहाँ तक कि एक रजःकण को भी लाभ पहुँचेगा, वही काम तो ईश्वर को प्रसन्न करने वाला है, और जिससे इनको लाभ न पहुँचेगा, या इनकी बुराई होगी, वही काम ऐसे हैं कि जिनसे भगवान अप्रसन्न होंगे। अब हम यह विचारेंगे कि पूजा-पाठ से संसार को कुछ लाभ पहुँचता है या नहीं? कुछ भलाई होती है या नहीं? पहले पूजा पाठ के जितने सामान हैं आप उनको लीजिए। पूजा-पाठ के लिए यह आवश्यक है कि घर को लीप पोत कर स्वच्छ बनाया जावे, पूजा-पाठ के लिए कपूर, धूप, चन्दन, फूल, माला और तरह-तरह की साकलाओं का होना भी आवश्यक है। जो लोग विज्ञान के जानने वाले हैं, वे अच्छी तरह जानते हैं, कि जैसे साफ-सुथरा मकान उसमें रहनेवालों को स्वस्थ बनाता है, उसी तरह कपूर और धूप का जलना, फूल माला का सुगंध फैलाना, और तरह-तरह की साकलाओं के सहारे से होम का होना भी हवा को साफ़ और सुगंधित बनाकर, आस पास के रहने वालों को लाभ पहुँचाता और निरोग बनाता है। जब पाठ होने लगता है, तब भी हम यही जानते और सुनते हैं कि हमारे लिए जिसकी पूजा हो रही है, वह बड़ी भारी शक्ति रखता है, वह दुखियों के दुःख को दूर करता है, अकिंचनों पर दया करता है, विपत्ति में पड़े को उबारता है, यहाँ तक कि जिसकी सहायता कोई नहीं करता वह उसकी भी बाँह पकड़ता है। ये बातें ऐसी हैं, जो टूटे हुए दिल को भी ढाढस बँधाती हैं, अँधेरे में भी उजाला

करती हैं, और गिरे हुए को भी पकड़ कर उठाती हैं। अब आप समझ गये होंगे कि पूजा-पाठ में जितनी बातें हैं वे सब संसार और संसार के लोगों को लाभ पहुँचाने वाली हैं, ऐसी दशा में यह बात अपने आप सिद्ध हो गई कि पूजा-पाठ से ईश्वर(या देवते) प्रसन्न होते हैं।

अब रही यह बात कि रोग वाले का रोग दूर हो सकता है या नहीं? रुग्न को लाभ पहुँचेगा या नहीं? जब रोगी एक लिपेपुते साफ-सुथरे मकान में रखा जावेगा, जब उसके पास की हवा नित्य कपूर, धूप और तरह-तरह की साकलाओं को जलाकर साफ़-सुथरी और सुगंधित बनाई जावेगी, जब उसे ऐसे देवता का भरोसा दिलाया जावेगा, जिसका विश्वास उसके जी पर लड़कपन से ही जमा हुआ है, और जब भरोसा दिलानेवाला एक ऐसा जन होगा, जिसकी उसके जी में बहुत कुछ जगह है, या जिसको उसके जी में जगह दी गई है तो उसको लाभ क्यों न पहुँचेगा, अवश्य पहुँचेगा, और मैं समझता हूँ कि शायद कोई बुद्धिमान ऐसा नहीं है जो इस बात को न मानेगा।

आजकल बहुत छानबीन करने के बाद यह बात मान ली गई है, कि जो बात हमारे ध्यान में हर घड़ी जमी रहती है, या जिस ओर हमारा जी प्रायः लगा रहता है, उसका हमारे ऊपर बहुत बड़ा प्रभाव होता है। यदि खाते, पीते, उठते, बैठते और दूसरे कामों के समय भी मृत्यु ही हमको याद रहती है, चर्चा भी हम जब करते हैं, तब उसी की करते हैं, तो समझ लेना चाहिए कि मृत्यु हमारे सिर पर सवार है, और अब वह बहुत शीघ्र अपना काम करेगी। श्रीमद्‌भागवत में लिखा है कि कंस को पिछले दिनों सर्वदा मृत्यु ही याद रहती, कृष्ण ही उसकी आँखों पर नाचा करते, सोने में भी वह सपना मृत्यु का ही देखता और खाते पीते भी मृत्यु ही उसको चौंका देती, फल क्या हुआ, श्रीकृष्ण अचानक वृन्दावन से मथुरा आये, और देखते-देखते ही कंस का विनाश कर डाला।

इंग्लैंड में एक बड़े कंगाल लड़के के जी में यह बात बैठ गई थी, कि वह लार्ड मेयर होगा। लोग उसकी बातों को सुनकर हँसते, पर वह अपने विचार का इतना पक्का था कि एक दिन ऐसा आया, कि जिस दिन वह सचमुच लार्ड मेयर हो गया था। हमारे यहाँ इससे और भी ऊँचा उठा गया है, और वेदान्त ने बतलाया है कि यदि ठीक-ठीक तुम्हारी लौ ईश्वर के साथ लग गई है, तो और तो क्या तुम्हारे ईश्वरत्व प्राप्ति में भी सन्देह न रह जायेगा।

कोई रुग्न है और उसके जी में यह बात जम गई है, कि अब वह अच्छा न होगा, और यह विचार इतना पक्का हो गया है, कि जी से निकालने पर भी नहीं निकलता, तो लाखों दवा भी होती रहे, तो भी समझ लेना चाहिए कि मृत्यु पास आ गई, और अब वह मरेगा। पर यदि वह किसी बुरे रोग में फँस गया है, और उसपर उसका दिल इतना पुष्ट है, या किसी प्रकार इतना पुष्ट बना दिया गया है, कि वह यह समझता है, कि कुछ

नहीं, अब वह थोड़े दिनों में ही अच्छा हुआ जाता है, तो समझ लेना चाहिए कि उसके अच्छे होने में देर नहीं है, और उसका बड़ा भारी रोग भी काई की तरह फट जावेगा।

संसार में जब पढ़े-लिखे लोगों में भी ऐसे लोग कम हैं, जो सब बातों का भेद ठीक-ठीक समझते और उससे लाभ उठाते हैं, तो फिर जो लोग अनपढ़ या गँवार हैं उनकी चर्चा ही क्या। इसलिए बुद्धिमान लोगों ने ऐसी बातें बना रखी हैं, कि जिनको करते रहने पर बिना समझे हुए भी लोग बहुत कुछ लाभ उठाते हैं, और तरह-तरह की आपदाओं से बचते हैं। जब हम देखते हैं कि कोई शिव जी के मन्दिर में जाकर उनकी जल अच्छत से पूजा करता है, उनपर विल्व पत्र चढ़ाता है, उनका गुण गाता है, और साथ ही अपना दुखड़ा भी सुनाता जाता है, तो हमको समझ लेना चाहिए कि पलटते समय वह ऐसे विचार भी साथ लाता है, कि जो उसके लिए पारस का काम देते हैं। कोई कितना ही बड़ा समझदार और जी का कड़ा क्यों न हो, फिर भी मुसीबत में घबरा जाता है। जब समझदार और दिल के कड़े लोगों की यह दशा है, तो अनपढ़ और गँवार ऐसे अवसर पर कितना घबरायेंगे, यह बतलाने की आवश्यकता नहीं। मनुष्य जब घबराता है, तो उसका घबराया हुआ दिल कोई सहारा ढूँढ़ता है, सहारा ढूँढ़ने वाले को कभी-कभी एक तिनके का सहारा भी काम दे जाता है। पर जिसका सहारा देनेवाला ऐसा है, कि जिसने काल के मुँह से मारकण्डे को भी बचा लिया, जो सब देवतों से बड़ा, और काल का भी काल है, उसका क्या पूछना, यदि उसका घबराया हुआ दिल उसका सहारा न पावेगा, तो किसका पावेगा, और इस सहारे को पाकर यदि उसका दिल पुष्ट न होगा, तो किसका होगा, और यही बात ऐसी है, जो उसके लिए पारस बन जाती है। पूजा-पाठ करना और कराना, उसके सारे सामान, और ऐसी ही और भी कितनी ही बातें, सब ऐसे ही ऐसे कामों को पूरा करने के लिए गढ़ी गई हैं। और उन सबकी जड़ यही है, कि किस तरह एक घबराये और निराश जी को ढाढस देकर धैर्य्य बँधाया जावे, और कैसे उसके जी से घबराहट बढ़ाने वाले और निराश करने वाले विचार दूर कर दिये जावें, जिससे वह निश्चिन्त और सुखी हो, और उसके सब तरह के रोग दूर हो जावें।

पंडित जगन्नाथ पाठक हमारे यहाँ के एक बहुत ही सीधे-सादे ब्राह्मण थे, इनमें ब्राह्मणों के बहुत से गुण थे, बहुत परन्तु पढ़े-लिखे कम थे, यहाँ तक कि अपनी विद्या पर उनको आप भरोसा न था। जब वे कोई पूजा-पाठ करते, तो उनको इस बात का खटका बना रहता, कि जजमान का काम मुझसे पूरे तौर पर हुआ या नहीं हुआ। वे सच्चे थे, इसलिए जब उनको इस प्रकार का विचार होता, तो उनके जी को चोट लगती। और वे दुखी होते। दुखी होने पर उनका मुँह मलीन हो जाता, तब वे देवते के सामने अपना सिर झुका देते, गिड़गिड़ाते, हाथ जोड़ते, आँखों में आँसू भर लाते, और बहुत दर्दभरी आवाज से देर तक विनय करते और यह चाहते कि देवता उनकी

भूल-चूक को क्षमा करें, और यजमान का काम कर देवें, जिसमें वे लोगों को अपना मुँह दिखलाने योग्य रहें। एक दिन मैं एक रोगी को देखने गया, उस समय उसके पास एक चौकी पर बैठे हुए पाठक जी पाठ कर रहे थे, जब मैं पहुँचा उसके थोड़े ही देर बाद पाठ पूरा हुआ, और पाठक जी विनय करने में लग गये। मैंने रुग्न से पूछा कि अब आप कुछ अच्छे हैं? उन्होंने कहा—मेरी तो घड़ी टल रही थी, मैं भी जीने से निराश हो गया था, पर अब आशा होती है कि मैं अवश्य अच्छा हो जाऊँगा। पाठक जी ऐसे सीधे और सच्चे ब्राह्मण जब मेरे लिए देवता के सामने इतना गिड़गिड़ा रहे हैं, तो मैं क्यों न अच्छा होऊँगा, अवश्य अच्छा होऊँगा। कुछ दिनों पीछे मैंने देखा कि जैसा उनका विचार था, उसके अनुसार वे अच्छे हो गये थे।

विसूचिका बड़ी ही डरावनी बीमारी है, यदि तीन मनुष्य साथ हों, और इन तीनों को छोड़कर दूसरा कोई इनका साथी और सहायक न हो, और ऐसा संयोग आन पड़े कि इन तीन मनुष्यों में से दो विसूचिका से बीमार होकर मर जावें तो डाक्टरों की राय है कि तीसरा भी अवश्य मर जावेगा! जिन दिनों किसी गाँव में या शहर में यह बीमारी फैली होती है, उन दिनों इस विचार की सचाई ज्ञात होती है। यह रोग ऐसा बुरा है कि गाँव में फैला नहीं कि लोगों के जी में डर समाया नहीं। ज्यों-ज्यों मृत्यु बढ़ती जाती है, लोगों की घबराहट भी अधिक होती जाती है, बहुत से लोगों की तो ऐसी गत हो जाती है कि उनको हर घड़ी बीमारी का ही ध्यान बना रहता है, और ऐसे ही लोग बहुत कर मरते भी हैं। इसीलिए अच्छे लोग इसकी चर्चा भी बुरी समझते हैं। हम लोगों में चाल है कि विसूचिका के दिनों में बड़ी धूमधाम से चलावा या निकासी की जाती है, इस चलावे का ऐसा प्रभाव देखा गया है, कि होते ही गाँव का गाँव रोग के चंगुल से छुटकारा पा जाता है, कभी-कभी ऐसा नहीं भी होता है, पर हमको प्रायः होनेवाली बात को देखना है। चलावे में पहले पूजा-पाठ होता है, फिर होम, और इसके बाद रात में गाँव के सब लोग एकत्र होकर किसी भैंसे या बकरे को सवारी की तरह सजाते हैं, और फिर बाजा, घड़ी, घंटा, और शंख बजा कर बड़े उत्साह से दुर्गा को मनाते हुए उसे गाँव के बाहर निकाल देते हैं। जिसका अर्थ साधारणतया यह समझा जाता है, क्रिया द्वारा बीमारी गाँव के बाहर निकाल दी गई। जैसी ही डरावनी यह बीमारी है, और जैसा ही प्रत्येक के जी पर इसका डर छाया रहता है; वैसी ही यह परम्परा है, जिससे सर्व साधारण का डर जाता रहता है। घबराहट मिट जाती है। और इसी का यह प्रभाव होता है कि रोग का सारा आतंक गाँव से दूर हो जाता है। चाहे रोग का गाँव से निकाल दिया जाना, और उसके सारे सामान ढकोसले ही समझे जावें, पर इस प्रयत्न का जो प्रभाव साधारणतया लोगों पर मुख्य कर स्त्री एवं लड़कों और साधारण जनों पर पड़ता है, वह अवश्य इस बात का प्रमाण है कि यह आविष्कार बहुत सोच समझ कर किया गया है,

और बड़े काम का है। इसकी जड़ भी रोगी के दिल को पुष्ट बना देने, और लोगों के भावों को पलट देने, आदि उन्हीं विचारों पर है कि जिनकी चर्चा मैंने ऊपर की है।

हमने देखा है कि जब पूजा-पाठ होने पर कोई रोगी नहीं बचता, मर जाता है, या काम नहीं पूरा होता, तो किसी किसी की प्रकृति बिगड़ जाती है, और पूजा-पाठ से वह बिल्कुल बे-विश्वास हो जाता है। हमारे यहाँ एक रागी थे, उनको एक ही लड़का था, आठ-नौ बरस के सिन में इस लड़के को चेचक निकली। रागी बेचारे ने जिस प्रकार अन्य उपचार का प्रबन्ध किया, उसी प्रकार उन्होंने धूम से पूजा-पाठ भी कराया। पर उसका दिन पूरा हो गया था; इसलिए वह चल बसा, संयोग ऐसा हुआ कि जिस समय पाठ हो रहा था, उसी समय लड़का मरा, रागी बेचारे का कलेजा दुख से तो फट गया ही था, यह बात उनको और खली, वे पागल हो गये, और एक डण्डा लेकर उन्होंने पूजा के कुल कलसों को तोड़ डाला, पूजा के सारे सामान को छींट दिया। चाहा कि पोथी लेकर उसको भी टुकड़े-टुकड़े कर डालें, पर पंडित जी के सामने पेश न गई। उनका क्रोध यहीं ठंढा न हुआ। जब वह लड़के की लाश लेकर निकले, तब भी बुरा हाल था, वह रोते तो थे, पर बीच-बीच में सैकड़ों बेतुकी गालियाँ देवी और दुर्गा को भी देते जाते थे, मैंने देखा कि उसी दिन से उनका विश्वास पूजा-पाठ से उठ गया था, और पीछे भी जब कभी उनसे देवी और दुर्गा की चर्चा हुई, तभी उन्होंने उनको बिना दस-पाँच गालियाँ सुनाये न छोड़ा।

एक पण्डित जी ने बहुत कुछ पूजा-पाठ करके एक लड़का पाया, पर यह लड़का भी बहुत दिन जीता न रहा, कोई बीस पचीस दिन के बाद मर गया। पण्डित जी नित्य ठाकुर जी की पूजा करते थे, जब वे पूजा कर रहे थे, तभी उनको ज्ञात हुआ कि लड़का जाता रहा। फिर क्या था, आप इतने बिगड़े और बावले बन गये कि ठाकुर जी की सारी मूर्तियों को उठाकर इधर-उधर फेंक दिया, शालिग्राम की दो एक मूर्तियों को तोड़ डाला, और फिर फूट-फूटकर रोने लगे। एक दिन रात उनकी बुरी गत रही, पर दूसरे दिन उनका जी ठिकाने हुआ, जब उनका जी ठिकाने हुआ तो वे इतने लज्जित हुए थे कि उनको अपना मुँह दिखलाना भी कठिन था। उन्होंने फेंकी हुई मूर्तियों को उठाकर फिर अपने स्थान पर रखा, और जिन मूर्त्तियों को तोड़ दिया था, उनको ले जाकर नदी में विसर्जन किया। जिस घड़ी वे टूटी हुई मूर्तियों को लेकर विसर्जन करने के लिए नदी जा रहे थे, उस घड़ी उनके जी पर लड़के के मरने से भी अधिक चोट थी, उनके चेहरे पर एक रंग आता था, और एक जाता था, और बार-बार वे यही कहते थे, कि हाय! मैं ऐसा बावला हो गया कि पवित्र गीता के इस वचन को भी भूल गया "तुम काम कर सकते हो पर फल मिलना तुम्हारे हाथ नहीं है।"

आप लोग देखें कि दुख के वेग ने रागी और पण्डित दोनों के दुर्बल चित्त को बावला बना दिया था, पर दुख का वेग कम होने पर पंडित जी को तो समझ आई, पर रागी वैसा का वैसा ही रहा, वह अपनी बिगड़ी हुई प्रकृति को न सुधार सका। हम मामलों में वकील रखते हैं, और एक नहीं कई बार वकीलों के लाख सिर मारने पर भी मामलों को हार जाते हैं, फिर भी मामला आन पड़ने पर वकीलों को रखते हैं, मामला हार जाने से वकीलों का रखना नहीं छोड़ते। हम अच्छी से अच्छी औषध एक से एक अच्छे वैद्यों से कराते हैं। पर मरनेवाला मर ही जाता है, लाख दौड़-धूप करने से भी नहीं बचता, पर दवा की तरफ से हम कभी बे-विश्वास नहीं होते। और जब आवश्यकता होती है, तभी करते हैं। फिर पूजा-पाठ की ओर से बे-विश्वास होने और उसे छोड़ बैठने का क्या कारण है? सच्ची बात यह है कि उसकी बातें इतनी सूक्ष्म और गूढ़ हैं, कि मोटी समझ वाले उसको कभी नहीं समझ सकते, इसलिए जब तक कि उनका काम निकलता रहता है, तब तक तो वे उसको करते हैं, और जहाँ कोई बात बिगड़ी, वहीं उसको छोड़ बैठे, और पिछली सारी बातें भूल गये। पर समझदार और दूर तक सोचनेवाले लोग कभी ऐसा नहीं करते, और वे यह समझते हैं कि बहुत सी दशायें ऐसी हैं कि जिनमें बिना पूजा-पाठ के दवा बिल्कुल व्यर्थ हो जाती है। वह ऐसे कामों को अपना कर्त्तव्य समझ कर करते हैं, उसके फल पर आँख नहीं डालते, क्योंकि फल का झगड़ा मनुष्य को बे-विश्वास बना देता है।

मैं ऊपर कह आया हूँ कि पूजा-पाठ रोग दूर करने के लिए, रोगी के जी को ढाढस बँधाने के लिए, उसके दुख के वेग को हलका करने के लिए, उसके घबराये हुए दिल को बहलाने और दृढ़ बनाने के लिए, उसके मन को ठिकाने रखने के लिए, किया कराया जाता है। न मृत्यु को न होने देना पूजा-पाठ कराने का अभिप्राय है, और न ऐसा कभी हो सकता है। फिर मृत्यु हो जाने पर पूजा-पाठ से बे-विश्वास हो जाना, यदि नासमझी नहीं है तो क्या है?

मैं एक दिन एक साधु के पास बैठा था, इसी समय उनके यहाँ एक हलवाई आया, और हाथ जोड़ कर उसने उनसे कहा कि महाराज! जो भभूत आपने रात मुझको दी थी, उससे बीमार को कुछ लाभ नहीं हुआ। यह सुनकर वे हँसे और कहा कि, यदि तावा खूब जल रहा हो, तो क्या उस पर दो एक बूँद पानी डाल देने से वह ठंढा हो जायेगा? उसने कहा—नहीं महाराज! उसके लिए दस-पाँच घड़े पानी की आवश्यकता होगी। उन्होंने कहा—फिर समझ जाओ। रोग जैसा है, वैसा यत्न भी करो। भभूत क्यों न काम करेगी। साधु की यह सीख सब रोगों में याद रखने योग्य है। हमने देखा है कि बड़े-बड़े

गाँवों में भी विसूचिका फैलने पर चार पैसे के घी और सेर दो सेर साकला से ही होम करके कभी-कभी काम निकाल लेने की बात सोची जाती है। पर यह तो जलते तवा के लिए दस-पाँच बूँद भी नहीं है, फिर काम कैसे होगा? इसी प्रकार बड़े-बड़े रोगों में भी यदि हम साधारण पूजा-पाठ से ही काम निकालना चाहते हैं, तो समझ लेना चाहिए कि यह वैसा ही है, जैसे कोई स्याही के धब्बे को एक चुल्लू पानी से धोना चाहे।

सातवाँ प्रसंग

तंत्र यंत्र

मैं समझता हूँ इस ग्रन्थ के पढ़ने वालों में कितने लोग ऐसे होंगे, जो तन्त्र का नाम पढ़ते ही मुँह बना लेंगे और ग्रन्थ को अपने हाथ से दूर फेंक दें, तो भी आश्चर्य नहीं। क्योंकि आजकल एक ऐसा दल पैदा हो गया है, कि उसको पुरानी सभी बातों की निन्दा अच्छी लगती है, जो आप उनके गुण उसको बतलाना चाहें, तो वह मुँह फेर लेता है। और कहने लगता है, कि जैसे तैसे सभी बात का प्रतिपादन करना बहुत ही बुरी बात है। उसका एक विचार यह भी है कि हम लोगों में धर्म के नाम से बहुत सी बुराइयाँ घुस गई हैं, जो इसी प्रकार अपने यहाँ की सभी पुरानी बातों को हम अच्छी बतलाने लगेंगे, तो न हम लोगों की बुराइयाँ दूर होंगी, और न हम लोग सुधरेंगे। झाड़-फूँक, पूजा-पाठ आजकल अच्छी आँखों से नहीं देखा जाता है, मैंने दो प्रसंगों में इन कामों का ठीक-ठीक भेद बतलाने की चेष्टा की है, और यह भी समझाया है कि इनके करने से क्या लाभ होता है, यह बात कितनों को बुरी लगेगी, और यही कारण है कि वे तन्त्र का नाम पढ़ते ही चौंकेंगे। पर कहना यह है कि वे लोग जिस कूचे में चक्कर लगाने वाले हैं, वहाँ का नियम यह है कि "जैसे अपने विचारों का आदर करते हो वैसे ही तुमको दूसरों के विचारों का भी आदर करना चाहिए" फिर घबराने और बुरा मानने की कौन बात है। सब के विचार एक से तो होते नहीं, आप एक बना भी नहीं सकते, फिर नाक भौं क्यों चढ़ाई जावे। जैसे आप अपने विचार लिखते हैं, वैसे ही दूसरा भी अपने विचार लिखने का स्वत्व रखता है। आप उसको रोक नहीं सकते, हाँ मानना न मानना आपके हाथ है। मैं भी यह मानता हूँ कि हम लोगों में धर्म के नाम से बहुत सी बुराइयाँ घुस गई हैं, जैसे हो उनका दूर हो जाना ही अच्छा है, ऐसा कौन है कि जो कहेगा कि बिना उसके दूर हुए हम लोग सुधर जावेंगे। पर यह तो न होना चाहिए कि बुराई की ओट में धर्म का भी लहू बहा दिया जावे, और वे अच्छी बातें भी रसातल को पहुँचा दी जावें कि जिनसे आज भी बूढ़े हिन्दू धर्म की रगों में गर्म लहू दौड़ रहा है। जो हमारे विचार का नहीं है, उसकी बातें सुनने में हम इधर-उधर क्यों करते हैं, इसलिए कि वह हमारे मन

की बात नहीं कहता, या जो बात हमको रुचती नहीं, वही हमको चुपचाप सुननी पड़ती है। पर क्या यह हमारी दुर्बलता नहीं है? जो कुछ हमारा विचार है, उसके लिए हम दावा करके यह कभी नहीं कह सकते कि वह सर्वथा ठीक है, उसमें भूलचूक का नाम भी नहीं है। फिर उसकी परख कैसे होगी? उसकी परख यों ही होगी कि हम दूसरे के विचारों को भी धैर्य के साथ पढ़ें या सुनें, इसलिए नहीं कि हम उसे मान ही लें, वरन् इसलिए कि अपने विचारों को दूसरों के विचारों की कसौटी पर कसें, जिससे ज्ञात हो कि हमारा विचार खोटा है कि खरा। ऐसे अवसर पर लोग कह उठते है कि रद्दी बातों को पढ़ने और सुनने की सम्मति कौन देगा। पर पहले यह ठीक तो कर लीजिये कि ये बातें रद्दी हैं। इसके सिवा एक बात और है, वह यह कि जो समय हो तो एक साधारण दृष्टि उनपर डाल दी जावे, तो भी कोई चूक न होगी, क्योंकि कभी-कभी रद्दी में भी काम के परचे हाथ लग जाते हैं।

तन्त्र क्या है? हम लोगों ने समझ रखा है कि भलाई का जो कुछ ठीक उलटा है, वह तन्त्र है। पवित्र वेदों ने जो सच्चा और सीधा मार्ग दिखला रखा है, उस सीधे और सच्चे मार्ग को छुड़ाकर हमको जो टेढ़े और बुरे पथ की ओर धोखा देकर ले जाता है, वही तन्त्र है। जो वेद कहते हैं कि सच बोलो, व्यर्थ किसी जीव को मत सताओ। बुराई से बचो, भलाई से काम लो, न किसी की पत्नी पर आँखें उठाओ, न किसी के धन पर हाथ डालो। तो तंत्र कहता है कि खाओ, पीओ, आराम करो, न मांस खाने में कुछ दोष है, और न मदिरा पीने में कुछ पाप। जिससे सुख मिले, जो करने से आनन्द आवे, उसी से प्रयोजन है। काम यदि झूठ, बदी, बुराई से निकलता है, तो सच, नेकी और भलाई लेकर कोई क्या करेगा। और ये सब बातें ऐसी हैं कि जिससे तन्त्र का नाम सुनते ही लोग कान पर हाथ रखते हैं। पर सच्ची बात यह है, कि यह तन्त्र का मुख्य रूप नहीं है। यह उसके उस समय का चित्र है, जब वह बिगड़ गया था, और जब अच्छे लोग उससे किनारे हो गये थे। लोगों का यह भी विश्वास है कि तन्त्र वह है जिसमें भूत और चुड़ैलों को वश में करने के उपाय लिखे हों, जिसमें खोपड़ी, मुर्दे और मरघट को लेकर लम्बी-चौड़ी बातें गढ़ी गई हों, जिसमें पापी स्त्री पुरुष की चर्चा बड़ी बुरी तरह से की गई हो, और उनकी ऐसी करतूतें लिखी गई हों, जिनको सुनकर निर्लज्जता को भी सिर नीचा करना पड़े। पर क्या यह तन्त्र का सच्चा रूप है? किसी-किसी ने तन्त्र उसको समझ रखा है, जिसमें कोई विचित्र बात हो। परन्तु सच्ची बात यह है कि विचित्र बात, क्या कोई नहीं है—बड़ी-बड़ी विचित्र बात, आज साधारण बात समझी जाती है। कोई चकित करनेवाली बात जब हमारी आँखों के सामने पहले पहल आती है, तो हम उसको विचित्र बात समझते हैं, किन्तु कुछ दिनों में जब वह बहुत फैल जाती है, तो फिर वह साधारण बात हो जाती है, फिर उसे कोई 'विचित्र बात' नहीं कहता।

हमने एक मिट्टी का दीया लिया, उसमें दो चार बत्तियाँ डालीं। थोड़ा तेल डाला, फिर उसको जला दिया, तो यह जलता हुआ दीया क्या है? तन्त्र है। जिस दिन पहले पहल इस प्रकार दीया जला होगा, लोग आश्चर्य में आ गये होंगे, और इसको एक चमत्कार समझे होंगे। पर अब यह साधारण बात हो गई है, शायद जो लोग विचित्र बात को तन्त्र मानते हैं, वे लोग अब इसे तन्त्र न मानेंगे। जब रेल का भद्दा इंजिन लेकर उसका बनानेवाला इंग्लैण्ड की सड़कों पर निकला था, तो वहाँ के लोगों ने उसको जादूगर से कम नहीं समझा था, पर आज रेलगाड़ी को भारत का एक साधारण मनुष्य भी इस दृष्टि से नहीं देखता। कितने ही जंगली मनुष्यों ने पानी को बरतन में उबलते देखकर उसको चमत्कार समझा था। और जब उसमें अन्न पकाया गया तो उनके आश्चर्य की सीमा न रही। पर कुछ दिनों बाद उन्होंने आप इस तरह खाना बनाना सीख लिया था, और फिर उनकी आँखों में यह बात साधारण हो गई थी। खाना बनाने से रेल तार तक की सारी बातें तन्त्र हैं, पर आज इनको तन्त्र मानने और समझनेवाले बहुत थोड़े लोग होंगे। एक तन्त्र जानने वाला पंडित आकर यदि कोई फूल ऊपर उछाल दे, और वह फूल कुछ देर वहाँ ठहर जावे, तो सभी उसको बड़ा भारी तन्त्र मानने लगेंगे, पर यह है क्या? यह तन्त्र का एक बहुत ही छोटा लटका है। कहना यह है कि आजकल कुछ ऐसी दशा हो गई है, कि जो वास्तव में तन्त्र है, उसको तो हम लोग तन्त्र मानते नहीं, तन्त्र उन बुराइयों को मानते हैं, जो उसमें किसी तरह घुस गई हैं, और भूल यही है।

तन्त्र कितना ही कलंकित क्यों न हो, पर आज भी हिन्दुओं का एक बहुत बड़ा समूह उसको वेद की बहुत सी शाखाओं में से एक शाखा मानता है। उस समूह में कितनी ही ऐसी बातें भले ही लिखी हों जिनको हम ठीक समझ न सकें, किन्तु फिर भी उसमें ऐसी-ऐसी काम की बातें लिखी हैं, कि जिनको हम सोने से लिखें तो भी शायद उनका ठीक-ठीक आदर न होगा। मौलाना रूम ने अपनी मसनवी में एक जगह लिखा है कि "मैंने कुरान में से मग़ज़ को ले लिया और हड्डियों को कुत्तों के सामने डाल दिया।" क्या तन्त्र के विषय में आप हम इतना भी नहीं कर सकते। हम काँटों से भरे गुलाब के पौधों में से उसके सुन्दर फूल को तोड़ लेते हैं, कीचड़ में से सोना निकाल लेते हैं, फिर तन्त्र में जो अच्छी और काम की बातें हैं, यदि वह ले ली जावें तो इसमें क्या बुराई है।

आप लोग ऊब गये होंगे कि न जाने मुख्य विषय पर मैं कब आऊँगा। लीजिये अब मैं मुख्य विषय पर आता हूँ और देखता हूँ कि रोगी को तन्त्र यन्त्र से कुछ लाभ पहुँचता है या नहीं। सारी औषधें और उनके प्रयोग तन्त्र हैं। इससे सिवा तन्त्र की सारी बातें मंत्र या यन्त्र के आधार से होती हैं। इसलिए इसके विषय में मैं कुछ विशेष

लिखना नहीं चाहता, यन्त्र के विषय में झाड़-फूँक के वर्णन में लिखा जा चुका है। यन्त्र के बारे में यहाँ कुछ लिख कर तन्त्र के विषय में भी आगे और कुछ लिखूँगा।

6	1	8
7	5	3
2	9	4

कोष में जहाँ यन्त्र के और और अर्थ लिखे हुए हैं, वहाँ यह भी लिखा है "सावधानी से कार्य कर काम निकाल लेने के प्रयत्न का नाम यन्त्र है"। हम लोग किसी रोगी या कार्यार्थी को जो यन्त्र देते हैं, मैं समझता हूँ वह इसी अर्थ वाला यन्त्र है। आप इस पन्द्रहाँ यन्त्र को देखिये, इसमें नौ कोठों में नौ अंक इस तरह से बैठाले गये हैं, कि उनमें से तीन अंक को आड़े, तिरछे, सीधे जैसे चाहिये गिनिये, वह गिनती में पन्द्रह ही होंगे। एक यह ऐसी बात है कि, जिसको जानने पर इस यन्त्र की कारीगरी के बारे में अपने आप जी में स्थान हो जाता है। यदि साथ ही यह भी ज्ञात हो जावे कि इसके बाँधने से रोग भी दूर हो जाते हैं, या कामनायें पूरी होती हैं, या आपदायें टल जाती हैं, और यह ज्ञान भी किसी माननीय पुरुष या किसी साधू संत से हो, तो इन बातों के मान लिए जाने में कभी संशय न होगा। क्योंकि उसकी विचित्र कारीगरी इन विचारों को पुष्ट करने में पूरी सहायता देगी। और अब यह बात अपने आप समझ में आती है कि ऐसे यन्त्रों से रुग्न, लड़कों, और स्त्रियों का बहुत कुछ भला हो सकता है। क्योंकि किसी घबराये दिल को ढाढस बँधाने और धैर्य देने में इन यन्त्रों से कम काम न निकलेगा।

एक बात और है, वह यह कि यन्त्र किसी वस्तु पर लिख कर दिया जाता है। यह वस्तु या तो किसी जड़ी बूटी की लकड़ी या पत्ता होती है, या ताँबे चाँदी या सोने का पत्र या बिल्लौर और यशब आदि पत्थर। जो लोग अनुभवी हैं वह जानते हैं कि इन वस्तुओं के गले में पहनने या कमर और भुजा पर बाँधने से शरीर की बिजली पर बहुत बड़ा प्रभाव पड़ता है। जिसका फल यह होता है कि बहुत से साधारण रोग अपने आप दूर हो जाते हैं। या उनके दूर होने में सहायता मिलती है। इसलिए यदि यन्त्र का कुछ गुण न भी माना जावे तो भी यह मानना पड़ेगा, कि यन्त्र इन वस्तुओं के गले में बाहु पर या कमर में बँधवाने का एक आधार है, और उसका इतना सहारा पहुँचाना ही क्या कम है? यहाँ पर यह कहा जा सकता है कि जड़ी बूटी को लोग यों भी बाँधते हैं, दिल के धड़कने पर यशब को यों भी पहनते हैं। विसूचिका के दिनों में प्रायः लोगों को डबल पहने देखा गया है। फिर यन्त्र का पचड़ा फैलाने का कौन काम था, परन्तु दृष्टि को एक ओर रखने से ही तो काम नहीं चलता, दृष्टि को सब ओर रखना ही ठीक है। बहुत से लोग इस प्रकृति के देखे गये हैं, कि जो उनसे जड़ी बूटी बाँधने के लिए कहा जावे, या यशब और ताँबा पहनने के लिए दिया जावे, तो वे कह बैठते हैं, कि लकड़ी पत्ते में क्या रखा है। या इस पत्थर ताँबे में ही कौन विभूति है। ऐसे लोगों का मुँह बन्द करने के लिए और उनके जी में विश्वास उपजाने के लिए यह प्रणाली निकाली हुई है, क्योंकि

किसी तरह काम निकाल लेना ही समझदार का काम है। इसके अतिरिक्त जैसा बहुत से लोगों का विश्वास है, यदि यन्त्र में कुछ निज का गुण भी है, तो फिर पूछना ही क्या, दोनों का गुण एक होकर बहुत कुछ काम करेगा, और ऐसी दशा में किसी की भलाई होने में क्या सन्देह है।

मधुबन में मेरे पास एक दिन एक तन्त्र जानने वाले पण्डित आये, तन्त्र के बारे में मुझसे उनसे बहुत सी बातचीत हुई, बातचीत में ही उन्होंने मुझसे कहा कि मैं आपको अपने तन्त्र का चमत्कार दिखलाऊँगा। मधुबन से एक मील पर कठघरा शंकर नाम का एक गाँव है, इसी गाँव में अपने एक सम्बन्धी के यहाँ वे ठहरे हुए थे, दूसरे तीसरे मुझसे मिलने आते। एक दिन वे आये, और मुझी से एक छड़ी लेकर चले गये, पर मुझको यह बात बिल्कुल याद न रही। जहाँ बैठे हुए उस छड़ी को लेकर मैं जी बहला रहा था, जब मैं वहाँ से उठा तो मुझको छड़ी की याद आई, मैंने उनको इधर-उधर बहुत खोजा, पर जब वह वहाँ होती, तब तो मिलती। निदान ढूँढ़ खोज कर मैं चुप हो रहा, पर छड़ी के खो जाने का बहुत अधिक आश्चर्य हुआ। दूसरे दिन पंडित जी फिर आये, और मुझसे बहुत सी बातें कीं। जब उन्होंने देखा कि छड़ी के बारे में मैंने उनसे कुछ भी न पूछा, तब वे अपने आप खुले। कहा, कल्ह मैं आप के ऊपर एक तन्त्र कर गया, मैंने कहा कैसा? उन्होंने कहा—आप की छड़ी कहाँ है। मैं समझ गया, बोला, क्या आप ले गये, उन्होंने कहा, हाँ मैं ले गया, और आप से माँग कर ले गया। पर तन्त्र यह है कि आपको उसकी याद तक नहीं है। मैंने कहा—बात तो ठीक है, पर इसमें भेद क्या है। उन्होंने कहा, आँख की पुतलियों की पहचान भी एक तन्त्र है। आँख की काली पुतली को आप देखिये, वह मिनट मिनट पर बदलती है, और लोगों के जी का भेद बतलाती रहती है। एक दशा उसके बदलने की यह भी है कि जिसमें मनुष्य बाहर की सुधि भूल जाता है, उस घड़ी उससे जो कुछ ले लिया जावे, तो कभी उसको उसकी याद न रहेगी। मैं इस भेद को जानता हूँ। जब मैंने आपकी आँख की पुतली को ऐसा पाया, आप से छड़ी माँग ली, जिसका फल यह हुआ कि आपको उसकी याद तक न रही। आप कहेंगे यह एक बहुत ही छोटा लटका है, मैं कहूँगा लटका है न, छोटे बड़े से क्या। यह कहकर, उन्होंने एक पाँच-चार हाथ लम्बी रस्सी निकाली, जो गोल लपेटी हुई थी। इस रस्सी को उन्होंने ऊपर उछाल दिया, कोई पाँच-छह हाथ ऊपर जाकर रस्सी खुलने लगी, एक छोर उसका ऊपर ठहरा रहा, और दूसरा छोर आकर धरती पर लग गया, रस्सी सीधी खड़ी हो गई। हम लोगों को यह देखकर आश्चर्य हुआ, पर उन्होंने कहा—कुछ नहीं, यह भी एक साधारण बात है। यह रस्सी बटी इस तरह से गई है, कि उसमें इस प्रकार का बल आ गया है, नहीं तो यह कोई चमत्कार नहीं है। यह बात हो ही रही थी कि एक मल अपनी छह सात बरस की एक बेहोश लड़की पण्डित जी के पास लाये, और कहने लगे कि

अभी खेलते खेलते यह लड़की अचेत हो गई है। पंडित जी ने चट अपने झोले में से थोड़ी सी धूप निकाली, थोड़ा सा फूल मँगाया। लड़की को सीधे सुला दिया, दो मनुष्यों से उसका तलवा सहलाने को कहा, थोड़ा सा चन्दन रगड़वाकर उसके सिर और कलेजे पर रक्खा। धूप को जला दिया, फूल थोड़ा उसके पास रख दिया, थोड़ा आप हाथ में लेकर उसको सुँघाने लगे। दस-पन्द्रह मिनट नहीं बीते थे कि लड़की होश में आ गई, और अपने आप उठ बैठी। पंडित जी ने कहा–देखा आपने कितना बड़ा तन्त्र हो गया, नहीं तो लड़की बेचारी की जान ही गई थी। फिर कहा–ऐसी ही ऐसी बातों में तन्त्र हैं, न जाने क्यों तन्त्र को लोगों ने बदनाम कर रखा है।

पण्डित जी बैठे ही थे कि मैंने द्वारिकामल को बुलवाया, एक धूर्त साधु उसे बतला गया था कि तुम्हारे घर में बहुत सा धन गड़ा है। उसने उससे कहा था कि जो वह उसको दस रुपये देवे, तो वह स्थान भी बतला दे, पर न तो वह रुपये दे सका, और न उसने स्थान बतलाया। जब वह चला गया तो, उसको यह सनक सवार हुई कि हम कुल घर खोद कर देखेंगे, जहाँ रुपया होगा अपने आप मिल जावेगा। उसने अब तक कमर-कमर भर तीन घर खोद डाले थे और दूसरे घरों के खोदने का भी लग्गा लगा रखा था। उसके इस बेढंगेपन से घर के लोगों का नाक में दम था। उन लोगों ने सब कुछ किया, पर उसने एक न माना। दूसरे लोगों ने उसको बहुत समझाया कि यह क्या मूर्खता करते हो, मैंने भी कोई बात समझाने से न छोड़ी, पर वह अपनी ही धुन में मस्त था। मैंने पण्डित जी के पास उसको इसलिए बुलवाया, कि शायद पण्डित जी का कोई लटका काम कर जाये। पण्डित जी यह बात सुनकर हँसे, पहले उसके हाथ में थोड़ा सा फूल दिया। और कहा–आँखें बन्द करो। जब उसने आँखें बन्द कीं, तो उन्होंने एक कागज पर एक यन्त्र लिखा, जब यन्त्र लिखा गया, तो उन्होंने उससे कहा– अच्छा अब आँखें खोल दो। जब उसने आँखें खोलीं, तब उन्होने यन्त्र उसके हाथ में दिया, और कहा कि इस यन्त्र को लेकर अपने सब घरों में घूमो, यदि तुम्हारे घर में धन गड़ा होना, तो पत्र का कागज श्वेत ही रहेगा, और यदि न गड़ा होगा तो लाल हो जावेगा। वह यन्त्र लेकर चला गया, और बीस मिनट के बाद वापस आया, इस घडी यन्त्र का कागज लाल हो गया था। पण्डित जी ने कहा, सब बात तुम समझ गये, उसने कहा–हाँ महाराज, समझ गया। इस यन्त्र ने मुझको बतला दिया, कि मुझसे रुपया ऐंठने ही के लिए साधु ने यह चाल चली थी, नहीं तो सचमुच मेरे घर में रुपया नहीं गड़ा है। पण्डित जी ने कहा–हाँ, ठीक समझे। उस दिन से फिर उसने घर में एक छेव भी न लगाई। जब सब लोग चले गये, तो उन्होंने मुझसे कहा कि यन्त्र का कागज इस ढंग से बना है, कि जब आप चन्दन से इस पर कुछ लिख देंगे तो पन्द्रह मिनट बाद वह लाल हो जावेगा। इस घड़ी कागज के इसी गुण से मैंने काम लिया है, नहीं तो और कोई चमत्कार इसमें नहीं

है। चाहे इस प्रकार की बातें चालबाजी समझी जावें, पर नासमझों पर ऐसी बातों का बड़ा प्रभाव पड़ता है, और इस चाल से वह बहुत सी बुराइयों से बचाये जा सकते हैं। मैं यह मानूँगा कि इस तरह की बातों से धूर्तों की भी खूब बन आती है। पर इससे क्या? धूर्त यानी हवा और अन्न के आधार से भी बड़ी-बड़ी बुराइयाँ लोग कर लेते हैं, किन्तु, इससे कोई पानी हवा और अन्न को बुरा नहीं कह सकता।

आठवाँ प्रसंग

दान-पुण्य

मेरा विचार है कि “न देने से देना अच्छा है”। कोई आकर हम से कुछ माँगता है, तो हम उसको क्या देते हैं। एक दो पैसे। जो हमारे लिए कुछ नहीं हैं, पर उसके लिए वे एक दिन का सहारा हैं। हम उसको ये एक दो पैसे नहीं भी दे सकते हैं, और बार-बार माँगने पर उसको निकलवा भी सकते हैं। और उसको हट्टा कट्टा या दो चार गठरियाँ बाँधे देख कर यह भी सोच सकते हैं, कि ऐसों को देना तो मँगतों की संख्या बढ़ाना है। पर याद रखना चाहिए कि जो उसको सचमुच आवश्यकता थी, (जिसको हम ठीक-ठीक कठिनता से जान सकते हैं) और हमने उसको एक दो पैसे भी नहीं दिये, तो समझ लेना चाहिये कि हमने एक ऐसे मनुष्य की सहायता नहीं की, जिसकी सहायता करना हमको उचित था, और एक भले मानस बनने का दावा करनेवाले के लिए यह बड़ी लज्जा की बात है। किसी ने बहुत अच्छा कहा है कि–“जो किसी से कुछ माँगता है वह पहले मर जाता है। पर उससे पहले वह मर जाता है, जो पास होते हुए भी उसको कुछ नहीं देता, और इनकार करता है।” रहीम खानखाना बड़े बाप के बेटे थे, कवि थे, रसिक थे, और दिल भी ऐसा रखते थे कि एक एक दोहे पर लाखों रुपये दे डालते थे। वे कहते हैं कि “उसी समय तक जीना भला है जब तक कि देना न रुके, क्योंकि बिना देते रहने के जीना अच्छा नहीं लगता।” कोई कोई इसको पढ़कर कह सकते हैं कि यह बिल्कुल गढ़न्त है। भला ऐसा भी कभी हो सकता है। पर जिन्होंने लाखों रुपयों दान करने वाले माघ कवि का हाल पढ़ा है, वे जानते होंगे कि यह विचार गढ़ा हुआ नहीं है। वरन् भारत में ऐसे लोग उत्पन्न हो चुके हैं, जो इस विचार के ठीक आदर्श कहे जा सकते हैं। जिस समय लक्षपति माघ के पास कुछ देने को न रहा, और उनके पास से मंगतों की भीड़ यह सोचकर धीरे-धीरे छँटने लगी, “कि अब इनके पास रहना व्यर्थ इनके जी को चोट पहुँचाना है,” तो उस समय माघ कवि से न रहा गया, वे अपने पास से लोगों को निराश लौटते देखकर बहुत खिन्न हुए, मंगतों के चेहरे पर गहरी उदासी देखकर उनका कलेजा फट गया, और उन्होंने सदा के लिए अपनी आँखें बन्द कर लीं।

महात्मा दधीच ने देह तक दे डाली, राजा हरिश्चन्द्र ने राजपाट तो दिया ही, दान का शेष भाग देने के लिए स्त्री पुत्र को कौन कहे अपने तक को बेच डाला। इसी भारत में ऐसी लोग भी हो गये हैं, जिन्होंने देह का मांस तक काट कर दे डाला है, अपनी स्त्री और बच्चों को दे देने में भी पेशानी पर बल नहीं आने दिया। संस्कृत का एक कवि कहता है–"कर्ण ने देह का चमड़ा, राजा शिवि ने देह का मांस, जीमूत वाहन ने जीव और दधीच ने देह की हड्डियाँ तक दे डालीं, क्योंकि जो बड़े लोग हैं, उनके लिए कोई ऐसी वस्तु नहीं है, कि जिसको वे न दे सकते हों।" इन कई एक सतरों को पढ़कर कुछ लोग कह सकते हैं, कि इस विचार में यकबग्गेपन और झोंक की बू आती है। संस्कृत का श्लोक यह है–

कर्णस्त्वचा शिविर्मासं, जीवो जीमूत वाहनः।
ददौ दधीचि चास्थीनि, किमदेयः महात्मनाम्॥

कहा जा सकता है, कि यह विचार तुला हुआ और ठीक कभी नहीं है क्योंकि प्रत्येक काम को समझ-बूझकर करना ही अच्छा है। बिना समझे-बूझे और सोचे-विचारे कोई काम करना कभी न अच्छा समझा जायेगा। मैं कहूँगा, बहुत ठीक है, यह कौन कहता है कि बिना समझे बूझे आँख बंद करके कोई काम किया जावे। पर क्या किसी भिखमंगे को एक दो पैसे देने में ही तमाम दुनिये की छानबीन कर डालनी चाहिए। क्या इस विचार में झोंक और यकबग्गेपन की बू नहीं आती। फिर यह कैसे सोच लिया गया कि हमारे बड़ों ने जो कुछ किया नासमझी से किया, और जो कुछ हम सोचते हैं वही ठीक है। यदि तुम अपने मन के राजा हो, तो क्या वे लोग अपने मन के राजा नहीं थे? न जाने उस समय उन्होंने क्या समझ कर वैसा किया? क्या आज तुम उसकी ठीक ठीक जाँच पड़ताल कर सकोगे। अभी थोड़े दिन की बात है कि रूस वालों के जहाजों का आना जाना रोकने के लिए कई सौ जापानियों ने अपने जहाज के साथ अपने को समुद्र में डुबो दिया था, केवल इसलिए कि जिसमें उनके देश की आन रहे। लेकिन जो लोग अपनी जान को ही सब कुछ समझते हैं, उनकी दृष्टि में तो इन लोगों से बढ़ कर नासमझ कोई दूसरा हो ही नहीं सकता। इसमें बात क्या है? बात यही है, कि न एक विचार और एक रुचि कभी रही, और न कभी रहेगी। फिर इन पचड़ों से क्या प्रयोजन? अपना अपना काम करने के लिए ही संसार में सब आया है, तुम अपना काम करो, दूसरा अपना काम करता है, इसमें झगड़ा क्या? वाद-विवाद क्या? आप कहेंगे कि तब तो भलाई बुराई भी कहीं न ठहरी, मैं कहूँगा, आपने मेरी बातों को ही नहीं समझा। जब तक जगत है तब तक भलाई भलाई और बुराई बुराई रहेगी। पर यह बात अनुचित है कि हम भलाई को भी बुराई बतलाने का यत्न करें, और बातों की झड़ी लगाकर बुराई

को भी भलाई बनाना चाहें। लोक में कोई ऐसी वस्तु नहीं है, जिसमें अँधेरे और उँजेले दोनों पक्ष न हों, हमको यह चाहिए कि जिसमें जितना अँधेरा पहलू हो उसमें उतना अँधेरा पहलू और जितना उँजेला पहलू हो उतना उँजेला पहलू दिखलावें, ऐसा न करें कि अँधेरे पहलू को ही दिखला दिखलाकर कहने लगें कि इसमें उँजेला पहलू है ही नहीं। और मेरे कहने का जो अभिप्राय है यही है। मैं मुख्य विषय को छोड़कर बहुत दूर निकल आया, मैं इस घड़ी इन बातों का विचार करने के लिए नहीं बैठा हूँ, इसलिए दान पुण्य क्या है? करना चाहिए या नहीं? न तो अब हम यही देखेंगे, और न इसी झगड़े को उठावेंगे कि दान किसे देना चाहिए, किसे नहीं। हमें देखना यह है कि रोगियों से यह क्यों कहा जाता है कि कुछ दान पुण्य करो, क्या दान पुण्य करने से बीमारी हट जाती है? या कुछ और अभिप्राय है।

जब किसी बीमार से कोई दान पुण्य करने के लिए कहता है, तो इस कहने का भाव यही नहीं है कि ऐसा करने से उसकी बीमारी जाती रहेगी, या बीमारी में उसको बहुत कुछ तसकीन होगी। वरन् इसलिए भी ऐसा कहा जाता है, कि यदि वह कुछ भलाई करना चाहता है तो कर डाले। जो भले चंगे हैं, उनको मौत की याद रहे या न रहे, पर बीमार को मौत की याद बराबर रहती है, और वह हर घड़ी उसकी आँखों पर नाचा करती है, इसलिए यह बहुत सम्भव होता है, कि ऐसी बातों का प्रभाव उस घड़ी उस पर हो, और यही सोच कर लोग उससे इस तरह की बातें कहते हैं।

संस्कृत में एक कहावत है कि "अच्छे कामों को तुरत कर डालो।"

"शुभस्य शीघ्रम्"

इसलिए कि अपनी सोची हुई बात को तुम जैसा अच्छा कर या करा सकते हो, दूसरा वैसा न तो कर सकता है न करा सकता है सिवा इसके यह भी हो सकता है, कि कुछ उलझनें पीछे ऐसी आन पड़ीं कि तुम उनमें फँस गये, और फिर तुमको उस काम के करने का अवसर हाथ न आया, और जी की बात जी ही में रह गयी। कोई बुरी बात हो और उसके लिए ऐसी नौबत आवे, तब तो कुछ हर्ज ही नहीं, उसके लिए ऐसी नौबत आई, तो समझ लेना चाहिए कि यह एक ऐसी बात हो गई, कि जिससे किसी का कुछ भला होते-होते रह गया, और यह दुख की बात है, इसीलिए अच्छे काम का उसी समय कर डालना अच्छा है। देखा गया है कि मरने के समय बहुत से लोग अपने लड़के बाले से बहुत सी बातें कह गये, पर उनके पीछे उनके लड़के बालों ने उनमें से एक बात को भी पूरा न किया। इसीलिए यह भी कहा जाता है कि "जो कुछ हम करना चाहते हैं उसको हम आप कर जावें दूसरों के भरोसे उसे कभी न छोड़ें" अच्छा रास्ता यही है, कोई रुकावट आन पड़े, या काम बढ़ जावे, या कोई विवशता हो तो दूसरी बात है। यदि

कोई किसी बीमार से दान पुण्य करने को कहता है, तो मानों थोड़े में उसको इन बातों की याद दिलाता है, और संकेत करता है, कि सम्हल जाओ अब भी तुम्हारे हाथ में बहुत कुछ है।

बहुत से रुपये वाले या धन जमा करने वाले ऐसे हैं, जो यह सोचते हैं कि यह सारा रुपया या धन हमारे उड़ाने या चैन मनाने या पृथ्वी में गाड़ रखने के लिए है। पर उनको समझना चाहिए कि उनका यह विचारना ठीक नहीं है, उनके कमाने में, काम करने में धन को सम्हालने में बहुत कुछ जनता का हाथ है, इसलिए उनको चाहिए कि अपनी कमाई का बहुत कुछ हिस्सा वे लोक की भलाई में लगावें, क्योंकि ऐसा करके ही वे भले बन सकते हैं, और अपने उस कर्त्तव्य को पूरा कर सकते हैं कि जिसके लिए भगवान ने उनको इतने धन का स्वामी बनाया है। हम देखते हैं समुद्र से, नदियों से, तालाबों से, मेघ पानी का बहुत बड़ा हिस्सा लेते हैं, पर इस पानी को लेकर वे उनको भूल नहीं जाते, वे फिर उसी पानी को उन्हीं के ऊपर बरसाकर उनको भरते हैं, और ऐसी जगहों में उसको पहुँचाते हैं, जहाँ दूसरे रास्तों से उसका पहुँचना कठिन होता है। रुपये वाले को भी ठीक मेघ बन जाना चाहिए, नहीं तो जो न टलने वाली बातें हैं, वे होकर रहेंगी, उसके हाथ से अवसर अलबत्ता जाता रहेगा, और बदनामी गले पड़ेगी। देखा गया है कि सूम धन गाड़ कर मर गये हैं, और वह धन फिर ऐसे हाथों में आया है जिन्होंने सबसे पहले उसको धर्म के काम में ही लगाया। जो बड़े भारी सूम हैं, उनकी आँखें तो कभी नहीं खुलतीं, वे धन के साथ-साथ अपयश बटोरने के लिए ही संसार में आते हैं। पर बहुत से लोग ऐसे भी हैं, कि जिनकी आँखें विपत्ति पड़ने पर खुलती हैं, और उस समय उनसे जो करने के लिए कहा जाता है, उसको वे प्रसन्नता से करते हैं, ऐसे लोगों के लिए ही बीमारी के दिनों की दान पुण्य की सीख है। यह सीख व्यर्थ नहीं जाती। बहुत काम कर जाती है। इसकी बदौलत कितने मन्दिर, शिवालय, घाट, पोखरे, धर्मशाले, बन जाते हैं, कितने सदावर्त्त खुल जाते हैं, कितने बाग बगीचे लग जाते हैं, कि जिनसे बहुतों का भला होता है।

कितने लोग ऐसे हैं कि जो यह जानते हैं, कि रुपया कैसे काम में लगाना चाहिए, वे एक नहीं सौ बहानों से दूसरों का भला करते हैं जब जब अवसर आता है, तब तब उनका दया का हाथ ऊपर रहता है, जब वे इस संसार को छोड़ने लगते हैं, तब भी ऐसे ऐसे काम कर जाते हैं, जिनकी सराहना नहीं हो सकती। यूरप अमेरिका में आप देखें मरने के दिनों में करोड़ों रुपये का दान होता है, बड़े-बड़े दान पत्र लिखे जाते हैं, इन दानों की बदौलत उन देशों में आज दिन सैकड़ों कालेज चलते हैं, बहुत से अनाथालय बन गये हैं, कितनी बेवाओं की रक्षा होती है, बहुत से भूखे कंगालों का पेट पलता है, कितनी बड़ी-बड़ी ईजादें होती हैं, बहुत सी कलें चलती हैं, और इन्हीं सब कामों का फल

यह है कि वे सब देश आज इतने फले-फूले हैं। अपने आप सोच-समझकर दान करने वालों की कमी हमारे यहाँ भी नहीं है। हाँ, युरप और अमेरिका के ढंग के दान हमारे यहाँ कम होते हैं। पर समय अब ऐसे लोगों को भी उत्पन्न करने लग गया है। जो लोग अपने देश और अपने समाज की आवश्यकताओं को अपने आप समझ सकते हैं। उन लोगों को दान पुण्य करने के लिए जगाने की आवश्यकता नहीं है। पर भूलचूक किसमें नहीं होती, इसीलिए मरने के समय ऐसे लोगों से भी दान पुण्य की बात कही जाती है, और देखा गया है कि यह प्रयत्न भी कुछ न कुछ काम ही कर पाता है।

अब हम यह देखेंगे कि दान पुण्य करने से क्या रोग भी दूर हो सकते हैं? रोगी को कुछ शान्ति भी होती है? संसार में एक ही तरह के विचार के लोग नहीं होते, विचार भी बहुत लोगों का बहुत तरह का होता है। हमने ऐसे लोग भी देखे हैं जो ग्रहों का फल पूरी तौर पर मानते हैं, और यह बात उनके जी में जमी रहती है, कि जो कुछ होता है, ग्रहों के भोग से ही होता है, इसलिए वे सदा ग्रहों को शान्त रखने की चिन्ता में रहते हैं। और जिन कामों से वे शान्त किये जा सकते हैं, उनको वे बड़े उत्साह से करते हैं। यदि उनको मालूम होता है कि मंगल आजकल अच्छा नहीं है, तो उसको प्रसन्न करने के लिए जब तक वह लाल कपड़ा, लाल गाय, गेहूँ और मूँगा दान नहीं करते, तब तक उनको चैन नहीं पड़ता, जी को न जाने कैसा एक खटका-सा बना रहता है, पर जब वह इन वस्तुओं का दान कर देते हैं, तो ऐसा ज्ञात होता है, कि उनके ऊपर का मानों एक बोझ उतर गया, और इस दशा में उनके जी को भी बहुत कुछ सन्तोष और ढाढस होती है, और अब आप लोग समझ सकते हैं कि इस तरह का दान देना ऐसे लोगों के कितने काम का है। पूजा-पाठ के प्रसंग में आप लोग पढ़ चुके हैं, कि जी का घबराना और बैठ जाना रोगी के लिए बहुत बुरा है, लेकिन उसका सम्हल जाना, बहल जाना, और दृढ़ हो जाना, संजीवन रस से भी बढ़कर काम देता है।

इसके सिवा साधारणतया भी यह बात देखी जाती है, कि जब किसी से कुछ छुलाकर किसी को दिया जाता है, और वह हाथ उठाकर उसको असीस देने लगता है, या जब उसके दिये हुए या संकल्प किये हुए सामानों को पाकर कुछ लोग उसका भला मनाते हुए उसके सामने से निकल जाते हैं। या जब भूखों-कंगालों में बाँटा गया अन्न उनके कलपते हुए जी को ठंढा करता है, और वे रोगी के भले-चंगे होने के स्वर से आकाश को गुँजा देते हैं तब रोगी के जी को बहुत कुछ भरोसा होता है, और उसके जी में एक ढाढस सी बँध जाती है, क्योंकि वह यह सोचता और समझता है कि इस तरह का किया हुआ दान कभी व्यर्थ नहीं जाता, और यह बात ऐसी है जो किसी रुग्न का बहुत कुछ भला कर सकती है। जब हम यह मानते हैं कि रोने चिल्लाने वालों का कलेजा कँपा देने वाला स्वर कितनों को उनकी सहायता के लिए तैयार कर देता है,

कड़खा गाने वालों की कड़कती हुई वाणी घरों को भी तड़पा कर लड़ाई में जाने की उमंग उत्पन्न कर देती है। लेक्चर देने वालों की ओजमयी शब्दावली दो चार दस नहीं सैकड़ों को किसी मुख्य काम कर देने के लिए कटिबद्ध कर सकती है, तो हम को यह भी मानना पड़ेगा कि सच्चे साधु महात्मा और योग्य पण्डितों की सच्चे जी से दी हुई असीस और भूखे कंगालों के मुँह की सच्ची भलाई से भरी हुई वाणी भी एक रोगी के जी को इतना बल दे सकती है कि जिससे वह अपने रोग की आपदाओं से पार पा सकता है। और ऐसी दशा में यह कोई नहीं कह सकता कि रुग्णता में किया गया दान पुण्य उसका कुछ भला नहीं कर सकता।

हम से जब कोई दान पुण्य करने के लिए कहता, तो हमको रोना आता, जी मसोस कर रह जाता, मैं सोचता, क्या भगवान ने मुझको इस योग्य बनाया है? जी में बहुत सी चाहें भरी हैं, पर क्या इस जन्म में वे पूरी होंगी? रुपये कहाँ हैं, और जब रुपये ही नहीं, तो फिर मन के लड्डू खाने से क्या होगा। लड़कपन के आज तक जी में कितने विचार उठे, पर क्या एक भी पूरे हुए? अधखिला फूल में देव स्वरूप के हाथों मैंने अपने जी के बहुत से अरमान निकाले हैं, पर इस तरह क्या लेखनी की नोक से ही सारा काम करने के लिए हम इस धरती पर जन्मे थे? रुपया सभी के पास थोड़े ही होता है, ऐसे भी कितने लोग हो गये हैं, जिन्होंने करोड़ों रुपये का काम अपनी बातों से करा लिया, पर हाय, क्या मैं इस योग्य भी हूँ, भगवान ऐसा बल क्या हमसे भुनगों को देता है। ऐसे लोग इस धरती पर कितने हुए, वह तो उँगलियों पर भी गिने जा सकते हैं। फिर इतनी ऊँची चाह क्यों? क्या वामन होकर कोई चाँद को छू सकता है? फिर रोवें, और तड़पें, और बस ही क्या है। पर न जाने क्यों लोग इस जी की बुझी आग को फिर धधका देते हैं। पर इसमें उन बेचारों की क्या चूक है, वे किसी के जी की क्या जानते हैं, हम रोने तड़पने के लिए जनमे हैं, रोते तड़पते रहें, पर वे बेचारे अच्छी बातें क्यों न कहें। तो क्या अपने मित्रों की बात मानकर हमने कुछ साधारण दान पुण्य भी नहीं किया? हम इस विषय में क्या लिखें, हमारे यहाँ दान पुण्य करके उसकी चर्चा बहुत बुरी समझी गई है, इसलिए इस विषय में हम जीभ भी नहीं हिला सकते। हाँ, एक कवि की तरह हाथ जोड़कर हम भी भगवान से इतना कह सकते हैं कि—"न तो हमारे पास विद्या है, न बल है, न गाँठ में दाम है, इसलिए हमारे ऐसे गये बीतों की पत, हे राम! तुम्हीं रख सकते हो।"

"नहिं विद्या नहिं बाहु बल, नहिं गाँठिन को दाम।
मोहिं अस पतित पतंग की, तू पति राखो राम ॥"

नौवाँ प्रसंग

औषध

जैसे जलती हुई आग के लिए पानी है, वैसे ही रोगों के लिए औषध है। कितनी अवस्थायें ऐसी हैं कि जिनमें बिना पानी के भी आग बुझा दी जा सकती है, बहुत सी युक्तियाँ ऐसी हैं कि जिनके बिना आग बुझाने में पानी भी असफल हो जाता है, परन्तु फिर भी, यह बात मानने की है, कि आग बुझाने के लिए पानी सबसे अधिक काम की वस्तु है। ठीक यही दिशा रोगों के लिए दवा की है। और यही कारण है कि जब कि कोई बीमार होता है, तो सबसे पहले दवा की ही चिन्ता होती है। कितनी दवाइयाँ ऐसी हैं, जो खिलाई जाती हैं, कितनी बाँध दी जाती हैं, और कितनी के छुला देने से ही काम चल जाता है।

हमारी आँखें जब खुलती हैं, तो हम अपने नीचे ऊपर दायें बायें आगे और पीछे अनगिनत पदार्थ देखते हैं इन अनगिनत पदार्थों में एक भी अनुपयोगी और अवांछित नहीं है, हाँ, यह हो सकता है कि हम उसको काम में लाना न जानते हों। जो कुनैन जाड़े और ज्वर की अक्सीर दवा है, अठारहवीं सदी के पहले उसको कोई जानता भी न था। एक दिन एक ऐसे मनुष्य को, जिसको बड़े जोर का ज्वर था, प्यास लगी, वह उठकर थोड़े ही दूर पर बहते हुए एक सोते के पास गया। और उसमें से दो तीन चिल्लू पानी लेकर उसने पी लिया। उस पानी पीने के थोड़े ही देर बाद उसका जी बहुत हलका हो गया, और ज्वर का बेग भी कम हो गया। दूसरे दिन फिर उसने जाकर उसी सोते में से दो तीन चिल्लू पानी पिया, और आज उसकी तबीयत कल से भी हलकी रही। इसलिए उसने लगातार चार पाँच दिन तक पानी पीने का क्रम जारी रक्खा। जिसका फल यह हुआ कि उसका बहुत दिनों का ज्वर जाता रहा। एक अनुभवी वैद्य से उसने यह बात कही, उसने सोते की जाँच पड़ताल की तो ज्ञात हुआ कि एक पेड़ की जड़ से टक्कर खाकर यह सोता बहता है, और उसके जड़ में से निकली एक श्वेत वस्तु को अपने में मिलाता जाता है, निदान उसने उस श्वेत वस्तु की परीक्षा ली, परीक्षा लेने पर उसको ज्ञात हुआ कि यह ज्वर की अक्सीर दवा है। फिर क्या था, उसी दिन से कुनैन

ज्वर की अक्सीर दवाओं में गिनी जाने लगी, और अब आज लाखों लोगों का इससे भला हो रहा है। पहले पहल सब दवाओं का ज्ञान इसी तरह हुआ है। और अब तक यह क्रम जारी है। तो भी लाखों करोड़ों दवायें ऐसी हैं, कि जिनका हमको बहुत सा भेद अब तक ज्ञात नहीं है। न्यूटन इंग्लैण्ड का एक बड़ा विख्यात वैज्ञानिक हो गया है, इसने पृथ्वी में प्रायः प्रति वस्तु को अपनी ओर खींच लेने की जो एक शक्ति है, उसके विषय में और सूर्य की किरणों में कई रंग होने के प्रमाण की बड़ी लम्बी-चौड़ी जाँच-पड़ताल की है, और इन गुत्थियों को बहुत कुछ सुलझाया है। जब वह मरने लगा, तब उसने कहा था कि–"मैं एक बहुत बड़े समुद्र के किनारे एक अबोध बच्चे की तरह खेलता रहा। कभी-कभी एक-आध चमकीले कंकर मेरे हाथ आये, पर बहुत बड़ा समुद्र जिसमें न जाने कैसे-कैसे रत्न भरे पड़े हैं, अब तक बिल्कुल बिना छाने हुए ही पड़ा है।" न्यूटन का यह कहना बहुत ठीक है, उसकी इन बातों से ज्ञात होता है, कि वह कितने ऊँचे विचार का मनुष्य था। किन्तु सच्ची बात यह है कि न्यूटन ही क्या, भगवान् की विशाल विभूति के बहुत बड़े समुद्र के किनारे आज तक न्यूटन ऐसे ऐसे वरन् उससे भी बढ़े-चढ़े लाखों करोड़ों बच्चे खेल खेलकर अपना दिन पूरा कर गये हैं। उनमें कोई कोई ऐसे भी थे, कि चमकीले कंकर ही नहीं, कभी-कभी चमकते हुए एक आध रत्न भी उनके हाथ लगे हैं, पर यह सच है कि फिर भी भव का बहुत बड़ा समुद्र अब तक बिना छाने हुए ही पड़ा है। अब तक मनुष्य ने जाना ही क्या है, जो कुछ जाना है वह घड़े का एक बूँद भी नहीं है। और इस पर भी तुर्रा यह कि जो कुछ जाना गया है, उसके बारे में यह नहीं कहा जा सकता कि वह पूरा है, अधूरा उसे भले ही कह सकते हैं। किसी दवा के बारे में भी यह नहीं कह सकते, कि यह इस रोग की पक्की दवा है, क्योंकि वही दवा कभी उस रोग पर काम करती है, कभी नहीं।

बूअली सेना ईरान में एक बड़ा नामी वैज्ञानिक हो गया है, यह अतिसार की बहुत अच्छी दवा जानता था, मजाल नहीं कि इसकी दवा दी जावे, और फिर अतिसार का रोग दूर न हो। संयोग ऐसा हुआ कि वह आप इस रोग में फँस गया, उसने अपनी दवा एक एक बार करके कई बार खाई, पर कुछ लाभ न हुआ, दिन दिन उसकी दशा बिगड़ती गई। एक दिन लोगों ने उससे कहा, कि आप अपनी अतिसार वाली प्रसिद्ध दवा क्यों नहीं खाते? बूअली सेना आँखों में आँसू भर लाया, और लोगों को अपने उपवन में एक नहर के किनारे ले गया। इस नहर में पानी बहुत तोड़ के साथ बहता था, बूअली सेना ने इसके किनारे पर पहुँच कर अपनी दवा आर पार छोड़ दी, देखते ही देखते नहर का बहना बन्द हो गया, और बहुत देर तक उसका पानी रुका रहा। लोग देख कर चकित हो गये, बोले–निस्सन्देह आपकी दवा ऐसी ही है। बूअली सेना ने कहा, पर मेरे लिए नहीं। लोग कहते हैं कि पीछे वह इसी रोग से मरा। यहाँ यह कहा

जा सकता है कि मौत की दवा तो कुछ है ही नहीं, फिर वह कैसे अच्छा होता। मैं कहता हूँ कि उसका दस्त तो बन्द हो जाता, पीछे वह भले ही मर जाता। पर उसका दस्त बन्द नहीं हुआ, इससे यह पाया जाता है कि उसकी दवा दस्त की अव्यर्थ दवा न थी। और जो यह मान भी लें कि दस्त की बीमारी से ही उसकी मौत थी, इसलिए उसके दस्त पर उसकी दवा कारगर न हुई, तो भी मैं बतला सकता हूँ कि कितने रोगी ऐसे देखे गये हैं कि जिनकी सब तरह की दवा बड़े बड़े डाक्टर और वैद्यों ने की, पर वे अच्छे नहीं हुए, और पीछे एक अनाड़ी आदमी की साधारण दवा काम कर गई, और वे अच्छे हो गये। ऐसे लोग भी पाये गये हैं कि वे दवा करते ही गये, पर बीमारी न हटी, पीछे वे दवा छोड़ बैठे, और अपने आप यो हीं अच्छे हो गये। यह भी देखा गया है कि जिस दवा ने सैकड़ों जाड़े बुखार वाले को अच्छा किया, वही दवा देते-देते थक गये, पर कितने बीमार वैसे के वैसे ही रहे, उनकी बीमारी पर उस दवा ने कुछ भी असर नहीं किया। इसलिए यह बहुत ठीक है कि किसी रोग की कोई अव्यर्थ दवा नहीं है, और आज कल इस विषय में लगभग सभी डाक्टर एक राय हैं।

भले ही किसी रोग की कोई अव्यर्थ दवा न हो, पर जो कुछ लाभ आज दवा से लोगों को पहुँच रहा है, वह थोड़ा नहीं है। जिन लोगों ने परीक्षा करके दवाओं का भेद जाना है, उन्होंने संसार के साथ बड़ा भारी सलूक किया है। यों तो कुत्ते बिल्ली भी घास खाकर अपनी दवा कर लेते हैं, चिड़ियाँ भी अपना रोग दूर करने की तरकीब जानती हैं, पर मनुष्य ने इस विषय में जो कमाल किया है उसकी प्रशंसा नहीं हो सकती। भागवाले हैं वे जो इन सब बातों को ठीक-ठीक समझते हैं, और ठीक तरह से दवा को काम में लाते हैं। हमने तो कितने लोगों को देखा है कि वे रोग से भी लड़ते हैं, और जब तक वे विवश नहीं होते, दवा नहीं करते, पर यह बहुत बड़ी भूल है, ज्यों कोई बीमार हमको मालूम हो, या किसी तरह की शिकायत हो जावे, त्योंही हमको उसको दूर करने के लिए तैयार हो जाना चाहिए। एक छोटे से पौधे को हम एक झटके में ही उखाड़ कर फेंक दे सकते हैं, पर जब वह बढ़कर पेड़ बन जाता है, तो दस बीस मनुष्य मिल कर भी उसको उखाड़ नहीं सकते। यही अवस्था बीमारी की है, जब वह बढ़ जाती है, तो बहुत तंग करती है, वरन् प्राण लेकर ही छोड़ती है।

जैसे रोगों को न बढ़ने देने का ध्यान वाजिब है, वैसे ही यह भी चाहिए कि दवा करने में उतावली न हो। दवा बहुत सोच समझ कर किसी योग्य अनुभवी वैद्य की करनी चाहिए—अनाड़ी या पैसा कमाने के लिए बने हुओं की दवा न करना ही अच्छा है। दवा खाने में बहुत शक करना भी ठीक नहीं है, पर जल्द अच्छा हो जाने के लालच से कड़ी दवाओं को खाना भी उचित नहीं। जड़ी, बूटी, फल, मूल की दवा रसों से अच्छी है, क्योंकि इसमें अनिष्ट की आशंका कम होती है, किन्तु कारण विशेष से जो रस

खाना ही पड़े तो उसको बहुत जाँच और समझ बूझकर खाना चाहिए। जो बिना कुछ पढ़े-लिखे इधर-उधर से थोड़ा बहुत सीखकर झूठ-मूठ वैद्य बनने का दावा करते हैं, उनकी रस की दवा को तो छूना भी न चाहिए। रस से बढ़ कर उपयोगिनी कोई दवा नहीं है, वह अकसीर है, और बीमारियों में अमृत का गुण दिखलाती है, परन्तु यदि वह ठीक तौर पर तैयार नहीं हुई है, या उसके खाने में ही कुछ असावधानी हुई, तो समझ लेना चाहिए कि उसके विष बन जाने में भी देर न होगी। मुंशी नागेश्वर प्रसाद एक बड़े मिलनसार और अच्छे गिर्दावर कानूनगो थे, यकबयक इनको खाँसी की शिकायत हुई, उन्होंने बहुत दवा की, पर खाँसी न गई, एक अधूरे वैद्य से उनको पाला पड़ा, उसने इन्हें मारी हुई संखिया खाने को दी, इस दवा से उनको बड़ा भारी लाभ हुआ। जब दवा चुक गई तो उन्होंने फिर उससे दवा ली, अबकी बार दवा ठीक तौर से तैयार न हो सकी थी, इसलिए खाने के आध घंटे बाद उसने अपना बुरा प्रभाव दिखलाया, उनकी आँख की रोशनी जाती रही, और उनका जी घबराने लगा। यह रात का समय था, दस बज गया था, वे पड़े भी देहात में थे, इसलिए साथ वालों को यह चिन्ता हुई कि वे किसी तरह आजमगढ़ पहुँचाये जावें। एक रईस ने अपनी पालकी दी, वह उस पर आजमगढ़ लाये जा रहे थे, कि दो कोस आते आते उनका काम तमाम हो गया। दवा खाने के बाद वे कुल पाँच-छह घंटे जीते रहे, इससे आगे उनकी साँसें न चल सकीं। मुंशी नागेश्वर प्रसाद की मौत कच्चे वैद्य और रस की दवा दोनों से चौकन्ना बनाती है। और संसार को यह सिखलाती है, कि लोगों को इनसे कहाँ तक बचना चाहिए।

आजकल समाचार पत्रों में बहुत सी दवाओं का विज्ञापन देखा जाता है, परन्तु इनमें काम की बहुत ही थोड़ी होती हैं, सब लोगों को उनसे बहुत बचना चाहिए। हम विज्ञापनों की फड़कती हुई और जोरदार शब्दावली को पढ़कर उनके पेंच में पड़ जाते हैं, परन्तु यह हमारी बहुत बड़ी अज्ञता है। यह सोचने की बात है कि जब हम किसी वैद्य की दवा करते हैं, और वह दवा हमको अवगुण करती है, तो हम दौड़े वैद्य के पास जाते हैं, और उससे उसके दूर होने का उपाय पूछते हैं, परन्तु जब हम विज्ञापनों की दवा करेंगे, और वह हमको अवगुण करेगी, तो हम उसको दूर करने की युक्ति किससे पूछने जावेंगे। यह अवश्य है कि ऐसी दशा में हम विवश होंगे, और कष्ट सहेंगे, क्योंकि चारा ही क्या। जिसने हमको दवा भेजी, वह हमारे पास बैठा नहीं है, कि हमारी सुनेगा, और हमारे दुख को दूर करेगा। फिर क्या और सब वसीले हमारे जाते रहे, जो हम ऐसी नासमझी करते हैं, और आप ही अपने को एक डरावने चंगुल में फँसा देते हैं। इसके सिवा यह भी एक सिद्धान्त है कि बिना जानी हुई दवा न करनी चाहिए, विज्ञापन सम्बन्धी दवायें जब हमारे पास आती हैं, तो बिना उनकी सब बातें जाने हुए हम उनको काम में लाते हैं, और यह एक बहुत बड़ी चूक है। क्योंकि अगर उसमें कोई धर्म

बिगाड़ने वाली वस्तु है, तो भी बुराई यदि ऐसा नहीं है, वह हमारे स्वभाव के अनुकूल नहीं है, तो भी बुराई, क्योंकि दवा का गुण-दोष कभी-कभी पाँच-सात महीने बाद भी ज्ञात होता है। यों तो यदि कोई हमको रस खिलावे, तो हम उसे नहीं भी खा सकते हैं। घर अगर विज्ञापन की दवा में वह मिलाया गया हो, तो उसके जान लेने की हमारे पास कोई युक्ति नहीं है, बहुत सम्भव है कि हम उसको अनजान में खायेंगे, और फिर जो भुगतेंगे वह किसी से छिपा नहीं है।

जो दवायें बाँधी या छुलाई जाती हैं, उनसे वे दवायें प्रभाव में बढ़ी हुई होती हैं, जो कि खिलाई, पिलाई या लगाई जाती हैं। पर कभी-कभी बाँधी और छुलाई गई दवा भी बड़ा प्रभाव रखती है, और बहुत कुछ काम करती है। सन्निपात हो जाने पर उर्द की आधी कच्ची आधी पक्की रोटी बेले का तेल पोत कर जब सर पर बाँधी जाती है, और गाँठ के दर्द में जब रेंड का पत्ता जोड़ों पर बाँध दिया जाता है, तो रोगी को जो लाभ होता है, वह किसी से छिपा नहीं है। गर्म पानी भर कर जब बोतल पेट पर लुढ़काया जाता है, तब सिवाय इसके कि वह गर्म पानी से भरा बोतल बार-बार पेट को छूता रहता है, और कुछ नहीं होता, पर इस उपाय से पेट का दर्द जाता रहता है। परन्तु कभी-कभी बाँधने और छुलाने का मतलब ठीक-ठीक नहीं समझा जाता, जड़ी बूटियों में बड़े-बड़े गुण हैं, यह सभी मानेंगे, कहीं-कहीं उनका बहुत बड़ा प्रभाव देखा जाता है। फिर भी हम यह कहेंगे कि सब अवसरों पर जड़ी बूटी कमर में या बाँह पर बाँध देने से ही काम नहीं चलता। छोटे-छोटे रोगों में ऐसे ऐसे लटके अवश्य काम कर जाते हैं, किन्तु बड़ी-बड़ी बीमारियों में इस प्रकार की क्रिया कभी सफल नहीं होती। यदि होती भी है तो उसका असर बहुत थोड़ा दिखलाई पड़ता है, जिसका होना न होना दोनों बराबर होता है। हमने एक पन्द्रह वर्ष के दमा के रोगी को देखा कि उसने अपने बाँह पर एक जड़ी इसलिए बाँध रखी थी, कि इससे उसका दमा जाता रहेगा। किन्तु यह उसका धोखा खाना था, ऐसा करने से न तो उसका दमा ही अच्छा हुआ, और न उसके कष्ट में ही कमी हुई, मैंने एक आदमी के पास एक ऐसी जड़ी देखी थी, कि यदि बिच्छू किसी को डंक मारता है, तो वह उस जड़ को, कुछ देर तक उस जगह पर छुलाता रहता, जहाँ कि डंक लगा होता। और इसका फल यह होता, कि वहाँ का बिल्कुल दर्द जाता रहता। पर हमने कोई जड़ी ऐसी नहीं देखी, सुनी, कि जिसके बाँधने या छुला देने से दिक, सरसाम या कोढ़ जाता रहे, किसी पुस्तक में भी शायद ऐसी जड़ी का वर्णन नहीं है। मैं यह मानूँगा कि जड़ी या बूटियों के शरीर के किसी हिस्से में छुलाने या बाँधने का असर शरीर की बिजली पर पड़ता है, और इससे लोगों को लाभ पहुँचता है। पर फिर भी मैं यह कहूँगा कि यह लाभ छोटी-छोटी बीमारियों में ही होता है। बड़ी-बड़ी बीमारियों में नहीं, संभव है कि कहीं कोई ऐसी जड़ी मिले जो मेरे इस विचार को बदल

दे पर जिस दिन ऐसा होगा, वह दिन स्मरणीय होगा, और मैं प्रसन्नता से उस दिन अपने विचार को बदल डालूँगा।

मैंने अपनी दवा की या नहीं, इस बारे में क्या बतलाऊँ। मैंने दवा सब तरह की बनाई, मोल भी ली, विज्ञापन वाली दवाइयाँ भी मँगाईं, अब तक मेरा बक्स दवाइयों से भरा पड़ा है, परन्तु मैंने दवाई खाई बहुत कम। मेरे मिलने वाले और मेरी दवा करने वाले दोनों कहते हैं कि मैं बड़ा शक्की हूँ, दवा खाता ही नहीं, तो फिर अच्छा कैसे हूँगा। पर मैं करूँ तो क्या करूँ, जरा दवा प्रतिकूल हुई नहीं कि बुरी गत हुई नहीं, जान पड़ता है कि जान ही निकल जावेगी। इसी डर से दवा मैं बहुत थोड़ी और बहुत समझ-बूझ कर खाता हूँ। कभी नहीं भी खाता। जब मैं किसी से यह कहता हूँ, और अपनी दशा वर्णन करने लगता हूँ, तो लोग हँस कर मेरी बातें उड़ा देते हैं, कोई कोई तो यह भी कह बैठते हैं कि मैं अपनी रुग्नता को भी उपाख्यान बना लेता हूँ। आप लोग कहेंगे कि जब तुम दवा खाते ही नहीं हो, तो क्यों बनाते हो? और क्यों मोल लेते हो? और जिस विज्ञापन की दवा को तुम अच्छा नहीं समझते, उसी के मँगाने का क्या मतलब? पर बात यह है कि सर पड़ने ही पर तो अनुभव होता है, जब मैंने पचासों रुपये की विज्ञापन की दवाइयाँ मँगाईं, और उनसे कुछ भी लाभ नहीं हुआ, तभी तो मुझको उनकी भलाई-बुराई ज्ञात हुई। रहा, मैंने दवाइयाँ बनवाईं क्यों? मोल क्यों लीं? तो इसका कारण यह है कि जब रोग सताता, उसका बल बढ़ता, या उसके दौरे पर दौरे होने लगते, तभी जी घबराता, और कोई दवा खाने की चाह होती, इस समय कोई हकीम या वैद्य या डाक्टर जो दवा बतलाता, वही मैं बनाता, या उसी को मोल लेता, पर जब वह अनुकूल नहीं आती, और खाने पर लाभ पहुँचाने के स्थान पर हानि करती, तो मैं क्या करता जो उसे छोड़ न देता। यही कारण है कि मुझको बार-बार बहुत सी दवाइयाँ बनानी और मोल लेनी पड़ीं, और फिर उनको छोड़ देना पड़ा। बक्स भी दवाइयों से इसीलिए भरा पड़ा है, क्योंकि जब वह खाई गई ही नहीं तो होती क्या? मैंने दूसरों को भी बहुत सी दवाइयाँ दे डाली हैं। लेकिन फिर भी अभी बहुत सी मौजूद है।

मेरी बीमारी का यह ढंग है कि वह मौसिम पर अपने आप बढ़ती है, और फिर मौसिम पाकर अपने आप घट जाती है। जब बहुत जाड़ा पड़ने लगता है, तो वह ज़ोर पकड़ने लगती है, पर ज्यों-ज्यों दिन गर्म होता जाता है, उसका बल भी घटने लगता है। महीने और सप्ताह के भीतर भी, यहाँ तक कि दिन के चौबीस घंटों के अन्दर भी, उसका रूप इसी प्रकार बदलता है। जब जैसी आबहवा रही, तब तैसा उसका रूप रहा, हाँ यह अलबत्ता होता है कि कभी वह बहुत बढ़ जाती है, कभी कम कष्ट देती है। और कभी नाम को ही उसकी शिकायत रह जाती है। अब तक मुझको कोई दवा ऐसी नहीं मिली कि जो उसके इस ढंग को बदल दे, सलफ़र वो नक्स की होमियोपेथिक गोलियाँ

मुझको कुछ लाभ पहुँचाती रही हैं, पर नक्स ने तो इस साल जवाब दे दिया, हाँ, सलफ़र अब तक कुछ काम करता है, आगे क्या होगा, ईश्वर जाने। मुझको ठीक-ठीक लाभ टहलना और घूमना पहुँचाता है। अगर बीमारी का जोर हो, और मैं दो तीन मील घूम आऊँ, तो मेरी सब शिकायत दूर हो जाती है। पर पन्द्रह बीस घंटे के लिए, अधिक नहीं। मैंने प्रायः देखा है कि मेरा जी खराब होने लगा है, और मैं उठकर दो मील घूम आया, तो फिर मेरी तबीअत सम्हल गई, और सब शिकायत जाती रही, घूमना मेरी बीमारी की सब से अच्छी दवा है।

दसवाँ प्रसंग

मृत्यु क्या है?

जब किसी की बीमारी बढ़ जाती है, और वह समझ लेता है कि अब बचने की आशा नहीं, तो सब ओर से हट कर उसका जी यह सोचने लगता है कि मृत्यु क्या है? मरने के पीछे क्या होगा? इसी देह तक क्या सब कुछ था, या आगे भी कुछ और है? एक दिन अचानक मेरे जी में भी ये बातें उठीं, और सब से पहले मैं यह सोचने लगा कि मृत्यु क्या है, पर ज्यों यह बात जी में आई, त्यों गीता के ये वचन याद आये—"जैसे जीव के इस देह के लिए लड़कपन, जवानी और बुढ़ापा है, उसी तरह उसके लिए दूसरी देह का पाना (मरना) है, जो लोग धीरज वाले हैं, उनको इससे घबराहट नहीं होती।"

"यथा देही शरीरेऽस्मिन् कौमारं यौवनं जरा।
तथा देहान्तर प्राप्ति र्धीरस्तन्न न मुह्यति॥"

"जैसे पुराने कपड़े को उतार कर मनुष्य दूसरे नये कपड़े को पहनता है, उसी तरह से पुरानी देह छोड़ कर जीव दूसरी नई देह में चला जाता है।"

"वासांसि जीर्णानि यथा बिहायनवानि गृह्णातिनरोऽपराणि।
तथा शरीराणि विहाय जीर्णान्यन्यानि संजातिनवानि देही॥"

गीता के इन वचनों के साथ भागवत की बात भी याद पड़ी, उसमें वसुदेव जी ने कंस को समझाते हुए कहा है कि, "जब मनुष्य मर जाता है तो जीव अपनी करनी के मुताबिक बेबसों की तरह दूसरी देह को पाकर अपनी पुरानी देह को छोड़ देता है।"

"देहे पंचत्व मापन्ने देही कर्मानुगोऽवशः।
देहान्तर मनुप्राप्य प्राक्तनम् त्यज्यते वपुः॥"

"जैसे 'तृण जलौका' चलने के समय जब एक पाँव रख लेता है, तब दूसरा पाँव उठाता है, उसी प्रकार करनी के अनुसार जीव की भी गति है।"

"ब्रजस्तिष्ठ न्यदैकेन यथैवेकेन गच्छति।
यथा तृण जलौकैवं देही कर्म्म गतिं गतः॥"

इन कई एक पंक्तियों के पढ़ने से यह बात समझ में आ गई होगी, कि मृत्यु क्या है? जैसा गीता और भागवत ने हमको बतलाया है, उससे पाया जाता है कि मृत्यु और कुछ नहीं एक प्रकार का परिवर्तन है।

डाक्टर लूइस फ्रान्स के एक बहुत बड़े और प्रसिद्ध विद्वान हैं, उन्होंने फ्रान्सीसी भाषा में मृत्यु के बारे में एक पुस्तक लिखी है। उसका अनुवाद फ्रान्सीसी से अंगरेज़ी और अंगरेज़ी से उर्दू में हुआ है। उर्दू किताब का नाम "अलूहयात बादुलममात" है। उसके चौथे बाब में मौत के बारे में जो कुछ लिखा है, वह यह बात है "मौत जिन्दगी की सबसे पिछली मंजिल नहीं है, बल्कि एक तबदीली है, हम मरते नहीं, बल्कि सूरत बदलते हैं। मौत के परदे का गिरना किसी बुरी हालत में पहुँचना या सदमा उठाना नहीं है, बल्कि आदमी के भाग्य का जो तमाशागाह है, यह उसका एक बहुत बड़ा असर डालने वाला सीन है। साँस चलने की तकलीफ़ बरबाद हो जाने या मिट जाने की इब्तिदा नहीं है, बल्कि एक ऐसी दर्दनाक हालत है, जो कभी नहीं टलती, और नेचर के कानून में हर तबदीली के साथ मौजूद रहती है। सब लोग जानते हैं कि कीड़े मकोड़ों के सर्द और हिलने डुलने वाले बदामा को अपना बाहिरी लिबास चाक करना पड़ता है, जिससे कि वह सुन्दर रंगवाली चमकीली तितली की सूरत में दिखलाई पड़े। जब तुम तितली को उसी घड़ी देखो, जब वह अपने थोड़े दिन ठहरनेवाले ढकने से बाहर निकलती है, तो वह तुम को उस कैद करनेवाली जंजीर के तोड़ने से काँपती और हाँफती हुई दिखलाई पड़ेगी। उसको आराम की जरूरत है, जिसमें वह अपनी ताकत को हवा में उड़ने के लिए इकट्ठा करे क्योंकि नेचर ने उसको इस हवा में उड़ने के लिए ही बनाया है यही हमारी मौत की तकलीफ़ का नमूना है। हमको इस तरह की हर एक तकलीफ़ को सह लेना जरूरी है, जिसमें हम इस मिट्टी के घरौंदे को छोड़ कर उन अनजान लोकों के सैर के लिए तैयार हों, जो इस तरह देह छोड़ने के बाद हमारे सामने आते हैं।"

कबीर साहब एक दोहे में कहते हैं कि "मरने से सारी दुनियाँ डरती है, पर मेरे मन में आनन्द है, क्योंकि पूरा और सच्चा आनन्द मरने से ही मिलता है।"

"मरने ते सब जग डरे, मेरे मन आनन्द।
मरने ही ते पाइये, पूरन परमानन्द॥"

कबीर साहब के स्वर में स्वर मिलाकर एक फ़ारसी का कवि कहता है कि "दौड़ना, चलना, खड़ा होना, बैठना, सोना, और मरना यह दर्जे हैं, और दर्जे के इतना ही हर

ठहरने में आनन्द होता है"। कवि का भाव यह है कि जब कोई दौड़ता रहता है, और थक जाता है, तो चलने लगता है, क्यों? इसलिए कि दौड़ने से चलने में आनन्द है। जब किसी को चलने में थकान होती है, तब वह खड़ा हो जाता है, क्योंकि चलने से खड़े होने में कम मिहनत पड़ती है। इसलिए चलने खड़े होने में आनन्द मिलता है। जब हम खड़े नहीं रह सकते, पाँव दुखने लगते हैं, या जी नहीं चाहता कि खड़े रहें, तब हम बैठ जाते हैं, क्योंकि खड़े रहने से बैठने में आनन्द होता है। यही बात बैठे न रह सकने पर सोने की है। और जब हमने देख लिया कि दौड़ने से चलने में, चलने से खड़े होने में, खड़े रहने से बैठने में, और बैठने से सोने में आनन्द है, तो हमको यह मानना पड़ेगा, कि सोने से मरने में भी आनन्द है। क्योंकि जो बात अनुभव और युक्ति से सिद्ध है, उसमें फिर कोई तर्क वितर्क करने का स्थान नहीं रह जाता।

गीता और भागवत में जो कुछ मौत के विषय में लिखा है, उसमें यद्यपि खुली तौर पर यह नहीं कहा गया है, कि मौत भी आनन्द का साधन है। परन्तु यदि उन वचनों पर विचार किया जावेगा तो ज्ञात हो जावेगा कि कबीर साहब और फारसी के कवि ने जो कुछ कहा है, वह सर्वथा उसी की छाया है, क्योंकि जब हम पुराना कपड़ा उतार कर नया पहनेंगे, या पुरानी न काम देने योग्य देह छोड़ कर नई और काम की देह पावेंगे, तो यह कभी संभव नहीं है, कि हमको आनन्द न होवे। डाक्टर लूइस ने भी इस बात को पूरी तरह से मान लिया है। इसलिए मौत क्या ठहरी! एक ऐसी दशा जिसमें आनन्द का अनुभव होता है।

कुछ लोग ऐसे हैं, जो जीव नहीं मानते, उनका विचार है कि जैसे पान, सोपारी, खैर और चूना जब एक परिमित परिमाण में मिलते हैं, तो लाली अपनी आप पैदा हो जाती है, उसी प्रकार पाँच तत्त्व जब परिमित परिणाम में मिलते हैं, तो जीवन अपने आप बन जाता है। लाली, पान, सोपारी, खैर, चूना से अलग कोई वस्तु नहीं है। वह एक छिपी दशा में पान, सोपारी, खैर, चूना में पहले ही से मौजूद रहती है, जब यह सब इकट्ठे होते हैं, तो वह उन्हीं में से प्रकट हो जाती है, कहीं अलग से नहीं आती। यही दशा पाँच तत्त्व और जीव की भी है। जो लोग इस विचार के हैं, वे यह नहीं मानते कि जीव ज्यों एक देह को छोड़ता है, त्यों दूसरी देह में चला जाता है, वे कहते हैं कि जीव जब कोई अलग है ही नहीं तो उसका आना जाना कैसा? जब तक देह में पाँच तत्त्व इस ढंग से मिले रहते हैं, कि यह चल फिर सकती है, खा पी सकती है, सोच विचार सकती है, तभी तक जीवन है, अर्थात् जीवन एक ऐसी अवस्था है, जो पाँच तत्त्वों के ठीक-ठीक मिले रहने से होती है, उस घड़ी जब पाँच तत्त्वों का यह ढंग बिगड़ जाता है, और वह घट बढ़ जाते हैं, उसकी वह पहली अवस्था नहीं रह जाती, जिसको हम जीवन कहते हैं, और इसी को हम लोग अपनी बोलचाल में मृत्यु कह कर पुकारते हैं। अर्थात मौत एक

ऐसी अवस्था है, जो ठीक जीवन का उलटा है, और ऐसी दशा में किसी को जीव मानने की आवश्यकता नहीं रहती।

आप एक घड़ी को लीजिये और उसके कल-पुरजों को देखिये, जब तक ये कल पुरजे अपनी जगह पर ठीक-ठीक काम देते हैं, तब तक घड़ी चलती रहती है, उसकी सुइयाँ घूमती रहती हैं और घड़ी का सारा काम होता रहता है। पर जो इन कल पुरजों में कुछ भी अन्तर हुआ, और अपनी जगह पर ठीक-ठीक काम देने से वे चूके, तो समझिये घड़ी बिगड़ी और उसका सारा काम मिट्टी हुआ। इससे यह न समझना चाहिए कि कल पुरजों के सिवा उसमें कोई शक्ति ऐसी और थी जो घड़ी को चलाती थी, और उसका सारा काम पूरा करती थी, और उस शक्ति के निकल जाने से घड़ी बिगड़ी, और उसका कुल काम रुक गया। वरन् उसके कल पुरजों का अपनी जगह पर रहना और उनका ठीक-ठीक काम देना ही उसकी शक्ति थी, सिवा इस शक्ति के उसमें और कोई शक्ति नहीं थी, यही दशा जीवन की है, इस तरह के विचार के लोग यही बतलाते हैं, वे कहते हैं कि ठीक घड़ी के कल पुरजों की दशा इस देह के कल पुरजों की भी है, ज़ब तक पाँच तत्त्व ठीक-ठीक अपनी जगह पर काम देते हैं, तब तक ये भी ठीक-ठीक चलते हैं, देह भी अपना सब काम ठीक-ठीक करती है, जहाँ पाँच तत्त्व का सामंजस्य बिगड़ा वहाँ देह के कल पुरजे भी बिगड़े, और देह भी अपने समस्त कामों से रहित हुई। पर इसका यह अर्थ कभी नहीं हो सकता कि देह में जीव नाम की कोई दूसरी शक्ति मौजूद थी और वह निकल कर किसी दूसरी जगह चली गई, और इसी से देह का सारा काम बन्द हो गया, और आदमी मर गया। कई एक दूसरे धर्म वालों का विचार भी मृत्यु के बारे में ठीक ऐसा ही, या इससे कुछ मिलता जुलता हुआ है, इससे उनकी चर्चा यहाँ पर नहीं की गई।

इस तरह के लोगों ने जैसा मृत्यु को बतलाया है, उससे भी मौत कोई डरावनी वस्तु नहीं ज्ञात होती। पाँच तत्त्वों के किसी परिमित परिमाण से मिलने पर एक पुतला बना था, वह पुतला उन तत्त्वों के उस अवस्था को छोड़ देने से बिगड़ गया, उसका सब सामान फिर अपने मुख्य रूप में हो गया, हवा हवा में, मिट्टी मिट्टी में, आकाश आकाश में, पानी पानी में, और तेज तेज में मिल गया था। फिर अब और चाहिए क्या? बूँद समुद्र बन गई, तेज सूर्य हो गया, परमाणु पृथ्वी हुआ, अंश अखिल बना, इससे बढ़ कर और कौन आनन्द की बात होगी?

ग्यारहवाँ प्रसंग

मृत्यु का भय

मृत्यु क्या है? यह आप लोगों ने समझ लिया। जैसा हमें बतलाया गया है, उससे पाया जाता है कि मृत्यु कोई ऐसी वस्तु नहीं है, कि जिससे कोई डरे। यह सच है कि मरते समय लोग घबराते हैं, जी का लोभ बेतरह सताता है, लोग यह समझ कर कि संसार उन्हें छोड़ना पड़ता है, कैसा-कैसा नहीं झींखते, उनका जी कितना नहीं मलता। परन्तु कहा जाता है कि ये सब बातें थोड़ी देर के लिए हैं, जब तक जीव एक देह को छोड़कर दूसरी देह में पहुँच नहीं जाता, तभी तक के लिए हैं, पीछे ये सब बातें जाती रहती हैं, और जीव फिर अपनी वास्तविक अवस्था पर आ जाता है। जीव का यह ढंग है कि जब कुछ दिन वह कहीं रह जाता है, तो फिर उसको उसके छोड़ने के समय कुछ न कुछ कष्ट अवश्य होता है, कुछ-न-कुछ वह अवश्य घबराता है। जब कोई एक जगह से दूसरी जगह जाता है, या एक मकान छोड़कर दूसरे मकान में पहुँचता है, तो चाहे यह दूसरी जगह पहले से बहुत ही आराम की क्यों न हो, यह दूसरा मकान पहले मकान से बहुत ही अच्छा और बढ़ा चढ़ा क्यों न निकले, फिर भी पहली जगह या पहला मकान छोड़ने में जी कुछ-न-कुछ अवश्य मलता है, कुछ-न-कुछ कष्ट उसको अवश्य होता है, क्योंकि उसका ढंग ही ऐसा है। फिर आप सोचें, जिस देह में वह बहुत दिनों तक रहा, उसको वह यों बिना किसी तरह की कसक के कैसे छोड़ देगा।

चाहे मौत की बातें ठीक ऐसी ही हों, जैसी कि बतलाई गई हैं। चाहे कुछ लोग ऐसे भी हों, जो मौत की बातों को ठीक ऐसा ही मानते भी हों। किन्तु साधारणतया संसार के सब लोगों के लिए मौत एक बड़ी डरावनी वस्तु है, इतनी बड़ी डरावनी कि जिससे बढ़कर कोई दूसरी डरावनी वस्तु हो ही नहीं सकती। क्या वे योगी यती जो निराले में बैठ कर योग जुगुत साधते हैं, और संसार की ओर फूटी आँख से भी देखना रवा नहीं रखते, क्या वे साधु संत जो सब झंझटों से निर्लेप रह कर राम रस में सराबोर रहते हैं। और भूल कर भी चाह की भूल-भुलैया में पड़ना पसन्द नहीं करते, क्या वे पंडित और ज्ञानी जो हरिनाम का अमृत पीते हैं, और चारों ओर ज्ञान का दीया जलाते हैं, और क्या

वे ज्योतिषी और गुणी जो दूरवीक्षणों से आकाश का समाचार लाते हैं, और मृतक को भी जिलाने का दावा करते हैं, जिनको देखो, उन्हीं को मौत के लिए यत्न करते पावोगे। और वे इस विचार में डूबे हुए मिलेंगे, कि कैसे मौत के हाथों से छुटकारा मिले। और कैसे उसके तेज दाँत विफल कर दिये जावें। यदि वे राजे महाराजे जिनके डंके की गरज से स्वर्ग काँपता है, मौत के डर से रात में भर नींद नहीं सोते, तो वह भूखा भी जो एक टुकड़ा रोटी के लिए द्वार-द्वार घूमता फिरता है, मौत का नाम सुनकर थर्राता है, और कान पर बिना हाथ रखे नहीं रहता। गाँव की वे सीधी सादी स्त्रियाँ जो माता माई का गीत गाती हुई दो बजते हुए छोटे नगारों के पीछे चलती हैं, और घर-घर भीख माँगती फिरती हैं, यदि मौत के डर से थर-थर काँपती हैं, तो घड़ी, घंटा, शंख बजानेवाले उस पुजारी और भगत का कलेजा भी जो अपने पापों पर आठ-आठ आँसू रोते हैं, मौत के डर से बल्लियों उछलता है, और उसे बेचैन बनाये बिना नहीं छोड़ता। जब एक नासमझ गँवार काली के चौरे के पास बैठकर किसी बकरे की बलि देता है, और फिर उसके कटे हुए सिर को सामने रख कर उससे जय बुलाता है, और अपने बाल बच्चों की बढ़ती चाहता है, तो हम उसकी समझ पर हँसते हैं, पर मौत की लाल आँखों को देखकर जितना घबराया हुआ वह रहता है, उससे से कम घबराया हुआ वह नहीं पाया जाता, जो नाना प्रकार के जप, होम, यज्ञ करता है, और देवताओं को इसलिए मनाता है, जिसमें वे उसकी सारी बलाओं को टाल दें, और उसके लड़के बालों और घर वालों को सुखी रखें।

हरिण छलाँग भरता हुआ जा रहा है, इतने में उसको एक डरावनी गरज सुनायी पड़ी, उसने चौंककर सिर ऊपर किया, सामने दहाड़ता हुआ शेर दिखलाई पड़ा, यदि हरिण छलाँग भरता हुआ निकल जावे तो शेर में इतनी दौड़ नहीं जो वह उसको पकड़ सके। पर शेर सामने दिखलाई पड़ा नहीं और उसकी गरज कानों में पड़ी नहीं कि वह अपनी चौकड़ी भूला नहीं, शेर पास आता है और पास आकर उसको चीर फाड़ डालता है, पर चौकड़ी भरना दरकिनार! हरिण इस घड़ी अपना पाँव तक नहीं उठा सकता, एक डग भी आगे नहीं बढ़ा सकता, इस घड़ी वह ऐसा हो जाता है, जैसे कोई किसी का हाथ पाँव बाँध देवे। गौरैया पृथ्वी पर बैठी चारा चुग रही है, इतने में उसने अपना सिर ऊपर उठाया, सामने से एक साँप आता हुआ दिखलाई पड़ा, दोनों की आँखें चार हुईं, गौरैया वहीं की वहीं रही—साँप उसके पास आया, और उसको निगल गया, परन्तु उसने पर तक नहीं हिलाया, यदि वह साँप को देखते ही उड़ जाती, तो साँप भला उसको पा सकता था, किन्तु साँप को देखते ही उसकी उड़ने की शक्ति जाती रही, उसके पंख बिल्कुल व्यर्थ हो गये, ऐसा जान पड़ता था कि जैसे किसी ने उनको पकड़ कर काट दिया है। पर बात क्या है जो हिरण और गौरैया की ऐसी बुरी गत हो जाती है, और

शेर और साँप को देखते ही उनके औसान जाते रहते हैं। जो लोग पूरे अनुभवी हैं, वे जानते हैं कि इसमें कोई बारीक बात नहीं है, इसी को मौत का डर कहते हैं।

मरने के पहले के चिन्ह, मरने बाद की बहुत सी दशायें, इनसे लगाव रखने वाले बहुत से सामान, लोगों का रोना पीटना, चीखना, चिल्लाना, सिर पटकना और छाती कूटना मौत को और डरावना बना देते हैं। एक खिले गुलाब सा लड़का जो अपनी मीठी और तुतली बोलियों से चिड़ियों सा चहकता है, जो एक उजड़े हुए घर को भी वाटिका बनाता है, जिसके भोले भाले मुखड़े पर दुख की छींट तक नहीं पड़ी हुई होती, जो हँसता खेलता रह कर रोतों को भी हँसाता है, ऊसर में भी रस की सोत बहाता है, जब अचानक फूल सा कुम्हिला जाता है, जब देखते ही देखते मौत की काली छाया उसके भोले भाले मुखड़े पर पड़ने लगती है, और वह पलक मारते किसी के सामने से बेबसों की तरह उठा लिया जाता है, किसी की गोद सूनी कर चला जाता है, एक दो दिन के लिए नहीं, दो चार बरस के लिए नहीं, जब सदा के लिए वह किसी से अलग हो जाता है, तो उस घड़ी उसके घरवालों के जी पर ही नहीं, दूसरों के जी पर भी कैसा डर छा जाता है। जब किसी कुनबे का सरदार अपने सारे कुनबे को विपन्न बना उठ जाता है, जब अपने छोटे-छोटे बच्चों को बिलखते छोड़कर कोई आशाओं से भरी स्त्री इस संसार से चल बसती है, जब चार दिन की सुहागिन का भाग्य फूटता है, जब किसी एकलौते बेटे की माँ के कर्म में आग लगती है, जब किसी अंधे या बूढ़े के हाथों की एक ही लकड़ी बरबस छिन जाती है, जब किसी दुखिया का कलेजा अचानक निकाल लिया जाता है, जब हँसते-खेलते किसी पर बिजली यकायक टूट पड़ती है, जब किसी के सिर का साया उठ जाता है, किसी की बाँह टूट जाती है, किसी की हरी-भरी फुलवारी लुट जाती है, और किसी का बसा हुआ घर उजड़ जाता है, उस घड़ी ऐसा कौन है जो कलेजा नहीं पकड़ लेता, और किसके रोयें रोयें में मौत का डर समा नहीं जाता। जब किसी रथी और जनाजे के साथ बहुत से लोग चीखते चिल्लाते हाय हाय मचाते, आँखों के सामने से निकल जाते हैं, जब उनका रोना कलपना बिसूरना और तड़पना पत्थर के कलेजे पर भी चोट करने लगता है, उस घड़ी क्या बड़े धीरज वाले का जी भी ठिकाने रहता है? क्या उसका दिल भी नहीं हिल जाता। जब मृतक को उठाते बेले या उसको पड़ा हुआ देखकर उसके घर की स्त्रियाँ छाती कूटती हैं, सिर पीटती हैं, बिसूर-बिसूर कर अपना दुखड़ा सुनाने लगती हैं, पछाड़ खाती हैं, मुँह के बल गिरती हैं, हाथ पाँव पटकती हैं, दीवालों पर सर दे दे मारती हैं, क्या उस घड़ी कलेजे का भी कलेजा नहीं दहल जाता? मेरा रघुनाथ नाम का एक भाँजा था, बड़ा मनचला था, बड़ा तेज था, बड़ा होनहार था, पर बहुत दिन वह इस संसार में न रह सका, एक दिन वह अचानक बीमार हो गया, दूसरे दिन बातें करते ही करते चल बसा, और देखते ही देखते न जाने कहाँ

का सियापा आकर सारे घर में फैल गया। हमारी बहन की इस समय बुरी गत थी, उसके रोने कलपने का हाल हम क्या लिखें जिस घड़ी उसने टूट हुए कलेजे और दर्द भरी आवाज से कहा कि हा! इतने देवी देवताओं को हमने मनाया, पर कोई काम नहीं आये, उस घड़ी यह मालूम होता था कि घर की पर दीवालों से भयंकरता निकली पड़ती है। पृथ्वी फोड़ कर डर निकला आता है। उस घड़ी आकाश से करुणा बरस रही थी। और सारी दिशाओं में सन्नाटा छा गया था। ज्ञात होता था मौत मुँह फैलाये घूम रही है। और सारे प्राणियों को निगल जाना चाहती है।

जब देखा जाता है कि बुलबुल सा चहकने वाला, बात-बात में छेड़ छाड़ कर हँसा देने वाला सदा के लिए ऐसा चुप हो जाता है कि लाख उपाय करने पर होंठ तक नहीं हिला सकता। जब हम देखते हैं कि कमल की सी बड़ी-बड़ी आँखें पथरा जाती हैं। और उनमें कलौंस लग जाती है, जब साँसें चलने लगती हैं, दम घुटने लगता है, और रोगी हाथ पाँव पटकता है, तड़पता है, छटपटाता है। जब उसके गले में कफ आ जाता है, जीभ ऐंठ जाती है, बोलना बन्द हो जाता है, और आँखों से आँसू निकलने लगते हैं। जब कुंदन से चमकते हुए चेहरे पर न जाने कहाँ से आकर एक बहुत ही बुरा पीलापन छा जाता है, और उसको देखते नहीं बनता जब कल की तरह काम करने वाला हाथ रुक जाता है, कोसों घूमने वाला पाँव लकड़ी बन जाता है। जब फूल के सेज पर भी चैन न पाने वाली देह धरती पर डाल दी जाती है, चिता पर रख कर फूँक दी जाती है, या सैकड़ों मन मिट्टी के नीचे दबा दी जाती है। जब झेर को कुत्ते नोच कर खा जाते हैं, हाथियों को चींटियाँ निगल जाती हैं, हीरे कौड़ियों के मोल बिकते हैं, और तीन लोक में न समाने वाले तीन हाथ धरती में मुँह लपेट कर पड़ रहते हैं, उस समय के सीन को देख कर ऐसा कौन वीर है जो मृत्यु के डर से काँप नहीं उठता।

प्रत्येक भाषा के कवियों ने मृत्यु के इस डरावनेपन को अपनी बोलचाल में एक विचित्र ढंग से दिखलाया है, उनमें से कुछ का रंग मैं आप लोगों को यहाँ दिखलाऊँगा। हिन्दी के एक प्रतापसिंह नामक कवि किसी की खोपड़ी को मरघट में पड़ी हुई देख कर कहते हैं—"बटवे बँधे के बँधे रहे, गहने बनाये के बनाये रहे, अतर और फुलेल की शीशियाँ रखी की रखी रहीं। चाँदनी तनी की तनी रही, फूल की सेज सजाई की सजाई रही, मखमल के तकियों की कतारें पड़ी की पड़ी रहीं, माँ पुकारती बाप पुकारते रहे, और सुन्दरियाँ हा प्यारे! हानाथ!! चिल्लाती हुई खड़ी की खड़ी रहीं, परन्तु मरने वाला मर गया। मर कर धूल में मिल गया, हाय! आज मरघट में चूर होकर उसकी खोपड़ी पड़ी हुई है।" एक बार एक बहुत बड़े मनुष्य के शव के बचे हुए हिस्से को गीदड़ों को खाते देखकर मैं भी कह पड़ा था, "प्राण निकल जाने पर—जिनको किन्नरी बरने के लिए तरसती थीं, उनको सदा साथ रहने वाली स्त्री भी साथ छोड़ कर भाग जाती है—जिनकी

चारपाई के पावे बहुत ही अच्छे सोने के बने हुए थे, उनकी सुन्दर देह को लकड़ियों के ढेर पर रख कर फूँक देते हैं—आज मरघट की पृथ्वी पर वह पड़ा हुआ दिखलाई देता है, जिनकी धाक से पर्वतों का कलेजा भी दहलता था। हाय! जिनके ऊपर के मसे चौंर हिला हिला कर उड़ाये जाते थे, उनको देखते हैं कि आज गीदड़ नोच नोच कर खा रहे हैं।" बेनी कवि रथी पर शव को बिना हिले डुले पड़ा हुआ देख कर कहते हैं—"राग रंग किया, युवती की संगतें कीं, उनकी चोलियों में इत्र मल मल कर हाथों को चिकना बनाया; बदन सँवारा घर बार बनाये, लोगों से प्यार बढ़ाया, चार दिन के लिए होलियों में तरह-तरह के स्वांग लाये, यों व्यर्थ हँसी दिल्लगी में दिन बिता दिये, परन्तु किसी तरह की भलाई करते न बना हाय! आज (यह नौबत हुई) कि न तो बोलते हैं, न हिलते डुलते हैं, न आँख की पलकें खोलते हैं, और काठ की खटोली में काठ की तरह पड़े हुए हैं।" कवितायें यह हैं—

कवित्त

(1)

बाँधे रहे बटना बनाये रहे जेवरन
अतर फुलेलन की सीसियाँ धरी रहीं।
तानी रही चाँदनी सोहानी रही फूले सेज
मखमल तकियन की पंगती परी रहीं।
प्रतापसिंह कहै तात मात कै पुकार रहे
नाह नाह कूकत वे सुन्दरी खरी रहीं।
खेल गयो योगी हाय मेल गयो धूल बीच
चूर ह्वै मसान खेत खोपरी परी रही।

(2)

प्रान बिन ताको त्यागि भाजत सदा की नारि
तरसत हुतीं जाको किन्नरी बरन को।
दाहत चिता पै राखि सुन्दर सरीर वाको
जाकी खाट पावा हुतो सुभ्र सोबरन को।
हरि औध देखत मसान माहिंताको परयो
जाकी धाक काँपत करेजो भूधरन को।
चौंर होत हुती जिनैं मसक नेवारन को
तिनैं खात देख्यो नोचि नोचि गीदरन को।

(3)

राग कीने रंग कीने तरुनी प्रसंग कीने
हाथ कीने चीकने सुगन्ध लाइ चोली मैं।
देह कीने गेह कीने सुन्दर सनेह कीने
बासर बितीत कीने नाहक ठिठोली मैं।
बेनी कवि कहे परमारथ न कीने मूढ़
दिना चार स्वांग सो दिखाइ चल्यो होली मैं।
बोलत न डोलत न खोलत पलक हाय!
काठ से पड़े हैं आज काठ की खटोली मैं।

मीर अनीस कब्र की बातों पर निगाह दौड़ा कर कहते हैं, "जब कब्र की गोद में सोना पड़ेगा, उस घड़ी सिवाय मिट्टी के न तो कोई बिछौना होगा, और न कोई तकिया होगी। आह! उस तनहाई में कौन साथ देने वाला होगा, केवल कब्र का कोना होगा, और हम होंगे।" नासिख क़बरिस्तान का ढंग देख कर कहते हैं—"अचानक एक दिन जो मैं क़बरिस्तान में चला गया, तो वहाँ दुनिया में जो बड़े-बड़े बादशाह हो गये हैं, उनकी अजब हालत दिखलाई पड़ी। कहीं तो सिकन्दर का जानू फटा हुआ पड़ा था, और कहीं ज़मीन पर जमशेद की खोपड़ी पड़ी हुई लुढ़क रही थी।" "जिनके सर पर की मक्खियाँ हुमा आप उड़ाता था, देखते हैं कि आज उनकी कब्र में हड्डी तक नहीं हैं।" अमीर मीनाई किसी बड़े आदमी की कब्र पर एक दिया भी जलता न देख कर कहते हैं, "सौ बत्तियों का झाड़ जिनके कोठों पर जलता था, आज वे अपनी कब्र पर एक दीपक के वास्ते भी मुहताज हैं।"

मृत्यु की भयंकरता पर धार्मिक पुस्तकों ने भी खूब ही रंग चढ़ाया है। चाहे लोगों को बुराइयों से बचाने के लिए ऐसा किया गया हो, चाहे इस विचार से कि बहुत से रोग ऐसे हैं, जिनमें मरते बेले बड़ा कष्ट होता है। परन्तु यह बहुत सच है कि जितना डर मृत्यु का लोगों के जी में यों समाया नहीं रहता, उससे कहीं अधिक धार्मिक पुस्तकें लोगों के जी में मृत्यु का डर उत्पन्न कर देती हैं। जब उनमें लिखा मिलता है कि "जब कभी हमारी एक उँगली यों ही दब जाती है तो उस घड़ी हमको कितनी पीड़ा होती है, हम कितना बेचैन होते हैं, इसलिए सोचो, जब ऐसी नौबत आवेगी कि हमारा कुल शरीर घुलने लगेगा, और प्राण निकलने लगेगा, उस घड़ी की पीड़ा और कष्ट कैसे होंगे। सच पूछो तो वे किसी तरह बतलाये नहीं जा सकते। साठ हज़ार बीछू के डंक मारने में जो कष्ट नहीं होता, उससे भी कहीं बढ़कर कष्ट उस समय होगा।" तो आप बतलावें वह कौन है जो मृत्यु का नाम सुनते ही न काँप जावेगा। जब एक पवित्र ग्रंथ बतलाता है कि—"जनमने और मरने के समय बहुत बड़ा दुख होता है।"

"जनमत मरत दुसह दुख भयऊ"

जब एक बड़े महात्मा को भगवान से बिनती करते देखा जाता है कि " मरने के समय की पीड़ा से हमको बचाना।" तब आप बतलावें कि सीधे सादे विश्वास का मनुष्य मृत्यु का नाम सुनते ही सन्न क्यों न हो जावेगा। एक संस्कृत का कवि इन्हीं विचारों से घबड़ा कर कहता है, "हे भगवान! तुम्हारे कमल ऐसे पाँव रूपी पिंजड़े में हमारा मन रूपी राज हंस आज ही से बसे तो अच्छा, क्योंकि प्राण निकलने के समय कफ वात पित्त से कंठ के रुक जाने पर तुम्हारा स्मरण कैसे किया जा सकता है।"

"कृष्णस्त्वदीय पदपंकज पिञ्जरान्ते अद्यैव मे वसतु मानस राजहंसः।
प्राण प्रयाण समये कफ वात पित्तौ कण्ठावरोधनविधौस्मरणं कुतस्ते ॥"

यद्यपि बहुत सी दशायें ऐसी हैं जिनमें मरने के समय काँटा चुभने के इतना भी कष्ट नहीं होता, क्योंकि प्राण देह के जिस भाग में रहता है, उसमें दुःखों के जान लेने की जैसी शक्ति चाहिए वैसी नहीं है।

संसार में कितने लोग ऐसे भी हो गये हैं, जिन्होंने मृत्यु के डरावनेपन की तनिक भी परवाह नहीं की, उनके जी में यह बात जमी ही नहीं कि मृत्यु भी कोई डरावनी क्रिया है। उन्होंने हँसते हँसते मृत्यु का सामना किया, और बिना पेशानी पर जरा बल लाये हुए इस संसार से चल बसे। महात्मा दधीच से उनके शरीर की हड्डियाँ माँगी गईं, उन्होंने मुस्कुराते हुए कहा, "जो मेरी हड्डियों से देवतों का भला हो सकता है, तो फिर इससे बढ़कर कौन से अच्छे काम में ये लग सकती हैं।" जीमूत वाहन से उसका प्राण माँगा गया, उसने उसको यों दे डाला, जैसे किसी को कोई एक बहुत ही साधारण पदार्थ दे डालता है। राणा हम्मीर ने कहा, "सिंह के चलने का ढंग एक है, वीर की बात एक होती है, केला एक बार फलता है। क्या स्त्रियों का तैल और हम्मीर का हठ बार-बार चढ़ता है"।

"तिरिया तैल हमीर हठ चढ़ै न दूजी बार"

और अपनी बात के आगे अपने प्राण का मोह कुछ न समझा। सोलह बरस के लड़के पुत्त ने कहा—"चित्तौड़ के बचाने और राजपूतों के यश में धब्बा लगने देने के सामने मेरे प्राण का मूल्य कुछ नहीं है।" गुरु गोविन्दसिंह के वीर हृदय वाले 'फतेह सिंह' और 'जोरावर सिंह' नाम के बालकों ने कहा, "हम मरेंगे पर अपना धर्म न छोड़ेंगे।" हक़ीक़त राय ने कहा, "क्या अपना धर्म छोड़ देने से वध किये जाने में अधिक कष्ट है।" राजा जयपाल की ग्लानि मृत्यु के डरावनेपन पर चढ़ बैठी, वह महमूद ग़ज़नवी के क़ैद की ताब न ला सका और फूस की आग में जल मरा। कुमारिल भट्ट

के खरापन का रंग मृत्यु से भी गाढ़ा हो गया, वे अपने एक अनुचित कार्य का बोझ न सम्हाल सके, और अपने हाथों चिता सजा कर जल मरे। राणा प्रताप के पुरोहित ने अपने तेज के सामने मृत्यु को खेल बना लिया, हाथ में छुरी लिए, लड़ते हुए दो भाइयों के बीच, आकर वे अड़ गये, उनको डाँटा, और जब देखा कि वे लोग फिर भी नहीं मानते, तो राज की भलाई के लिए अपने आप अपने पेट में छुरी भोंक ली। ऐसीरियन ने हँसी की, कहा–"मैं समझता हूँ कि अब मैं देवता हो जाऊँगा।" गलबा ने मरते समय अपनी गरदन उठाई और कहा–"मारो, यदि इससे रूम में बसने वालों का कुछ भला हो सके।" सिवरस ने अपना काम पूरा करने का ध्यान रखा। कहा, सावधान हो जाओ मेरे लिए दूसरा और कोई काम करने को नहीं रह गया है।"

प्राणी के जी के वे भाव जो कि उसकी प्रकृति कहे जाते हैं, मरने की तनिक परवाह नहीं करते, मरने का डर इन भावों को कभी नहीं बदलता। क्या अपने को मरते देख सूम अपना सूमपन, चालाक अपनी चालाकी, भला अपनी भलमनसाहत, बेईमान अपनी बेईमानी, और वीर पुरुष अपनी वीरता कभी छोड़ सकता है! मैंने एक सूम को देखा कि वह मर रहा था, फिर भी दान करने के कुछ सामान को अपने पास लाया हुआ देख कर चट बोल उठा, क्या मैं इन वस्तुओं को दान करने से बच जाऊँगा," और ऐसा कह कर उसने कुल सामान अपने पास से उठवा दिया। एक बूढ़े का गला कफ से घिरता जाता था, वह बोल भी कठिनता से सकता था, पर उसके जी की गाँठ न खुली। वह अपने घर वालों से यही कहता जाता था, कि हमारे शत्रुओं का पीछा कभी न छोड़ना। ऐसे भावों को छोड़ कर जी के कोई कोई भाव ऐसे भी हैं, जो बहुत साधारण समझे जाते हैं, पर जब वे जोर पकड़ जाते हैं, तो डरना तो दरकिनार, मनुष्य मृत्यु को गले का हार बना लेता है। हम लोग देखते हैं कि कितनी स्त्रियाँ आन में आकर कुएँ में गिर कर मर जाती हैं, कितने लोग अपने आप अपने को गोली मार लेते हैं, ए सब ऐसे ही भावों के फल हैं। इसीलिए किसी किसी की सम्मति है कि मृत्यु से डरना बिल्कुल बोदापन है, क्योंकि जब जी के कितने भाव ऐसे हैं, जो मृत्यु पर हावी हो जाते हैं तो फिर मृत्यु बहुत ही डरावनी कैसे मानी जा राकती है।

बारहवाँ प्रसंग

मृत्यु का प्रभाव

संसार में आज जो अमन दिखलाई पड़ रहा है, धुली हुई चाँदनी सी शान्ति जो चारों ओर छिटकी हुई है। जब आप यह जानेंगे कि इसमें सबसे अधिक श्रेय मृत्यु का है, तो आपको दाँतों तले उँगली दबानी पड़ेगी। आप सोचिये संसार में आज तक जितने जीव कीड़े मकोड़े, साँप बिच्छू चिड़ियाँ और मनुष्य उत्पन्न हुए, यदि वे सबके सब जीते होते, जितने पेड़ उगे, लता बेलियाँ जनमीं यदि वे सब मौजूद होतीं, तो आज इस पृथ्वी पर कैसी हलचल होती न तो रहने को कहीं जगह होती, न खाने को अन्न मिलता, सब ओर जंगल खड़ा होता, और चारों ओर एक हंगामा सा बरपा रहता। किन्तु यह मृत्यु का ही कमाल है, कि आज संसार इस खलबली से बचा हुआ है। मृत्यु का प्रभाव मनुष्य के चाल चलन और विचारों पर भी कम जादू नहीं करता, उपनिषद कहते हैं कि बुराइयों से बचने की सब से अच्छी औषध मृत्यु की याद है, क्योंकि जिसको मृत्यु की स्मृति ठीक-ठीक होती है, उससे बुराई हो ही नहीं सकती। और यही कारण है कि हमारे यहाँ मृत्यु की ओर दृष्टि अधिकता से फेरी गई है। और बात बात में उसकी याद दिलाई गई है। हमारे यहाँ ही नहीं, संसार में जितने कवि, पंडित, महात्मा और साधु संत हो गये हैं, उन सभी लोगों ने मृत्यु पर दृष्टि रख कर ऐसी-ऐसी बातें कही हैं, ऐसी जी में चुभ जाने वाली शिक्षायें दी हैं, जो अपना बहुत बड़ा प्रभाव रखती हैं। मृत्यु का मानव के हृदय पर क्या प्रभाव पड़ता है, उस घड़ी वह क्या विचारता है, उसकी स्मृति होने पर वह क्या सोचता समझता है, उसके जी में कैसे-कैसे भाव उठ खड़े होते हैं, इन बातों पर का निरूपण किस-किस तरह से किया गया है, यह मैं थोड़े में आप लोगों को यहाँ दिखलाता हूँ।

गोस्वामी तुलसीदासजी धन दौलत वरन् राज तक से लोगों का जी हटाते हुए कहते हैं, “धन अरब खरब तक जमा किया जा सकता है, राज की हद सूर्य के निकलने की जगह से डूबने की जगह तक हो सकती है, किन्तु जब मरना आवश्यक है, तो ये सब किस काम आवेंगे।”

अरब खरब लौं दरब है, उदय अस्त लौं राज।
तुलसी जो निज मरन है, तो आवै केहि काज॥

वहीं अपने एक भजन में संसार के समस्त झंझटों से लोगों को यों चौकन्ना बनाते हैं—"मन! अवसर निकल जाने पर पछतायेगा, दुर्लभ देह पाकर तुझको चाहिए कि तू भगवान के चरणों से जी जान से लपट जा। रावण और सहस्रबाहु ऐसे राजे भी कालबली से न बचे, हम-हम करके धन एकत्र किया, घर बसाये, पर अन्त में खाली हाथ उठकर चले गये। लड़के, बाले, स्त्रियाँ स्वार्थ में डूबी हुई हैं, तू इन सबों से प्यार मत बढ़ा, और जब ये सब अन्त में तुझको छोड़ ही देंगे, तो फिर अभी से तू ही इनको क्यों न छोड़ दे! मूर्ख! सावधान हो जा, झूठी आशाओं में मत फँस, और जो सबका स्वामी है उससे प्रेम कर! क्योंकि चाह की आग भाँति भाँति के भोगों से जो उसके लिए घी का काम देते हैं कभी नहीं बुझती।"

मन पछितैहै अवसर बीते
दुरलभ देह पाइ हरिपद भजु, करम बचन अरु ही तें।
सहसबाहु, दसबदन आदि नृप, बचे न काल बली तें।
हम-हम करि धन धाम सँवारे, अंत चले उठि रीते।
सुत बनितादि जानि स्वारथ रत, न करु नेह सबहीं ते।
अंतहु तोहि तजैंगे, पामर, तू न तजै अबही ते?
अब नाथहिं अनुरागु जागु ज़ड़, त्यागु दुरासा जी तें।
बुझैन काम-अगिनि, तुलसी, कहुँ विषय भोग बहु घी तें।

कबीर साहब रावण की बहुत बड़ी शक्ति का वर्णन करते हुए संसार की असारता का राग यों अलापते हैं:—" मैं क्या मागूँ, कुछ तो ठहरता ही नहीं, देखते ही देखते सारी सृष्टि उठती चली जाती है। जिसके पास लंका ऐसी कोट थी जिसके चारों ओर समुद्र सी खाई थी, आज उस रावण के घर का भी पता नहीं लगता। जिसके एक लाख बेटे, और सवा लाख पोते थे, उस रावण के नाम पर आज कोई दीया जलाने वाला नहीं है। चन्द्रमा और सूर्य जिसकी रसोई पकाते थे, आग जिसके कपड़ों को साफ करती थी, वह रावण अब कहाँ है? लोई सुन! रामनाम बिना (इन बखेड़ों से) छुटकारा नहीं होता।"

पद

क्या माँगों कछु थिर न रहाई।
देखत नैन चलो जग जाई॥

लंका सा कोट समुद्र सी खाई, तेहि रावन घर खबरि न पाई।
दस लख पूत सवा लख नाती, तेहि रावन घर दिया न बाती।
चन्द सूरज जाके तपत रसोई, बैसन्तर जाके कपड़े धोई।
कहत कबीर सुनहु रे लोई, राम नाम बिनु मुकुत न होई।

बाबू हरिश्चन्द्र कहते हैं, उसे भी सुनियेः—

"सुबह और शाम को ये चिड़ियाँ सब क्या कहती हैं, यही कि एक दिन हम सब उड़ जायँगी। ये सब बसेरे चार दिन के लिए ही हैं, इसी प्रकार तेरा भी यहाँ कुछ नहीं है। आठ आठ बार बज बजकर नौबत भी तुझको यही याद दिलाती है कि, जाग! जाग!! देख!!! यह घड़ी कैसी दौड़ी जा रही है। इधर उधर से आँधी चलती है, और वह भी तुझको यही बतलाती है, कि सावधान हो जा! तेरी जिन्दगी हवा की तरह उड़ी चली जा रही हैं सामने खड़ा होकर दीया तेरी करनी पर सर धुनता है, और कहता है कि तू क्यों नहीं सुनता, एक दिन हमारी तरह तू भी बुझ जावेगा। तेरी आँखों के सामने से यह नदी जो बहती हुई जा रही है, वह तुझको यही समझा रही है कि एक दिन तुम्हारे जीवन प्रवाह की भी यही गति होगी। फूलवाटिकाओं में खिल-खिलकर जो कुम्हला जाते हैं, तो तुझको यह बतलाते हैं कि ऐ अचेत! एक दिन तेरी भी यही दशा होगी। पर दुख की बात यह है कि इतने पर भी, सब कुछ देख और सुनकर भी, तू चेतता नहीं, भूला फिरता है, और जो सच्चा साहब हैं उसको बिल्कुल भूल गया है।"

साँझ सवेरे पंछी सब क्या कहते हैं कुछ तेरा है।
हम सब एक दिन उड़ जायेंगे यह दिन चार बसेरा है॥
आठ बेर नौबत बज बज कर तुझको याद दिलाती है।
जाग जाग तू देख घड़ी यह कैसी दौड़ी जाती है॥
आँधी चलकर इधर उधर से तुझको यह समझाती है।
चेत चेत जिन्दगी हवा सी उड़ी तुम्हारी जाती है॥
पत्ते सब हिल हिलकर पानी हर हर करके बहता है।
हर के सिवा कौन है तू बे यह परदे में कहता है॥
दिया सामने खड़ा तुम्हारी करनी पर सिर धुनता है।
इक दिन मेरी तरह बुझोगे कहता तू नहिं सुनता है॥
रोकर गाकर हँसकर लड़कर जो मुँह से कह चलता है।
मौत मौत फिर मौत सच्च है ये ही शब्द निकलता है॥
तेरी आँख के आगे से यह नदी बही जो जाती है।
यों ही जीवन बह जावेगा यह तुझको समझाती है॥

खिल खिलकर सब फूल बाग में कुम्हला कुम्हला जाते हैं।
तेरी भी गत यही है ग़ाफ़िल यह तुझको दिखलाते हैं॥
इतने पर भी देख औ सुनकर क्या ग़ाफ़िल हो फूला है।
हरीचन्द्र हरि सच्चा साहब उसको बिल्कुल भूला है॥

एक उर्दू का कवि कहता है, "यह सुख चैन और आराम कब तक रहेगा, चाहें कब तक पूरी होती रहेंगी, और यदि ये सब बातें होती भी रहें तो जवानी कब तक रहेगी, धन दौलत की बात तो और टेढ़ी है, यह सदा पास नहीं रहती, और यदि धन दौलत भी साथ देती रहे, तो जीवन का ही क्या ठिकाना, वही कब तक रहेगा।"

यह इशरत व ऐश कामरानी कबतक।
इशरत भी हुई तो नौजवानी कबतक॥
गर यह भी हुई तो दौलत है मोहाल।
दौलत भी हुई तो जिन्दगानी कबतक॥

सुनियेः—मेहर क्या कहते हैं, "संसार की सराय कूच की जगह है, यहाँ पर हर एक को हर घड़ी डर रहता है, देखो! न तो सिकन्दर रहा न दारा रहा, और न फ़रेंदू है, न जमशेद है। यहाँ पथिक के समान टिके हुए हो, उठो कब तक सोते रहोगे, पथ बड़ा कठोर है। परलोक की यात्रा बहुत बड़ी है, स्वर्ग में पहुँचना है, इसलिए जागो, कमर को बाँधो, बिस्तर उठाओ, रात थोड़ी अब और है। हँसी खुशी, नाच रंग, सुख चैन, और आराम-दुख दर्द रंज और मलाल, गम और मुसीबत, घमंड करना, ऐंठना, रोब गाँठना, और इतराना, जवानी, खूबसूरती, ठाट-बाट, और धन-दौलत, ये सब कुछ देर के लिए ही हैं। मृत्यु सामने हाथ बाँधे खड़ी है। और पल पल चलने का सँदेसा सुना रही है। पत्थर की मूर्ति की तरह सब के सब बिला हिले डुले पड़े हैं, यह इन लोगों की कैसी नींद है? यह लोग पहले किस दिन जगे थे, जो इस तरह अचेत सो रहे हैं, हाय! ये लोग कैसे बेसुध से पड़े हुए हैं, इनकी नींद कैसी बला की है? यह कैसी अचेतनता की हवा चल रही है? क्या मृत्यु की नींद तो नहीं उमड़ रही है, सोने वाले कुछ ऐसा सोये हैं कि प्रलय के दिन तक भी जागते नहीं जनाते। चार दिन का जीवन, जीवन के सुख चैन और आमोद, इस नाश होने वाली सृष्टि का रंग, यौवन के वैभव, कभी एक ढंग पर नहीं रहते, जो कुछ दिन हँसी खुशी और मज़े के साथ बीतते हैं, तो उसके बाद ही दुख दर्द और रंज का सामना करना पड़ता है। वे सुख चैन और हँसी खुशी के दिन अब बीत गये, रंज और दुख सामने आने लगे, जवानी बुढ़ापे के साथ बदल गई। बढ़ती दूर हुई, घटती सूरत दिखलाने लगी, जब अपनी करनी की याद होती है, तो जी में क्या क्या ख्याल आता है, कैसी लज्जा होती है, मैं फिर कहता हूँ, जागो, कमर बाँधो, बिस्तर

उठाओ, थोड़ी रात और है।"

शान्ति शतक बनाने वाले शिल्हन मिश्र क्या कहते हैं, उनकी बातें भी सुनिये, "बिना जाने हुए ही फतिंगा जलते हुए दिये पर गिर पड़ता है, मछली भी बिना जाने ही मांस से ढकी हुई कटिये को पकड़ लेती है, पर हम तो जानते हुए भी विपत्ति के जाल में जकड़े हुए भोगों को नहीं छोड़ते, हाय! मोह की महिमा कैसी कठिन है?"

"अजानन्दा हार्ति विशति शलभो दीप दहनं,
न मीनोपि ज्ञात्वा वृत वड़िश मश्नाति पिशितं॥
विजानन्तो प्येतान् वयभिह विपज्जाल जटिलान्,
न मुञ्चामः कामानहह गहनो मोहमहिमा॥"

कतिपय देश कालज्ञ विबुधवृन्द क्या कहते हैं उसे भी सुनियेः—

"संसार के भोगों की चाह में हमने अपने जन्म को यों ही गँवा दिया, हाय! हमने काँच के बदले में चिन्तामणि को बेच डाला।" "थोड़े दिन ही जो इस संसार में ठहरने वाले हैं ऐसे प्राणियों के अलग हो जाने पर समझदार और धीरज वाले लोगों के लिए कष्ट की बात क्या है? क्योंकि वे थोड़े दिन के साथी होते हैं। और थोड़े दिन में ही बिला जाते हैं। फिर यह भी तो सोचने की बात है, कि इस संसार में देवते, समुद्र और पहाड़ आदि कोई भी ऐसे नहीं हैं, जो सर्वदा रह सकें।" "देह सदा ठहरने वाली नहीं है, लाड़ प्यार के सुख भी चार दिन की चाँदनी हैं, बड़े बड़े रोगों के घर हैं, स्त्रियाँ साँप की सी डरावनी हैं, घरबार एक जंजाल है, सपंत्ति भी सदा एक ढंग पर नहीं रहती, अपनी ही मन की करनेवाला यमराज ऐसा बैरी सिर पर सवार है, किन्तु दुःख है कि फिर भी हम अच्छे कर्म नहीं करते।" "किसी पड़ोसी के घर से कुछ चोरी गया, यह सुन कर सब लोग अपने-अपने घर को बचाने में लग जाते हैं, पर यह देखने में आता है कि काल प्रति दिन प्राणियों के देह ऐसे घर में से प्राण ऐसा प्यारा धन चुराता रहता है, किन्तु फिर भी हम लोग नहीं चौंकते, लोगों! जागो!!" "हे चित्त! संसार के तरह-तरह के भोगों के पास से—जो साँप के से डरावने हैं—दूर रहो! देखो न! जैसे साँप के दाँत बड़े विषाक्त होते हैं, वैसे ही इसके अवगुणों के दाँत कितने तीखे हैं, वे पल-पल विषम विष उगलने की घात में लगे रहते हैं, इसलिए उनसे मिलने वाले सुखों को मणि समझकर उनके पास जाने का साहस कभी न करो।" "सूर्य निकलता है और फिर डूब जाता है, यों ही प्रतिदिन जीवन के दिन घटते रहते हैं, बहुत से कामों और तरह-तरह के झंझटों में उलझे रहने से बीतता हुआ समय जाना नहीं जाता। जनमना, मरना किसी तरह की आपदायें और बुढ़ापा को देखकर भी जी में डर नहीं समाता— ज्ञात होता है कि धोखे से अचेतना की मदिरा पीकर वसुंधरा बावली हो रही है।"

"आदित्यसस्य गतागतै रहरहैः संक्षीयते जीवनम्
व्यापारो बहु कार्य भार वपुषा कालो न विज्ञायते
दृष्ट्वा जन्म जरा विपत्ति मरणम् त्रासश्चनोत्पद्यते
पीत्वा मोहमयी प्रमाद मदिरा उन्मत्तभूतं जगत्।"

मृत्यु बुराइयों से ही लोगों को नहीं बचाती, अच्छा काम करने और कराने में भी वह अपना बहुत कुछ प्रभाव रखती है। संसार में ऐसे लोग जो किसी काम को उचित समझकर करते हैं, बहुत थोड़े हैं। उनकी संख्या उँगलियों पर गिनी जा सकती है। साधारणतया ऐसे ही लोग मिलते हैं जो अपना कोई स्वार्थ सामने रख कर काम की ओर झुकते हैं, क्योंकि मानव स्वार्थ का ही अनुचर है, वह कितना ही बेलगाव होकर चले, अपने को बिलकुल अलग थलग दिखलावे, पर जब वह किसी काम के लिए हाथ बढ़ाता है, पाँव उठाता है, सोचता बिचारता है, उद्योग करता है, तभी उस काम में उसकी कुछ न कुछ स्वार्थपरता पाई जाती है। माँ बाप का लड़के पर बहुत एहसान है, यदि यह कहा जावे कि लड़के का बाल बाल उनके एहसानों के बदले में गिरों है, तो भी अन्यथा न होगा। मानवों के जी की यह बहुत ही प्यारी चाह है, कि मरने के पीछे भी संसार में उसका नाम रहे, उसके बाद भी लोग उसको स्मरण करें, इसलिए माँ बाप के पीछे भी माँ बाप के नाम को संसार में अधिक नहीं तो अपने जीवन भर चलाना प्रत्येक पुत्र का बहुत बड़ा कर्त्तव्य है, क्योंकि माँ बाप की सारी भली और समुचित चाहों का पूरा करना संतान का बहुत बड़ा धर्म है। इन बातों को सोच कर और ऐसा करना उचित समझ कर अपने माँ बाप को या दूसरे बड़ों को कम से कम साल भर में एक बार स्मरण करने वाले, उनके नाम पर दान देने वाले, ब्राह्मण भोजन कराने वाले, कंगाल और दीन दुखियों में पैसे बाँटने वाले, भाई बंद खिलाने वाले कितने हैं? मैं समझता हूँ सैकड़ों मनुष्यों में कठिनता से दो चार निकलेंगे, पर ऐसे लोग अधिकतर मिलेंगे, जो यह सोच कर पितरों की आवभगत में कसर नहीं करते कि कहीं लापरवाह हो जाने से उनके बाल बच्चों पर न आ बने, या घर वाले आपदाओं में न फँस जावें। आप जब किसी देवी या देवते के मंदिर में जा निकलते हैं, और वहाँ धड़ल्ले से चुनरियाँ चढ़ते देखते हैं, या दूसरे चढ़ावों को चढ़ता हुआ पाते हैं, या यह देखते हैं कि धूमधाम से हवन हो रहा है, जगह-जगह ब्राह्मण बैठे पाठ कर रहे हैं, कहीं बाजों के सहारे लोग देवी और देवतों का गुण गा रहे हैं, या उनको हाथ जोड़ कर मना रहे हैं, तो यह समझ लीजिये कि इन कामों की तह में मृत्यु का प्रभाव बहुत कुछ काम कर रहा है, नहीं तो इतनी तत्परता, आवभगत और धूमधाम कभी देखने में न आती।

हम ठौर-ठौर सुन्दर-सुन्दर मंदिर, अच्छे-अच्छे धर्मशाले, बहुत से पोखरे, कितने ही कूएँ, सैकड़ों बाग, कई सौ पक्के घाट, कई एक कालिज, बना हुआ देखते हैं। कहीं

सदावर्त्त बँटता हुआ पाते हैं, कहीं और दूसरे अच्छे काम हमारी दृष्टि के सामने आते हैं, किन्तु क्या ये सब काम उचित समझ कर किये गये हैं, या केवल यह सोच कर बनाये गये हैं कि जिसमें दूसरे को इनसे लाभ पहुँचे, कभी नहीं। यदि आप सोचेंगे तो इन सब कामों पर आप को मृत्यु के हाथ की छाप लगी हुई दिखलाई पड़ेगी, और इन कामों के करने वालों के जी का यही भाव पाया जावेगा कि जिसमें मरने के बाद भी संसार में कुछ दिन तक उनका नाम चले, और इन कामों के बहाने से ही लोग उनको स्मरण करते रहें।

सिक्खों के दस गुरुओं में पाँचवें गुरु अर्जुन जी थे। इनके पास रहने वालों में भाई बुड्ढा गिने लोगों में थे, गुरु अर्जुन जी भी उनको मान्य समझते थे, और उनका आदर करते थे। एक दिन कोई प्रसिद्ध पुरुष मर गया। उसके शव के साथ जहाँ और लोग थे, वहाँ गुरु अर्जुन जी और भाई बुड्ढा भी थे। रास्ते में भाई बुड्ढा को यह ज्ञात हुआ कि जैसी एक कलँगी गुरु अर्जुन जी के सिर पर सदा रहती है, इस समय वैसी ही एक कलँगी सबके सिरों पर है, यह कलँगी उनकी मरघट तक लोगों के सिर पर दिखलाई पड़ी, लेकिन जब शव को फूँक कर लोग घर वापस आये, तो यह कलँगी केवल गुरु अर्जुन जी के सिर पर रह गयी थी, और किसी के सिर पर न थी। भाई बुड्ढा ने इस भेद की बात पर विचार किया। इस बारे में गुरु अर्जुन जी से भी बातचीत की तो उनको ज्ञात हुआ कि मृतक के साथ मरघट जाते हुए उसकी गति और बेबसी देख कर मनुष्य के जी पर जो प्रभाव पड़ता है, वैसा ही ज्ञान गुरु अर्जुन जी को सदा बना रहता है। इसलिए उनके सिर पर कँलगी सदा दिखलाई पड़ती है, पर और लोगों का ज्ञान केवल उतने ही देर के लिए था, जितनी देर को वे मृतक के साथ रहे। इसलिए उतनी ही देर तक कलँगी उनके सिर पर रही, और फिर दूर हो गयी। चाहे यह कहानी बिलकुल गढ़ी हुई हो, चाहे कलँगी की बात भी निरी रँगी और गढ़ी हो, पर इस कहानी से जो परिणाम निकलता है, वह बहुत ठीक है, इसमें कोई सन्देह नहीं कि मृतक का दृश्य और उसका प्रभाव लोगों के जी में अच्छे विचार पैदा कर देने में जादू का काम देता है।

संसार में जितने लोग ऐसे ही हो गये हैं कि जिनसे एक दो नहीं, करोड़ों प्राणियों का भला हुआ है, जिन्होंने देश का देश अपने अच्छे विचारों से सुधार दिया है। उन्हीं में बुद्धदेव भी हैं। पर क्या यह राज कुँवर यों ही अचानक संसार की भलाई के लिए कमर कस कर खड़ा हो गया! नहीं, मृत्यु के दृश्य ही ने उसके जी पर वह प्रभाव डाला कि वह राजपाट तज कर किनारे हो गया, और जब तक जीता रहा, संसार को यही सिखलाता रहा कि कोई किस प्रकार मृत्यु के डरावने चंगुल से छुटकारा पा सकता है।

इतना ही नहीं, मृत्यु डाह और जलन का दरवाजा बंद कर देती है, शत्रुता की आग बुझा देती है, प्यार की ज्योति को जगा देती है, और प्रसिद्धि के पेड़ में फल लगा देती

है, मृत्यु के प्रभाव से बड़े-बड़े अत्याचारियों के हाथों से संसार को छुटकारा मिलता है, बड़ी बड़ी जटिल बातें हल हो जाती हैं, और लोगों की आँखों के सामने ऐसे दृश्य आ जाते हैं, जो अपने ढंग के बहुत ही निराले और अनूठे कहे जा सकते हैं।

कोई-कोई कहते हैं कि मृत्यु से डरना या मृत्यु के सहारे लोगों पर ऐसा प्रभाव डालना कि जिससे लोग घर बार छोड़ बैठें, बाल बच्चों को तज दें, संसार से किनारा करें, और बन बन मारे मारे फिरें, कभी अच्छा नहीं कहा जा सकता। उनका कहना है कि भारतवासी जो प्रायः सांसारिक विषयों में कच्चे निकलते हैं, अपने कामों को जैसी तत्परता से चाहिए वैसी तत्परता से नहीं कर सकते, इसका कारण क्या है! इसका कारण यही है कि जन्म से ही उनकी रग रग में संसार की असारता घुसी हुई है, फिर वह किसी काम में जी जान से लपटें तो कैसे लपटें! और यही बात है जो उनकी सारी आपदाओं की जड़ है। वे लोग यह भी कहते हैं कि इस प्रकार के प्रभाव डालने वालों का जादू जैसा चाहिए वैसा नहीं चला, नहीं तो आज इस संसार का विचित्र रंग होता। न तो कहीं कोई नगर दिखलाई पड़ता, न गाँव आबाद होते, कोठे अटारियों में सन्नाटा होता, उजड़े हुए घर काटने दौड़ते, जन्मने का क्रम मिट जाता, पृथ्वी मनुष्यों से शून्य होती, न कहीं बाग बगीचे होते, न हरे भरे खेत दिखाई पड़ते, फिर किसलिए चढ़ा उपरी होती, क्यों बड़े-बड़े आविष्कार होते, किसलिए लोग तरह-तरह के काम करते, और क्यों रंग-रंग की कलें बनतीं। निदान जो कुछ संसार में आज मानवों की करतूतें और विभूतियाँ हैं, न तो उनमें से एक का पता होता, और न आज संसार की यह चहल पहल ही दिखाई पड़ती। किन्तु यहाँ देखना तो यह है कि ये बातें कहाँ तक ठीक हैं, जहाँ इन बातों को पढ़ कर हँसी आती है, वहाँ दुख भी होता है, कुछ का कुछ समझ लेना बड़ी भारी भूल है। जो लोग नाना व्यसनों में डूबे हुए हैं, धन दौलत पर मरे मिटते हैं, रमणियाँ जिनकी सर्वेसर्वा हैं, बाल बच्चे जिनके जीवन सर्वस्व हैं, अपना ही स्वार्थ जिनकी वृत्ति है। जो भलाई का नाम सुन कर चौंकते हैं, अपने काम धंधों के आगे जिनको धर्म की परवाह नहीं, जाति और देश का ध्यान नहीं, दुखी और दीन का सोच नहीं। जो सांसारिकता के कीड़े हैं, बुराइयों की मूर्त्ति हैं, वज्र हृदयता के पुतले हैं। दूसरों का गला काट कर जो रंगरलियाँ मनाते हैं लाखों का लहू बहा कर जो उत्सव करते हैं, देश के देश जिनके हाथों उजड़ गये, करोड़ों घर जिन्होंने फूँक दिये, उनको जगाने के लिए, उनकी आँखें खोलने के लिए, उनका भ्रम का परदा हटाने के लिए, उनको ठीक रास्ते पर लाने के लिए, क्या वैराग्य के विचारों से अच्छे कोई दूसरे विचार हो सकते हैं? क्या किया जाय, जो उनको सांसारिकता की दुर्बलताओं से जानकार न बनाया जाय, कामिनी कुल की पेंचीली प्रकृति का रंग न बताया जाय, घरवालों की और संसार के दूसरे लोगों की शोषण परायणतायें न समझाई जायँ, और सब से डरावनी मृत्यु का दृश्य उनको न

दिखलाया जावे। परन्तु इन बातों का यह मर्म कदापि नहीं है, कि सब लोग घर बार छोड़ बैठें, और ऐसे रंग में रंग जायँ, जिसमें एक सिरे से दूसरे सिरे तक सारा संसार उत्सन्न हो जाये।

जब कुछ घरों या किसी मुहल्ले में आग लगती है, और बड़े वेग से दहक उठती है। उस घड़ी जिधर से सुनो, यही आवाज आती है, जिसको देखो यही कहता है कि– घर के बाहर निकल जाओ, मकान को छोड़ दो, घरों से असबाब बाहर निकाल दो, सब सामान सड़क पर फेंक दो, यदि लोगों की उस समय की इन बातों को सुन कर कोई यह कहने लगे कि देखो ये लोग कैसे बावले हैं, जो ऐसी बातें कहते हैं, जब लोग घर के बाहर निकल जावेंगे, मकान छोड़ देंगे तो रहेंगे कहाँ? असबाब यदि घर में न रक्खे जायेंगे तो कहाँ रक्खे जायेंगे? क्या अपने सारे सामान कोई सड़क पर डाल देता है? तो शायद कोई समझदार ऐसा न होगा, जो उसकी इन बातों को सुन कर उसे नासमझ न कहेगा। यही हाल उन लोगों का है जो जगत के जंजाल से छुटकारा दिलानेवालों को बिना समझे बूझे कोसते और भला बुरा कहते हैं। दूसरे मत वाले भूल सकते हैं, पर जिस मत में जीवन को चार भागों में बाँटा गया है, और इन चार भागों में दो बहुत बड़े-बड़े भाग पढ़ने-लिखने और घरबार करने के लिए जिस मत ने रखे हैं, क्या उस मत के लोग भी संसार की असारता दिखलाने में भूले कहे जा सकते हैं? जिस मत में घर ही में उदास रहने की शिक्षा है, क्योंकि जो घर में रह कर भी वन में बसने वाले का कान काटते हैं, उनको घर बार तजने की क्या आवश्यकता है। जिस मत में उसी की बहुत बड़ाई की गई है, जो संसार में रह कर संसार से किनारे रहे, क्योंकि त्याग की महत्ता इसी में है। क्या उस मत के लोग भी मृत्यु का डरावना चित्र खींचने में चूके माने जा सकते हैं? जब इस मत के लोग भूले नहीं कहे जा सकते, चूके नहीं माने जा सकते, और इस पर भी हम उनके मुख से वैराग्य उपजाने वाली बातें इस धुन के साथ निकलते हुए सुनते हैं, जिसकी बराबरी आज तक किसी दूसरे मत वाले से नहीं हो सकी, तो हमको यह मानना पड़ता है, कि इसमें कोई उपयोगिता है, और उपयोगिता वही है? जिसको अभी मैंने ऊपर बतलाया है।

मैं यह मानूँगा कि ठीक जिस विचार से वैराग्य उपजाने वाली बातें कही गई हैं, अब हम लोगों में उनका वह रंग नहीं रह गया, उनके समझने बूझने में अब बड़ी भूलें की जाती हैं। इस भूल ने कितनों को काम चोर बना दिया, कितनों को आलसी कर दिया, किसानों को एक विचित्र जीव कर दिखलाया, और कितनों को कहीं का न रखा। पर ऐसा होने से क्या, अपनी नासमझी दूर करने के बदले विवेकमय विचारों के ही मिटा देने का प्रयत्न करना चाहिए। यह तो उससे भी बढ़ी हुई नासमझी होगी। जो लोग कुछ का कुछ समझाने के लिए ही कटिबद्ध रहते हैं, उनसे कोई सदाशा नहीं हो सकती।

परन्तु जो लोग सचमुच हम लोगों की बिगड़ी हुई बातों को ठीक करना चाहते हैं, और हृदय में इन बातों का सच्चा अनुराग रखते हैं, उनको चाहिए कि बात-बात में झूठ-मूठ भारतवर्ष के दुख दर्द का गीत गाना छोड़ कर काम करें, और किसी अच्छी बात को बुरा बतलाने के बदले उसमें घुस गई बुराइयों के दूर करने का उपाय सोचें, क्योंकि यदि किसी जाति की भलाई हो सकती है, तो यों ही हो सकती है। एक हरे भरे अच्छे फल लाने वाले आम को, उसमें रोग लग गया देख कर, जड़ से काट न डालना चाहिए, वरन् ऐसी कृति करनी चाहिए कि जिससे उसका रोग दूर हो जावे और वह पहले ही की तरह फूलता और फलता रहे क्योंकि साहसिकता और महत्ता इसी में है।

तेरहवाँ प्रसंग

स्वर्ग

जब किसी के जी में यह बात जम जाती है कि अब जीवन के दिन इने गिने ही हैं। जब कूच का नगारा बजने लगता है, मौत सामने खड़ी दिखलाती है। उस समय यदि जी ठिकाने रहता है, तो बार-बार वह यह सोचता है, कि मरने के बाद क्या होगा? क्या इसी शरीर तक सब कुछ है, आगे कुछ नहीं है? प्राण का क्या है, शरीर से निकलने पर कहीं जायेगा, या शरीर के साथ ही वह भी मिट्टी में मिल जायेगा। प्रायः मरने वाला ही नहीं इन बातों को सोचता, मरने वालों को देख कर बहुतों के जी में इस प्रकार के विचार उठते हैं। विचार होने पर खोज होती है, खोज से अनेक बुद्धिमानों ने यह निश्चित किया है कि मरने के उपरान्त, धर्म शील, सत्कर्म्मरत, महज्जन की आत्मा जहाँ जाती है उस स्थान का नाम ही स्वर्ग है।

संसार में जितने धर्म्म हैं, उन सबों ने स्वर्ग के अस्तित्व को स्वीकार किया है। इस विषय में सर्व धर्म्म वाले एक राय हैं, इसमें मत भिन्नता नहीं है। परन्तु परिस्थिति और उसके आयोजनादि के विषय में एक मत्य नहीं है। मैं स्वर्ग के विषय में यथार्थ ज्ञान उत्पादन के लिए विशेष विशेष धर्मों के स्वर्ग वर्णन का चित्रण यहाँ कर देता हूँ। आशा है, इससे पाठकों का विशेष मनोरंजन होगा, और स्वर्ग के विषय में किस धर्म का क्या विचार है, इस पर भी प्रकाश पड़ेगा।

ऋग्वेद के निम्नलिखित मंत्रों में स्वर्ग का वर्णन पाया जाता है—

"ये नद्यौं रुग्ना पृथिवी च दृढ़ा ये नस्वः स्तंभितः येन नाकः।
यो अन्तरिक्षे रजसो विमानः कस्मै देवायकहविषाविधेम ॥"

—ऋग्वेद-10 ।21 1-10

जिसने अन्तरिक्ष, दृढ़ पृथ्वी, स्वर्लोक, आदित्य, तथा अन्तरिक्षस्थ महान जल राशि का निर्माण किया, आओ उसी को भजें।

अथर्ववेद में भी उसका वर्णन है—

"ईजानश्चित मारुक्षदग्नि नाकस्य पृष्टाद् दिविमुत्पतिष्यन्।
तस्मै प्रभात नभसो ज्योतिमान् स्वर्गः पन्थाः सुकृते देवयानः॥"

—अथर्व. 18।4।14

जो मनुष्य सुख भोग के लोक से प्रकाशमय 'द्यौ' लोक के प्रति ऊपर उठना चाहता हुआ, और इस प्रयोजन से वास्तविक यजन करता हुआ चित् स्वरूप अग्नि का आश्रय ग्रहण करता है, उस ही शोभन कर्म्म वाले मनुष्य के लिए ज्योतिर्मय स्वर्ग, आत्म सुख को प्राप्त कराने वाला देव यान मार्ग, इस प्रकाश रहित संसार आकाश के बीच में प्रकाशित हो जाता है।

"सहस्राहण्यम् विपतौ अस्ययक्षौ हरेर्ह सस्य पततः स्वर्गम्।
सदेवान्सर्वा नुरस्यपदद्य संपश्यन यातिभुववनानि विश्वा॥"

—अथर्व. 18-8

स्वर्ग को जाते हुए इस ह्रियमाण या हरण शील जीवात्मा हंस के पंख सहस्रों दिनों से खुले हुए हैं, वह हंस सब देवों को अपने हृदय में लिए हुए सब भुवनों को देखता हुआ जा रहा है।

मनु संहिता अध्याय 11 के श्लोक 238 और 241 में स्वर्ग का वर्णन इस प्रकार किया गया है--

"औषधान्य गदो विद्याद बीच विविधास्थितिः।
तपसैवप्रसिध्यन्ति तप स्तेषां हि साधनम्॥"

"औषध निरोगता और विद्या बल तथा अनेक प्रकार से स्वर्ग में स्थिति तपस्या से ही प्राप्त होती है।"

"कीटाश्चाहि पतङ्गाश्चपशवश्च वयांसिच।
स्थावराणि च भूतानि दिवं याम्ति तपो बलात्॥"

"कीट, सर्प, पतंग, पशु-पक्षी और स्थावर आदि तपो बल से ही स्वर्ग में जाते हैं।"

बौद्ध ग्रंथों में भी स्वर्ग का निरूपण पाया जाता है—'धम्म पद' के निम्नलिखित श्लोक इसके प्रमाण हैं।

"गब्भ मेके उपज्जन्तिनिरियं पाय कम्मिनो।
सगां सुगतिनोयन्ति परि निब्बन्ति अनासवा॥"

कोई कोई मनुष्य मृत्यु लोक में जन्म लेते हैं, पापात्मालोग नरक में उत्पन्न होते हैं।

पुण्यात्मा स्वर्ग में उत्पन्न होते हैं। आशातीत महात्मा गण निर्वाण में जाते हैं।

"अन्धिभूतो अयं लोको तनु केत्थ विपस्सति।
सकुन्तो जाल मुत्तोव अप्पो सग्गाय गच्छति॥"

"यह लोक बिल्कुल अंधकारमय है, इसमें बिरले ही कोई ज्ञानी होते हैं। जाल से मुक्त पक्षी के समान थोड़े ही मनुष्य स्वर्ग में जाते हैं।"

संसार का प्रधान धर्म इसलाम भी है, उसका प्रधान ग्रंथ कुरान है, उसमें भी स्वर्ग का वर्णन है। सूरा-बकर, पहला पारा की चौबीसवीं आयत यह है–

"वोबश्शेरे अल्लजीना आमजीनूं व अमेलू सालिहाते अन्नलहुम जन्नातिन, तजरी मिनतः तंहा अवहारो कुल्लमा रोज़ेक़ मिनहामिन समरतिन रिजक़िन क़ालहाज़ा अल्लज़ी रोज़िकना मिनक़बलो बहम तीहा ख़ालेदून।"

"जो लोग ईमान लाये और जिन्होंने अच्छे काम किये, उनको यह मंगल समाचार सुना दो कि उनके लिए स्वर्ग के बाग हैं, जिनके नीचे नहरें बह रही होंगी। जब उनमें का कोई फल (मेवा) खाने को दिया जायेगा, तो वे कहेंगे कि यह तो हमको पहले ही मिल चुका है। उनको एक ही तरह के फल मिला करेंगे। वहाँ उनके लिए पाक साफ बीवियाँ होंगी, और उसमें सदैव रहेंगी।

सूरा सफ़र पहला पारा आयतन 81

"व अल्लज़ीना कफ़रू व कज्ज़बू वे अयातेना ऊलाएका असहाब नारहुम फ़ीहा खालेदून।"

जो लोग ईमान लाये, और वे जिन्होंने नेक काम किये, वे ही स्वर्ग लोक निवासी हैं, वे हमेशा स्वर्ग में ही रहेंगे।

ईसाई धर्म्म का प्रधान ग्रंथ बाइबिल है– इस ग्रंथ में भी स्वर्ग का वर्णन पाया जाता है–

मत्ती नम्बर 13 संख्या 44,

Again the kingdom of heaven is like unto treasure hid in a field; the which when a man hath found he hideth and for joy there of goeth and selleth all that he hath and buyeth that field.

"स्वर्ग का राज्य खेत में दिये हुए धन के समान है, जिसे किसी मनुष्य ने पाकर छिपा दिया और मारे आनन्द के जाकर और अपना सब कुछ बेच कर उसे मोल ले लिया।"

हमारे पुराण ग्रंथों में स्वर्ग का जैसा विस्तृत वर्णन है, वह अविदित नहीं है। सर्व साधारण भी उससे अभिज्ञ हैं। पुराणों का स्वर्ग वर्णन विलक्षण तो है ही, लोकोत्तर भी है। जो विशेषतायें उसमें पाई जाती हैं, और उसकी जैसी विभूतियाँ हैं, वे सर्वथा उसकी महत्ता के अनुकूल हैं। किसी धर्म के स्वर्ग में उतना विशद, विमुग्धकर, उदात्त और अलौकिक महत्व नहीं पाया जाता, जितना पौराणिक स्वर्ग में। अन्य धर्मों के स्वर्ग में सांसारिक अथवा पार्थिव सुखों की प्राप्ति की ही कल्पना की गई है, उससे आगे नहीं बढ़ा गया है। और न इस लोक के सुखों से परलोक के सुखों में विशेष आकर्षक दिखलाया गया है। परन्तु पौराणिक अथवा हिन्दू धर्म के स्वर्ग में उन लोकोत्तर विभूतियों की प्राप्ति का वर्णन है जो इस लोक में प्राप्त हो ही नहीं सकती। मैंने अपनी एक कविता में उनका वर्णन किया है, उसको नीचे लिखता हूँ। उसके पठन से स्वर्ग और उसकी विभूतियों का ज्ञान बहुत कुछ हो जायेगा। विस्तार भय से पुराणों की कुल रचनाओं को मैं यहाँ नहीं उठाता। कविता पुराणों के आधार से ही लिखी गई है, अतएव उसका आशय पुराणों पर ही अवलम्बित है।

शार्दूल विक्रीड़ित

है ऐरावत सा गजेन्द्र न कहीं, है कौन देवेन्द्र सा।
है कान्ता न शची सामान अपरा देवापगा है कहाँ॥
श्री जैसी गिरिजा गिरा सम नहीं देखीं कहीं देवियाँ।
पाई कल्पलतोपमा न लतिका है स्वर्ग ही स्वर्ग सा॥ 1॥

शोभा संकलिता नितान्त ललिता कान्ता कलालंकृता।
लीला लोल सदैव यौवन वती सद्वेशवस्त्राबृता॥
नाना गौरव गर्विता गुणमयी उल्लासिता संस्कृता।
होती है दिव दिव्यता बिलसितास्वर्गांगना सुन्दरी॥ 2॥

शुद्धा सिद्धि विधायिनी अमरता आधारिता निर्जरा।
सारी आधि उपाधि व्याधि रहिता वाधादि से वर्जिता॥
कान्ता कान्ति निकेतनाति सरसा दिव्या सुधा सिंचिता।
नाना भूति विभूति मूर्तिमहती है स्वर्ग स्वर्गीयता॥ 3॥

जो होती न विराजमान उसमें दिव्यांग देवांगना।
जो देते न उसे प्रभूत विभुता दे वेशया देवते॥
नाना दिव्य गुणावली सदन जा होती नहीं स्वर्गभू।
तो पाती न महान भूति, महती होती महत्ता नहीं॥ 4॥

होते म्लान नहीं प्रसून, रहते उत्फुल्ल हैं सर्वदा।
पाके दिव्यहरीतिमा बिलसती है कान्त वृक्षावली॥
पत्ते हैं परिणामरम्य फल हैं होते सुधा से भरे।
है उद्यान न अन्य स्वर्ग अवनी के नन्दनोद्यानसा॥ 5॥

होती है बिकरालता जगत की जाते जहाँ कम्पिता।
आता काल नहीं समीप जिसके आरक्त आँखें किये॥
होता है भय आयभीत जिसकी निर्भिकता भूति से।
जा पाते यम दूत हैं न जिसमें है स्वर्ग सा स्वर्ग ही॥ 6॥

होता क्रन्दन है नहीं, न मिलता है आर्त्त कोई कहीं।
हाहाकार हुआ कभी न, उसने आहें सुनी भी नहीं॥
देखा दृश्य न मृत्यु का, नदव से दग्धाविलोकी चिता।
है आनन्द निधानस्वर्ग विभुता उत्फुल्लता मूर्त्ति है॥ 7॥

गाता है वह गीत पून जिसमें होती मनोवृत्ति है।
लेती है वह तान रीझ जिससे है रीझ जाती स्वयं॥
ऐसी है कल कंठता कलित जो है मोहती विश्व को।
है संगीत सजीव मूर्ति दिव की लोकोत्तरा अप्सरा॥ 8॥

सारी मोहन मंत्र सिद्धि स्वर में, आलाप में मुग्धता।
तालों में लय में महा मधुरता, शब्दावली में सुधा॥
भावों में वरभावना, सरसता उत्कण्ठता कण्ठ में।
देती है भर भूत प्रीति ध्वनि में गन्धर्व गन्धर्वता॥ 9॥

जागे सात्विक भावभूति टलती है तामसी वृत्तियाँ।
देखे दिव्य दिवा विकास छिपती है भीत भूतातमा॥
जाती है मिट भाव भानुकर से अज्ञान की कालिमा।
पाते हैं द्युतिलोक लोक दिव की आलोक माला मिले॥ 10॥

पाते हैं वहु दीप्ति देव गण से दिव्यां गवा वृन्द से।
होते झंकृत हैं सदैव बजते वीणादि झंकार से॥
हो आरंजितरत्न से बिलसते हैं मोहते लोक को।
आँखों में बसते सदा बिहँसते आवास हैं स्वर्ग के॥ 11॥

हो हो नृत्य कला निमग्न दिखला अत्यन्त तल्लीनता।
पावों के वर नूपुरादि ध्वनि से संसार को मोहती॥
ले ले तान महान, मंजुरव से धारा सुधा की बहा।
नाना भाव भरी परी सहित गा है नाचती किन्नरी॥ 12॥

नाना रोग वियोग दुःख दल से जो द्वंद्व से है बचा।
सारी ऋद्धि प्रसिद्ध सिद्धि निधि या जो भूति से है भरा॥
जो है मृत्यु प्रपंच हीन, जिसमें हैं जीवनी ज्योतियाँ।
तो क्या है अपवर्ग, पुण्य-बल से, जो स्वर्ग ऐसा मिले॥ 13॥

हिन्दी शब्द सागर संख्या 40 पृष्ठ 3749 में स्वर्ग के विषय में यह लिखा है–

"हिन्दुओं के सात लोकों में से तीसरा लोक जो ऊपर आकाश में सूर्य लोक से लेकर ध्रुव लोक तक माना जाता है स्वर्ग कहलाता है। किसी पुराण के अनुसार यह सुमेरु पर्वत पर है। देवताओं का निवास स्थान यही स्वर्ग लोक माना गया है, और कहा गया है कि जो लोग अनेक प्रकार के पुण्य और सत्कर्म करके मरते हैं, उनकी आत्मायें इसी लोक में जाकर निवास करती हैं। यज्ञ दान आदि जितने पुण्य कार्य किये जाते हैं, वे सब स्वर्ग की प्राप्ति के उद्देश्य से ही किये जाते हैं। कहते हैं कि इस लोक में केवल सुख ही सुख है, दुःख, शोक, रोग व मृत्यु आदि का नाम भी नहीं है। जो प्राणी जितने ही अधिक सत्कर्म करता है, वह उतने ही अधिक समय तक इस लोक में निवास करने का अधिकारी होता है। परन्तु पुण्यों का क्षय हो जाने अथवा अवधि पूरी हो जाने पर जीव को फिर कर्म्मानुसार शरीर धारण करना पड़ता है, और यह क्रम तब तक चलता रहता है, जब तक उसकी मुक्ति नहीं हो जाती। यहाँ अच्छे-अच्छे फलों वाले वृक्षों, मनोहर वाटिकाओं और अप्सराओं आदि का निवास माना जाता है।

प्रायः सभी धर्मों, देशों और जातियों में स्वर्ग और नरक की कल्पना की गई है। ईसाइयों के विचारानुसार स्वर्ग ईश्वर का निवास स्थान है, और वहाँ फ़रिश्ते तथा धर्मात्मा लोग अनन्त सुख का भोग करते हैं। मुसलमानों का स्वर्ग बिहिश्त कहलाता है। मुसलमान लोग भी बिहिश्त को खुदा और फ़रिश्तों के रहने की जगह मानते हैं, और कहते हैं कि दीन दार लोग मरने पर वहीं जायँगे। उनका बिहिश्त इन्द्रिय सुख की सब प्रकार की सामग्री से परिपूर्ण कहा गया है। वहाँ दूध और शहद की नदियाँ तथा समुद्र हैं। अंगूरों के वृक्ष हैं, और कभी वृद्ध न होने वाली अप्सरायें हैं। यहूदियों के यहाँ तीन स्वर्ग की कल्पना की गई है।"

स्वर्ग में देवताओं का निवास माना जाता है, 'हिन्दी शब्द सागर' संख्या 17 पृष्ठ 1620 में उनके विषय में यह लिखा गया है–

"वेदों में देवता शब्द से कई प्रकार के भाव लिए गये हैं। साधारणतः वेद मंत्रों के जितने विषय हैं, वे सब देवता कहलाते हैं। सिल, लोढ़े, मूसल, ओखली, नदी, पहाड़ इत्यादि से लेकर घोड़े, मेढक, मनुष्य (नारशंस), इन्द्र, वरुण, आदित्य इत्यादि तक वेद मंत्रों के देवता हैं। कात्यायन ने अनुक्रमणिका में मंत्र के वाच्य विषय को देवता कहा है। निरुक्तकार यास्क ने देवता शब्द को दान, दीपन, और द्युस्थानगत होने से निकाला है। देवता के संबंध में प्राचीनों के चार मत पाये जाते हैं, ऐतिहासिक, याज्ञिक, नैरुक्तिक, और आध्यात्मिक। ऐतिहासिकों के मत से प्रत्येक मंत्र भिन्न-भिन्न घटनाओं या पदार्थों को लेकर बना है। याज्ञिक लोग मंत्र ही को देवता मानते हैं, जैसा कि जैमिनि ने मीमांसा में स्पष्ट किया है। मीमांसा दर्शन के अनुसार देवताओं का कोई रूप, विग्रह आदि नहीं, वे मंत्रात्मक हैं। याज्ञिकों ने देवताओं को दो श्रेणियों में विभक्त किया है, सोमप और असोमप अष्टा वसु, एकदशरुद्र, द्वादश आदित्य, प्रजापति और वषट्कार ये 33 सोमप देवता कहलाते हैं। एकादश प्रदाजा, एकादश अनुयाजा, और एकादश उपयाजा ए असोमप देवता कहलाते हैं। सोमपायी देवता सोम से संतुष्ट हो जाते हैं, और असोमपायी यज्ञ पशु से तुष्ट होते हैं। नैरुक्तंक लोग स्थान के अनुसार देवता लेते हैं, और तीन देवता मानते हैं, अर्थात पृथ्वी का अग्नि, अन्तरिक्ष का इन्द्र वा वायु औ द्युस्थान का सूर्य। बाकी देवता या तो इन्हीं तीनों के अन्तर्भूत हैं, अथवा होता, अध्वर्य्यु, ब्रह्मा, उद्गाता, आदि के कर्म्म भेद के लिए, इन्हीं तीनों के अलग-अलग नाम हैं। ऋग्वेद में कुछ ऐसे मंत्र भी हैं, जिनमें भिन्न देवताओं को एक ही के अनेक नाम कहा है। जैसे बुद्धिमान, लोग, इन्द्र, मित्र, वरुण, और अग्नि को एक होने पर भी इन्हें बहुत बतलाते हैं।"(ऋग्वेद 1/164/46/)। एही मंत्र आध्यात्मिक पक्ष वा वेदान्त के मूल बीज हैं। उपनिषदों में इन्हीं के अनुसार एक ब्रह्म की भावना की गई है।

प्रकृति के बीच जो वस्तुयें प्रकाशमान, ध्यान देने योग्य और उपकारक देख पड़ीं, उनकी स्तुति या वर्णन ऋषियों ने मंत्रों द्वारा किया, जिन देवताओं को प्रसन्न करने के लिए यज्ञ आदि होते थे, उनकी कुछ विशेष स्थिति हुई, उनसे लोग धन, धान्य, युद्ध में जय, शत्रुओं का नाश आदि चाहते थे। क्रमशः देवता शक्ति से ऐसी ही, अगोचर सत्ताओं का भाव समझा जाने लगा, और धीरे-धीरे पौराणिक काल में रुचि के अनुसार और भी अनेक देवताओं की कल्पना की गई। ऋग्वेद में जिन देवताओं के नाम आये हैं, उनमें से कुछ ए हैं—

अग्नि, वायु, इन्द्र, मित्र, वरुण, अश्विद्वयं, विश्वेदेवा, मत्गण, ऋतुगण, ब्रह्मणस्पति, सोम, त्वष्टा, सूर्य्य, विष्णु, पृश्नि, यम, पर्ज्यन्य, अर्य्यमा, पूषा, रुद्रगण, वसुगण, आदित्य गण, उशना, त्रित, चैतन, अज, आहिर्बुघ्न, एकयात्क् ऋभुक्षा, गरुत्मान् इत्यादि। कुछ देवियों के नाम आये हैं, जैसे सरस्वती, सूनृता, इला, इन्द्राणी, होंत्रा, पृथिवी, उषा,

आत्री, रोदसी, राका, सिनी वाली, इत्यादि।

ऋग्वेद में मुख्य देवता 33 माने गये हैं, जो शत्पथ ब्राह्मण में इस प्रकार गिनाये गये हैं। 8 वसु 11 रुद्र 12 आदित्य तथा इन्द्र और प्रजापति। ऋग्वेद में एक स्थान पर देवताओं की संख्या 3339 कही गई है। 3/9/9 शतपथ ब्राह्मण और सांख्यायन श्रौत सूत्र में भी यह संख्या दी हुई है। इस पर सायण कहते हैं, कि देवता 33 ही हैं 3339 नाम महिमा प्रकाशक हैं। देवता मनुष्यों से भिन्न अमर प्राणी माने जाते थे, इसका उल्लेख ऋग्वेद में स्पष्ट है। "हे असुर वरुण! देवता हों या मर्त्य (मनुष्य) हों, तुम सब के राजा हो।" (ऋक् 2।27।10)।

पीछे पौराणिक काल में जिसका थोड़ा बहुत सूत्रपात शुक और सूत के समय में हो चुका था, वेद के 33 देवताओं 33 कोटि देवों की कल्पना की गई। इन्द्र, विष्णु, रुद्र, प्रजापति इत्यादि वैदिक देवताओं के रूप-रंग कुटुम्ब आदि की कल्पना की गई। द्युस्थान (आकाश) के वैदिक देवता विष्णु (जो 12 आदित्यों में थे) आगे चल कर चतुर्भुज, शंख, चक्र, गदा, पद्मधारी, लक्ष्मी के पति हो गये। वैदिक रुद्र जटी, त्रिशूलधारी, पार्वती के पति, गणेश, और स्कंद के पिता हो गये। वैदिक प्रजापति वेद के वक्ता चार मुख वाले ब्रह्मा हो गये। देवताओं की भावना और उपासना में यह भेद महाभारत के समय से ही कुछ कुछ पड़ने लगा। कृष्ण के समय तक वैदिक इन्द्र की पूजा होती थी, जो पीछे बन्द हो गई, यद्यपि इन्द्र देवताओं के राजा और स्वर्ग के स्वामी बने रहे। आज कल हिन्दुओं में उपासना के लिए, पाँच देवते मुख्य माने गये हैं, विष्णु, शिव, सूर्य, गणेश, और दुर्गा। ये पंच देव कहे जाते हैं।

यजुर्वेद, सामवेद, अथर्ववेद और पुराणों के अनुसार इन्द्र चन्द्र आदि देवते, कश्यप से उत्पन्न हुए। पुराणों में लिखा है, कि कश्यप की दिति नाम की स्त्री से दैत्य, और अदिति नाम की स्त्री से देवता उत्पन्न हुए।

बौद्ध और जैन लोग भी देवताओं को मानते हैं, और इसी पौराणिक रूप में, भेद केवल इतना है कि वे देवताओं को बुद्ध, बोधिसत्व, वा तीर्थंकरों से निम्न श्रेणी का मानते हैं। बौद्ध लोग भी देवताओं के कई गण या वर्ग मानते हैं। चातुर महा रात्रिक, तुषिक आदि। जैन तीन चार प्रकार के देवता मानते हैं। वैमानिक या कल्पभव, कल्पातीत, ग्रैवेयक, और अनुत्तर। वैमानिक बारह हैं। सौधर्म, ईशान, सनत्कुमार, महेन्द्र, ब्रह्मा, अंतक शुक्र, सहस्रार, नत, प्राणत, आरण और अच्युत।"

जो अंश हिन्दी शब्द सागर से उद्धृत किये गये हैं, उनके पठन से स्वर्ग और देवताओं के विषय में पूरी अभिज्ञता प्राप्त होती है। यद्यपि विचारों में विभिन्नता और विविधता भी अधिक है। फिर भी वेद जैसे प्रामाणिक, मान्य, और अभ्रान्त ग्रंथों को स्वर्ग और देवताओं का प्रतिपादन करते देखा जाता है। ऐसी अवस्था में स्वर्ग और

देवताओं का अस्तित्व निर्विवाद, और युक्ति संगत हो जाता है। विशेषकर इस कारण से भी कि बौद्ध धर्म का भी यही सिद्धान्त है, और मुसलमान, ईसाई और यहूदी सम्प्रदाय भी इसी मत का प्रतिपादक है। आप पहले पढ़ चुके हैं, सूर्य और ध्रुव तारे के बीच में स्वर्ग का संस्थान है, यह भी कहा गया है कि स्वर्ग में देवताओं का निवास है। प्रसिद्ध देवताओं के नाम भी बतलाये गये हैं, और यह कहा गया है कि उनकी संख्या तैंतीस है। महाभारत और पुराणों में उनकी संख्या तैंतीस कोटि बतलाई गई है। शास्त्रों और पुराणों में ही नहीं, पवित्र वेदों में भी यह बात लिखी गई है कि पुण्यात्मा अथ च धर्मात्मा। प्राणियों अर्थात मनुष्यों का निवास मरणोपरान्त स्वर्ग में होता है। स्वर्ग में निवास देवत्व प्राप्त होने पर ही होगा। यदि यह सत्य है, तो स्वर्ग के देवताओं की संख्या तैंतीस ही क्यों होगी, तैंतीसकोटि या उससे भी अधिक क्यों न होगी, जैसा महाभारत और पुराणों में लिखा है। सूर्य्य यदि घड़े के समान है, तो पृथ्वी मटर के बराबर है। यदि इतनी छोटी पृथ्वी भाँति-भाँति के जीव-जन्तु और मानवों से परिपूर्ण है, तो सूर्य्य जीवधारियों और प्राणियों से रहित होगा, इसे मतिमत्ता नहीं मान सकती। सूर्य्य क्या आकाश में जितने पिंड हैं, सब विचित्रतामय हैं, सबों में सृष्टि क्रम है, सबका आदि अन्त है, और सब अद्‌भुत प्राणियों और जीवों से भरे पड़े हैं। बहुत अधिक जाँच पड़ताल छानबीन और सोच विचार के बाद बड़े-बड़े वैज्ञानिकों और विद्वानों ने यह बात बतलाई और स्वीकार की है। यदि उनका निर्णय सत्य है, तो स्वर्ग में केवल तैंतीस देवते नहीं माने जा सकते। धरातल के सब धर्म और मतवाले यह कहते और मानते हैं कि जितने पुण्यात्मा प्राणी हैं, शरीर त्याग के बाद स्वर्ग में उनका निवास होता है। यह संख्या कितनी अधिक हो सकती है, इसको प्रत्येक मतिमान समझ सकता है। अतः स्वर्ग में तैंतीस देवताओं का ही निवास मानना वास्तविक नहीं हो सकता। यह आदिम विचार हो सकता है, किन्तु वास्तविक विचार महाभारत और पुराणों का ही माना जा सकता है, जो चिरकालिक अन्वेषण का अन्तिम परिणाम है। तैंतीस करोड़ देवतों की संख्या उनके आधिक्य की अनुमानित कल्पना भी हो सकती है, क्योंकि इस विषय में इदमित्थं नहीं कहा जा सकता।

कुछ स्वतंत्र विचार के लोग स्वर्ग और नरक का अस्तित्व नहीं मानते। वे कहते हैं पुण्य में प्रवृत्ति उत्पन्न करने के लिए और पाप से दूर रखने के लिए स्वर्ग और नरक की कल्पना की गई है। बंग भाषा में महापुरुष मुहम्मद और तत्प्रवर्त्तित इसलाम धर्म, नामक एक ग्रंथ है। उस ग्रंथ में नरक स्वर्ग के विषय में जो लिखा गया है, उसका अनुवाद नीचे दिया जाता है–

"वास्तविक स्वर्ग नरक बाहर नहीं है, उनका सम्बन्ध अन्तर से है। पुण्य कर्म करने से जो आत्म प्रसाद लाभ होता है, स्वर्ग सुख और पाप करने से जो अन्तर्दाह एवं

आत्मग्लानि होती है वही है नरक दण्ड। केवल पाप मार्ग गामी अज्ञानी लोगों को भय प्रदर्शन पूर्वक धर्म्म पथ पर लाने के लिए सादृश्यात्मक रूप से इस प्रकार की उक्तियों का प्रयोग होता आया है। कहीं-कहीं इस प्रकार का वर्णन भी है कि पापात्मा अनन्त काल तक नरक दण्ड भोगता रहता है, यह कथन यत्परो नास्ति असम्भव और अवास्तविक है। इससे परमात्मा के मंगल स्वरूप और न्याय विचार पर दोष-रोप होता है। मनुष्य यदि अनन्त पाप निरत होता तो यह संभव होता कि परमेश्वर उसके लिए रोमांच कर अनन्त दंडों का विधान करता। छुद्र मनुष्य पर परमित पापों के लिए वह अनन्त शास्ति विधान करता रहता है, यह सोचना या कहना, पूर्ण दयामय और न्यायपरायण जगदीश्वर की अलौकिक दया और महत् प्रेम पर प्रबल दोषारोपण करना होगा। पृथ्वी के माता पिता दुष्ट सन्तान का शाशन करते हैं, उसको दण्ड देते हैं, उसके मंगल के लिए, उसके चरित्र के संशोधन के लिए, उसके विनाश के लिए नहीं। जिन्होंने जनक जननी के हृदय में स्नेह और प्रेम का संचार किया है वही परम कारुणिक मंगलमय न्यायवान ईश्वर प्रेम और न्याय के अनुरोध से संशोधन और मंगल के लिए पापों को शास्ति प्रदान करते हैं। पर किसी साधारण मनुष्य के समान निकृष्ट प्रवृत्ति क्रोध विद्वेषादि के अधीन होकर उसको शास्ति दान नहीं करते, न उनमें प्रतिशोध लेने की इच्छा होती है। उनसे किसी प्रकार का अन्याय और अप्रेम का कार्य भी नहीं होता। यदि वे ऐसा करते ईश्वर न होते भयंकर दैत्य माने जाते। समधिक दण्ड होने पर पापी का संशोधन कहाँ हुआ? शास्ति नवजीवन प्रदान के लिए की जाती है, मार डालने के लिए नहीं। जैसे विशेष दुःख और कष्ट होने पर लोग कहते हैं, हमारा कष्ट असीम है, और यातना अपरिमेय! तो उसका अर्थ दुःसह यातना और महान कष्ट होता है। उसी प्रकार अपार शास्ति का अर्थ विषम शास्ति और गुरुतर दण्ड होगा। ईश्वर में क्रोध और प्रतिहिंसा नहीं है, वे निर्विकार, पुण्यमय, प्रेममय और न्यायवान हैं। निज सृष्ट और प्रतिपालित कोट तुल्य छुद्र मनुष्य वह देव-देव विश्व-विधाता क्रोध कर के न्याय से च्युत हो अपरिमेय शास्ति प्रदान करेगा, इसका अनुमान मात्र होने पर भी हृत्कम्प होने लगता है।"

"देवात्मा ईसा मसीह कहते हैं," "स्वर्ग लोक यहाँ या वहाँ नहीं है, स्वर्ग अन्तस्तल में है।" "वास्तविक स्वर्ग इन्द्रियातीत चिन्मय, इन्द्रिय गोचर बाह्यिक नहीं है जड़ीय उपादान से स्वर्ग लोक नहीं निर्मित हुआ है।"

प्रकृतिवादी कहते हैं जैसे जब तक घड़ी के कल पुरजे ठीक रहते हैं, तब तक उसमें गति रहती है वह ध्वनित होती है और ठीक-ठीक समय भी बतलाती है। कलपुरजों के बिगड़ते ही, उसकी समस्त क्रियायें समाप्त हो जाती हैं, वैसे ही मानव जीवन की व्यवस्था है। जब तक पाँच तत्वों का समन्वय अनुकूल और जीवनोपयोगी होता है, तब

तक वह बना रहता है, और मानव शरीर अपना कार्य करता रहता है। उसमें विक्षेप और तारतम्य का अवांछित मात्रा में ह्रास होते ही जीवन लीला समाप्त हो जाती है। और काल पाकर जिस पंच तत्व से प्राणी बना था, उसी में वह समा जाता है। प्रकृति का यह प्रपंच है, ब्रह्म जीव की कल्पना, कल्पना मात्र है परोक्षवाद परोक्षवाद ही है। प्रामाणिक प्रत्यक्ष वाद ही है। जो गोचर है, अगोचर नहीं। अपने इन विचारों पर आरूढ़ होकर प्रकृतिवादी भी स्वर्ग नरक को कल्पित मानते हैं।

मत भिन्नता स्वाभाविक है, कहा भी है, 'मुण्डे मुण्डे मति भिन्ना' किसी सिद्धान्त का आधार संस्कार होता है, जैसे वायु मण्डल में प्राणी प्रतिपालित होता है, उसका आचार विचार भी वैसा ही होता है। चित्त की वृत्ति भी विभिन्न होती है, सब का ज्ञान भी समान नहीं होता सबकी पहुँच भी एक सी नहीं पाई जाती। इसलिए तर्क वितर्क होने पर विशिष्ट सम्मति ही ग्राह्य होती है। यदि यह सम्मति एक देशी नहीं बहुव्यापक हो, तो उसका समादर और अधिक हो जाता है, और वह लोकमान्य हो जाती है। जितने धर्म भूतल के हैं, उन सबों ने स्वर्ग और नरक का अस्तित्व स्वीकार किया है। पवित्र ऋग्वेदादि और मुसलमान, ईसाई एवम् यहूदियों के धर्म ग्रन्थों की चर्चा पूर्णतया हो चुकी है। उपस्थित विषय में किसी की मत भिन्नता नहीं है, सब एक राय हैं। आजकल अध्यात्मविज्ञान (Mismeriom) मेसमेरिज्म का प्रचार भूतल के प्रधान प्रदेश में है। योरप और अमेरिका जैसे समुन्नत देशों के अनेक महात्मा अध्यात्म विज्ञान के समर्थक और प्रचारक हैं। महाभारत हो जाने पर जैसे महर्षि वेद व्यास ने एक रात को गांधारी इत्यादि के दुःख मोचन और कष्ट निवारण के लिए परलोक से दुर्योधन आदि अनेक रण में निहत वीर पुंगवों का आह्वान किया था। उस प्रकार की क्रिया आजकल योरप और अमेरिका में अधिकतर हो रही है। मीडियम (प्रतिभू) द्वारा ही मुक्तात्माओं का आह्वान नहीं किया जाता है, स्वयं मुक्तात्माओं का प्रत्यक्ष आह्वान होने लगा है। इसका समर्थन बड़े-बड़े ग्रंथ लिखकर योरप और अमेरिका के बड़े बड़े विद्वानों ने किया है। अतएव अध्यात्म विज्ञान द्वारा भी स्वर्ग के अस्तित्व की सिद्धि होती है। यह सिद्धि साधारण नहीं, बहुत बड़ी इष्टि सिद्धि है।

चौदहवाँ प्रसंग

नरक

स्वर्ग के साथ नरक के विषय में तेरहवें सर्ग में बहुत सी बातें लिखी जा चुकी हैं। जैसे स्वर्ग के विषय में भूतल के समस्त ग्रंथ एक राय हैं, और उसके अस्तित्व को स्वीकार करते हैं। उसी प्रकार नरक के विषय में भी उन ग्रंथों की वही सम्मति है, जो स्वर्ग के विषय में है। यदि पुण्यात्मा स्वर्ग का अधिकारी माना गया है, पापात्मा तो नरक का अधिकारी क्यों न माना जावेगा। पुण्य का फल यदि सद्‌गति है, तो पाप का परिणाम दण्ड क्यों न होगा। संसार में अथवा भूतल में यदि पुण्यात्मा हैं, तो पापात्मा भी क्यों न होंगे। पापात्मा तो अधिक पाये जाते हैं, क्योंकि स्वार्थांधता और पाप परायणता ही लोगों में अधिक देखी जाती है। अतएव नियामक नियमन होना स्वाभाविक है। पापात्माओं के नियमन का स्थान ही नरक है। नरक के अस्तित्व के विषय में तेरहवें प्रसंग में स्वर्ग के साथ बहुत से प्रमाण धर्मग्रंथों के उठाये जा चुके हैं, परन्तु उसके विषय में यह नहीं लिखा गया है कि वह कहाँ है, उसकी व्यवस्था क्या है, उसका नियामक कौन है, इसी प्रकार और कितनी बातें ऐसी हैं नरक के विषय में, जिन पर प्रकाश नहीं डाला गया है। अभिज्ञता के लिए उन सब विषयों और बातों का ज्ञान आवश्यक है, अतएव अब मैं क्रमशः उनको वर्णन करता हूँ।

हिन्दी शब्दसागर पृष्ठ 1760 में नरक के विषय में यह लिखा है—

"पुराणों और धर्म शास्त्रों आदि के अनुरार (नरक) वह स्थान है, जहाँ पापी मनुष्यों की आत्मा, पाप का फल भोगने के लिए भेजी जाती है। वह स्थान जहाँ दुष्कर्म करने वालों की आत्मा दंड देने के लिए रखी जाती है। अनेक पुराणों और धर्म शास्त्रों में नरक के सम्बन्ध में अनेक बातें मिलती हैं। परन्तु इनसे अधिक प्राचीन ग्रंथों में नरक का उल्लेख नहीं है। जान पड़ता है कि वैदिक काल में लोगों में इस प्रकार की नरक की भावना नहीं थी। मनुस्मृति में नरकों की संख्या इक्कीस बतलाई गई है। जिनके नाम ए हैं—

तामिस्र, अंधतामिस्र, रौरव, महारौरव, नरक, महानरक, काल सूत्र, संजीवन,

महार्बाचि, तपन, प्रत्मयन, संहात, काकोल, कुड्मल, प्रतिमूर्त्तिक, लौहशंकु, ऋजीष, शल्मली, वैतरणी, असिपत्रबन, और लोह दारक।

इसी प्रकार भागवत में भी नरकों का वर्णन है, जिनके नाम इस प्रकार हैं—

तामिश्रः, अंजतामिश्र, रौरव, महारौरव, कुंभी पाक, कालसूत्र, असि पत्रवत, शूकर मुख, अंधकूप, कृमि भोजन, संदंश, तप्त शूर्मि, ब्रज कण्टक, शाल्मली वैतरणी, पूयोद, प्राणरोध, विशसन, लालाभक्ष, सारमेयादन, अवीची, और अयःपान।

इनके अतिरिक्त—क्षार मर्दन, रसोगणभोजन, शूलप्रोत, दंद शूक, अवट निरोधन, पर्या वर्त्तन, और सूची मुख, ए सात नरक और भी माने गये हैं—

इनके अतिरिक्त कुछ पुराणों में और भी अनेक नरक कुण्ड माने गये हैं—

जैसे वसा कुण्ड, तप्त कुण्ड, सर्त कुण्ड, चक्र कुण्ड।

कहते हैं कि भिन्न-भिन्न पाप करने के कारण मनुष्य की आत्मा को भिन्न-भिन्न नरकों में सहस्रों वर्ष तक रहना पड़ता है, जहाँ उन्हें बहुत अधिक पीड़ा दी जाती है। मुसलमानों और ईसाइयों में भी नरक की कल्पना है, परन्तु उनमें नरक के इस प्रकार के भेद नहीं हैं। उनके विश्वास के अनुसार नरक में सदा भीषण आग जलती रहती है। वे स्वर्ग को ऊपर और नरक को नीचे (पाताल में) मानते हैं।"

देवी भागवत द्वादश स्कंध के दशम अध्याय में स्वर्ग के विषय में लिखकर नरक के विषय में यह लिखा है—

ऐरावत समारूढो वज्रहस्तः प्रताप वान्।
देव सेवा परिवृतो राजतेत्र शतक्रतुः।
याभ्यां शाया यमपुरी तत्र दंड धरो महान्
स्वभटैर्वेष्टि तो राजन् चित्र गुप्त पुरो गमैः।
निज शक्ति युतो भास्वत्तनयोस्तियमो महान्।

इन पद्यों का यह अर्थ है, "जिस स्वर्ग में ऐरावत रूढ़ वज्रहस्त प्रतापवान् देव सेवा से आद्रित इन्द्र शोभायमान हैं, उसी के दक्षिण यमपुरी है, जहाँ चित्र गुप्त अग्रणी, अपने भटों से वेष्टित शक्तिमान सूर्य तनय महान् यम राज का निवास है।"

यमपुरी को ही नरक स्थान माना जाता है, जो न तो पाताल में है न और कहीं, देवी भागवत ने जैसा बतलाया है, वह स्वर्ग के पास ही उसके दक्षिण है। नरकों का नाम क्या है, और उनकी संख्या कितनी है, हिन्दी शब्दसागर के उद्धृत ग्रंथ द्वारा यह बतलाया जा चुका है। उसका रूप क्या है, और उनमें कैसी यातनायें होती हैं, पुराणों में उनका वर्णन भी है। कुछ अन्तर होने पर भी यातनाओं के वर्णन में अधिकतर साम्य है। उन पर दृष्टि रख कर मैंने जो कविता की है, उसको मैं उपस्थित करता हूँ। पुराणों

के श्लोक उद्धृत किये जा सकते थे, परन्तु उनका अनुवाद भी लिखना पड़ता, जिससे व्यर्थ विस्तार होता। मेरे पद्यों मे आपको यह विशेषता मिलेगी, कि जितनी कुत्सित वृत्तियाँ हैं, उनकी कुत्सा करते हुए मैंने नरकों का निरूपण इस प्रकार किया है, कि दोनों का लगभग साम्य हो जाता है, जो यह प्रतिपादित करता है कि जहाँ हो वहीं पर लोक में मनुष्य यदि पाता है तो अपने कर्म के अनुसार ही फल पाता है। अन्यथा कदापि नहीं होता। अब पद्यों को देखिये। एक एक पद्य में एक एक नरक का वर्णन है। भ्रान्ति निवारण के लिए नरकों के नाम के नीचे लकीर बना दी गई है।

शार्दूल विक्रीड़ित

जो होते कुछ भी सशंक मति तो होती नहीं तामसी।
हो पातीं तमसावृतानदृग की ज्योतिर्मयी दृष्टि भी॥
तोब्या पी रहती नहीं हृदय में दुर्वृत्ति की कालिमा।
हैं जो लोग मदांध वे न डरते हैं अंधतामिस्र से॥ 1॥

पाई है उसने प्रभूत पशुता दुर्वृत्तता दानवी।
हिंसाहिंसक जन्तु सी कुटिलता सर्पाधिराजोपमा॥
उत्पात-प्रियता प्रभंजन समा दुर्दग्धता वन्हिसी।
कुंभीपाक विपाक बात सुन क्यों काँपे महा पात की॥ 2॥

देता है अलि डंक सा दुख उसे जो पंक निक्षेप हो।
होती है अहि दंशतुल्य परुषा पीड़ा अवज्ञा हुए॥
देखे कीर्त्ति कलापलोप उसको होता महा ताप है।
पाता है रौरव वासदीर्घ दुख है खो गौरवों को सुधी॥ 3॥

होते हैं उसके विचार तरु के पत्ते छुरा धार से।
देते हैं कर जी विपन्न बहुधारक्ताक्त उद्बोध को॥
जो हो के विकलांग भाव उसके होते व्यथा ग्रस्त हैं।
तो क्या है, असि पत्र से नरक का वासी नहीं भ्रष्टधी॥ 4॥

है दुर्गंध निकेतन कलुषितानिन्द्या जुगुप्सा भरी।
है उन्माद मयी सनी रुधिर से है लोक हिंसारता॥
होती है खर गृध्रदृष्टि उनकी मांसाशिनी निम्नगा।
भू में ही कितनी करालकृतियाँ हैं कालसूत्रोपमा॥ 5॥

जोंकें हों उसमें प्रकम्पित करी दुर्दशनों से भरी।
होवें भूरि विषाक्त व्याल उसके फूत्कार से फूंकते॥
हो काला न नसा कराल वह या हो आस्य नागेन्द्र का।
थोड़ी भी कब अंधकूप परवा पापांधता को हुई॥ 6॥

लोहे से विरची विभावसुवनी आलिंगिता कामिनी।
दे अत्यंत व्यथा, नुचे नरक में सर्वांग की बोटियाँ॥
सारे सुन्दर गात में कुलिश से काँटे सहस्रों गड़ें।
क्यों कामी सुन वज्र कण्टक कथा कामांधता से बचें॥ 7॥

जो खाते पर मांस हैं न उनका क्यों मांस खाते वहीं।
जैसा है नर पाप कर्म मिलता है दण्ड वैसा वहाँ॥
चाहे हो अथवा न हो नरक, क्या आदर्श भी है नहीं।
तो है शोक विलोक शाल्मलि क्रिया जो हो न शालीनता॥ 8॥

देखा जो दृग खोल के अवनितो है वंचितों से भरी।
हैं रोते मिलते अनेक कितने पाते नहीं रोटियाँ॥
लाखों को भर पेट अन्न मिलता है स्वप्न के दृश्य सा।
लाखों की कृमि भोजनादि नरकों की नारकी वृत्ति है॥ 9॥

हो हो लोलुपता प्रपंच पतिता हो लोभ से लालिता।
ला ला के पड़ फेर में ललकती हो लालसा से भरी॥
पाती हैं प्रति यातना निरय की हो लीन दुर्नीति में।
ला ला भक्ष निकेतना अललिता लालायिता वृत्तियाँ॥ 10॥

चक्की में पिसते नहीं विवश हो, होते व्यथा ग्रस्त क्यों।
कैसे शूकर से कदर्य्य मुख बा-बा लीलना चाहते॥
जो होते न कुकर्म में निरत तो जाता न रेता गला।
कैसे शूकर आननादि नरकों सी यातना भोगते॥ 11॥

देखे दुर्गति पाप में निरत की, कामांध की दुर्दशा।
नाना शूल समूह से हृदय को पाके विधा प्रायशः॥
बार-बार बिलोक मत्तमति को मोहादि से मर्दिता।
होती हैं सुख ज्ञात संडसन की सारी सुनी सांसतें॥ 12॥

होती है सुखिता पिये रुधिर के, है सोचती वोटियाँ।
प्यारा है उसको निपात वह है उत्पात उत्पादिका॥
लेती है प्रिय प्राण प्राणिचय का, है त्राण देती कहाँ।
क्रूरों की कटुतामयी कुटिलता है गृध्रभक्षोपमा॥ 13॥

पक्षी को पशु वृन्द को पटक के हैं पीटती प्रायशः।
वाणों से कर विद्धगृध्र बन हैं देती बड़ी यंत्रणा॥
हैं कोंचा करती सदैव, बढ़ के हैं गोलियाँ मारती।
हैं विश्वासन सी निकृष्ट, नर की मांसाशिनी वृत्तियाँ॥ 14॥

जो होवें बहु गृध्र क्षीण खग को चोंचें चला चोथते।
जो हों निर्बल को विदीर्ण करते हो क्रुद्ध क्रूराग्रणी॥
जो निर्जीव शरीर को लिपट हों कुत्ते कई नोचते।
तो श्वानोदन दृश्य दृष्टिगत क्यों होगा न भू में किसे॥ 15॥

क्या हैं प्राणि समूह को न डसते नानामुखी सर्प हो।
होती है उनकी कशा कलुषिता क्या बिज्जुतुल्या नहीं॥
क्या वे लेशित शेल हैं न कितने हृत्पिण्ड को बेधते।
शूलप्रोत समान क्या न महि में हैं शूल दाताग्रणी॥ 16॥

है दुर्गंध मयी महा कलुषिता वीभत्सता से भरी।
नाना मूर्त्ति मती कराल वदना क्रोधान्विता सर्पिणी॥
है उच्छृंखलता रता बहु मुखी आतंक आपूरिता।
पापी की पतिता प्रवृत्ति सदृशा वैश्वासिनी प्रक्रिया॥ 17॥

है डाला करती विपन्न मुख में सीसा गला प्रायशः।
भोगे भी यह भोग प्राण कढ़ते हैं पातकी के नहीं॥
खात मुग्दर है, प्रहार सहता है, छूटता जी नहीं।
कैसी है यह क्षार कर्दम कृता दुःखान्त दृश्यावली॥ 18॥

रोता है पिट के कठोर कर से है यंत्रणा भोगता।
बोटी है कटती, समस्त तन को है नोचती दानवी॥
है दुर्भाग्य, महा विपत्ति यह है, है मर्म्म वेधी व्यथा।
जो रक्षोगण भोजनावधि अघी है छूट पाता नहीं॥ 19॥

महाभारत या पुराणों में नरकों का जैसा निरूपण है, मुसलमान, ईसाई या यहूदियों के किसी धर्म में वैसा वर्णन नहीं पाया जाता। पुराणों में एक यम पुरी का वर्णन है, जिसके स्वामी यमराज हैं, और जिसमें सब प्रकार के नरक हैं। मुसलमानों ने अलग-अलग सात नरक माने हैं, जिनके नाम यह हैं–

दोज़ख, जहन्नुम, नति, होतमा, सक़ीर, सकर, ज्वहिम, हाविया। इनके स्वामी का नाम इजराईल बतलाया गया है। नरकों में दण्ड एक ही प्रकार का दिया जाता है, इनमें अन्तर नहीं होता। अग्नि में दग्ध किया जाना ही दण्ड की पराकाष्ठा है। महापुरुष मुहम्मद और तत्प्रवर्तित इसलाम धर्म्म के रचयिता 82 पृष्ठ में लिखते हैं– सूरा मोमिन 8-72, 73, 74

"जो उस किताब को झूठा कहते हैं, जिसको हमने अपने पैग़म्बरों की मारफ़त भेजी है, आखीर में उनको मालूम हो जायेगा, उस वक्त जब उनकी गरदनों में तौक़ और ज़ंजीरें होंगी, जब घसीटते हुए उनको सुलगते पानी में ले जाएँगे और फिर उनको आग में झोंकेंगे, कि वे नरक दण्ड भोग रहे हैं।"

"8 वाँ पारासूरा आराफ़" 41, 42, कुरान

"जिन लोगों ने हमारी (कुरान की) आयतों को झूठा कहा, और उनसे अकड़ बैठे, न तो उनके लिए आसमान के दरवाजे खोले जायेंगे, न वे स्वर्ग में दाखिल होने पावेंगे, उनके लिए (नरक में) आग का बिछौना होगा, और उनके ऊपर आग का ही ओढ़ना होगा।"

लगभग ऐसा ही एक प्रकार का वर्णन ईसाइयों और यहूदियों के ग्रंथों में भी पाया जाता है। क्योंकि इन तीनों धर्मों में बहुत सी बातों में अधिक साम्य है। पहले आप हिन्दी शब्द सागर के उद्धृत अंश में पढ़ आये हैं, कि मुसलमान और ईसाई पाताल को ही नरक मानते हैं। पुराणों में भी पातालों की संख्या सात है। नाम उनके हैं, अतल, वितल, सुतल, तलातल, रसातल, महातल, पाताल, परन्तु उनको नरक नहीं माना गया है, जैसा आपको देवी भागवत का प्रमाण पढ़ने से ज्ञात हो चुका है। जैसे पुराणों में सात पातालों का निरूपण है, उसी प्रकार सात ऊपर के लोकों का वर्णन है। वे हैं, भू, भुवः, स्वः, महः, जनः, तपः, और सत्यलोक। मुसलमानों ने,–ऊपर के आठ लोक माने हैं, उनके नाम हैं, ख़ुल्द, दारुस्सलाम, दारुलक़रार, एदन, नईम, मावा, आलयिन, फ़िरदोस, इनको बिहिश्त कहते हैं।

'महा पुरुष मोहम्मद एवम् तत्प्रवर्तित इसलाम धर्म्म के प्रणेता लिखते हैं–'

"अष्टम स्वर्ग में परमेश्वर विचित्र सिंहासन पर विराजमान रहते हैं। स्वर्गलोक नाना प्रकार के अलौकिक और अद्भुत वर्णनों द्वारा वर्णित है। स्वर्ग का साधारण नाम

बिहिश्त है।"

ऊपर के सब लोकों में सबसे उच्चस्थान सत्यलोक का है, महा रामायणकार उसी को ईश्वर का स्थान बतलाते हैं–

"वाडमनो गोचरातीतः सत्यलोकेशईश्वरः।"

गुरु नानक देव भी निराकार का निवास सत्य लोक में ही बतलाते हैं, निज निर्मित जपजो नामक ग्रंथ में लिखते हैं–

"सच्च खण्ड बसे निरंकार।"

कबीर साहब अपने 'बीजक' में कहते हैं–

"सत्त लोक सत पुरुख विराजै अलख अगम दोउ भाया है।
कह कबीर सत लोक सार है पुरुख नियाराया या है॥"
"कहैं कबीर पुकारि सुनो मन भावना।
हंसा चलु सत लोक बहुर नहिं आवना॥"

मुसलमान लोग जैसे सब लोकों से ऊपर ईश्वर का निवास मानते हैं, वैसे ही आर्य धर्म ग्रंथों में भी यही विचार प्रतिपादित है। अन्तर केवल इतना है कि एक निवास स्थान को आठवाँ लोक मानता है, और दूसरा सातवाँ। उद्देश्य दोनों का एक है, दोनों ही ईश्वरीय स्थान को सर्वोच्च प्रतिपादित करना चाहते हैं। अतएव दोनों के सिद्धान्त में कोई अन्तर नहीं है। किन्तु नरक निर्णय में सिद्धान्त का कुछ अन्तर अवश्य पड़ गया है। तथापि दोनों के पाताल सम्बन्धी लोकों की संख्या समान है। अतः इन बातों पर दृष्टि रख कर कुछ भारतीय और यूरोपीय विद्वानों की यह सम्मति कि मुसलिम और ईसाई सम्प्रदाय ने नीचे और ऊपर के लोकों की कल्पना आर्य्य धर्मानुसार की है, अधिक प्रामाणिक बन जाती है। अब इस विषय में और अधिक लिखना व्यर्थ विस्तार मात्र होगा।

पन्द्रहवाँ प्रसंग

जन्मान्तरवाद

पुनर्जन्म का सिद्धान्त आर्य्य जाति की उच्च कोटि की मननशीलता का परिणाम है। इसीलिए चाहे सनातन धर्म हो, चाहे बौद्ध धर्म उनमें पुनर्जन्मवाद स्वीकृत है। अन्य धर्मों अर्थात् ईसवी, मुसलमान, और यहूदी धर्म्मों में उसका विवेक तक नहीं है। मुसलमानों में सूफी मज़हब वालों में से किसी-किसी ने कभी-कभी ऐसे विचार प्रकट किये हैं, जिससे जन्मांतर बाद की ओर उनकी दृष्टि पाई जाती है, मौलाना रूम कहते हैं—

"हफ़्त सदहफ़्ताद क़ालिब दीदा अम।
हमचु सबज़ा बारहा रोईदा अम॥"

"सात सौ सत्तर क़ालिब (शरीर) मैंने देखा है, दूब की तरह मैं बारहा जम चुका हूँ।"

परन्तु इस प्रकार के विचार शून्य के बराबर ही हैं। दूसरे ऐसे पद्यों का अर्थ भी दूसरा ही किया जाता है। मौलाना रूम के सात सौ सत्तर क़ालिब का अर्थ सात सौ सत्तर समाधि सम्बन्धी अवस्था किया जाता है, यद्यपि इस अर्थ का बाधक-दूब की तरह जमना है, फिर भी अपना पक्ष प्रतिपादन में कसर नहीं की जाती है। बाइबिल को आद्योपान्त देख जाइये उसमें मृतक को ईसा मसीह द्वारा जीवित करने के अनेक कथानक मिलेंगे। परन्तु पुनर्जन्म का प्रसंग कहीं नहीं पाया जाता। यहूदियों के धर्म ग्रंथ तौरेत की भी यही अवस्था है। इसलिए इस सिद्धान्त पर उपनीत होना पड़ता है कि भूतल में यदि जन्मांतर वाद के प्रतिपादक हैं तो वैदिक धर्म्म और बौद्ध धर्म्म ही, अन्य कोई धर्म्म नहीं।

आर्य जाति का सबसे प्राचीन, प्रामाणिक और मान्यग्रंथ ऋग्वेद है। पाश्चात्य विद्वानों ने भी उसको ईसवी सन् से चार सहस्र वर्ष पहले का माना है। भूतलकी लाइब्रेरी (पुस्तकागार) में इतना प्राचीन कोई ग्रन्थ नहीं है, यहाँ के धर्म्म निर्णायक पवित्र ग्रन्थों में भी उसको प्राधान्य प्राप्त है, क्योंकि धर्म, सदाचार, एवम् सत्कर्म्म अथ

च सद्विवेक सम्बंधी जितने आचार विचार हैं, उन सब का आदि निरूपणकर्त्ता भी ऋग्वेद ही है, उसी की छाया समस्त धरातल के धर्म ग्रन्थों पर पड़ी दृष्टिगत होती है। जन्मान्तरवाद के विषय में उसकी निम्नलिखित पंक्तियाँ प्रबल प्रमाण स्वरूपा हैं –

"असुनीते पुनरस्मासु चक्षुः पुनः प्राण मिहनो धेहि भोगम्।
ज्योक पश्येम सूर्य्य मुच्चरन्त मनुमते मृडयानः स्वस्ति ॥ 1 ॥
पुनर्नो असुं पृथिवी ददातु पुनर्द्यौ दैवी पुनरन्तरिक्षम।
पुनर्नः सोमस्तन्वं ददातु पुनः पूषा पथ्यांया स्वस्तिः ॥ 2 ॥

ऋग् अ. 8। अ.1। ब. 23 मन्त्र. 677

"हे सुखदायक परमेश्वर, आप कृपा करके पुनर्जन्म में हमारे गात्र में उत्तम नेत्र आदि सब इन्द्रियाँ स्थापन कीजिये, अर्थात मन, बुद्धि, चित्त, अहंकार, बल, पराक्रम आदि युक्त पुनर्जन्म हमें दीजिये। इस संसार में अर्थात इस जन्म और पर जन्म में हम लोग उत्तम-उत्तम भोगों को प्राप्त हों, तथा हे भगवन् आपकी कृपा से सूर्य लोक, प्राण और आपको विज्ञान तथा प्रेम से सदा देखते रहें, हे अनुमतेः सबको मान देने वाले सब जन्मों में हम लोगों को सुखी रखिये जिससे हम लोगों को स्वस्ति मिले ॥ 1 ॥ हे सर्व शक्तिमानः आपके अनुग्रह से हमारे लिए बारम्बार पृथ्वी प्राण को, प्रकाश चक्षु को और अन्तरिक्ष स्थानादि अवकाशों को देते रहें। पुनर्जन्म में सोम अर्थात् औषधियों का रस हमको उत्तम शरीर देने में अनुकूल रहे। तथा पुष्टि देने वाला परमेश्वर कृपा करके सब जन्मों में हमको सब दुःख निवारण करने वाली पथ्यस्वरूपास्वस्ति देता रहे।"

ऋग्वेदादि भाष्यम् भिक्ष पृष्ठ 212, 213

ऋगवेदालोचन ग्रन्थ देखने से ज्ञात होता है, कि पुनर्जन्म का निरूपण यजुर्वेद और अथर्ववेद में भी है, ग्रन्थकार ने इस विषय की जो तालिका दी है, वह नीचे उद्धृत की जाती है–

पुनर्मनः (यजुः–4-15)
द्वेस्टती (यजुः–19-47)
पुनर्मैत्विन्द्रियं (अथर्व का. 7 अनु. 6 व. 27)
आयोधर्माणि(अथर्व का. 5 अनु. 1 व. 1 मं. 2)

ऋग्वेदालोचन पृष्ठ 295

माननीय मनुस्मृतिकार पुनर्जन्म के विषय में यह लिखते हैं–द्वादश अध्याय श्लोक 57, 58।

लूताहि शरटा नाञ्चतिरश्राञ्चान्बुचारिणाम्।
हिंस्राणाञ्च पिशाचानांस्तेनो विप्रः सहस्त्रशः ॥ 57 ॥
तृणगुल्मलतानाञ्च क्रव्यादा द्रंष्टिणामपि।
क्रूर कर्म्मकृताञ्चैव शतशोगुरु तल्पगः ॥ 58 ॥

"सोना चुराने वाले ब्राह्मण, उर्ण नाग, सर्प, कृकलास, जलचर, मगर आदि जन्तु और हिंसा शील पिशाच आदि योनि में सहस्र बार जन्म लेते हैं ॥ 57 ॥ गुरु स्त्री हरने वाले तृण गुल्मलता आम मांस भक्षक जन्तु सिंह आदि तथा क्रूर कर्म्म करने वाले व्याघ्र आदि योनि में सौ बार जन्म लेते हैं ॥ 58 ॥

श्रीमद्‌भगवद्‌गीता कार पुनर्जन्म के विषय में क्या कहते हैं, यह लिखने के पहले मैं यह प्रमाणित कर देना चाहता हूँ कि वह कितना प्रामाणिक ग्रन्थ है। धरातल का कोई ऐसा धर्म नहीं है, जिसके प्रधान और मान्य पुरुषों में से अनेकों ने जिसकी महत्ता खुले दिल से न स्वीकार की हो, और जिसको मान्य ग्रन्थ न माना हो। मेरे पास सब सम्मतियों के उठाने का स्थान नहीं है, कतिपय सम्मतियाँ प्रमाण स्वरूप उपस्थित की जाती हैं। जर्मनी के प्रसिद्ध विद्वान् विलियमवानहम बाल्ड (Williamvanhum bold) कहते हैं।

"The Geeta is the most beautiful, perhaps, the only true philosophical song existing in any known tongue." "श्री गीता सब से सुन्दर गीत है। संसार की सभी भाषाओं में यह अद्वितीय दार्शनिक गीत है।"

कल्याण का भगवद्‌गीतांक पृष्ठ 244

अमरीकन ग्रन्थकार मिस्टर ब्रूक्स कहते हैं–

Geeta is India's contribution to the future religion of the world.

"भावी विश्व धर्म के निर्माण में भारत की ओर से गीता के रूप में बहुत अधिक सहायता मिलेगी।"

'कल्याण' का भगवद्‌गीतांक पृष्ठ 190

> "गीता भारत के विभिन्न मतों को मिलाने वाली रज्जु तथा राष्ट्रीय जीवन की अमूल्य सम्पत्ति है। भारतवर्ष के राष्ट्रीय धर्म ग्रन्थ बनने के लिए जिन जिन नियमों की आवश्यकता है वे सब गीता में मिलते हैं। इसमें केवल उपर्युक्त बातें ही नहीं हैं अपितु यह सबसे बढ़कर भावी विश्वधर्म का धर्मग्रन्थ है। भारतवर्ष के प्रकाशपूर्ण अतीत का यह महादान मनुष्य जाति के और भी उज्ज्वल भविष्य का निर्माता है।

'कल्याण' का भगवद्‌गीतांक पृष्ठ 93

श्रीमान् वारेन हेस्टिंग्स महोदय कहते हैं–

"किसी भी जाति को उन्नति शिखर पर चढ़ाने के लिए गीता का उपदेश अद्वितीय है।"

'कल्याण' का भगवद्गीतांक पृष्ठ 108

श्रीमती डाक्टर वीसेंट महोदया लिखती हैं–

"मानसिक विकास के निमित्त गीता का अध्ययन कर रुक जाना ठीक नहीं है, अपितु उसके सिद्धांतों को कुछ अंश तक कार्य रूप में परिणत करना आवश्यक है। गीता कोई साधारण संगीत अथवा ग्रंथ नहीं है। भगवान श्रीकृष्ण ने इसका उपदेश उस समय किया था जिस समय उनका आत्मा अत्यन्त प्रबुद्ध था।"

'कल्याण' का भगवद्गीतांक पृष्ठ 145

श्रीमान् लार्ड रोनाल्डशे कहते हैं–

"सत्य की कोई निर्दोष कसौटी निर्धारित करना कितना कठिन है, यह मैं भली भाँति जानता हूँ। सत् विश्वास, सत् संकल्प, सत्य भाषणादि आठ प्रकार के श्रेष्ठ कर्तव्यों में सत् क्या है, इसका निर्णय कौन करे? इस प्रश्न का उत्तर एक प्रकार से बौद्ध धर्म में मिलता है। परन्तु भगवद्गीता में इसका विवेचन बहुत सुन्दर ढंग से किया गया है। उसमें यह निश्चित रूप से बतलाया गया है कि मनुष्य स्वयं कर्मों को त्याग कर ही उनके बन्धन से मुक्त नहीं होता, और न केवल संन्यास से ही वह परम पद को प्राप्त कर सकता है। परम पद को वह पाता है, जिसके कर्म आकांक्षा रहित होते हैं। जिसने कर्मों के फल की आसक्ति को त्याग दिया है, जिसको किसी वस्तु की इच्छा अथवा लोभ नहीं है, जिसने अपने मन को वश में कर लिया है, और जो निरीह होकर शरीर मात्र से ही कर्म करता है।

'कल्याण' भगवद्गीतांक पृष्ठ 393

मुसलमान विद्वान् सैयद मुहम्मद हाफिज साहब एम.ए.एल.टी. लिखते हैं–

"भगवद्गीता योग का एक ऐसा ग्रंथ है जो सर्व भूतों के लिए अर्थात किसी जाति, वर्ण अथवा धर्म विशेष के लिए नहीं, किन्तु सारी मानव जाति के लिए उपयोगी हो सकता है।"

'कल्याण' का भगवद्गीतांक पृष्ठ 194

"जगत के सम्पूर्ण साहित्य में, चाहे सार्वजनिक लाभ की दृष्टि से देखा जाय, और चाहे व्यावहारिक प्रभाव की दृष्टि से देखा जाय, भगवद्गीता के जोड़ का अन्य कोई भी काव्य नहीं है। दर्शन शास्त्र होते हुए भी यह सर्वदा पद्य की भाँति नवीन और रस पूर्ण है। इसमें मुख्यतः तार्किक शैली होने पर भी यह एक भक्ति ग्रन्थ है। यह भारतवर्ष के प्राचीन इतिहास के अत्यन्त घातक युद्ध का एक अभिनय पूर्ण दृश्य चित्र होने पर भी शान्ति तथा सूक्ष्मता से पूर्ण है। और सांख्यसिद्धान्तों पर प्रतिष्ठित होने पर भी यह उस सर्व स्वामी की अनन्य भक्ति का प्रचार करता है। अध्ययन के लिए इससे अधिक आकर्षक सामग्री अन्यत्र कहाँ उपलब्ध हो सकती है।"

जे. एन. पूर. क्यूहर एम. ए. पृष्ठ 188

"यह प्रत्यक्ष है कि ईसा तथा उनके धर्म प्रचारक खास करके पाल (Paul) इन वैदिक शास्त्रों को अपने साथ रखते थे, और वे स्वयं श्रीकृष्ण द्वारा उपदेश किये हुए इस (गीता सम्बन्धी) धर्म ज्ञान के समझने में निपुण थे।"

हाल्डेन एडवर्ड सैम्पसन पृष्ठ 207

"गीता में भगवान श्रीकृष्ण के विचार भरे हैं। यह ग्रन्थ इतना अमूल्य और आध्यात्मिक भावों से पूर्ण है कि मैं समय-समय पर परमात्मा से सर्वदा यह प्रार्थना करता आया हूँ कि वे मुझ पर इतनी दया करें और शक्ति प्रदान करें जिससे मैं मृत्यु काल पर्यन्त इस सन्देश को एक स्थान से दूसरे स्थान में पहुँचा सकूँ।

साधु टी. एल. बस्वानी पृष्ठ 343

गीता के प्रामाणिक और सर्वमान्य ग्रन्थ होने के प्रमाण स्वरूप जितने विदेशी और विजातीय सज्जनों के लेख और नोटिस मैंने उद्धृत किये हैं, उनके अतिरिक्त भगवद्गीतांक में महात्मा थारो, डाक्टर मेकनिकल, चार्ल्स जोन्सटन रेवरेंडई-डी. आइस, सर एडविन और नोल्ड, डाक्टर एलजेल्यूडसे की पत्नी (जर्मनी) और न्यूयार्क (अमेरिका) निवासी ईस्ट ऐंड वेस्ट के एडीटर के भी नोटस और लेख भगवद्गीतांक में हैं, पर मैंने उनको विस्तार भय से नहीं उठाया है। अँगरेज़ी में दो ही लेख मिले, जो यथातथ्य लिख लिए गये हैं। शेष लेख हिन्दी भाषा में ही लिखे गये। इसलिए उनको हिन्दी भाषा में ही लिखा गया है। भगवद्गीतांक के प्रकाशक ने लेखकों के अपनी भाषा में ही लिखे गये

लेखों का अनुवाद करा कर उन्हें हिन्दी भाषा में छापा है। या लेखकों ने ही अपने अपने लेखों और नोटों को अनुवाद कराकर उनके पास भेजा है। मुझको भगवद्गीता का महत्व प्रकट करने के लिए ही उन लेखों और नोटों को यथातथ्य उद्धृत करना पड़ा है। मैं समझता हूँ उन सबके पढ़े जाने पर यह ज्ञात हो जायेगा कि भगवद्गीता का कितना अधिक महत्व है और अन्य धर्म वालों में भी उसका कितना अधिक आदर है। मैं भगवद्गीता की जन्मान्तर वाद सम्बन्धी सम्मति को नीचे लिखता हूँ। वह कितनी उपपत्ति मूलक और अनुपम है, इसे वह स्वयं सूचित करेगी।

वासांसि जीर्णानि यथा विहाय। नवनिगृह्ण तिनरोऽपराणि।
तथा शरीराणिविहाय जीर्णा-न्यन्यानि संयातिनवानिदेही।
देहिनोऽस्मिन्यथा देहे कौमारं यौवनं जरा।
तथा देहान्तरप्राप्ति र्धीरस्तत्र न मुह्यति।
जातस्यहि र्ध्रुवो मृत्युर्ध्र वं जन्म मृतस्य च।
बहूनां जन्मनामन्ते ज्ञानवान्मां प्रपद्यते।
बहूनि मे व्यतीतानि जन्मानि तव चार्जुन।
तान्यहं वेद सर्वाणि नत्वं वेत्थ परंतप।

"जैसे पुराने कपड़े को उतार कर मनुष्य दूसरा नया कपड़ा धारण करता है, उसी प्रकार जीर्ण शरीर को छोड़कर वह मरने पर दूसरा नया शरीर प्राप्त कर जन्म लेता है" "जैसे देहधारी के इस देह में कौमार, यौवन और जरा है, उसी प्रकार मरने पर देहान्तर की प्राप्ति है। धीर मनुष्य को इससे मोह ग्रस्त न होना चाहिए" "जो उत्पन्न हुआ है, वह अवश्य मरेगा और जो मरेगा फिर उसका जन्म अवश्य होगा" "बहुत जन्मों के अन्त में ज्ञानवान मुझको (ईश्वर को) पाता है" "हे अर्जुन, हमारे और तुम्हारे बहुत जन्म व्यतीत हो चुके हैं, उन सबों का ज्ञान मुझको है, हे परन्तप तुम्हें उसका ज्ञान नहीं है।"

उपनिषदों दर्शन ग्रन्थों महाभारत और पुराणों में जन्मान्तरवाद का वर्णन विशद रूप में उदाहरणों के साथ है, परन्तु लोकमान्य ऋग्वेद, पुनीत-मनुस्मृति और समादरणीय भगवद्गीता का प्रमाण उपस्थित करने के बाद अब मैं उन ग्रन्थों में से कुछ प्रमाण उपस्थित करने की आवश्यकता नहीं समझता। अब मैं योरप और अमेरिका आदि के कुछ विजातीय विद्वानों और बहुतों की सम्मति आप लोगों के सामने उपस्थित करूँगा, जिससे यह ज्ञात हो सके कि पर धर्म्मी और विजातीय होने पर भी सत्यता के अनुरोध और वास्तवता के आग्रह से जन्मांतर वाद के विषय में उन लोगों ने क्या लिखा है। फ्रेंच भाषा में डाक्टर लूइस साहब ने एक पुस्तक लिखी है, उसका अनुवाद अंगरेज़ी में हुआ, पश्चात् उसका अनुवाद मुंशी शिवबरनलाल वर्म्मा ने उर्दू में किया, उसका नाम

'अलहयात वादुल ममात' है। उस ग्रन्थ में से जन्मान्तरवाद विषयक कुछ अंश लेकर उपस्थित किये जाते हैं। ग्रन्थ की उर्दू भाषा जहाँ-जहाँ गहन प्रतीत हुई, वहाँ उसे सरल बना दिया गया है और प्रायः फारसी शब्दों के स्थान पर संस्कृत शब्द लिख दिये गये हैं।

"यदि पुनर्जन्म का सिद्धान्त ठीक नहीं है, तो मानना पड़ेगा कि जीव शरीर के साथ पैदा होता है, और प्रत्येक मनुष्य के शरीर की उत्पत्ति के साथ नया जीव भी जन्म लेता है। यहाँ यह प्रश्न होगा कि ऐसा दशा में सब जीव एक प्रकार के क्यों नहीं हैं? जब शरीर एक प्रकार के हैं तो जीव को भी वैसा ही होना चाहिए और उनकी बुद्धि और शक्ति इत्यादि में अधिक अन्तर न होना चाहिए। साथ ही यह भी पूछा जा सकता है कि किसी-किसी की प्रकृति की स्वाभाविक प्रवृत्ति क्यों इतनी दृढ़ होती है, कि शिक्षा और सुधार का उद्योग व्यर्थ हो जाता है? क्या कारण है कि कोई लड़का जन्म से भला और कोई बुरा होता है। कोई अभिमानी और क्रूर प्रकृति होते हैं, और अपने वंश वालों से अधिक कुचरित्र पाये जाते हैं। कोई लड़के जानवरों को सताकर सुखी होते हैं। कोई-कोई उनको कष्टित और पीड़ित देखकर प्रभावित होते हैं और उन पर दया करते हैं। यदि सबकी आत्मा एक ढाँचे में ढली है, तो शिक्षा और संगति का प्रभाव प्रत्येक बच्चे पर एक सा क्यों नहीं होता। दो भाई एक ही दर्जे में पढ़ते हैं, एक ही अध्यापक उनको पढ़ाता है, तो भी उनकी उन्नति में बुद्धिमत्ता में अन्तर रहता है। एक नेक, सभ्य, परिश्रमी और सुजन बनता है, दूसरे की प्रकृति बिल्कुल उसके प्रतिकूल होती है। यदि इन दोनों खेतों में एक ही बीज पड़कर इस विपरीत भाव से उगता और पनपता है, तो कल यह न कहा जायगा कि खेतों में अर्थात् दोनों भाइयों की आत्माओं में अन्तर है।

यदि आत्मायें एक प्रकार की होतीं, तो यह दशा कभी न होती। पशुओं के शरीर वृक्षों के पत्ते मनुष्यों के तन एक ढंग के होते हैं, उनमें बहुत कम अन्तर होता है। एक मनुष्य की हड्डी का ढाँचा दूसरे जैसा ही होता है। परन्तु आत्माओं में बहुत अन्तर होता है। हम प्रति दिन सुनते हैं, किसी लड़के को गणित विद्या का अनुराग होता है, अन्य गान विद्या का प्रेमी होता है। तीसरा नक्शा बनाना पसन्द करता है, कोई कुचरित्रता का प्रेमिक होता है और जीवन के आरम्भ में ही बदचलन और विषयी बना दिखलाई देता है।

इतिहासों में भी मानव प्रकृति की स्वाभाविक प्रवृत्ति की विभिन्नता अंकित हुई है। पसकल ने बारह बरस की अवस्था में रेखागणित के एक बड़े विभाग की जाँच पड़ताल की थी। उसको किसी ने शिक्षा नहीं दी थी, न वह गणित विद्या का ही अभिज्ञ था। रेखागणित के चित्र उसके कमरे के दरवाजे पर खींचे हुए मिलते थे। मगीनामेलो नामक गड़रिये ने पाँच बरस की अवस्था में हिसाब लगाने वाली कल निर्माण की थी। मुंजारत

ने चार ही बरस में बाजा बजाना आरंभ किया और आठ बरस की अवस्था में पद्य में नाटक रचना की। करासानाम की लड़की चार बरस की अवस्था में इस सुन्दरता से बीन बजाती थी कि मानों उसे माँ के पेट ही में उसने सीखा था। मबरंटे पढ़ने के पहले उस्ताद की तरह नक़शा और तस्वीर खींच सकता था।

नये शरीर में नई आत्मा की उत्पत्ति का सिद्धान्त इस प्रकार की योग्यताओं का विवेचन उपपत्ति के साथ नहीं कर सकता। किन्तु पुनर्जन्म का सिद्धान्त इसको तुरत सिद्ध कर देता है। मनुष्यों में प्रायः सदाचार से बंधी सत् सिद्धान्तों की दृढ़ता प्रत्युत्पन्नमतित्व और विभिन्न प्रकार की उल्लेखनीय योग्यता से, उसके पहले जन्म के परिश्रम और सदुद्योग शीलता का फल अथवा परिणाम होती है। दूसरी दृष्टि से पृथ्वी पर मानवी जीवन का सिद्धान्त उपपत्ति मूलक नहीं रह जाता, परन्तु पुनर्जन्म अथवा आवागमन के विचार से वह हल हो जाता है और इस निर्णय से ईश्वरीय न्याय पर कोई आक्षेप भी नहीं हो सकता।"

"मिस्र वाले मृतक शरीर को सुरक्षित रखते थे, इसलिए कि उसकी आत्मा और जगह न चली जावे, परन्तु रोम वाले उसको जला दिया करते थे, जिसमें आत्मा को स्वातन्त्र्य प्राप्त हो, कि तत्काल वह प्रकृति नियमानुसार पुनर्जन्म लाभ करे।"

"फीसागोरस यूनानियों में सबसे बड़ा दार्शनिक था। उसने पुनर्जन्म का सिद्धान्त रोम वालों से सीखा था। उसने इस विचार का प्रचार यूनान में किया, वहाँ यह विचार इतना मान्य हुआ कि सब लोग विश्वास करने लगे कि पापियों को पशु योनि में जन्म लेना पड़ता है।"

"अफलातून ने आत्मा की अमरता वर्णन करते हुए, इस विचार को अधिक व्यापक बनाया है। उसका विश्वास था, कि जो कुछ हमने पहले जन्म में किया है, संसार में उन घटनाओं का ज्ञान किसी-किसी रूप में अवश्य रहता है और इस जन्म में हमारा नई-नई बातें सीखना अपने आपको स्मरण रखने की दलील है।"

"उन तीन उपादानों में से जो मनुष्य को प्राप्त हैं, केवल आत्मा ही अमर है। शरीर के नाश और जीवन के समाप्त होने पर जब आत्मा परमाणु सम्बन्धी शृंखला को तोड़ डालती है, तब उसको अनुभव, प्यार और विचारों के लिए नया शरीर धारण करना पड़ता है, जो मानवी शरीर से विशेषता प्राप्त और अनुपम ज्ञान शक्ति से सम्पन्न होता है। इस शरीर की देहधारी आत्मा को पितर (पितृ) कहते हैं। प्रश्न यह होगा पितर रहते कहाँ हैं। उत्तर यह है कि जब पानी में, हवा में, मिट्टी में, जीव पाये जाते हैं तो अन्तरिक्ष (ईश्वर) उनसे रहित क्यों होगा। वास्तव बात यह है कि पितर लोगों का ही निवास अन्तरिक्ष में हैं, जिनको नये जन्म के महज्जन कहते है और जिनमें सब प्रकार का सदाचार सम्बन्धी कमाल होता है।"

जन्मांतरवाद सम्बन्धी मैंने जितने प्रमाण 'अलहयात बादुलममात' से उठाये हैं, वे सब युक्तिसंगत और पक्षपात रहित हैं और विवेकशील विदेशी विजातीय सत्पुरुषों द्वारा लिखे गये हैं। अतएव उक्त सिद्धान्त की व्यापकता और वास्तवता निर्विवाद है। कुछ तर्क पितृलोक के विषय में हो सकता है। अतएव इस सिद्धान्त के प्रतिपादन के लिए भी मैं आप लोगों के सामने कुछ प्रमाण उपस्थित कर देना चाहता हूँ। उनसे उक्त सिद्धान्त का ही प्रतिपादन न होगा, एक लोकोत्तर विषय पर भी प्रकाश पड़ जावेगा।

'हिन्दी शब्द सागर' पृष्ठ 2119 में पितृलोक के विषय में यह लिखा गया है–

"छांदोग्योपनिषद् में पितृयाण का वर्णन करते हुए पितृलोक को चन्द्रमा से ऊपर कहा है। अथर्ववेद में जो उदन्वती, पीलुमती और प्रद्यौ ए तीन कक्षायें द्युलोक की कही गई हैं, उनमें चन्द्रमा प्रथम कक्षायें और पितृलोक या प्रद्यौ तीसरी कक्षा में कहा गया है।" एक स्थान पर 'अलहयात बादुलममात' के रचयिता यह लिखते हैं–

"हमने मानव जन्म के पश्चात आने वाले व्यक्तित्व को पितर (पितृ) कहा है, पितर के उपरान्त आने वाले शरीरधारी को देवता बतलाया है, परन्तु इससे आगे हम नहीं बढ़ सकते। देवता के बाद उन्नत होकर आत्मा का जो स्वरूप होगा, और क्रमशः तीसरे चौथे ऊँचे-ऊँचे लोकों में उसका जो आकार-प्रकार होगा, उसके विषय में यही कहा जा सकता है कि जो आत्मा आदि में मनुष्य के शरीर से निकली थी, वह क्रमशः उन सब उच्च पदों पर से उन्नत और मुकम्मल होती जायेगी। राह में कितने उच्च पद और आयेंगे, हमको इसका पूरा पता नहीं है। हम केवल इतना ही कह सकते हैं कि उनकी संख्या अवश्य अधिक होगी।

प्रत्येक उच्च पद पर, आकाश सम्बन्धी शरीर की शक्ति, ज्ञान-विवेक, समझबूझ, और अभिज्ञता बढ़ती जावेगी, एवम् ईश्वरीय कार्य-कलाप का ज्ञान अधिकाधिक होता जायेगा, और मृत्यु कष्ट के बदले में उसको परमानन्द लाभ होता रहेगा।"

"फिर भी चूँकि इस संसार में प्रत्येक कार्य्य की समाप्ति होती है, अतएव यही दशा इन उच्च पदों पर क्रमशः चढ़ने वालों की भी होगी। इन सब लोकों की यात्रा समाप्त करने और प्रतिष्ठित स्थानों का सुख भोग कर वे अपनी आकाश सम्बन्धी यात्रा को समाप्त करेंगे, और एक विशिष्ट स्थान पर पहुँचेंगे। वह स्थान कौन होगा, हमारा उत्तर है, वह स्थान सूर्य्य लोक होगा।"

अध्यात्म विज्ञान (Mismerism) द्वारा भी जम्मांतरवाद की पूर्ण पुष्टि होती है। फ्रांसीस देश के मेसमर नाम के एक साहब ने यह रीति पहले-पहल निकाली थी। इसीलिए इसका नाम मेसमेरिज्म है। अमेरिका इस समय का प्रधान समुन्नत और सभ्य देश है, इन दिनों उस देश में मेसमेरिज्म अर्थात् अध्यात्म विज्ञान का बहुत अधिक प्रचार है। इस विज्ञान द्वारा परलोक गत आत्मायें बुलाई जाती हैं, और उनसे कितनी ज्ञातव्य

बातों का ज्ञान प्राप्त किया जाता है। इस क्रिया से उनके अस्तित्व का प्रमाण भी मिलता है। परलोक ग्रंथ के रचयिता लिखते हैं—

"अध्यात्म विज्ञान की जैसी चर्चा अमेरिका देश में है, वैसी और कहीं नहीं है। इसलिए इस शास्त्र के आधुनिक प्रमाणों की खोज करने से पहले अमेरिका देश में ही जाना पड़ता है। कर्नल प्रलकाट हिन्दुस्तान में आने के पहले अमेरिका देश के वासी थे। आज कल यह जैसे सुविख्यात, धार्मिक सज्जन और सत्यवक्ता कह के परिचित हैं, अमेरिका देश में भी वे वैसी ही परिचित थे। इस कारण जब उस देश में अध्यात्म विज्ञान सम्बन्धी खबरें बहुत जारी होने लगीं। और उनकी अद्‌भुत समझ का जैसे-जैसे आधुनिक वैज्ञानिक लोग उनमें अविश्वास प्रकट करने लगे वैसे-वैसे वे खबरें और भी बहुतायत और विचित्रता से प्रकट होने लगीं। तब अमेरिका देश के प्रधान नगर न्यूयार्क के दो प्रधान दैनिक समाचार-पत्रों ने उन खबरों की सत्यता की परीक्षा करने के लिए कर्नल साहब को ही मुकर्रर किया।"

उक्त ग्रन्थकार ने भूमिका में लिखा है कि कर्नल अलकाट ने अध्यात्म विज्ञान पर अँग्रेजी में एक ग्रन्थ भी लिखा है। उस ग्रन्थ का नाम है, 'पीपुल फ्रौम दी अदर वर्ल्ड' उसने यह भी लिखा है, कि परलोक ग्रंथ का तीसरा भाग उन्हीं के ग्रन्थ के आधार पर लिखा गया है। उसके पढ़ने पर ज्ञात होता है कि अध्यात्म विज्ञान पर उनका अटल विश्वास है और यह विश्वास उन्होंने उसकी कठोरतम परीक्षा करने के बाद लाभ किया है। परलोक ग्रन्थकार अन्त में लिखते हैं—

"कर्नल अलकाट साहब ने अपनी बड़ी पुस्तक में[1] मुक्ताभाओं के सम्बन्ध में जितनी बातें लिखी हैं, उन सबका संक्षेप हाल भी देना इस छोटी सी पुस्तक के लिए संभव नहीं। उन्होंने कैसी-कैसी परीक्षा की थी धोखेबाजी रोकने के लिए कैसे-कैसे यत्न किये थे। किन-किन तदबीरों से[2] चक्र के समय मिडिपम[3] को उन्होंने बेबस किया था। उन सब बातों का उल्लेख करने से पुस्तक बहुत बड़ी हो जाती। उन्होंने अपने सामने जो कुछ देखा-सुना ये सब बातें ऐसी आश्चर्यजनक और अलौकिक अथच अपूर्व मालूम होती हैं कि उन्हें पाठकों के सामने रखने का शौक होने पर भी हम स्थानाभाव से कुछ नहीं लिख सके।"

परलोकगत आत्माओं का धरातल में आह्वान आर्य्य जाति का चिरकालिक संस्कार है। महाभारत की वह कथा इसका प्रमाण है, जिसमें महर्षि वेदव्यास द्वारा एक रात्रि में

---

1. मुक्तात्मा : जो आत्मा शरीर को त्याग कर मुक्त हो गई है।
2. चक्र : गोष्ठी—अध्यात्म विज्ञानियों की मण्डली।
3. मिडिपम : आवाहन के समय जिस व्यक्ति पर मुक्तात्मा का आविर्भाव होता है।

परलोकगत दुर्योधनादि वीरों का आह्वान गान्धारी आदि को शान्ति प्रदान के लिए हुआ था, जिसकी चर्चा तेरहवें प्रसंग में भी हो चुकी है। इस प्रसंग में जो इस विषय की चर्चा विशेषता से की गई, उसका उद्देश्य यह है कि यह ज्ञात हो जाये कि योरप और अमेरिका आदि के बड़े-बड़े मान्य अनेक विद्वानों ने भी इस सिद्धान्त को माना है और उसकी पुष्टि यथा अवसर सबलता के साथ की है। जिसका मर्म्म यह है कि यथा काल जन्मान्तरवाद का समर्थन करते आर्य्यतर जातियाँ भी पाई जाती हैं, जो उसकी वास्तवता का स्वाभाविक सबल प्रमाण है।

बौद्ध धर्म आर्य्य धर्मान्तर गत है, अतएव उसको भी जन्मान्तरवाद का प्रतिपादन करते देखा जाता है। धर्म्मपद के निम्नलिखित श्लोक इसके प्रमाण हैं–

अनेक जाति संसार संधा बिस्सं अनिव्विस्सं।
गहकारकं गवेसन्तो दुक्खाजाति पुनप्पुनं॥

हे तृष्णे! तुझको खोजते अनेक बार संसार में भ्रमण करना पड़ा, बार-बार जन्म लेना बड़े दुःख की बात है।

पथय्य एक रज्जेनसग्गस्सगमनेनवा।
सब्ब लोकाधिपच्चेन सोतापत्ति फलंवरं॥

"पृथ्वी का एकछत्र राज और स्वर्ग गमन तथा सम्पूर्ण लोकाधिकारी से श्रोतापत्ति नाममार्ग श्रेष्ठ है। स्थूल तृष्णा को विध्वसंकर शेष सूक्ष्म तृष्णा को भी सातवें जन्म तक शोध कर मुक्त हो जाना श्रोतापत्ति मार्ग कहलाता है।

पुनर्जन्म के विषय में इसलाम धर्म्म का निम्नलिखित विचार है। 'महापुरुष मोहम्मद एवम् तत् प्रवर्तित इसलाम धर्म' के रचयिता लिखते हैं–

"इसलाम धर्म में पारलौकिक मत के अन्तर्गत **पुनरुत्थान** अन्यतर मत है। एक दिन जगत का प्रलय होगा, मरने पर जीवात्मा मृत देह का अवलम्बन कर प्रलय होने तक कब्र में स्थित रहेगा। प्रलय के समय **जीव** जीर्ण शीर्ण जर्जर देह के बदले नवल शरीर लाभ कर कब्र से निकलेगा, और ईश्वर के विचारासन के सामने जा कर खड़ा होगा। उस समय विचार होने पर ईश्वरानुगत पुण्यात्मा प्राणी नित्य स्वर्ग में प्रवेश करेगा। उस समय महापुरुष मुहम्मद स्वीय मण्डलीस्थ पापी लोगों के लिए पाप क्षमा की प्रार्थना करेंगे, अतएव उन लोगों को क्षमा मिलेगी और काफिर लोग अनन्त नरक में निवास करेंगे। जगत का प्रलय कब होगा, यह कोई बतला नहीं सकता। करोड़ों युग अथवा करोड़ों वत्सर के बाद भी वह हो सकता है। प्रलय को **हशर** या कयामत कहा गया है। इसी कयामत तक आत्मा कब्र में रहेगी। पर कब्रस्थित पुण्यात्मा लोग यथा

कथञ्चित स्वर्गसुख भोग करेंगे। पापी लोगों की कब्र संकीर्ण और अंधकाराच्छन्न होगी और उसमें वे लोग अत्यन्त दुःख और कष्ट पाते रहेंगे। प्रलय काल में अशराफील नामक फिरिश्ता सिंगा बजावेगा। कब्र शेष शरीर इस प्रकार आत्मा का उत्थान और विचारादि पारलौकिक मत इसलाम धर्म में नूतन नहीं है। यहूदी और ईसाई लोगों के शास्त्र और बाइबिल में भी इसी तरह का आभास मिलता है।"

यह लिखकर ग्रंथकार पुनर्जन्म के विषय में अपनी यह सम्मति लिखते हैं—

"हम लोग आध्यात्मिक पुनरुत्थान और पुनर्जन्म स्वीकार करते हैं, वाह्यिक और शारीरिक नहीं। **आत्मा** जब ईश्वर महवास और दर्शन श्रवण से विमुग्ध होता है तब उसका उत्थान अर्थात स्वर्गवास होता है और वह जब ईश्वर से विमुख और संसार में पाप परायण रहता है, तब इस लोक में उसका पुनर्जन्म होता है। प्रतिदिन इस प्रकार उत्थान-पतन वा जन्म पुनः पुनः होता है। पुण्य से आत्मा का स्वर्ग में उत्थान और पाप से उसका नरक में पतन या संसार में जन्म होता है। नव विधानवादी विज्ञान विरुद्ध अनैसर्गिक समझ कर शारीरिक पुनरुत्थान और पुनर्जन्म पर विश्वास नहीं करते। वे लोग विज्ञान को अभ्रान्त, जीवनशास्त्र, ध्रुवसत्य, समझ कर सर्वदा उसका मान्य करते हैं।"

अन्तिम दोनों विचार जन्मान्तरवाद का प्रतिपादन नहीं करते। प्रथम विचार कितना युक्तिसंगत और विवेक पूर्ण है, उसको साधारण विद्या बुद्धि का मनुष्य भी समझ सकता है, इसलिए उसके विषय में मैं कुछ लिखना नहीं चाहता। रहा दूसरा विचार, उसके लेखक वैज्ञानिक अपने को मानते हैं और कहते हैं, "विज्ञान को अभ्रान्त, जीवन्त शास्त्र, ध्रुव सत्य समझकर वे सर्वदा उसका मान्य करते हैं" किन्तु जो विचार उन्होंने प्रकट किये हैं, उसको धरातल का कोई धार्मिक सम्प्रदाय कदापि न स्वीकार करेगा। दूसरी बात यह कि श्रीमद्भगवद्गीता वैज्ञानिक ग्रन्थ माना जाता है, जीवन्त शास्त्र ही नहीं। उसके सिद्धान्त को ध्रुव सत्य कहा जाता है, आर्य जाति ही ऐसा मानती और कहती है, यह बात ही नहीं, यूरोप और अमेरिका के बहुत से बड़े-बड़े विद्वानों की भी वही धारणा है। यही बात अध्यात्म विज्ञानियों के विषय में भी कही जा सकती है। उन्होंने पुनर्जन्म के सिद्धान्त को माना है। अध्यात्म विज्ञान वाले परलोक गत आत्माओं का साक्षात्कार धरातल में आह्वान कर कराया करते हैं। इन बातों का उल्लेख पहले पर्याप्त मात्रा में हो चुका है। फिर भी ऐसे विचार प्रकट किये जाते हैं, जैसे विचार दूसरे विचार वाले के हैं, तो क्या कहें। सूर्य्य को धूल उड़ा कर छिपाना यही है। सत्यमेवजयते नानृतम् ॥ सत्य की ही विजय होती है, झूठ की नहीं।

सोलहवाँ प्रसंग

संसार

संसार क्या है? प्रकृति का क्रीड़ा स्थल, रहस्य निकेतन, अद्‌भुत व्यापार समूह का आलय, कलितकार्य्य कलाप का केतन, ललित लावण्य का लीलामन्दिर, विविध विभूति अवलम्बन, विचित्र चित्र का चित्रपट, अलौकिक कला का कल आकर, भव्य भाव भवन का वैभव, और है समस्त सौन्दर्य्य समूह सर्वस्व। ज्ञान-विज्ञान आलोक से यदि वह अलौकिक है तो, है महान महिमामय मनस्वियों से अलंकृत। यदि मैं उसके विषय में लिखूँ तो क्या लिखूँ। मेरी विद्या बुद्धि ही क्या। अल्पविषया मति प्रतिभा विभूति वैभव बाणी वीणा अधीश्वरी के विषय में लिख ही क्या सकता है। फिर भी संसार के विषय में कुछ लिखने की इच्छा हुई है, मन मानता नहीं, उसे कैसे मनाऊँ? संसार असार है, यह सुनतें-सुनते जी ऊब गया, इसी विषय में कुछ लिखना चाहता हूँ। लिखते बने या न बने, पर लिखूँगा। मन को मनाऊँगा।

एक हास्यरस रसिक महोदय लिखते हैं–

असारे खलु संसारे सारंश्वशुर मन्दिरम्।
हरःहिमाल यश्शे विष्णु श्शेते महोदधौ।

इस असार संसार में श्वसुर मन्दिर ही सार है, भगवान शिव का वास हिमालय में है और भगवान विष्णु क्षीर निधि निवासी हैं। इस श्लोक में विरोधाभास है। कवि संसार को असार कहता है, परन्तु वही श्वशुर मन्दिर को सार बतलाता है, जो संसार में ही है। क्योंकि हिमालय और क्षीर सागर संसार में ही हैं, संसार के बाहर नहीं हैं तब संसार असार कहाँ रहा।

एक भक्तिभाजन भक्त क्या कहते हैं उसे भी सुनिये–

असारे खलु संसारे सार मेतच्चतुष्टयम्।
काश्यां वासः सतां संगः गंगांभः शंभु पूजनम्।

असार संसार में यह चार वस्तुयें सार हैं। काशीपुरी का निवास, संतों का सत्संग, पवित्र गंगाजल और भगवान शिव का पूजन। जिस संसार में एक ही नहीं चार-चार वस्तुयें सार हैं, उसको असार कहना उस मुख से जिससे उसको असार कहा था, अपने ही कथन को क्या अपने आप खण्डन करना नहीं है? वास्तव बात यह है, सत्यमेव जयते नानृतम्। वास्तव बात यह है कि संसार को असार कहना भ्रम, प्रमाद, अथवा अज्ञानता को छोड़ और कुछ नहीं है। अब आइये, एक दिव्य दृश्य अवलोकन कीजिये।

गीता-रोला

बिहँसी प्राची दिशा प्रफुल्ल प्रभात दिखाया।
नभतल नव अनुराग राग रंजित बन पाया॥
उदयाचल का खुला द्वार ललिताभा छाई।
लाल रंग में रंगी रंगीली ऊषा आई॥ 1 ॥

चल वह मोहक चाल प्रकृति प्रिय अंक विकासी।
लोक नयन आलोक अलौकिक ओक निवासी॥
आया दिन मणि अरुण बिम्ब में भरे उँजाला।
पहन कंठ में कनक वर्ण किरणों की माला॥ 2 ॥

ज्योति पुंज का जलधि जगमगा के लहराया।
मंजुल हीरक जटित मुकुट हिम गिरि ने पाया॥
मुक्ताओं से भरित हो गया उसका अंचल।
कनक पत्र से लसित हुआ गिरि प्रान्त धरातल॥ 3 ॥

हरे भरे सब विपिन बन गये रविकर आकर।
पादप प्रभा निकेत हुए कनकाभा पाकर॥
स्वर्ण तार के मिले सकल दिकदिव्य दिखाये।
विकसित हुए प्रसून प्रभूत बिकचता पाये॥ 4 ॥

पहन सुनहला बसन ललित लतिकायें बिलसीं।
कुसुमावलि के व्याज वह विनोदित हो बिकसीं॥
जरतारी साड़ियाँ पैन्ह तितली से खेली।
बिहँस बिहँस कर बेलि बनी बाला अलबेली॥ 5 ॥

लगे छलकने ज्योति पुंज के बहु विष प्याले।
मिले जलाशय व्याज धरा को मुकुर निराले॥
कर किरणों से केलि दिखा उनकी लीलायें।
लगीं नाचने लोल लहर मिस सित सरितायें॥ 6॥

ज्योति जाल का स्तंभ विरच कल्लोलों द्वारा।
मिला मिला नीलाभ सलिल में बिलसित पारा॥
बना बना मणि सौध मरीचि मनोहर कर से।
लगा थिरकने सिंधु गान कर मधुमय स्वर से॥ 7॥

नगर नगर के कलस चारुता मय बन चमके।
दमक मिले वे स्वयं अन्य दिन मणि से दमके॥
आलोकित छत हुई विभा प्रांगण ने पाई।
सदन सदन में ज्योति जगमगाती दिखलाई॥ 8॥

सकल दिव्यता सदन दिवस का वदन दिखाया।
तम के कर से छिना विलोचन भव ने पाया॥
दिशा समुज्वल हुई मरीचिमयी बन पाई।
सकल कमल कुल कान्त बनों में कमला आई॥ 9॥

कलकल रव से लोक लोक में बजी बधाई।
कुसुमावलि ने विकस विजय माला पहनाई॥
विहग वृन्द ने उमग दिवापति स्वागत गाया।
सकल जीव जग गये जगत उत्फुल्ल दिखाया॥ 10॥

यह भुवन भास्कर का कीर्तिकलाप है, उनके विषय में 'अलहयात बादुल ममात' यह लिखता है—

"हमारे पाठकों को यह सुनकर आश्चर्य्य न होगा, कि मुक्ति प्राप्त पवित्रतम आत्माओं का निवास स्थान सूर्य है। कतिपय वैज्ञानिकों ने इस सत्यता को स्वीकार कर लिया है। ज्योतिर्विद वूड साहब कहते हैं कि भाग्यमान प्राणियों को जो इन उच्च और श्रेष्ठतम पिंडों में निवास करते हैं, रात दिन के यातायात की आवश्यकता बिल्कुल नहीं होती। सर्वकालिक और अविनश्वर प्रकाश उनको सदा प्रकाशित रखता है। सूर्य्यदेव के प्रकाश में रह कर वह अपार शक्तिमान परमेश्वर की कृपालुता की छाया में सर्वदा परम सुरक्षित और प्रसन्न रहते हैं।"

"सूर्य्यदेव का पद तारक निश्चय में सम्राट् का है, वे ग्रह मण्डल में अद्वितीय पिंड

होने के अधिकारी हैं। चकित कर गुणों और अवर्णनीय शक्ति से जो पद उनको प्राप्त है, वह महत्तम है। प्रकृति के क्रमशः उच्च से उच्च पद पर आरूढ़ होने देने की क्षमता उनको प्राप्त है।"

"वायु का संचार, धरातल की सिक्तता, समुद्र की तरंग मालायें सूर्य्य देव की उष्णता का परिणाम हैं। चुम्बक की शक्तिमत्ता भी इम्पियर साहब का मत है कि उन्हीं की तेजस्विता का मूल है।"

"चूँकि सूर्य्यदेव प्राकृतिक शक्ति के प्रधान यंत्र हैं, इसलिए रासायनिक क्रिया पर उनका सबसे अधिक प्रभाव पड़ता है, संसार में प्रकाश और उष्णता का प्रभाव अधिकतर मूल प्रसू और प्राकृतिक उत्पादक शक्ति प्रसू तथा दिव्य दृश्य आधार है। इसलिए उन्हीं पर अधिकतर वनस्पति सम्बन्धी और पाशविक जीवन वृत्ति मूलक उपज का अवलम्ब है। यदि सूर्य्यदेव न होते तो जीवन पृथ्वीतल से लुप्त हो जाता, जीवन के जनक सूर्य्यदेव हैं–

"प्रोफेसर टंडन साहब की यह सम्मति है–

जो शक्ति घड़ी की सूई को चलाती है, जिस प्रकार हाथ से प्राप्त हुई है, उसी प्रकार कुल पार्थिव शक्ति के केन्द्र सूर्य्यदेव हैं। ज्वालामुखी पहाड़ों का दहकना, ज्वार भाटे का आना, पृथ्वी तल पर रासायनिक क्रिया का होना, उन्हीं की शक्ति का परिणाम है। उनकी गर्मी समुद्र के पानी को, द्रवित हवा को प्रवाहित और समस्त तूफानों को परिचालित करती है। दरियाओं और हिम के तूदों को उठाकर पहाड़ों की चोटियों पर रखती है। झरने और फुहारों को बड़ी तेजी से बहाती रहती है। बिजली और गरज उसकी आतंकित करने वाली शक्ति है। अग्नि जो ज्योति सम्पन्न है, ज्वाला जो प्रज्वलित है, उनमें दिवाकर की ही दिव्यता है। वह हम में, विश्व में अग्नि स्वरूप में विद्यमान हैं, यथासमय वह प्रच्छन्न होता रहता भी है। उसके आगमन और प्रयाण में संसार की सारी शक्तियाँ प्रकट होती रहती हैं। ये शक्तियाँ उनकी विभिन्न अवस्थायें हैं, जो यथाकाल प्रकट होती और अन्तर्हित होती रहती हैं, और अपने केन्द्र स्थान से सहस्रों रूप धारण कर आवश्यक कार्य्य समूह सम्पन्न करती दिखलाती हैं।"

"सूर्य्यदेव के प्रकाश और गर्मी का प्रभाव पशु समुदाय पर भी पड़ता है, वनस्पति और दूब आदि के पौधे पशुओं के आहार हैं। इसलिए यह अनुमान होता है कि वनस्पति की उत्पत्ति संसार में पशुओं से पहले हुई होगी। यदि वनस्पति की उत्पत्ति न हो तो विश्वास है कि पशुओं के जीवन का निर्वाह न होगा, और उनको मरना पड़ेगा। इसलिए हमको यह स्वीकार करना पड़ेगा कि जिस प्रकार वनस्पति की उत्पत्ति सूर्य्यदेव की शक्ति से होती है, उसी प्रकार उन्हीं की शक्ति पशु वृन्द की उत्पत्ति का कारण भी है।"

सूर्य्य के विषय में अब तक जो लिखा गया है, उससे ज्ञात होगा, कि आकाश के

एक पिंड की कितनी महत्ता है और वह कितना प्रभावशाली है। रात्रि में आकाश को देखिये तो उसमें असंख्य तारे जगमगाते दृष्टिगत होते हैं। हमारे सूर्य्य जैसे ही उसमें कितने सूर्य्य हैं, और हमारे सूर्य्य से भी अधिक प्रभावशाली और शक्तिमान अनेकों सूर्य्य उसमें होने की भी संभावना है। अब सोचिये संसार में कितना अधिक सार है, क्या इसका अनुमान हो सकता है, कदापि नहीं। यदि कहा जाय संसार का अर्थ मृत्युलोक भी तो है, प्रायः असार उसी को कहा जाता है। तो प्रश्न यह है कि क्या मृत्युलोक में सार नहीं है? नहीं, मृत्युलोक में भी सार है। काशी के निवास का पतित पावना भगवती भागीरथी के जल को सत्संग को भगवान भूतनाथ के अर्चन को क्या सार नहीं बतलाया गया है। फिर क्यों कहा जाय कि मृत्युलोक में सार नहीं है। बात यह है कि तत्व का ज्ञान होना चाहिए। तत्वज्ञ होने पर अनेक शंकायें दूर हो जाती हैं। आइये, हम लोग भी मननशील बनें और वास्तवता को विचार दृष्टि से देखें।

काशी में क्यों सार है, इसलिए कि वहाँ सत्संग का अवसर मिलता है, वहाँ पुण्य सलिया भागीरथी का प्रवाह है और है भगवान भूतभावन की आराधना की सुविधा। स्वयं प्रवृत्त होकर काशी वास करने वालों की कमी नहीं है, पर काशी वास का मर्म क्या है, इसका वास्तविक ज्ञान कितने लोगों को है? काशी में कई कालेज हैं, अनेक स्कूल और पाठशालाएँ हैं, विद्यार्थियों की वहाँ भरमार है, किन्तु उनका उद्देश्य विद्यार्जन है, अध्ययन कार्य्य समाप्त हो जाने पर वे घर का मार्ग ग्रहण करते हैं, और अपनी इच्छा के अनुसार सांसारिक कार्य्य में प्रवृत्त होते हैं। इसी प्रकार अनेक कार्य्य सूत्र से बहुत से प्राणी कुछ काल तक अथवा अधिक समय पर्यन्त काशी में निवास करते हैं, और कार्य्य साधन उपरान्त वहाँ से विदा हो जाते हैं। पर काशीवास का यह अर्थ नहीं है। उसका अर्थ है, सात्विकभाव से, मानव जीवन को चरितार्थ करने के लिए, वास्तविक ज्ञानार्जन निमित्त, काशी में निवास करना। किन्तु ऐसे विचार वाले कितने हैं। बहुत थोड़े, अधिकांश स्वार्थ साधन विचार वाले ही वहाँ मिलेंगे। अनेक प्राणी वहाँ धनमान बनने के इच्छुक हैं। धन लाभ के लिए कितनी प्रवंचना वे करते हैं, कितना झूठ बोलते हैं, कैसी-कैसी चाले चलते हैं, कैसे-कैसे पेचपाच से काम लेते हैं, उनकी अधिक चर्चा ही कर्म है, इन बातों को कौन नहीं जानता। कितने कूटनीतिक वहाँ ऐसे हैं, आँखों में धूल झोंकना ही जिनका काम है। कितने ऐसे कुचरित्र वहाँ हैं, जिनके लिए डाल की मंडी तो है ही, फिर भी उनके अत्याचारों से कुल बालाओं का जीवन भी संकटापन्न होता रहता है। कितने लम्पट हैं, कितने प्रवंचक हैं, कितने चोर ठग हैं। कितने प्राणी वहाँ ऐसे हैं, जिनके लिए यह कहना ठीक है, 'करतब वायस वेशमराला,' एक समूह यहाँ ऐसा है, जो हिन्दू धर्म का शत्रु है, वैदिक विचारों पर आघात करने वाला है, शास्त्रों का निन्दक है, और है पामरता की प्रति मूर्त्ति। कितने ऐसे वहाँ हैं जो जन्मभर पाप करते

हैं, पर अन्तिम दिनों में यह विचार कर काशी में आते हैं, कि 'काश्यां मरणे मुक्तिः काशी में मरने से मुक्ति मिल जायेगी। किन्तु वहाँ आकर प्रकृति के दास बने ही रहते हैं, और यह नहीं सोचते, कि अन्य स्थान का किया हुआ पाप तो तीर्थ में आकर शुद्धाचरण से रहने पर छूट जाता है। पर तीर्थ का किया हुआ पाप कहाँ छूटेगा। कितने पंडे पुजारी वहाँ ऐसे हैं, जिनके कर्म्म उनको पतित बनाते रहते हैं, परन्तु उनकी आँखें नहीं खुलतीं, और कलंक का टीका वे लोग लगाते ही रहते हैं। कुछ ऐसे कामचोर, आलसी, साधु वेश बनाये, जटा रखे, गेरुआ कपड़े पहने वहाँ देखे जाते हैं, जो संसार की असारता का राग अलापते फिरते हैं, जगत को जंजाल बताते हैं, पर माया के फंदे में पड़े रहते हैं, बिराग की बातें कहते हैं, पर उनके ज्ञान और विवेक के नेत्र बन्द होते हैं। इस प्रकार के और बहुत से लोग बतलाये जा सकते हैं जिनका काशी निवास काशीवास नहीं कहा जा सकता। ऐसे लोगों का जीवन असार जीवन है, इन लोगों के जीवन में सार कहाँ? परन्तु काशी में ऐसे लोग भी हैं, जिनके जीवन को सार अथवा पवित्र जीवन कहा जा सकता है। वे लोग इनेगिने ही हैं, पर उन लोगों का वास ही काशीवास को सारता प्रदान करता है। यदि इन महात्माओं और संतजनों का सत्संग किया जाता है, एवं मान्य अथवा सदाचारी विद्वज्जनों की शिक्षा-दीक्षा ग्रहण की जाती है, तो अनेक भ्रान्तजनों और अज्ञानियों की आँखें खुल जाती हैं, और वे विशेषकर असमय अथवा अयबा रीति से साधु वेशधारी जन तत्व को समझ जाते हैं और उचित पथावलम्बी बनने की चेष्टा करते हैं– यह काशीवास और सत्संग की सारता का ही प्रमाण हैं।

सत्संग में विशेष सार माना गया है, इसलिए कि उसके द्वारा वह अज्ञान का परदा आँख पर से उठ जाता है जिससे प्राणी किंकर्तव्यविमूढ़ होता रहता है। यदि किंकर्तव्यविमूढ़ के अत्याचारों का विचार करें , और उनके इतिहास के पृष्ठों पर आँख डालें तो वह ऐसा कौन हृदय है, जिसे मर्मांतिक कष्ट न होगा। धरातल काम, क्रोध, लोभ, मोह और अहंकार का निकेतन है। स्वार्थांधता उसकी रग-रग में भरी है। यदि यह सुनकर कि वीर भोग्यावसुंधरा है, राज्य अध्यक्ष विक्षिप्त हो जाता है, और अवनी को रक्त रंजित बनाने से नहीं घबराता तो कितने ऐसे दर्प से दर्पित हो गये हैं, जिन्होंने धरातल को ही उलट देना चाहा। यदि चक्रवर्ती बनने के लिए कुछ लोगों ने लोक संहारक चक्र चलाया, तो सम्राट् होने की कामना से कई लोगों ने कतिपय प्रदेशों को ध्वंस विशेष करके छोड़ा। हूणों, तुर्कों, रूम वालों और अरबों ने लोक संहार और अत्याचारों की यदि लोक कम्पित कर लीलायें दिखलाईं, तो चंगेज खाँ, महमूद गज़नवी, शहाबुद्दीन गोरी, और नादिरशाह ने विकरालकाल की मूर्ति धारण कर लोहू की नदियाँ बहाईं। भारत का महाभारत भी कम चित्त प्रकम्पित कर नहीं है। आज कल भी

कालिका का कराल करवाल कम नहीं चमक रहा है। यूरोप, एशिया, अफ्रीका सब जगह प्रलयंकर कलायें दृष्टिगोचर हो रही हैं– इस समय की रक्तपात लीलायें मैंने व्यथित होकर निम्नलिखित शब्दों में लिखी हैं।

विकरालकाल

चौपदे

आज है किलक रही काली। सबल है लेलिहान रसना।
दिखाकर लाल लाल आँखें। काल है बहु विकराल बना॥ 1॥
है बड़े वेग सहित बहती। धरा पर लोहू की धारा।
करारा जिसका बनता है। कटे लाखों कपाल द्वारा॥ 2॥
बहुत से निरपराधियों पर। वृथा है वह विपत्ति आती।
यातनायें जिनकी देखे। दहलती है वसुधा छाती॥ 3॥
फुँक रहे हैं सुरपुर से पुर। ध्वंस होते हैं ऐसे नगर।
जो रहे अमरावती सदृश। अलौकिक बहु विभूति आकर॥ 4॥
गगन है हाहाकार भरा। दिशा है दहली दिखलाती।
काँपती है जनता सारी। छिल गये मानवता छाती॥ 5॥
दिखाती हैं सड़कें पटती। मृतक मनु जातों के तन से।
इन दिनों समय बन गया है। भयंकर विषधर फन से॥ 6॥
कुसुम कोमल बालक कितने। कहीं भू पर हैं मरे पड़े।
छिन्न अवयव देखे जिनके। न होंगे किसके रोम खड़े॥ 7॥
कहीं पर कितनी सुन्दरियाँ। सिसिक कर हैं आहें भरती।
छातियाँ छिदने से कितनी। सांसतें सह सह हैं मरती॥ 8॥
तड़प मरते दिखलाते हैं। कहीं ऐसे हट्टे कट्टे।
नहीं यमराज छुड़ा पाते। पकड़ पाते यदि वे गट्टे॥ 9॥
किन्तु है मदांधतामचली। विजय लालसा लहू प्यासी।
गले में सब सुनीतियों के। लगी है कूट नीति फाँसी॥ 10॥
प्रपंची के प्रपंच में पड़। पिस रही है प्रति दिवस प्रजा।
दनुजता है अनर्थ करती। सबलता की दुंदुभी बजा॥ 11॥
बिना जाने अपराध बिना। बिना समझे-बूझे बे सबब।
बिना कुछ किये बिना बँहके। पास सुख साधन होते सब॥ 12॥
गले लाखों ही कटते हैं। जान जन यों ही देता है।

वही करता मदांध नर है। ठान जो जी में लेता है॥ 13॥
फूल बरसाने का सुख वह। बमों को बरसा पाता है।
ज्वाल माला मय नगर उसे। स्वर्ग का समा दिखाता है॥ 14॥
प्रबल अत्याचारी काकर। लहू में है बेतरह सना।
निपातन के निमित्त अब तो। बम पतन है पविपात बना॥ 15॥

यह तो आज कल के उद्दण्ड, शक्तिशाली लोगों का पराक्रम प्रदर्शन है, साधारण लोगों का कदाचार और उच्छंखलता भी कम निन्दनीय नहीं है। बाहर न जाइये, यूरप और अमेरिका आदि की कुत्सित प्रवृत्तियों पर दृष्टि न डाल कर भारत की ही असंयत कृत्यों की विवेचना कीजिये, तो चित व्यथित हो जाता है। हमने जटा बढ़ाकर, भगवा अथवा गेरुआ कपड़े पहनकर साधु बनने की चर्चा पहले की है। कितने ढोंगिये हैं जो ढोंग रच कर पेट पालते फिरते हैं, और साधु बनकर पैसे कमाने के लिए वे काम करते हैं, जिनको नीच से नीच आदमी नहीं कर सकता। तेरह-चौदह बरस के लड़के भभूत रमाकर चार कौड़ियों के लिए हाथ फैलाये फिरते हैं, और साधु बनने का दम भरते हैं। क्या यह प्रणाली ठीक है। क्या इन कृत्यों से हिन्दू धर्म की अवहेलना नहीं हो रही है। हिन्दू शास्त्रों में चार आश्रमों का उल्लेख है। ब्रह्मचर्य, गार्हस्थ्य, वाणप्रस्थ, और संन्यास। पच्चीस वर्ष तक ब्रह्मचर्य रहता है, पढ़ने-लिखने और गार्हस्थ्य धर्म की योग्यता प्राप्त करने के लिए। इसके बाद गार्हस्थ्य धर्म आरंभ होता है। गार्हस्थ्य का योग्यता से निर्वाह हो जाने पर देश जाति और लोक सेवा अथवा भगवदाराधना स्वच्छंद भाव से करने की प्रवृत्ति यदि हृदय में उदय हो तो, वाणप्रस्थ बनकर संन्यास ग्रहण किया जाता है। यह एक व्यापक नियम है, और संसार यात्रा के लिए यह ऐसा नियम है जिसमें सार है। विशेष अवस्थाओं में इन आश्रमों का पालन यथारीति न हो सके, तो उस अवस्था में वह मार्ग ग्रहण करना उचित है जो आक्षेप योग्य न हो। वाणप्रस्थ और संन्यास सर्व सुलभ नहीं है। ब्रह्मचर्य्य आदि आश्रम है, इस आश्रम में जिस प्रकार की शिक्षा दीक्षा हो, उसे माता-पिता अथवा किसी गुरु से बालक को ग्रहण करना ही पड़ता है। गार्हस्थ्य आश्रम ही प्रायः जीवन व्यापी सर्व साधारण के लिए होता है। इसलिए यह आश्रम अधिक व्यापक और परमोपयोगी है और अनेक अवस्थाओं में सर्व सुलभ है। सांसारिक कर्तव्य परायणता की डोरी गृहस्थ के हाथ में है। वह सांसारिक प्रपंचों के पेच में न पड़ कर सत्कर्म्मों को करते हुए मोक्ष लाभ का भी अधिकारी है। एक मर्मज्ञ की उक्ति सुनिये—

वनेषुदोषाप्रभवन्तिरागिणाम्। गृहेषुपंचेन्द्रिय निग्रहस्तपः।
अकुत्सितेकर्मणियः प्रवर्त्तते। निवृत्त रागस्य गृहंतपोवनम्।

"जो वास्तविक विरक्त नहीं, वह वन में भी दोष
लिप्त हो सकता है। और घर में ही रहे परपंचे
इन्द्रिय का निग्रह करता रहे तो तप का फल उसे
प्राप्त हो सकता है। जो अकुत्सित कर्म्म करता
रहता है, उसके लिए घर ही तपोवन है॥

यह कितना बड़ा तथ्य कथन है, और इस कथन में कितना सार है, किन्तु कितने ऐसे अविवेकी हैं, जो यह समझते हैं, कि बिना गृह त्याग किये, बिना गृहस्थी से छुटकारा पाये, भगवद्भजन हो ही नहीं सकता। क्योंकि कर्म्म करते रह कर, सांसारिक कर्तव्यों में लिपटे रहकर, भगवदाराधना कैसे हो सकती है। आराधना के लिए एकान्त स्थान चाहिए, सबसे अलग रहना चाहिए, हाथ में माला चाहिए, कपड़े लत्ते की परवा न होनी चाहिए, खान-पान की चिन्ता न करनी चाहिए इत्यादि, किन्तु यह अज्ञान है। यह भगवदाज्ञा है–

निपतं कुरु कर्म्मत्वम् कर्म्म ज्यायोह्य कर्म्मणः।
शरीर यात्रापिचतेन प्रसिद्धेत्यकर्मणः।

"सदा कर्म्म करो, निष्कर्म्मा बनने से कर्म्म करते रहना अच्छा है, शरीर यात्रा का निर्वाह भी बिना कर्म्म किये नहीं होता।"

कुटुम्ब का पालन करना, परोपकार करते रहना, कष्ट में पड़े लोगों का उद्धार करना, पीड़ितों को त्राण देना, देश और जाति की सेवा में संलग्न रहना, पतितों को उठाना, आर्त्तों को उबारना, इसको समझना कि 'परोपकारायसतां विभूतयः। ऐसे उद्देश्य हैं, जिनसे च्युत होना, मानव जन्म को नष्ट करना है। गार्हस्थ्य धर्म्म ही ऐसा है, जिसमें रह कर इन कर्तव्यों का पालन हो सकता है। सार इन्हीं सब कर्म्मों में है, अन्यथा जीवन असार हो जाता है। सत्संग के बिना इन बातों का यथार्थ ज्ञान नहीं हो सकता इसलिए उसमें सार बतलाया गया है।

पतित पावनी भगवती भागीरथी में भी सारता कही गई है। इसमें वास्तवता है–नीचे लिखे पद्य इस बात को सरसता से साबित करते हैं–

तिलोकी

सुर सरिता को पाकर भारत की धरा।
धन्य हो गई और स्वर्ण प्रसवा बनी।
हुई शस्य श्यामला सुधा से सिंचिता।
उसे मिले धर्मज्ञ धनद जैसे धनी॥ 1॥

वह काशी जो है प्रकाश से पूरिता।
जहाँ भारती की होती है आरती।
जो सुर सरिता पूत सलिल पाती नहीं।
पतित प्राणियों को तो कैसे तारती ॥ 2 ॥

सुन्दर सुन्दर भूति भरे नाना नगर।
किसके अति कमनीय कूल पर हैं लसे।
तीर्थराज को तीर्थ राजता मिल गई।
किस तटिनी के पावन तमतट पर बसे ॥ 3 ॥

हृदय शुद्धता की है परम सहायिका।
सुरसरिता स्वच्छता सरसता मूल है।
उसका जीवन जीवन है बहु जीव का।
उसका कूलतपादिक के अनुकूल है ॥ 4 ॥

साधक की साधना सिद्धि उन्मुख हुई।
खुले ज्ञान के नयन अज्ञता से ढके।
किसके जल सेवन से संयम सहित रह।
योग्य योग्यता बहु योगीजन पा सके ॥ 5 ॥

जनक प्रकृति प्रतिकूल तरलता ग्रहण कर।
भीति रहित हो तप ऋतु के आतंक से।
हरती है तपती धरती के ताप को।
किसकी धारा निकल धराधर अंक से ॥ 6 ॥

किससे सिंचते लाखों बीघे खेत हैं।
कौन करोड़ों मन उगजाती अन्न है।
कौन हरित रखती है अगणित वृक्ष को।
सदा सरस रह करती कौन प्रसन्न है ॥ 7 ॥

कौन दूर करती घासों की प्यास है।
कौन खिलाती बहु भूखों को अन्न है।
कौन वसन हीनों को देती है वसन।
निर्धन जन को करती धन सम्पन्न है ॥ 8 ॥

है उपकार परायणा सुकृति पूरिता।
इसीलिए है ब्रह्म कमण्डल वासिनी।
है कल्याण स्वरूपाभवहित कारिणी।
इसीलिए है वह शिव शीश बिलासिनी॥ 9॥

है सित वसना सरसा परमा सुन्दरी।
देवी बनती है उससे मिल मानवी।
उसे बनाती है रवि कान्ति सुहासिनी।
है जीवन दायिनी लोक की जान्हवी॥ 10॥

अवगाहन कर उसके निर्मल सलिल में।
मल विहीन बन जाती है यदि मलिन मति।
तो विचित्र क्या है जो नियतन पथ रुके।
सुर सरिता से पा जाते हैं पतित गति॥ 11॥

महज्जनों के पद जल में है पूतता।
होती है उसमें जनहित गरिमा भरी।
अति शयता है उसमें ऐसी भूति की।
इसीलिए है हरिपादोदक सुरसरी॥ 12॥

रही बात शंभु पूजन की, जितना सार उसमें है, संसार में उतना सार किसी में नहीं है। प्रकृतिवाद अभिधान नामक कोष में शंभु शब्द का अर्थ लिखा गया है—कल्याण मय होना। यही अर्थ शंकर का है। शिव शब्द भी कल्याणवाचक है। जिस शक्ति ने दानवता निवारण के लिए दुर्दान्त अनेक दानवों का संहार किया, संसार में शान्ति विस्तार के लिए कभी कालिका बन कराल करवाल धारण किया, कभी देव दुर्गति दूर करने के लिए दुर्गा बनी। कभी प्रचंड पामरों का मर्दन कर चंडिका कहलाई। कभी भवन के कल्याण के लिए भवानी कही गई, यदि उसका प्रेरक अथवा पति कल्याण सर्वस्व शंभु हो तभी तो संसार सत्य सर्वस्व होगा। भगवान भूत भावन की महिमा अकथनीय है। जिस विष से संसार के विध्वंस होने की आशंका थी उसके पान करने वाले ये ही हैं। जो सुरसरी पतित पावनी है, वह उनके जटा जूट की कुछ बूँदें हैं। तारा पति उनके आकाशोपम शीश का एक तारक मात्र है, और कलंकी होकर भी सुधा वर्षण करता रहता है। दैहिक, दैविक भौतिकताओं का निवारण करने वाला उनके हाथ का अस्त्र त्रिशूल कहलाता है। उनका वाहन वरद है, जो वास्तव में भारत वसुंधरा के लिए वरद है, साल में करोड़ों मन

अन्न की उत्पत्ति का आधार वही है, जिससे धरातल के अन्य प्रदेश भी उपकृत होते रहते हैं। उनकी नग्नता अनंगता विध्वंसिनी है। तन की विभूति विश्वविभूति है। उनकी समाधि आधिव्याधि विनाशिनी है। उनका ज्ञान ब्रह्मज्ञान है। उनका ध्यान विश्व मूर्ति का ध्यान है। उनकी भक्ति मुक्ति प्रदायिनी ही नहीं है, वह देश जाति और भव भक्ति की जननी भी है, जो कि मानव जीवन सफलता का सर्वस्व है। भारत के लिए तो उनकी मूर्ति प्राणाधार है। क्योंकि वह उन्हीं के आकृति की प्रतिमूर्ति है। मानो वह उसकी तन्मयता का फल है।

निम्नलिखित पद्य को देखिये।

पद

भव्यभारत है भव की मूर्ति

होती है विभूति से उसकी भक्त भावनाओं की पूर्ति
त्रिभुवन के समान ही उसके सिर पर है सुर सरित प्रवाह।
पातक पुंजनिपातन का भी उसको रहता है उत्साह।
सिंह वाहना की सी है उसकी भी सिंह वाहना शक्ति।
शिर पर शशि के धारण करने की भी उसकी है अनुरक्ति।
वह भी नाग वंश धर है यदि हैं भुजंग भूषण सित कंठ।
सकल भूत का हित करने को वह भी रहता है उत्कंठ।
यदि हैं शंभु वृषभ वाहन तो उसे शंभुता का है प्यार।
उसके विपुल, अन्न उत्पादन का है वृषभवंश आधार।
वे त्रिलोक पति हैं वे विभु हैं; लोकलोक के हैं आलोक।
समझ मर्म यह साध्य और साधकजन का सिद्धान्त विलोक।
जिस दिन सिद्धि लाभ कर बन जायेंगे भव के भक्त अनन्य।
उसी दिवस भारत भूतल वासी वसुधा में होंगे धन्य॥ 1॥

भव भक्ति के आधार पर ही शास्त्रों का यह सिद्धान्त वाक्य है—सत्यंहितत भूतहितमृयदेव।

परोपकाराय सतां विभूतयः।
सर्व भूत हितेरतः
माहिंस्यात् सर्व भूतानि। अहिंसा परमो धर्मः।
मातृवत् परदारेषु परद्रव्येषुलोष्टवत्।
आत्मवत् सर्व भूतेषुयःपश्यति रुपण्डितः।

यद् यदात्मनि चेच्छेत तत् परस्यायिचिन्तयेत्।
आत्मनःप्रति कुलानि नयरेषां समाचरेत्।
अपं निजः परो वेति गणना लघु चेतसाम्।
उदार चरिता नान्तु वसुधैव कुटुम्बकम्।

"सत्य वही है, जिसमें प्राणि मात्र का हित हो। सज्जनों की विभूति परोपकार के लिए है। सर्व प्राणियों का हित करते रहना चाहिए। प्राणियों की हिंसा न होनी चाहिए। अहिंसा परम धर्म है। माता के समान परायी स्त्री को पर द्रव्य को लोहे सदृश सर्वभूत अर्थात् सब प्राणियों की आत्मा को अपनी आत्मा के तुल्य जो समझता है, वही विज्ञ अर्थात पण्डित है। अपनी आत्मा के लिए जो हम चाहते हैं, वही दूसरों की आत्मा के लिए भी चाहें। अपनी आत्मा के लिए जिसे प्रतिकूल हम समझते हैं, उसको दूसरों की आत्मा के लिए भी प्रतिकूल समझें। यह अपना है, और यह पराया है, यह विचार छोटी तबीयत वालों का होता है। उदार चरित के लिए वसुधा ही कुटुम्ब है।"

शंभु पूजा का अर्थ ही भव पूजा है। भव यदि भगवान भगवानी पति की संज्ञा है, तो भव संसार को भी कहते हैं। संसार भव का ही स्वरूप है, 'सर्वभूखल्विदम् ब्रह्म नेह नानास्ति किञ्चन' सर्व संसार ब्रह्म है, यहाँ नाना कुछ नहीं है। ऐसी अवस्था में कर्तव्य क्या है? देश की, जाति की, प्राणिमात्र की, कुल संसार की सच्ची सेवा करना, यदि कहा जाय संसार में बड़ी विडम्बना है। वह कदाचार, अत्याचार, पापाचार, आदि से भरा है, पहले उसके विषय में जितनी बातें लिखी गई हैं, वे अक्षरशः सत्य हैं तो कैसे सत्यपथ के पथिक होकर किसी का निर्वाह हो सकता है? देश, काल, पात्र का विचार सर्वदा होता आया है, इसलिए उसका विचार न रखना अविवेक होगा। मैं कहूँगा अविवेकी बनने की आवश्यकता नहीं है, परन्तु मानव में मानवता होनी चाहिए, पशुता नहीं। दूसरी बात यह कि जहाँ संकट का सामना हो, जहाँ प्रपंच मुँह खोले खड़ा हो, जहाँ भयंकर मूर्तियाँ खड़ी दाँत पीसती हों, उलझनें जाल फैलाये हों, तरह-तरह के बखेड़े अड़े हों, उन्हीं स्थानों पर ही तो धर्म्मधुरंधरता की आवश्यकता होती है। जहाँ बज्र पतन की आशंका है वहीं धीरज धैर्य्य का सेहरा धारण करता है। प्राण से प्यारा कोई पदार्थ नहीं परन्तु सत्य और सत्यपथ पर धर्म वीर उसको भी उत्सर्ग कर देता है। एक धर्म मर्मज्ञ लिखते हैं—

कर्णस्त्वचा शिविर मांसम् जीवो जीमूत वाहनः।
ददौ दधीचि चास्थीनि कि मदेयः महात्मनाम्।

कर्ण ने त्वचा, शिवि ने मांस, जीमूत वाहन ने जीव और दधीचि ने शरीर की कुल अस्थियाँ दे दीं। महात्माओं को धर्म के लिए कोई वस्तु अदेय नहीं है। महात्मा ईसा ने

धर्म के लिए प्राण देने में सी तक नहीं की, मंसूर वेदान्तवादी (सूफी) था, उसको इसलिए फाँसी दी गई कि वह अहं ब्रह्म (अनलहक) कहा करता था, परन्तु उसको इसकी तनिक भी परवाह नहीं हुई। वह समझता था 'प्रेम एवंपरोधर्म्मः।' एक कवि कहता है–

चढ़ा मंसूर सूली पर पुकारा इश्क़ बाज़ों को।
यह उसके बाम का ज़ीना है आये जिसका जी चाहे।
बादं मरने के हुआ मंसूर को भी जोशे इश्क़।
खून कहता था अनल हक़दार के साया तले।

गुरु अर्जुन देव और गुरु तेगबहादुर ने धर्म पर इस तेजस्विता से प्राण उत्सर्ग किया कि उनका एक रोम भी कम्पित नहीं हुआ। गुरु गोविन्द सिंह के दो लड़के फतेह सिंह और जोरावर सिंह दीवाल में चुन दिये गये किन्तु धर्म की ही धाक जमाते गये, मरने की तनिक भी परवाह नहीं की। थोड़े दिन हुए, पं. लेखराम और हकीकत राय ने डंके की चोट प्राण दिये, पर चेहरे पर शिकन तक न आई।

शंभु पूजन के ए सब आदर्श उच्चकोटि के हैं। भवभक्ति में कितना धर्म भाव है, उसमें कितनी व्यापकता है, कितनी लोकोपकार प्रवृत्ति है, कितना त्याग है और है कितनी अलौकिकता, वह अकथनीय है। फिर भी वे इस भाव के प्रकट करने में पूर्ण सफल हुए हैं, उनके पूजन में जितना सार है, उनके लिखने लेखनी कदापि समर्थ नहीं हो सकती।

संसार की असारता का राग गाकर हिन्दू जाति अब तक जितनी क्षति ग्रस्त हुई है और अब भी जिस अवनति गर्त्त की ओर जा रही है, उसे देखकर किस मर्मज्ञ का हृदय व्यथित न होगा। इस अनर्थ कुविचार के प्रपंच में पड़ कर कितने कर्मठ, निष्कर्म्म बन गये और बन रहे हैं, कितने कार्य्यकुशल कर्त्तव्यविमूढ़ हो गये, कितने योग्य अयोग्य कहला रहे हैं, कितने परिश्रमी आलस के पेच में पड़ गये हैं, कितने साहसी साहस नहीं दिखलाना चाहते। कितने त्यागी बने हैं कितने विरागी। धन धूल में मिल रहा है, घर उजड़ रहा है, और लड़के बाले तबाह हो रहे। पर असारता का रंग अब तक जमा हुआ है, न आँखें ठीक-ठीक खुलीं, न कान खड़े हुए। मुझको इसकी कथा है, इसलिए सार और असार पर मैंने अपने कुछ विचार प्रकट किये हैं। जिन साधनों से मैंने काम लिया है, और मेरे लेख के जो आधार हैं वे ऐसे हैं, जिनकी प्रतिष्ठा हिन्दुओं की दृष्टि में अधिक है। इसके अतिरिक्त वे संस्कृत की प्राचीन उक्तियाँ हैं, जो प्रतिष्ठित और विश्वास योग्य प्रायः समझी जाती हैं। उदाहरण का स्थान काशी है, वह भारतवर्ष का एक पूज्य नगर है, हिन्दुओं की दृष्टि में उसकी बड़ी प्रतिष्ठा है। परन्तु इसका यह अर्थ नहीं है

कि मैंने भारत के अन्य नगरों की ऐसा करके अप्रतिष्ठा की है। कदापि नहीं, मेरा यह विचार है कि भारतवर्ष ही नहीं धरातल में यूरप, अमेरिका, एशिया, अफ्रिका आदि में जितने पूज्य और मान्य नगर, अथवा मान्य स्थान हैं, जिनमें उसी के समान धर्मशील, विद्वान् ज्ञानमान, परोपकार निरत, लोकहित परायण, उदार देश, जाति हितैषी, भवविभूति सर्वस्व निवास करते हैं, उन सबको काशी के समान ही सारता प्राप्त है, चाहे वे किसी धर्म के हों। ऐसे ही भूतल की उन सब सरिताओं को भी वही सारता प्राप्त है, जो भगवती भागीरथी समान पुण्य सलिला और गौरविता हैं। रही बात सत्संग की उसकी सुविधा कहाँ या किस देश में नहीं है, सत्संग ही संसार की वह पवित्रता विभूति है, समरता स्वयं जिसकी सहचरी है। वह कल्पतरु है जिसकी छाया में मानवता पलती है, वह पारस है जिसको छूकर अवगुण लोहा सोना बनता है, वह प्रकाश है जिसको लाभ कर अज्ञान अन्धकार दूर होता है। वह पूतसलिल है जो मानस मल को दूर कर उसे निर्मल बनाता है। उस संस्कृति संजीवनी का वह गुण है जो निर्जीव को भी सजीव करता है। यही कारण है कि भूतल भर में उसकी प्रतिष्ठा है। रहा शंभुपूजा अथवा ईश्वर उपासना का प्रश्न, इसका उत्तर यह है कि यह क्रिया भूतल व्यापिनी ही नहीं, त्रिलोक व्यापिनी है। कौन धर्म्म ऐसा है, जिसका सिर परम प्रभु के सामने नहीं झुका है। इने-गिने नास्तिकों की बात छोड़ दीजिए, वे मुख से जो कहें, पर उनका हृदय प्रभु प्रेमपथ का पथिक ही होता है। वे अपने गुरु को गुरु ही मानते हैं, गुरु नाम परमात्मा का है। भगवद्‌गीता का यह वचन है।

यद्‌यद्‌ विभूतिमत्सत्वम् श्रीमद्‌र्जितमेववा।
तद्‌तद्देवावत्वगच्छनम् ममते जोशं संभवम्।

"जो जो विभूतिमान् महापुरुष हैं, अलौकिक श्रीमान् हैं, समस्त सद्‌गुरु द्वारा समुन्नत हैं, उन सबको मेरे तेज और अंश द्वारा संभूत समझो।"

प्रयोजन यह कि ईश्वर उपासना सब सद्‌भावों की जननी है, अतएव वह त्रिलोक व्यापिनी है। सत्संग भी उसी का एक अंग है। मैंने केवल उदाहरण के लिए काशी के चार सार पदार्थों का उल्लेख कर वास्तविक तत्व का निरूपण किया है। यह निरूपण एक देशी नहीं है, सर्वदेशी है, उसकी प्रतिपादन शैली ही यह बतलाती है। आर्य्य जाति का धर्म सिद्धान्त सदा सर्वदेशी और व्यापक रहा है, क्योंकि वह 'वसुधैव कुटुम्बकम्' है। मैं उसी सिद्धान्त का अनुमोदक एक साधारण प्राणी हूँ, अन्य पथ का पथिक कैसे हो सकता हूँ? यह पथ ही सत्य और लोकोपकारक है।

❑

वेनिस का बाँका

प्रकाशक का निवेदन

पूज्यवर श्रीयुक्त पं. अयोध्यासिंह उपाध्याय साहित्यरत्न का इस समय राष्ट्र भाषा हिन्दी के कवियों और लेखकों में जो उच्च स्थान है वह हिन्दी पाठकों से छिपा नहीं है। 'ठेठ हिन्दी का ठाट', 'अधखिला फूल' आदि अनेक ग्रन्थों से यह सिद्ध होता है कि हिन्दी गद्य पर आपका कैसा अधिकार है। 'प्रियप्रवास' आदि काव्य ग्रन्थ आपकी उच्च कोटि की प्रतिभा और कवित्व शक्ति के जाज्वल्य प्रमाण हैं। ये तथा आपके लिखे और अनेक ग्रन्थ ऐसे हैं जो बहुत दिनों तक हिन्दी साहित्य निधि के अमूल्य रत्न समझे जायँगे और जिनकी गणना अब तक स्थायी साहित्य में होती आई है और बहुत दिनों तक होती रहेगी। मेरी तो यह धारणा है कि मुझ जैसे अल्पज्ञ का पंडित जी की योग्यता के सम्बन्ध में कुछ कहना या उनकी कृतियों की प्रशंसा करना मानो सूर्य को दीपक से दिखलाने का प्रयत्न करना है। तो भी कर्तव्यवश मुझे इस अवसर पर इतनी धृष्टता करनी पड़ी है। इसके लिए मैं पूज्य पंडित जी से तो विशेषतः और हिन्दी पाठकों से साधारणतः क्षमा प्रार्थना करता हुआ इस प्रसंग को यहीं समाप्त करता हूँ।

पंडित जी की अनेक कृतियों में एक प्रधान कृति यह 'वेनिस का बाँका' नामक उपन्यास भी है जो काशी पत्रिका में प्रकाशित अंगरेजी के एक प्रसिद्ध पुस्तक के उर्दू अनुवाद के आधार पर सन् 1888 में लिखा गया था। उस समय हिन्दी की जो आरम्भिक और हीन दशा थी, उसका कुछ ठीक-ठीक वर्णन वही लोग कर सकते हैं जो उस समय अथवा उसके कुछ ही दिनों बाद वर्तमान रहे हों। मैं तो केवल सुनी सुनाई बातों के आधार पर केवल यही कह सकता हूँ कि उस समय हिन्दी में बहुत इनी गिनी पुस्तकें थीं और हिन्दी लेखकों की संख्या तो उँगलियों पर गिनने योग्य थी। और पाठक भी इतने थोड़े होते थे कि दस-बीस बरस तक भी पुस्तकों का दूसरा संस्करण होने की नौबत नहीं आती थी। परन्तु इस बीसवीं शताब्दी के आरम्भ से हिन्दी भाषा तथा साहित्य की जो दिन दूनी रात चौगुनी उन्नति हो रही है, उसके कारण लोगों का ध्यान अनेक पुराने रत्नों की ओर जा रहा है और वे फिर नए सिरे से सर्व साधारण के सामने उपस्थित किए जा रहे हैं। यही प्रवृत्ति इस पुस्तक के दूसरे संस्करण के प्रकाशन का मुख्य कारण हुई है।

वेनिस का बाँका आज से प्रायः उनतालीस वर्ष पूर्व प्रकाशित हुआ था और उस समय के हिन्दी संसार ने इसका समुचित और यथेष्ट आदर किया था। परन्तु इधर बहुत दिनों से यह ग्रन्थ अप्राप्य हो रहा था और जिन लोगों के हृदय में इस प्राचीन रत्न के दर्शनों की उत्कंठा उत्पन्न होती थी, उन्हें निराश ही होना पड़ता था। जिस समय यह पुस्तक प्रकाशित हुई थी, उसके थोड़े ही दिनों बाद मेरे पूज्य पिता पण्डित केदारनाथ जी पाठक ने इसे देखा था और उन्हें यह बहुत अधिक पसन्द आई थी। उसके थोड़े ही दिनों बाद पूज्य हरिऔध जी से उनका परिचय भी हुआ था और तब से वे मेरे पिताजी पर बहुत अधिक स्नेह रखते आए थे। जब यह ग्रंथ बिलकुल अप्राप्य हो गया और इसकी यथेष्ट माँग बनी रही, तब उसी पुराने स्नेह के नाते मेरे पिताजी ने आपसे कई बार कहा कि आपके और सब ग्रंथ तो कई कई बार छप चुके हैं। और प्राप्य है, पर एक 'वेनिस का बाँका' ही ऐसा ग्रन्थ है जो बिल्कुल अप्राप्य है और जिसे देखने की अभिलाषा, लोग प्रायः प्रकट किया करते हैं। पर बात यहीं तक रह जाती थी। आज से प्रायः तीन वर्ष पूर्व फिर एक बार पिताजी ने पूज्य पण्डितजी से वही बात कही। इस पर पण्डितजी ने बहुत ही उदारतापूर्वक सहर्ष और निःस्वार्थ भाव से कहा कि यदि आप उसका द्वितीय संस्करण देखने के लिए इतने ही उत्सुक हैं तो आप स्वयं ही उसे प्रकाशित कर सकते हैं। पिताजी ने भी यह भार अपने ऊपर लेना सहर्ष स्वीकृत कर लिया। यद्यपि पूज्य पण्डित जी ने थोड़े ही दिनों में मूल पुस्तक भली भाँति दोहराकर और उसमें आवश्यकतानुसार परिवर्तन करके दे दी थी, पर खेद है अनेक कारणों से इसके प्रकाशन में बराबर तरह-तरह के विघ्न पड़ते गए और इसी से पुस्तक के तैयार होने में विलम्ब होता गया। कुछ तो शारीरिक, मानसिक, पारिवारिक तथा आर्थिक कठिनाइयाँ थीं और कुछ छपाई और कागज आदि के सम्बन्ध की भी अड़चनें थीं। तो भी मैं ईश्वर को धन्यवाद देता हूँ कि इन सब कठिनाइयों तथा अड़चनों को पार करके अन्त में यह पुस्तक सर्व साधारण के सामने आ ही गई। इसके अतिरिक्त पूज्य हरिऔध जी का भी मैं बहुत अधिक कृतज्ञ तथा अनुगृहीत हूँ जिनकी कृपा तथा आज्ञा से यह पुस्तक प्रकाशित हुई है। अपने माननीय आश्रयदाता तथा पुराने स्कूल सहपाठी श्रीमान राय गोविन्दचन्द्र जी महोदय का भी मैं अत्यन्त अनुगृहीत हूँ जिन्होंने मुझे इस पुस्तक के प्रकाशन में आर्थिक सहायता प्रदान की है। यदि मुझ सुदामा पर उक्त माननीय राय साहब की कृष्णवत् कृपादृष्टि न होती तो कदाचित इस पुस्तक का प्रकाशन मेरे लिए असम्भव ही होता। श्रीयुत बा. ब्रजरत्न दासजी बी.ए., बा. रामचन्द्र जी वर्मा, बा. मकुन्ददासजी गुप्त को भी धन्यवाद देना मैं अपना कर्तव्य समझता हूँ क्योंकि इन महानुभावों से भी मुझे इसके और प्रकाशन में कई प्रकार की सहायता मिली है।

अन्त में मैं इस पुस्तक की भाषा के सम्बन्ध में दो एक बातें निवेदन कर देना चाहता

हूँ पहले संस्करण में इस पुस्तक की भाषा बहुत अधिक क्लिष्ट थी जो इस संस्करण में कुछ सरल कर दी गई है। दोनों संस्करणों को सामने रखने से इस बात का पता लगता है कि किसी समय लेखकों की प्रवृत्ति कितनी अधिक क्लिष्ट और कठिन भाषा लिखने की ओर थी। परन्तु ज्यों-ज्यों समय का प्रभाव पड़ता गया, त्यों-त्यों लोग अपेक्षाकृत सरल भाषा लिखने लगे। यदि एक ओर इस पुस्तक का पहला संस्करण रखा जाय और दूसरी ओर 'अधखिला फूल' या 'ठेठ हिन्दी का ठाट' रखा जाय तो अनजान आदमी कभी सहसा इस बात का विश्वास ही न कर सकेगा कि ये सब कृतियाँ एक ही सिद्धहस्त सुलेखक की हैं। यही है समय और प्रवृत्ति का प्रभाव।

अन्त में मैं हिन्दी के अन्यान्य बड़े-बड़े लेखकों से भी यह निवेदन कर देना चाहता हूँ कि जिस प्रकार पूज्य हरिऔध जी ने मुझपर यह कृपा की है, उसी प्रकार वे भी मेरे पू. पिता जी के नाते मुझे पर अनुग्रह की दृष्टि रखा करें और मुझे अपना वात्सल्य-भाजन बनाए रहें।

विनीत–

रामचन्द्र पाठक

काशी
'रामनवमी'
सं.1985

दूसरे संस्करण की भूमिका

आज हिन्दी भाषा की विजय वैजयन्ती सब ओर फहरा रही है, आज वह सर्व जन आदृत है। भारतवर्ष के प्रधान विश्वविद्यालयों में उसको सर्वोच्च स्थान प्राप्त हो गया है, और अनेक राजदर्बारों में भी वह समर्चित और सम्मानित है। यदि उसकी विजयदुन्दुभी के निनाद से सुदूर दक्षिण प्रान्त निनादित है, तो भारत के सीमांत प्रदेश सिंध और पंजाब में भी उसके प्रसार का आनन्द कोलाहल श्रवणगत हो रहा है। अंग्रेजी भाषा के बड़े-बड़े विद्वानों की दृष्टि हिन्दी भाषा पर पड़ रही है। उन्होंने उसको सादर ग्रहण ही नहीं किया, उसकी सेवा का व्रत भी लिया है। संस्कृत के विद्वानों की वह उपेक्षा दृष्टि अब नहीं रही, जो हिन्दी भाषा के विषय में पहले थी। अब वे लोग भी उसकी व्यापकता से प्रभावित हैं, और धीरे-धीरे उसकी ओर आकृष्ट हो रहे हैं। आज उसका भाण्डार अनेक ग्रन्थरत्नों से पूर्ण है, और दिन-दिन वह समुन्नत और सर्वगुण सम्पन्न हो रही है। उसका उज्ज्वल भविष्य इस समय उसके प्रतिस्पर्द्धियों को चकित कर रहा है।

किन्तु अब से चालीस-पैंतालीस वर्ष पहले उसकी यह अवस्था नहीं थी। भारत गगन का एक इन्दु अपने विकास द्वारा उस समय उसको सुविकसित बना रहा था, अपनी सुधामयी लेखनी द्वारा उसमें जीवन संचार कर रहा था, कुछ तारे भी उसके साथ जगमगा कर अपने क्षीण आलोक से उसकी आलोकित कर रहे थे। किन्तु फिर भी उसके चारों ओर घनीभूत अंधकार था। पठित समाज उन दिनों उसको बड़ी तुच्छ दृष्टि से देखता था। संस्कृत के विद्वान् तो उसको फूटी आँखों न देख पाते। हिन्दुओं की कई विशेष जातियाँ उसके लिए खड्गहस्त थीं, और उसका तिरस्कार करना ही उनके जीवन का प्रधान कर्तव्य था। अंग्रेजी भाषा के सुशिक्षितों को उसे अपनी मातृभाषा स्वीकार करने में भी संकोच था, और वे लोग प्रायः यह कहते देखे जाते कि “हिन्दी भाषा में है ही क्या! यदि उसमें विशेषता होती तो वह स्वयं लोगों को अपनी ओर आकृष्ट कर लेती।” हिन्दी लेखक भी उन दिनों इने-गिने थे और सर्व साधारण में आदर की दृष्टि से नहीं देखे जाते थे। हिन्दी प्रेमियों की बात ही क्या कहें, वे उँगलियों पर गिने जा सकते थे। फिर भी हिन्दी संसार का तमसाच्छन्न आकाश धीरे-धीरे उज्ज्वल हो रहा था।

मैं उसी समय की बात कहता हूँ। उन दिनों मैं निज़ामाबाद (जिला आज़मगढ़) के

मिडिल स्कूल में अध्यापक था। काशीनिवासी स्वर्गीय श्रीमान पण्डित लक्ष्मीशंकर मिश्र की 'काशी पत्रिका' का उस समय बड़ा प्रचार था। वह प्रत्येक मिडिल स्कूल में आती थी, और आदर की दृष्टि से देखी जाती थी। आप उन दिनों स्कूलों के इन्स्पेक्टर थे। आप हिन्दुस्तानी भाषा के पक्षपाती थे, और इसी भाषा में 'काशी पत्रिका' को निकालते थे। हिन्दुस्तानी भाषा नाम होने पर भी एक प्रकार से इस पत्रिका की भाषा उर्दू ही थी। उसमें अधिकतर फारसी और अरबी शब्दों का ही प्रयोग होता था। हाँ, इन भाषाओं के क्लिष्ट शब्द नहीं आने पाते थे। उन्हीं दिनों इस पत्रिका में 'वेनिस का बाँका' नामक एक रोचक उपन्यास अंग्रेजी से अनुवादित होकर निकला। स्वर्गीय बाबू श्याम मनोहरदास उन दिनों आजमगढ़ के डिप्टी इन्स्पेक्टर थे। उनको यह उपन्यास बहुत पसन्द आया। जब दौरा करते हुए प्रशंसित बाबू साहब निज़ामाबाद आए, तब छात्रों की परीक्षा लेने के बाद उन्होंने उक्त उपन्यास की चर्चा मुझसे की। साथ ही यह भी कहा कि अच्छा होता, यदि इसका अनुवाद शुद्ध हिन्दी में हो जाता। मैंने निवेदन किया कि उर्दू तो स्वयं हिन्दी भाषा का रूपान्तर है, उसका अनुवाद क्या! उन्होंने कहा कि मैं यह चाहता हूँ कि उर्दू अनुवाद में जितने फारसी और अरबी के शब्द हैं वे सब बदल दिये जायँ और जो वाक्य उर्दू के ढंग में ढले हैं, उन्हें हिन्दी भाषा का रंग दे दिया जाय। मैंने उनकी आज्ञा का पालन किया, और उसी का फल यह शुद्ध हिन्दी में लिखा गया, 'वेनिस का बाँका' नामक उपन्यास है। प्रत्येक फारसी और अरबी शब्दों के स्थान पर संस्कृत शब्दों का प्रयोग होने के कारण, ग्रन्थ की भाषा क्लिष्ट हो गई है, और उसमें जैसा चाहिए वैसा प्रवाह भी नहीं है, किन्तु उस समय ऐसा करने के लिए मैं विवश था।

आवेश का आदिम रूप कट्टर असंयत और आग्रहमय होता है, इसलिए उसके कार्यकलाप में विचारशीलता और गंभीरता नहीं पाई जाती। काल पाकर जब उसमें स्थिरता आती है, तब विवेक बुद्धि का उदय होता है, और उस समय जो मीमांसा की जाती है, वह मर्यादित होती है, उसमें औचित्य का अंश भी सविशेष पाया जाता है। हिन्दी भाषा के उत्थान काल में लोगों के आवेश की भी यही दशा थी, इसी कारण उस समय के हिन्दी उन्नायकों में यह दुराग्रह पाया जाता था कि शुद्ध हिन्दी भाषा में एक भी अरबी फारसी का शब्द न आने पावे। उस काल के हिन्दी लेखकों के अनेक लेख ऐसे मिलेंगे, जिनमें इस भाव की रक्षा की गई है। श्रीमान भारतेन्दु बाबू हरिश्चन्द्र के भी कई लेख ऐसे हैं, जो इस भाव के मूर्तिमन्त उदाहरण हैं। अब भी इस विचार के कुछ लोग पाये जाते हैं, किन्तु उनकी संख्या बहुत थोड़ी है। इसके अतिरिक्त उस समय एक विचार यह भी फैला हुआ था, कि इस प्रणाली के ग्रहण करने से ही, हिन्दी भाषा की समुन्नति होगी, क्योंकि लोग समझते थे कि ऐसा करने से ही, हिन्दी के शब्दभाण्डार पर सर्व साधारण का अधिकार होगा। उक्त बाबू साहब भी इसी विचार के थे। वे पाठशाला के छात्रों को भी इस विषय

में उत्साहित करते रहते, और उन छात्रों को विशेष आदर की दृष्टि से देखते, जो बातचीत में भी किसी अरबी फारसी शब्द का प्रयोग न कर संस्कृत गर्भित हिन्दी बोलते। वे ऐसे छात्रों को प्रायः पुरस्कृत भी करते। उनकी इच्छा के अनुसार जब 'वेनिस का बाँका' शुद्ध हिन्दी में तैयार हो गया, तब उसे देखकर वे बड़े प्रसन्न हुए। उन्हीं के उद्योग से वह कलकते के 'आर्य्यावर्त' प्रेस में छपा भी।

एक तो ग्रन्थ की भाषा यों ही क्लिष्ट थी, दूसरे वह पड़ा आर्य समाजी सज्जनों के हाथ में। उन्होंने अपनी इच्छा के अनुसार भी उसमें कुछ परिवर्तन किये कुछ मनमाने संशोधन भी हुए जिसका फल यह हुआ कि ग्रन्थ जैसा चाहिए वैसा शुद्ध न छप सका, और उसकी भाषा यत्र-तत्र और क्लिष्ट हो गई। इतना होने पर भी ग्रन्थ का आदर हुआ, और वह हाथों हाथ बिका। स्वर्गीय पण्डित प्रतापनारायण मिश्र ने अपने 'ब्राह्मण' पत्र में उसकी लम्बी-चौड़ी प्रशंसा की, अन्य सामाजिक पत्रों ने भी उसे सराहा, इसलिये उसके सम्मान की मात्रा बढ़ गई। हिन्दी शब्द सागर की रचना के लिए शब्द संग्रह करने के उद्देश्य से जो ग्रन्थ चुने गये उनमें 'वेनिस का बाँका' भी लिया गया। इसी कारण कि उसमें संस्कृत शब्दों की प्रचुरता है, और उस समय लोगों की दृष्टि में उसकी प्रतिष्ठा थी।

'वेनिस का बाँका' का कथा भाग अत्यन्त हृदयग्राही और रोचक है, वही लोगों को अपनी ओर आकृष्ट करता है। हमारे मित्र पंडित केदारनाथ पाठक भी उसकी रोचकता पर मुग्ध हैं। प्रथम संस्करण के शीघ्र निःशेष होने पर भी दूसरा संस्करण अब तक नहीं हुआ था, कारण यह कि इधर किसी की दृष्टि नहीं गई। जिस प्रेस में पहले ग्रन्थ छपा था, वह बन्द हो चुका है, प्रकाशक का पता नहीं। मैं भी इस विषय में एक प्रकार से उदासीन था। किन्तु उक्त पण्डितजी की सहृदयता रंग लाई, और वे ग्रंथ का दूसरा संस्करण निकलवाने के लिए कटिबद्ध हो गये यह दूसरा संस्करण उन्हीं के उद्योग और उत्साह का फल है। उनके चि. पुत्र श्री रामचन्द्र पाठक (पाठक एण्ड सन) द्वारा ही यह ग्रन्थ प्रकाशित हुआ है। मैंने अब की बार ग्रन्थ की भाषा का संशोधन बहुत कुछ कर दिया है। फिर भी भाषा संस्कृत गर्भित है। बिल्कुल कार्य्य पलट करना उचित नहीं समझा गगा, क्योंकि ग्रन्थ की भाषा का हिन्दी के उत्थान काल से बहुत कुछ सम्बन्ध है।

अन्त में यह दूसरा संस्करण प्रकाशित करने के लिए मैं उक्त पण्डितजी का हृदय से धन्यवाद देता हूँ, और उनके इस उत्साह एवं अध्यवसाय की प्रशंसा करता हूँ। आशा है, हिन्दी संसार ग्रन्थ का समुचित आदर कर उनके उत्साह की वृद्धि करेगा। यदि इस उपन्यास को पढ़कर पाठक गण थोड़ा आनन्द भी लाभ करेंगे तो मैं अपने परिश्रम को सफल समझूँगा।

काशीधाम **विनयावनत**

8-1-28 **हरिऔध**

लेखक का संक्षिप्त परिचय

नरत्वं दुर्लभं लोके विद्या तत्र च दुर्लभा।
कवित्वं दुर्लभं तत्र शक्तिस्तत्र सुदुर्लभ॥

वास्तव में पूर्वोक्तश्लोक का एक-एक अक्षर सत्य है। जीवधारियों में मनुष्यत्व-प्राप्ति ही श्रेय है। मनुष्य कहलाने पर भी, भारत की इस गिरती अवस्था में भारतवासियों में, कितने लिखे-पढ़े हैं। विद्वानों की संख्या तो और भी परिमित है। इनमें से भी कुछ ही वास्तविक कवि कहे जाने योग्य होते हैं। ईश्वरदत्त प्रतिभा, निर्मल पठन पाठन तथा अनवरत अभ्यास ही कवित्व शक्ति के प्रधान साधन हैं। इतना जिनमें हो, वे ही प्रकृत कवि हैं। यों तो हिन्दी साहित्य में आज अपने को कवि कहनेवालों की संख्या का कुछ ठिकाना नहीं। परन्तु वैसे सुकवि, जिन्हें सभी कवि मानते हों, अल्पसंख्यक ही हैं और सदा ही रहेंगे।

पं. अयोध्यासिंह जी उपाध्याय ऐसे ही सुकवि हैं, सुकवि ही क्या वरन् उनमें महाकवि के सभी गुण मौजूद हैं। हिन्दी साहित्य में आपका स्थान अत्यंत ऊँचा तथा अमर है और वर्तमान काल के कवि तथा लेखकों में आपका पद बहुत ही प्रतिष्ठित है। इसी प्रतिष्ठा के फलस्वरूप अखिल भारतवर्षीय हिन्दी साहित्य-सम्मेलन के चतुर्दश सम्मेलन के आप सभापति बनाए गए थे। आप अगस्त्य गोत्रीय, शुक्ल यजुर्वेदीय सनाढ्य ब्राह्मण हैं। आपके पूर्व पुरुष बदायूँ के रहनेवाले थे पर लगभग तीन शताब्दी के व्यतीत हुए कि जब वे सपरिवार वहाँ से आकर आजमगढ़ के अंतर्गत तमसा नदी के किनारे पर बसे हुए निज़ामाबाद नामक कस्बे में बस गये। ज़मींदारी और वंश परम्परागत पांडित्य ही इस परिवार की प्रधान जीविका है। यहीं सं. 1922 वि. के वैशाख कृष्ण तृतीया को आपका जन्म हुआ। आपके पिता तीन भाई थे जिनके नाम क्रम से ब्रह्मसिंह जी, भोलासिंह जी और बनारसीसिंह जी उपाध्याय थे। पं. भोलासिंह जी ही हमारे चरितनायक के पिता और श्रीमती रुक्मिणी देवी माता थीं। आपके पिता अत्यन्त कार्यकुशल और परोपकारी पुरुष थे तथा माता भी एक विदुषी और धर्म परायण महिला थीं। इन दोनों व्यक्तियों के पवित्र जीवन का प्रभाव चरित-नायक पर विशेष रूप से पड़ा है।

आपके पितृव्य पं. ब्रह्मासिंह जी एक अच्छे विद्वान और सच्चरित्र पुरुष थे। उन्होंने

घर पर इन्हें पाँच वर्ष की अवस्था में विद्याध्ययन आरम्भ कराया और सात वर्ष की अवस्था में आप निज़ामाबाद के तहसीली स्कूल में भरती किए गए। वहाँ से सं. 1936 वि. में वर्नाक्यूलर मिडिल परीक्षा पास कर काशी के क्वीन्स कालीजिएट स्कूल में अंग्रेजी पढ़ने लगे। आपको मिडिल परीक्षा उत्तमतापूर्वक पास करने के कारण मासिक छात्रवृत्ति भी मिलती रही, पर स्वास्थ्य के बिगड़ जाने पर उन्हें शीघ्र ही घर लौट जाना पड़ा और इस प्रकार अंग्रेजी शिक्षा की इतिश्री हो गई।

घर पर रहते हुए भी इनकी शिक्षा बराबर चलती रही और उन्होंने चार पाँच वर्ष तक उर्दू, फारसी तथा संस्कृत का अभ्यास किया। सन् 1882 ई. में आपका विवाह हुआ और इसके दो वर्ष बाद निज़ामाबाद के तहसीली स्कूल में आप अध्यापक नियुक्त हुए। इन्हीं दिनों आपने कचहरी के कामकाज सीखने में मन लगाया और सन् 1887 ई. में नार्मल परीक्षा में भी उत्तीर्ण हो गये। मातृभाषाप्रेमी बा. धनपतिलाल जी के अनुरोध से जो उस समय आजमगढ़ के सदर कानूनगो थे, आपने कानूनगोई की परीक्षा पास करने का निश्चय किया और तदनुसार सन् 1889 ई. में यह परीक्षा भी पास कर ली। दूसरे वर्ष आप कानूनगो के स्थायी पद पर नियुक्त कर दिए गए। तब से 1 नवम्बर सन 1923 ई. को पेंशन लेने तक आप समय-समय पर रजिस्ट्रार कानूनगो, नायब सदर कानूनगो और गिर्दावर कानूनगो आदि कई पदों को सुशोभित करते रहे। अन्त में पाँच साल तक सदर कानूनगो के पद पर भी आप रहे। पेंशन लेने के अनन्तर मार्च सन् 1924 ई. से आप हिन्दू विश्वविद्यालय के हिन्दी विभाग में प्रोफेसर का कार्य कर रहे हैं। यहाँ आप वेतन नहीं लेते केवल 'औनोरेरियम' पर ही अपना निर्वाह करते हैं।

जैसा ऊपर लिखी जा चुका है। आपके पितृव्य श्रीमान् पं. ब्रह्मासिंह जी उपाध्याय एक सदाचारनिष्ठ विद्वान् थे। आपकी साहित्य में भी पूर्ण गति थी। उन्होंने इन्हें साहित्य में भी अच्छी शिक्षा दी थी। उस समय निज़ामाबाद में सिख संप्रदाय के अनुगामी एक साधु श्रीयुत बाबा सुमेर सिंह जी साहिबजादे रहते थे जो मातृभाषा के प्रसिद्ध कवि और विद्वान् हो गए हैं। इनके यहाँ भारतेन्दु बा. हरिश्चन्द्र जी की 'चन्द्रिका' तथा 'कविवचनसुधा' नामक पत्र बराबर आते थे। हिन्दी भाषा का इनका पुस्तकालय भी अच्छा था। यहीं उपाध्याय जी को, जिन पर बाबाजी बड़ी कृपा रखते थे, भाषा ग्रंथ देखने तथा पत्रों के पढ़ने का विशेष अवसर मिलता था जिनके परिशीलन से उनके हृदय में मातृभाषा के प्रति प्रगाढ़ अनुराग उत्पन्न हो गया और वे स्वयं ग्रन्थ रचना के लिए कटिबद्ध हो गए।

उपाध्याय जी ने मदरसा के डिप्टी इंस्पेक्टर बा. श्याम मनोहरदास के आदेशानुसार पहिले पहल 'वेनिस का बाँका' और 'रिपवान विंकल' का उर्दू से हिन्दी में अनुवाद किया। ये दोनों उपन्यास काशीपत्रिका में उर्दू में निकल चुके थे। उक्त पत्रिका के कुछ अन्य निबंधों का भी आपने हिन्दी अनुवाद कर उनके संग्रह का नाम 'नीतिनिबंध' रखा।

'विनोद वाटिका' के नाम से गुलज़ारे दबिस्ताँ का और 'उपदेश कुसुम' नाम से शेख़सादी शीराजी के गुलिस्ताँ के आठवें परिच्छेद का अनुवाद किया। बंगला भाषा भी आप अच्छी तरह जानते हैं और उक्त भाषा से कई पुस्तकों का आपने अनुवाद भी किया है। बिल्कुल सीधी बोलचाल की भाषा में आपने दो उपन्यास लिखे हैं जिनके नाम 'ठेठ हिन्दी का ठाट' और 'अधखिला फूल' हैं जिनमें से प्रथम ग्रंथ सिविल सर्विस परीक्षा में बहुत दिनों तक कोर्स में था। 'रुक्मिणीपरिणय' तथा 'प्रद्युम्न विजय व्यायोग' नामक दो रूपक भी आपने लिखे हैं। काशी नागरी प्रचारिणी सभा द्वारा जो 'कबीर वचनावली' प्रकाशित हुई है, उसका आपने ही संपादन किया है जिसकी भूमिका आपने बड़ी ही योग्यता से लिखी है।

अभी तक जिन पुस्तकों का उल्लेख किया गया है, वे सभी गद्य ग्रन्थ हैं। आपके महाकाव्य 'प्रियप्रवास' का ऊपर उल्लेख किया जा चुका है। यह खड़ी बोली का अत्यंत विशद काव्य-ग्रन्थ है जिसमें श्रीकृष्णजी के मथुरागमन लीला का विस्तृत वर्णन है। इसमें करुण-रस का प्राधान्य है तथा वर्णन ऐसा उत्तम हुआ है कि स्थान विशेष पर चित्र से खींच दिए गए हैं। 'चोखे चौपदे' तथा 'चुभते चौपदे' नामक दो ग्रन्थ अभी हाल ही में प्रकाशित हुए हैं। प्रेम प्रपंच, प्रेमाम्बु प्रवाह, प्रेमाम्बु वारिधि, प्रेम प्रस्रवण, पद्य-प्रमोद, पद्य-प्रसून और ऋतु-मुकुर नामक अनेक काव्य पुस्तकें भिन्न-भिन्न प्रकाशकों के यहाँ प्रकाशित हो चुकी हैं जिनमें उपाध्याय जी की फुटकर छोटी बड़ी कविताओं का समावेश है। बाँकीपुर के खड्ग विलास प्रेस ने इनकी बहुत सी पुस्तकें प्रकाशित की हैं जिनमें कुछ का उल्लेख हो चुका है और अन्य के नाम रसिक रहस्य, उद्बोधन, प्रेम पुष्पोपहार, चरितावली, कृष्णकांत का दानपत्र, काव्योपवन, अंकगणित, नीति निबंध और बोलचाल हैं।

स्थानाभाव के कारण इन सब ग्रन्थों पर विशेष प्रकाश नहीं डाला जा सकता नहीं तो इनके गुण आदि की विवेचना करने में एक छोटा सा ग्रन्थ ही तैयार किया जा सकता है।

आपने दो पुस्तकें रस-कलस तथा प्रद्युम्न-परीपक्रम और भी लिखी हैं जो अभी तक अप्रकाशित हैं।

ब्रजरत्न दास

॥ श्रीः ॥

वेनिस का बाँका

प्रथम परिच्छेद

सन्ध्या का सुहावना समय, शोभा की अधिकता का प्रादुर्भाव, दल के दल हल के पर्जन्यों का जमघटा, कहीं बहुत कहीं कम। घन पटल के प्रत्येक खण्डों से कलाकर निशिनाथ की छटा दिखलाई देती थी, प्राण उसके प्रमत्त गमन पर न्योछावर हुआ जाता था, घनाच्छादन में यही ज्ञात होता था कि उच्च अट्टालिका से कोई प्रेयसी अपनी अलौकिक छटा दिखाती है, और दीन प्रेमी के तरसाने के लिये बार-बार जाली के मुखाच्छादक पट से अपना मुख छिपाती है। एड्रियाटिक समुद्र की प्रत्येक प्रोत्थित तरंगें आदर्श का कार्य्य करती थीं, हिमकर का प्रकाश और माधुर्य शतगुण कर दिखाने का उत्साह रखती थीं। इस पर सन्नाटा और भी आश्चर्य्यजनक था मनुष्य को कौन कहे जहाँ तक दृष्टि जाती पशु भी दिखलाई न देता। वायु भी बहुत ही मन्द मन्द चलती और अपना पद फूँक फूँक कर रखती थी। प्रयोजन यह कि जिधर नेत्र उठा कर अवलोकन कीजिये यही समा दृष्टिगोचर होता था, सिवाय पवन की सनसनाहट और तरङ्गों की धीमी धीमी गड़गड़ाहट के और कुछ सुनाई न देता था। कैसा ही आपत्तिपतित हो दो घड़ी वहाँ जाकर बैठे व्यग्रता निवारण हो, हृत्कलिका खिले, और सारा दुःख मिट्टी में मिले।

अनन्तर निशीथ काल आया और घड़ियाली ने टनाटन बारह का गजर बजाया। फिर भी एक पथिक शोकित का सा स्वरूप बनाये मुख पर सन्ताप की छाप लगाये बड़ी नहर के कूल पर चुपचाप बैठा था, कभी वह आँख भर कर नगर के प्राचीरों और उन्नत प्रासादों की ओर देखता और कभी भौचक बन पानी की ओर टकटकी लगाता। अन्त को वह अपने आप कहने लगा " मैं अभागा अब कहाँ जाऊँ, वेनिस तक तो आ पहुँचा अब यदि और आगे जाऊँ तो क्या होगा, इसी हेर फेर में जीवन खोना पड़ेगा। न जाने भाग्य अब आगे क्या दिखावेगा। इस समय मेरे अतिरिक्त सब लम्बी ताने सोते होंगे। महाराज उपधान आश्रय से कोमल गद्दी पर शयन करते होंगे, साधुगण निज कम्बल ही में मगन होंगे।

किन्तु मेरे लिये दोनों में से एक भी नहीं यदि है भी तो यह शीतलसीली पृथ्वी। श्रमजीवी भी दिन भर परिश्रम करके सन्ध्या को छुट्टी पाता है और रात को पैर फैला कर चैन से सोता है, पर मेरा भाग्य मुझे भलीभाँति नाच नचाता और प्रत्येक क्षण एक नवीन राग अलापता है। इतना कह कर उसने तीसरी बार अपनी फटी जेब में हाथ डाला, और बोला! "हाय इसमें तो एक फूटी कौड़ी भी नहीं, क्षुधा के सन्ताप से कलेजा मुँह को आता है।" फिर कोश से खड्ग निकाल चाँदनी में हिलाने और उसकी चमक देख कर कहने लगा। "कदापि नहीं। कदापि नहीं!! मेरे सच्चे और पक्के सहकारी मैं तुझे अपने पास से कभी पृथक न करूँगा। तेरा शिरोभाग मृत्यु समय पर्यन्त मेरे हाथ में रहेगा चाहे भूख से शरीरांत भले ही हो जाय। हाय! हाय!! जब वह समय स्मरण होता है जिस समय शशिवदना बिलीरिया ने तुझे मुझको समर्पण किया, मेरी कटि से पटका बाँधा, और मैंने तुझे और उसको चुम्बन किया, तो हृदय पर साँप लोट जाता है। वह तो हम दोनों को परित्याग परलोक सिधारी पर मैं तुझ से जीवित रहते पृथक न हूँगा।" इतना कह कर उसने नेत्रों को अश्रुपूर्ण कर लिया। फिर एक क्षण में आँसू पोंछ कर कहने लगा, "नहीं नहीं मेरी आँखों में आँसू न थे यह निशीथ काल की शीतल और तीव्र वायु का प्रमाद है कि उनमें पानी भर आया, नहीं तो आँसू कैसे, रोने के दिन अब गये।" यह कह कर उस अभागे ने अपना सिर पृथ्वी पर पटक दिया और आकुलता वश चाहा कि अपने जन्मकाल को बुरा कहे, परन्तु फिर सँभल गया और अपना सिर किहुनी से टेक कर शोकपूरित ध्वनि से एक गीत जिसे वह निज बाल्यावस्था में स्वगुरु जनों के रम्य भवनों में प्रायः गान किया करता था, गुनगुनाने लगा। फिर बोला, "ठीक है यदि मेरे अभाग्य के बोझ ने मुझे दबा लिया तो कुछ न हुआ।"

इतने में किसी की पद-परिचालना की आहट सी ज्ञात हुई। पीछे फिर कर देखा तो पास की एक गली में जहाँ कलितकौमुदी के कारण झुटपुटा सा था, एक बृहत् डील का मनुष्य कपड़ा मुख पर डाले मन्द मन्द टहलता दिखलाई दिया। उसे देख कर पथिक निज मन में कहने लगा, "कदाचित इस निर्जन स्थल में इस व्यक्ति को परमात्मा ने मेरे ही लिए भेजा है, मैं—मैं, (थोड़ा रुक कर) अब भिक्षाप्रार्थी हूँगा। वेनिस में भिक्षा माँग खाना नेपलूस में प्रतारकता करने से सहस्र गुण उत्तम है, सम्भव है कि महात्मा की जीर्ण गुदड़ी में उसके अन्तर का अमूल्य लाल यथावत् बना रहे" यह कह कर वह उठ खड़ा हुआ और उस पुरुष की ओर बढ़ा। गली में प्रवेश करते ही देखता क्या है कि दूसरी ओर से एक तीसरा पुरुष और आया परन्तु उस मनुष्य को टहलता हुआ देखकर एक गृह की ओट में जा छिपा। पथिक ने सोचा कि यह मनुष्य गूढ़ पुरुषों की भाँति कोने में घात लगा कर क्यों खड़ा हुआ, कहीं यह उन लोगों में से तो न हो जो कौड़ी-कौड़ी पर दूसरों का अमोल जीवन लेने और अपना देने को प्रस्तुत हो जाते हैं! संभव है किसी ने उसके विभव पर दाँत लगाया

हो और इस पुरुष को उसके विनाश के लिए तैनात किया हो, वह बेचारा किस निश्चिन्तता के साथ टहल रहा है। जो हो, पर बचाजी तुम भी सँभल जाना, फूल न उठना, यह देखो मैं उसकी सहायता को आ पहुँचा। यह कह कर पथिक भीत की छाया में उसकी ओर बढ़ा और वह जहाँ का तहाँ खड़ा रहा। ज्यों ही वह दूसरा अपरिचित व्यक्ति इन दोनों के पास से होकर जाने लगा त्यों ही उक्त गूढ़ पुरुष ने अपने स्थान से उचक कर चाहा कि, एक हाथ कटार का ऐसा लगावे कि भण्डारा खुल जाय परन्तु पथिक ने झपट कर उसके हाथ से कटार छीन लिया और उसे पृथ्वी पर दे मारा! अपरिचित ने पीछे फिर कर कहा, "ऐं यह धमा चौकड़ी कैसी?" डाकू तो उठ कर पलायित हुआ और पथिक ने मुसकरा कर कहा, "महोदय, कुछ नहीं यह एक बात थी जिससे आपके जीवन की रक्षा हुई?" अपरिचित–"क्या कहा? मेरी जीवनरक्षा क्या हुई?" पथिक–"यह भलेमानस जो अभी नौ दो ग्यारह हुए पहले आपके पीछे बिल्ली के समान दबे पैर गये और कटार तान ही चुके थे कि मैंने देख लिया और आपकी ज़ीवन रक्षा हुई। अब कुछ मेरी भी सुनिये। क्षुधा के कारण मेरी बुरी दशा है, यदि एक पैसा दीजिये तो बड़ा धर्म होगा। महाशय! परमेश्वर के लिये मुझे कुछ दीजिये।" अपरिचित–"चल दूर हो, दुष्ट कहीं का, मैं तुझे और तेरे फरफंदों को भली भाँति जानता हूँ। हूँ, हँ, कहता है जीवन रक्षा की! अजी यह तुम लोगों की मिली मार थी। यह मैं जानता हूँ कि तुम सब मेरी ताक में हो? जीवनरक्षा के बहाने से मुद्रा भी लो और उपकार भी जताओ। ऐसी चतुरता, महाराज से चलेगी; बोनारुटी तुमारी चापलूसी की बातों में नहीं आने का।"

इस समय इस शोक संतप्त, क्षुधित मनुष्य की वह दशा थी जैसी कि निराशा की अन्तिम अवस्था में होती है, काटो तो लहू नहीं। पर एक बार फिर जी कड़ा करके बोला, "महाशय! परमेश्वर साक्षी है कि मैंने बात नहीं बनाई मेरी दशा पर दया कीजिये नहीं तो आज निशा में मेरा जीवन समाप्त हो जावेगा।" अपरिचित–"अबे कहता हूँ कि नहीं– अभी चला जा नहीं तो परमेश्वर की शपथ", यह कह कर उस कठोर चित्त ने अपनी बगल से एक पिस्तौल निकाली और अपने रक्षक की ओर झुकाई। पथिक–"राम राम!! क्या वेनिस में सेवकाई का प्रतिकार यों ही किया करते हैं।?" अपरिचित– "वह देख नगर रक्षक सिपाही समीप है पुकारने ही की देर है?" पथिक–"परमेश्वर का कोप, क्या तुमने मुझे डाकू समझा है?" अपरिचित–"बस! कोलाहल न कर! भला चाहता है तो चुपचाप अपना रास्ता पकड़।" पथिक–"सुनिये महाशय! ज्ञात हुआ कि आपका नाम बोनारुटी है मैं अपने हृदयपत्र पर यह नाम लिख लेता हूँ। मैं यह समझूँगा कि वेनिस नगर में जो दूसरा दुष्टात्मा मुझे मिला वह आप ही हैं।" फिर कुछ सोच कर बड़ी भयानक वाणी से बोला, "स्मरण रख ऐ बोनारुटी! जब तू अबिलाइनो का नाम सुने तो यह समझना कि तेरी दुर्दशा के दिन आ गये।" यह कहकर अबिलाइनो उस निर्दयी को वहीं छोड़ कर चला गया।

द्वितीय परिच्छेद

बोनारुटी की कठोरता ने उस बेचारे के हृदय पर ऐसा प्रभाव डाला कि संसार नेत्रों से अंधकारमय दिखलाई देने लगा। आकुलता की अधिकता से वह शीघ्र शीघ्र पद उठाता कभी अपने भाग्य को कोसता, कभी गतदिवसों को स्मरण करके लहू के घूँट पीकर रह जाता। कभी हँसता कभी दाँत पीसता, कभी प्रस्तर निर्मित-प्रतिमा समान खड़ा रह जाता, जैसे किसी बड़ी घटना को सोच रहा हो, और फिर इस रीति से झपट् कर आगे बढ़ता मानो कमर कसकर उसे संपादन करने चला। अन्त को एक उत्तुङ्ग आगार के स्तम्भ से लग कर अपनी गत आपत्तियों का स्मरण कर उसने शोक को अभिनव किया, जब संवरण करने की शाक्ति शेष न रही तो चिल्ला कर कहने लगा "या तो प्रारब्ध मुझसे ऐसे अद्भुत और अनोखे वीरता के कार्यों को करायेगा जो आगामी समय के लिए एक विचित्र उपाख्यान समान चिरस्मरणीय रहें। अथवा ऐसे कठिन और दुस्सह अपराध जिनके श्रवण से अखिल अंडकटाह काँप उठे! फलतः प्रत्येक को चमत्कृत करना अपना कार्य्य है, रुसाल्वो साधारण, पुरुषों की भाँति नियमित चाल नहीं चल सकता, उसे लघु बातों से क्या प्रयोजन। भला यह भाग्य ही का फेर है न जो यहाँ तक खींच लाया? किस के ध्यान में यह बात आ सकती है कि नेपल्स के सब से बड़े व्यक्ति और महापुरुष का तनय वेनिस में रोटियों के लिए परमुखापेक्षी हो? मैं—मैं जो बड़े से बड़े वीरता के कार्य्य करने की शरीर में शक्ति और हृदय में साहस रखता हूँ, इस दशा को प्राप्त हुआ, कि जीर्ण शीर्ण बल धारण किये इस नगर में मारामारा फिर रहा हूँ जहाँ निश्शीलता ने अपना भवन निर्माण किया है, और कठोरता ने दीनों की आशा उन्मूलन करने का बीड़ा उठाया है। सहस्रशः बार बुद्धि दौड़ाता हूँ तथापि क्षुधा के शृङ्खल और काल के मुख से बचने की कोई युक्ति नहीं सूझती। वही लोग जो कल मेरी बदान्यता से जीवित थे, वे पाकालय में निज म्रियमाण चित्तों को उत्तम से उत्तम सुख से प्रफुल्लित करते थे, और विश्व के डरावने व्यखनों पर हाथ मारते थे आज मुझ अभागे को एक टुकड़ा रोटी देने से मुख मोड़ते हैं। इस कठोरता और निर्दयता का कुछ ठिकाना है! मनुष्य तो मनुष्य कदाचित् परमेश्वर ने भी मुझे भुला दिया।"

इतना कह कर वह चुप हो रहा। अंजलिबद्ध होकर कुछ सोचने लगा और फिर एक

ऊँची साँस भरकर बोला, "अच्छा! अब जो कुछ होता हो सो हो मैं, अपने भाग्य पर सन्तुष्ट हूँ, जो जो आपदा शिर पर आयेगी उसे झेलूँगा, विधि जैसा जैसा नाच नचायेगा नाचूँगा, भाग्य भी अपनी सी कर ले, परन्तु मैं अपने आपको न भूलूँगा, और भाग्य सहानुभूति करे या न करे मैं काम चढ़ बढ़ कर ही करूँगा। अब युवराज रुसाल्वो जिसे एक समय सम्पूर्ण नेपलूस पूजता था कहाँ रहा अब—अब तो मैं अकिंचन् अबिलाइनो हूँ। परन्तु यद्यपि मैं अन्तिम श्रेणी पर हूँ तथापि मेरा नाम दरिद्रों, भुखमरों, पेटुओं और अयोग्यों की तालिका के शिरो भाग में संयोजित है।"

इतने में किसी की आहट सी ज्ञात हुई। फिर कर देखता क्या है कि वही डाकू जिसे उसने दे मारा था, और दो मनुष्य और, उसी ढंग के, इस रीति से चारों ओर देखते भालते चले आते हैं जैसे किसी को खोज रहे हैं। अबिलाइनो ने अपने जी में कहा, "हो न हो वे तेरे ही अनुसन्धान में हैं" फिर कई परग आगे बढ़ कर उसने सीटी बजाई। डाकू खड़े हो गये और शनैः-शनैः कुछ परामर्श करने लगे। अबिलाइनो ने फिर सीटी दी। इस पर एक डाकू बोला "यह वही व्यक्ति है" और फिर वे सब उसकी ओर धीरे-धीरे बढ़े। अबिलाइनो कोश से करवाल निकाल कर जहाँ का तहाँ खड़ा रहा। वे तीनों डाकू भी जो अपना मुख एक वस्त्र से आच्छादन किये हुए थे कई परग पर खड़े हो गये। एक ने उनमें से पूछा, "कहो एचा क्या मन में है? ऐसे सँभल के क्यों खड़े हुए हो?"

अबिलाइनो—जिसमें तुम लोग थोड़ा दूर ही रहो क्योंकि मैं तुमको जानता हूँ। तुम लोग वह भले मानस हो जो दूसरों का जीवन नष्ट करके अपना जीवन व्यतीत करते हैं।

पहला डाकू—तुमने हमीं लोगों को न सीटी दी थी।

अबिलाइनो—हाँ?

डाकू—तो कहो फिर क्या कहते हो?

अबिलाइनो—सुनो भाई मैं क्षुधा से पीड़ित हूँ। तुम लोग जो द्रव्य हरण कर लाये हो उसमें से कुछ दान की रीति से मुझे दो।

डाकू—दान? भाई वाह, दान की बात अच्छी कही, हा हा हा हा! मनुष्य क्या निरा घनचक्कर है। क्यों न हो। दान तो बचा इतना देंगे कि उठा न सकोगे।

अबिलाइनो—नहीं तो मुझे पचास मुद्रा ऋण दो, जब तक यह ऋण निवारण न हो लेगा तुम्हारी सेवा में कटि बद्ध रहूँगा, और जो कहोगे उसको तन मन से करूँगा।

डाकू—भला तुम हो कौन यह तो बताओ?

अबिलाइनो—एक अभागा भूखा और पेटू। इस नगर में मुझसे बढ़कर कोई दरिद्र न होगा। परन्तु यद्यपि इस समय मेरी यह दशा है तथापि स्मरण रखो कि इन हाथों में वह शक्ति है कि चाहे मनुष्य तिहरा कवच क्यों न पहने हो पर कटार कलेजे में उतर जाय तो सही, और इन चक्षुओं में वह प्रकाश है कि कैसा ही अँधेरा क्यों न हो परन्तु लक्ष्य

चूक जाय तो बात नहीं।

डाकू—भला तो फिर तुमने अभी मुझे धरातल पर क्यों दे मारा था।

अबिलाइनो—यह समझ कर कि कुछ मिलेगा, परन्तु यद्यपि मैंने उसकी जीवन रक्षा की पर उस दुष्ट ने एक कौड़ी भी नहीं दी।

डाकू—नहीं दी तो अच्छा हुआ, परन्तु सुनो गुरु तुम्हारे मन में कुछ कपट छल तो नहीं है?

अबिलाइनो—निराश व्यक्ति असत्य भाषण नहीं करता।

डाकू—और जो तुमने छल किया तो?

अबिलाइनो--तो मेरा कलेजा है और तुम्हारा कटार।

तीनों डाकुओं ने फिर धीरे-धीरे परस्पर कुछ समालाप किया और तदुपरांत अपने-अपने कटार को कोश में कर लिया। फिर एक ने अबिलाइनो से कहा—"अच्छा आओ हमारे घर चलो राजमार्ग पर ऐसी बातें करना उचित नहीं।"

अबिलाइनो—चलने को तो मैं चलता हूँ पर स्मरण रखना कि यदि तुममें से किसी ने मुझ पर अंगुलि-प्रहार भी किया तो फिर सबका भाग्य फूटा। मित्र क्षमा करना कि मैंने अभी तुम्हारी पसलियाँ बेढंग ढीली कर दीं, पर इसके बदले में धर्म का भाई बन कर रहूँगा।

इस पर तीनों डाकुओं ने एक मुँह होकर कहा—"हम लोग वचनबद्ध होते हैं और बात हारते हैं कि तुम्हारे साथ कोई बुरा बर्ताव न होगा, जो तुम्हारी ओर आँख उठा कर देखेगा वह हमारा शत्रु है। तुम्हारी सी प्रवृति के मनुष्य से और हम लोगों से भली-भाँति निबहेगी। चलो किसी प्रकार का और संशय न करो।" यह कह कर वह लोग आगे बढ़े और अबिलाइनो उनके बीच में हो लिया बार-बार वह चौकन्ना होकर आगे पीछे देखता आता था, परन्तु किसी में कुछ बुरा अथवा दुष्टता का उद्योग उसने नहीं पाया, चलते-चलते वह लोग एक नहर पर पहुँचे और एक लघु नौका जो कूल पर बँधी थी खोली, चारों पुरुष उस पर सवार हुए, खेते-खेते नगर के सिरे पर निकल आये और नौका से उतर कर कई गली कूचों को समाप्त करते हुए एक मनोहर प्रासाद के समीप जाकर कुंडा खड़खड़ाया। एक नववयस्का युवती ने भीतर से कपाटों को खोला, और उन लोगों को एक साधारण पर विस्तृत परिसर में ले जाकर बिठलाया, बार बार वह आश्चर्य्य की दृष्टि से अबिलाइनो की ओर देखती थी। ए महाशय कुछ प्रसन्न, कुछ व्यग्र, जी में कहते थे कि मैं कहाँ आया और रह रह कर यही सोचते थे कि डाकुओं के कथन पर पूर्ण विश्वास तथा भरोसा करना बुद्धिमत्ता से दूर है।

तृतीय परिच्छेद

इन लोगों को बैठे हुए विलम्ब नहीं हुआ था कि किसी अपर ने द्वार पर आकर पुकारा। उसी युवती अबला ने जिसका नाम सिन्थिया था जाकर कपाट खोला। अब उस समूह में दो पुरुष और आकर मिले और इस नूतन अतिथि को नख से शिख पर्य्यन्त घूरने लगे। जिन लोगों ने उसे उस बुरी समज्या में लाकर मिलित किया था, उनमें से एक पुरुष ने कहा, "देखें अचा तुम्हारा स्वरूप कैसा है" और आले पर से दीपक उठा कर उसके भयंकर मुख के सामने किया। सिंथिल देखते ही चिल्ला उठी "परमेश्वर रक्षा करें, ऐ है मूँडीकाटे यह कैसा भयावना स्वरूप है"। यह कह कर उसने अपना मुख दोनों हाथों से छिपा लिया और दूर हट गई। अबिलाइनो उसकी ओर क्रोधपूरित दृष्टि से देख कर आंखें फेर लीं। डाकुओं में से एक ने कहा, "बचा विधाता ने तुम्हें अपने कर-कमलों से डाकू का काम करने के लिये बनाया है, ईश्वर की शपथ है यह ज्ञात होता है कि कोई निशाचर मनुष्य के कलेवर में आ घुसा है। मुझे तो यही आश्चर्य है कि आज तक तुम फाँसी से क्यों कर बचे। भई सच कहना किस कारागार से शृङ्खल मुक्त हो निकल भागे हो, अथवा किस सामुद्रिक पोत* से भोज्य वस्तु बाँध कर पलायित हुए हो?" इसके उत्तर में अबिलाइनों डपटकर ऐसे स्वर से बोला कि वह लोग थर्रा उठे—"यदि मैं ऐसा ही हूँ जैसा कि तुम कहते हो तो फिर क्या पूछना है जब विधाता ही ने मुझे इस गँव का बनाया है तो फिर मैं जो चाहूँ सो करूँ इसमें मेरा क्या अपराध।"

पाँचों डाकू दूर जाकर कुछ परामर्श करने लगे और अबिलाइनो अपने स्थान पर निश्चिंतता के साथ मौनावलम्बन किये बैठा रहा। एक क्षण के उपरांत वे सब फिर अबिलाइनो के समीप आये और उनमें से एक, जिसका मुख अत्यन्त रूखा था और जो सबसे अधिक बलवान ज्ञात होता था, आगे बढ़ा और अबिलाइनो को सम्बोधन करके यों कहने लगा—"सुनो मित्र वेनिस में केवल पाँच डाकू हैं ओर वे सब तुम्हारे सामने उपस्थित

* अगले समय में यूरप में बड़े-बड़े और कठिन अपराधों का दंड फाँसी के सिवाय यह दिया जाता था कि अपराधी से किसी नियत समय तक पोतों पर कर्णधार (खलासी) का काम लिया जाता था।

हैं। चाहो तुम भी छठे वन जाओ, इसकी चिन्ता न करना कि तुमको कार्य्य न मिलेगा। मेरा नाम माटियो है और मैं इस समूह का अधिपति हूँ। इस व्यायाम निपुण पट्ठे का नाम जिसकी लाल-लाल अलकें ऐसी ज्ञात होती हैं कि मानो रुधिराक्त हैं बलुज्जो है। वह जिस की आँखें वजरवट्ट की सी हैं टामेसो है, उसे भी डाकुओं का चचा समझना। यह महाशय जिनकी हड्डियाँ आज तुमने ढीली कर दीं पीट्रैनो है और वह जो पहाड़ सा डील लिये सिन्थिया के पास खड़े हैं ष्ट्रजा हैं। अच्छा अब तुम सबको जान गये, मुद्रा के नाम तुम्हारे पास एक फूटी कौड़ी भी नहीं है, इसलिए हम लोग तुम्हें अपने दल में भरती कर सकते हैं। इस नियम के साथ कि तुमारे हृदय में किसी प्रकार का कपट न हो। इस पर अबिलाइनो ने दाँत निकाल कर कहा "मेरी भूख की अधिकता से बुरी गति है।"

माटियो–अबे पहले मेरी बात का उत्तर तो दे कि तेरे हृदय में कुछ कपट अथवा छल तो नहीं है?

अबिलाइनो–काम पड़ने पर आप ज्ञात हो जावेगा।

माटियो–चेत रखना बचा कि यदि तुम्हारी ओर से थोड़ी भी आशंका हुई तो तुम्हारे जीवन पर आ बनेगी चाहे महाराज के प्राकार में अथवा कठिन दुर्ग में शरण ग्रहण करो और सहस्रों सिपाहियों के बीच में रहो। अथवा स्वयं महाराज के उत्संग में क्यों न जा छिपो, सैकड़ों तोपें लगी हों, परन्तु हम लोग तुमको बिना हनन किये न छोड़ेंगे।* चाहे तुम देवालय में जाकर छिपो और सलीब को हृदय से लगाओ तो भी हम लोग दिन-दहाड़े तुम को यमलोक की यात्रा करोवेंगे। देखो सोच लो और भली-भाँति स्मरण रक्खो कि हम लोग डाकू हैं।

अबिलाइनो–इसके जताने की कोई आवश्यकता नहीं, मैं स्वयं जानता हूँ, परन्तु अब मुझे खा लेने दो तो फिर जब तक कहोगे तुम्हारे साथ वार्तालाप करूँगा। इस समय तो भूख के मारे मुख से सीधी बात भी नहीं निकलती, आठ पहर से एक अन्न भी मुख के भीतर नहीं गया।

यह सुन कर सिन्थिया ने एक वृहत् पात्र में उत्तम उत्तम खाने लाकर चुन दिये और रजत निर्मित कतिपय पानपात्रों में उत्तम मदिरा भर दी और मुँह ही मुँह में कहने लगी। "परमेश्वर ऐसे मुये का मुँह न दिखाये, मनुष्य काहे को अच्छा खासा राक्षस है। इसमें सन्देह नहीं कि जब यह अपनी माता के गर्भ में था तो इस पर प्रेत की छाया पड़ गयी, जिस से यह प्रेत का सँवारा ऐसा कलमुँहा उत्पन्न हुआ। नौज! मुँह काहे को, यह निगोड़ा चेहरा लगाये है, पर ऐसा भयंकर चेहरा भी तो आज तक मैंने नहीं देखा।"

---

* ईसाइयों में यह रीति थी कि यदि किसी को कोई मनुष्य पकड़ना चाहता हो और वह गिरजा में जाकर शरण ले तो वहाँ उसको कोई पकड़ने के लिए नहीं जाता था और समझता था कि वह ईश्वर की शरण में है।

अबिलाइनो ने उसकी बात का कुछ ध्यान न किया और भोजन करने में ऐसी तन्मयता प्रकट की कि मानो छह मास तक का ठिकाना कर लिया । डाकू जी ही जी में प्रसन्न हो रहे थे कि अच्छा चेला मुँड़ा।

पाठकों को अबिलाइनो के स्वरूप से अभिज्ञता लाभ की आकांक्षा होगी, मैं उसका वर्णन किये देता हूँ। कोई पच्चीस तीस वर्ष का युवा, हाथ पैर ठीक, शरीर शक्तिमान, सर्व प्रकार से स्फूर्ति सम्पन्न और तेजस्वी, पर मुख ऐसा कि यदि प्रेत भी देखे तो डर जाय। काले काले लम्बे चमकते हुए बाल मुख पर इस प्रकार से उड़ते थे कि मानो मार्जनी बन कर कुरूपता को स्वच्छ करने का प्रयत्न करते हों। मुख इतना चौड़ा कि मसूड़े और दाँत देख लीजिये। इस पर विशेषता यह कि वह बार-बार मुख ऐसा चलाया करता था कि प्रत्येक समय दाँत निकले ही रहते थे। उसकी आँख (जो कि एक ही थी) शिर में इतनी घुसी हुई थी कि सुपेदी के अतिरिक्त और कुछ नहीं दिखलाई देता था। पर उसको भी असित घनी आकुंचित भृकुटियों ने ढक लिया था। प्रयोजन यह कि उसके आनन में तमाम भोंड़ी और कुरूपता सम्बन्धी बातें एकत्रित थीं। जिनके देखने से यह ज्ञात होता था कि वह उसकी मूर्खता के दृढ़ चिह्न हैं या धृष्टता के अथवा दोनों के। खाने के पीछे अबिलाइनो ने मदिरा, जो पानपात्र में भरी थी, पृथ्वी पर फेंक दी और उन लोगों से कड़ककर कहा "अब आप लोग कहिये मैं पेटभर खा चुका और पूर्ण तृप्त हो गया, जो कुछ मुझसे पूछना हो पूछिये मैं उत्तर देने को तैयार हूँ।"

माटियो बोला–"पहली बात हमको यह जाँचनी है कि तुम्हारे शरीर में शक्ति है अथवा नहीं क्योंकि हमारे सम्पूर्ण कार्यों के लिये यह अतिआवश्यक है। मल्ल युद्ध करना जानते हो न।"

अबिलाइनो–मैं नहीं कह सकता परीक्षा कर देखो।

माटियो–सिन्थिया पात्रों को यहाँ से हटा दे, ले अब अबिलाइनो किससे मल्ल युद्ध करोगे? हममें से तुम किसे समझते हो कि इस नवशिक्षित पीट्रैनों की भाँति सुगमता के साथ दे मारोगे?"

अबिलाइनो–ऐं किसे? अजी तुम सबों को वरन् तुम्हारे ऐसे दस और छोकरों को, यह कहकर वह अपने स्थान से कूद कर खड़ा हो गया और पल मात्र में सबों की शक्ति तोल ली। सब डाकू अट्टहास शब्द करके हँसने लगे। अबिलाइनो ने चिल्लाकर कहा अब मेरी परीक्षा करो, तुम लोग सामने क्यों नहीं आते?

माटियो–मित्र! मेरी बात मान, पहले मेरे साथ एक पकड़ लड़ ले तो तुझे ज्ञात हो जायगा कि कैसों से पाला पड़ा है क्या हम लोगों को दूध पीता बच्चा समझता है या बाबू भैया मान लिया है?

अबिलाइनो यह सुनकर हँस पड़ा, जिससे माटियो खिसियाकर क्रोध के मारे आपे से

बाहर हो गया। उसके सहकारियों ने कोलाहल करना और ताली बजाना प्रारम्भ किया।

अबिलाइनो बोला—ले आओ एक पकड़ हो जाय, मेरा चित्त भी इस समय ठीक है, ले आप आप को सँभलकर खड़े हो जाओ। यह कह कर उसने अपने बल को तौल कर बात की बात में माटियो कैसे वीर पुरुष को बच्चे के समान शिर के बल उठाकर दे मारा, ष्ट्रजा को दाहिनी ओर और पीट्रैनो को बाईं ओर ढकेल दिया, टामेसो को पैर ऊपर शिर नीचे कर के दूर परिसर में फेंक दिया और बलुज़्ज़ो को बेदम करके पास की तिपाहियों पर लिटा दिया। पाँच पल के उपरांत पाँचों डाकुओं की मूर्छा दूर हुई और चित्त ठिकाने हुआ, अबिलाइनो ने आनन्द में मग्न होकर एक भीमनाद किया और सिन्थिया इस शक्ति को अवलोकन कर टकटकी बाँधे खड़ी काँपने लगी। निदान माटियो अपना शरीर झाड़ता हुआ उठा और कहने लगा—ईश्वर की शपथ है कि यह अद्‌भुत व्यक्ति हम लोगों का गुरु है, सिन्थिया! देख! सबसे अच्छा आयतन जो है उसमें इसे ठहराओ।” टामेसो अपनी उतरी हुई कलाई बैठाता और कहता जाता था—“निस्सन्देह यह व्यक्ति पौरुष में प्रेतों और राक्षसों का समकक्ष है” फिर किसी के जी में इतनी अभिलाषा न रही कि दूसरी बार उस की शक्ति का परीक्षण करे। निशा अधिक व्यतीत हो गई थी यहाँ तक की उषा काल की श्वेतता समुद्र से स्पष्टतया दृष्टिगत होती थी। अतएव डाकू अलग-अलग होकर अपनी-अपनी कोठरियों में जा सोये।

चतुर्थ परिच्छेद

अबिलाइनो को—जिसे उसकी शक्ति के विचार से अपने समय का वायुजात अथवा भीम कहना चाहिए—डाकुओं के साथ रहते हुए बहुत दिवस नहीं व्यतीत हुए थे, कि वह सबों की दृष्टि में समा गया, प्रत्येक उससे परम स्नेह करता था और सब उसका सम्मान करते थे क्योंकि उसमें डाकूपन की योग्यता कूट कूट कर भरी थी। पहले तो उसके शरीर में बल ऐसा था कि दर्शक चकरा जाते थे, दूसरे तीव्र इतना था कि अवसर और समय की बात तत्काल सोच कर निकालता था, तीसरे भय की दशा में कभी घबराता अथवा साहस को हाथ से न जाने देता था। इन सब बातों से सिद्ध होता था कि वह प्रकृति ही से डाकूगरी और बाँकपन के गँव का बनाया गया है। सिन्थिया भी अब उससे स्नेह कर चली थी, परन्तु अबिलाइनो की कुरूपता उसकी दृष्टि में कण्टक समान खटकती थी।

अबिलाइनो को अति शीघ्र विश्वास हो गया कि माटियो वास्तव में इस साम्राज्य का स्वामी है। इस मनुष्य के डाकूपन की सीमा असीम हद हो गयी थी, भय तो नाम को छू नहीं गया था, चालाकी, काइयाँपन और कठोरता में वह अद्वितीय था। उसके साथी जो कुछ सम्पत्ति हरण कर लाते उसके हाथ में देते थे, वह प्रत्येक पुरुष का भाग पृथक् कर देता और आप भी उन्हीं के बराबर ले लेता था। जो लोग उसके काल समान कठोर करों से निहत होकर विविधाकांक्षा पाशबद्ध इस संसार से उठ गये थे उनकी तालिका इतनी बड़ी थी कि गिनाना दुस्तर था। बहुत से नाम उसकी स्मरण शक्ति ने विस्मरण कर दिये थे, परन्तु बेकार होने के समय उसको अपने डाकूपन के कतिपय उपाख्यानों के वर्णन करने में—जो अब तक याद थे—अत्यन्त प्रसन्नता प्राप्त होती थी, जिसका अभिप्राय यह था कि उसे सुनकर उसके साथी भी वैसा ही करें। उसके शस्त्र पृथक रक्खे रहते थे और उनसे एक कोठरी ठसाठस भरी हुई थी। सहस्रों प्रकार के मुठियावाले और बिना मुठिया के कटार दो तीन और चार धार के बन्दूकें जो वायु संसर्ग से छूटती थीं, पिस्तौल, करवाल, यमधार, प्रभृति प्रत्येक प्रकार के विषाक्त शस्त्र तथा सब प्रकार के विष, भाँति-भाँति के वेष परिवर्तन के परिच्छद, जिनसे मनुष्य जिस प्रकार का रूप चाहे बना ले, वहाँ मौजूद थे।

एक दिन उसने अबिलाइनो को उस कोठरी में बुलाकर कहा–सुनो मित्र तुम्हारे ढंग से ज्ञात होता है कि तुम वीर निकलोगे अतएव उचित है कि अपनी रोटी आप कमा खाओ और हम लोगों का भरोसा छोड़ दो। देखो यह कटार उत्तमोत्तम फ़ौलाद का है जिसके प्रत्येक इंच का मूल्य तुमको प्राप्त हो सकता है। यदि एक इंच किसी के हृदय में भोंक दो तो एक स्वर्णमुद्रा, दो इंच के लिए दश स्वर्णमुद्रा, तीन इंच के लिए विंशति स्वर्णमुद्रा, और सम्पूर्ण कटार के लिए अभिलषित पारितोषिक प्राप्त होगा। दूसरे इस कटार को देखो यह स्फटिक द्वारा निर्मित है! जिस मनुष्य के शरीर में यह प्रविष्ट होगा उसकी मृत्यु निश्चित है। घायल करने के साथ ही चाहिए कि कटार उसके भीतर तोड़ दिया जाय, तत्काल घाव भर जावेगा और कटार का खण्ड प्रलय पर्य्यन्त बाहर न निकल सकेगा। यह तीसरा कटार बड़ी युक्ति से निर्माण किया गया है क्योंकि इसके भीतर एक छिद्र में हलाहल विष भरा है। ज्योंही इससे शरीर क्षत विक्षत हो तत्काल इस तिकठी को दबाये, विष घाव के मार्ग से सम्पूर्ण शरीर में फैल जायगा और मनुष्य का जीवन समाप्त कर देगा। इन तीनों कटारों को लो और स्मरण रक्खो कि मैंने तुमको वह पूँजी अथवा मूलधन दिया है जिसके सहारे समृद्धिशाली हो जाओगे।

अबिलाइनो ने उनको ले लिया, परन्तु उसने किसी निरपराधी का प्राण आज तक धोखे से नहीं लिया था, इसलिए उसका हाथ काँपने लगा।

अबिलाइनो–इन शस्त्रों के बल से तो तुमने लक्षों मुद्रायें हरण कर अपना घर भर दिया होगा।

यह सुनते ही माटियो ने क्रोधित होकर नाक भौं चढ़ाई और रुखाई से कहा–अरे दुष्टात्मा हमलोग जानते ही नहीं कि अपहरण करना किसे कहते हैं। ऐं क्या तू हम लोगों को साधारण डाकुओं, चोरों, गिरहकटों, और हीन श्रेणी के दुष्टात्माओं के समान समझता है?

अबिलाइनो–अच्छा तो ज्ञात हुआ कि कदाचित् तुम्हारी यह चाह है, कि मैं तुमको इनसे भी नीचतर समझूँ, क्योंकि सच पूछो तो उस प्रकार के लोग तुमसे लक्षगुण उत्तमतर हैं, इस कारण से कि वे लोग तो केवल मनुष्यों की थैली को रिक्त कर देते हैं जिसका फिर भर जाना सम्भव है, परन्तु जो वस्तु हम लोग दूसरों से ले लेते हैं वह एक अनुपम रत्न है जो मनुष्य को एक ही बार प्राप्त होता है। और जब एक बार उसके अधिकार से निकल गया तो फिर प्रलय पर्य्यन्त हस्तगत नहीं हो सकता। अतएव तुम्हीं बतलाओ कि हमलोग उनसे निकृष्टतर हैं अथवा नहीं।

माटियो–ऐसा ज्ञात होता है कि आप हम लोगों को सदुपदेश देने के लिए यहाँ आये हैं।

अबिलाइनो–अजी मेरा तो एक ही प्रश्न है अर्थात तुम्हारी दृष्टि में धर्म्मराज के

सामने कौन निर्दोष निश्चित हो सकता है तस्कर अथवा प्राणहारक।

इस पर माटियो ने एक बार अति उच्च स्वर से अट्टहास किया।

अबिलाइनो–"इससे यह मत समझना कि मुझ में साहस अथवा पौरुष नहीं, कहो तो वेनिस के सम्पूर्ण राजकर्म्मचारियों और अधिकारियों को ठिकाने लगा दूँ, परन्तु–।

माटियो–मूर्ख! सुन! डाकुओं को चाहिए कि भलाई और बुराई की कथाओं को जिनको बाल्यावस्था में धात्री के मुख से सुना था, जी से भुला दे। भला, –भलाई क्या वस्तु है? और बुराई किसे कहते हैं? यही न कि रीति, प्रणाली, परिपाटी, नियम और शिक्षा ने इनको ऐसा समझ रखा है, नहीं तो जिस वस्तु को मनुष्य किसी समय उत्तम समझता है जहाँ दूसरी धुन समाई उसी को निकृष्ट और तुच्छ अनुमान करने लगता है। यदि वर्तमान नृपति की ओर से वेनिस की राजकीय घटनाओं पर प्रत्येक व्यक्ति को स्वतन्त्रता के साथ सम्मति देने का निषेध न होता तो इतनी हानि न होती । यदि अब शासनप्रणाली परिवर्तित होकर यह आज्ञा हो जाय, –कि जो मनुष्य चाहे अपनी सम्मति प्रकट रीति से दे, –तो जिस बात को आज लोग अपराध विचारते हैं, कल्ह उसको एक सत्कर्म समझने लगें। बस परमेश्वर के लिए भविष्यत् में ऐसे संशय हमारे सामने न उपस्थित करना। हमलोग भी महाराज और उनके मंत्रियों की भाँति मनुष्य हैं अतएव हमको भी बुराई भलाई के विषय में नियम और नीति निर्माण करने का वैसा ही अधिकार प्राप्त है जैसा कि उनको है और हम भी यह निर्धारण कर सकते हैं कि अमुक कर्म सत् है और अमुक असत्।

अबिलाइनो यह सुन कर हँस पड़ा इस पर माटियो और अधिक उत्तेजना के साथ कहने लगा।

कदाचित् तुम हमसे यह कहोगे कि हमारी वृत्ति निकृष्ट है, अब बतलाओ कि महत्त्व क्या वस्तु है? केवल एक शब्द, एक वाक्य, एक अनुमानित विषय, और है क्या? यदि जी चाहे तो किसी राजपथ पर जहाँ प्रत्येक प्रकार के लोग आते जाते हों चल कर पूछो कि महत्त्व किस बात से प्राप्त होता है? महाजन कहेगा बस धनवान होना योग्य होना है और वही बड़ा सम्मान योग्य है जिसके पास अधिक स्वर्णमुद्रायें हैं। विषयी कहेगा अजी यह मूर्ख व्यर्थ प्रलाप करता है महत्त्व इसमें है कि प्रत्येक युवती प्यार करे और कोई कैसी ही पतिपरायणा क्यों न हो हम लोगों के हस्तगत हो जाय। सेनप कहेगा, दोनों झूठे हैं। सच पूछिये तो देश जीतने शत्रु को पराभव देने और बसे हुए नगरों को उजाड़ने से ही महत्त्व प्राप्त होता है। पढ़े-लिखे लोग बहुत से ग्रन्थ ही लिखने अथवा पठन करने में बड़ा महत्त्व समझते हैं–भाजनकार इसी में भूला हुआ है कि मैंने इतने भाजन बनाये और उनको सुसंस्कृत किया, बस अब मेरे समान संसार में दूसरा मनुष्य नहीं। संत अथवा महात्मा लोग अपने पूजापाठ और ईश्वरार्चन के घमंड में चूर हैं। बारवधू गण इसी पर मुग्ध हैं कि

मेरे बहुत से ग्राहक हैं। और भूपति के जी मैं यही समाई है कि मेरे अधिकार में इतने देश हैं। निदान जिसे देखो मित्र! वह एक न एक निराली बात में अपना मान समझता है। अतएव हम लोग भी अपनी वृत्ति में पूरी योग्यता लाभ करना और ताक कर ठीक कलेजे में कटार भोंक देना क्यों न महत्त्व की बात समझें।

अबिलाइनो–'जीवन की शपथ माटियो इस समय मुझे अत्यन्त शोक हुआ कि तुम डाकू का काम करते हो क्योंकि तुम तो किसी पाठशाला में न्याय के उच्च अध्यापक नियत किये जाने के योग्य थे।'

माटियो–वास्तव में तुम ऐसा विचार करते हो तो लो मैं अब अपना वृत्तान्त तुम से वर्णन करता हूँ। मेरे पिता लका में पादरी थे और मेरी माता एक अत्यन्त पतिव्रता और आचारवती स्त्री थी। उन लोगों ने मुझे धर्म्म विषयक शिक्षा दी और मेरे पिता ने चाहा कि वह मुझे किसी माननीय धार्मिक पद पर नियुक्त करा दें। परन्तु मुझे तत्काल ज्ञात हो गया कि मेरी प्रकृति दुष्टता और उत्पात के गँव की है अतएव मैंने अपने हृदय का अनुसरण किया। पर मैं सोचता हूँ कि मेरा पढ़ना-लिखना निरर्थक नहीं हुआ क्योंकि उन्हीं के कारण अब मुझको वह योग्यता प्राप्त है कि अनुमानित भय की बातों से मैं कदापि भयभीत नहीं होता। आशा है कि अब तुम भी मेरी ही प्रणाली को ग्रहण करोगे, लो, अब तुम्हारा परित्राता जगत्रक्षक है।

पंचम परिच्छेद

अबिलाइनो को वेनिस में रहते एक मास से अधिक हो चुके थे परन्तु अब तक उसके कटार को कोश से निकलना नहीं पड़ा था। इसका कारण कुछ तो यह था कि उस समय तक उसको नगर की गली और रास्तों से अभिज्ञता नहीं हुई थी और कुछ यह कि कोई दुष्टात्मा वधिक ऐसा नहीं दृष्टिगोचर हुआ, जिसको यमलोक की यात्रा कराने की आवश्यकता हो। इस रीति से अकर्म्मा बनकर बैठे रहना उसको अत्यन्त अनुचित ज्ञात होता था और उसका हृदय यही चाहता था कि किस दिन कोई कार्य आन पड़े और मैं अपना गुण दिखाऊँ। प्रतिदिन वह वेनिस के राजमार्गों पर उद्विग्न और व्यग्रभ्रमण किया करता था और प्रत्येक परग पर शीतल-उच्छ्वास मुख से बाहर निकालता था। उसने नगर के सम्पूर्ण मुख्य-मुख्य प्रासादों, उपवनों, मदिरालयों और क्रीड़ा कौतुकादि के प्रत्येक स्थानों को छान मारा परन्तु हर्ष और उत्कर्ष का स्वरूप उसे कहीं दृष्टिगोचर न हुआ।

एक दिन का यह समाचार है कि वह एक उपवन में जो एक अति सुन्दर द्वीप में लगा हुआ था, लोगों के जमघटे से छँटकर आगे निकल गया और प्रत्येक कुञ्ज में होता हुआ जलराशि के कूल पर जा पहुँचा। यहाँ वह बैठकर निखरी हुई चाँदनी में उसकी तरंगों का कौतुक अवलोकन करने लगा। अकस्मात् कुछ शोकपूरित और पश्चात्तापमय विचारों ने उसके अन्तःकरण में प्रवेश किया और वह एक तप्त उच्छ्वास से दग्ध होकर बोला— "चार वर्ष का समय व्यतीत हुआ कि ऐसी ही धवल-निशा में मैंने पहले पहल वलीरिया के शोणाधर का चुम्बन किया था और उसी शुभ दिवस को उसने कोकिलालाप से कथन किया कि मैं तुमको चाहती हूँ।" इतना कथन कर वह चुप हो रहा और उन्हीं शोकमय विचारों पर जो उसके मस्तिष्क में समाये हुए थे तर्क वितर्क करने लगा। उस समय सन्नाटे की यह अवस्था थी कि वायु की सनसनाहट तक का परिज्ञान न होता था परन्तु अबिलाइनो के अन्तःकरण में एक शोक का प्रचंड-प्रभंजन उठ रहा था। "चार वर्ष का समय हुआ कि मुझको इस बात का अणु मात्र भी ज्ञान न था कि एक दिन मैं वेनिस में डाकुओं का काम करूँगा? न जाने वह दिन क्या हुए जब कि बड़ी-बड़ी आशायें और भारी-भारी कामनायें मेरे हृदय में उमड़ती थीं। इस समय मैं एक डाकू हूँ जिससे भिक्षा

माँगना कहीं उत्तम है। नारायण! नारायण!! वह भी एक समय था जब कि मेरे पितृ चरण स्नेह की उमंग में मेरी ग्रीवा में हाथ डाल कर कहा करते थे–'बेटा तू रुसाल्वो का नाम संसार में प्रख्यात करेगा, और मैं वस्त्रों में फूल नहीं समाता था, कैसे कैसे विचार उस समय अन्तःकरण में उत्पन्न होते थे, क्या क्या न मैं सोचता था! और कौन ऐसा महत् कर्म और उत्कृष्ट कार्य था जिसके करने की अपने मन में कामना न करता था! हा हन्त! पिता तो स्वर्गवासी हुआ और पुत्र वेनिस में डाकू का काम करता है। जब मेरे शिक्षक मेरी प्रशंसा करते और उमंग में आकर मेरी पीठ ठोंकते और कहते थे युवराज ! तेरे कारण रुसाल्वो के प्राचीन वंश का नाम सदैव स्मरण रहेगा, तो मुझे एक स्वप्न सदृश वह अवस्था ज्ञात होती और उसकी तरंग में आगामी समय उत्तमोत्तम दृष्टिगोचर होता। जिस समय कोई बड़ा कार्य करके मैं गृह को पलट आता। और वलीरिया प्रोत्साहित हो मेरे मिलने के लिए दौड़ती और परिरंभन कर हृदय से लगा मधुर वाणी से कहती कि रुसाल्वो से व्यक्ति को कौन प्यार न करेगा, तो परमेश्वर ही जानता है कि क्या आनन्द चित्त को प्राप्त होता परन्तु अब मैं इन गत आनन्दों का स्मरण न करूँगा, नहीं तो निस्सन्देह मुझको उन्माद हो जायगा।

अबिलाइनो कुछ देर तक चुप रहा और अपना ओष्ठ क्रोध से दंशन करता रहा, फिर एक हाथ आकाश की ओर उठा और दूसरे से शिर ठोंक कर बोला–"डाकू, कायर-शिरोमणि दुष्टात्माओं का दास और वेनिस के छँटे हुए डाकुओं का सहकारी, बस अब रुसाल्वो की यही पदवी है। धिक् है ऐसे जीवन पर! फिटकार है ऐसी वृत्ति पर! पर क्या करूँ भाग्य जो चाहे कराये असमर्थ हूँ।"

इतना कह कर वह फिर प्रतिमा समान हस्त पद परिचालना हीन हो गया और देर तक इस दशा में रहा। पुनः अकस्मात् वह उछल पड़ा, आँखें चमकने लगीं और मुख का वर्ण अरुण हो गया। "निस्सन्देह युवराज रूसाल्वो की सी बड़ाई तो मुझे प्राप्त नहीं हो सकती परन्तु यदि वेनिस का छँटा अथवा बाँका वनकर सुख्याति लाभ करूँ तो कौन रोक सकता है, ऐ स्वर्गीय लोगो! (यह कह कर उसने अपने दोनों हाथों को बाँध कर आकाश की ओर उठाया, मानो अत्यन्त कठिन शपथ करना चाहता था) ऐ मेरे पूज्यपाद पिता की आत्मा! ऐ प्राणाधिका वलीरिया की आत्मा! मैं तुम लोगों का नाम न हँसाऊँगा। यदि तुम्हारी आत्मायें कहीं मेरे आसपास हों तो मेरे शपथ और प्रतिज्ञा कों सुन रक्खें कि अबिलाइनो अपने पूर्व पुरुषों के चिरस्मरणीय नाम को लांछित न करेगा और न उन आशाओं को व्यर्थ होने देगा जो तुम लोगों के प्राण प्रयाण के समय तुम लोगों की शान्ति और समाधान का कारण थीं। यदि मेरा जीवन है तो मैं एकाकी ऐसे कार्य्य करूँगा जिससे भविष्यत् में लोग उस नाम का सम्मान करेंगे जो मेरे सत्कर्मों के कारण विख्यात होगा" अब उसने अपना मस्तक इतना नीचे झुकाया कि कपाल देश पृथ्वी से लग गया और नेत्रों

े अश्रुप्रवाह होने लगा। बड़े-बड़े विचारों ने उसके हृदय में स्थान ग्रहण किया था, विविध कार के भाव उसके चित्त में समाये हुए थे और वह बड़ी-बड़ी बातें सोच रहा था यहाँ क कि उसका शिर चक्कर में आ गया। दो घंटे तक वह इसी हेर फेर में रहा, इसके उपरांत अचांचक उठ कर उनके पूर्ण करने के लिये चल निकला, और यह पण ठाना, "मैं पाँच निकृष्ट और नीच प्रतारकों का सहकारी होकर मनुष्य को दुख देने में कदापि प्रयत्न न करूँगा वरन् एकाकी सम्पूर्ण वेनिस को भयग्रस्त और त्रस्त रखूँगा और एक ही सप्ताह के भीतर वह युक्ति करूँगा जिससे ए दुष्टात्मा शूली पर लटकते दृष्टिगोचर हों। वेनिस में पाँच प्रतारकों के रहने की कुछ आवश्यकता नहीं केवल एक ही पुरुष ऐसा रहेगा जो स्वयं महाराज का सामना करेगा और भलाई बुराई को देखता रहेगा और अपने परामर्श के अनुसार लोगों को पुरस्कार और दण्ड देगा। एक सप्ताह के भीतर यह देश इन पाँचों दुष्टाग्रण्यों से रहित हो जायगा और तब मैं अकेला कार्य्य क्षेत्र का स्वामी हूँगा। उस समय वेनिस के सम्पूर्ण उत्पातप्रिय लोग जिन्होंने आज तक मेरे साथियों के कटार से काम लिया है मेरे पास अपनी कामना लावेंगे और मुझे उन कायरों वधिकों और उन माननीय विषयियों के नाम ज्ञात होंगे जिन्होंने अब तक माटियो और उसके साथियों के द्वारा निरपराधियों की ग्रीवा पर छूरिका फिरवाई है और प्रत्येक ओर अबिलाइनो अबिलाइनो की पुकार मचेगी। सुन रख ऐ वेनिस इस नाम को और डर!"

इन आशाओं ने उसको इतना उन्मत्त कर दिया कि वह उस वाटिका से अकुलाकर निकला और एक लघु नौका पर सवार होकर झटपट सिन्थिया के गृह में प्रविष्ट हुआ जहाँ उसके साथी पहले ही से पड़े सो रहे थे।

षष्ठ परिच्छेद

दूसरे दिन अरुणोदय के समय माटियो ने अबिलाइनो को बुलाकर कहा 'सुनो मित्र आज पहले पहल तुमारी परीक्षा की जायगी॥'

अबिलाइनो–(गंभीर स्वर से) "आज? भला वह कौन पुरुष है जिस पर मैं अपने ओजस्वी कर का प्रहार करूँगा और अपना जौहर दिखलाऊँगा।

माटियो–यदि सच पूछो तो वह एक नवयौवना युवती है, परन्तु नवशिक्षित मनुष्य को आदि में कठिन कार्य न देना चाहिये। मैं स्वयं तुमारे साथ चलकर देखूँगा, कि तुम इस पहली परीक्षा में कैसा उतरते हो।

इस पर अबिलाइनो ने हूँ हूँ कह कर माटियो को एक दृष्टि से नख शिख तक तोला।

माटियो–आज चार बजे तुम डालाविला के रम्योपवन में जो वेनिस की दक्षिण दिशा में है मेरे साथ चलो। हम तुम दोनों स्वरूप बदल लेंगे। उस उपवन में उत्तमोत्तम तड़ाग निर्मित हैं जहाँ महाराज की भ्रातृजा कोमलाङ्गी किशोरवयस्का रोज़ाविला मज्जन कर प्रायः एकाकी बिहरती फिरती है। बस अब शेष विषय समझ जाओ"॥

अबिलाइनो–और तुम भी मेरे साथ चालोगे?

माटियो–मैं तुम्हारी प्राथर्मिक क्रिया का कौतुक अवलोकन करने चलूँगा, इसी प्रकार मैं प्रत्येक के साथ करता हूँ।

अबिलाइनो–आज कै इंच गहराब्रण मुझे लगाना होगा?

माटियो–अजी पूरा कटार तैरा देना चाहिये, पूरा कटार, उसकी मृत्यु होनी चाहिये पुरस्कार तो मनोभिलषित प्राप्त होगा। रोज़ाबिला मरी और हम लोग आयु भर के लिये धनाढय और वैभववान हुये।

इसके उपरान्त और सब बातों की तत्काल मीमांसा हो गई और ज्यों ही घड़ियाली ने चार बजाया माटियो और अबिलाइनो चल खड़े हुये। कियत काल में दोनों डोलाविला के उपवन में जा पहुँचे तो क्या देखते हैं कि उस दिन नियम के विरुद्ध बहुत से लोग परिभ्रमण के लिये आये हैं। प्रत्येक छायावान कुञ्जों में स्त्री-पुरुष बेढंग भरे हैं। रविशों पर वेनिस के प्रख्यात लोग टहल रहे है। प्रत्येक कोनों में प्रियतम और प्रेयसी निशागमन

की प्रतीक्षा में उसासें भर रहे हैं। और प्रत्येक दिशा से गाने और वाद्ययन्त्रों की मीठी मीठी सुरीली ध्वनि चली आती है। अबिलाइनो भी उस भीड़ में जा मिला। उसके शिर पर कृत्रिम आकुञ्चित केशों की एक बड़ी चमत्कार सम्पन्न टोपी रक्खी हुई थी जिसने उसकी आननाकृति के अवगुणों को छिपा लिया था वह उन बृद्ध मनुष्यों के समान जिन्हें गठिये का रोग होता है छड़ी टेकता शनैः शनैः सबों से मिलता जुलता चला जाता था। उसके बहुमूल्य परिच्छद के कारण प्रत्येक मनुष्य उसकी अभ्यर्थना करता था और कोई ऐसा वहाँ न था जो अबिलाइनो से ऋतुपरिवर्तन, वेनिस के व्यापार और उसके शत्रुओं के विचारों के विषय में कथनोपकथन न करता हो। ए महात्मा तो सर्वगुणसम्पन्न थे ही इन बातों से कब घबराते थे, प्रत्येक पुरुष का उत्तर यथोचित देते थे। इस सूत्र से अबिलाइनो का काम निकल आया और उसने अपना पूरा इत्मीनान कर लिया कि रोज़ाबिला अब तक उपबन ही में है और अमुक प्रणाली का परिच्छद धारण किये अमुक स्थान पर सुशोभित है।

निदान वह उसी पते पर चल निकला और माटियो भी उसके पीछे हो लिया। जाते जाते वह एक वृक्षाच्छादित सघन कुञ्ज के समीप पहुँचा जो वाटिका भर में सबसे निराले में थी। इसमें रोज़ाविला जिसके समान वेनिस में अपर स्त्री स्वरूपवती और सुन्दरी न थी बैठी हुई दृष्टिगोचर हुई। अबिलाइनो ज्यों ही उसके भीतर प्रविष्ट हुआ उसके दोनों पाँव इस प्रकार लरखराये जैसे निर्बलता के कारण गिरा ही चाहता हो, उसने पुकार कर टूटती हुई वाणी से कहा कष्ट का विषय है, ऐसा कोई नहीं जो मुझ वृद्धतर को थोड़ा सा आश्रय दे। रोज़ाविला यह सुनते ही झपट कर तत्काल अबिलाइनो के टेकाने के लिये आई एवम् मीठी मीठी बातें कह स्नेह के साथ पूछने लगी, बूढ़े बाबा तुम्हारा चित्त कैसा है? अबिलाइनो ने कुञ्ज की ओर संकेत किया रोज़ाविला उसे सहारा देकर वहाँ ले गई और एक स्थान पर बैठा दिया। अबिलाइनो ने क्षीणवाणी से कहा "राजतनये! परमेश्वर तुमको इस उदारता का प्रतिफल दे" और शिर उठा कर रोज़ाविला की ओर देखा। ज्यों ही उसकी आँख उस कोमलाङ्गी क्षामोदरी, की आँखों से लड़ी अबिलाइनो लज्जा से पानी पानी हो गया। रोज़ाविला अपने घातक की सामयिक अवस्था देख अश्रु पूरित नेत्र से उसके सामने खड़ी थी जिससे वह अबिलाइनो को और भी प्रिय ज्ञात होने लगी। कियत् कालोपरान्त वह अत्यन्त कोमल स्वर से पूछने लगी 'क्यों अब तुमको कुछ सुख जान पड़ता है, उस कपटी ने धीमी वाणी से कहा 'हाँ सुख है, सुख है, तुम्ही वर्त्तमान महाराज की भ्रातृजा रोज़ाविला हो'।

"जी हाँ मैं ही हूँ"

अबिलाइनो—सुनो राजकुमारी मुझे तुम से कुछ कहना हैं देखो सावधान और सजग रहो, घबराओं नही, जो कुछ मैं कहने वाला हूँ वह तुम्हारे बड़े लाभ की बात है और उसके

लिये बड़ी बुद्धिमता आवश्यक है, हे नारायण! संसार में ऐसे कठोरचेता लोग भी हैं, राजनन्दिनी तुम्हारा प्राण बड़ी आपत्ति में पड़ा चाहता है।

रोज़ाबिला यह सुनकर काँप उठी, कपाल स्वेदाक्त हो गया और आनन पीत वर्ण।

अबिलाइनो—तुम अपने नाशक को देख चाहती हो? तुम्हारा बाल तक बाँका न होगा, परन्तु यदि तुम अपना जीवन चाहती हो तो मौन रहो।

रोज़ाबिला की संज्ञा उस समय लुप्तप्राय थी, और चित्त ठिकाने न था कि कुछ बोलती, उस वृद्ध पुरुष की बातों से उसके छक्के छूट गये, और उसे मूर्छा आच्छादन करने लगी।

अबिलाइनो—राजात्मजे! तुम किसी प्रकार का भय मत करो, जब तक मैं यहाँ हूँ तुम्हारे लिये यह भय का स्थान नहीं है, इस कुञ्ज से प्रस्थान के प्रथम तुम अपने नाशक का शव यहाँ तड़पता देखोगी।

उस समय रोज़ाविला ने चाहा कि निकल भागे परन्तु अकस्मात् वह बृद्ध, जो पहले अत्यन्त निर्बल था जिसके मुख से अल्पकाल हुआ कि बात कठिनता से निकलती थी और एक बृक्ष के आश्रय से बैठा हुआ था—कड़क कर उठ खड़ा हुआ और उसको हाथ पकड़ कर खींच लिया।

रोज़ाविला—परमेश्वर के लिये मुझे छोड़ दो कि भाग जाऊँ।

अबिलाइनो—राजकन्यके! अल्पभय न करो मैं तुम्हारी प्राण रक्षा के लिये उपस्थित हूँ।

यह कहकर उसने अपनी जेब से एक सीटी निकाल कर मुँह से लगायी और उसको जोर से बजाया। सीटी के साथ ही माटियो जो कुछ दूर वृक्षों की ओट में छिपा था अपने स्थान से निकल कर कुंज के भीतर घुस पड़ा। अबिलाइनो रोज़ाबिला का परित्याग न कर कई क़दम माटियो की ओर बढ़ा और उसके समीप पहुँच कर कटार को उसके हृदय में भोंक दिया। माटियो के मुख से शब्द तक न निकला और वह अबिलाइनो के चरणों के समीप गिर पड़ा। किञ्चित् काल पर्य्यन्त कर पद पटकने के उपरान्त उसकी आत्मा ने यमलोक को प्रस्थान किया। उस समय अबिलाइनो ने फिर कुंज की ओर दृष्टिपात किया तो देखा रोज़ाबिला कर पग परिचालना हीन मूर्ति की सी अवस्था में खड़ी है।

अबिलाइनो—मेरी षोड़शाब्दा! कोमलाङ्गी!! रोज़ाविला!!! देखो उस दुष्टात्मा का शरीर जो मुझको तुम्हारे नाश करने के लिये यहाँ लाया था; वह पड़ा है। चित्त ठिकाने करो और अपने घर जाकर अपने पितृव्य महोदय से कहो कि तुम्हारे जीवन की रक्षा अबिलाइनों ने की रोज़ाबिला को बात करने की शक्ति न थी उसने अपना हाथ अबिलाइनो की ओर बढ़ाया और उसका हाथ अपने हाथ मे लेकर धन्यवाद प्रदान की भाँति चूम लिया। अबिलाइनो हर्ष और आश्चर्य्य की दृष्टि से उस कृशोदरी को देख रहा था, मेरी अनुमति तो यह है कि संसार में कोई पुरुष ऐसा नहीं है जो ऐसी दशा में अपने को अधिकार में

रख सकता। एक तो रोज़ाविला का षोड़श अथवा सप्तदशाब्द का वयः क्रम, युवावस्था का प्रारम्भ, दूसरे सुन्दर स्वेत परिच्छद, असित प्रमादपूरित अँखड़ियाँ, स्वच्छ विशाल भाल, स्वर्ण-वर्ण आकुञ्चित केश-जाल, पाटल सरस-दलोपमेय कपोल, और पतले-पतले विम्बाफल समकक्षी ओष्ठ, ऐसे थे जिन्हें देखकर देवजात का मन धैर्य्यरहित हो हाथ से जाता रहे। स्वरूप देखने से परमेश्वर की शक्ति स्मरण होती थी और यही ज्ञात होता था कि उस रचयिता ने इस लावण्य-पुत्तलिका को स्वकर-कमलों से विरचित किया है। नख से शिख पर्य्यन्त सिवाय सद्गुण के कोई अवगुण दिखलाई नहीं देता था। ऐसी कोमलाङ्गी को यदि अबिलाइनो हक्का-बक्का खड़ा देखा किया और कतिपय क्षण के आनन्द के लिये सदैव की उद्विग्नता मोल ली तो कोई आश्चर्य्य की बात नहीं! निदान कुछ काल के उपरान्त वह कर्कश स्वर से बोल उठा "शपथ है परमेश्वर की, रोज़ाविला तेरी सुन्दरता अद्भुत और अलौकिक है, वलीरिया भी तुझसे अधिक सुन्दर न थी।" यह कहकर उसने रोज़ाविला के कपोलों का एक बार चुम्बन किया। रोज़ाविला भय से काँप उठी और कहने लगी "ऐ भयंकर व्यक्ति तू मेरे समक्ष से अन्तर्हित हो, परमेश्वर के लिये चला जा।

अबिलाइनो—हाय! रोज़ाविला तू इतनी सुन्दर क्यों है और मैं—क्यों रोज़ाविला तू जानती है कि किसने मेरे कपोलों का चुम्बन किया? जा अपने पितृव्य महाशय से कह दे कि वह अबिलाइनो बाँका था।

यह कहकर वह कुञ्ज से झपटकर निकल गया।

सप्तम परिच्छेद

ओबिलाइनों ने बड़ी बुद्धिमानी की कि वहाँ से तत्काल भाग खड़ा हुआ, क्योंकि उसके चले जाने के कुछ देर बार बहुत से लोग दैवात् टहलते हुए उधर आये, और माटियो का शव और रोज़ाविला को भय से त्रस्त, पीतवर्ण, काँपती, देखकर आश्चर्य्य करने लगे। बात की बात में वहाँ एक भीड़ एकत्रित हो गई और प्रतिक्षण अधिक होने लगी। जो मनुष्य आता वह उस वृतान्त को श्रवण करना चाहता, और रोज़ाविला को भी प्रत्येक पुरुष के समादार के लिये सम्पूर्ण समाचार बार-बार दुहराना पड़ता। कुछ लोग वहाँ महाराज के पार्श्ववर्तियों में से भी उपस्थित थे, जो लपककर उसके सहचरों को बुला लाये। रोज़ाविला के चढ़ने की नौका तो प्रस्तुत थी ही, वह तत्काल उस पर चढ़कर अपने पितृव्य के प्रासाद में प्रविष्ट हुई।

अधिकारियों ने आज्ञा दी कि प्रत्येक नौका जहाँ की तहाँ रहे और जब तक उसका निरीक्षण न हो ले वहाँ से न हटने पाये। इसके अतिरिक्त ज्यों ही पहले पहल माटियो का शव वहाँ पाया गया, उपवन का द्वार बन्द करा दिया गया, और जितने लोग उसमें उपस्थित थे वह पहचानकर जाने पाये, परन्तु अबिलाइनो का चिह्न तक हस्तगत न हुआ।

इस अद्‌भुत घटना का समाचार वेनिस भर में अति शीघ्र फैल गया और अबिलाइनो के विषय में—जिसका नाम रोज़ाविला ने भली भाँति अपने हृदय पत्र पर लिखा लिया था और सम्पूर्ण वृत्तान्त वर्णन करके जिसके नाम को प्रख्याति प्रदान की थी—प्रत्येक पुरुष को आश्चर्य था और सबको उसके देखने का अनुराग हो गया था। जिसे देखिये वह रोज़ाविला की दशा पर दुःख प्रकाश करता और कहता कि उस बेचारी के हृदय पर उस समय क्या बीता होगा, और उस आततायी पर धिक्कार शब्द का प्रयोग करता, जिसने उसको मार डालने के लिये माटियो को सन्नद्ध किया था। प्रत्येक व्यक्ति उन समस्त क्रमरहित बातों का क्रम मिलाने के लिए एक-न-एक कल्पित कारण सोच लेता, चाहे वह कैसा ही अमूलक क्यों न हो। जिस पुरुष ने इस समाचार को सुना, अपने अन्तरंगों को कह सुनाया और जिसने कहा उसने अपनी और से दो एक बातें और जोड़ कर मिला दीं, यहाँ तक कि बढ़ते-बढ़ते वह एक पूरा उपाख्यान हो गया, जिसका नाम सुन्दरता का प्रभाव

निर्विवाद रख सकते हैं क्योंकि स्त्रियों और पुरुषों ने यह बात परस्पर निश्चित कर ली थी कि अबलाइनों ने रोज़ाविला को अवश्य मार डाला होता पर उसकी अलौकिक सुन्दरता के कारण उसका हाथ न उठ सका। उसने रोज़ाविला के जीवन की यद्यपि रक्षा की थी तथापि लोगों को भय था कि मुनालडश्री का राजकुमार जिसके साथ रोज़ाविला का विवाह निर्धारित हुआ था, और जो नेपलूसका एक बड़ा धनवान् और विख्यात मान्य व्यक्ति था इस बात को सुनकर प्रसन्न न होगा। महाराज कुछ समय से अपनी भ्रातृजा के पाणिपीड़न की वार्ता गुप्त रीति से इस राजकुमार के साथ कर रहे थे और अब वह बहुत शीघ्र वेनिस में आने वाला था। उसके आने का कारण नृपति के इतना छिपाने पर भी सब लोगों को विदित हो गया था। केवल एक रोज़ाविला जिसने उस राजकुमार का पहले कभी स्वरूप भी न देखा था इस बात से अनभिज्ञ थी, वह यह नहीं समझ सकती थी कि उसके आने का समाचार श्रवण कर प्रत्येक पुरुष को इतनी उत्सुकता क्यों हो गई है।

अब तक तो लोग रोज़ाविला के विरुद्ध कोई बात न कहते थे परन्तु अन्ततः युवतियों के अन्तःकरण में ईर्षा का प्रादुर्भाव हुआ कि वह अपनी सुन्दरता के कारण अबिलाइनो के कौशल से क्यों निर्विघ्न निकल आई। अबिलाइनो ने रोज़ाविला का जो एक बार चुम्बन कर लिया था, उससे उनको अपने आन्तरिक विकार के निकालने का पूर्ण अवसर हस्त गत हुआ। दो तीन स्त्रियाँ एक ठौर एकत्रित होतीं, तो परस्पर यही चर्चा करतीं, एक कहती " क्यों बहन! अबिलाइनो ने रोज़ाविला के साथ उपकार तो बड़ा किया, न जाने उसने भी उसके प्रतिकार में उसका सम्मान कहाँ तक किया होगा"। दूसरी बोलती " सच कहती हो बहन, मैं भी अनुमान करती हूँ कि वह पुरुष कुछ मूर्ख न था कि ऐसी दशा मे जब कि एक किशोरवयस्का सुन्दर स्त्री जिसके जीवन की उसने रक्षा की, एकाकी समीप विद्यमान हो और वह एक बार चुम्बन करके चला जाय"। तीसरी अपना महत्व दिखलाने के लिये बोलती "अच्छा जी हमको यह उचित नहीं कि किसी के विषय में कुत्सित बातें मुख से बाहर निकालें, परन्तु मैं इतना अवश्य कहूँगी कि अबिलाइनो जैसे लोग ऐसे सद्व्यक्ति नहीं होते, और यह पहले ही बार है कि मैंने एक बाँके छैले को सभ्य सुना।" संक्षिप्त यह कि वेनिस के निठल्ले लोगों, भूठी और निर्मूल बातों के वक्ताओं ने, रोज़ाविला और अबिलाइनो का यहाँ तक चबाव किया कि महाराज की भ्रातृजा संसार भर में "बाँके की पत्नी के निकृष्ट नाम से प्रख्यात हो गई"।

परन्तु किसी मनुष्य को इस बात की इतनी चिन्ता न थी जितनी कि नरपति अण्ड्रियास को, वे यद्यपि भले थे, पर ऐसे अयोग्य लांछन को कब स्वीकार कर सकते थे। उन्होंने तत्काल आज्ञा दे दी कि जिस मनुष्य के स्वरूप से बदचलनी अथवा दुराचरण की आशंका पाई जाय उसका निरीक्षण पूर्णतया हो। इसके अतिरिक्त उन्होंने रात्रि के भ्रमण

करने वालों की संख्या बढ़ा दी और चारों ओ़र गुप्तचरों और गूढ़ पुरुषों को नियत किये कि वह जैसे हो सके अबिलाइनो का पता लगायें परन्तु यह सम्पूर्ण युक्तियाँ निष्फल थीं क्योंकि जिस स्थान पर अबिलाइनो रहता था वहाँ वायु का संचार भी कठिनता से होता था और पक्षी पर्य्यन्त का प्रवेश भी एक प्रकार से असंभव था।

अष्टम परिच्छेद

सामान्यतः वेनिस के लोग तो परस्पर इस रीति से चर्चा करते थे जैसा कि ऊपर वर्णन किया गया है, परन्तु अब उस पुरुष का वृत्तान्त सुनिये जिसने माटियो को रोज़ाविला का संहार करने के लिये सन्नद्ध किया था। यह परोजी नामक वेनिस का प्रथम श्रेणी का एक उच्च वंशोद्भव था। ज्यों ही माटियो के मारे जाने और रोज़ाविला के जीवित बच जाने का समाचार कर्णगत हुआ। वह अपने मन में अत्यन्त आकुल हुआ कि ऐं यह क्या हुआ। मारे व्यग्रता के वह अपने आयतन में टहलने और स्वगत यों कहने लगा "परमेश्वर का कोप उस मंदभाग्य की अज्ञानता पर, परन्तु मेरी समझ में नहीं आता कि यह दुर्घटना किस प्रकार संघटित हुई। किसी ने मेरा भेद जान तो नहीं लिया? मैं पूर्ण अभिज्ञ हूँ कि विरैनो रोज़ाविला पर मोहित है अतएव क्या आश्चर्य्य है कि उसी ने इस दुष्टात्मा अबिलाइनो को मेरे कार्य्य मे विघ्न डालने के लिये माटियो के पीछे लगा दिया हो। यदि कहीं महाराज ने इस विषय की छानबीन की कि उनकी भ्रातृजा के प्राणहरण के लिये माटियो को किसने भेजा था तो सिवाय परोजी के जिसके साथ रोज़ाविला ने विवाह करना अस्वीकार किया और जिससे अनड्रिआस आन्तरिक विरोध रखता है और किस पर संशय होगा। और जहाँ एक बार पता लगा और अण्ड्रियास पर तुम्हारी कूटनीति प्रगट हो गई और उसे ज्ञात हो गया कि तुमने अपने को बहुत से दुष्कर्मियों का अग्रगण्य बना रक्खा है—क्योंकि ऐसे छोकरों को जो मार से बचने के लिये अपनी माता पिता के घर में आग लगा दें सिवाय दुष्कर्मी के और क्या कह सकते हैं—अरे परोजी जिस समय ए सब बातें अंड्रिआस पर प्रगट हो जायँगी तो—"।

वह अपने मन में इतना ही विचार करने पाया था कि अकस्मात् मिमो, फलीरी, और काण्टे राइनो, परोजी के अष्टप्रहरी सहचर आन पहुँचे। ए लोग भी उसके समान वेनिस के प्रथम श्रेणी के उच्च कुलजात, अकर्म्मा, व्यर्थव्ययी और विषयी थे। इन लोगों को वेनिस के सम्पूर्ण अत्यन्त ब्याज लेने वाले महाजन भली भाँति जानते थे, जितना कि इनका व्यवसाय था उससे अधिक ए ऋणी थे। परोजी के आयतन में पाँव रखते ही मिमो (जिसकी मुखाकृति से विषयी होने का चिन्ह—जिसमें उसने अब तक अपना जीवन व्यतीत किया

था—प्रगट था) बोला "क्यों परोजी क्या बात है, मुझे आश्चर्य्य है, परमेश्वर के लिये सच बताओ कि क्या यह समाचार सत्य है, कि तुमने माटियो को महाराज की भ्रातृजा के विनाश के लिये तैनात किया था?"

"ऐं मैंने?" यह कह कर परोजी ने तत्काल उसकी ओर पीठ फेर ली इसलिये कि वे लोग उसके मुख को जिस पर उस समय इस बात के सुनते ही मलीनता सी छा गई थी—न देखें, "भला तुमारे हृदय में यह बात क्यों कर आई? बस जान पड़ा कि तुम्हारी बुद्धि भ्रष्ट हो गई है।"

मिमो—"जीवन की शपथ, जो कुछ मैंने सुना उसे कहता हूँ, चाहो फलीरी से पूछ देखो वह कुछ अधिक वर्णन कर सकेंगे"॥

फलीरी—"ईश्वर की शपथ करके कहता हूँ कि यह बात सत्य है कि लोमेलाइनो ने महाराज को पूर्ण विश्वास दिलाया है कि सिवाय तुम्हारे दूसरे ने माटियो को रोज़ाविला के घात के लिये नहीं भेजा"।

परोजी—"और मैं फिर भी तुमसे कहता हूँ कि लोमेलाइनो सर्वथा असत्य कथन करता है"।

काण्टेराइनो—"जो हो, पर तुम अपनी ओर से सावधान रहो क्योंकि अण्ड्रियास बड़ा बेढ़ब मनुष्य है"।

फलीरी—"बेढब? मैं तुमसे कहता हूँ कि उसके समान संसार में दूसरा उल्लू का पट्ठा नहीं, बीरता तो भला उसमें कुछ है भी परन्तु बुद्धि तो नाम मात्र को नहीं है"।

काण्टेराइनों—"और मैं कहता हूँ कि अण्ड्रियास सिंह समान पराक्रमशाली और लोमड़ी सद्धश कूटनीतिक है।"

फलीरी—"राम! राम!! आप का कहाँ ध्यान है, यदि उसके तीनों सुचतुर मन्त्रप्रदाता न हों तो उसका एक कार्य भी ठीक न उतरे। परमेश्वर की मार उनके शिर पर, यदि पेलोमान फ्रोन, कोनारी और लोमेलाइनो उससे पृथक कर लिये जायँ तो उसकी वही दशा होगी जो उस अल्पज्ञ छात्र की होती है जो कि परीक्षा देने के समय अपना पाठ भूल गया हो"।

परोजी—"फलीरी सच कहते हैं"।

मिमो—"निस्सन्देह! निस्सन्देह!!।

फलीरी—" इस पर विशेषता यह कि अनड्रियास अब ऐसा मदान्ध हो गया है जैसा दरिद्र जन होता है, जिसके हाथ कहीं से दैवात् धन लग गया हो और जो पहले पहल बहुमूल्य परिच्छद धारण करके निकला हो। वास्तव में आजकल उसका अभिमान मित से अधिक हो गया है, देखते नहीं कि प्रतिदिन वह अपने कितने चाकर और सहचर बढ़ाता जाता है।"

जाता है।"

मिमो—"यह तो प्रगट ही है"।

काण्टेराइनो —"इसके अतिरिक्त अपना प्रताप कितना फैला रहा है। वेनिस में श्रेष्ठ कुलजात, उच्च पदस्थ, जितने राजकीय चर हैं, सब, जिस नाच वह नचाती है नाचते हैं और उसकी इच्छा और आज्ञा के अनुसार ऐसा चलते हैं जैसे दारुयोषित सूत्रधार के संकेतानुसार कार्य्य करता है"।

परोजी —"और फिर भी उसको सब लोग देवता समान मानते हैं"।

मिमो—'बस यही तो चमत्कार है'।

फलीरी—"परन्तु यदि अति शीघ्र उसके ए सम्पूर्ण घमण्ड किरकिरी न हो जावें तो फिर मेरी बात का विश्वास न करना।"

काण्टेराइनो—"इसमें तो सन्देह नहीं, इस समय उचित तो यह था कि हम लोग कमर कसकर तैयार हो जाते, परन्तु देखो कि हम लोग इसका क्या प्रतिकार कर रहे हैं? अपना समय हौलियों में नष्ट करते हैं, मदपान कर मारे मारे फिरते हैं जूआ खेलते हैं और अपने को ऋण ग्रहण के ऐसे बड़े समुद्र में डालतें हैं जिसके भीतर अच्छा से अच्छा पैराक मग्न हो जावे। हमको चाहिये कि दृढ़ होकर प्रयत्न करें, लोगों को अपना सहकारी बनावें, और तन मन से अपने उद्योग में परिश्रम करें, फिर देखें कि हमारे दिन क्यों कर नहीं फिरते यदि न फिरे तो स्मरण रक्खो कि इस निर्लज्जता और अकीर्ति कर जीवन से तो मृत्यु उत्तम है"।

मिमो—"अब मेरी सुनो कि इधर छः महीने से मेरे महाजन प्रत्येक समय मेरा कपाट खटखटाया करते हैं, प्रातःसमय निद्रा पूरी भी नहीं होने पाती कि वे आकर जगा देते हैं रात को भी उन्हीं के कोलाहल और ललकार से थक कर निद्रा आ जाती है"।

परोजी—और मैं अपना हाल तुमसे क्या बताऊँ कि मुझ पर क्या बीतती है।

फलीरी—"यदि हमने अपव्यय न किया होता तो आज अपने प्रासाद में सुखपूर्वक बैठे होते और—परन्तु अब जो कुछ हमारी दशा है उसे—"।

परोजी—"बस अब जो कुछ दशा है उसी की चर्चा करो, भला फलीरी! इस समय उपदेश करने की कौन आवश्यकता है"।

काण्टेराइनो—"इनका क्या सभी पुराने पापियों का यही ढंग है कि जब अपराध करने का अवसर नहीं रहता और न बस चलता तब वे अपने पिछले अपराधों पर रोते हैं और बुरी बातों से घृणा और उनका परित्याग करने के लिये बहुत कुछ कोलाहल मचाते हैं। अपने विषय में तो यह कहता हूँ कि मैं भलाई और बुद्धिमानी के साधारण मार्गों को छोड़ और इस मार्ग को स्वीकार कर बहुत प्रसन्न और तुष्ट हूँ। उससे मुझे अवगत होता है कि मैं उन साधारण लोगों में नहीं जो नाक भौं सिकोड़े रोनी सूरत बनाये कोने में बैठे रहते

हैं और कोई नवीन बात सुन कर काँप उठते हैं। मेरे भाग्य में विषय संभोग लिखा है और मैं इस लिपि को प्रत्यक्षर पूर्ण करूँगा, वरन सच पूछो तो यदि मेरे जैसे लोग कभी-कभी न उपजते रहें, तो संसार पूर्णतया सो जाय। हम लोग पुरानी दुनिया को उलट-पुलट कर उसको जगाते हैं, मनुष्य जाति को उभारते हैं कि निज कच्छप सदृश गति को वेगवान करे। बहुत से अकर्म्मा पुरुषों के सामने एक ऐसी बात उपस्थित कर देते हैं, जिसकी मीमांसा लाखों तरह से वे करते हैं पर उसको हल नहीं कर सकते। बहुत से लोगों के हृदय मे नव्य विचारों को भी सन्निवेशित कर देते हैं। संक्षेप यह कि हम लोग संसार के लिये उतने ही उपयोगी हैं जितना कि आँधी जो वायु की मलीन, रोगजनक तथा हानिकर वस्तुओं को उड़ा ले जाती है।"

फलीरी–"ओहो कैसी प्रामाणिक बातें हैं! मेरी समझ में तो काण्टेराइनो रूम की बड़ी हानि हुई कि तुम्हारा नाम उसके सुवक्ताओं की तालिका में संयोजित न था, परन्तु खेद की बात यह है कि जितना तुम बक गये उसमें सिवाय चिकने-चुपड़े शब्दों के एक बात भी काम की न थी–अब सुनो, इस बीच में जब कि तुमने व्यर्थ बककर अपने मित्रों का मस्तिष्क शून्य कर दिया, फलीरी ने कुछ कर रक्खा है, पादरी गानूजेगा वेनिस के शासकों से अत्यंत रुष्ट हैं। न जाने अनूड्रिआस ने उसके साथ क्या बुराई की है, कि वह उसका बैरी हो गया है, संक्षेप यह कि गानूज़ेगा अब हमारा सहकारी और सहायक है"।

परोजी (आश्चर्य्य और हर्ष के साथ) फलीरी! तुम्हारी बुद्धि ठिकाने है अथवा नहीं? अजी पादरी गानूज़ेगा?

फलीरी–हमारा सहकारी है हमारा–तन मन से। सच पूछो तो पहले पहल मैंने उसके सामने अपने को बहुत कुछ सत्पुरुष बनाया, उस पर प्रगट किया कि हम लोग इतने बड़े स्वदेश हितैषी हैं, हमारे ऐसे उत्तम विचार हैं, हम यों स्वतन्त्रता चाहते हैं और इसी प्रकार की और बहुत सी बातें का निदान कथनोपकथन से यह ज्ञात हो गया कि गानूज़ेगा कपटी है, और इसलिये वह हमारे गँवका है।

कनूटेराईनो–(फलीरी का हाथ अपने हाथ में लेकर) धन्य मेरे सुयोग्य मित्र! देखो तो परमेश्वर क्या करता है, परन्तु अब मेरे बोलने की बारी है। जब से मैं तुम लोगों से बिदा होकर गया हूँ उस समय से अकर्म्मण्य बना बैठा नहीं रहा, सच पूछो तो अब तक मैंने किसी को फँसाया नहीं है, परन्तु मेरे वश में एक ऐसा जाल आ गया है जिससे दृढ़ विशवास है कि वेनिस के आधे लोगों को फाँस रखूँगा, शशिवदना उलिम्पिया से तो आप लोग अभिज्ञ होंगे?।

परोजी–हममें कौन ऐसा है जिसके पास वेनिस की सम्पूर्ण सुन्दर स्त्रियों की तालिका न हो? फिर भला हम लोग शिरोलिखित ही को भूल सकते हैं।

फलीरी–"उलिम्पिया और रोज़ाविला तो वेनिस का प्राण हैं, हमारे यहाँ के युवक जन

काण्टेराइनो–"उलिम्पिया मेरी है।"

फलीरी –"क्यों कर?"

परोजी–"उलिम्पिया?"

काण्टेराइनो–"ऐं कुशल तो है तुम लोग तो कुछ ऐसे चमत्कृत और चकित हो गये कि मानों मैंने आकाश के टूट पड़ने की भविष्यत् वाणी कही है? मैं तुमसे कहता न हूँ कि उलिम्पिया का मन मेरे हस्तगत है और मैं उसके सम्पूर्ण भेदों से अभिज्ञ हूँ, मेरे और उसके जो सम्बन्ध हैं उनका प्रच्छन्न रहना आवश्यक है, परन्तु विश्वास करो कि जो मेरी आकांक्षा है वही उसकी है और यह तो तुम लोग भली भाँति जानते हो कि वह आधे वेनिस को अपनी वंशी की ध्वनि पर जो नाच चाहे नचा सकती है"।

परोजी–"कानूटेराइनो ! तुम हम सबके गुरू हो।"

काण्टेराइनो–"और तुम लोगों ने अनुमान भी न किया होगा कि कैसा बलवान सहायक और सपक्षी तुम्हारे लिये मैं खोज रहा था"।

परोजी–"भाई तुम्हारी हितैषिता सुनकर मैं मन ही मन लज्जित हो रहा हूँ क्योंकि आजतक मुझसे कुछ भी न बन आया। निःसंदेह इतना मैं बचाव के लिये किसी प्रकार कह सकता हूँ कि यदि माटियो मेरी अभिलाषानुसार रोज़ाविला के बध करने में कृतकार्य्य हुआ होता तो महाराज के पास से एक बड़ा सम्बन्ध जिससे वेनिस के बड़े बड़े लोग उसकी शासन प्रणाली से प्रसन्न हैं जाता रहता, जब रोज़ाविला शेष न रहती तो अंड्रिआस की कोई बात तक न पूछता। वेनिस के बड़े बड़े वंश नृपति महाशय की मित्रता की थोड़ी भी कामना भी न करते यदि रोज़ाविला के द्वारा उनके साथ सम्बन्ध दृढ़ करने की आशा जाती रहती। रोज़ाविला एक दिन महाराज की उत्तराधिकारिणी होगी।"

मिमो–"महाशयो! मुझसे तो इतना ही हो सकता है कि मुद्रा से तुम्हारी सहायता करूँ मेरे बूढ़े अयोग्य पितृव्य के पास लक्षों मुद्रायें हैं और उनके धन का मैं ही उत्तराधिकारी हूँ। जिस दिन संकेत करूँ वह ठिकाने लगा दिया जाय"।

फलीरी–"तुमने इतने ही दिन उनको व्यर्थ जीवित रहने दिया।"

मिमो–"भाई क्या कहूँ कामना करता हूँ और करके रह जाता हूँ। तुम लोगों को विश्वास न होगा परन्तु मित्रों! किसी समय मैं ऐसा भीरु हो जाता हूँ कि मुझे ईश्वर का भय भी घेर लेता है।"

काण्टेराइनो–"सच कहो तब तो तुम मेरी अनुमति ग्रहण करो और किसी देवालय में जाकर बैठो!"

मिमो–"हाँ निस्संदेह मैं इसी योग्य हूँ।

फलीरी–"पहिले हमको चाहिये कि अपने प्राचीन साथियों अर्थात् माटियो के सहकारियों की खोज करें। परन्तु कठिनता तो यह है कि आज तक हम लोग उनके

अधिपति द्वारा संपूर्ण कार्यों को सिद्ध करते रहे इस कारण हमको ज्ञात नहीं कि वे लोग कहाँ मिलेंगे।

परोजी—"ज्यों ही वे लोग मिलें पहले उनसे महाराज के तीनों मंत्रियों को ठिकाने लगवाना चाहिये।

काण्टेराइनो—बात तो अच्छी है यदि बन आये। अच्छा महाशयो मुख्य बात की विवेचना तो हो चुकी अर्थात् या तो हम लोग राज्य को उलट पुलट कर अपने ऋणों से मुक्त होंगे अथवा इस उद्योग के पीछे अपना जीवन समाप्त करेंगे, अभिप्राय यह कि दोनों दशाओं में हम दुःख से छूटेंगे। आवश्यकता हमको पर्वत के उच्च शिखर पर खींच कर लाई है अतएव यहाँ से बचने के लिये या तो हम कोई अपूर्व साहस का कार्य्य करेंगे, अथवा किसी घोर गर्त्त के भीतर गिर कर सदैव के लिये अपयश से निवृत्त होंगे। अब दूसरी बात यह है कि हमारे आवश्यक व्यय क्योंकर चलेंगे और लोग क्योंकर हमारे सहयोगी होंगे। इस प्रयोजन के लिये हमको उचित है कि वेनिस में जितनी सुन्दरी स्त्रियाँ हैं उन्हें जिस युक्ति से संभव हो अपना सहायक बनायें, क्योंकि जिस बात को हम अपने उद्योगों से, बाँके लोग अपने कटारों से, और धनवान अपने धन से न कर सकेंगे उसे यह कुरङ्गाक्षियाँ एक दृष्टि से कर लेंगी। जहाँ शूली का भय और धर्मनेता लोगों का उपदेश कोई प्रभाव नहीं उत्पादन कर सकता, वहाँ प्रायः एक चुम्बन और संयोग का आशा प्रदान अद्भुत कौतुक दिखलाता है। इनकी मोहनीमन्त्र पूरित आँखें बड़े बड़े सयानों को अपना चाकर बना लेती हैं और उनका एक बार का चुम्बन बहुत काल के ठीक किये हुये सिद्धान्तों को मिटा देता है। परन्तु यदि तुम इन स्त्रियों पर अधिकार लाभ करने में कृतकार्य्य न हो अथवा तुमको इस बात का भय हो कि जो जाल तुमने दूसरों के लिये बिछाया है उस में स्वयं फँस जावोगे तो ऐसी दशा में तुम्हें उचित है कि धर्म्मयाजक लोगों पर अपना अधिकार जमाओ। उनकी स्तुति करो और उनको विश्वास दिलाओ कि उस उमय वे ही सबसे बड़े पदों पर नियुक्त होंगे, विश्वास रक्खो कि ऐसा करने से वे तत्काल वंचित होकर तुम्हारे कपट में पड़ जायेंगे। इन छलियों को वेनिस के स्त्री और पुरुष, धनाढय और कंगाल, नृपति और पदाति सभी के हृदय पर ऐसा अधिकार प्राप्त है कि जिस ओर चाहें उनकी नकेल फेर सकते हैं। इस रीति से बहुत से लोग हमारे सहायक हो जावेंगे और उनके चित्त को भी प्रत्येक प्रकार का समाधान प्राप्त रहेगा क्योंकि इन धर्म्मोपजीवी लोगों के आशीर्वाद और शाप का सत्कार मुद्रा से बढ़कर किया जाता है। बस अब सब लोग प्रयत्न करने पर तत्पर हो जावो। मैं प्रस्थान करता हूँ, प्रणाम!

नवम परिच्छेद

पाठको! अब यहाँ फिर अबिलाइनो और उसके साथियों की चर्चा की जाती है। अबिलाइनो ने ज्योंही माटियों के वध करने से जिसका वर्णन वेनिला प्रत्येक व्यक्ति की जिह्वा पर था अवकाश पाया, अपना परिच्छद इतना शीघ्र और इस उत्तमता के साथ बदल डाला कि किसी को थोड़ा भी संदेह न होता था कि उसी ने माटियो को मारा है, वह उपवन से बेरोक टोक निकल आया और अपने पीछे कोई ऐसा चिन्ह न छोड़ा जिससे उसका पता लग सके। संध्या काल के समीप वह सिन्थिया के घर पर पहुँचा और कुण्डी हिलाई। सिन्थिया ने आकर कपाट खोला और अबिलाइनो गृह में प्रविष्ट हुआ। पहुँचते ही उसने सिन्थिया से एक ऐसी भयानक वाणी से जिसे सुन कर वह काँप उठी पूछा कि और लोग कहाँ हैं। सिन्थिया ने ज्यों त्यों उत्तर दिया "वह लोग दिन ही से सो रहे हैं कदाचित् आज किसी विशेष कार्य के लिये जाने वाले हैं।" अबिलाइनो एक कुर्सी पर बैठ कर अपने विचारों में ऐसा मग्न हो गया कि उसे किसी बात की सुधि न रही।

सिन्थिया—"क्यों अबिलाइनो तुम सदा ऐसा रोना स्वरूप क्यों बनाये रहते हो (समीप जाकर) इसी से तो तुम इतने कुरूप ज्ञात होते हो। परमेश्वर के लिये प्रत्येक समय नाक भौं न चढ़ाये रहा करो क्योंकि इससे तुम्हारी आननाकृति जैसी कि परमेश्वर ने बनायी है उसकी अपेक्षा और भी बुरी ज्ञात होती है।"

अबिलाइनो ने कुछ उत्तर न दिया।

सिन्थिया—सच पूछो तो तुम को अवलोकन कर मनुष्य न भी डरता हो तो डर जाय। अच्छा अबिलाइनो आओ अब हम तुम हिलमिल कर रहें, अब मैं तुमको तुच्छ नहीं समझती हूँ और न तुम्हारे स्वरूप से घृणा करती हूँ, मैं नहीं जानती इसके अतिरिक्त कि ॥"

वह आगे कहने नहीं पाई थी कि अकस्मात् अबिलाइनो ऐसा चिल्ला कर बोला जैसे मृगराज गरजता है 'जाव उन लोगों को जगा दो!।"

सिन्थिया—"उन लोगों को? दूर करो, उन दुष्टात्माओं को सोने भी दो, क्या तुम मेरे साथ अकेले रहते भयभीत होते हो? ऐ है कहीं मुझे भी तो तुमने अपने समान कुरूप नहीं

समझ लिया है, सच कहो, अबिलाइनो तनिक मेरी ओर देखो ॥"

सिन्थिया ने यह बात अपने विषय में कुछ अनुचित नहीं कही क्योंकि उसका स्वरूप किसी प्रकार हीन न था। उसकी आँखें रसीली और चंचल थीं, उसके अहि तुल्य केशजाल हृदय पर लहरा रहे थे और अरुणाधरों की लालिमा और नवीनता ने पाटलकुसुम को भी पराजित कर रक्खा था। उसने अपने ओष्ठ चुम्बन कराने के अभिप्राय से अबिलाइनो की ओर झुकाये परन्तु इसको अब तक रोज़ाविला के पुनीत चुम्बन का स्वाद स्मरण था इसलिये वह नहीं चाहता था कि अपने ओष्ठों में दूसरे के चुम्बन की छूत लगाये। अतएव वह तत्काल अपने स्थान से उठा खड़ा हुआ, और सिन्थिया का हाथ निज स्कन्धों से धीरता के साथ हटा कर कहने लगा "मेरी अच्छी सिन्थिया उन लोगों को जाकर जगा दो, मुझे इसी समय उनसे कुछ आवश्यक बातें करनी हैं।" सिन्थिया जाने में रुकी तब उसने डाँट कर कहा 'बस जाव।' सिन्थिया चुपचाप चली गई। परन्तु द्वार पर पहुँच कर एक क्षण ठहरी और उँगली से अबिलाइनो को धमकाया। अबिलाइनो ने कुछ ध्यान न दिया और आयतन में धीरे-धीरे टहलने लगा। उसका शिर स्कन्धों पर ढलका हुआ था और दोनों हाथ वक्ष-स्थल पर थे। सिन्थिया के जाने पर वह अपने मन में यों कहने लगा "धन्यवाद है कि पहली युक्ति ठीक उतरी और एक दुष्ट संसार में न्यून हुआ। मैंने उसका वध कर कोई पाप नहीं किया वरन् एक बड़ा कर्त्तव्य पालन किया। ऐ! उत्कृष्ट और न्याय प्रिय जगदीश तू मेरी सहायता कर क्योंकि मेरे सामने एक अति दृढ़ और कठिन कार्य्य है (दुःख पूर्ण निश्वास भर कर) यदि मेरा यह कार्य्य सिद्ध हुआ और इसके पुरस्कार में रोज़ाविला मुझको मिली! ऐं रोज़ाबिला? भला महाराज की भ्रातृजा अकिन्चन अबिलाइनो को स्वीकार करेगी? हा हन्त! यह क्या दुर्विचार मेरे जी में समाया है, मेरी यह अभिलाषा कभी पूरी नहीं हो सकती। इसमें संदेह नहीं कि मुझसा सिड़ी दूसरा न होगा जो एक ही बार अवलोकन से मोहित हो गया। पर रोज़ाविला ऐसी ही स्वरूपवती है जिसे देखने के साथ ही मनुष्य आसक्त हो जाय। रोज़ाविला और वलीरिया ऐसी दो स्त्रियाँ जिसे प्यार करें उसके भाग्य का क्या पूछना। अच्छा, यद्यपि कि अर्थ का लाभ करना असम्भव है पर इसके लिये प्रयत्न करना कितनी बड़ी बात है। इसके अतिरिक्त और नहीं तो ऐसे विचारों से कुछ देर तक मेरा हृदय आनन्दित हो जाया करेगा, और (ऊँची साँसें भरकर) प्रकट है कि यदि मुझ मन्दभाग्य का जी थोड़ी देर के लिये भी बहल जाय तो बहुत उत्तम है। हाय! यदि संसार जानता होता कि मैं किन कार्य्यों को प्रसन्नता से करना चाहता हूँ तो वह निस्सन्देह मुझ पर दयालु होता और मेरा सत्कार करता। इस बीच सिन्थिया पलट आयी और उसके पीछे चारों डाकू जमुहाइयाँ लेते बड़बड़ाते और नींद में उन्मत्त से झूमते आये।

अबिलाइनो—"आवो आवो मित्रो ! शीघ्र अपने अपने चित्त को ठिकाने करो।" इसके पहले कि मैं तुमसे कुछ कहूँ यह ठीक कर लो कि तुम जाग्रत् अवस्था में हो क्योंकि जो

कुछ मैं कहनेवाला हूँ वह एक ऐसी अद्भुत वार्त्ता है कि तुम्हें स्वप्न में भी उसका शीघ्र विश्वास न होगा।

यह सुनकर उन लोगों ने असन्तोष और लापरवाही के साथ उसकी बात सुनने के लिये ध्यान दिया और कहा "क्यों मित्र क्या बात है" टामिसो ने लेटकर कहा।

अबिलाइनो—केवल इतना ही कि, हमारे धर्मात्मा, सच्चे, और वीर माटियो को किसी ने मार डाला।

"ऐं! मार डाला? प्रत्येक पुरुष कह उठा और इस श्रुति कटु समाचार लाने वाले को डरकर देखने लगा। सिन्थिया चिल्ला उठी और छाती पीट कर निस्तब्ध और मूर्छित हो चौकी पर बैठ गयी। कुछ काल पर्य्यंत सब लोग चुप रहे अन्त को टामिसो ने फिर पूछा 'मार डाला? किसने?"

बालजर—"कहाँ?"

पेट्राइनो—"क्या आज मध्यान्ह समय?"

अबिलाइनो—"डोलावेला के उपवन में, जहाँ लोगों ने उसे महाराज की भ्रातृजा के चरणों के सन्निकट मृतक और रुधिर से आर्द्र पाया। मैं नहीं कह सकता कि उसे किसने स्वयं रोज़ाविला ने अथवा उसके अनुरक्तों में से किसी ने मारा।"

सिन्थिया (रो रो कर) "हाय! हाय!! बेचारा माटियो।"

अबिलाइनो—"कल्ह इसी समय तुम लोग उसका मृत शरीर शूली पर लटकता देखोगे।

पेट्राइनो—ऐं? क्या किसी ने उसको पहचान लिया?"

अबिलाइनो—"हाँ, और क्या, विश्वास मानो सब लोग अभिज्ञ हो गये कि उसकी जीवन वृत्ति क्या थी।"

सिन्थिया—"हाय! शूली पर, बेचारा माटियो।"

टामिसो—"भाई यह विचित्र वार्त्ता है।"

बालजर—"परमेश्वर का उस मंदभाग्य पर कोप था नहीं तो भला किसे ध्यान था वा हुआ होगा कि आज ऐसी आपदा का मुख अवलोकन करना होगा।"

अबिलाइनो—"लो तुम तो सर्वथा अचेत से हो गये।"

ष्ट्रजा—"भय और आश्चर्य्य ने मेरा कण्ठदेश ऐसा दबाया है कि मेरी सम्पूर्ण इन्द्रियाँ चेतनाहीन हो रही हैं।"

अबिलाइनो—"सच कहो? भाई! जीवन की शपथ है, मैं तो इस समाचार को श्रवण कर बहुत हँसा और कहने लगा प्रिय मित्र माटियो मेरे जान तो आपको आनंदित होना चाहिये क्योंकि आप ठंढे-ठंढे विश्राम स्थान को पहुँच गये।"

टामिसो—"क्या?"

ष्ट्रजा–"क्या तुम बहुत हँसे, भला बताओ तो यहाँ हँसने का कौन अवसर है।"

अबिलाइनो–"क्यों नहीं, मैं समझता हूँ कि जिसे तुम दूसरों को देने के लिये तत्पर रहते हो यदि वह तुमको प्राप्त हो तो कदापि अप्रसन्न न होगे? मैं नहीं समझता कि तुम्हारा क्या अभिप्राय है? बतलाओ कि हम लोग अपना कार्य समाप्त करने पर करवाल प्रहार वा शूली के अतिरिक्त और किस पारितोषिक पाने की आशा कर सकते हैं, और हम स्वकार्यों का कौन सा स्मरण-चिन्ह इस लोक में छोड़ जा सकते हैं, इसके अतिरिक्त कि हमारा शव शूली पर लटकता हो और करपग शृंखलबद्ध हों? मेरे निकट बसुन्धरा पृष्ट पर जिस व्यक्ति ने प्रतारकता की जीविका स्वीकार कर ली हो उसे मृत्यु से कभी न भीत होना चाहिये चाहे वह किसी मान्यभिषक के कर द्वारा हो अथवा पामर बधिक के। अतएव अब इन बुरे विचारों को दूर करके चित्त को स्वस्थ और व्यवस्थित करो।"

टामिसो–"यह कह देना तो सुगम है, परन्तु मेरे सामर्थ्य से इस समय सर्वथा बाहर है।"

पेट्राइनो–"मेरे तो दाँत बज रहे हैं।"

बालजर–"परमेश्वर के लिये अबिलाइनो कुछ काल पर्य्यन्त मनुष्य गुण धारण करो, ऐसे समय में तुम्हारा परिहास असामयिक और अनुचित ज्ञात होता है।"

सिन्थिया–"हाहन्त! बेचारा माटियो मारा गया।"

अबिलाइनो–"वाह! वाह!! ए यह क्या? क्यों प्राणाधिके सिन्थिया तुमको दूधमुख बालक बनते लज्जा नहीं लगती? आओ हम तुम फिर वही वार्त्तालाप प्रारंभ करें जो अभी तू इन लोगों के आगमन के प्रथम कर रही थी। आओ प्रियतमे! मेरे समीप बैठ जाओ और मुझे स्वकलित कपोलों का चुम्बन करने दो।"

सिन्थिया–"दूर हो मूंड़ीकाटे।"

अबिलाइनो–"प्रिये! क्या तुमने अपनी इच्छा को पलट दिया, अच्छा, बहुत उत्तम, जब तुम्हारा जी चाहेगा तो कदाचित मेरा जी न चाहे।

बालजर–"राम! राम!! क्या यही समय व्यर्थ प्रलाप करने का है। परमेश्वर के लिये इन बातों को दूसरे समय के लिये रखो और इस समय सोचने दो कि अब हम लोगों को क्या आचरणीय और करणीय है।

पेट्राइनो–"निस्संदेह यह अवसर परिहास करने और हँसी की बातों के कहने का नहीं है।

ष्ट्रजा–"अबिलाइनो! तुम तो बड़े सुख और सुचतुर हो बताओ तो अब हम लोगों को क्या करना उचित है।"

अबिलाइनो–(कुछ कालोपरान्त) कुछ न करना चाहिये अथवा बहुत कुछ! हम लोगों को दो विषयों में से एक को अङ्गीकार करना चाहिये! अर्थात् या तो हम जहाँ हैं और जैसे

हैं वैसे ही बने रहें अर्थात किसी दुष्टात्मा को प्रसन्न करने के लिये, —जो हमको धन प्रदान करे और हमारी प्रशंसा करे,—हम सद्व्यक्तियों का शिरच्छेदन करें और एक न एक दिन शूली पर लटकाये जाना, कोल्हू में पीड़ित किये जाना, पोतों पर शृङ्खलबद्ध होकर आजन्म कार्य्य करना, जीते जी अग्नि में दग्ध होना, फाँसी पाना अथवा करवाल द्वारा कालकवलित बनना, अभिप्राय यह कि जैसा कुछ शासकों के विचार में आये हृदय में स्वीकार कर लें, और जी में ठान लें, अथवा— ।"

टामिसो—"हाँ अथवा?" कहो कहो?

अबिलाइनो—"अथवा जो कुछ धन हमारे पास विद्यामान है उसे परस्पर बिभाजित कर लें, इस नगर को परित्याग कर दूसरी ठौर इससे उत्तम रीति से कालयापन करें और परमेश्वर से अपराध क्षमापन के लिये प्रयत्न करें। हम लोगों के पास इस समय इतना धन है कि हमको इस बात की चिन्ता न होगी कि हम क्योंकर धन अर्जन करके कालक्षेप करेंगे अतएव सम्भव है कि किसी परदेश में तुम कोई ग्राम क्रय कर लो, अथवा विविधाहार विक्रयी बनो, अथवा कश्चित् व्यवसाय करो, अथवा संक्षेप यह कि कोई दूसरी आजीविका जिसे तुम उत्तम समझो करो, परन्तु इस अधम कर्म्म प्रतारकता से विरक्ति ग्रहण करो। उस समय तुमको अधिकार होगा कि तुम्हारे पद के जो लोग हों उनकी दुहिताओं में से किसी एक को स्वरूपवती देखकर उसके साथ परिणय कर लो, बेटा बेटी वाले कहलाओ, सुख से खान पान करो और प्रसन्न रहो, और इन कार्य्यों द्वारा अपने पूर्वकृत कर्मों का प्रायश्चित्त करो।

टामिसो—"अहा! हा!!हा!!"

अबिलाइनो—" जो कुछ तुम करोगे वही मैं भी करूँगा, यदि तुम फाँसी पावोगे अथवा कोल्हू में पीड़ित किये जावोगे, तो तुमारे साथ मेरी भी वही गति होगी अथवा यदि तुम सुजन वा सज्जन बन जाओगे तो मैं भी वही हो जाऊँगा। अब कहो तुम्हारी क्या सम्मति है।"

टामिसो—"तुमसा अल्मज्ञ सम्मतिदाता संसार में न होगा।"

पेट्राइनो—"हमारी अनुमति तो यह है कि कौन ऐसा असाध्य विषय अथवा कठिन बात है जिस पर विशेष विचार करने की आवश्यकता होगी।"

अबिलाइनो—" मेरे निकट तो निस्संदेह बड़ी बात है।"

टामिसो—"बस अधिक बातचीत से क्या लाभ मेरी अनुमति यह है कि जैसे हम लोग हैं। वैसे बने रहें और जो वृत्ति आज तक करते आये हैं वही करें, इससे हम सहस्रों मुद्रा कमायेंगे और हमारा जीवन भी परमानन्दपूर्वक व्यतीत होगा "

पेट्राइनो—अच्छा कहा, यही मेरी भी सम्मति है।

टामिसो—"हमलोग डाकू हैं इसमें सन्देह नहीं, परन्तु इससे क्या? हम लोग सत्पुरुष

हैं,—जो मनुष्य इसके विरुद्ध कथन करे उसे मैं शैतान के हवाले करता हूँ। हाँ ! इस समय हम लोगों को इतनी सावधानता अवश्य करनी चाहिये, कि अभी कतिपय दिवस पर्य्यन्त घर से बाहर पाँव न रक्खें, इसलिये कि हम पर कोई आक्रमण न करे अथवा हमसे अभिज्ञ न हो जावे क्योंकि मैं तुमसे सत्य कहता हूँ कि इस घटना के संघटित होने के कारण महाराज के गुप्तचर हम लोगों के अनुसन्धान के लिये अवश्य छूटे होंगे। परन्तु ज्योंही यह हलचल दूर हो जाय हमको चाहिये कि पहले माटियो के नाशक को यमलोकगामी बनावें जिसमें कि दूसरे लोगों को डर हो जावे। इस पर रुबो ने स्वीकृति दिखलाई और मुक्त कंठ से कहा "धन्य बीरपुङ्गव धन्य! जीते रहो।"

पेट्राइनो—और मेरी अनुमति है कि आज से टामिसो हम लोगों का स्वामित्व पद ग्रहण करे।

ष्ट्रजा—'हाँ! माटियो के स्थान पर।'

फिर सबों ने उच्च स्वर से मिलकर कहा धन्य! धन्य!!

अबिलाइनो—मैं भी इसका अनुमोदन करता हूँ, अतएव अब सम्पूर्ण बातों की मीमांसा हो गई।

दशम परिच्छेद

माटियो के मारे जाने के द्वितीय दिवस डाकुओं ने अपने गृह के कपाट और पक्षकों को ब्योंड़ों और शृंखलों द्वारा अत्यन्त दृढ़ता के साथ बंद किया। वह दिवस उनका अत्यन्त चिन्ता और व्यग्रता में बीता। भय से यह अवस्था थी कि यदि बाहर राजमार्ग पर लोगों को अपने घर के पास कुछ बातें करते सुना, व्यस्त हो गये और यदि किसी की पदपरिचालना द्वार पर हुई तो यह समझ कर कि पुलिस के लोग हम लोगों को आक्रमण करने और पकड़ने के लिये आते हैं काँप उठे।

इस अवसर पर महाराज अंड्रिआस के आगार में आनन्द की धूम और जन समूह का परम समारोह था क्योंकि उस दिन उनकी भ्रातृजा कमलानना रोज़ाविला की वर्ष ग्रन्थि थी। इस उत्सव में नगर के सम्पूर्ण कुलीन व संभ्रांत लोग, अपर प्रदेशों के अधिकारीगण, और द्वितीय नगरों के गण्य व मान्य जन सम्मिलित थे नृपति ने बड़ी उमंग और उत्साह से मुद्राओं को व्यय किया, कोई आनन्द का उपस्कर और सुख की सामग्री ऐसी न थी जो वहाँ विद्यमान न हो। कारुकार्यकारों ने एक से एक अनुपम और अमूल्य वस्तुयें जो उन्होंने इसी दिवस के लिये बड़े परिश्रम और कौशल से निर्मित की थीं हाथों हाथ लाकर समर्पण कीं। कबियों ने उत्तमोत्तम कविता और प्रबंध, जिनको उन्होंने रोज़ाविला की प्रशंसा में चमत्कारिणी मति और प्रतिभा के वल से निर्मित किये थे लाकर पढ़े। गायकों ने भी सुयशलाभ करने की उत्कण्ठा से बहुत ही मन लगाकर गान किया। अभिप्राय यह कि राग और सरसवाद्यों की मधुर ध्वनि ने प्रत्येक निमंत्रित के मन को प्रमुदित कर दिया और उनका प्रभाव वृद्ध और युवा सब पर समान हुआ। नृपतिराज भी परमाह्लाद से फूले न समाते थे। उनके अरुण होठों पर हास्य का प्रादुर्भाव होता था और आननाकार से प्रमोद के चिन्ह स्पष्ट दृष्टिगोचर होते थे। उस समय उन्होंने पद का अभिमान दूर कर दिया था और प्रत्येक पुरुष से अत्यन्त नम्रता और दया के साथ साक्षात् करते थे, किसी समय वे उन युवतियों से जिनकी सुन्दरता के कारण इस समज्या की शोभा थी परिहास करते, कभी नववयस्कों के साथ जो नृत्यायतन में भाँति-भाँति के स्वरूप भर कर आते थे वार्तालाप करते, कभी वेनिस के विख्यात मुख्य सेनाध्यक्षों और अपने सैनिक अधिकारियों के साथ

शतरंज खेलते, और कभी सब कामों को छोड़ रोज़ाविला का नृत्य देखते, अथवा चुपचाप उसका मधुरगान सुनते और मन ही मन प्रसन्न होते।

नृपतिराज के तीनों एकांत मित्र और सचित अर्थात् लोमेलाइनो, कुनारी, और पेलोमानफ्रोन, श्वेतश्मश्रु और धवल केश होने पर भी युवा स्त्रियों के समूह में जा मिलते प्रत्येक से परिहास और विलास की बातें करते और अत्यन्त प्रसन्न मन से उनकी बातों का उत्तर देते।

यथावसर महाराज एक सुसज्जित आयतन में जा बैठे, संयोगवश अपनी सहोदर सुता रोज़ाविला से बातें कर रहे थे, कि लोमिलाइनो प्रविष्ट हुआ। नृपतिपु गवने परम उत्सुकता और हर्ष से कहा क्यों लोमिलाइनो आज तो तुम्हारा चित्त उस दिवस की अपेक्षा भी अधिक आनन्दित है जबकि हमलोग स्काटडोना के अभिमुख पड़े हुये थे और उसी दिन तुरुष्कों से घोर संग्राम होने की आशंका थी।

लोमेलाइनो—"निस्सन्देह महाराज ! मैं इसको अस्वीकार नहीं कर सकता। मुझे अद्यावधि जब कभी उस भयंकर यामिनी का ध्यान बँधता है जबकि हम लोगों ने स्काटडोना को विजय किया था और तुरुष्कों से उनकी ध्वजादि छीन ली थी, तो एक प्रकार के भय सम्मिलित हर्ष का उद्रेक होता है। अहा! उस दिन वेनिस के वीराग्रगण्य कैसा प्रमत्त केहरि समान लड़े ॥"

अण्ड्रियास—"मेरे प्राचीन वीर धुंरधर! इस पानपात्र को उनके स्मरण में भर कर पी—तूने यह सुख अपना रुधिर प्रवाहित कर प्राप्त किया है ॥"

लोमेलाइनो—"निसन्देह महाराज! सुख्याति लाभ करने में ऐसा ही स्वाद है परन्तु सच पूछिये तो आपही की अनुकम्पा से मैंने सुयश लाभ किया और आप ही की अनुकम्पा से मैंने सुयश लाभ किया और आपही के कारण से यह सुख्याति प्राप्त की। संसार में कोई जानता नहीं कि लोमेलाइनो कौन है यदि वह डालमेशिया और सिसिलिया में प्रख्यात अण्ड्रियास की ध्वजा के नीचे न लड़ा होता। और वेनिस को सदैव स्मरणीय बनाने के लिये विजय के चिन्हों को एकत्र करने में सहायता न की होती ॥"

अण्ड्रियास—"मेरे अच्छे लोमेलाइनो! पुर्तगाल की मदिरा ने तुमारे बिचारों की बृद्धि कर दी है ॥"

लोमेलाइनो—"महाराज! मैं भली भाँति जानता हूँ कि मुझे आपके सामने इस प्रकार आपकी प्रशंसा करनी न चाहिये परन्तु विश्वास कीजिये कि अब मेरा समय स्तुति करने का नहीं रहा। यह काम तो मैं नवयुवकों को समर्पण करता हूँ जिनकी नासिका में अद्यपर्यंत बारूद की गंध तक नहीं गई है और जो कभी वेनिस और अण्ड्रियास के लिये रणभूमि में नहीं लड़े ॥"

अण्ड्रियास—"तुम तो हमारे प्राचीन हितैषी हो, परन्तु क्या तुम अनुमान करते हो कि

इंगलिस्तानाधिपति की भी तुमारी ही सी सम्मति है?

लोमेलाइनो–"मेरे जान तो यदि पंचम चार्लूस को उसके सभासदों ने भ्रान्त बना रक्खा हो, अथवा वह अपने आप इतना अभिमानी हो गया हो कि निज शत्रु की बीरता को जिह्वा पर लाते लज्जित होता हो, तब तो दूसरी बात है, नहीं तो उसे अवश्य कहना पड़ेगा कि मेदिनी पृष्ठ पर एक ही पुरुष ऐसा है जो मेरा सामना कर सकता है और जिससे मैं भीत रहता हूँ और वह कौन है कि आंड्रियास।"

अण्ड्रियास–मुझे ऐसा अनुमान होता है, कि जब वह मेरा उत्तर–जो मैंने उसके पत्र का दिया है, जिसमे उन्होंने फ्रांस के भूपति को कारागारबद्ध करने का सम्बाद लिखा था,–

सुनेंगे तो अत्यन्त असन्तुष्ट और अप्रसन्न होंगे।"

लोमेलाइनो–"निस्सन्देह वे रुष्ट होंगे, परन्तु इससे क्या? जब तक अण्ड्रियास जीवित है वेनिस को उनकी अप्रसन्नता से क्या भय हो सकता है, परन्तु जब आपके जगद्विजयी वीर निज निज समाधियों में पदप्रसारण पूर्वक शयन करेंगे तो फिर बेचारे वेनिस की न जाने क्या दशा होगी मैं समझता हूँ कि उस दिन उसके उत्कर्ष का समय समाप्त हो जायगा।"

अण्ड्रियास –"ऐं? क्या हमारे यहाँ बहुत से होनहार नवयुवक सैनिकाधिकारी नहीं हैं?"

लोमेलाइनो–"हन्त। उन लोगों की अवस्था आप क्या पूछते हैं, बहुतेरे उनमें से नायिकाओं के प्रेम की मादकता में चूर हैं, कितनों ने मदिरा की भट्टियाँ लुढ़काने में योग्यता लाभ की है, और प्रायः निरे सुकुमार और कोमल हैं, परन्तु मैं क्या कहने आया था और भूल कर क्या कह रहा हूँ। सच है यदि वृद्ध मनुष्य हो और अण्ड्रियास से बातें करता हो तो उसके लिये मतलब की बात का भूल जाना सुगम है। सुनिये महाराज! मैं आपके निकट कुछ निवेदन करने आया हूँ और एक अत्यन्त आवश्यक बात के विषय में।"

अण्ड्रियास–"तुम्हारे इस प्रकार कहने से तो मेरी उत्सुकता बढ़ गई।"

लोमेलाइनो–"लगभग एक सप्ताह होता है कि यहाँ फ्लारेंस का एक कुलीन युवक फ्लोडोआर्डो नामक आया है। उसके मुखड़े से कुलीनता और भलमनसाहत टपकती है, और उसे देखने से सिद्ध होता है कि वह होनहार है।"

अण्ड्रियास–"अच्छा फिर?"

लोमेलाइनो–"इसके जनक मेरे परम मित्र थे परन्तु उनका देहान्त हो गया, अहा! कैसे सद्व्यक्ति थे कि होना कठिन है, युवावस्था में हम दोनों एक ही पोत पर कार्य करते थे, और उन्होंने बहुत से तुर्कों को धूल में मिलाया था, हाय! क्या ही वीर मनुष्य थे।"

अण्ड्रियास–" वाह! बाप की प्रशंसा की उमंग में तो तुम बेटे को सर्वथा भूल गये।"

लोमेलाइनो–"उनका बेटा वेनिस में आया है और महाराज की सेवा करने की कामना

रखता है। मैं विनय करता हूँ कि आप उसे किसी उच्च और माननीय पद पर नियुक्त करें, क्योंकि वह ऐसा पुरुष निकलेगा कि हम लोगों की मृत्यु हो जाने के उपरांत वेनिस वाले उस पर गर्व करेंगे, इस बात के लिये मैं अपने जीवन की शपथ करता हूँ।"

अण्ड्रियास—"वह कुछ मतिमान और योग्य भी है।"

लोमेलाइनो—"हाँ! यह सद्गुण उसमें विद्यमान हैं और वह हृदय भी अपने पिता के सदृश रखता है, तनिक महाराज उसे बुलाकर बातचीत करें, वह सामने वाले आयतन में जहाँ लोग रूप बदल कर एकत्र हैं उपस्थित हैं। उसकी कामनाओं में से एक को मैं निदर्शन की भाँति आपसे वर्णन करता हूँ। उस ने डाकुओं का समाचार जिन्होंने सम्पूर्ण वेनिस को अस्तव्यस्त और व्यग्र कर रक्खा है सुना है और वह इस बात का प्रण करता है कि प्राथमिक सेवा मैं जो इस राज्य की करूँगा वह यह होगी कि उन डाकुओं को जो अब तक पुलिस को भी कूआँ झकाया किये हैं पकड़वा दूँगा।"

अण्ड्रियास—"अजी यह बात तो कहने की है, कर दिखाना बहुत कठिन है। अच्छा, तुमने उसका नाम फ्लोडोआर्डो न बताया था? उससे जाकर कहो कि मैं उससे बात करना चाहता हूँ।"

लोमेलाइनो—"अच्छा, मेरा आधा अभिप्राय तो सिद्ध हुआ, बरत पूरा कहना चाहिये क्योंकि फ्लोडोआर्डो को एक बार अवलोकन करना और उसे स्वीकार न करना उतना ही कठिन है जितना कि स्वर्ग को देखना और उसमें बैठने की अभिलाषा न करना। किसी मनुष्य के लिये फ्लोडोआर्डो पर दृष्टिपात कर उसे न पसन्द करना, उतना ही असंभव है जितना कि अक्षहीन के लिये उस व्यक्ति से घृणा करना जिसने उसके चक्षुओं की फूली को निवारण कर दिया हो और उसको प्रकाश और प्राकृतिक वस्तुओं की सुन्दरता देखने की शक्ति प्रदान की हो।"

अण्ड्रियास—(मुसकरा कर) "जब से लोमेलाइनो हमारी और तुम्हारी भेंट है किसी के विषय में मैंने कभी तुमको इतना उत्तेजित नहीं पाया। अच्छा जाओ इस विचित्र पुरुष को यहाँ लाओ।"

लोमेलाइनो—"महाराज! अभी लाया, परन्तु राजनंदिनी तुम भली भाँति सावधान रहना, मैं द्वितीय बार तुमको जताये देता हूँ कि अपने को सँभाले रहना।"

रोज़ाविला—"परमेश्वर के लिये लोमेलाइनो उसे यहाँ शीघ्र लाओ। तुमने मेरी उत्सुकता की भी अधिक वृद्धि कर दी है।

लोमेलाइनो—आयतन से बाहर गया!

अण्ड्रियास—क्यों बेटी तुम नृत्य करने में क्यों नहीं योग देतीं।

रोज़ाविला —एक तो मैं थक गई हूँ और दूसरे इस इच्छा से यहाँ ठहरी हूँ कि तनिक देखूँ तो कि यह व्यक्ति फ्लोडोआर्डो जिसकी लोमेलाइनो ने इतनी प्रशंसा की, कौन है और

कैसा है। कहिये तो पिताजी मैं सच कह दूँ। मुझे पूर्ण विश्वास है कि मैं उसे जानती हूँ। मैंने अभी एक पुरुष यूनानियों की प्रणाली का अवलोकन किया है, जिसका ढंग इतना निराला था कि वह उस समारोह में मिल न सकता था, तनिक भी ज्ञानवान मनुष्य उस सहस्रों से पृथक कर सकता है वह पुरुष एक दुबला पतला लाँवा सजीला युवा पुरुष है जिसकी चाल ढाल से सुन्दरता की भी पराकाष्ठा होती है।

अण्ड्रियास–(मुसकुराकर और अपनी उँगुलियों से धमकाकर) "बेटी! बेटी!!"।

रोज़ाविला–नहीं ममपूज्य पितृव्य! जो कुछ मैंने कहा वह केवल सत्यता और न्याय की दृष्टि से था, संभव है कि वह पुरुष जो यूनानी परिच्छद धारण किये था और फ्लोडो दो पुरुष हों परन्तु लोमेलाइनो के वर्णन के अनुसार–महोदय! वह देखिये तनिक अभिमुख अवलोकन कीजिये वह यूनानी खड़ा है।

अण्ड्रियास–और लोमेलाइनो भी उसके साथ हैं दोनों आते हैं। प्यारी रोज़ाविला तुमारा अनुमान बहुत ठीक उतरा!।

भूमिनाथ की बात समाप्त भी न होने पाई थी कि लोमेलाइनो एक लम्बी डील के युवक को जो उत्तम यूनानी परिच्छद धारण किये था साथ लिये हुए आ पहुँचा।

लोमेलाइनो–महाराज! कौंट फ्लोडोआर्डो आपके समक्ष विद्यमान है और महाराज के पदपाथोज परिसेवन में लगे रहने के लिये निवेदन करता है।

फ्लोडोआर्डो ने अपनी टोपी सन्मान रक्षा के लिये उतार ली, बहरूप को निवारण किया, और वेनिस के विख्यात शासक के सम्मुख सिर झुकाया।

अण्ड्रियास–हमने सुना है कि तुम इस राज्य की सेवा करने का अपार अनुराग अपने अन्तः करण में रखते हो।

फ्लोडोआर्डो–यही मेरी कामना है, यही मेरी उमंग है, परन्तु इस नियम के साथ कि यदि महाराज मुझे इस प्रतिष्ठा के योग्य समझें।

अण्ड्रियास–लोमेलाइनो तुम्हारी अत्यन्त प्रशंसा करते हैं यदि जितना उन्होंने वर्णन किया है, वह सत्य है तो तुमने अपना देश क्यों छोड़ा।

फ्लोड्रोआर्डो–इस कारण से कि मेरे देश का शासक अण्ड्रियास सदृश पुरुष नहीं है।

अण्ड्रियास–सुनते हैं कि तुमारा उद्योग उन डाकुओं के निवास स्थान के खोज लेने का है जिन्होंने वेनिस के बहुतेरे लोगों की आँखों से अश्रुप्रवाह कराया है।

फ्लोडोआर्डो–यदि महाराज मेरा विश्वास करें, तो मैं तो अपना शिर देना भी स्वीकार करता हूँ।

अण्ड्रियास–परदेशी से इतना होना बहुत दुर्लभ है, अच्छा हम परीक्षा करेंगे कि तुम निज कथन को कहाँ तक पूरा कर सकते हो।

फ्लोडोआर्डो–बस महाराज इतना बहुत है, कल्ह अथवा परसों मैं अपना प्रण पूरा करूँगा।

अण्ड्रियास—क्या तुम यह प्रतिज्ञा ऐसी तत्परता से करते हो भला तुम इस बात से भी अभिज्ञ हो कि इन दुष्टात्माओं को बस में करना कैसा दुस्साध्य कार्य है क्योंकि जब उनका अनुसंधान कीजिये तब तो मिलते नहीं और जहाँ उनके रहने की आशा नहीं होती वहीं उपस्थित हो जाते हैं। वेनिस में कोई कोना और विवर ऐसा नहीं है, जिसे हमारे गुप्तचरों ने न छान मारा हो फिर भी आज तक पुलिस को उनके निवास स्थान का ठिकाना तक न मालूम हुआ।

फ्लोडोआर्डो—मैं यह सब जानता हूँ और इसी कारण तो मैं प्रसन्न हूँ कि इससे मुझे वेनिस के राज्यकर्त्ता पर यह सिद्ध कर देने का अवसर हस्तगत होगा कि मेरे कार्य साधारण उद्योगकर्त्ताओं के से नहीं हैं।

अण्ड्रियास—प्रथम निज प्रण पूरा करो और तब मुझे आकर जतलाओ। अभी हमें यहीं पर बातचीत समाप्त कर देनी चाहिये। कहीं ऐसा न हो कि किसी दुःखद विचार का ध्यान बँध जाने से इस शुभ दिवस के उत्साह में बिघ्न पड़े। रोज़ाविला तुम भी नृत्यकर्म में योग क्यों नहीं देतीं? कौनूट! मैं इन्हें तुम्हारे संरक्षण में छोड़ता हूँ।

फ्लोडोआर्डो—इससे विशेष मेरे लिये कौन सी महत्व की बात हो सकती है।

जब तक यह समालाप भूमिनाथ और फ्लोडोआर्डो के बीच होता रहा रोज़ाविला अपने पितृव्य की कुर्सी पर हाथ रखे खड़ी थी। वह अपने जी में लोमेलाइनो के इस कहने पर विचार करती थी कि "फ्लोडोआर्डो का देखना और उसे न पसन्द करना उतना ही दुस्तर है जैसा कि स्वर्ग को देखना और उसमें जाने की कामना न करना" उस युवक के स्वरूप को देखकर वह मन ही मन कहती थी कि लोमेलाइनो ने यह बात किसी बनावट की रीति से नहीं कही। जब महाराज ने फ्लोडोआर्डो से कहा कि वह उसे नृत्यायतन में अपने साथ ले जाय, तो रोज़ाविला ने लज्जा से आँखें नीची कर लीं और हिचकी कि फ्लोडोआर्डो के हाथ में अपना हाथ दूँ वा नहीं। सच पूछिये तो मेरी अनुमति तो यह है कि यदि ऐसे अवसर पर कोई अपर स्त्री होती तो उसे भी अपनी सुध बुध न रहती, क्योंकि फ्लोडोआर्डो ऐसा ही स्वरूपमान युवक था कि जिसके निरीक्षण से मनुष्य का मन तत्काल हाथ से जाता रहे।

निदान उसने रोज़ाविला का हाथ अपने हाथ में लिया और उसे नृत्यालय में ले गया। वहाँ प्रत्येक ओर हर्ष और सुख की सामग्री प्रस्तुत थी। बाद्यों और गायकों के मृदु नादों से सम्पूर्ण आयतन गूँज रहा था, नर्तकों की पद परिचालना और उनकी ठोकरों से पृथ्वी थर्रा रही थी। स्वरूपमान लोगों के सहस्रों लघु लघु समूह उडुगणों की भाँति यत्र-तत्र छिटके हुए थे। जिनके परिच्छद और घृत रत्नों के प्रकाश ने निशा को दिवस बना दिया था। रोज़ाविला और फ्लोडोआर्डो उन लोगों में से होते हुये आयतन के दूसरे सिरे पर निकल गये और वहाँ एक खुली हुई खिड़की के सामने खड़े हुये। कतिपय पल पर्य्यन्त वह लोग

स्तब्ध रहे। कभी वह एक दूसरे को तकते कभी नर्तकों की ओर दृष्टिपात करते और कभी मृगाँक माधुर्य्य को देखते और फिर सभों को भूल कर निज विचारों में मग्न हो जाते। निदान फ्लोडोआर्डो ने कहा "राजात्मजे! इससे बढ़ कर भी कोई अभाग्य की बात हो सकती है?" यह सुन कर रोज़ाविला अकस्मात् अपने विचारों से चौक पड़ी और बोली "ऐं अभाग्य? कैसा अभाग्य? महाशय! यहाँ कौन अभागा है?"

फ्लोडोआर्डो—"और कौन; उस व्यक्ति के अतिरिक्त जो स्वर्गीय व्यंजनों को देखता हो और उनसे बंचित रहे, जो तृषा से कण्ठगत प्राण हो परन्तु शीतल जल पानपात्र जो सम्मुख भरा दिखाई देता है उसे न छू सके।"

रोज़ाविला—"और क्यों महाशय! क्या आप ही वह पुरुष हैं जो स्वर्गीय पदार्थों से वंचित रखे गये हैं और क्या आप ही वह पिपासित हैं कि जिसके अभिमुख शीतल तोयपूरित पान पात्र रखा है, परन्तु छू नहीं सकते? आपका संकेत अपनी ही ओर है अथवा और किसी की ओर?"

फ्लोडोआर्डो—"आप मेरा अभिप्राय ठीक समझीं, अतएव अयि कोमलांगी रोज़ाविला! तुम्हीं बतलाओ कि मैं वास्तव में अभागा हूँ वा नहीं!"

रोज़ाविला— "तो वह स्वर्ग कहाँ है जिससे आप वंचित हैं।"

फ्लोडोआर्डो—जहाँ रोज़ाविला सी अलौकिक देवांगना है वही स्वर्ग है।

यह सुन कर लज्जित हो रोज़ाविला ने आँखें नीची कर लीं।

फ्लोडोआर्डो ने रोज़ाविला कर पल्लव स्व करकमलों में ससम्मान लेकर पूछा " राजकन्यके आप अप्रसन्न तो नहीं हुईं? मेरी यह स्पष्ट बात आपको अरुचिकर तो नहीं हुई?

रोज़ाविला—"कौनूट फ्लोडोआर्डो आप फ्लारेंस के निवासी हैं, हमारे वेनिस नगर में इस तरह की प्रशंसा को अनुचित समझते हैं, विशेषतः मैं इसे नहीं पसंद करती, और आपकी चपल रसना से इसको नहीं सुना चाहती"

फ्लोडोआर्डो—"जीवन की शपथ है, जैसा अनुभव था मैंने वैसा ही कहा, मैंने कुछ आपकी स्तुति नहीं की।"

रोज़ाविला—"अच्छा वह देखो नृपति महानुभाव मानफ्रोन और लोमेलाइनो के साथ इस आयतन में आते हैं। वह हम लोगों को नर्तकों में खोजेंगे, आओ चलो उन लोगों में सम्मिलित हो जावें।

फ्लोडोआर्डो उसके कथनानुसार चुपचाप साथ हो गया और नर्तकों के समीप पहुँकर, दोनों नृत्य में लीन हो गये। उस समय के सौंदर्य का क्या पूछना। प्रत्येक व्यक्ति की दृष्टि इन्हीं दोनों पर थी और प्रत्येक दिशा से स्तुति और प्रशंसा की ध्वनि चली आती थी। परन्तु रोज़ाविला और फ्लोडोआर्डो इसका तनिक भी ध्यान न करते थे, क्योंकि उनके जी में यदि प्रशंसा श्रवण की कुछ भी आकांक्षा थी तो केवल एक दूसरे के मुख से।

एकादश परिच्छेद

रोज़ाविला की वर्षग्रन्थि के तृतीय दिवस संध्या समय परोजी अपने मित्रों मिमो और फलीरी के साथ अपने आगार में बैठा था। प्रत्येक ओर एक प्रकार की उदासीनता छा रही थी, वर्तिकायें आप धुँधली और निस्तेज जलती थीं, आकाश अलग बलाहक समूहों से आच्छादित दिखलाई देता था, और सबसे अधिक इनके हृदयों में भय और असमंजस का प्रचण्ड प्रभंजन उठ रहा था। अन्ततः बहुत काल पर्य्यन्त स्तब्ध रहने के उपरान्त परोजी ने कहा "ऐं" तुमलोग किस चिन्ता में निमग्न हो? लो एक एक पानपात्र भरकर मद पान करो"।

मिमो–(अरुचि के साथ) "अच्छा तुम्हारे आज्ञानुसार पान करता हूँ परन्तु आज तो मदपान करने के लिये मेरा जी नहीं चाहता"।

फलीरी–"और न मेरा जी चाहता है मुझे तो सुरा का स्वाद आज सिर्केका सा ज्ञात होता है पर वास्तव में यह निस्वाद मद नहीं है वरन हमारे चित्त में है।

परोजी–"परमेश्वर का कोप उन दुष्टात्माओं पर"

मिमो–"क्या तुम डाकुओं को कोस रहे हो"।

परोजी–"अजी कुछ न पूछो उन मन्दभाग्यों का तनिक अनुसन्धान नहीं लगता, मेरा तो आकुलता से श्वासावरोध हो रहा है"।

फलीरी–"और इस बीच समय हाथ से निकला जाता है। यदि कहीं हमारा भेद खुल गया फिर हम होंगे और कारागार। सब लोग हमारा परिहास करेंगे और ताली बजावेंगे। मेरा जी तो ऐसा झुँझलाता है कि अपने हाथों अपना मुख नोच डाँलू" इस समालाप के उपरांत कुछ काल पर्य्यन्त एक सन्नाटा सा छा गया।

परोजी (क्रोध से पृथ्वी पर हाथ पटक कर) फ्लोडोआर्डो फ्लोडोआर्डो!!

फलीरी–"दो घड़ी में मुझे पादरी गानूजेगा के समीप जाना है तो मैं उनसे जाकर क्या कहूँगा"।

मिमो–"अजी घबराओ नहीं कांटेराइनो का इतनी देर तक न आना किसी प्रयोजनीय घटना से सम्बन्ध रखता है विश्वास करो कि वह कुछ न कुछ समाचार अवश्यमेव लावेंगे"।

फलीरी—"राम!राम! मैं प्रण करके कहता हूँ कि वह इस समय उलिम्पिया के चरणों पर शिर रखे हुये अश्रुप्रवाह करते होंगे भला उन्हें हम लोगों की अथवा इस राज्य की अथवा डाकुओं की अथवा अपनी कब सुध होगी"।

परोजी—"भला तुम लोगों में से कोई इस फ्लोडोआर्डो का कुछ भी भेद नहीं जानता"।

मिमो—"बस उतना ही जितना कि रोज़ाविला की वर्षग्रन्थि के दिवस देखने में आया"।

फलीरी—"परन्तु मैं उसके विषय में इतना और जानता हूँ कि परोजी को उससे ईर्षा और द्वेष है"।

परोजी—"मुझको? पागल हो। रोज़ाविला चाहे जर्मनी के महाराजाधिराज से पाणिपीड़न करे अथवा वेनिस के एक नीचतर भारवाहक की पत्नी बने मुझे को तनिक भी चिन्ता नहीं"।

परोजी की इस निरपेक्षता पर फलीरी ने एक बार अट्टहास किया।

मिमो—"एक बात तो जो व्यक्ति फ्लोडोआर्डो का शत्रु है वह भी स्वीकार करेगा कि उसके समान वेनिस में द्वितीय रूपवान युवक नहीं है। मेरे जान तो वेनिस में कोई युवती ऐसी आचारवान और पातिब्रतपरायण न होगी जो उसको देख कर सम्मोहित और कामासक्त न हो जाय"।

परोजी—"हाँ यदि स्त्रियाँ भी तुम्हारे समान निर्बुद्धि होंगी कि गरीके दर्शनाभाव में छिलके पर रीझ जाँय तो निस्संदेह ऐसा करेंगी"।

मिमो—"पर शोक तो यहीं है कि स्त्रियाँ सदा छिलके को ही देखती हैं"।

फलीरी—"वृद्ध लोमेलाइनो उससे बहुत ही अभिज्ञ ज्ञात होता है, लोग कहते हैं कि वह उसके पिता का बड़ा मित्र था"।

मिमो—"उसी ने तो महाराज से भेंट कराई है।"

परोजी—"चुप, देखो कोई कुण्डा खड़खड़ा रहा है"।

मिमो—"सिवाय कांटेराइनो के और कौन होगा, अब देखें उन्होंने डाकुओं का पता लगाया अथवा नहीं"।

फलीरी—(अपने स्थान से उठकर) "मैं शपथ कर सकता हूँ कि यह कांटेराइनो के पाँव की आहट है"।

उस समय कपाट खुल गया और कंटेराइनो पटावेष्टित आयतन में शीघ्र शीघ्र प्रविष्ट हुआ, परन्तु उसको क्षतविक्षत और रुधिराक्त देखकर उसके मित्रगण व्यस्त हो गये और कहने लगे कुशल तो है? यह क्या बात है? तुम लहू भरे क्यों हो?

काण्टेराइनो—"कुछ व्यग्र होने की बात नहीं है, क्या यह मदिरा रखी है, तो शीघ्र मुझे एक प्याला भरकर दो, प्यास की अधिकता से मेरा तालू सूखा जाता है"।

फलीरी–(मद को पानपात्र में भरकर) "परन्तु काण्टेराइनो तुमारे शरीर से रुधिर प्रवाह हो रहा है"।

काण्टेराइनो–"मैं जानता हूँ मुझसे क्या कहते हो, सच जानो कि मैंने कुछ आपसे नही किया है"।

परोजी–"पहले तनिक हम लोगों को ब्रण बाँध लेने दो और फिर हमसे कहो कि क्या दुर्घटना हुई है। अवश्य है कि सेवकों को इससे कुछ अभिज्ञता न हो, अतएव इस समय मैं ही तुम्हारा वैद्य बनूँगा"।

काण्टेराइनो–"तुम लोग मुझसे पूछते हो कि मुझ पर क्या बीती? अजी यह केवल एक परिहास की बात थी, लो फलीरी मुझे एक प्याला और भरकर दो"।

मिमो–"मेरा तो आतङ्क से श्वासावरोध हो रहा है"

काण्टेराइनो–"क्या आश्चर्य है, श्वासावरोध होता होगा, और मेरा भी हो जाता यदि मैं काण्टेराइनो होने के बदले मिमो होता। इसमें सन्देह नहीं कि क्षत से रुधिर अधिक निकल रहा है परन्तु उससे किसी प्रकार की आशंका नहीं है"। यह कह कर उसने अपना परिच्छद फाड़ डाला और वक्षस्थल खोलकर उन लोगों को दिखलाया। "देखो मित्रो! यह घाव दो इंच से अधिक गहरा नहीं है"।

मिमो–(काँपकर) "हे परमेश्वर! मुझ पर कृपा कर उसके देखने ही से मेरा हृदय बिदीर्ण हुआ जाता है"।

इस बीच परोजी कुछ अनुलेप और वस्त्र ले आया और उसने अपने सुहृद के ब्रण को पट्टी चढ़ा कर बाँध दिया।

काण्टेराइनो–"कवि हारेस ने सत्य कहा है कि दर्शनविद्, उपान निर्माता, नृपति, वैद्य, जो कुछ चाहे बन सकता है। देखो कि परोजी दर्शनविद् होने के कारण किरा सावधानी के साथ मेरे लिये पट्टी निर्म्माण कर रहा है। मित्र ! मैं तुम्हारा उपकृत और बाधित हूँ तुम्हारी इतनी अनुकम्पा बहुत है। अब सुहृदवरो! मेरे पास बैठो और सुनो कि क्या क्या अद्भुत और विचित्र बातें वर्णन करता हूँ।

फलीरी–"कहो"।

काण्टेराइनो–"ज्योंही संध्या समय समीप आया मैं पटावृत होकर घर से इस प्रयोजन से निकला कि यदि सम्भव हो तो डाकुओं का पता लगाऊँ। मैं उनसे अभिज्ञ न था और न वह मुझे पहचानते थे। कदाचित् आप लोग कहेंगे कि यह काम मैंने मूर्खता का किया परन्तु मैं आप लोगों पर सिद्ध करना चाहता हूँ कि कैसा ही कठिन कार्य्य क्यों न हो यदि मनुष्य उसके करने के लिये कटि बद्ध हो तो वह अवश्यमेव हो सकता है। मुझे उन दुष्टात्माओं का चिन्ह बहुत ही अल्प ज्ञात था तो भी मैं उतने ही पते पर चल निकला। संयोग से मुझसे एक नाविक की भेट हो गई जिसका स्वरूप देख कर मुझे परमाश्चर्य

हुआ। मैंने उससे बातें करनी प्रारम्भ कीं और अन्त को मुझे पूर्ण विश्वास हो गया कि वह उन डाकुओं के निवासस्थान से अभिज्ञ है। तब मैंने कुछ मुद्रा और बहुत सी स्तुति के द्वारा उससे इतना भेद पाया कि यद्यपि कि वह उनके समूह में मिलित नहीं है, परन्तु प्रायः उन लोगों ने उससे अपना कार्य सम्पादन कराया है। मैंने तत्काल उसको कुछ देकर सन्तुष्ट किया और वह अपनी नौका पर चढ़ा कर कभी वेनिस के बायें कभी दहने मुड़ता हुआ मुझे इस रीति से ले चला कि मुझको तनिक ध्यान न रहा कि मैं नगर की किस दिशा में हूँ। निदान एक स्थल पर पहुँच कर उसने मुझसे कहा कि अब अपनी आँखों को वस्त्र द्वारा आच्छादित कर लो। अवश हो मुझे इस नियम को स्वीकार करना पड़ा। दो घड़ी के बाद उसने अपनी नौका एक स्थान पर ठहरा कर मुझे उतारा और कई गुप्तमार्गों से होता हुआ मुझे एक गृह के द्वार पर उसी भाँति अच्छादित नेत्र से ले जाकर खड़ा किया। तब उसने कुण्डा खटखटाई और भीतर से किसी जन ने कपाट खोल कर प्रथम अत्यन्त चातुर्य्य से मेरी बातों को श्रवण किया, फिर अपरों से अतिकाल पर्य्यन्त परामर्श करने के उपरांत मुझे घर के भीतर बुला लिया। वहाँ जाने पर मेरा नेत्राच्छादक पट खोल दिया गया और मैंने अपने को एक आयतन में पाया जहाँ चार मनुष्य असभ्य और एक युवती जिसने कदाचित कपाट खोला था उपस्थित थी।

फलीरी–"ईश्वर की शपथ है काण्टेराइनो तुम बड़े ढीठ हो"।

काण्टेराइनो–"मैंने देखा कि समय व्यतीत करने का अवसर नहीं है, इसलिये मैंने तत्काल स्वर्णमुद्राओं का तोड़ा अपने पार्श्वभाग से निकाल कर उनके सामने रख दिया, और उनको और बहुत कुछ देने की प्रतिज्ञा की। पश्चात् आपस में दिवस, समय, और संकेत जिनसे मेरी और उन लोगों की भेंट सुगमता से हुआ करे नियत कर लिये। उस समय मैंने उनसे केवल यही कामना प्रगट की कि मानफ्रोन, कुनारी और लोमेलाइनो जितना शीघ्र संभव हो ठिकाने लगाये जाँय"।

इस पर सबने मिल कर काण्टेराइनो की परम प्रशंसा की।

काण्टेराइनो–"यहाँ तक तो सब बातें इच्छा के अनुसार हुईं और मेरे नूतन मित्रों में से एक व्यक्ति मुझे घर तक पहुँचाने के लिये साथ आने को भी तैयार हुआ कि अकस्मात् कुछ लोग आन पहुँचे"।

परोजी–"ऐं"।

मिमो–(घबरा कर) " परमेश्वर के लिये आगे कहो"।

काण्टेराइनो–" ज्योंही द्वार पर किसी के खटखटाने का शब्द ज्ञात हुआ वह स्त्री जो वहाँ विद्यामान थी समाचार जानने के लिये गई कि कौन है और तत्काल उन्मत्त युवती सदृश बकती हुई पलट आई कि "भागो! भागो!!

फलीरी–" फिर क्या हुआ?"

काण्टेराइनो– उसके पीछे बहुत से पदातिगण और पुलिस के युवक जन आये और उनके साथ वह फ्लारेंस का रहने वाला पुरुष था।

यह सुन कर सब अकसमात् बोल उठे" फ्लोडोआर्डो? फ्लोडोआर्डो?"।

काण्टेराइनो–"हाँ, फ्लोडोआर्डो"।

फलीरी–"उसे क्यों कर वहाँ का अनुसन्धान लगा"।

परोजी –"हा हन्त! मैं वहाँ न हुआ"।

मिमो–"क्यों परोजी! अब तो तुमको विश्वास हुआ होगा कि फ्लोडोआर्डो वीर और साहसी है"।

फलीरी–"अभी चुप रहो शेष विवरण श्रवण करने दो"।

काण्टेराइनो–"उस समय हम लोग पत्थर बन गये, कोई कर पदादि परिचालन तक नहीं कर सकता था। आने के साथ ही फ्लोडोआर्डो ने तर्जन पूर्वक कहा कि तुम लोग वर्तमान महीपति और इस राज्य की आज्ञा से शस्त्र अस्त्रादि रख दो और हमारे साथ चुपचाप चले चलो। यह सुनकर डाकुओं में से एक पुरुष बोला कि शस्त्र रखने वाले और तुम्हारे साथ चलने वाले पर हम लोग धिक्कार शब्द का प्रयोग करते हैं और झट पुलिस के एक उच्चाधिकारी की करवाल उसने छीन ली। दूसरे लोगों ने अपनी बन्दूकें उठा लीं और मैंने तत्काल फूँककर पकदी को शान्त कर दिया, जिसमें कोई मित्र और शुत्र को न पहचान सके। परन्तु फिर भी कलानाथ की कलकौमुदी गवाक्षों की झिलमिली के मार्ग से आती थी और उसका प्रकाश कुछ कुछ उस आयतन में प्रसरित था। मैंने अपने जी में कहा कि अब बात बेढब हुई क्योंकि यदि तुम इन लोगों के साथ पकड़ गये तो इनके सहयोगी समझ कर फाँसी दे दिये जाओगे। इस अनुमान के हृदय में अंकुरित होते ही मैंने अपनी करवाल को कोश में से निकाल कर फ्लोडोआर्डो पर चलाई परन्तु यद्यपि मैंने अपने जान तुला हुआ हाथ लगाया था पर उसने मेरा वार अपनी करवाल पर अत्यन्त स्फूर्ति के साथ रोका उस समय में उन्मत्तों समान लड़ने लगा परन्तु फ्लोडोआर्डो के अभिमुख मेरा चातुर्य्य और मेरी स्फूर्ति कुछ कार्य्यकर न हुई और उसने मुझको क्षत विक्षत कर दिया। क्षतग्रस्त होते ही मैं पीछे हट गया। संयोगतः उस समय दो लघु तुपकें छूटीं और मुझे उनके छूटने के प्रकाश में एक द्वार दृष्टि गोचर हुआ जिसे पदातिगण घेरना भूल गये थे। मैं उसी मार्ग से लोगों की दृष्टि बचा कर द्वितीय कोठरी में निकल गया और उसकी खिड़की के डण्डों को तोड़ कर नीचे कूद पड़ा। कूदने पर मुझे तनिक भी चोट न आई और मैं एक घेरे के भीतर से होता और कतिपय गृहोद्यान की भित्तियों को उल्लंघन करता हुआ नहर पर्य्यन्त जा पहुँचा। वहाँ मेरे भाग्य से एक नौका लगी हुई थी। मैंने नाविक को सेण्टमार्क तक पहुँचाने पर उद्युक्त किया और वहाँ से सीधा तुमारे पास चला आता हूँ। मुझे अद्यावधि अपने को जीवित देखकर आश्चर्य्य होता है। यही घटना है जो आज के दिवस मुझ पर

बीती है"।

परोजी–"ईश्वर की शपथ है कि मुझे तो उन्माद हो जायगा।"

फलीरी–जो युक्ति हम लोग करते हैं उसका उलटा ही फल होता है और जितना दुख सहन करते हैं उतना ही निराश होते जाते हैं।

मिमो–मेरी सम्मति तो यह है कि यह परमेश्वर की ओर से शिक्षा हुई है कि हम लोग अपने नीचे कर्मों का परित्याग करें। क्यों तुम लोग क्या विचार करते हो?

काण्टेराइनो–"छिः! ऐसी छोटी छोटी बातों का ध्यान करना सर्वथा हेय है। ऐसी-ऐसी घटनाओं से हमारे आन्तरिक वीरता के कपाट खुलते हैं। मुझे तो जितनी कठिनाइयाँ सामने होती हैं उतना ही उत्साहित करती हैं, और मैं उनका निवारण करने के लिये उतना ही तत्पर होता हूँ।

मिमो–"अच्छा, पर काण्टेराइनो तुमको मेरे जान परमेश्वर को धन्यवाद प्रदान करना चाहिये कि एक बड़ी आपत्ति से साफ बच कर निकल आये"।

फलीरी–परन्तु क्यों भाई फ्लोडोआर्डो तो यहाँ परदेशी और अपरिचित है उसे डाकुओं के रहने का स्थान क्योंकर ज्ञात हुआ?"।

काण्टेराइनो–" मैं नहीं कह सकता, क्या आश्चर्य्य है कि मेरे समान उसे भी दैवात् उनका अनुसन्धान लग गया हो, परन्तु शपथ है उसकी जिसने मुझे उत्पादन किया, मैं फ्लोडोआर्डो को क्षतग्रस्त करने का स्वाद अवश्य चखाऊँगा"।

फलीरी–"फ्लोडोआर्डो यह निस्संदेह बुरा करता है कि अपने को इतनी शीघ्र लोगों की दृष्टि में चढ़ा रहा है"।

परोजी–"फ्लोडोआर्डो अवश्य मारा जायगा"।

काण्टेराइनो–(अपना पानपात्र भर कर) "परमेश्वर करे कि अब की बार उसके पानपात्र की मदिरा घोर विष हो जाय"।

फलीरी–"मैं इस व्यक्ति से साक्षात् अवश्य करूँगा"।

काण्टेराइनो–"मिमो अब मुद्रा के विषय में चिन्ता करनी चाहिये नहीं तो सम्पूर्ण कार्य असमाप्त रह जायगा। अब तुम्हारे पितृव्य कब इस संसार को परित्याग करेंगे?"।

मिमो–"कल संध्या समय परन्तु हाय ! मेरा हृदय काँपता है"।

द्वादश परिच्छेद

रोज़ाबिला की वर्ष ग्रन्थि के दिवस से वेनिस में कोई स्त्री जिसे तनिक भी रूपवती होने का गर्व था ऐसी न थी जो सिवाय उस फ्लोरेंस के नुकीले युवक के दूसरे की चर्चा करती हो। उसकी सुन्दरता का विवरण प्रत्येक युवती की जिह्वा पर था, जो अपना प्रेम प्रगट न करती थी वह मन ही मन कुढ़ कुढ़ कर रहती थी, बहुतेरी युवा स्त्रियों को उसके ध्यान में रात्रि को निद्रा नहीं आती थी, जो निज कटाक्षों से प्रेमियों के मानस परिहरण में पूर्ण अभ्यस्त थीं, प्रायः शृङ्गार समय वह अपना स्वरूप दर्पण में अवलोकन कर उसासें लेतीं, और कितनी नारियाँ जिन्होंने निज पतिब्रत की धुन में बाहर आना जाना तक तज दिया था, अब अजस्र फ्लोडोआर्डो की एक झलक पाने के अनुराग में उपवनों और राजमार्गो में भटकती फिरती थीं। यह अवस्था तो युवतियों की हुई, परन्तु जिस समय से उस अद्भुत् व्यक्ति ने पुलिस वालों को साथ लेकर अत्यन्त वीरता से डाकुओं को स्वयं उनके भवन में जाकर पकड़ा वह पुरुषों की दृष्टि में भी समा गया था, वे लोग एक ऐसे भयङ्कर कृत्य में उसकी वीरता और दृढ़ता को देखकर अत्यन्त प्रसन्न थे और अधिकतर उनको उसकी इस पहुँच पर आश्चर्य्य था कि उसने डाकुओं का निवास स्थान जिसका अनुसन्धान और पता पुलिस को भी न लगा था जान लिया था। भूप अण्ड्रियास भी उसका सामीप्य प्रतिदिन बढ़ाते और उसको अपनी प्रकृति में अधिकार देते जाते थे। जितना ही वे उससे समालाप करते उतना ही वह उनकी दृष्टि में अधिक जँचता जाता। निदान महाराज ने फ्लोडोआर्डो के लिये एक योग्य पुस्कार उस राजकीय उपकार के बदले में निर्धारण किया जिसको वर्तमान काल में उसने कर दिखलाया था। उसके अतिरिक्त उन्होंने उसको राज्य के एक माननीय और उच्च पद पर भी नियुक्त करना चाहा, परन्तु फ्लोडो ने दोनों बातों के स्वीकार करने में अरुचि प्रगट की और कहा अभी वर्ष भर मैं वेनिस में स्वतन्त्र और स्वच्छन्द रहना चाहता हूँ इसके उपरान्त मैं स्वयं आपसे किसी एक ऐसे कार्य्य के लिये प्रार्थी हूँगा जो मेरी योग्यता के अनुकूल होगा।

फ्लोडोआर्डो निज प्रतिपालक लोमेलाइनो के गगनस्पर्शी भवनों में रहता लोगों से बहुत कम मिलता अपना समय अधिकतर ग्रन्थावलोकन में व्यतीत करता प्रायः दिन दिन भर

अपने कमरे से पाँव बाहर न निकालता और सिवाय बड़े बड़े अफसरों से मिलने के किसी उत्सव और समारोह में भी सम्मिलित न होता था। उसकी यह अवस्था महाराज, लोमेलाइनो, मानफ्रोन और कुनारी से छिपी न रह सकती थी। ये वे लोग थे जिन्होंने अपनी योग्यता और बुद्धिमत्ता के बल से वेनिस के राज्य की नींव को इतना दृढ़ और पुष्ट कर डाला कि उसका उखाड़ना टेढ़ी खीर थी। जिसकी संगत में रहने से मनुष्य अपने को देवता समझने लगता था और जिनको यह बात हृदय से स्वीकार थी कि फ्लोडोआर्डो किसी समय में अच्छा नाम प्राप्त करे। उन्होंने तत्काल समझ लिया कि यद्यपि फ्लोडोआर्डो प्रगट में प्रसन्न ज्ञात होता है पर वास्तव में उसके हृदय को किसी बात का संताप है और उसका आनन्द बनावटी है। यह दशा देखकर लोमेलाइनो ने जो उससे पिता की भाँति प्रीति करता था, और नृपति ने जो उसको हृदय से चाहते थे, बहुत प्रयत्न किया कि उसके संताप का कारण जानें, और उसका मन बहलायें, परन्तु सकल प्रयत्न निष्फल हुये। फ्लोडोआर्डो प्रत्येक समय मलीन और मौन रहता था। यदि हमारे पाठकों को यह चिन्ता हो कि इस समय रोज़ाविला की कैसी दशा थी तो उनको समझ लेना चाहिये कि यह बात कथमपि संभव नहीं कि प्रेमी संतापित हो और प्रेयसी पर उसका प्रभाव न पड़े।

रोज़ाविला प्रतिदिन कुम्हलाती और निर्बल होती जाती थी, उसके नेत्रों में प्रायः आँसू डबडबा आते थे, और आनन का वर्ण क्रमशः पीत पड़ता जाता था, यहाँ तक कि महाराज को जो उस पर प्राण न्योछावर किये देते थे उसके स्वास्थ्य में विघ्न पड़ने की आशंका हुई। उनका यह अनुमान बहुत ठीक उतरा, क्योंकि कतिपय दिवस में ही रोज़ाविला सचमुच रुजग्रस्त हुई और उसे एक ऐसे कठोर ज्वर ने आ दबाया कि जिसकी औषध करने में वेनिस के बड़े बड़े वैद्यों की बुद्धि व्यस्त थी।

जिस समय कि भूमिनाथ अण्ड्रियास और उनके मन्त्रदाता रोज़ाविला के रुजग्रस्त होने की आपत्ति में पतित थे एक दिन वेनिस में एक नवीन बात ऐसी हुई जिसने उनकी चिन्ता की और वृद्धि कर दी। ऐसी घटना का होना जिसका विवरण आगे किया जायगा वेनिस में अद्यावधि किसी ने न सुना था। उसकी कथा यों है कि जिस दिन से फ्लोडोआर्डो ने उन चारों डाकुओं पेट्राइनो, ष्ट्रजा, बलज्जो, और टामेसो को पकड़ा था वह राजकीय कारागार में बहुत यत्न के साथ बद्ध थे और नित्य उनके विषय में छानबीन की जाती थी। निदान अपराध सिद्ध हो जाने के उपरांत उन लोगों ने फाँसी पाई। उस दिवस से अण्ड्रियास और उनके मन्त्रि प्रवरों को पूरी प्रतीति हो गई कि अब प्रजा के लिये किसी प्रकार के भय का स्थान शेष न रहा, और वेनिस उन दुष्टों से सर्वथा रहित हो गया जो मुद्रादि के लोभ से व्यर्थ लोगों का नाश किया करते थे कि अकस्मात उन्होंने एक दिन एक विज्ञापन वेनिस के मुख्य भवनों और राजमार्गो और नार्को पर लगा हुआ देखा जिसका आशय यह था।

"ऐ वेनिस निवासियो! तुम लोगों को ज्ञात हो कि ष्ट्रजा, टामेसो, पेट्राइनो, वलज्जो, और माटियो, पाँच ऐसे वीर व्यक्ति को, जो यदि किसी सेना के नायक होते तो वीर धुरन्धर कहलाते डाकुओं में गिनकर राज्य ने अन्याय से फाँसी दे दी यद्यपि कि अब वह जीवित नहीं हैं, परन्तु उनके स्थान पर अब वह व्यक्ति उत्पन्न हुआ है जिसका नाम इस विज्ञापन के निम्नभाग में लिखा है और जो ऐसे लोगों का कार्य्य तन मन से करने के लिये तत्पर है जिन्हें उससे कोई काम कराना हो। मैं वेनिस की पुलिस को कुछ नहीं समझता, और न उस धृष्ट और दुष्टात्मा फ्लारेंस के निवासी को जिसके कारण मेरे सहकारियों की यह दशा हुई, तनिक भी ध्यान में लाता हूँ। मैं सूचित करता हूँ कि जिन लोगों को मेरी आवश्यकता हो वह मेरा अन्वेषण करें मैं प्रत्येक स्थल पर मिलूँगा, परन्तु जो लोग मुझे पकड़ने के अभिप्राय से अन्वेषण करेंगे उन्हें निराश होना और डरना चाहिये क्योंकि मैं उनको कहीं न मिलूँगा पर वे मुझसे चाहे कैसे ही स्थान पर क्यों न हों बच न सकेंगे। तुम लोग मेरा अभिप्राय भली भाँति समझ लो और जान लो कि जिसने मेरे पकड़ने का प्रयत्न किया उसका अभाग्योदय हुआ क्योंकि उसका जीवन और मरण मेरे हाथ में है। आप लोगों का सेवक अबिलाइनो बाँका"।

ज्यों ही नृपति महाशय ने इस विज्ञापन को पठन किया क्रोध की अधिकता से जल भुनकर भस्म हो गये। और आज्ञा दी कि जो पुरुष इस दुष्टात्मा अबिलाइनो का पता लगायेगा उसको शत स्वर्ण मुद्रायें पारितोषिक दूँगा।

यद्यपि स्वर्ण मुद्राओं के लोभ में गुप्तचरों ने एक एक कोना कतरा छान डाला पर किसी को अविलाइनो का चिन्ह पर्य्यन्त हस्तगत न हुआ। उनके अतिरिक्त और बहुत से विषयी, लोभी और बुभुक्षित लोगों ने भी इसी आशा में शतशः प्रयत्न और बहुतेरी युक्तियाँ निकालीं परन्तु अबिलाइनो की पटुता के सामने किसी की एक भी न चली। प्रत्येक व्यक्ति कहता था, कि मैंने अबिलाइनो को अमुक वेश में अमुक समय देखा है परन्तु कोई यह न कह सकता था कि दूसरे समय वह कहाँ और किस रूप में दिखलाई देगा।

त्रयोदश परिच्छेद

गत परिच्छेद में मैं लिख चुका हूँ कि फ्लोडोआर्डो उदास रहता था और रोज़ाबिला रुजग्रस्त थी, परन्तु अब तक मैंने अपने पाठकों को उसकी वास्तवता से अभिज्ञ नहीं किया है इसलिये यहाँ उसका वर्णन आवश्यक है। फ्लोडोआर्डो जब वेनिस में पहले पहल आया तो लोग उसे आनन्द का स्वरूप समझते और जिस समाज में वह संयुक्त होता था, उस समाज के लोग उसको उसका प्राण जानते, परन्तु एक दिन कुछ ऐसे सन्ताप से उसका हृदय सन्तप्त हुआ जिससे उसका सम्पूर्ण आनन्द मिट्टी में मिल गया और संभवतः उसी दिन से रोज़ाविला के रोगों के चिन्ह भी प्रगट होने लगे। इसका विवरण यह है कि एक दिवस दैवात् रोज़ाविला अपने पितृव्य के उस उपवन में भ्रमण के लिये गई, जहाँ नृपतिवर्य के प्राणोपम मित्रों के अतिरिक्त कोई दूसरा जाने न पाता था और जहाँ कभी कभी स्वयं महाराज संध्या समय एकाकी जाकर बैठा करते थे। वहाँ पहुँच कर वह अपने विचारों में डूबी हुई उपवन की छाया वान पटरियों पर टहलने लगी। कभी वह झुँझला कर वृक्षों से पत्ती को नोंचती और पृथ्वी पर फेंकती, कभी अकस्मात् रुक जाती, कभी वेग से आगे बढ़ जाती, और फिर चुपचाप खड़ी होकर आकाश की ओर देखने लगती, कभी उसका हृदय तीव्रता के साथ धड़कने लगता, और कभी उसके ओठों से एक दबी हुई आह निकलती। अन्ततः वह आप ही आप कह उठी, वह अत्यन्त सुन्दर है, और अपने सामने इस अनुराग के साथ देखने लगी जैसे उसे कोई वस्तु जो औरों को दिखलाई नहीं देती देख पड़ती हो। फिर ठहर कर बोली तथापि कामिला ठीक कहती है, परन्तु उसके साथ ही इस रीति से नाक भौं चढ़ाई जैसे उसने कहा हो कि कामिला का कहना ठीक नहीं।

अब इस ठौर यह वर्णन करना आवश्यक है कि कामिला रोज़ाविला की शिक्षका, उसकी सखी, उसका भेद जानने वाली और उसकी माता के स्थान पर थी। रोज़ाविला के पिता माता उसके बालपन ही में परलोकगामी हुये थे, उसकी माता ने उस समय संसार का त्याग किया था जब कि वह माता का शब्द कठिनता से कह सकती थी। उसका पिता गिस्कार्डो नामक कार्फू का गण्य मान्य पुरुष और वेनिस के एक युद्ध पोत का स्वामी (कप्तान) था जो आठ वर्ष व्यतीत हुए कि एक लड़ाई में तुरुकों के हाथ से युवावस्था में

ही मारा गया था। उस समय से कामिला ने जो एक अत्यन्त योग्य युवती थी। रोज़ाविला का अपनी कन्या समान पालन किया था। उसके साथ वह इस रीति से व्यवहार करती थी कि रोज़ाविला अपने अन्तः करण का सम्पूर्ण भेद उससे कह दिया करती थी।

जब कि रोज़ाविला उसकी बातों का ध्यान कर रही थी कामिला उपवन की एक द्वितीय दिशा से उसके सन्निकट आ पहुँची। रोज़ाविला चौंक उठी और कहने लगी "प्रिये कामिला क्या तुम हो? कहो तो तुम किसलिये आईं"।

कामिला–तुम प्रायः मुझे अपना रक्षक देवता कथन किया करती हो अतएव रक्षक देवता को सदैव उन वस्तुओं के पास वर्तमान रहना चाहिये जिनकी रक्षा का भार उनको समर्पण किया गया है।

रोज़ाविला–"कामिला मैं इस समय तुम्हारे सदुपदेशों को स्मरण कर रही थी और भली भाँति समझती हूँ कि जो कुछ तुमने कहा है वह सर्वथा सत्य और युक्तियों से परिपूर्ण है"।

कामिला–"परन्तु यद्यपि तुम्हारी बुद्धि मुझसे सहमत है तथापि तुम्हारा चित्त कुछ और ही परामर्श देता है"।

रोज़ाविला–"इसमें तो सन्देह नहीं"।

कामिला–"पर पुत्री मैं तुम्हारे हृदय पर दोषारोपण भी नहीं कर सकती कि वह क्यों मेरी अनुमति के विरुद्ध है और क्यों मेरी बातों का प्रतिवाद करता है, वरन् मैंने तुमसे स्पष्ट कह दिया है कि यदि मेरी अवस्था तुम्हारी सी होती और फ्लोडोआर्डो सा पुरुष परस्पर रखता तो कदापि मैं उसके साथ निठुरता न कर सकती। मैं स्वयं स्वीकार करती हूँ कि इस अपरिचित का स्वरूप, आकृति, चाल ढाल बहुत ही उत्तम है और कोई स्त्री जिसका मन दूसरे पुरुष से न लगा हो ऐसी नहीं है जो इस पर मोहित न हो जावे। उसके सुन्दर मुखड़े में न जाने क्या बात है कि देखते ही जी उसे प्यार करने लगता है। इसके अतिरिक्त उसके ढंग अत्यंत मनोहर हैं और इन थोड़े दिवसों के अनन्तर जब से कि वह वेनिस में आया है सब लोगों को विदित हो गया है कि उसमें बहुत से उत्तम और प्रशंसनीय गुण मौजूद हैं। पर खेद का विषय है कि फिर भी वह एक कंगाल पथिक है, अतएव यह संभव नहीं कि वेनिस के महाराज अपनी भ्रातृजा ऐसे व्यक्ति को दें जो सच पूछो तो यहाँ भिक्षुकों की सी अवस्था में आया। पुत्री विश्वास करो कि ऐसा पुरुष रोज़ाविला का पाणिग्रहण करने का अधिकारी नहीं है।

रोज़ाविला–"प्यारी कामिला यहाँ पाणिग्रहण की चर्चा नहीं है? मैं तो केवल फ्लोरोआर्डो से मित्रों की भाँति प्रीति करती हूँ"।

कामिला–सच कहो! तब तो तुम अवश्य प्रसन्न होगी यदि वेनिस की कोई धनवती युवती फ्लोडोआर्डो से ब्याह कर ले।

रोज़ाविला–(शीघ्रता से) "नहीं कामिला फ्लोडोआर्डो इसको कभी न स्वीकार करेगा, इसका मुझे पूर्ण विश्वास है"।

कामिला–"पुत्री! पुत्री!! तुम जान बूझकर अपने को भ्रान्त बनाती हो, परन्तु तुम पर क्या प्रत्येक स्त्री, जो किसी के स्नेहपाशबद्ध होती है, सदा के संयोग की चाह का सम्बन्ध मित्रता के विचार के साथ साथ लगा लेती है, पर इस प्रकार की चाह तुम फ्लोडोआर्डो के विषय में पूरी नहीं कर सकती हो क्योंकि इससे तुम्हारे पितृव्य असंतुष्ट होंगे, कल्पना कीजिए कि वे सत्पुरुष और दयालु व्यक्ति हैं परन्तु वे राजकीय प्रबन्ध, प्रणाली, रीति और नियम के सर्वथा वशवर्ती हैं।

रोज़ाविला–"मैं कामिला इन सब बातों को भली भाँति जानती हूँ परन्तु तुम मेरा अभिप्राय ही नहीं समझती हो, मैं तुमसे कहती हूँ फ्लोडोआर्डो पर मैं मोहित नहीं हूँ और न उसका मोहन स्वरूप मेरे हृदय में प्रविष्ट हो कर मुझे मोह सकता है। मैं द्वितीय बार तुमसे कहती हूँ कि मुझे फ्लोडोआर्डो के विषय में केवल सच्ची और पुनीत मित्रता का ध्यान है और इसमें सन्देह नहीं कि फ्लोडोआर्डो इस योग्य है कि मुझे उसका इतना ध्यान हो। मैंने कहा " इस योग्य है, हाय! फ्लोडोआर्डो किस योग्य नहीं है"।

कामिला–" हाँ! हाँ!! निस्सन्देह मित्रता के योग्य है वरन आसक्त हो जाने के। खेद है कि रोज़ाविला तुम अभी नहीं जानती हो कि छल करने वाले कुटने और कुटनियाँ परस्पर एक दूसरे का वेश परिवर्तन कर सीधी युवतियों के हृदय को आक्रमण कर लेती हैं और प्रायः प्रीति मित्रता का परिच्छद धारण कर उन मानसों में प्रविष्ट होती हैं जहाँ वह अपने मुख्य स्वरूप के साथ जाना चाहती तो पास फटकने न पाती। संक्षेप यह कि पुत्री तुम इन बातों पर विचार करो कि तुमारा कर्तव्य तुम्हारे पितृव्य की ओर क्या है और यदि उनको यह ज्ञात होगा तो वह कितना रुष्ट और खिन्न होंगे। अतएव मेरे परामर्श के अनुसार तुमको उचित है कि उस कर्तव्य के सामने इस धुन को हृदय से दूर करो, क्योंकि अभी तक कुशल है। जहाँ इसने अपना अधिकार तुम्हारे हृदय पर कर लिया फिर सहस्रशः प्रयत्न करोगी कुछ न बन पड़ेगा"।

रोज़ाविला–"कामिला तुम सत्य कहती हो। मुझे भी विश्वास होता है कि फ्लोडोआर्डो के साथ जो एक प्रकार का मेरा सम्बन्ध हो गया है वह केवल क्षणिक और कल्पित है, जिससे मैं सुगमता के साथ मुक्त हो सकती हूँ। अच्छा अब तुम समझो कि मैं उससे प्रीति नहीं रखती वरन् अब मुझे उससे कुछ घृणा सी होती जाती है। क्योंकि तुम्हारे कथन से ज्ञात होता है कि उसके कारण मेरे दयालु और भले पितृव्य को संताप हो सकता है"।

कामिला–"(मुसका कर) क्या तुमको अपने कर्तव्य और अपने पितृव्य के उपकारों का इतना ध्यान है"।

रोज़ाविला–निस्सन्देह कामिला, मुझे इतना ध्यान है और विश्वास है कि थोड़े दिनों

में तुम भी यही कहोगी। यह दुष्ट फ्लोडोआर्डो मुझको इतना दुःख दे, वह मन्दभाग्य वेनिस में क्यों आया। मैं तुमसे सत्य कहती हूँ कि मैं फ्लोडोआर्डो के साथ अब तनिक स्नेह नहीं रखती"।

कामिला–"ऐं क्या फ्लोडोआर्डो के साथ तनिक स्नेह नहीं रखतीं"।

रोज़ाविला–(आँखें नीची करके) "नही कदापि नहीं परन्तु मैं उसका अनिष्ट भी नहीं चाहती क्योंकि कामिला तुम भलीभाँति जानती हो कि कोई कारण नहीं है कि मैं इस दीन फ्लोडोआर्डो के अनिष्ट का ध्यान करूँ"।

कामिला–"अच्छा मैं इस चर्चा को फिर किसी समय करूँगी। इस समय मुझे एक कार्य्य करना है और नौका मेरे लिये लगी हुई है। अब मैं जाती हूँ परन्तु पुत्री जितना शीघ्र तुमने प्रण किया हैं उतना ही शीघ्र कहीं उसे त्याग न देना।"

यह कह कर कामिला चली गई और रोज़ाविला इसी तर्क वितर्क में उदास बैठी रही। वह अपने हृदय में कुछ बातों का विचार करती और फिर उन्हें तत्काल दूर कर देती। किसी वस्तु की कांक्षा करती और फिर अपने लिये धिक्कार शब्द का प्रयोग करने लगती, क्योंकि वह चारों ओर दृष्टिपात करके इस रीति से देखती थी जैसे किसी वस्तु के अनुसन्धान में हो परन्तु मुख से यह नहीं कह सकती कि वह क्या वस्तु है।

कामिला के चले जाने पर रोज़ाविला उसी उधेड़बुन में थी कि एक बार आतप की प्रखरता ने उसको उत्तप्त किया और अशक्त होकर उसे किसी छायावान स्थान में शरण ग्रहण की आवश्यकता हुई। उपवन में एक ठौर एक छोटा सा सरोवर था जिस पर लोहे की तिकठियों के सहारे सुमनों की वेलें चढ़ाई गई थीं, इस कारण वहाँ प्रचण्ड मार्तण्ड की प्रखर किरणें प्रवेश नहीं कर सकती थीं, रोज़ाविला उसी ओर चल निकली परन्तु समीप पहुँच कर उसकी गति रुक गई और वह कुछ ठिठकी और लज्जित सी हुई। इसका कारण यह था कि उस सरोवर के कूल पर फ्लोडोआर्डो बैठा हुआ एक पत्र अत्यन्त सावधानता से देख राह था। उसे देखकर रोज़ाविला अपने हृदय में सोचने लगी कि अब यहाँ ठहरूँ अथवा पलट जाऊँ, परन्तु इससे पूर्व कि वह कोई विचार निश्चित करे फ्लोडोआर्डो ने जिसकी आकुलता प्रगट में उससे, न्यून न थी, अपने स्थान से उठ कर उसका करपल्लव अत्यन्त सम्मान से स्व करकमलों में लिया और उसे सरोवर के कूल पर अपने स्थान पर लाकर बैठाया। अब रोज़ाविला तत्काल वहाँ से प्रस्थान नहीं कर सकती थी क्योंकि ऐसी दशा में उठ जाना असभ्यता में परिणत होता। फ्लोडोआर्डो उसका कोमल कर अपने हाथों में लिये रहा, परन्तु फ्लोडोआर्डो के लिये यह एक ऐसी साधारण बात थी कि उस समय वह इसके लिये उसको कुछ कह भी नहीं सकती थी। इसके अतिरिक्त उससे यह भी नहीं हो सकता था कि वह अपने किशलय सदृश कर को खींच ले, क्योंकि वह यह विचारती थी कि फ्लोडोआर्डो के हाथ मेरा हाथ होने से मेरी कुछ क्षति नहीं, वरन उसको एक प्रकार

का आनन्द है अतएव मैं क्यों ऐसा काम करूँ कि किसी के ऐसे आनन्द को हरण कर लूँ जिसमें मेरी किसी प्रकार की हानि नहीं।

इधर तो रोज़ाविला यह सोच रही थी और उधर न जाने फ्लोडोआर्डो के हृदय में कैसे कैसे अनुमान समूह अंकुरित हो रहे थे। निदान उससे देर तक मौन न बैठा गया इसलिये उसने वार्तालाप आरंभ करने के लिये कहा " राजकन्यके! आपने अच्छा किया कि इस समय वायु सेवन के लिये निकलीं देखिये कैसा सुहावना समय है"।

रोज़ाविला–परन्तु महाशय मैं अनुमान करती हूँ कि मेरे आने से आपके पठन में विघ्न पड़ा।"

फ्लोडोआर्डो–"कदापि नहीं"। इतनी बातें करके फिर वे लोग अल्पकाल के लिये चिन्तित हो गये परन्तु इस अवसर पर कभी आकाश कभी बसुमती कभी वृक्षों और कुसुमकलिकाओं की ओर दृष्टिपात करते जाते थे जिसमें समालाप करने का कोई अवसर हस्तगत हो परन्तु जितना ही वे उसको खोजते थे उतना ही वह उनसे दूर भागता था। निदान इसी तर्क वितर्क में दोनों ने अपना बहुत सा समय जो दैवात् हस्तगत हुआ था खोया।

कुछ क्षण बाद रोज़ाविला इस सन्नाटे के निवारण करने के लिये अचाञ्चक बोल उठी "यह कितना सुन्दर कुसुम है" और फिर उसने झुककर अत्यन्त अनुराग से एक लाला का कुसुम तोड़ लिया। इसके उत्तर में फ्लोडोआर्डो ने अत्यन्त गम्भीरता से कहा "यह फूल निस्सन्देह सुन्दर है।" परन्तु इसी के साथ वह स्वयं अपने पर अत्यन्त झुँझलाया कि ऐसा सूखा उत्तर मैंने क्यों दिया।

रोज़ाविला–"कोई रंग इस बैंगनी रंग की समता नहीं कर सकता। इसमें नीला और लाल रंग दोनों ऐसे मिले हैं कि कोई चित्रकार लाख चाहे यह बात पैदा नही कर सकता"।

फ्लोडोआर्डो–"लाल और नीला? एक हर्ष का चिन्ह और दूसरा प्रीति का। हाय! रोज़ाविला वह कौन ऐसा भाग्यवान होगा जिसको आप अपने कोमल करसे यह फूल प्रदान करेंगी आप जानती हैं कि हर्ष और प्रीति उस लाला के नीले और लाल रंग की अपेक्षा कहीं विशेषता के साथ एक दूसरे से सम्मिलित हैं"।

रोज़ाविला–"महाशय आपने तो उस कुसुम की पदवी इतनी बढ़ा दी जिसके योग्य वह नहीं है"।

फ्लोडोआर्डो –"भला मुझे ज्ञात हो सकता है कि किसको आप वे वस्तुयें देंगी जो उस सुमन से प्रकट होती हैं? परन्तु यह एक ऐसी बात है जिसके विषय में मुझको कुछ बातचीत न करनी चाहिये। न जाने मुझे आज क्या हो गया है कि प्रत्येक कार्य में मुझसे चूक होती है, राजतनये आप मेरे इस अपराध को क्षमा करें, अगत्या मैं कभी ऐसे प्रश्न न करूँगा"।

यह कहकर वह चुप हो गया और रोज़ाविला भी चुप रही। उस समय उन दोनों प्रेमियों के हृदय के अतिरिक्त प्रत्येक ओर सन्नाटा था, यद्यपि वे अपनी रचना से निज प्रच्छन्न प्रीतिका भेद नहीं कहते थे, यद्यपि रोज़ाविला ने अपने मुख से न कहा था कि फ्लोडोआर्डो तू ही वह पुरुष है जिसे यह सुमन मिलेगा, और यद्यपि फ्लोडोआर्डो की जिह्वा से न निकला था कि रोज़ाविला वह लाला और जो वस्तुयें उससे प्रकट होती हैं मुझी को दो। तथापि उनकी आँखें चुप न थीं। इन कुटनियों ने जो लोगों के विचारों को तत्काल समझ लेती हैं ए द्वितकीय से बहुत कुछ भेद जो उनके हृदयों ने अद्यावधि स्वयं उन पर प्रकट नहीं किये थे, कह दिये। फ्लोडोआर्डो और रोज़ाविला एक द्वितीय को ऐसी दृष्टियों से अवलोकन कर रहे थे कि समालाप की कोई आवश्यकता न थी। जब फ्लोडोआर्डो की आँख रोज़ाविला पर पड़ती थी तो वह एक अत्यन्त प्रिय कटाक्ष के साथ जिससे सर्वथा प्रीति टपकती थी मुसकराती थी और फ्लोडोआर्डो भय और आशा की दृष्टि से उसके अर्थ का अनुधावन करता था। निदान उसने उसके अभिप्राय को समझ लिया जिससे उसके हृदय की उद्वग्निता और बढ़ गई और चक्षुओं पर एक मद सा छा गया। यह दशा देख कर रोज़ाविला काँपने लगी क्योंकि उसकी आँखें उसकी दृष्टि की तीव्रता को नहीं सहन कर सकती थी। इसी अशक्तता की दशा में फ्लोडोआर्डो ने रोज़ाविला के जलजात पदों पर गिरकर अत्यन्त विनीत और नम्रता और गिड़गिड़ाहट के साथ कहा " रोज़ाविला परमेश्वर के लिये मुझे वह पुष्प प्रदान करो।"

रोज़ाविला ने कुछ उत्तर न दिया और कुसुम को अपने हाथ में दृढ़ता के साथ पकड़े रही।

फ्लोडोआर्डो–"इस सरस कुसुम के बदले में तुम जो कुछ चाहो माँगो, यदि इसके बदले में राज्य की भी याचना करोगी तो प्रदान करूँगा, अथवा उसकी खोज में अपना प्रिय प्राण नष्ट करूँगा परन्तु परमेश्वर के लिये रोज़ाविला यह पुष्प मुझे प्रदान करो"।

रोज़ाविला ने एक बार तिरछी चितवन से उस स्वरूपमान युवक की ओर देखा, परन्तु पुनरावलोकन का साहस न हुआ।

फ्लोडोआर्डो–"मेरा सुख, मेरा हर्ष, मेरा जीवन, वरन मेरा महत्व, ये सब वस्तुयें उस प्रसून के हस्तगत होने पर निर्भर हैं। केवल उसे मुझे दो और मैं संसार की सकल बहुमूल्य वस्तुओं से इसी समय विरक्त होता हूँ"।

उसकी इस प्रेम भरी और मोहमयी बातचीत से रोज़ाविला का करकंज जिसमें वह प्रसून था काँपने लगा और चुटकी भी कुछ ढीली हो चली।

फ्लोडोआर्डो–क्यों रोज़ाविला तुम कुछ मेरी भी सुनती हो? मैं तुम्हारे चरणकमलों पर निज शिर रक्खे हुए हूँ। क्या तुम मेरी याचना को जिसको मैंने भिक्षुकों की भाँति की है पूरा न करोगी"?

इस भिक्षुक शब्द पर रोज़ाविला को कामिला की शिक्षाओं का तत्काल स्मरण हो आया और वह अपने मन में कहने लगी "ऐं मैं क्या कर रही हूँ अभी से मैंने अपना प्रण तज दिया? बस रोज़ाविला यहीं से मुड़ नहीं तो इसी क्षण तू बात की झूठी होती है"। यह सोच के उसने कुसुम को खण्ड खण्ड करके पृथ्वी पर फेंक दिया। और फ्लोडोआर्डो से कहा "फ्लोडोआर्डो मैं तुम्हारा आंतरिक अभिप्राय समझ गई इसलिये तुमको सावधान और सतर्क करती हूँ कि पुनः ऐसा समालाप न करना। अब मैं गमन करती हूँ और तुमको जताये देती हूँ कि ऐसी धृष्टता से फिर मुझको कभी संतप्त न करना।

इतना कह कर वह उसके निकट से तिनक कर चली गई और वह दीन प्रेमपाश बद्ध अपने स्थान पर आश्चर्य और संताप के साथ चित्र बन बैठा रह गया।

चतुर्दश परिच्छेद

उपवन से आकर रोज़ाविला अपने सुसज्जित आयतन पर्यन्त भी न पहुँची थी, कि मार्ग ही में उसने स्वकृत कर्म पर पश्चाताप करना प्रारम्भ किया। उस समय शतशः विचार उसके अन्तः करण में उठने लगे। किसी समय वह अपने मन में कहती थी कि मुझको फ्लोडोआर्डो को ऐसा कठोर और सूखा उत्तर देना कथमपि समुचित न था यह मैंने उस पर बड़ा अन्याय किया। कभी उसकी उस काल की दशा को वह स्मरण करती थी जब कि वह इसके निकट से रुष्ट होकर चली आई थी और वह बेचारा एक भित्ति निर्मित चित्र सदृश उसको खड़ा अनिमेष तकता रह गया था। फिर वह सोचती थी कि फ्लोडोआर्डो यह संताप न सहन कर सकेगा और निस्सन्देह विलाप करते करते प्राण त्याग देगा। अभी से उसे ऐसा ज्ञात होता था जैसे वह इस लोक को छोड़ परलोकगामी हुआ हो और लोग उसके समाधि के इतस्ततः रुदन कर रहे हों। निदान इन बातों का ध्यान करके वह आप ही आप रो रो कर कहने लगी "शोक! शोक!! इस समय व्यर्य मैंने ऐसी दृढ़ता प्रगट की, अभी से मेरी धैर्य्य और हृदय बल विनष्ट हुआ जाता है। हाय! फ्लोडोआर्डो जो कुछ मैंने इस निश्शीला जिह्वा से कहा वह मेरे हृदय में कदापि न था। अब मैं तुमसे स्नेह करती हूँ और सर्वदैव करूँगी चाहे कामिला असंतुष्ट अथवा अप्रसन्न हो और चाहे मेरे पूज्य पितृव्य मुझसे घृणा अथवा द्वेष करें"।

इस घटना के अल्प ही दिवसोपरांत उसको ज्ञात हुआ कि फ्लोडोआर्डो ने निज प्रकृति और प्रणाली बदल दी है और समग्र सहवासों और संगतों से पृथक रहता है। यदि कभी किसी मित्र के अनुरोध से किसी उत्सव में संयुक्त भी होता है तो उसका मुख मलीन और चित्त उदासीन रहता है और उसके ढंग से ज्ञात होता है कि वह किसी ऐसे ही सन्ताप से संतप्त हुआ है जिसका प्रभाव उसके हृदय पर अब तक शेष है। यह वृत्तान्त श्रवण कर रोज़ाविला के हृदय को अत्यन्त उद्विग्नता हुई और वह निज आयतन में जाकर रुदन करने लगी। उस दिन से सदा उसको इसी बात का संताप रहता था और वह प्रतिदिन क्षीण होती जाती थी, यहाँ तक कि कुछ दिनों में उसकी दशा पूर्णतया असन्तोषजनक और हीन हो गई और भूमिनाथ को उसके स्वास्थ्य में अंतर पड़ने की आशङ्का हुई। फ्लोडोआर्डो

के उदासीन होने और एकान्तवास स्वीकार करने का भी यही कारण था कि वह रोज़ाविला को जिसके कारण से वह समारोहों में संयुक्त हुआ करता था अब कहीं न पाता था।

अब यहाँ इस आख्यान को छोड़कर फिर उन विप्लवकारियों और विद्रोहियों की चर्चा प्रारंभ होती है जो अहर्निशि आंड्रियास और उसके शाशनाधिकार के नाश करने की चिन्ता में रहते थे और जिनकी संख्या प्रतिदिन बढ़ती जाती थी—यहाँ तक कि अब परोजी, मिमो, काण्टेराइनो और फलीरी को जो इस भयंकर विप्लव के अग्रगण्य थे अपने कार्य्य के सिद्ध होने के विषय में कुछ समाधान और विश्वास होता जाता था और वे पादरी गानूजेगा के प्रासाद में प्रायः एकत्रित होकर वेनिस की क्रान्ति और राज्य परिवर्तन के विषय में बहुत सी युक्तियाँ सोचते और उन पर विवाद और कथनोपकथन करते थे, परन्तु जितनी युक्तियाँ सामने आती थीं प्रत्येक से यही सिद्ध होता था कि उनका निर्धारण करने वाला केवल अपने ही प्रयोजन का ध्यान रखता है। किसी का यह अभिप्राय होता था कि किसी प्रकार ऋण से मुक्त हो तो उत्तम है, कोई अपनी कामना के सामने अपर सम्पूर्ण बातों को व्यर्थ समझता था, किसी के हृदय में नराधिप और उनके अन्तरङ्गों के धन का लोभ समाया हुआ था और कोई किसी के कल्पित अपराध पर उसका जीवन समाप्त करने की चिन्ता रखता था। अभिप्राय यह कि इन दुष्टात्माओं को, जो वेनिस का सत्यानाश अथवा और नहीं तो उसके प्रबन्ध की बुराई चाहते थे, अब पूरा भरोसा हो गया कि वह अपनी कामना के सिद्ध होने में सफल मनोरथ होगें, क्योंकि उन दिनो एक नवीन कर (टैक्स) के प्रचलित होनेसे वेनिस के लोग वहाँ के शाशकों से कुछ अप्रसन्न हो रहे थे। परन्तु यद्यपि कि इन लोगों के पास सम्पत्ति और सहाय दोनों वस्तुयें इतनी थीं कि वे अपनी कामनाओं को भली भाँति पूर्ण कर सकते थे और इस कारण अण्ड्रियास को जिसे अद्यपर्यन्त उनके नैश अधिवेशनों का तनिक भी भेद न ज्ञात हुआ था तुच्छ समझते थे तथापि उनका यह साहस नहीं होता था कि उस कार्य को बिना कतिपय लोगों को ठिकाने लगाये हुये कर डालें क्योंकि उनको सदा आशङ्का बनी रहती थी ऐसा न हो कहीं ठीक समय पर वे लोग कोई ऐसा बल डाल दें जिससे उनकी सारी युक्तियाँ मिट्टी में मिल जाँय। इस कार्य्य के सफल होने का भार वे डाकुओं पर डाले हुये थे और इस कारण से जिस समय उनको चारों डाकुओं के फाँसी पाने की बात ज्ञात हुई, वे अत्यन्त घबराये और उन्होंने यह समझा कि अब उनकी सम्पूर्ण आशायें विनष्ट हो गईं। परन्तु इस बात को सुन कर उनको जितनी व्यग्रता हुई थी उतना ही हर्ष उनको उस समय प्राप्त हुआ जब कि अबिलाइनो ने सम्पूर्ण वेनिस को सावधान कर दिया कि अब तक वेनिस में डाकुओं का चचा विद्यमान है, जो बिद्रोही चाहे उससे सहायता ले। विज्ञापन के देखते ही वे लोग मारे हर्ष के उछल पड़े और एक मुँह से कह उठे कि यही मनुष्य हमारे गाँवका है। उस दिन से उनको यह चिन्ता हुई कि जैसे सम्भव हो अबिलाइनो को अपना सहायक बनाओ।

यह अभिप्राय उनका अति शीघ्र सफल हो गया क्योंकि एक तो वे उस दुष्ट की खोज में रहते थे और दूसरे वह स्वयं उनसे मिलना चाहता था, अतएव थोड़े ही दिनों में वह उनके समाजों में सम्मिलित होने लगा परन्तु प्रत्येक कार्य्य के लिये उनके बूते से अधिक पुरस्कार माँगता था।

परोजी और उसके सहकारी सबके प्रथम कुनारी का नाश चाहते थे क्योंकि उसका सम्मान नृपति महाशय के निकट और लोगों से अधिक था और उन्होंने पादरी गान्जेगा के स्थान पर उसको राज्य के एक बड़े पद पर नियुक्त किया था। इसके अतिरिक्त उस पुरुष के चातुर्य्य से वे प्रत्येक समय काँपते रहते थे। कि ऐसा न हो कि कहीं वह भेद जान ले और हम लोगों की सम्पूर्ण आशाओं को मिट्टी में मिला दे। इन कारणों से उन्होंने अबिलाइनो से कुनारी के मार डालने की कामना प्रगट की, परन्तु वह उसी एक व्यक्ति के लिये बहुत मुद्रायें माँगता था। उसका कथन था कि तुम मुझे इतनी मुद्रायें प्रदान करो तो मैं तुमसे पक्का वादा करता हूँ कि आज की रात के बाद फिर कुनारी तुमको कभी दुःख न दे सकेगा। चाहे उसे कोई स्वर्ग में ले जाय अथवा नरक में छिपाये मैं उसे अवश्य मारूँगा। अब वह क्या कर सकते थे अबिलाइनो ऐसा पुरुष न था, जो मुँह माँगे पारितोषिक में न्यूनता करता और पादरी महाशय को यह उद्विग्नता थी कि किसी प्रकार फिर उसी पद पर नियुक्त हूँ–परन्तु यह बात कुनारी के विनाश पर निर्भर थी इसलिये विवश होकर उनको अबिलाइनो को मुँह माँगा पुस्कार देना पड़ा, और दूसरे दिन कुनारी नृपति महाशय का प्राणोपम मित्र और वेनिस का महत्व संसार से उठ गया। जिस समय उन दुष्टों को यह समाचार ज्ञात हुआ उन्होंने पादरी महाशय के आवास में परमानन्द से मदपान किया, और परस्पर आनन्द और हर्ष के साथ बधाइयाँ दी गईं परन्तु नृपति महाशय की भय और आश्चर्य से बुरी गति थी। उन्होंने नगर और अपने राज्य भर में ठौर ठौर यह सूचना दे दी और घोषणा कर दी कि जो व्यक्ति कुनारी के नाशक का पता लगायेगा उसे दश सहस्र स्वर्ण मुद्रा पुरस्कार मिलेगा। इस घोषणा के कुछ दिनों बाद ही वेनिस के मुख्य मुख्य स्थानों पर एक पत्र लगा हुआ दृष्टिगोचर हुआ जिसका यह आशय था।

"ऐ वेनिस निवासियो! तुम लोग कुनारी के नाशक का नाम जानना चाहते हो, इसलिये तुमको व्यर्थ के असमंजस से बचाने के लिये मैं शपथ करके कहता हूँ कि मैं अबिलाइनो उसका नाशक हूँ। दो बार मैंने अपना कटार उसके हृदय में भोंक दिया और फिर मत्स्यनिकरों के खादन के लिये उसका शव तरङ्गिणी में फेंक दिया। महाराज ने घोषणा की है कि जो व्यक्ति कुनारी के नाशक का अनुसन्धान लगायेगा उसे बीस सहस्र स्वर्ण मुद्रायें मिलेंगी और मैं अबिलाइनो सूचित करता हूँ कि जो व्यक्ति उसे पकड़ेगा मैं अपनी ओर से उसे तीस सहस्र स्वर्ण मुद्रायें प्रदान करूँगा–प्रणाम–आप लोगों का सेवक अबिलाइनो बाँका"।

पंचदश परिच्छेद

अबिलाइनो की इस नवीन धृष्टता पर जिसका वर्णन परिच्छेद के अन्त में हो चुका है वेनिस के सब लोग अत्यन्त क्रुद्ध हुए और उसके पकड़ने का प्रयत्न तन मन से करने लगे। इसका कारण यह था कि वेनिस राज्य के स्थापित होने के समय से लेकर उस समय पर्यन्त किसी चोर अथवा डाकू को इतना साहस न हुआ था कि वहाँ की प्रख्यात पुलिस के साथ ऐसी तुच्छता से व्यवहार करे जैसी कि अबिलाइनो के विज्ञापन से प्रगट थी और न तब कि नृपति महाशय का सामना किसी ने इस धृष्टता के साथ किया था। इस दुर्घटना के कारण सम्पूर्ण नगर में हलचल मच गई थी। जिसको देखिये वह अबिलाइनो के अनुसन्धान में था, प्रहरी अधिक कर दिये गये थे, पुलिस प्रत्येक ओर पता लगाती फिरती थी परन्तु किसी को अबिलाइनो का तनिक भी सुनगुन हस्तगत न होता था।

इसके अतिरिक्त पादरी इत्यादि ईश्वराराधन के समय वर याचना करते और मनौती मानते थे कि ऐ परमेश्वर इस दुष्टात्मा को अपने कोपानल में भस्म कर। युवती स्त्रियाँ अबिलाइनो के नाम से अचेत हो जाती थीं क्योंकि उनको सदा खटका रहता था। ऐसा न हो कहीं अबिलाइनो मेरे समीप भी वैसे ही आकर उपस्थित हो जैसे कि रोज़ाविला के समीप आया था। अब रहीं बृद्ध स्त्रियाँ वे इन बातों पर सहमत थी कि अबिलाइनो ने अपने को दुर्दैव के हाथ बेच डाला है और उसकी सहायता से वेनिस निवासियों के साथ ऐसी दुष्टता करता है। पादरी गानूजेगा और उनके सहबासियों को अपने नूतन सहकारी पर अभिमान(फख़र) था। और उनको पूर्ण आशा हो गई थी कि अब हमारे सम्पूर्ण कार्य्य सिद्ध हो जायँगे। बेचारे कुनारी के स्त्री-पुत्रतादि अबिलाइनो के लिये परमेश्वर से उसकी अनिष्ट के प्रार्थी थे और यह चाहते थे कि उनकी अश्रु प्रवाहजनित सरिता उस दुष्टात्मा को बहा ले जाय जो उनके बंश की अवनति का कारण हुआ। परन्तु कुनारी की मृत्यु का शोक जितना नृपति महाशय और उनके दोनों मन्त्रदाताओं को था, अन्य को न था, उन लोगों ने निश्चय कर लिया था कि जब तक हम लोग उस दुष्ट के रहने का स्थान न खोज लेंगे, और उसको दण्ड न दे लेंगे उस समय तक हमारे लिये सुख और आराम अबिहित होगा।

एक दिन नृपति अण्ड्रियास अपने मुख्य आयतन में अकेले बैठे हुए थे कि अकस्मात् उनको अबिलाइनो का कुछ स्मरण हो आया और वह स्वगत कहने लगे "अच्छा जो कुछ हुआ सो हुआ पर इसमें संदेह नहीं है कि यह अबिलाइनो अद्भुत व्यक्ति है क्योंकि जो पुरुष ऐसे कार्य्य कर सकता है जैसे इस समय पर्य्यन्त अबिलाइनो ने किये हैं उसमें (पूर्ण विश्वास है कि) योग्यता और पराक्रम इतना होगा कि यदि उसके अधिकार में कुछ सेना हो तो वह आधे संसार को विजय कर ले। परमेश्वर करता कि मैं भी उसको एक बार अवलोकन कर लेता"।

"अच्छा ऊपर देखिये" यह वाक्य अबिलाइनो ने ललकार कर कहा और उसी के साथ महाराज के कन्धे पर धीरे से ठोंक दिया। अण्ड्रियास चौंक उठा। क्या देखता है कि उसके सम्मुख एक पर्वत से डील डौल का मनुष्य असित परिच्छद धारण किये खड़ा है और उसका ऐसा भयानक स्वरूप है कि विश्व में वैसा किसी का न होगा। नृपति महाशय ने घबरा कर पूछा "तू कौन है"।

अबिलाइनो–"तू मुझे देखता है और फिर भी पहचान नहीं सकता? मैं अबिलाइनो तुम्हारे स्वर्गीय कुनारी का मित्र और इस राज्य का आश्रित सेवक हूँ"।

अबिलाइनो की इस धृष्टता से उस समय वीर अण्ड्रियास का धैर्य कतिपय क्षण के लिये हाथ से जाता रहा। जिसे कभी स्थल अथवा जल संग्राम से भय उत्पन्न नहीं हुआ था और जिसका साहस किसी भयोत्पादक घटना के कारण से न छूटा था उस पर अचाञ्चक ऐसा आतंक छा गया कि वह कुछ काल पर्यन्त अबिलाइनो को जो अत्यंत निर्भयता और निश्शंकता के साथ अण्ड्रियास के सामने खड़ा था चित्रसदृश परिचालना हीन होकर देखता रहा। यह दशा देखकर अबिलाइनो ने अण्ड्रियास से निर्भयों की भाँति संकेत किया और अत्यन्त विलक्षणता से कीशों के समान दन्तदर्शनपूर्वक हास्य किया। जब नृपति महाशय को चैतन्य प्राप्त हुआ तो उनकी जिह्वा से यही निकला कि "अबिलाइनो तू इस योग्य है कि मनुष्य तुझसे त्रस्त हो और घृणा करे"।

अबिलाइनो–"मैं इस योग्य हूँ कि मनुष्य मुझसे भयभीत हो! तू भी ऐसा विचार करता है? अच्छा, मैं इसको श्रवण कर अत्यन्त प्रफुल्लित हुआ। मैं इस योग्य हूँ कि मनुष्य घृणा करे, कदाचित मैं ऐसा हूँ अथवा नहीं हूँ। मैं स्वीकार करता हूँ कि प्रगट में मेरे जैसे कर्म हैं उनसे निस्सन्देह यही आशा हो सकती है कि कोई मुझे हृदय में अच्छा न समझता होगा पर यह बात पक्की है कि हम और तुम दोनों एक ही मार्ग पर गमन कर रहे हैं, क्योंकि वेनिस में इस समय हमीं दो बड़े व्यक्ति हैं, तुम अपने ढङ्ग पर और मैं अपने डङ्ग पर"।

उसके इस निशृशंक संभाषण पर नृपति महाशय को बड़ी हँसी आई॥

अबिलाइनो–"न न न महोदय मेरे कथन को असत्य समझ कर न हँसिये , मान लिया कि मैं डाकू हूँ, पर मैं महाराज की समानता निस्सन्देह कर सकता हूँ मेरे निकट

यह कोई महत्व की बात नहीं है कि मैं अपने को ऐसे व्यक्ति के तुल्य कहता हूँ जो मेरे अधिकार में है और इसलिये मेरे अधोभाग में उसका संस्थान है" ॥

अब नृपति महाशय इस रीति से उठकर खड़े हुये जैसे उनकी इच्छा निकल भागने की हो। इस पर अबिलाइनो ने असभ्य रीति से अट्टहास किया और उनका पथावरोध कर कहा " ऐसी शीघ्रता नहीं, क्योंकि संयोग से कभी दो ऐसे बड़े लोग ऐसे संकीर्ण और संकुचित स्थान में जैसी यह कोठरी है एकत्र होते हैं। तुम जहाँ हो वहीं ठहरे रहो, अभी तुमसे कुछ और बातें करनी हैं"।

अण्ड्रियास—(अत्यन्त गंभीरता से) "सुन ऐ अबिलाइनो परमेश्वर ने तुझमें योग्यता कूट कूट कर भरी है फिर तू उन्हें इस प्रकार क्यों व्यर्थ व्यय करता है। मैं तुझसे सत्यता पूर्वक वचन बद्ध होता हूँ कि यदि तू उस पुरुष का नाम बतला दे जिसने कुनारी का बध कराया, अपनी जीवनवृत्ति से घृणा करे और इस राज्य की सेवा स्वीकार करे, तो मै तेरे अपराधों को क्षमा कर दूँ और अगत्या तेरा सहायक रहूँ यदि यह भी तुझे स्वीकार न हो तो तत्काल वेनिस के राज्य से निकल जा नहीं तो मैं शपथ करता हूँ कि"॥

"अहा! आप क्षमा और सहायता की चर्चा करते हैं, बहुत काल हुआ कि मैंने ऐसी व्यर्थ बातों का ध्यान छोड़ दिया। अबिलाइनो आप अपनी रक्षा बिना दूसरे व्यक्ति की सहायता के कर सकता है। रही क्षमा सो कोई मनुष्य मुझे ऐसे अपराधों से जो मैंने किये हैं मुक्त नहीं कर सकता। उस दिन जब कि सब लोग निजकृत अपराधों की तालिका अर्पण करेंगे मैं भी अपनी उपस्थित करूँगा परन्तु अभी कदापि नहीं। आप उस पुरुष का नाम जानना चाहते हैं। जिसने कुनारी को मेरे पुष्टकरों से बध कराया? अच्छा आपको ज्ञात हो जायगा परन्तु आज नहीं। आप कहते हैं कि मैं वेनिस से निकल जाऊँ? क्यों? मैं वेनिस से नहीं डरता, वरन वेनिस मुझसे स्वयं भय करता है। आपकी इच्छा है कि मैं अपने काम को छोड़ दूँ बहुत उत्तम परन्तु एक नियम के साथ।"

अण्ड्रियास—(परमानुराग से) "कहो! यदि तुमको दश सहस्त्र स्वर्ण मुद्रायें मिलें तब तो यहाँ से चले जावोगे?"।

अबिलाइनो—मैं आप तुमको अत्यन्त प्रसन्नता से द्विगुण दूँगा यदि तुम अपने इस अयोग्य विचार को छोड़ दो कि अबिलाइनो ऐसे तुम द्रव्य को अंगीकार करेगा। नहीं अण्ड्रियास केवल एक ही रीति मुझे प्रसन्न करने की है! तुम अपनी भ्रातृजा का विवाह मेरे साथ कर दो क्योंकि मैं रोज़ाविला पर मोहित हूँ"।

अण्ड्रियास—"ऐ दुष्टात्मा यह कैसा अपमान है"।

अबिलाइनो—(अट्टहास करके) "सुनो चचा क्या तुम मेरे कथन को न स्वीकार करोगे?"।

अण्ड्रियास—"तुम जितनी मुद्रायें चाहो मैं अभी उपस्थित करूँगा परन्तु इस नियम

के साथ कि तुम अभी वेनिस निकल जावो। यदि वेनिस को दश लक्ष स्वर्ण मुद्रायें भी देनी पड़ेंगी, तो वह अपना लाभ समझेगा क्योंकि उसकी वायु तुम्हारे विषमय श्वास से परिष्कृत हो जायगी।

अबिलाइनो–"सच कहो! तुम्हारे निकट मानो दश लक्ष मुद्रा बहुत है, अभी मैंने पंच लक्ष स्वर्ण मुद्रा पर तुम्हारे दोनों मित्र लोमेलाइनो और मानफ्रोन के बध करने का बीड़ा लिया है! यदि रोज़ाविला को मुझे अर्पण करो तो मैं अभी इस कर्म से हाथ उठाता हूँ"।

अण्ड्रियास–"हा! दुष्टात्मा अभागे! तेरे ऊपर परमेश्वर का कोप भी नहीं होता"।

अबिलाइनो–"अच्छा तो ज्ञात हुआ कि आप मेरे कथन को न स्वीकार कीजियेगा, स्मरण रखिये कि साठ दण्ड के बाद मानफ़शे और लोमेलाइनो जलचरों के भक्ष्य होंगे। बस अबिलाइनो ने कह दिया"॥

यह कहकर अबिलाइनो ने अपनी बगल से एक पिस्तौल निकाली और उसे अंड्रियाय के मुख पर छोड़ दी। अण्ड्रियास बारूद के धूम्र और पिस्तौल के अचाञ्चक छूटने से व्यस्त होकर हट गये और एक सज्या पर गिर पड़े। परन्तु कुछ काल के बाद जब उनको चेतना हुई तो वह अपने स्थान से बेग से उठे, इसलिये कि सिपाहियों को पुकारें और अबिलाइनो को पकड़वायें परन्तु अबिलाइनो इतने समय में अन्तर्हित हो गया था।

उसी दिन सन्ध्या-समय परोजी, और उसके मित्र, पादरी गानूज़ेगा के प्रशस्त प्रासाद में एकत्र थे, पात्रों में भाँति-भाँति के व्यंजन और पदार्थ भरे हुए थे और मदपान उमंग से हो रहा था। प्रत्येक व्यक्ति प्रलाप में उन्मत्त था। पादरी गानूज़ेगा कह रहे थे कि मैंने इन दिनों महाराज के स्वभाव में अधिकार लाभ किया और उनके हृदय में यह बात बैठाल दी है कि तुम लोग मान्य पदों पर नियुक्त किये जाने के योग्य हो। काण्टेराइनो का अनुमान था कि कुनारी के पद पर मैं नियुक्त किया जाऊँगा, परोजी समझता था कि रोज़ाविला मेरे हस्तगत होगी और जब वह दोनों कंटक लोमेलाइनो और मानफ़रो निकल जायेंगे तो उनमें से किसी का पद प्राप्त हो जायगा। अभिप्राय यह कि इसी प्रकार की बातचीत परस्पर हो रही थी कि घड़ियाली ने बारह का गजर बजाया, द्वार का कपाट अकस्मात् खुल गया और अबिलाइनो उन लोगों के सामने आकर विद्यमान हुआ।

अबिलाइनो–"सुरा दो! सुरा! मैं उनाका नाश कर चुका लोमेलाइनो और मानफ़रो जलचरों का न्योता करने गये।" इस शुभ समाचार को श्रवण कर सब उछल पड़े, और अबिलाइनो को आश्चर्य्य की दृष्टि से अवलोकन करने लगे।

अबिलाइनो–"और मैंने महाराज को भी ऐसा डरा दिया है कि कदाचित् कठिनता से उनकी सुधि ठिकाने होगी। अब कहो तुम लोग मुझसे प्रसन्न हुए?"।

परोजी–"अब फ्लोडोआर्डो का वध करना चाहिये"।

अबिलाइनो–(दाँत पीसकर) "फ्लोडोआर्डो का, यह कोई साधारण बात नहीं है।

षोडश परिच्छेद

इस समय जब कि वेनिस में प्रतिदिन एक नवीन घटना घटित होती थी रोज़ाविला की मांदगी में कुछ भी न्यूनता न थी वरन् वह दिन दूनी रात चौगुनी होती थी। उसके रोग की वास्तवता से कोई अभिज्ञ न था परन्तु प्रगट में सब लोग देखते थे कि उसकी दशा हीन होती जाती है, और वह नवयौवन, वह सुन्दर स्वरूप, और वह माधुर्य्य सब बिनष्ट हुआ जाता है! प्रेम महाशय की सहायता से अब उसकी यहाँ तक दशा पहुँची थी कि जीवन भारी था। फ्लोडोआर्डो का सजीला डील, हास्य विशिष्ट मुख और तिरछी चितवन उसकी दृष्टि में वेढंग समा गई थी और वह प्रत्येक समय उसकी दृष्टियों में फिरा करता था। परन्तु यदि रोज़ाविला की यह दशा थी तो फ्लोडोआर्डो की दशा इससे कब उत्तम हो सकती थी। उसने सकल सहवासों से विरक्ति ग्रहण की थी, केवल निजायतन से सम्बन्ध रखता था और अपने विचारों के सटीक अथवा यथावत् रखने के लिये दूर-दूर का अटन करता था, परन्तु जहाँ जाता था दुष्ट प्रेम छाया की भाँति पीछा न छोड़ता था। इस बार उसे गये हुये तीन सप्ताह हो चुके थे परन्तु किसी को यह न ज्ञात था कि वह किस नगर में है। उसकी अनुपस्थिति में मोनालूडश्री का राजकुमार जिसका विवाह रोज़ाविला के साथ निश्चित हो चुका था अपना परिणय करने के लिये वेनिस में आया परन्तु एक मास प्रथम महाराज को उसके आने का समाचार श्रवण कर जितना हर्ष होता अब शेष न था। इसके अतिरिक्त रोज़ाविला भी रोगाक्रांत होने के कारण उस समागत से समागम नहीं कर सकती थी, और न उसको इतना समय प्राप्त हुआ कि वह निरोग हो जाने के उपरांत उसकी अभ्यर्थना करे क्योंकि वेनिस में आने के छठे दिवस उसे लोगों ने एक मुख्य राज्योपवन में मृतक पाया। उसकी करवाल लहू भरी पड़ी थी और उसकी नोटबुक गुम थी, उसका केवल एक पत्र हस्तगत हुआ, जिसे किसी ने उक्त पुस्तक से निकाल कर शोणित द्वारा यह लिखकर उसके वक्षस्थल पर लगा दिया था "जो पुरुष रोज़ाविला के साथ पाणिग्रहण करने की आकांक्षा करेगा उसके लिये यही दण्ड उचित होगा" "अबिलाइनो बाँका"।

जब यह समाचार महाराज के कर्णगत हुआ तो उनकी संज्ञा नष्टप्राय हो गई, और वह शोक से विह्वल होकर कहने लगे "हाय! अब मैं कहाँ पलायित होकर जाऊँ, ऐसे

दुस्समय में फ्लोडोआर्डो भी नहीं है, कि मेरा समाधान तो करता।" अब महाराज को अहर्निशि यही ध्यान था, कि किसी प्रकार फ्लोडोआर्डो यहाँ आ जाता तो अतीवोत्तम होता, इसलिये कि ऐसी आपदा में उनकी सहायता करता। बारे परमेश्वर की अनुकंपा से उनकी मनोकामना सफल हुई, और फ्लोडोआर्डो यात्रा समाप्त करके फिर आया।

अण्ड्रियास—"प्रियवर! धन्य! अच्छे अवसर पर तुम आये, अगत्या तुम कभी मेरी दृष्टि से दूर न होना, मैं इस समय बिना आत्मरक्षक और सहायक का हो रहा हूँ, तुमने सुना होगा कि लोमेलाइनो और मानूफरोन"।

फ्लोडोआर्डो—(शोकितों का सा स्वरूप बनाकर) "मैं सब जानता हूँ"।

अण्ड्रियास—ऐसा ज्ञात होता है कि किसी महाराक्षस ने पुनर्जन्म ग्रहण किया है और अब वेनिस में अबिलाइनो नाम रखकर मेरे सत्यानाश के लिये बद्धपरिकर है। अथवा प्रेत (शैतान) शृंखल तुड़ाक कर पलायित हुआ है और अब वेनिस में अबिलाइनो कहलाकर मेरे उत्पीड़न में निरत है। परमेश्वर के लिये फ्लोडोआर्डो तुम सावधान रहना तुमारे पीछे मुझे प्रायः विचार हुआ है कि ऐसा न हो कि वह दुष्टात्मा मुझको तुमारे वियोग के संताप से संतप्त करे मुझे अभी तुमसे बहुत सी बातें करनी हैं इसलिये तुमको सन्ध्या समय तक ठहरना होगा। इस समय एक प्रदेश से एक माननीय व्यक्ति आये हैं उनसे समागम करने का मैंने यही समय नियत किया है, अतएव मैं समागम के कमरे में जाता हूँ परन्तु सन्ध्या को—"।

वह अपनी बात समाप्त न करने पाये थे कि रोज़ाविला निर्बलता के कारण शनैः शनैः पद रखती हुई आई! उसका जाज्वल्यमान मुख पीतवर्ण हो रहा था, और दुर्बलता से नेत्रों के आस पास गर्त्त से पड़ गये थे, परन्तु जब उसने फ्लोडोआर्डो को देखा तो आनन्द उद्रेक की अधिकता से पाटलकुसुम कलिका के समान विकसित हो गई। फ्लोडोआर्डो ने अपने स्थान से उठ कर अत्यन्त औचित्य के साथ उसकी बन्दना की और पुनः बैठ गया।

अण्ड्रियास—"देखो तुम अभी न जाना, कदाचित् मुझे दो घड़ी में अवकाश मिल जाय, इस बीच में तुम मेरी प्राणोपम पुत्री रोज़ाविला का जी बहलाओ, तुम्हारे पीछे वह वेचारी बहुत बीमार थी, और अभी गत दिवस पलँग पर से उठी है, मेरा विचार है कि रोज़ाविला को अभी इतनी शीघ्रता करनी उचित न थी।

यह कहकर महाराज तो आयतन के बाहर सुशोभित हुये और वह दोनों प्रेमी और प्रेयसी उक्त आयतन में एकाकी रह गये। रोज़ाविला एक गवाक्ष के समीप जाकर खड़ी हुई कुछ कालोपरांत फ्लोडोआर्डो भी वहीं जा पहुँचा।

सप्तदश परिच्छेद

हम पहले वर्णन कर चुके हैं कि अण्ड्रियास रोज़ाविला को फ्लोडोआर्डो के निकट एकाकी छोड़ कर बाहर चला गया और दोनों एक प्रशस्त गवाक्ष के समीप जाकर खड़े हुये। कुछ कालोपरान्त फ्लोडोआर्डो ने चित्त कड़ा करके कहा "राजात्मजे! तुम अब भी मुझसे अप्रसन्न और रुष्ट हो?"।

रोज़ाविला—"मैं तुमसे कदापि रुष्ट नहीं हूँ" यह कहकर वह उपबन के वृत्तान्त को स्मरण करके अत्यन्त लज्जित हुई।

फ्लोडोआर्डो—"अच्छा तो आपने मेरा अपराध क्षमा कर दिया"।

रोज़ाविला—(ईषत् हास्य करके) "तुम्हारा अपराध! निस्सन्देह! यदि अपराध था तो मैंने सम्पूर्ण क्षमा कर दिया क्योंकि जो लोग मरने के सन्निकट हों उन्हें उचित है कि औरों का अपराध क्षमा कर दें इसलिये कि इसके बदले में परमेश्वर उनके अपराधों को क्षमा करे और मुझे पूर्ण विश्वास है कि मैं अब कुछ दिन की ही मेहमान हूँ।

फ्लोडोआर्डो—"राजकन्यके!"

रोज़ाविला। न, न, इसमें तनिक सन्देह नहीं है, मान लिया कि अभी कल पलँग पर से उठी हूँ परन्तु मैं भली-भाँति जानती हूँ कि अति शीघ्र फिर गिरूँगी और इस बार मेरा जीवन समाप्त ही हो जावेगा, इसलिये (कुछ रुककर) इसीलिये मैं महाशय आपसे क्षमा प्रार्थना करती हूँ और चाहती हूँ कि प्रथम सम्मिलन के समय मैंने जो कुछ आपका अपराध किया हो उसको आप हृदग से भूल जावें।

फ्लोडोआर्डो ने इसका कुछ उत्तर न दिया।

रोज़ाविला—"क्यों महाशय! तो आप न क्षमा कीजियेगा आप अत्यन्त कठोर ज्ञात होते हैं"।

फ्लोडोआर्डो ने उसका स्वरूप देख कर बनावट से मुस्करा दिया, परन्तु अवलोकन करने से उसके मुख से स्पष्ट आन्तरिक दुःख का विकास होता था। रोज़ाविला ने अपना हाथ उसकी ओर बढ़ाया।

रोज़ाविला—"क्यों आप स्वच्छ हृदय से मुझसे हाथ न मिलाइयेगा, और अपने हृदय

से सब बातों को न भुलाइयेगा?"

फ्लोडोआर्डो—"राजकन्यके भुलाना? कदापि नही? कदापि नहीं? आपके एक-एक शब्द का चिन्ह मेरे हृदय पर ऐसा हो गया है कि मरणकाल पर्यंत न मिटेगा, हाय! मैं उन बातों को कैसे भूल सकता हूँ जिससे मेरा मर्म वेध हुआ है, मैं उस वृत्तान्त को जो आपके और मेरे स्नेह का साक्षी है कथमपि भूल नहीं सकता! उसका प्रत्येक भाग अनमोल और अद्वितीय है। रहा क्षमा करना (रोज़ाविला का करकमल सादर चुम्बन कर) परमेश्वर करता कि प्यारी तुमने मुझे वास्तव में अधिक संताप से संतप्त किया होता कि मैं तुमको क्षमा करता पर खेद का विषय है कि इस समय मैं तुमको क्या क्षमा करूँ"।

इतने कथोपकथन उपरांत दोनों कुछ कालपर्यंत मौन रहे, अंत को रोज़ाविला ने फिर बात छेड़ी।

रोज़ाविला—इस ओर तो आप बहुत दिनों तक बाहर रहे, क्या दूर की यात्रा की थी?"।

फ्लोडोआर्डो—"जी हाँ"।

रोज़ाविला—और आनन्द भी पूर्ण प्राप्त हुआ?"।

फ्लोडोआर्डो—"पूर्ण, जहाँ कहीं जाता था रोज़ाविला की प्रशंसा सुनता था"।

रोज़ाविला—(तनिक तीखी चितवन से परन्तु ऋजुता के साथ)" कौण्ट फ्लोडोआर्डो क्या आप फिर मुझे कुढ़ाना चाहते हैं"।

फ्लोडोआर्डो—"यह बात तो बहुत जल्द मेरे अधिकार से बाहर हो जायगी, कदाचित आप समझ गई होंगी की अब मेरी क्या कामना है"।

रोज़ाविला—"फिर यात्रा करने की"

फ्लोडोआर्डो—"जी हाँ, और इस बार वेनिस से गया तो फिर न आने की"।

रोज़ाविला—(अनुराग के साथ) फिर न आओगे? नहीं ऐसा क्या करोगे! हाय ! तुम मुझे छोड़कर चले जावोगे" यह कह कर वह अपनी मूर्खता पर अत्यन्त लज्जित हुई और फिर सँभल कर कहने लगी "मेरा अभिप्राय यह था कि तुम मेरे पितृव्य को छोड़ कर चले जावोगे? मैं अनुमान करती हूँ कि तुम परिहास कर रहे हो।"

फ्लोडोआर्डो—नहीं-नहीं! राजात्मजे मैं सत्य कहता हूँ और अबकी बार वेनिस से गया तो फिर नहीं आने का"।

रोज़ाविला—फिर भला आप जाइयेगा कहाँ?"

फ्लोडोआर्डो—मालूटा के द्वीप में, इसलिये कि वहाँ के निवासियों की, जो बरबरी के डाकुओं से संग्राम कर रहे हैं सहायता करूँ संभव है कि ईश्वरानुकम्पा से मैं किसी पोत का कमाउण्ड हो जाऊँ, उस समय मैं उसका नाम रोज़ाविला रखूँगा, और संग्राम समय भी रोज़ाविला का नाम लेकर युद्ध करूँगा, इससे परमेश्वर ने चाहा तो बैरी का प्रहार मुझ पर सफल न होगा"।

रोज़ाविला–“उहँ यह तो आप मेरा उपहास करते हैं मैंने आपके साथ कोई ऐसी बुराई नहीं की है कि आप इस निर्दयता के साथ मेरा मन दुःखी करें”।

फ्लोडोआर्डो–“राजात्मजे! इसीलिये तो मेरी इच्छा वेनिस से भाग जाने की है कि जिसमें आपका मन न दुःखी हो, मेरे रहने से क्या आश्चर्य्य है कि किसी समय आपको फिर क्लेश हो, अतएव उत्तम है कि मैं यहाँ से कहीं निकल जाऊँ, जिसमें आप तो सुख से रहें”।

रोज़ाविला–“तो वास्तव में आप महाराज को छोड़ कर चले जाइयेगा जो तुमारा हृदय से सत्कार करते हैं और तुमारे साथ अत्यन्त प्रीति रखते हैं”।

फ्लोडोआर्डो–“मैं उनकी प्रीति का अत्यन्त सम्मान करता हूँ परन्तु वह मेरे आनन्द के लिय पर्याप्त नहीं और यदि वह मुझे राज्य भी प्रदान कर दें तो भी मेरे समीप कुछ नहीं है”।

रोज़ाविला–“तो श्रेय के लिये यह आवश्यक है कि यहाँ से आप चले जाइये।

फ्लोडोआर्डो–“निस्सन्देह! वरन जितना मैंने वर्णन किया है उससे भी कुछ अधिक पैर पड़कर याचना कर चुका” यह कह कर उसने रोज़ाविला का करकमल अपने हाथों में लेकर चुम्बन किया और फिर कहने लगा। “रोज़ाविला मैंने तुमसे पैर पड़कर निवेदन और प्रार्थना की और तुमने टका-सा उत्तर दे दिया”।

रोज़ाविला–“तुम अद्भुत व्यक्ति हो! इतने शब्द रोज़ाविला की रसना से कठिनता से निकले। फ्लोडोआर्डो ने उसे अपने समीप आकर्षण कर लिया और बहुत गिड़गिड़ा कर कहाँ ‘रोज़ाविला’।

रोज़ाविला–“आप मुझसे क्या चाहते हैं”।

फ्लोडोआर्डो–“मुझे अपनी सेवाकाई में स्वीकार करो”।

रोज़ाविला–“कुछ काल पर्यन्त उसे आश्चर्य की दृष्टि से देखती रही इसके उपरान्त उसने शीघ्रता पूर्वक अपना हाथ खींचकर कहा “मैं आज्ञा देती हूँ कि आप यहाँ से भी चले जाँय, परमेश्वर के लिये आप प्रस्थान कीजिये”।

उसकी इस कठोरता पर फ्लोडोआर्डो अपना हाथ दुःख से मलता हुआ धीरे-धीरे द्वार पर्यन्त गया। ज्योंही उसने देहली के बाहर पद रक्खा, और मुड़कर रोज़ाविला से सदा की बिदा माँगी कि अचानक रोज़ाविला दौड़ पडी़ और उसका हाथ लेकर निजोच्छलित हृदय पर रखने पीछे कहने लगी “फ्लोडोआर्डो मैं तेरी हूँ” इतने शब्द उसकी चंचला रसना से कठिनता से निकले थे कि वह उसी ठौर गिर पड़ी और अचेत हो गई।

अष्टादश परिच्छेद

इस उपन्यास के पाठकों को विगत परिच्छेद के आशय से ज्ञात हुआ होगा कि फ्लोडोआर्डो वास्तव में कैसा सद्भाग्य व्यक्ति था। प्रगट है कि जिस वस्तु की उसे बहुत काल से कामना थी, जिसके लिये उसने बीसियों आपत्तियों को क्रय किया था, शतशः संतापों को सहन किया था और सहस्रों दुःखों और क्लेशों को झेला था, वह अब प्राप्त हुई अर्थात् रोज़ाविला सी अप्सरा ने अपनी जिह्वा से उसकी प्रीति का प्रकाश किया। विचार कीजिये कि संसार में प्रेमी के लिये इससे अधिकतर प्रिय और कौन सा पदार्थ है कि उसकी प्रेयसी स्वयं प्रेमी बन जाय और उसे अपने संयोग की आशा दिलाये। ऐसे अवसर पर शरीरधारियों अथवा मानवों को जितना हर्ष होता है उसको प्रत्येक व्यक्ति अपने हृदयानुसार भलीभाँति अनुभव कर सकता है। हाँ! हम इतना निस्संदेह कह सकते हैं कि जहाँ तक परीक्षा की गयी है यही दृष्टिगोचर हुआ है कि जब किसी को यह घड़ी प्राप्त होती है तो उसके हाथ पाँव फूल जाते हैं वरन किसी किसी की तो जीवन यात्रा की गति तक रुक जाती है। संक्षेप यह कि उस समय मनुष्य को अपरिमित आनन्द होता है। यही गति फ्लोडोआर्डो की भी थी पर रोज़ाविला के अचेत हो जाने के कारण उसने अपने चित्त को सँभाल कर उसे पृथ्वी पर से उठाया और एस प्रशस्त पर्यंक पर एक उपधान के सहारे बैठाया। थोड़ी देर बाद रोज़ाविला ने नैत्रोन्मीलन किया और फ्लोडोआर्डो को अपने समीप बैठा देख कर स्नेह से अपनी ग्रीवा उसके उत्संग में डाल दी। अब क्या था दोनों प्रेम की मादकता में चूर, उत्फुल्लता समीप, शोक कोसों दूर, एक द्वितीय पर प्रीति पूर्वक दृष्टिपात करने और आगामी सुख को सोचने लगे, यह अनुमान ही न था कि हर्ष के दिन शीघ्र बीत जाते हैं और आपद के पुनः पलट आते हैं।

मनुष्य की जीवन–यात्रा में ऐसा अवसर कदाचित् एक ही बार आता है, अतएव बड़ा सद्भाग्य वह है जिसे वह प्राप्त है, और जो उसके रस का अनुभव भली भाँति कर सकता है। विद्वानों का कथन है कि ऐसे समय के उल्लास निपट अनुमान मूलक (ख्याली) होते हैं, और उतने ही अदृढ़ और निर्मूल होते हैं, जितना कि स्वप्न जो सत्यता और मनीषा की प्रखर गभस्तियों के अभिमुख लुप्त हो जाता है। परन्तु हम यह प्रश्न करते हैं कि संसार

में कोई भी आनन्द ऐसा है जिसका स्वाद विचार (ख़्याल) की सहायता के अभाव में प्राप्त होता हो? अस्तु अब मुख्य विषय की ओर प्रवृत्त होना चाहिये। कुछ काल बाद रोज़ाविला ने कहा "फ्लोडोआर्डो मैं तुम्हे प्राण से अधिकतर समझती हूँ" प्रत्युत्तर में उसने रोज़ाविला को अपने हृदय से लगा कर पहल पहले उसके शोणाधर का चुम्बन किया; अचाञ्चक उसी समय द्वार कपाट खट से खुल गया और नृपति अण्ड्रियास तत्काल गृह में प्रविष्ट हुए। उनके शीघ्र पलट आने का यह कारण था कि जिस मनुष्य के समागम के लिये वे गये थे वह दैवात् बीमार हो गया इसलिये उन्हें अधिक काल पर्य्यन्त बाहर न ठहरना पड़ा। महाराज के परिच्छेद की खड़खड़ाहट की ध्वनि से दोनों प्रेमी और प्रेयसी आमोद की निद्रा से चौंक पड़े। रोज़ाविला भय से चिल्लाकर पृथक् हो गई, और फ्लोडोआर्डो निज स्थान से उठ खड़ा हुआ परन्तु उसने किसी प्रकार की व्यग्रता नहीं प्रगट की।

अण्ड्रियास कुछ काल पर्य्यन्त दोनों को इस प्रकार घूरा किये जिससे सम्पूर्णतः कोप, खेद और निराशा टपकती थी। अन्त में उन्होंने एक शीतलोछ्वास भर कर आकाश की ओर अवलोकन किया और फिर चुपचाप लौट कर जाने लगे। इस समय फ्लोडोआर्डो ने जी कड़ा करके कहा "महाराज एक क्षण के लिये ठहर जाइये, शब्द सुनकर महाराज लौट पड़े। फ्लोडोआर्डो ने अपने को उनके युगल ललित पदों पर डाल दिया! अण्ड्रियास उसे कुछ काल तक अत्यन्त गम्भीरता के साथ देखते रहे और इसके उपरान्त कहने लगे फ्लोडोआर्डो यदि तुम अपने अपराध की क्षमा चाहते हो तो व्यर्थ है"।

फ्लोडोआर्डो ने अत्यन्त धृष्टता के साथ उत्तर दिया क्षमा चाहना, नहीं महाशय मैं रोज़ाविला पर मोहित होने के लिये क्षमा नहीं माँगता, वरन क्षमा मागना तो उसे चाहिये था जिसने रोज़ाविला को देखा होता और उस पर मोहित न हुआ होता परन्तु यदि रोज़ाविला पर मोहित होना अपराध है तो यह ऐसा अपराध है जिसे परमेश्वर भी क्षमा कर देगा क्योंकि परमेश्वर ने रोज़ाविला को इसी योग्य बनाया है कि मनुष्य उसकी पूजा करे"।

अण्ड्रियास—(तुच्छता के साथ) "तुम इस कल्पित रीति से निर्दोष बनने की वृथा चेष्टा करते हो, स्मरण रक्खो कि मुझसे यह कथन कर क्षमा ले लेना असम्भव है"

फ्लोडोआर्डो—(पृथ्वी से उठ कर) महोदय! मैं आपसे फिर निवेदन करता हूँ कि मैं रोज़ाविला पर मोहित होने के लिये क्षमा नहीं चाहता, वरन यह कहता हूँ कि आप उस प्रीति का सम्मान करें। सुनिये महाशय मैं आपकी भ्रातृजा पर मोहित हूँ, अतएव मेरी यह प्रार्थना है कि आप मुझे निज जमाई बनाने के लिए स्वीकार कीजिये।

फ्लोडोआर्डो की इस बातचीत से महाराज को बड़ा आश्चर्य्य हुआ। उसने फिर कहना प्रारम्भ किया "माना कि मैं एक अकिञ्चन और अपरिचित व्यक्ति हूँ, और आप को आश्चर्य होगा कि ऐसा पुरुष वेनिस के नृपति की उत्तराधिकारिणी के साथ विवाह करने के लिये प्रार्थना करे। परन्तु ईश्वर की शपथ है कि मुझको इस बात का पूर्ण विश्वास है

कि आप अपनी भ्रातृजा ऐसे पुरुष को न देंगे जिसके पास विभव और पृथ्वी अधिक हो और पद्वी भी बहुत सी रखता हो, अथवा जिसका सम्मान उसके पूर्व पुरुषों के कारण हो, परन्तु उसमें योग्यता तनिक भी न हो। मैं स्वीकार करता हूँ कि आज तक मुझसे कोई कार्य ऐसा नहीं संपन्न हुआ, कि जिसके बदले में मुझे रोज़ाविला सी अप्सरा मिल सके, परन्तु वह समय निकट है जबकि मैं ऐसे कार्य कर दिखाऊँगा नहीं तो इसी उद्योग में अपने जीवन से हाथ धोऊँगा।

इस समालाप और संभाषण को श्रवण कर महाराज ने क्रोध से मुख फेर लिया। उस समय रोज़ाविला दौड़कर अपने पितृव्य से लिपट गई और सप्रेम अपना हाथ उनकी ग्रीवा में डाल कर रुदन करने लगी।

फ्लोडोआर्डो–(फिर अण्ड्रियास की ओर निरीक्षण कर) "आप अपनी शर्तों को बतलाइये कि आप मुझसे क्या कहते हैं, निज मुखारबिन्द से कथन कीजिये मैं कौन सा कार्य सम्पादन करूँ, जिससे आप रोज़ाविला का विवाह मेरे साथ कर दें। जो कुछ आपके जी में आवे कह डालिये, कैसा ही कठिन कार्य क्यों न हो, पर मैं उसे एक खेल समान समझूँगा। मेरी तो यह इच्छा है कि परमेश्वर करता कि इस समय वेनिस के लिये कोई बड़ा संकट होता, और दश सहस्र मनुष्य आपका जीवन समाप्त करने की चिन्ता में होते, फिर आप देखते कि मै रोज़ाविला के मिलने की आशा पर वेनिस के संरक्षण और उन दश सहस्र मनुष्यों का विनाश करने में कितना परिश्रम करता, प्राण भय उपस्थित होने पर भी न टलता।

अण्ड्रियास–(सखेद मुसकान पूर्वक) "सुन ऐ फ्लोडोआर्डो मैं एक युग से इस देश की हितैषिता कर रहा हूँ, प्रायः इसकी रक्षा के लिये निश्शंक प्राण गँवाने पर तत्पर हो गया हूँ और कई बार इसी उद्योग में मेरे जीवन के पर्यवसान की आशंका तक उपस्थित हुई है, परन्तु इस बहुत बड़े उद्योग के बदले में मैंने इसके अतिरिक्त कि अपनी वृद्धावस्था सुख पूर्वक समाप्त करूँ और किसी विषय की कामना न की, परन्तु वह अभिलाषा सफल न होने पाई। मेरे बाल्य मित्र, मेरे प्राणोपम मित्र, और मेरे वृद्धावस्था के परामर्श दाताओं को, डाकुओं ने मुझसे पृथक् किया, और आज फ्लोडोआर्डो तुमने, जिसके साथ मैं प्रत्येक प्रकार का उपकार करने को तत्पर था, मेरे समाधान के शेष आश्रय को भी अपहरण कर लिया। अच्छा, रोज़ाविला बताओ कि तुम वास्तव में इनसे प्रीति करती हो?।

रोज़ाविला ने अपना एक कर तो नृपति महाशय की ग्रीवा में पड़ा रहने दिया और द्वितीय कर से फ्लोडोआर्डो का कर ग्रहण कर अत्यन्त प्यार से अपने हृदय पर रक्खा, परन्तु इस पर भी फ्लोडोआर्डो को धैर्य्य न था, क्योंकि ज्यों ही उसने नृपति महाशय का प्रश्न श्रवण किया, उसका मुख निस्तेज और पीत हो गया। यद्यपि कि उसने अपना हाथ रोज़ाविला के कर कमलों में दे दिया, पर एक बार अपना शिर इस रीति से हिलाया जैसे

किसी को संशय हो, और रोज़ाविला की ओर परमानुराग से अवलोकन करने लगा। अण्ड्रियास धीरे से रोज़ाविला से पृथक् हो गये, और कुछ काल तक आयतन में शोकितों का सा स्वरूप बनाये टहला किये। रोज़ाविला वहीं एक पर्यङ्क पर बैठ कर रुदन करने लगी, और फ्लोडोआर्डो अत्यन्त असन्तोष पूर्वक महाराज के वाक्य की प्रतीक्षा करने लगा।

एकोनविंशति परिच्छेद

कुछ काल तक सन्नाटे का सा समा राह, और प्रत्येक व्यक्ति अपने विचारों में मग्न था। अण्ड्रियास की चेष्टा से सिद्ध होता था कि वह फ्लोडोआर्डो के लिये कोई कठिन कार्य्य निर्धारण कर रहे हैं। उस समय फ्लोडोआर्डो और रोज़ाविला की यही अभिलाषा थी कि जो वाद विवाद उपस्थित है किसी प्रकार समाप्त हो, परन्तु इसी के साथ उनको यह भी आशंका थी कि ऐसा न हो कि महाराज कोई दुस्साध्य कार्य्य बतलावें जिसका सिद्ध होना दुस्तर हो, इस कारण उनका असमञ्जस प्रतिक्षण अधिकाधिक हो रहा था।

अन्त को महाराज ने अकस्मात् मध्य आयतन में खड़े होकर फ्लोडोआर्डो का आह्वान किया। फ्लोडोआर्डो अत्यन्त सम्मान पूर्वक उनके समीप गया।

अण्ड्रियास—"सुन ऐ युवा मैं इस विषय मे पूरी विवेचना कर चुका और अब अपनी अनुमति प्रगट करता हूँ। ज्ञात हुआ कि रोज़ाविला तुझसे प्रीति करती है, और मैं उसको इस विचार से कदापि निरस्त न करूँगा, परन्तु रोज़ाविला ऐसी बहुमूल्य वस्तु है कि मैं उसे किसी राही को (जो पहले पहल उसकी कामना करे) नहीं दे सकता। हाँ! इस नियम द्वारा यह बात संभव है, कि उस व्यक्ति में ऐसे पारितोषिक लाभ करने की योग्यता हो और उसी को रोज़ाविला उसकी सेवाओं के बदले में दी जायगी, मेरी अनुमति है कि कोई व्यक्ति चाहे कैसी ही बड़ी सेवा क्यों न करे उसके लिये यह पुरस्कार पूर्णतया उचित होगा। अबतक तुमने जो सेवा इस राज्य की है वह कुछ अधिक नहीं है, अब निस्सन्देह तुम्हारी कार्यकारिणी शक्ति देखने का अवसर आता है, और वह यह है कि तुम कुनारी, मानफ़रोन, लोमेलाइनो के नाशक को पकड़ लाओ। अर्थात् तुम अबिलाइनो को जिस प्रकार संभव हो यहाँ लाकर प्रस्तुत करो। यदि जीवित ला सको तो अति उत्तम, नहीं तो उसका शिर ही सन्तोषजनक होगा।

इस संभाषण को सुन कर फ्लोडोआर्डो अवसन्न हो गया। उसके मुख का वर्ण पीला पड़ गया, एवं संज्ञा और चेतना सपाटू पर हो रहीं। अन्त को उसने अपने को ज्यों त्यों सँभाल कर यह कहा "महाशय आप भली भाँति जानते हैं कि—"

अण्ड्रियास—मैं भली-भाँति जानता हूँ कि कतना कठोर कार्य मैंने तुमको सौंपा है।

उनके विषय में मैं कहता हूँ कि यदि मुझे कोई अकेले एक पोत लेकर तुर्कों के सकल पोतों के बेड़े से सहस्त्रबार मार्ग काट कर निकल जाने को कहे तो इससे कहीं उत्तम समझूँगा कि अबिलाइनो को जिसने स्वयं शैतान को अपना पक्षपाती बना रक्खा है पकड़ूँ! सच पूछिये तो मैंने आज तक ऐसा मनुष्य न देखा न सुना जो प्रत्येक स्थल पर उपस्थित और विद्यमान हो। और कहीं न हो। जिसे बहुत से लोगों ने देखा हो परन्तु कोई पहचान न सकता हो। जिसने वेनिस की विख्यात पुलिस को, गुप्तचरों और अनुसंधानकारियों को चकित कर दिया हो। और जिसके नाम श्रवण से वेनिस के बड़े-बड़े वीर कम्पित होते हों। और तो और मैं स्वयं अपने को उसकी यमधार से सुरक्षित नहीं समझता। अतएव इसी से समझ लो कि मैं भली भाँति जानता हूँ कि कैसा कठोर कार्य तुमको सौंपा गया है। परन्तु यह भी स्मरण रक्खो कि उसके बदले में कैसी अप्राप्य और अलौकिक एवम अनुपम वस्तु देने का वादा करता हूँ। परन्तु तुम तो कुछ शिथिल से ज्ञात होते हो, मौन क्यों हो अपना विचार क्यों नहीं प्रगट करते? फ्लोडोआर्डो मैं तुमको सदा विचार की दृष्टि से देखता आया हूँ, और मैंने तुममें कतिपय चिन्ह उत्कृष्टता और योग्यता के पाये हैं, अतएव इस कारण से मैंने तुमको इस कार्य पर नियुक्त किया है। यदि संसार में कोई व्यक्ति अबिलाइनो का सामना कर सकता है तो वह तुम हो। मैं तुमारे उत्तर की प्रतीक्षा करता हूँ"।

फ्लोडोआर्डो स्तब्ध और मौन आयतन में टहला किया। उसके मौन रहने का कारण प्रत्येक व्यक्ति समझ सकता है कि क्या था। महाराज ने उसके लिये एक ऐसा कठिन और गुरुतर कार्य निर्धारण किया था, जो सर्वथा भय और आशंकाओं से भरा हुआ था। यदि तनिक भी अबिलाइनो को ज्ञात होता कि फ्लोडोआर्डो ने उसके पकड़ने के लिये बीड़ा उठाया है तो उस अनाथ का पूरा अभाग्योदय हो जाता। परन्तु फ्लोडोआर्डो अपने हृदय से विवश था। जब नृपति महाशय ने रोज़ाविला के देने का भार इसी शर्त पर रक्खा, तो वह सिवाय स्वीकार करने के और क्या कर सकता था। कुछ काल उपरान्त उसने रोज़ाविला को एक बार अवलोकन किया और फिर अण्ड्रियास की ओर बढ़ा।

अण्ड्रियास–कहो फ्लोडोआर्डो तुमारे हृदय ने क्या निश्चित किया"।

फ्लोडोआर्डो–"आप शपथ करके कथन कर सकते हैं कि यदि मैं अबिलाइनो को आपके अधिकार में कर दूँ तो रोज़ाविला का परिणय मेरे साथ कर दीजियेगा"।

अण्ड्रियास–"निस्सन्देह परन्तु बिना इसके कदापि नहीं।

रोज़ाविला–(शोकमय उछवास भर कर) "फ्लोडोआर्डो मैं डरता हूँ। कि कहीं इसका फल अथवा परिणाम अनिष्टकर न हो, तुम जानते हो कि अबिलाइनो कैसा सुचतुर छद्मी और उसी के साथ दुष्ट है, परमेश्वर के लिये फ्लोडोआर्डो अपनी भली भाँति रक्षा करो, क्योंकि यदि कहीं उस दुष्टात्मा से और तुमसे मुठभेड़ हुई तो फिर उसकी यमधार

जिससे"।

फ्लोडोआर्डो–(उसे शीघ्रतापूर्वक रोक कर) "अच्छा रोज़ाविला तुम चुप रहो, भला मुझे अपने कार्य सिद्धि की आशा तो करने दो। महाराज हाथ लाइये, और दृढ़ प्रतिज्ञा कीजिये कि जहाँ अबिलाइनो आपके अधिकार अथवा वश में आ जाय फिर कोई विषय मुझको रोज़ाविला का पति होने में न बाधक होगा"।

अण्ड्रियास–"शपथ करता हूँ कि तुम वेनिस के इस महान शत्रु को मेरे पास जीवित अथवा निर्जीव लाओ, फिर कोई विषय रोज़ाविला को तुम्हारी पत्नी होने में न बाधक होगा इस कथन की पुष्टता और दृढ़ता के लिये मैं तुमको अपना हाथ देता हूँ"।

फ्लोडोआर्डो ने महाराज के हाथ को अपने हाथ में लेकर तीन बार हिलाया और इसके बाद रोज़ाविला की ओर देख कर कुछ कहने ही वाला था, कि अचाञ्चक फिर पड़ा और निज कपालदेश ताड़नपूर्वक परिसर में शीघ्र शीघ्र टहलने लगा। इतने में सेण्टमार्क के गिरजे से पाँच बजने का शब्द श्रवणगत हुआ।

फ्लोडोआर्डो–ऐं; समय नष्ट होता है, अब विलम्ब न करना चाहिये (नृपति महाशय की ओर प्रवृत्त होकर) मैं चौबीस घण्टे के भीतर इसी राजभवन में अबिलाइनो को लाकर उपस्थित करूँगा।"

अण्ड्रियास ने संशय पूर्वक अपना शिर हिलाया, और कहा "लड़के तुझे अपनी बात और प्रतिज्ञा का इतना भरोसा न करना चाहिये, मैं तेरी कार्यकारिणी शक्ति पर अधिक भरोसा रक्खूँगा।"

फ्लोडोआर्डो–(गम्भीरता और दृढ़ता के साथ) "अच्छा अब जो कुछ हो सो हो या तो मैं प्रतिज्ञा पालन करूँगा या फिर भवदीय देहली पर पाँव न रक्खूँगा, मैंने उस दुष्ट का कुछ अनुसन्धान लगाया है और मुझे आशा है कि अगले दिन आपको इसी स्थल पर और इसी समय एक कौतुक अवलोकन कराऊँगा परन्तु यदि उसके विषय में कुछ वक्तव्य नहीं है परमेश्वर की जो अभिलाषा हो सो हो।"

अण्ड्रियास–"स्मरण रक्खो कि अनुपयुक्त शीघ्रता प्रत्येक कार्य को विनष्ट करती है ऐसा न हो कि इस समय तुमने जो कुछ थोड़ी बहुत सिद्धि लाभ की है वह भी तुम्हारी आतुरता के कारण नष्ट हो जावे।

फ्लोडोआर्डो–शीघ्रता महाशय! आप जानते ही नहीं कि जिस व्यक्ति का जीवन ऐसी बुरी रीति से बीता हो, जैसा मेरा व्यतीत हुआ है, अथवा जिसने इतनी आपत्तियाँ सहन की हों, जो मेरे भाग में आई हैं, वह जीवन पर्यन्त पुनः किसी बात में शीघ्रता न करेगा।"

रोज़ाविला–(फ्लोडोआर्डो का कर ग्रहण कर) "पर प्यारे परमेश्वर के लिये तुम अपनी शक्ति पर इतना भरोसा मत रक्खो, मेरे पितृव्य तुमसे स्नेह करते हैं, उनकी शिक्षा अत्यन्त उपयुक्त है, तुमको अबिलाइनो के यमधार से सावधान रहना उचित है।"

फ्लोडोआर्डो–सब से उत्तम रीति उसकी यमधार से रक्षित रहने की यह है कि उसके यमधार को कार्य में परिणत होने का अवसर न दे, अतएव इस कार्य को चौबीस घण्टे में समाप्त हो जाना चाहिये नहीं फिर कभी न हो सकेगा। अब मैं नृपति महाशय आप से बिदा की याचना करता हूँ परमेश्वर ने चाहा तो कल्ह आप पर प्रमाणित कर दूँगा, कि प्रेमी के लिये किसी कठिन कार्य के करने पर उतारू हो जाना असंभव नहीं।

अण्ड्रियास–"सत्य है, पर उतारू हो जाने से काम नहीं चलता, प्रयोजन तो पूरा करने से है।"

फ्लोडोआर्डो–"हा हन्त ! यह बात तो–इतना ही कह कर वह रुक गया और फिर अत्यंत अनुराग से रोज़ाविला को देखने लगा, उस समय उसकी आकृति से स्पष्ट प्रगट होता था, कि प्रतिक्षण उसकी उद्विग्नता अधिक होती जाती है, पर थोड़े ही समय बाद उसने पुनः महाराज से संभाषण आरम्भ किया।

फ्लोडोआर्डो–"महाराज आप मेरी उमंग को कम न होने दें, वरन् मुझको इस बात का उद्योग करने दें कि मैं आपको भी अपनी सिद्धि की आशा दिला सकता हूँ या नहीं। मेरी पहली प्रार्थना यह है कि कल आप ज्योनार का उत्तम उपकरण करें, और इसी ठौर वेनिस के संपूर्ण गण्य मान्य तथा प्रख्यात लोगों को चाहे युवती हों अथवा पुरुष बुलवायें, क्योंकि यदि मेरी मनोकामना सफल हो तो इससे सुन्दर दूसरी बात नहीं कि वह लोग मेरी कार्यकारिणी शक्ति को अपनी आँखों अवलोकन करें। विशेषतः पुलिस के माननीय कर्म्मचारियों को अवश्य बुलवाइयेगा, इसलिये कि उनका सामना उस अबिलाइनो से हो जाय, जिसकी खोज मे उन्होंने व्यर्थ अपना समय बहुत दिनों तक नष्ट किया।

अण्ड्रियास ने उसे कुछ काल पर्यंत आश्चर्य और संशय की दृष्टि से देखकर प्रतिज्ञा की कि सम्पूर्ण लोग उसकी इच्छानुसार बुलाये जावेंगे।

फ्लोडोआर्डो–"मैने यह भी सुना है कि जब से कुनारी का देहांत हुआ, आप में और पादरी गानूजेगा में मिलाप हो गया है, और उन्होने आपका समाधान कर दिया है, कि कुनारी ने जितने दोषारोपण परोजी कानूटेराइनो और उनके साथी अपर लोगों पर किये थे, वे सब निर्मूल थे। वर्तमान काल में मैंने अपनी यात्रा में इन नववयस्कों की बहुत प्रशंसा सुनी है, अतएव मैं चाहता हूँ कि वह भी इसी अवसर पर उपस्थित रह कर मेरी कार्यकारिणी शक्ति का अवलोकन करें तो अत्यन्त उचित हो। यदि आपको इसमें कुछ आपत्ति न हो तो उन्हें भी बुलवा लीजियेगा"।

अण्ड्रियास–"बहुत अच्छा यह भी किया जायेगा"।

फ्लोडोआर्डो–"एक बात और है जिसको मैं भूल ही गया था किसी व्यक्ति को इस निमन्त्रण का समाचार ज्ञात न हो जावे। उस समय आप उचित होगा कि राजभवन के चारों ओर द्वार पर पहरा बैठा लें क्योंकि सच पूछिये तो यह अबिलाइनो ऐसा दुष्टात्मा

है कि जितनी सावधानी उसके विषय में की जाय उत्तम है। मेरी अनुमति है कि यह भी उचित और उपयुक्त होगा कि द्वारपालकों और प्रहरियों की बन्दूकें भी भरी हों और उनको इस विषय की पूर्ण शिक्षा दे दी जाय कि वे प्रत्येक व्यक्ति को आने दें परन्तु किसी को बाहर न जाने दें"।

अण्ड्रियास–"ये सब बातें तुम्हारी प्रार्थनानुसार की जायँगी"।

फ्लोडोआर्डो–"अब मुझे कुछ नहीं कहना है, मैं बिदा होता हूँ प्रणाम, रोज़ाविला कल्ह पाँच बजे फिर तुमसे मिलूँगा और नहीं तो फिर कभी नहीं"।

यह कह कर फ्लोडोआर्डो आयतन से द्रुतवेग से निकल गया। अण्ड्रियास ने अपना सिर हिलाया, और रोज़ाविला अपने पितृव्य के अंक से लिपट कर उच्चस्वर से रुदन करने लगी।

विंशति परिच्छेद

गत परिच्छेद में फ्लोडोआर्डो और नृपतिवर्य्य अण्ड्रियास का भाषण और उसका अन्तिम विवरण वर्णन किया गया, अब कुछ परोजी और उसके सहकारियों का समाचार श्रवण करना चाहिये। ज्यों ही परोजी को फ्लोडोआर्डो के आगमन की बात ज्ञात हुई, उसने तत्काल अपने सुहृदों पर जो नियमानुसार पादरी गानूजेगा के आगार में एकत्रित थे उसके प्रत्यागमन का भेद प्रगट किया।

परोजी—अहा! हा! हा!! मित्रवरो! आज तो पौ बारह है, चैन ही चैन दीखता है, मंगल ही मंगल है, भाई परमेश्वर की शपथ में तो वस्त्रों में फूला नहीं समाता। अपने भाग्य के बल बल जाइये, अहा! हम लोग भी कैसे सद्‌भाग्य हैं, पक्का समाचार मिला है कि आज फ्लोडोआर्डो यात्रा करके वापस आया, अबिलाइनो को उसके पीछे लगाया ही गया है, बस समझ जाइये"।

गानूज़ेगा—"यह तो ठीक है, पर फ्लोडोआर्डो बड़ा ही चालाक है, एक ही काइयां है, मेरी राय तो यों है कि यदि वह हम लोगों का सहकारी हो जाता तो उत्तम था क्योंकि उस पर शस्त्र प्रहार सफल होना तनिक दुस्तर व्यापार है"।

फ़लीरी—जहाँ तक मुझे ज्ञात है, मैं कह सकता हूँ कि रोज़ाविला का मन मिलिन्द भी उसके स्नेह-जलजात कोष में बद्ध है।

परोजी—'अजी महाशय! कहाँ आपका ध्यान है, आगामी दिवस पर्यंत धैर्य्य धरिये फिर चाहे वह शैतान की मातृस्वसापर क्यों न मोहित हो, इस बीच में अबिलाइनो उसका कार्य समाप्त कर चुकेगा'।

काण्टेराइनो—'भाई मुझे तो आश्चर्य इस बात का है कि यद्यपि मैंने फ्लारेन्स में पूर्ण अनुसन्धान किया, पर कुछ न ज्ञात हुआ कि यह फ्लोडोआर्डो कौन है, किसका आत्मज है, कहाँ रहता है। मेरे पास पत्र आये हैं, उनसे केवल इतना ज्ञात हुआ है किसी समय वहाँ एक वंश इस नाम का था, परन्तु बहुत दिवसों से उसका चिह्न पर्यन्त मिट गया यदि अब उसके कुछ लोग शेष भी रह गये हैं, तो वे प्रच्छन्न रहते हैं'।

गानूज़ेगा—'अच्छा यह तो बताओ कि नृपति महाशय के यहाँ तुम सभों का निमन्त्रण है'।

काण्टेराइनो–'सबका'।

गानूज़ेगा–यह बहुत अच्छा हुआ ज्ञात होता है कि जब से महाराज के तीनों सहकारी विनष्ट हुए हैं, मेरे कथन का उनके हृदय पर उत्तम प्रभाव हुआ है, और क्यों भाई संध्या समय नृत्य भी होगा! महाराज के परिचारक ने ऐसा ही तो कहा था?

फलीरी–'हाँ कहा तो था'।

मिमो–परमेश्वर करे कि इस निमन्त्रण की ओट में कोई गूढ़ रहस्य न हो, कहीं महाराज को हम लोगों के गुप्त कर्मो का भेद न ज्ञात हो गया हो, ऐ परमेश्वर, तू दया कर, इस विषय के ध्यान से भी मेरा हृदय पानी हुआ जाता है।

गानूज़ेगा–क्या व्यर्थ बकते हो भला हमारी अभिसन्धि उन्हें क्यों कर ज्ञात हो गयी, यह बात सर्वथा असम्भव है।'

मिमो–'असम्भव! वाह असम्भव की एक ही कही, अजी तनिक यह तो सोचो कि जब वेनिस के सम्पूर्ण चोर, अन्थितक्षक, उपद्रवी और डाकू तुम्हारे सहकारी हैं तो क्या आश्चर्य्य है कि महाराज को भी इसका कुछ समाचार ज्ञात हो गया हो। भला जो भेद शतशः मनुष्यों को ज्ञात हो वह ऐसे और व्युत्पन्नव्यक्ति से कब छिपा रह सकता है'।

काण्टेराइनो–बस तुम निरे कादर ही हो, यह नहीं समझते कि जिसके सिर पर सींग होती है वह चाहे सारे संसार को दिखाई दे पर स्वयं उसे दिखलाई नहीं देती। परन्तु हाँ इस बात को मैं भी स्वीकार करता हूँ, कि अब बिलम्ब करना उचित नहीं तत्काल इस कार्य को कर ही डालना युक्ति संगत है।

फलीरी–'मित्र यह तुम सत्य कहते हो अब सम्पूर्ण सामान एकत्रित है, जितना शीघ्र प्रहार किया जाय उतना ही उत्तम है'।

परोजी–'इसके अतिरिक्त एक कारण यह भी है कि इस समय प्रजा, "जो अण्ड्रियास से अप्रसन्न है और हमारी पृष्ट पोषक है, बहुत प्रसन्न होगी, यदि आज ही यह कार्य प्रारम्भ हो जाय। यदि इसमें और विलम्ब हुआ तो उनका प्रज्वलित क्रोध शान्त हो जायगा, और फिर वह लोग हमारे गँव के न रहैंगे'।

काण्टेराइनो–'तो फिर इस बात की तत्काल मीमांसा हो जानी चाहिये। मेरे परामर्शानुसार कल्ह का दिवस अतीवोत्तम है, महाराज को तो मेरे भरोसे छोड़िये। उनके ठिकाने लगाने की मैं प्रतिज्ञा करता हूँ फिर चाहे और जो कुछ हो, परन्तु इसका दो ही परिणाम होगा, अर्थात् या तो हम लोग सम्पूर्ण प्रबन्ध को उलट पलट कर अपनी आपदा और क्लेश से स्वातन्त्र्य लाभ करेंगे, या आप ही इस असार सन्ताप स्वरूप संसार से सीधे परलोक की यात्रा करेंगे।'

परोजी–हाँ भाई इस समय अच्छा विषय स्मरण कराया, सुना है कि पुलिस के सकल उच्च कर्म्मचारी भी सतर्कता पूर्वक निमंत्रित किये गये हैं।

फलीरी—परमेश्वर की शपथ है कि मैं एक-एक को चुन कर मारूँगा।

मिमो—'जी हाँ इस में क्या सन्देह है आप ऐसे ही तो अपने समय के भीम हैं। मैं कहता हूँ कहीं उलटे लेने के देने न पड़ें।'

फलीरी—' भाई यह बड़ा ही भीरू व्यक्ति है, जब पहले ही से आपके औसान नष्ट हुए जाते हैं, तो संग्राम के समय आप कब दृढ़ पदारोपण कर सकेंगे। बस ज्ञात हुआ कि ये निरे डेंगिये ही हैं, बातें अलबत्ता बढ़-बढ़ कर बनाना जानते हैं, पर अवसर पड़े लाँगूल लपेट कर निकल भागने वाले ही जान पड़ते हैं। ऐसा ही प्राण का भय है तो चूड़ियाँ पहन कर घर में बैठो, हम लोग अपनी सी भुगत लेंगे, पर स्मरण किये रहो कि यदि हमारा प्रयत्न सफल हुआ, और उस समय तुम अपनी मुद्राओं को जो इस समय पर्यन्त दे चुके हो, माँगोगे, तो फूटी कौड़ी भी न देंगे।'

मिमो—'तुम व्यर्थ मुझको परुष और मर्म भेदी बातें सुनाते हो, मैं किसी दशा में वीरता अथवा पराक्रम में तुमसे घट कर नहीं हूँ जी चाहे परीक्षा कर लो, आओ दो एक हाथ करबाल के चल जाँय, तुमने मुझे समझा क्या है, पर परमेश्वर का धन्यवाद है कि मैं तुमारे समान उतावली करने वाला नहीं हूँ।

गानूज़ेगा—'अच्छा माना कि हमारी कामना जैसी चाहिये वैसी पूरी न हुई, तो इससे क्या जहाँ अण्ड्रियास मरे, फिर चाहे प्रजा जितना कोलाहल मचाये, हम लोगों का बाल बाँका न होगा क्योंकि पोप* हमारी सहायता पर हैं।'

मिमो—ऐं पोप? हम लोगों की सहायता करने के लिये दत्तचित्त है?।'

गानूज़ेगा—(उसके सामने पोप का पत्र फेंक कर) 'लो पढ़ो तुमको तो किसी के कथन का विश्वास ही नहीं आता। कहता हूँ न कि पोप ने हम लोगों की सहायता करने की प्रतिज्ञा की है, क्योंकि उनसे यह बात कही गई है कि जब वेनिस का प्रबन्ध प्रथमतः फिर से संगठित होगा, तो यहाँ की धर्म्म सम्बन्धी बातों में उनको पूरा अधिकार दिया जायगा। बस परमेश्वर के लिये मिमो अब हम लोगों को व्यर्थ क्लेशित मत करो, वरन् काण्टेराइनो के विचार को तत्काल कार्य में परिणत करो। अब उचित है कि सर्वजन जो हमारे सहकारी हैं आज ही परोजी के गृह पर बुलवाये जायँ, और वहाँ उनको आवश्यकतानुसार अस्त्र शस्त्र दे दिये जांय। बिपल्व करने का संकेत यहीं नियत रक्खो कि ज्यों ही निशीथ काल हो काण्टेराइनो नृत्यायतन से तत्काल शस्त्रालय की ओर दौड़ जाँय सालवाइटी जो वहाँ का निरीक्षक और रक्षक है, हम लोगों का पृष्टपोषक है वह इनके पहुँचते ही द्वार कपाट खोल देगा।'

---

* रोमन केथोलिक पथ के ईसाइयों में पोप की बड़ी पदवी है, उसे सब लोग मानते हैं। पोप से अधिक कोई धार्मिक पद नहीं होता, ये लोग सदा से रूम में रहते हैं जो पहले इटली की वरन् अखिल संसार की राजधानी था।

काण्टेराइनो–'सामुद्रिक अधिकारी (अमीरुलवहर) इडार्नो को भी ज्यों ही यह समाचार ज्ञात होगा, अपने चरों और धावकों को लेकर हमारी सहायता के लिये तत्काल पहुँच जायगा।'

परोजी–'भाई अब तो हमारे कार्य के पूर्ण होने में रंचक मात्र संशय नहीं।'

काण्टेराइनो– केवल इतना स्मरण रखना चाहिये कि प्रथम तो जहाँ तक कोलाहल और तुमुल शब्द हो सके हम लोग करें, इसलिये कि उपस्थितजन व्यतिव्यस्त हो जायँ, दूसरे हमारे शत्रु कानोंकान अभिज्ञ न होने पावें, कि कौन उनका मित्र है और कौन उनका शत्रु तीसरे अपने दल के अतिरिक्त और किसी को न ज्ञात हो कि इस कोलाहल और तुमुल शब्द का मूल प्रयोजन क्या है? और कौन लोग इसके प्रवर्त्तक और संयोजक हैं।

परोजी–'परमेश्वर की शपथ मैं तो अत्यन्त प्रसन्न हूँ कि वह समय समीप है जब कि हम लोग अपने मनोरथ के प्राप्त करने के लिये प्रयत्न करेंगे।'

फलीरी–'क्यो परोजी तुमने स्वेतसूत्र (फीते) जिनसे हम लोग अपने सहायकों को पहचान सकेंगे सम्पूर्ण जनों को बाँट दिये।'

परोजी–'धन्य। कतिपय दिवस हुये, तुम्हें ज्ञात ही नहीं।'

काण्टेराइनो –'अच्छा तो अब अधिक विवाद करने की आवश्यकता नहीं। विषय उपस्थित है, केवल कार्य प्रारम्भ करने का विलम्ब है, अब अपना अपना पानपात्र भरते जावो, मदपान प्रारंभ हो, क्योंकि जब तक कि सम्पूर्ण कार्य न हो जावेगा काहे को समागम हो सकेगा।,

मिमो–'परन्तु मैं समझता हूँ कि इस विषय की पुनरपिपूर्ण विवेचना और आलोचना कर लेनी चाहिये।'

काण्टेराइनो–'अजी रहने भी दो विवेचना कर लेनी चाहिये नहीं एक वह कर लेनी चाहिए, ऐसी बातों में विवेचना नहीं करते यह तो तात्कालिक कार्य है, इसे सोचने और बिचारने से क्या प्रयोजन। पहले तत्पर होकर एक बार वेनिस का प्रबंध उलट देना चाहिये, जिसमें कोई पहचान न सके कि स्वामी कौन है, और सेवक कौन है, फिर उस समय निस्सन्देह विचार कार्य में परिणत होगा। लो भाई बैठे क्या करते हो पानपात्र पूरित कर पान करना प्रारंभ करो। परमेश्वर की शपथ है कि मुझे तो हँसी आती है, कि महाराज ने आमंत्रण करके आप ही हम लोगों को अपनी अभिसन्धि पूर्ण करने का अवसर प्रदान किया है।

परोजी–'शेष रहा फ्लोडोआर्डो, उसको तो मैं इसी समय मरा अनुमान करता हूँ तथापि नृपति महाशय के गृहगमन के प्रथम अबिलाइनो से मिल लेना उत्तम होगा।'

काण्टेराइनो–'यह कार्य हम लोग तुम्हारे ऊपर छोड़ते हैं। अब मैं अबिलाइनो के स्मरण में यह मदपूरित प्याला पीता हूँ।

इस पर सबने एक एक पानपात्र अबिलाइनो के स्मरण में पान किया। फिर पादरी गानूज़ेगा ने द्वितीय पानपात्र कार्य्य सिद्धि की कामना करके विष मार कर पिया और सभों ने उसका साथ दिया।

परोजी—'भाई मदिरा है तो स्वादिष्ट और प्रत्येक व्यक्ति के मुखड़े पर इस समय उत्साह भी झलक रहा है, परन्तु देखिये अड़तालिस घण्टे के उपरान्त भी ऐसा आनन्द प्राप्त होता है अथवा नहीं अभी तो हम लोग हँसी और प्रसन्नता के साथ अलग होते हैं, अब परमेश्वर जाने कि दो दिन बाद जब फिर एकत्र होंगे उस समय भी यही उत्साह बना रहता है या नहीं। अच्छा जो हो सो हो अब तो हमने इस भयंकर दरिया में निज नौका को डाल दिया पार लगाने वाला परमेश्वर है।

एकविंशति परिच्छेद

द्वितीय दिवस अरुणोदय काल ही से महाराज के प्रासाद में आमंत्रण का आयोजन आरम्भ हुआ। अण्ड्रियास को रात भर आतंक से निद्रा न आई, जैसे ही ऊषाकाल हुआ वह पर्यंक से उठ खड़े हुये। रोज़ाविला ने अपनी रात अत्यन्त उद्विग्नता के साथ समाप्त की, तमाम रात फ्लोडोआर्डो को ही स्वप्न में देखा की, चौंकने पर भी उसका स्वरूप उसकी दृष्टि के सम्मुख घूमता रहा। कामिला भी जिसने रोज़ाविला को अपनी दुहिता समान पालन किया था, इसी चिन्ता में कि प्रातः काल क्या हो क्या न हो बराबर जागती रही। वह भली भाँति जानती थी कि आज ही के दिवस पर रोज़ाविला का भविष्य निर्भर है। मुँह हाथ धोने के उपरान्त कुछ काल पर्यन्त रोज़ाविला अत्यन्त प्रसन्न बदन थी। कभी वह आलापिनी बजाकर अपना चित्त प्रसन्न करती, और बहलाती कभी भैरवी का गान करके हृदय की व्यग्रता को निवारण करती, परन्तु जब मध्यान्ह का समय समीप आया, रोज़ाविला ने गाना बजाना त्याग कर आयतन में टहलना प्रारम्भ किया। ज्यों-ज्यों दिन ढलता जाता रोज़ाविला की व्यग्रता वृद्धि लाभ करती। तनिक-तनिक सी ध्वनि उसके हृदय पर बाण का सा प्रभाव करती और बार बार उसे चौंका देती थी।

इस अवसर पर महाराज के प्रशस्त और विस्तृत प्रासाद में वेनिस के समस्त विख्यात व्यक्ति आकर एकत्र होते जाते थे, यहाँ तक कि तृतीय प्रहर के समीप सम्पूर्ण स्थान पूर्ण हो गया। उस समय महाराज ने कामिला को आज्ञा दी कि वह रोज़ाविला को उस आयतन में ले जावे, क्योंकि वहाँ सब लोग उसकी प्रतीक्षा करते थे। अभिगमन के प्रथम रोज़ाविला ने स्वकुलभान्या मर्यम के चित्र के सम्मुख जाकर उसकी वन्दना की, और अपने मनोरथ के सफल होने की प्रार्थना। परन्तु जब उसने आयतन में पद रक्खा, उसके दीप्ति सम्पन्न आनन पर मालिन्य छा गया। क्योंकि यह वह आयतन था जिसमें विगत दिवस उसने फ्लोडोआर्डो से अपना प्रणय प्रकाश किया था और फ्लोडोआर्डो ने उसके लिये अपना प्राण पर्य्यन्त गँवाने का शपथ किया था। अब तक फ्लोडोआर्डो नहीं आया था, परन्तु सभा भली भाँति संगठित हो गई थी, और प्रत्येक मनुष्य आनन्दवर्धक समालाप कर रहा था। पादरी गानूज़ेगा और काण्टेराइनो महाराज से बातचीत कर रहे थे और उनके सहकारी परोज़ी,

फलीरी और मिमो चुपचाप पीछे खड़े हुये अपनी युक्तियाँ सोचते थे। राजभवन के भीतर का तो यह आयोजन था और बाहर नभमण्डल का और ही रंग दिखलाई देता था। पानी अत्यन्त वेग से बरस रहा था, बिजली कड़क रही थी और चतुर्दिक् घनपटलाच्छन्न था। अन्धकार की यह अवस्था थी, कि अपना हाथ पसारने पर भी नहीं दिखलाई देता था। वेनिस की बड़ी नहर ने अलग ही कोलाहल मचा रखा था। अभिप्राय यह कि प्रलयकाल सदृश घोर प्रवर्षण का समस्त दृश्य उपस्थित था, कि इसी बीच घड़ियाली ने ठनाठन चार का गजर बजाया। रोज़ाविला भय से पहले की अपेक्षा और भी पीतवर्ण हो गई।

उस समय नृपति महाशय ने अपने प्रधान प्रहरी के कान में झुककर कुछ कहा, कुछ ही काल के उपरान्त यह ज्ञात हुआ कि उस आयतन की ओर पदातिगण रप रप करते चले आ रहे है। आते ही वे लोग द्वार पर डट गये। उनको देख कर सर्वजनों की चेतना कुछ काल के लिये सपाटू पर हो रही, प्रत्येक व्यक्ति चकित और चमत्कृत सा होकर एक दूसरे का मुख अवलोकन करता था, पर यह कोई न कह सकता था कि पदातियों से और निमन्त्रण से क्या सम्बन्ध। सबसे अधिक बुरी गति उन विद्रोहियों की थी, कलेजा वल्लियों उछलता था मुख पर हवाइयाँ छूट रही थीं, निर्जीव शरीर समान परिचालना हीन होकर वे शिर नीचा किये चुपचाप खड़े थे। कुछ देर बाद महाराज अपने स्थान से उठे और आयतन के बीचों बीच जाकर खड़े हुये, प्रत्येक व्यक्ति की दृष्टि उन्हीं पर थी।

अण्ड्रियास—आप लोग हमारे इतने संरक्षण और चौकसी पर आश्चर्य्य न करें क्योंकि यह निमन्त्रण से सम्बन्ध नहीं रखता। इसका कारण दूसरा है जिसको मैं आप लोगों के सामने वर्णन करता हूँ—आप लोगों ने अबिलाइनो का नाम सुना है, वही अबिलाइनो जिसने कुनारी का नाश किया, जिसने मेरे परमहितैषी मन्त्रदाताओं मानफ्रोन और लोमेलाइनो को ठिकाने लगाया, और अभी अल्प दिवस हुये कि मोनालड्सूची के राजकुमार को जो हमारे यहाँ मेहमान आये थे मारा। वही अबिलाइनो जिससे वेनिस के प्रत्येक निवासियों को घृणा है जिसके निकट महत्व और मर्यादा कोई नहीं रखता, जो वृद्ध और युवा सब पर हाथ उठाने को उद्यत है। जिसने अद्यावधि वेनिस के विख्यात पुलिस को भी रास्ता बताया है— एक घण्टे के भीतर इसी आयतन में आप लोगों के सम्मुख आकर उपस्थित होगा।

सब लोग—(आश्चर्य्य से) 'ऐं' अबिलाइनो? अबिलाइनो बाँका?।

गानुज़ेगा—(क्या अपने मन से)।

अण्ड्रियास—नहीं वह अपने से आने वाला पुरुष नहीं है। यह काम फ्लोडोआर्डो ने ऊपर लिया है, चाहे जो कुछ हो वह अबिलाइनो को यहाँ लाकर अवश्य उपस्थित करेगा।

एक उच्चकर्मचारी—'मै समझता हूँ कि फ्लोडोआर्डो अपनी प्रतिज्ञा कदापि पूरी न कर सकेगा, अबिलाइनो का पकड़ना तनिक टेढ़ी खीर है,।

द्वितीय कर्मचारी–परन्तु कल्पना कीजिये कि उसने इस कार्य को सिद्ध किया, तो फ्लोडोआर्डो वेनिस पर बहुत बड़ा उपकार होगा।

तृतीय कर्मचारी–'उपकार' धन्य! इतना बड़ा उपकार होगा कि हम सब उसके बोझसे दब जाँयगे मैं नहीं जानता कि उसका प्रतिकार क्योंकर किया जायगा,।

अण्ड्रियास–'इस कार्य का भार मेरे ऊपर है, फ्लोडोआर्डो ने रोज़ाविला से विवाह करने की प्रार्थना की है अतएव यदि उसने प्रतिज्ञा पालन कर दिखायी, तो रोज़ाविला उसकी है।'

उस पर सब लोग एक दूसरे को देखने लगे, कोई तो हृदय में अत्यंत प्रसन्न हुआ और किसी को आवश्यकता से अधिक इस बात का संताप हुआ।

फलीरी–(धीरे से) 'परोजी देखो क्या होता है।

मिमो–'हे परमेश्वर रक्षा कीजियो केवल इतना सुन कर ही मुझे ताप चढ़ आया है।'

परोजी–(तुच्छता से मुसकान पूर्वक) 'जी यह भी संभव ही तो है कि अबिलाइनो अपने को आप पकड़वा देगा।'

काण्टेराइनो 'क्यों महाशयो तनिक यह तो कथन कीजिये कि किसी ने अबिलाइनो को अवलोकन भी किया है, कई व्यक्ति अचाञ्चक बोल उठे 'नहीं महाशय मैंने तो नहीं देखा है।'

एक कर्मचारी–अजी उसे मनुष्य क्या राक्षस समझना चाहिये क्योंकि जब उसकी आशा नहीं होती तब वह आकर उपस्थित होता है।

अण्ड्रियास–'और जब मेरे सामने वह आया उस मेरा की बातों से तो आप लोग पूर्णतया अभिज्ञ हैं।'

मिमो–'मैंने इस दुष्टात्मा के विषय में नाना प्रकार के उपाख्यान सुने हैं, जो एक से एक अधिकतर विचित्र हैं, मैं तो समझता हूँ कि वह पुरुष नहीं है वरन् किसी दुष्टात्मा असुर ने लोगों को संतप्त करने के लिये मनुष्य का स्वरूप ग्रहण किया है, मेरे विचारानुसार तो उसका यहाँ लाना कभी उचित नहीं क्योंकि वह हम सबका एक साथ ग्रीवा दबा कर नाश कर सकता है।

स्त्रियाँ–ऐ कृपालु जगदीश्वर तू कृपा कर ! क्या सत्य कहते हो? वह इसी आयतन में हम लोगों का नाश कर देगा।

काण्टेराइनो–'अच्छा पहले मुख्य बात के विषय में तो विचार कर लीजिये अर्थात् यह कि फ्लोडोआर्डो उस पर विजयी रहेगा अथवा वह फ्लोडोआर्डो पर! मैं प्रण करके कहता हूँ कि अबिलाइनो के सम्मुख फ्लोडोआर्डो की एक युक्ति भी कार्यकर न हो सकेगी।'

एक माननीय कर्मचारी–और मैं कहता हूँ कि यदि वेनिस में कोई व्यक्ति अबिलाइनो को परास्त कर पकड़ सकता है तो वह फ्लोडोआर्डो है। पहले ही जब वह मुझसे मिला

मैंने भविष्यत् कहा था कि एक न एक दिन वह कोई ऐसा कार्य करेगा जिससे उसका नाम चिरस्मरणीय होगा।'

दूसरा कर्मचारी–मैं भी आपसे सहमत हूँ और आपने जो कहा है उसका अनुमोदन करता हूँ क्योंकि फ्लोडोआर्डो का स्वरूप ही साक्षी देता है कि वह यशस्वी होगा।

काण्टेराइनो–'मैं एक सहस्र स्वर्ण मुद्रा की बाजी लगाता हूँ कभी फ्लोडोआर्डो अबिलाइनो को पकड़ न सकेगा, हाँ मृत्यु ने उसको प्रथम ही से अपने हस्तगत किया हो तो दूसरी बात है'।

पहला कर्मचारी–'और मैं भी सहस्र स्वर्ण मुद्रा प्रदान करने के लिये शपथ करता हूँ और कहता हूँ कि फ्लोडोआर्डो उसको अवश्य पकड़ लावेगा'।

अण्ड्रियास–'और उसे जीवित अथवा उसका शिर मेरे सम्मुख लाकर उपस्थित करेगा।'

काण्टेराइनो–'महाशयो! आप लोग इसके साक्षी हैं–आइये महाशय हाथ मारिये' एक सहस्र स्वर्णमुद्रा'॥

पहला कर्मचारी–(हाथ मार कर) 'हो चुकी॥'

काण्टेराइनो–'मैं आपकी इस कृपा और वदान्यता को देखकर आपको धन्यवाद प्रदान करता हूँ कि आपने एक सहस्र स्वर्ण मुद्रायें व्यर्थ मुझको प्रदान कीं, अब लियाजाती कहाँ हैं, मेरी हो चुकीं। इसमें सन्देह नहीं कि फ्लोडोआर्डो बहुत सावधान और पटु व्यक्ति है परन्तु अबिलाइनो का पकड़ना खेल नहीं वह ऐसा धूर्त और काइयाँ है कि परमेश्वर पनाह! महाशय के छक्के छोड़ा देगा, देखिये यह आप ही कुछ काल में हो जाता है।

पादरीगानूज़ेगा–'अण्ड्रियास से और पृथ्वीनाथ क्या आप यह भी बतला सकते हैं कि फ्लोडोआर्डो के साथ पुलिस के युवक जन भी हैं?'।

अण्ड्रियास–नहीं, वह अकेला है, लगभग चौबीस घंटे होते है कि वह अबिलाइनो को ढूँढ़ने के लिये गया हुआ है।

गानूज़ेगा–(काण्टेराइनो से मंद मुसकान पूर्वक) महोदय! ये सहस्र स्वर्ण मुद्रायें आपको मुबारक।

काण्टेराइनो–'सादर प्रणिपात पूर्वक जब आपके मुखारबिन्द से ऐसा निकला है तो मुझे अपने सफल अथवा कृतकार्य होने में तनिक भी संशय नहीं।'

मिमो–'अब तनिक मुझे स्थिरता प्राप्त हुई, और मेरी बुद्धि ठिकाने आई, अच्छा देखिये आगे क्या क्या होता है'।

फ्लोडोआर्डो को प्रस्थान किये हुये तेईस घण्टे व्यतीत हो चुके थे, और अब चौबीसवाँ भी समाप्त होने को था परन्तु अब तक उसका पता न था।

द्वाविंशति परिच्छेद

गत परिच्छेद के अन्त में निरूपण हो चुका है, कि फ्लोडोआर्डो के नियत किये हुये समय से पौन घण्टे से कुछ ऊपर समय हो चुका था, पाँच बजा ही चाहता था, पर अब तक उसका कहीं कुछ पता न था। उसके बिलम्ब करने से महाराज अत्यन्त व्यतिव्यस्त थे, और वे महाशय जिन्होंने उसकी ओर से एक सहस्र स्वर्ण मुद्रायें लगायीं थीं अपनी मुद्राओं के लिये अलग अकुला रहे थे। यदि प्रसन्न थे तो परोजी और उसके सहकारी, क्योंकि वे यह समझते थे कि अब कुछ काल में स्वर्ण मुद्रायें बिना परिश्रम हम लोगों को हस्तगत होंगी, और महाराज और उनके पक्षपाती मुँह की खायेंगे।

काण्टेराइनो प्रच्छन्न रीति से लोगों को बनाता था, और कहता था, कि यदि अबिलाइनो पकड़ जाय और लोगों को इस कण्टक के निवारण हो जाने से सुख प्राप्त हो, तो सहस्र स्वर्ण मुद्रायें क्या वस्तु हैं मैं विंशति सहस्र प्रदान करने के लिये तैयार हूँ।

वे लोग इसी संकल्प विकल्प में थे कि घड़ियाली ने ठनाठन पाँच का घण्टा बजाया, और प्रत्येक व्यक्ति एकाग्र मानस से उसको गिनने लगा। एक बड़े कठिन कार्य के पूरा करने का बीड़ा उठाने से सब लोगों को फ्लोडोआर्डो के साथ एक प्रकार की सहानुभूति हो गयी थी, अतएव घण्टों का शब्द श्रवणगत होने पर प्रत्येक के मुखड़े से चिन्ता के चिन्ह प्रगट होने लगे। सबसे अधिकतर रोज़ाविला उद्विग्न थी। उसके हृदय पर घण्टे के ठनाठन शब्द ने वह प्रभाव उत्पादन किया जो तीव्रबाण करता है। यदि कामिला ने उसको सँभाल न लिया होता तो वह पृथ्वी पर गिर पड़ती। यद्यपि अण्ड्रियास को भी फ्लोडोआर्डो से सच्ची प्रीति थी, और इस कारण से जब उनको इस विषय का ध्यान बंधता था, कि अबिलाइनो ने कहीं उसकी उठती जवानी को धूल में न मिलाया हो तो वह मन ही मन मसोसकर रह जाते थे। परन्तु रोज़ाविला का स्नेह प्रणय में परिणत हो चुका था अतएव प्रेम पात्र से सदैव के लिये विच्छेद हो जाने का अनुमान, उस पर शोक समूह की वृष्टि करता था। उसने चाहा कि पितृव्य से कुछ समालाप करे, परन्तु खेद और दुःख की अधिकता से कलेजा मुँह को आता था, जिह्वा जड़ हुई जाती थी, और नेत्रों से अश्रु निर्झर समान झर रहे थे। बहुत चाहती थी कि सम्वरण करे पर यह कहाँ सम्भव था। सत्य है कि जब हृदय

पर आघात होता है तो आँसू अपने आप निकलते हैं। अन्ततः विवश होकर वह एक पर्यंक पर वस्त्र से मुखाच्छादन कर लेट रही। उसके लेटते ही जितने लोग शेष थे उनमें से कुछ तो कई झुण्डों में बँट कर पृथक जा बैठे और परस्पर बातचीत करने लगे, और कुछ लोग उस आयतन में अत्यन्त असंतोष के साथ टहलने लगे। इसी भाँति एक घंटा व्यतीत हो गया और फ्लोडोआर्डो न आया। अब सन्ध्याकाल सन्निकट आ गया और सूर्य भी डूबने लगा।

काण्टेराइनो–'क्यों महाशय फ्लोडोआर्डो ने अबिलाइनो को पाँच ही बजे लाकर उपस्थित करने की प्रतिज्ञा न की थी? उनकी प्रतिज्ञा से पूरा एक घण्टा अधिक बीत चुका'।

एक कर्मचारी–'मुख्य अभिप्राय तो यही है न, कि वह अबिलाइनो को उपस्थित करें चाहे एक मास ही क्यों न बीत जाय'।

अण्ड्रियास–'तनिक आप लोग चुप रहिये देखिये बाहर किसी के पैर की चाप मालूम होती है।'

नृपति महाशय का कथन समाप्त भी न होने पाया था कि उस आयतन का द्वार अचाञ्चक खुल गया और फ्लोडोआर्डो खट से आयतन में प्रविष्ट हुआ, उस समय वह एक (चुगा) से आवृत था। उसके केशजाल बिखरे हुये थे, और एक आपीड़वान टीपी सिर पर थी। आपीड़ से पानी की बूंदे टपक रही थी, और उसका मुख अत्यन्त उद्विग्न ज्ञात होता था। उसने एक घबड़ाहट भरी दृष्टि से अपनी चारों ओर देखा, और प्रत्येक व्यक्ति को झुककर प्रणाम किया। उस समज्या के सब लोग क्या लघु क्या महान उसके आस पास एकत्र हो गये, प्रत्येक व्यक्ति प्रश्न करता था और उत्तर की प्रतीक्षा करके उसके आनन की ओर देखता था।

मिमो–'ऐ परमेश्वर ! तू रक्षा कीजियो मुझे भय है कि ऐसा न हो।'

काण्टेराइनो–(क्रोध की दृष्टि से देख कर) बस महाशय चुप रहिये भय करने का कोई कारण नहीं है।

फ्लोडोआर्डो–(अत्यन्त निर्भयता के साथ) 'महाशयो! मैं अनुमान करता हूँ कि हमारे महाराज ने आप लोगों को इस निमन्त्रण के मुख्य अभिप्राय से अवश्य अभिज्ञ कर दिया होगा। सुतरां अब मैं आप लोगों का असमञ्जस निवारण करने के लिये उपस्थित हुआ हूँ पर पहले महाराज फिर एक बार मेरा समाधान कर दें और आश्वासन कर दें कि यदि मैं अबिलाइनो को आपके सम्मुख लाकर उपस्थित कर दूँ तो रोज़ाविला मेरी परिणीता होगी।'

अण्ड्रियास–(उसकी ओर अत्यन्त उद्विग्नता के साथ देख कर) फ्लोडोआर्डो तुम सफल मनोरथ हुये? अबिलाइनो को तुमने धृत कर लिया?'

फ्लोडोआर्डो–'आपको इससे क्या यह कथन कीजिये कि यदि अबिलाइनो को मैं लाकर आपके सम्मुख उपस्थित करूँ तो मेरा विवाह रोज़ाविला के साथ होगा अथवा नहीं।'

अण्ड्रियास–अच्छा तुम अबिलाइनो को जीवित अथवा मृतक मेरे सम्मुख लाओ रोज़ाविला तुम्हारी है, मैं शपथ करता हूँ कि कदापि अपनी प्रतिज्ञा से न टलूँगा, और यह भी कहता हूँ कि उसको यौतुक इतना दूँगा कि तुम लोग जीवन पर्यन्त महाराजों के समान अपना जीवत व्यतीत करोगे।'

फ्लोडोआर्डो–क्यों महाशयो! आप लोगों ने नृपति महाशय का शपथ श्रवण कर लिया।

सब लोग एक साथ बोल उठे कि हम लोग तुमारे साक्षी हैं।

फ्लोडोआर्डो–(अत्यन्त धृष्टता से दो कदम आगे बढ़कर) तो श्रवण कर लीजिये अबिलाइनो मेरे आधीन है वरन् आप के अधिकार में है।'

प्रत्येक व्यक्ति–(अकुलाकर) 'वह हमारे वश में है? ऐ परमेश्वर ! तू दया कर, वह है कहाँ? अजी अबिलाइनो हमारे वश में है?'

अण्ड्रियास–जीवित है अथवा मृत हो गया?'

फ्लोडोआर्डो–"जी अब तक जीवित है।"

पादरी गानूज़ेगा–(अकुलाकर) 'क्या अब तक जीवित है।'

फ्लोडोआर्डो–(अत्यन्त सत्कारपूर्व्वक नतस्कन्ध होकर) 'हाँ महोदय! अब तक जीवित है।'

रोज़ाविला–(कामिला की ग्रीवा से लपटकर) प्रिये! कामिला तुमने कुछ सुना? वह दुष्टात्मा अब तक जीवित है, फ्लोडोआर्डो ने उसके रुधिर की बूँद भी अपनी गरदन पर नहीं ली।'

वह कर्म्मचारी जिसने शर्त लगायी थी "अजी महाशय काण्टेराइनो मैंने आपसे एक सहस्र स्वर्ण मुद्रायें जीतीं।"

काण्टेराइनो–"हाँ महाशय ! कुछ ज्ञात तो ऐसा ही होता है।"

अण्ड्रियास–'बेटा तुमने वेनिस पर सदा के लिये बड़ा उपकार किया, और मैं प्रसन्न हूँ कि उस पर यह बहुत बड़ा उपकार फ्लोडोआर्डो का हुआ।'

एक कर्मचारी–मैं आपको इस उपकार के बदले में वेनिस के सेनेट की ओर से धन्यवाद प्रदान करता हूँ। अब हम लोग को सबसे पहले यह कार्य्य करना है कि तुम्हारी इस उत्तमोत्तम सेवा का कोई उचित पुस्कार निश्चित करें।'

फ्लोडोआर्डो–"(रोज़ाविला की ओर कर द्वारा संकेत करके) मेरा पुरस्कार वह है।"

अण्ड्रियास–(प्रसन्न होकर) वह अब तुम्हारी हो चुकी पर यह तो बताओ कि तुम उस दुष्टात्मा को कहाँ छोड़ आये हो? यहाँ उसको ले आओ जिसमें मैं उसको एक बार

और देख लूँ। जब मुझसे समागम हुआ था तो उसने अत्यन्त अपमानपूर्वक कहा था "नृपति महाशय मैं आप के समान हूँ इस संकीर्ण कोठरी में इस समय वेनिस के दो महद् व्यक्ति उपस्थित हैं।" तनिक अब अवलोकन करूँ कि यह द्वितीय महद् व्यक्ति बँधा हुआ कैसा ज्ञात होता है।

दो तीन माननीय कर्मचारी—"वह कहाँ है लाकर उपस्थित क्यों नहीं करते।"

इस बात को सुनकर कतिपय स्त्रियाँ चिल्लाकर कहने लगीं 'परमेश्वर के लिये उस दुष्टात्मा को अलग ही रखो, यदि वह यहाँ आया तो हम लोगों के जीवन समाप्त हो जाने आशंका है।'

फ्लोडोआर्डो—(मुसकान पूर्वक जिससे प्रसन्नता के बदले में दुःख का विकाश होता था) 'ऐ माननीया कोमलांगियों तुम कदापि कुछ भी न डरो क्योंकि अबिलाइनो तुम्हारी किसी प्रकार की क्षति न करेगा, परन्तु उसका यहाँ आना अवश्य है इसलिये कि (बाँके की पत्नी) के विषय में प्रगटतया प्रार्थना करें। यह कह कर उसने रोज़ाविला की ओर संकेत किया।

रोज़ाविला—मेरे दृढ़ और अकृत्रिम मित्र तुमने मेरी चिन्ता को निवारण किया मैं किस मुख से तुमको धन्यवाद प्रदान करूँ। अब मैं अबिलाइनो का नाम श्रवण कर कभी न डरूँगी, और रोज़ाविला को अब कोई बाँके की पत्नी' न कहेगा।

फलीरी—'क्या इस समय अबिलाइनो इस आयतन में विद्यमान है'।

फ्लोडोआर्डो—'हाँ'।

एक कर्मचारी—'तो आप क्यों उसे लाकर उपस्थित नहीं करते, क्यों हमारे असमंजस को द्विगुण त्रिगुण कर रहे है।

फ्लोडोआर्डो—'तनिक क्षमा कीजिये अब उसके आगमन का समय समीप है। महाराज आप बैठे जायँ और दूसरे लोग महाराज के पीछे खड़े हों। अबिलाइनो आता है।'

'अबिलाइनो आता है' इस कहने पर वृद्ध युवक स्त्री पुरुष सब विद्युत् समान अपने स्थान से कूदकर अण्ड्रियास के पीछे जा खड़े हुये। उसके भय से प्रत्येक का कलेजा बल्लियों उछल रहा था, परन्तु परोजी और उसके मित्रों की दशा सबसे निकृष्टतम थी। महाराज अपनी कुर्सी पर अत्यन्त सावधानता पूर्वक मौनावलम्बन किये बैठे थे। उनका मुख अवलोकन करने से यह ज्ञात होता था, कि मानो उन्हें लोगों ने उस चोर और डाकुओं के मौलिमणि के विषय में अनुशासन देने के लिये न्याय कर्त्ता नियत किया है। कौतुक से दर्शक प्रत्येक ओर कतिपय समूह में एकत्रित थे, और उनकी निस्तब्धता का वह समा था जैसा अपराधी की फाँसी की आज्ञा सुनने के समय होता है। रोज़ाविला सामान्यतया कामिला के कन्धे पर हाथ रक्खे खड़ी थी। और अपने प्रेमी की वीरता देख कर जी ही जी में प्रसन्न थी। परोजी और उसके साथी सबके पीछे खड़े हुये थे और किसी के मुख

से श्वास पर्यंत नहीं निकलता था।

फ्लोडोआर्डो—'अच्छा ले' अब आप लोग सावधान हो जायँ क्योंकि अबिलाइनो यहाँ अब तत्काल आकर उपस्थित होगा, कोई महाशय घबरावे नहीं वह किसी की कुछ हानि न करेगा।

यह कहकर वह उन लोगों के निकट से द्वार की ओर गया और वहाँ पहुँकर उसने कियतकाल पर्यन्त अपना मुख अपने धृतपरिच्छद द्वारा आवृत किया। इसके उपरांत सिर उठाकर अबिलाइनो का नाम लेकर पुकारा उस समय वहाँ जितने लोग विद्यमान थे अबिलाइनो का नाम श्रवण कर थर्रा उठे और उनके शरीर में कम्पन का संचार हो गया। रोज़ाविला भी भयग्रस्त होकर अपने प्रेमी की ओर कम्पित गात से कतिपय पदक्रम आगे बढ़ी। उसकी यह दशा कुछ अपने संरक्षण के विचार से न थी, वरन वह फ्लोडोआर्डो की जीवन रक्षा के लिये अकुलाई हुई थी। अबिलाइनो के न आने पर फ्लोडोआर्डो ने दूसरी बार क्रोधपूरित बाणी से फिर पुकारा और अपना (चुगा) और अपनी टोपी फेंक कर और द्वार कपाट खोलकर बाहर जाने ही को था, कि रोज़ाविला चिल्ला कर उसकी ओर दौड़ी किन्तु फ्लोडोआर्डो अन्तर्हित हो गया और उसके स्थान पर अबिलाइनो भोंड़ी और महाभयावनी आकृति से 'हा हा' करता हुआ दृष्टिगोचर हुआ।

त्रयविंशति परिच्छेद

विगत परिच्छेद के अंतिम भाग के पठन करने से इस मनोहर उपाख्यान के पाठकों को एक बहुत बड़े आश्चर्य्य ने आच्छादन किया होगा और क्यों न करे आश्चर्य की बात ही है समझे कुछ और थे हुआ कुछ और। भाई परमेश्वर का शपथ है कि मुझे भी प्रायः महाराज के समान इस विषय का ध्यान होता था कि बेचारे फ्लोडोआर्डो की युवावस्था निष्प्रयोजन अकारथ गई, और अबिलाइनो मन्दभाग्य ने उसे भी मार खपाया। परन्तु इस बात से किञ्चिन्मात्र समाधान होता था कि फ्लोडोआर्डो ने इस कार्य के सम्पादन का भार कुछ समझ ही कर ग्रहण किया होगा, वारे परमेश्वर परमेश्वर करके इस प्रतीक्षा का शेष हुआ, और हृदय के नाना तर्क समूहों ने प्रयाण करने की चेष्टा की, अर्थात फ्लोडोआर्डो ने अपना स्वरूप दिखलाया, और लोगों को अबिलाइनो के आयत्त हो जाने का शुभ समाचार श्रवण कराया। परन्तु अब एक नूतन घटना घटित हुई अर्थात् जिस समय वह नृपति महाराज के प्रशस्त प्रासाद में आकर उपस्थित हुआ तो किसी को यह न ज्ञात हुआ कि फ्लोडोआर्डो अचाञ्चक कहाँ लुप्त हो गया, और उसके स्थान पर अबिलाइनो क्योंकर आ प्रस्तुत हुआ। सब की बुद्धि लुप्त प्राय थी कि यह कैसा अनिर्वचनीय इन्द्रजाल है। नये खेल कौतुक तो ऐन्द्रजालिकों के बहुत देखे परन्तु यह अद्भुत कायापलट है कि समझ ही में नहीं आता। इस पर विलक्षणता और विचित्रता यह थी कि अबिलाइनो के आतंक से लोगों की संज्ञा और सुधि अकस्मात् विनष्ट हो गई, तनिक पता मिलता ही न था कि पृथ्वी खा गई, अथवा आकाश निगल गया, उसके आते ही सब लोग इस रीति से चिल्ला उठे कि सम्पूर्ण आयतन गूँज उठा। रोज़ाविला अबिलाइनो के पद सन्निकट अचेत होकर गिर पड़ी और अपर स्त्रियाँ मन्त्र पाठ करने और परमेश्वर का ध्यान करने लगीं। परोजी और उनके सहकारियों की क्रोध, भय और आश्चर्य से बुरी गति थी। और जितने मनुष्य वहाँ विद्यमान थे सब को अपने चैतन्य और सुधि के विषय में संदेह था। यदि बुद्धि ठिकाने थी, तो अबिलाइनो की वह अपने उसी ठाट और उसी परिच्छद से कटिवेश को तुपक और यमधार से सज्जित किये डाब में करवाल डाले अपनी स्वभाविक भोंडी आकृति से निश्शंक खड़ा था। उस समय आपका स्वरूप चित्र उतारने योग्य था, उत्तममता पूर्वक कोई आकार

सुगठित और रम्य न था। मुख देखिये तो एक कल पर स्थिरता ग्रहण करता ही न था। कम्पास की सूचिका समान कभी पूर्व कभी पश्चिम, भृकुटि युगल आँखों पर इस प्रकार लटकी पड़ती थी, जैसे वर्षाकाल में किसी अकिंचन व्यक्ति की झोपड़ी। ऊपर का ओष्ठ आकाश का समाचार लाता था तो अथोभाग का रसातल का, दक्षिणाक्ष पर एक बड़ी सी पट्टी लगी हुई थी, और वाम नेत्र शिर में घुसा हुआ था। इस भयानक स्वरूप से वह कतिपय क्षण पर्यन्त चारों ओर दृष्टिपात करता रहा, फिर महाराज की ओर जा सिंह के समान गर्ज कर कहने लगा महाराज आप ने अबिलाइनो को स्मरण किया था, लीजिये वह प्रस्तुत है, और अपनी पत्नी को बिदा कराने आया है। अण्ड्रियास ने अत्यन्त भयपूर्वक उसकी ओर देखा किये कठिनता से यह शब्द उनकी जिह्वा से निकले 'यह कदापि सत्य नहीं हो सकता, मैं निस्सन्देह स्वप्न देख रहा हूँ। उस समय पादरी गानूज़ेगा ने पहरे के पदातियों को पुकारा और लपक कर द्वार की ओर जाना चाहा, अबिलाइनो दरवाजा रोक खड़ा हो गया और तत्काल कटिदेश से बन्दूक निकाल कर पादरी महाशय को दिखाई॥

अबिलाइनों—सावधान! तुम लोगों में से जिसने पहरे के पदातियों को पुकारा अथवा कोई अपने स्थान से हिला, तो कुशल नहीं। अरे मूर्ख पुंगवो! तनिक तुमको बद्धि भी है कि निरे गौखे ही हो, भला यह नहीं समझते कि यदि मुझे सिपाहियों का भय होता, अथवा मैं भाग जाना चाहता, तो आप आकर उपस्थित होता, और द्वार पर प्रहरियों को नियत करा देता, कदापि नही! मैं बद्ध होने पर संतुष्ट हूँ परंतु यदि मुझे बलात् बाँधना चाहते तो कदापि संभव न था। मनुष्य की यह सामर्थ नहीं कि अबिलाइनो को पकड़ सके परंतु न्याय के निमित्त उसका परतंत्र होना आवश्यक था, इसलिये वह स्वयं आकर उपस्थित हुआ। क्या आप लोग अबिलाइनो को ऐसा वैसा मनुष्य समझे हुये हैं कि पुलिस वालो से मुख छिपाता फिरे, अथवा एक एक कौडी़ के लिये लोगों का जीवन समाप्त करने का अनुरक्त हो। राम! राम!! अबिलाइनो ऐसा नीचाशय नहीं है। मान लिया कि मैंने डाकुओं की जीविका ग्रहण की परंतु इसके बहुत से कारण हैं।

अण्ड्रियास (हाथ मलकर)—'ऐ परमेश्वर ये बातें भी सम्भव हैं'।

जिस समय अबिलाइनो सम्भाषण कर रहा था, सब लोग खड़े थर्राते थे, उसके चुप हो जाने पर भी आयतन में देर तक सन्नाटा रहा। वह आयतन में अत्यंत उमंगपूर्वक टहल रहा था और प्रत्येक व्यक्ति उसकी ओर आश्चर्य और भय से देखता था। इस बीच रोजाबिल ने आँखें खोलीं और उसकी दृष्टि अबिलाइनो पर पड़ी।

रोज़ाविला—'ईश्वर पनाह! यह अब तक यहाँ उपस्थित है' मैं समझती थी फ्लोडोआर है, ऐ है क्या धोखा हुआ।

यह सुन अबिलाइनो ने उसके निकट जाकर उसे पृथ्वी से उठाना चाहा पर वह भी होकर दूर हट गई।

अबिलाइनो–(वाणी परिर्वतन कर) 'सुनो रोज़ाविला जिस को तुम फ्लोडोआर्डो समझे थीं वह वास्तव में अबिलाइनो था'।

रोज़ाविला–'(उठकर और कामिला के समीप जाकर) झूठ बकता है! ऐ दुष्ट तू कदापि फ्लोडोआर्डो नहीं है! कहाँ तू कहाँ वह ! भला क्योंकर सम्भव है कि तुझ सा विकृत राक्षस फ्लोडोआर्डो का सा स्वरूपमान देवता हो' फ्लोडोआर्डो का चाल ढाल और चलन देवताओं के समान था। उसने मेरे हृदय में उच्च अथच उत्तम कार्यो तथा भावों के स्नेह का बीजारोपण किया और उसी ने मुझको उनके करने का साहस दिलाया। उसका हृदय सम्पूर्ण बुरे विचार से रहित था और उसमें केवल प्रशस्त और प्रशंसनीय बातें भरी थीं। आज तक फ्लोडोआर्डो कभी सत्कार्य्यो के करने से पराङमुख नहीं हुआ, चाहे उसे कितनी ही आपत्ति क्यों न सहन करनी पड़ी हो। उसका अनुराग सदैव इसी विषय की ओर विशेष था कि जहाँ तक हो सके दीनों और अनाथों की सहायता करे! ऐ दुष्ट न जाने कितने निरपराधी तेरे हाथ से मारे गये होंगे और कितने गृह तेरे कारण से सत्यानाश हुये होंगे। स्मरण रख कि जो तूने फिर फ्लोडोआर्डो नाम मेरे सामने लिया तो अच्छा न होगा।

अबिलाइनो–(अत्यंत स्नेहपूर्वक) 'क्यों रोज़ाविला अब तुम मुझसे निर्दयता करोगी? देखो रोज़ाविला समझ लो कि 'मैं और तुमारा फ्लोडोआर्डो' दोनों एक ही पुरुष हैं।

यह कहकर उसने अपनी दाहिनी आँख पर से पट्टी हटा दी, और एक अथवा दो बार अपने मुख को वस्त्र द्वारा पोंछ दिया, फिर क्या था तत्काल स्वरूप बदल गया, और सब लोगों ने देखा कि वही स्वरूपमान युवक फ्लोडोआर्डो उनके सामने बाँकों का सा ढंग बनाये खड़ा है।

अबिलाइनो–'स्मरण रखो रोज़ाविला मैं तुम लोगों के सामने अष्ठादश बार अपना स्वरूप इस चातुर्य्य के साथ बदल सकता हूँ कि चाहे तुम लोग कितना ही विचार करो फिर भी धोखे में ही रहोगी परन्तु एक बात भली भाँति समझ लो कि अबिलाइनो और फ्लोडोआर्डो दोनों एक ही व्यक्ति हैं'।

नृपति महाशय उसकी बातों को श्रवण करते और उसकी ओर देखते थे परन्तु अब तक उनका चित्त ठिकाने नहीं था। अबिलाइनो ने रोज़ाविला के समीप जाकर अत्यन्त प्रार्थना पूर्वक कहा 'क्यों रोज़ाविला तुम अपनी प्रतिज्ञा न पूरी करोगी? अब तुमको मेरी तनिक भी प्रीति नहीं? रोज़ाविला ने उसकी बातों का कुछ उत्तर न दिया और प्रस्तर प्रतिमा समान खड़ी उसकी ओर देखा की। अबिलाइनो ने उसके नवकिशलय सदृश करों का चुम्बन करके फिर कहा 'रोज़ाविला अब भी तुम मेरी हो?'।

रोज़ाविला–'हा हन्त! फ्लोडोआर्डो भला होता यदि मैंने तुझे न अवलोकन किया होता और तेरे स्नेह पाशबद्ध न हुई होती'।

अबिलाइनो–'क्यों रोज़ाविला तुम अब भी फ्लोडोआर्डो की पत्नी होगी? अब भी बाँके की स्त्री होना स्वीकार करोगी?'।

इस समय रोज़ाविला के हृदय की अवस्था का उल्लेख, न, करना ही उत्तम है, कभी स्नेह का उद्रेक होता था और कभी घृणा का, और दोनों में परस्पर झगड़ा था।

अबिलाइनो—सुनो प्रियतमे! मैंने तुम्हारे ही निमित्त देखो इतने संकटों को सहन किया, और अपने को प्रगट किया, तुम्हारे निमित्त न जाने और क्या करने के लिये तैयार हूँ अब मैं केवल इस बात की प्रतीक्षा करता हूँ कि तुम एक शब्द हाँ अथवा नहीं कह दो बस झगड़ा समाप्त हुआ। बोलो तुम अब भी मुझसे स्नेह रखती हो?'।

रोज़ाविला ने फिर भी उसके प्रश्न का कुछ उत्तर न दिया परन्तु एक बार उसकी ओर इस स्नेह और प्रीति की दृष्टि से अवलोकन किया, जिससे स्पष्ट प्रकट होता था कि अब तक उसका मन अबिलाइनो के अधिकार में अथवा उसके वशवर्ती है—फिर वह उसके निकट से यह कहती हुई कामिला के अंक में जागिरी 'परमेश्वर तुम पर कृपा करे तुमने बेढंग मुझको सताया'।

इस समय नृपति महाशय की चेतनाशक्ति सपाटू की यात्रा करके पलट आई और वह अपने स्थान से उठ खड़े हुये। उनका मुख क्रोध के मारे लाल हो रहा था और मुख से सीधी बात नहीं निकलती थी। उठते ही अविलाइनों की ओर झपट पड़े परन्तु इतनी कुशल हुई कि कुछ लोग बीच में आ गये और उन्होंने रोक लिया। अबिलाइनो उनके समीप अत्यन्त स्थिरता और निर्भयतापूर्वक गया और उनसे क्रोध कम करने के लिये कहा॥

अबिलाइनो—'महाराज कहिये अब आप अपनी प्रतिज्ञा पालन कीजियेगा अथवा नहीं आपने इतने लोगों के सामने बचन हारा है'।

अण्ड्रियास—'चुप दुष्टात्मा कृतघ्न! देखिये तो इस दुष्ट ने किस युक्ति से मुझको फाँसा है भला आप ही लोग कहें कि यह मनुष्य इसके योग्य है कि मैं प्रतिज्ञा पालन करूँ' इसने यहाँ बहुत दिन से डाकू का कर्म करना प्रारम्भ किया और वेनिस के अच्छे अच्छे लोगों को मिट्टी में मिलाया। उसी अनुचित आय के द्वारा इसने अपने को उच्च कुलजात प्रसिद्ध किया, और विलक्षणता यह कि सम्भ्रान्त बन कर मेरे यहाँ प्रविष्ट हुआ, और चट रोज़ाविला का मन अपने वश में कर लिया। फिर छल करके मुझसे रोज़ाविला के साथ उद्वाह करने की प्रतिज्ञा कराई और अब चाहता है कि मैं उसे पालन करूँ इसलिये कि बचाजी मेरे जामाता बनकर उचित दण्ड से बच जायँ और रङ्गरलियाँ मनायें। महाशयो कथन कीजिये ऐसे व्यक्ति के साथ प्रतिज्ञा पालन करना उचित है'।

सब लोग—(एक मुँह होकर) 'कदापि नहीं, कदापि नहीं'।

फ्लोडोआर्डो—'यदि एक बार आपने बचन हार दिया तो उसे पूर्ण करना उचित है चाहे राक्षस के साथ ही अपने बचन क्यों न हारा हो। छी! छी! खेद है कि मैंने क्या धोखा खाया मैं समझता था कि भले मानसों से काम पड़ा है यदि यह जानता कि ऐसे लोग हैं तो कदापि इस कार्य मे न पड़ता। (डपटकर) महाराज! अंतिम बार मैं आपसे फिर पूछता

हूँ कि आप अपनी प्रतिज्ञा को पालन करेंगे वा नहीं?'

अण्ड्रियास—(घुड़क कर) 'शस्त्रों को दे दो'।

अबिलाइनो—' तो वास्तव में आप रोज़ाविला को मुझे न दीजियेगा क्या निष्प्रयोजन मैंने अबिलाइनो को आपके वश में कर दिया?।

अण्ड्रियास—'मैंने फ्लोडोआर्डो से प्रतिज्ञा की है, पापकर्मरत, बधित, अबिलाइनो से मुझे कोई प्रयोजन नहीं है यदि फ्लोडोआर्डो आकर निज प्राप्त वस्तु की याचना करे तो निस्सन्देह रोज़ाविला उसे मिल सकती है परन्तु अबिलाइनो उसके लिये याचना नहीं कर सकता। द्वितीय बार मैं कहता हूँ कि शस्त्रों को रख दो।'

अबिलाइनो—(भोंड़ी रीति से हास्यपूर्वक) 'अहा! आप मुझे बधिक कहते हैं, बहुत उत्तम, आप अपने कार्य्य को देखिये मेरे पापों के पीछे न पड़िये वे मुझसे सम्बन्ध रखते हैं प्रलय के दिवस मैं परमेश्वर को समझा लूंगा।'

पादरी गानज़ेगा—ऐ चाण्डाल! दुष्टपुङ्गव! क्या अयोग्य बातें अपने मुख से निकालता है।

अबिलाइनो—'ओहो! पादरी महाशय तनिक इस समय महाराज से मेरी रक्षा के लिये कुछ कह दीजिये, यही अवसर सहायता करने का है, आप तो मुझसे भली भाँति अभिज्ञ हैं मैंने सदा आपका कार्य तन मन से कर दिया है, और तनिक बहाना नहीं किया है, इसको तो अस्वीकार नहीं कर सकते भला इस समय तो काम आइये और मेरा पक्ष समर्थन करके मुझे बचा लीजिये।

पादरी महाशय—(मुँह बनाकर) स्मरण रख कि जो मुझसे बेढंग बोला तो अच्छा न होगा, और सुनिये दुष्टात्मा की बातें, कहता है कि मैंने निरन्तर आपका कार्य कर दिया है भला मेरा कौन सा कार्य तुझसे अटका था, महाराज विलम्ब न कीजिये, पदातियों को घर के भीतर बुला ही लीजिये।

अबिलाइनो—'ऐं अब मैं बिल्कुल निराश हो जाऊँ, किसी को मुझ मन्दभाग्य पर दया नहीं आई, हाय ! कोई तो बोलता (कुछ काल पर्यन्त ठहर कर) सब चुप हैं सब, बस झगड़ा समाप्त हुआ, बुलाइये महाराज पदातियों को बुलाइये।'

यह सुन रोज़ाविला चिल्ला कर महाराज के युगल चरणों पर गिर पड़ी और रुदन करके कहने लगी 'क्षमा !क्षमा ! क्षमा! परमेश्वर के लिये अबिलाइनो पर कृपा कीजिये।'

अबिलाइनो—(हर्ष से कूदकर) प्यारी तुम ऐसा कहती हो? बस अब मेरा प्राण सुगमतया शरीर से निकलेगा।

रोज़ाविला—(महाराज के चरणों से लिपट कर) 'मेरे अच्छे पितृव्य उस पर दया करो, वह पापात्मा है परन्तु उसे परमेश्वर पर छोड़ दो, वह पाप कर्म्म रत है परन्तु रोज़ाविला अब तक उससे स्नेह करती है।'

अण्ड्रियास—(क्रोध से उसको हटाकर) दूर हो ऐ मन्दभाग्ये! मुझे उन्माद हो जायगा।

चतुर्विंश परिच्छेद

अबिलाइनो रोज़ाविला का स्नेह और महाराज की निष्ठुरता को चुपचाप खड़ा देखता था, और उसकी आँखों में आँसू डबडबा रहे थे। रोज़ाविला ने महाराज का हाथ दो बार चुम्बन कर कहा 'यदि आप उस पर दया नहीं करते तो मानों मुझ पर नहीं करते, जो दण्ड आप उसके लिये अवधारण कीजियेगा वह मेरे निमित्त पहले हो चुका, मैं अपने और अबिलाइनो दोनों के लिये आपसे क्षमा और दया की याचना करती हूँ, वह न होगा तो मेरा जीना भी कठिन है, परमेश्वर के लिये पूज्य पितृव्य मेरा कहना मान लीजिये और उसे स्वतन्त्रता प्रदान कीजिये।

इतनी प्रार्थना करने पर भी महाराज ने स्पष्ट उत्तर दे दिया कि अबिलाइनो बच नहीं सकता अवश्य फाँसी पावेगा।

अबिलाइनो—'क्यों महाशय यही सौजन्य है कि वह बेचारी आपके चरणों पर गिर कर रुदन करे और आप खड़े देखा करें, धिक्कार है ऐसी कठोरता पर, जावो बस ज्ञात हुआ कि तुम निरे जंगली हो तुम कदापि रोज़ाविला के साथ उतना स्नेह नहीं करते जितना कि तुमको करना उचित था, अब वह आपकी नहीं है मेरी है।'

यह कह उसने रोज़ाविला को उठा कर अपनी छाती से लगाया और उसके अरुणधरों का चुम्बन करके कहा 'प्यारी रोज़ाविला अब तुम मेरी हो चुकी; उहँ! क्या करूँ कुछ वश नहीं चलता बुरे भाग्य की क्या औषध है। हाय! कतिपय क्षण में अबिलाइनो का सिर धरातल पर रजपूरित लोटता होगा पर मुझे हर्ष इस बात का है कि तुम मुझसे उतना स्नेह करती हो जितना कि स्नेह के मार्ग की सीमा है अब मुझे किसी बात का दुःख नही। अच्छा अब मुख्य कार्य को देखना चहिये।

उसने रोज़ाविला जो मूर्छित हो रही थी कामिला की गोद में बैठा दिया और आप आयतन में बीचों बीच खड़े होकर लोगों की ओर यों प्रवृत्त हुआ 'क्यों महाशयो आप लोगों का दृढ़ विचार है कि मेरा सिर कर्त्तन किया जाय? और अब मैं आपसे क्षमा और कृपा की आशा न रक्खूँ? बहुत उत्तम, जैसी आप लोगों की इच्छा हो कीजिये मुझे कुछ कथन की आवश्यकता नहीं । परन्तु इससे प्रथम कि आप मेरे लिये कोई दण्ड निर्धारण करें मैं

आप लोगों में से कतिपय व्यक्तियों का दण्ड निर्धारण करता हूँ, भली भाँति एकाग्र चित्त होकर श्रवण कीजिये, आप लोग मुझको कुनारी का घातक, पेलो मानफ्रोन का नाशक, और लोमेलाइनो का विनाशक, न समझते हैं, कहिये हाँ! अच्छा, पर आप उन लोगों को भी जानते हैं जिन्होंने उनके विनाश करने के लिये मुझे सन्नद्ध किया था और मुझे सहस्रों मुद्रायें दी थीं। यह कह कर उसने सीटी बजाई जिसके साथ ही द्वार कपाट धड़ से खुल गया। और पहरे के पदातियों ने भीतर घुस कर परोजी और उस के सहकारियों को दृढ़ पाश में बाँध लिया।

अबिलाइनो (भर्त्सनापूर्वक) देखो इनका संरक्षण भली भाँति करो, तुम लोगों को आदेश मिल चुका है। (समज्या के लोगों से महाशय! इन्हीं दुष्टात्माओं के कारण वेनिस के तीन विख्यात महाजनों का जीवन समाप्त हुआ। (उनकी ओर संकेत करके। एक, दो, तीन, चार और हमारे पादरी महाशय पाँच। परोजी और उसके सहकारी उद्विग्न और व्यग्र खड़े थे मुख पर हवाइयाँ छूट रही थीं और किसी के मुख से आधी बात भी न निकलती थी और निकले क्योंकर कहावत है कि चोर का हृदय कितना और ऐसे फिर ऐसे साक्षी को झूठा कहना अत्यन्त कठिन था। इसके अतिरिक्त उन्हें यह क्या आशा थी कि अकस्मात परमेश्वरी कोप उन पर ऐसा हो जावेगा और इस प्रकार वह आयत्त हो जावेंगे। कहाँ वह परस्पर उत्तमोत्तम संकेतों को कर रहे थे और कहाँ कठिन पाश में बद्ध हो गये और विवशता ने उनको जकड़ दिया। ऐसी दशा में अच्छे-अच्छे लोगों की चेतना शक्ति नष्ट हो जाती है और वे तो अपराधी ही थे। अकेले उन्हीं की यह गति न थी वरन् जितने लोग वहाँ विद्यमान थे चकित और चमत्कृत से होकर यह कौतुक देखते और एक दूसरे से पूछते थे परन्तु कोई उसके मुख्य भेद से अभिज्ञ न था। कुछ देर बाद जब पादरी महाशय की चेतना शक्ति कुछ ठीक हुई तो उन्होंने कहा 'महोदय! यह व्यर्थ हम लोगों को लिये मरता है। भला हम लोगों को इन बातों से क्या संबंध है, महाराज यह सर्वथा कपट और छल है। अब इसने यह सोचा है कि मैं तो डूबता ही हूँ औरों को भी क्यों न निज साथी कर लूँ, ईश्वर का शपथ है कि यह सर्वथा बनावट और कलंक है।

काण्टेराइनो–अपने जीवन में इसने बहुतेरे लोगों का प्राण हरण किया है अब मरते समय भी दो चार को अपने साथ ले गरना चाहता है।'

अबिलाइनो–(डाँटकर) बस चुप रहो! मैं तुम्हारी सम्पूर्ण युक्तियों से अभिज्ञ हूँ, वह तालिका भी देख चुका हूँ और जो कुछ तुम लोगों ने प्रबन्ध किया है मुझे सब ज्ञात है। इस समय मैं तुम से बाते कर रहा हूँ और वहाँ पुलिसवाले मेरी आज्ञा से उन महाशयों को जिनके भुजमूल पर स्वेत सूत्र (फीते) बँधे हैं ओर जिन्होंने आज की रात वेनिस के सत्यानाश करने की मंत्रणा की थी पकड़ रहे हैं, बस अब चुप रहो अस्वीकार करना व्यर्थ है।

अण्ड्रियास–'अबिलाइनो परमेश्वर के लिये तनिक मुझे तो बतला कि इसके क्या

अर्थ हैं।'

अविलाइनों–'कुछ नहीं केवल इतना कि वेनिस के सत्यानाश और उसके शाशनकर्ता का प्राण हरण करने के लिये कुछ मनुष्यों ने एका किया था, अबिलाइनो ने अनुसंधान करके उसका पथ बन्द कर दिया, अर्थात् आप लोगों की इस अनुकंपा के बदले में कि अभी आप उसका सिर कर्त्तन करना चाहते थे उसने सबको मृत्यु के कठिन आघात से बचा दिया'।

एक कर्मचारी–(अपराधियों से) क्यों महाशय आप लोगों पर ऐसा भारी दोषारोपण किया गया है और आप लोग मौन हैं।

अबिलाइनो–वे ऐसे मूर्ख नहीं है कि अस्वीकार करें, इससे लाभ ही क्या होगा, उन के साथी राजकीय कारागार में पृथक् पृथक् बद्ध हैं, आप वहाँ जाकर उनसे पूछिये तो आपको इसकी सम्पूर्ण व्यवस्था ज्ञात हो जायगी। अब आप समझे होंगे कि मैंने इस आयतन के द्वार पर अबिलाइनो के पकड़ने के लिये प्रहरियों को नहीं सन्नद्ध किया वरन् इन्हीं लोगों के लिये, तनिक अब आप अपनी कृतज्ञता और मेरे बर्ताव और कर्तव्य का विचार कीजिये, मैंने अपने प्राण को संकट में डालकर वेनिस को सत्यानाश होने से बचाया है। डाकुओं का वेश बदल कर उन लोगो की समज्यावों में प्रविष्ट हुआ, जिन्होंने लोगों के वध कराने की वृत्ति ग्रहण की थी, आप लोगों के निमित्त मैंने सर्दगर्म सब कुछ सहन किया, आपकी अहर्निशि रक्षा करता रहा, और वेनिस अथच उसके निवासियों को विनष्ट होने से बचाया, और इस बड़ी सेवा सम्पादन करने पर भी मैं किसी पुरस्कार के योग्य न निश्चित किया गया। यह सब दुःख क्लेश और संताप मैंने केवल रोज़ाविला के लिये उठाया है फिर भी आप प्रतिज्ञा करके उससे फिरे जाते हैं। मैंने आप लोगों को मृत्यु के कर से छुड़ाया, आपकी स्त्रियों के पातिव्रत धर्म का संरक्षण किया, और आपके बालकों की रक्षा की इस पर भी आप मेरा सिर खण्डन किया चाहते हैं। तनिक इस तालिका को अवलोकन कीजिये और देखिये कि आप लोगों में से आज कितनों के प्राण का अपहरण होता, यदि अबिलाइनो ने रोक न की होती। यह आपके सम्मुख अपराधी विद्यमान हैं जिन्होंने आपके नाश करने का प्रयत्न किया था। प्रत्येक के मुख को नहीं देखते कि कैसी फिटकार बरस रही है। कोई भी अपने को निष्कलंक सिद्ध करने के लिये जिह्वा हिलाता है। कोई भी इस लांछन के असत्य प्रमाणित करने की चेष्टा करता है। परन्तु इसके अतिरिक्त मुझसे और प्रमाण लीजिये। यह कहकर वह अपराधियों की ओर प्रवृत्त हुआ 'सुनो तुम लोगों में से जो व्यक्ति सत्य और तथ्यवचन कथन करेगा वह अवश्यमेव मुक्त हो जायगा। मैं शपथ करके कहता हूँ, मैं अबिलाइनों बाँका, यह सुन कर वह लोग चुप रहे परन्तु कुछ घड़ी बाद अकस्मात मिमो महाराज के चरणों पर गिर पड़ा और कहने लगा जो कुछ अबिलाइनो ने कथन किया है सत्य है।

परोजी प्रभृति–(असत्य है सर्वथा असत्य है)।

अबिलाइनो–(भर्त्सना पूर्वक) चुप रहो, स्मरण रक्खो कि जो जिव्हा हिलाई तो अच्छा न होगा। (उच्चस्वर से) प्रकट हो! प्रकट हो! यही समय है। उसने फिर सीटी बजाई, तत्काल द्वार कपाट खुल गया और महाराज के तीनों प्राचीन मित्र कोनारी लोमेलाइनो और मानफ्रोने आकर उपस्थित हुये। यह देख काण्टेराइनो ने कुक्षिप्रान्त से यमधार निकाल कर आत्मघात किया शेष चार अपराधियों को पदातिगण अपने साथ ले गये। महाराज ने जो अपने बिछुड़े हुये मित्रों को बहुत कालोपरान्त पाया तो दौड़ कर उनसे लिपट गये और प्रत्येक के गले लगकर बहुत ही रुदन किया। यह दशा अवलोकन कर अपर लोगों की आँखों में भी आँसू भर आया। नृपति महाशय को कदापि आशा न थी कि उन लोगों से स्वर्ग के अतिरिक्त फिर कभी समागम होगा। इसलिये उनको जीवित पाकर परमेश्वर को लाखों बार उन्होंने धन्यवाद प्रदान किया। इन चारों मनुष्यों में बालापन ही से अत्यन्त प्रीति थी, और चिरकाल से अविछिन्न मैत्री निर्वाहित थी, युवावस्था में बहुत काल पर्यन्त एक द्वितीय के सहायक और सहकारी रह चुके थे, इस कारण वृद्धावस्था में वे एक दूसरे का सम्मान और भी अधिक करते थे।

रोज़ाविला अबिलाइनो के गले से लिपट कर रुदन कर रही थी और बार बार यही कहती थी 'तू अबिलाइनो प्राणहारक नहीं है।' थोड़ी देर बाद महाराज उनके मित्र और दूसरे लोग अपने अपने स्थान पर बैठे और पहले उनके मुख से यही शब्द निकले 'धन्य अबिलाइनो धन्य क्यों न हो परमेश्वर तुझको चिरञ्जीवी करे, निस्सन्देह तूने हम लोगों के प्राण की रक्षा की। अब प्रत्येक व्यक्ति की जिह्वा पर अबिलाइनो की प्रशंसा के शब्द थे, धन्य-धन्य के छर्रे चल रहे थे और सब उसके चिरञ्जीवी होने के लिये वर याचना करते थे। अहा! समय का भी अद्भुत ढङ्ग है, वही अबिलाइनो जो एक घण्टा प्रथम सिर काटे जाने और भाँति-भाँति के क्लेश के साथ मारे जाने के योग्य था, अब सर्वजनों का मान्य और पूज्य बन गया, प्रत्येक को उस पर अभिमान था और प्रत्येक व्यक्ति उसको द्वितीय परमेश्वर समझता था। नृपति महाशय ने कुर्सी पर से उठ कर उसकी ओर अपना हाथ बढ़ाया और अपनी जिह्वा से कथन किया 'अबिलाइनो तुमने हम लोगों का बड़ा भारी उपकार किया।' अबिलाइनो ने नृपति महाशय के कर कमल का सत्कार पूर्वक चुम्बन किया और मन्द मुसकान से उत्तर दिया पृथ्वीनाथ मेरा नाम अबिलाइनो नहीं है और न फ्लोडोआर्डो है, मेरा नाम रुसाल्वो है और मैं नेपल्स का निवासी हूँ। मैंने अपना नाम केवल मोनाल्डस्ची के राजकुमार की शत्रुता के कारण बदल दिया था। परन्तु वह तो मर गया अब मुझको अपना नाम गुप्त रखना आवश्यक नहीं।

अण्ड्रियास–(अकुलाकर) मोनाल्डस्ची?।'

रुसाल्वो–'कुछ आपत्ति न कीजिये, यह सत्य है कि मोनाल्डस्ची मेरे हाथ से मारा

गया, परन्तु मैंने उसको छल से नहीं मारा वरन् मेरा उसका देर तक सामना हुआ और कुछ घाव मुझको भी लगे। मरते समय उसको परमेश्वर का कुछ भय आया, उसने अपने हाथ से मुझको निष्कलङ्क उन कलंकों के विषय में लिख दिया, जो उसने मुझ पर आरोपण किये थे और यह भी बता दिया, कि मैं किस प्रकार अपना पैतृक धन जो हृत हो गया है पुनः प्राप्त कर सकता हूँ। उसके अनुसार मैंने कार्य्य किया, और अब सम्पूर्ण नेपलूस को ज्ञात हो गया कि मोनाल्डसूची ने मेरे सत्यानाश होने और चौपट करने के लिये क्या क्या युक्तियाँ की थीं जिसके कारण मुझको वहाँ से वेश बदल कर भागना पड़ा। इसी वेश में मैं बहुत दिनों तक इतस्ततः मारा फिरा और अन्त को भाग्य मुझे खींच कर वेनिस में लाया। उस समय मेरा स्वरूप इतना बदल गया था कि मुझको पकड़ जाने का तनिक भय न था, वरन् यह आशंका थी कि ऐसा न हो कि मैं उपवास करते-करते मर जाऊँ—परन्तु इस बीच संयोग हुआ कि मुझसे वेनिस के डाकुओं से परस्पर हो गया, मैंने हर्ष से उनका सहवास स्वीकार किया। मेरी अभिलाषा थी कि पहले तो अवसर पाकर वेनिस से इस आपदा को निवारण करूँ, और दूसरे उनके द्वारा उन लोगों को भी पहचान लूँ जो डाकुओं से कार्य कराते हैं। मैंने इस बात में सिद्धिलाभ की अर्थात् डाकुओं के अधीश्वर को रोज़ाविला के सामने मारा। और शेष लोगों को पकड़वा दिया। उस समय वेनिस भर में मैं ही एक डाकू रह गया और प्रत्येक व्यक्ति को मेरे ही पास आना पड़ा। इस रीति से मुझे परोजी और उसके सहकारियों की अभिसन्धि का भेद ज्ञात हुआ और अब आप लोगों भी उनसे अभिज्ञ हो गये। मैंने देखा कि वे लोग महाराज के तीनों मित्रों के प्राण अपहरण करना चाहते हैं, उन के समीप विश्वस्त बनने के लिये यह अवश्य था कि उनको किसी प्रकार विश्वास हो जाता कि तीनों व्यक्तियों का मैंने संहार किया। इस विषय में पूर्ण विचार करके मैंने एक बात निकाली और उस समय लोमेलाइनो से जाकर सम्पूर्ण समाचारों को कहा। इस कार्य में वे मेरे सहकारी थे उन्हींने मुझको महाराज के सामने मित्र का पुत्र बनाकर उपस्थित किया। उन्होंने ही मुझको उत्तमोत्तम परामर्श दिये उन्हींने मुझे राजकीय उपवनों की कुञ्चिकायें दीं, जिनमें महाराज और उनके मुख्य मित्रों के अतिरिक्त कोई व्यक्ति जाने नहीं पाता था और जिनके द्वारा मैं प्रायः बच कर निकल जाता था। उन्हींने मुझे महाराज के प्रासादों के गुप्त मार्गों को दिखलाया जिनसे मैं महाराज के मुख्य शयनागार में प्रविष्ट हो सकता था और जब समय उनके टले जाने का आया तो वह एकाकी आप ही नहीं छिप बैठे वरन् मानफ्रोन और कोनारी को भी इस बात पर आमादा किया। बारे परमेश्वर ने यह दिवस दिखाया कि सम्पूर्ण युक्तियाँ सफल हुईं; डाकुओं का नाम निशान मिट गया, उनके उत्तेजन दाता पकड़े गये और महाराज के तीनों मित्र जीवित और निर्विघ्न बचे। अब भी यदि आप लोग उचित समझते हों तो अबिलाइनो प्रस्तुत है चाहे उसका सिर काटिये चाहे उसे फाँसी दीजिये।'

सब लोग एक मुँह होकर—'हूँ हूँ सिर काटना ? कोई तुम्हारे समान हो तो ले'।

अण्ड्रियास—"धन्य! अबिलाइनो जो कार्य तुमने किया है ऐसा कार्य अल्प लोगों ने किया होगा, मुझे उस दिवस का तुमारा कथन स्मरण है जब तुमने कहा था 'महाराज! इस समय वेनिस में हम और तुम दो ही बड़े व्यक्ति हैं, परन्तु सच पूछो तो अबिलाइनो तुम मुझसे कहीं बढ़ कर हो। मेरे पास रोज़ाविला से अधिकतर कोई उत्तमोत्तम और बहुमूल्य पदार्थ नहीं है और न उससे बढ़कर कोई मुझे प्रिय है मैंने उसको तुम्हें प्रदान किया'।

निदान परमेश्वर ने दोनों प्रेमी प्रेयसी का इस रीति से समागम कराया।

❑

अभिभाषण

अभिभाषण

मंगलाचरण

द्रुतविलम्बित

सकल साधक साधित सेविता।
विवुध वृन्द विबोधित वन्दिता॥
भरित भाव प्रभूत विभूति से।
जयति भारत भूतल भारती॥ 1॥

सरसती सुर की सरि सी रहे।
वन सुधा सम स्वाद सहोदरा॥
सरस नीरस मानस को करे।
रसिक की रसना रस से भरी॥ 2॥

मधुमयी वन हो बुध लालिता।
पुलकिता रह हो अकलंकिता॥
सफलिता कलिता ललिता रहे।
विकसिता लसिता कवितावली॥ 3॥

सुध रखे हित साधन की सुधी।
सकल प्रेमिक प्रेग निकेत हो॥
विबुध की विधि हो विधि से बँधी।
विबुधतामय हो विविधा क्रिया॥ 4॥

सरलता शुचिता सहकारिता।
सरसता सहिता हितकारिता॥
विलसती जन मानस में रहे।
मधुरता मृदुता उपकारिता॥ 5॥

अनुनय-विनय

स्वागतकारिणी समिति के सभापति महोदय! समुपस्थित सज्जन समूह! समादरणीया महिला वृन्द!

1. गौरव लाभ करना गौरव की बात है, किन्तु सबसे बड़े गौरव का अधिकारी वह है, जो वास्तव में किसी को गौरवित बनाता है। मन्दवाही मलयानिल का प्रवाह मन्द-मन्द आता है, तरु-पुंज को स्पर्श करता है, सौरभित बनाता है, वे कुछ-से-कुछ हो जाते हैं, काठ से चन्दन बन जाते हैं, सुर शीश पर चढ़ते हैं, निस्सन्देह यह उनके लिए महत्त्व की बात है। परन्तु जिसने उन्हें यह महत्ता प्रदान की, वह किस महत्त्व का अधिकारी है, आप लोग स्वयं इसको समझ सकते हैं। आप लोगों का कृपापात्र बनकर मैं सम्मानपात्र हुआ हूँ—किन्तु वास्तव में इस सम्मान के अथवा इससे भी किसी उच्च और पुनीत सम्मान के भागी आप लोग हैं। लोहा पारस स्पर्श से स्वर्ण बनता है, किन्तु लोहे को स्वर्णता प्रदान करके पारस क्या बनता है, यह कहते नहीं बनता। कंगाल सुदामा भगवान् यदुकुल कुमुद कलाधर की कसौटी है। एक साधारण लोक को लोकपाल बनाकर वे त्रिलोक से ऊँचे हो गये। आप लोगों का भी कुछ ऐसा ही कौशल है, नहीं तो उज्ज्वल रत्नराशि के मिलते तुच्छ काँच न पूछा जाता, प्रफुल्ल पाटल प्रसून के होते पलाश पुष्प पर दृष्टि न पड़ती। दूसरे तर्क-वितर्क करें, मैं सतर्क हूँ, मेरा हृदय कृतज्ञतापूर्ण है, मैं इस अभूतपूर्व उदारता के लिए आप लोगों को सहस्रों धन्यवाद प्रदान करता हूँ। मेरे रोम-रोम से धन्यवाद की ध्वनि निकल रही है। मैं शिष्टाचार प्रदर्शन नहीं कर रहा हूँ, वास्तव में बात यह है कि धन्यवाद से भी बहुमूल्य यदि कोई वस्तु होती, तो आज मैं उसको भी सेवा में अर्पण करके संतोष न पाता। अपने किये की लज्जा आप लोगों को अवश्य होगी, आप लोग अपना कार्य मुझ अयोग्य से भी योग्यतापूर्वक करा ही लेंगे, अतएव आज मैं अयोग्य होकर भी योग्य हूँ। विशेष क्या कहूँ—कहूँगा तो इतना ही और कहूँगा 'मणौ वज्र समुत्कीर्णे सूत्रस्येवास्ति मे गतिः।'

हिन्दी भाषा का उद्‌गम

2. आप लोगों ने अनुग्रह करके मुझको जिस सभा के समुच्च सिंहासन पर समासीन किया है, उसका नाम है हिन्दी साहित्य-सम्मेलन। सभापतित्व की सूचना पत्रों में प्रकाशित होते ही, मेरे पास पत्रों की भरमार हो गयी। अनेक विषयों में सम्मति देने की मुझे सम्मति दी गयी। कहा गया घड़े में समुद्र भर दिया जावे, सामयिक सब विषयों पर लेख लिख दिया जावे यही नहीं, लेख में प्रौढ़ वय की प्रौढ़ता भी हो। एक सज्जन ने लिखा—अपने पक्ष का प्रतिपादन पूरा-पूरा किया जावे, चाहे पक्षपात का दोष भले ही लगे। निदान, अपना-अपना राग सबसे अलापा, मैं चिन्तित हुआ, क्या करूँ। यदि व्याख्यान

लंबा होगा, तो रंग फीका हो जावेगा, लोग बिना सुने ही लम्बे हो जावेंगे। यदि छोटा हुआ, तो छोटाई होगी, अधूरा हुआ तो पूरी न पड़ेगी। सोच-समझ कर ठीक किया, हमें तीन ही विषयों से मतलब है, और वे हैं, 'हिन्दी', 'साहित्य' और 'सम्मेलन'। अतएव मैं इन्हीं तीन विषयों पर आप लोगों की सेवा में कुछ निवेदन करूँगा। यद्यपि इन विषयों पर भी बहुत कुछ कहा जा चुका है, किन्तु इसके लिए मैं क्या करूँ, यह मार्ग सबके लिए तंग है। कौन सा विषय है, कि जिस पर लेखनी नहीं चल चुकी है, पर लिखने वाले कब मानते हैं, कुछ-न-कुछ लिखते ही हैं—और नहीं कुछ होता, तो पूर्वजों का पदानुसरण ही करते हैं—मैं भी यही करूँगा। ऐसे ही बखेड़े में एक बार कविकुल-तिलक गोस्वामी तुलसीदास जी पड़े थे—उस समय उनकी रत्न प्रसविनी लेखनी ने लिखा था "सब जानत प्रभु प्रभुता सोई। तदपि कहे बिन रहा न कोई।" मेरे लिए यही महावाक्य अवलम्बन है। यह वाक्य मेरी तमोमयी रजनी मति का मयंक और मेरे नीरस मानस तरु का मन्दान्दोलित वसन्त समीर है।

3. पहला विषय मेरा हिन्दी है, अतएव पहले मैं देखूँगा हिन्दी भाषा की जननी कौन है? उसकी जन्मभूमि कहाँ है? वह वहाँ कैसे उत्पन्न हुई? कैसे लालित-पालित हुई? उसका उगना, अंकुरित होना, पल्लवित बनना, फूलना-फलना अत्यन्त मनोमुग्धकर है। परम ललित लेखनी द्वारा यह बातें लिपिबद्ध हुई हैं, बड़े सुचतुर चित्रकारों ने अपनी चारुतूलिका द्वारा उसका रुचिर चरित चित्र अंकित किया है। मैं उस सुन्दर लेखमाला को, उस चमत्कारमय चित्रपट को आपके सामने रखने में असमर्थ हूँ। किन्तु उस लेखमाला की कुछ काम की बात सुनाऊँगा, उस चारु चित्रपट के कुछ आवश्यक अंश दिखलाऊँगा। आशा है, उनसे आप लोगों का बहुत कुछ मनोरंजन होगा।

4. हिन्दी भाषा का वर्तमान रूप अनेक परिवर्तनों का परिणाम है। वह क्रम-क्रम विकसित होकर इस अवस्था को प्राप्त हुई है। यह क्रम विकास कैसे हुआ, उसका निरूपण यहाँ किया जाता है। प्रथम सिद्धान्त यह है कि हिन्दी भाषा की जननी संस्कृत है, पहले वह कई प्राकृतों में परिवर्तित हुई, उसके उपरान्त उसने हिन्दी का वर्तमान रूप धारण किया। दूसरा यह कि प्राकृत स्वयं एक स्वतन्त्र भाषा है, वह न तो वैदिक भाषा से उत्पन्न हुई न संस्कृत से, कालान्तर में वही रूप बदल कर आयी और हिन्दी कहलायी। तीसरा यह कि प्राचीन वैदिक भाषा ही वह उद्गम स्थान है, जहाँ से समस्त प्राकृत भाषाओं के स्रोत प्रवाहित हुए हैं। संस्कृत उसी का परिमार्जित रूपान्तर, और हिन्दी उन्हीं स्रोतों में से एक स्रोत का सामयिक स्वरूप है। हम मीमांसा करके देखेंगे कि इनमें कौन-सा सिद्धान्त उपपत्ति मूलक है।

5. सबसे पहले प्रथम सिद्धान्त को लीजिये। उसके प्रतिपादक संस्कृत और प्राकृत

भाषा के कुछ प्राचीन विबुध और हमारी हिन्दी भाषा के कुछ धुरन्धर विद्वान हैं। उनका यह कथन है—

"प्रकृतिः संस्कृतम् तत्र भवम् तत् आगतम् वा प्राकृतम।"

—वैयाकरण हेमचन्द्र

"प्रकृतिः संस्कृतम् तत्र भवत्वात् प्राकृतम् स्मृतम्।"

—प्राकृत चन्द्रिकाकार

"प्राकृतस्य तु सर्वमेवसंस्कृतम् योनिः।"

—प्राकृत संजीवनीकार

"यह सर्व सम्मत सिद्धान्त है कि प्रकृति संस्कृत होने पर भी कालान्तर में प्राकृत एक स्वतन्त्र भाषा मानी गयी।"

—स्वर्गीय पण्डित गोविन्दनारायण मिश्र

"संस्कृत प्रकृति से निकली भाषा ही को प्राकृत कहते हैं।"

—स्वर्गीय पण्डित बदरीनारायण चौधरी

6. अब दूसरे सिद्धान्त वालों की बातें सुनिये। इनमें अधिकांश बौद्ध और जैन विद्वान् हैं। अपने 'प्रयोग सिद्धि' ग्रन्थ में कात्यायन लिखते हैं—

सा मागधी मूल भासानरा यायादि कप्पिका।
ब्राह्मणो चस्सुतालापा सुग्बुद्धा चापि भासरे॥

आदि कल्पोत्पन्न मनुष्यगण, ब्राह्मणगण, सम्बुद्धगण और जिन्होंने कोई वाक्यालाप श्रवण नहीं किया है ऐसे लोग, जिसके द्वारा बातचीत करते हैं, वही मागधी मूल भाषा है।

'पति सम्बिध अत्वूय' नामक ग्रन्थ में लिखा है—

> "मागधी भाषा देवलोक, नरलोक, प्रेतलोक और पशु जाति में सर्वत्र प्रचलित है। किरात, अन्धक, योणक, दामिल प्रभृति भाषा परिवर्तनशील हैं, किन्तु मागधी आर्य और ब्राह्मणगण की भाषा है। इसलिए अपरिवर्तनीय और चिरकाल से समान रूपेण व्यवहृत है।"

महारूप सिद्धिकार लिखते हैं—

> "मागधिकाय सभाव निरुत्तिया" अर्थात् मागधी स्वाभाविक भाषा (अथवा मूल भाषा) है।

अपने पाली भाषा के व्याकरण की अंग्रेजी भूमिका में श्रीयुत् सतीशचन्द्र विद्याभूषण लिखते हैं—

> "धीरे-धीरे मागधी में, जो इस देश में बोली जाती थी, बहुत से परिवर्तन हुए और आजकल की भाषाएँ, जैसे बंगाली, मरहठी, हिन्दी

और उड़िया इत्यादि उसी से उत्पन्न हुईं।"[1]

"जैनेरा अर्द्ध मागधी भाषा केई आदि भाषा बलिया मने करेन।"
जैन लोग अर्द्ध मागधी भाषा को ही आदि भाषा मानते हैं।

—बंगला विश्वकोश, पृष्ठ 438

7. अब तीसरे सिद्धान्त वालों का विचार सुनिये। यह दल समधिक पृष्ठ है, इसमें पाश्चात्य विद्वान् तो हैं ही, भारतीय विद्वानों की संख्या भी न्यून नहीं है। क्रमशः अनेक विद्वानों की सम्मति, मैं आप लोगों के सामने उपस्थित करता हूँ। जर्मन विद्वान् 'वेबर' कहते हैं—

"वैदिक भाषा से ही एक ओर सुगठित और सुप्रणालीबद्ध होकर संस्कृत भाषा का जन्म, और दूसरी ओर मानव प्रकृति सिद्ध और अनियत वेग से वेगवान प्राकृति भाषा का प्रचलन हुआ—प्राचीन वैदिक भाषा ही क्रमशः बिगड़ कर सर्व साधारण के मुख से प्राकृत हुई।"

—बंगला विश्वकोश, पृष्ठ 433

विश्वकोश के प्रसिद्ध विद्वान् रचयिता स्वयं यह लिखते हैं—

"वास्तविक आर्य जाति की आदि भाषा वेद में है। इसमें सन्देह नहीं कि इस वैदिक भाषा रूप श्रोतस्वती से ही संस्कृत और प्राकृत दोनों धाराएँ निर्गत हुई हैं।"

—बंगला विश्वकोश, पृष्ठ 433

श्रीमान् विधुशेखर शास्त्री अपने 'पालिप्रकाश' नामक बंगला ग्रन्थ में क्या लिखते हैं, उसे भी देखिए—

"आर्यगण की वेद-भाषा और अनार्यगण की आदिम भाषा में एक प्रकार का सम्मिश्रण उत्पन्न होने से, बहुत से अनार्य शब्द वर्तमान कथ्य वेद-भाषा के साथ मिश्रित हो गये, इस सम्मिश्रित जात भाषा का नाम ही प्राकृत है।"

—पालि प्रकाश प्रवेशक, पृष्ठ 36

1. Course of time this Magadhi—the spoken language of the country underwent immense changes, and gave rise to the modern vernaculars such as Bengali, Marahathi, Hindi, Uriya etc.

हिन्दी भाषा के प्रसिद्ध विद्वान् श्रीमान् पण्डित महावीरप्रसाद द्विवेदी की यह अनुमति है–

> "हमारे आदिम आर्यों की भाषा पुरानी संस्कृत थी, उसके कुछ नमूने ऋग्वेद में वर्तमान हैं, उसका विकास होते-होते कई प्रकार की प्राकृतें पैदा हो गयीं, हमारी विशुद्ध संस्कृत किसी पुरानी प्राकृत से ही परिमार्जित हुई है।"

—हिन्दी भाषा की उत्पत्ति, पृष्ठ 73

विख्यात साहित्य मर्मज्ञ बाबू पुरुषोत्तमदास टण्डन का विद्वत्तापूर्ण भाषण भी इसी सिद्धान्त का प्रतिपादक है। और भी प्रगल्भ विद्वानों की सम्मतियाँ मैं यहाँ उद्धृत कर सकता हूँ, किन्तु विस्तार भय से छोड़ता हूँ।

8. अब मैं देखूँगा कि इन तीनों सिद्धान्तों में से कौन सा सिद्धान्त विशेष उपपत्ति मूलक है। शब्दशास्त्र की गुत्थियों को सुलझाना सुलभ नहीं, लोग जितना ही इसको सुलझाते हैं, उलझन उतनी ही बढ़ती है। बहुत कुछ छानबीन हुई, किन्तु भाषा विज्ञान का अगाध रत्नाकर आज भी बिना छाने हुए पड़ा है। छानने वालों ने उसको सौ-सौ तरह से छाना, किन्तु रत्न हाथ आना सबके भाग्य में कहाँ! मैं इस उद्योग में नहीं हूँ—न मुझमें इतनी योग्यता है—न मैं इस घनीभूत अंधकार में प्रवेश करने के लिए कोई सुन्दर आलोक प्रस्तुत कर सकता हूँ, केवल मैं विचारों का दिग्दर्शनमात्र करूँगा। प्रथम सिद्धान्त के विषय में मैं विशेष कुछ लिखना नहीं चाहता। वेद-भाषा को प्राचीन संस्कृत कहा जाता है, कोई-कोई वेद-भाषा को वैदिक संस्कृत और पाणिनि काल की एवं उसके बाद के पन्नों की भाषा को लौकिक संस्कृत कहते हैं। प्रथम सिद्धान्त वालों ने संस्कृत से ही प्राकृत की उत्पत्ति बतलायी है। यदि इस संस्कृत से वैदिक संस्कृत अभिप्रेत है, तो प्रथम सिद्धान्त तीसरे सिद्धान्त के अन्तर्गत हो जाता है, और विरोध का निराकरण होता है। परन्तु वास्तव में बात यह है कि प्रथम सिद्धान्त वालों का उद्देश्य वैदिक संस्कृत से नहीं, वरन् लौकिक संस्कृत से है। क्योंकि षड्भाषा-चन्द्रिकाकार लिखते हैं—

> भाषा द्विधा संस्कृता चा प्राकृती चेति भेदतः।
> कौमार पाणिनीयादि संस्कृता संस्कृतामता।
> प्रकृतेः संस्कृता यास्तु विकृतिः प्राकृता मता।

अतएव दोनों सिद्धान्तों का परस्पर विरोधी होना स्पष्ट है। प्रथम सिद्धान्त को सारवता के विषय में मैं कुछ नहीं लिखना चाहता, उस पर समधिक लेखनी परिचालना हुई है। सम्मेलन के सभापतित्व के आसन पर विराजमान होकर पारसाल इस विषय में विद्वद्वर

श्रीमान् बाबू पुरुषोत्तमदास टण्डन ने बहुत कुछ लिखा है उन्होंने युक्ति के साथ उसकी असारता सिद्ध कर दी है, अतएव उसके सम्बन्ध में अब मेरा कुछ लिखना पिष्टपेषण मात्र होगा। सम्भव है कि कुछ विद्वज्जन उनके विचारों से सहमत न हों, सम्भव है कि उनकी चिन्ता प्रणाली अभ्रान्त न हो। विचार वैचित्र्य अप्रकट नहीं, परन्तु मेरी उनके साथ एक वाक्यता है–केवल इस कारण से नहीं कि उनके विचार में प्रौढ़ता है, वरन् इस कारण से भी कि शिक्षा नामक वेदांग के पाँचवें अध्याय का तीसरा श्लोक भी उनके विचार को पुष्ट करता है। वह यह है–"प्राकृते संस्कृते वापि स्वयं प्रोक्ता स्वयम्भुवा", स्वयं आदि पुरुष प्राकृत अथवा संस्कृत बोलते थे। इस श्लोक में प्राकृत को अग्रस्थान दिया गया है, जो पश्चाद्वर्ती संस्कृत को उसका पश्चाद्वर्ती बनाता है। अतएव अब इस विषय में कुछ और न लिखकर, मैं दूसरे सिद्धान्त की मीमांसा करता हूँ।

दूसरा सिद्धान्त क्या है, उसका परिचय मैं दे चुका हूँ। वह मागधी को आदि कल्पोत्पन्न, मूल भाषा, आदि भाषा और स्वाभाविक भाषा मानता है। यदि इस भाषा का अर्थ वैदिक भाषा के अतिरिक्त सर्व साधारण में प्रचलित भाषा है, तो यह सिद्धान्त बहुत कुछ माननीय है। क्योंकि महर्षि पाणिनि के प्रसिद्ध सूत्रों में वेद अथवा उसमें प्रयुक्त भाषा, छन्द, मन्त्र, निगम आदि नामों से अभिहित है, यथा–विभाषा छन्दसि (1, 2, 36) अयस्मयादीनि छन्दसि (1, 4, 20) नित्यं मन्त्रे (6, 1, 10) जनिता मन्त्रे (6, 4, 53) वाव पूर्वस्य निगमे (6, 4, 9) ससूवेति निगमे (7, 4, 74)।

परन्तु[1] भाषाओं के लिए 'लोक', 'लौकिक' अथवा भाषा शब्द का ही प्रयोग उन्होंने किया है, यथा–

विभाषा भाषायाम् (6-1-181) स्थेत्र भाषायाम् (6-3-20) प्रथमायाश्च द्विवचने भाषायाम् (7-2-88) पूर्व तु भाषायाम् (8-2-98)।

परन्तु वास्तव में बात यह नहीं है। वरन् वास्तव में बात यह है कि मागधी को मूल भाषा अथवा आदि भाषा कह कर, वेद-भाषा पर प्रधानता दी गयी है। क्योंकि वह अपरिवर्तनीय मानी गयी है, और कहा गया है कि नरलोक के अतिरिक्त उसकी व्यापकता देवलोक तक है, प्रेतलोक और पशु जाति में भी वह सर्वत्र प्रचलित है। जिस काल में स्वयं वेदों की अप्रधानता हो गयी थी, उस काल में वेदभाषा का अप्राधान्य माना जाना स्वाभाविक है। धार्मिक संस्कार सभी धर्मवालों के कुछ-न-कुछ इसी प्रकार के होते हैं–ऐसे स्थलों पर वितण्डावाद व्यर्थ है, केवल देखना यह है कि भाषा-विज्ञान की दृष्टि से यह विचार कहाँ तक युक्तिसंगत है, और पुरातत्त्ववेत्ता क्या कहते हैं। वैदिक भाषा की

1. संस्कृतं प्राकृतं चैवापभ्रंशोथ पिशाचिकी।
मागधी शौरसेनी च षड्भाषाश्च प्रकीर्तिताः॥ प्रा. लक्षण टी.

प्राचीनता, व्यापकता और उसके मूल भाषा अथवा आदि भाषा होने के सम्बन्ध में कुछ विद्वानों की सम्मति मैं नीचे उद्धृत करता हूँ—उनसे इस विषय पर बहुत कुछ प्रकाश पड़ेगा। संस्कृत भाषा से इन अवतरणों में वैदिक संस्कृत अभिप्रेत है।

"किसी समय संस्कृत सम्पूर्ण संसार की बोलचाल की भाषा थी।"[1]

—मिस्टर वाय।

"सर्वज्ञात भाषाओं में से संस्कृत अतीव नियमित है, और विशेषतया इस कारण अद्‌भुत है कि उसमें योरप की अद्यकालीन भिन्न-भिन्न भाषाओं और प्राचीन भाषाओं के धातु हैं।"[2]

—मिस्टर कूवियेर

9. यह देखकर कि भाषाओं की एक बड़ी संख्या का प्रारम्भ संस्कृत से है, या यह कि संस्कृत से उसकी समधिक समानता है, हमको बड़ा आश्चर्य होता है—और यह संस्कृत के बहुत प्राचीन होने का पूरा प्रमाण है। रेडिगर नामक एक जर्मन लेखक का यह कथन है कि संस्कृत सौ से ऊपर भाषाओं और बोलियों की जननी है। इस संख्या में उसने बारह भारतवर्षीय, सात मीडियन पारसी, दो अरनाटिक अलबानियन, सात ग्रीक, अट्ठारह लेटिन, चौदह इसक्लेवानियन और छः गेलिक केल्टिक को रखा है।

× × ×

10. लेखकों की एक बड़ी संख्या ने संस्कृत को ग्रीक, लैटिन और जर्मन भाषा की अनेक शाखाओं की जननी माना है, या इनमें से कुछ को संस्कृत से उत्पन्न हुई किसी दूसरी भाषा द्वारा निकला पाया है, जो अब नाश हो चुकी है।

11. सर विलियम जोन्स और दूसरे लोगों ने संस्कृत का लगाव पारसी और जिन्द भाषा से पाया है।

12. हालहेड ने संस्कृत और अरबी शब्दों में समानता पायी है, और यह समानता केवल मुख्य-मुख्य बातों और विषयों में ही नहीं, वरन् भाषा की तह में भी उन्हें मिली है। इसके अतिरिक्त इण्डो चाइनीज और उस भाग की दूसरी भाषाओं का भी उसके साथ घनिष्ठ सम्बन्ध है।[3]

—मिस्टर एडलिंग

---

1. Some time Sanskrit was the one language spoken all over the world. Edinburgh Rev. Vol. XXXIII, 3.43.
2. It is the most regular language known and is especially remarkable, as containning the roots of various languages of Europe, and the greek, Latin, German, of Sclavonic —Baron cuvier—Lectures on the Natural Science.
3. The great number of languages which are said to owe their origin, or bear a close affinity to the Sanskrit, is truly astonishing, and is another proof of its high antiquity.

—A German Writer

13. "पुरातन ब्राह्मणों ने जो ग्रन्थ हमें दिये हैं, उनसे बढ़कर निर्विवाद प्राचीनता के ग्रन्थ पृथ्वी पर कहीं नहीं मिलते"[1] —मिस्टर हालहेड

"ज़िन्द के दश शब्दों में से 6 या 7 शब्द शुद्ध संस्कृत के हैं।"

—मिस्टर हैमर

14. "ज़िन्द और वैदिक संस्कृत का इतना अन्तर नहीं, जितना वैदिक संस्कृत और संस्कृत का है।" —मैकडानेल—ईश्वरीय ज्ञान पृष्ठ 63, 64, 66, 67

संसार की आर्य जातीय भाषाओं के साथ वैदिक भाषा का सम्बन्ध प्रकट करने के लिए मैं यहाँ कुछ शब्दों को भी लिखता हूँ—

संस्कृत	**मीडी**	**यूनानी**	**लैटिन**	**अंग्रेज़ी**	**फ़ारसी**
पितृ	पतर	पाटेर	पेटर	फ़ादर	पिदर
मातृ	मतर	माटेर	मेटर	मदर	मादर
भ्रातृ	ब्रतर	फाटेर	फ्रेटर	ब्रदर	बिरादर
नाम	नाम	ओनोमा	नामेन	नेम	नाम
अस्मि	अह्मि	ऐमी	एम	ऐम	अस

अवतरणों को पढ़ने और ऊपर के शब्दों का साम्य देखकर यह बात माननी पड़ेगी कि वैदिक भाषा अथवा आर्य जाति की वह भाषा, जिसका वास्तविक और व्यापक रूप हमको वेदों में उपलब्ध होता है, आदि भाषा अथवा मूल भाषा है। यदि संसार भर की भाषाओं की जननी हम उसे न मानें, तो भी हमें आर्य भाषा से प्रसूता जितनी भाषाएँ हैं, उनकी आधारभूता अथवा जन्मदात्री तो उसे मानना ही पड़ेगा और ऐसी अवस्था में मागधी भाषा को मूल भाषा अथवा आदि भाषा कहना कहाँ तक युक्ति संगत है, आप लोग स्वयं इसको सोच सकते हैं।

---

1. The world does not now contain annals of more indisputable antiquity than those delivered down by the ancient Brahmans—Halhed, Code of Hindu Laws (Rudiger) has asserted it to be the parent of upwards of a hundred languages and dialects, among which he enumerates twelve Indian, seven Median-Persic, two Arnantic—Albanian, seven greek, eighteen Latin, fourteen Sclavanian and six Celtic-Gallic.

× × ×

A host of writers have made it the immediate parent of the Greek, and Latin, and German families of languages, or regarded some of these as descended from it through a language now extinct. With the persian and Zend it has been almost identified by Sir William Jones and others. Halhed notices the similitude of Sanskrit and Arabic words, and this not merely in technical and metaphorical terms, but in the main ground work of language. In a contrary direction of the Indo-Chinese, and other dialects in that quarter, all seem to be closely allied to it—Adeling Sans, Literature. H. 38-40.

15. पालि प्रकाशकार कहते हैं "समस्य प्राकृतों में पालि ही सबसे प्राचीन है। यह भी कहा गया है कि प्राकृत संस्कृत की पूर्ववर्ती है। इसलिए सिहल के पालि वैयाकरणों की पालि के प्राचीनत्व सम्बन्ध में जो धारणा है, उसको अस्वीकार नहीं किया जा सकता है।"

पालि प्रकाश प्रवेशक, पृ. 95

वास्तव में वह अस्वीकार नहीं किया जा सकता, परन्तु इसका यह अर्थ नहीं है कि पालि ही मूल अथवा आदि भाषा है। पालि प्रकाशकार एक स्थान पर लिखते हैं, 'पालि भाषा का दूसरा नाम मागधी है और यह उसका भौगोलिक नाम है'—पृष्ठ 13। दूसरे स्थान पर वे कहते हैं "मूल प्राकृत जब इस प्रकार उत्पन्न हुई, तो उसके अन्यतम भेद पालि की उत्पत्ति का कारण भी यही है, यह लिखना बाहुल्य है"—पृष्ठ 48। उक्त महोदय का यह वाक्य इस भाव का व्यंजक है कि पालि अथवा मागधी से मूल प्राकृत की प्रधानता है। ऐसी अवस्था में वह आदि और मूल भाषा कैसे हुई! तात्कालिक कथ्य वेद-भाषा के साथ अनार्य भाषा के सम्मिश्रण से जो भाषा उत्पन्न हुई, उसे वे मूल प्राकृत मानते हैं, अतएव मूल प्राकृत भाषा, कथ्य वेद-भाषा की अंगजा हुई, अतः वेद-भाषा उसकी भी पूर्ववर्ती हुई, फिर पाली अथवा मागधी मूल भाषा किम्बा आदि भाषा कैसे मानी जा सकती है! विश्वकोशकार ने वैदिक संस्कृत से आर्ष प्राकृत, पाली और प्राकृत का सम्बन्ध प्रगट करने के लिए शब्दों की एक लम्बी तालिका पृष्ठ 434 में दी है। उनके देखने से यह विषय और स्पष्ट हो जावेगा, अतएव उनके कुछ शब्द यहाँ उठाये जाते हैं। विश्वकोशकार ने पालि प्रकाश के मूल प्राकृत के स्थान पर आर्ष प्राकृत लिखा है—

संस्कृत	**आर्ष प्राकृत**	**पाली**	**प्राकृत**
अग्निः	अग्नि	अग्नि	अग्गी
बुद्धिः	बुद्धि	बुद्धि	बुद्धी
मया	मये, मे	मया	मये, मइ, मे, ममए
त्वम्	त्वं, तुमन	त्वं, तुवम्	तं, तुमं, तुवम
षोड़श	सोलस	सोलस	सोलह
विंशति	वीसा	बीसति, वीसम्	वीसा
दधि	दहि, दहिम्	दधि	दहि, दहिम्

16. प्रसिद्ध हिन्दी उन्नायक बाबू श्यामसुन्दरदाय ने 'नागरी प्रचारिणी' पत्रिका के प्रथम भाग में जो लेख भारतवर्षीय आर्य देश भाषाओं के प्रादेशिक विभाग पर लिखा है, उसके अन्त में उक्त महोदय ने एक नक्शा लगाया है। उस नक्शे में उन्होंने वैदिक संस्कृत से प्राचीन प्राकृत की और प्राचीन प्राकृत से मागधी और अर्द्ध मागधी की उत्पत्ति दिखलायी है। यह नक्शा भी इसी विचार को पुष्ट करता है कि मागधी मूल भाषा नहीं है।

17. प्राकृत लक्षणकार, चण्ड ने आर्ष प्राकृत को, प्राकृत प्रकाशकार, वररुचि ने महाराष्ट्री को, प्रयोग सिद्धिकार, कात्यायन ने मागधी को, जैन विद्वानों ने अर्द्धमागधी को आदि प्राकृत अथवा मूल प्राकृत लिखा है। पालि प्रकाशकार, पालि को सब प्राकृतों से प्राचीन बतलाते हैं—कुछ लोग दोनों को दो भाषा समझते हैं और अपने कथन के प्रमाण में दोनों भाषाओं के कुछ शब्दों की प्रयोग भिन्नता दिखलाते हैं—ऐसे कुछ शब्द नीचे लिखे जाते हैं—

संस्कृत	**पाली**	**मागधी**
शश	ससा	मो
कुक्कुट	कुक्कुटो	रो
अश्व	अस्स	सांगा
श्वान	सुनश	साच
व्याघ्र	व्यघ्घो	वीं

जो अभेदवादी हैं, वे इन शब्दों को मागधी भाषा के देशज शब्द मानते हैं। जो हो, किन्तु अधिकांश विद्वान् पालि और मागधी को एक ही मानते हैं। इस प्रकार के मतभेद और खींच-खाँच का आधार कुछ धार्मिक विश्वास और कुछ आपेक्षिक ज्ञान की न्यूनता है। अतएव अब मैं इस विषय में कुछ विशेष लिखना नहीं चाहता। केवल एक कथन की ओर आप लोगों की दृष्टि और आकर्षित करूँगा, वह यह कि कुछ लोगों का यह विचार है कि मागधी को देश-भाषा मूलक मानकर मूल भाषा कहा गया है किन्तु यह सिद्धान्त मान्य नहीं, क्योंकि यदि ऐसा होता, तो द्राविड़ी, और तेलुगू आदि देशभाषायों के समान वह भी एक देश-भाषा मानी जाती, परन्तु उसको किसी पुरातत्त्ववेत्ता ने आज तक ऐसा नहीं माना। वह आर्य भाषा सम्भवा ही मानी गयी है, इसलिए यह तर्क सर्वथा उपेक्षणीय है। आर्य भाषा सम्भवा वह इसलिए मानी गयी है कि उसकी प्रकृति आर्य्य भाषा अथवा वेद-भाषा मूलक है। प्राकृत भाषा के जितने व्याकरण हैं, उन्होंने संस्कृत के शब्दों अथवा प्रयोगों द्वारा ही प्राकृत के शब्द और रूपों को बनाया है। प्राकृत भाषा का व्याकरण सर्वथा संस्कृतानुसारी है। संस्कृत और प्राकृत के अधिकांश शब्द एक ही झोले के चट्टे-बट्टे, अथवा एक फूल के दो दल, अथवा एक चना के दो दाल के मालूम होते हैं। थोड़े ऐसे से शब्द नीचे लिखे जाते हैं—

संस्कृत	**मागधी**	**संस्कृत**	**मागधी**
कृतं	कतं	ऐश्वर्यं	इस्सरिय
गृहं	गहं	मौक्तिकं	मुत्तिकं
घृतं	घतं	पौरः	पोरो

वृत्तान्तः	बुत्तन्तो	मनः	मनो
चैत्रः	चित्तो	भिक्षः	भिक्खु
क्षुद्रं	खुद्दं	अग्निः	आगी

संस्कृत के एक श्लोक का प्राकृत रूप देखिये। पहला शुद्ध मागधी, दूसरा अर्द्ध मागधी है।

रभस वशनम्र सुर शिरो विगलित मन्दार राजितांघ्रि युगः।
वीर जिनः प्रक्षालयतु मम सकलमवध जम्बालम्॥

1. लहश वशन मिल शुलशिल-विअलिद मन्दाल लायिदंहि युगे।
वोल यिणे पक्खालदु मम शयल मवयूय यम्बालम्॥
2. लभश वशन मिल शुलशिल-विअलिद मन्दाल लाजि दहिजुगे।
वील जिणे पक्खालदु मम शयल मवज्ज जम्बालम्॥

18. संस्कृत के श्लोक में और उसके प्राकृत रूप में कितना अधिक साम्य है, वह आप लोग स्वयं समझ सकते हैं। जो बातें ऊपर कही गयी हैं, वे भी कम उपपत्ति मूलक नहीं। ऐसी अवस्था में यदि प्राकृत भाषा वेद-भाषा मूलक नहीं है, तो क्या देश-भाषा मूलक है? वास्तव में मागधी अथवा अर्द्ध मागधी किम्बा पालि की जननी वैदिक संस्कृत है, और यही तीसरा सिद्धान्त है, जिसको अधिकांश विज्ञानवेत्ता स्वीकार करते हैं। ऐसी दशा में दूसरे सिद्धान्त की अप्रौढ़ता अप्रकट नहीं।

हिन्दी भाषा का विकास

19. हिन्दी भाषा के विकास की बातें चित्त विकसित करने वाली हैं। आप लोगों को ऐसे अमनोरम मार्ग से चलना पड़ा है, जहाँ मन रम कर भी नहीं रमता। पथ असरल तो था ही, भूल-भुलैंया से भी भरा था। वहाँ यथोचित आलोक न होने के कारण अंधकार भी था, टटोल-टटोल कर चलना पड़ता था। कहीं पत्थर थे, कहीं राह के रोड़े, कहीं पहाड़, कहीं मरुभूमि, कहीं काँटे। वहाँ न तो चित्त प्रफुल्लित करने वाले फूल थे, न हरी-भरी बेलियाँ, न कोकिल की कल कूजन, न पक्षियों का कलरव। आप लोग ऊब गये होंगे, न जाने क्या सोचते होंगे, परन्तु अन्त सबका होता है, यह मार्ग भी समाप्त होना चाहता है, थोड़ा और चलिये। विदेशी विद्वानों का मत है कि आर्य जाति मध्य एशिया से भारत वर्ष में आयी कोई कहता है तिब्बत से, कोई कहता है हिन्दूकुश अथवा काकेशश के आसपास से। कुछ लोग इस बात को नहीं मानते। वे कहते हैं कि पश्चिमी यूरप अथवा आरमेनिया किम्बा आक्सस नदी का कान्त कूल उनका आदिम निवास स्थान था। अन्तिम मत यह है कि प्राचीन आर्य लोग दक्षिण रूस के सुन्दर पहाड़ी प्रदेश के रहने वाले थे। किन्तु अनेक

भारतीय विद्वान् इन विचारों से सहमत नहीं हैं। वे कहते हैं, पवित्र भारतवर्ष ही हमारा क्रीड़ा क्षेत्र और आदिम निवास स्थल है। वे सर्गोपम कश्मीर प्रदेश अथवा उसके समीपवर्ती संसार में सर्वोच्च पामीर आदि भूभाग को अपनी आदि जन्मभूमि मानते हैं। वे कहते हैं, उसी स्थान से मुख्य निवासी आर्य भारतवर्ष में पूर्व और दक्षिण में बढ़े। और यहीं से आर्य जाति की कुछ शाखाएँ ईरान होती हुई दूसरे प्रदेशों में गयीं। इस विषय में विस्तृत समालोचना करने का स्थान नहीं, अतएव अब मैं प्रकृत विषय लिखने में प्रवृत होता हूँ। यह निश्चित है कि जन्म ग्रहण उपरान्त आर्यजाति चिरकाल तक कश्मीर प्रदेश में अथवा उसके निकटवर्ती भूभाग में रही और फिर वह वहाँ से कई दलों में विभक्त होकर पूर्व दक्षिण और उत्तर पश्चिम की ओर फैली। ऋग्वेद के दसवें मण्डल के 75 वें सूक्त में 'नद्यो देवताः' सम्बन्धी मन्त्रों में नदियों का वर्णन है, उनमें गंगा, यमुना, सरस्वती, शतद्रु, वितस्ता, सरयू, गोमती, विपाशा आदि उन नदियों का नाम आया है, जो इस समय भी पंजाब प्रान्त और हमारे पश्चिमोत्तर प्रदेश में वर्तमान हैं। इससे यह पता चलता है कि वैदिक काल में हमारी आर्यजाति इन्हीं प्रदेशों में निवास करती थी, और यही कारण है कि यह प्रदेश आर्यावर्त कहलाया। इस प्रदेश में निवास करते हुए आर्यजाति का सम्बन्ध यहाँ के आदिम निवासियों से स्थापित हुआ, और यहीं पर आर्य भाषा के बहुत से शब्द आर्येतर जातियों ने और बहुत से आर्येतर जातियों के शब्द आर्यों ने ग्रहण किये। स्थिति और आवश्यकता के अनुसार यह आदान-प्रदान बढ़ता गया, और आर्य प्राकृत की उत्पत्ति हुई। अतएव आर्ष प्राकृत की उत्पत्ति का स्थान आर्यावर्त कहा जा सकता है। इसके उपरान्त ज्यों-ज्यों आर्यजाति पूर्व और दक्षिण की ओर बढ़ती गयी, त्यों-त्यों उसका सम्बन्ध नयी-नयी आर्येतर जातियों से होता गया। साथ ही, उनकी नित्य की व्यवहृत भाषा का प्रभाव भी उनकी आर्ष प्राकृत पर पड़ा, और यही स्थान परक प्राकृतों की उत्पत्ति का कारण हुआ, जैसा कि मागधी, अर्द्धमागधी, शौरसेनी, महाराष्ट्री, अवन्ती आदि स्थान सम्बन्धी नामों से ही प्रकट होता है। श्रीयुत् स्वर्गीय पण्डित बदरीनारायण चौधरी ने अपने व्याख्यान में लिखा है—"महाराष्ट्री शब्द से प्रयोजन दक्षिण देश से नहीं, अपितु भारत रूपी महाराष्ट्र से है।" 'प्राकृत प्रकाशकार' वररुचि भी कुछ इसी विचार के मालूम होते हैं परन्तु यह सिद्धान्त एक देशी है। वास्तव में बात यह है कि महाराष्ट्री नाम देश परक है, चाहे किसी काल में वह बहुदूर व्यापिनी भले ही रही हो। 'प्राकृत लक्षणकार' चण्ड ने चार प्राकृत का उल्लेख किया है—प्राकृत, अपभ्रंश, पैशाचिकी और मागधी उनकी संज्ञा है; प्राकृत से उनका अभिप्राय आर्ष से है। 'प्राकृत-लक्षण' के टीकाकार षड्भाषा मानते हैं। वे उपर्युक्त चार नामों से संस्कृत और शौरसेनी का नाम बढ़ाते हैं। वररुचि महाराष्ट्री, पैशाची, मागधी और शोरसेनी चार और हेमचन्द्र मूल प्राकृत, शौरसेनी, मागधी, पैशाची, चूलिका और अपभ्रंश छः प्राकृत बतलाते हैं। हमारी हिन्दी भाषा का सम्बन्ध शौरसेनी और अपभ्रंश से है। इन प्राकृतों के

विषय में अध्यापक लासेन की सम्मति देखने योग्य है। वे कहते हैं—"वररुचि वर्णित महाराष्ट्री, शौरसेनी, मागधी और पैशाची, इन चार प्रकार के प्राकृतों में शौरसेनी और मागधी ही वास्तव में स्थानीय भाषाएँ हैं। इन दोनों में शौरसेनी एक समय में पश्चिमांचल के विस्तृत प्रदेश की बोल-चाल की भाषा थी। मागधी अशोक की शिलालिपि में व्यवहृत हुई है, और पूर्व भारत में यही भाषा किसी समय प्रचलित थी। महाराष्ट्री नाम होने पर भी यह महाराष्ट्र प्रदेश की भाषा नहीं कही जा सकती। पैशाची नाम भी कल्पित मालूम होता है।"

विश्वकोश पृष्ठ 438

20. प्रायः कहा जाता है कि पुस्तक की अथवा लिखित भाषा में और बोल-चाल की भाषा में अन्तर होता है। यह बोल-चाल की भाषा साहित्य में विकृत हो जाती है। यह बात स्वीकार की जा सकती है, पर सर्वथा सत्य नहीं है। हृदय का वास्तविक उद्‌गार यदि हम चाहें तो अपनी बोल-चाल की भाषा में भी प्रकट कर सकते हैं, वरन् पुस्तक की अथवा लिखने की भाषा से इस प्रकार की रचना कहीं अधिक हृदयग्राहिणी, मनोहर और भावमयी हो सकती है। यह दूसरी बात है कि प्रान्तिक भाषा में होने के कारण उसके समझने वालों की संख्या परिमित हो। मैं इस बात का कुछ प्रमाण आप लोगों के सामने बिना उपस्थित किये आगे बढ़ना नहीं चाहता। दो-एक प्रमाण सुनिये। हमारे हिन्दी संसार में कुछ ऐसे सहृदय कवि भी हो गये हैं, जिन्होंने बोल-चाल की भाषा में कविता लिखकर कमाल कर दिया है। इन सहृदयों में सबसे पहिले मेरी दृष्टि घाघ पर पड़ती है। उनकी समस्त रचना बोल-चाल की भाषा में है और उसमें ग़ज़ब का जादू है। देखिये यह भगवान् बैकुण्ठनाथ के बैकुण्ठ को भी कुण्ठित करके क्या कहते हैं—

भुइयाँ खेड़े हर व्है चार। घर व्है गिहथिन गऊ दुधार।
रहर दाल जड़हन का भात। गागल निबुआ औ घिव तात।
सहरस खंड दही जो होय। बाँके नैन परोसै जोय।
कहै घाघ तब सब ही झूठा। उहाँ छाड़ि इहवैं बैकुँठा।

सुनिये, एक ब्राह्मण देवता की बातें सुनिये—आप बड़े बिगड़े दिल और चिड़-चिड़े थे। कुछ दुःख पाकर एक बार अपने राम से खीझ गये—फिर क्या था? उबल पड़े—बड़ी जली-कटी सुनायी—उनकी बातें ही बेढंगी—पर दिल के भाव का सच्चा फोटो उनमें मौजूद है—कहते हैं—

कविता संस्कृत से कितनी दूर हो गयी और वर्तमान हिन्दी के कितनी निकट आ गयी, यह भी प्रकट हो गया। कविवर चन्द तेरहवें शतक के आदि में हुए हैं। कहा जाता है कि ग्यारहवें शतक के अन्त तक अपभ्रंश का प्रचार था, इसके उपरान्त वह हिन्दी के रंग में ढलने लगी। कवि चन्द हिन्दी भाषा के चासर हैं। उनके पहले भी कुछ कवि हो गये

हैं जिनमें खुमान, कुतुब अली, साई दान चारण, फैज़ अकरम और पुष्प कवि का नाम विशेष उल्लेख योग्य है; परन्तु हिन्दी भाषा के आदिम प्रौढ़ कवि चन्द्र बरदायी ही हैं। इनके पहले के कवियों के न तो कोई काव्य कहलाने योग्य उत्तम ग्रन्थ मिलते हैं, और न उनकी भाषा ही टकसाली अथवा वास्तविक हिन्दी कही जा सकती है; अतएव हिन्दी भाषा के आदि कवि होने का सेहरा चन्द बरदायी के ही सिर है।

24. चन्द बरदायी का ग्रन्थ 'पृथ्वीराज रासो' विशाल ग्रन्थ है। उसकी भाषा में भी भिन्नता है। उसमें कई प्रकार की रचनाएँ हैं, वह केवल चन्द की कृति भी नहीं है; ग्रन्थ का अन्तिम भाग उसके योग्य पुत्र जल्ह द्वारा लिखा गया है, अतएव रासो के विषय में संदिग्ध बातें कही-सुती जाती हैं; तथापि अधिकांश भाषा, ग्रन्थ की सामयिक बातों का वास्तविक उल्लेख, उस काल की सभ्यता के आदर्श, रासो को हिन्दी भाषा का आदि ग्रन्थ मानने के लिए विवश करते हैं। कुछ उसकी भिन्न प्रकार की रचनाएँ आप लोगों के मनोरंजन के लिए यहाँ उद्धृत करता हूँ।

दोहा

पूरन सकल बिलास रस, सरस पुत्र फलदान।
अन्त होइ सह गामिनी, नेह नारि को मान॥
सम दरसी ते निकट है, भुगति मुगति भरपूर।
विखम दरस वा नरन ते सदा सरवदा दूर॥

ये पद्य बिल्कुल प्रौढ़ हिन्दी काल के मालूम होते हैं—

हरित कनक कान्ति कापि चंपेव गोरी।
रसित पदुम गंधा फुल्ल राजीव नेत्री।
उरज जलज शोभा नाभि कोशं सरोजं।
चरण कमल हस्ती लीलया राज हंसी।

ऊपर जो दो कविताएँ लिख आया हूँ—वह इन दोनों रचनाओं से भिन्न हैं। अधिकांश स्थल पर चन्द की कविता बड़ी मनोहारिणी है। सम्भव है कि रासो में कुछ प्रक्षिप्त अंश भी हो, किन्तु जिन कविताओं में चन्द या जल्ह का नाम आया है, उनके तत्कालिक रचना होने में सन्देह नहीं। रासो बड़ा सुन्दर काव्य है और साहित्य की सम्पूर्ण कलाओं से अलंकृत है।

25. कविवर चन्द बरदायी के बाद, चौदहवें शतक के मध्यकाल में हमारे सामने दो भाषाओं के दो महान् विद्वान् आते हैं—एक संस्कृत विद्या का विदग्ध और दूसरा अरबी फारसी का आलिम। दोनों ही भगवती वीणापाणि के वर पुत्र, सरस हृदय और कविता देवी

के भावुक भक्त हैं; जिन्होंने हिन्दी के मनोरम उद्यान से बड़े सुन्दर सुमन खिलाये हैं। एक ने पूर्वी हिन्दी की उज्ज्वल और परम ललित रचना की नींव डाली है, और दूसरे ने खड़ी बोली की मनोहर कविता का आदि रूप सामने उपस्थित किया है। एक मैथिल कोकिल है और दूसरा बुलबुल हजार दास्तान। एक का नाम है विद्यापति ठाकुर और दूसरे का अमीर खुसरो। यदि कोमल कान्त पदावली के जनक संस्कृत में जयदेव हैं, तो हिंदी भाषा में कलित ललित मधुर रचना के पिता विद्यापति। यदि वे हृत्तंत्री को निनादित कर कहते हैं—

ललितलवंगलतापरिशीलनकोमलमलयसमीरे।
मधुकरनिकरकरम्बितकोकिलकूजितकुञ्जकुटीरे।

तो ये मानस मृदंग को मुखरित कर यों मधुर आलाप करते हैं।

नन्द क नन्दन कदम्बेर तरु तरे धिरे-धिरे मुरलि बजाव।
समय सँकेत निकेतन बइसल बेरि बेरि बोलि पठाव।
जमुना का तिर उपवन उदवेगल फिरि फिरि त-तहि निहारि।
गोरस बिकइ अबइते जाइत जनि जनि पुछ बन मारि।

इस सुधा स्रावी सज्जन के इस वाक्य 'माह भादर भरा बादर सून्य मन्दिर मोर' पर बंगाल का सहृदय समूह विमुग्ध हो जाता है, किन्तु उनके इस प्रकार के सहस्रों ललित पद उनके ग्रन्थ में मौजूद हैं। अब हमारे बुलबुल हजार दास्तान की नगमा सराई सुनिये।

ज़े हाल मिसकीं मकुन तग़ा फुल दुराय नयना बनाय बतियाँ।
कि ताबे हिज्राँ न दारम ऐ जाँ न लेहु काहें लगाय छतियाँ॥
यकायक अज़ दिल दो चश्मे जादू बसद फरेबम बेबुर्दतसकीं।
किसे पड़ी है जो जा सुनावे पिआरे पी को हमारी बतियाँ॥

इन पद्यों में जो हिन्दी का रूप है, उसमें आदि के दो पद्यों में सरस ब्रजभाषा का सुन्दर नमूना है—नीचे के हिन्दी पद्य में से यदि 'बतियाँ' को निकाल दें, तो वह खड़ी बोली का बड़ा अनूठा उदाहरण है। नीचे के दोहे कितने मनोहर हैं।

खुसरो रैन सुहाग की, जागी पी के संग।
तन मेरो मन पीउ को, भये दोऊ एक रंग॥
श्याम सेत गोरी लिये, जनमत भई अनीत।
एक पल में फिर जात हैं, जोगी काके मीत॥
गोरी सोवे सेज पर, मुख पर डारे केस।
चल खुसरो घर आपने, रैन भई चहूँ देस॥

इस सहृदय सुकवि की एक बिल्कुल खड़ी बोली की कविता देखिये, यह आकाश की पहेली है।

'एक थाल मोती से भरा, सबके सिर पर औंधा धरा।
चार ओर वह थाली फिरे, मोती उससे एक न गिरे॥'

इन दोनों सज्जनों की कविताओं को पढ़कर आश्चर्य होता है कि किसी आदर्श के न होने पर भी इन लोगों ने कितनी सरस, टकसाली और सुन्दर हिन्दी लिखी है। मेरा विचार है कि कोई कविता की पुस्तक न होने पर भी, यह नहीं कहा जा सकता है कि इस प्रकार की भाषा का देश में, उस काल में प्रचार न था। सैकड़ों भजन, गीत और गाने की चीजें उस समय अवश्य होंगी, और उनसे इन लोगों को कम सहारा न मिला होगा। यही बात चन्द बरदायी के लिए भी कही जा सकती है। मैथिल कोकिल की भाषा तो इतनी प्यारी और सुन्दर है, उनका कल कूजन इतना आकर्षक है कि बंगाल, बिहार और हमारा प्रान्त—तीनों उनको अपनी-अपनी भाषा का महाकवि मानकर अपने को गौरवित समझते हैं।

26. इन लोगों के बाद हिन्दी संसार के सामने संत कबीर आते हैं। इनके हाथों में ज्ञान का दीपक था, जो खूब दमक रहा था; आपकी हिन्दी रचनाएँ बहुमूल्य हैं, और उसी दीपक ज्योति से ज्योतिर्मयी हैं। आपने संतमत और संतवानी की नींव डाली। आपकी दृष्टि बड़ी प्रखर थी, आपकी समस्त रचनाओं में उसकी प्रखरता विद्यमान है। आपकी रचनाएँ हिन्दी साहित्य का गौरव हैं, उनमें वह आदर्श मौजूद है, जिस आदर्श ने अनेक संतजनों के हृदय को प्रेम रस से प्लावित कर दिया। महात्मा कबीर ने अपनी रचनाओं से हिन्दी भाषा को तो मालामाल बना ही दिया है, परन्तु उनके आदर्श ने एक विशद साहित्य उत्पन्न कर दिया है। हिन्दी साहित्य के विकास में इन रचनाओं से बड़ी सहायता मिली है। कबीर साहब की रचनाओं का भण्डार बहुत बड़ा है। उसमें सब प्रकार की कविताएँ पायी जाती हैं, जो उनको विभिन्न समयों में रची गयी बतलाती हैं। उनकी रचना प्रणाली में भी अन्तर है। मेरा विचार है कि कबीर साहब की रचना का मुख्य स्वरूप उनके बीजक में पाया जाता है। दोनों प्रकार की रचनाएँ नीचे उद्धृत की जाती हैं—

कहहु हो अम्बर कासों लागा, चेतन हारा चेत सुभागा।
अम्बर मध्ये दीसे तारा, एक चेता एक चेतवनहारा।
जो खोजी सो उहवाँ नाहीं, सो तो आहि अमर पद माहीं।
कहे कबीर पद बूझै साई, मुख हृदया जाके एक होई।
रहना नहिं देस विराना है।

यह संसार कागद की पुड़िया बूँद पड़े घुल जाना है।
यह संसार काँट की बाड़ी उलझ पुलझ मर जाना है।
यह संसार झाड़ औ झाँखड़ आग लगे बरि जाना है।
कहत कबीर सुनो भई साधो सतगुरु नाम ठिकाना है।

महात्मा गोरखनाथ, कबीर साहब के प्रथम हुए हैं। और संतवानी और हिन्दी-गद्य के आदि आचार्य वे ही हैं—उनकी वाणी का नमूना देखिये—

अवधू रहिया हाटे बाटे रूख विरिख की छाया।
तजिबा काम क्रोध लोभ मोह संसार की माया॥

परन्तु इस प्रणाली को समुन्नत करने वाले कबीर साहब हैं। उनकी रचनाएँ अधिक हैं, और भावमयी हैं। अतएव उनका समादर भी अधिक हुआ है। हिन्दी साहित्य को समुन्नत करने में वे बहुत सहायक हुई हैं। कबीर साहब की साखियाँ बड़ी मनोहर हैं, वे भजनों से अधिक जनता में प्रचलित हैं—उनका रंग देखिये—

आछे दिन पाछे गये गुरु सों किया न हेत।
अब पछताया क्या करै चिड़िया चुग गई खेत॥
पाँचो नौबत बाजती होत छती सो राग।
सो मन्दिर खाली पड़ा बैठन लागे काग॥

27. कबीर साहेब के उपरान्त हिन्दी की समुन्नति और वृद्धि का वह समय आया, जो फिर कभी नहीं आया। उनके बाद सौ बरस के भीतर हिन्दी देवी का जो शृंगार हुआ, जो लोकोत्तर प्रसून चय उन पर चढ़े, उनका वर्णन नहीं हो सकता। इस समय में हिन्दी गगन को समुद्‌भासित करने वाले, हिन्दू संसार को अलौकिक आलोक से आलोकित करने वाले, प्रभाकर समान प्रभावशाली सूरदास और सुधाकर समान सुधास्रावी गोस्वामी तुलसीदास उत्पन्न हुए। मधुमयी लेखनी के आधार—मलिक मुहम्मद जायसी और मम्मट समान आचार्य पद के अधिकारी—विवुधकर केशवदास इसी काल के जगमगाते रत्न हैं। इस समय यदि सम्राट् अकबर हिन्दी साम्राज्य सम्वर्धन को केतु उत्तोलन कर रहे थे, तो मन्त्रिप्रवर रहीम खाँ खानख़ाना उसको अमूल्य रत्नों का हार उपहार देकर और सचिव शिरोमणि महाराज बीरबल पारिजात पुष्प से उसकी पूजा करके फूले नहीं समाते थे। इस समय वह भारत के अधिकांश भाग में सम्मानित थी, महाराजाधिराज के समुच्च प्रासाद से लेकर, एक साधारण विद्या व्यसनी के कुटीर तक में उसका सरस प्रवाह प्रवाहित था। वह वैष्णव मण्डली का जीवन सर्वस्व, विवुध समाज का आधार स्तम्भ, सहृदय जन की हृदय वल्लभा, और रसिक जनों की रसायन सरसी थी। इस समय अनेक सरस कवि

उत्पन्न हुए जिन्होंने अपनी रसमयी रचनाओं से हिन्दी साहित्य को अजर अमर कर दिया है। इस समय ब्रजभाषा का अखण्ड राज्य था, किन्तु इसी समय अवधी भाषा में 'पद्मावत' जैसा बड़ा ही अनूठा काव्य लिखा गया।

28. इस काल के समस्त बड़े-बड़े कवियों की भाषा और रचनाओं का उदाहरण मैं सेवा में उपस्थित नहीं कर सकता। किन्तु जो हिन्दी देवी के अंक के निराले लाल हैं, जिन्होंने उसको निहाल ही नहीं किया उसे चार चाँद भी लगा दिये, उनकी कुछ कविताएँ सुनाये बिना आगे बढ़ने को जी भी नहीं चाहता। साहित्य संसार के सूर-सूर की बातें सुनिये—

खंजन नैन रूप रस माते।
अतिसय चारु चपल अनियारे पल पिंजरा न समाते।
चल चल जात निकट श्रवनन के उलट पलट ताटंक फँदाते।
सूरदास अंजन गन अटके नतरु अबहिं उड़ि जाते॥

कुछ मर्म भरी बातें मलिक मुहम्मद जायसी की भी सुनिये। यह शख़्स अजब दर्द भरा दिल साथ लाया था।

मिलहिं जो बिछुरे साजना, करि करि भेट कहंत।
तपन मृगिसिरा जे सहँहिं, ते अदरा पलुहंत॥
पिय सों कहेहु संदेसरा, ए भौंरा ए काग।
सो धन विरहिन जरि गई, तेहिक धुआँ मोहिलाग॥
राती पिय के नेह की, स्वर्ग भयो रतनार।
जोरेऊ बासो अथवा, रहा न कोइ संसार॥

गोस्वामी जी की रत्न राजि में से कौन रत्न उपस्थित करूँ। वे सभी उज्ज्वल हैं, रामचरित मानस सरोज मकरन्द का मधुप कौन नहीं है। उनका रंग निराला, ढंग निराला, बात निराली, सब निराला-ही-निराला तो है। हाँ, उनका रंग बड़ा चोखा है—अच्छा इसी की रंगत देखिये—

एक भरोसो एक बल, एक आस विश्वास।
स्वाति सलिल रघुनाथ यश, चातक तुलसीदास॥
तुलसी संत सुअम्ब तरु, फूलि फला हिं पर हेत।
इत ते ए पाहन हनैं, उत ते वे फ़ल देत॥
गोधन गजधन बाजिधन, और रतन धन खान।
जब आवत संतोख मन, सब धन धूरि समान॥

असन वसन सुत नारि सुख, पापिहुँ के घर होय।
संत समागम राम धन, तुलसी दुरलभ दोय॥

महाकवि केशव का महत्त्व अकथनीय है। आपके कुल के सेवक भी भाषा नहीं बोलते थे। आपको भाषा में कविता करना अरुचिकर था, किन्तु जब इधर रुचि हुई, तो कमाल कर दिया। एक पद्य उनका भी सुन लीजिये, देखिये, आपके मान मर्यादा की मर्यादा बनी रहे—

भूखन सकल घनसारही के घनस्याम कुसम कलित केसर ही छवि छाई सी।
मोतिन की लरी सिर कंठ कंठमाल हार और रूप ज्योति जात हेरत हेराई सी।
चन्दन चढ़ाये चारु सुन्दर शरीर सब राखी जनु सुभ्र सोभा बसन बनाई सी।
सारदा सी देखियत देखो जाइ केसो राइ गढ़ी वह कुँवरि जोन्हाई में अन्हाई सी।

हिन्दी संसार में दो बहुत सारग्राही हुए हैं, इनकी सारग्राहिता बड़ी ही हृदयग्राही है। ये हैं थोड़ी मूँजी वाले, किन्तु कई बड़े-बड़े पूँजीपति इनके सामने कुछ नहीं हैं। इनके पास हैं थोड़े, किन्तु जितने जवाहिर हैं, हैं बड़े ही अनूठे। जहाँ कितने तेल चुराने वाले ठीक-ठाक तेल भी नहीं चुरा सके, वहाँ उन्होंने इत्र निचोड़ा है। इनमें एक दरियाय लताफत के दुरे बेवहा अब्दुल रहीम खाँ खानखाना हैं और दूसरे साहित्य गगन के पीयूषवर्षी पयोद बिहारी लाल। इन दोनों सहृदयों में सौ साल से अधिक का अन्तर है। इन लोगों की भी कुछ रचनाएँ सुनिये—पहले रहीम की सेह्र बयानी देखिये—

यों रही सुख होत है, बढयो देखि निज गोत।
ज्यों बड़री अँखियान लखि; अँखियन को सुख होत॥

छार मुण्ड मेलत रहत, कहु रहीम केहि काज।
जेहि रज रिखि पत्नी तरी, सो ढूँढ़त गजराज॥

कलित ललित माला बा जवाहिर जड़ा था।
चपल चखन वाला चाँदनी में खड़ा था॥

कटि तट बिच मेला पती सेला नवेला।
अलि बन अलबेला यार मेरा अकेला॥

बिहारी लाल की ललामता अवलोकन कीजिये—

यद्यपि सुन्दर सुघर पुनि, सगुनो दीपक देह।
तऊ प्रकास करै तितौ, भरिये जितौ सनेह॥

जो चाहत चटकन घटै, मैलो होय न मित्त।
रज राजस न छुवाइये, नेह चीकने चित्त॥

दृग अरुझत टूटत कुटुम, जुरत चतुर चित प्रीति।
परति गाँठ दुरजन हिये, दयी नई यह रीति॥

हिन्दी के इस स्वर्ण-युग में और भी अनेक साहित्य कानन केशरी उत्पन्न हुए हैं। वे सब अपने ढंग में निराले हैं, परन्तु मेरे पास उन समस्त भावुकों की भावमयी रचनाओं के उपस्थित करने का स्थान नहीं। इस स्वर्ण-युग के उपरान्त भी बड़े ही कवि कर्म कुशल-काव्य-कर्त्ताओं का दर्शन होता है। उन लोगों ने भी मोती पिरोये हैं, बड़े अनूठे बेल-बूटे तराशे हैं, भगवती भारती के कण्ठ में बहुमूल्य रत्नाहार डाले हैं; हिन्दी देवी को भाव के समुच्च आसन पर आसीन किया है, उसे सम्मुन्नत बनाया है और उन न्यूनताओं की पूर्ति की है, जो उसकी कीर्ति के आवश्यक साधन हैं, परन्तु स्वर्णयुग का आदर्श ही उनका आदर्श भूत है, अतएव उनके विषय में कुछ विशेष लिख कर मैं इस व्याख्यान की कलेवर वृद्धि नहीं करना चाहता। हाँ, इन लोगों में एक देवदत्त बलबलीयान देवदत्त नामक कविकुल कलश पर दृष्टि बिना पड़े नहीं रहती। यह देव वास्तव में स्वर्गीय सम्पत्ति सम्पन्न हैं। उनकी दीप्ति के सम्मुख कविता देवी भी चमत्कृत होती है। अतएव उनका चमत्कार भी देखिये—

जब ते कुँवर कान्ह रावरी कला निधान कान परी वाके कहुँ सुजस कहानी सी।
तब ही ते देव देखी देवता सी हँसति सी रीझति सी खीजति सी रूठति रिसानी सी॥
छोही सी छली सी छीन लीनी सी छकी सी छिन जकी सी टकी सी लगी थकी थहरानी सी।
वींधी सी बँधी सी विख बूड़ति विमोहित सी बैठी बाल बकति बिलोकति बिकानी सी॥

29. हिन्दी विकास का यह प्रसंग अधूरा रह जाएगा, यदि गुरु देवों की गौरवमयी रचनाओं की गुरुता का गान इनमें न हो। महात्मा गुरु नानक से लेकर कलँगीधर गुरु गोविन्द सिंह तक दसों गुरुओं ने हिन्दू जाति को गौरवित बनाने का ही भगीरथ प्रयत्न नहीं किया है—उन स्वर्गीय महापुरुषों ने हिन्दी देवी की भी वह सेवा की है कि जिसके विषय में यह निर्भय होकर कहा जा सकता है—'न भूतो न भविष्यति'। यदि वन्दनीय बल्लभ सम्प्रदाय अथवा पूजनीय वैष्णव दल ने उसको समुन्नति के शिखर पर पहुँचा दिया है यदि समादरणीय संत मतवालों ने उसकी प्रथित प्रतिष्ठा पताका बहुत ऊँची कर दी है, तो सकल गौरव भाजन गुरु देवों ने उसकी कान्ति कीर्ति कौमुदी द्वारा समस्त दिशाओं को धवलित कर दिया है। वास्तव में बात यह है कि एक हिन्दी देवी ही ऐसी हैं, जो अविरोध से सभी सम्प्रदाय और मतवालों की आराध्या हैं। पवित्र आदि ग्रन्थ साहब और दशम गुरु प्रणीति दशम ग्रन्थ साहब हिन्दी भाषा की पुनीत, महान् और भावमयी रचनाओं

के अपार पारावार हैं। जहाँ तक मैं जानता हूँ, हिन्दी में आज तक किसी ग्रन्थकार ने इतना बड़ा ग्रन्थ नहीं रचा। इन दोनों पुनीत ग्रन्थों में क्या नहीं है? वे ज्ञान के भण्डार, विवेक के वारिधि; विचार के हिमाचल, भाव के सुमेरु और भक्ति के आकर हैं। गुरु नानक देव के शब्द पंजाबी भाषा मिश्रित हैं, किन्तु गुरु अर्जुनदेव की रचना अधिकांश शुद्ध हिन्दी है। दशम ग्रन्थ साहब की अधिकांश ब्रज कविता ब्रजभाषा में है, और उसमें उसका उच्च और परिमार्जित स्वरूप वर्तमान है। आदि ग्रन्थ साहब में से एक भजन और दशम ग्रन्थ साहब में से एक पद्य, नीचे लिखा जाता है।

बलिहारी गुर आपणे देव हाड़ीं सद वार।
जिन माणस ते देवते करत न लागी वार॥
जे सौ चंदा ऊगबे सूरज चढ़े हजार।
एते चानण हो दियाँ गुर विण घोर अँधार॥

सेत धरे सारी वृख भानु की कुमारी जस ही की मनोवारी ऐसी रची है न को दई।
रंभा उरवसी और सची सी मदोदरी पै ऐसी प्रभा का की जग वीच न कछू भई।
मोतिन के हार गरे डार रुचि सो सिंगार कान्ह जू पै चली कवि श्याम रस के लई।
संत साज साज चली साँवरे के प्रीति काज चाँदनी में राधा मानो चाँदनी सी हो गई॥

ब्रजभाषा और खड़ीबोली

30. हिन्दी भाषा के विकास की वार्ता के साथ खड़ीबोली के विकास का बहुत बड़ा सम्बन्ध है। यद्यपि खड़ीबोली की कविता कविवर खुसरो के समय से ही होने लगी थी। कबीर साहब ने भी कभी-कभी खड़ीबोली की कविता लिखी है। कभी-कभी और सहृदय सुजन भी एक आध पद्य खड़ीबोली का लिख जाते थे, जैसा निम्नलिखित पद्यों से प्रकट होता है—

जंगल में हम रहते हैं-दिल बस्ती से घबराता है।
मानुस गंध न भाती है मृत मरकट संग सुहाता है॥
चाक गरेबाँ कर के दम दम आहें भरना आता है।
ललित किशोरी इश्क रैन दिन ये सब खेल खेलाता है॥

—ललित किशोरी

हम खूब तरह से जान गये जैसा आनंद का कंद किया।
सब रूप सील गुन तेज पुंज तेरे ही तन में बंद किया॥
तुझ हुस्न प्रभा की बाकी ले फिर विधि ने यह फरफन्द किया।
चम्पक दल सोनजुही नरगिस चामीकर चपला चंद किया॥

किन्तु खड़ीबोली की ये रचनाएँ आकस्मिक हैं। ब्रजभाषा और खड़ीबोली, दोनों शौरसेनी अपभ्रंश का रूप हैं। ब्रजभाषा का केन्द्र मथुरामण्डल है, और खड़ीबोली का दिल्ली प्रान्त अथवा उसका समीपवर्ती भू भाग। किस प्रकार ब्रजभाषा उन्नति करते-करते पराकाष्ठा को पहुँची, यह आप लोगों ने देख लिया। जो सौभाग्य स्वयं शौरसेनी अथवा अपभ्रंश को नहीं प्राप्त हुआ, जो महत्त्व उसकी दूसरी बहनों अवधी-भोजपुरी बोलियों को नहीं मिला, वह अथवा उससे भी कहीं अधिक सौभाग्य और महत्त्व ब्रजभाषा ने हस्तगत किया। मैथिल कोकिल की रचना में आप ब्रजभाषा की झलक देख चुके हैं। यदि आप आगे बढ़कर बंगाल में पदार्पण करेंगे, तो वहाँ के प्राचीन कवि विद्यापति और चंडीदास इत्यादि की मधुर रचनाओं को भी वह माधुर्य वितरण करती दिखलायी पड़ेगी। पश्चिम दक्षिण में राजपूताने और गुजरात में भी आप उसका प्रसार देखेंगे। वहाँ वह तात्कालिक पूर्वतन कवि की कविता-मालाओं को अपनी कोमलकान्त पदावली कुसुमावली द्वारा सुसज्जित करती दृष्टिगोचर होती है। भगवान् बुद्धदेव के साधन बल से जिस प्रकार मागधी का हित साधन हुआ था, उसी प्रकार भगवान् वासुदेव के सहवास से सुवासित होकर ब्रजभाषा भी समादृत हुई। जहाँ-जहाँ उनके प्रेममय पन्थ का प्रचार हुआ, जहाँ-जहाँ उनका मधुमयी लोक विमुग्धकारिणी मुरली की चर्चा छिड़ी, जहाँ-जहाँ उनकी आराध्या श्रीमती राधिका देवी उनके साथ आराधित हुई, वहाँ-वहाँ कलित-ललित कलामयी ब्रजभाषा अवश्य पहुँची। न तो पंजाब इस प्रवाह में पड़ने से बचा, न बिहार, न मध्यप्रान्त। हमारे देश की चर्चा ही क्या वह तो चिरकाल से भगवती ब्रजभाषा का भक्त है, और आज भी उनके पुनीत चरणों पर भक्ति पुष्पांजलि अर्पण कर रहा है। ब्रजभाषा साहित्य का पद्य विभाग जितना विशद, उन्नत और उदात्त है, जितना ललित और सरस है, उतना ही प्रिय और व्यापक है। जो गौरव इस विषय में उसको मिला, भारत की किसी अन्य भाषा को आज तक प्राप्त नहीं हुआ। इस प्रान्त के अधिकांश सुकवि आज भी उसके अनन्य उपासक हैं। बहुत लोग आज भी उसकी चकितकरी ललित कला के समर्थक हैं, किन्तु यह अवश्य है कि काल-गति से उसके अबाध प्रवाह में अब कुछ बाधा उपस्थित हो गयी है, इसके कारण हैं।

31. उन्नीसवें शतक के आरम्भ में गद्य हिन्दी की नींव श्रीयुत् लल्लूलाल और श्रीमान् सदलमिश्र द्वारा कुछ विशेष कारणों से पड़ी। यद्यपि इनके पहले के भी पद्य ग्रन्थ हिन्दी में पाये गये हैं, जिनमें महात्मा गोरखनाथ, गोस्वामी विट्ठलनाथ और गोस्वामी गोकुलनाथ के ग्रन्थ प्रधान हैं; किन्तु गद्य विभाग का वास्तविक कार्य, जो कि क्रमशः अग्रसर होता गया, उक्त दोनों सज्जनों के समय से ही प्रारम्भ होता है। हिन्दी गद्य का जो सुन्दर बीज उन लोगों ने बोया, वह श्रीयुत् राजा शिवप्रसाद और राजा लक्ष्मण सिंह के सेचन द्वारा कुछ काल के उपरान्त एक हरा-भरा पौधा बन गया। भारतेन्दु बाबू हरिश्चन्द्र के कर कमलों

से लालित-पालित होकर यह पौधा एक प्रकाण्ड वृक्ष में परिणत हुआ, और सुन्दर फूल-फल लाया। इस काल में और इसके परवर्ती काल में, हिन्दी गद्य के अनेक सुलेखक उत्पन्न हुए। उन्होंने सुन्दर-सुन्दर पुस्तकें लिखीं, तरह-तरह के समाचार पत्र और मनोहर मासिक पत्रिकाएँ निकालीं, और इस प्रकार उसको बहुत कुछ अलंकृत एवं श्रीसम्पन्न कर दिया। जो हिन्दी गद्य किसी काल में कतिपय पंक्तियों में ही स्थान पाता था, जो थोड़े से दान पत्रों, दस्तावेजों, तमस्सुकों, इकरारनामों और महज्जरनामों के आधार से ही जीवित था, जो या तो कुछ चिट्ठी-पत्री में दिखलायी पड़ता, अथवा किसी टीकाकार की लेखनी से प्रसूत हो टूटी-फूटी दशा में किसी प्राचीन पुस्तक के मैले-कुचैले पत्रों में पड़ा रहता, वह इस काल में नये वसन-आभूषणों से सुसज्जित होकर सर्वजन आदृत हुआ। पहले पहल जो तेरहवें शतक में मेवाड़ की एक सनद में दिखलायी पड़ा और अट्ठारहवें शतक में छोटे-छोटे लेखों अथवा साधारण पुस्तकों के सहारे कभी-कभी अग्रसर होता रहा, उन्नीसवें शतक के पचास वर्ष के भीतर वही विस्तृत होकर भारतव्यापी हुआ। जो महात्मा गोरखनाथ की विभूति से भी विभूतिमय नहीं हुआ, गोस्वामी विट्ठलनाथ की स्वामिता में भी साहित्य स्वामी नहीं बना, भक्त नाभादास जिसे आभा नहीं दे सके, जिसे बनारसीदास सरस, जटमल सजीव, देव दिव्य, सूरत मिश्र स्वरूपमान, दासप्रसाद युक्त, ललितकिशोरी ललित, और ललित माधुरी मधुर नहीं बना सके, वही हिन्दी गद्य इस काल में समुन्नत होकर सर्वगुण सम्पन्न हो गया। भारतेन्दु और तात्कालिक हिन्दी साहित्य गगन शोभी कतिपय ज्योति निकेतन विद्वद्वृन्द तारक पुंज ने उस समय उसको जो अपूर्व आलोक प्रदान किया, उससे वह आज तक आलोकित है, और दिन-दिन समधिक आलोकमय हो रहा है।

32. समय प्रवाह से जब हिन्दी गद्य समुन्नत हुआ, और योग्य विद्वत्समाज द्वारा उसको समुचित आश्रय मिला, तो जनता में उसका अनुराग उत्पन्न होना स्वाभाविक था। जैसे-जैसे हिन्दी में सुन्दर-सुन्दर भावमय ग्रन्थ निकलने लगे, वैसे-वैसे उसका समादर बढ़ता गया। यंत्रालयों और सामयिक पत्र-पत्रिकाओं की वृद्धि ने इस वृत्ति की और वृद्धि की। इस समय युक्तप्रान्त, बिहार और मध्यप्रदेश में तो वह प्रचलित था ही, पंजाब प्रान्त में और बंगाल के प्रधान स्थान कलकत्ते और बम्बई हाते की राजधानी बम्बई में भी उसका प्रचुर प्रसार हो गया था। इस बहुविस्तृत हिन्दी गद्य की भाषा खड़ी बोली थी। श्रीयुत् गोस्वामी विट्ठलनाथ के चौरासी वैष्णवों की वार्ता की रचना ब्रजभाषा में हुई है। पहले की जितनी टीकाएँ और फुटकल नोट कहीं पाये जाते हैं, उन सबकी भाषा लगभग ब्रजभाषा ही थी। श्रीयुत् लल्लूलाल की भाषा में भी ब्रजभाषा का पुट मौजूद है किन्तु राजा लक्ष्मणसिंह, राजा शिवप्रसाद और बाबू हरिश्चन्द्र ने अपने गद्य में शुद्ध खड़ीबोली को स्थान दिया है। परवर्ती समस्त हिन्दी गद्य लेखक भी इसी पथ के पथिक हैं। कारण इसका यह है कि जिस काल का यह वृत्तान्त है, उस समय उर्दू भाषा उत्तरोत्तर समुन्नत होती हुई

सरकारी कचहरियों में भी प्रतिष्ठा लाभ कर चुकी थी, अतएव उसका प्रचार, प्रान्त भर में हो गया था और उसके आश्रय से खड़ीबोली प्रान्त व्यापिनी भाषा बन गयी थी। ऐसी अवस्था में हिन्दी की सम्मुन्नति के लिए उसका भी खड़ीबोली में लिखा जाना आवश्यक हो गया। यही कारण है कि ब्रजमण्डल निवासी होकर भी राजा लक्ष्मणसिंह की लेखनी खड़ीबोली के अनुकूल चली, और ब्रजभाषा के अनन्य भक्त होकर भी भारतेन्दु खड़ीबोली को भारत व्यापिनी बनाने में संकुचित नहीं हुई। राजा शिवप्रसाद के विषय में तो कुछ कहना ही व्यर्थ है। क्योंकि उनका आदर्श था 'चलो तुम उधर को हवा हो जिधर की'। इतना होने पर भी हिन्दी गद्य लेखकों ने पद्य की भाषा उस समय ब्रजभाषा ही रखी, भारतेन्दु जी और राजा लक्ष्मणसिंह के ग्रन्थों का पद्यभाषा ब्रजभाषा है किन्तु कुछ समय बीतने पर सुगमता और सुविधा का सामना करना पड़ा इस समय पढ़ी-लिखी जनता खड़ीबोली से परिचित हो गयी थी, अधिकांश लेखक भी जितना खड़ीबोली पर अधिकार रखते थी, उतना ब्रजभाषा पर नहीं। अतएव धीरे-धीरे वह अव्यवहृत हो चली, और उनका समझना सुगम नहीं रहा। सामने उर्दू का आदर्श था, जिसके गद्य-पद्य, दोनों की भाषा एक थी, अतएव खड़ीबोली में ही हिन्दी भाषा की कविता करने का प्रश्न छिड़ा, सुविधा और सुगमता की दुहाई दी गयी, धूमधाम से आन्दोलन हुआ, सफलता खड़ीबोली को मिली, और इस प्रकार खड़ीबोली की कविता का सूत्रपात हुआ।

33. जनता अथवा मानव हृदय सुविधा और सुगमता का अनुचर है, सामयिक प्रवाह उसका सूत्रधार है। समयानुसार जो सुगम और सुविधाजनक पथ होता है, वह बहुत विरोध करने पर भी अन्त में उसी पथ पर अविरोध के साथ चलने लगता है—सदैव ऐसा होता आया है, आगे भी ऐसी ही होगा। हमारी परम पवित्र वेद-भाषा, सुसंस्कृता, महिमामयी मागधी, जैसे नियति का नियम पालन करने को बाध्य हुई, उसी प्रकार मधुरता मूर्ति ब्रजभाषा को भी नियति चक्र में पड़ना पड़ा। किन्तु वे भाषाएँ जैसे हमारी दृष्टि में आज तक भी समादृत हैं, वैसे ही जब तक हिन्दी भाषा का नाम भी संसार में शेष रहेगा, ब्रजभाषा समादृत रहेगी। आज भी उसकी चर्चा करके अपने करों को चन्दन चर्चित करने वाले लोग हैं, और चिरकाल तक रहेंगे। मैं उन लोगों को मर्मज्ञ और सहृदय नहीं समझता, जो उसके विरुद्ध असंगत बातें कथन करके अपने को कलंकित करते हैं।

34. खड़ीबोली की कविता का अभी आरम्भिक काल है जो लोग उसकी सेवा आजकल कर रहे हैं, वास्तव में वे सेवक हैं। यदि उनको कोई कवि समझता है, तो यह उसका महत्त्व है। भक्त जन की भावुकता भावमयी होती है। अपने भावावेश में उसे किसी बात का अभाव नहीं होता, इसी सूत्र से कोई कुकवि भी किसी की दृष्टि में महाकवि बन सकता है। परन्तु वास्तव में बात यह है कि खड़ीबोली के सेवकों की तुलना ब्रजभाषा के सुकवियों से करना बिडम्बना छोड़ कुछ नहीं है। कवि चक चूड़ामणि गोस्वामी तुलसीदास

से महाकवि जिस पथ में चलकर कहते हैं, 'कवित विवेक एक नहिं मोरे। सत्य कहौं लिखि कागद कोरे' ॥ उस पथ का पथिक होकर कोई खड़ीबोली का सुकवि भी अपने को कवि नहीं कह सकता, कोई सेवक ऐसा दुस्साहस कैसे करेगा! सब भाषाओं में सूर शशि एक-एक ही होता है; हाँ, तारक चय की कमी नहीं होती। खड़ीबोली की कविता के आस-पास अन्धकार घनीभूत है, कतिपय तारे चमक-दमक रहे हैं, धीरे-धीरे अन्धकार भी टल रहा है किन्तु भरमार अभी खद्योतों की ही है, उनको भी चमकने दीजिये, क्या कुछ अँधेरा उनसे भी दूर नहीं हो रहा है? आप उनकी मुट्ठियों में क्यों रखना चाहते हैं, यह अंधेर है। समय पर सब होग, घनीभूत अन्धकार एक दिन टलेगा, भगवान् भुवन-भास्कर भी निकलेंगे।

35. सेवकों को उचित पथ पर चलाने का अधिकार सब अधिकार वालों को है, किन्तु कशाघात करके उसको क्षत-विक्षत कर देना न्यायसंगत न होगा। आजकल देखता हूँ कि खड़ीबोली की कविता के सेवकों पर प्रहार हो रहे हैं, उनको नाना लांछनों द्वारा लांछित किया जा रहा है। उनका अपराध यह है कि वे नीरस को सरस, तमोमयी आभा को राका रजनी, और काक कुमार को कल कण्ठ बनाना चाहते हैं। कहा जाता है कि उनकी खड़ीबोली की रचना क्लिष्ट होती है, उसमें ब्रजभाषा के शब्द मिलाकर खिचड़ी पकायी जाती है, और शुद्ध शब्दों का प्रयोग करके उसे कर्कश किया जाता है। उनकी कविता में सरसता नहीं, लालित्य नहीं, भाव नहीं, ध्वनि नहीं, व्यंजना नहीं, कोमलता नहीं; प्रयोजन यह कि उसमे सब नहीं-ही-नहीं हैं, उत्तमता कुछ नहीं। मेरा सविनय निवेदन यह है कि क्या यह सत्य है? मैं क्लिष्टता का प्रतिपादक नहीं, मैं कोमलकान्त पदावली का अनुरक्त हूँ, प्रिय प्रवास रचना का यही उद्देश्य है, मेरे इस कथन में सत्यता है या नहीं, यह 'बोलचाल' नामक ग्रन्थ बतलावेगा, जो प्रिय प्रवास का दूना है। किन्तु प्रसाद गुणमयी कविता का अनुमोदक होकर भी मैं यह कहने के लिए बाध्य हूँ कि कवि की स्वतंत्रता हरण नहीं की जा सकती। उसको सब प्रकार की रचना करने का अधिकार है। यदि कोई क्लिष्ट कविता करना ही पसंद करता है, तो वह अवश्य सतर्क करने योग्य है, परन्तु यदि उसकी कविता सब प्रकार की है, और उसमें से क्लिष्ट रचना ही दोष दिखलाने के लिए उपस्थित की जाती है, तो यह अनुचित दोष दर्शन है। प्रायः देखा जाता है कि किसी खड़ीबोली की कविता लेखक की कोई अत्यन्त क्लिष्ट कविता उठाकर रख दी जाती है और तरह-तरह के व्यंग्य करके यह प्रश्न किया जाता है कि क्या यह खड़ीबोली की कविता है? प्रयोजन यह कि खड़ीबोली की कविता रचना ढोंग मात्र है। उसमें असरसता छोड़ और कुछ नहीं। मेरा निवेदन यह है कि प्राचीन लब्ध-प्रतिष्ठ-महाकवियों ने भी इस प्रकार की कविताएँ की हैं, और ये कविताएँ उसी भाषा की मानी गयी हैं, जिस भाषा में कि लिखी गयी हैं। मैं हिन्दी संसार के कवि शिरोमणि गोस्वामी तुलसीदास, बंग भाषा के महाकवि

भारत चंद्र और उर्दू भाषा के मलिककुश्शोअरा मिर्जा ग़ालिब की एक-एक कविता प्रमाण स्वरूप नीचे लिखता हूँ—आप लोग उसे देखें—

गोपाल गोकुल बल्लभी प्रिय गोप गोसुत बल्लभं।
चरणार विन्द महं भजे भजनीय सुर नर दुर्लभं॥
सिर केकि पच्छ बिलोल कुण्डल अरुन बन रुह लोचनं।
गुंजावतंस-विचित्र सब अंग धातु भव भय मोचनं॥
कच कुटिल सुन्दर तिलक भू राका मयंक सभाननं।
अपहरत तुलसीदास त्रास बिहार वृन्दा काननं॥

गोस्वामी तुलसीदास

जय चामुण्डे जय चामुण्डे कर कलितासि वराभय मुण्डे।
कल कल रसने कड़ मड़ दशने रण भुवि खण्डित सुर रिपुमुण्डे॥
अट अट हासे कट मट भाषे नखर विदारित रिपु करि शुण्डे।
कलि मल मथनम् हरि गुण कथनम् विरचय भारत कविवर तुण्डे॥

भारत चन्द्र

शुमाहे सबहा मरगूबे बुते मुशकिल पसंद आया।
तमाशा ये वयक कफबुरदने सद दिल पसंद आया॥
हवाये सबज़ गुल आईनये बेमेहरिये क़ातिल।
कि अन्दाज़े वखुँ ग़लतीदने क़ातिल पसंद आया॥

मिर्ज़ा ग़ालिब

गोस्वामी जी के इस प्रकार के पद्य सैकड़ों हैं, 'विनय पत्रिका' का लगभग एक तृतीयांश ऐसे ही पद्यों से पूर्ण है। आचार्य केशव की रचना में इस प्रकार के अनेक पद्य हैं। क्या कविवर सूरदास, क्या वैष्णव संसार के दूसरे प्रसिद्ध कवि—सभी की रचनाओं में इस प्रकार की कविता पायी जाती है। भारतेन्दु जी के बहुत पद्य ऐसे हैं। उनकी 'गंगास्तुति' का एक पद्य सोलह चरणों का है—वह आरम्भ यों होता है—'ब्रह्म द्रव भूत आनन्द मन्दाकिनी अलकनन्दे सुकृति कृति विपाके'। यदि इस प्रकार की कविता होती है, और आद्योपान्त संस्कृत शब्दमयी होने पर भी ब्रजभाषा की कविता समझी जाती है, तो खड़ी बोली में रचे गये इस प्रकार के कतिपय पद्य खड़ी बोली के पद्य क्यों न माने जावेंगे। यदि ऐसे पद्यों को लेकर वितण्डावाद किया जावे, तो अधिकांश वर्तमान हिन्दी गद्य भी खड़ी बोली का नहीं माना जावेगा।

36. दूसरी बात यह कि खड़ी बोली की कविता में ब्रजभाषा के शब्द मिला कर

खिचड़ी पकायी जाती है। खिचड़ी बड़ी मीठी होती है, क्या बुरा किया जाता है? कौन ब्रजभाषा का कवि है। जिसकी कविता बुन्देलखण्डी शब्दों से बची है, कविवर बिहारीलाल की मधुमयी कविता उससे भरपूर है, क्या इन लोगों की कविता ब्रजभाषा की कविता नहीं मानी जाती? गोस्वामी जी की अद्‌भुत 'रामायण' में अनेक प्रान्तों के शब्द हैं, अवधि की वह आकर है, ब्रजभाषा भूषिता है, बुन्देलखण्डी से अलंकृत है, भोजपुरी से भावमयी है; क्या यह दूषण है, यह तो भूषण ही माना गया है—भाषा मर्मज्ञ भिखारीदास कहते हैं—

तुलसी गंग दोऊ भये सुकविन के सरदार।
इनके काव्यन में मिली भाषा विविध प्रकार॥

देखिये सहृदयता 'ताज' की यह कई भाषामयी कविता कितनी मधुर है—

सुनो दिल जानी मेरे दिल की कहानी तुम दस्त ही बिकानी बदनामी भी सहूँगी मैं।
देव पूजा ठानी मैं निवाज हूँ भुलानी तजे कलमा कुरान साड़े गुनन गहूँगी मैं।
साँवला सलोना सिरताज सिर कुल्ले दिये तेरे नेह दाग में निदाग हो दहूँगी मैं।
नन्द के कुमार कुरवान ताँड़ी सूरत में ताँड़ नाल प्यारे हिन्दुआनी हो रहूँगी मैं।

37. मेरी इन बातों से आप लोग यह न समझें कि मैं खड़ी बोली की कविता में ब्रजभाषा के शब्दों के अबाध व्यवहार का पक्षपाती हूँ। नहीं, यह मेरा विचार कदापि नहीं है। ऐसी अवस्था में खड़ी बोली की कविता की उपयोगिता ही क्या रह जायगी, वह तो पहचानी भी न जा सकेगी। मेरे कथन का अभिप्राय यह है कि ब्रजभाषा के उपयुक्त और सुन्दर शब्द यदि कहीं प्रयुक्त होकर कविता को कवित्वमय कर देते हैं, तो उसका ग्रहण कर लेना भावुकता है। कवि सौन्दर्य का उपासक, भाव का भूखा, रस का रसिक, प्रसाद का प्रेमिक और सरलता का सेवक है; अतएव इनके साधनों को साध्य बनाना ही उसका धर्म है—अन्यथा कवि-कर्म, कवि-कर्म न रह जावेगा।

38. मुख्यतः क्रिया ही खड़ी बोली को ब्रजभाषा से पृथक् करती है, अतएव ब्रजभाषा की क्रिया का प्रयोग खड़ी बोली में कदापि न होना चाहिए। किसी उपयुक्त अवसर पर, संकीर्ण स्थल पर अनुप्रास के लिए यदि ब्रजभाषा क्रिया का प्रयोग संगत जान पड़े, तो मेरा विचार है कि वहाँ उसका प्रयोग हो सकता है; किन्तु उसी अवस्था में, जब उसे खड़ी बोली की क्रिया का रूप दे दिया जावे। उस शब्द योजना और वाक्य विन्यास को जो कि ब्रजभाषा प्रणाली से प्रस्तुत है, खड़ी बोली से ग्रहण करना उचित नहीं, क्योंकि इससे खड़ी बोली ब्रजभाषा का प्रतिरूप बन जावेगी। हिन्दी भाषा की दो मूर्तियाँ हैं—एक खड़ी बोली और दूसरी ब्रजभाषा, अतएव उनके परस्पर सम्बन्ध की रक्षा न्यायानुमोदित है। अन्य भाषा के शब्दों से खड़ी बोली पर ब्रजभाषा का विशेष स्वत्व है, इसलिए उसका बिलकुल बायकॉट

विडम्बना है। उर्दू के कवि अब तक ब्रजभाषा शब्दों का आदर करते हैं, फिर खड़ी बोली के कवि उसका अनादर क्यों करें? हाँ, उनको समधिक संयत होना चाहिए। उर्दू के वे अशआर प्रमाण स्वरूप नीचे लिखे जाते हैं, जिनमें ब्रजभाषा शब्दों का प्रयोग हुआ है—ऐसे शब्द बड़े अक्षरों में दिये गये हैं—

सुबह गुजरी शाम होने आई मीर।
तू न **चेता** औ बहुत दिन कम रहा। मीर

हाय! क्या चीज़ गरीबुल बतनी होती है।
बैठ जाता हूँ जहाँ **छाँव घनी** होती है।
हाफिज

कमसिनी है तो जिदें भी हैं **निराली** उनकी।
इस पै मचले हैं कि हम दर्दे जिगर देखेंगे। फसाहत

जग में आकर इधर उधर देखा।
तू ही आया नज़र जिधर देखा। मीर दर्द

सारे जहाँ से अच्छा हिन्दोस्ताँ हमारा।
हम बुलबुलें हैं उसकी वह गुलसिताँ हमारा। इकबाल

39. शुद्ध शब्दों के प्रयोग के विषय में मुझको इतना ही कहना है कि यह प्रवृत्ति बहुत अच्छी है। इसने खड़ी बोली के कवियों को च्युत दोष और शब्दों के तोड़-मरोड़ से बहुत बचाया है। जहाँ ब्रजभाषा में इस दोष की भरमार है, वहाँ खड़ी बोलचाल की कविता इससे सुरक्षित है। अतएव इस अंश में आक्षेप मान्य नहीं, परन्तु इसका दूसरा पहलू भी है, इसलिए इधर समुचित दृष्टि होना आवश्यक है। वह यह कि खड़ी बोली के कुछ कवियों को शुद्ध शब्द प्रयोग का नशा-सा हो गया है, और इसमें कोई सन्देह नहीं कि इससे कविता में कर्कशता आ गयी है। यदि अक्ष के बजाय आँख, कर्ण के स्थान पर कान, दन्त के स्थान पर दाँत, जिह्वा के स्थान पर जीभ, ओष्ठ की जगह ओठ या होंठ लिखना ठीक है, तो मुख के स्थान पर मुँह, आशा के स्थान पर आस, वेश के स्थान पर भेस, यश के स्थान पर जस, विष के स्थान पर बिख लिखना भी ठीक है। दोनों प्रकार के ही शब्द अपभ्रंश शब्द हैं। इसी प्रकार के और बहुत से शब्द बतलाये जा सकते हैं। चाहिए यह कि अपभ्रंश शब्दों के व्यवहार के लिए परस्पर कलह न करें—प्रयोग करने न करने के लिए सब स्वतंत्र हैं। किन्तु यह आग्रह उचित नहीं कि हम प्रयोग करेंगे तो शुद्ध शब्द का ही प्रयोग करेंगे। इसका यह परिणाम होगा कि आँख, कान आदि के स्थान पर अक्ष और कर्ण इत्यादि लिखे जाने लगेंगे, भाषा कृत्रिम हो जावेगी और हिन्दी का हिन्दीपन लोप हो जावेगा। यह स्मरण रखना चाहिए कि हिन्दी भाषा की जननी अपभ्रंश भाषा है। हिन्दी

की प्रशंसा इसीलिए है कि वह तद्भव शब्दों द्वारा सुगठित है। जिस दिन उसके आधार तत्सम शब्द हो जावेंगे, उसी दिन वह अपना स्वरूप खोकर अन्तर्हित हो जावेगी। नियम यह चाहिए कि प्रयोग आवश्यकतानुसार तद्भव और तत्सम, दोनों प्रकार के शब्दों का हो। किन्तु प्रधानता तद्भव शब्दों को दी जावे। संस्कृत के विद्वान भी तद्भव शब्दों का प्रयोग करते देखे जाते हैं, शुद्ध शब्दों का प्रयोग तो वे करते ही हैं। हम लोगों को भी उन्हीं का पदानुरसरण करना चाहिए। कुछ ऐसे प्रयोग दिखलाये जाते हैं। शुद्ध शब्द क्षुर हैं। अपभ्रंश उसका खुर है, इसी प्रकार प्रियाल शब्द शुद्ध, और पियाल अपभ्रंश है। कवि कुल गुरु कालिदास रघुवंश के 'तस्या खुरन्यास पवित्र पांशुम्' और कुमार सम्भव के 'मृगाः पियाल द्रुम मंजरीणाम्' वाक्यों में 'खुर' और 'पियाल' का प्रयोग करते जाते हैं।

40. अब रहीं कवितागत लालित्य और सौन्दर्य इत्यादि की बातें—इस विषय में मेरा इतना ही निवेदन है कि क्या श्रुतिधर श्रीमान् पण्डित श्रीधर पाठक के 'भारत गीत' में भारतीयता का राग नहीं है? क्या शुभंकर श्रीमान् पण्डित नाथूराम शंकर शर्मा की रचनाओं में रचना चातुरी दृष्टिगत नहीं होती? क्या विद्वद्वर श्रीमान् पण्डित महावीरप्रसाद द्विवेदी के वाग्विलास में विद्वत्ता नहीं बिलसती? क्या ललित कण्ठ श्रीमान् लाला भगवानदीन गुले लाल; अथवा गुल्लाला नहीं खिलाते? क्या काव्य विनोद श्रीमान् पण्डित लोचनप्रसाद पाण्डेय की 'वर वचनावली' विविध विनोदमयी नहीं होती? क्या रामचरित चिन्तामणिकार श्रीमान् पण्डित रामचरित उपाध्याय की कृति में चारु-चरित चित्रण नहीं होता? क्या निरूपण पटु श्रीमान् पण्डित रूपनारायण पाण्डेय की रूपकपटुता अनुरूप नहीं होती? क्या भारत भारतीकार श्रीमान् बाबू मैथिलीशरण गुप्त की 'भारती' विविध भाव भरित नहीं पायी जाती? क्या शंकर नगर निवासी श्रीमान् बाबू जयशंकर प्रसाद की कविता के प्रसादमयी होने में सन्देह है? क्या स्नेह भाजन श्रीमान् पण्डित गयाप्रसाद सनेही की सुलेखनी सरसता के साथ नहीं सरसती। क्या पवित्रात्मा भारतीय आत्मा की अनूठी उक्ति आत्म विस्मृति कारिणी नहीं होती? क्या परम सहृदय भारतीय हृदय का कवित्व हृदय विभक्त नहीं करता? क्या रमणीय मानस श्रीमान् पण्डित रामनरेश त्रिपाठी की मानसिकता में नव रसमयी रसिकता नहीं मिलती? क्या हृदयवान् सुकवि श्रीमान् पण्डित गोकुलचन्द्र की चारुचित्तता अरोचकता को अर्द्धचन्द्र नहीं देती? इसका उत्तर सहृदय हृदय दें। मैं इतना ही कहूँगा कि इन सज्जनों की रचनाएँ रुचिर हैं। यदि यह समय उनके अनुकूल नहीं है, तो कोई अनुकूल समय भी आवेगा। एक समय था, जब भावुक प्रवर भवभूति को यह कहना पड़ा था—

> ये नाम के चिदिहनेः प्रथमन्त्यवज्ञां, जानन्तु ते किमपितान्प्रति नैष यत्नः।
> उत्पत्स्यतेहिमम कोपि समानधर्म्मा, कालोह्ययं निरवधिर्विपुलाच पृथ्वी॥

किन्तु बाद को वह समय भी आया जब वह इन शब्दों में स्मरण किये गये।

'कारुण्यं भवभूतिरेव तनुते' अथवा—

भवभूतेः संबंधाद् भूधर-भुरेव भारती भाति। एतत्कृतकारुण्ये किमन्यथा रोदिति ग्रावा।

क्या हिन्दी-उर्दू में भेद है

41. हिन्दी शब्द उच्चारण करते ही हृदय उत्फुल्ल हो जाता है और नस-नस में आनन्द की धारा बहने लगती है। यह बड़ा प्यारा नाम है। कहा जाता है—इस नाम में घृणा और अपमान का भाव भरा हुआ है, परन्तु जी इसकी स्वीकार नहीं करता। हिन्दू शब्द से हिन्दी का सम्बन्ध नहीं है, वरन् हिन्द शब्द उसका जनक है। हिन्द शब्द देश परक है और भारतवर्ष का पर्यायवाची है। यदि हिन्दू शब्द से ही उसका सम्बन्ध माना जावे, तो भी अप्रियता की कोई बात नहीं—आज दिन हिन्दू नाम ही इक्कीस करोड़ संख्या का सम्मिलन सूत्र है। यह नाम ही ब्राह्मण से लेकर अस्पृश्य जाति के पुरुष तक को एक बन्धन में बाँधता है। आर्य नाम उतना व्यापक नहीं है, जितना हिन्दू नाम; यह कभी विष रहा हो, पर अब अमृत है। वह पुण्य सलिला सुरसरि जल विधौत, सप्त पुरी पावन रजकण पूत और पुनीत वेद मन्त्रों द्वारा अभिमन्त्रित है। क्या अभी इसमें अपावनता मौजूद है इतना निराकरण के लिए कहा गया, इस विषय में मेरा दूसरा सिद्धान्त है। यदि सत्य है कि हमारे प्राचीन ग्रन्थों अथवा पुराणों में हिन्दू शब्द का प्रयोग नहीं है। यह सत्य है कि मेरुतंत्र का 'हीनांश्च दूषयेत्वेव हिन्दूरित्युच्चते प्रिये' और शिव रहस्य का 'हिन्दूधर्मप्रलोपास्तु भविष्यन्ति कलौ युगे' आधुनिक श्लोक खण्ड हैं। किन्तु यह भी सत्य है कि विजेता मुसलमानों ने बलपूर्वक हिन्दुओं से हिन्दू नाम स्वीकार नहीं कराया। यदि बलात् यह नाम स्वीकार कराया गया होता, तो चन्द बरदायी जैसा स्वधर्माभिमानी अब से सात सौ बरस पहले अपने निम्नलिखित पद्य में 'हिन्दुवान' शब्द का प्रयोग न करता।

'हिन्दुवान रान भय भान मुख गहिय तेग चहुआन जब।'

वास्तव में बात यह है कि फारस निवासी चिरकाल से भारत को हिन्द कहते आये हैं। अब से लगभग पाँच सहस्र वर्ष की पुरानी पुस्तक 'ज़िन्दा वास्ता' में इस शब्द का प्रयोग पाया जाता है—उसकी 163वीं आयत यह है—

'चूं व्यास हिन्दी वलख आमद गुस्तास्य जरतुश्तरा बख्वांद'

यह हिन्द नाम सिन्धु के सम्बन्ध से पड़ा है, क्योंकि फ़ारसी में हमारा 'स' 'ह' हो जाता है। जैसे सप्त से हफ्त बना, वैसे ही सिन्ध से हिन्ध, अथवा हिन्द बना है, और

इसी 'हिन्द' शब्द से 'हिन्दू' शब्द की वैसे ही उत्पत्ति है—जैसे इण्डस से इण्डिया और इण्डियन की। जब मुसलमान जाति भारत में विजेता बनकर आयी, तो वह यहाँ के निवासियों को इसी प्राचीन नाम से ही पुकारती रही, अतएव उसके संसर्ग और प्रभाव से यह शब्द व्यापक और सर्वसाधारण में गृहीत हो गया। इस सीधी और वास्तविक बात को स्वीकार न करके यह कहना कि हिन्दू माने काफिर के हैं, अतएव बलात् यह नाम हिन्दुओं से स्वीकार कराया गया, अनुचित और असंगत है। एक उस्ताद का श'र है—

न हिन्दुअम न मुसल्माँ न काफिरम न यहूद।
ब हैरतम कि सरंजामे मन चे खा हद बूद॥

यदि हिन्दू और काफिर पर्यायचाची शब्द होते, तो इस शे,र में हिन्दू और काफिर का अलग-अलग प्रयोग न होता, क्योंकि यह पुनरुक्ति है।

42. उर्दू हिन्दी का रूपान्तर है। जिस समय विजेता मुसलमान भारत में आये, उस समय दिल्ली के आसपास खड़ी बोलचाल की हिन्दी का प्रचार था, अतएव अनेक कार्य सूत्र से बहुत से अरबी, फ़ारसी और तुर्की के शब्द हिन्दी में मिल गये—यही उर्दू है। यदि अन्य भाषा के शब्द सम्मिलित होने से नाम बदल जाता है, तो फ़ारसी अंग्रेज़ी आदि बहुत सी भाषाओं का नाम बदल जाना चाहिए। फ़ारसी में अरबी, तुर्की में इतने अधिक शब्द मिल गये हैं कि उतने शब्द आज भी हिन्दी में इन भाषाओं अथवा फ़ारसी के नहीं मिले; फिर क्यों फारसी, फ़ारसी कही जाती है, और हिन्दी उर्दू कहलाने लगी। फारस के विख्यात महाकवि फिरदौसी ने अपने शाहनामे में एक स्थान पर लिखा है—'फ़लक गुफ्त अहसन मलक गुफ्त जेह'। अहसन और ज़ेह अरबी शब्द हैं, अतएव उनसे प्रश्न हुआ कि आपने कुल किताब तो ख़ालिस फ़ारसी में लिखी, इस शेर में दो अरबी के शब्द कैसे आ गये, उन्होंने कहा 'फ़लक व मलक गुल्फ़ न मन गुल्फ़'। कहाँ यह भाव, कहाँ यह कि एक तिहाई से अधिक अरबी शब्द फ़ारसी में दाखिल हो गये, तो भी फ़ारसी का नाम फ़ारसी ही रहा। उर्दू भाषा की प्रकृति आज भी हिन्दी है, व्याकरण उसका आज भी हिन्दी प्रणाली में ढला है। उसमें जो फ़ारसी मुहाविरे दाखिल हुए हैं, वे सब हिन्दी के रंग में रँगे हैं, फ़ारसी के अनेक शब्द हिन्दी के रूप में आकर उर्दू की क्रिया बन गये हैं, एकवचन शब्द बहुधा हिन्दी रूप में बहुवचन होते हैं, फिर उर्दू हिन्दी क्यों नहीं है? यदि कहा जावे कि फ़ारसी अरबी और संस्कृत शब्दों के न्यूनाधिक्य से ही उर्दू हिन्दी का भेद स्थापित होता है, तो यह भी स्वीकार नहीं किया जा सकता, क्योंकि अनेक उर्दू शायरों का बिल्कुल हिन्दी से लबरेज शे'र, उर्दू माना जाता है और अनेक हिन्दी कवियों का फ़ारसी और अरबी से लबालब भरा पद्य, हिन्दी माना जाता है—कुछ प्रमाण लीजिये—

तुम मेरे पास होते हो गोया। जब कोई दूसरा नहीं होता।

मोमिन

लोग घबरा के यह कहते हैं कि मर जायेंगे।
मर के गर चैन न पाया तो किधर जायेंगे॥

ज़ौक

लटों में कभी दिल को लटका दिया।
कभी साथ वालों के झटका दिया

मीर हसन

न था कुछ तो खुदा था कुछ न होता तो खुदा होता।
डुबोया मुझको होने ने न होता मैं तो क्या होता

ग़ालिब

हिन्दी भरी कविता आपने उर्दू की देख ली। अब अरबी फ़ारसी भरी हिन्दी कविता देखिये—

पजनेस तसद्दुकता बिसमिल जुलफ़े न क़बूल कसे।
महबूब चुना मद मस्त सनम अज़ दस्त अला वल जुल्फ़ वसे।

पजनेस

जेहि मग दौरत निरदई तेरे नैन कजाक।
तेहि मग फिरत सनेहिया किये गरेबाँ चाक॥

रसनिधि

यों तिय गोल कपोल पर परी छूटी लट साफ़।
खुश नवीस मुंशी मदन लिख्यो काँच पर काफ़॥

शृंगार सरोज

मैं यहाँ कुछ अंग्रेज़ और भारतीय विद्वानों की सम्मति भी उठाना चाहता हूँ—आप लोग देखें वे क्या कहते हैं—

'उर्दू का व्याकरण ठीक हिन्दी व्याकरण से मिलता है, उर्दू हिन्दी से भिन्न नहीं है।'

—डाक्टर राजेन्द्रलाल मिश्र

The Grammar of Urdu is UNMISTAKABLY the same as that of Hindi, and it must follow therefore that the Urdu is a Hindi and an Aryan dialect.

उर्दू के बड़े प्रसिद्ध कवि वली और सौदा की भाषा हिन्दी के अति प्रसिद्ध कवि तुलसीदास और बिहारीलाल की भाषा में कुछ अन्तर नहीं है, दोनों ही आर्य भाषा हैं। इसलिए हिन्दी और उर्दू की अलग मानना बड़ी भारी भूल है। —मिस्टर बीम्स

...Such words however, in no way altered or influenced the language itself, which, when its inflectional or phonetic elements are considered, remains still a pure Aryan dialect, just as pure in the pages of Wali and Souda, as it is in those of Tulsidas or Biharilal. It betrays, therefore, a radical misunderstanding of the whole learnings of the question and of whole Science of philology to speak of Urdu and Hindi as two distinct languages.

जो भाषा आज हिन्दुस्तानी कहलाती है, उसी का नाम हिन्दी, उर्दू और रेखता भी है। इसमें अरबी, फ़ारसी, संस्कृत वा भाषा के शब्द हैं।

—डॉ. गिलक्राइस्ट

The language...at present best known as the Hindustanee, is also frequently denominated Hindi, Urdu and Rekhata. It is compunded of the Arabic, persian and Sanskrit, or Bhasha which last appears to have been in former ages the current language of Hindustan.

43. जो कुछ मैंने ऊपर दिखलाया, उससे पाया गया कि हिन्दी उर्दू में कोई ऐसा भेद नहीं है जो दोनों को अलग करता हो—वास्तव में उर्दू हिन्दी ही है। यह अपनी-अपनी इच्छा है कि कोई किसी को उर्दू कहे और कोई किसी को हिन्दी। मैंने जो कुछ प्रतिपादन किया है, उसका उद्देश्य यह नहीं कि किसी नाम का बायकॉट किया जावे—वरन् उद्देश्य यह है कि विभेद नीति का उन्मूलन हो। एक ही भाषा जब दो नामों से पुकारी जाती है, तब उसके विषय में परस्पर कलह वांछनीय नहीं। जिसकी इच्छा हो वह उसे संस्कृत गर्भित लिखे, जिसकी इच्छा हो उसमें फ़ारसी, अरबी के शब्दों का प्रयोग करे; किन्तु यह समझता रहे कि दोनों भाषाएँ एक हैं। यदि दोनों नामों के स्थान पर हिन्दुस्तानी नाम रख लिया जावे, तो अच्छा; यदि कोई भाषा भी ऐसी निकल आवे, जो हिन्दुस्तानी नाम को विभेद मिटा कर सार्थक करे, तो सोने में सुगन्ध। हिन्दुस्तानी और हिन्दी वास्तव में दोनों पर्यायवाची शब्द हैं।

44. यह आशा करना कि उर्दू मुसलमानों के और हिन्दी कविता हिन्दुओं के धार्मिक भावों का दर्पण न हो, विडम्बना है। इस बात का उद्योग करना कि हिन्दू और मुसलमान अपने-अपने महापुरुषों, शूरवीरों, देशप्रेमियों, कर्णधारों, महात्माओं, जीवनदाताओं के आदर्शों का उल्लेख न करें, उनका स्मरण करके उन पर भक्ति पुष्पांजलि न चढ़ावें, पागलपन है। जो सभ्यता किसी जाति की जीवन सामग्री है, वह अनादृत नहीं हो सकती; जो उदाहरण, उपाख्यान, जाति संगठन के साधन हैं, उनसे जीती-जागती जाति मुख नहीं मोड़ सकती। अतएव इन बातों को लेकर हिन्दी-उर्दू के भेद का राग अलापना उचित नहीं। मानवता का आदर्श, जातीयता का मन्त्र, देशप्रेम का पाठ, सत्यता का महत्त्व,

सहायता का सूत्र, दोनों साहित्यों में ही मिलेगा; हमारी एकतानुरागिणी दृष्टि उसी पर होनी चाहिए। साहित्यगत न्यूनताएँ और विशेषताएँ दोनों में है। उपयोगी विषयों का आदान-प्रदान, दोनों का दोनों के साथ होना चाहिए। फूल चुनना दोनों का काम है, काँटों से उलझना उलझन है।

45. उर्दू का साहित्य बड़ा सुन्दर है, उसकी नाजुक ख्याली, तराश ख़राश, बन्दिश, उसका मुहाविरा, मुबालिग़ा इस्तेआरा मारके का है। हिन्दी भाषा के कवियों को, मुख्यतः खड़ी बोली की कविता करने वालों को, देखना चाहिए। वे बड़े काम की चीजें हैं, उनसे बहुत कुछ लाभ उठाया जा सकता है—उनकी रंगत में रँग कर हम अपनी कविता की रंगतें कुछ और की और कर दे सकते हैं। मुहाविरों का सुन्दर और सार्थक प्रयोग करने में उर्दू वालों का कमाल है, हम लोग इस बारे में बेतरह ठोकर खाते हैं। हमारी यह कमी पूरी हो सकती है, यदि कम-से-कम हम उर्दू से प्रेम करना सीख जायें। उर्दू अशआरों की चाशनी अक्सर हिन्दी लेखकों के लेखों पर चढ़ी रहती है, क्यों? इसलिए कि उनको पढ़कर दिल में गुदगुदी ही नहीं पैदा होती, जबान भी चटखारे भरने लगती है। मौके पर हृदय के भावों के प्रकट करने में भी वे कमाल रखते हैं। क्या ये साधारण गुण हैं? हमें इन्हें ग्रहण करना चाहिए। बहुत कुछ कहना है, किन्तु स्थान का संकोच है—

चन्द चुने अशआर सुन लीजिये—

यह तसवीर चेहरा उतर क्यों रहा है।
खिंचे किस से हो क्या है नकशा तुम्हारा॥ नसीम

दिल के फफोले जल उठे सीना के दाग से।
इस घर में आग लग गई घर के चिराग से॥

वह शब को मेरी क़ब्र पै क्या चाल चल गये।
सदहा चिराग़ नक़्शे कफे पासे जल गये। फसाहत

पड़े हैं सूरते नक़्शे क़दम व छेड़ा हमें।
हम और खाक में मिल जायेंगे उठाने से॥

यह मजनूँ है नहीं आहू है लेला।
पहन कर पोस्तीं निकला है घर से।
जिसे तू सींग समझे है, यह है खार।
लग हैं पाँव में निकले हैं सर से। नसीर

46. हिन्दी सादगी में लासानी है, इस बारे में उर्दू उससे बहुत कुछ सीखती है। उर्दू हिन्दी नज़ाद है, मगर फरियाद यह है कि वह तर्जे मआशिरत फ़ारस का दिलदाद है—क्या हिन्दुस्तान बतने मालूफ नहीं? हिन्दी इस रंग में सराबोर है, उर्दू को देखना चाहिए कि

इस रंगत में कुछ नैरंगियाँ हैं या नहीं? उर्दू के साक़ी व पैमाना, बुलबुल व कुमारी, सरो व शमशाद, शमा व फानूस, जवानाने चमन व उरूसाने गुलशन, नरगिस व सम्बुल, फरहाद व मजनूँ, मानी व वहजाद, जबाने सुराही व खन्दये कुलकुल वग़ैरा सरमायये नाज हैं—आमतौर से वह इन्हीं पर फिदा है, शाज़ व नादिर की बात दूसरी है। हज़रत आज़ाद इन्हीं की तरफ इशारा करते फ़रमाते हैं—'इनमें बहुत सी बातें ऐसी हैं, जो खास फारिस और तुर्किस्तान के मुल्कों से तबयी और ज़ाती तअल्लुक रखती हैं, इसके अलावा बाज ख्यालात में अकसर उन दास्तानों या किस्सों के इशारे भी आ गये हैं, जो खास मुल्क फारस से इलाका रखते हैं,' 'इन ख्यालों ने और वहाँ की तशवीहों ने इस क़दर जोर पकड़ा कि उनके मशावेह जो यहाँ की बातें थीं, उन्हें बिल्कुल मिटा दिया' क्या इसकी तलाफी न होनी चाहिए, इस पर इन्शा परदाजाने उर्दू अगर मुनासिब समझें, गौर फरमावें। मैं चन्द उर्दू हिन्दी नज़में मौसिमे बहार की दर्ज जैल करता हूँ, उनको बाहम मिलाकर ख्यालात की कसौटी पर कसना चाहिए। बाद को इल्तिजा अगर हक़ व जानिब हो, मंजूर की जावे।

करे है बा लबे गुंचा दरे हज़ार सखुन।
चमन में मौजे तबस्सुम की खोलकर ज़ंजीर।
कुछ इनविसात हवायें चमन से दूर नहीं।
जो वाहो गुंचये मिनकार बुलबुले तसवीर।
असर से वादे बहारी के लहलहाते हैं।
जमीं पै हमसरे सुंबुल हैं मौजे नक़शे हसीर ॥ ज़ौक ॥

हैं सभी पेड़ कोंपलों से पुर।
है नया रस गया सबों में भर।
आम सिरमौर बन गया सबका।
मौर का मौर बाँधकर सिर पर।
पेड़ प्यारे पलास सेमल के।
फूल पा लाल लाल लाल हुए।
हैं बहुत ही लुभावने लगते।
लाल दल से लसे हुए महुए।
है लुनाई बड़ी लताओं पर।
है चटकदार रंग चढ़ा गहरा।
लह बड़े ही लुभावने पत्ते।
लहलही बेलि है रही लहरा।
गूँजते गूँजते उमग में आ।
हैं बहुत चौंक चौंक कर अड़ते।

चाव से चूम चूम कलियों को।
मनचले भौंरे हैं मचल पड़ते।
पा गये पर बहार सा मौसिम।
क्यों न अपनी बहार दिखला लें।
लहलही बेलि चहचहे खग के।
हड डहे पेड़ डह डही डालें।

साहित्य

47. 'सहितस्य भावः साहित्यं'—जिसमें सहित का भाव हो, उसे साहित्य कहते हैं—कुछ और सम्मतियाँ भी साहित्य के विषय में सुनिये।

'परस्पर सापेक्षाणम् तुल्य रूपाणाम् युगपदेक क्रियान्वयित्वम् साहित्यम्।'

—श्राद्ध विवेक

'तुल्यवदेक क्रियान्वयित्वं वृद्धि विशेष विषयित्वं वा साहित्यम्।'

—शब्द शक्ति प्रकाशिका

'मनुष्य कृत श्लोक मय ग्रन्थ विशेषः साहित्यम्।'

—शब्द कल्पद्रुम

सहृदय विद्वान् श्रीमान् पण्डित रामदहिन मिश्र काव्य तीर्थ ने साहित्य का विलक्षण अर्थ किया है—वे कहते हैं—

'जो हित के साथ वर्तमान है वह हुआ सहित और उसका जो भाव है वही हुआ साहित्य, अर्थात् जो हमारे हितकारी भाव हैं, वे ही साहित्य हैं।'

—साहित्य मीमांसा

48. कवीन्द्र रवीन्द्र कहते हैं, 'सहित शब्द से साहित्य शब्द की उत्पत्ति है, अतएव धातुगत अर्थ करने पर साहित्य शब्द में एक मिलन का भाव दृष्टिगत होता है। वह केवल भाव का भाव के साथ, भाषा का भाषा के साथ, ग्रन्थ का ग्रन्थ के साथ मिलन है, यह नहीं, वरन् वह बतलाता है कि मनुष्य के साथ मनुष्य का, अतीत के साथ वर्तमान का, दूर के साथ निकट का, अत्यन्त अन्तरंग योग है। साहित्य के अतिरिक्त और किसी साधन के द्वारा यह सम्भव नहीं है। पर जिस देश में साहित्य का अभाव है, उस देश के लोग परस्पर सजीव बन्धन से बँधे नहीं, विच्छिन्न होते हैं।' साहित्य

49. श्राद्ध विवेक और शब्द शक्ति प्रकाशिका ने साहित्य की जो व्याख्या की है, कवीन्द्र का कथन एक प्रकार से उसकी टीका है, वह व्यापक और उदात्त है। कुछ लोगों

का विचार है कि साहित्य शब्द काव्य के अर्थ में रूढ़ि है—शब्द कल्पद्रुम की कल्पना कुछ ऐसी ही है, परन्तु ऊपर की शेष परिभाषाओं और अवतरणों से यह विचार एक देशी पाया जाता है। साहित्य शब्द का जो शाब्दिक अर्थ है, वह स्वयं बहुत व्यापक है। उसको संकुचित अर्थ में ग्रहण करना संगत नहीं। साहित्य समाज का जीवन है, वह उसके उत्थान-पतन का साधन है, साहित्य के उन्नत होने से उन्नत, उसके पतन से समाज पतित होता है। साहित्य वह आलोक है, जो देश को अन्धकार रहित, जाति मुख को उज्ज्वल और समाज के प्रभाहीन नेत्रों को सप्रभ रखता है। वह सबल जाति का बल, सजीव जाति का जीवन, उत्साहित जाति का उत्साह, पराक्रमी जाति का पराक्रम, अध्यवसायशील जाति का अध्यवसाय, साहसी जाति का साहस, और कर्त्तव्यपरायण जाति का कर्त्तव्य है।

50. वह धर्म भाव, जो भव भावनाओं का विभव है, वह ज्ञान गरिमा, जो गौरव कामुक को सगौरव करती है, वह विचार परम्परा, जो विचारशीलता की शिला है, वह धारणा, जो धरणी में सजीव जीव धारण का आधार है, वह प्रतिभा, जो अलौकिक प्रतिभा से प्रतिभासित हो, पतितों को उठाती है, लोचनहीन को लोचन देती है और निरवलम्ब का अवलम्बन होती है। वह कविता, जो सूक्ति समूह की प्रसविता हो संसार की सारवत्ता बतलाती है, वह कल्पना, जो कामद कल्पलतिका बन सुधाफल फलाती है, वह रचना जो रुचिर रुचि सहचरी है, वह ध्वनि, जो स्वर्गीय ध्वनि से देश को ध्वनित बनाती है। वह सजीवता, जो निर्जीवता संजीवनी है, वह साधना, जो समस्त सिद्धि का साधन है, वह चातुरी, जो चतुर्वर्ग जननी है, वह चारु चरितावली, जो जाति चेतना और चेतावनी की परिचालिका है--जब हमारे साहित्य का सर्वस्व थी, उस समय हम पर पवित्र वेदों का आविर्भाव हुआ, हमने अनुपम उपनिषदों की रचना की, दर्शनों के दर्शन कराये, सूत्रों को रचकर समाज को एक सूत्र में बाँधा, आदर्श चरित के आदर्श रमणीय वाल्मीक 'रामायण' को बनाया, और अशेष ज्ञान भण्डार 'महाभारत' जैसे महान् ग्रन्थ को निर्मित कर भारत का मुख उज्ज्वल किया।

51. हमारे त्रिदेवों में त्रिलोक पति की सृजन, पालन, संहार सम्बन्धिनी विशक्ति का अद्भुत विकास है। ब्रह्मदेव चतुर्मुख अथवा चतुर्वेद रचयिता, ललाट फलक लिपि विधाता, और समस्त विधि विधान सर्वस्व हैं। उनकी शक्ति वीणा झंकार जीवनमृत जीवन संचारिणी, और उनकी वाग्देवी विविध विद्या स्वरूपा है। भगवान् विभु चतुर्भुज हैं, चार हाथों में समस्त लोक का लालन-पालन करते हैं, वे क्षीर निधि निकेतन हैं, इसीलिए स्तनपायी जीव मात्र को प्रतिदिन क्षीर पान कराते हैं। वे विश्वम्भर हैं, इसीलिए उनकी विश्वम्भरी शक्ति ब्रह्म स्तम्भ पर्यन्त का प्रतिफल पालन-पोषण करती है। भगवान् भूतनाथ की मूर्ति बड़ी भावमयी है। वह बतलाती है, संसार हित के लिए अवसर आने पर गरलपान कर लो, परन्तु जो कुसुम शायक बनकर मर्मवेधी बाण प्रहार करता है, उसका संहार अवश्य करो। लोक लाभ के निमित्त आकाश निपतित कठोर जलपात शिर पर वहन करो; पर उरगों

की उरगता निवारण करने से मत चूको। शक्ति कितनी ही प्रचण्ड हो, दो क्या उसकी दश भुजाएँ क्यों न हों, परन्तु अपने साधन बल से उसे भी अंग भुक्त किये बिना मत छोड़ो। हमारा साहित्य जब इन मर्म की बातों को मर्मभरी भाषा में बतलाता था, और जब हममें उसके समझने की मार्मिकता थी—उस समय हम पृथ्वी को दूहते थे, समुद्र को मथकर चौदह रत्न निकालते थे, पंचभूत पर शासन करते थे, व्योममानों द्वारा आकाश में उड़ते थे, समुद्र पर पुल बनाते थे, पहाड़ को कानी उँगली पर नचाते थे, देह होते विदेह थे, राजप्रसाद में रहकर गृह संन्यासी थे, काया कल्प करते थे, और राज त्यागी होकर भी कृपा पात्र को राजपद पर प्रतिष्ठित कर देते थे। अध्यात्म शक्ति इतनी प्रबल थी कि असीम पयोधि जल को गण्डूष जल समझते थे, पर्वत को नत मस्तक कर देते थे, और चक्रवर्ती भूपाल के रत्न मण्डित मुकुट को पद रज द्वारा आरंजित बनाते थे।

52. कहते व्यथा होती है कि कुछ कालोपरांत हमारे ये दिन नहीं रहे। हममें प्रतिकूल परिवर्तन हुए और हमारे साहित्य में केवल शान्त और शृंगार रस की धारा प्रबल वेग से बहने लगी। शान्त रस की धारा ने हमको आवश्यकता से अधिक शान्त और उसके संसार की असारता के राग ने हमें सर्वथा सारहीन बना दिया। शृंगार रस की धारा ने भी हमारा अल्प अपकार नहीं किया, उसने भी हमें कामिनी कुल शृंगार का लोलुप बनाकर, समुन्नति के समुच्च शृंग से अवनति के विशाल गर्त्त में गिरा दिया। इस समय हम अपनी किंकर्त्तव्यविमूढ़ता, अकर्मण्यता, अकार्यपटुता को साधुता के परदे में छिपाने लगे और हमारी विलासिता, इन्द्रिय परायणता, मानसिक मलिनता, भक्ति के रूप में प्रकट होने लगी। इधर निराकार की निराकारता में रत होकर कितने सब बेकार हो गये, उधर आराध्य देव भगवान् वासुदेव और परम आराधनीया श्रीमती राधिका देवी की आराधना के बहाने पावन प्रेम पन्थ कलंकित होने लगा। न तो लोक पावन भगवान् श्रीकृष्ण लौकिक प्रेम के प्रेमिक हैं, न तो वन्दनीया वृषभानु नन्दिनी कामनामयी प्रेमिका, न तो भुवन अविराम वृन्दावन धाम अवध विलास वसुंधरा है, न कल-कल वाहिनी कलिन्द नन्दिनी कूल काम केलि का स्थान। किन्तु अनधिकारी हाथों में पड़कर वे वैसे ही चित्रित किये गये हैं। कतिपय महात्माओं और भावुक जनों को छोड़ कर अधिकांश ऐसे अनधिकारी ही हैं, और इसीलिए उनकी रचनाओं से जनता पथच्युत हुई। केहरि पत्नी के दुग्ध का अधिकारी स्वर्ण पात्र है, अन्य पात्र उसको पाकर अपनी अपात्रता प्रकट करेगा। मध्यकाल से लेकर इस शताब्दी के आरम्भ तक का हिन्दी साहित्य उठाकर आप देखें, वह केवल विलास का क्रीड़ा क्षेत्र और काम वासनाओं का उद्गार मात्र है। सन्तों की वाणी और कतिपय दूसरे ग्रन्थ अवश्य इसके अपवाद हैं। ऐसा ग्रन्थ जो हिन्दू जाति का जीवन सर्वस्व, उन्नायक, और कल्प तरु है, जो आदर्श चरित का भण्डार और सद्भाव रत्नों का रत्नागार है, जो आज दश करोड़ से भी अधिक हिन्दुओं का सत्पथ प्रदर्शक है, यदि है तो 'रामचरित मानस'

है, और वह गोस्वामी जी के महान् तप का फल है। कुछ ग्रन्थ हिन्दी भाषा में नीति और सद्विचार सम्बन्धी और हैं, किन्तु उनकी संख्या बहुत थोड़ी है।

53. न वह साहित्य, साहित्य है और न वह कल्पना, कल्पना, जिसमें जातीय भावों का उदगार न हो। जिन काव्यों, ग्रन्थों को पढ़कर जीवनी शक्ति जागृत नहीं होती, निर्जीव धमनियों में गरम रक्त का संचार नहीं होता, हृदय में देश-प्रेम-तरंगें तरंगित नहीं होतीं, वे केवल निस्सार वाक्य समूह मात्र हैं। जो भाव देश को, जाति को, समाज को स्वर्गीय विभव से भर देते हैं, उनमें अनिर्वचनीय ज्योति जगा देते हैं, उनको स्वावलम्बी, स्वतंत्र, स्वधर्मरत, और स्वकीय कर देते हैं। यदि वे भाव किसी उक्ति की सम्पत्ति नहीं, तो वह मोक्तिक हीन शुक्ति है। जिसमें मनुष्य जीवन की जीवन्त सत्ता नहीं, जो प्रकृति के पुण्य पाठ की पीठ नहीं, जिसमें चारु चरित चित्रित नहीं, मानवता का मधुर राग नहीं, सजीवता का सुन्दर स्वाँग नहीं, वह कविता सलिल रहित सरिता है। जिसमें सुन्दरता विकसित नहीं, मधुरता मुखरित नहीं, सरसता विलसित नहीं, प्रतिभा प्रतिफलित नहीं, वह कवि रचना कुकवि वचनावली है। जो गद्य अथवा पद्य जाति की आँखें खोलता है, पते की सुना राह पर लगाता है, मर्मवेधी बातें कह सावधान बनाता है, चूकें दिखा चौकन्ना करता है, चुटकियाँ ले सोतों को जगाता है, वह इस योग्य है कि सोने के अक्षरों में लिखा जावे; वह अमृत है, जो मरतों को जिलाता है। हिन्दी में ऐसे गद्य-पद्य विरल हैं। उर्दू कला में अकबर को यह कमाल नजर आता है—देखिये

बे परदा नज़र आई कल जो चन्द बीबियाँ।
अकबर ज़मीं में ग़ैरते कौमी से गड़ गया।
पूछा जो उनसे आपका परदा वह क्या हुआ।
कहने लगीं कि अक्ल पै परदों के पड़ गया।
पाकर खिताब नाच का भी जौक़ हो गया।
सर हो गये तो बाल का भी शौक़ हो गया।
हम ऐसी कुल किताबें काबिले ज़ब्ती समझते हैं।
कि जिनको पढ़ के लड़के बाप को खब्ती समझते हैं।
किस तरह समझें कि क्या यह फ़िलसफ़ा मरदूद है।
क़ौम ही को देखिये वह मुरदा है मौजूद है।

इस रंग में बा अकवाल अकबाल भी अच्छा कहते हैं। उनकी भी दो-एक बातें सुन लीजिये।

मज़हब नहीं सिखाता आपस में बैर रखना।
हिन्दी हैं हम वतन हैं हिन्दोस्ताँ हमारा।

यूनान मिश्र रोमा सब मिट गये जहाँ से।
अब तक मगर है बाकी नामो निशाँ हमारा।
कुछ बात है कि हस्ती मिटती नहीं हमारी।
सदियों रहा है दुश्मन दौरे ज़माँ हमारा।

54. सौभाग्य की बात है कि दृष्टिकोण बदला है, परम कमनीय कलेवरा शृंगार रस की कविता सुन्दरी कवि मानस समुच्च सिंहासन से धीरे-धीरे उतर रही है और उस पर लोकोत्तर कान्तिवती जातीय राग रंजिता कविता देवी सादर सभासीन हो रही है। ललित लीला निकेतन वृन्दावन धाम अब भी विमुग्धकर है, किन्तु सुजला सुफला शस्यश्यामला भारत वसुन्धरा आज दिन अधिक आदरवती है। तरल तरंगमयी तरणि तनया उत्फुल्लकरी है, किन्तु प्रवहमान देश प्रेम पावन प्रवाह समान सर्वप्रिय नहीं। भगवान् मुरली मनोहर की मधुमयी मुरलिका आज भी मोहती है, मोहती ही रहेगी। किन्तु अब हम उसके माधुर्य में देश प्रेम का पुट, ध्वनि से जातीयता की धुन और सुरीलेपन में सजीव स्वर लहरी होने के कामुक हैं। प्रेम प्रतिमा राधिका देवी की आराधना आज भी होती है, किन्तु पुष्पाञ्जलि अर्पण कर बद्धांजलि हो अब यही प्रार्थना की जाती है—माता, तू जिसकी हृदयेश्वरी है, उससे गम्भीर भाव से कह दे—भारत भूतल फिर भाराक्रान्त है।

55. प्रिय हिन्दी संसार के उदीयमान कवि वृन्द! हम अत्यन्त लालायित दृष्टि से आज आप लोगों का वदनारबिन्द अवलोकन कर रहे हैं। हमारे आशा स्थल आप लोग हैं। हम किस-किस का नाम लें, आप लोगों में से अनेक मर्मस्पर्शी कविता करने वाले हैं—आप लोगों का कविता-क्षेत्र में पदार्पण अभिनन्दनीय है। आप लोग मानस नन्दन कानन में विहार कर ऐसे मन्दार कुसुम चयन करें, जिसके आमोद से हमारा साहित्य-संसार आमोदित हो जावे, और चिन्तासूत्र में भाव के अनूठे रत्न गुंफित करके वह मनोरम हार प्रस्तुत करें, जो भारत माता के गले का अभूतपूर्व अलंकार हो। परमात्मा आपकी कल्पना को अलौकिक आलोकमयी, आपकी प्रतिभा को देशानुराग रंजिता और आपकी कविता को जातीयता ज्योतिर्वती करे, जिससे भारत माता पुत्रवती हो, और आपके कीर्तिकलाप के आलाप से दिगन्त ध्वनित हो उठे।

सम्मेलन

56. सम्मेलन का अर्थ है—किसी उद्देश्य से समान विचार वालों का एकत्रित अथवा सम्मिलित होना। धार्मिक, सामाजिक, राजनीतिक, साहित्यिक एवं इसी प्रकार के अन्य सार्वजनिक कार्यों के भली प्रकार सम्पादित और मिलित शक्ति से परिचालित होने के लिए सम्मेलन बहुत अच्छा साधन है। परस्पर विचार परिवर्तन, सहयोग, और संसर्ग जनित सहानुभूति का भी वह हेतु है। हमारा आज का सम्मेलन इसका सुन्दर उदाहरण

है। चौदह वर्ष के अल्प काल में उसके प्रभाव का देशव्यापी होना, इन्हीं भावों का फल है। साहित्य का व्यापक अर्थ लेकर सब प्रकार के साहित्य-सेवी इसमें सम्मिलित होते हैं, यह इसकी सफलता का दूसरा कारण है। मद्रास प्रान्त जैसे हिन्दी अपरिचित प्रदेश में, उसका प्रचार करना, सम्मेलन का आदर्श कार्य है। उसके सत्कार्यों का उल्लेख प्रायः समाचारपत्रों में होता रहता है, और सूत्रों से भी। आप लोगों को इस विषय में बहुत कुछ ज्ञात होगा। अतएव मैं केवल अपना वक्तव्य सुनाऊँगा, और वह भी थोड़े में, क्योंकि समय और स्थान दोनों का संकोच है।

57. हम लोग हिन्दी को राष्ट्रभाषा बनाना चाहते हैं—बनाना नहीं चाहते, वरन् जो वास्तविक स्वत्व उसका है, वह उसे देना चाहते हैं। परन्तु बहुत से वास्तविक स्वत्व भी योग्यता के अभाव में अप्राप्य ही रह जाते हैं। विकसित होना प्रसून समूह का वास्तविक स्वत्व है, किन्तु विकास योग्यता की कमी कितनों को अर्द्ध विकसित ही रखती है। यदि हमको राष्ट्रीयता के उच्च मंच पर हिन्दी को बिठाना है, तो उसे सर्वगुण सम्पन्न बनाना, सुप्रयोग परिजात पुष्प से सजाना, सरलता अलंकार से अलंकृत करना और सर्वप्रियता के कर कमलों से मान का पान दिलाना होगा। हिन्दी साहित्य का सब विभाग अभी अधूरा है, परिश्रम करके उसको पूरा करना होगा। पुरातत्त्व, इतिहास, अर्थशास्त्र, रसायन, विज्ञान, मनोविज्ञान, भाषाविज्ञान, ज्योतिष, व्याकरण, प्राणिशास्त्र, उद्भिद विद्या इत्यादि की ओर—अभी पूरी तौर पर दृष्टि भी आकर्षित नहीं हुई है। जिन क्षेत्रों में भी कार्य हो रहा है, उन क्षेत्रों में अधिक तत्परता और मनोनिवेश की आवश्यकता है। नाट्य कला व काव्य कला को जितना समुन्नत होना चाहिए, उतना समुन्नत वह आज भी नहीं हुई। हम यूनिवर्सिटियों में हिन्दी को सर्वोच्च कक्षाओं में प्रवेश कराना चाहते हैं—किन्तु क्या यह सर्वांगपूर्ण है? इधर उद्योग हो रहा है, किन्तु और अधिक उद्योग अपेक्षित है।

58. अंग्रेज़ी बड़ी उन्नत भाषा है, उसका भण्डार बहुमूल्य है और अशेष रत्न समूह का आकर है। योरोप की कतिपय अन्य भाषाएँ भी श्रीसम्पन्न हैं। भारतीय भाषाओं में संस्कृत, बंग भाषा, मरहठी और गुजराती ने बड़ी उन्नति की है, संस्कृत तो संस्कृत ही है, किन्तु बंग भाषा और मरहठी भी सौभाग्यवती हैं। हम लोगों को चाहिए, जिस उद्यान से हमको मनोरम कुसुम समूह मिले, वहीं से हम उसे संग्रह करें, जिस भण्डार से हमको रत्न राशि की प्राप्ति हो, वहीं से हम उसे लें, और उनके द्वारा हिन्दी देवी को अलंकृत करें। हाँ, मराल सम्मान नीर-क्षीर विवेकी होना चाहिए, क्षीर के धोखे हम नीर कदापि न ग्रहण करें। मधुकर समान कुसुम रसग्राही हों, किन्तु कंटकों से बचतें रहें।

59. खेद की बात है कि संस्कृत के धुरंधर विद्वान् आज भी हिन्दी भाषा के प्रेमी नहीं हैं, अंग्रेज़ी के वृत्तविद्यों में भी अधिकांश इसी पथ के पथिक हैं। आज भी अनके हिन्दू सन्तान उर्दू फ़ारसी के ही एकान्त भक्त हैं, यहाँ तक कि हिन्दी को अपनी मातृभाषा भी

नहीं मानते। कोई बंगाली, गुजराती, महाराष्ट्री ऐसा न मिलेगा, जो बांग्ला, गुजराती और मराठी को अपनी मातृभाषा न मानता हो, किन्तु हमीं लोगों में से कुछ ऐसे सज्जन हैं, जिनकी आँखें अब तक नहीं खुली हैं। हमारे राजा-महाराजाओं में से अनेक ऐसे हैं कि जिनकी दृष्टि अब तक इधर नहीं फिरी, यह मर्मबेधी व्यथा है। हैदराबाद के अधीश्वर ने वहाँ उर्दू यूनिवर्सिटी खोल दी, वे अनके उर्दू विद्वानों का समादर करते हैं, केवल उर्दू सेवा के लिए उनको बड़ी-बड़ी मासिक वृत्तियाँ देते हैं। किन्तु इस प्रकार की सेवा हिन्दी देवी की आज तक हमारे किसी महाराजा ने नहीं की। अनेक बड़े-बड़े धनपात्रों की भी यही दशा है। दृष्टिकोण परिवर्तन की आवश्यकता है, कैसे समुचित दृष्टि इन महानुभावों और महिपालों की हम हिन्दी देवी की ओर आकर्षित करें—यह एक मार्मिक प्रश्न है।

60. हिन्दी का प्रचार बहुत कुछ हुआ है। जिस समय मैंने हिन्दी देवी के कमनीय चरण कमल के समीप आसीन होकर उनकी सेवा आरम्भ की थी, उस समय घोर अन्धकार था, कहीं-कहीं कोई क्षीणप्रभ नक्षत्र दृष्टिगत होता था, अथवा किसी विशेष विभाग का तिमिर, ज्योतिर्मान तारक द्वारा विदूरित हो रहा था। किन्तु इस समय हिन्दी संसार आलोकमय है, तथापि कहीं-कहीं अब भी अन्धकार घनीभूत है, वहाँ भी प्रकाश फैलाने की आवश्यकता है। संस्कृत के जितने विद्यार्थी हैं, उनके लिए दूसरी भाषा की भाँति हिन्दी पढ़ना और कॉलेजों के हिन्दू छात्रों को सेकण्ड लैंग्वेज (second language) संस्कृत के अभाव में हिन्दी होना आवश्यक है। हिन्दी प्रधान प्रान्तों में नगर-नगर नागरी प्रचारिणी सभाओं का खुलना, व्यापार वृत्ति के हिन्दुओं का समस्त कार्य हिन्दी भाषा में होना, इस प्रान्त की कचहरियों में अधिक संख्या में हिन्दी आवेदन पत्रों का दिया जाना, अथवा दस्तावेजों का हिन्दी में लिखा जाना, जनता में हिन्दी उपयोगिता का भाव फैलाना, प्रत्येक नगर अथवा ग्राम के प्रसिद्ध-प्रसिद्ध मन्दिरों में हिन्दी पुस्तकालयों का खोला जाना, हिन्दी भाषा के मासिक पत्रों और समाचार-पत्रों को उत्तेजन देना और उनका प्रचार बढ़ाना हमारा प्रधान कर्त्तव्य है। यह कर्त्तव्य कैसे कार्य में परिणत हो, यह विषय भी विचारणीय है।

61. सम्मेलन की दृष्टि इन सब बातों पर है, वह जी-जान से हिन्दी भाषा को समुन्नति और प्रचार कार्य में लग जाना चाहता है, किन्तु आप लोग जानते हैं कि प्रत्येक कार्य धन-जन की अपेक्षा रखता है। जब तक आप लोग प्रचुर धन और योग्य जनों द्वारा सम्मेलन की उपयुक्त सहायता न करेंगे, तब तक वह वांछनीय कार्यों और उद्योगों के करने में असमर्थ रहेगा। आशा है, आप लोग इस निवेदन पर उचित दृष्टि देंगे।

62. एक बड़े महत्त्व के विषय की ओर मुझको आप लोगों की दृष्टि और आकर्षण करना है। आज हम लोग यहाँ हिन्दी भाषा को समुन्नत करने, उसका प्रचार करने, उसकी उत्तरोत्तर श्री वृद्धि करने के विचार से एकत्रित हैं। किन्तु आप लोग जानते हैं कि हिन्दू आधार है—हिन्दी आधेय, हिन्दू प्रसून है—हिन्दी विकास, हिन्दू मयंक है—हिन्दी कौमुदी,

हिन्दू सलिल है—हिन्दी लहरी, हिन्दू मधु है—हिन्दी माधुरी। अतएव हिन्दी जीवन के लिए हिन्दू जाति की सजीवता वांछनीय है। किन्तु यही हिन्दू जाति आज जर्जरित है, प्रतिदिन उच्छिन्न हो रही है, तिरस्कृत, लांछित, पद दलित और असम्मानित है, और उसका भविष्यत् गगन तिमिराच्छन्न हो रहा है। आप लोग इधर दृष्टि आकर्षित कीजिये और यह समझिये कि हिन्दू जाति के अस्तित्व और उन्नति पर ही हिन्दी की समस्त भलाइयाँ निर्भर हैं। अतएव आप सज्जनों का, विशेषतः उत्साहशील युवक वृन्द का, यह उद्योग होना चाहिए कि उत्तेजित कामनाओं के वश होकर कामधेनु की रक्षा से मुँह न मोड़ा जावे, और कल्पना के आधार पर कल्पतरु को निर्मूल न किया जावे। अन्त में हिन्द, हिन्दू और हिन्दी की मंगलकामना करते हुए इन कतिपय पंक्तियों के साथ मैं इस व्याख्यान को समाप्त करता हूँ—

63. अमरावती समान बने पुर पंक्ति हमारी।
अमर निकर से रहें परम प्रमुदित नर नारी॥
सकल कल्पना कलित कल्प पादप बन जावे।
अखिल कामना कामद कामदुधा पद पावे॥
चित चिंता हो जाय चारु चिंतामणि जैसी।
बने भावना भावमयी भव भामा ऐसी॥
पा गुरुता गौरवित देव गुर लौं गुरु जन हों॥
साहस में सब परम साहसी उमा सुअन हों॥
सु छवि निकेतन मंजु मीन के तन जैसे हों।
सुरपुर सुख से सुखी लोग सुरपति ऐसे हों॥
शची सदृश मति मती सती शुचि रुचि मणि माला।
हों कमनीया काम कामिनी जैसी बाला॥
नंदन बन ऐसे सफल वन उपवन बनें मनोज तम।
पाकर प्रभूत सुविभूति हो भारत भूतल स्वर्ग सभ॥

दोहा

पालक प्रिय तरु अंक में कलित ललित कर केलि।
फैल फैल फूले फले सुफलद हिन्दी बेलि॥

"हरिऔध"

❑

विविध

चार

पं. अयोध्यासिंह उपाध्याय

निजामाबाद वासी लिखित

प्रिय विचारशील एवं विवेचक महाशय, 'चार' शब्द से आशा है कि आप भली-भाँति परिचय रखते होंगे और समाचार, दुराचार, अत्याचार, अनाचार, सदाचार, शिष्टाचार, आचार, उपचार, प्रचार, विचार, उचार, अचार इत्यादि पदों के अन्त में इसको पाकर विश्वास है आपने इसका अर्थ भी अवश्य विचारा होगा एवं यदि किसी समय शंका के वशीभूत होकर किसी पण्डित जी से पूछा होगा कि विद्वन्, चार शब्द के क्या अर्थ हैं? तो अवश्य पण्डित जी ने कहा होगा कि चार का अर्थ दूत है और यदि किसी गणितज्ञ से काम पड़ा होगा तो उसने कहा होगा कि चार एक संस्था का नाम है। आप मेरे इस लेख में पण्डित जी के अर्थ को छोड़कर गणितज्ञ कृत अर्थ को स्मरण रखियेगा, क्योंकि इस समय उसी की आवश्यकता है। इसके अतिरिक्त आप जानते ही हैं कि इस एकोनविंशति शताब्दी में पण्डित जी कृत अर्थों का कितना सम्मान होता है। यदि पण्डित जी कहें कि अमुक शब्द का अर्थ आम है तो हम इमली अवश्य ही कहेंगे और यदि ऐसा कृपा करके न कहेंगे तो इस बात का उद्योग तो अवश्य करेंगे कि पण्डित जी कृत अर्थों को अपने लेख इत्यादि में व्यवहृत न करें। विश्वास न हो तो जिस पुस्तक अथवा समाचार-पत्र में किसी आर्यसमाजी महाशय और किसी पण्डित जी से शास्त्रार्थ का पूरा बयान हो, उसको पढ़िये, देखिये क्या बात प्रगट होती है। समयानुकूल हम भी पण्डित जी कृत अर्थ को छोड़कर गणितज्ञ महाशय कृत अर्थ को अपने काम में लाते हैं और उसका चमत्कार आपको दिखलाते हैं। इसी कारण आपसे उसके स्मरण रखने की प्रार्थना करते हैं।

आहा! यह संख्यावाची चार शब्द भी कैसा अनोखा है कि इसको जहाँ अन्वेषण कीजिये वहीं देखने में आता है। देखिये, हमारे परमाराध्य भगवान विष्णु की प्रबल भुजायें चार हैं। उनके धृत अस्त्र भी शंख, चक्र, गदा, पद्म चार हैं। व्यहावतार श्रीराम

जी, श्रीभरत जी, श्रीलक्ष्मण जी, श्री शत्रुघ्न तथा श्री कृष्ण, श्री बलराम, श्री प्रद्युम्न, श्री अनिरुद्ध चार हैं। भक्त भी आर्त्त, जिज्ञासु अर्थार्थी, विज्ञान-निवास चार हैं। मुक्तियाँ भी सायुज्य, सामीप्य, सालोक्य, सारूप्य चार हैं। अवस्थायें भी जाग्रत, स्वप्न, सुषुप्त और तुरीय चार हैं। इनके विभु भी क्रमशः विश्व, तेजस, प्राज्ञ, ब्रह्म चार हैं। पदार्थ अर्थ, धर्म, काम, मोक्ष चार हैं। सम्प्रदाय शैव, शाक्त, वैष्णव, वेदान्त चार हैं। लोक कष्ट जनक एवं कविकुल के वियोगी नायक नायिकाओं के परम शत्रु भगवान विधाता के मुख चार हैं। इनके परम प्रिय पंचवर्षीय सुअन सनक, सनन्दन, सनातन, सनत्कुमार चार हैं। आदि काल से ही युग सत्युग, त्रेता, द्वापर, कलियुग चार हैं। आर्यों के परम पवित्र वेद भी ऋग, यजु, साम, अथर्व चार हैं। इनके उपवेद भी गान्धर्व वेद, आयुर्वेद, धनुर्वेद, वास्तुवेद चार हैं। वर्ण ब्राह्मण, क्षत्रिय, वैश्य, शूद्र चार हैं। इनके उत्पन्न होने के स्थान भी मुख, भुजा, उरु, चरण चार हैं। आश्रम ब्रह्मचर्य, गृहस्थ, वाणप्रस्थ, संन्यास चार हैं। धर्मनिष्ठ जन प्रिय धर्म के चरण सत्य, शौच, दया, दान चार हैं। यद्यपि ईशान, वायव्य, नैऋत्य, अग्नि, अध, ऊर्द्ध मिलाकर दिशा दश कही जाती हैं, परन्तु मुख्य उत्तर, दक्षिण, पूर्व, पच्छिम चार हैं। भगवान भूतनाथ के धारणाकृत उपस्करा में मुख्य जाह्नवी, मयंक, व्याल, विष चार हैं। समस्त संसार के कारण आकर भी पिंडज, अंडज, स्वदेज उद्‌भिज चार हैं। विश्वगत समय पशु समूह के समीप-समीप चरण भी चार हैं। वृक्षों के मुख्य अंग फल, फूल, पत्र, शाखा चार हैं। गगन-मंडल प्रकाशक तारे भी ग्रह, उपग्रह, स्थिर, पुच्छल चार हैं। राजा के गुण भी साम, दाम, दंड, विभेद चार हैं। सेना के प्रकार भी अश्व, गज, रथ, पदाति चार हैं। योगिजन, अऋणि युवतियाँ भी पद्‌मिनी, संखिनी, चित्रिनी, हस्तिनी चार हैं। पुरुष जाति के भेद भी सशा, कुरंग, अश्व, हस्ति चार हैं। शृंगार रस के अंग भी उद्दीपन, आलम्बन, विभाव, अनुभाव चार हैं। पूर्णोपमालंकार के पूर्णकर्ता भी उपमान, उपमेय, वाचक, धर्म चार हैं। नायिका प्राणाधार नायक भी अनुकूल, दक्षिण, शठ, घृष्ठ चार हैं। भापा के छन्दों में अवसर पर पढ़ने योग्य और परमचित्ताकर्षक घनाक्षरी, सवैया, दोहा, बरवा चार हैं। हमारे दुर्भिक्ष दलित भारत में राज्य वृटिश, रक्षित, अन्य देशीय, स्वाधीन चार हैं। संसार में परम प्रसिद्ध मत भी वैदिक, बौद्ध, ईसवी, इसलाम चार हैं। सम्प्रति भूमण्डल में सर्वोच्च सम्राट भी रूस, इंग्लैण्ड, जर्मन, चीन चार हैं। यवनों के पवित्र ग्रंथ भी तीरेत, जबूर, इंजील, कुरआन चार हैं। उनके परमाचार्य महात्मा मुहम्मद के यार भी अली, उसमान, अबूबकर, उमर चार हैं। मुसलमानों के सिद्धान्तानुसार तत्व भी खाक (पृथ्वी), वाद (वायु), आव (जल), आतश (अग्नि) चार हैं। मुगल वंशीय भारत शासनकृर्ताओं में सर्वोच्च शासन-कर्ता भी अकबर, जहाँगीर, शाहजहाँ, औरंगजेब चार हैं। परम नीति विशारद नृपाल अकबर के पौत्र भूपाल शाहजहाँ के पुत्र भी दाराशिकोह, शुजा, औरंगजेब, मुराद चार हैं। महाराज

अकबर के मन्त्री प्रवर भी बीरबल, अबुलफजल, बैरम, खुसरो चार हैं। आपके सुसज्जित पर्यंक के पाये भी चार हैं। सम्प्रति भाषा समाचार पत्रों में प्रायः लिखे जाने वाले सम्वत् भी ईसवी, विक्रमीय, हरिश्चन्द्राव्द, दयानन्दाव्द चार हैं। प्रिय पाठक, इस चार के समाचार को उच्चार कर मैं शिष्टाचार पूर्वक आप से प्रार्थी होता हूँ कि इस विषय में आप भी कुछ विचार करें, किन्तु किसी प्रकार का अत्याचार नहीं। एवं भगवान् के यश का उपचार, नागरी का संचार, लाचार देशभाइयों का यथाशक्ति उपचार और प्रेम शास्त्र का प्रचार भी न भूलियेगा।

दो बातें

मैंने 'बोलचाल' नाम की एक पुस्तक लिखी है। बाल से लेकर तलवे तक जितने अंग हैं, उन सब अंगों के कुल मुहाविरों पर इसमें पैंतीस सौ से कुछ अधिक चौपदें हैं। अंगों के मुहाविरों के अलावा और भी बहुत से मुहाविरे काम पड़ने पर इसमें आ गए हैं। चौपदे बिलकुल बोलचाल के रंग में ढले हैं, नमक-मिर्च लगने पर बात चटपटी हो जाती है, गढ़ी और सीधी-सादी बातें भी एक सी नहीं होती, चौपदे और बोलचाल की भाषा में कुछ भेद है तो इतना ही।

कोई दिन था कि हम कुछ थे; कुछ नहीं, बहुत कुछ थे। देवता हमारा मुँह जोहते थे, स्वर्ग में हमारी धूम थी और धरती हमारे उधारने से ही उधरती थी। हम आसमान में उड़ते, समुद्र को छानते, जंगलों को खँगालते और पहाड़ों को हिला देते थे। दुनिया में हमारे नाम-लेवा थे। देश-देश में हमारी धाक थी, दिशायें हमारी जोत से जगमगाती थीं और आसमान के तारे हमें आँख फाड़-फाड़कर देखते थे। हम अन्धकार में उजाला करते थे, बन्द आँखों को खोलते थे; सोतों को जगाते थे और उकठे काठ को भी हरा बना देते थे। सूरमापन हम पर निछावर होता था, दिलेरी हमारे बाट में पड़ी थी, बहादुरी हम पर दम भरती थी, और आन-बान हमारा बाना था। हम बेजान में जान डालते थे, सूखी नसों में लहू भरते थे, बिगड़ों को बनाते थे, गिरों को उठाते थे, बेजड़ों की जड़ जमाते थे और भूलों को राह पर लगाते थे। बड़े-बड़े अठक-पाली हमारे सामने अपना अठकपालीपन भूल जाते थे, हमारा तेवर बदलते ही बेतरह आँख बदलने वाले राजा-महाराजाओं का रंग बदल जाता था, और दुनिया में हवा बाँधने वालों के चेहरों पर हवाइयाँ उड़ने लगती थीं। आज ये बातें मुँह पर नहीं लायी जा सकतीं, अब हमारा रंग इतना बिगड़ गया है कि हम पहचाने भी नहीं जा सकते। हमीं लोगों में ऐसे लोग हैं, जो यह जानते ही नहीं कि हम क्या और कौन थे और अब क्या हो गए हैं। इसमें न किसी का जादू काम कर रहा है और न किसी का टोना; न दैव हमारे पीछे पड़ा है, न बुरा भाग; जो कुछ हम भोग रहे हैं, वे हमारी करतूतों के फल हैं, और आज भी वे हमें रसातल को ले जा रहे हैं।

आज दिन हमारे सिरधरों का ही सिर नहीं फिर गया है, आगे चलने वाले भी आग लगा रहे हैं, भगवा पहनने वाले भी भाँग खाये बैठे हैं। जिनको वीर होने का दावा है, वे भाइयों की मूँछें उखाड़कर मूँछ मरोड़ रहे हैं, दूसरों का घर मूसकर अपना घर भर रहे हैं, औरों के लहू से हाथ रंग कर अपना हाथ गरम कर रहे हैं, लोगों का पेट काट कर अपना पेट पाल रहे हैं, और बेबसों के घर को जलाकर अपने घर में घी के दिये बाल रहे हैं। पूँजी वालों का पेट दिन-दिन मोटा हो रहा है, पर किसी सटे पेट वाले को देखते ही उनकी आँख पर पट्टी बँध जाती है। संडे-मुसंडे डंडे के बल माल भले ही चाब लें, पर भूख से जिनकी आँखें नाच रही हैं, उनको वे कानी कौड़ी भी देने के रवादार नहीं। जो हमारा मुँह देखकर जीते हैं, हम उन्हीं को निगल रहे हैं, और जो हमारे भरोसे पाँव फैलाकर सो रहे हैं, हम उन्हीं को आँख बन्द करके लूट रहे हैं। हमीं में डूब कर पानी पीने वाले हैं, आँख में उँगली करने वाले हैं, खड़े बाल निगलने वाले हैं, आग लगा कर पानी को दौड़ने वाले हैं, रंगे सियार हैं, भींगी बिल्ली हैं, और काठ के उल्लू हैं।

आज हमारे घरों में फूट पाँव तोड़ कर बैठी है, बैर अकड़ा खड़ा हुआ है, अनबन की बन आयी है, और रगड़े-झगड़े गुलछर्रे उड़ा रहे हैं। हमसे लम्बी-लम्बी बातें सुन लो, लम्बी डगें भरने की कहानियाँ कहलवा ले, लेकिन लम्बी तानकर सोना ही हमें पसन्द है। आँख होते हमें सूझता नहीं, कान होते हम सुनते नहीं, हाथ होते हम बेहाथ हैं और पाँव होते बेपाँव। समझ चल बसी, विचारों का दिवाला निकल गया, आस पर ओस पड़ गयी, सूझ को पाला मार गया, मगर कान पर जू तक नहीं रेंगती। बेटियाँ बिक रही हैं, माँ-बहनें लुट रही हैं, जोरू पिस रही हैं, मगर हमें दाँत पीसना नहीं आता। दूसरे धूल में फूल उगाते हैं, हमें फूल में भी धूल ही हाथ आती है। लोग काँटों में फूल चुनते हैं, हम काँटों में उलझ-उलझ कर मरते हैं। आबरू उतर गयी, पतपानी चला गया, बड़ाई धूल में मिल गयी, मगर हम धूल फाँकने ही में मस्त हैं।

हम आसमान के तारे तोड़ना चाहते हैं, मगर काम आँखों के तारे भी नहीं देते। हम पर लगा कर उड़ना चाहते हैं, मगर उठाने से पाँव भी नहीं उठते। हम पालसी पर पालिश करके उसके रंग को छिपाना चाहते हैं, पर हमारी यह पालसी हमारे बने हुए रंग को बदरंग कर देती है। हम राग अलापते हैं मेल जोल का, पर न जाने कहाँ का खटराग पेट में भरा पड़ा है। हम जाति-जाति को मिलाते चलते हैं, मगर ताब अछूतों से आँख मिलाने की भी नहीं। हम जाति हित की तानें सुनाने के लिए सामने आते हैं, मगर ताने दे-दे कलेजा छलनी बना देते हैं। हम कुल हिन्दू जाति को एक रंग में रँगना चाहते हैं, मगर जाति-जाति के अपनी-अपनी डफली और अपने-अपने राग ने रही-सही एकता को भी धता बता दिया है। हम चाहते हैं देश को उठाना, पर आप मुँह के बल गिर पड़ते हैं। हमें देश की दशा सुधारने की धुन है, पर आप सुधारने पर भी नहीं सुधारते। हम

चाहते हैं जाति की कसर निकालना, मगर हम से कसर निकाले नहीं निकलती। हम जाति को ऊँचा उठाना चाहते हैं, पर हमारी आँख ऊँची होती ही नहीं। हम चाहते हैं जाति को जिलाना, मगर हमें मर मिटना आता ही नहीं।

हिन्दू जाति अपनी भूल-भुलैया में बेतरह फँसी है, इससे हमारा जी दुखी है, हमारा कलेजा चोट खा रहा है, दिल में फफोले पड़ रहे हैं। हमने 'बोलचाल' के दिल के फफोले फोड़े हैं, वे उसमें चौपदों की सूरत में फूटे हैं। उसमें वे बिखरे हुए हैं, इस पुस्तक में एक जगह जमा किये गये हैं, उसके छपने में अभी देर है, इधर देर की ताब नहीं। हमें जल्दी इसलिए है कि जितना ही जल्द हिन्दुओं की आँखें खुलें, उतना ही अच्छा, उनका जी दुखाना, उन्हें कोसना, उन्हें बनाना, उन्हें खिझाना, उनकी उमंगों को मिटियामेट करना पसन्द नहीं, अपने हाथ से अपने पाँव में कुल्हाड़ी कौन मारेगा, अपनी उँगलियों से अपनी आँखों को कौन कुचालेगा। मगर अपनी बुराइयों, कमजोरियों, भूल-चूकों, ऐबों, लापरवाहियों और नासमझियों पर आँख डालनी ही पड़ेगी, बिना इसके निबाह नहीं। दवा कड़वी होती है, मगर उसको पीते हैं, फेंक नहीं देते। हमारे चौपदे कुछ कड़वे होंगे, मगर वे हित-जख के गड्डवे हैं। अगर उनमें से किसी एक के पढ़ने से भी जाति के कान खड़े हुए और उसकी आँखें खुलीं, हमारे माई के लाल सच्चे लाल बने, तो मेरे मुँह की लाली रह जावेगा और में समझूँगा कि मैंने वामन होकर भी चाँद को छू लिया।

❑

अयोध्यासिंह उपाध्याय 'हरिऔध' रचनावली

खण्ड-7

खण्ड-1

❑ प्रियप्रवास ❑ वैदेही-वनवास

खण्ड-2

❑ पारिजात ❑ पद्य-प्रमोद

खण्ड-3

❑ चोखे चौपदे ❑ चुभते चौपदे ❑ हरिऔध-दोहावली ❑ बाल-कवितावली ❑ हरिऔध-सतसई

खण्ड-4

❑ बोलचाल ❑ काब्योपबन ❑ ऋतु-मुकुर

खण्ड-5

❑ रसकलस

खण्ड-6

❑ अधखिला फूल ❑ ठेठ हिन्दी का ठाट ❑ इतिवृत्त ❑ वेनिस का बाँका ❑ अभिभाषण ❑ विविध

खण्ड-7

❑ हिन्दी भाषा और साहित्य का विकास

खण्ड-8

❑ कबीर वचनावली ❑ रस साहित्य और समीक्षाएँ ❑ संदर्भ-सर्वस्व ❑ विविध

खण्ड-9

❑ पद्य-प्रसून ❑ आधुनिक कवि ❑ मर्म-स्पर्श

खण्ड-10

❑ श्रीप्रद्युम्नविजय व्यायोग ❑ श्रीरुक्मिणीपरिणयनाटक ❑ कल्पलता ❑ पवित्र पर्व ❑ प्रेम पुष्पोपहार ❑ अच्छे अच्छे गीत ❑ स्वर्गीय संगीत ❑ कतिपय ब्रजभाषा काव्य ❑ हरिऔध आत्म-चरित

अयोध्यासिंह उपाध्याय 'हरिऔध' रचनावली

खण्ड-7

सम्पादक
सदानन्द शाही

वाणी प्रकाशन

वाणी प्रकाशन
ज्ञान के विविध आयामों के प्रकाशक

वाणी प्रकाशन का 'लोगो' विख्यात चित्रकार मक़बूल फ़िदा हुसेन की कूची से

वाणी प्रकाशन, 4695, 21-ए, दरियागंज, नयी दिल्ली-110002
वाणी प्रकाशन, अशोक राजपथ (पटना कॉलेज के सामने), पटना (बिहार)

AYODHYASINGH UPADHYAYA 'HARIAOUDH' RACHNAWALI-7

Edited by Sadanand Shahi

Complete work of Ayodhyasingh Upadhyaya *'Hariaoudh'*

ISBN : 978-93-5000-200-1

प्रथम संस्करण

मूल्य : 9000/-

वाणी प्रकाशन

फोन : 0091#11#23273167, 23275710

फैक्स : 0091#11#23275710

वेबसाइट : www.vaniprakashan.in

ई-मेल : vaniprakashan@gmail.com
vani_prakashan@yahoo.com

आर.टेक ऑफसेट प्रिंटर्स द्वारा दिल्ली-110095 में मुद्रित

प्रकाशकीय

अयोध्यासिंह उपाध्याय 'हरिऔध' भारतेन्दु युग और द्विवेदी युग के बीच एक अत्यन्त महत्त्वपूर्ण कड़ी हैं। खड़ी बोली हिन्दी के पहले महाकाव्य के रचनाकार के रूप में उनका ऐतिहासिक महत्त्व तो है ही, हिन्दी भाषा के अनूठे शिल्पकार के रूप में उनका योगदान कहीं ज्यादा महत्त्व का है। उन्नीसवीं और बीसवीं शताब्दी में जब हिन्दी की रूप रचना को लेकर तरह-तरह की बहसें चल रही थीं—हरिऔध ने हिन्दी भाषा के सभी सम्भावित और आकांक्षित रूपों को अपनी लेखनी से मूर्त किया। हरिऔध के रचना संसार से गुजरते हुए उनके भाषा सम्बन्धी संघर्ष को सहज ही लक्षित किया जा सकता है। ब्रजभाषा से शुरू करके **वेनिस का बांका** और **प्रियप्रवास** की संस्कृत निष्ठ हिन्दी फिर **ठेठ हिन्दी का ठाट** की ठेठ हिन्दी से होते हुए **बोलचाल** की सामान्य हिन्दी का रूप हरिऔध के यहाँ मौजूद है। वे भाषा के रूप को लेकर होने वाली बहसों में अपनी रचनाओं के साथ उतरते हैं और एक सच्चे प्रयोग कर्ता की तरह समाज की प्रतिक्रिया के आलोक में भाषा का रूप बदल देते हैं। उनकी यह प्रयोगशीलता केवल भाषा के स्तर पर नहीं बल्कि छन्द विधान के स्तर पर भी दिखाई देती है। संस्कृत के वर्ण वृत्तों का प्रयोग हो, हिन्दी के मात्रिक छन्दों का या फिर उर्दू बहरों का; हिन्दी के आँगन में वे सबको व्यावहारिक रूप से उतार कर आगे आने वाले रचनाकारों के लिए मार्ग प्रशस्त करते हैं। वजह चाहे जो रही हो, हिन्दी साहित्य के इतिहास में हरिऔध के महत्त्व को स्वीकार करते हुए भी उनके ऐतिहासिक महत्त्व और अवदान का सम्यक विवेचन नहीं हो सका है। इस ग्रन्थावली को प्रस्तुत करते हुए हमारे मन में कहीं एक भूल सुधार का भाव भी काम कर रहा था। हरिऔध साहित्य को एक साथ प्रस्तुत करते हुए हम यह उम्मीद कर रहे हैं कि हरिऔध की प्रयोगधर्मिता की ओर अपेक्षित ध्यान जाएगा और उनके वास्तविक अवदान को आँकने की दिशा में यत्न होंगे। ग्रन्थावली में यथा संभव हरिऔध के प्रामाणिक पाठ को प्रस्तुत करने की कोशिश की गयी है। किसी एक संस्करण में रह गयी अशुद्धियाँ बाद के कई संस्करणों में दुहरायी जाती रही हैं उन्हें भी यथा स्थान सुधार दिया गया है।

यदि यह ग्रन्थावली हरिऔध के साहित्य में छिपे हिन्दी भाषा के विकास के इतिहास की खोज के लिए प्रेरित और प्रोत्साहित कर सकी तो हमें अपना श्रम सार्थक लगेगा।

—अरुण माहेश्वरी

अनुक्रमणिका

हिन्दी भाषा
और
साहित्य का विकास

हिन्दी भाषा और साहित्य का विकास

प्रथम खण्ड

पहला प्रकरण

भाषा की परिभाषा

भाषा का विषय जितना सरस और मनोरम है, उतना ही गम्भीर और कौतूहलजनक। भाषा मनुष्यकृत है, अथवा ईश्वरदत्त, उसका आविर्भाव किसी काल विशेष में हुआ, अथवा वह अनादि है। वह क्रमशः विकसित होकर नाना रूपों में परिणत हुई, अथवा आदि काल से ही अपने मुख्य रूप में वर्तमान है। इन प्रश्नों का उत्तर अनेक प्रकार से दिया जाता है। कोई भाषा को ईश्वरदत्त कहता है, कोई उसे मनुष्यकृत बतलाता है। कोई उसे क्रमशः विकास का परिणाम मानता है, और कोई उसके विषय में 'यथा पूर्वमकल्पयत्' का राग अलापता है। मैं इसकी मीमांसा करूँगा। मनुस्मृतिकार लिखते हैं—

सर्वेषांतु सनामानि कर्माणि च पृथक् पृथक्।
वेद शब्देभ्य एवादौ पृथक् संस्थांश्च निर्ममे। 1। 21।
तपो वाचं रतिं चैव कामं च क्रोधमेव च।
सृष्टिं ससर्ज चैवेमां स्त्रष्टुमिच्छन्निमा प्रजाः। 1। 25।

ब्रह्मा ने भिन्न-भिन्न कर्मों और व्यवस्थाओं के साथ-साथ सारे नामों का निर्माण सृष्टि के आदि में वेदशब्दों के आधार से किया। प्रजा उत्पन्न करने की इच्छा से परमात्मा ने, तप, वाणी, रति, काम और क्रोध को उत्पन्न किया।

पवित्र वेदों में भी इस प्रकार के वाक्य पाये जाते हैं—यथा

"यथेमां वाचं कल्याणीमावदानि जनेभ्यः"

'मैंने कल्याणकारी वाणी मनुष्यों को दी'

अध्यापक मैक्समूलर इस विषय में क्या कहते हैं, उसको भी सुनिए–

"भिन्न-भिन्न भाषा-परिवारों में जो 400 या 500 धातु उनके मूलतत्त्व रूप से शेष रह जाते हैं, वे न तो मनोराग-व्यंजक ध्वनियाँ हैं, और न केवल अनुकरणात्मक शब्द ही। हम उनको–वर्णात्मक शब्दों का साँचा कह सकते हैं। एक मानसविज्ञानी या तत्वविज्ञानी उनकी किसी प्रकार की व्याख्या करे–भाषा के विद्यार्थी के लिए तो ये धातु अन्तिम तत्त्व ही हैं। प्लेटो के साथ हम इतना और जोड़ देंगे कि, 'स्वभाव से' कहने से हमारा आशय है 'ईश्वर की शक्ति से'।"*

प्रोफेसर पाट कहते हैं–

"भाषा के वास्तविक स्वरूप में कभी किसी ने परिवर्तन नहीं किया, केवल बाह्य स्वरूप में कुछ परिवर्तन होते रहे हैं, पर किसी भी पिछली जाति ने एक धातु भी नया नहीं बनाया। हम एक प्रकार से वही शब्द बोल रहे हैं, जो सर्गारम्भ में मनुष्य के मुँह से निकले थे।" जैक्सन डेविस कहते हैं–भाषा भी जो एक आन्तरिक और सार्वजनिक साधन हैं, स्वाभाविक और आदिम है। "भाषा के मुख्य उद्देश्य में उन्नति होना कभी सम्भव नहीं। क्योंकि उद्देश्य सर्वदेशी और पूर्ण होते हैं, उनमें किसी प्रकार भी परिवर्तन नहीं हो सकता। वे सदैव अखण्ड और एक रस रहते हैं।"**

इस सिद्धान्त के विरुद्ध जो कहा गया है, उसे भी सुनिए--

डार्विन और उसके सहयोगी, 'हक्सले' 'विजविड' और 'कोनिनफार' यह कहते हैं–"भाषा ईश्वर का दिया हुआ उपहार नहीं है, भाषा शनैः-शनैः ध्वन्यात्मक शब्दों और पशुओं की बोली से उन्नति करके इस दशा को पहुँची है।"

'लाक', 'एडमूस्मिथ' और 'ड्यूगल्डस्टुअर्ट' आदि की यह सम्मति है–

"मनुष्य बहुत काल तक गूँगा रहा, संकेत और भ्रू-प्रक्षेप से काम चलाता रहा, जब काम न चला तो भाषा बना ली और परस्पर संवाद करके शब्दों के अर्थ नियत कर लिये।"***

तुलनात्मक भाषा-शास्त्र के रचयिता अपने ग्रन्थ के पृष्ठ 199 और 200 में इस विषय में अपना यह विचार प्रकट करते हैं–

"पहिला सिद्धान्त यह है कि पदार्थों और क्रियाओं के नाम पहले जड़-चेतनात्मक

---

* देखो मैक्समूलर–के 'लेक्चर्स आन दि साइन्स आफ लांगवेज़' का पृष्ठ 439।

** देखो अक्षर विज्ञान का पृष्ठ 33-34

*** देखो हारमोनिया भाग 5 पृष्ठ 73

बाह्य जगत् की ध्वनियों के अनुकरण के आधार पर रखे गये। पशुओं के नाम उनकी विशेष आवाजों के ऊपर रखे गये होंगे। कोकिल या काक शब्द स्पष्ट ही इन पक्षियों की बोलियों के अनुकरण से बनाये गये हैं। इसी प्रकार प्राकृतिक या जड़ जगत् की भिन्न-भिन्न ध्वनियों के अनुसार जैसे वायु का सरसर बहना, पत्तियों का मर्मर रव करना, पानी का झरझर गिरना या बहना, भारी ठोस पदार्थों का तड़कना या फटना इत्यादि के अनुकरण से भी अनेक नाम रखे गये। इस प्रकार अनुकरण के आधार पर मूल शब्दों का पर्याप्त कोष बन गया होगा इन्हीं बीज रूप मूल शब्दों से धीरे-धीरे भाषा का विकास हुआ है। इस सिद्धान्त को हम शब्दानुकरण-मूलकता-वाद नाम दे सकते हैं।

दूसरे सिद्धान्त इस प्रकार हैं। हर्ष, शोक, आश्चर्य आदि के भावों के आवेग में कुछ स्वाभाविक ध्वनियाँ हमारे मुँह से निकल पड़ती हैं, जैसे हाहा, हाय हाय! वाह वाह, इत्यादि। इस प्रकार की स्वाभाविक ध्वनियाँ मनुष्यों में ही नहीं और प्राणियों में भी विशेष-विशेष रूप की पाई जाती हैं। प्रारम्भ में ये ध्वनियाँ बहुत करके हमारे मनोरागों की ही व्यंजक रही होंगी, विचारों की नहीं। भाषा का मुख्य उद्देश्य हमारे विचारों को प्रकट करना होने से इन ध्वनियों ने भाषा के बनाने में जो भाग लिया, उसके लिए यह आवश्यक था कि ये ध्वनियाँ मनोरागों के स्थान में विचारों की द्योतक समझी जाने लगी हों। इन्हीं ध्वनियों के दोहराने, कुछ देर तक बोलने और स्वर के उतार-चढ़ाव द्वारा इनके अर्थ या अभिधेय का क्षेत्र विस्तीर्ण होता गया होगा। धीरे-धीरे वर्णात्मक स्वरूप को धारण करके यही ध्वनियाँ मानवी भाषा के रूप को प्राप्त हो गयी होंगी। इस प्रकार हमारी भाषा की नींव आदि में इन्हीं स्वाभाविक ध्वनियों पर रखी गयी होगी। इस सिद्धान्त का नाम हम मनोराग-व्यंजक शब्द-मूलकतावाद रख सकते हैं।"

उभय पक्ष ने अपने-अपने सिद्धान्त के प्रतिपादन में ग्रन्थ के ग्रन्थ लिख डाले हैं, और बड़ा गहन विवेचन इस विषय पर किया है। परन्तु आजकल अधिकांश सम्मति यही स्वीकार करती है कि भाषा मनुष्यकृत और क्रमशः विकास का परिणाम है। श्रीयुत बाबू नलिनीमोहन सान्याल एम. ए. अपने भाषा विज्ञान की प्रवेशिका में यह लिखते हैं–

"मैक्समूलर ने कहा है कि हम अभी तक यह नहीं जानते कि भाषा क्या है–यह ईश्वर दत्त है, या मनुष्यनिर्मित या स्वभावज। परन्तु उन्होंने पीछे से इसको स्वभावज माना है, और बाद के दूसरे विद्वानों ने भी इसको स्वभावज प्रमाणित किया है।"

भाषा चाहे स्वभावज हो अथवा मनुष्यकृत, ईश्वर को उसका आदि कारण मानना ही पड़ेगा, क्योंकि स्वभाव उसका विकास है और मनुष्य स्वयं उसकी कृति है। मनुष्य जिन साधनों के आधार से संसार के कार्यकलाप करने में समर्थ होता है, वे सब ईश्वरदत्त हैं, चाहे उनका सम्बन्ध बाह्य जगत् से हो अथवा अन्तर्जगत् से। जहाँ पंचभूत और समस्त दृश्यमान जगत् में उसकी सत्ता का विकास दृष्टिगत होता है, वहाँ मन,

बुद्धि, चित्त, अहंकार, ज्ञान, विवेक, विचार आदि अन्तःप्रवृत्तियों में भी उसकी शक्ति कार्य करती पाई जाती है। ईश्वर न तो कोई पदार्थविशेष है, न व्यक्तिविशेष, वरन् जिस सत्ता के आधार से समस्त संसार, किसी महान् यंत्र के समान परिचालित होता रहता है, उसी का नाम है ईश्वर। संसार स्वयं विकसित अवस्था में है, किसी बीज ही से इसका विकास हुआ है, इसी प्रकार मनुष्य भी किसी विकास का ही परिणाम है, किन्तु उसका विकास संसार-विकास के अन्तर्गत है। कहने वाले कह सकते हैं कि मनुष्य लाखों वर्ष के विकास का फल है, अतएव वह ईश्वर कृत नहीं। किन्तु यह कथन ऐसा ही होगा, जैसा बहुवर्ष-व्यापी विकास के परिणाम किसी पीपल के प्रकाण्ड वृक्ष को देखकर कोई यह कहे कि इसका सम्बन्ध किसी अनन्तकाल व्यापी बीज से नहीं हो सकता। भाषा चिरकालिक विकास का फल हो, और उसके इस विकास का हेतु मानव-समाज ही हो, किन्तु जिन योग्यताओं और शक्तियों के आधार से वह भाषा को विकसित करने में समर्थ हुआ, वे ईश्वर दत्त हैं, अतएव भाषा भी ईश्वर कृत है, वैसे ही जैसे संसार के अन्य बहुविकसित पदार्थ। भगवान् मनु के उपर्युक्त श्लोकों का यही मर्म्म है। प्रजा उत्पन्न करने की इच्छा से जिस प्रकार परमात्मा ने तप, रति, काम और क्रोध को उत्पन्न किया, उसी प्रकार वाणी को भी, यही उनका कथन है। जैसे कोई तप और काम को आदि से मनुष्य-कृत नहीं मानता, उसी प्रकार वाणी को भी मनुष्य-कृत नहीं कह सकता। मनुष्य की वाणी ही भाषा की जड़ है, वाणी ही वह चीज है, जिससे भाषा पल्लवित हो कर प्रकाण्ड वृक्ष के रूप में परिणत हुई है, फिर वह ईश्वर कृत क्यों नहीं?

'यथेमां वाचं कल्याणी मा वदानि जनेभ्यः', इस श्रुति में भी 'वाचं' शब्द है, भाषा शब्द नहीं। प्रथम श्लोक के वेद शब्देभ्य, वाक्य में भी शब्द का ही प्रयोग है, उस शब्द का जो आकाश का गुण है, और आकाश के समान ही व्यापक और अनन्त है। वाणी मनुष्य-समाज तक परिमित है किन्तु शब्द का सम्बन्ध प्राणिमात्र से है, स्थावर और जड़ पदार्थों में भी उसकी सत्ता मिलती है। यही शब्द भाषा का जनक है, ऐसी अवस्था में यह कौन नहीं स्वीकार करेगा कि भाषा ईश्वरीय कला की ही कला है। कोलरिक, कहता है–

भाषा मनुष्य का एक आत्मिक साधन है, इसकी पुष्टि महाशय ट्रीनिच ने इस प्रकार की है "ईश्वर ने मनुष्य को वाणी उसी प्रकार दी है, जिस प्रकार बुद्धि दी है, क्योंकि मनुष्य का विचार ही शब्द है, जो बाहर प्रकाशित होता है।"*

मैंने मनु भगवान् के विचारों को स्पष्ट करने और भाषा की सृष्टि पर प्रकाश डालने के लिए अब तक जो कुछ लिखा है; उससे यह न समझना चाहिए कि ईश्वर और मनुष्य

* देखो स्टडी ऑफ वर्ड्स आर. सी. ट्रीनिच, डी. डी.

की कृति में जो विभेद सीमा है, उसको मैं मानना नहीं चाहता। गजरे को हाथ में लेकर कौन यह न कहेगा कि यह माली का बनाया है, परन्तु जिन फूलों से गजरा तैयार हुआ उनको उसने कहाँ पाया, जिस बुद्धि विचार एवं हस्तकौशल से गजरा बना, उन्हें उसने किससे प्राप्त किया। यदि यह प्रश्न होने पर ईश्वर की ओर दृष्टि जाती है और उसके प्राप्त साधनों और कार्यों में ईश्वरीय विभूति देख पड़ती है, तो गजरे को ईश्वर कृत मानने में आपत्ति नहीं हो सकती, मेरा कथन इतना ही है। अनेक आविष्कार मनुष्यों के किये हैं, बड़े-बड़े नगर मनुष्यों के बनाये और बसाये हैं। उसने बड़ी-बड़ी नहरें निकालीं; बड़े-बड़े व्योमयान बनाये, रेल-तार आदि का उद्भावन किया, ऊँची-ऊँची मीनारें खड़ी कीं; सहस्रों प्रकाण्ड प्रकाशस्तम्भ निर्माण किये, इसको कौन अस्वीकार करेगा। मनुष्य विद्याओं का आचार्य है, अनेक कलाओं का उद्भावक है, वरन् यह कहा जा सकता है कि ईश्वरीय सृष्टि के सामने अपनी प्रतिभा द्वारा उसने एक नयी सृष्टि ही खड़ी कर दी है, यह सत्य है, इसको सभी स्वीकार करेंगे। परन्तु उसने ऐसी प्रतिभा कहाँ पायी, उपयुक्त साधन उसको कहाँ मिले, जब यह सवाल छिड़ेगा, तो ईश्वरीय सत्ता की ओर ही उँगली उठेगी, चाहे उसे प्रकृति कहें या और कुछ। इसी प्रकार यह सत्य है कि संसार की समस्त भाषाएँ क्रमशः विकास का फल हैं, देश काल और आवश्यकताएँ ही उनके सृजन का आधार हैं, मनुष्य का सहयोग ही उनका प्रधान सम्बल है, किन्तु सबमें अन्तर्निहित किसी महान शक्ति का हाथ है यह स्वीकार करना ही पड़ेगा। ऐसा कहकर न तो मैंने ईश्वर दत्त मनुष्य की बुद्धि और प्रतिभा आदि का तिरस्कार किया और न उनकी महिमा ही कम की। न वादग्रस्त विषय को अधिक जटिल बना दिया और न सुलझे हुए विषय को और उलझन में डाला। वरन् वास्तविक बात बतला, जहाँ मानव की आन्तरिक प्रवृत्तियों को ईश्वरीय शक्ति सम्पन्न कहा, और इस प्रकार उन्हें विशेष गौरव प्रदान किया। वहाँ दो परस्पर टकराते और उलझते हुए विषयों के बीच में ऐसी बातें रखीं जिनसे वर्द्धमान जटिलता बहुत कुछ कम हो सकती है, और उभयपक्ष अधिकतर सहमत हो सकते हैं। संसार में जितनी भाषायें यथासमय विकसित होकर इस समय जीवित और कर्मक्षेत्र में, उतर कर रात-दिन कार्य्यरत हैं, उन्हीं में से एक हमारी हिन्दी-भाषा भी है। यह कैसे विकसित हुई, इसमें क्या-क्या परिवर्तन हुए, इसकी वर्तमान अवस्था क्या है? और उन्नति पथ पर वह किस प्रकार दिन-दिन अग्रसर हो रही है, मैं क्रमशः इन बातों का वर्णन करूँगा। आशा है यह वर्णन रोचक होगा।

दूसरा प्रकरण

हिन्दी भाषा का उद्गम

आदि भाषा कौन है? सृष्टि के आदि में एक ही भाषा थी, अथवा कई। इस समय संसार में जितनी भाषाएँ प्रचलित हैं, उनका मूल स्रोत एक है! अथवा भिन्न-भिन्न? आजतक इसकी पूरीं मीमांसा नहीं हुई। इस समय जितनी भाषाएँ संसार में प्रचलित हैं, उनमें इण्डो यूरोपियन एवं सेमिटिक भाषा की ही प्रधानता है, इन्हीं दोनों भाषाओं का विस्तार अधिक है, और इन्हीं के भेद उपभेद अधिक पाये जाते हैं! इनके अतिरिक्त हैमिटिक और चीनी भाषा आदि और भी छः भाषाएँ ऐसी हैं, जो भिन्न-भिन्न वर्ग की हैं, और जिनमें एक का दूसरे के साथ कोई सम्बन्ध नहीं पाया जाता। अब प्रश्न यह होता है कि इन भाषाओं का आधार एक है या वे स्वतन्त्र हैं। क्या मनुष्यों का उत्पत्ति-स्थान भिन्न-भिन्न है यदि भिन्न-भिन्न है तो क्या भाषाएँ भी भिन्न-भिन्न रीति से ही, भिन्न-भिन्न अवसरों पर आवश्यकतानुसार उत्पन्न हुई हैं? क्या मनुष्य मात्र एक माँ-बाप की ही सन्तान नहीं हैं, यदि हैं तो भाषा भी उनकी एक ही होनी चाहिए। जैसे देश काल के अनुसार मनुष्यों में भेद हुआ, वैसे ही काल पाकर भाषा में भी भेद हो सकता है। परन्तु आदि में ही मनुष्यों और भाषाओं की भिन्नता उपपत्ति-मूलक नहीं ज्ञात होती। संसार के समस्त धर्म-ग्रन्थ एक स्वर से यही कहते हैं कि आदि में एक पुरुष एवं एक स्त्री से ही संसार का आरम्भ हुआ। यह विचार इतना व्यापक है, कि अब तक इसका विरोध सम्मिलित कण्ठ से बलवती भाषा में बहुमान्य प्रणाली द्वारा नहीं हुआ। इसी कारण अनेक विद्वानों की सम्मति है कि सृष्टि के आदि में मनुष्य जाति की उत्पत्ति एक ही स्थान पर एक ही माता-पिता से हुई, और इसलिए आदि में भाषा भी एक ही थी। मेरा विषय भाषा-सम्बन्धी है, अतएव मैं देखूँगा कि क्या कुछ विद्वान् ऐसे हैं कि जिनकी यह सम्मति है कि आदि में भाषा एक ही थी, और काल पाकर उसमें परिवर्तन हुए हैं।

अक्षर-विज्ञान के रचयिता लिखते हैं—(पृष्ठ 40)

सेमिटिक भाषाओं को आर्यभाषा से पृथक बतलाते हुए भी मैक्समूलर आगे चल कर कहते हैं कि आर्यभाषाओं के धातु रूप और अर्थ में सेमेटिक अराल-आटक, बण्टो और ओशीनिया की भाषाओं से मिलते हैं, अन्त में कहते हैं कि 'निस्सन्देह हम मनुष्य की मूलभाषा एक ही थी।'

मिस्टर बाप कहते हैं—"किसी समय संस्कृत सम्पूर्ण संसार की बोलचाल की भाषा थी,* एण्ड्रो जकसन डेविस कहते हैं—"भाषा भी जो एक आन्तरिक और सार्वजनिक साधन है, स्वाभाविक और आदिम है। भाषा के मुख्य उद्देश्य में कभी उन्नति का होना सम्भव नहीं, क्योंकि उद्देश्य सर्वदेशी और पूर्ण होते हैं, उनमें किसी प्रकार का भी परिवर्तन नहीं हो सकता, वे सदैव अखण्ड और एक रस रहते हैं" (हारमोनिया भाग 5 पृष्ठ 73—देखो अक्षर-विज्ञान पृष्ठ 4) आजकल यह सिद्धान्त आदर की दृष्टि से नहीं देखा जाता और इसके पक्ष विपक्ष में बहुत बातें कही गयी हैं। मैंने यहाँ इसकी चर्चा इसलिए की कि इस प्रकार के कुछ विद्वान् हैं जो आदि में किसी एक ही भाषा का होना स्वीकार करते हैं, यदि यह मान लें तो आगे के लिये हमारा पथ बहुत प्रशस्त हो जाता है, फिर भी मैं इस वादग्रस्त विषय को छोड़ता हूँ। मैं उस इण्डोयोरोपियन भाषा को ही लेता हूँ, जो संसार की सबसे बड़ी और व्यापक भाषा है। संस्कृत ही आदि में समस्त संसार की भाषा थी और वही कालान्तर में बदल कर नाना रूपों में परिणत हुई, यद्यपि इसका प्रतिपादन अनेक विद्वानों ने किया है, हाल में श्रीमान् शेषगिरि शास्त्री ने एक पृथक पुस्तक लिखकर भली प्रकार सिद्ध कर दिया है, कि उन द्रविड़ भाषाओं की उत्पत्ति भी संस्कृत से हुई है, जो अन्य वर्ग की भाषाएँ मानी जाती हैं, तो भी इण्डोयोरोपियन भाषा की चर्चा ही से हम प्रस्तुत विषय पर बहुत कुछ प्रकाश डाल सकते हैं, इसलिए इसी भाषा को लेकर आगे बढ़ते हैं। कहा जाता है द्राविड़ भाषाओं को छोड़कर भारतवर्ष की समस्त भाषाएँ इण्डोयोरोपियन भाषा वर्ग की हैं, और उन्हीं से प्रसूत हुई हैं। हिन्दी भाषा भी इन्हीं भाषाओं में से एक है, अतएव विचारना यह है कि वह किस प्रकार इण्डोयोरोपियन भाषा से क्रमशः विकसित होकर इस रूप को प्राप्त हुई। इण्डोयोरोपियन भाषा से प्रयोजन उस वर्ग की भाषा से है, जिसका विस्तार योरोप के अधिकांश देशों, फारस और भारतवर्ष के अधिकतर प्रदेशों में है। पहले इसको इण्डोयोरोपियन भाषा कहते थे, परन्तु अब यह नाम बदल दिया गया है। कारण यह बतलाया गया है कि अब तक यह प्रमाणित नहीं हुआ कि योरोप वाले अपने को आर्य मानते थे अथवा नहीं। भारत वाले और ईरान वाले अपने को आर्य कहते थे, इसलिए इन प्रदेशों में जो इण्डोयोरोपियन भाषा की शाखाएँ प्रचलित हैं, उनको आर्य-परिवार की

* "At one time Sanskrit was the one language spoken all over the world" Edinburgh Rev. Vol. XXXIII, 3. 43.

भाषा कह सकते हैं। आगे हम इन भाषाओं की चर्चा आर्य-परिवार के नाम से ही करेंगे।

आर्य-परिवार भाषा का आदिम रूप वैदिक संस्कृत में पाया जाता है। यद्यपि अनेक योरोपियन विद्वानों ने इस वैदिक संस्कृत को ही योरोपियन भाषाओं का भी मूल आधार माना है, परन्तु आजकल उसके स्थान पर एक मूल भाषा लिखना ही पसन्द किया जाता है जिसकी एक शाखा वैदिक संस्कृत भी मानी जाती है। इसका विशेष विवेचन आगे मिलेगा, यहाँ यह विचारणीय है कि वैदिक संस्कृत की भाषा साहित्यिक है, अथवा बोलचाल की। इस विषय में अपने 'पालिप्रकाश' (पृष्ठ 27-28) नामक ग्रन्थ में बंगाल प्रान्त के प्रसिद्ध विद्वान श्री विधुशेखर शास्त्री ने जो लिखा है उसका अनुवाद मैं आप लोगों के सामने रखता हूँ–"परिवर्तनशीलता बोलचाल की भाषा का स्वभाव है। वह चिरकाल तक एक भाव से नहीं रहती। देश-काल और व्यक्ति-भेद से भिन्न-भिन्न रूप धारण करती है। वैदिक भाषा में यह बात पाई जाती है उसमें एक वाक्य का भिन्न प्रयोग देखा जाता है। उस समय कोई कहता क्षुद्रक कोई कहता क्षुल्लक। एक बोलता युवाम् तो दूसरा युवम्। किसी के मुख से पश्चात् सुना जाता और किसी के मुख से पश्चा; कोई युष्मासु और कोई युष्मे कहता। इसी प्रकार देवाः देवासः श्रवण-श्रोणा-अवधोतयति, अब ज्योतयति-इत्यादि भिन्न प्रकार का व्यवहार होता। कोई किसी-किसी स्थान पर प्रातिपदिक शब्दों के बाद विभक्तियों का प्रयोग बिलकुल नहीं करता (जैसे परमेव्योमन्) कोई करता। कोई किसी शब्द का कोई अंश लोप करके उसका उच्चारण करता जैसे ("त्मना") कोई ऐसा नहीं करता। कोई विशेषण के अनुसार विशेषण के लिंगादि को भी ठीक करके उसका व्यवहार करता, कोई इसकी परवाह नहीं करता, जिसमें सुविधा होती वही करता (जैसे 'बहुलापृथूनि भुवनानि विश्वा') कभी कोई संयुक्त वर्ण के पूर्वस्थित दीर्घस्वर को ह्रस्व करके उच्चारण करता (जैसे रोदसिप्राम्) और अनेक अवस्थाओं में ऐसा नहीं करता। एक मनुष्य किसी अक्षर को जैसे उच्चारण करता दूसरा उसको उसे दूसरे प्रकार से कहता। एक ड किसी स्थान पर ल और कहीं ल् उच्चरित होता (देखो ऋ. प्रा. 1-10-11) पदान्त में वर्ग के तृतीय वर्ण को और दूसरे उसके प्रथम वर्ण को उच्चारण करते। जिनका वैदिक भाषा के साथ थोड़ा परिचय भी है, वे भली भाँति जातने हैं कि वैदिक भाषा में इस प्रकार प्रयोगों की कितनी भिन्नता है। यह बात भली-भाँति प्रमाणित करती है कि वैदिक भाषा बोलचाल की भाषा थी"।

सम्भव है कि यह विचार सर्वसम्मत न हो, परन्तु प्रश्न यह है कि जो मूल भाषा की पुकार मचाते हैं, उनसे यदि पूछा जावे, कि आपकी 'मूल भाषा का' रूप कहीं कुछ पाया जाता है तो वैदिक मंत्रों को छोड़ वे किसकी ओर उँगली उठावेंगे। ऋग्वेद ही संसार की लाइब्रेरी में सबसे प्राचीन पुस्तक है, जो उसमें मूल भाषा प्रतिफलित नहीं, तो

फिर उसका दर्शन किसी दूसरी जगह नहीं हो सकता। दूसरी बात यह है कि साहित्यिक होने से किसी भाषा का रूप बिलकुल नहीं बदल जाता उसकी विशेषताएँ उसमें मौजूद रहती हैं अन्यथा वह उस भाषा की रचना हो ही नहीं सकती। क्या ग्राम-साहित्य की रचनाओं में बोलचाल की भाषा का वास्तविक रूप नहीं मिलता। साहित्यगत साधारण परिवर्तन भाषा के मुख्य स्वरूप का बाधक कदापि नहीं।

योरोपियन विद्वान कहते हैं कि वैदिककाल से पहले एक विशाल जाति मध्य एशिया में रहती थी, जब यह विभक्त हुई तो इसमें से कुछ लोग योरोप की ओर गये, और कुछ ईरान एवं भारतवर्ष में पहुँचे और अपने-अपने उपनिवेश वहाँ स्थापित किये। किन्तु भारतीय आर्य-साहित्य में इसका पता नहीं चलता वैदिक और लौकिक संस्कृत-साहित्य का भाण्डार बड़ा विस्तृत है, उसमें साधारण से साधारण बातों का वर्णन है, किन्तु इस बात की चर्चा कहीं नहीं है, कि आर्यजाति बाहर से भारतवर्ष में आयी। इसलिए अनेक आर्य विद्वान् योरोपियन सिद्धान्त को नहीं मानते उनका विचार है कि आर्यजाति का आदि निवास-स्थान भारतवर्ष ही है, और यहीं से वह दूसरे स्थानों में गयी है। हिन्दू सुपीरियरटी में इसका अच्छा वर्णन है। बम्बई के प्रसिद्ध विद्वान् खुरशेदजी रुस्तमजी ने बम्बई की ज्ञान-प्रसारक मण्डली के उद्योग से एक बार 'मनुष्यों का मूल जन्म स्थान कहाँ था' इस विषय पर एक व्याख्यान दिया था, उसका सारांश यह है—

"जहाँ से सारी मनुष्य-जाति संसार में फैली उस मूल स्थान का पता हिन्दुओं, पारसियों, यहूदियों और क्रिश्चियनों की धर्म-पुस्तकों से इस प्रकार लगता है कि वह स्थान कहीं मध्य एशिया में था। योरोप-निवासियों की दन्त-कथाओं में वर्णित है कि, हमारे पूर्व राजा कहीं उत्तर में रहते थे। पारसियों की धर्म-पुस्तकों में लिखा है कि जहाँ आदि सृष्टि हुई, वहाँ दस महीने सर्दी और दो महीने गर्मी रहती है। एटुअर्ट, एलफिन्स्टन, वरनस आदि यात्रियों ने मध्य एशिया में भ्रमण करके बतलाया है कि हिन्दूकुश और उसके निकटवर्ती पहाड़ों पर 10 महीने सर्दी और दो महीने गर्मी होती है। उनके ऊपर से चारों ओर नदियाँ बहती हैं। इस स्थान के ईशानकोण में 'वालूर्ताग' तथा 'मुसावरा' पहाड़ है। ये पहाड़ 'अलवुर्ज' के नाम से पारसियों की धर्म-पुस्तकों और अन्य इतिहासों में लिखे हैं। 'वालूर्ताग' से 'अमू' अथवा 'आक्षस' और जेक जार्टस नाम की नदियाँ 'अरत' सरोवर में होकर बहती हैं। इसी पहाड़ में से निकल कर 'इन्डस' अथवा सिन्धु नदी दक्षिण की ओर बहती है। इसी ओर के पहाड़ों में से प्रसूत होकर बड़ी-बड़ी नदियाँ पूर्व ओर चीन में और उत्तर ओर साइबेरिया में प्रवेश करती हैं। ऐसे रम्य और शान्त स्थान में पैदा हुए लोग अपने को आर्य कहते थे, और 'स्वर्ग' कहकर उसका आदर करते थे?"

यह प्रदेश भारतवर्ष के उत्तर में है, और हिन्दूकुश से तिब्बत तक फैला हुआ है, इसी के अन्तर्गत, सुमेरु तथा कैलास जैसे पुराण-प्रसिद्ध पर्वत और मानसरोवर समान

प्रशंसित महासरोवर है। यहीं किन्नर और गन्धर्व रहते हैं, जो स्वर्ग-निवासी बतलाये गये हैं। तिब्बत का दक्षिणी भाग हमारे आराध्य हिमालय का ही एक अंश है, इसीलिए उसका संस्कृत नाम भी स्वर्ग का पर्यायवाची है–अमर कोशकार लिखते हैं–

स्वरव्ययं स्वर्ग नाक त्रिदिव त्रिदशालया। सुरलोको द्यौ दिवौ द्वे स्त्रियाँ कील्वे त्रिविष्टप ॥

ऋग्वेद में कन्धार-निवासी आर्य-समुदाय के राजा दिवोदास और सिन्धुनद के समीप बसने वाली आर्य जनता के राजा सुदास का वर्णन मिलता है, इसके उपरान्त गंगा-यमुना कूल के मन्त्रों की रचना का पता चलता है। इससे पाया जाता है कि कंधार अथवा गांधार से ही आर्य-लोग पूर्व और दक्षिण की ओर बढ़े, यदि गांधार के पश्चिमोत्तर प्रदेश से वे आगे बढ़ते तो उनका वर्णन ऋग्वेद में अवश्य होता। किन्तु ऐसा नहीं है। इसीलिए इसी सिद्धान्त को स्वीकार करना पड़ता है कि आर्य जाति की उत्पत्ति हिमालय के पवित्र अंक में ही हुई है, और वहीं से वे भारत के और प्रदेशों में फैले हैं। स्वामी दयानन्द सरस्वती ने भी सत्यार्थ-प्रकाश में यही लिखा है–

"आदि सृष्टि त्रिविष्टप अर्थात् तिब्बत में हुई"*

यदि यह तर्क किया जावे कि फिर आर्य जाति का प्रवेश योरोप में कैसे हुआ? तो इसका उत्तर यह है कि जो जाति अपने जन्म स्थान से पूर्व और दक्षिण की ओर बढ़ी, क्या वह पश्चिम और उत्तर को नहीं बढ़ सकती, हिमालय पर्वत से निकली हुई नदियाँ यदि साइबीरिया तक पहुँच सकती हैं, तो उस प्रदेश में निवास करने वाली जनता योरोप में क्यों नहीं पहुँच सकती। भले ही हिमालय समीपवर्ती प्रान्त मध्य एशिया में न हों, किन्तु क्या वे मध्य एशिया के निकटवर्ती नहीं। किसी विद्वान् ने निश्चित रूप से अब तक यह नहीं बतलाया कि मध्य एशिया के किस स्थान से आर्य लोग पूर्व और पश्चिम को बढ़े। अब तक स्थान के विषय में तर्क-वितर्क है, कोई किसी स्थान की ओर संकेत करता है, कोई किसी स्थान की ओर। ऐसी अवस्था में यदि हिमालय प्रदेश को ही यह स्थान स्वीकार कर लिया जावे, तो क्या आपत्ति हो सकती है। महाभारत और पुराणों में ऐसे प्रसंग मिलते हैं, जिनमें भारतीय जनों का योरोपीय और अमरीका आदि जाने की चर्चा है। राजा सगर ने अपने सौ पुत्रों को क्रुद्ध होकर जब भारतवर्ष में नहीं रहने दिया, तब वे देशान्तरों में गये, और वहाँ उपनिवेश स्थापित किये। इसी प्रकार की और कथाएँ हैं, उनकी चर्चा बाहुल्य मात्र होगा।

चाहे हम यह मानें कि मध्य एशिया से आर्य लोग भारतवर्ष में आये, चाहे यह कि वे हिमालय के उत्तर-पश्चिम भाग में उत्पन्न हुए और वहीं से भारतवर्ष में फैले, दोनों

---

* देखो अक्षर-विज्ञान पृ. 31, 31

बातें ऐसी हैं, जो बतलाती हैं, कि ज्यों-ज्यों वे भारतवर्ष में फैलने लगे होंगे, त्यों-त्यों उनकी बोलचाल की भाषा में स्थान और जलवायु के विभेद से अन्तर पड़ने लगा होगा। ऋग्वेद में इस बात का भी वर्णन है कि इन आर्यों का संघर्ष भी उन लोगों से बराबर चलता रहा, जो उस समय भारतवर्ष के विभिन्न प्रदेशों में वास करते थे। इन लोगों की भी कोई भाषा अवश्य होगी, इसीलिए दोनों की भाषाओं का परस्पर सम्मिश्रण भी अनिवार्य था। धीरे-धीरे काल पाकर वैदिक भाषा के अनेक शब्द विकृत हो गये, क्योंकि उनका शुद्ध उच्चारण सर्वसाधारण द्वारा नहीं हो सकता था। एक शब्द को लोग पहले भी विभिन्न प्रकार से बोलते थे, अब इसकी और वृद्धि हुई। आवश्यकतानुसार अनार्य भाषा के कुछ शब्द भी उसमें मिल गये, इसलिए काल पाकर बोलचाल की एक नयी भाषा की सृष्टि हुई। इसी को पहली प्राकृत अथवा आर्य प्राकृत कहा गया है। इसी प्राकृत का अन्यतम रूप पाली अथवा मागधी है। कहा जाता है कि इस भाषा में वैदिक संस्कृत के शब्दों को बेतरह विकृत होते देखकर आर्य विद्वानो को विशेष चिन्ता हुई, अतएव उन्होंने उसकी रक्षा और उसके संस्करण का प्रयत्न किया और इस प्रकार लौकिक संस्कृत की नींद पड़ी। अनेक विद्वानों ने इस लौकिक संस्कृत से ही सब प्राकृतों की उत्पत्ति मानी है। यह बड़ा वादग्रस्त विषय है, अतएव मैं इस पर विशेष प्रकाश डालना चाहता हूँ। पालीभाषा अथवा मागधी के विषय में भी तरह-तरह की बातें कही गयी हैं, वे भी विचारणीय हैं, अतएव मैं अब इन्हीं विषयों की ओर प्रवृत्त होता हूँ जहाँ तक विचार किया गया, निम्नलिखित तीन सिद्धान्त इस विवाद के आधार हैं–

1. यह कि समस्त प्राकृतों की जननी संस्कृत भाषा है–

2. यह कि प्राकृत स्वयं स्वतन्त्र और मूल भाषा है, वह न तो वैदिक भाषा से उत्पन्न हुई, न संस्कृत से–

3. यह कि प्राचीन वैदिक भाषा ही वह उद्गम स्थान है, जहाँ से समस्त प्राकृत भाषाओं के स्रोत प्रवाहित हुए हैं, संस्कृत भी उसी का परिमार्जित रूप है।

सबसे पहले प्रथम सिद्धान्त को लीजिए उसके प्रतिपादक संस्कृत और प्राकृत भाषा के कुछ वावदूक विवुध और हमारी हिन्दी भाषा के धुरन्धर विद्वान् हैं वे कहते हैं–

"प्रकृतिः संस्कृतम् तत्र भवं तत आगतं वा प्राकृतम्"

वैयाकरण हेमचन्द्र

"प्रकृतिः संस्कृतं तत्र भवत्वात् प्राकृतम् स्मृतम्"

प्राकृतचन्द्रिकाकार

"प्राकृतस्य तु सर्वमेव संस्कृतम्योनिः"

प्राकृत संजीवनीकार

"यह सर्वसम्मत सिद्धान्त है कि प्रकृति संस्कृत होने पर भी कालान्तर में प्राकृत एक स्वतन्त्र भाषा मानी गयी।"

स्व. पण्डित गोविन्दनारायण मिश्र।

"संस्कृत प्रकृति से निकली भाषा ही को प्राकृत कहते हैं।"

स्व. पण्डित बदरी नारायण चौधरी।

अब दूसरे सिद्धान्त वालों की बात सुनिए। इनमें अधिकांश बौद्ध और जैन विद्वान हैं। अपने 'पयोग सिद्धि' ग्रन्थ में कात्यायन लिखते हैं--

"सा मागधी मूल भासा नरायायादि कप्पिका
ब्राह्मणो च स्सुतालापा सम्बुद्धा चापिभासरे।"

आदि कल्पोत्पन्न मनुष्यगण, ब्राह्मणगण, सम्बुद्धगण और जिन्होंने कोई वाक्यालाप श्रवण नहीं किया है ऐसे लोग जिसके द्वारा बातचीत करते हैं, वही मागधी मूल भाषा है।

'पतिसम्विध अत्वूय' नामक ग्रन्थ में लिखा है--

"मागधी भाषा देवलोक, नरलोक, प्रेतलोक, और पशुजाति में सर्वत्र प्रचलित है। किरात, अन्धक, योणक, दामिल, प्रभृति भाषाएँ परिवर्तनशील हैं, किन्तु मागधी आर्य और ब्राह्मणगण की भाषा है। इसलिए अपरिवर्तनीय और चिरकाल से समानरूपेण व्यवहृत है।"

महारूपसिद्धिकार लिखते हैं--'मागधिकाय स्वभाव निरुत्तिया' मागधी स्वाभाविक (अर्थात् मूलभाषा) है।

अपने पाली भाषा के व्याकरण की अंग्रेजी भूमिका में श्रीयुत सतीश चन्द्र विद्याभूषण लिखते हैं--

*"धीरे-धीरे मागधी में जो इस देश में बोली जाती थी, बहुत से परिवर्तन हुए, और आजकल की भाषाएँ, जैसे बंगाली, मरहठी, हिन्दी और उड़िया इत्यादि उसी से उत्पन्न हुई हैं।"

जैनेरा अर्ध मागधी भाषा केई आदि भाषा वलियामने करेन

जैन लोग अर्द्ध मागधी भाषा को ही आदि भाषा मानते हैं।

बंगला विश्वकोश पृष्ठ 438

अब तीसरे सिद्धान्त वालों का विचार सुनिए। यह दल समधिक पुष्ट है, इसमें पाश्चात्य विद्वान् तो हैं ही, भारतीय विद्वानों की संख्या भी न्यून नहीं है। क्रमशः अनेक विद्वानों की सम्मति मैं आप लोगों के सामने उपस्थित करता हूँ। जर्मन विद्वान् वेबर

* In course of time this Magadhi---the spoken language of the country underwent immense changes, and gave rise to the modern vernaculars such as Bengali, Marahati, Hindi, Uriya, etc.

कहते हैं–“वैदिक भाषा से ही एक ओर सुगठित और सुप्रणाली बद्ध होकर संस्कृत भाषा का जन्म, और दूसरी ओर मानव प्रकृति सिद्ध और अनियत वेग से वेगवान प्राकृत भाषा का प्रचलन हुआ। प्राचीन वैदिक भाषा ही क्रमशः बिगड़ कर सर्वसाधारण के मुख से प्राकृत भाषा हुई”– **बंगला विश्वकोश पृष्ठ 433**

श्रीमान् विधुशेखर शास्त्री अपने पालि प्रकाश नामक बँगला ग्रन्थ में क्या लिखते हैं उसे भी देखिए–

“आर्यगण की वेदभाषा और अनार्यगण की साधारण भाषा में एक प्रकार का सम्मिश्रण होने से बहुत से अनार्य शब्द वर्तमान कथ्य वेद भाषा के साथ मिश्रित हो गये, इस सम्मिश्रणजात भाषा का नाम ही प्राकृत है।” **पालि-प्रकाश प्रवेशक पृष्ठ 36**

हिन्दी भाषा के प्रसिद्ध विद्वान् श्रीमान् पण्डित महावीर प्रसाद द्विवेदी की यह अनुमति है–

“हमारे आदिम आर्यों की भाषा पुरानी संस्कृत थी, उसके कुछ नमूने ऋग्वेद में वर्तमान हैं, उसका विकास होते-होते कई प्रकार की प्राकृतें पैदा हो गयीं, हमारी विशुद्ध संस्कृत किसी पुरानी प्राकृत से ही परिमार्जित हुई है।”

अब मैं देखूँगा इन तीनों सिद्धान्तों में से कौन-सा सिद्धान्त विशेष उपपत्ति मूलक है। शब्द शास्त्र की गुत्थियों को सुलझाना सुलभ नहीं, लोग जितना ही इसको सुलझाते हैं, उलझन उतनी ही बढ़ती है। बहुत कुछ छानबीन हुई, किन्तु भाषा-विज्ञान का अगाध रत्नाकर आज भी बिना छाने हुए पड़ा है। उसे सौ-सौ तरह से छाना गया, किन्तु रत्न का हाथ आना सबके भाग्य में कहाँ! मैं इस उद्योग में नहीं हूँ, न मुझमें इतनी योग्यता है, न मैं इस घनीभूत अन्धकार में प्रवेश करने के लिए सुन्दर आलोक प्रस्तुत कर सकता हूँ, केवल मैं विचारों का दिग्दर्शन मात्र करूँगा। प्रथम सिद्धान्त के विषय में मैं कुछ विशेष नहीं लिखना चाहता वेदभाषा को प्राचीन संस्कृत कहा जाता है, कोई-कोई वेदभाषा को वैदिक और पाणिनि काल की और उसके बाद के ग्रन्थों की भाषा को लौकिक संस्कृत कहते हैं। प्रथम सिद्धान्त वालों ने संस्कृत से ही प्राकृत की उत्पत्ति बतलायी है। यदि संस्कृत से वैदिक संस्कृत अभिप्रेत है, तो प्रथम सिद्धान्त तीसरे सिद्धान्त के अन्तर्गत हो जाता है, और विरोध का निराकरण होता है। परन्तु वास्तव बात यह है कि प्रथम सिद्धान्त वालों का अभिप्राय वैदिक संस्कृत से नहीं वरन् लौकिक संस्कृत से है क्योंकि षड्भाषा चन्द्रिकाकार यह लिखते हैं–

भाषा द्विधा संस्कृता च प्राकृती चेति भेदतः।
कौमार पाणिनीयादि संस्कृता संस्कृता मता।
प्रकतेः संस्कृतायास्तु विकृतिः प्राकृता मता।

अतएव दोनों सिद्धान्तों का परस्पर विरोधी होना स्पष्ट है। आइये प्रथम सिद्धान्त की सारवत्ता का विचार करें। शिक्षा नामक वेदांग के पाँचवें अध्याय का यह अर्द्धश्लोक कि "प्राकृते संस्कृते वापि स्वयं प्रोक्ता स्वयंभुवा" इस विषय को बहुत कुछ स्पष्ट करता है। इसका अर्थ है स्वयं आदि पुरुष प्राकृत अथवा संस्कृत बोलते थे। इस श्लोक में प्राकृत को अग्र स्थान दिया गया है, जो पश्चाद्‌वर्ती संस्कृत को उसका पश्चाद्‌वर्ती बनाता है। इसलिए लौकिक संस्कृत से प्राकृत की उत्पत्ति नहीं मानी जा सकती। दूसरी बात यह है कि प्राकृत भाषा में अनेक ऐसे शब्द मिलते हैं कि जिनका लौकिक संस्कृत में पता तक नहीं चलता। परन्तु वे शब्द वैदिक संस्कृत अथवा वैदिक भाषा में पाये जाते हैं। इससे यह बात स्वीकार करनी पड़ती है, कि प्राकृत की उत्पत्ति यदि हो सकती है, तो वैदिक भाषा से हो सकती है, लौकिक संस्कृत से नहीं। शब्द व्यवहार की दृष्टि से प्राकृत भाषा, जितनी वेद भाषा की निकटवर्ती है, संस्कृत की नहीं। बोलचाल की भाषा होने के कारण वैदिक भाषा में वे शब्द मिलते हैं, जो प्राकृत में उसी रूप में आये, परन्तु संस्कार हो जाने के कारण लौकिक संस्कृत में उनका अभाव हो गया। यदि संस्कृत से प्राकृत की उत्पत्ति हुई होती, तो इस प्रकार के शब्द उसमें अवश्य मिलते, जब नहीं मिलते तब संस्कृत से उसकी उत्पत्ति मानना युक्तिसंगत नहीं। इस प्रकार के कुछ शब्दों का उल्लेख नीचे किया जाता है।

प्राकृत में पद का आदि वर्णगत 'र' और 'य' प्रायः लोप हो जाता है। जैसे संस्कृत ग्राम प्राकृत में गाम होगा, और व्यवस्थित होगा ववत्थित! वैदिक भाषा में भी इस प्रकार का प्रयोग पाया जाता है, जैसे–अप्रगल्भ के स्थान पर अपगल्भ (तै. स. 4, 5, 6, 1) त्रि + ऋच् से त्र्यच् पद न होकर त्रिच और तृच होता है (शत. ब्रा. 1, 3, 3, 33) कात्यायन श्रौत सूत्र में भी इस प्रकार का प्रयोग देखा जाता है। यास्क कहते हैं–"अथापि द्विवर्ण लोपस्तृचः" (नि. 2, 1, 2) अर्थात् यहाँ त्रिशब्द के रकार और इकार दोनों लोप हो गये।

प्राकृत में संयुक्त वर्ण का पूर्ववर्ती दीर्घ स्वर प्रायः ह्रस्व हो जाता है। जैसे–मात्रा, मत्ता इत्यादि। वैदिक भाषा में भी इस प्रकार का प्रयोग देखा जाता है। जैसे रोदसीप्रा रोदसिप्रा (ऋ. सं. 10, 88, 10) अमात्र-अमत्र (ऋ. स. 3। 36। 4)–

प्राकृत में अनेक स्थानों पर संयुक्त वर्ण के स्थान पर एक व्यंजन का लोप करके पूर्ववर्ती ह्रस्व स्वर को दीर्घ कर दिया जाता है जैसे कर्तव्य-कातव्य, निश्वास-नीसास, दुहरि-दूहार। वैदिक भाषा में भी ऐसा होता है, जैसे–दुर्दभ-दूडभ, (ऋ. सं. 4, 9, 8) दुर्नाश-दूणाश (श्रु. प्रा. 3, 43)

प्राकृत में बहुत स्थान पर ऋकार के स्थान पर उकार होता है, जैसे ऋतु–उतु अथवा उदु इत्यादि, वैदिक साहित्य में भी इस प्रकार का प्रयोग अलभ्य नहीं है–यथा

वृन्द-बुन्द (द्रष्टव्यनि. 6-6-4-6)

प्राकृत में बहुत स्थान पर दकार डकार हो जाता है। जैसे दहति-डहति, दण्ड-डण्ड। वैदिक साहित्य में भी ऐसा होता है—जैसे दुर्दभ-दूडभ (बा. स. 3, 36) पुरोदाश-पुरोडाश (श्रु. प्रा. 3, 44 शत.) (प्रा., 5, 1, 5)

प्राकृत में अब के स्थान पर उकार और अय के स्थान पर एकार हो जाता है। जैसे अवहसति उहसित, नयति-नेति। वैदिक साहित्य में भी इस प्रकार का बहुत अधिक प्रयोग मिलता है। यथा—श्रवण-श्रोण, (तै. ब्रा. 1, 5, 1, 4—5, 2, 9) अन्तरयति-अन्तरेति (शत. ब्रा. 1, 2, 2, 18)

प्राकृत में 'द्य' के स्थान पर 'ज' होता है, और प्राकृत नियमानुसार स्थान-विशेष में यह जकार द्वित्व को प्राप्त होता है। यथा—द्युति-जुति, विद्या-विज्जा। वैदिक भाषा में इस प्रकार का प्रयोग बहुत अधिक पाया जाता है, अन्तर केवल इतना है, कि यहाँ 'य' कार का लोप नहीं होता है। जैसे—द्योतिस, ज्योतिस, द्योतते-ज्योतते, द्योतय-ज्योतय (व्यथ. स. 4, 37, 10) अवद्योतयति अवज्योतयति (शत. ब्रा. 1, 2, 3, 3, 36) अवद्योत्त्य-अवज्योत्य (का. श्रो. 4, 14, 5)।*

दूसरा सिद्धान्त क्या है, मैं उसका परिचय दे चुका हूँ। वह मागधी को आदि कल्पोत्पन्न मूल भाषा, आदि भाषा, और स्वाभाविक भाषा मानता है। यदि इस भाषा का अर्थ वैदिक भाषा के अतिरिक्त सर्वसाधारण में प्रचलित भाषा है, तो वह सिद्धान्त बहुत कुछ माननीय है। क्योंकि महर्षि पाणिनि के प्रसिद्ध सूत्रों में वेद अथवा उसमें प्रयुक्त भाषा, छन्द, मंत्र, निगम आदि नामों से अभिहित है, यथा—विभाषाछन्दसि (1, 2, 36 अयस्मयादिनिछन्दसि) (1, 4, 20) नित्यं मन्त्रे (6, 1, 10) जनितामन्त्रे (9, 4, 53) वावपूर्वस्यनिगमे (6, 4, 9) ससूर्वतिनिगमे (7, 4, 74)!** परन्तु भाषाओं के लिए लोक, लौकिक, अथवा भाषा शब्द का ही उपयोग उन्होंने किया है यथा—विभाषा भाषायाम् (9, 1, 81) स्थेच भाषायाम् (6, 3, 20) प्रथमायाश्चद्विवचने भाषायाम् (7, 2, 88) पूर्वं तु भाषायाम् (8, 2, 98) परन्तु वास्तव बात यह नहीं है, वरन् वास्तव बात यह है कि मागधी को मूलभाषा अथवा आदि भाषा कहकर वेद भाषा पर प्रधानता दी गयी है, क्योंकि वह अपरिवर्तनीय मानी गयी है और कहा गया है कि नरलोक के अतिरिक्त उसकी व्यापकता देवलोक तक है, प्रेतलोक और पशु जाति में भी वह सर्वत्र प्रचलित है। धार्मिक संस्कार सभी धर्म वालों के कुछ न कुछ इसी प्रकार के होते हैं, ऐसे स्थलों

* देखो—पालि प्रकाश पृष्ठ 40, 41,42, 43 प्रवेशिका।

** संस्कृत प्राकृतं चैवापभ्रंशोथ पिशाचकी। मागधी शौरसेनीच षड भाषाश्च प्रकीर्तिता। प्राकृत लक्षणाकार टी.।

पर वितण्डावाद व्यर्थ है, केवल देखना यह है कि भाषा विज्ञान की दृष्टि से यह विचार कहाँ तक युक्तिसंगत है, और पुरातत्ववेत्ता क्या कहते हैं। वैदिक भाषा की प्राचीनता, व्यापकता और उसके मूल भाषा अथवा आदि भाषा होने के सम्बन्ध में कुछ विद्वानों की सम्मति मैं नीचे उद्धृत करता हूँ, उनसे इस विषय पर बहुत कुछ प्रकाश पड़ेगा। निम्नलिखित अवतरणों में संस्कृत भाषा से वैदिक संस्कृत अभिप्रेत है, न कि लौकिक संस्कृत।

"सर्व ज्ञात भाषाओं में से संस्कृत अतीव नियमित है, और विशेषतया इस कारण अद्भुत है कि उसमें योरप की अद्यकालीन भिन्न-भिन्न भाषाओं और प्राचीन भाषाओं के धातु हैं" मिस्टर कूवियर।*

"यह देख कर कि भाषाओं की एक बड़ी संख्या का प्रारम्भ संस्कृत से है, या यह कि संस्कृत से उसकी समधिक समानता है, हमको बड़ा आश्चर्य होता है, और यह संस्कृत के बहुत प्राचीन होने का पूरा प्रमाण है। रेडियर नामक एक जर्मन लेखक का यह कथन है कि संस्कृत सौ से ऊपर भाषाओं और बोलियों की जननी है। इस संख्या में उसने बारह भारतवर्षीय, सात मिडियन फारसी, दो अरनाटिक अलबानियन, सात ग्रीक, अट्ठारह लेटिन, चौदह इसल्केवानियन और छः गेलिक केल्टिक को रखा है।"

लेखकों की एक बड़ी संख्या ने संस्कृत को ग्रीक और लेटिन एवं जर्मन भाषा की अनेक शाखाओं की जननी माना है। या इनमें से कुछ को संस्कृत से उत्पन्न हुई, किसी दूसरी भाषा द्वारा निकला पाया है, जो कि अब नाश हो चुकी है। सरविलियम जोन्स और दूसरे लोगों ने संस्कृत का लगाव पारसी और जिन्द भाषा से पाया है।

हालहेड ने संस्कृत और अरबी शब्दों में समानता पाई है, और यह समानता केवल मुख्य बातों और विषयों में ही नहीं, वरन् भाषा की तह में भी उन्हें मिली है। इसके अतिरिक्त इण्डोचाइनीज और उस भाग की दूसरी भाषाओं का भी उसके साथ घनिष्ठ सम्बन्ध है। **मिस्टर एडलिंग**

"पुरातन ब्राह्मणों ने जो ग्रन्थ हमें दिये हैं, उनसे बढ़कर निर्विवाद प्राचीनता के ग्रन्थ पृथ्वी पर कहीं नहीं मिलते।" **मिस्टर हालहेड****

---

* "It is the most regular language known and is especially remarkable, as containing the roots of various languages of Europe, and the Greek, Latin, German, of Scalvoric—Baron C wiver—Lectures on the Natural Sciences."

** The great number of languages which are said to own their origin, or bear a close affinity to the Sanskrit is truly astonishing, and is another proof of its high antiquity. A German writer (Rudiger) has asserted it to be the parent of upwards of a hundred languages and dialects, among which he enumerates twelve Indian, seven Median-Persic, two Arnantic-Albanian, seven Greek, eighteen Latin, fourteen Sclavonian, and six Celtic-Gallic.

"जिन्द के दश शब्दों में 6 या 7 शब्द शुद्ध संस्कृत हैं।" **मिस्टर हैमर**

"जिन्द और वैदिक संस्कृत का इतना अन्तर नहीं जितना वैदिक संस्कृत और लौकिक संस्कृत का है।" **मैकडानैल**

ईश्वरीयज्ञान पृ.–63, 64, 66, 67

संसार की आर्यजातीय भाषाओं के साथ वैदिक भाषा का सम्बन्ध प्रकट करने के लिए, मैं यहाँ कुछ शब्दों को भी लिखता हूँ।

संस्कृत	**मीडी**	**यूनानी**	**लैटिन**	**अंगरेज़ी**	**फ़ारसी**
पितृ	पतर	पाटेर	पेटर	फ़ादर	पिदर
मातृ	मतर	माटेर	मेटर	मदर	मादर
भ्रातृ	व्रतर	फाटेर	फेटर	ब्रदर	बिरादर
नाम	नाम	ओनोमा	नामेन	नेम	नाम
अस्मि	अह्मि	ऐमी	एम	ऐम	अस

अवतरणों को पढ़ने और ऊपर के शब्दों का साम्य देखकर यह बात माननी पड़ेगी, कि वैदिक भाषा अथवा आर्य जाति की वह भाषा जिसका वास्तव और व्यापक रूप हमको वेदों में उपलब्ध होता है, आदि भाषा अथवा मूल भाषा है। आजकल के परिवर्तन और नूतन विचारों के अनुसार यदि संसार भर अथवा योरोपियन भाषाओं की जननी उसे न मानें तो भी आर्य परिवार की जितनी भाषायें हैं, उनकी आधारभूता और जन्मदात्री तो उसे हमें मानना ही पड़ेगा और ऐसी अवस्था में मागधी भाषा को मूल भाषा अथवा आदि भाषा कहना कहाँ तक युक्तिसंगत होगा आप लोग स्वयं इसको सोच सकते हैं।

पालि-प्रकाशकार एक स्थान पर लिखते हैं "पालि भाषा का दूसरा नाम मागधी है, और यह उसका भौगोलिक नाम है" (पृष्ठ 13) दूसरे स्थान पर वे कहते हैं, "मूल प्राकृत जब इस प्रकार उत्पन्न हुई, तो उसके अन्यतम भेद पाली की उत्पत्ति का कारण भी यही है, यह लिखना बाहुल्य है (पृष्ठ 48)।" इन अवतरणों से क्या पाया जाता है, यही न

A host of writers have made it the immediate parent of the Greek, and Latin, and German families of languages, or regarded some of these as descended from it through a language now extinct. With the Persian and Zend it has been almost identified by Sir William Jones and others. Halhed notices the similitude of Sanskrit and Arabic words, and this not merely in technical and metaphorical terms, but in the main ground work of language. In a contrary direction the Indo-Chinese, and other dialects in that quarter, all seems to be closely allied to it."—Adeling Sans. Literature. H. 30—40.

"The world does not now contain annals of more indisputable antiquity than those delivered down by the ancient Brahmans.—Halhed, Code of Hindu Laws."

कि पाली अथवा मागधी से मूल प्राकृत की प्रधानता है, ऐसी अवस्था में वह आदि और मूल भाषा कैसे हुई! तात्कालिक कथ्य वेद भाषा के साथ अनार्य भाषा का सम्मिश्रण होने से जो भाषा उत्पन्न हुई उसे वे मूल प्राकृत मानते हैं (देखो पृष्ठ 36) अतएव मूल प्राकृत भाषा कथ्य वेद भाषा की पुत्री हुई अतः वेद भाषा उसकी भी पूर्ववर्ती हुई, फिर पाली अथवा मागधी मूल भाषा किम्वा आदि भाषा कैसे कही जा सकती है। विश्वकोषकार ने वैदिक संस्कृत से आर्ष प्राकृत, पाली और उसके बाद की प्राकृत का सम्बन्ध प्रकट करने के लिए शब्दों की एक लम्बी तालिका पृष्ठ 434 में दी है, उनके देखने से यह विषय और स्पष्ट हो जावेगा। अतएव उसके कुछ शब्द यहाँ उठाये जाते हैं। विश्वकोषकार ने पालि-प्रकाशकार के मूल प्राकृत के स्थान पर आर्य प्राकृत लिखा है, यह नामान्तर मात्र है—

संस्कृत	**आर्ष प्राकृत**	**पाली**	**प्राकृत**
अग्निः	अग्गि	अग्गि	अग्गी
बुद्धिः	बुद्धि	बुद्धि	बुद्धी
मया	मये, मे	मया	मये, मइये, ममए
त्वम्	तां, तुमन्	तां, तुवम्	तं, तुमं, तुवम्
षोडश	सोलस	सोलस	सोलह
विंशति	वीसा	वीसति, वीसम्	वीसा
दधि	दहि, दहिम्	दधि	दहि, दहिम्

प्राकृत लक्षणकार चण्ड ने आर्ष प्राकृत को, प्राकृत प्रकाशकार वररुचि ने महाराष्ट्री को, पयोगसिद्धिकार कात्यायन ने मागधी को, और जैन विद्वानों ने अर्ध मागधी को आदि प्राकृति अथवा मूल प्राकृत लिखा है। पालिप्रकाशकार एक स्थान पर (पृष्ठ 48) पाली को सब प्राकृतों से प्राचीन बतलाते हैं, कुछ लोग पाली और मागधी को दो भाषा समझते हैं, अपने कथन के प्रमाण में दोनों भाषाओं के कुछ शब्दों की प्रयोग भिन्नता दिखलाते हैं, ऐसे कुछ शब्द नीचे लिखे जाते हैं—

संस्कृत	**पाली**	**मागधी**
शश	ससा	मो
कुक्कुट	कुक्कुटो	रो
अश्व	अस्स	सांगा
श्वान	सुनका	साच
व्याघ्र	व्यघ्घो	वी

जो अभेदवादी हैं, वे इन शब्दों को मागधी भाषा के देशज शब्द मानते हैं। जो हो

किन्तु अधिकांश विद्वान् पाली और मागधी को एक ही मानते हैं। कारण इसका यह है कि बुद्धदेव ने अपने उपदेश अपनी ही भाषा में दिये हैं। उनकी भाषा मागधी ही थी, क्योंकि मगध प्रान्त ही उनकी लीला भूमि थी। बुद्धदेव के समस्त उपदेश पहले पाली भाषा में ही लिखे मिलते हैं, वरन् कहा जाय तो यह कहा जा सकता है, कि बौद्ध साहित्य का प्रधान और सर्वमान्य वृहदंश पाली ही में मिलता है, ऐसी दशा में दोनों भाषाओं का अभेद स्वीकार करना ही पड़ता है। किन्तु पाली जब मागधी नाम ग्रहण करती है, तब अपनी व्यापकता खोकर सीमित हो जाती है। पाली ही ऐसी प्राकृत है, जो वैदिक भाषा की अधिकतर निकटवर्ती है, इसीलिए उसको आर्ष प्राकृत का अन्यतम रूप कहा जाता है। अन्य प्राकृत भाषायें उसके बाद की हैं–कुछ प्रमाण पालिप्रकाश ग्रन्थ से नीचे दिये जाते हैं–

अकारान्त शब्द के तृतीया बहुवचन में पालि-भाषा में केवल विसर्ग मात्र का त्याग करके वैदिक प्रयोग ही रक्षित रहता है। यथा–देवेभिः प्रयोग के स्थान में पाली में देवेभि और विकल्प में भ के स्थान पर ह का प्रयोग करके देवेहि पद बनता है, किन्तु प्राकृत में भ का प्रयोग बिलकुल लुप्त हो जाता है, केवल देवेहि रह जाता है, आगे चलकर वह देवेहिं और देवेहिँ भी हो जाता है।

क्लीव लिंग चित्त शब्द का प्रथमा बहुवचन पाली में चित्ता और चित्तानि दोनों होता है, और यह दोनों रूप ही वेदमूलक हैं। जैसे विश्वा और विश्वानि (ऋ. 10, 169, 3) परन्तु बाद की प्राकृतिक भाषाओं में ऐसा व्यवहार नहीं होता, उनमें चित्तानि, चित्ताईं, चित्ताइँ आदि पाया जाता है।

शानच् प्रत्यय के स्थान पर पाली में प्राचीन वैदिक भाषा के अनुसार आन और मान दोनों प्रत्यय ही प्रयुक्त होते हैं–जैसे भुञ्ज से भुञ्जान और भुञ्जमान दोनों रूप बनता है, किन्तु प्राकृत में केवल मान अथवा माण का प्रगोग होता है। इसका एकमात्र कारण यही है, कि प्राकृत, मूल भाषा से पाली की अपेक्षा बहुत दूर हट गयी, और इस कारण समस्त रूपों को रक्षित न रख सकी।

पाली में पारगू (पारग) आदि शब्द भी पाये जाते हैं, ए समस्त शब्द वैदिक भाषा में से ही उसमें आये हैं, यथा अग्रग अर्थ में अग्रगू आदि (पाणिनि 6, 4, 40)।

वैदिक भाषा में तुम अर्थ में तवै, तवेङ् प्रत्यय का प्रयोग अधिकता से देखा जाता है। (पा. 3, 4, 9) जैसे पातु के अर्थ में 'पातवै' इत्यादि। पाली में भी इस प्रकार का प्रयोग बिल्कुल लुप्त नहीं हो पाया है।

इन बातों पर दृष्टि देने से पाली की प्राचीनता निर्विवाद है, अन्य प्राकृत भाषायें उसके बाद की हैं। ये विशेषतायें मागधी में नहीं हैं, और उसका नाम प्रान्त विशेष से

भी सम्बन्ध रखता है। इसलिए कुछ लोग उसको पाली नहीं मानते, किन्तु अधिकतर विद्वानों की सम्मति वही है, जिसका उल्लेख मैंने पहले किया है।

कुछ विद्वान् गाथा से पाली की उत्पत्ति मानते हैं। पालिप्रकाशकार लिखते हैं-- (पृ. 48, 50)

"गाथा की भाषा के सम्बन्ध में पूर्वकाल के पण्डितगण ने बहुत आलोचना की है। इनमें भारत के सुप्रसिद्ध प्राच्य तत्वविद्यावित् डाक्टर राजेन्द्रलाल मित्र ने उसके विषय में जो आलोचना की है, उसको अध्यापक मैक्समूलर और डाक्टर वेबर प्रमुख विद्वानों ने भी स्वीकार किया है।"

"मिस्टर वर्न उफ़ कहते हैं, कि गाथा विशुद्ध संस्कृत और पाली की मध्यवर्ती भाषा है डॉक्टर मित्र ने इसको माना है, और वे सोचते हैं कि यह गाथा ही शाक्यसिंह के जन्म ग्रहण के पूर्व देशभाषा थी। संस्कृत से गाथा और गाथा से पाली की उत्पत्ति हुई है।"*

गाथा के विषय में ऐसा विचार होने का कारण यह है कि उसमें संस्कृत वाक्यों का बड़ा अशुद्ध प्रयोग हुआ है। उसकी भाषा न तो शुद्ध संस्कृत है और न प्राकृत, उसमें दोनों का विचित्र सम्मिश्रण देखा जाता है, इसलिए उसको संस्कृत और प्राकृत का मध्यवर्ती कहा गया है, और यही कारण है कि सब से प्राचीन प्राकृत पाली की उत्पत्ति उस से मानी गयी है। गाथा का श्लोक देखिये।

अध्रुवम् त्रिभवम् शरदभ्रनिभम्।
नटरंग समाजगि जन्मिच्युति।
गिरिनद्य समम् लघु शीघ्र जवम्।
व्रजतायुजगे पथ विद्युनभे।

संस्कृत के नियम के अनुसार दूसरे चरण के <u>नटरंग समा</u> को नटरंग समम्--जगिजन्मिच्युति के स्थान पर जगति जन्मच्युतिः होना चाहिए। तीसरे चरण में गिरिनद्य समम् को गिरिनदी समम् और चतुर्थ चरण को 'व्रजत्यायुर्जगति' पथविद्युद्नभसि, लिखना ठीक होगा। परन्तु उस समय भाषा ऐसी विकृत हो रही थी कि इन अशुद्ध प्रयोगों का ध्यान बिलकुल नहीं किया गया। यह सब होने पर भी पालिप्रकाशकार ने एक लम्बा लेख लिख कर और बहुत से अकाट्य प्रमाणों को देकर यह सिद्ध किया है कि गाथा की रचनायें अपभ्रंश काल के लगभग हुई हैं जो सब से अन्तिम प्राकृत है।

---

* "The language of the Gatha is belived, by M. Burnouf, to be intermediate between the Pali and the pure Sanskrit....it would not be unreasonad'e to suppose that the Gatha, which preceded it, was the dialect of the millions at the time of Sakya's advant and for sometime before it." Indo-Aryan, Vol. VI, p. 295.

ऐसी अवस्था में वह पालिभाषा की पूर्ववर्ती नहीं हो सकती, और न उससे उसकी उत्पत्ति मानी जा सकती है। उनके प्रमाणों को मैं विस्तार भय से नहीं उठाता हूँ। किन्तु उनको पढ़ने के उपरान्त यह स्वीकार करना असम्भव हो जाता है कि गाथा से पाली की उत्पत्ति हुई। यदि डॉक्टर राजेन्द्र लाल मित्र इत्यादि की सन्मति मान ली जावे तो पालि-भाषा उसके बाद की प्राकृत ठहरती है, और ऐसी अवस्था में उसका मूल भाषा होना और असम्भव हो जाता है, मागधी की बात ही क्या। अब तक मैं जो कुछ लिख आया उससे पाया जाता है कि पाली अथवा मागधी किसी प्रकार मूल भाषा नहीं हो सकती। उसका आधार वैदिक भाषा है, जो अनेक सूत्रों से प्रतिपादित किया जा चुका है।

इस प्रकार के मतभेद और खींचतान का आधार कुछ धार्मिक विश्वास और कुछ आपेक्षिक ज्ञान की न्यूनता है। बौद्ध ग्रन्थों में लिखा है—

"यदि माता-पिता अपनी भाषा बच्चे को न सिखलावें तो वह स्वभावतया मागधी भाषा को ही बोलेगा। इसी प्रकार एक निर्जन वन में रखा हुआ आदमी यदि स्वभाव-वश बोलने का प्रयत्न करे तो उसके मुख से मागधी ही निकलेगी। इसी भाषा का प्राधान्य तीनों लोकों में है, अन्यान्य भाषायें परिवर्तनशील हैं, यही सदा एक रूप में रहती है भगवान् बुद्ध ने अपने तिपिटक की रचना भी इसी सनातन भाषा में की है।"*

इस प्रकार के विचारों के विषय में कुछ अधिक कथन करना व्यर्थ है। केवल एक कथन की ओर आप लोगों की दृष्टि मैं और आकर्षित करूँगा, वह यह कि कुछ लोगों का यह विचार है कि मागधी को देश भाषा मूलक मानकर मूलभाषा कहा गया है। किन्तु यह सिद्धान्त मान्य नहीं, क्योंकि यदि ऐसा होता तो द्राविड़ी और तेलगू आदि देश भाषाओं के समान वह भी एक देश भाषा मानी जाती, परन्तु उसको किसी पुरातत्त्ववेत्ता ने आज तक ऐसा नहीं माना, वह आर्य भाषा सम्भवा ही मानी गयी है, इसलिए यह तर्क सर्वथा उपेक्षणीय है। आर्यभाषा सम्भवा वह इसलिए मानी गयी है, कि उसकी प्रकृति आर्यभाषा अथवा वेद भाषा मूलक है। प्राकृत भाषा के जितने व्याकरण हैं, उन्होंने संस्कृत के शब्दों और प्रयोगों द्वारा ही प्राकृत के शब्द और रूपों को बनाया है। प्राकृत भाषा का व्याकरण सर्वथा संस्कृतानुसारी है। संस्कृत और प्राकृत के अधिकांश शब्द एक ही झोले के चट्टे बट्टे अथवा एक फूल के दो दल अथवा एक चने

---

* दे. M. Miller : Lectures on the Seinces of Language, भाग 1, 0 145।
"Even Buddhaghosa reminding one of Herodotus" story says that a child brought up without hearing the human voice would instimetively speak Mangadhi (Alw. I evil)—Childers, Dictionary of the Pali Language, p.xiii.
दे. पालिप्रकाश—पृष्ठ 96।

की दो दाल ज्ञात होते हैं, थोड़े से ऐसे शब्द नीचे लिखे जाते हैं–

संस्कृत	मागधी	संस्कृत	मागधी
कृतं	कतं	ऐश्वर्यम्	इस्सरियन
गृहं	गहं	मौक्तिकं	मुत्तिकम्
घृतं	घतं	पौरः	पौरो
वृत्तान्तः	वुत्तन्तो	मनः	मनो
चैत्रः	चित्तो	भिक्षुः	भिक्खु
क्षुद्रं	खुद्दं	अग्निः	अग्गी

केवल कुछ शब्दों के मिल जाने से ही किसी भाषा का आधार कोई भाषा नहीं मानी जा सकती, उन दोनों की प्रकृति और प्रयोगों को भी मिलना चाहिए। वैदिक संस्कृत और मागधी अथवा पाली की प्रकृति भी मिलती है, उनका व्याकरण सम्बन्धी प्रयोग भी अधिकांश मिलता है–नीचे के श्लोक इसके प्रमाण हैं। संस्कृत श्लोक के नीचे जो दो श्लोक हैं, उनमें से पहला शुद्ध मागधी और दूसरा अर्ध मागधी है। देखिये उनमें परस्पर कितना अधिक साम्य है–

रभसवश नम्र सुरशिरो विगलित मन्दार
राजितांघ्रि युगः।
वीर जिनः प्रक्षालयतु मम सकल मवद्य जम्वालम्
लहश वश नमिल शुल शिल विअलिद मन्दाल
लायिदंहि युगे।
वील धिणे पक्खालदु मम शयल मयय्य यम्वालम्।
लभश वश नमिल शुल शिल विअलिद
मन्दाल लाजिदाई युगे।
वील जिणे पक्खालदु मम शयल मवज्ज जस्वालम्।

ऐसी अवस्था में यदि प्राकृत भाषा अर्थात् पाली और मागधी आदि वैदिक भाषा मूलक नहीं हैं, तो क्या देश भाषा मूलक हैं? वास्तव में मागधी अथवा अर्द्ध मागधी किम्वा पाली की जननी वैदिक संस्कृत है और यही तीसरा सिद्धान्त है, जिसको अधिकांश भाषा विज्ञान वेत्ता स्वीकार करते हैं। ऐसी अवस्था में दूसरे सिद्धान्त की

---

* "The native grammarians of India had at an early period analysed both the phonetic sounds and vocabulary of Sanskrit with astonishing precision and drawn up far more scientific system of grammar than the philologist or Alexandria of Rome had been able to attain."

अप्रौढ़ता अप्रकट नहीं। जितनी बातें पहले कही जा चुकी हैं वे भी कम उपपत्ति मूलक नहीं हैं।

एक बात और है वह यह कि इण्डोयोरोपियन भाषा की छानबीन के समय भारतीय भाषाओं में से संस्कृत ही अन्य भाषाओं की तुलना मूलक आलोचना के लिए ली गयी है, पाली, अथवा मागधी किम्वा अन्य कोई प्राकृत नहीं, इससे भी संस्कृत की मूल-भाषा-मूलकता सिद्ध है। निम्नलिखित पंक्तियाँ इस बात को और पुष्ट करती हैं–

"यथार्थ वैज्ञानिक प्रणाली से भाषा की चर्चा पहले पहल भारतवर्ष में ही हुई इसके सम्बन्ध में एक अंग्रेज विद्वान् के कथन का सारांश यह है कि भारतीयों ने ही सर्वप्रथम भाषा को ही भाषा का रूप दिया। भारतीय ऋषियों ने सैकड़ों वर्ष तक वैदिक तथा लौकिक संस्कृत भाषा को मथकर व्याकरण शास्त्र का उत्कर्ष विधान किया। पाणिनि का व्याकरण इन गवेषणाओं का ही सार है।" भाषा विज्ञान (पृष्ठ 32)।

योरोप के प्रसिद्ध विद्वान् मैक्समूलर क्या कहते हैं। उसे भी सुनिये–

"मानव भाषा समुद्र में देशभाषायें द्वीप की भाँति इधर-उधर बिखरी पड़ी थीं वे सब मिलकर महाद्वीप का स्वरूप नहीं धारण कर पाती थीं। प्रत्येक विज्ञान के इतिहास में यह आपत्तिपूर्ण समय सामने आता है। यदि अचानक वह आनन्द मूलक घटना न घटी होती, जिसने इन बिखरे अंशों को बिजली की तरह चमक कर एक नियंत्रित रूप से प्रकाश में ला दिया, तो यह अनिश्चित था कि भाषा के विद्यार्थियों का हार्बिज और एडेलंग की भाषा सम्बन्धिनी लम्बी सूचियों में अनुराग बना रहता या नहीं। यह ज्योति दान करने वाली बिजली आर्य जाति की प्राचीन और आदिम भाषा संस्कृत है।"*

---

* The languages as have been very beautifully described by Max Muller, floated about "like islands on the ocean of human speech, they did not shoot together to form themselves into larger continent. This is the most critical period in the history of every science, and if it had not been for a happy accident, which like an electric spark caused the floating elements to crystalize into a regular form it is more than doubtful whether the long list of languages and dialects enumerated and described in the works of Harnes and Adelung could long have sustained the interest of the students of languages. The electric spark was the discovery of Sanskrit the ancient language of the Hindus".

तीसरा प्रकरण

अन्य प्राकृतिक भाषाएँ और हिन्दी

मैं पहले लिख आया हूँ, मूल प्राकृत अथवा आर्ष प्राकृत का अन्यतम रूप पाली है, अतएव सबसे प्राचीन अथवा पहली प्राकृत पाली कही जा सकती है। आर्ष प्राकृत में उल्लेख योग्य कोई साहित्य नहीं है, कारण इसका यह है कि आर्ष प्राकृत परिवर्तनशील वैदिक भाषा के उस आदिम रूप का नाम है, जब उसमें देशज शब्दों का मिश्रण आरम्भ हो गया था, उसके शब्द टूटने लग गये थे, और उनका अन्यथा व्यवहार होने लगा था। काल पाकर यह विकृति दृष्टि देने योग्य हो गयी, और इतनी बढ़ गयी, कि भिन्न रूप में प्रकट हुई। उस समय उसका नाम पाली पड़ा यथा समय यह पाली साहित्य की भाषा भी बनी, और उसका व्याकरण भी तैयार हुआ। कुछ काल तक अनेक विद्वानों का यह विचार था कि गाथा से पाली की उत्पत्ति हुई और इस गाथा की भाषा ही आर्ष प्राकृत है। परन्तु आजकल यह विचार नहीं माना जाता है। यदि गाथा को वैदिक भाषा और पाली की मध्यवर्तिनी मान लें, तो आर्ष प्राकृत में भी साहित्य का अभाव न रह जावेगा, और ऐसी अवस्था में पहली प्राकृत वही होगी, बोलचाल पर दृष्टि रखकर उसको एक पृथक् भाषा स्वीकार करना पड़ेगा। किन्तु प्रायः विद्वानों ने उसके अन्यतम रूप पाली को ही आदि और सबसे प्राचीन प्राकृत होने का गौरव दिया है, अतएव मैं भी इसको स्वीकार कर लेता हूँ। पाली भाषा का साहित्य बड़ा विस्तृत है प्राकृत भाषा का पहला व्याकरण पाली में ही है, और वह कात्यायन का बनाया हुआ है। पालिप्रकाशकार कहते हैं–(पृष्ठ 101) कि पाली व्याकरण समूह संस्कृत के आदर्श पर ही रचित है, कात्यायन व्याकरण के अनेक सूत्र, कातन्त्र के संस्कृत व्याकरण के सूत्रों के साथ अधिकतर सम्बन्ध रखते हैं। अनेक सूत्र उसमें पाणिनि के भी लिये गये हैं। इस दृष्टि से भी पाली भाषा को पहली प्राकृत कहा जा सकता है, क्योंकि वह अधिकतर संस्कृतानुवर्तिनी है।

अशोक के जितने स्तम्भ प्राप्त हुए हैं, उनमें से अधिकांश की भाषा पाली ही है। यद्यपि स्तम्भ के लेखों में कहीं-कहीं भाषा भेद दृष्टिगत होता है, और इसलिए कुछ विद्वानों की सम्मति है, कि अशोक के समय में ही पाली भाषा में परिवर्तन होने लग

गया था, क्योंकि यह अनुमान किया जाता है कि प्रत्येक स्तम्भ की भाषा उस स्थान की प्रचलित भाषा से सम्बन्ध रखती है। फिर भी यह स्वीकार करना पड़ता है कि उस समय प्रधानता पाली की ही थी। चाहे वह दो प्रकार की हो, चाहे चार प्रकार की। मैं पहले कह आया हूँ कि पाली का दूसरा नामक मागधी भी है, यद्यपि यह कथन सर्वसम्मत नहीं, फिर भी अधिकांश भाषा मर्मज्ञ यही स्वीकार करते हैं। अर्द्धमागधी का नाम ही उसको मागधी का अन्यतम रूप बतलाता है, इसलिए अशोक के जो शिलालेख मागधी अथवा अर्द्धमागधी में लिखे माने जाते हैं, उनको पाली भाषा का रूपान्तर कहना असंगत न होगा। ऐसी अवस्था में शिलालेखों पर विचार करने से भी पाली को ही पहली प्राकृत मानना पड़ेगा।

पाली के अनन्तर हमारे सामने कुछ ऐसी प्राकृत भाषायें आती हैं, जिनका नाम देशपरक है। वे हैं, मागधी, अर्द्धमागधी, महाराष्ट्री और शौरसेनी, इनको हम दूसरी प्राकृत कह सकते हैं। यदि हम पाली को ही मागधी मान लें तो मागधी के विषय में कुछ लिखना आवश्यक नहीं, क्योंकि पाली को हम पहली प्राकृत कह चुके हैं। किन्तु हमें यह न भूलना चाहिए कि मागधी नाम देशपरक है, मगध प्रान्त की भाषा का नाम ही मागधी हो सकता है, इसलिए यह स्वीकार करना पड़ेगा कि मागधी की उत्पत्ति मगध देश में ही हुई। फिर पाली का नाम मागधी कैसे पड़ा? इसका उत्तर हम वाद को देंगे, इस समय देखना यह है कि पाली और मागधी में कोई अन्तर है या नहीं? पालिप्रकाशकार (प्रवेशिका पृष्ठ 13, 14) लिखते हैं—

"प्राकृत व्याकरण और संस्कृत के दृश्यकाव्य समूह में मागधी नाम से प्रसिद्ध एक प्राकृत भाषा पाई जाती है, आलोच्य पाली से यह भाषा इतनी अधिक विभिन्न है, कि दोनों की भिन्नता उनके देखते ही प्रकट हो जाती है। पाठकगणों को दोनों मागधी का भेद जानना आवश्यक है, इसलिए उनके विषय में यहाँ कुछ आलोचना की जाती है। आलोचना की सुविधा के लिए हम यहाँ पाली को बौद्ध मागधी और दूसरी को प्राकृत मागधी कहेंगे।"

"प्राकृत लक्षणकार चण्ड ने प्राकृत मागधी का इतना ही विशेषत्व दिखलाया है, कि इसमें रकार के स्थान पर लकार और सकार के स्थान पर सकार होता है। जैसे—संस्कृत का निर्झर प्राकृत मागधी में निज्झल होगा, इसी प्रकार माष होगा माश और विलास होगा विलाश। परन्तु बौद्धमागधी में इनका रूप यथाक्रम, निज्झर, मास, विनास होगा। प्राकृत मागधी में अकारान्त प्रतिपादिक पुल्लिंग के प्रथमा विभक्ति का एकवचन एकारयुक्त होता है, जैसे—माषः—माशे विलासः—विलासे निर्झरः—निज्झले। बौद्ध मागधी में इसका रूप यथाक्रम मासो, विनासो और निज्झरो होगा।"

"इसी प्रकार के कुछ और उदाहरण देकर पालिप्रकाशकार लिखते हैं (पृष्ठ 16-17)

बौद्धमागधी और प्राकृत मागधी में परस्पर और अनेक भेद हैं। बाहुल्य भय से उन सबको पूर्णतया यहाँ नहीं दिखलाया गया। किन्तु जितना दिखलाया गया, उसी से यह स्पष्ट हो जाता है कि दोनों भाषायें परस्पर कितनी भिन्न हैं।"

"मृच्छ कटिक नाटक में शकार का अधिकतर कथन विशुद्ध प्राकृत मागधी में रचित है। प्राकृत मागधी का मूल शौरसेनी है, इसलिए उसमें शौरसेनी तो मिलती ही है, स्थान-स्थान पर महाराष्ट्री के शब्द भी देखे जाते हैं। इसीलिए कहीं-कहीं शकार की भाषा को अर्द्धमागधी कहा गया है। अभिज्ञानशाकुन्तल में रक्षिपुरुष और धीवर की भाषा प्राकृत मागधी है। वेणीसंहार नाटक और उदात्तराघव के राक्षस की भाषा भी प्राकृत मागधी है। मुद्राराक्षस आदि में भी इसका व्यवहार देखा जाता है। किन्तु प्रायः इसके साथ भिन्न जातीय प्राकृत का सम्मिलन पाया जाता है।"

इन सब बातों को लिखकर पालिप्रकाशकार 18 पृष्ठ में यह लिखते हैं–

"जो कुछ कहा गया उसको पढ़कर हृदय में स्वभावतः यह प्रश्न उदय होता है, कि 'मागधी' नाम से प्रसिद्ध होकर भी पाली (बौद्ध-मागधी), एवं प्राकृत मागधी में परस्पर इतना भेद क्यों है? ये एक ही स्थान की भाषायें हैं, यह बात इनका साधारण नाम ही स्पष्टभाव से बतलाता है। तो क्या ये दोनों भाषायें, विभिन्न प्रदेश की हैं? अथवा दोनों के मध्य में दीर्घकाल का व्यवधान होने के कारण एक ही अन्य रूप में परिवर्तित हो गयी है। या विस्तृत मगध प्रदेश के अंश विशेष में एक, और अन्य विभाग में दूसरी प्रचलित थी? इनका परस्पर सम्बन्ध क्या है?"

इन प्रश्नों का 99 पृष्ठ में वे यह उत्तर देते हैं–

"पहले हमने बौद्धमागधी और प्राकृतमागधी के स्थान और काल के सम्बन्ध में प्रश्न उठाया था। यह प्रश्न पाठकों के निकट इसी रूप में रहा। विषय इतना गुरुतर है, कि इस सम्बन्ध में मैंने जो अनुसन्धान किया है, वह इस समय प्रकाश योग्य नहीं है। समयान्तर में मैं इसका उत्तर देने की चेष्टा करूँगा।"

कम से कम इन पंक्तियों को पढ़कर यह तो स्पष्ट हो गया, कि मागधी दो प्रकार की है, और उनमें परस्पर बहुत बड़ा अन्तर है। इन पंक्तियों द्वारा यह भी विदित होता है, कि बौद्धमागधी ही पाली है, और बुद्धदेव ने इसी भाषा में अपने सिद्धान्तों का प्रचार किया। अशोक के शिलालेख अधिकतर इसी मागधी अथवा उसके अन्यतम भेद अर्द्धमागधी में लिखे पाये जाते हैं। इसलिए यदि पहली प्राकृत हो सकती है तो बौद्धमागधी। प्राकृत मागधी को ऐसी अवस्था में दूसरी प्राकृत मान सकते हैं। देशपरक नाम निस्सन्देह बौद्धमागधी को भी निर्विवाद रूप से पाली मानने का बाधक है, और इसी विचार से ज्ञात होता है कि एक बौद्ध विद्वान् ने मागधी की यह व्युत्पत्ति की है, 'सोच भगवा मागधी मगधे भवत्ता साच भासामागधी'। इसका यह अर्थ है कि मगध में

उत्पन्न होने के कारण भगवान् बुद्ध को मागध कह सकते हैं, इसलिए उनकी भाषा को मागधी कहा जा सकता है। किन्तु इस विचार का खण्डन यह कह कर किया गया है कि भाषा का नाम देशपरक होता है, व्यक्ति विशेष परक नहीं। क्योंकि ऐसा कहना अस्वाभाविक और उस प्रत्यक्ष सिद्धान्त का बाधक है, जिसके आधार से अन्य देशभाषाओं का नामकरण हुआ।* यह बहुत बड़ा विवाद है, अब तक छानबीन हो रही है, इसलिए मैं स्वयं इस विषय में कुछ निश्चितरूप से कहने में असमर्थ हूँ। बंगाल के प्रसिद्ध विद्वान् डॉक्टर सुनीति कुमार चटर्जी की सम्मति आप लोगों के अवलोकन के लिए यहाँ उद्धृत करता हूँ—वे लिखते हैं—

"महाराज अशोक के समय में एक नयी साहित्यिक भाषा भारत से सिंहल में फैली, यह पालि भाषा है। पहले पण्डित लोग सोचते थे कि पाली की जड़ पूर्व में—मगध में थी, क्योंकि इसका एक और नाम मागधी है। अब पाली के सम्बन्ध में पण्डितों की राय बदल रही है। अब विचार है कि पाली पूर्व की नहीं, बल्कि पछाँह की—अर्थात् मध्य देश की ही बोली थी। वह शौरसेनी प्राकृत का प्राचीन रूप थी। बुद्धदेव के उपदेश पूर्व की बोली प्राच्य प्राकृत में हुए, जो कोशल काशी और मगध में प्रचलित थी। फिर वे इस प्राच्य प्राकृत से और प्राकृतों में अनूदित हुए। मथुरा और उज्जैन की भाषा में जो अनुवाद हुआ, उसका नाम दिया गया 'पाली'। सिंहल में जब इस अनुवाद का प्रचार हुआ, तब वहाँ के लोग भूल से इसे मागधी के नाम से पुकारने लगे, क्योंकि पाली बुद्ध वचन या, और भगवान बुद्ध ने मगध में अपने जीवन का बहुत अंश बिताया। इस कारण बुद्ध वचन या पाली से मगध का सम्बन्ध सोचकर उसका नाम मागधी रखा। सिंहल से ब्रह्मदेश तथा श्याम और कम्बोज में यह पाली भाषा फैली। इस प्रकार दो हजार वर्ष से पहले मध्यदेश की भाषा, बहिर्भारत के बौद्धों की धार्मिक भाषा बनी"।**

डॉक्टर सुनीति कुमार चटर्जी 'ओरिजन एण्ड डिवलेपमेंट ऑफ दी बंगाली लांगवेज, नामक प्रसिद्ध और विशाल ग्रन्थ के रचयिता और आर्यभाषा शास्त्र के पण्डित हैं, उनको डी. लिट्. की उपाधि भी प्राप्त हो चुकी है, इसलिए उन्होंने जो कुछ लिखा है, उसकी प्रामाणिकता अधिकतर ग्राह्य एवं निर्विवाद है। परन्तु उनके लेख के कुछ अंश ऐसे हैं, जो तर्करहित नहीं। वे कहते हैं—"बुद्धदेव के उपदेश पूर्व की बोली (प्राच्य प्राकृत) में हुए जो कोशल, काशी और मगध में प्रचलित थी।" इसके बाद वे यह लिखते हैं "फिर वे (उपदेश) इस प्राच्य प्राकृत से और प्राकृतों में अनूदित हुए, मथुरा और उज्जैन की भाषा में जो अनुवाद हुआ उसका नाम दिया गया पाली" उनके कथन के

---

* देखिये पालि प्रकाश, पृष्ठ 13

** देखो विशाल भारत भाग 7 अंक 6 का पृष्ठ 840

इन अंगों को पढ़कर यह प्रश्न होता है कि जिस प्राच्य प्राकृत में बुद्धदेव ने उपदेश दिये उसका क्या नाम था? उसका नाम 'पाली' तो हो नहीं सकता, क्योंकि 'पाली' तो प्राकृत के अनुवाद का नाम है, जो मथुरा और उज्जैन में बोली जाने वाली भाषा (प्राकृत) में हुआ। क्या उसका नाम मागधी था! निस्सन्देह उसका नाम मागधी होगा, और उस समय यह भाषा कोशल और काशी में भी बोली जाती होगी। यह बात निश्चित है कि बुद्धदेव ने अपने उपदेश देशभाषा में ही दिये, उनका उपदेश मगध, कोशल और काशी में ही अधिकतर हुआ है, इसीलिए उनकी भाषा का नाम मागधी होना ही निश्चित है। बौद्ध लोग इसलिए कहते हैं–

'मागधिकाय सभाव निरुत्तिया', अथवा 'सा मागधी मूलभासा,' इत्यादि।

ऐसी अवस्था में बौद्धमागधी को ही पहली प्राकृत मानना पड़ेगा, और पाली को स्थानच्युत होना पड़ेगा। आज दिन भी मागधी और उसके थोड़े परिवर्तित रूप अर्धमागधी को प्राच्य प्राकृत ही माना जाता है, स्थान भी उनका अब तक वही है जिनका उल्लेख ऊपर हुआ है। अशोककाल के शिलालेख भी अधिकतर इन्हीं भाषाओं में पाये जाते हैं, इसलिए एक प्रकार से यह बात निर्विवाद रूप से स्वीकृत होती है कि बुद्धदेव ने जिस भाषा में उपदेश दिये, वह मागधी ही थी। रहा पाली का स्थानच्युत होना मेरा विचार यह है कि 'पाली' शब्द के नामकरण पर विचार करने से इस जटिल विषय पर बहुत कुछ प्रकाश पड़ जाता है। पालिप्रकाशकार प्रवेशिका के पृष्ठ 3 में लिखते हैं–

"उल्लिखित उदाहरण समूह द्वारा यह स्पष्टतया ज्ञात होता है कि पाली शब्द से पहले बौद्धधर्मशास्त्र की पंक्ति अथवा मूलशास्त्र त्रिपिटक, समझा जाता था। इसके बाद कालक्रम से धीरे-धीरे त्रिपिटक के साथ सम्बद्ध अर्थकथा और साक्षात् अथवा परम्परा सम्बन्ध से उससे सम्बद्ध कोई ग्रन्थ ही पाली शब्द से अभिहित होने का सुयोग पा सका होगा। जैसे मूल संहिता और उससे सम्बन्धित ब्राह्मण ग्रन्थ दोनों ही वेद माने जाते हैं, और जैसे प्राचीन मनु इत्यादिक धर्मशास्त्र और उससे सम्बद्ध आधुनिक ग्रन्थकार का ग्रन्थ, दोनों ही स्मृति कहकर गृहीत होते हैं, उसी प्रकार बौद्ध साहित्य में पहले त्रिपिटक, उसके उपरान्त अर्थ-कथा और तदनन्तर उससे सम्बद्ध अपर ग्रन्थ समूह 'पाली' नाम से प्रसिद्ध हुए किन्तु जिन ग्रन्थों के साथ 'पाली' (त्रिपिटक आदिक) का कोई सम्बन्ध नहीं था, उस समय वे पाली नाम से अभिहित नहीं हुए। केवल ग्रन्थ कहलाकर ही वे परिचित होते थे। मूलशास्त्र को पाली कहते थे, इसीलिए उसकी भाषा का नाम भी पालिभाषा अथवा कालक्रम से संक्षेप में केवल 'पाली' हुआ। इन सब बातों पर विचार करने से यह बात स्पष्ट हो जाती है कि पालि-भाषा का आदिम अर्थ 'पाली' की अर्थात् बौद्धधर्म के मूलशास्त्र की भाषा है।"

ज्ञात होता है कि इन्हीं बातों पर दृष्टि रखकर किसी पाश्चात्य विद्वान ने पाली को कृत्रिम अथवा साहित्यिक भाषा लिखा है, परन्तु पाली प्रकाशकार उनके इस विचार का खण्डन करते हैं, वे प्रवेशिका के पृष्ठ 98 में लिखते हैं–

"किसी पाश्चात्य विद्वान् ने पाली को बिलकुल कृत्रिम भाषा बतलाया है, किन्तु यह सर्वथा असंगत है, यह कहना ही बाहुल्य है।"

वे ऐसा कहते तो हैं, परन्तु उन्होंने जो पहले स्वयं लिखा है, वही उनके इस उत्तर कथन का विरोधी है। डॉक्टर चटर्जी महोदय ने जो कथन किया है, उसे आप पहले पढ़ चुके हैं, वे कहते हैं, 'पाली' मथुरा प्रान्त की भाषा है, जो शौरसेनी का पूर्वरूप है, और जिसे भूल से सिंहलवालों ने मागधी कहा। लेख इच्छा के विरुद्ध बहुत विस्तृत हो गया, किन्तु मतभिन्नता का निराकरण न हो सका। तथापि यह स्वीकार करना पड़ेगा, कि आदि अथवा पहली प्राकृत वह है, जिसके उपरान्त देशपरक नाम वाली प्राकृतों की रचना हुई। इस पहली प्राकृत को पाली कहिये चाहे बौद्धमागधी अथवा आर्ष प्राकृत।

देशपरक नाम की दृष्टि से मागधी को दूसरी ही प्राकृत मानना पड़ेगा, चाहे वह बौद्धमागधी न होकर प्राकृतमागधी ही क्यों न हो। ऐसी दशा में बौद्धमागधी को प्राकृत मागधी का पूर्वरूप मानना पड़ेगा। जैसा मैं पहले दिखला आया हूँ, उससे यह बात स्पष्ट हो गयी है, कि बौद्धमागधी ही बाद को पाली कहलाई। पाली नाम की कल्पना बौद्धों द्वारा ही हुई है, वे ही इस नाम के उद्‌भावक हैं, और बौद्धशास्त्र की पंक्ति उसका आधार है। यह जान लेने पर यह बात समझ में आ जाती है कि क्यों पाली का पर्यायवाची नाम मागधी है। मैं यह स्वीकार करूँगा कि डॉक्टर चटर्जी महोदय का कथन इस उक्ति का विरोधी है, और जैसा उन्होंने बतलाया है, उससे पाया जाता है, कि वर्तमान काल के विद्वानों का मत ही उनका मत है। तथापि सब बातों पर दृष्टि रखकर यह स्वीकार करना ही पड़ेगा, कि इन दोनों नामों का जो सम्बन्ध है, उसके पक्ष में ही प्रबल प्रमाण है और यह मान लेने से ही सब विचारों का समन्वय हो जाता है, कि बौद्धमागधी अथवा पाली पहली प्राकृत है, और प्राकृतमागधी दूसरी प्राकृत।

अर्द्धमागधी भी दूसरी प्राकृत है। जो भाषा मगध प्रान्त में बोली जाती थी वह मागधी कहलाई, किन्तु काशी और कोशल प्रदेश की भाषा अर्द्धमागधी कही गयी है। अर्द्धमागधी शब्द ही बतलाता है, कि इस भाषा की शब्द सम्पत्ति इत्यादि का अर्द्धांश मागधी है। यहाँ प्रश्न यह होगा कि दूसरा अर्द्धांश क्या है? इसका उत्तर क्रमदीश्वर यह देते हैं, "महाराष्ट्री मिश्रार्द्ध मागधी, अर्थात् जिस मागधी में महाराष्ट्री शब्दों का मिश्रण हो गया है, वह अर्द्धमागधी है।" किन्तु मारकण्डेय यह कहते हैं–

"शौरसेन्याविदूरत्वादियमेवार्धमागधी" अर्थात् शौरसेनी के सन्निकट होने के कारण इसका नाम अर्द्धमागधी है। प्रयोजन यह कि जिस मागधी पर शौरसेनी का प्रभाव पड़

गया है, वह अर्द्धमागधी है। इन दोनों सिद्धान्तों में प्रथम सिद्धान्त के पोषक अधिक लोग हैं, और वे कहते हैं कि अर्द्धमागधी पर अधिक प्रभाव महाराष्ट्री का ही है। मागधी भाषा में यदि बौद्धों के धर्मग्रन्थ हैं, तो अर्द्धमागधी में जैनों के। वह यदि बुद्धदेव के प्रभाव से प्रभावित है, तो यह महावीर स्वामी के गौरव के गौरवित। कहा जाता है कि अशोक के समय में यदि मागधी राजभाषा होने के कारण विशेष सम्मानित थी, तो अर्द्धमागधी का समादर भी कम न था, पूर्ण सम्मान का अर्द्धांश उसको भी प्राप्त था। अशोक के स्तम्भों पर पाली अथवा मागधी को यदि स्थान दान किया गया है, तो अर्द्धमामधी भी इस सम्मान से वंचित नहीं हुई, अनेक शिलालेख अर्द्धमागधी में लिखे पाये गये हैं।

महाराष्ट्री भी देशपरक नाम है, और यह भी दूसरी प्राकृत है। परन्तु स्वर्गीय पण्डित बदरीनारायण चौधरी ने अपने व्याख्यान में लिखा है "महाराष्ट्री शब्द से प्रयोजन दक्षिण देश से नहीं किन्तु भारत रूपी महाराष्ट्र से है" 'प्राकृत प्रकाशकार' वररुचि भी इसी विचार के हैं। किसी समय यह प्राकृत देशव्यापिनी थी, कहा जाता है महाराष्ट्र शब्द से ही, महाराष्ट्री का नामकरण हुआ है। कुछ लोगों ने सर्व प्राकृतों में इसी को प्रधान माना है, क्योंकि प्राकृत भाषा के व्याकरण रचयिताओं ने उसी के विषय में विशेष रूप से लिखा है। प्रायः व्याकरणों में देखा जाता है कि अन्य प्राकृतों के कुछ विशिष्ट नियमों को लिखकर शेष के विषय में लिख दिया गया है, कि महाराष्ट्री के समान उनका आदेशादि होगा। इसका साहित्य भी विस्तृत है।

शौरसेनी के विषय में श्रीयुत डॉक्टर सुनीतिकुमार चटर्जी महोदय यह लिखते हैं–

"सारे उत्तर भारत में जिस समय प्राकृत या प्रादेशिक बोलियाँ प्रचलित हुईं, उस समय प्रान्तीय प्राकृतों के अन्तर्वेद–विशेषतया ब्रह्मर्षि देश या कुरु पंचाल की प्राकृत शौरसेनी सर्वश्रेष्ठ मानी जाती थी। संस्कृत नाटकों के श्रेष्ठ सद्वंशज पात्र बात करने में इस शौरसेनी ही का प्रयोग करते थे। इससे यह साबित होता है कि प्राकृत युग में शौरसेनी का स्थान क्या था। गाने में महाराष्ट्रीय प्राकृत का प्रयोग था, यह ठीक है, परन्तु इसका कारण इतना ही मालूम होता है कि महाराष्ट्रीय प्राकृत में स्वर बहुत होने से वह शौरसेनी से श्रुतिमधुर मानी जाती थी, और गाने में शायद इसीलिए लोग इसे अधिक पसन्द करते थे।"

"ईस्वी सदी के प्रारम्भ से संस्कृत के बाद उत्तर में शौरसेनी भद्र समाज में बोली जाती थी, इसका प्रभाव दूसरी प्राकृत बोलियों पर भी पड़ा। भाषातत्व के विचार से ग्रियर्सन आदि पण्डितों ने, राजस्थान, गुजरात, पंजाब और अवध की प्राकृत बोलियों पर शौरसेनी का विशेष प्रभाव स्वीकार किया है। राजस्थानी, गुजराती, पंजाबी और अवधी के विकास में शौरसेनी ने बहुत काम किया है।"

शौरसेनी की गणना भी दूसरी प्राकृत में ही है, यह कहना बाहुल्य मात्र है। 'प्राकृत लक्षण' कार 'चण्ड' ने चार प्राकृत मानी है 'प्राकृत, अपभ्रंश, पैशाचिकी, और मागधी।' प्राकृत लक्षण के टीकाकार षड्भाषा मानते हैं, वे उपर्युक्त चार नामों के साथ संस्कृत और शौरसेनी का नाम और बढ़ाते हैं। वररुचि महाराष्ट्री, पैशाची, मागधी और शौरसेनी, चार और हेमचन्द्र, मूलप्राकृत, शौरसेनी, मागधी, पैशाची, चूलिका और अपभ्रंश छः प्राकृत बतलाते हैं। अध्यापक लासेन यह कहते हैं—

"वररुचि वर्णित महाराष्ट्री, शौरसेनी, मागधी और पैशाची, इन चार प्रकार के प्राकृतों में शौरसेनी और मागधी ही वास्तव में स्थानीय भाषायें हैं। इन दोनों में शौरसेनी एक समय में पश्चिमांचल के विस्तृत प्रदेश की बोलचाल की भाषा थी। मागधी अशोक की शिलालिपि में व्यवहृत हुई है, और पूर्व भारत में यही भाषा किसी समय में प्रचलित थी। महाराष्ट्री नाम होने पर भी यह महाराष्ट्र प्रदेश की भाषा नहीं कही जा सकती। पैशाची नाम भी कल्पित मालूम होता है।" **विश्वकोष पृ. 438**

ऊपर के वर्णन में जहाँ प्राकृतों में केवल 'प्राकृत' और 'मूल प्राकृत' लिखा गया है, मेरा विचार है वहाँ उनका प्रयोग आर्य-प्राकृत अथवा पाली के अर्थ में किया गया है। जिनके विषय में पहले बहुत कुछ लिखा जा चुका है। अपभ्रंश तीसरी प्राकृत है, उसका वर्णन आगे होगा। शेष रही चूलिका पैशाची उसका वर्णन थोड़े में किया जाता है।

"संस्कृत साहित्य में पिशाच शब्द का प्रयोग अधिकतर दानवों के अर्थ में हुआ है, क्योंकि वे मांसाशी थे, परन्तु वास्तव में भारत के पश्चिमोत्तर में रहने वाली एक विशेष जाति पिशाच कहलाती है। संस्कृत अथवा प्राकृत के वैयाकरणों ने पैशाची को प्राकृत का एक रूप बतलाया है, हेमचन्द्र ने उसका वर्णन विशेषतया किया है, उन्होंने कहा है यह मध्य प्रान्त की भाषा थी, और उसका साहित्य भी है। मारकण्डेय ने वृहत्कथा से शब्द उद्धृत करके यह कहा कि वह केकय प्रान्त की भाषा है, जो भारत के पश्चिमोत्तर में स्थित है। परन्तु इससे यह स्पष्ट नहीं होता कि पैशाची वास्तव में उस प्रदेश में बसने वाली पिशाचों की भाषा थी या क्या? हेमचन्द्र की पैशाची बिलकुल भारतीय भाषा है, उत्तर पश्चिम की वर्तमान पिशाचभाषा इस प्राकृत से भिन्न है। यह सम्भव हो सकता है कि पिशाच जब मध्यएशिया से आये तो अभारतीय (अर्थात् ईरानियन इत्यादि) विशेषताओं को भूल गये और उन विशेषताओं को सुरक्षित रखा जिससे पैशाची प्राकृत मानी जा सके।

वर्तमान पिशाच भाषायें शुद्ध भारतीय नहीं हैं, उनमें उच्चारण के बहुत से नियम ऐसे हैं, जो कि इण्डोएरियन भाषाओं से उनको अलग करते हैं। जैसे वर्तमान पिशाची में 'र' का उच्चारण। यद्यपि अन्य विषयों में वे साधारणतः इण्डोएरियन भाषाओं के

समान हैं, तथापि कभी-कभी उनमें ईरानियन विशेषतायें भी झलक जाती हैं। इनमें से कुछ ईरानी विशेषतायें ऐसी हैं, कि जिनको देखकर 'कोनो' ने यह विचार प्रगट किया कि पैशाची में वशगली भाषा ईरानी भाषा की वर्तमानकालिक प्रतिनिधि है। इस बात को विचार करते हुए कि कुल पिशाची भाषाओं में कुछ ईरानियन विशेषताओं का अभाव है, मेरी राय यह है कि पिशाच भाषायें न तो शुद्ध भारतीय हैं और न शुद्ध ईरानियन। शायद उन्होंने इण्डोएरियन भाषाओं की उत्पत्ति के बाद आर्य-भाषा को जो उसके माँ-बाप हैं छोड़ दिया। परन्तु ज्ञात होता है कि अवेस्ता के ईरानियन विशेषताओं के विकास होने के पहले ही ऐसा हुआ। आर. जी. भाण्डारकर की राय यद्यपि अन्य शब्दों में प्रकट की गयी है, परन्तु उससे भी यही भाव प्रकट होता है। वे कहते हैं, "यह पैशाची प्राकृत शायद आर्य-जाति की उस शाखा की भाषा है जो कि अपनी जाति वालों के साथ बहुत दिन तक रही, परन्तु भारत में पीछे आयी, और किनारे पर बस गयी। या यह भी हो सकता है कि वह अपनी जाति वालों के साथ ही भारत में आयी, परन्तु किनारे के पहाड़ी प्रदेशों में स्वतंत्रतापूर्वक बस जाने के कारण अपनी भाषा सम्बन्धी उच्चारण विशेषताओं का ऐसा ही विकास किया कि जिससे मैदान की सभ्य भाषा से घनिष्ठता प्राप्त कर सकी। इसी कारण उनकी भाषाओं के उच्चारण में वे परिवर्तन नहीं हुए, जो कि संस्कृत से उत्पन्न होने वाली प्राकृतों में हो सके" अन्त में मैं यह सोचता हूँ कि वर्तमान पिशाच भाषा कुछ विषयों में तलचह भाषा से मिलती-जुलती है, जिससे यह अनुमान होता है कि इसके बोलने वाले अपने वर्तमान स्थान पर भारत के मैदान से नहीं वरन् सीधे पामीर से आये और दूसरे लोग जो कि शुद्ध इण्डोएरियन के बोलने वाले थे भारत के मैदान में पश्चिम से पहुँचे। यदि वास्तविक घटना ऐसी ही है, तो यह स्वीकार करना पड़ेगा कि आर्यों के मुख्य दलों से इनका दल अलग था।*

तीसरी प्राकृत अपभ्रंश है। संसार परिवर्तनशील है, जैसे यथाकाल उसके समस्त पदार्थों में परिवर्तन होता है, वैसे ही भाषा में भी। मागधी, अर्द्धमागधी, महाराष्ट्री और शौरसेनी में जब अधिक परिवर्तन हुए, और एक प्रकार से उनका व्यवहार सर्वसाधारण के लिए असम्भव हो गया, तब अपभ्रंश भाषा सामने आयी। यह कोई अन्य भाषा नहीं थी, पूर्व कथित भाषायें ही बदल कर अपभ्रंश बन गयीं। इस समय भारतवर्ष के उत्तरीय प्रदेश और महाराष्ट्र प्रान्त में जितनी आर्य भाषा सम्बन्धिनी भाषायें बोली जाती हैं, उनमें से अधिकांश भाषाओं का आधार अपभ्रंश ही है। अपभ्रंश ही रूप बदल कर अब देशभाषा के रूप में विराजमान है। प्रायः यह कहा जाता है कि जब कोई भाषा साहित्यिक हो जाती है, अर्थात् जब उसमें साहित्यिक विशेषतायें आ जाती हैं, तो वह

---

* Bulletin of the school of Oriental Studies, London Institute (S 36) Hi-74-75.

बोलचाल की भाषा नहीं रह जाती। यह कारण निर्देश युक्तिसंगत नहीं मालूम होता। किसी भाषा का साहित्य में गृहीत हो जाना, उसके बोलचाल से बहिष्कृत होने का हेतु नहीं है। यह प्राकृतिक नियम है कि चिरकाल तक किसी भाषा का एक रूप ही नहीं रहता, विशेष कारणों से उसमें यथासमय ऐसा परिवर्तन हो जाता है, कि वह लगभग उससे इतनी दूर पड़ जाती है, कि उसका उससे कोई सम्बन्ध ही नहीं ज्ञात होता। भाषामर्मज्ञ लोग भले ही सूक्ष्म दृष्टि से उनके पारस्परिक सम्बन्ध को देखते रहें, परन्तु यह सम्बन्ध सर्वसाधारण का बोधगम्य नहीं रह जाता। इसीलिए बोलचाल की भाषा स्वयं उससे अलग हो जाती है, और पूर्ववर्ती भाषा का रूप साहित्य में रह जाता है। ऐसा सहस्रों वर्ष के उपरान्त ही होता है, परन्तु होता है अवश्य। अपभ्रंश भाषा ऐसे ही परिवर्तनों का फल थी। यह बात स्पष्ट है कि जो भाषा बोलचाल की होती है, जनता की शिक्षा की दृष्टि से बाद को उसमें ही ग्रन्थ-रचना होने लगती है, और धीरे-धीरे बोलचाल की भाषा ही साहित्य का रूप ग्रहण कर लेती है। अपभ्रंश भाषा भी ज्यों-ज्यों पुष्ट होती गयी, त्यों-त्यों उसको साहित्यिक रूप मिलने लगा। इस भाषा में बहुत अधिक साहित्य है।

कोषकारों ने अपभ्रंश का अर्थ कुत्सित अथवा अपभाषा किया है–

एक स्थान से भ्रंश होकर जिसका पतन होता है, वहीं अपभ्रंश कहलाता है (दे. प्रकृतिवाद पृ. 42) आर्ष शब्दों के बिगड़ने से ही, प्राकृत-भाषा और अपभ्रंश की उत्पत्ति हुई है, इसीलिए उनका उल्लेख संस्कृत ग्रन्थों में इसी रूप में किया गया है। गरुड़ पुराण में तो यहाँ तक लिख दिया गया है– **(पूर्व खण्ड 98, 17)**

लोकायतम् कुतर्कञ्च प्राकृतं म्लेच्छभाषितम्।
न श्रोतव्यं द्विजेनैतदधोनयति तद् द्विजम्॥

एक स्थान पर अपभ्रंश के लिए यह लिखा गया है–

आभीरादि गिरः काव्ये अपभ्रंशगिरः स्मृताः।

परन्तु स्वाभाविक नियम का प्रत्याख्यान नहीं हो सकता। अपभ्रंश का बहुत अधिक प्रचार हुआ, और उसमें रचनायें भी हुईं। कुछ काल तक उसकी ओर पठित समाज की अच्छी दृष्टि नहीं रही, परन्तु ज्यों-ज्यों उसका प्रसार होता गया, त्यों-त्यों दृष्टिकोण भी बदलता गया, और उसको साहित्य में स्थान मिलने लगा। कुछ विद्वानों का विचार है कि दूसरी शताब्दी में उसकी रचना आरम्भ हो गयी थी, और उस काल की कुछ प्राकृत रचनाओं में वह मिलती है, परन्तु अधिक लोग इस सम्मति को नहीं मानते। इन लोगों का कथन है कि अपभ्रंश की साहित्यिक रचनायें छठी शताब्दी से ही प्रारम्भ होती हैं। श्रीमान् पण्डित महावीर प्रसाद द्विवेदी डॉक्टर ग्रियर्सन के लेखों के आधार पर बनी

अपनी 'हिन्दी भाषा की उत्पत्ति' नामक पुस्तक में यह लिखते हैं—

"छठे शतक में अपभ्रंश भाषा में कविता होती थी। ग्यारहवें शतक के आरम्भ तक इस तरह की कविता के प्रमाण मिलते हैं। इस पिछले अर्थात् ग्यारहवें शतक में अपभ्रंश भाषाओं का प्रचार प्रायः बन्द हो चुका था।"

"सम्वत् 990 में देवसेन नामक एक जैन ग्रन्थकार हो गये हैं, दोहों में उनके बने दो ग्रन्थ पाये जाते हैं, एक का नाम है 'श्रावकाचार' और दूसरे का 'दब्बसहावपयास' इन दोनों ग्रन्थों की भाषा अपभ्रंश कही जा सकती है। अपभ्रंश की अधिकांश रचना दोहों में ही मिलती है।"

बौद्धमत के महायान सम्प्रदाय की एक 'सहजिया' नामक शाखा है, यह शाखा विक्रमी चौदहवें शतक में मौजूद थी, उसकी पुरानी पोथियों का संग्रह महा. म. श्रीहर प्रसाद शास्त्री ने 'बौद्धगानओ दोहा' नाम से निकाला है, उसमें कन्ह और सरह के दोहे अपभ्रंश भाषा में लिखे गये प्रतीत होते हैं।

हेमचन्द्र प्राकृत भाषा के बहुत बड़े वैयाकरण हो गये हैं, वे विक्रमी बारहवें शतक में मौजूद थे, उन्होंने 'सिद्धहेमचन्द्र शब्दानुशासन' नामक प्राकृत भाषा का एक बड़ा व्याकरण बनाया है, उसमें अपभ्रंश भाषा के अनेक दोहे उदाहरण में लिखे गये हैं, उन दोहों में से कुछ उनके पहले के भी हैं।

विक्रमी तेरहवें शतक में (1241) सोमप्रभसूरि नामक एक जैन विद्वान् ने 'कुमार प्रतिबोध' नामक एक ग्रन्थ लिखा है, उसमें भी अपभ्रंश भाषा के दोहे मिलते हैं, जिनमें से कुछ उनके बनाये हैं और कुछ प्राचीन हैं।

विक्रमी चौदहवें शतक (1361) में जैनाचार्य मेरुतुंग ने 'प्रबन्धचिन्तामणि' नामक एक संस्कृत ग्रन्थ बनाया, इसमें भी बीच-बीच में अपभ्रंश भाषा के दोहे मिलते हैं। स्थान-स्थान पर मालवराज मुंज के रचे अपभ्रंश दोहे भी इसमें देखे जाते हैं।

नलसिंह भट्ट भी चौदहवें शतक में हुआ है, इसका बनाया 'विजयपाल रासो' अपभ्रंश में लिखा गया है। पन्द्रहवें शतक में मैथिल कोकिल विद्यापति ने भी दो ग्रन्थ अपभ्रंश भाषा में लिखे, 'कीर्तिलता' एवं 'कीर्तिपताका' परन्तु इनकी रचनाओं में उनके समय में प्रचलित देश-भाषा का ढंग भी पाया जाता है, उसमें प्रायः संस्कृत के तत्सम शब्द भी मिल जाते हैं, जो प्राकृत परम्परा के विरुद्ध हैं।*

इन अवतरणों से पाया जाता है कि ग्यारहवें शतक में ही अपभ्रंश का व्यवहार बन्द नहीं हो गया था, वरन चौदहवें शतक तक चलता रहा, और पन्द्रहवें शतक में भी उसमें

---

* देखो हिन्दी साहित्य का इतिहास पृष्ठ 7 ता. 17

पुस्तकें लिखी गयीं, चाहे उनकी संख्या कितनी ही अल्प क्यों न हो। यह मैं पहले लिख आया हूँ कि इस समय जितनी भाषायें भारतवर्ष में आर्य परिवार की बोली जाती हैं, वे प्रायः अपभ्रंश से ही विकसित हुई हैं, अब मैं उनका उल्लेख पृथक् पृथक् डा. जी. ए. ग्रियर्सन की सम्मति के अनुसार करता हूँ। इधर जो आविष्कार हुए हैं, अथवा जो छानबीन की गयी है, बाद को उनका उल्लेख भी करूँगा।

सिन्ध नदी के आसपास जो प्रदेश हैं, उसमें ब्राचड़ा नाम की अपभ्रंश भाषा प्रचलित थी, आधुनिक सिन्धी एवं लहँड़ा की उत्पत्ति उसी से हुई। कोहिस्तानी और काश्मीरी भाषा किस अपभ्रंश से निकली, यह पता नहीं, परन्तु ब्राचड़ा अपभ्रंश से वह अवश्य प्रभावित होगी।

दाक्षिणात्य प्रदेश में बोली जाने वाली भाषाओं का सम्बन्ध वैदर्भी और महाराष्ट्री अपभ्रंश से बतलाया जाता है, इसी प्रकार उत्कली अपभ्रंश उड़िया भाषा की जननी कही जाती है।

मागधी अपभ्रंश मगही आदि वर्तमान बिहारी भाषाओं का आधार है, यही मागधी बंगाल में पहुँच कर प्राच्या अथवा गौड़ी कहलाई, और उसी के अपभ्रंश से बँगला भाषा और आसामी की उत्पत्ति हुई। मागध अपभ्रंश का बड़ा विस्तृत रूप देखा जाता है, उत्कल अपभ्रंश भी उसी के प्रभाव से प्रभावित है, और पूर्व में ढक्की भाषा पर भी उसका अधिकार दृष्टिगत होता है। वह उत्तर दक्षिण और पूर्व में ही नहीं बढ़ी, उसने पश्चिम में भी अपना विकास दिखलाया और अर्द्धमागधी कहलाई। जिसके अपभ्रंश ने अवधी, बघेलखण्डी और छत्तीसगढ़ी को सृजन किया।

पश्चिमी भारत की वर्तमान भाषाओं का सम्बन्ध नागर अपभ्रंश से है, उसका एक रूप शौरसेनी है और दूसरा आवन्ती। शौरसेनी का विस्तार पश्चिमी हिन्दी और पंजाबी में देखा जाता है और आवन्ती का प्रभाव राजस्थानी और गुजराती में। कहा जाता है पंजाब से लेकर नेपाल तक के पहाड़ी प्रदेशों में जो भाषा इस समय बोली जाती है, उसका सम्बन्ध भी उज्जैन प्रान्त की आवन्ती भाषा के अपभ्रंश से ही है, क्योंकि राजस्थानी भाषाओं का जनक वही है, और राजधानी भाषाओं का ही अन्यतम रूप इन पहाड़ी भाषाओं में पाया जाता है।

श्रीयुत् डॉक्टर सुनीति कुमार चटर्जी महोदय इस अपभ्रंश भाषा के विषय में क्या कहते हैं, उसे भी सुनिये—*

---

* देखिये—विशाल भारत भाग 7 अंक 6 का पृष्ठ 841

"ईस्वी प्रथम सहस्र वर्षों के बीच में प्राचीन भारतवर्ष में एक नवीन राष्ट्र या साहित्यिक भाषा का उद्‌भव हुआ। यह अपभ्रंश भाषा थी, जो शौरसेनी प्राकृत का एक रूप थी। अपभ्रंश भाषा—अर्थात् यह शौरसेनी अपभ्रंश पंजाब से बंगाल तक और नेपाल से महाराष्ट्र तक साधारण शिष्ट भाषा और साहित्यिक भाषा बनी। लगभग ईस्वी सन् 800 से 13 या 14 सौ तक शौरसेनी अपभ्रंश का प्रचारकाल था। गुजरात और राजपुताने के जैनों के द्वारा इसमें एक बड़ा साहित्य बना बंगाल के प्राचीन बौद्ध सिद्धाचार्यगण इसमें पद रचते थे, जो अन्त में भोट (तिब्बती) भाषा में उल्था किये गये। इसके अतिरिक्त भारत में इस अपभ्रंश में एक विराट लोकसाहित्य बना। जिसंके टूटे-फूटे पद और गीत आदि हेमचन्द्र के प्राकृत व्याकरण और प्राकृत पिंगल और छन्दोग्रन्थ में पाये जाते हैं। शौरसेनी अपभ्रंश की प्रतिष्ठा के कई कारण थे। ईस्वी प्रथम सहस्रक की अन्तिम सदियों के राजपूत राजाओं की सभा में यह भाषा बोली जाती थी, क्योंकि यह भाषा उसी समय मध्यदेश और उसके संलग्न प्रान्तों में—आधुनिक पछांह में—साधारणतः घरेलू भाषास्वरूप में इस्तेमाल होती थी। द्वितीय कारण यह है कि इस समय गोरखपंथी आदि अनेक हिन्दू समुदाय के गुरु लोग जो पंजाब और हिन्दुस्तान से नवजाग्रत हिन्दू धर्म की वाणी लेकर भारत के अन्य प्रदेश में गये, वे भी इसी भाषा को बोलते थे, इसमें पद आदि बनाते थे, और इसी में उपदेश देते थे। उसी समय उत्तर भारत के कन्नौजिया आदि ब्राह्मण बंगाल आदि प्रदेश में ब्राह्मण आचार और संस्कृति ले उपनिविष्ट हुए। इन सब कारणों से आज से लगभग एक हजार साल आगे, जिसे हम हिन्दी का पूर्व रूप कह सकते हैं, वही शौरसेनी अपभ्रंश, ठीक उसी प्रकार जैसे आजकल हिन्दी राष्ट्रभाषा बनी है, एक राष्ट्रीय साहित्यिक तथा धार्मिक भाषा हुई थी।"

अब तक जो कुछ लिखा गया, उससे यह बात प्रकट हुई कि किस प्रकार प्राचीन संस्कृत अथवा वैदिक भाषा से प्राकृत भाषाओं की उत्पत्ति हुई, और फिर कैसे प्राकृत भाषाओं से अपभ्रंश भाषाओं का उद्‌भव हुआ। यह भी बतलाया जा चुका है, कि अपभ्रंश भाषाओं का परिवर्तित रूप ही वर्त्तमानकालिक बोलचाल की भाषायें हैं, जो आजकल भारतवर्ष के अधिकांश भाग में बोली जाती हैं। हमारी हिन्दी भाषा उन्हीं भाषाओं में से बोलचाल की एक भाषा है। अपना पूर्वरूप बदलकर वह वर्त्तमान रूप में हमारे सामने है। उसका पूर्व रूप क्या था, उसकी कुछ रचनायें देखिये—विदग्ध मुखमण्डनकार ने अपभ्रंश भाषा की निम्नलिखित कविता बतलाई है—

रसि अह केण उच्चाडण किज्जइ।
जुयदह माणसु केण उविज्जइ।
तिसिय लोउ खणि केण सुहिज्जइ।
एह पहो मह भुवणे विज्जइ।

रसिकों का उच्चाटन किस प्रकार किया जा सकता है, युवतियों का मन किस प्रकार उद्विग्न होता है, तृषितलोक क्षणभर में किस प्रकार सुखी बनाया जा सकता है, हमारा यह प्रश्न भुवन को विदित हो।

रसिअह = रसिकों, केण = क्यों, उचाडण = उच्चाटन, किज्जइ = किया जाय, जुयदह = युवति, माणस = मानस, उविज्जइ = ऊबना, तिसिय = तृषित्, लोउ = लोक, खणि = क्षण, सुहिज्जइ = सुखित, एह = यह, पहो = पक्ष, मह = मम, भुवणे = भुवने, विज्जइ = विदित।

वैयाकरण हेमचन्द्र ने अपभ्रंश भाषा का यह उदाहरण दिया है—

बाह बिछोड़बि जाहि तुइँ हउँ तेवइँ को दोसु।
हिय पट्टिय जद नीसरहिं जाणउँ मुंज सरोसु॥

बिछोड़बि = छुड़ाना, जाहि = जाते हो, तुइँ = तू, हउँ = हौं = हम, तेवइँ = तिवई = त्रिया, को = कौन, दोसु = दोष, पट्टिय = पट्टी, जद = यदि, नीसरहिं = निकले, जाणउँ = जानूं, सरोसु = सरोष।

ज्ञात होता है हिन्दी भाषा का निम्नलिखित दोहा, इसी पद्य को आधार मानकर रचा गया है, देखिये दोनों में कितना साम्य है—

बाँह छुड़ाये जात हो निबल जानि कै मोहि।
हियरे सों जब जाहुगे सबल बखानौं तोहि।

दोनों दोहों का भाव लगभग एक है, परन्तु शब्द विन्यास में अन्तर है। पहले दोहे के जितने शब्द हैं, सभी परिचित से ज्ञात होते हैं। उसके अनेक शब्द ऐसे हैं, जो अब तक हिन्दी में प्रयुक्त होते हैं, विशेष कर ब्रजभाषा की कविता में।

एक पद्य और देखिये—

अग्गिएं उण्हउ होइ जग् बाएं सीअलु तेंव।
जो पुणु अग्गिं सीअला तसु उणहत्तणु केंव।

जग अग्नि से ऊष्ण और वायु से शीतल होता है। जो अग्नि से शीतल होता है, वह फिर ऊष्ण कैसे होगा।

अग्गिएं = अग्नि से, उण्हउ = ऊष्ण, होइ = होता है, जगु = जगत, बाएँ = वायु, सीअलु = शीतल, तेंव =त्यों, पुणु = पुनि, तसु = सो, केंव = क्यों, उणहत्तणु = ऊष्ण।

अपभ्रंश भाषा की रचनाओं को पढ़कर उसके शब्दों का मैंने जो अर्थ लिख दिया है, उनको देखकर आप लोगों को यह ज्ञात हो जावेगा कि किस प्रकार हिन्दी का विकास अपभ्रंश भाषा से धीरे-धीरे हुआ। इस समय हिन्दी भाषा का रूप बहुत विस्तृत

है, उसका प्रचार बिहार से पंजाब तक और हिमालय से मध्यप्रदेश तक है। इसलिए यह नहीं कहा जा सकता कि उस पर दूसरी प्राकृतों के अपभ्रंश का कुछ प्रभाव नहीं है, परन्तु यह निश्चित है कि उसकी उत्पत्ति शौरसेनी अपभ्रंश से हुई है। चिरकाल तक हिन्दी भाषा का परिचय केवल भाषा कहकर ही दिया जाता रहा। हिन्दी भाषा के प्राचीन साहित्य ग्रन्थों में उसका भाषा नाम ही मिलता है, गोस्वामी जी रामायण में लिखते हैं 'भासाभणित मोर मत थोरी', अब भी पुराने विचार के लोग और प्रायः संस्कृत के पण्डित उसे भाषा ही कहते हैं। नागरी यद्यपि लिपि है, परन्तु पहले क्या अब भी बहुत से लोग हिन्दी को नागरी कहते हैं, और नागरी शब्द को हिन्दी का पर्यायवाची शब्द मानते हैं। परन्तु हिन्दी-संसार का पठित समाज कम से कम पचास वर्ष से उसको 'हिन्दी' ही कहता है, और साधारणतया हिन्दी-संसार क्या अन्यत्र भी अब वह इसी नाम से परिचित है। यहाँ यह प्रश्न हो सकता है कि इस हिन्दी नाम की कल्पना क्या आधुनिक है! वास्तव में यह कल्पना आधुनिक नहीं है, चिरकाल से उसका यही नाम है परन्तु यह सत्य है कि इस नाम के प्रयोग में भ्रान्ति होती आयी है और अब भी कभी-कभी वह अपना प्रभाव दिखलाये बिना नहीं रहती। मुसलमान जब भारतवर्ष में आये, और उन्होंने जब दिल्ली एवं आगरे को अपनी राजधानी बनाई तो अनेक कार्य सूत्र से उनको अपने आसपास की देशी भाषा का नामकरण करना पड़ा। क्योंकि फारसी, अरबी, अथवा संस्कृत तो देशभाषा को कह नहीं सकते थे और वह वास्तव में फारसी, अरबी अथवा संस्कृत थी भी नहीं, इसलिए उन्होंने देशभाषा का नाम 'हिन्दी' रखा। यह नाम रखने का हेतु यह भी हुआ कि वे भारतवर्ष को 'हिन्द' कहते थे, इसलिए इस देश की भाषा को उन्होंने 'हिन्दी' कहना ही उचित समझा। कुछ लोग कहते हैं कि हिन्दू शब्द ही से हिन्दी शब्द बना, किन्तु यह कहना ठीक नहीं, क्योंकि हिन्दू शब्द भी हिन्द शब्द से ही बना है। यद्यपि कुछ लोग यह बात नहीं मानते, और अन्य प्रकार से हिन्दू शब्द की व्युत्पत्ति करते हैं परन्तु बहुमान्य सिद्धान्त यही है कि 'हिन्द' शब्द से ही हिन्दू शब्द बना है क्यों यह सिद्धान्त बहुमान्य है, इस विषय में अपने एक व्याख्यान का कुछ अंश यहाँ उठाता हूँ—

"हिन्दी शब्द उच्चारण करते ही, हृदय उत्फुल्ल हो जाता है, और नस नस में आनन्द की धारा बहने लगती है। यह बड़ा प्यारा नाम है, कहा जाता है, इस नाम में घृणा और अपमान का भाव भरा हुआ है, परन्तु जी इसको स्वीकार नहीं करता। हिन्दू शब्द से ही हिन्दी का सम्बन्ध नहीं है—वरन् हिन्द शब्द उसका जनक है—हिन्द शब्द देशपरक है, और भारतवर्ष का पर्यायवाची शब्द है। यदि हिन्दू शब्द से ही उसका सम्बन्ध माना जावे तो भी अप्रियता की कोई बात नहीं। आज दिन हिन्दू शब्द ही इक्कीस करोड़ संख्या का सम्मिलन सूत्र है, यह नाम ही ब्राह्मण से लेकर अस्पृश्य जाति

के पुरुष तक को एक बन्धन में बाँधता है। आर्य नाम उतना व्यापक नहीं है, जितना हिन्दूनाम, यह कभी विष रहा हो, पर अब अमृत है। वह पुण्य-सलिला-सुरसरी जल-विधौत, सप्तपुरी-पावन-रजकणपूत और पुनीत वेद मन्त्रों द्वारा अभिमंत्रित है क्या अब भी उसमें अपावनता मौजूद है। इतना निराकरण के लिए कहा गया, इस विषय में मेरा दूसरा सिद्धान्त है। यह सत्य है कि हमारे प्राचीन ग्रन्थों अथवा पुराणों में हिन्दू शब्द का प्रयोग नहीं है, यह सत्य है कि मेरुतन्त्र का "हीनश्च दूषयत्येव हिन्दुरित्युच्यते प्रिये" और शिव रहस्य का "हिन्दू धर्म प्रलोप्तारोभविष्यन्ति कलौयुगे" आधुनिक श्लोक खण्ड हैं। किन्तु यह भी सत्य है कि विजेता मुसलमानों ने बलपूर्वक हिन्दुओं से हिन्दू नाम नहीं स्वीकार कराया। यदि बलात् यह नाम स्वीकार कराया गया होता, तो चन्दवरदाई ऐसा स्वधर्माभिमानी अब से सात सौ बरस पहले, अपने निम्नलिखित पद्य में हिन्दुवान, शब्द का प्रयोग न करता। वह लिखता है–

"हिन्दुवान रान भय भान मुख गहिय तेग चहुँआन अब"

वास्तव बात यह है कि फ़ारस-निवासी चिरकाल से भारत को हिन्द कहते आये हैं अब से लगभग पाँच सहस्र वर्ष की पुरानी पुस्तक ज़िन्दावस्ता में इस शब्द का प्रयोग पाया जाता है उसकी 163वीं आयत यह है–

"चूं व्यास 'हिन्दी, बलख़ आमद'
गुस्तास्पज़रतुश्तरा बख़्वाँद"

यह हिन्द नाम सिन्धु के सम्बन्ध से पड़ा है, क्योंकि फारसी में हमारा 'स' 'ह' हो जाता है, जैसे सप्त से हफ़्त, असुर से अहुर, सोम से होम बना वैसे ही सिंध से हिंध अथवा हिन्द बन गया और इसी हिन्द से ही हिन्दू शब्द की वैसे ही उत्पत्ति है, जैसे इण्डस से इण्डिया और इण्डियन की। जब मुसलमान जाति विजेता बनकर भारत में आयी, तो वह यहाँ के निवासियों को इसी प्राचीन नाम से पुकारती रही, अतएव उसके संसर्ग और प्रभाव से यह शब्द सर्व साधारण में गृहीत हो गया। इस सीधी और वास्तविक बात को स्वीकार न करके यह कहना कि हिन्दू माने काफ़िर के हैं, अतएव बलात् यह नाम हिन्दुओं से स्वीकार कराया गया, अनुचित और असंगत है।"

डॉक्टर जी. ए. ग्रियर्सन क्या कहते हैं उसे भी सुनिये–

"यूरोपियन लेखकों ने 'हिन्दी' शब्द का प्रयोग बड़ी लापरवाही के साथ किया है। यह फ़ारसी शब्द है, और इसका अर्थ है, भारत का अथवा भारत से सम्बन्ध रखने वाला। परन्तु लोग इसका सम्बन्ध हिन्दू शब्द से बतलाते हैं, जो ठीक नहीं। पुराने समय में भी मध्यभारत की भाषा, भारत में सब से महत्त्व की होती थी। यह स्थानीय भाषा ही नहीं है, वरन् एक प्रकार से 'हिन्दुस्तानी' है–जो कि उत्तरी और पश्चिमी भारत के

बोल-चाल की भाषा है"* मुसलमान लोग हमारी देश भाषा को बहुत पहले से हिन्दी कहते आये हैं, इसका प्रमाण खुसरो की रचनाओं में मौजूद है। खुसरो ईस्वी तेरहवें शतक में हुए हैं—उन्होंने हिन्दी भाषा में भी रचना की है। हिन्दुओं को फारसी सिखलाने के लिए उन्होंने खालिकवारी नाम की एक पुस्तक लिखी है—उसमें वे कहते हैं—

मुश्क काफ़ूरस्त कस्तूरी कपूर।
'हिन्दवी, आनन्द शादी औसरूर।
सोज़नो रिश्ता व हिन्दी सूई ताग।'

इसका अर्थ हुआ मुश्क को कस्तूरी, काफ़ूर को कपूर, शादी और सरूर को आनन्द, एवं सोज़न और रिश्ता को हिन्दी में सूई तागा कहते हैं।

अपनी हिन्दी रचना में एक जगह वे यह कहते हैं—

फ़ारसी बोली आईना। तुर्की ढूँढी पाईना।
'हिन्दी, बोली आरसी आये। ख़ुसरो कहे कोई न बताये।'

इसका अर्थ हुआ फ़ारसी में जिसे आईना कहते हैं, हिन्दी में उसको आरसी। मलिक मुहम्मद जायसी भी हिन्दी को हिन्दवी ही कहते हैं—

तुरकी अरबी हिन्दवी भाषा जेती आहि।
जामें मारग प्रेम का सबै सराहै ताहि।

इन पद्यों से यह स्पष्ट हो गया कि अब से छः सात सौ बरस पहले से हमारे मध्यवर्ती देश की भाषा हिन्दी कहलाती है। परन्तु यह अवश्य है कि हिन्दुओं में यह नाम बहुत पीछे गृहीत हुआ है, जैसा मैं ऊपर लिख आया हूँ। पहले हिन्दवी अथवा हिन्दुई को अच्छी दृष्टि से नहीं देखा जाता था। हिन्दुई शब्द गँवारी बोलचाल अथवा साधारण कोटि की भाषा के लिए प्रयुक्त होता था। इसीलिए उच्च हिन्दी अथवा उसकी साहित्यिक रचनाओं का नाम भाषा था। परन्तु जब यह भाषा बहुत व्यापक हुई, और उसमें अनेक अच्छे-अच्छे ग्रन्थ निर्मित हुए, सुदूर प्रान्तों से सुन्दर-सुन्दर समाचार-पत्र निकले, तब विचार बदला और उस समय से हिन्दी भाषा कहकर ही उसका परिचय दिया जाने लगा। आज दिन तो हिन्दी अपने नाम के अर्थानुसार वास्तव में हिन्द की भाषा बन रही है।

---

* The term "Hindi" is very laxly employed by European writers. It is a Persian word, and properly means "of or belonging to India," as opposed to "Hindu," a person of the Hindu religion...As also was the case in ancient times the language of this tract (*i.e.* Madhyadesha) is by for the most important of any of the speeches of India. It is not only a local vernacular, but in one of its forms, "Hindustani," it is spooken over the whole of the north and west of continental India as a lingua franca...—Bulletin of the School of Oriental Studies, London Institute. p.p. 50-5 (§6)

चौथा प्रकरण

आर्य्य भाषा परिवार

हिन्दी के विकास के विषय में और बातों के लिखने के पहले यह आवश्यक जान पड़ता है कि आर्यभाषा परिवार की चर्चा की जावे। क्योंकि इससे हिन्दी सम्बन्धी बहुत सी बातों पर प्रकाश पड़ने की सम्भावना है। डॉक्टर जी. ए. ग्रियर्सन ने लन्दन के एक बुलेटिन में इस विषय पर एक गवेषणा पूर्ण लेख सन् 1918 में लिखा है, उसी के आधार से मैं इस विषय को यहाँ लिखता हूँ, कुछ और ग्रन्थों से भी कहीं-कहीं सहायता ली गयी है।

भारत की भाषाओं के तीन विभाग किये जा सकते हैं, वे तीन भाषायें ये हैं–

1. आर्य भाषायें, 2. द्रविड़ भाषायें, 3. और अन्य भाषायें। अन्य भाषाओं के अन्तर्गत मुण्डा और तिब्बत वर्मन भाषायें हैं, द्रविड़ भाषा मुख्यतः दक्षिण में बोली जाती है। आर्यभाषा उत्तरी मैदानों में फैली हुई है, गुजरात और महाराष्ट्र प्रान्त में भी उसका प्रचलन है, उसके अन्तर्गत अधिकांश पहाड़ी भाषायें भी हैं। हिन्दूकुश के दक्षिणी पहाड़ी देशों में एक चौथी भाषा भी पाई जाती है, जिसको डार्डिक अथवा तर्तगानकालिक पिशाचभाषा कहते हैं।

1. मध्यदेशीय भाषा उत्तरीय भारत के मध्य में और उसके चारों ओर फैली हुई है, साधारणतया यह पश्चिमी हिन्दी कहलाती है। बाँगड़ू, ब्रजभाषा, कन्नौजी और बुन्देलखण्डी भाषायें इसके अन्तर्गत हैं। बाँगड़ू या हरियानी यमुना के पश्चिम में पूर्व दक्षिणी पंजाब की भाषा है, यह मिश्रित भाषा है, जिसमें हिन्दी, पंजाबी और राजस्थानी सम्मिलित हैं। ब्रजभाषा मथुरा के चारों ओर और गंगा दोआबा के कुछ भागों में बोली जाती है, इसका साहित्य भाण्डार बड़ा विस्तृत है। कन्नौज के आसपास और अन्तर्वेद में कन्नौजी भाषा का प्रचलन है, यह भाषा उत्तर में नेपाल की तराई तक फैली हुई है, इसमें और ब्रज भाषा में बहुत थोड़ा अन्तर है। बुन्देलखण्ड की बोली बुन्देली है, जो दक्षिण में नर्मदा की तराई तक पहुँचती है, यह भाषा भी ब्रजभाषा से बहुत मिलती है।

पश्चिमी हिन्दी का एक रूप वह शुद्ध हिन्दी भाषा है, जो मेरठ और दिल्ली के आसपास बोली जाती है, इसको हिन्दुस्तानी भी कहते हैं। गद्य हिन्दी साहित्य और उर्दू रचनाओं का आधार आजकल यही भाषा है, आजकल यह भाषा बहुत उन्नत अवस्था में है, और दिन-दिन इसकी उन्नति हो रही है। इसका पद्यभाग उर्दू सम्बन्धी तो बहुत बड़ा है, परन्तु हिन्दी में भी आजकल उसका विस्तार बढ़ता जाता है। अधिकांश हिन्दी भाषा की कवितायें आजकल इसी भाषा में हो रही हैं, इसको खड़ी बोली कहा जाता है।

बांगड़ू जिस प्रान्त में बोली जाती है, उस प्रान्त का नाम बांगड़ा है, इसी सूत्र से उसका यह नामकरण हुआ है। हरियाना प्रान्त में इसे हरियानी कहते हैं–करनाटक में यह जाटू कही जाती है, क्योंकि जाटों की वह बोलचाल की भाषा है।

कन्नौजी में साहित्य का अभाव है, इसलिए दिन-दिन यह भाषा क्षीण हो रही है, और उसका स्थान दूसरी बोलियाँ ग्रहण कर रही हैं। बुन्देलखण्डी भाषा में कुछ साहित्य है, परन्तु ब्रजभाषा का ही उस पर अधिकार देखा जाता है। साहित्य की दृष्टि से इन सब में ब्रजभाषा का प्राधान्य है, जो कि शौरसेनी की प्रतिनिधि है।

'पंजाबी' हिन्दीभाषा के उत्तर-पश्चिम ओर है, और इसका क्षेत्र पंजाब है। पूर्वाय पंजाब में हिन्दी है, और पश्चिमी पंजाब में लहँड़ा, जो बहिरंग भाषा है। पंजाबी के वर्ण राजपुताने के महाजनी और काश्मीर के शारदा से मिलते-जुलते हैं इसमें तीन ही स्वरवर्ण हैं। व्यंजन वर्ण भी स्थान-स्थान पर कई ढंग से लिखे जाते हैं। गुरु अंगदजी से इसका संशोधन ईस्वी सोलहवें शतक में किया, उसी का परिणाम 'गुरुमुखी' अक्षर हैं। अमृतसर के चारों ओर उच्च-पंजाबी भाषा बोली जाती है। यद्यपि स्थान-स्थान पर उसका कुछ परिवर्तित रूप मिलता है, पर वास्तव में भाषा में कोई विशेष अन्तर नहीं है। 'डोगरी' जम्मूस्टेट और कुछ परिवर्तन के साथ कांगड़ा जिले में बोली जाती है। पंजाबी साहित्य कम है। दोनों ग्रन्थसाहब यद्यपि गुरुमुखी अक्षरों में लिखे हैं, परन्तु उनकी भाषा पश्चिमी हिन्दी है, कोई-कोई रचना ही पंजाबी भाषा में है पंजाबी भाषा में संस्कृत शब्दों का बाहुल्य नहीं है, यद्यपि शनैःशनैः उसमें संस्कृत तत्सम का प्रयोग अधिकता से होने लगा है।

पंजाबियों की यह सम्मति है कि अमृतसर जिले की माझी बोली ही ऐसी है, जिसमें पंजाबी का ठेठ रूप पाया जाता है। मुसलमानों ने गुजरात और गुजरानवाला में बोली जानी वाली पंजाबी के आधार से अपने साहित्य की रचना की है। इनकी भाषा हिन्दू लेखकों की अपेक्षा अधिक ठेठ है। इनकी भाषा में पश्चिमी हिन्दी का रंग भी पाया जाता है, इस भाषा में अब भी साहित्य की रचना होती है, इस मिश्रित भाषा का पुराना साहित्य भी मिलता है।

मौलवियों और पादरियों ने भी अपने धर्म का प्रचार करने के लिए पंजाबी भाषा

में रचना की है, इनमें से अबदुल्ला आसी का बनाया हुआ 'अनवाअ वाराँ' बहुत प्रसिद्ध है।

मुसलमानों ने कुछ जगनामे और यूसुफजुलेखा की कहानी भी पंजाबी भाषा में पद्यबद्ध की है। हीर राँझे की प्रसिद्ध कथा भी पंजाबी पद्य का सुन्दर ग्रन्थ है, इसकी रचना सय्यद वारिस शाह ने की है, इसकी भाषा ठेठ पंजाबी समझी जाती है।

पंजाबी के दक्षिण में 'राजस्थानी' है, राजस्थानी द्वारा हिन्दी दक्षिण पश्चिम में फैली, हिन्दी 'राजस्थानी' के क्षेत्र में पहुँचकर गुजरात के समुद्र तक बढ़ी और वहाँ गुजराती बन गयी। इसीलिए राजस्थानी और गुजराती बहुत मिलती है। राजस्थानी में कई भाषायें अथवा बोलियाँ हैं, परन्तु उनके चार मुख्य विभाग हैं। उत्तर में 'मेवाती', दक्षिण पूर्व में 'मालवी', पश्चिम में 'मारवाड़ी' और मध्यप्रदेश में 'जयपुरी' का स्थान है। प्रत्येक की बहुत सी उपभाषायें हैं, दो महत्त्वपूर्ण विशेषताओं के कारण 'मारवाड़ी' और 'जयपुरी' में भेद है। 'जयपुरी' में सम्बन्धकारक का 'चिन्ह हो' और क्रिया का पुराना धातु 'अछ' है। परन्तु 'मारवाड़ी' में सम्बन्धकारक का चिन्ह 'रो' और 'है' धातु है। गुजराती में कोई निर्देश योग्य अवान्तर भेद नहीं है, परन्तु उत्तरी गुजराती दक्षिणी गुजराती से मुख्य बातों में भेद रखती है। 'राजस्थानी' का स्थान समस्त राजपुताना और उसके आसपास के कुछ विभाग हैं, और गुजराती का स्थान गुजरात और काठियावाड़ हैं, जिनका प्राचीन नाम सौराष्ट्र है।

राजस्थान की बोलियों में 'मारवाड़ी' और 'जयपुरी' ही ऐसी हैं, जिनमें साहित्य पाया जाता है, 'मारवाड़ी' का साहित्य प्राचीन ही नहीं विस्तृत भी है। जिस मारवाड़ी भाषा में कविता लिखी गयी है उसे 'डिङ्गल' कहते हैं, इसमें चारणों की ओजस्विनी रचनायें हैं। 'जयपुरी' में दादूदयाल और उनके शिष्यों की वाणियाँ हैं और इस दृष्टि से उसका साहित्य भी मूल्यवान है। ब्रजभाषा की कविता को पिंगल कहते हैं, उससे भेद करने के लिए ही 'डिंगल' नाम की कल्पना हुई है।

गुजराती साहित्य बडा विस्तृत है, इसके निर्माण में जैन साधुओं ने भी हाथ बँटाया है, उन्होंने धार्मिक ग्रन्थ ही नहीं लिखे, बड़े-बड़े काव्यों की भी रचना की है, जिन्हें रासो अथवा रास कहते हैं। गुजराती साहित्य में पारसी और मुसलमानों की भी रचनायें मिलती हैं, परन्तु उनमें फ़ारसी, अरबी शब्दों का प्रयोग अधिकतर हुआ है। गुजराती भाषा के प्रतिष्ठित और अधिक प्रसिद्ध कवि नरसिंह मेहता हैं, जो ईस्वी पन्द्रहवें शतक में हुए हैं। ये जाति के नागर ब्राह्मण थे, इनकी रचना भावपूर्ण ही नहीं भक्तिमयी भी है।

मध्यप्रदेश के पूर्व में पूर्वी हिन्दी है। पूर्वीय हिन्दी पर मध्यप्रदेशीय अथवा पश्चिमी हिन्दी का प्रभाव बराबर पड़ता रहा है। साथ ही बाहरी भाषाओं के संसर्ग से भी वह

नहीं बची, इसलिए उस पर दोनों का अधिकार देखा जाता है। साधारणतः इसकी संज्ञाओं और विशेषणों का रूप पूर्व की बहिरंग भाषाओं से मिलता-जुलता है, और क्रियाओं एवं धातुओं का रूप मध्यदेशीय हिन्दी से। पूर्वीय हिन्दी में तीन प्रधान भाषायें हैं। 'अवधी' 'बघेली' और 'छत्तीसगढ़ी'। अवधी को बैसवाड़ी भी कहते हैं, यह भाषा अवध के दक्षिण पश्चिम में बोली जाती है। कहा जाता है यह बैसवाड़ी राजपूतों की भाषा है। अवधी का दूसरा नाम 'कोशली' है। अवधी और बघेली में बहुत कम अन्तर है। छत्तीसगढ़ी पहाड़ी भाषा है, और अधिक स्वतंत्र है, उस पर कुछ उत्कल भाषा का प्रभाव भी पाया जाता है। यदि पश्चिमी हिन्दी की ब्रजभाषा भगवान् कृष्णचन्द्र की गुण गाथाओं से पूर्ण है, तो पूर्वी हिन्दी की अवधी भगवान् रामचन्द्र के कीर्तिकलाप से उद्भासित है। यदि पश्चिमी हिन्दी के सर्वमान्य महाकवि प्रज्ञाचक्षु सूरदास जी हैं, तो पूर्वी हिन्दी के सर्वोच्च महाकवि गोस्वामी तुलसीदास हैं। यदि उन्होंने प्रेमसिद्धान्त की पराकाष्ठा अपनी रचनाओं में दिखलायी, तो इन्होंने भक्तिरस की वह धारा बहाई जिससे समस्त हिन्दी-संसार आप्लावित है। अवधी भाषा के मलिक मुहम्मद जायसी भी आदरणीय कवि हैं, उनका 'पद्मावत' अवधी भाषा का बहुमूल्य ग्रन्थ है, उसमें अधिकतर बोलचाल की भाषा का प्रयोग देखा जाता है, अवधी भाषा में कुछ और ग्रन्थ भी पाये जाते हैं, परन्तु उनमें कोई विशेषता नहीं है। कबीर साहब को भी अवधी भाषा का कवि माना जाता है, उन्होंने स्वयं लिखा है, 'बोली मेरी पुरुब की' परन्तु उनकी रचनाओं के देखने से यह बात स्वीकार नहीं की जा सकती। उनके पद्यों की विचित्र भाषा है, उसमें किसी भाषा का वास्तविक रूप नहीं दिखलायी देता। नागरी प्रचारिणी सभा से जो उनकी ग्रन्थावली निकली है, और जो उनके समय में लिखित पुस्तक के आधार से सम्पादित हुई है, उसमें पंजाबी भाषा का ढंग ही अधिक देखा जाता है। अवधी भाषा में साहित्य है, परन्तु ब्रजभाषा के समान वह विस्तृत और विशाल नहीं है। गोस्वामी तुलसीदास और कविवर सूरदास को छोड़कर हिन्दी-संसार के जितने कवि और महाकवि हुए हैं, उन सबकी अधिक रचनायें ब्रजभाषा में ही हैं। एक से एक बड़े कवियों का सहारा पाकर पाँच सौ वर्ष में ब्रजभाषा का साहित्य-भाण्डार जितना बड़ा और विशाल हो गया है, उतना बड़ा भाण्डार किसी दूसरी देशभाषा का नहीं है।

दक्षिण भारत में मराठी ही एक ऐसी भाषा है, जिसको आर्यभाषा परिवार की कह सकते हैं। मराठी को महाराष्ट्री प्राकृत की जेठी बेटी कह सकते हैं। वह दक्षिणी उपत्यका, पश्चिमीघाट और अरब समुद्र के मध्य भाग में बोली जाती है। यह बरार और उसके पूर्व के कुछ प्रदेशों की भी भाषा है, इसका प्रचार मध्यप्रान्त में भी देखा जाता है, परन्तु वहाँ उसका शुद्ध रूप अधिक सुरक्षित नहीं मिलता। बस्तर राज्य में से होते हुए, यह उड़िया भाषा की कुछ भूमि में भी प्रवेश कर जाती है। इसके दक्षिण में द्राविड़

भाषायें हैं, और उत्तर पश्चिम में राजस्थानी, गुजराती और पूर्वी एवं पश्चिमी हिन्दी हैं। मराठी अपने पूर्व की छत्तीसगढ़ी हिन्दी से बहुत कुछ समानता रखती है।

मराठी में तीन प्रधान भाषायें अथवा बोलियाँ हैं। पहली देशी मराठी है, जो पूना के चारों ओर शुद्धतापूर्वक बोली जाती है। उत्तरी और मध्य कोंकण में यही भाषा अनेक रूपों में दिखलाई देती है, पर सच्ची कोंकणी ही दूसरी भाषा है जो कोंकण के दक्षिण भाग में पाई जाती है, और इन सबों से भिन्नता रखती है। तीसरी बरारी और नागपुरी है जो बरार और मध्यप्रान्त के कुछ भाग में प्रचलित है, शुद्ध मराठी में और इसमें उच्चारण सम्बन्धी भिन्नता है। बस्तर में बोली जाने वाली भाषा को 'हलाबी' कहते हैं, इसमें मराठी और द्राविड़ी का मिश्रण देखा जाता है। पहली मराठी ही शिष्टभाषा समझी जाती है, और साहित्य इसी भाषा में है। मराठी साधारणतः नागरी अक्षरों में लिखी जाती है, कोंकणी भाषा के लिखने में कनारी वर्णों से काम लिया जाता है। मराठी का साहित्य-भाण्डार बड़ा है, और इसमें मूल्यवान कविता पाई जाती है। एक बात में मराठी कुल आर्य-परिवार की भाषाओं से पृथक् है, वह यह कि मराठी के उच्चारण पर वैदिक काल का प्रभाव देखा जाता है, जब कि अन्य भाषाओं ने अपने उच्चारण को स्वतंत्र कर लिया है।

मराठी का पुराना रूप ताम्रपत्रों और शिला-लेखों में पाया जाता है, ईस्वी के बारहवें शतक के कुछ ऐसे ताम्रपत्र और शिलालेख पाये गये हैं। ईस्वी चौदहवें शतक में ज्ञानदेव नामक एक प्रसिद्ध महात्मा हो गये हैं, उन्होंने भगवद्गीता पर मराठी में ज्ञानेश्वरी टीका लिखी है। उन्हीं के समय में नामदेवजी भी हुए, जिनकी हिन्दी रचना भी पाई जाती है। मराठी के अभंगों के रचयिताओं में एकनाथ और तुकाराम का नाम अधिक प्रसिद्ध है। स्वामी रामदास का 'दासबोध' भी प्रसिद्ध ग्रन्थ है। ईस्वी उन्नीसवें शतक में मोरोपन्त एक बड़े प्रसिद्ध कवि हो गये हैं।

पूर्वी हिन्दी के पूर्व में बिहारी भाषा है, आजकल बिहारी भाषा भी हिन्दी ही मानी जाती है। बिहारी कुल बिहार छोटानागपुर और संयुक्त प्रान्त के कुछ पूर्वी भागों में बोली जाती है अब तक इसमें मागधी प्राकृत की दो विशेषतायें पाई जाती हैं। 'स' का 'श' में बदल जाना और अकारान्त शब्दों का एकारान्त हो जाना। बिहारी की तीन प्रधान भाषायें हैं, मैथिली, मगही और भोजपुरी। ईस्वी पन्द्रहवीं शताब्दी से मैथिली में कुछ साहित्य पाया जाता है। 'मगही' प्राचीन मागधी प्राकृत की प्रतिनिधि है, और उसी के अपभ्रंश से वर्तमान रूप में परिणत हुई है। मैथिली और मगही के व्याकरण और शब्दों में बहुत समानता है, पर मगही में साहित्य का अभाव है। भोजपुरी का इन दोनों से अधिक अन्तर है, यह दोनों से सीधी है। मगही को तिरहुतिया भी कहते हैं। हार्नल महोदय ने बिहारी को पूर्वी हिन्दी कहा है।

मैथिल कोकिल विद्यापति मैथिली भाषा के बहुत बड़े कवि हुए हैं, इनकी रचनायें बड़ी ही मधुर एवं भावमयी हैं। उनकी पदावली बहुत ही सरस है, उसमें श्रीमती राधिका के मधुर भावों का बड़ा हृदयग्राही चित्रण है। उनकी रचना की जितनी ममता हिन्दी भाषा वालों को है, उतनी ही बँगला भाषियों को। ब्रजभाषा के शब्दों का प्रयोग उनकी रचनाओं में बड़ी ही रुचिरता के साथ किया गया है भोजपुरी में भी साहित्य नहीं मिलता, परन्तु इस भाषा में लिखे गये ग्रामीण गीत प्रायः सुने जाते हैं, जो बड़े ही मनोहर होते हैं। पं. रामनरेश त्रिपाठी ने हाल में जो ग्राम्य गीतों का संग्रह प्रकाशित किया है, उसमें भोजपुरी गीतों का भी पर्याप्त संग्रह हो गया है।

बिहार के दक्षिण पूर्व में बोली जाने वाली भाषा उड़िया कहलाती है। मागधी अपभ्रंश से ही इसकी उत्पत्ति भी मानी जाती है, जहाँ पर यह मराठी भाषा के समीप पहुँचती है, वहाँ इसमें उसका मिश्रण भी देखा जाता है। बंगाल के समीप पहुँच कर यह बंगाली भाषा से भी प्रभावित है। उड़िया को उत्कली और उड्री भी कहते हैं। इसमें साहित्य भी पाया जाता है, और इस भाषा के भी अच्छे-अच्छे कवि हुए हैं। अधिकांश रचनायें इसकी कृष्णलीलामयी हैं, और उनमें यथेष्ट सरसता है।

यह भाषा उड़ीसा में, बिहार, मद्रास एवं मध्यप्रान्त के कुछ भागों में बोली जाती है, महाराज नरसिंह देव द्वितीय के एक शिलालेख में इसके प्राचीन स्वरूप का कुछ पता चलता है, यह शिलालेख विक्रमी चौदहवें शतक का है। इसका आदि कवि उपेन्द्र भज्ज समझा जाता है। कृष्णदास का रसकल्लोल नामक ग्रन्थ भी प्रसिद्ध है। इस भाषा का आधुनिक साहित्य भी विशेष उन्नत नहीं है।

बंगाल की भाषा बँगला है। ईस्वी चौदहवें शतक के उपरान्त, इसका साहित्य बढ़ने लगा, और इस समय बहुत ही समुन्नत है। इसकी बोलचाल की भाषा के प्रधान रूप तीन हैं, पूर्वी, पश्चिमीय और उत्तरीय। प्रत्येक में अलग-अलग कई बोलियाँ हैं। हुगली के चारों ओर पश्चिमीय है, और गंगा के उत्तर प्रदेश में उत्तरीय, जो कि उड़िया भाषा से मिलती-जुलती है। ढाका के आसपास पूर्वीय भाषा है, जो स्थान-स्थान पर परस्पर बड़ी भिन्नता रखती है। रंगपुरी भाषा आसाम के पश्चिमी छोर पर है, और उत्तरी बंगाल से लगे हुए हिस्सों में बोली जाती है। चटगाँव के आसपास उच्चारण की विशेषताओं के कारण बिलकुल एक नये ढंग की बोली बन गयी है, जो कठिनता से बँगला कही जा सकती है। बँगला में 'स' का उच्चारण 'श' होता है इस विषय में वह मागधी से मिलती है। प्राचीन बंगाली कविता में मागधी प्राकृत के कर्ता का चिन्ह 'ए' भी सुरक्षित पाया जाता है। जैसे 'इष्टदेव' और 'नयनम्' के स्थान पर नयने आदि। यह चिन्ह वर्तमान बँगला गद्य में भी पाया जाता है।

बँगला भाषा इस समय आर्य परिवार की सतस्त भाषाओं से उन्नत है। उसका

साहित्य भाण्डार सर्व विषयों से परिपूर्ण है। प्रत्येक विषय के ग्रन्थों की रचना उसमें हुई है, और होती जा रही है। विश्वकवि श्रीयुत रवीन्द्रनाथ ठाकुर की रचनाओं से उसको बहुत बड़ी प्रतिष्ठा प्राप्त हुई है। जैसे कृतविद्य लेखक इस समय बँगला भाषा में हैं, भारतीय किसी भाषा में नहीं हैं, बँगला के साहित्य में मानिकचन्द के गीत सब से प्राचीन हैं। चण्डीदास और कीर्तिवास भी बहुत बड़े कवि हो गये हैं। आधुनिक कवि और लेखकों में बाबू बंकिमचन्द्र चटर्जी और माइकेल मधुसूदनदत्त आदि ने भी बड़ी कीर्ति पाई है।

आसाम में बोली जाने वाली भाषा आसामी कहलाती है, यह आर्य-परिवार की एक भाषा है। इस देश में रहने वाली बहुत सी जातियाँ तिब्बती वर्मन भाषा में बातचीत करती हैं। मगध की मागधी प्राकृत का पता तीन धाराओं से लगाया जा सकता है। पहली धारा है दक्षिण में बोली जाने वाली उड़िया, दूसरी है दक्षिण और पूर्व की पश्चिमीय और पूर्वीय बँगला, तीसरी उत्तर पूर्व की आसामी। बँगला भाषा ही अधिक उत्तर पूर्व में पहुँच कर आसामी बन गयी है। यद्यपि कि आसामी तिब्बती वर्मन भाषा के प्रभाव और संसर्ग के कारण और उच्चारण दोनों में बँगला से बहुत भिन्नता रखती है, परन्तु बँगला से परिवर्तित होकर वर्तमान रूप धारण करने के प्रमाण उसमें बहुत अधिक मौजूद हैं। इसका साहित्य भी उन्नत है, और इसमें बहुत से ऐतिहासिक ग्रन्थ हैं, जिनको आसामी 'बूरंजी' कहते हैं। कुछ काल तक पादरियों की चेष्टा से आसामी भाषा अपने मुख्यरूप में बँगला से अधिक उन्नत हो गयी थी, पर अब फिर उसमें संस्कृत शब्दों का अधिक प्रवेश हो रहा है।

आसाम को ही संस्कृत में कामरूप कहा गया है, बंगाली उसे 'ओशोम' कहते हैं, इसी 'ओशोम' से पहले 'ओशोमी' और बाद को आसामी उसकी भाषा का नाम पड़ा। इसमें दूसरे प्रकार के साहित्य भी हैं। आसामी भाषा का सबसे प्राचीन ग्रन्थ भागवत का अनुवाद है, जो कि ईस्वी चौदहवें शतक में हुआ था। श्री शंकर नामक एक प्रसिद्ध विद्वान् ने यह अनुवाद किया था।

कुछ पहाड़ी भाषायें भी ऐसी हैं कि जिनका सम्बन्ध आर्य परिवार की भाषा से है। इस प्रकार की भाषायें तीन हैं और वे पूर्व में नेपाल से लेकर पश्चिम में पंजाब की पहाड़ियों तक फैली हुई हैं। इनकी संज्ञा है—1. पूर्वीय पहाड़ी 2. मध्य पहाड़ी 3. और पश्चिमीय पहाड़ी।

योरोपियन लोग नेपाली भाषा को पूर्वीय पहाड़ी भाषा कहते हैं, परन्तु यह ठीक नहीं। नेपाल की भाषा का नाम 'नेवारी' है। पूर्वीय पहाड़ी के और भाषाओं का नाम, पार्वतीय, पहाड़ी भाषा और खसकुरा है। यह 'खसकुरा' खसों की भाषा है, और नागरी लिपि में लिखी जाती है।

गढ़वाल और कुमायूँ के ब्रिटिश जिलों की और गढ़वाल रियासत की भाषा मध्य पहाड़ी कहलाती है। इसकी दो प्रधान शाखायें हैं, कुमायूँनी और गढ़वाली। इन दोनों भाषाओं में साहित्य बहुत कम है, इनी-गिनी पुस्तकें ही इसमें मिलती हैं।

शिमला और उसके आसपास की पहाड़ियों में एक-दूसरे से मिलती-जुलती कई भाषायें हैं, जिन्हें पश्चिमी पहाड़ी कहते हैं। इन भाषाओं में कोई साहित्य नहीं है। इनका क्षेत्र पश्चिमोत्तर प्रदेश में जौंसार और बावर से प्रारम्भ होकर पंजाब की रियासतों सिरमौर, मण्डी, चन्दा तथा शिमला पहाड़ी और कुल्हू होते हुए पश्चिम में काश्मीर तक विस्तृत है। इन भाषाओं में जौंसारी, किउँथली कुल्हुई, चमिआल्ही आदि प्रधान हैं।

ये पहाड़ी भाषायें राजस्थानी भाषा से मिलती-जुलती हैं। इनमें गुजरताी भाषा का भी पुट है। कारण इसका यह है कि सोलहवें ईस्वी शतक में और उससे कुछ पहले भी विशेषकर मुसलमानों के समय में राजस्थान अथवा गुजरात से कुछ विजयिनी जातियाँ मुख्यतः राजपूत इन प्रदेशों में आये, और वहाँ की मुण्डा तथा तिब्बती वर्मन आदि जातियों को जीत कर वहाँ अपना राज्य स्थापित किया। उनके प्रभाव से ही जनता में उनका धर्म और भाषा भी फैली। कुछ कालोपरान्त इस प्रदेश में लगभग सभी हिन्दू धर्मावलम्बी हो गये, और सभी की भाषा थोड़े परिवर्तन से राजस्थानी बन गयी। मैं पहले लिख आया हूँ कि गुजराती और राजस्थानी में थोड़ा ही अन्तर है, यही बात यहाँ की भाषा में भी पाई जाती है।

उत्तरी पश्चिमीय समूह की भाषा लहन्दा और सिन्धी भी आर्य परिवार की है। लहन्दा पश्चिमी पंजाब की भाषा है, उसको पश्चिमीय पंजाबी, जाटकी, उच्ची और हिन्दी की भी कहते हैं। लहन्दा का शब्दार्थ है, सूर्य का डूबना, अथवा एश्चिम। जटकी का अर्थ है जाटों की भाषा। उच्ची का अर्थ है उच्च नगर की भाषा। 'हिन्दी की, हिन्दुओं की भाषा है, यह पश्चिमी भाग में बोली जाती है, यहाँ पश्तो बोलने वाले मुसलमान रहते हैं।'

लहन्दा की तीन बोलियाँ हैं। दक्षिणीय या मुलतानी, उत्तरीय पूर्वी या पोठवारी, उत्तरीय पश्चिमी या धन्नी! लहन्दा में ग्राम्यगीत के अतिरिक्त और कोई साहित्य नहीं है। ईस्वी सोलहवें शतक की लिखी हुई गुरु नानक देव की एक जन्म साखी (जीवन चरित्र) और कुछ साधारण कवितायें जहाँ-तहाँ मिल जाती हैं। मुसलमानों की कुछ रचनायें पोठहारी बोली में पायी जाती हैं। परन्तु उसको लोग पंजाबी भाषा में लिखी गयी मानते हैं।

सिन्धी सिन्ध की भाषा है, दक्षिण में यह समुद्र तक फैली हुई है, उत्तर में आकर यह लहन्दा से मिल जाती है। सिन्ध में प्राचीन काल का ब्राचड्ड देश था, प्राकृत वैयाकरणों ने यहाँ ब्राचड्ड अपभ्रंश और ब्राचड्ड पैशाची का होना स्वीकार किया है।

सिन्धी की पाँच भाषायें हैं, 1. बिचोली, सिरादकी, लाड़ी, थरेली और कच्छी। बिचोली भाषा मध्य सिन्ध की है, साहित्यिक यही भाषा है, और इसी में साहित्य है। सिरादकी–बिचोली का एक रूप है वास्तव में उसकी भिन्न सत्ता नहीं है। केवल थोड़ा बहुत उच्चारण का अन्तर है। सिन्धी सिरादकी को सब से शुद्ध समझते हैं। लाड़ी लाड़ू प्रदेश की भाषा है–इसमें भद्दापन है। लाड़ू का शब्दार्थ है ढालुवाँ। बिचोली और इसमें यह अन्तर है कि इसमें बहुत से प्राचीन रूप पाये जाते हैं, वर्तमान पिशाच भाषा की विशेषतायें भी इसमें मिलती हैं। थरेली और कच्छी दोनों मिश्रित भाषायें हैं। पहली भाषा थारू में बोली जाती है, और यह परिवर्तनशील है, क्योंकि सिन्धी भाषायें धीरे-धीरे राजस्थानी, मारवाड़ी द्वारा प्रभावित होती जाती हैं। कच्छी कच्छ में बोली जाती है, इसमें सिन्धी और गुजराती का मिश्रण है। सिन्धी में साहित्य है, परन्तु थोड़ा। थरेली को 'बरोची' और ठाटका भी कहते हैं, थल से थरु शब्द बना है, इस थरु में बोले जाने के कारण ही 'थरेली' नाम की रचना हुई है। सिरादकी को कुछ सिन्धी पृथक् बोली मानते हैं। अब्दुल लतीक नाम का एक प्रसिद्ध कवि ईस्वी अठारहवीं सदी में हो गया है। उसने जो ग्रन्थ रचा है, उसका नाम 'शाहजो रिसालो' है। इसमें सूफी मत के सिद्धान्तों की छोटी-छोटी कथायें लिखकर समझाया गया है। सिन्धी इसको सिन्ध का हाफ़िज़ कहते हैं। इस भाषा में वीररस की कुछ सुन्दर कवितायें भी मिलती हैं।

पैशाची भाषा के विषय में पहले कुछ चर्चा हो चुकी है। उसके सम्बन्ध की विशेषता यहाँ लिखी जाती है। वर्तमान पिशाच भाषा के बोलने वाले दक्षिण में काबुल नदी के पास और उत्तर पश्चिम हिमालय की नीची श्रेणियों में और उत्तर में हिन्दूकुश एवं मुस्तग़ श्रेणियों के बीच में रहते हैं। इसके तीन विभाग हैं, काफ़िर, खोआर और डर्द। काफ़िर के बोलनेवाले काफ़िरिस्तान में रहते हैं, वशग़ली इनकी प्रसिद्ध भाषा है, डेविडसन ने इस पर एक अच्छा व्याकरण लिखा है, कोनो ने इस भाषा का एक कोश भी लिख दिया है। इसके बोलने वाले काफिरिस्तान की वशगल नामक तराई में रहते हैं, इसी से इसका नाम वशगली है। इसके दक्षिण में बाई–काफ़िर रहते हैं, जिनकी बोली बाईअला है, इसमें और वशगली में बड़ी घनिष्ठता है। 'वेरों' वशगली के पश्चिम की दुर्गम घाटियों में रहने वाले प्रेशुओं की भाषा है, इसमें और वशगली में बड़ा अन्तर है। वेरों में जैसी कि स्थिति संकेत करती है, अन्य भाषा की अपेक्षा ईरानियन प्रभाव ही अधिक है–जैसे कि 'ड' का 'ल' में बदल जाना। परन्तु दूसरी ओर यह उच्चारण में डार्ड भाषा से मिलती है, जो बात और काफ़िर भाषाओं में नहीं पाई जाती। गबरवटी या गब्रभाषा गबेरों की भाषा है जो कि नसरत की देश की एक जाति है, यह देश वशगल और चित्राल नदियों के संगम पर है 'कलाशा'–काफ़िरों की भाषा है, यह भी इन्हीं दोनों नदियों के दोआबे में बोली जाती है। विडल्फ ने गवरबटी भाषा का शब्दकोष

बनाया है, लेटनर का डार्डिस्तान, कलाशा के विषय में बहुत कुछ बतलाता है। 'पशाई' पैशाची से निकली है, और लगभग देहकानों की बोली है। पशाई पर जो कि सबसे दक्षिण की भाषा है, पश्चिमी पंजाब के एण्डोएरियन भाषाओं का प्रभाव है। दूसरी ओर कलाशा लोअर भाषा से प्रभावित है। कुल काफ़िर भाषाओं पर पास की पश्तो भाषा का बहुत बड़ा असर देखा जाता है।

खोआर 'खोयाको' जाति की भाषा है, इसका स्थान वर्तमान पिशाच भाषाओं के काफ़िर और डार्ड समूह के मध्य में है। यह अपर चित्राल और यासीन के एक भाग की भाषा है। इसे चित्राली या चत्रारी भी कहते हैं। लेटनर के 'डार्डिस्तान' नामक ग्रन्थ में इसके विषय में बहुत कुछ लिखा हुआ है, इस भाषा पर विडल्फ़ और ब्रीयेन ने व्याकरण भी बनाया है।

डार्ड भाषा समूह में सबसे प्रधान शिना है। यह शिन जाति की भाषा है। ये लोग काश्मीर के उत्तर के रहने वाले हैं। विडल्फ़ की ट्राइब्स आव दि हिन्दूकुश और लेटनर, के 'डार्डिस्तान' के देखने से इस बड़ी जाति और इसकी भाषा के विषय का पूरा ज्ञान होता है। मेगस्थिनीज ने इनको 'डरडेई' कहा है, और महाभारत में इन्हें डारडस लिखा गया है। शिना की बहुत सी बोलियाँ हैं, उनमें सबसे मुख्य 'जिलजित' घाटी की 'जिलजित' भाषा है। अस्तोर घाटी में बोली जाने वाली भाषा अस्तोरी कहलाती है। चिलासी, गुरेज़ी, ट्रास और डाहहनू की दो दो भाषायें हैं, जिनके साथ 'बालती' का व्यवहार भी किया जाता है। यूरोपियनों ने 'डार्ड' शब्द का प्रयोग हिन्दूकुश के दक्षिण में बोली जाने वाली कुल इण्डोएरियन भाषाओं के लिए किया है। डार्डिक शब्द इसी से निकला है, जो वर्तमान पिशाची भाषा का भी बोधक है।

काश्मीरी अथवा काशीरुं काश्मीर की भाषा है, इसका आधार शिना की तरह की एक भाषा है। काश्मीरी के बहुत से शब्द–जैसे व्यक्तिवाचक, सर्वनाम अथवा घनिष्ठताबोधक–प्रायः शिना के समान हैं। बहुत पहले से ही संस्कृत के प्रभाव में रहकर इसने अपने साहित्य का विकास अधिक किया है, इस कारण इसके शब्द भाण्डार पर संस्कृत या उसके अन्य अंगों का बहुत प्रभाव पड़ा है। विशेष करके पश्चिम पंजाब की लहन्दा भाषा का जो कि काश्मीर के दक्षिणी सीमा पर प्रचलित है। ईस्वी चौदहवें शतक से अट्ठारहवें शतक के आरम्भ तक काश्मीर मुसलमानों के अधिकार में रहा है। इन पाँच सौ वर्षों में बहुत लोग मुसलमान हो गये, और इसी सूत्र से काश्मीरी भाषा में अनेक अरबी, फारसी के शब्द भी सम्मिलित हो गये इसका प्रभाव बचे हिन्दुओं की भाषा पर भी पड़ा है। काश्मीरी में आदरणीय साहित्य है। 1875 ई. में ईश्वर कौल ने संस्कृत भाषा के व्याकरण की प्रणाली पर 'काश्मीर शब्दामृत' नामक एक व्याकरण भी बनाया है। इन्होंने इस भाषा की उच्चारण प्रणाली को बहुत सुधारा है, फिर भी वह

सर्वथा निर्दोष नहीं हुई है। स्थान-स्थान पर काश्मीरी भाषा में भिन्नता भी है, इसकी सबसे प्रधान भाषा काष्टवारी है। स्थानीय भाषाओं के नाम 'दोड़ी' रामबनी और 'पौगुली' है। काश्मीरी ही एक ऐसी पैशाची भाषा है, कि जिसके लिखने के वर्ण निजके हैं, उसे शारदा कहते हैं। प्राचीन पुस्तकें इसी वर्ण में लिखी हुई हैं।

'मैया' एक और भाषा है, जो वास्तव में बिगड़ी हुई शिना है, यही नहीं, कोहिस्तान में शिना के आधार से बनी हुई, बहुत सी बोलियाँ बोली जाती हैं। परन्तु दक्षिणी भाग में लहन्दा और पश्तो का अधिक प्रभाव देखा जाता है। ये सब भाषायें कोहिस्तानी कहलाती हैं, परन्तु इनमें 'मैया' को प्रधानता है। इन भाषाओं का उल्लेख विडल्फ़ ने अपने ग्रन्थ 'ट्राइब्स आव दि हिन्दूकुश' में किया है। इनमें से किसी में न तो साहित्य है, और न लिखने के वर्ण हैं। कोहिस्तान पर बहुत समय तक अफ़गानों का अधिकार रहा है, इसलिए वहाँ अब पश्तो का ही अधिक प्रचार है, कोहिस्तानी उन मुसलमानों की ही भाषा रह गयी है, जिनको अपनी प्राचीन भाषा से प्रेम है।

सिंध नदी के इस कोहिस्तान के पश्चिम में स्वातनदी का कोहिस्तान है, यहाँ की प्रधान भाषा भी पश्तो ही है, पर यहाँ भी अब तक कुछ ऐसी जातियाँ हैं, जो शिना के आधार पर बनी हुई बोलियाँ बोलती हैं। प्रधान भाषा गरबी, और अन्य भाषायें तोरवाली या तोरवल्लाव और वाश्कारिक हैं। विडल्फ़ ने इन बोलियों का भी वर्णन किया है। मैया और गरबी दोनों मिश्रित भाषायें हैं।

अन्त में यह कह देना आवश्यक है कि प्राचीन पैशाची के बहुत से शब्द और रूप वर्तमान पैशाची की विविध शाखाओं में अब तक थोड़े से परिवर्तन के साथ पाये जाते हैं। जैसे कलाशा में ककबक, बेरों में ककोकु, वशगली में ककक इत्यादि, इस शब्द का अर्थ है चिड़िया। वैदिक संस्कृत में इसको 'कृकवाकृ' कहते हैं। खोआर में द्रोखम शब्द मिलता है, जो संस्कृत का द्रम है, जिसका अर्थ है चाँदी। संस्कृत क्षीर वशगली का शीर है, जिसका अर्थ श्वेत है। संस्कृत का स्वसार खोआर का इस्युसार है, जिसका अर्थ बहिन होता है।

हिन्दूकुश में दो छोटे-छोटे राज्य हैं, हुञ्जा और नागर। यहाँ के रहने वालों की एक अलग भाषा है, परन्तु यह आर्य-भाषा नहीं है। इसका सम्बन्ध किसी भी भाषा के वंश के साथ अब तक नहीं हुआ है। यह भाषा अपने प्राचीन रूप में, वर्त्तमान पिशाच भाषा बोले जाने वाले देशों में, और बलतिस्तान के पश्चिम में जहाँ कि अब तिब्बतीवर्मन भाषा बोली जाती है, एक समय में बोली जाती थी। ये अनार्य भाषायें 'वुरुशस्की' 'विद्दल्प' की ब्रूरीश्की और लेतनेट की खजुवा हैं। लगभग कुल वर्त्तमान पिशाच भाषाओं में इसके फुटकल शब्द पाये जाते हैं। जैसे—बर्मी शब्द, चोमार, जिसका अर्थ लोहा है, काश्मीरी के सिवा प्रत्येक वर्तमान पिशाच भाषाओं में बोला जाता है। यह

शायद इसी भाषा का प्रभाव है, कि वर्तमान पिशाच भाषा में 'र' अक्षर का विचित्र प्रयोग है। इन सब भाषाओं में यह 'र' अक्षर तालव्य होने की ओर झुकाव रखता है। इस झुकाव की उत्पत्ति वर्तमान पिशाच भाषा से नहीं हुई है। क्योंकि इसका सम्बन्ध केवल इसी भाषा से नहीं है, और न यह किसी एक समूह की सम्बन्धित भाषाओं की विशेषता है। वरन् यह एक देश की भाषा विशेष की विशेषता है, अर्थात् कुछ वर्तमान पिशाच भाषाओं और निकट के बलतिस्तान भर में इसका प्रचार है। तिब्बती वर्मन भाषा बालती में कुछ ऐसे परिवर्तन होते हैं, जो कि पूर्वी तिब्बती वर्मन भाषाओं में (जैसे पुरिक और लद्दाखी) में नहीं दिखाई देते। तिब्बती वर्मन भाषा बालती और वर्तमान आर्य भाषा पैशाची की अर्थात् दोनों की यह विशेषता एक ही उद्गम से आयी है, और इस देश में वही इनका पूर्वज है। खास बुरुशस्की में परिवर्तन के इस तरह के उदाहरणों का मिलना असम्भव है, क्योंकि उसके आसपास कोई ऐसी भाषा नहीं है, जिससे उसकी तुलना की जा सके। यह अकेली है, और जाने हुए इसके एक भी सम्बन्धी नहीं हैं।

कहा जाता है पैशाची भाषा में गुणाढ्य नामक एक विद्वान् ने 'बड्डकथा' अर्थात् 'वृहत्कथा' नामक एक ग्रन्थ लिखा था, यह ग्रन्थ अब नहीं प्राप्त होता। इसका संस्कृत अनुवाद पाया जाता है, जो काश्मीर के दो विद्वानों का किया हुआ है। इनका नाम क्षेमेन्द्र और सोमदेव था। इस संस्कृत ग्रन्थ का नाम 'कथासरित्सागर' है। 'बड्डकथा' पैशाची भाषा के साहित्य का प्रधान ग्रन्थ है। इसके अतिरिक्त काश्मीरी भाषा में कुछ और ग्रन्थ हैं, परन्तु उनमें कोई विशेष प्रसिद्ध नहीं है।

काश्मीरी भाषा की प्रथम कवि एक स्त्री है, जिसका नाम लल्ला अथवा लालदेह था, वह चौदहवीं ईस्वी शताब्दी में हुई है। मुसलमान कवियों में महमूद गामी प्रसिद्ध है, यह अठारहवें शतक में था, इसने 'युसुफजुलेखा' 'लैला-मजनू' और 'शीरीं-फरहाद' नाम की पुस्तकें फारसी ग्रन्थों के आधार से लिखी हैं।

हेमचन्द्र ने दो प्रकार की पैशाची का वर्णन अपने प्राकृत व्याकरण में किया है पहली को केवल पैशाची और दूसरी को चूलिका-पैशाची लिखा है। पैशाची का वर्णन पाद 4 के 303 से 324 तक के सूत्रों में और चूलिका पैशाची का निरूपण 325 से 328 तक सूत्रों में किया गया है। रामशर्मा ने अपने प्राकृत कल्पतरु में पैशाची के दो भेद लिखे हैं, 1. शुद्ध और 2. संकीर्ण। शुद्ध के सात और संकीर्ण के चार उपभेद उन्होंने बतलाये हैं–शुद्ध के सात भेद ये हैं–

1. मगध पैशाचिका, 2. गौड़ पैशाचिका, 3. शौरसेनी पैशाचिका, 4. केकय पैशाचिका, 5. पांचाल पैशाचिका, 6. ब्राचड पैशाचिका, 7. सूक्ष्मभेद पैशाचिका।

संकीर्ण के चार उपभेद ये हैं–

1. भाष:शुद्ध, 2. पदशुद्ध, 3. अर्द्धशुद्ध, 4. चतुष्पद शुद्ध।

आर्यभाषा परिवार में सिंहली और जिप्सी भाषाओं की भी गणना की जाती है।

अब से ढाई सहस्र वर्ष पहले विजय कुमार अपने अनुयायियों के साथ सिंहल गया था और वहाँ उसने बुद्ध-धर्म के साथ आर्य भाषा का भी प्रचार किया था, उसी का संतान सिंहली है, जो अब तक वहाँ प्रचलित है। सिंहली का प्राचीन रूप ईस्वी दसवें शतक का है, उसको 'इलू' कहते हैं। इस सिंहली का प्रभाव मालद्वीप भाषा पर भी पड़ा है। इस भाषा में थोड़ा बहुत साहित्य भी है। किन्तु कोई प्रसिद्ध ग्रन्थ नहीं है।

पश्चिमी एशिया एवं यूरप के कई भागों में फिरने वाली कुछ जातियाँ 'जिप्सी' कहलाती हैं, ये किसी स्थान विशेष में नहीं रहतीं, यत्र तत्र सकुटुम्ब पर्यटन करती रहती हैं। इनकी भाषा का नाम भी जिप्सी है। ईस्वी पाँचवीं शताब्दी में जो प्राकृत रूप आर्यभाषा का था, इनकी भाषा उसी की सन्तान है। यद्यपि भिन्न-भिन्न स्थानों में भ्रमण करते रहने और अनेक भाषा-भाषियों के संसर्ग से उनकी भाषा में बहुत अधिक परिवर्तन हो गया है। परन्तु उनकी भाषा के शब्द भाण्डार पर आर्यभाषा की छाप लगी स्पष्ट दृष्टिगत होती है।

पाँचवाँ प्रकरण

अन्तरंग और बहिरंग भाषा

जिन आर्य परिवार की भाषाओं का वर्णन अभी हुआ, कहा जाता है, उनमें दो विभाग हैं। एक का नाम है अन्तरंग भाषा और दूसरी का बहिरंग। इन भाषाओं की मध्य की भाषा के मध्यवर्ती भाषा कहते हैं, और वह है अर्धमागधी से प्रसूत वर्तमान काल की पूर्वी हिन्दी।

अन्तरंग भाषा में निम्नलिखित भाषाओं की गणना है। 1. पश्चिमी हिन्दी, 2. पूर्वी पहाड़ी, 3. मध्य पहाड़ी, 4. पंजाबी, 5. राजस्थानी, 6. गुजराती और 7. पश्चिमीय पहाड़ी।

निम्नलिखित भाषायें बहिरंग कहलाती हैं—

1. मराठी, 2. उड़िया, 3. बिहारी, 4. बंगाली, 5. आसामी, 6. सिंधी और 7. पश्चिमी पंजाबी।

हौर्नेल का विचार है कि आर्यों के भारत में दो दल आये एक पहले आया और दूसरा बाद को। जो दल पहले आया, वह मध्य देश में आकर वहीं बस गया। इस दल के पश्चात् दूसरा प्रबल दल आया, और उसने अपने सजातियों को मध्य देश से निकाल बाहर किया। निकाले जाने पर पहले दल वाले मध्यदेश के ही चारों ओर अर्थात् उसके पूर्व, पश्चिम उत्तर और दक्षिण ओर फैल गये, और वहीं बस गये। नवागत आर्य मध्यदेश में बस जाने के कारण 'अन्तरंग' और प्रथमागत आर्य मध्य देश के बाहर निवास करने के कारण 'बहिरंग' कहलाये 'अन्तरंग' आर्यों में ही वैदिक संस्कृत और ब्राह्मण-कालीन विचारों का विकास हुआ। भारत में दो भिन्न विरोधी दल आने के सिद्धान्त को डॉक्टर जी. ए. ग्रियर्सन ने भी स्वीकार किया है। वे कहते हैं 'बहिरंग' आर्यों का 'डार्डिक' भाषा-भाषियों से घनिष्ठ सम्बन्ध था, और ऐसा ज्ञात होता है कि वे उन्हीं की एक शाखा थे। मध्य देश से चले जाने पर बहिरंग आर्य पंजाब, सिंध, गुजरात, राजपुताना, महाराष्ट्र प्रदेश, पूर्वीय हिन्दी क्षेत्र, बिहार और उत्तर में हिमालय

की तराइयों में बसे। मध्य देश के अन्तरंग आर्यों की भाषा का वर्तमान प्रतिनिधि पश्चिमी हिन्दी है। अन्य प्रचलित आर्य भाषायें, 'बहिरंग' आर्य भाषा से विकसित हुई हैं।*

यहाँ यह प्रश्न हो सकता है कि जब पंजाब, गुजरात और राजपुताना बहिरंग आर्यों का ही निवास-स्थान था, तो वहाँ की भाषायें अन्तरंग कैसे हो गयीं? सिंध, महाराष्ट्र और बिहार के समान बहिरंग क्यों नहीं हुईं? इसका उत्तर यह दिया जाता है कि प्रचारकों और विजेताओं द्वारा मध्यदेश की शौरसेनी भाषा का बहुत बड़ा प्रभाव बाद को पंजाब, गुजरात और राजस्थान पर पड़ा, इसलिए इन स्थानों की भाषायें काल पाकर अन्तरंग बन गयीं। इसी प्रकार राजस्थान और गुजरात के कुछ विजयी आगन्तुकों के प्रभाव से हिमालय की तराइयों की भाषा भी अन्तरंग हो गयी। डा. जी. ए. ग्रियर्सन लिखते हैं–

"मध्य देश निवासी आर्यों के वहाँ से राजपुताना और गुजरात में आ बसने के विषय में बहुत सी प्रचलित कथायें हैं। पहली यह है कि महाभारत के युद्ध काल में द्वारिका की नींव गुजरात में पड़ी। जैनों के प्राचीन कथानकों के अनुसार गुजरात का सबसे पहला चालक्य राजा कन्नौज से आया। कहा जाता है नवीं ईस्वी शताब्दी के प्रारम्भ काल में पश्चिमीय राजपुताने के भीलमाल अथवा भीनमाल नामक स्थान के एक गुर्जर राजपूत ने भी गुजरात को जीता। मारवाड़ के राठौर कहते हैं कि वे वहाँ पर बारहवीं ईस्वी शताब्दी में कन्नौज से आये। जयपुर के कछवाहे अयोध्या से आने का दावा करते हैं। गुजरात और राजपुताने का घनिष्ठ राजनैतिक सम्बन्ध इस ऐतिहासिक घटना से भी प्रकट होता है कि मेवाड़ के गहलोत वहाँ पर सौराष्ट्र से आये।"

"गुर्जरों ने हूण तथा अन्य आक्रमणकारियों के साथ ईस्वी छठवीं शताब्दी में भारत में प्रवेश किया, और वे शीघ्र ही बड़े शक्तिशाली हो गये। भारत के चार प्रदेशों ने इन्हीं के नाम के आधार से अपना नाम ग्रहण किया है, उनमें से दो हैं गुजरात और गुजरानवाला ये दोनों पंजाब के जिले हैं, तीसरा है गुजरात प्रान्त। आलबरूनी जो दसवीं ईस्वी शताब्दी में यहाँ आया, चौथा नाम बतलाता है, यह वह प्रदेश है जो जयपुर के उत्तर पूर्वीय भाग तथा अलवर राज्य के दक्षिण भाग से मिलकर बना है, डॉक्टर भाण्डारकर भी इस कथन की पुष्टि करते हैं। वे यह भी कहते हैं कि पिछले गुर्जर हिमालय के उस भाग से आये जिसे सपादलक्ष कहते हैं। यह प्रदेश आधुनिक कुमायूँ गढ़वाल और उसका पश्चिमी भाग माना जा सकता है। पूर्वीय राजपुताना उस समय इन गुर्जरों से भर गया था।**

* The origin and development of the Bengali Language (§29) p. 30

** देखो Bulletin of the School of Oriental Studies London Institute (§13) p. 58.

इन पंक्तियों के पढ़ने से आशा है यह स्पष्ट हो गया होगा कि किस प्रकार मध्य देश के विजयी गुजरात और राजस्थान में पहुँचे और कैसे उनके प्रभाव से प्रभावित होने के कारण इन प्रान्तों में अन्तरंग भाषा का प्रचार हुआ। यहाँ मैं यह भी प्रकट कर देना चाहता हूँ कि गुर्जर विदेशी भले ही हों, परन्तु वे मध्य देश वालों की सभ्यता के ही उपासक और प्रचारक थे, क्योंकि ब्राह्मणों द्वारा दीक्षित होकर उन्होंने वैदिक धर्म में प्रवेश किया था। डॉक्टर ग्रियर्सन लिखते हैं–

"अब इस बात को बहुत से विद्वानों ने स्वीकार किया है, कि कतिपय राजपूतों के दल परदेशी गुर्जरों के वंशज हैं, उनका केन्द्र आबू पहाड़ तथा उसके आसपास का स्थान था। प्रधानतः वे कृषक थे, पर उनके पास भी प्रधान लोग और योद्धा थे। जब यह दल गण्यमान हो गया, तो उनको ब्राह्मणों ने क्षत्रिय पदवी दी, और वे राजपुत्र अथवा राजपूत कहलाने लगे, कुछ उनमें से ब्राह्मण भी बन गये"*—गुर्जरों के ब्राह्मण क्षत्रिय बनने के सिद्धान्त का आजकल प्रबल खण्डन हो रहा है, परन्तु मुझको इस वितण्डावाद में नहीं पड़ना है। मैंने इन पंक्तियों को यहाँ इसलिए उठाया है, कि जिससे इस सिद्धान्त पर प्रकाश पड़ सके कि किस प्रकार गुजरात, राजस्थान और पूर्वीय पंजाब में अन्तरंग भाषा का प्रचार हुआ। अब विचारना यह है कि अन्तरंग और बहिरंग भाषाओं में कौन सी ऐसी विभिन्नतायें हैं, जो एक को दूसरी से अलग करती हैं। डॉक्टर चटर्जी कहते हैं–

"डॉक्टर ग्रियर्सन ने जिन कारणों के आधार से अन्तरंग और बहिरंग भाषाओं को माना है, वे प्रधानतः भाषा सम्बन्धी हैं। विचार करने पर उन्हें ज्ञात हुआ कि पश्चिमी हिन्दी तथा अन्य आर्य भाषाओं में कुछ विषमतायें हैं। उन्होंने देखा कि ये विषमतायें जो कि सब 'बहिरंग' भाषाओं में एक ही हैं, प्राचीन आर्यभाषाओं के दोनों विभागों अर्थात् अन्तरंग और बहिरंग भाषाओं के भेद से ही उत्पन्न हुई हैं। केवल इतना ही नहीं कि बहिरंग भाषाओं की पारम्परिक समानता उन्हीं बातों में है, जिनमें अन्तरंग भाषा से भिन्नता है, वरन् डार्डिक भाषायें प्रायः उन्हीं कुल विशेषताओं से भरी हैं, जिनसे कि बहिरंग भाषायें परिपूर्ण हैं! इसलिए अन्तरंग से उसकी भिन्नता और स्पष्ट हो जाती है"।**

कुछ मुख्य-मुख्य भिन्नतायें लिखी जाती हैं–

"इन दोनों शाखाओं की भाषाओं के उच्चारण में अन्तर है। जिन वर्णों का उच्चारण सिसकार के साथ करना पड़ता है, उनको अन्तरंग भाषा वाले बहुत कड़ी

---

* Ibid. (§ 12) p. 57.

** Dr. S. K. Chatterjee : The origin and development of the Bengali Language (§ 29) p. 31.

आवाज से बोलते हैं, यहाँ तक कि वह दन्त्य 'स' हो जाता है। परन्तु बहिरंग भाषा वाले ऐसा नहीं करते। इसी से मध्यदेश वालों के 'कोस' शब्द की सिन्ध वालों ने 'कोह' कर दिया। पूर्व की ओर बंगाल में यह 'स' 'श' हो जाता है। आसाम में गिरते-गिरते 'स' की आवाज 'च' की सी हो गयी है। काश्मीर में तो उसकी कड़ी आवाज बिलकुल जाती रही है, वहाँ भी अन्तरंग भाषा का 'स' बिगड़ कर 'ह' हो गया है।

संज्ञाओं में भी अन्तर है, अन्तरंग भाषाओं की मूल विभक्तियाँ प्रायः गिर गयी हैं, उनका लोप हो गया है और धीरे-धीरे उनकी जगह पर और ही छोटे-छोटे शब्द मूल शब्दों के साथ जुड़ गये हैं, जो विभक्तियों का काम देते हैं। उदाहरण के लिए हिन्दी भाषा की 'का' 'को' 'से' आदि विभक्तियों को देखिये। ये जिस शब्द के अन्त में आती हैं, उस शब्द का उन्हें मूल अंश न समझना चाहिए। ये पृथक् शब्द हैं, और विभक्तिगत अपेक्षित अर्थ देने के लिए जोड़े जाते हैं। इसलिए बहिरंग भाषाओं को व्यवच्छेदक भाषायें कहना चाहिए। बहिरंग भाषायें जिस समय पुरानी संस्कृत के रूप में थीं, संयोगात्मक थीं। 'का' 'को' 'से' आदि से जो अर्थ निकलता है उसके सूचक शब्द उनमें अलग नहीं जोड़े जाते थे। इसके बाद उन्हें व्यवच्छेदक रूप प्राप्त हुआ, सिंधी और काश्मीरी भाषायें अब तक कुछ-कुछ इसी रूप में हैं। कुछ काल बाद फिर ये भाषायें संयोगात्मक हो गयी, और व्यवच्छेदक अवस्था में जो विभक्तियाँ अलग हो गयी थीं, वे इनके मूलरूप में मिल गयीं। बँगला में षष्ठी विभक्ति का चिन्ह "एर" इसका अच्छा उदाहरण है।

क्रियाओं में भी भेद हैं, बहिरंग भाषायें पुरानी संस्कृत की किसी ऐसी एक या अधिक भाषाओं से निकली हैं, जिनकी भूतकालिक भाववाच्य क्रियाओं से सर्वनामात्मक कर्त्ता के अर्थ का भी बोध होता था। अर्थात् क्रिया और कर्त्ता एक ही में मिले होते थे। यह विशेषता बहिरंग भाषा में भी पाई जाती है। उदाहरण के लिए बँगला भाषा का 'मारिलाम' देखिये। इसका अर्थ है मैं ने मारा। परन्तु अन्तरंग भाषायें किसी ऐसी एक या अधिक भाषाओं से निकली हैं, जिनमें इस तरह के क्रियापद नहीं प्रयुक्त होते थे। उदाहरण के लिए हिन्दी का मारा लीजिए, इससे यह नहीं ज्ञात होता कि किसने मारा। मैंने मारा, तुमने मारा, उसने मारा, जो चाहिए समझ लीजिए। 'मारा' का रूप सब के लिए एक ही होगा। इससे साबित है कि अन्तरंग और बहिरंग भाषायें प्राचीन आर्यभाषा की भिन्न-भिन्न शाखाओं से निकली हैं, इनका उत्पत्ति स्थान एक नहीं है।"*

पहले पृष्ठों में मैंने इस सिद्धान्त को नहीं स्वीकार किया है, कि आर्य जाति बाहर से आयी। मैंने प्रमाणों के द्वारा यह सिद्ध किया है कि आर्य जाति भारत के

---

* देखो हिन्दी भाषा की उत्पत्ति नामक ग्रन्थ का पृष्ठ 14।

पश्चिमोत्तर भाग से ही आकर भारतवर्ष में फैली। यद्यपि इस सिद्धान्त के मानने से भी मध्यदेश में आर्यों के एक दल का पहले और दूसरे दल का बाद में आना स्वीकार किया जा सकता है, किन्तु इस स्वीकृति की बाधक वह विचार परम्परा है, जो इस बात को भली-भाँति प्रमाणित कर चुकी है कि पश्चिमागत आर्य-जाति का समूह चिरकाल तक सप्त-सिन्धु में रहा, और वहीं वैदिक संस्कृति और सभ्यता का विकास हुआ। मेरा विचार है पूर्वागत और नवागत आर्य समूह की कल्पना, और इस सिद्धान्त के आधार पर अन्तरंग और बहिरंग भाषाओं की सृष्टि-युक्ति-संगत नहीं, हर्ष है कि आजकल इस विचार का विरोध होने लगा है।

कुछ विवेचक भाषा-विभिन्नता सिद्धान्त को साधारण मानते हैं, उनका कथन है कि विभिन्नतायें वे विशेषतायें नहीं बन सकतीं, जो किसी एक भाषा को दूसरी भाषा से अलग करती हैं। बहिरंग भाषा की जिन विभिन्नताओं के आधार पर अन्तरंग भाषा को उससे अलग किया जाता है, वे स्वयं उसमें मौजूद हैं। इन लोगों ने जो प्रमाण दिये हैं, उनमें से कुछ नीचे लिखे जाते हैं। अन्तरंग और बहिरंग भाषा की उपरिलिखित विभिन्नताओं की चर्चा करके 'हिन्दी भाषा और साहित्य' नामक ग्रन्थ में यह लिखा गया है—

"इस मत का अब खण्डन होने लगा है और दोनों प्रकार की भाषाओं के भेद के जो कारण ऊपर दिखाये गये हैं, वे यथार्थ सिद्ध हैं। जैसे—'स' का 'ह' हो जाना केवल बहिरंग भाषा का ही लक्षण नहीं है, किन्तु अन्तरंग मानी जाने वाली पश्चिमी हिन्दी में भी ऐसा होता है। इसके तस्य-तस्य-तास-ताह-ता (ताके-ताहि इत्यादि) करिष्यति-करिस्यदि-करिसद-करिहइ-करि है, एवं केसरी से केहरी आदि बहुत से उदाहरण मिलते हैं। इसी प्रकार बहिरंग मानी जाने वाली भाषाओं में भी 'स' का प्रयोग पाया जाता है—जैसे राजस्थानी (जयपुरी) करसी, पश्चिमी पंजाबी 'करेसी' इत्यादि। इसी प्रकार संख्या-वाचकों में 'स' का 'ह' प्रायः सभी मध्यकालीन तथा आधुनिक आर्य-भाषाओं में पाया जाता है। जैसे पश्चिमी हिन्दी में 'ग्यारह' 'बारह' चौहत्तर इत्यादि।"*

अन्तरंग बहिरंग भेद के संयोगावस्था के प्रत्ययों और वियोगावस्था के स्वतन्त्र शब्दों के भेद की कल्पना भी दुर्लभ है। अन्तरंग मानी गयी पश्चिमी हिन्दी तथा अन्य सभी आधुनिक भाषाओं में संयोगावस्थापन्न रूपों का आभास मिलता है। यह दूसरी बात है कि किसी में कोई रूप सुरक्षित है किसी में कोई। पश्चिमी हिन्दी और अन्य आधुनिक आर्य-भाषाओं की रूपावली में स्पष्टतः हम यही भेद पाते हैं कि उसमें कारक चिन्हों के पूर्व विकारी रूप ही आते हैं। जैसे—'घोड़े का' में 'घोड़े'। यह घोड़े, घोड़हि

* देखो 'हिन्दी भाषा और साहित्य' पृष्ठ 32

(घोटस्य अथवा घोटक + तृतीया बहुवचन विभक्ति, 'हि'–भिः) से निकला है। यह विकारी रूप संयोगावस्थापन्न होकर भी अन्तरंग मानी गयी भाषा का है। इसके विपरीत बहिरंग मानी गयी बँगला का घोड़ार, और बिहारी का 'घोराक' रूप संयोगावस्थापन्न नहीं किन्तु घोटककर और घोटक + कर-क्क से घिस घिसाकर बना हुआ सम्मिश्रण है। पुनश्च अन्तरंग मानी हुई जिस पश्चिमी हिन्दी में वियोगावस्थापन्न रूप ही मिलने चाहिए, कारकों का बोध स्वतन्त्र सहायक शब्दों के द्वारा होना चाहिए, उसी में प्रायः सभी कारकों में ऐसे रूप पाये जाते हैं जो नितान्त संयोगावस्थापन्न हैं। अतएव वे बिना किसी सहायक शब्द के प्रयुक्त होते हैं।

उदाहरण लीजिए–

कर्त्ता एकवचन–घोड़ो (ब्रजभाषा) घोड़ा (खड़ी बोली) घरु (ब्रजभाषा नपुंसकलिंग)।

कर्त्ता बहुवचन–घोड़े (–घोड़ेह घोड़हि = तृतीया बहुवचन 'मैं' के समान प्रथमा में प्रयुज्यमान)।

करण–आँखों (=अक्खिहिं, खुसरो वाको आँखों दीठा-अमीर खुसरो) कानों (कण्णहिं)।

करण–(कर्त्ता)–मैं (ढोला मइं तुहुँ वारिआ) मैं सुन्यो साहिबिन आँषिकीन–पृथ्वी तैं, मैंने, तैंने (दुहरी विभक्ति)–

अपादान–एकवचन–भुक्खा (=भूख से–बांगड़) भूखन, भूखों (ब्रज-भाषा, कनौजी)।

अधिकरण–एकवचन–घरे-आगे-हिंडोरे (बिहारी लाल) माथे (सूरदास)

दूसरे बहिरंग मानी गयी पश्चिमी पंजाबी में भी पश्चिमी हिन्दी के समान सहायक शब्दों का प्रयोग होता है। घोड़ेदा (घोड़े का) घोड़े ने घोड़े नूँ इत्यादि। इससे यह निष्कर्ष निकला कि बँगला आदि में पश्चिमी हिन्दी से बढ़कर कुछ संयोगावस्थापन्न रूपावली नहीं मिलती। अतः उसके कारण दोनों में भेद मानना अयुक्त है।"*

डॉक्टर चटर्जी ने इस विषय पर बहुत कुछ लिखा है, और अपने सिद्धान्त के प्रतिपादन में बड़ा पाण्डित्य प्रदर्शन किया है। खेद है कि मैं उनके सम्पूर्ण विवेचन को स्थान की सकीर्णता के कारण यहाँ नहीं उठा सकता। परन्तु विवेचना के अन्तिम निर्णय को लिख देना चाहता हूँ, वह यह है और मैं उससे पूर्णतया सहमत हूँ–

"पुरातत्व और मानव इतिहास के आधार पर 'बहिरंग' आर्यों का 'अंतरंग' आर्यों के चारों ओर बस जाने की बात को पुष्ट करने की चेष्टा उसी प्रकार अप्रमाणित रह जाती है, जैसे भाषा सम्बन्धी सिद्धान्त के सहारे से निश्चित की हुई बातें।"**

"The attempt to establish on anthropometrical and ethnological grounds a ring of "Outer" Aryandom round an "Inner" core is as unconvincing as that on Linguistic grounds."

* देखो–'हिन्दी भाषा और साहित्य' पृष्ठ 151, 152।

* देखो 'ओरिजन ऐंड डिवलेपमेण्ट ऑफ बंगाली लांगवेज' पृष्ठ 33 (§ 31)

छठा प्रकरण

हिन्दी भाषा की विभक्तियाँ सर्वनाम और उसकी क्रियायें

हिन्दी विभक्तियों के विषय में कुछ विद्वानों ने ऐसी बातें कही हैं, जिससे यह पाया जाता है, कि वे विदेशीय भाषाओं से अथवा द्राविड़ भाषा से उसमें गृहीत हुई हैं, इसलिए इस सिद्धान्त के विषय में भी कुछ लिखने की आवश्यकता ज्ञात होती है। क्योंकि यदि हिन्दी भाषा वास्तव में शौरसेनी अपभ्रंश से प्रसूत है, तो उसकी विभक्तियों का उद्‌गम भी उसी को होना चाहिए। अन्यथा उसकी उत्पत्ति का सर्वमान्य सिद्धान्त संदिग्ध हो जावेगा। किसी भाषा के विशेष अवयव और उसके धातु किसी मुख्य भाषा पर जब तक अवलम्बित न होंगे, उस समय तक उससे उसकी उत्पत्ति स्वीकृत न होगी। ऐसी अनेक भाषायें हैं, जिनमें विदेशी भाषाओं की बहुत सी संज्ञायें पाई जाती हैं, परिवर्तित रूप में उनमें उन भाषाओं की कुछ क्रियायें भी मिल जाती हैं। यदि केवल उनके आधार से हम विचार करने लगेंगे तो उस विदेशी भाषा से ही उनकी उत्पत्ति माननी पड़ेगी, किन्तु यह बात वास्तविक और युक्ति-संगत न होगी। दूसरी बात यह कि एक ही भाषा में विभिन्न भाषाओं के अनेक व्यावहारिक शब्द मिलते हैं, विशेष करके आदान-प्रदान अथवा खान-पान एवं व्यवहार सम्बन्धी। यदि ऐसे कुछ शब्दों को ही लेकर कोई यह निर्णय करे कि इस भाषा की उत्पत्ति उन सभी भाषाओं से है, जिनके शब्द उसमें पाये जाते हैं, तो कितनी भ्रान्तिजनक बात होगी, और इस विचार से तथ्य का अनुसंधान कितना अव्यावहारिक हो जावेगा। इन्हीं सब बातों पर दृष्टि रखकर किसी भाषा का मूल निर्धारण करने के लिए उससे सम्बन्ध रखने वाले मौलिक आधारों की ही मीमांसा आवश्यक होती है। विभक्तियों और प्रत्ययों की गणना भाषा के मौलिक अंगों में ही की जाती है। इसलिए विचारणीय यह है कि हिन्दी भाषा की विभक्तियाँ कहाँ से आयी हैं, और उनका आधार क्या है?

"डॉक्टर 'के' कहते हैं कि हिन्दी का 'को' (जैसे—हमको) और बँगला का 'के' (जैसे राम के) तातार देशीय अन्त्यवर्ण 'क' से आगत हुआ है। डॉक्टर 'काल्डवेल'

अनुमान करते हैं कि द्राविड़ भाषा के 'कु' से हिन्दी भाषा का 'को' लिया गया है। वे यह भी कहते हैं कि हिन्दी प्रभृति देशी भाषायें द्राविड़ भाषा से उत्पन्न हुई हैं। डॉक्टर हार्नली और राजा राजेन्द्र लाल मित्र ने इन सब मतों का अयुक्त होना सिद्ध किया है।" डॉक्टर हार्नली की सम्मति यहाँ उठाई जाती है–

"डॉक्टर 'काल्डवेल' का कथन है कि आर्यगण, आर्यावर्त जय करके जितना आगे बढ़ने लगे, उतना ही देश में प्रचलित अनार्य भाषा संस्कृत शब्दों के ऐश्वर्य द्वारा पुष्टि लाभ करने लगी। इसलिए यह भ्रम होता है, कि अनार्य भाषायें संस्कृत से उत्पन्न हैं। किन्तु संस्कृत का प्रभाव कितना ही प्रबल क्यों न हो, इन सब भाषाओं का व्याकरण उसके द्वारा परिवर्तित न हो सका। इसके उत्तर में डॉक्टर हार्नली कहते हैं, आर्यगण बहुत समय तक आर्यावर्त्त में रह कर सहसा अनार्य गणों की भाषा ग्रहण कर लेंगे, यह बात विश्वास योग्य नहीं। उन लोगों ने चिरकाल तक संस्कृत जातीय पाली और प्राकृत भाषा का व्यवहार किया था, यह बात विशेष रूप से प्रमाणित हो गयी है। नाटकादिकों के प्राकृत द्वारा यह भी दृष्टिगत होता है कि विजित अनार्यों ने भी अपने प्रभुओं की भाषा को ग्रहण कर लिया था। इतने समय तक हिन्दू लोग अपनी भाषा और व्याकरण को अनार्यगण में प्रचलित रख कर भी अन्त में क्यों अनार्य व्याकरण के शरणागत होंगे, यह विचारणीय है। दूसरी बात यह है कि देशभाषाओं की उत्पत्ति के समय (आर्यभाषा की दीर्घकाल व्यापी अखण्ड राजत्व के उपरान्त) विजित अनार्यगण की भाषा देश में प्रचलित थी। इसका भी कोई प्रमाण नहीं है। इतिहास में अवश्य कभी-कभी यह भी देखा गया है, कि विजेता जातियों ने विजित जातियों का व्याकरण ग्रहण कर लिया है, जैसे नार्मन लोगों ने इंग्लैण्ड में और अरब एवं तुर्की लोगों ने आर्यावर्त में तथा फ्रान्स वालों ने गल में। किन्तु इन सब स्थानों में विजेता लोग विजित लोगों की अपेक्षा अल्प शिक्षित थे। उपनिवेश स्थापन के प्रारम्भ काल से ही भाषा ग्रहण का सूत्रपात उन्होंने कर दिया था। विजयी जाति बहुकाल पर्यन्त अपनी भाषा और स्वातंत्र्य गौरव की रक्षा करके अन्त में आराध्य जातियों के निकट उसको विसर्जित कर दे, इतिहास में कहीं यह बात दृष्टिगत नहीं होती।"*

देशीय भाषाओं को समस्त-विभक्तियाँ प्राकृत से ही प्राप्त हुई हैं, इस बात को डॉक्टर राजेन्द्र लाल मित्र, हार्नली, और अन्य जर्मन पण्डितों ने दिखलाने की चेष्टा की है और विद्वानों ने भी इस सिद्धान्त को पुष्ट किया है। मैं क्रमशः प्रत्येक विभक्तियों के विषय में उन लोगों के विचारों का उल्लेख करता हूँ।

1. कर्त्ता कारक में भूतकालिक सकर्मक क्रिया के साथ ब्रजभाषा एवम् खड़ी बोली

* बंगभाषा और साहित्य पृ. 36।

में 'ने' का प्रयोग होता है, किन्तु अवधी में ऐसा नहीं होता ब्रज भाषा में भी प्रायः कवियों ने इस प्रयोग का त्याग किया है, फिर भी वह नहीं कहा जा सकता कि अवधीं के समान ब्रजभाषा में 'ने' का प्रयोग होता ही नहीं। प्रथमा एकवचन में कहीं-कहीं कर्त्ता के साथ 'ए' का प्रयोग देखा जाता है। यथा–"शु अणेहु शिक्षाण कम्प के शामीए निद्धण के विशोहेदि मृ. क. 3 अंक" बँगला भाषा में भी पहले इस प्रकार का प्रयोग देखा जाता है–यथा

कदाचित ना दे सिद्धहेनो रूप ठान।

कोन मते विधाता ए करिछे निर्माण। रामेश्वरी महाभारत पृ. 89 "किन्तु अब बँगला में भी प्रथमा एकवचन में इस 'ए' का अभाव है, अब बँगला में प्रथमा का रूप संस्कृत के समान होता है, किन्तु अनुस्वार अथवा विसर्ग वर्ज्जित" ।* प्रश्न यह है कि प्राकृत भाषा के उक्त 'ए' का सम्बन्ध क्या हमारी हिन्दी भाषा के 'ने' से है?

"एक विद्वान की सम्मति है कि यह 'ने' वास्तव में करण कारक का चिन्ह है, जो हिन्दी में गृहीत कर्मवाच्य रूप के कारण आया है, संस्कृत में करण कारक का 'इन' प्राकृत में 'पण' हो जाता है, इसी 'इन' का वर्ण विपरीत हिन्दी रूप में 'ने' है।"**

2. कर्म्म और सम्प्रदान। टम्प का अनुमान है कि बँगला कर्म और सम्प्रदान कारक का 'के' संस्कृत के सप्तमी में प्रयुक्त 'कृते' शब्द से आया है। इस 'कृते' के निमित्तार्थक प्रयोग का उदाहरण स्थान-स्थान पर मिलता है–यथा।

वालिशो वत कामात्मा राजा दशरथो भृशम्।
प्रस्थापयामास वनं स्त्रीकृते यः प्रियंसुतम्॥

यह कृते शब्द प्राकृत में 'किते' किउ एवं 'को' इन तीनों रूपों में ही व्यवहृत हुआ है। इसलिए टम्प का यह अनुमान है कि शेषोक्त 'को' के साथ हिन्दी के 'को' और बँगला के 'के' का सम्बन्ध है।***

'बंगभाषा और साहित्य' नामक ग्रन्थ के रचयिता टम्प की सम्मति से सहमत न होकर अपनी सम्मति यों प्रकट करते हैं–

"मैक्समूलर कहते हैं कि संस्कृत के स्वार्थे 'क' से बँगला का के (हिन्दी का को) आया है। पिछले समय में संस्कृत में स्वार्थे 'क' का प्रयोग अधिकतर देखा जाता है। मैं मैक्समूलर के मत को ही समीचीन समझता हूँ।****

---

* बंगभाषा और साहित्य 38 पृष्ठ।

** दे. हिन्दी भाषा और साहित्य का पृ. 138।

*** बंगभाषा और साहित्य पृ. 39।

**** बंगभाषा और साहित्य पृ. 39।

श्रीमान् पण्डित महावीर प्रसाद द्विवेदी कहते हैं–

"पुरानी संस्कृत का एक शब्द 'कृते' है जिसका अर्थ है (लिए) होते-होते इसका रूपान्तर 'कहुँ' हुआ, वर्तमान 'को' इसी का अपभ्रंश है" हिन्दी-भाषा की उत्पत्ति पृ. 70।

एक विद्वान् की सम्मति और सुनिये–

"संस्कृत रूप 'कृते' प्राकृत में किते हो गया, और नियमानुसार त का लोप होने से 'किये' हुआ, और फिर वही के में परिणत हो गया। 'को' प्रत्यय संस्कृत के कर्म्म-कारक के नपुंसक 'कृत' से हुआ। प्राकृत में 'कृत' बदलकर 'कितो' हुआ, और त के लोप होने से 'कियो' बना, और अन्त में उसने 'क' का रूप धारण कर लिया।"*

आप लोगों ने सब सम्मतियाँ पढ़ लीं, अधिकांश सम्मति यही है कि 'को' की उत्पत्ति 'कृते' से है। 'को' का प्रयोग कर्म-कारक में तो होता ही है, संप्रदान के लिए भी होता है, संप्रादन की एक विभक्ति 'के लिए' भी है। 'कृते' में यह निमित्तार्थक भाव भी है, जैसा कि ऊपर दिखलाया गया है। इसलिए मैं भी 'कृते' से ही 'को' की उत्पत्ति स्वीकार करता हूँ।

3. करण और अपादान कारक की विभक्ति हिन्दी भाषा में 'से' है। करण कारक के साथ 'से' प्रायः उसी अर्थ का द्योतक है, जिसको संस्कृत का 'द्वारा' शब्द प्रकट करता है, इस 'से' में एक प्रकार से सहायक होने अथवा सहायक बनने का भाव रहता है। यदि कहा जाए कि 'वाण से मारा' तो इसका यही अर्थ होगा कि वाण द्वारा अथवा वाण के सहारे से या वाण की सहायता से मारा। परन्तु अपादान का 'से' इस अर्थ में नहीं आता, उसके 'से' में अलग करने का भाव है। जब कहा जाता है 'घर से निकल गया' तो यही भाव उससे प्रकट होता है कि निकलने वाला घर से अलग हो गया। जब कहते हैं 'पर्वत से गिरा' तो भी वाक्य का 'से' पर्वत से अलग होने का भाव ही सूचित करता है। 'से' एक विभक्ति होने पर भी करण और अपादान कारकों में भिन्न भिन्न अर्थों में प्रयुक्त होता है। 'बग-भाषा और साहित्य' कार लिखते हैं–"प्राकृत में 'हिंतो' शब्द पंचमी के बहुवचन में व्यवहृत होता है, इसी 'हिंतो' शब्द से बँगला 'हइते' की उत्पत्ति हुई है।" उन्होंने प्रमाण के लिए वररुचि का यह सूत्र भी लिखा है 'भावो हिंतो सुंतो'। ब्रजभाषा में 'से' का प्रयोग नहीं मिलता उसमें तें का प्रयोग 'से' के स्थान पर देखा जाता है। 'से' के स्थान पर कबीरदास को 'सेती' अथवा 'सेंती' और चन्दबरदाई को 'हुँत' लिखते पाते हैं। इससे अनुमान होता है कि जैसे बँगला में 'हिंतो' से हइते बना उसी प्रकार हिन्दी में 'हुँत' और 'तें' और ऐसे ही 'सुंतो' के आधार से 'सेंती' और से।

---

* –देखिये (ओरिजन) ऑफ़ दी हिन्दी लैंग्वेज पृ. 11।

कुछ विद्वानों की यह सम्मति है कि संस्कृत के 'सह' अथवा सम से 'से' की उत्पत्ति हुई है। करण में सहयोग का भाव पाया जाता है, ऐसी अवस्था में उसकी विभक्ति की उत्पत्ति 'सह' से होने की कल्पना स्वाभाविक है। इसी प्रकार 'सम' से 'से' की उत्पत्ति का विचार इस कारण से हुआ पाया जाता है कि प्राचीन कवियों को सम को 'से' के स्थान पर प्रयोग करते देखा जाता है। निम्नलिखित पद्यों को देखिये—

कहि सनकादिक इन्द्र सम।
बलि लागौ जुध इन्द्र सम॥

पृथ्वीराज रासो।

अवधी में, कहीं ब्रजभाषा में भी 'से' के स्थान पर 'सन' का प्रयोग किया जाता है। इस 'सन' के स्थान पर 'सें' और सों भी होता है। इसलिए कुछ भाषा-मर्मज्ञों ने यह निश्चित किया है कि 'सम' से 'सन' हुआ और 'सन' से सों और फिर 'से' हुआ। ऊपर लिख आया हूँ कि प्राकृत में पंचमी बहुवचन में 'हिंतो' होता है। अनुमान किया गया है कि 'हिंतो' से ही पंचमी का 'तें' बना परन्तु 'से' का ग्रहण पंचमी में कैसे हुआ, यह बात अब तक यथार्थ रूप से निर्णीत नहीं हुई।

4. सम्बन्ध कारक की विभक्ति के विषय में अनेक मत देखा जाता है—मि. बप् अनुमान करते हैं कि हिन्दी का 'का' और बँगला-भाषा की षष्ठी विभक्ति का चिन्ह, संस्कृत षष्ठी बहुवचन के 'अस्माकम्' एवं 'युष्माकम्' इत्यादि के 'क' से गृहीत है।* किन्तु हार्नली साहब ने बप् के अनुमान के विरुद्ध अनेक युक्तियाँ दिखलाई हैं, उनके मत से संस्कृत के 'कृते' के प्राकृत रूपान्तर से ही बँगला और हिन्दी के षष्ठी कारक का चिन्ह, 'का' अथवा विभक्ति ली गई है† 'कृते' से प्राकृत 'केरक' उत्पन्न हुआ है। इस 'केरक' का अनेक उदाहरण पाया जाता है, जहाँ यह 'केरक', शब्द प्रयुक्त हुआ है, वहाँ उसका कोई स्वकीय अर्थ दृष्टिगत नहीं होता, वहाँ वह केवल षष्ठी के चिन्ह-स्वरूप ही व्यवहृत हुआ है—यथा

"तुमम पि अप्पणो केरिकम् जादि मसुमरेसि"
"कस्स केरकम् एदम् पवँणम्" मृ-क षष्ठ-अंक

इसी केरक अथवा केरिक से हिन्दी 'कर' 'केर' और 'केरी' की उत्पत्ति हुई है।**

पहले लिखा गया है कि मैक्समूलर की यह सम्मति है कि संस्कृत का स्वार्थे 'क' ही बदल कर कर्म्मकारक का 'को' हो गया है, 'बंगभाषा और साहित्य' के रचयिता ने

---

* —बंगभाषा और साहित्य पृ. 43, 44।

** बंगभाषा और साहित्य पृ. 43, 44।

इसको स्वीकार भी किया है, मेरा विचार है कि इसी स्वार्थे 'क' से षष्ठी विभक्ति के 'का' की उत्पत्ति हुई है। केरक के स्थान में प्राकृत भाषा में केरओ प्रयोग मिलता है, यही केरओ काल पाकर केरो बन गया, कर, केर और केरी भी हुआ परन्तु सम्बन्ध का चिन्ह 'का' 'की' 'के' भी यही बन गया, यह कुछ क्लिष्ट कल्पना ज्ञात होती है। जैसे–केरो, केरी, और कर का प्रयोग हिन्दी-साहित्य में मिलता है–यथा

बंदों पदसरोज सब केरे–तुलसी

क्षत्र जाति कर रोष–तुलसी

हौं पंडितन केर पछलगा–जायसी

उसी प्रकार 'क' का प्रयोग भी देखा जाता है–यथा

वनपति उहै जेहि क संसारा–
वनिय क सखरज ठकुर क हीन।
वैद क पूत व्याध नहिं चीन।

जब सम्बन्ध में क का प्रयोग देखा जाता है, तो यह विचार होता है कि क्या यही स्वार्थे क बदल कर सम्बन्ध की विभक्ति तो नहीं बन गया है? जो कहीं अपने मुख्य रूप में और कहीं 'का' 'के' 'की' बन कर प्रकट होता है! यदि वह कर्म्म का चिन्ह मैक्समूलर के कथनानुसार हो सकता है, तो सम्बन्ध का चिन्ह क्यों नहीं बन सकता। पहला विचार यदि विवाद-ग्रस्त हो तो हो सकता है, परन्तु यह विचार उतना वादग्रस्त नहीं वरन् अधिकतर सम्भव परक है, यदि कहा जावे कि स्वार्थे क का अर्थ वही होता है, जो उस शब्द का होता है, जिसके साथ वह रहता है, उसका अलग अर्थ कुछ नहीं होता, जैसे संस्कृत का वृक्षक, चारुदत्तक, अथवा पुत्रक आदि, एवं हिन्दी का बहुतक, कबहुँक एवं कछुक आदि। तो जाने दीजिये उसको, निम्नलिखित सिद्धान्त को मानिये–

प्रायः तत्सम्बन्धी अर्थ में संस्कृत में एक प्रत्यय 'क' आता है–

जैसे–मद्रक = मद्र देश का, रोमक = रोम देश का। प्राचीन हिन्दी में का के स्थान में क पाया जाता है, जिससे यह जान पड़ता है कि हिन्दी का 'का' संस्कृत के क प्रत्यय से निकला है।*

जो कुछ अबतक कहा गया उससे इस सिद्धान्त पर उपनीत होना पड़ता है कि प्राकृत भाषा का 'केरक, केरओ', आदि से 'केरा, केरी, और केरो', आदि की और सम्बन्ध सूचक संस्कृत के 'क' प्रत्यय से "का, के," की उत्पत्ति अधिकतर युक्तिसंगत है।

* देखो 'हिन्दी भाषा और साहित्य' का पृष्ठ 143।

5. अधिकरण कारक का चिन्ह हिन्दी में 'मैं' 'मांहि' 'मांझ' इत्यादि है। साथ ही "पै, पर" आदि का प्रयोग भी सप्तमी में देखा जाता है जैसे कोठे पर है। केवल "ए" का प्रयोग भी संस्कृत के समान ही हिन्दी में भी देखा जाता है--जैसे, आप का कहा सिर माथे, में थे का "ए"। सप्तमी में इस प्रकार का जो क्वचित् प्रयोग खड़ी बोलचाल में देखा जाता है, यह बिलकुल संस्कृत के 'गहने' 'कानने' आदि सप्तम्यन्त प्रयोग के समान है, ब्रजभाषा और अवधी में इस प्रकार का अधिक प्रयोग मिलता है–जैसे घरे गैलें, आदि। "पर और पै" का प्रयोग संस्कृत के "उपरि" शब्द से हिन्दी में आया है। एक विद्वान् की यह सम्मति है–

"हिन्दी के कुछ रूपों में अधिकरण कारक के 'में' चिन्ह के स्थान पर 'पै' का प्रयोग होता है, इसकी उत्पत्ति संस्कृत के उपरि शब्द से हुई है। पहले पहल उपिर का पर हुआ, जैसे मुख पर–बाद को पै बन गया।"*

मैं, माँहि, माँझ इत्यादि की उत्पत्ति कहा जाता है कि मध्य से हुई है। ब्रजभाषा और अवधी दोनों में माँहि और माँझ का प्रयोग देखा जाता है, किन्तु खड़ी बोली में केवल 'में' का व्यवहार होता है। ब्रजभाषा में 'में' के स्थान पर 'में' ही प्रायः लिखा जाता है। प्राकृत भाषा का यह नियम है कि पद के आदि का 'ध्य' 'झ' और अन्त का 'ध्य' 'ज्झं' हो जाता है।** इस नियम के अनुसार मध्य शब्द का अन्त्य 'ध्य' जब 'ज्झ' से बदल जाता है, तो मज्झ शब्द बनता है, यथा–बुध्यते, वुज्झते, सिध्यति-सिज्झति इत्यादि। यही मज्झ शब्द ब्रजभाषा और अवधी में माँझ, और अधिक कोमल होकर माँह, माहिं आदि बनता है। इसी माँह, माँहि से मैं और में की उत्पत्ति भी बतलाई जाती है। प्राकृत की सप्तमी एकवचन में "स्मि" का प्रयोग होता है कुछ लोगों की सम्मति है कि प्राकृत के स्मि अथवा म्मि से में अथवा मैं की उत्पत्ति है।***

विभक्तियों के विषय में यद्यपि यह निश्चित है कि वे संस्कृत अथवा प्राकृत से ही हिन्दी अथवा अन्य गौड़ीय**** भाषाओं में आई हैं। परन्तु कभी-कभी विरुद्ध बातें भी सुनाई पड़ती हैं, जैसे–यह कि द्राविड़ भाषा के सम्प्रदान कारक के 'कु' विभक्ति से हिन्दी भाषा क 'का' अथवा बँगला भाषा के 'के' की उत्पत्ति हुई। ऐसी बातों में प्रायः अधिकांश कल्पना ही होती है। इसलिए, उनमें वास्तवता नहीं होती, विशेष विवेचन

* देखो 'ओरिजन ऑफ दी हिन्दी लैंग्वेज' का पृष्ठ 12।

** देखो 'पालिप्रकाश' मुख्य ग्रन्थ का पृष्ठ 19।

*** देखिये पालि प्रकाश पृ. 84 हिन्दी भाषा और साहित्य पृ. 147।

**** हार्नली साहब ने निम्नलिखित भाषाओं को गौड़ीय भाषा कहा है सुविधा के लिये इन भाषाओं को हम भी कभी-कभी इसी नाम से स्मरण करेंगे।

होने पर उनका निराकरण हो जाता है। तो भी यह स्वीकार करना पड़ेगा कि अब तक निर्विवाद रूप से विभक्तियों के विषय में कुछ नहीं कहा जा सकता। जितनी बातें ज्ञात हो सकी हैं, उनका ही उल्लेख यहाँ किया जा सका।

सर्वनाम भी भाषा के प्रधान अंग हैं, और किसी भाषा के वास्तविक स्वरूप ज्ञान के लिए क्रिया सम्बन्धी प्रयोगों का अवगत होना भी आवश्यक है, इसलिए यहाँ पर कुछ उनकी चर्चा भी की जाती है।

उत्तम पुरुष एकवचन में 'मैं' और बहुवचन में 'हम' होता है, संस्कृत के 'अस्मद्' शब्द से दोनों की उत्पत्ति बतलाई जाती है। प्राकृत में तृतीया के एकवचन का रूप 'मया' और बहुवचन का रूप 'अम्हेहि' और 'अम्हेभि' होता है। प्रथमा के बहुवचन का रूप 'अम्हे' है* अपभ्रंश में यह "मया" 'मइ' महँ हो जाता है। यथा–'ढोला महँ तुहुँ वारिया' इसी मइँ से हिन्दी के मैं की और बहुवचन "अम्हेहि" अथवा "अम्हे" से हम की उत्पत्ति बतलायी जाती है। मृच्छ कटिक नाटक में "अस्मद्" का प्राकृत रूप आम्हि भी मिलता है, कहा जाता है, इसी आम्हि से बँगला के आमि की उत्पत्ति हुई है।** बँगला के आमि से हमारे मैं और हम की बहुत कुछ समानता है। आगे चलकर इसी मैं से "मुझे" "मुझको" और "मेरा" आदि और हम से "हमको और हमारा" आदि रूप बनते हैं। एक विद्वान की सम्मति है कि अहम् से 'हम' का उत्पत्ति वैसे ही है, जैसे अ के गिर जाने से अहै से है की।

मध्यम पुरुष का तू, तुम संस्कृत युष्मत् से बनता है। प्राकृत में प्रथमा का एकवचन त्वं और तुवं और बहुवचन 'तुम्ह' होता है। चतुर्थी और षष्ठी का एकवचन "तुम्हं" बनता है।*** इन्हीं के आधार से तू और तुम की उत्पत्ति हुई है। बँगला में तुम को तुमि लिखते हैं, दोनों में बहुत अधिक समानता है, कहा जाता है इस तुमि की उत्पत्ति भी 'तुम्हि' से ही हुई है**** इसी तुम से "तुझ" और तुम्हारा एवं तेरा आदि रूप आगे चलकर बने। हिन्दी में अब तक "तुम्ह" का प्रयोग भी होता है।

मध्यम पुरुष के लिए आप शब्द भी पयुक्त होता है, इस शब्द का आधार संस्कृत का 'आत्मन्' शब्द है। इसका प्राकृत रूप अप्पा और अप्पि है।***** इसी से आप

उड़िया, बँगला, हिन्दी, नेपाली, महाराष्ट्री, गुजराती, सिंधी, पंजाबी और काश्मीरी।

* –देखिये पालिप्रकाश पृ. 153।

** देखिये 'बंगभाषा और साहित्य' पृ. 25।

*** देखिये पालिप्रकाश पृ. 152।

**** देखिये बंगभाषा और साहित्य पृ. 26।

***** देखिये 'बंगभाषा और साहित्य' पृ. 24।

शब्द निकलता है, बँगला में आपके स्थान पर आपनि और बिहार में आपुन बोला जाता है, जिसमें, आत्मन् की पूरी झलक है।

अन्य पुरुष के शब्द वह और वे संस्कृत के (अदस्) शब्द से बने हैं, यह कुछ लोगों की सम्मति है। प्रथमा एकवचन में इसका प्राकृतरूप असु और बहुवचन में अमू होता है,* संस्कृत के प्रथमा एकवचन में असौ होता है, प्राकृत में यही असौ, अखु हो जाता है। अपभ्रंश में प्रायः वह के स्थान पर सु प्रथमा एकवचन में आता है—यथा "अन्नु सुघण थण हारु" "सु गुण लायण्ण निधि" ऐसी अवस्था में कहा जा सकता है कि इसी 'सु' से वह की उत्पत्ति है। परन्तु यहाँ स्वीकार करना पड़ेगा कि अ गिर गया है। वह क्लिष्ट कल्पना है। एक दूसरे विद्वान् भी संस्कृत के असौ से ही वह और वे की उत्पत्ति मानते हैं—** तद् के प्रथमा एकवचन का रूप 'स' और बहुवचन का रूप ते होता है पुल्लिग में। स्त्रीलिंग में यही सा और ता हो जाता है। तद् के द्वितीया का एकवचन पुल्लिग में तं और स्त्रीलिंग में ताम होगा। अपभ्रंश के निम्नलिखित पद्यों में इनका व्यवहार देखा जाता है।

'सा दिसि जोइ म रोइ' 'सा मालइ देसन्तरिअ'
'तंतेवड्डुउँ समरभर' 'सो च्छेयहु नहिंलाहु'
तं तेत्तिउ जलु सायर हो सो ते बहुवित्थारु
'जइ सो वड़दि प्रयावदी' 'ते मुग्गडा हराविआ'
'अन्ने ते दीहर लोअण'

इससे पाया जाता है कि सः से 'सो' और वह की और 'ते' से 'वे' की उत्पत्ति है। ब्रजभाषा और अवधी दोनों में वह के स्थान पर 'सो' का और वे के स्थान पर ते का बहुत अधिक प्रयोग है। गद्य में अब भी 'वह' के स्थान पर 'सो' का प्रयोग होते देखा जाता है। यदि ते से वे की उत्पत्ति मानने में कुछ आपत्ति हो तो उसको वह का बहुवचन मान सकते हैं।

प्राकृत भाषा का यह सिद्धान्त है कि त वर्ग; 'ण' 'ह', और 'र' के अतिरिक्त जब किसी दूसरे व्यंजन वर्ण के बाद यकार होता है तो प्रायः उसका लोप हो जाता है, और तत् संयुक्तवर्ण को द्वित्व प्राप्त होता है।*** इस सिद्धान्त के अनुसार कस्य को कस्स और यस्य का जस्स और तस्य का तस्स प्राकृत में होता है, और फिर उनसे क्रमशः किस, कास, कासु जास, जासु और तास तासु आदि रूप बनते हैं। ऐसे ही संस्कृत कः से प्राकृत को और हिन्दी कौन—संस्कृत यः से प्राकृत में जो बनता है। जो हिन्दी में

* देखिये पालिप्रकाश पृ. 147

** पालिप्रकाश पृ. 21।

*** ओरिजन ऑफ दि हिन्दी लैंग्वेज पृ. i2।

उसी रूप में गृहीत हो गया है। संस्कृत किम् से हिन्दी का क्या और कोपि से हिन्दी का कोई निकला है। अपभ्रंश में किम् का रूप काँइ और कोपि का रूप कोवि पाया जाता है यथा "अम्हे निन्दहु कोबिजण अम्हे बण्णउ कोबि" काइँ न दूरे देक्खइ।

हिन्दी भाषा की अधिकांश क्रियायें संस्कृत से ही निकली हैं। संस्कृत में क्रियाओं के रूप 500 से अधिक पाये जाते हैं, उन सब के रूप हिन्दी में नहीं मिलते, फिर भी जो क्रियायें संस्कृत से हिन्दी में आयी हैं, उनकी संख्या कम नहीं है। हिन्दी में कुछ क्रियायें, अन्य भाषाओं से भी बना ली गयी हैं, परन्तु उनकी संख्या बहुत थोड़ी है। उनकी चर्चा आगे के प्रकरण में की जायेगी। संस्कृत क्रियाओं का विकास हिन्दी में किस रूप में हुआ है, और हिन्दी में किस विशेषता से वे ग्रहण की गयी हैं, केवल इसी विषय का वर्णन थोड़े में यहाँ करूँगा, प्रत्येक विषयों का दिग्दर्शन मात्र ही इस ग्रन्थ में हो सकता है, क्योंकि अधिक विस्तार का स्थान नहीं। विशेष उल्लेख योग्य खड़ी बोली की क्रियायें हैं। जिनका मार्ग अपनी पूर्ववर्ती भाषाओं से सर्वथा भिन्न है।

खड़ी बोल-चाल की हिन्दी में 'है' का एकाधिपत्य है 'था' का व्यवहार भी उसमें अधिकता से देखा जाता है। बिना इनके अनेक वाक्य अधूरे रह जाते हैं और यथार्थ रीति से अपना अर्थ प्रकट नहीं कर पाते। 'है' की उत्पत्ति के विषय में मतभिन्नता है! कोई-कोई इसकी उत्पत्ति अस् धातु से बतलाते हैं और कोई भू धातु से। ओरिजन ऑफ दि हिन्दी लैंग्वेज के रचयिता यह कहते हैं–

"संस्कृत में भू-भवामि-भव, भोमि के स्थान पर वररुचि ने भू-हो-हुआ आदि रूप दिया है। दो सहस्र वर्ष से 'हो' का प्रयोग होने पर भी ब्रजभाषा के भूतकाल में भू-धातु का रूप भया-भये-भयो आदि का प्रयोग अब तक होता है। 'हो' का प्रकृत रूप 'होमे' और हिन्दी रूप 'हूं' है।*

इस अवतरण से यह स्पष्ट है कि वररुचि ने भू धातु से ही होना धातु की उत्पत्ति मानी है, इसी होना का एक रूप 'है' है। अवधी में 'है' के स्थान पर 'अहै का प्रयोग भी होता है' यथा

"साँची <u>अहै</u> कहनावतिया अरी ऊँची दुकान की फीकी मिठाई"**

इसलिए यह विचार अधिकता से माना जाता है कि अस् से ही <u>है</u> की उत्पत्ति है अस् से अह स् के ह हो जाने कारण बना, और व्यवहाराधिक्य से <u>अ</u> के गिर जाने के कारण केवल <u>है</u> का प्रयोग होने लगा। दोनों सिद्धान्तों में कौन माननीय है, यह बात निश्चित रीति से नहीं कही जा सकती, दोनों ही पर तर्क-वितर्क चल रहे हैं, समय ही

---

* देखो ओरिजन ऑफ दि हिन्दी लैंग्वेज पृ. 13।

** देखो ओरिजन ऑफ दि हिन्दी पृ. 14।

इसकी उचित मीमांसा कर सकेगा। 'था' की उत्पत्ति 'स्था' धातु से मानी जाती है, ओरिजन ऑफ दि हिन्दी लैंग्वेज के रचयिता भी इसी सिद्धान्त को मानते हैं।

इस है, और था के आधार से बने कुछ हिन्दी क्रियाओं के प्रयोग की विशेषताओं को देखिये। संस्कृत चलति का अपभ्रंश एवं अवधी में चलइ और ब्रजभाषा में चलय अथवा चलै रूप वर्तमान-काल में होगा।

परन्तु खड़ी बोलचाल की हिन्दी में इसका रूप होगा चलता है। संस्कृत में प्रत्यय न तो शब्द से पृथक् है, न अवधी में, ब्रजभाषा में भी नहीं जो कि पश्चिमी हिन्दी ही है। इनके शब्द संयोगात्मक हैं, उनमें है का भाव मौजूद है। परन्तु खड़ी बोली का काम बिना है के नहीं चला, उसमें है लगा, और बिलकुल अलग रह कर। खड़ी बोली की अधिकांश क्रियायें हैं से युक्त हैं। था के विषय में भी ऐसी ही बातें कही जा सकती हैं। खड़ी बोली के प्रत्ययों और विभक्तियों को प्रकृति से मिलाकर लिखने के लिए दस बरस पहले बड़ा आन्दोलन हो चुका है। कुछ लोग इस विचार के अनुकूल थे और कुछ प्रतिकूल। संयोगवादी प्राचीन प्रणाली की दुहाई देते थे, और कहते थे कि वैदिककाल से लेकर आज तक आर्य्यभाषा की जो सर्वसम्मत रीति प्रचलित है, उसका त्याग न होना चाहिए। प्रकृति से प्रत्ययों और विभक्तियों को अलग करने से पहले तो शब्दों का अयथा विस्तार होता है, दूसरे उनके स्वरूप पहचानने और प्रयोग में बाधा उपस्थित होती है। वियोगवादी कहते संयोग जटिलता का कारण है, संयुक्त वर्ण जिसके प्रमाण हैं। इसलिए सरलता जनसाधारण की सुविधा और बोलचाल पर ध्यान रखकर जो नियम आजकल इस बारे में प्रचलित हैं, उनको चलते रहना चाहिए। जीत वियोग वादियों की ही हुई अब भी कुछ लोग प्रकृत और प्रत्ययों को मिलाकर लिखते हैं; परन्तु साधारणतया वे अलग ही लिखे जाते हैं! कहा जाता है, हिन्दी भाषा में यह प्रणाली फारसी भाषा से आयी है। फारसी में प्रायः इस प्रकार के शब्द अलग लिखे जाते हैं और उर्दू उन्हीं अक्षरों में लिखी जाती है जिन अक्षरों में फारसी। इसलिए जैसे हिन्दी की क्रिया आदि उर्दू में लिखे जाते हैं, वैसे ही हिन्दी में भी लिखे जाने लगे।* इस कथन में बहुत कुछ सत्यता है, परन्तु मैं इस विवाद में पड़ना नहीं चाहता। मेरा कथन इतना ही है कि विभक्तियाँ अथवा प्रत्यय प्रकृति के साथ मिलाकर लिखे जायें या न लिखे जायें। परन्तु ये ही हिन्दी भाषा के वे सहारे हैं, जिनके आधार से वह संसार को अपना परिचय दे सकती है। इस प्रकरण में मैंने जिन विभक्तियों, सर्वनामों, प्रत्ययों और क्रियाओं का वर्णन किया है, वे हिन्दी भाषा के शब्दों, वाक्यों और उनके अवयवों के ऐसे चिन्ह हैं, जो उसको अन्य भाषाओं से अलग करते हैं, इसलिए उनका निरूपण आवश्यक समझा गया।

---

* देखें ओरिजन ऐंड डेवलपमेन्ट आफ़ दि बँगला लैंग्वेज़ पृ. 122।

सातवाँ प्रकरण

हिन्दी भाषा पर अन्य भाषाओं का प्रभाव

हिन्दी भाषा में सबसे अधिक संस्कृत के शब्द पाये जाते हैं। इस हिन्दी भाषा से मेरा प्रयोजन साहित्यिक हिन्दी भाषा से है। बोलचाल की हिन्दी में भी संस्कृत के शब्द हैं, परन्तु थोड़े, उसमें तद्भव शब्दों की अधिकता है। हिन्दुओं की बोलचाल में अब भी संस्कृत के शब्दों के प्रयुक्त होने का यह कारण है, कि विवाह यज्ञोपवीत आदि संस्कारों के समय कथा वार्ता और धर्म चर्चाओं में, व्याख्यानों में और उपदेशों में, नाना प्रकार के पर्व और उत्सवों में, उनको पण्डितों का साहाय्य ग्रहण करना पड़ता है। पण्डितों का भाषण अधिकतर संस्कृत शब्दों में होता है, वे लोग समस्त क्रियाओं को संस्कृत पुस्तकों द्वारा कराते हैं। अतएव उनके व्यवहार में भी संस्कृत शब्द आते रहते हैं। सुनते-सुनते अनेक संस्कृत शब्द उनको याद हो जाते हैं, अतएव अवसर पर वे उनका प्रयोग भी करते हैं। जब पुलकित चित्त से भगवान का स्मरण करने के लिए गोस्वामी तुलसीदास के अथवा कविवर सूरदास के पदों को गाते हैं, अन्य भक्तों के भजनों को सुनते हैं उस समय भी अनेक संस्कृत शब्द उनकी जिह्वा पर आते रहते हैं, और उनके विषय में उनका ज्ञान बढ़ता रहता है। इसलिए हिन्दुओं की बोलचाल में संस्कृत शब्दों का होना स्वाभाविक है। तथापि यह स्वीकार करना पड़ेगा, कि इनकी संख्या अधिक नहीं है। जो संस्कृत के शब्द अपने शुद्ध रूप में व्यवहृत होते हैं, उनको तत्सम कहते हैं, यथा हर्ष, शोक, कार्य्य, कर्म्म, व्यवहार, धर्म्म आदि। जो संस्कृत शब्द प्राकृत में होते हुए हिन्दी तक परिवर्तित रूप में पहुँचे हैं, उनको तद्भव कहते हैं। जैसे काम, कान, हाथ इत्यादि। हिन्दी भाषा इन तद्भव शब्दों से ही बनी है। तद्भव शब्द के लिए यह आवश्यक नहीं है, कि जिस रूप में वह प्राकृत में था उस रूप को बदलकर हिन्दी में आवे तभी तद्भव कहलावे, यदि उसने अपना संस्कृत रूप बदल दिया है और प्राकृत रूप में ही हिन्दी में आया है तो भी तद्भव कहलावेगा। हस्त को लीजिए, जब तक इस शब्द का व्यवहार शुद्ध रूप में होगा, तब तक वह तत्सम है। प्राकृत में हस्त का रूप हत्थ हो जाता है और

हत्थ हिन्दी में हाथ हो जाता है। हिन्दी भाषा की रीढ़ ऐसे ही शब्द हैं, यह स्पष्ट तद्भव है। परन्तु यदि हत्थ के रूप में ही हिन्दी में ले लिया जाता तो भी तद्भव ही कहलाता। प्राकृत में लोचन, लोयन, बन जाता है और हिन्दी में इसी रूप में गृहीत होता है, थोड़ा भी नहीं बदलता, तो भी तद्भव ही कहलाता है। क्योंकि लोचन से उत्पन्न होने के कारण लोयन में तद्भवता (उत्पन्न होने का भाव) मौजूद है। तत्सम शब्द के आदि और मध्य का हलन्त वर्ण प्रायः हिन्दी में सस्वर हो जाता है, प्राकृत और अपभ्रंश में भी इस प्रकार का प्रयोग पाया जाता है, क्योंकि सुखमुखोच्चारण के लिए जनसाधारण प्रायः संयुक्त वर्णों के हलन्त वर्णों को सस्वर कर देता है, संस्कृत में इसको युक्तविकर्ष कहते हैं, ऐसे ही शब्द अर्द्ध तत्सम कहलाते हैं। धरम, करम; किरपा, हिरदय, अगिन, सनेह आदि ऐसे ही शब्द हैं जो धर्म, कर्म, कृपा, हृदय, अग्नि, स्नेह के वे रूप हैं जो जनता के मुखों से निकले हैं। अवधी और ब्रजभाषा में ऐसे शब्दों का अधिकांश प्रयोग मिलता है। इन भाषा के कवियों ने भी भाषा को कोमल करने के लिए ऐसे कुछ शब्द गढ़े हैं। परन्तु खड़ीबोली के कवियों का मार्ग बिलकुल उलटा है, वे अर्द्ध तत्सम शब्दों का प्रयोग करते ही नहीं। हिन्दी का गद्य तो उस को पास फटकने नहीं देता। 1. तत्सम, 2. अर्ध तत्सम और 3. तद्भव के अतिरिक्त हिन्दी भाषा में और एक प्रकार के शब्द पाये जाते हैं इनको 4. देशज कहते हैं। ये देशज वे शब्द हैं जिनके आधार संस्कृत अथवा प्राकृत शब्द नहीं हैं। वे अनार्य्यों अथवा विजातीय भाषाओं से हिन्दी में आये हैं। जैसे गोड़, टाँग, उर्दू आदि। किसी-किसी की यह सम्मति है कि ऐसे शब्दों के विषय में यह ठीक पता नहीं चलता, कि वे कहाँ से आये, इसलिए वे देशज मान लिए गये। कुछ अनुकरणात्मक शब्द भी हिन्दी में हैं—जैसे खटखटाना, गड़बड़ाना, बड़बड़ाना, फड़फड़ाना, चटपट, खटपट इत्यादि। कहा जाता है ऐसे कुल शब्द देशज हैं, परन्तु अनेक भाषा मर्मज्ञों ने इस प्रकार के बहुत से शब्दों की उत्पत्ति संस्कृत से ही बतलाई है। सीधा मार्ग देशज शब्दों के निर्धारण का यही ज्ञात होता है कि जो तत्सम, तद्भव, अर्द्ध तत्सम, तत्समाभास अथवा विदेशी शब्द नहीं हैं, उन्हें देशज मान लिया जावे। हिन्दी भाषा में कुछ ऐसे शब्द भी प्रयुक्त होते हैं, जो देखने में तत्सम ज्ञात होते हैं, परन्तु वास्तव में वे तत्सम शब्द नहीं होते। जिनको संस्कृत का ज्ञान साधारण होता है, आदि में उनके द्वारा ऐसे शब्दों का प्रयोग होता है, जब उनके अनुकरण से दूसरे लोग भी उनका व्यवहार करने लग जाते हैं, तो काल पाकर वे गृहीत हो जाते और भाषा में चल जाते हैं। इस प्रकार के शब्द हैं, हरीतिमा, लालिमा, सत्यानाश, प्रण और मनोकामना आदि। कुछ संस्कृत के विद्वान इस प्रकार के शब्दों का व्यवहार करने के विरोधी हैं, उनके द्वारा अब भी इस प्रणाली का यथा समय विरोध होता रहता है, परन्तु मेरा विचार है कि ऐसे चल गये और व्यापक बन गये, शब्दों का विरोध सफलता नहीं लाभ कर सकता। कारण

इसका यह है कि समस्त प्राकृतों और अपभ्रंश भाषाओं की उत्पत्ति ही इस प्रकार हुई है। भाषा में जब स्थान मिल गया है तब इस प्रकार के शब्दों का निकाल बाहर करना साधारण बात नहीं, ऐसी अवस्था में उनको उस भाषा का स्वतंत्र प्रयोग मान लेना ही, अधिक युक्ति-संगत ज्ञात होता है। अनेक व्याकरण रचयिताओं ने इस पथ का अवलम्बन किया है, ऐसे शब्दों को तत्समाभास कह सकते हैं।

हिन्दी शब्द-भाण्डार पर विदेशी भाषाओं के शब्द का भी बहुत कुछ प्रभाव पड़ा है। 'नानक' शब्द का प्रयोग नामकरण के लिए प्रायः काम में लाया जाता है, नानकचंद, नानक बख्शनाम अब भी रखे जाते हैं परन्तु वास्तव में 'नानक' यूनानी शब्द है। 'कचहरी' शब्द घर-घर प्रचलित है, और साहित्यिक भाषा में भी चलता रहता है परन्तु है यह पुर्तगाली भाषा का शब्द। शक और हूणों के शब्द भी प्राकृत और अपभ्रंश से होकर हिन्दी में आये हैं, परन्तु सबसे अधिक उसमें फारसी, अरबी और अंगरेज़ी के शब्द पाये जाते हैं। 900 ईस्वी के लगभग मुहम्मद बिन कासिम ने सिन्धु को जीता, भारत के एक बड़े प्रदेश में मुसलमानों की यह पहली विजय थी, उसके बाद 100 वर्ष तक पंजाब में मुसलमानों का राज्य रहा तदुपरान्त वे धीरे-धीरे भारत भर में फैल गये और लगभग 800 वर्ष तक उनका शासन चलता रहा। विजेता की भाषा का कितना प्रभाव विजित जाति पर पड़ता है, यह अप्रकट नहीं। इस आठ सौ वर्ष के बहुव्यापी समय में उसने कितना अधिकार भारतीय भाषाओं पर जमाया, इसका प्रमाण वे स्वयं दे रही हैं। हिन्दी भाषा वहाँ की भाषा थी, जहाँ पर मुसलमानों के साम्राज्य का केन्द्र था, और जहाँ उनकी विजय वैजयन्ती उस समय तक उड़ती रही जब तक उनका साम्राज्य ध्वंस नहीं हुआ। इसीलिए हिन्दी भाषा पर उनकी भाषा का बहुत अधिक प्रभाव देखा जाता है। अरबी मुसलमानों की धार्मिक भाषा थी। विजयी मुसलमान भारत में अरब से ही नहीं, ईरान और तुर्किस्तान से भी आये। इसलिए हिन्दी भाषा पर अरबी, फारसी और तुर्की तीनों का प्रभाव पड़ा। इन तीनों भाषाओं के शब्द अधिकता से उसमें पाये जाते हैं। अधिकता का प्रत्यक्ष प्रमाण उर्दू है, जो कठिनता से हिन्दी कही जा सकती है।

इन भाषाओं के अधिकतर शब्द संज्ञा रूप में गृहीत हुए हैं। मुसलमानों के साथ बहुत से ऐसे पदार्थ और सामान भारत में आये, जिनका कोई संस्कृत और देशज नाम नहीं था, इसलिए हिन्दी में उनका अरबी, फारसी आदि नाम ही व्यवहार में आया। जैसे साबुन, चिलम, नैचा, हुक़्क़ा, रिकाबी, तश्तरी आदि। प्रायः देखा जाता है कि शिक्षितजन ही नहीं, अपठित लोग भी राजकीय भाषा बोलने में अपना गौरव समझते हैं, इस कारण अनेक संस्कृत और हिन्दी शब्दों के स्थान पर भी अरबी, फ़ारसी एवं तुर्की शब्दों का प्रचार हुआ और यह दूसरा हेतु हिन्दी में विदेशी शब्दों के आधिक्य का हुआ।

आजकल वायु, मसिभाजन, लेखनी आदि के स्थान पर हवा 'दावात' और क़लम आदि का ही अधिक प्रयोग देखा जाता है। नीचे लिखे शब्दों जैसे अनेक शब्द ऐसे हैं कि जिनके स्थान पर हम गढ़े शब्दों का ही प्रयोग कर सकते हैं, फिर भी वे इतने सुबोध न होंगे, इसलिए ऐसे शब्द ही प्रायः मुखों से निकलते, और उनकी व्यापकता हिन्दी में बढ़ाते हैं—

मज़दूर, वकील, गुलाब, कोतल, परदा, रसद, कारीगर आदि।

इस प्रकार के शब्दों को छोड़कर इन भाषाओं के कुछ संज्ञाओं को लेकर भी उन्हें क्रिया का रूप हिन्दी नियमानुसार दिया गया और आज कल वे क्रियायें हिन्दी में निस्संकोच भाव से प्रचलित हैं। शरमाना, फ़रमाना, क़बूलना, बदलना, बख़्शना, आदि ऐसी ही क्रियायें हैं। शर्म, फ़रमान, क़बूल, बदल, बख़्श, आदि संज्ञाओं के अन्त में हिन्दी का धातु चिन्ह लगा कर इन्हें क्रिया का रूप दिया गया, और आजकल उनसे सब काल की क्रियायें हिन्दी व्याकरण के नियमानुसार बनती रहती हैं। इन भाषाओं के आधार से बहुत से ऐसे शब्द भी बन गये हैं, कि जिनका आधा हिस्सा हिन्दी शब्द है, और दूसरा आधा अरबी फ़ारसी इत्यादि का कोई शब्द। जैसे पानदान, पीकदान, हाथीबान, समझदार, ठीकेदार आदि। इस प्रकार की कुछ क्रियायें भी बना ली गयी हैं। जैसे खुश होना, रवाना होना, दिल लगाना, ज़ख़्म पहुँचाना, इलाज करना, हवा हो जाना आदि।

मुसलमानों की अदालत और दफ़्तरों के काम पहले प्रायः हिन्दी में होते थे, परन्तु अकबर के समय में राजा टोडरमल ने दफ़्तर को हिन्दी से फ़ारसी में कर लिया। जिसका परिणाम यह हुआ कि हिन्दू फ़ारसी पढ़ने के लिए विवश हुए, और कचहरी एवं दफ़्तरों का काम फ़ारसी में होने लगा। इसे भी प्रचुर फ़ारसी अरबी आदि के शब्दों का प्रचार जन-साधारण और हिन्दी में हुआ, और क़ानून एवं अदालत सम्बन्धी सैकड़ों पारिभाषिक शब्द व्यवहार में आने लगे। क़ाजी, नाज़िम, क़ानूनगो, समन, नाबालिग़, बालिग़, दस्तावेज़ आदि ऐसे ही शब्द हैं।

अरबी, फ़ारसी में कुछ ऐसी ध्वनियाँ हैं, जो उनकी वर्णमाला में मौजूद हैं, परन्तु हिन्दी वर्णमाला में उनका अभाव है। जब फ़ारसी, अरबी और तुर्की के शब्दों का प्रचार हुआ तो उनके शब्दगत अक्षरों की विशेष ध्वनियों की ओर भी लोगों की दृष्टि आकर्षित हुई, क्योंकि बिना उन ध्वनियों की रक्षा किये शब्दों का शुद्धोच्चारण असम्भव था। परिणाम यह हुआ कि कुछ विशेष चिन्ह के द्वारा इस न्यूनता की पूर्ति की गयी। यह विशेष चिन्ह वह बिन्दु है जो अरबी के अपेक्षित अक्षरों के नीचे लगाया जाता है ع, غ, ق, خ, ز, ف की ध्वनियों की रक्षा अ, ग़, क़, ख़, ज़, फ़, लिख कर की जाती है। किन्तु कुछ भाषा-मर्मज्ञ इस प्रणाली के प्रतिकूल हैं। उनका यह कथन है कि ग्राहक

भाषा सदा ग्राह्य भाषाओं के शब्दों को अपने स्वाभाविक उच्चारणों के अनुकूल बना लेती है। ऐसी अवस्था में हिन्दी वर्णों पर बिन्दु लगा कर अरबी फ़ारसी के अक्षरों की ध्वनियों की रक्षा करना युक्तिमूलक नहीं। ऐसा करने से व्यर्थ वर्णमाला के वर्णों का विस्तार होता है। मेरा विचार है कि जब पठित समाज अरबी, फ़ारसी के विशेष अक्षरों का उच्चारण उसी रूप में करता है, जिस रूप में उनका उच्चारण उन भाषाओं में होता है तो इस प्रकार के उच्चारणों की रक्षा के लिए हिन्दी भाषा के अक्षरों में विशेष संकेतों के द्वारा कुछ परिवर्तन करने की जो प्रणाली गृहीत है वह सुरक्षित क्यों न रखी जावे। उर्दू कोर्ट की भाषा है, कचहरी दरबार में उसी का प्रचार है। सरकारी दफ़्तरों में उसी से ही काम लिया जाता है। उर्दू की लिपि वही है, जो अरबी, फ़ारसी की है, इसलिए अरबी फ़ारसी के शब्द उसमें शुद्ध रूप में लिखे जाते हैं। शुद्ध रूप में लिखे जाने के कारण उनका उच्चारण भी शुद्ध रूप में होता है। सरकारी कचहरियों से कुछ न कुछ सम्बन्ध प्रजा मात्र का होता है। मान की रक्षा कौन नहीं करता। जब लोग देखते हैं कि अरबी फ़ारसी शब्दों का शुद्ध उच्चारण न करने से प्रतिष्ठा में बट्टा लगता है, शिष्ट-प्रणाली में अन्तर पड़ता है अधिकारियों की दृष्टि से गिरना पड़ता है, तो उनको विवश होकर अरबी, फ़ारसी शब्दों के उच्चारण के समय उनकी विशेषताओं की रक्षा करनी पड़ती है। पठित समाज अवश्य ऐसा करता है, गँवार और मूर्खों की बात दूसरी है। यदि आवश्यकतायें अथवा कारण विशेष हमको अरबी और फ़ारसी शब्दों का शुद्धोच्चारण करने के लिए विवश करते हैं और सभा, समाज, पारस्परिक व्यवहार, एवं कुछ अंतर्जातीय लोगों से सम्मिलिन के अवसरों पर हमको शुद्ध उर्दू बोलने की आवश्यकता होती है, तो उसके फ़ारसी अरबी के विशेष शब्दों को हिन्दी अक्षरों में शुद्ध लिखने की प्रणाली प्रचलित क्यों न रखी जावे। दूसरी बात यह कि पूर्णता लाभ के लिए जैसे भाषा के व्यापक और पूर्ण होने की आवश्यकता है, वैसे ही लिपि को। लिपि की अपूर्णता प्रायः भाषा की पूर्णता की बाधक होती है। यह ज्ञात है कि उर्दू अरबी लिगि में लिखी जाती है अरबी लिपि में हिन्दी फा। ट वर्ग है ही नहीं, उसमें हिन्दी के ख, घ, छ, झ, थ, ध, फ, भ, अक्षरों का भी अभाव है। उर्दू वालों ने एक नहीं, अनेक चिन्हों का उद्भावन कर अपने अभावों की पूर्ति की, और इस प्रकार अपनी लिपि को पूर्ण बना लिया है। रोमन अक्षरों को पूर्ण बनाने के लिए आये दिन इस प्रकार की उद्भावनायें होती ही रहती हैं। फिर हिन्दी, यह हिन्दी पीछे क्यों रहे, जो सभी लिपियों से शक्तिशालिनी है और जिसमें ही वह गुण है, कि जो लिखा जाता है, वही पढ़ा जाता है। यदि अपनी आवश्यकताओं की पूर्ति करके, कोई लिपि पूर्ण बन सकती है, तो हिन्दी में यह शक्ति सबसे अधिक है। वह अपूर्ण क्यों रहे, और क्यों यह प्रकट करे कि वह न्यूनताओं से भरी है, और पूर्णता लाभ करने की उसमें शक्ति नहीं।

अरबी फ़ारसी लिपियों में जो ऐसे वर्ण हैं, जिनका उच्चारण हिन्दी वर्णों के समान है, उनके लिखने में कुछ परिवर्तन नहीं होता, वरन् फ़ारसी अरबी के कई वर्णों के स्थान पर हिन्दी का एक ही वर्ण प्रायः काम देता है। परिवर्तन उसी अवस्था में होता है जब उनमें फ़ारसी अरबी वर्णों से अधिकतर उच्चारण की विभिन्नता पाई जाती है। नीचे कुछ इसका वर्णन किया जाता है।

अरबी में कुल 28 अक्षर हैं, इनमें फ़ारसी भाषा के चार विशेष अक्षरों पे, चे, ज़े, गाफ़ के मिलाने से वे 32 हो जाते हैं उनको मैं नीचे लिखता हूँ–

ب پ ت ٹ ث ج چ ح خ د ڈ ذ ر ڑ ز ژ س ش ص ض ط ظ ع غ ف ک ق گ ل م ن و ہ ی

इनमें से, से, हे, साद, ज़ाद, तो, जो, ऐन और क़ाफ़ अरबी के विशेष अक्षर हैं–फ़ारसी और अरबी के विशेष अक्षरों को, निम्नलिखित शेर में स्पष्ट किया गया है–

सावो, हावो, सादो, ज़ादो, तोवो, ज़ोवो, ऐन, क़ाफ़। हर्फ़े ताज़ी फ़ारसीदां, पे, वो, चे, वो, ज़े, वो, गाफ़। इनमें से ا ب پ ج چ د ر ش ک گ ل م ن و ی के स्थान पर हिन्दी में, अ, व, प, ज, च, द, र, श, क, ग, ल, म, न, व, य, लिखा जाता है। दोनों भाषाओं के उक्त अक्षरों का उच्चारण कुछ भिन्न ज्ञात होता है परन्तु प्रयोग में कोई भिन्नता नहीं है, इसलिए फ़ारसी के इन तेरह अक्षरों के स्थान पर हिन्दी अक्षरों का व्यवहार बिना किसी परिवर्तन के होता है। फ़ारसी के शेष अक्षरों में से कुछ अक्षर तो ऐसे हैं जिनमें से दो या तीन अक्षरों के स्थान पर हिन्दी का एक अक्षर काम देता है और कुछ ऐसे हैं जिनके लिए समान उच्चवारित अक्षरों के नीचे बिन्दु लगाना पड़ता है, नीचे ऐसे अक्षर लिखे जाते हैं। (1) ق خ ع غ ف के स्थान पर क़ ख़ अ ग़ और फ़ लिखा जाता है जैसे قوم का क़ौम خربوزہ का ख़रबूज़ा عینک का ऐनक عینک का ग़ायब और فضول का फ़ज़ूल आदि किन्तु ع के स्थान पर प्रायः अ ही लिखने की प्रणाली है। कारण इसका यह है कि ऐन का उच्चारण अधिकतर पठित समाज भी अ का सा-ही करता है, इसका प्रमाण यह है कि मअ़लूम के स्थान पर मालूम ही लिखा जाता है علم को आ़म नहीं आम ही कहते और लिखते हैं।

2. ح और ہ दोनों के स्थान पर हिन्दी का ह ही काम देता, है जैसे حال का हाल और हवा का हवा। ت और ط का काम हिन्दी का त देता है। طور और تیر तौर और तीर ही लिखे जाते हैं।

3. ث ص और س हिन्दी में स बन जाते हैं। जैसे صورت का सूरत ثواب का सवाब और سر का सर इत्यादि।

ذ ز ض ظ ژ इन पाँचों अक्षरों का उच्चारण प्रायः ज़ के समान है, इसलिए हिन्दी में इनके स्थान पर ज़ ही लिखा जाता है जैसे ذیل का ज़ैल زور का ज़ोर, ضامن का ज़ामिन ظاہر का ज़ाहिर इत्यादि।

फ़ारसी में एक हे मुख़फ़ी कहा जाता है, روزه—کوزه—سبزه—ذره के अन्त में जो हे है वही हे मुख़फ़ी है। हिन्दी में यह आ हो जाता है जैसे रोज़ा, कूज़ा, सबज़ा, ज़र्रा आदि। कुछ लोगों ने इस हे के स्थान पर विसर्ग लिखना प्रारम्भ किया था, अब भी कोई-कोई किसी प्रकार से लिखना पसन्द करते हैं जैसे रोज़ः, कूज़ः, सब्ज़ः, ज़र्रः आदि। परन्तु अधिक सम्मति इसके विरुद्ध है, मैं भी प्रथम प्रणाली को ही अधिकतर युक्ति सम्मत समझता हूँ।

हिन्दी भाषा का अन्यतम रूप उर्दू है। दिल्ली मुसलमान सम्राटों की राजधानी अन्तिम समय तक थी। दिल्ली के आसपास और उसके समीपवर्ती मेरठ के भागों में जो हिन्दी बोली जाती है, उसी में लश्कर के लोगों की बोलचाल का मिश्रण होने से जिस भाषा की उत्पत्ति हुई, शाहजहाँ के समय में उसी का नाम उर्दू पड़ा। कारण इसका यह है कि तुर्की भाषा में लश्कर को उर्दू कहते हैं। किसी भाषा में अन्य भाषा के कुछ शब्द मिल जायें तो इससे उस भाषा का कुछ रूप बदल जा सकता है परन्तु वह भाषा अन्य भाषा नहीं बन जाती। उर्दू भाषा की रीढ़ हिन्दी भाषा के सर्वनाम, विभक्तियाँ, प्रत्यय और क्रियायें ही हैं, उसकी शब्द-योजना भी अधिकतर हिन्दी भाषा के समान ही होती है, ऐसी अवस्था में वह अन्य भाषा नहीं कही जा सकती।

मैंने चतुर्दश हिन्दी-साहित्य-सम्मेलन के सभापतित्व-सूत्र से जो इस बारे में लिखा था, विषय को और स्पष्ट करने के लिए उसे भी यहाँ उद्धृत करता हूँ।

"यदि अन्य भाषा के शब्द सम्मिलित होने से किसी भाषा का नाम बदल जाता है, तो फ़ारसी अंग्रेजी आदि बहुत-सी भाषाओं का नाम बदल जाना चाहिए। फ़ारसी में अरबी और तुर्की के इतने अधिक शब्द मिल गये हैं, कि उतने शब्द आज भी हिन्दी में इन भाषाओं अथवा फ़ारसी के नहीं मिले, फिर क्यों फ़ारसी फ़ारसी कही जाती है और हिन्दी उर्दू कहलाने लगी। फ़ारस के विख्यात महाकवि फ़िरदोसी ने अपने शाहनामा में एक स्थान पर लिखा है, "फ़लक गुफ़्त अहसन मलक गुफ़्त ज़ेह" अहसन और ज़ेह अरबी शब्द हैं, अतएव उनसे प्रश्न हुआ कि आपने कुल किताब तो ख़ालिस फ़ारसी में लिखी, इस शेर में दो अरबी के शब्द कैसे आ गये उन्होंने कहा कि "फ़लक व मलक गुफ़्त न मन गुफ़्त" मतलब यह कि फ़लक और मलक ने कहा मैंने नहीं कहा*! कहाँ यह भाव और कहाँ यह कि एक तिहाई से अधिक अरबी शब्द फ़ारसी में दाख़िल हो गये, तो भी फ़ारसी का नाम फ़ारसी ही रहा। उर्दू भाषा की प्रकृति आज भी हिन्दी है, व्याकरण उसका आज भी हिन्दी प्रणाली में ढला हुआ है, उसमें जो फ़ारसी मुहावरे

---

* मुसलमानों का धार्मिक विश्वास है कि फ़लक (आकाश) और मलक (देवता) की भाषा अरबी है।

दाख़िल हुए हैं, वे सब हिन्दी रंग में रँगे हैं। फ़ारसी के अनेक शब्द हिन्दी के रूप में आकर उर्दू की क्रिया बन गये हैं। एकवचन बहुधा हिन्दी रूप में बहुवचन होते हैं, फिर उर्दू हिन्दी क्यों नहीं है? यदि कहा जावे फ़ारसी, अरबी, और संस्कृत शब्दों के न्यूनाधिक्य से ही उर्दू हिन्दी का भेद स्थापित होता है, तो यह भी नहीं स्वीकार किया जा सकता, क्योंकि अनेक उर्दू शायरों का बिलकुल हिन्दी से लबरेज़ शेर उर्दू माना जाता है और अनेक हिन्दी कवियों का फ़ारसी और अरबी से लबालब भरा पद्य हिन्दी कहा जाता है—कुछ प्रमाण लीजिए—

तुम मेरे पास होते हो गोया।
जब कोई दूसरा नहीं होता॥

मोमिन

लोग घबरा के यह कहते हैं कि मर जायेंगे।
मर के गर चैन न पाया तो किधर जायेंगे॥

ज़ौक़

लटों में कभी दिल को लटका दिया।
कभी साथ बालों के झटका दिया॥

मीरहसन

हिन्दी-भरी कविता आपने उर्दू की देख ली। अब अरबी फ़ारसी भरी हिन्दी की कविता देखिये—

जेहि मग दौरत निरदई तेरे नैन कजाक।
तेहि मग फिरत सनेहिया किये गरेबां चाक। **रसनिधि**
यों तिय गोल कपोल पर परी छूट लट साफ़।
ख़ुशनवीस मुंशी मदन लिख्यो कांच पर क़ाफ़।

शृंगार सरोज

मैं यहाँ कुछ अंगरेज और भारतीय विद्वानों की सम्मति उठाना चाहता हूँ—आप लोग देखें वे क्या कहते हैं—

'उर्दू का व्याकरण ठीक हिन्दी के व्याकरण से मिलता है' उर्दू हिन्दी से भिन्न नहीं है।*

डॉक्टर राजेन्द्र लाल मित्र

---

* The Grammar of Urdu is unmistakably the same as that of Hindi, and it must follow therefore that the Urduis, a Hindi and an Aryan dialect.

—Dr. R. L. Mittra

"उर्दू के बड़े प्रसिद्ध कवि वली और सौदा की भाषा तथा हिन्दी के अति प्रसिद्ध कवि तुलसीदास और बिहारी लाल की भाषा में कुछ अन्तर नहीं है, दोनों ही आर्य्य-भाषा हैं। इसलिए हिन्दी उर्दू को अलग मानना बड़ी भारी भूल है।"*

मिस्टर बीम्स

"जो भाषा आज हिन्दुस्तानी कहलाती है उसी का नाम हिन्दी, उर्दू और रेख़ता भी है। इसमें अरबी, फ़ारसी और संस्कृत भाषा के शब्द हैं।"**

डाक्टर गिल क्राइस्ट

आजकल उर्दू अधिक बदल रही है, उसमें फ़ारसी तरकीबों का अधिकतर प्रयोग होने लगा है। मेवा का मेवों, निशान का निशानों, मज़दूर का मज़दूरों, शहर का शहरों, दवा का दवाओं और क़सबा का क़सबों ही पहले लिखा जाता था, क्योंकि हिन्दी के नियमानुसार उनका बहुवचन रूप यही बनता है। परन्तु अब फ़ारसी के अनुसार उनका बहुवचन रूप मेवात, निशानात, मज़दूरान, शहरात, अदबिया, क़सबात अथवा क़सबाजात लिखना अधिक पसन्द किया जाता है। इसी प्रकार हिन्दी के कुछ कारक-चिह्नों का लोप करके फ़ारसी शब्दों को फ़ारसी तरकीब में ढाला जाने लगा है, रोज़ेसियह, इशरते क़तरा, नशयेइश्क़, मुर्दादिल, ग़रीबुलवतनी, मसायलेतसव्वुफ़ आदि इसके प्रमाण हैं! लम्बे-लम्बे समस्त पदों की भी अधिकता हो चली है—जैसे 'ज़ेरे क़दमे वालदा फ़िरदोस बरीं है, परन्तु तो भी उर्दू का अधिकांश प्रचलित रूप हिन्दी ही है।'

इस प्रकार के प्रयोगों से हिन्दी में कुछ फ़ारसी शब्द अधिक मिल गये हैं, और उर्दू नामकरण ने विभेद मात्रा अधिक बढ़ा दी है; तथापि आज तक उर्दू हिन्दी ही है, कतिपय प्रयोगों का रूपान्तर हो सकता है भाषा नहीं बदल सकती। फिर भी यह स्वीकार करना पड़ेगा कि हिन्दी भाषा पर अरबी फ़ारसी और तुर्की शब्दों का इतना अधिक प्रभाव पड़ रहा है कि एक विशेष रूप में वह अन्य भाषा सी प्रतीत होती है।

---

* Such words, however, in no way altered or influenced the language itself, which, when its inflectional of phonetic elements are considered, remains still a pure Aryan dialect, just as pure in the pages of Walli and Souda, as it is in those of Tulsi Das or Biharilal. It betrays, therefore, a radical misunderstanding of the whole learnings of the question and of whole Science of philology to speak of Urdu and Hindi as two distinct languages. **—Mr. Beems**

** The language at present best known as the Hindustanee, is also frequently denominated Hindi, Urdu and Rekhta. It is compounded of the Arabic, Persian and Sanskrit, or Bhasha which last appears to have been in former ages the current language of Hindustan. **—Dr. Gilchrist**

सौ वर्ष के भीतर हिन्दी में बहुत से योरोपियन विशेषकर अंगरेज़ी शब्द भी मिल गये हैं और दिन-दिन मिलते जा रहे हैं। रेल, तार, डाक, मोटर आदि कुछ ऐसे शब्द हैं, जो शुद्ध रूप में ही हिन्दी में व्यवहृत हो रहे हैं, और लालटेन, लम्प आदि कितने ऐसे शब्द हैं, जिन्होंने हिन्दी रूप ग्रहण कर लिया है और आजकल इनका प्रचार इसी रूप में है। बहुत से सामान पाश्चात्य देशों से भारतवर्ष में ऐसे आ रहे हैं, जिनका हिन्दी नाम है ही नहीं ऐसी अवस्था में उनका योरोपियन अथवा अमेरिकन नाम ही प्रचलित हो जाता है और इस प्रकार उन देशों की भाषा के अनेक शब्द इस समय हिन्दी भाषा में मिलते जा रहे हैं। यह स्वाभाविकता है, विजयी जाति के अनेक शब्द विजित जाति की भाषा में मिल जाते ही हैं, क्योंकि परिस्थिति ऐसा कराती रहती है। किन्तु इससे चिन्तित न होना चाहिए। इससे भाषा पुष्ट और व्यापक होगी और उसमें अनेक उपयोगी विचार संचित हो जावेंगे। यत्र इस बात का होना चाहिए, कि भाषा विजातीय शब्दों, वाक्यों और भावों को इस प्रकार ग्रहण करे कि उसकी विजातीयता हमारी जातीयता के रंग में निमग्न हो जावे।

आजकल कुछ शब्द अन्य प्रान्तों के भी हिन्दी भाषा में गृहीत हो गये हैं। कुछ विचारवान पुरुष इसको अच्छा नहीं समझते, वे सोचते हैं, इससे अपनी भाषा का दारिद्र्य सूचित होता है। मैं कहता हूँ इस विचार में गम्भीरता नहीं है। प्रथम तो हिन्दी भाषा राष्ट्रीय पद पर आरूढ़ हो रही है, इसलिए राष्ट्र की सम्पत्ति उसी की है। दूसरी बात यह है कि राष्ट्रोपयोगी जो व्यापक शब्द हैं, अथवा जो कारण विशेष से ऐसे बन गये हैं, जो भावद्योतन में किसी शब्द से विशेष क्षमतावान हैं, तो वे क्यों न ग्रहण कर लिए जावें। यदि विदेशीय शब्दों का कुछ स्वत्व हिन्दी भाषा पर विशेष कारणों से है, तो ऐसे शब्दों का आदर क्यों नहीं किया जावे। मेरा विचार है कि उनका तो सादर अभिनन्दन करना चाहिए। इस प्रकार के शब्द मराठी के लागू, चालू आदि, गुजराती के हड़ताल आदि, बँगला के गल्प, प्राणपण आदि और तामिल भाषा के चुरुट आदि हैं। जब ये शब्द प्रचलित हो गये हैं, और सर्वसाधारण के बोधगम्य हैं, तो इनके स्थान पर न तो दूसरा शब्द गढ़ने का उद्योग करना चाहिए और न इनका बायकाट। इस प्रकार का सम्मिलन भाषा-विकास का साधक है, बाधक नहीं यदि वह सीमित और मर्यादित हो।

द्वितीय खण्ड

पहला प्रकरण

साहित्य

हिन्दी भाषा साहित्य के विकास पर कुछ लिखने के पहले मैं यह निरूपण करना चाहता हूँ कि साहित्य किसे कहते हैं। जब तक साहित्य के वास्तविक रूप का यथार्थ ज्ञान नहीं होगा, तब तक इस बात की उचित मीमांसा न हो सकेगी कि उसके विषय में अब तक हिन्दी संसार के कवियों और महाकवियों ने समुचित पथ अवलम्बन किया या नहीं और साहित्य विषयक अपने कर्त्तव्य को उसी रीति से पालन किया या नहीं, जो किसी साहित्य को समुन्नत और उपयोगी बनाने में सहायक होती है। प्रत्येक समय के साहित्य में उस काल के परिवर्तनों और संस्कारों का चिह्न मौजूद रहता है। इसलिए जैसे-जैसे समय की गति बदलती रहती है, साहित्य भी उसी प्रकार विकसित और परिवर्त्तित होता रहता है। अतएव यह आवश्यक है कि पहले हम समझ लें कि साहित्य क्या है, इस विषय का यथार्थ बोध होने पर विकास की प्रगति भी हमको यथातथ्य अवगत हो सकेगी।

"सहितस्य भावः साहित्यम्" जिसमें सहित का भाव हो उसे साहित्य कहते हैं। इसके विषय में संस्कृत साहित्यकारों ने जो सम्मतियाँ दी हैं मैं उनमें से कुछ को नीचे लिखता हूँ। उनके अवलोकन से भी साहित्य की परिभाषा पर बहुत कुछ प्रकाश पड़ेगा 'श्राद्ध विवेककार' कहते हैं–

"परस्पर सापेक्षाणाम् तुल्य रूपाणाम् युगपदेक क्रियान्वयित्वम् साहित्यम्"।

"शब्दशक्ति-प्रकाशिका" के रचयिता यह लिखते हैं–

"तुल्यवदेक क्रियान्वयित्वम् वृद्धिविशेष विषयित्वम् वा साहित्यम्।"

शब्द कल्पद्रुम कार की यह सम्मति है–

"मनुष्य-कृत श्लोकमय ग्रन्थ विशेषः साहित्यम्।"

कवीन्द्र 'रवीन्द्र' कहते हैं–

"सहित शब्दों से साहित्य की उत्पत्ति है—अतएव, धातुगत अर्थ करने पर साहित्य शब्द में मिलन का एक भाव दृष्टिगोचर होता है। वह केवल भाव का भाव के साथ, भाषा का भाषा के साथ, ग्रन्थ का ग्रन्थ के साथ मिलन है यही नहीं, वरन् यह बतलाता है कि मनुष्य के साथ मनुष्य का, अतीत के साथ वर्त्तमान का, दूर के सहित निकट का अत्यन्त अन्तरंग योग साधन साहित्य व्यतीत और किसी के द्वारा सम्भव पर नहीं। जिस देश में साहित्य का अभाव है। उस देश के लोग सजीव बन्धन से बँधे नहीं, विच्छिन्न होते हैं।"*

"श्राद्धविवेक" और "शब्द-शक्ति-प्रकाशिका" ने साहित्य की जो व्याख्या की है "कवीन्द्र" का कथन एक प्रकार से उसकी टीका है। वह व्यापक और उदात्त है। कुछ लोगों का विचार है कि साहित्य शब्द काव्य के अर्थ में रूढ़ि है। 'शब्द-कल्पद्रुम' की कल्पना कुछ ऐसी ही है। परन्तु ऊपर की शेष परिभाषाओं और अवतरणों से यह विचार एकदेशीय पाया जाता है। साहित्य शब्द का जो शाब्दिक अर्थ है वह स्वयं बहुत व्यापक है, उसको संकुचित अर्थ में ग्रहण करना संगत नहीं। साहित्य समाज का जीवन है, वह उसके उत्थान-पतन का साधन है, साहित्य के उन्नत होने से उन्नत और उसके पतन से समाज पतित होता है। साहित्य वह आलोक है जो देश को अन्धकार रहित, जाति-मुख को उज्ज्वल और समाज के प्रभाहीन नेत्रों को सप्रभ रखता है। वह सबल जाति का बल, सजीव जाति का जीवन, उत्साहित जाति का उत्साह, पराक्रमी जाति का पराक्रम, अध्यवसायशील जाति का अध्यवसाय, साहसी जाति का साहस और कर्तव्य-परायण जाति का कर्तव्य है।

इनसाइक्लोपीडिया ब्रिटैनिका में साहित्य की परिभाषा इस प्रकार की गयी है—

"Literature, a general term which in default of precise definition, may stand for the best expression of the best thought reduced to writing. Its various forms are the result of race peculiarities, or of diverse individual temperament or of political circumstances securing the predominance of one social class which is thus enabled to propagate its ideas and sentiments."

—**Encyclopaedia Britannica**

"साहित्य एक व्यापक शब्द है जो यथार्थ परिभाषा के अभाव में सर्वोत्तम विचार की उत्तमोत्तम लिपिबद्ध अभिव्यक्ति के स्थान में व्यवहृत हो सकता है। इसके विचित्र रूप जातीय विशेषताओं के, अथवा विभिन्न व्यक्तिगत प्रकृति के अथवा ऐसी राजनैतिक परिस्थितियों के परिणाम हैं जिनसे एक सामाजिक वर्ग का आधिपत्य सुनिश्चित होता है और वह अपने विचारों और भावों का प्रचार करने में समर्थ होता है।"

—**इनसाइक्लोपीडिया ब्रिटैनिका**

---

* देखिये 'साहित्य' नामक बँगला ग्रन्थ का पृ. 50।

"As behind every book that is written lies the personality of the man who wrote it, and as behind every national literature lies the character of the race, which produced it, so behind the literature of any period lie the combined forces—personal & impersonal—which made the life of that period, as a whole, what it was. Literature is only one of the many channels in which the energy of an age discharges itself; in its political movements, religious thought, philosophical speculation, art, we have the same energy overflowing into other forms of expression."

— The study of literature, William Henery Hudson.

जैसे प्रत्येक ग्रन्थ की ओट में उसके रचयिता का और प्रत्येक राष्ट्रीय साहित्य की ओट में उसको उत्पन्न करने वाली जाति का व्यक्तित्व छिपा रहता है वैसे ही काल विशेष के साहित्य की ओट में उस काल के जीवन को रूप विशेष प्रदान करने वाली व्यक्तिमूलक और अव्यक्तिमूलक अनेक संयुक्त शक्तियाँ काम करती रहती हैं। साहित्य उन अनेक साधनों में से एक है जिसमें काल विशेष की स्फूर्ति अपनी अभिव्यक्ति पाकर उन्मुक्त होती है; यही स्फूर्ति परिप्लावित होकर राजनैतिक आन्दोलनों, धार्म्मिक विचार, दार्शनिक तक वितर्क और कला में प्रकट होती है।

–स्टडी आव् लिटरेचर, विलियम हेनरी हडसन

वह धर्म भाव जो सब भावनाओं का विभव है, वह ज्ञान-गरिमा जो गौरव-कामुक को सगौरव करती है, वह विचार-परम्परा जो विचारशीलता की शिला है, वह धारणा जो धरणी में सजी-जीवन धारण का आधार है वह प्रतिभा जो अलौकिकता से प्रतिभासित हो पतितों को उठाती है, लोचन-हीन को लोचन देती है और निरावलम्ब का अवलम्बन होती है। वह कविता जो सूक्ति-समूह की प्रसविता हो, संसार की सारवत्ता बतलाती है। यह कल्पना जो कामद-कल्प लतिका बन सुधा फल फलाती है, वह रचना जो रुचिर रुचि सहचरी है, वह ध्वनि जो स्वर्गीय-ध्वनि से देश को ध्वनित बनाती है साहित्य का सम्बल और विभूति है। वह सजीवता जो निर्जीवता संजीवनी है, वह साधना जो समस्त सिद्धि का साधन है, वह चातुरी जो चतुर्वर्ग-जननी है, एवं वह चारु चरितावली, जो जाति चेतना और चेतावनी की परिचायिका है, जिस साहित्य की सहचरी होती है वास्तव में वह साहित्य ही साहित्य कहलाने का अधिकारी है। मेरा विचार है कि साहित्य ही वह कसौटी है जिस पर किसी जाति की सभ्यता कसी जा सकती है। असभ्य जातियों में प्रायः साहित्य का अभाव होता है इसलिए उनके पास वह संचित सम्पत्ति नहीं होती जिसके आधार से वे अपने अतीत काल का यथार्थ ज्ञान प्राप्त कर सकें और उसके आधार से अपने वर्तमान और भावी सन्तानों में वह स्फूर्ति भर सकें, जिसको लाभ कर सभ्य जातियाँ समुन्नति-सोपान पर आरोहण करती हैं, इसीलिए उनका जीवन प्रायः ऐसी परिमित परिधि में बद्ध होता है जो उनको देश काल के अनुकूल नहीं बनने देता

और न उनको उन परिस्थितियों का यथार्थ ज्ञान होने देता है जिनको अनुकूल बनाकर वे संसार-क्षेत्र में अपने को गौरवित अथवा यथार्थ सुखित बना सकें। यह न्यूनता उनके प्रतिदिन अधःपतन का कारण होती है, और उनको उस अज्ञानान्धकार से बाहर नहीं निकलने देती जो उनके जीवन को प्रकाशमय अथवा समुज्ज्वल नहीं बनने देता। सभ्य जातियाँ सभ्य इसीलिए हैं और इसीलिए देश कालानुसार समुन्नत होती रहती हैं कि उनका आलोकमय वर्द्धमान साहित्य उनके प्रगति-प्राप्त-पथ को तिमिर-रहित करता रहता है। ऐसी अवस्था में साहित्य की उपयोगिता और उपकारिता स्पष्ट है। आज दिन जितनी जातियाँ समुन्नत हैं उन पर दृष्टि डालने से यह ज्ञात होता है कि जो जातियाँ जितनी ही गौरव प्राप्त और महिमामयी हैं उनका साहित्य भी उतना ही प्रशस्त और महान है। क्या इससे साहित्य ही महत्ता भली-भाँति प्रकट नहीं होती?

जो जातियाँ दिन-दिन अवनति-गर्त्त में गिर रही हैं उनके देखने से यह ज्ञात होता है कि उनके पतन का हेतु उनका वह साहित्य है जो समयानुसार अपनी प्रगति को न तो बदल सका और न अपने को देश-कालानुसार बना सका। मानवी अधिकांश संस्कारों को साहित्य ही बनाता है। वंशगत विचार परम्परा ही मानव जाति के संस्कारों की जननी होती है। जिस जाति के साहित्य में विलासिता की ही धारा चिरकाल से बहती आयी हो उस जाति में यदि शूरता और कर्मशीलता का अभाव प्रायः देखा जाय तो क्या आश्चर्य? इसी प्रकार जिस जाति के साहित्य में विरागधारा प्रबलतर गति से प्रवाहित होती रहे। यदि वह संसार-त्यागी बनने का मंत्र पाठ करे तो कोई विचित्रता नहीं, क्योंकि जिन विचारों और सिद्धान्तों को हम प्रायः पुस्तकों में पढ़ते रहते हैं, विद्वानों के मुख से सुनते हैं अथवा सभा-समाजों में घर और बाहर जिनका अधिकतर प्रचार पाते हैं उनसे प्रभावित हुए बिना कैसे रह सकते हैं? क्योंकि सिद्धान्त और विचार ही मानव के मानसिक भावों का संगठन करते हैं।

इन कतिपय पंक्तियों में जो कुछ कहा गया उससे यह सिद्ध होता है कि साहित्य का देश और समाज पर बहुत बड़ा प्रभाव पड़ता है। यदि वे साहित्य के आधार से विकसित होते, बनते और बिगड़ते हैं तो साहित्य भी उनकी सामयिक अवस्थाओं पर अवलम्बित होता है। जहाँ इन दोनों का सामंजस्य यथारीति सुरक्षित रहता है और उचित और आवश्यक पथ का त्याग नहीं करता वहाँ एक दूसरे के आधार से पुष्पित, पल्लवित और उन्नत होता है, अन्यथा पतन उसका निश्चित परिणाम है। मेरा विचार है कि इन बातों पर दृष्टि रखने से साहित्य-विकास का प्रसंग अधिकतर बोधगम्य होगा।

दूसरा प्रकरण

हिन्दी-साहित्य का पूर्व रूप और आरम्भिक काल

आविर्भाव-काल ही से किसी भाषा में साहित्य की रचना नहीं होने लगती। भाषा जब सर्वसाधारण में प्रचलित और शब्द-सम्पत्ति-सम्पन्न बनकर कुछ पुष्टता लाभ करती है तभी उसमें साहित्य का सृजन होता है। इस साहित्य का आदिम रूप प्रायः छोटे-छोटे गीतों अथवा साधारण पद्यों के रूप में पहले प्रकटित होता है और यथाकाल वही विकसित हो कर अपेक्षित विस्तार-लाभ करता है। हिन्दी भाषा के लिए भी यही बात कही जा सकती है। इतिहास बतलाता है कि उसमें आठवीं ईस्वी शताब्दी में साहित्य-रचना होने लगी थी। इस सूत्र से यदि उसका आविर्भाव-काल छठीं या सातवीं शताब्दी मान लिया जाय तो मैं समझता हूँ असंगत न होगा। हमारा विषय साहित्य का विकास ही है इसलिए हम इस विचार में प्रवृत्त होते हैं कि जिस समय हिन्दी भाषा साहित्य रूप में गृहीत हो रही थी उस समय की राजनैतिक धार्मिक और सामाजिक परिस्थिति क्या थी।

हमने ऊपर लिखा है हिन्दी-साहित्य का आविर्भाव-काल अष्टम शताब्दी का आरम्भ माना जाता है। इस समय हिन्दी-साहित्य के विस्तार-क्षेत्र की राजनैतिक, धार्मिक एवं सामाजिक दशा समुन्नत नहीं थी। सातवें शतक के मध्यकाल में ही उत्तरीय भारत का प्रसिद्धि शक्तिशाली सम्राट् हर्षवर्धन स्वर्गगामी हो गया था और उसके साम्राज्य के छिन्न-भिन्न होने से देश की उस शक्ति का नाश हो गया था जिसने अनेक राजाओं और महाराजाओं को एकतासूत्र में बाँध रखा था। उस समय उत्तरीय भारत में एक प्रकार की अनियन्त्रित सत्ता राज्य कर रही थी और स्थान-स्थान पर छोटे-छोटे राजे अपनी-अपनी क्षीण-क्षमता का विस्तार कर रहे थे। यही नहीं, उनमें प्रतिदिन कलह की मात्रा बढ़ रही थी और वे लोग परस्पर एक दूसरे को द्वेष की दृष्टि से देखते थे। जिससे वह संगठन देश में नहीं था जो उनको सुरक्षित और समुन्नत बनाने के लिए आवश्यक था। यह बात सर्वजन विदित है कि जहाँ छोटे-मोटे राजे परस्पर लड़ते रहते हैं वहाँ की साधारण जनता न तो अपना शान्तिमय जीवन बिता सकती है

और न वह विभूति लाभ कर सकती है जिसे पाकर प्रजा-वृन्द समुन्नति-सोपान पर आरोहण करता रहता है। राजनैतिक अवस्था जैसी दुर्दशाग्रस्त थी धार्मिक अवस्था उससे भी अधिक संकटापन्न थी। इन दिनों बौद्ध-धर्म का अपने कदाचारों के कारण प्रतिदिन पतन हो रहा था और प्राचीन वैदिक धर्म उत्तरोत्तर बलशाली बन रहा था। इस कारण वैदिक धर्मावलम्बियों और बौद्धों में ऐसा संघर्ष हो रहा था जो देश के लिए वांछनीय नहीं कहा जा सकता।

जिस समय विशाल दो धार्मिक दलों में इस प्रकार द्वन्द्व चल रहा था उस समय उत्तरीय भारत की सामाजिक अवस्था कितनी दयनीय होगी, इसका अनुभव प्रत्येक विचारशील सहज ही कर सकता है। सामाजिकता अधिकतर धार्मिक भावों और पारस्परिक सम्बन्ध सूत्रों, व्यवहारों एवं रीति-रिवाजों पर निर्भर रहती है। जिस स्थान की धार्मिकता कलह जाल में पड़कर प्रतिदिन उच्छृंखलित और आडम्बरपूर्ण बनती रहती है। जहाँ का पारस्परिक सम्बन्ध, व्यवहार, अथच रीति-नीति कपटा-चरण का अवलम्बन करती है। वहाँ की सामाजिकता कितनी विपन्न अवस्था को प्राप्त होगी, इसके उल्लेख की आवश्यकता नहीं। भारतवर्ष का पतन उस समय से आज तक जिस प्रकार क्रमशः होता आता है, वही उसका प्रबल प्रमाण है।

जिस समय उत्तरीय भारत इस प्रकार विपत्तिग्रस्त था उस समय विजयोन्मत्त अरब-निवासियों की विजय-वैजयन्ती ईरान में फहरा चुकी थी और वे क्रमशः भारत की ओर विभिन्न मार्गों से अग्रसर होने का पथ ढूँढ़ रहे थे। इस समय के बहुत पहले से अरब के व्यापारियों के साथ भारत का व्यापारिक सम्बन्ध चला आता था और इस सूत्र से अरब के मुसलमानों को स्वर्णप्रसू भारत-वसुन्धरा का बहुत कुछ ज्ञान था। वे वाणिज्य-विस्तार के लिए भारत के किसी सामुद्रिक प्रदेश में एक बन्दरगाह बनाना चाहते थे। इसलिए सिन्ध प्रदेश पर पहले पहल उनकी आँखें गड़ीं और ईस्वी नवीं शताब्दी में मुहम्मदबिन क़ासिम ने नाना प्रपंचों से उस पर अधिकार कर लिया। कहते बड़ी व्यथा होती है कि वैदिक-धर्मावलम्बियों और बौद्धों का पारस्परिक कलह ही मुसलमानों के इस विजय का कारण हुआ। इस विषय में अरब के ग्रन्थकारों के आधार से मौलाना मुहम्मद सुलेमान नदवी ने अपने व्याख्यान में जो कुछ कहा है, उसके हिन्दी अनुवाद का कुछ अंश अरब और भारत के सम्बन्ध नामक पुस्तक से नीचे उद्धृत किया जाता है

"सिन्ध का सबसे पहला और पुराना इस्लामी इतिहास जो साधारणतः 'चचनामा' के नाम से प्रसिद्ध है (जिसके दूसरे नाम तारीखुल-हिन्द वल् सन्द और मिनहाजुल ममालिक हैं) उसको देखने से भली-भाँति यह बात स्पष्ट हो जाती है कि उस समय सिन्ध में बौद्धों और ब्राह्मणों के बीच विरोध और शत्रुता चल रही थी। यह भी पता

चलता है कि कुछ घरानों में ये दोनों धर्म इस प्रकार फैले हुए थे कि उनमें से एक हिन्दू था तो दूसरा बौद्ध। सिन्ध के राजाओं के विवरण पढ़कर इसी आधार पर मुझे यह निर्णय करना पड़ा है कि राजा चच हिन्दू ब्राह्मण थे। उन्होंने लड़-भिड़कर छोटे-छोटे बौद्ध राजाओं को या तो मिटा दिया था या उन्हें अपना करद बना लिया था। यह राजा ई. छठीं शताब्दी के अन्त में सिन्ध का शासक था, उसके बाद उसका भाई चन्द्र राजा हुआ। यह बौद्ध मत का कट्टर अनुयायी था। जिन लोगों ने पहले अपना धर्म छोड़ दिया था, उन्हें इसने बलपूर्वक बौद्ध बनाया था, यह देख हिन्दू ब्राह्मणों ने सिर उठाया, वह विवश होकर लड़ने के लिए निकला, पर सफल नहीं हुआ। उसके बाद चच का लड़का दाहर उसके स्थान पर राजा हुआ।"

"ऐतिहासिक अनुमानों से यह जान पड़ता है कि जिस समय मुसलमान लोग सिन्ध की सीमा पर थे उस समय देश में इन दोनों धर्म्मों में भारी लड़ाई हो रही थी और बौद्ध लोग ब्राह्मणों का सामना करने में अपने आपको असमर्थ देखकर मुसलमानों की ओर मेल और प्रेम का हाथ बढ़ा रहे थे। हम देखते हैं कि ठीक जिस समय मुहम्मदबिन क़ासिम की विजयी सेना नयरूँ नगर में पहुँचती है उस समय वहाँ के निवासियों ने अपने बौद्ध पुजारियों को उपस्थित किया था। उस समय पता चला था कि इन्होंने अपने विशेष दूत इराक़ के हज्जाज़ के पास भेजकर उससे अभय दान प्राप्त कर लिया था, इसलिए नयरूँ के लोगों ने मुहम्मद का बहुत अच्छा स्वागत किया। उसके लिए रसद की व्यवस्था की अपने नगर में उसका प्रवेश कराया और मेल के नियमों का पूरा-पूरा पालन किया। इसके बाद जब इस्लामी सेना सिन्ध की नहर को पार करके सदउसान पहुँचती है तब फिर बौद्ध लोग शान्ति के दूत बनते हैं। इसी प्रकार सेवस्तान में होता है कि बौद्ध लोग अपने राजा विजयराम को छोड़कर प्रसन्नतापूर्वक मुसलमानों का साथ देते हैं और उनका मान हृदय से करते हैं।" ऐसा जान पड़ता है कि जब सिन्ध के बौद्धों ने एक ओर मुसलमानों को और दूसरी ओर ब्राह्मणों को तौला तब उन्हें मुसलमान अच्छे जान पड़े। दूसरा कारण यह हो सकता है कि इससे पहले तुर्किस्तान और अफगानिस्तान के बौद्धों के साथ मुसलमानों ने जो अच्छा व्यवहार किया था और उनमें से बहुत अधिक लोगों ने जिस शीघ्रता से इस्लाम धर्म ग्रहण किया था उसका प्रभाव इस देश के बौद्धों पर भी पड़ा था।

सिन्ध पर अधिकार होने के बाद अरब विजेताओं ने भारत के विभिन्न प्रान्तों पर आक्रमण करना प्रारम्भ किया। इस कारण से उस समय भारत का कुछ उत्तरीय और दक्षिणी प्रान्त रणक्षेत्र बन गया और ऐसी अवस्था में आक्रमित प्रान्तों में युद्धोन्माद का आविर्भाव होना स्वाभाविक था। ये झगड़े नवीं और दसवीं शताब्दी में उत्तरोत्तर वृद्धि पाते रहे। इसीलिए हिन्दी-साहित्य की अधिकांश आदिम रचनाएँ वीर-गाथाओं से ही

सम्बन्ध रखती हैं। इन दोनों शताब्दियों में जितने साहित्य-ग्रन्थ रचे गये उनमें से अधिकतर में रण-भेदी-निनाद ही श्रवणगत होता है। खुमानरासो आदि इसके प्रमाण हैं। वीर गाथाओं का काल आगे भी बढ़ता है और तेरहवीं शताब्दी तक पहुँचता है। कारण इसका यह है कि विजयी मुसलमानों की विजय-सीमा ज्यों-ज्यों बढ़ती गयी त्यों-त्यों वे प्रबल होते गये और क्रमशः भारत के अनेक प्रदेश उनके अधिकार में आते गये, क्योंकि उस समय हिन्दू जाति असंगठित थी और उसमें कोई ऐसा शक्ति-सम्पन्न सम्राट् नहीं था जो जाति-मात्र को केन्द्रीभूत कर दुर्दान्त यवन दल का दलन करता। इसलिए विजयोत्साही मुसलमान विजेताओं और विजित भारतीयों का युद्ध क्रम लगातार चलता ही रहा और इसी आधार से वीर गाथाओं की रचना भी होती रही क्योंकि उस समय हिन्दी जाति की लुप्त-शक्ति को जागरित करने की आवश्यकता थी। मेरे इस कथन का यह भाव नहीं है कि नौ सौ से तेरहवीं शताब्दी तक साहित्य के दूसरे ग्रन्थ रचे ही नहीं गये वरन् मेरा कथन यह है कि इस काल के जितने प्रसिद्ध और मान्य काव्य-ग्रन्थ हैं, उनमें वीर-गाथामय ग्रन्थों ही की अधिकता और विशेषता है। हिन्दी साहित्य का पहला उल्लेखयोग्य ग्रन्थ खुमान रासो है जो नवें शतक में लिखा गया। इसके पहले का पुष्प कवि कृत एक अलंकार ग्रन्थ बतलाया जाता है जो आठवीं शताब्दी में रचा गया है। किन्तु उसका उल्लेख मात्र है, ग्रन्थ का पता अब तक नहीं चला। यह नहीं कहा जा सकता कि पुष्प का अलंकार ग्रन्थ किस रस में लिखा गया। कविराज भूषण के "शिवराज भूषण" ग्रन्थ के समान उसका ग्रन्थ भी केवल वीर रसात्मक हो सकता है। यदि यह अनुमान सत्य हो तो यह कहा जा सकता है कि हिन्दी भाषा के साहित्य का आरम्भ वीर रस से ही होता है, कारण वे ही हैं जिनका निर्देश मैंने ऊपर किया है। ब्रह्मभट्ट कवि का खुमान रासो, चन्द कवि कृत पृथ्वीराज रासो, जगनिक का आल्हा खंड, नरपति नाल्ह कृत वीसलदेव रासो और सारंगधर-कृत हम्मीर रासो नामक उल्लेखनीय ग्रन्थ भी इसके प्रमाण हैं।

आरम्भिककाल मैंने आठवीं शताब्दी से तेरहवीं शताब्दी तक माना है। इन पाँच सौ वर्षों में वीर-गाथा-कार कवियों और लेखकों के अतिरिक्त अन्य विषयों के ग्रन्थकार और रचयिता भी हुए हैं, अतएव मैं उन पर भी विचार करना चाहता हूँ। जिससे यह निश्चित हो सके कि हिन्दी-साहित्य की आरम्भिक रचनाओं के विषय में मेरा जो कथन है वह कहाँ तक युक्तिसंगत है। मिश्र-बन्धुओं का विवरण यह है।*

दसवीं शताब्दी में भुआल कवि ने भगवद्गीता का अनुवाद पद्यबद्ध हिन्दी भाषा में किया। यह ग्रन्थ उपलब्ध है।

ग्यारहवीं शताब्दी में कालिंजर के राजा नन्द ने कुछ कवितायें की हैं, किन्तु पुस्तक

---

* देखिये 'मिश्र बंधु विनोद' पृ. 92

अब अप्राप्य है।

बारहवीं शताब्दी में जैन श्वेताम्बराचार्य जिन बल्लभ सूरी ने "वृद्ध नवकार" नामक ग्रन्थ बनाया जो जैन हिन्दी साहित्य में सबसे प्राचीन माना जाता है। इसी शताब्दी में महाराष्ट्र में चालुक्य वंशी सोमेश्वर नामक राजा, मसऊद कुतुब अली, साँईंदान चारण और अकरम फ़ैज़ ने भी रचनायें कीं। इनमें से सोमेश्वर, मसऊद और कुतुब अली के ग्रन्थ नहीं मिलते। शेष लोगों में से साँईंदान चारण ने "सामन्तसार" नामक ग्रन्थ की रचना और अकरम फ़ैज़ ने "वर्त्तमाल" नामक ग्रन्थ बनाया एवं संस्कृत के वृत्तरत्नाकर नामक ग्रन्थ का अनुवाद किया।

डॉक्टर जी. ए. ग्रियर्सन ने भी इस काल के कुछ कवियों के नाम लिखे हैं*। वे हैं केदार, कुमारपाल और अनन्यदास। 1. केदार कवि का समय सन् 1150 ई. के लगभग है। डॉक्टर साहब ने इसके किसी ग्रन्थ का नाम नहीं लिखा, किन्तु कहा जाता है कि इसने "जय चन्दप्रकाश" नामक महाकाव्य की रचना की थी, जो अब नहीं मिलता। 2. कुमारपाल बारहवें शतक में हुआ इसने "कुमारपाल चरित्र" की रचना की, जो उपलब्ध है। 3. अनन्यदास बारहवीं शताब्दी में हुआ, इसका "अनन्य-जोग" नामक ग्रन्थ प्राप्य है।

पं. रामचन्द्र शुक्ल ने अपने "हिन्दी-साहित्य का इतिहास" नामक ग्रन्थ में एक नवीनकवि मधुकर का भी नाम बतलाया है जो बारहवीं शताब्दी में था। वे कहते हैं इसने "जय मयंकजस चन्द्रिका" नामक ग्रन्थ की रचना की, किन्तु वह ग्रन्थ प्राप्य नहीं है।

जिन ग्रन्थकारों का नाम ऊपर लिया गया, इनमें से कुछ तो ऐसे हैं जिनके किसी ग्रन्थ का नाम तक नहीं बतलाया गया, कुछ ऐसे हैं जिनके ग्रन्थों का नाम लिखा गया पर वे अप्राप्य हैं, जिन लोगों के ग्रन्थ मिलते हैं, जिनका नाम भी बतलाया गया, वे उस कोटि के कवि और ग्रन्थकार नहीं ज्ञात होते, जिनकी रचनाओं का विशेष स्थान होता है। भुआल कवि की भगवद्गीता ही को लीजिए। प्रथम तो वह अनुवाद है, दूसरे उसके अनुवाद की भाषा ऐसी है कि जिस पर दृष्टि रखकर पं. रामचन्द्र शुक्ल** उसे दसवीं शताब्दी का ग्रन्थ मानने को तैयार नहीं हैं। अन्य प्राप्य ग्रन्थों के विषय में भी ऐसी ही बातें कही जा सकती हैं; उनमें कोई ऐसा नहीं जो उल्लेखयोग्य हो अथवा जिसने ऐसी ख्याति लाभ की हो जैसी वीर गाथा सम्बन्धी ग्रन्थों को प्राप्त है। किम्वा जिनमें वे विशेषतायें हों जो किसी काव्य अथवा कृति को विद्वन्मण्डली में वा सुपठित जनता की दृष्टि में समादृत बनाती हों। इसलिए मेरा यह

---

* देखिये माडर्न वर्नाक्यूलर लिटरेचर आव दी हिन्दुस्थान पृ. 2

** देखिये हिन्दी-साहित्य का इतिहास पृ. 30

कथन ही युक्ति-संगत ज्ञात होता है कि हिन्दी-साहित्य के आरम्भिक काल में वीर गाथा सम्बन्धी ग्रन्थों की ही प्रधानता रही और इन बातों पर दृष्टि रखकर डा. जी. ए. ग्रियर्सन आदि विद्वानों ने जो आरम्भ काल को वीर गाथा-काल माना है वह असंगत नहीं। इन समस्त ग्रन्थों में 'खुमान रासो' ही ऐसा है जो सबसे प्राचीन और उपलब्ध ग्रन्थ है, उसमें वीर-रस की ही प्रधानता है, अतएव यह कौन नहीं स्वीकार करेगा कि हिन्दी साहित्य की आदि रचना वीर-गाथा से ही प्रारम्भ होती है।

कहा जाता है कि खुमान रासो में सोलहवीं शताब्दी तक की रचनायें सम्मिलित हैं, जैसा कि ग्रियर्सन साहब के निम्नलिखित उद्धरण से सिद्ध होता है।*

"यह (खुमान रासो) मेवाड़ का अत्यन्त प्राचीन पद्य-बद्ध इतिहास है, नवीं शताब्दी में लिखा गया है। इसमें खुमान रावत और उनके परिवार का वर्णन है। महाराणा प्रताप के समय में (सन् 1575) इसमें बहुत से परिवर्तन किये गये। वर्त्तमान रूप में इसमें अकबर के साथ प्रतापसिंह के युद्धों का वर्णन भी मिलता है। तेरहवीं शताब्दी में चित्तौड़ पर किये गये अलाउद्दीन ख़िलजी के आक्रमण का भी इसमें विस्तृत वर्णन है।"

परन्तु इस कथन का यह अर्थ नहीं है कि खुमान रासो की आदिम रचना की भाषा आदि भी बदल दी गयी है। ग्रियर्सन साहब के लेख से इतना ही प्रकट होता है कि उसमें अलाउद्दीन खिलजी और अकबर के समय तक की कथायें भी सम्मिलित कर दी गयी हैं। ऐसी अवस्था में न तो उसके आदिम रचना होने का महत्त्व नष्ट होता है और न उसकी भाषा को सन्दिग्ध कहा जा सकता है। जिस समय उसकी रचना हुई थी उस काल का वातावरण ही ऐसा था कि इस प्रकार के ग्रन्थों की सृष्टि होती। क्योंकि यह असम्भव था कि उत्तरोत्तर मुसलमान पवित्र भारत वसुन्धरा के विभागों को अधिकृत करते जावें और जिन सहृदय हिन्दुओं में देशानुराग था वे अपने सजातियों को देश और जाति-रक्षा के लिए विविध रचनाओं द्वारा उत्तेजित और उत्साहित भी न करें। यह सत्य है कि भारतवर्ष की सार्वजनकि शक्ति किसी काल में मुसलमानों का विरोध करने के लिए कटिबद्ध नहीं हुई, और न समस्त हिन्दू जाति कभी उनसे लोहा लेने के लिए केन्द्रीभूत हुई। किन्तु यह भी सत्य है कि मुसलमानों की विजय-प्राप्त में कम बाधायें नहीं उपस्थित की गयीं और यह इस प्रकार की कृतियों और रचनाओं का ही अंशतः परिणाम था। जिस काल में हिन्दू-जाति की संगठन-शक्ति सब प्रकार छिन्न भिन्न थी उस समय वीरगाथा सम्बन्धी

* "This is the most ancient poetic chronicle of Mewar, and was written in the ninth century. It gives a history of Khuman Raut and of his family. It was recast during the reign of Partap Singh (fl. 1575), and, as we now have it, carrie, the narrative down to the wars of that prince with Akbaras devoting a great portion to the seige of Chitour by Alauddin Khilji in the thirteenth century." Modern vernacular Literature Hindustan. p. 3.

रचनाओं ने जो कुछ लाभ पहुँचाया उसको अस्वीकार नहीं किया जा सकता। इन्हीं बातों पर दृष्टि रखकर मैं पहले कह आया हूँ कि वे तात्कालिक वातावरण और संघर्षण से ही उत्पन्न हुई थीं। वास्तव बात यह है कि सामाजिक रुचियों और भावों ही का परिणाम किसी काल का साहित्य होता है। उनका वीररस प्रधान होना भी हमारे कथन की पुष्टि करता है।

अब मैं भाषा विकास सम्बन्धी विषय पर प्रकाश डालना चाहता हूँ, अतएव इसी कार्य में प्रवृत्त होता हूँ। भाषा-विकास के प्रकरण में मैं यह लिख आया हूँ कि अपभ्रंश भाषा से क्रमशः विकसित होकर हिन्दी भाषा वर्तमान रूप में परिणत हुई। इसलिए पहले मैं कुछ पद्य आप लोगों के सामने रखता हूँ जो अपभ्रंश भाषा के हैं। इन पद्यों की रचना-प्रणाली और उनके शब्द-विन्यास का ज्ञान हो जाने पर आप लोग उस रीति से अभिज्ञ हो जावेंगे जिसको ग्रहण कर हिन्दी साहित्यकारों ने हिन्दी भाषा को आधुनिक रूप दिया। अपभ्रंश के निम्नलिखित पद्यों को देखिये—

1. बिट्टीए मइ भणिय तुहुँ मा कुरु वङ्की दिट्ठि।
पुत्ति सकर्णी भल्लि जिवँ मारइ हियइ पविट्ठि॥

बिट्टीए = विटिया। मइ = मैंने। भणिय = कहा। तुहुँ = तू। मा = मत। कुरु = कर। बङ्कीं = बाँकी। दिट्ठी = दृष्टि। पुत्ति = पुत्री। सकर्णी = कानवाली, नुकीली। भल्लि = भाला। जिवँ = जैसे। मारइ = मारती है। हियइ = हिये में। पविट्ठि = प्रविष्ट होकर, पैठकर।

वेटी! मैंने कहा, तू वाँकी दृष्टि न कर, हे पुत्रि! नुकीला भाला हृदय में पैठ कर मार देता है।

2. जे महुँ दियणादियहड़ा दइये पवसन्तेण।
ताण गणन्तिय अंगुलिउ जज्जरियाउ नहेण॥

जे = जो। महुँ = हमको। दियणा = दिया। दियहड़ा = दिवस। दइये = दयित, प्यारा। पवसन्तेण = प्रवास में जाता हुआ। ताण = तिन्हें, तिनको। गणन्तिय = गिनती हुई। अंगुलिउ = अँगुली। जज्जरियाउ = जर्जरित हो गयी। नहेण = नख से॥

प्रवास करते हुए प्यारे ने जो दिन मुझको दिये उनको उँगलियों पर गिनने से वे नखों से जर्जर हो गयीं॥

3. सायर उप्परि तणु धरइ तलि घल्लै रैणाइँ।
सामि सुभुच्चुभि परिहरइ सम्माणे खल्लाइँ॥

सायर = सागर। उप्परि = ऊपर। तणु = तृण। धरइ = रखता है। तलि = नीचे। घल्लै = डालता है। रैणाइँ = रत्नों को। सामि = स्वामी। सुभुच्चुभि = सुन्दर भृत्य को।

परिहरइ = त्यागता है। सममाणे = सम्मान करता है। खल्लाइँ = खलों को।

सागर ऊपर तृण धारण करता है और नीचे रत्नों को डाल देता है। इसी प्रकार स्वामी सुन्दर भृत्यों को छोड़ देता है और खलों का सम्मान करता है।

4. वायसु उड्डावन्तिए पिउ दिट्ठउ सहसत्ति।
अद्धा बलया महिहि गय अद्धा फुट्टु तड़त्ति॥

वायसु = कौवा। उड्डावन्तिए = उड़ाती हुई। पिउ = पति। दिट्ठउ = देखा। सहसत्ति = सहसा इति, एक-ब-एक। अद्धा = आधा। बलया = कड़ा (चूड़ी)। महिहि = पृथ्वी पर। गय = गिरगई। फुट्टु = फूट गयी। तड़त्ति = तड़ से।

कौआ उड़ाने वाली स्त्री ने सहसा प्यारे को देखा, आधी चूड़ी पृथ्वी पर गिर गयी और आधी तड़ से टूट गयी।

5. भमरु म रुणि झुणि अण्णदइ सा दिसि जोइ मरोइ।
सा मालइ देसन्तरिय जसु तुहुँ मरइ वियोइ॥

भमरु = भ्रमर। म = मत। रुणिझुणि = रुनझुन शब्द कर। अण्णदइ = अरण्य में। सा = वह। दिशि = दिशा। जोइ = देखकर। रोइ = रो। मालइ = मालती। देसन्तरिय = देशान्तरित हो गयी। जसु = जिसके लिए। तुहुँ = तू। मरइ = मरता है। वियोइ = वियोग में।

भ्रमर! अरण्य में रुन झुन शब्द मत कर। उस दिशा को देखकर मत रो। वह मालती देशान्तरित हो गयी जिसके वियोग में तू मरता है॥

सबसे प्राचीन पुस्तक पुण्ड या पुष्प के अलंकार ग्रन्थ अथवा खुमान रासो के पद्यों का कोई उदाहरण अब तक प्राप्त नहीं हो सका। इसलिए इनकी रचनाओं के विषय में कुछ लिखना असम्भव है। भुआल कवि का गीता का अनुवाद दसवें शतक का बतलाया जाता है, परन्तु उसकी भाषा बिलकुल माध्यमिक काल की मालूम होती है। इसलिए पं. रामचन्द्र शुक्ल से सहमत होकर मैं उसको आरम्भिक काल का कवि नहीं मानता। सबसे पहले आरम्भिक काल की प्राप्य रचना का उदाहरण, मेरे विचारानुसार, जिन बल्लभ सूरि का है जो बारहवें शतक के आरम्भ में हुआ। उसकी रचना के कुछ पद्य ये हैं—

किं कप्पतरु रे अयाण चिन्तउ मणभिन्तरि।
किं चिंतामणि कामधेनु आराहउ बहुपरि।
चित्राबेली काज किसे देसंतर लंघउ।
रयण रासि कारण विसेइ सायर उल्लंघउ।

इस पद्य को आप ऊपर के उन पद्यों से मिलाइये जो अपभ्रंश भाषा के हैं, तो यह ज्ञात हो जायगा कि किस प्रकार अपभ्रंश से क्रमशः हिन्दी भाषा का विकास हो रहा था। प्राकृत और अपभ्रंश में नकार के स्थान पर णकार हो जाता है। इस पद्य में भी आप देखेंगे कि 'अयाण' 'मण', 'रयण' आदि में इसी प्रकार का प्रयोग हुआ है। अपभ्रंश के पाँचवें पद्य में 'देसन्तरिय' का जैसा प्रयोग हुआ है, इस पद्य के 'देसन्तर' का भी वैसा ही प्रयोग है। 'भिंतरि', 'लंघउ', 'उल्लंघउ', 'सायर' इत्यादि शब्दों का भी व्यवहार अपभ्रंश रचना के अनुसार ही हुआ है। प्राकृत में, और अपभ्रंश में भी 'ध' का 'ह' हो जाता है। इस पद्य में भी 'आराधउ' का 'आराहउ' लिखा गया। 'कल्पतरु' के स्थान पर 'कप्पतरु' का प्रयोग भी प्राकृत भाषा के नियमानुसार है। यह सब होने पर भी उक्त पद्य में हिन्दीपन की झलक भी 'कामधेनु' 'काज' और 'किसे' आदि शब्दों में मिलती है जो विकास प्रणाली का प्रत्यक्ष उदाहरण है।

इसी शताब्दी के दूसरे कवि नरपति नाल्ह की भी कुछ रचनाओं को देखिये। यह कवि बीसलदेव रासो नामक ग्रन्थ का रचयिता है। अधिकतर विद्वानों ने इसकी रचना को कुछ तर्क-वितर्क के साथ बारहवें शतक का माना है।

"एक उड़ीसा को धनी बचन हमारइ तू मानि जु मानि।
ज्यों थारइ सांभर उग्गहइ राजा उणि भरि उगहइ हीरा खानि
जीभ न जीभ विगोयनो दव दाधा का कुपली मेल्हइ।
जीभ का दाधा नुपाँगुरइ नाल्हकहइ सुण जइ सब कोइ।"

इस पद्य में भी अपभ्रंश की झलक बहुत कुछ मौजूद है। इसमें अधिकांश राजस्थानी भाषा का रंग है। इसी कारण अपभ्रंश की भाषा से वह बहुत कुछ मिलती-जुलती है। अब तक राजस्थानी भाषा पर अपभ्रंश भाषा का बहुत कुछ प्रभाव अवशिष्ट है। फिर भी उसमें ब्रजभाषा के शब्दों का इतना मेल है कि उसको अन्य भाषा नहीं कह सकते। पंडित रामचन्द्र शुक्ल वीसल देव रासो की भाषा के विषय में यह लिखते हैं—

"भाषा की परीक्षा करके देखते हैं तो वह साहित्यिक नहीं राजस्थानी है, जैसे 'सूकइ छै' (सूखता है), पाटण थीं (पाटन से), भोजतण (भोज का), खण्ड खण्ड रा (खण्ड खण्ड का), इत्यादि। इस ग्रन्थ से एक बात का आभास अवश्य मिलता है। वह यह कि शिष्ट काव्य-भाषा में ब्रज और खड़ी बोली के प्राचीन रूप का ही राजस्थान में भी व्यवहार होता था। साहित्य की सामान्य भाषा हिन्दी ही थी, जो पिंगल भाषा कहलाती थी। बीसल देव रासो में बीच-बीच में बराबर इस साहित्यिक भाषा (हिन्दी) को मिलाने का प्रयत्न दिखाई पड़ता है। भाषा की प्राचीनता पर विचार करने से पहले यह बात ध्यान में रखनी चाहिए की गाने की चीज होने के कारण

इसकी भाषा में समयानुसार बहुत कुछ फेरफार होता आया। पर लिखित रूप में रक्षित होने के कारण इसका पुराना ढाँचा बहुत कुछ बचा हुआ है। उदाहरण के लिए देखिये 'मेलवि' = मिलाकर, जोड़कर। चितई = चित्त में। रणि = रण में। प्रापिजयि = प्राप्त हो या किया जाय। ईणी विधि = इस विधि। ईसउ = ऐसा। बालहो = बाला का। इसी प्रकार नयर (नज़र), पसाउ (प्रसाद), पयोहर (पयोधर) आदि प्राकृत शब्द भी हैं जिनका प्रयोग कविता में अपभ्रंश काल से लेकर पीछे तक होता रहा।"*

आरम्भिक काल का प्रधान कवि चन्द है जो हमारे हिन्दी संसार का चासर है। वह भी इसी शताब्दी में हुआ मैं कुछ उसकी रचनाएँ भी उपस्थित करना चाहता हूँ, जिससे यह स्पष्टतया प्रकट होगा कि किस प्रकार अपभ्रंश से हिन्दी भाषा रूपान्तरित हुई है। कुछ विद्वानों की यह सम्मति है कि चन्द कवि कृत पृथ्वीराज रासो की रचना पन्द्रहवीं या सोलहवीं शताब्दी की है। पृथ्वीराज रासो में बहुत सी रचनायें ऐसी हैं जो इस विचार को पुष्ट करती हैं। परन्तु मेरा विचार है कि इन प्रक्षिप्त रचनाओं के अतिरिक्त उक्त ग्रन्थ में ऐसी रचनाएँ भी हैं जिनको हम बारहवीं शताब्दी की रचना निस्संकोच भाव से मान सकते हैं। इस विषय में बहुत कुछ तर्क-वितर्क हो चुका है और अब तक इसकी समाप्ति नहीं हुई। तथापि ऐतिहासिक विशेषताओं पर दृष्टि रखकर पृथ्वीराज रासो की आदिम रचना को बारहवीं शताब्दी का मानना पड़ेगा। बहुत कुछ विचार करने पर मैं इस सिद्धान्त पर पहुँचा हूँ कि पृथ्वीराज रासो में प्राचीनता की जो विशेषतायें मौजूद हैं वे वीर गाथा काल की किसी पुस्तक में स्पष्ट रूप से नहीं पायी जातीं। कुछ वर्णन इस ग्रन्थ के ऐसे हैं जिनको प्रत्यक्षदर्शी ही लिख सकता है। कोई इतिहासज्ञ यह नहीं कहता कि चन्द बरदाई पृथ्वीराज के समय में नहीं था। कुछ ऐतिहासिक घटनाएँ इस ग्रन्थ की ऐसी हैं जो पृथ्वीराज और चन्द बरदाई के जीवन से विशेष सम्बन्ध रखती हैं। जब तक उनको असत्य न सिद्ध किया जाय तब तक पृथ्वीराज रासो को कृत्रिम नहीं कहा जा सकता। किसी भाषा की आदिम रचनाओं में जो अप्रांजलता और शब्द विन्यास का असंयत भाव देखा जाता है वह पृथ्वीराज रासो में मिलता है। इसलिए मेरी यह धारणा है कि इस ग्रन्थ का कुछ आदिम अंश अवश्य है जिसमें बाद को बहुत कुछ सम्मिश्रण हुआ। इस आदिम अंश में से ही उदाहरणस्वरूप कुछ पद्य नीचे लिखे जाते हैं–

1. **उड़ि चल्यो अप्प कासी समग्ग**
आयो सु गंग तट कज्ज जग्ग
सत अट्ठ खण्ड करि अंग अब्बि, ओमें सु अप्प वर मद्धि हब्बि
मंग्यो सुईस यँहि बर पसाय, सत अद्धपुत्त अवतरन काय।

* देखिये हिन्दी साहित्य के इतिहास का पृष्ठ 30 और 31

2. हय हथ्यि देत संख्य न मन खग्ग मग्ग खूनी बहै।

3. छपी सेन सुरतान, मुट्ठि छुट्टिय चावद्धिसि।
मनु कपाट उद्धरयो, कूह फुट्टिय दिसि विद्दिसि।
मार मार मुष किन्न, लिन्न चावण्ड उपारे।
परे सेन सुरतान, जाम इक्कह परि धारे।
गल वत्थ घत्त गाढ़ो ग्रहौ, जानि सनेही भिंटयौ।
चामण्डराइ करवर कहर, गौरी दल बल कुट्टियौ।

पहले मैं जिन अपभ्रंश पद्यों को लिख आया हूँ उनसे इनको मिलाइये देखिये कितना साम्य है। ज्ञात होता है कि ये उन्हीं की छाया हैं। इन पद्यों में यह देखा जाता है कि जहाँ प्राकृत अथवा अपभ्रंश के 'समग्ग', 'कज्ज', 'जग्ग', 'अट्ठ', 'अप्प', 'मद्धि', 'पसाय', 'अद्ध', 'पुत्त', 'हथ्थि', 'खग्ग', 'मग्ग', 'मुट्ठि' आदि प्रातिपदिक शब्द आये हैं वहीं 'छुट्टि', 'फुट्टिय', 'भिंटयौ', 'कुट्टियौ' आदि क्रियायें भी आयी हैं। इनमें 'हय', 'कपाट', 'दल', 'बल', इत्यादि संस्कृत के तत्सम शब्द भी मौजूद हैं और यह कवि द्वारा गृहीत उसकी भाषा की विशेषता है। प्राकृत अथवा अपभ्रंश में प्रायः संस्कृत के तत्सम शब्दों का अभाव देखा जाता है। विद्वानों ने प्राकृत और अपभ्रंश की यह विशेषता मानी है कि उसमें संस्कृत के तत्सम शब्द नहीं आते। परन्तु चन्द की भाषा बतलाती है कि उसने अपने पद्यों में संस्कृत तत्सम शब्दों के प्रयोग की चेष्टा भी की है। उसने 'नकार' के स्थान पर 'णकार' का प्रयोग प्रायः नहीं किया है और यह भी हिन्दी भाषा का एक विशेष लक्षण है। प्राकृत और अपभ्रंश में नकार का भी एक प्रकार से अभाव है। डिंगल अथवा राजस्थानी में भी प्रायः नकार का प्रयोग नहीं होता देखा जाता। इन पद्यों में कुछ ऐसी क्रियायें भी आयी हैं जो ब्रजभाषा की मालूम होती हैं, वे हैं 'उड़ि चल्यो', 'आयो', 'करि', आदि और ये सब वे ही विशेषतायें हैं जो प्राकृत और अपभ्रंश से हिन्दी भाषा को अलग करती और उसके शनैः-शनैः विकसित होने का प्रमाण देती हैं। मैं कुछ ऐसे पद्यों को भी उपस्थित करना चाहता हूँ जिनकी रचना इन पद्यों से सर्वथा भिन्न है। वे पद्य ये हैं–

दूहा

सरस काव्य रचना रचौं, खल जन सुनि न हसन्त।
जैसे सिंधुरदेखि मग, श्वान स्वभाव भुसन्त।
तौ यनि सुजन निमित्त गुन, रटये तन मन फूल।
जूं का भय जिय जानि कै, क्यों डारिये दुकूल।
पूरन सकल विलास रस, सरस पुत्र फल दान।

अन्त होय सह गामिनी, नेह नारि को मान।
जस हीनो नागो गनहु, ढंक्यो जग जस बान।
लम्पट हारै लोह छन, तिय जीतै बिनु बान।
समदर्शी ते निकट है, भुगति मुकति भर पूर।
विषम दरस वा नरन ते, सदा सर्वदा दूर।

मेरा विचार है, ये पद्य सोलहवीं शताब्दी के हैं और बाद को ग्रन्थ की मुख्य रचना में सम्मिलित किये गये हैं। परन्तु कोई भाषा मर्मज्ञ भिन्न प्रकार के दोनों पद्य समूहों को देखकर यह न स्वीकार करेगा कि वे एक काल की ही रचनायें हैं। मेरा तो यह विचार है कि ये दोनों भिन्न प्रकार की रचनायें ही इस बात का प्रमाण हैं, कि उनके निर्माण-काल में शताब्दियों का अन्तर है। डॉक्टर ग्रियर्सन साहब कहते हैं कि इस ग्रन्थ में 100000 पद्य हैं*। क्या पद्यों की यह बहुलता यह नहीं प्रमाणित करती कि इस ग्रन्थ में धीरे-धीरे बहुत अधिक प्रक्षिप्त अंश सम्मिलित किये गये हैं। हिन्दी भाषा में अब तक इतने बड़े ग्रन्थ का निर्माण नहीं हुआ है। संस्कृत में भी महाभारत को छोड़कर कोई ऐसा विशाल ग्रन्थ नहीं है। महाभारत में भी जब क्रमशः बहुत से सामयिक श्लोक यथा समय सम्मिलित होते गये तभी उसका इतना विस्तार हुआ यही बात पृथ्वीराज रासो के विषय में भी कही जा सकती है। जैसे बाद के प्रक्षिप्त अंशों की उपस्थिति में भी महाभारत प्राचीन श्लोकों से रहित नहीं हो गया है उसी प्रकार रासो में भी प्राचीन रचनाओं का अभाव नहीं है।

इस विषय में अनेक विद्वानों की सम्मतियाँ मेरे विचारानुकूल हैं। हाँ कुछ विद्वान उसको सर्वथा जाली कहते हैं। यह मत-भिन्नता है। 1. डा. ग्रियर्सन साहब की इस विषय में क्या सम्मति है और उसकी भाषा के विषय में** उनका क्या विचार है उसको मैं नीचे उद्धृत करता हूँ।

---

* देखिये माडर्न वर्नाक्यूलर लिट्रेचर आव् हिन्दुस्तान पृष्ठ 3।

** "His poetical works were collected by Amar Singh (*c.f.* no. 191), of Mewar in the early part of the Seventeenth Century. They were not improbably recast and modernised in parts at the same time, which has given rise to a theory that the whole is a modern forgery."

"My own studies of this poet's work have inspired me with a great admiration for its poetic beauty, but I doubt if anyone not perfectly master of the various Rajputana dialects could even read it with pleasure. It is, however, of the greatest value to the student of philology, for it is at present the only stepping stone available to European explorers in the chasm between the latest Prakrit and the earliest Gaudian authors. Though we may not possess the actual text to Chand, we have certainly in his writings some of the oldest known Specimens of Gaudian literature, abounding in pure Apabhransha. Shaurseni prakrit forms."

"उसकी (चन्द बरदाई की) रचनाओं का मेवाड़ के अमरसिंह ने सत्रहवीं शताब्दी के आरम्भ में संग्रह किया। यह भी असम्भव नहीं है कि उसी समय किसी-किसी अंश को नवीन रूप दे दिया गया हो। जिससे इस सिद्धान्त का भी प्रचार हो गया है कि कुल का कुल ग्रन्थ जाली है।"

"इस कवि (चन्द बरदाई) के ग्रन्थों के अध्ययन ने मुझे उसके कवित्व-सौन्दर्य पर मुग्ध बना दिया है परन्तु मुझे सन्देह है कि राजपुताना की बोलियों से अपरिचित कोई व्यक्ति इसे आनन्दपूर्वक पढ़ सकेगा। तथापि वह भाषा-विज्ञान के विद्यार्थी के लिए अत्यन्त मूल्यवान् है, क्योंकि यूरोपीय अनुसन्धान कर्त्ताओं को आधुनिकतम प्राकृत और प्राचीनतम गौड़ीय कवियों के मध्य में रिक्त स्थान की पूर्ति करने वाली कड़ी एकमात्र यही है। हमारे पास चन्द का मूल ग्रन्थ भले ही न हो, फिर भी उसकी रचनाओं में हमें शुद्ध अपभ्रंश, शौरसेनी प्राकृत रूपों से युक्त, गौड़ साहित्य के प्राचीनतम नमूने मिलते हैं!"

पद्यों की आदिम रचना इतनी प्रांजल और उतनी प्रौढ़ नहीं होतीं जितनी उत्तरकाल की, यह मैं पहले लिख आया हूँ। चन्दबरदाई की रचनाओं में ये बातें पाई जाती हैं, जो उन्हें आरम्भिक काल की मानने के लिए विवश करती हैं। किसी विषय का दोष गुण उस समय ही यथा-तथ्य सामने आता है, जब उस पर अधिकतर विचार दृष्टि पड़ने लगती है, नियम उसी समय निर्दोष बन सकते हैं, जब कार्यक्षेत्र में आने पर उन पर विवेचना का अवसर प्राप्त होता है। आदिम रचनाओं में प्रायः अप्रांजलता और अनियमबद्धता इसलिए पाई जाती है कि उनका पथ विचार-क्षेत्र में आकर प्रशस्त नहीं हो गया होता और न आलोचना और प्रत्यालोचनाओं के द्वारा उनकी प्रणाली परिमार्जित हो गयी होती। जिस काल में पृथ्वीराज रासो की मुख्य रचना प्रारम्भ होती है उस समय साहित्य की अवस्था ऐसी ही थी और यह दूसरा प्रमाण है जो उसके आदिम अंश को आरंभिक काल की कृति बतलाता है। उदाहरण लीजिए—

चले दस्सहस्सं <u>असव्वार</u> जानं।
मदं <u>गल्लितं</u> मत्त सै पंच दंती।
रँगं पंच रंगं <u>ढलक्कन्त</u> ढालं।
सुरं पंच <u>सावद्द</u> वाजित्र बाजं।
सहस्सं <u>सहन्नाय</u> मृग मोहि राजं।
मँजारी चखी <u>मुष्ष जम्बक्क लारी</u>।
एराकी <u>अरब्बी</u> पटी तेज ताजी।
<u>तुरक्की</u> महाबान <u>कम्मान</u> बाजी।

रजंपुत्त पच्चास जुद्धे अमोरं।
वजै जीत के नद्द नीसान घोरं।
सामना सूर सब्बय अपार।
झटं जाहु तुम कीर दिल्ली सुदेसं।
कंद्रप्प जाति अवगार रूप।

जो चिह्नित शब्द हैं उनमें कवि की निरंकुशता और मनमानी रीति से शब्द गढ़ लेने की प्रवृत्ति स्पष्टतया दृष्टिगत होती है। मैं यह स्वीकार करूँगा कि उत्तरकाल की कुछ रचनाओं में भी इस प्रकार का प्रयोग मिलता है किन्तु मैं उसको चन्दबरदाई की ही रचनाओं का अनुकरणमात्र समझता हूँ। इस निरंकुशता के प्रवर्त्तक पृथ्वीराज रासोकार ही हैं। यह अप्रांजलता और अनियमबद्धता जो उनकी रचना में आयी है उसका कारण उनका आरम्भिक काल का होना है। निम्नलिखित शब्द विदेशी भाषा के हैं-

'असव्वार', 'सहन्नाय', 'अरव्वी', 'तुरक्की', 'कम्मान', इत्यादि।

इनका ग्रहण अनुचित नहीं, परन्तु इनका मनगढ़न्त प्रयोग उचित नहीं। इन शब्दों का शुद्ध रूप 'सवार', 'शहनाई', 'अरबी', 'तुरकी', 'कमान' हैं, किन्तु उनका जो रूप कवि ने वनाया है वह न तो उस भाषा के व्याकरण पर अवलम्बित हैं न हिन्दी भाषा अथवा प्राकृत या अपभ्रंश के नियमों के अनुकूल हैं। ऐसी अवस्था में उनका प्रयोग जिस रूप में कहा हुआ है वह अप्रौढ़ता और अनियमबद्धता का ही परिचायक है, जो तात्कालिक हिन्दी भाषा की अपरिपक्वता का सूचक है। शेप शब्द हिन्दी भाषा अथवा प्राकृत किंवा अपभ्रंश के हैं। उनका भी मनमाना प्रयोग किया गया है, जैसे 'गलित' को 'गल्लितं', 'ढलकत' को 'ढलक्कंत', 'सब्द' को 'साबद्द', 'वादित्र' को 'बाज़ित्र', 'मुख' को 'मुष्प', 'जम्बुक' को 'जम्बक्क', 'राजपूत' को 'रंजपुत्त', 'पचास' को 'पच्चास', 'नाद' को 'नद्द', 'सब' या 'सब्ब' को 'सब्बय', 'झटिति' या 'झट' को 'झटं', 'कंदर्प' को 'कंद्रप्प' इत्यादि। ये शब्द हिन्दी, प्राकृत, अथवा अपभ्रंश व्याकरण के अनुकूल न तो बने हैं और न इनमें साहित्य-सम्बन्धी कोई नियमबद्धता पाई जाती है। इसलिए मेरा विचार है, कि ये कवि के गढ़े शब्द हैं और इसी कारण से इनकी सृष्टि हुई है कि आरंभिक काल में इस प्रकार की उच्छृखंलता का कोई प्रतिबन्ध नहीं था। अतएव मैं यह कहने के लिए बाध्य हूँ कि जिन रचनाओं में इस प्रकार के शब्दों का प्रयोग हुआ है वे अवश्य रासो की आदिम अप्रक्षिप्त रचनायें हैं।

पृथ्वीराज रासो के कुछ छन्द भी इस बात के प्रमाण हैं कि उसकी मुख्य रचनाएँ बारहवीं शताब्दी की हैं। आज तक हिन्दी साहित्य में गाथा छन्द का व्यवहार नहीं होता, किन्तु चन्दबरदाई इस छन्द से काम लेता है। वैदिककाल से प्रारम्भ करके बौद्धकाल

तक गाथा में रचनाएँ हुई हैं, अपभ्रंश काल में भी गाथा में रचना होती देखी जाती है।* ऐसी अवस्था में जब देखते हैं कि चन्दबरदाई भी गाथा छन्द का व्यवहार करता है तो इससे क्या पाया जाता है? यही न कि पृथ्वीराज रासो की रचना आरम्भिक काल की ही है, क्योंकि अपभ्रंश के बाद ही हिन्दी भाषा का आरम्भिक-काल प्रारम्भ होता है। रासो का एक गाथा छन्द देखिये, और उसकी भाषा पर भी विचार कीजिए–

पुच्छति बयन सुबाले उच्चरिय करि सच्च सच्चाए।
कवन नाम तुम देस कवन पंथ करै परवेस।

अब तक मैंने पृथ्वीराज रासो के प्राचीन अंश के विषय में जो कुछ लिखा है उससे मैं नहीं कह सकता कि अपने विषय के प्रतिपादन में मुझको कितनी सफलता मिली। यह बड़ा वाद-ग्रस्त विषय है। यदि डॉक्टर ग्रियर्सन की सम्मति पृथ्वीराज रासो की प्राचीनता के अनुकूल है तो डॉक्टर बूलर की सम्मति उसके प्रतिकूल। वे इस ग्रन्थ की यहाँ तक प्रतिकूलता करते हैं कि उसका प्रकाशन तक बन्द करा देना चाहते हैं। यदि पंडित मोहनलाल विष्णुलाल पंडया अनेक तर्क-वितर्कों से पृथ्वीराज रासो की प्राचीनता का पक्ष-ग्रहण करते हैं तो जोधपुर के मुरारिदान और उदयपुर के श्यामल दास भी उसका विरोध करने के लिए कटिबद्ध दिखलाई पड़ते हैं। थोड़ा समय हुआ कि रायबहादुर पं. गौरीशंकर हीराचन्द ओझा ने भी अपनी प्रबल युक्तियों से इस ग्रन्थ को सर्वथा जाली कहा है। परन्तु, जब हम देखते हैं कि महामहोपाध्याय पं. हरप्रसाद शास्त्री सन् 1909 से सन् 1913 तक राजपुताने में प्राचीन ऐतिहासिक काव्यों की खोज करके पृथ्वीराज रासो को प्राचीनता की सनद देते हैं तो इस विवर्द्धित बाद की विचित्रता ही सामने आती है। इन विद्वान् पुरुषों ने अपने-अपने पक्ष के अनुकूल पर्याप्त प्रमाण दिये हैं। इसलिए इस विषय में अब अधिक लिखना बाहुल्य मात्र होगा। मैंने भी अपने पक्ष की पुष्टि के लिए उद्योग किया है। किन्तु यह नहीं कहा जा सकता कि मैंने जो कुछ लिखा है वह निर्विवाद है। हाँ, एक बात ऐसी है जो मेरे विचार के अधिकतर अनुकूल है। वह यह कि बहुत कुछ तर्क-वितर्क और विवाद होने पर भी किसी ने चन्दबरदाई को सोलहवें शतक का कवि नहीं माना है। विवाद करने वालों ने भी साहित्य के वर्णन के समय उसको बारहवें शतक में ही स्थान दिया है। यदि पृथ्वीराज रासो की प्राचीनता की सत्यता में सन्देह है तो उसको बारहवें शतक में क्यों स्थान अब तक मिलता आता है। मेरा विचार है कि इसके पक्ष में ऐसी सत्यता अवश्य है जो इसको बारहवें शतक का काव्य मानने के लिए बाध्य करती है। इसके अतिरिक्त जब तक संदिग्धता है तब तक उस पद से किसी को कैसे गिराया जा सकता है जो कि चिरकाल से उसे प्राप्त है।

---

* देखिये पालि प्रकाश, पृष्ठ 62, 63, 64।

चन्दबरदाई का समसामयिक जगनायक अथवा जगनिक नामक एक ऐसा प्रसिद्ध कवि है जिसकी वीरगाथा मय रचनाओं का इतना अधिक प्रचार सर्वसाधारण में है जितना उस समय की और किसी कवि-कृति का अब तक नहीं हुआ। इसकी रचनायें आज दिन भी उत्तर भारत के अधिकांश विभागों के हिन्दुओं की सूखी रगों में रक्त-धारा का प्रवाह करती रहती हैं। पश्चिमोत्तर प्रान्त के पूर्व और दक्षिण के अंशों में इसके गीतों का अब भी बहुत अधिक प्रचार है। वर्षाकाल में जिस वीरोन्माद के साथ इस गीति-काव्य का गान ग्रामों के चौपालों और नगरों के जनाकीर्ण स्थानों में होता है वह किसके हृदय में वीरता का संचार नहीं करता? इसके गीतों में महोबा के राजा के दो प्रधान वीर आल्हा और ऊदल के वीर कर्म्मों का बड़ा ही ओजमय वर्णन है यद्यपि यह बात बड़ी ही मर्म्म-भेदी है कि इन दोनों वीरों के वीर कर्म्मों की इतिश्री गृहकलह में ही हुई। महोबे के प्रसिद्ध शासक परमाल और उस काल के प्रधान क्षत्रिय भूपाल पृथ्वीराज का संघर्ष ही गीति-काव्य का प्रधान विषय है। यह वह संघर्ष था कि जिसका परिणाम पृथ्वीराज का पतन और भारतवर्ष के चिर-सुरक्षित दिल्ली के उस फाटक का भग्न होना था जिसमें प्रवेश करके विजयी मुसलमान जाति भारत की पुण्य भूमि में आठ सौ वर्ष तक शासन कर सकी। तथापि यह बात गर्व के साथ कही जा सकती है कि जैसा वीररस का ओजस्वी वर्णन इस गीति काव्य में है हिन्दी साहित्य के एक दो प्रसिद्ध ग्रन्थों में ही वैसा मिलता है। यह ओजस्विनी रचना, कुछ काल हुआ, आल्हा खंड के नाम से पुस्तकाकार छप चुकी है, परन्तु बहुत ही परिवर्तित रूप में। उसका मुख्य रूप क्या था, इसकी मीमांसा करना दुस्तर है। जिस रूप में यह पुस्तक हिन्दी-साहित्य के सामने आयी है उसके आधार से इतना ही कहा जा सकता है कि इस कवि का उस काल की साहित्यिक हिन्दी पर, जैसा चाहिए वैसा, अधिकार नहीं था। प्राप्त रचनाओं के देखने से यह ज्ञात होता है कि उसमें बुन्देलखण्डी भाषा का ही बाहुल्य है। हिन्दी भाषा के विकास पर उससे जैसा चाहिए वैसा प्रकाश नहीं पड़ता, विशेषकर इस कारण से कि मौखिक गीति-काव्य होने से समय के साथ उसकी रचना में भी परिवर्तन होता गया है। किन्तु हिन्दी भाषा के आरम्भिक काल में जो परिवर्तन जो संघर्ष यहाँ के विद्वेष-पूर्ण राजाओं में परस्पर चल रहा था उसका यह ग्रन्थ पूर्ण परिचायक है। इसीलिए इस कवि की रचनाओं की चर्चा यहाँ की गयी। मैं समझता हूँ कि जितने ग्रामीण गीत हिन्दी भाषा के सर्वसाधारण में प्रचलित हैं उनमें जगनायक के आल्हाखंड की प्रधानता है। उसके देखने से यह अवगत होता है कि सर्वसाधारण की बोलचाल में भी कैसी ओजपूर्ण रचना हो सकती है। इस उद्देश्य से भी इस कवि की चर्चा आवश्यक ज्ञात हुई। उसकी रचना के कुछ पद्य नीचे लिखे जाते हैं।

कूदे लाखन तब हौदा से, औ धरती मैं पहुँचे आइ।
गगरी भर के फूल मँगाओ सो भुरुही को दओ पियाइ।
भांग मिठाई तुरतै दइ दइ, दुहरे घोट अफीमन क्यार।
राती भाती हथिनी करि कै दुहरे आँदू दये डराय।
चहुँ ओर घेरे पृथीराज हैं, भुरुही रखि हो धर्म हमार।
खैंचि सरोही लाखन लीन्ही समुहें गोलगये समियाय।
साँकर फेरै भुरुही दल में, सब दल काट करो खरियाय।
जैसे भेड़हा भेड़न पैठे, जैसे सिंह बिड़ारै गाय।
वह गत कीनी है लाखन ने, नद्दी बितवै के मैदान।
देवि दाहिनी भइ लाखन को, मुरचा हटौ पिथौरा क्यार।

उस समय युद्धोन्माद का क्या रूप था और किस प्रकार मुसलमानों के साथ ही नहीं, हिन्दू राजाओं में भी परस्पर संघर्ष चल रहा था, इस गीतिकाव्य में इसका अच्छा चित्रण है। इसलिए उपयोगिता की ही दृष्टि से नहीं, जातीय दुर्बलताओं का ज्ञान कराने के लिए भी यह ग्रन्थ रक्षणीय और संग्रहणीय है। इन पद्यों की वर्तमान भाषा यह स्पष्टतया बतलाती है कि वह बारहवीं ई. शताब्दी की नहीं है। हमने तेरहवीं शताब्दी तक आरम्भिक काल माना है। इसीलिए हम इस शतक के कुछ कवियों की रचनायें लेकर भी यह देखना चाहते हैं कि उन पर भाषा सम्बन्धी विकास का क्या प्रभाव पड़ा। इस शतक के प्रधान कवि अनन्य दास, धर्मसूरि, विजयसूरि एवं विनय चन्द्र सूरि जैन हैं। इनमें से अनन्य दास की रचना का कोई उदाहरण नहीं मिला। धर्मसूरि जैन ने जम्बू स्वामी रासा नामक एक ग्रन्थ लिखा है उसके कुछ पद्य ये हैं (रचना काल 209 ईस्वी)

करि सानिधि सरसत्ति देवि जीयरै कहाणउँ।
जम्बु स्वामिहिं गुण गहण संखेबि बखाणउँ।
जम्बु दीबि सिरि भरत खित्ति तिहि नयर पहाणउँ।
राजग्रह नामेण नयर पुहुवी बक्खाणउँ।
राज करइ सेणिय नरिन्द न्रखरहँ नुसारो।
तासु वट तणय बुद्धिवन्त मति अभय कुमारो।

विजय सेन सूरि ने 'रेवंतगिरि रासा' की रचना की है। (रचनाकाल 1231 ई.) कुछ उनके पद्य भी देखिये :

परमेसर तित्थेसरह पय पंकज पणमेवि।
भणि सुरास रेवंतगिरि अम्बकिदिवि सुमिरेवि।
गामा गर पुरवरग गहण सरि वरिसर सुपयेसु।

देवि भूमि दिसि पच्छिमंह मणहर सोरठ देसु।
जिणु तहिं मंडण मंडणउ मर गय मउड्ड महन्तु।
निर्म्मल सामल सिहिर भर रेहै गिरि रेवंन्तु।
तसु मुंहुं दंसणु दस दिसवि देसि दिसन्तर संग।
आवइ भाइ रसाल मण उडुलि रंग तरंग।

विनय चन्द्रसूरि ने नेमनाथ चौपई और एक और ग्रन्थ लिखा है (रचना काल 1255 ई.) कुछ उनके पद्य देखिये–

"बोलइ राजल तउ इह बयणू। नत्थि नेंमबर समबर रयणू।
धरइ तेजु गहगण सलिताउ। गयणि नउग्गइ दिणयर जाउ।
सखी भणय सामिणि मन झूरि। दुज्जण तणमनवंछितपूरि"।

ऊपर के पद्यों में जो शब्द चिन्हित कर दिये गये हैं वे प्राकृत अथवा अपभ्रंश के हैं इससे प्रगट होता है कि तेरहवीं शताब्दी तक अपभ्रंश शब्दों का हिन्दी रचनाओं में अधिकतर प्रचलन था। अपभ्रंश में नकार के स्थान पर णकार का प्रयोग अधिकतर देखा जाता है। उल्लिखित पद्यों में भी नकार के स्थान पर णकार का बहुल प्रयोग पाया जाता है।

जैसे तणय, मणहर, मण,गयण, दिणयर, दुज्जण इत्यादि। अपभ्रंश भाषा का यह नियम है कि अकारान्त शब्द के प्रथमा और द्वितीया का एक वचन उकारयुक्त होता है।* इन पद्यों में भी ऐसा प्रयोग मिलता है जैसे देसु, महन्तु, रेवन्तु, तेजु इत्यादि। प्राकृत और अपभ्रंश में शकार और षकार का बिलकुल प्रयोग नहीं होता, उसके स्थान पर सकार प्रयुक्त होता है**। जैसे श्रमणः समणो, शिष्यः सिस्सो। इन पद्यों में भी ऐसा प्रयोग मिलता है। परमेसर, देस, सामल दस, दिवसि, देसि, दिसन्तरु, देसणु इत्यादि। अपभ्रंश का यह नियम है कि अनेक स्थानों में दीर्घ स्वर ह्रस्व एवं ह्रस्व स्वर दीर्घ हो जाता है। इन पद्यों में बयणू और रयणू का ऐसा ही प्रयोग है। इनमें जो हिन्दी के शब्द आये हैं जैसे करि, राज कर सारो, तासु, मुँह, दस, आबइ, रंग, बोलइ, धरइ, मन इत्यादि। इसी प्रकार जो संस्कृत के तत्सम शब्द आये हैं, जैसे गुण, राजग्रह, मति, अभय, पंकज, गिरि, सरि, सर, भूमि, रसाल, तरंग, सम, सखी, इत्यादि वे विशेष चिन्तनीय हैं। हिन्दी शब्द यह सूचित कर रहे हैं कि किस प्रकार वे धीरे-धीरे अपभ्रंश भाषा में अधिकार प्राप्त कर रहे थे। संस्कृत के तत्सम शब्द यह बतलाते हैं कि उस

---

* देखिये पाली प्रकाश पृ. 55।

** देखिये पाली प्रकाश पृ. 2।

समय प्राकृत नियमों के प्रतिकूल वे हिन्दी भाषा में गृहीत होने लगे थे। इन पद्यों में यह बात विशेष दृष्टि देने योग्य है कि इनमें एक शब्द के विभिन्न प्रयोग मिलते हैं जैसे मन के मण आदि। प्रायः 'न' के स्थान पर णकार का प्रयोग देखा जाता है, जैसे कि ऊपर लिखा जा चुका है, परन्तु न का सर्वथा त्याग भी नहीं है। जैसे नयर नायेण, नेमि इत्यादि।

मैं समझता हूँ, आरम्भिक काल में किस प्रकार अपभ्रंश भाषा परिवर्तित होकर हिन्दी भाषा में परिणित हुई, इसका पर्याप्त उदाहरण दिया जा चुका। उस समय की परिस्थिति के अनुकूल जो सामाजिक और राजनीतिक परिवर्तन हुए उनका वर्णन भी जितना अपेक्षित था उतना किया गया। आरम्भिक काल में कुछ ऐसे ग्रन्थ भी लिखे गये हैं। जिनका सम्बन्ध वीरगाथाओं से नहीं है, परन्तु प्रथम तो उन ग्रन्थों का नाम मात्र लिया गया है, दूसरे जो ग्रन्थ उपलब्ध हैं वे थोड़े हैं और उनकी प्रायः रचनायें ऐसी हैं जो उस काल की नहीं, वरन् माध्यमिक काल की ज्ञात होती हैं। इसलिए उनका कोई उद्धरण नहीं दिया गया। अन्त में मैंने जैन सूरियों की जो तीन रचनायें उद्धृत की हैं वे वीर-रस की नहीं हैं। तथापि मैंने उनको उपस्थित किया केवल इस उद्देश्य से कि जिसमें यह प्रकट हो सके कि वीर-गाथा सम्बन्धी रचनाओं में ही नहीं आरम्भिक काल में ओज लाने के लिए प्राकृत और अपभ्रंश शब्दों का प्रयोग किया गया है, अन्य रचनाओं में भी इस प्रकार के प्रयोग मिलते हैं जो यह बतलाते हैं कि उस काल की वास्तविक भाषा वही थी जो विकसित होकर अपभ्रंश से हिन्दीभाषा के परवर्ती रूप की ओर अग्रसर हो रही थी।

तीसरा प्रकरण

हिन्दी साहित्य का माध्यमिक काल

हिन्दी साहित्य का माध्यमिक काल, मेरे विचार से चौदहवीं ईस्वी शताब्दी से प्रारम्भ होता है। इस समय विजयी मुसलमानों का अधिकार उत्तर भारत के अधिकांश विभागों में हो गया था और दिन-दिन उनकी शक्ति वर्द्धित हो रही थी। दक्षिण प्रान्त में उन्होंने अपने पाँव बढ़ाये थे और वहाँ भी विजय-श्री उनका साथ दे रही थी। इस समय मुसलमान विजेता अपने प्रभाव विस्तार के साथ भारतवर्ष की भाषाओं से भी स्नेह करने लगे थे और उन युक्तियों को ग्रहण कर रहे थे जिनसे उनके राज्य में स्थायिता हो और वे हिन्दुओं के हृदय पर भी अधिकार कर सकें। इस सूत्र से अनेक मुस्लिम विद्वानों ने हिन्दी भाषा का अध्ययन किया, क्योंकि वह देश-भाषा थी। मुसलमानों में राज्य-प्रचार के साथ अपने धर्म प्रचार की भी उत्कट इच्छा थी। जहाँ वे राज्य-रक्षण अपना कर्तव्य समझते वहीं अपने धर्म्म के विस्तार का आयोजन भी बड़े आग्रह के साथ करते। उस समय का इतिहास पढ़ने से यह ज्ञात होता है कि जहाँ विजयी मुसलमानों की तलवार एक प्रान्त के बाद भारत के दूसरे प्रान्तों पर अधिकार कर रही थी वहीं उनके धर्म-प्रचारक अथवा मुल्ला लोग अपने धर्म की महत्ता बतला कर हिन्दू जनता को भी अपनी ओर आकर्षित कर रहे थे। यह स्वाभाविक है कि विजित जाति विजयी जाति के आचार-विचार और रहन-सहन की ओर खिंच जाती है। क्योंकि अनेक कार्य-सूत्र से उनका प्रभाव उनके ऊपर पड़ता रहता है। इस समय बौद्ध धर्म प्रायः भारतवर्ष से लोप हो गया था। बहुतों ने या तो मुसलमान धर्म स्वीकार कर लिया था या फिर अपने प्राचीन वैदिक धर्म की शरण ले ली थी। कुछ भारतवर्ष को छोड़कर उन देशों को चले गये थे जहाँ पर बौद्ध धर्म उस समय भी सुरक्षित और ऊर्ज्जित अवस्था में था। इस समय भारत में दो ही धर्म मुख्य तया विद्यमान थे, उनमें एक विजित हिन्दू जाति का धर्म था और दूसरा विजयी मुसलमान जाति का। राज-धर्म होने के कारण मुसलमान धर्म को उन्नति के अनेक साधन प्राप्त थे, अतएव वह प्रतिदिन उन्नत हो रहा था और राजाश्रय के अभाव एवं समुन्नति-पथ में प्रतिबन्ध उपस्थित होने के कारण हिन्दू धर्म

दिन-दिन क्षीण हो रहा था। इसके अतिरिक्त विविध-राज कृपावलंबित प्रलोभन अपना कार्य अलग कर रहे थे। इस समय सूफ़ी सम्प्रदाय के अनेक मुसलमान फ़क़ीरों ने अपना वह राग अलापना प्रारम्भ किया था, जिस पर कुछ हिन्दू बहुत विमुग्ध हुए और अपने वंशगत धर्म को तिलांजलि देकर उस मंत्र का पाठ किया, जिससे उनको अपने अस्तित्व-लोप का सर्वथा ज्ञान नहीं रहा। ऐसी अवस्था में जहाँ हिन्दुओं की क्षीण शक्ति प्रान्तिक राजा महाराजाओं के रूप में अपने दिन-दिन ध्वंस होते छोटे-मोटे राजाओं की रक्षा कर रही थी, वहाँ पुण्यमयी भारत-वसुन्धरा में ऐसे धर्मप्राण आचार्य भी आविर्भूत हुए, जिन्होंने पतनप्राय वैदिक धर्म की बहुत रक्षा की। डॉक्टर ईश्वरी प्रसाद ने बंगाल प्रान्त में सूफियों के धर्म्म प्रचार के विषय में अपने (मेडिवल इंडिया) नामक ग्रन्थ में जो कुछ लिखा है उसमें इस समय का सच्चा चित्र अंकित है। अभिज्ञता के लिए उसका कुछ अंश मैं यहाँ उद्धृत करता हूँ।*

यह एक प्रान्त की अवस्था का निदर्शन है। अन्य विजित प्रान्तों की भी ऐसी ही दशा थी। उस समय सूफी सिद्धान्त के मानने वाले महात्माओं के द्वारा उनके उद्देश्यों का प्रचुर प्रचार हो रहा था, और वे लोग दृढ़ता के साथ अपनी संस्थाओं का संचालन कर रहे थे। यह धार्मिक अवस्था की बात हुई, राजनीतिक अवस्था भी उस समय ऐसी ही थी साम दाम दण्ड विभेद से पुष्ट होकर वह भी कार्य-क्षेत्र में अपने प्रभाव का विस्तार अनेक सूत्रों से कर रही थी। मैं पहले लिख आया हूँ कि जैसा वातावरण होता है साहित्य भी उसी रूप में विकसित होता है। माध्यमिक काल के साहित्य में भी यह बात पाई जाती है। चौदहवीं ईस्वी शताब्दी से सत्रहवीं शताब्दी तक मुसलमान साम्राज्य दिन-दिन शक्तिशाली होता गया। इसके बाद उसका अचानक ऐसा पतन हुआ कि कुछ वर्षों में ही इतिश्री हो गयी। यह एक संयोग की बात है कि हिन्दी-संसार के वे कवि और महाकवि जिनसे हिन्दी-भाषा का मुख उज्ज्वल हुआ इसी काल में हुए। इस माध्यमिक काल में जैसा सुधावर्षण हुआ, जैसी रस धारा वही, जैसे ज्ञानालोक से हिन्दी संसार आलोकित हुआ, जैसा भक्ति-प्रवाह हिन्दी काव्य-क्षेत्र में प्रवाहित हुआ, जैसे समाज के उच्च कोटि के आदर्श उसको प्राप्त हुए उसका वर्णन बड़ा ही हृदय-ग्राही और मर्म-स्पर्शी होगा। मैंने इस कार्य्यसिद्धि के लिए ही इस

* The fourteenth century was remarkable for the activity of the Muslim faquirs in Bengal,....There were several saints of reputed sancetity in Pandua, which owing to their presence, came to be called Hazarat....other noted saints were alaul Haq and his son Nur Qutbal Alam, Alaul Haq was also disciple of Saikh Nizamuddin Aulia, Hussain Shah of Bengal (1493-1519 A. D.) was the founder of a new cult called Satyapir, which aimed at uniting the Hindus and the Muslims Satyapir, was compounded of Satya, a Sanskrit word and Pir which is an Arabic word.

समय की धार्मिक, राजनैतिक और सामाजिक अवस्थाओं का चित्र यहाँ पर चित्रित किया है। अब प्रकृत विषय को लीजिए।

चौदहवें शतक में भी कुछ जैन विद्वानों ने हिन्दी भाषा में कविता की है। इनके अतिरिक्त नल्ल सिंह भाट सिरोहिया ने विजयपाल रासा शार्ङ्गधर नामक कवि ने शार्ङ्गधर-पद्धति, हम्मीर काव्य और हम्मीर रासो नामक तीन ग्रन्थ बनाये जिनमें से हम्मीर रासो अधिक प्रसिद्ध है, बारहवीं और तेरहवीं शताब्दी में जैसे शब्दों से युक्त भाषा लिखी गयी है उससे इन लोगों की रचनाओं में हिन्दी का स्वरूप विशेष परिमार्जित मिलता है। प्रमाणस्वरूप कुछ पद्य नीचे उद्धृत किये जाते हैं।

कवि शार्ङ्गधर (रचनाकाल 1306 ई.)

1. **ढोलामारियढिल्लिमहँ मुच्छिउ मेच्छ सरीर।**
पुर जज्जल्ला मंत्रिवर चलिय वीर हम्मीर।
चलिअ बीर हम्मीर पाअभर मेंइणि कंपइ।
दिग पग डह अंधार धूलि सुरिरह अच्छा इहि।

ग्रंथ-संघपति समरा रासो, कवि अम्बदेव जैन, (रचना काल 1314 ई.)

2. **निसि दीवी झलहलहिं जेम उगियो तारायण।**
पावल पारुन पामिय बहई वेगि सुखासण।
आगे बाणिहिं संचरए सँघपति सहु देसल।
बुद्धिवंत बहु पुण्यवंत पर कमिहिं सुनिश्चल।

ग्रंथ थूलि भद्र फागु, कवि जिन पद्मसूरि (रचनाकाल 1320 ई.)

3. **अह सोहग सुन्दर रूपवंत गुण मणिभण्डारो।**
कंचण जिमि झलकंत कंति संजम सिरिहारो।
थूलिभद्र मणिराव जाम महि अलो बुहन्तउ।
नयर राम पाउलिय मांहि पहुँतउ बिहरंतुउ।

ग्रन्थ विजयपाल रासो (रचना काल 1325 ई.) नल्लसिंह भाट सिरोहिया।

4. दश शत वर्ष निराण मास फागुन गुरु ग्यारसि।
पाय-सिद्ध बरदान तेग जद्दव कर धारसि।
जीतिसर्व तुरकान बलख खुरसान सुगजनी।
रूम स्याम अस्फहाँ फ्रंग हवसान सु भजनी।
ईराण तोरि तूराण असि खौसिर बंग खँधार सब।
बलवंड पिंड हिंदुवान हद चढिब बीर बिजपाल सब।

जिस क्रम से कविताओं का उद्धरण किया गया है उसके देखने से ज्ञात हो जायगा कि उत्तरोत्तर एक से दूसरी कविता की भाषा का अधिकतर परिमार्जित रूप है। शार्ङ्गधर की रचना में अधिक मात्रा में अपभ्रंश शब्द हैं। ऐसे शब्द चिन्हित कर दिये गये हैं। उसके बाद की नम्बर 2 और 3 की रचनाओं में इने-गिने शब्द अपभ्रंश के हैं, उनमें हिन्दी शब्द ही अधिकतर दिखलाई देते हैं। जिससे पता चलता है कि इस शताब्दी की आदि की रचनाओं पर तो अपभ्रंश शब्दों का अवश्य अधिक प्रभाव है। परन्तु बाद की रचनाओं में उनका प्रभाव उत्तरोत्तर कम होता गया है। यहाँ तक कि अमीर खुसरो की रचनायें उनसे सर्वथा मुक्त दिखलाई पड़ती हैं।

अमीर खुसरो इस शताब्दी का सर्वप्रधान कवि है। यह अनेक भाषाओं का पंडित था। इसके रचे फ़ारसी भाषा के अनेक ग्रन्थ हैं। इसकी हिन्दी रचनाएँ बहुमूल्य हैं। वे इतनी प्रांजल और सुन्दर हैं कि उनको देख कर यह आश्चर्य होता है कि पहले पहल एक मुसलमान ने किस प्रकार ऐसी परिष्कृत और सुन्दर हिन्दी भाषा लिखी। मैं पहले लिख आया हूँ कि माध्यमिक काल में मुसलमान अनेक उद्देश्यों से हिन्दी भाषा की ओर आकर्षित हो गये थे। ऐसे मुसलमानों का अग्र-गण्य मैं अमीर खुसरो को मानता हूँ। इसके पद्यों में जिस प्रकार सुन्दर ब्रजभाषा की रचना का नमूना मिलता है उसी प्रकार खड़ी बोली की रचना का भी। इस सहृदय कवि की कविताओं को देख कर यह अवगत होता है कि चौदहवीं शताब्दी में भी ब्रजभाषा और खड़ी बोली दोनों की कविताओं का समुचित विकास हो चुका था। परन्तु उसके नमूने अन्य कहीं खोजने पर भी नहीं प्राप्त होते। इसलिए इन भाषाओं की परिमार्जित रचनाओं का आदर्श उपस्थित करने का गौरव इस प्रतिभाशाली कवि को ही प्राप्त है। मैं उनकी दोनों प्रकार की रचनाओं के कुछ उदाहरण नीचे लिखता हूँ। उनको पढ़ कर यह बात निश्चित हो सकेगी कि मेरा कथन कहाँ तक युक्ति-संगत है।

1. **एक थाल मोती से भरा, सबके सिर पर औंधा धरा।**
   चारों ओर वह थाली फिरे मोती उससे एक न गिरे।

2. **आवे तो अँधेरी लावे, जावे तो सब सुख ले जावे।**
   क्या जानूँ वह कैसा है, जैसा देखा वैसा है।

3. **बात की बात ठठोली की ठठोली।**
   मरद की गाँठ औरत ने खोली।

4. **एक कहानी मैं कहूँ तू सुन ले मेरे पूत।**
   बिना परों वह उड़ गया, बाँध गले में सूत।

5. सोभा सदा बढ़ावन हारा, आँखिन ते छिन होत न न्यारा
आये फिर मेरे मनरंजन ऐ सखि साजन ना सखी अंजन

6. स्यामबरन पीताम्बर काँधे मुरली धर नहिं होइ।
बिन मुरली वह नाद करत है, बिरला बूझै कोइ।

7. उज्जल बरन अधीनतन एक चित्त दो ध्यान।
देखत में तो साधु है, निपट पाप को खान।

8. एक नार तरवर से उतरी मा सो जनम न पायो।
बाप को नाँव जो वासे पूछ्यो आधो नाँव बतायो।
आधो नाँव बतायो खुसरो कौन देस की बोली।
बाको नाँव जो पूछ्यो मैंने अपने नाँव न बोली।

9. एक गुनी ने यह गुन कीना हरियल पिंजरे में दे दीना।
देखो जादूगर का हाल डाले हरा निकाले लाल।

इन पद्यों में नम्बर 1 से 4 तक के पद्य ऐसे हैं जो शुद्ध खड़ी बोली में लिखे गये हैं, नम्बर 5 और 6 शुद्ध ब्रजभाषा के हैं और नम्बर 7 से 9 तक के ऐसे हैं कि जिनमें खड़ी बोलचाल और ब्रजभाषा दोनों का मिश्रण है। मैं समझता हूँ कि इस अन्तर का कारण उस भेद की अनभिज्ञता है जो खड़ी बोली को ब्रजभाषा से अलग करती है। इसके प्रमाण वे पद्य भी हैं जिनमें दोनों भाषाओं का मिश्रण है। उस समय खड़ी बोली या ब्रजभाषा का कोई विवाद नहीं था और न ऐसे नियम प्रचलित थे जो एक को दूसरे से अलग करते। वे हिन्दी भाषा के सब प्रकार के प्रयोगों को एक ही समझते थे। इसलिए इतना सूक्ष्म विचार न कर सके। यह संयोग से ही हो गया है कि कुछ पद्य शुद्ध खड़ी बोली के और कुछ ब्रजभाषा के बन गये हैं। उनकी दृष्टि इधर नहीं थी। इस समय जब खड़ी बोलचाल और ब्रजभाषा की धाराएँ अलग-अलग बह रही हैं, उनकी रचनाओं की इस त्रुटि पर चाहे विशेष दृष्टि दी जावे, परन्तु उस समय उन्होंने हिन्दी भाषा सम्बन्धी जैसी मर्मज्ञता, योग्यता और निपुणता दिखलाई है वह उल्लेखनीय है। उनके पहले के कवियों की रचनाओं से उनकी रचनाओं में अधिकतर प्रांजलता है, जो हिन्दी के भाण्डार पर उनका प्रशंसनीय अधिकार प्रकट करती है। उनकी रचनाओं में फ़ारसी और अरबी इत्यादि के शब्द भी आये हैं, परन्तु वे इस सुन्दरता से खपाये गये हैं कि जिसकी बहुत कुछ प्रशंसा की जा सकती है। चन्दबरदाई के समय से ही हिन्दी भाषा में अरबी, फारसी और तुर्की के शब्द गृहीत होने लगे थे और यह सामयिक प्रभाव का फल था। परन्तु जिस सावधानी और सफाई के साथ उन भाषाओं के शब्दों का प्रयोग इन्होंने किया है वह अनुकरणीय है। उन भाषाओं के अधिकतर शब्द अन्य

कवियों द्वारा तोड़-मरोड़ कर या बिगाड़कर लिखे गये हैं, किन्तु यह कवि प्रायः इन दोषों से मुक्त था। एक विशेषता इनमें यह भी देखी जाती है कि अरबी के बह्रों में इन्होंने हिन्दी पद्यों की रचना सफलतापूर्वक की है, साथ ही फ़ारसी के वाक्यों के साथ हिन्दी वाक्यों को अपने एक पद्य में इस उत्तमता से मिलाया है, जो मुग्ध कर देता है मैं उस पद्य को यहाँ लिखता हूँ। आप लोग भी उसका रस लें–

"ज़ेहाले मिस्कीं मकुन तग़ाफ़ुल दुराय नैना बनाय बतियाँ।
कि ताबे हिज्रां न दारमऐजां न लेहु काहें लगाय छतियाँ।
शबाने हिज्रां दराज़ चूँ ज़ुल्फ व रोज़े वसलत चूँ उम्र कोतह।
सखी पिया को जो मैं न देखूँ तो कैसे काटूँ अँधेरी रतियाँ।
एकाएक अज़दिल दो चश्मे जादू बसद फ़रेबम् बेबुर्द तस्कीं।
किसे पड़ी है जो जा सुनावे पियारे पी को हमारी बतियाँ।
चूँ शमा सोज़ां चूँ ज़र्रा हैरां हमेशा गिरियाँ बइश्क़ आँमह।
न नींद नैना न अंग चैना न आप आवें न भेजैं पतियाँ।
बहक़्क रोज़े विसाल दिलवर कि दाद मारा फ़रेब .ख़ुसरों।
सुपीत मन को दुराय राखूँ जो जान पाऊँ पिया की घतियाँ।

इस पद्य का अरबी बह्र है फ़ऊल फ़ेलुन फ़ऊल फ़ेलुन फ़ऊल फ़ेलुन फ़ऊल फ़ेलुन। पहले दो चरणों में हिन्दी शब्दों का प्रयोग निर्दोष हुआ है यद्यपि वे शुद्ध ब्रज भाषा में लिखे गये हैं। केवल 'नैना' का 'ना' दीर्घ कर दिया गया है। किन्तु यह अपभ्रंश और ब्रज भाषा के नियमानुकूल है। शेष पद्यों की भाषा खड़ी हिन्दी की बोलचाल में है केवल 'रतियाँ', 'बतियाँ', 'पतियाँ', 'घतियाँ' का प्रयोग ही ऐसा है जो ब्रजभाषा का कहा जा सकता है। उनके इस प्रकार के मिश्रण के सम्बन्ध में मैं अपनी सम्मति प्रकट कर चुका हूँ। हाँ, मात्रिक छन्दों के नियमों की दृष्टि से खड़ी बोली के पद्य निर्दोष नहीं हैं। अनेक स्थानों पर लघु के स्थान पर गुरु लिखा गया है यद्यपि वहाँ लघु लिखना चाहिए था। जैसे सखी पिया को जो मैं न देखूँ तो कैसे काटूँ अँधेरी 'रतियाँ' इस पद्य में 'जो' के स्थान पर 'जु' तो के स्थान पर 'त', कैसे के स्थान पर 'कैस' और अँधेरी के स्थान पर 'अँधेर', पढ़ने से ही छन्द की गति निर्दोष रहेगी। ऐसे ही हिन्दी भाषा के शेष पद्यों की पंक्तियाँ सदोष हैं, परन्तु जब हम वर्तमान काल की उन्नति प्राप्त उर्दू पद्यों को देखते हैं तो उनके इस प्रकार के पद्य-गत हिन्दी भाषा के शब्द-विन्यास को दोषावह नहीं समझते, क्योंकि अरबी बह्रों में हिन्दी शब्दों का व्यवहार प्रायः विवश होकर इसी रूप में करना पड़ता है। वरन् कहना यह पड़ता है कि उर्दू कविता के प्रारम्भ होने से 200 वर्ष पहले ही इस प्रणाली का आविर्भाव कर उन्होंने उर्दू संसार के कवियों को उस मार्ग

का प्रदर्शन किया जिस पर चलकर ही आज उर्दू पद्य-साहित्य इतना समुन्नत है। इस दृष्टि से उनकी गृहीत प्रणाली एक प्रकार से अभिनन्दनीय ही ज्ञात होती है, निन्दनीय नहीं। खुसरो ने हिन्दुस्तानी भावों का चित्रण करते हुए कुछ ऐसे गीत भी लिखे हैं जो बहुत ही स्वाभाविक हैं। उनमें से एक देखिये–

॥ सावन का गीत ॥

अम्मा मेरे बाबा को भेजो जी कि सावन आया।
बेटी तेरा बाबा तो बुड्ढा री कि सावन आया।
अम्मा मेरे भाई को भेजो जी कि सावन आया।
बेटी तेरा भाई तो बालारी कि सावन आया।
अम्मा मेरे मामूँ को भेजो जी कि सावन आया।
बेटी तेरा मामूँ तो बाँकारी कि सावन आया।

दो दोहे भी देखिये कितने सुन्दर हैं–

1. .खुसरो रैनि सुहाग की, जागी पी के संग।
तन मेरो मन पीउ को, दोऊ भये इक रंग।
2. गोरी सोवै सेज पर, मुख पर डारे केस।
चल ख़ुसरो घर आपने, रैनि भई चहुँदेस।

इच्छा न होने पर भी खुसरो की कविता के विषय में इतना अधिक लिख गया। बात यह है कि खुसरो की विशेषताओं ने ऐसा करने के लिए विवश किया। यदि उन्होंने सबसे पहले बोलचाल की साफ़-सुथरी चलती हिन्दी का आदर्श उपस्थित किया तो शब्द भी तुले हुए रक्खे। न तो उनको तोड़ा-मरोड़ा, न बदला और न उनके वर्णों को द्वित्त बना कर उन्हें संयुक्त शब्दों का रूप दिया। अपनी रचना में भाव भी वे ही भरे जो देश भाषा के अनुकूल थे। प्राकृत शब्दों का प्रयोग भी उनकी रचनाओं में पाया जाता है। परन्तु वे ऐसे हैं जो सर्वथा हिन्दी के रंग में ढले हुए हैं, जैसे पीत, उज्जल और रैन इत्यादि। प्राकृत में शकार के स्थान पर स हो जाता है इन्होंने भी अपनी रचना में इस नियम का पालन किया है, जैसे 'सोभा', 'स्याम', 'केस', 'देस' इत्यादि। संस्कृत के तत्सम शब्द भी इनकी रचना में हैं परन्तु चुने हुए। हिन्दी आरम्भिक काल से ही इस प्रणाली को ग्रहण करती आयी है। यह बात इनके इस प्रकार के प्रयोगों से भी प्रकट होती है। यह उनके कवि-हृदय की विशेषता है कि जो तत्सम शब्द संस्कृत के इनके पद्य में आये हैं, वे कोमल और हिन्दी के तद्भव शब्दों के जोड़ के हैं जैसे सुख, मुरलीधर, रंजन, अधीन, नाद, ध्यान, साधु, पाप इत्यादि। ये सब ऐसी ही विशेषताएँ हैं

जो माध्यमिक काल के रचयिताओं में खुसरो को एक विशेष स्थान प्रदान करती हैं। खुसरो का निवास दिल्ली में था। मेरा विचार है कि उसके अथवा मेरठ के आसपास जो बोली उस समय बोली जाती थी उसी पर दृष्टि रखकर उन्होंने अपनी रचनायें कीं। इसीलिए वे अधिकतर बोलचाल की भाषा के अनुकूल हैं और इसी से उनमें विशेष सफाई आ गयी है। उनकी कविता में ब्रजभाषा के कुछ शब्दों और क्रियाओं का प्रयोग भी पाया जाता है। जैसे बढ़ावनहारा, वासे, बनायो, वाको, पूछ्यो, दुराय, बनाय, बतियाँ इत्यादि। मैं समझता हूँ कि इन शब्दों का व्यवहार आकस्मिक है और इस कारण हो गया है कि उस समय ब्रजभाषा फैल चली थी और उसकी मधुरता कवि हृदय को अपनी ओर खींचने लगी थी।

अमीर खुसरो का समकालीन एक और मुल्लादाऊद नामक ब्रजभाषा का कवि हुआ। कहा जाता है कि उसने नूरक एवं चन्दा की प्रेम कथा नामक दो हिन्दी पद्य-ग्रन्थों की रचना की, किन्तु ये दोनों ग्रन्थ अप्राप्त से हैं। इसलिए इसकी रचना की भाषा के विषय में कुछ लिखना असम्भव है। इसके उपरान्त महात्मा गोरखनाथ का हिन्दी साहित्य-क्षेत्र में दर्शन होता है। हाल में कुछ लोगों ने इनको ग्यारहवीं ई. शताब्दी का कवि लिखा है, किन्तु अधिकांश सम्मति यही है कि ये चौदहवीं शताब्दी में थे। ये धर्म्माचार्य्य ही नहीं थे, बहुत बड़े साहित्यिक पुरुष भी थे। इन्होंने संस्कृत भाषा में नौ ग्रन्थों की रचना की है, जिनमें से 'विवेक-मार्तण्ड', 'योग-चिन्तामणि' आदि प्रकाण्ड ग्रन्थ हैं। इनका आविर्भाव नेपाल अथवा उसकी तराई में हुआ। उन दिनों इन स्थानों में विकृत बौद्ध धर्म्म का प्रचार था, जो उस समय नाना कुत्सित विचारों का आधार बन गया था। इन बातों को देखकर उन्होंने उसका निराकरण करके आर्य्य धर्म्म के उत्थान में बहुत बड़ा कार्य किया। उन्होंने अपने सिद्धान्त के अनुसार शैव धर्म का प्रचार किया, किन्तु परिमार्जित रूप में। उस समय इनका धर्म इतना आद्रित हुआ कि उनकी पूजा देवतों के समान होने लगी। इनका मन्दिर गोरखपुर में अब तक मौजूद है। गोरख पंथ के प्रवर्तक आप ही हैं। इनके अनुयायी अब तक उत्तर भारत में जहाँ तहाँ पाये जाते हैं। इनकी रचनाओं एवं शब्दों का मर्म समझने के लिए यह आवश्यक है कि उस काल के बौद्ध धर्म की अवस्था आप लोगों के सामने उपस्थित की जावे इस विषय में 'गंगा' नामक मासिक पत्रिका के प्रवाह 1, तरंग 9 में राहुल सांकृत्यायन नामक एक बौद्ध विद्वान् ने जो लेख लिखा है उसी का एक अंश मैं यहाँ प्रस्तुत विषय पर प्रकाश डालने के लिए उद्धृत करता हूँ–

भारत से बौद्ध धर्म का लोप तेरहवीं, चौदहवीं शताब्दी में हुआ। उस समय की स्थिति जानने के लिए कुछ प्राचीन इतिहास जानना आवश्यक है।

"आठवीं शताब्दी में एक प्रकार से भारत के सभी बौद्ध सम्प्रदाय वज्रयान-गभित

महायान के अनुयायी हो गये थे। बुद्ध की सीधी-सादी शिक्षाओं से उनका विश्वास उठ चुका था और वे मनगढ़न्त हजारों लोकोत्तर कथाओं पर मरने लगे थे। बाहर से भिक्षु के कपड़ने पहनने पर भी वे भैरवी चक्र के मज़े उड़ा रहे थे। बड़े-बड़े विद्वान् और प्रतिभाशाली कवि आधे पागल हो, चौरासी सिद्धों में दाख़िल हो, सन्ध्या-भाषा में निर्गुण गा रहे थे। सातवीं शताब्दी में उड़ीसा के राजा इन्द्रभूति और उसके गुरु सिद्ध अनंग, वज्र स्त्रियों को ही मुक्तिदात्री प्रज्ञा, पुरुषों को ही मुक्ति का उपाय और शराब को ही अमृत सिद्ध करने में अपनी पंडिताई और सिद्धाई खर्च कर रहे थे। आठवीं शताब्दी से बारहवीं शताब्दी तक का बौद्ध धर्म वस्तुतः वज्रयान या भैरवी चक्र का धर्म था। महायान ने ही धारणीयों और पूजाओं से निर्वाण को सुगम कर दिया था। वज्रयान ने तो उसे एकदम सहज कर दिया। इसीलिए आगे चल कर वज्रयान सहजयान भी कहा जाने लगा।"

"वज्रयान के विद्वान् प्रतिभाशाली कवि, चौरासी सिद्ध, विलक्षण प्रकार से रहा करते थे। कोई पनही बनाया करता था, इसलिए उसे पनहिया कहते थे, कोई कम्बल ओढ़े रहता था, इसलिए उसे कमरिया कहते थे, कोई डमरू रखने से डमरुआ कहलाता था, कोई ओखली रखने से ओखरिया आदि। ये लोग शराब में मस्त, खोपड़ी का प्याला लिए श्मशान या विकट जंगलों में रहा करते थे। जन साधारण को जितना ही ये फटकारते थे उतना ही वे इनके पीछे दौड़ते थे। लोग बोधिसत्व प्रतिमाओं तथा दूसरे देवताओं की भाँति इन सिद्धों को अद्‌भुत चमत्कारों और दिव्य शक्तियों के धनी समझते थे। ये लोग खुल्लम-खुल्ला स्त्रियों और शराब का उपभोग करते थे। राजा अपनी कन्याओं तक को इन्हें प्रदान करते थे। ये लोग त्रोटक या hypnotism की कुछ प्रक्रियाओं से वाक़िफ़ थे। इसी बल पर अपने भोलेभाले अनुयाइयों को कभी-कभी कोई-कोई चमत्कार दिखा देते थे। कभी हाथ की सफ़ाई तथा श्लेषयुक्त अस्पष्ट वाक्यों से जनता पर अपनी धाक जमाते थे। इन पाँच शताब्दियों में धीरे-धीरे एक तरह से सारी भारतीय जनता इनके चक्कर में पड़कर कामव्यसनी, मद्यप और मूढ़ विश्वासी बन गयी थी।"

महात्मा गोरखनाथ ही ऐसे पहले ब्राह्मण हैं, जिन्होंने संस्कृत का विद्वान् होने पर भी हिन्दी भाषा के गद्य और पद्य में धार्मिक ग्रन्थ निर्माण किये। जनता पर प्रभाव डालने के लिए उसकी बोल-चाल की भाषा ही विशेष उपयोगिनी होती है। सिद्ध लोगों ने इसी सूत्र से बहुत सफलता लाभ की थी, इसलिए महात्मा गोरखनाथ जी को भी अपने सिद्धान्तों के प्रचार के लिए इस मार्ग का अवलम्बन करना पड़ा। उनके कुछ पद्य देखिये—

आओ भाई धरिधरि जाओ, गोरखबाला भरिभरि लाओ।
झरै न पारा बाजै नाद, ससिहर सूर न वाद विवाद ॥ 1 ॥

पवनगोटिकारहणिअकास, महियलअंतरिगगन कविलास।
पयाल नी डीबीसुन्नचढ़ाई, कथतगोरखनाथ मछींद्रबताई ॥ 2 ॥

चार पहर आलिंगन निद्रा संसार जाई विषिया बाही।
उभयहाथों गोरखनाथ पुकारै तुम्हैंभूलमहारौ माह्याभाई ॥ 3 ॥

वामा अंगे सोईबा जम चा भोगिबा सगे न पिवणा पाणी।
इमतो अजरावर होई मछींद्र बोल्यो गोरख वाणी ॥ 4 ॥

छाँटे तजौगुरु छाँटे तजौ लोभ माया।
आत्मा परचै राखौ गुरु देव सुन्दर काया ॥ 5 ॥

एतैं कछु कथीला गुरु सर्वे भैला भोलै।
सर्बे कमाई खोई गुरु बाघ नी चै बोलै ॥ 6 ॥

हबकि न बोलिबा ठबकि न चलिबा धीरे धरिबा पाँवं।
गरब न करिबा सहजै रहिबा भणत गोरखरावं ॥ 7 ॥

हँसिबा खेलिबा गाइबा गीत।
दृढ़ करि राखै अपना चीत।
खाये भी मरिये अणखाये भी मरिये।
गोरख कहे पूता संजमही तरिये ॥ 8 ॥

मद्धि निरंतर कीजै वास। निहचल मनुआ थिर ह्वै साँस।
आसण पवन उपद्रह करै। निसदिन आरँभ पचिपचि मरै ॥ 9 ॥

इनकी भाषा अमीर खुसरो के समान न तो प्रांजल है, न हिन्दी की बोलचाल के रंग में ढली, फिर भी बहुत सुधरी हुई और हिन्दीपन लिए हुए है। उसके देखने से यह ज्ञात होता है कि किस प्रकार पन्द्रहवीं ईसवी शताब्दी के आरम्भ में हिन्दी भाषा अपने वास्तविक रूप में प्रकट हो रही थी। गोरखनाथ जी की रचना में विभिन्न प्रान्तों के शब्द भी व्यवहृत हुए हैं, जैसे गुजराती, 'नी' मरहठी 'चा' और राजस्थानी 'बोलिबा' धरिबा, चलिबा इत्यादि। उस समय के महात्माओं की रचना में यह देखा जाता है कि अधिकतर देशाटन करने के कारण उनकी रचनाओं में कतिपय प्रान्तिक शब्द भी आ जाते हैं। यह बात अधिकतर उस काल के और बाद के सन्तों की बानियों में पाई जाती है। मेरा विचार है, गोरखनाथ जी ही इसके आदिम प्रवर्त्तक हैं, जिसका अनुकरण उनके उपरान्त

बहुत कुछ हुआ। इन दो एक बातों को छोड़कर इनकी रचनाओं में हिन्दी भाषा की सब विशेषताएँ पाई जाती हैं। उनमें संस्कृत तत्सम शब्दों का अधिकतर प्रयोग है। जो प्राकृत प्रणाली के अनुकूल नहीं। धार्मिक शिक्षा-प्रसार के लिए अग्रसर होने पर अपनी रचनाओं में उनका संस्कृत तत्सम शब्दों का प्रयोग करना स्वाभाविक था। हिन्दी कविता में आगे चलकर हमको प्रेमधारा, भक्ति-धारा एवं सगुण-निर्गुण विचारधारा बड़े वेग से प्रवाहित होती दृष्टिगत होती है, किन्तु इन सबसे पहले उसमें ज्ञान और योगधारा उसी सबलता से बही थी, जिसके आचार्य महात्मा गोरखनाथजी हैं। इन्हीं के मार्ग को अवलम्बन कर बाद को अन्य धाराओं का हिन्दी भाषा में विकास हुआ। योग और ज्ञान का विषय भी ऐसा था जिसमें संस्कृत तत्सम शब्दों से अधिकतर काम लेने की आवश्यकता पड़ी। इसीलिए उनकी रचनाओं में सूर्य, 'वाद-विवाद', 'पवन', 'गोटिका', 'गगन', 'आलिंगन', 'निद्रा', 'संसार', 'आत्मा', 'गुरुदेव', 'सुन्दर', 'सर्वे' इत्यादि का प्रयोग देखा जाता है। फिर भी उनमें अपभ्रंश अथवा प्राकृत शब्द मिल ही जाते हैं जैसे 'अकास', 'महियल', 'अजराबर' इत्यादि। हिन्दी तद्भव शब्दों की तो इनकी रचनाओं में भरमार है और यही बात इनकी रचनाओं में हिन्दी-पन की विशेषता का मूल है। वे अपनी रचनाओं में 'ण' के स्थान पर 'न' का ही प्रयोग करते हैं और यह हिन्दी भाषा की विशेषता है। कभी-कभी 'न' के स्थान पर णकार का प्रयोग भी करते हैं। यह अपभ्रंश भाषा का इनकी रचनाओं में अवशिष्टांश है अथवा इनकी भाषा पर पंजाबी भाषा के प्रभाव का सूचक है, जैसे 'पिवण', 'पाणी', 'अणखाए', 'आसण' इत्यादि।

वेदान्त धर्म के प्रवर्त्तक स्वामी शंकराचार्य्य थे। उनका वेदान्तवाद अथवा अद्वैतवाद व्यवहार-क्षेत्र में आकर शिवत्व धारण कर लेता है। इसीलिए उनका सम्प्रदाय शैव माना जाता है। भगवान शिव की मूर्ति जहाँ गम्भीर ज्ञानमयी है वहीं विविध विचित्रतामयी भी। इसलिए उसमें यदि निर्गुणवादियों के लिए विशेष विभूति विद्यमान है तो सगुणोपासक समूह के लिए भी बहुत कुछ दैवी ऐश्वर्य्य मौजूद है। यही कारण है कि शैव सम्प्रदाय का वह परम अवलम्ब है। गोरखनाथ की संस्कृत और भाषा की रचनाओं में वेदान्तवाद की विशेष विभूतियाँ जहाँ दृष्टिगत होती हैं, वहीं शिव के उपासना की ऐसी प्रणालियाँ भी उपलब्ध होती हैं, जो सर्वसाधारण को उनकी ओर आकर्षित करती हैं। इन्हीं विशेषताओं के कारण गोरखनाथ जी ने शैव धर्म का आश्रय लेकर उस समय हिन्दू धर्म के संरक्षण का भगीरथ प्रयत्न किया और बहुत कुछ सफलता भी लाभ की। नेपाल में आज भी शैव धर्म का बहुत बड़ा प्रभाव है। जिस समय सिद्ध लोग अपने आडम्बरों द्वारा सर्व-साधारण को उन्मार्ग गामी बना रहे थे, उस समय गोरखनाथ जी ने किस प्रकार सन्मार्ग का प्रचार सर्वसाधारण में किया, उसका प्रमाण उनका धर्म और उनकी वे सुन्दर रचनाएँ हैं जिनमें लोक-हितकारी शिक्षायें भरी पड़ी हैं। गोरखनाथ जी की

महत्ता इतनी प्रभावशाली थी कि उसने पाप-पङ्क में निमग्न अपने गुरु मत्स्येन्द्रनाथ (मछंदरनाथ) का भी उद्धार किया। जो पद्य ऊपर उद्धृत किये गये हैं उनमें से तीसरे, चौथे, और पाँचवें तथा छठे पद्यों को देखिये। उनके देखने से आप लोगों को यह ज्ञात हो जायेगा कि उन्होंने किस प्रकार अपने गुरु को सांसारिक व्यसनों से बचने की शिक्षा दी और कैसे उनको स्त्रियों के प्रपंच से विरत रहने का उपदेश दिया। उन्होंने आत्म परिचय और अजरामर होने का मार्ग उन्हें बड़े सुन्दर शब्दों में बतलाया और कभी-कभी उनमें आत्मग्लानि उत्पन्न करने की चेष्टा भी की, जैसा छठे पद्य के देखने से प्रकट होता है। उनका यह उद्योग अपने गुरुदेव के विषय में ही नहीं देखा जाता, सर्वसाधारण पर भी उनकी शिक्षाओं ने बड़ा प्रभाव डाला, और इस प्रकार उस समय के पतन-प्राय हिन्दू समाज का बहुत बड़ा उपकार किया उनकी रचनाओं में योग-सम्बन्धी बहुत सी बातें पाई जाती हैं। उद्धृत पद्यों में से पहले दूसरे पद्य ऐसे ही हैं। उनके सातवें, आठवें, नवें पद्यों में ऐसी शिक्षायें हैं जिन्हें सब सन्मार्ग के पथिकों को ग्रहण करना चाहिए। हिन्दी-साहित्य में इस प्रकार की धार्मिक शिक्षाओं के आदि प्रचारक भी गोरखनाथ जी ही हैं। इन सब बातों पर दृष्टि रख उनकी रचनाओं पर विचार करने से वे बहुमूल्य ज्ञात होती हैं और उनसे इस बात का भी पता चलता है कि किस प्रकार आदि में हिन्दी अपने तद्भव रूप में प्रकट हुई।

इसी चौदहवीं ईस्वी शताब्दी में विनय-प्रभु जैन और छोटे-छोटे कई दूसरे जैन कवि हो गये हैं, जिनकी रचनायें लगभग वैसी ही हैं जैसी ऊपर लिखे गये जैन कवियों की हैं। उनमें कोई विशेषता ऐसी नहीं पाई जाती कि जिससे उनकी पृथक् चर्चा की आवश्यकता हो। इसलिए मैं उन लोगों को छोड़ता हूँ। इसके बाद पन्द्रहवीं शताब्दी प्रारम्भ होती है। चौदहवीं शताब्दी का अन्त और पन्द्रहवीं शताब्दी का आदि मैथिल-कोकिल विद्यापति का काव्य काल माना जाता है। अतएव अब मैं यह देखूँगा कि उनकी रचनाओं में हिन्दी भाषा का क्या रूप पाया जाता है। उनकी रचनाओं के विषय में अनेक भाषा-मर्मज्ञों का यह विचार है कि वे मैथिली भाषा की हैं। किन्तु उनके देखने से यह ज्ञात होता है कि जितना उनमें हिन्दी भाषा के शब्दों का व्यवहार है उतना मैथिली भाषा के शब्दों का नहीं। अवश्य उनमें मैथिली भाषा के शब्द प्रायः मिल जाते हैं, परन्तु उनकी भाषा पर यह प्रान्तिकता का प्रभाव है, वैसा ही जैसा आजकल के बिहारियों की लिखी हिन्दी पर बंगाली विद्वान् विद्यापति को बंगभाषा का कवि मानते हैं, यद्यपि उनकी भाषा पर बंगाली भाषा का प्रभाव नाममात्र को पाया जाता है। ऐसी अवस्था में विद्यापति को हिन्दी भाषा का कवि मानने का अधिक स्वत्त्व हिन्दी-भाषा-भाषियों ही को है और मैं इसी सूत्र से उनकी चर्चा यहाँ करता हूँ। उन्होंने अपभ्रंश भाषा में भी दो ग्रन्थ लिखे हैं। उनमें से एक का नाम 'कीर्तिलता' और दूसरी का नाम 'कीर्तिपताका'

है। कीर्तिलता छप भी गयी है। उनकी संस्कृत की रचनायें भी हैं जो उनको संस्कृत का प्रकाण्ड विद्वान् सिद्ध करती हैं। जब इन बातों पर दृष्टि डालते हैं तो उनकी सर्वतोमुखी प्रतिभा सामने आ जाती है जो उनके लिए हिन्दी भाषा में सुन्दर रचना करना असम्भव नहीं बतलाती। मेरी ही सम्मति यह नहीं है। हिन्दी साहित्य का इतिहास लिखने वाले सभी सज्जनों ने इनको हिन्दी भाषा का कवि माना है। फिर मैं इनको इस गौरव से वंचित करूँ तो कैसे करूँ?

मेरा विचार है कि विद्यापति ने बड़ी ही सरस हिन्दी में अपनी पदावली की रचना की है। उनके पद्यों से रस निचुड़ा पड़ता है। गीत गोविन्दकार वीणापाणि के वरपुत्र जयदेव जी की मधुर कोमल कान्त पदावली पढ़कर जैसा आनन्द अनुभव होता है वैसा ही विद्यापति की पदावलियों का पाठ कर। अपनी कोकिल-कण्ठता ही के कारण वे मैथिल कोकिल कहलाते हैं। उनके समय में हिन्दी भाषा कितनी परिष्कृत और प्रांजल हो गयी थी, इसका विशेष ज्ञान उनकी रचनाओं को पढ़कर होता है। उनके कतिपय पद्यों को देखिये–

1. माधव कत परबोधब राधा।
हा हरि हा हरि कहतहिं बेरि बेरि अब जिउ करब समाधा।
धरनि धरिये धनि जतनहिं बैसइ पुनहिं उठइ नहिं पारा।
सहजइ बिरहिन जग महँ तापिनि बौरि मदन सर धारा।
अरुण नयन नीर तीतल कलेवर विलुलित दीघल केसा।
मन्दिर बाहिर कर इत संसय सहचरि गनतहिं सेसा।
आनि नलिनि केओ रमनि सुनाओलि केओ देईमुख पर नीरे।
निस बत पेखि केओ सांस निसारै केओ देई मन्द समीरे।
कि कहब खेद भेद जनि अन्तर घन घन उतपत साँस।
भनइ विद्यापति सेहो कलावति जीउ बँधल आसपास।

2. चानन भेल विषम सररे भूषन भेल भारी।
सपनहुँ हरि नहिं आयल रे गोकुल गिरधारी।
एकसरि ठाढ़ि कदम तर रे पथ हेरथि मुरारी।
हरि बिनु हृदय दगध भेल रे आमर भेल सारी।
जाह जाह तोहिं ऊधव हे तोहिं मधुपुर जाहे।
चन्द बदनि नहिं जीवत रे बध लागत काहे।

3. के पतिया लए जायतरे मोरा पिय पास।
हिय नहिं सहै असह दुखरे भल साओन मास।
एकसर भवन पिया बिनुरे मोरा रहलो न जाय।
सखियन कर दुख दारुनरे जग के पतिआय।
मोर मन हरि हरि लै गेल रे अपनो मन गेल।
गोकुल तजि मधुपुर बसि रे कति अपजस लेल।
विद्यापति कवि गाओल रे धनि धरु पिय आस।
आओत तोर मन भावन रे एहि कातिक मास।

इन पद्यों को पढ़कर यह स्वीकार करना पड़ेगा कि इनमें मैथिली शब्दों का प्रयोग कम नहीं है। विद्यापति मैथिल कोकिल कहलाते हैं। डॉक्टर ग्रियर्सन साहब ने भी इनको मैथिल कवि कहा है।* बँगला के अधिकांश विद्वान् एक स्वर से उनको मैथिल भाषा का कवि ही बतलाते हैं और इसी आधार पर उनको बँगला का कवि मानते हैं क्योंकि बँगला का आधार मैथिली का पूर्व रूप है। वे मिथिला-निवासी थे भी। इसलिए उनका मैथिल कवि होना युक्ति-संगत है। परन्तु प्रथम तो मैथिली भाषा अधिकतर पूर्वी हिन्दी भाषा का अन्यतम रूप है, दूसरे विद्यापति की पदावली में हिन्दी शब्दों का प्रयोग अधिकता, सरसता एवं निपुणता के साथ हुआ है। इसलिए उसको हिन्दी भाषा की रचना स्वीकार करना ही पड़ता है। जो पद्य ऊपर लिखे गये हैं वे हमारे कथन के प्रमाण हैं। इनमें मैथिली भाषा का रंग है, किन्तु उससे कहीं अधिक हिन्दी भाषा की छटा दिखाई पड़ती है। इस विषय में दो एक हिन्दी विद्वानों की सम्मति भी देखिये। अपने 'हिन्दी साहित्य का इतिहास' में (59, 60 पृष्ठ) पं. रामचन्द्र शुक्ल लिखते हैं–

"विद्यापति को बंगभाषा वाले अपनी ओर खींचते हैं। सर जार्ज ग्रियर्सन ने भी बिहारी और मैथिली को मागधी से निकली होने के कारण हिन्दी से अलग माना है। पर केवल भाषा शास्त्र की दृष्टि से कुछ प्रत्ययों के आधार पर ही साहित्य-सामग्री का विभाग नहीं किया जा सकता। कोई भाषा कितनी दूर तक समझी जाती, इसका विचार भी तो आवश्यक होता है। किसी भाषा का समझा जाना अधिकतर उसकी शब्दावली (Vocabulary) पर अवलम्बित होता है। यदि ऐसा न होता तो उर्दू हिन्दी का एक ही साहित्य माना जाता।

"खड़ी बोली, बाँगड़ू, ब्रज, राजस्थानी, कन्नौजी, वैसवाड़ी, अवधी इत्यादि में रूपों और प्रत्ययों का परस्पर अधिक भेद होते हुए भी सब हिन्दी के अन्तर्गत मानी जाती हैं! बनारस, ग़ाज़ीपुर, ग़ोरखपुर, बलिया आदि जिलों में आयल-आइल, गयल-गइल,

* देखिये वर्नाक्युलर लिटरेचर ऑफ़ हिन्दुस्तान पृष्ठ 9 पंक्ति 34।

हमरा तोहरा आदि बोले जाने पर भी वहाँ की भाषा हिन्दी के सिवाय दूसरी नहीं कही जाती। कारण है शब्दावली की एकता। अतः जिस प्रकार हिन्दी साहित्य बीसलदेव रासो पर अपना अधिकार रखता है, उसी प्रकार विद्यापति की पदावली पर भी।"

हिन्दी भाषा और साहित्यकार यह लिखते हैं*—

"सारे बिहार-प्रदेश और उसके आसपास संयुक्त प्रदेश, छोटा नागपुर और बंगाल में कुछ दूर तक बिहारी भाषा बोली जाती है। यद्यपि बँगला और उड़िया की भाँति बिहारी भाषा भी मागध अपभ्रंश से ही निकली है तथापि अनेक कारणों से इनकी गणना हिन्दी में होती है और ठीक होती है।"

"बिहारी भाषा में मैथिली, मगही और भोजपुरी तीन बोलियाँ हैं। मिथिला या तिरहुत और उसके आसपास के कुछ स्थानों में मैथिली बोली जाती है। पर उसका विशुद्ध रूप दरभंगे में पाया जाता है। इस भाषा के प्राचीन कवियों में विद्यापति ठाकुर बहुत ही प्रसिद्ध और श्रेष्ठ कवि हो गये हैं, जिनकी कविता का अब तक बहुत आदर होता है। इस कविता का अधिकांश सभी बातों में प्रायः हिन्दी ही है।"

आजकल बिहार हिन्दी भाषा-भाषी प्रान्त माना जाता है। वहाँ के विद्यालयों और साहित्यिक समाचार पत्रों अथच मासिक पुस्तकों में हिन्दी भाषा का ही प्रचार है। ग्रन्थ रचनायें भी प्रायः हिन्दी भाषा में ही होती हैं और वहाँ के पठित-समाज की भाषा भी हिन्दी ही है। ऐसी अवस्था में बिहारी भाषा पर हिन्दी भाषा का कितना अधिकार है यह अप्रकट नहीं।

मैं समझता हूँ विद्यापति की रचनाओं पर हिन्दी भाषा का कितना स्वत्व है, इस विषय में पर्याप्त लिखा जा चुका। मैंने उनकी रचना इसीलिए यहाँ उपस्थित की है, कि जिससे आप लोगों को यह ज्ञात हो सके कि उस समय हिन्दी भाषा का क्या रूप था। उनकी कविता को देखने से यह ज्ञात होता है कि उनके समय में हिन्दी भाषा प्रायः प्राकृत शब्दों से मुक्त हो गयी थी और उसमें बड़ी सरस रचनायें होने लगी थीं। मुझको विश्वास है कि उनकी रचना के अधिकांश शब्दों और प्रयोगों को हिन्दी मानने में किसी को आपत्ति न होगी। वे ब्रजभाषा के चिर परिचित शब्द हैं जो अपने वास्तविक रूप में पदावली में गृहीत हुए हैं। श्रीमती राधिका की विरह-वेदना का वर्णन होने के कारण उन पर और अधिक ब्रजभाषा की छाप लग गयी है। जो शब्द चिन्हित हैं, उन्हें हम ब्रजभाषा का नहीं कह सकते। किन्तु उनमें से भी 'हेरथि' इत्यादि दो चार शब्दों को छोड़कर शेष को निस्संकोच भाव से अवधी कह सकते हैं और यह अविदित नहीं कि अवधी भाषा हिन्दी का ही रूप है।

---

* देखिये 'हिन्दी भाषा और साहित्य' का पृष्ठ 39।

मेरा विचार है कि पन्द्रहवें शतक में प्रान्तिक भाषाओं में हिन्दी वाक्यों और शब्दों के प्रवेश का सूत्रपात हो गया था, जो आगे चल कर अधिक विकसित रूप में दृष्टिगत हुआ।

मैं इस प्रणाली का आदि प्रवर्तक विद्यापति को ही मानता हूँ। यदि गुरु गोरखनाथ हिन्दी भाषा में धार्मिक शिक्षा के आदि प्रवर्त्तक हैं और उसको ज्ञान और योग की पुनीत धाराओं से पवित्र बनाते हैं तो मैथिल कोकिल उसको ऐसे स्वरों से पूरित करते हैं जिसमें सरस शृंगार-रस की मनोहारिणी ध्वनि श्रवणगत होती है। सरसपदावली का आश्रय लेकर उन्होंने भगवती राधिका के पवित्र प्रेमोद्गारों से अपनी लेखनी को रसमय ही नहीं बनाया, साहित्य क्षेत्र में अपूर्व भावों की भी अवतारणा की। यहाँ पर यह प्रश्न उपस्थित होता है कि विद्यापति स्वयं इस प्रणाली के उद्भावक हैं या उनके सामने इससे पहले का और कोई आदर्श था। मैं यह स्वीकार करूँगा कि उनके सामने प्राचीन आदर्श अवश्य था। परन्तु हिन्दी भाषा में राधा-भाव के आदि प्रवर्त्तक विद्यापति ही हैं। पदावली में राधाकृष्ण के संयोग और वियोग शृंगार का जैसा भावमय और हृदयग्राही वर्णन विद्यापति ने किया है, हिन्दी भाषा में उनसे पहले इस प्रकार का भावुकतामय वर्णन पहले किसी ने नहीं किया।

श्रीमद्भागवत में गोपियों का प्रेम भगवान कृष्ण चन्द्र के प्रति जिस उच्चभाव से वर्णित हैं वह अलौकिक है। प्रेम त्यागमय होता है, स्वार्थमय नहीं। रूप-जन्य मोह क्षणिक और अस्थायी होता है। उसमें सुख-लिप्सा होती है आत्मोत्सर्ग का भाव नहीं पाया जाता। किन्तु वास्तविक प्रेम अपना आदर्श आप होता है। उसमें जितनी स्थायिता होती है, उतना ही न्याय। वह आन्तरिक निस्स्वार्थ भावों पर अवलम्बित रहता है, स्वार्थमय प्रवृत्तियों पर नहीं। उसमें प्रेमी पर अपने को उत्सर्ग कर देने की शक्ति होती है, और वह इसी में अपनी चरितार्थता समझता है। भागवत में गोपियों को ऐसे ही प्रेम की प्रेमिका वर्णित किया गया है। विद्यापति संस्कृत के विद्वान थे। साथ ही सहृदय और भावुक थे। इसलिए भागवत के आदर्श को अपनी रचनाओं में स्थान देना उनके लिए असम्भव नहीं था। मेरा विचार है कि जयदेवजी की मधुर रचनाओं से भी उनकी कविता बहुत कुछ प्रभावित है, क्योंकि वे उनसे कई शतक पूर्व संस्कृत भाषा में इस प्रकार की सरस पदावली का निर्माण कर चुके थे। श्रीमद्भागवत में श्रीमती राधिका का नाम नहीं मिलता। परन्तु ब्रह्म वैवर्त्त पुराण में उनका नाम मिलता है और उसमें वे उसी रूप में अंकित की गयी हैं जिस रूप में गीत गोविन्दकार ने उनको ग्रहण किया है। यह सत्य है कि गीत गोविन्द में सरल शृंगार ही का स्रोत बहता है, परन्तु यह भी उतना ही सत्य है कि जयदेव जी ने उस ग्रन्थ की रचना भक्ति भाव से की है और वे भगवती राधिका और भगवान कृष्ण में उतना

ही पूज्य भाव रखते थे जितना कोई बल्लभाचार्य के सम्प्रदाय का भक्त रख सकता है। उनके ग्रन्थ में ही इसके प्रमाण विद्यमान हैं। विद्यापति की रचनाओं के देखने से पाया जाता है कि जयदेवजी का यह भक्ति-भाव उनमें भी भरित था। *डॉक्टर जी. ए. ग्रियर्सन लिखते हैं : "मैथिली भाषा में अमूल्य पदावली-रचना के लिए ही उनका (विद्यापति का) श्रेष्ठ गौरव है। अपने समस्त पदों में उन्होंने श्रीमती राधिका का प्रेम भगवान कृष्णचन्द्र के प्रति वर्णन किया है। इस रूपक के द्वारा उन्होंने यह विज्ञापित किया है कि किस प्रकार आत्मा का परमात्मा के प्रति प्रेम सम्बन्ध है।"

विद्यापति शैव थे। इसलिए सम्भव है कि यह तर्क उपस्थित किया जाय कि एक शैव की राधा-कृष्ण की मूर्ति में भक्ति कैसी? किन्तु इस विचार में संकीर्णता है। कवि का हृदय इतना संकीर्ण नहीं होता। गोस्वामी तुलसीदास यदि सीताराम के अनन्य उपासक होकर भगवान भूतनाथ की भक्ति कर सकते हैं तो शिव के अनन्य भक्त होकर कविवर विद्यापति राधा-कृष्ण की भक्ति क्यों नहीं कर सकते। वास्तव बात यह है कि अधिकांश गृहस्थ हिन्दू विद्वान् पञ्चदेवोपासक होता है। उसमें वह भेद-भावना नहीं होती जो किसी कट्टर शैव या वैष्णव में पाई जाती है। मैं समझता हूँ, विद्यापति इस दोष से मुक्त थे और इसीलिए उनको इस प्रकार राधा-कृष्ण का प्रेम वर्णन करने में कोई बाधा नहीं हुई। उनके पद्यों में ही युगल मूर्ति के भक्ति भाव के प्रमाण मौजूद हैं। उनके पद में जो माधुर्य्य विद्यमान है उसको माधुर्य्य-उपासना का मर्मज्ञ ही प्राप्त कर सकता है। मैं सोचता हूँ कि उस समय पौराणिक धर्म विशेषकर श्रीमद्भागवत जैसे वैष्णव ग्रन्थों के प्रभाव से वैष्णव धर्म का जो उत्थान देश में नाना रूपों से हो रहा था उसी के प्रभाव से बंगाल प्रान्त में चण्डीदास की, और बिहार-भूमि में विद्यापति की रचनाएँ प्रभावित हैं।

जो कुछ अब तक विद्यापति के विषय में लिखा गया उससे यह पाया जाता है कि पन्द्रहवीं शताब्दी के प्रारम्भ में उन्होंने अपनी अभूतपूर्व कविताओं की रचना करके जहाँ पदावली-रचना की प्रणाली हिन्दी भाषा में चलायी वहाँ उसको राधा-कृष्ण की प्रेममयी लीलाओं के सरस वर्णन से भी अलंकृत किया। हिन्दी में भावमय शृंगारिक रचनाओं का आरम्भ भी उन्हीं से होता है और उन्हीं से ऐसे सरस सुन्दर पद-विन्यास हिन्दी को प्राप्त हुए हैं जैसे उसको आज तक कतिपय हिन्दी आकाश के उज्ज्वल नक्षत्रों से ही प्राप्त हो सके हैं।

---

* "But his chief glory consists in his matchless sonnets (Pad s) in the Maithili dialect dealing allegorically with the relations of the soul to God under the form of love which Radha dore to Krishna."
Modern Vernacular Literature of Hindustan By Dr. Grierson.

यह पन्द्रहवीं शताब्दी कबीर साहब की कविताओं का रचना-काल भी है। कबीर साहब की रचनाओं के विषय में अनेक तर्क-वितर्क हैं। उनकी जो रचनायें उपलब्ध हैं उनमें बड़ी विभिन्नता है। इस विभिन्नता का कारण यह है कि वे स्वयं लिखे-पढ़े न थे। इसलिए अपने हाथ से वे अपनी रचनाओं को न लिख सके। अन्य के हाथों में पड़कर उनकी रचनाओं का अनेक रूपों में परिणत होना स्वाभाविक था। आजकल जितनी रचनायें उनके नाम से उपलब्ध होती हैं उनमें भी मीन मेख है। कहा जाता है कि सत्यलोक पधार जाने के बाद उनकी रचनाओं में लोगों ने मनगढ़न्त बहुत सी रचनायें मिला दी हैं और इसी सूत्र से उनकी रचना की भाषा में भी विभिन्नता दृष्टिगत होती है। ऐसी अवस्था में उनकी रचनाओं को उपस्थित कर इस बात की मीमांसा करना कि पन्द्रहवीं शताब्दी में हिन्दी का क्या रूप था दुस्तर है। मैं पहले लिख आया हूँ कि भ्रमणशील सन्तों की बानियों में भाषा की एकरूपता नहीं पाई जाती। कारण यह है कि नाना प्रदेशों में भ्रमण करने के कारण उनकी भाषा में अनेक प्रान्तिक शब्द मिले पाये जाते हैं। कबीर साहब की रचना में अधिकतर इस तरह की बातें मिलती हैं। इन सब उलझनों के होने पर भी कबीर साहब की रचनाओं की चर्चा इसलिए आवश्यक ज्ञात होती है कि वे इस काल के एक प्रसिद्ध सन्त हैं और उनकी बानियों का प्रभाव बहुत ही व्यापक बतलाया गया है। कबीर साहब की रचनाओं में रहस्यवाद भी पाया जाता है, जिसको अधिकांश लोग उनके चमत्कारों से सम्बन्धित करते हैं और यह कहते हैं कि ऐसी रचनायें उनका निजस्व हैं जो हिन्दी संसार की किसी कवि की कृति में नहीं पाई जातीं। इस सूत्र से भी कबीर साहब की रचनाओं के विषय में कुछ लिखना उचित ज्ञात होता है, क्योंकि यह निश्चित करना है कि इस कथन में कितनी सत्यता है। विचारना यह है कि क्या वास्तव में रहस्यवाद कबीर साहब की उपज है या इसका भी कोई आधार है।

काशी नागरी प्रचारिणी सभा ने 'कबीर-ग्रन्थावली' नामक एक ग्रन्थ कुछ वर्ष हुए, एक प्राचीन ग्रन्थ के आधार से प्रकाशित किया है। यह प्राचीन ग्रन्थ सम्वत् 1561 का लिखा हुआ है और अब तक उक्त सभा के पुस्तकालय में सुरक्षित है। जो ग्रन्थ सभा से प्रकाशित हुआ है, उससे इसलिए कुछ पद्य नीचे उद्धृत किये जाते हैं, जिसमें उनकी रचना की भाषा के विषय में कुछ विचार किया जा सके—

1. षूणें पराया न छुटियो, सुणिरे जीव अबूझ।
कविरा मरि मैदान में इन्द्रय्यांसूं जूझ।

2. गगनदमामा बाजिया परया निसाणै घाव।
खेत बुहारया सूरिवाँ मुझ मरने का चाव।

3. काम क्रोध सूं झूझणां चौड़े माड़या खेत।
सूरे सार सँवाहिया पहर्‌या सहज सँजोग।

4. अब तो झूझ्याँ हा बणै मुणि चाल्याँघर दूरि।
सिर साहब कौं सौंपता सोच न कीजै सूरि।

5. जाइ पूछौ उस घाइलैं दिवसपीड़ निस जाग।
बाहण हारा जाणि है कै जाणै जिस लाग।

6. हरिया जाणै रूखणा उस पाणी का नेह।
सूका काठ न जाणई कबहूँ बूठा मेंह।

7. पारब्रह्म बूठा मोतियाँ घड़ बाँधी सिष राँह।
सबुरा सबुरा चुणि लिया चूक परी निगुराँह।

8. अवधू कामधेनु गहि बाँधी रे।
भाँड़ा भंजन करै सबहिन का कछू न सूझै आँधी रे।
जो ब्यावै तो दूध न देई ग्याभण अमृत सरवै।
कौली घाल्यां बीदरि चालै ज्यूं घेरौं त्यूं दरवै।
तिहीं धेन थैं इच्छयां पूगी पाकड़ि खूँटै बाँधी रे।
ग्वाड़ा मां है आनँद उपनौ खूंटै दोऊ बाँधी रे।
साँई माइ सास पुनि साईं साईं याकी नारी।
कहै कबीर परमपद पाया संतो लेहु बिचारी।

कबीर साहब ने स्वयं कहा है 'बोली मेरी पुरुब की', जिससे यह बात स्पष्ट हो जाती है कि उनकी रचना पूर्वी हिन्दी में हुई है और इन कारणों से यह बात पुष्ट होती है कि वे पूर्व के रहने वाले थे और उनकी जन्म भूमि काशी थी। काशी और उसके आसपास के जिलों में भोजपुरी और अवधी-भाषा ही अधिकतर बोली जाती है। इसलिए उनकी भाषा का पूर्वी भाषा होना निश्चित है और ऐसी अवस्था में उनकी रचनाओं को पूर्वी भाषा में ही होना चाहिए। यह सत्य है कि उन्होंने बहुत अधिक देशाटन किया था और इससे उनकी भाषा पर दूसरे प्रान्तों की कुछ बोलियों का भी थोड़ा बहुत प्रभाव हो सकता है। किन्तु इससे उनकी मुख्य भाषा में इतना अन्तर नहीं पड़ सकता कि वह बिलकुल अन्य प्रान्त की भाषा बन जावे। सभा द्वारा जो पुस्तक प्रकाशित हुई है उसकी भाषा ऐसी ही है जो पूर्व की भाषा नहीं कही जा सकती, उसमें पंजाबी और राजस्थानी भाषा का पुट अधिकतर पाया जाता है। ऊपर के पद्य इसके प्रमाण हैं। कुछ लोगों का विचार है कि कबीर साहब के इस कथन का कि 'बोली मेरी पुरुब की' यह अर्थ है कि

मेरी भाषा पूर्व काल की है, अर्थात् सृष्टि के आदि की। किन्तु यह कथन कहाँ तक संगत है, इसको विद्वज्जन स्वयं समझ सकते हैं। सृष्टि के आदि की बोली से यदि यह प्रयोजन है कि उनकी शिक्षायें आदिम हैं तो भी वह स्वीकार-योग्य नहीं, क्योंकि उनकी जितनी शिक्षायें हैं उन सब में परम्परागत विचार की ही झलक है। यदि सृष्टि की आदि की बोली का यह भाव है कि उस काल की भाषा में कबीर साहब की रचनायें हैं तो यह भी युक्ति संगत नहीं, क्योंकि जिस भाषा में उनकी रचनायें हैं वह कई सहस्र वर्षों के विकास और परिवर्तनों का परिणाम है। इसलिए यह कथन मान्य नहीं। वास्तव बात यह है कि कबीर साहब की रचनायें पूर्व की बोली में ही हैं और यही उनके उक्त कथन का भाव है। अधिकांश रचनायें उनकी ऐसी ही हैं भी। सभा द्वारा प्रकाशित ग्रन्थ के पहले उनकी जितनी रचनायें प्रकाशित हुई हैं या हस्तलिखित मिलती हैं, या जन साधारण में प्रचलित हैं उन सबकी भाषा अधिकांश पूर्वी ही है। हाँ, सभा द्वारा प्रकाशित ग्रन्थ का कुछ अंश अवश्य इस विचार का बाधक है, परन्तु मैं यह सोचता हूँ कि जिस प्राचीन-लिखित ग्रन्थ के आधार से सभा की पुस्तक प्रकाशित हुई है उसके लेखक के प्रमाद ही से कबीर साहब की कुछ रचनाओं, की भाषा में विशेष कर बहुसंख्यक दोहों में उल्लेख-योग्य अन्तर पड़ गया है। प्रायः लेखक जिस प्रान्त का होता है अपने संस्कार के अनुसार वह लेख्यमान ग्रन्थ की भाषा में अवश्य कुछ न कुछ अन्तर डाल देता है। यही इस ग्रन्थ लेखन के समय भी हुआ ज्ञात होता है अन्यथा कबीर साहब की भाषा का इतना रूपान्तर न होता।

मैं कबीर साहब की भाषा के विषय में विचार उन्हीं रचनाओं के आधार पर करूँगा जो सैकड़ों वर्ष से मुख्य रूप में उनके प्रसिद्ध धर्म स्थानों के ग्रन्थों में पाई जाती हैं अथवा सिक्खों के आदि ग्रन्थ साहब में संगृहीत मिलती हैं। यह ग्रन्थ सत्रहवीं ईस्वी शताब्दी में श्री गुरु अर्जुन द्वारा संकलित किया गया है। इसलिए इसकी प्रामाणिकता विश्वसनीय है। कुछ ऐसी रचनायें देखिये :

1. **गंगा के सँग सरिता बिगरी,**
   सो सरिता गंगा होइ निबरी।
   बिगरेउ कबीरा राम दोहाई,
   साचु भयो अन कतहिं न जाई।
   चन्दन के सँग तरवर बिगरेउ,
   सो तरुवरु चंदन होइ निबरेउ
   पारस के सँग ताँबा बिगरेउ,
   सो ताँबा कंचन होइ निबरेउ।

संतन संग कबिरा बिगरेउ,
सो कबीर रामै होइ निबरेउ।

2. माथे तिलकु हथि माला बाना,
लोगनु राम खिलौना जाना।
जउ हउँ बउरा तउ राम तोरा,
लोग मरम कह जानइँ मोरा।
तोरउँ न पाती पूजउँ न देवा,
राम भगति बिनु निहफल सेवा।
सति गुरु पूजउँ सदा मनावउँ,
ऐसी सेव दरगह सुख पावउँ।
लोग कहै कबीर बउराना
कबीर का मरम राम पहिचाना।

3. जब लग मेरी मेरी करै,
तब लग काजु एक नहिं सरै।
जब मेरी मेरी मिटि जाइ,
तब प्रभु काजु सँवारहि आइ।
ऐसा गियानु बिचारु मना,
हरि किन सुमिरहु दुख भंजना।
जब लग सिंघ रहै बन माहिं,
तब लगु बनु फूलै ही नाहिं।
जब ही सियारु सिंघ कौ खाइ,
फूलि रही सगली बनराइ।
जीतो बूड़ै हारो तिरै,
गुरु परसादी पारि उतरै।
दास कबीर कहइ समझाइ,
केवल राम रहहु जिउलाइ।

4. सभुकोइ चलन कहत हैं ऊहाँ,
ना जानौं वैकुण्ठु है कहाँ।
आप आप का मरम न जाना,

बात नहीं वैकुण्ठ बखाना।
जब लगु मन बैकुण्ठ की आस,
तब लग नाहीं चरन निवास।
खाईं कोटु न परल पगारा,
ना जानउँ बैकुण्ठ दुबारा।
कहि कबीर अब कहिये काहि,
साधु संगति बैकुण्ठै आहि।

सभा की प्रकाशित ग्रन्थावली में भी इस प्रकार की रचनायें मिलती हैं। मैं यहाँ यह भी प्रकट कर देना चाहता हूँ कि सिक्खों के आदि ग्रन्थ साहब में कबीर साहब की जितनी रचनायें संगृहीत हैं वे सब उक्त ग्रन्थावली में ले ली गयी हैं। उनमें वैसा परिवर्तन नहीं पाया जाता है जैसा सभा के सुरक्षित ग्रन्थ की रचनाओं में मिलता है। मैं यह भी कहूँगा कि उक्त सुरक्षित ग्रन्थ की पदावली उतनी परिवर्तित नहीं है जितने दोहे। अधिकांश पदावली में कबीर साहब की रचना का वही रूप मिलता है जैसा कि सिक्खों के आदि ग्रन्थ साहब में पाया जाता है। मैं इसी पदावली में से तीन पद्य नीचे लिखता हूँ–

1. हम न मरैं मरिहै संसारा,
हमकूँ मिल्या जियावन हारा।
अब न मरौं मरनै मन माना,
तेई मुए जिन राम न जाना।
साकत मरै संत जन जीवै,
भरि भरि राम रसायन पीवै।
हरि मरिहैं तो हमहूँ मरिहैं,
हरि न मरैं हम काहे कूँ मरि हैं।
कहै कबीर मन मनहिं मिलावा,
अमर भये सुख सागर पावा।

2. काहे रे मन दह दिसि धावै,
विषया सँगि संतोष न पावै।
जहाँ जहाँ कलपै तहाँ तहाँ बंधना,
रतन को थाल कियो तै रंधना।
जो पै सुख पइयत इन माहीं,

तौ राज छाड़ि कत बन को जाहीं।
आनन्द सहत तजौ विष नारी,
अब क्या झीषै पतित भिषारी।
कह कबीर यहु सुख दिन चारि,
तजि बिषया भजि चरन मुरारि।

3. बिनसि जाइ कागद की गुड़िया,
जब लग पवन तबै लगि उड़िया।
गुड़िया को सबद अनाहद बोलै,
खसम लिए कर डोरी डोलै।
पवन थक्यो गुड़िया ठहरानी,
सीस धुनै धुनि रोवै प्रानी।
कहै कबीर भजि सारँग पानी,
नहिं तर ह्वै है खैंचा तानी।

मेरा विचार है कि जो पद्य मैंने ग्रन्थ साहब से उद्धृत किये हैं और जो पद्य कबीर ग्रन्थावली से लिए हैं, उनकी भाषा एक है, और मैं कबीर साहब की वास्तविक भाषा में लिखा गया इन पद्यों को ही समझता हूँ। वास्तव बात यह है कि कबीर ग्रन्थावली की अधिकांश रचनायें इसी भाषा की हैं। उसके अधिकतर पद ऐसी ही भाषा में लिखे पाये जाते हैं। बहुत से दोहों की भाषा का रूप भी यही है। इसलिए मुझे यह कहना पड़ता है कि कबीर साहब की रचनायें पन्द्रहवीं शताब्दी के अनुकूल हैं। आप देखते आये हैं कि क्रमशः हिन्दी भाषा परिमार्जित होती आयी है। जैसा उसका परिमार्जित रूप पन्द्रहवीं शताब्दी की अन्य रचनाओं में मिलता है वैसा ही कबीर साहब की रचनाओं में भी पाया जाता है। इसलिए मुझे यह कहना पड़ता है कि उनकी रचनायें पन्द्रहवीं शताब्दी के भाषा जनित परिवर्त्तन सम्बन्धी नियमों से मुक्त नहीं हैं, वरन क्रमिक परिवर्तन की प्रमाण भूत हैं। हाँ, उनमें कहीं-कहीं प्रान्तिकता अवश्य पाई जाती है और पश्चिमी हिन्दी से पूर्वी हिन्दी का प्रभाव उनकी रचना पर अधिक देखा जाता है। किन्तु यह आश्चर्यजनक नहीं। क्योंकि प्रान्तिक भाषा में कविता करने का सूत्रपात विद्यापति के समय में ही हुआ था, जिसकी चर्चा पहले हो चुकी है।

मैं यह स्वीकार करूँगा कि कबीर साहब की रचनाओं में पंजाबी और राजस्थानी भाषा के कुछ शब्दों क्रियाओं और कारकों का प्रयोग मिल जाता है। किन्तु, उसका कारण उनका विस्तृत देशाटन है, जैसा मैं पहले कह भी चुका हूँ। अपनी मुख्य भाषा में इस प्रकार के कुछ शब्दों का प्रयोग करते सभी सन्त कवियों को देखा जाता है और

यह इतना असंगत नहीं जितना अन्य भाषा के शब्दों का उतना प्रयोग जो कवि की मुख्य भाषा के वास्तविक रूप को संदिग्ध बना देता है। मैंने कबीर ग्रन्थावली से जो एक पद और सात दोहे पहले उठाये हैं उनकी भाषा ऐसी है जो कबीर साहब की मुख्य भाषा की मुख्यता का लोप कर देती है। इसीलिए मैं उनको शुद्ध रूप में लिखा गया नहीं समझता। परन्तु उनकी जो ऐसी रचनायें हैं जिनमें उनका मुख्य रूप सुरक्षित है और कतिपय शब्द मात्र अन्य भाषा के आ गये हैं उन्हें मैं उन्हीं की रचना मानता हूँ और समझता हूँ कि वे किसी अल्पज्ञ लेखक की अनधिकार चेष्टा से सुरक्षित हैं। उनके इस प्रकार के कुछ पद्य भी देखिये—

1. दाता तरवर दया फल उपकारी जीवन्त।
पंछी चले दिसावरां बिरखा सुफल फलन्त।

2. कबीर संगत साधु की कदे न निरफल होय।
चंदन होसी बावना नीम न कहसी कोय।

3. कायथ कागद काढ़िया लेखै बार न पार।
जब लग साँस सरीर में तब लग राम सँभार।

4. हरजी यहै बिचारिया, साखी कहै कबीर।
भवसागर मैं जीव हैं, जे कोइ पकड़ै तीर।

5. ऐसी बाणी बोलिए, मन का आपा खोइ।
अपना तन सीतल करै, औरन को सुख होइ।

इन पद्यों के जिन शब्दों पर चिन्ह बना दिये गये हैं वे पंजाबी या राजस्थानी हैं। इस प्रकार का प्रयोग कबीर साहब की रचनाओं में प्रायः मिलता है। ऐसे आकस्मिक प्रयोग उनकी मुख्य भाषा को संदिग्ध नहीं बनाते, क्योंकि जिस पद्य में किसी भाषा का मुख्य रूप सुरक्षित रहता है उस पद्य में आये हुए अन्य भाषा के दो एक शब्द एक प्रकार से उसी भाषा के अंग बन जाते हैं। अवधी अथवा ब्रजभाषा में 'वाणी' को 'बानी' ही लिखा जाता है, क्योंकि इन दोनों भाषाओं में 'ण' का अभाव है। पंजाब प्रान्त के लेखक प्रायः 'न' के स्थान पर 'ण' प्रयोग कर देते हैं, क्योंकि उस प्रान्त में प्रायः नकार णकार हो जाता है। वे 'बानी' को 'बाणी' 'आसन' को 'आसण' 'पवन' को 'पवण' इत्यादि ही बोलते और लिखते हैं। ऐसी अवस्था में यदि कबीर साहब के पद्यों में आये हुए नकार पंजाब के लेखकों की लेखनी द्वारा णकार बन जावें तो कोई आश्चर्य नहीं। आदि ग्रन्थ-साहब में भी देखा जाता है कि प्रायः कबीर साहब की रचनाओं के नकार ने णकार का स्वरूप ग्रहण कर लिया है, यद्यपि इस विशाल ग्रन्थ में उनकी भाषा अधिकतर

सुरक्षित है। इस प्रकार के साधारण परिवर्तन का भी मुख्य भाषा पर कोई प्रभाव नहीं पड़ता। इसलिए कबीर साहब की रचनाओं में जहाँ ऐसा परिवर्तन दृष्टिगत हो उसके विषय में यह न मान लेना चाहिए कि जो शब्द हिन्दी रूप में लिखा जा सकता था उसको उन्होंने ही पंजाबी रूप दे दिया है, वरन सच तो यह है कि उस परिवर्तन में पंजाबी लेखक की लेखनी की लीला ही दृष्टिगत होती है।

कबीर साहब कवि नहीं थे, वे भारत की जनता के सामने एक पीर के रूप में आये। उनके प्रधान शिष्य धर्मदास कहते हैं–

आठवीं आरती पीर कहाये। मगहर अमी नदी बहाये।

मलूकदास कहते हैं–

तजि कासी मगहर गये दोऊ दीन के पीर*

झाँसी के शेख़ तक़ी ऊंजी और जौनपुर के पीर लोग जो काम उस समय मुसलमान धर्म के प्रचार के लिए कर रहे थे काशी में कबीर साहब लगभग वैसे ही कार्य में निरत थे। अन्तर केवल इतना ही था कि वे लोग हिन्दुओं को नाना रूप से मुसलमान धर्म में दीक्षित कर रहे थे और कबीर साहब एक नवीन धर्म की रचना करके हिन्दू मुसलमान को एक करने के लिए उद्योगशील थे। ठीक इसी समय यही कार्य बंगाल में हुसैन शाह कर रहे थे जो एक मुसलमान पीर थे और जिसने अपने नवीन धर्म का नाम सत्य पीर रख लिया था। कबीर साहेब के समान वह भी हिन्दू मुसलमानों के एकीकरण में लग्न थे। उस समय भारतवर्ष में इन पीरों की बड़ी प्रतिष्ठा थी और वे बड़ी श्रद्धा की दृष्टि से देखे जाते थे। गुरु नानकदेव ने भी इन पीरों का नाम अपने इस वाक्य में 'सुणिये सिद्ध-पीर सुरिनाथ' आदर से लिया है। जो पद उन्होंने सिद्ध, नाथ और सूरि को दिया है वही पीर को भी। पहले आप पढ़ आये हैं कि उस समय सिद्धों का कितना महत्त्व और प्रभाव था। नाथों का महत्त्व भी गुरु गोरखनाथजी की चर्चा में प्रकट हो चुका है। सूरि जैनियों के आचार्य कहलाते थे और उस समय दक्षिण में उनकी महत्ता भी कम नहीं थी। इन लोगों के साथ गुरु नानक देव ने जो पीर का नाम लिया है, इसके द्वारा उस समय इनकी कितनी महत्ता थी यह बात भली भाँति प्रकट होती है। इस पीर नाम का सामना करने ही के लिए हिन्दू आचार्य उस समय गुरु नाम धारण करने लग गये थे। इसका सूत्रपात गुरु गोरखनाथ जी ने किया था। गुरु नानकदेव के इस वाक्य में गुरु ईसर गुरु गोरख बरम्हा गुरु पारबती माई इसका संकेत है। गुरु नानक के सम्प्रदाय के आचार्यों के नाम के साथ जो गुरु शब्द का प्रयोग होता है उसका उद्देश्य भी यही

* हिन्दुस्तानी, अक्टूबर सन् 1932, पृ. 451

है। वास्तव में उस समय के हिन्दू आचार्यों को हिन्दू धर्म की रक्षा करने के लिए अनेक मार्ग ग्रहण करने पड़े थे। क्योंकि बिना इसके न तो हिन्दू धर्म सुरक्षित रह सकता था, न पीरों के सम्मुख उनकी सफलता प्राप्त हो सकती थी। क्योंकि वे राजधर्म के प्रचारक थे। कबीर साहब की प्रतिभा विलक्षण थी और बुद्धि बड़ी ही प्रखर। उन्होंने इस बात को समझ लिया था। अतएव उन दोनों से भिन्न तीसरा मार्ग ग्रहण किया था। परन्तु कार्य उन्होंने वही किया जो उस समय मुसलमान पीर कर रहे थे अर्थात् हिन्दुओं को किसी प्रकार हिन्दू धर्म से अलग करके अपने नव प्रवर्तित धर्म में आकर्षित कर लेना उनका उद्देश्य था। इस उद्देश्य-सिद्धि के लिए उन्होंने अपने को ईश्वर का दूत बतलाया और अपने ही मुख से अपने महत्त्व की घोषणा बड़ी ही सबल भाषा में की। निम्नलिखित पद्य इसके प्रमाण हैं—

काशी में हम प्रगट भये हैं रामानन्द चेताये।
समरथ का परवाना लाये हंस उबारन आये।

कबीर शब्दावली, प्रथम भाग पृ. 71

सोरह संख्य के आगे समरथ जिन जग मोहि पठाया

कबीर बीजक पृ. 20

तेहि पीछे हम आइया सत्य शब्द के हेत।
कहते मोहिं भयल युग चारी
समझत नाहिं मोहि सुत नारी।
कह कबीर हम युग युग कही।
जबहीं चेतो तबहीं सही।

कबीर बीजक पृ. 125, 592

जो कोई होय सत्य का किनका सो हमको पतिआई।
और न मिलै कोटि करि थाके बहुरि काल घर जाई।

कबीर बीजक पृ. 20

जम्बू द्वीप के तुम सब हंसा गहिलो शब्द हमार।
दास कबीरा अबकी दीहल निरगुन कै टकसार।
जहिया किरतिम ना हता धरती हता न नीर।
उतपति परलै ना हती तबकी कही कबीर।
ई जग तो जँहड़े गया भया योग ना भोग।
तिल तिल झारि कबीर लिय तिलठी झारै लोग।

कबीर बीजक पृ. 80, 598, 632

सुर नर मुनि जन औलिया, यह सब उरली तीर।
अलह राम की गम नहीं, तहँ घर किया कबीर।

साखी संग्रह पृ. 125

वे अपनी महत्ता बतला कर ही मौन नहीं हुए वरन हिन्दुओं के समस्त धार्मिक ग्रन्थों और देवताओं की बहुत बड़ी कुत्सा भी की। इस प्रकार के उनके कुछ पद्य प्रमाण-स्वरूप नीचे लिखे जाते हैं–

योग यज्ञ जप संयमा तीरथ ब्रतदाना नवधा वेद किताब है झूठे का बाना।

कबीर बजक पृ. 411

चार वेद षट् शास्त्रऊ औ दश अष्ट पुरान।
आसा दै जग बाँधिया तीनों लोक भुलान।

कबीर बीजक पृ. 14

औ भूले षट दर्शन भाई। पाखँड भेष रहा लपटाई।
ताकर हाल होय अघकूचा। छदर्शन में जौन बिगूचा।

कबीर बीजक पृ. 97

ब्रह्मा बिस्नु महेसर कहिये इनसिर लागी काई।
इनहिं भरोसे मत कोइ रहियो इनहूँ मुक्ति न पाई।

कबीर शब्दावली द्वितीय भाग पृ. 19

माया ते मन ऊपजै मन ते दश अवतार।
ब्रह्म बिस्नु धोखे गये भरम परा संसार।

कबीर बीजक पृ. 650

चार वेद ब्रह्मा निज ठाना।
मुक्ति का मर्म उनहुँ नहिं जाना।

कबीर बीजक पृ. 104

भगवान कृष्णचन्द्र और हिन्दू देवताओं के विषय में जैसे घृणित भाव उन्होंने फैलाये, उनके अनेक पद इसके प्रमाण हैं। परन्तु मैं उनको यहाँ उठाना नहीं चाहता, क्योंकि उन पदों में अश्लीलता की पराकाष्ठा है। उनकी रचनाओं में योग, निर्गुण-ब्रह्म और उपदेश एवं शिक्षा सम्बन्धी बड़े हृदयग्राही वर्णन हैं। मेरा विचार है कि उन्होंने इस विषय में गुरु गोरखनाथ और उनके उत्तराधिकारी महात्माओं का बहुत कुछ अनुकरण किया है। गुरु गोरखनाथ का ज्ञानवाद और योगवाद ही कबीर साहब के निर्गुणवाद का स्वरूप ग्रहण करता है। मैं अपने इस कथन की पुष्टि के लिए गुरु गोरखनाथ की पूर्वोद्धृत रचनाओं की ओर आप लोगों की दृष्टि फेरता हूँ और उनके समकालीन एवं

उत्तराधिकारी नाथ सम्प्रदाय के आचार्यों की कुछ रचनायें भी नीचे लिखता हूँ–

1. थोड़ो खाय तो कलपै झलपै, घड़ों खाय तो रोगी।
दुहूँ पर वाकी संधि विचारै, ते को बिरला जोगी॥
यहु संसार कुवधि का खेत, जब लगि जीवै तब लगि चेत।
आख्याँ देखै काण सुणै, जैसा बाहै तैसा लुणै॥

जलंधर नाथ

2. मारिबा तौ मनमीर मारिबा, लूटिबा पवन भँडार।
साधिबा तौ पंचतत्त साधिबा, सेइबा तौ निरंजन निरंकार॥
माली लौं भल माली लौं, सींचै सहज कियारी।
उनमनि कला एक पहूपनि, पाइले आवा गबन निवारी॥

चौरंगी नाथ

3. आछै आछै महिरे मंडल कोई सूरा।
मार्‍या मनुवाँ नएँ समझावै रे लो॥
देवता ने दाणवां एणे मनवैं ब्याह्या।
मनवा ने कोई ल्यावै रे लो॥
जोति देखि देखो पड़ेरे पतंगा।
नादै लीन कुरंगा रे लो॥
एहि रस लुब्धी मैगल मातो।
स्वादि पुरुष तैं भौंरा रे लो॥

कणेरी पाव

4. किसका बेटा किसकी बहू, आपसवारथ मिलिया सहू।
जेता पूला तेती आल, चरपट कहै सब आल जंजाल॥
चरपट चीर चक्रमन कंथा, चित्त चमाऊँ करना।
ऐसी करनी करो रे अवधू, ज्यो बहुरि न होई मरना॥

चरपट नाथ

5. साधी सूधी के गुरु मेरे, बाई सूंव्यंद गगन मैं फेरै।
मनका बाकुल चिड़ियाँ बोलै, साधी ऊपर क्यों मन डोलैं॥
बाई बंध्या सयल जग, बाई किनहुँ न बंध।
बाइबिहूणा ढहिपरै, जोंरै कोई न संधि॥

चुणकर नाथ

कहा जा सकता है कि ये नाथ सम्प्रदाय वाले कबीर साहब के बाद के हैं। इसलिए कबीर साहब की रचनाओं से स्वयं उनकी रचनायें प्रभावित हैं न कि इनकी रचनाओं का प्रभाव कबीर साहब की रचनाओं पर पड़ा है। इस तर्क के निराकरण के लिए मैं प्रगट कर देना चाहता हूँ कि जलन्धरनाथ मछन्दरनाथ के गुरुभाई थे जो गोरखनाथ जी के गुरु थे! चौरंगीनाथ गोरखनाथ के गुरु-भाई, कणेरीपाव जलंधरनाथ के और चरपटनाथ मछन्दरनाथ के शिष्य थे। चुणकरनाथ भी इन्हीं के समकालीन थे*। इसलिए इन लोगों का कबीर साहब से पहले होना स्पष्ट है। कबीर साहब की रचनाओं पर, विशेषकर उन रचनाओं पर जो रहस्यवाद से सम्बन्ध रखती हैं, बौद्ध धर्म के उन सिद्धों की रचनाओं का बहुत बड़ा प्रभाव देखा जाता है जिनका आविर्भाव उनसे सैकड़ों वर्ष पहले हुआ। कबीर साहब की बहुत सी रचनायें ऐसी हैं जिनका दो अर्थ होता है। मेरे इस कहने का यह प्रयोजन है कि ऐसी कविताओं के वाच्यार्थ से भिन्न दूसरे अर्थ प्रायः किये जाते हैं। जैसे–

घर घर मुसरी मंगल गावै, कछुवा संख बजावै।
पहिरि चोलना गदहा नाचै, भैंसा भगत करावै॥

इत्यादि। इन शब्दों का वाच्यार्थ बहुत स्पष्ट है, किन्तु यदि वाच्यार्थ ही उसका वास्तविक अर्थ मान लिया जाय तो वह बिलकुल निरर्थक हो जाता है। ऐसी अवस्था में दूसरा अर्थ करके उसकी निरर्थकता दूर की जाती है। बौद्ध सिद्धों की भी ऐसी व्यर्थक अनेक रचनायें हैं मेरा विचार है कि कबीर साहब की इस प्रकार की जितनी रचनायें हैं वे सिद्धों की रचनाओं के अनुकरण से लिखी गयी हैं। सिद्धों ने योग और ज्ञान सम्बन्धी बातें भी अपने ढंग से कही हैं। उनकी अनेक रचनाओं पर उनका प्रभाव भी देखा जाता है। जून सन् 1931 की सरस्वती के अंक में प्रकाशित चौरासी सिद्ध नामक लेख में बहुत कुछ प्रकाश इस विषय पर डाला गया है। विषय-बोध के लिए उसका कुछ अंश मैं आप लोगों के सामने उपस्थित करता हूँ–

"इन सिद्धों की कवितायें एक विचित्र आशय की भाषा को लेकर होती हैं। इस भाषा को संध्या भाषा कहते हैं, जिसका अर्थ अँधेरे (वाम मार्ग) में तथा उँजाले (ज्ञान मार्ग, निर्गुण) दोनों में लग सके। संध्या भाषा को आजकल के छायावाद या रहस्यवाद की भाषा समझ सकते हैं।"

"भावना और शब्द-साखी में कबीर से लेकर राधास्वामी तक के सभी सन्त चौरासी सिद्धों के ही वंशज कहे जा सकते हैं। कबीर का प्रभाव जैसे दूसरे सन्तों पर पड़ा और फिर उन्होंने अपनी अगली पीढ़ी पर जैसे प्रभाव डाला, इसको शृंखलाबद्ध करना कठिन

* देखिये नागरी प्रचारिणी पत्रिका भाग 11, अंक 4 में प्रकाशित 'योग-प्रवाह' नामक लेख।

नहीं है। परन्तु कबीर का सम्बन्ध सिद्धों से मिलाना उतना आसान नहीं है, यद्यपि भावनाएँ, रहस्योक्तियाँ, उल्टी बोलियों की समानतायें बहुत स्पष्ट हैं।"

इसी सिलसिले में सिद्धों की रचनायें भी देख लीजिए–

1. मूल–

निसि अंधारी सुसार चारा।
अमिय भखअ मूषा करअ अहारा।
मार रे जोइया मूषा पवना।
जेण तूटअ अवणा गवणा।
भव विदारअ मूसा रवण अगति।
चंचल मूसा कलियाँ नाश करवाती।
काला मूसा ऊहण बाण।
गअणे उठि चरअ अमण धाण।
तब से मूषा उंचल पांचल।
सद्गुरु वोहे करिह सुनिच्चल।
जबे मूषा एरचा तूटअ।
भुसुक भणअ तबै बांधन फिटअ।

भुसुक

छाया–

निसि अँधियारी सँसार सँचारा।
अमिय भक्ख मूसा करत अहारा।
मार रे जोगिया मूसा पवना।
जेहिते टूटै अवना गवना।
भव विदार मूसा खनै खाता।
चंचल मूसा करि नाश जाता।
काला मूसा उरध नवन।
गगने दीठि करै मन बिनु ध्यान।
तबसो मूसा चंचल वंचल।
सतगुरु बोधे करु सो निहचल।
जबहिं मूसा आचार टूटइ।
भुसुक भनत तब बन्धन पू फाटइ।

2. मूल–

जयि तुज्झे भुसुक अहेइ जाइबें मारि हसि पंच जना।
नलिनी बन पइसन्ते होहिसि एकुमणा।
जीवन्ते भेला बिहणि मयेलण अणि।
हण बिनु मासे भुसुक पद्म बन पइ सहिणि।
माआ जाल पसरयो ऊरे बाधेलि माया हरिणी।
सद गुरु बोहें बूझिरे कासूं कहिनि।

भुसुक

छाया–

जो तोहिं भुसूक जाना मारहु पंच जना।
नलिनी बन पइसंते होहिसि एक मना।
जीवत भइल बिहान मरि गइल रजनी।
हाड़ बिनु मासे भुसुक पदम बन पइसयि।
माया जाल पसारे ऊरे बाँधेलि माया हरिणी।
सदगुरु बोधे बूझी कासों कथनी।

भुसुक

3. मूल–

अणिमिषि लोअण चित्त निरोधे पवन णिरुहइ सिरिगुरु बोहें
पवन बहइ सो निश्चल जब्बें जोइ कालु करइ किरेतब्बें।

छाया–

अनिमिष लोचन चित्त निरोधइ श्री गुरु बोधे।
पवन बहै सो निश्चल जबै जोगी काल करै का तबै।

सरहपा

4. मूल–

आगम बेअ पुराणे पंडिउ मान बहन्ति।
पक्कसिरी फल अलिअ जिमि बाहेरित भ्रमयंति।

अर्थ : आगम वेद पुराण में पंडित अभिमान करते हैं। पके श्री फल के बाहर जैसे भ्रमर भ्रमण करते हैं। करहपा*

कबीर साहब स्वामी रामानन्द के चेले और वैष्णव धर्मावलम्बी बतलाये जाते हैं। उन्होंने इस बात को स्वीकार किया है वे कहते हैं–'कबीर गुरु बनारसी सिक्ख समुन्दर

* देखिये सरस्वती जून सन् 1931 का पृ. 715, 717, 718, 719।

तीर'। उन्होंने वैष्णवत्व का पक्ष लेकर शाक्तों को खरी खोटी भी सुनाई है।—यथा

मेरे संगी द्वै जणा एक वैष्णव एक राम।
वो है दाता मुक्ति का वो सुमिरावै नाम।
कबीर धनि ते सुन्दरी जिन जाया बैस्नव पूत।
राम सुमिरि निरभय हुआ सब जग गया अऊत।
साकत सुनहा दोनों भाई। एक निंदै एक भौंकत जाई।

किन्तु क्या उनका यह भाव स्थिर रहा? मेरा विचार है, नहीं, वह बराबर बदलता रहा। इसका प्रमाण स्वयं उनकी रचनायें हैं। उन्होंने गोरखनाथ की गोष्ठी नामक एक ग्रन्थ की रचना भी की है। वे शेख तक़ी के पास भी जिज्ञासु बन कर जाते थे और ऊँजी के पीर से भी शिक्षा लेते थे। ऐसा करना अनुचित नहीं। ज्ञान प्राप्त करने के लिए अनेक महात्माओं का सत्संग करना निन्दनीय नहीं—किन्तु यह देखा जाता है कि कबीर साहब कभी वैष्णव हैं, कभी पीर, कभी योगी और कभी सूफी और कभी वेदान्त के अनुरागी। उनका यह बहुरूप श्रद्धालु के लिए भले ही उनकी महत्ता का परिचायक हो, परन्तु एक समीक्षक की दृष्टि इस प्रणाली की संदिग्ध हो कर अवश्य देखेगी। मेरा विचार है कि अपने सिद्धान्त के प्रचार के लिए उन्होंने समय-समय पर उपयुक्त पद्धति ग्रहण की है और जनता के मानस पर अपनी सर्वज्ञता की धाक जमा कर उन्हें अपनी ओर आकर्षित करने का विशेष ध्यान रखा है। इसीलिए वे अनेक रूप रूपाय हैं। मैंने उनकी रचनाओं का आधार ढूँढ़ने की जो चेष्टा की है उसका केवल इतना ही उद्देश्य है कि यह निश्चित हो सके कि वास्तव में उनकी रचनायें उनके कथनानुसार अभूतपूर्व और अलौकिक हैं या उनका स्रोत किसी पूर्ववर्ती ज्ञान-सरोवर से ही प्रसूत है। 'सरस्वती' में 'चौरासी सिद्ध' नामक लेख के लेखक बौद्ध विद्वान राहुल सांस्कृत्यायन ने कबीर साहब की रचनाओं पर सिद्धों की छाप बतलाते हुए यह लिखा है कि "कबीर का सम्बन्ध सिद्धों से मिलाना उतना आसान नहीं है।" किन्तु मैं समझता हूँ कि यह आसान है, यदि सिद्धों के साथ नाथ-सम्प्रदाय वालों को भी सम्मिलित कर लिया जाय। मैं नहीं कह सकता कि इस बहुत ही स्पष्ट विकास की ओर उनकी दृष्टि क्यों नहीं गयी।

महात्मा ज्ञानेश्वर ने अपने ज्ञानेश्वरी नामक ग्रन्थ में अपनी गुरु-परम्परा यह दी है—1. आदिनाथ, 2. मत्स्येन्द्रनाथ 3. गोरखनाथ, 4. गहनी नाथ, 5. निवृत्तिनाथ, 6. ज्ञानेश्वर* ज्ञानेश्वर के शिष्य थे नामदेव†। उनका समय है 1370 ई. से 1440 ई.

---

* देखिये हिन्दुस्तानी, जनवरी सन् 1932 के पृ. 32 में डॉक्टर हरि रामचन्द्र दिवेकर एम. ए. डी. लिट. का लेख।

† देखिये मिश्रबन्धु विनोद प्रथम भाग का पृ. 223।

तक। इसलिए उनका कबीर साहब से पहले होना निश्चित है। उन्होंने स्वयं अपने मुख से उनको महात्मा माना है। वे लिखते हैं—

जागे सुक ऊधव औ अक्रूर।
हनुमत जागे लै लंगूर।
संकर जागे चरन सेब।
कलि जागे नामा जयदेव।

सिक्खों के ग्रन्थ साहब में भी उनके कुछ पद्य संगृहीत हैं। ज्ञानेश्वर जैसे महात्मा से दीक्षित हो कर उनकी वैष्णवता कैसी उच्च कोटि की थी और वे कैसे महापुरुष थे उसे निम्नलिखित शब्द बतलाते हैं—

1. **बदो क्यों न होड़ माधो मोसों।**
ठाकुर ते जन जनते ठाकुर खेल पर्‌यो है तोसों।
आपन देव देहरा आपन आप लगावै पूजा।
जल ते तरँग तरँग ते है जल कहन सुनन को दूजा।
आपहि गावै आपहि नाचै आप बजावै तूरा।
कहत नामदेव तू मेरे ठाकुर जन ऊरा तू पूरा॥

2. **दामिनि दमकि घटा घहरानी बिरह उठे घनघोर।**
चित चातक ह्वै दादुर बोलै ओहि बन बोलत मोर।
प्रीतम को पतिया लिख भेजौं प्रेम प्रीति मसि लाय।
वेगि मिलो जन नामदेव को जनम अकारथ जाय।
हिन्दू पूजै देहरा, मुस्सलमान मसीत।
नामा सोई सेविया, ना देहरा न मसीत।

मेरा विचार है कि कबीर साहब की रचनायें नामदेव के प्रभाव से अधिक प्रभावित हैं। फिर यह कहना कि सिद्धों के साथ कबीर की शृंखला मिलाना आसान नहीं, कहाँ तक संगत है। गुरु गोरखनाथ के मानस के साथ अपने मानस को सम्बन्धित कर कबीर साहब उनकी महत्ता किस प्रकार स्वीकार करते हैं, उसको उनका यह कथन प्रकट करता है—

गोरख भरथरि गोपीचंदा। तामनसों मिलि-करैं अनंदा।
अकल निरंजन सकल सरीरा। तामन सों मिलि रहा कबीरा।

वास्तव बात यह है कि कबीर साहब के लगभग समस्त सिद्धान्त और विचार वैष्णव-धर्म और महात्मा गोरखनाथ के ज्ञान-मार्ग और योग मार्ग अथच उनकी परम्परा

के महात्माओं की अनुभूतियों पर ही अधिकतर अवलम्बित हैं और उन सिद्धों के विचारों से भी सम्बन्ध रखते हैं। जिनकी चर्चा ऊपर की गयी है।

सारांश यह है कि जैसे स्वयं कबीर साहब सामयिकता के अवतार और नवीन धर्म-प्रवर्तन के इच्छुक हैं, वैसे ही उनकी रचनायें भी पूर्ववर्त्ती सिद्ध और महात्माओं के भावों और विचारों से ओत-प्रोत हैं। किन्तु उनमें कुछ व्यक्तिगत विलक्षणतायें अवश्य थीं, जिनका विकास उनकी रचनाओं में भी दृष्टिगत होता है। उनकी इन्हीं विशेषताओं ने उन्हें कुछ लोगों की दृष्टि में निर्गुण धारा का प्रवर्त्तक बना रखा है। परन्तु यदि सूक्ष्म दृष्टि और विवेचनात्मक वुद्धि से निरीक्षण किया जाय तो यह बात स्पष्ट हो जाती है कि जिन सिद्धान्तों के कारण उनके सिर पर सन्तमत के प्रवर्त्तक होने का सेहरा बाँधा जाता है वे सिद्धान्त परम्परागत और प्राचीनतम ही हैं। हाँ, उनको जनता के सामने उपस्थित करने में उन्होंने कुछ चमत्कार अवश्य दिखलाया। कबीर साहब के रहस्यवाद को पढ़कर कुछ श्रद्धालु यह कहते हैं कि वे ईश्वर-विद्या के अद्वितीय मर्मज्ञ थे। वे भी अपने को ऐसा ही समझते हैं। लिखते हैं—

सुर नर मुनि जन औलिया ए सब उरली तीर।
अलह राम की गम नहीं, तहँ घर किया कबीर।

किसी के श्रद्धा विश्वास के विषय में मुझको कुछ वक्तव्य नहीं। कबीर साहब स्वयं अपने विषय में जो कुछ कहते हैं, उसका उद्देश्य क्या था, इस पर मैं बहुत कुछ प्रकाश डाल चुका हूँ। इष्ट सिद्धि के लिए वे जो पथ ग्रहण करना उचित समझते थे, ग्रहण कर लेते थे। प्रत्येक धर्म प्रवर्त्तक में यह बात देखी जाती है। इसलिए इस विषय में अधिक लिखना पिष्टपेषण है, किन्तु यह मैं स्वीकार करूँगा कि कबीर साहब हिन्दी संसार में रहस्यवाद के प्रधान स्तम्भ हैं। उनका रहस्यवाद कुछ पूर्व महज्जनों की रचनाओं पर आधारित हो, परन्तु उनके द्वारा वह बहुत कुछ पूर्णता को प्राप्त हो गया। उनकी ऐसी रचनाओं में बड़ी ही विलक्षणता और गम्भीरता दृष्टिगत होती है। कुछ पद्य देखिये—

1. ऐसा लो तत ऐसा लो मैं केहि विधि कथौं गँभीरा लो।
बाहर कहूँ तो सत गुरु लाजै भीतर कहूँ तो झूठा लो।
बाहर भीतर सकल निरन्तर गुरु परतापै दीठा लो।
दृष्टि न मुष्टि न अगम अगोचर पुस्तक लखा न जाईलो।
जिन पहचाना तिन भल जाना कहे न कोऊ पतिआईलो।
मीन चले जल मारग जोवै परम तत्व धौं कैसा लो।
पुहुपबास हूँ ते अति झीना परम तत्व धौं ऐसा लो।
आकासे उड़ि गयो बिहंगम पाछे खोज न दरसी लो।
कहै कबीर सतगुरु दाया तें बिरला सतपद परसी लो।

2. साधो सतगुरु अलख लखाया जब आप आप दरसाया।
बीज मध्य ज्यों वृच्छा दरसै वृच्छा मद्धे छाया।
परमातम में आतम तैसे आतम मद्धे माया।
ज्यों नभ मद्धे सुन्न देखिये सुन्न अंड आकारा।
निह अच्छर ते अच्छर तैसे अच्छर छर बिस्तारा।
ज्यों रवि मद्धे किरन देखिये किरन मध्य परकासा।
परमातम में जीव ब्रह्म इमि जीव मध्य तिमि साँसा।
स्वाँसा मध्ये सब्द देखिये अर्थ सब्द के माहीं।
ब्रह्म ते जीव जीव ते मन यों न्यारा मिला सदाहीं।
आपहि बीज वृच्छ अंकूरा आप फूल फल छाया।
आपहिं सूर किरन परकासा आप ब्रह्म जिव माया।
अंडाकार सुन्न नभ आपै स्वाँस सब्द अरु छाया।
निह अच्छर अच्छर छर आपै मन जिउ ब्रह्म समाया।
आतम में परमातम दरसै परमातम में झांई।
झांई में परछांई दरसै लखै कबीरा सांई।

3. जीवन को मरिबो भलो, जे मरि जानै कोय।
मरने पहिले जे मरैं, तो अजरावर होय।
मन मारा ममता मुई, अहं गई सब छूट।
जोगी था सो रम रहा, आसणि रही विभूति।
मरता मरता जगमुआ, औसर मुआ न कोय।
कबिरा ऐसे मर मुआ, बहुरि न मरना होय।

रहस्यवाद की ऐसी सुन्दर रचनाओं के रचयिता होकर भी कहीं कहीं कबीर साहब ने ऐसी बातें कहीं हैं जो बिल्कुल ऊटपटांग और निरर्थक मालूम होती हैं। इस पद को देखिये—

ठगिनी क्या नैना झमकावै।
कबिरा तेरे हाथ न आवै।
कद्दू काटि मृदंग बनाया नीबू काटि मँजीरा।
सात तरोई मंगल गावैं नाचै बालम खीरा।
भैंस पदमिनी आसिक चूहा मेड़क ताल लगावै।
चोला पहिरि गदहिया नाचै ऊँट बिसुनपद गावै।
आम डार चढ़ि कछुआ तोड़ै गिलहरि चुनचुनि लावै।
कहै कबीर सुनो भाई साधो बगुला भोग लगावै।

ऐसे पदों के अनर्गल अर्थ करने वाले मिल जाते हैं। परन्तु उनमें वास्तवता नहीं, धींगा-धींगी होती है। मेरा विचार है उन्होंने ऐसी रचनायें जनता को विचित्रता-समुद्र में निमग्न कर अपनी ओर आकर्षित करने ही के लिए की हैं। उनकी उलटवासियाँ भी विचित्रताओं से भरी हैं। दो पद्य उनके भी देखिये–

देखौ लोगो घर की सगाई।
माय धरै पितुधिय सँग जाई।
सासु ननद मिलि अदल चलाई।
मादरिया गृह बेटी जाई।
हम बहनोई राम मोर सारा।
हमहिं बाप हरि पुत्र हमारा।
कहै कबीर हरी के बूता।
राम रमैं ते कुकुरी के पूता।

कबीर बीजक पृ. 393

देखि देखि जिय अचरज होई।
यह पद बूझै बिरला कोई।
धरती उलटि अकासहिं जाई।
चिंउटी के मुख हस्ति समाई।
बिन पौने जहँ परबत उड़ै।
जीव जन्तु सब बिरछा बुड़ै।
सूखे सरवर उठै हिलोर।
बिन जल चकवा करै कलोल।
बैठा पंडित पढ़ै पुरान।
बिन देखे का करै बखान।
कह कबीर जो पद को जान।
सोई सन्त सदा परमान।

कबीर बीजक पृ. 394

कबीर साहब ने निर्गुण का राग अलापते हुए भी अपनी रचनाओं में सगुणता की धारा बहाई है। कभी वे परमात्मा के सामने स्वामी सेवक के भाव में आते हैं, कभी स्त्री पुरुष अथवा पुरुष प्रेमी और प्रेमिका के रूप में, कभी ईश्वर को माता-पिता मानकर आप बालक बनते हैं और कभी उसको जगन्नियंता मानकर अपने को एक क्षुद्र जीव स्वीकार करते हैं। इन भावों की उनकी जितनी रचनायें हैं सरस और सुन्दर हैं और

उनमें यथेष्ट हृदय ग्राहिता है। जनता के सामने कभी वे उपदेशक और शिक्षक के रूप में दिखलाई देते हैं कभी सुधारक बन कर। मिथ्याचारों का खंडन वे बड़े कटु शब्दों में करते हैं और जिस पर टूट पड़ते हैं उसकी गत बना देते हैं। उनकी यह नाना-रूपता इष्ट-साधन की सहचरी है। उनकी रचनाओं में जहाँ सत्यता की ज्योति मिलती है, वहीं कटुता की पराकाष्ठा भी दृष्टिगत होती है। वास्तव बात यह है कि हिन्दी संसार में उनकी रचनायें विचित्रतामयी हैं। उनका शब्द-विन्यास बहुधा असंयत और उद्वेजक है, कहीं-कहीं वह अधिकतर उच्छृंखल है, छन्दो नियम की रक्षा भी उसमें प्रायः नहीं मिलती। फिर भी उनकी कुछ रचनाओं में वह मन मोहकता, भावुकता, और विचार की प्रांजलता मिलती है जिसकी बहुत कुछ प्रशंसा की जा सकती है।

कबीर साहब के समकालीन कुछ ऐसे सन्त और महात्मा हैं जिनकी चर्चा हुए बिना पन्द्रहवीं ईसवी शताब्दी की न तो सामयिक अवस्था पर पूरा प्रकाश पड़ेगा न साहित्यिक परिवर्तनों पर। अतएव अब मैं कुछ उनके विषय में भी लिखना चाहता हूँ। किन्तु उनके यथार्थ परिचय के लिए यह आवश्यक है कि स्वामी रामानन्द के उस समय के धार्मिक परिवर्तनों और सामाजिक सुधारों से अभिज्ञता प्राप्त कर ली जावे। इसलिए पहले मैं इस महापुरुष के विषय में ही कुछ लिखता हूँ। जिस समय स्वामी शंकराचार्य के अद्वैतवाद ने भारतवर्ष में वैदिक-धर्म का पुनरुज्जीवन किया और जब उसकी विजय-वैजयन्ती हिमालय से कुमारी अन्तरीप तक फहरा रही थी। उस समय केवल ज्ञान मार्ग से सन्तोष न प्राप्त कर अनेक सन्त-महात्मा एक ऐसी भक्ति-धारा की खोज में थे जो दार्शनिक जीवन को सरस बना सके। निर्गुण ब्रह्म अनुभव गम्य भले ही हो किन्तु वह सर्वसाधारण का बोधगम्य नहीं था। बड़े-बड़े महात्माओं की विचारधारा जिस पंथ में चलकर पद-पद पर कुण्ठित होती थी उस पथ का पथिक होना साधारण विद्या-बुद्धि के मनुष्य के लिए असम्भव था। आध्यात्मिक आनन्द के उपभोग का अधिकारी तत्वज्ञ ही हो सकता है, अल्पज्ञ नहीं। इसके लिए किसी प्रत्यक्ष आधार वा अवलम्बन का होना आवश्क है। दूसरी बात यह है कि संसार की स्वाभाविकता किसी ऐसे आधार का आश्रय ग्रहण करना चाहती है जो उसका जीवन-सहचर हो। समाधि में समाधिस्थ होकर ब्रह्मानन्द सुख का अनुभव करना लोकोत्तर हो, परन्तु उससे वह मनुष्य क्या लाभ उठा सकता है जो न तो ऐसी साधनायें कर सकता है जो सर्वसाधारण के लिए सुलभ हों और न ऐसी सिद्धि प्राप्त कर सकता है जो उसको सांसारिक नाना कष्टों से छुटकारा दे सके। लोक साधारणतः परमार्थिक नहीं है, वह अधिकतर स्वार्थ ही का दास है। वह सुख का कामुक और कष्टों से निस्तार पाने का अधिक इच्छुक होता है। वह अपनी कामना की पूर्ति के लिए ऐसी साधनायें करना चाहता है जो सीधी और सरल हों और जिनमें पद पद पर जटिलतायें सामने न खड़ी हो जायें। परमात्मा सर्वलोक का स्वामी हो, प्राणी

मात्र का लालन पालन करता हो, परन्तु उसका इतना ही होना पर्याप्त नहीं। लोक चाहता है कि वह दीनबन्धु, दुःखभंजन, आनन्दस्वरूप और विपत्ति में सहायक भी हो। मानवता की इस प्रवृत्ति को संसार की महान आत्माओं ने प्रत्येक समय समझा है और देशकालानुसार उसके सन्तोष उत्पादन की चेष्टा भी की है। यदि भारतवर्ष के धार्मिक परिवर्तनों पर सूक्ष्म दृष्टि से विचार किया जाय तो उनमें इस प्रकार के अनेकशः उदाहरण प्राप्त होंगे। जब स्वामी शंकराचार्य के सर्वोच्च ज्ञान का अधिकारी सामयिक महात्माओं ने देशकालानुसार सर्वसाधारण जनता को नहीं पाया तो उन्होंने ऐसा मार्ग ग्रहण करने की चेष्टा की जिससे उन प्राणियों का भी यथार्थहित हो सके जो तत्वबोध के उच्च सोपान पर चढ़ने की योग्यता नहीं रखते। इसीलिए निर्गुण ब्रह्म के स्थान पर सगुण ब्रह्म की कल्पना होती आयी है और इसी हेतु से एक अनिर्वचनीय शक्ति के स्थान पर ऐसी शक्ति की उद्‌भावना महज्जन करते आये हैं जो बोधगम्य हो और मानव-जीवन का स्वाभाविक सहचर बन सके। ज्ञान में गहनता है, साथ ही जटिलता भी। भक्ति में सरलता और सहृदयता है। इसीलिए ज्ञान से भक्ति अधिकतर बोधसुलभ है अपने-अपने स्थान पर दोनों ही का महत्त्व है। इसीलिए हिन्दू धर्म में अधिकारी भेद की व्यवस्था है। ज्ञानाश्रयी सिद्धान्त जब व्यावहारिक बनते हैं तो उनकी भक्ति को साथ लेना पड़ता है, क्योंकि संसार अधिकतर क्रियामय जीवन का प्रेमिक है। जिन महात्माओं ने इन रहस्यों को समझ कर यथाकाल दोनों की व्यवस्था उचित रूप से की उन्हीं महात्माओं में स्वामी रामानुज का स्थान है। उन्होंने स्वामी शंकराचार्य के ज्ञान-मार्ग को भक्तिमय बना दिया और उनके अद्वैतवाद को विशिष्टताद्वैत का रूप दिया। उन्होंने निर्गुण ब्रह्म को स्वीकार करते हुए भी उसके सगुण रूप को ग्रहण किया और बतलाया कि यदि सत्य है कि 'सर्वं खल्विदं ब्रह्मनेहनानास्ति किंचन' तो विश्व को हम ब्रह्म का स्वरूप क्यों न मानें और क्यों न भक्ति से आर्द्र होकर उसकी उचित परिचर्या में लगें? उन्होंने इस विश्वात्मक सत्ता को विष्णु-स्वरूप बतलाया जिसकी सहकारिणी शबित लक्ष्मी है, विष्णु त्रिगुणात्मक हैं और उनमें सृजन, पालन और संहार तीनों शक्तियाँ विद्यमान हैं। वे कोटि काम कमनीय और अव्यक्त होने पर भी नील नभोमण्डल-समान श्याम हैं। वे चतुर्भुज अर्थात् चार हाथ से सृष्टिकार्य परायण हैं और अनन्त ज्ञानमय होने के कारण चतुर्वेदजनक हैं। वे सत्यावलम्बी के रक्षक और पापपरायण प्राणियों के शासक हैं। उनकी दीन-वत्सलता जहाँ अलौकिक है वहीं विपत्ति निवारण उनका स्वाभाविक धर्म। वे शरणागतपालक और पतित जनपावन हैं। उनका स्थान बैकुण्ठ है, जो सर्वदैव अकुण्ठ रहता है और जिसमें वे उन लोगों को स्थान देते हैं जो प्रेम के पावन पथ पर चलने में कुण्ठित नहीं होते उनकी सहधर्मिणी लोक-विमोहिनी शक्ति रमा है। जो उन्हीं के समान सांसारिक प्रत्येक कार्य में रमणशीला है। परमात्मा के ऐसे सगुण

रूप को सांसारिक प्राणियों के सामने लाकर स्वामी रामानुज ने समयानुसार भारतीयजन का जो हित-साधन किया उसका प्रमाण उनके धर्म की व्यापकता है, जो आजकल भारत वसुन्धरा में विस्तृत रूप में व्याप्त है। उनका आविर्भावकाल ग्यारहवीं ईस्वी शताब्दी है। स्वामी रामानन्द उनकी गद्दी के पाँचवें अधिकारी थे। स्वामी रामानन्द ने वैष्णव धर्म को कुछ विशेष नियमों से नियमित बनाया। इसका कारण तात्कालिक समाज था। स्वामी रामानन्द का आविर्भाव-काल चौदहवीं शताब्दी है। इस समय मुसलमान धर्म वर्द्धनोन्मुख था। मुख्यतः नीच जातियों में उसका प्रचार बड़े वेग से हो रहा था। वैदिक धर्म में समदर्शिता की पर्याप्त शिक्षा होने पर भी कुछ रूढ़ियों के कारण इस भाव का विकास नहीं हो पाता था। इसके विरुद्ध मुसलमान पीर वचन-द्वारा ही नहीं, आचरण द्वारा भी यह दिखला रहे थे कि किस प्रकार मनुष्य मात्र परस्पर भाई हैं। स्वधर्मी होने पर धर्म-क्षेत्र में वे किसी से कोई भिन्नता नहीं रखते थे। स्वामी रामानन्द ने वैष्णव धर्म की इस न्यूनता को समझा और शास्त्रों की उन आज्ञाओं को व्यावहारिक रूप दिया जो इस प्रकार की थीं–

'शुनी चैव श्वपाके च पंडिताः समदर्शिनः'
'आत्मवत् सर्व भूतेषु यः पश्यति स पण्डितः'

उनके विशाल हृदय ने वैष्णव धर्म को समयानुसार बहुत उदार बनाया और उन बन्धनों को दृढ़ता के साथ तोड़ा जो मानव-मात्र के परस्पर सम्मिलन में बाधक थे। वे उस समय मुक्त कंठ से यही कथन करते दृष्टिगत होते हैं कि–

'जाति पाँति पूछै नहिं कोई। हरि को भजै सो हरि का होई।'

उन्होंने विष्णु के अव्यक्त रूप को व्यक्त रूप दिया और भगवान रामचन्द्र में विष्णु भगवान के समस्त गुणों का आरोप कर उन्हें विष्णु भगवान का अवतार बतलाया। पहले जो विष्णु भगवान कल्पना-क्षेत्र में विराजमान थे उनको राम रूप में लाकर उन्होंने जिज्ञासुओं के सम्मुख उपस्थित किया और उनके उदार चरित्रों के आधार से मानव जाति को, विशेष कर हिन्दू जाति को, उस लोक धर्म की शिक्षा दी जो काल पाकर उसके लिए संजीवनी शक्ति बन गयी। वैष्णव धर्म में जितनी जटिलतायें थीं उनको उन्होंने इस प्रकार व्यवहार-सुलभ बनाया कि उसकी ओर लोग बड़े उल्लास के साथ आकर्षित हो गये। उनके हृदय की विशालता देखिये कि जो जातियाँ ठुकराई हुई थीं। उन्हीं में से उन्होंने ऐसे लोगों को चुना जो हिन्दू-संसार-गगन में चमकते तारे बन कर चमके। उन्हीं के आध्यात्मिक बल का वह महत्त्व है कि जिससे कबीर कबीर बन गये। ये थे कौन? एक जुलाहे, हिन्दू भी नहीं, मुसलमान। रविदास का जन्म चमार के घर में हुआ था। सेन नाई और धन्ना जाट थे। परन्तु स्वामी रामानन्द के प्रभाव से ही आज दिन सन्त समाज में इनको उच्चस्थान प्राप्त है। सिक्खों के ग्रन्थ साहब में जिन सोलह

प्रधान भक्तों की बानी संगृहीत है उनमें ये लोग भी हैं कहा जाता है, उन्होंने अपने बारह शिष्य ऐसी ही जातियों में से चुन लिए जिनकी पतितों में गणना थी। इस पन्द्रहवीं शताब्दी में स्वामी रामानन्द ने ही वह भक्ति स्रोत बहाया जिसमें प्रवाहित होकर ऐसे लोग भी उस स्थान पर पहुँचे जिस स्थान पर पहुँच कर लोग सन्तपद के अधिकारी होते हैं। स्वामी रामानन्द जी के प्रधान शिष्य कबीर साहब की रचनाओं को मैं उपस्थित कर चुका हूँ। अब उनके अन्य शिष्यों की कुछ रचनायें भी देखिये–

1. नरहरि चंचल है मति मेरी
कैसे भगति करूँ मैं तेरी।
तू मोहिं देखै हौं तोहिं देखूँ,
प्रीति परस्पर होई।
तू मोहिं देखे तोहि न देखूँ,
यह पति सब विधि खोई।
सब घट अन्तर रमसि निरन्तर,
मैं देखन नहिं जाना।
गुन सब तोर मोर सब अवगुन,
कृत उपकार न माना।
मैं तैं तोर मोर असमझिसों,
कैसे करि निस्तारा।
कह रैदास कृष्ण करुणा मय,
जय जय जगत अधारा।

2. फल कारन फूलै बनराई।
उपजै फल तब पुहुप बिलाई।
राखहिं कारन करम कराई।
उपजै ज्ञान तो करम नसाई।
जल में जैसे तूंबा तिरै।
परिचै पिंड जीव नहिं मरै।
जब लगि नदी न समुद्र समावै।
तब लगि बढ़े हंकारा।
जब मनमिल्यो राम सागर सों,
तब यह मिटी पुकारा।

रैदास

3. एक बूँद जल कारने चातक दुख पावै।
प्रान गये सागर मिलै पुनि काम न आवै।
प्रान जो थाके थिर नहीं कैसे बिरमाओं।
बूड़ि मुये नौका मिलै कहु काहि चढ़ाओं॥
मैं नाहीं कछु हौं नहीं कछु आहि न मोरा।
औसर लज्जा राखिलेहु सदना जन तोरा॥

सदना

4. भ्रमत फिरत बहु जनम बिलाने तनु मनु धनु नहिं धीरे।
लालच बिखु काम लुबध राता मन बिसरे प्रभु हीरे।
बिखु फल मीठ लगे मन बउरे चार विचार न जान्या।
गुनते प्रीति बढ़ी अन भाँती जनम मरन फिर तान्या।
जुगति जानि नहिं रिदै निवासी जलत जाल जम फंदपरे।
बिखु फल संचि भरे मन ऐसे परम पुरख प्रभु मन बिसरे।
ग्यान प्रवेसु गुरहिंधन दीया ध्यानु मानु मन एक भये।
प्रेम भगति मानी सुख जान्यात्रिपति अघाने मुकतिभये।
जोति समाय समाने जाकै अछली प्रभु पहिचान्या।
धन्नै धन पाया धरणीधर मिलि जनसंत समान्या।

धन्ना

5. धूप, दीप, घृत साजि आरती बारने जाऊँ कमलापती।
मंगला हरि मंगला नित मंगल राजा राम राय को।
उत्तम दियरा निरमल बाती तुहीं निरंजन कमला पाती।
राम भगति रामानन्दु जानै पूरन परमानंद बखानै।
मदन मूरति भय तारि गुविन्दे। सैन भणय भजु परमानन्दे।

सैन

पीपा गागरौनगढ़ के एक राजा थे। वे भी स्वामी रामानन्द के शिष्य थे। एक पद उनका भी देखिये—

1. काया देवा काया देवल काया जंगम जाती।
काया धूप दीप नैवेदा काया पूजौं पाती।
काया बहु खँड खोजते नवनिद्धीपाई।
ना कछु आइबो ना कछु जाइबो राम की दोहाई।

जो ब्रह्मण्डे सोई पिंडे जो खोजे सो पावै।
पीपा प्रणवै परमतत्तु है सतगुरु होय लखावै।

पीपा

गोविंद गोविंद गोविंद सँग नामदेव मन लीना।
आठ दाम को छीपरो होइयो लाखीना।
बुनना तनना त्याग कै प्रीति चरन कबीरा।
नीचु कुला जोलाहरा भयो गुनिय गहीरा।
रविदास ढोवन्ता ढोर नित जिन त्यागी माया।
परगट होआ साध सँग हरि दरसन पाया।
सैन नाई बुतकारिया ओहु घर घर सुनिया।
हिरदै बसिया पारब्रह्म भक्ता महिं गनिया।
यहि विधि सुनिकै जाटरो उठि भक्ती लागा।
मिले प्रतक्ख गुसाइयाँ धन्ना बड़ भागा।

धन्ना

इन रचनाओं पर सामयिकता की छाप तो लगी ही है। परन्तु उनमें आपको स्वामी रामानन्द जी की महान शिक्षाओं का प्रभाव भी विकसित रूप में दृष्टिगत होगा। ये रचनायें आपको यह भी बतलायेंगी कि पन्द्रहवीं शताब्दी में हिन्दी भाषा का विकास लगभग एक ही रूप में हुआ। इसके अतिरिक्त इनके देखने से यह भी पता चलेगा कि किस प्रकार इस शताब्दी में निर्गुणवाद और भक्ति रस की धारायें बहीं, जो उत्तरवर्ती काल में विविध रूप में प्रवाहित होकर हिन्दू जाति के सूखते धर्म-भाव के पौधों को हरा-भरा बनाने में समर्थ हुईं। इसी शताब्दी में पंजाब प्रान्त में गुरु नानक देव का आविर्भाव हुआ। आप बेदी खत्री और अपने समय के प्रसिद्ध धर्म-प्रचारक थे। कुछ लोगों ने इनको कबीर साहब से प्रभावित बतलागा है। किसी-किसी ने तो उनको इनका शिष्य तक लिख दिया है। किन्तु यह सत्य नहीं है। इस विषय में बहुत वाद-विवाद हो चुका है। मैं उनको यहाँ लिखना बाहुल्य-मात्र समझता हूँ, किन्तु यह निश्चित बात है कि कबीर साहब का गुरु नानक देव पर कुछ प्रभाव नहीं था। प्रत्यक्ष प्रमाण यह है कि कबीर साहब पीर थे और गुरु नानक देव गुरु। वे एक नवीन धर्म का प्रचार करना चाहते थे और ये हिन्दू धर्म के संरक्षण के लिए यत्नवान थे। इस बात के प्रकट करने के लिए ही उन्होंने महात्मा गोरखनाथ के उद्‌भावित गुरु नाम का अपने नाम के साथ संयोजन किया था। उनके उपरान्त उनकी गद्दी पर दस महापुरुष बैठे। वे दसों गुरु कहलाये। पाँच गद्दी के बाद तो इन गुरुओं में से कई ने हिन्दू धर्म बलिदेवी पर अपने को उत्सर्ग भी किया। जब कबीर साहब ने हिन्दू धर्म याजकों और पंडितों की कुत्सा

करने ही में अपना गौरव समझा उस समय गुरु नानकदेव पंडितों को इन शब्दों में स्मरण करते थे–

स्वामी पंडिता तुमदेहुमती, केहि विधि मिलिए प्रानपती।

गुरु नानकदेव की रचनाओं में वेद शास्त्र की उतनी ही मर्य्यादा दृष्टिगत होती है जितनी एक हिन्दू की कृति में होनी चाहिए। उसके विरुद्ध कबीर साहब उनको उन शब्दों में स्मरण करते हैं जो भद्रता की सीमा को भी उल्लंघन कर जाते हैं। अतएव यह समझना कि गुरु नानकदेव उसी पथ के पथिक थे जिस पथ के पथिक कबीर साहब थे बहुत बड़ी भ्रान्ति है। गुरु नानकदेव का आविर्भाव यदि उस समय पंजाब प्रान्त में न होता तो उस प्रान्त से हिन्दू धर्म का विलोप-साधन पीरों के लिए बहुत आसान हो जाता। गुरु नानकदेव की अधिकांश रचनायें पंजाबी में ही हैं। परन्तु प्रायः सब हिन्दी साहित्य के इतिहासकारों ने गुरु नानकदेव को हिन्दी का कवि माना है। कारण इसका यह है कि उनके बाद उनकी गद्दी पर नौ गुरु और बैठे। इनमें से पाँच गुरुओं ने जितनी रचनायें की है उन सब लोगों ने भी अपनी पदावली में नानक नाम ही दिया है। इसलिए भ्रान्ति से अन्य गुरुओं की रचनाओं को भी गुरु नानक की रचना मान ली गयी है। गुरु तेगबहादुर नवें गुरु थे वे सत्रहवीं ई. शताब्दी में हुए हैं। उनकी रचनायें उस समय की हिन्दी में ही हुई हैं। वे ही अधिक प्रचलित भी हैं। इसीलिए उनकी रचनाओं को गुरु नानकदेव की रचना मान ली गयी है, और इसी से उस भ्रान्ति की उत्पत्ति हुई है जो उनको हिन्दी भाषा का कवि बनाती है। परन्तु वास्तव में ऐसा नहीं है। मैं यह स्वीकार करूँगा कि गुरु नानकदेव के कुछ पद्य अवश्य ऐसी भाषा में लिखे गये हैं जो पन्द्रहवीं शताब्दी की हिन्दी से सादृश्य रखते हैं। परन्तु उनकी संख्या बहुत थोड़ी है, और उनमें भी पंजाबीपन का रंग कुछ-न-कुछ पाया जाता है। मैं विषय को स्पष्ट करने के लिए उनका एक पद्य पंजाबी भाषा का और दूसरा हिन्दी भाषा का नीचे लिखता हूँ–

1. **पवणु गुरुपाणी पिता माता धरति महत्तु।**
दिवस रात दुइदाई दाया खेलै सकल जगत्तु।
चँगियाइयां बुरियाइयां वाचै धरमु हदूरि।
करनी आपो आपणी के नेंड़ै के दूरि।
जिन्नी नाम धेयाइया गये मसक्कति घालि।
नानक ते मुख उज्जले केती छुट्टी नालि।

2. **गुरु परसादी बूझिले तउ होइ निबेरा।**
घर घर नाम निरंजना सो ठाकुर मेरा।
बिनु गुरु सबद न छूटिये देखहु बीचारा।
जे लख करम कमावहीं बिनु गुरु अँधियारा।

अंधे अकली बाहरे क्या तिन सों कहिये।
बिनु गुरुपंथ न सूझई किस बिध निरबहिये।
आवत कौ जाता कहैं जाते कौ आया।
परकी कौ अपनी कहैं अपनो नहिं भाया।
मीठे को कड़ुआ कहैं कड़ुए कौ मीठा।
राते की निन्दा करहिं ऐसा कलि महिं दीठा।
चेरी की सेवा करहिं ठाकुरु नहिं दीसै।
पोखर नीरु बिरोलिए माखनु नहिं रीसै।
इसु पद जो अरथाइ ले सो गुरू हमारा।
नानक चीने आप को सो अपर अपारा।

गुरु नानकदेव की मातृभाषा पंजाबी थी। इसके अतिरिक्त मुख्यतः पंजाब प्रान्त की हिन्दू जनता की जाग्रति के लिए ही उनको धर्म क्षेत्र में उतरना पड़ा था। इसलिए पंजाबी भाषा में उनकी अधिकांश रचनाओं का होना स्वाभाविक था। परन्तु जिस समय उनका आविर्भाव हुआ था उसकी यह विशेषता देखी जाती है कि उस समय प्रत्येक प्रान्त के हिन्दू धर्म प्रचारक और सुकवि हिन्दी भाषा की ओर आकर्षित हो रहे थे। यदि बंगाल प्रान्त के चण्डीदास और बिहार प्रान्त के विद्यापति हिन्दी भाषा को अपनी रचनाओं में स्थान देने के लिए आकर्षित हुए तो महाराष्ट्र प्रान्त में नामदेव जी को भी तत्कालिक हिन्दी भाषा में उत्तमोत्तम धार्मिक रचनायें करते देखा जाता है। ऐसी अवस्था में गुरु नानक देव जी का भी हिन्दी भाषा की ओर आकृष्ट होना आश्चर्यजनक नहीं। उनके इसी भाव का द्योतक उनका हिन्दी भाषा का पद्य है, पहले पद्य में भी, जो पंजाबी भाषा का है, हिन्दी शब्दों का प्रयोग देखा जाता है और उनकी यह प्रणाली उनके हिन्दी भाषा के अनुराग की स्पष्ट सूचक है। उनके बाद उनके जितने उत्तराधिकारी हुए उनमें यह प्रवृत्ति उत्तरोत्तर बढ़ती दृष्टिगत होती है। दूसरी, तीसरी और चौथी गद्दियों के गुरुओं की रचनायें अधिकांश हिन्दी शब्दों से गर्भित हैं। पाँचवीं गद्दी के अधिकारी गुरु अर्जुन जी की रचनायें तो सामयिक हिन्दी भाषा के ही उदाहरण हैं। नवीं गद्दी के अधिकारी गुरु तेग़बहादुर के भजन तो बिलकुल हिन्दी भाषा में ही लिखे गये हैं। उनके पुत्र दसवीं गद्दी के अधिकारी गुरु गोविन्दसिंह ने हिन्दी भाषा में एक विशाल ग्रन्थ ही लिख डाला जो आदिग्रन्थ साहब के ही बराबर है और दशम ग्रन्थ कहलाता है। यथा स्थान इस विषय का वर्णन विशेषरूप से आपको आगे मिलेगा। इस समय मैं कुछ पद्य दूसरी गद्दी से लेकर पाँचवीं गद्दी और नवीं गद्दी के अधिकारियों के नीचे लिखता हूँ। आप देखें उनमें किस प्रकार उत्तरोत्तर हिन्दी भाषा को अधिक स्थान मिलता गया है।

जासुख तासहु रागियो दुख भी सँभाले ओइ।
नानक कहै सियाणिये यों कन्त मिलावा होइ ॥

गुरु अंगद

तू आपे आप सभु करता कोई दूजाहोयसु ओरो कहिये।
हरि आपे बोले आपि बुलावे हरि।
आपे जलि थलि रवि रहिये।
हरि आपे मारे हरि आपे छोड़े मनहरि सरणी पड़ि रहिये।
हरि बिनु कोई मारि जीवालि न सक्कै
मन है निचिंद निस्चलु होइ रहिये।
उठंदिया बहंदिया सुतिया सदा हरि नाम ध्याइये।
जन नानक गुरु मुख हरि लहिये।

गुरु अमरदास

हौं क्या सालाहीकिरम जन्तु बड्डी तेरी बडियाई।
तू अगम दयालु अगम्मु है आपि लेहि मिलाई।
मैं तुझ बिन बेला को नहीं, तू अंति सखाई।
जो तेरी सरणागती तिन लेहि छुड़ाई।
नानक बे परवाहु है किसु तिल न तमाई।
संगति संत मिलाये। हरि सरि निरमलि नाये।
निरमलि जलि नाये मैलु गँवाये भये पवित्र सरीरा।
दुर मति मैल गई भ्रम भागा हौं मैं विनठी पीरा।
नदरि प्रभू सत संगति पाई निज घर होआ बासा।
हरि मंगल रसि रसन रसाये नानक नाम प्रगासा।

गुरु रामदास जी

गावहु राम के गुण गीत।
नाम जपत परम सुख पाइये आवागवणु मिटै मेरे मीत।
गुण गावत होवत परगास, चरण कमल महँ होय निवास।
सत संगति महँ होइ उधार, नानक भव जल उतरसि पार।

गुरु अर्जुन जी

प्रानी नारायन सुधि लेह।
छिनु छिनु औधि घटै निसि बासरु वृथा जात है देह।
तरुनापो बिखियन स्यों खोयो बालापन अज्ञाना।
बिरध भयो अजहूँ नहिं समझै कौन कुमति उरझाना।
मानुस जन्म दियो जेहिं ठाकुर सो तैं क्यों बिसरायो।
मुकति होति नर जाके सुमिरे निमख न ताको गायो।
माया को मदु कहा करतु है संग न काहू जाई।
नानक कहत चेतु चिन्तामणि होइ है अन्त सहाई।

गुरु तेग़बहादुर

इसी स्थान पर मैं यह भी प्रकट कर देना चाहता हूँ कि इस पन्द्रहवीं शताब्दी में जिस निर्गुणवाद धारा की अधिक चर्चा की जाती है, वास्तव में वह धारा उस काल से प्रारम्भ होती है जिस समय स्वामी शंकराचार्य ने वेदान्तवाद का प्रचार किया। उनकी निर्गुण धारा का रूप वास्तविकता की दृष्टि से सर्वोत्तम है किन्तु वह इतनी उच्च है कि सर्वसाधारण की बोधगम्य नहीं। मैक्समूलर ने एक स्थान पर लिखा है कि ईश्वरी विद्या के विषय में स्वामी शंकराचार्य जितना ऊँचा नहीं उठा जा सकता। गुरु गोरखनाथ जी ने इस निर्गुणवाद की जटिलताओं को बहुत कुछ सरलता का रूप दिया और भगवान शिव की उपासना का प्रचार कर के अव्यक्त विषयों को व्यक्त रूप देने की प्रशंसनीय चेष्टा की। उसका विकास ज्ञानदेव और नामदेव की रचनाओं में अधिकतर बोधगम्य रूप में देखा जाता है। पन्द्रहवीं सदी के सन्तमत के प्रचारकों में विशेष कर कबीर साहब की उक्तियों में वह निर्गुणवाद कुछ और स्पष्ट हुआ, किन्तु वह पौराणिक भावों से ओत प्रोत है। पौराणिक धर्म का उत्थान गुप्त सम्राटों के समय में अर्थात् तीसरी और चौथी ईस्वी शताब्दी में हुआ और उत्तरोत्तर वृद्धि पाकर ईस्वी दसवीं शताब्दी में वह प्रबल बन गया था। यही कारण है कि पन्द्रहवीं शताब्दी में जितने धार्मिक प्रचार हुए वे सब पौराणिक धर्म पर अवलंबित है। कबीर साहब के निर्गुणवाद पर भी उसकी छाप लगी हुई है, अन्तर केवल इतना ही है कि उनके निर्गुणवाद पर सूफियों के ईश्वरवाद की भी छाया पड़ी है। वैष्णव धर्म में जैसा निर्गुणवाद है और उसके साथ जैसा सगुणवाद सम्मिलित है कबीर साहब का निर्गुण ब्रह्म-सम्बन्धी सिद्धान्त भी लगभग वैसा ही है। कारण इसका यह है कि उनकी अधिकांश शिक्षायें वैष्णव धर्म से प्रभावित हैं और ऐसा होना इसलिए अनिवार्य था कि स्वामी रामानन्द का उन पर बहुत बड़ा प्रभाव था। कबीर साहब का निर्गुण ब्रह्म अनिर्वचनीय ही नहीं है वह भक्त वत्सल है और पतित पावन भी है। प्रेमातिरेक में वे उसके दास बनते हैं और वह उनका स्वामी; वे उसके पुत्र

बनते हैं और वह उनका पिता; वे उसकी प्रेमिका बनते हैं और वह उनका प्रेमी। वे नरक और आवागमन से भीत होकर उसकी शरण में जाते हैं और वह उद्धारक बनकर उनका उद्धार करता है। वे कहते हैं कि वह विपत्ति में त्राण देता है, भवसागर से पार करता है और अशरण का शरण बनता है और इन बातों को पौराणिक आख्यानों और उदाहरणों द्वारा प्रमाणित करते हैं। जब वे और ऊँचा उठते हैं तो उसको सर्व जगत में व्याप्त पाते हैं और विश्व की विभूतियों में नाना रूपों में उसे विकसित देखकर अलौकिक आनन्द का अनुभव करते हैं। कभी जब आत्मविश्वास का उदय होता है तब वह आत्मज्ञान अथवा आत्मा ही में परमात्मा के देखने का उद्योग करते हैं और कभी समाधि में बैठकर योग के अनेक साधनों द्वारा ब्रह्मानन्द-सुख-भोगी बनते हैं। कभी मुक्ति की कामना करते हैं कभी मुक्ति को तुच्छ गिनकर भगवद्‌भक्ति को ही प्रधानता देते हैं। कभी संकेत और इंगितों द्वारा लोकातीत की अलौकिकता बतलाने में रत देखे जाते हैं, कभी अनिर्वचनीय की अनिर्वचनीयता देख मौनता मंत्र ग्रहण करना ही समुचित समझते हैं। सारांश यह कि निर्गुण और सगुण के विषय में जो विचार-परम्परा पुराणवादियों और वेदान्तियों की देखी जाती है, पद-पद पर वे उसी का अनुसरण करते दृष्टिगत होते हैं। कोई पुराण ऐसा नहीं है जिसमें परमात्मा का वर्णन इसी रूप में न किया गया हो। पुराणों का सगुणवाद जैसा प्रबल है वैसा ही निर्गुणवाद भी। वे भी वेदान्त के भावों से प्रभावित हैं और वैष्णव पुराणों में उनका बड़ा ही हृदयग्राही विवेचन है। परन्तु वे जानते हैं कि निर्गुणवाद के तत्वों को समझाना कतिपय तत्वज्ञों का ही काम है। इसलिए उनमें सगुणवाद का ही विस्तार है, क्योंकि वह बोध-सुलभ है। बिना उपासना किये उपासक सिद्धि नहीं पाता। उपासना-सोपान पर चढ़कर ही साधक उस प्रभु के सामीप्य लाभ का अधिकारी बनता है जो ज्ञान-गिरा-गोतीत है। उपासना के लिए उपास्य की प्रयोजनीयता अविदित नहीं। यदि उपास्य अचिन्तनीय अव्यक्त, अथवा ज्ञान का विषय नहीं तो उसमें भावों का आरोप नहीं हो सकता। ऐसी अवस्था में भक्ति किसकी होगी? प्रेम किससे किया जायगा और किसके गुणों का मनन चिन्तन करके मनुष्य अपनी आत्मा को उन्नत बना सकेगा। इन्हीं बातों पर दृष्टि रखकर परमात्मा के सगुण स्वरूप की कल्पना है। जो यह समझता है कि बिना सगुणोपासना किये हम परमात्मा के निर्गुण स्वरूप का ज्ञान प्राप्त कर लेंगे वह उसी जिज्ञासु के समान है जो विश्व-नियन्ता का परिचय प्राप्त करना चाहता है किन्तु यह जानता ही नहीं कि विश्व क्या है। पुराण सगुणपथ का पथिक बनाकर निर्गुण की प्राप्ति कराते हैं, किन्तु बड़ी बुद्धिमत्ता और विवेक के साथ। यही कारण है कि मुख से निर्गुणवाद का गीत गाने वाले भी अन्त में पुराणशैली की परिधि के अन्तर्गत हो जाते हैं। चाहे कबीर साहेब हों, अथवा पन्द्रहवीं सदी के दूसरे निर्गुणवादी, उन सबके मार्ग-प्रदर्शक गुप्त या प्रकट रूप

से पुराण ही हैं हम देखते हैं कि निर्गुणवाद का नाद करने वाले जब बिना किसी प्रतीक के अवलम्बित पथ पर चलने में असमर्थ होते हैं तो गुरुदेव ही को ईश्वर स्वरूप मानकर उपासना में अग्रसर होते हैं, यह क्या है? सगुण की उपासना ही तो है। आजकल निर्गुणवादियों में यह प्रवृत्ति अधिक प्रबल हो गयी है। निर्गुणवादियों के एक नवीन सम्प्रदाय ने तो ईश्वर से मुँह मोड़कर खुल्लमखुल्ला गुरु को ही ईश्वर मान लिया है। चाहे जितना रूप बदला जाय, परन्तु यह भी पौराणिक सिद्धान्तों का ही अनुगमन है, क्योंकि वे कहते हैं–

गुरु ब्रह्मा, गुरु विष्णुः गुरुदेव महेश्वरः,
गुरु साक्षात् परब्रह्म तस्मै श्री गुरुवे नमः।

पन्द्रहवीं शताब्दी में मुसलमानों का प्रभाव भारतवर्ष पर बहुत पड़ रहा था। उनकी राज्य-सत्ता उस समय तो प्रबल थी ही, उनके धर्मयाजक अथवा पीर भी अपने धर्म के विस्तार में तन, मन से निरत थे। इसलिए हिन्दू जाति पर उनके विचारों और भावों का बहुत अधिक प्रभाव पड़ रहा था। मुसलमान धर्म अवतारवाद, मूर्ति-पूजा और देववाद का कट्टर विरोधी है, और अपने विचारानुसार एकेश्वरवाद का प्रबल प्रचारक। यही कारण है कि उस समय के कबीर साहब जैसे कुछ धर्म प्रचारकों को निर्गुणवाद का राग अलापते देखा जाता है। क्योंकि समय उनकी अनुकूलता करता था और वे समय की गति पहचान कर स्वधर्म प्रचार में सफलता लाभ करने के कामुक थे। परन्तु सगुणवाद का विरोधी होने पर भी वे कभी सन्तों को ईश्वर का स्वरूप कहते थे और कभी गुरु को। कबीर साहब स्वयं कहते हैं–

निराकार की आरसी साधों ही की देह।
लखा जो चाहै अलख को इनही में लखि लेह।
कबिरा ते नर अंध हैं गुरु को कहते और।
हरि रूठे गुरु ठौर है गुरु रूठे नहिं ठौर।
तीन लोक नौ खंड में गुरु ते बड़ा न कोय।
करता करै न करि सकै गुरु करै सो होय।

यह क्या है? रूपान्तर से सगुणवाद का प्रतिपादन है और प्रच्छन्न रूप से उस उद्देश्य का प्रति पालन है जिसकी जननी पौराणिकता है।

इस शताब्दी में कुछ और ऐसे कवि हुए हैं जो कबीर साहब के पुत्र या शिष्य हैं, जैसे कमाल, भग्गूदास, धरमदास और श्रुति गोपाल। इन लोगों की रचनायें लगभग वैसी ही हैं जैसी पन्द्रहवीं शताब्दी की हिन्दी रचनायें अब तक उपस्थित की गयी हैं। विषय

भी इन लोगों का धार्मिक ही है। इसलिए इन लोगों की रचनाओं को लेकर कुछ विवेचन करना बाहुल्य मात्र होगा। चरणदास, दयासागर और जयसागर जैन भी इसी शताब्दी में हुए हैं। परन्तु उनकी रचनायें भी लगभग वैसी ही हैं और समय के प्रवाहानुसार धर्म-सम्बन्धी ही हैं। इसलिए उनको भी छोड़ता हूँ। हाँ—इस शताब्दी का एक दामो नामक कवि ऐसा है जिसने सामयिक प्रवाह के प्रतिकूल 'पदमावती' नामक प्रेम कहानी की रचना की है। उसके ग्रन्थ की कुछ पंक्तियाँ ये हैं—

सुणौ कथा रसलीन विलास।
योगी मरण (अउर) बनबास।
पदमावती बहुत दुख सहई।
मेलो करि कवि दामो कइई।

इस पद्य की भाषा प्रांजल है और वैसी ही है जैसा स्वरूप पन्द्रहवीं शताब्दी में हिन्दी को प्राप्त हुआ था। केवल 'सुणौ' शब्द राजस्थानी है जो प्रान्तिक रचना होने के कारण उसमें आ गया।

(2)

सोलहवीं ई. शताब्दी को हम हिन्दी भाषा का स्वर्णयुग कह सकते हैं। इसी शताब्दी के आरम्भ में मलिक मुहम्मद जायसी ने अपने प्रसिद्ध 'पदमावत' नामक ग्रन्थ की रचना की जो अवधी भाषा का आदिम ग्रन्थ है। इसी शताब्दी में हिन्दी-साहित्य गगन के उस सूर्य और चन्द्रमा का उदय हुआ, जिनकी आभा से वह आज तक उद्‌भासित है। आचार्य केशव, जो हिन्दी साहित्य के भामह और मम्मट हैं, उनका आविर्भाव भी इसी शताब्दी में हुआ और अकबर के राजत्व का वह उल्लेखनीय समय भी जो मुसलमान साम्राज्य का उच्चतम काल कहा जाता है, इस शताब्दी का ही अधिकांश भाग है। इस शताब्दी में अवधी और ब्रज भाषा का जैसा शृंगार हुआ फिर कभी वैसा गौरव उसको नहीं प्राप्त हुआ। इस शताब्दी के हिन्दी साहित्य के विकास पर प्रकाश डालने के पहले मुझको एक बहुत बड़े धार्मिक परिवर्तन का वर्णन कर देना आवश्यक ज्ञात होता है। क्योंकि, ब्रज-भाषा के उत्थान और उसके बहुप्रान्तव्यापी होने का आधार वही है।

मैं पहले कह चुका हूँ कि किस प्रकार सूफी सम्प्रदाय वाले प्रेम मार्ग का विस्तार मुसलमानों की साम्राज्य-वृद्धि के साथ कर रहे थे और कैसे उनके इन मधुर भावों का प्रभाव भारतीय जनता पर पड़ रहा था। सूफी सम्प्रदाय वाले संसार की समस्त विभूतियों में ईश्वरीय सत्ता का विकास देखते हैं। वे परमात्मा की कल्पना प्रेम स्वरूप के रूप में करते हैं और अपने को उसका प्रेमिक मानकर प्रेम सम्बन्धी भावों को बड़ी ही मधुरता और सरसता से वर्णन करते हैं। उसके सम्मिलन के लिए जो उत्सुकता उनके हृदय में

उत्पन्न होती है उसका बड़ा ही मर्मस्पर्शी चित्र उनकी रचनाओं में अंकित है। उनकी विरह वेदनायें भी बहुत ही विमुग्धकारी और हृदयद्रवी-भूत करने वाली हैं। वे जब अपनी उस अवस्था का वर्णन करते हैं जिस समय उनको इस बात का अनुभव होता है कि वे उससे किसी अवस्था विशेष के कारण पृथक हो गये हैं तो उसमें बड़ी मर्म-वेधिनी उक्तियाँ होती हैं जो मनों को बेतरह अपनी ओर खींचती हैं। उस समय उनके प्रेम-मार्ग के इन बड़े विमोहक भावों ने हिन्दू जनता को बहुत कुछ अपनी ओर आकर्षित कर रखा था। पर हिन्दुओं के किसी धर्म सम्प्रदाय में ऐसी मधुरतम कल्पनाओं का आविष्कार तब तक नहीं हुआ था, जो सफलता के साथ उनका प्रतिकार कर सके। हिन्दू धर्म का भक्ति-मार्ग उच्च कोटि का है और बहुत ही सरस और मधुर भी है, परन्तु उतना सुलभ नहीं, उसमें कुछ गहनता भी है। वह सर्वसाधारण के लिए उतना मोहक नहीं जितना प्रेम। भक्ति में उच्चता है और वह महत्तामय उच्चकोटि के व्यक्तियों पर ही आधारित है। उसमें विशेषता के साथ त्यागमय धार्मिकता है परन्तु प्रेम में साधारणता है और उसमें सांसारिकता भी पाई जाती है। व्यापक प्रेम या प्रीति की पराकाष्ठा ही भक्ति है। इसीलिए भक्ति से उसमें अधिक व्यावहारिकता है और इस व्यावहारिकता के कारण ही मानव-समाज पर उसका अधिक अधिकार है। प्रेम के आदर्श की न्यूनता हिन्दू संसार में किसी काल में नहीं रही। प्रेम की महत्ता और उसकी लोकप्रियता के आदर्श का अभाव हिन्दू संस्कृति में कभी नहीं हुआ। परन्तु यह समय ऐसा था कि जब उसके व्यापक और महान आदर्शों को ऐसे मधुर और मोहक रूप में उपस्थित करने की आवश्यकता थी, जो सर्वसाधारण को अपनी ओर आकर्षित कर सके, और सूफ़ी सम्प्रदाय के उन प्रभावों को विफल बनावे जो उसके चारों ओर अविरामगति से विस्तृत हो रहे थे। रामावत सम्प्रदाय में भक्ति-भावना जितनी प्रबल है, उतनी प्रेम भावना नहीं। भगवान रामचन्द्र मर्य्यादा पुरुषोत्तम हैं और इसी रूप में वे हिन्दू संसार के सामने आते हैं। उनका कार्यक्षेत्र भी ऐसा है जहाँ धीरता, गम्भीरता, कर्मशीलता, कार्य करती दृष्टिगत होती है। उनके आदर्श उच्च हैं, साथ ही अतीव संयत। या तो वे कर्म्म-क्षेत्र में विचरण करते देखे जाते हैं या धर्म-क्षेत्र में। इसीलिए उनमें मधुर भाव की उपासना पहले नहीं लाई जा सकी जो बाद को गृहीत हुई। सबसे पहले समयानुसार इस ओर मध्वाचार्य जी की दृष्टि गयी। उन्होंने श्रीमद्भागवत के आधार से भगवान् श्रीकृष्ण की मधुर भावनामय उपासना की नींव डाली। पहले वे स्वामी शंकराचार्य के और रामानुज सम्प्रदाय के सिद्धान्तों ही की ओर आकर्षित थे। परन्तु श्रीमद्भागवत की भक्ति-भावना ही उनके हृदय में स्थान पा सकी और उन्होंने दक्षिण प्रान्त में इस प्रकार की उपासना का आजीवन प्रचार किया। इनकी उपासना-पद्धति में भगवान कृष्णचन्द्र प्रेम के महान् आदर्श के रूप में गृहीत हुए हैं और गोपिकायें

उनकी प्रेमिका के रूप में। जो सम्बन्ध गोपिकाओं का भगवान श्रीकृष्ण के साथ प्रेम के नाते स्थापित होता है। भगवान के साथ भक्त का वही सम्बन्ध वर्णित करके उन्होंने अपनी उपासना-पद्धति ग्रहण की। इसीलिए उनका सिद्धान्त द्वैतवाद कहलाता है। उन्हीं के सिद्धान्तों का प्रचार विष्णु स्वामी और निम्बार्काचार्य ने किया, केवल इतना अन्तर अवश्य हुआ कि गोपियों का स्थान उन्होंने श्रीमती राधिका को दिया। स्वामी बल्लभाचार्य ने इसी उपासना की नींव उत्तर-भारत और गुजरात में बड़ी ही दृढ़ता के साथ डाली और थोड़े परिवर्तन के साथ इस मधुर भावना का प्रसार बड़ी ही सरसता से भारतवर्ष के अनेक भागों में किया। स्वामी बल्लभाचार्य ने बालकृष्ण की उपासना ही को प्रधानता दी है इसीलिए उनका दार्शनिक सिद्धान्त शुद्धाद्वैतवाद कहलाता है। परन्तु जैसा मैंने ऊपर अंकित किया, समय की गति देखकर उनको राधाकृष्ण की युगलमूर्ति की उपासना ही को प्रधानता देनी पड़ी। उस समय यह उपासना पद्धति बहुत अधिक प्रचलित और आद्रित भी हुई। क्योंकि इस प्रणाली में सूफियों के उस प्रेम और प्रेमिक-भाव का उत्तमोत्तम प्रतिकार था जिसका प्रचार वे उस समय भारत के विभिन्न भागों में तत्परता के साथ कर रहे थे। सूफियों के सम्प्रदाय में परमात्मा प्रेमपात्र के रूप में देखा जाता है और सूफीभक्त अपने को उसके प्रेमिक के रूप में अंकित करते हैं। यह प्रणाली भारत के लिए इसलिए अधिक उपयोगिनी नहीं सिद्ध हो सकती थी जितनी कि स्वामी बल्लभाचार्य्य की उद्‌भावित पद्धति। कारण इसका यह है कि पुरुष के प्रति पुरुष के प्रेम में वह स्वारस्य नहीं है जो पुरुष के प्रति स्त्री के प्रेम में। भारत की यह चिर प्रचलित परम्परा और इस देश का यही आदर्श है कि स्त्रियाँ पुरुषों पर आसक्त दिखलायी जाती हैं इसलिए श्रीमती राधिका को भगवान कृष्णचन्द्र पर उत्सर्गीकृत-जीवन बनाकर स्वामी वल्लभाचार्य्य या उनके पहले के आचार्यों ने जिस मर्मज्ञता का परिचय दिया और परमात्मा की जिस उपासना-पद्धति का आदर्श उपस्थित किया वह अभूतपूर्व और अधिकतर भाव-प्रवण है। योरोप का प्रसिद्ध विद्वान् न्यूमैन क्या कहता है, उसे सुनिये* "पुरुषों में तुम कितने ही पौरुष-विकास-सम्पन्न क्यों न हो, उच्चतर आध्यात्मिक आनन्द की ओर प्रगति करने के लिए तुम्हारी आत्मा को नारीरूप ही ग्रहण करना होगा।"

भगवान के बालभाव की उपासना की कल्पना बड़ी ही मधुर है, साथ ही सर्वथा नवीन। स्वामी बल्लभाचार्य को छोड़कर यह उपासना पद्धति किसी के ध्यान में नहीं आयी। जो धर्म अवतारवाद का मर्म नहीं समझ सकते वे बालभाव की उपासना की

---

* "If my soul is to go on into high spiritual blessedness, it must become a woman; yes, however, manly thou may be among men." —**Newman**

कल्पना कर भी नहीं सकते। संसार के कुछ धर्म्मों में परमात्मा को पिता और अपने को पुत्र मान कर उपासना करने की प्रणाली है। पर परमात्मा को बाल स्वरूप मानकर इसी भाव से उसकी उपासना करने की उद्भावना स्वामी वल्लभाचार्य का ही आविष्कार है। उपासना का प्रयोजन यह है कि परमात्मा के अशेष गुणों का मनन और चिन्तन करके तदनुरूप अपने को बनाना, आर्य धर्म का यह सिद्धान्त वाक्य है 'यच्चिन्तति तद्भवति' मनुष्य जैसा सोचता है वैसा ही बनता है। पौराणिक धर्म में नाम जपने की बड़ी महिमा है। निगुर्णवादियों में यह सिद्धान्त बहुत व्यापक रूप में गृहीत है। उद्देश्य इसका यही है कि बिना नाम के परिचय नहीं होता, और बिना परिचय के गुण-ग्रहण की सम्भावना नहीं। किन्तु नाम जपने का लक्ष्य भी तादात्म्य और गुण-ग्रहण ही है, अन्यथा उपासना व्यर्थ हो जाती है। इसीलिए भगवद्गीता का यह महावाक्य है, 'ये यथामाम् प्रपद्यन्ते तान् तथैव भजाम्यहम्'। मुझको जो जिस रूप में भजता है। मैं उसको उसी रूप में प्राप्त होता हूँ। बालभाव की उपासना का अर्थ है बालकों के समान निरीह, निर्दोष और सरल अवस्था का प्राप्त करना। कहा जाता है, बालक सदैव स्वर्गीय वातावरण में विचरता रहता है, इस कथन का मर्म यह है कि वह समस्त सांसारिक बन्धनों और झगड़ों से मुक्त होता है और उसके भावों में एक स्वर्गीय मधुरता विद्यमान रहती है। बालभाव की उपासना में माधुर्य्य-भावना की चरम सीमा दृष्टिगत होती है। परन्तु इस अवस्था का प्राप्त करना सहज नहीं। बाल्यावस्था के बाद जो अवस्थायें सामने आती हैं उनको बिलकुल भूल जाना बहुत बड़ी साधना से सम्बन्ध रखता है। भारतवर्ष में सौ डेढ़ सौ वर्ष के भीतर अनेक महात्माओं का आविर्भाव हुआ है। उनमें से एक परमहंस रामकृष्ण को कभी-कभी बालभाव में मग्न देखा जाता था। परन्तु उनको भी यह अवस्था कुछ काल के लिए ही प्राप्त होती थी। सदैव इस दशा में वे नहीं रह सकते थे। इसी असम्भवता के कारण स्वामी वल्लभाचार्य प्रचारित बालभाव उपासना की पद्धति को व्यापकता नहीं प्राप्त हुई। उनकी प्रेमिका और प्रेमिक भाव की उपासना ही व्यापक रूप से गृहीत हुई और आज भी उसकी मधुरता उसके अधिकारियों को विमुग्ध कर रही है। अद्वैतवाद में साधक को अपनी सत्ता को विलोप कर देना पड़ता है, क्योंकि द्वैत का भाव उत्पन्न होते ही अद्वैत भाव सुरक्षित नहीं कर सकता। इसीलिए इस मार्ग पर चलना अत्यन्त दुर्लभ है। कोई-कोई सच्चा उच्च कोटि का ज्ञान मार्गी ही उस पद्धति का अधिकारी हो सकता है। भक्ति मार्ग में अपनी सत्ता को सर्वथा लोप करना नहीं पड़ता। परन्तु, मर्यादा पद-पद पर उसकी सहचरी रहती है, क्योंकि भक्ति महत्ता के अभाव में उत्पन्न नहीं होती और महान् पुरुष के साथ मर्यादा का उल्लंघन नहीं हो सकता। इसलिए मानवी सत्ता भक्ति-मार्ग में बन्धनों से मुक्त नहीं होती और अनेक अवस्थाओं में उसकी वांछित स्वतंत्रता में बाधा भी पड़ती रहती है। प्रेम-पथ इन बन्धनों से मुक्त

रहता है। उसमें अपनी सत्ता तो बहुत कुछ सुरक्षित रहती ही है उसकी स्वतंत्रता में भी उतनी बाधा नहीं पड़ती। प्रेमिका प्रेम-पात्र को यथावसर टेढ़ी-मेढ़ी बातें भी कह देती है और दिल खोलकर उपालम्भ देने में भी संकुचित नहीं होती। ऐसा वह प्रेमातिरेक के वश में होकर ही करती है। दम्भ अथवा अभिमान से नहीं। यही कारण है कि यह उपासना पद्धति अधिकतर गृहीत हुई और माधुर्य भावना कही गयी। आज दिन भारतवर्ष का कौन-सा प्रदेश है जिसमें वल्लभाचार्य सम्प्रदाय के मन्दिर नहीं और जिसमें राधा-कृष्ण की मूर्ति विराजमान नहीं? रामावत सम्प्रदाय भी इस माधुर्य भाव की उपासना से प्रभावित हुआ और उसमें भी आजकल सखी भाव की सृष्टि होकर यह पद्धति गृहीत हो गयी है।

भगवान कृष्णचन्द्र जैसे विलक्षण प्रेमस्वरूप प्रेमिक हैं। श्रीमती राधिका वैसी ही प्रेम प्रतिमा। असंख्य ब्रह्माण्ड के अधिप आकाश का जो वर्ण हैं वही वर्ण प्रेमावतार श्रीकृष्णचन्द्र का है, जो इस बात का सूचक है कि जो इस रंग में सच्चे जी से रँगा उसने माधुर्य समुद्र में ही प्रवेश किया, आजन्म उसमें ही निमग्न रहा। श्यामायमाना वसुन्धरा में भी वही छटा दृष्टिगत होती है और विश्वविरामदायिनी रजनी में भी वे विश्वरूप हैं, इसलिए सूर्य, शशांक, वन्हि नयन हैं; मयूर-मुकुट-मण्डित, बनमाली एवं गिरिधर भी हैं। ब्रह्माण्ड की चोटी के ध्वन्यात्मक स्वर से उनकी मुरलिका स्वरित है, जिसको सुन सलिल-प्रवाह रुक जाता है, पवन नर्तन करने लगता है, दिशायें प्रफुल्ल हो जाती हैं और वृक्ष का पत्ता-पत्ता तक आनन्द से आन्दोलित होने लगता है। वे लोक ललाम हैं। अतएव कोटिकाम कमनीय हैं, वे सच्चिदानन्द हैं, इसलिए संसार सुख के सर्वस्व हैं, माधुर्यमय विभूति के मूल हैं, एवं लोक-लीलाओं के लोकोत्तर आधार। उन्हीं की तद्गता प्रेमिका और आराधिका श्रीमती राधिका हैं। वे भी उन्हीं के समान लोकोत्तर सुन्दरी और अलौकिक शक्तिशालिनी हैं। उनका संयोगमय जीवन बड़ा ही भावमय, उदात्त और सहृदय-हृदय-संवेद्य है। उनकी रागात्मिका प्रकृति जितनी ही लोक-रंजिनी है उतनी ही चमत्कारमयी। वे इतनी प्रेमपरायणा हैं कि प्रियतम का क्षणिक वियोग भी सह्य नहीं, किन्तु इतनी आत्मावलंबिनी हैं कि वियोग अवस्था उपस्थित होने पर वे विश्वमात्र में अपने आराध्यदेव की विभूतियों को अवलोकन करती हैं और इस प्रकार अपने उन्मत्त प्राय हृदय में वह रस धारा बहाती हैं जिसको सुधाधारा से भी सरस कह सकते हैं। उनकी वियोग वेदनायें पत्थर को भी द्रवीभूत करती हैं, किन्तु इस सिद्धान्त का अनुभव कराती हैं कि 'प्रेम की पीड़ायें बड़ी मधुर होती हैं।'

(Love's pain is very sweet)

महाप्रभु वल्लभाचार्य का सिद्धान्त इन्हीं युगल मूर्तियों पर अवलम्बित है। इसीलिए वह इतना हृदयग्राही, मनोहर और व्यापक है कि वही विविध विदेशी भाव-प्रवाह में

बहती हुई हिन्दू जनता का प्रधान पोत बना। उनके इस लोक मोहक सिद्धान्त के मूर्तिमन्त अवतार चैतन्य देव थे। यह भी हिन्दू जनता का सौभाग्य है कि वे भी उसी समय में अवतीर्ण हुए और अपने आचरणों द्वारा उन्होंने ऐसा आदर्श उपस्थित किया, जिससे इस युगल-मूर्ति के प्रेम प्रवाह में बंगाल प्रान्त निमग्न हो गया। उनके विषय में बंगाल प्रान्त के प्रसिद्ध विद्वान् और प्रतिष्ठित लेखक दिनेशचन्द्र सेन बी. ए. क्या कहते हैं सुनिये—

"यदि चैतन्यदेव न जन्म लेते तो श्रीराधा का जलद-जाल को देखकर नेत्रों से अश्रु बहाना, कृष्ण का कोमल अंग समझ कर कुसुमलता का आलिंगन करना, टकटकी बाँधकर मयूर-मयूरी के कण्ठ को देखते रह जाना, और नव-परिचय का सुमधुर भावावेश कवि की कल्पना बन जाती एवं भाव के उच्छ्वास से उत्पन्न हुई उनकी विभ्रममय आत्मविस्मृति आजकल के असरस युग में कवि-कल्पना कही जाकर उपेक्षित होती। किन्तु चैतन्यदेव ने श्रीमद्भागवत और वैष्णव गीतों की सत्यता प्रमाणित कर दी। उन्होंने दिखलाया कि यह विराट् शास्त्र भक्ति की भित्ति पर, नयनों के अश्रु पर, और चित्त की प्रीति पर अचल भाव से खड़ा है। इस शास्त्र के शोभा सर्वस्व पूर्वराग, विरह, सम्भोग, मिलन इत्यादि से सम्बन्ध रखने वाली जितनी ललित लीलाओं की सरस धारायें बही हैं, वे कल्पित नहीं हैं। उनका आस्वादन हुआ है और वे आस्वादन योग्य हैं। प्रेम की अद्भुत स्फूर्ति से चैतन्य देव की देह कदम्ब पुष्प के समान रोमाञ्चित बनती, उन्हें समुद्र की लहरें यमुना की लहरें जान पड़तीं, चटक पर्वत गोवर्द्धन प्रतीत होता, और उनके लिए पृथ्वी कृष्णमय हो जाती। इसी अपूर्व भक्ति और प्रेम की सामग्री के आधार से श्रीमती राधिका सुन्दरी सृष्ट हुई हैं। उनके विरह जन्य कष्ट की एक कणिका धारण करे, अथवा उनके सुख की एक लहरी का अनुभव कर सके, इस प्रकार का नारी-चरित्र पृथ्वी तल के काव्योद्यान में नहीं पाया जाता"।* अब तक इस विषय में जो कुछ लिखा गया उससे यह सिद्ध होता है कि सोलहवीं शताब्दी में महाप्रभु वल्लभाचार्य ने कृष्ण-प्रेम की जो सरस धारा बहाई वह समयोपयोगी थी और उसका उस काल और उसके बाद के हिन्दी साहित्य पर बहुत बड़ा प्रभाव पड़ा।

(3)

इस शताब्दी में जिस प्रकार एक नवीन धर्म का प्रवाह प्रवाहित होकर हिन्दू-जाति की धार्मिक प्रवृत्ति में एक अभिनव स्फूर्ति उत्पन्न करने का साधन हुआ। उसी प्रकार हिन्दी भाषा सम्बन्धी साहित्य में ऐसी दो मुग्धकारी मूर्त्तियाँ भी सामने आयीं, जो उसको बहुत बड़ी विशेषता प्रदान करने में समर्थ हुईं। वे दो मूर्त्तियाँ ब्रजभाषा और अवधी की हैं।

---

* देखिये बंग भाषा और साहित्य का पृ. 243, 244।

इन दोनों उपभाषाओं में जैसा सुन्दर और उच्चकोटि का साहित्य इस शताब्दी में विरचित हुआ फिर अब तक वैसा साहित्य हिन्दू-संसार सर्वसाधारण के सामने उपस्थित नहीं कर सका। इसलिए इस काल के कविगण की चर्चा करने के पहले यह उचित ज्ञात होता है कि इन उपभाषाओं की विशेषता पर कुछ प्रकाश डाला जावे जिससे इनमें हुई रचनाओं की महत्ता और स्वाभाविकता स्पष्टतया बतलायी जा सके। इस विचार को सामने रखकर अब मैं इनकी विशेष प्रणालियों को यहाँ उपस्थित करता हूँ।

अवधी और ब्रजभाषा की कुछ विशेषतायें तो ऐसी हैं जो दोनों ही में समान हैं। इसलिए मैं पहले उन्हीं की चर्चा करता हूँ बाद में उनकी भिन्नतायें भी बतलाऊँगा। इन दोनों भाषाओं में प्राकृत भाषा के समान संस्कृत तत्सम शब्दों का प्रयोग अधिकतर नहीं देखा जाता। ये दोनों अर्द्धतत्सम विशेष कर तद्भव शब्दों ही पर अवलम्बित हैं। सुख, मन, धन जैसे थोड़े से संस्कृत के तत्सम शब्द ही इनमें पाये जाते हैं। स्वरों में ऋ ॠ और ऌ तथा ॡ का प्रयोग होता ही नहीं। ऋ के स्थान पर रि का ही प्रयोग प्रायः मिलता है। इनमें ऋतु और ऋजु रितु और रिजु बन जाते हैं। हाँ! कृपा जैसे शब्दों में संयुक्त ऋ का व्यवहार अवश्य देखा जाता है। इन दोनों में एक प्रकार से 'श', 'ण', और 'क्ष' का अभाव है। क्रमशः उनके स्थान पर स, न, और छ लिखा जाता है। केवल 'श्री' में शकार का उच्चारण सुरक्षित रहता है। ष का प्रयोग होता है, पर पढ़ा वह ख जाता है। युक्त विकर्ष इनका प्रधान गुण है। अर्थात् संयुक्त वर्णों को ये अधिकतर सस्वर कर लेती हैं, जैसे सर्व को सरब, गर्व को गरब, कर्म को करम, धर्म को धरम, स्नेह को सनेह इत्यादि। ऊर्ध्वगामी रेफ या रकार अवश्य सस्वर हो जाता है, परन्तु जो रकार ऊर्ध्वगामी नहीं पाद लग्न होता है वह प्रायः संयुक्त रूप ही में देखा जाता है, विशेष कर वह जो आदि अक्षर के साथ सम्मिलित होता है, जैसे क्रम इत्यादि। ऐसे ही कोई-कोई संयुक्त वर्णसस्वर नहीं होता जैसे अस्त का स। यह देखा जाता है कि संयुक्त वर्ण को जहाँ सस्वर करने से शब्दार्थ भ्रामक हो जाता है वहाँ वह सुरक्षित रह जाता है जैसे यदि क्रम को करम और अस्त को असत लिख दिया जाय तो जिस अर्थ में उनका प्रयोग होता है उस अर्थ की उपलब्धि दुस्तर हो जाती है। दोनों में जितने हलन्त वर्ण संस्कृत के आते हैं, वे सब सस्वर हो जाते हैं, जैसे वरन् का न् इत्यादि। व्यंजनों का प्रत्येक अनुनासिक अथवा पंचम वर्ण दोनों ही में अनुस्वार बन जाता है जैसे अङ्क, कलङ्क, पङ्कज, इत्यादि का क्रमशः अंक, कलंक, पंकज लिखा जायगा। इसी प्रकार चञ्चल, सञ्चल, किञ्चित इत्यादि क्रमशः चंचल, संचय और किंचित हो जायँगे। कण्टक, खण्डन, मण्डन, पण्डित का रूप क्रमशः कंटक, खंडन, मंडन, पंडित होगा। आनन्द, अन्त और सन्त का रूप क्रमशः आनंद, अंत और संत हो जायगा और सम्पत्ति, दम्पति, कम्पित इत्यादि क्रमशः संपत्ति, दंपति और कंपित बन जायँगे। प्राकृत के कुछ प्राचीन शब्द ऐसे हैं जो

दोनों में समान रूप से गृहीत हैं जैसे नाह, लोयन, सायर इत्यादि। कुछ शब्दों के मध्य का 'व', 'औ', से, और 'य', 'ऐ' से प्रायः बदल जाता है, जैसे पवन का पौन, भवन का भौन, रवन का रौन इत्यादि और नयन का नैन, बयन का बैन, सयन का सैन इत्यादि। परन्तु विकल्प से तत्सम रूप भी कहीं-कहीं वाक्य के स्वारस्य पर दृष्टि रख कर लिख दिया जाता है। अपभ्रंश के प्रथमा द्वितीया और षष्ठी विभक्तियों का लोप प्रायः देखा जाता है। अवधी और ब्रजभाषा में इनका तो लोप होता ही है, सप्तमी विभक्ति का लोप भी होता है यथावसर अन्य विभक्तियों का भी। अपभ्रंश में प्रथमा और द्वितीया के एकवचन में प्रायः उकार का संयोग प्रातिपदिक शब्दों के अंतिम अक्षर में देखा जाता है। अवधी और ब्रजभाषा में भी यह प्रणाली गृहीत है। कभी-कभी विशेषण और अव्ययों में भी वह दिखलाई पड़ता है। गुरु को लघु और लघु को गुरु आवश्यकतानुसार दोनों में कर दिया जाता है। पूर्व कालिक क्रिया बनाने के समय धातु का चिह्न 'ना' दूर करके उसके बाद वाले वर्ण में इकार का प्रयोग दोनों करती हैं, जैसे 'करि', 'धरि', 'सुनि' इत्यादि। यह इकार तुकान्त में दीर्घ भी हो जाता है। ब्रजभाषा में बहुवचन के लिए न का प्रयोग होता है। जैसे 'घोरा' का 'घोरान', और छोरा 'छोरान', परन्तु दूसरा रूप 'घोरन' और 'छोरन' भी बनता है। अवधी में केवल दूसरा ही रूप होता है। गोस्वामी जी लिखते हैं—'तुरत सकल लोगन पँह जाहू', पुरवासिन देखे दोउ भाई 'हरिभक्तन' देखेउ दोउ भ्राता। परन्तु जायसी को न के स्थान पर न्ह का प्रयोग ही बहुधा करते देखा जाता है। प्रकृति के साथ विभक्ति मिला कर लिखने की प्रणाली दोनों भाषाओं में समान रूप से पाई जाती है। ब्रजभाषा का पुराना रूप 'रामहि', 'बनहि', 'घरहि' और नये 'रामै', 'बनै', 'घरै' इसके प्रमाण हैं। अवधी में भी यह बात देखी जाती है, जैसे 'घरे जात बाटी' का 'घरे', 'नैहरे जोय'* का नैहरे। 'जाना', 'होना' के भूतकाल के रूप 'गवा' और भवा में से 'व' निकालने पर जैसे अवधी में 'गा' 'भा' रूप बनते हैं वैसे ही ब्रजभाषा में भी गयो, भयो, के 'य' को हटा कर 'गो' 'भो' बनाया जाता है जो बहुवचन में 'गे' 'भे' हो जाता है। ब्रजभाषा के करण का चिह्न 'ते' और अवधी के करण का चिह्न 'से' भूतकालिक कृदन्त में ही लगते हैं, जैसे 'किये ते' और 'किये से' जिनका अर्थ है 'करने से'। ब्रजभाषा और अवधी दोनों में कृदन्त का रूप समान अर्थात् लघ्वन्त होता है, जैसे 'गावत', 'खात', 'अलसात', 'जम्हात' इत्यादि। अन्तर इतना ही है कि ब्रजभाषा में 'गावतो', 'अलसातो' इत्यादि भी लिख सकते हैं। ब्रजभाषा में धातु के अन्त में 'नो' होता है जैसे 'करनो' 'कहनो' आदि; दूसरे के अन्त में 'न' पाया जाता है जैसे 'लेन' 'देन' इत्यादि और तीसरे के अन्त में 'बो' होता है, जैसे 'दैबो' 'लैबो'।

---

* बन में अहिर नैहरे जोय। जल में केवट केहुक न होय।

देना लेना के दीबो, लीबो भी रूप बनते हैं इन तीनों रूपों में से पहला रूप कारक चिन्ह-ग्राही नहीं होता। शेष दो में कारक चिन्ह लगते हैं, जैसे लेन को, देन को, लैबे को, दैबे को इत्यादि। अवधी में साधारण क्रिया के अन्त में केवल 'ब' रहता है, जैसे 'आउब' 'जाब' 'करब' इत्यादि। मध्यम पुरुष का विधि 'बि' में 'ई' मिलाकर ब्रज के दक्षिण भाग में बुन्देलखण्ड तक बोलते हैं, जैसे 'आयबी' 'करबी' इत्यादि। यह ब्रजभाषा का व्यापक प्रयोग है।

अब मैं ब्रजभाषा और अवधी के उन प्रयोगों को बतलाता हूँ जिनमें भिन्नता है। ब्रजभाषा में भूतकाल की सकर्मक क्रिया के कर्त्ता के साथ 'ने' का चिह्न आता है। हाँ, यह अवश्य है कि इस भाषा के कुछ कवियों ने ही इसका प्रयोग कदाचित किया है। सूरदासादि महाकवियों ने प्रायः ऐसा प्रयोग नहीं किया। अवधी में 'ने' का प्रयोग बिल्कुल नहीं होता। बचन के सम्बन्ध में यह देखा जाता है कि ब्रजभाषा में एकवचन का बहुवचन सभी अवस्थाओं में होता है, जैसे 'लड़का' का 'लड़के' अलि का अलियाँ इत्यादि। अवधी में एकवचन का बहुवचन कारक चिह्न लगने पर ही होता है। ब्रजभाषा में भविष्यकाल की क्रिया केवल तिङन्त ही नहीं होती, उसमें खड़ी बेली के समान 'ग' का व्यवहार भी होता है। जैसे, 'गावैगो' इत्यादि। परन्तु अवधी में 'करिहइ', 'कहिहइ' आदि तिङन्त रूप ही बनता है। अवधी इकार-बहुला और ब्रजभाषा यकार-बहुला है। पूर्वकालिक क्रिया का अवधी रूप 'उठाइ', 'लगाइ', 'बनाइ', 'होइ', 'रोइ', इत्यादि होगा। किन्तु ब्रजभाषा का रूप 'उठाय', 'लगाय', 'बनाय', 'होय', 'रोय' आदि बनेगा। इसी प्रकार अवधी का 'करिहइ', 'चलिहइ', 'होइहइ' ब्रजभाषा में 'करिहय', 'चलिहय', 'होइहय' हो जायगा। परन्तु अन्तर यह होता है कि लिखने अथवा व्यवहार के समय ब्रजभाषा में 'हय', 'है' हो जाता है। इसलिए उसको 'करिहै', 'चलिहै', 'होयहै' इत्यादि लिखते हैं। इसी प्रकार अवधी का 'इहाँ' ब्रजभाषा में 'यहाँ' बन जाता है। अवधी का 'उ' ब्रजभाषा में 'व' हो जाता है जैसे 'उहाँ' का 'वहाँ' और 'हुआँ' का 'ह्वाँ'। ब्रजभाषा के शब्द प्रायः खड़ी बोली के समान दीर्घान्त होते हैं। खड़ी बोली की ऐसी पुलिङ्ग संज्ञायें, जो कि आकारान्त हैं, ब्रजभाषा में ओकारान्त बन जाती हैं। विशेषण एवं सम्बन्ध कारक के सर्वनाम भी इसी रूप में दृष्टिगत होते हैं। जैसे 'रगरो', 'झगरो', 'छोरो', 'थोरो', 'साँवरो', 'गोरो', 'कैसो', 'जैसो', 'तैसो', 'बड़ो', 'छोटो', 'हमारो', 'तुम्हारो', 'आपनो' इत्यादि इसी प्रकार आकारान्त साधारण भूत कालिक कृदन्त क्रियायें भी ओकारान्त बनती हैं, जैसे 'आयो', 'दीबो', 'लीबो' इत्यादि। पर अवधी के शब्द अधिकतर लघ्वन्त या अकारान्त होते हैं जिससे लिंग भेद का प्रपंच कम होता है जैसे, 'अस', 'जस', 'तस', 'छोट', 'बड़', 'थोड़', 'गहिर', 'साँवर', 'गोर', 'ऊँच', 'नीच', 'हमार', 'तोहार' इत्यादि। 'मोट', 'दूबर', 'पातर' इत्यादि विशेषण और आपन, मोर,

तोर, सर्वनाम एवं 'केर', 'सन', तथा 'कहँ', 'महँ' कारक के चिह्न भी इसके प्रमाण हैं। अवधी में साधारण क्रिया का रूप भी प्रायः लघ्वन्त ही होता है जैसे 'करब', 'धरब', 'हँसब', 'बोलब', इत्यादि। अवधी के 'हियाँ', 'सियार', 'कियारी', 'बियाह', 'बियाज', 'नियाव', 'पियास' आदि शब्द ब्रजभाषा में 'ह्याँ', 'स्यार', 'क्यारी', 'ब्याह', 'ब्याज', 'न्याव', 'प्यास', आदि बन जाते हैं। अर्थात् ऐसे शब्दों के आदि वर्ण का इकार स्वर लोप हो जाता है और वह हलन्त होकर परवर्ण में मिल जाता है। ऐसा अधिकांश उसी शब्द में होता है जिसके मध्य में 'या' होता है। 'उ' के पश्चात् 'आ' का उच्चारण भी ब्रजभाषा के अनुकूल नहीं है। अवधी भाषा का 'दुआर' और 'कुँआर' ब्रजभाषा में 'द्वार' और 'क्वार' अथवा 'क्वारो' बन जाता है। 'ऐ' और 'औ' का उच्चारण अवधी में 'अइ' और 'अउ' के समान होता है, जैसे 'अउर', 'अइसा', 'कउआ', 'हउआ'। परन्तु ब्रजभाषा में उसका उच्चारण प्रायः 'ऐ' और 'औ' के समान होता है, जैसे 'ऐसा', 'कन्हैया', और 'कौआ' इत्यादि ब्रजभाषा और अवधी दोनों में वर्तमानकाल और भविष्यकाल के तिङन्त रूप भी मिलते हैं और उनमें लिंग भेद नहीं देखा जाता। किन्तु ब्रजभाषा के वर्त्तमान कालिक क्रिया के रूप में यह विशेष बात पाई जाती है कि उनमें इस प्रकार की क्रियायें 'होना' धातु के रूप के साथ बोली जाती हैं। 'पढ़ना' क्रिया का रूप उत्तम पुरुष में 'पढ़ौ हौं', या 'पढ़ूँ हूँ', मध्यम पुरुष में 'पढ़ौ हो' और अन्य पुरुष में 'पढ़े है' होगा। अवधी में भी इसी प्रकार का प्रयोग होता है। गोस्वामीजी लिखते हैं—

'<u>गहै</u> घ्राण बिनु बास अशेषा'
'पंगु <u>चढ़ै</u> गिरवर गहन'

परन्तु भविष्य काल के तिङन्त रूप अवधी और ब्रजभाषा में एक ही प्रकार के होंगे। अवधी में होगा 'करिहइ', 'होइहइ' और ब्रजभाषा में होगा करिहइ = करिहै, होइहय = होयहै या ह्वै है। अवधी के उत्तम पुरुष में होगा 'खइहउँ', किन्तु ब्रजभाषा में होगा 'खयहौं = खैहों अन्तर केवल यही होगा कि जहाँ अवधी में 'इ' का प्रयोग होगा वहाँ ब्रजभाषा में य का। पहले सर्वनाम में जब कारक-चिह्न लगाया जाता था तब अवधी और ब्रजभाषा दोनों में 'हि' का प्रयोग कारक के पहले होता था। परन्तु अब दोनों में 'हि' को स्थान नहीं मिलता है। जैसे अवधी 'केहिकर' और 'जेहिकर', 'केकर' और 'जेकर' बन गया है उसी प्रकार ब्रजभाषा का 'काहि को' 'जाहि को' अब 'काको', 'जाको' बोला जाता है। ब्रजभाषा में 'आवहिं', 'जाहिं' का प्रयोग भी मिलता है और उसके दूसरे रूप 'आवैं,' 'जाँय' का भी। कुछ लोगों का विचार है कि पहला रूप प्राचीन है और दूसरा आधुनिक। इसी प्रकार 'इमि', 'जिमि', 'तिमि' के स्थान पर 'यों', 'ज्यों', 'त्यों' का व्यवहार भी देखा जाता है। इनमें भी पहले रूप को प्राचीन और दूसरे को

आधुनिक समझते हैं। परन्तु अब तक दोनों रूप ही गृहीत हैं, कुछ लोग आधुनिक काल में दूसरे प्रयोगों को ही अच्छा समझते हैं। कुछ भाषा मर्मज्ञ कहते हैं कि ब्रज की बोल-चाल की भाषा में केवल सर्वनाम के कर्म कारक में 'ही' कुछ रह गया है जैसे 'जाहि', 'ताहि' या जिन्हैं, तिन्हैं आदि में। परन्तु दिन-दिन उसका लोप हो रहा है और अब 'जाहि', 'वाहि', के स्थान पर 'जाय' 'वाय' बोलना ही पसन्द किया जाता है। किन्तु यह मैं कहूँगा कि 'जाय' 'वाय' आदि को बोलचाल में भले ही स्थान मिल गया हो, पर कविता में अब तक 'जाहि' 'वाहि' का अधिकतर प्रयोग है।

अवधी और ब्रजभाषा की समानता और विशेषताओं के विषय में मैंने अब तक जितना लिखा है वह पर्याप्त नहीं कहा जा सकता, परन्तु अधिकांश ज्ञातव्य बातें मैंने लिख दी हैं। अवधी और ब्रजभाषा के कवियों एवं महाकवियों की भाषा का परिचय प्राप्त करने और उनके भाषाधिकार का ज्ञान लाभ करने में जो विवेचना की गयी है मैं समझता हूँ उसमें वह कम सहायक न होगी। इसलिए अब मैं प्रकृत विषय की ओर प्रवृत्त होता हूँ।

(4)

इस शताब्दी के आरम्भ में सबसे पहले जिस सहृदय कवि पर दृष्टि पड़ती है वह पद्मावत के रचयिता मलिक मुहम्मद जायसी हैं। यह सूफ़ी कवि थे और सूफ़ी सम्प्रदाय के भावों को उत्तमता के साथ जनता के सामने लाने के लिए ही उन्होंने अपने इस प्रसिद्ध ग्रन्थ की रचना की है। जिन्होंने इस ग्रन्थ को आद्योपान्त पढ़ा है वे समझ सकते हैं कि स्थान-स्थान पर उन्होंने किस प्रकार और किस सुन्दरता से सूफ़ी भावों का प्रदर्शन इसमें किया है।

इनके ग्रन्थ के देखने से पाया जाता है कि इनके पहले 'सपनावती', 'मुगधावती', 'मृगावती', 'मधुमालती' और 'प्रेमावती' नामक ग्रन्थों की रचना हो चुकी थी। इनमें से मृगावती और मधुमालती नामक ग्रन्थ प्राप्त हो चुके हैं। शेष ग्रन्थों का पता अब तक नहीं चला। 'मृगावती' की रचना कुतबन ने की है और मधुमालती की मंझन नामक कवि ने। इन दोनों का समय पन्द्रहवीं शताब्दी का अन्तिम काल ज्ञात होता है। ये दोनों सूफी कवि थे और इन्होंने भी अपने ग्रन्थों में स्थान-स्थान पर अपने सम्प्रदाय के सिद्धान्तों का निरूपण बड़ी सरलता के साथ किया है। इन सूफी कवियों में कुछ ऐसी विशेषतायें हैं जो लगभग सबमें पाई जाती हैं। पहली बात यह कि सब के ग्रन्थों की भाषा प्रायः अवधी है। सभी ने हिन्दी छन्दों को ही लिया है, और दोहा-चौपाई में ही अपनी रचनायें की हैं। प्रेम-कहानी ही का कथन उनका उद्देश्य होता है, क्योंकि उसी के आधार से संयोग, वियोग और प्रेम के रहस्यों का निरूपण वे यथाशक्ति करते हैं, इस प्रेम का नायक और नायिका अधिकांश कोई उच्च कुल का हिन्दू प्रायः कोई राजा

या रानी होती है। इन सुकवियों की विशेषता यह है कि वे सद्भाव के साथ अपने ग्रन्थ की रचना करते देखे जाते हैं, कटुता बिलकुल नहीं आने देते। वर्णन में इतनी आत्मीयता होती है कि उनके पढ़ने से यह नहीं ज्ञात होता कि किसी दुर्भावना के वश होकर इनकी रचना की गयी है, या किसी विधर्मी या विजातीय की लेखनी से वह प्रसूत है। प्रेम-मार्गी होने के कारण वे प्रेम मार्ग का निर्वाह ही अपनी रचनाओं में करते हैं और सूफी मत की उदारता पर आरूढ़ होकर उसमें ऐसी आकर्षिणी शक्ति उत्पन्न करते हैं जो अन्य लोगों के मानस पर बहुत कुछ प्रभाव डालने में समर्थ होती है। मलिक मुहम्मद जायसी इन सब कवियों में श्रेष्ठ हैं। और उनकी कृतियाँ इस प्रकार के सब कवियों की रचनाओं में विशेषता और उच्चता रखती हैं।

जायसी बड़े सहृदय, कवित्व-शक्ति-सम्पन्न कवि थे। प्रतिभा भी उनकी विलक्षण थी, साथ ही धार्म्मिक कट्टरता उनमें नहीं पायी जाती। वे अपने पीर, पैगम्बर और धर्मगुरु की प्रशंसा करते हैं और यह स्वाभाविकता है, विशेषता उनकी यह है कि वे अन्य धर्म वालों के प्रति उदार हैं और उनको भी आदर की दृष्टि से देखते हैं। उनका हिन्दू-धर्म का ज्ञान भी विस्तृत है। उसके भावों को बड़ी ही मार्मिकता से ग्रहण करते हैं। पात्रों के चरित्र-चित्रण में उनकी इतनी तन्मयता मिलती है जो यह प्रतीति उत्पन्न करती है कि वे उस समय सर्वथा उन्हीं के भावों में लीन हो गये हैं। इन कवियों की भाषा अधिकतर साफ-सुथरी है और सरसता उसमें पर्याप्त मात्रा में पाई जाती है।

पहले कुतबन की रचना ही देखिये। वे लिखते हैं—

साहु हुसेन अहै बड़ राजा, छत्रसिंहासन उनकोछाजा।
पंडित औ वुधिवंतसयाना, पढ़े पुरान अरथ सब जाना।
धरम जुधिष्ठिर उनकोछाजा, हमसिरछाँह कियो जगराजा।
दानदेह औ गनत न आवै, बलि औ करन न सरवरि पावै।

नायक के स्वर्गवास हो जाने पर नायिकाओं की दशा का वर्णन वे करते हैं—

रुक्मिनि पुनि वैसहिं मरिगयी, कुलवंती सतसों सति भई।
बाहर वह भीतर वह होई, घर बाहर को रहै न जोई।
बिधिकर चरित न जानइ आनू, जो सिरजासो जाहि नियानू।

उर्दू की शाइरी में आप देखेंगे कि उसके कवि फ़ारस की सभ्यता के ही भक्त हैं। वे जब प्राकृतिक दृश्यों का वर्णन करते हैं तो फ़ारस के ही दृश्यों को सामने लाते हैं। साक़ी व पैमाना बुलबुल व कुमरी, सरो व शमसाद, शमा व फ़ानूस, जबांनाने चमन व उरूसाने गुलशन नरगिस व सुम्बुल, फ़रहाद व मजनूं, मानी वह बहज़ाद, ज़बानेसुर ही व खन्दएकुलकुल वगैरः उनके सरमायये नाज़ हैं। आमतौर से वे इन्हीं पर फ़िदा हैं,

शाज़ व नादिर की बात दूसरी है। हज़रत आज़ाद इन्हीं की तरफ़ इशारा करके फ़रमाते हैं–

"इनमें बहुत सी बातें ऐसी हैं जो ख़ास फ़ारस और तुर्किस्तान के मुल्कों से तबई और ज़ाती तअल्लुक़ रखती हैं। इसके अलावा वाज़ ख़यालात में अकसर उन दास्तानों या किस्सों के इशारे भी आ गये हैं जो ख़ास मुल्क फ़ारस से तअल्लुक़ रखते हैं। इन ख़यालों ने और वहाँ की तशबीहों ने इस क़दर जोर पकड़ा कि उनके मशाबेह जो यहाँ की बातें थीं उन्हें बिलकुल मिटा दिया।"*

इन सूफी कवियों की रचनाओं में ये दोष नहीं पाये जाते हैं। वे अपने को भारतवर्ष का समझते हैं और भारतवर्ष के उदाहरण आवश्यकता होने पर सामने लाते हैं। वे जब प्राकृतिक दृश्यों का वर्णन करते हैं उस समय भी भारत की सामग्रियों से ही काम लेते हैं। कुतबन ने हुसेन के वर्णन में इसकी धर्मज्ञता की समता युधिष्ठिर से ही की है। दान देने का महत्त्व बलि और कर्ण को ही सामने रखकर प्रकट किया है यद्यपि उसका प्रशंसापात्र मुसलमान था। ऊपर के पद्यों में दो स्त्रियों का सती होना और उनकी दशा का वर्णन भी उसने हिन्दू सभ्यता के अनुसार ही किया है। इससे सूचित होता है कि इन सूफी कवियों के हृदय में वह विजातीय भाव उस समय घर नहीं कर सका था जो बाद के मुसलमानों में पाया जाता है। शाह हुसेन शेरशाह का पिता था और कुतबन उसी के समय में था। इस समय भी मुसलमानों का प्राबल्य बहुत कुछ था। फिर भी कुतबन में हिन्दू भावों के साथ जो सहानुभूति देखी जाती है वह प्रेम-मार्गी सूफ़ी की उदारता ही का सूचक है। मंझन और मलिक मुहम्मद जायसी में यह प्रवृत्ति और स्पष्ट रूप में दृष्टिगत होती है। मैं पहले कह आया हूँ कि सूफी धर्म के विद्वान् संसार की विभूतियों में परमात्मा की सत्ता को छिपी देखते हैं और उन्हीं के आधार से वे उसकी सत्ता का अनुभव करना चाहते हैं। मंझन कवि एक स्थान पर इस भाव को इस प्रकार प्रकट करता है–

देखत ही पहचानेउँ तोही। एही रूप जेहि छंदर्‌यो मोहो।
एही रूप बुत अहै छिपाना। एही रूप रब सृष्टि समाना।
एही रूप सकती औ सीऊ। एही रूप त्रिभुवन कर जीऊ।
एही रूप प्रगटे बहु भेसा। एही रूप जग रंक नरेसा।

संयोग (वस्ल) के कामुक सूफ़ी प्रेमिकों ने वियोगावस्था का वर्णन भी बड़ा ही मार्मिक किया है। वियोगावस्था में संयोग कामना कितनी प्रबल हो उठती है, इसका

* देखिये–चतुर्दश हिन्दी साहित्य सम्मेलन के सभापतित्व पद से लेखक का भाषण पृ. 24।

दृश्य प्रतिदिन दृष्टिगत होता रहता है। मानव-प्रेम-कहानियों में भी इसके बड़े सुन्दर वर्णन हैं। सूफ़ियों का वियोग यतः ईश्वर सम्बन्धी होता है, इसलिए वह अधिक उदात्त और हृदयग्राही हो जाता है और उसकी व्यापकता भी बढ़ जाती है। मंझन इस वियोग का वर्णन निम्नलिखित पद्यों में किस प्रकार करता है, देखिये–

बिरह अवधि अवगाह अपारा।
कोटि माहिं एक परै त पारा।
बिरह कि जगत अबिरथा जाही?
बिरह रूप यह सृष्टि सबाही।
नयन बिरह अंजन जिन सारा।
बिरह रूप दर्पन संसारा।
कोटि माँहिं बिरला जग कोई।
जाहि सरीर बिरह दुख होई।
रतन कि सागर सागरहिं?
गज मोती गज कोय।
चँदन कि बन बन उपजइ?
बिरह कि तन तन होय?

अव मलिक मुहम्मद जायसी की कुछ रचनाओं की भी देखिये। प्रेम मार्गी सूफ़ी कवियों में जिस प्रकार वे प्रधान हैं वैसी ही उनकी रचना में भी प्रधानता है। उनकी प्रेम-कहानी लिखने की प्रणाली जैसी सुन्दर है वैसा ही स्थान-स्थान पर उसमें सूफ़ी भावों का चित्रण भी मनोरम है। वे कवि ही नहीं थे, वरन् उन पीरों में उनकी गणना की जाती है जो उस समय पहुँचे हुए ईश्वर के भक्त समझे जाते थे। इसलिए उनकी रचनाओं में ईश्वर परायणता की झलक भी स्थान-स्थान पर बड़ी ही मधुर देख पड़ती है। पद्मावत के अतिरिक्त उनका 'अखरावट' नामक भी एक ग्रन्थ है। इसमें उन्होंने प्रेम-मार्ग के सिद्धान्तों और ईश्वर प्राप्ति के साधनों का वर्णन बोध–सुलभ रीति से किया है। किन्तु उनका विशेष आद्रित ग्रन्थ पदमावत है। अतएव उसमें से विविध भावों के कुछ पद्य मैं नीचे लिखता हूँ। पहले संसार की असारता का एक पद्य देखिये–

1. तौलहि साँस पेट महँ अही।
जौ लहि दसा जीउ कै रही।
काल आइ दिखरायी साँटी।
उठि जिउ चला छाँड़ि कै माटी।

काकर लोग कुटुम घर बारू।
काकर अरथ दरब संसारू।
ओही घड़ी सब भयेउ परावा।
आपन सोइ जो परसा खावा।
अहे जे हितू साथ के नेगी।
सबै लाग काढ़ै तेहि बेगी।
हाथ झारि जस चलै जुआरी।
तजा राज होइ चला भिखारी।
जब लगि जीउ रतन सब कहा।
भा बिन जीउ न कौड़ी लहा।

पदमावती एवं नागमती के सती होने के समय का यह पद्य कितना मार्मिक है–

2. सर रचि दान पुन्न बहु कीन्हा।
सात बार फिर भाँवर लीन्हा।
एक जो भाँवर भई बियाही।
अब दुसरे होइ गोहन जाहीं।
जियत कंत तुम्ह हम्ह गल लाईं।
मुये कंठ नहिं छोड़हिं साईं।
लेइ सर ऊपर खाट बिछाई।
पौढ़ीं दुवौ कंत गल लाई।
और जो गाँठ कंत तुम जोरी।
आदि अंत लहि जाइ न छोरी।
छार उठाइ लीन्ह एक मूठी।
दीन्ह उड़ाइ पिरथवी झूठी।
यह जग काह जो अथइ न जाथी।
हम तुम नाह दोऊ जग साथी।
लागीं कंठ अंग दै होरी।
छार भईं जरि अंग न मोरी।

3. राती पिउ के नेह की, सरग भयउ रतनार।
जोरे उवा सो अथवा, रहा न कोइ संसार।

4. तुर्की, अरबी, हिन्दवी, भाखा जेती आहि।
जामें मारग प्रेम का, सबै सराहैं ताहि।

उनके कुछ ऐसे पद्यों को भी देखिये जिनमें उनकी सूफ़ियाना रंगत बड़ी सरसता के साथ प्रतिबिम्बित हो रही है—

5. आजु सूर दिन अथयेउ।
आजु रयनि ससि बूड़।
आजु नाथ जिउ दीजिये।
आजु अगिन हम जूड़।

6. उन्ह बानन्ह अस को जो न मारा।
वेधि रहा सगरौ संसारा।
गगन नखत जो जाहिं न गने।
वै सब बान ओहि के हने।
धरती बान बेधि सब राखी।
साखी ठाढ़ देहिं सब साखी।
रोम रोम मानुस तनु ठाढ़े।
सूतहि सूत बेध अस गाढ़े।
बरुनि बान अस ओपँह,
बेधे रन बन ढाँख।
सौजहि तन सब रोआँ,
पंखिहिं तन सब पाँख।
पुहुप सुगंध करइ यहि आसा।
मकु हिरकाइ लेइ हम्ह पासा।

7. पवन जाइ तहँ पहुँचइ चहा।
मारा तैस लोट भुंइ रहा।
अगिनि उठी जारे उठी नियाना।
धुवाँ उठा उठि बीच बिलाना।
पानि उठा उठि जाइ न छूआ।
बहुरा रोइ आइ भुईं चूआ।

8. करि सिंगार तापहं का जाऊं।
ओही देखहुँ ठावहिं ठाऊँ।
जौ पिउ महँ तो उहै पियारा।
तन मन सों नहिं होइ निनारा।

नैन माँह है उहे समाना।
देखहुँ तहाँ नाहिं कोउ आना।

9. देखि एक कौतुक हौं रहा।
रहा अँतर पट पै नहिं रहा।
सरवर देख एक मैं सोई।
रहा पानि औ पानि न होई।
सरग़ आइ धरती महँ छावा।
रहा धरति पै धरति न आवा।

पंडित रामचन्द्र शुक्ल ने इन प्रेम मार्गी सूफी कवियों और मलिक मुहम्मद जायसी के विषय में जो कुछ लिखा है वह अवलोकनीय है। इसलिए मैं यहाँ उसको भी उद्धृत कर देता हूँ–

"कबीर ने अपनी झाड़-फटकार के द्वारा हिन्दुओं और मुसलमानों का कट्टरपन दूर करने का जो प्रयत्न किया वह अधिकतर चिढ़ाने वाला सिद्ध हुआ, हृदय को स्पर्श करने वाला नहीं। मनुष्य-मनुष्य के बीच जो रागात्मक सम्बन्ध है वह उसके द्वारा व्यक्त न हुआ। अपने नित्य के जीवन में जिस हृदय-साम्य का अनुभव मनुष्य कभी-कभी किया करता है उसकी अभिव्यंजना उससे न हुई। कुतबन, जायसी आदि इन प्रेम-कहानी के कवियों ने प्रेम का शुद्ध मार्ग दिखाते हुए उन सामान्य जीवन-दशाओं को सामने रक्खा जिनका मनुष्य मात्र के हृदय पर एक-सा प्रभाव दिखाई पड़ता है। हिन्दू हृदय और मुसलमान हृदय आमने-सामने करके अजनबीपन मिटाने वालों में इन्हीं का नाम लेना पड़ेगा। इन्होंने मुसलमान होकर हिन्दुओं की कहानियाँ हिन्दुओं ही की बोली में पूरी सहृदयता से कहकर उनके जीवन की मर्म-स्पर्शिनी अवस्थाओं के साथ अपने उदार हृदय का पूर्ण सामंजस्य दिखा दिया। कबीर ने केवल भिन्न प्रतीत होती हुई परोक्ष सत्ता की एकता का आभास दिया था। प्रत्यक्ष जीवन की एकता का दृश्य सामने रखने की आवश्यकता बनी थी। यह जायसी द्वारा पूरी हुई।"*

अब मैं इन प्रेममार्गी सूफी कवियों की भाषा पर कुछ विचार करना चाहता हूँ। प्रेमप्रार्थी कवि लगभग सभी मुसलमान और पूर्व के रहने वाले थे। इसलिए इनके ग्रन्थों की भाषा पूर्वी अथवा अवधी है। किन्तु यह देखा जाता है कि वे कभी-कभी ब्रजभाषा शब्दों का प्रयोग भी कर जाते हैं। कारण यह है कि अवधी जहाँ ब्रजभाषा से मिलती है वहाँ वह उससे बहुत कुछ प्रभावित है। दूसरी बात यह कि अवधि अर्द्ध मागधी ही

---

* देखिये हिन्दी साहित्य का इतिहास 103, 104 पृष्ठ

का रूपान्तर है और अर्द्ध मागधी पर शौरसेनी का बहुत कुछ प्रभाव है। शौरसेनी का ही रूपान्तर ब्रजभाषा है। इसलिए इटावा इत्यादि के पास जहाँ अवधी ब्रजभाषा से मिलती है वहाँ की अवधी यदि ब्रजभाषा से प्रभावित हो तो यह स्वाभाविक है और उन स्थानों के निवासी यदि इस प्रकार की भाषा में रचना करें तो यह बात लक्ष्य योग्य नहीं। परन्तु देखा तो यह जाता है कि पूर्व प्रान्त के रहने वाले कवि भी अपनी अवधी की रचनाओं में ब्रजभाषा के शब्दों का प्रयोग करते हैं। मेरी समझ में इसका कारण यही है कि अवधी और ब्रजभाषा का घनिष्ठ सम्बन्ध है। अधिकांश कवियों को यह ज्ञात भी नहीं होता कि वे किस भाषा के शब्दों का प्रयोग कर रहे हैं और अज्ञातावस्था में एक भाषा के शब्दों का प्रयोग दूसरी भाषा में कर देते हैं। वे अधिक पठित नहीं थे, इसलिए अपने आस-पास की बोलचाल की भाषा में ही रचना करते थे, परन्तु अपने निकटवर्ती प्रान्त के लोगों का कुछ संसर्ग उनका रहता ही था इसलिए उनकी बोलचाल की भाषा का प्रभाव कुछ-न-कुछ पड़ ही जाता था। संकीर्ण स्थलों पर कवि को समुचित शब्द विन्यास के लिए जिस उधेड़बुन में पड़ना होता है वह अविदित नहीं। ऐसी अवस्था में अन्य भाषाओं के कुछ शब्द उपयुक्त स्थलों पर कवियों की भाषा में आये बिना नहीं रहते। जिस समय प्रेममार्गी कवियों ने अपनी रचना प्रारम्भ की थी उस समय कुछ धार्मिक रुचि, कुछ संस्कृत के विद्वानों के संसर्ग आदि से संस्कृत तत्सम शब्द भी हिन्दी भाषा में गृहीत होने लगे थे। इस कारण इन कवियों की रचनाओं में संस्कृत के तत्सम शब्द भी पाये जाते हैं। इन प्रेममार्गी कवियों में प्रधान मलिक मुहम्मद जायसी हैं। अतएव मैं उन्हीं की रचना को लेकर यह देखना चाहता हूँ कि वे किस प्रकार की हैं। आवश्यकता होने पर अन्य कवियों की रचनाओं पर भी दृष्टि डालने का उद्योग करूँगा। पदमावत के जिन पद्यों को मैंने ऊपर उद्धृत किया है उन्हें देखिये। मैं पहले लिख आया हूँ कि अवधी और ब्रजभाषा दोनों अधिकतर तद्भव शब्दों में लिखी जाती हैं। उनके पद्यों में यह बात स्पष्ट दिखाई देती है। तत्सम शब्द उनमें 'काल', 'दान', 'बहु', 'आदि', 'संसार', 'प्रेम', 'नाथ', 'सूर' इत्यादि हैं जो इस बात के प्रमाण हैं कि उस समय संस्कृत के तत्सम शब्द हिन्दी भाषा में गृहीत होने लगे थे। मैं यह भी बतला आया हूँ कि इन दोनों भाषाओं में पंचग वर्ण अनुस्वार के रूप में लिखे जाते हैं; कंत, कंठ, अंत और अंग इस बात के प्रमाण हैं। इन दोनों भाषाओं का नियम भी यह है कि इनमें संयुक्त वर्ण सस्वर हो जाते हैं, 'अरथ', 'अगिन', 'सरग', 'मारग', 'रतन' आदि में ऐसा ही हुआ है। यह भी नियम मैं ऊपर बतला आया हूँ कि इन दोनों भाषाओं में शकार का सकार और णकार का नकार और क्षकार का छकार हो जाता है। 'दसा' और 'ससि' का 'स', 'पुन्न', का 'न' और 'छार' का 'छ' ऐसे ही परिवर्तन हैं। इन दोनों भाषाओं का यह नियम भी है कि प्रथमा, द्वितीया, षष्ठी, सप्तमी के कारक चिन्ह प्रायः लोप होते रहते

हैं। इन पद्यों में भी यह बात पाई जाती है। 'आज सूर दिन अथयो', 'आज रयनि ससि वूड़', 'और रहा न कोई संसार' में सप्तमी विभक्ति लुप्त है। 'दिन में' या 'दिन महँ', 'रयनि में' या 'रयनि महँ' और 'संसार में' या 'संसार महँ' होना चाहिए था। 'हम गल लायो' में द्वितीया का 'को', लागी कंठ में तृतीया का 'से' या सों नदारद है। 'गगन नखत जो जाहिं न गने' और 'रोम रोम 'मानुस तनु' ठाढ़े, में षष्ठी विभक्ति का लोप है, 'गगन नखत' और मानुस तनु के बीच में सम्बन्ध-चिह्न की आवश्यकता है। 'काल आइ दिखराई सांटी', 'जियत कंत तुम हम गल लायों' इन दोनों पद्यों में प्रथमा विभक्ति नहीं आयी है। 'काल' और 'तुम' के साथ 'ने' का प्रयोग होना चाहिए था। सच्ची बात यह है कि और विभक्तियाँ तो आती भी हैं, परन्तु प्रथमा की 'ने' विभक्ति अवधी में आती ही नहीं। ह्रस्व का दीर्घ और दीर्घ का ह्रस्व होना दोनों भाषाओं का गुण है। उपरिलिखित पद्यों में, 'बारू', 'संसारू', 'आना', 'संसारा', 'ठाऊं, ह्रस्व से दीर्घ हो गये हैं और 'अँतरपट', 'धरति', 'बरुनि', 'पानि', 'सिंगार', आदि दीर्घ से ह्रस्व बन गये हैं। इन पद्यों में जो प्राकृत भाषा के शब्द आये हैं वे भी ध्यान देने योग्य हैं जैसे 'नाह', 'तुम्ह', 'हम्ह', 'पुहुप', 'मकु' इत्यादि। इनपें अवधी की जो विशेषतायें हैं उनको भी देखिये, 'पियारा', 'बियाही' ठेठ अवधी भाषा के प्रयोग हैं। ब्रजभाषा में इनका रूप 'प्यारा' और 'ब्याही' होगा। 'काकर', 'ओही', 'जिउ', 'आपन', 'जस', 'होइ', 'हुत', 'गर', 'जाइ', 'लेई', 'देइ', 'पिउ', 'उवा', 'अथवा', 'उठाई', 'उड़ाइ', 'उहै', 'भुइँ', 'बहुरा', 'रोइ', 'आइ', 'उन्ह', 'बानन्ह', 'अस', 'रोअँ रोअँ', 'ओपहँ', 'हिरकाइ' इत्यादि भी ऐसे शब्द हैं जिनमें अवधी अपने मुख्य रूप में पाई जाती है। जायसी ने ब्रजभाषा और खड़ी बोली के शब्दों का भी प्रयोग किया है, कहीं वे कुछ परिवर्तित हैं और कहीं अपने असली रूप में मिलते हैं–

बेधि रहा सगरौ संसारा।
भादौं बिरह भयउ अति भारी।
औ किंगरी कर गहेउ बियोगी।
तेइ मोहि पिय मो सौं हरा।
लागेउ माघ परै अब पाला।
ऐस जानि मन गरब न होई।

'सगरौ' ब्रजभाषा का स्पष्ट प्रयोग है। 'सकल' से 'सगर' पद बनता है। प्राकृत नियम के अनुसार 'क' का 'ग' हो जाता है और ब्रजभाषा और अवधी के नियमानुसार 'ल' का 'र'। इसलिए अवधी में उसका पुल्लिग रूप 'सगर' होगा और स्त्रीलिंग रूप 'सगरी'। एक स्थान पर जायसी लिखते भी हैं–"भई अहा सगरी दुनियाई।" इसलिए

'सगरौ' रूप जब होगा तब ब्रजभाषा ही में होगा। उसके नीचे की चौपाइयों में 'भयउ' और 'गहेउ' पद आया है ये दोनों शब्द भी ब्रजभाषा के 'भयो' और 'गह्यो' शब्दों के रूपान्तर हैं। 'तेहि मोहि पिय मो सौं हरा' इस पद्य में दो शब्द ब्रजभाषा के हैं एक 'पिय' और दूसरा 'सौं'। 'पिय' शब्द ब्रजभाषा का और 'पिउ' शब्द अवधी का है। पदमावत में वैसे ही दोनों का प्रयोग देखा जाता है जैसे 'प्रेम' शब्द को जायसी अपनी रचना में 'प्रेम' भी लिखते हैं और 'पेम' भी, देखिये–'किरिन करा भा प्रेम अँकूरू' और 'पेम सुनत मन भूल न राजा'। 'सौं' शब्द भी ब्रजभाषा से ही अवधी में आया है। विद्वानों ने इस सौं को पश्चिमी अवधी के 'करण' का चिह्न माना है। पश्चिमी अवधी ब्रजभाषा से प्रभावित है इसलिए उसमें यह सौं शब्द पाया जाता है। ठेठ अवधी के 'करण' का चिन्ह है 'से' और 'सन'। 'लागेउ माघ परै अब पाला' में 'लागेउ' का अवधी रूप होगा 'लागा'। यह 'लागेउ' ब्रजभाषा के लाग्यो का ही रूपान्तर है। 'ऐस जानि मन गरब न होई' ब्रजभाषा का 'ऐसो', 'जैसो', 'तैसो' अवधी में 'अस', 'जस', 'तस' लिखा जाता है। वास्तव में 'ऐस' अवधी शब्द नहीं है। यह ब्रजभाषा से ही उसमें आया है और 'ऐसो' की एक मात्रा कम करके बना लिया गया है। इस शब्द का प्रयोग 'ऐस', 'ऐसे' आदि के रूप में पदमावत में बहुत अधिक पाया जाता है और ऐसे ही 'कैसो', जैसो, तैसो के स्थान पर कैस, जैस, तैस इत्यादि भी। कुछ विद्वानों की सम्मति है कि ऐस, कैस, जैस, तैस आदि भी अवधी ही के रूप हैं, किन्तु मैं इस विचार से सहमत नहीं हूँ। सच बात यह है कि ब्रजभाषा के बहुत से शब्द अवधी में पाये जाते हैं, जिनका प्रयोग इन प्रेममार्गी कवियों ने स्वतन्त्रता से किया है।

पदमावत में ब्रजभाषा शब्दों के अतिरिक्त अन्य प्रान्तिक भाषाओं के कुछ शब्द भी मिलते हैं। 'स्यों' बुंदेलखण्डी है और हिन्दी के 'सह' और से के स्थान पर लिखा जाता है। कविवर केशवदास ने इसका प्रयोग किया है। देखिये–'अलिस्यों सरसीरुह राजत है।'

जायसी को भी इस शब्द का प्रयोग करते देखा जाता है। जैसे "रुण्ड मुण्ड अब टूटहिं स्यों बख़्तर औ कूँड", 'बिरिछ उपारि पेड़ि स्यों लेई'। बंगला में 'आछे' 'है' के अर्थ में आता है। इस शब्द का प्रयोग जायसी को भी करते देखा जाता है। जैसे, 'कवँल न आछै आपनि बारी', 'का निचिंत रे मानुष आपनि चीते आछु'। वे अरबी फारसी के शब्दों का प्रयोग भी इच्छानुसार करते देखे जाते हैं। कुछ ऐसे पद्य नीचे लिखे जाते हैं–

अबूबकर सिद्दीक़ सयाने।
पहले सिदिक़ दीन ओइ आने।
पुनि सो उम्मर ख़िताब सुहाये।
भा जग अदल दीन जो आये।
सेरसाह देहली सुलतानू।

चारो खण्ड तपै जस भानू।

तहँ लगि राज खरग करि लीन्हा।

इसकंदर जुलकरन जो कीन्हा।

नौसेरवाँ जो आदिल कहा।

साहि अदल सरि सोउ न अहा।

जिन शब्दों के नीचे रेखा खींची गयी है वे फ़ारसी और अरबी के दुर्बोध शब्द हैं। एक स्थान पर तो उन्होंने फ़ारसी के 'सरतापा' को अपनी कविता में पूरी तरह खपा दिया है देखिये–

केस मेघावरि सिर ता पाई।

उनको सर्वसाधारण में अप्रचलित संस्कृत भाषा के तत्सम शब्दों का प्रयोग करते भी देखा जाता है। निम्नलिखित पद्यों के उन शब्दों को देखिये जिनके नीचे लकीर खींच दी गयी है। 'सवै नास्ति वह अहथिर ऐस साज जेहि केर', 'बेनी छोरि झार जो बारा', 'बेधे जनौ मलैगिरि बासा', 'चढ़ा असाढ़ गगन घन गाजा', 'जनु घन महं दामिनि परगसी' 'का सरवर तेहि देहिं मयंकू', 'कनकपाट जनु बैठा राजा', 'मान सरोदक उलथहिं दोऊ' 'उठहिं तुरंग लेहि नहिं बागा', 'अधरसुरंग अमी रस भरे', 'हीरा लेइ सो विद्रुम धारा', 'केहि कहँ कँवल बिगासा, को मधुकर रस लेइ', 'रसना कहौं जो कह रस बाता', 'क्षुद्र घंटिका मोहहि राजा', 'नाभिकुंड सो मलय समीरू', 'पन्नग पंकजमुख गहे खंजन तहाँ बईठ'।

वे ऐसे शब्दों का व्यवहार भी करते हैं जिनका व्यवहार न तो किसी ग्रन्थ में देखा जाता है, न वे जनता की बोलचाल में गृहीत हैं। ऐसे शब्द या तो कविता-गत संकीर्णता के कारण, वे स्वयं गढ़ लेते हैं, या अनुप्रास का झमेला उन्हें ऐसा करने के लिए विवश करता है। अथवा इस प्रकार की तोड़-मरोड़ एवं उच्छृंखलता को वे अनुचित नहीं समझते। नीचे के पद्यों के वे शब्द इसके प्रमाण हैं जिन पर चिन्ह बना दिये गये हैं–

कीन्हेसि राकस भूत परीता,

कीन्हेसि भोकस देव दईता।

औ तेहि प्रीति सिहिटि उपराजी

बह अयगाह दीन्ह तेहि हाथी।

उहै धनुस किरसुन पहँ अहा।

बेग आइ पिय बाजहु गाजहु होइ सदूर।

जोबन जनम करै भसमंतू।

कैसे जिये बिछोही पखी।

तन तिनउर भा डोल।

बिरिध खाइ नव जोबन सौ तिरिया सों ऊड़।

रिकवँछ कीन नाइ कै हींग मरिच औ आद।

बतलाइये, 'प्रेत' के स्थान पर 'परीत', 'दैत्य' के स्थान पर 'दईत', 'सृष्टि' के स्थान पर 'सिहिटि', 'हाथ' के स्थान पर 'हाथी', 'कृष्ण' के स्थान पर 'किरसुन', 'शार्दूल' के स्थान पर 'सदूर', 'भस्म' के स्थान पर 'भसमंतू', 'पंखी' के स्थान पर 'पखी', 'तिनका' के स्थान पर 'तिनदर', 'भसमंतू', 'पंखी' के स्थान पर 'पखी', 'तिनका' के स्थान पर 'तिनउर', 'ऊढ़ा' के स्थान पर 'ऊड' और 'आदी' के स्थान पर 'आद' लिखना कहाँ तक संगत है, आप लोग स्वयं इसको विचार सकते हैं। इस प्रकार के प्रयोगों का अनुमोदन किसी प्रकार नहीं किया जा सकता। उनको चारणों के ढंग पर भी कुछ शब्दों का व्यवहार करते देखा जाता है, जिनमें राजस्थानी की रंगत पाई जाती है। नीचे कुछ पद्य ऐसे लिखे जाते हैं जिनमें इस प्रकार के शब्द व्यवहृत हैं। शब्द चिह्नित कर दिये गये हैं–

दीन्ह रतन बिधि चारि नैन बैन सर्वन्नमुख

गंग जमुन जौ लगि जल तौ लगि अम्मर नाथ।

हँसत दसन अस चमके पाहन उठे छरक्कि

दारिउं सरि जोन कैसका, फाट्यो हिया दरक्कि।

'सुक्ख सुहेला उग्गवे दुःख झरै जिमि मेंह।'

'बीस सहस घुम्मरहिं निसाना।'

जौ लगि सधै न तप्पु, करै जो सीस कलप्पु।'

ग्रामीणता के दोष से तो इनका ग्रन्थ भरा पड़ा है। इन्होंने इतने ठेठ ग्रामीण शब्दों का प्रयोग किया है जो किसी प्रकार बोध सुलभ नहीं। ग्रामीण शब्दों का प्रयोग इसलिए सदोष माना गया है कि उनमें न तो व्यापकता होती है और न वे उतना उपयोगी होते हैं जितना कविता की भाषा के लिए उन्हें होना चाहिए, देखा जाता है, मलिक मुहम्मद जायसी ने इसका विचार बहुत कम किया है। कहीं-कहीं उनकी भाषा बहुत गँवारी हो गयी है जो उनके पद्यों में अरुचि उत्पन्न करने का कारण होती है। नीचे लिखे पद्यों के चिन्हित शब्दों को देखिये–

'मकु हिरकाइ लेइ हम्ह पासा।'

'हिलगि मकोय न फारहु कंथा।'

'दीठि दवँगरा मेरवहु एका।'

'औ भिउं जस दुरजोधन मारा।'
'अलक जँजीर बहुत गिउ बाँधे।'
'तन तन बिरह न उपनै सोइ।'
'जौ देखा तीवइ है साँसा।'
'घिरित परेहि रहा तस हाथ पहुँच लगि बूड़।'

मैंने इनको कविता की भाषा पर विशेष प्रकाश इसलिए डाला है कि जिससे उसके विषय में उचित मीमांसा हो सके। कहा जाता है कि ग्रन्थ की भाषा ठेठ अवधी है। परन्तु जितने प्रमाण मैं ऊपर उद्धृत कर आया हूँ उनसे स्पष्ट है कि उसमें अन्य भाषाओं और बोलियों के अतिरिक्त अधिकतर संस्कृत के तत्सम शब्द भी सम्मिलित हैं, जो ठेठ अवधी में कभी व्यवहृत नहीं हुए, ऐसी अवस्था में उसे हम ठेठ अवधी में लिखा गया स्वीकार नहीं कर सकते। हाँ यह कहना संगत होगा कि पदमावत की मुख्य भाषा अवधी है और इसमें कोई सन्देह नहीं कि पदमावत के रचयिता ने पहिले पहिल अवधी भाषा लिखने में वह सफलता प्राप्त की जिसको उनके पूर्ववर्ती कवि कुतबन और मंझन आदि नहीं प्राप्त कर सके थे। अब तक प्रेम-मार्गी कवियों के जितने ग्रन्थ हिन्दी संसार के सामने आये हैं उनके आधार से यह बात निस्संकोच कही जा सकती है कि अवधी भाषा का प्रथम कवि होने का सेहरा कुतबन के सिर है। मैं पहले लिख आया हूँ कि प्रान्तिक भाषा में रचना करने का सूत्रपात मैथिल-कोकिल विद्यापति ने किया। उनके दिखाये मार्ग पर चलकर अवधी में कविता करने वाला पहला पुरुष कुतबन है। उसकी रचना और उसके बाद की मंझन की कविता पर दृष्टि डालने से यह ज्ञात होता है कि अवधी भाषा में कविता करने का जो मार्ग इन लोगों ने ग्रहण किया था उसी मार्ग पर मलिक मुहम्मद जायसी भी चले, किन्तु प्रतिभा और भावुकता में उनका स्थान इन लोगों से बहुत ऊँचा है। जिस उच्च कोटि का कवि-कर्म्म पदमावत में दृष्टिगत होता है उन लोगों के ग्रन्थ में नहीं। उन लोगों की रचनाओं में वह कमी पायी जाती है जो आदिम कृतियों में देखी जाती है। उन लोगों को यदि मार्ग-प्रदर्शन करने का गौरव प्राप्त है तो पदमावत के कवि को उसे पुष्टता प्रदान करने का। यह बात देखी जाती है कि हिन्दी भाषा में हिन्दू जाति की प्रेम-कथाओं को अंकित करने में प्रेम-मार्गी सूफ़ी कवियों ने जैसे हिन्दू भावों के सुरक्षित रखने की चेष्टा की है वैसे ही मुख्य भाषा को हिन्दी रखने का भी उद्योग किया है और इसी मनोवृत्ति के कारण उन्होंने आवश्यकतानुसार संस्कृत शब्दों को भी ग्रहण किया। उस समय उर्दू भाषा का जन्म भी नहीं हुआ था। इसलिए उन्होंने अपनी रचनाओं में थोड़े से आवश्यक फ़ारसी अरबी शब्दों को ही स्थान दिया, जिससे हिन्दी भाषा के मुख्य रूप में व्याघात नहीं हुआ। जो आधार इस प्रकार पहले निश्चित हुआ था उसके सबसे प्रभावशाली प्रवर्त्तक मलिक

मुहम्मद जायसी हैं। उनके बाद भी प्रेमकथायें अवधी भाषा में लिखी गयीं। परन्तु कोई उस उच्च पद को नहीं प्राप्त कर सका जिस पर मलिक मुहम्मद जायसी अब तक आसीन हैं। मैंने ऊपर लिखा है कि जायसी की भाषा कई कारणों से सदोष हो गयी है और उनकी भाषा में ग्रामीणतादोष भी प्रवेश कर गया है। परन्तु अवधी भाषा पर उनका जो अधिकार दृष्टिगत होता है और उन्होंने जिस उत्तमता से इस भाषा में रचना करने में योग्यता दिखलाई है, वे उनके उक्त दोषों और त्रुटियों का पूरा प्रतिकार कर देती हैं। जायसी की भावव्यञ्जना, मार्मिकता और कवि-सुलभप्रतिभा उल्लेखनीय है। उनकी रचना में हिन्दू भाव की मर्मज्ञता, हिन्दू पुराणों और शास्त्रों से सम्बन्ध रखने वाले विषयों की अभिज्ञता जैसी दृष्टिगत होती है वह विलक्षण और प्रशंसनीय है। उन्होंने जिस सहानुभूति और निरपेक्षता के साथ हिन्दू जीवन के रहस्यों का चित्रण किया है और वर्णनीय विषय के अन्तस्तल में प्रवेश करके जैसी सहृदयता दिखलायी है उसके लिए उनकी बहुत कुछ प्रशंसा की सकती है। उनकी रहस्यवाद-चित्रण-प्रणाली, वर्णन-शैली उनका निरीक्षण और उनकी कवि कर्म्म कुशलता हिन्दी संसार के लिए गौरव की वस्तु है। मैं समझता हूँ, हिन्दी भाषा जब तक जीवित रहेगी तब तक उसके साहित्य-भाण्डार का एक रत्न 'पदमावत' भी रहेगा।

मलिक मुहम्मद जायसी के सम्बन्ध में डॉक्टर ग्रियर्सन की यह सम्मति है*—

"वे (मलिक मुहम्मद जायसी) पदमावत के रचयिता थे, जो, मेरी समझ में, मौलिक विषय पर गौड़ी भाषा में लिखी हुई पहली ही नहीं प्रायः एकमात्र कविता पुस्तक है। मैं नहीं जानता कि कोई अन्य ग्रन्थ भी ऐसा होगा जो पदमावत की अपेक्षा अधिक परिश्रमपूर्ण अध्ययन का पात्र हो। निस्सन्देह परिश्रमपूर्ण अध्ययन इसके लिए आवश्यक है क्योंकि साधारण विद्यार्थी के लिए इस पुस्तक की एक पंक्ति का भी कठिनाई से ही बोधगम्य होना सम्भव है, क्योंकि यह जनता की ठेठ भाषा में लिखी गयी है। परन्तु काव्यसौन्दर्य और मौलिकता दोनों के उद्देश्य से इस पुस्तक के अध्ययन में जितना भी परिश्रम किया जाय उचित है।"

मलिक मुहम्मद जायसी के बाद की भी रचनायें प्रेममार्गी कवियों की मिलती हैं और यह परम्परा अठारहवीं शताब्दी तक चलती देखी है। परन्तु मलिक मुहम्मद जायसी के समान कोई दूसरा कवि प्रेममार्गी कवियों में नहीं उत्पन्न हुआ, इन कवियों में

---

* "He was the author of the Padmavat (Rag) which is, I believe, the first poem and almost the only one written in a Gaudian vernacular on an original subject. I do not know more deserving of hard study than the Padmavat. It certainly reuqires it, for scarcely a line is inteilligible to the ordirary scholar, it being couched in the veriest language of the people. But it is well worth any amount, both for its originality and for its poetical beauty."

'उसमान' सत्रहवीं शताब्दी में और नूर मुहम्मद एवं निसार अठारहवीं में हुए हैं, जिनकी रचनायें प्राप्त हुई हैं। सत्रहवीं शताब्दी में शेख नबी और अठारहवीं शताब्दी में क़ासिम शाह और फ़ाजिलशाह भी हुए। इन लोगों ने भी अवधी भाषा में प्रेममार्गी कवियों की प्रणाली ग्रहण कर रचनायें की हैं, किन्तु उनमें कोई विशेषता नहीं है और वे रचनायें मुझे हस्तगत भी नहीं हुईं। इसलिए इनके विषय में विशेष कुछ नहीं लिखा जा सकता है। उसमान 'चित्रावली' नामक ग्रन्थ का रचयिता है। इसकी रचना का कुछ अंश नीचे उद्धृत किया जाता है—

"सरवर ढूँढ़ि सबै पचि रहीं।
चित्रिनि खोज न पावा कहीं
निकसी तीर भईं वैरागी।
धरे ध्यान सब बिनवै लागीं।
गुपुत तोहि पावहिं का जानी।
परगट महँ जो रहै छपानी।
चतुरानन पढ़ि चारौ वेदू।
रहा खोजि पै पाव न भेदू।
हम अंधी जेहि आपु न सूझा।
भेद तुम्हार कहाँ लौं बूझा।
कौन सो ठाँउँ जहाँ तुम नाहीं।
हम चख जोति न देखहिं काही।
पावै खोज तुम्हार सो, जेहि दिखरावहु पंथ।
कहा होइ ज़ोगी भये, ओ बहु पढ़े गरंथ।"

नूर मुहम्मद ने 'इन्द्रावती' नामक ग्रन्थ की रचना की है। कुछ उनकी रचना का नमूना भी देखिये—

मन दृग सों इक राति मँझारा।
सूझि परा मोहिं सब संसारा।
देखेउँ नीक एक फुलवारी।
देखेउँ तहाँ पुरुष औ नारी।
दोउ मुख सोना बरनि न जाई।
चंद सुरुज उतरे भुइँ आई।
तपी एक देखेउँ तेहि ठाँऊँ।
पूछेउँ तासों तिनकर नाऊँ।

कहाँ अहैं राजा और रानी।
इन्द्रावती औ कुँवर गियानी।

निसार ने 'मसनवी युसुफ़-जुलेखा' नामक ग्रन्थ लिखा है। उसकी कुछ पंक्तियाँ ये हैं—

ऋतु बसंत आये बन फूला।
जोगी जती देखि रँग भूला।
पूरन काम कमान चढ़ावा।
बिरही हिये बान अस लावा।
फूलहिं फूल सुखी गुंजारहिं।
लागे आग अनार के डारहिं।
कुसुम केतकी मालति बासा।
भूले भँवर फिरइँ चहुँ पासा।
मैं का करउँ कहाँ अब जाँऊँ।
मों कहँ नाहिं जगत महँ ठाँऊ।
टेसू फूल तो कीन उँजेरा।
लागे आग जरैं चहुँ ओरा।
तैसे धन बाउर भई,
बौरे आम लतान।
मैं बौरी दौरी फिरउँ।
सुनि कोयल के तान।

इस कवि का एक छन्द भी देखिये—

ऋतु असाढ़ घन घेर आयो लाग चमकै दामिनी।
ऋतु सुहावन देखि मन महँ हरष बाढ़ै भामिनी।
ऋतु घमंड सों मेघ धाये दिवस में जस जामिनी।
रैनि दिन करुना करैं घर में अकेली कामिनी।

जो रचनायें मैंने ऊपर उद्धृत की हैं उनके देखने से यह ज्ञात होता है कि प्रेममार्गी सभी कवियों ने अवधी भाषा में लिखने की चेष्टा की है और अधिकतर अपनी परम्परा को सुरक्षित रखा है। सब की भाषा 'पदमावत' का अनुकरण करती है और उस ग्रन्थ की अन्य प्रणाली भी इन रचनाओं में गृहीत मिलती है। रहस्यवाद और सूफी सम्प्रदाय

के विचार भी सब रचनाओं में ही कुछ न कुछ दृष्टिगत होते हैं। इसलिए इस निश्चय पर पहुँचना पड़ता है कि मुहम्मद जायसी के परवर्ती कवियों ने कोई नयी उद्भावना नहीं की और न अपनी रचनाओं में कोई ऐसी विशेषतायें दिखलायीं, जिससे साहित्य में उनका विशेष स्थान होता। हाँ, यह अवश्य है कि निसार और फ़ाजिल शाह ने अपने ग्रन्थों के लिए स्वधर्मी पात्रों को चुना। निसार ने यदि यूसुफ़-जुलेखा की कहानी लिखी है तो फ़ाजिल शाह ने नूरशाह और मेहर मुनीर की। परन्तु इसने अपने ग्रन्थ का हिन्दी नामकरण ही किया है, अर्थात् अपने ग्रन्थ का नाम 'प्रेम-रतन' रखा है।

परवर्ती कवियों की भाषा मुहम्मद जायसी की भाषा से कुछ प्राञ्जल अवश्य है और उनकी रचनाओं में संस्कृत शब्दों का प्रयोग भी अधिक देखा जाता है। परन्तु जो प्रवाह जायसी की रचना में मिलता है इन लोगों की रचनाओं में नहीं। अवधी भाषा की जो सादगी, सरसता और स्वाभाविकता उनकी कविता में मिलती है, इन लोगों की कविता में नहीं। यह मैं कहूँगा कि परवर्ती कवियों की रचनाओं में गँवारी शब्दों की न्यूनता है किन्तु उनका कुछ झुकाव ब्रजभाषा की प्रणाली और खड़ी बोली के वाक्य-विन्यास और शब्दों की ओर अधिक पाया जाता है। उनकी रचनाओं को पढ़कर यह ज्ञात होता है कि वह उद्योग करके अपनी भाषा को अवधी बनाना चाहते हैं। उनकी लेखनी स्वतः उसकी ओर प्रवृत्त नहीं होती, अनुकरण में जो कमी और अवास्तवता होती है वह उनमें पाई जाती है। फिर भी यह स्वीकार करना पड़ेगा कि उन्होंने हिन्दी भाषा और हिन्दू भावों की ओर अपना अनुराग प्रगट किया है और यथाशक्ति अपने यत्न में सफलता लाभ करने की चेष्टा भी की है।

मैंने मलिक मुहम्मद जायसी के परवर्ती कवियों की चर्चा यहाँ इसलिए कर दी है कि जिससे यह ज्ञात हो सके कि प्रेम-मार्गी कवियों की कविता-धारा कहाँ तक आगे बढ़ी और किस अवस्था में। इनकी चर्चा सत्रहवीं और अठारहवीं शताब्दी के अन्य कवियों के साथ की जा सकती थी किन्तु ऐसा करना यथास्थान न होता, इसलिए यहाँ पर ही जो कुछ उनके विषय में ज्ञातव्य बातें थीं, लिख दी गयीं।

यहाँ पर यह प्रगट कर देना भी आवश्यक है कि इसी काल में कुछ और प्रेम-कहानियाँ भी हिन्दुओं द्वारा लिखी गयीं। इनमें से लक्ष्मणसेन की बनाई 'पदमावती' की कथा ही उल्लेख योग्य है। उसकी चर्चा मैं पहले कर चुका हूँ। पौराणिक कथाओं के आधार से कुछ अन्य रचनायें भी हुई हैं, जैसे ढोलामारू की चउपद्दी इत्यादि परन्तु उनमें अधिकतर पौराणिक प्रणाली ही का अनुकरण किया गया है और कहानी कहने की प्रवृत्ति ही पाई जाती है। इसलिए उनमें वह विशेषता उपलब्ध नहीं होती जो उनका उल्लेख विशेष रीति से किया जाय। अतएव उनकी चर्चा यहाँ नहीं की गयी।

(5)

सोलहवीं शताब्दी में ही हिन्दी-संसार के सामने साहित्य गगन के उन उज्ज्वलतम तीन तारों का उदय हुआ जिनकी ज्योति से वह आज तक ज्योतिर्मान है। उनके विषय में चिर-प्रचलित सर्वसम्मति यह है–

सूर सूर तुलसी ससी उडुगन केसव दास।
अब के कवि खद्योत सम जहँ तहँ करत प्रकास।
काव्य करैया तीन हैं, तुलसी केशव सूर।
कविता खेती इन लुनी, सीला बिनत मजूर।

यह सम्मति कहाँ तक मान्य है, इस विषय में मैं विशेष तर्क वितर्क नहीं करना चाहता। परन्तु यह मैं अवश्य कहूँगा कि इस प्रकार के सर्वसाधारण के विचार उपेक्षा-योग्य नहीं होते, वे किसी आधार पर होते हैं। इसलिए उनमें तथ्य होता है और उनकी बहुमूल्यता प्रायः असंदिग्ध होती है। इन तीनों साहित्य-महारथियों में किसका क्या पद और स्थान है इस बात को उनका वह प्रभाव ही बतला रहा है जो हिन्दी संसार में व्यापक होकर विद्यमान है। मैं इन तीनों महाकवियों के विषय में जो सम्मति रखता हूँ उसे मेरा वक्तव्य ही प्रकट करेगा जिसे मैं इनके सम्बन्ध में यथास्थान लिखूँगा। इन तीनों महान् साहित्यकारों में काल की दृष्टि से सूरदास जी का प्रथम स्थान है, तुलसीदास जी का द्वितीय और केशवदास जी का तृतीय। इसलिए इसी क्रम से मैं आगे बढ़ता हूँ।

कविवर सूरदास ब्रजभाषा के प्रथम आचार्य हैं। उन्होंने ही ब्रजभाषा का वह शृंगार किया जैसा शृंगार आज तक अन्य कोई कवि अथवा महाकवि नहीं कर सका। मेरा विचार है कि कविवर सूरदास जी का यह पद हिन्दी-संसार के लिए आदिम और अन्तिम दोनों है। हिन्दी भाषा की वर्तमान प्रगति यह बतला रही है कि ब्रजभाषा के जिस उच्चतम आसन पर वे आसीन हैं सदा वे ही उस आसन पर विराजमान रहेंगे; समय अब उनका समकक्ष भी उत्पन्न न कर सकेगा। कहा जाता है, उनके पहले का 'सेन' नामक ब्रजभाषा का एक कवि है। हिन्दी संसार उससे एक प्रकार अपरिचित-सा है। उसका कोई ग्रन्थ भी नहीं बतलाया जाता। कालिदास ने औरंगज़ेब के समय में हज़ारा नामक एक ग्रन्थ की रचना की थी। उसमें उन्होंने 'सेन' कवि का एक कवित्त लिखा है, वह यह है।

जब ते गोपाल मधुबन को सिधारे आली,
मधुबन भयो मधु दानव विषम सों।

सेन कहै सारिका सिखंडी खंजरीट सुक
मिलि कै कलेस कीनो कालिन्दी कदम सों।
जामिनी वरन यह जामिनी मैं जाम जाम
बधिक की जुगुति जनावै टेरि तम सों।
देह करै करज करेजो लियो चाहति है,
काग भई कायेल कगायो करै हमसों।

कविता अच्छी है, भाषा भी मँजी हुई है। परन्तु इस कवि का काल सन्दिग्ध है। मिश्र बन्धुओं ने शिवसिंहसरोज के आधार से उसका काल सन् 1503 ई. बतलाया है। परन्तु वे ही इसको सन्दिग्ध बतलाते हैं। जो हो, यदि यह कविता कविवर सूरदास जी के पहले की मान भी ली जावे तो इससे उनके आदिम आचार्यत्व को बट्टा नहीं लगता। मेरा विचार है कि सूरदास जी के प्रथम ब्रजभाषा का कोई ऐसा प्रसिद्ध कवि नहीं हुआ कि जिसकी कृति ब्रजभाषा कविता का साधारण आदर्श बन सके। दो चार कवित्त लिखकर और छोटा मोटा ग्रन्थ बनाकर कोई किसी महाकवि का मार्ग-दर्शक नहीं बन सकता। सूरदास जी से पहले कबीरदास, नामदेव, रविदास आदि सन्तों की बानियों का प्रचार हिन्दू संसार में कुछ न कुछ अवश्य था। सम्भव है कि ब्रजभाषा के ग्राम्य गीत भी उस समय कुछ अपनी सत्ता रखते हों। परन्तु वे उल्लेख योग्य नहीं। मैं सोचता हूँ कि सूरदास जी की रचनायें अपनी स्वतंत्र सत्ता रखती हैं और वे किसी अन्य की कृति से उतनी प्रभावित नहीं हैं जो वे उनका आधार बन सकें। खुसरो की कविताओं में भी ब्रजभाषा की रचनायें मिली हैं और ये रचनायें भी थोड़ी नहीं हैं। यदि उनकी रचनाओं का आधार हम ब्रजभाषा की किसी प्राचीन रचना को मान सकते हैं तो सूरदास जी की रचनाओं का आधार किसी प्राचीन रचना को क्यों न मानें? मानना चाहिए और मैं मानता हूँ। मेरा कथन इतना ही है कि सूरदास जी के पहले ब्रजभाषा की कोई ऐसी उल्लेख-योग्य रचना नहीं थी जो उनका आदर्श बन सके।

प्रज्ञाचक्षु सूरदास जी अपना आदर्श आप थे। वे स्वयं-प्रकाश थे। ज्ञात होता है इसीलिए वे हिन्दी-संसार के सूर्य्य कहे जाते हैं। महाप्रभु वल्लभाचार्य उनको सागर कहा करते थे। इसी आधार पर उनके विशाल ग्रन्थ का नाम सूर-सागर है। वास्तव में वे सागर थे और सागर के समान ही उत्तालतरंग-माला-संकुलित। उनमें गम्भीरता भी वैसी ही पायी जाती है। जैसा प्रवाह, माधुर्य, सौन्दर्य उनकी कृति में पाया जाता है अत्यन्त दुर्लभ है। वे भक्ति-मार्गी थे, अतएव प्रेम-मार्ग का जैसा त्यागमय आदर्श उनकी रचनाओं में दृष्टिगत होता है, वह अभूतपूर्व है। प्रेममार्गी सूफी सम्प्रदाय वालों ने प्रेम पन्थ का अवलम्बन कर जैसी रस-धारा बहाई उससे कहीं अधिक भावमय मर्मस्पर्शी

और मुग्धकारिणीप्रेम की धारायें सूरदास जी ने अथवा उनके उत्तराधिकारियों ने बहाई हैं। यही कारण है कि वे धारायें अन्त में आकर इन्हीं धाराओं में लीन हो गयीं। क्योंकि भक्ति मार्गी कृष्णावत सम्प्रदाय की धाराओं के समान व्यापकता उनको नहीं प्राप्त हो सकी। परोक्ष सत्ता सम्बन्धी कल्पनायें मधुर और हृदयग्राही हैं और उनमें चमत्कार भी है, किन्तु वे बोध-सुलभ नहीं। इसके प्रतिकूल वे कल्पनायें बहुत ही बोध-गम्य बनीं और अधिकतर सर्व साधारण को अपनी ओर आकर्षित कर सकीं जो ऐसी सत्ता के सम्बन्ध में की गयीं जो परोक्ष-सत्ता पर अवलम्बित होने पर भी संसार में अपरोक्षभाव से अलौकिक मूर्ति धारण कर उपस्थित हुई। भगवान श्रीकृष्ण क्या हैं? परोक्ष सत्ता ही की ऐसी अलौकिकतामयी मूर्ति हैं जिनमें 'सत्यम् शिवम् सुन्दरम्' मूर्त होकर विराजमान है। सूफी मत के प्रेम मार्गियों की रचनाओं में यह बात दृष्टिगत हो चुकी है कि वे किसी नायक अथवा नायिका का रूप वर्णन करते-करते उसको परोक्ष-सत्ता ही की विभूति मान लेते हैं और फिर उसके विषय में ऐसी बातें कहने लगते हैं जो विश्व की आधारभूत परोक्ष सत्ता ही से सम्बन्धित होती हैं। अनेक अवस्थाओं में उनका इस प्रकार का वर्णन बोध-सुलभ नहीं होता। वरन एक प्रकार से सन्दिग्ध और जटिल बन जाता है। किन्तु भक्ति-मार्गी महात्माओं के वर्णन में यह न्यूनता नहीं पायी जाती। क्योंकि वे पहले ही से अपनी अपरोक्ष सत्ता को परोक्ष सत्ता का ही अंश-विशेष होने का संस्कार सर्व साधारण के हृदय में विविध युक्तियों से अंकित करते रहते हैं। क्या किसी सूफ़ी प्रेममार्गी कवि की रचनाओं में वह अलौकिक मुरली निनाद हुआ, वह लोक-विमुग्धकर गान हुआ, उस सुरदुर्लभ शक्ति का विकास हुआ, उस शिव संकल्प का समुदय हुआ और उन अचिन्तनीय सत्य भावों का आविर्भाव हुआ जो महामहिम सूरदास जैसे महात्माओं की महान् रचनाओं के अवलम्बन हैं? और यही सब ऐसे प्रबलतम कारण हैं कि इन महापुरुषों की कृतियों का अधिकतर आदर हुआ और वे अधिकतर व्यापक बनीं। इन सफलताओं का आदिम श्रेय हिन्दी साहित्य में प्रज्ञाचक्षु सूरदास जी ही को प्राप्त है।

मैं समझता हूँ, सूरदास जी का भक्ति-मार्ग और प्रेमपथ श्रीमद्भागवत के सिद्धान्तों पर अवलम्बित है और यह महाप्रभु वल्लभाचार्य के सत्संग और उनकी गुरु-दीक्षा ही का फल है। सूरसागर श्रीमद्भागवत का ही अनुवाद है, परन्तु उसमें जो विशेषतायें हैं वे सूरदास जी की निजी सम्पत्तियाँ हैं। यह कहा जाता है कि उनकी प्रणाली 'भक्तवर' जयदेव जी के 'गीत गोविन्द' एवं मैथिलकोकिल विद्यापति की रचनाओं से भी प्रभावित है। कुछ अंश में यह बात भी स्वीकार की जा सकती है, परन्तु सूरदास जी की सी उदात्त भक्ति-भावनायें इन महाकवियों की रचनाओं में कहाँ हैं? मैं यह मानूँगा कि सूरदास जी की अधिकतर रचनायें शृंगार रस-गर्भित हैं। परन्तु उनका विप्रलम्भ शृंगार

ही, विशेषकर हृदय-ग्राही और मार्मिक है। कारण इसका यह है कि उस पर प्रेम-मार्ग की महत्ताओं की छाप लगी हुई है। यह सत्य है कि मैथिल कोकिल विद्यापति की विप्रलम्भ शृंगार की रचनायें भी बड़ी ही भावमयी हैं, परन्तु क्या उनमें उतनी ही हृदय-वेदनाओं की झलक है जितनी सूरदास जी की रचनाओं में? क्या वे उतनी ही अश्रु-धारा से सिक्त, उतनी ही मानसोन्मादिनी और उतनी ही मर्म्मस्पर्शिनी और हृदयवेधिनी हैं जितनी सूरदास जी की उक्तियाँ? क्या उनमें भी वैसा ही करुण क्रन्दन सुन पड़ता है जैसा सूरदास जी की विरागमयी वचनावली में? इन बातों के अतिरिक्त सूरदास जी की रचनाओं में और भी कई एक विशेषतायें हैं। उनका बाललीला-वर्णन और बालभावों का चित्रण इतना सुन्दर और स्वाभाविक है कि हिन्दी-साहित्य को उसका गर्व है। कुछ लोगों की सम्मति है कि संसार के साहित्य में ऐसे अपूर्व बालभावों के चित्रण का अभाव है। मैं इस पर अपनी ठीक सम्मति प्रकट करने में असमर्थ हूँ, परन्तु यह अधिकार के साथ कहा जा सकता है कि हिन्दी भाषा में ऐसा वर्णन तो है ही नहीं, परन्तु भारतीय अन्य प्रान्तीय भाषाओं में भी वैसा अपूर्व वर्णन उपलब्ध नहीं होता। उनकी विनय और प्रार्थना सम्बन्धी रचनायें भी आदर्श हैं और आगे चलकर परवर्त्ती कवियों के लिए उन्होंने मार्ग-प्रदर्शन का उल्लेखनीय कार्य किया है। मैं इस प्रकार के कुछ पद नीचे लिखता हूँ। उनको देखिये कि उनमें किस प्रकार हृदय खोलकर दिखलाया गया है, उनकी भाषा की प्रांजलता और सरसता भी दर्शनीय है।

1. जनम सिरानो ऐसे ऐसे।
कै घरघर भरमत जदुपति बिन कै सोवत कै बैसे।
कै कहुँ खान पान रसनादिक कै कहुँ बाद अनैसे।
कै कहुँ रंक कहूं ईसरता नट बाजीगर जैसे।
चेत्यो नहीं गयो टरि अवसर मीन बिना जल जैसे।
है गति भई सूर की ऐसी स्याम मिलैं धौं कैसे।

2. प्रभु मोरे औगुन चित न धरो।
समदरसी है नाम तिहारो चाहे तो पार करो।
एक नदिया एक नार कहावत मैलो नीर भरो।
जब दोनों मिलि एक बरन भये सुरसरि नाम परो।
एक लोहा पूजा में राखत एक घर बधिक परो।
पारस गुन औगुन नहिं चितवै कंचन करत खरो।
यह माया भ्रम जाल कहावै सूरदास सगरो।
अबकी बार मोहिं पार उतारो नहिं प्रन जात टरो।

3. अपनपो आपन ही बिसरो।
जैसे स्वान काँच के मंदिर भ्रमि भ्रमि भूंकि मरो।
ज्यों केहरि प्रतिमा के देखत बरबस कूप परो।
मरकट मूठि छोड़ि नहिं दीन्हीं घरघर द्वार फिरो।
सूरदास नलिनी के सुअना कह कौने पकरो।

4. मेरो मन अनत कहाँ सुख पावै।
जैसे उड़ि जहाज को पच्छी फिरि जहाज पै आवै।
कमल नयन को छाँड़ि महातम और देव को ध्यावै।
पुलिन गंग को छाँड़ि पियासो दुरमत कूप खनावैं।
जिन मधुकर अंबुज रस चाख्यो क्यों करील फल खावै।
सूरदास प्रभु कामधेनु तजि छेरी कौन दुहावै।

कुछ पद्य बाल भाव-वर्णन के भी देखिये—

5. मैया मैं नाहीं दधि खायो।
ख्याल परे ये सखा सबै मिलि मेरे मुख लपटायो।
देखु तुही छीके पर भाजन ऊँचे घर लटकायो।
तुही निरखु नान्हें कर अपने मैं कैसे कर पायो।
मुख दधि पोंछ कहत नँदनंदन दोना पीठि दुरायो।
डारि साँट मुसकाइ तबहिं गहि सुत को कंठ लगायो।

6. जसुदा हरि पालने झुलावै।
हलरावै दुलराइ मल्हावै जोई सोई कछु गावै।
मेरे लाल को आउ निंदरिया काहें न आनि सुआवै।
तू काहें न वेग ही आवै तोको कान्ह बुलावै।
कबहुँ पलक हरि मूँदि लेत हैं कबहुँ अधर फरकावै।
सोवत जानि मौन है है रहि करि करि सैन बतावै।
येहि अंतर अकुलाइ उठे हरि जसुमति मधुरे गावै।
जो सुख सूर अमर मुनि दुरलभ सो नँदभामिनि पावै।

7. सोभित कर नवनीत लिए।
घुटुरुन चलत रेनु-मंडित तनु मुख दधि लेप किये।
चारु कपोल लोल लोचन छबि गोरोचन को तिलक दिये
लर लटकत मनो मत्त मधुपगन माधुरि मधुर पिये।

कठुला कंठ वज्र केहरि नख राजत हैं सखि रुचिर हिये।
धन्य सूर एकौ पल यह सुख कहा भये सत कल्प जिये।

मैं ऊपर लिख आया हूँ कि सूरदास जी का शृंगार-रस वर्णन बड़ा विशद है और विप्रलम्भ शृंगार लिखने में तो उन्होंने वह निपुणता दिखलायी जैसी आज तक दृष्टिगत नहीं हुई। कुछ पद्य इस प्रकार के भी देखिये—

8. सुनि राधे यह कहा बिचारै।
बे तेरे रँग तू उनके रँग अपनो मुख काहे न निहारै।
जो देखे ते छाँह आपनी स्याम हृदय तब छाया।
ऐसी दसा नंदनंदन की तुम दोउ निरमल काया।
नीलाम्बर स्यामल तन की छबि तुव छबि पीत सुबास॥
घर भीतर दामिनी प्रकासत दामिनि घन चहुँ पास।
सुन री सखी विलच्छ कहौं तो सों चाहति हरिको रूप।
सूर सुनौ तुम दोउ सम जोरी एक एक रूप अनूप।

9. काहे को रोकत मारग सूधो।
सुनहु मधुप निरगुन कंटक सों राजपंथ क्यों रूँधो।
याको कहा परेखो कीजै जानत छाछ न दूधो।
सूर मूर अक्रूर ले गये ब्याज निबेरत ऊधो।

10. बिलग मत मानहु ऊधो प्यारे।
यह मथुरा काजर की ओबरी जे आवहिं ते कारे।
तुम कारे सुफलक सुत कारे कारे स्याम हमारे।
मानो एक माँठ मैं बोरे लै जमुना जो पखारे।
ता गुन स्याम भई कालिंदी सूर स्याम गुन न्यारे।

11. अरी मोहिं भवन भयानक लागै माई स्याम बिना।
देखहिं जाइ काहि लोचन भरि नंद महरि के अँगना।
लै जो गये अक्रूर ताहि को ब्रज के प्रान धना।
कौन सहाय करै घर अपने मेरे विघन घना।
काहि उठाय गोद करि लीजै करि करि मन मगना।
सूरदास मोहन दरसनु बिनु सुख संपति सपना।

12. खंजन नैन रूप रस माते।
अतिसै चारु चपल अनियारे पल पिंजरा न समाते।

चलि चलि जात निकट स्रवननि के
उलटि पलटि ताटंक फँदाते।
सूरदास अंजन गुन अटके नतरु अबहिं उड़ि जाते।

13. ऊधो अँखिया अति अनुरागी।
एक टक मग जोवति अरु रोवति भूलेहुँ पलक न लागी।
बिनु पावस पावस रितु आई देखत हैं बिदमान।
अबधौं कहा कियौ चाहति है छाँड़हु निरगुन ज्ञान।
सुनि प्रिय सखा स्याम सुंदर के जानत सकल सुभाय।
जैसे मिलैं सूर के स्वामी तेसी करहु उपाय।

14. नैना भये अनाथ हमारे।
मदन गोपाल वहाँ ते सजनी सुनियत दूरि सिधारे।
वे जलसर हम मीन बापुरी कैसे जिवहिं निनारे।
हम चातकी चकोर स्याम घन वदन सुधा निधि प्यारे।
मधुवन बसत आस दरसन की जोइ नैन मग हारे।
सूर के स्याम करी पिय ऐसी मृतक हुते पुनि मारे।

15. सखी री स्याम सवै एकसार।
मीठे बचन सुहाये बोलत अन्तर जारन हार।
भँवर कुरंग काम अरु कोकिल कपटिन की चटसार।
सुनहु सखीरी दोष न काहू जो विधि लिखो लिलार।
उमड़ी घटा नाखि कै पावस प्रेम की प्रीति अपार।
सूरदास सरिता सर पोषत चातक करत पुकार।

भाषा कविवर सूरदास के हाथों में पड़कर धन्य हो गयी। आरम्भिक काल से लेकर उनके समय तक आपने हिन्दी भाषा का अनेक रूप में अवलोकन किया। परन्तु जो अलौकिकता उनकी भाषा में दृष्टिगत हुई वह असाधारण है। जैसी उसमें प्रांजलता है वैसी ही मिठास है। जितनी ही वह सरस है उतनी ही कोमल। जैसा उसमें प्रवाह है वैसा ही ओज। भावमूर्तिमन्त होकर जैसा उसमें दृष्टिगत होता है, वैसे ही व्यंजना भी उसमें अठखेलियाँ करती अवगत होती है। जैसा शृंगार-रस उसमें सुविकसित दिखलाई पड़ता है, वैसा ही वात्सल्य-रस छलकता मिलता है। जैसी प्रेम की विमुग्धकारी मूर्ति उसमें आविर्भूत होती है वैसा ही आन्तरिक वेदनाओं का मर्मस्पर्शी रूप सामने आता है। ब्रजभाषा के जो उल्लेखनीय गुण अब तक माने जाते हैं और उसके जिस माधुर्य्य का गुणगान अब तक

किया जाता है, उसका प्रधान अवलम्बन सूरदास जी का ही कवि कर्म है। एक प्रान्त-विशेष की भाषा समुन्नत होकर यदि देश-व्यापिनी हुई तो ब्रजभाषा ही है और ब्रजभाषा को यह गौरव प्रदान करने वाले कविवर सूरदास हैं। उनके हाथों से यह भाषा जैसी मँजी, जितनी मनोहर बनी, और जिस सरसता को उसने प्राप्त किया वह हिन्दी-संसार के लिए गौरव की वस्तु है। मैंने ब्रजभाषा की जो विशेषतायें पहले बतलायी हैं वे सब उनकी भाषा में पाई जाती हैं, वरन् यह कहा जा सकता है कि उनकी भाषा के आधार से ही ब्रजभाषा की विशेषताओं की कल्पना हुई। मेरा विचार है कि उन्होंने इस बात पर भी दृष्टि रखी है कि कोई भाषा किस प्रकार व्यापक बन सकती है। उनकी भाषा में ब्रजभाषा का सुन्दर से सुन्दर रूप देखा जाता है। परन्तु ग्रामीणता दोष से वह अधिकतर सुरक्षित है। उसमें अन्य प्रान्तिक भाषाओं के शब्द भी मिल जाते हैं। किन्तु इनकी यह प्रणाली बहुत मर्यादित है। गुरु को लघु और लघु को गुरु करने में उनको संयत देखा जाता है। वे शब्दों को कभी-कभी तोड़ते-मरोड़ते भी हैं। किन्तु उनका यह ढंग उद्वेजक नहीं होता। उसमें भी उनकी लेखनी की निपुणता दृष्टिगत होती है। ब्रजभाषा के जो नियम और विशेषतायें मैं पहले लिख आया हूँ उनकी रचनाओं में उनका पालन किस प्रकार हुआ है, मैं नीचे उसको उद्धृत पद्यों के आधार से लिखता हूँ--

1. उनकी रचनाओं में कोमल शब्द-विन्यास होता है। इसलिए उनमें संयुक्त वर्ण बहुत कम पाये जाते हैं जो वैदर्भी वृत्ति का प्रधान लक्षण है। यदि कोई संयुक्त वर्ण आ भी जाता है तो वे उसके विषय में युक्त-विकर्ष सिद्धान्त का अधिकतर पालन करते जाते हैं जैसे 'समदरसी', 'महातम', 'दुरलभ', 'दुरमति' इत्यादि। वर्गों के पञ्चम वर्ण के स्थान पर उनको प्रायः अनुस्वार का प्रयोग करते देखा जाता है। जैसे, 'रंक', 'कंचन', 'गंग', 'अंबुज', 'नंदनंदन', 'कंठ' इत्यादि।

2. णकार, शकार, क्षकार के स्थान पर क्रमशः 'न', 'स' और 'छ' वे लिखते हैं। 'ड' के स्थान पर 'ड़' और 'ल' के स्थान पर 'र' एवं संज्ञाओं के आदि के 'य' के स्थान पर 'ज' लिखते उनको प्रायः देखा जाता है। ऐसा वे ब्रज प्रान्त की बोलचाल की भाषा पर दृष्टि रख कर ही करते हैं। 'बरन', 'रेनु', 'गुन', 'औगुन', 'निरगुन', 'सोभित', 'सत', 'स्याम', 'दसा', 'दरसन', 'अतिसै', 'जसुमति', 'जसुदा', 'जदुपति', 'बिलछि' और 'पच्छी' आदि शब्द इसके प्रमाण हैं।

3. गुरु के स्थान पर लघु और लघु के स्थान पर गुरु भी वे करते हैं। किन्तु बहुत कम। 'माधुरि', 'रँग', 'नहिं', 'दामिनि', 'केहरि', 'मनो', 'भामिनि', 'बिन' इत्यादि शब्दों में गुरु को लघु कर दिया गया है। 'धना', 'मगना', इत्यादि में ह्रस्व को दीर्घ कर दिया गया है, अर्थात् 'धन' और 'मगन' के 'न' को 'ना' बनाया गया है।

यह बात भी देखी जाती है कि वे कुछ कारक चिन्हों और प्रत्ययों आदि को लिखते

तो शुद्ध रूप में हैं, परन्तु पढ़ने में उनका उच्चारण ह्रस्व होता है। क्योंकि यदि ऐसा न किया जाय तो छन्दोभंग होगा। निम्नलिखित पंक्तियों में इस प्रकार का प्रयोग पाया जाता है। चिन्हित कारक चिन्हों और शब्दगत वर्णों को देखिये–

1. **'काहे को रोकत मारग सूधो'**
2. **'मेरे लाल को आउ निंदरिया काहे न आनि सुआवै'**
3. **'सखी री स्याम सबै एक सार'**
4. **'सूर सुनौ तुम दोउ सम जोरी एक एक रूप अनूप'**
5. **सूर के स्याम करी पुनि ऐसी मृतक हुते पुनि मारे।**
6. **'मानो एक मांठ मैं बोरे लै जमुना जो पखारे'।**
7. **'समदरसी है नाम तिहारो चाहे तो पार करो'।**
8. **'जब दोनों मिलि एक बरन भये सुरसरि नाम परो'**

यह प्रणाली कहाँ तक युक्ति-संगत है, इसमें मत भिन्नता है। किन्तु जिस मात्रा में विशेष स्थलों पर सूरदास जी ने ऐसा किया है, मेरा विचार है कि वह ग्राह्य है। क्योंकि इससे एक प्रकार से विशेष शब्द-विकृति की रक्षा होती है। दूसरी बात यह है कि यदि कुछ शब्दों को ह्रस्व कर दिया जाय तो उसका अर्थ ही दूसरा हो जाता है। जैसे 'भये' को 'भय' लिख कर यदि छन्दोभंग की रक्षा की जाय तो अर्थापत्ति सामने आती है। प्राकृत भाषा में भी यह प्रणाली गृहीत देखी जाती है। उर्दू कवियों की पंक्ति-पंक्ति में इस प्रकार का प्रयोग मिलता है। हिन्दी में विशेष अवस्था और अल्प मात्रा ही में कहीं ऐसा किया जाता है। यह पिंगल नियमावली के अन्तर्गत भी है। जैसे विशेष स्थानों में ह्रस्व को दीर्घ और दीर्घ को ह्रस्व लिखने का नियम है उसी प्रकार संकीर्ण स्थलों पर ह्रस्व को दीर्घ और दीर्घ को ह्रस्व पढ़ने की प्रणाली भी है।

4. प्राकृत और अपभ्रंश में प्रायः कारक चिह्नों का लोप देखा जाता है। सूरदास जी की रचनाओं में भी इस प्रकार की पंक्तियाँ मिलती हैं। कुछ तो कारकों का लोप साधन बोलचाल की भाषा पर अवलम्बित है और कुछ कवितागत अथवा साहित्यिक प्रयोगों पर, नीचे लिखे हुए वाक्य इसी प्रकार के हैं–

'जो विधि लिखा लिलार', 'मधुकर अंबुज रस चख्यो', 'मैं कैसे करि पायो' इन वाक्यों में कर्त्ता का ने चिह्न लुप्त है। 'कामधेनु तजि छेरी दुहावै', 'प्रभु मोरे औगुन चित न धरो', 'मरकट मूठि छोड़ि नहिं दीन्ही', 'सरिता सर पोषत' इन वाक्यों में कर्म का चिह्न 'को' अन्तर्हित है। 'नान्हे कर अपने मैं कैसे करि पायो' इस वाक्य में करण का 'से' चिह्न लुप्त है।

'जो सुख सूर अमर मुनि दुरलभ' में सम्प्रदान का चिह्न 'को' या 'के लिए' का लोप

किया गया है। 'बरबस कूप परो', 'मेरे मुख लपटायों', 'ऊँचे घर लटकायो', 'पालने झुलावे', 'कर नवनीत लिए' इन वाक्यों में अधिकरण के 'में' चिह्न का अभाव है।

5. ब्रजभाषा में कुछ ऐसे शब्द प्रयोग में आते हैं जिनमें विभक्ति वा प्रत्यय शब्द के साथ सम्मिलित होते हैं, अलग नहीं लिखे जाते। कविता में इससे बड़ी सुविधा होती है। इस प्रकार के प्रयोग अधिकतर बोलचाल पर अवलम्बित हैं। पूर्वकालिक क्रिया का चिह्न 'कर' अथवा 'के' है। ब्रजभाषा में प्रायः विधि के साथ इकार का प्रयोग कर देने से भी यह क्रिया बन जाती है। जैसे, 'टरि' 'मिलि', 'करि' इत्यादि। संज्ञा के साथ जब ओकार सम्मिलित कर दिया जाता है तो वह प्रायः 'भी' का काम देता है जैसे 'एको', 'दूधो' इत्यादि 'जसुमति मधुरे गावै' में 'मधुर' के साथ मिला हुआ एकार भाव वाचकता का सूचक है। 'दोना पीठि दुरायो' में 'पीठि' के साथ मिलित इकार अधिकरण के 'में' चिह्न का द्योतक है इत्यादि।

6. वैदर्भी वृत्ति का यह लक्षण है कि उसमें समस्त पद आते ही नहीं। यदि आते हैं तो साधारण समस्त पद आते हैं, लम्बे नहीं। कविवर सूरदास जी की रचना में यह विशेषता पाई जाती है। जैसे 'कमल नयन', 'अम्बुज रस', 'करीलफल' इत्यादि।

7. कोमलता उत्पादन के लिए वे प्रायः 'ड़' और 'ल' के स्थान पर 'र' का प्रयोग करते हैं। जैसे 'घोड़ो' के स्थान पर 'घोरो', 'तोड़ो' के स्थान पर 'तोरो', 'छोड़ो' के स्थान पर 'छोरो'। इसी प्रकार 'मूल' के स्थान पर 'मूर' और 'चटसाल' के स्थान पर 'चटसार'। उनकी रचनाओं में विकल्प से 'ड़' का भी प्रयोग देखा जाता है और 'ल' के स्थान पर 'र' का प्रयोग सब स्थानों पर ही नहीं होता। शब्द के मध्य का यकार और वकार बहुधा 'ऐ' और 'औ' होता रहता है। जैसा 'नयन', 'बयन', 'सयन' का 'नैन', 'बैन', 'सैन' इत्यादि और 'पवन' 'गवन', 'रवन' का 'पौन', 'गौन', 'रौन' इत्यादि। परन्तु उनका तत्सम रूप भी वे लिखते हैं। प्रायः ब्रजभाषा में वह शब्द जिसके आदि में ह्रस्व इकार युक्त कोई व्यजंन होता है और उसके बाद 'या' होता है तो आदि व्यंजन का इकार गिर जाता है और वह अपने पर वर्ण 'य' में हलन्त होकर मिल जाता है। जैसे 'सियार' का 'स्यार' 'पियास' का 'प्यास' इत्यादि। किन्तु उनकी रचनाओं में दोनों प्रकार का रूप मिलता है। वे 'प्यास' भी लिखते हैं और पियास भी, 'प्यार' भी लिखते हैं और 'पियार' भी। ऊपर लिखे पद्यों में आप इस प्रकार का प्रयोग देख सकते हैं।

8. सूरदास जी को अपनी रचनाओं में मुहावरों का प्रयोग करते भी देखा जाता है। परन्तु चुने हुए मुहावरे ही उनकी रचना में आते हैं, जिनसे उनकी उक्तियाँ बड़ी ही सरस हो जाती हैं। ऊपर के पद्यों में निम्नलिखित मुहावरे आये हैं। जिस स्थान पर ये मुहावरे आये हैं उन स्थानों को देखकर आप अनुमान कर सकते हैं कि मेरे कथन में कितनी सत्यता है—

1. **गोद करि लीजै**
2. **कैसे करि पायो**
3. **बिलग मत मानहु**
4. **लोचन भरि**
5. **ख्याल परे**

9. देखा जाता है कि सूरदास जी कभी-कभी पूर्वी हिन्दी के शब्दों को भी अपनी रचना में स्थान देते हैं। 'वैसे', 'पियासो भी' इत्यादि शब्द ऊपर के पद्यों में आप देख चुके हैं। 'सुनो' और 'मेरे' इत्यादि खड़ी बोली के शब्द भी कभी-कभी उनकी रचना में आ जाते हैं। किन्तु उनकी विशेषता यह है कि वे इन शब्दों को अपनी रचनाओं में इस प्रकार खपाते हैं कि वे उनकी मुख्य भाषा (ब्रजभाषा) के अंग बन जाते हैं। अनेक अवस्थाओं में तो उनका परिचय प्राप्त होना भी दुस्तर हो जाता है। जिस कवि में इस प्रकार की शक्ति हो उसका इस प्रकार का प्रयोग तर्क-योग्य नहीं कहा जा सकता। जो अन्य प्रान्त की भाषाओं के शब्दों अथवा प्रान्तिक बोलियों के वाक्यों को अपनी रचनाओं में इस प्रकार स्थान देते हैं कि जिनसे वे भद्दी बन जाती हैं अथवा जो उनकी मुख्य भाषा की मुख्यता में बाधा पहुँचाती हैं उनकी ही कृति तर्क-योग्य कही जा सकती है। दूसरी बात यह है कि जब किसी प्रान्तिक भाषा को व्यापकता प्राप्त होती है तो उसे अपने साहित्य को उन्नत बनाने के लिए संकीर्णता छोड़ कर उदारता ग्रहण करनी पड़ती है। जिस भाषा ने इस प्रकार की उदारता ग्रहण की वही अपनी परिधि से निकल कर व्यापकता प्राप्त कर सकी। आज गोस्वामी तुलसीदास और कविवर सूरदास की रचनायें यदि उत्तरीय भारत को छोड़ कर दक्षिणीय भारत के कुछ अंशों में भी आद्रित हो रही हैं तो उसका कारण यही है कि उन्होंने अपनी भाषा को उदार बनाया और उसके निजत्व को सुरक्षित रख कर अन्य भाषाओं के शब्दों को भी उसमें स्थान दिया। इस दृष्टि से देखने पर सूरदास जी ने इस विषय में जो कुछ स्वतंत्रता ग्रहण की है वह इस योग्य नहीं कि उस पर उँगली उठाई जा सके।

10. प्राकृत भाषा के जो शब्द सुन्दर और सरस होने के कारण ब्रजभाषा की बोलचाल में गृहीत रहे। सूरदास जी की रचनाओं में भी उनका प्रयोग उसी रूप में पाया जाता है। ऐसे शब्द 'सायर', 'लोयन', 'नाह', 'केहरि' इत्यादि हैं। वे अपभ्रंश भाषा के अनुसार कुछ प्रातिपादिक और प्रत्ययों को भी उकार युक्त लिखते हैं जैसे तपु, मुहुं, आजु बिनु इत्यादि। ब्रजभाषा और अवधी में अपभ्रंश अथवा प्राकृत भाषा की अनेक विशेषतायें पायी जाती हैं। ऐसी अवस्था में यदि उसके कुछ शब्द अपने मुख्य रूप में इन भाषाओं में आते हैं तो उनका आना युक्तिसंगत है, क्योंकि इस प्रकार की विशेषतायें और शब्दावली ही उस घनिष्ठता का परिचय देती रहती है। जो कि ब्रजभाषा

अथवा अवधी का प्राकृत अथवा अपभ्रंश के साथ है। भाषा-शास्त्र की दृष्टि से इस प्रकार की घनिष्ठता अधिक वांछनीय है।

11. ब्रजभाषा की बोलचाल में कुछ शब्द ऐसे हैं जिनका उच्चारण कुछ ऐसी विशेषता से किया जाता है कि वे बहुत मधुर बन जाते हैं। इन शब्दों के अन्त में एक वर्ण अथवा 'आ' इस प्रकार बढ़ा दिया जाता है कि जिससे उसका अर्थ तो वही रह जाता है कि जिसमें वह मिलाया जाता है परन्तु ऐसा करने से उसमें एक विचित्र मिठास आ जाती है। 'सुअना', 'नैना', 'नदिया', 'निंदरिया', 'जियरा', 'हियरा' आदि ऐसे ही शब्द हैं। सूरदासजी इस प्रकार के शब्दों का प्रयोग अपनी रचना में इस सरसता के साथ करते हैं कि उसका छिपा हुआ रस छलकने लगता है। देखिये—

1. **'सूरदास नलिनी के सुअना कह कौने पकरो'।**
2. **नैना भये अनाथ हमारे।**
3. **एक नदिया एक नार कहावत मैलो नीर भरो।**
4. **'मेरे लाल को आउ निंदरिया काहे न आनि सुआवै'।**

अवधी भाषा के इसी प्रकार के शब्द 'करेजवा' 'बदरवा' इत्यादि हैं। जैसे संस्कृत में स्वार्थे 'क' आता है जैसे 'पुत्रक', 'बालक' इत्यादि। इन दोनों शब्दों में जो अर्थ 'पुत्र' और 'वाल' का है वही अर्थ सम्मिलित 'क' का है, उसका कोई अन्य अर्थ नहीं। इसी प्रकार 'मुखड़ा', 'बछड़ा', 'हियरा', 'जियरा', 'करेजवा', 'बदरवा', 'अँसुवा', 'नदिया', 'निदरिया' के 'ड़ा', 'रा', 'वा' और 'या' आदि हैं। जो अन्त में आये हैं और अपना पृथक अर्थ नहीं रखते। केवल 'आ' भी आता है, जैसे 'नैना', 'बैना', 'बदरा', 'अँचरा' का 'आ'।

12. ब्रजभाषा में बहुवचन के लिए शब्द के अन्त में 'न' और 'नि' आता है। ईकारान्त शब्दों में पूर्ववर्त्ती वर्ण को ह्रस्व करके याँ और अकारान्त शब्दों के अन्त में 'ऐ' आता है। सूरदास जी की रचनाओं में इन सब परिवर्तनों के उदाहरण मिलते हैं, जिनसे उनकी व्यापक दृष्टि का पता चलता है। निम्नलिखित पंक्तियों को देखिये—

'कछुक खात कछु धरनि गिरावत छबि निरखत नँदरनियाँ'
'भरि भरि जमुना उमड़ि चलत है इन नैनन के तीर'
'लोगन के मन हाँसी' 'सूर परागनि तजति हिये ते
श्री गुपाल अनुरागी।, 'अँखिया हरिदरसन की प्यासी'
'जलसमूह बरसत दोउ आँखैं हूँकत लीने नाउँ'

13. सूरदास की रचना में यह मुख्य बात पाई जाती है कि वे संस्कृत तत्सम शब्दों का अधिक प्रयोग करते हैं। परन्तु विशेषता यह है कि उनके शब्द चुने हुए और ऐसे

होते हैं जिनको काव्योपयुक्त कहा जा सकता है। संयुक्त वर्णों को तो मुख्य रूप में वे कभी-कभी संकीर्ण स्थलों पर ही लेते हैं। परन्तु, कोमल, ललित और सरस तत्सम शब्दों को वे निस्संकोच ग्रहण करते हैं और इस प्रकार अपनी भाषा को मधुरतम बना देते हैं। उद्धृत पद्यों में से सातवें पद्य को देखिये। उनकी रचना में जो शब्द जिस भाव की व्यंजना के लिए आते हैं वे ऐसे मनोनीत होते हैं जो अपने स्थान पर बहुत ही उपुक्त जान पड़ते हैं। अनुप्रास अथवा वर्णमैत्री जैसी उनकी कृति में मिलती है, अन्यत्र दुर्लभ है। जो शब्द उनकी रचना में आते हैं, प्रवाह रूप से आते हैं। उनके अवलोकन से यह ज्ञात होता है कि वे प्रयत्नपूर्वक नहीं स्वाभाविक रीति से आकर अपने स्थान पर विराजमान हैं। रसानुकूल शब्द-चयन उनकी रचना की विशेष सम्पत्ति है। अधिकतर उनकी रचनायें पद के स्वरूप ही में हैं, अतएव झंकार और संगीत उनके व्यवहृत शब्दों के विशेष गुण हैं। इतना होने पर भी जटिलता का लेश नहीं। सब ओर प्रांजल और सरलता ही दृष्टिगत होती है।

14. किसी भाव को यथातथ्य अंकित करना और उसका जीता जागता चित्र सामने लाना सूरदास जी की प्रतिभा का प्रधान गुण है। जिस भाव का चित्र वे सामने रखते हैं उनकी रचनाओं में वह मूर्ति-मन्त होकर दृष्टिगत होता है। प्रार्थना और विनय के पदों में उनके मानसिक भाव किस प्रकार ज्ञान-पथ में विचरण करते हैं और फिर कैसे विश्व-सत्ता के सामने वे विनत हो जाते हैं इस बात को उनके विनय के पद्यों की पंक्ति पंक्ति बड़ी ही सरसता से अभिव्यंजित करती पाई जाती है। उद्धृत पद्यों में से संख्या एक से चार तक के पद्य देखिये उनमें एक ओर यदि मानवों के स्वाभाविक अज्ञान, दुर्बलताओं और भ्रम-प्रमाद पर हृदय मर्माहत होता देखा जाता है तो दूसरी ओर मानसिक करुणा अपने हाथों में विनय की पुष्पांजलि लिए किसी करुणासागर की ओर अग्रसर होती दिखलाई पड़ती है। बालभाव का वर्णन जिन पद्यों में है, देखिये संख्या 5 से 7 तक उनमें बालकों के भोले-भाले भाव जिस प्रकार अंकित हैं वे बड़े ही मर्म-स्पर्शी हैं। उनके देखने से ज्ञात होता है कि कवि किस प्रकार हृदय की सरल से सरल वृत्तियों और मन के सुकुमार भावों के यथातथ्य चित्रण की क्षमता रखता है। बाल लीला के पदों के पढ़ते समय ऐसा ज्ञात होने लगता है कि जिस समय की लीला का वर्णन है उस समय कवि खड़ा होकर वहाँ के क्रिया-कलाप को देख रहा था। इन वर्णनों के पढ़ते ही आँखों के सामने वह समाँ आ जाता है, जो उस समय वहाँ मौजूद रह कर कोई देखने वाली आँखें ही देख सकतीं। इस प्रकार का चित्रण सूरदास के ऐसे सहृदय कवि ही कर सकते हैं, अन्यों के लिए यह बात सुगम नहीं। उनका शृंगार-वर्णन पराकाष्ठा को पहुँच गया है। उतना सरस और स्वाभाविक वर्णन हिन्दी-साहित्य में नहीं मिलता, यह मैं कहूँगा कि शृंगार-रस के कुछ वर्णन ऐसे हैं कि यदि वे उस रूप में न लिखे जाते तो

अच्छा होता, किन्तु कला की दृष्टि से वे बहुमूल्य हैं। उनका विप्रलम्भ शृंगार ऐसा है जिसके पद-पद से रस निचुड़ता है। संसार के साहित्य-क्षेत्र में प्रेम-धारायें विविध रूप से बहीं, कहीं वे बड़ी ही वेदनामयी हैं, कहीं उन्मादमयी और रोमांचकारी, और कहीं उनमें आत्मविस्मृति और तन्मयता की ऐसी मूर्त्ति दिखलायी पड़ती है जो अनुभव करने वाले को किसी अलौकिक संसार में पहुँचा देती है। फिर भी सूरदास की इस प्रकार की रचनायें पढ़ कर यह भावनायें उत्पन्न होने लगती हैं कि क्या ऐसी ही सरसता और मोहकता उन सब धाराओं में भी होगी? प्रेम-लीलाओं के चित्रण में जैसी निपुणता देखी जाती है, वैसी प्रवीणता उनकी अन्य रचनाओं में नहीं पाई जाती। उनका विप्रलम्भ शृंगार-सम्बन्धी वर्णन बड़ा ही उदात्त है। उनमें मन के सुकुमार भावों का जैसा अंकन है, जैसी उनमें हृदय को द्रवित करने वाली विभूतियाँ हैं, यदि वे अन्य कहीं होंगी तो इतनी ही होंगी। वे किसी सच्चे प्रेम-पथिक की ही अनुभवनीय हैं, अन्य की नहीं। कोई रहस्यवादी बनता है, और अपरोक्ष सत्ता को लेकर निर्गुण में गुण की कल्पना करता है। परन्तु कल्पना कल्पना ही है, उसमें मानसिक वृत्तियों का वह सच्चा विकास कहाँ जो वास्तव में किसी सगुण से सम्बन्ध रखती हैं? जो आन्तरिक आनन्द हम पृथ्वी, जल, अग्नि, वायु, आकाश के अनुभूत विभवों से प्राप्त कर सकते हैं, पंचतन्मात्राओं से नहीं, क्योंकि उनमें सांसारिकता है, इनमें नहीं। हम विचारों को दौड़ा लें, पर विचार किसी आधार पर ही अवलम्बित हो सकते हैं। सांसारिकों को सांसारिकता ही सुलभ हो सकती है। संसार से परे क्या है? उसकी कल्पना वह भले ही कर ले, किन्तु उसका मन उन्हीं में रम सकता है जो सांसारिक विषय हैं। यही कारण है कि जो निर्गुणवादी बनने का दावा करते हैं वे जब आनन्दमय जीवन की कामना करते हैं तो सगुण भावों का ही आश्रय लेते हैं। सूरदास जी इसके मर्मज्ञ थे। इसलिए उन्होंने सगुण भावों को लेकर ऐसे मोती पिरोये हैं, कि जिनकी बहुमूल्यता चिन्तनीय है कथनीय नहीं। उन्होंने अपने लक्ष्य को प्रकाश में रखा है, अन्धकार में नहीं। इसीलिए उनकी रचनायें प्रेममार्गी अन्य कवियों से सरसता और मोहकता में अधिकतर स्वाभाविक हैं। उनका यह रंग इतना गहरा था कि वे कभी-कभी अपनी धुन में मस्त होकर निर्गुण पर भी कटाक्ष कर जाते हैं। यह उनका प्रमाद नहीं है, वरन् उनकी सगुण परायणता का अनन्य भाव है। मेरा विचार है कि प्रेममार्ग में उनकी विप्रलम्भ शृंगार की रचनायें बड़ा महत्त्व रखती हैं। यह कहना कि संसार के साहित्य में उनका स्थान सर्वोच्च है, कदाचित् अच्छा न समझा जावे, परन्तु यह मानना पड़ेगा कि संसार के साहित्य की उच्चतम कृतियों में वे भी समान स्थान लाभ करने की अधिकारिणी हैं।

15. ब्रजभाषा की अधिकांश क्रियायें अकारान्त या ओकारान्त हैं। उसके सर्वनामों और कारक-चिन्हों, प्रत्ययों एवं प्रातिपदिक शब्दों के प्रयोगों में भी विशेषता है। जो

उसको अन्य भाषाओं अथवा प्रान्तिक बोलियों से अलग करती है। सूरदास जी ने अपनी रचना में इनके शुद्ध प्रयोगों का बहुत अधिक ध्यान रखा है। उद्धृत पद्यों के ऐसे अधिकांश शब्दों और क्रियाओं पर चिन्ह बना दिये गये हैं। उनके देखने से ज्ञात हो जावेगा कि वे ब्रजभाषा पर कितना प्रभाव रखते थे। उनकी रचना में फ़ारसी अरबी के शब्द भी, सामयिक प्रभाव के कारण आये हैं। परन्तु उनको भी उन्होंने ब्रजभाषा के रंग में ढाल दिया है। इन सब विषयों पर अधिक लिखने से व्यर्थ विस्तार होगा। इसलिए मैं इस बाहुल्य से बचता हूँ। थोड़ा सा उन पर विचार दृष्टि डालने से ही अधिकांश बातें स्पष्ट हो जायँगी।

पहले लिख आया हूँ कि सूरदास जी ही ब्रजभाषा के प्रधान आचार्य हैं। वास्तव में बात यह है कि उन्होंने ब्रजभाषा के लिए जो सिद्धान्त साहित्यिक दृष्टि से बनाये और जो मार्ग-प्रदर्शन किया आज तक उसी को अवलम्बन करके प्रत्येक ब्रजभाषा का कवि साहित्य-क्षेत्र में अग्रसर होता है। उनके समय से जितने कवि और महाकवि ब्रजभाषा के हुए वे सब उन्हीं की प्रवर्त्तित-प्रणाली के अनुग हैं उन्हीं का पदानुसरण उस काल से अब तक कवि-समूह करता आया है, उनके समय से अब तक का साहित्य उठा लीजिए, उसमें स्वयं-प्रकाश सूर की ही प्रभा विकीर्ण होती दिखलायी पड़ेगी। जो मार्ग उन्होंने दिखलाया वह आजतक यथातथ्य सुरक्षित है। उसमें कोई साहित्यकार थोड़ा परिवर्तन भी नहीं कर सका। कुछ कवियों ने प्रान्त-विशेष के निवासी होने के कारण अपनी रचना में प्रान्तिक शब्दों का प्रयोग किया है। परन्तु वह भी परिमित है। उन्होंने उस प्रधान आदर्श से मुँह नहीं मोड़ा जिसके लिए कविवर सूरदास कवि-समाज में आज तक पूज्य दृष्टि से देखे जाते हैं।

डॉक्टर जी. ए. ग्रियर्सन ने उनके विषय में जो कुछ लिखा है आप लोगों के अवलोकन के लिए उसे भी यहाँ उद्धृत करता हूँ। वे लिखते हैं–

"साहित्य में सूरदास के स्थान के सम्बन्ध में मैं यही कह सकता हूँ कि वह बहुत ऊँचा है। सब तरह की शैलियों में वे अद्वितीय हैं। आवश्यकता पड़ने पर वे जटिल से जटिल शैली में लिख सकते थे और फिर दूसरे ही पद में ऐसी शैली का अवलम्बन कर सकते थे जिसमें प्रकाश की किरणों की सी स्पष्टता हो। किसी गुण विशेष में अन्य कवि भले ही उनकी बराबरी कर सके हों, किन्तु सूरदास में अन्य समस्त कवियों के सर्वोत्कृष्ट गुणों का एकत्री भाव है।"*

---

* "Regarding Surdas's place in literature, I commonly add that he justly holds a high one. He excelled in all styles. He could. if occasion required. be more obscure than the spbynu and in the next verse he as clear as a ray of light. Other poets may have equalled him in some particular quality, but he combined the best qualities of all."

गोस्वामी तुलसीदास जी की काव्य-कला अमृतमयी है। उससे वह संजीवनी धारा निकली जिसने साहित्य के प्रत्येक अंग को ही नवजीवन नहीं प्रदान किया वरन् मृतकप्राय हिन्दू-समाज के प्रत्येक अंग को वह जीवनी-शक्ति दी जिससे वह बड़े संकटकाल में भी जीवित रह सकी इसीलिए वे हिन्दी-संसार के सुधाधर हैं। गोस्वामी जी की दृष्टि इतनी प्रखर थी और सामयिकता की नाड़ी उन्होंने इस मार्मिकता से टटोली कि उनकी रचनायें आज भी रुग्ण मानसों के लिए रसायन का काम दे रही हैं। यदि केवल अपने अलौकिक ग्रन्थ रामचरित मानस का ही उन्होंने निर्माण किया होता तो भी उनकी वह कीर्ति अक्षुण्ण रहती जो आज निर्मल कौमुदी समान भारत-वसुन्धरा में विस्तृत है। किन्तु उनके और भी कई ग्रन्थ ऐसे हैं जिनसे उनकी कीर्ति-कौमुदी और अधिक उज्ज्वल हो गयी है और इसीलिए वे कौमुदीश हैं। ब्रजभाषा और अवधी दोनों पर उनका समान अधिकार देखा जाता है। जैसी ही अपूर्व रचना वे ब्रजभाषा में करते हैं वैसी ही अवधी में। रामचरितमानस की रचना अवधी भाषा में ही हुई। किन्तु गोस्वामी जी की अवधी परिमार्जित अवधी है और यही कारण है कि जब मलिक मुहम्मद जायसी की 'पदमावत' की भाषा आजकल कठिनता से समझी जाती है तब गोस्वामी जी की रामायण को सर्वसाधारण समझ लेते हैं। मलिक मुहम्मद जायसी की भाषा के विषय में मैं ऊपर लिख आया हूँ। वे भी संस्कृत तत्सम शब्दों का प्रयोग करते हैं किन्तु उनका संस्कृत शब्दों का भाण्डार व्यापक नहीं था। इसलिए वे सरस, भावमय एवं कोमल संस्कृत शब्दों के चयन में उतने समर्थ नहीं बन सके जितने गोस्वामी जी। कहीं-कहीं उन्होंने संस्कृत शब्दों को इतना विकृत कर दिया है कि उसकी पहचान कठिनता से होती है। जैसे 'शार्दूल' का 'सदूर'। परन्तु गोस्वामी जी इस महान दोष से सर्वथा मुक्त हैं। अवधी शब्दों और वाक्यों के विषय में भी उनकी सहृदयता नीर-क्षीर का विवेक करने में हंस की सी शक्ति रखती है। रामचरितमानस विशाल ग्रन्थ है। परन्तु उसमें ग्रामीण भद्दे शब्द बहुत खोजने पर भी नहीं मिलते। कहीं-कहीं तो अवधी शब्द का व्यवहार उनके द्वारा इस मधुरता से हुआ है कि वे बड़े ही हृदयग्राही बन गये हैं। उनकी दृष्टि विशाल थी और वे इस बात के इच्छुक थे कि उनकी रचना हिन्दू-संसार में नवजीवन का संचार करे। अतएव उन्होंने हिन्दी-भाषा के ऐसे अनेक शब्दों को भी अपनी रचना में स्थान दिया है जो अवधी भाषा के नहीं कहे जा सकते। उनकी इस दूरदर्शिनी दृष्टि का ही यह फल है कि आज उनके महान् ग्रन्थ की उतनी व्यापकता है, कि उसके लिए 'गेहे गेहे जने जने' वाली कहावत चरितार्थ हो रही है।

गोस्वामी जी जिस समय साहित्य-क्षेत्र में उतरे उस समय निर्गुणधारा बड़े वेग से बह रही थी। जो जनता को परोक्ष सत्ता की ओर ले जाकर उसके मनों में सांसारिकता से विराग उत्पन्न कर रही थी। विराग वैदिक धर्म का एक अंग है। उसको शास्त्रीय

भाषा में निवृत्ति मार्ग कहते हैं। अवस्था विशेष के लिए ही यह मार्ग निर्दिष्ट है। परन्तु इसका यह अर्थ नहीं कि प्रवृत्ति-मार्ग की उपेक्षा कर अनधिकारी भी निवृत्तिमार्गी बन जाये। निवृत्ति-मार्ग का प्रधान गुण है त्याग, जो सर्वसाधारण के लिए सुलभ नहीं। इसीलिए अधिकारी पुरुष ही निवृत्तिमार्गी बन सकता है क्योंकि जो तत्वज्ञ नहीं वह निवृत्ति-मार्ग के नियमों का पालन नहीं कर सकता। निवृत्ति-मार्ग का यह अर्थ नहीं कि मनुष्य घर-बार और बाल-बच्चों का त्याग कर अकर्मण्य बन जाये और तमूरा खड़का कर अपना पेट पालता फिरे। त्याग मानसिक होता है और उसमें वह शक्ति होती है जो देश, जाति, समाज और मानवीय आत्मा को बहुत उन्नत बना देती है। जो अपने गृह को, परिवार को, पड़ोस को, ग्राम को अपनी सहानुभूति, सत्यव्यवहार और त्याग-बल से उन्नत नहीं बना सकता उसका देश और जाति को ऊँचा उठाने का राग अलापना अपनी आत्मा को ही प्रतारित नहीं करना है, प्रत्युत दूसरों के सामने ऐसे आदर्श उपस्थित करना है जो लोक-संग्रह का बाधक है। निर्गुणवादियों ने लोक-संग्रह की ओर दृष्टि डाली ही नहीं। वे संसार की असारता का राग ही गाते और उस लोक की ओर जनता को आकर्षित करने का उद्योग करते देखे जाते हैं, जो सर्वथा अकल्पनीय है। वहाँ सुधा का स्रोत प्रवाहित होता हो, स्वर्गीय गान श्रवणगत होता हो, सुर-दुर्लभ अलौकिक पदार्थ प्राप्त होते हों। वहाँ उन विभूतियों का निवास हो जो अचिन्तनीय कही जा सकती हैं। परन्तु वे जीवों के किस काम की जब उनको वे जीवन समाप्त करके ही प्राप्त कर सकते हैं? मरने के उपरान्त क्या होता है, अब तक इस रहस्य का उद्घाटन नहीं हुआ। फिर केवल उस कल्पना के आधार पर उसको असार कहना जिसका हमारे जीवन के साथ घनिष्ठ सम्बन्ध है क्या बुद्धिमत्ता है? यदि संसार असार है और उसका त्याग आवश्यक है तो उस सार वस्तु को सामने आना चाहिये कि जो वास्तव में कार्य-क्षेत्र में आकर यह सिद्ध कर दे कि संसार की असारता में कोई सन्देह नहीं। हमारे इन तर्कों का यह अर्थ नहीं कि हम परोक्षवाद का खण्डन करते हैं, या उन सिद्धान्तों का विरोध करने के लिए कटिबद्ध हैं, जिनके द्वारा मुक्ति, नरक, स्वर्ग आदि की सत्ता स्वीकार की जाती है। यह बड़ा जटिल विषय है। आज तक न इसकी सर्वसम्मत निष्पत्ति हुई न भविष्यकाल में होने की आशा है। यह विषय सदा ही रहस्य बना रहेगा। मेरा कथन इतना ही है कि सांसारिक की समुचित रक्षा करके ही परमार्थ-चिन्ता उपयोगी बन सकती है, वरन् सत्य तो यह है कि सांसारिक समुन्नत त्यागमय जीवन ही परमार्थ है। हम आत्म-हित करते हुए जब लोकहित साधन में समर्थ हों तभी मानव जीवन सार्थक हो सकता है। यदि विचार-दृष्टि से देखा जावे तो यह स्पष्ट हो जावेगा कि जो आत्म-हित करने में असमर्थ है वह लोक-हित करने में समर्थ नहीं हो सकता। आत्मोन्नति के द्वारा ही मनुष्य लोकहित करने का अधिकारी होता है। देखा जाता है

कि जिसके मुख से यह निकलता रहता है कि 'अजगर करै न चाकरी, पंछी करै न काम, दास मलूका यों कहे, सब के दाता राम', वह भी हाथ-पाँव डालकर बैठा नहीं रहता। क्योंकि पेट उसको बैठने नहीं देता। हाँ, इस प्रकार के विचारों से समाज में अकर्मण्यता अवश्य उत्पन्न हो जाती है, जिससे अकर्मण्य प्राणी जाति और समाज के बोझ बन जाते हैं। उचित क्या है? यही कि हम अपने हाथ पाँव आदि को उन कर्मों में लगावें कि जिनके लिए उनका सृजन है। ऐसा करने से लाभ यह होगा कि हम स्वयं संसार से लाभ उठावेंगे और इस प्रवृत्ति के अनुसार सांसारिक अन्य प्राणियों को भी लाभ पहुँचा सकेंगे। प्रयोजन यह है कि सांसारिकता की रक्षा करते हुए, लोक में रहकर लोक के कर्त्तव्य का पालन करते हुए, यदि मानव वह विभूति प्राप्त कर सके जो अलौकिक बतलायी जाती है। तब तो उसकी जीवन-यात्रा सुफल होगी, अन्यथा सब प्रकार की असफलता ही सामने आवेगी। रहा यह कि परलोक में क्या होगा उसको यथातथ्य कौन बतला सका?

निर्गुणवाद की शिक्षा लगभग ऐसी ही है, जो संसार से विराग उत्पन्न करती रहती है। घर छोड़ो, धन छोड़ो, विभव छोड़ो, कुटुम्ब परिवार छोड़ो, करो क्या? जप, तप और हरि-भजन। जीवन चार दिन का है, संसार में कोई अपना नहीं। इसलिए सबको छोड़ो और भगवान का नाम जप कर अपना जन्म बनाओ। इस शिक्षा में लोक-संग्रह का भाव कहाँ? इन्हीं शिक्षाओं का यह फल है कि आजकल हिन्दू-समाज में कई लाख ऐसे प्राणी हैं जो अपने को संसार त्यागी समझते हैं और आप कुछ न कर दूसरों के सिर का बोझ बन रहे हैं। उनके बाल-बच्चे अनाथ हों, उनकी स्त्री भूखों मरे, उनकी बला से। वे देश के काम आवें या न आवें, जाति का उनसे कुछ भला हो या न हो, समाज उनसे छिन्न-भिन्न होता है तो हो, उनको इन बातों से कोई मतलब नहीं, क्योंकि वे भगवान के भक्त बन गये हैं और उनको इन पचड़ों से कोई काम नहीं। संसार में रह कर कैसे जीवन व्यतीत करना चाहिए? कैसे दूसरों के काम आना चाहिए? कैसे कष्टितों का कष्ट-निवारण करना चाहिए? कैसे प्राणिमात्र का हित करना चाहिए? मानवता किसे कहते हैं? साधुचरित्र का क्या महत्त्व है? महात्मा किसका नाम है? वे न इन सब बातों को जानते और न इन्हें जानने का उद्योग करते हैं। फिर भी वे हरि भक्त हैं और इस बात का विश्वास रखते हैं कि उनके लेने के लिए सीधे सत्य लोक से विमान आयेगा। जिसके ऐसे संस्कार हैं उससे लोक-संग्रह की क्या आशा है? किन्तु कष्ट की बात है कि अधिकांश हमारा संसार-त्यागी समाज ऐसा ही है। क्योंकि उसने त्याग और हरिभजन का मर्म समझा ही नहीं, और क्यों समझता जब परोक्ष सत्ता ही से उसको प्रयोजन है और संसार से उसका कोई सम्बन्ध नहीं।

महाप्रभु वल्लभाचार्य ने हिन्दू-समाज के इस रोग को उस समय पहचाना था और

उन्होंने अपने सम्प्रदाय का यह प्रधान सिद्धान्त रखा कि गार्हस्थ्य धर्म में रह कर ही और सांसारिक समस्त कर्तव्यों का पालन करते हुए ही परमार्थ चिन्ता करनी चाहिए, जिससे समाज लोक संग्रह के मर्म को न समझ कर अस्त-व्यस्त न हो। त्याग का विरोध उन्होंने नहीं किया, किन्तु त्याग के उस उच्च आदर्श की ओर हिन्दू समाज की दृष्टि आकर्षित की जो मानस-सम्बन्धी सच्चा त्याग है। उनका आदर्श इस श्लोक के अनुसार था।

वनेषु दोषाः प्रभवन्ति रागिणाम्,
गृहेषु पञ्चेन्द्रिय निग्रहस्तपः
अकुत्सिते कर्मणि यः प्रवर्त्तते,
निवृत्त रागस्य गृहं तपोवनम्।

रागात्मक जनों के लिए वन भी सदोष बन जाता है घर में रह कर पाँचों इन्द्रियों का निग्रह करना ही तप है। जो अकुत्सित कर्मों में प्रवृत्त होता है उसके लिए घर ही तपोवन है। महाप्रभु वल्लभाचार्य की तरह गोस्वामी जी में भी लोक-संग्रह का भाव बड़ा प्रबल था। सामयिक मिथ्याचारों और अयथा विचारों से वे संतप्त थे। आर्य-मर्यादा का रक्षण ही उनका ध्येय था। वे हिन्दू जाति की रगों में वह लोहू भरना चाहते थे कि जिससे वह सत्य-संकल्प और सदाचारी बन कर वैदिक धर्म की रक्षा के उपयुक्त बन सके। वे यह भली भाँति जानते थे कि लोक संग्रह सभ्यता की उच्च सीढ़ियों पर आरोहण किये बिना ठीक-ठीक नहीं हो सकता, वे हिन्दू जनता के हृदय में यह भाव भी भरना चाहते थे कि चरित्र-बल ही संसार में सिद्धि-लाभ का सर्वोत्तम साधन है। इसलिए उन्होंने उस ग्रन्थ की रचना की जिसका नाम रामचरितमानस है और जिसमें इन सब बातों की उच्च से उच्च शिक्षा विद्यमान है। उनकी वर्णन-शैली और शब्द-विन्यास इतना प्रबल है कि उनसे कोई हृदय प्रभावित हुए बिना नहीं रहता। अपने महान् ग्रन्थ में उन्होंने जो आदर्श हिन्दू-समाज के सामने रखे हैं वे इतने पूर्ण, व्यापक और उच्च हैं जो मानव-समाज की समस्त आवश्यकताओं और न्यूनताओं की पूर्ति करते हैं। भगवान् रामचन्द्र का नाम मर्यादा पुरुषोत्तम है। उनकी लीलायें आचार-व्यवहार और नीति भी मर्यादित है। इसलिए रामचरितमानस भी मर्यादामय है। जिस समय साहित्य में मर्यादा का उल्लंघन करना साधारण बात थी, उस समय गोस्वामी जी को ग्रन्थ भर में कहीं मर्यादा का उल्लंघन करते नहीं देखा जाता। कवि कर्म्म में जितने संयत वे देखे जाते हैं, हिन्दी-संसार में कोई कवि या महाकवि उतना संयत नहीं देखा जाता और यह उनके महान् तप और शुद्ध विचार तथा उस लगन का ही फल है जो उनको लोक-संग्रह की ओर खींच रहा था।

गोस्वामी जी का प्रधान ग्रन्थ रामायण है। उसमें धर्मनीति, समाजनीति, राजनीति का सुन्दर से सुन्दर चित्रण है। गृहमेधियों से लेकर संसार-त्यागी संन्यासियों तक के लिए उसमें उच्च से उच्च शिक्षायें मौजूद हैं। कर्त्तव्य-क्षेत्र में उतर कर मानव किस प्रकार उच्च जीवन व्यतीत कर सकता है, जिस प्रकार इस विषय में उसमें उत्तम से उत्तम शिक्षायें मौजूद हैं उसी प्रकार परलोक-पथ के पथिकों के लिए भी पुनीत ज्ञान-चर्चा और लोकोत्तर विचार विद्यमान है। हिन्दू-धर्म के विविध मतों का समन्वय जैसा इस महान् ग्रन्थ में मिलता है वैसा किसी अन्य ग्रन्थ में दृष्टिगत नहीं होता। शैवों और वैष्णवों का कलह सर्व-जन विदित है परन्तु गोस्वामी जी ने उसका जिस प्रकार निराकरण किया उसकी जितनी प्रशंसा की जाय थोड़ी है। समस्त वेद, शास्त्र और पुराणों के उच्च से उच्च भावों का निरूपण इस ग्रन्थ में पाया जाता है और अतीव प्रांजलता के साथ। काव्य और साहित्य का कोई उत्तम विषय ऐसा नहीं कि जिसका दर्शन इस ग्रन्थ में न होता हो। यह ग्रन्थ सरसता, मधुरता और मनोभावों के चित्रण में जैसा अभूतपूर्व है वैसा ही उपयोगिता में भी अपना उच्च स्थान रखता है। यही कारण है कि तीन सौ वर्ष से वह हिन्दू समाज, विशेषकर उत्तरीय भारत, का आदर्श ग्रन्थ है। जिस समय मुसलमानों का अव्याहत प्रताप था, शास्त्रों के मनन, चिन्तन का मार्ग धीरे-धीरे बन्द हो रहा था, संस्कृत की शिक्षा दुर्लभतर हो रही थी और हिन्दू समाज के लिए सच्चा उपदेशक दुष्प्राप्य था। उस समय इस महान ग्रन्थ का प्रकाश ही उस अन्धकार का नाश कर रहा था जो अज्ञात रूप में हिन्दुओं के चारों ओर व्याप्त था। आज भी उत्तर भारत के गाँव-गाँव में हिन्दू शास्त्र के प्रमाण-कोटि में रामायण की चौपाइयाँ गृहीत हैं। प्रायः अंग्रेज विद्वानों ने लिखा है कि योरोप में जो प्रतिष्ठा बाइबिल (Bible) को प्राप्त है भारतवर्ष में वह गौरव यदि किसी ग्रन्थ को मिला तो वह रामचरितमानस है। एक साधारण कुटी से लेकर राजमहलों तक में यदि किसी ग्रन्थ की पूजा होती है तो वह रामायण ही है। उसका श्रवण, मनन और गान सबसे अधिक अब भी होता है। व्याख्याता अपने व्याख्यानों में रामायण की चौपाइयों का आधार लेकर जनता पर प्रभाव डालने में आज भी अधिक समर्थ होता है। वास्तव बात तो यह है कि आज दिन जो महत्त्व इस ग्रन्थ को प्राप्त है वह किसी महान् से महान् संस्कृत ग्रन्थ को भी नहीं। इन बातों पर दृष्टि रख कर जब विचार करते हैं तो यह ज्ञात होता है कि गोस्वामी जी हिन्दी-साहित्य के सर्वमान्य कवि ही नहीं हैं, हिन्दू-संसार के सर्वपूज्य महात्मा भी हैं।

मैं पहले कविवर सूरदास जी के विषय में अपनी सम्मति प्रकट कर चुका हूँ और अब भी यह मुक्त कंठ से कहता हूँ कि सूरदास जी ने जिस विषय पर लेखनी चलाई है, उसमें उनकी समकक्षता करने वाला हिन्दी-साहित्य में कोई अब तक उत्पन्न नहीं

हुआ। किन्तु जैसी सर्वतोमुखी प्रतिभा गोस्वामी जी में देखी जाती है, सूरदास जी में नहीं।

गोस्वामी जी नवरस-सिद्ध महाकवि हैं। सूरदास जी को यह गौरव प्राप्त नहीं। कला की दृष्टि से सूरदास जी तुलसीदास जी से कम नहीं हैं। दोनों एक दूसरे के समकक्ष हैं। किन्तु उपयोगिता की दृष्टि से तुलसीदास जी का स्थान अधिक उच्च है। दूसरी विशेषता गोस्वामी जी में यह है कि उनकी रचनायें बड़ी ही मर्यादित हैं। वे श्रीमती जानकी जी का वर्णन जहाँ करते हैं वहाँ उनको जगज्जननी के रूप में ही चित्रण करते हैं। उनकी लेखनी जानकी जी की महत्ता जिस रूप में चित्रित करती है वह बड़ी ही पवित्र है। जानकी जी के सौन्दर्य-वर्णन की भी उन्होंने पराकाष्ठा की है। किन्तु उस वर्णन में भी उनका मातृ पद सुरक्षित है। निम्नलिखित पंक्तियों को देखिये—

1. जो पटतरिय तीय सम सीया।
जग अस जुवति कहाँ कमनीया।
गिरा मुखर तनु अरध भवानी।
रति अति दुखित अतनु पति जानी।
बिष बारुनी बन्धु प्रिय जेही।
कहिय रमा सम किमि बैदेही।
जो छबि सुधा पयोनिधि होई।
परम रूपमय कच्छप सोई।
सोभा रजु मंदर सिंगारू।
मथै पानि-पंकज निज मारू।
येहि विधि उपजै लच्छि जब, सुन्दरता सुख मूल।
तदपि सकोच समेत कबि, कहहिं सीय सम तूल।

सूरदास जी में यह उच्च कोटि की मर्यादा दृष्टिगत नहीं होती। वे जब श्रीमती राधिका के रूप का वर्णन करने लगते हैं तो ऐसे अंगों का भी वर्णन कर जाते हैं जो अवर्णनीय है। उनका वर्णन भी इस प्रकार करते हैं जो संयत नहीं कहा जा सकता। कभी-कभी इस प्रकार का वर्णन अश्लील भी हो जाता है। मैं यह मानूँगा कि प्राचीन काल से कवि-परम्परा कुछ ऐसी ही रही है। संस्कृत के कवियों में भी यह दोष पाया जाता है। कवि-कुल-गुरु कालिदास भी इस दोष से मुक्त न रह सके। रघुवंश में वे इन शब्दों में पार्वती और परमेश्वर की वंदना करते हैं—**"वागर्थमिव सम्पृक्तौ वागर्थ प्रतिपत्तये! जगतः पितरौ वंदे, पार्वती परमेश्वरौ"**। परन्तु उन्होंने ही कुमार-सम्भव के अष्टम सर्ग में भगवान शिव और जगज्जननी पार्वती का विलास ऐसा वर्णन किया है

जो अत्यन्त अमर्यादित है। संस्कृत के कई विद्वानों ने उनकी इस विषय में कुत्सा की है। यह कवि-परम्परा ही का अन्धानुकरण है कि जिससे कवि-कुल-गुरु भी नहीं बच सके, फिर ऐसी अवस्था में सूरदास जी का इस दोष से मुक्त न होना आश्चर्यजनक नहीं। यह गोस्वामी जी की ही प्रतिभा की विशेषता है कि उन्होंने चिरकाल-प्रचलित इस कुप्रथा का त्याग किया और यह उनकी भक्तिमय प्रवृत्ति का फल है। इस भक्ति के बल से ही उनकी कविता के अनेक अंश अभूतपूर्व और अलौकिक हैं। इस प्रवृत्ति ने ही उनको बहुत ऊँचा उठाया और इस प्रवृत्ति के बल से ही इस विषय में वे सूरदास जी पर विजयी हुए। आत्मोन्नति, सदाचार-शिक्षा, समाज-संगठन, आर्य जातीय उच्च भावों के प्रदर्शन, सद्भाव, सत् शिक्षा के प्रचार एवं मानव प्रकृति के अध्ययन में जो पद तुलसीदास जी को प्राप्त है उस उच्च पद को सूरदास जी नहीं प्राप्त कर सके। दृष्टिकोण की व्यापकता में भी सूरदास का वह स्थान नहीं है जो स्थान गोस्वामी जी का है। मैं यह मानूँगा कि अपने वर्णनीय विषयों में सूरदास जी की दृष्टि बहुत व्यापक है। उन्होंने एक-एक विषय को कई प्रकार से वर्णन किया है। मुरली पर पचासों पद्य लिखे हैं तो नेत्रों के वर्णन में सैकड़ों पद लिख डाले हैं। परन्तु सर्व विषयों में अथवा शास्त्रीय सिद्धान्तों के निरूपण में जैसी विस्तृत दृष्टि गोस्वामी जी की है उनकी नहीं। सूरदास जी का मुरली-निनाद विश्व विमुग्धकर है। उनकी प्रेम-सम्बन्धी कल्पनायें भी बड़ी ही सरस एवं उदात्त हैं। परन्तु गोस्वामी जी की मेघ-गम्भीर गिरा का गौरव विश्वजनीन है और स्वर्गीय भी। उनकी भक्ति भावनायें भी लोकोत्तर हैं। इसलिए मेरा विचार है कि गोस्वामी जी का पद सूरदास जी से उच्च है।

मैंने पहले यह लिखा है कि अवधी और ब्रजभाषा दोनों पर उनका समान अधिकार था। मैं अपने इस कथन की सत्यता-प्रतिपादन के लिए उनकी रचनाओं में से दोनों प्रकार के पद्यों को नीचे लिखता हूँ। उनको पढ़कर आप लोग स्वयं अनुभव करेंगे कि मेरे कथन में अत्युक्ति नहीं है।

1. **फोरइ जोग कपारु अभागा।**
   भलेउ कहत दुख रउरेहिं लागा।
   कहहिं झूठि फुरि बात बनाई।
   ते प्रिय तुम्हहिं करुइ मैं माई।
   हमहुँ कहब अब ठकुरसोहाती।
   नाहिं त मौन रहब दिन राती।
   करि कुरूप बिधि परबस कीन्हा।
   ववा सो लुनिय लहिय जो दीन्हा।

कोउ नृप होइ हमैं का हानी।
चेरि छाँड़ि अब होब कि रानी।
जारइ जोग सुभाउ हमारा।
अनभल देखि न जाइ तुम्हारा।
तातें कछुक बात अनुसारी।
छमिय देवि बड़ि चूक हमारी।
तुम्ह पूँछउ मैं कहत डराऊँ।
धरेउ मोर घरफोरी नाऊँ।
रहा प्रथम अब ते दिन बीते।
समउ फिरे रिपु होइँ पिरीते।
जन तुम्हारि चह सवति उखारी।
रूँधहु करि उपाइ बर बारी।

तुम्हहिं न सोच सोहाग बल, निज बस जानहु राउ।
मन मलीन मुँहु मीठु नृप, राउर सरल सुभाउ।

जौ असत्य कछु कहब बनाई।
तौ विधि देइहि हमहिं सजाई।
रेख खँचाइ कहहुँ बल भाखी।
भामिनि भइहु दूध कै माखी।
काह करउँ सखि सूध सुभाऊ।
दाहिन बाम न जानउँ काऊ।
नैहर जनम भरब बरु जाई।
जिअत न करन रावति सेवकाई।

रामायण

2. मोकहँ झूठहिं दोष लगावहिं।
मइया इनहिं बान परगृह की नाना जुगुति बनावहिं।
इन्ह के लिए खेलिबो छोर्‌यो तऊ न उबरन पावहिं।
भाजन फोरि बोरि कर गोरस देन उरहनो आवहिं।
कबहुंक बाल रोवाइ पानि गहि
एहि मिस करि उठि धावहिं।
करहिं आप सिर धरहिं आन के

बचन बिरंचि हरावहिं।
मेरी टेव बूझ हलधर सों संतत संग खेलावहिं।
जे अन्याउ करहिं काहू को ते सिसु मोहिं न भावहिं।
सुनि सुनि बचन-चातुरी
ग्वालिनि हँसि हँसि बदन दुरावहिं।
बालगोपाल केलि कल कीरति।
तुलसिदास मुनि गावहिं।

3. अबहिं उरहनो दे गई बहुरो फिरि आई।
सुनि मइया तेरी सौं करौं याकी टेव
लरन की सकुच बेंचि सी खाई।
या ब्रज में लरिका घने हौं ही अन्याई।
मुँह लाये मूँड़हिं चढ़ी अन्तहु
अहिरिनि तोहिं सूधी करि पाई।

कृष्ण गीतावली

रामायण का पद्य अवधी बोलचाल का बड़ा ही सुन्दर नमूना है। उसमें भावुकता कितनी है और मानसिक भाव का कितना सुन्दर चित्रण है इसको प्रत्येक सहृदय समझ सकता है। स्त्री-सुलभ प्रकृति का इन पद्यों में ऐसा सच्चा चित्र है कि जिसको बार-बार पढ़कर भी जी नहीं भरता। कृष्ण गीतावली के दोनों पद भी अपने ढंग के बड़े ही अनूठे हैं। उनमें ब्रजभाषा-शब्दों का कितना सुन्दर व्यवहार है और किस प्रकार मुहावरों की छटा है, वह अनुभव की वस्तु है। बालभाव का जैसा चित्र दोनों पदों में है उसकी जितनी प्रशंसा की जाय थोड़ी है। गोस्वामी जी की लेखनी का यह महत्त्व है कि वे जिस भाव को लिखते हैं उसका यथातथ्य चित्रण कर देते हैं और यही महाकवि का लक्षण है। गोस्वामी जी ने अपने ग्रन्थों में से रामायण की मुख्य भाषा अवधी रखी है। जानकी मंगल, राम लला नहछू, बरवै रामायण और पार्वती मंगल की भाषा भी अवधी है। कृष्ण गीतावली को उन्होंने शुद्ध ब्रजभाषा में लिखा है। अन्य ग्रन्थों में उन्होंने बड़ी स्वतन्त्रता से काम लिया है। इनमें उन्होंने अपनी इच्छा के अनुसार यथावसर ब्रजभाषा और अवधी दोनों के शब्दों का प्रयोग किया है।

गोस्वामी जी की यह विशेषता भी है कि उनका हिन्दी के उस समय के प्रचलित छन्दों पर समान अधिकार देखा जाता है। यदि उन्होंने दोहा-चौपाई में प्रधान-ग्रन्थ लिख कर पूर्ण सफलता पायी तो कवितावली को कवित्त और सवैया में एवं गीतावली और

विनय-पत्रिका को पदों में लिखकर मुक्तक विषयों के लिखने में भी अपना पूर्ण अधिकार प्रकट किया। उनके बरवै भी बड़े सुन्दर हैं और उनकी दोहावली के दोहे भी अपूर्व हैं। इस प्रकार की क्षमता असाधारण महाकवियों में ही दृष्टिगत होती है। मैं इन ग्रन्थों के भी थोड़े से पद्य आप लोगों के सामने रखता हूँ। उनको पढ़िये और देखिये कि उनमें प्रस्तुत विषय और भावों के चित्रण में कितनी तन्मयता मिलती है और प्रत्येक छन्द में उनकी भाषा का झंकार किस प्रकार भावों के साथ झंकृत होता रहता है। विषयानुकूल शब्द-चयन में भी वे निपुण थे। नीचे के पद्यों को पढ़कर आप यह समझ सकेंगे कि भाषा पर उनका कितना अधिकार था। वास्तव में भाषा उनकी अनुचरी ज्ञात होती है। वे उसे जब जिस ढंग में ढालना चाहते हैं ढाल देते हैं–

4. **बर दंत की पंगति कुंद कली**
अधराधर पल्लव खोलन की।
चपला चमकै घन बीच जगै
छबि मोतिन माल अमोलन की।
घुंघरारी लटें लटकैं मुख ऊपर
कुण्डल लोल कपोलन की।
निवछावर प्रान करै तुलसी
बलि जाउँ लला इन बोलन की।

5. **हाट बाट कोट ओट अटनि अगार पौरि**
खोरि खोरि दौरि दौरि दीन्हों अति आगि है।
आरत पुकारत सँभारत न कोऊ काहू
व्याकुल जहाँ सो तहाँ लोक चल्यो भागि है।
बालधी फिरावै बार बार झहरावै झरैं
बुंदियाँ-सी लंक पघिराइ पाग पागि है।
तुलसी बिलोकि अकुलानी जातुधानी कहैं
चित्रहूं के कपि सों निसाचर न लागि है।

कवितावली

6. **पौढ़िये लाल पालने हौं झुलावौं।**
बाल बिनोद मोद मंजुल मनि
किलकनि खानि खुलावौं।
तेइ अनुराग ताग गुहिबे कहँ
मति मृगनैनि बुलावौं।

तुलसी भनित भली भामिनि
उर सो पहिराइ फुलावौं।
चारु चरित रघुवर तेरे तेहि
मिलि गाइ चरन चित लावौं।

7. बैठी सगुन मनावति माता।
कब अइहैं मेरे बाल कुसल घर
कहहु काग फुरि बाता।
दूध भात की दोनी दैहों
सोने चोंच मढ़ैहौं।
जब सिय सहित बिलोकि
नयन भरि राम लखन उर लैहौं।
अवधि समीप जानि जननी
जिय अति आतुर अकुलानी।
गनक बुलाइ पाय परि पूछत
प्रेम मगन मृदु बानी।
तेहि अवसर कोउ भरत
निकट ते समाचार लै आयो।
प्रभु आगमन सुनत तुलसी
मनो मरत मीन जल पायो।

गीतावली

8. बावरो रावरो नाह भवानी।
दानि बड़ो दिन देत दये
बिनु बेद बड़ाई भानी।
निज घर की बर बात बिलोकहु
हो तुम परम सयानी।
सिवकी दई संपदा देखत
श्री सारदा सिहानी।
जिनके भाल लिखी लिपि
मेरी सुख की नहीं निसानी।
तिन रंकन को नाक सँवारत
हौं आयों नकवानी।

दुख दीनता दुखी इनके दुख
जाचकता अकुलानी।
यह अधिकार सौंपिये
औरहिं भीख भली मैं जानी।
प्रेम प्रसंसा विनय व्यंग जुत
सुनि विधि की बर बानी।
तुलसी मुदित महेस मनहिं मन
जगत मातु मुसकानी।

9. अबलौं नसानी अब ना नसैहौं।
राम कृपा भव निसा सिरानी
जागे फिर न डसैहौं।
पायो नाम चारु चिंतामनि
उर कर ते न खसैहौं।
स्याम रूप सुचि रुचिर कसौटी
चित कंचनहिं कसैहौं।
परवस जानि हस्यों इन इन्द्रिन
निज बस ह्वै न हँसैहौं।
मन मधुकर पन करि तुलसी
रघुपति पदकमल बसैहौं।

विनय पत्रिका

10. गरब करहु रघुनन्दन जनि मन माँह।
देखहु आपनि मूरति सिय कै छाँह।
डहकनि है उँजियरिया निसि नहिं घाम।
जगत जरत अस लागइ मोंहि बिनु राम।
अब जीवन कै है कपि आस न कोइ।
कनगुरिया कै मुँदरी कंकन होइ।
स्याम गौर दोउ मूरति लछिमन राम।
इनते भई सित कीरति अति अभिराम।
विरह आग उर ऊपर जब अधिकाइ।
ए अँखिया दोउ बैरिन देहिं बुताइ।

सम सुबरन सुखमाकर सुखद न थोर।
सीय अंग सखि कोमल कनक कठोर।

बरवै रामायण

11. **तुलसी पावस के समै धरी कोकिला मौन।**
अब तो दादुर बोलिहैं हमैं पूछि है कौन।
हृदय कपट बर बेष धरि बचन कहैं गढ़ि छोलि।
अब के लोग मयूर ज्यों क्यों मिलिए मन खोलि।
आवत ही हरखै नहीं नैनन नहीं सनेह।
तुलसी तहाँ न जाइये कंचन बरसै मेह।
तुलसी मिटै न मोह तम किये कोटि गुन ग्राम।
हृदय कमल फूलै नहीं बिनु रवि कुल रवि राम।
अमिय गारि गारेउ गरल नारि करी करतार।
प्रेम बैर की जननि जुग जानहिं बुध न गँवार।

दोहावली

ब्रजभाषा और अवधी के विशेष नियम क्या हैं? मैं इसे पहले विस्तार से लिख चुका हूँ। मलिक मुहम्मद जायसी और सूरदास की भाषा में उक्त भाषाओं के नियमों का प्रयोग भी दिखला चुका हूँ। गोस्वामी जी की रचना में भी अवधी और ब्रज-भाषा के नियमों का पालन पूरा-पूरा हुआ है। मैं उनकी रचना की पंक्तियों को लेकर इस बात को प्रमाणित कर सकता हूँ। किन्तु यह बाहुल्य मात्र होगा। गोस्वामी जी की उद्धृत रचनाओं को पढ़कर आप लोग स्वयं इस बात को समझ सकते हैं कि उन्होंने किस प्रकार दोनों भाषाओं के नियमों का पालन किया मैं उसका दिग्दर्शन मात्र ही करूँगा। युक्ति-विकर्ष के प्रमाण भूत ये शब्द हैं, गरब, अरध, मूरति। कारकों का लोप इन वाक्याशों में पाया जाता है 'बोरि कर गोरस', 'बाल रोबाइ', 'सिर धरहिं आन के', 'वचन बिरंचि हरावहि', 'पालने पौढ़िये', 'किलकनि खानि', 'तुलसी भनिति', 'सोने चोंच मढ़ैहों', 'रामलखन उर लेहौं', 'वेद बड़ाई' 'जगत मातु'। 'श', 'ण', 'क्ष' इत्यादि के स्थान पर 'स', 'न', 'छ', का व्यवहार 'सिंगारू', 'प्रसंशा', 'परबस', 'सिसु', 'पानि', 'भरन', 'गनक', 'लच्छि' आदि में है। पञ्चम वर्ण की जगह पर अनुस्वार का प्रयोग 'मंजुल', 'बिरंचि', 'कंचनहि' आदि में मिलेगा। शब्द के आदि के 'य' के स्थान पर 'ज' का व्यवहार जुवति, जागु, जुगुति आदि में आप देखेंगे। संज्ञाओं और विशेषणों के अपभ्रंश के अनुसार, उकारान्त प्रयोग के उदाहरण ये शब्द हैं, कपारु, मुहुँ, मीठु, आदि ह्रस्व का दीर्घ और दीर्घ का ह्रस्व-प्रयोग कमनीया 'बाता', 'जुवति', 'रेख' इत्यादि शब्दों

में हुआ है। प्राकृत शब्दों का उसी के रूप में ग्रहण तीय, नाह इत्यादि में है। ब्रजभाषा की रचना में आपको संज्ञायें क्रियायें दोनों अधिकतर ओकारान्त मिलेंगी और इसी प्रकार अवधी की संज्ञायें और क्रियायें नियमानुकूल अकारान्त पायी जायेंगी। उराहनो, बहुरो, पायो, आयो, बड़ो कहब, रहब, होब, देन राउर इत्यादि इसके प्रमाण हैं। अधिकतर तद्भव शब्द ही दोनों भाषाओं में आये हैं। परन्तु जहाँ भाषा तत्सम शब्द लाने से ही सुन्दर बनती है वहाँ गोस्वामी जी ने तत्सम शब्दों का प्रयोग भी किया है। जैसे 'प्रिय', 'कुरूप', 'रिपु', 'असत्य', 'पल्लव' इत्यादि। मुहावरों का प्रयोग भी उन्होंने अधिकता से किया है। परन्तु विशेषता यह है कि जिस भाषा में मुहावरे आये हैं उनको उसी भाषा के रूप में लिखा है जैसे 'नयनभरि', 'मुँह लाये', 'मूड़हिं चढ़ी', 'जनम भरव', 'नकवानी आयो', 'ठकुरसुहाती', 'बवा सो लुनिय, इत्यादि अवधी में स्त्रीलिंग के साथ सम्बन्ध का चिह्न सदा "कै" आता है। गोस्वामी जी की रचनाओं में भी ऐसा ही किया गया है, 'दूध कै साखी', 'कै छाँह', इत्यादि इसके सबूत हैं। क्रिया बनाने में विधि के साथ इकार का संयोग किया जाता है उनकी कविता में भी यह बात मिलती है जैसे 'भरि', 'फोरी', 'बोरि' इत्यादि। अनुप्रास के लिए तुकान्त में इस 'इ' को दीर्घ भी कर दिया जाता है। उन्होंने भी ऐसा किया है। देखिये 'जानी', 'होई' इत्यादि। ऐसे ही नियम सम्बन्धी अन्य बातें भी आप लोगों को उनमें दृष्टिगत होंगी।

सूरदास जी के हाथों में पड़कर ब्रजभाषा और गोस्वामी जी की लेखने से लिखी जाकर अवधी प्रौढ़ता को प्राप्त हो गयी। इन दोनों भाषाओं का उच्च से उच्च विकास इन दोनों महाकवियों के द्वारा हुआ। साहित्यिक भाषा में जितना सौन्दर्य-सम्पादन किया जा सकता है इन दोनों महापुरुषों से इनकी रचनाओं में उसकी भी पराकाष्ठा हो गयी। अनुप्रासों और रस एवं भावानुकूल शब्दों का विन्यास जैसा इन कविकर्म्मनिपुण महाकवियों की कृति में पाया जाता है वैसा आज तक की हिन्दी भाषा की समस्त रचनाओं में नहीं पाया जाता भविष्य में क्या होगा, इस विषय में कुछ कहना असम्भव है। "जिनको सजीव पंक्तियाँ कहते हैं" वे जितनी इन लोगों की कविताओं में मिलती हैं उतनी अब तक की किसी कविता में नहीं मिल सकीं। यदि इन लोगों की शब्द-माला में लालित्य नर्तन करता मिलता है तो भाव सुधा-वर्षण करते हैं। जब किसी भाषा की कविता प्रौढ़ता को प्राप्त होती है उस समय उसमें व्यंजना की प्रधानता हो जाती है। इन लोगों की अधिकांश रचनाओं में भी यही बात देखी जाती है।

गोस्वामी जी के विषय में योरोपीय या अन्य विद्वानों की जो सम्मतियाँ हैं उनमें से कुछ सम्मतियों को मैं नीचे लिखता हूँ। उनके पढ़ने से आप लोगों को ज्ञात होगा कि

गोस्वामीजी के विषय में विदेशी विद्वान् भी कितनी उत्तम सम्मति और कितना उच्च भाव रखते हैं। प्रोफेसर मोल्टन यह कहते हैं।

"मानव प्रकृति की अत्यन्त सूक्ष्म और गम्भीर ग्रहणशीलता, करुणा से लेकर आनन्द तक के सम्पूर्ण मनोविकारों के प्रति संवेदनशीलता, स्थान-स्थान पर मध्यमश्रेणी का भाव जिस पर हँसते हुए महासागर के अनन्त बुद्बुदों की तरह परिहास क्रीड़ा करता है; कल्पना-शक्ति का स्फुरण जिसमें अनुभव और सृष्टि दोनों एक ही मानसिक क्रिया जान पड़ती हैं, सामञ्जस्य और अनुपात की वह धारणा जो जिसे ही स्पर्श करेगी उसे ही कलात्मक बना देगी; भाषा पर वह अधिकार जो विचार का अनुगामी है और वह भाषा जो स्वयं ही सौन्दर्य है; ये सब काव्य-स्फूर्ति के पृथक्-पृथक तत्त्व जिनमें से एक भी विशेष मात्रा में विद्यमान होकर कवि की सृष्टि कर सकता है। तुलसीदास में सम्मिलित रूप से पाये जाते हैं।"*

एक दूसरे सज्जन की यह सम्मति है–

"हम पैगम्बर (ईश्वरीय दूत) को उसके कार्यों के परिणामों की कसौटी पर ही कसते हैं। जब मैं यह कहता हूँ कि पूरे नौ करोड़ मनुष्य अपने नैतिक और धार्मिक आचार-सम्बन्धी सिद्धान्तों को तुलसीदास की कृति ही से ग्रहण करते हैं तो अत्युक्ति नहीं करता, मेरा यह अनुमान साधारण जनसंख्या से कुछ कम ही है। वर्तमान समय में उनका जितना प्रभाव है कि यदि उसके आधार पर हम अपना निर्णय स्थिर करें तो वे एशिया के तीन या चार महान लेखकों में परिगणित होंगे।"**

डॉक्टर जी. ए. ग्रियर्सन का यह कथन है–

"भारतवर्ष के इतिहास में तुलसीदास का बहुत अधिक महत्त्व है। उनके काव्य की साहित्यिक उत्कृष्टता की ओर न भी ध्यान दें तो भागलपुर से लेकर पंजाब तक और

---

* Grasp of human nature the most profound, the most subtle; responsiveness to emotion throughout the whole scale from tragic pathes to rollicking jollity, with a middle range, over which plays a humour like the innumerable twinklings of a laughing ocean; powers of imagination so instinctive that to percieve and create seem the same mental act; a sense of symmetry and proportion that will make everything it touches into art; mastery of language that is the servant of thought and language that is the beauty in it self; all these separate elements of poetic force, any one of which inconsicuous degree might make a poet, are in Tulsidasa found in complete combination "Prof. Moultons 'World Literature' P. 166."

** "We judge of a prophet by his fruits and I give much less than usual estimate when I say that fully ninty millions of people have heard the theories of moral and religious conduct upon his writings. Is we take the influence exercised by him at present time as our test, he in one of the three of four great writers of Asia."

—J. R. A. S., July 1930 P. 155.

हिमालय से लेकर नर्मदा तक समस्त श्रेणियों के लोगों का उन्हें आदरपूर्वक ग्रहण करना ध्यान देने योग्य बात है। तीन सौ से भी अधिक वर्षों से उनके काव्य का हिन्दू जनता की बोलचाल, तथा उसके चरित्र और जीवन से सम्बन्ध है। वह उनकी कृति को केवल उसके काव्य-गत सौन्दर्य के लिए ही नहीं चाहती है, उसे श्रद्धा की दृष्टि से ही नहीं देखती है, उसे धार्मिक ग्रन्थ के रूप में पूज्य समझती है। दस करोड़ जनता के लिए वह बाइबिल (Bible) के समान है और वह उसे उतना ही ईश्वरप्रेरित समझती है जितना अंग्रेज पादरी बाइबिल को समझता है। पंडित लोग भले ही वेदों की चर्चा और उनमें से थोड़े से लोग उनका अध्ययन भी करें, भले ही कुछ लोग पुराणों के प्रति श्रद्धा-भक्ति भी प्रदर्शित करें किन्तु पठित वा अपठित विशाल जनसमूह तो तुलसी-कृत रामायण ही से अपने आचार-धर्म की शिक्षा ग्रहण करता है। हिन्दुस्थान के लिए यह वास्तव में सौभाग्य की बात है, क्योंकि उसने देश को शैव धर्म के अनाचरणीय क्रिया-कलाप से सुरक्षित रखा है। बंगाल जिस दुर्भाग्य के चक्कर में पड़ गया उससे उत्तरी भारत के मूल त्राण करने वाले तो रामानन्द थे, किन्तु महात्मा तुलसीदास ही का यह काम था कि उन्होंने पूर्व और पश्चिम में उनके मत का प्रचार किया और उसमें स्थायिता का संचार कर दिया।"*

हिन्दी-संसार ने सूरदास जी और गोस्वामी जी के बाद का स्थान कविवर केशवदास जी को ही दिया है। मैं भी इसी विचार का हूँ।

उनको 'उडुगन' कहा गया है। यदि वे उडुगन हैं तो प्रभात कालिक शुक्र (कवि) के समान प्रभा-विकीर्णकारी हैं। कविकर्म शिक्षा की पूर्ण ज्योति रीति काल के प्रभात काल में केशवदास जी से ही हिन्दी संसार को मिली। सब बातों पर विचार करने से यह

---

* "The importance of Tulsidas in the history of India can not be overrated, Pulling the literary merits of his work out of the question, the fact of its universal acceptance by all classes, from Bhagalpur to the Punjab and from the Himalaya to the Narmada is surely worthy of note. It has been interwoven into the, life, character, and speech of the Hindu population for more than three hundred years, and is not only loved and admired by them for its poetic beauty, but is reverend by them as their scriptures. It is the bible of a hundred millions of people, and is looked upon by them as much inspired as the bible is considered by the English clergymen. Pandits may talk of the Vedas and of the Upnishadas and a few may even study them, others may say they pin their faith on the puranas : but to the vast majority of the people of Hindustan, learned and unlearned alike, their soul room of conduct is the so called Tulsikrit Ramayan. It is indeed fortunate that this is so, for it has saved the country from the tantric obscenities of Shaivism Ram Chandra was the original saviour of Upper India from the fate which has befallen Bengal, but Tulsidas was the great apostle who carried his doctrine east and west and made it an a biding faith."
—Modern Vernacular Literature of Hindustan, 42. 43 P.

स्वीकार करना पड़ता है कि साहित्य सम्बन्धी समस्त अंगों की पूर्ति पहले पहल केशवदासजी ने ही की। इनके पहले कुछ विद्वानों ने रीति-ग्रन्थों की रचना का सूत्रपात किया था किन्तु यह कार्य केशवदास जी की प्रतिभा से ही पूर्णता को प्राप्त हुआ। इतिहास बतलाता है कि आदि में कृपाराम ने ही 'हिततरंगिणी' नामक रस-ग्रन्थ की रचना की। इनका काल सोलहवीं शताब्दी का पूर्वार्द्ध है। इन्होंने अपने ग्रन्थ में अपने समय के पहले के कुछ सुकवियों की कुछ रचनाओं की भी चर्चा की है। किन्तु वे ग्रन्थ अप्राप्य हैं। ग्रन्थकारों के नाम तक का पता नहीं मिलता। इन्हीं के समसामयिक गोप नामक कवि और मोहन लाल मिश्र थे। इनमें से गोप नामक कवि ने, रामभूषण और अलंकार-चन्द्रिका नामक ग्रन्थों की रचना की है। नाम से ज्ञात होता है कि ये दोनों ग्रन्थ अलंकार के होंगे। किन्तु ये ग्रन्थ भी नहीं मिलते। इसलिए यह नहीं कहा जा सकता कि ये ग्रन्थ कैसे थे, साधारण या विशद। मेरा विचार है कि वे साधारण ग्रन्थ ही थे। अन्यथा इतने शीघ्र लुप्त न हो जाते। मोहन लाल मिश्र ने 'शृंगार-सागर' नामक ग्रन्थ की रचना की थी। ग्रन्थ का नाम बतलाता है कि वह रस-सम्बन्धी ग्रन्थ होगा। इन लोगों के उपरान्त केशवदास जी ही कार्य-क्षेत्र में आते हैं। वे संस्कृत के प्रसिद्ध विद्वान थे। वंश-परम्परा से उनके कुल में संस्कृत के उद्‌भट विद्वान् होते आते थे। उनके पितामह पं. कृष्णदत्त मिश्र संस्कृत के प्रसिद्ध नाटक 'प्रबोध-चन्द्रोदय' के रचयिता थे। उनके पिता पं. काशीनाथ भी संस्कृत भाषा के प्रसिद्ध विद्वान थे। उनके बड़े भाई पं. बलभद्र मिश्र संस्कृत के विद्वान तो थे ही, हिन्दी भाषा पर भी बड़ा अधिकार रखते थे। इनका बनाया हुआ नखशिख-सम्बन्धी ग्रन्थ अपने विषय का अद्वितीय ग्रन्थ है। ऐसे साहित्य-पारंगत विद्वानों के वंश में जन्म ग्रहण करके केशवदास जी का हिन्दीभाषा के रीति-ग्रन्थों के निर्माण में विशेष सफलता लाभ करना आश्चर्यजनक नहीं। वे संकोच के साथ हिन्दी-क्षेत्र में उतरे, जैसा निम्नलिखित दोहे से प्रकट होता है—

भाषा बोलि न जानहीं, जिनके कुल के दास।
तिन भाषा कविता करी, जड़मति केशवदास॥

परन्तु जिस विषय को उन्होंने हाथ में लिया उसको पूर्णता प्रदान की। उनके बनाये हुए 'कविप्रिया' और 'रसिकप्रिया' नामक ग्रन्थ रीति-ग्रन्थों के सिरमौर हैं। पहले भी साहित्य विषय के कुछ ग्रन्थ बने थे और उनके उपरान्त भी अनेक रीति ग्रन्थ लिखे गये परन्तु अब तक प्रधानता उन्हीं के ग्रन्थों को प्राप्त है। जब साहित्य-शिक्षा का कोई जिज्ञासु हिन्दी-क्षेत्र में पदार्पण करता है, तब उसको 'रसिक-प्रिया' का रसिक और 'कविप्रिया' का प्रेमिक अवश्य बनना पड़ता है। इससे इन दोनों ग्रन्थों की महत्ता प्रकट है। जिन्होंने इन दोनों ग्रन्थों को पढ़ा है वे जानते हैं कि इनमें कितनी प्रौढ़ता है।

रीति-सम्बन्धी सब विषयों का विशद वर्णन थोड़े में जैसा इन ग्रन्थों में मिलता है, अन्यत्र नहीं। 'रसिक-प्रिया' में शृंगार रस सम्बन्धी समस्त विशेषताओं का उल्लेख बड़े पाण्डित्य के साथ किया गया है। कवि-प्रिया वास्तव में कविप्रिया है, कवि के लिए जितनी बातें ज्ञातव्य हैं उनका विशद निरूपण इस ग्रन्थ में है। मेरा विचार है कि केशवदास जी की कवि-प्रतिभा का विकास जैसा इन ग्रन्थों में हुआ, दूसरे ग्रन्थों में नहीं। क्या भाषा, क्या भाव, क्या शब्द विन्यास, क्या भाव-व्यंजना, जिस दृष्टि से देखिये ये दोनों ग्रन्थ अपूर्व हैं। उन्होंने इन दोनों ग्रन्थों के अतिरिक्त और ग्रन्थों की भी रचना की है। उनमें सर्वप्रधान रामचन्द्रिका है। यह प्रबन्ध-काव्य है। इस ग्रन्थ के संवाद ऐसे विलक्षण हैं जो अपने उदाहरण आप हैं। इस ग्रन्थ का प्रकृति-वर्णन भी बड़ा ही स्वाभाविक है।

कहा जाता है कि हिन्दी-संसार के कवियों ने प्रकृति-वर्णन के विषय में बड़ी उपेक्षा की है। उन्होंने जब प्रकृति-वर्णन किया है तब उससे उद्दीपन का कार्य ही लिया है। प्रकृति में जो स्वाभाविकता होती है, प्रकृतिगत जो सौन्दर्य होता है उसमें जो विलक्षणतायें और मुग्धकारितायें पाई जाती हैं उनका सच्चा चित्रण हिन्दी-साहित्य में नहीं पाया जाता। किसी नायिका के विरह का अवलम्बन करके ही हिन्दी कवियों और महाकवियों ने प्रकृति-गत विभूतियों का वर्णन किया है। सौन्दर्य-सृष्टि के लिए उन्होंने प्रकृति का निरीक्षण कभी नहीं किया। इस कथन में बहुत कुछ सत्यता का अंश है। कवि-कुलगुरु-वाल्मीकि एवं कविपुंगव कालिदास की रचनाओं में जैसा उच्च कोटि का स्वाभाविक प्रकृति वर्णन मिलता है, निस्सन्देह हिन्दी-साहित्य में उसका अभाव है। यदि हिन्दी-संसार के इस कलंक को कोई कुछ धोता है तो वे कविवर केशवदास के ही कुछ प्राकृतिक वर्णन हैं और वे रामचन्द्रिका ही में मिलते हैं। मैं आगे चलकर इस प्रकार के पद्य उद्धृत करूँगा। यह कहा जाता है कि प्रबन्ध-काव्यों को जितना सुशृंखलित होना चाहिए रामचंद्रिका वैसी नहीं है। उसमें स्थान-स्थान पर कथा भागों की शृंखला टूटती रहती है। दूसरी यह बात कही जाती है कि जैसी भावुकता और सहृदयता चाहिए वैसी इस ग्रन्थ में नहीं मिलती। ग्रन्थ क्लिष्ट भी बड़ा है। एक-एक पद्यों का तीन-तीन चार-चार अर्थ प्रकट करने की चेष्टा करने के कारण इस ग्रन्थ की बहुत सी रचनायें बड़ी ही गूढ़ और जटिल हो गयी हैं, जिससे उनमें प्रसाद गुण का अभाव है। इन विचारों के विषय में मुझे यह कहना है कि किसी भी ग्रन्थ में सर्वांगपूर्णता असम्भव है। उसमें कुछ न कुछ न्यूनता रह ही जाती है। संस्कृत के बड़े-बड़े महाकाव्य भी निर्दोष नहीं रहे। इसके अतिरिक्त आलोचकों की प्रकृति भी एक सी नहीं होती। रुचि-भिन्नता के कारण किसी को कोई विषय प्यारा लगता है और कोई उसमें अरुचि प्रकट करता है। प्रवृत्ति के अनुसार ही आलोचना भी होती है। इसलिए सभी आलोचनाओं में यथार्थता नहीं होती। उनमें प्रकृतिगत भावनाओं का विकास भी होता है। इसीलिए एक ही ग्रन्थ के विषय में भिन्न-भिन्न सम्मतियाँ दृष्टिगत होती हैं। केशवदास जी की रामचन्द्रिका के

विषय में भी इस प्रकार की विभिन्न आलोचनायें हैं। किसी के विशेष विचारों के विषय में मुझे कुछ नहीं कहना है। किन्तु देखना यह है कि रामचन्द्रिका के विषय में उक्त तर्कनायें कहाँ तक मान्य हैं। प्रत्येक ग्रन्थकार का कुछ उद्देश्य होता है और उस उद्देश्य के आधार पर ही उसकी रचना आधारित होती है। केशवदास जी की रचनाओं में, जिन्हें प्रसाद गुण देखना हो वे 'कविप्रिया' और 'रसिकप्रिया' को देखें। उनमें जितनी सहृदयता है उतनी ही सरसता है। जितनी सुन्दर उनकी शब्द विन्यास प्रणाली है उतनी ही मधुर है उनकी भाव-व्यंजना। रामचन्द्रिका की रचना पाण्डित्य-प्रदर्शन के लिए हुई है और मैं यह दृढ़ता से कहता हूँ कि हिन्दी-संसार में कोई प्रबन्ध-काव्य इतना पाण्डित्यपूर्ण नहीं है। मैं पहले कह चुका हूँ कि वे संस्कृत के पूर्ण विद्वान थे। उनके सामने शिशुपाल-वध और 'नैषध' का आदर्श था। वे उसी प्रकार का काव्य हिन्दी में निर्माण करने के उत्सुक थे। इसीलिए रामचन्द्रिका अधिक गूढ़ है। साहित्य के लिए सब प्रकार के ग्रन्थों की आवश्यकता होती है। यथास्थान सरलता और गूढ़ता दोनों वांछनीय हैं। यदि लघुत्रयी आदरणीय है तो वृहत्रयी भी। रघुवंश को यदि आदर की दृष्टि से देखा जाता है तो नैषध को भी। यद्यपि दोनों की रचना प्रणाली में बहुत अधिक अन्तर है। प्रथम यदि मधुर भाव-व्यंजना के लिए आदरणीय है तो द्वितीय अपनी गम्भीरता के लिए। शेक्सपियर और मिल्टन की रचनाओं के सम्बन्ध में भी यही बात कही जा सकती है। केशवदास जी यदि चाहते तो 'कवि प्रिया' और 'रसिक प्रिया' की प्रणाली ही रामचन्द्रिका में भी ग्रहण कर सकते थे। परन्तु उनको यह इष्ट था कि उनकी एक ऐसी रचना भीं हो जिसमें गम्भीरता हो और जो पाण्डित्याभिमानी को भी पाण्डित्य-प्रकाश का अवसर दे अथच उसकी विद्वत्ता को अपनी गम्भीरता की कसौटी पर कस सके। इस बात को हिन्दी के विद्वानों ने भी स्वीकार किया है। प्रसिद्ध कहावत है–'कवि को दीन न चहै बिदाई। पूछै केशव की कविताई।' एक दूसरे कविता-मर्मज्ञ कहते हैं–

उत्तम पद कबि गंग को, कविता को बलबीर।
केशव अर्थ गँभीरता, सूर तीन गुन धीर॥

इन बातों पर दृष्टि रखकर रामचन्द्रिका की गम्भीरता इस योग्य नहीं कि उस पर कटाक्ष किया जावे। जिस उद्देश्य से यह ग्रन्थ लिखा गया है, मैं समझता हूँ, उसकी पूर्ति इस ग्रन्थ द्वारा होती है। इस ग्रन्थ के अनेक अंश सुन्दर, सरस और हृदयग्राही भी हैं और उनमें प्रसाद गुण भी पाया जाता है। हाँ, यह अवश्य है कि वह गम्भीरता के लिए ही प्रसिद्ध है। मैं समझता हूँ कि हिन्दी संसार में एक ऐसे ग्रन्थ की भी आवश्यकता थी जिसकी पूर्ति करना केशवदास जी का ही काम था अब केशवदास जी के कुछ पद्य मैं नीचे लिखता हूँ। इसके बाद भाषा और विशेषताओं के विषय में आप लोगों की दृष्टि उनकी ओर आकर्षित करूँगा–

1. भूषण सकल घनसार ही के घनश्याम,
कुसुम कलित केश रही छवि छाई सी।
मोतिन की लरी सिरकंठ कंठमाल हार,
और रूप ज्योति जात हेरत हेराई सी।
चंदन चढ़ाये चारु सुन्दर शरीर सब,
राखी जनु सुभ्र सोभा बसन बनाई सी।
शारदा सी देखियत देखो जाइ केशो राइ,
ठाढ़ी वह कुँवरि जुन्हाई मैं अन्हाई सी।

2. मन ऐसो मन मृदु मृदुल मृणालिका के,
सूत कैसो सुर ध्वनि मननि हरति है।
दार्‍यो कैसो बीज दाँत पाँत से अरुण ओंठ,
केशोदास देखि दृग आनँद भरति है।
ऐरी मेरी तेरी मोहिं भावत भलाई तातें,
बूझत हौं तोहि और बूझति डरति है।
माखन सी जीभ मुखकंज सी कोमलता में,
काठ सी कठेठी बात कैसे निकरति है।

3. किधौं मुख कमल ये कमला की ज्योति होति
किधौं चारु मुखचन्द्र चन्द्रिका चुराई है।
किधौं मृगलोचन मरीचिका मरीचि कैधौं,
रूप की रुचिर रुचि सुचि सों दुराई है।
सौरभ की सोभा की दलन घनदामिनी की
केशवर चतुर चित ही की चतुराई है।
ऐरी गोरी भोरी तेरी थोरी थोरी हाँसी मेरे,
मोहन की मोहिनी की गिरा की गुराई है।

4. बिधि के समान हैं बिमानी कृत राज हंस,
बिबुध बिबुध जुत गेरु सो अचल है।
दीपत दिपत अति सातो दीप दीपियत,
दूसरो दिलीप सो सुदक्षिणा को बल है।
सागर उजागर को बहु बाहिनी को पति,
छनदान प्रिय किधौं सूरज अमल है।
सब विधि समरथ राजै राजा दशरथ,
भगीरथ पथ गामी गंगा कैसो जल है।

5. तरु तालीस तमाल ताल हिंताल मनोहर।
मंजुल बंजुल लकुच बकुल कुल केर नारियर।
एला ललित लवंग संग पुंगीफल सोहै।
सारी शुक कुल कलित चित्त कोकिल अलि मोहै।
शुभ राजहंस कलहंस कुल नाचत मत्त मयूर गन।
अति प्रफुलित फलित सदा रहै केशवदास विचित्र बन।

6. चढ़ो गगन तरु धाय, निदकर बानर अरुण मुख।
कीन्हों झुकि झहराय, सकल तारका कुसुम बिन।

7. अरुण गात अति प्रात, पद्मिनी प्राणनाथ भय।
मानहुँ केशवदास, कोकनद कोक प्रेममय।
परिपूरण सिंदूर पूर, कैधौं मंगल घट।
किधौं शक्र को क्षत्र, मढ़्यो माणिक मयूख पट।
कैशोणित कलित कपाल यह किल कापालिक काल को,
यह ललित लाल कैधौं लसत दिग्भामिनि के भाल को,

8. श्रीपुर में बनमध्य हौं, तू मग करी अनीति।
कहि मुँदरी अब तियन की, को करि है परतीति।

9. फलफूलन पूरे तरुवर रूरे कोकिल कुल कलरव बोलें।
अति मत्त मयूरी पियरस पूरी बनबन प्रति नाचत डोलैं,
सारी शुक पंडित गुनगन मंडित भावनमय अर्थ बखानैं
देखे रघुनायक सीय सहायक मनहुँ मदन रति मधुजानैं

10. मन्द मन्द धुनि सों घन गाजै।
तूर तार जनु आवझ बाजैं।
ठौर ठौर चपला चमकैं यों।
इन्द्रलोक तिय नाचति है ज्यों।
सोहैं घन स्यामल घोर घने।
मोहैं तिनमें बक पाँति मने।
शंखावलि पी बहुधा जलस्यों।
मानो तिनको उगिलै बलस्यों।
शोभा अति शक्र शरासन में।
नाना दुति दीसति है घन में।

रत्नावलि सी दिवि द्वार भनो।
बरखागम बाँधिय देव मनो।
घन घोर घने दसहूँ दिसि छाये।
मघवा जनु सूरज पै चढ़ि आये।
अपराध बिना छिति के तन ताये।
तिन पीड़न पीड़ित ह्वै उठि धाये।
अति गाजत बाजत दुंदुभि मानो।
निरघात सबै पविपात बखानो।
धनु है यह गौरमदाइन नाहीं।
सर जाल बहै जलधार वृथाहीं।
भट चातक दादुर मोर न बोले।
चपला चमकै न फिरै खग खोले।
दुति वन्तन को विपदा बहु कीन्हीं।
धरनी कहँ चन्द्रवधू धर दीन्हीं।

11. सुभसर सोभै। मुनिमन लोभै।
सरसिज फूले। अलि रस भूले।
जलचर डोलैं बहु खग बोलैं।
वरणि न जाहीं। उर उरझाहीं।

12. आरक्त पत्रा सुभ चित्र पुत्री
मनो विराजै अति चारु भेषा।
सम्पूर्ण सिन्दूर प्रभा बसै धौं
गणेश-भाल-स्थल चन्द्र रेखा।

केशवदास जी की भाषा के विषय में विचार करने के पहले मैं यह प्रगट कर देना चाहता हूँ कि इनके ग्रन्थ में जो मुद्रित होकर प्राप्त होते हैं, यह देखा जाता है कि एक ही शब्द के भिन्न-भिन्न रूप हैं। इससे किसी सिद्धान्त पर पहुँचना बड़ा दुस्तर है। फिर भी सब बातों पर विचार करके और व्यापक प्रयोग पर दृष्टि रखकर मैं जिस सिद्धान्त पर पहुँचा हूँ उसको आप लोगों के सामने प्रकट करता हूँ। केशवदास जी के ग्रन्थों की मुख्य भाषा ब्रजभाषा है। परन्तु बुन्देलखण्डी शब्दों का प्रयोग भी उनमें पाया जाता है। यह स्वाभाविकता है। जिस प्रान्त में वे रहते थे उस प्रान्त के कुछ शब्दों का उनकी रचना में स्थान पाना आश्चर्यजनक नहीं। इस दोष से कोई कवि या महाकवि मुक्त

नहीं। बुन्देलखण्डी भाषा लगभग ब्रजभाषा ही है और उसकी गणना भी पश्चिमी हिन्दी में ही है। हाँ, थोड़े से शब्दों या प्रयोगों में भेद अवश्य है। परन्तु इससे ब्रजभाषा की प्रधानता में कोई अन्तर नहीं आता। केशवदास जी ने यथास्थान बुन्देलखण्डी शब्दों का जो अपने ग्रन्थ में प्रयोग किया है मेरा विचार है कि इसी दृष्टि से। ब्रजभाषा के जो नियम हैं वे सब उनकी रचना में पाये जाते हैं। इसलिए उन नियमों पर उनकी रचना को कसना व्यर्थ विस्तार होगा। मैं उन्हीं बातों का उल्लेख करूँगा जो ब्रजभाषा से कुछ भिन्नता रखती हैं।

मैं पहले कह चुका हूँ कि केशवदास जी संस्कृत के पंडित थे। ऐसी अवस्था में उनका संस्कृत के तत्सम शब्दों को शुद्ध रूप में लिखने के लिए सचेष्ट रहना स्वाभाविक है। वे अपनी रचनाओं में यथाशक्ति संस्कृत के तत्सम शब्दों को शुद्ध रूप में लिखना ही पसन्द करते हैं। यदि कोई कारण-विशेष उनके सामने उपस्थित न हो जावे। एक बात और है। वह यह कि बुन्देलखण्ड में णकार और शकार का प्रयोग प्रायः बोल-चाल में अपने शुद्ध रूप में किया जाता है। इसलिए भी उन्होंने संस्कृत के उन तत्सम शब्दों को जिनमें णकार और शकार आते हैं प्रायः शुद्ध रूप में ही लिखने की चेष्टा की है। उसी अवस्था में उनको बदला है जब उनके परिवर्तन से या तो पद्य में कोई सौन्दर्य आता है या अनुप्रास की आवश्यकता उन्हें विवश करती है। गोस्वामी तुलसीदास जी ने ब्रजभाषा और अवधी के नियमों का पूरा पालन किया है किन्तु जब उन्होंने किसी अन्य प्रान्त का शब्द लिया तो उसको उसी रूप में लिखा। वे रामायण के अरण्य कांड में एक स्थान पर रावण के विषय में लिखते हैं–

'इत उत चितै चला भणिआई'। 'भणिआ' शब्द बुन्देलखण्डी है। उसका अर्थ है 'चोर' 'भणिआई' का अर्थ है 'चोरी'। गोस्वामी जी चाहते तो उसको 'भनिआई' अवधी के नियमानुसार बना लेते, परन्तु ऐसा करने में अर्थ-बोध में बाधा पड़ती। एक तो शब्द दूसरे प्रान्त का दूसरे यदि वह अपने वास्तव रूप में न हो तो उसका अर्थ बोध सुलभ कैसे होगा? इसलिए उसका अपने मुख्य रूप में लिखा जाना ही युक्तिसंगत था। गोस्वामी जी ने ऐसा ही किया। केशवदास जी की दृष्टि भी इसी बात पर थी इसीलिए उन्होंने वह मार्ग ग्रहण किया जिसकी चर्चा मैंने अभी की है। कुछ पद्य मैं लिखकर अपने कथन को पुष्ट करना चाहता हूँ। देखिये–

1. **सब श्रृंगार मनो रति मन्मथ मोहै।**
2. **सबै सिंगार सदेह सकल सुख सुखमा मंडित।**
3. **मनो शची विधि रची विविध विधि वर्णत पंडित।**
4. **जानै को केसव केतिक बार मैं सेस के सीसन दीन्ह उसासी।**

ऊपर की दो पंक्तियों में एक में 'शृंगार' और दूसरी में 'सिँगार' आया है। 'शृंगार' संस्कृत का तत्सम शब्द है। अतएव अपने सिद्धान्तानुसार उसको उन्होंने शुद्ध रूप में लिखा है, क्योंकि शुद्ध रूप में लिखने से छन्द की गति में कोई बाधा नहीं पड़ी। परन्तु दूसरी पंक्ति में उन्होंने उसका वह रूप लिखा है जो ब्रजभाषा का रूप है। दोनों पंक्तियाँ एक ही पद्य की हैं। फिर उन्होंने ऐसा क्यों किया? कारण स्पष्ट है। 'शृंगार' में पाँच मात्रायें हैं और 'सिँगार' में चार मात्रायें हैं। दूसरे चरण में 'शृंगार' खप नहीं सकता था। क्योंकि एक मात्रा अधिक हो जाती। इसलिए उन्हें उसको ब्रजभाषा ही के रूप में रखना पड़ा। अपने-अपने नियमानुसार दोनों रूप शुद्ध हैं। चौथे पद्य में उन्होंने अपने नाम को दन्त्य 'स' से ही लिया, यद्यपि वे अपने नाम में तालव्य 'श' लिखना ही पसन्द करते हैं, यहाँ भी यह प्रश्न होगा कि फिर कारण क्या? इसी पंक्ति में 'सेस' और 'सीसन' शब्द भी आये हैं जिनका शुद्ध रूप 'शेष' और 'शीशन' है। इस शुद्ध रूप में लिखने में भी छन्द की गति में कोई बाधा नहीं पड़ती। क्योंकि मात्रा में न्यूनाधिक्य नहीं। फिर भी उन्होंने उसको ब्रजभाषा के रूप में ही लिखा। इसका कारण भी विचारणीय है, वास्तव बात यह है कि उनके कवि हृदय ने अनुप्रास का लोभ संवरण नहीं किया। अतएव उन्होंने उनको ब्रजभाषा के रूप ही में लिखना पसन्द किया। 'केसव' 'सेस' और 'सीसन' ने दन्त्य 'स' के सहित 'उसासी' के साथ आकर जो स्वारस्य उत्पन्न किया है वह उन शब्दों के तत्सम रूप में लिखे जाने से नष्ट हो जाता। इसलिए उनको इस पद्य में तत्सम रूप में नहीं देख पाते। ऐसी ही और बातें बतलाई जा सकती हैं कि जिनके कारण केशवदास जी एक ही शब्द को भिन्न रूपों में लिखते हैं। इससे यह न समझना चाहिए कि उनका कोई सिद्धान्त नहीं, वे जब जिस रूप में चाहते हैं किसी शब्द को लिख देते हैं। मेरा विचार है कि उन्होंने जो कुछ किया है नियम के अन्तर्गत ही रह कर किया है। दो ही रूप उनकी रचना में आते हैं या तो संस्कृत शब्द अपने तत्सम रूप में आता है अथवा ब्रजभाषा के तद्भव रूप में, और यह दोनों रूप नियम के अन्तर्गत हैं। ऐसी अवस्था में यह सोचना कि शब्द-व्यवहार में उनका कोई सिद्धान्त नहीं, युक्ति-संगत नहीं।

मैंने यह कहा है कि उनके ग्रन्थ की मुख्य भाषा ब्रजभाषा ही है। इसका प्रमाण समस्त उद्धृत पद्यों मे मौजूद है। उनमें अधिकांश ब्रजभाषा के नियमों का पालन है। युक्त-विकर्ष, कारकलोप, 'णकार', 'शकार', 'क्षकार' के स्थान पर 'न', 'स' और 'छ' का प्रयोग, प्राकृत भाषा के प्राचीन शब्दों का व्यवहार, पञ्चम वर्ण के स्थान पर अधिकांश अनुस्वार का ग्रहण इत्यादि जितनी विशेष बातें ब्रजभाषा की हैं वे सब उनकी रचना में पाई जाती हैं। उद्धृत पद्यों में से पहले, दूसरे और तीसरे नम्बर पर लिखे गये कवित्तों में तो ब्रजभाषा की सभी विशेषतायें मूर्तिमन्त होकर विराजमान हैं। हाँ, कुछ

तत्सम शब्द अपने शुद्ध रूप में अवश्य आये हैं। इसका हेतु मैं ऊपर लिख चुका हूँ। उनकी रचना में 'गौरमदाइन', 'स्यों', 'बोक', 'बारोठा', 'समदौ', 'भाँड्यो' आदि शब्द भी आते हैं।

नीचे लिखी हुई पंक्तियाँ इसके प्रमाण हैं–

1. **देवन स्यों जनु देवसभा शुभ सीय स्वयम्बर देखन आई।**
2. **"दुहिता समदौ सुख पाय अबै।"**
3. **कहूँ भांड़ भांड़्यो करैं मान पावैं।**
4. **कहूँ बोक बाँके कहूँ मेष सूरे।**
5. **धनु है यह गौरमदाइन नाहीं।**
6. **'बरोठे को चार कहि करि केशव अनुरूप'।**

ये बुन्देलखण्डी शब्द हैं। उनके प्रान्त की बोलचाल में ये शब्द प्रचलित हैं। इसलिए विशेष स्थलों पर उनको इस प्रकार के शब्दों का प्रयोग करते देखा जाता है। किन्तु फिर भी इस प्रकार के प्रयोग मर्य्यादित हैं और संकीर्ण स्थलों पर ही किये गये हैं। इसलिए मैं उनको कटाक्ष योग्य नहीं मानता। उनकी रचना में एक विशेषता यह है कि वे तत्सम शब्दों को यदि किसी स्थान पर युक्त-विकर्ष के साथ लिखते हैं तो भी उसमें थोड़ा ही परिवर्तन करते हैं। जब उनको क्रिया का स्वरूप देते हैं तो भी यही प्रणाली ग्रहण करते हैं। देखिये–

1. **इनहीं के तपतेज तेज बढ़ि है तन तूरण।**
   इनहीं के तपतेज होहिंगे मंगल पूरण।
2. **रामचन्द्र सीता सहित शोभत हैं तेहि ठौर।**
3. **मनो शची विधि रची विविध विधि बर्णत पंडित।**

'तूरण', 'पूरण', 'शोभत', 'बर्णत' इत्यादि शब्द इसके प्रमाण हैं। ब्रजभाषा के नियमानुसार इनको 'तूरन', 'पूरन', 'सोभत', 'बरनत' लिखना चाहिए था। किन्तु उन्होंने इनको इस रूप में नहीं लिखा। इसका कारण भी उनका संस्कृत तत्सम शब्दनुराग है। बुन्देलखण्डी भाषा में 'हुतो' एकवचन पुल्लिग में और 'हते' बहुवचन पुल्लिग में बोला जाता है। इनका स्त्रीलिंग रूप 'हतीं' और 'हती' होगा। ब्रजभाषा में ये दोनों तो लिखे जाते ही हैं, 'हुतो' और 'हुती' भी लिखा जाता है। वे भी दोनों रूपों का व्यवहार करते हैं। जैसे 'सुता बिरोचन की हुती दीरघजिह्वा नाम।'

उनको अवधी के 'इहाँ', 'उहाँ', 'दिखाउ', 'रिझाउ', 'दीन', 'कीन' इत्यादि का प्रयोग करते भी देखा जाता है। वे 'होइ' भी लिखते हैं, 'होय' भी, देखिये–

1. **एक इहाँऊँ उहाँ अतिदीन सुदेत दुहूँ दिसि के जनगारी।**
2. **प्रभाउ आपनो दिखाउ छोंड़ि वाजि भाइ कै।**
3. **रिझाउ रामपुत्र मोहिं राम लै छुड़ाइ कै।**
4. **अन्न देइ सीख देइ राखि ले प्राण जात।**
5. **हँसि बंधु त्यों दृगदीन। श्रुतिनासिका बिनु कीन।**
6. **कीधौं वह लक्षमण होइ नहीं।**

इसका कारण यही मालूम होता है कि उस काल हिन्दी भाषा के बड़े-बड़े कवियों का विचार साहित्यिक भाषा को व्यापक बनाने की ओर था। इसलिए वे लोग कम से कम अवधी और ब्रजभाषा में कतिपय आवश्यक और उपयुक्त शब्दों के व्यवहार में कोई भेद नहीं रखना चाहते थे। इस काल के महाकवि सूर तुलसी और केशव को इसी ढंग में ढला देखा जाता है। उन्होंने अपनी रचना एक विशेष भाषा में ही अर्थात् अवधी या ब्रजभाषा में की है। परन्तु एक दूसरे में इतना विभेद नहीं स्वीकार किया कि उनके प्रचलित शब्दों का व्यवहार विशेष अवस्थाओं और संकीर्ण स्थलों पर न किया जावे। इन महाकवियों के अतिरिक्त उस काल के अन्य कवियों का झुकाव भी इस ओर देखा जाता है। उनकी रचनाओं को पढ़ने से यह बात ज्ञात होगी।

केशवदास जी की रचनाओं में पांडित्य कितना है, इसके परिचय के लिए आप लोग उद्धृत पद्यों में से चौथे पद्य को देखिये। उसमें इस प्रकार के वाक्यों का प्रयोग है जो दो अर्थ रखते हैं। मैं उनको स्पष्ट किये देता हूँ। चौथे पद्य में उन्होंने महाराज दशरथ को विधि के समान कहा है, क्योंकि दोनों ही 'विमानी कृत राजहंस' हैं। इसका पहला अर्थ जो विधिपरक है यह है कि राजहंस उनका वाहन (विमान) है। दूसरा अर्थ जो महाराज दशरथपरक है, यह है कि उन्होंने राजाओं की आत्मा (हंस) को मानरहित बना दिया, अर्थात् सदा वे उनके चित्त पर चढ़े रहते हैं। सुमेरु पर्वत अचल है। दूसरे पद्य में उसी के समान उन्होंने महाराज दशरथ को भी अचल बनाया। भाव इसका यह है कि वे स्वकर्त्तव्य-पालन में दृढ हैं। दूसरी नात यह है कि यदि वह विविध 'विवुध-जुत' है, अर्थात् विविध देवता उस पर रहते हैं तो महाराज दशरथ जी के साथ विनिध विद्वान् रहते हैं। 'विवुध' का दोनों अर्थ है देवता और विद्वान। दूसरे चरण में 'सुदक्षिणा' शब्द का दो अर्थ है। राजा दशरथ को अपने पूर्व पुरुष 'दिलीप' के समान बनाया गया है। इस उपपत्ति के साथ कि यदि उनके साथ उनकी पत्नी सुदक्षिणा थीं, जिनका उनको बल था, तो उनको भी सुन्दर दक्षिणा का अर्थात् सत्पात्र में दान देने का बल है। तीसरे चरण में उनको सागर समान कहा है, इसलिए कि दोनों ही 'बाहिनी' के पति और गम्भीर हैं। 'बाहिनी' का अर्थ सरिता और सेना दोनों है। इसी चरण में उनको सूर्य के समान अचल कहा है। इस कारण कि 'छनदान प्रिय' दोनों हैं। इसलिए कि महाराज

दशरथ को तो क्षण-क्षण अथवा पर्व-पर्व पर दान देना प्रिय है और सूर्य 'छनदा' (क्षणदा) न-प्रिय है अर्थात् रात्रि उसको प्यारी नहीं है। चौथे चरण में महाराज दशरथ को उन्होंने गंगा-जल बनाया है, क्योंकि दोनों भगीरथ-पथ गामी हैं। महाराज दशरथ के पूर्व पुरुष महाराज भगीरथ थे अतएव उनका भगीरथ पथावलम्बी होना स्वाभाविक है। इस अंतिम उपमा में बड़ी ही सुन्दर व्यंजना है। गंगा-जल का पवित्र और उज्ज्वल अथच सद्‌भाव के साथ चुपचाप भगीरथ पथावलम्बी होना पुराण-प्रसिद्ध बात है। इस व्यंजना द्वारा महाराज दशरथ के भावों को व्यंजित करके कवि ने कितनी भावुकता दिखलाई है, इसको प्रत्येक हृदयवान भली-भाँति समझ सकता है। अन्य उपमाओं में भी इसी प्रकार की व्यंजना है, परन्तु उनका स्पष्टीकरण व्यर्थ विस्तार का हेतु होगा। इस प्रकार के पद्यों से 'रामचन्द्रिका' भरा पड़ा है। कोई पृष्ठ इस ग्रन्थ का शायद ही ऐसा होगा कि जिसमें इस प्रकार के पद्य न हों। दो अर्थ वाला, पद्य आपने देखा, उसमें कितना विस्तार है। तीन-तीन चार-चार अर्थ वाले पद्य कितने विचित्र होंगे उनका अनुभव आप इस पद्य से ही कर सकते हैं। मैं उन पद्यों में से भी कुछ पद्य आप लोगों के सामने रख सकता था। परन्तु उसकी लम्बी-चौड़ी व्याख्या से आप लोग तो घबरायेंगे ही, मैं भी घबराता हूँ। इसलिए उनको छोड़ता हूँ। केशवदास जी के पांडित्य के समर्थक सब हिन्दी-साहित्य के मर्मज्ञ हैं। इस दृष्टि से भी मुझे इस विषय का त्याग करना पड़ता है।

केशवदास जी का प्रकृति-वर्णन कैसा है, इसके लिए मैं आप लोगों से उद्‌धृत पद्यों में से नम्बर 5, 6, 7, 9, 10, 11 की रचनाओं को विशेष ध्यानपूर्वक अवलोकन करने का अनुरोध करता हूँ। इन पद्यों में जहाँ स्वाभाविकता है वहाँ गम्भीरता भी है। कोई-कोई पद्य बड़े स्वाभाविक हैं और किसी-किसी पद्य का चित्रण इतना अपूर्व है कि वह अपने चित्रों को आँख के सामने ला देता है।

'रामचन्द्रिका' अनेक प्रकार के छन्दों के लिए भी प्रसिद्ध है। इतने छन्दों में आज तक हिन्दी भाषा का कोई ग्रन्थ नहीं लिखा गया। नाना प्रकार के हिन्दी के छन्द तो इस ग्रन्थ में हैं ही। केशवदास जी ने इसमें कई संस्कृत वृत्तों को भी लिखा है। संस्कृत वृत्तों की भाषा भी अधिकांश संस्कृत गर्भित है, वरन उसको एक प्रकार से संस्कृत की ही रचना कही जा सकती है। उद्‌धृत पद्यों में से बारहवाँ पद्य इसका प्रमाण है। भिन्न तुकान्त छन्दों की रचना का हिन्दी-साहित्य में अभाव है। परन्तु केशवदास जी ने रामचन्द्रिका में इस प्रकार का एक छन्द भी लिखा है जो यह है--

मालिनी

गुणगण मणि माला चित्त चातुर्य्य शाला।
जनक सुखद गीता पुत्रिका पाय सीता।
अखिल भुवन भर्त्ता ब्रह्म रुद्रादि कर्त्ता।
थिरचर अभिरामी कीय जामातु नामी।

संस्कृत वृत्तों का व्यवहार सबसे पहले चन्दबरदाई ने किया है। उनका वह छन्द यह है—

“हरित कनक कांति कापि चंपेव गौरा।
रसित पदुम गंधा फुल्ल राजीव नेत्रा।
उरज जलज शोभा नाभि कोषं सरोजं।
चरण-कमल हस्ती लीलया राजहंसी।”

इसके बाद गोस्वामी जी को संस्कृत छन्दों में संस्कृतगर्भित रचना करते देखा जाता है। विनयपत्रिका का पूर्वार्द्ध तो संस्कृत-गर्भित रचनाओं से भरा हुआ है। गोस्वामी जी के अनुकरण से अथवा अपने संस्कृत-साहित्य के प्रेम के कारण केशवदास जी को भी संस्कृत गर्भित रचना संस्कृत वृत्तों में करते देखते हैं। इनके भी कोई-कोई पद्य ऐसे हैं जिनको लगभग संस्कृत का ही कह सकते हैं। इन्होंने 300 वर्ष पहले भिन्न तुकान्त छन्द की नींव भी डाली, और वे ऐसा संस्कृत वृत्तों के अनुकरण से ही कर सके।

(क)

इस सोलहवीं शताब्दी में और भी कितने ही प्रसिद्ध कवि हिन्दी भाषा के हो गये हैं। उनकी रचनाओं का उपस्थित किया जाना इसलिए आवश्यक है कि जिससे इस शताब्दी की व्यापक भाषा पर पूर्णतया विचार किया जा सके। इसी शताब्दी में एक भक्त स्त्री भी कवयित्री के रूप में सामने आती हैं और वे हैं मीराबाई। पहले मैं उनकी रचनाओं को आपके सामने उपस्थित करता हूँ। मीराबाई बहुत प्रसिद्ध महिला हैं। वे चित्तौड़ के राणा की पुत्रवधू थीं। परन्तु उनमें त्याग इतना था कि उन्होंने अपना समस्त जीवन भक्ति भाव में ही बिताया। उनके भजनों में इतनी प्रबलता से प्रेम-धारा बहती है कि उससे आर्द्र हुए बिना कोई सहृदय नहीं रह सकता। वे सच्ची वैष्णव महिला थीं और उनके भजनों के पद-पद से उनका धर्म्मानुराग टपकता है इसीलिए उनकी गणना भगवद्भक्त स्त्रियों में होती है। उस काल के प्रसिद्ध सन्तों और महात्माओं में से उनका सम्मान किसी से कम नहीं है। उनकी रचनायें देखिये—

1. **“मेरे तो गिरधर गुपाल दूसरा न कोई।**
दूसरा न कोई साधो सकल लोक जोई।
भाई तजा बन्धु तजा तजा सगा सोई।
साधु संग बैठि बैठि लोक लाज खोई।
भगत देखि राजी हुई जगत देखि रोई।
अँसुअन जल सींचि सींचि प्रेम बेलि बोई।

दधि मथ घृत काढ़ि लियो डार दई छोई।
राणा विष प्यालो भेज्यो पीय मगन होई।
अब तो बात फैलि गई जाणै सब कोई।
मीरा राम लगण लागी होणी होय सो होई।"

2. एरी मैं तो प्रेम दिवाणी मेरा दरद न जाणे कोय।
सूली ऊपर सेज हमारी किस विध सोणा होय।
गगन मंडल पै सेज पिया की किस विधि मिलना होय।
घायल की गति घायल जानै की जिन लाई होय।
जौहरी की गति जौहरी जाने की जिन जौहर होय।
दरद की मारी बन बन डोलूँ बैद मिला नहिं कोय।
मीरा की प्रभु पीर मिटैगी (जब) बैद सँवलिया होय।

3. बसो मेरे नैनन में नँदलाल।
मोहनि मूरति साँवरि सूरति नैना बने विसाल।
अधर सुधारस मुरली राजित उर बैजन्ती माल।
छुद्र घंटिका कटि तट शोभित नूपुर शब्द रसाल।
मीरा प्रभु संतन सुखदाई भक्त बछल गोपाल।

4. बंसी वारो आये म्हारे देस।
थारी साँवरी सूरत बारी बैस।
आऊँ आऊँ कर गया साँवरा कर गया कौल अनेक।
गिरते गिरते घिस गई उँगली घिस गई उँगली की रेख।
मैं बैरागिन आदि की थारे म्हारे कद को सँदेस।
जोगिण हुई जंगल सब हेरूँ तेरा नामन पाया भेस।
तेरी सूरत के कारणे धर लिया भगवा भेस।
मोर मुकुट पीताम्बर सोहै घूँघरवाला केस।
मीरा को प्रभु गिरधर मिलि गये दूना बढ़ा सनेस।

सरस कविता के लिए इस शताब्दी में अष्टछाप के वैष्णवों का विशेष स्थान है। इनमें से चार महाप्रभु वल्लभाचार्य्य के प्रमुख शिष्य थे—सूरदास, कृष्णदास, परमानन्ददास, तथा कुंभनदास और शेष चार नन्ददास, चतुर्भुजदास, छीतस्वामी तथा गोविन्दस्वामी, गोस्वामी विट्ठल नाथ के प्रमुख सेवकों में से थे। इनमें से सूरदास जी की रचनाओं को आप लोग देख चुके हैं, अन्यों की रचनाओं को भी देखिये—

कृष्णदास जी जाति के शूद्र थे किन्तु अपने भक्ति-बल से अष्टछाप के वैष्णवों में स्थान प्राप्त किया था। उनके रचित 1. 'जुगलमान चरित्र', 2. 'भक्तमाल पर टीका', 3. 'भ्रमरगीत और', 4. 'प्रेम सत्व निरूप' नामक ग्रन्थ बतलाये जाते हैं। उनका रचा एक पद देखिये–

"मो मन गिरधर छबि पै अटक्यो।
ललित त्रिभंग चाल पै चलिकै
चिवुक चारु गड़ि ठटक्यो।
सजल श्याम घन बरन लीन ह्वै
फिरि चित अनत न भटक्यो।
कृष्णदास किये प्रान निछावर
यह तन जग सिर पटक्यो।"

परमानन्द जी कान्यकुब्ज ब्राह्मण थे। इनमें भक्ति-विषयक तन्मयता बहुत थी। 'परमानन्द सागर' नामक इनका एक प्रसिद्ध ग्रन्थ है। इनका एक शब्द सिक्खों के आदि ग्रन्थ साहब में भी है। वह यह है–

तैं नर का पुराण सुनि कीना।
अनपायनी भगति नहिं उपजी भूखे दान न दीना।
काम न बिसर्‌यो, क्रोध न बिसर्‌यो, लोभ न छूट्‌यो देवा।
हिंसा तो मन ते नहिं छूटी बिफल भई सब सेवा।
बाट पारि घर मूंसि बिरानो पेट भरै अपराधी।
जेहि परलोंक जाय अपकीरति सोई अविद्या साधी।
हिंसा तो मन ते नहिं छूटी जीवन दया नहिं पाली।
परमानंद साधु संगति मिलि कथा पुनीत न चाली।

उनका एक पद और देखिये–

"ब्रज के विरही लोग बिचारे।
बिन गोपाल ठगे से ठाढ़े अति दुर्बल तन हारे।
मातु जसोदा पंथ निहारत निरखत साँझ सकारे।
जो कोई कान्ह कान्ह कहि बोलत अँखियन बहत पनारे।
यह मथुरा काजर की रेखा जे निकसे ते कारे।
परमानंद स्वामि बिनु ऐसे जस चन्दा बिनु तारे।"

कुंभनदास जी गौरवा ब्राह्मण थे। इनमें त्याग-वृत्ति अधिक थी। एक बार अकबर के बुलाने पर फतेहपुर सीकरी गये, परन्तु उनको व्यथित होकर यह कहना पड़ा–

"भक्तन को कहा सीकरी सों काम।
आवत जात पनहियाँ टूटी बिसरि गयो हरिनाम।
जाको मुख देखे दुख लागै तिनको करिबे परी सलाम।
कुंभन दास लाल गिरधर बिन और सबै बेकाम।"

इनके किसी ग्रन्थ का पता नहीं चलता। एक पद्य और देखिये–

जो पै चोप मिलन की होय।
तो क्यों रहै ताहि बिन देखे लाख करौ किन कोय।
जो ए बिरह परस्पर व्यापै जो कछु जीवन बनै।
लोक लाज कुल की मरजादा एकौ चित्त न गनै।
कुंभनदास जाहि तन लागी और न कछू सुहाय।
गिरधर लाल ताहि बिन देखे छिन छिन कलप बिहाय।

अष्टछाप के वैष्णवों में कवित्व शक्ति में सूरदास जी के उपरान्त नंददास जी का ही स्थान है। आपकी सरस रचनाओं पर ब्रजभाषा गर्व कर सकती है। कहा जाता है कि आप गोस्वामी तुलसीदास जी के छोटे भाई थे। इसकी सत्यता में संदेह भी किया जाता है। जो हो, परन्तु पद-लालित्य के नाते वे गोस्वामी जी के सहोदर अवश्य हैं। हिन्दी-संसार में उनके विषय में एक कहावत प्रचलित है–"और कवि गढ़िया नंददास जड़िया।" मेरा विचार है कि यह कथन सत्य है। उन्होंने अट्ठारह ग्रन्थों की रचना की है। 'रास पंचाध्यायी' से इनकी कुछ रचनायें यहाँ उद्धृत की जाती है–

"परम दुसह श्री कृष्ण बिरह दुख व्याप्यो तिन में।
कोटि बरस लगि नरवा भोग दुख भुगते छिनमें।
सुभग सरित के तीर धीर बलबीर गये तहँ।
कोमल मलय समीर कविन की महा भीर जहँ।
कुसुम धूरि धूँधरी कुंज छबि पुंजनि छाई।
गुंजत मंजु मलिंद बेनु जनु बजत सुहाई।
इत महकति मालती चारु चम्पक चित चोरत।
उत घनसारु तुसारु मलय मंदारु झकोरत।
नव मर्कत मनि स्याम कनक मनिमय ब्रजबाला।
वृन्दावन गुन रीझि मनहुँ पहिराई माला।

चतुर्भुजदास जी कुम्भन दास जी के पुत्र थे। वे बाल्यकाल ही से कृष्ण-लीला-गान में मत्त रहते थे। लीला सम्बन्धी उनकी अनेक रचनायें हैं। उन्होंने 'द्वादशयश', 'भक्ति प्रताप', और 'हित जू को मंगल' नामक तीन ग्रन्थ बनाये। उनकी रचना देखिये—

"जसोदा कहा कहौं बात?
तुम्हरे सुत के करतब मोपै कहत कहे नहिं जात।
भाजन फोरि, ढारि सब गोरस, लै माखन दधि खात।
जौ बरजौं तौ आँखि दिखावै, रंचहुँ नाहिं सकात।
दास चतुर्भुज गिरिधर गुन हौं कहति कहति सुकचात।"

छीत स्वामी मथुरा के चौबे थे। जादू टोना से इनको बड़ा प्रेम था। मथुरा में पाँच चौबे गुण्डे माने जाते थे। ये उनके प्रधान थे। परन्तु श्री विट्ठलनाथ जी के सत्संग से उनके हृदय में भगवद्भक्ति का ऐसा प्रवाह बहा कि उनकी गणना अष्टछाप के वैष्णवों में हुई। इनका ग्रन्थ कोई नहीं मिलता, फुटकर रचनायें मिलती हैं। इनमें से एक पद्य नीचे दिया जाता है—

"भई अब गिरधर सो पहिचान।
कपट रूप छलबे आये हो पुरुषोत्तम नहिं जान।
छोटो बड़ो कछू नहिं जान्यो छाय रह्यो अज्ञान।
छीत स्वामि देखत अपनायो बिट्ठल कृपा-निधान।"

गोविन्द स्वामी सनाढ्य ब्राह्मण थे। उनकी भक्ति प्रसिद्ध है। वे बड़े आनन्दी जीव थे। बिट्ठलनाथ जी के मुख से भागवत के भगवल्लीला सम्बन्धी पदों को सुन कर कभी-कभी उन्मत्त हो जाते थे। इनके भी फुटकर पद ही प्राप्त होते हैं। उनमें से एक यह है—

प्रात समै उठि जसुमति जननी
गिरधर सुत को उबटिन्हपावति।
करि शृंगार बसन भूषन सोजे।
फूलन रचि रचि पाग बनावति।
छुटे बंद बागे अति सोभित
बिच बिच चोव अरगजा लावति।
सूथन लाल फूँदना सोभित आजु
कि छवि कछु कहत न आवति।
विविध कुसुम की माला उर धरि
श्री कर मुरली बेत गहावति।

लै दरपन देखे श्री मुख को
गोविंदप्रभु चरनन सिर नावति।

अष्टछाप के वैष्णवों के अतिरिक्त ब्रजमंडल में दो ऐसे महापुरुष हो गये हैं जिनकी महात्माओं में गणना है। एक हैं स्वामी हित हरिवंश और दूसरे स्वामी हरिदास। हित हरिवंश जी ने राधा-वल्लभी सम्प्रदाय स्थापित किया था। इन्होंने 'राधा सुधानिधि' नामक एक काव्य की रचना भी की है। उनके ब्रजभाषा के 84 पद्य बहुत प्रसिद्ध हैं। वास्तव में उनमें बड़ी सरसता है। उनके पद्यों में संस्कृत शब्द अधिक आते हैं। किन्तु उनका प्रयोग वे बड़ी रुचिरता से करते हैं। कुछ रचनायें उनकी देखिये–

1. आजु बन नीको रास बनायो।
पुलिन पवित्र सुभग जमुना तट मोहन बेनु बजायो।
कल कंकन किंकिनिनूपुर धुनि सुनि खग मृग सचुपायो।
जुवतिन मंडल मध्य श्याम घन सारँग राग जमाओ।
ताल मृदंग उपंग मुरज डफ मिलिरस सिंधु बहायो।
सकल उदार नृपति चूड़ामणि सुख बारिद बरखायो।
बरखत कुसुम मुदित नभ नायक इन्द्र निसान बजायो।
हित हरिबंस रसिक राधापति जस बितान जग छायो।

2. तनहिं राखु सतसंग में, मनहिं प्रेम रस भेव।
सुख चाहत हरिबंस हित, कृष्ण कल्पतरु सेव॥
रसना कटौ जु अनरटौ, निरखि अनफुटौ नैन।
श्रवन फुटौ जो अन सुनौ, बिन राधा जसु बैन।

स्वामी हरिदास ब्राह्मण थे। कोई इन्हें सारस्वत कहता है, कोई सनाढ्य। ये बहुत बड़े त्यागी और विरक्त थे। ये निम्बार्क सम्प्रदाय के महात्मा थे। इनके शिष्यों में अनेक सुकवि और महात्मा हो गये हैं। ये गान-विद्या के आचार्य थे। तानसेन और बैजू बावरा दोनों इनके शिष्य थे। ये वृन्दावन में ही रहते थे और बड़ी ही तदीयता के साथ अपना जीवन व्यतीत करते थे। इनके पद्यों के तीन चार संग्रह बतलाये जाते हैं। उनके कुछ पद देखिये–

1. "गहो मन सब रस को रस सार।
लोक वेद कुल कर्म्मै तजिये भजिये नित्य बिहार।
गृह कामिनि कंचन धन त्यागो सुमिरो श्याम उदार।
गति हरिदास रीति संतन की गादी को अधिकार।"

2. “हरि के नाम को आलस क्यों करत है रे।
काल फिरत सर साधे।
हीरा बहुत जवाहिर संचे कहा भयो हस्ती दर बाँधे।
बेर कुबेर कछू नहिं जानत चढ़े फिरत हैं काँधे।
कहि हरिदास कछू न चलत जब आवत अंतक आँधे।”

(ख)

अब मैं अकबर के दरबारी कवियों की चर्चा करूँगा। इनके दरबार में भी उस समय अच्छे-अच्छे सुकवि थे। मंत्रियों में रहीम ख़ानख़ाना, बीरबल और टोडरमल भी कविता करते थे। दरबारी कवियों में गंग और नरहरि का नाम बहुत प्रसिद्ध है। रहीम ख़ानख़ाना मुसलमान थे। परन्तु हिन्दी भाषा के बड़े सरस हृदय कवि थे। उनकी रचनायें बड़े आदर की दृष्टि से देखी जाती हैं। वे बड़े उदार भी थे और सहृदय कवियों को लाखों दे देते थे। उन्होंने फ़ारसी में भी रचनायें की थीं। उनका ‘दीवान फ़ारसी’ और ‘वाक़याते बाबरी’ का फ़ारसी अनुवाद बहुत प्रसिद्ध है। हिन्दी में भी उन्होंने कई ग्रन्थों की रचना की है। उनकी कुछ हिन्दी रचनायें देखिये–

1. कहि रहीम इक दीप तें, प्रगट सबै दुति होय।
तन सनेह कैसे दुरै, जरु दृग दीपक दोय॥

2. छार मुंड मेलतु रहतु, कहि रहीम केहि काज।
जेहि रज रिषि-पत्नी तरी, सो ढूँढ़त गजराज॥

3. रहिमन राज सराहिये, जो ससि के अस होय।
रवि को कहा सराहिये, जो उगै तरैयन खोय॥

4. यों रहीम सुख होत है, बढ़त देखि निज गोत।
ज्यों बड़री अखियाँन लखि, आँखिन को सुख होत॥

5. ज्यों रहीम गति दीप की, कुल कपूत गति सोय।
बारे उँजियारो लगै, बढ़े अँधेरो होय॥

6. बालम अस मन मिलयउँ जस पय पानि।
हंसिनि भई सवतिया लइ बिलगानि।
भोरहिं बोलि कोइलिया बढ़वति ताप।
एक घरी भरि सजनी रहु चुपचाप।
सघन कुंज अमरैया सीतल छाँहि।
झगरति आइ कोइलिया पुनि उड़ि जाहिं।

लहरत लहर लहरिया लहर बहार।
मोतिन जरी किनरिया बिथुरे बार।

7. कलित ललित माला वा जवाहिर जड़ा था।
चपल चखन वाला चाँदनी में खड़ा था।
कटि तट बिच मेला पीत सेला नवेला।
अलि बन अलबेला यार मेरा अकेला।

टोडरमल अकबर के कर-विभाग के प्रधानमंत्री थे। बही-खाता का प्रचार सबसे पहले इन्हीं के द्वारा हुआ। हिन्दी दफ़्तर को पहले पहल इन्होंने ही फ़ारसी में किया। ये प्रधान कवि नहीं हैं और न इनका कोई ग्रन्थ है। स्फुट कवितायें इनकी मिल जाती हैं। इनकी एक रचना देखिये।

गुन बिनु धन जैसे गुरु बिन ज्ञान जैसे।
मान बिनु दान जैसे जल बिनु सर है।
कंठ बिनु गीत जैसे हित बिनु प्रीति जैसे।
वेश्या रस रीति जैसे फल बिनु तर है।
तार बिनु जंत्र जैसे स्याने बिनु मंत्र जैसे।
नर बिनु नारि जैसे पुत्र बिनु घर है।
टोडर सुकबि तैसे मन में विचार देखो।
धर्म बिनु धन जैसे पच्छी बिना पर है॥

बीरबल अकबर के प्रधान मंत्रियों में से थे। ये जाति के ब्राह्मण थे, बड़े वीर भी थे। कविता के रसिक थे और स्वयं कविता करते थे। अपने समय में कविजन के कल्पतरु थे। प्रत्युत्पन्नमति ऐसे थे कि अकबर की दृष्टि में इसी कारण उनका विशेष आदर था। बड़े सरस हृदय थे और ललित कविता भी करते थे। दो एक पद्य देखिये–

1. उछरि उछरि भेकी झपटै उरग पर
उरग पै केकिन के लपटैं लहकि है।
केकिन के सुरति हिये की ना कछू है भय
एकी करि केहरि न बोलत बहकि है।
कहै कवि ब्रह्म बारि हेरत हरिन फिरैं
बैहर बहति बड़े जोर सों जहकि है।
तरनि के तावन तवा-सी भई भूमि रही
दसहूँ दिसान में दवारि सी दहकि है।

2. पेट में पौढ़ि के पौढ़े मही पर
पालना पौढ़ि के बाल कहाये।
आई जबै तरुनाई तिया सँग
सेज पै पौढ़ि के रंग मचाये।
छीर-समुद्र के पौढ़नहार को
ब्रह्म कबौं चित तें नहिं ध्याये।
पौढ़त पौढ़त पौढ़त ही सों
चिता पर पौढ़न के दिन आये।

नरहरि अकबरी दरबार के प्रसिद्ध कवि थे। वे ज़िला फ़तहपूर—असनी गाँव के निवासी थे। शायद जाति के बंदीजन थे, कहा जाता है कि इनके एक छप्पय पर रीझकर अकबर ने अपने समय में गावकुशी बंद कर दी थी। वह छप्पै यह है—

अरिहुँ दन्त तृन धरैं ताहि मारत न सबल कोइ।
हम संतत तृन चरहिं बचन उच्चरहिं दीन होइ।
अमृत पय नित स्त्रवहिं बच्छ महि थम्भन जावहिं।
हिन्दुहिं मधुर न देहिं कटुक तुरकहिं न पियावहिं।
कह नरहरि कवि अकबर सुनो।
बिनवत गऊ जोरे करन।
अपराध कौन मोहि मारियतु
मुयेहुँ चाम सेवत चरन।

एक पद्य उनका और देखिये—

सरवर नीर न पीवहीं स्वाति बुन्द की आस।
केहरि कबहुँ न तृन चरै जो ब्रत करै पचास।
जो ब्रत करै पचास विपुल गज-जूह बिदारै।
धन ह्वै गर्व न करै निधन नहिं दीन उचारै।
नरहरि कुल क सुभाउ मिटै नहिं जब लगि जीवै।
बरु चातक मरि जाय नीर सरवर नहिं पीवै।

कवि गंग अकबर-दरबार के एक नामी कवि थे। रचना जो इनकी मिलती है वह प्रौढ़ है। इनका कोई ग्रन्थ अब तक नहीं मिला है परन्तु जो स्फुट पद्य पाये गये हैं उनसे उनकी योग्यता का पूरा परिचय मिलता है। किसी-किसी की यह सम्मति है कि इनका

अन्तिम समय बड़ा दुखद था। कहा जाता है कि वे हाथी के पैरों से रौंदवा दिये गये। भिखारीदास का एक दोहा है जिसमें उन्होंने गोस्वामी तुलसीदास जी के साथ इनकी भी प्रशंसा की है और इनको अच्छा कवि माना है। वह दोहा यह है—

तुलसी गंग दुवौ भये, सुकबिन के सरदार।
इनकी कविता में मिली, भाषा विविध प्रकार॥

रहीम ख़ाँ ख़ानख़ाना इनका बड़ा आदर करते थे, कवि गंग ने उनकी प्रशंसा में कुछ रचनायें भी की हैं। उनकी कुछ कवितायें नीचे लिखी जाती हैं—

बैठी थी सखिन संग पिय को गवन सुन्यो,
सुख के समूह में बियोग आग भर की।
गंग कहै त्रिविधि सुगन्ध लै पवन बह्यो,
लागत ही ताके तन भई बिथा जर की।
प्यारी को परसि पौन गयो मानसर पहँ
लागत ही औरै गति भई मानसर की।
जलचर जरे औ सेवार जरि छार भयो,
जल जरि गयो पंक सूख्यो भूमि दरकी॥
मृगहूँ ते सरस विराजत बिसाल दृग,
देखिये न अस दुति कोलहू के दल मैं।
गंग घन दुज से लसत तन आभूषन,
ठाढ़े द्रुम छाँह देख ह्वै गई विकल मैं।
चख चित चाय भरे शोभा के समुद्र माहिं
रही ना सँभार दसा औरै भई पल मैं।
मन मेरो गरुओ गयो री बूड़ि मैं न पायो,
नैन मेरे हरुये तिरत रूप जल मैं।

इन प्रसिद्ध कवियों के अतिरिक्त इस सोलहवीं सदी में नरोत्तमदास नामक एक बड़े सहृदय कवि हो गये हैं। वे जिला सीतापुर के रहने वाले ब्राह्मण थे। इनके दो ग्रन्थ बतलाये जाते हैं। एक 'सुदामा-चरित्र' और दूसरा 'ध्रुव-चरित्र'। ये दोनों खण्ड काव्य हैं। इनमें से सुदामा-चरित्र की कविता बड़ी ही सरस है। उसमें से दो पद्य नीचे लिखे जाते हैं—

1. **कोदो समाँ जुरतो भरि पेट न**
चाहति तौ दधि दूध मिठौती।

सीत न बीतत जो सिसियात
तौ हौं हठती पै तुम्हें न हठौती।
जो जनती न हितू हरि से तो मैं
काहे को द्वारिका ठेलि पठौती।
या घरसे कबहूँ न गयो पिय
टूटो तवा अरु फूटी कठौती।

2. **काहे बेहाल बिवाइन सों पुनि**
कंटक जाल लगे पग जोये।
हाय महादुख पायौ सखा तुम
आये इतै न कितै दिन खोये।
देखि सुदामा की दीन दसा
करुना करिकै करुनानिधि रोये।
पानी परात को हाथ छुयौ
नहिं नैनन के जल सों पग धोये।

केशवदास जी के बड़े भ्राता बलभद्र जी की चर्चा मैं पहले कर चुका हूँ—आप संस्कृत भाषा के प्रसिद्ध विद्वान थे। आपकी संस्कृत रचनायें अधिक हैं। भागवत भाष्य और बलभद्री व्याकरण आपके उत्तम ग्रन्थ हैं। इनकी बनाई हुई हनुमन्नाटक एवं गोवर्धन-सप्तशती की टीकायें भी बड़ी विशद हैं। संस्कृत के इतने बड़े विद्वान् होने पर भी आपने हिन्दी भाषा में दो ग्रन्थ लिखे, एक का नाम है दूषण-विचार और दूसरा है नखशिख। दूषण-विचार सुना है कि बड़ा उपयोगी ग्रन्थ है, परन्तु मैंने इस ग्रन्थ को नहीं देखा। नखशिख सुन्दर ग्रन्थ है, और इसकी रचना बड़ी प्रौढ़ है। इसके जोड़ का नृपशंभु का नखशिख नामक ग्रन्थ है, परन्तु यह ग्रन्थ उक्त ग्रन्थ के अनुकरण से ही लिखा गया है—और भी नखशिख के ग्रन्थ हैं, परन्तु बलभद्र जी के नखशिख की समता कोई नहीं कर सका। उसके दो पद्य नीचे लिखे जाते हैं—

पाटल नयन कोकनद के से दल दोऊ
बलभद्र बासर उनीदी लखी बाल मैं।
शोभा के सरोवर मैं बाड़व की आभा कैधों
देवधुनि भारती मिली है पुन्य काल मैं।
काम कैवरत कैधों नासिका उड़ुप बैठ्यो
खेलत सिकार तरुनी के मुखताल मैं।

लोचन सितासित मैं लोहित लकीर मानों
बाँधे जुग मीन लाल रेसम के जाल में ॥ 1 ॥

मरकत के सूत कैधों पन्नग के पूत अति
राजत अभूत तमराज के से तार हैं।
मखतूल गुन-ग्राम सोभित सरस श्याम
काम मृग कानन कै कुहू के कुमार हैं।
कोप की किरिन कै जलज-नाल नील तन्तु
उपमा अनंत चारु चँवर सिँगार हैं।
कारे सटकारे भींजे सोंधे सों सुगन्ध बास
ऐसे बलभद्र नव बाला तेरे बार हैं ॥ 2 ॥

इसी समय में हरिनाथ, तानसेन, प्रवीणराय, होलराय, करनेस, लालनदास, मनोहर, रसिक आदि ऐसे कवि भी साहित्य क्षेत्र में आये, जो बहुत प्रसिद्ध नहीं हैं, परन्तु उनकी रचनायें सुन्दर और भावमयी हैं। सबकी रचनाओं के नमूने के लिए इस ग्रन्थ में स्थान का संकोच है। जो रचनायें अधिक मधुर हैं और जिनमें कुछ विशेषता है, उनमें से कुछ नीचे लिखी जाती हैं–

बलि बोई कीरति-लता, कर्ण करी द्वै पात।
सींची मान महीप ने जब देखी कुम्हलात॥
जाति जाति ते गुन अधिक सुन्यो न कबहूँ कान।
सेतु बाँधि रघुबर तरे हेलादे नृप मान॥

हरिनाथ

खात हैं हराम दाम करत हराम काम
धाम धाम तिनहीं के अपजस छावैंगे।
दोजख में जैहैं तब काटि काटि कीड़े खैहैं
खोपड़ी को गूद काक टोंटन उड़ावैंगे।
कहै करनेस अबै घूस खात लाजै नाहिं
रोजा औ नेवाज अन्त काम नहिं आवैंगे।
कबिन के मामिले में करै जौन खामी।
तौन निमकहरामी मरे कफन न पावैंगे।

करनेस

दीप कैसी जाकी जोति जगर मगर होति
गुलाबास बादर मैं दामिनी अलूदा है।
जाफरानी फूलन मैं जैसे हेमलता लसै
तामैं उग्यो चन्द्र लेन रूप अजमूदा है।
लालन जू लालन के रंग से निचोरि रँगी
सुरंग मजीठ ही कै रंगन जमूदा है।
बकि न बहूदा लखि छबिन को तूदा ओप
अतर अलूदा अंगना का अंग ऊदा है।

लालनदास

स्वामी हितहरिवंश की शिष्य-परम्परा और शिष्यों में तथा हरिदास स्वामी आदि महात्माओं के संसर्ग से अनेक सहृदय कवि इस शतक में उत्पन्न हुए, उनकी रचनायें बड़ी सरस हैं। उनमें से हितरूप लाल, गदाधर भट्ट, भगवान हित, नागरीदास, बिहारिन दास, भट्ट महाराज, व्यासजी, सेवक जी, हरिवंश अली और बिट्ठल बिपुल का नाम विशेष उल्लेखनीय है। इनमें से कुछ लोगों की रचनायें भी देखिये–

बिथुरी सुथरी अलकैं झलकैं
बिच आनि कपोल परीं जुछली।
मुसुकात जबै दसनावलि देखि
लजात तबै तब कुन्द कली।
अति चंचल नैन फिरैं चहुघां नित
पोखत लाल है भाँति भली।
तीन के पद-पंकज को मकरंद
सुनित्य लहै हरिबंस अली।

हरिबंस अली

जैसे गुरु तैसे गोपाल।
हरि तौ तवहीं मिलिहैं जबहीं श्रीगुरु होयँ कृपाल।
गुरु रूठे गोपाल रूठिहैं वृथा जात है काल।
एक पिता बिन गनिका सुत को कौन करे प्रतिपाल।

व्यासजी

सजनी नवल कुंज बन फूले।
अलिकुल संकुल करत कुलाहल सौरभ मनमथ भूले।

हरखि हिंडोरे रसिक रास बर जुगुल परस्पर झूले।
बिट्ठल बिपुल बिनोद देखि नभ देव बिमानन भूले।

यह बिट्ठल विपुलजी का पद्य है। स्वामी हरिदासजी के आप शिष्य थे, उनका स्वर्गारोहण होने पर आप ही उनकी गद्दी पर बैठे। गुरु के चरणों में आपका इतना अनुराग था कि उनके शरीर का पात होने पर उन्होंने अपनी आँखों पर पट्टी बाँध ली। एक रास के समय कहा जाता है कि स्वयं श्रीकृष्ण जी ने उनकी आँखों की पट्टी खोली। एक बार रास में आप इतने प्रेमोन्मत्त हुए कि तत्काल देहान्त हो गया।

बने बन ललित त्रिभंग बिहारी।
बंसीधुनि मनु बंसी लाई आई गोपकुमारी।
अरप्यो चारु चरन पद ऊपर लकुट कच्छ तरधारी।
श्री भट मुकुट चटक लटकनि मैं अटकि रहे दृग प्यारी।

श्री भट्ट

रक्त पीतसित असित लसत अंबुज बन सोभा।
टोल टोल मद लोल भ्रमत मधुकर मधु लोभा।
सारस अरु कलहंस कोक कोलाहल कारी।
पुलिन पवित्र विचित्र रचित सुन्दर मनहारी।

गदाधर भट्ट

सबै प्रेम के साधन तरु हरि।
निकसत उमग प्रगट अंकुर बर पात पुराने परिहरि।
गुन सुनि भई दास की आसा दरस्यो परस्यो भावै।
जब दरस्यो तब बोलै चाहै बोले हूँ हँसि आवै।

बिहारिनिदास

जसुमति आनँद कन्द नचावति।
पुलकि पुलकि हुलसाति देखि मुख अति सुख पुंजहिं पावति।
बाल जुवा वृद्धा किसोर मिलि चुटकी दै दै गावति।
नुपुर सुर मिश्रित धुनि उपजति सुर विरंचि विसमावति।
कुंचित ग्रंथित अलक मनोहर झपकि वदन पर आवति।
जन भगवान मनहुँ घन विधु मिलि चाँदनि मकर लजावति।

हित भगवान

दिन कैसे भरूँरी माई बिन देखे प्रान अधार।
ललित तृभंगी छैल छबीलो पीतम नन्द कुमार।

सुन री सखी कदमतर ठाढ़ो मुरली मन्द बजावै।
गनिगनि प्यारी गुनगन गावै चितवत चितहि रिझावै।
जियरा धरत न धीरज सनी कठिन लगन की पीर।
रूप लाल हित आगर नागर सागर सुख की सीर।

हितरूप लाल

इन महात्माओं में अधिकतर ग्रन्थकार हैं, और एक-एक ने कई-कई ग्रन्थ लिखे हैं, इन सब बातों की चर्चा करने से अधिक विस्तार और विषयान्तर होगा अतएव मैं इस विषय को यहीं छोड़ता हूँ। नाभादासजी के गुरु अग्रदास जी भी इसी शताब्दी में हुए। आपने भी कई ग्रन्थों की रचना की है, 'राम भजन मंजरी' और 'भाषा हितोपदेश' उनके सुन्दर ग्रन्थ हैं। एक कविता उनकी भी देखिये—

कुण्डल ललित कपोल जुगुल अरु परम सुदेसा।
तिनको निरखि प्रकास लजत राकेस दिनेसा।
मेचक कुटिल बिसाल सरोरुह नैन सुहाये।
मुख पंकज के निकट मनो अलि छौना आये।

इन उद्धरणों को देखकर आप सोचते होंगे, कि यह व्यर्थ विस्तार किया गया है, परन्तु आवश्यकताओं ने मुझको ऐसा करने के लिए विवश किया। मैं यह दिखलाना चाहता हूँ कि सोलहवीं शताब्दी में हिन्दी-भाषा कैसे समुन्नत हुई किस प्रकार ब्रजभाषा को प्रधानता मिली और उसका क्या स्वरूप स्थिर हुआ। अतएव मुझको सब प्रकार की रचनाओं का संकलन करना पड़ा। इस शताब्दी में अवधी और ब्रजभाषा दोनों का सर्वांगीण शृंगार हुआ, दोनों में ऐसे लोकोत्तर ग्रन्थ लिखे गये, जैसे आज तक दृष्टिगोचर न हो सके। परन्तु एक बात देखी जाती है, वह यह कि ब्रजभाषा का विकास बाद की शताब्दियों में भी बहुत कुछ हुआ, वह आगे चलकर भी अच्छी तरह फूली-फली और फैली, किन्तु अवधी को यह गौरव नहीं प्राप्त हुआ। प्रेम-मार्गी सूफियों के कुछ ग्रन्थ गोस्वामी जी के पश्चात् भी अवधी भाषा में लिखे गये हैं, परन्तु प्रथम तो उनकी संख्या उँगलियों पर गिनी जा सकती है, दूसरे ब्रजभाषा की ग्रन्थावली के सामने वे शून्य के बराबर हैं। बाबा रघुनाथ दास का विश्राम-सागर भी अवधी भाषा में लिखा गया है, और इसमें सन्देह नहीं कि यह भी अवधी भाषा का उत्तम ग्रन्थ है। उसका प्रचार भी हुआ। परन्तु इन कतिपय ग्रन्थों के द्वारा उस न्यूनता की पूर्ति नहीं होती जो ब्रजभाषा की विशाल ग्रन्थमालाओं के सामने अवधी को प्राप्त हुई। जब यह विचार किया जाता है कि ब्रजभाषा के इस व्यापकता और विस्तार का क्या कारण है तो कई बातें सामने आती हैं। मैं उनको प्रगट करना चाहता हूँ।

यह देखा जाता है कि चिरकाल से मध्यदेश की भाषा को ही प्रधानता मिलती आयी है। जिस समय संस्कृत भाषा का गौरवकाल था। उस समय भी इस प्रान्त से ही उसका प्रचार अन्य प्रदेशों में हुआ। जब प्राकृत भाषा का प्रचार हुआ तब भी शौरसेनी को ही अन्य प्राकृतों पर विशिष्टता मिली और उसी का अधिक विस्तार अन्य प्रदेशों में हुआ। संस्कृत के नाटकों में शिष्ट भाषा के रूप में शौरसेनी ही गृहीत हुई है। कारण इसका यह है कि आर्य सभ्यता इसी स्थान से अन्य प्रदेशों में फैली और इसी स्थान से आर्यों के विशिष्ट दलों ने जाकर अन्य प्रदेशों पर अधिकार किया। ऐसी अवस्था में उनकी भाषाओं का महत्त्व जो अन्य प्रान्त वालों ने स्वीकार किया तो यह आश्चर्यजनक नहीं, क्योंकि यह देखा जाता है कि राज्यभाषा ही प्रधानता लाभ करती है। जिस समय ब्रजभाषा का उदय हुआ उस समय भी मध्यदेश की ही राज्य-सत्ता का प्रभाव भारतवर्ष पर था। उन दिनों अकबर सम्राट् था और उसकी राजधानी अकबराबाद या आगरे में थी। जो ब्रजप्रान्त के अन्तर्गत है। अतएव वहाँ की भाषा का प्रभाव अन्य प्रदेशों पर पड़ना स्वाभाविक था, विशेषकर उस अवस्था में जब कि अकबर के समस्त बड़े अधिकारी ब्रजभाषा से स्नेह करते थे। इतना ही नहीं वे ब्रजभाषा में स्वयं रचना करके भी उन दिनों उसे समादृत बना रहे थे। मैं राजा बीरबल, राजा टोडरमल और रहीम खाँ ख़ानख़ाना की रचनाओं को ऊपर उद्‌धृत कर आया हूँ। वे ही मेरे कथन के प्रमाण हैं, अकबर स्वयं ब्रजभाषा में कविता करता था। कुछ पद्य उसके भी देखिये–

"जाको जस है जगत में, सबै सराहै जाहि।
ताको जीवन सफल है, कहत अकब्बर साहि॥

साहि अकब्बर एक समै चले,
कान्ह बिनोद बिलोचन बालहिं।
आहट ते अबला निरख्यो चकि
चौंकि चली करि आतुर चालहिं।
त्यों बलि बेनी सुधारी धरी सुभई,
छबि यों ललना अरु लालहिं।
चम्पक चारु कमान चढ़ावत,
काम ज्यों हाथ लिए अहि-बालहिं।"

यही नहीं, उनके दरबार के राजे महराजे भी इस रंग में रँगे हुए थे। उनकी ब्रजभाषा की रचनायें बतलाती हैं कि जो राजे ब्रजप्रान्त से दूर के थे वे भी उसके प्रभाव से प्रभावित थे। बीकानेर के राजा के भाई पृथ्वीराज की एक रचना देखिये। आप अकबर के प्रसिद्ध दरबारी थे। उन्होंने तीन ग्रन्थ लिखे थे। उनमें से एक ग्रन्थ 'प्रेम-प्रदीपिका' का एक पद्य यह है–

"प्रेम इकगी नेम प्रेम गोपिन को गायो।
बचनन बिरह विलाप सखी ताकी छवि छायो।
ज्ञान जोग वैराग मधुर उपदेसन भाख्यो।
भक्ति भाव अभिलाष मुख्य बनि तनु मन राख्यो।
बहुबिधि बियोग संयोग सुख सकल भाव समुझै भगत।
यह अद्भुत 'प्रेम-प्रदीपिका' कहि अनंत उद्दित जगत।"

कुछ लोगों ने यह लिखा है कि महाराज मानसिंह भी ब्रजभाषा में कविता करते थे, परन्तु उनकी कोई कविता मेरे देखने में नहीं आयी। मैंने अब तक जो लिखा, उससे यह पाया जाता है कि उस समय अकबर के दरबार में ब्रजभाषा की बड़ी चर्चा थी। यह मैं स्वीकार करूँगा कि रहीम खाँ ख़ानख़ाना ने अवधी भाषा में भी रचना की है, पर उनकी अधिकांश रचनायें ब्रजभाषा की ही हैं। 'नरहरि' और 'गंग' की जो रचनायें ऊपर उद्धृत की गयी हैं। उनकी भाषा भी प्रौढ़ ब्रजभाषा है। इससे ब्रजभाषा के अधिक प्रचार होने का रहस्य समझ में आ जाता है। इसके अतिरिक्त उन दिनों मथुरा वृन्दावन में कृष्णावत सम्प्रदाय के ऐसे प्रसिद्ध महात्मा हुए जिनका बहुत बड़ा प्रभाव अन्य प्रदेशों पर भी पड़ा। इन महात्माओं में से अधिकांश की रचनायें मैं ऊपर उद्धृत कर आया हूँ। उनके पढ़ने से आपको ज्ञात होगा कि उस समय ब्रजभाषा कविता का प्रवाह कितना प्रबल था। जिस भाषा के सहायक सम्राट् से लेकर उनके मंत्रि-मण्डल, के दरबारी, राजे महराजे और सामयिक अधिकांश महात्मागण हों उसका विशेष आदृत और विस्तृत हो जाना आश्चर्यजनक नहीं। मीराबाई के भजनों को भी आप पढ़ चुके हैं। वह भी भगवान कृष्णचन्द्र के प्रेम में ही रँगी थीं। उनकी रचनाओं से यह बात स्पष्टतया विदित होती है। उस समय ब्रजभाषा की समुन्नति में उनका भी कम प्रभाव नहीं पड़ा। यह सच है कि उनकी भाषा में राजस्थानी शब्द मिलते हैं। परन्तु उनकी अधिकतर रचनायें ब्रजभाषा के ही रंग में रँगी हैं। ब्रजभाषा के विस्तार का एक बहुत बड़ा हेतु और भी है। तह यह कि कृष्णावत सम्प्रदाय जहाँ-जहाँ गया वहाँ-वहाँ उस सम्प्रदाय की प्रिय भाषा ब्रजभाषा भी उसके साथ गयी। भगवान् कृष्णचन्द्र और श्रीमती राधिका जिनके आराध्यदेव हों वे उनकी प्रिय भाषा का आदर क्यों न करते? भगवान् कृष्णचन्द्र के गुणगान का अधिक सम्बन्ध ब्रजलीला ही से है। फिर ब्रज प्रान्त की भाषा आदृत क्यों न होती? कृष्ण-भक्ति के साथ ब्रजभाषा का घनिष्ठ सम्बन्ध है। इसलिए वह भी उनकी भक्ति के साथ-साथ ही उत्तरीय भारत में, राजस्थान और गुजरात में, अपना प्रभाव विस्तार करने में समर्थ हुई।

एक बात और है वह यह है कि भगवान कृष्णचन्द्र शृंगार रस के देवता हैं पहले

कुछ रीति-ग्रन्थ के आचार्यों ने विष्णु भगवान को देवता माना। परन्तु उत्तर-काल में भगवान कृष्णचन्द्र ही की प्रधानता हुई। इसलिए शृंगार रस के वर्णन में उनकी ब्रजलीला को अधिकतर स्थान दिया गया और ब्रजलीला के साथ ही ब्रजभाषा भी सादर गृहीत हुई। सत्रहवीं से लेकर उन्नीसवीं शताब्दी तक जहाँ थोड़े से अन्य साहित्य के ग्रन्थ लिखे गये वहाँ शृंगार रस के ग्रन्थों की भरमार रही। पहले शृंगार रस के वर्णन में कुछ संकोच भी होता था। परन्तु उसके कृष्ण लीलामय होने के कारण जब यह भाव भी आकर उसमें सम्मिलित हो गया कि यह रूपान्तर से कृष्ण गुणगान है।* जो पवित्र और निर्दोष है तो बड़े असंयत भाव और अधिकता से शृंगार रस की रचनायें होने लगीं। काल पाकर साहित्य पर उसका अच्छा प्रभाव नहीं पड़ा। कृष्ण गुणगान करने के बहाने उच्छृंखलताओं और अयथा वर्णनों ने स्थान ग्रहण किया, जिससे शृंगार-सम्बन्धी ग्रन्थ अनेक अंशों में कलुषित होने से न बचे और यह उक्त त्यागशील महात्माओं के उत्तम आदर्शों का बहुत बड़ा दुरुपयोग हुआ जो बाद को अनेक लांछनों का कारण बना। अष्टछाप के वैष्णवों में जो भक्ति और पवित्रता पायी जाती है, स्वामी हित हरिवंश, स्वामी हरिदास आदि महात्माओं में जो सच्ची भक्ति और तन्मयता अथच तदीयता देखी जाती है, बिट्ठल विपुल में जो प्रेमोन्माद और तल्लीनता मिलती है, उसका शतांश भी उत्तर काल के शृंगार रस के ग्रन्थकारों में दृष्टिगत नहीं होता। इसलिए उनकी रचनाओं का कुछ अंश ऐसा बन गया जो निन्दनीय कहा जा सकता है। यह मैं कहूँगा कि उस काल के कुछ रसिक राजा-महाराजाओं ने इस रोग को बढ़ाया और कुछ उस काल के उर्दू और फ़ारसी साहित्य के संसर्ग ने। परन्तु यह सत्य है कि जहाँ ब्रजभाषा की रचनाओं के विस्तार के और कारण हुए वहाँ एक कारण यह शृंगार-रस का व्यापक प्रवाह भी हुआ। ऊपर जो पद्य उद्धृत किये गये हैं उनमें से 'करनेस' 'लालनदास' की रचनाओं की ओर मैं आप लोगों की दृष्टि विशेष रूप से आकर्षित करता हूँ। उनके देखने से आप लोगों को ज्ञात होगा कि इसी शताब्दी में ही कुछ कवियों ने ब्रजभाषा की रचना में फ़ारसी और अरबी के अधिकतर शब्दों का भरना आरम्भ किया था। परन्तु ऐसे कवियों को सफलता प्राप्त नहीं हुई और न उनका अनुकरण हुआ। फ़ारसी-अरबी के शब्दों के ग्रहण करने के वे ही नियम गृहीत रहे, अपनी आदर्श रचना द्वारा जिनका प्रचार सूरदास जी और गोस्वामी तुलसीदास जी ने किया था। अर्थात् ब्रजभाषा की कविता में वे ही शब्द आवश्यकतानुसार लिए गये जो अधिकतर बोलचाल में आते अथवा प्रचलित थे।

---

* भिखारीदास जी लिखते हैं–

'आगे के सुकवि रीझि हैं तो कविताई,
ना तो राधिका कन्हाई सुमिरन को बहानो है।'

(ग)

इसी शतक में दादूदयाल जी का आविर्भाव हुआ। उनकी गणना निर्गुणवादी सन्तों में की जाती है। कोई उनका ब्राह्मण सन्तान कहता है, कोई यह कहता है कि वे एक धुनियाँ थे जिनको एक नागर ब्राह्मण ने पाला-पोसा था। वे जो हों, किन्तु उनका हृदय प्रेम-मय और उदार था। उनमें दयालुता की मात्रा अधिक थी, इसीलिए उनको दादूदयाल कहते हैं। उनको कलह-विवाद प्रिय नहीं था। शान्तिमय जीवन ही उनका ध्येय था, इसलिए उनकी रचनाओं में वह कटुता नहीं मिलती जो कबीर साहब की उक्तियों में मिलती है। उनके ग्रन्थों के पढ़ने से यह ज्ञात होता है कि वे हिन्दू जाति से सहानुभूति रखते थे और उनके देवी-देवताओं और महात्माओं पर व्यंग-बाण प्रहार करना उचित नहीं समझते थे। उनका विचार यह था कि सन्त होने के लिए सन्त भाव की आवश्यकता है। इस दृष्टि से वे किसी महापुरुष की कुत्सा करके अपने को सर्वोपरि बनाना नहीं चाहते थे। अतएव उनकी रचनाओं में यथेष्ट गम्भीरता पाई जाती है। उनको यह ज्ञात था कि उस समय हिन्दू धर्म पर किस प्रकार आक्रमण हो रहा था, इसलिए उसके प्रति वे सहानुभूतिपूर्ण थे और इसी कारण उन्होंने वह मार्ग नहीं ग्रहण किया जिससे उसका धर्म-क्षेत्र कंटकित हो और औरों को उस पर अयथा आक्रमण करने का अधिक अवसर प्राप्त हो। वे हिन्दू सन्तान थे। इसलिए उनका हिन्दू संस्कार जाग्रत था और यही कारण है कि वे उसके धर्म याजकों पर अनुचित कटाक्ष करते नहीं देखे जाते। वे जितने ही मिथ्याचार के विरोधी थे उतने ही मिथ्यावाद से दूर। वे यह जानते थे कि सत्य में बल है। इसलिए वे सत्य का प्रचार सत्य भाव ही से करते थे असंयत भावों के साथ नहीं। लगभग यह बात सभी हिन्दू निर्गुणवादियों में पाई जाती है, यहाँ तक कि कबीर साहब के प्रधान शिष्य धर्मदास, श्रुतगोपालदास आदि में भी यही भाव कार्यरत देखा जाता है। इन लोगों में भी हिन्दू धर्म के प्रति वह दुर्भाव नहीं देखा जाता। जिससे हिन्दू धर्म के प्रति उनका असद्भाव प्रगट हो दादूदयाल के हृदय का विनीत भाव इससे भी प्रगट होता है कि वे सबको दादा कहते थे और इसीलिए उनका नाम दादू पड़ा। उनकी कुछ रचनायें आपके सामने उपस्थित की जाती हैं। इनको पढ़कर आप लोगों को स्वयं यह ज्ञात होगा कि वे क्या थे–

1. अजहुँ न निकसे प्रान कठोर।
दरसन बिना बहुत दिन बीते सुन्दर प्रीतम मोर।
चार पहर चारहुँ जुग बीते रैनि गँवाई भोर।
अवधि गये अजहूँ नहिं आये कतहुँ रहे चित चोर।
कबहूँ नैन निरख नहिं देखे मारग चितवत तोर।
दादू अइसहि आतुरिविरहिनि जैसहिं चन्दचकोर।

2. भाई रे! ऐसा पन्थ हमारा।
द्वै पखरहित पन्थ गह पूरा अबरन एक अधारा।
वाद विवाद काहू सों नाहीं मैं हूँ जग थें न्यारा।
सम दृष्टी सूँ भाइ सहज में आपहिं आप विचारा।
मैं तैं मेरी यहु मत नाहीं निरवैरी निरविकारा।
पूरण सबै देखि आपा पर निरालम्ब निरधारा।
काहु के संगी मोह न ममता संगी सिरजन हारा।
मनही मनसूँ समझु सयाना आनँद एक अपारा।
काम कलपना कदे न कीजे पूरण ब्रह्म पियारा।
यहि पथ पहुँचि पार गहि दादूसो तत सहज सँभारा।

3. यह मसीत यह देहरा सत गुरु दिया देखाय।
भीतर सेवा बन्दगी बाहर काहे जाय।

4. सुरग नरक संसय नहीं, जिवन मरण भय नाहिं।
राम विमुख जे दिन गये सो सालै मन माहिं।

5. जे सिर सौंप्या राम कों, सो सिर भया सनाथ।
दादू दे ऊरण भया जिसका तिसके हाथ।

6. कहताँ सुनताँ देखताँ लेताँ देताँ प्राण।
दादू सो कतहूँ गया माटी भरी मसाण।

7. आवरे सजणा आव सिर पर धरि पाँव।
जाणी मैंडा जिंद असाड़े
तू रावैंदा राव वे सजणा आव।
इत्थां उत्थां जित्थां कित्थां हौं जीवां तो नाल वे!
मीयां मैंडा आव असाड़े
तू लालों सिर लाल वे सजणा आव।

8. म्होर ह्वाला ने काजे रिदै जो वानेहूँ ध्यान धरूँ।
आकुल थाए प्राणम्हारा को ने कही पर करूँ।
पीबे पाखे दिन दुहेलां जाए घड़ी बरसांसौं केम भरूँ।
दादू रे जन हरिगुण गातां पूरण स्वामी तेबरूँ।

दादू दयाल में यह विशेषता थी कि वे पंजाबी और गुजराती भाषा में भी कविता

कर सकते थे। उनकी इस प्रकार की रचनायें भी ऊपर उद्धृत की गयी हैं। नम्बर 7 की रचना पंजाबी और नम्बर 8 की गुजराती भाषा की है। इस प्रकार की उनकी रचनायें थोड़ी हैं। अधिकांश रचनायें ब्रजभाषा की ही हैं जिसमें अधिकतर शब्द राजस्थानी भाषा के और थोड़े अवधी के भी आये हैं। उनकी भाषा भी सन्तों की भाषा के समान स्वतन्त्र है। उसमें विशेष बन्धन नहीं। जब जहाँ आवश्यक समझते हैं अन्य भाषा के उपयुक्त शब्दें को ग्रहण कर लेते हैं। फिर भी यह कहा जा सकता है कि उनकी भाषा पर ब्रजभाषा और राजस्थानी भाषा का ही विशेष प्रभाव है। पहले पद्य को देखिये। वह बहुत ही प्रांजल है और इस भाव से लिखा गया है कि ज्ञात होता है कि वे सूरदास जी का अनुक़रण कर रहे हैं। ऐसी उनकी कितनी रचनायें हैं। दूसरा पद्य ऐसा है जिसमें राजस्थानी शब्द अधिक आये हैं। फिर भी उसकी भाषा साफ़ और चलती है। दादू दयाल के विचार निर्गुणवादियों के से हैं, परन्तु अन्य निर्गुणवादियों के समान वे भी सगुणोपासक हैं और परमात्मा में अनेक गुणों की कल्पना करते रहते हैं। उन्होंने अपनी रचनाओं में अपने पूर्व के कबीर साहब इत्यादि निर्गुणवादियों को भी स्मरण किया है और स्थान-स्थान पर पौराणिक महात्माओं को भी। स्वर्ग-नरक इत्यादि का वर्णन भी उनकी रचनाओं में है और पौराणिक उन पापियों का भी जो पतित-पावन के अपार अनुग्रह से पाप-मुक्त होकर अच्छे पद को प्राप्त हो सके। इसलिए उनके विचार भी पौराणिक भावों से ही ओतप्रोत हैं जो समय पर दृष्टि रख कर उनके द्वारा प्रकट किये गये हैं। राजस्थान में उनके पन्थवाले अधिक हैं, उनका कार्य-क्षेत्र भी आजीवन राजस्थान ही रहा है।

चौथा प्रकरण

उत्तर-काल

(1)

सोलहवीं शताब्दी में हिन्दी साहित्य-क्षेत्र में तीन धारायें प्रबल वेग से बहती दृष्टिगत होती हैं। पहली निर्गुणवाद सम्बन्धी दूसरी सगुणवाद या भक्तिमार्ग-सम्बन्धी और तीसरी रीति ग्रन्थ-रचना सम्बन्धी। इस सदी में निर्गुणवाद के प्रधान प्रचारक कबीर साहब गुरु नानकदेव और दादूदयाल थे। सगुणोपासना अथवा भक्तिमार्ग के प्रधान प्रवर्त्तक कविवर सूरदास और गोस्वामी तुलसीदास थे। रीति ग्रन्थ-रचना के प्रधान आचार्य केशवदास जी कहे जा सकते हैं। इन लोगों ने अपने-अपने विषयों में जो प्रगल्भता दिखलाई वह उत्तरकाल में दृष्टिगत नहीं होती। परन्तु उनका अनुगमन उत्तरकाल में तो हुआ ही, वर्तमान काल में भी हो रहा है। मैं यथाशक्ति यह दिखलाने की चेष्टा करूँगा कि ई. सत्रहवीं शताब्दी में इन धाराओं का क्या रूप रहा और फिर अट्ठारहवीं और उन्नीसवीं शताब्दी में उनका क्या रूप हुआ। इन तीनों शताब्दियों में जो देश कालानुसार अनेक परिवर्तन हुए हैं और भिन्न-भिन्न विचार भारत वसुन्धरा में फैले हैं। उनका प्रभाव इन तीनों शताब्दियों की रचनाओं में देखा जाता है। साथ ही भाव और भाषा में भी कुछ न कुछ अन्तर होता गया है। इसलिए यह आवश्यक ज्ञात होता है कि इन शताब्दियों के क्रमिक परिवर्तन पर भी प्रकाश डाला जावे और यह दिखलाया जावे कि किस क्रम से भाषा और भाव में परिवर्तन होता गया। यह बात निश्चित रूप से कही जा सकती है कि इन तीनों शताब्दियों में न तो कोई प्रधान धर्म-प्रवर्त्तक उत्पन्न हुआ, न कोई सूरदास जी एवं गोस्वामी तुलसीदास जी के समान महाकवि, और न केशवदास जी के समान महान् रीति-ग्रन्थकार। किन्तु जो साहित्य-सम्बन्धी विशेष धारायें सोलहवीं शताब्दी में बहीं वे अविच्छिन्न गति से इन शताब्दियों में भी बहती ही रहीं, चाहे वे उतनी व्यापक और प्रबल न हों। इन तीनों शताब्दियों में उस प्रकार की प्रभावमयी धारा बहाने में कोई कवि अथवा महाकवि भले ही समर्थ न हुआ हो, परन्तु इन धाराओं से जल ले लेकर अथवा इनके आधार से नयी-नयी जल प्रणालियाँ निकाल

कर वे हिन्दी साहित्य-क्षेत्र के सेचन और उसको सरस और सजल बनाने से कभी विरत नहीं हुए। इन शताब्दियों में भी कुछ ऐसे महान् हृदय और भावुक दृष्टिगत होते हैं जिनकी साहित्यिक धारायें यदि उक्त धाराओं जैसी नहीं हैं तो भी उनसे बहुत कुछ समता रखने की अधिकारिणी कही जा सकती हैं, विशेष कर रीतिग्रन्थ-रचना के सम्बन्ध में। परन्तु उनमें वह व्यापकता और विशदता नहीं मिलती, जो उनको उनकी समकक्षता का गौरव प्रदान कर सके। मैंने जो कुछ कहा है, वह कहाँ तक सत्य है, इसका यथार्थ ज्ञान आप लोगों को मेरी आगे लिखी जाने वाली लेखमाला से होगा।

मैं पहले लिख आया हूँ कि हिन्दी-साहित्य-क्षेत्र में सोलहवीं शताब्दी में ही ब्रजभाषा को प्रधानता प्राप्त हो गयी थी और कुछ विशेष कारणों से हिन्दी के कवि और महाकवियों ने उसी का हिन्दी साहित्य की प्रधान भाषा स्वीकार कर लिया था। यह बात लगभग यथार्थ है परन्तु यह स्वीकार करना पड़ेगा कि उत्तर-काल के कवियों की मुख्य भाषा भले ही ब्रजभाषा हो, किन्तु उसमें अवधी के कोमल, मनोहर अथच भावमय शब्द भी गृहीत हैं। जो कवि कर्म्म के मर्मज्ञ हैं वे भली भाँति यह जानते हैं कि अनेक अवस्थाओं में कवियों अथवा महाकवियों को ऐसे शब्द-चयन की आवश्यकता होती है, जो उनको भाव-प्रकाशन में उचित सहायता दे सकें और छन्दोगति में बाधक भी न हों। यदि वे 'ऐसो' लिखना चाहते हैं, परन्तु इस शब्द को वे इसलिए नहीं लिख सकते कि उससे छन्दोगति में बाधा पड़ती है और 'अस' लिखने से वे अपने भाव का द्योतन कर सकते हैं और छन्दोगति भी सुरक्षित रहती है तो वे ऐसी विशेष अवस्था में यह नहीं विचारते कि 'अस' शब्द अवधी का है, इसलिए उसको कविता में स्थान न मिलना चाहिए, वरन् वे यह सोचते हैं, कि हिन्दी भाषा का ही यह शब्द है और उसका प्रयोग हिन्दी साहित्य के एक विभाग में पाया जाता है। इसलिए संकीर्ण स्थलों पर उसके ग्रहण में आपत्ति क्या? हिन्दी साहित्य के महाकवियों को ऐसा करते देखा जाता है। क्योंकि वे जानते हैं कि बोलचाल की भाषा और साहित्यिक भाषा में कुछ न कुछ भिन्नता होती ही है। मेरे कथन का सारांश यह है कि उत्तर काल के कवियों ने जिसे साहित्यिक भाषा के रूप में ग्रहण किया उनमें से अधिकांश की मुख्य भाषा ब्रजभाषा ही है, परन्तु अवधी के उपयुक्त शब्द उसमें गृहीत हैं। मेरा विचार है कि इससे साहित्य की व्यापकता बढ़ी है, उसका पथ अधिक प्रशस्त हुआ है, और कवि-कर्म में भी बहुत कुछ सुविधा प्राप्त हुई है। भाषा की शुद्धता की ओर दृष्टि आकर्षण कर कुछ लोग इस प्रणाली का विरोध करते हैं। उनका कथन है कि सुविधा पर दृष्टि रखकर यदि एक ही शब्द के अनेक रूप गृहीत होने लगेंगे तो इससे भाषा सम्बन्धी नियम की रक्षा न होगी और निरंकुशता को प्रश्रय मिलेगा। लोग बेतरह शब्दों को तोड़ मरोड़ कर मनमानी करेंगे और साहित्य-क्षेत्र में उच्छृंखलता विप्लव मचा देगी। यह कथन बहुत कुछ युक्ति-संगत है, परन्तु ब्रजभाषा

साहित्य के मर्म्मज्ञों अथवा महाकवियों ने यदि उक्त प्रणाली ग्रहण की तो इस उद्देश्य से नहीं कि निरंकुशता को प्रश्रय दिया जाय। शब्द गढ़ने के पक्षपाती वे नहीं थे, न शब्दों को अधिक तोड़ने-मरोड़ने के समर्थक। वरन् उनका विचार यह था कि विशेष स्थलों पर यदि उपयुक्त अवधी के शब्द आ जायँ तो आपत्तिजनक नहीं। अवधी भाषा के कवियों को भी इस प्रणाली का अनुमोदन करते देखा जाता है। क्योंकि उनकी रचनाओं में भी ब्रजभाषा के शब्द विशेष स्थलों पर गृहीत होते आये हैं। किन्तु इसका यह अर्थ कदापि नहीं कि यदि कोई विशेष क्षमतावान है और वह शुद्ध अवधी ही में रचना करना चाहता है तो अनुचित करता है। भाषाधिकार कविता का विशेष गुण है। गुण का त्याग किसे वांछनीय होगा परन्तु यह स्मरण रहना चाहिए कि कवि-परम्परा (Poetic License) का भी कुछ आधार है, कवि कार्य के जटिल पथ में वह सुविधा का अंगुलि-निर्देश है। इसीलिए ब्रजभाषा के साहित्यकारों ने चाहे वे प्रारम्भिक काल के हों, अथवा माध्यमिक काल या उत्तर-काल के, इस सुविधा से सुख नहीं मोड़ा।

एक बात और है। वह यह कि ब्रजभाषा और अवधी में अधिकतर उच्चारण का विभेद है। अन्यथा दोनों में बहुत कुछ एकरूपता है। इसका कारण यह है कि अवधी पर शौरसेनी का अधिकतर प्रभाव रहा है। भरत मुनि कहते हैं–

'शौरसेन्याऽविदूरत्वात् इयमेवार्द्ध मागधी।'

इसका अर्थ यह है कि शौरसेनी से अविदूर (सन्निकट) होने के कारण मागधी अर्द्ध मागधी कहलाती है। यह कौन नहीं जानता कि शौरसेनी से ब्रजभाषा की और अर्ध-मागधी से अवधी की उत्पत्ति है। ब्रजभाषा और खड़ी बोली दोनों पश्चिमी हैं और अवधी पूर्वी। पछाँह वालों की भाषा खड़ी होती है और पूर्व वालों की पड़ी। पछाँह वालों के उच्चारण में उठान होती है और पूर्व वालों के उच्चारण में लचक उसमें चढ़ाव होता है और इसमें उतार। पछाँह वाले कहेंगे 'ऐसे', 'जैसे', 'कैसे', 'तैसे' और पूर्व वाले कहेंगे 'अइसे', 'जइसे', 'कइसे', 'तइसे' वे कहेंगे 'गयो' ये कहेंगे 'गयउ'। वे कहेंगे 'होयहै' या 'ह्वैहै' और ये कहेंगे 'होइहै'। वे कहेंगे 'रिझैहै' ये कहेंगे 'रिझइहै'। वे कहेंगे 'कौन' ये कहेंगे 'कवन'। वे कहेंगे 'मैल' ये कहेंगे 'मइल'। वे कहेंगे 'पाँव' ये कहेंगे 'पाउ'। वे कहेंगे 'कीनो', 'लीनो', 'दीनो' और ये कहेंगे 'कीन', 'लीन', 'दीन'। इसी प्रकार बहुत से शब्द बतलाये जा सकते हैं। मेरा विचार है इस साधारण उच्चारण विभेद के कारण एक दूसरे को परस्पर सर्वथा सम्पर्क-हीन समझना युक्तिसंगत नहीं। उच्चारणविभेद के अतिरिक्त कारक-चिह्नों, सर्वनामों और अनेक शब्दों में कुछ विभिन्नतायें भी दोनों में हैं विशेष कर ग्रामीण शब्दों में। उनसे जहाँ तक सम्भव हो बचने की चेष्टा करनी चाहिए, यद्यपि हमारे आदर्श कवियों और महाकवियों ने अनेक संकीर्ण स्थलों पर इन बातों की भी उपेक्षा की है।

(क)

अब मैं प्रकृत विषय को लेता हूँ, सत्रहवीं शताब्दी के निर्गुणवादी कवियों में मलूकदास और सुन्दरदास अधिक प्रसिद्ध हैं। क्रमशः इनकी रचनायें आप लोगों के सामने उपस्थित करके इनकी भाषा आदि के विषय में जो मेरा विचार है उसको मैं प्रकट करूँगा और विकास सूत्र से उनकी जाँच पड़ताल भी करता चलूँगा। मलूकदास जी एक खत्री बालक थे। बाल्यकाल से ही इनमें भक्ति का उद्रेक दृष्टिगत होता हैं वे द्रविड़ देश के एक महात्मा बिट्ठलदास के शिष्य थे। इनका भी एक पंथ चला जिसकी मुख्य गद्दी कड़ा में है। भारतवर्ष के अन्य भागों में भी उनकी कुछ गद्दियाँ पाई जाती हैं। उनकी रचनाओं से यह सिद्ध होता है कि उनमें निर्गुणवादी भाव था, फिर भी वे अधिकतर सगुणोपासना में ही लीन थे। सच्ची बात तो यह है कि पौराणिकता उनके भावों में भरी थी और वे उसके सिद्धान्तों का अनुकरण करते ही दृष्टिगत होते हैं। वे दर्शन के लिए जगन्नाथ जी भी गये थे। वहाँ पर उनके नाम का टुकड़ा अब तक मिलता है। उनकी कुछ रचनायें देखिये–

1. **भील कब करी थी भलाई जिय आप जान।**
फ़ील कब हुआ था मुरीद कहु किसका।
गीध कब ज्ञान की किताब का किनारा छुआ।
व्याध और बधिक निसाफ कहु तिसका।
नाग कब माला लै के बन्दगी करी थी बैठ।
मुझको भी लगा था अजामिल का हिसका।
एते बदराहों की बदी करी थी माफ़ जन।
मलूक अजाती पर एती करी रिस का।

2. **दीनदयाल सुनी जबते तबते हिय में कछु ऐसी बसी है।**
तेरो कहाय कै जाऊँ कहाँ मैं तेरे हितकी पटखैं चिकसी है।
तेरोही एक भरोस मलूक को तेरे समान न दूजो जसी है।
ऐहो मुरारि पुकारि कहौं अब मेरी हँसी नहिं तेरी हँसी है।

3. **ना वह रीझै जप तप कीने ना आतम के जारे।**
ना वह रीझै धोती नेती ना काया के पखारे।
दाया करै धरम मन राखै घर में रहे उदासी।
अपना सा दुख सबका जाने ताहि मिलै अबिनासी।
सहै कुसबद बादहू त्यागै दाड़ै गरब गुमाना।
यही रीझ मेरे निरंकार की कहत मलूक दिवाना।

4. गरब न कीजै बावरे हरि गरब प्रहारी।
गरबहिं ते रावन गया पाया दुख भारी।
जर न खुदी रघुनाथ के मन माँहि सोहाती।
जाके जिय अभिमान है ताकी तोरत छाती।
एक दया औ दीनता ले रहिये भाई।
चरन गहो जाय साधु के रीझैं रघुराई।
यही बड़ा उपदेस है पर द्रोह न करिये।
कह मलूक हरि सुमिरि के भौसागर तरिये।

5. दर्द दिवाने बावरे अलमस्त फकीरा।
एक अकीदा ले रहे ऐसा मन धीरा।
प्रेम पियाला पीउ ते बिसरे सब साथी।
आठ पहर यों झूमते ज्यों माता हाथी।
साहब मिलि साहब भये कछु रही न तमाई।
कह मलूक तिस घर गये जहँ पवन न जाई।

6. अजगर करै न चाकरी पंछी करै न काम।
दास मलूका यों कहै सब के दाता राम।
प्रभुता ही को सब मरै प्रभु को मरै न कोय।
जो कोई प्रभु को मरै प्रभुता दासी होय।

इनकी भाषा स्वतन्त्र है। परन्तु खड़ी बोली और ब्रजभाषा का रंग ही उसमें अधिक है। ये फ़ारसी के शब्दों का भी अधिकतर प्रयोग करते हैं और कहीं-कहीं छन्द की गति की पूरी रक्षा भी नहीं कर पाते। ऊपर के पद्यों में जिन शब्दों और वाक्यों पर चिह्न बना दिया गया है उनको देखिये ये शब्द विन्यास और वाक्य-रचना मैं अधिकतर ब्रज-भाषा के नियमों का पालन करते हैं। परन्तु बहुधा स्वतन्त्रता भी ग्रहण कर लेते हैं। इनकी रचना में संस्कृत के तत्सम शब्द भी आते हैं पर अधिकतर उनपर युक्त-विकर्ष का प्रभाव ही देखा जाता है।

साधुओं में सुन्दरदास ही ऐसे हैं जो विद्वान् थे और जिन्होंने काशी में बीस वर्ष तक रह कर वेदान्त और अन्य दर्शनों की शिक्षा संस्कृत द्वारा पाई थी। वे जाति के खण्डेलवाल बनिये और दादूदयाल के शिष्य थे। उन्होंने देशाटन अधिक किया था, अतएव उनका ज्ञान विस्तृत था। वे बालब्रह्मचारी और त्यागी थे। उनका कोई पन्थ नहीं है। परन्तु सुन्दर और सरस हिन्दी रचनाओं के लिए वे प्रसिद्ध हैं। उनकी अधिकांश रचनाओं पर वेदान्त-दर्शन की छाप है और उन्होंने उसके दार्शनिक विचारों को बहुत ही

सरलता से प्रकट किया है। कहा जाता है, उन्होंने चालीस ग्रन्थों की रचना की, जिनमें से 'सुन्दरसांख्यतर्क चिन्तामणि', 'ज्ञान विलास' आदि ग्रन्थ अधिक प्रसिद्ध हैं। उन्होंने साखियों की भी रचना की है। शब्द भी बनाये हैं और बड़े ही सरस कवित्त और सवैये भी लिखे हैं। उनमें से कुछ नीचे लिखे जाते हैं—

1. बोलिए तो तब जब बोलिवे की सुधि होइ।
न तौ मुख मौन गहि चुप होइ रहिये।
जोरिये तो तब जब जोरिबे की जान परै।
तुक छंद अरथ अनूप जामैं लहिये।
गाइये तो तब जब गाइबे की कंठ होइ।
जौन के सुनत ही सुमन जाइ गहिये।
तुक भंग छंद भंग अरथ मिलै न कछु।
सुन्दर कहत ऐसी बानी नहिं कहिये।

2. गेह तज्यो पुनि नेह तज्यो,
पुनि खेह लगाइ कै देह सँवारी।
मेघ सहै सिरसीत सहै।
तन धूप समै में पँचागिन बारी।
भूख सहै रहि रूख तरे
पर सुन्दर दास यहै दुख भारी।
आसन छाड़ि के कासन ऊपर,
आसन मार्‌यो पै आ़स न मारी।

3. देखहु दुर्मति या संसार की।
हरि सो हीरा छांड़ि हाथ तें बाँधत मोट विकार की।
नाना विधि के करग कमावत खबर नहीं सिरभार की।
झूठे सुख में भूलि रहे हैं फूटी आँख गँवार की।
कोइ खेती कोइ बनिजी लागे कोई आस हथ्यार की।
अन्ध धुन्ध में चहुँ दिसि धाये सुधि बिसरी करतार की।
नरक जानि कै मारग चाले सुनि सुनि् बात लबार की।
अपने हाथ गले में बाहीं पासी माया जार की।
बारम्बार पुकार कहतहौं सौहैं सिरजनहार की।
सुंदरदास बिनस करि जैहै देह छिनक में धार की।

4. धाइ पर्यो गज कूप में देखा नहीं बिचारि।
काम अन्ध जानै नहीं कालबूत की नारि।
लालन मेरा लाड़ला रूप बहुत तुझ माहिं।
सुन्दर राखै नैन में पलक उघारै नाहिं।
सुन्दर पंछी बिरछ पर लियो बसेरा आनि।
राति रहे दिन उठि गये त्यों कुटुम्ब सब जानि।
लवन पूतरी उदधि में, थाह लैन को जाइ।
सुन्दर थाह न पाइये बिचही गयो बिलाइ।

5. तो सही चतुर तू जान परवीन
अति परै जनि पींजरे मोह कूआ।
पाइ उत्तम जनम लाइ लै चपल
मन गाइ गोविन्द गुन जीति जूआ।
आपुही आपु अज्ञान नलिनी बँध्यो
बिना प्रभु बिमुख कैबेर मूआ।
दास सुन्दर कहै परम पद तौ लहै
राम हरि राम हरि बोल सूआ।

इनकी भाषा साहित्यिक ब्रजभाषा है परन्तु उसमें कहीं-कहीं खड़ी बोली का शब्द-विन्यास भी मिल जाता है। जहाँ उन्होंने दार्शनिक विषयों का वर्णन किया है वहाँ उनकी रचना में अधिकतर संस्कृत शब्द आये हैं। जैसे निम्नलिखित पद्य में—

ब्रह्म ते पुरुष अरु प्रकृत प्रगट भई,
प्रकृति ते महतत्व पुनि अहंकार है।
अहंकार हूँ ते तीन गुण सतरज तम,
तमहू ते महा भूत विषय पसार है।
रजहू ते इन्द्री दस पृथक पृथक भई,
सतहूँ ते मन आदि देवता विचार है।
ऐसे अनुक्रम करि सिष्य सों कहत गुरु,
सुन्दर सकल यह, मिथ्या भ्रम जार है।

देशाटन के समय प्रत्येक प्रान्त में जो बातें अरुचिकर देखीं अपनी रचनाओं में उन्होंने उनकी चर्चा भी की है। उनकी ऐसी रचनाओं में प्रान्तिक और गढ़े शब्दों का प्रयोग भी प्रायः देखा जाता है। निम्नलिखित पद्यांशों के उन शब्दों को देखिये जो चिन्हित हैं—

1. **आभड़ छोत अतीत सों कीजिये**
2. **बिलाईरु कूकुरु चाटत हांडी**
3. **रांधत प्याज बिगारत नाज न आवत लाज करैं सब भच्छन**
4. **ब्राह्मण छत्रिय बैसरु सूदर चारों ही बर्नके मच्छ बघारत**
5. **फूह्ड़ नार फतेपुर की........।**
6. **फिर आवा नग्र मँझारी।**

इनकी रचनाओं में विदेशी भाषा के शब्द भी आते हैं, किन्तु बहुत कम और नियमानुकूल। निम्नलिखित पद्य के उन शब्दों को देखिये जो चिन्हित हैं—

1. **'खबरि नहीं सिर भार की'**
2. **'कागद की हथिनी कीनी'**
3. **'खंदक कीना जाई'**
4. **'तब बिदा होइ घर आवा'**
5. **'मन में कछु फिकिरि उपावा'**

इन पद्यों में 'आवा', 'उपावा' इत्यादि का प्रयोग भी चिन्तनीय है। ये प्रयोग अवधी के ढंग के हैं। उनकी समस्त रचनाओं पर दृष्टि डालकर यह कहा जा सकता है कि निर्गुणवादियों की जितनी रचनायें हैं उनमें भाषा की प्रांजलता एवं नियम पालन की दृष्टि से सुन्दरदास जी की कृति ही सर्वप्रधान है। जो भाषा-सम्बन्धी विभिन्नता कहीं-कहीं थोड़ी बहुत मिलती है, साहित्यिक दृष्टि से वह उपेक्षणीय है। कतिपय शब्दों और वाक्य विन्यास के कारण यह नहीं कहा जा सकता कि उनकी भाषा खिचड़ी है और उन्होंने भी सधुक्कड़ी भाषा ही लिखी। इन्हीं के समय में दादू सम्प्रदाय में निश्चलदास नाम के एक प्रसिद्ध साधु विद्वान् हो गये हैं, जिन्होंने वेदान्त के विषयों पर सुन्दर ग्रन्थ लिखे हैं। उनकी भाषा के विषय में यही कहा जा सकता है कि वह लगभग सुन्दरदास की सी ही है। इसी शताब्दी में लालदासी पंथ के प्रवर्त्तक लालदास और साधु सम्प्रदाय के जन्मदाता वीरभान एवं 'सत्यप्रकाश' नामक ग्रन्थ के रचयिता और एक नवीन मत के निर्माणकर्त्ता धरणीदास भी हुए। परन्तु उनकी रचनायें अधिकतर साधुओं की स्वतन्त्र भाषा ही में हैं, विचार भी लगभग वैसे ही हैं। इसलिए मैं उनकी रचनाओं को लेकर उनके विषय में कुछ अधिक लिखने की आवश्यकता नहीं समझता।

(ख)

इस शताब्दी के भक्ति मार्ग वाले सगुणवादी भक्तों की ओर जब दृष्टि जाती है तो सबसे पहले हमारे सामने नाभादास जी आते हैं। वैष्णवों में इनकी रचनाओं का अच्छा

आदर है। इनकी विशेषता यह है कि इन्होंने श्रृंगाररस से मुख मोड़कर भक्ति-रस की धारा बहायी और 'भक्तमाल' नामक ग्रन्थ की रचना की, जिसमें लगभग 200 भक्तों का वर्णन है। अपनी रचना में उन्होंने वैष्णव मात्र को समान दृष्टि से देखा, और स्वयं रामभक्त होते हुए भी कृष्णचन्द्र जी के भक्तों में भी उतनी ही आदर बुद्धि प्रकट की जितनी रामचन्द्र जी के भक्तों में। उनके विषय में जो कुछ उन्होंने लिखा है उसमें भी उनके हृदय की उदारता और पक्षपातहीनता प्रकट होती है। उनका ग्रन्थ ब्रजभाषा में लिखा गया है। इसका कारण उसकी सामयिक व्यापकता ही है। प्रियादास जी ने उनके ग्रन्थ पर टीका लिखी है, क्योंकि थोड़े में अधिक बातें कहने से उनका ग्रन्थ दुर्बोध हो गया है। उन्होंने एक छप्पय में ही एक भक्त का हाल लिखा है। इसलिए थोड़े में ही उनको बहुत बातें कहनी पड़ीं। ऐसी अवस्था में उनका ग्रन्थ गूढ़ क्यों न हो जाता? प्रियादास जी की टीका ने इस गूढ़ता को अधिकतर अपनी टीका के द्वारा बोधगम्य बना दिया। पद्य ही में 'अष्टयाम' नामक उनका एक ग्रन्थ और है। यह ग्रन्थ भी साहित्यिक ब्रजभाषा ही में लिखा गया है। दोनों का एक-एक पद्य देखिये—

1. मधुर भाव सम्मिलित ललित लीला सुवलित छवि।
निरखत हरखत हृदय प्रेम बरखत सुकलित कवि।
भव निस्तारन हेत देत दृढ़ भक्ति सबन नित।
जासु सुजस ससि उदै हरत अति तम भ्रम श्रम चित।
आनन्द कंद श्रीनंद सुत श्रीवृषभानु सुता भजन।
श्री भट्ट सुभट प्रगट्यो अघट रस रसिकन मनमोद घन।

भक्तमाल

2. परिखा प्रति चहुँ दिसि लसत कंचन कोट प्रकास।
विविध भाँति नग जगमगत प्रति गोपुर पुरवास।
दिव्य फटिकमय कोट की शोभा कहि न सिराय।
चहुँ दिसि अद्भुत जोति मैं जगमगाति सुखदाय।

इनकी भाषा के विषय में कुछ अधिक लिखने की आवश्यकता मुझे नहीं ज्ञात होती। जो नियम साहित्यिक ब्रजभाषा का मैं ऊपर लिख आया हूँ उसका पालन उनकी कविता में अधिकतर पाया जाता है। इनकी रचना में अनुप्रासों एवं ललित पद-विन्यास की भी छटा है। पद्य में संस्कृत के तत्सम शब्द भी आये हैं। परन्तु वे अधिकतर ऐसे हैं जो मधुर और कोमल कहे जा सकते हैं। इनकी रचना को देखने से यह ज्ञात होता है कि उत्तम वर्ण के न होने पर भी ये सुशिक्षित थे और ऐसा सत्संग उनको प्राप्त था जिसने उनके हृदय को भक्तिमान और भावुक बना दिया था। किसी-किसी ने उनको

अछूत जाति का लिखा है, और किसी ने यह लिखकर उनकी जाति-पाँति बताने में आनाकानी की है कि हरि-भक्तों की जाति नहीं पूछी जाती। वे जो हों, परन्तु वे भक्त थे और जैसा भक्त का हृदय होना चाहिए वैसा ही उनका हृदय था, जो उनकी रचनाओं में स्पष्ट प्रतिबिंबित है।

नाभादास जी के बाद हमारे सामने एक बड़े ही सरस-हृदय कवि आते हैं वे हैं रसखान। ये मुसलमान थे और इन्होंने अपने को राजवंशी बतलाया है। नीचे के दोहे इस बात के प्रमाण हैं–

देखि गदर, हित साहिबी, दिल्ली नगर मसान।
छिनहिं बादसा बंस की, ठसक छोड़ि रसखान॥
प्रेम निकेतन श्री बनहिं, आय गोबरधन धाम।
लह्यो सरन चित चाहि कै, जुगल सरूप ललाम॥

इनमें एक और विशेषता पाई जाती है वह यह है कि एक विजातीय और विधर्म्मी पुरुष का भगवान् श्रीकृष्ण के प्रेम में तन्मय होकर सर्वस्व-त्यागी बन जाना कम आश्चर्यजनक नहीं। परन्तु प्रेम में बड़ी शक्ति है। सच्चा प्रेम क्या नहीं करा सकता? रसखान की रचनायें पढ़ने से ज्ञात होता है कि उनमें प्रेम की कितनी लगन थी। वे इतने सच्चे प्रेमी थे और भगवान श्रीकृष्ण के चरणों में उनका इतना अनुराग था कि गोस्वामी विट्ठलनाथ के प्रधान शिष्यों में उनकी भी गणना हुई और 252 वैष्णवों की वार्त्ता में भी उनको स्थान मिला। इस घटना से भी इस बात का पता चलता है कि महाप्रभु वल्लभाचार्य की प्रचारित प्रेम-धारा कितनी सबल थी। रसखान का सूफी प्रेममार्गियों की ओर से मुँह मोड़कर कृष्णावत सम्प्रदाय में सम्मिलित होना यह बात प्रगट करता है कि उस समय जनता का हृदय किस प्रकार इस सम्प्रदाय की ओर आकर्षित हो रहा था। जब रसखान के निम्नलिखित पद्यों को हम पढ़ते हैं तो यह ज्ञात होता है कि किस प्रकार उनका हृदय परिवर्तित हो गया था और वे कैसे भगवान कृष्ण के अनन्य उपासक बन गये थे। इन पद्यों में अकृत्रिम भक्ति और प्रेमरस का स्रोत-सा बह रहा है।

1. **"मानुस हों तो वही रसखान**
बसों ब्रज गोकुल गाँव के ग्वारन।
जो पसु हों तो कहा बस मेरो
चरौं नित नन्द की धेनु मँझारन।
पाहन हों तो वही गिरि को जो
धर्‌यो कर क्षत्र पुरंदर धारन।
जो खग हों तो बसेरो करौं वही
कालिंदी-कूल कदम्ब की डारन।"

2. या लकुटी अरु कामरिया पर
राज तिहूँ पुर को तजि डारौं।
आठहुँ सिद्धि नवो निधि को सुख
नन्द की गाइ चराइ बिसारौं।
आँखिन सों रसखान कबै
ब्रज के बन बाग तड़ाग निहारौं।
कोटिन हूँ कलधौत के धाम
करील के कुंजन ऊपर वारौं।

भगवान कृष्णचन्द्र को देवादिदेव कहकर भी उन्होंने उन्हें किस प्रकार प्रेम के वश में बतलाया है, इसको यह पद्य भली-भाँति प्रकट कर रहा है–

"सेस गनेस महेस दिनेस सुरेसहुँ
जाहि निरन्तर गावैं।
जाहि अनादि अनन्त अखंड
अछेद अभेद सुबेद बतावैं।
जाहि हिये लखि आनँद ह्वै जड़
मूढ़ जनौ रसखान कहावैं।
ताहि अहीर की छोहरियाँ छछिया
भरि छाछ पै नाच नचावैं।"

रसखान की भाषा चलती और साफ-सुथरी है। जितने पद्य उन्होंने बनाये हैं उनसे रस निचुड़ा पड़ता है। निस्सन्देह ब्रजभाषा ही में उनकी कविता लिखी गयी है। परन्तु खड़ी बोली के भी कोई-कोई शब्द उनमें मिल जाते हैं। इसी प्रकार अवधी के भी।

रसखान के लिखे हुए दो ग्रन्थ पाये जाते हैं, 'सुजान रसखान' और 'प्रेम-वाटिका'। दोनों की भाषा एक ही है और दोनों में प्रेम का प्रवाह बहता दिखलाई पड़ता है। 'सुजान रसखान' के पद्य आप देख चुके हैं। दो दोहे, 'प्रेम-वाटिका' के भी देखिये–

अति सूछम कोमल अतिहि, अति पतरो अति दूर।
प्रेम कठिन सब ते सदा, नित इक रस भर पूर॥
डरै सदा चाहै न कछु, सहै सबै जो होय।
रहै एक रस चाहि कै, प्रेम बखानै सोय॥

इसी प्रेम-परायणता के कारण रसखान की गणना भक्तों में की जाती है और यह निस्संकोच कहा जा सकता है कि उनके दोनों ग्रन्थ भक्ति भावना से पूर्ण हैं। वे छोटे

हों, परन्तु उनमें इतना प्रेम रस भरा है कि उसके कवि को सच्चा प्रेमिक मानने के लिए विवश होना पड़ता है। सच्ची तल्लीनता ही भक्ति है इसलिए रसखान की गणना यदि वैष्णव भक्तों में हुई तो यथार्थ हुई। विधर्मी और विजातीय होकर भी यदि उन्होंने भगवान कृष्णचन्द्र को पूर्ण रूपेण आत्म-समर्पण किया तो यह उनकी सच्ची भक्ति-भावना ही थी और ऐसी दशा में उनको कौन भक्त स्वीकार न करेगा?

बनारसीदास जैन की गणना भी भक्त कवियों में होती है। यह कभी आगरा और कभी जौनपुर में रहते थे। इनका यौवन काल प्रमादमय था। परन्तु थोड़े दिनों बाद इनमें ऐसा परिवर्तन हुआ कि इन्होंने अपने शृंगार रस के ग्रन्थ को फाड़कर गोमती में फेंक दिया और ऐसी रचनाओं के करने में तल्लीन हुए जो भक्ति और ज्ञान-सम्बन्धी कही जा सकती हैं। इनके भावपूर्ण ग्रन्थों की संख्या आठ-दस बतलाई जाती है, जिनमें से अधिकतर पद्य में लिखे गये हैं। इनकी गद्य रचनायें भी हैं। ये जैन विद्वान् थे, परन्तु इनमें संकीर्णता नहीं थी। इनका ध्रुववंदना नामक ग्रन्थ इसका प्रमाण है। इनके कुछ पद्य देखिये–

1. काया सों विचार प्रीति, माया ही में हार जीति,
लिए हट रीति जैसे हारिल की लकरी।
बंगुल के जोर जैसे गोह गहि रहै भूमि,
त्योंही पाँय गाड़े पै न छाड़े टेक पकरी।
मोह की मरोर सों मरम को न ठौर पावै,
धावैं चहुँ ओर ज्यों बढ़ावै जाल मकरी।
ऐसी दुरबुद्धि भूलि झूठ के झरोखे झूलि,
फूली फिरै ममता जँजीरन सों जकरी।

2. भौंदू समझ सबद यह मेरा।
जो तू देखै इन आँखिन
को बिनु परकास न सूझै।
सो परकास अगिनि रवि
ससि को तू अपनो करि बूझै।
तेरे दृग मुद्रित घट अंतर
अन्ध रूप तू डोलै।
कै तो सहज खुलैं वे आँखैं
कै गुरु संगति खोलै।

3. भौंदू ते हिरदै की आँखें।
जे करखें अपनी सुख सम्पति
भ्रम की सम्पति नाखें।
जिन आँखिन सों निरखि
भेद गुन ज्ञानी ज्ञान विचारें।
जिन आँखिन सों लखि सरूप
मुनि ध्यान धारना धारें।

इनकी भाषा प्राञ्जल ब्रजभाषा है। उसमें कभी-कभी कोई अपरिमार्जित शब्द आ जाता है, परन्तु उससे इनकी भाषा की विशेषता नहीं नष्ट होती। बनारसीदास ही ऐसे जैन कवि हैं, जिन्होंने ब्रजभाषा लिखने में पूरी सफलता लाभ की। इनकी गणना प्रतिष्ठित ब्रजभाषा-कवियों में की जा सकती है। इनकी रचना इस बात का भी प्रमाण है कि सत्रहवीं सदी में ब्रजभाषा इतनी प्रभावशालिनी हो गयी थी कि अन्य धर्म वाले भी उसमें अपनी रचनायें करने लगे थे।

(ग)

इस सत्रहवीं शताब्दी में रीति-ग्रन्थकार बहुत अधिक हुए और उन्होंने शृंगाररस, अलंकार और अन्य विषयों की इतनी अधिक रचनायें कीं कि ब्रजभाषा-साहित्य श्री सम्पन्न हो गया। यह अवश्य स्वीकार करना पड़ेगा कि रीति-ग्रन्थकारों ने शृंगार रस को ही अधिक प्रश्रय दिया परन्तु यह समय का प्रभाव था। यह शताब्दी जहाँगीर और शाहजहाँ के राज्य-काल के अन्तर्गत है, जो विलासिता के लिए प्रसिद्ध है। जैसे मुसलमान बादशाह और उनके प्रभावशाली अधिकारीगण इस समय विलासिता-प्रवाह में बह रहे थे वैसे ही इस काल के राजे और महाराजे भी। यदि मुसलिम दरबारों में आशिक़ाना मज़ामीन और शाइरी का आदर था तो राजे-महाराजाओं में रसमय भावों एवं विलासितामय वासनाओं का सम्मान भी कम न था। ऐसी अवस्था में यदि शृंगार रस के साहित्य का अधिक विकास हुआ तो कोई आश्चर्य की बात नहीं। ज्ञान, विराग, योग इत्यादि में एक प्रकार की नीरसता सर्व-साधारण को मिलती है। उसके अधिकारी थोड़े हैं। शृंगाररस की धारा ही ऐसी है जिसमें सर्वसाधारण अधिक आनन्द लाभ करता है, क्योंकि उसका आस्वादन जैसा मोहक और हृदयाकर्षक है वैसा अन्य रसों का नहीं। स्त्री-पुरुषों के परस्पर सम्मिलन में जो आनन्द और प्रलोभन है बाल-बच्चों के प्यार और प्रेम में जो आकर्षण है उसमें ही सांसारिकता और स्वाभाविकता अधिक है। प्राणिमात्र इस रस में निमग्न है। परमार्थ का आनन्द न इतना व्यापक है और न इतना मोहक, चाहे वह उच्च कोटि का भले ही हो। आहार-विहार, स्त्री-पुत्रों का स्नेह और उससे

उत्पन्न आनन्दानुभव पशु पक्षी कृमि तक में व्याप्त है। परमार्थ भावना उनमें है ही नहीं। यदि यह भावना मिलती है तो मनुष्य में ही मिलती है। परन्तु मनुष्य की इस भावना पर अधिकतर सांसारिकता का ही रंग चढ़ा है। परमार्थ चिन्ता तो वह कभी-कभी ही करता है। वह भी समष्टि-रूप से नहीं, व्यष्टि रूप से। यही कारण है कि कुछ महात्माओं और विद्या-व्यसनी विद्वानों को छोड़ कर अधिकांश जनता शृंगाररस की ओर ही विशेष आकर्षित रहती है और ऐसी दशा में यदि उसी के गीत अधिक कंठों से गाये जाते सुने जावें, उसी के ग्रन्थ अधिकतर सरस हृदय द्वारा रचे जावें और उनमें अधिकतर सरसता, लालित्य और सुन्दर शब्द-विन्यास पाये जावें तो कोई आश्चर्य नहीं। अतएव सत्रहवीं शताब्दी में यह स्वाभाविकता ही यदि बलवती होकर कवि वृन्द द्वारा कार्य-क्षेत्र में आयी तो कोई विचित्र बात नहीं। इस शताब्दी के जितने बड़े-बड़े कवि और रीतिग्रन्थकार है उनमें से अधिकांश इसी रंग में रँगे हुए हैं और उनकी संख्या भी थोड़ी नहीं हैं। मैं सबकी रचनाओं को आप लोगों के सामने उपस्थित करने में असमर्थ हूँ। उनमें जो अग्रणी और प्रधान हैं और जिनकी कृतियों में 'भावगत' सुन्दर व्यंजनायें अथवा अन्य कोई विशेषतायें हैं। मैं उन्हीं की रचनायें आपलोगों के सामने उपस्थित कर के यह दिखलाऊँगा कि उस समय ब्रजभाषा का शृंगार कितना उत्तम और मनमोहक हुआ और किस प्रकार ब्रजभाषा सुन्दर और ललित पदों का भांडार बन गयी। जिन सुकवियों अथवा महाकवियों की रचनाओं ने ब्रजभाषा संसार में उस समय कल्पना राज्य का विस्तार किया था उनमें से कुछ विशिष्ट नाम ये हैं–

(1) सेनापति, (2) बिहारी लाल, (3) चिन्तामणि, (4) मतिराम, (5) कुलपति मिश्र, (6) जसवन्तसिंह, (7) बनवारी, (8) गोपाल चन्द्रमिश्र, (9) बेनी और (10) सुखदेव मिश्र। मैं क्रमशः इन लोगों के विषय में अपना विचार प्रकट करूँगा और यह भी बतलाऊँगा कि इनकी रचनाओं का क्या प्रभाव ब्रजभाषा पर पड़ा। बीच-बीच में अन्य रसों के विशिष्ट महाकवियों की चर्चा भी करता जाऊँगा।

(1) सेनापति कान्यकुब्ज ब्राह्मण थे। उन्होंने 'काव्य-कल्पद्रुम' और 'कवित्त-रत्नाकर' नामक दो ग्रन्थों की रचना कीं। वे अपने समय के बड़े ही विख्यात कवि थे। हिन्दू प्रतिष्ठित लोगों में इनका सम्मान तो था ही मुसलमानों के दरबारों में भी उन्होंने पूरी प्रतिष्ठा प्राप्त की थी। ब्रजभाषा जिन महाकवियों का गर्व कर सकती है उनमें सेनापति का नाम भी लिया जाता है। उनकी रचनायें अधिकतर प्रौढ़, सुन्दर, सरस और भावमयी हैं। षड्ऋतु का जैसा उदात्त और व्यापक वर्णन सेनापति ने किया वैसा दो एक महाकवियों की लेखनी ही कर सकी। उन्होंने अपना परिचय इस प्रकार दिया है–

दीक्षित परशुराम दादा हैं विदित नाम,
जिन कीहैं जज्ञ जाकी विपुल बड़ाई है।
गंगाधर पिता गंगाधर के समान जाके,
गंगातीर बसति "अनूप" जिन पाई है।
महा जानमनि विद्या दान हूँ ते चिन्तामनि,
हीरामनि दीक्षित ते पाई पंडिताई है।
सेनापति सोई सीतापति के प्रसाद जाकी,
सब कवि कान दै सुनत कविताई है।

कह जाता है कि अन्त में वे विरक्त हो गये थे और क्षेत्र-संन्यास ले लिया था। इस भाव के पद्य भी उनकी रचनाओं में पाये जाते हैं। एक पद्य देखिये—

केतो करौ कोय पैये करम लिखोय ताते,
दूसरो न होय डर सोय ठहराइये।
आधी ते सरस बीति गयी है बयस,
अब कुजन बरस बीच रस न बढ़ाइये।
चिन्ता अनुचित धरु धीरज उचित,
सेनापति ह्वै सुचित रघुपति गुन गाइये।
चारि बरदानि तजि पाँय कमलेच्छन के,
पायक मलेच्छन के काहे को कहाइये॥

विरक्ति-सम्बन्धी उनके दो पद्य और देखिये—

1. पान चरनामृत को गान गुन गानन को,
हरिकथा सुने सदा हिये को हुलसिबो।
प्रभु के उतीरनि की गूदरी औ चीरनि की,
भाल भुज कंठ उर छापन को लखिबो।
सेनापति चाहत है सकल जनम भरि,
वृंदाबन सीमा ते न बाहर निकसिबो।
राधा मनरंजन की सोभा नैन कंजन की,
माल गरे गुंजन की कुंजन को बसिबो॥

2. महामोह कंदनि मैं जगत जकंदनि मैं,
दीन दुख दुंदनि में जात है बिहाय कै।

सुख को न लेस है कलेस सब भाँतिन को,
सेनापति याही ते कहत अकुलाय कै।
आवै मन ऐसी घरबार परिवार तजौं,
डारौं लोक लाज के समाज बिसराय कै।
हरिजन पुंजनि में वृंदावन कुंजनि में,
रहौं बैठिं कहूँ तरवर तर जाय कै।

एक पद्य उनका ऐसा देखिये जिसमें आर्य-ललना की मर्यादा-शीलता का बड़ा सुन्दर चित्र है–

फूलन सों बाल की बनाइ गुही बेनी लाल,
भाल दीनी बेंदी मृगमद की असित है।
अंग अंग भूषन बनाइ ब्रजभूषन जू,
बीरी निज कर की खवाई अति हित है।
ह्वै कै रस-बस जब दीबे को महावर के,
सेनापति श्याम गह्यो चरन ललित है।
चूमि हाथ नाथ के लगाइ रही आँखिन सों,
कही प्रानपति यह अति अनुचित है।

अब कुछ ऐसे पद्य देखिये जो ऋतु-वर्णन के हैं, इनमें कितनी स्वाभाविकता, सरसता और मौलिकता है, उसका अनुभव स्वयं कीजिए–

कातिक की राति थोरी थोरी सियराति,
सेनापति को सुहाति सुखी जीवन के गन हैं।
फूले हैं कुमुद फूली मालती सघन बन,
फूलि रहे तारे मानो मोती अनगन हैं।
उदित विमल चंद्र चाँदनी छिटिक रही,
राम कैसो जस अध ऊरध गगन है।
तिमिर हरन भयो सेत है बरन सब,
मानहुँ जगत छीर-सागर मगन है।
सिसिर मैं ससि को सरूप पावै सविताऊ,
घामहुँ मैं चाँदनी की दुति दमकति है।
सेनापति होती सीतलता है सहस गुनी,
रजनी की झाईं बासर में झमकति है।

चाहत चकोर सूर ओर दृगछोर करि,
चकवा की छाती धरि धीर धमकति हैं।
चन्द के भरम होत मोद है कुमोदिनी के,
ससि संक पंकजिनी फूलि ना सकति है।
सिसिर तुषार के बुखार से उखारतु है,
पूस बीते होत सून हाथ पाँव ठिरिकै।
द्योस की छुटाई की बड़ाई बरनी न जाइ,
सेनापति गाई कछू, सोचिकै सुमिरि कै।
सीत ते सहसकर सहस चरन ह्वै कै
ऐसो जात भाजि तम आवत है घिरिकै।
जौ लौं कोक कोकीसों मिलत तौं लौं होत राति,
कोक अध बीच ही ते आवतु है फिरिकै।

एक मानसिक भाव का चित्रण देखिये और विचारिये कि उसमें कितनी स्वाभाविकता है–

जो पै प्रान प्यारे परदेस को पधारे,
ताते बिरह ते भई ऐसी ता तिय की गति है।
करि कर ऊपर कपोलहिं कमल-नैनी
सेनापति अनिमनि बैठियै रहति है।
कागहिं उड़ावै कबौं-कबौं करै सगुनौती,
कबौं बैठि अवधि के बासर गिनति है।
पढ़ी-पढ़ी पाती कबौं फेरि कै पढ़ति,
कबौं प्रीतम के चित्र में सरूप निरखति है।

आप कहेंगे कि भाषा-विकास के निरूपण के लिए कवि की इतनी अधिक कविताओं के उद्धरण की क्या आवश्यकता थी। किन्तु यह सोचना चाहिए कि भाषा के विकास का सम्बन्ध शाब्दिक-प्रयोग ही से नहीं है, वरन् भाव-व्यंजना से भी है। भाषा की उन्नति के लिए जैसे चुस्त और सरस शब्द-विन्यास की आवश्यकता होती है। उसी प्रकार मनोहर भाव-व्यंजना की भी। भाषा के विकास से दोनों का सम्बन्ध है। इस बात के प्रकट करने के लिए ही उनकी कविता कुछ अधिक उठाई गयी। सेनापति की भाषा साहित्यिक ब्रजभाषा है। हम उनकी भाषा को टकसाली कह सकते हैं। न तो उनकी रचना में खड़ी बोली की छूत लग पाई है, न अवधी के शब्दों का ही प्रयोग उनमें मिलता

है कहीं दो एक इस प्रकार के शब्दों का मिल जाना कवि के भाषाधिकार को लांछित नहीं करता। ब्रजभाषा की पूर्व कथित कसौटी पर कसकर यदि आप देखेंगे तो सेनापति की भाषा बावन तोले पाव रत्ती ठीक उतरेगी। मैं स्वयं यह कार्य करके विस्तार नहीं करना चाहता। समस्त पदों से वे कितना बचते हैं और किस प्रकार चुन-चुनकर संस्कृत तत्सम शब्दों को अपनी रचना में स्थान देते हैं इस बात को आपने स्वयं पद्यों को पढ़ते समय समझ लिया होगा। वे शब्दों को तोड़ते-मरोड़ते भी नहीं। दोषों से बचने की भी वे चेष्टा करते हैं। ये बातें ऐसी हैं जो उनकी कविता को बहुत महत्त्व प्रदान करती हैं। उनके नौ पद्य उठाये गये हैं। उनमें से एक पद्य में ही एक शब्द 'द्यौस' ऐसा आया है जिसको हम विकृत हुआ पाते हैं। परन्तु यह ऐसा शब्द है जो ब्रजभाषा की रचनाओं में गृहीत है। इसलिए इस शब्द को स्वयं गढ़ लेने का दोष उन पर नहीं लगाया जा सकता। किसी कविता का सर्वथा निर्दोष होना असम्भव है। फिर भी यह कहा जा सकता है कि साहित्यिक दोषों से उनकी कविता अधिकतर सुरक्षित है। इससे यह पाया जाता है कि उनकी कविता कितनी प्रौढ़ है। उनकी कविता की अन्य विशेषताओं पर मैं पहले ही दृष्टि आकर्षित करता आया हूँ। इसलिए उस पर कुछ और लिखना बाहुल्य मात्र है। इनके जिन दो ग्रन्थों की चर्चा मैं ऊपर कर आया हूँ उनमें से 'कवित्त-रत्नाकर' अलंकार और काव्य की अन्य कलाओं के निरूपण का सुन्दर ग्रन्थ है। 'काव्य-कल्पद्रुम' में उनकी नाना-रसमयी कविताओं का संग्रह है। दोनों ग्रन्थ अनूठे हैं और उनकी विशेषता यह है कि घनाक्षरी अथवा कवित्तों में ही वे लिख गये हैं। कुछ दोहों को छोड़कर दूसरा कोई छन्द उसमें है ही नहीं।

(2) बिहारी लाल का ग्रन्थ ब्रजभाषा साहित्य का एक अनूठा रत्न है और इस बात का उदाहरण है कि घट में समुद्र कैसे भरा जाता है। गोस्वामी तुलसीदास की रामायण छोड़कर और किसी ग्रन्थ को इतनी सर्व-प्रियता नहीं प्राप्त हुई जितनी 'बिहारी सतसई' को। रामचरितमानस के अतिरिक्त और कोई ग्रन्थ ऐसा नहीं है कि उसकी उतनी टीकायें बनी हों जितनी सतसई की अब तक बन चुकी हैं। बिहारीलाल के दोहों के दो चरण बड़े-बड़े कवियों के कवित्तों के चार चरणों और सहृदय कवियों के रचे हुए छप्पयों के छः चरणों से अधिकतर भाव-व्यंजन में समर्थ और प्रभावशालिता में दक्ष देखे जाते हैं। एक अंग्रेज विद्वान् का यह कथन कि "Brevity is the soul of wit and it is also the soul of art" "संक्षिप्तता काव्य-चातुरी की आत्मा तो है ही, कला की भी आत्मा है।" बिहारी की रचना पर अक्षरशः घटित होता है। बिहारी की रचनाओं की पंक्तियों को पढ़कर एक संस्कृत विद्वान की इस मधुर उक्ति में संदेह नहीं रह जाता कि "अक्षराः कामधेनवः!" (अक्षर कामधेनु हैं) वास्तव में बिहारी के दोहों के अक्षर कामधेनु हैं जो अनेक सूत्र से अभिमत फल प्रदान करते हैं। उनको पठन कर जहाँ हृदय में आनन्द का

स्रोत उमड़ उठता है वहीं विमुग्ध मन नन्दन कानन में बिहार करने लगता है। यदि उनकी भारती रस-धारा प्रवाहित करती है तो उनकी भाव-व्यंजना पाठकों पर अमृत वर्षा करने लगती है। सतसई का शब्द विन्यास जैसा ही अपूर्व है वैसा ही विलक्षण उसमें झंकार है। काव्य एवं साहित्य का कोई गुण ऐसा नहीं जो मूर्तिमन्त होकर इस ग्रन्थ में विराजमान न हो और कवि-कर्म की ऐसी कोई विभूति नहीं जो इसमें सुविकसित दृष्टिगत न हो। मानसिक सुकुमार भावों का ऐसा सरस चित्रण किसी साहित्य में है या नहीं, यह नहीं कहा जा सकता। परन्तु जी यही कहता है कि यह मान लिया जावे कि यदि होगा तो ऐसा ही होगा किन्तु यह लोच कहाँ? इस ग्रन्थ में शृंगार रस तो प्रवाहित है ही, यत्र तत्र अनेक सांसारिक विषयों का भी इसमें बड़ा ही मर्मस्पर्शी वर्णन है। अनेक रहस्यों का इसमें कहीं-कहीं ऐसा निरूपण है जो उसकी स्वाभाविकता का सच्चा चित्र आँखों के सामने ला खड़ा करता है। बिहारीलाल ने अपने पूर्ववर्त्ती संस्कृत अथवा भाषा कवियों के भाव कहीं-कहीं लिए हैं। परन्तु उनको ऐसा चमका दिया है कि यह ज्ञात होता है, कि घन-पटल से बाहर निकल कर हँसता हुआ मयंक सामने आ गया। इनकी सतसई के अनुकरण में और कई सतसइयाँ लिखी गयीं, जिनमें से चन्दन, विक्रम और रामसहाय की अधिक प्रसिद्ध हैं, परन्तु उस बूँद से भेंट कहाँ! पीतल सोना का सामना नहीं कर सकता। संस्कृत में भी इस सतसई का पूरा अनुवाद पंडित परमानन्द ने किया है और इसमें कोई सन्देह नहीं कि उन्होंने कमाल किया है। परन्तु मूल मूल है और अनुवाद अनुवाद।

बिहारीलाल की सतसई का आधार कोई विशेष-ग्रन्थ है अथवा वह स्वयं उनकी प्रतिभा का विकास है, जब यह विचार किया जाता है तो दृष्टि संस्कृत के 'आर्य्या-सप्तशती' एवं गोवर्धन-सप्तशती की ओर आकर्षित होती है। निस्सन्देह इन ग्रन्थों में भी कवि कर्म का सुन्दर रूप दृष्टिगत होता है। परन्तु मेरा विचार है कि रस निचोड़ने में बिहारीलाल इन ग्रन्थ के रचयिताओं से अधिक निपुण हैं। जिन विषयों का उन लोगों ने विस्तृत वर्णन करके भी सफलता नहीं प्राप्त की उनको बिहारी ने थोड़े शब्दों में लिखकर अद्‌भुत चमत्कार दिखलाया है। इस अवसर पर कृपाराम की 'हित-तरंगिणी' भी स्मृति-पथ में आती है। परन्तु प्रथम तो उस ग्रन्थ में लगभग चार सौ दोहे हैं, दूसरी बात यह कि उनकी कृति में ललित कला इतनी विकसित नहीं है जितनी बिहारी लाल की उक्तियों में। उन्होंने संक्षिप्तता का राग अलापा है, परन्तु बिहारीलाल के समान वे इत्र निकालने में समर्थ नहीं हुए। उनके कुछ दोहे नीचे लिखे जाते हैं। उनको देखकर आप स्वयं विचारें कि क्या उनमें भी वही सरसता, हृदय-ग्राहिता और सुन्दर शब्द-चयन-प्रवृत्ति पाई जाती है जैसी बिहारीलाल के दोहों में मिलती है।

लोचन चपल कटाच्छ सर, अनियारे विष पूरि।
मन मृग बेधैं मुनिन के, जगजन सहित विसूरि॥
आजु सबारे हौं गयी, नंदलाल हित ताल।
कुमुद कुमुदिनी के भटू, निरखे औरै हाल॥
पति आयो परदेस ते, ऋतु बसंत की मानि।
झमकि झमकि निज महल में, टहलैं करैं सुरानि॥

बिहारी के दोहों के सामने ये दोहे ऐसे ज्ञात होते हैं जैसे रेशम के लच्छों के सामने सूत के डोरे। सम्भव है कि हित-तरंगिणी को बिहारीलाल ने देखा हो, परन्तु वे कृपाराम को बहुत पीछे छोड़ गये हैं। मेरा विचार है कि बिहारीलाल की रचनाओं पर यदि कुछ प्रभाव पड़ा है तो उस काल के प्रचलित फ़ारसी साहित्य का। उर्दू शायरी का तो तब तक जन्म भी नहीं हुआ था। फ़ारसी का प्रभाव उस समय अवश्य देश में विस्तार लाभ कर रहा था क्योंकि अकबर के समय में ही दफ़्तर फ़ारसी में हो गया था और हिन्दू लोग फ़ारसी पढ़कर उसमें प्रवेश करने लगे थे। फ़ारसी के दो बन्द के शेरों में चुने शब्दों के आधार से वैसी ही बहुत कुछ काव्य-कला विकसित दृष्टिगत होती है जैसी कि बिहारीलाल के दो चरण के दोहों में। उत्तरकाल में उर्दू शायरी में फ़ारसी रचनाओं का यह गुण स्पष्टतया दृष्टिगत हुआ। परन्तु बिहारीलाल की रचनाओं के विषय में असंदिग्ध रीति से यह बात नहीं कही जा सकती, क्योंकि अब तक बिहारीलाल के विषय में जो ज्ञात है उससे यह पता नहीं चलता कि उन्होंने फ़ारसी भी पढ़ी थी। जो हो, परन्तु यह बात अवश्य माननी पड़ेगी कि बिहारीलाल के दोहों में जो थोड़े में बहुत कुछ कह जाने की शक्ति है वह अद्‌भुत है। चाहे यह उनकी प्रतिभा का स्वाभाविक विकास हो अथवा अन्य कोई आधार, इस विषय में निश्चित रूप से कुछ नहीं कहा जा सकता।

अब मैं उनकी कुछ रचनायें आप लोगों के सन्मुख उपस्थित करूँगा बिहारीलाल को शृंगार रस का महाकवि सभी ने माना है। इसलिए उसको छोड़कर पहले मैं उनकी कुछ अन्य रस की रचनायें आप लोगों के सामने रखता हूँ। आप देखिये उनमें वह गुण और वह सार ग्राहिता है या नहीं जो उनकी रचनाओं की विशेषतायें हैं। संसार का जाल कौन नहीं तोड़ना चाहता, पर कौन उसे तोड़ सका? मनुष्य जितनी ही इस उलझन के सुलझाने की चेष्टा करता है उतना ही वह उसमें उलझता जाता है। इस गम्भीर विषय को एक अन्योक्ति के द्वारा बिहारीलाल ने जिस सुन्दरता और सरसता के साथ कहा है वह अभूतपूर्व है। वास्तव में उनके थोड़े से शब्दों ने बहुत बड़े व्यापक सिद्धान्त पर प्रकाश डाला है—

को छूट्यो येहि जाल परि, कत कुरंग अकुलात।
ज्यों-ज्यों सरुझि भज्यो चहै, त्यों त्यों अरुझ्यो जात॥

यौवन का प्रमाद मुनष्य से क्या नहीं कराता?, उसके प्रपंचों में पड़कर कितने नाना संकटों में पड़े, कितने अपने को बरबाद कर बैठे, कितने पाप-पंक में निमग्न हुए, कितने जीवन से हाथ धो बैठे और कितनों ही ने उसके रस से भीगकर अपने सरस ज़ीवन को नीरस बना लिया। हम आप नित्य इस प्रकार का दृश्य देखते रहते हैं। इस भाव को किस प्रकार बिहारीलाल चित्रण करते हैं उसे देखिये–

इक भींजे चहले परे बूड़े बहे हजार।
किते न औगुन जग करत नै बै चढ़ती बार॥

परमात्मा आँख वालों के लिए सर्वत्र है। परन्तु आजतक उसको कौन देख पाया? कहा जा सकता है कि हृदय की आँख से ही उसे देख सकते हैं, चर्म-चक्षुओं से नहीं। चाहे जो कुछ हो, किन्तु यह सत्य है कि वह सर्वव्यापी है और एक-एक फूल और एक-एक पत्ता में उसकी कला विद्यमान है। शास्त्र तो यहाँ तक कहता है, कि 'सर्वं खल्विदं ब्रह्म नेह नानास्तिकिंचन'। जो कुछ संसार में है वह सब ब्रह्म है, इसमें नानात्व कुछ नहीं है। फिर क्या रहस्य है कि हम उसको देख नहीं पाते? बिहारीलाल जी इस विषय को जिस मार्मिकता से समझाते हैं उसकी सौ मुख से प्रशंसा की जा सकती है। वे कहते हैं–

जगत जनायो जो सकल, सो हरि जान्यो नाहि।
जिमि आँखिन सब देखिये, आँखि न देखी जाहि॥

एक उर्दू शायर भी इस भाव को इस प्रकार वर्णन करता है–

बेहिजाबी वहकि जल्वा हर जगह है आशिकार।
इस पर घूँघट वह कि सूरत आजतक नादीदा है॥

यह शेर भी बड़ा ही सुन्दर है। परन्तु भाव-प्रकाशन किस में किस कोटि का है इसको प्रत्येक सहृदय स्वयं समझ सकता है। भावुक भक्त कभी-कभी मचल जाते हैं और परमात्मा से भी परिहास करने लगते हैं। ऐसा करना उनका विनोद-प्रिय प्रेम है असंयत भाव नहीं। 'प्रेम लपेटे अटपटे बैन' किसे प्यारे नहीं लगते। इसी प्रकार की एक उक्ति बिहारी की देखिये। वे अपनी कुटिलता को इसलिए प्यार करते हैं। जिसमें त्रिभंगीलाल को उनके चित्त में निवास करने में कष्ट न हो, क्योंकि यदि वे उसे सरल बना लेंगे तो वे उसमें सुख से कैसे निवास कर सकेंगे? कैसा सुन्दर परिहास है। वे कहते हैं–

करौ कुबत जग कुटिलता, तजौं न दीन दयाल।
दुखी होहुगे सरल चित; बसत त्रिभंगी लाल॥

परमात्मा सच्चे प्रेम से ही प्राप्त होता है। क्योंकि वह सत्य स्वरूप है। जिसके हृदय में कपट भरा है उसमें वह अन्तर्यामी कैसे निवास कर सकता है जो शुद्धता का अनुरागी है? जिसका मानस-पट खुला नहीं। उससे अन्तर्पट के स्वामी से पटे तो कैसे पटे? इस विषय को बिहारीलाल, देखिये कितने सुन्दर शब्दों में प्रकट करते हैं—

तौ लगि या मन-सदन में; हरि आवैं केहि बाट।
बिकट जटे जौ लौं निपट; खुले न कपट-कपाट।

अब कुछ ऐसे पद्य देखिये जिनमें बिहारीलाल जी ने सांसारिक जीवन के अनेक परिवर्तनों पर सुन्दर प्रकाश डाला है—

यद्यपि सुन्दर सुघर पुनि; सगुनौ दीपक देह।
तऊ प्रकास करै तितो; भरिये जितो सनेह॥
जो चाहै चटक न घटै; मैलो होय न मित्त।
रज राजस न छुवाइये; नेह चीकने चित्त॥
अति अगाध अति ऊथरो; नदी कूप सर बाय।
सो ताको सागर जहाँ जाकी प्यास बुझाय।
बढ़त बढ़त सम्पति सलिल मन सरोज बढ़ि जाय।
घटत घटत पुनि ना घटै बरु समूल कुम्हिलाय।
को कहि सकै बड़ेन सों लखे बड़ीयौ भूल।
दीन्हें दई गुलाब की इन डारन ये फूल।

कुछ उनकें श्रृंगार रस के दोहे देखिये—

बतरस लालच लाल की मुरली धरी लुकाय।
सौंह करै भौंहन हँसै देन कहै नटि जाय।
दृग अरुझत टूटत कुटुम जुरत चतुर चित प्रीति।
परति गाँठ दुरजन हिये दई नई यह रीति।
तच्यो आँच अति बिरह की रह्यो प्रेम रस भींजि।
नैनन के मग जल बहै हियो पसीजि पसीजि।
सघन कुंज छाया सुखद सीतल मन्द समीर।
मन है जात अजौं वहै वा यमुना के तीर।
मानहुँ विधि तन अच्छ छबि स्वच्छ राखिबे काज।
दृग पग पोंछन को कियो भूखन पायंदाज।

बिहारीलाल के उद्धृत दोहों में से सब का मर्म समझाने की यदि चेष्टा की जाय तो व्यर्थ विस्तार होगा, जो अपेक्षित नहीं। कुछ दोहों का मैंने स्पष्टीकरण किया है। वही मार्ग ग्रहण करने से आशा है, काव्य मर्मज्ञ सुजन अन्य दोहों का अर्थ भी लगा लेंगे और उनकी व्यंजनाओं का मर्म समझ कर यथार्थ आनन्दलाभ करेंगे। बिहारी के दोहों का यों भी अधिक प्रचार है और सहृदयजनों पर उनका महत्व अप्रकट नहीं है। इसलिए उनके विषय में अधिक लिखना व्यर्थ है। मैं पहले उनकी रचना आदि पर बहुत कुछ प्रकाश डाल चुका हूँ। इतना फिर और कह देना चाहता हूँ कि कला की दृष्टि से 'बिहारी सतसई' अपना उदाहरण आप है। कुछ लोगों ने बिहारीलाल की श्रृंगार सम्बन्धी रचनाओं पर व्यंग भी किये हैं और इस सूत्र से उनकी मानसिक वृत्ति पर कटाक्ष भी। मत भिन्नता स्वाभाविक है और मनुष्य अपने विचारों और भावों का अनुचर है। इसलिए मुझको इस विषय में अधिक तर्क-वितर्क वांछनीय नहीं। परन्तु अपने विचारानुसार कुछ लिख देना भी संगत जान पड़ता है।

बिहारीलाल पर किसी-किसी ने यह कटाक्ष किया है कि उनकी दृष्टि सांसारिक भोग-विलास में ही अधिकतर बद्ध रही है। उन्होंने सांसारिक वासनाओं और विलासिताओं का सुन्दर से सुन्दर चित्र खींचकर लोगों की दृष्टि अपनी ओर आकर्षित की। न तो उस 'सत्यं शिवं सुन्दरम्' का तत्व समझा और न उसकी अलौकिक और लोकोत्तर लीलाओं और रहस्यों का अनुभव प्राप्त करने की यथार्थ चेष्टा की। बाह्य जगत् से अन्तर्जगत् अधिक विशाल और मनोरम है। यदि वे इसमें प्रवेश करते तो उनको वे महान् रत्न प्राप्त होते जिनके सामने उपलब्ध रत्न काँच के समान प्रतीत होते। परन्तु मैं कहूँगा न तो उन्होंने अन्तर्जगत् से मुँह मोड़ा और न लोकोत्तर की लोकोत्तरता से ही अलग रहे। क्या स्त्री का सौन्दर्य 'सत्यं शिवं सुन्दरम्' नहीं है? कामिनी-कुल के सौन्दर्य में क्या ईश्वरीय विभूति का विकास नहीं? क्या उनकी सृष्टि लोक-मंगल की कामना से नहीं हुई? क्या उनके हाव-भाव, विभ्रम-विलास लोकोपयोगी नहीं? क्या विधाता ने उनमें इस प्रकार की शक्तियाँ उत्पन्न कर प्रवंचना की? और संसार को भ्रान्त बनाया? मैं समझता हूँ कि कोई तत्त्वज्ञ इसे न स्वीकार करेगा। यदि यह सत्य है कि संसार की रचना मङ्गलमयी है, तो इस प्रकार के प्रश्न हो ही नहीं सकते। जो परमात्मा की विभूतियाँ विश्व के समस्त पदार्थों में देखते हैं और यह जानते हैं कि परमात्मा सच्चिदानन्द है वे संसार को मङ्गलमयी और उपयोगी कृतियों को बुरी दृष्टि से नहीं देख सकते। यदि बिहारीलाल ने स्त्री के सौन्दर्य वर्णन में उच्च कोटि की कवि कल्पना से काम लिया, उनके नाना आनन्दमय भावों के चित्रण में अपूर्व कौशल दिखलाया, मानस की सुकुमार वृत्तियों के निरूपण में सच्ची भावुकता प्रगट की। विश्व की सारभूत दो मङ्गलमयी मूर्तियों (स्त्री पुरुष) की मङ्गलमयी कमनीयता प्रदर्शित की

और अपने पद्यों में शब्द और भाव-विन्यास के मोती पिरोये तो क्या लोक-ललाम की लोकोत्तर लीलाओं को ही रूपान्तर से प्रकट नहीं किया? और यदि यह सत्य है तो बिहारीलाल पर व्यंगवाण वृष्टि क्यों? मयंक में धब्बे हैं, फूल में काँटे हैं तो क्या उनमें 'सत्यं' 'शिवं' 'सुन्दरम्' का विकास नहीं है। बिहारी की कुछ कवितायें प्रकृति नियमानुसार सर्वथा निर्दोष न हों तो क्या इससे उनकी समस्त रचनायें निन्दनीय हैं? लोक-ललाम की ललामता लोकोत्तर है, इसलिए क्या उसका लोक से कुछ सम्बन्ध नहीं? क्या लोक से ही उसको लोकोत्तरता का ज्ञान नहीं होता? तो फिर, लोक का त्याग कैसे होगा? निस्सन्देह यह स्वीकार करना पड़ेगा कि लोग का सदुपयोग ही वांछनीय है, दुरुपयोग नहीं। जहाँ सत्यं, शिवं, सुन्दरम् है वहाँ उसको उसी रूप में ग्रहण करना कवि कर्म्म है। बिहारीलाल ने अधिकांश ऐसा ही क्रिया है, वरन् मैं तो यह कहूँगा कि उनकी कला पर गोस्वामीजी का यह कथन चरितार्थ होता है कि 'सुन्दरता कहँ सुन्दर करहीं'। संसार में प्रत्येक प्राणी का कुछ कार्य होता है। अधिकारी भेद भी होता है। संसार में कवि भी हैं, वैज्ञानिक भी हैं, दार्शनिक भी हैं, तत्त्वज्ञ भी हैं एवं महात्मा भी। जो जिस रूपमें कार्यक्षेत्र में आता है, हमको उसी रूप में उसे ग्रहण करना चाहिए और देखना चाहिए कि उसने अपने क्षेत्र में अपना कार्य्य करके कितनी सफलता लाभ की। कवि की आलोचना करते हुए उसके दार्शनिक और तत्त्वज्ञ न होने का राग अलापना बुद्धिमत्ता नहीं। ऐसा करना प्रमाद है, विवेक नहीं। मेरा विचार है कि बिहारीलाल ने अपने क्षेत्र में जो कार्य्य किया है वह उल्लेखनीय है एवं प्रशंसनीय भी। यदि उनमें कुछ दुर्बलतायें हैं तो वे उनकी विशेषताओं के सम्मुख मार्जनीय हैं, क्योंकि यह स्वाभाविकता है, इससे कौन बचा?

बिहारीलाल की भाषा के विषय में मुझे यह कहना है कि वह साहित्यिक ब्रजभाषा है। उसमें अवधी के 'दीन', 'कीन' इत्यादि बुन्देलखण्डी के लखबी और प्राकृत के मित्त ऐसे शब्द भी मिलते हैं। परन्तु उनकी संख्या नितान्त अल्प है। ऐसे ही भाषागत और भी कुछ दोष उसमें मिलते हैं। किन्तु उनके महान् भाषाधिकार के सामने वे सब नगण्य हैं। वास्तव बात तो यह है कि उन्होंने अपने 700 दोहों में क्या भाषा और क्या भाव, क्या सौन्दर्य, क्या लालित्य सभी विचार से वह कौशल और प्रतिभा दिखलायी है कि उस समय तक उनका ग्रन्थ समादर के हाथों से गृहीत होता रहेगा जब तक हिन्दी भाषा जीवित रहेगी।

बिहारीलाल के सम्बन्ध में डॉक्टर जी. ए. ग्रियर्सन की सम्मति नीचे लिखी जाती है—

"इस दुरूह ग्रन्थ (बिहारी सतसई) में काव्यगत परिमार्जन, माधुर्य्य और अभिव्यक्ति-सम्बन्धी विदग्धता जिस रूप में पाई जाती है वह अन्य कवियों के लिए

दुर्लभ है। अनेक अन्य कवियों ने उनका अनुकरण किया है, लेकिन इस विचित्र शैली में यदि किसी ने उल्लेख-योग्य सफलता पायी है तो वह तुलसीदास हैं, जिन्होंने बिहारलाल के पहले सन् 1585 में एक सतसई लिखी थी। बिहारी के इस काव्य पर अगणित टीकायें लिखी गयी हैं। इसकी दुरूहता और विदग्धता ऐसी है कि इसके अक्षरों को कामधेनु कह सकते है।"*

(३) त्रिपाठी बन्धुओं में मतिराम और भूषण विशेष उल्लेख योग्य हैं। इनके बड़े भाई चिन्तामणि थे और छोटे नीलकंठ उपनाम जटाशंकर। चारों भाई साहित्य के पारंगत थे और उन्होंने अपने समय में बहुत कुछ प्रतिष्ठा लाभ की। आजकल कुछ विवाद इस विषय में छिड़ गया है कि वास्तव में ये लोग परस्पर भाई थे या नहीं, परन्तु अब तक इस विषय में कोई ऐसी प्रामाणिक मीमांसा नहीं हुई कि चिरकाल की निश्चित बात को अनिश्चित मान लिया जावे। चिन्तामणि राजा महाराजाओं के यहाँ भी आदृत थे। उन्होंने सुन्दर रीति-ग्रन्थों की रचना की है, जिनका नाम 'छन्द-विचार', 'काव्य-विवेक', 'कविकुल कल्पतरु' एवं 'काव्य-प्रकाश' है। उनकी बनाई एक रामायण भी है। परन्तु वह विशेष आदृत नहीं हुई। कविता इनकी सुन्दर, सरस और परिमार्जित ब्रजभाषा का नमूना है। इनकी गणना आचार्य्यों में होती है। कहा जाता है कि प्राकृत भाषा की कविता करने में भी ये कुशल थे। कुछ हिन्दी रचनायें देखिये—

1. चोखी चरचा ज्ञान की आछी मन की जीति।
संगति सज्जन की भली नीकी हरि की प्रीति।

2. एइ उधारत हैं तिन्हें जे परे मोह
महोदधि के जल फेरे।
जे इनको पल ध्यान धरैं मन ते
न परैं कबहूँ जम घेरे।
राजै रमा रमनी उपधान

* The elegence, poetic flavour, and ingenuity of expression in this difficult work, are considered to have been unapproached by any other poet. He has been imitated by numerous other poets, but the only one who has achieved any considerable excellence in this peculiar style is Tulsidas No. 128. who preceded him by writing a Satsai (treating of Ram as Bihari Lal'treated of Krishna) in the year 1585 A.D.........
Behari's poem has been delat with by innumerable commentators Its difficulty and ingenuity one so great that it is called a veritable 'Akshar Kamdhenu'.
—Modern Vernacular Literature of Hindustan P. 75

अभै बरदान रहै जन नेरे।
हैं बल भार उदंड भरे हरि के
भुज दंड सहायक मेरे।

3. सरद ते जल की ज्यों दिन ते कमल की ज्यों,
धन ते ज्यों थल की निपट सरसाई है।
घन ते सावन की ज्यों ओप ते रतन की ज्यों।
गुन ते सुजन की ज्यों परम सहाई है।
चिन्तामनि कहै आछे अच्छरनिछंद की ज्यों,
निसागम चंद की ज्यों दृग सुखदाई है।
नगते ज्यों कंचन बसंत ते ज्यों बन की,
यों जोवन ते तन की निकाई अधिकाई है।

नीलकण्ठ जी की रचनायें भी प्रसिद्ध हैं। किन्तु वे अधिकतर जटिल हैं। एक रचना उनकी भी देखिये—

तन पर भारतीन तन पर भारतीन,
तन पर भारतीन तन पर भार हैं।
पूजैं देव दार तीन पूजैं देव दार तीन,
पूजैं देवदार तीन पूजै देव दार हैं।
नीलकंठ दारुन दलेल खाँ तिहारी धाक;
नाकती न द्वार ते वै नाकती पहार हैं।
आँधरेन कर गहे; बहरे न संग रहे;
बार छूटे बार छूटे बार छूटे बार हैं।

इनमें मतिराम बड़े सहृदय कवि थे। ये भी राजा-महाराजाओं से सम्मानित थे। इन्होंने चार रीति ग्रन्थों की रचना की है। उनके नाम हैं, ललित ललाम, रसराज, छन्दसार और साहित्यसार। इनमें ललित ललाम और रसराज अधिक प्रसिद्ध हैं। इनकी और चिन्तामणि की भाषा लगभग एक ही ढंग की है दोनों में वैदर्भी रीति का सुन्दर विकास है। इनकी विशेषता यह है कि सीधे सादे शब्दों में ये कूट-कूटकर रस भर देते हैं। जैसा इनकी रचना में प्रवाह मिलता है वैसा ही ओज। जैसे सुन्दर इनके कवित्त हैं वैसे ही सुन्दर सवैये। इनके अधिकतर दोहे बिहारीलाल के टक्कर के हैं, उनमें बड़ी मधुरता पाई जाती है। यदि इनके बड़े भाई चिन्तामणि नागपुर के सूर्यवंशी भोंसला मकरन्दशाह के यहाँ रहते थे, तो ये बून्दी के महाराज भाऊसिंह के यहाँ समादृत थे।

इससे यह सूचित होता है कि उस समय ब्रजभाषा के कवियों की कितनी पहुँच राजदरबारों में थी और उनका वहाँ कितना अधिक सम्मान था। देखिये कविवर मतिराम बून्दी का वर्णन किस सरसता से करते हैं–

सदा प्रफुल्लित फलित जहँ द्रुम बेलिन के बाग।
अलि कोकिल कल धुनि सुनत रहत श्रवन अनुराग।
कमल कुमुद कुबलयन के परिमल मधुर पराग।
सुरभि सलिल पूरे जहाँ बापी कूप तड़ाग।
सुक चकोर चातक चुहिल कोक मत्त कल हंस।
जहँ तरवर सरवरन के लसत ललित अवतंस।

इनके कुछ अन्य पद्य भी देखिये–

गुच्छनि के अवतंस लसै सिखि
पच्छनि अच्छ किरीट बनायो।
पल्लव लाल समेत छरी कर
पल्लव में मति राम सुहायो।
गुञ्जन के उर मंजुल हार
निकुंजन ते कढ़ि बाहर आयो।
आजु को रूप लखे ब्रजराजु को
आजु ही आँखिन को फल पायो।
कुंदन को रँग फीको लगै झलकै
असि अंगनि चारु गोराई।
आँखिन मैं अलसानि चितौनि
मैं मंजु बिलासनि की सरसाई।
को बिन मोल बिकात नहीं
मतिराम लहे मुसुकानि मिठाई।
ज्यों ज्यों निहारिये नेरे है नैननि
त्यों त्यों खरी निकरै सुनिकाई।
चरन धरै न भूमि बिहरै तहाईं जहाँ
फूले फूले फूलन बिछायौ परजंक है।
भार के डरनि सुकुमारि चारु अंगनि मैं
करति न अंगराग कुंकुम को पंक है।

कहै मतिराम देखि वातायन बीच आयो।
आतप मलीन होत बदन मयंक है।
कैसे वह बाल लाल बाहर विजन आवै
बिजन बयार लागे लचकति लंक है।

मतिराम की कोमल और सरस शब्द माला पर किस प्रकार भाव-लहरी अठखेलियाँ करती चलती है, इसे आपने देख लिया। उनके सीधे सादे चुने शब्द कितने सुन्दर होते हैं, वे किस प्रकार कानों में सुधा वर्षण करते, और कैसे हृदय में प्रवेश करके उसे भाव-विमुग्ध बनाते हैं, इसका आनन्द भी आप लोगों ने ले लिया। वास्तव बात यह है कि जिन महाकवियों ने ब्रजभाषा की धाक हिन्दी साहित्य में जमा दी उनमें से एक मतिराम भी हैं। मिश्र-बन्धुओं ने इनकी गणना नवरत्नों में की है। मैं भी इससे सहमत हूँ। इनकी भाषा साहित्यिक ब्रजभाषा है, परन्तु उसमें उन्होंने ऐसी मिठास भरी है जो मानसों को मधुमय बनाये बिना नहीं रहती। साहित्यिक ब्रजभाषा के लक्षण मैं ऊपर बतला आया हूँ। उन पर यदि इनकी रचना कसी जावे तो उसमें भाव और भाषा-सम्बन्धी महत्ताओं की अधिकता ही पाई जायगी, न्यूनता नहीं। उन्होंने जितने प्रसून ब्रजभाषा देवी के चरणों पर चढ़ाये हैं, उनमें से अधिकांश सुविकसित और सुरभित हैं और यह उनकी सहृदयता की उल्लेखनीय विशेषता है।

वीर हृदय भूषण इस शताब्दी के ऐसे कवि हैं जिन्होंने समयानुकूल वीर रस-धारा के प्रवाहित करने में ही अपने जीवन की चरितार्थता समझी जब उनके चारों ओर प्रबल वेग से शृंगाररस की धारा प्रवाहित हो रही थी उस समय उन्होंने वीर-रस की धारा में निमग्न होकर अपने को एक विलक्षण प्रतिभा-सम्पन्न पुरुष प्रतिपादित किया। ऐसे समय में भी जब देशानुराग के भाव उत्पन्न होने के लिए वातावरण बहुत अनुकूल नहीं था, उन्होंने देश-प्रेम-सम्बन्धी रचनायें करके जिस प्रकार एक भारत-जननी के सत्पुत्र को उत्साहित किया उसके लिए कौन उनकी भूयसी प्रशंसा न करेगा? यह सत्य है कि अधिकतर उनके सामने आक्रमित धर्म की रक्षा ही थी और उनका प्रसिद्ध साहसी वीर धर्म-रक्षक के रूप में ही हिन्दू जगत् के सम्मुख आता है। परन्तु उसमें देश प्रेम और जाति रक्षा की लगन भी अल्प नहीं थी। नीचे की पंक्तियाँ इसके प्रमाण हैं, जो शिवाजी की तलवार की प्रशंसा में कही गयी हैं—

तेरो करवाल भयो दच्छिन को ढाल भयो
हिन्द को दिवाल भयो काल तुरकान को

इसी भाव का एक पूरा पद्य देखिये—

राखी हिदुआनी हिदुआन को तिलक राख्यो।
अस्मृति पुरान राखे वेद विधि सुनी मैं।
राखी रजपूती राजधानी राखी राजन की धरा मैं।
धरम राख्यो राख्यो गुन गुनी मैं।
भूषन सुकबि जीति हद्दमरहट्टन की।
देस देस कीरति बखानी तब सुनी मैं।
साह के सपूत सिवराज समसेर तेरो।
दिल्ली दल दाबिके दिवाल राखी दुनी मैं।

भूषण की जितनी रचनायें हैं वे सब वीर-रस के दर्प से दर्पित हैं। शृंगाररस की ओर उन्होंने दृष्टिपात भी नहीं किया। देखिये, नीचे के पद्यों की पदावली में धर्म-रक्षा की तरंग किस प्रकार तरंगायमान है—

1. देवल गिरावते फिरावते निसान अली,
ऐसे डूबे राव राने सबै गये लब की।
गौरा गनपत आप औरन को देत ताप;
आप के मकान सब मार गये दबकी।
पीरां पैगम्बरां दिगम्बरां दिखाई देत;
सिद्ध की सिधाई गयी रही बात रबकी।
कासिहुँ ते कला जाती मथुरा मसीत होती;
सिवाजी न होतो तौ सुनति होती सबकी।

2. वेद राखे विदित पुरान राखे सारजुत;
रामनाम राख्यो अति रसना सुघर मैं।
हिन्दुन की चोटी रोटी राखी है सिपाहिन की;
काँधे मैं जनेऊ राख्यो माला राखी गर मैं।
मींड़ि राखे मुगल मरोरि राखे पादशाह;
बैरी पीसि राखे बरदान राख्यो कर मैं।
राजन की हद्द राखी तेग बल सिवराज;
देव राखे देवल स्वधर्म राख्यो घर मैं।

उनके कुछ वीर-रस के पद्यों को भी देखिये।

3. डाढ़ी के रखैयन की डाढ़ी सी रहति छाती;
बाढ़ी मरजाद जस हद्द हिन्दुआने की।

कढ़ि गयी रैयत के मन की कसक सब;
मिटि गयी ठसक तमाम तुरकाने की।
भूषन भनत दिल्लीपति दिल धकधक;
सुनि सुनि धाक सिवराज मरदाने की।
मोटी भई चंडी बिन चोटी के चबाय मुंड;
खोटी भई सम्पति चकत्ता के घराने की।

4. जीत्यो सिवराज सलहेरि को समर सुनि;
सुनि असुरन के सुसीने धरकत हैं।
देवलोक नागलोक नरलोक गावैं जस;
अजहूँ लौं परे खग्ग दाँत खरकत हैं।
कटक कटक काटि कीट से उड़ाय केते;
भूषन भनत मुख मोरे सरकत हैं।
रनभूमि लेटे अधकटे कर लेटे परे;
रुधिर लपेटे पठनेटे फरकत हैं।

दो पद्य ऐसे देखिये जो अत्युक्ति अलंकार के हैं। उनमें से पहले मैं शिवाजी के दान की महिमा वर्णित है और दूसरे में शत्रु-दल के बाला और बालकों की कष्ट कथा विशद रूप में लिखी गयी है। दोनों में उनके कवि-कर्म्म का सुन्दर विकास हुआ है।

5. आज यहि समै महाराज सिवराज तूही,
जगदेव जनक जजाति अम्बरीष सों।
भूषन भनत तेरे दान-जल जलधि में
गुनिन कोदारिद गयो बहि खरीक सों।
चंद कर कंजलक चाँदनी पराग
उड़वृंद मंकरंद बुंद पुंज के सरीक सों।
कंद सम कयलास नाक गंग नाल,
तेरे जस पुंडरीक को अकास चंचरीक सों।

6. दुर्जन दार भजि भजि बेसम्हार चढ़ीं
उत्तर पहार डरि सिवा जी नरिंद ते।
भूषन भनत बिन भूषन बसन साधे
भूषन पियासन हैं नाहन को निन्दते।
बालक अयाने बाट बीच ही बिलाने;
कुम्हिलाने मुख कोमल अमल अरबिन्द ते।

दृग-जल कज्जल कलित बढ़्यो कढ़्यो मानो;
दूजो सोत तरनि तनूजा को कलिन्द ते।

भूषण की भाषा में जहाँ ओज की अधिकता है वहाँ उसमें उतनी सरसता और मधुरता नहीं। जितनी मतिराम की भाषा में है। यह सच है कि भूषण वीररस के कवि हैं और मतिराम शृंगाररस के। दोनों की प्रणाली भिन्न है। साहित्य-नियमानुसार भूषण की परुषा वृत्ति है और मतिराम की वैदर्भी। ऐसी अवस्था में भाषा का वह सौन्दर्य जो मतिराम की रचनाओं में है भूषण की वृत्ति में नहीं मिल सकता। किन्तु जहाँ उनको वैदर्भी वृत्ति ग्रहण करनी पड़ी है, जैसे छठे और सातवें पद्यों में, वहाँ भी वह सरसता नहीं आयी जैसी मतिराम की रचनाओं में पाई जाती है। सच्ची बात यह है कि भाषा लालित्य में वे मतिराम की समता नहीं कर सकते। किन्तु उनकी विशेषता यह है कि उनमें धर्म की ममता है, देश का प्रेम है और है जाति का अनुराग। इन भावों से प्रेरित होकर जो राग उन्होंने गाया उसकी ध्वनि इतनी विमुग्धकरी है, उसमें यथाकाल जो गूँज पैदा हुई, उसने जो जीवनी धारा बहाई वह ऐसी आजमाई है कि उसकी प्रतिध्वनि अब तक हिन्दी साहित्य में सुन पड़ रही है। उसी के कारण हिन्दी-संसार में वे वीर-रस के आचार्य माने जाते हैं। उनका समकक्ष अब तक हिन्दी-साहित्य में उत्पन्न नहीं हुआ। आज तक इस गौरवमय उच्च सिंहासन पर वे ही आसीन हैं और क्या आश्चर्य कि चिरकाल तक वे ही उस पर प्रतिष्ठित रहें।

इनकी मुख्य भाषा साहित्यिक ब्रजभाषा है और उसमें उसके सब लक्षण पाये जाते हैं। परन्तु अनेक स्थानों पर इनकी रचना में खड़ी बोली के प्रयोग भी मिलते हैं। नीचे की पंक्तियों को देखिये–

1. **'अफजलखान को जिन्होंने मयदान मारा'**
2. **'देखत में रुसतमखाँ को जिन खाक किया'**
3. **'कैद किया साथ का न कोई बीर गरजा'**
4. **'अफजल का काल सिवराज आया सरजा'**

उन्होंने प्राकृत भाषा के शब्दों का भी यत्र तत्र प्रयोग किया है। 'खग्ग' शुद्ध प्राकृत शब्द है। पर निम्नलिखित पंक्ति में वह व्यवहृत है।

**'भूषन भनत तेरी किम्मति कहाँ लौं कहौं
अजहूँ लौं परे खग्ग दाँत खरकत हैं।'**

पंजाबी भाषा का प्रयोग भी कहीं-कहीं मिलता है। 'पीरां पैगंबरां दिगंबरा दिखाई देत' इस वाक्य में चिह्नित शब्द पंजाबी हैं। 'कीबी कहें कहाँ औ गरीबी गहे भागी जाहिं' इसमें 'कीबी' शब्द बुंदेलखंडी है। इसी प्रकार फ़ारसी शब्दों के प्रयोग करने में भी वे

अधिक स्वतन्त्र हैं शब्द गढ़ भी लेते हैं। गाढ़े गढ़ लीने अरु बैरी 'कतलाम कीन्हे' 'चारि को सो अंक लंक चंद सरमाती हैं', 'जानि गैर मिसिल गुसीले गुसा धारि उर' इन वाक्य खंडों के चिह्नित शब्द ऐसे ही हैं। प्रयोजन यह कि उनकी मुख्य भाषा ब्रजभाषा अवश्य है, परन्तु शब्द-विन्यास में उन्होंने बहुत स्वतन्त्रता ग्रहण की है। फ़ारसी के शब्दों का जो अधिक प्रयोग उनकी रचना में हुआ, उसका हेतु उनका विषय है, शिवाजी की विजय का सम्बन्ध अधिकतर मुसलमानों की सेना और वर्तमान सम्राट् औरंगजेब से था। इसलिए उनको अनेक स्थानों पर अपनी रचना में फ़ारसी अरबी के शब्दों का प्रयोग करना पड़ा। कहीं-कहीं उनको उन्होंने शुद्ध रूप में ग्रहण किया और कहीं उनमें मनमाना परिवर्तन छन्द की गति के अनुसार कर लिया। इसी सूत्र से खड़ी बोली के वाक्यों का मिश्रण भी उसकी कविता में मिलता है। परन्तु इन प्रयोगों का इतना बाहुल्य नहीं कि उनसे उनकी मुख्य भाषा लाञ्छित हो सके।

(4) कुलपति मिश्र आगरे के निवासी चतुर्वेदी ब्राह्मण थे। ये संस्कृत के बड़े विद्वान थे। इन्होंने काव्य-प्रकाश के आधार पर 'रस-रहस्य' नामक एक ग्रन्थ लिखा है, उसमें काव्य के दसों अङ्गों का विशद वर्णन है इनके और भी ग्रन्थ बतलाये जाते हैं। जिनमें 'संग्रह-सार', 'युक्त तरंगिनी' और 'नख शिख' अधिक प्रसिद्ध हैं। ये जयपुर के महाराज जयसिंह के पुत्र रामसिंह के दरबारी कवि थे। अपने 'रस रहस्य' नामक ग्रन्थ में इन्होंने रामसिंह की बहुत अधिक प्रशंसा की है। इनकी अधिकांश रचना की भाषा साहित्यिक ब्रजभाषा है। जिनमें बड़ी ही प्राञ्जलता और मधुरता है। किन्तु कुछ रचनायें इनकी ऐसी भी हैं जिनमें खड़ी बोली के साथ फ़ारसी, अरबी शब्दों का प्रयोग अधिकता से मिलता है। इससे पाया जाता है कि इन्होंने फ़ारसी भी पढ़ी थी। इन्होंने ऐसी रचना भी की है जिसमें प्राकृत के शब्द अधिकता से आये हैं। इन तीनों के उदाहरण क्रमशः नीचे दिये जाते हैं—

1. ऐसिय कुञ्ज बनै छवि पुञ्ज रहैं
अलि गुञ्जत यों सुख लीजै।
नैन बिसाल हिंये बनमाल बिलोकत
रूप सुधा भरि पीजै।
जामिनि जाम की कौन कहै जुग
जात न जानिये ज्यों छिन छीजै।
आनँद यों उमग्यो ही रहै पिय
मोहन को मुख देखिबो कीजै।

2. हूँ मैं मुशताक़ तेरी सूरत का नूर देखि
दिल भरि पूरि रहै कहने जवाब से।

मेहर का तालिब फ़क़ीर है मेहेरबान
चातक ज्यों जीवता है स्वातिवारे आब से।
तू तो है अयानी यह खूबी का खजाना तिसे
खोलि क्यों न दीजै सेर कीजिये सवाब से।
देर की न ताब जान होत है कबाब
बोल हयाती का आब बोलो मुख महताब से।

3. दुज्जन मद मद्दन समत्थ जिमि पत्थ दुहुँनि कर।
चढ़त समर डरि अमर कम्प थर हरि लग्गय धर।
अमित दान दै जस बितान मंडिय महि मंडल।
चंड भानु सम नहिं प्रभानु खंडिय आखंडल।

कुलपति मिश्र अपने समय के प्रसिद्ध कवियों में थे उनकी गणना आचार्य्यों में होती है।

(5) जोधपुर के महाराज जसवन्त सिंह जिस प्रकार एक वीर हृदय भूपाल थे उसी प्रकार कविता के भी प्रेमी थे। औरंगजेब के इतिहास से इनका जीवन सम्बन्धित है। इन्होंने अनेक संकट के अवसरों पर उसकी सहायता की थी, किन्तु निर्भीक बड़े थे। इसलिए इन्हें काबुल भेजकर औरंगजेब ने मरवा डाला था। इनको वेदान्त से बड़ा प्रेम था। इसलिए 'अपरोक्ष सिद्धान्त', 'अनुभव प्रकास', 'आनन्द-विलास', 'सिद्धान्तसार' इत्यादि ग्रन्थ इन्होंने इसी विषय के लिखे। कुछ लोगों की सम्मति है कि इन्होंने पारंगत विद्वानों द्वारा इन ग्रन्थों की रचना अपने नाम से कराई। परन्तु यह बात सर्व-सम्मत नहीं। मेरा विचार है, इन्होंने ऐसे समय में जब शृंगार रस का स्रोत बह रहा था, वेदान्त सम्बन्धी ग्रन्थ रचकर हिन्दी-साहित्य भाण्डार को उपकृत किया था। 'भाषा भूषण' इनका अलंकार-सम्बन्धी ग्रन्थ है। इस रचना में यह विशेषता है कि दोहे के एक चरण में लक्षण और दूसरे में उदाहरण है, यह संस्कृत के चन्द्रालोक ग्रन्थ का अनुकरण है, मेरा विचार है कि इस ग्रन्थ के आधार से ही इन्होंने अपनी पुस्तक बनाई है।

कविता की भाषा ब्रजभाषा है और उसमें मौलिकता का-सा आनन्द है। हाँ, संस्कृत अलंकारों के नामों का बीच-बीच में व्यवहार होने से प्राञ्जलता में कुछ अन्तर अवश्य पड़ गया है। कुछ स्फुट दोहे भी हैं, उनमें अधिक सरसता पाई जाती है। दोनों के उदाहरण नीचे लिखे जाते हैं।

मुख ससि वाससि सों अधिक उदित जोति दिन राति।
सागर तें उपजी न यह कमला अपर सोहाति।
नैन कमल ये ऐन हैं और कमल केहि काम।
गमन करत नीकी लगै कनक लता यह बाम।

अलंकार अत्युक्ति यह बरनत अति सै रूप।
जाचक तेरे दान ते भाये कल्प तरु भूप।
परजस्ता गुन और को और विषे आरोप।
होय सुधाधर नाहिं यह बदन सुधाधर ओप।

महाराज जसवन्त सिंह ऐसे पहले हिन्दी साहित्यिक हैं, जिन्होंने हिन्दी भाषा को एक नहीं कई सुन्दर पद्य ग्रन्थ राज्यासन पर विराजमान होकर भी प्रदान किये। यह इस बात का प्रमाण है कि उंन दिनों ब्रजभाषा किस प्रकार समादृत हो कर विस्तार-लाभ कर रंही थी।

(6) गोपालचन्द्र मिश्र छत्तीसगढ़ के रहने वाले थे। इनके पुत्र का नाम माखनचन्द्र था। इन्होंने पाँच ग्रन्थों की रचना की थी, जिनमें से 'जैमिनी अश्वमेध', 'भक्ति चिन्तामणि' और 'छन्दविलास' अधिक प्रसिद्ध हैं। कहा जाता है कि एक हैहयवंशी राजा के ये मन्त्री थे और उनके यहाँ इनका बड़ा सम्मान था। 'छन्द-विलास' नामक ग्रन्थ वे अधूरा छोड़ गये। जिसे उनके पुत्र माखनचन्द्र ने उनकी आज्ञा से पूरा किया था। ये सरस हृदय कवि थे और भावमयी रचना करने में समर्थ थे। इनके कुछ पद्य देखिये—

1. सोई नैन नैन जो बिलोके हरि मूरति को।
सोई बैन बैन जे सुजस हरि गाइये।
सोई कान कान जाते सुनिये गुनानुवाद
सोई नेह नेह हरि जू सों नेह लाइये।
सोई देह देह जामैं पुलकित रोम होत,
सोई पाँव पाँव जाते तीरथनि जाइये।
सोई नेम नेम जे चरन हरि प्रीति बाढ़ै
सोई भाव भाव जो गुपाल मन भाइये।

2. दान सुधा जल सों जिन सींचि
सतो गुन बीच बिचार जमायो।
बाढ़ि गयो नभ मण्डल लौं महि
मण्डल घेरि दसो दिसि छायो।
फूल घने परमारथ फूलनि
पुन्य बड़े फल ते सरसायो।
कीरति वृच्छ बिसाल गुपाल
सु कोबिद वृन्द विहंग बसायो।

इनकी कविता की भाषा साहित्यिक ब्रजभाषा है और उसमें मधुरता के साथ प्रांजलता भी है।

(7) सुखदेव मिश्र की गणना हिन्दी के आचार्यों में है। उन्होंने रीति ग्रन्थों की रचना बड़े पांडित्य के साथ की है। वे संस्कृत और भाषा दोनों के बड़े विद्वान थे। उनके 'वृत्तविचार', 'रसार्णव', 'शृंगारलता' और 'नखशिख' आदि बड़े सुन्दर ग्रन्थ हैं। उनका अध्यात्मप्रकाश प्रसिद्ध ग्रन्थ है। अनेक राज्य दरबारों में उनका सम्मान था। उन्हें कविराज की पदवी मिली थी। उनकी रचनायें प्रौढ़, काव्य-गुणों से अलंकृत और साहित्यिक ब्रजभाषा के आदर्शस्वरूप हैं। कुछ पद्य देखिये।

जोहै जहाँ मगु नन्द-कुमार तहाँ
चली चन्दमुखी सुकुमार है।
मोतिन ही को कियो गहनों सब
फूल रही जनु कुन्द की डार है।
भीतर ही जु लखी सु लखी अब
बाहिर जाहिर होति न दार है।
जोन्ह सी जोन्है गयी मिलि यों
मिलि जात ज्यों दूध में दूध की धार है॥

मंदर महिंद गन्ध मादन हिमालय में
जिन्हें चल जानिये अचल अनुमाने ते।
भारे कजरारे तैसे दीरघ दतारे मेघ
मण्डल विहडें जे वै सुंडा दंड ताने ते।
कीरति विसाल क्षितिपाल श्री अनूप तेरे
दान जो अमान कापै बनत बखाने ते।
इतै कवि मुख जस आखर खुलत
उतै पाखर समेत पील खुलै पीलखाने ते।

इनका अध्यात्म-प्रकाश वेदान्त का बड़ा सुन्दर ग्रन्थ है। उसकी रचना की बड़ी प्रशंसा है, उसमें विषय-सम्बन्धी ऐसी महत्तायें हैं कि उनके आधार से लोग इनको महात्मा कहने लगे थे। इसमें सन्देह नहीं कि इनकी रचनायें ब्रजभाषा-साहित्य में अमूल्य हैं। उसी के बल से इन्होंने औरंगजेब के मंत्री फ़ाजिल अली से बड़ा सत्कार प्राप्त किया था, जो इस बात का सूचक है कि अकबर के समय से जो ब्रजभाषा की धाक उनके वंश वालों पर जमी वह लगातार बहादुरशाह तक अचल रही।

(8) कालिदास त्रिवेदी सहृदयता में यथानामः तथा गुणः अर्थात् दूसरे कालिदास थे। 'कालिदास हज़ारा' इनका बहुत बड़ा सुन्दर संग्रह कहा जाता है इसमें 200 से

अधिक कवियों की रचनायें संगृहीत हैं। इसके आधार से शिवसिंह सरोजकार ने अनेक प्राचीन कवियों की जीवनी का उद्धार किया था। इनका नायिका-भेद का 'वधू-विनोद' नामक ग्रन्थ भी प्रसिद्ध ग्रन्थ है। इन्होंने 'जंजीराबंद' नाम का एक ग्रन्थ भी बनाया था। उसमें 32 कवित्त हैं, उसे सभी कवि-जीवनी लेखकों ने बड़ा अद्भुत बतलाया है। वास्तव में कालिदास बड़े सहृदय कवि थे। उनकी रचनायें एक सुविकसित सुमन के समान मनोहर और सुधानिधि की कला के समान कमनीय हैं। उनकी रचना की रसीली भाषा इस बात का सनद ब्रजभाषा को देती है कि वह सरस से सरस है—

चूमों करकंज मंजु अमल अनूप तेरो,
रूप के निधान कान्ह मो तन निहारि दै।
कालिदास कहै मेरी ओर हरे हेरि हरि,
माथे धरि मुकुट लकुट कर डारि दै।
कुँवर कन्हैया मुखचंद की जुन्हैया चारु,
लोचन चकोरन की प्यासन निवारि दै।
मेरे कर मेहंदी लगी है नंदलाल प्यारे;
लट उरझी है नेक बेसर सुधारि दै॥
हाथ हँसि दीन्हों भीति अंतर परसि प्यारी;
देखत ही छकी मति कान्हर प्रवीन की।
निकस्यो झरोखे मांझ बिगस्यो कमल सम,
ललित अंगूठी तामैं चमक चुनीन की।
कालीदास तैसी लाली मेहंदी के बुंदन की,
चारु नखचंदन की लाल अँगुरीन की।
कैसी छबि छाजत है छाप के छलान की,
सुकंकन चुरीन की, जड़ाऊ पहुँचीन की।

(9) आलम रसखान के समान ही बड़े ही सरस हृदय कवि थे। कहा जाता है कि ये ब्राह्मण कुल के बालक थे। परन्तु प्रेम के फंदे में पड़ कर धर्म को तिलांजलि दे दी थी। शेख़ नामक एक मुसलमान स्त्री सरसहृदया कवि थी। उसके रस से ये ऐसे सिक्त हुए कि अपने धर्म को भी उसमें डुबो दिया। अच्छा होता यदि जैसे मनमोहन की ओर रसखान खिंच गये उसी प्रकार वे शेख़ को भी उनकी ओर खींच लाते। परन्तु उसने ऐसी मोहनी डाली कि वे उसकी ओर खिंच गये। जो कुछ हो लेकिन स्त्री-पुरुष दोनों की ब्रजभाषा की रचना ऐसी मधुर और सरस है जो मधु-वर्षण करती ही रहती है। ब्रजभाषा देवी के चरणों पर इस युगल जोड़ी को कान्त कुसुमावलि अर्पण करते देख कर हम उस

वेदना को भूल जाते हैं, जो उनके प्रेमोन्माद से किसी स्वधर्मानुरागी जन को हो सकती है। इन दोनों में वृन्दावन विहारिणी युगल मूर्ति के गुणगान की प्रवृत्ति देखी जाती है। उससे भी मर्माहत चित्त को बहुत कुछ शान्ति मिलती है, उनका जो धर्म हो, परन्तु युगलमूर्ति उनके हृदय में सदा बिराजती दृष्टिगत होती है। औरंगजेब के पुत्र मुअज़्ज़म की दृष्टि में इन दोनों का अपने गुणों के कारण बड़ा आदर था। इनकी कुछ मनोहारिणी रचनायें नीचे लिखी जाती हैं—

1. जा थल कीन्हें बिहार अनेकन
ता थल कांकरी बैठि चुन्यो करैं।
जा रसना सों करी बहु बातन
ता रसना सों चरित्र गुन्यो करैं।
आलम जौन से कुंजन में करी
केलि तहाँ अब सीस धुन्यो करैं।
नैनन में जो सदा रहते तिनकी
अब कान कहानी सुन्यो करैं।

2. चन्द को चकोर देखै निसि दिन को न लेखे,
चंद बिन दिन छबि लागत अँध्यारी है।
आलम कहत आली अलि फूल हेत चलै,
काँटे सी कटीली बेलि ऐसी प्रीति प्यारी है।
कारो कान्ह कहति गँवारी ऐसी लागति है,
मोहि बाकी स्यामताई लागत उँज्यारी है।
मन की अटक तहाँ रूप को विचार कहाँ,
रीझिवे को पैंडो तहाँ बूझ कछु न्यारी है।

3. प्रेम रंग पगे जगमगे जागे जामिनी के
जोवन की जोति जगि जोर उमगत है।
मदन के माते मतवारे ऐसे घूमत हैं
झूमत हैं झुकि झुकि झँपि उघरत है।
आलम सों नबल निकाई इन नैननि की
पाँखुरी पदुम पै भँवर थिरकत हैं।
चाहत हैं उड़िबे को देखत मयंक मुख
जानत हैं रैनि ताते ताहि मैं रहत हैं।

4. **कैधों मोर सोर तजि गये री अनत भाजि**
कैधों उत दादुर न बोलत हैं ए दई।
कैधों पिक चातक बधिक काहू मारि डारे
कैधों बकपाँति उत अंत गति ह्वै गई।
आलम कहत आली अजहूँ न आये श्याम
कैधों उत रीति बिपरीति बिधि ने ठई।
मदन महीप की दुहाई फिरिबे ते रही
जूझि गये मेघ कैधों बीजुरी सती भई।

5. **पैंडो समसूधो बैंडो कठिन किवार द्वार**
द्वारपाल नहीं तहाँ सबल भगति है।
शेख भनि तहाँ मेरे त्रिभुवन राम हैं जु
दीनबन्धु स्वामी सुरपतिन को पति है।
बैरी को न बैर बरिआई को न परवेस
हीने को हटक नाहीं छीने को सकति है।
हाथी को हँकार पल पाछे पहुँचन पावै
चींटी की चिघार पहिले ही पहुँचति है।

कहा जाता है कि आलम ने माधवानल कामकंदला नामक एक प्रेम कहानी भी लिखी है। आशा है, कि इनका ग्रन्थ भी सरसतापूर्ण होगा और इसमें भी इनके प्रेम-मय हृदय की कमनीय कलायें विद्यमान होंगी। किन्तु यह ग्रन्थ देखने में नहीं आया। इसकी चर्चा ही मात्र मिलती है। अच्छा होता यदि इस पुस्तक का कुछ अंश मैं आप लोगों की सेवा में उपस्थित कर सकता। परन्तु यह सौभाग्य मुझको प्राप्त नहीं हुआ। आलम-दम्पति की रचनाओं में हृदय का वह सौन्दर्य दृष्टिगत होता है जिसकी ओर चित्त स्वभावतया खिंच जाता है। इनके ऐसे भावुक कवि ही किसी भाषा को अलंकृत करते हैं। जैसी ही इनकी भावमयी सुन्दर रचनायें हें वैसी ही सरस और मुग्धकारी इनकी ब्रजभाषा है। इनके अधिकांश पद्य सहृदयता की मूर्ति हैं, इन्होंने इनके द्वारा हिन्दी-साहित्य-भाण्डार को बड़े सुन्दर रत्न प्रदान किये हैं।

इन्हीं सहृदय दम्पति के साथ में ताज की चर्चा भी कर देना चाहता हूँ। ये एक मुसलमान स्त्री थीं। इनके वंश इत्यादि का कुछ पता नहीं। परन्तु इनकी स्फुट रचनायें यत्र तत्र पाई जाती हैं। मुसलमान स्त्री होने पर भी इनके हृदय में भगवान कृष्णचन्द्र का प्रेम लबालब भरा था। इनकी रचनाओं में कृष्ण-प्रेम की ऐसी सुन्दर धारायें बहती हैं जो हृदय को मुग्ध कर देती हैं। इनके पद्यों का एक-एक पद कुछ ऐसी मनमोहकता

रखता है जो चित्त को बलात् अपनी ओर आकर्षित कर लेता है। इनकी रचना में पंजाबी शब्द अधिक मिलते हैं। इससे ज्ञात होता है कि ये पंजाब प्रान्त की रहने वाली थीं। इनकी पद्य रचना में खड़ी बोली का पुट भी पाया जाता है किन्तु इन्होंने ब्रजभाषा में ही कविता करने की चेष्टा की है। इनके कुछ पद्य नीचे लिखे जाते हैं। देखिये इनकी लगन में कितनी अधिक विचारों की दृढ़ता है।

सुनौ दिल जानी मेड़े दिल की कहानी
तुम दस्त ही बिकानी बदनामी भी सहूँगी मैं।
देव पूजा ठानी मैं निवाज हूँ भुलानी
तजे कलमा कुरान साड़े गुनन गहूँगी मैं।
साँवला सलोना सिर ताज सिर कुल्ले दिये
तेरे नेह दाग मैं निदाग हो दहूँगी मैं।
नन्द के कुमार कुरबान ताँड़ी सूरत पै
तांड़ नाल प्यारे हिंदुआनी हो रहूँगी मैं।

2. छैल जो छबीला सब रङ्ग में रङ्गीला
बड़ा चित्त का अड़ीला कहूँ देवतों से न्यारा है।
माल गले मों है नाक मोती सेत सोहै कान
मोहै मनि कुंडल मुकुट सीस धारा है।
दुष्ट जन मारे सन्त जन रखवारे ताहि
चित हित वारे प्रेम-प्रीति कर वारा है।
नन्द जू का प्यारा जिन कंस को पछारा
वह वृन्दाबन वारा कृष्ण साहब हमारा है।

(10) सितारा के राजा शंभुनाथ सुलंकी भी रीति ग्रन्थकारों में से हैं। उनके एक नायिका-भेद के ग्रन्थ की बड़ी प्रशंसा है, परन्तु वह अब मिलता नहीं। उनका एक नख-शिख का ग्रन्थ भी बड़ा चमत्कारपूर्ण है। वे बड़े सहृदय और कवियों के कल्पतरु थे। कविता में कभी 'नृपशंभु' और कभी 'शंभुकवि' अथवा 'नाथ कवि' अपने को लिखते थे। बड़ी सरस ब्रजभाषा में उन्होंने रचना की है। उनकी उत्प्रेक्षायें बड़ी मनोहर हैं। उनके जितने पद्य हैं उनमें से अधिकांश सरस हैं। उनकी भाषा को निस्संकोच टकसाली कह सकते हैं। ब्रजभाषा को अपनी रचना द्वारा उन्होंने भी गौरवित बनाया है। उनके दो पद्य नीचे लिखे जाते हैं–

1. फाग रच्यो नन्द नन्द प्रवीन बजैं
बहु बीन मृदंग रबाबैं।

खेलतीं वै सुकुमारि तिया जिन
भूषण हूँ की सही नहीं दाबैं।
सेत अबीर के धूँधरु मैं इमि
बालन की बिकसी मुख आबैं।
चाँदनी में चहुँ ओर मनों नृप
शंभु बिराज रही महताबैं।

2. **कोहर कौल जपा दल विद्रुम का**
इतनी जु बँधूक मैं कोति है।
रोचन रोरी रची मेंहदी नृपशंभु
कहै मुकुता सम पोति है।
पायँ धरे ढरे ईंगुरई तिन मैं
खरी पायल की घनी ज्योति है।
हाथ द्वै तीनक चारहूँ ओर लौं
चाँदनी चूनरी के रँग होति है।

इस शतक में एक मुसलमान सहृदय कवि भी रीति ग्रन्थकार हो गये हैं। उनका नाम मुबारक है। अवध के बाराबंकी जिले में बिलग्राम नामक एक प्रसिद्ध क़स्बा है, जिसको विद्वानों और सहृदयों की जन्मभूमि होने का गौरव प्राप्त है, यहीं अरबी, फ़ारसी और संस्कृत के विद्वान् मुबारकअली का जन्म हुआ था। इन्होंने 'अलक शतक' और 'तिल शतक' नामक दो ग्रन्थ सरस दोहों में लिखे हैं। इनकी स्फुट कवितायें भी बहुत सी मिलती हैं। इनकी भाषा ब्रजभाषा है और उसमें प्राञ्जलता इतनी है कि मुक्त कंठ से उसकी प्रशंसा की जा सकती है इनकी रचना में प्रवाह है और इनकी कथनशैली भी मोहक है। मधुरता इनके शब्दों में भरी मिलती है। मुसलमान होने पर भी इन्होंने हिन्दी भाषा पर अपना जैसा अधिकार प्रकट किया है, वास्तव में वह चकितकर है। इनकी कुछ रचनायें देखिये—

1. **कान्ह की बाँकी चितौनि चुभी**
झुकि काल्हि ही झाँकी है ग्वालि गवाछनि।
देखी है नोखी सी चोखी सी कोरनि
ओछे फिरै उभरै चित जा छनि।
मार्‍यो सँभारि हिये में मुबारक
ए सहजै कजरारे मृगाछनि।

सींक लै काजर दे री गँवारिनि
आँगुरी तेरी कटैगी कटाछनि।

2. कनक बरन बाल नगन लसत भाल
मोतिन के माल उर सोहै भलीभाँति है।
चंदन चढ़ाई चारु चंदमुखी मोहिनी सी
प्रात ही अन्हाइ पगु धारे मुसकाति है।
चूनरी विचित्र स्याम सजि कै मुबारक जू
ढाँकि नख सिख ते निपट सकुचाति है।
चंद मैं लपेटि कै कसमेटि कै नखत मानो
दिन को प्रनाम किये रात चली जाति है।

3. जगी मुबारक तिय बदन अलख ओप अति होइ।
मनो चंद की गोद में रही निसा सी सोइ।

4. चिबुक कूप मैं मन पर्‍यो छबि जल तृषा बिचारि।
गहत मुबारक ताहि तिय अलक डोर सी डारि।

5. चिबुक कूप रसरी अलक तिल सुचरस दृग बैल।
बारी बैस सिंगार की सींचत मनमथ छैल।

6. गोरी के मुख एक तिल सो मोहिं खरो सुहाय।
मानहुँ पंकज की कली भौंर बिलंब्यो आय।

कभी-कभी वे अपनी रचना में दुरूह फ़ारसी शब्दों का प्रयोग भी कर देते हैं, परन्तु उसको ब्रजभाषा के ढंग में बड़ी ही सुन्दरता से ढाल लेते हैं। नीचे का दोहा देखिये—

अलक मुबारक तिय बदन लटक परी यों साफ।
खुशनवीस मुनशी मदन लिख्यो काँच पर क़ाफ़।

(4)

इस शताब्दी में प्रसिद्ध प्रबन्धकार भी हुए। इनमें गुरु गोविंद सिंह सबसे प्रधान हैं। उनके अतिरिक्त उसमान, सबलसिंह चौहान, लाल और कवि हृदयराम का नाम लिया जा सकता है। प्रेम-मार्गी कवियों के वर्णन में उसमान के विषय में मैं पहले कुछ लिख चुका हूँ। इस शताब्दी में इनकी ही रचना ऐसी है जो अवधी भाषा में की गयी है। इसके द्वारा उन्होंने उस परम्परा की रक्षा की है जिसको कुतबन अथवा मलिक मुहम्मद जायसी ने चलाया था। इनको छोड़कर और सब प्रबन्धकार ब्रजभाषा के सुकवि हैं। मैं

पहले सबलसिंह चौहान और लाल के विषय में लिख कर इसके उपरान्त पंजाब-निवासी गुरु गोविन्द सिंह और कवि हृदयराम के विषय में कुछ लिखूँगा—

सबलसिंह चौहान इटावा जिले के प्रतिष्ठित जमींदार थे। उन्होंने महाभारत के अठारहों पर्वों के कथा-भाग की रचना दोहा-चौपाई में की है। 'रूप विलास पिंगल', 'षट् ऋतु बरवै' और 'ऋतूपसंहार' नामक ग्रन्थ भी उनके रचे बतलाये जाते हैं। उन्होंने महाभारत की रचना गोस्वामी जी के रामायण के आधार से की है। परन्तु उनकी भाषा साहित्यिक ब्रजभाषा है। वे पछाँह के रहने वाले थे। इसलिए उनकी रचना में खड़ी बोली और अवधी का पुट भी है। भाषा न तो जैसी चाहिए वैसी सरस है और न प्राञ्जल। फिर भी महाभारत की कथा का जनता को परिचय कराने के लिए उनका उद्योग प्रशंसनीय है। उनके इस ग्रन्थ का कुछ प्रचार भी हुआ। परन्तु वह सर्वसाधारण को अपनी ओर अधिक आकर्षित न कर सका। उनकी रचना का नमूना लीजिए—

लै के शूल कियो परिहारा।
बीर अनेक खेत महँ मारा।
जूझी अनी भभरि कै भागे।
हँसि के द्रोण कहन अस लागे।
धन्य धन्य अभिमनु गुन आगर।
सब छत्रिन महँ बड़ो उजागर।
धन्य सहोद्रा जग में जाई।
ऐसे वीर जठर जनमाई।
धन्य धन्य जग में पितु पारथ।
अभिमनु धन्य धन्य पुरुषारथ।
एक बार लाखन दल मारे।
अरु अनेक राजा संहारे।
धनु काटे शंका नहिं मन में।
रुधिर-प्रवाह चलत सब तन में।
एहि अंतर बोले कुरुराजा।
धनुष नाहिं भाजत केहि काजा।
एक बीर को सबै डरत है।
घेरि क्यों न रस धाय धरत है।
बालक देखु करी यह करणी।
सेना जूझि परी सब धरणी।

दुर्योधन या विधि कह्यो,
कर्ण द्रोण सों बैन।
बालक सब सेना बधी,
तुम सब देखत नैन।

उनकी रचना में ब्रजभाषा के नियम के विरुद्ध शकार, णकार और संयुक्त वर्णों का प्रयोग भी देखा जाता है। इसका कारण यह मालूम होता है कि वीर रस के लिए शायद परुषावृत्ति का मार्ग ग्रहण करना ही उन्होंने युक्तिसंगत समझा।

पुरोहित गोरेलाल महाराज छत्रसाल के दरबार के मान्य कवि थे। वे एक युद्ध में महाराज छत्रसाल के साथ गये और वहीं वीरता के साथ लड़कर मरे। वीर रस की ओजमयी रचना करने में भूषण के उपरान्त इन्हीं का नाम लिया जाता है। 'छत्र-प्रकाश' इनका प्रसिद्ध ग्रन्थ है। जिसमें इन्होंने महाराज छत्रसाल की वीरगाथायें बड़ी निपुणता से लिखी हैं। यह दोहा चौपाई में लिखा गया है और प्रबन्ध ग्रन्थ है। इनकी भाषा साहित्यिक ब्रजभाषा है। किन्तु उसमें बुन्देलखण्डी शब्दों का प्रयोग आवश्यकता से कुछ अधिक है। फिर भी इनकी रचना ओजमयी और प्रांजल है और वे सब गुण उसमें मौजूद हैं जिन्हे वीर-रस की कविता में होना चाहिए। 'छत्रप्रकाश' विशाल ग्रन्थ है और इनका कीर्तिस्तम्भ है। इसके अतिरिक्त 'विष्णु बिलास' और 'राजविनोद' नामक दो ग्रन्थ इन्होंने और रचे। ये दोनों ग्रन्थ भी अच्छे हैं, परन्तु इनमें वह विशेषता नहीं पाई जाती जो 'छत्रप्रकाश' में है। गोरेलाल जी का उपनाम 'लाल' है। इनकी कुछ रचनायें देखिये–

दान दया घमसान में जाके हिये उछाह।
सोई बीर बखानिये ज्यों छत्ता छितिनाह।
उमड़ि चल्यो दारा के सौहैं, चढ़ी उदंड युद्ध-रस भौहैं।
तब दारा दिल दहसति बाढ़ी चूमन लगे सबन की दाढ़ी।
को भुजदंड समर महिं ठोंकै, उमड़े प्रलय-सिंधु को रोकै।
छत्रसाल हाड़ा तहँ आयो, अरुन रंग आनन छबि छायो।
भयो हरौल बजाय नगारो, सारधार को पहिरन हारो।
दौरि दस मुगलन के मारो, दपटि दिली के दल संहारो।
ऐंड़ एक सिवराज निबाही, करै आपने चित्त की चाही।
आठ पातसाही झकझौरै, सूबन पकरि दंड लै छोरै।
काटि कटक किरवान बल, बाँटि जंबुकनि देहु।
ठाटि जुद्ध एहि रीति सों, बाँटि धरनि धरि लेहु।

मैं यह बराबर प्रकट करता आया हूँ कि सत्रहवीं शताब्दी में उत्तरी भारत में ब्रजभाषा का प्रसार अधिक हो गया था। इस विस्तार के फल से ही पंजाब प्रान्त में दो प्रतिष्ठित प्रबन्धकार दृष्टिगत होते हैं। उनमें से एक हृदयराम हैं और दूसरे गुरु गोविन्दसिंह। कवि हृदयराम जाति के खत्री थे। उन्होंने संस्कृत हनुमन्नाटक के आधार से अपने ग्रन्थ की रचना की और उसका नाम भी हनुमन्नाटक ही रक्खा। इस ग्रन्थ की रचना इतनी सरस है और इस सहृदयता के साथ वह लिखा गया है कि गुरु गोविन्दसिंह इस ग्रन्थ को सदा अपने साथ रखते और उसकी मधुर रचनाओं को पढ़-पढ़ मुग्ध हुआ करते थे। इस ग्रन्थ की भाषा साहित्यिक ब्रजभाषा है। कहीं-कहीं एक दो पंजाबी शब्द मिल जाते हैं। ग्रन्थ की सरस और प्राञ्जल रचना देखकर यह प्रतीत नहीं होता कि यह किसी पंजाबी का लिखा हुआ है। कवि हृदयराम में भाव-चित्रण की सुन्दर शक्ति है। उन्होंने इस ग्रन्थ को लिखकर यह बतलाया है कि उनमें प्रबन्ध काव्य लिखने की कितनी योग्यता थी। रामायण की समस्त कथा इसमें वर्णित है किन्तु इस क्रम से कि उसमें कहीं अरोचकता नहीं आयी। इसमें कवित्त और सवैये ही अधिक हैं। कोई-कोई पद्य बड़े ही मनोहर हैं। उनमें से दो नीचे लिखे जाते हैं–

1. ए बनवास चले दोउ सुन्दर कौतुक को सिय संग जुटी है।
पाँवन पाव, न कोस चली अजहूँ नहीं गाँव की सींव छुटी है।
हाथ धरे कटि पूछत रामहिं नाथ कहौ कहाँ कंज कुटी है।
रोवत राघव जोवत सी मुख मानहुँ मोतिन माल टुटी है।

2. एहो हनू कह श्रीरघुवीर कछू सुधि है सिय की छिति माँही।
है प्रभु, लंक कलंक बिना सुबसै बन रावन बाग की छाँहीं।
जीवत है कहिंबेहि को नाथ! सु क्यों न मरी हमतें बिछुराहीं।
प्रान बसै पद-पंकज में जम आवत है पर पावत नाहीं।

गुरु गोविन्दसिंह ब्रजभाषा के महाकवि थे। इनका बनागा हुआ दशम ग्रन्थ बड़ा विशाल ग्रन्थ है। समस्त ग्रन्थ सरस ब्रजभाषा में लिखा गया है। वे बड़े वीर और सिक्ख धर्म के प्रवर्त्तक थे। गुरु नानक से लेकर गुरु अर्जुन देव तक इनके सम्प्रदाय में शान्ति रही, परन्तु जहाँगीर ने अनेक कष्ट देकर गुरु अर्जुन देव को प्राण त्याग करने के लिए बाध्य किया तब सम्प्रदाय वालों का रक्त खौल उठा और उन्होंने मुसलमानों के सर्वनाश का व्रत ग्रहण किया, क्रमशः वर्द्धमान होकर गुरु गोविन्द सिंह के समय में यह भाव बहुत प्रबल हो गया था और इसी कारण जब गुरु तेगबहादुर उनके पिता का औरंगजेब द्वारा संहार हुआ तो उन्होंने बड़ी वीरता से मुसलमानों से लोहा लेना प्रारम्भ किया। गुरु अर्जुनदेव ने ही आदि ग्रन्थसाहब का संग्रह तैयार किया था। इस ग्रन्थ में उनकी बहुत

अधिक रचनायें हैं, जो अधिकतर ब्रजभाषा में लिखी गयी हैं। उनकी कुछ रचनायें मैं पहले लिख आया हूँ। विषय को स्पष्ट करने के लिए उनके कुछ पद्य यहाँ और लिखे जाते हैं–

1. **बाहरु धोइ अंतरु मन मैला दुइ ओर अपने खोये।**
इहाँ काम क्रोध मोह व्यापा आगे मुसि मुसि रोये।
गोविंद भजन की मति है होरा।
बरमी मारी साँप न मरई नामु न सुनई डोरा।
माया की कृति छोड़ि गँवाई भक्तीसार न जानै।
वेद सास्त्र को तरकन लागा तत्त्व जोगु न पछानै।
उघरि गया जैसा खोटा ढेबुआ नदरि सराफा आया।
अन्तर्यामी सब कछु जानै उस ते कहा छपाया।
कूर कपट बंचन मुनियाँदा बिनसि गया ततकाले।
सति सति सति नानक कह अपने हिरदै देखु समा ले।

2. **बन्धन काटि बिसारे औगुन अपना विरद समार्‌या।**
होइ कृपालु मात पित न्याईं बारक ज्यों प्रतिपार्‌या।
गुरु सिष राखे गुरु गोपाल।
लीये काढ़ि महा भव जल ते अपनी नदर निहाल।
जाके सिमरणि जम ते छुटिये हलति पलति सुख पाइये।
सांसि गेरासि जपहु जप रसना नीति नीति गुण गाइये।
भगती प्रेम परम पद पाया साधु संग दुख नाटे।
छिजै न जाइ न किछु भव ब्यापै हरि धनु निरमल गाँठे।
अन्तकाल प्रभु भये सहाई इत उत राखन हारे।
प्रान मीत हीत धन मेरे नानक सद बलिहारे।

गुरु अर्जुन देव सत्रहवीं शताब्दी के आदि में थे। उनकी रचनायें उसी समय की हैं। मैं यह कह सकता हूँ कि वह परिमार्जित ब्रजभाषा नहीं है, परन्तु यही भाषा गुरु गोविन्दसिंह के समय में अपने मुख्य रूप में दृष्टिगत होती है। गुरु गोविन्दसिंह ने दशम ग्रन्थ में विष्णु के चौबीस और ब्रह्मा एवं शिव के सात अवतारों की कथा लिखी है उन्होंने दुर्गापाठ का तीन अनुवाद करके उसका नाम 'चंडी-चरित्र' रखा है। पहला अनुवाद सवैयों में, दूसरा पौड़ियों में, और तीसरा नाना छन्दों में है। उन्होंने इस ग्रन्थ में 404 स्त्री-चरित्र भी लिखे हैं और इस सूत्र से अनेक नीति और शिक्षा सम्बन्धी बातें

कही हैं, उन्होंने उसमें कुछ अपनी जीवन-सम्बन्धी बातें भी लिखी हैं और कुछ परमात्मा की स्तुति और ज्ञान सम्बन्धी विषयों का भी निरूपण किया है। फ़ारसी भाषा में उन्होंने 'जफ़रनामा' नामक एक राजनीति-सम्बन्धी ग्रन्थ लिखकर औरंगजेब के पास भेजा था। वह ग्रन्थ भी इसमें सम्मिलित है। अवतारों के वर्णन के आधार से उन्होंने इस ग्रन्थ में पुराणों की धर्म-नीति, समाज-नीति, एवं राजनीति-सम्बन्धी समस्त बातें एकत्रित कर दी हैं। यह बड़ा उंपयोगी ग्रन्थ है सिक्ख सम्प्रदाय के लोग इसको बड़े आदर की दृष्टि से देखते हैं। ब्रजभाषा-साहित्य का इतना बड़ा ग्रन्थ सूर-सागर को छोड़कर अन्य नहीं है। इस ग्रन्थ में जितनी रचनायें गुरु गोविन्द सिंह की निज की हैं उनके सामने श्री मुख वाक पातसाही दस लिखा है। अन्य रचनाओं के विषय में यह कहा जाता है कि वे गुरु गोविन्द सिंह जी के द्वारा रचित नहीं हैं वे श्याम और राम नामक दो अन्य कवियों की कृति हैं जो उनके आश्रित थे। उक्त ग्रन्थ की कुछ रचनायें नीचे उपस्थित की जाती हैं। उनको पढ़कर आप लोग समझ सकेंगे कि वे कैसी हैं और उनके भाव और भाषा में कितना सौन्दर्य एवं लालित्य है। पहले गुरु गोविन्द सिंह की निज रचनाओं को ही देखिये—

1. **चक्र चिह्न अरु बरन जात**
अरु पाँत नहिंन जेहि।
रूप रङ्ग अरु रेख भेख
कोउ कहि न सकत केहि।
अचल मूरति अनभव
प्रकास अमितोज कहिज्जै।
कोटि इन्द्र इन्द्राणि साहि
साहाणि गणिज्जै।
त्रिभुवण महीप सुर नर असुर
नेति नेति वर्णत कहत।
तब सरब नाम कत्थय कवन
कर्म नाम तरणत गुमत।

2. **प्रभु जू तोकहँ लाज हमारी।**
नीलकण्ठ नर हरि नारायन
नील बसन बनवारी।
परम पुरुष परमेसर स्वामी
पावन पवन अहारी।
माधव महा ज्योति मधु
मर्दन मान मुकुंद मुरारी।

निर्विकार निर्जर निद्राबिन
निर्बिष नरक निवारी।
किरपासिन्धु काल त्रय दरसी
कुकृत प्रनासन कारी।
धनुर्पानि धृत मान धराधर
अन विकार असि धारी।
हौं मति मन्द चरनसरनागत
कर गहि लेहु उबारी।

3. जीति फिरे सब देस दिसान को
बाजत ढोल मृदंग नगारे।
गूँजत गूढ़ गजान के सुन्दर
हींसत ही हय राज हजारे।
भूत भविक्ख भवान के भूपति
कौन गनै नहीं जात विचारे।
श्रीपति श्री भगवान भजे बिन
अन्त को अन्तक धाम सिधारे।

4. दीनन की प्रतिपाल करै नित
सन्त उबार गनीमन गारै।
पच्छ पसू नग नाग नराधिप
सर्व समै सब को प्रतिपारै।
पोखत है जल मैं थल मैं पल मैं
कलि के नहीं कर्म विचारै।
दीनदयाल दयानिधि दोखन
देखत है पर देत न हारै।

5. मेरु करो तृण ते मोहि जाहि
गरीब-नेवाज न दूसरो तोसों।
भूल छमो हमरी प्रभु आप न
भूलन हार कहूँ कोउ मोसों।
सेव करी तुमरी तिन के सभ ही
गृह देखिये द्रव्य भरो सो।

या कलि में सब काल कृपानिधि
भारी भुजान को भारी भरोसो।

अब दशम ग्रन्थ साहब की कुछ अन्य रचनायें भी देखिये—

1. रारि पुरंदर कोपि कियो इत
जुद्ध को दैंत जुरे उत कैसे।
स्याम घटा घुमरी घन घोर कै
घेरि लियो हरि को रवि तैसे।
सक्र कमान के बान लगे सर
फोंक लसै अरि के उर ऐसे।
मानो पहार करार में चोंच
पसार रहे सिसु सारक जैसे॥

2. मीन मुरझाने कंज खंजन खिसाने।
अलि फिरत दिवाने बन डोलैं जित तित ही।
कीर और कपोत बिम्ब कोकिला कलापी
बन लूटे फूटे फिरैं मन चैन हूँ न कितहीं।
दारिम दरकि गयो पेखि दसनन पाँति
रूप ही की काँति जग फैलि रही सित ही।
ऐसी गुन सागर उजागर सुनागर है लीनो
मन मेरो हरि नैन कोर चित ही।

3. चतुरानन मो बतिया सुन लै
सुनि के दोउ श्रौननि में धरिये।
उपमा को जबै उमगै मन तो
उपमा भगवानहिं की करिये।
परिये नहीं आन के पाँयन
पै हरि के गुरु के द्विज के परिये।
जेहि को जुग चारि मैं नाम जप्यो
तेहि सों लरिये; मरिये, तरिये।

4. जेहि मृग राखे नैन बनाय।
अंजन रेख स्याम पै अटकत सुन्दर फाँद चढ़ाय।
मृग मद देत जिनैं नरनारिन रहत सदा अरुझाय।
तिनके ऊपर अपनी रुचि सों रीझि स्याम बलि जाय।

5. सेत धरे सारी वृषभानु की कुमारी
जस ही की मनो बारी ऐसी रची है न को दई।
रंभा उरबसी और सची सी मँदोदरी।
पै ऐसी प्रभा काकी जग बीच ना कछू भई।
मोतिन के हार गरे डार रुचि सों सिंगार
स्याम जू पै चली कवि स्याम रस के लई।
सेत साज साज चली साँवरे के प्रीति काज
चाँदनी में राधा मानो चाँदन सी ह्वै गई।

गुरु गोविन्द सिंह की भाषा साहित्यिक ब्रजभाषा है, इसमें कोई सन्देह नहीं। उसमें ब्रजभाषा-सम्बन्धी नियमों का अधिकतर पालन हुआ है। किसी-किसी स्थान पर णकार का प्रयोग नकार के स्थान पर पाया जाता है। किन्तु यह पंजाब की बोलचाल का प्रभाव है। कोई-कोई शब्द भी पंजाबी ढंग पर व्यवहृत हुए हैं। इसका कारण भी प्रान्तिकता ही है। परन्तु इस प्रकार के शब्द इतने थोड़े हैं कि उनसे ब्रजभाषा की विशेषता नष्ट नहीं हुई। कुल दशम ग्रन्थ साहब ऐसी ही भाषा में लिखा गया है, जिससे यह ज्ञात होता है कि उस समय ब्रजभाषा किस प्रकार सर्वत्र समादृत थी। इस ग्रन्थ में कहीं-कहीं पंजाबी भाषा की भी कुछ रचनायें मिल जाती हैं, किन्तु उनकी संख्या बहुत थोड़ी है। पौड़ियों में लिखा गया चंडी चरित्र ऐसा ही है। ज़फ़रनामा फ़ारसी भाषा में है, यह मैं पहले बतला चुका हूँ। अपने ग्रन्थ में गुरु गोविन्द सिंह ने इतने अधिक छन्दों का व्यवहार किया है जितने छन्दों का व्यवहार आचार्य केशवदास को छोड़कर हिन्दी का अन्य कोई कवि नहीं कर सका। इस ग्रन्थ में युद्ध का वर्णन बड़ा ही ओजमय है। ऐसे छन्द युद्ध के वर्णनों में आये हैं जो अपने शब्दों को युद्धानुकूल बना लेते हैं। कहीं-कहीं इस प्रकार के शब्द लिखे गये हैं जो युद्ध की मारकाट शस्त्रों का झणत्कार, वाणों की सनसनाहट और अस्त्रों के परस्पर टकराने की ध्वनि श्रवणगत होने लगती है। जैसे–

तागिड़दं तीरं छागिड़दं छुट्टे।
बागिड़दं बीरं लागिड़दं लुट्टे, इत्यादि

मेरा विचार है कि यह विशाल ग्रन्थ हिन्दी साहित्य का गौरव है, और इसकी रचना करके गुरु गोविन्द सिंह ने उसके भाण्डार को एक ऐसा उज्ज्वल रत्न प्रदान किया है, जिसकी चमक दमक विचित्र और अद्भुत है।

आदि ग्रन्थ साहब में शान्त रस का प्रवाह बहता है। उसमें त्याग और विराग का गीत गाया गया है, उससे सम्बन्ध रखने वाली दया, उदारता, शान्ति एवं सरलता आदि गुणों की ही प्रशंसा की गयी है। यह शिक्षा दी गयी है कि मानसिक विकारों को दूर करो

और दुर्दान्त इन्द्रियों का दमन। परन्तु उसकी दृष्टि संसार-शरीर के उन रोगों के शमन की ओर उतनी नहीं गयी जो उस पवित्र-ग्रन्थ के सदाशय मार्ग के कंटक-स्वरूप कहे जा सकते हैं। दशम ग्रन्थ साहब की रचना कर गुरु गोविन्द सिंह ने इस न्यूनता की पूर्त्ति की है। उन्होंने अपने ग्रन्थ में ऐसे उत्तेजक भाव भरे हैं जिससे ऐसी शक्ति उत्पन्न हो जो कंटक भूत प्राणियों को पूर्णतया विध्वंस कर सके। इस शक्ति के उत्पन्न करने के लिए ही उन्होंने अपने ग्रन्थ में युद्धों का भी वर्णन ऐसी प्रभावशाली भाषा में किया है जो एक बार निर्जीव को भी सजीव बनाने में समर्थ हो। इसी उद्देश्य से उन्होंने सप्तशती के तीन-तीन अनुवाद किये। पौड़ियों में जो तीसरा अनुवाद है, उसमें वह ओजस्विता भरी है जो सूखी रगों में भी रक्त संचार करती है। कृष्णावतार में खड्गसिंह के युद्ध का ऐसा ओजमय वर्णन है जिसे पढ़ने से कायर हृदय भी वीर बन सकता है। ऐसे ही विचित्र वर्णन और भी कई एक स्थलों पर है। यथा समय हिन्दू जाति में ऐसे आचार्य उत्पन्न होते आये हैं जो समयानुसार उसमें ऐसी शक्ति उत्पन्न करते जिससे वह आत्म-रक्षण में पूर्णतया समर्थ होती। उत्तर भारत में गुरु गोविन्द सिंह और दक्षिण भारत में स्वामी रामदास सत्रहवीं सदी के ऐसे ही आचार्य थे। गुरु गोविन्द सिंह ने पंजाब में सिक्खों द्वारा महान् शक्ति उत्पन्न की, स्वामी रामदास ने शिवाजी और महाराष्ट्र जाति की रगों में बिजली दौड़ा दी। इस दृष्टि से दशम ग्रन्थ की उपयोगिता कितनी है, इसका अनुभव हिन्दी-भाषा-भाषी विद्वान स्वयं उस ग्रन्थ को पढ़कर कर सकते हैं।

इस सत्रहवीं शताब्दी में एक प्रेम-मार्गी कवि नेवाज भी हो गये हैं। कहा जाता है कि ये जाति के ब्राह्मण थे और छत्रसाल के दरबार में रहते थे। ये थे बड़े रसिक हृदय। जहाँ गोरेलाल पुरोहित वीर रस की रचनायें कर महाराज छत्रसाल में ओज भरते रहते थे। वहाँ ये शृंगाररस की रचनायें कर उन्हें रिझाते रहते थे। नेवाज नाम के तीन कवि हो गये हैं। इन तीनों की रचनायें मिलजुल गयी हैं। किन्तु सरसता अधिक इन्हीं की रचना में मानी गयी है। इनका नेवाज नाम भ्रामक है। क्योंकि एक ब्राह्मण ने कविता में अपना नाम 'नेवाज' रक्खा, इसका उल्लेख कहीं नहीं मिलता। छत्रसाल ऐसे भाव सम्पन्न राजा के यहाँ रहकर भी उनका नेवाज नाम से परिचित होना कम आश्चर्य-जनक नहीं। जो हो, परन्तु हिन्दी संसार में जितने प्रेमोन्मत्त कवि हुए हैं उनमें एक यह भी हैं। इनकी रचना की मधुरता और भावमयता की सभी ने प्रशंसा की है। इनकी भाषा सरस ब्रजभाषा है। बुन्देलखंड में रहकर भी वे इतनी प्राञ्जल ब्रजभाषा लिख सके, यह उनके भाषाधिकार को प्रकट करता है। उनके दो पद्य देखिये–

1. **देखि हमैं सब आपुस में जो**
कछू मन भावै सोई कहती हैं।

ए घरहाई लुगाई सबै निसि
द्यौस नेवाज हमें दहती हैं।
बातें चबाव भरी सुनि कै
रिसि आवत पै चुप ह्वै रहती हैं।
कान्ह पियारे तिहारे लिए
सिगरे ब्रज को हँसिबो सहती हैं।

2. **आगे तो कीन्हीं लगा लगी लोयन**
कैसे छिपै अजहूँ जो छिपावत।
तू अनुराग कौ सोध कियो
ब्रज की बनिता सब यों ठहरावत।
कौन सकोच रह्यो है नेवाज
जौ तू तरसै उनहूँ तरसावत।
बावरी जो पै कलंक लग्यो तो
निसंक ह्वै क्यों नहीं अंक लगावत।

(2)

अठारहवीं शताब्दी प्रारम्भ करने के साथ सबसे पहले हमारी दृष्टि महाकवि देवदत्त पर पड़ती है। जिस दृष्टि से देखा जाय इनके महाकवि होने में सन्देह नहीं। कहा जाता है इन्होंने बहत्तर ग्रन्थों की रचना की। हिन्दी-भाषा के कवियों में इतने ग्रन्थों की रचना और किसी ने भी की है, इसमें सन्देह है। इनके महत्त्व और गौरव को देखकर ब्राह्मण जाति के दो विभागों में अब तक द्वन्द्व चल रहा है। कुछ लोग सनाढ्य कहकर इन्हें अपनी ओर खींचते हैं और कोई कान्यकुब्ज कहकर इन्हें अपना बनाता है। पंडित शालग्राम शास्त्री ने, थोड़े दिन हुए, 'माधुरी' में एक लम्बा लेख लिखकर यह प्रतिपादित किया है कि महाकवि देव सनाढ्य थे। मैं इस विवाद को अच्छा नहीं समझता। वे जो हों, किन्तु हैं, ब्राह्मण जाति के और ब्राह्मण जाति के भी न हों तो देखना यह है कि साहित्य में उनका क्या स्थान है। मेरा विचार है कि सब बातों पर दृष्टि रखकर यह कहना पड़ेगा कि ब्रजभाषा का मुख उज्ज्वल करने वाले जितने महाकवि हुए हैं उन्हीं में एक आप भी हैं एक दो विषयों में कवि कर्म्म करके सफलता लाभ करना उतना प्रशंसनीय नहीं, जितना अनेक विषयों पर समभाव से लेखनी चला कर साहित्य-क्षेत्र में कीर्ति अर्जन करना। वे रीति ग्रन्थ के आचार्य ही नहीं थे और उन्होंने काव्य के दसों अंगों पर लेखनी चला कर ही प्रतिष्ठा नहीं लाभ की, वेदान्त के विषयों पर भी बहुत कुछ लिखकर वे सर्वदेशीय ज्ञान का परिचय प्रदान कर सके हैं। इस विषय पर उनकी

'ब्रह्मदर्शन-पचीसी', 'तत्वदर्शन पचीसी', आत्म-दर्शन पचीसी और 'जगत दर्शन पचीसी' आदि कई अच्छी रचनायें हैं। उनके 'नीति शतक', 'रागरत्नाकर', 'जातिविलास', 'वृक्ष विलास' आदि ग्रन्थ भी अन्य विषयों के हैं और इनमें भी उन्होंने अच्छी सहृदयता और भावुकता का परिचय दिया है। उनका 'देव प्रपंच माया' नाटक भी विचित्र है। इसमें भी उनका कविकर्म विशेष गौरव रखता है। शृंगाररस का क्या पूछना! उसके तो वे प्रसिद्धि-प्राप्त आचार्य हैं, मेरा विचार है कि इस विषय में आचार्य केशवदास के बाद उन्हीं का स्थान है। उनकी रचनाओं में रीति ग्रन्थों के अतिरिक्त एक प्रबन्ध काव्य भी है जिसका नाम 'देव-चरित्र' है, उसमें उन्होंने भगवान कृष्ण चन्द्र का चरित्र वर्णन किया है। 'प्रेम-चंद्रिका' भी उनका एक अनूठा ग्रन्थ है, उसमें उन्होंने स्वतंत्र रूप से प्रेम के विषय में अनूठी रचनायें की हैं। कवि-कर्म क्या है। भाषा और भावों पर अधिकार होना और प्रत्येक विषयों का यथातथ्य चित्रण कर देना। देवजी दोनों बातों में दक्ष थे। सत्रहवीं और अट्ठारहवीं शताब्दी में यह देखा जाता है कि उस समय जितने बड़े-बड़े कवि हुए उनमें से अधिकांश किसी राजा-महाराजा अथवा अन्य प्रसिद्ध लक्ष्मी पात्र के आश्रय में रहे। इस कारण उनकी प्रशंसा में भी उनको बहुत सी रचनायें करनी पड़ीं। कुछ लोगों की यह सम्मति है कि ऐसे कवि अथवा महाकवियों से उच्च कोटि की रचनाओं और सच्ची भावमय कविताओं के रचे जाने की आशा करना विडम्बना मात्र है। क्योंकि ऐसे लोगों के हृदय में उच्छ्वासमय उच्च भाव उत्पन्न हो ही नहीं सकते जो एक आत्मनिर्भर, स्वतंत्र अथच मनस्वी कवि अथवा महाकवि में स्वभावतः उद्‌भूत होते हैं। उन्मुक्त कवि कर्म ही कवि कर्म है, जिसका कार्य चित्त का स्वतंत्र उद्‌गार है। जो हृदय किसी की चापलूसी अथवा तोषामोद में निरत है और अपने आश्रयदाता के इच्छानुसार कविता करने के लिए विवश है, या उसकी उचित-अनुचित प्रशंसा करने में व्यस्त है, वह कवि उस रत्न को कैसे प्राप्त कर सकता है जो स्वभावतया तरंगायमान मानस-उदधि से प्राप्त होते हैं। मेरा विचार है, इस कथन में सत्यता है। परन्तु इससे इस परिणाम पर नहीं पहुँचा जा सकता कि कोई कवि किसी के आश्रित रह कर सत्कवि या महाकवि हो ही नहीं सकता। क्योंकि प्रथम तो कवि स्वाधीनता प्रिय होता है, दूसरी बात यह कि कवि का अधिकतर सम्बन्ध प्रतिभा से है। इसलिए किसी का आश्रित होना उसके कवित्व गुण का बाधक नहीं हो सकता। किसी आत्म-विक्रयी की बात और है। हाँ, बंधन-रहित किसी स्वतंत्र कवि का महत्त्व उससे अधिक है, यह बात निस्संकोच भाव से स्वीकार की जा सकती है। कविवर देवदत्त में जो विलक्षण प्रतिभा विकसित दृष्टिगत होती है उसका मुख्य कारण यही है कि वे स्वतंत्र प्रकृति के मनुष्य थे, जिससे वे किसी के आश्रय में चिरकाल तक न रह सके। जिस दरबार में गये उसमें अधिक दिन ठहरना उन्हें पसन्द नहीं आया। मालूम होता है कि बन्धन उनको प्रिय नहीं था। मैं

समझता हूँ इससे हिन्दी-साहित्य को लाभ ही हुआ। क्योंकि उनके उन्मुक्त जीवन ने उनसे अधिकतर ऐसी रचनायें करायीं जो सर्वथा स्वतंत्र कही जा सकती हैं। प्रत्येक भाषा के साहित्य के लिए ऐसी रचनायें ही अधिक अपेक्षित होती हैं, क्योंकि उनमें वे उन्मुक्त धारायें बहती मिलती हैं जो पराधीनता एवं स्वार्थपरता दोष से मलिन नहीं होतीं। कविवर देवदत्त की रचनाओं का जो अंश इस ढंग में ढला हुआ है वही अधिक प्रशंसनीय है और उसी ने उनको हिन्दी-साहित्य में वह उच्च स्थान प्रदान किया है जिसके अधिकारी हिन्दी-संसार के इनेगिने कवि-पुंगव ही हैं। मिश्र-बन्धुओं ने अपने ग्रन्थ में देवजी के सम्बन्ध में निम्नलिखित कवित्त लिखा है–

सूर सूर तुलसी सुधाकर नच्छत्र केसो,
सेस कविराजन कौ जुगुनू गनाय कै।
कोऊ परिपूरन भगति दिखरायो अब,
काव्यरीति मोसन सुनहु चित लाय कै।
देव नभ मंडल समान है कबीन मध्य,
जामैं भानु सितभानु तारागन आय कै।
उदै होत अथवत चारों ओर भ्रमत पै,
जाको ओर छोर नहिं परत लखाय कै।

इससे अधिक लोग सहमत नहीं हैं, इस पद्य ने कुछ काल तक हिन्दी-संसार में एक अवांछित आन्दोलन खड़ा कर दिया था। कोई कोई इस रचना को अधिक रंजित समझते हैं। परन्तु मैं इसको विवाद-योग्य नहीं समझता। प्रत्येक मनुष्य अपने विचार के लिए स्वतंत्र है। जिसने इस कवित्त की रचना की उसका विचार देव जी के विषय में ऐसा ही था। यदि अपने भाव को उससे प्रगट किया तो उसको ऐसा करने का अधिकार था। चाहे कुछ लोग उसको वक्रदृष्टि से देखें, परन्तु मेरा विचार यह है कि यह कवित्त केवल इतना ही प्रगट करता है कि देव जी के विषय में हिन्दी संसार के किसी-किसी विदग्ध जन का क्या विचार है। मैं इस कवित्त के भाव को इसी कोटि में ग्रहण करता हूँ और उससे यही परिणाम निकालता हूँ कि देव जी हिन्दी-साहित्य क्षेत्र में एक विशेष स्थान के अधिकारी हैं। कोई भाषा समुन्नत होकर कितनी प्रौढ़ता प्राप्त करती है देव जी की भाषा इसका प्रमाण है। उनका कथन है–

कविता कामिनि सुखद पद, सुबरन सरस सुजाति।
अलंकार पहिरे बिसद, अद्भुत रूप लखाति।

मैं देखता हूँ कि उनकी रचना में उनके इस कथन का पूर्ण विकास है जितनी बातें इस दोहे में हैं वे सब उनकी कविता में पायी जाती हैं।

उनकी अधिकतर रचनायें कवित्त और सवैया में हैं। उनके कवित्तों में जितना प्रबल प्रवाह, ओज, अनुप्रास और यमक की छटा है, वह विलक्षण है। सवैयों में यह बात नहीं है, परन्तु उनमें सरसता और मधुरता छलकती मिलती है। दो प्रकार के कवि या महाकवि देखे जाते हैं, एक की रचना प्रसादमयी और दूसरे की गम्भीर, गहन विचारमयी और गूढ़ होती है। इन दोनों गुणों का किसी एक कवि में होना कम देखा जाता है, देव जी में दोनों बातें पाई जाती हैं और यह उनकी उल्लेखनीय विशेषता है। मानसिक भावों के चित्रण में, कविता को संगीतमय बनाने में भावानुकूल शब्द-विन्यास में, भावानुसार शब्दों में ध्वनि उत्पन्न करने में और कविता को व्यंजनामय बना देने में महाकवियों की सी शक्ति देव जी में पायी जाती है।

प्रायः ऐसे अवसर पर लोग तुलनात्मक समालोचना को पसन्द करते हैं। इसमें सन्देह नहीं कि ऐसा करने से एक दूसरे का उत्कर्ष दिखाने में बहुत बड़ी सहायता प्राप्त होती है। परन्तु ऐसी अवस्था में, निर्णय के लिए दोनों कवियों की समस्त रचनाओं को आलोचना होना आवश्यक है यह नहीं कि एक दूसरे के कुछ समान भाव के थोड़े से पद्यों को लेकर समालोचना की जाय और उसी के आधार पर एक से दूसरे को छोटा या बड़ा बना दिया जाय। यह एकदेशिता है। कोई कवि दस विषयों को लिखकर सफलता पाता है और कोई दो-चार विषयों को लिखकर ही कृतकार्य होता है। ऐसी अवस्था में उन दोनों के कतिपय विषयों को लेकर ही तुलनात्मक समालोचना करना समुचित नहीं। समालोचना के समय यह भी विचारना चाहिए कि उनकी रचना में लोक-मंगल की कामना और उपयोगिता कितनी है। उसका काव्य कौन-सा संदेश देता है, और उसकी उपयुक्तता किस कोटि की है। बिना इन सब बातों पर विचार किये कुछ थोड़े-से पद्यों को लेकर किसी का महत्त्व प्रतिपादन युक्तिसंगत नहीं। अतएव मैं यह मीमांसा करने के लिए प्रस्तुत नहीं हूँ कि जो हिन्दी-संसार के महाकवि हैं उनमें से किससे देव बड़े हैं और किससे छोटे। प्रत्येक विषय में प्रत्येक को महत्त्व प्राप्त नहीं होता, और न सभी विषयों में सबको उत्कर्ष मिलता। अपने-अपने स्थान पर सब आदरणीय हैं, और भगवती वीणा-पाणि के सभी वर पुत्र हैं। कविवर सूरदास और गोस्वामी तुलसीदास क्षणजन्मा पुरुष हैं, उनको वह उच्चपद प्राप्त है जिसके विषय में किसी को तर्क वितर्क नहीं। इसलिए मैंने जो कुछ इस समय कथन किया है, उससे उनका कोई सम्बन्ध नहीं।

अब मैं आप लोगों के सामने देव जी की कुछ रचनायें उपस्थित करता हूँ। आप उनको अवलोकन करें और यह विचारें कि उनकी कविता किस कोटि की है और उसमें कितना कवि-कर्म है—

1. पाँयन नूपुर मंजु बजैं कटि
किंकिनि मैं धुनि की मधुराई।

साँवरे अंग लसै पटपीत हियै
हुलसै बनमाल सुहाई।
माथे किरीट बड़े दृग चंचल
मन्द हँसी मुखचन्द जुन्हाई।
जै जग मन्दिर दीपक सुन्दर
श्री ब्रज दूलह देव सहाई।

2. देव जू जो चित चाहिए नाह
तो नेह निबाहिये देह हर्‌यो परै।
जौ समझाइ सुझाइये राह
अमारग मैं पग धोखे धर्‌यो परै।
नीकै मैं फीकै ह्वै आँसू भरो कत
ऊँचे उसास गरो क्यों भर्‌यो परै।
रावरो रूप पियो अँखियान भरोसो
भर्‌यो उबर्‌यो सो ढर्‌यो परै।

3. भेष भये विष भाव ते भूषन
भूख न भोजन की कछु ईछी।
मीचु की साध न सोंधे की साध
न दूध सुधा दधि माखन छी छी।
चन्दन तौ चितयो नहि जात
चुभी चित माहिं चितौन तिरीछी।
फूल ज्यों सूल सिला सम सेज
बिछौनन बीच बिछी जनु बीछी।

4. प्रेम पयोधि परे गहिरे अभिमान
को फेन रह्यो गहि रे मन।
कोप तरंगिनि सों बहिरे पछिताय
पुकारत क्यों बहिरे मन।
देव जू लाज-जहाज ते कूदि
रह्यो मुख मूँदि अजौं रहि रे मन।
जोरत तोरत प्रीति तुही अब
तेरी अनीति तुही सहि रे मन।

5. आवत आयु को द्योस अथोत
गये रवि त्यों अँधियारियै ऐहै।
दाम खरे दै खरीद करौ गुरु
मोह की गोनी न फेरि बिकैहै।
देव छितीस की छाप बिना
जमराज जगाती महादुख दैहै।
जात उठी पुर देह की पैठ अरे
बनिये बनियै नहिं रैहै।

6. ऐसो जो हौं जानतो कि जै है तू विषै के संग
एरे मन मेरे हाथ पाँव तेरे तोरतो।
आजु लौं हौं कत नरनाहन की नाहीं सुनि
नेह सों निहारि हेरि बदन निहोरतो।
चलन न देतो देव चंचल अचल करि
चाबुक चितावनीन मारि मुँह मोरतो।
भारो प्रेम पाथर नगारो दै गरे सों बाँधि
राधाबर बिरद के बारिधि में बोरतो।

7. गुरु जन जावन मिल्यो न भयो दृढ़ दधि
मथ्यो न विवेक रई देव जो बनायगो।
माखन मुकुति कहाँ छाड्यो न भुगुति जहाँ
नेह बिनु सगरो सवाद खेह नायगो
बिलखत बच्यो मूल कच्यो सच्यो लोभ भांड़े
नच्यो कोप आँच पच्यो मदन छिनायगो
पायो न सिरावनि सलिल छिमा छींटन सों
दूध सो जनम बिनु जाते उफनायगो।

8. कथा मैं न कंथा मैं न तीरथ के पंथा मैं न
पोथी मैं न पाथ मैं न साथ की बसीती मैं।
जटा मैं न मुंडन न तिलक त्रिपुंडन न
नदी कूप कुंडन अन्हान दान रीति मैं।
पीठ मठ मंडल न कुंडलकमंडल न
मालादंड मैं न देव देहरे की भीति मैं।

आपुही अपार पारावार प्रभु पूरि रह्यो
पाइए प्रगट परमेसर प्रतीति मैं।

9. सम्पति में ऐंठि बैठे चौतरा अदालति के
बिपति में पैन्हि बैठे पाँय झुन झुनियाँ।
जे तो सुख सम्पति तितोई दुख बिपती मैं
सम्पति मैं मिरजा विपति परे धुनियाँ।
सम्पति ते बिपति बिपति हूँ ते सम्पति है
सम्पति औ बिपति बराबरि कै गुनियाँ।
सम्पति मैं काँय काँय बिपति में भाँय भाँय
काँय काँय भाँय भाँय देखी सब दुनियाँ।

10. आयी बरसाने ते बुलाई वृषभानु सुता
निरखि प्रभानि प्रभा भानुकी अथै गयी।
चक चकवान के चकाये चक चोटन सों
चौंकत चकोर चकचौंधी सी चकै गयी।
देव नन्द नन्दन के नैनन अनन्दुमयी
नन्द जू के मंदिरनि चंदमयी छै गयी।
कंजन कलिनमयी कुंजन नलिन मयी
गोकुल की गलिन अलिनमयी कै गयी।

11. औचक अगाध सिन्धु स्याही को उमड़ि आयो।
तामैं तीनों लोक बूड़ि गये एक संग मैं।
कारे कारे आखर लिखे जु कारे कागर
सुन्यारे करि बाँचै कौन जाँचै चित भंग मैं।
आँखिन मैं तिमिर अमावस की रैनि जिमि
जम्बु जल बुंद जमुना जल तरंग मैं।
यों ही मन मेरो मेरे काम को न रह्यो माई
स्याम रङ्ग ह्वै करि समायो स्याम रङ्ग मैं।

12. रीझि रीझि रहसि रहसि हँसि हँसि उठै
साँसै भरि आँसू भरि कहति दई दई।
चौंकि चौंकि चकि चकि उचकि उचकि देव
जकि जकि बकि बकि परति बई बई।

दुहुँन कौ रूप गुन दोउ बरनत फिरैं
घर न थिराति रीति नेह की नई नई।
मोहि मोहि मन भयो मोहन को राधिका मै
राधिका हूँ मोहि मोहि मोहनमयी भई।

13. जब ते कुँवर कान्ह रावरी कलानिधान
कान परी वाके कहूँ सुजस-कहानी सी।
तब ही ते देव देखी देवता सी हँसति-सी
खीझति-सी रीझति-सी रूसति रिसानी-सी।
छोही सी छली सी छीनि लीनी सी छकी सी छिन
जकी सी टकी सी लगी थकी थहरानी सी।
बीधी सी बिधी सी बिष बूड़ी सी बिमोहित सी
बैठी बाल बकति बिलोकति बिकानी सी।

14. देखे अनदेखे दुख-दानि भये सुख-दानि
सूखत न आँसू सुख सोइबो हरे परो।
पानि पान भोजन सुजन गुरुजन भूले
देव दुरजन लोग लरत खरे परो।
लागो कौन पाप पल ऐकौ न परति कल
दूरि गयो गेह नयो नेह नियरे परो।
हो तो जो अजान तौ न जानतो इतीकु बिथा
मेरे जिये जान तेरो जानिबो गरे परो।

15. तेरो कह्यो करिकरि जीव रह्यो जरि जरि
हारी पाँय परि परि तऊ तैं न की सम्हार।
ललन बिलोके देव पल न लगाये तब
यों कल न दीनी तैं छलन उछलनहार।
ऐसे निरमोही सों सनेह बाँधि हौं बँधाई
आपु बिधि बूड्यो माँझ वाधा सिन्धु निराधार।
एरे मन मेरे तैं घनेरे दुख दीने अब
ए केवार दैकै तोहिं मूँदि मारौं एक बार।

देव की भाषा साहित्यिक ब्रजभाषा है और उनकी लेखनी ने उसमें साहित्यिकता की पराकाष्ठा दिखलाई है। उनकी रचनाओं में शब्द-लालित्य नर्तन करता दृष्टिगत होता है

और अनुप्रास इस सरसता से आते हैं कि अलंकारों को भी अलंकृत करते जान पड़ते हैं; यह मैं स्वीकार करूँगा कि उन्होंने कहीं-कहीं अनुप्रास, यमक आदि के लोभ में पड़कर ऐसे शब्दों का प्रयोग किया है जो गढ़े अथवा तोड़े-मरोड़े जान पड़ते हैं। परन्तु वे बहुत अल्प हैं और उनकी मनोहर रचना में आकर मनोहरता ही ग्रहण करते हैं अमनोहर नहीं बनते। ब्रजभाषा के जितने नियम हैं उनका पालन तो उन्होंने किया ही है, प्रत्युत उसमें एक ऐसी सरस धारा भी बहा दी है जो बहुत ही मुग्धकरी है और जिसका अनुकरण बाद के कवियों ने अधिकतर किया है। उनकी रचनाओं में अन्य प्रान्तों के भी शब्द मिल जाते हैं, इसका कारण उनका देशाटन है। परन्तु वे उनमें ऐसे बैठाले मिलते हैं जैसे किसी सुन्दर स्वर्णाभरण में कोई नग। इसमें कोई सन्देह नहीं कि कविवर देवदत्त महाकवि थे और उनकी रचनाओं में अधिकांश महाकवि की सी महत्तायें मौजूद हैं।

इस शताब्दी में देव के अतिरिक्त भिखारीदास, श्रीपति, कवीन्द्र, गुमान मिश्र, रघुनाथ, दूलह, तोष और रसलीन ये आठ प्रधान रीति ग्रन्थकार हुए हैं। ये सब ब्रजभाषा के कवि हैं, परन्तु प्रत्येक में कुछ न कुछ विशेषता है। इसलिए मैं प्रत्येक के विषय में कुछ लिख देना चाहता हूँ। मैं इस उद्देश्य से ऐसा करता हूँ कि जिससे ब्रजभाषा की परम्परा का यथार्थ और पूर्ण ज्ञान हो सके।

(1)

भिखारीदास जी की गणना हिन्दी-संसार के प्रतिष्ठित रीति ग्रन्थकारों में है। उन्होंने भी काव्य के सब अंगों पर ग्रन्थ लिखे हैं और प्रत्येक विषयों का विवेचन पांडित्य के साथ किया है। कुछ नयी उद्‌भावनायें भी की हैं। परन्तु ये सब बातें संस्कृत काव्य-प्रकाश आदि ग्रन्थों पर ही अवलम्बित हैं। हाँ, हिन्दी-साहित्य-क्षेत्र में उनकी चर्चा करने का श्रेय उन्हें अवश्य प्राप्त है। अब तक इनके नौ ग्रन्थों का पता लग चुका है जिनमें काव्य-निर्णय और शृंगार-निर्णय विशेष प्रसिद्ध हैं। ये श्रीवास्तव कायस्थ थे और प्रतापगढ़ के सोमवंशी राजा पृथ्वीपति सिंह के भाई बाबू हिन्दूपति सिंह के आश्रय में रहते थे, इनकी कृति में वह ओज और माधुर्य नहीं है जैसा देवजी की रचनाओं में है, परन्तु प्रांजलता उनसे इनमें अधिक है। जैसा शब्द-संगठन देवजी की कृति में है वह इनको प्राप्त नहीं, परन्तु इनकी भाषा अवश्य परिमार्जित है। इनके ग्रन्थ की मुख्य भाषा ब्रजभाषा है, और उस पर इनको पूर्ण अधिकार है। किन्तु प्रौढ़ता होने पर भी अनेक स्थानों पर इनकी रचना शिथिल है। ये कविता में विविध प्रकार की भाषा के शब्दों के ग्रहण के पक्षपाती थे। जैसा इनके दोहों से प्रकट है–

तुलसी गङ्ग दुवौ भये सुकविन के सरदार।
इनकी रचना में मिली भाषा विविध प्रकार॥

ब्रजभाषा भाषा रुचिर कहै सुमति सब कोय।
मिलै संस्कृत पारसिहुँ पै अति प्रगट जु होय॥

यही कारण है कि इनकी रचना में ऐसे शब्द भी मिल जाते हैं जो ब्रजभाषा के नहीं कहे जा सकते। ये अवध प्रान्त के रहने वाले थे। इसलिए इन्होंने इच्छानुसार अवधी भाषा के शब्दों का भी प्रयोग किया है। फिर भी इनकी भाषा असंयत नहीं है और एक प्रकार की नियमबद्धता उसमें पाई जाती है। इनका 'काव्य निर्णय' नामक ग्रन्थ साहित्य सेवियों में आदर की दृष्टि से देखा जाता है। मैं इनकी कुछ रचनायें नीचे लिखता हूँ। इनके द्वारा आप इनकी कविता-गत विशेषताओं को बहुत कुछ जान सकेंगे।

1. **सुजस जनावै भगतन ही सों प्रेम करै**
चित्त अति ऊजड़े भजत हरि नाम हैं।
दीन के दुख न देखै आपनो सुखन लेखै
विप्र पाप रत तन मैन मोहै धाम हैं।
जग पर जाहिर है धरम निबाहि रहै
देव दरसन ते लहत बिसराम हैं।
दास जू गनाये जे असज्जन के काम हैं
समुझि देखो येई सब सज्ज्जन के काम हैं।

2. **कढ़ि कै निसंक पैठि जात झुंड झुंडन मैं**
लोगन को देखि दास आनँद पगति है।
दौरि दौरि जहीं तहीं लाल करि डारति है
अङ्क लगि कंठ लगिबे को उमगति है।
चमक झमकवारी ठमक जमक वारी
रमक तमकवारी जाहिर जगति है।
राम असि रावरे की रन मैं नरन मैं
निलज बनिता सी होरी खेलन लगति है।

3. **नैनन को तरसैये कहाँ लौं कहाँ**
लौं हियो बिरहागि मैं तैये।
एक घरी न कहूँ कल पैये कहाँ
लगि प्रानन को कलपैये।
आवै यही अब जी में विचार
सखी चलि सौतिहुँ के घर जैये।

मान घटे ते कहा घटिहै जुपै
प्रान प्रियारे को देखन पैये।

4. दृग नासा न तौ तप जाल खगी
न सुगन्ध सनेह के ख्याल खगी।
श्रुति जीहा विरागै न रागै पगी
मति रामै रँगी औ न कामै रँगी।
तप में ब्रत नेम न पूरन प्रेमन
भूति जगी न विभूति जगी।
जग जन्म बृथा तिनको जिनके
गरे सेली लगी न नवेली लगी।

5. कंज संकोच गड़े रहे कीच मैं
मीनन बोरि दियो दह नीरन।
दास कहै मृग हूँ को उदास कै
बास दियो है अरन्य गँभीरन।
आपुस मैं उपमा उपमेय ह्वै
नैन ये निंदित हैं कवि धीरन।
खंजन हूँ को उड़ाय दियो हलुके
करि डार्‌यो अनङ्ग के तीरन।

आप लोगों ने मतिराम के सीधे-सादे शब्द-विन्यास देखे हैं। वे न तो अनुप्रास लाने की चेष्टा करते हैं और न अलंकार पर उनकी अधिक दृष्टि है। फिर भी वैदर्भी रीति ग्रहण करके उन्होंने बड़ी सरस रचना की है। यही बात दासजी के विषय में भी कही जा सकती है। परन्तु मतिराम के शब्दों में जितना कल्लोल है, जितना संगीत है, जितना मनमोहिनी शक्ति है उतनी दासजी की रचना में नहीं पाई जाती। उनके कोई-कोई पद्य इस प्रकार के हैं। परन्तु मतिराम के अधिकांश पद्य ऐसे ही हैं। दासजी ने श्रीपतिजी के भावों का अधिकतर अपहरण किया है और उनकी प्रणाली को ग्रहण कर अपने पद्यों में जीवन डाला है। परन्तु श्रीपति की शब्द-माला में जो मंजुलता मिलती है, दास जी में नहीं पाई जाती। फिर भी उनकी रचना कवि-कर्म से रहित नहीं है। उन्होंने 'विष्णु-पुराण' का भी अनुवाद किया है और अमरकोश का भी, जिससे पाया जाता है कि उनका संस्कृत का ज्ञान भी अच्छा था। विष्णु-पुराण की रचना उतनी सरस और सुन्दर नहीं है। जितनी शृंगार-निर्णय अथवा काव्य-निर्णय की। फिर भी उसमें कवितागत सौन्दर्य है। हाँ, शिथिलता अवश्य अधिक है। दास जी का काव्य-शास्त्र का

ज्ञान उल्लेखनीय है। इसी शक्ति से उन्होंने काव्य-रचना में अपनी यथेष्ट योग्यता दिखलाई है। रीति-ग्रन्थ के जितने आचार्य हिन्दी साहित्य में हैं उनमें इनका भी आदरणीय स्थान है।

(2)

भाव-सौन्दर्य-सम्पादन और सुगठित शब्द-विन्यास करने में इस शताब्दी में देव जी के बाद श्रीपति का ही स्थान है। देवजी की रचना में कहीं-कहीं इतनी गम्भीरता है कि उसका भाव स्पष्ट करने के लिए अधिक मनोनिवेश की आवश्यकता होती है। किन्तु श्रीपतिजी की रचनाओं में यह बात नहीं पाई जाती। वह चाँदनी के समान सुविकसित है और मालती के समान प्रफुल्ल। जैसी चाँदनी सुधामयी है, वैसी ही वह भी सरस है। जैसी मालती की सुरभि मुग्धकारी है वैसी ही वह भी विमोहक है। श्रीपति जी कान्यकुब्ज ब्राह्मण थे, उनका निवास स्थान कालपी में था। उनकी विशेषता यह है कि उनका स्वच्छन्द जीवन था और हृदय के स्वाभाविक उल्लास से वे कविता करते थे। इसलिए उनकी रचना भी उल्लासमयी है। सलिल का वह निर्मुक्त प्रवाह जो अपनी स्वतंत्र गति से प्रवाहित होता रहता है, जैसा होता है, वैसा ही उनकी स्वतः प्रवाहिनी कविता भी है। उनका 'काव्य-सरोज' नामक ग्रन्थ साहित्य-क्षेत्र में उच्च स्थान रखता है। दोषों का जैसा विशद वर्णन समालोचनात्मक दृष्टि से उन्होंने किया है वैसा उनके पहले का कोई कवि अथवा महाकवि नहीं कर सका। दोषों का इतना सूक्ष्म विवेचन उन्होंने किया है कि महाकवि केशवदास की उच्चतम रचनायें भी उनकी दोषदर्शक दृष्टि से न बच सकीं। इस ग्रन्थ के अतिरिक्त उनके छः ग्रन्थ और हैं जिनमें 'कवि-कल्पद्रुम', 'रससागर', 'अनुप्रास-विनोद' और 'अलंकार-गंगा' विशेष उल्लेखनीय हैं। उन्होंने भी काव्य के सब अंगों का वर्णन किया है और वह भी इस शैली से, जो विशदता और विद्वत्ता से पूर्ण है, सेनापति के समान उन्होंने भी ऋतुओं का वर्णन बड़ी भावुकता के साथ किया है। परन्तु यह मैं कहूँगा कि उनके तर्णन में सरराता अधिक है उनका वर्षा का वर्णन बहुत ही हृदयग्राही है। एक विशेषता उनमें और पाई जाती है। वह यह कि उन्होंने नैतिक रचनायें भी की हैं और उसमें अन्योक्ति के आधार अथवा भावमय व्यंजनाओं के अवलम्बन से ऐसी भावुकता भर दी है कि उनके द्वारा हृदय अधिकतर प्रभावित होता है और उसमें सत्प्रवृत्ति जाग्रत होती है। उनके इस विषय के कोई कोई कवित्त बड़े ही अनूठे और उपयोगी हैं, जो एक आचरणशील उपदेशक का काम यथावसर कर देते हैं। उनकी कुछ रचनायें नीचे लिखी जाती हैं–

1. सारस के नादन को बाद ना सुनात कहूँ
नाहक ही बकवाद दादुर महा करै।

श्रीपति सुकबि जहाँ ओज ना सरोजन को
फूल ना फुलत जाहि चित दै चहा करै।
बकन की बानी की बिराजत है राजधानी
काई सो कलित पानी फेरत हहा करै।
घोंघन के जाल जामैं नरई सिवाल ब्याल
ऐसे पापी ताल को मराल लै कहा करै।

2. ताल फीको अजल कमल बिन जल फीको
कहत सकल कवि हवि फीको रूम को।
बिनु गुन रूप फीको, असर को कूप फीको
परम अनूप भूप फीको बिन झूम को।
श्रीपति सुकवि महा वेग बिनु तुरी फीको
जानत जहान सदा जोन्ह फीको धूम को।
मेंह फीको फागुन अबालक को गेह फीको
नेह फीको तिय को सनेह फीको सूम को।

3. तेल नीको तिल को फुलेल अजमेर ही को
साहब दलेल नीको सैल नीको चंद को।
विद्या को विवाद नीको राम गुन नाद नीको
कोमल मधुर सदा स्वाद नीको कंद को।
गऊ नवनीत नीको ग्रीषम को सीत नीको
श्रीपति जू मीत नीको बिना फरफंद को।
जातरूप घट नीको रेसम को पट नीको
बंसीबट तट नीको नट नीको नंद को।

4. बेधा होत फूहर कलपतरु थूहर
परमहंस चूहर की होत परिपाटी को।
भूपति मँगैया होत कामधेनु गैया होत
चूवत मयंद गज चेरा होत चाटी को।
श्रीपति सुजान भनै बैरी निज बाप होत
पुन्न माहिं पाप होत साँप होत साटी को।
निर्धन कुबेर होत स्यार सम सेर होत
दिनन को फेर होत मेर होत माटी को।

5. जल भरे झूमैं मानों भूमैं परसत आय
दसहूँ दिसान घूमैं दामिनी लये लये।
धूरि धार धूमरे से धूम से धुँधारे कारे
धुरवान धारे धावैं छबि सों छये छये।
श्रीपति सुकवि कहै घोरि घोरि घहराहिं
तकत अतन तन ताप तैं तये तये।
लाल बिनु कैसे लाज चादर रहेगी आज
कादर करत मोहिं बादर नये नये।

6. हारि जात बारिजात मालती विदारि जात
वारिजात पारिजात सोधन मैं करी सी।
माखन सी मैन सी मुरारी मखमल सम
कोमल सरस तन फूलन की छरी सी।
गहगही गरुई गुराई गोरी गोरे गात
श्रीपति बिलौर सीसी ईंगुर सों भरी सी।
बिज्जु थिर धरी सी कनक-रेख करी सी
प्रवाल छबि हरी सी लसत लाल लरी सी।

7. भौंरन की भीर लैके दच्छिन समीर धीर
डोलत है मंद अब तुम धौं कितै रहे।
कहै कवि श्रीपति हो प्रबल बसंत
मति मंत मेरे कंत के सहायक जितै रहे।
जागहिं बिरह जुर जोर ते पवन ह्वै के
पर धूम भूमि पै सम्हारत नितै रहे।
रति को विलाप देखि करुना-अगार कछू
लोचन को मूंदि कै तिलोचन चितै रहे।

इनकी रचना में अनुप्रासों की कमी नहीं है, परन्तु अनुप्रास इस प्रकार से आये हैं कि शब्द-माला उनसे कंठगत पुष्पमाला समान सुसज्जित होती रहती है। वास्तव में ये ब्रजभाषा-साहित्य के आचार्य हैं और इनकी रचना भावरूपी भगवान शिव के शिर की मन्दार माला है। इनकी भाषा साहित्यिक ब्रजभाषा है और उसमें उसकी समस्त विशेषतायें पायी जाती हैं।

कवीन्द्र (उदयनाथ) कालिदास त्रिवेदी के पुत्र थे। इनका एक ग्रन्थ 'रस-चन्द्रोदय' नामक अधिक प्रसिद्ध है। पिता के समान ये भी सरस हृदय थे। अपनी रचनाओं ही के

कारण इनका कई राज-दरबारों में अच्छा आदर हुआ। इनकी भाषा साहित्यिक ब्रजभाषा है और उसकी विशेषता यह है कि उसमें शृंगाररस का वर्णन उन्होंने बड़ी ही सरसता से किया है। उनके कुछ पद्य देखिये—

1. कैसी ही लगन जामैं लगन लगाई तुम
प्रेम की पगनि के परेखे हिये कसके।
केतिको छपाय के उपाय उपजाय प्यारे
तुम ते मिलाय के चढ़ाये चोप चसके।
भनत कबिंद हमैं कुंज मैं बुलाय करि
बसे कित जाय दुख दे कर अबस के।
पगन में छाले परे, नाँघिबे को नाले परे
तऊ लाल लाले परे रावरे दरस के।

2. छिति छमता की, परिमिति मृदुता की कैधों
ताकी है अनीति सौति जनता की देह की।
सत्य की सता है सीलतरु की लता है
रसता है कै विनीत पर नीत निज नेह की।
भनत कविंद सुर नर नाग नारिन की
सिच्छा है कि इच्छा रूप रच्छन अछेह की।
पतिव्रत पारावार वारी कमला है
साधुता की कै सिला है कै कला है कुलगेह की।

'तोष' का मुख्य नाम तोषनिधि है। ये जाति के ब्राह्मण और इलाहाबाद जिले के रहने वाले थे। 'सुधानिधि' नामक नायिका-भेद का एक प्रसिद्ध ग्रन्थ इन्होंने रचा। यही इनका प्रधान ग्रन्थ है। 'विनय शतक' और 'नख-शिख' नामक और दो ग्रन्थ भी इनके बताये जाते हैं। तोष की गणना ब्रजभाषा के प्रधान कवियों में होती है। इनकी विशेषता यह है कि इनकी भाषा प्रौढ़ और भावमयी है। मिश्र बन्धुओं ने इनका एक काल ही माना है और उसके अन्तर्गत बहुत से कवियों को स्थान दिया है। उन्होंने इनकी रचना को कसौटी मान कर और कवियों की रचनाओं को उसी पर कसा है। इस प्रकार जो कविता उन्होंने प्रौढ़ और गम्भीर पायी उसे तोष की श्रेणी में लिखा। अन्य हिन्दी-साहित्य का इतिहास लिखने वालों ने भी तोष को आदर्श कवि माना है। इनमें यह विशेषता अवश्य है कि इन्होंने अपनी रचनाओं में शिथिलता नहीं आने दी, और भाषा भी ऐसी लिखी जो टकसाली कही जा सकती है। उनकी भाषा साहित्यिक ब्रजभाषा है और अधिकांश निर्दोष है। उनके कुछ पद्य नीचे लिखे जाते हैं।

1. भषन भूषित दूषन हीन
प्रवीन महारस मैं छवि छाई।
पूरी अनेक पदारथ तें जेहि
में परमारथ स्वारथ पाई।
औ उकतैं मुकतैं उलही कवि
तोष अनोखी भरी चतुराई।
होति सबै सुख की जनिता बनि
आवत जो बनिता कविताई।

2. श्रीहरि की छबि देखिबे को अखियाँ
प्रति रोमन में करि देतो।
बैनन के सुनिबे कहँ श्रौन
जितै चित तू करतो करि हेतो
मो ढिग छोड़न काम कछू कहि
तोष यहै लिखतो बिधि ऐतो।
तौ करतार इती करनी करि कै।
कलि मैं कल कीरति लेतो।

रघुनाथ वन्दीजन महाराज काशिराज बरिवंड सिंह के राजकवि थे। उन्होंने इनको काशी के सन्निकट चौरा नामक एक ग्राम ही दे दिया था। रघुनाथ ने 'रसिक मोहन', 'काव्य कलाधर' और 'इश्क-महोत्सव' नामक ग्रन्थों की रचना की है और बिहारी सतसई की टीका भी बनाई है। इनकी विशेषता यह है कि इन्होंने खड़ी बोलचाल में भी कुछ कविता की है। इनकी भाषा साहित्यिक ब्रजभाषा है। इनके कुछ पद्य देखिये–

1. ग्वाल संग जैबो ब्रजगायन चरैबो ऐबो
अब कहा दाहिने ये नैन फरकत हैं।
गोतिन की माल वारि डारौं गुंज माल पर
कुंजन की सुधि आये हियो दरकत है।
गोबर को गारो रघुनाथ कछू याते भारो
कहा भयो पहलनि मनि मरकत है।
मन्दिर हैं मन्दर ते ऊँचे मेरे द्वारिका के
ब्रज के खरक तऊ हिये खरकत है।

2. फूलि उठे कमल से अमल हितू के नैन
कहै रघुनाथ भरे चैन-रस सियरे।

दौरि आये भौंर से करत गुनी गुन गान
सिद्धि से सुजान सुखसागर सों नियरे।
सुरभी सी खुलन सुकवि की सुमति लागी
चिरिया सी जागी चिन्ता जनक के जियरे।
धनुष पै ठाढ़े राम रवि से लसत आजु
भोर के से नखत नरिंद भये पियरे।

3. सूखति जात सुनी जब सों
कछु खात न पीवत कैसे धौं रैहै।
जाकी है ऐसी दसा अबहीं
रघुनाथ सो औधि अधार क्यों पैहै।
ताते न कीजिये गौन बलाय
ल्यों गौन करे यह सीस बिसैहै।
जानत हौ दृग ओट भये तिय
प्रान उसासहिं के सँग जैहै।

4. देखिबे को दुति पूनो के चंद की
हे रघुनाथ श्रीराधिका रानी।
आयी बुलाय कै चौतरा ऊपर
ठाढ़ी भई सुख सौरभ सानी।
ऐसी गयी मिलि जोन्ह की जोत
मैं रूप की रासि न जाति बखानी।
बारन ते कछु भौंहन ते कछु
नैनन की छबि ते पहिचानी।

एक खड़ी बोली की रचना देखिये–

5. आप दरियाव पास नदियों के जाना नहीं
दरियाव पास नदी होयगी सो धावैगी।
दरखत बेलि आसरे को कभी राखत ना
दरखत ही के आसरे को बेलि पावैगी।
लायक हमारे जो था कहना सो कहा मैंने
रघुनाथ मेरी मति न्याव ही को गावैगी।
वह मुहताज आपकी है आप उसके न
आप कैसे चलो वह आप पास आवैगी।

गुमान मिश्र इसलिए प्रसिद्ध हैं कि उन्होंने संस्कृत के नैषध काव्य का अनुवाद ब्रजभाषा में किया। उनके रचे अलंकार नायिका-भेद आदि काव्य-सम्बन्धी कतिपय ग्रन्थ और 'कृष्ण-चन्द्रिका' नामक एक अन्य ग्रन्थ का भी पता चला है। परन्तु इनमें अब तक कोई प्रकाशित नहीं हुआ। ये संस्कृत के विद्वान् थे और हिन्दी भाषा पर इनका बड़ा अधिकार था। परन्तु इनका नैषध का अनुवाद उत्तम नहीं हुआ। उसमें स्थान-स्थान पर बड़ी जटिलता है। वाच्यार्थ भी स्पष्ट नहीं और जैसी चाहिए वैसी उसमें सरसता भी नहीं। फिर भी उसके अनेक अंश सुन्दर और मनोहर हैं। ग्रन्थ की भाषा साहित्यिक ब्रजभाषा है किन्तु उसमें संस्कृत का पुट अधिक है। कुछ पद्य देखिये—

1. हाटक हंस चल्यो उड़ि कै नभ में
दुगुनी तन ज्योति भई।
लीक सी खैंचि गयो छन में
छहराय रही छबि सोन मई।
नैनन सों निरख्यो न बनाय कै
कै उपमा मन माँहिं लई।
स्यामल चीर मनो पसर्यो
तेहि पै कलकंचन बेलि नई।

2. दिग्गज दबत दबकत दिगपाल भूरि
धूरि की धुंधेरी सों अँधेरी आभा भानु की।
धाम औ धरा को माल बोल अबला को अरि
तजत परान राह चाहत परान की।
सैयद समर्थ भूप अली अकबर दल
चलत बजाय मारु दुंदुभी धुकान की।
फिरि फिरि फनन् फनीस उलटतु ऐसे
चोली खोलि ढोली ज्यों तमोली पाके पान की।

कहा जाता है कि पिता का गुण यदि पुत्र में नहीं तो पौत्र में आता है। दूलह कालिदास त्रिवेदी के पौत्र थे, किन्तु वे भाग्यवान थे कि उनके पिता कवीन्द्र भी सत्कवि थे। वास्तव में उनमें तीन पीढ़ियों द्वारा संचित कविकर्म्म का विकास था। दूलह की गणना हिन्दी-संसार के प्रसिद्ध कवियों में है। उनका 'कवि-कुल-कंठाभरण' नामक अलंकार का केवल एक ग्रन्थ है, किन्तु इसी ग्रन्थ के आधार से वे ख्याति-प्राप्त हैं। उनकी कुछ स्फुट रचनायें भी मिलती हैं, परन्तु उनकी संख्या भी अधिक नहीं। 'कविकुल कंठाभरण' कवित्तों और सवैयों में रचा गया है। इसीलिए उसमें अलंकारों का

निरूपण यथातथ्य हो सका है। उसकी प्रसिद्धि का कारण भी यही है। इसी सूत्र से उस काल के अलंकारानुरागी कवियों में उसका अधिक आदर हुआ। ग्रन्थ की रचना साहित्यिक ब्रजभाषा में है, उसमें यथेष्ट सरसता और मनोहरता भी है। उनकी अन्य रचनायें भी ऐसी ही हैं। कुछ पद्य नीचे लिखे जाते हैं–

1. उत्तर उत्तर उतकरख बखानौं 'सार'
दीरघ ते दीरघ लघू ते लघू भारी को।
लब ते मधुर ऊख ऊख ते पियूख औ
पियूख हूँ ते मधुर है अधर पियारी को।
जहाँ क्रमिकन को क्रमै ते यथा क्रम
'यथासंख्य' बैन नैन कोन ऐसे धारी को।
कोकिल ते कल कंज दल ते अदल भाव
जीत्यो जिन काम की कटारी नोकवारी को।

2. माने सनमाने तेई माने सनमाने
सनमाने सनमान सनमान पाइयतु है।
कहै कवि दूलह अजाने अपमाने
अपमान सों सदन तिनही को छाइयतु है।
जानत हैं जेऊ तेऊ जात हैं बिराने द्वार
जान बूझ भूले तिनको सुनाइयतु है।
काम बस परे कोऊ गहत गरूर है तो
अपनी जरूर जा जरूर जाइयतु है।

बेनी नाम के दो कवि हो गये हैं। दोनों बन्दीजन थे। पहले बेनी असनी के निवासी थे इनका समय सत्रहवीं ईस्वी शताब्दी का प्रारम्भ है। ये अपनी कविता में बेनी नाम ही रखते थे। दूसरे बेनी जिला रायबरेली के थे। ये इस शताब्दी में हुए। पद्यों में अपने नाम के बाद ये प्रायः कवि भी लिखते हैं, यही दोनों की पहचान है। पहले बेनी का कोई ग्रन्थ अब तक नहीं मिला। उनकी स्फुट रचनायें अधिक मिलती हैं। शिवसिंह सरोजकार ने इनके एक ग्रन्थ की चर्चा की है। पर वह अब तक अप्रकाशित है। सम्भव है कि वह अप्राप्य हो। इनमें दूसरे बेनी के समान विशेषतायें नहीं हैं। परन्तु ये एक सरस हृदय कवि थे, इनकी भाषा से रस निचुड़ा पड़ता है। इनके दो पद्य नीचे लिखे जाते हैं–

1. छहरै सिर पै छवि मोर पखा
उनकी नथ के मुकता थहरैं।

फहरै पियरो पट बेनी इतै
उनकी चुनरी के झवा झहरैं।
रस रंग भिरे अभिरे हैं तमाल
दोऊ रस ख्याल चहैं लहरैं।
नित ऐसे सनेह सों राधिका
स्याम हमारे हिये में सदा बिहरैं।

2. कवि बेनी नई उनई हैं घटा
मोरवा बन बोलत कूकन री।
छहरैं बिजुरी छिति-मंडल छ्वै
लहरै मन मैन भभूकन री।
पहिरौ चुनरी चुनि कै दुलही
सँग लाल के झूलहु झूकन री।
ऋतु पावस योंही बितावति हौ
मरिहौ फिर बावरी हूकन री।

दूसरे बेनी रीति-ग्रन्थकार हैं, उन्होंने 'टिकैतराय प्रकाश' और 'रसविलास', नामक दो ग्रन्थों की रचना की है। पहला ग्रन्थ अलंकार का और दूसरा रस सम्बन्धी है। भाषा इनकी भी सरस और सुन्दर है। भावानुकूल शब्द-विन्यास में ये निपुण हैं। इनमें विशेषता यह है कि इन्होंने हास्यरस की भी प्रशंसनीय रचना की है और अधिकतर उसमें व्यंग्य से काम लिया है। ये हिन्दी-संसार के 'सौदा' कहे जा सकते हैं। जैसे उर्दू कवियों में हजो कहने में सौदा का प्रधान स्थान है उसी प्रकार किसी की हँसी उड़ाने अथवा किसी पर व्यंग्य-बाण वर्षा करने में ये भी हिन्दी कवियों के अग्रणी हैं। ये जिससे खीजे या बिगड़े उसी की गत बना दी चाहे वह कोई स्थान हो वा कोई मनुष्य। परन्तु इनकी भाषा की विशेषता सर्वथा सुरक्षित रहती है। इनकी अन्य रचनायें भी मनोहारिणी और ललित हैं। हाँ, चटपटी प्रकृति उनमें भी प्रतिबिम्बित मिलती है। कुछ पद्य देखिये—

1. घर घर घाट घाट बाट बाट ठाट ठटे,
बेला औ कुबेला फिरैं चेला लिए आस पास।
कबिन सों बाद करैं भेद बिन नाद करैं,
सदा उनमाद करैं धरम करम नास।
बेनी कबि कहै बिभिचारिन को बादसाह,
अतन प्रकासत न सतन सरम तास।

ललना ललक नैन मैन की झलक,
हँसि हेरत अलक रद खलक ललक दास।

इस पद्य में ललकदास एक महंत की पगड़ी उतारी गयी है।

2. कारीगर कोऊ करामात कै बनाय लायो
लीनो दाम थोरो जानि नई सुघरई है।
राय जू को राय जू रजाई दीन्हीं राजी है कै
सहर में ठौर ठौर सुहरत भई है।
बेनी कवि पाय कै अघाय रहे घरी द्वैक
कहत न बनै कछु ऐसी मति ठई है।
साँस लेत उड़िगो उपल्ला औ भितल्ला सबै
दिन द्वै के बाती हेत रूई रहि गई है।

इस पद्य में एक रायजी की गत बनाई गयी है।

3. संभु नैन जाल ओ फनी को फूतकार कहा
जाके आगे महाकाल दौरत हरौली तें।
सातो चिरजीवी पुनि मारकंडे लोमस लौं
देखि कंपमान होत खोलें जब झोली तें।
गरल अनल औ प्रलय दावानल भर
बेनी कबि छेदि लेत गिरत हथोली तें।
बचन न पावैं धनवंतरि जौ आवैं।
हरगोबिंद बचावैं हरगोबिंद की गोली तें।

इस पद्य में एक वैद्यजी की नाड़ी बेतरह टटोली गयी है।

4. गड़ि जात बाजी औ गयंद गन अड़ि जात
सुतुर अकड़ि जात मुसकिल गऊ की।
दाँवन उठाय पाय धोखे जो धरत कोऊ
आप गरकाप रहि जात पाग मऊ की।
बेनी कबि कहै देखि थर थर काँपै गात
रथन के पय ना विपद बरदऊ की।
बार बार कहत पुकार करतार तो सों
मीच है कबूल पैन कीच लखनऊ की।

इस पद्य में लखनऊ पर बेतरह कीच उछाली गई है।

5. चींटी की चलावै को मसा के मुख आय जाय
साँस की पवन लागे कोसन भगत है।
ऐनक लगाय मरू मरू कै निहारे परैं
अनु परमानु की समानता खगत हैं।
बेनी कबि कहै हाल कहाँ लौं बखान करौं
मेरी जान ब्रह्म को बिचारबो सुगत है।
ऐसे आम दीन्हें दयाराम मन मोद करि
जाके आगे सरसों सुमेरु सी लगत है।

इस पद्य में बेचारे दयाराम को खटाई में डाल दिया गया है। दो पद्य इनके शान्तरस के भी देखिये–

1. पृथु नल जनक जजाति मानधाता ऐसे
केते भये भूप जस छिति पर छाइगे।
कालचक्र परे सक्र सैकरन होत जात
कहाँ लौं गनावौं बिधि बासर बिताइगे।
बेनी साज सम्पति समाज साज सेना कहाँ
पाँयन पसारि हाथ खोले मुख बाइगे।
छुद्र छिति पालन की गिनती गिनावै कौन
रावन से बली तेऊ बुल्ला से बिलाइगे।

2. राग कीने रंग कीने तरुनी प्रसंग कीने
हाथ कीने चीकने सुगन्ध लाय चोली में।
देह कीने गेह कीने सुन्दर सनेह कीने
बासर बितीत कीने नाहक ठिठोली में।
बेनी कबि कहै परमारथ न कीने मूढ़
दिना चार स्वाँग सो दिखाय चले होली में।
बोलत न डोलत खोलत पलक हाय
काठ से पड़े हैं आज काठ की खटोली में।

दो रचनायें शृंगार रस की भी देखिये–

1. बिपत बिलोकत ही मुनि मन डोलि उठे
बोलि उठे, बरही बिनोद भरे बन बन।

अकल बिकल है बिकाने हैं पथिक जन
ऊर्ध मुख चातक अधोमुख मराल गन।
बेनी कबि कहत मही के महाभाग भये
सुखद संजोगिन बियोगिन के ताप तन।
कंज पुंज गंजन कृषी दल के रंजन
सो आये मान भंजन ए अंजन बरन घन।

2. करि की चुराई चाल सिंह को चुरायो लंक
ससि को चुरायो मुख नासा चोरी कीर की।
पिक को चुरायो बैन मृग को चुरायो नैन
दसन अनार हाँसी बीजुरी गँभीर की।
कहै कबि बेनी बेनी व्याल की चुराय लीनी।
रती रती सोभा सब रति के सरीर की।
अब तो कन्हैया जू को चित हूँ चुराय लीनो
छोरटी है गोरटी या चोरटी अहीर की।

इस कवि का वाच्यार्थ कितना प्रांजल है और उसके कथन में कितना प्रवाह है, इसके बतलाने की आवश्यकता नहीं, पद्य स्वयं इसको बतला रहे हैं। ये उर्दू फ़ारसी अथवा अन्य भाषा के शब्दों को जिस प्रकार अपनी रचना के ढंग में ढाल लेते हैं, वह भी प्रशंसनीय है। मेरा विचार है कि हिन्दी-साहित्य के प्रधान कवियों में ये भी स्थान लाभ के अधिकारी हैं।

प्रत्येक शतक में कोई न कोई सहृदय मुसलमान हिन्दी देवी की अर्चना करते दृष्टिगत होता है। सैयद गुलाम नबी (रसलीन) बिलग्रामी ऐसे ही सहृदय कवि हैं। मेरा विचार है कि अवधी की रचना में जो गौरव मलिक मुहम्मद जायसी को प्राप्त है ब्रजभाषा की सरस रचना के लिए उसी गौरव के अधिकारी रसखान, मुबारक और रसलीन हैं। रसलीन ने 'अंग दर्पण', और 'रस प्रबोध' नामक ग्रन्थों की रचना की है। ये अरबी फ़ारसी के नामी विद्वान् थे। फिर भी इन्होंने ब्रजभाषा में रचना की और इस निपुणता से की जो उल्लेखनीय है। इनके दोनों ग्रन्थ दोहों में हैं। पहले में अंगों का वर्णन है और दूसरे में नव रसों पर सरस और भावमयी कविता है। इनको फ़ारसी और उर्दू के शेरों का अनुभाव था जो दो बन्दों में ही बहुत कुछ चमत्कार दिखला जाते हैं। इसलिए इन्होंने उन्हीं का अनुकरण किया और अपने दोहों को वैसा ही चमत्कारक बनाया। इनकी सुन्दर सरस और भावमयी भाषा ब्रजभाषा देवी के चरणों पर चढ़ाने के लिए मुग्धकर सुमनावलि-माला समान है। इनके दोहों को सुनकर यह जी कहने लगता

है कि क्या कोई मुसलमान भी ऐसी टकसाली भाषा लिख सकता है? किन्तु रसलीन ने इस शंका का समाधान कर दिया है। इनकी कुछ रचनायें देखिये–

1. अमी हलाहल मद भरे स्वेत स्याम रतनार।
जियत मरत झुकि झुकि परत जेहि चितवत एकबार।

2. मुख ससि निरखि चकोर अरु तन पानिप लखि मीन।
पद पंकज देखत भँवर होत नयन रसलीन।

3. सौतिन मुख निसि कमल भो पिय चख भये चकोर।
गुरुजन मन सागर भये लखि दुलहिन मुख ओर।

4. मुकुत भये घर खोय के कानन बैठे आय।
अब घर खोवत और के कीजे कौन उपाय।

5. धरति न चौकी नग-जरी याते उर में लाइ।
छाँह परे पर पुरुष की जनि तिय धरम नसाइ।

इस शताब्दी में बहुत अधिक रीति-ग्रन्थकार हुए हैं। सबके विषय में कुछ लिखना हमारे उद्देश्य से सम्बन्ध नहीं रखता। सबकी भाषा लगभग एक ही है और एक ही विषय का वर्णन प्रायः सभी ने किया है। उनमें जो आदर्श थे और जिनमें कोई विशेषता थी उनके विषय में जो लिखना था लिखा गया। परन्तु अब भी ऐसे कतिपय रीति-ग्रन्थकार शेष हैं जिनका ब्रजभाषा-साहित्य में अच्छा स्थान है और जो प्रतिष्ठा की दृष्टि से देखे जाते हैं। सबके सविशेष वर्णन के लिए मेरे पास स्थान नहीं। हाँ मैं यह अवश्य चाहता हूँ कि उनकी रचना शैली का ज्ञान आप लोगों को करा दूँ, जिससे यह यथातथ्य ज्ञात हो सके कि इस शताब्दी में ब्रजभाषा का वास्तविक रूप क्या था इसलिए कुछ लोगों की रचनायें आप लोगों के सामने क्रमशः उपस्थित करता हूँ–

सूरति मिश्र आगरे के निवासी कान्यकुब्ज ब्राह्मण थे। ये बिहारी सतसई के प्रसिद्ध टीकाकार हैं, रीति-सम्बन्धी सात-आठ ग्रन्थों की रचना भी इन्होंने की है। इनका एक पद्य देखिये–

तेरे ये कपोल बाल अति ही रसाल
मन जिनकी सदाई उपमा बिचारियत है।
कोऊ न समान जाहि कीजै उपमान
अरु बापुरे मधूकन की देह जारियत है।
नेक दरपन समता की चाह करी कहूँ
भये अपराधी ऐसो चित धारियत है।

सूरति सो याही ते जगत बीच आज हूँ लौं,
उन के वदन पर छार डारियत है।

कृष्ण कवि बिहारीलाल के पुत्र कहे जाते हैं। इन्होंने बिहारीलाल के दोहों पर टीका की भाँति एक-एक सवैया लिखा है। वार्तिक में काव्य के समस्त अंगों का पूर्णतया निरूपण भी किया है। उनका एक पद्य देखिये–

1. थोरे ई गुन रीझते बिसराई वह बानि।
तुमहूँ कान्ह मनौं भये आजु काल्हि के दानि।

2. ह्वै अति आरत मैं बिनती,
बहुबार करी करुना रस भीनी।
कृष्ण कृपानिधि दीन के बन्धु,
सुनी असुनी तुम काहे को कीनी।
रीझते रंचक ही गुनसों वह बानी,
बिसारि मनों अब दीनी।
जानि परी तुम हूँ हरि जू,
कलिकाल के दानिन की मत लीनी।

अमेठी के राजा गुरुदत्त सिंह ने 'भूपति' नाम से कवितायें की हैं। उनके तीन ग्रन्थ बतलाये जाते हैं। 'कंठभूषण' और 'रसरत्नाकर' दो रीति ग्रन्थों के अतिरिक्त उन्होंने एक सतसई भी बनाई थी। ये कवियों का बड़ा आदर सम्मान करते थे। इनकी रचनायें भी सरस हैं। दो दोहे देखिये–

1. घूँघट पट की आड़ दै हँसति जबै वह दार।
ससि मंडल ते कढ़ति छनि जनु पियूख की धार।

2. भये रसाल रसाल हैं भये पुहुप मकरंद।
मान सान तोरत तुरत भ्रमत भ्रमर मद मंद।

सोमनाथ माथुर ब्राह्मण थे, भरतपुर दरबार में रहते थे। इनका रस 'पियूषनिधि' नामक प्रसिद्ध ग्रन्थ है, जिसमें काव्य के समस्त लक्षणों का विस्तृत वर्णन है। इनके अतिरिक्त इन्होंने एक प्रबन्ध काव्य भी लिखा है। यह सिंहासन बतीसी का पद्य-बद्ध रूप है। इसका नाम सुजन बिलास है। इनके दो ग्रन्थ और हैं जिनमें से एक नाटक है, जिसका नाम 'माधव-विनोद' है। दूसरे का नाम 'लीलावती' है। 'माधव विनोद' का नाम भर नाटक है वास्तव में वह प्रेम-सम्बन्धी प्रबन्ध ग्रन्थ हैं। इनकी रचना सुन्दर और सरस है। इनका एक पद्य देखिये–

दिसि बिदिसन ते उमड़ि मढ़ि लीन्हों नभ,
छाँड़ि दीन्हें धुरवा जवासे जूथ जरिगे।
डहडहे भये द्रुम रंचक हवा के गुन
कहूँ कहूँ मोरवा पुकारि मोद भरिगे।
रहि गये चातक जहाँ के तहाँ देखत ही
सोमनाथ कहै बूँदा बूँदि हूँ न करिगे।
सोर भयो घोर चारों ओर महि मंडल मैं
आये घन आये घन आय के उघरिगे।

शम्भुनाथ मिश्र ने 'रस-कल्लोल', 'रस-तरंगिणी' और 'अलंकार दीपक' नामक तीन ग्रन्थ बनाये हैं। ये फ़तेहपुर के रहने वाले थे। इनकी रचना सुन्दर है। पर राजा भगवंत राय खीची की प्रशंसा ही उसमें अधिक है। वे उनके आश्रयदाता थे। एक पद्य देखिये—

आजु चतुरंग महाराज सेन साजत ही
धौंसा की धुकार धूर परी मुँह याही के।
भय के अजीरन ते जीरन उजीर भये
सूल उठी उर में अमीर जाही ताही के।
बीर खेत बीच बरछी लै बिरुझानो
इतै धीरज न रह्यौ संभु कौनहूँ सिपाही के।
भूप भगवंत बीर ग्वाही कै खलक सब
स्याही लाई बदन तमाम पादसाही के।

ऋषिनाथ बन्दीजन और असनी के रहने वाले थे। 'अलंकार मणि मंजरी' नामक एक ग्रन्थ इन्होंने बनाया है। उसका एक पद्य देखिये। इनकी रचनाओं में प्रतिभा झलकती मिलती है—

छाया छत्र ह्वै कर करत महिपालन को
पालन को पूरो फैलो रजत अपार है।
मुकुत उदार ह्वै लगत सुख श्रौनन में
जगत जगत हंस हास हीर हार है।
ऋषि नाथ सदानंद सुजस बलंद
तमवृंद के हरैया चंद्र चंद्रिका सुढार है।
हीतल को सीतल करत घनसार है
महीतल को पावन करत गंगधार है।

रतन कवि गढ़वाल के राजा फ़तेह साह के यहाँ थे। उन्होंने 'फ़तेहभूषण' और 'अलंकार-दर्पण' नाम के दो ग्रन्थ रचे। इनकी रचना शैली सुन्दर और विशद है। एक पद्य देखिये—

काजर की कोरबारे भारे अनियारे नैन
कारे सटकारे बार छहरे छवानि छ्वै।
स्याम सारी भीत्तर भभक गोरे गातन की
ओप वारी न्यारी रही बदन उँजारी ह्वै।
मृगमद बेंदी भाल अनमोल आभरन
हरन हिये की तू है रंभा रति ही अबै।
नीकै नथुनी के तैसे युगल सुहात मोती
चन्द पर च्वै रहे सुमानों सुधा बुंद द्वै।

चन्दन बन्दीजन पुवांया के रहने वाले थे। राजा केसरीसिंह के यहाँ रहते थे। इन्होंने दस बारह ग्रन्थों की रचना की है, जिनमें से 'शृंगार-सागर' 'काव्याभरण' और 'कल्लोल तरंगिणी' अधिक प्रसिद्ध हैं। इन्होंने एक प्रबन्धकाव्य भी लिखा है जिसका नाम 'शीत बसन्त' है। ये फ़ारसी के भी शायर थे। इनका एक पद्य देखिये—

ब्रजवारी गँवारी दै जानै कहा यह चातुरता न लुगायन मैं।
पुनि बारिनी जानि अनारिनी है रुचि एती न चन्दन नायन मैं।
छवि रंग सुरंग के बिंदु बने लगैं इन्द्रबधू लघुतायन मैं।
चित जो चहैं दी चकसी रहैं दी केहिदी मेंहदी इन पायन मैं।

देवकीनन्दन ब्राह्मण और कन्नौज के पास के रहने वाले थे। इन्होंने चार-पाँच ग्रन्थों की रचना की है, जिनमें 'शृंगार चरित्र' और 'अवधूत भूषण' अधिक प्रसिद्ध हैं। इनका 'सरफ़राज़-चन्द्रिका' नामक ग्रन्थ भी अच्छा है। इनकी भाषा टकसाली है और उसमें सहृदयता पाई जाती है। एक पद्य देखिये—

मोतिन की माल तोरि चीर सब चीरि डारे
फेरि कै न जैहों आली दुख बिकरारे हैं।
देवकी नंदन कहैं धोखे नाग छौनन के
अलकैं प्रसून नोचि नोचि निरवारे हैं।
मानि मुखचंद भाव चोंच दई अधरन
तीनों ए निकुंजन में एकै तार तारे हैं।
ठौर ठौर डोलत मराल मतवारे
तैसे मोर मतवारे त्यों चकोर मतवारे हैं।

भानु कवि ने 'नरेन्द्र भूषण' नाम का एक ग्रन्थ लिखा है। उसमें विशेषता यह है कि अलंकारों के उदाहरण सब रसों के दिये हैं। इनकी रचना अच्छी है। ये बुन्देले थे राजा रनजोर सिंह के यहाँ रहते थे। इनका एक पद्य देखिये—

घन से सघन स्याम इंदु पर छाय रहे
बैठी तहाँ असित द्विरेफन की पाँति सी।
तिनके समीप तहाँ खंज की सी जोरी लाल
आरसी से अमल निहारे बहुभाँति सी।
ताके ढिग अमल ललौहैं बिवि बिद्रुम से
फरकति ओप जामैं मोतिन की कांति सी।
भीतर ते कढ़ति मधुर बीन कैसी धुनि
सुन करि भानु परि कानन सुहाति सी।

थान कवि बन्दीजन थे। इनका मुख्य नाम थानराय था। इनकी भाषा ललित है और 'दलेल प्रकाश' नामक एक रीति-ग्रन्थ भी इनका पाया जाता है। पद-विन्यास देखने से यह प्रतीत होता है कि भाषा पर इनको अच्छा अधिकार था एक पद्य देखिये—

दासन पै दाहिंनी परम हंस वाहिनी हौ,
पोथी कर बीना सुर मंडल मढ़त है।
आसन कँवल अंग अंबर धवल
मुखचंद सो अमल रंग नवल चढ़त है।
ऐसी मातु भारती की आरती करत थान
जाको जस विधि ऐसो पंडित पढ़त है।
ताकी दया दीठि लाख पाथर निराखर के
मुख ते मधुर मंजु आखर कढ़त है।

रीति ग्रन्थकारों के बाद अब मैं उन प्रेम-मार्गी कवियों की चर्चा करूँगा जो प्रेम में मत्त होकर अपने आन्तरिक अनुराग से ही कविता करते थे। उनका प्रेममय उल्लास उनकी पंक्तियों में विलसित मिलता है और उनके हृदय का मधुर प्रवाह प्रत्येक सहृदय को विमुग्ध बना देता है। इस शताब्दी में मुझको इस प्रकार के चार-पाँच कवि-पुङ्गव ही ऐसे दिखलाई पड़ते हैं जो उल्लेख योग्य हैं और जिनमें विशेषता पाई जाती है। वे हैं—घन आनन्द, नागरीदास, सीतल, बोधा और रसनिधि। क्रमशः इनका परिचय मैं आप लोगों को देता हूँ।

घन आनन्द वास्तव में आनन्द-घन थे। वे जाति के कायस्थ और निम्बार्क सम्प्रदाय के वैष्णव थे। कहा जाता है कि वे दिल्ली के बादशाह मुहम्मदशाह के मुंशी

थे। ये सरस कवि तो थे ही, गान विद्या में भी निपुण थे। इनके रचे छः ग्रन्थ बतलाये जाते हैं, जिनमें 'सुजान-सागर', 'घनानंद कवित्त' और 'रसकेलि-बल्ली' नामक ग्रन्थ अधिक प्रसिद्ध हैं जनश्रुति है कि ये 'सुजान' नामक एक वेश्या पर अनुरक्त थे। इनकी रचनाओं में उसका नाम बहुत आता है। उस वेश्या के दुर्भाव से ही इनके हृदय में विरक्ति उत्पन्न हुई और ये दिल्ली छोड़कर वृन्दान चले गये और वहीं युगलमूर्ति के प्रेम में मत्त होकर अपना शेष जीवन व्यतीत किया। सुना जाता है नादिरशाही ने इनके जीवन को समाप्त किया था। अन्तिम समय में इन्होंने यह रचना की थी—

बहुत दिनन की अवधि आस पास परे
खरे अरबरनि भरे हैं उठि जान को।
कहि कहि आवत छबीले मन भावन को
गहि गहि राखत ही दै दै सनमान को।
झूठी बतियानि की पत्यानि ते उदास ह्वै कै
अब ना घिरत घन आनँद निदान को।
अधर लगे हैं आनि करिकै पयान प्रान
चाहत चलन ये सँदेसो लै सुजान को।

ये शुद्ध ब्रजभाषा के कवि माने जाते हैं। इनका दावा भी यही है, जैसा इस पद्य से प्रगट होता है।

नेही <u>महा ब्रजभाषा</u> प्रवीन
औ सुन्दरता हुँ के भेद को जानै।
योग वियोग की रीति में कोविद
भावना भेद सरूप को ठानै।
चाह के रंग में भीज्यो हियो
बिछुरे मिले प्रीतम सांति न मानै।
भाषा प्रवीन सुछंद सदा रहै
जो धन जु के कबित्त बखानै।

परन्तु मेरा विचार है कि इनकी भाषा साहित्यिक ब्रजभाषा ही है, क्योंकि ये ब्रजभाषा के ठेठ शब्दों का प्रयोग करते नहीं देखे जाते। इसी प्रकार ये स्थान-स्थान पर ऐसे शब्द लिख जाते हैं जो ब्रजभाषा के नियमानुकूल नहीं कहे जा सकते। निम्नलिखित सवैया को देखिये—

हमसों हित कै कित को नितही
इत बीच वियोगहिं पोइ चले।
सु अखैबट बीज लौं फैलि पर्‍यो
बनमाली कहाँ धौं समोइ चले।
घन आनँद छाँह बितान तन्यो
हमैं ताप के आतप खोइ चले।
कबहूँ तेहि मूल तौ बैठिये आय
सुजान जो बीजहिं बोइ चले।

इस सवैया में 'पोइ', 'समोइ', 'खोइ', 'बोइ', के 'इ' के स्थान पर ब्रजभाषा के नियमानुसार यकार होना चाहिए। परन्तु इन्होंने अवधी के नियमानुसार 'इ' लिखा। इन्हीं को नहीं ब्रजभाषा के अन्य कवियों और महाकवियों को भी इस प्रकार का प्रयोग करते देखा जाता है। कविवर सूरदास जी की रचनाओं में भी ऐसे प्रयोग अधिकता से मिलते हैं। यदि कहा जाय कि प्राचीन ब्रजभाषा में ऐसे प्रयोग होते थे तो यही मानना पड़ेगा कि ब्रजभाषा में दोनों प्रकार के प्रयोग होते आये हैं। ऐसी अवस्था में यह नियम स्वीकृत नहीं हो सकता कि ऐसे स्थलों पर अवधी में जहाँ 'इ' का प्रयोग होता है। ब्रजभाषा में 'य' लिखा जाता है। मैं तो देखता हूँ कि सूरदास के समय से अब तक के ब्रजभाषा के कवि दोनों प्रयोग करते आये हैं और इसीलिए मैं घन आनन्द की भाषा को भी साहित्यिक ब्रजभाषा ही मानता हूँ। घन आनन्दजी की भाषा में इतनी विशेषता अवश्य है कि उसमें ब्रजभाषा सम्बन्धी प्रयोग ही अधिक पाये जाते हैं। यह दिखलाने के लिए कि वे 'इ' के स्थान पर 'य' का प्रयोग भी करते हैं, मैं नीचे एक पद्य और लिखता हूँ। उसके चिन्हित शब्दों को देखिये–

तब तो दुरि दूरहिं ते मुसुकाय
बचाय कै और की दीठि हँसे।
दरसाय मनोज की मूरति ऐसी
रचाय कै नैनन मैं सरसे।
अब तौ उर माहिं बसाय के मारत
ए जू बिसासी कहाँ धौं बसे।
कछु नेह निबाह न जानत हे तौ
सनेह की धार मैं काहें धँसे।

घन आनन्द जी के पद्यों की यह विशेषता है कि उससे रस निचुड़ा पड़ता है। जो वे कहते हैं इस ढङ्ग से कहते हैं कि उनकी पंक्तियों में उनके आन्तरिक अनुराग की

धारा बहने लगती है। उनके पद्य का एक एक शब्द ऐसा ज्ञात होता है कि साँचे में ढला हुआ है और उसमें उनके भाव दर्पण में बिम्ब के समान प्रतिबिम्बि हो रहे हैं। इनके समस्त ग्रन्थों की रचना वैदर्भी वृत्ति में है। इसीलिए उनमें सरसता और मनोहरता भी अधिक पायी जाती है। ब्रजभाषा के मुहावरों और बोलचाल की मधुरताओं को उन्होंने जिस सफलता से अंकित किया है, वैसी सफलता कुछ महाकवियों को ही प्राप्त हुई है। उन्होंने अपनी 'बिरह लीला' अरबी बह्र में लिखी है, जिससे यह पाया जाता है कि उस समय अरबी बह्र भी हिन्दी रचना में स्थान पाने लगे थे। इनके कुछ सरस और हृदयग्राही पद्य और देखिये–

1. गुरनि बतायो राधा मोहन हूँ गायो
सदा सुखद सुहायो वृन्दावन गाढ़े गहुरे।
अद्‌भुत अभूत महि मंडन परे ते परे
जीवन को लाहु हाहा क्यों न ताहि लहुरे।
आनँद को घन छायो रहत निरन्तर ही
सरस सुदेय सों पपीहा पन बहुरे।
जमुना के तीर केलि कोलाहल भीर
ऐसे पावन पुलिन पर पतित परि रहुरे।

2. अति सूधो सनेह को मारग है
जहाँ नेको सयानप बाँक नहीं।
तहाँ साँचे चलैं तजि आपनपौ
झिझकैं कपटी जे निसाँक नहीं।
घन आनँद प्यारे सुजान सुनो
इत एक ते दूसरो आँक नहीं।
तुम कौन धौं पाटी पढ़े हौ लला
मन लेहु पै देहु छटाँक नहीं।

3. पर काज देह को धारे फिरौ
परजन्य यथारथ ह्वै दरसौ।
निधि नीर सुधा के समान करौ
सब ही बिधि सज्जनता सरसौ।
घन आनँद जीवन दायक हौ।
कछु मेरीयौ पीर हिये परसौ।
कबहूँ वा बिसासी सुजान के आँगन
मो अँसुआन को लै बरसौ॥

4. पहले अपनाय सुजान सनेह सों
क्यों फिर नेह कौ तोरिये जू।
निरधार अधार दै धार मँझार
दई गहि बाँह न बोरिये जू।
घन आनँद आपने चातक को
गुन बाँधि कै मोह न छोरिये जू।
रस प्याय कै ज्याय बँधाय कै
आस बिसास में क्यों विष घोरिये जू।

उर्दू का एक शेर है, 'काग़ज़ पै रख दिया है कलेजा निकाल कर'। सच्ची बात यह है कि घन आनन्द जी काग़ज़ पर कलेजा निकाल कर रख देते हैं। एक नायिका कहती है कि 'काढ़ि करेजो दिखैबो परो'। मैं सोचता हूँ, यदि उस नायिका के पास घन आनन्द की सी सरस रचना की शक्ति होती तो उसको यह न कहना पड़ता। इनका वाच्यार्थ जितना प्रांजल है उतनी ही उसमें कसक है। दोनों के समागम से इनकी रचना में मणि-कांचन-योग हो गया है। वियोग-शृंगार की रचना में इन्होंने जो वेदना उत्पन्न की है, ऐसा कौन है कि जिसके हृदय पर वह प्रभाव नहीं डालती। वास्तव में घन आनन्द जी ने इस प्रकार की रचना करने में बड़ी सफलता लाभ की है। इनकी कृति में आन्तरिक पीड़ा प्रवाहित मिलती है, परन्तु हृदयों में वह सृजन करती है विचित्र मधुरता।

नागरीदास जी कृष्णगढ़ के महाराज थे। इनका मुख्य नाम सामन्त सिंह था। वीर इतने बड़े थे कि बूँदी के हाड़ा राजा को समर में पराजित कर स्वर्ग लोक पहुँचाया। साहसी इतने बड़े कि अपने छिन गये राज्य को भी अपने पौरुष से पुनः प्राप्त कर लिया। किन्तु त्याग उनमें बड़ा था और भगवान कृष्णचन्द्र की भक्ति उत्तरोत्तर वृद्धि पा रही थी। इसलिए उन्होंने राज्य को तृण समान त्यागा और वृन्दावन धाम में पधार कर भगवल्लीला में तल्लीन हो गये। जब तक जिये कृष्ण भक्ति सुधा पान कर जिये, राज्य भोगों और विभवों की ओर फूटी आँख से भी नहीं देखा। राज्य सिंहासन से उनको ब्रज रज प्यारी थी और राजसी ठाटों से भक्तिमयी भावना। उनमें तदीयता इतनी थी कि वे सदा भगवद्भजन में ही मत्त रहते और संसार के समस्त सुखों की ओर आँख उठा कर भी न देखते। राजा-महाराजों में ऐसा सच्चा त्यागी कोई दृष्टिगत नहीं होता। वे गोस्वामी हित हरिवंश वा चैतन्य महाप्रभु के सम्प्रदाय में थे अतएव उन्हीं के समान उनमें आत्म विस्मृति भी थी। वे दिन-रात भगवद् गुणगान में रत रहते और हरि-यश वर्णन करके स्वर्गीय आनन्द लाभ करते मिलते। उनकी यह वृत्ति उनकी समस्त रचनाओं में दृष्टिगत होती है। उन्होंने लगभग सत्तर-बहत्तर ग्रन्थों की रचना की है।

परन्तु उन सब में ललित पदों में भगवल्लीला ही वर्णित है। अधिकांश ग्रन्थ ऐसे ही हैं कि जिनमें थोड़े से पद्यों में भगवान की किसी लीला का गान है। इन ग्रन्थों की भाषा यद्यपि सरस ब्रजभाषा है फिर भी उसमें कहीं-कहीं राजस्थानी भाषा के शब्द भी मिल जाते हैं। इनके पदों में बहुत अधिक मोहकता एवं मधुरता है। सवैयाओं में भी बड़ा लालित्य है। अन्य रचनायें इस कोटि की नहीं हैं। परन्तु प्रेमधारा उनमें भी बहती मिलती है, जिसकी अनेक भावों की तरंगें बड़ी ही मुग्धकरी हैं। ब्रजभाषा की जितनी विशेषतायें हैं वे सब उनकी रचनाओं में मिलती हैं और कहीं-कहीं उनमें ऐसी अनूठी उक्तियाँ पाई जाती हैं जो स्वर्णाभरण में मणि सी जटित जान पड़ती है। कुछ रचनायें नीचे लिखी जाती हैं—

1. उज्जल पख की रैन चैन उज्जल रस दैनी।
उदित भयो उड़ुराज अरुन दुति मन हर लैनी।
महाकुपित ह्वै काम ब्रह्म अस्त्रहिं छोड़्यो मनु।
प्राची दिसि ते प्रजुलित आवति अगिनि उठी जनु।
दहन मानपुर भये मिलन को मन हुलसावत।
छावत छपा अमंद चंद ज्यों ज्यों नभ आवत।
जगमगाति बन जोति सोत अमृत धारा से।
नव द्रुम किसलय दलनि चारु चमकति तारा से।
स्वेत रजत की रैनचैन चित मैन उमहनी।
तैसी मंद सुगंध पवन दिन मनि दुख दहनी।
सिला सिला प्रति चंद चमकि किरननि छवि छाई।
विच विच अंब कदंब झंब झुकि पायँन आई।
ठौर ठौर चहुँ फेर ढेर फूलन के सोहत।
करत सुगंधित पवन सहज मन मोहत जोहत।
ठौर ठौर लखि ठौर रहत मनमथ सो भारी।
बिहरत बिबिध बिहार तहाँ गिरिवर गिरधारी।

2. भादौं की कारी अँध्यारी निसा
झुकि बादर मंद फुही बरसावै।
स्यामा जू आपनी ऊँची अटा पै
छकी रसरीति मलारहिं गावै।
ता समै मोहन कौ दृग दूरि ते
आतुर रूप की भीख यों पावै।

पौन मया करि घूँघट टारै
दया कर दामिनि दीप दिखावै।

3. जौ मेरे तन होते दोय।
मैं काहू ते कछु नहिं कहतो
मोते कछु कहतो नहिं कोय।
एक जो तन हरि विमुखन के
सँग रहतो देस बिदेस।
विविध भाँति के जब दुख सुख
जहँ नहीं भक्ति लवलेस।
एक जो तन सतसंग रंग रँगि
रहतो अति सुखपूर।
जनम सफल करि लेतो ब्रज
बसि जहँ ब्रज जीवन मूर।
द्वै तन बिन द्वै काज न ह्वै हैं
आयु तौ छिन छिन छीजै।
नागरिदस एक तन ते अब
कहौ काह करि लीजै।

आपको फ़ारसी भाषा का अच्छा ज्ञान था। इसलिए कुछ कवितायें ऐसी भी हैं जिनमें फ़ारसी बह्रों का प्रयोग अधिकता से है। इन्होंने 'इश्क चमन' नाम का एक ग्रन्थ भी लिखा था। कुछ उसके पद्य भी देखिये—

1. इश्क़ चमन महबूब का वहाँ न जावै कोय।
जावै सौ जीवै नहीं जियै सो बौरा होय।

2. ऐ तबीब उठि जाहु घर अबस छुवै का हाथ।
चढ़ी इश्क़ की कैफ़ यह उतरै सिर के साथ।

3. सब महज़ब सब इल्म अरु सबै ऐश के स्वाद।
अरे इश्क़ के असर बिन ये सब ही बरबाद।

4. आया इश्क़ लपेट में लागी चश्म चपेट।
सोई आया खलक में और भरैं सब पेट।

नागरीदास की सहचरी 'बनी ठनी' नाम की एक स्त्री थी। उनके सत्संग से वह भी युगल मूर्ति के प्रेम की प्रेमिका थी और उन्हीं के समान सरस रचना करती थी। परन्तु उसकी रचना में राजस्थानी शब्द अधिक आये हैं। एक पद्य देखिये—

रतनारी हो थारी आखड़ियां
प्रेम छकी रस बस अलसाणी
जाणि कमल की पाँखड़ियां।
सुन्दर रूप लुभाई गति मति
हो गयीं ज्यों मधु माखड़ियां।
रसिक बिहारी वारी प्यारी
कौन बसे निसि काँखड़ियां।

स्वामी हरिवंस के टट्टी सम्प्रदाय में एक महन्त शीतल नाम के हो गये हैं। इन्होंने इश्कचमन नाम की एक पुस्तक चार भागों में लिखी है। ये संस्कृत के विद्वान थे और फ़ारसी का भी इन्हें अच्छा ज्ञान था। ये टट्टी सम्प्रदाय के महन्त तो थे ही, साथ ही प्रेममय हृदय के अधिकारी थे। इनकी रचना खड़ी बोली में हुई है, जिसमें फ़ारसी और ब्रजभाषा के शब्द भी अधिक आये हैं। हिन्दी में खड़ी बोली की नींव डालने वाले प्रथम पुरुष यही हैं। इनकी भाषा ओजमयी और रचनाशैली सरस है, भाषा में प्रवाह है और कविता पढ़ते समय यह ज्ञात होता है कि सरस साहित्य का दरिया उमड़ता आ रहा है। इनमें लगन मिलती है और इनका प्रेम भी तन्मयता तक पहुँचा ज्ञात होता है। इस शताब्दी में यही एक ऐसे कवि पाये गये जिन्होंने ब्रजभाषा में कविता की ही नहीं! फिर भी इनकी रचना में ब्रजभाषा का पुट कम नहीं। इनकी रचनाओं में भक्ति की मर्म-स्पर्शिनी मधुरता नहीं पायी जाती। परन्तु उनका मानसिक उद्गार ओजस्वी है, जिसमें मनस्विता की पूरी मात्रा मिलती है। प्रेम के जिस सरस उद्यान में घूम कर रसखान और घन आनन्द बड़े सुन्दर कुसुम चयन कर सके उसमें इनका प्रवेश जैसा चाहिए वैसा नहीं। इनकी रचना में संस्कृत तत्सम शब्दों का बाहुल्य है मैं समझता हूँ, वह वर्तमान खड़ी बोली कविता के पूर्व रूप की सूचना है।

इन्होंने इच्छानुसार लघु को दीर्घ और दीर्घ को लघु बनाया है और संस्कृत के तत्सम शब्दों को यत्र-तत्र ब्रजभाषा के रूप में भी ग्रहण किया है। एक बात और इनमें देखी जाती है। वह यह कि नायिका के शिख-नख से सम्बन्ध रखने वाले कतिपय फ़ारसी उपमानों को भी इन्होंने अपनी रचना में ग्रहण कर लिया है, जैसा इनके पहले के किसी हिन्दी के कवि अथवा महाकवि ने नहीं किया था। उन्होंने शब्दों को इच्छानुसार तोड़ा मरोड़ा भी है और कई प्रान्तिक शब्दों से भी काम लिया है। इनके कुछ पद्य नीचे लिखे जाते हैं। उनको पढ़िये और चिन्हित शब्दों पर विचार भी करते जाइये।

1. शिव विष्णु ईश बहु रूप तुई।
नभ तारा चारु सुधाकर है।

अंबा धारानल शक्ति स्वधा
स्वाहा जल पौन दिवाकर है।
हम अंशाअंश समझते हैं
सब ख़ाक जाल से पाक रहें।
सुन लाल बिहारी ललित ललन
हम तो तेरे ही चाकर हैं।

2. कारन कारज ले न्याय कहै
जोतिस मत रवि गुरु ससी कहा।
ज़ाहिद ने हक्क़ हसन यूसुफ़
अरहन्त जैन छवि बसी कहा।
रति राज रूप रस प्रेम इश्क़
जानी छवि शोभा लसी कहा।
लाला हम तुम को वह जाना जो
ब्रह्म तत्व त्वम असी कहा।

3. मुख सरद चन्द पर ठहर गया।
जानी के वुंद पसीने का।
या कुन्दन कमल कली ऊपर
झमकाहट रक्खा मीने का।
देखे से होश कहाँ रहवै जो
पिदर बूअली सीने का।
या लाल बदख़्शां पर खींचा
चौका इल्मास नगीने का।

4. हम खूब तरह से जान गये
जैसा आनँद का कन्द किया।
सब रूप सील गुन तेज पुंज
तेरे ही तन में बन्द किया।
तुझ हुस्न प्रभा की बाकी ले
फिर विधि ने यह फरफन्द किया
चंपकदल सोनजुही नरगिस
चामीकर चपला चंद किया।

5. मुख सरद चन्द्र पर स्रमसीकर
जगमगैं नखत गन जोती से।
कै दल गुलाब पर शबनम
के हैं कनके रूप उदोती से।
हीरे की कनियाँ मंद लगै हैं
सुधा किरन के मोती से।
आया है मदन आरती को
धर कनक थार में मोती से।

6. चंदन की चौकी चारु पड़ी
सोता था सब गुन जटा हुआ।
चौके की चमक अधर बिहँसन
मानो एक दाड़िम फटा हुआ।
ऐसे में ग्रहन समै सीतल इक
ख्याल बड़ा अटपटा हुआ।
भूतल ते नभ नभ ते अवनी,
अग उछलै नट का बटा हुआ।

इनकी कविता की भाषा कवि-कल्पित स्वतंत्र भाषा है। उसमें किसी भाषा के नियम की रक्षा नहीं की गयी है। सौन्दर्य के लिए हमारे यहाँ काम उपमान बनता है, परन्तु इन्होंने यूसुफ़ को उपमान बनाया। यह फ़ारसी का अनुकरण है। इसी प्रकार की काव्य-नियम-सम्बन्धी अनेक अवहेलनायें इनकी रचना में पायी जाती हैं। परन्तु यह अवश्य है कि ये इस विचित्रता के पहले उद्‌भावक हैं।

बोधा प्रेमी जीव थे; कहा जाता है प्रेम अन्धा होता है (Love is Blind) प्रेम क्यों अन्धा होता है? इसलिए कि वह अपने रंग में मस्त होकर केवल अपने प्रेम पात्र को देखता है, और किसी को नहीं, संसार को भी नहीं। इसीलिए वह अन्धा है। जब किसी का प्रेम वास्तविक रूप से हृदय में जाग्रत् हो जाता है, उस समय न तो हम उसके गुण दोष को देखते हैं, न उसके व्यवहार की परवा करते हैं, न उसकी कठोरता को कठोरता मानते हैं, न उसकी कटुता को कटुता समझते हैं, और न उसकी पशुता को पशुता। प्रेमोन्माद में न तो हम लोक मर्यादा का ध्यान करते हैं, न शिष्टता का, न कुल परम्परा का, न इस बात का कि हमको संसार क्या कहता है यदि यह अन्धापन नहीं है तो क्या है यदि यह प्रेम ईश्वरोन्मुख हो तो उसमें यह शक्ति होती है कि वह दुर्गुण को गुण बना देता है, पशुता को मानवता से बदल देता है दुर्जनता को सुजनता में परिणत कर देता

है और इस बात का अनुभव कराता है कि 'सर्वंखल्विदं ब्रह्म' जो कुछ विश्व में है, ब्रह्म है। अतएव उसका संसार सोने का हो जाता है और सब ओर उसको 'सत्यं शिवं सुन्दरम्' दृष्टिगत होता है। किन्तु जब यह प्रेम मनुष्य तक ही परिमित होता है तो उसमें स्वार्थपरता की बू आने लगती है और मनुष्य का इतना पतन हो जाता है कि वह उस उच्च सोपान पर नहीं चढ़ सकता जो जीवन को स्वर्गीय बना देता है। 'घन-आनन्द', 'रसखान' का आदिम जीवन कैसा ही रहा हो, यौवन-प्रमाद उनको कुछ काल के लिए भले ही भ्रान्त बना सका हो, किन्तु उनका अन्तिम जीवन उज्ज्वल है और वे उस महान-हृदय के समान हैं, जो पथ-च्युत होकर भी अन्त में सत्पथावलम्बी हो जाता है। मानव-प्रेम यदि उच्च होकर आदर्श प्रेम में परिणत हो जाये तो वह मानव-प्रेम अभिनन्दनीय है। जिस मानव-प्रेम में स्वार्थ की बू नहीं, वासनाओं का विकार नहीं, इन्द्रिय-लोलुपता की कालिमा नहीं, लोभ लिप्सा का प्रलोभन नहीं, कर्तव्य-ज्ञान की अवहेलना नहीं वह स्वर्गीय है और उसमें लोक-कल्याण की विभूति विद्यमान है। इसीलिए यह वांछनीय है। दुख है कि प्रेमिक जीव होने पर भी बोधा इस तत्त्व को यथातथ्य नहीं समझ सके। वे सरयूपारीण ब्राह्मण थे, परन्तु एक यवनी के प्रेम में ऐसे उन्मत्त हुए कि अपनी कुल मर्यादा को ही नहीं विसर्जन कर दिया अपनी आत्मानुभूति को भी तिलांजलि दे दी। उनके मुख से प्रेम-मंत्र-स्वरूप जब निकलता है तब 'सुभानअल्लाह' निकलता है। उनके पद्यों में 'सुभान' ही का गुणगान मिलता है। उसमें ईश्वरानुराग की गन्ध भी नहीं आती। अच्छा होता यदि उन्होंने उस पन्थ को स्वीकार किया होता, जिसको घनानन्द और रसखान ने मानवी प्रेमोन्माद की समाप्ति पर ग्रहण किया, सन्ताप इतना ही है कि उन्होंने अपने धर्म को उस पर उत्सर्ग नहीं किया। हम अपने क्षोभ का शासन उसी से करते हैं। बोधा अपनी धुन के पक्के थे। प्रेम उनकी रग रग में भरा था। उनमें जब इतनी आत्म-विस्मृति हो गयी थी कि वे सुभान के अभाव में संसार को अन्धकारमय देखते थे और वही उनकी स्वर्गीय विभूति थी तो लोक परलोक से उनका सम्बन्ध ही क्या था? देखिये, वे प्रेम के कंटकाकीर्ण मार्ग का चित्रण किस प्रकार करते हैं–

1. अति खीन मृनाल के तारहुँ ते
तेहि ऊपर पाँव दै आवनो है।
सुई बेह हूँ बेधि सकी न तहाँ
परतीति को टाँडो लदावनो है।
कवि बोधा अनी घनी नेजहुँ की
चढ़ि तापै न चित्त डगावनो है।
यह प्रेम को पन्थ करार महा
तरवार की धार पै धावनो है।

2. लोक की लाज औ सोक प्रलोक को
वारिये प्रीति के ऊपर दोऊ।
गाँव को गेह को देह को नातो
सनेह में हाँ तो करै पुनि सोऊ।
बोधा सुनीति निबाह करै
धर ऊपर जाके नहीं सिर होऊ।
लोक की भीति डेरात जो मीत
तो प्रीति के पैंड़े परै जनि कोऊ।

कवि के लिए सहृदय होना प्रधान गुण है। जिसका हृदय स्वभावतः द्रवणशील नहीं, जिसके हृदय में भावों का विकास नहीं, उसकी रचना में वह बात नहीं होती जिसको मर्मस्पर्शी कहा जाता है। बोधा की अधिकांश रचनायें ऐसी ही हैं, जिनसे उनका सरस हृदय कवि होना सिद्ध है। उनके दो ग्रन्थ बतलाये जाते हैं। एक का नाम 'विरह वारीश' और दूसरे का 'इश्क़नामा'। इन दोनों में उन्होंने प्रेम सम्बन्धी सूक्ष्म से सूक्ष्म भावों का बड़ा ही सुन्दर चित्रण किया है। इश्क़नामा सुभान की प्रशंसा से पूर्ण है। उनके कुछ मानसिक उद्गार ऐसे हैं जिनमें भावुकता की मात्रा अधिक पाई जाती है। उनका वाच्यार्थ बहुत साफ़ है। उनकी भाषा ललित ब्रजभाषा है यद्यपि उसमें कहीं-कहीं खड़ी बोली के प्रयोग भी मिल जाते हैं। उनकी रचना में जितने शब्द आते हैं वे उनके हृदय के रंग में रँगे होते हैं। इसलिए यदि वे कहीं शब्दों को तोड़-मरोड़ देते हैं या अन्य भाषा के शब्दों को लाते हैं तो उनका प्रयोग इस प्रकार करते हैं जिससे वे उनकी शैली के ढंग में ढले मिलते हैं। उनकी कुछ रचनायें देखिये–

1. एक सुभान के आनन पै
कुरबान जहाँ लगि रूप जहाँ को।
कैयो सतक्रतु की पदवी लुटिये
लखिकै मुसकाहट ताको।
सोक जरा गुजरा न जहाँ कबि
बोधा जहाँ उजरा न तहाँ को।
जान मिलै तो जहान मिलै नहिं जान
मिलै तो जहान कहाँ को।

2. बोधा किसू सों कहा कहिये
सो बिथा सुनि पूरि रहै अरगाइ कै।

याते भलो मुख मौन धरैं उपचार
करैं कहूँ औसर पाइ कै।
ऐसो न कोऊ मिल्यो कबहूँ
जो कहै कछु रंच दया उर लाइ कै।
आवत है मुखलौं बढ़ि कै
फिर पीर रहै या सरीर समाइ कै।

3. कबहूँ मिलिबो कबहूँ मिलिबो
यह धीरज ही में धरैबो करैं।
उर ते कढ़ि आवै गरेते फिरै
मन की मन ही में सिरैबो करै।
कवि बोधा न चाव सरो कबहूँ
नितहूँ हरबा से हरैबो करै।
सहतेइ बनै करते न बनै
मन ही मन पीर पिरैबो करै।
हिलि मिलि जानै तासों मिलि कै जनावै हेत,
हित को न जानै ताको हितू न बिसाहिये।
होय मगरूर तापै दूनी मगरूरी कीजै
लघु ह्वै चलै जो तासों लघुता निबाहिये।
बोधा कवि नीति को निबेरो यही भाँति अहै
आप को सराहै ताहि आप हूँ सराहिये।
दाता कहा सूर कहा सुन्दर सुजान कहा
आप को न चाहै ताके बाप को न चाहिये।

रसनिधि का मुख्य नाम पृथ्वी सिंह था वे दतिया राज्य के एक जागीरदार थे। उनका रचा हुआ 'रतन हज़ारा' नामक एक ग्रन्थ है। यह बिहारी सतसई के अनुकरण से लिखा गया है। बिहारी के दोहों से टक्कर लेने की इसमें चेष्टा की गयी है। किन्तु कवि को इसमें सफलता नहीं प्राप्त हुई उनके कुछ दोहे अवश्य सुन्दर हैं उन्होंने 'अरिल्लों' और 'माझों' की भी रचना की है, वे भी संगृहीत हो चुके हैं। उनके कुछ स्फुट दोहे भी हैं। वे शृंगार रस के ही कवि थे। अन्य रसों की ओर उनकी दृष्टि कम गयी। महन्त सीतल की तरह वे भी फ़ारसी के शब्दों, मुहावरों, उपमाओं और मुस्लिम संसार के आदर्श पुरुषों के भी प्रेमी थे अपनी रचनाओं में यथास्थान उन्होंने उनको ग्रहण किया है। उनकी कविता की भाषा ब्रजभाषा है परन्तु उन्होंने अन्य भाषा के शब्दों का

व्यवहार भी स्वतंत्रतापूर्वक किया है। बिहारी लाल के भावों ही की नहीं, उनके शब्दों और वाक्यों तक को आवश्यकतानुसार ले लिया है। फिर भी यह स्वीकार करना पड़ेगा कि रसनिधि चाहे रसनिधि न हों पर वे रसिक हृदय अवश्य थे। उनकी अनेक रचनायें सरस हैं और उनमें मधुरता पाई जाती है, उन्होंने फ़ारसी के कुछ ऐसे विषय भी ले लिए हैं जो अशिष्ट कहे जा सकते हैं। किन्तु उनकी मात्रा थोड़ी है। उनके कुछ पद्य नीचे दिये जाते हैं–

1. रसनिधि वाको कहत हैं याही ते करतार।
रहत निरन्तर जगत कों वाही के करतार।

2. हित करियत यहि भाँति सों मिलियत है वहि भाँति
छीर नीर तैं पूछ लै हित करिबे की बात।

3. सुन्दर जोबन रूप जो बसुधा में न समाइ।
दृग तारन तिल बिच तिन्हैं नेही धरत लुकाइ।

4. मन गयंद छबि सद छके तोर जँजीरन जात।
हित के झीने तार सों सहजै ही बँधि जात।

5. उड़ो फिरत जो तूलसम जहाँ तहाँ बेकाम।
ऐसे हरुए कौ धर्‍यो कहा जान मन नाम।

6. अद्‌भुत गति यह प्रेम की लखो सनेही आइ।
जुरै कहूँ, टूटै कहूँ, कहूँ गाँठ परि जाइ।

7. कहनावत मैं यह सुनी पोषत तन को नेह।
नेह लगाये अब लगी सूखन सगरी देह।

8. यह बूझन को नैन ये लग लग कानन जात।
काहू के मुख तुम सुनी पिय आवन की बात।

9. जेहि मग दौरत निरदई तेरे नैन कजाक।
तेहि मग फिरत सनेहिया किये गरेबाँ चाक।

10. लेउ न मजनूँ गोर ढिग कोऊ लैला नाम।
दरदवंत को नेक तौ लैन देउ बिसराम।

इन पद्यों में से छठे दोहे का उत्तरार्द्ध अक्षरशः बिहारीलाल के दोहे से ग्रहण कर लिया गया है। नवें दोहे में 'गरेबाँ चाक' बिलकुल फ़ारसी का मुहावरा है। दसवें दोहे में लैला-मजनूँ मुस्लिम संसार के प्रेमी और प्रेमिका हैं, जिनकी चर्चा कवि ने अपनी

रचना में की है। ब्रजभाषा के नियमों का भी इन्होंने कहीं-कहीं त्याग किया है। चौथे दोहे के 'तोर' पाँचवें दोहे के 'जान' और आठवें दोहे के 'लग लग' शब्दों के अन्तिम अक्षरों की ब्रजभाषा के नियमानुसार इकार युक्त होना चाहिए। कवि ने ऐसा नहीं किया। दसवें दोहे का 'दरदवंत' शब्द भी इन्होंने गढ़ लिया है। 'दरद' फ़ारसी शब्द है और 'वंत' संस्कृत प्रत्यय है इन दोनों को मिलाकर जो कर्तृवाचक संज्ञा बनाई गयी वह उनकी निरंकुशता है। इस प्रकार की शब्द-रचना युक्ति-संगत नहीं। उनकी रचना में इस तरह की बातें अधिकतर पाई जाती हैं। फिर भी वह आदरणीय कही जा सकती है।

इस शताब्दी के नीतिकार कवि, वृन्द, बैताल, गिरधर कविराय और घाघ हैं। इनकी रचनाओं ने हिन्दी संसार में नूतनता उत्पन्न की है, अच्छे-अच्छे उपदेशों और हितकर वाक्यों से उसे अलंकृत किया है। इसलिए मैं इन लोगों के विषय में भी कुछ लिख देना आवश्यक समझता हूँ। इस उद्देश्य से भी इन लोगों के विषय में कुछ लिखने की आवश्यकता है, जिससे यह प्रकट हो सके कि अट्ठारहवीं शताब्दी में कुछ ऐसे नीतिकार कवि भी हुए जिन्होंने अपना स्वतन्त्र पथ रक्खा, फिर भी उनकी रचना में ब्रजभाषा का पुट पाया जाता है। समाज के लिए नीति सम्बन्धी शिक्षा की भी यथासमय आवश्यकता होती है। इन कवियों ने इस बात को समझा और साहित्य के इस अंग की पूर्ति की, इसलिए भी उनकी चर्चा यहाँ आवश्यक है।

वृन्द औरंगजेब के दरबारी कवि थे। यह देखा जाता है कि अकबर के समय से ही मुग़ल सम्राटों के दरबार में कुछ हिन्दी कवियों का सम्मान होता आया है। अकबर के बाद जहाँगीर और शाहजहाँ के दरबारों में भी हिन्दी-सत्कवि मौजूद थे। इसी सूत्र से औरंगजेब के दरबार में भी वृन्द का सम्मान था। औरंगजेब के पौत्र अजीमुश्शान ने ब्रजभाषा और उर्दू दोनों में अच्छी रचनायें की हैं। वृन्द प्रायः उन्हीं के साथ रहते थे। अजीमुश्शान बंगाल, बिहार एवं उड़ीसा का सूबेदार था। वह ढाके में रहता था और वृन्द को भी अपने साथ ही रखता था। बिहारीलाल ने यदि शृंगार रस की सतसई बनाई तो वृन्द ने नीति सम्बन्धी विषयों पर सतसई की रचना कर ब्रजभाषा को एक उपयोगी उपहार अर्पण किया। कहा जाता है कि वृन्द संस्कृत और भाषा के विद्वान् थे और गौड़ ब्राह्मण कुल में उत्पन्न हुए थे। वे कृष्णगढ़ के राजा राजसिंह के गुरु थे; मारवाड़ प्रान्त उनका जन्म स्थान था। वृन्द के तीन ग्रन्थ बतलाये जाते हैं, 'शृंगार शिक्षा', 'भाव-पंचाशिका' और 'वृन्द सतसई'। प्रधानता वृन्दसतसई को ही प्राप्त है, यही उनका प्रसिद्ध ग्रन्थ है। उनकी रचनायें सरस एवं भावमयी हैं और कोमल शब्दों में की गयी हैं। उनका वाच्यार्थ प्राञ्जल है और कथन-शैली मनोहर। उपयोगिता की दृष्टि से वृन्द सतसई आदरणीय ग्रन्थ है, उसका यथेष्ट सम्मान हुआ भी। ग्रन्थ की भाषा साहित्यिक ब्रजभाषा है। नीति विषयक रचना होने पर भी वह कवितागत विशेषताओं से रहित नहीं है। कुछ पद्य देखिये–

1. जो कछु वेद पुरान कही
सुन लीनी सबै जुग कान पसारे।
लोकहुँ में यह ख्यात प्रथा छिन में
खल कोटि अनेकन तारे।
वृन्द कहै गहि मौन रहे किमि हाँ
हठि कै बहु बार पुकारे।
बाहर ही के नहीं सुनौ हे हरि
भीतर हूँ ते अहौ तुम कारे।

2. जो जाको गुन जानही सो तेहिं आदर देत।
कोकिल अंबहि लेत है काग निबौरी हेत।

3. ओछे नर की प्रीति की दीनी रीति बताय।
जैसे छीलर ताल जल घटत घटत घटि जाय।

4. करिये सुख को होत दुख यह कहु कौन सयान।
वा सोने कौ जारिये जासों टूटै कान।

5. भले बुरे सब एक सों जौ लौं बोलत नाहिं।
जानि परत हैं काक पिक ऋतु बसंत के माहिं।

इनके दोहों में विशेषता यह है कि प्रथमार्द्ध में जो विषय कहा गया है उत्तरार्द्ध में दृष्टान्त देकर उसी को पुष्ट किया गया है। यह दृष्टान्तालंकार का रूप है। इस प्रणाली के ग्रहण से उन्होंने जो बात कही है उसको अधिक पुष्टि प्राप्त हो गयी है और इसी से इनकी सतसई की उपयोगिता बहुत बढ़ गयी है। वृन्द पहले कवि हैं जिन्होंने इस मार्ग को ग्रहण कर पूरी सफलता लाभ की। स्फुट श्लोक और दोहे इस प्रकार के मिलते हैं, परन्तु ऐसे सात सौ दोहों का एक ग्रन्थ निर्माण कर देना वृन्द का ही काम था इस दृष्टि से ब्रजभाषा साहित्य में उनका विशेष स्थान है।

नीति विषयक रचनाओं में वृन्द के बाद बैताल का ही स्थान है। वे जाति के बंदीजन थे और चरखारी के राजा विक्रमशाह के दरबार में रहते थे। उनका कोई ग्रन्थ नहीं है। परन्तु स्फुट छप्पय अधिक मिलते हैं जो नीति-सम्बन्धी हैं। उनकी मुख्य भाषा ब्रजभाषा है, परन्तु वे शब्द-विन्यास में अधिक स्वतंत्र हैं। कभी ग्रामीण शब्दों का प्रयोग करने लगते हैं, कभी बैसवाड़ी और अवधी का। उनकी भाषा चलती और प्राञ्जल अवश्य है। भाव-प्रकाशन-शैली भी सुन्दर है, यद्यपि उसमें कहीं-कहीं उच्छृंखलता पाई जाती है। वे इच्छानुसार शब्द और मुहावरे भी गढ़ लेते हैं, फ़ारसी और श्रुति-कटु शब्द का प्रयोग

भी ऐसे ढङ्ग से करते हैं जिससे भाषा पर उनका पूर्ण अधिकार नहीं पाया जाता। रोचकता उनकी रचना में है, साथ ही कटुता भी। कुछ पद्य उनके देखिये—

1. दया चट्ट ह्वै गयी धरम धँसि गयो धरन में।
पुन्न गयो पाताल पाप भयो बरन बरन में।
राजा करै न न्याय प्रजा की होत खुआरी।
घर घर में बेपीर दुखित भे सब नर-नारी।
अब उलटि दान गजपति मँगै सील सँतोष कितै गयो।
बैताल कहै बिक्रम सुनो यह कलियुग परगट भयो।

2. ससि बिनु सूनी रैनि ज्ञान बिनु हिरदय सूनो।
कुल सूनो बिन पुत्र पत्र बिनु तरुवर सूनो।
गज सूनो इक दंत ललित बिनु सायर सूनो।
बिप्र सून बिनु बेद और बन पुहुप बिहूनो।
हरि नाम भजन बिनु संत अरु घटा सून बिनु दामिनी।
बैताल कहै विक्रम सुनो पति बिनु सूनी कामिनी॥

3. बुधि बिनु करै बेपार दृष्टि बिनु नाव चलावै।
सुर बिन गावै गीत अर्थ बिनु नाच नचावै।
गुन बिन जाय बिदेस अकल बिन चतुर कहावै।
बल बिन बाँधे जुद्ध हौस बिन हेत जनावै।
अन इच्छा इच्छा करे अन दीठी बातां कहै।
बैताल कहै बिक्रम सुनो यह मूरख की जात है॥

4. पग बिन कटे न पन्थ बाहु बिन हटे न दुर्जन।
तप बिन मिलै न राज्य भाग्य बिन मिलै न सज्जन।
गुरु बिन मिलै न ज्ञान द्रव्य बिन मिलै न आदर।
बिना पुरुष शृंगार मेघ बिन कैसे दादुर।
बैताल कहै बिक्रम सुनो बोल बोल बोली हटे।
धिक्क धिक्क ता पुरुष को मन मिलाइ अन्तर कटे।

चिन्हित शब्दों और वाक्यों को देखिये। उनसे ज्ञात हो जावेगा कि जो दोष मैंने उनकी रचना में बतलाये हैं, वे सब उनमें विद्यमान हैं। फिर भी उपयोगिता-दृष्टि से बैताल की रचना सम्मान योग्य है।

गिरिधर कविराय इस शताब्दी के तीसरे नीतिकार हैं। इन्होंने अपनी प्रत्येक कुंडलिया के अन्त में अपने को गिरिधर कविराय लिख कर प्रकट किया है। कविराय शब्द यह बतलाता है कि वे जाति के ब्रह्मभट्ट थे। किसी दरबार से इनका सम्बन्ध नहीं पाया जाता। यदि हो भी तो इस विषय में कहीं कुछ लिखा नहीं मिलता। जिस भाषा में उन्होंने अपनी रचनायें की हैं उससे ये अवध प्रान्त के मालूम होते हैं। इनकी भाषा में खड़ी बोली, अवधी (बैसवाड़ी) और ब्रजभाषा तीनों का मेल है। भाषा का झुकाव अधिकतर अवधी की ओर है। ये अनगढ़ और भद्दे शब्दों का प्रयोग भी कर जाते हैं, जिससे भाषा प्रायः कलुषित हो जाती है। ये सब दोष होने पर भी इनमें सीधे-सादे शब्दों में यथार्थ बात कहने का अनुराग पाया जाता है, जो गुण है। इसी से इनकी रचनायें अधिकतर प्रचलित भी हैं। इस कवि का उद्देश्य जनता में नीति-सम्बन्धी बातों का प्रचार करना ज्ञात होता है। इसलिए उसने ठेठ ग्रामीण शब्दों के प्रयोग करने में भी संकोच नहीं किया। इनका कोई ग्रन्थ नहीं मिलता। स्फुट रचनायें ही पायी जाती हैं जो कुछ लोगों के कण्ठ से सुनी जाती हैं। जो पठित नहीं हैं उनके मुख से भी कभी-कभी कविराय जी की कुंडलिया सुन पड़ती है। इससे उनकी रचना की व्यापकता प्रकट होती है। यह तो नहीं कहा जा सकता कि सन्तों की बानियों के समान उनकी रचना में भी साहित्यिकता नहीं मिलती, किन्तु यह सत्य है कि उनका शब्द-विन्यास संयत नहीं। वे ऊटपटाँग बातें नहीं कहते, परन्तु ऊटपटाँग शब्दों से अवश्य काम लेते हैं। उनके कुछ पद्य देखिये और उन शब्दों और वाक्यों पर भी विचार-दृष्टि डालते जाइये जो चिन्हित हैं—

1. **रहिये लटपट काटि दिन बरु घामे मां सोय।**
   छाँह न वाकी बैठिये जो तरु पतरो होय।
   जो तरु पतरो होय एक दिन धोखा दैहै।
   जा दिन बहै बयारि टूटि तब जर से जैहै।
   कह गिरिधर कविराय छाँह मोटे की गहिये।
   पाता सब झरि जाय तऊ छाया में रहिये।
2. **साँई घोड़े आछतहिं गदहन पायो राज।**
   कौआ लीजे हाथ में दूरि कीजिये बाज।
   दूरि कीजिये बाज राज पुनि ऐसो आयो।
   सिंह कीजिये कैद स्यार गजराज चढ़ायो।
   कह गिरिधर कविराय जहाँ यह बूझि बड़ाई।
   तहाँ न कीजे भोर साँझ उठि चलिए साँई।

3. साँई बेटा बाप के बिगरे भयो अकाज।
हरिनाकस अरु कंस को गयउ दुहुँन को राज।
गयउ दुहुँन को राज बाप बेटा में बिगरे।
दुसमन दावादार भये महिमंडल सिगरे।
कह गिरिधर कविराय युगन याही चलि आई।
पिता पुत्र के बैर नफा कहु कौने पाई।

4. बेटा बिगरे बाप सों करि तिरियन सों नेहु।
लटापटी होने लगी मोहिं जुदा करि देहु।
मोहिं जुदा करि देहु घरी मां माया मेरी।
लैहौं घर अरु द्वार करौं मैं फजिहत तेरी।
कह गिरिधर कविराय सुनो गदहा के लेटा।
समै पर्‌यो है आय बाप से झगरत बेटा।

इनकी दो सरस रचनायें भी सुनिये—

5. पानी बाढ़ो नाव में घर में बाढ़ो दाम।
दोनों हाथ उलीचिये यही सयानो काम।
यही सयानो काम राम को सुमिरन कीजै।
परस्वारथ के काज सीस आगे धरि दीजै।
कह गिरिधर कविराय बड़ेन की याही बानी।
चलिए चाल सुचाल राखिये अपनो पानी।

6. गुन के गाहक सहस नर बिनु गुन लहै न कोय।
जैसे कागा कोकिला सब्द सुनै सब कोय।
सब्द सुनै सब कोय कोकिला सबै सुहावन।
दोऊ को एक रंग काग सब भये अपावन।
कह गिरिधर कविराय सुनौ हो ठाकुर मन के।
बिनु गुन लहै न कोय सरस नर गाहक गुन के।

इनकी एक श्रृंगार रस की रचना भी सुनिये—

7. सोना लादन पिय गये सूना करि गये देस।
सोना मिला न पिय मिले रूपा ह्वै गये केस।
रूपा ह्वै गये केस रोय रँग रूप गँवावा।

सेजन को बिसराम पिया बिन कबहुँ न पावा।
कह गिरिधर कविराय लोन बिन सबै अलोना।
बहुरि पिया घर आउ कहा करिहौं लै सोना।

इनके किसी-किसी पद्य में साँईं शब्द मिलता है। यह किंवदन्ती है कि जिन कुंडलियाओं में साँईं शब्द आता है वे उनकी स्त्री की बनाई हुई हैं। सम्भव है कि ऐसा हो। परन्तु निश्चित रूप से कोई बात नहीं कही जा सकती। जो दो सरस पद्य मैंने ऊपर लिखे हैं और एक पद्य जो शृंगार रस का लिखा गया है उनसे कवि का सरस हृदय होना स्पष्ट है। शृंगार रस के पद्य में कितनी भावुकता है! इसका वाच्यार्थ कितना साफ है। मेरी सम्मति है कि गिरिधर कविराय वास्तव में कवि-हृदय थे। हाँ, कुछ पद्यों में वे असंयत शब्द-प्रयोग करते देखे जाते हैं। इसका कारण पद्य गत विषय के यथार्थ चित्रण की चेष्टा है। प्रमाणस्वरूप चौथे पद्य को देखिये। शिष्टता की दृष्टि से उसमें असंयत-भाषिता अवश्य है। परन्तु विषयानुसार वह बुरा नहीं कहा जा सकता। इस दृष्टि से अपने इस प्रकार के प्रयोगों के विषय में वे इस योग्य नहीं कि उन पर कटाक्ष किया जाय। उनकी भाषा में भी अधिकतर अवधी और ब्रजभाषा के ही शब्द आते हैं। अन्य भाषा के या ग्रामीण शब्द जो यत्र तत्र आ गये हैं उनके लिए केवल इतना ही कहा जा सकता है कि वे यदि और अधिक संयत होते तो अच्छा था। कुछ लोगों की सम्मत है कि बैताल की भाषा इनकी भाषा से अच्छी है। निस्सन्देह, शब्दविन्यास में बैताल उनसे अधिक संयत हैं। परन्तु दोनों के हृदय में अन्तर है। वे असरस हृदय हैं और ये सरस-हृदय।

घाघ कौन थे, किस जाति के थे, यह नहीं कहा जा सकता। उनका नाम भी विचित्र है। उससे भी उनके विषय में कुछ अनुमान नहीं किया जा सकता। कुछ लोग कहते हैं, वे कान्यकुब्ज ब्राह्मण थे, वे जो हों, परन्तु उनके अनुभवी पुरुष होने में सन्देह नहीं। उन्होंने जितनी बातें कहीं हैं, वे सब नपी-तुली हैं और उनमें समाज के मानसिक भावों का अनेक स्थल पर सुन्दर चित्र है। उन्होंने ऋतुओं के परिवर्तन और कृषि आदि के विषय में कुछ बातें ऐसी कही हैं जिनसे समय-ज्ञान पर उनका अच्छा अधिकार पाया जाता है। कैसी हवा बहने पर कितनी वृष्टि होने की आशा होती है, वर्षा के किन नक्षत्रों का क्या प्रभाव होता है, और किस नक्षत्र में कृषिकार्य्य किस प्रकार करने से क्या फल होगा, इन सब बातों को उन्होंने बड़े अनुभव के साथ कहा है। भाषा उनकी ग्रामीण है और उसमें अवधी एवं बैसवाड़ी का मिश्रण पाया जाता है, उसमें ग्रामीणों की बोलचाल और मुहावरों का भी बहुत सुन्दर व्यवहार है। उनके कथन में प्रवाह है और भाषा उनकी चलती है। कुछ रचनायें तो उनकी ऐसी हैं जो समाज के हृदय का दर्पण हैं। यही कारण है कि उनकी रचनाओं का युक्त प्रान्त के पूर्वी भाग में अधिक प्रचार

है। प्रचार ही नहीं, उसके अनुसार लोग किसानी का काम करने में ही सफलता की आशा करते हैं। मूर्ख किसानों को भी उनकी रचनाओं को पढ़ते और उनके अनुसार कार्य करते देखा जाता है। नीति और लौकिक व्यवहार-सम्बन्धी बातें भी उन्होंने अधिकता से कही हैं। उनकी रचना में विशेषता यह है कि जिस भाषा में उन्होंने रचना की है उस पर उनका पूरा अधिकार ज्ञात होता है। उनकी दृष्टि इस ओर भी पाई जाती है कि उसमें सरलता और स्वाभाविकता की न्यूनता न हो। उनके कुछ पद्य देखिये—

1. भुइयाँ खेड़े हर होइ चार।
घर होइ गिहिथिन गऊ दुधार।
रहर दाल जड़हन का भात।
गागल निबुआ औ घिउ तात।

2. सहरस खंड दही जो होइ।
बाँके नैन परोसै जोइ।
कहै घाघ तब सबही झूठा।
उहाँ छाड़ि इहँवैं बैकूंठा।

3. नसकट खटिया दुलकन घोड़।
कहै घाघ यह बिपति क ओर।
बाछा बैल पतुरिया जोय।
ना घर रहै न खेती होय।

4. बनियाँ क सखरज ठकुर क हीन।
बैद क पूत रोग नहिं चीन्ह।
पंडित चुप चुप बेसवा मइल।
कहै घाघ पाँचों घर गइल।

5. गाघ क ऊषम जेठ क जाड़।
पहिले बरषे भरि गरे गाढ़।
कहै घाघ हम होब बियोगी।
कुआँ खोदि कै धोइहैं धोबी।

6. मुये चाम से चाम कटावै।
सकरी भुइँ महँ सोवै।
कहै घाघ ये तीनों भकुआ।
उढ़रि गये पर रोवै।

7\. गया पेड़ जब बकुला बैठा।
गया गेह जब मुड़िया पैठा।
गया राज जहँ राजा लोभी।
गया खेत जहँ जामी गोभी।

8\. नीचे ओद उपर बदराई।
कहै घाघ तब गेरुई खाई।
पछिवाँ हवा ओसावे जोई।
घाघ कहै घुन कबहुँ न होई।

घाघ की रचनायें ग्रामीण भाषा में होने के कारण प्रायः हिन्दी साहित्य के इतिहासकारों ने उनकी उपेक्षा की है। परन्तु मैं समझता हूँ कि ऐसा करना उचित नहीं। घाघ ने जिस भाषा में अपनी रचना की है वह हिन्दी ही है और वास्तव में बोल-चाल की भाषा है। साथ ही उनकी उक्तियाँ उपयोगिनी हैं। इसलिए उनकी रचना का महत्त्व कम नहीं। जिस समय ब्रजभाषा और अवधी में रचना हो रही थी, उस समय एक ग्रामीण भाषा की रचना लेकर घाघ का सामने आना साहस का काम था उनका यह साहस प्रशंसनीय है, निन्दनीय नहीं। विषय की दृष्टि से भी उनकी रचना कम आदरणीय नहीं। उनकी रचनाओं में वह अनुभव भरा हुआ है, जिसका ज्ञान सबके लिए समान हितकारक है।

इन्हीं नीतिकार कवियों के साथ 'प्रीतम' कवि की चर्चा भी उचित जान पड़ती है। इनका असली नाम मुहिब्ब खाँ था। ये आगरे के रहने वाले थे। इन्होंने 'खटमल बाईसी' नामक एक छोटे से ग्रन्थ की रचना की है, जिसमें बाईस कवित्त हास्य रस के हैं। शायद यही हिन्दी संसार का एक ऐसा कवि है जिसने एक रस पर इतनी थोड़ी रचना करके बहुत कुछ प्रसिद्धि प्राप्त की, चर्चा होने पर प्रीतम को हिन्दी-संसार का प्रत्येक सहृदय कवि प्रीति के साथ स्मरण करता है और उनकी रचनाओं को पढ़कर खिलखिला उठता है। उनकी रचना सरस है और साहित्यिक ब्रजभाषा में लिखी गयी है। जिसमें प्रतिभा छलकती है। और वह चमत्कार दृष्टिगत होता है जो हास्य रस का चित्र सामने खड़ा कर देता है। दो पद्य देखिये–

1\. जगत के कारन करन चारों वेदन के
कमल में बसे वै सुजान ज्ञान धरिकै।
पोषन अवनि दुख सोषन तिलोकन के
समुद में जाय सोये सेस सेज करिकै।

मदन जरायो जो सँहारैं दृष्टि ही में सृष्टि
बसे हैं पहार बेऊ भाजि हरिबरिकै।
बिधि हरि हर और इनसे न कोऊ
तेऊ खाट पर न सोवैं खटमलन सों डरिकै।

2. बाघन पै गयो देखि बनन मैं रहैं छकि
साँपन पै गयो ते पताल ठौर पाई है।
गजन पै गयो धूलि डारत हैं सीस पर
वैदन पै गयो काहू दारू ना बताई है।
जब हहराय हम हरि के निकट गये
हरि मों सों कही तेरी मति भूल छाई है।
कोऊ ना उपाय भटकति जिन डोलै सुन
खाट के नगर खटमल की दोहाई है।

इस शताब्दी में तीन प्रसिद्ध प्रबन्धकार भी हुए हैं। एक सूदन, दूसरे ब्रजवासीदास और तीसरे मधुसूदनदास। सूदन माथुर ब्राह्मण थे और भरतपुर के राजा सूरजमल के यहाँ रहते थे। भूषण और गोरेलाल के उपरान्त हिन्दी-संसार के वीर रस के अन्यतम प्रसिद्ध कवि सूदन ही हैं। इनका सुजान-चरित्र बड़ा विशद ग्रन्थ है, इसमें उन्होंने सूरजमल के अनेक युद्धों का वर्णन बड़ी ही ओजपूर्ण भाषा में किया है इस ग्रन्थ की भाषा खड़ी बोलचाल मिश्रित ब्रजभाषा है। इसमें उनकी पंजाबी भाषा की कुछ रचनायें भी मिलती हैं। इसका कारण यह है कि प्रसंगवश जब किसी पंजाबी से कुछ कहलाना पड़ा है तब उसको उससे उन्होंने पंजाबी भाषा में ही कहलाया है, इसलिए उनकी कृति में पंजाबी शब्दों का प्रयोग भी मिलता है। किन्तु उनकी संख्या थोड़ी है। अपने इस एक ग्रन्थ के कारण ही हिन्दी-संसार में सूदन को वीररस के कवियों में एक विशेष स्थान प्राप्त है। इनके ग्रन्थ में नाना छन्द हैं, उनमें कवित्तों की संख्या भी पर्याप्त है। दशम ग्रन्थ साहब में वीर रस के जैसे 'तागिड़दं तीरं' इत्यादि छन्द लिखे गये हैं उसी प्रकार और उसी ढंग के कितने छन्द इस ग्रन्थ में भी हैं। कुछ पद्य नीचे लिखे जाते हैं—

1. एकै एक सरस अनेक जे निहारे तन
भारे लाज भारे स्वामि काज प्रतिपाल के।
चंग लौं उड़ायो जिन दिली की वजीर भीर
मारी बहु मीरन किये हैं बेहवाल के।
सिंह बदनेस के सपूत श्री सुजान सिंह
सिंह लौं झपटि नख दीन्हें करवाल के।

वेई पठनेटे सेल सांगन खखेटे
भूरि धूरि सों लपेटे लेटे भेंटे महाकाल के।

2. सेलन धकेला ते पठान मुख मैला होत
केते भट मेला हैं भजाये भ्रुव भंग मैं।
तंग के कसेते तुरकानी सब तंग कीनी
दंग कीनी दिली औ दुहाई देत बंग मैं।
सूदन सराहत सुजान किरवान गहि
धायो धीर धारि बीरताई की उमंग मैं।
दक्खिनी पछेला करि खेला तैं अजब खेल
हेला मारि गंग मैं रुहेला मारे जंग मैं।

3. बंगन के लाज मऊ खेत की अवाज यह
सुने ब्रजराज ते पठान वीर बबके।
भाई अहमद खान सरन निदान जानि
आयो मनसूर तौ रहै न अब दब के।
चलना मुझे तो उठ खड़ा होना देर क्या है
बार बार कहेते दराज सीने सब के।
चण्ड भुज दण्ड बारे हयन उदण्ड वारे
कारे कारे डोलनि सवारे होत रब के।

एक पद्य इनका और सुनिये, जिसमें श्रीमती पार्वती अपने घर का विचित्र हाल वर्णन कर रही हैं—

आप विष चाखै भैया षट मुख राखै
देखि आसन मैं राखै बसवास जाको अचलै।
भूतन के छैया आस पास के रखैया
और काली के नथैया हूँ के ध्यान हूँ तें न चलै।
बैल बाघ वाहन वसन को गयन्द खाल
भाँग को धतूरे को पसारि देत अँचलै।
घर को हवाल यहै संकर की बाल कहै
लाज रहै कैसे पूत मोदक को मचलै।

सूदन की रचना की विशेषता यही है कि उन्होंने प्रौढ़ भाषा में वीर रस का एक उल्लेखनीय ग्रन्थ लिखा। ये ब्रजभूमि के ही निवासी थे और ब्रजराज कहलाने वाले

राज-दरबार में रहते थे इसलिए वे अपने ग्रन्थ को साहित्यिक ब्रजभाषा में ही लिख सकते थे। परन्तु उन्होंने ऐसा नहीं किया। अनेक भाषाओं पर अपना अधिकार प्रकट करने के लिए पंजाबी और खड़ी बोली के वाक्य और शब्द भी उसमें मिलाये। ऐसा करने से उनकी अनेक भाषा-भिज्ञता तो प्रकट हुई परन्तु ब्रजभाषा की साहित्यिकता सुरक्षित न रह सकी। उनकी ब्रजभाषा उतनी प्रौढ़ नहीं है जितनी उसे होना चाहिए था। फिर भी सुजान-चरित्र में उसका बड़ा सुन्दर साहित्यिक रूप कहीं-कहीं दृष्टिगत होता है, जिससे उनका कवि-कर्म अपनी महत्ता बनाये रखता है।

ब्रजवासी दास अपने 'ब्रजविलास' के कारण बहुत प्रसिद्ध हैं। ये जाति के ब्राह्मण और वल्लभ सम्प्रदाय के शिष्य थे। मथुरा या वृन्दावन में इनका निवास था। इन्होंने संस्कृत 'प्रबोध चन्द्रोदय' नाटक का विविध छन्दों में अनुवाद किया, परन्तु यह ग्रन्थ सर्वसाधारण को उतना प्रिय नहीं हुआ जितना 'ब्रज-विलास'। ब्रज-विलास की रचना उन्होंने सूरदास के पदों के आधार से की है। वरन् यह कहा जा सकता है कि उनके पदों को, चौपाइयों, दोहाओं, सोरठाओं और विविध छन्दों में परिणत कर दिया है। ये स्वयं इसको स्वीकार करते हैं। यथा–

भाषा को भाषा करौं छमिये सब अपराध।
जेहि तेहि विधि हरि गाइये कहत सकल श्रुति साध।
या मैं कछुक बुद्धि नहिं मेरी।
उक्ति युक्ति सब सूरहिं केरी।
मोते यह अति होत ढिठाई।
करत विष्णु पद की चौपाई।

ब्रजवासीदास का यह महत्त्व है कि वे ब्रजविलास की रचना से अपनी प्रतिभा का कोई सम्बन्ध स्वीकार नहीं करते। परन्तु उसमें उनका निजस्व भी देखा जाता है। उन्होंने स्थान-स्थान पर कथाओं को संगठित रूप में इस सरलता के साथ कहा है कि उनमें विशेष मधुरता आ गयी है। यह उनकी भावमयी और सरस प्रकृति का ही परिणाम है। उन्होंने गोस्वामी जी का अनुकरण किया है, परन्तु उनकी भाषा साहित्यिक ब्रजभाषा है, जिससे सरसता टपकी पड़ती है। उनके ग्रन्थ का शब्द-विन्यास इतना कोमल है और उसमें कुछ ऐसा आकर्षण मिलता है जो स्वभावयता हृदयों को अपनी ओर खींच लेता है। उनके इस ग्रन्थ का प्रचार भी अधिक है, विशेषकर ब्रजप्रान्त और युक्त-प्रान्त के पश्चिमीय भाग में। 'प्रबोध चन्द्रोदय' का अनुवाद मेरे देखने में नहीं आया। सुना है उसकी भाषा भी ऐसी ही ललित है। मैं उनके कुछ पद्य ब्रजविलास से उठाता हूँ। उनके पढ़ने से आपको यह

अनुभव होगा कि उनकी रचना में कितना लालित्य है। चन्द्रमा को देखकर कृष्णचन्द्र मचल गये हैं और उसको लेना चाहते हैं। माता ने एक थाली में जल भरकर चन्द्रमा को उनके पास पकड़ मँगाया। उसी समय का यह वर्णन है। देखिये उसकी मनोहरता और स्वाभाविकता–

लेहु लाल यह चन्द्र मैं लीन्हों निकट बुलाय।
रोवै इतने के लिए तेरी स्याम बलाय॥
देखहु स्याम निहारि या भाजन में निकट ससि।
करी इती तुम आरि जा कारन सुन्दर सुअन॥

ताहि देखि मुसुकाइ मनोहर।
बारबार डारत दोऊ कर।
चंदा पकरत जल के माहीं।
आवत कछू हाथ में नाहीं।
तब जल पुट के नीचे देखे।
तहँ चंदा प्रतिबिंब न पेखे।
देखत हँसी सकल ब्रज-नारी।
मगन बाल-छबि लखि गहतारी।
तबहिं स्याम कछु हँसि मुसकाने।
बहुरो माता सों बिरुझाने।
लउँगौ री या चंदा लउँगौ।
वाहि आपने हाथ गहूँगौ।
यह तो कलमलात जल माहीं।
मेरे कर में आवत नाहीं।
बाहर निकट देखियत नाहीं।
कहौ तो मैं गहि लावौं ताही।
कहत जसोमति सुनहु कन्हाई।
तुअ मुख लखि सकुचत उड़ुराई।
तुम तेहि पकरन चहत गुपाला।
ताते ससि भजि गयो पताला।
अब तुमते ससि डरपत भारी।
कहत अहो हरि सरन तुम्हारी।
बिरुझाने सोये दै तारी।
लिय लगाय छतियाँ महतारी।

लै पोढ़ाये सेज पर हरि को जसुमति माय।
अति बिरुझाने आज हरि यह कहि कहि पछिताय॥

देखिये इस पद्य में बालभाव का अथच माता के प्यार का कितना स्वाभाविक वर्णन है। निस्सन्देह, यह प्रवाह सूर-सागर से आया है। परन्तु उसको अपने ढंग से प्रवाहित कर ब्रजवासीदास ने बहुत कुछ सहृदयता दिखलाई है और यही उनका निजस्व है। जो लोग सूर-सागर में धँसकर उसका पूर्ण आनन्द लाभ करने के अधिकारी नहीं हैं उनके लिए ब्रजविलास की रचना है जो सर्वसाधारण के हृदय में चिरकाल से आनन्द रस-धारा बहाती आयी है।

मधुसूदनदास माथुर चौबे थे इन्होंने 'रामाश्वमेध' नामक एक बड़ा मनोहर प्रबन्ध काव्य लिखा है, इसको संस्कृत रामाश्वमेध का अनुवाद नहीं कह सकते। यह अवश्य है कि उसी के आधार से इस ग्रन्थ की रचना हुई है। परन्तु मधुसूदनदास ने अनेक स्थानों पर स्वतंत्र पथ भी ग्रहण किया है। उनके इस ग्रन्थ को हम रामचरितमानस का परिशिष्ट कह सकते हैं रामाश्वमेधकार ने रामचरितमानस का ही अनुकरण किया है और उसमें अधिकतर सफलता लाभ की है। उनकी यह रचना कहीं-कहीं रामचरितमानस की भाषा से इतनी मिल जाती है कि वह ठीक गोस्वामी जी की कृति जान पड़ती है। अवधी भाषा ही में यह ग्रन्थ लिखा गया है। परन्तु गोस्वामी जी की रचना के समान उसमें भी संस्कृत के तत्सम शब्द अधिक आते हैं। उनकी भाषा को हम परिमार्जित अवधी कह सकते हैं, जिसमें कहीं-कहीं गोस्वामी जी के समान ही ब्रजभाषा का पुट पाया जाता है। इस ग्रन्थ का प्रचार बहुत कम हुआ, परन्तु ग्रन्थ सुन्दर और पठनीय है। इसके कुछ पद्य देखिये–

सिय रघुपति-पद-कंज पुनीता।
प्रथमहिं बंदन करौं सप्रीता।
मृदु मंजुल सुन्दर सब भाँती।
ससि कर सरिस सुभग नखपाँती।
प्रणत कल्पतरु तरु सब ओरा।
दहन अज्ञ तम जन चित चोरा।
त्रिविध कलुष कुंजर घनघोरा।
जग प्रसिद्ध केहरि बरजोरा।
चिंतामणि पारस सुर धेनू।
अधिक कोटि गुन अभिमत देनू।
जन मन मानस रसिक मराला।
सुमिरत भंजन बिपति बिसाला।

इस शताब्दी में निर्गुणवादियों में चरनदास का नाम ही अधिक प्रसिद्ध है। उनके बाद उनकी शिष्या सहजोबाई और दयाबाई का नाम लिया जा सकता है। चरनदास जी राजपूताना निवासी थे। कहा जाता है कि उन्नीस वर्ष की अवस्था में उनको वैराग्य हो गया था। वे बाल ब्रह्मचारी थे। उनके शिष्यों की संख्या बावन बतलाई जाती है। उनकी बावन गद्दियाँ अब तक वर्तमान हैं। उनके पन्थ वाले चरनदासी कहलाते हैं। उनके दो ग्रन्थ मिलते हैं, एक का नाम है 'ज्ञान-स्वरोदय' और दूसरे का 'चरनदास की बानी' दादूदयाल का जो सिद्धान्त था लगभग वही सिद्धान्त उनका भी था। कबीर पन्थ की छाया भी उनके पन्थ पर पड़ी है। वे भी एक प्रकार से अपठित थे। उनकी भाषा भी सन्त बानियों की सी ही है। उसमें किसी भाषा का विशेष रंग नहीं। परन्तु ब्रजभाषा के शब्द उसमें अधिक मिलते हैं और कहीं-कहीं राजस्थानी की झलक भी दृष्टिगत होती है। 'स्वरोदय' की रचना जटिल है। उसमें संस्कृत के तत्सम शब्द भी अधिक आये हैं, और वे कहीं-कहीं उसमें अव्यवस्थित रूप में पाये जाते हैं जिससे भाषा का माधुर्य्य बहुत कुछ नष्ट हो जाता है। यत्र तत्र छन्दोभंग भी है। उनके कुछ पद्य देखिये और जो चिन्हित शब्द हैं उन पर विशेष ध्यान दीजिये।

1. चार वेद का भेद है गीता का है जीव।
चरनदास लखु आपको तोमैं तेरा पीव।

2. मुक्त होय बहुरै नहीं जीव खोज मिटि जाय।
बुंद समुंदर मिलि रहै दुनिया ना ठहराय।

3. सूछस भोजन कीजिये रहिये ना पड़ सोय।
जल थोरा सा पीजिये बहुत बोल मत खोय।

4. सतगुरु मेरा सूरमा करै शब्द की चोट।
मारे गोला प्रेम का ढहै भरम का कोट।

5. धन नगरी धन देस है धन पुर पट्टन गाँव।
जहँ साधू जन उपजियो ताका बल बल जाँव।

6. जग माँही ऐसे रहो ज्यों अंबुज सर माहिं।
रहै नीर के आसरे पै जल छूवै नाहिं।

7. दया नम्रता दीनता छिमा सील संतोष।
इन कहँ लै सुमिरन करै निहचै पावै मोख।

8. चरनदास यों कहत हैं सुनियो संत सुजान।
मुक्ति मूल आधीनता नरक मूल अभिमान।

9. चंद सूर्ज दोउ सम करै <u>ठोढ़ी हिये</u> लगाय।
षट <u>चक्कर</u> को बेध कर शून्य शिखर को जाय।

10. <u>ब्याह</u> दान तीरथ जो करै। <u>बस्तर</u> भूषण घर पग धरै।

11. दहिने स्वर झाड़े फिरै, बाएँ <u>लघुशंकाय</u>।
<u>मुक्ती</u> ऐसी साधिये, दीनों भेद बताय।

सहजोबाई और दयाबाई दोनों चरनदास की शिष्या थीं और दोनों ही दूसरे वंश की थीं। दोनों ही आजन्म उनकी सेवा में रहीं और परमार्थ में ही अपना जीवन व्यतीत किया। इन दोनों की गुरु-भक्ति प्रसिद्ध है। इनकी रचनाओं में भी इसकी झलक पायी जाती है। भाषा इन दोनों की ब्रजभाषा है। परन्तु निर्गुणवादियों का ढंग भी उसमें पाया जाता है। ये दोनों भी चित्त की उमंग से ही कविता करती थीं। उनके बोध पर सत्संग का प्रभाव था, पढ़ी-लिखी वे थीं या नहीं, इस विषय में कहीं कुछ लिखा नहीं मिलता। सहजोबाई ने कोई ग्रन्थ नहीं बनाया। उनकी स्फुट कवितायें पायी जाती हैं। उनमें से कुछ यहाँ लिखी जाती हैं—

1. निश्चय यह मन डूबता लोभ मोह की धार।
चरनदास सतगुरु मिले सहजो लई उबार।

2. सहजो गुरु दीपक दियो नैना भये अनंत।
आदिअंत मध एक ही सूझि परै भगवंत।

3. जब चेतै जहँ ही भला मोह नींद सूं जाग।
साधू की संगति मिलै सहजो ऊँचे भाग।

4. अभिमानी नाहर बड़ो भरमत फिरत उजार।
सहजो नन्हीं बाकरी प्यार करै संसार।

5. सीस कान मुख नासिका ऊँचे ऊँचे नाँव।
सहजो नीचे कारने सब कोई पूजे पाँव।

दयाबाई का एक ग्रन्थ है, जिसका नाम है 'दयाबोध'। उसके आधार से उनके कुछ पद्य नीचे दिये जाते हैं—

1. बौरी ह्वै चितवत फिरूँ हरि आवैं केहि ओर।
छिन उट्ठू छिन गिर परूँ राम दुखी मन मोर।

2. प्रेम पुंज प्रगटै जहाँ तहाँ प्रगट हरि होय।
दयादया करि देत हैं श्रीहरिदरसन सोय।

3. **दया कुँवरि या जगत में नहीं रह्यो थिर कोय।**
जैसो बास सराय को तैसो यह जग होय।

4. **बड़ो पेट है काल को नेक न कहूँ अघाय।**
राजा राना छत्र पति सबकूँ लीले जाय।

5. **दुख तजि सुख की चाह नहिं नहिं बैकुंठ विमान।**
चरन कमल चित चहत हौं मोहि तुम्हारी आन।

उन्नीसवीं शताब्दी जैसे भारतवर्ष के लिए एक विचित्र शताब्दी है वैसे ही हिन्दी भाषा के लिए भी। इस शताब्दी में धार्मिक, सामाजिक और राजनीतिक बड़े-बड़े परिवर्तन जिस प्रकार हुए वैसे ही भाषा सम्बन्धी अनेक लौट फेर भी हुए। हिन्दी भाषा ही नहीं, भारतवर्ष की समस्त प्रान्तिक भाषाओं का कायाकल्प इसी शताब्दी में हुआ। उर्दू भाषा की नींव अठारहवीं शताब्दी के उत्तरार्ध में पड़ चुकी थी। इस शताब्दी में वह भी खूब फली-फूली। मीर, इंशा, ज़ौक़ और नासिख़ ऐसे महाकवियों ने उसका लोकोत्तर शृंगार किया। मुसलमान राज्य का वह अंतिम प्रदीप जो दिल्ली में धुँधली ज्योति धारण कर जल रहा था, उसका निर्वाण इसी शताब्दी में हुआ। जिससे ब्रिटिश सूर्य्य अपनी अतुल आभा भारतवर्ष के प्रत्येक प्रान्तों में विस्तार करने में समर्थ हुआ। परिणाम उसका यह हुआ कि नवीन ज्योति के साथ नये-नये भाव एवं बहुत से नूतन विचार देश में फैले और एक नवीन जागृति उत्पन्न हो गयी। इस जागृति ने भारत की वर्तमान सभ्यता में हलचल मचा दी और उसमें नवीन आविष्कारों का उदय हुआ।

राजा राममोहन राय, परमहंस रामकृष्ण, स्वामी दयानन्द सरस्वती, स्वामी विवेकानन्द, स्वामी रामतीर्थ ऐसे धर्म संस्कारक, न्यायमूर्त्ति महादेव गोविन्द रानाडे ऐसे समाज-सुधारक, दादा भाई नौरौजी, लोकमान्य बालगंगाधर तिलक, माननीय गोपालकृष्ण गोखले, बाबू सुरेन्द्र नाथ बैनर्जी एवं महात्मा गांधी ऐसे राजनीतिक नेता, महर्षि मालवीय जैसे हिन्दू-धर्म के रक्षक, समाज के उन्नायक अथच राजनीति के धुरन्धर संचालक इसी शताब्दी में उत्पन्न हुए। ऐसी दशा में यदि साहित्य में नव-स्फूर्ति उत्पन्न और हिन्दी भाषा को भी नवजीवन इस शताब्दी में प्राप्त हो तो कोई आश्चर्य नहीं। क्योंकि साहित्य सामाजिक भावों के विकास का ही परिणाम होता है। साहित्य के लिए अनुकूल भाषा की बड़ी आवश्यकता होती है। यही कारण है कि इस शताब्दी में हिन्दी भाषा ने अपना कलेवर विचित्र रूप से बदला। उसमें यह परिवर्तन इस शताब्दी के उत्तरार्द्ध में हुआ। पूर्वार्द्ध में पूर्वागत परम्परा ही अधिकतर दृष्टिगत होती है, यद्यपि उसमें परिवर्तन के लक्षण प्रगट हो गये थे। मैं क्रमशः परिवर्तन-प्रणाली को आपके सामने उपस्थित करूँगा।

इस शताब्दी में निम्नलिखित प्रसिद्ध रीति ग्रन्थकार हुए हैं। क्रमशः मैं इनका परिचय आपको दूँगा और यह भी बतलाता चलूँगा कि इनके समय में भाषा का क्या रूप था और उस पर समय का क्या प्रभाव पड़ा—पदमाकर, ग्वाल, राय रणधीर सिंह, लछिराम, गोविंदगिल्लाभाई, प्रताप शाह।

पदमाकर का कविता-काल अठारहवीं शताब्दी से प्रारम्भ होता है, किन्तु उनकी प्रौढ़ कविता का काल यही शताब्दी है। इसलिए हमने इसी शताब्दी में उनको रक्खा है। हिन्दी-साहित्य-संसार में पदमाकर एक विशेष स्थान के अधिकारी हैं। उनकी रचना में ऐसा प्रवाह है, जो हृदय को रस-सिक्त किये बिना नहीं रहता। शब्द-विन्यास में उन्होंने ऐसी सहृदयता का परिचय दिया है जैसी महाकवियों में ही दृष्टिगत होती है। भाव को मूर्तिमन्त बनाकर सामने लाना उनकी विशेषता है। शब्द में झंकार पैदा करना, उसको भावचित्रण के अनुकूल बना लेना, अपनी उपज से उसमें अनोखे बेल बूटे तराशना, जिनमें रस छलकता मिले, ऐसी उक्तियों को सामने लाना उनकी रचना के विशेष गुण हैं। अनुप्रास एवं वर्ण मैत्री उनकी कविता का प्रधान अंग है, किन्तु इस सरसता और निपुणता से वे उसका प्रयोग करते हैं कि उनके कारण से न तो भाषा दब जाती है और न भाव के स्फुटन में व्याघात उपस्थित होता है। जैसे दर्पण में से आभा फूटती है, वैसे ही उनकी वाक्यावली में से भाव विकसित होता रहता है। अलंकार इनकी कृति में आते हैं, किन्तु उसे अलंकृत करने के लिए, दुरूह बनाने के लिए नहीं, उनकी भाषा साहित्यिक ब्रजभाषा है। उसमें कहीं-कहीं अन्य भाषा के शब्द भी आ जाते हैं, परन्तु वे आभूषण में नग का काम देते हैं। उन्होंने कुछ भाव संस्कृत और भाषा के अन्य कवियों के भी लिए हैं, किन्तु उनको बिलकुल अपना बना लिया है। साथ ही उनमें एक ऐसी मौलिकता उत्पन्न कर दी है, जिससे यह ज्ञात होता है कि वे उन्हीं की सम्पत्ति हैं।

पदमाकर जी बड़े भाग्यशाली कवि थे। वे उस वंश के रत्न थे जो सर्वदा बड़े-बड़े राजाओं, महाराजाओं द्वारा आदृत होता आया था। जितने राजदरबारों में उनका प्रवेश हुआ और जितने राजाओं-महाराजाओं से उन्हें सम्मान मिला, हिन्दी-संसार के किसी अन्य कवि को वह संख्या प्राप्त नहीं हुई। वे तैलंग ब्राह्मण थे। इसलिए उनकी पूजा कहीं गुरुत्व लाभ करके हुई, कहीं कवि कर्म्म द्वारा। उनके पूर्व पुरुष भी विद्वान् और कवि थे और उनके पुत्र एवं पौत्र भी। उनके पौत्र गदाधर हिन्दी-संसार के परिचित प्रसिद्ध कवि हैं। वे कवि-कर्म्म में तो निपुण थे ही, सम्मान प्राप्त करने में भी बड़े कुशल थे। उन्होंने अनेक ग्रन्थों की रचना की है। कहा जाता है कि 'रामरसायन' नामक एक राम-चरित्र सम्बन्धी-प्रबन्ध काव्य भी उन्होंने लिखा था। परन्तु उसकी कविता ऐसी नहीं है जैसी उनके जैसे महाकवि की होनी चाहिए। इसलिए कुछ लोगों की यह सम्मति है कि वह ग्रन्थ उनका रचा नहीं है। उनका सबसे प्रसिद्ध ग्रन्थ जगद्विनोद है, जो हिन्दी

भाषा कवि कुल का कण्ठहार है। प्रबोध पचासा और गंगालहरी भी उनके सुन्दर ग्रन्थ हैं। इन ग्रन्थों में निर्वेद जैसा मूर्तिमन्त होकर विराजमान है वैसी ही उनमें मर्म-स्पर्शिता भी है। पदमाकर के ग्रन्थों की संख्या एक दर्जन से अधिक है, और उन सबों में उनकी प्रतिभा सुविकसित मिलती है। उनमें से कुछ कवितायें नीचे लिखी जाती हैं–

1. ब्याधहूँ ते बिहद असाधु हौं अजामिल लौं
ग्राह ते गुनाही कहो तिन मैं गिनाओगे।
स्योरी हौं नसूद हौं न केवट कहूँ को
त्यों न गौतमी तिया हौं जापै पग धरि आओगे।
राम सों कहत पदमाकर पुकारि
तुम मेरे महापापन को पारहू न पाओगे।
झूठो ही कलंक सुनि सीता ऐसी सती तजी।
साँचो ही कलंकी ताहि कैसे अपनाओगे।

2. जैसौ तैं न मोसों कहूँ नेकहू डरात हुतो
तैसौ अब हौंहूँ नेक हूँ न तोसों डरिहौं।
कहै पदमाकर प्रचंड जो परैगो
तो उमंड करि तोसों भुजदंड ठोंकि लरिहौं।
चलो चलु चलो चलु बिचलु न बीच ही ते
कीच बीच नीच तौ कुटुंब कौ कचरिहौं।
ए रे दगादार मेरे पातक अपार तोहि
गंगा की कछार में पछारि छार करिहौं।

3. हानि अरु लाभ जानि जीवन अजीवन हूँ
भोगहूँ वियोगहूँ सँयोग हूँ अपार है।
कहै पदमाकर इते पै और केते कहौं
तिनको लख्यो न वेदहूँ मैं निरधार है।
जानियत याते रघुराय की कला कौ कहूँ
काहू पार पायो कोऊ पावत न पार है।
कौन दिन कौन छिन कौन घरी कौन ठौर
कौन जानै कौन को कहा धौं होनहार है।

4. सोरह सिगार कै नवेली के सहेलिन हूँ
कीन्हीं केलि मन्दिर मैं कलपित केरे हैं।

कहै पदमाकर सु पास ही गुलाब पास
खासे खस खास खुसबोइन के ढेरे हैं।
त्यों गुलाब नीरन सों हीरन को हौज भरे
दम्पति मिलाय हित आरती उंजेरे हैं।
चोखी चाँदनीन पर चौरस चमेलिन के
चन्दन की चौकी चारु चाँदी के चँगेरे हैं।

5. चहचही चहल चहूँया चारु चन्दन की
चन्द्रक चुनिन चौक चौकन चढ़ी है आब।
कहै पदमाकर फराकत फरसबंद
फहरि फ़ुहारनि की फरस फबी है फाब।
मोद मदमाती मनमोहन मिलै के काज
साजि मन मन्दिर मनोज कैसी महताब।
गोलगुलगादी गुल गोल में गुलाब गुल
गजक गुलाबी गुल गिंदुक गले गुलाब।

6. कूलन में केलि में कछारन में कुंजन में
क्यारिन में कलिन कलीन किलकंत है।
कहै पदमाकर परागन में पौन हूँ मैं
पानन में पीक में पलासन पगंत है।
द्वार में दिसान में दूनी मैं देस देसन मैं
देखौ दीप दीपन मैं दीपति दिगन्त है।
बीथिन में ब्रज में नवेलिन में बेलिन में
बनन में बागन मैं बगर्‌यो बसन्त है।

7. पात बिन कीन्हें ऐसी भाँति गन बेलिन के
परत न चीन्हें जे ये लरजत लुंज हैं।
कहै पदमाकर बिसासी या बसन्त के सु
ऐसे उतपात गात गोपिन के भुंज हैं।
ऊधो यह सूधो सो सँदेसो कहि दीजो भलो
हरि सों हमारे ह्यां न फूले बन कुंज हैं।
किंसुक गुलाब कचनार औ अनारन की
डारन पै डोलत अँगारन के पुंज हैं।

8. संपति सुमेर की कुबेर की जो पावै ताहि
तुरत लुटावत बिलम्ब उर धारै ना।
कहै पदमाकर सुहेम हय हाथिन के
हलके हजारन के बितर बिचारै ना।
दीन्हें गज बकस महीप रघुनाथ राय
याहि गज धोखे कहूँ काहू देइ डारै ना।
याहि डर गिरिजा गजानन को गोय रही
गिरि ते गरे ते निज गोद ते उतारै ना।

9. झाँकति है का झरोखा लगी
लगि लागिबे को इहाँ फेल नहीं फिर।
त्यों पदमाकर तीखे कटाछनि की
सर कौ सर सेल नहीं फिर।
नैनन ही की घलाघल के घन
घावन को कछु तेल नहीं फिर।
प्रीति पयोनिधि मैं धँसि कै हँसि कै
कढ़िबो हँसी खेल नहीं फिर।

10. ए ब्रजचन्द चलौ किन वा ब्रज
लूकैं बसन्त की ऊकन लागीं।
त्यों पदमाकर पेखौ पलासन
पावक सी मनो फूँकन लागीं।
वै ब्रजनारी बिचारी बधूबन
बावरी लौं हिये हूकन लागीं।
कारी कुरूप कसाइनैं ये सु कुहू
कुहू क्वैलिया कूकन लागीं।

ग्वाल कवि मथुरा के रहने वाले ब्रह्मभट्ट थे। जगदम्बा का उनको इष्ट था। वे प्रतिभावान कवि माने जाते हैं। कहा जाता है किसी सिद्ध तपस्वी की कृपा से यह प्रतिभा उनको प्राप्त हुई थी। उनके बनाये ग्रन्थों की संख्या साठ से ऊपर है, जिनमें अधिकतर 'गोपी-पचीसी', 'रामाष्टक', 'कृष्णाष्टक' और 'गणेशाष्टक' आदि के समान छोटे-छोटे ग्रन्थ हैं। उनके 'साहित्यानंद', 'साहित्य-दर्पण', 'साहित्य-दूषण' इत्यादि पाँच चार बड़े ग्रन्थ हैं। इनमें साहित्य के समस्त अंगों का विशेष वर्णन है। ये राज-दरबारों

में घूमा करते थे। महाराज रणजीत सिंह से भी मिले थे। उन्होंने इन्हें कुछ पुरस्कार भी दिया था। देशाटन अधिक करने के कारण उनको अनेक भाषाओं का ज्ञान था, उनमें उन्होंने कविता भी की है। वे ब्रज-निवासी थे और ब्रजभाषा पर उनको अधिकार भी था। परन्तु स्वतन्त्र प्रकृति के थे, इसलिए उनकी रचना में ब्रजभाषा के साथ खड़ी बोली का मिश्रण भी है। उनकी कविता में जैसी चाहिए वैसी भावुकता भी नहीं। आन्तरिक प्रेरणाओं से लिखी गयी कविताओं में जो बल होता है, उनकी रचनाओं में वह कम पाया जाता है। उन्होंने बहुत अधिक रचनायें की हैं, इसलिए सबमें कविकर्म्म का उचित निर्वाह नहीं हो सका, उनकी कविता में प्रवाह पाया जाता है, परन्तु यथेष्ट नहीं। उर्दू और फारसी शब्दों का प्रयोग उनकी कविता में प्रायः देखा जाता है। ज्ञात होता है कि उन पर उर्दू शायरी का भी कुछ प्रभाव था। उनके कुछ पद्य देखिये–

1. मोरन के सोरन की नेकौ ना मरोर रही
घोर हूँ रही न घन घने या फरद की।
अंबर अमल सर सरिता बिमल भल
पंक को न अंक औ न उड़नि गरद की।
ग्वाल कवि चित में चकोरन के चैन भये।
पंथिन की दूरि भई दूखन दरद की।
जल पर थल पर महल अचल पर
चाँदी सी चमकि रही चाँदनी सरद की।

2. ग्रीष्म की गजब धुकी है धूप धाम धाम
गरमी झुकी है जाम नाम अति पापिनी।
भींजे खस बीजन झले हूँ ना सुखात स्वेद
गात ना सुहात बात दावा सी डरापिनी।
ग्वाल कवि कहै कोरे कुंभन ते कूपन ते
लै लै जलधार बार बार मुख थापिनी।
जब पियो तब पियो अब पियो फेर अब
पीवत हूँ पीवत मिटै न प्यास पापिनी।

3. जेठ को न त्रास जाके पास ये बिलास होंय,
खर के मवास पै गुलाब उछर्‌यो करै।
बिही के मुरब्बे डब्बे चांदी के बरक भरे,
पेठे पाग केवरे मैं बरफ पर्‌यो करै।
ग्वाल कवि चंदन चहल में कपूर चूर,
चंदन अतर तर बसन खर्‌यो करै।

कंज मुखी कंज नैनी कंज के बिछौनन पै,
कंजन की पंखी कर कंज ते कर्‌यो करै।

4. गीधे गीधे तार कै सुतारि कै उतारि कै जू
धारि कै हिये में निज बात जटि जायगी।
तारि कै अवधि करी अवधि सुतारिबे की
बिपति बिदारिबे की फाँस कटि जायगी।
ग्वाल कवि सहज न तारिबो हमारो गिनो
कठिन परैगी पाप-पाँति पटि जायगी।
यातें जो न तारिहौ तुम्हारी सौंह रघुनाथ
अधम उधारिबे की साख घटि जायगी।

5. जाकी खूब खूबी खूब खूबन कै खूबी यहाँ
ताकी खूब खूबी खूब खूबी नभ गाहना।
जाकी बद जाती बद जाती इहाँ चारन में
ताकी बदजाती बद जाती ह्वाँ उराहना।
ग्वाल कवि येही पर सिद्ध सिद्ध ते हैं जग
वही परसिद्ध ताकि इहाँ ह्वाँ सराहना।
जाकी इहाँ चाहना है ताकी वहाँ चाहना है
जाकी इहाँ चाहना है ताकी उहाँ चाह ना।

6. चाहिये जरूर इनसानियत मानस को
नौबत बजे पै फेर भेर बजनो कहा।
जाति औ अजाति कहा हिंदू औ मुसलमान
जाते कियो नेह ताते फेर भजनी कहा।
ग्वाल कवि जाके लिए सीस पै बुराई लई
लाजहूँ गँवाई ताते फेर लजनो कहा।
या तो रंग काहू के न रंगिये सुजान प्यारे।
रँगे तो रँगेई रहे फेर तजनो कहा।

7. दिया है खुदा ने खूब खुसी करो ग्वाल कवि
खाओ पियो देव लेव यही रह जाना है।
राजा राव उमराव केते बादसाह भये
कहाँ ते कहाँ को गये लाग्यो ना ठिकाना है।

ऐसी जिंदगानी के भरोसे पै गुमान ऐसे
देस देस घूमि घूमि मन बहलाना है।
परवाना आये पर चले ना बहाना
इहाँ नेकी कर जाना फेर आना है न जाना है।

उनकी अन्य भाषाओं की भी रचनायें हैं। पर मैं अब उनको उठाना नहीं चाहता। एक-एक पद उन भाषाओं का देख लीजिये—

पूरबी भाषा—**मोर परवा सिर ऊपर सोहै**
अधर बँसुरिया राजत बाय।

गुजराती भाषा—**तुम तौ कहो छो**
छैया मोटो ऊधमी छै।
म्हारी मटकी मठानी ढुलकावा नो निदान छै।

पंजाबी भाषा—**साड़ी खुशी एहौ आप**
आरांदी खुशी दे बिच।
जेही चाहो तेही करो नेही कानूं नस्स दै।

गोकुलनाथ महाराज काशिराज के दरबार के प्रसिद्ध कवि थे। ये कविवर रघुनाथ के पुत्र थे, इनका भाषा-साहित्य का ज्ञान उच्च कोटि का माना जाता है। इन्होंने साहित्य के सब अंगों पर रचनायें की हैं, रीति-सम्बन्धी सुन्दर ग्रन्थ भी बनाये हैं। 'कवि मुखमंडन, राधाकृष्ण विलास और चेत चन्द्रिका' इनके प्रसिद्ध ग्रन्थ हैं। इन्होंने अध्यात्म रामायण का अनुवाद भी किया है। सीताराम गुणार्णव उसका नाम है। यह इनका प्रबन्ध ग्रन्थ है। इन्होंने एक बहुत बड़ा कार्य अपने पुत्र गोपीनाथ और शिष्य मणिदेव की सहायता से किया। वह है समस्त महाभारत और हरिवंश पर्व का ब्रजभाषा में सरस अनुवाद। यह अनुवाद काशी के महाराज उदितनारायण सिंह की बहुत बड़ी उदारता का फल है। यह कार्य लगभग पचास वर्ष में हुआ और इसमें उन्होंने लाखों रुपये व्यय किये। यह मुझे ज्ञात है कि महाराज रणजीत सिंह ने भी समस्त महाभारत का अनुवाद सुन्दर ब्रजभाषा में किसी कवि से कराया था। उन्होंने भी यह कार्य बहुत व्यय स्वीकार करके किया था मैंने इस ग्रन्थ को पढ़ा और देखा भी है। निज़ामाबाद निवासी स्व. बाबा सुमेर सिंह के पास इसकी एक हस्तलिखित प्रति मौजूद थी। परन्तु अब वह अप्राप्य है। जहाँ तक मुझे ज्ञात है, यह गन्थ मुद्रित भी नहीं हुआ परन्तु काशिराज के अनुवाद के तीन संस्करण हो चुके हैं। इस ग्रन्थ की सुन्दर और मधुर रचना की बहुत अधिक प्रशंसा है। गोकुलनाथ ने ऐसे विशाल ग्रन्थ का अनुवाद अशिथिल और भावमयी भाषा

में करके बहुत बड़ा गौरव प्राप्त किया है। इतना बड़ा प्रबन्ध काव्य अब तक हिन्दी के किसी कवि अथवा महाकवि द्वारा नहीं लिखा जा सका। सच बात तो यह है कि अकेले एक बहुत बड़ा प्रतिभाशाली कवि भी इस कार्य को नहीं कर सकता था। गोपीनाथ और मणिदेव भी गण्य कवियों में हैं। उनकी पूर्ण सहायता से ही गोकुलनाथ को इतनी बड़ी कीर्ति प्राप्त हो सकी। इसलिए वे भी कम प्रशंसनीय नहीं। इस अनुवाद की एक विशेषता यह है कि यदि यह न बताया जाय कि तीनों कवियों में से किस कवि ने किस पर्व का अनुवाद किया है तो ग्रन्थ की भाषा के द्वारा यह ज्ञात नहीं हो सकता है कि उसमें तीन कवियों की रचनायें हैं। वास्तव बात यह है कि तीनों ने इतनी योग्यता और विलक्षणता के साथ अनुवाद कार्य किया है कि भाषा में विभिन्नता आयी ही नहीं। ग्रन्थ की भाषा साहित्यिक ब्रजभाषा है, उसमें उर्दू, फ़ारसी अथवा अन्य भाषा के शब्द यत्र तत्र आये हैं, परन्तु उसके अंग भूत बनकर, इस प्रकार नहीं कि जिससे भाषा की शैली में कोई व्याघात अथवा विषमता उत्पन्न हो। इन तीनों सुकवियों की रचनाओं के कुछ उदाहरण नीचे लिखे जाते हैं–

1. सखिन के स्रुति मैं उकुति कल कोकिल की
गुरुजन हूँ के पुनि लाज के कथन की।
गोकुल अरुन चरनांबुज पै गुंज पुंज
धुनि सी चढ़ति चंचरीक चरचान की।
पीतम के स्रवन समीप ही जुगुति होति।
मैन मंत्र तंत्र के बरन गुनगान की।
सौतिन के कानन मैं हालाहल ह्वै हलति
ऐरी सुखदानि तौन बजनि बिछुवान की।

2. पेंच खुले पगरी के उड़ैं फिरै
कुंडल की प्रतिमा मुख दौरी।
तैसिये लोल लसैं जुलफैं रहैं
एहो न मानति धावति धौरी।
गोकुलनाथ किये गति आतुर
चातुर की छबि देखत बौरी।
ग्वालिन ते कढ़ि जात चल्यो
फहरात कँधा पर पीत पिछौरी।

गोकुलनाथ

3. बिहँग अगनित भाँति के तहँ रमत बोलत बैन।
मृगा आवत तासु तर ते लहत अतिसय चैन।
पलित नामक मूष शतमुख विवर करि तर तास।
भयो निवसत अति विचच्छन चपल लच्छन जासु।

गोपीनाथ

4. काक के ये बचन सुनि कै कह्यो हंस सुजान।
एक गति सब बिहग की तुम काक शतगतिवान।
एक गति सों उड़ब हम तुम यथा रुचित सुबंस।
बाँधि यहि बिधि बहस लागे उड़नवायस हंस।

मणिदेव

भाषा के विषय में इतना और कहना आवश्यक होता है कि अनुवादकों की प्रवृत्ति कहीं-कहीं संस्कृत के शब्दों को तत्सम रूप में रखने ही की है। इसलिए ब्रजभाषा के नियमानुसार शकार को सकार न करके प्रायः शकार ही रहने दिया गया है। इसी प्रकार अनुप्रास आदि के आधार से अधिक ललित बनाने की चेष्टा न कर सरलता ही पर विशेष दृष्टि रखी गयी है।

राय रणधीर सिंह जिला जौनपुर, सिंगरामऊ के निवासी थे। आप वहाँ के एक प्रतिष्ठित जमींदार थे। आपके यहाँ पण्डितों, विद्वानों एवं कवियों का बड़ा आदर था। कविता में उनकी इतनी रुचि थी कि वह उनका एक व्यसन हो गया था, उन्होंने पाँच ग्रन्थों की रचना की थी। उनमें से 'नामार्णव' पिंगल का, 'काव्यरत्नाकर' नायिका भेद और अलंकार का और 'भूषण-कौमुदी, साहित्य-सम्बन्धी ग्रन्थ है। ये एक सरस हृदय कवि थे उनका एक पद्य देखिये—

मंजुल सुरंगवर सोभित अंचित चारु
फल मकरंद कर मोदित करन हैं।
प्रमित विराग ज्ञान के सर सरस देस।
विरद असेस जसु पांसु प्रसरन हैं।
सेवित नृदेव मुनि मधुप समाज ही के
रनधीर ख्यात द्रुत दच्छिन भरन हैं।
ईस हृदि मानस प्रकासित सहाई लसैं
अमल सरोज पर स्यामा के चरन हैं।

लछिराम ब्रह्मभट्ट थे और अमोड़ा, जिला बस्ती उनका जन्म-स्थान था। उन्होंने महाराज मानसिंह अवध-नरेश के दरबार में रहकर साहित्य का अच्छा ज्ञान प्राप्त किया

था। उन्हीं से उन्होंने कविराज की पदवी भी प्राप्त की थी। वे उनके दरबार की शोभा तो थे ही, उनकी कृपा के कारण अवध प्रान्त के अनेक राजाओं के यहाँ भी सम्मानित थे। उन्होंने अलंकार के कई ग्रन्थ लिखे हैं, जो उस राजा के नाम से ही प्रख्यात हैं जिसकी कीर्ति के लिए उनकी रचना हुई है—जैसे 'प्रताप रत्नाकर', 'लक्ष्मीश्वर रत्नाकर', 'रावणेश्वर-कल्पतरु', 'महेश्वर-विलास' आदि। इन्होंने नायिकाभेद, अलंकार और अन्य कुछ विषयों पर भी ग्रन्थ लिखे हैं और इस प्रकार इनके ग्रन्थों की संख्या दस-पन्द्रह है। कविता-शक्ति इनमें अच्छी थी, इनकी रचना भी सरस होती थी। परन्तु अधिकतर इनकी कृति में अनुकरण मात्र है। मौलिकता खोजने पर भी नहीं मिलती। इनकी भाषा ब्रजभाषा है और उसमें साहित्यिक गुण भी हैं। कोमल और सरस शब्द-विन्यास करने में भी वे दक्ष थे। कुछ पद्य देखिये—

1. भरम गँवावै झरबेरी संग नीचन ते
कंटकित बेल केतकीन पै गिरत है।
परिहरि मालती सुमाधवी सभासदनि
अधम अरूसन के अंग अभिरत है।
लछिराम सोभा सरवर में बिलास हेरि
मूरख मलिंद मन पल ना थिरत है।
रामचन्द्र चारु चरनांबुज बिसारि देस
बन बन बेलिन बबूर मैं फिरत है।

2. भानु-बंस-भूषन महीष रामचन्द्र बीर
रावरो सुजस फैल्यो आगर उमंग मैं।
कवि लछिराम अभिराम दूनो सेस हूँ सों
चौगुनो चमकदार हिमगिरि गंग मैं।
जाको भट घेरे तासों अधिक परे हैं और
पच गुनो हीरा हार चमक प्रसंग मैं।
चंद मिलि नौगुनो नछत्रन सों सौगुनो ह्वै
सहस गुनो भो छीर-सागर तरंग मैं।

3. सजल रहत आप औरन को देत ताप
बदलत रूप और बसन बरेजे मैं।
तापर मयूरन के झुंड मतवाले साले
मदन मरोरैं महा झरनि मरेजे मैं।

कवि लछिराम रंग साँवरो सनेही पाय
अरज न मानै हिय हरष हरेजे मैं।
गरजि गरजि बिरहीन के बिदारैं उर
दरद न आवै धरे दामिनी करेजे मैं।

गोविन्द गिल्ला भाई चौहान राजपूत थे। उनकी शिक्षा तो साधारण थी, किन्तु उन्होंने परिश्रम करके हिन्दी साहित्य में अच्छा ज्ञान प्राप्त किया था। उन्होंने तीस से अधिक ग्रन्थों की रचना की है। जिनमें 'साहित्य-चिन्तामणि', 'शृंगार-सरोजिनी', 'गोविन्द-हजारा' और 'विवेक-विलास' आदि बड़े ग्रन्थ हैं। इनमें 'शृंगार-सरोजिनी' और 'साहित्य चिन्तामणि' रीति ग्रन्थ हैं। ये काठियावाड़ (गुजरात) के रहने वाले थे। फिर भी उन्होंने ब्रजभाषा में रचना की है। भाषा टकसाली तो नहीं कही जा सकती। परन्तु यह अवश्य स्वीकार करना पड़ता है कि उस पर उनको अच्छा अधिकार था। उनकी रचना में सहृदयता है और कोमलता भी। परन्तु जैसी चाहिए वैसी भावुकता उसमें नहीं मिलती। कुछ पद्य देखिये—

1. संपति करन और दारिद दरन सदा
कष्ट के हरन भव तारन तरन हैं।
भौन के भरन चारों फल के फरन
महाताप के हरन असरन के सरन हैं।
भक्त उद्धरन और बिघन हरन सदा
जनम मरन महादुख के दरन हैं।
गोबिंद कहत ऐसे बारिज बरन बर
मोद के करन मेरे प्रभु के चरन हैं।

2. दाहिबो सरीर अरु लहिबो परमपद
चाहिबो छनिक माहिं सिंधुपार पाइबो।
गहिबो गगनअरु बहिबो बयारि संग
रहिबो रिपुन संग त्रास नहिं लाइबो।
सहिबो चपेट सिंह लहिबो भुजंग मनि
कहिबो कथन अरु चातुर रिझाइबो।
गोबिंद कहत सोई सुगम सकल
पर कठिन कराल एक नेह को निभाइबो।

प्रताप साहि बन्दीजन थे और चरखारी के महाराज विक्रमशाह के दरबारी कवि थे। इन्होंने आठ-दस ग्रन्थों की रचना की है, जिनमें से अधिकतर साहित्य सम्बन्धी हैं।

व्यंग्यार्थ कौमुदी नामक एक ध्वनि-सम्बन्धी ग्रन्थ भी इनका लिखा हुआ है जो अधिक प्रशंसनीय है। कहा जाता है कि रीति ग्रन्थों के अन्तिम आचार्य ये ही हैं। साहित्य में इनका ज्ञान विस्तृत था। इसलिए हिन्दी में साहित्य-विषयक जो न्यूनतायें थीं उनको उन्होंने पूरी करने की चेष्टा की और बहुत कुछ सफलता भी लाभ की। इनकी भाषा सरस ब्रजभाषा है। साथ ही वह बड़ी भावमयी है। कोमल और मधुर शब्द विन्यास पर भी उनका अच्छा अधिकार देखा जाता है। कुछ रचनायें देखिये—

1. **सीख सिखाई न मानति है बरही**
बससंग सखीन के आवै।
खेलत खेल नये जग में बिन काम
वृथा कत जाभ बितावै।
छोड़ि कै साथ सहेलिन को रहि कै
कहि कौन सवादहिं पावै।
कौन परी यह बानि अरी
नित नीर भरी गगरी ढरकावै।

2. **चंचलता अपनी तजि कै रस ही रस**
सों रस सुन्दर पीजियो।
कोऊ कितेक कहै तुमसों तिनकी
कही बातन को न पतीजियो।
चोज चबाइनि के सुनियो न यही
इक मेरी कही नित कीजियो।
मंजुल मंजरी पै हो मलिंद
बिचारि कै भारसँभारि कै दीजियो।

3. **तड़पै तड़िता चहुँ ओरन ते**
छिति छाई समीरन की लहरैं।
मदमाते महा गिरि सृंगन पै
गन मंजु मयूरन के कहरैं।
इनकी करनी बरनी न परै
मगरूर गुमानन सों गहरैं।
घन ये नभ मंडल में छहरैं
घहरैं कहुँ जाय कहूँ ठहरैं।

4. चंचला चपल चारु चमकत चारों ओर
झूमि झूमि धुरवा धरनि परसत है।
सीतल समीर लगै दुखद बियोगिन
सँयोगिन समाज सुख साज सरसत है।
कहै परताप अति निबिड़ अँधेरी माँहि
मारग चलत नाहिं नेकु दरसत है।
झुमड़ि झलानि चहुँ कोद ते उमड़ि आज
धाराधर धारन अपार बरसत है।

5. महाराज रामराज रावरो सजत दल
होत मुख अमल अनंदित महेस के।
सेवत दरीन केते गब्बर गनीम रहैं
पन्नगपताल त्योंही डरन खगेस के।
कहै परताप धरा धँसत चसत कसमसत
कमठ पीठि कठिन कलेस के।
कहरत कोल हहरत हैं दिगीस दस
लहरत सिधु थहरत फन सेस के।

इस शताब्दी के प्रबन्धकारों में महाराज रघुराजसिंह का नाम विशेष उल्लेख योग्य है। गोकुलनाथ की चर्चा पहले मैं कर चुका हूँ। वे भी बहुत बड़े प्रबन्धकार इस शताब्दी के हैं। परन्तु उनकी कृति में दो और कवियों का हाथ है। वे प्रसिद्ध रीति ग्रन्थकार भी हैं। इसलिए मैंने उनकी चर्चा रीति ग्रन्थकारों में की है। महाराज रघुराजसिंह की जितनी रचनायें हैं सब उन्हीं की कृतियाँ हैं और उनमें प्रबन्ध ग्रन्थों की संख्या अधिक है। इसलिए मैं उन्नीसवीं शताब्दी का सर्वश्रेष्ठ प्रबन्धकार उन्हीं को मानता हूँ। रीवाँ राज्य वंश वैष्णव है। उसकी धर्गपरायणता प्रसिद्ध है। महाराज रघुराजसिंह के पितामह जैसिंह बड़े भक्त और सच्चे वैष्णव थे। उन्होंने अपने जीवन काल में ही अपने पुत्र विश्वनाथ सिंह को अपना राज्य भार सौंप दिया था। भगवत्-भजन में ही वे रत रहते थे और भक्ति-सुख को राज्य-सुख से उच्च मानते थे। वे बड़े सहृदय कवि भी थे, लगभग अठारह ग्रन्थों की उन्होंने रचना की थी। उनमें से हरिचरित चन्द्रिका, हरेचरिता-मृत, कृष्ण-तरंगिणी आदि अधिक प्रसिद्ध हैं। 'निर्णय- सिद्धान्त' और 'वेदान्त प्रकाश' भी उनके सुन्दर ग्रन्थ हैं। उनकी रचना बड़ी ललित होती थी और कोमल एवं सरस पद-विन्यास उनकी रचना का प्रधान गुण था। उन्होंने अधिकतर प्रबन्ध ग्रन्थ ही लिखे और वह आदर्श उपस्थित किया जिसका अनुकरण बाद को उनके पुत्र महाराज विश्वनाथ सिंह और पौत्र महाराज रघुराजसिंह ने

बड़ी श्रद्धा के साथ किया। उनकी भाषा साहित्यिक ब्रजभाषा है। परन्तु उसमें अवधी के शब्द भी प्रायः आते रहते हैं। इनकी अधिकांश रचनायें दोहा और चौपाइयों में हैं। उनके कुछ पद्य देखिये–

1. परसि कमल कुवलय बहत, वायु ताप नसि जाइ।
सुनत बात हरि गुननयुत, जिमि जन पाप पराइ।

2. वन वाटिका उपवन मनोहर फूल फल तरु मूल से।
सर सरित कमल कलाप कुवलय कुमुद बन बिकसे लसे।
सुख लहत यों फल चखत मनुपीयत मधुप सों नीति सों।
मन मगन ब्रह्मानंद रस जोगीस मुनिगन प्रीति सों।

3. कूजि रहे खग कुल मधुप, गूँजि रहे चहुँ ओर।
तेहि बन लै गोगन सकल प्रविसे नंद किसोर।

उनके पुत्र महाराज विश्वनाथ सिंह ने भी अनेक ग्रन्थों की रचना की है। उन्होंने कबीर के बीजक और विनय पत्रिका की भी सुन्दर टीकायें लिखी हैं। 'आनन्द रघुनन्दन' नामक एक नाटक भी बनाया है। छोटे-मोटे कई प्रबन्ध ग्रन्थ भी लिखे हैं। अपने पिता के समान इन्होंने भी अनेक धार्मिक ग्रन्थों की रचना की है। इन्होंने संस्कृत में भी ग्रन्थ लिखे हैं उनमें से 'राधावल्लभी भाष्य', 'सर्वसिद्धान्त' आदि अधिक प्रसिद्ध हैं। इन्होंने भी कविता रचने में पिता का ही अनुकरण किया है। परन्तु इनकी भाषा उतनी ललित नहीं है। संयुक्त वर्ण भी इनकी रचना में अधिक आये हैं। फिर भी इनकी अधिकतर कवितायें मनोहर हैं। एक पद्य देखिये–

1. बाजी गज सोर रथ सुतुर कतार जेते,
प्यारे ऐंडवारे जे सबीह सरदार के।
कुँवर छबीले जे रसीले राजबंस वारे,
सूर अनियारे अति प्यारे सरकार के।
केते जातिवारे केते केते देसवारे जीव,
स्वान सिंह आदि सैल वारे जे सिकार के।
डंका की धुकार ह्वै सवार सबै एकै बार
राजैं वार पार बीर कोसल कुमार के।

महाराज रघुराजसिंह में पिता से पितामह का गुण अधिक है। इनकी कितनी ही रचनायें बड़ी सरस हैं। इन्होंने भी अनेक ग्रन्थों की रचना की है, जिसमें 'आनन्दांबुनिधि' जैसे विशाल ग्रन्थ भी हैं। वंश-परम्परा से यह राज्य कवियों का कल्पतरु रहा है। महाराज रघुराज सिंह के आश्रय में भी अनेक कवि थे, जो उनके लिए

कल्पतरु के समान ही कामद थे। आनन्दांबुनिधि श्रीमद्भागवत का अनुवाद है। मैंने बाल्यावस्था में इस ग्रन्थ का कई बार पारायण किया है। इस ग्रन्थ की भाषा चलती और सुन्दर है। इनका भक्ति भाव अपने पिता पितामह के समान ही मधुर और स्निग्ध था उसी की स्निग्धता और माधुरी इनकी रचनाओं में पाई जाती हैं। इन्होंने भी साहित्यिक ब्रजभाषा ही लिखी है, जिसमें यत्र तत्र अवधी का पुट भी पाया जाता है। उनके ग्रन्थों की संख्या जब देखी जाती है और कई विशाल ग्रन्थों की विशालता पर जब ध्यान दिया जाता है तो बड़ा आश्चर्य होता है। राज्य कार्य का संचालन करते हुए जो इनकी लेखनी धारावाहिक रूप से सदा चलती ही रही, यह कम चकितकर नहीं। उनके 'राम-स्वयंवर', 'रुक्मिणी परिणय' आदि ग्रन्थ भी सुन्दर सरस और मनोहर हैं। उनकी कुछ रचनायें देखिये–

1. **कल किसलय कोमल कमल पद-तल सरि नहिं पाय।**
   एक सोचत पियरात नित एक सकुचत झरि जाय।

2. **विलसत जदुपति नखनि मैं अनुपम दुति दरसाति।**
   उड़पति जुत उड़ु अवलि लखि सकुचि सकुचि दुरिजाति।

3. **सविता दुहिता स्यामता सुरसरिता नख जोत।**
   सुतल अरुनता भारती चरन त्रिबेनी होत।

4. **गुलुफ कुलुफ खोलनि ह्वै हो तौ उपमा तूल।**
   ज्यों इंदीवर तट असित द्वैगुलाब के फूल।

5. **चारु चरन की आँगुरी मोपै बरनि न जाय।**
   कमल कोस की पाँखुरी पेखत जिनहिं लजाय।

6. **जदुपति नैन समान हित बिधि ह्वै बिरचै मैन।**
   मीन कंज खंजन मृगहुँ समता तऊ लहै न।

7. **सखि लखन चलो नृप कुँवर भलो।**
   मिथिला पति सदन सिया बनरो।
   सिरमौर बसन तन में पियरो।
   हठहेरि हरत हमरो हियरो।

8. **उर सोहत मोतिन को गजरो**
   रतनारी अँखियन में कजरो।
   चितये चित चोरत सखि समरो
   चितये बिन जिय न जिये हमरो।

9. अलकैं अलि अजब लसैं चेहरो।
झपि झूलि रह्यो कटि लौं सेहरो।
चित चहत अरी लगि जाउँ गरे।
रघुराज त्यागि जग को झगरो।

10. माधुरी माधवकी वह मूरति देखत ही दृग देखे बनैरी।
तीन हूँ लोक की जो रुचिराई सुहाई अहै तिनहीतेघनैरी।
सोभा सचीपति और रति के पति की कछु आयी न मेरे मनैरीं।
हेरि मैं हास्योहिये उपमा छबि हूँ छबि पायी विराजित नैरी।

महाराज रघुराजसिंह के वाच्यार्थ में कहीं-कहीं अस्पष्टता है, कहीं-कहीं शब्दों का समुचित प्रयोग भी नहीं है। फिर भी यह स्वीकार करना पड़ेगा कि साहित्य के अधिकतर उत्तम गुण उनकी रचनाओं में पाये जाते हैं। उनकी रचनायें भगवती वीणापाणि के चरणों में अर्पित सुन्दर सुमन मालाओं के समान हैं।

इन भक्त महाराजाओं के साथ हम एक और सहृदय भक्त की चर्चा करना चाहते हैं। वे हैं दीनदयाल गिरि। इनकी गणना दस नामी संन्यासियों में हैं। कोई इन्हें ब्राह्मण सन्तान कहता है और कोई क्षत्रिय-सन्तान। वे जो हों परन्तु त्यागी पुरुष थे। हृदय भी उदार था और भावुकता उसमें भरी थी। इनके बनाये पाँच ग्रन्थ हैं। उनके नाम हैं अनुराग बाग, दृष्टान्त तरंगिणी, अन्योक्ति माला, वैराग्यदिनेश और अन्योक्ति कल्पद्रुम। इन ग्रन्थों का विषय इनके नामानुकूल है। ये थे शैव किन्तु हृदय उदार था, इसलिए इनकी रचना में वह कटुता नहीं आयी है, जिसकी जननी साम्प्रदायिकता है। वह बड़ी ही सरस और मधुर है साथ ही बड़ी उपयोगिनी। इन्होंने संन्यासी का कार्य ही अधिकतर किया है। समाज को सत् शिक्षा देने में ही वे आजन्म प्रवृत्त रहे। इनकी भाषा टकसाली ब्रजभाषा है, वे संस्कृत के विद्वान् होकर भी अपनी रचना में संस्कृत के शब्दों का अधिक व्यवहार नहीं करते थे। इनकी रचना में प्रवाह है और उसमें एक बड़ी ही मनोहर गति पायी जाती है। अन्य भाषा या उर्दू के शब्द भी कहीं-कहीं इनके पद्यों में आ जाते हैं परन्तु वे नियमित होते हैं। उनकी व्यंजनायें मधुर हैं और भाव स्पष्ट। कहीं-कहीं उत्तमोत्तम ध्वनियाँ भी उनमें मिल जाती हैं। अन्योक्ति की रचनायें जितनी सुन्दर और सरस इन्होंने की उसकी बहुत कुछ प्रशंसा की जा सकती है। इनके कुछ पद्य देखिये—

1. छाड्यो गृहकाज कुललाज को समाज सबै
एक व्रजराज सो कियोरी प्रीतिपन है।
रहत सदाई सुखदाई पद पंकज में

चंचरीक नाईं भईं छाँड़ें नाहिं छन है।
रति-पति मूरति बिमोहन को नेमधरि
विषै प्रेमरंग भरि मति को सदन है।
कुँवर कन्हाई की लुनाई लखि माई मेरो
चेरो भयो चित औचितेरो भयोमन है।

2. कोमल मनोहर मधुर सुरताल सने
नूपुर निनादनि सों कौन दिन बोलि हैं।
नीके मम ही के बुंद वृंदन सुमोतिन को
गहि कै कृपा की अब चोंचन सों तोलि हैं।
नेम धरि छेम सों प्रमुद होय दीन द्याल
प्रेम कोकनद बीच कब धौं कलोलि हैं।
चरन तिहारे जदुवंस राजहंस कब
मेरे मन मानस मैं मंद-मंद डोलि हैं।

3. पराधीनता दुख महा सुखी जगत स्वाधीन।
सुखी रमत सुक बनविषै कनक पींजरे दीन।

4. केहरि को अभिषेक कब कीन्हों विप्र समाज।
निज भुजबल के तेज ते विपिन भयो मृगराज।

5. नाहीं भूलि गुलाब तू गुनि मधुकर गुंजार।
यह बहार दिन चार की बहुरि कटीली डार।
बहुरि कटीली डार होहिगी ग्रीषम आये।
लुवैं चलेंगी संग अंग सब जैहें ताये।
बरनै दीन दयाल फूल जौ लौं तौ पाहीं।
रहे घेरि चहुँ फेर फेरि अलि ऐहैं नाहीं।

6. चारों दिसि सूझै नहीं यह नद धार अपार।
नाव जर्जरी भार बहु खेवन हार गँवार।
खेवनहार गँवार ताहि पै है मतवारो।
लिए भँवर में जाय जहाँ जल जंतु अखारो।
बरनै दीन दयाल पथी बहु पौन प्रचारो।
पाहि पाहि रघुबीर नाम धरि धीर उचारो।

उन्नीसवीं शताब्दी के पूर्वार्द्ध में कुछ ऐसे कवि भी हुए हैं जो न तो रीति ग्रन्थकार हैं, न प्रबन्धकार, वरन प्रेम मार्गी हैं अथवा शृंगारिक कवि। उनकी संख्या बहुत बड़ी है, परन्तु मैं उनमें से कुछ विशेषता प्राप्त सहृदयों का ही उल्लेख करूँगा, जिससे यह ज्ञात हो सके कि उन्होंने अपनी रचनाओं द्वारा किस प्रकार हिन्दी साहित्य को अलंकृत किया। इन लोगों में से सब से पहले हमारे सामने ठाकुर कवि आते हैं। ठाकुर तीन हो गये हैं। इनमें से दो ब्रह्मभट्ट थे, और एक कायस्थ। असनी के रहने वाले प्राचीन ठाकुर सत्रहवीं सदी के अन्त में या अठारहवीं के आदि में पड़ते हैं। इन तीनों ठाकुरों की रचनायें एक दूसरे के साथ इतनी मिल गयी हैं कि इनको अलग करना कठिन है। तीनों ठाकुरों की सवैयाओं में कुछ ऐसी मधुरता है कि वह अपनी ओर हृदय को खींच लेती है, इससे अनेक सहृदयों को ठाकुर सवैयाओं को पढ़ते सुना जाता है। प्राचीन ठाकुर के विषय में कोई ऐसा परिचय चिह्न नहीं मिलता कि जिसके आधार से उनको औरों से अलग किया जा सके। परन्तु जो दो ठाकुर उन्नीसवीं शताब्दी में हुए हैं उनका अन्तर जानने के लिए जो बातें कही जाती हैं वे ये हैं। असनी वाले ब्रह्मभट्ट की रचना अधिकतर कवित्तों में है। उन्होंने सवैया भी लिखे हैं, किन्तु उसके अन्त में कोई कहावत लाने का नियम उन्होंने नहीं रखा है। दूसरे ठाकुर, जो कायस्थ थे, उन्होंने प्रायः अपनी रचना सवैया में की है और उसके अन्त में कोई न कोई कहावत अवश्य लाये हैं। इसी परिचय चिह्न के आधार से उन लोगों की रचना आप लोगों के सामने उपस्थित करूँगा। प्राचीन ठाकुर की रचना मैं हिन्दी साहित्य के इतिहास से लेता हूँ, क्योंकि उसके रचयिता ने यह बतलाया है कि यह रचना उन्हीं की है। प्राचीन ठाकुर के विषय में यह तो सभी स्वीकार करते हैं कि वे असनी के ब्रह्मभट्ट थे। परन्तु उनकी और बातों के विषय में सभी चुप हैं। ऐसी अवस्था में मुझको भी चुप रहना पड़ता है। उनकी रचनाओं के पढ़ने से यह ज्ञात होता है कि वे एक सरस हृदय कवि थे और ब्रजभाषा पर उनको अच्छा अधिकार था। दो पद्य देखिये–

1. सजि सूहे दुकूलनि बिज्जु
छटा सी अटान चढ़ी घटा जोवति हैं।
सुचिती ह्वै सुनैं धुनि मोरन की
रसमाती सँजोग सँजोवति हैं।
कवि ठाकुर वै पिय दूरि बसैं
हम आँसुन सों तन धोवति हैं।
धनिवै धनि पावस की रतियाँ
पति की छतियाँ लगि सोवति हैं।

2. बौर रसालन की चढ़ि डारन
कूकत क्वैलिया मौन गहै ना।
ठाकुर कुंजन कुंजन गुंजत
भौंरन भीर चुपैबो चहै ना।
सीतल मंद सुगंधित बीर
समीर लगे तन धीर रहै ना।
व्याकुल कीन्हों बसंत बनाय कै।
जाय कै कंत रो कोऊ कहैना।

दूसरे ठाकुर भी असनी के रहने वाले थे उन्होंने बिहारी की सतसई पर टीका भी लिखी है। उनकी रचनायें भी सुन्दर और सरस होती थीं उन्होंने नीति सम्बन्धी जो कवित्त बनाये हैं वे बड़े ही उपयोगी और उपदेशमय हैं। जैसे ही उनके शृंगार रस के कवित्त सुन्दर हैं वैसे ही नीति सम्बन्धी भी। उनके कुछ सवैये भी बड़े ही हृदयग्राही हैं। नीति सम्बन्धी कवित्त यदि विवेकशील मस्तिष्क की उपज है तो सरस सवैये उनकी सहृदयता के नमूने हैं। उनमें से कुछ नीचे लिखे जाते हैं–

1. बैर प्रीति करिबे की मन में न राखै संक
राजा राव देखि कै न छाती धक धा करी।
आपने अमेंड के निबाहिबे की चाह जिन्हें
एक सों दिखात तिन्हें बाघ और बाकरी।
ठाकुर कहत मैं विचार कै बिचारि देख्यो
यहै मरदानन की टेक औ अटाकरी।
गही तौन गही जौन छाड़ी तौन छाड़ी।
जौन करी तौन करी बात ना करी सोनाकरी।

2. सामिल में पीर में सरीर में न भेद राखै
हिम्मत कपाट को उघारै तो उघरि जाय।
ऐसो ठान ठानै तो बिनाही जंत्र मंत्र किये।
साँप के जहर को उतारै तो उतरि जाय।
ठाकुर कहत कछु कठिन न जानौ मीत
साहस किये ते कहौ कहा ना सुधरि जाय।
चारि जने चारि हूँ दिसा ते चारों कोन गहि
मेरु को हलाय कै उखारैं तो उखरि जाय।

3. हिलि मिलि लीजिये प्रवीनन ते आठो जाम
कीजिये अराम जासों जिय को अराम है।
दीजिये दरस जाको देखिबे को हौस होय
कीजिये न काम जासों नाम बदनाम है।
ठाकुर कहत यह मन में विचारि देखो
जस अपजस को करैया सब राम है।
रूप से रतन पाय चातुरी से धन पाय
नाहक गँवाइबो गँवारन को काम है।

4. ग्वालन को यार है सिंगार सुभ सोभन को
साँवो सरदार तीन लोक रजधानी को।
गाइन के संग देखि आपनो बखत लेखि
आनँद बिसेख रूप अकह कहानी को।
ठाकुर कहत साँचो प्रेम को प्रसंगवारो
जा लखि अनंग रंग दंग दधिदानी को।
पुत्र नंद जी को अनुराग ब्रजबासिन को
भाग जसुमति को सुहाग राधारानी को।

5. कोमलता कंज ते गुलाब ते सुगंध लैके
चंद ते प्रकास गहि उदित उँजेरो है।
रूप रति आनन ते चातुरी सुजानन ते
नीर लै निवानन ते कौतुक निबेरो है।
ठाकुर कहत यों सँवार्‍यो बिधि कारीगर
रचना निहारि जनचित होत चेरो है।
कंचन को रंगलै सवाद लै सुधा को
बसुधा को सुख लूटि कै बनायो मुख तेरो है।

6. लगी अंतर में करै बाहिर को
बिन जाहिर कोऊ न मानतु है।
दुख औ सुख हानि औ लाभ सबै
घर की कोऊ बाहर भानतु है।
कवि ठाकुर आपनी चातुरी सों
सब ही सब भाँति बखानतु है।

पर बीर मिले बिछुरे की बिथा
मिलि कै बिछुरै सोई जानतु है।

7. एजे कहैं ते भले कहिबो करैं मान
सही सो सबै सहि लीजै।
ते बकि आपुहिं ते चुप होंयगी
काहे को काहुवै उत्तर दीजै।
ठाकुर मेटे मतै की यहै धनि
मान कै जोबन रूप पतीजै।
या जग में जनमे को जिये को
यहै फल है हरि सों हित कीजै।

8. वह, कंज सों कोमल अङ्ग गुपाल
को सोऊ सबै तुम जानती हौ।
बलि नेकु रुखाई धरे कुम्हिलात
इतोऊ नहीं पहचानती हौ।
कवि ठाकुर या कर जोरि कह्यौ
इतने पै बिनै नहीं मानती हौ।
दृग बान औ भौंह कमान कहो
अब कान लै कौन पै तानती हौ।

तीसरे ठाकुर बुंदेलखण्डी थे और सरस रचना करते थे। मैं यह बतला चुका हूँ कि उनकी रचनाओं के अन्त में प्रायः कहावतें आती हैं। दो पद्य उनके भी देखिये—

1. यह चारहूँ ओर उदौ मुख चन्द को
चाँदनी चारु निहारि लैरी।
बलि जो पै अधीन भयो पिय प्यारी
तौ ए तौ बिचार बिचारि लैरी।
कबि ठाकुर चूकि गयो जु गोपाल तौ
तू बिगरी को सम्हारि लैरी।
अब रैहै न रैहै यहौ समयो
बहती नदी पाँव पखारि लैरी।

2. पिय प्यार करै जेहि पै सजनी
तेहि की सब भाँतिन सैयत है।

मन मान करौं तौ परौं भ्रम में
फिर पाछे परे पछतैयत है।
कबि ठाकुर कौन की कासों कहौं
दिन देखि दसा बिसरैयत है।
अपने अटके सुन एरी भटू
निज सौत के मायके जैयत है।

इन तीनों ठाकुरों की रचनाओं में यह बड़ी विशेषता है कि सीधे शब्दों में रस की धारा बह देते हैं। न अनुप्रास की परवा, न यमक की खोज, न वर्ण मैत्री की चिन्ता। वे अपनी बातें अपनी ही बोल-चाल में कह जाते हैं और हृदय को अपनी ओर खींच लेते हैं। कवि कर्म्म है भी यही। जो बातें आगे-पीछे होती रहती हैं, उनको लेकर उनका चित्र बोल-चाल में खींच देना सबका काम नहीं, सरस हृदय कवि ही ऐसा कर सकते हैं।

रामसहायदास, भवानीदास के पुत्र थे। वे जाति के कायस्थ थे और काशिराज महाराज उदितनारायण सिंह के आश्रय में रहते थे। उन्होंने चार ग्रन्थों की रचना की है–'वृत्त-तरंगिनी', 'ककहरा', 'रामसतसई' और 'वाणी-भूषण'। 'वाणी भूषण' अलंकार का, 'वृत्ततरंगिनी' पिंगल का, और 'ककहरा' नीति सम्बन्धी-ग्रन्थ है। राम सतसई बिहारी सतसई के अनुकरण से लिखी गयी है। बिहारी ने अपने सतसई का नाम अपने नाम के आधार पर रक्खा है तो रामसहाय दास ने भी अपनी सतसई का नाम अपने नाम के सम्बन्ध से ही रखा। इतना ही अनुकरण नहीं, उन्होंने बिहारी सतसई का अनुकरण सभी बातों में किया है। उनके दोहे बिहारी के टक्कर के हैं। परन्तु सहृदयता और भावुकता में बिहारी की समता वे नहीं कर सके। चंदन सतसई और विक्रम सतसई भी बिहारी सतसई के ही आधार से लिखी गयी हैं। परन्तु उन सतसइयों को भी बिहारीलाल की सतसई की-सी सफलता भाव-चित्रण में नहीं प्राप्त हुई। शब्द-विन्यास में बोल-चाल की भाषा लिखने में ब्रजभाषा के टकसाली शब्दों में सरसता कूट कूट भर देने में बिहारी लाल अपने जैसे आप हैं। राम सतसई के कुछ पद्य नीचे लिखे जाते हैं–

1. गुलफनि लौं ज्यों त्यों गयो करि करि साहस जोर।
फिरिन फिर्‌यो मुरवान चपि चित अति खात मरोर।

2. यों बिभाति दसनावली ललना बदन मँझार।
पति को नातो मानि कै मनु आई उड़ुनार।

3. सखि सँग जाति हुतो सुती भट भेरो भो जानि।
सतरौंही भौंहनि करी बतरौंही अँखियाँनि।

4. **सतरौहैं मुख रुख किये कहैं रुखौहैं बैन।**
रैन जगे के नैन ये सने सनेह दुरैं न।

5. **खंजन कंज न सरि लहैं बलि अलि को न बखानि।**
एनी की अँखियानि ते ए नीकी अँखियानि।

पजनेस एक प्रतिभाशाली कवि माने जाते हैं। इनका जन्म-स्थान पन्ना कहा जाता है और परिचय के विषय में कुछ विशेष ज्ञात नहीं। इन्होंने 'मधुर प्रिया' और 'नखशिख' नामक दो ग्रन्थ बनाये थे। किन्तु दोनों ग्रन्थ अमुद्रित हैं। इनकी स्फुट रचनायें कुछ पाई जाती हैं, जिनसे ज्ञात होता है कि उनको संस्कृत और फ़ारसी का भी अच्छा ज्ञान था। इनकी रचनाओं की मुख्य भाषा ब्रजभाषा है, किन्तु उनमें अन्य भाषाओं के शब्द अधिकता से पाये जाते हैं, इस विषय में वे अधिक स्वतंत्र हैं। इनकी रचनाओं में अकोमल शब्दों का प्रयोग भी अधिक मिलता है। परुषा वृत्ति इन्हें अधिक प्यारी है। जो स्फुट पद्य मिले हैं, वे सब शृंगार रस के ही हैं। अवध नरेश महाराज मानसिंह इनकी रचनाओं को लोहे का चना कहते थे। तो भी यह नहीं कहा जा सकता कि उन्होंने सरस पद विन्यास किया ही नहीं। दोनों प्रकार के दो पद्य नीचे लिखे जाते हैं—

1. **छहरै छबीली छटा छूटि छिति मंडल पै**
उमँग उँजेरो महा ओज उजबक सी।
कवि पजनेस कंज मंजुल मुखी के गात
उपमाधिकात कल कुंदन तबक सी।
फैली दीप दीप दीप दीपति दिपति जाकी
दीप मालिका की रही दीपति दबकि सी।
परत न ताब लखि मुखमहताब
जब निकसी सिताब आफताब के भभक सी।

2. **मानसी पूजामयी पजनेस**
मलेछन हीन करी ठकुराई।
रोके उदोत सबै सुर गोत
बसेरन पै सिकराली बसाई।
जानि परै न कला कछु आज की
काहे सखी अजया इकल्याई।
पोखे मराल कहो केहि कारन एरी
भुजंगिनी क्यों पुसवाई।

पजनेस की रचना पदमाकर की रचना से सर्वथा विपरीत है। जैसी ही वह सरस, मधुर और प्रसाद गुणमयी है वैसी ही इनकी रचना जटिल पुरुष और अस्पष्ट है। किन्तु इनकी प्रसिद्धि ऐसी ही रचनाओं के कारण हुई है।

महाराज मानसिंह अवध नरेश थे। नीतिज्ञता, गुणज्ञता, सहृदयता, उदारता, भावुकता अथच बहुदर्शिता के लिए प्रसिद्ध थे। आपके दरबार में कवियों का बड़ा सम्मान था, क्योंकि उनमें कवि-कर्म की यथार्थ परख थी। वे स्वयं भी बड़ी सुन्दर कविता करते थे। कविता में अपना नाम 'द्विजदेव' लिखते थे। वे अवधी की गोद में पले थे, परन्तु कविता टकसाली ब्रजभाषा में लिखते थे। इस सरसता से पद-विन्यास करते थे कि कविता पंक्तियों में मोती पिरो देते थे। जैसी सुन्दर ध्वनि होती थी वैसी ही सुन्दर व्यंजना। वास्तव बात यह है कि इनकी कविता भाव प्रधान है इसी से उसमें हृदयग्राहिता भी अधिक है। केवल एक ग्रन्थ 'शृंगार-लतिका' इनका पाया जाता है। उसमें से कुछ पद्य नीचे लिखे जाते हैं–

1. बाँके संक हीने राते कंज छबि छीने माते
झुकि झुकि झूमि झूमि काहू को कछू गनैन।
द्विजदेव की सौं ऐसी बानक बनाय बहु
भाँतिन बगारे चित चाह न चहूँघा चैन।
पेखि परे पात जो पै गातन उछाह भरे
बार बार तातैं तुम्हैं बूझती कछूक बैन।
एहो ब्रजराज मेरे प्रेम-धन लूटिबे को
बीरा खाइ आये कितै आपके अनोखे नैन।

2. घहरि घहरि घन सघन चहूँघा घेरि
छहरि छहरि बिष बूँद बरसावै ना।
द्विजदेव की सौं अब चूक मत दाँव अरे
पात की पपीहा तू पिया की धुन गावै ना।
फेरि ऐसो औसर न ऐहै तेरे हाथ एरे
मटकि मटकि मोर सोर तू मचावै ना।
हौं तो बिन प्रान प्रान चाहत तजोई अब
कत नभ वन्द तू अकास चढ़ि धावै ना।

3. चित चाहि अबूझ कहैं कितने छबि
छीनी गयंदनि की टटकी।
कबि केते कहैं निज बुद्धि उदै

यह लीनी मरालनि की मटकी।
द्विजदेव जू ऐसे कुतर्कन में सब की
मति यों ही फिरै भटकी।
वह मन्द चलै किन भोरी भटू
पग लाखन की अँखियाँ अटकी।

गिरधरदास का मुख्य नाम गोपालचन्द्र था। आप भारतेन्दु बाबू हरिश्चन्द्र के पिता थे। इन्होंने चालीस ग्रन्थ बनाये, जिनके आधार से बाबू हरिश्चन्द्र जी की यह गर्वोक्ति है—

जिन पितु गिरिधर दास ने रचे ग्रन्थ चालीस।
ता सुत श्री हरिचन्द को को न नवावे सीस।

ग्रन्थों की संख्या अवश्य बड़ी है, पर अधिकांश ग्रन्थ छोटे और स्तोत्रमात्र हैं। 'जरासन्ध-वध' महाकाव्य बड़ा ग्रन्थ है, परन्तु अधूरा है। इनकी अधिकांश रचनायें नैतिक हैं और उनमें सदाचार आदि की अच्छी शिक्षा है। इनकी भाषा ब्रजभाषा है, परन्तु उसे हम टकसाली नहीं कह सकते। इनकी रचना जितनी युक्तिमयी है उतनी ही भावमयी। युक्तियाँ उत्तम हैं, परन्तु उनमें उतनी सरलता और मधुरता नहीं। कहीं-कहीं रचना बड़ी जटिल है, फिर भी यह कहा जा सकता है कि हिन्दी देवी की अर्चा इन्होंने सुन्दर सुमनों से की है इनके कुछ पद्य देखिये—

1. **सब के सब केसव केसव के हित के**
गज सोहते सोभा अपार है।
जब सैलन सैलन ही फिरै सैलन
सैलन सैलहि सीस प्रहार है।
गिरि धारन धारन सों पद के
जल धारन लै बसुधारन कार है।
अरि बारन बारन पै सुर बारन
बारन बारन बारन बार है।

2. **बातन क्यों समुझावत हो मोहि**
मैं तुमरो गुन जानति राधे।
प्रीति नई गिरधारन सों भई
कुंज में रीति के कारन साधे।
घूँघट नैन दुरावन चाहति दौरति
सो दुरि ओट ह्वै आधे।

नेह न गोयो रहै सखि लाज सो
कैसे रहै जल जाल के बाँधे।

3. जाग गया तब सोना क्या रे।
जो नरतन देवन को दुरलभ
सो पाया अब रोना क्या रे।
ठाकुर से कर नेह आपना
इंद्रिन के सुख होना क्या रे।
जब बैराग्य ज्ञान उर आया
तब चाँदी औ सोना क्या रे।
दारा सुवन सदन में पड़ि कै
भार सबों का ढोना क्या रे।
हीरा हाथ अमोलक पाया
काँच भाव में खोना क्या रे।
दाता जो मुख माँगा देवे
तब कौड़ी भर दोना क्या रे।
गिरिधर दास उदर पूरे पर
मीठा और सलोना क्या रे।

उन्नीसवीं शताब्दी के पूर्वार्द्ध में कोई ऐसा निर्गुणवादी सन्त सामने नहीं आता जिसने अपने सम्प्रदाय में कोई नवीनता उत्पन्न की हो या जिसने ऐसी रचनायें की हों जिनका प्रभाव साहित्य पर ऐसा पड़ा हो जो अंगुलि-निर्देश-योग्य हो। सत्रहवीं शताब्दी में पारी साहब नामक एक मुसलमान ने कबीर साहब का मार्ग ग्रहण कर कुछ हिन्दी के शब्द (भजन) बनाये। ये सूफ़ी सम्प्रदाय के थे, परन्तु हिन्दी में प्रचार करने के कारण हिन्दुओं पर भी इनका प्रभाव पड़ा। इनके दो शिष्य थे—केशवदास और बुल्ला साहब। पहले हिन्दू थे और दूसरे मुसलमान ये अठारहवीं शताब्दी में हुए। इनकी रचनायें भी हिन्दी में हुईं और इन्होंने भी हिन्दू जनता को अपनी ओर आकर्षित किया। बुल्ला साहब के शिष्य गुलाल साहब हुए ये जाति के क्षत्रिय थे, और इन्होंने भी निर्गुण-वादियों की-सी रचनायें हिन्दी में कीं। पारी साहब अथवा बुल्ला साहब के रहन-सहन की प्रणाली अधिकतर हिन्दुओं के ढंग में ढली हुई थी। गुलाल साहब तक पहुँच कर वह सर्वथा हिन्दू भावापन्न हो गयी। वैष्णवों की तरह इन्होंने तिलक और माला इत्यादि का प्रचार किया और सत्य राम मंत्र का उपदेश। इनके शिष्य भीखा साहब हुए। ये जाति के ब्राह्मण थे। इसलिए इनके समय में इस परम्परा में ऐसे परिवर्तन हुए जो अधिकांश

में वैष्णव सम्प्रदाय की अनुकूलता करते थे। ये अठारहवीं शताब्दी के अन्त में हुए और इन्होंने भी हिन्दी भाषा में रचनायें कीं, जो वैसी ही हैं जैसी निर्गुणवादी साधुओं की होती हैं। इनके शिष्य गोविन्दधर हुए जो गोविन्द साहब के नाम से प्रसिद्ध हैं। इन्होंने अपना एक अलग सम्प्रदाय चलाया, जिसका मंत्र है 'सत्य गोविन्द'। ये भी ब्राह्मण और संस्कृत के विद्वान् थे। इसलिए इनके सम्प्रदाय की ओर हिन्दू जनता भी अधिक आकर्षित हुई। इनकी हिन्दी रचनायें भी पायी जाती हैं, परन्तु थोड़ी हैं और उनमें गम्भीरता अधिक है। इसलिए सर्वसाधारण में उसका अधिक प्रचार नहीं हुआ। इन्हीं के शिष्य पलटूदास हुए जो इस उन्नीसवीं शताब्दी के पूर्वार्द्ध में जीवित थे। पारी साहब की परम्परा, इनके साथ ही समाप्त होती है। पलटू साहब जाति के बनिया थे, किन्तु सहृदय थे। जितनी रचनायें उन्होंने कीं, चलती और सरल भाषा में। इसलिए उनकी रचनाओं का प्रचार अधिक हुआ। वे अपने को निर्गुण बनिया कहा करते और लिखते थे। कबीर साहब के समान कभी-कभी ऊँची उड़ान भी भरते थे। उनके कुछ पद्य देखिये–

1. **पलटू हम मरते नहीं ज्ञानी लेहु बिचार।**
चारो युग परलै भई हमहीं करने हार।
हमहीं करनेहार हमहिं कर्त्ता के कर्त्ता।
कर्त्ता जिसका नाम ध्यान मेरा ही धरता।
पलटू ऐना संत हैं सब देखे तेहि माँहिं
टेढ़ सोझ मुँह आपना ऐना टेढ़ा नाहिं।
जैसे काठ में अगिन है फूल में है ज्यों बास।
हरिजन में हरि रहत हैं ऐसे पलटू दास।
सुनि लो पलटू भेद यह हँसि बोले भगवान।
दुख के भीतर मुक्ति है सुख में नरक निदान।
मरते मरते सब मरे मरै न जाना कोय।
पलटू जो जियतै मरै सहज परायन होय।

उन्नीसवीं शताब्दी का उत्तरार्द्ध ऐसा काल है जिसमें बहुत बड़े-बड़े परिवर्तन हुए। मैं पहले इस विषय में कुछ लिख चुका हूँ। परिवर्तन क्यों उपस्थित होते हैं, इस विषय में कुछ अधिक लिखने की आवश्यकता नहीं। किन्तु मैं यह बतलाऊँगा कि उन्नीसवीं शताब्दी के उत्तरार्द्ध में राजनीतिक, धार्मिक और सामाजिक अवस्था क्या थी। मुसलमानों के राज्य का अन्त हो चुका था और ब्रिटिश राज्य का प्रभाव दिन-दिन विस्तार लाभ कर रहा था। अंग्रेजी शिक्षा के साथ-साथ योरोपीय भावों का प्रचार हो रहा था और 'यथा राजा तथा प्रजा' इस सिद्धान्त के अनुसार भारतीय रहन-सहन-प्रणाली

भी परिवर्तित हो चली थी। अंग्रेजों का जातीय भाव बड़ा प्रबल है। उनमें देश प्रेम की लगन भी उच्चकोटि की है। विचार स्वातंत्र्य उनका प्रधान गुण है। कार्य को प्रारम्भ कर उसको दृढ़ता के साथ पूर्ण करना और उसे बिना समाप्त किये न छोड़ना यह उनका जीवन व्रत है। उनके समाज में स्त्री जाति का उचित आदर है, साथ ही पुरुषों के समान उनका स्वत्व भी स्वीकृत है। ब्रिटिश राज्य के संसर्ग से और अंग्रेजी भाषा की शिक्षा पाकर ये सब बातें और इनसे सम्बन्ध रखने वाले और अनेक भाव इस शताब्दी के उत्तरार्द्ध में और प्रान्तों के साथ-साथ हमारे प्रान्त में भी अधिकता से फैले। स्वामी दयानन्द सरस्वती ने आर्य समाज का डंका बजाया, और हिन्दुओं में जो दुर्बलतायें, रूढ़ियाँ और मिथ्याचार थे उनका विरोध सबल कंठ से किया। इन सब बातों का यह प्रभाव हुआ कि इस प्रकार के साहित्य की देश को आवश्यकता हुई जो कालानुकूल हो और जिससे हिन्दू समुदाय की वह दुर्बलतायें दूर हों जिनसे उसका प्रतिदिन पतन हो रहा था। यही नहीं, इस समय यह लहर भी वेग से सब ओर फैली कि किस प्रकार देशवासी अपने कर्त्तव्यों को समझें और कौन-सा उद्योग करके वे भी वैसे ही बनें जैसे योरोप के समुन्नत समाज वाले हैं। कोई जाति उसी समय जीवित रह सकती है जब वह अपने को देशकालानुसार बना ले और अपने की उन उन्नतियों का पात्र बनावे जिनसे सब दुर्बलताओं का संहार होता है, और जिनके आधार से लोग सभ्यता के उन्नत सोपानों पर चढ़ सकते हैं। इन भावों का उदय जब हृदयों में हुआ तब इस प्रकार की साहित्य-सृष्टि की ओर समाज के प्रतिभा-सम्पन्न विबुधों की दृष्टि गयी और वे उचित यत्न करने के लिए कटिबद्ध हुए। अनेक समाचार-पत्र निकले और विविध पुस्तक-प्रणयन द्वारा भी इष्ट-सिद्धि का उद्योग प्रारम्भ हुआ।

बाबू हरिश्चन्द्र इस काल के प्रधान कवि हैं। प्रधान कवि ही नहीं, हिन्दी साहित्य में गद्य की सर्व-सम्मत और सर्व-प्रिय शैली के उद्‌भावक भी आप ही हैं। हम इस स्थान पर यही विचार करेंगे कि उनके द्वारा हिन्दी पद्य में किन प्राचीन भावों का विकास और किन नवीन भावों का प्रवेश हुआ। बाबू हरिश्चन्द्र महाप्रभु वल्लभाचार्य के सम्प्रदाय के थे। इसलिए भगवान् श्रीकृष्णचन्द्र और श्रीमती राधिका में उनका अचल अनुराग था। इस सूत्र से वे ब्रजभाषा के भी अनन्य प्रेमी थे। उनकी अधिकांश रचनायें प्राचीन-शैली की हैं और उनमें राधाकृष्ण का गुणानुवाद उसी भक्ति और श्रद्धा के साथ गाया गया है, जिससे अष्टछाप के वैष्णवों की रचनाओं को महत्ता प्राप्त है। उन्होंने न तो कोई रीति ग्रन्थ लिखा है और न कोई प्रबन्ध-काव्य। किन्तु उनकी स्फुट रचनायें इतनी अधिक हैं जो सर्वतोमुखी प्रतिभा वाले मनुष्य द्वारा ही प्रस्तुत की जा सकती हैं।

उन्होंने होलियों, पर्वों, त्योहारों और उत्सवों पर गाने योग्य सहस्रों पद्यों की रचना की है। प्रेम-रस से सिक्त ऐसे-ऐसे कवित्त और सवैये बनाये हैं जो बड़े ही हृदयग्राही हैं।

जितने नाटक या अन्य गद्य ग्रन्थ उन्होंने लिखे हैं, उन सबमें जितने पद्य आये हैं वे सब ब्रजभाषा ही में लिखे गये हैं। इतने प्राचीनता प्रेमी होने पर भी उनमें नवीनता भी दृष्टिगत होती है। वे देश दशा पर अश्रु बहाते हैं, जाति-ममता का राग अलापते हैं, जाति की दुर्बलताओं की और जनता की दृष्टि आकर्षित करते हैं, और कानों में वह मन्त्र फूँकते हैं जिससे चिरकाल की बन्द आँखें खुल सकें उनके 'भारत-जननी' और 'भारत-दुर्दशा' नामक ग्रन्थ इसके प्रमाण हैं। बाबू हरिश्चन्द्र ही वह पहले पुरुष हैं जिन्होंने सर्वप्रथम हिन्दी साहित्य में देश-प्रेम और जाति ममता की पवित्र धारा बहाई। वे अपने समय के मयंक थे। उनकी उपाधि 'भारतेन्दु' है। इस मयंक के चारों ओर जो जगमगाते हुए तारे उस समय दिखला पड़े, उन सबों में भी उनकी कला का विकास दृष्टिगत हुआ। सामयिकता की दृष्टि से उन्होंने अपने विचारों को कुछ उदार बनाया और ऐसे भावों के भी पद्य बनाये जो धार्मिक संकीर्णता को व्यापकता में परिणत करते हैं। 'जैन-कुतूहल' उनका ऐसा ही ग्रन्थ है। उनके समय में उर्दू शायरी उत्तरोत्तर समुन्नत हो रही थी। उनके पहले और उनके समय में ऐसे उर्दू भाषा के प्रतिभाशाली कवि उत्पन्न हुए जिन्होंने उसको चार चाँद लगा दिये। उनका प्रभाव भी इन पर पड़ा और इन्होंने अधिक उर्दू शब्दों को ग्रहण कर हिन्दी में 'फूलों का गुच्छा' नामक ग्रन्थ लिखा जिसमें लावनियाँ हैं जो खड़ी बोली में लिखी गयी हैं। वे यद्यपि हिन्दी भाषा ही में रचित हैं, परन्तु उनमें उर्दू का पुट पर्याप्त है। यदि सच पूछिये तो हिन्दी में स्पष्ट रूप से खड़ी बोली रचना का प्रारम्भ इसी ग्रन्थ से होता है। मैं यह नहीं भूलता हूँ कि यदि सच्चा श्रेय हिन्दी में खड़ी बोली की कविता पहले लिखने का किसी को प्राप्त है तो वे महन्त सीतल हैं। वरन मैं यह कहता हूँ कि इस उन्नीसवीं शताब्दी में पहले पहल यह कार्य भारतेन्दु जी ही ने किया। कुछ लोग उसको उर्दू की ही रचना मानते हैं। परन्तु मैं यह मानने के लिए तैयार नहीं। इसलिए कि जैसे हिन्दी भाषा और संस्कृत के तत्सम शब्द उसमें आये हैं वैसे शब्द उर्दू की रचना में आते ही नहीं।

बाबू हरिश्चन्द्र नवीनताप्रिय थे और उनकी प्रतिभा मौलिकता से स्नेह रखती थी। इसलिए उन्होंने नयी-नयी उद्‌भावनायें अवश्य कीं, परन्तु प्राचीन ढंग की रचना ही का आधिक्य उनकी कृतियों में है। ऐसी ही रचना कर वे यथार्थ आनन्द का अनुभव भी करते थे। उनके पद्यों को देखने से यह बात स्पष्ट हो जाती है। उनके छोटे-बड़े ग्रन्थों की संख्या लगभग 100 तक पहुँचती है। इनमें पद्य के ग्रन्थ चालीस पचास से कम नहीं हैं। परन्तु ये समस्त ग्रन्थ लगभग ब्रजभाषा ही में लिखे गये हैं। उनकी भाषा सरस और मनोहर होती थी। वैदर्भी वृत्ति के ही वे उपासक थे। फिर भी उनकी कुछ ऐसी रचनायें हैं जो अधिकतर संस्कृत गर्भित हैं। वे सरल से सरल और दुरूह से दुरूह भाषा लिखने में सिद्धहस्त थे। ग़ज़लें भी उन्होंने लिखी हैं, जो ऐसी हैं जो उर्दू के उस्तादों के शेरों की

समता करने में समर्थ हैं। मैं पहले कह चुका हूँ कि वे प्रेमी जीव थे। इसलिए उनकी कविता में प्रेम का रंग बड़ा गहरा है। उनमें शक्ति भी थी और भक्तिमय स्तोत्र भी उन्होंने अपने इष्टदेव के लिखे हैं, परन्तु जैसी उच्च कोटि की उनकी प्रेम सम्बन्धी रचनायें हैं वैसी अन्य नहीं। उनकी कविता को पढ़कर यह ज्ञात होता है कि उनकी कविकृति इसी में अपनी चरितार्थता समझती है कि वह भगवल्लीलामयी हो। वे विचित्र स्वभाव के थे। कभी तो यह कहते–

जगजिन तृण सम करि तज्यो अपने प्रेम प्रभाव।
करि गुलाब सों आचमन लीजत वाको नाँव।
परम प्रेम निधि रसिकबर अति उदार गुनखान।
जग जन रंजन आशु कवि को हरिचंद समान।

कभी सगर्व होकर यह कहते–

चंद टरै सूरज टरै टरै जगत के नेम।
पै दृढ़ श्री हरिचंद को टरै न अविचल प्रेम।

जब वे अपनी सांसारिकता को देखते और कभी आत्म-ग्लानि उत्पन्न होती तो यह कहने लगते।

जगत-जाल में नित बँध्यो पर्‌यो नारि के फंद।
मिथ्या अभिमानी पतित झूठो कवि हरिचंद।

उनकी जितनी रचनायें हैं इसी प्रकार विचित्रताओं से भरी हैं। कुछ उनमें से आप लोगों के सामने उपस्थित की जाती हैं–

1. इन दुखियान को न सुख सपने हूँ मिल्यो
यों ही सदा व्याकुल विकल अकुलायँगी।
प्यारे हरिचंद जूकी बीती जानि औधि जोपै
जै हैं प्रान तऊ एतो संग ना समायँगी।
देख्यो एक बार हूँ न नैन भरि तोहिं यातें
जौन जौन लोक जैहैं तहाँ पछतायँगी।
बिना प्रान-प्यारे भये दरस तिहारे हाय
मुएहूँ पै आँखें ये खुली ही रह जायँगी।

2. हौं तो याही सोच में बिचारत रही रे काहें
दरपन हाथ ते न छिन बिसरत है।
त्योंही हरिचंद जू वियोग औ सँजोग दोऊ
एक से तिहारे कछु लखि न परत है।

जानी आज हम ठकुरानी तेरी बात तू तो
परम पुनीत प्रेम-पथ बिचरत है।
तेरे नैन मूरति पियारे की बसति ताहि
आरसी में रैन दिन देखिबो करत है।

3. जानि सुजान हौं नेह करी सहि कै
बहुभाँतिन लोक हँसाई।
त्यों हरिचंद जू जो जो कह्यो
सो कर्‍यो चुप ह्वै करि कोटि उपाई।
सोऊ नहीं निबही उन सों
उन तोरत बार कछू न लगाई।
साँची भई कहनावति या अरी
ऊँची दूकान की फीकी मिठाई।

4. आजु लौं जौन मिले तो कहा
हम तो तुम्हरे सब भाँति कहावैं।
मेरो उराहनो है कछु नाहिं सबै
फल आपने भाग को पावैं।
जो हरिचंद भई सो भई अब
प्रान चले चहैं याते सुनावैं।
प्यारे जू है जग की यह रीति
बिदा के समै सब कंठ लगावैं।

5. पियारो पैये केवल प्रेम में
नाहिं ज्ञान मैं, नाहिं ध्यान मैं, नाहिं करम कुल नेम मैं।
नहिं मंदिर मैं नहिं पूजा मैं, नहिं घंटा की घोर मैं।
हरीचंद वह बाँध्यो डोलै एक प्रेम की डोर मैं।

6. सम्हारहु अपने को गिरिधारी।
मोर मुकुट सिरपाग पेच कसि राखहु अलकसँवारी।
हिय हलकत बनमाल उठावहु मुरली धरहु उतारी।
चक्रादिकन सान दै राखो कंकन फँसन निवारी।
नूपुर लेहु चढ़ाय किंकिनी खींचहु करहु तयारी।
पियरो पट परिकर कटि कसिकै बाँधो हो बनवारी।

हम नाहीं उनमें जिनको तुम सहजहिं दीन्हों तारी।
बानो जुगओ नीके अबकी हरीचंद की बारी।

एक उर्दू की ग़ज़ल भी देखिये–

दिल मेरा ले गया दग़ा कर के।
बेवफ़ा हो गया वफ़ा कर के।
हिज्र की शब घटा ही दी हमने।
दास्तां जुल्फ़ की बढ़ा करके।
वक़्ते रहलत जो आये बालीं पर।
ख़ूब रोये गले लगा कर के।
सर्वे क़ामत ग़ज़ब की चाल से तुम।
क्यों क़यामत चले बपा कर के।
खुद बखुद आज जो वह बुत आया।
मैं भी दौड़ा खुदा खुदा कर के।
दोस्तो कौन मेरी तुरबत पर।
रो रहा है रसा रसा कर के।

8. श्रीराधामाधव युगल प्रेम रस का अपने को मस्त बना।
पी प्रेम-पियाला भर भरकर कुछ इसमैं का भी देख मज़ा।
इतवार न हो तो देख न ले क्या हरीचंद का हाल हुआ।

9. नव उज्ज्वलजल धार हार हीरक सी सोहति।
बिच बिच छहरति बूँद मध्य मुक्ता मनि पोहति।
लोल लहर लहि पवन एक पै इक इमि आवत।
जिमि नर गन मन विविध मनोरथ करत मिटावत।

10. तरनि तनूजा तट तमाल तरुवर बहु छाये।
झुके कूल सों जल परसन हित मनहुँ सुहाये।
किधौं मुकुर मैं लखत उझकि सब निज निज सोभा।
कै प्रनवत जल जानि परम पावन फल लोभा।
मनु आतप वारन तीर को सिमिट सबै छाये रहत।
कै हरि सेवा हित नै रहे निरखि नयन मनसुखलहत।

उनकी इस प्रकार की रचनायें भी मिलती हैं, जिनमें खड़ी बोली का पुट पाया जाता है। जैसे यह पद्य–

डंका कूच का बज रहा मुसाफ़िर जागो रे भाई।
देखो लाद चले पंथी सब तुम क्यों रहे भुलाई।
जब चलना ही निश्चय है तौ लै किन माल लदाई।
हरीचंद हरिपद बिनु नहिं तौ रहि जैहो मुँह बाई।

किन्तु उनकी इस प्रकार की रचना बहुत थोड़ी हैं। क्योंकि उनका विश्वास था कि खड़ी बोलचाल में सरस रचना नहीं हो सकती। उन्होंने अपने हिन्दी भाषा नामक ग्रन्थ में लिखा है कि खड़ी बोली में दीर्घान्त पद अधिक आते हैं, इसलिए उसमें कुछ-न-कुछ रूखापन आ ही जाता है। इस विचार के होने के कारण उन्होंने खड़ी बोलचाल की कविता करने की चेष्टा नहीं की। किन्तु आगे चलकर समय ने कुछ और ही दृश्य दिखाया, जिसका वर्णन आगे किया जावेगा। बाबू हरिश्चन्द्र जो रत्न हिन्दी भाषा के भाण्डार को प्रदान कर गये हैं वे बहुमूल्य हैं, यह बात मुक्तकंठ से कही जा सकती है--

पंडित बदरीनारायण चौधरी बाबू हरिश्चन्द्र के मित्रों में से थे। दोनों के रूप रंग में समानता थी और हृदय में भी। दोनों ही रसिक थे और दोनों ही हिन्दी भाषा के प्रेमी। दोनों ही ने आजन्म हिन्दी भाषा की सेवा की और दोनों ही ने उसको यथाशक्ति अलंकृत बनाया। दोनों ही अमीर थे और दोनों ही ऐसे हँसते मुख, जो रोते को भी हँसा दें। आज दोनों ही संसार में नहीं हैं, परन्तु अपनी कीर्ति द्वारा दोनों ही जीवित हैं। चौधरी जी की रचनायें अधिक नहीं हैं। किन्तु जो हैं वे हिन्दी भाषा का शृंगार हैं। पंडित जी सरयू पारीण ब्राह्मण और प्रचुर सम्पत्ति के अधिकारी थे। फ़ारसी और संस्कृत का उन्हें अच्छा ज्ञान था, अंगरेज़ी भी कुछ जानते थे। उन्होंने मिर्ज़ापुर में रसिक समाज आदि कई सभायें स्थापित की थीं और 'आनन्दकादम्बिनी' नामक मासिक पत्रिका तथा 'नागरी-नीरद' नामक साप्ताहिक पत्र भी निकाला था। दोनों ही सुन्दर थे और जब तक रहे अपने रस से हिन्दी संसार को सरस बनाते रहे और क्यों न बनाते जब प्रेमघन उनके संचालक थे। घन आनन्द के उपरान्त कविता में चौधरी जी ने ही ऐसा सरस उपनाम अपना रखा जिसके सुनते ही प्रेम का घन उमड़ पड़ता है। वे आनन्दी जीव थे और अपने रंग में सदा मस्त रहते थे, इसलिए कुछ लोग यह समझते थे कि वे जैसा चाहिए वैसे मिलनसार नहीं थे। किन्तु ऐसा वे ही कहते हैं जो उनके अंतरंग नहीं। वास्तव में वे बड़े सहृदय और सरस थे और जिस समय जी खोलकर मिलते रस की वर्षा कर देते। उनकी रचनायें सब प्रकार की हैं। किन्तु ग्रन्थाकार बहुत कम छपीं। भारत-सौभाग्य-नाटक उनका प्रसिद्ध नाटक है। जहाँ तक मुझे स्मरण है उन्होंने 'वेश्या-विनोद' नामक एक महानाटक लिखा था। परन्तु वह छप न सका और कदाचित् पूरा भी नहीं हुआ। कुछ छोटी-छोटी कवितायें उनकी छपी हैं, जो विशेष अवसरों पर लिखी जाकर वितरण

की गयीं। उन्होंने हिन्दी-साहित्य-सम्मेलन के सभापतिपद को भी सुशोभित किया था। सभापतित्व के पद से जो भाषण उन्होंने दिया था वह बड़ा ही विद्वत्तापूर्ण था, वह छप भी चुका है। उनके बहुत से सुन्दर लेख और कितनी ही सरस कवितायें उनके सम्पादित पत्रों में मौजूद हैं। परन्तु दुख है कि न तो अब तक उनका संकलन हुआ और न वे ग्रन्थ रूप में परिणत हुए। उनकी अधिकांश रचनायें ब्रजभाषा में हैं और आजीवन उन्होंने उसी की सेवा की। अन्तिम समय में जब खड़ी बोली का प्रचार हो चुका था, उन्होंने कुछ खड़ी बोली की रचनायें भी की थीं। उनके कुछ पद्य देखिये—

1. बगियान बसंत बसेरो कियो
बसिये तेहि त्यागि तपाइये ना।
दिन काम कुतूहल के जे बने
तिन बीच बियोग बुलाइये ना।
घन प्रेम बढ़ाय कै प्रेम अहो
बिथा बारि वृथा बरसाइये ना।
इतै चैत की चाँदनी चाह भरी
चरचा चलिबे की चलाइये ना।

2. अब तो लखिये अलि ए अलियन
कलियन मुख चुंबन करन लगे।
पीवत मकरंद मनो माते,
ज्यों अधर सुधा रस मैं राते।
कहि केलि कथा गुंजरन लगे।
रस मनहुँ प्रेम घन बरसत घन निज प्यारी के
करि आलिंगन लिपटे लुभाय मन हरन लगे।

उनके हृदय में भी समय के प्रभाव से देश प्रेम जाग्रत था। अतएव उन्होंने इस प्रकार की रचनायें भी की हैं। एक पद्य देखिये—

जय जय भारत भूमि भवानी।
जाकी सुजस पताका जग के दसहूँ दिसि फहरानी।
सब सुख सामग्री पूरित ऋतु सकल समान सुहानी।
जा श्री सोभा लखि अलका अरु अमरावती खिसानी।
प्रनमत तीस कोटि जन अजहूँ जाहि जोरि जुग पानी।
जिन मैं झलक एकता की लखि जग मति सहमि सकानी।

ईस कृपा लहि बहुरि प्रेमघन बनहु सोई छवि खानी।
सोई प्रताप गुन जन गरबित है भरी पुरी धन धानी।

उनकी एक खड़ी बोली की रचना भी देखिये जो अन्तिम दिनों में की गयी है।

मन की मौज।

1. **मन की मौज मौज सागर सी सो कैसे ठहराऊँ।**
जिसका वारापार नहीं उस दरिया को दिखलाऊँ।
तुमसे नाजुक दिल को भारी भँवरों में भरमाऊँ।
कहो प्रेमघन मन की बातें कैसे किसे सुनाऊँ।

2. **तिरछी त्योरी देखि तुम्हारी क्योंकर सीस नवाऊँ।**
हौ तुम बड़े ख़बीस जान कर अनजाना बन जाऊँ।
हर्फ़े शिकायत ज़बाँ प आये कहीं न यह डर लाऊँ।
कहो प्रेमघन मन की बातें कैसे किसे सुनाऊँ।

3. **लूट रहे हो भली तरह मैं जानूँ वले छुपाऊँ।**
करते हो अपने मन की मैं लाख चहे चिल्लाऊँ।
डाह रहे हो खूब परा परबस मैं गो घबराऊँ।
कहो प्रेमघन मन की बातें कैसे किसे सुनाऊँ।

प्रेमघन जी ने गद्य में बहुत बड़ा कार्य किया है, उनके गद्यों में विलक्षणतायें और माधुर्य भी अधिक है। इसका वर्णन आगे गद्य विभाग में होगा। इसलिए उसकी यहाँ कुछ चर्चा नही की जाती।

पं. प्रतापनारायण मिश्र भारतेन्दु काल के एक जगमगाते हुए नक्षत्र थे। प्रकृति बड़ी स्वतंत्र थी, लगी-लिपटी बातें पसन्द नहीं थीं। इसलिए खरी बातें कहना ही उनका व्रत था। वे बाबू हरिश्चन्द्र के बड़े प्रेमी थे और अपने 'ब्राह्मण' मासिक पत्र पर 'हरिश्चन्द्राय नमः' लिखा करते थे। इनसे उनका हिन्दी भाषा-प्रेम प्रकट है। वे अधिक अर्थकृच्छ्र होने पर भी अपने 'ब्राह्मण' को बराबर निकालते रहे और उस समय तक अपने इस धर्म को निबाहा जब तक उनकी गाँठ में दाम रहा। देश-ममता, जाति-ममता और भाषा प्रेम उनकी रग-रग में भरा था। आजीवन उन्होंने इसको निबाहा। इन तीनों विषयों पर उन्होंने बड़ी सरस रचनायें की हैं। जितनी पंक्तियाँ उन्होंने अपने जीवन में लिखीं, वे चाहे गद्य की हों या पद्य की, उन सबों में इन तीनों विषयों की धारा ही प्रबल वेग से बहती दृष्टिगत होती है। वे मूर्तिमन्त देशभक्त थे। इसीलिए उनकी सब रचनायें इसी भाव से भरी हैं। उन्होंने एक दर्जन पुस्तकें बँगला से अनुवादित कीं और पन्द्रह-बीस

पुस्तक स्वयं लिखीं, जिनमें से 'प्रताप-संग्रह', 'मानस-विनोद', 'मन की लहर', 'ब्रैडला-स्वागत', 'लोकोक्तिशतक', 'तृप्यंताम्' आदि अनेक ग्रन्थ पद्य में लिखे गये हैं। इन सब में उनकी मानसिक प्रवृत्ति स्पष्टतया दृष्टिगत होती है। उन्होंने प्रार्थना और विनय के पद भी कहे हैं और ईश्वर एवं धर्म-सम्बन्धी रचनायें भी की हैं, परन्तु उनमें वह ओज और आवेश नहीं पाया जाता, जो देश अथवा जाति-सम्बन्धी रचनाओं में मिलता है। उनके पद्यों की एक ही भाषा नहीं है। कभी उन्होंने अपनी बैसवाड़ी बोलचाल में रचना की है, कभी उर्दू-मिश्रित खड़ी बोली में, और कभी ब्रजभाषा में। अधिकांश रचनायें ब्रजभाषा ही में हैं। जितने पद्य उन्होंने देश और जाति-सम्बन्धी लिखे हैं, उनमें उनके हृदयों का जीवन्त भाव बहुत ही जाग्रत् मिलता है, जो हृदय में तीव्रता के साथ जीवनी-धारायें प्रवाहित करता है। जब ब्रैडला साहब भारत में पधारे उस समय उन्होंने उनके स्वागत में जो कविता लिखी; उसमें देश की दशा का ऐसा सच्चा चित्रण किया कि उसकी बड़ी प्रशंसा हुई, यहाँ तक कि विलायत तक में उसकी चर्चा हुई। उनकी अधिकांश रचनायें इसी प्रकार की हैं। उनमें से कुछ मैं आप लोगों के सामने रखूँगा। पहले देखिये वे 'हिन्दी, हिन्दू और हिन्दुस्तान' के विषय में क्या कहते हैं–

चहहु जो साँचो निज कल्यान।
तो सब मिलि भारत संतान।
जपो निरंतर एक ज़बान।
हिन्दी हिन्दू हिन्दुस्थान।

तबहि सुधरिहै जन्म निदान।
तबहि भलो करि है भगवान
जब रहिहै निसि दिन यह ध्यान।
हिन्दी हिन्दू हिन्दुस्तान।

अपनी 'तृप्यंताम्' नामक कविता में से वे किस प्रकार अपने जातीय दुख को प्रकट करते हैं, उसे भी सुनिये–

केहि विधि वैदिक कर्म होत
कब कहा बखानत ऋक यजु साम।
हम सपने हूँ में नहिं जानैं
रहैं पेट के बने गुलाम।
तुमहिं लजावत जगत जनम ले
दुहुँ लोकन में निपट निकाम।

कहैं कौन मुख लाइ हाय
फिर ब्रह्मा बाबा तृप्यंताम्।

अपने बैसवाड़ी बोलचाल में देखिये, गोरक्षा के विषय में क्या कहते हैं—

गैया माता तुम काँ सुमिरौं
कीरति सब ते बड़ी तुम्हारि।
करौ पालना तुम लरिकन कै
पुरिखन बैतरनी देउ तारि।
तुम्हरे दूध दही की महिमा
जानैं देव पितर सब कोय।
को अस तुम बिन दूसर जेहि
का गोबर लगे पवित्तर होय।

बुढ़ापा का वर्णन अपनी ही भाषा में देखिये किस प्रकार करते हैं—

हाय बुढ़ापा तोरे मारे अब तो
हम नकन्याय गयन।
करत धरत कछु बनतै नाहीं
कहाँ जान औ कैस करन।
छिन भरि चटक छिनै माँ मद्धिम
जस बुझात खन होइ दिया।
तैसे निखवख देखि परत हैं
हमरी अक्किल के लच्छन।
असु कुछु उतरि जाति है जीते
बाजी बिरियाँ बाजी बात।
कैसेउ सुधि ही नाहीं आवत
मूँड़इ काहें न दै मारन।
कहा चाहैं कुछु निकरत कुछु है
जीभ राँड़ का है यहु हालु।
कोऊ येहका बात न समझै
चाहे बीसन दाँय कहन।
दाढ़ी नाक याकमाँ मिलिगै
बिन दाँतन मुँहु अस पोपलान।

दढ़िही पर बहि बहि आवति है
कबौं तमाखू जो फाँकन।
बारौ पकिगै रीरौ झुकिगै
मूँड़ौ सासुर हालन लाग।
हाथ पाँव कछु रहे न आपन
केहि के आगे दुख रवावन।

उनकी एक ग़ज़ल देखिये—

वो बदख़ू राह क्या जाने वफ़ा की।
अगर ग़फ़लत से बाज़ आया जफ़ा की।
मियाँ आये हैं बेगारी पकड़ने,
कहे देती है शोख़ी नक़शे पा की।
पुलिसने और बदकारों को शहदी,
मरज़ बढ़ता गया ज्यों-ज्यों दवा की।
उसे मोमिन न समझो ऐ बिरहमन,
सताये जो कोई ख़िलक़त ख़ुदा की।
बिधाता ने याँ मक्खियाँ मारने को,
बनाये हैं ख़ुशरू जवाँ कैसे कैसे।
अभी देखिये क्या दशा देशकी हो,
बदलता है रंग आसमाँ कैसे कैसे।

एक भजन भी देखिये—

माया मोह जनम के ठगिया
तिनके रूप भुलाना।
छल परपंच करत जग धूनत
दुख को सुख करि माना।
फिकिर वहाँ की तनक नहीं है
अन्त समै जहँ जाना।
मुख ते धरम धरम गुहरावत
करम करत मनमाना।
जो साहब घट घट की जानत
तेहि ते करत बहाना।

येहि मनुआ के पीछे चलि के
सुख का कहाँ ठिकाना।
जो परताप सुखद को चीन्हे सोई परम सयाना।

दो सवैयाओं को भी देखिये—

बनि बैठी है मान की मूरति सी, मुख खोलत बोलै न 'नाहीं' न 'हाँ'। तुमहीं मनुहारि कै हारि परे सखियान की कौन चलाई तहाँ। बरषा है प्रताप जू धीर धरौ अब लौं मन को समझायो जहाँ। यह व्यारि तबै बदलैगी कछू पपिहा जब पूछि है 'पीव कहाँ'। आगे रहे गनिका गज गीध सुतौ अब कोऊ दिखात नहीं हैं। पाप परायन ताप भरे परताप समान न आन कहीं हैं। हे सुखदायक प्रेमनिधे जग यों तो भले औ बुरे सबहीं हैं। दीनदयाल औ दीन प्रभो तुमसे तुमहीं हमसे हमहीं हैं।

पंडित अम्बिकादत्त व्यास संस्कृत के प्रसिद्ध विद्वान् थे। बाबू हरिश्चन्द्र आपको बहुत आदर की दृष्टि से देखते थे। बिहार प्रान्त में आपका बड़ा सम्मान था। वहाँ आप संस्कृत के प्रोफेसर थे। वे संस्कृत के विद्वान् ही नहीं थे, बहुत बड़े वक्ता भी थे। व्याख्यान के समय जनता को अपनी मूठियों में कर लेना उनके बायें हाथ का खेल था। बिहार में आर्यसमाज के संग जब-जब उनका शास्त्रार्थ हुआ तब-तब उन्होंने विजय-पत्र प्राप्त किये। धारा-प्रवाह संस्कृत बोलते थे और कठिन से कठिन शास्त्रीय विषयों को इस प्रकार सुलझाते थे कि प्रतिपक्षियों के दाँत खट्टे हो जाते थे। वे शास्त्र-पारंगत विद्वान् तो थे ही, उनकी धारणा शक्ति भी बड़ी प्रबल थी। एक काल में वे कई कार्य साथ-साथ कर सकते थे। इस विषय में उनकी कई बार परीक्षा ली गयी और वे सदा उसमें सफलता के साथ उत्तीर्ण हुए। उन्होंने संस्कृत ग्रन्थों की भी रचना की है। बाबू हरिश्चन्द्र की 'ललिता' नाटिका का अनुवाद संस्कृत में किया था। वे घटिका शतक थे। एक घंटे में संस्कृत के 100 अनुष्टुप वृत्तों की रचना कर देते थे। संस्कृत के इतने बड़े विद्वान होने पर भी हिन्दी भाषा के बड़े अनुरागी थे। उन्होंने हिन्दी भाषा में 'पीयूष-प्रवाह' नाम का एक मासिक पत्र भी निकाला था। उनकी गद्य और पद्य दोनों की रचनायें सुन्दर और सरस होती थीं। वे आशु कवि थे। इसलिए हिन्दी समस्याओं की पूर्त्ति बात की बात में कर देते थे। उनके पिता पंडित दुर्गादत्त भी हिन्दी भाषा के बड़े अच्छे कवि थे। उन्हीं के प्रभाव से ये सब विलक्षणतायें उनमें एकत्रीभूत थीं। एक बार उन्हें समस्या दी गयी—

मूँदि गयी आँखैं तब लाखैं कौन काम की।

उन्होंने तत्काल उसकी पूर्त्ति की—

चमकि चमाचम रहे हैं मनिगन चारु
सोहत चहूँगा धूम धाम धन धाम की।
फूल फुलवारी फलफैलि कै फबे हैं तऊ
छबि छटकीली यह नाहिंन अराम की।
काया हाड़ चाम की लै राम की बिसारी सुधि
जामकी को जानै बात करत हराम की।
अम्बादत्त भाखैं अभिलाखैं क्यों करत झूठ
मूँदि गयीं आँखैं तब लाखैं कौन काम की।

वे साहित्याचार्य तो थे ही, 'भारत-रत्न', 'बिहार-भूषण', 'शतावधान' और 'भारत-भूषण' आदि पदवियाँ भी उन्हें राजे महाराजाओं तथा सनातन धर्म मण्डल दिल्ली से प्राप्त हुई थीं। उनको कितने ही स्वर्ण पदक भी मिले थे। जब तक जीवित रहे, पटना कॉलेज की प्रोफेसरी बड़ी ख्याति के साथ की । उनके जीवन का बहुत बड़ा काम यह है कि उन्होंने बिहार में 'संस्कृत-संजीवनी-समाज' नाम की एक संस्था स्थापित की थी। इस समाज के द्वारा संस्कृत की अनियित शिक्षा प्रणाली का ऐसा सुधार हुआ कि अब भी उसकी सहायता से सैकड़ों विद्यार्थी संस्कृत शिक्षा पाकर प्रतिवर्ष नाना उपाधियाँ प्राप्त करते हैं। संस्कृत के अतिरिक्त वे बँगला, मराठी, गुजराती और कुछ अँगरेज़ी भी जानते थे। उनकी संस्कृत और हिन्दी की छोटी-बड़ी पुस्तकों की संख्या लगभग 78 है, जिसमें 'बिहारी-बिहार' जैसे बड़े ग्रन्थ भी हैं। बिहारीलाल के 700 दोहों पर उन्होंने जो कुंडिलयाँयें बनाई थीं, मुद्रिंत रूप में उन्हीं का नाम 'बिहारी-बिहार' है। इस ग्रन्थ की भूमिका भी बड़ी विशद और सुन्दर है। उसी से इनके कुछ पद्य नीचे लिखे जाते हैं। इनका हिन्दी उपनाम सुकवि था—

1. मेरी भव वाधा हरो राधा नागरि सोय।
   जा तन की झाईं परे स्याम हरित दुति होय।
   स्याम हरित दुति होय परत तन पीरी झाईं।
   राधाहूँ पुनि हरी होति लहि स्यामल छाईं।
   नैन हरे लखि होत रूप औ रंग अगाधा।
   सुकवि जुगुल छवि धाम हरहु मेरी भव बाधा।
2. सोहत ओढ़े पीति पट स्याम सलोने गात।
   मनो नीलमनि सैल पर आतप पर्‌यो प्रभात।
   आतप पर्‌यो प्रभात ताहि सों खिल्यो कमल मुख।
   अलक भौंर लहराय जूथ मिलि करत विविध सुख।

चकवा से दोउ नैन देखि एहि पुलकत मोहत।
सुकवि विलोकहु स्याम पीतपट ओढ़े सोहत।

देखिये 'भौंह' सम्बन्धी उनकी यह रचना कितनी सुन्दर है—

3. नैन कमल लखि उमँग भरे से।
भृकुटिब्याज जनु पाँति करे से।
फरफरात पुनि ठटकारे से।
घूमत मलिंद मतवारे से।

उनके दो दोहे भी देखिये—

4. गुंजा री तू धन्य है बसत तेरे मुख स्याम।
याते उर लाये रहत हरि तोको बसुयाम।

5. मोर सदा पिउ पिउ करत नाचत लखि घनश्याम।
या सों ताकी पाँख हूँ सिर धारी घनश्याम।

व्यास जी जयपुरनिवासी थे। इसलिए बड़ी सरस ब्रजभाषा में रचना करते थे। जिसे इसके प्रमाण की आवश्यकता हो वह इनकी रची 'सतसई' को देखे। वे जब तक जीवित रहे, हिन्दी संसार में भारतेन्दु के समान ही उनकी कीर्ति भी थी। उन्होंने हिन्दी-संसार को गद्य और पद्य के जितने ग्रन्थ दिये हैं वे बड़े अमूल्य हैं और उनके लिए हिन्दी संसार उनका सदा ऋणी रहेगा।

बाबा सुमेरसिंह सिक्ख गुरु और पटने के महन्त थे। जिला आज़मगढ़ के निज़ामाबाद क़स्बे में उनका निवास था। वे सिक्खों के तीसरे गुरु अमरदास के वंशज थे। इसलिए साहबज़ादे कहे जाते थे। जाति के भल्ले खत्री थे। परमात्मा ने उनको बड़ा सुन्दर रूप दिया था। जैसा सुन्दर स्वरूप था, वैसा ही सुन्दर उनका हृदय भी था। हिन्दी भाषा के बड़े प्रेमी थे, इस भाषा का ज्ञान भी उन्हें अच्छा था। वे संस्कृत भी जानते थे। बाबू हरिश्चन्द्र से उनकी बड़ी मैत्री थी। बनारस के महल्ले रेशम-कटरे की बड़ी संगत में आकर वे प्रायः रहते थे और यहीं दोनों का बड़ा सरस समागम होता था। बाबा सुमेरसिंह ब्रजभाषा की बड़ी सरस कविता करते थे। उन्होंने इस भाषा में एक विशाल प्रबन्ध काव्य लिखा था, जो लगभग नष्ट हो चुका है केवल उसका दशम मंडल अब तक यत्र-तत्र पाया जाता है इस ग्रन्थ का नाम 'प्रेम-प्रकाश' था। इसमें उन्होंने सिक्खों के दश गुरुओं की कथा दश मंडलों में वृहत् रूप से बड़ी ललित भाषा में लिखी थी। दशम मंडल में गुरु गोविंद सिंह का चरित्र था। गुरुमुखी में वह मुद्रित हुआ और वही अब भी प्राप्त होता है। शेष नौ मण्डल कराल काल के उदर में समा गये। बहुत उद्योग

करने पर भी न तो वे प्राप्त हो सके न उनका पता चला। उन्होंने 'कर्णा-भरण' नामक एक अलंकार ग्रन्थ भी लिखा था। अब वह भी अप्राप्य है। गुरु गोविंदसिंह ने फ़ारसी में जो 'ज़फ़रनामा' लिखा था उसका अनुवाद भी उन्होंने 'विजय-पत्र' के नाम से किया था। वह भी लापता है। उन्होंने सन्त निहाल सिंह के साथ दशम ग्रन्थ साहब के जापजी की बड़ी वृहत् टीका लिखी थी, जो बहुत ही अपूर्व थी। वह मुद्रित भी हुई है, किन्तु अब उसका दर्शन भी नहीं होता। उन्होंने छोटे-छोटे और भी कई ग्रन्थ धार्मिक और रस-सम्बन्धी लिखे थे। परन्तु उनमें से एक भी अब नहीं मिलता। उन्होंने जितने ग्रन्थों की रचना की थी उन सब में हिन्दू भाव ओत-प्रोत था और यही उनकी रचनाओं का महत्त्व था। आजकल कुछ सिक्ख सम्प्रदाय वाले अपने को हिन्दू नहीं मानते, वे उनके विरोधी थे। इसलिए भी उनके ग्रन्थ दुष्प्राप्य हो गये। फिर भी उनकी स्फुट रचनायें 'सुन्दरी-तिलक' इत्यादि ग्रन्थों में मिल जाती हैं। जब वे पटने में महन्त थे तो वहाँ से उन्होंने एक कविता-सम्बन्धी मासिक पत्रिका भी हिन्दी में निकाली थी। वह एक साल चलकर बन्द हो गयी। उसमें भी उनकी अनेक कवितायें अब तक विद्यमान हैं। उनकी दो कवितायें मुझे याद हैं। उनको मैं यहाँ लिखता हूँ। उन्हीं से आप लोग उनकी कविता की भाषा और उनके विचार का अनुमान कर सकते हैं–

1. सदना कसाई कौन सुकृत कमाई नाथ
मालन के मन के सुफेरे गनिका ने कौन।
कौन तप साधना सों सेवरी ने तुष्ट कियो
सौचाचार कुबरी ने कियो कौन सुख भौन।
त्यों हरि सुमेर जाप जप्यो कौन अजामेल
गज को उबार्‌यो बार-बार कवि भाख्यो तौन।
एते तुम तारे सुनो साहब हमारे राम।
मेरी बार विद बिचारे कौन गहि मौन।

2. बातें बनावती क्यों इतनी हमहूँ
सों छप्यो नहीं आज रहा है।
मोहन के बनमाल को दाग दिखाइ
रह्यो उर तेरे अहा है।
तू डरपै करै सौहैं सुमेर हरी
सुन साँच को आँच कहाँ है।
अंक लगी तो कलङ्क लग्यो जो
न अङ्क लगी तो कलङ्क कहा है।

बाबा सुमेर सिंह ने आजीवन कविता देवी ही की आराधना की। उन्होंने न तो गद्य लिखने की चेष्टा की और न गद्य ग्रन्थ रचे। उनका जीवन काव्यमय था और वे कविता पाठ करने और कराने में आनन्द लाभ करते थे। अपनी कविता के विषय में उनकी बड़ी-बड़ी आशायें थीं। वे उसका बहुत प्रचार चाहते थे और कहा करते थे कि हिन्दू सिक्खों की भेद-नीति का संहार इसी के द्वारा होगा। परन्तु दुख से कहना पड़ता है कि अपने उद्योग में सफलता लाभ करने के पहले ही उनका स्वर्गवास हुआ और उनके स्वर्गवास होने पर उनकी कविता का अधिकांश लोप हो गया। जो कुछ शेष है वह यद्यपि उनकी वास्तविक कीर्ति के विस्तार के लिए पर्याप्त नहीं है, फिर भी अब उसी पर सन्तोष करना पड़ता है। काल की लीला ही ऐसी है।

भारतेन्दु का काल गद्य के उत्थान का काल था। सामयिक आवश्यकताओं के कारण इस समय गद्य का बहुत अधिक प्रचार हुआ। इन दिनों अनेक पत्र-पत्रिकायें निकलीं और गद्य की पुस्तकें भी अधिक छपीं। स्कूलों एवं ग्रामीण पाठशालाओं के लिए कोर्स की बहुत अधिक पुस्तकें भी गद्य में ही लिखी गयीं। सनातन धर्म और आर्य समाज के विवाद के कारण अधिकतर वाद सम्बन्धी ग्रन्थ भी गद्य में ही लिखे गये। इसी प्रकार बहुत सी सामाजिक और राजनीतिक पुस्तकों को भी गद्य का अवलम्बन ग्रहण करना पड़ा, क्योंकि पद्य द्वारा ये सब कार्य न तो व्यापक रूप से किये जा सकते थे और न वह सुविधा ही प्राप्त हो सकती थी जो गद्य द्वारा प्राप्त हो सकी। पश्चिमोत्तर प्रान्त में ही नहीं, बिहार मध्यभारत और पंजाब तक में हिन्दी भाषा का विस्तार इन दिनों हुआ और इसका आधार गद्य ही था। जितनी हिन्दी पत्र-पत्रिकायें इन प्रान्तों में निकलीं या जो ग्रन्थ आवश्यकता- नुसार लिखे गये उनमें से अधिकांश का आधार भी गद्य ही था। इसलिए इस समय के जितने विद्वान् धार्मिक अथवा राजनीतिक पुरुष किंवा शिक्षा प्रचारक साहित्य क्षेत्र में उतरे उनको गद्य से ही अधिकतर काम लेना पड़ा फिर क्यों न इस समय अधिकतर गद्य ग्रन्थकार ही उत्पन्न होते। बाबू हरिश्चन्द्र के समय में जितने हिन्दी के प्रसिद्ध लेखक हुए, वे अधिकतर गद्य ग्रन्थकार हैं। उनका वर्णन मैं आगे चलकर करूँगा। गद्य के साथ-साथ उस समय जिन प्रतिष्ठा प्राप्त लेखकों ने पद्य रचनायें भी कीं उनका वर्णन मैं ऊपर कर चुका। महामहोपाध्याय पं. सुधाकर द्विवेदी ऐसे कुछ मान्य पुरुषों ने भी उस समय गद्य के साथ कुछ पद्य रचना भी की थी। परन्तु उनकी पद्य रचनायें बहुत थोड़ी हैं। इसलिए पद्य विभाग में मैंने उन्हें स्थान नहीं दिया। यद्यपि किसी-किसी के कुछ पद्य बड़े सुन्दर हैं। द्विवेदीजी की भी कोई-कोई खास रचना बड़ी ही हृदय-ग्राहिणी है, एक पद्य देखिये–

1. पिया हो कसकत कुस पग बीच।
लखन लाज सिय पिय सन

बोलीं हरुए आइ नगीच।
सुनि तुरंत पठ्यो लखनहिं
प्रभु जलहित दूरि सुजान।
लेइ अंक सिय जोवत कुस
कन धोवत पग अँसुआन।
बार बार झारत कर सों रज
निरखत छत बिललात।
हाय प्रिये मान्यो न कह्यो
लखु नहिं बन बिच कुसलात।
सहस सहचरी त्यागि सदन
मधि सासु ससुर सुखकारि।
हठ करि लगि मो संग सहत
तुम हाहा यह दुख भारि।
कहत जात यों प्रभु बहु बतियाँ
तिया पिया की छाँह।
देइ गल बहियाँ चलीं बिहँसि
कहि यह सुख नाथ अथाह।

तो भी यह उचित नहीं ज्ञात हुआ कि उनको पद्य-विभाग में स्थान दिया जाय। क्योंकि उल्लेख योग्य पद्य-ग्रन्थों के रचयिताओं को ही उसमें अब तक स्थान मिलता आया है। बाबू हरिश्चन्द्र के स्वर्णारोहण के उपरान्त हिन्दी संसार में एक बहुत बड़ा आन्दोलन उठ खड़ा हुआ। वह विवाद यह था कि हिन्दी पद्य-रचना भी ब्रजभाषा के स्थान पर खड़ी बोली में होनी चाहिए। उनके सामने इसका सूत्रपात्र मात्र हुआ था। कुछ लोगों के जी में यह बात उत्पन्न हो रही थी और आपस में इसकी चर्चा भी होने लगी थी। परन्तु विचार ने आन्दोलन का रूप नहीं ग्रहण किया था। अब वह वास्तविक आन्दोलन बन गया था और ब्रजभाषा एवं खड़ी बोली के पक्षपातियों में द्वन्द्व होने लगा था। इसका कारण सामयिक परिस्थिति थी। उर्दू का इस समय बोलबाला था और सरकारी कचहरियों में उसको स्थान प्राप्त हो गया था। वह दिन-दिन वृद्धि लाभ कर रही थी और हिन्दी-क्षेत्रों पर भी अधिकार करती जाती थी। पंजाब से बिहार की सीमा पर्यन्त उसका डंका बज रहा था और अन्य प्रान्तों में भी प्रवेश-लाभ की चेष्टा वह कर रही थी। उसके पृष्ठ पोषक मुस्लिम समाज और उसके नेता ही नहीं थे, हिन्दुओं का एक बहुत बड़ा दल भी उसका पक्षपाती था। उसके जहाँ और गुण वर्णन किये जाते थे वहाँ यह भी कहा जाता था कि उर्दू के गद्य और पद्य की भाषा एक है, हिन्दी को तो

यह गौरव भी नहीं प्राप्त है। वास्तव बात यह है कि इन सुविधाओं के कारण वह उत्तरोत्तर उन्नत हो रही थी और उसका साहित्य-भाण्डार दिन-दिन उपयोगी ग्रन्थों से भर रहा था। उस समय जितने ग्रन्थ हिन्दी के निकले उनकी गद्य की भाषा तो खड़ी बोली की और पद्य की ब्रजभाषा होती थी। यह पद्य की भाषा युक्त प्रान्त के सब विभागों में तो किसी प्रकार समझ भी ली जाती थी, परन्तु बिहार या पंजाब या मध्य हिन्द में उसका समझना दुस्तर था, क्योंकि वह एक प्रान्तीय भाषा थी। यद्यपि यह कहा जा सकता है कि उसका विस्तार एक प्रान्त ही तक परिमित नहीं था, वह अन्य प्रान्तों तक विस्तृत हो चुकी थी, जिसकी चर्चा मैं पहले कर भी चुका हूँ। फिर भी यह स्वीकार करना पड़ेगा कि उस समय जैसी सुगमता से खड़ी बोलचाल या गद्य की भाषा को लोग पश्चिमोत्तर प्रान्त या अन्य प्रान्तों में समझ लेते थे, ब्रजभाषा को नहीं समझ सकते थे। इस कारण हिन्दी भाषा उतना निर्बाध रूप से उन्नति नहीं कर सकती थी जितना उर्दू। यह एक ऐसी बात थी जिससे उक्त आन्दोलन को उस समय बहुत बड़ा बल मिला। उन दिनों यह भी देखा जाता था कि अंगरेज़ी स्कूलों और ग्रामीण पाठशालाओं के अधिकतर हिन्दू लड़के कोर्स में उर्दू लेना ही पसन्द करते थे। जहाँ और कारण थे वहाँ एक यह कारण भी उपस्थित किया जाता था कि हिन्दी पुस्तकों की गद्य की भाषा और होती है और पद्य की और, जिससे हिन्दू बालकों को एक प्रकार से कठिनता का सामना करना पड़ता है और विवश होकर उन्हें (सुविधा की दृष्टि से) हिन्दी के स्थान पर उर्दू लेना पड़ता है। उन दिनों इस विचार से भी उक्त आन्दोलन को बहुत कुछ सहायता मिली थी। मुझको स्मरण है कि इस आन्दोलन को लेकर उस समय के दैनिक 'हिन्दुस्थान' तथा अन्य पत्रों में उभय पत्त के लोगों में बड़ा द्वन्द्व हुआ था बिहार प्रान्त के बाबू अयोध्याप्रसाद खत्री के हाथ में इस आन्दोलन का झण्डा था, वे बिहार और पश्चिमोत्तर प्रान्तों के अनेक स्थानों में घूम-घूमकर उन दिनों यह प्रयत्न कर रहे थे कि पद्य में भी खड़ी बोली को स्थान मिले और ब्रजभाषा का बहिष्कार किया जाय। यह आन्दोलन सामयिक परिस्थिति के कारण सफल हुआ और हिन्दी साहित्यिकों का एक दल इसके लिए कटिबद्ध हो गया कि ब्रजभाषा के स्थान पर वह खड़ी बोलचाल में कविता करे। इस दल के नेता पं. महावीरप्रसाद द्विवेदी कहे जा सकते हैं। 'सरस्वती' के सम्पादन काल में उन्होंने खड़ी बोली का बड़ा आदर किया और बहुतों को उत्साहित कर खड़ी बोली की रचनायें उनसे कराईं। स्वयं भी उन्होंने खड़ी बोली की कवितायें लिखीं परन्तु स्व. पं. श्रीधर पाठक ही ऐसे पहले पुरुष हैं जिन्होंने खड़ी बोलचाल में एक कविता पुस्तक आदि में लिखी। यह कविता पुस्तक 'हरमिट' (Hermit) का अनुवाद है, जिसका हिन्दी नाम एकान्तवासी योगी है। उन्होंने पं. महावीरप्रसाद द्विवेदी के पहले ही इस आन्दोलन में अग्र भाग लिया था और पंडित प्रतापनारायण मिश्र से खड़ी बोली के पक्ष में

खड़े होकर पूरा वाद-विवाद किया था। मैं ऊपर लिख आया हूँ कि बाबू हरिश्चन्द्र ने भी खड़ी बोली की कविता की है। ऐसे ही पं. बदरीनारायण चौधरी, पं. प्रतापनारायण मिश्र की भी कुछ रचनायें खड़ी बोली की हैं। परन्तु ग्रन्थ रूप में खड़ी बोली में सर्वप्रथम रचना करने का श्रेय पं. श्रीधर पाठक ही को प्राप्त है।

खड़ी बोली और ब्रजभाषा में क्या अन्तर है, यहाँ यह प्रश्न उपस्थित हो सकता है। यहाँ यह भी ध्यान रखना चाहिए कि ब्रजभाषा के विरोध के अन्तर्गत अवधी भाषा भी है। विवाद के समय खड़ी बोली के सामने ब्रजभाषा ही इसलिए रखी गयी कि जिस समय आन्दोलन आरम्भ हुआ उस समय ब्रजभाषा ही सर्वोत्तम समझी जाती थी और उसी का व्यापक विस्तार था, अवधी लगभग साहित्य संसार से उठ चुकी थी। कभी-कभी कोई उसको निस्सन्देह स्मरण कर लेता था। वास्तव बात तो यह है कि दोनों का बहुत बड़ा सम्बन्ध प्राकृत भाषा से है। दोनों अनेक अंशों में प्राकृत भाषा के ढंग में ढली हुई हैं। दोनों में प्राकृत भाषा के कई शब्द बिना परिवर्तित हुए पाये जाते हैं। दोनों का बहुत बड़ा सम्बन्ध बोलचाल की भाषा से है। परन्तु खड़ी बोलचाल जिस रूप में गृहीत है उस रूप में न तो वह जनता की बोलचाल की भाषा से अपेक्षित मात्रा में सम्बन्धित रखती है न प्राकृत भाषा से और यह बहुत बड़ा अन्तर ब्रजभाषा और खड़ी बोली में है। इस बात को और स्पष्ट करने के लिए मैं दोनों की विशेषताओं पर विशेष प्रकाश डालना चाहता हूँ।

ब्रजभाषा और अवधी की विशेषतायें मैं पहले बता चुका हूँ। उनसे आप लोग अभिज्ञ हैं। अब मैं खड़ी बोली की विशेषताओं की बतलाऊँगा जिससे उनके परस्पर अन्तर का ज्ञान यथातथ्य हो सके। हिन्दी भाषा के अब तक जितने व्याकरण बने हैं उनका सम्बन्ध खड़ी बोली से ही है। न तो कभी ब्रजभाषा और अवधी का व्याकरण बना और न इधर किसी को दृष्टि गयी। आजकल कुछ लोगों का ध्यान इधर आकर्षित है। नहीं कहा जा सकता कि यह कार्य होगा या नहीं। खड़ी बोली भाग्यवान है कि गद्य में स्थान मिलते ही उसके एक क्या कई व्याकरण बन गये। मुझको व्याकरण-सम्बन्धी सब बातें यहाँ नहीं लिखनी हैं और न ब्रजभाषा अवधी और खड़ी बोली के कारक चिह्नों, सर्वनामों और धातु-सम्बन्धी नाना रूपों के पारस्परिक अन्तरों को विशद रूप में दिखलाना इष्ट है। मैं यहाँ केवल यही दिखलाना चाहता हूँ कि अवधी और ब्रजभाषा से खड़ी बोलचाल में कवितागत शब्दविन्यास और प्रयोगों का क्या अन्तर है। अवधी एवं ब्रजभाषा का अधिकतर सम्बन्ध तद्भव और अर्द्ध तत्सम शब्दों से है। इसके विरुद्ध खड़ी बोली का सम्बन्ध अधिकतर तत्सम शब्दों से है। खड़ी बोलचाल का यह नियम है कि उसमें संस्कृत के तत्सम शब्दों को शुद्ध रूप में ही लिखने की चेष्टा की जाती है। खड़ी बोली वालों को तद्भव शब्द लिखने में कोई आपत्ति नहीं। परन्तु वे जहाँ

तक हो सकेगा हिन्दी के शब्दों को तत्सम रूप में ही लिखेंगे। ब्रजभाषा और अवधी में शकार, णकार, क्षकार आते ही नहीं। परन्तु खड़ी बोलचाल में ये तीनों अपने शुद्ध रूप में आते हैं। उसमें लोग 'गुन', 'ससि' और 'पच्छ' कभी न लिखेंगे। जब लिखेंगे तब 'गुण', 'शशि' और 'पक्ष' ही लिखेंगे जो संस्कृत के तत्सम शब्द हैं। ब्रजभाषा और अवधी वाले शब्द के आदि के यकार को प्रायः 'ज' लिखते हैं, परन्तु खड़ी बोलचाल वाले ऐसा नहीं करेंगे। वे 'जोग', 'जस', 'जाम', 'जम' न लिखकर 'योग', 'यश', 'याम' और 'यम' ही लिखेंगे युक्त विकर्ष अवधी और ब्रजभाषा का प्रधान गुण है। परन्तु खड़ी बोलचाल वाले ऐसा करना उचित नहीं समझते। वे 'गरब', 'दरप', 'सरप', 'बरन', 'धरम', 'करम' न लिख कर 'गर्ब', 'दर्प', 'सर्प', 'वर्ण', 'धर्म', 'कर्म' आदि ही लिखेंगे। व्यंजनों का पंचम वर्ण ब्रजभाषा और अवधी में प्रायः अनुस्वार बन जाता है। खड़ी बोलचाल वाले संस्कृत के शुद्ध रूप की धुन में उनको मुख्य रूप में ही लिखना अच्छा समझते हैं। जैसे 'कलङ्क', 'अञ्जन', 'कण्ठ', 'अन्त', 'लम्पट' को 'कलंक', 'अंजन', 'कंठ', 'अंत', 'लंपट' न लिखेंगे। किन्तु कुछ लोग ऐसा करना पसन्द नहीं करते। वे इस विषय में ब्रजभाषा की प्रणाली ही ग्रहण करते हैं। मेरा विचार है कि सुविधा की दृष्टि से ऐसा ही होना चाहिए, विशेष अवस्थाओं की बात दूसरी है। अवधी और ब्रजभाषा में संस्कृत के तत्सम शब्दों के वकार प्रायः वकार बन जाते हैं, किन्तु खड़ी बोली में वे अपने शुद्ध रूप में ही रहते हैं। अधिकांश यह बात शब्द के आदिगत बकार के विषय में ही कही जा सकती है। मध्यगत या शब्दांत के वकार के विषय में नहीं। खड़ी बोलचाल के कवियों की रुचि यह देखी जाती है कि वे 'मुँह' के स्थान पर 'मुख', 'सिर' के स्थान पर 'शिर', 'होठ' या 'ओठ' के बजाय 'ओष्ठ', 'बाँह' के स्थान 'बाहु' इत्यादि लिखना ही पसन्द करेंगे, यद्यपि उनका हिन्दी रूप लिखा जाय तो भाषा सदोष न हो जायगी। कुछ इस विचार के लोग हैं कि 'स्नेह', के स्थान पर 'सनेह', 'आलाप' के स्थान पर 'अलाप', 'केश' के स्थान पर 'केस', 'पलाश' के स्थान पर 'पलास', 'कमल' के स्थान पर 'कँवल' या 'कौल' लिखना ठीक नहीं समझते, यद्यपि इनका लिखा जाना अनुचित नहीं। क्योंकि बोलचाल में वे इसी रूप में गृहीत हैं। ये, वे, तद्भव शब्द हैं हिन्दी भाषा जिनके आधार से ही प्राकृत भाषा से अलग होकर अपने मुख्य रूप में परिणत हुई। ब्रजभाषा और अवधी में समस्त कारक-चिह्नों का आवश्यकतानुसार लोप कर दिया जाता है, विशेषकर कर्त्ता, कर्म, करण और अधिकरण के चिह्नों का। किन्तु खड़ी बोलचाल की रचनाओं में इनमें से किसी एक का भी लोप नहीं किया जाता। गद्य के अनुसार समस्त कारक-चिह्नों का अपने स्थान पर विद्यमान रहना नियम के अंतर्गत माना जाता है। उन्हीं अवस्थाओं में ऐसा नहीं किया जाता जब वाक्य मुहावरे के अंतर्गत हो जाता है। जैसे 'कान पड़ी आवाज़', 'आँखों देखी बात', 'रात बसे' इत्यादि।

ब्रजभाषा और अवधी में आवश्यकता होने पर लघु को दीर्घ और दीर्घ को लघु प्रायः कर देते हैं और ऐसा करना उनमें नियमानुकूल माना जाता है। किन्तु खड़ी बोली इस प्रणाली को सदोष समझती है, इसलिए उससे बचती है। हाँ, पढ़ने के समय वह दीर्घ कारक चिह्नों और सर्वनामों को ह्रस्व अवश्य पढ़ लेती है और पदान्त में ह्रस्ववर्ण को दीर्घ मान लेती है। परन्तु कभी-कभी, सब जगह नहीं। शब्दों का तोड़ना मरोड़ना और शब्द गढ़ लेना भी खड़ी बोली के नियमानुकूल नहीं है। वह ऐसा करना अच्छा नहीं समझती। खड़ी बोली में एक यह बात भी देखी जाती है कि संस्कृत के जिन शब्दों से अवधी या ब्रजभाषा का लिंग-भेद हो गया है उनको वह संस्कृत के अनुसार लिखती है। पवन, वायु इत्यादि शब्द इसके उदाहरण हैं। ब्रजभाषा और अवधी में प्रायः ये शब्द स्त्रीलिंग लिखे जाते हैं, परन्तु खड़ी बोली में अब ये पुल्लिंग लिखे जाने लगे हैं, यद्यपि यह सिद्धान्त अभी सर्व-सम्मत नहीं है। संस्कृत का यह नियम है कि संयुक्त वर्णों के आदि का अक्षर दीर्घ समझा जाता है और उसका उच्चारण भी वैसा ही होता है। ब्रजभाषा और अवधी में ऐसा सब अवस्थाओं में नहीं होता, विकल्प से होता है। किन्तु खड़ी बोली में उसको दीर्घ ही माना जाता है और प्रायः उसका उच्चारण भी संस्कृत के अनुसार ही होता है। जैसे 'रामप्रसाद', 'देवस्वरूप', 'गर्वप्रहारी' इत्यादि। इन तीनों शब्दों में हिन्दी बोलचाल में 'राम' के म का, 'देव' के व का और 'गर्व' के व का उच्चारण विशेषकर अवधी और ब्रजभाषा में ह्रस्व ही करेंगे। परन्तु खड़ी बोली में उसका दीर्घ उच्चारण करने की चेष्टा की जाती है, यद्यपि अब तक यह प्रणाली हिन्दी भाषा में कुछ संस्कृत प्रेमियों ने ही ग्रहण की है। मेरा विचार है कि ऐसा करने से सरल हिन्दी भाषा में एक प्रकार की कठोरता आ जाती है। विशेष अवस्था अथवा विकल्प की बात दूसरी है। ब्रजभाषा और अवधी के नियमों के बहिष्कार के साथ-साथ उनके सुन्दर और मधुर शब्दों का भी खड़ी बोली में परित्याग किया जा रहा है। वरन यह कहना चाहिए कि लगभग परित्याग कर दिया गया है। तो भी कुछ क्रियायें ऐसी हैं जो अब तक खड़ी बोली के गद्य पद्य दोनों में गृहीत हैं मैं समझता हूँ ऐसी क्रियाओं का संयत प्रयोग अनुचित नहीं। जैसे 'लखना', 'निहारना', 'निरखना' इत्यादि। ब्रजभाषा में 'दरसाना' एक क्रिया है जो संस्कृत के 'दर्शन' शब्द का तद्भव रूप है। कुछ लोग खड़ी बोलचाल में इसका अब इस रूप में लिखना पसन्द नहीं करते। वे उसके स्थान पर 'दर्शाना' लिखते हैं। ब्रजभाषा और अवधी दोनों में 'न', 'नि' और 'न्ह' को शब्दों के अन्त में लाकर एकवचन से बहुवचन बनाया जाता है। खड़ी बोली में ऐसा नहीं किया जाता। उसने अपने गद्य की प्रणलाी ही को स्वीकृत कर लिया है। विशेष विशेष बातें मैंने बतला दीं। इस विषय में और अधिक लिखना बाहुल्य होगा।

खड़ी बोली की कविता में अधिकतर संस्कृत तत्सम शब्दों को ग्रहण कर लेने और

उसको बिलकुल गद्य की प्रणाली में ढाल देने का यह परिणाम हुआ है कि वह कर्कश हो गयी है। उसमें जैसा चाहिए वैसा माधुर्य्य अब तक नहीं आया। खड़ी बोली की कविता ने प्रायः वही मार्ग ग्रहण किया है जो उर्दू भाषा की कविता का है। परन्तु ब्रजभाषा या अवधी के शब्दों को लेने में वह उससे भी संकीर्ण है वरन संकीर्णतम है। उर्दू में आवश्यकतानुसार अब भी ब्रजभाषा के कोमल शब्द गृहीत हैं यहाँ तक कि संस्कृत के शब्द भी अपने ढंग में ढाल कर ले लिए जाते हैं। परन्तु खड़ी बोली के प्रेमी ऐसा करना पाप समझते हैं। यद्यपि वे अपने इस उद्योग में पूर्णतया सफलता नहीं लाभ कर सके। उर्दू भाषा की कविता अधिकांश अरबी बह्र में की जाती है, जिसमें अधिकतर ध्यान वज़न पर रक्खा जाता है। इसलिए उसकी कविताओं का शब्द-विन्यास शिथिल नहीं जान पड़ता। वरन उसमें एक प्रकार का विचित्र ओज आ जाता है। हाँ, यह अवश्य है कि इस ओज के प्रपंच में पड़कर हिन्दी के कितने शब्दों, सर्वनामों, कारक चिह्नों का कचूमर निकल जाता है और कितने बेतरह पिस जाते हैं। परंतु उर्दू वालों के छन्दोनियम कुछ ऐसे हैं कि वे इस प्रकार शब्दों की तोड़ मरोड़ को सदोष नहीं मानते। हिन्दी-भाषा में यह प्रणाली गृहीत नहीं हो सकती, क्योंकि उससे कविता की भाषा अधिकतर दूषित हो जावेगी। ऐसी दशा में मेरा विचार है कि खड़ी बोली के पद्यकारों को हिन्दी के उपयुक्त शब्दों का परित्याग कभी नहीं करना चाहिए, चाहे वह अवधी का हो चाहे ब्रजभाषा का। इससे भाषा सरस और ललित बन जावेगी और उसका कर्कशपन जाता रहेगा।

आन्दोलन के समय में बहुत सी ऐसी बातें गृहीत हो जाती हैं जो यथार्थ उपयोगिनी नहीं होतीं, किन्तु स्थिरता आने पर उनका परित्याग ही उचित समझा जाता है। खड़ी बोली के आन्दोलन काल में कुछ ऐसे नियम स्वीकृत हुए हैं जो पद्य को सरस, सुन्दर, मनोहर और कोमल बनाने के बाधक हैं मैं सोचता हूँ अब उनका विचारपूर्वक परित्याग किया जाना अनुचित नहीं। परिस्थिति के अनुसार सदा त्याग और ग्रहण होता आया है। अब भी इस सिद्धान्त से काम लिया जा सकता है। कुछ भाषा मर्मज्ञों का यह कथन है कि भाषा की कोमलता और मधुरता का बहुत अधिक सम्बन्ध संस्कार से है। यदि यह हम स्वीकार भी कर लें तो भी यह नहीं कहा जा सकता कि गद्य और पद्य की भाषा में कोई अन्तर नहीं होता और पद्य के लिए कोमल, सरस और मधुर शब्द चुनने की आवश्यकता नहीं होती। संसार के साहित्य पर दृष्टि डाल कर देखिये, सब जगह इस सिद्धान्त का पालन हुआ है और वर्तमान काल में भी हो रहा है। फिर संस्कार विषयक तर्क कैसा? मेरा कथन इतना ही है कि पद्य की भाषा को यदि पद्य के योग्य बनाना अभीष्ट हो तो उसी भाषा के विभिन्न अंगों के उपयुक्त शब्दों का त्याग नहीं होना चाहिए। विशेषकर ऐसे शब्दों का जो व्यापक हों और जिनमें प्रान्तिकता अथवा

ग्रामीणता की छूत अधिक न लगी हो। मैं यह भी मानता हूँ कि हिन्दी भाषा राष्ट्रीयता की ओर बढ़ रही है, इसलिए उसके गद्य और पद्य में भी ऐसे ही शब्द प्रयुक्त होने चाहिए जो अन्य प्रान्तों में भी सुगमता से समझे जा सकें। निस्सन्देह अगर ऐसे शब्द हैं तो संस्कृत ही के शब्द हैं। इसीलिए मैं भी उनके अधिक व्यवहार का विरोधी नहीं हूँ। परन्तु क्या संस्कृत में कोमल, मधुर और सरस शब्द नहीं हैं। फिर क्यों खड़ी बोली के पद्यों में संस्कृत के परुष शब्दों का प्रयोग प्रायः किया जाता है। दूसरी बात यह कि अवधी अथवा ब्रजभाषा के ऐसे ही शब्दों के लेने का अनुरोध किया जाता है जो व्यापक, उपयुक्त और संस्कृत-सम्भूत हों, विदेशी भाषा के शब्द लिए जायँ और उनको खड़ी बोली की रचना में स्थान दिया जाय और अपने उपयोगी शब्दों को यह कह कर त्याग किया जावे कि वे ब्रजभाषा या अवधी के हैं तो यह कहाँ तक युक्तिसंगत है। ब्रजभाषा, खड़ी बोली और अवधी अन्य नहीं हैं वे एक ही हैं, आवश्यकता और देशकालानुसार हम उनके भाण्डार से उपयुक्त शब्द-संचय कर सकते हैं। इससे सुविधा ही होगी, असुविधा नहीं। मत-भिन्नता भी हितकारी है, यदि उसमें व्यर्थ ईर्ष्या-द्वेष की मात्रा न हो।

जिस समय यह खड़ी बोली और ब्रजभाषा का आन्दोलन चल रहा था उस समय एक और आन्दोलन भी बल प्राप्त कर रहा था। वह था सरकारी कचहरियों में हिन्दी भाषा के प्रचलित होने का उद्योग। हिन्दी-हितैषियों का दल महर्षि-कल्प पूज्य पं. मदनमोहन मालवीय जी के नेतृत्व में उस काल इस आन्दोलन की ओर विशेष आकर्षित था। इसलिए हिन्दी की समुन्नति के लिए उन दिनों जो साधन उपयुक्त समझे गये काम में लाये गये। नगर-नगर में नागरी-प्रचारिणी-सभाओं का जन्म हुआ। नागरी के स्वत्व और उसके महत्त्व-सम्बन्धी छोटी-बड़ी अनेक पुस्तिकायें निकाली गयीं। स्थान-स्थान पर नागरी लिपि के प्रचार की महत्ता का राग अलापा गया और दूसरे यत्न जो उचित समझे गये काम में लाये गये। इस आन्दोलन से भी खड़ी बोली की कविता के आन्दोलन को बड़ी सहायता पहुँची क्योंकि विपक्षी हिन्दी भाषा पर जो दोषारोपण करते थे, उचित मात्रा में उनका निराकरण करना भी आवश्यक ज्ञात हुआ। उस समय ऐसी बातें अवश्य कही गयीं कि खड़ी बोली की कविता ऐसी हो जो उर्दू कविताओं से पूरी तौर पर टक्कर ले सके इस अवसर से कुछ कट्टर खड़ी बोली के प्रेमियों ने लाभ उठाकर इस बात का अवश्य प्रचार किया कि जहाँ तक हो ब्रजभाषा के साथ खड़ी बोली का कोई सम्पर्क न रहे। इसको बहुत कुछ व्यावहारिक रूप भी दिया गया, परन्तु यह उत्तेजना के समय की बात थी। वह समय निकल जाने पर इस विषय में जो कट्टरता व्यापक रूप ग्रहण कर रही थी वह बहुत कुछ कम हो गयी और विवेकशील हृदयों से वह दुर्भाव निकल गया जो ब्रजभाषा से किसी प्रकार की सहायता न लेने के पक्ष में था। इस स्थिरता के समय

में खड़ी बोलचाल की जो रचनायें हुई हैं, उनमें ब्रजभाषा के सरस शब्दों का प्रयोग देखा जाता है। परन्तु अब तक इस विषय में सन्तोषजनक प्रवृत्ति नहीं उत्पन्न हुई। मेरी सम्मति यह है कि अब वह समय आ गया है जब संयत चित्त से भाषा मर्मज्ञ लोग इस विषय पर विचार करें और खड़ी बोली की कविता को कर्कशता दोष से दूषित होने से बचावें।

इस खड़ी बोली के आन्दोलन के समय में जो कवि उत्पन्न हुए और कार्य-क्षेत्र में आये उनकी चर्चा इस स्थान पर आवश्यक है, जिससे यह ज्ञात हो सके कि किस प्रकार खड़ी बोली की कविता साहित्य-क्षेत्र में अग्रसर हुई। यहाँ यह बात स्मरण रखना चाहिए कि ब्रजभाषा के कवि उस समय भी थे, अब भी हैं और आगे भी रहेंगे। केवल अन्तर इतना ही है कि अब हिन्दी-साहित्य-क्षेत्र में खड़ी बोली को प्रधानता प्राप्त हो गयी है। आन्दोलन के पहले बाबू हरिश्चन्द्र और उनके सम-सामयिक कवियों को भी खड़ी बोली की दो एक स्फुट कवितायें करते देखा जाता है, यद्यपि उनमें खड़ी बोली का वह आदर्श नहीं पाया जाता जो बाद को दृष्टिगत हुआ। बाबू हरिश्चन्द्र के एक पद्य का कुछ अंश नीचे दिया जाता है जिससे आप अनुमान कर सकेंगे कि वे भी उस समय खड़ी बोली की रचना की ओर कुछ आकर्षित हुए थे। वे पंक्तियाँ ये हैं–

कहाँ हो ऐ हमारे राम प्यारे।
किधर तुम छोड़ कर हमको सिधारे।
बुढ़ापे में यह दुख भी देखना था।
इसी के देखने को मैं बचा था।

इनके उपरान्त पं. बदरीनारायण चौधरी और पं. प्रतापनारायण मिश्र को भी हिन्दी भाषा में खड़ी बोली की दो एक स्फुट कविता करते देखा जाता है। मैं इनकी कवितायें पहले के पृष्ठों में उद्धृत कर आया हूँ। इसके बाद हमारे सामने श्रीधर पाठक आते हैं, जिन्होंने 'एकान्तवासी योगी' नामक खड़ी बोलचाल की एक पद्य पुस्तक ही लिख डाली।

पं. श्रीधर पाठक ब्रज प्रान्त के रहने वाले थे, आगरे में उनका निवास था। इसीलिए ब्रजभाषा से उनको स्वाभाविक प्रेम था। वे अँगरेज़ी और संस्कृत दोनों के विद्वान थे। किन्तु सरस-प्रकृति होने के कारण कविता रचने की ओर उनकी विशेष प्रवृत्ति थी। पहले वे ब्रजभाषा में ही कविता करते थे। परन्तु समय की गति उन्होंने पहिचानी और बाद को खड़ी बोली की ओर आकर्षित हुए। वे हिन्दी-संसार में खड़ी बोली के पहले पद्यकार होने की दृष्टि से ही आदृत हैं। हिन्दी के कुछ स्फुट गद्य लेख और 'तिलस्माती मुँदरी' नामक एक उपन्यास भी उन्होंने लिखा है। परन्तु कीर्ति उन्होंने पद्य-ग्रन्थ लिखकर ही पाई। संयुक्त प्रान्त की गवर्नमेण्ट के दफ्तर में पहले वे डिप्टी

सुपरिण्टेण्डेण्ट थे, किन्तु बाद को सुपरिण्टेण्डेण्ट हो गये थे। इस कारण उनको समयाभाव था। फिर भी वे यथावकाश हिन्दी देवी की सेवा में रत रहे। खड़ी बोली का उनका पहला पद्य ग्रन्थ एकान्तवासी योगी है। इसके बाद उन्होंने जगत सचाई सार और श्रान्त पथिक नामक दो और छोटे ग्रन्थ लिखे। जगत सचाई सार उनका स्वरचित ग्रन्थ है, शेष दोनों ग्रन्थ अँगरेज़ी ग्रन्थों के अनुवाद हैं। ये दोनों ग्रन्थ भी छोटे हैं परन्तु इन्हीं के द्वारा उनको खड़ी बोली का पहला ग्रन्थकार होने का गौरव प्राप्त है। इन दोनों ग्रन्थों की भाषा अधिकतर संस्कृत गर्भित है, उनमें खड़ी बोलचाल के नियमों की रक्षा भी यथार्थ रीति से नहीं हुई है। किसी भाषा की आदिम रचना में जो त्रुटियाँ होती हैं वे सब उनमें मौजूद हैं। फिर भी यह स्वीकार करना पड़ेगा कि उन्होंने इन ग्रन्थों की रचना करके खड़ी बोली की कविता का मार्ग बहुत कुछ प्रशस्त बनाया, उनके कुछ पद्य देखिये—

1. **साधारण अति रहन सहन**
   मृदु बोल हृदय हरने वाला।
2. **मधुर मधुर मुसक्यान मनोहर**
   मनुज वंश का उँजियाला।
3. **सभ्य सुजन सत्कर्म परायण सौम्य सुशील सुजान।**
4. **शुद्ध चरित्र उदार प्रकृति शुभ विद्या बुद्धि निधान।**
5. **प्राण पियारे की गुण गाथा साधु कहाँ तक मैं गाऊँ।**
6. **गाते गाते नहीं चुके वह चाहे मैं ही चुक जाऊँ।**
7. **विस्व निकाई विधि ने उसमें की एकत्र बटोर।**
8. **बलिहारौं त्रिभुवन धन उस पर वारौं काम करोर।**

एकान्तवासी योगी

9. **शीतल मृदुल समीर चतुर्दिक**
   सुखित चित्त को करती है।
10. **कोमल कल संगीत सरस ध्वनि**
    तरु तरु प्रति अनुसरती है।
11. **सकल सृष्टि की सुघर सौम्य**
    छबि एकत्रित तहँ छाई है।
12. **अति की बसै मनुष्यों ही के**
    मन में अति अधिकाई है।

13. मनन वृत्ति प्रति हृदय-मध्य
दृढ़ अधिकृत पाई जाती है।

14. अति गरिष्ट साहसिक लक्ष्य
उत्साह अमित उपजाती है।

15. गति में गौरव गर्व दृष्टि में
दर्प धृष्टता युत धारी।

16. देखूँ हूँ मैं इन्हें मनुज कुल
नायकता का अधिकारी।

17. सदा वृहतव्यवसाय निरत
सुविचारवंत दीखै सारे।

18. सुगम स्वल्प आचार शील
औ शुद्ध प्रकृति के गुण धारे।

19. कृषिकर भी प्रत्येक स्वत्व की
जाँच गर्ब युत करता है।

20. त्यों मनुष्य होने का मान
सबके समान मन धरता है।

21. धन तृष्णा का घृणित एक
सामान्य कुण्ड बन जावैगा।

22. नृपति शूर विद्वान आदि
कोई भी मान नहिं पावैगा।

श्रान्त पथिक।

1. इन पद्यों में किस प्रकार संस्कृत तत्सम शब्दों का आधिक्य है यह कथन करने की आवश्यकता नहीं। यह मैं स्वीकार करूँगा कि चन्दबरदाई के समय से ही हिन्दी भाषा की कविता में संस्कृत तत्सम शब्दों का प्रयोग होने लगा था। उत्तरोत्तर यह प्रवृत्ति बढ़ती गयी। यहाँ तक कि अवधी भाषा के मुसलमान कवियों ने भी अवसर आने पर संस्कृत के तत्सम शब्दों का व्यवहार किया। परंतु इन लोगों का संस्कृत तत्सम शब्दों का प्रयोग परिमित है। उनकी प्रवृत्ति तद्‌भव या अर्ध तत्सम शब्दों के व्यवहार की ओर ही अधिक देखी जाती है। संस्कृत तत्सम शब्दों का प्रयोग वे किसी कारण विशेष के उपस्थित हो जाने पर ही करते थे। हाँ, गोस्वामी तुलसीदास अथवा प्रज्ञाचक्षु सूरदास

आदि कुछ महाकवियों ने किसी-किसी रचना में विशेषकर स्तुति और वन्दना-सम्बन्धी पद्यों में संस्कृत शब्दों का प्रयोग बहुत अधिक किया है और इस प्रकार किसी-किसी पद्य को संस्कृतमय बना दिया है। परन्तु ऐसे पद्यों की संख्या बहुत थोड़ी है हम उनको अपवाद मानते हैं, वे नियम के अन्तर्गत नहीं। पाठक जी के पद्यों में संस्कृत शब्दों का बाहुल्य नियम के अन्तर्गत है और यही खड़ी बोलचाल की रचना की बहुत बड़ी विशेषता है। तत्सम शब्दों के प्रयोग का जो आदर्श इन पद्यों में पाया जाता है, वह खड़ी बोली-संसार में आज तक गृहीत है। किसी-किसी ने पाँव आगे भी बढ़ाया है और इससे अधिक संस्कृत-परुष शब्दों से गर्भित रचनायें की हैं। अब तक यह प्रवाह चल रहा है। परंतु कुछ लोगों ने इसका पूरा अनुकरण नहीं किया, उन्होंने कोमल तथा ललित शब्दों को ही अपनी रचनाओं में स्थान दिया। आजकल विशेषकर कोमल और सरस शब्दों में रचना करने की ओर लोगों की दृष्टि आकर्षित है, और पहले से खड़ी बोलचाल की रचनायें अधिक कोमल और सरस होने लगी हैं। प्राकृत भाषायें संस्कृत तत्सम शब्दों के प्रयोग के प्रतिकूल थीं। इसकी कुछ प्रतिक्रिया अवधी और ब्रजभाषा में हुई। खड़ी बोली की रचना में वह पूर्णता में परिणत हो गयी।

2. ब्रजभाषा और अवधी में हलन्त का सस्वर प्रयोग होता है। प्राकृत में भी अनेक स्थलों पर यह प्रणाली गृहीत है। श्रीधरजी ने अपनी खड़ी बोली की रचना में इस प्रणाली को स्वीकार कर लिया है। इसीलिए उनके ऊपर के पद्यों में चतुर्दिक 'वृहत', एवं 'विद्वान' के अन्तिम अक्षर जिन्हें हलन्त होना चाहिए, सस्वर लिखे गये हैं। आजकल कुछ लोगों को देखा जाता है कि हलन्त वर्णों को हलन्त ही लिखना चाहते हैं। मैं समझता हूँ ऐसा करने से मुद्रण कार्य में ही असुविधा न होगी, अनेक खड़ी बोली के पद्यों की रचना में भी कठिनता होगी। विशेषकर उन रचनाओं में जो संस्कृत वृत्तों में की जायेंगी। इसलिए मेरा विचार है कि इस प्रणाली को स्वीकृत रहना चाहिए।

3. संस्कृत का नियम है कि संयुक्त वर्ण के पहले जो वर्ण होता है उसका उच्चारण दीर्घ होता है। एक शब्द के अन्तर्गत इस प्रकार का उच्चारण स्वाभाविक होता है। इसलिए उसमें जटिलता नहीं आती। वह स्वयं सरलता से दीर्घ उच्चरित होता रहता है। जैसे 'समस्त', 'कलत्र', 'उन्मत्त' आदि। परन्तु जहाँ वह समस्त रूप में होता है वहाँ उसका उच्चारण दीर्घ रूप में करने से हिन्दी-रचनाओं में एक प्रकार की जटिलता आ जाती है। इसलिए विशेष अवस्थाओं को छोड़कर, मेरा विचार है कि उसका ह्रस्व उच्चरित होना ही सुविधाजनक है। ऊपर के पद्यों में 'सरस ध्वनि' और 'वृहत व्यवसाय' ऐसे ही प्रयोग हैं। संस्कृत के नियमानुसार 'सरस' के अन्तिम 'स' को और 'वृहत' के 'त' को दीर्घ होना चाहिए। किन्तु उसको दीर्घ बनाने से छन्दोभंग होगा। इसीलिए पद्यकार ने उसको ह्रस्व रूप ही में ग्रहण किया। हिन्दी भाषा के पहिले आचार्यों की भी

यही प्रणाली है। मेरा विचार है, इस प्रणाली को स्वीकृत रहना चाहिए। विशेष अवस्थाओं में उसके दीर्घ करने का मैं विरोधी नहीं।

4. ऊपर के पद्यों में एक स्थान पर आया है 'तरुतरुप्रति' और दूसरे स्थान पर आया है 'मन धरता है'। खड़ी बोल-चाल के नियमानुसार इनको 'तरुतरु के प्रति' और 'मन में धरता है' होना चाहिए। इनमें कारक चिह्नों का लोप है। यह प्रयोग खड़ी बोलचाल के नियम के विरुद्ध है। 'के' का प्रयोग क्षम्य भी हो सकता है, क्योंकि वहाँ उसके बिना अर्थ की भ्रांति नहीं होती। परन्तु 'मैं' का प्रयोग न होने से वाक्य का यह अर्थ होता है कि 'मन' स्वयं किसी वस्तु को धरता या पकड़ता है। कवि का भाव यह नहीं है। वह यह कहता है कि अपने 'मन' में कोई कुछ रखता या धरता है। ऐसा प्रयोग निस्सन्देह सदोष है। ऐसा होना नियमानुकूल नहीं। कवि ने ऐसा प्रयोग संकीर्णता में पड़कर किया है। इससे उसकी असमर्थता प्रगट होती है। मेरा विचार है कि खड़ी बोलचाल के कवियों को इस असमर्थता-दोष से बचना चाहिए। खड़ी बोलचाल की रचनाओं में वहीं ऐसा प्रयोग करना चाहिए जहाँ वह मुहावरों के अन्तर्गत हो, जैसा मैं ऊपर लिख आया हूँ।

5. समस्त पदों को पद्य में यदि लाया जावे तो उसको उसी रूप में लाना चाहिए जो शुद्ध है उनके शब्दों को उलटना-पुलटना नहीं चाहिए। परन्तु प्रायः हिन्दी-पद्यों में इस नियम की रक्षा पूर्णतया नहीं हो पाती। प्रयोजन यह कि सुन्दर बालक, कमल-दल, कमल-नयन, पंचमुख और बहुचिह्नित इत्यादि वाक्यों को इसी रूप में लिखा जाना चाहिए किन्तु वृत्त एवं छन्द के बन्धनों में पड़कर उनके शब्दों को उलट-पुलट दिया जाता है। ऐसा अन्य भाषाओं में भी होता है। किन्तु यथासम्भव इस दोष से बचना चाहिए। विशेषकर तत्पुरुष और बहुब्रीहि समासों में। ऊपर के पद्यों में एक स्थान पर 'साधारण अति' लिखा गया है। ऐसा प्रयोग उचित नहीं था। विशेषकर उस अवस्था में जब 'अति साधारण' लिखा जा सकता था। मैं समझता हूँ ऐसा अमनोनिवेश के कारण असावधानी से हो गया है। ऐसी असावधानी कदापि वांछनीय नहीं।

6. ऊपर के पद्यों में एक स्थान पर 'तहाँ' के स्थान पर 'तहँ' और दूसरी जगह 'नहीं' के स्थान पर 'नहि' आया है। खड़ी बोलचाल के नियमानुसार उनको शुद्ध रूप में ही आना चाहिए था। संस्कृत में 'नहि' का प्रयोग 'नहीं' के अर्थ में होता है, जैसे 'नहि नहि रक्षति डुक्रिय करणम्'। इस दृष्टि से देखा जावे तो 'नहि' का प्रयोग सदोष नहीं है। क्योंकि वह संस्कृत का तत्सम शब्द है। यहाँ यह कहा जा सकता है कि गद्य में 'नहिं' का प्रयोग न होना इस विचार का बाधक है। किन्तु मैं इस बात को इसलिए नहीं मानता कि इससे पद्य की वह सुविधा नष्ट होती है जो गद्य की अपेक्षा उसे अधिक प्राप्त है। मेरा विचार है कि पद्य में संस्कृत के तत्सम शब्द होने का ध्यान रखकर यदि

उसका प्रयोग संकीर्ण स्थलों पर किया जाय तो वह सदोष न होगा। हाँ, 'नहि' के 'हि' पर बिन्दी नहीं लगानी चाहिए। पद्य की बीसवीं पंक्ति का 'का' और बाईसवीं पंक्ति का 'भी' लघु पढ़ा जाता है यद्यपि वह लिखा गया है दीर्घ। हिन्दी भाषा के प्रचलित नियमानुसार दीर्घ को लघु पढ़ना छन्दो-नियम के अन्तर्गत है। सवैया में प्रायः ऐसा किया जाता है। परन्तु इस प्रकार का प्रयोग न होना ही वांछनीय है, क्योंकि प्रायः लोग ऐसे स्थानों पर अटक जाते हैं और छन्द को ठीक-ठीक नहीं पढ़ सकते यद्यपि उर्दू में ऐसे प्रयोगों की भरमार है। उर्दू में इस प्रकार का प्रयोग इसलिए नहीं खटकता कि उर्दू वाले इस प्रकार के प्रयोगों के पढ़ने के अभ्यस्त हैं। हिन्दी पद्यों में इस प्रकार के प्रयोग बहुत ही अल्प मिलते हैं, इसलिए प्रायः पढ़ने में रुकावट उत्पन्न करते हैं। ऐसी दशा में जहाँ तक सम्भव हो इस प्रकार के प्रयोग से बचने की चेष्टा की जानी चाहिए।

7. अठारहवीं पंक्ति में 'और' के स्थान पर 'औ' लिखा गया है। खड़ी बोलचाल की कविता में प्रायः 'और' ही लिखा जाना अच्छा समझा जाता है। कुछ लोग अँगरेज़ी प्रणाली के अनुसार 'औ' के ऊपर 'कामा' लगाकर उसके 'र' को उड़ा देते हैं उनका कथन है कि जब 'औ' से और का भाव प्रगट हो जाता है, तो संकीर्ण स्थलों में उसका प्रयोग क्यों न किया जाय। मैं भी इस विचार से सहमत हूँ। उर्दू वाले लिखने को तो अपने पद्यों में 'और' लिख देते हैं, परन्तु अनेक स्थानों में उसका उच्चारण 'औ' ही कर लेते हैं। यह प्रणाली अच्छी नहीं, और न हिन्दी के लिए उपयुक्त है। इसलिए जहाँ तीन मात्रा वाला 'और' न प्रयुक्त हो सके, द्विमात्रिक 'औ' का लिखना आक्षेप-योग्य नहीं।

8. पंक्ति सात और आठ में 'निकाई' और 'करोर' शब्द आये हैं। 'निकाई ठेठ ब्रजभाषा' है, 'करोर' ब्रजभाषा के नियमानुसार अनुप्रास के झमेले में पड़कर 'करोड़' से बनाया गया है। पाठक जी के बाद के खड़ी बोली के कविगण इस प्रकार के प्रयोग को अच्छा नहीं समझते और वे ब्रजभाषा के इस प्रकार के शब्दों से बचना चाहते हैं। परन्तु फिर भी 'निकाई', की निकाई पर कुछ लोग मुग्ध हैं। वे अब तक इसको अपनी रचनाओं में स्थान देते हैं। मेरा विचार है कि ब्रजभाषा के ऐसे सरस शब्दों का बहिष्कार उचित नहीं ऐसे शब्दों के ग्रहण करने से ही खड़ी बोली की कर्कशता दूर होगी। 'करोड़' को 'करोर' कर देना मैं भी अच्छा नहीं समझता। ऐसे परिवर्तनों से बचना चाहिए यदि भावुकता भी साथ दे।

9. दसवीं पंक्ति में अनुसरती है। और अठारहवीं पंक्ति में 'धारे' क्रियाओं का प्रयोग है। न तो खड़ी बोली में अनुसरना कोई क्रिया है, न धरना। खड़ी बोलचाल में 'धरना' के स्थान पर 'रखना' का प्रयोग होता है। फिर भी उन्होंने इन क्रियाओं का प्रयोग अपनी खड़ी बोली की रचना में किया है। 'धारना' क्रिया के रूपों का व्यवहार अब तक खड़ी बोलचाल की कविता में हो रहा है। 21वीं और 22वीं पंक्तियों में

'जावैगा', 'पावैगा' लिखा गया है। ये दोनों क्रियायें हिन्दी की हैं और अब तक इनका प्रयोग भी खड़ी बोली की रचना में हो रहा है। अन्तर इतना ही है कि 'जावेगा', 'पावेगा' अथवा 'जाएगा', 'पाएगा' लिखा जाता है। 'जावेगा', 'पावेगा' के विषय में मुझको कुछ अधिक नहीं कहना है। यदि थोड़ा सम्हलकर प्रयोग किया जावे तो खड़ी बोलचाल में उसका प्रयोग शुद्ध रूप में हो सकता है। हाँ, 'धारना' क्रिया के रूपों का प्रयोग अवश्य विचारणीय है। क्योंकि उसका प्रयोग दो अर्थों में होता है एक 'रखना' के और दूसरा 'पकड़ना' क्रिया के रूप में। उर्दू वाले इसके स्थान पर 'रखना' और 'पकड़ना' क्रिया के रूपों ही का प्रयोग करते हैं। हिन्दी गद्य में भी ऐसा ही होता है। इसलिए उसका प्रयोग खड़ी बोली की कविता के लिए अधिक अनुकूल नहीं है। उसमें एक प्रकार की ग्रामीणता है। परन्तु यह क्रिया उपयोगिनी बड़ी है। अनेक अवसरों पर वह अकेली दो-दो क्रियाओं का काम दे जाती है और इसीलिए वह अब तक खड़ी बोली के पद्यों में स्थान पाती आती है। मेरा विचार है कि उसका सर्वथा त्याग उचित नहीं। हाँ, उसका बहुल प्रयोग अच्छा नहीं कहा जा सकता। अब रहा अनुसरती है का प्रयोग। निस्सन्देह 'अनुसरना' हिन्दी में कोई धातु नहीं है। यह क्रिया ब्रजभाषा से ही आयी है, परन्तु उसको खड़ी बोली का रूप दे दिया गया है। क्रिया है बड़ी मधुर। इस पर कवित्व की छाप है। मेरा विचार है कि ब्रजभाषा की ऐसी क्रियाओं को खड़ी बोलचाल का रूप देकर ग्रहण कर लेना युक्ति-संगत है। इससे खड़ी बोली वह सिद्धि प्राप्त कर लेगी जो सरसता की जननी है। पंक्ति 12 में 'अधिकाई' और 'बसैहै' का प्रयोग है। 'बसैहै' में गहरा दूरान्वय दोष है। वह तो ग्रहणीय नहीं। अब रहा यह कि 'बसैहै', 'जलैहै' इत्यादि प्रयोग खड़ी बोलचाल की कविता में होना चाहिए या नहीं। किसी क्रिया का वर्त्तमान काल का रूप खड़ी बोलचाल में इस प्रकार नहीं बनता। इसलिए इस प्रकार का प्रयोग अच्छा नहीं 'अधिकाई' लिखा जाना भी असुन्दर है। 'देखूँहूँ' और 'दीखैं' क्रियाओं का प्रयोग पंक्ति 16 और 17 में हुआ है, यह प्रयोग भी खड़ी बोली के नियमों के अनुकूल नहीं है। इसी प्रकार पंक्ति 8 के 'बलिहारौं', 'वारौं' क्रियाओं का व्यवहार भी खड़ी बोली के नियमों के अनुसार नहीं। इसलिए मेरी सम्मति यही है कि इस प्रकार की क्रियाओं से खड़ी बोलचाल की रचनाओं को सुरक्षित रखना चाहिए। पाठक जी की खड़ी बोली की आदिम रचनाओं में इस प्रकार की क्रियाओं का आना उतना तर्क-योग्य नहीं, क्योंकि वह खड़ी बोली के प्रसार का आदिम काल था। मुझे हर्ष है कि उनके बाद के सहृदय कवियों ने इस प्रकार के प्रयोगों की उपेक्षा करके खड़ी बोली की कविता का मार्ग अधिकतर निर्दोष बना दिया है।

आप लोग यदि एक बार सिंहावलोकन से काम लेंगे तो यह ज्ञात हो जायगा कि खड़ी बोली का अस्तित्व उसी ससय से है जब से ब्रजभाषा अथवा अवधी का। खुसरो

की कविता में उसका प्रभाव स्पष्ट दिखाई पड़ता है। वरन् यह कहा जा सकता है कि जैसा सुन्दर आदर्श खड़ी बोली की कविता का उन्होंने उपस्थित किया उन्नीसवीं शताब्दी के अन्त तक वैसा आदर्श नहीं उपस्थित किया जा सका। कबीर साहब की रचनाओं में भी उसका रंग पाया जाता है। भूषण के कवित्तों में भी उसकी झलक मिलती है। महन्त सीतल ने तो एक प्रकार से उसकी बाँह ही पकड़ ली और उस निरावलम्बा को बहुत कुछ अवलम्बन दिया। इंशा अल्ला खाँ ने अपनी रानी केतकी की कहानी में और नजीर अकबराबादी ने अपनी स्फुट रचनाओं में उसका रंग रूप दिखलाया। रघुनाथ, ग्वाल कवि और सूदन की रचनाओं में भी उसकी छटा दृष्टिगत होती है और वह करवट बदलती ज्ञात होती है। बाबू हरिश्चन्द्र, पं. प्रतापनारायण और पं. बदरीनारायण चौधरी ने तो उसके कतिपय स्फुट पद्य बनाकर उसे वह शक्ति प्रदान की जिसके आधार से पं. श्रीधर पाठक ने उसको दो सुन्दर पुस्तकें भी प्रदान कीं। इसी समय पं. अम्बिकादत्त व्यास ने 'कंस वध' नामक एक साधारण काव्य निदर्शन रूप में लिखा परन्तु अपने उद्योग में वे सर्वथा असफल रहे। खड़ी बोलचाल की कविता का रूप इन लोगों की रचनाओं में अधिकतर अस्पष्ट है और उसके शब्द विन्यास भी अनियमबद्ध पाये जाते हैं। परन्तु पाठक जी के दो ग्रन्थों (एकान्तवासी योगी और श्रान्त पथिक) में उसका रूप बहुत कुछ स्पष्ट हो गया है और उसके शब्द-विन्यास के नियम भी बहुत कुछ व्यवस्थित देखे जाते हैं। पाठक जी का हृदय वास्तव में ब्रजभाषामय था। उनकी ब्रजभाषा की रचनायें जितनी हैं बड़ी सरस और सुन्दर हैं। उनकी 'काश्मीर-सुखमा' नाम की पुस्तिका उनकी समस्त रचनाओं में सर्वोत्तम है, किन्तु उसकी भाषा ब्रजभाषा है। उनके जीवन का अन्तिम समय भी ब्रजभाषा की सेवा ही में बीता। यदि वे इस स्वाभाविक प्रेम के जाल में न फँसते और दो एक मौलिक ग्रन्थ खड़ी बोल-चाल के पद्यों में और लिख जाते तो उस समय वह कुछ और अधिक उन्नत हो जाती। फिर भी उन्होंने पहले पहल जितना किया उसके लिए वे चिरस्मरणीय हैं और खड़ी बोली कविता का क्षेत्र उसके लिए उनका कृतज्ञ है।

पाठकजी के उपरान्त खड़ी बोली के कविता-क्षेत्र में हमको पं. नाथूराम शंकर शर्मा का दर्शन होता है। ये ब्रजभाषा के ही कवि थे और उसमें सुन्दर और सरस रचना करते थे। परन्तु सामयिक रुचि का इन पर भी प्रभाव पड़ा और ये खड़ी बोली में ही कविता लिखने लगे। शर्माजी आर्य-समाजी विचार के हैं। आर्य-समाज की कट्टरता प्रसिद्ध है। शर्माजी भी अपने विचार के कट्टर हैं। इनकी यह कट्टरता इनकी रचना में ही नहीं, इनके शब्दों में भी फूटी पड़ती है। आर्य-समाज के सिद्धान्त के अनुसार समाज संशोधन सम्बन्धी विचार प्रकट करने के लिए इनको खड़ी बोली उपयुक्त ज्ञात हुई। इसलिए इनका उसकी ओर आकर्षित होना स्वाभाविक था। इनके धार्मिक विचारों में भी उग्रता

है। इस सूत्र से भी इनको खड़ी बोली की कविता करनी पड़ी क्योंकि उस समय आर्य-समाज को जनता में अपना सिद्धान्त प्रचार करने के लिये ब्रजभाषा से खड़ी बोली ही उन्हें अधिक प्रभाव जनक जान पड़ी। फिर भी यह स्वीकार करना पड़ेगा कि इनकी खड़ी बोली की रचना में ब्रजभाषा का पुट बराबर आवश्यकता से अधिक रहा और अब तक है। इन्होंने छोटी-मोटी कई पुस्तकें बनाई हैं किन्तु इनकी छपी हुई चार पुस्तकें अधिक प्रसिद्ध हैं। इनके नाम ये हैं—शंकर सरोज, अनुराग-रत्न, गर्भ रण्डारहस्य और वायस विजय। इनकी रचना की विशेषता यह है कि उसमें समाज संशोधन, मिथ्याचार खंडन और परम्परागत रूढ़ियों का निराकरण उत्कट रूप में पाया जाता है। इनसे पहले इस ढंग की रचनाओं का अभाव था। समय ने इनके ही द्वारा इस अभाव की पूर्ति कराई। खड़ी बोलचाल में आपकी ही ऐसी पहली रचना है, जिसमें समाज को उसके अन्धविश्वासों के लिए गहरी फटकार मिलती है। इस विषय में हिन्दी साहित्य क्षेत्र में कबीर के बाद इनका ही स्थान है। मुँहफट और अक्खड़ भी ये वैसे ही हैं। जब आवेश में आते हैं तो इनके उद्गार में ऐसे शब्द भर जाते हैं जिनसे एक प्रकार का स्फोट सा होता ज्ञात होता है। शर्मा जी हिन्दी संसार के एक ख्याति प्राप्त और मान्य कवि हैं। इनको गुण ग्राहकों ने पदक और उपयुक्त पदवियाँ भी प्रदान की हैं। इनका ब्रजभाषा का एक पद्य नीचे लिखा जाता है—

1. मंगल करन हारे कोमल चरन चारु
मंगल से मान मही गोद में धरत जात।
पंकज की पाँखुरी सी आँगुरी अँगूठन की
जाया पंचबान जी की भँवरी भरत जात।
शंकर निरख नख नग से नखत स्रेनी
अंबर सों छूटि छूटि पाँयन परत जात।
चाँदनी में चाँदनी के फूलन की चाँदनी पै
हौले हौले हंसन की हाँसी सी करत जात।

एक पद्य खड़ी बोलचाल का देखिये—

2. कज्जल के कूट पर दीप शिखा सोती है
कि श्याम घनमंडल में दामिनी की धारा है।
यामिनी के अंक में कलाधर की कोर है
कि राहु के कबंध पै कराल केतु तारा है।
शंकर कसौटी पर कंचन की लीक है

कि तेज ने तिमिर के हिये में तीर मारा है।
काली पाटियों के बीच मोहिनी की माँग है
कि ढाल पर खाँड़ा कामदेव का दुधारा है।

एक पद्य ऐसा देखिये जिसमें खड़ी बोली और ब्रजभाषा दोनों का गहरा रंग है—

3. ताकत ही तेज न रहैगो तेजधारिन में
मंगल मयंक मंद पीले पड़ जायँगे।
मीन बिन मारे मर जायँगे तड़ागन में
डूबडूब शंकर सरोज सड़ जायँगे।
खायगो कराल काल केहरी कुरंगन को
सारे खंजरीटन के पंख झड़ जायँगे।
तेरी अँखियान सों लड़ैंगे अब और कौन
केवल अड़ीले दृग मेरे अड़ जायँगे।

एक पद्य डाँट फटकार का भी देखिये—

4. ईश-गिरिजा को छोड़ यीशु गिरजा में जाय
शंकर सलोने मैन मिस्टर कहावेंगे।
बूट पतलून कोट कमफाट टोपी डाटि
जाकेट की पाकेट में वाच लटकावेंगे।
घूमेंगे घमंडी बने रंडी का पकड़ हाथ
पियेंगे बरंडी मीट होटल में खावेंगे।
फ़ारसी की छार सी उड़ाय अँगरेज़ी पढ़ि
मानो देवनागरी का नाम ही मिटावेंगे।

इनकी एक रचना विचित्र भाषा भाव की देखिये—

बाबा जी बुलाये बीर डूंगरा के डोकरा ने
जैमन को आसन बछेल के बिछाये री।
ओंड़े ऊदला महेरी के सपोट गये झार
गये झोर [illegible] झार पेट भरे खाये री।
छोड़ी न गजरभत नेक हूँ न दोरिया में
रोंथ रोंथ रूखी दर भुजिया अघाये री।
संतन के रेवड़ जो चमरा चरावत हैं
शंकर सो बाने बंद बेदुआ कहाये री।

एक पद्य ऐसा देखिये जिसमें फ़ारसी के मुहावरे और शब्द दोनों कसरत से शामिल हैं—

बाग़ की बहार देखी मौसिमे बहार में तो
दिले अन्दलीप को रिझाया गुले तरसे।
हम चकराते रहे आसमाँ के चक्कर में
तौभी लौ लगी ही रही माह के महर से।
आतिशे मुसीबत ने दूर की गुदूरत को
बात की नबात मिली लज़्ज़ते शकर से।
शंकर नतीजा इस हाल का यही है बस
सच्ची आशिक़ी में नफ़ा होता है ज़रर से।

एक उर्दू पद्य देखिये जो हसब हाल है—

बुढ़ापा नातवानी ला रहा है।
ज़माना ज़िन्दगी का जा रहा है।
किया क्या ख़ाक आगे क्या करेगा।
अख़ीरी वक्त दौड़ा आ रहा है।

इस खड़ी बोली के उत्थान के समय में ब्रजभाषा के कवियों की कमी नहीं है। इस समय भी ब्रजभाषा के सुकवि उत्पन्न हुए और उन्होंने उसी की सेवा आजन्म की। उनमें से जो दो अधिक प्रसिद्ध हैं वे हैं लाला सीताराम बी. ए. और स्वर्गीय रायदेवी प्रसाद पूर्ण। लाला सीताराम बी. ए. बहुभाषाविद् हैं। उनको संस्कृत, अँगरेज़ी, फ़ारसी, अरबी आदि कई भाषाओं का अच्छा ज्ञान है। उन्होंने कई अँगरेज़ी नाटकों का अनुवाद उर्दू में भी किया है। ब्रजभाषा की उन्होंने यह सेवा की कि 'मेघदूत', 'ऋतु-संहार', 'रघुवंश' का पद्यानुवाद सरल भाषा में करके उसे सौंपा। संस्कृत के 'मालती माधव', 'उत्तर राम चरित्र' आदि नाटकों का अनुवाद भी गद्यपद्यमयी भाषा में किया। आप गद्य पद्य दोनों लिखने में अभ्यस्त हैं। अगनी वृद्धावस्था में भी कुछ न कुछ हिन्दी सेवा करते ही रहते हैं। आपके पद्य के कुछ नमूने नीचे दिये जाते हैं जो रघुवंश के पद्यानुवाद से लिए गये हैं—

भये प्रभात धेनु ढिग जाई।
पूजि रानि माला पहिराई।
बच्छ पियाइ बाँधि तब राजा।
खोल्यो ताहि चरावन काजा।

परत धरनि गा चरन सुहावन।
सो मगधूरि होत अति पावन।
चली भूप तिय सोई मग माहीं।
स्मृति, श्रुति अर्थ संग जिमि जाहीं।
चौसिंधुन थन रुचिर बनाई।
धरनिहिं मनहुँ बनी तहँ गाई।
प्रिया फेरि अवधेश कृपाला।
रक्षा कीन्ह तासु तेहि काला।
कबहुँक मृदु तृन नोचि खिलावत।
हाँकि माछि कहुँ तनहिं खुजावत।
जो दिसि चलत चलत सोई राहा।
एहि बिधि तेहि सेवत नरनाहा।

राय देवीप्रसाद 'पूर्ण' कानपुर के एक प्रसिद्ध वकील थे। आपने आजन्म हिन्दी भाषा की सेवा की और जब तक जिये उसको अपनी सरस रचनाओं से अलंकृत करते रहे। आप बड़े सहृदय कवि और वक्ता थे, धर्म्म प्रेमी भी थे। ब्रह्मावर्त्त सनातनधर्म मण्डल की स्थापना भी आप ही ने की थी। 'काव्य-शास्त्र विनोदेन कालो गच्छति धीमताम्' के आप प्रत्यक्ष प्रमाण थे। उन्होंने रसिक-वाटिका नामक एक मासिक पत्रिका भी निकाली थी। पीछे से धर्म कुसुमाकर नामक एक मासिक पत्र भी प्रकाशित किया। आपने ब्रजभाषा में अनेक सुन्दर रचनायें की हैं। उनमें से कुछ पुस्तकाकार भी छपी हैं। उन्होंने मेघदूत का 'धाराधर धावन' नाम से बड़ा सुन्दर और सरस अनुवाद किया है। उनका 'चन्द्र कला भानुकुमार' नाटक भी अच्छा है। उनके कुछ पद्य नीचे दिये जाते हैं—

वर्षा-आगमन

1. सुखद सीतल सुचि सुगन्धित पवन लागी बहन।
सलिल बरसन लगो बसुधा लगी सुखमा लहन।
लहलहीलहरान लार्गी सुमन बेली मृदुल।
हरित कुसुमित लगे झूमन वृच्छ मंजुल बिपुल॥
हरित मनि के रंग लागी भूमि मन को हरन।
लसति इन्द्रबधून अवली छटा मानिक बरन।
बिमल बगुलन पाँति मनहुँ बिसाल मुक्तावली।
चन्द्रहास समान-दमकति चंचला त्यों भली॥

नील नीरद सुभग सुरधुन बलित सोभाधाम।
लसत मनु बनमाल धारे ललित श्री घनस्याम।
कूप कुंड गँभीर सरवर नीर लाग्यो भरन।
नदी नद उफनान लागे लगे झरना झरन॥
रटत दादुर त्रिविधि लागे रुचन चातक बचन।
कूक छावत मुदित कानन लगे केकी नचन।
मेघ गरजत मनहुँ पावस भूप को दल सकल।
विजय दुंदुभि हनत जग में छीनि ग्रीसम अमल।

2. तुम्हरे अद्‌भुत चरित मुरारी।
कबहूँ देत बिपुल सुख जग में कबहुँ देत दुख झारी।
कहुँ रचि देत मरुस्थल रूखो कहुँ पूरन जल रासि।
कहुँ ऊसर कहुँ कुंज विपिन कहुँ कहुँ तम हूँ परकास।

3. माता के समान परपतिनी बिचारी नहीं,
रहे सदा पर धन लेन ही के ध्यानन मैं।
गुरुजन पूजा नहीं कीन्हीं सुचि भावन सों,
गीधे रहे नानाविधि विषय विधानन मैं।
आयुस गँवाई सबै स्वारथ सँवारन मैं,
खोज्यो परमारथ न वेदन पुरानन मैं।
जिनसों बनी न कछु करत मकानन मैं,
तिनसों बनैगी करतूत कौन कानन मैं।

उनका एक बिरहा भी देखिये—

1. अच्छे अच्छे फुलवा बीन री मलिनियाँ
गूँधि लाओ नीके नीके हार।
फूलन को हरवा गोरी गरे डरिहौं
सेजिया में होइ है बहार।

वर्तमान-काल

यह वर्त्तमान काल बीसवीं ईस्वी शताब्दी के आदि से ही प्रारम्भ होता है। हिन्दी भाषा के लिए इसको स्वर्णयुग कह सकते हैं। इस काल में जितना वह विस्तृत हुई,

फूली-फली, उन्नत बनी, वह उल्लेखनीय है। कोई वह समय था जब हिन्दी भाषा के विद्वान् इने गिने थे और उसको एक साधारण भाषा समझ कर हिन्दी संसार के प्रतिष्ठित पुरुषों की दृष्टि भी उसकी ओर आकर्षित होते संकुचित होती थी। किन्तु वर्तमान काल में संस्कृत और अँगरेज़ी के उच्च कोटि के विद्वान् ही क्या उसके पुनीत चरणों पर भारतवर्ष के वे महापुरुष भी पुष्पांजलि अर्पण करते दृष्टिगत होते हैं जो लोकमान्य और देश-पूज्य हैं। मेरा अभिप्राय महर्षिकल्प पं. मदन मोहन मालवीय और महात्मा गांधी से है। मालवीय जी चिरकाल से हिन्दी भाषा के लिए वद्ध-परिकर और उत्सर्गीकृत–जीवन हैं। वर्त्तमान काल में उनका महात्मा गांधी की सहयोगिता भी प्राप्त हो गयी है, जिससे हिन्दी भाषा की समुन्नति और सौन्दर्य वृद्धि के लिए मणि-कांचन-योग उपस्थित हो गया है। राष्ट्रीयता के भावों के साथ देश में एक भाषा का प्रश्न भी छिड़ा। इस आन्दोलन ने हिन्दी भाषा को उस उच्च सिंहासन पर बैठाला जिसकी वह अधिकारिणी थी। आज दिन देश के बड़े-बड़े नेता तथा अधिकतर सर्वमान्य विद्वान् सम्मिलित स्वर से यही कह रहे हैं कि राष्ट्रभाषा यदि हो सकती है तो हिन्दी भाषा। इस विचार से उसमें एक नवीन स्फूर्ति आ गयी है और उसके प्रत्येक विभागों में यथेष्ट उन्नति होती दृष्टिगत हो रही है। भारतवर्ष का कोई प्रान्त ऐसा नहीं है जहाँ इस समय हिन्दी भाषा की पहुँच न हो और जहाँ से हिन्दी भाषा का कोई न कोई पत्र अथवा पत्रिका न निकल रही हो। उसके प्रसार का भी यथेष्ट यत्न किया जा रहा है और उसके प्रत्येक विभागों के भाण्डार की वृद्धि में लोग सयत्न हैं। इस समय मेरे सामने उसके पद्य-विभाग का विषय है। मैं देखना चाहता हूँ कि इस शताब्दी के आरम्भ से आज तक वह किस प्रकार उत्तरोत्तर उत्कर्ष लाभ कर रहा है।

मैं खड़ी बोली की कविता के आन्दोलन के विषय में पहले चर्चा कर आया हूँ। यह आन्दोलन सबलता से चला और उसको सफलता भी प्राप्त हुई। परन्तु नियमबद्धता और स्थिरता का उसमें अभाव था। कोई ऐसा संचालक उस समय तक उसको प्राप्त नहीं हुआ था जो उसका मार्ग प्रशस्त करे और तन मन से इस कार्य में लग कर वह आदर्श उपस्थित करे जिस पर अन्य लोग चल कर उसको उन गुणों से अलंकृत कर सकें जो सत्कविता के लिए वांछनीय होते हैं। सौभाग्य से उस समय प्रसिद्ध मासिक पत्रिका 'सरस्वती' का सम्पादकत्व लाभ कर पं. महावीर प्रसाद द्विवेदी कार्य-क्षेत्र में उतरे और उन्होंने इस दिशा में प्रशंसनीय प्रयत्न किया। कविताप्रणाली का मार्ग धीरे-धीरे प्रशस्त होता है। काल पाकर ही उसकी कोई पद्धति सुनिश्चित होती है। कार्य-क्षेत्र में आने पर ज्यों-ज्यों उसके दोष प्रकट होते हैं, उस पर तर्क-वितर्क और मीमांसायें होती हैं त्यों-त्यों वह परमार्जित बनती है और उसमें आवश्यकतानुसार सरस, सुन्दर और भावमयी पदावली का समावेश होता है। पं. महावीर प्रसाद द्विवेदी ने जिस

समय अपना कार्य प्रारम्भ किया उस समय हिन्दी खड़ी बोली की कविता का आरम्भिक काल था। उल्लेख योग्य दस-पाँच पद्य-ग्रन्थ उस समय तक निर्मित हुये थे और भाषा एक अनिश्चित और असंस्कृत मार्ग पर चल रही थी। प्रत्येक लेखक खड़ी बोली की कविता-रचना का एक अपना सिद्धांत रखता था और उसी के अनुसार कार्यरत था। यह मैं स्वीकार करूँगा कि उर्दू भाषा का आदर्श उस समय सबके सामने था जो यथेष्ट उन्नत थी। किन्तु कई विशेष कारणों से उसका यथातथ्य अनुकरण हिन्दी भाषा की खड़ी बोली की कविता नहीं कर सकती थी। हिन्दी और उर्दू में बहुत साधारण अन्तर है। उर्दू की जननी हिन्दी भाषा ही है। कुछ लोगों का यह विचार है कि हिन्दी उर्दू के आदर्श पर बनी है। कम से कम मेरा हृदय इसको स्वीकार नहीं करता। उर्दू के क्रियापद अधिकांश हिन्दी भाषा के हैं। हिन्दी भाषा के सर्वनाम कारक और अनेक प्रत्यय उर्दू भाषा के जीवन हैं। उनके अभाव में उर्दू का अस्तित्व लोप हो जायेगा। वह फ़ारसी बन जायेगी अथवा कोई ऐसी भाषा जिसका नामकरण भी न हो सकेगा। फ़ारसी अरबी के अधिक शब्द हिन्दी में मिला कर उर्दू गढ़ी गयी है अथवा उसका आविर्भाव हुआ है। ऐसी दशा में वह हिन्दी भाषा का रूपान्तर छोड़ और कुछ नहीं है। जब उर्दू की प्रवृत्ति अधिकतर फ़ारसी और अरबी प्रयोगों की ओर झुकी और लम्बे-लम्बे समस्त पद भी उसमें इन भाषाओं के आने लगे उस समय वह हिन्दी से सर्वथा भिन्न ज्ञात होने लगी। यह बात हिन्दी के अस्तित्व का बाधक थी इसलिए उसका कोई निज का मार्ग होना आवश्यक था जिससे वह अपने मुख्य रूप को सुरक्षित रख सके। उसका अपने वास्तविक रूप में विकसित होना भी वांछनीय था। अतएव खड़ी बोली की कविता उस मार्ग पर चली जो उसका लक्ष्य था। उसके कुछ पथ-प्रदर्शक इस मार्ग को जानते थे। अतएव वे उसके लक्ष्य की ओर सतर्क होकर चल रहे थे। परन्तु कुछ लोग उर्दू की अनेक बातों का अन्धानुकरण करना चाहते थे। ऐसे अवसर पर जिन लोगों ने खड़ी बोली की कविता को उचित पथ पर चलाया उनमें से पंडित महावीर प्रसाद द्विवेदी अन्यतम हैं। अपनी 'सरस्वती' नामक मासिक पत्रिका में उन्होंने अधिकतर खड़ी बोली की कविता ही प्रकाशित करने की ओर दृष्टि रखी और अनेक कृत-विद्यों को इस कार्य के लिए उत्साहित करके अपनी ओर आकर्षित किया। मुझको यह ज्ञात है कि जो खड़ी बोलचाल की कवितायें उनके पास उस समय 'सरस्वती' में प्रकाशित करने के लिए जाती थीं उनका संशोधन वे बड़े परिश्रम से करते थे और संशोधित कविता को ही 'सरस्वती' में प्रकाशित करते थे। इससे बहुत बड़ा लाभ यह होता था कि खड़ी बोली की कविता करने वालों का ज्ञान बढ़ता था और वे यह जान सकते थे कि उनको किस मार्ग पर चलना चाहिए। इस प्रणाली से धीरे-धीरे खड़ी बोली की कविता का मार्ग भी प्रशस्त हो रहा था। पं. महावीर प्रसाद द्विवेदी ने इतना ही नहीं किया, उन्होंने कुछ खड़ी

बोली की रचनायें भी कीं और इस रीति से भी उन्होंने खड़ी बोली की कविता-प्रणाली जनता के सामने उपस्थित की। उनका 'कुमार-सम्भव-सार' यद्यपि छोटी पुस्तक है, परन्तु उसकी खड़ी बोली की कविता बहुत परिमार्जित और सुन्दर है। उसका प्रभाव भी उस काल की खड़ी बोली की कविता पर बहुत कुछ पड़ा। पंडित महावीर प्रसाद द्विवेदी संस्कृत के विद्वान् और उसके प्रेमी हैं। इसलिए उनके गद्य और पद्य दोनों की भाषा संस्कृत बहुला है। गद्य तो गद्य उनके गद्य में भी संस्कृत के कर्कश शब्द आ गये हैं। जिसका प्रभाव उनके शिष्यों की रचना पर भी पड़ा है। आदिम अवस्थाओं में ऐसा होना स्वाभाविक था। सुधार विशेषकर कविता में, यथाक्रम ही होता है।

जो भाषा साहित्यिक बनकर बोलचाल की भाषा से अधिक दूर पड़ जाती है, काल पाकर वह साहित्य ही में रह जाती है और उसका स्थान धीरे-धीरे एक नयी भाषा ग्रहण करने लगती है। इस दृष्टि से और इस विचार से भी कि उर्दू और हिन्दी भाषा की रचनायें अधिकतर पास पास हो जायें, कुछ मननशील विद्वानों का यह विचार हुआ कि खड़ी बोलचाल की कविता की भाषा जहाँ तक हो बोलचाल के निकट हो और उसमें अधिकतर संस्कृत के तत्सम शब्द न भरें तो अच्छा। संस्कृत शब्दमयी रचना को सर्वसाधारण समझ भी नहीं सकते। इसलिए भी बोलचाल की सरल भाषा में कविता रचने की आवश्यकता होती है। यह मैं स्वीकार करूँगा कि अन्य प्रान्तों से सम्बन्ध स्थापित करने के लिए यह आवश्यक है कि जैसे गद्य संस्कृत भाषामय होता है। वैसे ही पद्य भी हो क्योंकि संस्कृत के शब्द समान रूप से सब प्रान्तों में समझे जाते हैं। मेरा 'प्रिय-प्रवास' इसी विचार से अधिकतर संस्कृत गर्भित है। मैं इसका विरोध नहीं करता। आवश्यकतानुसार कुछ ऐसे ग्रन्थ भी लिखे जायँ। परन्तु अधिकतर ऐसे ही ग्रन्थों की आवश्यकता है जिनकी भाषा बोलचाल की हो, जिससे अधिक हिन्दी भाषा-भाषी जनता को लाभ पहुँच सके। अभी इधर ध्यान बहुत कम गया है, उस समय भी ऐसी भाषा लिखने वालों को लोग कड़ी दृष्टि से देखते थे और समझते थे कि ऐसा करके वह हिन्दी भाषा के उच्च आदर्श को अधःपतित कर रहा है। सन् 1900 ईस्वी में नागरी प्रचारिणी सभा का भवन-प्रवेशोत्सव था। उस समय मैंने एक लम्बी कविता हिन्दी भाषा सम्बन्धिनी लिखी थी यह कविता 'प्रेम-पुष्पोपहार' के नाम से अलग पुस्तकाकार छपी है। मैंने उसे बोलचाल की भाषा में लिखा है। उत्सव में बाबू अयोध्या प्रसाद खत्री भी आये थे। उन्होंने मेरे पढ़ने से पहले ही उस कविता को मुझसे लेकर पढ़ लिया। पढ़ कर बहुत आनन्दित हुए, बोले—खड़ी बोली की कविता ऐसी ही भाषा में होनी चाहिए। परन्तु मेरी इस कविता को स्व. पं. बदरीनारायण चौधरी (प्रेमघन) ने उनकी दृष्टि से नहीं देखा। जब मैंने उत्सव के समय सभा में यह कविता पढ़ी तो कविता समाप्त होने पर वे मेरे पास अपने स्थान से उठ कर आये और कहा कि यह उर्दू कविता है। आप

इसे हिन्दी क्यों कहते हैं। मुझसे उन्होंने सभा भवन से बाहर आकर भी उसके विषय में बड़ा तर्क-वितर्क किया। बाबू काशी प्रसाद जायसवाल से भी उन्होंने उसके विषय में अनेक तर्क किये।

उस ग्रन्थ के कुछ पद्य नीचे लिखे जाते हैं–

चार डग हमने भरे तो क्या किया।
है पड़ा मैदान कोसों का अभी।
काम जो हैं आज के दिन तक हुए।
हैं न होने के बराबर वे सभी।
हो दशा जिस जाति की ऐसी बुरी।
बन गयी हो जो यहाँ तक बेख़बर।
फिर भले ही जाय गरदन पर छुरी।
पर जो उफ़ करने में करती है कसर।
आप ही जिसकी है इतनी बेबसी।
है तरसती हाथ हिलाने के लिए।
आस हो सकती है उससे कौन सी।
हो सके है क्या भला उसके लिए।
कम नहीं जिन से अँधेरी टूटती।
भूल सकता है समय जिनको नहीं।
पर अमावस के सितारों की तरह।
लोग जो इसमें चमकते हैं कहीं।

ये पद्य बिलकुल बोलचाल के हैं। इनमें कुछ शब्द फ़ारसी के भी आ गये हैं। इसलिए प्रेमघन जी ने इनको हिन्दी का पद्य नहीं माना। इतना ही नहीं मुझसे ही तर्क वितर्क करके वे शान्त नहीं हुए, उसकी चर्चा उन्होंने उक्त बाबू साहब से भी की, जिससे पाया जाता है कि उस समय हिन्दी के ऐसे लब्ध-प्रतिष्ठ विद्वान् भी हिन्दी की खड़ी बोली रचना के विषय में क्या विचार रखते थे। पंडित जी का तर्क यह था कि जो हिन्दी छन्दों में कविता की जावे और संस्कृत तत्सम शब्द जिसमें अधिक आवें वही खड़ी बोली की हिन्दी कविता मानी जा सकती है अन्यथा वह उर्दू है। मेरी रचना में हिन्दी के तद्भव शब्द अधिक आये हैं, और कहीं-कहीं फ़ारसी के शब्द भी आ गये हैं, संस्कृत के तत्सम शब्द कम हैं, इसीलिए वे उसको हिन्दी की रचना मानने के लिए तैयार नहीं थे। उस समय हिन्दी की खड़ी बोली कविता के लिए अधिकतर लोगों के ये ही विचार थे। अब भी कुछ लोगों के ये ही विचार हैं! मैं इस विचार से सहमत नहीं

हूँ। तद्भव शब्दों में लिखी गयी शिष्ट बोलचाल की हिन्दी ही वास्तव में खड़ी हिन्दी भाषा की रचना कही जा सकती है और ऐसी ही रचना सर्वसाधारण के लिए उपकारक हो सकती है। इस तर्क का कोई अर्थ नहीं कि यदि 'अइली गइली' का प्रयोग किया जावे, और ग्रामीण भाषा लिखी जावे तब तो वह हिन्दी है और यदि शिष्ट बोलचाल की भाषा के आधार से तद्भव शब्दों में हिन्दी भाषा की कविता लिखी जावे तो वह उर्दू है। यह बिलकुल अयथा विचार है। कुछ मुसलमान विद्वानों का विचार भी ऐसा ही है। वे 'ज़फ़र' और 'नज़ीर' की निम्नलिखित रचनाओं को उर्दू की कहते हैं, हिन्दी की नहीं—

1. यों ही बहुत दिन गुड़िया मैं खेली।
कभी अकेली कभी दुकेली।
जिससे कहा चल तमाशा दिखला।
उसने उठा कर गोदी में ले ली।
कुछ कुछ मोहें समझ जो आई।
एक जा ठहरी मोरी सगाई।
आवन लागे बाम्हन नाई।
कोई ले रुपया कोई ले धेली।
व्याह का मेरे समाँ जब आया।
तेल चढ़ाया मढ़ा छवाया।
सालू सूहा सभी पिन्हाया।
मेंहदी से रँग दिये हाथ हथेली।
सासरे के लोग आये जो मेरे।
ढोल दमामे बजे घनेरे।
सुभ घड़ी सुभ दिन हुए जो फेरे।
सइयां ने मोहें हाथ में लेली।

ज़फ़र

2. यारो सुनो ए दधि के लुटैया का बालपन।
औ मधुपुरी नगर के बसैया का बालपन।
मोहन सरूप नृत्य करैया का बालपन।
बन बन में ग्वाल गौएँ चरैया का बालपन।
ऐसा था बाँसुरी के बजैया का बालपन।
क्या क्या कहूँ मैं कृष्ण कन्हैया का बालपन।

परदे में बालपन के ये उनके मिलाप थे।
जोती सरूप कहिये जिन्हें सो वो आप थे।

नज़ीर

परन्तु, हम देखते हैं कि इंशा अल्ला खाँ ठेठ हिन्दी लिखने का प्रण करके भी अपनी 'रानी केतकी' की कहानी में निम्नलिखित पद्यों को लिखते हैं—

आतियां जातियां जो साँसें हैं।
उनके बिन ध्यान यह सब फांसें हैं।

बात यह है कि इंशा इनको हिन्दी का पद्य ही समझते हैं। शिष्ट भाषा में लिखे जाने के कारण वे उनको उर्दू नहीं मानते। यदि वे उनको उर्दू मानते तो उन्हें अपने ठेठ हिन्दी के ग्रन्थ में स्थान न देते। उनका सोचना ठीक था। जो उन पद्यों को उर्दू कहते हैं वे यह समझते ही नहीं कि हिन्दी किसे कहते हैं। तद्भव शब्दों में लिखी गयी हिन्दी वास्तविक हिन्दी है। उसमें संस्कृत के तत्सम शब्द मिल जायँ तो भी वह हिन्दी है। उर्दू उसको किसी प्रकार से नहीं कहा जा सकता। बोलचाल के उर्दू शब्द मिल जाने पर भी वह हिन्दी ही रहेगी, उर्दू तब भी न होगी। अधिकतर फ़ारसी अरबी के शब्द मिलने ही पर उसको उर्दू नाम दिया जा सकेगा। फिर भी वह हिन्दी का रूपान्तर मात्र है। क्योंकि जब तक क्रिया, कारक, सर्वनाम हिन्दी के रहेंगे तब तक कुछ अन्य भाषा के शब्द उसके हिन्दी कहलाने का अधिकार नहीं छीन सकते। मुझको इसकी चर्चा यहाँ इसलिए करनी पड़ी कि इस शताब्दी के आरम्भ में खड़ी बोली की पद्य रचना का विषय कितना विवादास्पद था। इस समय यह विषय बहुत स्पष्ट हो गया है, पर अब भी अधिकतर खड़ी बोलचाल की हिन्दी कविता में तत्सम संस्कृत शब्दों का ही प्रयोग होता है। मेरा विचार है कि अब वह समय आ गया है कि सरल और तद्भव शब्दों ही में खड़ी बोली की कविता की जावे, जिसमें कहीं-कहीं कोमल, मधुर एवं सरस संस्कृत शब्दों का प्रयोग भी हो। मैंने अपने चुभते चौपदे, चोखे चौपदे, बोलचाल नामक ग्रन्थों की रचना इसी आदर्श पर की है।

पण्डित महावीर प्रसाद द्विवेदी के उपरान्त बहुत-से खड़ी बोली के कवि हिन्दी संसार के सामने आये। उनमें कुछ ऐसे हैं जिन्होंने इस क्षेत्र में उल्लेखनीय कार्य किया है। मैं उनकी चर्चा कर देना आवश्यक समझता हूँ। इन कवियों में अधिकतर पं. महावीर प्रसाद द्विवेदी के 'स्कूल' वाले ही हैं। कोई-कोई ऐसे हैं जिनका मार्ग भिन्न है। भिन्न मार्गियों में सबसे पहले मेरी दृष्टि स्व. लाला भगवानदीन की ओर जाती है। इसलिए पहले मैं उनकी चर्चा करके तब आगे बढ़ूँगा।

1. लाला भगवानदीन प्रसिद्ध साहित्य-सेवियों में थे। प्राचीन साहित्य के अच्छे मर्मज्ञ थे। उन्होंने कई ग्रन्थों की सुन्दर टीकायें लिखी हैं और अलंकार का भी एक ग्रन्थ प्रचलित गद्य में निर्माण किया है। वे अच्छे समालोचक भी थे। उन्होंने पद्य में भी चार-पाँच ग्रन्थ लिखे हैं। वे ब्रजभाषा में ही पहले कविता करते थे। बाद को खड़ी बोली की ओर प्रवृत्त हुए। वे कायस्थ थे, इसलिए फ़ारसी और उर्दू का ज्ञान भी उनका यथेष्ट था। उनकी खड़ी बोली की हिन्दी कविता की विशेषता यह है कि उन्होंने उसमें उर्दू का रंग उत्पन्न करने की चेष्टा की और अरबी बह्रों से भी काम लिया। उनके 'वीर पञ्चरत्न' और 'वीर-माता' नामक ग्रन्थ ऐसे ही हैं। उनकी रचना के कुछ नमूने नीचे दिये जाते हैं—

॥ चाँदनी ॥

1. खिल रही है आज कैसी
भूमि तल पर चाँदनी।
खोजती फिरती है किसको
आज घर घर चाँदनी।
घन-घटा घूँघट हटा मुसकाई
है कुछ ऋतु शरद।
मारी मारी फिरती है इस
हेतु दर दर चाँदनी।
रात की तो बात क्या दिन में
भी बन कर कुंद कास
छाई रहती है बराबर
भूमि तल पर चाँदनी।
सेत सारी युक्त प्यारी
की छटा के सामने।
जँचता है ज्यों फूल के
आगे हो पीतर चाँदनी।
स्वच्छता मेरे हृदय की
देख लेगी जब कभी।
सत्य कहता हूँ कि कँप
जायेगी थर थर चाँदनी।
नाचने लगते हैं मन
आनन्दियों के मोद से।

मानुषी मन को बना
देती है बन्दर चाँदनी।
भाव भरती है अनूठे
मन में कवियों के अनेक।
इनके हित हो जाती है
जोगी मछन्दर चाँदनी।
वह किसी की माधुरी
मुसकान की मनहर छटा।
'दीन' को सुमिरन करा
देती है अकसर चाँदनी।

2. होमर जो यूनान का कवि आदि कहाया।
उसने भी सुयश वीरों का है जोश से गाया।
फिरदोसी ने भी नाम अमर अपना बनाया।
जब फ़ारसी वीरों का सुयश गाके सुनाया।
सब वीर किया करते हैं सम्मान क़लम का।

एक पद्य ब्रजभाषा का देखिये—

सघन लतान सों लखात बरसात छटा
सरद सोहात सेत फूलन की क्यारी में।
हिमऋतु काल जल जाल के फुहारन में
शिशिर लजात जान पाटल कतारी में।
सौरभित पौन ते बसन्त दरसात नित
ग्रीषम लौं दुख दहक्यो है चटकारी में।
दीन कवि सोभाषट ऋत्रु की निहारी सदा
जनक कुमारी की पियारी फुलवारी में।

2. पं. गयाप्रसाद शुक्ल वर्तमान कवियों में विशेष स्थान के अधिकारी हैं। आपकी राष्ट्रीय रचनायें बड़ी ओजस्विनी हैं और खड़ी बोली के क्षेत्र में आपका यही उल्लेखनीय कार्य है। खड़ी बोली की कविता में आपने जातीयता का वह राग अलापा है, जिसकी ध्वनि हृदयों में ओज का संचार करती रहती है। आपकी राष्ट्रीय कवितायें त्रिसूल नाम से निकली हैं। आपने अपने 'सनेही' उपनाम से जो रचनायें की हैं वे बड़ी ही सरस और मधुर हैं। आप ब्रजभाषा और खड़ी बोली दोनों ही भाषाओं में रचना करते हैं। किन्तु

आपकी प्रसिद्धि खड़ी बोली की रचनाओं के लिए ही है। क्योंकि उनकी पंक्तियाँ प्रायः बड़ी सजीव होती हैं। आप 'सुकवि' नामक एक मासिक पत्रिका भी निकालते हैं। उनकी दोनों भाषाओं की कुछ कवितायें नीचे लिखी जाती हैं।

वह बेपरवाह बने तो बने
हमको इसकी परवाह का है।
वह प्रीति का तोड़ना जानते हैं
ढँग जाना हमारा निबाह का है।
कुछ नाज़ जफ़ा पर है उनको
तो भरोसा हमें बड़ा आह का है।
उन्हें मान है चन्द्र से आनन पै
अभिमान हमें भी तो चाह का है।

दाह रही दिल में दिन द्वैक बुझी
फिर आपै कराह नहीं अब।
मानि कै रावरे रूरे चरित्र गुन्यो
हिय में कि निबाह नहीं अब।
चाहक चारु मिले तुमको चित
माँहि हमारे भी चाह नहीं अब।
जो तुममें न सनेह रहा हमको भी
नहीं परवाह रही अब।

रावन से बावन बिलाने हैं बचे न एक
चाल नहिं काल से किसी की चल पाई है।
कौरव कुटिल कुल कुल के कुठार भये
कृष्ण जू से कंस की न दाल गल पाई है।
हाय की हवा सों जल गये हैं जवन जूथ
हासिल हुकुम पै न लागे पल पाई है।
याते बल पाय फल पाय लेहु जीवन को
दीन कलपाय कहो कौने कलपाई है।

चित्त के चाव चोचले मन के
वह बिगड़ना घड़ी घड़ी बन के।
चैन था नाम था न चिन्ता का
थे दिवस और ही लड़कपन के।

झूठ जाना कभी न छल जाना
पाप का पुण्य का न फल जाना।
प्रेम वह खेल से खिलौनों से
चन्द तक के लिए मचल जाना।
चन्द्र था और और ही तारे
सूर्य भी और थे प्रभा धारे।
भूमि के ठाट कुछ निराले थे
धूलिकण थे बहुत हमें प्यारे।
सब सखा शुद्ध चित्त वाले थे
प्रौढ़ विश्वास प्रेम पाले थे।
अब कहाँ रह गयीं बहारें वे
उन दिनों रंग ही निराले थे।

सत्य रूप हे नाथ तुम्हारी शरण गहूँगा।
जो व्रत है ले लिया लिए आमरण रहूँगा।
ग्रहण किये मैं सदा आपके चरण रहूँगा।
भीत किसी से और न हे भयहरण रहूँगा।
पहली मंज़िल मौत है प्रेम पंथ है दूर का।
सुनता हूँ मत था यही सूली पर मंसूर का।

3. पंडित रामचरित उपाध्याय ने खड़ी बोली की कविता करने में कीर्ति अर्जन की है वे भी वर्तमान काल के प्रसिद्ध कवियों में हैं। वे संस्कृत के विद्वान हैं और हिन्दी भाषा पर भी उनका अच्छा अधिकार है। पहले वे ब्रजभाषा में कविता करते थे। उन्होंने बिहारीलाल के ढंग पर एक सतसई भी लिखी है। परन्तु अब तक वह हिन्दी संसार के सामने नहीं आयी। उन्होंने 'रामचरित-चिन्तामणि' नामक एक बड़ा काव्य खड़ी बोली में लिखा है और इसके अतिरिक्त और भी पाँच सात पुस्तकें खड़ी बोली ही में लिखी हैं। खड़ी बोली की रचना करने में ये निपुण हैं और शुद्ध भाषा लिखने की अधिकतर चेष्टा करते हैं। इनकी भाषा प्रायः संस्कृत-शैली की होती है और उसमें संस्कृत के ढंग से ही भाव-प्रकाशन देखा जाता है। इनकी रचनाओं में भी सामयिकता पाई जाती है, अन्योक्ति द्वारा व्यंग करने में आप अपने समान आप हैं। उनका वाक्य-विन्यास प्रायः मधुर, कोमल और सरस है। ये ही खड़ी बोली के ऐसे कवि हैं जिन्होंने जब से उसकी सेवा का व्रत लिया अन्य भाषा की ओर प्रवृत्त नहीं हुए। उनकी कुछ रचनायें नीचे दी जाती हैं—

सरसता सरिता जयिनी जहाँ
नव नवा नव नीति पदावली।
तदपि हा! वह भाग्यविहीन की
सुकविता कवि ताप करी हुई।
मन रमा रमणी रमणीयता
मिल गयीं यदि ये विधि योग से।
पर जिसे न मिली कविता-सुधा
रसिकता सिकता सम है उसे।
सुविधि से विधि से यदि है मिली
रसवती सरसीव सरस्वती।
मन तदा तुझ को अमरत्वदा
नव सुधा बसुधा पर ही मिली।
चतुर है चतुरानन सा वही
सुभग भाग्य विभूषित भाल है।
मन जिसे मन में पर काव्य की
रुचिरता चिर ताप करी न हो।
बातें थी करती सखी सँग
मुझे तो भी रही देखती।
गत्वा सा कतिचित् पदानि
सुमुखी आगे खड़ी हो गयी।
जाने क्यों हँसती चली फिर गयी
क्या मोहिनी मूर्ति थी।
स्वप्ने साथ न दृश्यते क्षण
महो हा राम मैं क्या करूँ।
ऐनक दिये तने रहते हैं।
अपने मन साहब बनते हैं।
उनका मन औरों के काबू।
क्यों सखि सज्जन नहिं सखि बाबू।
ठठरी उसकी बच जाती है।
जिसको हा वह धर पाती है।
छुड़ा न सकते उसे हकीम।
क्यों सखि डाइन नहीं अफ़ीम।

4. पं. रामचन्द्र शुक्ल हिन्दी गद्य के एक मननशील गम्भीर लेखक हैं। किन्तु उन्होंने खड़ी बोलचाल के पद्य लिखने में भी विशेषतायें दिखलाई हैं, इसलिए उनका कुछ वर्णन यहाँ भी आवश्यक ज्ञात होता है। वे भी ब्रजभाषा और खड़ी बोली दोनों में भावमयी रचना करने में समर्थ हैं। (लाइट आव् एशिया) 'Light of Asia' का जो अनुवाद उन्होंने ब्रजभाषा में किया है उसमें उनकी विलक्षण प्रतिभा का विकास हुआ है। पढ़ने से उस ग्रन्थ में मौलिकता का सा आनन्द आता है। ऐसा सरस और सुन्दर अनुवाद दुर्लभ है। खड़ी बोलचाल की रचनायें उनकी थोड़ी ही हैं, परन्तु उनमें भी विलक्षणता है। प्रकृति-निरीक्षण-सम्बन्धिनी कवितायें हिन्दी साहित्य में अल्प मिलती हैं। उन्होंने यह कार्य करके इस न्यूनता की बहुत कुछ पूर्ति की है और खड़ी बोली को एक नवीन उपहार प्रदान किया है। उनकी इस प्रकार की कुछ रचनायें नीचे लिखी जाती हैं—

दृग के प्रतिरूप सरोज हमारे
उन्हें जग ज्योति जगाती जहाँ;
जलबीच कलम्ब करम्बित कूल से
दूर छटा छहराती जहाँ;
घन अंजन वर्ण खड़े तृण ताल की
झाँई पड़ी दरसाती जहाँ;
बिखरे बक के निखरे सित पंख
बिलोक बकी बिक जाती जहाँ;
निधि खोल किसानों के धूल सने
श्रम का फल भूमि बिछाती जहाँ;
चुनके कुछ चोंच चला करके
चिड़िया निज भाग बँटातीं जहाँ;
कगरों पर कास की फैली हुई
धवली अवली लहराती जहाँ;
मिल गोपों की टोली कछार के
बीच है गाती औ गाय चराती जहाँ;
जननी धरणी निज अंक लिए
बहु कीट पतंग खिलाती जहाँ;
ममता से भरी हरी बाँह की छाँह
पसार के नीड़ बसाती जहाँ;

मृदु वाणी मनोहरवर्ण अनेक
लगा कर पंख उड़ाती जहाँ;
उजली कँकरीली तटी में धँसी
तनु धार लटी बल खाती जहाँ;
दल राशि उठी खरे आतप में
हिल चंचल औंध मचाती जहाँ;
उस एक हरे रँग में हलकी
गहरी लहरी पड़ जाती जहाँ;
कल कर्बुरता नभ की प्रतिबिम्बित
खंजन में मन भाती जहाँ;
कविता वह हाथ उठाये हुए
चलिए कविवृंद बुलाती वहाँ।

5. पंडित गोकुलचन्द्र शर्मा एम. ए. उन चुपचाप कार्य करने वालों में हैं जो ख्याति के पीछे न पड़कर अपने कर्त्तव्य का पालन करते हैं। किसी जाति के उत्कर्ष और सभ्यता को परिमार्जित रूप से निष्पन्न करने के लिए महापुरुषों के चरित्रों और जीवनियों की बड़ी आवश्यकता होती है। विशेषकर उस अवस्था में जब देश और समाज की प्रवृत्ति राष्ट्रीयता की ओर आकर्षित हो। खड़ी बोली की कविता के उत्थान के समय यदि किसी सुकवि की दृष्टि इधर आकर्षित हुई तो वे पं. गोकुलचन्द्र शर्मा हैं। उनके 'गांधी-गौरव', 'तपस्वी-तिलक' नामक दो ग्रन्थ महापुरुषों के इतिवृत्त के रूप में लिखे गये हैं जो सामयिकता के आदर्श उपहार हैं। इन दोनों ग्रन्थों की जैसी उत्तम और परिमार्जित भाषा है वैसी ही विचारशैली और भाव-प्रवीणता। उन्होंने और भी छोटे-मोटे गद्य-पद्य ग्रन्थ लिखे हैं, परन्तु उनके प्रधान ग्रन्थ ये ही दो हैं। जो इस योग्य हैं कि उन्हें खड़ी बोली के कविता-क्षेत्र में एक उल्लेख योग्य स्थान प्रदान किया जावे। उनके कुछ पद्य देखिये—

इच्छा हमें नहीं है भगवन् हो सम्पत्ति हमारे पास।
नहीं चाहिए प्रासादों का वह विलास मय सुखद निवास।
सोवें सूखी तृण शय्या पर कर फल पत्तों पर निर्वाह।
पर समता का हृदय भूमि पर सञ्चालित हो प्रेम प्रवाह।
दृष्टि हमारी धुँधली होकर धोखा कभी न दे सर्वेश।
भ्रातृ भाव के शीशे में से देखें बन्धुवर्ग के क्लेश।
पतिता जन्म भूमि के हित हो बच्चा बच्चा बीर बराह।
रुधिर रूप में उमड़े अच्युत हृन्निर्झर से प्रेम प्रवाह ॥ 2 ॥

6. पंडित रामनरेश त्रिपाठी एक प्रतिभावान पुरुष हैं। उनकी समस्त रचनाओं में कुछ-न-कुछ विशेषता पाई जाती है। यह उनकी प्रतिभा का ही फल है। उनकी लेखनी आदि से ही खड़ी बोली की सेवा में रत है। उन्होंने दो खण्ड काव्य खड़ी बोली में लिखे है। दोनों सुन्दर हैं और सामयिकता पूर्णतया उनमें विराजमान है। उनकी भाषा परिमार्जित और सुन्दर है। खड़ी बोली का विशेष आदर्श सामने उपस्थित न होने पर भी उन्होंने उसकी रचना करने में जितनी सफलता लाभ की है वह कम नहीं है। उनकी रचनायें भावमयी हैं और उनमें आकर्षण और मार्मिकता भी है। उन्होंने 'कविता-कौमुदी' नामक ग्रन्थमाला का संकलन कर और 'ग्रामगीत' नामक एक सुन्दर संग्रह प्रस्तुत कर हिन्दी भाषा की अच्छी सेवा की है। ऐसी रचनायें अथवा कवितायें जो देश में प्रचलित हैं पर्वोत्सवों पर गाई जाती हैं, विवाह और यज्ञोपवीत आदि के अवसरों पर स्त्रियों के कण्ठों से सुनी जाती हैं, या जिनको ग्रामीण जन-श्रुति परम्परा से स्मरण रखते आये हैं, उनके उद्धार की उनकी प्रवृत्ति आदरणीय है। इस प्रकार की रचनाओं में सरसता, हृदय-ग्राहिता, मधुरता की कमी नहीं है। उनमें आकर्षण भी बड़ा है, उपयोगिता भी कम नहीं। फिर भी अब तक वे कंठाग्र ही रहती आयी हैं। कुछ लोगों की प्रवृत्ति उनको पुस्तक रूप में परिणत करने की पाई गयी, किन्तु जैसी चाहिए वैसी लगन के अभाव में उनको इस विषय में सफलता नहीं मिली। पंडित रामनरेश त्रिपाठी को इस विषय में यथेष्ट सफलता मिल रही है। यह उनकी सच्ची लगन और वांछनीय प्रवृत्ति ही का फल है, जिसकी बहुत कुछ प्रशंसा की जा सकती है। हिन्दी-संसार उनकी इस प्रकार की कृतियों का आदर कर रहा है और आशा है आगे भी वे आदृत होंगी। उनकी कुछ रचनायें नीचे दी जाती हैं–

होते जो किसी के बिरहाकुल हृदय हम।
होते यदि आँसू किसी प्रेमी के नयन के।
गर पतझड़ में बसंत की बयार होते।
होते हम कहीं जो मनोरथ सुजन के।
दुख दलितों में हम आस की किरन होते।
होते यदि शोक अविवेकियों के मन के।
मानते तो विधि का अधिक उपकार हम
होते गाँठ के धन कहीं जो दीन जन के।

मैं ढूँढ़ता तुझे था जब कुंज और बन में।
तू खोजता मुझे था तब दीन के वतन में।
तू आह बन किसी की मुझको पुकारता था।

मैं था तुझे बुलाता संगीत में भजन में।
मेरे लिए खड़ा था दुखियों के द्वार पर तू।
मैं बाट जोहता था तेरी किसी चमन में।
बन कर किसी का आँसू मेरे लिए बहा तू।
मैं देखता तुझे था माशूक़ के बदन में।
मैं था विरक्त तुझसे जग की अनित्यता पर।
उत्थान भर रहा था तब तू किसी पतन में।
तेरा पता सिकन्दर को मैं समझ रहा था।
पर तू बसा हुआ था फ़रहाद कोहकन में।

7. बाबू मैथिलीशरण गुप्त हिन्दी-संसार के प्रसिद्धि प्राप्त सुकवि हैं। हिन्दी देवी की सेवा करने वाले और उसके चरणों पर अभिनव पुष्पांजलि अर्पण करने वाले जो कतिपय सर्व-सम्मत, सहृदय भावुक हैं उनमें आप भी अन्यतम हैं। आप खड़ी बोली कविता के अनन्य भक्त हैं और अब तक उसमें अनेक ग्रन्थों की रचना आपने की है। उन्होंने स्वयं ही रचना करके हिन्दी भाषा के भाण्डार को नहीं भरा है, कई ग्रन्थों का सरस अनुवाद करके भी उसकी पूर्ति की चेष्टा की है। अनुवादित ग्रन्थों में बँगला मेघनाद का अनुवाद विशेष उल्लेख-योग्य है। जो एक विशाल ग्रन्थ है। उनका 'भारत-भारती' नामक ग्रन्थ देश-प्रेम से ओत-प्रोत है। उसका आदर भी बहुत अधिक हुआ। खड़ी बोली के किसी ग्रन्थ के इतने अधिक संस्करण नहीं हुए जितने 'भारत-भारती' के काव्य की दृष्टि से वह उच्च कोटि का न हो, परन्तु उपयोगिता उसकी सर्व-स्वीकृत है। उनकी भाषा की शुद्धता की प्रशंसा है। वे निस्सन्देह शब्दों को शुद्ध रूप में लिखते हैं। यद्यपि इससे उनकी भाषा प्रायः क्लिष्ट हो जाती है। उन्होंने 'साकेत' नामक एक महाकाव्य भी लिखा है, जो प्रकाशित भी हो चुका है। उनकी रचना के समस्त गुण इसमें विद्यमान हैं। इस ग्रन्थ में भाषा की कोमलता, मधुरता और सरसता की ओर उनकी दृष्टि अधिक गयी है। इसलिए इसमें ये बातें अधिक मात्रा में पाई जाती हैं। उन्होंने कई खण्ड काव्य लिखे हैं। 'झंकार' नामक एक पुस्तिका भी उन्होंने हाल में प्रकाशित की है। यह पुस्तिका भी भाव, और भाषा दोनों की दृष्टि से सरस, सुन्दर और मधुर है। उनकी कुछ रचनायें नीचे लिखी जाती हैं–

1. इस शरीर की सकल शिरायें
हों तेरी तन्त्री के तार।
आघातों की क्या चिन्ता है
उठने दे उनकी झंकार।

नाचे नियति प्रकृति-सुर साधे
सब सुर हों शरीर साकार।
देश देश में काल काल में उठे
गमक गहरी गुंजार।
कर प्रहार हाँ, कर प्रहार तू मार
नहीं यह तो है प्यार।
प्यारे और कहूँ क्या तुझसे
प्रस्तुत हूँ मैं हूँ तैयार।
मेरे तार तार से तेरी तान तान
का हो विस्तार।
अपनी अँगुली के धक्के से खोल
अखिल श्रुतियों के द्वार।
ताल ताल पर भाल झुका कर
मोहित हों सब बारंबार।
लय बँध जाय और क्रम क्रम से
सब में समा जाय संसार।

2. तुम्हारी वीणा है अनमोल।
हे विराट जिसके दो तूंबे हैं भूगोल खगोल।
दयादण्ड पर न्यारे न्यारे चमक रहे हैं प्यारे प्यारे।
कोटि गुणों के ताल तुम्हारे खुली प्रलय की खोल।
तुम्हारी वीणा है अनमोल।
हँसता है कोई रोता है जिसका जैसा मन होता है
सब कोई सुध बुध खोता है क्या विचित्र है बोल।
तुम्हारी वीणा है अनमोल।
इसे बजाते हो तुम जबलौं नाचेंगे हम सब भी तबलौं
चलने दो न कहो कुछ कबलौं यह क्रीड़ा-कल्लोल।
तुम्हारी वीणा है अनमोल।

8. बाबू सियाराम शरण गुप्त बाबू मैथिली शरण गुप्त के लघु भ्राता हैं। वे भी सुन्दर कविता करते हैं और वास्तव में अपने ज्येष्ठ भ्राता की दूसरी मूर्ति हैं। वे उनके सहोदर तो हैं ही, समान-हृदय भी हैं। उनकी रचना की विशेषता यह है कि उनकी पदावली कोमल एवं कान्त होती है। इस विषय में वे अपने बड़े भाई से भी बड़े हैं।

उनकी रचना में मार्मिकता के साथ-साथ मधुरता भी होती है। उन्होंने पाँच चार पद्य-ग्रन्थों की रचना की है। उनकी भी समस्त रचनायें खड़ी बोली ही में हैं। उनकी रचनायें थोड़ी भले ही हों, परन्तु खड़ी बोली की शोभा हैं। उनके कुछ पद्य देखिये–

जग में अब भी गूँज रहे हैं गीत हमारे।
शौर्य वीर्य गुण हुए न अब भी हमसे न्यारे।
रोम मिस्र चीनादि काँपते रहते सारे।
यूनानी तो अभी अभी हमसे हैं हारे।
सब हमें जानते हैं सदा भारतीय हम हैं अभय।
फिर एक बार हे विश्व तुम गाओ भारत की विजय।

9. पंडित लोचन प्रसाद पाण्डेय मध्यप्रान्त के प्रसिद्ध कवि हैं। आपने छोटी बड़ी पचीस तीस गद्य-पद्य पुस्तकें लिखी हैं। आप उड़िया भाषा में भी कविता करते हैं। मध्यप्रान्त जैसे दूर के निवासी होकर भी उन्होंने खड़ी बोलचाल में सरस रचनायें की हैं। उनकी रचनाओं का आदर उनके प्रान्त में विशेष है और प्रायः पाठशालाओं में उनकी पुस्तकें कोर्स के रूप में गृहीत हैं। डॉक्टर जी.ए. ग्रियर्सन ने भी उनकी कविता-पुस्तकों की प्रशंसा की है। मध्य प्रदेश में खड़ी बोली की कविता-सम्बन्धी जागृति उत्पन्न करने में आपका विशेष हाथ है। इस विषय में आपने अपनी कविता द्वारा भी विशेष प्रभाव डाला है। जैसा भावमय उनका हृदय है वैसी ही भावमयी उनकी भाषा। उनका पद विन्यास भी तुला हुआ और सरस होता है। भरती के शब्दों से वे बहुत बचते हैं। उनकी कविता में ओज के साथ माधुर्य भी है और सहृदयता के साथ सामयिकता भी। उनके कुछ पद्य भी देखिये–

भोले भाले कृषक देश के अद्भुत बल हैं।
राज मुकुट के रत्न कृषक के श्रम के फल हैं।
कृषक देश के प्राण कृषक खेती की कल हैं।
राजदण्ड से अधिक मान के भाजन हल हैं।
हल की पूजा दिव्य देश गौरव-सम्बल है।
हल की पूजा सभ्य जाति का व्रत निर्मल है।
हल की पूजा देश शान्ति का नियम अचल है।
हल की पूजा मुक्ति भुक्ति का मार्ग विमल है।
कमल कुल छटा है लोचन प्राणहारी।
जिन पर करते हैं भृंग गुंजार प्यारी।

मधुमय बहती है माधव प्रीति धारा।
कब बन सकते हैं ये तुझे शान्ति द्वारा।
विधिवत् चलता है देख संसार सारा।
थकित कब हुई है लोक में कर्मधारा।
दुख रज भय वाधा विश्व में है सदा से।
कब जग रुकता है एक की आपदा से।

10. पं. रूपनारायण पाण्डेय हिन्दी-संसार के प्रसिद्ध अनुवादक हैं। आपने जितने ग्रन्थों का अनुवाद किया है उनकी संख्या पचास से भी ऊपर हैं। इस कार्य में ये सिद्धहस्त हैं और ख्याति प्राप्त सहृदय हैं, इसलिए सरस कविता भी करते हैं। आपकी कुछ कविता-पुस्तकें छपी भी हैं और उनकी यथेष्ट प्रशंसा भी हो चुकी है। पहले ये ब्रजभाषा में कविता करते थे, बाद में खड़ी बोली के क्षेत्र में आये और कीर्ति भी पायी। उनकी खड़ी बोली की कविता में विशेषता यह है कि उसमें भावुकता तरंगायित मिलती है। उनका शब्द-विन्यास भी सुन्दर होता है जिसमें एक मधुर लचक पायी जाती है। कुछ पद्य ब्रजभाषा और खड़ी बोली दोनों के नीचे दिये जाते हैं--

सारद विसारद विसारद को पारद
विरंचि हरि नारद अधीन कहियत है।
मण्डित भुजा में बर बीना है प्रवीना जू के
एक कर अभय बरादि गहियत है।
चहियत पद अवलम्ब अम्ब तेरे
पाय हरख कदम्ब ना बिलंब सहियत है।
हरन हजार दुख सुख के करन चारु
चरन सरन मैं सदा ही रहियत है।

बुद्धि विवेक की जोति बुझी
ममता मद मोह घटा घन घेरी।
है न सहारो अनेकन हैं
ठग पाप के पन्नग की रहै फेरी।
त्यों अभिमान को कूप इतै
उतै कामना रूप सिलान की ढेरी।
तू मन मूढ़ सम्हारि चलै किन
राह न जानी है रैनि अँधेरी।

अहह अधम आँधी आ गयी तू कहाँ से।
प्रलय घन घटा सी छा गयी तू कहाँ से।
पर दुख सुख तूने हा न देखा न भाला।
कुसुम अधखिला ही हाय क्यों तोड़ डाला।
तड़प तड़प माली अश्रु-धारा बहाता।
मलिन मलिनियाँ का दुख देखा न जाता।
निठुर फल मिला क्या व्यर्थ पीड़ा दिये से।
इस नव लतिका की गोद सूनी किये से।
सहृदय जन का जो कण्ठ का हार होता।
मुदित मधुकरी का जीवनाधार होता।
वह कुसुम रँगीला धूल में जा पड़ा है।
नियति नियम तेरा भी बड़ा ही कड़ा है।

11. बाबू गोपालसिंह ने खड़ी बोल-चाल में कवित्त और सवैयों की रचना कर थोड़े ही समय में अच्छी कीर्ति पाई है। खड़ी बोलचाल के कवियों में से कतिपय सुकवियों ने ही कवित्त और सवैयों की रचना कर सफलता लाभ की है। अधिकांश खड़ी बोली के अनुरक्त कवि कवित्त और सवैयों में रचना पसन्द नहीं करते और रचना करने पर सफल भी नहीं होते। बाबू गोपालशरण सिंह की लेखनी ने यह दिखला दिया कि उक्त वर्ण वृत्तों में भी खड़ी बोली की कविता उत्तमता के साथ हो सकती है। उन्होंने अपनी रचनाओं में खड़ी बोली की ऐसी मँजी भाषा लिखी है, जो उनकी कृति को मधुर और सरस तो बनाती ही है, हृदयग्राही भी कर देती है। वे शुद्ध भाषा लिखने की चेष्टा करते हैं। पर ब्रजभाषा और अवधी के सुन्दर शब्दों का भी उपयुक्त स्थानों पर प्रयोग करने में संकोच नहीं करते। उन्होंने अपनी कविताओं के संग्रह का नाम 'माधवी' रखा है। मैं कहूँगा, उनकी कविता-पुस्तक का यह सार्थक नाम है। वास्तव में वह मधुमयी है। उनके कुछ पद्य नीचे दिये जाते हैं—

बार बार मुख धनियों का नहीं देखता तू
झूठी चाटुकारी नहीं उनको सुनाता है।
सुनता नहीं तू कटु वाक्य अभिमान सने
पीछे भी कदापि उनके नहीं तू धाता है।
खाता है नवीन तृण तो भी तू समय में ही
सोता सुख से ही जब निद्राकाल आता है।

कौन ऐसा उग्र तप तूने था किया कुरङ्ग
जिससे स्वतन्त्रता समान सुख पाता है।
इस नादान निगोड़े मन को
किस प्रकार समझाऊँ।
इसकी उलझन सुलझ न सकती
मैं कैसे सुलझाऊँ।
स्वयं मुझे कुछ नहीं सूझता
क्या मैं इसे सुझाऊँ।
बिना स्वाति जल के चातक की
किस विध प्यास बुझाऊँ।
होकर भी मैं विमन कहाँ
तक मन की बात छिपाऊँ।
मन जिसके हित विकल हो
रहा उसे कहाँ मैं पाऊँ।
है यह मचल रहा बालक सा
किस विधि मैं बहलाऊँ।
इसके लिए कहाँ से मैं
वह चन्द्र खिलौना लाऊँ।

12. मैं सुभद्रा कुमारी चौहान की चर्चा गौरवपूर्वक करता हूँ। इसलिए कि उन्होंने ही स्त्री-कवियों में खड़ी बोली की रचना करने में सफलता पाई। अभी हाल ही में सुन्दर कृति के लिए 500 रुपये का सकसेरिया पुरस्कार साहित्य-सम्मेलन द्वारा उन्हें प्राप्त हुआ है। स्त्री-सुलभ भाव उनकी कविताओं में बड़ी सुन्दरता से अंकित पाये जाते हैं। सामयिकता का विकास भी उनमें यथेष्ट देखा जाता है। उनकी भाषा अधिकांश सरल होती है, परन्तु सरस और मधुर। वाच्यार्थ उनका स्पष्ट है और भाव प्रकाशन-प्रणाली सुन्दर। ये क्षत्राणी हैं, इसलिए आवेश आने पर उनके हृदय से जो उद्‌गार निकलता है उसमें सच्ची वीरता झंकृत मिलती है। कुछ पद्य नीचे दिये जाते हैं—

थीं मेरा आदर्श बालपन से
तुम मानिनि राधे।
तुम सी बन जाने को
मैंने व्रत नियमादिक साधे।
अपने को माना करती थी

मैं वृषभानु किशोरी।
भाव गगन के कृष्णचन्द्र की
मैं थी चारु चकोरी।
बचपन गया नया रँग आया
और मिला यह प्यारा।
मैं राधा बन गयी न था वह
कृष्ण-चन्द्र से न्यारा।
किन्तु कृष्ण यदि कभी किसी
पर जरा प्रेम दिखलाता।
नख सिख से तो जल जाती
खाना पीना नहिं भाता।
मुझे बता दो मानिनि राधे
प्रीति रीति वह न्यारी।
क्योंकर थी उस मनमोहन
पर निश्चल भक्ति तुम्हारी।
ले आदर्श तुम्हारा मन को
रह रह समझाती हूँ।
किन्तु बदलते भाव न मेरे
शान्ति नहीं पाती हूँ।

13. प्रति शताब्दी में कोई न कोई मुसलमान कवि हमको हिन्दी देवी की अर्चना करते दृष्टिगत होता है। हर्ष है इस शताब्दी के आरम्भ में ही हमको एक सहृदय मुसलमान सज्जन चिर-प्रचलित परम्परा की रक्षा करते दिखलायी देते हैं। वे हैं सैयद अमीर अली 'मीर' जो मध्य-प्रान्त के निवासी हैं। पं. लोचनप्रसाद पाण्डेय के समान ये भी वहाँ प्रतिष्ठित हिन्दी भाषा के कवि माने जाते हैं। इनको पदवियाँ और पुरस्कार भी प्राप्त हुए हैं। ये प्राचीन हिन्दी-प्रेमी हैं। पहले ब्रजभाषा में कविता करते थे। अब वे समय देखकर खड़ी बोली की सेवा में ही निरत हैं। इनकी खड़ी बोली की रचनाओं में कोई विशेषता नहीं, परन्तु इनका खड़ी बोली की ओर आकर्षित होना ही उसको गौरवित बनाता है। उर्दू और फ़ारसी में सुशिक्षित होकर भी ये शुद्ध खड़ी बोली की हिन्दी में रचना करके उसका सम्मान बढ़ाते हैं, यह कम आनन्द की बात नहीं, इनके कुछ पद्य देखिये—

कोयल तू मन मोहि के गयी कौन से देश।
तब अभाव में काग मुख लखनो परो भदेस।
लखनो परो भदेस बेस तोही सो कारो।
पै बोलत है बोल महा कर्कस कटु न्यारो।
कहें मीर हे दैव काग को दूर करो दल।
लाओ फेर बसन्त मनोहर बोलैं कोयल।
आ गया प्यारा दसहरा छा गया उत्साह बल।
मातृ पूजा पितृ पूजा शक्ति पूजा है बिमल।
हिन्द में यह हिन्दुओं का विजय उत्सव है ललाम।
शरद की इस सुऋतु में है खड्ग पूजा धाम धाम।

इनके अतिरिक्त पं. जगदम्बाप्रसाद हितैषी, पं. अनूप शर्मा, बाबू द्वारिकाप्रसाद रसिकेन्द्र इत्यादि अनेक कवि खड़ी बोली की सुन्दर रचनायें करने में इस समय प्रसिद्ध हैं और उन लोगों ने कीर्ति भी पायी है।

◆◆◆◆◆

वर्तमान काल में ब्रजभाषा की क्या दशा है, इस पर प्रकाश डालना भी आवश्यक जान पड़ता है। ब्रजभाषा के जो कवि आज तक उसकी सेवा में निरत हैं उनका स्मरण न करना अकृतज्ञता होगी। ब्रजभाषा हो चाहे खड़ी बोली, दोनों ही हिन्दी भाषा हैं। अतएव ब्रजभाषा देवी की अर्चना में निरत सज्जन हिन्दी भाषा-सेवी ही हैं अन्य नहीं। उनकी अमूल्य रचनायें हिन्दी भाषा का ही शृंगार हैं और उनके अर्पण किये हुए रत्नों से हिन्दी भाषा का भाण्डार ही भर रहा है, इसको कौन अस्वीकार करा सकता है। ब्रजभाषा के कुछ एसे अनन्य भक्त अब भी विद्यमान हैं जो उसकी कोमल कान्त पदावली ही के अनुरक्त हैं और इतने अनुरक्त हैं कि दूसरी भाषा की ओर आँख उठाकर भी देखना नहीं चाहते। इनमें उल्लेख-योग्य बाबू जगन्नाथदास रत्नाकर और पं. हरिप्रसाद द्विवेदी (उपनाम वियोगी हरि) हैं। इस शताब्दी में ही ऐसे ही ब्रजभाषा के एक और अनन्य भक्त थे। परन्तु दुख है कि उनका स्वर्गवास हो गया। उनका नाम था पंडित सत्यनारायण, उपाधि थी कविरत्न। वे बड़े ही होनहार थे। परन्तु अकाल काल-कवलित हो जाने से वह सुधा-स्रोत बन्द हो गया जो प्रवाहित होकर श्रोताओं में संजीवन रस का संचार करता था। मैं क्रमशः इन तीनों कवियों के विषय में कुछ लिखकर इनका परिचय आप लोगों को देना चाहता हूँ।

1. बाबू जगन्नाथदास रत्नाकर की गणना इस समय के ब्रजभाषा के प्रसिद्ध कवियों में है। वास्तव में ब्रजभाषा पर उनका बड़ा अधिकार है और वे उसमें बड़ी सुन्दर और सरस रचना करते हैं, उन्होंने ब्रजभाषा के कई ग्रन्थ लिखे हैं, जिनमें 'गंगावतरण' अधिक प्रसिद्ध है। आप ग्रेजुएट हैं, फ़ारसी भाषा का भी अच्छा ज्ञान रखते हैं। उर्दू-शायरी अच्छी कर सकते हैं। खड़ी बोलचाल की कविता करने में भी समर्थ हैं, किन्तु ब्रजभाषा में उनकी कुछ ऐसी अनन्य भक्ति है कि वे अन्य भाषाओं में रचना करना पसन्द नहीं करते। उनके हृदय की यह प्रतिध्वनि है—

"रह्यो उर में नाहिंन ठौर।
नंद नंदन त्यागि कै उर आनिये केहि और।"
"ऊधो मन न भयो दस बीस।
इक मन हुतो स्याम सँग अटक्यो कौन भजै जगदीस।"

भगवान् कृष्णचन्द्र के प्रति गोपियों का जो भाव है वही भाव रत्नाकर जी का ब्रजभाषा के प्रति है। उनकी ब्रजभाषा की रचना मर्मभरी, ओजस्विनी और सरस होती है। उन्होंने आजन्म इसी भाषा की सेवा की है और अब तक इसी की समर्चना में संलग्न हैं। उनके कुछ पद्य नीचे लिखे जाते हैं—

बोधि बुधि बिधि के कमंडल उठावत ही
धाक सुर धुनि की धँसी यों घट घट मैं।
कहै रतनाकर सुरासुर ससंक सबै
बिबस बिलोकत लिखे से चित्रपट मैं।
लोकपाल दौरन दसौ दिसि हहरि लागे
हरि लागे हेरन सुपात बर बट मैं।
खसन गिरीस लागे त्रसन नदीस लागे
ईस लागे कसन फनीस कटि तट मैं।
ढोंग जात्यो ढरकि हरकि उर सोग जात्यो
जोग जात्यो सरकि सकंप पँखियानि तें।
कहै रतनाकर न करते प्रपंच ऐंठि
बैठि धरा देखते कहूँ धौ नखियानि तें।
रहते अदेख नहीं बेख वह देखत हूँ
देखत हमारे जान मोर पखियानि तें।

ऊधो ब्रह्मज्ञान को बखान करते न नैकु
देखि लेत कान्ह जो हमारी अँखियानि तें।
सीतलसुखद समीर धीर परिमल बगरावत
कूजत विविध बिहंग मधुप गूँजत मनभावत
वह सुगंध वह रंग ढंग की लखि चटकाई।
लगति चित्र सी नंदनादि बन की रुचिराई।

2. वियोगी हरिजी अपना जीवन प्राचीन भक्तों की प्रणाली से व्यतीत कर रहे हैं। ब्रजभाषा की तदीयता के साथ उपासना करना और भगवद्भजन में, देश-सेवा में, सामयिक सुधारों के प्रचार में निरत रहना ही इनका लक्ष्य है। वे गद्य-पद्य दोनों लिखने में दक्ष हैं और दोनों ही में उन्होंने कई एक सुन्दर ग्रन्थों की रचना की है। 'वीर सतसई' उनका प्रसिद्ध ग्रन्थ है। साहित्य-सम्मेलन से उस पर उनको 1200 रुपये पुरस्कार भी मिल चुका है। इस पुरस्कार को उन्होंने साहित्य-सम्मेलन को ही अर्पण कर दिया, स्वयं नहीं लिया। उनका यह त्याग भी उनकी विरक्ति का सूचक है। उनकी ब्रजभाषा की रचनायें अष्टछाप के वैष्णवों के ढंग की होती हैं, उनमें सरसता और सहृदयता भी प्रचुर मात्रा में मिलती है। 'वीर सतसई' उनका आदर्श ग्रन्थ है। सामयिक गति पर दृष्टि रख कर उन्होंने इस ग्रन्थ में जिस प्रकार देश और जाति की आँखें खोली हैं, उसकी बहुत कुछ प्रशंसा की जा सकती है। लगभग उनकी अधिकांश रचनायें उपयोगिनी और भावमयी हैं। वर्त्तमान ब्रजभाषा कवियों में उनका भी विशेष स्थान है। कुछ कवितायें नीचे लिखी जाती हैं—

जाके पान किये सबै जग रस नीरस होत।
जयति सदा सो प्रेमरस उर आनन्द उदोत॥
बैन थके तन मन थके थके सबै जग ठाट।
पै ये नैना नहिं थके जोवत तेरी बाट॥
प्रेम तिहारे ध्यान में रहे न तन को भान।
अँसुवन मग बहि जाय कुल कान मान अभिमान॥
पावस ही में धनुष अब, नदी तीर ही तीर।
रोदन ही में लाल दृग नौरस ही में बीर॥
जोरि नाँव सँग 'सिंह' पद करत सिंह बदनाम।
ह्वै हौ कैसे सिंह तुम करि सृगाल के काम॥
या तेरी तरवार में नहिं कायर अब आब।
दिल हूँ तेरो बुझि गयो वामें नेक न ताब॥

वियोगी हरि जी ब्रजभाषा के अनन्य भक्त हो कर भी कभी-कभी कुछ पद्य खड़ी बोली के भी लिख जाते हैं। दो ऐसे पद्य भी देखिये–

तू शशि मैं चकोर तू स्वाती मैं चातक तेरा प्यारे।
तू घन मैं मयूर तू दीपक मैं पतंग ऐ मतवारे।
तू धन मैं लोभी तू सर्वस मैं अति तुच्छ सखा तेरा।
सब प्रकार से परम सनेही मैं तेरा हूँ तू मेरा।
देखी प्यारे गगन तल में लालिमा ज्यों प्रभा की।
धाया त्योंही समझ कर मैं हाथ तेरे गहूँगा।
ठंडा होगा हृदय पर हा! नाथ धोखा दिया क्यों।
मेरा ही है रुधिर उसमें दग्ध जो था बहाया।

3. जो फूल असमय कुम्हला कर सहृदय मात्र को व्यथित कर जाता है, पंडित सत्यनारायण कविरत्न वही प्रसून हैं। वे एक होनहार युवक थे और बड़ी तन्मयता के साथ ब्रजभाषा देवी की सेवा में निरत थे। ब्रजभाषा से उनको इतना अधिक प्रेम था कि जब वे ब्रजभाषा की करुण कथा किसी सभा या किसी उत्सव में अपने सुस्वर और सुमधुर कण्ठ से सुनाते तो सुनने वालों को मन्त्र-मुग्ध बना लेते थे। थोड़े ही समय में उन्होंने अच्छी ख्याति भी पायी। वे बी. ए. तक शिक्षा-प्राप्त थे और हिन्दी भाषा पर बड़ा अधिकार रखते थे। संस्कृत का ज्ञान भी उनका अच्छा था। जैसी उनकी रहन-सहन प्रणाली सादी थी वैसा ही उनका जीवन भी सादा था। बड़े विनीत थे, और नम्र भाव उनके हृदय का प्रधान सम्बल था। उनकी कविताओं में उनका यह भाव स्फुटित होता रहता था। उन्होंने कई संस्कृत नाटकों का सरस ब्रजभाषा में अनुवाद किया था, दो-तीन उनके ब्रजभाषा के पद्य ग्रन्थ भी हैं। बड़ी सरस और टकसाली ब्रजभाषा लिखते थे। शुद्ध ब्रजभाषा लिखने की धुन में कभी-कभी ग्रामीण ब्रजभाषा शब्दों का प्रयोग भी कर जाते थे, जिससे कहीं-कहीं उनकी रचना में जैसी चाहिए वैसी सुबोधता नहीं रह जाती थी। ब्रजभाषा की सेवा के विषय में उनके बहुत बड़े-बड़े विचार थे, किन्तु उसकी पूर्ति किये बिना ही वे धराधाम से उठ गये। सच है man proposes God disposes, मेरे मन कछु और है, करता के मन और। उनकी कुछ कवितायें नीचे लिखी जाती हैं–

मृदु मंजु रसाल मनोहर मंजरी
मोर पखा सिर पै लहरैं।
अलबेली नवेलिन बेलिन में
नव जीवन ज्योति छटा छहरैं।

पिक भृंग सुगुंज सोई मुरली
सरसों सुभ पीत पटा फहरैं।
रसवंत विनोद अनंत भरे
ब्रजराज बसंत हिये बिहरैं।

श्री राधाबर निज जन बाधा सकल नसावनि।
जाकौ ब्रजमन भावन जो ब्रज कौ मन भावनि।
रसिक सिरोमनि मन हरन निरमल नेह निकुंज।
मोद भरन उर सुख करन अविचल आनँद पुंज।
रँगीलो साँवरो।

कंस मार भूभार उतारन खल दल तारन।
विस्तारन विज्ञान विमल स्रुति सेतु सँवारन।
जन मन रंजन सोहना गुन आगर चित चोर।
भवभय भंजन मोहना नागर नंद किसोर।
गयो जब द्वारिका।

पावन सावन मास नई उनई घन पाँती।
मुनि मन भाई छई रसमयी मंजुल काँती।
सोहत सुन्दर चहुँ सजल सरिता पोखर ताल।
लोल लोल तहँ अति अमल दादुर बोल रसाल।
छटा चूई परै।

अलबेली कहुँ बेलि द्रुमन सों लिपटि सुहाई।
धोये धोये पातन की अनुपम कमनाई।
चातक सुक कोयल ललित बोलत मधुरे बोल।
कूकि कूकि केकी कलित कुंजन करत कलोल।
निरखि घन की छटा।

इंद्र धनुष अरु इंद्र बधूटिनि की सुचि सोभा।
को जग जनम्यो मनुज जासु मन निरखि न लोभा।
प्रिय पावन पावस लहरि लहलहान चहुँ ओर।
छाई छबि छिति पै छहरि ताको ओर न छोर।
लसै मनमोहना।

4. इस खड़ी बोली के समुन्नत काल में जिन युवकों ने ब्रजभाषा की सेवा करना ही अपना ध्येय बना रखा है, जो उसकी कीर्ति-ध्वजा के उत्तोलन करने में आज भी आनन्दानुभव करते हैं, उनमें पंडित रामशंकर शुक्ल एम. ए. प्रधान हैं। इन्होंने प्रयाग

में ब्रजभाषा की हित-चेष्टा से एक रसिक-मण्डल नामक संस्था ही स्थापित कर रखी है। वे और उनके लघु भ्राता पं. रामचन्द्र शुक्ल सरस उसकी वृद्धि करने और उसको प्रभावशाली बनाने में आज भी जी से यत्नवान हैं। सौभाग्य से उनको ब्रजभाषा प्रेमियों का एक दल भी प्राप्त हो गया है। जो इस सत्कर्म में उनकी यथेष्ट सहायता कर रहा है। इस दल में डॉक्टर रामप्रसाद त्रिपाठी एम. ए. और पं. युगल किशोर 'जुगुलेश' बी. ए. ऐसे सहृदय और विद्वज्जन भी सम्मिलित हैं। त्रिपाठी जी इसके सभापति हैं और सच्ची लगन के साथ उसको समुन्नत बनाने में सचेष्ट हैं। पं. रामशंकर का उपनाम 'रसाल' है। वास्तव में 'रसाल' रसाल और 'सरस' सरस हैं। इन दोनों बन्धुओं की ब्रजभाषा की रचनायें सुन्दर, सरस और भावमयी होती हैं। इन लोगों की विशेषता यह है कि ये लोग समय की गति पहचानते हैं और ब्रजभाषा देवी का श्रृंगार सामयिक रुचि के अनुसार करना चाहते हैं। ये लोग दूर-दूर तक कवि-सम्मेलनों में जाकर ब्रजभाषा का रस आस्वादन बहुत बड़ी जनता को कराते हैं और ब्रजभाषा के उस अनुराग को सुरक्षित रखना चाहते हैं जो अब भी हिन्दी-प्रेमी जनता के हृदय में वर्तमान है। 'सरस' जी का 'अभिमन्यु वध' नामक एक काव्य-ग्रन्थ भी हाल में निकला है। उसकी रचना ओजस्विनी और मनोहर है और उसमें सामयिक भावों का सफलता के साथ अनुकूल भाषा में सुन्दर चित्रण है। 'जुगुलेश' जी का भी 'श्रद्धांजलि' नामक एक संग्रह ग्रन्थ निकल चुका है। उसकी कवितायें भी हृदय-ग्राहिणी और मनोमुग्धकर हैं। 'जुगुलेश' और 'सरस' जी की कविता-पठन-शैली भी बहुत आकर्षक है। हम इस रसिक मण्डल की उन्नति के कामुक हैं। आशा है कि इन सहृदयों और ब्रजभाषा के सच्चे सेवकों द्वारा वह यथेष्ट उन्नति लाभ कर सकेगा। 'रसाल' और 'सरस' की कुछ रचनायें नीचे लिखी जाती हैं–

1. जामैं न सुमन फैलि फूलत फबीले कहूँ
जामैं गाँस फाँस को विसाल जाल छायो है।
काया कूबरी है पोर पोर में पोलाई परी।
जीवन बिफल जासु बिधि ने बनायो है।
ताहू पै दवारी बारि बंस-बंस नासिबे को
विधि ने सकल विधि ठाट ठहरायो है।
देखि हरियारी अपनायो ताहि बंसी करि
हरि ने रसाल अधरामृत पियायो है।

2. सुबरन स्यंदन पै सैलजा सुनंदन लौं
सुभट सुभद्रा सुत ठमकत आवै है।
'सरस' बखानै कर बीर वास पूरो किये
श्री हरि सिंगार रस गमकत आवै है।

कैधों दिव्यदाम अभिराम आफताब आब
दाबतम तोम ताब तमकत आवै है।
दमकत आवै चारु चोखो मुख मंद हास
कर बर चंद्रहाँस चमकत आवै है।

5. आज दिन भी ब्रजभाषा के अनेक प्राचीन कवि जीवित हैं। खड़ी बोली की कविता करने वालों में भी अनेक कवि ऐसे हैं जो खड़ी बोली के साथ ब्रजभाषा की कविता करने में प्रसिद्धि-प्राप्त हैं अनेक युवकों का प्रेम भी ब्रजभाषा के प्रति अब भी देखा जाता है और वे ब्रजभाषा की रचना करने में ही आत्म-प्रसाद लाभ करते हैं। पंडित गयाप्रसाद शुक्ल 'सनेही' के नेतृत्व में कानपुर में भी ब्रजभाषा कविता की बहुत कुछ चर्चा पाई जाती है। उनकी मण्डली में भी अनेक प्राचीन और नवयुवक जन ब्रजभाषा की सेवा के लिए आज भी कटिबद्ध हैं और तन्मयता के साथ अपने कर्तव्य का पालन कर रहे हैं। इसलिए यह नहीं कहा जा सकता कि ब्रजभाषा की ओर से सर्वथा हिन्दी-प्रेमियों को विरक्ति हो गयी है। 'सनेही' जी का एक सिद्धान्त है वे कहा करते हैं, जिस भाषा में सुन्दर भाव मिले, जिस रचना में कवित्व पाया जावे, जो सुन्दर, सरस पदावली का आधार हो उसका त्याग नहीं हो सकता उनके इस विचार का उनकी मण्डली वालों पर बड़ा प्रभाव है और इस सूत्र से भी ब्रजभाषा को बड़ा सहारा मिल रहा है। यह स्वीकार करना पड़ेगा कि खड़ी बोलचाल की रचना का आजकल विशेष आदर है। कारण इसका यह है कि उसकी वही भाषा है जो गद्य की। उसमें सामयिकता भी अधिक है और वह समय की गति देख कर चल भी रही है। इसलिए उसे सफलता मिल रही है। फिर भी ब्रजभाषा अपना बहुत कुछ प्रभाव रखती है और आशा है, कि उसका यह प्रभाव अभी चिरकाल तक सुरक्षित रहेगा। आज दिन भी खड़ी बोली की कविता करने वालों से ब्रजभाषा की कविता करने वालों की संख्या अधिक है।

इसी स्थान पर मैं ठाकुर गुरु भक्त सिंह बी.ए. एल.एल. बी. की चर्चा भी आवश्यक समझता हूँ। आप एक होनहार सुकवि हैं। आपकी रचनायें प्रकृति-निरीक्षण सम्बन्धिनी बिलकुल नये ढंग की होती हैं। आपने अंगरेज़ी कवि वर्ड्सवर्थ का मार्ग ग्रहण किया है। प्राकृतिक छोटे से छोटे दृश्यों और पदार्थों का वर्णन वे बड़ी सहृदयता के साथ करते हैं। आपका भविष्य उज्ज्वल है। आपने 'सरस सुमन' और 'कुसुम कुंज' नामक जिन दो ग्रन्थों की रचना की है वे सरस और सुन्दर है।

◆◆◆◆◆

आजकल हिन्दी-संसार में छायावाद की रचनाओं की ओर युवक दल की रुचि अधिकतर आकर्षित है। दस-बारह वर्ष पहले जो भावनायें कुछ थोड़े से हृदयों में उदित हुई थीं, इन दिनों वे इतनी प्रबल हो गयी हैं कि उन्हीं का उद्घोष चारों ओर श्रुति-गोचर हो रहा है। जिस नवयुवक कवि को देखिये आज वही उसकी ध्वनि के साथ अपना कण्ठस्वर मिलाने के लिए यत्नवान है। वास्तव बात यह है कि इस समय हिन्दी भाषा का कविता-क्षेत्र प्रतिदिन छायावाद की रचना की ओर ही अग्रसर हो रहा है। इस विषय में वाद-विवाद भी हो रहा है, तर्क-वितर्क भी चल रहे हैं, कुछ लोग उसके अनुकूल हैं, कुछ प्रतिकूल। कुछ उसको स्वर्गीय वस्तु समझते हैं और कुछ उसको कविता भी नहीं मानते। ये झगड़े हों, किन्तु यह सत्य है कि दिन-दिन छायावाद की कविता का ही समादर बढ़ रहा है। यह देखकर यह स्वीकार करना पड़ता है कि उसमें कोई बात ऐसी अवश्य है जिससे उसकी उत्तरोत्तर वृद्धि हो रही है और अधिक लोगों के हृदय पर उसका अधिकार होता जाता है।

संस्कृत का एक सिद्धान्त है—'समयमेव करोति बलाबलम्'। समय ही बल प्रदान करता है और अबल बनाता है। मेरा विचार है कि यह समय क्रान्ति का है। सब क्षेत्रों में क्रान्ति उत्पन्न हो रही है तो कविता क्षेत्र में क्रान्ति क्यों न उत्पन्न होती? दूसरी बात यह है कि आजकल योरोपीय विचारों; भावों और भावनाओं का प्रवाह भारतवर्ष में बह रहा है। जो कुछ विलायत में होता है उसका अनुकरण करने की चेष्टा यहाँ की सुशिक्षित मण्डली द्वारा प्रायः होती है। इस शताब्दी के आरम्भ में ही रहस्यवाद की कविताओं का प्रचार योरप में हुआ। उमर ख़य्याम की रुबाइयों का अनुवाद योरप की कई भाषाओं में किया गया जिससे वहाँ की रहस्यवाद की रचनाओं को और अधिक प्रगति मिली। इन्हीं दिनों भगवती वीणापाणि के वरपुत्र कवीन्द्र रवीन्द्र ने कबीर साहब की कुछ रहस्यवाद की रचनाओं का अँगरेज़ी अनुवाद प्रकाशित किया और उसकी भूमिका में रहस्यवाद की रचनाओं पर बहुत कुछ प्रकाश डाला। इसके बाद उनकी गीतांजली के अँगरेज़ी अनुवाद का योरप में बड़ा आदर हुआ और उनको 'नोबल प्राइज़' मिला। कवीन्द्र रवीन्द्र का योरप पर यदि इतना प्रभाव पड़ा तो उनकी जन्मभूमि पर क्यों न पड़ता। निदान उन्हीं की रचनाओं और कीर्त्तिमालाओं का प्रभाव ऐसा हुआ कि हिन्दी भाषी प्रान्त वाले भी उनकी इस प्रकार की रचनाओं का अनुकरण करने के लिए लालायित हुए। उनकी रचनाओं का असर यहाँ की छायावाद की कविताओं पर स्पष्ट दृष्टिगत होता है। कुछ लोगों ने तो उनका पद्य का पद्य अपना बना लिया है।

हमारे प्रान्त के हिन्दी भाषा के कुछ प्राचीन ग्रन्थ ऐसे हैं जिनमें रहस्यवाद की रचना पर्याप्त मात्रा में पायी जाती है। ऐसी रचना उन लोगों की है जो अधिकतर सूफी सम्प्रदाय के थे। इस प्रकार की सबसे अधिक रचना कबीर साहब के ग्रन्थों में मिलती

है। जायसी के 'पदमावत' और 'अखरावट' में भी इस प्रकार की अधिक कवितायें हैं। यह स्पष्ट है कि इन दोनों की रचनायें सूफी प्रभाव से ही प्रभावित हैं। जायसी के अनुकरण में बाद को जितने प्रबन्ध-ग्रन्थ मुसलमान कवियों द्वारा लिखे गये हैं उनमें भी रहस्यवाद का रंग पाया जाता है। जब देखा गया कि इस प्रकार की रचनायें समय के अनुकूल हैं और वे प्रतिष्ठा का साधन बन सकती हैं तो कोई कारण नहीं था कि कुछ लोग उनकी ओर आकर्षित न होते। इस शताब्दी के आरम्भ में सूफियाना ख़याल की जितनी उर्दू रचनायें हुई हैं उनका प्रभाव भी ऐसे लोगों पर कम नहीं पड़ा इसके अतिरिक्त इस प्रकार की रचनायें शृंगाररस का नवीन संस्करण भी हैं। जब देश में देश-प्रेम का राग छिड़ा और ऐसी रचनायें होने लगीं जो सामयिक परिवर्तनों के अनुकूल थीं और शृंगार रस की कुत्सा होने लगी तो उसका छायावाद की रचना के रूप में रूपान्तरित हो जाना स्वाभाविक था। एक और बात है। वह यह कि जब वर्णनात्मक अथवा वस्तु प्रधान (Objective) रचनाओं का बाहुल्य हो जाता है तो उसकी प्रतिक्रिया भावात्मक अथवा भाव प्रधान (Subjective) रचनाओं के द्वारा हुये बिना नहीं रहती। दूसरी बात यह है कि व्यंजना और ध्वनि प्रधान काव्य ही का साहित्य-क्षेत्र में उच्च स्थान है। इसलिए चिन्ताशील मस्तिष्क और भाव-प्रवण हृदय इस प्रकार की रचनाओं की ओर ही अधिक खिंचता है। यह स्वाभाविकता भी है। क्योंकि वर्णनात्मक रचना में तरलता होती है और भावात्मक रचनाओं में गम्भीरता और मोहकता। ऐसी दशा में इस प्रकार की रचनाओं की ओर कुछ भावुक एवं सहृदय जनों का प्रवृत्त हो जाना आश्चर्यजनक नहीं। क्योंकि प्रवृत्ति ही किसी कार्य का कारण होती है। छायावाद की कविताओं के विषय में भी यही बात कही जा सकती है। 'छायावाद' शब्द कहाँ से कैसे आया, इस बात की अब तक मीमांसा न हो सकी। छायावाद के नाम से जो कवितायें होती हैं उनको कोई 'हृदयवाद' कहता है और कोई प्रतिबिम्बवाद। अधिकतर लोगों ने छायावाद के स्थान पर रहस्यवाद कहने की सम्मति ही दी है। किन्तु अब तक तर्क-वितर्क चल रहा है और कोई यह निश्चित नहीं कर सका कि वास्तव में नूतन प्रणाली की कविताओं को क्या कहा जाय। इस पर बहुत लेख लिखे जा चुके हैं, पर सर्व-सम्मति से कोई बात निश्चित नहीं की जा सकी। छायावाद की अनेक कवितायें ऐसी हैं जिनको रहस्यवाद की कविता नहीं कह सकते, उनको हृदयवाद कहना भी उचित नहीं, क्योंकि उसमें अति व्याप्ति दोष है। कौन सी कविता ऐसी है जिससे हृदय का सम्बन्ध नहीं? ऐसी अवस्था में मेरा विचार है कि 'छायावाद' ही नाम नूतन प्रणाली की कविता का स्वीकार कर लिया जाय तो अनेक तर्कों का निराकरण हो जाता है। यह नाम बहुत प्रचलित है और व्यापक भी बन गया है।

'रहस्यवाद' शब्द में एक प्रकार की गम्भीरता और गहनता है। उसमें एक ऐसे

गम्भीर भाव की ध्वनि है जो अनिर्वचनीय है और जिस पर एक ऐसा आवरण है जिसका हटाना सुगम नहीं। किन्तु 'छायावाद' शब्द में यह बात नहीं पायी जाती। उसमें कोई अज्ञेय दृष्टिगत न हो, परन्तु कम से कम उसका प्रतिबिम्ब मिलता है और कविकर्म्म के लिए इतना अवलम्बन अल्प नहीं। इसलिए रहस्यवाद शब्द से छायावाद शब्द में स्पष्टता और बोधगम्यता है। छायावाद का अनेक अर्थ अपने विचारानुसार लोगों ने किया है। परन्तु मेरा विचार यह है कि जिस तत्त्व का स्पष्टीकरण असम्भव है, उसकी व्याप्त छाया का ग्रहण कर उसके विषय में कुछ सोचना, कहना, अथवा संकेत करना असंगत नहीं। परमात्मा अचिन्तनीय हो, अव्यक्त हो, मन-वचन-अगोचर हो, परन्तु उसकी सत्ता कुछ न कुछ अवश्य है। उसकी यही सत्ता संसार के वस्तुमात्र में प्रतिबिम्बित और विराजमान है। क्या उसके आधार से उसके विषय में कुछ सोचना विचारना युक्तिसंगत नहीं। यदि युक्तिसंगत है तो इस प्रकार की रचनाओं को यदि छायावाद नाम दिया जावे तो क्या वह विडम्बना है? यह सत्य है कि वह अनिर्वचनीय तत्त्व अकल्पनीय एवं मन, बुद्धि चित्त से परे है, परन्तु इसका यह अर्थ नहीं कि हम उसके विषय में कुछ सोच विचार ही नहीं सकते। उसके अपरिमित और अनन्त गुणों को हम न कह सकें, यह दूसरी बात है, किन्तु उसके विषय में हम कुछ कह ही नहीं सकते ऐसा नहीं कहा जा सकता। संसार-समुद्र अब तक बिना छाना हुआ पड़ा है। उसके अनन्त रत्न अब तक अज्ञातावस्था में हैं। परन्तु फिर भी मनीषियों ने उसकी अनेक विभूतियों का ज्ञान प्राप्त किया है। जिससे एक ओर मनुष्यों को सांसारिक और आध्यात्मिक कई शक्तियाँ प्राप्त हुईं और दूसरी ओर संसार के तत्त्वों का विशेष ज्ञान प्राप्त करने की जिज्ञासा और जाग्रत हो गयी। उस परम तत्त्व के विषय में भी यही बात कही जा सकती है। मेरे कथन का अभिप्राय यह है कि छायावाद शब्द की व्याख्या यदि कथित रूप में ग्रहण की जाय तो उसके नाम की सार्थकता में व्याघात उपस्थित न होगा। मेरी इन बातों को सुन कर कहा जा सकता है कि यह तो छायावाद को रूपान्तर से रहस्यवाद का पर्यायवाची शब्द बनाना है। फिर रहस्यवाद शब्द ही क्यों न ग्रहण कर लिया जावे, छायावाद शब्द की क्लिष्ट कल्पना क्यों की जावे? ईश्वर-सम्बन्धी विषयों के लिए यह कथन ठीक है। परन्तु सांसारिक अनेक विषय और तत्त्व ऐसे हैं कि छायावाद की कविता में जिनका वर्णन और निरूपण होता है। उन वर्णनों और निरूपणों को रहस्यवाद की रचना नहीं कहा जा सकता। मैं समझता हूँ, इस प्रकार की कविताओं और वर्णनों के समावेश के लिए भी छायावाद नाम की कल्पना की गयी है। दूसरी बात यह है कि 'छायावाद' कहने से आजकल जिस प्रकार की कविता का बोध होता है वह बोध ही छायावाद का अर्थ क्यों न मान लिया जावे? मेरा विचार यह है कि ऐसा मान लेने में कोई आपत्ति नहीं। अनेक रूढ़ि शब्दों की उत्पत्ति इसी प्रकार हुई है। आइए, एक दूसरे मार्ग से इस पर और विचार करें।

प्रातःकाल फूल हँसते हैं। क्यों हँसते हैं? यह कौन जाने। वे रंग लाते हैं, महकते हैं मोती जैसी बूँदों से अपनी प्यास बुझाते हैं, सुनहले तारों से सजते हैं, किसलिए! यह कौन बतलावे। एक कालाकलूटा आता है, नाचता है, गीत गाता है, भाँवरें भरता है, झुकता है, उनके कानों में न जाने क्या क्या कहता है, रस लेता है और झूमता हुआ आगे बढ़ता है क्यों? रंग-बिरंगी साड़ियाँ पहने, ताकती झाँकती अठखेलियाँ करती, एक रँगीली आती है, उनसे हिलती मिलती है, रंग रलियाँ मनाती है, उन्हें प्यार करती है, फिर यह गयी, वह गयी, कहाँ गयी? कौन कहे। कोई इन बातों का ठीक-ठीक उत्तर नहीं दे सकता। अपने मन की सभी सुनाता है, पर पते की बात किसने कही। आँख उठाकर देखिये, इधर-उधर हमारे आगे-पीछे, पल-पल ऐसी अनन्त लीलायें होती रहती हैं, परन्तु भेद का परदा उठाने वाले कहाँ हैं? यह तो बहिर्जगतकी बातें हुईं। अन्तर्जगत और विलक्षण है वहाँ एक ऐसा खिलाड़ी है जो हवा को हवा बताता है, पानी में आग लगाता है, आसमान के तारे तोड़ता है, आग चबाता है धरती को धूल में मिलाता है, स्वर्ग में फिरता है, नन्दनवन के फूल चुनता है और वैकुण्ठ में बैठ कर ऐसी हँसी हँसता है कि जिधर देखो उधर बिजली कौंधने लगती है। संसार उसकी कल्पना है, कार्यकलाप, केलि और उत्थान-पतन रंग-रहस्य। उसके तन नहीं परन्तु भव का तानाबाना उसी के हाथों का खेल है। वह अन्धा है, किन्तु वही तीनों लोक की आँखों का उजाला है। वह देवतों के दाँत खट्टे करता है, लोक को उँगलियों पर नचाता है, और उन गुत्थियों को सुलझाता है, जिनका सुलझाना हँसी खेल नहीं। जहाँ वह रहता है वहाँ की वेदनाओं में मधुरिमा है, ज्वालाओं में सुधा है, नीरवता में राग है, कुलिशता में सुमनता है और है गहनता में सुलभता। वहाँ चन्द्र नहीं, सूर्य नहीं तारे नहीं, किन्तु वहाँ का आलोक विश्वालोक है। वहाँ बिना तार की तन्त्री बजती है, बिना स्वर का आलाप होता है, बिना बादल रस बरसता है और बिना रूप रंग के ऐसे मनोहर अनन्त प्रसून विकसित होते हैं कि जिनके सौरभ से संसार सौरभित रहता है। बहिर्जगत और अन्तर्जगत का यह रहस्य है। इनका सूत्र जिनके हाथ में है, उसकी बात ही क्या! उसके विषय में मुँह नहीं खोला जा सकता। जिसने जीभ हिलाई उसी को मुँह की खानी पड़ी। बहुतों ने सर मारा पर सब सर पकड़ के ही रह गये।

सब सही, पर रहस्यभेद का भी कुछ आनन्द है। यदि समुद्र की अगाधता देख कर लोग किनारा कर लेते तो चमकते मुक्ता दाम हाथ न आते। पहाड़ों की दुर्गमता विचार कर हाथ पाँव डाल देते तो, रत्न राशि से अलंकृत न हो सकते। लोक ललाम लोकातीत हो, उनकी लीलायें लोकोत्तर हों, उनको लोचन न अवलोक सकें, गिरा न गा सके। उनके प्रवाह में पड़ कर विचारधारा डूब जावे, मतितरी भग्न हो और प्रतिभा विलीन। किन्तु उनके अवलम्बन भी तो वे ही हैं। उनका मनन, चिन्तन अवलोकन ही तो उनके

जीवन का आनन्द है। आकाश असीम हो, अनन्त हो तो, खगकुल को इन प्रपंचों से क्या काम? वह तो पर खोलेगा और जी भर उसमें उड़ेगा। उसके लिए यह सुख अल्प नहीं। पारावार अपार हो, लाखों मीलों में फैला हो अतल स्पर्शी हो, मीन को इससे प्रयोजन नहीं। वह जितनी दूर में केलि करता फिरता है, उछलता रहता है उतना ही उसका सर्वस्व है और वही उसका जीवन और अवलम्बन है। मनुष्य भी अपने भावानुकूल लोक ललाम की कल्पना करता है संसार के विकास में, उसकी विभूतियों में उस लीलामय की लीलायें देखता, मुग्ध होता और अलौकिक आनन्दानुभव करता है। क्या इसमें उसके जीवन की सार्थकता नहीं है? मनुष्यों में जो विशेष भावुक होते हैं, वे अपनी भावुकता को जिह्वा पर भी लाते हैं, उसको सुमनोपम कान्त पदावली द्वारा सजाते हैं, तरह-तरह के विचार-सूत्र में गूँथते हैं और फिर उसे सहृदयता सुन्दरी के गले का हार बनाते हैं। इस कला में जो जितना पटु होता है, कार्य-क्षेत्र में उसको उतनी ही सफलता हाथ आती है। उसकी कृतियाँ भी उतनी ही हृदय-ग्राहिणी और सार्वजनीन होती हैं। इसलिए परिणाम भी भिन्न-भिन्न होता है। जो जितना ही आवरण हटाता है, जितना ही विषय को स्पष्ट करता है, जितना ही दुर्बोधता और जटिलताओं का निवारण करता है, वह उतना ही सफलीभूत और कृतकार्य समझा जाता है। यह सच है कि ऐसे भाग्यशाली सब नहीं होते। समुद्र में उतरकर सभी लोग मौक्तिक लेकर ऊपर नहीं उठते। अधिकांश लोग घोंघे, सिवार पाकर ही रह जाते हैं। किन्तु इससे उद्योगशीलता और अनुशीलन परायणता को व्याघात नहीं पहुँचता। रहस्य की ओर संकेत किया जा सकता है। उसका आभास सामने लाया जा सकता है हृदय दर्पण पर जो प्रतिबिम्ब पड़ता है, अन्तर्दृष्टि उसकी ओर खींची जा सकती है, क्या यह कम सफलता है? मनुष्य की जितनी शक्ति है, उस शक्ति से यथार्थ रीति से, काम लेने से मनुष्यता की चरितार्थता हो जाती है, और चाहिए क्या? रहस्य-भेद किसने किया? परमात्मा को लाकर जनता के सामने कौन खड़ा कर सका? तथापि संसार के जितने महज्जन हैं, उन्होंने अपने कर्तव्य का पालन किया जिससे अनेक गुत्थियाँ सुलझीं। अब भी उद्योग करने से और बुद्धि से यथार्थतापूर्वक कार्य लेने से कितनी गुत्थियाँ सुलझ सकती हैं। इन गुत्थियों के सुलझाने में आनन्द है, तृप्ति है और है वह अलौकिक फल-लाभ जिससे मनुष्य जीवन स्वर्गीय बन जाता है। रहस्यवाद की रचनाओं की ओर प्रवृत्त होने का उद्देश्य यही है। जो लोग इस तत्त्व को यथार्थ रीति से समक्ष कर उसकी ओर अग्रसर होते हैं वे वन्दनीय हैं और उनकी कार्यावली अभिनन्दनीय है। उनका विरोध नहीं किया जा सकता। आधिभौतिक और आध्यात्मिक जितने कार्य-कलाप हैं। उनका यथातथ्य ज्ञान एक प्रकार से असम्भव है। परन्तु उसकी कुछ न कुछ छाया या प्रतिबिम्ब प्रत्येक हृदय दर्पण में यथासमय पड़ता रहता है। कहीं यह छाया धुँधली होती है, कहीं उससे स्पष्ट, कहीं

अधिकतर स्पष्ट। इसी का वर्णन अनुभूति और मेधा-शक्ति द्वारा होता आया है और अब भी हो रहा है, और आगे भी होगा। इन अनुभूतियों का प्रकाश वचन-रचना द्वारा करना प्रशंसनीय है, निन्दनीय नहीं। चाहे उसको रहस्यवाद कहा जावे अथवा छायावाद। इसका प्राचीन नाम रहस्यवाद ही है, जिसे अँगरेज़ी में (mysticism) 'मिस्टिज्म' कहते हैं। उसी का साधारण संस्करण छायावाद है। अतएव उस पर अधिक तर्क वितर्क उचित नहीं, उसके मार्ग को प्रशस्त और सुन्दर बनाना ही अच्छा है।

अब तक मैंने जो निवेदन किया है उसका यह अभिप्राय नहीं है कि छायावाद के नाम पर जो अनर्गल और बेसिर-पैर की रचनायें हो रही हैं, मैं उनको प्रश्रय दे रहा हूँ। मेरे कथन का यह प्रयोजन है कि गुण का आदर अवश्य होना चाहिए। अनर्गल प्रलाप कभी अभिनन्दनीय नहीं रहा उसका जीवन क्षणिक होता है, और थोड़े ही समय में अपने आप वह नष्ट हो जाता है। दूसरी बात यह कि सच्चे समालोचक और सत्समालोचना का कार्य ही क्या है। यही न कि साहित्य से उसकी बुराइयाँ दूर की जावें और जो भ्रान्त हैं उनको पथ पर लगाया जावे, जो चूके हैं उनको सुधारा जावे और साहित्य में जो कूड़ा-करकट हो उसको निकाल बाहर किया जावे। दोष-गुण सब में हैं, गुण का ग्रहण और दोष का संशोधन एवं परिमार्जन ही वांछनीय है। छायावाद की अनेक रचनायें मुझको अत्यन्त प्रिय हैं और मैं उन्हें बड़े आदर की दृष्टि से देखता हूँ। जिनमें सरस ध्वनि और व्यंजना है उनका आदर कौन सहृदय न करेगा? क्या काँटों के भय से फूल का त्याग किया जावेगा। यह भी मैं मुक्त कंठ से कहता हूँ कि छायावादी कवियों ने खड़ी बोलचाल की कर्कशता और क्लिष्टता को बहुत कम कर दिया है। जैसे प्राचीन खड़ी बोली की रचनाओं का यह गुण है कि उन्होंने भाषा को बहुत परिमार्जित और शुद्ध बना दिया, उसी प्रकार छायावादी कविता का यह गुण है कि उसने कोमल कान्त पदावली ग्रहण कर खड़ी बोलचाल की कविता के उस दोष को दूर कर दिया जो सहृदयजनों को काँटों की तरह खटक रहा था।

संसार में जितनी विद्यायें हैं सब नियमबद्ध हैं जितनी कलायें हैं सब सीखनी पड़ती हैं। उनकी भी रीति और पद्धति है। उनकी उपेक्षा करना विद्या और कला को आघात पहुँचाना है। साहित्य का सम्बन्ध विद्या और कला दोनों से है। इसलिए जो उसकी पद्धतियाँ हैं उनका त्याग नहीं किया जा सकता। उनको परिवर्तित रूप में ग्रहण करें अथवा मुख्य रूप में, परन्तु उनके ग्रहण से ही कार्य-सिद्धि-पथ प्रशस्त हो सकता है। साहित्य यदि साध्य है तो नियम उसके साधन हैं। इसलिए उनको अनावश्यक नहीं कहा जा सकता। प्रत्येक प्रतिभावान पुरुष नयी उद्‌भावनायें कर सकता है, और ये उद्‌भावनायें भी साधनाओं में गिनी जा सकती हैं। परन्तु उनका उद्देश्य साध्य मूलक होगा, अन्यथा वे उद्‌भावनायें उपयोगिनी न होंगी। गद्य लिखने के लिए छन्द की

आवश्यकता नहीं। किन्तु पद्य लिखें और यह कहें कि छन्द प्रणाली बिलकुल व्यर्थ है तो क्या यह कहना यथार्थ होगा? यदि छन्द प्रणाली व्यर्थ है तो पद्य-रचना हुई कैसे? कुछ नियमित अक्षरों और मात्राओं में जो रचना होती है वही तो पद्य कहलाता है। यह दूसरी बात है कि पद्य की पंक्तियों और अक्षरों की गणना प्रथम उद्‌भावित छन्दः प्रणाली से भिन्न हो। किन्तु वह भी है छन्द ही, कोई अन्य वस्तु नहीं। ऐसी अवस्था में छन्द की कुत्सा करना मूल पर ही कुठाराघात करना है और उसी डाल को काटना है जो उसकी अवलम्बन स्वरूपा है। ऐसी ही बातें साहित्य के और अंगों के विषय में भी कही जा सकती हैं। हिन्दी साहित्य का जो वर्तमान रूप है वह अनेक प्रतिभावान पुरुषों की चिन्ताशीलता का ही परिणाम है। वह क्रमशः उन्नत होता और सुधरता आया है और नयी-नयी उद्‌भावनाओं से भी लाभ उठाता आया है। अब भी इस विषय में वह बहुत कुछ गौरवित हो सकता है, यदि उसको सुदृष्टि से देखा जाय। चाहिए यही कि उसका मार्ग और सुन्दर बनाया जावे न यह कि उसमें काँटे बिछाये जावें और उच्छृंखलता को स्वतंत्रता कह कर उसकी बची-खुची प्रतिष्ठा को भी पददलित किया जावे। परमात्मा ने जिसको प्रतिभा दी है, कविता-शक्ति दी है, विद्वत्ता दी है, और प्रदान की है वह मनोमोहिनी उक्ति जो हृदयों में सुधाधारा बहाती है, वह अवश्य राका-मयंक के समान चमकेगा और उसकी कीर्ति-कौमुदी से साहित्य-गगन जगमगा उठेगा और वे तारे जो चिरकाल से गगन को सुशोभित करते आये हैं अपने आप उसके सामने मलिन हो जावेंगे। वह क्यों ऐसा सोचे कि आकाश के तारक-चय को ज्योतिर्विहीन बनाकर ही हम विकास प्राप्त कर सकेंगे। हिन्दी-साहित्य की वर्तमान परिस्थिति को देख कर मुझको ये कतिपय पंक्तियाँ लिखनी पड़ीं। मेरा अभिप्राय यह है कि साहित्य-क्षेत्र में जो अवांछनीय असंयत भाव देखा जा रहा है उसकी ओर हमारे भगवती वीणापाणि के वरपुत्र देखें और वह पथ ग्रहण करें जिसमें सरसता से बहती हुई साहित्य-रस की धारा आविल होने से बचे और उनके 'छायावाद' की रचनाओं को वह महत्त्व प्राप्त हो जो वांछनीय है।

यह देखा जाता है कि युवक दल अधिकतर आजकल छायावाद की रचनाओं की ओर आकर्षित है। युवक-दल की समाज की नेता है, वही भविष्य को बनाता है और सफलता की कुंजी उसी के हाथ में होती है। उसके छायावाद की ओर खिंच जाने से उसका भविष्य बड़ा उज्ज्वल है, किन्तु उसको यह विचारना होगा कि क्या हिन्दी भाषा के चिर-संचित भाण्डार को ध्वंस कर और उस भण्डार के धन के संचय करने वालों की कीर्त्ति को लोप कर ही यह उज्ज्वलता प्राप्त होगी? इतिहास यह नहीं बतलाता। जो रतन हमारी सफलता का संबल है, उसको फेंक कर हमारी इष्ट-सिद्धि नहीं हो सकती। भविष्य बनाने के लिए वर्तमान आवश्यक है, परन्तु भूत पर भी दृष्टि होनी चाहिए। हम योग्य न हों और योग्य बनाने का दावा करें, हमारा ज्ञान अधूरा हो और हम बहुत बड़े

ज्ञानी होने की डींग हाँकें, हम कवि पुंगव होने का गर्व करें और साधारण कवि होने की भी योग्यता न रखें, छायावाद की कविता लिखें और यह जानें भी नहीं कि कविता किसे कहते हैं, धूल उड़ावें प्राचीन कविवरों की और करने बैठें कवि-कर्म की मिट्टी पलीद, तो बताइये हमारी क्या दशा होगी? हम स्वयं तो मुँह की खायेंगे ही, छायावाद की आँखें भी नीची करेंगे। आजकल छायावाद के नाम पर कुछ उत्साही युवक ऐसी ही लीला कर रहे हैं। मेरी उनसे यह प्रार्थना है कि यदि उनमें छायावाद का सच्चा अनुराग है तो अपने हृदय में वे उस ज्योति की छाया पड़ने दें, जिससे उनका मुख उज्ज्वल हो और 'छायावाद' का सुन्दर कविताक्षेत्र उद्भासित हो उठे। मेरा विचार है कि छायावाद कविता-प्रणाली का भविष्य बहुत उज्ज्वल है। जैसे पावस का तमोमय पंकिल काल व्यतीत होने पर ज्योतिर्मय स्वच्छ शरद ऋतु का विकास होता है वैसे ही जो न्यूनतायें 'छायावाद' के क्षेत्र में इस समय विद्यमान हैं वे दूर होंगी और वह वांछनीय पूर्णता को प्राप्त होगी। किन्तु यह तभी होगा जब युवक-दल अपनी इष्ट-सिद्धि के लिए भगवती वीणापाणि की सच्ची आराधना के लिए कटिबद्ध होगा।

किसी-किसी छायावादी कवि का यह विचार है कि जो कुछ तत्त्व है वह छायावाद की कविता में ही है। कविता-सम्बन्धी और जितने विभाग हैं वे तुच्छ ही नहीं तुच्छातितुच्छ हैं और उनमें कोई सार नहीं। अपना विचार प्रगट करने का अधिकार सबको है, किन्तु विचार प्रगट करने के समय तथ्य को हाथ से न जाने देना चाहिए। जो छायावाद के अथवा रहस्यवाद के आचार्य कहे जाते हैं, क्या उन्होंने आजीवन रहस्यवाद की ही रचना की? प्राचीन कवियों में ही हम प्रसिद्ध रहस्यवादी कबीर और जायसी को ले लें तो हमें ज्ञात हो जायेगा कि सौ पद्यों में यदि दस पाँच रचनायें उनकी रहस्यवाद की हैं तो शेष रचनायें अन्य विषयों की। क्या उनकी ये रचनायें निन्दनीय अनुपयुक्त तथा अनपुयोगी हैं! नहीं, उपयोगी हैं और अपने स्थान पर उतनी ही अभिनन्दनीय हैं जितनी रहस्यवाद की रचनायें। एकदेशीय ज्ञान अपूर्ण होता है और एकदेशीय विचार अव्यापक। जैसे शरीर के सब अंगों का उपयोग अपने-अपने स्थानों पर है, जैसे किसी हरे वृक्ष का प्रत्येक अंश उसके जीवन का साधन है, उसी प्रकार साहित्य तभी पुष्ट होता है जब उसमें सब प्रकार की रचनायें पायी जाती हैं, क्योंकि उन सबका उपयोग यथास्थान होता है। जो कविता आन्तरिक प्रेरणा से लिखी जाती है, जिसमें हृत्तंत्री की झंकार मिलती है, भावोच्छ्वास का विकास पाया जाता है, जिसमें सहृदयता है, सुन्दर कल्पना है, प्रतिभा तरंगायित है, जिसका वाच्यार्थ स्पष्ट है, सरल है, सुबोध है, वही सच्ची कविता है, चाहे जिस विषय पर लिखी गयी हो और चाहे जिस भाषा में हो। कौन उसका सम्मान न करेगा और कहाँ वह आदृत न होगी? कवि हृदय को उदार होना चाहिए, वृथा पक्षपात और खींचतान में पड़ कर उसको अपनी उदात्त

वृत्ति को संकुचित न करना चाहिए। मेरा कथन इतना ही है कि एकदेशीय विचार अच्छा नहीं, उसको व्यापक होना चाहिए। किसी फूल में रंग होता है, किसी की गठन अच्छी होती है, किसी का विकास सुन्दर होता है, किसी में सुगंधि पाई जाती है—सब बात सब फूलों में नहीं मिलती। कोई ही फूल ऐसा होता है जिसमें सब गुण पाये जाते हैं। जिस फूल में सब गुण हैं, यह कौन न कहेगा कि वह विशेष आदरणीय है। परन्तु अन्यों का भी कुछ स्थान है और उपयोग भी। इसीलिए जिसमें जो विशेषता है वह स्वीकार-योग्य है, उपेक्षणीय नहीं। कला का आदर कला की दृष्टि से होना चाहिए। यदि उसमें उपयोगिता मिल जावे तो क्या कहना। तब उसमें सोना और सुगंध वाली कहावत चरितार्थ हो जाती है।

कवि-कर्म का विशेष गुण वाच्यार्थ की स्पष्टता है। प्रसाद गुणमयी कविता ही उत्तम समझी जाती है। वैदर्भी वृत्ति का ही गुणगान अब तक होता आया है। किन्तु यह देखा जाता है कि छायावादी कुछ कवि इसकी उपेक्षा करते हैं और जानबूझ कर अपनी रचनाओं को जटिल से जटिल बनाते हैं, केवल इस विचार से कि लोग उसको पढ़कर यह समझें कि उनकी कविता में कोई गूढ़ तत्त्व निहित है, और इस प्रकार उनको उच्च कोटि का रहस्यवादी कवि होने का गौरव प्राप्त हो। ऐसा इस कारण से भी होता है कि किसी-किसी का भावोच्छ्वास उनको उस प्रकार की रचना करने के लिए बाध्य करता है। वे अपने विचारानुसार उसको बोधगम्य ही समझते हैं, पर भाव प्रकाशन में अस्पष्टता रह जाने के कारण उनकी रचना जटिल बन जाती है। कवि-कर्म की दृष्टि से यह दोष है। इससे बचना चाहिए। यह सच है कि गूढ़ता भी कविता का एक अंग है। गम्भीर विषयों का वर्णन करने में या अज्ञेयवाद की ओर आकर्षित होकर अनुभूत अंशों के निरुपण करने में गूढ़ता अवश्य आ जाती है किन्तु उसको बोधगम्य अवश्य होना चाहिए। यह नहीं कि कवि स्वयं अपनी कविता का अर्थ करने में असमर्थ हो। वर्तमान काल की अनेक छायावादी कवितायें ऐसी हैं कि जिनका अर्थ करना यदि असम्भव नहीं तो बहु कष्ट साध्य अवश्य है। मेरा विचार है, इससे छायावाद का पथ प्रशस्त होने के स्थान पर अप्रशस्त होता जाता है। यह स्वीकार करना पड़ेगा कि कविता में कुछ ऐसी गिरह होनी चाहिए जिसके खोलने की नौबत आवे। जो कविता बिलकुल खुली होती है उसमें वह आनन्द नहीं प्राप्त होता, जो गिरह वाली कविता की गुत्थी सुलझाने पर मिलता है। किन्तु यह गिरह या गाँठ दिल की गाँठ न हो जिसमें रस का अभाव होता है। सुनिये एक सुकवि क्या कहता है—

सम्मन रस की खान, सो हम देखा ऊख में।
ताहू में एक हानि, जहाँ गाँठ तहँ रस नहीं।

कविता यदि द्राक्षा न बन सके तो रसाल ही बने, नारिकेल कदापि नहीं। साहित्य-मर्मज्ञों की यही सम्मति है। किसी-किसी का यह कथन है कि भावावेश कितनों को दुरूहतर कविता करने के लिए बाध्य करता है। मेरा निवेदन यह है कि वह भावावेश किस काम का जो कविता के भाव को अभाव में परिणत कर दे। भावुकता और सहृदयता की सार्थकता तभी है जब वह असहृदय को भी सहृदय बना ले। जिसने सहृदय को असहृदय बना दिया वह भावुकता और सहृदयता क्या है, इसे सहृदय जन ही समझें।

छायावाद की कवितायें व्यंजना और ध्वनि-प्रधान होती हैं। वाच्यार्थ से जहाँ व्यंजना प्रधान हो जाती है वही ध्वनि कहलाती है। छायावाद की कविता में इसकी अधिकता मिलती है। इसीलिए वह अधिक हृदयग्राहिणी हो जाती है। छायावादी कवि किसी बात को बिलकुल खोलकर नहीं कहना चाहते। वे उसको इस प्रकार से कहते हैं जिससे उसमें एक ऐसी युक्ति पाई जाती है जो हृदय को अपनी ओर खींच लेती है। वे जिस विषय का वर्णन करते हैं उसके ऊपरी बातों का वर्णन करके ही तुष्ट नहीं होते। वे उसके भीतर घुसते हैं और उससे सम्बन्ध रखने वाली तात्विक बातों को इस सुन्दरता से अंकित करते हैं, जिससे उनकी रचना मुग्धकारिणी बन जाती है। वे अपनी आन्तरिक वृत्तियों को कभी साकार मानकर उनकी बातें एक नायक नायिका की भाँति कहते हैं, कभी सांसारिक दृश्य पदार्थों को लेकर उसमें कल्पना का विस्तार करते हैं और उसको किसी देव-दुर्लभ वस्तु अथवा किसी व्यक्ति-विशेष के समान अंकित करते हैं। कभी वे अपनी ही सत्ता को प्रत्येक पदार्थ में देखते हैं और उसके आधार से अपने समस्त आन्तरिक उद्‌गारों को प्रकट करते हैं। उनकी वेदनायें तड़पती हैं, रोती-कलपती हैं, कभी मूर्तिमयी आह बन जाती हैं, और कभी जलधरों समान अजस्र अश्रु विसर्जन करने लगती हैं। उनकी नीरवता में राग है, उनके अन्धकार में अलौकिक आलोक और उनकी निराशा में अद्‌भुत आशा का संचार। वे ससीम में असीम को देखते हैं, बिन्दु में समुद्र की कल्पना करते हैं, और आकाश में उड़ने के लिए अपने विचारों को पर लगा देते हैं। आलोकमयी रजनी को कलित कौमुदी की साड़ी पहिना कर और तारकाबली की मुक्तामाला से सुसज्जित कर, जब उसे चन्द्रमुख से सुधा बरसाते हुए वे किसी लोकरंजन की ओर गमन करते अंकित करते हैं, तो उसमें एक लोकरंजिनी नायिका-सम्बन्धिनी समस्त लीलाओं और कलाओं की कल्पना कर देते हैं, और इस प्रकार अपनी रचनाओं को लालित्यमय बना देते हैं। उनकी प्रतिभा विश्वजनीन भावों की ओर कभी मन्थर गति से, कभी बड़े वेग से गमन करती है और उनके समागम से ऐसा रस सृजन करती है, जो अनेक रसिकों के हृदय में मन्द मन्द प्रवाहित होकर उसे स्वर्गीय सुख का आस्वादन कराती है। थोड़े में यह कहा जा सकता है कि उनकी रचना अधिकतर भाव

प्रधान (Subjective) होती है, वस्तु प्रधान (Objective) नहीं। इसी से उसमें सरसता, मधुरता और मनमोहकता होती है। मैंने उनके लक्ष्य की ही बात कही है। मेरे कथन का यह अभिप्राय नहीं कि छायावाद के नाम पर जितने कविता करने वाले हैं, उनको इस लक्ष्य की ओर गमन करने में पूरी सफलता मिलती है। छायावाद के कुछ प्रसिद्ध कवि ही इस लक्ष्य को सामने रखकर अपनी रचना को तदनुकूल बनाने में कुछ सफल हो सके हैं। अन्यों के लिए अब तक वह वैसा ही है जैसा किसी वामन का चन्द्रमा को छूना। किन्तु इस ओर प्रवृत्ति अधिक होने से इन्हीं में से ऐसे लोग उत्पन्न होंगे जो वास्तव में अपने उद्देश्य की पूर्ति में सफल होंगे। अभ्यास की आदिम अवस्था ऐसी ही होती है किन्तु असफलता ही सफलता की कुंजी है। एक बात यह अवश्य देखी जाती है कि छायावाद के अधिकांश कवियों की दृष्टि न तो अपने देश की ओर है, न अपनी जाति और समाज की ओर, हिन्दू जाति आज दिन किस चहले में फँसी है, वे आँख से उसको देख रहे हैं पर उनकी सहानुभूति उसके साथ नहीं है। इसको दुर्भाग्य छोड़ और क्या कहें। जिसका प्रेम विश्वजनीन है वह अपने देश के, जाति के, परिवार के, कुटुम्ब के दुख से दुखी नहीं, इसको विधि-विडम्बना छोड़ और क्या कहें? शृंगारिक कवियों की कुत्सा करने में जिनकी लेखनी सहस्रमुखी बन जाती है, उनमें इतनी आत्म-विस्मृति क्यों है? इसको वे ही सोचें। यदि शृंगार-रस में निमग्न होकर उन्होंने देश को रसातल पहुँचाया तो विश्वजनीन प्रेम का प्रेमिक उनको संजीवनी सुधा पिलाकर स्वर्गीय सुख का अधिकारी क्यों नहीं बनाता? जिस देश, जाति और धर्म की ओर उनकी इतनी उपेक्षा है, उनको स्मरण रखना चाहिए कि वह देश जाति और धर्म ही इस विश्वजनीन महामंत्र का अधिष्ठाता, स्रष्टा और ऋषि है। जो कवीन्द्र रवीन्द्र उनके आचार्य और पथ प्रदर्शक हैं, उन्हीं का पदानुसरण क्यों नहीं किया जाता? कम-से-कम यदि उन्हीं का मार्ग ग्रहण किया जाय तो भी निराशा में आशा की झलक दृष्टिगत हो सकती है। यदि स्वदेश-प्रेम संकीर्णता है तो विश्वजनीन-प्रेम की दृष्टि से ही अपने देश को क्यों नहीं देखा जाता विश्व के अंतर्गत वह भी तो है यदि संसार भर के मनुष्य प्रेम-पात्र हैं तो भरत-कुमार स्नेह भाजन क्यों नहीं? क्या उनकी गणना विश्व के प्राणियों में नहीं हैं? यदि सत्य का प्रचार किया जा रहा है, प्रेम की दीक्षा दी जा रही है, विश्व-बंधुत्व का राग अलापा जा रहा है, तो क्या भारतीयजन उनके अधिकारी नहीं। जो अपना है, जिस पर दावा होता है उसी को उपालम्भ दिया जाता है। जिससे आशा होती है, उसी का मुँह ताका जाता है। मैंने जो कुछ यहाँ लिखा है वह ममतावश होकर, मत्सर से नहीं। मैंने इसकी चर्चा यहाँ इसलिए की कि यदि छायावाद की रचना ही सर्वेसर्वा है, तो इसमें इन भावों का सन्निवेश भी पर्याप्त मात्रा में होना चाहिए, अन्यथा हिन्दी-साहित्य-क्षेत्र में एक ऐसी न्यूनता हो जावेगी, जो युवकों के एक उल्लेख-योग्य दल को भ्रान्त ही नहीं बनावेगी,

देश के समुन्नति-पथ में भी कुसुम के बहाने वे काँटे बिछावेगी जो भारतीय-हित प्रेमिक पथिकों के लिए अनेक असमंजसों के हेतु होंगे। मैंने जो विचार एक सदुद्देश्य से यहाँ प्रकट किये हैं यदि कार्यतः उनको भ्रान्त सिद्ध कर दिया जावेगा तो मैं अपना अहोभाग्य समझूँगा।

छायावाद की कविता पर मैंने अपने विचारानुसार जो प्रकाश डाला, सम्भव है उसका कुछ अंश रंजित हो। परन्तु मैंने सत्य बात को प्रकट करने ही की चेष्टा की है। सम्भव है, अपेक्षित ज्ञान न होने के कारण मैं उसके सर्व्वांश का परिचय न दे सका होऊँ। परन्तु जो कुछ मैंने लिखा है, आशा है उससे उसकी प्रणाली का कुछ न कुछ ज्ञान अवश्य पाठकों को होगा। अब मैं उन लोगों की चर्चा करना चाहता हूँ जो उसके प्रसिद्ध कवि और उद्भावक हैं। उनकी रचनाओं को पढ़कर आशा है, आप लोगों का ज्ञान छायावाद के विषय में और अधिक हो जायेगा। छायावाद के कवियों की बहुत बड़ी संख्या है। परन्तु उनमें से अधिकांश ऐसे हैं जिन्होंने थोड़े ही दिन से इस क्षेत्र में पदार्पण किया है। मैं पहले उन्हीं लोगों के विषय में कुछ लिखूँगा जिन्होंने प्रसिद्धि प्राप्त कर ली है और जो छायावाद के मान्य कवि हैं। इसके उपरान्त कुछ ऐसे लोगों की भी चर्चा करूँगा, जो छायावाद के क्षेत्र में बहुत कुछ अग्रसर हो चुके हैं–

1. सबसे पहले मेरी दृष्टि बाबू जयशंकर प्रसाद पर पड़ती है। आपने छायावाद के कई ग्रन्थ लिखे हैं। पहले आप भी ब्रजभाषा में ही कविता करते थे। खड़ी बोली के आन्दोलन के समय खड़ी बोली में कविता करने लगे। अब छायावाद कविता का पथ प्रशस्त करने में दत्तचित्त हैं। आपकी रचना सुन्दर और भावमयी है, भाषा भी भावानुगामिनी है। आपके कुछ पद्य नीचे लिखे जाते हैं–

1. **भूलि भूलि जात पद कमल तिहारो कहो**
ऐसी नीति मूढ़ मति कीन्ही है हमारी क्यों।
धाय के धँसत काम क्रोध सिंधु संगम में
मन की हमारे ऐसी गति निरधारी क्यों।
झूठे जग लोगन में दौरि के लगत नेह
साँचे सच्चिदानन्द में प्रेम ना सुधारी क्यों।
बिकल बिलोकत न हिय पीर मोचत हौ
ए हो दीनबन्धु दीनबन्धुता बिसारी क्यों?

ले चल वहाँ भुलावा दे कर
मेरे नाविक धीरे धीरे।
जिस निर्जन में सागर लहरी
अम्बर के कानों में गहरी।

निश्छल प्रेम-कथा कहती हो
तज कोलाहल की अवनी रे।
जहाँ साँझ सी जीवन छाया
ढीले अपनी कोमल काया।
नील नयन से ढुलकाती हो
ताराओं की पाँति घनी रे।
जिस गम्भीर मधुर छाया में
विश्व चित्रपट चल माया में।
विभुता पड़े दिखाई विभु-सी
दुख सुख वाली सत्य बनी रे।
श्रम-विश्राम क्षितिज बेला से
जहाँ सृजन करते मेला से।
अमर जागरण उषा नयन से
बिखराती हो ज्योति घनी रे।

2. पं. सुमित्रानन्दन पन्त की गणना भी प्रसिद्ध छायावादी कवियों में है। उन्होंने दो-तीन ग्रन्थ भी लिखे हैं, 'पल्लव' उनका सबसे प्रसिद्ध ग्रन्थ है। उनकी रचनायें एक अनूठापन लिए हुए हैं, जिनमें उनकी हृत्तंत्री बड़ी मधुरता से झंकृत होती है। उनकी अधिकतर कवितायें भाव-प्रधान हैं, उसमें मार्मिकता भी पायी जाती है। जितने युवक छायावादी कवि हैं उनमें इनका प्रधान स्थान है, और वास्तव में ये हैं भी इस योग्य। इनकी कुछ रचनायें देखिये—

॥ सुख-दुख ॥

मुझको न चाहिए चिर सुख
चाहिए न रे अविरत दुख।
सुख दुख की खेल मिचौनी
खोले जीवन अपना मुख।
सुख दुख के मधुर मिलन से
यह जीवन हो परिपूरन।
फिर घन में ओझल हो शशि
फिर शशि से ओझल हो घन।
जग पीड़ित है अति दुख से
जग पीड़ित रे अति सुख से।

दुख-सुख से औ सुख-दुख से
अविरत दुख है उत्पीड़न।
अविरत सुख भी उत्पीड़न
सोता जगता जग-जीवन।
यह साँझ उषा का आँगन
आलिंगन विरह मिलन का।
चिरहास अश्रुमय आनन
रे इस मानव जीवन का।

◆◆◆◆◆

याचना

बना मधुर मेरा जीवन
नव नव सुमनों से चुन चुन कर
धूल सुरभि मधु-रस हिम कण।
मेरे उर की मृदु कलिका में
भरदे करदे विकसित मन।
बना मधुर मेरा भाषण
वंशी से ही करदे मेरे सरल प्राण औ सरस बचन।
जैसा जैसा मुझको छेड़े बोलूँ और अधिक मोहन।
जो अकर्ण अहि को भी सहसा करदे मंत्रमुग्ध नतफन।
रोम रोम के छिद्रों से माँ फूटे तेरा राग गहन।
बना मधुर मेरा तन मन

3. पं. सूर्यकान्त त्रिपाठी 'निराला' छायावादियों में सबसे निराले हैं। यदि प्राचीनों के प्रति किसी छायावादी में कुछ श्रद्धा और प्रेम है तो इन्हीं में। इनमें सहृदयता भी अधिक है। ये सरस और भावमय रचना का आदर करते हैं, वह चाहे जहाँ मिले। इनकी रचनाओं में इस भाव की सच्ची झलक मिलती है। इनमें मनस्विता अधिक है, इसलिए उसका विकास भी इनकी कृतियों में यथेष्ट मिलता है। बंगाल में अधिकतर रहने के कारण इनकी रचनाओं में बंगभाषा के कवियों का भाव और ढंग भी पाया जाता है। भाव प्रकाशन-शैली इनकी गम्भीर है, किन्तु इतनी नहीं कि वह बोधगम्य न हो। छायावादी कवियों में इनका भी विशेष स्थान है। इनकी दो कविता पुस्तकें भी निकल चुकी हैं जो सरस और सुन्दर हैं उनके कुछ पद्य देखिये—

॥ गीत ॥

जग का एक देखा तार
कण्ठ अगणित देह सप्तक मधुर स्वर झंकार।
बहु सुमन बहु रंग निर्मित एक सुन्दर हार।
एक मृदु कर से गुँथा उर एक शोभा भार।
गंध अगणित मंद नंदन विश्ववंदन सार।
सकलउर चंदन अलौकिक एक अनिल उदार।
सतत सत्य अनादि निर्मल सकल सुख-विस्तार।
अयुत अधरों में सुसिंचित एक किंचित प्यार।
तत्व नभ-तम में सकल भ्रम शेष प्रेमाकार।
अलक-मंडल में यथा मुखचन्द्र निरलंकार।

4. पं. मोहनलाल महतो कवि हैं और चित्रकार भी। इसलिए वे चित्रण कला का मर्म पहचानते हैं। यही कारण है कि उनकी रचनाओं का रंग मनोहर होता है। उनमें भावों का ऐसा सुन्दर विकास होता है कि जटिलता नहीं आने पाती। छायावादी कवि होकर भी प्रांजल कविता करने की ओर आप की रुचि अभिनन्दनीय है। आपके दो ग्रन्थ निकल चुके हैं और दोनों सुन्दर हैं। उनकी कुछ रचनायें देखिये—

॥ वरदान ॥

मिले अधरों को वह मुसकान
जिसे देख सहृदय का अन्तर भर जावे भगवान।
नयनों को ऐसी चितवन दे जो करुणा छलका दे।
रो दें वीणापाणि कण्ठ को देना ऐसे गान।
मिले हृदय जिसकी धड़कन से मिली विश्वतंत्री हो।
न्योछावर होना सिखला दें देना ऐसे प्राण।
इस कवि को ऐसे अवरोहण आरोहण सिखलाना।
हों जिसके अनुरूप जगत के पतन और उत्थान।
दे ऐसी तन्मयता जिसमें अपनापन खो बैठूँ।
फिर तुझको अपने में पाऊँ दे ऐसे वरदान।

◆◆◆◆◆

तुम्हारे अश्रु कणों का दान।
नयनों को इस सजल भीख पर है सकरुण अभिमान।
यौवन की मधुमय दोपहरी में अपनापन भूला।
शतदल की पंखड़ियों से मिल विकसित होते प्राण।
आलोकित था अन्तरतर किसकी मुसकान विभा से।
सुला रहे थे चेतनता को थपकी देकर गान।
था निसर्ग प्याला सारी सुखमा मादक मदिरा थी।
मैं पीता था और पिलाता था कोई अनजान।
तू करुणामय करुणा में था ये आँखें पगली थीं।
तू रोदन में मैं विनोद में था विलीन भगवान।
अच्छा किया छिपा छलना से ममता पूर्ण खिलौना।
मिथ्या सुख विस्मृति को अपनी ओर दिलाया ध्यान।
सर्वशून्य जीवन का तू है आशामय आधार।
तेरी निर्ममता में है करुणा का छिपा प्रमाण।

5. बाबू सत्यप्रकाश एम.एस-सी. की एक ही पुस्तक निकली है उसका नाम है 'प्रतिबिम्ब' किन्तु उस एक ही पुस्तक से उनकी सरस हृदयता का पता चलता है। उसमें जितनी रचनायें हैं परिमार्जित रुचि की हैं और यह बतलाती हैं कि उनका लेखक चिन्ताशील और कवि-कर्म का मर्मज्ञ है। उनकी रचना में प्रवाह है और मधुरता भी। उन्होंने अपनी रचना में जटिलता नहीं आने दी, यह प्रशंसा की बात है। उनके कुछ पद्य देखिये—

सान्त बनाकर मुझको नटवर का हो जाना परम अनन्त।
निर्जन बन में मुझे छोड़ कर भटकाना जीवन पर्यंत।
संख्यातीत रूप धारण कर बहला कर भग जाना।
मेरी फिर इस विकट व्यथा पर कभी कभी मुसकाना।
लीला यह सर्वज्ञ शक्य की उसके यदि ये ही व्यापार।
तो फिर कैसे सान्त पथिक का हो सकता है अब उद्धार।

6. श्रीमती महादेवी वर्मा बी. ए. पहली महिला हैं जिन्होंने छायावाद की रचना प्रारम्भ की है। स्त्री हृदय में जो स्वाभाविक कोमलता होती है, इनकी रचनाओं में वह पायी जाती है। स्त्री-सुलभ भावों का चित्रण यथार्थ रीति से स्त्री ही कर सकती है। इनके पद्यों को पढ़कर यह बात असंदिग्ध हो जाती है। उनमें स्थान-स्थान पर जटिलता

है, किन्तु मधुर कोमलकान्त पदावली में वह छिप जाती है। इनके कोई-कोई पद्य इतने भावमय हैं कि यह स्वीकार करना पड़ता है कि उनमें भावुकता की मात्रा यथेष्ट है। इनके कुछ पद्य देखिये—

कहीं से आयी हूँ कुछ भूल।
रहरह कर आधीसुधि किसकी, रुकतीसी गति क्यों जीवन की
क्यों अभाव छाये लेता, विस्मृति सरिता के कूल।
किसी अश्रुमय घन का हूँ कन टूटी स्वर-लहरी का कम्पन।
या ठुकराया गिरा धूलि में हूँ मैं नभ का फूल।
दुख का कण हूँ या सुख का पल करुणा का घन या मरुनिर्जल।
जीवन क्या है मिला कहाँ सुधि बिसरी आज समूल।
प्याले में मधु है या आसव बेहोशी है या जागृति नव।
बिन जाने जीना पड़ता है ऐसा विधि प्रतिकूल।

अब छायावाद के कुछ अग्रसर कविता लेखकों की चर्चा करता हूँ—

1. पंडित माखनलाल चतुर्वेदी आरम्भ काल से ही छायावादी कविता के प्रेमी हैं। जहाँ तक मेरा ज्ञान है उन्होंने जब लिखी तब छायावादी कविता ही लिखी। उनकी रचनायें थोड़ी हैं, परन्तु हैं बड़ी भावमयी और सुन्दर। यदि मैं भूलता नहीं हूँ तो यह कह सकता हूँ कि पत्र-पत्रिकाओं में 'भारतीय आत्मा' के नाम से जितनी कवितायें निकली हैं वे सब उन्हीं की कृति हैं। चतुर्वेदी जी की वक्तृताओं में जैसा प्रवाह होता है वैसा ही प्रवाह उनकी रचनाओं में भी है। उनकी अधिकांश रचनायें मर्म-स्पर्शिनी हैं। मैं समझता हूँ, आप ही ऐसे छायावादी कवि हैं जिनकी रचनाओं में देश प्रेम का रंग यथेष्ट पाया जाता है। उनकी कुछ रचनायें देखिये—

चाह नहीं मैं सुरबाला के गहनों में गूँथा जाऊँ।
चाह नहीं प्रेमी-माला में बिंध प्यारी को ललचाऊँ।
चाह नहीं सम्राटों के शव पर हे हरि डाला जाऊँ।
चाह नहीं देवों के सिर पर चढ़ूँ भाग्य पर इठलाऊँ।
मुझे तोड़ लेना बन माली उस पथ पर तुम देना फेंक।
मातृभूमि पर शीश चढ़ाने जिस पथ जावें वीर अनेक।

2. पं. बालकृष्ण शर्मा 'नवीन' छायावादी कविता करने में कुशल हैं। वे अपनी रचनाओं के लिए बहुत कुछ प्रशंसा प्राप्त कर चुके हैं। उनका मानसिक उद्गार ओजमय होता है। इसलिए उनकी रचनाओं में भी यह ओज पाया जाता है। वे

कभी-कभी ऐसी रचनायें करते हैं जिनसे चिनगारियाँ कढ़ती दृष्टिगत होती हैं। परन्तु जब शान्त चित से कविता करते हैं तो उनमें सरसता और मधुरता भी पायी जाती है। उनकी कविता भावमयी के साथ प्रवाहमयी भी होती है। उनमें देश प्रेम भी है, एक पद्य देखिये–

साक़ी

साक़ी मन घन गन घिर आये उमड़ी श्याम मेघमाला।
अब कैसा बिलम्ब तू भी भर भर ला गहरी गुल्लाला।
तनके रोम रोम पुलकित हों लोचन दोनों अरुण चकित हों।
नस नस नव झंकार कर उठे हृदय विकम्पित हो हुलसित हो।
कब से तड़प रहे हैं, खाली पड़ा हमारा यह प्याला।
अब कैसा विलम्ब साकी भर भर ला अंगूरी हाला।
और और मत पूछ दिये जा मुँह माँगा बरदान लिए जा।
तू बस इतना ही कह साक़ी और पिये जा और पिये जा।
हम अलमस्त देखने आये हैं तेरी यह मधुशाला।
अब कैसा बिलम्ब–
बड़े बिकट हम पीने वाले तेरे गृह आये मतवाले।
इसमें क्या संकोच लाज क्या भर भर ला प्याले पर प्याले।
हमसे बेढ़व प्यासों से पड़ गया आज तेरा पाला।
अब कैसा बिलम्ब–
तू फैला दे मादक परिमल जग में उठे मदिर रस छल छल।
अतल बितल चल अचल जगत में मदिरा,
झलक उठे झल झल।
कल् कल् छल् छल् करती बोतल से उमड़े मदिरा वाला।
अब कैसा बिलम्ब–

३. बाबू रामकुमार वर्मा एम. ए. ने थोड़े ही समय में छायावाद के क्षेत्र में अपना अच्छा नाम कर लिया। जैसा उनका कण्ठ मधुर है वैसी ही मधुर उनकी कविता भी है। कविता-पाठ के समय जैसी वे रस की वर्षा करते हैं वैसी ही रसमयी उनकी कविता भी है। इनका शब्द-चयन भी अच्छा है और भावानुकूल उसका प्रयोग करने में भी वे समर्थ हैं। जिस प्रकार की कविता उनकी होती है, वैसी कविताओं को वे छायावाद कहने को प्रस्तुत नहीं हैं। परन्तु प्रचलित परम्परानुसार उनकी कविता को भी मुझको छायावाद की कविता ही मानना पड़ा। उनकी कवितायें छायावाद न हों, जो हों, पर हैं हृदयग्राहिणी। इनके कुछ पद्य देखिये–

रूपराशि

यह प्रशान्त छाया।
सोती है शिशु-पल्लव के हिलने से कम्पन आया।
प्रेयसि शयन धरा पर करने में है स्वर्गोल्लास।
देखो छाया पड़ी हुई है मृत पल्लव के पास।
और तुम्हारे उर में जो है भाग्यवान वह हार।
कभी गिरेगा भूपर लेकर अपना सूखा भार।
आओ हम दोनों समीप बैठें देखें आकाश।
वे दोनों तारे देखो कितने कितने हैं पास।

उपसंहार

हिन्दी साहित्य का विकास किस प्रकार हुआ और कब-कब वह किन-किन रूपों में कैसे परिणत हुआ, मुझको यही प्रकट करना इष्ट था। यह यथासम्भव प्रकट किया गया। इतना ही नहीं, इस विषय में जितने आवश्यक साधन थे उनको भी ग्रहण किया गया। हिन्दी भाषा का वर्तमान रूप बहुत समुन्नत है और वह दिन दिन विस्तृत और सुपरिष्कृत हो रही है। किन्तु एक बात मुझको यहाँ और निवेदन कर देने की आवश्यकता ज्ञात होती है वह यह कि जितना सुगठित, प्रांजल और नियमबद्ध हिन्दी-गद्य इस समय है, उतना उसका पद्य भाग नहीं। गद्य हिन्दी के अधिकांश नियम भारतवर्ष के उन सब प्रान्तों और भागों में सर्वसम्मति से स्वीकृत हैं जहाँ उसका प्रचार अथवा प्रवेश है। किन्तु पद्य के विषय में यह बात नहीं कही जा सकती। पद्य-विभाग में अभी तक बहुत कुछ मनमानी हो रही है, जिसके मन में जैसा आता है उस रूप में उसको वह लिखता है। मैं पहले खड़ी बोली के कुछ नियम बतला आया हूँ। उन नियमों का अब तक अधिकतर पालन हो रहा है। परन्तु थोड़े दिनों से कुछ लोगों के द्वारा उनकी उपेक्षा हो रही है। यह उपेक्षा यदि भ्रान्ति अथवा बोध की कमी के कारण होती तो मुझको उसकी विशेष रूप से चर्चा करने की आवश्यकता नहीं थी। किन्तु कुछ लोग तो जान-बूझकर इस प्रकार के कितने प्रयोग कर रहे हैं, जिनको वे प्रचलित करना चाहते हैं, और कुछ लोग इस विचार से ऐसा कर रहे हैं कि वे अपने विचारानुसार भाषा की उन्मुक्त धारा को बंधन में डालना नहीं चाहते। सम्भव है कि कुछ भाषा-मर्मज्ञ इसको अनुचित न समझते हों। परन्तु मेरा निवेदन यह है कि यदि नियमों की आवश्यकता स्वीकृत न होगी तो न तो भाषा की कोई शैली निश्चित होगी और न काव्य शिक्षा-प्रणाली का कोई मार्ग निर्धारित हो सकेगा। किसी विद्या के पारंगत के विषय में कुछ नहीं कहा जा सकता किन्तु प्रत्येक विद्या और कला सीखनी पड़ती है। कोई किसी

विद्या का पारंगत यों ही नहीं हो जाता, पहले उसको शिक्षा-लाभ करने की आवश्यकता होती है। यदि कोई नियम ही न होगा तो शिक्षा-सम्बन्धी इस आरम्भिक जीवन का मार्ग ही प्रशस्त न हो सकेगा। इसीलिए साहित्य और व्याकरण के नियम निश्चित किये गये हैं और उन नियमों का पालन करके चलने से ही प्रत्येक शिक्षार्थी इष्ट की प्राप्ति कर सका। मैं जानता हूँ कि भाषा परिवर्तनशील है। वह बदलती है और उसके नियम भी बदलते हैं। परन्तु नियम ही बदलते हैं, यह नहीं होता कि उसका कुछ नियम ही न हो। ऐसी अवस्था में नियम का त्याग नहीं हो सकता।

कहा जाता है कि स्वतंत्र विचार वाले परतंत्रता कभी स्वीकार नहीं करते। एक सज्जन कहते हैं कि जो लोग उच्छृंखलता का राग अलापते हैं उनको सोचना चाहिए कि उच्छृंखलता शब्द ही में बन्धन और परम्परागत पराधीनता का भाव भरा है। उनसे मेरा यह निवेदन है कि नियम के भीतर रह कर जो आवश्यक सुधार अथवा परिवर्तन किये जाते हैं उनको कोई उच्छृंखलता नहीं कहता। मनमानी करना ही उच्छृंखलता है। इसी मनमानी से सुरक्षित रहने के लिए ही नियम की आवश्यकता होती है। फिर उसमें क्या बंधन है और क्या परम्परागत पराधीनता? प्रतिभावान और साहित्य-मर्मज्ञ जिस मार्ग पर चलते हैं उसका विरोध कुछ काल तक भले ही हो, परन्तु काल पाकर उनकी प्रणाली आदर्श बन जाती है और उसी पर लोग चलने लग जाते हैं। अतएव विचारणीय यह है कि क्या साहित्य-पारंगत और मर्मज्ञ जन उन्मार्गगामी होते हैं? मेरा विचार है वे उन्मार्गगामी नहीं होते। वे सत्पथ-प्रदर्शक होते हैं। इसीलिए उनके पथ पर स्वीकृति की मुहर लग जाती है। इसका विरोध मैं नहीं करता और न यह बात है कि मैं इस स्वाभाविकता को स्वीकार नहीं करता हूँ। मेरा कथन यह है कि जो विविधरूपता और अनियमबद्धता साहित्य में दिखलायी दे रही है उसका प्रतिकार किया जावे और खड़ी बोलचाल की कविता की ऐसी प्रणाली निश्चित की जावे। जिसमें एकरूपता हो, जो एक प्रकार से सर्वमान्य हो सके। इसी बात को सामने रख कर मैं कुछ ऐसे प्रयोग भाषा मर्मज्ञों के सामने रखता हूँ जिन पर विचार होने की आवश्यकता है। यदि वे प्रयोग उचित हैं तो जाने दीजिए, मेरी बातों को न सुनिये। यदि अनुचित हैं तो उचित मीमांसा होकर उनके विषय में कोई सिद्धान्त निश्चित कीजिए।

आजकल उर्दू में जिसको रोज़मर्रा कहते हैं उनकी परवा हिन्दी रचनाओं में, विशेषकर आधुनिक खड़ी बोली की कविताओं में, कम की जाती है। रोज़मर्रा का अर्थ यह है कि जैसा आपस में बोलते-चालते हैं वैसा ही शब्दों का व्यवहार गद्य और पद्य में भी करें। यदि हम बोलते हैं 'आँख देखी बात' तो 'आँख देखी बात' ही लिखना चाहिए, 'आँख बिलोकी' या 'आँख निहारी बात लिखना' संगत नहीं। बोलचाल है कि हमारा पाँव दुख रहा है। यदि इसके स्थान पर हम लिखें कि 'हमारा पाँव दुख पा रहा है' तो

ऐसा लिखना उचित न होगा। इसी प्रकार मुहावरे के जितने वाक्य हैं वे उन्हीं शब्दों में परिमित हैं, जिन शब्दों में बोले जाते हैं। उनके शब्दों को बदल देना और उसी मुहावरे में उस वाक्य को ग्रहण करना नियम-विरुद्ध है। मुहावरा है 'दाँत निकालना'। यदि हम 'दाँत' के स्थान पर 'दसन' या 'दंत' प्रयोग कर देंगे तो यह प्रयोग नियमानुकूल न होगा। परन्तु ऐसे प्रयोग किये जाते हैं। मेरा कथन यह है कि ऐसा होना उचित नहीं।

एक पक्ष वालों का यह सिद्धान्त है कि ब्रजभापा के शब्द खड़ी बोलचाल की कविता में आने ही न चाहिए, उसकी क्रियाओं का प्रयोग तो किसी अवस्था में न होना चाहिए। दूसरे पक्ष के लोग कहते हैं कि ब्रजभाषा के कोमल और मधुर शब्द अवश्य ले लिए जायँ और विशेष अवस्थाओं में क्रिया भी ले ली जाय, परन्तु तब जब उसको खड़ी बोली का रूप दे दिया जावे। आजकल की रचनाओं में दोनों प्रकार के प्रयोग मिलते हैं और उन लोगों को इस प्रकार का प्रयोग करते देखा जाता है जिनकी रचनायें प्रामाणिक मानी जाती हैं। इस भिन्नता के दूर होने की आवश्यकता है। मेरा पक्ष दूसरा है। परन्तु मैं 'पत्ता' के स्थान पर 'पात', 'पुष्प' के स्थान पर 'पुहुप', 'हृदय' के स्थान पर 'हिय हिया' अथवा 'रिदै', 'आँखें' के स्थान पर 'अँखियाँ', 'समय' के स्थान पर 'समै', 'पवन' के स्थान पर 'पौन', 'भवन' के स्थान पर 'भौन', 'गमन' के स्थान पर 'गौन', 'नयन' के स्थान पर 'नैन', 'वचन' के स्थान पर 'बैन' या 'बयन', 'मदन' के स्थान पर 'मैन' या 'मयन', 'यम' के स्थान पर 'जम', 'यज्ञ' के स्थान पर 'जग्य', 'योग' के स्थान पर 'जोग' आदि लिखना अच्छा नहीं समझता। इसलिए कि इससे शब्द अधिक विगड़ते हैं और उस रूप में सामने आते हैं जो खड़ी बोली के नियम के विरुद्ध हैं।

खड़ी बोली का यह नियम है कि उसके कारक के चिन्ह लोप नहीं किये जाते। पहले इस नियम की रक्षा सतर्कता के साथ की जाती थी किन्तु अब यह देखा जाता है कि इस बात की परवा कम की जाती है विशेषकर पद्य के अन्त में। यह ब्रजभापा का अनुकरण है। खड़ी बोलचाल के नियमानुसार या मुहावरों में जहाँ कारक के चिह्न लुप्त रहते हैं उनके विषय में मुझे कुछ नहीं कहना है। परन्तु अन्य अवस्थाओं में कारक के चिह्नों का त्याग न होना चाहिए।

खड़ी बोली में अब तक यह होता आया था कि 'न' का अनुप्रास 'ण' को मान लेते थे। परन्तु 'प्राण' के स्थान पर 'प्रान' लिखना पसन्द नहीं करते थे। इसी प्रकार युक्त विकर्प को भी अच्छा नहीं समझते थे। अब देखते हैं कि युक्त विकर्ष भी होने लगा है और णकार का नकार किया जाने लगा है। शकार को भी सकार कर दिया जाता है, कभी अनुप्रास के लिए, कभी कोमलता की दृष्टि से। जब सकार का अनुप्रास शकार मान लिया गया है तब अनुप्रास के लिए 'शकार' का सकार करना उचित नहीं। शब्द

की कोमलता के ध्यान से शकार का सकार होना अच्छा नहीं। क्योंकि ऐसी अवस्था में शब्द की शुद्धता का लोप हो जाता है।

यह देखा जाता है कि अँगरेज़ी मुहावरों का अनुवाद करके ज्यों का त्यों पद्यों में रख दिया जाता है। जैसे, 'golden end' का 'स्वर्ण अवसान' 'Golden dream' का 'स्वर्ण स्वप्न', 'Golden shadow' का 'कनक छाया', और 'Dreamy splendour' का 'स्वप्निल आभा'। इसका परिणाम यह होता है कि कोई अँगरेज़ी का विद्वान् उन अनुवादित मुहावरों का अर्थ भले ही समझ ले; परन्तु अधिकांश हिन्दी भाषा भाषी जनता उसको नहीं समझ सकती। इसका कारण पद्य की जटिलता और दुरूहता होती है। इसलिए इस प्रकार का प्रयोग वांछनीय नहीं। एक भाषा के मुहावरे का अनुवाद दूसरी भाषा में नहीं होता। इसका नियम यह है कि या तो उसका भाव अपनी भाषा में रख दिया जाय अथवा उसी भाव का द्योतक कोई मुहावरा अपनी भाषा का चुन कर पद्य में रखा जावे। मैं यह नहीं कहता हूँ कि नये मुहावरे नहीं बनते या नहीं बनाये गये। मेरा कथन इतना ही है कि मुहावरों की रचना के भी नियम हैं। उर्दू में कितने ही मुहावरे बन गये हैं, जैसे 'हवा बाँधना', 'हवा हो जाना', 'हवा बिगड़ जाना' इत्यादि। किन्तु विचारना यह है कि ये मुहावरे बने कैसे? ये मुहावरे बोलचाल में आकर बने और फिर कवियों और लेखकों द्वारा गृहीत हुए। प्रमाण इसका यह है कि हिन्दी के जितने मुहावरे हैं, वे सब प्रायः तद्भव शब्दों से बने हैं। हिन्दी का कोई मुहावरा प्रायः संस्कृत शब्दों से नहीं बना है। कारण इसका यह है कि जनता की बोलचाल ही मुहावरों को जन्म देती है। संस्कृत के तत्सम शब्द कभी जनता की बोलचाल में नहीं थे। इसलिए मुहावरों में वे न आ सके। उर्दू के मुहावरों की भी उत्पत्ति ऐसे ही हुई है। यही प्रणाली ग्रहण कर यदि नये मुहावरे बनाये जायँ तो कोई आपत्ति नहीं। अन्यथा पद्यविभाग जटिल से जटिलतर हो जावेगा। दूसरी बात यह है कि जब गद्य में इस प्रकार के मुहावरे नहीं लिखे जाते तो पद्य में उनका प्रयोग कहाँ तक संगत है। विशेषकर उस अवस्था में जब गद्य और पद्य की भाषा की एकता का राग अलापा जाता है मैं यह जानता हूँ कि गद्य की भाषा से पद्य की भाषा का कुछ अन्तर होता है। किन्तु इसके भी कुछ नियम हैं। उन नियमों की रक्षा के विषय में ही मेरा निवेदन है।

आजकल यह भी देखा जाता है कि कुछ ऐसे समस्त शब्द बना लिए जाते हैं जो संस्कृत के नियमानुसार अशुद्ध तो हैं ही हिन्दी भाषा के नियमानुसार भी वे न तो गृहीत होने योग्य हैं, न उनका इस प्रकार प्रयोग होना उचित है। ऐसे समस्त शब्द भी कुछ अँगरेज़ी प्रणाली के अनुसार बनाये जाते हैं, और कुछ कवि की अहम्मन्यता अथवा प्रमाद के परिणाम होते हैं। ऐसे शब्दों या वाक्यों का अर्थ इतना दुर्बोध हो जाता है कि उसके कारण प्रांजल से प्रांजल पद्य भी जटिल बन जाते हैं। यदि कहा जाय 'उन्मत्त

क्रोध', 'सरसईर्षा', 'ललित-आवेश', 'विहँसित-क्रन्दन', 'रुदित हँसी', 'खिलखिलाती चिन्ता', 'नाचती निद्रा', 'जागती नींद', 'उड़ता हृदय', 'सोता कलेजा' तो बतलाइये, इन शब्दों का क्या अर्थ होगा बोलचाल में तो इनका स्थान है ही नहीं, कवि-परम्परा में भी ऐसे प्रयोग गृहीत नहीं हैं फिर कहिये इस प्रकार का प्रयोग यदि किया जाता है तो उसको निरंकुशता छोड़ और क्या कह सकते हैं। जहाँ दोषों की गणना की गयी है वहाँ एक दोष 'अप्रयुक्त' भी माना गया है। जिसका प्रयोग न हुआ हो, उस शब्द या वाक्य का प्रयोग करना ही अप्रयुक्त दोष कहलाता है। जैसा वाक्य मैंने ऊपर लिखा है, इस प्रकार का वाक्य विन्यास तो अप्रयुक्त दोष से भी दो कदम आगे है। फिर भी आज दिन इस प्रकार के प्रयोग होते हैं। मेरा विचार है कि ऐसे प्रयोग चाहे नवीन आविष्कार कहलावें और प्रयोग कर्त्ता के सिर पर नवीन आविष्कारक होने का सेहरा बाँध दें, परन्तु भाषा में ऐसा विप्लव उपस्थित करेंगे, जिससे वह पतनोन्मुख होगी और उसका स्थान कोई दूसरी उन्नतिशील और सुगठित भाषा ग्रहण कर लेगी। हम इस प्रकार के प्रयोगों को चमत्कृत बुद्धि का विलास नहीं कह सकते और न वह विलक्षण प्रतिभा की ही विभूति है। हाँ, उसे किसी अवांछनीय मनोवृत्ति का फल अवश्य मान सकते हैं। यह मैं मानूँगा कि इस प्रकार की निरंकुशता और उच्छृंखलता होती आयी है। यदि ऐसा न होता तो 'निरंकुशाः कवयः' क्यों कहा जाता? सब भाषाओं में ऐसे लेखक और कवि मिलते हैं कि नियमबद्धता होने पर भी उनके विषय में यह कहावत चरितार्थ होती है—मुरारेः तृतीयः पन्थाः। यह मान भी लें तो यह स्वीकार करना पड़ेगा कि सब बातों की सीमा होती है। सीमोल्लंघन होना अच्छा नहीं होता। दूसरी बात यह कि निरंकुशता निरंकुशता ही है, उस पर निन्दनीयता की मुहर लगी हुई है। वह नियम के अन्तर्गत नहीं है, अपवाद है। यदि उच्छृंखलता एवं निरंकुशता की उपेक्षा होती तो समालोचना प्रणाली का जन्म ही न होता। समालोचना का कार्य यही है कि वह इस प्रकार की नियम-प्रतिकूलता को साहित्य में स्थान न ग्रहण करने दे। जिससे किसी व्यक्ति विशेष का इस प्रकार का अनियम अन्यों का आदर्श बन सके। यह भी देखा गया है कि समालोचना के आतंक ने उनको भी सावधान कर दिया है, जो निरंकुश कहलाने ही में अपना गौरव समझते थे। सारांश यह कि साहित्य के हित की दृष्टि से जो बात उचित हो उसकी ओर साहित्य-मर्मज्ञों की दृष्टि का आकर्षित होना आवश्यक है, जिससे साहित्य लांछित होने से बचे और इसी सदुद्देश्य से इस बात की चर्चा यहाँ की गयी है।

मेरा विचार है और मुझको आशा है कि खड़ी बोली का पद्य विभाग सुविकसित होकर बहुत उन्नत होगा और वह साहित्य सम्बन्धी ऐसा आदर्श उपस्थित करेगा जो उसके सामयिक विकास के अनुकूल होगा। यहाँ जो कुछ लिखा गया वह इसी विचार से लिखा गया कि हमारी यह आशा फलीभूत हो और इस मार्ग में जो बाधायें हैं उनका

नियन्त्रण हो, और जो बातें सुधार-योग्य हों उनका सुधार हो, मुझको यह भी विश्वास है कि यदि मेरी बातों में कुछ भी सार होगा तो अवश्य वे सुनी जायँगी और उनका प्रभाव भी होगा।

॥ तथास्तु ॥

तृतीय खण्ड

गद्य-विभाग

पहला प्रकरण

गद्य-मीमांसा

संस्कृत का एक वाक्य है–'गद्यं कवीनाम् निकषं वदन्ति'। इसका अर्थ यह है कि गद्य ही, विद्वानों की सम्मति में, कवियों की कसौटी है। प्रकट रूप में यह वाक्य कुछ विचित्र जान पड़ता है परन्तु वास्तव में उसके भीतर एक गहरा मर्म है। साधारणतया अपने भावों और विचारों को कवि पद्य-बद्ध भाषा में व्यक्त करता है, पद्य में उसकी निरंकुशता के लिए यथेष्ट अवकाश है, तुक, छन्द आदि बन्धनों में बँधे हुए होने के कारण उसे अनेक असुविधाओं का सामना करना पड़ता है और विचारों तथा भावों की अभिव्यक्ति में उसकी कठिनाइयों पर दृष्टिपात करके पाठक उसकी अनेक त्रुटियों को क्षमा कर सकता है। परन्तु गद्य में अपनी योग्यता और प्रतिभा प्रदर्शित करने के लिए लेखक को इतना चौड़ा मैदान मिलता है कि उसको कोई अवसर अपनी असमर्थता के निराकरण का नहीं रह जाता। न यहाँ छन्द की व्यवस्था उसकी वाक्यावली के पाँवों को जकड़ती है न तुक का बखेड़ा उसकी प्रगति में बाधा डालता है। जी चाहे बड़े वाक्य लिखिये, जी चाहे छोटे, न कल्पना की उड़ान में आपको कोई रुकावट रहेगी और न अलंकारों की संयोजना में किसी प्रकार की बाधा। अतएव यह स्पष्ट है कि संस्कृत का उक्त कथन सत्यता मूलक है।

मनुष्य उस आनन्द को प्रायः छन्द, लय, संगीत, आदि से अलंकृत वाक्यावली ही में व्यक्त करता है जो संसार में चारों ओर दिखायी पड़ने वाले सौन्दर्य के कारण उसके हृदय में उत्पन्न होता रहता है। दैनिक जीवन में आठों पहर प्रत्येक विचार को पद्य-बद्ध भाषा में व्यक्त करना उसके लिए सम्भव नहीं। साधारण बातचीत के लिए समाज में

कामकाज के लिए पद्य का उपयोग नहीं किया जा सकता। प्रत्येक जाति के जीवन के प्रारम्भिक-काल में, निस्सन्देह पद्य की ही ओर विशेष प्रवृत्ति देखी जाती है। परन्तु इसका यह अर्थ नहीं है कि उस समय गद्य का व्यवहार ही नहीं होता था। वास्तव में अपने शैशव-काल में प्रत्येक जाति उन साधनों और सुविधाओं से रहित होती है जो एक मनुष्य का दूसरे मनुष्य के साथ मिलन अधिक मात्रा में सम्भव बना सकती है, और न समाज में दैनिक जीवन की कार्यावली ही में इतनी जटिलता का समावेश हुआ रहता है कि अपनी सिद्धि के लिए वह अधि-संख्यक मनुष्यों के सहयोग की अपेक्षा करे। ऐसी अवस्था में न तो एक मनुष्य के विचारों का दूसरे मनुष्य के विचारों के साथ संघर्ष होता है और न वह आघात प्रतिघात होता है जो सामूहिक जीवन के अन्योन्याश्रित होने का एक स्वाभाविक परिणाम है। इसी कारण प्रत्येक जाति के साहित्य में सबसे पहले पद्य का और बाद को क्रमशः गद्य का विकास हुआ है।

मनुष्य को अन्य पशुओं की भाँति, सबसे पहले अपने लिए आवश्यक भोजन की चिन्ता करनी पड़ती है। किन्तु उसकी इस चिन्ता में एक विशेषता है। एक साधारण बुद्धि उसे अन्य पशुओं से पृथक् करती है। इसी बुद्धि के परिणामस्वरूप वह वर्तमान ही की चिन्ता से मुक्त होकर सन्तुष्ट नहीं हो सकता, भविष्य के लिए भी प्रयत्न करता रहता है। उसके स्वभाव की यह विशेषता उसे चिरकाल तक अव्यवस्थित जीवन नहीं व्यतीत करने देती। क्रमशः स्त्री-पुत्र आदि से संयुक्त होकर एक समुचित स्थान में गृहस्थ जीवन व्यतीत करने में वह अपने जीवन की सफलता का अनुभव करता है। उसी के ऐसे अनेक परिवारों के एकत्र हो जाने से अथवा एक ही परिवार के कालान्तर में विकसित हो जाने से एक ग्राम उत्पन्न हो जाता है। शत्रु से अपनी रक्षा करने के लिए इस प्रकार के समस्त ग्राम अपना संगठन व्यक्तियों और परिवारों के पारस्परिक सहयोग पर अवलम्बित रखते हैं। इस सहयोग का क्षेत्र जितना ही व्यापक होता जाता है, मानव-प्रकृति की विभिन्नताओं के कारण पारस्परिक सामंजस्य के मार्ग में उतनी ही पेचीदगी बढ़ती जाती है। फलतः इस सामञ्जस्य की सिद्धि के लिए मानव मस्तिष्क तरह-तरह के व्याख्यानों में प्रवृत्त होता है। ये व्याख्यान जीवन के व्यावसायिक अंग से इतना अधिक सम्पर्क रखते हैं कि वे काव्य के विषय हो ही नहीं सकते। वे सफलतापूर्वक जब चलेंगे तब उसी ढंग से जिस ढंग से वे बातचीत में व्यक्त होते हैं। कहने की आवश्यकता नहीं कि बातचीत में वे गद्य रूप ही में प्रकट होते हैं और इस कारण गद्य ही में उनकी अभिव्यक्ति का एक विशेष संस्कार हो जाता है, जिससे पाठक को अपने विचार हृदयंगम कराने में लेखक को सुविधा होती है। उक्त व्याख्यान, राजनीति शास्त्र, अर्थशास्त्र, समाजशास्त्र आदि विषयों से सम्बन्ध रखते हैं। काल पाकर व्यक्तियों परिवारों, जातियों का इतिहास लिखा जाता है, जिसमें उन बातों की

चर्चा की जाती है जो याद रह कर भविष्य में आने वाली पीढ़ियों को किसी भ्रम, प्रमाद आदि से बचा सकती है। क्रमशः इतिहास, भूगोल, ज्योतिष, गणित, यात्रा आदि विषयों की ओर भी ध्यान जाता है और गद्य ही में इनके लिखे जाने की विशेष उपयुक्तता होने के कारण क्रमशः गद्य का विकास हो जाता है।

मानव समाज के विकास की प्रारम्भिक अवस्था में कहानियाँ पद्य ही में लिखी जाती हैं। ये कहानियाँ प्रायः वही होती हैं, जो बच्चों की कल्पना पर प्रभाव डालती हैं। किन्तु ज्यों-ज्यों समाज विकसित होता है त्यों-त्यों बच्चों की भी प्रवृत्ति सरल बोलचाल की भाषा में कहानी सुनने और पढ़ने की हो जाती है। विकसित समाज में व्यक्तियों को अधिकार और कर्तव्य का, दैनिक जीवन की छोटी-छोटी घटनाओं के क्षेत्र में सामंजस्य करने की इतनी प्रबल आवश्यकता खड़ी हो जाती है कि कहानी का सहारा लिए बिना काम चलना कठिन हो जाता है। यह कहानी भी पद्य में किसी भाँति लिखी ही नहीं जा सकती, उसका रूप और प्रकार ही कुछ ऐसा विभिन्न होता है कि पद्य के ढाँचे को वह स्वीकार ही नहीं कर सकती।

समाज का एवं व्यक्ति का जीवन किस आदर्श के साँचे में ढाला जाय–इस प्रश्न की आकर्षकता भी कभी घट नहीं सकती। मृत्यु क्या है! मनुष्य उससे क्यों डरता है? उसका इस भय से किस प्रकार छुटकारा हो सकता है? किस प्रकार का जीवन स्वीकार करने से मनुष्य को अधिक से अधिक आनन्द मिल सकता है–इन समस्याओं की व्याख्या जितनी उत्तमता से गद्य में हो सकती है उतनी पद्य में नहीं। आयुर्वेद, विज्ञान, व्याकरण आदि विषयों के सम्बन्ध में भी यही बात कही जा सकती है।

हिन्दी-साहित्य में गद्य का विकास बहुत विलम्ब से हुआ। इसका प्रधान कारण यह है कि शासकों की ओर से हिन्दी गद्य के विकसित होने के लिए सुविधायें नहीं प्रस्तुत की गयीं। हिन्दू राजाओं ने अपने दरबार में हिन्दी कवियों को तो आश्रय दिया, किन्तु कोई ऐसा काम नहीं किया जिससे हिन्दी गद्य को उभड़ने का अवसर मिलता। इसका एक कारण यह हो सकता है कि हिन्दू समाज का जीवन इतनी संकुचित परिधि के भीतर व्यतीत हो रहा था कि अधिकांश में उसका ध्यान ही उन दिशाओं में आकर्षित नहीं हो सकता था जिनमें गद्य की प्रगति होती है। हिन्दी गद्य का विकास, सम्भव है, मुगल राजत्वकाल में कुछ अग्रसर होता, किन्तु टोडरमल ने अदालतों से हिन्दी का बहिष्कार करके उसे जनता की दृष्टि में प्रायः सर्वथा अनुपयोगी सिद्ध कर दिया। ऐसे समाज में जिसमें संस्कृत की तुलना में हिन्दी यों ही निरादृत थी, जिसमें केशव, तुलसी आदि समर्थ कवियों ने भी विद्वानों के विरोध की अवहेलना सकुचते हुए ही की और जिसमें अब तक अधिकांश में उतना ही गद्य साहित्य प्रस्तुत हो सका था जितना भक्तों और धार्मिक नेताओं ने अपने श्रद्धालु, किन्तु साधारण विद्या-बुद्धि के श्रोताओं और

पाठकों के लिए टीका-टिप्पणी अथवा कथा वार्त्ता के रूप में प्रस्तुत किया, कचहरियों से हिन्दी का बहिष्कार बहुत ही हानिकारक मनोवृत्ति का उत्पन्न करने वाला सिद्ध हुआ। यदि हिन्दी को राजाश्रय प्राप्त रहता तो सम्भवतः हिन्दू-समाज में हिन्दी का सम्मान थोड़ा वहुत बढ़ता और उससे संस्कृत के धुरन्धर विद्वानों को भी हिन्दी में शास्त्रीय विवेचना आदि में प्रवृत्त होने का प्रलोभन प्राप्त होता। प्रतिभाशाली हिन्दू लेखकों ने जिस प्रकार उर्दू के विकास में सहायता पहुँचाई उससे यह स्पष्ट हो जाता है। कि समाज में हिन्दी की तिरस्कृत अवस्था भी हिन्दी-गद्य की प्रगति में अत्यन्त बाधक सिद्ध हुई।

प्रस्तुत साहित्य के पठन-पाठन एवं आलोचना-प्रत्यालोचना से भी गद्य-साहित्य का निर्माण होता है। हिन्दी भाषाभाषी प्रदेश के शासकों ने अपनी प्रजा के कल्याणार्थ हिन्दी के विद्यालय स्थापित करने की ओर भी कभी ध्यान नहीं दिया। सभी साहित्यों में कहानी और उपन्यास सहज ही बहुत अधिक लोकप्रियता प्राप्त कर लेते हैं। किन्तु जब तक इनके प्रचार के साधन उपलब्ध न हों तब तक इनका पूरा प्रभाव पड़ना कठिन हो जाता है। प्रचार की कठिनाइयों के कारण यह स्पष्ट था कि कहानियों और उपन्यासों के लेखकों को जनता से कोई सहायता नहीं मिल सकती थी। रहे राजे महाराजे और कोई-कोई हिन्दी कवियों के संरक्षक मुसलमान राजकुमार और नवाबगण सो उन्हें शृंगारिक अथवा अन्य कविताओं से ही इतना अवकाश नहीं था कि वे कहानी और उपन्यास-रचना को प्रोत्साहन देकर उसकी ओर समाज की रुचि को बढ़ाते। कहानी और उपन्यास का विकास न होने का एक अन्य कारण भी है और वह यह कि अँगरेजी साहित्य के साथ सम्पर्क होने के पहले हिन्दी लेखकों के सम्मुख कहानी और उपन्यास-रचना का वह आदर्श उपस्थित नहीं था जो समाज की दैनिक समस्याओं को हल करने की ओर विशेष ध्यान देता है, जो कुप्रथाओं पर प्रहार करके नवीन संस्थाओं और नवीन विचार-शैलियों को रचनात्मक दिशा में अग्रसर करता है। संस्कृत के 'कादम्बरी' और 'दशकुमार चरित्र' नामक उपन्यासों से यथेष्ट उपयोगी आधार नहीं मिल सकता था और न 'हितोपदेश' और 'पंचतंत्र' की कहानियाँ विशेष रूप से मार्ग-प्रदर्शक हो सकती थीं। ऐसी अवस्था में हिन्दी गद्य के विकास में विलम्ब होना कोई आश्चर्यजनक बात नहीं।

दूसरा प्रकरण

आदि-काल

जैसे राजपूत नरेशों के दरबार में हिन्दी पद्य का आदिम विकास हुआ वैसे ही गद्य का उद्भव भी हुआ। बारहवीं ई. शताब्दी के बहुत पहले ही हिन्दी में पुस्तकों की रचना होने लगी थी। किन्तु ये पुस्तकें पद्य ही में लिखी जाती थीं। हिन्दी बोलचाल की भाषा थी, किन्तु बोलचाल का ऐसे गम्भीर अथवा उपयोगी विषयों से सम्बन्ध नहीं था कि वह लिपिबद्ध कर ली जावे। धार्मिक आन्दोलनों का भी सम्बन्ध अधिकतर जनता से नहीं रहता था। हिन्दू आचार्यों ने भी उस समय इस बात का प्रयत्न नहीं किया कि जन-साधारण के लिए धार्मिक सिद्धान्त सुलभ हो जायँ। राजनीतिक हलचल होने पर भी समाचारों के प्रचार का कोई साधन न होने के कारण इस दिशा में भी गद्य की प्रगति असम्भव थी। शासन-पद्धति एकाधिपत्यमूलक होने के कारण जहाँ कहीं हिन्दी-भाषी नरेशों के राज्य थे वहाँ भी अनेक व्यक्तियों अथवा व्यक्ति समूहों के वाद-विवाद का कोई अवसर नहीं था। ऐसी परिस्थिति में हमें हिन्दी गद्य का आदिम स्वरूप यदि उन थोड़े से परवानों के रूप में मिलता है जो हिन्दी नरेशों ने अपने कृपा-पात्रों के लिए जारी किये तो आश्चर्य ही क्या? रावल समरसिंह और महाराज पृथ्वीराज के ऐसे नौ दान-पत्र अब तक उपलब्ध हो सके हैं। उनमें से दो को मैं नीचे लिखता हूँ। आप उनकी भाषा पर दृष्टिपात करें—

1. "स्वस्ति श्री श्री चीत्रकोट महाराजाधिराज तपेराज श्री श्री रावल जी श्री समरसी जी बचनातु दा अमा आचारज ठाकर रुसीकेष कस्य थाने दलीसु डायजे लाया अणी राज में ओषद थारी लेवेगा, ओषद ऊपरे माल की थाकी है ओजनाना में थारा वंसरा टाल ओ दुजी जावेगा नहीं और थारी बैठक दली में ही जी प्रमाणे परधान बरोबर कारण देवेगा और थारा वंस क सपूत कपूत वेगा जी ने गाय गोणों अणी राज में खाप्या पाप्या जायेगा और थारा चाकर घोड़ा को नामी कठोर सूं चल जावेगा ओर थूं जमाखातरी रीजो मोई में राज थान बाद जो अणी परवाना री कोई उलंगण करेगा जी ने श्री एक लींग जी की आण है दुवे पंचोली जानकी दास सं. 1139 काती बदी 3।"

2. "श्री श्री दलीन महाराजं धीराजंनं हिन्दुस्थानं राजंधानं संभरी नरेस पुरबदली तषत श्री श्री माहानं राजंधीराजंनं श्री पृथीराजी सु साथंनं आचारज रुषीकेस धनंत्रि अप्तन तमने का का जीनं के दुवा की आरामं चओजीन के रीजं में रोकड़ रुपीआ 5000) तुमरे आहाती गोड़े का षरचा सीवाअ आवेंगे। खजानं से इनको कोई माफ करेंगे जीन को नेर को के अंधकारी होवेंगे सई दुबे हुकुम के हउमंत राअ संत 1145 वर्षे आसाढ़ सुदी 13।"

इस प्रकार के परवाने हिन्दू राज दरबारों में राज्य की ओर से निकला करते थे। इनकी भाषा तो राजस्थानी है ही, किन्तु उसमें एक बात उल्लेखनीय है। उसमें 'लेवेगा', 'जायगा', 'करेगा', 'लाया' आदि खड़ी बोली की क्रियाओं का व्यवहार किया गया है। ये लेख आनन्द संवत् के अनुसार क्रमशः सं. 1139 और सं. 1145 में लिखे गये। इनमें 90 जोड़ देने से विक्रमी सं. क्रमशः 1229 और 1235 हुआ। अतएव स्पष्ट है कि ईस्वी सन् के अनुसार ये बारहवीं शताब्दी में पड़ते हैं। इस समय के पूर्व भारतवर्ष में मुसलमानों और हिन्दुओं का सम्पर्क हो चुका था, विशेषकर मुसलमानों और राजपूतों का सम्बन्ध युद्ध के कारण प्रायः होता ही रहता था। खड़ी बोली की जिन क्रियाओं की चर्चा ऊपर की गई है वे इसी सम्पर्क का फल जान पड़ती हैं।

राजस्थानी बोली के इस गद्य को अधिक विकसित होने का कोई अवसर नहीं मिला। कारण वही क्षेत्र-विस्तार का अभाव। इस ओर से निराश होकर हिन्दी गद्य को किसी अन्य दिशा में पनपने की प्रतीक्षा करनी पड़ी। चौदहवीं शताब्दी में ऐसा समय भी आ गया, सातवीं शताब्दी से लेकर बारहवीं शताब्दी तक बौद्धों के असंयत जीवन के कलुषित आदर्श से हिन्दू समाज म्लान हो रहा था। स्वामी शंकराचार्य ने बौद्धमत के पाँव तो उखाड़ दिये थे, किन्तु उसके मूल सिद्धान्तों, उपदेशों आदि को भूलकर उच्छृंखल जीवन व्यतीत करने वाले सिद्धों तथा अन्य साधुओं पर से समाज की श्रद्धा का सर्वथा लोप करा देने का अवकाश और अवसर उन्हें प्राप्त नहीं हो सका था। यह काम सन् 1350 ई. के लगभग महात्मा गोरखनाथ ने किया। उन्होंने सदाचार और धर्म के तत्त्व की ओर समाज का ध्यान आकर्षित किया और इसी सूत्र से हिन्दी के गद्य-साहित्य की सृष्टि कर प्रथम हिन्दी-गद्य-लेखक के रूप में वे कार्य-क्षेत्र में अवतीर्ण हुए।

गुरु गोरखनाथ की पद्य की भाषा से गद्य की भाषा में कुछ विशेषता है। पद्य की भाषा में उन्होंने अनेक प्रान्तों के शब्दों का प्रयोग किया है। किन्तु गद्य की भाषा में यह बात नहीं है, वह कहीं-कहीं राजस्थानी मिश्रित ब्रजभाषा में है। उसमें संस्कृत तत्सम शब्दों का अधिक प्रयोग अवश्य मिलता है। यह बात आप नीचे के अवतरण को देखकर सहज में ही समझ सकेंगे—

“सो वह पुरुष सम्पूर्ण तीर्थ अस्नान करि चुकौ, अरु सम्पूर्ण पृथ्वी ब्राह्मननि को दै चुकौ, अरु सहस्र जग करि चुकौ, अरु देवता सर्व पूजि चुकौ, अरु पितरनि को सन्तुष्ट करि चुकौ, स्वर्गलोक प्राप्त करि चुकै, जा मनुष्य के मन छन मात्र ब्रह्म के विचार बैठो।”

“श्री गुरु परमानन्द तिनको दण्डवत है। हैं कैसे परमानन्द आनन्द स्वरूप है सरीर जिन्हि कौ। जिन्हीं के नित्य गायै ते सरीर चेतन्नि अरु आनन्दमय होतु है। मैं जु हौं गोरष सो मछन्दरनाथ को दण्डवत करत हौं। हैं कैसे वै मछन्दरनाथ। आत्मा जोति निश्चल है, अन्तहकरन जिन्हकौ अरु मूल द्वार तैं छह चक्र जिन्हिं नीकी तरह जानैं। अरु जुग काल कल्प इनि की रचना तत्व जिनि गायो। सुगन्ध को समुद्र तिन्हि कौ मेरी दण्डवत। स्वामी तुम्हें तो सतगुरु अम्है तौ सिष सबद एक पुछिबा दया करि कहिबा मनि न करिबा रोस।”

उक्त अवतरणों में ‘सम्पूर्ण’, ‘प्राप्त’, ‘मनुष्य’, ‘कल्प’, ‘स्वरूप’, ‘नित्य’, ‘सन्तुष्ट’, ‘स्वर्ग’, ‘ब्रह्म’, ‘निश्चल’, ‘समुद्र’, ‘रचना’, ‘तत्व’ आदि शब्द संस्कृत के हैं। ‘पुछिबा’, ‘कहिबा’, ‘करिबा’, ‘अम्है’ आदि शब्द राजस्थानी बोली के हैं। अवतरण का शेष भाग प्रायः पूरा का पूरा शुद्ध ब्रजभाषा में लिखा गया है।

तीसरा प्रकरण

विकास-काल

गोरखनाथ के बाद लगभग दो शताब्दियाँ गद्य-रूपी नवजात पौधे के लिए मरुभूमि सी सिद्ध होकर बीत गयीं। सोलहवीं शताब्दी में महाप्रभु श्री वल्लभाचार्य ने राधा-कृष्ण विषयक भक्ति का एक प्रबल स्रोत उत्तरी भारत में प्रवाहित किया। इस अपूर्व प्रवाह ने हिन्दू-समाज के हृदय को इतना अधिक आकर्षित किया कि थोड़े ही काल में कृष्णावत सम्प्रदाय की विशाल मण्डली उत्तरीय भारत में अतुल प्रभाव-विस्तार करती जनसमुदाय को दृष्टिगत हुई। उसी समय महाप्रभु के पुत्र गोस्वामी बिट्ठलनाथ ने 'राधाकृष्ण विहार' नाम की एक पुस्तक लिखी। इस पुस्तक की भाषा ब्रजभाषा है, किन्तु कहीं-कहीं उसमें अन्य प्रान्तीय शब्दों का भी समावेश कर लिया गया है। निम्नलिखित अवतरण देखिये–

"जम के सिषर पर शब्दायमान करत है, विविध वायु बहत है, हे निसर्ग स्नेहार्द्र सषी कूं संबोधन प्रिया जू नेत्र कमल कूं कछुक मुद्रित दृष्टि होय कै बारंबार कछु सखी कहत भई यह मेरो मन सहचरी एक क्षण ठाकुर को त्यजत भई।" इस छोटे से अवतरण में 'शब्दायमान', 'त्रिविध', 'निसर्ग', 'स्नेहार्द्र', 'नेत्र', 'मुद्रित', 'दृष्टि', 'क्षण' आदि संस्कृत शब्दों का प्रयोग स्वतन्त्रता के साथ किया गया है। श्रीमद्भागवत का प्रचार और राधा-कृष्ण-लीला का साहित्य क्षेत्र में विषय के रूप में प्रवेश करना ही इस संस्कृत शब्दावली की लोकप्रियता तथा उसके फलस्वरूप हिन्दी गद्य में उसके स्थान पाने का कारण जान पड़ता है। प्रान्तीय भाषाओं के प्रभाव भी उक्त अवतरण में दिखायी पड़ते हैं 'पै' के स्थान में 'पर' और 'को', 'कौ', अथवा 'कौ' के स्थान पर 'कू' का प्रयोग ऐसे ही प्रभावों का परिणाम है। गोस्वामी विट्ठलनाथ के पुत्र गोस्वामी गोकुलनाथ ने भी 252 एवं 84 वैष्णवों की वार्त्ता नामक दो ग्रन्थ बनाये जिनमें उन्होंने बहुत मधुर भाषा में उक्त वैष्णवों के सम्बन्ध में कुछ ज्ञातव्य बातें लिखीं। गोस्वामीजी की भाषा के दो नमूने दिये जाते हैं–

1. "ऐसो पद श्री आचार्य जी महाप्रभून के आगे सूरदास जी ने गायौ से सुनि के

श्री आचार्य जी महाप्रभून ने कह्यौ जो सूर ह्वै के ऐसो घिघियात काहै को है कछू भगवल्लीला वर्णन करि। तब सूरदास ने कह्यौ जो महाराज हौं तो समझत नाहीं। तब श्री आचार्यजी महाप्रभून ने कह्यो जो जो स्नान करि आउ हम तोकों समझावेंगे तब सूरदास जी स्नान करि आये तब श्री महाप्रभूजी ने प्रथम सूरदास जी को नाम सुनायौ पाछें समर्पण करवायौ और फिर दशम स्कंध की अनुक्रमणिका कही सो ताते सब दोष दूर भये। ताते सूरदासजी कौ नवधा भक्ति सिद्ध भई। तब सूरदास जी ने भगवल्लीला वर्णन करी।"

2. "सो श्री नन्दग्राम में रहतो हतो। सो खंडन ब्राह्मण शास्त्र पढ्यो हतो। सो जितने पृथ्वी पर मत हैं सबको खण्डन करतो ऐसो वाको नेम हतो। याही ते सब लोगन वाको नाम खण्डन पार्‌यो हतो। सो एक दिन श्री महाप्रभू जी के सेवक वैष्णवन की मण्डली में आयो। सो खण्डन करन लाग्यो। वैष्णवन ने कही जो तेरो शास्त्रार्थ करनो होवै तो पंडितन के पास जा हमारी मण्डली में तेरे आयबे को काम नाहीं। इहाँ खण्डन मण्डन नहीं है।"

3. "नन्ददास जी तुलसीदास के छोटे भाई हते। सो बिनकूं नाच तमासा देखबे को तथा गान सुनबे को शोक बहुत हतो।"

गोस्वामी गोकुलनाथ की भाषा में फ़ारसी के शब्द भी आये हैं—यह बात ऊपर दिये गये तृतीय अवतरण के 'तमासा' और 'शोक' आदि शब्दों को देखने से प्रमाणित होती है। उसमें गोस्वामी विट्ठलनाथ की अपेक्षा अधिक विशुद्ध ब्रजभाषा लिखने का प्रयत्न भी किया गया है। यह बात गोस्वामी विट्ठलनाथ जी और गोकुलनाथ जी के कुछ क्रियापदों की तुलना करने से स्पष्ट हो जायगी। जहाँ गोस्वामी विट्ठलनाथ ने 'त्यजत भई' और 'कहत भई' आदि लिखा है वहाँ गोकुलनाथ ने 'लगनो', धातु के भूतकाल के रूप में 'लगत भई' न लिखकर 'लाग्यौ' ही लिखा है। फिर भी दोनों में एक समानता अवश्य है और वह है खड़ी बोली के शब्दों की ओर कम या अधिक मात्रा में प्रवृत्ति। उनकी नीचे की पंक्तियों के क्रियापदों को भी देखिये। चिह्नित शब्द स्पष्ट रूप से खड़ी बोली के हैं।

"सो एक दिन नन्ददास जी के मन में ऐसी आई। जो जैसे तुलसी दास जी ने रामायण भाषा करी है। सो हमहूँ श्रीमद्‌भागवत भाषा करें। ये बात ब्राह्मण लोगन ने सुनी तब सब ब्राह्मण मिलकें श्री गुसाईंजी के पास गये। सों ब्राह्मणों ने बिनती करी। जो श्रीमद्‌भागवत भाषा होयगी तो हमारी आजीविका जाती रहेगी।

गोस्वामी गोकुलनाथ ने भी 'जितने', 'होवे', 'नहीं' आदि शब्दों का समावेश करके उनके प्रति अपनी अनुकूलता प्रकट की है।

खड़ी बोली की ओर इस प्रवृत्ति के बढ़ने के कारण थे। मुसलमान शासकों ने हिन्दू

जनता के भावों से परिचय प्राप्त करने के लिए न केवल हिन्दी बोलने की ओर ध्यान दिया था बल्कि उसमें रचनायें करना भी प्रारम्भ किया था। उन्हें किसी विशेष प्रान्तीय भाषा से द्वेष न था न असाधारण अनुराग किन्तु सबसे पहले उनका सम्पर्क ऐसे प्रान्तों से हुआ जिनमें खड़ी बोली का विशेष प्रचार था। इसमें सन्देह नहीं कि अमीर खुसरो ने खड़ी बोली और ब्रजभाषा दोनों में कविता की, किन्तु ब्रजभाषा के काव्य-विषयक संस्कार के कारण ही कभी-कभी वे उसकी ओर झुक जाते थे। जहाँ कहीं पहेलियों, मुकरियों आदि पर उनकी लेखनी चली है वहाँ खड़ी बोली का अधिक मात्रा में शुद्ध और सरस रूप ही देख पड़ता है। मुसलमानों की खड़ी बोली के प्रति इस अनुकूल प्रवृत्ति ने हिन्दी भाषी प्रान्तों की जनता में इस बोली के अनेक शब्दों को क्रमशः लोकप्रिय बना दिया, और जनता में आदृत होकर धीरे-धीरे कथावाचकों, महात्माओं और अन्त में लेखकों की रचनाओं में भी वे शब्द पहुँचे। नीचे सन् 1572 के लगभग चन्द छन्द बरनन की 'महिमा' नामक पुस्तक लिखने वाले गंगाभाट की भाषा के दो नमूने देखिये। उनमें आपको गोकुलनाथ जी की भाषा की अपेक्षा अधिक खड़ी बोली के शब्दों का व्यवहार मिलेगा—

1. "तब दामोदर दास हरसानी ने बिनती कीनी जो महाराज आप याकों अंगीकार कब करोगे तब श्री आचार्य्य जी महाप्रभून ने दामोदरदास सों कह्यो जो यासों अब वैष्णव को अपराध पड़ेगो तौ हम याकों लक्ष जन्म पाछें अंगीकार करेंगे।"

2. "सिद्धि श्री 108 श्री श्री पातसाहि जी श्री दलपति जी अकबर साह जी आम खास में तषत ऊपर विराजमान हो रहे। और आम खास भरने लगा है जिसमें तमाम उमराव आय आय कुर्निश बजाय जुहार कर के अपनी अपनी बैठक पर बैठ जाया करें अपनी अपनी मिसिल से।"

उक्त अवतरणों में 'करोगे', 'कहैंगे', 'ऊपर', 'हो रहे', 'भरने लगा है', 'जिसमें, 'जुहार करके','अपनी' आदि शब्दों पर ध्यान देने से यह बात स्पष्ट हो जायगी। 'आम' 'खास', 'तमाम', 'उमराव', 'कुर्निश', 'मिसिल', आदि शब्दों के समावेश से हिन्दी लेखन-शैली पर राजदरबार के फ़ारसी भाषा विषयक प्रभाव की सूचना मिलती है।

सत्रहवीं शताब्दी के आरम्भ में भक्तवर नाभादास ने गोस्वामी बिट्ठल नाथ की भाषा से मिलती-जुलती भाषा लिखी। उनकी निम्नलिखित पंक्तियों के रेखांकित शब्दों की ओर आप ध्यान दें।

तब श्री महाराज कुमार प्रथम वशिष्ठ महाराज के चरन छुइ प्रणाम करत भये। फिर अपर वृद्ध समाज तिनको प्रनाम <u>करत भये</u>। फिर श्री राजाधिराज जू को जोहार करि कै श्री महेन्द्र नाथ दशरथ जू के निकट <u>बैठत भये</u>।

इसी शताब्दी के प्रथम चरण में महात्मा तुलसीदास द्वारा लिखित एक पंचनामा मिलता है जिसमें उन्होंने यत्र-तत्र फारसी भाषा के शब्दों का भी व्यवहार किया है।

उसकी कतिपय पंक्तियों को देखिये–

सं. 1669 समये कुआर सुदी तेरसी बार शुभ दिने लिखीत पत्र अनन्दराम तथा कन्हई के अंश विभाग पूर्व मु आगे जे आग्य दुनहु जने माँगा जे आम्य भै शे प्रमान माना दुनहु जने विदित तफ़सील अंश टोडरमलु के माह जे विभाग पदु होत रा।...मौजे भदेनीमह अंश पाँच तेहिमँह अंशदुइ आनन्दराम तथा लहरतारा सगरेउ तथा छितुपुरा अंश टोडरमलुक तथा तमपुरा अंश टोडरमल की हील हुज्जती नाश्ती।

'तफ़सीलु', 'हुज्जती', आदि शब्द फ़ारसी के हैं और तुलसीदास जी द्वारा उनका ग्रहण उनकी उस प्रवृत्ति का सूचक है जिसका अनुसरण उन्होंने यत्र-तत्र अपनी पद्यात्मक रचनाओं में भी किया है।

महाकवि देव का काव्य-रचना काल सोलहवीं शताब्दी के प्रारम्भिक वर्षों तक रहा है। इन्होंने गद्य में भी कुछ लिखा है। इनकी गद्य की भाषा में संस्कृत के तत्सम शब्दों की बहुलता दर्शनीय है। निम्नलिखित पंक्तियों को देखिये–

"महाराज राजाधिराज ब्रजजन समाज विराजमान चतुर्दश भुवन विराज वेदविधि विद्या सामग्री सम्राज श्री कृष्णदेव देवाधि देव देवकी नंदन जदुदेव यशोदानन्द हृदयानंद कंसादि निकंदन वंसावतंस अंसावतार सिरोमणि विष्ठपत्रय निविष्ट गरिष्ट पद त्रिविक्रमण जगत्कारण भ्रम निवारण मायामय विभ्रमण सुररिषि संगमन राधिका रमण सेवक वरदायक गोपी गोप कुल सुखदायक गोपाल बाल मंडली-नायक अघघायक गोवर्धन धारण महेन्द्र मोहापहरण दीन जन सज्जन सरण ब्रह्मविस्मय विस्तरण परब्रह्म जगज्जन्म मरण दुःष संहरण अधमोद्धरण विश्वभरण बिमल जसः कलिमल बिनासन गरुड़ासन कमल नयन चरण कमल जल त्रिलोकी पावन श्री वृन्दाबन विहरण जय जय।"

देव महाकवि थे और साधारण सी बात को भी अत्यन्त अलंकृत शैली में लिखने की उनकी प्रवृत्ति सर्वथा स्वाभाविक थी।

सत्रहवीं शताब्दी के अन्य लेखक, जिनके गद्य का कुछ परिचय हमें मिलता है, बनारसीदास और जटमल हैं। बनारसीदास की भाषा में तो खड़ी बोली की कुछ क्रियाओं का असंदिग्ध प्रयोग भी मिलता है। वे लिखते हैं–

"सम्यग् दृष्टि कहा का सुनो। संशय, विमोह, विभ्रम तीन भाव जामैं नाहीं सो सम्यग् दृष्टी। संशय, विमोह, विभ्रम कहा ताको स्वरूप दृष्टान्त करि दिखाइयतु है सो सुनो।"

इस वाक्य के भीतर 'सम्यग्', 'दृष्टि', 'संशय', 'विमोह', 'विभ्रम', 'स्वरूप', 'दृष्टान्त' आदि संस्कृत के तत्सम शब्दों के प्रयोग के साथ-साथ 'कहा', 'सुनो' आदि क्रियाओं का प्रयोग ध्यान देने योग्य है। गोरा बादल की कथा लिखने वाले जटमल की

रचना में भी यही बात पाई जाती है। उनकी भाषा के दो नमूने देखिये

1. "हे बात की चीतौड़गड़ को गोरा बादल हुआ है, जिनकी वार्ता की किताब हिन्दवी में बनाकर तय्यार करी है। गोरे का भाव रत आवे का बचन सुनकर आपने पाबन्द की पगड़ी हाथ में लेकर बाहा सती हुई सो सिवपुर में जाके बाहा दोनों मेल हुबे।"

"उस जग आलीषान बाबा राज करता है। मसीह का लड़का है सो सब पठानों में सरदार है, जयसे तारों में चन्द्रमा सरदार है ओयसा वो है।"

2. "ये कथा सोलः सै असी के साल में फागुन सुदी पूनम के रोज़ बनाई। ये कथा में दो रस हैं—वीर रस व सिंगार रस है, सो कथा मोरछड़ो नाँव गाँव का रहने वाला कबेसर। उस गाँव के लोग भोहोत सुखी हैं। घर घर में आनन्द होता है कोई घर में फ़कीर दीखता नहीं।"

उक्त अवतरण में 'हुआ है', 'सुनकर', 'लेकर', 'हुई', 'जाके', 'हुवे', 'करता है', 'बनाई', 'रहेन वाला', 'होता है', 'दीखता नहीं' आदि खड़ी बोली के क्रिया पदों और संज्ञा-शब्दों का व्यवहार हुआ है। साथ ही 'किताब', 'पाबन्द', 'सरदार' आदि फ़ारसी शब्दों का समावेश इसमें भी किया गया है। 'जयसा' और 'ओयसा' 'जैसा' और 'वैसा' के बहुत निकट है यह स्पष्ट है। यदि थोड़े से राजस्थानी प्रयोगों की ओर ध्यान दिया जाय तो यह अवतरण खड़ी बोली का गद्य कहा जा सकता है।

सोलहवीं शताब्दी में धार्मिक आन्दोलनों के कारण जनता और महात्माओं का जो सम्पर्क बढ़ा था, वह सत्रहवीं शताब्दी में आकर शिथिल पड़ गया। इस शिथिलता के कारण तथा अन्य किसी विचार-प्रवाह के अभाव में गद्य के सामने फिर एक रुकावट खड़ी हो गयी। किन्तु वह ठहर न सकी, कारण यह हुआ कि हिन्दी के कुछ महाकवियों की रचनाओं का बहुत प्रचार हो जाने के कारण जनता की उनके प्रति कुछ जिज्ञासा बढ़ी, कुछ इस कारण से कुछ धार्मिक संस्कारों से प्रेरित होकर कुछ काव्य-कौशल के सम्बन्ध में अधिक परिचय प्राप्त करने की इच्छा से 'रामचरित-मानस', 'कवि-प्रिया' आदि माननीय ग्रन्थों पर टीकाओं की माँग हुई। इन टीकाओं के रचयिताओं ने यद्यपि गद्य की भाषा का परिष्कार करने में कोई सफलता लाभ नहीं की, तथापि अन्धकारमयी रात्रि में नक्षत्रों की भाँति उजाला फैलाने का उद्योग जारी रक्खा।

सत्रहवीं शताब्दी में केशवदास कृत कवि-प्रिया की टीका सुरतिमिश्र ने सन् 1710 के लगभग लिखी। उनकी भाषा के नमूने देखिये—

1. "सीसफूल सुहाग अरु बेंदा भाग ये दोऊ आये पाँवड़े सोहे साने के कुसुम तिन पर पैर धरि आये हैं।"

2. "कमल नयन कमल से हैं नयन जिनके कमलद वरन कमलद कहिये मेघ को

वरण है स्याम स्वरूप है कमल नाभि श्रीकृष्ण को नाम ही है कमल जिनकी नाभि ते उपज्यो है कमलाप कमला लक्ष्मी ताके पति हैं तिनके चरण कमल समेतु गुन को जाप क्यों मेरे मन में रहो।"

अठारहवीं शताब्दी में भिखारीदास ने काव्य-रचना के अतिरिक्त जो थोड़ा बहुत गद्य लिखा उसका नमूना नीचे दिये जाता है–

"धन पाये ते मूर्ख हूँ बुद्धिवन्त ह्वै जातु है और युवावस्था पायेते नारी चतुर ह्वै जाति है यह व्यंग्य है। उपदेश शब्द लक्षण सो मालूम होता है और वाच्य हूँ में प्रगट है।"

इसी शताब्दी में किशोरदास ने 'शृंगार-शतक' की टीका लिखी। इनका कुछ विशेष परिचय नहीं प्राप्त है। इन्हें कुछ लोग सत्रहवीं शताब्दी में उत्पन्न बतलाते हैं। इनकी भाषा का नमूना देखिये–

"तब इतने बीच कस्यप की स्त्री दिति कस्यप के आगे ठाढ़ी भई ठाढ़े ह्वै करि कहनि लगी कि अहो प्राणेश्वर कस्यप देषतु अदितिहिं आदि दै जितीक मेरी सब सपत्नी हैं सु तिन सपत्नीन के पुत्रन कौ मुषु देषतु मेरे परमु संताप होतु है तब यह सुनि कस्यप यह विचारी कि स्त्री की संगति अर्थु, धर्मु, काम मोछ होतु है। अरु स्त्री की संगति ग्रहस्थु और तिनिहूँ आश्रमनि की पालना करतु है। अरु अपुन संसार समुद्र के पार होतु है।"

चौथा प्रकरण

विस्तार-काल

उन्नीसवीं शताब्दी में हिन्दी गद्य को सबल बनाने के लिए खूब उद्योग किया गया। इसके पूर्वार्द्ध में उसे विभिन्न मार्गों से विस्तार प्राप्त हुआ और उत्तरार्द्ध में वह समुन्नति की ओर अग्रसर हुआ। इसी से हमने पूर्वार्द्ध को विस्तारकाल माना है और उत्तरार्द्ध को उन्नतिकाल।

मैं यह कह चुका हूँ कि सत्रहवीं और अठारहवीं शताब्दी में टीकाकारों ने हिन्दी गद्य के मैदान को उत्सन्न हो जाने से बहुत कुछ बचाया। उन्नीसवीं शताब्दी के आरम्भ में भी उनकी एक श्रेणी कार्य करती दृष्टिगोचर होती है। इन टीकाकारों में जानकीप्रसाद और सरदार कवि मुख्य थे। जानकीप्रसाद की भाषा का एक नमूना देखिये–

1. बालक जैसे पग से दाबि पङ्क कहे कीच को पेलि के पताल को पठावत है तैसे ये (गनेश जी) कलुष जे पाप हैं तिनका पठावत हैं। इहाँ गजराज को त्याग करि बालक सम यासों कह्यो, पद्मिनी पत्रादि तोरन में बालक का उत्साह रहत है तैसे गणेश जू को विपत्यादि विदारण में बड़ो उत्साह रहत है कौतुक ही विदारत हैं।

स्वभावतः हिन्दी के इन टीकाकारों ने संस्कृत के टीकाकारों का पदानुसरण किया, क्योंकि उनके सामने संस्कृत ही की टीकाओं का आदर्श उपस्थित था। हिन्दी की इन टीकाओं की भाषा जो विशेष जटिल हो गयी है उसका कारण बहुत कुछ इस संस्कृत शैली का अनुसरण है। मैं यह कह आया हूँ कि ब्रजभाषा गद्य सबल आन्दोलनों और महापुरुषों के विचार प्रकट करने का साधन होने के अभाव में परिष्कार से वंचित रहा। यहाँ यह भी कह देना चाहता हूँ कि क्रमशः समय का प्रवाह भी उसे ऐसे अवसर देने के प्रतिकूल हो गया था। इसका कारण है क्रमशः खड़ी बोली की क्रियाओं और संज्ञा-शब्दों का उर्दू के सहयोग से बहुत अधिक लोकप्रियता प्राप्त कर लेना। सरकार की कृपा से उन्नीसवीं शताब्दी के आरम्भ में उर्दू का प्रवेश कचहरियों में हो गया था, सर्वसाधारण का सम्बन्ध कचहरी से होता ही है, ऐसी अवस्था में उर्दू से उनका प्रभावित होना स्वाभाविक था। मुसलमान लेखक अपना रंग अलग जमा रहे थे। प्रोफ़ेसर मुहम्मद

हुसेन आज़ाद के निम्नलिखित अवतरण को देखिये। उसमें पूर्वकालिक हिन्दी गद्य का कायापलट मूर्तिमन्त होकर विराजमान है।

"फूलों के गुच्छे पड़े झूम रहे हैं, मेवेदाने ज़मीन को चूम रहे हैं। नीम के पत्तों की सब्ज़ी और फूलों की सफ़ेदी बहार पर है। आम के मौर में फूलों की महक आती है। भीनी-भीनी बू जी को भाती है। जब दरख्तों की टहनियाँ हिलती हैं, मौलसिरी के फूलों का मेंह बरसता है, फल फलारी की बौछाड़ हो जाती है। धीमी-धीमी हवा उनकी बू बास में लसी हुई रविशों पर चलती है। टहनियाँ ऐसी हिलती हैं, जैसे कोई जोबन की मतवाली अठखेलियाँ करती चली जाती है। किसी टहनी में भौंरे की आवाज़ किसी में मक्खियों की भनभनाहट, अलग ही समाँ बाँध रही है। परिन्द दरख्तों पर बोल रहे हैं और कलोल कर रहे हैं।" मुसलमान लेखकों ने फ़ारसी और अरबी के शब्दों का सम्मिश्रण करके खड़ी बोली को खूब माँजा, राजाश्रय भी उसको प्राप्त हो ही गया था, ऐसी दशा में ब्रजभाषा गद्य को उससे सफलतापूर्वक भिड़ सकने का अवसर ही नहीं रह गया। खड़ी बोली के विशेष बलशाली हो जाने का एक कारण यह भी था कि उसका प्रचार किसी प्रान्त विशेष तक परिमित नहीं था। मुसलमानों का शासन, शासन नहीं तो प्रभाव अनेक शताब्दियों तक भारतवर्ष के प्रायः समस्त भागों पर पड़ा। इसलिए मुसलमानों द्वारा प्रभावित खड़ी बोली को, जिसका नाम कालान्तर में उर्दू पड़ गया, प्रायः समस्त प्रान्तों में वह अनुकूलता प्राप्त हुई जो ब्रजभाषा-गद्य को अपने सर्वोच्च गौरव के दिनों में भी नहीं मिल सकी। धीरे-धीरे अनेक हिन्दू लेखकों ने भी मुसलमान लेखकों द्वारा प्रस्तुत भाषा में रचना आरम्भ की। मुंशी सदासुख लाल 'नियाज़', जो अठारहवीं शताब्दी के अन्तिम दशक में ईस्ट इण्डिया कम्पनी की नौकरी में थे और चुनार में काम करते थे, उन हिन्दू लेखकों में से एक थे, जिन्होंने उर्दू और फारसी में रचनायें कीं। मुंशी जी भगवद्भक्त थे, जहाँ उन्होंने अधिकांश परिश्रम उर्दू और फ़ारसी ही में किया, वहाँ भगवद्जन के उद्देश्य से श्रीमद्भागवत का अनुवाद हिन्दी में भी किया। उनका यह अनुवाद 'सुख सागर' के नाम से प्रसिद्ध है। सुखसागर की भाषा का एक नमूना देखिये—

"यद्यपि ऐसे विचार से हमें लोग नास्तिक कहेंगे, हमें इस बात का डर नहीं। जो बात सत्य होय उसे कहा चाहिये कोई बुरा माने कि भला माने विद्या इसी हेतु पढ़ते हैं कि तात्पर्य इसका (जो) सतोवृत्ति है वह प्राप्त हो और उससे निज स्वरूप में लग हूजिये। इस हेतु नहीं पढ़ते हैं कि चतुराई की बात कह के लोगों को बहकाइये और फुसलाइये और सत्य छिपाइये व्यभिचार कीजिये और सुरापान कीजिये, और धन द्रव्य इकठौर कीजिये और मन को जो तमोवृत्ति से भर रहा है, निर्मल न कीजिये। तोता है सो नारायण का नाम लेता है, परन्तु उसे ज्ञान तो नहीं है।"

उर्दू लिखने में मँजी हुई लेखनी से लिखा हुआ होने पर भी फ़ारसी का एक शब्द इस अवतरण में नहीं दिखायी पड़ता। इसका कारण धार्मिक संस्कार था जो फ़ारसी शब्दों का समावेश करने के अनुकूल नहीं था। मुंशी सदासुख लाल ने एक ओर तो कथा-वार्ता की पूर्व शैली के अनुसार कुछ प्रचलित शब्दों और वाक्यों को ग्रहण किया, दूसरी ओर खड़ी बोली की क्रियाओं, सर्वनामों और संज्ञा शब्दों को। इस संयोग ने सोने में सुहागे का काम किया।

सैयद इंशा अल्ला खाँ के पूर्वज समरकंद से भारत में आये थे। वे पहले तो मुग़ल दरबार के आश्रित होकर रहे किन्तु जब मुग़ल साम्राज्य का अन्त हो गया तब इंशा के पिता दिल्ली से मुर्शिदाबाद चले गये। इंशा की शिक्षा बहुत अच्छी हुई। अल्प वय में वे फ़ारसी और उर्दू में अच्छी कविता करने लगे थे। इनकी विलक्षण प्रतिभा ने हिन्दी गद्य में भी अपनी विलक्षणता दिखलायी। ब्रजभाषा के गद्य में कथा-वार्ता का एकदेशीय विकास हुआ था। अब यदि खड़ी बोली में मुन्शी सदासुख लाल ने धार्मिक कथा का वर्णन किया तो इन्शा अल्ला खाँ ने बहुत ही रोचक और सरल तथा महावरेदार ठेठ भाषा में प्रेम-कहानी लिखी, जिसकी लोकप्रियता का क्षेत्र स्वभावतः बहुत चौड़ा होता है, और जो अधिकाधिक प्रचलित होकर गद्य के स्वरूप को निखारने में बहुत बड़ा काम करती है। इंशा की भाषा के दो नमूने देखिये–

1. 'एक दिन बैठे बैठे यह बात अपने ध्यान में चढ़ी कि कोई कहानी ऐसी कहिये कि जिसमें हिन्दवी छुट और किसी बोली का पुट न मिले तब जाके मेरा जी फूल की कली के रूप में खिले। बाहर की बोली और गँवारी कुछ उसके बीच में न हो...एक कोई बड़े पढ़े-लिखे पुराने धुराने, डाँग, बूढ़े घाग यह खटराग लाये...और लगे कहने, यह बात होती दिखायी नहीं देती। हिन्दीपन भी न निकले और भाषापन भी न हो। बस जैसे भले लोग–अच्छों से अच्छे–आपस में बोलते चालते हैं ज्यों का त्यों वही सब डौल रहे और छाँव किसी की न पड़े, यह नहीं होने का।'

2. "जब दोनों महाराजों में लड़ाई होने लगी, रानी केतकी सावन भादों के रूप में रोने लगी।"

3. "इस सिर झुकाने के साथ ही दिन रात जपता हूँ उस अपने दाता के भेजे हुए प्यारे को।"

4. "सिर झुका कर नाक रगड़ता हूँ, उस अपने बनाने वाले के सामने जिसने हम सबको बनाया है और बात की बात में वह कर दिखाया कि जिसका भेद किसी ने न पाया।"

इंशा अल्ला की भाषा में जहाँ सरलता है, जनता की दैनिक बोलचाल की भाषा से शब्दावली चुनने की प्रवृत्ति है, वहाँ उनकी शैली पर फ़ारसी का प्रभाव स्पष्ट रूप से

दृष्टिगोचर होता है। तीसरे अवतरण में आप देखेंगे कि वाक्य की वर्तमानकालिक सकर्मक क्रिया जपता हूँ पहले लिखी गयी है और उस क्रिया का कर्म 'उस अपने दाता के भेजे हुए प्यारे को' बाद को। भारतीय शैली में कर्म पहले लिखा जाता है और उसकी क्रिया बाद को। चौथे अवतरण में 'नाक रगड़ता हूँ' पहले लिख कर 'उस अपने बनाने वाले के सामने जिसने हम सबको बनाया' लिखना भी प्रायः उक्त शैली का ही अनुसरण है।

इंशा की भाषा में जीवन है, चंचलता है—वह जीवन और चंचलता जो प्रेम-कथा को अत्यन्त सरस और आकर्षक बना देती है। कपितय आलोचकों ने इंशा की भाषा में गूढ़ विषयों के प्रतिपादन की क्षमता का अभाव बतलाया है। यह बात सच है। उनकी भाषा अपने ही आनन्द के उन्माद से नृत्य करती सी चलती है। शब्द-विन्यास अनुप्रास से अलंकृत हैं, जिससे वाक्यों के शरीर में एक अपूर्व सौष्ठव दृष्टिगोचर होता है। पुराने-धुराने, डाँग, घाग, खटराग, 'पुट न मिले', 'कली के रूप में खिले', 'हिन्दवी छुट और किसी बोली का पुट' आदि प्रथम अवतरण के रेखांकित शब्दों को देखकर आपको मेरे इस कथन की सत्यता ज्ञात हो जायगी। इन सब बातों के अतिरिक्त इंशा ने जिस बहुत बड़ी विशेषता का हिन्दी गद्य में समावेश किया वह है मुहावरों और कहावतों का प्रयोग, निम्नलिखित वाक्यों के चिन्हित शब्दों और पदों को देखिये—

1. 'जिसका <u>जी हाथ में न हो</u>, उसे ऐसी <u>लाखों सूझती</u> हैं।'
2. '<u>चूल्हे और भाड़ में जाय</u> यह चाहत...'
3. 'अब मैं निगोड़ी लाज से <u>कूट करती</u> हूँ।'
4. 'मैं कुछ ऐसा बड़बोला नहीं जो <u>राई को पर्वत कर दिखाऊँ</u> और झूठ-सच बोल कर <u>उँगलियाँ नचाऊँ</u> और बेसिर बेठिकाने की उलझी-सुलझी <u>बातें पचाऊँ</u>।'
5. '<u>दहना हाथ मुँह पर फेर</u> कर आपको जताता हूँ, जो मेरे दाता ने चाहा तो वह ताव भाव और कूद-फाँद और लपक-झपक दिखाऊँ जो देखते ही आपके ध्यान का घोड़ा, जो बिजली से भी बहुत चंचल चपलाहट में है, अपनी चौकड़ी भूल जाय।'
6. 'अब <u>कान लगा के, आँखें मिला के</u>, सन्मुख हो के टुक इधर देखिये, किस ढब से बढ़ चलता हूँ और अपने फूल की पंखड़ी जैसे होठों से किस रूप के <u>फूल उगलता</u> हूँ।'

संस्कृत के तत्सम शब्दों का प्रयोग सर्वथा त्याग कर, अरबी फ़ारसी के शब्दों से मुँह मोड़ कर, केवल तद्भव शब्द विशिष्ट ठेठ भाषा में कहावतों आदि का आश्रय लेकर इंशा ने जिस चमत्कार की सृष्टि की, वह उस समय के हिन्दी गद्य के लिए एक अपूर्व बात थी। उनकी भाषा ने आगे के लेखकों के लिए सरल और मुहावरेदार भाषा का एक सुन्दर आदर्श उपस्थित किया। किन्तु उसका अनुसरण नहीं हो सका, कारण इसका यह

है कि वह गढ़ी भाषा है और उसमें चलतापन अथवा प्रवाह भी नहीं पाया जाता। वह बोलचाल की भाषा भी नहीं है, और न उसमें जैसी चाहिए वैसी लचक है। परन्तु पहले पहल खड़ी बोली का एक उल्लेख-योग्य आदर्श उपस्थित कर के इंशा अल्लाह खाँ ने अपनी उद्‌भाविनी प्रतिभा का पूर्ण परिचय दिया है।

हिन्दी गद्य के विस्तार का तीसरा द्वार एक अन्य दिशा से खुला। जिस प्रेरणा से अमीर खुसरो जैसे लेखक हिन्दी-साहित्य-विकास के प्रारम्भिक काल में हिन्दी की ओर प्रवृत्त हुए थे ठीक उसी प्रकार की प्रेरणा से हिन्दी-पद्य के विकास का यह नया अवसर प्राप्त हुआ। ईस्ट इंडिया कंपनी को अपने कर्मचारियों को देशी भाषाओं का ज्ञान कराना भी आवश्यक समझ पड़ा। इस उद्देश्य से उसने कलकत्ते में फोर्ट विलियम कॉलेज की स्थापना की, जिसमें लल्लूलाल और सदल मिश्र हिन्दी के अध्यापक नियत हुए। इस कालेज के प्रधानाध्यापक जान गिलक्रिस्ट ने सन् 1803 में इन दोनों सज्जनों को हिन्दी-पाठ्य-पुस्तकें तैयार करने का काम सौंपा। इस समय भी शासकों का ध्यान खड़ी बोली ही की ओर गया। शिक्षित कर्मचारियों तथा समाज के सरकारी प्रतिष्ठा-प्राप्त व्यक्तियों के सम्पर्क के कारण वे कम से कम खड़ी बोली के ढाँचे से परिचित थे। परन्तु अरबी और फ़ारसी के तत्सम शब्दों से लदी हुई भाषा की आवश्यकता उन्हें नहीं थी। उनको उर्दू का ज्ञान भी था परन्तु वे देश की प्रधान जनता के भावों का परिचय कराने वाली भाषा की टोह में थे। वे ऐसी भाषा के लिए उत्सुक थे जो खड़ी बोली का ढाँचा स्वीकार करती हुई, उस शब्दावली को ग्रहण करे जिसके प्रति अधिकांश हिन्दू समाज के हृदय में एक विशेष संस्कार चिरकाल से चला आता था। संयोग से खड़ी बोली के गद्य ने बीज से अंकुर रूप धारण कर लिया था, और मुंशी सदासुख लाल तथा सैयद इंशा अल्ला अपना अपना हिन्दी गद्य का आदर्श उपस्थित कर चुके थे, कि लल्लू लाल जी और सदल मिश्र इस क्षेत्र में उतरे। लल्लू लाल जी ने प्रेमसागर की रचना की। इस ग्रन्थ की भाषा देखिये–

1. "राजा परीक्षित बोले कि महाराज राजसूय यज्ञ होने से सब कोई प्रसन्न हुए। एक दुर्योधन अप्रसन्न हुआ। इसका कारण क्या है तुम मुझे <u>समुझाय</u> के कहो जो मेरे मन का भ्रम जाय। श्री शुकदेव जी बोले, राजा तुम्हारे पितामह ज्ञानी थे। उन्होंने यज्ञ में जिसे जैसा देखा <u>तैसा</u> काम किया।"

2. "इतना कह महादेव जी गिरिजा को साथ ले गंगा तीर <u>पर जाय, नीर में न्हाय,</u> न्हिलाय, अति लाड़ प्यार से लगे पार्वती जी को वस्त्र-आभूषण पहिराने।"

3. "तिस समय घन जो गरजता था सोई तो धौंसा बजता था और वर्ण वर्ण की जौ घटा घिर आती थी, सोई शूरवीर रावत थे, <u>तिनके</u> बीच बिजली की दमक शस्त्र की सी चमकती थी, बगपाँत ठौर ठौर ध्वजा सी फहराय रही थी, दादुर मोर कड़खैतों की

भाँति यश बखानते थे और बड़ी-बड़ी बूँदों की झड़ी बाणों की सी झड़ी लगी थी।"

4. "बालों की श्यामता के आगे अमावस्या की अँधेरी फीकी लगने लगी। उसकी चोटी सटकाई लख नागिन अपनी केंचुली छोड़ सटक गयी। भौंह की बँकाई निरख धनुष धकधकाने लगा। आँखों की बड़ाई चंचलाई पेख मृग मीन खंजन खिसाय रहे।"

लल्लू लाल को कहानी कहनी थी। ऐसी अवस्था में भाषा की रोचकता और सरसता विषय के सर्वथा उपयुक्त है। फिर भी सैयद इंशा अल्ला खाँ की भाषा से उनकी भाषा की तुलना करने पर दोनों का वास्तविक अंतर प्रकट हुए बिना नहीं रहेगा। लल्लू लाल जी की भाषा में विशेष ध्यान देने योग्य बात यह है कि उन्होंने प्रेम सागर में फ़ारसी शब्दों का प्रयोग बिलकुल ही नहीं किया है, यद्यपि उनके 'सिंहासन बतीसी' नामक ग्रन्थ में यह प्रवृत्ति नहीं पायी जाती। लल्लू लाल जी आगरे के रहने वाले थे, इसलिए उनकी रचना में ब्रजभाषा के शब्दों की भरमार होना स्वाभाविक था। उस समय भाषा का कोई सर्वमान्य आदर्श उनके सामने नहीं था, जिस प्रकार सदा सुख लाल और इंशा अल्लाह खाँ ने अपने अपने अनुमित विचार के अनुसार अपने अपने ग्रन्थों की हिन्दी भाषा रखी, उसी प्रकार लल्लूलाल जी ने भी प्रेम सागर को अपनी अनुमानी हिन्दी में बनाई। उन दोनों के सामने उर्दू का आदर्श था, इसलिए उनकी भाषा विशेष परिमार्जित और खड़ी बोली के रंग में ढली हुई है, परन्तु ये उर्दू के आदर्श को त्याग कर चले, इसलिए वास्तविक खड़ी बोली न लिख सके। उर्दू शब्दों को भी बचाया, इसलिए आवश्यकता से अधिक ब्रजभाषा के शब्द उनकी रचना में घुस गये। अवतरणों के उन शब्दों को देखिये जो चिन्हित हैं। आज का सा समय होता तो सम्भव था कि इन तीनों को एक दूसरे की पुस्तक देखने के लिए मिल गई होती और इस प्रकार एक दूसरे की प्रणाली से वे कुछ सहायता प्राप्त कर सकते। परन्तु उस समय तो यह भी सम्भव नहीं था, अपने जीवन में वे एक दूसरे का नाम भी न सुन सके होंगे। जिस समय प्रेम सागर लिखा गया, उस समय वहीं बाग़-बहार नामक उर्दू ग्रन्थ भी लिखा गया, उसमें भी अनुप्रासों की अधिकता है। उर्दू में यह प्रणाली फ़ारसी से आयी है, फ़ारसी में अरबी से। मैं समझता हूँ प्रेम सागर पर अनुप्रास के विषय में 'बाग़ो-बहार' का प्रभाव पड़ा है, वह भी गद्य-ग्रन्थ ही है। या यह कहें कि उक्त ग्रन्थ की स्पर्द्धा से ही प्रेम-सागर की भाषा सानुप्रास है। विशुद्ध संस्कृत और ब्रजभाषा शब्दों के आधार पर प्रेम-सागर का निर्माण खड़ी बोली में करके लल्लू लाल ने उस प्रवाह में परिवर्तन उपस्थित करने का प्रयत्न किया जो अब तक फ़ारसी शब्दों के व्यवहार के प्रतिकूल नहीं था। मुंशी सदा सुखलाल की भाषा कुछ पण्डिताऊ है, और कुछ अस्तव्यस्त। इंशा अल्लाह खाँ की भाषा का ढाँचा उर्दू है। लल्लू लाल का ढंग इन दोनों से भिन्न है, उनकी भाषा चलती और हिन्दी

के ढंग में ढली हुई है, और यही उनकी प्रणाली की विशेषतायें हैं।

सदल मिश्र कलकत्ते के फोर्ट-विलियम कॉलेज में लल्लू लाल के साथ अध्यापक थे। जान गिलक्रिस्ट महाशय के आज्ञानुसार उन्होंने 'नासिकेतोपाख्यान' नामक पुस्तक तैयार की। उनकी भाषा देखिये–

1. तब नृप ने पंडितों को बोला दिन विचार बड़ी प्रसन्नता से सब राजा वो ऋषियों को नेवत बुलाया। लगन के समय सबों को साथ ले मंडप में जहाँ सोनन्ह के थम्भ पर मानिक दीप बलते थे जा पहुँचे।

2. इतने में जहाँ से सखी सहेली और जात भाइयों की स्त्री सब दौड़ी हुई आयीं, समाचार सुनि जुड़ाईं, मगन हो हो नाचने गाने बजाने लगीं वो अपने-अपने देह से गहना उतार-उतार सेवकों को देने लगीं और अगणित रुपया अन्न वस्त्र राजा रानी ने ब्राह्मणों को बोला-बोला दान दिया। आनन्द बधावा बाजने लगा।

3. राजा रघु ऐसे कहते हुए वहाँ से तुरन्त हर्षित हो उठे। वो भीतर जा मुनि ने जो आश्चर्य बात कही थी सो पहिले रानी को सब सुनाई। वह भी मोह से व्याकुल हो पुकार रोने लगी वो गिड़गिड़ा कहने कि महाराज, जो यह सत्य है तो अब भी लोग भेज लड़के समेत झट उसको बुला ही लीजिए क्योंकि अब मारे शोक के मेरी छाती फटती है कब मैं सुन्दर बालक सहित चंद्रावती के मुँह को जो बन के रहने से भोर के चन्द्रमा सा मलीन हुआ होगा देखोंगी।"

उक्त अवतरणों के चिह्नित शब्दों को देखने पर आपको यह स्पष्ट हो जायगा कि सदल मिश्र की भाषा न तो लल्लू लाल की भाषा की तरह ब्रजभाषा शब्दों से भरी है, न शुद्ध खड़ी बोली है, वह दोनों के बीच की है। ऐसा होना परिवर्तन काल की भाषा के लिए स्वाभाविक था। सदल मिश्र कहीं 'ब्राह्मण' का बहुवचन 'ब्राह्मणों' लिखते हैं और कहीं 'सोन' का बहुवचन 'सोनन्ह'। 'आश्चर्य बात' 'वो' आदि शब्दों का प्रयोग भी वे करते हैं। संस्कृत के तत्सम शब्द भी उनकी रचना में आये हैं, 'नृप', 'स्त्री', 'अगणित', 'शोक', 'चन्द्रमा' आदि शब्द इसके प्रमाण हैं। 'सखी-सहेली', 'जात भाइयों' आदि दोहरे पदों का प्रयोग भी उन्होंने किया है।

इसी समय हिन्दी गद्य के विस्तार का एक मार्ग और खुला। सन् 1809 ई. में विलियम केटे नाम के एक पादरी के इंजील का अनुवाद हिन्दी में 'नये धर्म नियम' नाम से प्रकाशित किया। इस अनुवाद तथा ऐसी ही अन्य पुस्तकों के प्रकाशन का उद्देश्य यह था कि हिन्दी भाषा-भाषी जनता ईसाई धर्म के सिद्धान्तों से परिचय प्राप्त करे। सदा सुखलाल और लल्लू लाल ने क्रमशः 'सुख-सागर' और 'प्रेम-सागर' की रचना करके धार्मिक जनता के सामने लोक-प्रिय कथाओं को सरल भाषा में उपस्थित किया था, इसलिए कि जिसमें वे इधर आकर्षित हों। उनका उद्देश्य सफल भी हुआ। लल्लू

लाल का प्रेम-सागर जितना ही पाठ्य पुस्तक के रूप में आदृत था, उतनी ही धार्मिक जनता में भी उसकी प्रतिष्ठा थी। इन दोनों ग्रन्थों की भाषा में फ़ारसी भाषा के शब्दों का समावेश प्रायः नहीं के बराबर है। अतएव ईसाई धर्म-प्रचार के इच्छुकों ने भी उन्हीं की शैली का अनुसरण किया। फिर भी ईसाई पुस्तकों की भाषा में एक विशेषता देखने में आती है तो उसे पूर्व आदर्शों से कुछ पृथक करती है। वह है कुछ ऐसे शब्दों का प्रयोग, जो उसे एक ओर तो सैयद इंशा अल्लाह खाँ की भाषा से अलग करती है और दूसरी ओर मुंशी सदा सुखलाल और लल्लू लाल की भाषा से। ये शब्द ठेठ भाषा से लिए गये ज्ञात होते हैं। नीचे के अवतरणों को देखकर आप लोगों को मेरे कथन की सत्यता विदित होगी–

1. यीशु ने उसको उत्तर दिया कि जो कोई यह जल पीयेगा वह फिर पियासा होगा। स्त्री ने उससे कहा मैं जानती हूँ कि मसीह जो ख्रीष्ट कहलाता है आने वाला है।

यीशु ने उनसे कहा मेरा भोजन यह है कि अपने भेजने वाले की इच्छा पर चलूँ और उसका काम पूरा करूँ। क्या तुम नहीं कहते कि वे कटनी के लिए पक चुके हैं। और काटने वाला मजदूरी पाता और अनन्त जीवन के लिए फल बटोरता है कि बोने वाला और काटने वाला दोनों मिलकर आनन्द करें।

2. बियारी से उठकर अपने कपड़े उतार दिये और अँगोछा लेकर अपनी कमर बाँधी।

3. तब उन्होंने उसके पिता से सैन किया कि तू उसका नाम क्या रखना चाहती है।

4. अर्थात् वह किरिया जो उसने हमारे पिता इब्राहीम से खायी थी।

5. यह हमारे परमेश्वर की उसी बड़ी करुणा से होगा जिसके कारण ऊपर से हम पर भोर का प्रकाश उदय होगा।

6. तब महायाजक और प्रजा के पुरनिए काइफ़ा नामक महायाजक के आँगन में इकट्ठे हुए।

7. यह देखकर उसके चेले रिसियाये और कहने लगे इसका क्यों सत्यानाश किया गया।

उक्त अवतरणों के रेखांकित शब्द ठेठ हिन्दी भाषा के हैं। 'उत्तर', 'स्त्री', 'इच्छा', 'अनन्त', 'जीवन', 'आनन्द', 'पिता', 'परमेश्वर', 'करुणा', 'कारण', 'प्रकाश', 'उदय', 'महायाजक', 'प्रजा' आदि संस्कृत के तत्सम शब्दों का प्रयोग भी इनमें किया गया है। एक जगह फ़ारसी से गढ़ा हुआ 'मज़दूरी' शब्द भी आया है–परन्तु यह स्वीकार करना पड़ेगा कि पादरी साहब की भाषा अपने पूर्ववर्ती लोगों से अधिक प्रांजल है, और उसमें खड़ी बोली का अधिकतर विशुद्ध रूप पाया जाता है। वह हरिश्चन्द्र कालिक हिन्दी के

सन्निकट है। उसको देखकर यह विश्वास नहीं होता, कि उस समय किसी पादरी की लेखनी से ऐसी भाषा लिखी जा सकती है। मुझको इसमें किसी योग्यतम हिन्दू के हाथ की कला दृष्टिगत होती है।

◆◆◆◆◆

उन्नति-काल

विस्तार-काल के लेखकों ने हिन्दी-गद्य का क्षेत्र विस्तृत तो किया, किन्तु भाषा के सम्बन्ध में वे कोई निश्चित आदर्श उपस्थित न कर सके मुंशी सदासुख लाल, लल्लू जी लाल, पं. सदल मिश्र, सय्यद इंशा अल्ला खाँ आदि लेखकों ने भिन्न-भिन्न प्रकार की भाषा लिखी। प्रथम तीनों की भाषा में ब्रजभाषा का यथेष्ट पुट था। अतएव वह खड़ी बोली के प्रारम्भिक काल की सूचक ही होकर रह गयी। रही इंशा अल्ला खाँ की भाषा, वह उनकी व्यक्तिगत रुचि से बहुत अधिक प्रभावित है। उनकी प्रकृति के अनुरूप उसमें विलाभविभ्रममयी कामिनी के समान चटक मटक अधिक है, वह अधिकतर ऐसी है कि कहानी किस्सों ही में काम दे सकती है, अन्य विषयों में नहीं। पादरी साहब की भाषा का प्रचार परिमित क्षेत्र में ही था। अतएव यह स्पष्ट है कि गद्यपरिधि के विस्तार ने भाषा का स्वरूप निश्चित करके उसे सर्वोपयोगी तथा सब प्रकार के विचारों को प्रगट करने के योग्य बनाने की समस्या उन्नति काल के लेखकों के सामने उपस्थित की।

अनेक श्रेणियों के लेखकों की प्रतिभा के संघर्ष से यह समस्या इसी काल में हल हुई। निबन्ध, नाटक-उपन्यास और समालोचना आदि के क्षेत्रों में प्रचुर व्यवहृत होने से इसी समय गद्य की एक सुन्दर शैली का विकास में आकर समुन्नत होना स्वाभाविक था। उन्नति क्रम क्या था, मैं अब यह दिखलाऊँगा।

राजा शिवप्रसाद उन्नीसवीं शताब्दी के पूर्वाद्ध में हुए। उन्हीं के समय से हमने हिन्दी-गद्य का उन्नति-काल माना है। सन् 1884 में सर चार्ल्स उड ने देशी भाषाओं में ग्रामवासियों के शिक्षा देने की जो योजना बना कर भेजी थी उसमें हिन्दी को स्थान ही न मिलता, यदि राजा साहब ने अपार परिश्रम करके हिन्दी में कुछ पाठ्य पुस्तकें तैयार न की होतीं। यदि शिक्षा योजना में हिन्दी को स्थान न मिलता, तो उस समय न तो उसका उन्नति-पथ प्रशस्त होता, और न वह जैसा चाहिए वैसा अपना पाँव आगे बढ़ा सकती, इसलिए उसकी उस काल की उन्नति में राजा साहब का हाथ होना स्पष्ट है। सन् 1845 में उन्होंने 'बनारस अख़बार' नामक जो समाचार पत्र निकाला था, उसकी भाषा यद्यपि फ़ारसी के तत्सम शब्दों से लदी हुई होती थी, परन्तु उसको वे देवनागर अक्षरों में ही प्रकाशित करते थे और उसे हिन्दी का समाचार-पत्र ही कहते थे। इन बातों से उनका हिन्दी प्रेम प्रकट होता है, परन्तु हिन्दी की भाषा के विषय में उनका कोई

निश्चित सिद्धान्त नहीं था, कभी वे उसे फ़ारसी शब्दों से मिश्रित लिखते थे और कभी संस्कृत शब्दों से गर्भित। कभी-कभी उन्होंने बड़ी सरल हिन्दी लिखी है परन्तु बोलचाल पर दृष्टि रखकर उसमें भी फ़ारसी और अरबी के ऐसे शब्दों का त्याग नहीं किया, जिनको सर्वसाधारण बोलते और समझ लेते हैं।

सन् 1835 में अँगरेज़ी और फ़ारसी लिपि में लिखी जाने वाली तथा फ़ारसी और अरबी के शब्दों तथा खड़ी बोली की क्रियाओं के सहयोग से उत्पन्न उर्दू भाषा सरकारी कचहरी की भाषा बन गयी। यह उर्दू का सौभाग्य सूर्योदय था। इस घटना से हिन्दी-गद्य के विस्तार कार्य को बहुत धक्का लगा। उर्दू का यों भी बोलचाल में प्रचार था। किन्तु इस घटना से उसे इतना अधिक प्रश्रय मिला कि वह सहज ही हिन्दी को पछाड़ देने में सफल हुई। कारण यह कि स्वयं हिन्दू प्रतिभा और साहित्य-सृजनकारिणी शक्ति ऐसी भाषा के विकास में योग देने के विरुद्ध हो गयी, जिसका आदर शिक्षित वर्ग में नहीं रह गया था। ऐसी दशा में मुंशी सदासुख लाल और लल्लू लाल द्वारा प्रचारित गद्य-शैली का कुछ समय के लिए दब जाना स्वाभाविक था।

राजा शिवप्रसाद का हिन्दी-रचना काल इसी समय प्रारम्भ होता है। लल्लू लाल की तरह शुद्ध गद्य लिखने के पक्ष में वे इस कारण नहीं हुए कि उनकी समझ में वैसा गद्य उस समय प्रचलित करना उचित नहीं था। उस समय की परिस्थिति पर दृष्टि रख कर एक जगह वे यह लिखते हैं–

"शुद्ध हिन्दी चाहने वाले को हम यह यक़ीन दिला सकते हैं कि जब तक कचहरी में फ़ारसी हरफ़ जारी हैं इस देश में संस्कृत शब्दों को जारी करने की कोशिश बेफ़ायदा होगी।" राजा शिवप्रसाद क्यों फ़ारसी अरबी शब्दों से मिश्रित हिन्दी लिखने के पक्षपाती थे, यह बात आशा है, अब आप लोगों की समझ में आ गयी होगी, उनके गद्य का निम्नलिखित नमूना देखने से यह विषय और स्पष्ट हो जावेगा।

"हम लोगों की ज़बान का व्याकरण (चाहे आप उसको उर्दू कहें चाहे हिन्दी) किसी कदर कायम हो गया है। जो बाक़ी है जिस क़दर जल्द क़ायम हो जावे बेहतर। इस ज़बान का दरवाज़ा हमेशा खुला रहा है और अब भी खुला रहेगा। उसमें शब्द बेशक आये और बराबर चले आते हैं, क्या भूमियों की बोली, क्या संस्कृत, क्या यूनानी (यहाँ तक कि यूनानी लफ़्ज़ 'दीनार' पुरानी संस्कृत पोथियों में भी पाया जाता है और नानक भी यूनानी से निकला है) क्या रूमी, क्या फ़ारसी, क्या अरबी, क्या तुर्की, क्या अँगरेज़ी क्या किसी मुल्क के शब्द जो कभी इस दुनिया के पर्दे पर बसे हैं या बसते हैं, सबके वास्ते इसका दरवाज़ा खुला रहा है और अब भी खुला रहेगा। अब इसे बन्द करने की कोशिश करना सिवाय इसके कि किस क़दर मूजिब हमारे हानि और नुक़सान का है और कैसा असम्भव है, यह सोचना चाहिए। रोक टोक बेशक मुनासिब है और यही हो

सकती है। वह कौन मनुष्य है कि अपने ताल में जिससे तमाम गाँव सिंचता है पानी आने की नालियाँ बन्द करे। गंगा की धारा का बहना तो आप बन्द नहीं कर सकते। लेकिन यह अवश्य कर सकते हैं कि बाँध और पुश्ते बनाकर उन्हीं के दर्मियान उसको रखें।"

उक्त अवतरण में 'क़दर', 'क़ायम', 'बाक़ी', 'बेहतर', 'ज़बान', 'दरवाज़ा', 'बेशक', 'लफ्ज़', 'मुल्क', 'दुनिया', 'कोशिश', 'क़दर', 'मूजिब', 'नुक़सान', 'मुनासिब', 'दर्मियान' आदि शब्द फ़ारसी के लिए गये हैं। 'व्याकरण', 'शब्द', 'हानि', 'अवश्य' आदि बहुत थोड़े से ही शब्द इसमें संस्कृत के हैं। राजा शिवप्रसाद की भाषा सम्बन्धी यह नीति सफल होने वाली नहीं थी। हिन्दी-गद्य के पुराने संस्कार वास्तव में सदा के लिए मिट नहीं गये थे, केवल प्रतिकूल परिस्थिति के कारण वे दबे पड़े थे। राजा लक्ष्मण सिंह की सरस लेखनी का अवलम्बन पाकर वे फिर सामने आ गये उन्होंने अपनी भाषा-विषयक नीति निम्नलिखित शब्दों में स्पष्ट रूप से व्यक्त कर दी–

"हिन्दी और उर्दू दो बोली न्यारी-न्यारी हैं। हिन्दी इस देश के हिन्दू और उर्दू यहाँ के मुसलमानों और फ़ारसी पढ़े हुए हिन्दुओं की बोलचाल है। हिन्दी में संस्कृत के शब्द बहुत आते हैं और उर्दू में अरबी और फ़ारसी के। किन्तु यह आवश्यक नहीं है कि अरबी फ़ारसी शब्दों के बिना उर्दू न बोली जाय और न हम उस भाषा को हिन्दी कहते हैं जिसमें अरबी फ़ारसी के शब्द भरे हों।"

अपनी इस मनोवृत्ति के साथ कार्य-क्षेत्र में अग्रसर होकर राजा लक्ष्मण सिंह ने हिन्दी का असीम उपकार किया। वास्तव में यदि राजा शिवप्रसाद ने हिन्दी गद्य के अस्थिपंजरावशिष्ट शरीर में श्वास का आना जाना सुरक्षित रक्खा तो राजा लक्ष्मण सिंह ने उसके शरीर में अल्पाधिक मात्रा में स्वास्थ्य का संचार किया और उसे नवजीवन दिया। इनकी भाषा के दो नमूने आप देखें–

1. "रास छोड़ते ही घोड़े सिमट कर कैसे झपटे कि खुरों की धूल भी साथ न लगी। केश खड़े करके और कनौती उठाकर घोड़े दौड़े क्या हैं, उड़ आये हैं। जो वस्तु पहले दूर होने के कारण छोटी दिखाई देती थी सो अब बड़ी जान पड़ती है।"

2. "तुम्हारे मधुर वचनों के विश्वास में आकर मेरा जी यह पूछने को चाहता है कि तुम किस राजवंश के भूषण हो और किस देश की प्रजा को विरह में व्याकुल छोड़कर पधारे हो। क्या कारण है कि जिससे तुमने अपने कोमल गात को कठिन तपोवन में आकर पीड़ित किया है।"

इन अवतरणों की भाषा से राजा शिवप्रसाद जी की भाषा से तुलना कीजिए। यदि एक में आपको उर्दू का स्पष्ट स्वरूप दिखाई पड़ेगा तो दूसरी में हिन्दी के प्रकृत स्वरूप को ग्रहण करने की चेष्टा प्रकट रूप से दिखाई पड़ती है। राजा लक्ष्मण सिंह के उक्त

अवतरणों में एक भी फ़ारसी शब्द का व्यवहार नहीं मिलता। संस्कृत के शब्दों की भी ठूँस-ठाँस नहीं दिखाई पड़ती, उतने ही संस्कृत शब्द उसमें आये हैं जितने भाषा को मनोहर बनाकर भाव को सुन्दर के साथ व्यक्त करने के लिए आवश्यक हैं।

परन्तु यह मानना पड़ेगा कि जहाँ राजा शिवप्रसाद एक ऐसी भाषा को प्रचलित करना चाहते थे जो हिन्दू-समाज के संस्कारों के बिलकुल ही प्रतिकूल थी, वहाँ राजा लक्ष्मण सिंह ने इस तथ्य बात की ओर ध्यान नहीं दिया कि जीवित भाषा का लक्षण ही यह है कि अन्य भाषाओं के सम्पर्क में आकर वह आदान-प्रदान से विरत न हो। फिर भी यह कहा जा सकता है कि राजा लक्ष्मण सिंह हिन्दी-गद्य-साहित्य में उस प्रतिक्रिया के प्रतिनिधि हैं जो राजा शिवप्रसाद सितारे-हिन्द की फ़ारसी के रंग में रँगी हुई हिन्दी के विरुद्ध हिन्दू समाज में इस समय उत्पन्न हो रही थी।

यहाँ हिन्दी और उर्दू के पारस्परिक विभेद सम्बन्ध में दो शब्द कह देना आवश्यक जान पड़ता है। राजा शिवप्रसाद सितारे हिन्द की यह बहुत बड़ी शिकायत थी कि उन दिनों शिक्षित समाज में प्रचलित फ़ारसी शब्दावली से प्रभावित हिन्दी को न स्वीकार करके संस्कृत-गर्भित हिन्दी लिखने और इस प्रकार एक नयी भाषा के निर्माण करने का प्रयत्न किया जा रहा था। निस्सन्देह हिन्दी और उर्दू की क्रियाओं में अभिन्नता है और दोनों का व्याकरण प्रायः एक ही है। परन्तु इतनी एकता होने पर भी धार्मिक और जातीय संस्कार ने दोनों बोलियों के बीच में एक गहरी खाई उपस्थित कर दी है। जिस इस्लाम की उपासना भारतवर्ष के मुसलमान करते हैं वह किसी देश की सीमाओं से प्रभावित नहीं होता, उसके आदेश के अनुसार भारतवर्ष और पैलेस्टाइन के मुसलमान जितने निकट समझे जा सकते हैं उतने भारतवर्ष के मुसलमान और हिन्दू नहीं। इस्लाम के इसी स्वरूप से प्रभावित होकर मुसलमान कवि भारतवर्ष में रहकर भी फ़ारसी-काव्य-परम्परा ही को अधिक पसन्द करता है। जैसे मुसलमान अपने संस्कारों को नहीं छोड़ते उसी प्रकार यह भी असम्भव है कि हिन्दू-जाति की धार्मिक संस्कृति संस्कृत शब्दों का मोह त्याग दे। ऐसी दशा में हिन्दी और उर्दू की एकता के लिए यह नितान्त आवश्यक है कि हिन्दू और मुसलमान जातियों के दैनिक सम्पर्क और सहयोग के लिए किसी जीवित सम्बन्ध की स्थापना की जाय और दोनों के व्यक्तिगत संस्कारों को एक दूसरे के साथ मिलकर सामंजस्य कर लेने का अवसर दिया जाय। जब यह सम्भव होगा तो इसे व्यक्त करने वाली भाषा केवल मुस्लिम समाज अथवा हिन्दू-समाज की नहीं होगी, बल्कि भारतीय समाज की होगी, तभी हिन्दी और उर्दू का झगड़ा मिट जायेगा। यह परिस्थिति जिस प्रकार सम्भव हो सके उसके लिए उद्योगशील न होकर जो लोग प्रति सौ फ़ारसी अरबी शब्दों के साथ पाँच फ़ारसी अरबी के सार्वजनिक प्रयोग जात किन्तु संस्कार शून्य शब्दों का केवल इसलिए व्यवहार करते हैं, कि इससे उनकी

एकताहितैषणा की घोषणा हो, वे समस्या के मूल पर कुठाराघात न करके केवल डालियों और पत्तों पर प्रहार करके पेड़ को भूमिशायी बनाना चाहते हैं। अतएव, जब तक मुसलमान लेखक अपने साहित्य-परम्परा-विषयक संस्कारों पर भारतीय रंग न चढ़ने देंगे अथवा हिन्दू लेखक अपनी साहित्य-परम्परागत विशेषताओं के साथ मुसलमानों की शैली के साथ समझौता होना सम्भव न बनायेंगे तब तक हिन्दी और उर्दू का विभेद बना ही रहेगा और वे राजा लक्ष्मण सिंह के शब्दों में दो न्यारी बोली बनी ही रहेंगी।

राजा शिवप्रसाद और राजा लक्ष्मण सिंह जिस समय हिन्दी गद्य की शैली को एक स्थिर स्वरूप देने का प्रयत्न कर रहे थे उस समय गुजरात से सूर्य की तरह उदित होने वाले स्वामी दयानन्द सरस्वती ने हिन्दू जाति की रक्षा के लिए एक बड़े प्रबल आन्दोलन को जन्म दिया। ईसाइयों के स्वधर्म प्रचार के प्रयत्न की चर्चा की जा चुकी है। इस प्रयत्न का स्वरूप केवल अनुवादित पुस्तकें जनता में बाँटना ही नहीं था, उसने इससे अधिक गम्भीर रूप पकड़ कर हमारे दैनिक जीवन के प्रभावशाली अंगों शिक्षा और चिकित्सा आदि से भी अपना सम्पर्क बढ़ाने की कोशिश की। इसका परिणाम यह हुआ कि विभिन्न प्रान्तों के बहुसंख्यक हिन्दू ईसाई धर्म को स्वीकार करने लगे। इसके अतिरिक्त हिन्दू-समाज के अनेक दुर्बल अंगों पर आक्रमण करके मुसलमान लोग भी हिन्दुओं को हिन्दू धर्म की गोद में से निकालने की चिन्ता में लगे थे। स्वामी दयानन्द सरस्वती के आविर्भाव के पहले हिन्दू-समाज, विशेषकर संयुक्त प्रान्त और पंजाब का हिन्दू समाज इस अन्धकार में अपना समुचित पथ ढूँढ़ निकालने में असमर्थ था। स्वामी दयानन्द ने देश और जाति की आवश्यकताओं को समझा और जो कुछ उचित समझा उसे अपने देश-बन्धुओं को समझाने का प्रबल प्रयत्न किया। इससे स्वभावतः हिन्दी गद्य को सहारा मिला, क्योंकि उनके और उनके अनुयायियों ने अपना आन्दोलन और प्रचार-कार्य हिन्दी ही में प्रारम्भ किया। राजा शिवप्रसाद की भाषा सम्बन्धी नीति को स्वामी दयानन्द के आन्दोलन से भी पनपने का अवसर नहीं मिला। क्योंकि तत्कालीन सामाजिक और धार्मिक प्रश्नों की मीमांसा हिन्दी ही में होने के कारण अधिकांश विचारशील हिन्दुओं को भी संस्कृत के अनेक तत्सम शब्दों की ओर झुकना पड़ा जिसका परिणाम कालान्तर में पंजाब जैसे उर्दू-प्रधान प्रान्त में इस रूप में दिखाई पड़ा कि भाषा तो हुई संस्कृत शब्दों से भरी किन्तु लिपि हुई फ़ारसी—राजा शिवप्रसाद की शैली का ठीक उलटा। स्वामी दयानन्द सरस्वती की भाषा का एक नमूना देखिये—

1. "तत्पश्चात् मैं कुछ दिन तक स्थान टेहरी में ही रहा और इन्हीं पंडित साहब से मैंने कुछ पुस्तकों और ग्रन्थों का हाल जो मैं देखना चाहता था दरयाफ़्त किया और यह भी पूछा कि ये ग्रन्थ इस शहर में कहाँ-कहाँ मिल सकते हैं। उनके खोलते ही मेरी निगाह एक ऐसे विषय पर पड़ी कि जिसमें बिलकुल झूठी बातें, झूठे तरजुमे, और झूठे

अर्थ थे।"

2. "राजा भोज के राज्य में और समीप ऐसे शिल्पी लोग थे कि जिन्होंने घोड़े के आकार का एक मान यन्त्र कलायुक्त बनाया था कि जो एक कच्ची घड़ी में ग्यारह कोस और एक घण्टे में सत्ताइस कोस जाता था वह भूमि और अन्तरिक्ष में भी चलता था और दूसरा पंखा ऐसा बनाया था कि बिना मनुष्य के चलाये कला-यन्त्र के बल से नित्य चला करता और पुष्कल वायु देता था जो ये दोनों पदार्थ आज तक बने रहते तो योरोपियन इतने अभिमान में न चढ़ जाते।"

इन अवतरणों की भाषा पर ध्यान दीजिए, द्वितीय अवतरण में फ़ारसी या अरबी का एक भी शब्द नहीं है, संस्कृत के तत्सम शब्दों ही की उसमें प्रधानता देख पड़ती है। पहले अवतरण में 'साहब' 'दरयाफ़्त' 'निगाह', 'तरजुमे' आदि शब्द फ़ारसी के हैं। राजा लक्ष्मणसिंह की भाषा में जो सरलता और मधुरता है उसका स्वामी जी की भाषा में सर्वथा अभाव है। कारण इसका यह है कि स्वामी जी को एक नवीन दिशा में हिन्दी का उपयोग करना पड़ा। जिस प्रकार का शास्त्रार्थ उन्होंने प्रचलित किया वैसा तब तक अज्ञात था। मौलवियों, पादरियों और पंडितों के साथ विवाद में पड़ कर हिन्दी भाषा से उन्हें ऐसा काम लेना पड़ा जो कभी लिया न गया था। दूसरी बात यह कि उनके विषय शास्त्रीय थे, वह भी वादग्रस्त, साहित्यिक नहीं थे, अतएव उनकी भाषा में कर्कशता और रूखापन मिलना आश्चर्यजनक नहीं।

राजा शिवप्रसाद, राजा लक्ष्मणसिंह और स्वामी दयानन्द सरस्वती समसामयिक थे। इन तीनों लेखकों ने हिन्दी गद्य में तीन प्रकार की शैलियाँ उपस्थित कीं, यह आप लोगों ने देख लिया। अब मैं आपको हिन्दी गद्य-साहित्य के एक ऐसे उज्ज्वल नक्षत्र की निर्मल प्रभा से परिचित करना चाहता हूँ जिसने शैली-विकास-विषयक प्रयत्न को प्रायः पूर्णता का रूप प्रदान करके स्थिरता संचार करने में सफलता प्राप्त की, यह उज्ज्वल नक्षत्र भारतेन्दु बाबू हरिश्चन्द्र हैं। भारतेन्दु बाबू ने जैसे सामयिक हिन्दी पद्य के विकास में पथ-प्रदर्शक का काम किया वैसे ही गद्य के विकास में भी उनका सहयोग बहुत महत्त्वपूर्ण हैं बात यह है कि साहित्य-शैलियों के विकास में लेखक की अपेक्षा जनता का सहयोग कम प्रभावशाली नहीं होता। हम जो कुछ लिखते हैं उसका यही उद्देश्य है कि उसे लोग पढ़ें और उचित मात्रा में उसमें प्रभावित हों। जब हम शैली-विशेष की उपयोगिता और ग्राम्यता पर विशेष बल देते हैं, तब हमारा तात्पर्य इससे भिन्न अन्य कुछ नहीं हो सकता कि उससे लेखक और पाठक का मानसिक-सम्बन्ध-स्थापन होने में बहुत अधिक सरलता और सुगमता की सम्भावना है। राजा शिवप्रसाद ने फ़ारसी शब्दों से लदी हुई 'आम फ़हम' और 'ख़ास पसन्द' भाषा के लिए जब 'ज़ोरदार', 'वकालत' की थी तब इसी व्यापक सिद्धान्त का आश्रय उन्हें लेना पड़ा था। उनका ध्यान विशेष

रूप से उन शिक्षित हिन्दू पाठकों की ओर था जिनके हिन्दी-प्रेम की अधिक से अधिक सीमा यह थी कि वे देवनागर अक्षरों में उर्दू भाषा को पढ़ और समझ लें। किन्तु जब इसी पाठक-मण्डली के धार्मिक संस्कारों की सहानुभूति की आवश्यकता लेखक को प्रतीत हुई तब संस्कृत के तत्सम शब्दों ही की ओर उसे झुकना पड़ा। मैं इस स्थान पर यह कथन करता हुआ इस बात को भी नहीं भूल रहा हूँ, कि धार्मिक विषयों में स्पष्टीकरण, तथा तत्सम्बन्धी तर्क-वितर्क में संस्कृत शब्दों की यथेष्ट मात्रा में आवश्यकता होती है। किन्तु साथ ही यह भी मेरा मत है कि स्वामी दयानन्द सरस्वती के लेखों में संस्कृत के तत्सम शब्दों का जो बहुत अधिकता से प्रयोग हुआ है, उसका एकमात्र कारण यह अनिवार्य आवश्यकता ही नहीं थी, बल्कि जनता की वह रुचि भी थी, जो संस्कृत के तत्सम शब्दों के प्रयोग में एक विशेष धार्मिक संस्कार का अनुभव करती थी। अतएव लेखक और पाठकमण्डली दोनों के सहयोग से हिन्दी भाषा का बहुत कुछ परिष्कार और परिमार्जन हो चला जिसका स्पष्ट परिचय भारतेन्दु बाबू हरिश्चन्द्र की भाषा में दिखायी पड़ा। जनता की रुचि किस भाषा की ओर थी, वह भारतेन्दु द्वारा संचालित 'कविवचनसुधा' नामक मासिक पत्र के प्रति उसके विशेष अनुराग से लक्षित हो गया। भारतेन्दु ने भाषा के सम्बन्ध में एक ऐसी नीति ग्रहण की जो किसी विशेष पक्ष की ओर झुकी नहीं थी बल्कि समस्त पक्षों का समुचित समन्वय उपस्थित करती थी। यदि वे राजा शिवप्रसाद की सी फ़ारसी के भार से दबी हुई हिन्दी नहीं लिखते तो राजा लक्ष्मणसिंह अथवा 'प्रेमसागर' रचयिता लल्लूलाल की तरह उन फ़ारसी शब्दों से भी नहीं बचते थे जो हिन्दी की बोलचाल में आ गये हैं। नीचे भारतेन्दुजी की भाषा के दो नमूने मैं उपस्थित करता हूँ। इन्हें देखकर आप यह समझ सकेंगे कि भारतेन्दु जी की भाषा सम्बन्धी नीति किस प्रकार उस समय के एक महत्वपूर्ण प्रश्न को हल करती थी–

1. "नाम बिके, लोग झूठा कहें, अपने मारे मारे फिरें, पर बाहरे शुद्ध 'बेहयाई'–पूरी निर्ल्लज्जता! लाज को जूतों मार के, पीट-पीट के निकाल दिया है। जिस मुहल्ले में आप रहते हैं लाज की हवा भी वहाँ नहीं जाती। हाय, एक बार भी मुँह दिखा दिया होता तो मत-वाले मतवाले बने क्यों लड़ लड़कर सिर फोड़ते? काहे को ऐसे बेशरम मिलेंगे?"

2. "जब मुझे अँगरेज़ी रमणी लोग मेदसिंचित केशराशि, कृत्रिम कुंतल जूट, मिथ्या रत्नाभरण, विविध वर्ण वसन से भूषित, क्षीण कटि देश कसे, निज निज पतिगण के साथ प्रसन्न वदन इधर से उधर फर फर कल की पुतली की भाँति फिरती हुई दिखलाई पड़ती हैं, तब इस देश की सीधी सादी स्त्रियों की हीन अवस्था मुझको स्मरण आती है और यही बात मेरे दुख का कारण होती है।"

अवतरण नम्बर एक को देखिये। उसमें 'बेहयाई', 'बेशरम' जैसे शब्दों का प्रयोग निस्संकोच भाव से किया गया है और यह भी स्वीकार करना पड़ता है कि इन शब्दों ने उक्त अवतरण की सरसता बढ़ाने में बहुत कुछ योग दिया है। संस्कृत के 'निर्ल्लज्ज' और 'निर्लज्जता' शब्दों का प्रयोग यहाँ किया जा सकता था, किन्तु 'बेहयाई' और 'बेशरमी' का बोलचाल में इतना अधिक अधिकार हो गया है कि उनकी 'उपेक्षा' लेखक अपनी भाषा की स्वाभाविकता और सहज ही सम्पादित हो सकने वाली सरसता को संकट में डालकर ही कर सकता था। दूसरे अवतरण में भारतेन्दु संस्कृत के तत्सम शब्दों ही के प्रयोग की ओर अधिक प्रवृत्त पाये जाते हैं। इसका कारण यह है कि यहाँ वे अपने उद्‌गार को व्यक्त करने के लिए कुछ ऐसे वाक्य लिखना चाहते थे जो साधारण बोलचाल में नहीं आते। ऐसी परिस्थिति में अपनी शब्दावली चुनने के लिए उनके सामने दो मार्ग थे, या तो वे संस्कृत के अपरिचित, किन्तु पाठकों के अनुकूल संस्कारों के कारण सहज ही परिचित होने की क्षमता रखने वाले शब्दों को चुनें अथवा फ़ारसी या अरबी के अप्रचलित और विदेशी शब्दों को। भारतेन्दु जी ने जैसी शब्दावली चुनी, उस परिस्थिति में प्रत्येक विचारशील लेखक वैसी ही शब्दावली ग्रहण करने की ओर प्रवृत्त होगा। इस प्रकार यह स्पष्ट है कि भारतेन्दु ने हिन्दी गद्य के विकास का एक स्वाभाविक पथ तैयार करके उसे कार्य-क्षेत्र की ओर अग्रसर किया।

हिन्दी गद्य का कार्य-क्षेत्र भी बदलता जा रहा था और उसकी समस्त शक्तियों को प्रस्फुटित करने वाले अवसर प्रस्तुत हो रहे थे। पाश्चात्य सभ्यता के सम्पर्क से जो हिन्दू समाज नितान्त विचलित और सम्मोहित हो गया था, वह बंगाल में राजा राममोहन राय और उत्तरी भारत में स्वामी दयानन्द सरस्वती के प्रभाव से नव-जीवन लाभ कर रहा था। राजा राममोहन राय ने उपनिषदों के महत्त्व की ओर शिक्षित समाज का ध्यान खींचा, स्वामी दयानन्द ने वेदों की ओर। इस उद्योग का परिणाम यह हुआ कि शिक्षित जनता में यह आत्मविश्वास फिर उत्पन्न होने लगा जो उसके पहले लुप्तप्राय था। प्रायः इसी समय समाचार-पत्रों का भी उदय हुआ। आत्माभिमान के जागरित होते ही देशानुराग के भाव का विकास भी हुआ। राजा शिवप्रसाद और राजा लक्ष्मण सिंह ने तो इस ओर ध्यान नहीं दिया किन्तु बाबू हरिश्चन्द्र और उनके सहयोगियों ने देश और समाज के कष्टों को गहराई के साथ अनुभव करके भिन्न-भिन्न रूपों में उन्हें व्यक्त किया। यदि कहीं उन्होंने मर्मभेदी बातें कहीं, कहीं पाठक के हृदय को करुणा और अनुताप के भावों से पूरित किया तो सामाजिक त्रुटियों को लक्ष्य करके कहीं ऐसा व्यंग्यपूर्ण प्रहार और आक्षेप भी किया कि कुछ असहनशील पाठक की आन्तरिक सहानुभूति का उनसे चिरविच्छेद हो गया। उनका पहला नाटक 'वैदिकी हिंसा हिंसा न भवति' ऐसा ही था। उसमें उन्होंने समाज में प्रचलित बहुत-सी दूषित बातों की ओर पाठकों और दर्शकों का ध्यान आकर्षित किया है। वास्तव

में भारतेन्दु की देशानुराग परायण बुद्धि ने उन सूक्ष्म जीवन-संचारक तत्त्वों को अच्छी तरह समझ लिया था जो हिन्दू समाज के पुनरुज्जीवन के लिए आवश्यक थे। उन्होंने 'कर्पूर-मंजरी', 'सत्य हरिश्चन्द्र', 'चन्द्रावली-नाटिका', 'भारत-दुर्दशा', 'अन्धेर-नगरी', 'नीलदेवी' आदि नाटकों की रचना इसी उद्देश्य से की कि हिन्दू समाज के आरोग्य लाभ के लिए उन्हीं तत्त्वों को उपस्थित करें। इसमें तो वे सफल हुए ही, साथ ही नाटक-रचना के कार्य में अग्रणी होने के कारण हिन्दी का प्रथम नाटककार होने का गौरव भी उन्हें प्राप्त हुआ।

भारतेन्दु की भाषा के जो दो नमूने ऊपर दिये गये हैं उनमें से नम्बर 1 को देखने से आपको यह भी ज्ञात हो जायगा कि भारतेन्दु जी ने मुहावरेदार भाषा लिखने का उद्योग भी किया था। 'नाम बिकना', 'मारे-मारे फिरना' आदि मुहावरे हैं जिनके व्यवहार ने भाषा की सरसत्ता को बढ़ा दिया है। अवतरण नम्बर 2 में इस प्रकार के मुहावरों का अभाव है इसका कारण भी स्पष्ट है। संस्कृत के तत्सम शब्दों के बहु-संख्यक प्रयोगों ने मुहावरों के प्रवेश में रुकावट डाल दी है, प्रायः मुहावरों की छटा बोलचाल की भाषा में ही दृष्टिगत होती है।

समय के प्रभाव से उस समय बाबू हरिश्चन्द्र को अनेक सहयोगी भी प्राप्त हुए, उनमें से कुछ प्रमुख का वर्णन नीचे किया जाता है।

कानपुर के पं. प्रतापनारायण मिश्र विलक्षण प्रतिभा के मनुष्य थे, देश-प्रेम उनमें कूट-कूट कर भरा था, वे खरे थे, इसलिए खरी बातें भी कहते थे। स्वतन्त्र प्रकृति के थे, इसलिए उनकी सभी बातों में स्वतन्त्रता दिखायी पड़ती है। उनकी भाषा में भी स्वतंत्रता का रंग अधिक है। वे लिखते हैं, सामयिक हिन्दी, परन्तु उसमें मनमानापन भी मौजूद है। वे फ़ारसी, संस्कृत और उर्दू के अच्छे जानकार थे। फिर भी ग्रामीण बातों और कहावतों से उन्हें प्रेम है। उनकी रचना की प्रधान विशेषता यह है कि वे मुहावरों आदि का व्यवहार अपनी भाषा में सफलता के साथ करते हैं। देश ममता उनमें इतनी थी, कि अपने यहाँ की छोटी-छोटी बातों को भी महत्त्व देते थे, और उनका प्रतिपादन इस ढंग से करते थे, कि उनकी इस प्रकार की लेख माला पढ़कर चित्त प्रफुल्ल हो उठता है। किन्तु उनका भाग्य कभी नहीं चमका। अपने ब्राह्मण, नामक मासिक पत्र को भी वे थोड़े ही समय तक चला सके। दैनिक 'हिन्दुस्तान' के सम्पादक होकर काला काँकर गये, परन्तु कुछ दिन वहाँ भी ठहर नहीं सके। उनके गद्य के कुछ नमूने देखिये—

1. "घर की मेहरिया कहा नहीं मानती, चले हैं दुनिया भर को उपदेश देने। घर में एक गाय बाँधी नहीं जाती, गोरक्षिणी सभा स्थापित करेंगे। तन पर एक सूत देशी कपड़े का नहीं है, बने हैं देशहितैषी। साढ़े तीन हाथ का अपना शरीर है, उसकी उन्नति तो क़र नहीं सकते, देशोन्नति पर मरे जाते हैं। कहाँ तक कहिये हमारे नौसिखिया भाइयों

की माली खुलिया का आज़ार हो गया है, करते धरते कुछ नहीं हैं, बक बक बाँधे हैं।"

2. "सच है 'सब ते भले हैं मूढ़ जिन्हें न व्यापै जगत गति, मज़े से पराई जमा गपक बैठना, खुशामदियों से गप मारा करना' जो कोई तिथ त्योहार आ पड़ा, तो गङ्गा में बदन धो आना, गङ्गापुत्र को चार पैसे देकर सेंत मेत में, धरम मूरत धरमा औतार का ख़िताब पाना, संसार परमार्थ तो दोनों बन गये, अब काहे को है, है काहे को खै खै। मुँह पर तो कोई कहने ही नहीं आता, कि राजा साहब कैसे हैं, पीठ पीछे तो लोग नवाब को भी गालियाँ देते हैं, इससे क्या होता है। आप रूप तो आप हैं, ही 'दुहूँ हाथ मुद मोदक मोरे' उनको कभी दुख काहे को होता होगा। कोई घर में मरा मराया तो रो डाला। बस आहार, निद्रा, भय, मैथुन के सिवा पाँचवीं बात ही क्या है, जिसको झीखैं। आफ़त तो बेचारे ज़िन्दा दिलों की है, जिन्हें न यों कल न वों कल। जब स्वदेशी भाषा का पूर्ण प्रचार था, तब के विद्वान् कहते थे, 'गीर्वाणवाणीषु' विशाल बुद्धिस्तथान्यभाषा रस लोलुपोहं, अब आज अन्य भाषा वरंच अन्य भाषाओं का करकट (उर्दू) छाती का पीपल हो रही है, तब वह चिन्ता खाये लेती है, कि कैसे इस चुड़ैल से पीछा छूटे। एक बार उद्योग किया गया तो एक साहब के पेट में समा गया, फिर भी चिन्ता पिशाची गला दबाये है। प्रयाग हिन्दू समाज फ़िकर के मारे 'कशीदम' नालओ बेहोश गश्तम, का अनुभव कर रहा है।"

3. "अरे भाई पहले अपना घर तो बाँधो लाला मसजिद पिरशाद सिड़ी वासितम को समझाओ कि तुम्हारे बुज़ुर्गों की बोली उर्दू नहीं है, लाला लखमीदास मारवाड़ी से कहो कि तुम हिन्दू हो, लाला नीचीमल खन्ना से पूछो तुम लोग संकल्प पढ़ते समय अपने को वर्मा कहते हो कि शेख़? पण्डित यूसुफ़ नारायण कश्मीरी से दरयाफ़्त करो कि तुम्हारे दसो संस्कार (मुंडनादिक) वेद की रिचाओं से हुए थे कि हाफ़िज के दीवान से इसके पीछे जो सर्कार हिन्दी न कर दे तो ब्राह्मण के एडीटर को होली का गुण्डा बनाना।"

अहा! भाषा हो तो ऐसी हो, क्या प्रवाह है! क्या लोच है! कैसी फड़कती और चलती भाषा है! दुख है, यह भाषा पं. जी के साथ ही चली गयी, फिर ऐसी भाषा लिखने वाला कोई उत्पन्न नहीं हुआ। मुहावरेदार भाषा लिखने में जैसा भाव-विकास होता है, वैसा अन्य भाषा लिखने में नहीं। यदि होता भी है, तो उतना प्रभावजनक नहीं होता। पं. जी की भाषा में अनेक शब्द शुद्ध रूप में नहीं लिखे गये हैं, कारण इसका यह है, कि उनको उस रूप में उन्होंने लिखा है, जैसा वे बोलचाल में हैं। उनको यह प्रणाली गृहीत नहीं हुई। कारण इसका यह है कि एक तो बोलचाल पर इतनी दृष्टि कौन डाले दूसरी बात यह है कि जब कुछ विशेष कारणों से शब्द को तत्सम रूप में लिखा जाना ही अच्छा समझा जाने लगा, तो व्यर्थ सर कौन मारे। चाहे जो हो, परन्तु ऐसी भाषा लिखना टेढ़ी खीर है, सब ऐसी भाषा नहीं लिख सकते। यह गौरव पं.

प्रतापनारायण मिश्र को हिन्दी लिखने वालों में और पं. रत्ननाथ को उर्दू लिखने वालों में प्राप्त हुआ, अन्य को नहीं। आश्चर्य नहीं कि कोई दिन ऐसा आवे जिस दिन यह भाषा ही आदर्श मानी जावे।

पण्डित प्रतापनारायण मिश्र के उपरान्त हमारी दृष्टि दो नारायणों पर पड़ती है, एक हैं पण्डित गोविन्द नारायण मिश्र और दूसरे हैं, पण्डित बदरीनारायण चौधरी। परन्तु इनका पथ भिन्न है, यदि वे बोलचाल की हिन्दी लिखने में सिद्धहस्त थे, तो ये दोनों सज्जन साहित्यिक हिन्दी लिखने में प्रसिद्ध थे।

पं. गोविन्द नारायण मिश्र ने ऐसे वंश में जन्म लिया था जहाँ संस्कृत का विशेष प्रचार था। वे स्वयं भी संस्कृत के विद्वान् थे। अतएव यह स्वाभाविक था कि वे हिन्दी गद्य-रचना करते समय संस्कृतगर्भित वाक्य-विन्यास की ओर झुकें! उनकी भाषा का एक नमूना दिया जाता है–

1. जिस सुजन समाज में सहस्रों का समागम बन जाता है, जहाँ पठित, कोविद, कूर, सुरसिक, अरसिक सब श्रेणी के मनुष्यमात्र का समावेश है, वहाँ जिस समय सुकवि सुपंडितों के मस्तिष्क सुमेरु के सोते के अदृश्य प्रवाह समान प्रगल्भ प्रतिभा स्रोत से, समुत्पन्न शब्द कल्पना कलित, अभिनव भाव-माधुरी भरी, छलकती, अति मधुर रसीली स्रोतःस्वती उस हंस वाहिनी हिन्दी सरस्वती की कवि की सुवर्ण विन्यास समुत्सुक सरस रसना रूपी सुचमत्कारी उत्स (झरने से) कलरव कल कलित अति सुललित प्रबल प्रवाह सा उमड़ चला आता, मर्मज्ञ रसिकों के श्रवण पुट रन्ध्र की राह, मन तक पहुँच सुधा से सरस अनुपम काव्य रस चखाता है; उस समय उपस्थित श्रोता मात्र यद्यपि छन्द बन्द से स्वच्छन्द समुच्चारित शब्द लहरी प्रवाह पुंज को समभाव से श्रवण करते हैं; परन्तु उसका चमत्कार, आनन्द, रसास्वादन, सबको समतुल्य नहीं होता।

एक अवतरण और देखिये–

2. "सरद पूनों के समुदित पूरनचन्द की छिटकी जुन्हाई, सकल मनभाई के भी मुँह मसिमल, पूजनीय अलौकिक पद नख चन्द्रिका की चमक के आगे तेजहीन, मलीन, और कलंकित दरसाती, लजाती, सरस सुधा धौली अलौकिक सुप्रभा फैलाती, अशेष मोह जड़ता प्रगाढ़ तमतोम सटकाती मुकाती निज भक्त जनमन वांछित वराभय भुक्ति मुक्ति सुचारु चारों मुक्त हाथों से मुक्ति लुटाती, सकल कला आलाप कलकलित सुललित सुरीली मीड़ गमक झनकार सुतार-तार सुरग्राम अभिराम लसित बीन प्रवीन पुस्तकाकलित मखमल से समधिक सुकोमल अति सुन्दर सुविमल लाल प्रवाल से लाल लाल कर पल्लव सुहाती, बिबिध विद्या-विज्ञान सुभसौरभ सरसाते पिकसे फूले सुमन प्रकाश हास बास बसे, अनायास सुगन्धितसित बसन लसन सोही सुप्रभा विकसाती, सुविमल मानस बिहारी, मुक्ताहारी नीर-क्षीर विचार सुचतुर कवि कोदि राज राज

हियसिंहासन निवासिनी मन्दहासिनी त्रिलोक प्रकासिनी सरस्वती माता के अति दुलारे प्राणों से प्यारे पुत्रों की अनुपम अनोखी अतुल बलशाली परम प्रभावशाली सुजन मन मोहिनी नव रस भरी सरस सुखद विचित्र वचन रचना का नाम ही साहित्य है।"

पण्डित गोविन्द नारायण मिश्र ने इस प्रकार का गद्य लिखकर हिन्दी भाषा में कविवर वाण विरचित कादम्बरी की शब्दच्छटा दिखलाने की चेष्टा की है, वैसा ही माधुर्य भी उत्पन्न करना चाहा है। परन्तु वह बात तो प्राप्त हुई नहीं, भाषा अवश्य दुर्बोध हो गयी। अधिकतर उन्होंने ऐसी ही हिन्दी लिखी है, जब लेखनी उठाते थे, धारा प्रवाह रूप में ऐसी हिन्दी लिखते चले जाते थे। उनको इस प्रकार की हिन्दी लिखने में आनन्द भी बड़ा आता था, क्योंकि दण्डी के ढंग की समस्त पदावली उनको बहुत प्यारी थी। इन अवतरणों को देखकर उनके भाषाधिकार की प्रशंसा करनी पड़ती है। इनमें जो कवि कर्म्म है, वह भी साधारण नहीं, परन्तु उनकी दुरूहता और जटिलता, उसका आनन्द उपभोग करने नहीं देती। जिस गद्य में छोटे-छोटे वाक्य न हों, जो उद्वेलित समुद्र समान अपने प्रचुर समस्त पद प्रयोग उत्ताल तरंगों से आप ही विक्षुब्ध हो, वह औरों को क्या विमुग्ध कर सकेगा। किन्तु इन अवतरणों को देखकर यह न समझना चाहिए कि उनकी समस्त गद्य रचनायें ऐसी ही हैं। ये रचनायें जो पं. जी की विशेषता दिखलाने के लिए ही यहाँ उद्धृत की गयी हैं। उनका साधारण गद्य सुन्दर है, और उसमें उसकी विशेषतायें पाई जाती हैं। एक अवतरण ऐसे गद्य का भी देखिये—

"परन्तु स्वच्छ दर्पण पर ही अनुरूप यथार्थ सुस्पष्ट प्रतिबिम्ब प्रतिफलित होता है। उससे सामना होते ही, अपनी ही प्रतिबिम्बित प्रतिकृति, मानों समता की स्पर्द्धा में आ, उसी समय सामना करने आमने-सामने आ खड़ी होती है। भला कहीं अँधेरी कोठरी की मिट्टी की, अति मलिन पुरानी भीत में भी किसी का मुँह दिखाई दिया है? अथवा उस पर कभी क्या किसी बिम्ब का प्रतिबिम्ब पड़ सकता है?" 'आत्माराम की टें टें' शीर्षक लेख-माला में उनका गद्य और अधिक सरल एवं स्पष्ट है। उन्होंने विभक्तियों को संज्ञापदों से मिलाकर लिखने की परिपाटी चलाई और 'विभक्ति-विचार' शीर्षक एक लेख लिखकर उसका समर्थन किया। हिन्दी के कुछ लेखकों ने इस परिपाटी का अनुसरण भी किया किन्तु वह सर्वसम्मत नहीं हो सकी। पं. जी अपने समय के प्रभावशाली वक्ता और लेखक थे, उनका हिन्दी भाषा प्रेमियों पर अधिकार भी बड़ा था, इन्हीं गुणों के कारण अखिल भारतीय हिन्दी साहित्य सम्मेलन का सभापतित्व पद भी उन्हें प्राप्त हुआ था।"

पं. बदरीनारायण चौधरी 'प्रेमघन' ने भी अधिकतर साहित्यिक गद्य ही लिखने की चेष्टा की। वरन् यह कहना चाहिए कि उन्हें साहित्यिक गद्य लिखना ही प्रिय था। यहाँ तक कि साधारण समाचार तक साहित्यिक अलंकारों द्वारा अलंकृत होकर ही उनकी

'आनन्द कादम्बिनी' नामक मासिक पत्रिका में स्थान पाते थे। उनके गद्य में एक अद्भुत सजीवता और सुन्दरता आरम्भ से अन्त तक दिखलायी पड़ती, जिसे पढ़ते ही पाठकों का हृदय प्रसून समान उत्फुल्ल हो उठता। उनकी भाषा के दो नमूने देखिये–

1. "जैसे किसी देशाधीश के प्राप्त होने से देश का रंग ढंग बदल जाता है, तद्रूप पावस के आगमन से, इस सारे संसार ने भी नया रंग रूप पकड़ा, भूमि हरी भरी होकर नाना प्रकार की घासों से सुशोभित भई, मानों मारे मोद के रोमांच की अवस्था को प्राप्त भई। सुन्दर हरित पत्रावलियों से भरित तरुगनों की सुहावनी लतायें, लिपट लिपट मानों मुग्धा मयंक मुखियों को अपने प्रियतमों के अनुरागालिंगन की विधि बतलातीं।"

2. "दिव्य देवी श्री महाराणी बड़हर लाख झंझट झेल, और चिरकाल पर्यन्त बड़े बड़े उद्योग और मेल से, दुख के दिन सकेल, अचल 'कोर्ट का पहाड़ ढकेल' फिर गद्दी पर बैठ गयीं।"

ईश्वर का भी क्या खेल है कि कभी तो मनुष्य पर दुःख की रेल पेल है और कभी उस पर सुख की कुलेल।

साहित्यिक गद्य मिश्र जी और चौधरी जी दोनों का है, परन्तु अन्तर यह है कि मिश्र जी का गद्य उद्विग्नकर है, और चौधरी जी का मनोहर। मिश्र जी का वाक्य दूर तक चलता है, परन्तु चौधरी जी का वाक्य छोटा छोटा होता है, इसलिए उसमें हृदयग्राहिता अधिक है। मिश्र जी का जीवन सादा था, और वे पण्डित प्रकृति के थे इसलिए उनकी रचना में न तो चटक मटक है, न लचकीलापन। चौधरी जी अमीराना ठाट के आदमी थे, रसिक तो थे ही, मनचले और बाँके तिरछे भी, इसलिए उनकी भाषा भी कहीं चटकीली है, कहीं अलंकृत है, कहीं रसीली। कहीं ऐंठती चलती है, कहीं मचलती। कहीं अलंकारों के भार से दब जाती है कहीं बड़े ठाट से तनी फिरती है। इसलिए अन्तर होना स्वाभाविक है। चौधरी जी समालोचक भी थे, वरन् सच पूछिये तो हिन्दी साहित्य में समालोचना प्रणाली का आरम्भ उन्हीं से हुआ।

एक ओर तो पं. गोविन्द नारायण मिश्र और पं. बदरीनारायण चौधरी संस्कृत के तत्सम शब्दों के प्रयोग की ओर विशेष दत्तचित्त होकर हिन्दी गद्य में एक विचित्र सरसता भर रहे थे, दूसरी ओर बालकृष्ण भट्ट शैली में उक्त दोनों महोदयों से बहुत कुछ भिन्नता रखते हुए वही कार्य्य करने में संलग्न थे। पं. गोविन्द नारायण मिश्र और पं. बदरी नारायण चौधरी को फ़ारसी अरबी के शब्दों के प्रति कुछ भी आकर्षण नहीं था। परन्तु भट्ट जी फ़ारसी अरबी के प्रचलित शब्दों का प्रयोग अपनी रचना में स्वतन्त्रता से करते थे। उक्त दोनों महाशय राजा लक्ष्मण सिंह की भाँति फ़ारसी, अरबी शब्दों को अपनी रचना में स्थान नहीं देना चाहते थे। यह दूसरी बात है कि किसी अवसर पर वे

उन भाषाओं के किसी प्रचलित शब्द को अपनी रचनाओं में स्थान दे देवें, परन्तु प्रायः वे उनसे बचते थे। भट्टजी पं. प्रताप नारायण की तरह इस बात की परवाह नहीं करते थे। यदि उनको उक्त भाषा का कोई प्रचलित शब्द भाषा प्रवाह के अनुकूल ज्ञात होता था, तो वे उसका प्रयोग निस्संकोच भाव से करते थे। वे पं. प्रताप नारायण की भाँति ग्रामीण शब्दों का प्रयोग भी कर जाते थे। भाषा शैली के विषय में भट्टजी का और पं. प्रताप नारायण का प्रायः एक मार्ग है और चौधरी जी का एवं मिश्र जी का एक। ये लोग बाबू हरिश्चन्द्र के ही सहयोगी हैं, और उन्हीं की शैली का प्रायः अनुसरण करते हैं। परन्तु स्वतन्त्र विचार होने के कारण सभी कुछ न कुछ स्वतन्त्रता रखते हैं। माला सबों की एक प्रकार की है, किन्तु फूलों में और सजावट में अवश्य कुछ भिन्नता दृष्टिगत होती है। भट्ट जी के कुछ गद्य देखिये—

1. "इस आँसू में भी भेद है। कितनों का पनीला कपार होता है, बात कहते रो देते हैं। अक्षर उनके मुँह से पीछे निकलेगा, आँसुओं की झड़ी पहले ही शुरू हो जायगी। स्त्रियों के जो बहुत आँसू निकलता है, मानो रोना उनके यहाँ गिरों रहता है, इसका कारण यही है कि वे नाम ही की अबला और अधीर हैं। दुःख के वेग में आँसू को रोकने वाला केवल धीरज है। उसका टोटा यहाँ हरदम रहता है, तब इनके आँसू का क्या ठिकाना है। सत्वशाली धीरज वालों को आँसू कभी आता ही नहीं। कड़ी से कड़ी मुसीबत में दो चार क़तरे आँसू के मानो बड़ी बरकत हैं। बहुत मौक़ों पर आँसू ने ग़ज़ब कर दिया है। सिकन्दर का क़ौल था कि अपनी माँ की आँख के एक क़तरा आँसू की क़ीमत मैं बादशाहत से भी बढ़ कर मानता हूँ। रेणुका के अश्रुपात ही ने परशुराम से इक्कीस बार क्षत्रियों का संहार कराया। कितने ऐसे लोग भी हैं जिन्हें आँसू नहीं आता। इसलिए जहाँ पर बड़ी ज़रूरत आँसू गिराने की हो तो उनके लिए प्याज़ का गट्ठा पास रखना बड़ी सहज तरकीब निकाली गयी। प्याज़ ज़रा सा आँख में छू जाने से आँसू गिरने लगता है।"

"किसी को बैंगन बावले किसी को बैंगन पत्थ" बहुधा आँसू का गिरना भलाई और तारीफ़ में दाख़िल है। हमारे लिए आँसू बड़ी बला है। नज़ले का ज़ोर है, दिन रात आँसू टपकता है, ज्यों ज्यों आँसू गिरता है त्यों त्यों बीमारी कम होती जाती है। सैकड़ों तदबीरें हम कर चुके आँसू का टपकना बन्द न हुआ। क्या जाने बंगाल की खाड़ी वाला समुद्र हमारे कपार में आकर भर रहा है। आँख से तो आँसू चला ही करता है, आज हमने लेख में भी आँसू ही पर क़लम चला दी, पढ़ने वाले इसे निरी नहूसत की अलामत न मान हमें क्षमा करेंगे।

2. "दर्शन (फ़िलासफ़ी) का अनुशीलन करते करते जिनका मस्तिष्क यहाँ तक परिष्कृत और बुद्धि इतनी पैनी हो जाती है कि उनकी बहस और तक़रीर के मुक़ाबले

कोई बात कभी उनके अविश्वासी चित्त में स्थान पा नहीं सकती...।"

3. "यद्यपि 'ब्रेनवर्क' मस्तिष्क का काम और शारीरिक कामों की अपेक्षा अधिक योग्यता प्रकट करता है किन्तु कसौटी के समय परख केवल दिल की की जाती है।"

उक्त अवतरणों के रेखांकित शब्दों पर विचार कीजिए। वे सबके सब फ़ारसी, अरबी के शब्द हैं। वे बोलचाल में गृहीत हो गये हैं। अतएव हिन्दी गद्य लिखने में उनका प्रयोग होना अनुचित नहीं। भट्टजी 'हिन्दी प्रदीप' नामक मासिक पत्र के संचालक और सम्पादक भी थे। जहाँ इस पत्र द्वारा वे यह उद्देश्य सिद्ध करना चाहते थे कि शिक्षित लोगों का ध्यान हिन्दी साहित्य की ओर आकर्षित हो, वहाँ उन्हें इस बात का भी ध्यान बना रहता था कि 'हिन्दी-प्रदीप' में हीन श्रेणी की साहित्य-सामग्री न निकले। अतएव उन्होंने व्यंग्यात्मक रोचक निबन्ध और शिक्षाप्रद उपन्यास आदि से ही उसका कलेवर भरा। पं. बालकृष्ण भट्ट के हृदय में देश की दुर्दशा के कारण बहुत अधिक पीड़ा थी इससे उनके व्यंग्यों में हृदय के मर्म-स्थल पर आघात करने की ऐसी शक्ति देखी जाती है जिसका प्रभाव उनके समसामयिक समस्त लेखकों पर पाया जाता है। पं. प्रतापनारायण मिश्र जैसे कुछ उदात्त विचार के लोगों की बात दूसरी है। अतएव भाषा के सम्बन्ध में उन्होंने जो नीति ग्रहण की उससे उनकी व्यंग्यात्मक शैली के विकास में बहुत अधिक सहायता मिली; क्योंकि तत्कालीन पठित समाज की बोलचाल पर उर्दू का गहरा रंग चढ़ा होने के कारण व्यंग्य को प्रभावशाली बनाने के लिए फ़ारसी अरबी के प्रचलित शब्दों का अंगीकार अनिवार्य्यतः आवश्यक था। वे 'कपार', 'धीरज', 'निरी', 'पैनी' आदि शब्दों का प्रयोग भी करते हैं, मेहरिया, 'तिथ' आदि शब्दों का प्रयोग करते पं. प्रतापनारायण जी को भी देखा जाता है। पं. गोविन्द नारायण मिश्र की रचना का दूसरा अवतरण देखिये, उसमें जिन शब्दों पर चिह्न बना दिया गया है, वे सब ब्रजभाषा के शब्द हैं, और उनका प्रयोग भी ब्रजभाषा की भाँति किया गया है, वे लौं का व्यवहार भी करते थे। प्रेमघन जी के गद्य में भी भई, तरुगन, इत्यादि शब्दों का प्रयोग मिलता है। इससे पाया जाता है कि इन लोगों के समय में भी जैसा चाहिए वैसा भाषा का परिष्कार नहीं हुआ था। वाक्य भी उन लोगों के अशुद्ध हैं, जिन पर मैंने लम्बी लकीरें खींच दी हैं, उनको देखिये। बाबू हरिश्चन्द्र की रचना में भी ये बातें पाई जाती हैं। पण्डित अम्बिकादत्त व्यास और गोस्वामी राधाचरण की लेख माला में भी ये दोष देखे जाते हैं। इससे इस सिद्धान्त पर उपनीत होना पड़ता है, कि उस समय पूर्ण उन्नत होने पर भी जैसा चाहिए वैसा पद्य परिष्कृत नहीं हुआ।

पाँचवाँ प्रकरण

प्रचार-काल

यह प्रचार-काल बाबू हरिश्चन्द्र के समय से ही प्रारम्भ होता है, परन्तु वह विस्तृत एवं व्यापक उनके स्वर्गारोहण के बाद हुआ। किसी भाषा के प्रचार-कार्य के साथ समाचार-पत्रों एवं मासिक-पत्रों आदि का घना सम्बन्ध है। इसी प्रकार प्रचारकों और पुस्तक प्रणेताओं से भी उसका गहरा सम्पर्क है। भारतेन्दु हरिश्चन्द्र आदि प्रतिभाशाली लेखकों ने हिन्दी भाषा की सर्वतोमुखी उन्नति के लिए उद्योगशील होकर, सहित्य की जो धारा उन्नतिकाल में बहा दी थी, प्रचार-काल में द्विगुणित वेग से वह गतिवती हुई।

इस काल में यदि एक ओर स्वामी दयानन्द सरस्वती के कुछ अनुयायी हिन्दी गद्य को अपने धार्मिक ग्रन्थों की रचनाओं द्वारा अग्रसर बनाने में तत्पर थे तो, दूसरी ओर बाबू हरिश्चन्द्र के अनेक समसामयिक विविध प्रकार के साहित्य पुस्तकों का प्रणयन कर उसकी सेवा के लिए कटिबद्ध थे। कचहरियों में हिन्दी भाषा को स्थान दिलाने का उद्योग भी इसी समय में प्रारम्भ हुआ, अतएव इस सूत्र से भी अनेकों सभा सोसाइटियों का जन्म हुआ। इनका उद्देश्य भी हिन्दी का प्रचार और विस्तार था। सनातन-धर्मियों का एक विशाल दल भी इस समय इस कार्य में लग्न हुआ। आर्य-समाज की प्रतिद्वंदिता के कारण उन पण्डितों ने भी हिन्दी भाषा में ग्रन्थ रचना के लिए लेखनी पकड़ी, जिन्होंने आजीवन संस्कृत देवी की आराधना का ही व्रत ग्रहण कर लिया था। फिर क्या था अनेक पत्र-पत्रिकायें निकलीं, नाना प्रकार के ग्रन्थ बने और तरह-तरह के आन्दोलन उठ खड़े हुए। मैं क्रमशः सबका वर्णन करूँगा।

1. पं. भीमसेन शर्मा स्वामी दयानन्द सरस्वती के शिष्य थे। अपने जीवनकाल में वे स्वामी दयानन्द के आन्दोलन से बहुत दिनों तक सम्बद्ध रहे, जिसका परिणाम यह हुआ कि संस्कृत के साथ हिन्दी भाषा का अनुराग भी उनके हृदय में उत्पन्न हो गया। पण्डित जी संस्कृत भाषा के प्रकाण्ड पण्डित और अपने समय के अद्वितीय वेदवेत्ता थे। वेद विद्या पारंगत सामाश्रयी के स्वर्णारोहण के उपरान्त कलकत्ता के संस्कृत कॉलेज के वेदाचार्य का प्रधान पद आपको ही प्राप्त था। आपमें सत्यप्रियता इतनी थी कि वेद

मन्त्रों के अर्थ में मत भिन्नता उत्पन्न होने के कारण ही आपका सम्बन्ध स्वामी दयानन्द से छूटा। उन्होंने जैसे मार्मिक और विचारपूर्ण लेख वैदिक विषयों पर लिखे, शास्त्रीय सिद्धान्तों का विवेचन जिस विद्वत्ता के साथ किया। वह प्रशंसनीय ही नहीं अभूतपूर्व है। ऐसे अपूर्व विद्वान् का हिन्दी क्षेत्र में अवतीर्ण होना हिन्दी के लिए अत्यन्त गौरव की बात थी। उन्होंने जैसे गम्भीर धार्मिक निबन्ध हिन्दी भाषा में लिखे हैं, जैसे शास्त्रीय ग्रन्थ रचे हैं, 'ब्राह्मण सर्वस्व' निकाल कर हिन्दी भाषा को जो गौरव प्रदान किया है, उसके लिए हिन्दी भाषा विशेषकर धार्मिक जगत उनका सदैव कृतज्ञ रहेगा। वे वाग्मी भी बड़े थे, जिन्होंने उनके पाण्डित्यपूर्ण व्याख्यान सुने हैं, वे जानते हैं कि उनका भाषण कितना उपपत्तिमूलक और प्रौढ़ होता था। ऐसा ही उनका हिन्दी गद्य भी है। जहाँ तक पूर्ण और विवेचनात्मक शास्त्रीय विषय लिखा गया है, वहाँ उनकी भाषा गहन से गहन है। परन्तु साधारण विषयों को उन्होंने बड़ी सुलझी और परिष्कृत भाषा में लिखा है। उनके गद्य में प्रवाह और प्रांजलता दोनों है, भाषा भी उनकी मँजी हुई है। देखिये–

"आत्म गौरव का संस्कार जागे बिना जातीय अभ्युत्थान का होना असम्भव है और जहाँ की भाषा अपने देश के उपकरणों से संगठित नहीं वहाँ आत्म गौरव के संस्कार का आविर्भाव होना असम्भव है। क्योंकि ऐसी दशा में संसार यही कहेगा कि "कहीं की ईंट कहीं का रोड़ा, भानमती ने कुनबा जोड़ा।" जहाँ आत्मगौरव का अभाव है, उस देश वा जाति का जातीय अभ्युत्थान होना भी असम्भव ही जानो।

"जो मनुष्य ऐसे वंश में उत्पन्न हुआ है, जिसमें गौरव का चिह्न भी नहीं, न कोई वैसा कर्त्तव्य पालन है, उसका उत्थान होना सम्भव नहीं है। क्योंकि जन्मान्तरीय संस्कार स्वच्छ होने पर भी उन संस्कारों के उद्बोधक निमित्त कारण उस जाति को प्राप्त नहीं हैं। इसी कारण ऐसे साधनहीन वंशों में उच्च कोटि के विचारवान मनुष्यों का सदा ही अभाव दीखता है। विचार का स्थान है कि मेवाड़ के महाराणा वीरों ने म्लेच्छों के समक्ष शिर नहीं झुकाया तथा अन्य सभी राजाओं ने शासक यवनों की अधीनता स्वीकार की। इसका कारण वंश परम्परागत आत्मगौरव ही था।"

इन दोनों अवतरणों को देखकर आपको पता चल गया होगा कि पण्डितजी की प्रवृत्ति किस प्रकार की भाषा लिखने की ओर थी, उनकी भाषा परिष्कृत है, परन्तु है संस्कृतगर्भित। आजकल ऐसी ही भाषा का अधिक प्रचार है, इसलिए हम यह कह सकते हैं कि इस शैली को प्रचलित और पुष्ट करने वाले पुरुषों में प्रथम स्थान पण्डितजी ही का है। उनमें इस प्रवृत्ति का उदय होना स्वाभाविक था क्योंकि प्रथम तो वे संस्कृत के विद्वान् थे, दूसरे वे उन लोगों में थे जो विजातीय भाषा के शब्दों को ग्रहण करना युक्ति संगत नहीं मानते थे। उनका विचार था ऐसा करना रूपान्तर से अपनी

भाषा की न्यूनता स्वीकार करना है। अन्यों से इस विषय में वे अधिक कट्टर थे। वे विदेशी और विजातीय भाषा के शब्द न लेने की चर्चा करते हुए, एक स्थान पर यह लिखते हैं–

"शिकायत शब्द अन्य भाषा का है। परन्तु हिन्दी भाषा में विशेष रूप से प्रचलित हो गया है। यदि इस शब्द के स्थान में उपालम्भ का प्रयोग करने की रुचि नहीं है और यह इच्छा है कि इसी अर्थ का बोधक इसी से मिलता हुआ संस्कृत शब्द हो तो वैसे शब्द भी संस्कृत भाषा की अद्‌भुत शक्ति होने से हमको प्राप्त हो सकते हैं, जिनका स्वरूप, और अर्थ दोनों मिल सकते हैं, जैसे 'शिक्षा यन्त्र' या 'शिक्षा यंत्रि'। जिस मनुष्य की शिकायत की जाती है उसको कुछ शिक्षा वा दण्ड देने वा दिलाने का अभिप्राय होता है। जिससे वह आगे वैसा न करे, इससे 'शिकायत' शब्द के स्थान में शिक्षायत्न शब्द का प्रयोग उचित है।"

इस अवतरण में यह शिक्षा है कि यदि आवश्यकतावश विदेशी विजातीय शब्दों को ग्रहण करना ही पड़े तो किस प्रकार उनको संस्कृत रूप दे दिया जावे। दूसरे स्थान पर वह यह कहते हैं, कि यदि विदेशी अथवा विजातीय शब्दों को मुख्य रूप में ही लिखना पसन्द हो तो, यह भी कर सकते हो, परन्तु उसको संस्कृत का शब्द ही मान लो, क्योंकि उसमें यह शक्ति है कि अन्य भाषा के शब्दों की व्युत्पत्ति वह उसी अर्थ में कर लेती है। निम्नलिखित अवतरण को पढ़िये और उसमें उनका पाण्डित्य देखिये–

"यदि हम आस्मान शब्द को अपने व्यवहार में लावें तो उसे असमान शब्द का अपभ्रंश मानें 'आसमन्तास्समानानमेव रूपं यदस्ति सर्वत्र विद्यते न च घटादिपु विकृतं भवति तदा समानम्।' जो सब घटादि पदार्थों में एक ही रूप रहता, जिसमें किसी प्रकार का विकार नहीं होता; वह आसमान नामक आकाश है, उसी का अपभ्रंश आस्मान हो गया। बन्ध धातु से उर प्रत्यय करने पर बन्धु शब्द बनेगा, जिस समुद्र तट पर जहाज बाँधे जावें, वह स्थान बन्धुर हुआ, उसी का अपभ्रंश बन्दर शब्द को मान लेना चाहिए। अथवा स्तुति अर्थ वाले बदि धातु से औणादिक अर प्रत्यय करने पर प्रशस्त कार्यसाधक स्थान का नाम बन्दर हो सकता है।"

पण्डित जी का विचार आत्मनिर्भरतामूलक है, उसका आधार वह आर्य संस्कृति है, जिसको परावलम्बन प्रिय नहीं और जो सर्वथा शुद्धतावादी है। किन्तु परिस्थिति उनके विचारों के अनुकूल नहीं थी, और आवश्यकताओं की दृष्टि किसी अन्य लक्ष्य की ओर थी, इसलिए उनका कथन नहीं सुना गया, किन्तु हिन्दी भाषा विकास की चर्चा के समय उनका स्मरण सदा होता रहेगा। जनता की बोलचाल की भाषा बड़ी शक्तिशालिनी होती है, भाषा कितनी ही साहित्यिक बने परन्तु वह उसके प्रभाव से मुक्त नहीं हो सकती विदेशीय और विजातीय जो शब्द अधिक प्रचलित हो जाने के कारण बोलचाल में गृहीत

हो जाते हैं, उनका सर्वथा त्याग असम्भव है। फ़ारसी, अरबी, अँगरेज़ी आदि भाषाओं के जो सहस्रों शब्द आज बोलचाल में प्रचलित हैं, उनके स्थान पर गढ़े शब्द रखने से भाषा की जटिलता बढ़ती है और वह बोधगम्य नहीं रह जाती। इसलिए ऐसे शब्दों का ग्रहण अनिवार्य हो जाता है। अनिच्छा अथवा संस्कृति उसके प्रसार में बाधा नहीं पहुँचा सकती, क्योंकि संसार और समाज सुविधा प्रेमी है। फिर भी पण्डितजी की सम्मति उपेक्षा की दृष्टि से नहीं देखी जा सकती। इस प्रकार की सम्मतियाँ कार्य में परिणत न होकर भी भाषा को मर्यादित करने में बड़ी सहायक होती हैं। इनको पढ़कर वे लोग भी सावधानीपूर्वक पाँव उठाने लगते हैं, जिनको आँख मूँद कर चलना ही पसन्द आता है। पण्डितजी ने हिन्दी क्षेत्र में साहित्य सम्बन्धी जितने कार्य किये हैं, वे सब बहुमूल्य हैं, और उनके द्वारा हिन्दी संसार अधिक उपकृत हुआ है।

2. पण्डित भीमसेन जी के उपरानत हिन्दी के धार्मिक क्षेत्र में अपनी कृतियों द्वारा विशेष स्थान के अधिकारी विद्यावारिधि पं. ज्वाला प्रसाद हैं। आपने भी अनेक ग्रन्थों की रचना की है और इस विषय में बड़ा नाम पाया है। आपका हिन्दी का यजुर्वेद भाष्य बड़ा ही परिश्रम साध्य और महान् कार्य है। आपकी रामायण की टीका बहुत प्रसिद्ध है, उसका प्रचार भी अधिक हुआ है। आपका दयानन्द तिमिर भास्कर नामक ग्रन्थ भी उपादेय है। आपने कई पुराणों का अनुवाद भी हिन्दी भाषा में किया है। आपके समस्त ग्रन्थ वेंकटेश्वर प्रेस में छपे हैं। आप बहुत बड़े वाग्मी थे। आप जैसा सभा पर अधिकार करते मैंने अन्य को नहीं देखा। आपके रचे ग्रन्थों की संख्या भी अधिक है, परन्तु समस्त ग्रन्थ धार्मिक विषयों पर ही लिखे गये हैं। केवल बिहारी सतसई की टीका ही ऐसी है जिसे हम धार्मिक ग्रन्थ नहीं कह सकते। परन्तु यह टीका उनके पद मर्यादा से बहुत नीचे है। आजीवन धार्मिक क्षेत्र ही उनका था और इसी में उनको अतुलनीय कीर्ति प्राप्त हुई। पण्डित बलदेव प्रसाद आपके लघु भ्राता थे आपने भी अनेक हिन्दी ग्रन्थों की रचना की है, आपके ग्रन्थ भी उपयोगी और सुन्दर हैं। आप अपने ज्येष्ठ भ्राता की ही प्रतिमूर्ति थे।

मिश्रजी के गद्य का उदाहरण भी देखिये–

"श्री गोस्तामी जी का जीवन चरित्र लिखने के लिए जिस जिस सामग्री की आवश्यकता है, वह इस समय सर्वथा प्राप्त नहीं होती। इसलिए इनके चरित्र लिखने के लिए दूसरे ग्रन्थों और कहावतों का संग्रह करना पड़ा है। सुनते हैं वेणीमाधव दास कृत एक गोसाईं चरित्र नामक ग्रन्थ है, जो गोस्वामी जी के समय में ही रचा गया है, परन्तु वह भी इस समय नहीं मिलता। इस कारण भक्तमाल तथा दूसरे ग्रन्थों के आधार पर कुछ लिखते हैं। "एक समय एक सन्त ने कहा राम का अवतार तो द्वादश कला का है, कृष्ण का सोलह कला है, सो तुम सोलह कलावतार को क्यों नहीं भजते।"

तुलसीदास जी यह सुनते ही दो घड़ी तक प्रेम में मग्न हो गये और फिर बोले हम तो आजतक रामचन्द्र को कौशल राजकुमार जानते थे, पर तुमने तो बारह कला का ईश्वर का अवतार बताकर हमारी भक्ति और भी दृढ़ कर दी, अब उनको कैसे त्याग दूँ। यह सुन अनन्य उपासी जान साधु ने उनके चरण पकड़ लिए। यद्यपि गोस्वामी जी कह सकते थे कि सूर्य बारह कला और चन्द्र सोलह में पूर्ण होता है, यह उसी का उपलक्ष्य है, पर उन्होंने वही उत्तर देना उचित जाना।"

3. "साहित्याचार्य पं. अम्बिकादत्त व्यास का वर्णन मैं पहले कर आया हूँ। वे जैसे धर्माचार्य हैं, वैसे ही साहित्याचार्य। उनकी अनेक उपाधियाँ हैं। वे भारतेन्दु जी के समकालीन थे। पं. प्रतापनारायण मिश्र, प्रेमघन, पं. गोविन्दनारायण मिश्र और पं. बालकृष्ण भट्ट के समान उनका स्थान भी उस समय के साहित्य-सेवियों में प्रधान है, अतएव उन्हीं के साथ उनका वर्णन भी होना चाहिए था। परन्तु धर्म-क्षेत्र के उनके कार्य साहित्य-क्षेत्र से भी अधिक हैं, बिहार प्रान्त में धर्म के साथ उन्होंने हिन्दी का प्रचार भी बड़ी तत्परता के साथ किया, इसलिए मुझको प्रचार कला में ही उन्हें लाना पड़ा। वे विचित्र बुद्धि के मनुष्य थे। उन्होंने धार्मिक-क्षेत्र में रहकर उस समय अवतारकारिका, अवतार मीमांसा आदि जितने ग्रन्थों की रचना संस्कृत में की उनकी उस समय बड़ी प्रशंसा हुई थी। उनका मूर्ति-पूजा नामक हिन्दी ग्रन्थ भी इस विषय में अपूर्व है। बिहार प्रान्त में उन्होंने जिस प्रकार धर्म दुन्दुभी का निनाद किया, वह बड़ा ही व्यापक और प्रभावशाली था। उन्होंने गद्य के कई बड़े-बड़े ग्रन्थ लिखे, वे पीयूष प्रवाह नामक अपने मासिक पत्र को चिरकाल तक निकालते रहे। धर्म-क्षेत्र में उनका कार्य जितना ठोस है, उतना ही साहित्य-क्षेत्र में। उनका 'गद्य मीमांसा' नामक हिन्दी में लिखा गया ग्रन्थ भी अपूर्व है, उनके पहले किसी ने ग्रन्थ लिखकर गद्य शैली निर्धारण की चेष्टा नहीं की थी। उनका गद्य भी विलक्षण और कई प्रकार का होता था, कुछ उदाहरण लीजिए–

"संवत् 1934 में एंग्लो की उत्तम वर्ग की पढ़ाई मैंने समाप्त की। इसी वर्ष अभिनव स्थापित काश्मीराधीश के संस्कृत कॉलेज में मैंने नाम लिखाया। वहाँ परीक्षा दी। कॉलेज की प्रधान अध्यक्षता जगत्-प्रसिद्ध स्वामी विशुद्धानन्द जी के हाथ में थी, उनने यावत् पंडितों के समक्ष मुझे व्यास पद दिया। यों तो पहले से ही व्यास जी कहा जाता था, परन्तु अब वह पद और पक्का हो गया।"

"थोड़े ही दिनों के ही अनन्तर पोरबन्दर के गोस्वामी बल्लभ कुलावतंस श्री जीवन लाल जी महाराज से मेरा परिचय हुआ। वे मुझसे कुछ पढ़ने लगे, उनके साथ कलकत्ते गया। वहाँ सनातन-धर्म के विभिन्न विषयों पर मेरी 28 वक्तृतायें हुईं। कई सभाओं में बंगदेशीय पण्डितों से गहन शास्त्रार्थ हुए।"

"अब देखिये वहीं वेदान्तियों के सिद्धान्त मूर्तिपूजा द्वारा कैसे सुखपूर्वक सिद्ध होते हैं। जगत का सम्पर्क छोड़ परमात्मा में एकदम लीन हो जाना, बात तो इतनी-सी है और इसी के साधने में अहन्ता ममतादि का त्याग है तो जगन्मिथ्या, जगन्मिथ्या कहते-कहते, तो आप लोगों को बतलाया ही जा चुका है "पादांगुष्ठ शिरोषाग्निः कदामौलिमवाप्स्यति" और बाबा किसी अधिकारी को उसी ढंग से शीघ्र जगत् से असम्पर्क हो, और आत्मानुभव हो तो हम उसके लिए कुछ मना भी नहीं करते, वह ब्रह्मानन्द में डूबे, पर देखिये तो भक्तों का एक कैसा अद्भुत रास्ता है।"

"आहा! इस समय भी स्मरण करने से ऐसा जान पड़ता है, कि मानों रात्रि का अन्धकार क्रम से पीछे हट चला है, चिड़ियों ने धीमे-धीमे कोमल सुर से कुछ चकचकाहट आरम्भ की है और ठंढी ठंढी हवा चल रही है। इसी समय नींद खुली और आँख खोलते ही चट नारायण का नाम ले, कुछ आवश्यक कृत्यों से निपट जै जै करते मन्दिर की ओर दौड़ पड़े।"

4. फुल्लौर जिला जालन्धर निवासी पं. श्रद्धाराम जी पंजाब प्रान्त के प्रसिद्ध हिन्दू धर्म प्रचारक और हिन्दी भाषा के कई ग्रन्थों के रचयिता हैं जिनमें 'सत्यामृत प्रवाह' अधिक ख्याति प्राप्त है। मरने के समय उनके मुख से हठात् यह निकला था कि 'हिन्दी भाषा के दो बड़े लेखक थे, एक पंजाब में और एक बनारस में; अब केवल एक ही रह जाएगा।' इससे स्पष्ट है कि उनका स्वर्गवास बाबू हरिश्चन्द्र के पहले ही हुआ, क्योंकि जिस शेष लेखक की ओर उनका संकेत है, वे उक्त बाबू साहब ही हैं। ऐसी अवस्था में प्रचार काल में उनकी चर्चा उचित नहीं। परन्तु मैं पहले ही लिख चुका हूँ कि यह प्रचार काल उनके जीवन से ही प्रारम्भ होता है, इसलिए और इस कारण कि पं. जी हिन्दी के प्रसिद्ध प्रचारक थे, उनकी चर्चा प्रचारकाल में ही की गयी। पण्डितजी ने जितने ग्रन्थ लिखे हैं, वे बड़े उपादेय हैं उनका 'आत्मचिकित्सा' नामक ग्रन्थ भी बड़ा उत्तम है। वे अनीश्वरवादी थे, परन्तु हिन्दू शास्त्रों पर उनकी बड़ी श्रद्धा थी और सामाजिक समस्त नियमों का पालन वे बड़ी तत्परता से करते थे। हिन्दू धर्म में उनकी बड़ी ममता थी, और उसकी रक्षा के लिए वे सदा कटिबद्ध रहते थे। जिस समय काश्मीर के मुसलमानों को हिन्दू बनाने की इच्छा काश्मीर नरेश की हुई, उस समय पं. जी ने इस विषय में उन्हें बहुत उत्साहित किया। किन्तु दुःख है कि हिन्दुओं के दुर्भाग्य और विशेष कारणों से मन की बात मन में ही रह गयी। पण्डित जी ने भाग्यवती नामक एक उपन्यास भी लिखा है जो बड़ा ही सुन्दर है। उन्होंने अपना जीवनचरित स्वयं 1400 पृष्ठों में लिखा था, परन्तु अब वह प्राप्त नहीं होता। कहा जाता है, छपने के पहले ही गुम हो गया। उनके गद्य का कुछ अंश देखिये–

"वह भी ईश्वर कृत नहीं, किन्तु समुद्र और अन्य नदी नालों का जल सूर्य की

किरण द्वारा उदान वायु के वेग से ऊपर खेंचा जाता है और सूर्य्य की ताप से पिघलता पिघलता अति सूक्ष्म हो के आकाश में मेघाकार दिखाई देता है। जब उसको ऊपर शीतल वायु मिले तो घृत की नाईं जम के भारी हो जाता है और अपान वायु के वेग से नीचे गिरने लगता है। यदि ऊपर शीतल वायु बहुत लगे तो अत्यन्त गरिष्ट हो के ओले बरसने लगते हैं।"

–सत्यामृत प्रवाह

5. श्रीमान् पं. मधुसूदन गोस्वामी हिन्दू-शास्त्र के पारंगत विद्वान् और हिन्दी भाषा के प्रौढ़ लेखक थे। उन्होंने ग्रन्थ भी बनाये हैं, किन्तु अधिकांश निबन्ध ही उनके लिखे हैं, जो प्रायः पत्र और पत्रिकाओं में मुद्रित होते रहते थे। वे प्रचार के लिए बाहर आते जाते नहीं देखे गये, लेखों के द्वारा ही उन्होंने धर्म की अच्छी सेवा की है। जितने धर्म विषयक लेख उन्होंने लिखे हैं वे पठनीय और आदरणीय हैं। आलाराम सागर संन्यासी भी उस काल के एक अच्छे प्रचारकों में थे। उन्होंने विशेषतः इस विषय पर लेख लिखे हैं कि सिक्खों के 10 गुरु हिन्दू धर्म के रक्षक थे और सदा उन्होंने हिन्दू धर्म भावों का ही प्रचार किया है। वे हिन्दू और सिक्खों में सद्भाव स्थापन के बड़े उद्योगी थे। इस विषय के ट्रैक्ट और छोटे-छोटे ग्रन्थ लिख कर उन्होंने उनका प्रचार अधिकता से किया था। इस सब ग्रन्थों और ट्रैक्टों को उन्होंने अधिकांश हिन्दी भाषा ही में लिखा था। हिन्दी भाषा प्रचार के लिए भी वे बहुत उत्सुक रहते थे।

6. हिन्दी भाषा के प्रचार के लिए आर्य समाजियों ने भी इस समय बड़ा उद्योग किया था। पंजाब प्रान्त में हिन्दी भाषा के प्रचार का श्रेय उन्हीं को प्राप्त है। इस समय आर्य समाज में भी संस्कृत के धुरन्धर विद्वान् थे जो धर्म के साथ-साथ हिन्दी-भाषा का प्रचार भी करते थे। इनमें से स्वामी दर्शनानन्द, स्वामी श्रद्धानन्द, पं. तुलसीराम, पं. गणपति शास्त्री, पं. राजाराम और श्रीयुत आर्य मुनि का नाम विशेष उल्लेखनीय है। स्वामी दर्शनानन्द ने पत्र और पत्रिकायें भी निकालीं और धार्मिक विचारों पर उत्तमोत्तम ग्रन्थ भी लिखे। उनके ग्रन्थ प्रौढ़ विचारों से पूर्ण हैं उनमें दार्शनिकता भी पाई जाती है। ये समस्त ग्रन्थ अधिकांश हिन्दी भाषा में लिखे गये हैं। स्वामी श्रद्धानन्द ने चिरकाल तक 'सत्यधर्म प्रचारक' का सम्पादन किया था और कतिपय धार्मिक पुस्तकें भी लिखी थीं। उनके ग्रन्थ भी उपादेय हैं और सामयिकता की दृष्टि से उनमें ऐसी बातें लिखी गयी हैं कि जो हिन्दू जाति को जाग्रत करती हैं। आप लोग देश विदेशों में जाते और वहाँ पर आर्य समाज के साथ हिन्दी भाषा का प्रचार भी करते थे। पं. तुलसीराम और पं. गणपति शास्त्री का शास्त्र ज्ञान और वैदिक विषयों की अभिज्ञता प्रशंसनीय थी। दोनों सज्जनों की विचार-शैली गहन और युक्तिमूलक होती थी। पं. तुलसीराम एक मासिक पत्र भी निकालते थे, वे उसमें शास्त्रीय विषयों की मीमांसा करते रहते थे।

उनके भी अधिकांश ग्रन्थ हिन्दी भाषा में ही लिखे गये हैं और इस कारण हिन्दी भाषा के प्रचार में उनका उद्योग भी प्रशंसनीय था। पं. गणपति शास्त्री की भाषण शक्ति जैसी अपूर्व थी वैसी ही विषय विवेचन की योग्यता भी उनमें थी। उनके लेख गम्भीर होते थे, उनके ग्रन्थ भी उनके पाण्डित्य के प्रमाण हैं। पं. राजाराम ने उपनिषदादि अनेक प्राचीन ग्रन्थों की टीका हिन्दी भाषा में लिखी है, और कुछ स्वतन्त्र ग्रन्थों की भी रचना की है। श्रीयुत आर्य मुनि की कृतियाँ भी मूल्यवान हैं जो अधिकांश हिन्दी भाषा में हैं, उनसे हिन्दी प्रचार की तत्कालिक प्रवृत्ति में अच्छी सहायता प्राप्त हुई है।

7. इस काल में अयोध्यानिवासी कुछ महात्माओं और विद्वानों ने भी हिन्दू धर्म, हिन्दू जाति और हिन्दी भाषा की बहुत बड़ी सेवा की थी इनमें से स्वामी युगलानन्द शरण का नाम विशेष उल्लेख योग्य है। स्वामी युगलानन्द शरण संस्कृत, अरबी एवं फ़ारसी के बड़े विद्वान् थे, हिन्दी-भाषा के तो एक प्रकार से आचार्य ही थे। वे हिन्दी के सत्कवि थे। उन्होंने रामलीला सम्बन्धी पद्य के सुन्दर ग्रन्थ बनाये हैं, उनमें धार्मिक भाव भी पर्याप्त मात्रा में मौजूद है। उनकी जितनी रचनायें हैं, सब बड़ी सरस और मधुर हैं, उनमें हृदयग्राहिता की मात्रा भी अधिक है। उन्होंने कुछ ग्रन्थों की भी रचना की है और कतिपय ग्रन्थ की टीकायें भी लिखी हैं। उनकी शिष्य-परम्परा में भी उनके भाव गृहीत होते आये हैं, इसीलिए वे लोग भी हिन्दी सेवा में वैसे ही निरत देखे जाते हैं। बाबा रामचरणदास ने इसी काल में एक ऐसी विस्तृत रामायण की टीका लिखी है जो अद्वितीय कही जा सकती है। इसमें उन्होंने वेद, शास्त्र, उपनिषद, पुराण आदि के आधार से गो. तुलसीदास की रामायण की चौपाइयों का ऐसा विशद अर्थ किया है, जिसकी भूरि-भूरि प्रशंसा करने पर भी तृप्ति नहीं होती। इस ग्रन्थ से भी तत्त्कालिक हिन्दू धर्म को अच्छा उत्तेजन मिला है, हिन्दी भाषा के भाण्डार को तो जगमगाता रत्न ही मिल गया है। बाबा रघुनाथ दास की रचनायें भी बहुमूल्य हैं, उनका अवधी भाषा में लिखा गया 'विश्राम सागर' अधिक प्रसिद्ध है। इसी प्रकार के कुछ और हिन्दी-हितैषी महात्माओं और विद्वानों के नाम बताये जा सकते हैं, किन्तु व्यर्थ बाहुल्य होगा।

8. इसी काल में तुलसी साहब ने घटरामायण नामक एक विशाल ग्रन्थ की रचना पद्य में की, जो अपने ढग का अनूठा है। राधा स्वामी मत की स्थापना भी इसी काल में हुई। उस सम्प्रदाय वालों की भी कुछ ऐसी रचनायें इस काल की हैं, जिनसे हिन्दी भाषा के प्रचार में कुछ न कुछ सहायता अवश्य प्राप्त हुई। पं. ब्रह्मशंकर मिश्र का रचा हुआ ग्रन्थ प्रमाण में उपस्थित किया जा सकता है, यह ग्रन्थ अपने ढंग का उत्तम है। उसमें जो बातें वर्णन की गयी हैं वे कई एक सिद्धान्त की बातों पर अच्छा प्रकाश डालती हैं।

9. श्रीयुत राधाचरण गोस्वामी जी प्रसिद्ध साहित्य-सेवियों में हैं, आप भी बाबू

हरिश्चन्द्र के समकालीन सज्जनों में हैं। आपकी गणना भी उस समय के उन्हीं लोगों में है जो उनके सच्चे सहयोगियों के नाम से प्रसिद्ध हैं। पण्डित बालकृष्ण भट्ट, पं. प्रतापनारायण, पं. अम्बिका दत्त व्यास आदि के समान ही साहित्य-सेवियों में आपकी भी गणना है। आपने भारतेन्दु नामक एक मासिक पत्रिका उनकी कीर्ति की स्मृति में निकली थी जो बहुत दिनों तक चलता रहा। आप बड़े मार्मिक लेखक थे। आपकी लेख-मालायें बड़े आदर से पढ़ी जाती थीं। आप स्वतन्त्र विचार के पुरुष थे, इसलिए सामयिकता के विशेष अनुरागी थे। उन्होंने विदेश-यात्रा और विधवा-विवाह मण्डन पर भावमयी पुस्तकें लिखी हैं। आप जैसे गद्य-रचना में निपुण थे वैसे ही पद्य रचना पटु भी। आपने 'उत्तरार्द्ध', 'भक्तमाल' नामक एक सुन्दर ग्रन्थ पद्य में बनाया है, उसमें नाभाजी के बाद के भक्तों की चर्चा की है रचना वैसी ही सुन्दर सरस, और ललित है जैसी नाभाजी रचित भक्तमाल की। आपने ब्रजप्रान्त में और युक्तप्रान्त के पश्चिमी जिलों में हिन्दी भाषा के प्रचार का बड़ा उद्योग किया था। जिस समय कचहरियों में हिन्दी भाषा के ग्रहण किये जाने का आन्दोलन पूज्यपाद मालवीय जी के नेतृत्व में चल रहा था, उस समय आप भी उसके एक विशेष सहायक थे। आपने हिन्दी में कई ग्रन्थों की रचनायें की हैं जो मनोहर एवं मधुर हैं। उनमें सामयिकता भी पाई जाती है। उनके गद्य और पद्य का एक उदाहरण देखिये—

"इसका नाम 'भारतेन्दु' रखने का कारण जानने के लिए शायद आप लोग उत्सुक होंगे, क्योंकि इस रूप तथा इस आकार के पत्र के लिए तनिक यह नाम अयोग्य-सा मालूम होता है। परन्तु यह धृष्टता केवल इसे पूज्यवाद भारतेन्दु बाबू हरिश्चन्द्र का स्मारक स्वरूप बनाने के लिए की गयी है। यों तो उनकी अटल कीर्ति जब तक हिन्दी भाषा की एक भी पुस्तक रहेगी तब तक इस भूमण्डल में वर्त्तमान रहेगी, तथापि इसी बहाने उनके प्रातःस्मरणीय नाम के उच्चारण का सौभाग्य प्राप्त होगा।"

10. अलीगढ़ निवासी बाबू तोताराम बी.ए. बाबू हरिश्चन्द्र के समकालीन हिन्दी सेवकों में हैं। उन्होंने भी हिन्दी के प्रचार में बड़ा उद्योग किया था। 'भारत-बन्धु' नामक एक साहित्यिक पत्र उन्होंने निकाला था, कुछ ग्रन्थों की भी रचनायें की थीं। जिनमें 'केटो कृतान्त' नाटक और 'स्त्री सुबोधिनी' प्रसिद्ध हैं। इनकी गद्य रचना साधारण है, परन्तु उसमें नियमबद्धता पाई जाती है। इनकी गद्य रचना का एक अंश देखिये—

"कौन नहीं जानता? परन्तु इस नीच संसार के आगे कीर्ति केतु विचारे की क्या चलती है। जो पराधीन होने से ही प्रसन्न रहता है और सिसुमार की शरण जा गिरने का ही जिसे चाव है। हमारा पिता अत्रिपुर में बैठा हुआ वृथा रमावती नगरी की नाम-मात्र प्रतिष्ठा बनाये है। नौपुर की निबल सेना और एक रीति संचारिणी सभा जो निष्फल युद्धों से शेष रह गयी है वह उसके संग है।"

11. पं. केसोराम भट्ट इस प्रचार-काल के ही एक प्रसिद्ध हिन्दी-सेवक हैं। उन्होंने बिहार-बन्धु नामक एक साप्ताहिक पत्र बिहार से ही निकाला था, जो कुछ दिनों तक वहाँ सफलतापूर्वक चलता रहा। उन्होंने सज्जाद संबुल और शमशाद सौसन नामक दो नाटक भी बनाये थे और एक व्याकरण ग्रन्थ भी। यह व्याकरण ग्रन्थ उस समय हिन्दी संसार में आदर की दृष्टि से देखा गया था। उनके दोनों नाटक भी अच्छे हैं परन्तु उनकी भाषा खिचड़ी है। हिन्दी के साथ उसमें उर्दू का प्रयोग अधिक है।

12. बाबू बालमुकुन्द गुप्त पहले उर्दू के प्रेमी थे। बाद को पं. प्रतापनारायण मिश्र के सहवास के कारण हिन्दी प्रेमी बन गये। उन्होंने उन्हीं से हिन्दी लिखने की प्रणाली सीखी। अतएव उन्हीं की-सी फड़कती और चलती भाषा प्रायः लिखी है। उन्होंने बहुत दिनों तक भारतमित्र पत्र का सम्पादन किया था। दो-तीन छोटी मोटी हिन्दी पुस्तकें भी लिखी हैं। उर्दू में पूरा अभ्यास होने के कारण उनकी भाषा मँजी हुई होती थी। वे सरस हृदय थे, इसलिए सुन्दर और सरस कविता भी कर लेते थे। उनकी हिन्दी भाषा की कविता थोड़ी है, पर अच्छी है। उनके कुछ गद्य पद्य देखिये—

"तीसरे पहर का समय था, दिन जल्दी-जल्दी ढल रहा था और सामने से सन्ध्या फुर्ती के साथ पाँव बढ़ाये चली आती थी। शर्मा महाराज बूटी की धुन में लगे हुए थे। सिलबट्टा से भंग रगड़ी जा रही थी। मिर्च मसाला साफ हो रहा था। बादाम इलायची के छिलके उतारे जाते थे। नागपुरी नारंगियाँ छील-छील कर रस निकाला जाता था। इतने में देखा कि बादल उमड़ रहे हैं, चीलें उतर रही हैं, तबीअत भुरभुरा उठी। इधर भंग उधर घटा, बहार में बहार। इतने में वायु का वेग बढ़ा, चीलें अदृश्य हुई अँधेरा छाया, बूँदें गिरने लगीं, साथ ही तड़ तड़ धड़ धड़ होने लगी। देखो ओले गिर रहे हैं। ओले थमे, कुछ वर्षा हुई, बूटी तैयार हुई, बमभोला कहकर शर्मा जी ने एक लोटा भर चढ़ाई।" उनके कुछ पद्य देखिये—

आ जा नवल वसन्त सकल ऋतुओं में प्यारी।
तेरा शुभागमन सुन फूली केसर क्यारी।
सरसों तुझको देख रही है आँख उठाये।
गेंदे ले ले फूल खड़े हैं सजे सजाये।
आस कर रहे हैं टेसू तेरे दर्शन की।
फूल फूल दिखलाते हैं गति अपने मन की।
पेड़ बुलाते हैं तुझको टहनियाँ हिला के।
बड़े प्रेम से टेर रहे हैं हाथ उठा के।

13. लाला श्रीनिवासदास इस काल के अच्छे लेखकों में थे। उन्होंने परीक्षा गुरु

नामक एक मौलिक उपन्यास लिखा था। 'तप्ता संवरण', 'संयोगिता स्वयंवर' और 'रणधीर प्रेम मोहिनी' नामक तीन नाटकों की भी रचना की थी। ये तीनों नाटक अच्छे हैं, परन्तु रणधीर प्रेम मोहिनी सबसे सुन्दर है, इसका संस्कृत अनुवाद पं. विजयानन्द त्रिपाठी ने किया था। उन्होंने 'सदादर्श' नामक मासिक पत्र भी निकाला था। 'परीक्षा गुरु' की भाषा अच्छी है, उसमें चलतापन भी पाया जाता है, उसका एक अंश देखिये—

"जैसे अन्न प्राणाधार है, परन्तु अति भोजन से रोग उत्पन्न होता है, लाला ब्रजकिशोर कहने लगे देखिये परोपकार की इच्छा अत्यन्त उपकारी है, परन्तु हद से आगे बढ़ाने पर वह भी फ़जूलख़र्ची समझी जाएगी और अपने कुटुम्ब परिवारादि का सुख नष्ट हो जाएगा। जो आलसी अथवा अधर्मियों की सहायता की, तो उससे संसार में आलस्य और पाप की वृद्धि होगी।"

14. राजकुमार ठाकुर जगमोहन सिंह मध्य प्रदेश विजय राघव गढ़ के रहने वाले थे, मध्य प्रदेश में उन्होंने उस समय हिन्दी प्रचार का अच्छा उद्योग किया था। उन्होंने एक ही ग्रन्थ लिखा है 'श्यामा स्वप्न' परन्तु वह अपने ढंग का अनूठा है। उसमें प्राकृतिक दृश्यों का स्थान स्थान पर सुन्दर चित्रण है। उन्होंने अपनी भाषा में पं. बदरी नारायण की साहित्यिक भाषा का अनुकरण किया है परन्तु उनके वाक्य अधिक लम्बे हो गये हैं और वाक्य के भीतर वाक्यखण्ड आकर उसको जटिल बना देते हैं। फिर भी यह स्वीकार करना पड़ेगा कि उन्होंने जिस प्रकार प्राकृत दृश्यों का वर्णन किया है, वह संस्कृत कवियों के गम्भीर निरीक्षण का स्मरण दिलाता है—

उनके गद्य का एक अंश देखिये—

मैं कहाँ तक इस सुन्दर देश का वर्णन करूँ? जहाँ की निर्झरिणी, जिनके तीर वानीर से भरे, मदकल कूजित विहंगमों से शोभित हैं, जिनके मूल से स्वच्छ और शीतल जलधारा बहती है और जिनके किनारे के श्याम जम्बू के निकुंज फल भार से नमित जनाते हैं—शब्दायमान होकर झरती है। जहाँ के शल्लकी वृक्षों की छाल में हाथी अपना बदन रगड़ रगड़ खुजली मिटाते हैं और उनमें से निकला क्षीर बन के सीतल समीर को सुरभित करता है। मंजुबंजुल की लता और नील निचुल के निकुंज जिनके पत्ते ऐसे सघन, जो सूर्य की किरणों को भी नहीं निकलने देते—इस नदी के तट पर शोभित हैं।

15. पण्डित विनायकराव ने भी इस समय मध्यप्रदेश में हिन्दी प्रचार का बहुत बड़ा कार्य किया, आप गद्य पद्य दोनों सुन्दर लिखते थे और अपने विद्याबल से राजा और प्रजा दोनों से आदृत थे। आपकी अधिकांश पुस्तकों का प्रचार उस प्रदेश के हाई स्कूलों और पाठशालाओं में था, और इस सूत्र से उनके सुलिखित ग्रन्थों ने आदर ही नहीं पाया, मध्य प्रदेश में हिन्दी की धाक भी बिठला दी। आपकी लिखी रामायण की विनायकी टीका बहुत प्रसिद्ध है, जो कई जिल्दों में है, इस ग्रन्थ के

देखने से उनके अगाध ज्ञान का पता चलता है और यह प्रकट होता है कि आप हिन्दी भाषा पर कितना अधिकार रखते थे। आपने पन्द्रह बीस ग्रन्थ लिखे हैं। अपनी हिन्दी की बहुमूल्य सेवा के कारण आप सरकार और जनता दोनों से पुरस्कृत हुए हैं। सरकार ने एक बार आपको सहस्र रुपये पुरस्कार में दिये थे, 'कवि-नायक' एवं साहित्य भूषण की उपाधि भी आपको मिली थी।

16. पण्डित विजयानन्द त्रिपाठी हिन्दी भाषा के धुरन्धर विद्वान् थे। जिस प्रकार संस्कृत के वे प्रकाण्ड पण्डित थे, वैसे ही हिन्दी भाषा के भी। वाग्मी इतने बड़े थे कि जनता पर जादू करते थे। जब कभी उनका भाषण प्रारम्भ होता, उस समय सब लोग आयी खाँसी को भी मुँह के बाहर न निकलने देते। जनता उनके व्याख्यानों को सुनकर प्रस्तर की मूर्ति बन जाती थी। उपकार उनके रोम रोम में भरा था, सर्वसाधारण का काम निष्काम भाव से करते वे ही देखे गये। विद्यारत्न आपकी उपाधि थी। बांकीपुर के बी. एन. कालेजियट स्कूल के हेड-पण्डित बहुत दिनों तक रहे। कविता में अपना नाम श्री कवि लिखते थे। उन्होंने बाबू हरिश्चन्द्र की रत्नावली नाटिका को जो अधूरी रह गयी थी, पूरा किया। 'रणधीर प्रेममोहिनी' नाटक का संस्कृत में अनुवाद किया, वह भी इस विशेषता के साथ, कि मुख्य ग्रंथ में जिस प्रकार शिष्ट और साधारण जन की भाषा में अन्तर है वैसा ही उन्होंने अपने ग्रन्थ में भी संस्कृत और प्राकृत भाषाओं के आधार से किया। बाबू हरिश्चन्द्र के स्वर्गवास होने पर जो लम्बा लेख उन्होंने लिखा था, वह इतना अपूर्व है, और ऐसी प्रौढ़ भाषा में लिखा गया है कि जिसने उसको एक बार पढ़ा होगा, मेरा विश्वास है, वह उसको आजन्म न भूला होगा। भारत-जीवन पत्र का जन्म ही उन्हीं के उद्योग का फल था। उनका लिखा हुआ महाअंधेर नगरी नाटक अपने ढंग का बड़ा विचित्र ग्रन्थ है। वास्तव बात यह है कि पं. जी साहित्य-कला के पारंगत थे और हिन्दी भाषा पर पूर्ण अधिकार रखते थे। उनके रचे संस्कृत और हिन्दी भाषा के अनेक ग्रन्थ हैं। उनकी एक गद्य रचना देखिये–

ईमान बेचने वाला–(सभी जात) ईमान ले ईमान; टके सेर ईमान, टके पर हम ईमान बेचते हैं। ईमान ही क्या, जातपाँत कुलकानि धर्म्म कर्म्म वेद पुरान कुरान बाइबिल सत्य ऐकमत्य गुन गौरव इज्जत प्रतिष्ठा मान ज्ञान इत्यादि सर्वस टके सेर!! एक टका दो हम तुमी को डिग्री देते हैं टके पर हम अदालत में तुमारी ऐसी कहैं, टका खोलकर हमारी झोली में रक्खो, अभी तुम्हें के. सी. एस. आई. बल्कि ए. बी. सी. डी. इत्यादि छब्बीसों अक्षर और वर्णमाला भर का लम्बा पोंछ बढ़ा देवें।

–महाअन्धेर नगरी।

17. इस प्रचार काल में दो बड़े उत्साही युवक हिन्दी-संसार के सामने आते हैं, एक हैं बाबू राधाकृष्णदास जो स्वर्गीय भारतेन्दु जी के फुफेरे भाई थे और दूसरे हैं बाबू

रामकृष्ण वर्म्मा। बाबू राधाकृष्णदास ने गद्य पद्य दोनों लिखा है और उसमें अच्छी सफलता पाई है। उन्होंने भारतेन्दु जी के चरणों में बैठकर हिन्दी अनुराग की शिक्षा पाई थी, उनकी गद्य पद्य शैली का अनुशीलन किया था, इसलिए उनकी रचनाओं एवं उनके हिन्दी प्रेम की झलक उनमें अधिक मात्रा में पाई जाती है। उनमें देशप्रेम भी था, और मातृभूमि का प्यार भी, अतएव उनकी कृतियों में उनके इन भावों का रंग भी देखा जाता है। उन्होंने भारतेन्दु जी की एक छोटी सी जीवनी लिखी है, जिसमें उनके जीवन से सम्बन्ध रखने वाली अनेक बातों पर प्रकाश डाला है। एक छोटी पुस्तिका में उन्होंने यह प्रमाणित करने की चेष्टा की है कि कविवर बिहारीलाल आचार्य केशवदास के पुत्र थे, इस ग्रन्थ में उनकी विषय प्रतिपादन शैली देखने योग्य है। उनका लिखा हुआ प्रताप नाटक भी अच्छा है, उसकी रचना ओजस्विनी और भावमयी है। वे बनारस की नागरी प्रचारिणी सभा के संस्थापकों में अन्यतम हैं। उनका कुछ गद्यांश देखिये–

"परिहास-प्रियता भी इनकी अपूर्व थी। अँगरेज़ी में पहली अप्रैल का दिन मानों होली का दिन है। उस दिन लोगों को धोखा देकर मूर्ख बनाना बुद्धिमानी का काम समझा जाता है। इन्होंने भी कई वेर काशीवासियों को यों ही छकाया था। एक बार छाप दिया कि योरोपीय विद्वान् आये हैं, जो महाराज विजयानगरम् की कोठी में सूर्य चन्द्रमा आदि को प्रत्यक्ष पृथ्वी पर बुलाकर दिखलावेंगे। लोग धोखे में गये और लज्जित होकर हँसते हुए लौट आये। एक बार प्रकाशित किया कि बड़े गवैये आये हैं, वह लोगों को हरिश्चन्द्र स्कूल में गाना सुनावेंगे।"

18. बाबू रामकृष्ण वर्मा भारत-जीवन प्रेस के संस्थापक और भारत-जीवन नामक साप्ताहिक पत्र के सम्पादक थे। उन्होंने उस समय इन दोनों के द्वारा हिन्दी भाषा का बहुत अधिक प्रचार किया। अपने प्रेम से बहुत अधिक ग्रन्थ हिन्दी भाषा के उन्होंने निकाले जो अधिकतर साहित्य से सम्बन्ध रखने वाले थे। श्रीयुत पण्डित विजयानन्द के सहयोग से उनका भारत-जीवन भी खूब चमका, और उसने हिन्दी देवी की सेवा भी अच्छी की। बाबू साहब सुलेखक और कवि भी थे, साथ ही सरस हृदय और भावुक भी। उनके रचे हुए ग्रन्थ अब भी हैं, परन्तु खेद है कि प्रेस की उपस्थिति में भी उनमें से कुछ ग्रन्थों का भी द्वितीय संस्करण नहीं हुआ।

19. मैं पहले राजा शिवप्रसाद की हिन्दी शैली का ऊपर वर्णन कर आया हूँ। उनकी यह इच्छा थी, कि हिन्दी लिखने की शैली बिल्कुल बोलचाल की भाषा हो, इसलिए उन्होंने अपनी रचना में अरबी, फ़ारसी के प्रचलित शब्दों का अधिक प्रयोग किया। आवश्यकता होने पर वे अपनी रचना में फ़ारसी-अरबी के अप्रचलित शब्दों का भी प्रयोग करते, और संस्कृत के तत्सम शब्दों का भी। कभी वे बड़ी सीधी सरल हिन्दी लिखते, जिसमें संस्कृत के बोलचाल में गृहीत सुन्दर शब्द लाते। कभी ऐसी हिन्दी

लिखने लगते जिसमें फ़ारसी अरबी के शब्दों की भरमार तो होती ही, संस्कृत के अप्रचलित तत्सम शब्द भी भर जाते। यही कारण है कि अपनी इच्छा के अनुकूल अपनी हिन्दी भाषा की शैली को वे बोलचाल के रंग में नहीं ढाल सके और न ही हिन्दी की कोई निश्चित शैली स्थापन कर सके। उनके रचे 'राजा भोज का सपना' की हिन्दी बड़ी सुन्दर है, उसमें हिन्दी के मुहावरे भी बड़ी उत्तमता से आये हैं, परन्तु इतिहास तिमिर नाशक इत्यादि की भाषा ऐसी नहीं है, उसको खिचड़ी भाषा कह सकते हैं। राजा लक्ष्मण सिंह और बाबू हरिश्चन्द्र आदि ने इसका प्रतिकार किया, उनको अपने कार्य में सफलता भी प्राप्त हुई। इस समय कचहरियों में हिन्दी के प्रवेश का आन्दोलन भी उठ खड़ा हुआ था, पूज्य मालवीय जी के नेतृत्व में युक्त प्रान्त के अनेक सम्भ्रान्त हिन्दू इस आन्दोलन के पृष्ठपोषक बनकर कार्य-क्षेत्र में अवतीर्ण हुए थे। फल यह हुआ कि सरकार की दृष्टि भी इस ओर विशेष रूप से आकर्षित हुई और वह इस विचार में पड़ी कि इस द्वन्द्व की निष्पत्ति क्या करें। अतएव भाषा के रूप की ओर उसका विशेष ध्यान गया, क्योंकि पाठशाला और स्कूल की पुस्तकों की भाषा का प्रश्न भी सामने था। इस समय पण्डित लक्ष्मीशंकर एम.ए. कुछ हिन्दू अधिकारियों के साथ सम्मुख आये और एक नयी भाषा गढ़ी गयी, जिसका नाम बाद को हिन्दुस्तानी पड़ा। पण्डित जी के स्कूलों का इन्स्पेक्टर नियत हो जाने के कारण इस भाषा में बल आया और साधारणतया इसी भाषा में स्कूलों के कोर्स की अधिकतर पुस्तकों की रचना हुई। यह नयी भाषा कोई दूसरी भाषा नहीं थी, राजा शिवप्रसाद की बोलचाल की भाषा ही थी, जिसका कुछ परिमार्जन हुआ था। पण्डित लक्ष्मीशंकर के दल के लोग इसको हिन्दी ही कहते। परन्तु कुछ लोग उसको मुसलमानों को सन्तुष्ट करने के लिए हिन्दुस्तानी बतलाते। जो अर्थ हिन्दुस्तानी का है वही अर्थ हिन्दी का है। केवल वाद निराकरण के लिए ही नवीन नाम की कल्पना हुई। पण्डित लक्ष्मीशंकर की 'काशी पत्रिका' इसी भाषा में निकलती थी और देवनागरी एवं फ़ारसी दोनों अक्षरों में छपती थी। इस पत्रिका का ग्रामीण पाठशालाओं तक में प्रवेश था। इसलिए इसके द्वारा हिन्दी के प्रचार में कुछ न कुछ सुविधा अवश्य हुई। काशी पत्रिका की भाषा बोलचाल की भाषा होती थी और उसमें फ़ारसी अरबी के वही शब्द आते थे जिनको जनता प्रायः बोलती है, परन्तु कसर यह थी कि संस्कृत के तत्सम शब्द उसमें नहीं आने पाते थे। जहाँ काम पड़ने पर फ़ारसी अरबी के कठिन से कठिन शब्द ले लिए जाते थे, वहाँ संस्कृत शब्दों को ऐसे अवसर पर भी स्थान नहीं मिलता था, इसलिए अधिकांश हिन्दू लेखकों की दृष्टि में यह भाषा नहीं जँची। परिणाम यह हुआ कि संस्कृत-गर्भित हिन्दी ही का अधिक प्रचार हुआ और इस भाषा का क्षेत्र संकुचित हो कर रह गया। अन्त में पं. जी की दृष्टि भी इधर गयी और उनके 'पदार्थ विज्ञान विटप' आदि ग्रन्थ ऐसी भाषा में लिखे गये, जिसमें

फ़ारसी-अरबी के स्थान पर संस्कृत तत्सम शब्दों का ही प्रयोग अधिकतर हुआ था। उनके उन्नति प्राप्त प्रेस का नाम 'चन्द्रप्रभा' था, और उनकी पत्रिका का नाम था 'काशी पत्रिका' ये दोनों नाम भी उनके मनोभाव के सूचक हैं। मैंने अपनी आँखों देखा है कि दौरे के दिनों में जब लड़के उनके पास हिन्दी कवितायें लेकर पहुँचते, तो वे उनको प्रेम से सुनते, लड़कों को शाबाशी देते कभी-कभी उनको पुरस्कृत भी करते। पहले पहल पद्मावत का सुन्दर संस्करण उन्होंने ही हिन्दी में निकाला। उन्होंने 'त्रिकोणमिति को उपक्रमणिका' नामक एक सुन्दर ग्रन्थ हिन्दी में बनाया था, जिसका उस समय बड़ा आदर हुआ था। पण्डित रमाशंकर मिश्र उनके छोटे भाई थे, वे आज़मगढ़ में ज्वाइण्ट मजिस्ट्रेट थे, बाद को कई जिलों में कलक्टर रहे। उनकी स्कूली पुस्तकें अधिकतर हिन्दुस्तानी भाषा ही में लिखी गयी थीं, विभिन्न अक्षरों में छपकर वे हिन्दू मुसलमान दोनों के लड़कों के काम आती थीं। परन्तु उनमें भी हिन्दी प्रेम था। वे संस्कृत के विद्वान् थे, अतएव हिन्दी भाषा की रचनाओं को विशेष स्नेह दृष्टि से देखते थे। हिन्दी का लेखक होने के ही कारण मुझ पर भी उन्होंने कई विशेष अवसरों पर बड़ी कृपा की थी। मेरा विचार है कि प्रचार-काल में इन दोनों भ्राताओं से भी हिन्दी-भाषा की वृद्धि में सहायता पहुँची है और उन्होंने अपनी पत्रिका और ग्रन्थों द्वारा हिन्दुओं के इस संस्कार को बहुत अधिक दूर किया है कि अरबी फ़ारसी के शब्द हिन्दी में आये नहीं कि वह उर्दू हुई नहीं। हिन्दी अक्षरों में छपे हुए हिन्दुस्तानी भाषा के ग्रन्थों को पढ़ कर हिन्दू के लड़के उन्हें हिन्दी ही का ग्रन्थ समझते थे, उर्दू का नहीं। इससे भी बोलचाल की ओर प्रवृत्त होने में, हिन्दी को बड़ा अवसर मिला, वह संकुचित होने के स्थान पर अधिक विस्तृत हो गयी। बाबू देवकीनन्दन खत्री के उपन्यास इसी परिणाम के फल हैं। आजकल के अनेक उपन्यास भी इसी मार्ग पर चल कर हिन्दी भाषा के विस्तार में सहायक हो रहे हैं। इसलिए मेरा विचार है कि उस समय के हिन्दी भाषा के प्रचार में पं. लक्ष्मीशंकर एम. ए. का भी विशेष हाथ है—उनके गद्य का एक नमूना देखिये—

"इस ज़मीन पर और इस जहान में जिसमें कि हम लोग रहते हैं लाखों अजीब चीज़ें हमेशा दिखलायी देती हैं और हर रोज़ नयी बातें हुआ करती हैं। जो कुछ कि इस जहान में होता है, उसे ग़ौर से देखने और उसके सबब को सोचने से ज़रूर बड़ा फ़ायदा होता है। बिजली के सब नियमों के जानने से कैसा फ़ायदा हुआ है कि हज़ारों कोस की दूरी पर मुल्क मुल्क में पलभर में तार के सबब से ख़बर पहुँचा सकते हैं। भाफ़ के ज़ोर से कैसी अच्छी तरह से रेलगाड़ी और धूआँकश चलते हैं।"

20. काशी-निवासी बाबू देवकी ननन्द खत्री के 'चन्द्रकान्ता'और 'चन्द्रकान्ता सन्तति' नामक उपन्यासों से भी हिन्दी भाषा के प्रचार में कम सहायता नहीं मिली। इस

समय इनके उपन्यासों ने इतना प्रचार पाया, कि उससे उपन्यास-क्षेत्र में युगान्तर उपस्थित हो गया। बहुत से लोगों ने उस समय हिन्दी इसलिए पढ़ी कि वे चन्द्रकान्ता को पढ़ सकें। इन उपन्यासों की भाषा हिन्दुस्तानी है, केवल विशेषता इतनी ही हैं कि उसमें यथावसर संस्कृत के तत्सम शब्द भी आते हैं। भाषा चलती और मुहाविरेदार है, इसलिए भी उसकी अधिक पूछ हुई। इन उपन्यासों में चमत्कृत घटनाओं का ही ऊहापोह और विस्तार है उपदेश शिक्षा और धार्मिक अथवा सामाजिक आघात प्रतिघात से उनको कोई सम्बन्ध नहीं रहा, फिर भी उनमें इतना आकर्षण है, कि हाथ में लेकर उन्हें समाप्त किये बिना चैन नहीं आता। उनके गद्य का एक अंश देखिये—

"रोहतास गढ़ क़िले के अन्दर राजमहल की अटारियों पर चढ़ी हुई बहुत सी औरत उस तरफ़ देख रही हैं, जिधर वीरेन्द्र सिंह का लश्कर पड़ा हुआ है। कुँअर कल्यान सिंह के गिरफ़्तार हो जाने से किशोरी को एक तरह की निश्चिन्ती हो गयी थी, क्योंकि ज़्यादे डर उसे अपनी शादी उसके साथ हो जाने का था, अपने मरने की उसे ज़रा भी परवाह न थी। हाँ, कुँवर इन्द्रजीत सिंह की याद वह एक सायत के लिए भी नहीं भुला सकती थी, जिनकी तस्वीर उसके कलेजे में खिंची हुई थी। वीरेन्द्र सिंह की लड़ाई का हाल सुन उसे बड़ी खुशी हुई और वह भी अपनी अटारी पर चढ़ कर हसरत-भरी निगाहों से उस तरफ़ देखने लगी जिधर वीरेन्द्र सिंह की फ़ौज पड़ी हुई थी।"

21. अन्य भाषा से अपनी भाषा में ग्रन्थों का अनुवाद करना भी भाषा के विस्तार का हेतु होता है, इस प्रचार काल में यह कार्य भी अधिकता से हुआ। बंगभाषा के अनेक उपन्यास अनुवादित होकर हिन्दी भाषा में गृहीत हुए। बाबू गदाधर सिंह ने 'कादम्बरी', 'बंगविजेता' एवं 'दुर्गेश-नन्दिनी' का अनुवाद इसी समय किया। बाबू राधाकृष्णदास द्वारा 'स्वर्णलता' एवं 'मरता क्या न करता' आदि कई उपन्यास अनुवादित हुए। बाबू रामदीनसिंह की इच्छा से पं. प्रताप नारायण मिश्र ने 'राजसिंह' आदि आठ-दस उपन्यासों का अनुवाद किया। पं. राधाचरण गोस्वामी द्वारा 'मृण्मयी', 'बिरजा' और 'जावित्री' का अनुवाद हुआ। ये अनुवाद बाबू हरिश्चन्द्र की देखादेखी हुए थे। पहले पहल आपने ही बंगभाषा के एक उपन्यास का अनुवाद करके मार्ग-प्रदर्शन किया था। इसके उपरानत उससे अनेक उपन्यासों और ग्रन्थों का अनुवाद हुआ। अनुवाद-कर्त्ताओं में बाबू रामकृष्ण वर्म्मा, बाबू कार्तिकप्रसाद, बाबू गोपालराम गहमर, बाबू उदित नारायण लाल ग़ाज़ीपुरी आदि का नाम विशेष उल्लेख योग्य है। बाद को इंडियन प्रेस ने तो अनुवाद का ताँता लगा दिया। उसने कवीन्द्र रवीन्द्र के उत्तमोत्तम उपन्यासों के अनुवाद कराये और कुछ बँगला जीवन-चरित्रों के भी।

22. इस समय हिन्दी भाषा में अनेक पत्र और पत्रिकायें भी निकलीं जिससे इसके प्रचार में अधिकतर वृद्धि हुई। इस समय के पहले भी कुछ पत्र-पत्रिकायें निकली थीं,

जिनमें बनारस अख़बार, कविवचन सुधा, और हरिश्चन्द्र चन्द्रिका का नाम विशेष उल्लेख योग्य है। बाबू हरिश्चन्द्र के सहयोगियों में से लगभग सभी ने एक-एक पत्र अथवा पत्रिका अवश्य निकाली। इसकी चर्चा मैं कर चुका हूँ। इस समय इस कार्य की मात्रा बहुत बढ़ गयी थी, सब प्रकार के पत्र अधिकता से इस समय ही निकले। कालाकांकर का दैनिक 'हिन्दोस्तान', पं. गोपीनाथ संपादित लाहौर का 'मित्र विलास', पं. सदानन्द मिश्र सम्पादित 'सार सुधानिधि, पं. दुर्गाप्रसाद मिश्र सम्पादित 'उचित वक्ता', सम्पादकाचार्य पं. रुद्रदत्त सम्पादित 'आर्यावर्त्त', उदयपूर का 'सज्जन कीर्ति सुधाकर', पं. देवकी नन्दन सम्पादित प्रयाग का 'प्रयाग समाचार' आदि उनमें विशेष उल्लेखनीय हैं। उस समय जो धार्मिक पत्र-पत्रिकायें निकली थीं; उन्होंने भी हिन्दी प्रचार सम्बन्ध में विशेष कार्य किया था, क्योंकि जनता की रुचि इधर भी विशेष आकर्षित थी। इनमें कलकत्ता से निकलने वाला 'धर्म दिवाकर' बड़ा सुन्दर पत्र था, इसका सम्पादन पं. देवी सहाय करते थे। इसमें ऐसे सार गर्भ, संयत एवं मार्मिक लेख निकलते थे, जिनकी बहुत कुछ प्रशंसा की जा सकती है। इसी समय 'सरस्वती' भी निकली, जो पं. महावीर प्रसाद द्विवेदी के द्वारा सम्पादित होकर हिन्दी गद्य के विशेष संशोधन का कारण बनी। उस समय के निकले पत्र-पत्रिकाओं में अधिकांश अब लुप्त हो चुके हैं, परन्तु उनका प्रचार कार्य और उनका सामयिक प्रभाव किसी प्रकार भुलाया नहीं जा सकता।

अब तक जो लिखा गया और जितने अवतरण दिये गये, उनके देखने से यह ज्ञात होता है कि उन्नतिकाल से प्रचार काल की भाषा अधिक परिमार्जित है। स्थान के संकोच के कारण मैं प्रधान पत्र सम्पादकों की लेखमाला में से थोड़े अवतरण भी न उठा सका, विशेष कर पं. सदानन्द और पं. दुर्गाप्रसाद मिश्र आदि के, यदि उठा पाता तो प्रस्तुत विषय और स्पष्ट हो जाता। उन्नति काल के प्रसिद्ध हिन्दी लेखक 'आचार्य' हैं, उन्होंने ही आदर्श हिन्दी भाषा शैली उपस्थित की है। परन्तु वे लोग स्वच्छन्दचारी और मनस्वी थे, जो लिखते थे, अपने विचारानुसार लिखते थे, वे परीक्षा की कसौटी पर कसे नहीं थे, इसलिए उनमें उतना परिमार्जन नहीं मिलता। कहीं-कहीं उनकी स्वतन्त्र गति भी देखी जाती है, उनके अवतरणों के वे अंश देखिये, जिन पर लम्बी-लम्बी लकीरें खिंचीं हैं। उनमें ब्रजभाषा के शब्द ही नहीं, क्रियायें भी मिलती हैं, ग्रामीण शब्द भी पाये जाते हैं, और सदोष प्रयोग भी। परन्तु प्रचार-काल वाले विद्वज्जनों में वह बात नहीं पाई जाती या यह कहें कि यदि पाई जाती है तो नाम मात्र को। इस समय यह बात स्पष्ट देखी जाती है, कि संस्कृत गर्भित भाषा ही अधिकतर लिखी जाती है, यद्यपि सरलता की ओर भी दृष्टि पर्याप्त थी। चाहे पं. भीमसेन जी की भाषा को देखिये, चाहे पं. अम्बिकादत्त व्यास की भाषा को, सबमें यह बात पाई जाती है। साहित्य लेखकों श्री

निवासदास और बाबू राधाकृष्णदास इत्यादि में यह बात और अधिक मिलती है। यद्यपि इस समय भी कुछ लोग अपनी भाषा में विदेशी शब्दों को नहीं ग्रहण करना चाहते थे। परन्तु साधारणतया यह विचार ढीला पड़ गया था और लोग आवश्यक विदेशी शब्दों का प्रयोग करने में संकोच नहीं करते थे। इस समय में ऐसे लोग भी पाये जाते हैं, जो उपन्यासों के लिए बोलचाल की भाषा लिखना ही पसन्द करते हैं, और यथावसर मुहाविरे की रक्षा के लिए अथवा वाच्यार्थ को स्पष्ट करने एवं कथन को अधिक भावमय बनाने के लिए निस्संकोच भाव से फ़ारसी अरबी अथवा अन्य विदेशी भाषा के शब्दों का व्यवहार करते हैं। बाबू बालमुकुन्द आदि ऐसे ही लेखक हैं। परिहासमय व्यंग्यपूर्ण लेखों में विदेशीय शब्दों की भरमार सभी करते हैं, कारण यह है कि बोलचाल में ही अधिक व्यंग्यात्मक लेख लिखे जाते हैं और ऐसी अवस्था में उन फ़ारसी अरबी अथवा अन्य भाषा के शब्दों का त्याग नहीं हो सकता जो उसके अंग बन गये हैं। वरन् उनके आने ही से बोलचाल की भाषा अपने वास्तविक रूप में प्रकट होकर अधिक प्रभावशालिनी और चटपटी बन जाती है, अन्यथा वह कृत्रिम और बनावटी ज्ञात होती है। यदि हम व्यंग करते हुए कहें कि इनकी हवा बिगड़ गयी, फिर भी ये हवा बाँध रहे हैं, तो हमको हवा शब्द को लेना ही पड़ेगा, चाहे वह फ़ारसी शब्द भले ही हो। क्योंकि हवा के स्थान पर दूसरा शब्द वायु या पवन आदि ग्रहण करने से न तो भाव स्पष्ट होगा, न व्यंग सफल होगा और न मुहावरा मुहावरा रह जायगा। इन बातों पर दृष्टि रखकर हिन्दी भाषा में स्वभावतया वही प्रणाली गृहीत हुई और चल पड़ी, जो उचित थी। आज दिन भी इसी प्रणाली का बोलबाला है। सब भाषाओं में गम्भीर विषयों की भाषा उच्च होती है और साधारण विषयों की चलती। दार्शनिक, वैज्ञानिक और इसी प्रकार के अन्य विषय, गहन और विवेचनात्मक होते हैं, इसलिए उनके लिए प्रौढ़ भाषा ही वांछनीय होती है। जो विषय सहज हैं, जिनमें आपस के व्यवहारों, बर्तावों, अथवा घरेलू बातों की चर्चा होगी, उसको सरल और बोलचाल की भाषा में लिखना ही पड़ेगा, अन्यथा उनकी भाव व्यंजना यथार्थ रीति से न हो सकेगी। हिन्दी भाषा के उन्नति-काल के विद्वानों ने इन बातों पर दृष्टि रखकर ही उसकी शैलियों की स्थापना की, जिसका विशेष परिमार्जन इस काल में हुआ।

प्रान्तीय भाषाओं के शब्दों के क्रियाओं का त्याग जिनमें ब्रजभाषा भी सम्मिलित है, अधिकतर संस्कृत तत्सम शब्दों के प्रयोगों द्वारा ही सम्भव था, इसलिए हिन्दी की वर्तमान शैली में संस्कृत तत्सम शब्दों का बाहुल्य है। यह प्रणाली ग्रहण करने से ही भाषा ग्रामीण शब्दों से सुरक्षित हुई। अरबी फ़ारसी शब्दों की भरमार भी इसी से दूर हुई। अतएव इस प्रणाली का ग्रहण युक्तिसंगत था। उसका हिन्दी भाषा और संस्कृत के प्रसिद्ध हिन्दी लेखक विद्वानों द्वारा स्वीकृत हो जाना भी उसकी उपयोगिता का

सूचक है। यह मैं अवश्य कहूँगा, कि न तो संस्कृत शब्दों का भरमार होना उचित है न फ़ारसी और अरबी के प्रचलित शब्दों का आग्रहपूर्वक त्याग, क्योंकि ऐसा करने से भाषा दुर्बोध हो जाती है, जो उसकी उन्नति के लिए वांछनीय नहीं। यह उद्योग सरकारी अधिकारियों और जनता के कतिपय अग्रगन्ताओं द्वारा पहले से होता आया है, कि जहाँ तक सम्भव हो, हिन्दी भाषा की शैली ऐसी हो, जो बोलचाल के अधिक निकटवर्ती हो और उसमें संस्कृत के शब्द यदि आवें भी तो थोड़े, परन्तु यह शैली चलाई जाने पर भी व्यापक न हो सकी। कारण हिन्दी का राष्ट्रीयता सम्बन्धी विचार और वह निर्धारित सिद्धान्त था जिसका वर्णन मैं ऊपर कर चुका हूँ। संस्कृत के शब्द ही भारतवर्ष के सब प्रान्तों में अधिकता से समझे जा सकते हैं। इसलिए उसका अभाव हिन्दी की राष्ट्रीयता का बाधक होगा, यह समस्त हिन्दी संसार जानता है। निर्धारित शैली का त्याग युक्ति-संगत नहीं, क्योंकि इससे उसकी प्रगति में बाधा पड़ेगी। इससे यह निश्चित है कि संस्कृत गर्भित शैली गृहीत रहेगी, वही इस समय व्यापक भी है। इसको विशेष परिमार्जित करने का श्रेय प्रचार काल को है।

इसी समय में स्वर्गीय बाबू रामदीन सिंह ने मुझको लिखा कि डॉ. जी. ए. ग्रियर्सन साहब की इच्छा है कि हिन्दी भाषा में एक ऐसा ग्रन्थ लिखा जावे जो ठेठ हिन्दी का हो, जिसमें न तो संस्कृत के शब्द हों न किसी अन्य भाषा के। मेरा 'ठेठ हिन्दी का ठाट' नामक ग्रन्थ उन्हीं के अनुरोध का परिणाम है, उसकी भाषा का कुछ अंश यह है—

"सूरज वैसा ही चमकता है, बयार वैसी ही चलती है। धूप वैसी ही उजली है, रूख वैसे ही अपने ठौरों खड़े हैं, उनकी हरियाली भी वैसी ही है, बयार लगने पर उनके पत्ते वैसे ही धीरे-धीरे हिलते हैं, चिड़ियाँ वैसी ही बोल रही हैं। रात में चाँद वैसा ही निकला, धरती पर चाँदनी वैसी ही छिटकी, तारे वैसे ही निकले, सब कुछ वैसा ही है। जान पड़ता है देवबाला मरी नहीं। धरती सब वैसी ही है, पर देवबाला मर गयी। धरती के लिए देवबाला का मरना जीना दोनों एक सा है। धरती क्या गाँव में चहल-पहल वैसी ही है। हँसना, बोलना, गाना, बजाना, उठना, बैठना, खाना, पीना, आना, जाना सब वैसा ही है।"

डॉक्टर साहब ने इस ग्रन्थ को बहुत पसन्द किया, इसे सिविल सर्विस की परीक्षा का कोर्स बनाया और उक्त बाबू साहब को यह पत्र लिखा।

प्रिय महाशय!

'ठेठ हिन्दी का ठाट' के सफलता और उत्तमता से प्रकाश होने के लिए मैं आप को बधाई देता हूँ। यह एक प्रशंसनीय पुस्तक है।...मुझे आशा है कि इसकी बिक्री बहुत होगी, जिसके कि यह योग्य है। आप कृपा करके पं. अयोध्या सिंह से कहिये कि मुझे इस बात का हर्ष है कि उन्होंने सफलता के साथ यह सिद्ध कर दिया है कि बिना अन्य

भाषा के शब्दों का प्रयोग किये ललित और ओजस्विनी हिन्दी लिखना सुगम है।"

आपका सच्चा

जार्ज ए. ग्रियर्सन

कुछ दिनों के बाद डॉक्टर साहब की यह इच्छा हुई कि इसी भाषा में एक ग्रन्थ और लिखा जावे, जो कुछ बड़ा हो और जिसमें हिन्दी भाषा के अधिक शब्द आवें। यह ज्ञात होने पर मैंने 'अधखिला फूल' की रचना की। उसकी भाषा का अंश देखिये–

"भोर के सूरज की सुनहली किरनें धीरे-धीरे आकाश में फैल रही हैं, पेड़ों की पत्तियों को सुनहला बना रही हैं, और पास के पोखरे के जल में धीरे-धीरे आकर उतर रही हैं। चारों ओर किरनों का ही जमघटा है, छतों पर मुड़ेरों पर किरन ही किरन हैं। कामिनी मोहन अपनी फुलवारी में टहल रहा है और छिटिकती हुई किरनों की यह लीला देख रहा है, पर अनमना है। चिड़ियाँ चहकती हैं, फूल महक रहे हैं, ठंढी-ठंढी पवन चल रही है, पर उसका मन इनमें नहीं है, कहीं गया हुआ है। घड़ी भर दिन आया, फुलवारी में बासमती ने पाँव रखा। धीरे-धीरे कामिनी मोहन के पास आकर खड़ी हुई।"

सुप्रसिद्ध बाबू काशीप्रसाद जायसवाल को वे एक पत्र में यह लिखते हैं–

रथफार्नहम-किंबरली-सरे

10-1-1904

"मेरी इच्छा है कि और लोग भी 'हरिऔध' के बताये हुए 'ठेठ हिन्दी का ठाट' के स्टाइल में लिखने का उद्योग करें और लिखें जब मैं देखूँगा कि पुस्तकें वैसी ही भाषा में लिखी जाती हैं, तो मुझको फिर यह आशा होगी कि आगामी समय उस भाषा का अच्छा होगा, जिसको कि मैं तीस वर्ष से आनन्द के साथ पढ़ रहा हूँ।"

आपका सच्चा

जार्ज ए. ग्रियर्सन

परन्तु हिन्दी संसार इन ग्रन्थों की ओर आकर्षित होकर भी उसकी भाषा की ओर प्रवृत्त नहीं हुआ, और न किसी ने ऐसी भाषा लिखने की चेष्टा की। कारण इसका यही है, कि समय की आवश्यकताओं को देखकर संस्कृत गर्भित भाषा लिखने की ओर ही उसकी प्रवृत्ति है, सफलता भी उसको इसी में मिल रही है। अतएव यही शैली अनुमोदनीय है। वर्त्तमान-काल कटिबद्ध होकर उसका अनुमोदन भी कर रहा है।

छठा प्रकरण

वर्त्तमान-काल

यह देखकर सन्तोष होता है कि वर्त्तमान-काल में हिन्दी गद्य ने प्रशंसनीय उन्नति की है। विद्या के उन समस्त विभागों से अब उसका सम्बन्ध हो गया है, जो राष्ट्रीय जीवन को विकास की ओर ले चलते हैं। देश के सार्वजनिक जीवन ने ज्यों-ज्यों उन्नत स्वरूप ग्रहण किया है त्यों-त्यों हिन्दी गद्य को फलने-फूलने के लिए क्षेत्र प्राप्त होता गया। सरकार और जनता के पारस्परिक सहयोग ने भी हिन्दी गद्य को सुगठित और पुष्ट होने का अवसर दिया। उत्तरी भारत तथा मध्य प्रदेश के विश्वविद्यालयों में देशी भाषा की शिक्षा का प्रबन्ध हो जाने से हिन्दी काव्यों और अन्य ग्रन्थों के सुव्यवस्थित पठन-पाठन का श्रीगणेश अभी थोड़े ही दिनों से हुआ है, किन्तु उसने प्रचार-काल में जन्म अथवा पोषण प्राप्त पत्रों और पत्रिकाओं का साहित्यिक पद अधिक उन्नत करके गद्य-लेखन-शैली के बहुत शीघ्र सबल और परिपक्व बनाने में उल्लेखनीय सफलता प्राप्त कर ली है। समालोचना की प्राचीन शैली के साथ पाश्चात्य शैली ने कन्धे-से-कन्धा लगाकर हमें साहित्य के सबल और दुर्बल अंगों को परखने की कसौटियाँ बतलाई हैं, वे कसौटियाँ जिनकी अवहेलना नहीं की जा सकती। समालोचना का परिणाम भी देखने में आ रहा है, प्रायः लेखकगण अपनी रचनाओं के सम्बन्ध में अधिक सावधान हो गये हैं और बहुत परिश्रम तथा छानबीन के साथ ही ग्रन्थप्रणयन में प्रवृत्त होते हैं। अब हम यह दिखलावेंगे कि इस वर्तमान-काल में हिन्दी भाषा के प्रत्येक विभागों में कितनी उन्नति हुई और उनमें किस प्रकार समयानुकूल परिवर्द्धन एवं परिवर्तन हो रहा है। सुविधा के लिए प्रत्येक विभागों का वर्णन अलग-अलग किया जावेगा, जिसमें प्रत्येक विषय का स्पष्टतया निरूपण किया जा सके। हिन्दी का कार्य-क्षेत्र इस समय बहुत विस्तृत है और वह लगभग सम्पूर्ण भारतवर्ष में प्रसार पा रहा है। इसलिए हिन्दी उन्नायकों, सेवकों और ग्रन्थ-प्रणेताओं की संख्या भी बहुत अधिक है। सबका वर्णन किया जाना एक प्रकार से असम्भव है। इसलिए उल्लेख-योग्य कृतियों की ही चर्चा की जायगी, और उन्हीं हिन्दी-सेवा-निरत सज्जनों के विषय में कुछ लिखा

जायगा, जिनमें कोई विशेषता है या जिन्होंने उसको उन्नत करने में कोई अंगुलि-निर्देश योग्य कार्य किया है, अथवा जिनके द्वारा हिन्दी भाषा विकास-क्षेत्र में अग्रसर हुई है। अब तक मैं कुछ अवतरण भी लेखकों अथवा ग्रन्थकारों की रचनाओं का देता आया हूँ, किन्तु इस प्रकरण में ऐसा करना ग्रन्थ के व्यर्थ विस्तार का कारण होगा, क्योंकि इस प्रकार के गण्यमान्य विबुधों एवं प्रसिद्ध पुरुषों की संख्या भी थोड़ी न होगी।

(1)

साहित्य-विभाग (Literature)

आजकल हिन्दी साहित्य बहुत उन्नत दशा में है। दिन-दिन उसकी वृद्धि हो रही है। किन्तु यह कहा जा सकता है कि जिसमें सामयिकता अधिक हो और जो देश और जाति के लिए अधिक उपकारक हों ऐसे ग्रन्थ अभी थोड़े ही बने हैं। हाँ, भविष्य अवश्य आशापूर्ण है। विश्वास है कि न्यूनताओं की पूर्ति यथासम्भव शीघ्र होगी और उपादेय ग्रन्थों की कमी न रह जायगी। मैं यहाँ पर प्रस्तुत साहित्यिक ग्रन्थों का थोड़े में दिग्दर्शन करूँगा, इसके द्वारा यह अनुमान हो सकेगा कि हिन्दी साहित्य के विकास की प्रगति क्या है। सम्भव है कि किसी उपयोगी ग्रन्थ की चर्चा छूट जाये, किन्तु ऐसा अनभिज्ञता के कारण ही होगा। कुछ सहृदयों का जीवन ही साहित्यिक होता है, वे साहित्य सेवा करने में ही आनन्दानुभव करते हैं, उनकी प्रकृति के कारण आजकल हिन्दी साहित्य उत्तरोत्तर उत्तमोत्तम ग्रन्थों से अलंकृत हो रहा है। प्रचारकाल से आज तक उन लोगों ने इस क्षेत्र में जो कार्य किया है, वह बहुत उत्साहवर्द्धक और बहुमूल्य है। अब से पचास वर्ष पहले साहित्य के दशांग पर लिखे गये गद्य ग्रन्थों का अभाव था, परन्तु इस समय उसकी बहुत कुछ पूर्ति हो गयी है। ऐसे निबन्ध जो आत्मिक प्रेरणा से लिखे जाते हैं और जिनमें भावात्मकता होती है, पहले दुर्लभ थे, किन्तु इन दिनों उनका अभाव नहीं है। कवि और कविता सम्बन्धी आलोचनात्मक निबन्ध कुछ दिन पहले खोजने से भी नहीं मिलते थे, परन्तु आज उधर भी दृष्टि है। कुछ ग्रन्थ लिखे गये हैं, और कुछ विद्वज्जनों की उधर दृष्टि है। जिन्होंने इस क्षेत्र में कार्य किया है और जो आज भी स्वकर्त्तव्य पालन में रत हैं—अब मैं उनकी चर्चा करूँगा। जिससे आप वर्तमानकालिक साहित्य भाण्डार की वृद्धि के विषय में कुछ अनुमान कर सकें।

पं. महावीरप्रसाद द्विवेदी ने अनेक साहित्यिक ग्रन्थों की रचना की है। वे जैसे बहुत बड़े लेखक हैं वैसे ही बहुत बड़े समालोचक भी। उन्होंने हिन्दी साहित्य भाण्डार को बहुमूल्य ग्रन्थ रत्न दिये हैं और अपनी निर्भीक समालोचना से हिन्दी भाषा को परिष्कृत भी बनाया है। उनके रचे कई सुन्दर ग्रन्थ हैं। जिनमें 'वेकन विचार रत्नावली', 'स्वाधीनता', 'साहित्य-सीकर', 'रसज्ञ-रंजन', 'हिन्दी भाषा की उत्पत्ति', 'कालिदास की निरंकुशता' आदि ग्रन्थ उल्लेखनीय हैं।

बाबू श्यामसुन्दरदास बी. ए. नागरीप्रचारिणी सभा के जन्मदाताओं में अन्यतम हैं। हिन्दी गद्य के विकास में तथा उसका वर्त्तमानकालीन उन्नति में भी उनका हाथ है। हिन्दी के जितने ग्रन्थ आपने सम्पादन किये और लिखे हैं उनकी बहुत बड़ी संख्या है। साहित्य के अनेक विषयों पर आपने लेखनी चलाई है। आपकी लिखी गद्य-शैली का चमत्कार यह है कि उसमें प्रौढ़ लेखनी की कला दृष्टिगत होती है। हाँ उसमें मस्तिष्क मिलता है, हृदय नहीं। रुक्षता मिलती है, सरसता नहीं। हाल में आपका 'हिन्दी भाषा और साहित्य' नामक एक अच्छा ग्रन्थ निकला है।

बाबू जगन्नाथप्रसाद 'भानु' एक बहुत बड़े साहित्य सेवी हैं। 'काव्य प्रभाकर' और 'छन्द प्रभाकर' उनके प्रसिद्ध ग्रन्थ हैं। आजन्म उन्होंने हिन्दी-देवी की सेवा की और इस वृद्धावस्था में भी उसके चरणों में पुष्पांजलि अर्पण कर रहे हैं।

बाबू कन्हैयालाल पोद्दार की साहित्यिक रचनायें प्रशंसनीय हैं। उनका 'काव्य-कल्पद्रुम' एक उल्लेख-योग्य साहित्य-ग्रन्थ है। 'हिन्दी-मेघदूत विमर्श' भी उनकी साहित्यज्ञता का प्रमाण है। वे भी हिन्दी-सेवा व्रत के व्रती हैं और उसको चुने ग्रन्थ अर्पण करते रहते हैं।

पण्डित रामचन्द्र शुक्ल बड़े गम्भीर और मननशील गद्य लेखक हैं। कवीन्द्र रवीन्द्र की रचनाओं से जो गौरव बंग भाषा को प्राप्त है वही प्रतिष्ठा पण्डितजी की लेखनी द्वारा हिन्दी भाषा को प्राप्त हुई है। हिन्दी-संसार में आप अद्वितीय समालोचक हैं। आपके गद्य में जो विवेचन गम्भीरता दार्शनिकता और विचार की गहनता मिलती है वह अन्यत्र दुर्लभ है। इनके हाल के निकले हुए 'काव्य में रहस्यवाद' और 'हिन्दी साहित्य का इतिहास' नामक ग्रन्थ इनके पांडित्य के जाज्वल्यमान प्रमाण हैं।

मिश्र बन्धुओं ने हिन्दी-भाण्डार को एक ऐसा अमूल्य रत्न प्रदान किया है जिससे उनकी कीर्ति चिरकाल तक हिन्दी संसार में व्याप्त रहेगी उनका मिश्रबन्धु विनोद नामक ग्रन्थ ऐतिहासिक दृष्टि से पूर्ण और अद्भुत गवेषणा और परिश्रम का परिणाम है। आजकल हिन्दी साहित्य के इतिहास लगातार लिखे जा रहे हैं। किन्तु इन सब तारकमण्डल को ज्योति प्रदान करने वाला सूर्य उनका ग्रन्थ ही है। मिश्र बन्धुओं ने कुछ इतिहास ग्रन्थ भी लिखे हैं। वे भी कम उपयोगी नहीं। पं. रमाशंकर शुक्ल एम. ए. 'रसाल' ने एक वर्ष के भीतर ही दो प्रशंसनीय ग्रन्थ प्रदान किये हैं। एक का नाम है 'अलंकार-पीयूष' और दूसरे का नाम है 'हिन्दी-साहित्य का इतिहास।' ये दोनों ग्रन्थ अपने ढंग के अपूर्व हैं। 'अलंकार-पीयूष' में प्राचीन संस्कृत ग्रन्थों की शास्त्रार्थ परम्परा का सुन्दर विवेचन उन्होंने जिस प्रकार किया है, वह हिन्दी-संसार के लिए एक दुर्लभ वस्तु है। उसमें उनकी प्रतिभा और विचारशैली दोनों का विकास है। उनका हिन्दी-साहित्य का इतिहास भी एक उल्लेखनीय और अभूतपूर्व ग्रन्थ है। पं. रमाकान्त

त्रिपाठी एम. ए. का 'हिन्दी-गद्य-मीमांसा' नामक ग्रन्थ भी अपूर्व है। यह पहला ग्रन्थ है जिसमें हिन्दी भाषा पर पाश्चात्य प्रणाली से विवेचन किया गया है। थोड़े समय में इस ग्रन्थ का आदर भी अधिक हुआ है, यह इसकी उपयोगिता और बहुमूल्यता का प्रमाण है। श्रीमान् सूर्य्यकान्त शास्त्री एम. ए. का हिन्दी साहित्य का विवेचनात्मक इतिहास भी गहन विवेचना के लिए अपना प्रमाण आप है। पंजाब जैसे सुदूरवर्ती प्रान्त में रहकर भी आपने हिन्दी के विषय में जिस मर्मज्ञता का परिचय दिया है वह अभिनन्दनीय है। उनका यह ग्रन्थ हिन्दी भाण्डार की आदरणीय सम्पत्ति है। बाबू रमाशंकर श्रीवास्तव एम. ए. एल. एल. बी. का हिन्दी साहित्य का संक्षिप्त इतिहास भी उपयोगी ग्रन्थ है और परिश्रम से लिखा गया है। अँगरेज़ी स्कूलों में कोर्स में उसका गृहीत हो जाना इसका प्रमाण है। पं. जगन्नाथ मिश्र एम. ए. का 'हिन्दी गद्य-शैली का विकास' नामक ग्रन्थ भी सुन्दर है। लेखक का पहला ग्रन्थ होने पर भी प्रशंसा-योग्य है। 'हिन्दी काव्य में नवरस' नामक एक ग्रन्थ पं. बाबू रामबित्थरियाने और 'नवरस' नामक ग्रन्थ बाबू गुलाबराय एम. ए. ने लिखा है। पहला ग्रन्थ बहुत गवेषणा और विचारशीलता के साथ लिखा गया है। इसलिए वह बहुत उपयोगी बन गया है। दूसरा ग्रन्थ छोटा है परन्तु गुण में बड़ा है। बाबू साहब बड़े चिन्ताशील लेखक हैं, इसलिए उनकी लेखनी से जो निकला है, बहुमूल्य है। रायकृष्णदास की 'साधना' उनकी किसी बड़ी साधना का फल है। यह ग्रन्थ भावुकता की दृष्टि से आदरणीय है। उन्होंने कुछ कहानियाँ भी लिखी हैं, जो भावमयी और उपयोगिनी हैं। उनसे भी उनकी सहृदयता का परिचय मिलता है।

(2)
नाटक

नाटक लिखने में सफलता उन लोगों को आजकल प्राप्त हो रही है जो नाटक कम्पनियों में रहकर कार्य कर रहे हैं। फिर भी हिन्दी साहित्य क्षेत्र में ऐसे नाटक भी लिखे जा रहे हैं जो साहित्यिक-दृष्टि से अपना विशेष स्थान रखते हैं। ऐसे नाटककारों में अधिक प्रसिद्ध बाबू जयशंकर प्रसाद हैं। उनके नाटकों में सुरुचि हैं, और कवित्व भी। किन्तु उनका गद्य और पद्य दोनों इतना जटिल और दुरूह है कि वे अब तक नाट्य मंच पर नहीं आ सके। हाँ, साहित्यिक दृष्टि से उनके नाटक अवश्य उत्तम हैं। उन्होंने कई नाटकों की रचना की है। उनमें अजातशत्रु, स्कन्दगुप्त और चन्द्रगुप्त उल्लेख-योग्य हैं। पंडित बदरीनाथ भट्ट बी. ए. ने दो-तीन नाटकों की रचना की है। वे सब सुन्दर हैं और उनमें ऐसा आकर्षण है कि वे रंगमंच पर खेले भी गये। उपयोगिता की दृष्टि से इनके नाटक प्रशंसनीय हैं। पं. बेचन शर्म्मा 'उग्र' का 'महात्मा ईसा' नाटक भी अच्छा है। पण्डित लक्ष्मीनारायण मिश्र बी. ए. ने दो नाटक लिखे हैं, जो थोड़े दिन हुए प्रकाशित हुए हैं। एक का नाम है 'संन्यासी' और दूसरे का 'राक्षस का मंदिर'। दोनों ही

सामाजिक नाटक हैं और जिस उद्देश्य से लिखे गये हैं उसकी पूर्ति की ओर लेखक की दृष्टि पाई जाती है। परन्तु मैं इन दोनों नाटकों से अधिक उत्तम उनके अन्तर्जगत् नामक पद्य-ग्रन्थ को समझता हूँ। बाबू आनन्दी प्रसाद श्रीवास्तव ने 'अछूत' नामक एक नाटक लिखा है यह नाटक अच्छा है और इसका लेखक इसलिए धन्यवाद का पात्र है कि उसकी ममता अछूतों के प्रति देखी जाती है। ऐसे उपयोगी अनेक सामाजिक नाटकों की आवश्यकता हिन्दू समाज को है। इसके बाद वे नाटककार आते हैं, जिन्होंने नाटक कम्पनियों के आश्रय में रहकर नाटकों की रचना की है। वे हैं पण्डित राधेश्याम, बाबू हरिकृष्ण जौहर और आगाहश्र आदि। इन लोगों ने भी अनेक नाटकों की रचना करके हिन्दी साहित्य की सेवा की है। इनमें से पण्डित राधेश्याम और बाबू हरिकृष्ण जौहर के नाटक अधिक प्रसिद्ध हैं। इनमें भावुकता भी पाई जाती है और हिन्दू संस्कृति की मर्यादा भी अन्य नाटकों में रूपान्तर से हिन्दू संस्कृति पर प्रहार किया गया है और स्थान स्थान पर ऐसे अवांछनीय चरित्र अंकित किये गये हैं जो प्रशंसनीय नहीं कहे जा सकते। रंगमंच पर कारण-विशेष से वे भले ही सफलता लाभ कर लें, पर उनमें सुरुचि पर छिपी छुरी चलती दृष्टिगत होती है। इस दोष से यदि कोई प्रसिद्ध नाटककार मुक्त है तो वे हैं पंडित माधव शुक्ल। उनको आर्य संस्कृति की ममता है। उनका 'महाभारत' नामक नाटक इसका प्रमाण है। इनके विचार में स्वातन्त्र्य होने का कारण यह है कि वे किसी पारसी नाटक-मण्डली के अधीन नहीं हैं। वे उत्तम गायक और वाद्यकार ही नहीं हैं, नट कला में भी कुशल हैं और सरस कविता भी करते हैं। दुःख है, कि हिन्दी संसार में अब तक बंगाली नाटककार द्विजेन्द्रलाल राय और गिरीश चन्द्र का समकक्ष कोई उत्पन्न नहीं हुआ। साहित्य के इस अंग की पूर्ति के लिए समय किसी ऐसे नाटककार ही की प्रतीक्षा कर रहा है। बाबू हरिश्चन्द्र के नाटक छोटे ही हों, पर उनमें जो देश-प्रेम जाति-प्रेम तथा हिन्दू संस्कृति का अनुराग झलकता है, आजकल के नाटकों में वह विशेषता नहीं दृष्टिगत होती। श्री निवासदास के नाटकों में विशेष कर 'रणधीर प्रेम मोहिनी' में जो स्वाभाविक आकर्षण है वैसा आकर्षण आजकल के नाटकों में कहाँ? ये बातें उन्हीं नाटकों में पैदा हो सकती हैं जो चलती भाषा में लिखे गये हों और जिनके पद्यों में वह शक्ति हो कि उन्हें सुनते ही लोग मंत्रमुग्ध बन जावें। परमात्मा करे ऐसे नाटककार हिन्दी क्षेत्र में आवें, जिससे देश, जाति और समाज का यथोचित हित हो सके।

(3)

उपन्यास

इस काल के प्रसिद्ध उपन्यास-लेखक पं. किशोरीलाल गोस्वामी और श्रीयुत प्रेमचन्द हैं। पं. किशोरीलाल गोस्वामी ने 60 से अधिक उपन्यास लिखे हैं। इसी सेवा और संस्कृत

के विद्वान् तथा कवि-कर्म-निरत होने के कारण हिन्दी-साहित्य सम्मेलन के बाईसवें अधिवेशन के सभापतित्व पद पर वे आरूढ़ हो चुके हैं। बाबू देवकीनन्दन खत्री के बाद यदि किसी ने हिन्दी जनता को अपनी ओर अधिक आकर्षित किया तो वे गोस्वामीजी के उपन्यास ही हैं। इनके बहुत पीछे बाबू धनपतराय बी. ए. (प्रेमचन्द) हिन्दी-क्षेत्र में आये। परन्तु जो सफलता थोड़े दिनों में उन्होंने प्राप्त की वह गोस्वामी जी को कभी प्राप्त नहीं हुई। कारण यह है कि प्रेमचन्द जी के उपन्यासों में सामयिकता है और रुचिपरिमार्जन भी, गोस्वामी जी के उपन्यासों में यह बात नहीं पाई जाती। इसलिए उनकी उपस्थिति में ही उपन्यास-क्षेत्र पर प्रेमचन्द जी का अधिकार हो गया। उनकी भाषा भी चलती और फड़कती होती है। उनमें मानसिक भावों का प्रकाशन भी सुन्दरता से होता है। इसलिए आजकल हिन्दी साहित्य-क्षेत्र में उन्हीं की धूम है। सुदर्शन जी को छोटी कहानियाँ लिखने में यथेष्ट सफलता मिली है। आपकी भाषा सरस, सरल और मुहविरेदार होती है तथा कहानियों का चरित्र-चित्रण विशेष उल्लेखनीय। कौशिक जी ने कहानियाँ और उपन्यास दोनों लिखने की ओर परिश्रम किया है। उनका पारिवारिक और सामाजिक भावों का चित्रण हृदय-ग्राही और मनोहर होता है। झाँसी के बाबू वृन्दावनलाल वर्मा बी. ए. ने 'गढ़ कुण्डार' नामक सुन्दर उपन्यास लिख कर हिन्दी में वह काम किया है जो सर वाल्टर स्काट ने अंग्रेजी भाषा के लिए किया है।

पं. बेचन शर्मा उग्र ने कई उपन्यासों और बहुत सी कहानियों की रचना की है। भाषा उनकी फड़कती हुई और मज़ेदार होती है, उसमें ज़ोर भी होता है। यदि उसमें चरित्र-चित्रण भी सुरुचिपूर्ण होता तो मणिकांचन योग हो जाता। पं. भगवती प्रसाद वाजपेयी, बाबू जगदम्बा प्रसाद वर्म्मा और बाबू शम्भूदयाल सक्सेना ने 'मीठी चुटकी' नामक एक उपन्यास संयुक्त उद्योग से लिखा है। हिन्दी में यह एक नया ढंग है, जिसे इन सहृदय लेखकों ने चलाया। पण्डित भगवती प्रसाद वाजपेयी ने मुसकान, बाबू जगदम्बा प्रसाद वर्म्मा ने बड़े बाबू तथा बाबू शम्भूदयाल सक्सेना ने 'बहूरानी' नामक उपन्यास लिखा है। ये लोग कहानियाँ भी अच्छी लिखते हैं। पं. प्रफुल्लचन्द्र ओझा ने 'पतझड़', 'जेल की यात्रा', 'तलाक़' आदि उपन्यास लिखे हैं, जो अच्छे हैं। श्रीमती तेजरानी दीक्षित प्रथम महिला हैं जो उपन्यास रचना की ओर प्रवृत्त हुई हैं। आपका 'हृदय का काँटा' नामक उपन्यास हिन्दी-संसार में अच्छी प्रतिष्ठा लाभ कर चुका है। पंडित गिरिजादत्त शुक्ल बी. ए. 'गिरीश' ने 'प्रेम की पीड़ा', 'पाप की पहेली', 'जगद्गुरु का विचित्र चरित्र', 'बाबू साहब', 'बहता पानी', 'चाणक्य', 'सन्देह', आदि उपन्यासों की रचना की है, जिनमें से 'बहता पानी' और 'चाणक्य' अभी अप्रकाशित हैं। बाबू साहब का दूसरा संस्करण हो रहा है। इनके उपन्यासों में चिन्ता-शीलता, भावुकता और सामयिकता पाई जाती है। उपन्यास का प्रधान गुण रोचकता और रुचि-परिमार्जन है

पर्य्याप्त मात्रा में ये बातें इनके उपन्यासों में हैं। भाषा भी इनकी चलती और ऐसी होती है जैसी उपन्यास के लिए होनी चाहिए। कहीं-कहीं उसमें गम्भीरता की यथेष्ट मिलती है। ये सहृदय कवि भी हैं। इनका 'रसाल बन' नामक पद्य-ग्रन्थ कीर्ति पा चुका है और हाथों-हाथ बिक चुका है। कवि-हृदय होने के कारण इनके उपन्यासों में कवित्व भी देखा जाता है और उसमें सरसता भी यथेष्ट मिलती है। लहरी बुक डिपो बनारस से कुसुम माला नाम से जो उपन्यासों की मालिका निकल रही है, उसमें भी कुछ अच्छे उपन्यास निकले हैं, ये उपन्यास बाबू दुर्गाप्रसाद खत्री के लिए हुए हैं। इन उपन्यासों की भाषा बाबू देवकीनन्दन खत्री की चन्द्रकान्ता की-सी है, जिनमें उर्दू के शब्दों का प्रयोग निस्संकोच भाव से किया जाता है। बाबू ब्रजनन्दन सहाय बी. ए. अच्छे उपन्यास लेखक हैं। इन्होंने कई उपन्यास लिखे हैं। सौन्दर्यो-पासक इनका सबसे अच्छा उपन्यास है और प्रशंसा भी पा चुका है। मैं समझता हूँ, बिहार प्रान्त में ये पहले ऐसे लेखक हैं जिन्होंने उपन्यास लिखने में सफलता लाभ की है। बाबू जैनेन्द्र कुमार भी एक अच्छे उपन्यास और कहानी लेखक हैं। इनकी भाषा ओजमयी और सुन्दर होती है, और शब्द विन्यास प्रशंसनीय। इनकी भाव-चित्रण-क्षमता भी अच्छी है। हिन्दी संसार के ये गण्य लेखकों में हैं। थोड़े दिनों से उपन्यास क्षेत्र में पं. विनोदशंकर व्यास ने भी अपनी सहृदयता का परिचय देना प्रारम्भ किया है। उन्होंने कहानियाँ भी लिखी हैं और कुछ उपन्यास भी। उनमें भावुकता है और सूझ भी। इसलिए उनको उपन्यास लिखने में सफलता मिल रही है और वे अपने को इस कार्य के योग्य सिद्ध कर रहे हैं। इनकी भाषा और भावों में एक प्रकार का आकर्षण पाया जाता है। बाबू गोपालराम गहमर जासूसी उपन्यास लिखने के लिए प्रसिद्ध हैं। इन्होंने भी बहुत अधिक उपन्यास लिखे हैं और कीर्ति भी पाई है। जासूसी उपन्यास लिखने में हिन्दी संसार में इनका समकक्ष कोई नहीं पाया जाता। यह इनकी विशेषता है। इनकी भाषा चलती और सर्वसाधारण के समझने के योग्य होती है। इनमें उपज और भावुकता भी है।

मैं समझता हूँ हिन्दी में जितने अधिक उपन्यास आजकल निकल रहे हैं उतने अन्य विषयों के ग्रन्थ नहीं। आजकल उपन्यास का क्षेत्र बड़ा विस्तृत है और उत्तरोत्तर बढ़ता जाता है। उपन्यासों ने हिन्दू संस्कृति को आजकल उलझनों में फँसा दिया है। आजकल की रुचि भिन्नता अविदित नहीं। कोई हिन्दू संस्कृति का आमूल परिवर्तन चाहता है, कोई उसको बिलकुल ध्वंस कर देना चाहता है, कोई उसका पृष्ठ पोषक है, कोई विरोधी। किसी के विचार पर पाश्चात्य भावों का रंग गहरा चढ़ा है। कोई भारतीय भावों का भक्त है। किसी के सिर पर जातीय पक्षपात का भूत सवार है और कोई सुधार के उन्माद से उन्मत्त। निदान इस तरह के भिन्न-भिन्न भाव आज हिन्दू-समाज के क्षेत्र में कार्य कर रहे हैं अधिकतर समाचार-पत्रों के लेख और उपन्यास ही अपने अपने विचार

प्रगट करने के प्रधान साधन हैं। इसीलिए उपन्यासों का उत्तरदायित्व कितना बढ़ गया है, यह कहने की आवश्यकता नहीं। परन्तु दुःख है कि इस उत्तरदायित्व के समझने वाले इनेगिने सज्जन हैं। आजकल अपनी अपनी डफली और अपना अपना राग वाली कहावत ही चरितार्थ हो रही है। जो लोग शृंगार रस की कुत्सा करते तृप्त नहीं होते, उन्हीं लोगों को उपन्यासों में अश्लीलता का अभिनय करते अल्प संकोच भी नहीं होता। देश प्रेम का सच्चा राग, जाति-हित की सच्ची प्रतिध्वनि, आज भी बहुत थोड़े उपन्यासों में सुन पड़ती है। जिन दुर्बलताओं से हिन्दू समाज जर्जर हो रहा है, जिन कारणों से दिन दिन उसका अधःपतन हो रहा है, जो फूट उसकी दिन-दिन ध्वंस कर रही है, जो अवांछनीय जाति-भेद की कट्टरता उसका गला घोंट रही है, जिन अन्ध विश्वासों के कारण वह रसातल जा रहा है, जो रूढ़ियाँ मुँह फैला कर उसको निगल रही हैं, क्या सच्चाई के साथ किसी उपन्यास लेखक की उस ओर दृष्टि है? क्या हिन्दुओं की नाड़ी टटोल कर किसी उपन्यासकार ने हिन्दुओं को वह संजीवन-रस पिलाने की चेष्टा की है, जिससे उनके रग रग में बिजली दौड़ जाय? स्मरण रखना चाहिए कि हिन्दू जातीयता की रक्षा ही भारतीयता की रक्षा है क्योंकि हिन्दुओं में ही ऐसे धार्मिक भाव हैं, जो विजातीयों और अन्य धर्मावलम्बियों से भी आत्मीयता का निर्वाह कर सकते हैं। सारांश यह कि आज कल के अधिकांश उपन्यास मनोवृत्ति-मूलक हैं। थोड़े ही उपन्यास ऐसे लिखे जाते हैं जिनमें आत्मभावों को देश जाति अथवा धर्म की बलिवेदी पर उत्सर्ग करने की इच्छा देखी जाती है। इधर यथार्थ रीति से दृष्टि आकर्षित होना ही वांछनीय है।

(4)

जीवन-चरित

जीवन-चरित्र की रचना भी साहित्य का प्रधान अंग है। जीवन-चरित्र और उपन्यास में बड़ा अन्तर होता है। उपन्यास काल्पनिक भी होता है। किन्तु जीवन चरित किसी महापुरुष की वास्तविक जीवनचर्या के आधार से लिखा जाता है। इसीलिए उसकी उपादेयता अधिक होती है। हिन्दी में जीवन-चरित बहुत थोड़े लिखे गये और जो लिखे गये हैं वे भी कला की दृष्टि से उच्च कोटि के नहीं कहे जा सकते। फिर भी यह स्वीकार करना पड़ेगा कि इस विषय में आरा-निवासी बाबू शिव-नन्दन सहाय ने प्रशंसनीय कार्य किया है। उनका लिखा हुआ गोस्वामी तुलसीदास और बाबू हरिश्चन्द्र का जीवन चरित बहुत ही सुन्दर और अधिकतर उपयोगी तथा गवेषणापूर्ण है। जीवन-चरित के लिए भाषा को भी ओजस्विनी और मधुर होना चाहिए। उनकी रचना में यह बात भी पाई जाती है। उन्होंने चैतन्यदेव एवं सिक्खों के दश गुरुओं की भी जीवनियाँ लिखी हैं। ये जीवनियाँ भी उत्तमता से लिखी गयी हैं इनमें भी उनकी सार ग्राहिणी प्रतिभा का

विकास देखा जाता है। वे कवि भी हैं और सरस हृदय भी। इसलिए उनकी लिखी जीवनियों में उपन्यासों का-सा माधुर्य आ गया है। पंडित माधव प्रसाद मिश्र की लिखी हुई विशुद्ध चरितावली भी आदर्श जीवनी है। पंडितजी की गणना हिन्दी भाषा के प्रौढ़ लेखकों में है। विशुद्ध चरितावली की भाषा में यह औढ़ता मौजूद है। उसमें उनकी लेखनी का विलक्षण चमत्कार दृष्टिगत होता है। पंडित रामनारायण मिश्र बी. ए. बनारस नागरी प्रचारिणी सभा के स्थापकों में से अन्यतम हैं। आपका बनाया हुआ 'जस्टिस रानाडे का जीवन चरित' नामक ग्रन्थ भी अच्छा है। उसकी अनेक शिक्षायें उपदेशपूर्ण हैं। पंडित जी अच्छे गद्य लेखक हैं, और यथावकाश हिन्दी की सेवा करते रहते हैं। पण्डित रामजी लाल शर्मा ने छोटी-बड़ी कई जीवनियाँ लिखी हैं। जिस जीवनी में उन्होंने भगवान रामचन्द्र का चरित्र अंकित किया है, उसमें उनकी सहृदयता विकसित दृष्टिगत होती है और भी बहुत सी छोटी-छोटी जीवनियाँ स्वसंस्थापित हिन्दी प्रेस से उन्होंने निकाली हैं, उनमें भी उनकी प्रतिभा की झलक मिलती है। पंडित ओंकारनाथ वाजपेयी ने अपने ओंकार प्रेस से छोटी-छोटी अनेक जीवनियाँ निकाली हैं। वे भी सुन्दर और उपयोगिनी हैं। राजस्थान निवासी स्व. मुंशी देवीप्रसाद ने कुछ मुसलमान बादशाहों मीराबाई और राजा बीरबल की जीवनी लिखी है और कुछ स्त्रियों की भी परन्तु वे प्राचीन ढंग से लिखी गयी हैं। फिर भी उनमें रोचकता और सरसता मिलती है और उनके पाठ से आनन्द आता है। पंडित ज्योतिप्रसाद मिश्र निर्मल ने 'स्त्री कवि कौमुदी' नाम से हिन्दी स्त्री कवयित्रियों की एक जीवनी निकाली है। वह भी अच्छी है। पंडित बनारसीदास चतुर्वेदी ने स्व. कविरत्न पंडित सत्यनाराण की अच्छी जीवनी लिखी है। उसमें उन्होंने जीवन-चरित लिखने की जिस शैली से काम लिया है वह प्रशंसनीय है। उनके सरल और भोले हृदय का विकास इस जीवनी में अच्छा देखा जाता है। वे एक उत्साही पुरुष हैं और उनके उत्साह का ही परिणाम यह जीवनी है, नहीं तो उसका लिखा जाना असम्भव था।

(5)

इतिहास

जीवन-चरित और उपन्यास इन दोनों से भी इतिहास का स्थान बहुत ऊँचा है। जीवन-चरित का सम्बन्ध किसी एक महापुरुष अथवा उसके कुटुम्ब के कुछ प्राणियों या उससे सम्बन्ध रखने वाले कुछ विशेष मनुष्यों से होता है। उपन्यास की सीमा भी परिमित है वह भी कतिपय व्यक्ति विशेषों पर अवलम्बित होता है, चाहे ये काल्पनिक हों अथवा ऐतिहासिक। परन्तु इतिहास का सम्बन्ध एकदेश एक राज्य, किंबा एक समाज अथवा किसी जाति-विशेष से होता है। उसमें नाना सांसारिक घटनाओं के संघटन और मानव-समाज के पारस्परिक संघर्ष से उत्पन्न विभिन्न प्रकार के

कार्य-कलाप सामने आते हैं, जो मानव जीवन के अनेक ऐसे आदर्श उपस्थित करते हैं, जिनसे सांसारिकता के विभिन्न प्रत्यक्ष प्रमाण सम्मुख आ जाते हैं। इसलिए उसकी उपादेयता बहुत अधिक बढ़ जाती है और यही कारण है कि इतिहास साहित्य का एक प्रधान अंग है। हिन्दी संसार में इसके आचार्य राय बहादुर पं. गौरीशंकर हीराचंद ओझा हैं। आप ऐसे उच्च कोटि के इतिहास लेखक हैं कि उनको समस्त हिन्दी संसार मुक्त कण्ठ होकर सर्वोत्तम इतिहासकार मानता है। उन्होंने अपनी गवेषणाओं से बड़े-बड़े ऐतिहासिकों को चकित कर दिया है। शिलालेखों, मुद्राओं एवं अनेक प्राचीन पुस्तकों के आधार से ऐसी-ऐसी ऐतिहासिक बातों को वे प्रकाश में लाये हैं जो बिलकुल अंधकार में पड़ी थीं, उनको इन कार्यों के लिए बड़े-बड़े पुरस्कार मिले हैं। सरकार ने भी राय बहादुर की उपाधि देकर उनकी प्रतिष्ठा की है। हिन्दी संसार ने भी साहित्य-सम्मेलन के द्वारा उनको 1200) का मंगला प्रसाद पारितोषिक दिया है। इन सब बातों पर दृष्टि रखकर विचार करने से यह ज्ञात हो जाता है कि आपका इतिहासकारों में कितना उच्च स्थान है। आपने जितने ग्रन्थ बनाये हैं वे सब बहुमूल्य हैं और तरह-तरह की गवेषणाओं से पूर्ण हैं। आपके उपरान्त इतिहासकारों में पंडित विश्वेश्वरनाथ रेऊ का स्थान है। आप उनके शिष्य हैं और योग्य शिष्य हैं। आपका भी ऐतिहासिक ज्ञान बहुत बढ़ा हुआ है। श्रीयुत सत्यकेतु विद्यालंकार ने 'मौर्य साम्राजय का इतिहास' नामक एक अच्छा इतिहास ग्रन्थ लिखा है, उसके लिए 1200) पुरस्कार भी उन्होंने साहित्य सम्मेलन द्वारा पाया है। आपका यह इतिहास गवेषणापूर्ण, प्रशंसनीय और उल्लेख योग्य है। श्रीयुत जयचंद विद्यालंकार ने 'भारतवर्ष का इतिहास' नामक एक बड़ा ग्रन्थ लिखा है। यह ग्रन्थ अभी प्रकाशित नहीं हुआ है, किन्तु मैं जानता हूँ कि यह उच्च कोटि का इतिहास है और इसमें ऐसी अनेक बातों पर प्रकाश डाला गया है, जो पाश्चात्य लेखकों की लेखनी द्वारा अन्धकार में पड़ी थीं। अध्यापक रामदेव का लिखा हुआ 'भारत का इतिहास' और गोपाल दामोदर तामसकर रचित 'मराठों का उत्कर्ष' नामक इतिहास भी प्रशंसनीय और उत्तम हैं। ये दोनों ग्रन्थ परिश्रम से लिखे गये हैं और उनके द्वारा अनेक तथ्यों का उद्घाटन हुआ है। पं. सोमेश्वरदत्त शुक्ल बी. ए. ने कुछ इतिहास ग्रन्थ लिखे हैं और श्रीयुत रघुकुल तिलक एम. ए. ने 'इंग्लैण्ड का इतिहास' बनाया है। इन दोनों ग्रन्थों की भी प्रशंसा है। पंडित मन्नन द्विवेदी गजपुरी का बनाया हुआ मुसलमानी राज्य का 'इतिहास' नामक ग्रन्थ भी सुन्दर है और बड़ी योग्यता से लिखा गया है। भाषा इस ग्रन्थ की उर्दू मिश्रित है, परन्तु उसमें ओज और प्रवाह है लेखक की मनस्विता इस ग्रंथ में स्थल-स्थल पर झलकती दृष्टिगत होती है। आप सुकवि थे, परन्तु जीवन के दिन थोड़े पाये, बहुत जल्द संसार से चल बसे। भाई परमानन्द एम. ए. ने योरप का एक सुन्दर इतिहास लिखा है और प्रसिद्ध वीरबन्दे गुरु का एक इतिवृत्त भी रचा है। आप

एक प्रसिद्ध विद्वान् हैं और हिन्दू जाति पर उत्सर्गी कृत जीवन हैं। इसलिए आपके ये दोनों ग्रन्थ हिन्दू दृष्टिकोण से ही लिखे गये हैं, जो बड़े उपयोगी हैं।

(6)

धर्म-ग्रन्थ

आर्य सभ्यता धर्म पर अवलम्बित है। धर्म ही उसका जीवन है और धर्म ही उसका चरम उद्देश्य। धर्म का अर्थ है धारण करना। जो समाज को, देश को, जाति को उचित रीति से धारण कर सके उसका नाम धर्म है। व्यक्ति की सत्ता धर्म पर अवलम्बित है। इसीलिए वैशेषिक दर्शनकार ने धर्म का लक्षण यह बतलाया है–

यतोऽभ्युदयनिःश्रेयस् सिद्धिः सधर्मः

जिससे अभ्युदय अर्थात् बढ़ती और निःश्रेयस् अर्थात् लोक परलोक दोनों का कल्याण हो उसी का नाम है धर्म। आर्य जाति और आर्य सभ्यता इसी मन्त्र का उपासक, प्रचारक एवं प्रतिपालक है। किन्तु दुख है कि आजकल धर्म के नाम पर अनेक अत्याचार किये जा रहे हैं। अतएव कुछ लोग धर्म की जड़ खोदने के लिए भी कटिबद्ध हैं। वे अधर्म को धर्म समझ रहे हैं, यह उनकी भ्रान्ति है सामयिक स्वार्थ परायणता, अन्ध-विश्वास और दानवी वृत्तियों के कारण संसार में जो कुछ Religion और मज़हब के नाम पर हो रहा है वह धर्म नहीं है, धर्माभास भी नहीं है। वह मानवीय स्वार्थ परायणता और अहम्मन्यता का एक निन्दनीयतम कार्य है जिस पर धर्म का आवरण चढ़ाया गया है। वैदिक धर्म्म अथवा आर्य सभ्यता न तो उसका पोषक है और न उसका पक्षपाती। जो कुछ आजकल हो रहा है वह अज्ञान का अकाण्ड ताण्डव है। उसको कुछ भारतीय धर्मपरायण सज्जनों ने समझा है और वे उसके निराकरण के लिए यत्नवान् हैं। इस दिशा में बहुत बड़ा कार्य कवीन्द्र रवीन्द्र कर रहे हैं, वे संसार भर में भ्रमण कर यह बतला रहे हैं, धर्म क्या हैं। वे कह रहे हैं कि जब तक आर्य धर्म का अवलम्बन यथा रीति न किया जायगा उस समय तक न तो संसार में शान्ति होगी और न उसकी दस्यु वृत्ति का निवारण होगा। दस्युवृत्ति का अर्थ परस्वापहरण है। भारतवर्ष में भी अनेक विद्वान धर्म रक्षा के लिए यत्नवान् हैं और सत्य का प्रचार कर रहे हैं। प्रचार का एक अंग ग्रन्थ-रचना है, जिसका सम्बन्ध साहित्य से है। मेरा विषय यही है, इसलिए मैं यह बतलाऊँगा कि वर्त्तमान काल में कितने सदाशय पुरुषों ने इस कार्य को अपने हाथ में लेकर उत्तमतापूर्वक किया है। मैं समझता हूँ इस दिशा में कार्य करने वालों में भारतधर्म महामण्डल के स्वामी दयानन्द का नाम विशेष उल्लेख योग्य है। उनका सत्यार्थविवेक नामक ग्रन्थ जो कई खंडों में लिखा गया है, वास्तव में आदर्श धर्म ग्रन्थ है। आपने और भी धर्म-सम्बन्धी ग्रन्थ लिखे हैं और आजतक इस विषय में यत्नवान् हैं। आप जैसे

संस्कृत के बहुत बड़े विद्वान् हैं वैसे ही अँगरेज़ी के भी। आपके ग्रन्थों की विशेषता यह है कि आप तात्विक विषय को लेकर उनकी मीमांसा पाश्चात्य प्रणाली और वैदिक सिद्धान्तों के आधार से उपपत्तिपूर्वक करते हैं और फिर बतलाते हैं कि सत्य और धर्म क्या है। आपके ग्रन्थ अवलोकनीय हैं और इस योग्य हैं कि उनका यथेष्ट प्रचार हो। स्वर्गीय पं. भीमसेन जी के पुत्र पं. ब्रह्मदेव शर्मा भी इस विषय में बड़े उद्योगशील हैं, उनका 'ब्राह्मण सर्वस्व' नामक पत्र इस दिशा में प्रशंसनीय कार्य कर रहा है। उन्होंने धर्म सम्बन्धी कई उत्तमोत्तम ग्रन्थ भी निकाले हैं, जो पठनीय और मनन योग्य हैं। वास्तव में आप बड़े बाप के बेटे हैं। प्रसिद्ध महोपदेशक कविरत्न पण्डित अखिलानन्द की अविश्राम शील महत्तामयी लेखनी भी अपने कार्य में रत है, वह भी एक से एक अच्छे धार्मिक ग्रन्थ लिखते जा रहे हैं और आज भी धर्म्म रक्षा के लिए पूर्ववत् बद्ध परिकर हैं। आपके जितने ग्रन्थ हैं, सब बहुज्ञता और बहुदर्शिता से पूर्ण हैं, उनमें आपके पाण्डित्य का अद्‌भुत विकास देखा जाता है। लखनऊ के नारायण स्वामी द्वारा महर्षि कल्प स्वामी रामतीर्थ के सद्‌ग्रन्थों का जो पुनः प्रकाशन और प्रचार हो रहा है वह भी महत्त्वपूर्ण कार्य है। स्वामी जी के उपदेश और वचन भवभेषज और संसार तापतप्तों के लिए सुधा सरोवर हैं, उनका जितना अधिक प्रचार हो उतना ही अच्छा है। पं. कालूराम शास्त्री का उद्योग भी इस विषय में प्रशंसनीय है। उन्होंने भी धर्म सम्बन्धी कई उत्तमोत्तम ग्रन्थ लिखे हैं। पंडित चन्द्रशेखर शास्त्री का प्रयत्न भी उल्लेखनीय है। उन्होंने वाल्मीकि रामायण और महाभारत का सरल और सुन्दर अनुवाद करके उनका प्रचार प्रारम्भ किया है। उनमें धर्म्म-लिप्सा है, अतएव परमार्थ दृष्टि से उन्होंने अपने ग्रन्थों का मूल्य भी कम रखा है। आजकल गोरखपुर के गीता प्रेस से जो धर्म्म-सम्बन्धी पुस्तकें निकल रही हैं वे भी इस क्षेत्र में उल्लेखयोग्य कार्य कर रही हैं। बाबू हनुमान प्रसाद पोद्दार का उत्साह प्रशंसनीय ही नहीं, प्रशंसनीयतम है। वे स्वयं धार्मिक ग्रन्थ लिखते हैं और अन्य योग्य पुरुषों से धर्म्म ग्रन्थ लिखाकर उनका प्रचार करने में दत्त-चित्त हैं। पंडित लक्ष्मीधर वाजपेयी का अनुराग भी इधर पाया जाता है। उन्होंने 'धर्ग शिक्षा' नामक एक पुस्तक और कुछ नीति-ग्रन्थ भी लिखे हैं उनके ग्रन्थ अच्छे हैं और सामयिक दृष्टि से उपयोगी हैं। उनका प्रचार भी हो रहा है। आर्य समाज द्वारा भी कतिपय धर्म सम्बन्धी उत्तमोत्तम ग्रन्थ निकले हैं।

(7)

विज्ञान

साहित्य का एक विशेष अंग विज्ञान भी है। बाह्य जगत् के तत्त्व की अनेक बातों का सम्बन्ध विज्ञान से है। इस विषय के ग्रन्थ अगरेज़ी भाषा में उत्तम से उत्तम मौजूद हैं परन्तु हिन्दी भाषा में अब तक उनकी न्यूनता है। डॉक्टर त्रिलोकीनाथ वर्मा ने विज्ञान

पर एक सुन्दर ग्रन्थ दो भागों में लिखा है, उसका नाम, 'हमारे शरीर की रचना'। इस ग्रन्थ पर उनको साहित्य-सम्मेलन से 1200) का पुरस्कार भी मिला है। इससे इस ग्रन्थ का महत्त्व समझ में आता है। वास्तव में हिन्दी-संसार में विज्ञान का यह पहला ग्रन्थ है, जो बड़ी योग्यता से लिखा गया है। प्रयाग में विज्ञान परिषत् नामक एक संस्था है। उसके उद्योग से भी विज्ञान के कुछ ग्रन्थ निकले हैं। उस संस्था से 'विज्ञान' नामक एक मासिक पत्र भी निकलता है। पहले इसका सम्पादन प्रसिद्ध विद्वान् बाबू रामदास गौड़ एम.ए. करते थे अब प्रोफेसर ब्रजराज एम. ए., बाबू सत्यप्रकाश एम. एस-सी. के सहयोग से कर रहे हैं। पत्र का सम्पादन पहिले ही से अच्छा होता आया है, यही एक ऐसा पत्र है, जिसके आधार से हिन्दी-संसार में विज्ञान की चर्चा कुछ हो रही है। डॉक्टर मंगल देव शास्त्री एम. ए. और नलिनी मोहन सान्याल एम. ए. ने भाषा विज्ञान पर जो ग्रन्थ लिखे हैं, वे बड़े सुन्दर हैं और ज्ञातव्य विषयों से पूर्ण हैं। उनके द्वारा हिन्दी भाण्डार गौरवित हुआ है। हाल में एक ग्रन्थ बाबू गोरखनाथ एम. ए. ने सौर परिवार नामक लिखा है, यह ग्रन्थ बड़ा ही उत्तम और उपयोगी है, उसको लिखकर ग्रन्थकार ने एक बड़ी न्यूनता की पूर्ति की है।

(8)

दर्शन

भारत का दर्शन शास्त्र प्रसिद्ध है। वैदिक धर्म के षड्दर्शन को कौन नहीं जानता? उसकी महत्ता विश्व-विदित है। बौद्ध दर्शन भी प्रशंसनीय है। स्वामी शंकराचार्य के दार्शनिक ग्रन्थ इतने अपूर्व हैं, कि उन्हें विश्वविभूति कह सकते हैं, संसार में अब तक इतना बड़ा दार्शनिक उत्पन्न नहीं हुआ। श्री हर्ष का 'खण्डन खण्ड खाद्य' भी संस्कृत भाषा का अलौकिक रत्न है। परन्तु हिन्दी भाषा में अब तक कोई ऐसा उत्तम दर्शन ग्रन्थ नहीं लिखा गया जो विशेष प्रशंसा प्राप्त हो। केवल एक ग्रन्थ साहित्याचार्य पंडित रामावतार शर्म्मा ने दर्शन का लिखा है, जिसे नागरी प्रचारिणी सभा, बनारस ने छापा है। इस ग्रन्थ का नाम 'योरोपीय दर्शन' है। पंडित जी बड़े प्रसिद्ध विद्वान् थे। उन्होंने संस्कृत में भी कई महत्त्वपूर्ण ग्रन्थ लिखे हैं, परमार्थ दर्शन आदि। जैसे वे संस्कृत के उद्भट विद्वान् थे वैसा ही उनका अंगरेज़ी का ज्ञान भी बड़ा विस्तृत था। वे एम. ए. थे, किन्तु उनकी योग्यता उससे कहीं अधिक थी। इसलिए उनका बनाया हुआ 'योरोपीय दर्शन' नामक ग्रन्थ पांडित्यपूर्ण है। लाला कन्नोमल एम. ए. ने भी 'गीता दर्शन' नाम का एक अच्छा ग्रन्थ लिखा है। यह ग्रन्थ हिन्दी संसार में आदर की दृष्टि से देखा जाता है। पं. रामगोविन्द त्रिवेदी ने संस्कृत के दर्शनों पर एक अच्छा दर्शन ग्रन्थ लिखा है। यह ग्रन्थ भी सुन्दर और उपयोगी है। हाल में श्रीयुत गंगाप्रसाद उपाध्याय ने एक सुन्दर दर्शन-ग्रन्थ लिखा है। उसका नाम है 'आस्तिकवाद'। ग्रन्थ बड़ी योग्यता से लिखा गया

है और उसमें लेखक ने अपने पांडित्य का अच्छा प्रदर्शन किया है। किन्तु उस ग्रन्थ के मीमांसित विषय अत्यन्त वाद-ग्रस्त हैं। इसलिए उसके विषय में अनेक विद्वानों के विचार तर्कपूर्ण हैं। उस ग्रन्थ पर थोड़े दिन हुए कि ग्रन्थकार को हिन्दी साहित्य सम्मेलन से 1200) पुरस्कार भी प्राप्त हुआ है जो ग्रन्थ की महत्ता को प्रकट करता है। बाबू वासुदेव शरण अग्रवाल एम. ए. दार्शनिक लेखों के लिखने में आज कल प्रसिद्धि प्राप्त कर रहे हैं। उनके लेख होते भी हैं बड़े प्रभावशाली और गम्भीर। वे बड़े चिन्ताशील पुरुष हैं। परन्तु जहाँ तक मैं जानता हूँ उन्होंने अब तक कोई ग्रन्थ नहीं लिखा।

(9)

हास्य-रस

हास्य-रस साहित्य के लिए ऐसा ही उपयोगी और प्रफुल्लकर है जैसा गगन तल के लिए आलोक माला और धरातल के लिए कुसुमावली। विद्वानों का कथन है कि हास मूर्तिमन्त हृदय-विकास है। वह मनोमोहक तो है स्वास्थ्यवर्द्धक भी है। हृदय के कई विकार हास्यरस से दूर हो जाते हैं, मन का मैल तक उससे धुल जाता है। जी की कसर की दवा और हृदय को हर लेने की कला हँसी है। यह भी कहा जाता है कि रोग की जड़ खाँसी और झगड़े की जड़ हाँसी। और यह भी सुना जाता है कि अनेक सुधारों का आधार परिहास है। किन्तु देखा जाता है कि हास्यरस के लेखक प्रत्येक भाषा के साहित्यों में थोड़े होते हैं। कारण यह है कि हास्यरस पर लेखनी चलाने की योग्यता थोड़े ही लोगों में होती है। हास्य-सम्बन्धी लेख प्रायः अश्लील हो जाते हैं। इसका परिणाम सुफल न होकर कुफल होता है। हास्यरस में तरलता है, गम्भीरता नहीं। अतएव गम्भीर लेखक उसकी ओर प्रवृत्त नहीं होते। हँसी के लेखों में प्रायः व्यंग से काम लिया जाता है। यह व्यंग मर्यादाशीलता का बाधक है, झगड़े का घर भी। इससे भी लोग उससे बचते हैं। परन्तु जीवन में हास्यरस की भी बड़ी आवश्यकता है। इसलिए उसका त्याग नहीं हो सकता। सभाओं में देखा जाता है कि जिस व्याख्यान दाता में हँसाने की शक्ति नहीं होती वह जनता पर जैसा चाहिए वैसा अधिकार नहीं कर सकता। जो लोग अपने व्याख्यानों में समय-समय पर लोगों को हँसाते रहते हैं, अधिकतर सफलता उन्हीं को मिलती है। हास्यरस के ग्रन्थ आनन्द के साधन होते हैं। इसलिए ऐसे ग्रन्थों की आवश्यकता भी साहित्य के लिए होती है। समाज के कदाचारों और अन्धविश्वासों पर मीठी चुटकी लेने और उन पर व्यंगपूर्ण कटाक्ष करने के लिए हास्यरस के ग्रन्थ ही विशेष उपयोगी होते हैं यदि अश्लीलता न आने पावे और उनमें ईर्ष्या द्वेष का रंग न हो। पंडित जगन्नाथ प्रसाद चतुर्वेदी इस कला में कुशल हैं, हिन्दी संसार उनको हास्यरसावतार कहता है। उनका कोई ग्रन्थ हास्यरस का नहीं है—परन्तु जितने लेख उन्होंने लिखे हैं, और जो ग्रंथ बनाये हैं, उन सबों में हास्यरस का पुट मौजूद है। आप

सहृदय कवि भी हैं, आपकी कविताओं में भी हास्यरस का रंग रहता है। आप जिस सभा में उपस्थित होते हैं, उसमें ठहाका लगता ही रहता है, बात बात में हँसाना आपके बायें हाथ का खेल है।

हिन्दी संसार में हास्यरस सम्बन्धी रचना करने के लिए जी. पी. श्रीवास्तव अधिक प्रसिद्ध हैं। उनके रचित नाटकों में हास्यरस की पर्याप्त मात्रा होती है। बाबू अन्नपूर्णानन्द ने हास्यरस के दो ग्रन्थ लिखे हैं, जिनमें से एक का नाम है 'मगन रहु चोला'। ये दोनों भी हास्यरस के उत्तम ग्रन्थ हैं। उनके पढ़ने में जी लगता है और उनसे आनन्द भी मिलता है। ग्रन्थ अच्छे ढंग से लिखे गये हैं और उपयोगी हैं। यदि ये ग्रन्थ अधिक संयत होते तो बहुत अच्छे होते। पं. शिवरत्न शुक्ल ने भी 'परिहास-प्रमोद' नामक हास्यरस की एक अच्छी पुस्तक लिखी है। उसमें भी हँसी की मात्रा यथेष्ट है। उन्होंने कटाक्ष और व्यंग से अधिकतर काम लिया है, जिससे उनको अपने उद्देश्य में अच्छी सफलता मिली है। पण्डित ईश्वरी प्रसाद शर्मा बड़े प्रसिद्ध हास्यरस के लेखक थे। उन्होंने इस विषय में कई ग्रन्थों की रचना की है उन्होंने अनेक बँगला और अँगरेज़ी के उपन्यासों का अनुवाद किया है और कुछ नीति-ग्रन्थ भी लिखे हैं। वे बहुत अच्छे पत्र-सम्पादक भी थे। उन्होंने बहुत काल तक स्वयं अपना, 'हिन्दी मनोरंजन' नामक मासिक पत्र निकाला। वे चिरकाल तक हिन्दू-पंच के भी सम्पादक रहे। उनके समय में यह पत्र इतना समुन्नत हुआ कि फिर उसको वैसा सौभाग्य नहीं प्राप्त हुआ। वे बहुत अच्छे समालोचक भी थे।

(10)
भ्रमण-वृत्तान्त

'चातुर्य मूलानि भवन्ति पञ्च' में देशाटन भी है। वास्तव में सांसारिक अनेक अनुभव ऐसे हैं जो बिना देशाटन किये प्राप्त नहीं होते। इसीलिए भ्रमण-वृत्तान्तों के लिखने की प्रणाली है। अनेक देशों की सैर घर बैठे करना भ्रमण-वृत्तान्तों के आधार से होता है, उनके पढ़ने से भ्रमण-कर्त्ता के अनेक अर्जित ज्ञानों का अनुभव भी होता है। इसलिए साहित्य का एक अंग वह भी है। मासिक-पत्रों में प्रायः इस प्रकार के भ्रमण-वृत्तान्त निकला करते हैं। उनसे कितना मनोरंजन होता है, यह अविदित नहीं। ज्ञानवृद्धि में भी उनसे बहुत कुछ सहायता प्राप्त होती है। हिन्दी में, जहाँ तक मुझको ज्ञात है, इस विषय के दो बड़े ग्रंथ लिखे गये हैं। एक बाबू सत्यनारायण सिंह का लिखा हुआ तीर्थयात्रा नामक ग्रंथ जो कई खण्डों में लिखा गया है। इस ग्रन्थ में भारतवर्ष के समस्त तीर्थों का सुन्दर और विशद वर्णन है, यात्रा-सम्बन्धी अनेक बातें भी उसमें अभिज्ञता के लिए लिखी गयी हैं। ग्रन्थ की भाषा अच्छी और बोधगम्य है। कहीं-कहीं प्राकृत विषयों का चित्रण भी सुन्दर है। दूसरी पुस्तक बाबू शिवप्रसाद गुप्त की लिखी हुई है। उसका नाम

पृथ्वी परिक्रमा है। यह पुस्तक भाषा, भाव और विचार तीनों दृष्टियों से बड़ी उपयोगी है। उसमें योरोप के स्थानों एवं जापान इत्यादिक के कहीं-कहीं बड़े मार्मिक वर्णन हैं, जिनके पढ़ने से देशानुराग हृदय में जाग्रत होता है और जातीयता का महत्त्व समझ में आता है। इसमें अनेक स्थानों के बड़े मनोहर चित्र हैं जो बहुत आकर्षक हैं। ग्रन्थ संग्रहणीय और पठनीय है। इसी सिलसिले में मैं पंडित रामनारायण मिश्र बी. ए. रचित कतिपय भूगोल-सम्बन्धी ग्रन्थों की चर्चा भी कर देना चाहता हूँ। यद्यपि यह पृथक विषय है, परन्तु भ्रमण का सम्बन्ध भी भूगोल से ही है। इसलिए यहीं उनके पुस्तकों के विषय में कुछ लिखना आवश्यक जान पड़ता है। पंडित जी ने भूगोल-सम्बन्धी दो-तीन पुस्तकें लिखी हैं जो अपनी विषय नवीनता के कारण आदरणीय हैं। उन्होंने इन ग्रन्थों को खोज और परिश्रम से लिखा है। इसलिए वे अवलोकनीय हैं। उनमें मनोरंजन की सामग्री तो है ही, कतिपय देश-सम्बन्धी आनुषगिक ज्ञान-वर्द्धन के साधन भी हैं।

(11)
अर्थशास्त्र

'अर्थस्य पुरुषो दासो' प्रसिद्ध सिद्धान्त वाक्य है। वास्तव में पुरुष अर्थ का दास है। 'सर्वेगुणाः काञ्चनमाश्रयन्ति' और 'धनात् धर्म्मम् ततः सुखम्' आदि वाक्य भी अर्थ की महत्ता प्रगट करते हैं। सांसारिक चार महान् पदार्थों में अर्थ का प्रधान स्थान है। ऐसी अवस्था में यह प्रगट है कि साहित्य में अर्थशास्त्र का महत्त्व क्या है। हमारा प्राचीन संस्कृत का कौटिलीय अर्थशास्त्र प्रसिद्ध है। अँगरेज़ी भाषा में इस विषय के अनेक बड़े सुन्दर ग्रन्थ हैं। हिन्दी भाषा में पूर्ण योग्यता से लिखे गये वैसे सुन्दर ग्रन्थों का अभाव है। फिर भी वर्त्तमानकाल के कुछ ग्रन्थों की रचना हुई है। सबसे पहले पंडित महावीर प्रसाद द्विवेदी ने अर्थशास्त्र पर 'सम्पत्ति-शास्त्र' नामक एक ग्रन्थ लिखा। इसके बाद श्रीयुत प्राणनाथ विद्यालंकार, पण्डित दयाशंकर दूबे एम. ए. और श्रीयुत् भगवानदास केला ने भी अर्थशास्त्र पर लेखनी चलाई। इनमें सबसे उत्तम ग्रन्थ प्राणनाथ विद्यालंकार का है। अन्य ग्रन्थ भी उपयोगी हैं और उस न्यूनता की पूर्त्ति करते हैं जो चिरकाल से हिन्दी साहित्य में चली आती थी। यहीं पर मुझको पण्डित राधाकृष्ण झा एम. ए. की स्मृति होती है। आप अर्थशास्त्र के बहुत बड़े विद्वान् थे। दुःख है कि अकाल काल-कलवित हुए। हिन्दी संसार को उनसे बड़ी-बड़ी आशाएँ थीं। उनके बनाये हुए 'प्राचीन-शासन-पद्धति', 'भारत की साम्पत्तिक अवस्था' आदि ग्रन्थ अपने विषय के अनूठे ग्रन्थ हैं, वरन हिन्दी भाण्डार के रत्न हैं। इनके अतिरिक्त श्रीयुत सुख-संपतिराय भण्डारी का नाम भी उल्लेख-योग्य है। इन्होंने भी अर्थशास्त्र के कुछ ग्रंथों की रचना की है।

(12)
समालोचना सम्बन्धी ग्रन्थ

साहित्य के लिए समालोचना की बहुत बड़ी आवश्यकता है। समालोचना योग्य मालाकार समान है, जो वाटिका के कुसुमित पल्लवित पौधों, लतावेलियों, यहाँ तक कि रविश पर की हरी-भरी घासों को भी काट-छाँट कर ठीक करता रहता है, और उनको यथारीति पनपने का अवसर देता है। समालोचक का काम बड़े उत्तरदायित्व का है। उसको सत्यप्रिय होना चाहिए, उसका सिद्धान्त 'शत्रोरपि गुणावाच्या दोषावाच्या गुरोरपि' होता है। प्रतिहिंसा परायण की समालोचना समालोचना नहीं है। जो समालोचना शुद्ध हृदय से साहित्य को निर्दोष रखने और बनाने के लिए की जाती है वही आदरणीय और साहित्य के लिए उपयोगिनी होती है। समालोचक की तुला ऐसी होनी चाहिए जो ठीक ठीक तौले। तुला के पलड़े को अपनी इच्छानुसार नीचा ऊँचा न बनावे यदि वास्तविक समालोचना पूत-सलिला सुरसरी है तो प्रतिहिंसा वृत्तिमयी आलोचना कर्मनाशा। वह यदि सब प्रकार की मलिनताओं को दूर भगाती है तो यह किये हुए कर्म्म का भी नाश कर देती है। हिन्दी संसार में आज कल समालोचनाओं की धूम है। परन्तु उक्त कसौटी के अनुसार आलोचना का कार्य करने वाले दो चार सज्जन ही हैं। फिर भी यह नहीं कहा जा सकता कि जितनी समालोचनायें की जाती हैं वे पक्षपातपूर्ण होती हैं या उनमें ईर्ष्या-द्वेषमय उद्‌गार ही होता है। पंडित महावीर प्रसाद द्विवेदी की आलोचनाओं की चर्चा मैं पहले कर चुका हूँ। उनसे जो लाभ हिन्दी संसार के गद्य पद्य साहित्य को प्राप्त हुआ उसकी चर्चा भी हो चुकी है। बाबू बालमुकुंद गुप्त भी एक अच्छे समालोचक थे। वर्तमान लोगों में पण्डित पद्मसिंह शर्मा अच्छे समालोचक माने जाते हैं। उनकी समालोचनाएँ खरी होती हैं, इसलिए सर्वप्रिय नहीं बनतीं। कुछ लोग नाक भौं चढ़ाते ही रहते हैं। फिर भी यह कहा जा सकता है कि उनकी समालोचना अधिकतर उचित और वास्तवतामूलक होती है। पं. कृष्ण बिहारी मिश्र बी. ए., एल. एल. बी., पं. अवध उपाध्याय, डॉक्टर हेमचन्द्र जोशी, बाबू पदुम लाल बख़्शी बी. ए. तथा पं. रामकृष्ण शुक्ल एम. ए. गम्भीर समालोचक हैं और समालोचना का जो उद्देश्य है उस पर दृष्टि रख कर अपनी लेखनी का संचालन करते हैं। मैं यह जानता हूँ कि इनका विरोध करने वाले लोग भी हैं, क्योंकि समालोचना कर्म ऐसा है कि वह किसी को निष्कलंक नहीं रखता। फिर भी इस कथन में वास्तवता है कि इन लोगों की समालोचनायें अधिकतर संयत और तुली हुई होती हैं। ये लोग भी मनुष्य हैं, हृदय इन लोगों के पास भी है, भावों का आघात प्रतिघात इन लोगों के अन्तःकरण में भी होता है। इसलिए सम्भव है कि उनके उद्‌गार कभी कुछ कटु हो जावें। परन्तु मेरा विचार यह है कि ये लोग सचेष्ट होकर ऐसा करने की प्रवृत्ति नहीं रखते। साहित्याचार्य पं.

शालग्राम शास्त्री भी अच्छे समालोचक हैं। उनकी समालोचना पांडित्यपूर्ण होती है। परन्तु उनकी दृष्टि व्यापक हैं। वे संस्कृत के विद्वान् हैं और उनकी कसौटी संस्कृत की प्रणाली का रूपान्तर है। इसलिए उनका कसना भी साधारण नहीं, और उनकी तुला पर तुल कर ठीक उतर जाना भी सुगम नहीं। परन्तु वे आलोचना करते हैं बड़ी योग्यता से। पंडित किशोरीदास वाजपेयी, पं. बनारसीदास चतुर्वेदी, और बाबू कृष्णानंद गुप्त भी कभी-कभी आलोचना क्षेत्र में आते हैं और अपनी सम्मति निर्भीकता से प्रगट करते हैं। यह भी समालोचना का एक गुण है, चाहे वह कुछ लोगों को अप्रिय भले ही हो। समालोचना-ग्रन्थों में पं. पद्मसिंह शर्मा का बनाया (सतसई समालोचना) अधिक प्रसिद्ध है, इस ग्रन्थ के लिए उनको साहित्य सम्मेलन द्वारा 1200 रुपये का पुरस्कार भी मिला था। पं. कृष्ण बिहारी मिश्र का बनाया देव और बिहारी, नामक ग्रन्थ भी उल्लेखनीय है। पं. रामकृष्ण शुक्ल और बाबू कृष्णानन्द गुप्त के समालोचना ग्रन्थ भी अच्छे और उपयोगी हैं। पं. महावीर प्रसाद द्विवेदी के (कालिदास की निरंकुशता) आदि ग्रन्थ भी अवलोकनीय हैं।

(13)
उन्नति सम्बन्धी उद्योग

हिन्दी भाषा विकसित होकर वर्तमान काल में जितना अग्रसर हुई है। वह हिन्दी संसार के लिए गर्व की वस्तु है। परन्तु साहित्य के अनेक विभाग ऐसे हैं, जिनमें अब तक एक ग्रन्थ भी हिन्दी में नहीं लिखा गया। विद्या-सम्बन्धी अनेक क्षेत्र ऐसे हैं, जिनकी ओर हिन्दी साहित्य-सेवियों की दृष्टि अभी तक नहीं गयी। उर्दू भाषा की न्यूनताओं की पूर्ति के लिए भारतीय मुस्लिम सम्प्रदाय बहुत बड़ा उद्योग कर रहा है। जब से हैदराबाद में उर्दू यूनिवर्सिटी स्थापित हुई है उस समय से निज़ाम सरकार ने उसको अधिकतर समुन्नत बनाया है। उन्होंने विद्या-सम्बन्धी समस्त विभागों पर दृष्टि रखकर उर्दू भाषा में उनसे सम्बन्ध रखने वाले ग्रन्थों की पर्याप्त रचना कराई है। परन्तु ऐसा सुयोग अब तक हिन्दी भाषा को नहीं प्राप्त हुआ, इसलिए उसकी न्यूनताओं की पूर्ति भी यथार्थ रीति से नहीं हो रही है। उसको राष्ट्रीयता का पद प्राप्त हो गया है। इसलिए आशा है, उसकी न्यूनता की पूर्ति के लिए हिन्दी संसार कटिबद्ध होगा और वह उन्नति करने में किसी भाषा से पीछे न रहेगी। मैं कुछ उन उद्योगों की चर्चा भी इस स्थान पर कर देना चाहता हूँ जो उसकी समुन्नति के लिए आजकल भारतवर्ष में हो रहे हैं।

(14)
अनुवादित प्रकरण

अनुवाद भी साहित्य का विशेष अंग है। आजकल यह कार्य भी हिन्दी संसार में बड़ी

तत्परता से हो रहा है। प्रत्येक भाषा के उत्तमोत्तम ग्रन्थों का अनुवाद हिन्दी में प्रस्तुत कर देने के लिए, अनेक कृतविद्यों की दृष्टि आकर्षित है। इस विषय में उल्लेख योग्य कार्य पं. रूपनारायण पाण्डेय और बाबू रामचन्द्र वर्म्मा का है। इन दोनों हिन्दी प्रेमियों का विशिष्ट कार्य है, उन लोगों ने अनेक ग्रन्थ रत्नों का अनुवाद हिन्दी भाषा भाण्डार को अर्पण किया है। आज तक इन सज्जनों का उद्योग शिथिल नहीं है। वे पूर्ण उत्साह के साथ अब भी अपने कर्तव्य पालन में रत हैं। पण्डित रूप नारायण ने अधिकतर अनुवाद उपन्यासों ही का किया है। परन्तु वर्म्मा जी का अनुवाद सब प्रकार की पुस्तकों का है, उन्होंने इस विषय में विशेष ख्याति प्राप्त की है। पंडित जी का अन्य विशेषताओं का उल्लेख मैं पहले कर चुका हूँ।

(15)
बाल-साहित्य

बाल-साहित्य भी साहित्य का प्रधान अंग है। हर्ष है कि इधर भी कुछ सहृदयों की दृष्टि गयी है। 'बाल सखा', 'बानर', 'बालक', 'खिलौना' आदि मासिक पत्र इसके प्रमाण हैं। बाल-साहित्य सम्बन्धी रचनाएँ भी अब अधिक होने लगी हैं। कुछ पुस्तकें भी निकली हैं। पं. सुदर्शनाचार्य बी. ए., बाबू श्रीनाथ सिंह, बाबू रामलोचन शरण, श्री रामवृक्ष शर्म्मा बेनीपुरी आदि ने बाल-साहित्य पर सुन्दर रचनायें की हैं जो इस योग्य हैं कि आदर की दृष्टि से देखी जायें। इन लोगों की कुछ रचनायें पुस्तकाकार भी मुद्रित हुई हैं। पं. रामलोचन झा एम. ए. की रचनाएँ भी इस विषय में प्रशंसनीय हैं। इन्होंने पाँच किताबें लिखी हैं जो बिहार प्रान्त में आदर के साथ गृहीत हुई हैं।

(16)
संगठित संस्थायें

यों तो पंजाब, युक्त प्रान्त, बिहार एवं मध्य प्रदेश में हिन्दी की समुन्नति के लिए बहुत सी संस्थायें काम कर रही हैं, परन्तु विशेष उल्लेखयोग्य तीन संस्थायें ही हैं—(1) नागरी-प्रचारिणी सभा, बनारस, (2) हिन्दी साहित्य-सम्मेलन, प्रयाग, (3) हिन्दुस्तान एकेडेमी, इलाहाबाद।

1. नागरी प्रचारिणी सभा ने हिन्दी भाषा की समुन्नति के लिए अपने जीवन काल में बहुत बड़ा उद्योग किया, अपने उद्योग में उसको अच्छी सफलता भी मिलती आयी है। विशाल हिन्दी कोश का प्रस्तुत करना, हिन्दी के प्राचीन अनेक ग्रन्थों की खोज कराना, मनोरंजन ग्रन्थ माला की पुस्तकें निकालना, हिन्दी भाषा के प्रचार के लिए बड़े प्रयत्न करना, राजभवन सा प्रकाण्ड नागरी-प्रचारिणी सभा-भवन बनाना, सर्व्वांग पूर्ण हिन्दी व्याकरण की रचना कराना और एक अच्छा वैज्ञानिक कोश तैयार करा लेना

उसके उल्लेखनीय कार्य्य हैं। आज भी वह शिथिल प्रयत्न नहीं है और हिन्दी भाषा के उत्कर्ष साधन में पूर्ववत् दत्तचित्त है। भारतवर्ष के और हिन्दी-भाषा-भाषी प्रान्तों के अनेक विद्वान् और प्रभावशाली पुरुष आज भी उसके सहायक और संरक्षक हैं। युक्त प्रान्त को गवर्नमेण्ट की भी उस पर सुदृष्टि है। पाश्चात्य अनेक विद्वान् उसके हितैषी हैं। ये बातें उसके महत्त्व की सूचक हैं। उसके संचालकगण यदि इसी प्रकार बद्ध-परिकर रहे तो आशा है उसका भविष्य और अधिक उज्ज्वल होगा और वह हिन्दी देवी की समुन्नति के और भी बड़े-बड़े कार्य्य कर सकेगी।

2. दूसरी प्रसिद्ध संस्था हिन्दी साहित्य सम्मेलन है, जिसका केन्द्र स्थान प्रयाग है। इसने भी हिन्दी भाषा के उन्नयन के बहुत बड़े-बड़े कार्य्य किये हैं। इसके द्वारा मद्रास प्रान्त और आसाम जैसे सुदूरवर्ती प्रदेशों में हिन्दी-प्रचार का पूर्ण उद्योग हो रहा है। उसने प्रथमा, मध्यमा और उत्तमा परीक्षाओं का आविर्भाव करके लगभग भारत के सभी प्रान्तों में हिन्दी के प्रेमी और विद्वान् उत्पन्न कर दिये हैं, जिनकी संख्या सहस्रों से अधिक है। उसने विदुषी स्त्रियाँ भी उत्पन्न की हैं, जो अंगुलि निर्देश-योग्य कार्य्य हैं। अनेक हिन्दू राज्यों में हिन्दी भाषा को राज्य-कार्य्य की भाषा बनाना और अनेक राजाओं और महाराजाओं को हिन्दी भाषा के प्रति उनके कर्तव्य का ध्यान दिलाना भी उसका बहुत बड़ा कार्य्य है। उसका पुस्तक प्रकाशन विभाग भी चल निकला है। वर्ष के भीतर निकले हिन्दी के सर्वोत्तम ग्रन्थ के लेखक को मंगला प्रसाद पारितोषिक देकर एक प्रभावशाली आदर्श उपस्थित करना उसका उत्साहवर्द्धक कार्य है। उसने एक विद्यापीठ की स्थापना भी की है। आशा है, उसका भविष्य भी उज्ज्वल होगा। इधर उसमें कुछ शिथिलता आ गयी है किन्तु विश्वास है कि श्रीयुत पं. रमाकान्त मालवीय बी. ए. एल. एल. बी. के प्रधान मंत्रित्व में और श्रीयुत बाबू पुरुषोत्तम दास टंडन एम. ए. एल. एल. बी. के अधिक सतर्क और सावधान हो जाने से यह शिथिलता दूर होगी और फिर पूर्ववत् वह अपने कार्यों में तत्पर हो जावेगा।

3. तीसरी संस्था हिन्दुस्तानी एकेडेमी है। इसकी स्थापना युक्त प्रान्त की सरकार ने की है। इसमें युक्त प्रान्त के हिन्दी भाषा और उर्दू के अधिकांश विद्वान् सम्मिलित हैं। सर तेजबहादुर सप्रू और सर मुहम्मद सुलेमान साहब जैसे गौरवशाली पुरुष इसके सभापति और प्रधान पदाधिकारी हैं। इसका कार्य-संचालन भी अब तक संतोषजनक रीति से हो रहा है। इस संस्था से थोड़े दिनों में जैसे उत्तमोत्तम ग्रन्थ प्रत्येक विषयों के निकले हैं, उनसे उसकी महत्ता और कार्यकारिणी शक्ति को बहुत बड़ा श्रेय मिलता है। उसने हिन्दी और उर्दू की जो त्रैमासिक पत्रिकायें निकाली हैं, वे भी उसको गौरवित बनाती हैं, और यह विश्वास दिलाती हैं कि इसके द्वारा हिन्दी और उर्दू का भविष्य आशामय होगा और सम्मिलित रूप से उनकी यथेष्ट समुन्नति होगी। इसी स्थान पर मैं

एक बहुत ही उपयोगिनी संस्था की चर्चा भी करना चाहता हूँ। वह है कलकत्ते की एक लिपि-विस्तार परिषद। दुःख है कि यह संस्था अब जीवित नहीं है। परन्तु अपने उदय-काल में इसने हिन्दी के भाग्योदय की पूर्व सूचना दी थी। हिन्दी-संसार को इसने ही पहले पहल यह बतलाया कि यदि कोई लिपि भारत व्यापिनी हो सकती है तो वह नागरी लिपि है। इस परिषद के संस्थापक जस्टिस शारदाचरण मित्र थे, जो अपने समय के बड़े प्रसिद्ध पुरुष थे। इनके सहकारी थे पंडित उमापतिदत्त शर्मा और बाबू यशोदा नन्दन अखौरी। इस परिषद से 'देवनागर' नामक एक बहु-भाषी पत्र निकलता था जो नागरी लिपि में मुद्रित होता था। यह बड़ा ही प्रभावशाली और सुन्दर पत्र था। इसका सम्पादन उक्त बाबू यशोदानंदन अखौरी करते थे। जब तक यह पत्र चला, इसने हिन्दी की बड़ी सेवा की।

आरा नागरी प्रचारिणी सभा जैसी छोटी-मोटी और अनेक संस्थायें हिन्दी भाषा की उन्नति के लिए उद्योग कर रही हैं और उसका प्रचार दिन-दिन बढ़ा रही हैं, जिसके लिए वे अभिनन्दनीय और धन्यवाद योग्य हैं। उन सबका वर्णन करने के लिए यहाँ स्थान नहीं है अतएव मैं उन सबका उल्लेख न कर सका, किन्तु इसका यह अर्थ नहीं है, कि मैं उन्हें उपयोगी नहीं समझता अथवा उपेक्षा की दृष्टि से देखता हूँ।

(17)

कतिपय प्रसिद्ध प्रेस

संस्थाओं के अतिरिक्त कुछ प्रसिद्ध प्रेस अथवा मुद्रण यन्त्रालय ऐसे हैं जिनसे हिन्दी भाषा की समुन्नति और विस्तार में बहुत बड़ी सहायता मिली है। मैं उनकी चर्चा भी कर देना यहाँ आवश्यक समझता हूँ। युक्त प्रान्त में दो बड़े प्रेस ऐसे हैं, जिन्होंने हिन्दी पुस्तकों का प्रकाशन प्रकाण्ड रूप में करके अच्छी कीर्ति अर्जन की है और स्वयं लाभवान होकर उसे भी विशेष लाभ पहुँचाया है। पहला है लखनऊ का नवल किशोर प्रेस। इसने प्राचीन नवीन अनेक हिन्दी ग्रन्थों को प्रकाशित और प्रचारित कर उसको विशेष ख्याति प्रदान की है। मैं यह स्वीकार करूँगा कि उसका मुद्रण-कार्य अधिक संतोषजनक नहीं है, फिर भी यह कहने के लिए बाध्य हूँ कि उसने सब प्रकार के ग्रन्थों के प्रकाशन में अच्छी सफलता लाभ की है। अब उसकी दृष्टि मुद्रण की ओर भी गयी है। आशा है, उसका मुद्रण-कार्य भी भविष्य में यथेष्ट उन्नति लाभ करेगा। इस प्रेस से आज कल 'माधुरी' नामक एक सुंदर मासिक पत्रिका निकल रही है। पहले इसका सम्पादन पं. कृष्णबिहारी मिश्र बी. ए. एल. एल. बी. और मुंशी धनपति राम बी. ए. करते थे। इस कार्य को इस समय सफलतापूर्वक पं. राम सेवक त्रिपाठी कर रहे हैं। वास्तव बात यह है कि इस पत्रिका से इस प्रेस का गौरव है।

दूसरा सुप्रसिद्ध प्रेस प्रयाग का इण्डियन प्रेस है। हिन्दी भाषा के मुद्रण कार्य में इसने युगान्तर उपस्थित कर दिया है। इस प्रेस से अनेक बहुमूल्य हिन्दी पुस्तकें निकलीं और इस समय भी निकल रही हैं। स्वर्गीय बाबू चिन्तामणि घोष ने बंगाली होकर भी हिन्दी भाषा की जो सेवा की है वह प्रशंसनीय और अभिनन्दनीय है। इस प्रेस से 'सरस्वती' नामक मासिक पत्रिका अब तक निकल रही है, जिसका सम्पादन पहले पं महावीर प्रसाद द्विवेदी करते थे और अब पं. देवी दत्त शुक्ल सफलता के साथ कर रहे हैं। इस प्रेस का कार्य इस समय यद्यपि पहले का सा नहीं है, परन्तु विश्वास है कि वह सावधान होकर फिर पूर्ववत् हिन्दी के समुन्नति-कार्य में संलग्न होगा।

तीसरा हिन्दी-उन्नायक बिहार का खड्ग विलास प्रेस है। इस प्रेस की स्थापना स्वर्गीय बाबू रामदीन सिंह ने की थी। उन्हीं के समय में इस प्रेस को यथेष्ट प्रतिष्ठा प्राप्त हो गयी थी और वह अब तक उनके सुयोग्य पुत्रों राय बहादुर रामरण विजय सिंह, बाबू सारंगधर सिंह बी. ए. और बाबू रामजी सिंह के सम्मिलित उद्योग से सुरक्षित है। इस प्रेस ने बिहार प्रान्त में हिन्दी भाषा की समुन्नति के लिए जो किया उसकी बहुत प्रशंसा की जा सकती है। इसने बहुत-सी हिन्दी की उपयोगी पुस्तकें अपने प्रेस से निकालीं और उनके द्वारा बिहार प्रान्त की जनता को बहुत अधिक लाभ पहुँचाया। अन्य प्रान्तों में भी उनकी पुस्तकों का आदर हुआ है और यह उन लोगों के सफल उद्योग का परिणाम है। बाबू हरिश्चन्द्र और पं. प्रताप नारायण मिश्र जैसे प्रसिद्ध और उद्भट हिन्दी साहित्य सेवियों की कुल पुस्तकों का स्वत्व इस प्रेस ही को प्राप्त है और इसने इनके प्रचार का भी उद्योग किया है। बाबू रामदीन सिंह जी के जीवन में जिस प्रकार हिन्दी साहित्य के धुरन्धर विद्वान् इस प्रेस की ओर आकर्षित थे। उसी प्रकार अब भी वर्तमान काल के अनेक विद्वानों की सुदृष्टि इस पर है, जिससे यह पूर्ववत् उन्नत दशा में रह कर अपने व्रतपालन में संलग्न है। हिन्दी और हिन्दू जाति के सच्चे उपासक कतिपय सुंदर हिन्दी ग्रन्थों के लेखक और प्रचारक बाबू रामदीन सिंह का यह कीर्ति-स्तम्भ है। इसको अपने इस महत्त्व का ध्यान है और इसलिए यह अपने कर्तव्य-पालन में आज भी पूर्णरूप से दत्त चित्त है।

चौथा बम्बई का श्री वेंकटेश्वर प्रेस है। बहुत दूरवर्ती होने पर भी इस प्रेस ने भी हिन्दी भाषा की बहुत बड़ी सेवा की है। धर्म सम्बन्धी हिन्दी ग्रन्थों के प्रकाशन में इसने जो अनुराग दिखलाया वह अत्यन्त प्रशंसनीय है। विद्यावारिधि पंडित ज्वालाप्रसाद और उनके लघुभ्राता पंडित बलदेव प्रसाद मिश्र के समस्त बहुमूल्य ग्रन्थों के प्रकाशन का श्रेय इसी को प्राप्त है। इन विद्वानों के अतिरिक्त हिन्दी भाषा के और संस्कृत के अनेक विद्वानों के बहुत से ग्रन्थों का प्रकाशन, इसने किया है, और आज भी इस कार्य में पूर्ववत् दत्तचित्त है। इसके ग्रन्थों का आदर बम्बई प्रान्त में तो हुआ ही और प्रान्तों में

मदनमोहन मालवीय और महात्मा गाँधी उसके लिए उत्सर्गी-कृत-जीवन हैं, जिससे उसका भविष्य अधिक उज्ज्वल है। मुझको विश्वास है कि वह दिन दूर नहीं है जब हमारे राजे महाराजे भी अपना कर्तव्य समझेंगे और हिन्दी भाषा के विकास, परिवर्द्धन और प्रचार के सर्वोत्तम साधन सिद्ध होंगे। परमात्मा यह दिन शीघ्र लावे।

□

परिशिष्ट

इस ग्रंथ के पृष्ठ 14 में मैंने यह प्रतिपादन किया है, कि आर्य-जाति का मूल निवास-स्थान भारतवर्ष ही है, वह किसी दूसरे स्थान से न तो आयी है, और न वह उसका उपनिवेश है। इसकी पुष्टि के कुछ और प्रमाण नीचे लिखे जाते हैं–

विद्ववर श्रीनारायण भवनराव मराठी भाषा के प्रकाण्ड विद्वान् हैं, उन्होंने अंगरेज़ी में एक गवेषणापूर्ण ग्रंथ लिखा है, उसका नाम है 'दि आर्यावर्टिक होम एण्ड दि आर्यन क्रेडल इन दि सप्तसिंधु'। इस ग्रंथ का अनुवाद हिन्दी भाषा में हो गया है, उसका नाम है 'आर्यों का मूल स्थान', उसके कुछ अंश ये हैं–

एम. लुई जैक्रोलिअट लिखते हैं, "भारत संसार का मूल स्थान है, वह सब की माता है। 'भारत, मानव-जाति की माता, हमारी सारी परम्पराओं का मूल स्थान प्रतीत होता है, इस प्राचीन देश के सम्बन्ध में, जो गोरी-जाति का मूल-स्थान है, हमने सत्य बात का पता पाना प्रारंभ कर दिया है।" (पृष्ठ 35)

फ़रासीस विद्वान् क्रूज़र स्पष्ट शब्दों में लिखते हैं–

"यदि पृथ्वी पर ऐसा कोई देश है, जो मानव-जाति का मूल-स्थान या कम से कम आदिम सभ्यता का लीलाक्षेत्र होने के आदर का दावा न्यायतः कर सकता है, और जिसकी वे समुन्नतियाँ और उससे भी परे विद्या की वे न्यामतें जो मनुष्य जाति का दूसरा जीवन है, प्राचीन जगत् के सम्पूर्ण भागों में पहुँचाई गयी हैं, तो वह देश निस्सन्देह भारत है।" (पृष्ठ 73)

एक दूसरे स्थान पर उक्त फ़रासीस विद्वान् जैकोलिअट यह लिखते हैं–

"भारत संसार का मूल-स्थान है, इस सार्वजनिक माता ने अपनी सन्तान को नितान्त पश्चिम ओर भी भेजकर हमारी उत्पत्ति सम्बन्धी अमिट प्रमाणों में, हम लोगों को अपनी भाषा, अपने कानून, अपना चरित्र, अपना साहित्य और अपना धर्म प्रदान किया है।" (पृष्ठ 74)

मिस्टर न्यूर कहते हैं–

"जहाँ तक मैं जानता हूँ, किसी भी संस्कृत पुस्तक में, अत्यन्त प्राचीन पुस्तक में

भी भारतीयों की विदेशी उत्पत्ति के सम्बन्ध में कोई स्पष्ट उल्लेख या संकेत नहीं है।" (पृष्ठ-182)*

मोशियोलुई जैकोलिअट एक दूसरे स्थान पर यह लिखते हैं–

"योरप की जातियाँ भारतीय उत्पत्ति की हैं, और भारत उनकी मातृभूमि है, इसका अखण्डनीय प्रमाण स्वयं संस्कृत भाषा है। वह आदिम भाषा (संस्कृत) जिससे प्राचीन और अर्वाचीन मुहावरे निकले हैं। पुरातन देश (भारत) गोरी-जातियों का उत्पत्ति स्थान था, और जगत् का मूल स्थान है।" (पृष्ठ 273)

गंगा मासिक पत्रिका के पुरा तत्वांक में जो माघ सम्वत् 1989 में निकली है, डाक्टर अविनाशचन्द्र दास एम. ए., पीएच. डी. का एक लेख आर्यों के निवास-स्थान के विषय में निकला है, उसमें एक स्थान पर वे यह लिखते हैं–

"आधुनिकनृत्तत्ववित् पाश्चात्य पण्डितों का मत है कि वर्तमान पंजाब और गांधार देश मानव-जाति का उत्पत्ति-स्थल है। प्रसिद्ध नृतत्तत्ववित् अध्यापक सर आर्थर कीथ का मत हैं कि भारत के उत्तर पश्चिम, सीमान्त प्रदेश में मानव-जाति की उत्पत्ति हुई है। दूसरे नृत्तत्ववित् अध्यापक जे. बी. हालडेन ने लण्दन की 'रायल इन्सटिट्यूशनल नामक् सभा में 21-2-31 को, यह व्याख्यान दिया था।† पृथ्वी के भिन्न-भिन्न चार केन्द्रों में मानव-जाति की उत्पत्ति हुई थी। उनमें पंजाब और अफ़गानिस्तान का मध्यवर्ती प्रदेश भी मानव-जनन का एक केन्द्र है। भिन्न-भिन्न केन्द्रों में (जैसे चीन और मिस्र में) भिन्न-भिन्न जातियों की उत्पत्ति हुई है। पंजाब और गांधार में जिस़ मानव-जाति की उत्पत्ति हुई थी उसके वंशधर गण आज कहाँ हैं? ऋग्वेद के अति प्राचीन मंत्रों की आलोचना करने से मेरे विचार में ऐसा आता है कि पंजाब और गांधार में ही आर्यों की उत्पत्ति हुई थी एवं यही प्रदेश इनकी आदि उत्पत्ति का स्थान (Gradle) है। अपने सृष्टि-काल में आर्य-जाति यहीं बसती थी, पीछे भिन्न-भिन्न प्रदेशों में फैली।" (पृष्ठ 84, 85)

---

* That is so far as I know none of the Sanskrit books not even the most ancient contain any distinct reference or allusion to the foreign origin of the Indians. Muir's Sanskrit text book vol. 2. 323.

† "The origini of civilisation occurred independently in different places one probably in Egypt and another some where between Afghanistan and the 'Punjab'. He further said that it was generally belived that the cradle of the human race was one particular place namely, the garden of Eden and perhaps in Egypt, China or else where. It now seemed probable however that humanity began in four different places with each race distinct from the others."

अयोध्यासिंह उपाध्याय
'हरिऔध'
रचनावली

खण्ड-8

खण्ड-1

❑ प्रियप्रवास ❑ वैदेही-वनवास

खण्ड-2

❑ पारिजात ❑ पद्य-प्रमोद

खण्ड-3

❑ चोखे चौपदे ❑ चुभते चौपदे ❑ हरिऔध-दोहावली ❑ बाल-कवितावली ❑ हरिऔध-सतसई

खण्ड-4

❑ बोलचाल ❑ काब्योपबन ❑ ऋतु-मुकुर

खण्ड-5

❑ रसकलस

खण्ड-6

❑ अधखिला फूल ❑ ठेठ हिन्दी का ठाट ❑ इतिवृत्त ❑ वेनिस का बाँका ❑ अभिभाषण ❑ विविध

खण्ड-7

❑ हिन्दी भाषा और साहित्य का विकास

खण्ड-8

❑ कबीर वचनावली ❑ रस साहित्य और समीक्षाएँ ❑ संदर्भ-सर्वस्व ❑ विविध

खण्ड-9

❑ पद्य-प्रसून ❑ आधुनिक कवि ❑ मर्म-स्पर्श

खण्ड-10

❑ श्रीप्रद्युम्नविजय व्यायोग ❑ श्रीरुक्मिणीपरिणयनाटक ❑ कल्पलता ❑ पवित्र पर्व ❑ प्रेम पुष्पोपहार ❑ अच्छे अच्छे गीत ❑ स्वर्गीय संगीत ❑ कतिपय ब्रजभाषा काव्य ❑ हरिऔध आत्म-चरित

अयोध्यासिंह उपाध्याय 'हरिऔध' रचनावली

खण्ड-8

सम्पादक
सदानन्द शाही

वाणी प्रकाशन

वाणी प्रकाशन
ज्ञान के विविध आयामों के प्रकाशक

वाणी प्रकाशन का 'लोगो' विख्यात चित्रकार मक़बूल फ़िदा हुसेन की कूची से

वाणी प्रकाशन, 4695, 21-ए, दरियागंज, नयी दिल्ली-110002
वाणी प्रकाशन, अशोक राजपथ (पटना कॉलेज के सामने), पटना (बिहार)

AYODHYASINGH UPADHYAYA 'HARIAOUDH' RACHNAWALI-8

Edited by Sadanand Shahi

Complete work of Ayodhyasingh Upadhyaya *'Hariaoudh'*

ISBN : 978-93-5000-200-1

प्रथम संस्करण

मूल्य : 9000/-

वाणी प्रकाशन

फोन : 0091#11#23273167, 23275710

फैक्स : 0091#11#23275710

वेबसाइट : www.vaniprakashan.in

ई-मेल : vaniprakashan@gmail.com
vani_prakashan@yahoo.com

आर.टेक ऑफसेट प्रिंटर्स द्वारा दिल्ली-110095 में मुद्रित

प्रकाशकीय

अयोध्यासिंह उपाध्याय 'हरिऔध' भारतेन्दु युग और द्विवेदी युग के बीच एक अत्यन्त महत्त्वपूर्ण कड़ी हैं। खड़ी बोली हिन्दी के पहले महाकाव्य के रचनाकार के रूप में उनका ऐतिहासिक महत्त्व तो है ही, हिन्दी भाषा के अनूठे शिल्पकार के रूप में उनका योगदान कहीं ज्यादा महत्त्व का है। उन्नीसवीं और बीसवीं शताब्दी में जब हिन्दी की रूप रचना को लेकर तरह-तरह की बहसें चल रही थीं–हरिऔध ने हिन्दी भाषा के सभी सम्भावित और आकांक्षित रूपों को अपनी लेखनी से मूर्त किया। हरिऔध के रचना संसार से गुजरते हुए उनके भाषा सम्बन्धी संघर्ष को सहज ही लक्षित किया जा सकता है। ब्रजभाषा से शुरू करके **वेनिस का बांका** और **प्रियप्रवास** की संस्कृत निष्ठ हिन्दी फिर **ठेठ हिन्दी का ठाट** की ठेठ हिन्दी से होते हुए **बोलचाल** की सामान्य हिन्दी का रूप हरिऔध के यहाँ मौजूद है। वे भाषा के रूप को लेकर होने वाली बहसों में अपनी रचनाओं के साथ उतरते हैं और एक सच्चे प्रयोग कर्ता की तरह समाज की प्रतिक्रिया के आलोक में भाषा का रूप बदल देते हैं। उनकी यह प्रयोगशीलता केवल भाषा के स्तर पर नहीं बल्कि छन्द विधान के स्तर पर भी दिखाई देती है। संस्कृत के वर्ण वृत्तों का प्रयोग हो, हिन्दी के मात्रिक छन्दों का या फिर उर्दू बहरों का; हिन्दी के आँगन में वे सबको व्यावहारिक रूप से उतार कर आगे आने वाले रचनाकारों के लिए मार्ग प्रशस्त करते हैं। वजह चाहे जो रही हो, हिन्दी साहित्य के इतिहास में हरिऔध के महत्त्व को स्वीकार करते हुए भी उनके ऐतिहासिक महत्त्व और अवदान का सम्यक विवेचन नहीं हो सका है। इस ग्रन्थावली को प्रस्तुत करते हुए हमारे मन में कहीं एक भूल सुधार का भाव भी काम कर रहा था। हरिऔध साहित्य को एक साथ प्रस्तुत करते हुए हम यह उम्मीद कर रहे हैं कि हरिऔध की प्रयोगधर्मिता की ओर अपेक्षित ध्यान जाएगा और उनके वास्तविक अवदान को आँकने की दिशा में यत्न होंगे। ग्रन्थावली में यथा संभव हरिऔध के प्रामाणिक पाठ को प्रस्तुत करने की कोशिश की गयी है। किसी एक संस्करण में रह गयी अशुद्धियाँ बाद के कई संस्करणों में दुहरायी जाती रही हैं उन्हें भी यथा स्थान सुधार दिया गया है।

यदि यह ग्रन्थावली हरिऔध के साहित्य में छिपे हिन्दी भाषा के विकास के इतिहास की खोज के लिए प्रेरित और प्रोत्साहित कर सकी तो हमें अपना श्रम सार्थक लगेगा।

–अरुण माहेश्वरी

अनुक्रमणिका

द्वितीय खण्ड–शब्दावली

2. रस साहित्य और समीक्षाएँ 193–350

3. संदर्भ-सर्वस्व 351–516

4. विविध 517–543

कबीर वचनावली

कबीर वचनावली

मुखबन्ध

परिचय

कबीर साहब एक पन्थ के प्रवर्तक थे। उनकी बहुत-सी साखियाँ और भजन इस प्रान्त के लोगों को स्मरण हैं। साखियाँ प्रायः कहावतों का काम देती हैं; भजन मन्दिरों, समाजों और सत्संगों के अवसरों पर गाये जाकर लोगों को परमार्थ का पाठ पढ़ाते हैं। इसलिए उनसे कौन परिचित नहीं है? सभी उनको जानते हैं किन्तु जानना भी कई प्रकार का होता है। वे सन्त थे, उन्होंने अच्छे-अच्छे भजन कहे, कबीर पन्थ को चलाया, और एक जानना यह है कि उनकी विचारपरम्परा क्या थी, वह कैसे उत्पन्न हुई, किन सांसारिक घटनाओं और कार्यकलापों में पड़कर वह पल्लवित हुई, किन संसर्गों और महान वचनों के प्रभावों से विकसित बनी। इन बातों का ज्ञान जितना हृदयग्राही और मनोरम होगा, उतना ही वह अनेक कुसंस्कारों और निर्मूल विचारों के निराकरण का हेतु भी होगा। अतएव पहली अभिज्ञता से इस दूसरी अभिज्ञता का महत्त्व कितना अधिक होगा, वह बतलाने की आवश्यकता नहीं। इस ग्रन्थ गें संगृहीत पदों और साखियों में आग जिन विचारों को पढ़ेंगे, जिन सिद्धान्तों का निरूपण देखेंगे, उनके तत्त्वों को उस समय और भी उत्तमता से समझ सकेंगे, जब आप यह जानते होंगे कि उनका रचयिता कैसा हृदय रखता था, और किन सामयिक घटनाओं के घातप्रतिघात में पड़कर उसका जीवन स्रोत प्रवाहित हुआ था। कविता या रचना कविहृदय का प्रतिबिम्ब मात्र है। उसमें वह अपने मुख्य रूप में प्रतिबिम्बित रहता है; इसलिए कविता का यथातथ्य मर्म समझने के लिए रचयिता के हृदय संगठन का इतिहास पाठ बहुत उपयोगी होता है। हृदय संगठन का इतिहास जीवन घटना से सम्बद्ध है, अतएव यह बहुत उपयुक्त होगा, यदि मैं इन समस्त बातों का निरूपण इस ग्रन्थ के आदि में किसी प्रबन्ध द्वारा करूँ। निदान अब मैं इसी कार्य में प्रवृत्त होता हूँ।

जन्म और बाल्यकाल

रेवरण्ड जी. एच. वेस्‌कट, एम. ए., वर्तमान प्रिंसिपल कानपुर क्रिश्चियन कालेज ने "कबीर ऐण्ड दी कबीर पन्थ" नाम की एक पुस्तक अँगरेजी भाषा में लिखी है। यह पुस्तक बड़ी योग्यता से लिखी गयी है और अभिज्ञाताओं एवं विवेचनाओं का आगार है। उक्त सज्जन इस ग्रन्थ के पृष्ठ 3 में लिखते हैं–"यदि हम केवल उन्हीं कहानियों पर ध्यान देते हैं, जिनमें ऐतिहासिक सचाई है, तो हम पर ये सब बातें स्पष्टतया प्रकट नहीं होतीं कि कबीर का जन्मस्थान कहाँ है, वे किस समय उत्पन्न हुए, उनका नाम क्या था, बचपन में वे कौन धर्मावलम्बी थे, किस दशा में थे, उनका विवाह हुआ था या वे अविवाहित थे और कितने समय तक कहाँ-कहाँ रहे। यह सत्य है कि उनके नाम पर बहुत सी कथा वार्ताएँ कही जाती हैं। परन्तु चाहे वे कितनी ही मन बहलानेवाली क्यों न हों, उन लोगों की आवश्यकताओं को कदापि पूरा नहीं कर सकतीं, जो वास्तविक समाचार जानने के इच्छुक हैं।"

श्रीयुत बाबू मन्मथनाथ दत्त, एम. ए. कलकत्तानिवासी ने अँगरेजी में 'प्राफेट्स आफ इंडिया' नाम का एक सुन्दर ग्रन्थ लिखा है। उसका उर्दू अनुवाद बाबू नारायण प्रसाद वर्मा ने 'रहनुमायाने हिन्द' के नाम से किया है। ग्रन्थ के पृष्ठ 223 के निम्नलिखित वाक्य में भी हम ऊपर के अवतरण की ही प्रतिध्वनि सुनते हैं–"उनकी सवानेह उमरी एक मुख की इसरार है। हम उनके दौराने जिन्दगी के हालत से बिल्कुल वाकिफ नहीं हैं।"

परन्तु मेरी इन सज्जनों के साथ एकवाक्यता नहीं है। क्योंकि प्रथम तो आगे चलकर श्रीयुत वेस्‌कट महोदय स्वयं निम्नांकित वाक्य लिखते हैं, जिसका दूसरा टुकड़ा उनके प्रथम विचार का कियदंश में बाधक है–"आज तक जितनी कहानियाँ कही गयी हैं, उनसे ज्ञात होता है कि कबीर काशी के रहनेवाले थे। यह बात स्वाभाविक है कि उनके हिन्दू शिष्य जहाँ तक हो सके, उनका अपने पवित्र नगर से सम्बन्ध दिखलाने की इच्छा करें। परन्तु दोनों बीजक और आदि ग्रन्थ से यह बात स्पष्ट है कि उन्होंने कम से कम अपना सारा जीवन काशी ही में नहीं व्यतीत किया।"

क. ए. क. पृष्ठ 18, 19

दूसरे, जिस बात को कबीर साहब स्वयं स्वीकार करते हैं, उसमें तर्कवितर्क की आवश्यकता क्या? उनके निम्नलिखित पद उनका काशीनिवास होना स्पष्ट सिद्ध करते हैं–

तू बाह्मन मैं काशी का जुलाहा, बूझहु मोर गियाना।

आदि ग्रन्थ, पृ. 262

'सकल जनम शिवपुरी गँवाया। मरति बार मगहर उठि धाया'।

आदि ग्रन्थ, पृ. 177

'काशी में हम प्रगट भये हैं रामानन्द चेताये'।

कबीर शब्दावली, द्वितीय भाग, पृ. 61

मैं समझता हूँ कि यह बात निश्चित सी है कि पुनीत काशीधाम कबीर साहब का जन्मस्थान, उनकी माता का नाम नीमा और पिता का नाम नीरू था। दोनों जाति के जोलाहे थे। कहा जाता है कि वे इनके औरस नहीं पोष्य पुत्र थे। नीरू जब अपनी युवती प्रिया का द्विरागमन कराकर गृह को लौट रहा था, तो मार्ग में उसको काशी के अंकस्थित लहरतारा के तालाब पर एक नवजात सुन्दर बालक पड़ा हुआ दृष्टिगत हुआ। नीमा के कलंकभय से भीत हो मना करने पर भी नीरू ने उस नवजात शिशु को ग्रहण किया और वह उसे घर लाया। वही बालक पीछे इन दयामय दम्पति द्वारा परिपालित होकर संसार में कबीर नाम से प्रसिद्ध हुआ।

यह किसका बालक था, लहरतारा के तालाब पर कैसे आया कतिपय पंक्तियों को पढ़कर स्वभावतः यह प्रश्न हृदय में उदय होता है। इसका उत्तर कबीर पन्थ के भावुक विश्वासी विद्वान् इस प्रकार देते हैं कि संवत् 1455 की ज्येष्ठ शुक्ला पूर्णिमा को जब कि मेघमाला से गगनतल समच्छन्न था, बिजली कौंध रही थी, कमल खिले थे, कलियों पर भ्रमर गूँज रहे थे, मोर, मराल, चकोर कलरव करके किसी के स्वागत की बधाई गा रहे थे, उसी समय पुनीत काशीधाम के तरंगायमान लहर तालाब पर एक अलौकिक घटना हुई; और वह अलौकिक घटना इसके अतिरक्त और कुछ नहीं थी कि उक्त तालाब के अंक में विकसे हुए एक सुन्दर कमल पर आकाश-मण्डल से एक महापुरुष उतरा, महापुरुष वही कबीर बालक था, जिसने कुछ घड़ियाँ पीछे पुण्यवती नीमा की गोद और भाग्यवान् नीरू का सदन समलंकृत किया।

उक्त प्रश्न का एक और उत्तर दिया जाता है, किन्तु वह बहुत ही हृदयद्रावक है। वह अधःपतित हिन्दूसमाज से उत्पीड़ित, भयातुरा एक दुःखमयी विधवा की व्यथामयी कथा है। वह उस खिन्नमना, भग्नहृदया, अभागिनी, ब्राह्मणबाला की वार्ता है, जिसके उपयोगी अंक से कबीर जैसा लाल गिरकर एक ऐसे स्थान में जा पड़ा कि जहाँ से उसकी परम हृदयोल्लासिनी ज्योतिर्माला फिर उसकी आँखों तक न पहुँची। तब भी मैं उसे एक प्रकार से भाग्यवती ही कहूँगा, क्योंकि उसका लाल किसी प्रकार सुरक्षित तो रहा। परमभाग्यहीना है यह हिन्दूजाति और नितान्त ही कुत्सितकपाला है वह आर्यबाला, जिसके न जाने कितने एक से एक सुन्दर लाल कुप्रथा के कुचक्र में पड़कर अकाल ही इस धराधाम से लुप्त हो जाते हैं और अपनी उस गमनीय आलोकमाला के विकीर्ण करने का अवसर नहीं पाते, जो पतनशील हिन्दूसमाज का न जाने कितना अन्धकार शमन करने में समर्थ होती। आह! कहते हृदय दग्ध होता है कि तो भी हिन्दू जाति वैसी ही निश्चल, निस्पन्द है; वैसी ही विवेकशून्य और किकर्त्तव्यविमूढ़ है; आज पाँच शतक बीत जाने पर भी उसकी मोहनिद्रा वैसी ही प्रगाढ़ है। कब उसकी यह समाजध्वंसिनी मोहनिद्रा विदूरित होगी, ईश्वर ही जाने।

कहते हैं कि स्वामी रामानन्द जी की सेवा में एक दिन उनका अनुरक्त एक ब्राह्मण उपस्थित हुआ। उसके साथ उसकी विधवा पुत्री भी थी। जिस समय इस संकोचमयी विधवा ने विनीत होकर उक्त महात्मा के श्रीचरण कमलों में प्रणाम किया, उस समय अचानक उनके श्रीमुख से निकला—पुत्रवती भव। काल पाकर यह आशीर्वचन सफल हुआ और विधवा ने एक पुत्र जना। परन्तु लोकलज्जावश, हिन्दूसमाज की रोमांचकारी कुप्रथा के निन्दनीय आतंकवश, यह सशंकिता विधवा अपने कलेजे पर पत्थर रखकर अपनी इस प्यारी सन्तान को त्याग देने के लिए बाध्य हुई। कुछ घड़ी पीछे लहर तालाब की हरी शान्तिमय भूमि में इसे जोलाहा दम्पति ने पाया, यह प्रसंग भी आप लोगों को अविदित नहीं है।

इन दो उत्तरों में से मुझे दूसरा उत्तर युक्तिसंगत और प्रामाणिक ज्ञात होता है। पहले उत्तर को श्रद्धा; विश्वासवाले कबीरपन्थी ही या उन्हीं के से विचार के कुछ लोग मान सकते हैं, परन्तु दूसरा उत्तर सर्वमान्य और ऐतिहासिक है। उसको विजातीय और विधर्मी भी स्वीकार कर सकता है यह कोई नहीं कहता कि कबीर साहब नीमा और नीरू के औरस पुत्र थे; और जब वे इनके औरस पुत्र नहीं माने जाते, तो यह अवश्य स्वीकार करना पड़ेगा कि किसी अन्य की सन्तान थे। और जब उनका अन्य की सन्तान होना निश्चित है, तो हमको बिना किसी आपत्ति के दूसरा उत्तर ही स्वीकार करना पड़ेगा। कहा जा सकता है कि दूसरे उत्तर में भी स्वामीजी की आशीर्वाद की एक अस्वाभाविक वार्ता सम्मिलित है; किन्तु इस अंश का मुख्य घटना के साथ कोई विशेष सम्बन्ध नहीं है। यह अंश निकाल देने पर भी वास्तविक घटना की स्वाभाविकता में अन्तर नहीं आता। मुझे ज्ञात होता है कि ब्राह्मण विधवा के कलंकभंजन अथवा कबीर साहब की जन्मकथा को गौरवमयी बनाने के लिए ही स्वामी जी की आशीर्वाद सम्बन्धिनी वार्ता का इस घटना के साथ संयोग किया गया है।

कबीर साहब के बाल्यकाल की बातें किसी ग्रन्थ में कुछ लिखी नहीं मिलतीं। कबीरपन्थियों के ग्रन्थों में इतना लिखा अवश्य मिलता है कि वे बाल्यकाल ही से धर्मपरायण और उपदेशनिरत थे। जनसाधारण के सम्मुख वे मुझे उस समय दिखलाई पड़ते हैं, जब उनको सुधबुध हो गयी थी और जब वे तिलक इत्यादि लगाकर राम नाम जपने में लीन हो रहे थे। यह भी लिखा मिलता है कि इसी समय उनसे कहा गया कि तुम निगुरे हो; इसलिए जब तक तुम कोई गुरु न कर लोगे, तब तक तिलक मुद्रा देने अथवा राम राम जपने से पूरे फल की प्राप्ति न होगी। यह एक हिन्दू विचार है। इसमें एक अच्छे पथ प्रदर्शक से अभिलषित मार्ग में सहायता ग्रहण करने के सिद्धान्त की ओर संकेत है। कथन है कि कबीर साहब पर लोगों के इस कहने का प्रभाव पड़ा और उन्हें गुरु करने की आवश्यकता समझ पड़ी। ये बातें भी यही प्रकट करती हैं कि जिस काल की ये घटनाएँ हैं, उस समय कबीर सुबोध हो चुके थे और बाल्यावस्था उत्तीर्ण हो गयी थी।

मंत्रग्रहण

कबीर साहब हिन्दू थे या मुसलमान, वे स्वामी रामानन्द जी के शिष्य थे, या किसी मुसलमान फकीर के चेले सूफी, इस विषय में 'कबीर ऐण्ड दी कबीर पन्थ' के दूसरे अध्याय में उसके विद्वान रचयिता ने एक अच्छी विवेचना की है। मैं उनके कुल विचारों को यहाँ नहीं उठा सकता परन्तु; उनके स्थानों को उठाऊँगा और इस बात की मीमांसा करूँगा कि उनके विचार कहाँ तक युक्तिसंगत हैं।

उक्त ग्रन्थ के 25-26 पृष्ठ में एक स्थान पर उन्होंने लिखा है—

'खजीनतुल असफिया'[1] में कहा गया है कि "शेख कबीर जोलाहा, शेख तकी के उत्तराधिकारी और चेले थे। वह अपने समय के महापुरुष और ईश्वरवादियों के नेता थे। उन्होंने सूफियों के विसाल (ईश्वरमिलन) नामक सिद्धान्त की शिक्षा दी और फिराक (वियोग) के सम्बन्ध में चुप रहे। यह भी कहा जाता है कि पहले मनुष्य हैं जिन्होंने परमेश्वर और उसकी सत्ता के विषय में हिन्दी में लिखा। वे बहुत सी हिन्दी कविताओं के रचयिता हैं। धार्मिक सहनशीलता के कारण हिन्दू और मुसलमान दोनों ही ने उन्हें अपना नेता माना। हिन्दुओं ने उन्हें भगत कबीर और मुसलमानों ने पीर कबीर कहा।"

इसके आगे चलकर उनका दूसरा अध्याय प्रारम्भ होता है। उसमें उन्होंने इस ऊपर लिखे विचार की ही पुष्टि की है। पहले वे कहते हैं—

"संस्कृत के नामी विद्वान् विलसन साहब, जिनकी खोज के लिए प्रत्येक भारतवर्षीय धार्मिक विचारों का जिज्ञासु अँगरेज धन्यवाद रूपी ऋण से दबा है, लिखते हैं कि यह बात विचारविरुद्ध है कि कबीर एक मुसलमान थे, यद्यपि यह असम्भव नहीं है। मैलकम साहब की इस अनुमति का कि वे सूफियों में से थे, विलसन साहब अधिक आदर नहीं करते। बाद के लेखकगण एक ऐसे विद्वान पुरुष की सम्मति मान लेने में ही सन्तुष्ट रहे हैं और इनकी निष्पत्ति को उन्होंने निश्चित की हुई सत्य बात की भाँति स्वीकार कर लिया है।"

क. ऐ. क., पृष्ठ 29

इसके अनन्तर नाभा जी के प्रसिद्ध छप्पय इत्यादि का अनुवाद देकर, जिसमें यह कहा गया है कि "कबीर साहब ने वर्णाश्रम धर्म और षट् दर्शन की कहानी नहीं मानी" उन्होंने यह बतलाया है कि कबीर साहब ने किस प्रकार झाँसी निवासी शेख तकी का शिष्यत्व स्वीकृत किया। तदुपरान्त वे यह कहते हैं—

"हमने सम्भवतः पूरी तौर पर इस बात को सिद्ध कर दिया है कि यह असम्भव नहीं है कि कबीर मुसलमान और सूफी दोनों रहे हों।

---

1. यह पुस्तक मौलवी गुलाम सरवर की बनाई हुई है और 1868 ई. में लाहौर में छपी थी।

...मगहर में उनकी कब्र है जो मुसलमानों के संरक्षण में रहती आयी है। किन्तु यह बात आश्चर्यजनक है कि एक मुसलमान हिन्दी साहित्य का जन्मदाता हो। परन्तु इसको भी नहीं भूलना चाहिए कि हिन्दुओं ने भी फारसी कविता लिखने में प्रतिष्ठा पायी है। फिर, कबीर साधारण योग्यता और निश्चय के मनुष्य नहीं थे। इनके जीवन का उद्देश्य यह था कि अपनी शिक्षाओं को उन लोगों से स्वीकृत करावें जो हिन्दी भाषा द्वारा ज्ञान प्राप्त कर सकते थे।"

कबीर ऐण्ड कबीर पन्थ, पृ. 44

कबीर साहब का मुसलमान होना निश्चित है। उन्होंने स्वयं स्थान-स्थान पर जोलाहा कहकर अपना परिचय दिया है। जब जन्मकाल ही से वे जोलाहे के घर पले थे, तो उनका दूसरा संस्कार हो नहीं सकता था; उनके जी में यह बात समा भी नहीं सकती थी कि मैं हिन्दू सन्तान हूँ। नीचे के पदों को देखिए। इनमें किस स्वाभाविकता के साथ वे अपने को जोलाहा स्वीकार करते हैं–

छाँड़े लोक अमृत की काया जग में जोलह कहाया।

कबीर बीजक, पृ. 605

कहै कबीर राम रस माते जोलहा दास कबीरा हो।

प्रथम ककहरा, चरण 15

जाति जुलाहा क्या करै हिरदे बसे गोपाल।
कबिर रमैया कंठ मिलु चुकै सरब जंजाल॥

आदि ग्रन्थ, पृष्ठ 737, साखी 82

किन्तु वे सूफी और शेख तकी के चेले थे, यह बात निश्चितरूप से स्वीकृत नहीं की जा सकती। श्रीयुत् वेस्कट ने अपने ग्रन्थ में जितने प्रमाण दिखलाये हैं वे सब बाहरी हैं। कबीर साहब के वचनों अथवा उनके ग्रन्थों से उन्होंने कोई प्रमाण ऐसा नहीं दिया जो उनके सिद्धान्त को पुष्ट करे। बाहरी प्रमाणों की अपेक्षा ऐसे प्रमाण जितने मान्य और विश्वसनीय हैं, यह बतलाना व्यर्थ है। कबीर साहब कहते हैं–

भक्ती लायर ऊपजी, लाये रामानन्द।
परगट करी कबीर ने, सात दीप नौ खण्ड॥

चौरासी अंग की साखी, भक्ति का अंग।

काशी में हम प्रगट भये हैं रामानन्द चेताये।

कबीर शब्दावली, द्वितीय भाग, पृ. 61

काशी में कीरति सुन आयी, कबीर मोहि कथा बुझाई।
गुरु रामानन्द चरण कमल पर धोबिन[1] दीनी बार॥

कबीर कसौटी, पृ. 5

1. धोबिन अर्थात् माया।

कबीर साहब के ये वचन ही पर्याप्त हैं, जो यह सिद्ध करते हैं कि वे स्वामी रामानन्द के शिष्य थे। तथापि मैं कुछ बाहरी प्रमाण दूँगा।

धर्मदास जी कबीर साहब के प्रधान शिष्य थे। वे कबीर-पन्थ की एक शाखा के आचार्य भी हैं। वे कहते हैं–

काशी में प्रगटे दास कहाये नीरू के गृह आये।
रामानन्द के शिष्य भये, भवसागर पन्थ चलाये ॥

कबीर-कसौटी, पृ.33

फारसी की एक तवारीख दबिस्ताँ में मुहसिनफनी कश्मीरवाला, जो अकबर के समय में हुआ है, लिखता है–

"कबीर जोलाहे और एकेश्वरवादी थे। कोई आध्यात्मिक पथदर्शक मिले, इस इच्छा से वे हिन्दू साधुओं एवं मुसलमान फकीरों दोनों के पास गये; और अन्त में जैसा कहा गया है, रामानन्द के शिष्य हुए।"

–कबीर ऐण्ड कबीर पन्थ, पृष्ठ 37

इन बातों के अतिरिक्त यदि कबीर साहब की रचनाओं को पढ़िए, तो वे इतनी हिन्दूभावापन्न मिलेंगी, कि उन्हें पढ़कर आप यह स्वीकार करने के लिए विवश होंगे कि उनपर परम शास्त्रपारंगत किसी महापुरुष का प्रभाव पड़ा था। कबीर साहब अशिक्षित थे, यह बात उनके समस्त जीवनी लेखक स्वीकार करते हैं। अतएव उनके लिए ज्ञानार्जन का मार्ग सत्संग के अतिरिक्त और कुछ न था। यदि वे मुसलमान धर्माचार्यों द्वारा प्रभावित होते, तो उनकी रचनाओं में अहिंसावाद और जन्मान्तरवाद का लेश भी न होता। जो हिंसावाद मुसलमानी धर्म का प्रधान अंग है, उस हिंसावाद के विरुद्ध जब वे कहने लगते हैं, तब ऐसी कड़वी और अनुचित बातें कह जाते हैं जो एक धर्मोपदेशक के मुख से अच्छी नहीं लगतीं। क्या हिंसावाद का उन्हें इतना विरोधी बनानेवाला मुसलमानी धर्म या सूफीसम्प्रदाय हो सकता है? उनका सृष्टिवाद देखिए। यह वही हैं जो पुराणों में वर्णित है। उनकी रचनाओं में हिन्दूशास्त्रों और पौराणिक कथाओं एवं घटनाओं के परिज्ञान का जितना पता चलता है, उसका शतांश भी मुसलमानी धर्मसम्बन्धी उनका ज्ञान नहीं पाया जाता। जब वे किसी अवसर पर मुसलमान धर्म पर आक्रमण करते हैं, तब उन्हीं ऊपरी बातों को कहते हैं, जिनको एक साधारण हिन्दू भी जानता है। किन्तु हिन्दू धर्मविवेचन के समय उनके मुख से वे बातें निकलती हैं, जिन्हें शास्त्र-विद्वानों के अतिरिक्त दूसरा कदाचित् ही जानता हो। इन बातों से क्या सिद्ध होता है? यही कि उन्होंने किसी परम विद्वान् हिन्दू महात्मा के सत्संग द्वारा ज्ञानार्जन किया था और स्वामी रामानन्द के अतिरिक्त उस समय ऐसा महात्मा कोई दूसरा नहीं था।

एक बात और है। वह यह कि हम उनके प्रामाणिक ग्रन्थों में कहीं-कहीं ऐसा वाक्य

पाते हैं, जो उनको हिन्दुओं का पक्षपाती बताते हैं या मुसलमान जाति पर उनकी घृणा प्रकट करते हैं, और जिन्हें मुसलमान धर्माचार्य का शिष्य कभी नहीं कह सकता। नीचे के पदों को पढ़िए–

"सुनत कराय तुरुक जो होना, औरत को का कहिए।
अरध शरीरी नारि बखानें, ताते हिन्दू रहिए ॥"

कबीर बीजक, पृष्ठ 363, शब्द 84

कितो मनावै पायँ परि, कितो मनावै रोइ।
हिन्दू पूजैं देवता तुरुक न काहुक होइ ॥

कबीर बीजक, साखी 187, पृष्ठ 593

मैंने अब तक जो कुछ कहा उससे इसी सिद्धान्त पर उपनीत होना पड़ता है कि कबीर साहब स्वामी रामानन्द के शिष्य थे। किन्तु उनके मंत्रग्रहण की वार्ता से मैं सहमत नहीं हूँ। भक्तमाल और उसी के अनुसार दूसरे ग्रन्थों में लिखा हुआ है कि गुरु करने की इच्छा उदित होने पर कबीर साहब ने स्वामी रामानन्द को गुरु करना विचारा। किन्तु यवन होने के कारण वे स्वामी रामनन्द जी तक नहीं पहुँच सकते थे। अतएव उनसे मंत्र ग्रहण करने के लिए उन्होंने दूसरी युक्ति निकाली। स्वामी रामानन्द शेष रात्रि में गंगास्नान के लिए नित्य मणिकर्णिका घाट पर जाया करते थे। एक दिन उसी समय कबीर साहब घाट की सीढ़ियों में जाकर पड़ रहे। जब स्वामी जी आये, तब सीढ़ियों से उतरते समय उनका पाँव कबीर साहब पर पड़ा। वे कुलबुलाये। स्वामी जी ने जाना कि मनुष्य के ऊपर पाँव पड़ा, इसलिए वे बोल उठे "राम राम!!" कबीर साहब ने इसी राम शब्द को मन्त्रस्वरूप ग्रहण किया; और उसी दिन से काशी में अपने को स्वामी रामानन्द का शिष्य प्रकट किया।

बतलाया गया है कि उनके माता-पिता और कुछ लोगों को वंश मर्यादा-प्रतिकूल कबीर साहब की यह क्रिया अच्छी न लगी; इसलिए उन लोगों ने जाकर स्वामी जी को उलाहना दिया। स्वामी जी ने उनको बुलवाया और पूछा–कबीर! हमने तुझे मन्त्र कब दिया? कबीर साहब ने कहा–और लोग तो कान में मन्त्र देते है; परन्तु आपने तो सिर पर पाँव रखकर मुझे राम नाम का उपदेश दिया। स्वामी जी को बात याद आ गयी, उठकर हृदय से लगा लिया, और कहा कि निस्सन्देह तू इसका पात्र है। गुरु शिष्य का यह भाव देखकर लोगों को फिर कुछ कहने का साहस नहीं हुआ।

स्वामी रामानन्द असाधारण आध्यात्मिक शक्तिसम्पन्न महापुरुष थे। जो रामावत सम्प्रदाय इस समय उत्तरीय भारत का प्रधान धर्म है, वह उन्हीं की लोकोत्तर मेधा का अलौकिक फल है। उस राम मन्त्र से सर्वसाधारण को परिचित कराने वाले यही महोदय हैं; जो हिन्दू जाति के मोक्षपथ का अभूतपूर्व संवल हैं, जिनके सुयश गान से कबीर साहब के साम्प्रदायिक ग्रन्थ मुखरित हैं, गुरु नानक का विशाल आदि ग्रन्थ गौरवान्वित है, दादू

ग्रन्थावली पवित्रीकृत है, और अन्य कितनी ही साम्प्रदायिक पुस्तक मालाएँ प्रशंसित और सम्मानित हैं। कुछ लोग ऊँचे उठे, बहुत कुछ चिन्ताशीलता का परिचय दिया, तनधारी राम से सम्बन्ध तोड़ा, किन्तु वे इस राम शब्द की ममता न छोड़ सके। इस महात्मा के आध्यात्मिक विकास की वहाँ पराकाष्ठा होती है, जहाँ वे सोचते हैं, प्रवहमान मरुत, सुशीलतम जल और सूर्यदेव की ज्योतिर्माला तुल्य भगवद्भक्ति पर प्रत्येक मानव का समान अधिकार है। भारतवर्ष के उत्तर काल में वे पहले महात्मा हैं, जो नितान्त उदार हृदय लेकर सामने आते हैं और उस सहृदयता से जाट, नाई, जोलाहे और चमार को अंक में ग्रहण करते हैं जिस प्यार से किसी सजातीय ब्राह्मण बालक को वे हृदय से लगाते हैं। आँख उठाकर देखिए, किसकी शिष्यमण्डली में एक साथ इतने महात्मा और मतप्रवर्तक हुए, जितने कि इस महानुभाव के सदुपदेश आलोक से आलोकित सत्पुरुषों में पाये जाते हैं। जब इस महात्मा की पूत कार्यावली पर दृष्टि डालते हैं, और फिर सुनते हैं कि उनके सन्निकट कोई मनुष्य जोलाहा होने के कारण नहीं पहुँच सका, तो हृदय को बड़ी व्यथा होती है। यदि रैदास चमार उनके द्वारा अंगीकृत हुआ तो कबीर जोलाहा कैसे तिरस्कृत हो सकता था? वास्तविक बात यह है कि इन कथाओं के गढ़नेवाले संकुचित विचार के कतिपय वे ही अदूरदर्शी जन हैं, जिनके अविवेक से प्रतिदिन हिन्दू-समाज का ह्रास हो रहा है। मुझे इन कथाओं को स्वीकार करना युक्ति संगत नहीं ज्ञात होता। मैं महसिन फनी के इस विचार से सहमत हूँ कि "आध्यात्मिक पथप्रदर्शक मिले, इस इच्छा से कबीर साहब हिन्दू साधुओं एवं मुसलमान फकीरों दोनों के पास गये और अन्त में स्वामी रामानन्द के शिष्य हुए।"

जो लोग मणिकर्णिका घाट की घटना ही को सत्य मानते हैं उनसे मैं कोई विवाद नहीं करना चाहता; किन्तु इतनी विनीत प्रार्थना अवश्य करता हूँ कि इस घटना को लक्ष्य कर जो मनीषी स्फीतवक्ष से "पुनन्तु मां ब्राह्मणपादरेणवः वाक्य" पर गर्व करते हैं, उनकी मनीषिता केवल गर्व करने में ही पर्यवसित होती है, अथवा वे इस वाक्य के मर्मग्रहण की भी कुछ चेष्टा करते हैं। प्रतिवर्ष सहस्रों हिन्दू हमारे समाज अंक को शून्य करके अन्य धर्म की शरण ले रहे हैं। प्रतिदिन हिन्दू धर्म माननेवालों की संख्या क्षीण होती जा रही है। क्या उसके विषय में उनका कुछ कर्तव्य नहीं है? क्या धर्म से च्युत होते हुए प्राणियों की संरक्षा में पुण्य नहीं है? क्या कुलगौरव, मानमर्यादा, वर्णाश्रम धर्म का संरक्षण ही सत्कर्म है? क्या नित्य स्वधर्म-परित्याग-परायण अधःपतित जातियों का समुद्धार सत्कर्म नहीं है? यदि है तो कितने महोदय ऐसे हैं जिन्होंने आत्मत्यागपूर्वक निर्भीक चित्त से इस मार्ग में पदविन्यास किया है? पदरेणु की बात जाने दीजिए, मैं पूछता हूँ कि कितने लोगों का हृदय इतना पुनीत है, शरीर इतना पुण्यमय है, स्वयं आत्मा इतनी पवित्रीभूता है कि जिनके स्पर्श से अपावन भी पावन हो जाता है? जब हम स्वयं अपावन को छूकर आज अपवित्र होते हैं, तो हमको "पुनन्तु मां ब्राह्मणपादरेणवः" वाक्य मुख पर लाते हुए लज्जित

होना चाहिए। यदि नहीं, तो एक आत्मोत्सर्गी महापुरुष की भाँति कार्यक्षेत्र में अवतीर्ण होना चाहिए। और यह दिखला देना चाहिए कि स्वामी रामानन्द का आध्यात्मिक बल अब भी भारतवासियों में शेष है, अब भी अपावन को पावन बनाने की बलवती शक्ति उनमें विद्यमान है, भारत वसुन्धरा अभी ऐसे अलौकिक रत्नों से शून्य नहीं हुई है।

संसारयात्रा

कबीर साहब़ अपने जीवन का निर्वाह अपना पैतृक व्यवसाय करके ही करते थे, यह बात उनके सभी जीवनी लेखकों ने स्वीकार की है। उनके शब्दों में भी ऐसे वाक्य बहुत मिलते हैं कि 'हम घर सूत तनहि' नित ताना' इत्यादि जिनसे उनका यही व्यवसाय करके अपना जीवन बिताना सिद्ध होता है। इस विषय में उनका एक बड़ा सुन्दर शब्द है; उसे नीचे लिखता हूँ—

मुसि मुसि रोवै कबीर की माय,
ए बालक कैसे जीवहिं रघुराय,
तनना बुनना सब तज्यो है कबीर,
हरि का नाम लिखि लियो शरीर।
जब लग तागा बाहउँ बेही,
तब लग बिसरैं राम सनेही।
ओछी मति मेरो जात जुलाहा,
हरि का नाम लह्यों मैं लाहा।
कहत कबीर सुनहु मेरी माई,
हमारा इनका दाता एक रघुराई।

आदि ग्रन्थ, पृष्ठ 285

किन्तु इनके विवाह और सन्तानोत्पत्ति के विषय में मतान्तर है। कबीरपन्थ के विद्वान कहते हैं कि लोई नाम की स्त्री उनके साथ आजन्म रही, परन्तु उससे उन्होंने विवाह नहीं किया इसी प्रकार कमाल उनके पुत्र और कमाली उनकी पुत्री के विषय में भी वे लोग विचित्र बातें कहते हैं। उनका कथन है कि ये दोनों अन्य की सन्तान थीं, जो मृतक हो जाने के कारण त्याग दिये गये थे; परन्तु कबीर साहब ने उनको पुनः जिलाया और पाला; इसीलिए ये दोनों उनकी सन्तान करके प्रख्यात हुए। यह कदाचित् वे लोग इसलिए कहते हैं कि कबीर साहब ने स्त्रीसंग को धुरा कहा है। यथा—

नारि नसावै तीन गुन, जो नर पासे होय।
भक्ति मुक्ति निज ध्यात में, पैठि सकै नहिं कोय॥

नारी की झाँई परत, अन्धा होत भुजंग।
कबिरा तिनकी कौन गति नित नारी को संग॥
चौरासी अंग की साखी, कनक-कामिनी का अंग।

किन्तु कबीर साहब ने अपना विवाह होना स्वयं स्वीकार किया है। यथा–

नारी तो हम भी करी, जाना नाहिं विचार।
जब जाना तब परिहरी, नारी बड़ा विकार॥
चौरासी अंग की साखी, कनक-कामिनी का अंग।

भ्रमण करते हुए एक दिन कबीर साहब भगवती भागीरथी कूलस्थित एक बनखंडी वैरागी के स्थान पर पहुँचे। वहाँ एकविंशति वर्षीया युवती ने आपका स्वागत किया। वह निर्जन स्थान था। परन्तु कुछ काल ही में वहाँ कुछ साधु और आये। युवती ने साधुओं को अतिथि समझा, उनका शिष्टाचार करना चाहा, अतएव वह एक पात्र में दूध लायी। साधुओं ने उस दूध को सात पनघाड़ों में बाँटा। पाँच उन लोगों ने स्वयं लिया, एक कबीर साहब को और एक युवती को दिया। कबीर साहब ने अपना भाग लेकर पृथ्वी पर रख दिया, इसलिए युवती ने कुछ संकोच के साथ पूछा आपने अपना दूध धरती पर क्यों रख दिया? आप भी और साधुओं की भाँति उसे कृपा करके अंगीकार कीजिए। कबीर साहब ने कहा–देखो, गंगा पार से एक साधु और आ रहा है। मैंने उसी के लिए इस दूध को रख छोड़ा है। युवती कबीर साहब की यह सज्जनता देखकर मुग्ध हो गयी उसी समय उनके साथ उनके घर चली आयी। पश्चात् इसी के साथ कबीर साहब का विवाह हुआ। इसका नाम लोई था। यह बनखंडी वैरागी की प्रतिपालित कन्या थी। इसे वैरागी ने अचानक एक दिन जाह्नवीकूल पर पड़ा पाया था। कमाली और कमाल इसी की सन्तान थे।

शील और सदाचार

एक दिन कबीर साहब ने सस्त्रीक एक थान बुनकर प्रस्तुत किया और बेचने की कामना से वे उसे लेकर घर से बाहर निकले। अभी कुछ दूर आगे बढ़े थे कि एक साधु ने सामने आकर कहा–बाबा कुछ दे! कबीर साहब ने आधा थान फाड़ दिया। उसने कहा–बाबा, इतने में मेरा काम न चलेगा। कबीर साहब ने दूसरा आधा भी उसको अर्पण किया और आप प्रसन्न बदन घर लौट आये।

एक दिन कबीर साहब के यहाँ बीस-पचीस भूखे फकीर आये। उस दिन उनके पास कुछ न था, इसलिए वे घबराये। लोई ने कहा–यदि आज्ञा हो तो मैं एक साहूकार के बेटे से कुछ रुपये लाऊँ। उन्होंने कहा कैसे! स्त्री ने कहा–वह मुझ पर मोहित है। मैं पहुँची नहीं कि उसने रुपया दिया नहीं। कबीर साहब ने कहा–किसी तरह काम चलाना चाहिए, लोई साहूकार के बेटे के पास पहुँची, रुपया लायी और रात में मिलने का वादा कर आयी। दिन खाने खिलाने में बीता, रात हुई सब ओर अँधेरा छा गया, झड़ बाँधकर

मेह बरसने लगा, रह-रहकर हवा के झोंके जी कँपाने लगे। किन्तु कबीर साहब को चैन न था, वे सब जान चुके थे। उन्होंने सोचा—जिसकी बात गयी उसका सब गया, इसलिए वे पानी और हवा से न डरे। कम्मल ओढ़ाकर उन्होंने स्त्री को कन्धे पर लिया और साहूकार के घर पहुँचे। साहूकार का लड़का तड़प रहा था। उसको आया देख वह खिल उठा। किन्तु जब उसने देखा कि न तो उसके पाँव कीचड़ से भरे हैं और न कपड़ा भीगा, तो चकित हो गया और बोला—तुम कैसे आयी? लोई ने कहा—मेरे पति मुझे कन्धे पर चढ़ा कर लाये हैं। यह सुनकर साहूकार के लड़के के जी में बिजली कौंध गयी, उजाले के सामने अँधियारा न ठहर सका। वह लोई के पाँव पर गिर पड़ा और बोला—आप मेरी माँ हैं। कबीर साहब ने मेरी आँख खोलने के लिए ही इस कठिनाई का सामना किया है। इतना कहकर वह घर से बाहर निकल आया और कबीर साहब के पाँवों से लिपट गया तथा उसी दिन से उनका सच्चा सेवक बन गया।

श्रीमान् वेस्कट लिखते हैं कि "कबीर साहब के वर्णित जीवन चरित में एक प्रकार का काव्य का सा सौन्दर्य पाया जाता है"[1]। यह बात सत्य है, कि मेरी प्रवृत्ति इन दो प्रसंगों के अतिरिक्त किसी दूसरे प्रसंग को लिखने की नहीं होती। आप लोग इन दो कथानकों से ही उनके शील और सदाचार के विषय में बहुत कुछ अवगत हो सकते हैं।

धर्मप्रचार

भागीरथी के तट की बातें लिखकर 'रहनुमायाने हिन्द' के रचयिता लिखते हैं, "रामानन्द कबीर के बशरे से कुछ आसारे स आदत देखकर उन्हें अपने मठ में ले आये और वह उसी रोज बाजाब्ता रामानन्द के मजहब में दाखिल हो गये। मगर हम यह नहीं बता सकते कि वह कब तक अपने गरोह की इताअत व पैरवी में साबित-कदम रहे। गालिबन् मुरशिद की बफात के बाद उन्होंने अपने मजहब का वाज व तलकीन शुरू की"। मेरा भी यही विचार है। उनका उपदेश देने का ढंग निराला था। सम्भव है कि वे कभी-कभी यों भी लोगों को उपदेश देते रहे हों, किन्तु अधिकतर वे अपने विचारों को सीधी सादी बोलचाल की भाषा में भजन बनाकर और उन्हें गाकर प्रकट करते थे। उनके भजनों को देखिए, उनकी रचना अधिकांश प्रचलित गीतों के ढंग की है। वे स्वयं कहते हैं—

बोली हमारी पुर्व की, हमें लखा नहिं कोइ।
हमको तो सोई लखै, घर पूरब का होइ॥
मसि कागद तो छुयो नहिं, कलम गही नहिं हाथ।
चारिहु जुग महात्म्य तेहि, कहि कै जनायो नाथ॥

कबीर बीजक, साखी 177,181

1. देखो, कबीर ऐंड द कबीर पंथ, पृष्ठ 29।

उनके धार्मिक सिद्धान्त क्या थे और वे लोगों को किस बात की शिक्षा देते थे, इस बात का वर्णन मैं अन्त में करूँगा। यहाँ केवल यह प्रकट करता चाहता हूँ कि संसार में जो लोग मुख्य योग्यता के होते हैं, उनमें कुछ आकर्षिणी शक्ति अवश्य होती है कबीर साहब में भी यह शक्ति थी। उनके भावमय भजनों को सुनकर और उनके शील और सदाचरण से प्रभावित होकर उनके समय में ही अनेक लोग उनके अनुगत हो गये। इनमें अधिकतर हिन्दुओं की ही संख्या है, मुसलमानों के हृदय पर उनका अधिकार नहीं हुआ। किसी किसी राजा पर भी उनका प्रभाव पड़ा, चाहे यह प्रभाव केवल एक साधु या महात्मामूलक हो, या धर्ममूलक।

विरोधी दल

यह सत्य है कि हिन्दू और मुसलमान दोनों धर्म के नेताओं से अन्त में उनका विरोध हो गया। क्यों हो गया, इसके कारण स्पष्ट हैं। हिन्दू धर्म के नेताओं को एक अहिन्दू का हिन्दू धर्मोपदेशक रूप से कार्यक्षेत्र में आना कभी प्रिय नहीं हो सकता था; इसलिए उन लोगों का कबीर साहब का कट्टर विरोधी हो जाना स्वाभाविक था। हिन्दू आचार्य का शिष्यत्व ग्रहण करने और मुसलमान होकर हिन्दू सिद्धान्तों के अनुगत और प्रचारक हो जाने के कारण मुसलमान धर्म के नेताओं से भी उनका वैमनस्य हो गया। परिणाम इसका यह हुआ कि उन्होंने दोनों धर्मों के नेताओं पर कठोरता के साथ आक्रमण किया और उद्दंड स्वभाव होने के कारण उन पर बड़ी कटूक्तियाँ कीं, उनके धर्मग्रन्थों को भला बुरा कहा। फिर विरोध की आग क्यों न भड़कती। निदान इस विरोध के कारण उनको अनेक यातनाएँ भोगनी पड़ीं। किन्तु उनमें वह दृढ़ता मौजूद थी, जो प्रत्येक समय के धर्मप्रचारकों में पायी जाती है इसलिए अनेक कष्ट सहकर भी वे अपने सिद्धान्त पर आरूढ़ रहे और उनकी इसी निश्चलता ने उनको सर्वसाधारण में समादृत बनाया। उस समय सिकन्दर लोदी उत्तरी भारत में शासन करता था! शेख तकी (जो एक प्रभावशाली और मान्य व्यक्ति थे) और दूसरे मुसलमानों के शिकायत करने पर बादशाह की क्रोधाग्नि भी भड़की और उन्होंने कबीर साहब को कुछ कष्ट भी दिया; किन्तु अन्त में उन्हें फकीर होने के कारण छुटकारा मिल गया।

कबीर साहब को धर्मप्रचार में जिन आपदाओं का सामना करना पड़ा, उनको उनके अनुयायियों ने बहुत रंजित करके लिखा है। यद्यपि उनका अधिकांश अस्वाभाविक है, परन्तु आप लोगों को अभिज्ञता के लिए मैं उनका दिग्दर्शन मात्र कराऊँगा।

कहा जाता है कि शाह सिकन्दर ने पहले उनको गंगा में और बाद को अग्नि में डलवा दिया, किन्तु वे दोनों स्थानों से जीवित निकल आये। इसके उपरान्त उनके ऊपर मस्त हाथी छोड़ा गया; परन्तु वे उसके सामने शार्दूल होकर प्रगट हुए। मस्त हाथी भागा और

उनका बाल भी बाँका न हुआ। कबीर साहब के एक शब्द में भी इसमें की एक घटना का वर्णन है।

गंगा गुसाँइनि गहिर गम्भीर, जँजिर बाँध कर खरे कबीर।
मन न डिगै तन काहे को डेराइ, चरन कमल चित रह्यो समाइ।
गंग की लहर मेरी टुटी जँजीर, मृगछाला पर बैठे कबीर।
यह कबीर कोउ संग न साथ, जल थल राखत हैं रघुनाथ।

आदिग्रन्थ, पृष्ठ 626

अन्तिम काम

कबीर साहब की परलोकयात्रा के विषय में यह अति प्रसिद्ध बात है कि उस समय वे काशी छोड़कर मगहर चले गये थे। बस्ती के जिले में मगहर एक छोटा-सा ग्राम है, जिसमें अब तक उनकी समाधि है। यहाँ वर्ष में एक बार साधारण मेला भी होता है। कबीर पन्थ के अनुयायी कुछ मुसलमान मिलते हैं तो यहीं मिलते हैं। कबीर साहब काशी छोड़कर अन्त समय क्यों मगहर चले आये, इसका उत्तर वे स्वयं अपने निम्नलिखित शब्दों में देते हैं—

लोगा तुम ही मति के भोरा।
ज्यों पानी पानी में मिलिगो, त्यों ढुरि मिल्यो कबीरा।
ज्यों मैथिल को सच्चा बास, त्योंहि मरण होय मगहर पास।
मगहर मरै नरन नहिं पावै, अन्त मरै तो राम लजावै।
मगहर मरै सो गदहा होई, भल परतीत राम सों खोई।
क्या काशी क्या ऊसर मगहर, राम हृदय बस मोरा।
जो काशी तन तजै कबीरा, रामै कौन निहोरा॥

कबीर बीजक, शब्द 103

ज्यों जल छोड़ि बाहर भयो मीना,
पुरुष जन्म हौ तप का हीना।
अब कहु राम कवन गति मोरी,
तजिले बनारस मति भई थोरी।
सकल जनम शिवपुरी गँवाया,
मरति बार मगहर उठि धाया।
बहुत बरख तप कीया काशी,
मरन भया मगहर को बासी।

काशी मगहर सम बीचारी,
ओछी भगति कैसे उतरै पारी।
कह गुरु गज शिव सम को जानै,
मुआ कबीर रमत श्री रामै।

आदि ग्रन्थ, पृष्ठ 177

जहाँ इन शब्दों से कबीर साहब की विचित्र धार्मिक दृढ़ता सूचित होती है, वहाँ दूसरे शब्द के कतिपय आदिम पदों से उनका दुःखमय आन्तरिक क्षोभ भी प्रकट होता है, और उनके संस्कार का भी पता चलता है। मनुष्य जब किसी गूढ़ कारणवश अपनी अत्यन्त प्रिय आन्तरिक वासनाओं की पूर्ति में असमर्थ होता है, तो जैसे पहले वह हृदयोद्वेग से विह्वल होकर पीछे दृढ़ता ग्रहण करता और कोई अवलम्ब ढूँढ़कर चित्त को बोध देता है, दूसरे शब्द में कबीर साहब के हृदय का भाव ठीक वैसा ही व्यंजित हुआ है। इससे क्या सूचित होता है? यही कि कबीर साहब को किसी घोर धार्मिक विरोधवश काशी छोड़नी पड़ी थी। भक्तिसुधा बिन्दु-स्वाद नामक ग्रन्थ (पृष्ठ 840) के इस वाक्य को देखकर कि "श्री कबीर जी संवत् 1549 में मगहर गये। वहीं से संवत् 1552 की अगहन सुदी एकादशी को परमधाम पहुँचे" यह विचार और पुष्ट हो जाता है, क्योंकि यह वाक्य यह नहीं बतलाता कि मरने के केवल कुछ दिन पहले कबीर साहब मगहर में आये।

कबीर साहब मुसलमान के घर पले थे, मुसलमानों फकीरों से व्यवहार रखते थे, इसलिये उनमें मुसलमानों की ममता होना स्वाभाविक है। वे एक हिन्दू आचार्य के शिष्य थे, राम नाम के प्रचारक और उपदेशक थे, अतएव हिन्दू यदि उन्हें अपना समझें तो आश्चर्य क्या? निदान यही कारण है कि उनका परलोक हो जाने पर रुधिरपात की सम्भावना हो गयी। काशिराज वीरसिंह उनके शव को दग्ध और बिजलीखाँ पठान समाधिस्थ करना चाहता था, अतएव तलवार चल ही गयी थी कि एक समझ काम कर गयी। शव की चद्दर उठाई गयी तो उसके नीचे फूलों का ढेर छोड़ और कुछ न मिला। हिन्दुओं ने इसगें रो आधा लेकर जलाया और उसकी राख पर समाधि बनायी। यही काशी का कबीरपंथियों का प्रसिद्ध स्थान कबीरचौरा है। मुसलमानों ने दूसरा आधा लेकर वहीं मगहर में उसी पर कब्र बनाई जो अब तक मौजूद है। कबीरपंथियों के ये दोनों पवित्र स्थान हैं।

कबीर कसौटी (पृष्ठ 54) में लिखित मरने के समय के इस वाक्य से कि "कमल के फूल और दो चद्दर मँगवाकर लेट गये" फूल का रहस्य समझ में आता है। कबीर साहब न जब शव के लिये तलवार चल जाने की सम्भावना देखी, तो उन्होंने ही अपने बुद्धिमान शिष्यों द्वारा दूरदर्शिता से ऐसी सुव्यवस्था कि शरीरान्त होने पर शव किसी को न मिला। उसके स्थान पर लोगों ने फूलों का ढेर पाया, जिससे सब झगड़ा अपने आप मिट गया। कहा जाता है कि गुरु नानक के शव के विषय में ठीक ऐसी ही घटना हुई थी।

ग्रन्थावली

कबीर साहब ने स्वयं स्वीकार किया है कि "मसि कागद तो छुयो नहिं कलम गही नहिं हाथ। चारिहुँ जुग माहात्म्य तेहि कहिकै जनायो नाथ"। इसलिए यह स्पष्ट है कि कबीर साहब ने न तो कोई पुस्तक लिखी, न उन्होंने कोई धर्मग्रन्थ प्रस्तुत किया। कबीर सम्प्रदाय के जितने प्रामाणिक ग्रन्थ हैं, उनके विषय में कहा जाता है कि उन्हें कबीर साहब के पीछे उनके शिष्यों ने रचा। यह हो सकता है कि जिन शब्दों या भजनों में कबीर नाम आता है, वे कबीर साहब के रचे हुए हों, जो शिष्यों द्वारा पीछे ग्रन्थस्वरूप में संगृहीत हुए हों, परन्तु यह बात सत्य ज्ञात होती है कि अधिकांश ग्रन्थ कबीर साहब के पीछे उनके शिष्यों द्वारा ही रचे गये हैं। प्रोफेसर बी. बी. राय, जो एक क्रिश्चियन विद्वान् हैं अपने 'सम्प्रदाय' नामक उर्दूग्रन्थ के पृष्ठ 63 में लिखते हैं–

"जहाँ तक मालूम होता है, कबीर ने अपनी तालीमी बातों को कलमबन्द नहीं किया। उसके बाद उनके चेलों ने बहुत सी किताबें तसनीफ कीं यह किताबें अक्सर गुत्फगू की सूरत और हिन्दी नजम में लिखी गयी। काशी के कबीर चौरे में इस सम्प्रदाय की मशहूर और पाक किताबों का मजमुआ पाया जाता है, जिसे कबीरपन्थी लोग 'खास ग्रन्थ' कहते हैं"। प्रसिद्ध बंगाली विद्वान् बाबू अक्षयकुमार दत्त भी अपने 'भारतवर्षीय उपासक सम्प्रदाय' नामक बंगला ग्रन्थ (प्रथम भाग, पृष्ठ 49) यही बात कहते हैं–

"ए सम्प्रदायेर प्रामाणिक ग्रन्थ समुदाय कबीर शिष्यदिगेर आर ताहार उत्तर कालवर्त्ती गुरुदिगेर रवित बलिया प्रसिद्ध आछे।"

श्रीमान् वेसकट कहते हैं–"ज्ञात यह होता है कि कबीर की शिक्षाएँ मौखिक थीं, और वे उनके पीछे लिखी गयीं। सब से पुराने ग्रन्थ, जिनमें उनकी शिक्षाएँ लिखी गयीं, बीजक और आदि ग्रन्थ हैं। यह भी सम्भव है कि इनमें से कोई पुस्तक कबीर के मरने से पचास वर्ष पीछे तक न लिखी गयी हो। यह विचारना कठिन है कि वे ठीक उन्हीं के शब्दों में लिखी गयी हैं, जो कि गुरु के मुख से निकले हैं। और यह बात तो और भी कठिनता से मानी जा सकती है कि उनमें और शब्द नहीं मिला दिये गये हैं।"

कबीर ऐंड दी कबीर पन्थ, पृ. 46

'खास ग्रन्थ' में निम्नलिखित इक्कीस छोटी बड़ी पुस्तकें हैं।

1. सुखनिधान : इस ग्रन्थ के रचयिता 'श्रुतगोपालदास' हैं। कबीर पन्थ की द्वादश शाखाओं में से कबीरचौरा स्थान की शाखा के ये प्रवर्तक हैं। सुखनिधान समस्त ग्रन्थों का कुंचिकास्वरूप, बोधसुलभ और सुप्रसन्न शब्दों में लिखित है। पठद्दशा की चरमावस्था प्राप्त हुए बिना किसी को ग्रन्थ के पढ़ने की व्यवस्था नहीं दी जाती। इस ग्रन्थ में 8 अध्याय हैं; और धर्मदास और कबीर साहब के प्रश्नोत्तर रूप में ब्रह्म, जीव, माया इत्यादि धार्मिक विषयों का इसमें निरूपण है।

2. गोरखनाथ की गोष्ठी : इस ग्रन्थ में महात्मा गोरखनाथ के साथ कबीर साहब का धर्मिक वार्त्तालाप है।

3. कबीर पाँची, 4. वलख की रमैनी, 5. आनन्द राम सागर : ये साधारण ग्रन्थ हैं। इनके विषय में कहीं कुछ लिखा नहीं मिला।

6. रामानन्द की गोष्ठी : इस ग्रन्थ में स्वामी रामानन्द के साथ कबीर साहब का धार्मिक वार्तालाप है।

7. शब्दावली : इसमें एक सहस्र धार्मिक शब्द हैं, किन्तु वे क्रमबद्ध नहीं हैं, इसमें छोटी छोटी धार्मिक शिक्षाएँ हैं।

8. मंगल : इसमें एक सौ छोटी कविताएँ हैं।

9. वसन्त : इसमें वसन्त राग के एक सौ धर्मसंगीत हैं।

10. होला : इसमें होली के दो सौ गीत हैं।

11. रेखता : इसमें एक शत रेखते हैं, किन्तु उनमें छन्दोभंग बहुत हैं।

12. झूलन : इसमें अनेक धार्मिक विषयों पर पाँच सौ गीत हैं।

13. कहरा : इसमें कहरा चाल के पाँच सौ भजन हैं।

14. हिन्दोल : इसमें नाना प्रकार के द्वादश भजन हैं, जिनमें नैतिक और धार्मिक शिक्षाएँ हैं।

15. बारहमासा : इसमें बारह महीनों पर धार्मिक संगीत हैं।

16. चाँचर : इसमें चाँचर चाल के गीतों में नाना प्रकार के भजन और शब्द हैं।

17. चौंतीसी : इसमें भाषा के तैंतीस व्यंजनों और चौंतीसवें ॐकार में से एक एक को प्रत्येक पद्य के आदि में रखकर धार्मिक कविता की गयी है। कुल 34 पद्य हैं।

18. अलिफनामा : इसमें फारसी अक्षरों की धार्मिक व्याख्या है।

19. रमैनी : इसमें हिन्दी कबीर पन्थ के सिद्धान्तों का शब्दों में विस्तृत वर्णन है। स्वधर्म प्रतिपादन और परधर्म खण्डन पन्थ के सिद्धान्तानुसार किया गया है। कूटशब्द भी इसमें पाये जाते हैं।

20. साखी : इसमें सहस्र दोहे हैं, जो पन्थ में साखी नाम से पुकारे जाते हैं। इन दोहों में अनेक प्रकार की नीति और धर्म की शिक्षाएँ हैं। चौरासी अंग की साखी इसी के अन्तर्गत है। इस ग्रन्थ की कतिपय साखियाँ बड़ी ही सुन्दर हैं।

21. बीजक : इस ग्रन्थ में 654 अध्याय हैं। इसको कबीरपन्थी लोग बहुत मानते हैं। बीजक दो हैं पर उन दोनों में बहुत अन्तर नहीं है। कबीरपन्थी कहते हैं कि उनमें जो बड़ा बीजक है, उसे स्वयं कबीर साहब ने काशीराज से कहा था; दूसरे बीजक को भग्गूदास नामक कबीर के शिष्य ने संग्रह किया है। यह दूसरा बीजक ही अधिक प्रचलित है। इसमें स्वमत प्रतिपादन की अपेक्षा धर्मों पर आक्रमण और आक्षेप ही अधिक हैं। यह

भग्गूदास भी कबीरपन्थ की द्वादश शाखाओं में से एक शाखा का प्रवर्त्तक है। इसके परंपरागत शिष्य धनौति नामक ग्राम में रहते हैं।

श्रीमान् वेस्कट कहते हैं–"बीजक कबीर साहब की शिक्षा का प्रामाणिक ग्रन्थ मान लिया गया है। यह सम्भवतः 1570 ई. में या सिक्खों के पाँचवें गुरु अर्जुन द्वारा नानक की शिक्षा आदिग्रन्थ में लिखे जाने के बीस वर्ष पहले लिखा गया था। बहुत से वचन जो आदि ग्रन्थ में कबीर के कथित माने जाते हैं, बीजक में भी पाये जाते हैं।"

क.ऐ.क., पृष्ठ 7

एक दूसरे बीजक की कई छपी आवृत्तियाँ हैं। उनमें से दो, जो अधिक प्रसिद्ध हैं, सटीक हैं। एक के टीकाकार रीवाँ के महाराज विश्वनाथ सिंह और दूसरे के नागझारी जिला बुराहनपुर निवासी कबीरपन्थी साधु पूरनदास हैं, जो सन् 1870 ई. में जीवित थे। बैप्टिस्ट मिशन, मुंगेर के रेवरेंड प्रेमचन्द ने भी इसकी आवृत्ति कलकत्ते में सन् 1880 ई. में छपायी थी। इन ग्रन्थों के अतिरिक्त आगम और बानी इत्यादि भिन्न-भिन्न नामों की कुछ और स्फुट कविताएँ भी पायी जाती हैं।

श्रीमान् वेस्कट ने अपने ग्रन्थ में कबीर पन्थ के 84 ग्रन्थों के नाम लिखे हैं। इन ग्रन्थों में कबीर कसौटी और कबीर मनसूर आदि आधुनिक ग्रन्थों के भी नाम हैं, जिनका रचनाकाल अर्द्धशताब्दी से कम है। इसके अतिरिक्त उन्होंने तीन सटीक बीजकों को भी पृथक् गिना है। चौरासी अंग की साखी जो एक ग्रन्थ है, उसके सतसंग का अंग, समदरसी का अंग, आदि बारह अंगों की साखियों को अलग-अलग लिखकर उनको बारह पुस्तकें माना है, इसी से उनकी नामावली लम्बी हो गयी है। उसमें मूसाबोध, महम्मदबोध, हनुमानबोध आदि कतिपय ऐसे ग्रन्थों के नाम हैं, जो सर्वथा कल्पित हैं; क्योंकि उक्त महोदयों और कबीर साहब के समय में कितना अन्तर है, यह विद्वानों को अविदित नहीं है उन्होंने अमरमूल आदि दो एक प्राचीन ग्रन्थों का नाम भी अपनी सूची में लिखा है और सुखनिधान आदि कई ऐसे ग्रन्थों के नाम भी लिखे हैं, जो उक्त 21 ग्रन्थों के अन्तर्गत हैं।

प्रोफेसर एच. एच. विलसन ने अपने 'रिलिजन आफ दी हिन्दूज' नामक ग्रन्थ के प्रथम खंड, पृष्ठ 76-77 में कबीर साहब के निम्नलिखित ग्रन्थों के ही नाम लिखे हैं। यह कहना कि ये ग्रन्थ उक्त 21 ग्रन्थों के ही अन्तःपाती हैं, बाहुल्य मात्र हैं।

1. आनन्द रामसागर, 2. बलख की रमैनी, 3. चांचर, 4. हिन्डोला, 5. झूलना, 6. कबीरपाँजी, 7. कहरा, 8. शब्दावली।

प्रशंसित महाराज रीवाँ ने अपनी टीका में कबीर साहब विरचित निम्नलिखित ग्रन्थों के नाम लिखे हैं; और इनमें से प्रायः शब्द और साखियों को उद्धृत करके प्रमाण दिया है। किन्तु ज्ञात होता है कि इन ग्रन्थों की गणना 'खास ग्रन्थ' में नहीं है; क्योंकि ये उनके अतिरिक्त हैं।

1. निर्भय ज्ञान, 2. भेद सार; 3. आदि टकसार, 4. ज्ञान सागर, 5. भवतरण।

मुझे कबीर साहब के मौलिक ग्रन्थों में से केवल दो ग्रन्थ मिले, एक बीजक और दूसरा चौरासी अंग की साखी। इसके अतिरिक्त बेलवेडियर प्रेस की छपी कबीर शब्दावली, चार भाग, ज्ञानगुदड़ी व रेखते, और साखी संग्रह नाम की पुस्तकें भी हस्तगत हुईं। बेलवेडियर प्रेस के स्वामी 'राधा-स्वामी मत' के हैं। इस मतवाले कबीर साहब को अपना आदि आचार्य मानते हैं; इसलिए इस प्रेस की छपी पुस्तकों के बहुत कुछ प्रामाणिक होने की आशा है। उन्होंने भूमिका में इस बात को भी प्रकट भी किया है। गुरु नानक सम्प्रदाय के 'आदि ग्रन्थ' में भी कबीर साहब के बहुत से शब्द और साखियाँ संगृहीत हैं। मैंने उक्त दो मौलिक और इन्हीं सब संगृहीत ग्रन्थों के आधार पर अपना संग्रह प्रस्तुत किया है।

इन ग्रन्थों की अधिकांश कविता साधारण है। सरस पद्य कहीं-कहीं मिलते हैं। हाँ, जहाँ कबीर साहब पूरबीबोलचाल और चलते गीतों में अपने विचार प्रकट करते हैं, वहाँ की कविता निस्सन्देह अधिक सरस है। किन्तु छदोभंग इन सब में इतना अधिक है कि जी ऊब जाता है। जहाँ कविता में अश्लीलता भी है। कोई-कोई कविताएँ तो इतनी अश्लील हैं कि मैं उन्हें यहाँ उठा तक नहीं सकता। यदि आप लोग ऐसी कविताएँ देखना चाहें, तो नमूने के लिए साखीसंग्रह के पृ. 148 का छठा, पृ. 175 का 26, 27, 28 और पृ. 182 का अन्तिम दोहा देखिए। उनकी कविता में असंयतभाषिता भी दृष्टिगत होती है। वे कहते हैं—

बोली एक अमोल है जो कोई बोलै जानि।
हिये तराजू तौलि के तब मुख बाहर आनि ॥

कबीर बीजक, पृ. 623

साधु भया तो क्या भया जो नहिं बोल विचार।
हतै पराई आतमा लिये जीभ तलवार ॥

कबीर बीजक, पृ. 631

साधु लच्छन सुगुनवंत गंभीर है बचन लौलीन भाखा सुनावै।
फूहरी पातरी अधम का काम है राँड़ का रोवना भाँड़ गावै ॥

ज्ञानगुदड़ी, पृ. 32

किन्तु खेद है कि जब वे विरोध करने पर उतारू होते हैं तब इन बातों को भूल जाते हैं। यह दोष उनकी कविता में प्रायः मिलता है। नमूने के लिए साखी संग्रह पृ. 187 का दोहा 19, 20 और ज्ञानगुदड़ी तथा रेखते नामक ग्रन्थ का रेखता 60 देखिए। मैंने इस प्रकार की कविताओं से अपने संग्रह को बचाया है; और जहाँ शब्दों के हेर फेर या ह्रस्व दीर्घ करने से काम चल गया, यहाँ छंदोभंग भी नहीं रहने दिया है।

कबीर साहब के ग्रन्थों का आदर कविता दृष्टि से नहीं, विचार दृष्टि से है। उन्होंने अपने विचार दृढ़ता और कट्टरपन के साथ प्रकट किये हैं। उनमें स्वाधीनता की मात्रा भी अधिक झलकती है।

इन ग्रंथों में बहुत से कूट शब्द भी हैं। कबीर साहब का उलटा प्रसिद्ध है। चूहा बिल्ली को खा गया, लहर में समुद्र डूब गया, प्रायः ऐसी उलटी बातें आपको इन्हीं शब्दों में मिलेंगी इन शब्दों का लोगों ने मनमाना अर्थ किया है। ऐसे शब्दों का दूसरा अर्थ हो ही क्या सकता है। प्रायः लोगों को आश्चर्य में डालने के लिए ही ऐसे शब्दों की रचना होती है। मैं समझता हूँ कि कबीर साहब का भी यही उद्देश्य था। उन्होंने ऐसे शब्द बनाकर लोगों को अपनी ओर आकर्षित किया है, क्योंकि धर्म नीचे लिखे जाते हैं–

देखो लोगों हरि की सगाई; माय धरै पुत धिय संग जाई।
सासु ननद मिल अदल चलायी, मादरिया गृह बेटी जाई॥
हम बहनोई राम मोर सारा, हमहिं बाप हरि पुत्र हमारा।
कहै कबीर हरी के बूता, राम रमे ते कुकुरी के पूता॥

कबीर बीजक, पृ. 393

देखि देखि जिय अचरज होई, यह पद बूझै बिरला कोई।
धरती उलटि अकासहिं जाई, चींटी के मुख हस्त समाई॥
बिन पवनै जहँ पर्वत उड़े, जीव जन्तु सब बिरछा बुड़े।
सूखे सरवर उठैं हिलोल, बिन जल चकबा करै कलोल॥
बैठा पंडित पढ़ै पुरान, बिन देखे का करैं बखान।
कह कबीर जो पद को जान, सोई सन्त सदा परमान॥

कबीर बीजक, पृ. 394

विद्वान् मिश्रबन्धुओं ने 'मिश्र बन्धुविनोद' के प्रथम भाग में कबीर साहब के ग्रन्थों और उनकी रचना के विषय में जो कुछ लिखा है, वह नीचे अविकल उद्धृत किया जाता है–

"इस समय तक भाषा और भी परिपक्व हो गयी थी। महात्मा कबीरदास ने उसको बहुत बड़ा उपकार किया। इन्होंने कोई पचास ग्रन्थ बनाये, जिनमें से 46 का पता लग चुका है। **–पृष्ठ 113**

"कविता की दृष्टि से इनकी उल्टवांसी बहुत प्रशंसनीय है। इनकी रचना सेनापति श्रोणी की है। इन्होंने खरी बातें बहुत उत्तम और साफ-साफ कही हैं और इनकी कविता में हर जगह सचाई की झलक देख पड़ती है। इनके ऐसे बेधड़क कहनेवाले कविं बहुत कम देखने में आते हैं। कबीर जी का अनुभव खूब बढ़ा चढ़ा था और इनकी दृष्टि अत्यन्त

पैनी थी। कहीं-कहीं उनकी भाषा में कुछ गँवारूपन आ जाता। पर उसमें उद्दण्डता की मात्रा अधिक होती है।

"इनके कथन देखने में तो साधारण समझ पड़ते हैं, परन्तु उनमें गूढ़ आशय छिपे रहते हैं। इन्होंने रूपकों, दृष्टान्तों उत्प्रेक्षाओं आदि से धर्म सम्बन्धी ऊँचे विचारों एवं सिद्धान्तों को सफलतापूर्वक व्यक्त किया है।" **–पृष्ठ 252, 253**

कबीर पन्थ

इस पन्थवाले युक्तप्रान्त और मध्य भारत में अपनी संख्या के विचार से अधिक हैं, पंजाब, बिहार और दक्षिण प्रान्त में भी कहीं ये लोग पाये जाते हैं। यद्यपि इनकी संख्या अन्य भारतवर्षीय संप्रदायों की अपेक्षा बहुत थोड़ी है; तथापि इनमें निम्नलिखित द्वादश शाखाएँ हैं–

1. श्रुत गोपालदास : इनके परम्परागत शिष्य काशी के कबीरचौरा मगहर की समाधि और जगन्नाथ एवं द्वारका के मठों पर अधिकार रखते हैं। यह शाखा अपर शाखाओं की अपेक्षा प्रतिष्ठित मानी जाती है। दूसरी शाखावाले इसको प्रधान मानते हैं।

2. भग्गूदास : इनके परंपरागत शिष्य धनौती नामक गाँव में रहते हैं।

3. नारायणदास; 4. चूणामणिदास : ये दोनों धर्मदास नामक एक बनिए के बेटे थे, जो कबीर साहब के एक धनी शिष्य थे। धर्मदास जबलपुर के पास बंधो नामक एक गाँव में रहते थे। बहुत दिनों तक उनके वंश के लोग वहाँ के मठ के महन्त होते रहे। परन्तु नारायणदास के वंश में अब कोई न रहा। इधर चूड़ामणि वंश के एक महन्त ने एक कुचरित्रा स्त्री रख ली; इसलिए यह वंश भी अब गद्दी से उतार दिया गया।[1]

5. जग्गूदास : कटक में इनकी गद्दी है और इनके शिष्य उसी ओर हैं।

---

1. कबीर पंथ की द्वादश शाखाओं के विषय में यहाँ जो कुछ लिखा गया है, वह बंगाल के प्रसिद्ध विद्वान अक्षयकुमार दत्त के ग्रंथ भारतवर्षीय उपासक संप्रदाय, (देखो इस ग्रन्थ का प्रथम भाग, पृष्ठ 64, 65, 66) और प्रोफेसर बी. बी. राग के ग्रंथ 'राप्रबाय' (देखो पृष्ठ 74, 75, 76) के आधार पर लिखा गया है। इन शाखाओं के विषय में मुझको एक लेख कबीर धर्मनगर, जिला रायपुर (मध्यप्रदेश) निवासी कबीरपंथी-साधु युगलानन्द विहारी का मिला है। उसको भी मैं नीचे अविकल उद्धृत करता हूँ–

"मध्यप्रदेश, बिहार, युक्तप्रांत, गुजरात और काठियावाड़ में कबीरपंथियों की संख्या विशेष है। हाँ, पंजाब, महाराष्ट्र, मैसूर, मद्रास इत्यादि प्रांतों में ये लोग थोड़े पाए जाते हैं।

"इनमें अनेक शाखाएँ वर्तमान हैं, जिनमें धर्मदास के पुत्रों में से–

(1) वचन चूड़ामणि के वंशज की शाखा ही प्रधान है। इस समय इनका मुख्य स्थान कबीर धर्मनगर, जिला रायपुर, सी. पी. में है। धर्मदास और कबीर के प्रश्नोत्तर मिले हुए ग्रंथों में कालीवंशी

6. जीवनदास : इन्होंने सत्तनामी सम्प्रदाय स्थापित किया। कोटवा जिला गोंडा में इनका स्थान है। इस स्थान के अधिकार में सात-आठ और गद्दियाँ हैं।

7. कमाल : ये बम्बई नगर में रहते थे। इनके चेले योगी होते हैं। जनश्रुति है कि कमाल कबीर के पुत्र थे। कबीर साहब का निम्नलिखित दोहा स्वयं इसका प्रमाण है।

बूढ़ा वंश कबीर का उपजा पूत कमाल।
हरि का सुमिरन छोड़ के घर ले आया माल ॥

आदि ग्रन्थ, पृष्ठ 738

8. टकसाली : यह बड़ौदा के निवासी थे और वहीं इनका मठ है।

9. ज्ञानी, 10. साहेबदास : ये कटक में रहते थे। इनके चेले और कबीरपंथियों की अपेक्षा कुछ निराली शिक्षा और विलक्षणता रखते हैं; इसलिये मूलपन्थी कहलाते हैं।

11. नित्यानन्द, 12. कमलानन्द : ये दोनों दक्षिण में जा बसे और उधर ही इन्होंने अपनी शिक्षा का प्रचार किया।

इनके अतिरिक्त हंसकबीर, दानकबीर और मंगलकबीर नामक कबीरपंथियों की और कतिपय शाखाएँ हैं।

1901 की जनसंख्या (मुर्दुमशुमारी) की रिपोर्ट में कबीरपंथियों की संख्या 843171 लिखी गयी है। मैं समझता हूँ, कुछ न्यूनाधिक यही संख्या ठीक है। इनमें अधिकांश नीच जाति के हिन्दू हैं; उच्च वंश के हिन्दू नाम मात्र हैं। गुरु भी इस पन्थ के अधिकांश नीच

के नाम जिस प्रकार लिखे हैं, उन्हीं नामों से अब तक इस शाखा का क्रम बराबर चला आता है। इस समय इस शाखा के तेरहवें आचार्य श्री पं. दयानाम साहब गद्दी पर वर्तमान हैं।

"इस शाखा में पूर्वनिर्मित नियम के अनुसार आचार्य के ज्येष्ठ पुत्र के अतिरिक्त कोई दूसरा आचार्य पद नहीं पा सकता; इसलिए इसमें सबको एक ही आचार्य के अधीन रहता पड़ता है। कबीर पंथियों में इस समय इसी शाखा की प्रधानता है। इसके बराबर उन्नत (इस समय) कोई दूसरी शाखा नहीं है।"

(2) **नारायणदास :** धर्मदास के बड़े पुत्र थे, गुरु की अवज्ञा करने से पिता के द्वारा त्याज्य हुए थे, तथापि उनका भी पंथ चलता है। पहले ये लोग बान्धवगढ़ में रहते थे; किन्तु वचन चूड़ामणि के वंशजों के समान विशेष नियम नहीं होने से इनमें कई आचार्य हो गये। इस शाखा के लोग परस्पर विरोध के कारण बान्धवगढ़ छोड़कर भिन्न-भिन्न स्थानों में रहकर गुरुआई करते हैं।

(3) **जागू पंथी :** इनकी गद्दी बिहार प्रांत के मुजफ्फरपुर जिले के सब डिवीजन हाजीपुर के निकट बिद्दूपुर नामक ग्राम में है। इस पंथ में यही स्थान प्रधान माना जाता है। यह ओ. टी. रेलवे का स्टेशन है।

(4) **सत्यनामी पंथ :** इस नाम के तीन पंथ चलते हैं। 1. कोटवा (अवध में), 2. फर्रुखाबाद में; ये लोग साधु के नाम से प्रसिद्ध हैं। 3. मध्यप्रदेश के छत्तीसगढ़ में भंडारा नामक स्थान में; इसमें प्रायः चमार ही होते हैं।

वर्ण के ही हैं। त्यागी और गृहस्थ इनमें भी हैं; पर गृहस्थों की ही संख्या अधिक है। ये सब हिन्दू धर्म के ही शासन में हैं, और उसी की रीति और पद्धति को बर्तते हैं; यहाँ तक कि अनेक ऐसे हैं जो हिन्दू देवी-देवताओं तक को पूजते हैं। त्यागी निःसन्देह अपने को हिन्दू धर्म के सिद्धान्तों से अलग रखते हैं; और वे हिन्दू धर्म के क्रियाकलाप में नहीं फँसना चाहते; किन्तु यतः उनका यह संस्कार बना है कि वे हिन्दू हैं, इसीलिए वे अनेक अवसरों पर हिन्दू क्रियाकलाप में फँसे भी दृष्टिगत होते हैं। परन्तु यह सत्य है कि कबीरपन्थी साधु हिन्दू सामज से एक प्रकार पृथक् से रहते हैं, उनकी यथेष्ट प्रतिपत्ति नहीं। इनका अपर हिन्दू धर्म सम्प्रदायों से कुछ वैमनस्य और द्वेष सा रहता है।

धर्मसंकट

कबीर साहब का धर्मसिद्धान्त क्या था मैं समझता हूँ, यह अभ्रान्त रीति से नहीं बतलाया जा सकता। मैं इसकी मीमांसा के लिए तत्पर होकर धर्मसंकट में पड़ गया हूँ। उनके सिद्धान्तों के जानने के साधन उनकी शब्दावली और साखियाँ हैं; परन्तु वे हम लोगों तक वास्तविक रूप में नहीं पहुँचतीं। यह बतलाना भी कठिन है कि कौन शब्द उनका रचा है, कौन नहीं। श्रीमान् वेसूकट का निम्नलिखित वाक्य, जिसे मैं ऊपर लिख आया हूँ, आप लोग न भूले होंगे।

"यह विचारना कठिन है कि वे ठीक उन्हीं शब्दों में लिखी गयी हैं, जो गुरु के मुख से निकले हैं। और यह बात तो और भी कठिनता से मानी जा सकती है कि उनमें और शब्द नहीं मिला दिये गये हैं।"

एक दूसरे स्थान पर वह कहते हैं–

"कम से कम यह बात मानने के लिए हमको कोई स्वत्व नहीं है कि कबीर की शिक्षा है कि जिसको कबीरपन्थ के महन्त आजकल देते हैं।"

–कबीर ऐण्ड दी कबीरपन्थ, पृष्ठ 46

इन वाक्यों से क्या सिद्ध होता है? यही कि उनकी रचनाओं में कुछ काटछाँट हुई है और अब तक हो रही है। जो बीजक ग्रन्थ आजकल अधिकता से प्रचलित है, और जो कबीरपन्थ का सबसे प्रामाणिक ग्रन्थ माना जाता है, वह भागूदास का प्रस्तुत किया हुआ है। इस भागूदास के विषय में रीवाँनरेश महाराज विश्वनाथ सिंह लिखते हैं–

"भागूदास बीजक लै भागे हैं, सो बघेलवंश विस्तार में कबीर जी ही कहि दियो है–

भागूदास कि खबरि जनाई। लै चरणामृत साधु पियाई ॥
कोउ आव कह कलि जरि गयऊ। बीजक ग्रन्थ चोराय लै गयऊ ॥
सतगुरु कह वह निगुरा पन्थी। कहा भयो लै बीजक ग्रन्थी ॥
चोरी करि वह चोर कहाई। काह भयो बड़ भक्त कहाई ॥

–कबीर बीजक, पृष्ठ 26

जिस भागूदास की यह व्यवस्था है, उसके हाथ में पड़कर बीजक की क्या दशा हुई होगी, इसे ईश्वर ही जाने। आगे चलकर महाराज ने लिखा है कि इसका वास्तव में नाम तो भगवानदास था, पर इस प्रकार पुस्तक लेकर भागने से ही कबीर साहब ने इसका नाम भागूदास रखा। इन बातों से बीजक की प्रामाणिकता में कितना सन्देह होता है, इस बात का उल्लेख व्यर्थ है।

प्रायः कबीरपंथियों से सुना जाता है कि कबीर साहब के ग्रन्थों में जो वेदशास्त्र अथवा अवतारों के विरुद्ध बातें पायी जाती हैं, या असंगत भाव से खंडन और आपेक्ष देख जाता है, वास्तव में वह उनके किसी शिष्य की ही करतूत है। जो हो, परन्तु भागूदास की कथा इस विचार को दृढ़ करती है। कबीर साहब की परलोकयात्रा के पश्चात ग्रन्थों के संगृहीत होने से इस प्रकार का अवसर हाथ आना असम्भव नहीं। यहाँ तक संदेह होता है कि जब कबीर साहब के समय में ग्रन्थ संगृहीत हुए ही नहीं थे, तो भागूदास किस ग्रन्थ को ले भागे। परन्तु सोचने की बात है कि यदि कुछ शब्द पहले संगृहीत न होते, तो ग्रन्थ प्रस्तुत कैसे होते। ज्ञात यह होता है कि कागज के नाना टुकड़ों पर अथवा अशृंखल अवस्था में जो लेख इत्यादि थे, उन्हीं को लेकर भागूदास भागे।

एक कबीरपंथी सन्त की गुरुभक्ति आपने सुनी। अब एक पूरनदास नामक साधु की लीला देखिए। आपने कबीर बीजक पर टीका लिखी है। इस टीका में आपने कबीर साहब के इस वाक्य को कि "मनु मुरीद संसार है गुरु मुरीद कोई साध" सिद्ध कर दिया है। श्रीमान् वेसकट कहते हैं–"यह बात कि कबीर जोलाहा और एकेश्वरवादी थे, अबुलफजल ने भी मानी है, कि जिसके प्रतिकूल किसी ने कुछ नहीं कहा"।[1]

परन्तु कदाचित् उन्हें यह ज्ञात नहीं हुआ कि पूरनदास ने उनके प्रतिकूल कहा है। आपने बीजक की टीका लिखकर और उसके शब्दों का मनमाना अर्थ करके यह प्रतिपादित कर दिया है कि कबीर साहब एकेश्वरवादी नहीं, किन्तु कुछ और थे। कुछ प्रमाण लीजिए–

"साखी– **अमृत केरी मोटरी सिर से धरी उतार।**
जाहि कहौं मैं एक है सो मोहि कह दुइ चार ॥ 122 ॥

टीका गुरुमुख–इस संसार ने विचार की मोटरी सिर से उतार धरी, कोई विचार करता नहीं, जाको मैं कहता हूँ कि एक जीव सत्य है, और सब मिथ्या भ्रम है, सो मेरे को दुइ चार कहता है–एक ईश्वर, एक जीव, दो ब्रह्मा, विष्णु, महेश और देवी देवता ये बताते हैं।"

–सटीक बीजक, पूरनदास, पृष्ठ, 584

---

1. देखो कबीर ऐण्ड दी कबीर पंथ, पृष्ठ 68।

"साखी– **पाँच तत्त्व का पूतरा युक्ति रची मैं कीव।**
मैं तोहि पूछों पंडिता शब्द बड़ा की जीव ॥ 82 ॥

टीका मायामुख–पाँच तत्त्व का पूतरा युक्ति से रचि के मैंने पैदा किया, जीव पुतले मैंने पैदा किये, इस प्रकार वेद में माया ने कहा, सोई सब पंडित लोग भी कहते हैं।

गुरुमुख–ताते गुरु पूछते हैं कि पंडित तुमने वेद का शब्द माना और कहने लगे कि ब्रह्म बड़ा कि ईश्वर बड़ा जाने सब संसार पैदा किया, परन्तु अपने हृदय में विचार के देखो कि शब्द बड़ा कि जीव। अरे जो जीव न होता तो वेद आदिक नाना शब्द कौन पैदा करता और ब्रह्म, ईश्वरादि आध्यारोप कौन करता। ताते जीव ही सब ते बड़ा जाने, सब ही को थापा। शब्द ब्रह्म आदि उपाधि सब मिथ्या जीव की करतूत, जीव की करतूत, जीव सब का करने वाला आदि।" **सटीक बीजक, पूरनदास, पृष्ठ 424**

जिस राम शब्द के विषय में श्रीमान् वेस्कट कबीर साहब की यह अनुमति प्रकट करते हैं–

"कबीर साहब का विचार है कि दो अक्षर का शब्द राम इस संसार में उस एक अमिवचनीय सत्य का सबसे निकटवर्ती है।" **कबीर ऐण्ड दी कबीरपन्थ, पृष्ठ 75**

उसके विषय में पूरनदास की कल्पना सुनिए–

काला सर्प सरीर खाइनि सब जग झारि।
बिरले ते जन बाँचिहैं रामहि भजे विचारि ॥ 101 ॥

इस साखी के रामहिं भजै बिचारि का अर्थ उन्होंने यह किया है–

"इस जगत में जाको विचाररूपी अमृत प्राप्त भया, ते सर्प के जहर से बचे। एक राम ऐसा जो वेद ने अन्वय किया था, सो उससे बचे, भाग के न्यारे हुए।"–सटीक बीजक पूरनहास पृष्ठ 468। 'भजै' के वास्तविक अर्थ के स्मरण करने या गुणानुवाद गाने के स्थान पर उन्होंने भाजना अर्थात् भागना किया है। काशी छोड़कर मगहर जाने का जो प्रसिद्ध और ऐतिहासिक शब्द कबीर साहब का है, जरा उसके कतिपय शब्दों का अर्थ देखिए। "त्योंहि मरन होय मगहर पास" इसका अर्थ सुनिए। "मग कहिए रास्ता, हर कहिए ज्ञान, सो मगहर ज्ञान मार्गता में मरन होय, लौलीन होय" (पृष्ठ 245)। "अन्तै मरै तो राम लजावै" का अर्थ वे यों करते हैं–"जहाँ से जीव का स्फुरण हुआ सो अधिष्ठान छोड़कै अन्तै जो नाना प्रकार की स्वर्ग भोगादि वासना अथवा जगत आदि मोहवासना में जो मरा, सो बन्धन में परा। राम कहिए जीव और लज्जा कहिए बन्धन (पृष्ठ 235)।" निदान इसी प्रकार उन्होंने समस्त ग्रन्थ का अर्थ उलट दिया है। इस प्रसिद्ध गुरुमुख शब्द को उन्होंने माया मुख बना दिया है; अर्थात् गुरु की कही हुई बात को माया का कहा हुआ बतलाया है। यों ही शब्द के चार चरणों में से कहीं यदि एक चरण को मायामुख बनाया है, तो

दूसरे को गुरुमुख, कहीं तीसरे को मायामुख और चौथे को गुरुमुख। कहीं पूरा शब्द गुरुमुख, कहीं आधा, कहीं तिहाई! कहीं पूरा शब्द मायामुख, कहीं चौथाई, कहीं केवल एक चरण। मायामुख और गुरुमुख ही नहीं, जीवमुख आदि की कल्पना भी शब्दों में की गयी है। उन्हें वाच्यार्थ से, कवि के भाव से, अन्वय से, शब्दों के उचितार्थ से कुछ प्रयोजन नहीं। वे किसी न किसी प्रकार प्रत्येक शब्द और साखी को अपने विचार के अनुकूल कर लेते हैं, कबीर साहब के लक्ष्य की कुछ परवाह नहीं करते। जहाँ इस प्रकार खींचातानी है, वहाँ कबीर साहब के सिद्धान्त का ज्ञान दुरूह क्यों न होगा?

बेलवेडियर प्रेस में मुद्रित 'ज्ञानगुदड़ी व रेख्ता' नाम की पुस्तक की भूमिका के प्रथम पृष्ठ में लिखा गया है–

"पर कितने ही पद पुराने प्रामाणिक हस्तलिखित ग्रन्थों से ऐसे भी हैं जिनमें राम नाम की महिमा गाई गयी है। इस नाम का मतलब औतारस्वरूप श्री रामचन्द्र जी से नहीं है, बल्कि ब्रह्मण्ड की चोटी (शून्य) धुन्यात्मक शब्द 'राँ' से है"।

श्रीमान् वेस्‌कट भी यही लिखते हैं–

"ऐसे वाक्यों के राम शब्द से कबीर का अभिप्राय परब्रह्म से है, न कि विष्णु के अवतार से। क्योंकि वे बीजक में लिखते हैं कि सत्य गुरु ने कभी दशरथ के घर में जन्म नहीं लिया।"[1]

ऐसा विचार होने पर भी हम देखते हैं कि कबीर साहब के शब्दों में से पौराणिक नामों के निकालने की चेष्टा प्रथम से ही होती आयी है, और अब भी हो रही है। कुछ प्रमाण भी लीजिए–

गुरु नानक साहब का आदि ग्रन्थ साढ़े तीन सौ वर्ष का प्राचीन है। यह ग्रन्थ रामावतों का नहीं है कि उसमें साग्रह राम शब्द रखने की चेष्टा की गयी हो, वरन् वाह गुरु जाप करने वालों का है। वह प्रामाणिक कितना है, यह बतलाने की आवश्यकता नहीं। उसमें कबीर साहब के निम्नलिखित दोहों में राम शब्द पाया जाता है–

कबीर कसौटी राम का झूठा टिकै न कोय।
राम कसौटी सो सहै जो मर जीवा होय॥ पृ. 735
सपनेहूँ वरड़ाइ कै जेहि मुख निकसै राम।
वाके परा की पानकी मेरे तन को चाम॥ पृ. 736
कबीर कूकर राम को मोतिया मेरा नाउँ।
गले हमारे जेवरी जहँ खींचै तहँ जाउँ॥

1. देखो कबीर ऐण्ड दी कबीर पन्थ, पृष्ठ 4

वेलवेडियर प्रेस में छपी 'साखी संग्रह' नामक पुस्तक में इन दोहों में राम के स्थान पर 'नाम' पाया जाता है (देखो पृष्ठ 21 का 12, व 96 का 33, व 158 का 10 दोहा)। ऐसे ही उक्त प्रेस की छपी पुस्तकों में प्रायः हरि के स्थान पर गुरु राजा राम के स्थान पर 'परमपुरुष' इत्यादि नाम पाए जाते हैं। सम्भव है जिस प्रति से उन्होंने अपना संग्रह छापा है, उसी में ऐसा पाठ हो। परन्तु ऐसी चेष्टा होती आयी है, यही मेरा कथन है। उक्त दोनों में राम शब्द से जो भाव और वाच्यार्थ की सार्थकता एवं सुन्दरता है, वह नाम शब्द से नहीं। तथापि राम शब्द रखना उचित नहीं समझा गया, इसका कारण अवतार सम्बन्धी नामों से घृणा छोड़ और क्या हो सकता है।

केवल अवतारों के नामों का ही परिवर्तन नहीं मिलता, मुझे वाक्यों, शब्दों और भजनों अथवा साखियों के पदों एवं चरणों में भी न्यूनाधिक्य और अन्तर मिला है। एक शब्द को मैं तीन स्थानों से उठाता हूँ। आप उसमें हुए परिवर्तनों को देखिए।

गाउ गाउ री दुलिहनी मंगलचारा।
मेरे गृह आय राजाराम भतारा॥
नाभि कमल में वेदी रच ले ब्रह्मज्ञान उच्चारा।
राम राइ सो दूलह पायो अस बड़ भाग हमारा॥
सुर नर मुनि कौतुक आये कोटि तैतीसो जाना।
कह कबीर मोहि ब्याहि चले हैं पुरुष एक भगवाना॥

आदि ग्रन्थ, पृष्ठ 261

दुलहिन गावो मंगलचार। हमरे घर आयो राम भतार॥
तन रति करि मैं मन रति करिहौं पाँचो तत्त्व बराती।
रामदेव मोहिं ब्याहन ऐ हैं मैं जोबन मदमाती॥
सरिर सरोवर वेदी करिहौं ब्रह्मा बेद उचारा।
रामदेव सँग भाँवरि लैहौं धनि धनि भाग हमारा॥
सुर तैंतीसो कौतुक आये मुनिवर सहस अठासी।
कह कबीर हम ब्याहि चले हैं पुरुष एक अबिनासी॥

कबीर बीजक, पृष्ठ 431

दुलहिन गावो मंगलचार। हम घर आये परमपुरुष भरतार।
तन रति करि मैं मन रति करिहौं पाँचो तत्त्व बराती।
गुरुदेव मेरे पाहुन आये मैं जोबन में माती॥
सरीर सरोवर बेदी करिहौं ब्रह्मा बेद उचार।
गुरुदेव साँग भाँवरि लैहों धन धन भाग हमार॥

सुर तैंतीसो कौतुक आये मुनिवर सहस अठासी।
कह कबीर हम ब्याहि चले हैं पुरुष एक अबिनासी॥

कबीर शब्दावली, प्रथम भाग, पृष्ठ 9, 10

इस प्रकार विरुद्धाचरण; शब्द, वाक्य और अर्थों में लौटफेर; अवतार सम्बन्धी नामों के बहिष्कार इत्यादि का प्रभूत प्रमाण होते हुए भी श्रीमान वेसूकट कहते हैं–

"फिर भी इस बात का विश्वास करने के लिए दलीलें हैं कि कबीर की शिक्षाएँ धीरे-धीरे अधिकतर हिन्दू आकार में ढल गयी हैं"।

कबीर ऐण्ड दी कबीर पन्थ, पृष्ठ 46

उनका यह कथन कहाँ तक युक्तिसंगत है, इसका विद्वान लोग स्वयं विचारें।

धर्मसिद्धान्त

जो हो, चाहे कबीर की शिक्षाएँ अधिकतर हिन्दू आकार में धीरे-धीरे ढल गयी हों, चाहे अहिन्दू भावापन्न हो गयी हों, परन्तु प्राप्त रचनाओं को छोड़कर उनके धर्मसिद्धान्तों के निर्णय का दूसरा मार्ग नहीं है। यह सत्य है, जैसा कि श्रीमान वेसूकट लिखते हैं कि–

"उनकी शिक्षाओं का स्पष्टीकरण चुनी बातों में से भी चुनी बातों के आधार पर अवश्य ही सदोष होगा; और यह भी सम्भव है कि वह भ्रान्त बनावे, यदि वह उनके समस्त सिद्धान्तों की व्याख्या समझी जाय।" **कबीर ऐण्ड दी कबीर पन्थ, पृष्ठ 47**

किन्तु यह भी वैसा ही सत्य है कि प्राप्त रचनाओं में से मौलिक और कृत्रिम रचनाओं का पृथक करना अत्यन्त दुर्लभ, वरन् असम्भव है। उनमें परस्पर विरुद्ध विचार इस अधिकता से है कि उनके द्वारा किसी वास्तविक सिद्धान्त का अभ्रान्त रूप से निर्णय हो ही नहीं सकता। हाँ इस पन्थ का अवलम्बन किया जा सकता है कि इन रचनाओं में जो विचार व्यापक भाव से बारम्बार प्रकट और प्रतिपादित किये गये हैं, उन्हें मुख्य और उसी विषय के दूसरे विचारों को गौण मान लिया जाय। पक्व और अपक्व अवस्था के विचारों में अन्तर हुआ करता है। अनुभव, ज्ञान उन्मेष और वयस मनुष्य के विचारों को बदलते हैं। कबीर साहब इस व्यापक नियम से बाहर नहीं हो सकते; इसीलिए उनके विचारों में भी अन्तर पड़ जाना असम्भव नहीं। निदान इसी सूत्र की सहायता से मैं कबीर साहब के धर्मसिद्धान्तों के निरूपण का प्रयत्न करता हूँ।

मेरा विचार है कि कबीर साहब एकेश्वरवाद, साम्यवाद, भक्तिवाद, जन्मान्तरवाद, अहिंसावाद और संसार की असारता के प्रतिपादक एवं मायावाद, अवतारवाद, देववाद, हिंसावाद, मूर्तिपूजा, कर्मकाण्ड, व्रत उपवास, तीर्थयात्रा और वर्णाश्रम धर्म के विरोधी हैं। वे हिन्दुओं और मुसलमानों के धर्मग्रन्थों और धर्मनेताओं के कट्टर प्रतिवादी हैं और प्रायः

इनके धर्मयाजकों पर बुरी तौर से आक्रमण करते हैं। कहीं-कहीं इस आक्रमण की मात्रा इतनी कलुषित और अश्लील है, जो समुचित नहीं कही जा सकती।

हमने कबीर साहब को ऊपर 'एकेश्वरवाद' का प्रतिपादक कहा है, किन्तु उनका एकेश्वरवाद कुछ भिन्न है। उनका प्रभु विलक्षण है। उनके मुहावरे के अनुसार एकेश्वरवाद शब्द ठीक नहीं है; क्योंकि उनका प्रभु ईश्वर, ब्रह्म, पारब्रह्म, निर्गुण, सगुण; सबके परे है। इस प्रभु को वे एक स्थानविशेष 'सत्यलोक' का निवासी मानते हैं और उसके लक्षण वे ही बतलाते हैं, जो वैष्णव ग्रन्थों में सगुण ब्रह्म के बतलाये गये हैं। वे कहते हैं कि सत्य गुरु के प्रसाद से केवल भक्ति द्वारा प्राप्त होता है। इसके अतिरिक्त उसकी प्राप्ति का और कोई साधन वे नहीं बतलाते। (देखो, शब्द 16-24)

वे उसका परिचय प्रायः राम शब्द द्वारा देते हैं; किन्तु अपनी रचनाओं में हरि, नारायण, सारंगपानी, समरथ, कर्ता, करतार, ब्रह्म, पारब्रह्म, निरच्छर, सत्यनाम, मुरारि इत्यादि शब्दों का प्रयोग भी उसके लिए करते हैं। अपना रक्खा हुआ उसका 'साहब' नाम उन्हें बहुत प्यारा है। इस ग्रन्थ के अधिकांश पद्य इसके प्रमाण हैं।

साम्यवाद, अहिंसावाद, जन्मान्तरवाद, भक्तिवाद और संसार की अनित्यता का निरूपण उन्होंने सर्वत्र किया है। इस ग्रन्थ के साम्यवाद, उद्‌बोधन, उपदेश और चेतावनी, मिथ्याचार और संसार की असारता शीर्षक पद्यों में आप इन सिद्धान्तों का उत्तम रीति से प्रतिपादन देखेंगे।

अवतारवाद के विषय में उनकी अनुमति आप इस ग्रन्थ में शब्द 4-5 में देखेंगे। और भी स्थानों पर उनको अवतारवाद का विरोध करते देखा जाता है; तथापि ऐसे शब्द भी मिलते हैं जिनमें अवतारवाद का प्रतिपादन है। निम्नलिखित शब्दों को देखिए—

प्रहलाद पठाये पढ़नशाल। संग सखा बहु लिये बाल। मोको कहा पढावसि आल जाल। मोरी पटिया लिख देहु श्री गोपाल। नहिं छोड़ों रे बाबा राम नाम। मोहि और पढ़न सो नहीं काम। काढ़ि खरग कोप्यो रिसाय। तुझ राखनहारा गोहिं बताय। प्रभु खंभ तें निकसे कर बिसराय। हरनाकस छेद्यो नख विदार। ओइ परम पुरुष देवादि देव। भगत हेत नरसिंह भेव। कह कबीर को लखै न पार। प्रहलाद उधारे अनिक बार।

आदि ग्रन्थ, पृष्ठ 653

राजत कौन तुम्हारे आवै। ऐसो भाव बिदुर को देख्यो वह गरीब मोहिं भावै। हस्ती देख भरम ते भूला श्रीभगवान न जाना। तुमरो दूध बिदुर को पानी अमृत कर मैं माना। खीर समान साग मैं पाया गुन गावत रैनि बिहानी। कबीर को ठाकुर अनँद बिनोदी जाति न काहु की मानी।

आदि ग्रन्थ, पृष्ठ 596

दर माँदे टाढ़े दरबार। तुझ बिनु सुरति करै को मेरी दरसन दीजै खोलकिवार। तुम धन धनी उदार तियागी स्रवनन सुनियत सुजस तुम्हार। माँगो काहि रंक सब देखों तुम

ही ते मेरो निस्तार। जय देव नामा विप्रसुदामा तिन कौ किरपा भइ है अपार। कह कबीर तुम समरथ दाताचार पदारथ देत न बार। **आदि ग्रन्थ, पृष्ठ 462**

इसके अतिरिक्त उनके पद्यों में सैकड़ों स्थानों पर रघुनाथ, रघुराय, राजाराम, गोबिंद, मुरारि इत्यादि अवतार सम्बन्धी नामों का प्रयोग उनको अवतारवाद का प्रतिपादक बतलाता है। किन्तु जिस दृढ़ता और व्यापक भाव से वे अवतारवाद का विरोध करते हैं; उसे देखकर मैं उनके विरोधमूलक विचार को ही मुख्य और दूसरे विचार को गौण मानता हूँ। एक और प्रकार से समाधान किया जाता है। वह यह कि वे जब परमात्मा का निरूपण करने लगते हैं, तब उस आवेश में अवतारों को साधारण मनुष्य सा वर्णन कर जाते हैं; किन्तु जब स्वयं प्रेम में भयंकर अवतारों के सामने आते हैं तब उनमें ईश्वर भाव ही प्रकट करते हैं। यह बात स्वीकार भी कर ली जाय, तो भी इस विचार में गौणता ही पायी जाती है।

मायावाद, देववाद, हिंसावाद, मूर्तिपूजा, कर्मकांड, व्रत उपवास, तीर्थयात्रा, वर्णाश्रम धर्म के अनुकूल कुछ कहते उनको कदाचित् ही देखा जाता है। वे इन विचारों के विरोधी हैं। इस ग्रन्थ की माया प्रपंच और मिथ्याचार शीर्षक शब्दावली पढ़िए; उस समय आपको ज्ञात होगा कि किस प्रकार वे इन सिद्धान्तों की प्रतिकूलता करते हैं।

विचारपरम्परा

श्रीमान् वेस्कट कहते हैं कि सम्भवतः कबीर पन्थ हमको एक ऐसा धर्म मिलता है, जिस पर हिन्दू मुसलमान और ईसाई इन तीनों धर्मों का थोड़ा प्रभाव पड़ा है।[1]

परन्तु जब मैं देखता हूँ कि कबीर साहब को ईसाई मजहब का ज्ञान तक नहीं था, तब यह बात कैसे स्वीकार की जा सकती है कि उनके पन्थ पर ईसाई मत का भी कुछ प्रभाव पड़ा है। भारत के परम प्रसिद्ध बौद्ध धर्म से भी कुछ अभिज्ञ नहीं थे; क्योंकि वे इस धर्म का भी किसी स्थान पर कुछ वर्णन नहीं करते हैं। वे जब चर्चा करते हैं, तब दो राहों की चर्चा करते हैं और कहते हैं कि कर्ता ने यही दो राहें चलायीं। यदि वे कोई तीसरी राह जानते, तो उसका नाम भी अवश्य लिखते। इसके अतिरिक्त वे और अवसरों पर भी इन्हीं दो राहों को सामने रखकर अपने चित्त का उद्गार निकालते हैं, अन्य की ओर उनकी दृष्टि भी नहीं जाती। निम्नलिखित वचन इसके प्रमाण हैं–

"करता किरतिम वाजी लायी। हिन्दू तुरुक दुइ राह चलायी"।

कबीर बीजक, पृष्ठ 391

---

1. देखो कबीर ऐण्ड दी कबीर पन्थ, प्रिफेस, पंक्ति 19-22।

"सन्तों राह दोउ हम डीठा। हिन्दू तुरुक हटा नहिं मानै स्वाद सवन को मीठा"।

कबीर बीजक, पृष्ठ 210

"अरे इन दोहुन राह न पायी। हिन्दुअन की हिन्दुआयी देखी तुरकन की तुरकाई।
कहैं कबीर सुनो भाई साधो कौन राह ह्वै जाई ॥"

कबीर शब्दावली, प्रथम भाग, पृष्ठ 48

अब रहे हिन्दू और मुसलमान धर्म। पहले मैं यह देखूँगा कि कबीर पन्थ, वैष्णवधर्म की एक शाखा मात्र है और उसी की विचारपरम्परा और विशाल हिन्दू धर्म के सिद्धान्त उनमें ओतप्रोत हैं, या क्या? तदुपरान्त मुसलमान धर्म के प्रभाव की भी मीमांसा करूँगा।

1908 ईसवी में धर्मेतिहास की सार्वजनिक सभा में श्रीमान् ग्रियर्सन साहब ने 'भागवत धर्म' पर एक प्रबन्ध पढ़ा था। उसका सारमर्म 'प्रवासी' नामक बँगला पत्र के दशम भाग, प्रथम खंड, पृष्ठ संख्या 538, 539 में प्रकाशित हुआ है। उस सारमर्म में 'भागवत धर्म' के निम्नलिखित सिद्धान्त बतलाये गये हैं—

1. भगवान एक हैं, उन्हीं से विश्व चराचर उत्पन्न हुआ है। अपना विशेष आदेश पालन करने के लिये उन्होंने कतिप्रिय देवताओं को बनाया। किन्तु जब इच्छा होती है तो, प्रयोजन होने पर पृथ्वी का पाप मोचन करने के लिए वे स्वयं धरा में अवतीर्ण होते हैं। भगवान् को पितृ रूप में स्वीकार करने के लिए भारतवर्ष भागवतों का ऋणी है।

2. इस धर्मवाले एक मात्र उस भगवान् की ही भक्ति करते हैं। इस धर्म का यही एक विशेषत्व है। इस प्रकार सगुण ईश्वर की उपासना भागवतों से ही भारतवर्ष ने सीखी है।

3. प्रत्येक आत्मा ही परमात्मा से प्रसूत है। जो प्रसूत हुई है, वह अनन्त काल तक स्वतन्त्र रहेगी और उसका बार-बार जन्म होगा। किसी कर्म या ज्ञान के द्वारा नहीं, केवल भक्ति के द्वारा जन्मपरिग्रह रुकता है। उस समय मुक्त आत्मा अनन्त काल तक भगवान् के चरणाश्रय में रहती है। इस प्रकार भारत को भागवतों ने ही आत्मा के अमरत्व की दीक्षा दी है।

4. भगवान् के निकट सभी आत्माएँ समान हैं। मुक्तिलाभ के लिए केवल उच्च जाति वा शिक्षित श्रेणी ही विशेष रूप से अधिकारी है, यह ठीक नहीं। समाज के लिए जातिभेद मंगलकारक हो सकता है; परन्तु भगवान की दृष्टि सभी पर समान है। भगवान को पिता स्वीकार कर लेने से स्वभावतः समस्त मानवों के प्रति भ्रातृभाव अंगीकृत हुआ। भारत ने इसे भी भागवतों से ही पाया।

अब इन सिद्धान्तों के साथ कबीर साहब के एकेश्वरवाद, साम्यवाद, भक्तिवाद, जन्मांतरवाद और अहिंसावाद को मिलाइए, देखिए कहीं कुछ अन्तर है। पहले जो मैं कबीर साहब के एकेश्वरवाद की व्याख्या कर आया हूँ, वह दूसरों को कुछ उलझन पैदा कर

सकती है। परन्तु वैष्णव उस एकेश्वरवाद से भली भाँति परिचित हैं। समस्त रामोपासक वैष्णव रामचंद्र को साकेत लोक का निवासी बतलाते हैं। साकेतलोक और उसके निवासी का वैष्णव वैसा ही वर्णन करते हैं; जैसा कबीर साहब ने सत्यलोक और उसके निवासी का किया है। प्रमाण लीजिए और अद्‌भुत साम्य अवलोकन कीजिए–

अयोध्या च परब्रह्म सरयू सगुणः पुमान्।
तन्निवासी जगन्नाथः सत्यं सत्यं वदाम्यहम् ॥ 1 ॥
अयोध्यानागरी नित्या सच्चिदानन्दरूपिणी।
यद्दशांशेन गोलोकः वैकुंठस्थः प्रतिष्ठितः ॥ 2 ॥

वसिष्ठसंहिता (कबीर बीजक, पृ. 4)

कबीर पन्थ और सन्त मतवाले अपने 'साहब' को चैतन्य देश का धनी कहते हैं। वशिष्ठसंहिता में भी साकेतलोक का लक्षण यही लिखा है–

यत्र वृक्ष - लता - गुल्म - पत्र - पुष्प - फलादिकं।
यत्किंचित् पक्षिभृंगादि तत्सर्वं भाति चिन्मयम् ॥

कबीर बीजक, पृष्ठ, 28

साकार, निराकार, परब्रह्म के परे रामचन्द्र जी को वैष्णव भी मानते हैं। आनन्दसंहिता के निम्नलिखित श्लोकों को देखिए–

स्थूलं चाष्टभुजं प्रोक्तं सूक्ष्मं चैव चतुर्भुजम्।
परातु द्विभुजं रूपं तस्मादेतत् त्रयं त्यजेत् ॥
आनन्दो द्विभुजः प्रोक्तो मूर्त्तश्चामूर्त एव च।
अमूर्तस्याश्रयो मूर्त्त परमात्मा नराकृतिः ॥

कबीर बीजक, पृष्ठ 33

महारामायण में श्रीरामचन्द्र को सत्यलोकेश ही लिखा है–

वाङ्मनो गोचरातीतः सत्यलोकेश ईश्वरः।
तस्य नामादिकं सर्वं रामानाम्ना प्रकाश्यते ॥

कबीर बीजक, पृष्ठ 248

एक स्थान पर कबीर साहब ने भी कह दिया है कि उनका स्वामी 'साकेत' निवासी है। नीचे के पदों को देखिए–

जाय जाहूत में खुद खाविंद जहँ वहीं मक्कान 'साकेत' साजी।
कहै कबीर ह्वाँ भिश्त दोजख थके वेद कीताब काहत काजी ॥

कबीर बीजक, पृ. 267

इसीलिए जिस प्रभु की कल्पना कबीर साहब ने की है, वह वैष्णव विचार परंपरा ही से प्रसूत है, वह वैष्णव धर्म के एकेश्वरवाद का रूपान्तर मात्र है।

जब वैष्णव धर्म का यही विशेषत्व है कि वह एक मात्र भगवान् की ही भक्ति करता है (देखो सिद्धान्त 2) और जब श्रीमद्भागवत को उच्च कण्ठ से यह कहते सुनते हैं—

वासुदेवंपरित्यज्य योऽन्यदेवमुपासते।
तृषितो जान्हवीतीरे कूपं खनति दुर्मतिः॥

जब वह यही कहता है कि किसी कर्म वा ज्ञान के द्वारा नहीं, केवल भक्ति के द्वारा जन्मपरिग्रह रुकता है (देखो सिद्धान्त 3) और जब भक्ति की महिमा यों गाई जाती है—

हरिभक्ति विना कर्म न स्याद्धीशुद्धिकारणम्।
न वा सिद्धयेद् विवेकादि न ज्ञानं नापि मुक्तता॥

तो मायावाद, बहुदेववाद, कर्मकाण्ड, व्रत उपवास, तीर्थयात्रा आदि आप ही उपेक्षित हो गये। चतुर्थ सिद्धान्त के अनुसार ईश्वर की कृपादृष्टि के सबके समान अधिकारी हो जाने, और एक परमात्मा की सन्तान होने के कारण सब को भ्राता मान लेने पर, और भागवत के मुख से यह सुनकर कि "विप्राद्विष्ट् गुणयुतारविंदनाभ पादारविंदविमुखाच्छ्वपचं वरिष्ठम्" वर्णाश्रम धर्म भी अप्रधान हो जाता है। अहिंसावाद के विषय में गीता का यह गम्भीर नाद श्रुतिगत होता है—'अहिंसा परमो धर्मः' अतएव कबीर साहब के सब सिद्धान्त लगभग वे ही पाये गये, जो वैष्णव धर्म के हैं। निदान इस बात को प्रोफेसर वी. वी. राय भी स्वीकार करते हैं—

"अगर्चे इबादत के बारे में हिन्दुओं के और और सम्प्रदायों के साथ कबीरपंथियों का कुछ भी तअल्लुक नहीं है, ताहम हिन्दू मजहब से उनके मजहब के निकलने का काफी सबूत मिलता है। उनकी और पौराणिक वैष्णवों की तालीमात नतीजन् अनकरीब एकसाँ हैं"। (सम्प्रदाय, पृ. 69, 70)। कबीर साहब की शिक्षा में दो बातें तो ऐसी हैं जिनका वैष्णव धर्म से कोई सम्बन्ध नहीं, वरन् उनकी यह शिक्षा उस धर्म के प्रतिकूल है। ये दोनों बातें अवतारवाद और मूर्तिपूजा की प्रतिकूलता हैं।

अवतारवाद के अनुकूल ही उनकी शिक्षा में कुछ वचन मिलते भी हैं, और इसमें कोई सन्देह नहीं कि गौण रूप से वे इसे स्वीकार करते हैं; परन्तु मूर्तिपूजा के वे कट्टर विरोधी हैं। मेरा विचार यह है कि उनका यह संस्कार मुसलमान-धर्म-मूलक है। वैदिक काल से उपनिषद् और दार्शनिक काल पर्यंत आर्यधर्म में भी कहीं अवतारवाद और मूर्तिपूजा का पता नहीं चलता, पौराणिक काल में ही इन दोनों बातों की नींव पड़ी है। अतएव यदि ऊँचे उठा जाय, तो कहा जा सकता है कि कबीर साहब ने प्राचीन आर्य धर्म का अवलम्बन करके ही अवतारवाद और मूर्ति पूजा का विरोध किया है; किन्तु यह काम स्वामी दयानन्द

सरस्वती का था, कबीर साहब का नहीं। अपठित होने के कारण उनको वेदों और उपनिषदों की शिक्षाओं का ज्ञान न था; इसीलिए इतनी दूर पहुँचना उनका काम न था। उनके काल में पौराणिक शिक्षा का ही अखंड राज्य था, जो अवतारवाद और मूर्तिपूजा का जड़ है। इसीलिए यह अवश्य स्वीकार करना पड़ता है कि ये दोनों बातें उनके हृदय में मुसलमान धर्म के प्रभाव से उदित हुईं।

कबीर साहब जन्मकाल से ही मुसलमान के घर में पले थे, अपक्ववय तक उनके हृदय में अनेक मुसलमानी संस्कार परोक्ष एवं प्रत्यक्ष भाव से अंकित होते रहे। वय प्राप्त होने पर वे धर्मजिज्ञासु बनकर देश देश फिरे; वलख तक गये। उन्होंने अनेक मुसलमान धर्माचार्यों के उपदेश सुने। ऊँजी के पीर और शेख तकी में उनकी श्रद्धा होने का भी पता चलता है। इसीलिए स्वामी रामानन्द का सत्संग लाभ करने पर भी उनके कुछ पूर्व संस्कारों का न बदलना आश्चर्यजनक नहीं। जो संस्कार हृदय में बद्धमूल हो जाते हैं, वे जीवन पर्यंत साथ नहीं छोड़ते। अवतारवाद और मूर्त्तिपूजा का विरोध आदि कबीर साहब के कुछ ऐसे ही संस्कार हैं। स्वामी रामानन्द की यह महत्ता अल्प नहीं है कि उन्होंने कबीर साहब के अधिकांश विचारों पर वैष्णव धर्म का रंग चढ़ा दिया।

स्वतन्त्र पथ

श्रीमान् वेस्कट कहते हैं—"साधारणतः यह बात मान ली गयी है कि समस्त बड़े-बड़े हिन्दू संस्कारों में कबीर और तुलसीदास का प्रभाव उत्तरी और मध्य हिन्दुस्तान की अशिक्षित जातियों में स्थायी रूप से अधिक है। सर विलियम हंटर ने बहुत उचित रीति से कबीरदास को पन्द्रहवीं शताब्दी का भारतीय लूथर कहा है।"

कबीर ऐण्ड दी कबीर पन्थ, पृष्ठ 1

यह बात सत्य है। वैष्णव धर्म ही संस्कार मूलक है; अतएव उस धर्म में दीक्षित होकर कबीर साहब में संस्कार प्रवृत्ति का उदय होना आश्चर्यकर नहीं; किन्तु उनकी यह प्रवृत्ति और बातों की अपेक्षा हिन्दुओं और मुसलमानों को एक कर देने की ओर विशेष थी; क्योंकि उस समय की हिन्दुओं और मुसलमानों की वर्द्धमान अशान्ति उन्हें प्रिय नहीं हुई। श्रीमान् वेसूकट लिखते हैं—

"कबीर की शिक्षा में हमको हिन्दुओं और मुसलमानों के बीच की सीमा तोड़ने का यत्न दृष्टिगत होता है।"

कबीर ऐण्ड दी कबीर पन्थ, प्रीफेस, पंक्ति 16 और 19

"कबीर ने शेख से प्रार्थना की कि वे उनको यह वर दें कि वे हिन्दुओं और मुसलमानों के बीच उन धार्मिक विरोधों को दूर कर सकें, जो उनको परस्पर अलग करते हैं।"

कबीर ऐण्ड दी कबीर पन्थ, पृष्ठ 42

निदान इस प्रवृत्ति के उदित होने पर कबीर साहब ने एक ऐसे धर्म की नींव डालनी चाही, जिसे दोनों धर्मों के लोग असंकुचित भाव से स्वीकार कर सकें, ऐसा करने के लिए उनको दो बातों की आवश्यकता दिखलायी पड़ी। एक तो इस बात की कि सब लोग उनको एक बहुत बड़ा अवतार या पैगम्बर समझें, जिससे उनकी बातों का उनपर प्रभाव पड़े। दूसरे इस बात की कि वे उन धर्मपुस्तकों, धर्मनेताओं और धर्मयाजकों की ओर से उन लोगों के हृदय में अश्रद्धा, अविश्वास और घृणा उत्पन्न करें, जिनके शासन में उस काल में वे लोग थे; क्योंकि बिना ऐसा हुए उनके उद्देश्य के सफल होने की सम्भावना नहीं थी।

निदान प्रथम बात दृष्टि रखकर अवतारवाद के विरोधी होने पर भी कबीर साहब ने अपने को अवतार और सत्यलोक निवासी प्रभु का दूत बतलाया; और कहा कि जिस पद पर मैं पहुँचा, आज तक कोई वहाँ नहीं पहुँचा। उन्होंने यह दावा भी किया कि केवल हमारी बात मानने से मनुष्य छूट सकता और मुक्ति पा सकता है, अन्यथा नहीं। निम्नलिखित पद्य इसके प्रमाण हैं—

काशी में हम प्रकट भये हैं रामानन्द चेताये।
समरथ का परवाना लाये हंस उबारन आये॥

कबीर शब्दावली, प्रथम भाग, पृ. 71

सोरह संख्य के आगे समरथ जिन जग मोहि पठाया।

कबीर बीजक, पृ. 20

तेहि पीछे हम आइया सत्य शब्द के हेत।

कबीर बीजक, पृ. 7

कहते मोहिं भयल जुग चारी। समझत नाहिं मोहिं सुत नारी॥

कबीर बीजक, पृ. 125

कह कबीर हम जुग जुग कही। जब ही चेतो तब ही सही॥

कबीर बीजक, पृ. 592

जो कोइ होइ सत्य का किनका सो हमको पतिआयी।
और न मिलै कोटि करि थाकै बहुरि काल घर जाई॥

कबीर बीजक, पृ. 20

घर घर हम सब सों कही शब्द न सुनै हमार।
ते भव सागर डूबहीं लख चौरासी धार॥

कबीर बीजक, पृ. 19

कहत कबीर पुकार कै सब का उहै हवाल।
कहा हमर मानै नहीं किमि छूटै भ्रमजाल ॥

कबीर बीजक, पृ. 130

जंबूद्वीप के सब तुम हंसा गहिलो शब्द हमार।
दास कबीरा अबकी दीहल निरगुन कै टकसार ॥

कबीर शब्दावली, द्वितीय भाग, पृ. 80

जहिया किरतिम ना हता धरती हता न नीर।
उतपति परलय ना हती तब की कही कबीर ॥

कबीर बीजक, पृ. 598

ई जग तो जहँड़े गया भया जोग ना भोग।
तिल तिल झारि कबीर लिय तिलठी झारै लोग ॥

कबीर बीजक, पृ. 632

सुर नर मुनिजन औलिया यह सब उरली तीर।
अलह राम की गम नहीं तहँ घर किया कबीर ॥

साखीसंग्रह, पृ. 125

दूसरी बात पर दृष्टि रखकर उन्होंने हिन्दू और मुसलमान धर्म के ग्रन्थों की निन्दा की, उन्हें धोखा देनेवाला बतलाया और कहा कि माया अथवा निरंजन ने उसकी रचना केवल संसार के लोगों को भ्रम में डालने के लिए कराई। इन बातों के प्रमाण नीचे के वाक्य हैं। इनमें आप उनके धर्मनेताओं की भी निन्दा देखेंगे।

जोग जज्ञ जप संयमा तीरथ ब्रत दाना।
नवधा वेद किताब है झूठे का बाना ॥

कबीर बीजक, पृ. 411

हिन्दू मुसलमान दो दीन सरहद बने बेद कत्तेव परपंच साजी।

ज्ञानगुदड़ी, पृ. 16

वेद किताब दोय फंद सँवारा। ते फंदे पर आप बिचारा।

कबीर बीजक, पृ. 269

चार वेद पट शास्त्रऊ और दस अष्ट पुरान।
आशा दै जग बाँधिया तीनों लोक भुलान ॥

कबीर बीजक, पृ. 14

औ भूले षट् दरसन भाई। पाखँड भेख रहा लपटाई।
ताकर हाल होय अधकूचा। छ दरसन में जीन विगूचा॥

कबीर बीजक, पृ. 97

ब्रह्मा विष्णु महेसर कहिये इन सिर लागी काई।
इनहिं भरोसे मत कोइ रहियो इनहुँ मुक्ति न पायी॥

कबीर शब्दावली, द्वितीय भाग, पृ. 19

सुर नर मुनी निरंजन देवा सब मिली कीन्हा एक बँधाना।
आप बँधे औरन को बाँधे भवसागर को कीन्ह पयाना॥

कबीर शब्दावली, तृतीय भाग, पृ. 38

माया ते मन ऊपजै मन ते दस अवतार।
ब्रह्मा विष्णु धोखे गये भरम परा संसार॥

कबीर बीजक, पृ. 650

चार वेद ब्रह्मा निज ठाना। मुक्ति का मर्म उनहुँ नहिं जाना।
हबीबी और नवी के कामा। जितने अमल सो सबै हरामा॥

कबीर बीजक, पृ. 104, 124

परधर्म और उसके पवित्र ग्रन्थों का खंडन करके निजधर्म स्थापना और सर्वसाधारण में अपने को अवतार या पैगम्बर प्रकट करने की प्रथा प्राचीन है; कबीर साहब का यह नया आविष्कार नहीं है। किन्तु देखा जाता है कि इस विषय में उन्होंने स्वतंत्र पथ अवश्य ग्रहण किया। उनकी इस स्वतन्त्रता से मुग्ध होकर 'रहनुमायाने हिन्द' के रचयिता कहते हैं–

"उनको खुदा का फरजन्द कहना बजा है। वह एक कौम या मजहब न रखते थे। उनका घर दुनिया, उनके भाई बंद बनीनवा इन्सान, और उनका बाप खालिके अर्ज वो समाँ था।" **पृष्ठ 229**

परन्तु हम देखते हैं कि वे ही 'रहनुमायाने हिन्द' के विद्वान् रचयिता हिन्दू मजहब के विषय में यह कथन करते हैं–

"अगर कोई शख्स हिन्दू मजहब को जानना, पढ़ना या हासिल करना चाहे, तो वह बड़े-बड़े रहनुमा, रिशी और सन्तों की तलकीन गौर से पढ़े। यह बुजुर्ग लोग खुदा के अवतार थे, उनके अकबाल वेद मुकद्दस हैं, जो आसमानी वही और रब्बानीं इलहाम हैं, जो खुदा ताला ने अपनी इनायत से इन्सान को इनायत फरमाये हैं।" **पृष्ठ 28**

"यह एक जात या फिरके का मजहब नहीं है, जैसा कि अवामुन्नास का अकीदा है,

बल्कि कुल बनीनवा इन्सान के लिये वजा किया गया है। जिस वक्त दुखानी जहाज, रेल, तार, तिजारत और फतूहात से कुल दुनिया मिल-जुलकर एक हो जायगी, एक और रहनुमा पैदा होकर जाहिर करेगा कि हिन्दू मजहब तमाम दुनिया के इन्सानों के लिये है।"

पृष्ठ 28

अब आप देखिये, वे जैसे कबीर साहब को किसी कौम या मजहब का नहीं कहते, उसी प्रकार हिन्दू धर्म को किसी जाति या फिरके का नहीं बतलाते। जैसे वे बनीनवा इन्सान को कबीर साहब का भाई बन्द बतलाते हैं, वैसे ही हिन्दू मजहब को बनीनवा इन्सान का कहते हैं। जैसे वे कबीर साहब का घर दुनिया सिद्ध करते हैं, वैसे ही हिन्दू मजहब को दुनिया के लिए निश्चित करते हैं, हिन्दू धर्म और कबीर साहब दोनों का जनक वे ईश्वर को मानते हैं। फिर कबीर साहब हिन्दू मजहब के ही तो सिद्ध हुए, अर्थात् कबीर साहब का वही सिद्धान्त पाया गया, जो हिन्दू धर्म का है। वैदिक धर्म को ही वे हिन्दू मजहब कहते हैं। परन्तु कबीर साहब के जो विचार वेदों के विषय में हैं, उनको मैं ऊपर प्रकट कर आया। मैं यह मानूँगा कि कबीर साहब जब चिन्ताशीलता से काम लेते हैं और ऊँचे उठते हैं, तब सत्य बात कह जाते हैं। एक स्थान पर उन्होंने स्पष्ट कहा है—'वेद कतेब कहो मति झूठे झूठा जो न विचारै'[1] किन्तु उनका यह एकदेशी विचार है; व्यापक विचार उनका वेद और कुरान की प्रतिकूलतामूलक है। यद्यपि उन्होंने एक महान् उद्देश्य की सिद्धि के लिए यह स्वतन्त्र पथ (अर्थात् ऐसा पथ जो हिन्दू मुसलमानों से अलग अलग है) ग्रहण किया, किन्तु मेरा विचार है कि वह उनके महान् उद्देश्य के अनुकूल था, जिसका प्रत्यक्ष प्रमाण यह है कि हिन्दू-मुसलमानों की विभेद सीमा आज भी वैसी ही अचल अटल है। हिन्दू-मुसलमानों के लिए मगहर में अलग-अलग बनी हुई उनकी दो समाधियाँ भी इस बात का उदाहरण हैं।

विचार मर्यादा पूर्ण, सहानुभूति मूलक और परिमत होने से ही समादृत होता है। वह विचार कभी कार्यकारी और सुफल प्रसू नहीं होता, जिसमें यथोचित शीलता नहीं होती। मनुष्य और कटुक्तियों को किसी प्रकार सहन कर लेता है; परन्तु जब उसके ग्रन्थों और धर्मनेताओं पर आक्रमण होता है, तब उसकी सहनशीलता की प्रायः समाप्ति हो जाती है। उस समय वह बहुत सी सुसंगत और उचित बातों को भी स्वीकार नहीं करता। मिठाई से औषधि की कटुता ही नहीं दब जाती, कितनी अप्रिय बातें भी स्वीकृत हो जाती हैं। ऐसे अवसरों पर प्रायः लोग यह कह उठते हैं कि लोहे का मोरचा उँगलियों से नलकर नहीं दूर किया जा सकता; उसके लिए लोहे की रगड़ ही उपयोगिनी होती है। इसी प्रकार समाज की अनेक बुराइयाँ और धर्म के नाम पर किये गये कदाचार केवल प्यारी-प्यारी बातों

1. देखो आदि ग्रन्थ, पृष्ठ 727।

और मधुर उपदेशों से ही दूर नहीं होते। उनके लिए कटुक्तियों की कषा ही उपकारिणी होती है। यदि यह बात स्वीकार भी कर ली जाय, तो इसका यह अर्थ कदापि नहीं हो सकता कि बुराइयों और कदाचार के साथ भलाइयों और सदाचार की पीठ भी कषा प्रहार से क्षत विक्षत कर दी जाय। संस्कार का अर्थ संहार नहीं है। जो क्षेत्र संस्कार खेत की घासों के साथ अन्न के पौधों को भी उखाड़ देना चाहेगा, वह संस्कारक नाम का अधिकारी नहीं वेद शास्त्र या कुरान में कुछ ऐसी बातें हो सकती हैं जो किसी समय के अनुकूल न हों; हिन्दू धर्म के नेताओं या मुसलमान धर्म के प्रचारकों के कई विचार ऐसे हो सकते हैं, जो सब काल में गृहीत न हो सकें; किन्तु इससे यह नहीं कहा जा सकता कि वेदशास्त्र या कुरान में सत्य और उपकारक बातें नहीं और हिन्दू एवं मुसलमान धर्म के नेताओं ने जो कुछ कहा, वह सब झूठ और अनर्गल कहा; लोगों को धोखे में डाला और उन्हें उन्मार्गगामी बनाया। वेद शास्त्र या कुरान को धर्मपुस्तक न समझा जाय, हिन्दू, मुसलमान धर्माचार्यों को अपना पथ प्रदर्शक न बनाया जाय, इसमें कोई आपत्ति नहीं, किन्तु उनके विषय में ऐसी बातें कहना, जो अधिकांश में असंगत हों कदापि उचित नहीं।

धर्मालोचनाएँ धर्मसंगत ही होनी चाहिए, उनमें हृदयगत विकारों का विकास न होना चाहिए। वेदशास्त्र के शासन में आज भी बीस करोड़ मनुष्य हैं; कुरान संसार के एक पंचमांश मानव की धर्मपुस्तक है। बिना उनके कुछ सद्गुण या विशेषत्व हुए उनका इतने हृदयों पर अधिकार होना असम्भव था। कबीर साहब ने बड़े गर्व और आवेश से स्थान-स्थान पर यह कहा है कि हमारे वचन से ही मानव का उद्धार हो सकता है; हमारे शब्द ही लोगों को मुक्त करेंगे। किन्तु जो कुछ वेदशास्त्र या कुरान में है, उससे उन्होंने अधिक क्या कहा? कौन सी नई बात बतलाई वे केवल आध्यात्मिक शिक्षक हैं; किन्तु क्या इस पथ में भी वे उतने ही ऊँचे उठे हैं, जितने कि उपनिषद् और दर्शनकार उठ सके? जिस काल संसार में केवल अज्ञान अन्धकार था, ज्ञानरवि की एक किरण भी नहीं फूटी थी, उस काल कहाँ से यह मेघ गम्भीर ध्वनि हुई—

सत्यं वद, धर्मं चर, स्वाध्यायान् मा प्रमदितव्यम्, मातृदेवो भव, पितृदेवो भव, आचार्यदेवो भव, मा हिंस्यात् सर्वभूतानि, ऋते ज्ञानान्न मुक्तिः,

पुरुष एवेदं सर्व यद्भूतं यच्च भाव्यम्
उतामृतन्वस्ये शानो यदन्ने नातिरोहति
सर्वाशा मम मित्रम् भवंतु।

यदि हमारा हृदय कलुषित नहीं है यदि हम में सत्यप्रियता है, यदि हम न्याय और विवेक को पददलित नहीं करना चाहते, तो हम मुक्तकण्ठ से कहेंगे पवित्र वेदों से। आज इसी ध्वनि की प्रतिध्वनि संसार में हो रही है, आज इसी ध्वनि का मधुर स्वर सांसारिक समस्त धर्म ग्रन्थों में गूँज रहा है। स्वयं कबीर साहब के वचनों और शब्दों में उसी की

लहर पर लहर आ रही है। किन्तु वे ऐसा नहीं समझते, वरन् रमैनी में कहते हैं कि माया द्वारा त्रिदेव और वेदादि की उत्पत्ति केवल संसार को भ्रान्त बनाने के लिए हुई है, सत्य शब्द के लिए हमी आये हैं (देखो कबीर बीजक, पृ.13 और 17 के दोहे 15 और 20)। किन्तु यह उस मनुष्य के, जिसके हृदय में मस्तिष्क में, धमनियों में, रक्त की बूँदों में, चैतन्य की कलाएँ प्रतिपल दृष्टिगत हो रही हैं, इस कथन के समान है कि चैतन्य से हमारा कोई सम्पर्क नहीं, क्योंकि हम स्वयं सत्य हैं। कुरान के विषय में भी उनकी उत्तम धारणा नहीं; और यही कारण है कि जो जी में आया, उन्होंने इन ग्रन्थों के विषय में लिखा। किन्तु शास्त्र कहता है–

धर्मः यो बाधते धर्मं न स धर्मः कुधर्म तत्।
धर्माविरोधी यो धर्मः स धर्मः सत्यविक्रमः ॥

जो धर्म किसी धर्म को बाधा पहुँचाता है, वह धर्म नहीं है, कुधर्म है। जो धर्म अपर धर्म का अविरोधी है, सत्य पराक्रमशील धर्म वही है। आज दिन संसार में शान्ति फैलाने के कामुक इसी पथ के पथी हैं; थियोसोफिकल सोसाइटी का यही महामन्त्र है। अतएव अनेक अंशों से उसको सफलता भी हो रही है। हिन्दू धर्म स्वयं, इस महामन्त्र का ऋषि, और चिरकाल से उसका उपासक है। यही कारण है कि इसके विभिन्न विचारों के नाना सम्प्रदाय हिन्दुत्व के एक सूत्र में आज भी बँधे हैं।

किसी-किसी का विचार है कि कबीर साहब अपठित थे, उन्होंने वेद शास्त्र उपनिषदों को पढ़ा नहीं, कुरान के विषय में भी वे ऐसे ही अनभिज्ञ रहे, इसीलिए उन्होंने इन ग्रन्थों के माननेवालों के आचार व्यवहार को जैसा देखा, वैसे ही उनके विषय में अनुमति प्रकट की। किन्तु मैं इस विचार से सहमत नहीं। कबीर साहब चिन्ताशील पुरुष थे। वे यह भी समझ सकते थे कि सब मतों के सर्वसाधारण और महान् एवं मान्य पुरुषों के आचार व्यवहार में अन्तर हुआ करता है। उनके नेत्र के सामने ही उसी समय में हिन्दुओं में स्वामी रामानन्द और मुसलमानों में शेख तकी जैसे महा पुरुष मौजूद थे। फिर यह कैसे स्वीकार किया जा सकता है कि उन्होंने उक्त धर्मग्रन्थों के माननेवालों के आधार पर ही उन ग्रन्थों के प्रतिकूल लिया। मेरा विचार यह है कि उन्होंने एक नवीन धर्मस्थापना की लालसा से ही ऐसा किया।

स्वाधीन चिन्ता

यह भी कहा जा सकता है कि कबीर साहब स्वाधीन चिन्ता के पुरुष थे। उन्होंने समय का प्रवाह देखकर धर्म और देश के उपकार के लिए जो बातें उचित और उपयोगिनी समझीं, उनको अपने विचारों पर आरूढ़ होकर निर्भीक चित्त से कहा। उन्होंने अपने विचारों के लिए कोई आधार नहीं ढूँढ़ा किसी ग्रन्थ का प्रमाण नहीं चाहा। उन्होंने सोचा

कि जो बात सत्य है, वास्तविक है, उसकी सत्यता और वास्तविकता ही उसका प्रधान आधार है। उसके लिए किसी ग्रन्थ विशेष का सहारा क्या? उनके जी में यह बात भी आयी कि जिन वेदशास्त्रों और कुरान का आश्रय लेकर हिन्दू-मुसलमान धर्मयाजक नाना कदाचार कर रहे हैं, उन्हीं को उन कदाचारों का विरोध करने के लिए अवलम्ब बनाना कदापि युक्ति संगत नहीं; वरन् उनके विरुद्ध आन्दोलन मचाना ही उपकारक होगा। निदान उन्होंने ऐसा ही किया। झूठे संस्कारों के वश लोग नाना क्रिया काण्ड में फँसे हुए थे, आडम्बरमूलक नाना आचार व्यवहार को धर्म समझ रहे थे, उनके द्वारा वे साँसत तो भोगते ही थे, वंचित भी हो रहे थे। उनसे यह बात नहीं देखी गयी। उन्होंने उनके विरुद्ध अपना प्रबल स्वर ऊँचा किया; बड़े साहस के साथ केवल अपने आत्मबल के सहारे उनका सामना किया। उनका सत्य व्यवहार, उनका दृढ़ विचार ही इस मार्ग में उनका सच्चा सहायक था। उनको किसी प्राचीन धर्मग्रन्थ की सहायता अभिप्रेत थी ही नहीं। फिर वे क्यों किसी धर्मग्रन्थ का मुख देखते? मीठी बातें तो वह करता है जिसका कुछ स्वार्थ होता है, जो डरता है, जो प्रशंसा अथवा मान का भूखा रहता है। जो इन बातों से कुछ सम्बन्ध नहीं रखता, वह ठीक बातें कहेगा, वे चाहे किसी को भली लगें या बुरी, उसको इसकी चिन्ता ही क्या? धर्मध्वजियों को जो कुछ कहा जाय, सब ठीक है। वइ इस योग्य नहीं कि उनसे शिष्टता के साथ बर्ताव किया जाय। अनेक धार्मिक और सामाजिक कुसंस्कार सीधी-सादी और प्यार की बातों से दूर नहीं होते। उनके लिए जिह्वा को तलवार बनाना पड़ता है, क्योंकि बिना ऐसा किये कुस्संकारों का संहार नहीं होता। ये ऐसी प्रत्यक्ष बातें हैं, जो सर्वसम्मत हैं। इसके लिए किसी धर्मग्रन्थ का आश्रय अपेक्षित नहीं।

ये बड़ी ही प्यारी और श्रुतिमनोहर बातें हैं। प्रायः धर्मसंस्कारकों के कार्यों का अनुमोदन करने के लिए ऐसी ही बातें कही जाती हैं। मैं भी इनको उचित सीमा तक मानता हूँ, परन्तु सर्वांश में नहीं। जो आत्म निर्भरशील संस्कार या महात्मा हैं, उनका पद बहुत ऊँचा है। परन्तु उनको यह पद उत्पन्न होते ही नहीं प्राप्त हो जाता। माता, पिता महात्माजनों और विद्वानों के संसर्ग, नाना शास्त्रों के अवलोकन और सांसारिक घटनाओं के घात-प्रतिघात के निरीक्षण से शनैः-शनैः प्राप्त होता है। धर्म की लहरें संसार में व्याप्त हैं, परन्तु वे किसी आधार से हृदय में प्रवेश करती हैं। प्रकृति अपरिमित ज्ञान का भण्डार है, पत्ते-पत्ते में शिक्षापूर्ण पाठ है, परन्तु उनसे लाभ उठाने के लिए अनुभव आवश्यक है। अग्नि में दाहिका शक्ति है, पत्थर में हम उसे अविकसित अवस्था में पाते हैं। वह विकसित होती है, किन्तु किसी आधार से। धर्म की लहरें संसार में व्याप्त हैं, परन्तु उनके अंशों के उद्भावनकर्ता भी हैं। पृथ्वी आज भी घूमती है, पहले भी घूमती थी और आगे भी घूमती रहेगी। उसमें आकर्षिणी शक्ति पहले भी थी, अब भी है, आगे भी रहेगी। परन्तु इन बातों का आविष्कार करके संसार को लाभ पहुँचानेवाले भाष्कराचार्य इत्यादि आर्य

विद्वान् अथवा गलीलियो और न्यूटन हैं? क्या इन आविष्कारों का संसार को कृतज्ञ न होना चाहिए? जिन आधारों से अग्नि का विकास होता है, क्या वे उसके उपकारक अथवा उपयोगी नहीं? इसी प्रकार वह विचारपरम्परा कि जिससे किसी आत्मनिर्भरशील महात्मा की आत्मा विकसित होती है, क्या अनादरणीय और अमानवीय है? क्या वे ग्रन्थ, जिन्होंने संसार को सबसे प्रथम उस विचारपरंपरा से अभिज्ञ किया, इस कारण निन्दा के योग्य हैं कि उनके नाम से कई स्वार्थी आत्माएँ कदाचार और मिथ्याचार में प्रवृत्त रहें? यदि वे निन्दा के योग्य हैं, तो सत्य का अपलाप हुआ या नहीं? वास्तवकिता उपेक्षिता हुई या नहीं? और क्या ऐसा करना किसी महान् आत्मा का कर्तव्य है? कोई आत्मनिर्भरशील महात्मा यदि अपने सिद्धान्तों के प्रचार के लिए ऐसे ग्रन्थों की सहायता ग्रहण करे, तो उसका आर्यपन्थ और विस्तृत होगा, उसको सुकरता छोड़ दुरूहता का सामना न करना पड़ेगा। परन्तु यदि उसकी अप्रवृत्ति हो, तो वह ऐसा नहीं भी कर सकता है। परन्तु उसका यह कर्तव्य कदापि न होगा कि एक असंगत बात के आधार पर या यों ही वह उनकी निन्दा करने लगे, और उन्हें कुत्सित ठहरावे। आडम्बरों के बहाने धर्मत्याग नहीं; आडम्बर में पड़े धर्म का उद्धार ही सदाशयता है। यदि कोई शस्त्र के सहारे आत्मघात कर ले, तो क्या उससे शस्त्र की उपयोगिता अगृहीत हो जानी चाहिए? यदि नहीं, तो वेदशास्त्र की निन्दा का क्या अर्थ? स्वाधीन चिन्ता का तो यह दुरुपयोग मात्र है।

झूठे संस्कारों, आडम्बरमूलक आचारव्यवहारों और प्रवंचना के तो शास्त्र स्वयं विरोधी हैं, किन्तु वे समझते हैं कि घाव के लिए मरहम की भी आवश्यकता है। अतएव वे संयत हैं। वे जानते हैं कि वही कठोरता प्रभाव रखती है, जो सहानुभूतिमूलक हो। जहाँ हृदय का ईर्ष्या-द्वेष ही कार्य करता है, वहाँ अमृत भी विष बन जाता है। अतएव वे गम्भीर हैं। कदाचार और अपकर्म एक साधारण मनुष्य को भी निंदित बना देते हैं। फिर धर्मयाजकों और धर्मनेताओं को वे निन्दनीय क्यों न बनावेंगे? उनके लिए कदाचारी और कुकर्मी होना और भी लज्जा की बात है, क्योंकि जो प्रकाश फैलानेवाला है, यदि वही अँधेरे में ठोकर खा-खाकर गिरे, तो वह दूसरों के लिए उजाला क्या करेगा? शास्त्र भी इसको समझते हैं, इसीलिए मुक्तकण्ठ से कहते हैं–

कर्मेन्द्रियाणि संयम्य यः आस्ते मनसा स्मरन्।
इन्द्रियार्थान् विमूढात्म मिथ्याचारः स उच्यते॥
न शरीरमलत्यागान्नरो भवति निर्मलः।
मानसे तु मले त्यक्ते भवत्यंतस्सुनिर्मलः॥
सर्वेषामेव शौचानामान्तः शौचं परं स्मृतम्।
योऽन्तःशुचिर्हि स शुचिः नमृद्वारिकशुचिः शुचिः॥

नक्तं दिनं निमज्याप्सु कैवर्तुः किमु पावनः।
शतशोपि तथा स्नातः न शुद्धः भावदूषितः।
पठकाः पाठकाश्चैव ये चान्ये शास्त्रचिन्तकाः।
सर्वे व्यासनिनो मूर्खा यः क्रियावान् स पंडितः॥
वेदास्त्यागश्च यज्ञाश्च नियमांश्च तपांसि च।
न विप्रभावदुष्टस्य सिद्धिं गच्छति कर्हिचित्॥
न गच्छति बिना पानं व्याधिरोषधशब्दतः।
बिना परोक्षानुभवं ब्रह्मशब्दैर्न मुच्यते॥

मनुष्य का जीवनसमय थोड़ा है, संसार के रहस्य नितान्त गूढ़ हैं, ज्ञातव्य बातों की सीमा नहीं, मनुष्य केवल अपने अनुभव पर निर्भर रहकर अनेक भूलें कर सकता है; अतएव उसको अपने पूर्वज महानुभावों के अनुभवों से काम लेना पड़ता है, उनके सद्विचारों से लाभ उठाने की आवश्यकता होती है। वेद शास्त्र इत्यादि ऐसे ही अनुभवों और सद्विचारों के संग्रह तो हैं। यदि उनसे कोई लाभ उठाना चाहे तो लाभ उठा सकता है, न उठावे उसकी इच्छा, इसकी कोई शिकायत नहीं। परन्तु उसको यह कहने का अधिकार नहीं कि ये समस्त शास्त्र ही मिथ्याचारों के आधार हैं।

मिष्टभाषण, शिष्टता, मितभाषिता, गंभीरता, शालीनता, ये सद्गुण हैं; इनकी आवश्यकता जितनी अपने लिए है, उतनी औरों के लिए नहीं। मैं यह मानने के लिए प्रस्तुत नहीं कि धर्मप्रचारक का धर्म प्रचार में कोई स्वार्थ नहीं होता। यह दूसरी बात है कि वह धर्मप्रचार और लोकोपचार ही को अपना स्वार्थ मानता है, पर आत्मसम्बन्धी न होने के कारण उसका यह भाव परमार्थ अवश्य कहलाता है। परन्तु स्मरण रहे कि स्वार्थ के लिए मिष्टभाषिता इत्यादि को जितनी आवश्यकता है, उससे कहीं अधिक इनकी आवश्यकता परमार्थ के लिए है। जहाँ चक्रवर्ती नृपाल की शस्त्रधारा कुंठित हो जाती है, वहाँ महापुरुष का एक मधुर वचन ही काम कर जाता है। मैं चिरसंचित कुसंस्कार दूर करने के लिए ओजस्वी और तीव्र भाषण की आवश्यकता समझता हूँ। परन्तु दुर्वचन और असंयतभाषिता की नहीं; क्योंकि ये आदर्श पुरुष के अस्त्र नहीं। बिना क्रोध हुए दुर्वचन मुख से निकलते नहीं, असंयत भाषण होता नहीं, किन्तु क्रोध करना महापुरुषों का धर्म नहीं। इसके अतिरिक्त मिथ्याचारी एवं कदाचारी का कलुषित आत्मा होना सिद्ध है, कलुषित आत्मा दया का पात्र है, क्रोध का पात्र नहीं है।

महात्मा सुकरात एक दिन अपनी शिष्यमण्डली के साथ राजमार्ग से होकर कहीं जा रहे थे कि उनके सामने से एक मदान्ध धनिक पुत्र निकला, और अकड़ता हुआ बिना कुछ शिष्टाचार प्रदर्शन किये चला गया। यह बात उनकी शिष्यमण्डली को बुरी लगी और उन्हें क्रोध आया। इस पर सुकरात ने कहा—इसमें क्रोध करने की क्या बात है? यह

बतलाओ, यदि सड़क पर तुमको कोई लँगड़ा मिलता और पाँव सीधे न रखता, तो क्या तुम लोग उस पर क्रोध करते? लोगों ने कहा—नहीं, वह तो लँगड़ा होता। रोग से उसका पाँव ठीक नहीं, फिर वह पाँव सीधे कैसे रखता, वह तो दया का पात्र है। सुकरात ने कहा इसी प्रकार धनिक पुत्र भी दया का पात्र है, क्योंकि उसकी आत्मा मलिन है और उसे मद जैसे कुरोग ने घेरा रखा है।

उपदेश के समय चैतन्यदेव को दो मुसलमानों ने एक घड़े के टुकड़े से मारा। उनका सिर फट गया और रुधिर धारा से शरीर का समस्त वस्त्र भीग गया। परन्तु उन्हें क्रोध नहीं आया। वे प्यार के साथ आगे बढ़े, और उन दोनों को गले से लगाकर बोले—"तुम लोग तो सबसे अधिक दया और उपदेश के अधिकारी हो; क्योंकि औरों से तुम लोगों को उनकी अधिक आवश्यकता है।" वे दोनों उनका यह भाव देखकर इतने मुग्ध और लज्जित हुए कि तत्काल शिष्य हो गये और काल पाकर उनके प्रधान शिष्यों में गिने गये।

धर्मग्रन्थों को बुरा कहना, आडम्बरों की ओट में धर्मसाधन की सुन्दर पद्धतियों की भी निन्दा करना स्वाधीन चिन्ता नहीं है। मानवों की मंगल कामना से, उपकार की इच्छा से, उनमें परस्पर सहानुभूति और ऐक्य सम्पादन एवं मातृभाव उत्पादन के लिए, उन्हें सत्पथ पर आरूढ़ और सद्भावों अथच सद्विचारों से अभिज्ञ करने के अर्थ धर्म अथवा मजहबों की सृष्टि है। तुम लोग परस्पर सहानुभूति और ऐक्य रखो, एक दूसरे को भाई समझो, सत्पथ पर चलो, सद्विचारों से काम लो, इतना कहने से ही काम नहीं चलता। इन उद्देश्यों की पूर्ति के लिए कुछ पद्धतियाँ नियम और पर्व त्योहार भी, देशकाल और पात्र का विचार करके बनाने पड़ते हैं; क्योंकि ये ही सहानुभूति और ऐक्य इत्यादि के साधन होते हैं। ये मनुष्य बुद्धि से ही प्रसूत हैं, अतएव इनमें न्यूनता और अपूर्णता हो सकती है; परन्तु इन साधारण दोषों के कारण ये सर्वथा त्याज्य नहीं कहे जा सकते। यदि धर्म की आवश्यकता है, तो इनकी भी आवश्यकता है। स्वाधीन चिन्ता का यह काम है कि आवश्यकतानुसार वह उनको काटती छाँटती रहे, ठीक करती रहे, संकीर्ण स्थानों को विस्तृत बनाती रहे। उसका यह काम नहीं है कि उनको मटियामेट कर दे और उनके स्थान पर कोई उससे निम्न कोटि की पद्धति इत्यादि भी स्थापन न करके समाज को उच्छृंखल कर दे। कोई कहते हैं कि किसी धर्म या मजहब की आवश्यकता ही क्या? किन्तु यह बात कहने के समय पूरी चिन्ताशीलता का परिचय नहीं दिया जाता। सदाचार, ईश्वर, विश्वास और शील की आवश्यकता मनुष्य मात्र को है। जो ईश्वरविश्वासी नहीं है, उदार और सत्शील का समादर वे भी करते हैं, वरन् दृढ़ता से करते हैं। मजहब इन्हीं बातों की शिक्षा तो देते हैं! फिर मजहब की आवश्यकता क्यों नहीं? धर्म के सार्वभौम सिद्धान्त सब मजहबों में पाए जाते हैं; क्योंकि उन सबका उद्गम स्थान एक है। तारतम्य होना स्वाभाविक है; परन्तु सब मजहबों में वे इतनी मात्रा में मौजूद हैं, कि मनुष्य उनके द्वारा

सदाचार इत्यादि सीख सके। देशाचार, कुलाचार, अनेक सामाजिक रीति रस्म, सदाचार इत्यादि बाहरी आवरण मात्र हैं। उनकी आवश्यकता एकदेशीय है। अनेक दशाओं में वे उपेक्षित हो जाते हैं; किन्तु धर्म के सार्वभौम सिद्धान्त मनुष्य मात्र के लिए आवश्यक हैं, और ऐसी अवस्था में कोई विद्वान् या महात्मा यह नहीं कह सकता कि मेरा कोई धर्म नहीं। वास्तविक बात तो यह है कि संसार की कोई वस्तु बिना धर्म के नहीं है। हम लोग वैदिक मार्ग को ही इसीलिए धर्म के नाम से अभिहित करते हैं। मजहब और रिलिजन संज्ञाएँ इतनी व्यापक नहीं हैं। वैदिक धर्म में अधिकारी भेद है इसीलिए यह पात्र के अनुसार धर्म की व्यवस्था करता है। साथ ही यह भी कहता है—

सक्ताः कर्मण्यविद्वांसो यथा कुर्वन्ति भारत।
कुर्य्याद्विद्वांस्तथाऽसक्ताक्तिकीर्षुर्लोकसंग्रहम् ॥
केवलं शास्त्रमाश्रित्य न कर्त्तव्यो विनिर्णयः ॥
युक्तिहीनविचारेण धर्म्महानिः प्रजायते ॥
युक्ति-युक्तमुपादेयं वचनं बालकादपि।
अन्थ तृणमिव त्याज्यमप्युक्तं पद्मजन्मना ॥
अनंतशास्त्रम् बहुवेदितव्यम् स्वल्पश्च कालो बहवश्च विघ्नाः।
यत् सारभूतम् तदुपाश्रितव्यम् हंसो यथा क्षीरमिवाम्बुमिश्रम् ॥

स्वाधीन चिन्ता यही तो है! एक धर्म होने के कारण ही वेदशास्त्र के सिद्धान्त अधिक उदार हैं। इसी से वह कहता है कि प्राणीमात्र मोक्ष का अधिकारी है। किसी समाज, देश या मजहब का मनुष्य क्यों न हो, जिसमें सदाचार है, धर्मपरायणता है, ईश्वरविश्वास है, वह अवश्य मुक्त होगा। वह समझता है कि परमात्मा घट घट में व्याप्त है, अन्तर्यामी है; यदि उसे कोई राम, हरि, हत्यादि शब्दों में उद्बोधन न करके गॉड या अल्लाह इत्यादि शब्दों से उद्बोधन करता है, तो क्या परमात्मा उसकी भक्ति को अगृहीत करेगा? उनको चाहे जिस नाम से पुकारें, यदि सच्चे प्रेम से भक्ति गद्‌गद-चित्त से पुकारेंगे; तो वह अवश्य अपनावेगा। यदि कोई सत्य बोलता है; परोपकार करता है, सदाचारी है, परदुःखकातर है, लोकसेवापरायण है, धर्मात्मा है तो परमात्मा उसे अवश्य अंक में ग्रहण करेगा। उससे यह न पूछेगा कि तू हिन्दू है या मुसलमान, या क्रिश्चियन या बौद्ध या अन्य। यदि वह ऐसा करे, तो वह जगत्पिता नहीं, जगन्नियन्ता नहीं, विश्वात्मा नहीं, सर्वव्यापक नहीं, न्यायी नहीं। जिसका सिद्धान्त इसके प्रतिकूल है, उसका वह सिद्धान्त किसी मुख्य उद्देश्य का साधक हो सकता है; परन्तु वह उदार नहीं है, व्यापक नहीं है, अनुदार, अपूर्ण और अव्यापक है। हिन्दू धर्म उस पर आक्रमण नहीं करता। वह जानता है कि भगवान् भुवनभास्कर के अभाव में दीपक भी आदरणीय है। संसार को मुग्ध करता हुआ वह जगत्पिता की ओर प्रवृत्त होकर उच्च कण्ठ से यही करता है—

"रुचीनां वैचित्र्यात् कुटिलऋजुनानापथ पुषां।
नृणामेकों गम्यस्त्वमसि पयसामर्णवमिव ॥"

साथ ही एक पवित्र ग्रन्थ से यह ध्वनि होती है–

ये यथा मां प्रपद्यन्ते तान्स्तथैव भजाम्यहम्।

स्वाधीन चिंते, तेरा मुख उज्ज्वल हो, तुझसे ही प्रसूत तो ये सद्विचार हैं। इससे उच्च स्वाधीन चिन्ता क्या है, मैं यह नहीं जानता।

सन्त मत

सन्त मत क्या है? तत्त्वज्ञता। गोस्वामी तुलसीदास जी कहते हैं–'मधुकर सरिस सन्त गुनग्राही','सन्त हंस गुन गहहिं पय, परिहरि वारि बिकार'। इसी की प्रतिध्वनि हम मौलाना रूम के इस शेर में सुनते हैं–"मन जे कुरआँ मग्ज रा वरदाश्तम्। उस्तखाँ पेशे सगाँ अंदाख्तम्"–मैंने कुरान से मगज ले लिया और हड्डी कुत्तों के सामने डाल दी। आँखवाले के लिए पेड़ का एक पत्ता भेदों से भरा है। जिसमें विवेक बुद्धि नहीं, उसके लिए संसार के समस्त धर्मग्रन्थों में भी कुछ सान नहीं। धर्म के साधनों को आडम्बर कहकर हम उनसे घृणा कर सकते हैं। परन्तु तत्त्वज्ञ की दृष्टि उसके तत्त्व को नहीं त्याग सकती। विवेकशील कीचड़ में पड़े रत्न को भी ग्रहण करते हैं। कीचड़ में लिप्त होने के कारण उसे अग्राह्य नहीं कहते।

कबीर साहब ने एक शब्द में (देखो शब्द 194) कहा है, कि जिनके जी नाम नहीं बसा है, उनके पुस्तक पढ़ने, सुमिरनी लेने, माला पहनने, शंख बजाने, काशी में बसने, गंगाजल पीने, व्रत रखने, तिलक देने से क्या होगा? ऐसे शब्दों को पढ़कर लोग यह समझते हैं कि इनमें पुस्तक पढ़ने इत्यादि का खण्डन है। किन्तु वास्तव में ये शब्द खंडनात्मक नहीं हैं। इसी शब्द को देखिए। इसमें कहा है कि जिनके जी में नाम नहीं बसा है, अर्थात् परमात्मा की भक्ति करना या धर्म करना जिनका उद्देश्य नहीं है। उनके पुस्तक इत्यादि पढ़ने से क्या होगा? सिद्धान्त यह है कि पुस्तक पढ़ना, माला पहनना, सुमिरनी लेना इत्यादि धर्म के साधन हैं। धर्म के उद्देश्य से यदि ये सब क्रियाएँ की जायँ, तब तो ठीक है, उचित है; किन्तु यदि इनको धर्म साधन के स्थान पर अधर्म का साधन बना दिया जाय, इनके द्वारा लोगों को ठगा जाय, छलप्रपंच किया जाय, तो इन कर्मों के करने से क्या होगा? समस्त हिन्दू शास्त्रों का यही सिद्धान्त है, कबीर साहब भी ऐसे शब्दों में यही कहते हैं। शब्द 188 तथा 196 ध्यानपूर्वक पढ़िए। किन्तु वे कभी-कभी ऐसा भी कह जाते हैं कि 'जोग जज्ञ जप संयमा तीरथ व्रत दाना' झूठे का बाना है, परन्तु यह उनका गौण विचार है। यदि योग का खंडन उनको अभीष्ट होता, तो व्यापक भाव से इसे परमात्मा की प्राप्ति का साधन वे न बतलाते (देखो शब्द 28-32) इसी प्रकार शील, क्षमा, उदारता,

सन्तोष, धैर्य इत्यादि शीर्षक दोहावली में आप संयम और दान आदि का गुणगान देखेंगे। इन सब विषयों में कबीर साहब की विचारपरम्परा सर्वांश में हिन्दूभावापन्न है। किन्तु चौरासी अंग की साखी में उन्होंने "तीरथ व्रत का अंग" और "मूरत पूजा का अंग" शीर्षक देखकर इन सिद्धान्तों का खंडन किया है। उनको स्फुट रीति से हिन्दू मुसलमानों के कतिपय छोटे-मोटे धर्मसाधनों पर भी आक्रमण करते देखा जाता है। मैं इनमें से कतिपय विषयों को लेकर देखना चाहता हूँ कि वास्तव में इनमें कुछ तत्त्व है या नहीं यह कहा जा सकता है कि कबीर साहब ने हिन्दू मुसलमानों के अनेक सिद्धान्तों में से जिनमें अधिक तत्त्व देखा, उनको ग्रहण कर लिया, शेष को छोड़ दिया। इस विषय में उन्होंने तत्त्वज्ञता ही का परिचय तो दिया है। किन्तु निवेदन यह है कि उन्होंने उनको छोड़ा ही नहीं, उनका खंडन भी किया है, उनको निस्सार बतलाया है। अतएव मैं यही देखना चाहता हूँ कि वास्तव में उनसे कुछ सार या तत्त्व है या नहीं। तीर्थ के विषय में वे कहते हैं—

तीरथ गये ते बहि मुये जुड़े पानी न्हाय।
कह कबीर सन्तो सुनो राक्षस है पछिताय॥
तीरथ भई बिख वेलरी रही जुगन जुग छाय।
कबिरन मूल निकंदिया कौन हलाहल खाय॥

कबीर बीजक, पृ. 601, 602

क्या वास्तव में तीर्थ जाने से राक्षस होना पड़ता है? क्या वह विषवेलि है? क्या उनका सेवन हलाहल खाना है? क्या कबीरपंथियों की भाँति उसकी जड़ ही काट देनी चाहिए? किन्तु हम देखते हैं कि 'कबीरन' ने भी उसकी जड़ नहीं काटी। काशी का कबीरचौरा और मगहर कभी तीर्थस्थान नहीं थे, किन्तु कबीरपंथियों ने ही आज इन्हें तीर्थस्थान बना दिया। क्यों? इसीलिए कि एक में उनके गुरु का जन्मस्थान है; और दूसरे में उनके तमोमय हृदय को ज्योतिर्मय बनाने वाले किसी महापुरुष का स्मृतिचिह्न है। यहाँ आज भी उनके सम्प्रदाय के विज्ञानी और विचारवान् पुरुष समय-समय पर पधारते रहते हैं, जिनसे उनके पन्थ का जीवन है। वहाँ पहुँचने पर प्रायः उनके सत्संग का सौभाग्य प्राप्त होता है, जिससे हृदय का कितना तम विदूरित होता है पहुँचनेवालों को वे अवसर प्राप्त होते हैं, जो उन्हें घर बैठे किसी प्रकार न प्राप्त होते। वे वर्ष में एक बार उस पन्थ के महात्माओं के मिलने के केन्द्र हैं, जो एकत्र होकर न केवल विचार परिवर्तन करते हैं वरन् अपने पन्थ को निर्दोष बनाने के विषय में परामर्श करते हैं, यह सोचते हैं कि किस प्रकार उसको सुमन्नत और सुश्रृंखल बनाया जाय। ऐसे अवसर पर जनसाधारण को और पन्थ के लोगों को उनके द्वारा जो लाभ पहुँचता है, वर्ष में फिर कभी वैसा अवसर हाथ नहीं आता। इनमें कौन सी बात बुरी है कि जिसके लिए इन स्थानों के उत्पन्न करने की आवश्यकता समझी जाय, या इनको विष हलाहल कहा जाय? सम्पूर्ण तीर्थों का उद्देश्य

यही तो है? किसी महान् उद्योग या धर्मसंघट्ट का कार्य उस समय तक कदापि उत्तमता से नहीं हो सकता, जब तक कि उसके लिए कुछ स्थान केन्द्र की भाँति न नियत किये जायँ। तीर्थ ऐसे ही स्थान तो हैं! संसार में कौन जीवित जाति और सप्राण धर्म है, अपने उन्नायकों और पथप्रदर्शकों को जन्मभूमि अथवा लीलाक्षेत्र या तपस्थान को आदर सम्मान की दृष्टि से नहीं देखता? उनकी सजीवता और सप्राणता की जड़ उसी वसुन्धरा की रज तो है, फिर उनमें उनकी प्रतिष्ठाबुद्धि क्यों न होगी? जिस दिन यह प्रतिष्ठाबुद्धि उनके हृदय से लुप्त होगी, उसी दिन उनकी सजीवता और सप्राणता लोकान्तरित होगी; क्योंकि उनमें परस्पर ऐसा ही घना सम्बन्ध है। यदि इसमें देशाटन की उपकारिता मिला दी जाय, तो उसका महत्त्व और भी अधिक हो जाता है। फिर तीर्थों के रसातल पहुँचाने का क्या अर्थ, तीर्थ के उद्देश्यों के समझने में जनसमुदाय का भ्रान्त हो जाना सम्भव है; तीर्थों का कतिपय अविवेकियों के अकाण्ड ताण्डव से कलुषित और कलंकित हो जाना भी असम्भव नहीं; परन्तु इन कारणों से तीर्थों को ही नष्ट कर देना समुचित नहीं; अन्यथा संस्कारों की समाज को आवश्यकता ही क्या? शास्त्र यह समझते हैं कि–

तपस्तीर्थं क्षमातीर्थं तीर्थमिंद्रियानिग्रहः।
सर्वभूतदयातीर्थं ध्यानतीर्थमनुत्तम्॥
एतानि पंचतीर्थानि सत्यं षष्ठं प्रकीर्तितम्।
देहे तिष्ठन्ति सर्वस्य तेषु स्नानं समाचरेत्॥
दानंतीर्थं दमस्तीर्थं सन्तोषस्तीर्थमुच्यते।
ब्रह्मचर्य परं तीर्थं तीर्थश्च प्रियवादिता॥
ज्ञानं तीर्थं धृतीस्तीर्थं तपस्तीर्थमुदाहृतम्।
तीर्थानामपि तत्तीर्थं विशुद्धिर्मनसः परः॥

महाभारत।

स स्नातः सर्वतीर्थेषु स सर्वमलवर्जितः।
तेन क्रतुशतैरिष्टं चेतो मस्य हि निर्मलम्॥

काशीखंड।

वे यह भी जानते हैं–

भ्रमन सर्वेषु तीर्थेषु स्नात्वा पुनः पुनः।
निर्मलो न मनो यावत् तावत् सर्वं निरर्थकम्॥
यथेन्द्रवारुणं पक्वं मिष्टं नैवोपजायते।
भावदुष्टस्तथा तीर्थे कोटिस्नातो न शुद्धयति॥

देवीभागवत।

तथापि व्यासस्मृति का यह वचन है—

नृणां पापकृतां तीर्थे पापस्य शमनं भवेत्।
यथोक्तफलदं तीर्थं भवेच्छुद्धात्मना तृणाम्॥

यह है भी यथार्थ बात। जो शुद्धात्मा है, तीर्थ का यथोक्त फल उन्हीं को मिलता है। पापियों को वहाँ सत्संग का, ज्ञानार्जन का विचार-परिवर्तन का अवसर मिलता है; इसीलिए उनके पाप की निवृत्ति क्यों न होगी? किन्तु भाव दुष्ट न होना चाहिए। तीर्थ तीर्थ करने के उद्देश्य से जाना चाहिए, फिर फल की प्रप्ति क्यों न होगी? हाँ, जिसकी चित्तवृत्ति ही पाप की ओर हो, उसको लाभ कैसे होगा? ऐसे पुरुष के लिए कोई भी सद्वस्तु उपकारक नहीं हो सकती। जल संसार का जीवन है। उसे यदि कोई अनुचित रीति से पीकर अथवा व्यवहार करके प्राण दे दे, तो इसमें जल का क्या दोष! उसके ऐसा करने से जल निन्दनीय नहीं ठहराया जा सकता। प्रत्येक पदार्थ का उचित व्यवहार ही श्रेयस्कर होता है। तीर्थ के विषय में भी यही बात कही जा सकती है और यही तत्त्वज्ञता है।

अब मूर्तिपूजा को लीजिए।

पाहन पूजे हरि मिलैं तो मैं पूजूँ पहार।
ताते यह चाकी भली पीस खाय संसार॥
पाहन केरी पूतरी करि पूजा करतार।
वाहि भरोसे मत रहो बूड़ो कालीधार॥

साखीसंग्रह, पृष्ठ 183

अब मैं यह देखूँगा कि क्या वास्तव में मूर्तिपूजा में कुछ तत्त्व नहीं है? मुसलमान धर्म का अनुसरण ही कबीर साहब ने इस विषय में किया है। इसीलिए पहले मैं इस विषय में कुछ प्रतिष्ठित और मान्य मुसलमानों की सम्मति यहाँ लिखूँगा। हजरत मिर्जा मजहर जानेजानाँ दिल्लीनिवासी कथन करते हैं—

"दरहकीकत बुतपरस्ती ईहा मुनासिबते व अकीदा कुफ्फर अरब नदारद कि ईंहा बुतॉरामुत्तसर्रिफ ओ मुअस्सिर बिल्जात भीगुफतन्द न आलये तसर्रुफ इलाही। ईहां रा खुदाए जमीन मीदानन्द ओखुदाय ताला रा खुदाय अस्मान ओई शिर्क अस्त॥"

—अलबशीर, जिल्द 6, नम्बर 39, सफहा 7, मतबूआ 27 सितम्बर सन् 1904 ई.

"वास्तव में इनकी मूर्तिपूजा अरब के काफिरों के विश्वास से कोई सम्बन्ध नहीं रखती। वे मूर्तियों को स्वयं व्यापक और शक्तिमान कहते हैं, न कि ईश्वरोपासन का साधन (जैसा कि हिन्दुओं का विचार है) वे इनको पृथ्वी का ईश्वर मानते हैं, और परमेश्वर को आकाश का यही द्वैत है।

मसनवी गुलशनेजार में महमूद शविस्तार ने कहा है—"अगर मुसलमान दरअस्ल बुत की माहियत समझ सकता, तो उसके लिये इस बात का जानना मुश्किल नहीं था कि बुतपरस्ती भी सच्चा मजहब है।"

—आर्यगजट जिल्द 10, नं. 19, सफहा 6, मतबूअ 10 मई सन् 1906।

एक पत्थर चूमने को शेख जी काबा गये।
जौक हर बुत काबिले बोसा है इस बुतखाने में॥ —ज़ौक़

न देखा देर में तो क्या हरम में देखेगा।
वह तेरे पेश नजर याँ नहीं तो वाँ भी नहीं॥
दुई का पर्दा उठा दिल से और आँख से देख।
खुदा के नूर को हुस्ने बुताँ के परदे में॥ —ज़फ़र

अब कुछ अन्य अनुमतियों को भी देखिए। श्रीमान् ग्रियर्सन साहब अपने धर्मेतिहास में लिखते हैं—

"हिन्दुओं में बहुदेववाद और मूर्तिपूजा है; किन्तु वह उनके गम्भीरतर धर्म मत का आवरण मात्र है।" **प्रवासी, दशम भाग, पृष्ठ 538**

बाबू मन्मथनाथ दत्त एम. ए., एम. आर. ए. एस. लिखते हैं—

"दरख्त को उसके फलों से पहचानते हैं। हमने जब उन आदमियों में 'जिन्हें बुतपरस्त कहा जाता है' वह शराफत, वह खूलूस इरादत और रूहानीं इश्क देखा, जो और कहीं नहीं पाया जाता, तो खुद अपने दिल में सवाल किया—क्या गुनाह से नेकी पैदा हो सकती है?"

"हिन्दुओं के मजहब का अस्ल उसूल हकशिनासी है। खुदाशिनासी से इन्सान खुदा हो जाता है। लिहाजाबुत, सनमखाना, कलीसा, किताबें इन्सान की मुई और उसके रूहादी लड़कपन की मददगार हैं। इन्हीं के जरिए से वह आगे तरक्की करता जावेगा।"

रहनुमायाने हिन्द, पृ. 18, 19

हमको यहाँ मूर्तिपूजा का प्रतिपादन नहीं करना है। हमने इन वाक्यों को यहाँ इसीलिए उठाया है कि देखें, हिन्दुओं की मूर्तिपूजा में औरों को कुछ तत्त्व दृष्टिगत होता है या नहीं। मूर्तिपूजा हिन्दुओं का प्रधान धर्म नहीं है—

उत्तमं ब्रह्मसद्भावो मध्यं ध्यानधारणा।
स्तुतिप्रार्थनाधमाज्ञेया बाह्यपूजाधभाधमा॥

ब्रह्म सद्भाव उत्तम, ध्यानधारण मध्यम, स्तुति प्रार्थना अधम, और बाह्यपूजा अर्थात् किसी मूर्ति इत्यादि को सामने रखकर उपासना करना अधमाधम है। भागवत ऐसा परम

वैष्णव ग्रन्थ कहता है–"प्रतिमा अल्पबुद्धिनाम्" "सर्वत्रविजितात्मनाम्"। प्रतिमा अल्पबुद्धियों के लिए है, क्योंकि विजितात्माओं के लिए परमात्मा सर्वत्र है। प्रतीक उपासना का आभास वैदिक और दार्शनिक काल में मिलता है; किन्तु प्रतिमा पूजा बौद्धकाल और उसके परवर्ती काल से हिन्दुओं में केवल समाज की मंगलकामना से गृहीत हुई है। जो और साधनाओं द्वारा परमात्मा की उपासना नहीं कर सकता, उसके लिए ही प्रतिमा पूजा की व्यवस्था है। यदि विद्वानों और ज्ञानियों को प्रतिमा पूजन करते देखा जाता है, तो उसका उद्देश्य लोकसंरक्षण मात्र है; क्योंकि बुद्धिभेद, सर्वसाधारण को भ्रान्त कर सकता है। भारतवर्ष के धर्मनेताओं ने हिन्दू धर्म के प्रधान और व्यापक सिद्धान्तों पर आरूढ़ होकर इस बात की चेष्टा की है कि धर्मान्धता से किसी तत्त्व का तिरस्कार न हो। यदि कोई कार्य सद्‌बुद्धि और सदुद्देश्य से किया जाता है, तो उसपर उन्होंने बलात् दोषारोपण करना उचित नहीं समझा। वे समझते थे कि संसार में समस्त मानव ही समान विचार के नहीं हैं। वे देखते ही थे कि बुद्धि का तारतम्य स्वाभाविक है, इसीलिए उन्होंने अधिकारी भेद स्वीकार किया। उन्होंने उन सोपानों को नहीं तोड़ा जो ऊँचे चढ़ने के साधन हैं, किन्तु यह अवश्य देखा कि किस सोपान पर चढ़ने का अधिकारी कौन है। उन्होंने विभिन्न विचारों, नाना आचार व्यवहारों और अनेक उपासना पद्धतियों का सामंजस्य स्थापित किया, अनेक में एक को देखा, विरोध में अविरोध की महिमा दिखलायी, और दूसरों की अभावमयी वृत्ति को भावमयी बना दिया। उनको अनेक कंटकाकीर्ण पथों में चलना पड़ा, उनके सामने अनेक भयंकर प्रवाह आये, उन्होंने सामयिक परिवर्तनों की रोमांचकारी मूर्तियाँ देखीं, उन्होंने अनार्यों की अभद्र कल्पनाएँ अवलोकन कीं, किन्तु सबका सहानुभूति के साथ आलिंगन किया, और सबमें उसी सर्वव्यापक की सत्ता स्थापित की। असाधारण प्रतिभावान् विद्वान श्रीयुत बाबू रवीन्द्रनाथ ठाकुर ब्रह्मसमाजी हैं, प्रतिमापूजक नहीं, किन्तु के क्या कहते हैं, सुनिए–

"विदेशी लोग जिसे मूर्तिपूजा या बुतपरस्ता कहते हैं, उसे देखकर भारतवर्ष डरा नहीं। उसने उसे देखकर नाक-भौं नहीं सिकोड़ी। भारतवर्ष ने पुलिंदशवर व्याध आदि से भी बीभत्स सामग्री ग्रहण करके उरो शिव (कल्याण) बना लिया है–उसमें अपना भाव स्थापित कर दिया है–उसके अन्दर भी अपनी आध्यात्मिकता को अभिव्यक्त कर दिखाया है। भारत ने कुछ भी नहीं छोड़ा; सबको ग्रहण करके अपना बना लिया।"

–सरस्वती भाग 15, खंड 1, सं. 6, पृ. 309

यही तो तत्त्वज्ञता है, यही तो धार्मिकता है। कबीर साहब किसी मुल्ला को मसजिद में बाँग देते देखते हैं, तो कहते हैं–

काकर पाथर जोरि के मसजिद लई चुनाय।
ता चढ़ि मुल्ला बाँग दे क्या बहिरा हुआ खोदाय॥

परन्तु क्या मुल्ला के बाँग देने का यही अभिप्राय है कि वह समझता है कि खुदा बिना गला फाड़कर चिल्लाये उसकी प्रार्थनाओं को न सुनेगा? यह तो उसका अभिप्राय नहीं है। उसकी बाँग का तो केवल इतना ही अर्थ है कि वह बाँग द्वारा अपने सहधर्मियों को ईश्वरोपासना का समय हो जाने की सूचना देता है, और उनको ईश्वर की आराधना के लिए सावधान करता है। फिर उस पर यह व्यंग करना कि क्या खुदा बहरा है जो वह यों चिल्लाता है, कितना असंगत है।

परमहंस रामकृष्ण का पवित्र नाम भारत में प्रसिद्ध है। आप उन्नीसवीं शताब्दी के भारतभूमि के आदर्श महात्मा थे। सुविख्यात विद्वान और दार्शनिक श्रीयुत मैक्समूलर ने एक स्थान पर कहा है—"यदि कहीं एक धारा में ज्ञान और भक्ति का समान रूप से विकास दृष्टिगत हुआ, तो परमहंस रामकृष्ण में"। ऐसे महापुरुष पर बाँग का अद्‌भुत प्रभाव होता था। जब कभी इस महात्मा के कानों में, पवित्र गिरजाघरों के उपासनाकालिक घटों की लहर, या पुनीत मन्दिरों में ध्वनित शंखों का निनाद, या पाक मसजिद से उठी मुल्ला की बाँग पड़ती, तो इस प्रबलता से उनके हृदय में भक्ति का उद्रेक होता कि राह चलते समाधि लग जाती। क्यों ऐसा होता? इसीलिए कि उनको उस ध्वनि, निनाद और बाँग में ईश्वरप्रेम की एक अपूर्वधारा मिलती।

कबीर साहब कहते हैं—

हिन्दू एकादसि चौबिस रोजा मुसलिम तीस बनाए।
ग्यारह मास कहो किन टारौ ये केहि माँहि समाए॥
पूरब दिशि में हरि को बासा पश्चिम अलह मुकामा।
दिल में खोज दिलै में देखो यहै करीमा रामा॥
जो खोदाय मसजिद में बसत है और मुलुक केहि केरा।

—क. बी., पृ. 388

हिन्दुओं की चौबीस एकादशी और मुसलमानों के तीस रोजा का यह अर्थ नहीं है कि ऐसा करके वे शेष ग्यारह महीनों को व्यर्थ सिद्ध करते हैं। यदि कोई बराबर तीन सौ साठ दिन अपना धर्म कृत्य नहीं कर सकता, या यदि कुछ ऐसे धर्म कृत्य हैं जो लगातार तीन सौ साठ दिन नहीं हो सकते, अतएव उनके लिए यदि कुछ विशेष दिन नियत किए जायँ, तो क्या यह युक्तिसंगत नहीं? यदि हिन्दू पूर्व मुख और मुसलमान पश्चिम मुख बैठकर उपासना करता है, तो इसका यह अभिप्राय नहीं है कि वह परमात्मा का ध्यान हृदय में नहीं करना चाहता वह पूर्व या पश्चिम मुख बैठकर यही तो करता है? उपासना काल में उसे किसी मुख बैठना ही पड़ेगा। फिर यदि उसने कोई मुख्य दिशा उपासना को सुलभ करने के लिए नियत कर ली, तो इसमें क्षति क्या? मसजिद, मन्दिर या गिरजा

बनाने का यह अर्थ नहीं है कि ऐसा करके सर्वस्वहृदनिवासी परमात्मा की व्यापकता अस्वीकार की जाती है, उपासना की सुकरता ही उनके निर्माण का हेतु है। जो सर्वव्यापक भाव से उपासना नहीं कर सकता, उसके लिए स्थान विशेष नियत कर देना क्या अल्पज्ञान है? धर्म कृत्यों के पुनीत दिनों को छोड़ दीजिए, उपासना के लिए कोई समय या पद्धति न नियत कीजिए, मसजिद, मन्दिर, गिरजाघरों को तुड़वा डालिये, देखिए देश और समाज का कितना उपकार होता है? वास्तव में इन बातों में कुछ तत्त्व है, तभी यह प्रणाली सर्वसम्मत है। व्यासदेव कहते हैं—

रूपं रूपविवर्जितस्य भवतो ध्यानेन यदुकल्पितम्।
स्तुत्या निर्वचनीयताखिलगुरो दूरीकृता यन्मया॥
व्यापित्वञ्च निराकृतं भगवतो यत्तीर्थयात्रादिना।
क्षंतव्यं जगदीश तद्विकलमा दोषत्रयं मत्कृतम्॥

हे परमात्मन्! तुम अरूप हो, परन्तु ध्यान द्वारा मैंने तुम्हारे रूप की कल्पना की, स्तुति द्वारा तुम्हारी अनिर्वचनीयता दूर की, तीर्थयात्रा करके तुम्हारी व्यापकता निराकृता की, अतएव तुम इन तीनों विकलता (अस्वाभाविकता या असम्पूर्णता) दोषों को क्षमा करो। किन्तु इतना ज्ञान होने पर भी उन्होंने ध्यान किया, स्तुति और तीर्थयात्रा की, तब तो क्षमा माँगने की आवश्यकता हुई। क्यों? इसीलिए कि उपासना का मार्ग यही है। ध्यान धारण भी सदोष, स्तुति प्रार्थना भी सदोष, मूर्तिपूजा भी सदोष, फिर परमात्मा की उपासना कैसे हो? आप कहेंगे कि उपासना की आवश्यकता ही क्या? ब्रह्म सद्भाव ही ठीक है, जो कि उत्तम और निर्दोष है। परन्तु ब्रह्म सद्भाव दस पाँच करोड़ मनुष्यों में भी किसी एक को होता है; फिर शेष लोग क्या करें? वही ध्यान धारणा, स्तुति प्रार्थना आदि उनको करनी ही पड़ेगी, चाहे वह सदोष हो परन्तु इसी क्रिया द्वारा उनको परमपुरुष की प्राप्ति होगी। अध्यापक रेखागणित की शिक्षा के लिए खड़ा होकर एक रेखा खींचता है और एक बिन्दु बनाता है, और कहता है—देखो यह एक बड़ी रेखा है, और यह एक बिन्दु है परन्तु वास्तव में रेखा और बिन्दु की परिभाषा के अनुसार न तो वह रेखा है और न यह बिन्दु। किन्तु उसी कल्पित रेखा और बिन्दु के आधार से शिष्य अन्त में रेखागणित शास्त्र में पारंगत होता है। इसी प्रकार कल्पित धर्मसाधनों से परमात्मा की प्राप्ति होती है। जैसे उस सदोष रेखा और बिन्दु का त्याग करने से कोई रेखागणित नहीं सीख सकता, उसी प्रकार धर्म के कल्पित साधनों का त्याग करने से, चाहे वह किसी अंश में सदोष ही क्यों न हो, कोई परमात्मा को प्राप्त नहीं कर सकता और यही तत्त्वज्ञता है।

धर्मग्रन्थों और धर्मसाधनों के बन्धन से स्वतन्त्रता-प्रदान-मूलक विचार प्यारा लगता है, क्योंकि मनुष्य स्वभाव से स्वतन्त्रताप्रिय है। वह बंधन को अच्छी तरह आँख से नहीं देखता। जहाँ तक उसको बन्धन छिन्न करने का अवसर हाथ आवे, उतना ही वह

आनन्दित होता है। किन्तु बन्धन ही समाज औ स्वयं उसकी आत्मा और शरीर के लिए हितकर है। वह आहार विहार में ही उच्छृङ्खलता ग्रहण करके देखे; क्या परिणाम होता है। जैसे राजनियमों का बन्धन छिन्न होने पर देश में विप्लव हो जाता है, उसी प्रकार धर्मनियमों का बन्धन टूटने पर आध्यात्मिक जगत् में विप्लव उपस्थित होता है। अतएव धर्मग्रन्थों और धर्मसाधनों को बन्धन कहकर उनसे सर्वसाधारण को मुक्त करने की उत्कण्ठा से उसके तत्त्वों की ओर उनका दृष्टि आकर्षण विशेष उपकारी है।

मेरा विचार है कि कबीर साहब अन्त में वेदान्त धर्मावलम्बी हो गये थे। इस ग्रन्थ के वेदान्तवाद शीर्षक शब्दों को पढ़िए। देखिए, उनमें विचार की कितनी प्रौढ़ता है। बिना पूर्णतया उस सिद्धान्त पर आरूढ़ हुए विचार में कितनी प्रौढ़ता आ नहीं सकती। प्रोफेसर बी. बी. राय लिखते हैं–

"कबीरपंथियों की मुख्तलिफ किताबों से और आदि ग्रन्थ में जो कबीर की बातों का इक्तिबास है, उनसे साफ जाहिर होता है कि कबीरपन्थी तालीम वेदान्ती तालीम की एक दूसरी सूरत है। इस अम्र में सूफियों से भी उनको बड़ी मदद मिली, क्योंकि दोनों तालीम करीब एक सी है।"

सम्प्रदाय, पृ. 69

वैष्णव और वेदान्तधर्म दोनों प्रकाण्ड वैदिक धर्म अर्थात् हिन्दू धर्म की विशाल शाखाएँ हैं। यह वही उदार और महान् धर्म है जिससे वसुन्धरा के समग्र पुनीत ग्रन्थों ने कतिपय व्यापक सार्वभौम सिद्धान्त का संग्रह करके अपने-अपने कलेवर को समुज्वल किया है। कबीर साहब चाहे वैष्णव हों या वेदान्ती चाहे सन्तमय के हों, चाहे अपने को और कुछ बतलावें, किन्तु वे भी उसी धर्म के ऋणी हैं, और चाहे उसी के आलोक से उन्होंने अपना प्रदीप प्रज्वलित किया।

शेष वक्तव्य

श्रीयुत मैक्समूलर जैसे असाधारण विदेशी विद्वान् और श्रीमती एनीबेसंट जैसी परम विदुषी विजातीय महिला ने भी इस बात को स्वीकार किया है कि हिन्दूधर्म के सिद्धान्त बहुत ही उदार, व्यापक और सर्वदेशदर्शी हैं। वास्तव में जैसे ही हिन्दू धर्म के सिद्धान्त महान् और गम्भीर हैं, वैसे ही पूर्ण सार्वभौम और सार्वजनिक भी हैं। वैशेषिक दर्शन के निम्नलिखित सूत्र जैसी व्यापक और उदात्त परिभाषा धर्म की कहाँ मिलेगी?

यतोभ्युदयनिःश्रेयस् सिद्धि स धर्मः

जिससे अभ्युदय और कल्याण अथवा परमार्थ की सिद्धि हो वही धर्म है।

हिन्दू धर्म को छोड़कर कौन कह सकता है–

अयं निजः परो वेत्ति गणना लघुचेतसाम्।
उदारचरितानां तु वसुधैव कुटुम्बकम्॥

यह अपना और पराया है, यह लघुचेतसों का विचार है; जो उदार चरित है, वसुधा ही उनका कुटुम्ब है। क्या इससे भी बढ़कर भ्रातृभाव की कोई शिक्षा हो सकती है? हिन्दूधर्म इससे भी ऊँचा उठा, उसने भ्रातृभाव में कुछ विभेद देखा; अतएव मुक्तकण्ठ से कहा—"आत्मवत् सर्वभूतेषु यः पश्यति स पंडितः" मनुष्य मात्र ही की नहीं, सर्वभूत की आत्मा को जो अपनी आत्मा के समान देखता है, वही विज्ञ है। एक धर्मवाला दूसरे धर्म को बाधा पहुँचाकर ही आत्मप्रसाद लाभ करता है, परन्तु हिन्दू धर्म इसको युक्तिसंगत नहीं समझता, वह गम्भीर भाव से कहता है—

धर्मः यो बाधते धर्मं न स धर्मः कुधर्मः तत्।
धर्माविरोधी यो धर्मः स धर्मः सत्यविक्रमः॥

जो धर्म दूसरे धर्म को बाधा पहुँचाता है, वह धर्म नहीं कुधर्म है। जो धर्म दूसरे धर्म का अविरोधी है, सत्य पराक्रमशील धर्म वही है। इतना ही नहीं, वह अपना हृदय उदार एवं उन्नत बनाकर कहता है—

रुचीनां वैचित्र्यात् कुटिलऋजुनानापथयुषां।
नृणामेको गम्यस्त्वमसि पयसामर्णव इव।

नाना प्रकार की रुचि होने के कारण ऋजु और कुटिल नाना पथ भी हैं; किन्तु हे परमात्मा सबका गम्य तू ही है, जैसे सर्व स्थानों से जल समुद्र में ही पहुँचता है। उसी के शास्त्रसमूह का विश्वप्रेम का आधारस्वरूप यह वाक्य है—

सर्वे भवन्तु सुखिनः सर्वे सन्तु निरामयाः।
सर्वे भद्राणि पश्यन्तु मा कश्चिद् दुःख भाग् भवेत्॥

सब सुखी हों, सब सकुशल रहें, सबका कल्याण हो, कोई दुःखभागी न हो। वही संसार के सम्मुख खड़े होकर तारस्वर से कहता है—

यद्यदात्मनि चेच्छेत तत्परस्यपि चिंतयेत्।
आत्मनः प्रतिकूलानि परेषां न समाचरेत्॥

जो जो अपनी आत्मा के लिए चाहते हो, वही दूसरों के लिए भी चाहो, जिसको अपनी आत्मा के प्रतिकूल समझते हो, उसको दूसरों के लिए मत करो। इतना लिखकर मैं आप लोगों का ध्यान कबीर साहब की शिक्षाओं की ओर आकर्षित करता हूँ। हिन्दूधर्म के उक्त विचारों की सार्थकता तभी है, जब हम लोग भी वास्तव में उनके अनुकूल चलने की चेष्टा करें। यदि हम उन विचारों को सामने रखकर केवल गर्व करते हैं और उनके अनुकूल आचरण करना नहीं चाहते, तो न केवल हमलोग अपनी आत्मा को कलुषित करते हैं, वरन् लोगों की दृष्टि में अपने शास्त्रों की भी मर्यादा घटाते हैं। कबीर साहब की शिक्षाओं को

आप पढ़िए, मनन कीजिए, उनके मिथ्याचार खण्डन के अदम्य और निर्भीक भाव को देखिए, उनकी सत्यप्रियता अवलोकन कीजिए, उनमें आपको अधिकांश हिन्दू भावों की ही प्रभा मिलेगी। यदि आपकी रुचि और विचार के प्रतिकूल कुछ बातें उसमें मिलें, तो भी उसे आप देखिए, और उसमें से तत्त्व ग्रहण कीजिए; क्योंकि विवेकशील सज्जनों का मार्ग यही है। नाना विचार देखने से ही मनुष्य को अनुभव होता है। कबीर साहब भी मनुष्य थे; उनके पास भी हृदय था, कुछ संस्कार उनका भी था; अतएव समय प्रवाह में पकड़कर, हृदय पर आघात होने पर संस्कार के प्रबल पड़ जाने पर उनके स्वर का विकृत हो जाना असम्भव नहीं। उनका कटु बातें कहना चकितकर नहीं। किन्तु यदि आप उन्हें नहीं पढ़ेंगे, तो अपने विचारों को मर्यादापूर्ण करना कैसा सीखेंगे। वे प्रतिमापूजन के कट्टर विरोधी हैं, अवतारवाद को नहीं मानते; परन्तु इससे क्या परमात्मा की भक्ति करना तो बतलाते हैं, आपको ईश्वरविमुख तो नहीं करते। हिन्दूधर्म का चरम लक्ष्य यही तो है। आपके कुल साधनों को वे काम में लाना नहीं चाहते, न लावें परन्तु जिन साधनों को वे काम में लाते हैं, वे भी तो आप ही के हैं। वह रुचिवैचित्र्य है। रुचिवैचित्र्य स्वाभाविक है। हिन्दूधर्म उसको ग्रहण करता है, उससे घबराता नहीं। वे वेद शास्त्र की निन्दा करते हैं, हिन्दू महापुरुषों को उन्मार्गगामी बतलाते हैं। हिन्दू धर्मनेताओं की धूल उड़ाते हैं, यह सत्य है। परन्तु उनके पन्थवालों के साथ आप ऐक्य कैसे स्थापन करेंगे, जब तक इन विचारों को न जानेंगे। इसके अतिरिक्त जब वे वेद शास्त्रों के सिद्धान्तों का ही प्रतिपादन करते हैं, हिन्दू महापुरुषों के प्रदर्शित पथ पर ही चलते हैं, हिन्दू धर्मनेताओं की प्रणाली का ही अनुसरण करते हैं, तब उनका उक्त विचार स्वयं एक देशी हो जाता है और रूपान्तर से पाप को ही इष्टप्राप्ति होती है। विवेकी पुरुष काम चाहता है, नाम नहीं। परमार्थ के लिए वह अपमान की परवाह नहीं करता, वे मिथ्याचारों का प्रतिवाद तीव्र और असंयत भाषा में करते हैं; परन्तु उसे हमें सह्य करना चाहिए, दो विचारों से। एक तो यह कि यदि हमने वास्तव में धर्म के साधनों को आडम्बर बना लिया है, तो किसी न किसी के मुख से हमको ऐसी बातें सुननी ही पड़ेंगी, दूसरे यह कि यदि ये अधिकांश अमूलक हैं, तो भी कोई क्षति नहीं, क्योंकि देखिए, भगवान मनु क्या कहते हैं।

सम्मानाद् ब्राह्मणो नित्यमुद्विजेत विषादिव।
अमृतस्येव चाकांक्षेदवमानस्य सर्वदा॥

ब्राह्मण को चाहिए कि सम्मान से विष के समान बचे, और अपमान की अमृत के तुल्य इच्छा करे।

इससे अधिक मुझे और नहीं कहना है। आशा है, आप लोग 'कबीर वचनावली' का उचित समादर करेंगे और प्रसिद्ध मासिक पत्रिका सरस्वती भाग 15 खंड 1 संख्या 6 पृष्ठ

307 में प्रकाशित विद्वद्वर श्रीयुत रवीन्द्रनाथ ठाकुर के निम्नलिखित वाक्य को सदा स्मरण रखेंगे।

"भारत की चिरकाल से यही चेष्टा देखी जाती है कि वह अनेकता में एकता स्थापित करना चाहता है, वह अनेक मार्गों को एक लक्ष्य की तरह अभिमुख करना चाहता है। वह बहुत के बीच किसी एक को निःसंशय रूप से, अन्तरतर रूप से, उपलब्ध करना चाहता है उसका सिद्धान्त या उद्देश्य यह है कि बाहर जो विभिन्नता देख पड़ती है, उसे नष्ट करके उसके अन्दर जो निगूढ़ संयोग देख पड़ता है, वह उसे प्राप्त करे।"

–हरिऔध

कबीर वचनावली की आधारभूत पुस्तकों का विवरण

सं०	नाम पुस्तक	विवरण
1.	आदि ग्रन्थ	उपनाम ग्रन्थसाहब, गुरुमुखी पुस्तक, गुरु अर्जुनदेव संगृहीत, सन् 1903 में नवलकिशोर प्रेस में नागरी अक्षरों में मुद्रित।
2.	कबीर बीजक	हिन्दी पुस्तक–महाराज विश्वनाथ सिंह कृत टीका सहित, सन् 1907 में नवलकिशोर प्रेस लखनऊ में मुद्रित।
3.	कबीर शब्दावली प्रथम भाग	हिन्दी पुस्तक–स्वामी वेलवेडियर प्रेस इलाहाबाद संगृहीत सन् 1913 में उक्त प्रेस में मुद्रित।
4.	कबीर शब्दावली (द्वितीय भाग)	" " सन् 1908 में मुद्रित।
5.	कबीर शब्दावली (तृतीय भाग)	" " सन् 1913 में मुद्रित।
6.	कबीर शब्दावली (चतुर्थ भाग)	" " सन् 1914 में मुद्रित।
7.	कबीर कसौटी	हिन्दी पुस्तक–बाबू लहनसिंह कबीर पन्थी डिप्टी कंसरवेटर जंगलात कृत, सन् 1906 में श्री वेंकटेश्वर प्रेस बम्बई में मुद्रित।
8.	कबीर ऐण्ड दी कबीर पन्थ	अँग्रेजी पुस्तक–रेवरेंड जी० एच० वेस्कट एम० ए० विरचित, सन् 1907 में क्राइस्ट चर्च मिशन प्रेस कानपुर में मुद्रित।
9.	चौरासी अंग की साखी	प्राचीन हस्तलिखित हिन्दी पुस्तक कबीरपंथी साधु, बिहारीदास आजमगढ़ निवासी से प्राप्त।
10.	भारतवर्षीय उपासक सम्प्रदाय	बंगला पुस्तक–श्रीयुत अक्षय कुमार दत्त प्रणीत, सन् 1888 में नूतन यंत्रालय कलकत्ता में मुद्रित।
11.	भक्ति सुधाबिन्दु स्वाद	हिन्दी पुस्तक–महात्मा सीताराम शरण भगवान प्रसाद विरचित, संवत् 1965-66 में हितचिंतक प्रेस बनारस में मुद्रित।
12.	मिश्रबन्धु विनोद प्रथम खंड	हिन्दी पुस्तक–मिश्रबन्धु विरचित, इंडियन प्रेस इलाहाबाद में संवत् 1970 में मुद्रित।

सं.	नाम पुस्तक	विवरण
13.	रहनुमायाने हिन्दी	उर्दू पुस्तक—श्रीयुत मन्मथनाथ दत्त एम. ए. की अंग्रेजी पुस्तक प्राफेट्स आफ इण्डिया का अनुवाद, बाबू नारायण प्रसाद वर्मा अनुवादित अहमदी प्रेस अलीगढ़ में सन् 1904 में मुद्रित।
14.	सटीक कबीर बीजक	हिन्दी पुस्तक—कबीर पन्थी साधु पूरनदास विरचित, संवत् 1967 में श्रीवेंकटेश्वर प्रेस बंबई में मुद्रित।
15.	संप्रदाय	उर्दू पुस्तक—क्रिश्चियन विद्वान् प्रोफेसर बी. बी. राय रचित, मिशन प्रेस लुधियाना में सन् 1916 में मुद्रित।
16.	साखी संग्रह	हिन्दी पुस्तक—स्वामी वेलवेडियर प्रेस इलाहाबाद संगृहीत उक्त प्रेस में सन् 1912 में मुद्रित।
17.	ज्ञानगुदड़ी वो रेखते	” ” सन् 1919

कबीर वचनावली

प्रथम खण्ड

कर्त्ता-निर्णय

दोहा

अछै पुरुष इक पेड़ है निरंजन वाकी डार।
तिरदेवा साखा भये पात भया संसार ॥ 1 ॥
साहेब मेरा एक है दूजा कहा न जाय।
दूजा साहेब जो कहूँ साहेब खरा रिसाय ॥ 2 ॥
जाके मुँह माथा नहीं नाहीं रूप कुरूप।
पुहुप बास तें पातरा ऐसा तत्व अनूप ॥ 3 ॥
देहीं माहिं विदेह है साहेब सुरति सरूप।
अनँत लोक में रमि रहा जाके रंग न रूप ॥ 4 ॥
चार भुजा के भजन में भूलि परे सब सन्त।
कबिरा सुमिरै तासु को जाके भुजा अनन्त ॥ 5 ॥
जनम मरन से रहित है मेरा साहेब सोय।
बलिहारी वहि पीव की जिन सिरजा सब कोय ॥ 6 ॥
एक कहौं तो है नहीं दोय कहौं तौ गारि।
है जैसा तैसा रहै कहै कबीर विचारि ॥ 7 ॥
रेख रूप जेहि है नहीं अधर धरो नहीं देह।
गगन मँडल के मध्य में रहता पुरुष बिदेह ॥ 8 ॥
सोई मेरा एक तू और न दूजा कोय।
जो साहब दूजा कहै दूजा कुल को होय ॥ 9 ॥

सर्गुण की सेवा करौ निर्गुण का करु त्रान।
निर्गुण सर्गुण के परे तहैं हमारा ध्यान ॥ 10 ॥

शक्तिमत्ता

साहेब सों सब होत हैं बन्दे ते कछु नाहिं।
राई ते पर्वत करे पर्वत राई माहिं ॥ 11 ॥
पहन बहंता थल करै थल कर बहन बहोय।
साहेब हाथ बड़ाइया जस भावै तस होय ॥ 12 ॥
साहेब सा समरथ नहीं गरुआ गहिर गँभीर।
औगुन छोड़े गुन गहे छिनक उतारै तीर ॥ 13 ॥
जो कछु किया सो तुम किया मैं कछु कीया नाहिं।
कहो कही जो मैं किया तुम ही थे मुझ माहिं ॥ 14 ॥
जाको राखै साँइयाँ मारि न सक्कै कोय।
बाल न बाँका करि सकै जो जग बैरी होय ॥ 15 ॥
साँईं से मेरा बानिया सहज करै-ब्योपार।
बिन डाँड़ो बिन पालरे तौले सब संसार ॥ 16 ॥
साँईं तुझसे बाहिरा कौड़ी नाहिं बिकाय।
जाके सिर पर धनी तू लाखों मोल कराय ॥ 17 ॥

सर्वघट व्यापकता

तेरा साँईं तुज्झ में ज्यों पुहुपन में बास।
कस्तूरी का मिरग ज्यों फिर फिर ढूँढ़े घास ॥ 18 ॥
जा कारन जग ढूँढिया सो तो घट ही माहिं।
परदा दिया भरम का तातें सूझै नाहिं ॥ 19 ॥
समझै तो घर में रहे हरसा पलक लगाय।
तेरा साहेब तुज्झ में अनत कहूँ मत जाय ॥ 20 ॥
जेटा घट तेता मता बहु बानी बहु भेख।
सब घट व्यापक ह्वै रहा सोई आप अलेख ॥ 21 ॥
झूला झूला क्या फिरै सिर पर बँधि गई वेल।
तेरा साँईं तुज्झ में ज्यो तिल माहीं तेल ॥ 22 ॥
ज्यों तिल माहीं तेल है ज्यों चकमक में आगि।
तेरा साँईं तुज्झ में जागि सकै तो जागि ॥ 23 ॥

ज्यों नैनन में पूतरी यों खालिक घट माहिं।
मूरख लोग न जानहीं बाहर ढूँढन जाहिं॥ 24॥
पावक रूपी साँइयाँ सब घट रहा समाय।
चित चकमक लागै नहीं तातै बुझि बुझि जाय॥ 25॥

शब्द

कबिरा शब्द शरीर में बिन गुन बाजै ताँत।
बाहर भीतर रमि रहा तातें छूटी भ्राँत॥ 26॥
सब्द सब्द बहु अंतरा सार सब्द चित देय।
जा शब्दै साहेब मिले सोइ सब्द गहि लेय॥ 27॥
एक सब्द सुखरास है एक सब्द दुखरास।
एक सब्द बन्धन कटै एक सब्द गल फाँस॥ 28॥
सब्द सब्द सब कोइ कहै सब्द के हाथ न पाँव।
एक सब्द औषधि करै एक सब्द कर घाव॥ 29॥
सब्द बराबर धन नहीं जो कोइ जानै बोल।
हीरा तो दामों मिलै सब्दहिं मोल न तोल॥ 30॥
मता हमारा मन्त्र है हम सा होय सो लेय।
सब्द हमारा कल्प-तरु जो चाहै सो देय॥ 31॥
सीतल सब्द उचारिये अहम् आनिए नाहिं।
तेरा प्रीतम तुज्झ में सत्रू भी तुझ माहिं॥ 32॥
वह मोती मत जानियो पुहै पोत के साथ।
यह तौ मोती सब्द का वेधि रहा सब गात॥ 33॥
जंत्र मंत्र सब झूठ है मत भरमो जग कोय।
सार सब्द जाने बिना कागा हंस न होय॥ 34॥

नाम

आदि नाम पारस अहै मन है मैला लोह।
परसत ही कंचन भया छूटा बन्धन मोह॥ 35॥
आदि नाम निज सार है बूझि लेहु सो हंस।
जिन जान्यो जिन नाम को अमर भयो सो हंस॥ 36॥
आदि नाम जिन मूल है और मंत्र सब डार।
कह कबीर निज नाम बिनु बूड़ि मुआ संसार॥ 37॥

नाम रतन धन पाइकै गाँधी बाँज न खोल।
नाहीं पन नहि पारखू, नहिं गाहक नहिं मोल ॥ 38 ॥
सभी रसायन हम करी नहीं नाम सम कोय।
रंचक घट में संचरै सब तन कंचन होय ॥ 39 ॥
जबहि नाम हिरदे धरा भया पाप का नास।
मानौ चिनगी आग की परी पुरानी घास ॥ 40 ॥
ज्ञान-दीप परकास करि भीतर भवन जराय।
तहाँ सुमिर सतनाम को सहज समाधि लगाय ॥ 41 ॥
सुपनेहुँ में बर्राइके धोखे हुँ निकरे नाम।
वाके पग की पैतरी मेरे तन को चाम ॥ 42 ॥
जैसा माया मन रम्यो तैसो नाम रमाय।
तारा मंडल बेधिकै तब अमरापुर जाय ॥ 43 ॥
पावक रूपी नाम है सब घट रहा समाय।
चित चकमक लागै नहीं धूआँ ह्वै ह्वै जाय ॥ 44 ॥
नाम बिना बेकाम है छप्पन कोटि बिवास।
का इन्द्रासन बैठिबो का बैकुण्ठ निवास ॥ 45 ॥
लूटि सकै तो लूटि ले सन्त नाम की लूटि।
पाछे फिरि पछताहुगे प्रान जाहिं जब छूटि ॥ 46 ॥
शून्य मरै अजपा मरै अनदाह हू मरि जाय।
राम सनेही ना मरै कह कबीर समुझाय ॥ 47 ॥

परिचय

लाली मेरे लाल की जित देखों तित लाल।
लाली देखन मैं गयी मैं भी हो गयी लाल ॥ 48 ॥
जिन पावन भुइँ बहु फिरे घूमे देश विदेश।
पिया मिलन जब होइया आँगन भया विदेस ॥ 49 ॥
उलटि समाना आपमें प्रगटी जोति अनन्त।
साहेब सेवक एक सँग खेलै सदा बसन्त ॥ 50 ॥
जोगी हुआ झलक लगी मिटि गया ऐंचा तान।
उलटि समाना आप मैं हुआ ब्रह्म समान ॥ 51 ॥
नोन गला पानी मिला बहुरि न भरिहै गौन।
सुरत सब्द मेला भया काल रहा गहि मौन ॥ 52 ॥

कहना था सो कह दिया अबकछु कहा न जाय।
एक गया जा रहा दरिया लहर समाय ॥ 53 ॥
उनमुनि सों मन लागिया गगनहिं पहुँचा जाय।
चाँद बिहूना चाँदनी अलख निरंजन राय ॥ 54 ॥
मेरी मिटी मुक्ता भया पाया अगन निवास।
अब मेरे दूजा नहीं एक तुम्हारी आस ॥ 55 ॥
सुरति समानी निरति में आपा माहीं आप।
लेख समाना अलख में अजपा माहीं जाप ॥ 56 ॥
पारब्रह्म के तेज का कैसा है उनमान।
कहिबे की शोथा नहीं देखे ही परमान ॥ 57 ॥
पिंजर प्रेम प्रकासिया अंतर भया उजास।
सुख करि सूती महल में बानी फूटी बास ॥ 58 ॥
आया था संसार में देखन को बहु रूप।
कहै कबीरा सन्त हो परि गया नजर अनूप ॥ 59 ॥
पाया था सो गहि रहा रसना लागी स्वाद।
रतन निराला पाइया जगत टटोला बाद ॥ 60 ॥
कबिरा देखा अँग महिमा कही न जाय।
तेजपुंज परसा धनी नैनों रहा सहाय ॥ 61 ॥
गगन गरजि बरसै अभी बादल गहिर गँभीर।
चहुँ दिसि दमकै दामिनी भीजै दास कबीर ॥ 62 ॥
दीपक जोया ज्ञान का देखा अपरं देव।
चार वेद की गम नहीं जहाँ कबीरा रोव ॥ 63 ॥
अब गुरु दिल में देखिया गावन को कछु नाहिं।
कबिरा जब हम गावते तब जाना गुरु नाहिं ॥ 64 ॥
मान सरोवर सुगम जब हंसी केलि कराय।
मुकताहल मोती चुगै अब उड़ि अन्त न जाय ॥ 65 ॥
सुन्न मँडल में घर किया बाजै शब्द रसाल।
रोम रोम दीपक भया प्रगटे दीनदयाल ॥ 66 ॥
सुरत उड़ानी गगन को चरन बिलम्बी जाय।
सुख पाया साहेब मिला आनँद उन न समाय ॥ 67 ॥
पानी ही ते हिम भया हिम ही गया बिलाय।
कबिरा जो था सोइ भया अब कछु कहा न जाय ॥ 68 ॥

सुन्न सरोवर मीन मन नीर तीर सब देव।
सुधा सिन्धु सब बिलस ही बिरला जाने भेव ॥ 69 ॥
मैं लागा उस एक से एक भया सब माहिं।
सब मेरा मैं सबन का तहाँ दूसरा नाहिं ॥ 70 ॥
गुन इन्द्री सहजै गये सतगुरु करी सहाय।
घट में नाम प्रगट भया बकि बकि मरै बलाय ॥ 71 ॥
कविरा भरम न भाजिया बहु विधि धरिया भेख।
साँईं के परिचय बिना अँतर रहियो रेख ॥ 72 ॥

अनुभव

आतम अनुभव ज्ञान की जो कोई पूछै बात।
सो गूँगा गुड़ खाइ कै कहै कौन मुख स्वाद ॥ 73 ॥
ज्यों गूँगे के सैन को गूँगा ही पहिचान।
त्यों ज्ञानी के सुक्ख को ज्ञानी होय सो जान ॥ 74 ॥
कागद लिखै सो कागदी की व्योहारी जीव।
आतम दृष्टि कहाँ लिखै जित दैखै तित पीव ॥ 75 ॥
लिखा-लिखी की है नहीं देखा-देखी बात।
दुलहा दुलहिन मिल गये फीकी पड़ी बरात ॥ 76 ॥
भरो होय सो रीतई रीतो होय भराय।
रीतो भरो न पाहए अनुभव सोई कहाय ॥ 77 ॥

सारग्राहिता

साधू ऐसा चाहिए जैसा सूप सुभाय।
सार सार को गहि रहै थोथा देइ उड़ाय ॥ 78 ॥
औगुन को तो ना गहै गुनही को लै बीन।
घट घट मँहकै मधुप ज्यों परमारत लैं चीन ॥ 79 ॥
हंसा पय की काढ़ि ले छीर नीर निरवार।
ऐसे गहै जो सार को सो जन उतरैं पार ॥ 80 ॥
छीर रूप सतनाम है नीर रूप व्यवहार।
हंस रूप कोइ साध है तत का छाननहार ॥ 81 ॥

समदर्शिता

समद्रष्टी सतगुरु किया दीया अविचल ज्ञान।
जहँ देखौ तहँ एक ही दूजा नाहीं आन ॥ 82 ॥
समद्रष्टी सतगुरु किया मेरा जगत बिकार।
जह देखौं तहँ एक ही साहेब का दीदार ॥ 83 ॥
समद्रष्टी तब जानिए सीतल समता होय।
सब जीवन की आतमा लखै एक सी होय ॥ 84 ॥

भक्ति

जब लग नाता जगत का तब लग भक्ति न होय।
नाता तोडै हरि भजै भक्त कहावै सोय ॥ 85 ॥
भक्ति भेष बहु अंतरा जैसे धरनि अकास।
भक्त लीन गुरु चरन में भेष जगत की आस ॥ 86 ॥
देखा देखी भक्ति का कबहुँ न चढ़सी रंग।
विपति पड़े यों छाँड़ सी ज्यों केंचुली भुजंग ॥ 87 ॥
ज्ञात सँपूरन ना भिदा हिरदा नाहिं जुड़ाय।
देखा देखी भक्ति का रंग नहीं ठहराय ॥ 88 ॥
खेत बिगाज्यो खरतुआ सभा विगारी कूर।
भक्ति बिगारी लालची ज्यों केसर मैं धूर ॥ 89 ॥
कामी क्रोधी लालची इन तें भक्ति न होय।
भक्ति करै कोइ सूरमा जाति वरन कुल खोय ॥ 90 ॥
जल ज्यों प्यारा माछरी लोभी प्यारा दाम।
माता प्यारा बालका भक्त पियारा नाम ॥ 91 ॥
जब लगि भक्ति सकाम है तब लगि निस्फल सेव।
कह कबीर वह क्यों मिलै निःकामी निज देव ॥ 92 ॥
भक्ति गेंद्र चौगान की भावै कोइ लै जाय।
कह कबीर कछु भेद नहिं कहा रंक कह राय ॥ 93 ॥
लव लागी तब जानिए छूटि कभूँ नहिं जाय।
जीवत लव लागी रहै मूए तहँहि समाय ॥ 94 ॥
लगी लगन छूटै नहीं जीभ चोंच जरि जाय।
मीठा कहा अँगार में जाहि चकोर चबाय ॥ 95 ॥

सोओं तो सुपने मिलै जागौं तो मन माहिं।
लोयन राता सुधि हरी बिछुरत कबहूँ नाहिं ॥ 96 ॥
तूँ तूँ करता तूँ भया तुक में रहा समाय।
तुझ माँही मन मिलि रहा अब कहुँ अनत न जाय ॥ 97 ॥
अर्व खर्व लौं दर्ब है उदय अस्त लौं राज।
भक्ति महातम ना तुलै ये सब कौने काज ॥ 98 ॥
अंध भया सब डोलई यह नहि करै विचार।
हरि-भक्ती जाने बिना बूड़ि मुआ संसार ॥ 99 ॥
और कर्म सब कर्म है भक्ति कर्म निष्कर्म।
कहै कबीर पुकारि के भक्ति करो तजि धर्म ॥ 100 ॥

प्रेम

यह तो घर है प्रेम का खाला का घर नाहिं।
सीस उतारै भुई धरै तब पैठे घर माहिं ॥ 101 ॥
सीस उतारै भुई धरै ता पर राखे पाव।
दास कबीरा यों कहै ऐसा होय तोआव ॥ 102 ॥
प्रेम न बाड़ी ऊपजै प्रेम न हाट विकाय।
राजा परजा जेहि रुचै सीस देइ लै जाय ॥ 103 ॥
प्रेम पियाला जो पियै सीस दच्छिना देय।
लोभी सीस न दे सकै नाम प्रेम का लेय ॥ 104 ॥
छिनहिं चढ़ै छिन ऊतरै सो तो प्रेम न होय।
अघट प्रेम पिंजर बसै प्रेम कहावै सोय ॥ 105 ॥
जब मैं था तब गुरु नहीं अब गुरु है हम नाहिं।
प्रेम गली अति साँकरी तामैं दो न समाहिं ॥ 106 ॥
जा घट प्रेम न संचरै सो घट जान समान।
जैसे खाल लोहार की साँस लेत बिनु प्रान ॥ 107 ॥
उठा बगूला प्रेम का तिनका उड़ा अकास।
तिनका तिनका से मिला तिनका तिनके पास ॥ 108 ॥
सौ जोजन साजन बसै मानों हृदय मँझार।
कपट सनेही आँगने जानु समुंदर पार ॥ 109 ॥
यह तत वह तत एक है एक प्राण दुइ गात।
अपने जिय से जानिए मेरे जिय की बात ॥ 110 ॥

हम तुम्हरो सुमिरन करैं तुम मोहि चितवो नाहिं।
सुमिरन मन की प्रीति है सो मन तुमही माहिं ॥ 111 ॥
प्रीति जो लागी घुल गयी पैठि गयी मन माहिं।
रोम रोम पिउ-पिउ कहै मुख की सरधा नाहिं ॥ 112 ॥
जो जागत सो स्वप्न में ज्यों घट भीतर स्वाँस।
जो जन जाको भावता सो जन ताके पास ॥ 113 ॥
पीया चाहे प्रेम रस राखा चाहे मान।
एक म्यान में दो खड़ग देखा सुना न कान ॥ 114 ॥
कबिरा प्याला प्रेम का अंतर लिया लगाय।
रोम रोम में रमि रहा और अमल क्या खाय ॥ 115 ॥
कबिरा हम गुरु रस पिया बाकी रही न छाक।
पाका कलस कुम्हार का बहुरि न चढ़सी चाक ॥ 116 ॥
सबै रसायन मैं किया प्रेम समान न कोय।
रति एक तन में संचरै सब तन कंचन होय ॥ 117 ॥
राता माता नाम का पीया प्रेम अघाय।
मतवाला दीदार का माँगे मुक्ति बलाय ॥ 118 ॥
मिलना जग में कठिन है मिलि बिछुड़ौं जनि कोय।
बिछुड़े सज्जन तेहि मिलै जिन माथे मनि होय ॥ 119 ॥
जोई मिलै सो प्रीति में और मिलै सब कोय।
मन सो मनसा ना मिलै देह मिले का होय ॥ 120 ॥
नैनो की करि कोठरी पुतली पलँग बिछाय।
पलकों की चिक डारिके पिय को लिया रिझाय ॥ 121 ॥
जब लगि मरने से डरै तब लगि प्रेमी नाहिं।
बड़ी दूर है प्रेम घर समझ लेहु मन माहिं ॥ 122 ॥
हरि से तू जनि हेत कर कर हरिजन से हेत।
माल मुलुक हरि देत है हरिजन हरि हीं देत ॥ 123 ॥
कहा भयो तन बीछुरे दूरि बसे जे बास।
नैना ही अन्तर परा प्राण तुम्हारे पास ॥ 124 ॥
जल में बसै कमोदिनी चंदा बसै अकास।
जो है जाको भावता सो ताही के पास ॥ 125 ॥
प्रीतम को पतियाँ लिखूँ जो कहुँ होय विदेस।
तन में मन में नैन में ताको कहा सँदेस ॥ 126 ॥

अगिनि आँच सहना सुगम सुगम खड़क की धार।
नेह निभावन एकरस महा कठिन ब्योहार ॥ 127 ॥
नेह निभाए ही तनै सोचै बनै न आन।
तन दे मन दे सीस दे नेह न दीजै जान ॥ 128 ॥
काँच कधीर अधीर नर ताहि न उपजैं प्रेम।
कह कबीर कसनी सहै कै हीरा कै हेम ॥ 129 ॥
कसत कसौटी जो टिकै ताको शब्द सुनाय।
सोई हमरा बंस है कह कबीर समुझाइ ॥ 130 ॥

स्मरण

दुख में सुमिरन सब करै सुख में करै न कोय।
जो सुख में सुमिरन करै तो दुख काहे को होय ॥ 131 ॥
सुख में सुमिरन न किया दुख में किया याद।
कह कबीर ता दास की कौन सुनै फरियाद ॥ 132 ॥
सुमिरन की सुधि यों करो जैसे कामी काम।
एक पलक विसरै नहीं निस दिन आठो जाम ॥ 133 ॥
सुमिरन सों मन लाइए जैसे नाद कुरंग।
कह कबीर बिसरै नहीं प्राण तजै तेहि संग ॥ 134 ॥
सुमिरन सुरत लगाइके मुख तें कछू न बोल।
बाहर के पट देइ के अंतर के पट खोल ॥ 135 ॥
माला फेरत जुग भया फिरा न मन का फेर।
कर का मनका डारि दे मन का मनका फेर ॥ 136 ॥
कबिरा माला मनहिं की और सँसारी भेख।
माला फेरे हरि मिलैं गले रहँट के देख ॥ 137 ॥
कबिरा माला काठ की बहुत जतन का फेर।
माला स्वाँस उसास की जामें गाँठ न मेर ॥ 139 ॥
सहजे ही धुन होत है, हरदम घट के माहिं।
मनुवाँ तो चहुँदिसि फिरै यह तो सुमिरन नाहिं ॥ 140 ॥
तन थिर मन थिर बचन थिर सुरत निरत थिर होय।
कह कबीर इस पलक को कलप न पावै कोय ॥ 141 ॥
जाप मरै अजपा मरै अनहद भी मर जाय।
सुरत समानी शब्द में ताहि कालि नहिं खाय ॥ 142 ॥

कबीर छुधा है कूकरी करत भजन में भंग।
याको टुकड़ा डारि के सुमिरन करो निसंक ॥ 143 ॥
तूँ तूँ करता तूँ भया मुझमें रही न हूँ।
वारी तेरे नाम पर जित देखूँ तित तूँ ॥ 144 ॥

विश्वास

कबिरा क्या मैं चिन्तहूँ मम चिते क्या होय।
मेरी चिन्ता हरि करें चिन्ता मोहिं न कोय ॥ 145 ॥
साधू गाँठ न बाँधई उदर समाता लेय।
आगे पाछे हरि खड़े जब माँगे तब देय ॥ 146 ॥
पौ फाटी पगरा भया जागे जीवा जून।
सब काहू को देत है चोंच समाता चून ॥ 147 ॥
कर्म करीमा लिखि रहा सब कुछ लिखा न होय।
मासा घटै न तिल बढ़ै जो सिर फोड़े कोय ॥ 148 ॥
साँईं इतना दीजिए जामें कुटुँब समाय।
मैं भी भूखा न रहूँ साधु न भूखा जाय ॥ 149 ॥
पाँडर पिंजर मन भँवर अरथ अनूपम बास।
एक नाम सींचा अभी फल लागा बिस्वास ॥ 150 ॥
गाता जिन पाया नहीं अनगाए तें दूरि।
जिन गाया बिस्वास गहि ताके सदा हजूरि ॥ 151 ॥

बिरहिन

बिरहिन देय सँदेसरा सुनो हमार पीव।
जल बिन मच्छी क्यों जिए पानी में का जीव ॥ 152 ॥
अँखियाँ तो झाँई परी पंथ निहार निहार।
जीहड़िया छाला परा नाम पुकार पुकार ॥ 153 ॥
नैनन तो झरि लाइया रहट बहै निसु बास।
पपिंहा ज्यों पिउ-पिउ रटे पिया मिलन की आस ॥ 154 ॥
बहुत दिनन की जोवती रटत तुम्हारौ नाम।
जिव तरसै तुव मिलन को मन नाहीं विश्राम ॥ 155 ॥
बिरह भुवंगम तन डसा मंत्र न लागै कोय।
नाम वियोगी ना जिए जिए तो बाउर होय ॥ 156 ॥

बिरह भुवंगम पैठिकै किया कलेजे घाव।
बिरही अंग न मोड़िहैं ज्यों भावे त्यों खाव॥ 157॥
कै बिरहिन को मीच दे कै आपा दिखलाय।
आठ पहर का दाझना मो पै सहा न जाय॥ 158॥
बिरह कमंडल कर लिये बैरागी दो नैन।
ब्माँगै दरस मधूकरी छके रहैं दिन रैन॥ 159॥
येहि तन का दिवला करा बाती मेलों जीव।
लोहू सीचों तेल ज्यों कब मुख देखा पीव॥ 160॥
बिरहा आया दरस को कडुआ लगा काम।
काया लागी काल होय मीठा लागा नाम॥ 161॥
हँस हँस कंत न पाइया जिन पाया तिन रोय।
हाँसी खेले पिय मिलैं कौन सुहागिन होय॥ 162॥
माँस गया पिंजर रहा ताकन लागे काग।
साहेब अजहुँ न आइया मंद हमारे भाग॥ 163॥
अँखियाँ प्रेम बसाइया जनि जाने दुखदाय।
नाम सनेही कारने रो रो रात बिताय॥ 164॥
हवस करै पिय मिलन की औ सुख चाहै अंग।
पीर सहे बिनु पदमिनी पूत न लेत उलंग॥ 165॥
बिरहिन ओदी लाकड़ी सपचे धुँधुआय।
छूट पड़ों या बिरह से जो सगरो जरि जाय॥ 166॥
परबत परबत मैं फिरी नैन गँवायो रोय।
सो बूटी पाई नहीं जाते जीवन होय॥ 167॥
हिरदे भीतर दव बलै धुआँ न परगट होय।
जाके लागी सो लखै की जिन लाई सोय॥ 168॥
सबही तरुतर जाइके सब फल लीन्हो चीख।
फिरि-फिरि माँगत कबीर है दरसन ही की भीख॥ 169॥
पिय बिन जिय तरसत रहै पल वल विरह सताय।
रैन दिवस मोहिं कल नहीं सिसक सिसक जिय जाय॥ 170॥
साँईं सेवत जल गयी मास न रहिया देह।
साँईं जब लगि सेइहों यह तन होय न खेह॥ 171॥
बिरहा बिरहा मत कहो बिरहा है सुल्तान।
जा घट बिरह न संचरै सो घट जान मसान॥ 172॥

देखत देखत दिन गया निस भी देखत जाय।
बिरहिन पिव पावै नहीं केवल जिय घबराय ॥ 173 ॥
सो दिन कैसा होयगा गुरु गहेंगे बाहिं।
अपनाकर बैठावहीं चरनकँवल की छाँहिं ॥ 174 ॥
जो जन बिरही नाम के सदा मगन मन माँहि।
ज्यों दरपन की सुन्दरी किनहूँ पकड़ी नाहिं ॥ 175 ॥
चकई बिछुरी रैन की आय मिली परभात।
सतगुरु से जो बीछुरे मिले दिवस नहिं रात ॥ 176 ॥
मूए पीछे मत मिलौ कहे कबीरा राम।
लोहा माटी मिलि गया तब पारस केहि काम ॥ 177 ॥
सब रंग ताँत रबाब तन बिरह बजावे नित्त।
और न कोई सुनि सकै के साँई के चित्त ॥ 178 ॥
तूँ मति जानै बीसरूँ प्रीति घटै मम चित्त।
मरूँ तो तुम सुमिरत मरूँ जिऊँ तो सुर्मिरूँ नित्त ॥ 179 ॥
बिरह अग्नि तन मन जला लागि रहा तत जीव।
कै वा जाने बिरहिनी कै जिन भेंटा पीव ॥ 180 ॥
बिरह कुल्हारी तन बहै घाव न बाँधै रोह।
मरने का संसय नहीं छूटि गया भ्रम मोह ॥ 181 ॥
कबिरा बैद बुलाइया पकरि के देखी बाँहि।
वैद न वेदन जानई करक कलेजे माहि ॥ 182 ॥
बिरह बान जेहि लागिया औषध लगत न ताहि।
सुसुकि सुसुकि मरि मरि जियै उठै कराहि कराहि ॥ 183 ॥

विनय

सुरति करौ मेरे साँइयाँ हम हैं भव-जल माहिं।
आपे ही बहि जायगे जो नहिं पकरौ बाहिं ॥ 184 ॥
क्या मुख लै बिनती करौं लाज आवत है मोहिं।
तुम देखत अवगुन करौं कैसे भावों तोहिं ॥ 185 ॥
मैं अपराधी जनम का नख सिख भरा विकार।
तुम दाता दुख-भंजना मेरी करो सम्हार ॥ 186 ॥
अवगुन मेरे बाप जी बकस गरीब-निवाज।
जो मैं पूत कपूत हौं तऊ पिता को लाज ॥ 187 ॥

अवगुन किए तो बहु किए करत न मानी हार।
भावैं बंदा बकसिए भावैं गरदन मार ॥ 188 ॥
साहेब तुम जनि बीसरो लाख लोग लगि जाहिं।
हमसे तुमरे बहुत हैं तुम सम हमरे नाहिं ॥ 189 ॥
अंतरजामी एक तुम आतम के आधार।
जो तुम छोड़ौं हाथ तो कौन उतारै पार ॥ 190 ॥
मेरा मन जो तोहिं सों तेरा मन कहिं और।
कह कबीर कैसे निभै एक चित्त दुइ ठौर ॥ 191 ॥
मन परतीत न प्रेम रस ना कछु तन में ढंग।
ना जानौ उस पीव से क्योंकर रहसी रंग ॥ 192 ॥
मेरा मुझमें कछु नहीं जो कुछ है सो तोर।
तेरा तुझको सौंपते क्या लागत है मोर ॥ 193 ॥
तुम तो समरथ साँइयाँ छढ़ करि पकरो बाँहि।
धुरही लै पहुँचाइयो जनि छाँड़ो मग माहिं ॥ 194 ॥

सूक्ष्म मार्ग

उत ते कोइ न बाहुरा जासे बूझूँ धाय।
इत तें सबही जात हैं भार लदाय लदाय ॥ 195 ॥
यार बुलावैं भाव सौं मोपै गया न जाय।
धन मली पिउ ऊजला लागि न सक्कों पाय ॥ 196 ॥
नाँव न जानै गाँव का बिन जाने कित जाँव।
चलता चलता जुग भया पाव कोस पर गाँव ॥ 197 ॥
चलन चलन सब कोइ कहै मोहिं अँदेसा और।
साहेब सों परिचय नहीं पहुँचैंगे केहि ठौर ॥ 198 ॥
जहाँ न चींटी चढ़ि सकै राई ना ठहराय।
मनुवाँ तहँ लै राखिए तहई पहुँचे जाय ॥ 199 ॥
बाट बिचारी क्या करै पथी न चलै सुधार।
राह आपनी छाँड़िकै चलै उजार उजार ॥ 200 ॥
मरिये तो मरि जाइये छूटि परै जंजार।
ऐसा मरना को मरै दिन में सौ सौ बार ॥ 201 ॥

परीक्षक (पारखी)

हीरा तहाँ न खोलिए जहँ खोटी है हाट।
कस करि बाँधो गाठरी उठ कर चालो बाट ॥ 202 ॥
हीरा पाया परखि के घन में दीया आन।
चोट सही फूटा नहीं तब पाई पहिचान ॥ 203 ॥
जो हंसा मोती चुगै काँकर क्यों पतियाय।
काँकर माथा ना नबै मोती मिलै तो खाय ॥ 204 ॥
हंसा बगुला एक सा मानसरोवर माहिं।
बगा ढँढोरे माछरी हंसा मोती खाहिं ॥ 205 ॥
चंदन गया बिदेसड़े सब कोई कहे पलास।
ज्यों ज्यों चूल्हे झोंकिया त्यों त्यों अधकी बास ॥ 206 ॥
एक अचंभो देखिया हीरा हाट बिकाय।
परखनहारा बाहिरी कौड़ी बदले जाय ॥ 207 ॥
दाम रतंन धन पाइकै गाँठि बाँधि ना खोल।
नाहिं पटत नहिं पारखी नहिं गाहक नहिं मोल ॥ 208 ॥
पारस रूपी जीव है लोह रूप संसार।
पारस ते पारस भया परख भया संसार ॥ 209 ॥
अमृत केरी पूरिया बहु बिधि लीनहें छोर।
आप सरीखा जो मिले ताहि पियाऊँ घोरि ॥ 210 ॥
काजर ही की कोठरी काजर ही का कोटि।
तौ भी कारी ना भई रही जो ओटहिं ओट ॥ 211 ॥
ज्ञान रतन की कोठरी चुप करि दीन्हीं ताल।
पारखि आगे खोलिए कुंजी बचन रसाल ॥ 212 ॥
नग पखान जग सकल है लखि आवै सब कोइ।
नग ते उत्तम पारखी जग में बिरला कोइ ॥ 213 ॥
बलिहारी तेहि पुरुष की पर चित परखनहार।
साई दीन्हों खाँड़ को खारी बूझ गँवार ॥ 214 ॥
हीरा वही सराहिए सहै घनन की चोट।
कपट कुरंगी मानवा परखत निकसा खोट ॥ 215 ॥
हरि हीरा जन जौहरी सबन पसारी हाट
जब आवै जन जौहरी तब हीरो की साट ॥ 216 ॥

हीरा परा बजार में रहा छार लपटाय।
बहुतक मूरख चलि गये पारखि लिया उठाय ॥ 217 ॥
कलि खोटा जग आँधरा शब्द न मानै कोइ।
जाहि कहौं हित आपना सों उठि बैरी होय ॥ 218 ॥

जिज्ञासु

ऐसा कोऊ ना मिला हमको दे उपदेस।
भव सागर में डूबता कर गहि काढै केस ॥ 219 ॥
ऐसा कोई न मिला जासे रहिए लाग।
सब जग जलता देखिया अपनी अपनी आग ॥ 220 ॥

—

जैसा ढूँढ़त मैं फिरौं तैसा मिला न कोय।
ततवेता तिरगुन रहित निरगुन से रत होत ॥ 221 ॥
सर्पहि दूध पिलाइए सोई विष है जाय।
ऐसा कोई ना मिला आपे ही विष खाय ॥ 222 ॥
जिन ढूँढ़ा तिन पाइयाँ गहरे पानी पैठि।
मैं वपुरा बूड़न डरा रहा किनारे बैठि ॥ 223 ॥
हेरत हेरत हेरिया रहा कबीर हिराय।
बुद समानी समुँद में सो कित हेरी जाय ॥ 224 ॥
एक समाना सकल में सकल समाना ताहि।
कबीर समाना बूझ में तहाँ दूसरा नाहिं ॥ 225 ॥

दुविधा

हिरदे माहीं आरसी मुख देखा नहिं जाय।
मुख तौ तबही देखई दुबिधा देइ बहाय ॥ 226 ॥
पढ़ा गुना सीखा सभी मिटा न संसय सूल।
कह कबीर कासों कहूँ यह सब दुख का मूल ॥ 227 ॥
चींटी चावल लै चली बिच में मिलि गइ दार।
कह कबीर दोउना मिलै एक ले दूजी डार ॥ 228 ॥
सत्त नाम कडुवा लगै मीठा लागै दाम।
दुबिधा में दोऊ गये माया मिली न राम ॥ 229 ॥

कथनी और करनी

कथनी मीठी खाँड़ सी करनी विष की लोय।
कथनी तजि करनी करै विष से अमृत होय ॥ 230 ॥

कथनी बदनी छाँड़ि के करनी सो चित लाय।
नरहिं नीर प्याए बिना कबहूँ प्यास न जाय ॥ 231 ॥

करनी बिन कथनी कथै अज्ञानी दिन रात।
कूकर ज्यों भूँकत फिरै सुनी सुनाई बात ॥ 232 ॥

लाया साखि बनाय कर इत उत अच्छर काट।
कह कबीर कब लग जिए जूठी पत्तल चाट ॥ 233 ॥

पानी मिलै न आप को औरन बकसत छीर।
आपन मन निसचल नहीं और बँधावत धीर ॥ 234 ॥

कथनी थोथी जगत में करनी उत्तम सार।
कह कबीर करनी सबल उतरै भौ-जल पार ॥ 235 ॥

पद जोरै साखी कहै साधन परि गयी रौस।
काढ़ा जल पीवै नहीं काढ़ि पियन की हौस ॥ 236 ॥

साखी कहैं गहै नहीं चाल चली नहिं जाय।
सलिल मोह नदिया बहै पाँव नहीं ठहराय ॥ 237 ॥

मारग चलते जो गिरै ताको नहीं दोस।
कह कबीर बैठा रहै ता सिर करड़े कोस ॥ 238 ॥

कहता तो बहुता मिला गहता मिला न कोइ।
सो कहता बहि जान दे जो नहिं गहता होइ ॥ 239 ॥

एक एक निरवारिया जो निरवारी जाय।
दुइ दुइ मुख का बोलना घने तमाचा खाय ॥ 240 ॥

मुख की मीठी जो कहैं हृदया है मति आन।
कह कबीर तेहि लोग सों रामौ बड़े सयान ॥ 241 ॥

जस कथनी तस करनियौ जस चुंबक तस नाम।
कह कबीर चुंबक बिना क्यों नहीं संग्राम ॥ 242 ॥

श्रोता तो घरही नहीं वक्ता बदै सो बाद।
श्रोता वक्ता एक घर तब कथनी को स्वाद ॥ 243 ॥

सहज भाव

सहज सहज सब कोउ कहै सहज न चीन्है कोय।
जा सहजै, साहेब मिलै सहज कहाव सोय ॥ 244 ॥
सहजै सहजै सब गया सुत बिंत काम निकाम।
एकमेक ह्वै मिलि रहा दास कबीरा नाम ॥ 245 ॥
जो कछु आये सहज में सोई मीठा जान।
कड़वा लागै नीम सा जामे ऐंचातान ॥ 246 ॥
सहज मिलै सो दूध सम माँगा मिलै सो पानि।
कह कबीर वह रक्त सम जामें ऐंचातानि ॥ 247 ॥

मौन भाव

भारी कहूँ तो बहु डरूँ हलका कहूँ तो झीठ।
मैं का जानूँ पीव को नैना कछू न दीठ ॥ 248 ॥
दीठा है तो कस कहूँ कहूँ तो को पतिताय।
साँईं जस तैसा रहो हरखि हरखि गुन गाय ॥ 249 ॥
ऐसो अद्‌भुत मन कथो कथो तो धरो छिपाय।
वेद कुराना ना लिखी कहूँ तो को पतियाय ॥ 250 ॥
जो देखे सो कहै नहिं कहै सो देखै नाहिं।
सुनै सो समझावै नहीं रसना दृग श्रुति काहिं ॥ 251 ॥
बाद बिबादे विष घना बोले बहुत उपाध।
मौन गहे सबकी सहै सुमिरै नाम अगाध ॥ 252 ॥

जीबन्मृत (मरजीवा)

मैं मरजीव समुँद्र का डुबकी मारी एक।
मूठी लाया ज्ञान की जामैं वस्तु अनेक ॥ 253 ॥
डुबकी मारी समुँद्र निकसा जाय अकास।
गगन मँडल में घर किया हीरा पाया दास ॥ 254 ॥
हरि हीरा क्यों पाइहै जिन जीवे की आस।
गुरु दरिया सो काढ़सी कोइ मरजीवा दास ॥ 255 ॥
खरी कसौटी नाम की खोटा टिकै न कोय।
माम कसौटी सो टिकै जीवत मिरतक होय ॥ 256 ॥

मरते मरते जग मुआ औरस मुआ न कोय।
दास कबीरा यों मुआ बहुरि न मरना होय ॥ 257 ॥
जा मरने से जग डरै मेरे मन आनन्द।
कब मरिहौं कब पाइहौं पूरन परमानन्द ॥ 258 ॥
घर जारे घर ऊबरे घर राखे घर जाय।
एक अचम्भा देखियो मुआ काल को खाय ॥ 259 ॥
रोड़ा भया तो क्या भया पन्थी को दुख देय।
साधू ऐसा चाहिए ज्यों पैड़े की खेह ॥ 260 ॥
खेह भई तो क्या भया उड़ि उड़ि लागै अंग।
साधू ऐसा चाहिए जैसे नीर निपंग ॥ 261 ॥
नीर भया तो क्या भया ताता सीरा जोय।
साधू ऐसा चाहिए जो हरि जैसा होय ॥ 262 ॥
हरी भया तो क्या भया करता हरता होय।
साधू ऐसा चाहिए हरि भज निरमल होय ॥ 263 ॥
निरमल भया तो क्या भया निरमल माँगै ठौर।
मल निरमल से रहित है तें साधू कोइ और ॥ 264 ॥
ढारस लखु मरजीव को धँसिकै पैठि पताल।
जीव अटक मानै नहीं गहि ले निकरयौं लाल ॥ 265 ॥

मध्य पथ

पाया कहें ते बावरे खोया कहै ते कूर।
पाया खोया कछु नहीं ज्यों का त्यों भरपूर ॥ 266 ॥
भजूँ तो को है भजन को तजूँ तो का है आन।
भजन तजन के मध्य में सो कबीर मन मान ॥ 267 ॥
अति का भला न बोलना अति का भला न चूप।
अति का भला न बरसना, अति की भली न धूप ॥ 268 ॥

शूर धर्म

गगन दमामा बाजिया पढ़त निसाने घाव।
खेत पुकारे शूरमा अब लड़ने का दाँव ॥ 269 ॥
सूरा सोइ सराहिए लड़े धनी के हेत।
पुरजा पुरजा होइ रहै तऊ न छाँड़े खेत ॥ 270 ॥

सूरा सोइ सराहिए अंग न पहिरै लोह।
जूझै सब बँद खोलिकै छाँड़े तन का मोह ॥ 271 ॥
खेत न छाँढ़ै सूरमा जूझै दो दल माहिं।
आसा जीवन मरन की मन में आनै नाहिं ॥ 272 ॥
अब तो जूझै ही बनै मुड़ चाले भर दूर।
सिर साहब को सौंपते सोच न कीजै सूर ॥ 273 ॥
सिर राखे सिर जात है सिर काटे सिर सोय।
जैसे बाती दीप की कटि उँजियारा होय ॥ 274 ॥
जो हारों तो सेव गुरु जो जीतों तो दाँव।
सत्तनाम से खेलता जो सिर जाव तो जाव ॥ 275 ॥
खोजी को डर बहुत है पल पल पड़े बिजोग।
प्रन राखत जो तस गिरै सो तन साहेब जोग ॥ 276 ॥
तीर तुपक से जो लड़े सों तो सूर न होय।
माया तजि भक्ति करै सूर कहावै सोय ॥ 277 ॥

पातिव्रत

पतिबरता मैली भली काली कुचित कुरूप।
पतिबरता के रूप पर वारों कोटि सरूप ॥ 278 ॥
पतिबरता पति को भजै और न आन सुहाय।
सिंह बचा जो लंघना तौ भी घास न खाय ॥ 279 ॥
नैनों अतर आव तू नैन झाँपि तोहि लेंव।
ना मैं देखौ और को ना तोहि देखन देंव ॥ 280 ॥
कबीरा सीप समुद्र की रटै पियास पियास।
और बूँद को ना गहै स्वाति बूँद की आस ॥ 281 ॥
पपिहा का पन देऊकर धीरज रहै न रंच।
मंरते दम जल में पड़ा तऊ न बोरी चंच ॥ 282 ॥
सुन्दर तो साँई भजै तजै आन की आस।
ताहि न कबहूँ परिहरै पलक न छाँढै पास ॥ 283 ॥
चढ़ी अखाड़े सुन्दरी माँड़ा पिव सों खेल।
दीपक जोया ज्ञान का काम करै ज्यों तेल। ॥ 284 ॥
सूरा के तो सिर नहीं दाता के धन नाहिं।
पतिबरता के तन नहिं सुरति बसै मन माहिं ॥ 285 ॥

पतिबरता मैली भली गले काँच का पोत।
सब सखियन में यों दिपै ज्यों रबि ससि की जोत ॥ 286 ॥
पतिव्रता पति को भजै पति पर धर विश्वास।
आन दिसा चितवै नहीं सदा पीव की आस ॥ 287 ॥
नाम रटा तो क्या हुआ जो अतर है हेत।
पतिबरता पति को भजे मुख से नाम न लेत ॥ 288 ॥
जो यह एक न जानिया बहु जाने का होय।
एकै तें सब होत हैं सब तें एक न होय ॥ 289 ॥
सत आये उस एक में डार पात फल फूल।
अब कछु पाछे क्या रहा गहि पकड़ा जब मूल ॥ 290 ॥
प्रीति बड़ी हैं तुज्झ से बहु गुनियाला कंत।
जो हँस बोलों और से नील रँगाओं दंत ॥ 291 ॥
कबिरा रेख सिंदूर अरु काजर दिया न जाय।
नैनन प्रीतम रमि रहा दूजा कहाँ समाय ॥ 292 ॥
आठ पहर चौंसठ घड़ी मेरे और न कोय।
नैना माहीं तू बसै नींद को ठौर न होय ॥ 293 ॥
अब तो ऐसी है परी मन अति निर्मल कीन्ह।
मरने का डर छाँड़िके हाथ सिंधोरा लीन्ह ॥ 294 ॥
सती विचारी सत किया काँटों सेज बिछाय।
लै सूती पिय आपना चहूँ दिस अगिन लगाय ॥ 295 ॥
सती न पीसै पीसना जो पीसै सो राँड।
साधू भीख न माँगई जो मागै सो भाँड ॥ 296 ॥
सेज बिछावै सुन्दरी अंतर परदा होय।
तन सौंपे मन दे नहीं सदासुहागिन सोय ॥ 297 ॥

सत्‌गुरु

सत्‌गुरु सम को है सगा साधू सम को दात।
हरि समान को हितू है हरिजन सम को जात ॥ 298 ॥
गुरु गोविंद दोऊ खड़े काके लागौं पाँय।
बलिहारी गुरु आपने गोविंद दियो बताय ॥ 299 ॥
बलिहारी गुरु आपने घड़ि घड़ि सौ सौ बार।
मानुष से देवता किया करत न लागी बार ॥ 300 ॥

सब धरती कागद करूँ लेखनि सब बनराय।
सात समुँद्र की मसि करूँ गुरु गुन लिखा न जाय ॥ 301 ॥
तन मन ताको दीजिए जाके विषया नाहिं।
आपा सबहीं डारिकै राखै साहेब माहिं ॥ 302 ॥
तन मन दिया तो क्या हुआ निज मन दिया न जाय।
कह कबीर ता दास सों कैसे मन पतियाय ॥ 303 ॥
गुरु सिकलीगर कीजिए मनहि मस्कला देय।
मन की मैल छुड़ाइ कै चित्त दरपन करि लेय ॥ 304 ॥
गुरु धोबी सिष कापड़ा सांबुन सिरजनहार।
सुरति सिला पर धोइए निकसे जोसि अपार ॥ 305 ॥
गुरु कुम्हार सिष कुंभ है गढ़ गढ़ काढ़ै खोट।
अंतर हाथ सहार दै बाहर बाहै चोट ॥ 306 ॥
कबिरा ते नर अंध हैं गुरु को कहते और।
हरि रूठै गुरु ठौर हैं गुरु रूठे नहिं ठौर ॥ 307 ॥
गुरु हैं बड़े गोविंद तें मन में देखु विचार।
हरि सुमिरै सो वार है गुरु सुमिरे सो पार ॥ 308 ॥
गुरु पारस गुरु परस हैं चंदन वास सुवास।
सत्गुरु पारस जीव को दीन्हों मुक्ति निबास ॥ 309 ॥
पंडित पढ़ि गुन पचि मुए गुरु बिन मिलै न ज्ञान।
ज्ञान बिना नहिं मुक्ति है सत्त शब्द परमान ॥ 310 ॥
तीन लोक नौ खंड में गुरु ते बड़ा न कोइ।
करता करि न करि सकै गुरु करै सो होइ ॥ 311 ॥
कबिरा हरि के रूठते गुरु के सरने जाय।
कह कबीर गुरु रूठते हरि नहिं होत सहाय ॥ 312 ॥
वस्तु कहीं ढूढ़ें कहीं केहि विधि आवै हाथ।
कह कबीर तब पाइए भेदी लीजे साथ ॥ 313 ॥
यह तन विष की बेलरी गुरु अमृत की खान।
सीस दिए जौ गुरु मिलें तौ भी सस्ता जान ॥ 314 ॥
कोटिन चंदा ऊगवें सूरज कोटि हजार।
सत्गुरु मिलिया बाहरे दीसत घोर अँधार ॥ 315 ॥
सत्गुरु पारस के सिला देखो सोच विचार।
आइ पड़ोसिन लै चली दीयो दिया सँवार ॥ 316 ॥

चौंसठ दीवा जोय के चौदह चंदा माहिं।
तेहि घर किसका चाँदना जेहि घर सतगुरु नाहिं ॥ 317 ॥
ताकी पूरी क्यों परै गुरु न लखाई बाट।
ताको बेड़ा बूड़िहै फिर फिर अवघट घाट ॥ 318 ॥

असद्गुरु

गुरु मिला ना सिष मिला लालन खेला दाँव।
दोऊ बूड़े धार में चढ़ि पाथर की नाव ॥ 319 ॥
जानंता बूझा नहीं बूझि किया नहिं गौन।
अन्धे को अन्धा मिला राह बतावे कौन ॥ 320 ॥
बन्धे को बन्धा मिलै छूटै कौन उपाय।
कर सेवा निरबन्ध की पल में लेत छुड़ाय ॥ 321 ॥
बात बनाई जग ठगा मन परमोधा नाहिं।
कह कबीर मन लै गया लख चौरासी माहिं ॥ 322 ॥
नीर पियावत का फिरे घर घर सायर बारि।
तृषावंत जो होइगा पीवैगा झख मारि ॥ 323 ॥
सिष साखा बहुते किए सतगुरु किया न मित्त।
चाले थे सत लोक को बीचहिं अटका चित्त ॥ 324 ॥

सन्तजन

साध बड़े परमारथी धन ज्यों बरसै आय।
तपन बुझावैं और की अपनो पारस लाय ॥ 325 ॥
सिंहो के लेहँड़े नहीं हंसों की नहि पात।
लालों की नहिं बेरियाँ साध न चलैं जमात ॥ 326 ॥
सब बन तौ चन्दन नहीं सूरा का दल नाहिं।
सब समुद्र मोती नहीं यों साधू जग माहिं ॥ 327 ॥
साध कहावत कठिन हैं लम्बा पेड़ खजूर।
चढ़ै तो चाखै प्रेमरस गिरै तो चकनाचूर ॥ 328 ॥
गाँठी दाम न बाँधई नहिं नारी सों नेह।
कह कबीर ता साध की हम चरनन की खेह ॥ 329 ॥
वृच्छ कबहुँ नहिं फल भखैं नदी न संचै नीर।
परमारथ के कारने साधुन धरा सरीर ॥ 330 ॥

साधु साधु सब ही बड़े अपनी अपनी ठौर।
शब्द पिवेकी पारखी ते माथे के मौर ॥ 331 ॥
साधु साधु सब एक हैं ज्यों पोस्ते का खेत।
कोइ विवेकी लाल है नहीं सेत का सेत ॥ 332 ॥
निराकार की आरसीं साधौ ही की देइ।
लखा जो चाहै अलख को इनहीं में लखि लेह ॥ 333 ॥
कोई आवै भाव ले कोई आव अभाव।
साध दोऊ को पोषते गिनैं न भाव अभाव ॥ 334 ॥
नहिं शीतल है चन्द्रमा हिम नहिं शीतल होय।
कबिरा शीतल सन्तजन नाम सनेही सोय ॥ 335 ॥
जाति न पूछो साध की पूछ लीजिए ज्ञान।
मोल करो तरवार का पड़ी रहन दो म्यान ॥ 336 ॥
सन्त न छोड़े सन्तई कोटिक मिलै असन्त।
मलय भुवंगहिं बेधिया सीतलता न तजन्त ॥ 337 ॥
साधू ऐसा चाहिए दुखै दुखावै नाहिं।
पान फूल छोड़े नहीं वसै बगीचा माहिं ॥ 338 ॥
साध सिद्ध बड़ अंतरा जैसे आम बबूल।
वाकी डारी अमी फल याकी डारी सूल ॥ 339 ॥
हरि दरिया सूभर भरा साधो का घट सीप।
तामें मोती नीपजै चढ़ै देसावर दीप ॥ 340 ॥
साधू भूखा भाय का धन का भूखा नाहिं।
धन का भूखा जो फिरै सो तू साधू नाहिं ॥ 341 ॥
साधु समुन्दर जानिए माहीं रतन भराय।
मंद भाग मूठी भरै कर कंकर चढ़ि जाय ॥ 342 ॥
चंदन की कुटकी भली नहिं बबूल लखराँव।
साधन की झुपड़ी भलौ ना साकट को गाँव ॥ 343 ॥
हरिं सेती हरिजन बड़े समझि देखु मन माहिं।
कह कबीर जग हरि विखे सो हरि हरिजन माहिं ॥ 344 ॥
जो चाहै साकार तू साध परतछ देव।
निराकार निज रूप है प्रेम प्रीति से सेव ॥ 345 ॥
पक्षापक्षी कारने सब जम रहा भुलान।
निरपक्षै है हरि भजैं तेई सन्त सुजान ॥ 346 ॥

समुझि बूझि जड़ ह्वै रहे बल तजि निर्बल होय।
कह कबीर ता सन्त को पला न पकरै कोय ॥ 347 ॥
हद्द चलै सो मानवा बेहद चलै सो साध।
हद बेहद दोनों तजै ताको मता अगाध ॥ 348 ॥
सोना सज्जन साधु जन टूटि जुरै सौ वार।
दुर्जन कुंभ कुम्हार के एकै धका दरार ॥ 349 ॥
जीवन्मुक्तै ह्वै रहै तजै खलक की आस।
आगे पीछे हरि फिरैं क्यों दुख पावैं पास ॥ 350 ॥

असज्जन

संगति भई तो क्या भया हिरदा भया कठोर।
नौ नेजा पानी चड़े तऊ न भीजै कोर ॥ 351 ॥
हरिया जानै रूखड़ा जो पानी का नेह।
सूखा काठ न जानही केतहु बूड़ा मेह ॥ 352 ॥
कबिरा मूढ़क प्रानियाँ नख सिख पाखर आहि।
वाहनहारा क्या करै बान न लागै ताहि ॥ 353 ॥
पसुवा सों पाला परयो रहु रहु हिया न खीज।
ऊसर बीज न ऊगसीं घोलै दूना बीज ॥ 354 ॥
कबिरा चंदन के निकट नीम भी चंदन होय।
बूढ़े बाँस बड़ाइया यों जनि बूड़ो कोय ॥ 355 ॥
चाल बकुल की चलत हैं बहुरि कहावैं हंस।
ते मुक्ता कैसे चुगैं परैं काल के फंस ॥ 356 ॥
साधू भया तो क्या भया माला पहिरी चार।
बाहर भेस बनाइया भीतर भरी भँगार ॥ 357 ॥
माला तिलक लगाइ के भक्ति न आयी हाथ।
दाढ़ी मूँछ मुड़ाइ के चले दुनी के साथ ॥ 358 ॥
दाढ़ी मूँछ मुड़ाइ के हुआ घोटम घोट।
मन को क्यों नहिं मूड़िए जामें भरिया खोट ॥ 359 ॥
मूँड़ मुड़ाए हरि मिलै सब कोई लेहि मुँड़ाय।
बार बार के मूँड़ने भेड़ न वैकुँठ जाय ॥ 360 ॥
केसन कहा बिगारिया जो मूड़ो सौ बार।
मन को क्यों नहिं मूड़िए जानै बिषै विकार ॥ 361 ॥

बाँवी कूटें बावरे साँप न मारा जाय।
मूरख बाँबी ना डसै सर्प सबन को खाय ॥ 362 ॥
जो विभूति साधुन तजी तेहि बिभूति लपटाय।
जौन बवन करि डारिया स्वान स्वाद करि खाय ॥ 363 ॥
हम जाना तुम मगन हौ रहे प्रेम रस पागि।
रँचक पवन के लागते उठे नाग से जागि ॥ 364 ॥
सज्जन तो दुर्जन भया सुनि काहू को बोल।
काँसा ताँबा ह्वै रहा नहिं हिरण्य का मोल ॥ 365 ॥
लोहे केरी नावरी पाहन गरुआ भार।
सिर में विष की मोटरी उतरन चाहै पार ॥ 366 ॥
सकलौ दुरमति दूरि करु अच्छा जनम बनाउ।
काग गवन बुधि छोड़ि दे हंस गवन चलिआउ ॥ 367 ॥
चंदन सर्प लपेटिया चंदन काह कराय।
रोम रोम बिस भीनिया अमृत कहाँ समाय ॥ 368 ॥
मलयागिरि के बास में बेधा ढाक पलास।
बेना कबहुँ न बेधिया जुग जुग रहिया पास ॥ 369 ॥
जहर जिमिं दे रोपिया अमि सींचै सौर बार।
कबिरा खलकै ना तजै जामें जौन विचार ॥ 370 ॥
गुरु विचारा क्या करै शिष्यहि में है चूक।
शब्द-बाण बेधे नहीं बाँस बजावै फूँक ॥ 371 ॥

सत्संग

कबिरा संगत साध की हरै और की व्याधि।
संगत बुरी असाध की आठो पहर उपधि ॥ 372 ॥
कबिरा संगत साधु की जौ की भूस खाय।
खीर खांड़ भोजन मिलै साकट संग न जाय। ॥ 373 ॥
कबिरा संगत साधु की ज्यों गंधी का बास।
जो कछु गंधी दे नहीं तौ भी बास सुबास ॥ 374 ॥
मथुरा भावै द्वारिका भावैं जा जगनाथ।
साध सँगति हरि भजन बिनु कछू न आवै हाथ ॥ 375 ॥
ते दिन गये अकारथी संगति भई न सन्त।
प्रेम बिना पशु जीवना भक्ति बिना भगबन्त ॥ 376 ॥

कबिरा मन पंछी भया भावै तहवाँ जाय।
जो जैसी संगति करै सो तैसा फल पाय ॥ 377 ॥
कबिरा खाँईं कोट की पानी पिवै न कोय।
जाय मिलै जब गंग से सब गंगोदक होय ॥ 378 ॥

कुसंग

जानि बूझि साँची तजै करै झूठि सो नेह।
ताकी संगति हे प्रभू सपनेहुँ मति देह ॥ 379 ॥
तोहीं पीर जो प्रेम की पाका सेती खेल।
काँची सरसों पेरिकै खली भया नी तेल ॥ 380 ॥
दाग जो लागा नील का सौ मन साबुन धोय।
कोटि जनत परबोधिए कागा हंस न होय ॥ 381 ॥
मारी मरै कुसंग की केरा के ढिग बेर।
वह हालै वह अंग चिरै बिधि ने संग निबेर ॥ 382 ॥
केरा तबहि न चेतिया जब ढिग लागी बेर।
अब के चेते क्या भया काँटन लीन्हों घेरि ॥ 383 ॥

सेवक और दास

द्वार धनी के पड़ि रहै धका धनी का खाय।
कबहुँक धनी निवाजई जो दर छाँड़ि न जाय ॥ 384 ॥
दासातन हिरदे नहीं नाम धरावे दास।
पानी के पीए बिना कैसे मिटै पियास ॥ 385 ॥
मुक्ति मुक्ति मागों नहीं भक्ति दान दे मोहिं।
और कोई याचौं नहीं निस दिन याचौं तोहिं ॥ 386 ॥
काजर केरी कोठरी ऐसा यह संसार।
बलिहारी वा दास की पैठिके निकसन-हार ॥ 387 ॥
अनराते सुख सोवना राते नींद न आय।
ज्यों जल छूटे माछरी तलफत रैन बिहाय ॥ 388 ॥
जा घट में साँईं बसै सो क्यों छाना होय।
जतन जतन करि दाबिए तौ उजियाला सोय ॥ 389 ॥
सब घट मेरा साँइयाँ सूनी सेज न कोय।
बलिहारी वा दास की जा घट परगट होय ॥ 390 ॥

भेष

तत्व तिलक माथे दिया सुरति सरवनी कान।
करनी कंठी कंठ में परसा पद निर्वान ॥ 391 ॥
मन माला तन मेंखला भय की करै भभूत।
अलख मिला सब देखता सो जोगी अवधूत ॥ 392 ॥
तन को जोगी सब करै मन को बिरला कोय।
सहजै सब बिधि पाइए जो मन जोगी होय ॥ 393 ॥
हम तो जोगी मनहिं के तन के हैं ते ओर।
मन का जोग लगावते दसा भई कछु और ॥ 394 ॥

चेतावनी

कबिरा गर्व न कीजिए काल गहै कर केस।
ना जानौं कित मारिहै क्या घर क्या परदेस ॥ 395 ॥
झूठे सुख को सुख कहैं मानत हैं मन मोद।
जगत चवेना काल का कुछ मुख में कुछ गोद ॥ 396 ॥
कुसल कुसल ही पूछते जग में रहा न कोय।
जरा मुई ना भय मुआ कुसल कहाँ से होय ॥ 397 ॥
पानी केरा बुदबुदा अस मानुष की जात।
देखत ही छिप जायगा ज्यों तारा परभात ॥ 398 ॥
रात गँवाई सोय कर दिवस गँवाया खाय।
हीरा जनंम अमोल था कौड़ी बदले जाय ॥ 399 ॥
आछे दिन पाछे गये गुरु से किया न हेत।
अब पछतावा क्या करै चिड़िया चुग गयीं खेत ॥ 400 ॥
काल्ह करै सो आज कर आज करै सो अब्ब।
पल में परलै होयगी बहुरि करैगा कब्ब ॥ 401 ॥
पाव पलक की सुध नहीं करै काल्ह का साज।
काल अचानक मारसी ज्यों तीतर कौ बाज ॥ 402 ॥
कबिरा नौबत आपनी दस दिन लेहु बजाय।
यह पुर पट्टन यह गली बहुरि न देखो आय ॥ 403 ॥
पाँचो नौबत बाजती होत छतीसो राग।
सो मन्दिर खाली पड़ा बैठन लागे काग ॥ 404 ॥

ऊजड़ खेड़े ठीकरी गढ़ि गढ़ि गये कुम्हार।
रावन सरिखा चल गया लंका का सरदार ॥ 405 ॥
कबिरा गर्व न कीजिए अस जोबन की आस।
टेसू फूला दिवस दस खंखर भया पलास ॥ 406 ॥
कविरा गर्व न कीजिए ऊचा देख अवास।
काल्ह परा भु लेटना ऊपर जमसी घास ॥ 407 ॥
ऐसा यह संसार है जैसा सेमर फूल।
दिन दस के ब्योहार में झूठे रंग न भूल ॥ 408 ॥
माटी कहै कुम्हार को तूँ क्या रूँदै मोहि।
इक दिन ऐसा होयगा मैं रूँदूँगी तोहि ॥ 409 ॥
कबिरा यह तन जात है सकै तो ठौर लगाव।
कै सेवा कर साध की कै गुरु के गुन गाव ॥ 410 ॥
मोर तोर की जेवरी बटि बाँधा संसार।
दास कबीरा क्यों बँधै जाके नाम अधार ॥ 411 ॥
दुर्लभ मानुष जनम है देह न बारम्बार।
तरवर ज्यों पत्ता झड़े बहुरि न लागै डार ॥ 412 ॥
आये हैं सो जायँगे राजा रंक फकीर।
इक सिंहासन चढ़ि चले इक बँधि जात जंजीर ॥ 413 ॥
जो जानहु जिव आपना करहु जीव को सार।
जियरा ऐसा पाहुना मिलै न दूजी बार ॥ 414 ॥
कबिरा यह तन जात है सकै तो राख बहोर।
खाली हाथों वे गये जिन के लाख करोर ॥ 415 ॥
आस पास जोधा खड़े सबी बजावैं गाल।
माँझ महल से ले चला ऐसा काल कराल ॥ 416 ॥
तन सराय मन पाहरू मनसा उतरी आय।
कोउ काहू का हैं नहीं देखा ठोंक बजाय ॥ 417 ॥
मैं मैं बड़ी बलाय है सको तो निकसो भाग।
कह कबीर कब लग रहै रुई लपेटी आग ॥ 418 ॥
बासर सुख ना रैन सुख ना सुख सपने माहिं।
जो नर बिछुड़े नाम से तिन को धूप न छाहिं ॥ 419 ॥
अपने पहरे जागिए ना पड़ रहिए सोय।
ना जानौं छिन एक में किसका पहरा होय ॥ 420 ॥

दीन गँवायो सँग दुँनी दुनी न चाली साथ।
पाँव कुल्हाड़ी मारिया मूरख अपने हाथ ॥ 421 ॥
मैं भँवरा तोहिं बजरिया बन बन बास न लेय।
अटकैगा कहुँ बेल से तड़पि तड़पि जिय देय ॥ 422 ॥
बाड़ी के बिच भँवर था कलियाँ लेता बास।
सो तो भवरा उड़ि गया तजि बाड़ी की आस ॥ 423 ॥
भय बिनु भाव न ऊपजै भय बिनु होय न प्रीति।
जब हिरदे से भय गया मिटी सकल रस रीति ॥ 424 ॥
भय से भक्ति करै सबै भय से पूजा होय।
भय पारस है जीव को निर्भय होय न कोय ॥ 425 ॥
ऐसी गत संसार की ज्यों गाड़र की ठाट।
एक पड़ा जेहि गाड़ में सबै जायँ तेहि बाट ॥ 426 ॥
इक दिन ऐसा होयगा कोउ काहु का नाहिं।
घर की नारी को कहै तन की नारी जाहिं ॥ 427 ॥
भँवर बिलंबे बाग में बहु फूलन की आस।
जीव बिलंबे विषय में अंतहुँ चले निरास ॥ 428 ॥
चलती चक्की देख के दिया कबीरा रोय।
दुइ पट भीतर आइके साबित गया न कोय ॥ 429 ॥
सेसर सुवना सेइया दुइ ढेंढी की आस।
ढेंढी फूटि चटाक दे सुवना चला निरास ॥ 430 ॥
धरती करते एक पग समुँदर करते फाल।
हाथन परबत तौलते तिनहूँ खाया काल ॥ 431 ॥
आज काल्ह दिन एक में इस्थिर नाहिं सरीर।
कह कबीर कस राखिहौ काँचे बासन नीर ॥ 432 ॥
माली आवत देखिकै कलियाँ करैं पुकार।
फूलीफूली चुनि लिए काल्हि हमारी बार ॥ 433 ॥
काँची काया नन अथिर थिर थिर काज करंत।
ज्यों ज्यों नर निधड़क फिरत त्यों त्यों काल हसन्त ॥ 434 ॥
हम जानै थे खायेंगे बहुत जमीं बहु माल।
ज्यों का त्यों ही रह गया पकरि लै गया काल ॥ 435 ॥
दव की दाही लाकड़ी ठाढ़ी करै पुकार।
अब जो जाउँ लोहार घर डाहै दूजी बार ॥ 436 ॥

जरनेहारा भी मुआ मुआ जरावन-हार।
है है करते भी मुए कासों करौं पुकार॥ 437॥
भाई बीर बटाउआ भरि भरि नैनन रोय।
जाका था सो ले लिया दीन्हा था दिन दोय॥ 438॥
तेरा संगी कोई नहीं सभी स्वारथी लोय।
मन परतीति न ऊपजै जिव बिस्वास न होय॥ 439॥
कबिरा रसरी पाँव में कह सोवै सुख चैन।
स्वाँस नगाड़ा कूंच का बाँजत है दिन रैन॥ 440॥
पात झरंता यों कहै सुनु तरवर बनराय।
अब के बिछुरे ना मिलैं दूर परैंगे जाय॥ 441॥
कबिरा जंत्र न बाजई टूटि गया सब तार।
जंत्र बिचारा क्या करै चला बजावन हार॥ 442॥
साथी हमरे चलि गये हम भी चालनहार।
कागद में बाकी रही तातें लगी बार॥ 443॥
दस द्वारे का पींजरा तामें पंछी पौन।
रहिबे को आचरज है जाय तो अचरज कौन॥ 444॥
सुर नर मुनि औ देवता सात द्वीप नवखंड।
कह कबीर सब भोगिया देह धरे का दंड॥ 445॥

उपदेश

जो तोको काँटा बुवै ताहि बोव तू फूल।
तोहिं फूल को फूल है वाको है तिरसूल॥ 446॥
दुर्बल को न सताइए जाकी मोटी हाय।
बिना जीव को स्वाँस से लोह भसम है जाय॥ 447॥
कबिरा आप ठगाइए और न ठगिए कोय।
आप ठगा सुख होत है और ठगे दुख होय॥ 448॥
या दुनिया में आइके छाँड़ि देइ तू ऐंठ।
लेना होइ सो लेइ ले उठो जात है पैंठ॥ 449॥
ऐसी बानी बोलिए मन का आपा खोय।
औरन को सीतल करै आपहुँ सीतल होय॥ 450॥
जग में बैरी कोइ नहीं जो मन सीतल होय।
या आपा को डारि दे दया करै सब कोय॥ 451॥

हस्ती चढ़िए ज्ञान की सहज दुलीचा डारि।
स्वान रूप संसार है भूसन दे झख मारि ॥ 452 ॥
बाजन देहू जंतरी कलि कुकही मत छेड़।
तुझे पराई क्या पड़ी अपनी आप निबेड़ ॥ 453 ॥
आवत गारी एक है उलटत होय अनेक।
कह कबीर नहि उलटिए वही एक ही एक ॥ 454 ॥
गारी ही सो साधु ऊपजै कलह कष्ट औ मीच।
हारि चलै सौ साधु है लागि मरै सो नीच ॥ 455 ॥
जैसा अनजल खाइए तैसा ही मन होय।
जैसा पानी पीजिए तैसी बानी सोय ॥ 456 ॥
माँगन मरन समान है मति कोई माँगो भीख।
माँगन ते मरना भला यह सतगुरु को सीख ॥ 457 ॥
उदर समाता अन्न लै तनहिं समाता चीर।
अधिकहि संग्रह ना करै ताका नाम फकीर ॥ 458 ॥
कहते को कहि जान दे गुरु की सीख तु लेइ।
साकट जन औ स्वान को फिर जवाब मत देइ ॥ 459 ॥
जो कोइ समझे सैन मैं तासों कहिए बैन।
सैन बैन समझै नहीं तासों कछू कहै न ॥ 460 ॥
बहते को मत बहन दे कर गहि ऐंचहु ठौर।
कहा सुना मानै नहीं बचन कहो दुइ और ॥ 461 ॥
सकल दुरमती दूर करि आछो जन्म बनाव।
काग गमन गति छाँड़ि दे हंस गमन गति आव ॥ 462 ॥
मधुर वचन है औषधी कटुक बचन है तीर।
स्रवन द्वार ह्वै संचरै सालै सकल सरीर ॥ 463 ॥
बोलत ही पहिचानिए साहु चोर को घाट।
अंतर की करनी सबै निकसै मुख को बाट ॥ 464 ॥
पढ़ि पढ़ि के पत्थर भए लिखि लिखि भए जो ईंट।
कबिरा अंतर प्रेम की लागी नेक न छींट ॥ 465 ॥
नाम भजो मन बसि करो यही बात है सन्त।
काहे को पढ़ि पचि मरो कोटिन ज्ञान गरंथ ॥ 466 ॥
करता था तो क्यों रहा अब करि क्यों पछिताय।
बोवे पेड़ बबूल का आम कहाँ तें खाय ॥ 467 ॥

कबिरा दुनिया देहरे सीस नवाबन जाय।
हिरदे माहीं हरि बसैं तू ताही लौ लाय ॥ 468 ॥
मन मथुरा दिल द्वारिका काया कासी जान।
दस द्वारे का देहरा तामें ज्योति पिछान ॥ 469 ॥
पूजा सेवा नेम व्रत गुड़ियन का सा खेल।
जब लग पिउ परसैं नहीं तब लग संसय मेल ॥ 470 ॥
तीरथ चाले दुइ जना चित चंचल मन चोर।
एको पाप न उतरिया मन दस लाए जोर ॥ 471 ॥
न्हाए धोए क्या भया जो मन मैल न जाय।
मीन सदा जल में रहै धोए बास न जाय ॥ 472 ॥
पोथी पढ़ि पढ़ि जग मुआ पंडित हुआ न कोय।
एकै अच्छर प्रेम का पढ़े सो पंडित होय ॥ 473 ॥
पढ़े गुने सीखे सुने मिटी न संसय सूल।
कह कबीर कासों कहूँ येही दुख का मूल ॥ 474 ॥
पंडित और मसालची दोनों सूझे नाहिं।
औरन को कर चाँदना आप अँधेरे माहिं ॥ 475 ॥
ऊँचे गाँव पहाड़ पर औ मोटे की बाँह।
ऐसो ठाकुर सेइए उबरिय जाकी छाँह ॥ 476 ॥
हे कबीर तैं उतरि रहु सँबल परोह न साथ।
सबल घटे औ पग थके जीव बिराने हाथ ॥ 477 ॥
अपा तजो और हरि भजो नख सिख तजो विकार।
सब जिउ ते निरवैर रहु साधु मता है सार ॥ 478 ॥
बहु बन्धन ते बाँधिया एक विचारा जीव।
का बल छूटै आपने जो न छुड़ावै पीव ॥ 479 ॥
समुझाए समुझै नहीं परहथ आप बिकाय।
मैं खैंचत हौ आप को चला सो जमपुर जाय ॥ 480 ॥
वोहू तो वैसहि भया तू मति होय अयान।
तू गुणवंत वे निरगुणी मति एकै में सान ॥ 481 ॥
पूरा साहब सेइए सब बिधि पूरा होइ।
ओछे नेह लगाइए मूलौ आवै खोइ ॥ 482 ॥
पहिले बुरा कमाइ कै बाँधी विष कै मोट।
कोटि कर्म मिट पलट में आवै हरि की ओट ॥ 483 ॥

काम

सह कामी दीपक दसा सोखै तेल निवास।
कबिरा हीरा सन्त जन सहजै सदा प्रकास ॥ 484 ॥
कामी क्रोधी लालची इनसे भक्ति न होय।
भक्ति करै कोइ सूरमा जाति बरन कुल खोय ॥ 485 ॥
भक्ति बिगारी कामियाँ इंद्री केरे स्वाद।
हीरा खोया हाथ से जनम गँवाया बाद ॥ 486 ॥
जहाँ काम तहँ नाम नहिं जहाँ नाम नहिं काम।
दोनों कबहुँ ना मिलैं रवि रजनी इक ठाम ॥ 487 ॥
काम क्रोध मद लोभ की जब लग घट में खान।
कहा मूर्ख कहा पंडिता दोनों एक समान ॥ 488 ॥
काम काम सब कोइ कहै काम न चीन्है कोय।
जेती मन की कल्पना काम कहावैं सोय ॥ 489 ॥

क्रोध

कोटि परम लागे रहैं एक क्रोध को लार।
किया कराया सब गया जब आया हंकार ॥ 490 ॥
दसो दिसा से क्रोध की उठी अपरबल आगि।
सीतल संगति साधु की तहाँ उबरिए भागि ॥ 491 ॥
कुबुधि कमानी चढ़ि रही कुटिल बचन का तीर।
भरि भरि मारै कान में सालै सकल सरीर ॥ 492 ॥
कुटिल बचन सबसे बुरा जारि करै तन छार।
साध बचन जल रूप है बरसै अमृत धार ॥ 493 ॥
करक करेजे गड़ि रही बचन वक्ष की फाँस।
निकसाए निकसै नहीं रही सो काहू गाँस ॥ 494 ॥
मधुर बचन हैं औषधी कटुक बचन हैं तीर।
श्रवण द्वार ह्वै संचरै सालै सकल शरीर ॥ 495 ॥

लोभ

जब मन लागै लोभ सों गया विषय में सोय।
कहै कबीर बिचारि कै कस भक्ती धन होय ॥ 496 ॥

कबिरा त्रिस्ना पापिनी तासों प्रीति न जोरि।
पैंड पैंड पाछे परै लागै मोटी खोरि ॥ 497 ॥
कबिरा औंधी खोपरी कबहूँ धापै नाहिं।
तीन लोक की संपदा कब आवै घर माहिं ॥ 498 ॥
आव गयी आदर गया नैनन गया सनेह।
ये तीनौं तबही गये जबहिं कहा कछुदेह ॥ 499 ॥
बहुत जतन करि कीजिए सब फल जाय नसाय।
कबिरा संचय सूम धन अंत चोर लै जाय ॥ 500 ॥

मोह

मोह फंद सब फाँदिया कोइ न सकै निरवार।
कोइ साधू जन पारखी विरला तत्त्व विचार ॥ 501 ॥
मोह मगन संसार है कन्या रही कुमारि।
काहू सुरति जो नाकरी फिरि फिरि ले अवतारि ॥ 502 ॥
जहँ लग सब संसार है मिरग सबन को मोह।
सुर नर नाग पताल अरु ऋषि मुनिवर सब जोह ॥ 503 ॥
सलिल मोह की धार में बहि गये गहिर गँभीर।
सुच्छम मछरी सुरति है चढ़ती उलटे नीर ॥ 504 ॥
अमृत केरी मोटरी सिर से धरी उतारि।
जाहि कहौ मैं एक हौ मोहि कहै द्वैचारि ॥ 505 ॥
जाको मुनिवर तप करैं वेद पढ़ैं गुन गाय।
सोई देव सिखापना नहिं कोई पतिआय पतिआय ॥ 506 ॥
भर्म परा तिहुँ लोक में भर्म बसा सब ठाउँ।
कहहि कबीर पुकारि के बसैं भर्म के गाउँ ॥ 507 ॥
युवा जरा बालापन बीत्यों चौथि अवस्था आई।
जस मुसवा को तकै विलैया तस जम घात लगाई ॥ 508 ॥
दर्पण केरी जो गुफा सोनहा पैठो धाय।
देखत प्रतिमा आपनी भूँकि भूँकि मरि जाय ॥ 509 ॥
मनुष विचारा क्या करै कहे न खुलै कपाट।
श्वान चौक बैठाय के पुनि पुनि ऐपन चाट ॥ 510 ॥

अहंकार

माया तजी तो क्या भया मान तजा नहिं जाय।
मान बड़े मुनिवर गले मान सबन को खाय ॥ 511 ॥
मान बड़ाई कूकरी सन्तन खेदी जानि।
पांडव जग पूरग भया सुपच बिराजे आनि ॥ 512 ॥
मान बड़ाई जगत में कूकर की पहिचानि।
मीत किए मुख चाटही बैर किए तन हानि ॥ 513 ॥
बड़ा हुआ तो क्या हुआ जैसे पेड़ खजूर।
पंछी को छाया नहीं फल लागै अति दूर ॥ 514 ॥
कबिरा अपने जीव तें ये दो बातें धोय।
मान बड़ाई कारने आछत मूल न खोय ॥ 515 ॥
प्रभुता को सब कोउ भजे प्रभु को भजै न कोय।
कह कबीर प्रभु को भजे प्रभुता चेरी होय ॥ 516 ॥
जहँ आपा तहँ आपदा जहुँ संसय तहै सोग।
कह कबीर कैसे मिटैं चारों दीरघ रोग ॥ 517 ॥
माया त्यागे क्या भया मान तजा नहिं जाय।
जेहि मानै मुनिवर ठगे मान सबन को खाय ॥ 518 ॥

कपट

कबिरा तहाँ न जाइए जहाँ कपट का हेत।
जानो कली अनार को तन राता मन स्वेत ॥ 519 ॥
चित कपटी सब सौं मिलै माहीं कुटिल कठोर।
इक दुरजन इक आरसीं आग पीछे और ॥ 520 ॥
हेत प्रीति सों जो मिले तासों मिलै बलाय।
अंतर राखे जो मिलै तासों मिलै बलाय ॥ 521 ॥

आशा

आसा जीवै जग मरै लोग मरैं मन जाहि।
धन संचै सो भी मरें उबरैं सो धन खाहि ॥ 522 ॥
आसन मारे का भया मुई न मन की आस।
ज्यों तेली के बैल को घर ही कोस पचास ॥ 523 ॥

आसा एक जो नाम की दूजी आस निरास।
पानी माही घर करै सो भी मरै पियास ॥ 524 ॥
कबिरा जोगी जगत गुरु तजै जगत की आस।
जो जग की आसा करै जगत गुरु वह दास ॥ 525 ॥
आसा का ईंधन करूँ मनसा करूँ भभूत।
जोगी फिरि फिर करूँ यो बनि आवै सूत ॥ 526 ॥

तृष्णा

कबिरा सो धन संचिए जो आगे को होय।
सीस चढ़ाए गाठरी जात न देखा कोय ॥ 527 ॥
की त्रिस्ना है डाकिनी की जीवन की काल।
और और निस दिन चहै जीवन करै बिहाल ॥ 528 ॥

निद्रा

कबिरा सोया क्या करै उठि न भजै भगवान।
जम जब धर लै जायँगे पड़ा रहेगा म्यान ॥ 529 ॥
कबिरा सोया क्या करै जागन की करु चौंप।
ये दम हीरा लाल हैं गिनि गिनि गुरु को सौंप ॥ 530 ॥
नींद निसानी मीच की उट्ठ कबीरा जाग।
और रसायन छाँड़ि कै नाम रसायन लाग ॥ 531 ॥
पिउ पिउ कहि कहि कूकिए न सोइय असरार।
रात दिवस के कूकते कबहुँक लगै पुकार ॥ 532 ॥
सोता साध जगाइए करै नाम का जाप।
यह तीनों सोते-भले साकत सिंह औ साँप ॥ 533 ॥
जागन में सोवन करै सोवन में लौ लाय।
सुरति डोरि लागी रहै तार टूटि नहिं जाय ॥ 534 ॥

निंदा

निंदक नियरे रखिए आँगन कुटी छवाय।
बिन पानी साबुन बिना निर्मल करै सुभाय ॥ 535 ॥
तिनका कबहु न निंदिए जो पाँवन तर होय।
कबहूँ उड़ि आँखिन परै पीर घनेरी होय ॥ 536 ॥

सातो सायर में फिरा जंबुदीप दै पीठ।
निंदा पराई ना करै सो कोइ बिरला दीठ॥ 537॥
दोष पराया देखि करि चले हसन्त हसन्त।
अपने याद न आवईं जाको आदि न अंत॥ 538॥
निंदक एकहु मति मिलै पापी मिलौ हजार।
इक निंदक के सीस पर कोटि पाप को भार॥ 539॥

माया

माया छाया एक सी बिरला जानै कोय।
भगताँ के पीछै फिरै सनमुख भागै सोय॥ 540॥
माया तो ठगनी भई ठगत फिरै सब देस।
जा ठग या ठगनी ठगी ता ठग को आदेस॥ 541॥
कबिरा माया रूखड़ी दो फल की दातार।
खोवत खरचत मुक्ति भे संचत नरक दुआर॥ 542॥
माया तो है राम की मोदी सब संसार।
जाको चिट्ठी ऊतरी सोई खरचन-हार॥ 543॥
माया संचै संग्रहै वह दिन जानै नाहि।
सहस बरस का सब करै मरै महूरत माहि॥ 544॥
कबिरा माया मोहनी मोहे जान सुजान।
भागे हूँ छुटै नहीं भरि भरि मारैं बान॥ 545॥
माया के झक जग जरै कनक कामिनी लागि।
कह कबीर कस बाँचिहै रुई लपेटी आगि॥ 546॥
मैं जानूँ हरि से मिलूँ मो मन मोटी आस।
हरि बिच डारै अंतरा माया बड़ी पिसाच॥ 547॥
आँधी आई ज्ञान की ढही भरम की भीति।
माया ठाटी उढ़ि गई लगो नाम से प्रीति॥ 548॥
मीठा सब कोई खात है विष ह्वै लागै धाय।
नीब न कोई पीवसी सर्व रोग मिट जाय॥ 549॥
माया तरवर त्रिबिधि का साख विषय सन्ताप।
सीतलता सपने नहीं फल फीका तन ताप॥ 550॥
जिनको साँईं रंग दिया कभी न होइ कुरंग।
दिन दिन बानी आगरी चढ़ै सवाया रंग॥ 551॥

माया दीपक नर पतँग भ्रमि भ्रमि माहिं परंत।
कोइ एक गुरु ज्ञान तें उबरें साधू सन्त॥ 552॥

कनक और कामिनी

चलौं चलौं सब कोइ कहै पहुँचे बिरला कोय।
एक कनक औ कामिनी दुरगम घाटी दोय॥ 553॥
नारी की झाँई परत अन्धा होत भुजंग।
कबिरा तिनकी कौन गति नित नारी को संग॥ 554॥
पर नारी पैनी छुरी मति कोइ लाओ अंग।
रावन के दस सिर गये पर नारी के संग॥ 555॥
पर नारी पैनी छुरी बिरला बाँचै कोय।
ना वहि पेट सँचारिए सर्व सोन की होय॥ 556॥
दीपक सुन्दर देखि कै जरि जरि मरे पतंग।
बढ़ी लहर जो विषय की जरत न मौड़े अंग॥ 557॥
साँप बीछि को मंत्र है माहुर झारे जात।
विकट नारि पाले परी काटि करेजा खात॥ 558॥
कनक कामिनी देखि कै तू मति भूल सुरंग।
बिछुरन मिलन दुलेहरा केंचुकि तजै भुजंग॥ 559॥

मादक द्रव्य

मद तो बहुतक भाँति का ताहि न जानै कोय।
तन-मद-मन-मद जाति-मद माया-मद सब लोय॥ 560॥
विद्या-गद औ गुनहुँ-मद राज-मद्द उनमद्द
इतने मद को रद करैं तब पावै अनहद्द॥ 561॥
कबिरा माता नाम का मद मतवाला नाहिं।
नाम पियाला जो पियै सो मतवाला नाहिं॥ 562॥

शील

सील छिमा जब ऊपजै अलख दृष्टि तब होय।
बिना सील पहुँचै नहीं लाख कथै जो कोय॥ 563॥
सीलवंत सब तें बड़ा सर्व रतन की खानि।
तीन लोक की संपदा रही सील में आनि॥ 564॥

ज्ञानी ध्यानी संजमी दाता सूर अनेक।
जपिया तपिया बहुत हैं सीलवंत कोइ एक ॥ 565 ॥
सुख का सागर सील है कोइ न पावै थाह।
सब्द बिना साधू नहीं द्रव्य बिना नहीं साह ॥ 566 ॥
घायल ऊपर धाव लैं टोटे त्यागी सोय।
भर जोबन में सीलवँत बिरला होय तो होय ॥ 567 ॥

क्षमा

छिमा बड़न को चाहिए छोटन को उत्पात।
कहा विष्णु को घटि गयो जो भृगु मारी लात ॥ 568 ॥
जहाँ दया तहँ धर्म है जहाँ लोभ तहँ पाप।
जहाँ क्रोध तहँ काल है जहाँ छिमा तहँ आप ॥ 569 ॥
करगस सम दुर्जन बचन रहै सन्त जन टारि।
बिजुली परै समुद्र में कहा सकैगी जारि ॥ 570 ॥
खोद खाद धरती सहै काट कूट बनराय।
कुटिल बचन साधू सहै और सहा न जाय ॥ 571 ॥

उदारता

कबिरा गुरु की मिलन की बात सुनी हम दोय।
कै साहेब का नाम लै कै कर ऊँचा होय ॥ 572 ॥
ऋतु बसन्त जाचक भया हरषि दिया द्रुम पात।
ताते नव पल्लव भया दिया दूर नहिं जात ॥ 573 ॥
जो जल बाढ़ै नाव में घर में बाढ़ै दाम।
दोऊ हाथ उलीचिए यहि सज्जन को काम ॥ 574 ॥
हाड़ बड़ा हरि भजन कर द्रव्य बड़ा कछु देय।
अकल बड़ी उपकार कर जीवन का फल येह ॥ 575 ॥
देह धरे का गुन यही देहु देहु कछु देहु।
बहुरि न देही पाइए अब की देहु सो देहु ॥ 576 ॥
सत ही में सत बाँटई रोटी में तें टूक।
कह कबीर ता दास को कबहूँ न आव चूक ॥ 577 ॥

सन्तोष

चाँह गयी चिन्ता मिटी मनुवाँ बेपरवाह।
जिनको कछू न चाहिए सोई साहंसाह ॥ 578 ॥
माँगन गये सो मरि रहे मरे सो माँगन जाहिं।
तिनसे पहले वे मरे होत कहत जो नाहिं ॥ 579 ॥
गोधन गजधन बाजिधन और रतन धन खानि।
जब आवै सन्तोष धन सब धन धूरि समान ॥ 580 ॥
मरि जाऊँ माँगू नहीं अपने तन के काज।
परमारथ के कारने मोहिं न आवै लाज ॥ 581 ॥

धैर्य

धीरे धीरे रे मना धीरे सब कछु होय।
माली सींचै सौ घड़ा ऋतु आये फल होय ॥ 582 ॥
कबिरा धीरज के धरे हाथी मन भर खाय।
टूक एक के कारने स्वान घरै घर जाय ॥ 583 ॥
कबिरा भँवर में बैठि के भौचक मना न जोय।
डूबन का भय छाँड़ि दे करता करै सो होय ॥ 584 ॥
मैं मेरी सब जायगी तब आवैगी और।
जब यह निश्चय होयगा तब पावैगा ठौर ॥ 585 ॥

दीनता

दीन गरीबी बंदगी राधन सों आधीन।
ताके संग मैं यों रहूँ ज्यों पानी सँग मीन ॥ 586 ॥
दीन लखे मुख सबन को दीनहिं लखै न कोय।
भली विचारी दीनता नरहुँ देवता होय ॥ 587 ॥
दीन गरीबी बंदगी सब से आदर भाव।
कह कबीर तेई बड़ा जामें बड़ा सुभाव ॥ 588 ॥
कबिरा नवै सो आप को पर को नवै न कोय।
घालि तराजू तौलिए नवै सो भारी होय ॥ 589 ॥
ऊँचे पानी ना टिकै नीचे ही ठहराय।
नीचे होय सो भरि पिवै ऊँच प्यासा जाय ॥ 590 ॥

नीचे नीचे सब तरे जेते बहुत अधीन।
चढ़ बोहित अभिमान की बूड़ै ऊँच कुलीन ॥ 591 ॥
सब तें लघुताई भली लघुता तें सब होय।
जस दुतिया को चंद्रमा सीस नवै सब कोय ॥ 592 ॥
बुरा जो देखन मैं चला बुरा न मिलिया कोय।
जो दिल खोजों अपना मुझ सा बुरा न होय ॥ 593 ॥
मेरा मुझ में कुछ नहीं जो कछु है सो तोर।
तेरा तुझ को सौंपते क्या लागैगा मोर ॥ 594 ॥
लघुता ते प्रभुता मिलै प्रभुता ते प्रभु दूरि।
चींटी लै शक्कर चली हाथी के सिर धूरि ॥ 595 ॥

दया

दया भाव हिरदे नहीं ज्ञान कथै बेहद।
ते नर नरकहिं जाहिंगे सुनि सुनि साखी सब्द ॥ 596 ॥
दया कौन पर कीजिए कापर निर्दय होय।
साँईं के सब जीव हैं कीरी कुंजर दोय ॥ 597 ॥

सत्यता

साँच बराबर तप नहीं झूठ बराबर पाप।
जाके हिरदे साँच है ता हिरदे गुरु आप ॥ 598 ॥
साँईं से साँचा रहौ साँईं साँच सुहाय।
भाँवै लंबे केस रख भाँवै घोट मुँडाय ॥ 599 ॥
साँचे साप न लागई साँचे काल न खाय।
साँचे को साँचा मिलै साँचै माँहि समाय ॥ 600 ॥
साँच बिना सुमिरन नहीं भय बिन भक्ति न होय।
पारस में परदा रहै कंचन केहि बिधि होय ॥ 601 ॥
प्रेम प्रीति का चोलना पहिरि कबीरा नाच।
तन मन तापर वार हूँ जो कोई बोलै साँच ॥ 602 ॥
साँचे कोइ न पतीजई झूठे जग पतियाय।
गली गली गोरस फिरै मदिरा बैठि बिकाय ॥ 603 ॥
साँच कहूँ तो मारिहैं झूठे जग पतियाय।
ये जग काली कूकरी यो छेड़े ता खाय ॥ 604 ॥

सब ते साँचा है भला जो साँचा दिल होइ।
साँच बिना सुख नाहिना कोटि कहै जो कोइ ॥ 605 ॥
साँचे सौदा कीजिए अपने मन में जानि।
साँचे हीरा पाइए झूठे मूरो हानि ॥ 606 ॥

वाचनिक ज्ञान

ज्यों अँधेरे कौ हाथिया सब काहू को ज्ञान।
अपनी अपनी कहत हैं काको धरिए ध्यान ॥ 607 ॥
ज्ञानी से कहिए कहा कहत कबीर लजाय।
अन्धे आगे नाचने कला अकारथ जाय ॥ 608 ॥
ज्ञानी झूले ज्ञान कथि निकट रह्यो निच रूप।
बाहर खोजै बापुरे भीतर वस्तु अनूप ॥ 609 ॥
भीतर तो भेद्यो नहीं बाहर कथै अनेक।
जो पै भीतर लखि परै भीतर बाहर एक ॥ 610 ॥

विचार

पानी केरा पूतला रखा पवन संचार।
नाना बानी बोलता जोति धरी करतार ॥ 611 ॥
एक शब्द में सब कहा सब ही अर्थ बिचार।
भजिए निर्गुन नास को तजिए विषै बेकार ॥ 612 ॥
सहज तराजू आनि करि सब रस देखा तोल।
सब षस माहीं जीभ रस जो कोइ जानै बोल ॥ 613 ॥
आचारी सब जग मिला मिला बिचारि न कोय।
कोटि अचारी बारिए एक बिचारि जो होग ॥ 614 ॥
मन दीया कहिं और ही तन साधन के संग।
कह कबीर कारो गजी कैसे लागै रंग ॥ 615 ॥
लोग भरोसे कौन के बैरि रहे अरगाय।
ऐसे जियरै जम बुटै मेढ़ैं लुटैं कसाय ॥ 616 ॥
बोली एक अमोल है जो कोइ बोलै जानि।
हिए तराजू तौलि के तब मुख बाहर आनि ॥ 617 ॥

विवेक

फूटी आँखि विवेक की लखै न सन्त असन्त।
जाके सग दस बीस हैं ताका नाम महंत ॥ 618 ॥
सादू भेरे सब बड़े अपनी अपनी ठौर।
सब्द विशेकी पारखी सो माथे के मौर ॥ 619 ॥
समझा समझा एक है अन समझा सब एक।
समझा कोई जानिए जाके हृदय विवेक ॥ 620 ॥
भँवर जाल बगु जात है बूड़े जीव अनेक।
कह कबीर ते बाँचिहैं जिनके हृदय विवेक ॥ 621 ॥
जहँ गाहक तहँ हौ नहीं हौं जहँ गाहँक नाहिं।
बिन बिवेक भटकत फिरै पकरि शब्द की छाँहि ॥ 622 ॥

बुद्धि और कुबुद्धि

अकिल अरस सों उतरी बिधना दीन्हीं बाँटि।
एक अभागा रह गया एकन लीन्हीं छाँटि ॥ 623 ॥
बिना वसीले चाकरी बिना बुद्धि की देह।
बिना ज्ञान का जोगना फिरै लगाए खेह ॥ 624 ॥
समझा का घर और है अनसमझा का और।
जा घर में साहब बसै बिरला जानै ठौर ॥ 625 ॥
मूरख को समझावते ज्ञान गाँठि को जाय।
कोइला होइ न ऊजरो नौ मन साबन खाय ॥ 626 ॥
मूरख सों क्या बोलिए सठ सों कहा बसाय।
पाहन में क्या मारिए चोखा तीर नसाय ॥ 627 ॥
पल में परलय बीतिया लोगन लगी तमारि।
आगिल सोच नियारि फै पाछे करो गोहारि ॥ 628 ॥

आहार

खट्टा मीठा चरपरा जिह्वा सब रस लेय।
चोरों कुतिया मिलि गयी पहरा किसका देय ॥ 629 ॥
खट्टा मीठा देखि कै रमना मेलै नीर।
जब लग मन पाको नहीं काँचो निपट कथीर ॥ 630 ॥

बकरी पाती खात है ताकी काढ़ी खाल।
जो बकरी को खात है ताको कौन हवाल॥ 631॥
दिन को रोजा रहत है रात हनत है गाय।
यह तो खूनी बह बंदगी कहु क्यों खुसी खुदाय॥ 632॥
सुख खाना है खीचरी मोहिं परा टुक नौन।
माँस पराया खाय कर गरा कटावै कौन॥ 633॥
रूखा सूखा खाइ कै ठंढा पानी पीव।
देखि बिरानी चूपड़ी मत ललचावै जीव॥ 634॥
कबिरा सांई मुज्झ को रूखी रोटी देय।
चुपड़ी माँगत मैं डरूँ रूखी छीन न लेय॥ 635॥
आधी अरु रूखी भली सारी सों सताप।
जो चाहैगा चूपड़ी बहुत करैगा पाप॥ 636॥

संसारोत्पत्ति

प्रथमै समरथ आप रह दूजा रहा न कोय।
दूजा क्रेहि विधि ऊपजा पूछत हौं गुरु सोय॥ 637॥
तब सतगुरु मुख बोलिया सुकृत सुनो सुजान।
आदि अंत की पारचै तोसों कहौं बखान॥ 638॥
प्रथम सुरति समरथ कियो घट में सहज उचार।
ताते जामन दीनिया सात करी वित्तार॥ 639॥
दूजे घट इच्छा भई चित्त मनसा तो कीन्ह।
सात रूप निरमाइया अविगत काहु न चीन्ह॥ 640॥
तब समरथ के श्रवण ते मूल सुरति भै सार।
शब्द कला ताते भई पाँच ब्रह्म अनुसार॥ 641॥
पाँचों पाँचों अंड धरि एक एक माँ कीन्ह।
दुइ इच्छा तहँ गुप्त हैं सो सुकृत चित दीन्ह॥ 642॥
योग मया यकु कारने ऊजो अक्षर कीन्ह।
या अवगति समरथ करी ताहि दुप्त करि दीन्ह॥ 643॥
श्पासा सोहं ऊपजे कीन्ह अमी बंधान।
आठ अंश निरमाइया चीन्हों सन्त सुजान॥ 644॥
तेज अंड आचिन्त्य का दीन्हों सकल पसार।
अंड शिखा पर बैठि चै अधर दीप निरधार॥ 645॥

ते अचिन्त्य के प्रेम ते उपजे अक्षर सार।
चारि अंश निरमाइया चारि वेद विस्तार ॥ 646 ॥
तब अक्षर का दीनिया नीद मोह अलसान।
वे समरथ अविगत करी मर्म कोइ नहिं जान ॥ 647 ॥
जब अक्षर के नींद गै दवी सुरति निरवान।
श्याम बरण इक अंड है सो जल में उतरान ॥ 648 ॥
अक्षर घट में ऊपजे व्याकुल संशय शूल।
किन अंडा निरमाइया कहा अंड का मूल ॥ 649 ॥
तेहि अंड के मुक्ख पर लगी शब्द की छाप।
अक्षर दृष्टि से फूटिया दश द्वारे कढ़ि बाप ॥ 650 ॥
तेहि ते ज्योति निरंजनौ प्रगटे रूप निधान।
काल अपर बल बीर भा तीनि लोक परधान ॥ 651 ॥
ताते तीनों देव भे ब्रह्मा विष्णु महेश।
चारि खानि तिन सिरजिया माया के उपदेश ॥ 652 ॥
लख चौरासी धार माँ तहाँ जीव दिय बास।
चौदह जम रखवारिया चारि वेद विस्वास ॥ 653 ॥
आपु आपु सुख सबर मैं एक अंड के माहिं।
उत्पति परलय दुःख सुख फिर आवहिं फिर जाहिं ॥ 654 ॥
सात सुरति सब मूल है प्रलय हुँ इनहीं माहिं।
इनहीं में से ऊपजे इनहीं माँह समाहिं ॥ 655 ॥
सोइ ख्याल समरथ कर रहे सो अछपछ पाइ।
सोइ संधि ले आइया सोवत जगहिं जगाइ ॥ 656 ॥
सात सुरति के बाहिरे सोरह संख के पार।
तहँ समरथ को बैठका हंसन केर अधार ॥ 657 ॥

मन

मन के मते न चालिए मन के मते अनेक।
जो मन पर असवार है सो साधू कोइ एक ॥ 658 ॥
मन-मुरीद संसार है गुरु-मुरीद कोइ साध।
जो मानै गुरु वचन को ताको मता अगाध ॥ 659 ॥
मन को मारूँ पटकि के टूक टूक होइ जाय।
विष की क्यारी बोइ के लुनता क्यों पछिताय ॥ 660 ॥

मन पाँचों के बसि परा मन के बस नहिं पाँच।
जित देखूँ तित दौ लगी जित भागूँ तित आँच ॥ 661 ॥
कबिरा बेरी सबल हैं एक जीव रिपु पाँच।
अपने अपने स्वाद को बहुत नचावैं नाच ॥ 662 ॥
कबिरा मन तो एक है भाव तहाँ लगाय।
भाव गुरु की भक्ति कर भावैं विषय कमाय ॥ 663 ॥
मन के मारे बन गये बन तजि बस्ती माहिं।
कह कबीर क्या कीजिए यह मन ठहरै नाहिं ॥ 664 ॥
जेती लहर समुद्र की तेती मन की दौर।
सहजै हीरा नीपजै जो मन आवै ठौर ॥ 665 ॥
पहले यह मन काग था करता जीवन-घात।
अब तो मन हंसा भया मोती चुँगि चुँगि खात ॥ 666 ॥
कबिरा मन परबत हता अब मैं पाया कानि।
टाँकी लागी सब्द की निकसी कंचन खानि ॥ 667 ॥
अगम पंथ मन थिर करै बुद्धि करै परबेस।
तन मन सबही छाँड़ि के तब पहुँचे वा देस ॥ 668 ॥
मन मोटा मन पातरा मन पानी मन लाय।
मन के जैसी ऊपजै तैसे ही ह्वै जाय ॥ 669 ॥
मन के बहुतक रंग हैं छिन छिन बदलैं सोय।
एकै रँग में जो रहै ऐसा बिरला कोय ॥ 670 ॥
मनवा तो पंछी भया उड़िकै चला अकास।
ऊपर ही तें गिर पड़ा या माया के पास ॥ 671 ॥
अपने अपने चोर को सब कोइ डारै मार।
मेरा चोर मुझे मिलै सरबस डारूँ बार ॥ 672 ॥
मन कुंजर महमंत था फिरता गहिर गँभीर।
दोहरी तेहरी चौहरी परि गइ प्रेम जँजीर ॥ 673 ॥
हिरदे भीतर आरसी मुख देखा नहिं जाय।
मुख तो सबहीं देखसी दिल की दुविधा जाय ॥ 674 ॥
पानी हूँ तें पातला धुआँ हूँ तें झीन।
पवन हुँ तें अति ऊतला दोस्त कबीरा कीन ॥ 675 ॥
मन मनसा को मार करि नन्हा करि के पीस।
तब सुख पावै सुंदरी पदुम झलक्के सीस ॥ 676 ॥

मन मनसा को मार दै घट ही माहीं घेर।
जब ही चालै पीठ दै आँकुस दै दै फेर॥ 677 ॥
कबिरा मनहि गयंद है आँकुस दै दै राख।
विष की बेलो परिहरी अमृत का फल चाखु॥ 678 ॥
कुंभे बाँधा जल रहै जल विनु कुंभ न होय।
ज्ञाने वाँधा मन रहे मन बिनु ज्ञान न होय॥ 679 ॥
मन माया तो एक है माया मनहि समाय।
तीन लोक संसय परा काहि कहूँ समुझाय॥ 680 ॥
मन सायर मनसा लहरि बूड़े बहे अनेक।
यह कबीर ते बाँचिहैं जाके हृदय विवेक॥ 681 ॥
नैनन आगे मन बसै रल पिल करै जो दौर।
तीन लोक मन भूप है मन पूजा सब ठौर॥ 682 ॥
तन बोहित मन काग है लख जोजन उड़ि जाय।
कबहीं दरिया अगम बहिं कबहीं गगन समाय॥ 683 ॥
मन के हारे हार है मन के जीते जीत।
कह कबीर पिउ पाइए मनहीं की परतीत॥ 684 ॥
तीनि लोक टींडो भई उड़िया मन के साथ।
हरिजन हरिजाने बिना परे काल के हाथ॥ 685 ॥
बाजीगर का बंदरा ऐसा जिउ मन साथ।
नाना नाच नचाय कै राचै अपने हाथ॥ 686 ॥
मन करि सुर मुनि उँहड़िया मन के लक्ष दुवार।
ये मन चंचल चोरई ई मन शुद्ध ठगार॥ 687 ॥
मन मतंग गैयर हनै मनसा भई शचान।
जंत्र मंत्र माने नहीं लागी उड़ि उड़ि खान॥ 688 ॥
मन गयंद मानै नहीं चलै सुरति के साथ।
दीन महावत क्या करै अंकुश नाहीं हाथ॥ 689 ॥
देस विदेसन हौं फिरा मनहीं भरा सुकाल।
जाको ढूँढ़न हौं फिरौं ताको परा दुकाल॥ 690 ॥
मन स्वारथ आपहि रसिक विषय लहरि फहराय।
मन के चलतै तन चलत ताते सरबसु जाय॥ 691 ॥
यह मन तो शीतल भया जब उपजा ब्रह्मज्ञान।
जेहि बैसंदर जग जरै सो पुनि उदक समान॥ 692 ॥

विविध

सुपने में साँईं मिले सोवत लिया जगाय।
आँखि न खोलूँ डरपता मत सुपना है जाय ॥ 693 ॥
सोऊँ तो सुपने मिलूँ जागूँ तो मन माहिं।
लोचन राते सुभ घड़ी बिसरत कबहूँ नाहिं ॥ 694 ॥
कबिरा साथी सोइ किया दुख सुख जाहि न कोय।
हिलि मिलि कै सँग खेलई कधी विछोह न होय ॥ 695 ॥
तरवर तास बिलंबिए बारह मास फलंत।
सीतल छाया सघन फल पंछी केल करंत ॥ 696 ॥
तरवर सरवर सन्तजन चौथे बरसै मेंह।
परमारथ के कारने चारों धारैं देह ॥ 697 ॥
कबिरा सोई पीर है जो जानै पर पीर।
जो पर पीर न जानई सो काफिर बेपीर ॥ 698 ॥
नवन नवन बहु अंतरा नवन नवन बहु बान।
ये तीनों बहुतै नवैं चीता चोर कमान ॥ 699 ॥
कबिरा सीप समुद्र को खारा जल नहिं लेय।
पानी पीवै स्वाति का सोभा सागर देय ॥ 700 ॥
ऊँची जाति पपीहरा पियै न नीचा नीर।
कै सूरपति को जाँचही कै दुख सहै सरीर ॥ 701 ॥
चातक सुतहिं पढ़ावही आन नीर मत लेय।
मम कुल यही सुभाव है स्वाति बूद चित देय ॥ 702 ॥
लम्बा मारग दूर घर बिकट पन्थ बहु भार।
कहत कबीर कस पाइए दुर्लभ गुरु दीदार ॥ 703 ॥
हेरत हेरत है सखी हेरत गया हेराय।
बुंद समानी समुँद में सो कित हेरी जाय ॥ 704 ॥
आदि होत सब आप मैं सकल होत ता माहिं।
ज्यों तरबर के बीच में डार पात फज छाँहिं ॥ 705 ॥
कबिरा में तो तब डरौं जो मुझ ही में होय।
मीच बुढ़ापा आपदा सब काहू में सोय ॥ 706 ॥
सात दीप नौ खंड में तीन लोक ब्रह्मांड।
कह कबीर सबको लगै देह धरे का दंड ॥ 707 ॥

देह धरे का दंड है सब काहू को होय।
ज्ञानी भुगतै ज्ञान करि मूरख भुगतै रोय ॥ 708 ॥
देखन ही की बात है कहने की कछु नाहिं।
आदि अन्त को मिलि रहा हरि जन हरि ही माहिं ॥ 709 ॥
सबै हमारे एक हैं जो सुमिरै सत नाम।
वस्तु लही पहिचानि कै वासना सों क्या काम ॥ 710 ॥
जुआ चोरी मुखबिरी ब्याज घूस पर नार।
जो चाहै दीदार को एती वस्तु निवार ॥ 711 ॥
राज-दुवारे साधुजन तीनि वस्तु को जाय।
कै मीठा कै मान कौ कै माया की चाय ॥ 712 ॥
देखन को सब कोइ भला जैसे सीत का कोट।
देखत ही ढहि जायगा बाँधि सकै नहिं पेट ॥ 713 ॥
नाचै गावै पद कहै नाहीं गुरु सों हेत।
कह कबीर क्यों नीपजै बीज बिहूनो खेत ॥ 714 ॥
ब्रह्महिं तें जग ऊपजा कहत सयाने लोग।
ताहि ब्रह्म के त्यागि बिनु जगत न त्यागन जोग ॥ 715 ॥
ब्रह्मा जगत का बीज है जो नहिं ताको त्याग।
जगत ब्रह्म में लीन है कहहु कौन बैराग ॥ 716 ॥
नेत नेत जेहि वेद कहि जहाँ न मन ठहराय।
मन बानी की गम नहीं ब्रह्म कहा किन ताय ॥ 717 ॥
एक कर्म है बोवना उपजै बीज बहूत।
एक कर्म है भूजना उदय न अंकुर सूत ॥ 718 ॥
चाँद सुरज निज किरन को त्यागि कवन विधि कीन।
जाकी किरने ताहि में उपजि होत पुनि लीन ॥ 719 ॥
गुरु झरोखे बैठि के सब का मुजरा लेइ।
जैसी जाकी चाकरी तैसा ताको देइ ॥ 720 ॥
हंसा बक एक रंग लखि चरैं एक ही ताल।
छीर नीर ते जानिए बक उघरै तेहि काल ॥ 721 ॥
बिना देखे वह देस की बात कहैं सो कूर।
आपै खारी खत हो बेचत फिरत कपूर ॥ 722 ॥
मलयागिरि के बास में बृच्छ रहा सब गोय।
कहिबे को चंदन भया मलयागिरि ना होय ॥ 723 ॥

काटे आँव न मौरिया फाटे जुरै न कान।
गोरख पद परसे बिना कहौ कौन की सान ॥ 724 ॥
आगे सीढ़ी साँकरी पीछे चकनाचूर।
परदा तर की सुंदरी रही धका दै दूर ॥ 725 ॥
बेरा बाँधि न सर्प को भवसागर के माहिं।
छोड़ै तो बूड़त अहै गहै तो डसिहैं वाहि ॥ 726 ॥
कर खोरा खोबा भरा मग जोहत दिन जाय।
कबिरा उतरा चित्त सों छाँछ दियो नहिं जाय ॥ 727 ॥
विष के बिरबा घर किया रहा सर्प लपटाय।
ताते जियरैं डर भया जागत रैनि बिहाय ॥ 728 ॥
सेमर केरा सूबना सिहुले बैठा जाय।
चोंच चहोरै सिर धुनै यह वाही को भाय। ॥ 729 ॥
सेमर सुबना बेगि तजु धनी बिगुर्चन पाँख।
ऐसा सेमर जो सेवै हृदया नाहीं आँख ॥ 730 ॥
केते दिन ऐसे गये अनरूचे को नेह।
बोए ऊसर न ऊपजै जो धन बरसैं मेह ॥ 731 ॥
प्रगट कहौं तो मारिया परदा लखै न कोय।
सहना छपा पयार तर को कहि बैरी होय ॥ 732 ॥
जो लौं तारा जगमगै तो लौं उगै न सूर।
तौ लौं जिय जग कर्मबस जौ लौं ज्ञान न पूर ॥ 733 ॥
करु बहियाँ बल आपनी छाँड़ बिरानी आस।
जाके आँगन नदी है सौ कस मरै पिआस ॥ 734 ॥
हे गुणवंती बेलरी तब गुण बरणि न जाय।
जर काटे ते हरिअरी सींचे ते कुँभिलाय ॥ 735 ॥
बेलि कुढंगी फल बुरो फुलवा कुबुधि बसाय।
मूल बिनासी तूमरी सरोपात करु आय ॥ 736 ॥
हम जान्यो कुल हंस हो ताते कीन्हों संग।
जो जनत्यों बक बरन हौ छुबन न देत्यों अंग ॥ 737 ॥
गुणिया तो गुण को गहै निर्गुण गुणहिं घिनाय।
बैलहिं दीजै जायफल क्या बूझै क्या खाय ॥ 738 ॥
खेत भला बीजौ भला बोइए मूटी फेर।
काहे बिरवा रूखरा या गुण खेतै केर ॥ 739 ॥

जंत्र बजावत हौं सुना टूटि गये सब तार।
जंत्र बिचारा क्या करै गयो बजावनहार ॥ 740 ॥
औरन के समुझावते मुख में परिगो रेत।
रासि बिरानी राख ते खाए घर को खेत ॥ 741 ॥
तकत तकावत तकि रहे सके न बेझा मारि।
सबै तीर खाली परे चले कमानी डारि ॥ 742 ॥
अपनी कह मेरी सुनै सुनि मिलि एकै होय।
मेरे देखत जग भया ऐसा मिला न कोय ॥ 743 ॥
देस देस हम बागिया ग्राम ग्राम की खोरि।
ऐसा जियरा ना मिला जो ले फटकि पछोरि ॥ 744 ॥
वस्तु अहै गाहक नहीं वस्तु सो गरुवा मोल।
बिना दाम को मानवा फिर सो डामाडोल ॥ 745 ॥
सिंह अकेला बन रमै पलक पलक के दौर।
जैसा बन है आपना तैसा बन है और ॥ 746 ॥
बैठा है घर भीतरै बैठा है साचेत।
जब जैसी गति चाहता तब तैसी मति देत ॥ 747 ॥
बना बनाया मानवा बिना बुद्धि बेतूल।
कहा लाल लै कीजिए बिना बास का फूल ॥ 748 ॥
आगे आगे दव बरै पीछे हरियर होइ।
बलिहारी वा बृच्छ की जर काटे फल होइ ॥ 749 ॥
सरहर पेड़ अगाध फल अरु बैठा है पूर।
बहुत लाल पचि पचि मरे फल मीठा अरु दूर ॥ 750 ॥
सब ही तरु तर जायके सब फल लीन्हों चीखि।
फिर फिर माँगत कबिर है दर्शन ही की भीखि ॥ 751 ॥
कंचन भो परसि परसि बहुरि न लोहा होइ।
चंदन बास पलास बिधि ढाक कहै न कोइ ॥ 752 ॥
भक्ति भक्ति सब कोइ कहै भक्ति न आयी काज।
जहँ को किया भरोसवा तहँ ते आयी गाज ॥ 753 ॥
सुख को सागर में रचा दुख मेलो पाव।
तिथि ना पकरै आपना चलै रंक औ राव ॥ 754 ॥
लिखा-पढ़ो में परे सब यह गुण तजै न कोइ।
सबै परे भ्रम-जाल में डारा यह जिय खोइ ॥ 755 ॥

जैसी लागी और की तैसी निबहै थोरि।
कौड़ी कौड़ी जोरि कै पूज्यो लच्छ करोरि ॥ 756 ॥
नव मन दूध बटोरि कै टिपका किया विनाश।
दूध फटि काँजी हुआ भया घीव का नाश ॥ 757 ॥
मानुष तेरा गुण बड़ा माँस न आवै काज।
हाड़ न होते आभरण त्वचा न बाजन बाज ॥ 758 ॥
प्रथमै एक जो हो किया भया सो बारह बाट।
कसत कसौटी नाटिका पीतर भया निराट ॥ 759 ॥
फुलवा धार न ले सकै कहै सखिन सों रोइ।
ज्यों ज्यों भीजै कामरी त्यों त्यों भारी होइ ॥ 760 ॥
पद गावै लवलीन है कटै न संसय फाँस।
सबै पछोरै थोथरा एक बिना विश्वास ॥ 761 ॥
घर कबीर का शिखर पर जहाँ सिलिहिली गैल।
पायँ न टिकै पिपीलका खलक न लादे बैल ॥ 762 ॥
अपने अपने शीश की सबन लीन है मानि।
हरि की बात दुरंतरी परी न काहू जानि ॥ 763 ॥
घाट भुलाना बाट बिन भेष भुलाना कानि।
जाकी माँड़ी जगद माँ सो न परा पहिचानि ॥ 764 ॥
ऊपर की दोऊ गयी हिय की गयी हेराय।
कह कबीर चारिउ गयीं तासों कहा बसाय ॥ 765 ॥
यती सती सब खोजहीं मानै न मानै हारि।
बड़ बड़ बीर बचै नहीं कहहि कबीर पुकारि ॥ 766 ॥
एकै साधे सब सधै सब साधे सब जाय।
जो तू सेवै मूल को फूलै फलै अघाय ॥ 767 ॥
साँई केरे बहुत गुन लिखे जो हिरदे माहिं।
पिऊँ न पानी डरपता मत वै धोए जाहिं ॥ 768 ॥
यार बुलावै भाव से मो पै गया न जाय।
धन मैली पिउ ऊजला लागि न सक्कूँ पाँय ॥ 769 ॥
पपिहा पर को ना तजै तजै तो तन बेकाज।
तन छूटे तो कछु नहीं पर छूटे हैं लाज ॥ 770 ॥
प्रेम प्रीति से जो मिले तासौं मिलिए धाय।
अंतर राखे जो मिलैं तासों मिलैं बलाय ॥ 771 ॥

खुलि खेली संसार में बाँधि न सक्के कोय।
घाट जगाती क्या करै जो सिर बोझ न होय॥ 772॥
सब काहू का लीजिये साँचा शब्द निहार।
पच्छपात न कीजिए कहै कबीर बिचार॥ 773॥
तन सँदूक मन रतन है चुपके दे हट ताल।
गाहक बिना न खोलिए पूँजी शब्द रसाल॥ 774॥
जब दिल मिला दयाल सों तब कछु अंतर नाहिं।
पाला गलि पानी भया यों हरिजन हरि माहिं॥ 775॥
मो में इतनी शक्ति कहँ गाआ गला पसार।
बंदे को इतनी घनी पड़ा रहै दरबार॥ 776॥
रचनहार को चीन्ह ले खाने को क्यों रोय।
दिल मन्दिर में पैठ करि तानि पिछौरा सोय॥ 777॥
सब से भली मधूकरी भाँति भाँति का नाज।
दावा काहू का नहीं बिना बिलायत राज॥ 778॥
भौसागर जल बिष भरा मन नहिं बाँधै धीर।
सब्च-सनेही पिउ मिला उतरा पार कबीर॥ 789॥
नाम रतन धन सन्त पहँ खान खुली घट माहिं।
सेंत मेंत हौं देत हौं गाहक कोई नाहिं॥ 780॥

द्वितीय खण्ड

शब्दावली

कर्त्ता-निरूपण

सब का साखी मेरा साईं। ब्रह्मा विष्णु रुद्र ईश्वर लौं औ अव्याकृत नाहिं। सुमति पचीस पाँच से कर ले यह सब जग भरमाया। अकार उकार मकार मात्रा इनके परे बताया। जागत सुमन सुषोपत तुरिया इनते न्यारा होई। राजस तामस सात्विक निर्गुन इनतें आगे सोई। सुछम थूल कारन मह कारन इन मिल भोग बखाना। तेजस बिस्व परांग आतमा इनमें सार न जाना। परा बसंती मधमा वैखरि चौबानी ना मानी। पाँच कोस नीचे कर देखो इनमें सार न जानी। पाँच ज्ञान औ पाँच कर्म की यह दस इंद्री जानो। चित सोइ अंतःकरण बखानों इनमें सार न मानो। कुरम सेस किरकिला धनंजय देवदत्त कहँ देखो। चौदह इंद्री चौदह इंद्रा इनमें अलख न पेखो। तत् पद त्वँ पद और असी पद बाच लच्छ पहिचाने। जहद लछना अजहद कहते अजहद जहद बखाने। सत्गुरु मिल सत् शब्द लखावे सार सब्द बिलगावै। कह कबीर सोई जन पूरा जो न्यारा कर गावै॥ 1॥

मेरी नजर में मोती आया है। कोइ कह हलका कोइ कहे भारी दोनों भुलाया है। ब्रह्मा विष्णु महेसर थाके तिनहूँ खोज न पाया है। सेस सारदा संकर हारे पढ़ रट बहु गुन गाया है। है तिल के तिल के तिल भीतर बिरले साधू पाया है। चहुँ दल कमल तिरकुटी साजे ओंकर दरसाया है ररंकार पद सेत सुन्न मद षट्दल कँवल बताया है। पारब्रह्म महा सुन्न मँझारा सोइ निःअछर हराया है। झँवर गुफा में सोहँ राजै मुरली अधिक बजाया है। सत्त लोकर सतःपुरुख बिराजै अलख अगम दोउ भाया है। पुरुख अनामी सब पर स्वामी ब्रह्मउँ पार जो पाया है। यह सब बातें देही माही प्रतिबिंब अंड को पाया है। प्रतिबिंब पिंड ब्रह्मांड है नकली असली पार बताया है। यह कबीर सतलोक सार है पुरुष नियारा पाया है॥ 2॥

संतो बीजक मन परमाना। कैयल खोजो खोजि थके कोइ बिरला जन पहिचाना। चारिउ युग औ निगम चार कौ गावैं पंथ अपारा। विष्णु बिरंचि रुद्र ऋषि गावैं सेस न पावै पारा। कोइ निरगुन ठहरावैं कोई जोति बतावैं। नाम धनी को सब ठहरावैं रूप को नहीं

लखावैं। कोउ सूछम असथूल बतावें कोउ अच्छर निज साँचा। सतगुरु कहँ बिरले पहिचानैं भूले फिरैं असाँचा। लोभ के भक्ति सरे नहि कामा साहब परम सयाना। अगम अगोचर धाम धनो को सबै कहैं ह्वाँ जाना। दिखै न पंथ मिले नहिं पंथी ढूँढ़त ठौर ठिकाना। कोउ ठहरावै शून्यक कीन्हा जोति एक परमाना। कोउ कह रूप रेख नहिं वाके धरत कौन को ध्याना। रोम रोम में परगट कर्त्ता काहे भरम भुलाना। पच्छ अपच्छ सबै पचि हारे कर्त्ता कोइ न विचारा। कौन रूप है साँचा साहब नहिं कोई बिस्तारा। बहु परचै परतीत जगावै साँचे को बिसरावै। कलपत कोटि जनम युगवागै दरशन कतहुँ न पावै। परम दयालु पुरुषोत्तम ताहि चीन्ह नर कोई। तत पर हाल निहाल करन है रीझत है निज सोई। बधिक कर्म करि भक्ति दृढ़ावै नाना मत को ज्ञानी। बीजक मत कोई बिरला जाने भूलि फिरे अभिमानी। कह कबीर कर्त्ता में सब है कर्त्ता सकल समाना। भेद बिना सब भरम परे बूझै सत सुजाना॥ 3॥

तेहि साहब के लागो साथा।
दुइ दुख मेटि कै होहु सनाथा॥
दशरथ कुल अवतरि नहिं आया।
नहिं लंका के राय सताया॥
नहिं देवकि के गर्भहिं आया।
नहीं यशोदा गोद खिलाया॥
पृथ्वी रमन दमन नहिं करिया।
बैठि पताल नहिं बलि छलिया॥
नहिं बलिराय सों माँड़ी रारी।
नहिं हिरनाकुस बधल पछारी॥
रूप बराह धरणि नहिं धरिया।
छत्री मारि निछत्री न करिया॥
नहिं गोबर्धन कर पर धरिया।
नहीं ग्वाल सँग बन बन फिरिया॥
गंठक शालग्राम न शीला।
मत्स्य कच्छ है नहिं जल हीला॥
द्वारावती शरीर न छाँड़ा।
लै जगनाथ पिंड नहिं गाड़ा॥
कहहि कबीर पुकारि कै वा पंथे मत भूल।
जेहि राखे अनुमान करि थूल नहीं असथूल॥ 4॥
संतो आवै जाय सो माया।

है प्रतिपाल काल नहिं वाके ना कहुँ गया न आया॥
क्या मकसूद मच्छ कछ होना शंखासुर न सँघारा॥
अहै दवालु द्रोह नहिं वाके कहहु कौन को मारा॥
वे कर्त्ता न बाराह कहावै धरणि धरैं नहिं भारा।
ई सब काम साहेब कै नाहीं झूठ गहै संसारा॥
खंभ फारि जो बाहर होई ताहि पतिज सब कोई।
हिरनाकुस नख उदर बिदारे सो नहिं कर्ता होई॥
बामन रूप न बलि की जाँचै जो जाँचै सौ माया।
बिना विवेक सकल जग जँहड़े माया जग भरमाया॥
परशुराम छत्री नहिं मारा ई छल माया कीन्हा।
सतगुरु भक्ति भेद नहिं जानै जीव अमिथ्या दीन्हा॥
सिरजनहार न ब्याही सीता जल पाखन नहि बंधा।
वे रघुनाथ एक कै सुमिरै जो सुमिरै सो अंधा॥
गोप ग्वाल गोकुल नहिं आए करते कंस न मारा।
मेहरबान है सब का साहब नहिं जीता नहिं हारा॥
वे कर्त्ता नहिं बोध कहावै नहीं असुर को मारा।
ज्ञान हीन कर्ता सब भरमे भाया जग संहारा॥
वे कर्त्ता नहिं भए कलंकी नहीं कलिगहिं मारा।
ई छल-बल सब मायै कीन्हा जतिन सतिन सब टारा॥
दस अवतार ईश्वरी माया कर्ता कै जिन पूजा।
कहै कबीर सुनो हो संतो उपजै खपै सौ दूजा॥ 5॥

कर्त्ता-महत्ता

बरनहुँ कौन रूप औ रेखा। दूसर कौन आय जो देखा॥
औं ओंकार आदि नहिं बेदा। ताकर कहौं कौन कुल भेदा॥
नहिं तारागन नहिं रवि चंदा। नहिं कछु होत पिता के बिंदा॥
नहिं जल नहिं थल नहिं थिर पावन। कोधर नाम हुकुम को बरना॥
नहिं कछु होत दिवस अरु राती। ताकर कहहुँ कौन कुल जाती॥
शून्य सहज मन सुरति ते प्रगट भई एक ज्योति।
बलिहारी ता पुरुख छबि निरालंब जो होति॥ 6॥
एकै काल सकल संसारा। एक नाम है जगत पियारा।
तिया पुरुख कछु कथो न जाई। सर्व रूप जग रहा समाई॥

रूप अरूप जाय नहिं बोली। हलुका गरुआ जाय न तोली॥
भूख न तृखा धूप नहिं छाँहीं। दुख सुख रहित रहै ते माहीं॥
अपरम परम रूप मगु नहिं तेहि संख्या आहि।
कहहि कबीर पुकारि कै अद्भुत कहिए ताहि॥ 7॥

राम गुण न्यारो न्यारो न्यारो
अबुझा लोग कहाँ लौं बूझै बूझनहार बिचारो॥
केते रामचंद्र तपसी से जिन जग यह बिरमाया।
केते कान्ह भए मुरलीधर तिन भी अंत न पाया॥
मच्छ कच्छ बाराह स्वरूपी बामन नाम धराया।
केते बौध भए निकलंकी तिन भी अंत न पाया॥
केतिक सिध साधक संन्यासी जिन बन बास बसाया।
केते मुनि जन गोरख कहिए तिन भी अंत न पाया॥
जाकी गति ब्रह्मै नहिं पाए शिव सनकादिक हारे।
ताके गुन नर कैसे पैहो कहै कबीर पुकारे॥ 8॥

अब हम जाना हो हरि बाजी को खेल।
डंक बजाय देखाय तमाशा बहुरि सो लेत सकेल॥
हरि बाजी सुर नर मुनि जहँड़े माया चेटक लाया।
घर में डारि सबन भरमाया हृदये ज्ञान न आया॥
बाजी झूठ बाजीगर साँचा साधुन की मति ऐसी।
कह कबीर जिन जैसी समझी ताकी गति भइ तैसी॥ 9॥

छेम कुसल औ सही सलामत कहहु कौन को दीन्हो हो।
आवत जात दुनों विधि लूटे सरब संग हरि लीन्हो हो॥
सुर नर मुनि सब पीर औलिया मीरा पैदा कीन्हो।
कहँ लौं गिनैं अतंत कोटि लौं सकल पयाना दीन्हा हो॥
पानी पबन अकास जाहिगो चंद्र जाहिगो सूरा हो।
वह भी जाहिगो यह भी जाहिगो परत काहू को न पूरा हो॥
कुसलै कहत कहत जग बिनसै कुसल काल को फाँसी हो।
कह कबीर सब दुनिया बिनसल रहल राम अविनासी हो॥ 10॥

ऐसा लो तात ऐसा लो, मैं केहि बिधि कहौं गँभीर लो।
बाहर कहा तो सतगुरु लाजै, भीतर कहौ तो झूठा लो॥
बाहर भीतर सकल निरंतर, तरु परतापै दीठा लो।
दृष्टि न भुष्टि न अगम अगोचर, पुस्तक लिखा न जाई लो।

जिन पहिचाना तिन भल जाना, कहे न तो पतियाई लो।
मीन चलै जल मारग जोवै, परम तत्त धौं कैसा लो॥
पहुप बाँस हूँ ते कछु झीना, परम तत्त धौं ऐसा लो।
आकासै उड़ि गयो विहंगम, पाछे खोज न दरसी लो॥
कह कबीर सतगुरु दाया तें बिरला सत पद परसी लो॥ 11॥

बाबा अगम अगोचर कैसा, ताते कहि समुझाआ ऐसा।
जो दीसै सो तो है नाहीं है सो कहा न जाई।
सैना बैना कहि समझाओं, गूँगे का गुरु-भाई।
दृष्टि न दीसै मुष्टि न आवै, बिनसे नाहिं नियारा।
ऐसा ज्ञान कथा गुरु मेरे, पंडित करौ बिचारा।
बिन देखे परतीत न आवै, कहै न कोउ पतियाना।
समुझा होय सो शब्दै चीन्है, अचरज होय अयाना॥
कोई ध्यावै निराकार को, कोई ध्यावै साकारा।
वह तो इन दोऊ ते न्यारा, जानै जाननहारा॥
काजी कथै कतेव कुराना, पंडित बेद पुराना।
वह अच्छर तो लखा न जाई, मात्रा लगै न काना॥
नादी बादी पढ़ना गुनना बहुचतुराई मीना।
कह कबीर सो पड़ै न परलय नाम भक्ति जिन चीना॥ 12॥

अबधू कुदरत की गति न्यारी।
रंक निवाज करे वह राजा भूपति करै भिखारी॥
ये ते लवँगहि फल नहिं लागे चंदन फूल न फूले।
मच्छ शिकारी रमै जंगल में सिंह समुद्रहि झूले॥
रेंड़ा रूखा भया मलयागिरि चहुँ दिसि फूटी बासा।
तीन लोक ब्रह्मांड खंड में देखे अंध तमासा॥
पंगुल मेरु सुमेरु उलंघै त्रिभुवन मुक्ता डोलै।
गूँगा ज्ञान विज्ञान प्रकासै अनहद बाणी बोलै॥
बाँधि अकाश पताल पठावै लेस स्वरग पर राजै।
कहै कबीर राम है राजा जो कछु करै सो छाजै॥ 13॥

कर्त्तायुग

अबधू छोड़हु मन बिस्तार।
सो पद गहो जाहि ते सद्गति पार ब्रह्म ते न्यारा॥

नहीं महादेव नहीं महम्मद हरि हजरत तब नाहीं।
आदम ब्रह्म नाहिं तब होते नहीं धूप नहिं छाँहीं॥
असी सहस्र पैगंबर नाहीं सहस अठासी मूनी।
चंद सूर्य्य तारा गन नाहीं मच्छ कच्छ नहिं दूनी॥
वेद किंताब सुमृत नहिं संयम नाहिं यमन परसाही।
बाँग निवाज नहीं तब कमला रामौ नहीं खोदाही॥
आदि अंत सन मध्य न होते आतश पवन न पानी।
लख चौरासी जीव जंतु नहि साखी शब्द न बानी॥
कहहिं कबीर सुनो हो अबधू आगे करहु बिचारा।
पूरन ब्रह्म कहाँ ते प्रगटे किरतिम किन उपचारा॥ 14॥
जहिया होत पवन नहिं पानी। तहिया सृष्टि कौन उतपानी॥
तहिया होत कली नहिं फूला। तहिया होत गर्भ नहिं मूला॥
तहिया होत पिंड नहिं बासू। न धर धरणि न गगन अकासू॥
तहिया होत गुरु नहिं चेला। गम्य अगम्य न पंथ दुहेला॥
अविगति की गति क्या कहौं जाके गाउँ न ठाउँ।
गुणों बिहीना पेखना का कहि लीजे नाउँ॥ 15॥

सत्य लोक

बलिहारी अपने साहब की जिन यह जुगुत बनाई।
उनकी शोभा केहि बिधि कहिए मोसों कही न जाई॥
बिना ज्योति की जहँ उँजियारी सो दरसै वह दीपा।
निरतै हँस करै कौतूहल वो ही पुरुख समीपा॥
झलकै पदुम बानि नाना बिध माथे छत्र विराजै।
कोटि भानु चंद तारागण एक फुचरियन छाजै॥
कर गहि बिहँसि जबै मुख बोलै तब हंसा सुख पावै।
बंश अंस जिन बूझ बिचारी सो जीवन मुकतावै॥
चौदह लोक बेद का मंडल तहँ लग काल दोहाई।
लोक बेद जिन फंदा काटी ते वह लोक सिधाई॥
सात शिकारी चौदह पारथ भिन्न भिन्न निरतावै।
चारि अंश जिन समझ बिचारी सो जीवन मुकतावै॥
चौदह लोक बसै यम चौदह तहँ लग काल पसारा।
ताके आगे ज्योति निरंजन बैठे सुन्न मँझारा।

सोरह षट अच्छर भगवाना जिन यह सृष्टि उपाई।
अच्छर काला सृष्टि से उपजी उनही माँह समाई॥
सत्रह संख्या पर अधर दीप जहँ शब्दातीत विराजै।
निरतै सखी बहू बिध शोभा अनहद बाजा बाजै॥
ताके ऊपर परम धाम है मरम न कोई पाया।
जो हम कही नहीं कोउ मानै ना कोई दूसर आया॥
बेदन साखी सब जिउ अरुझे परम धाम ठहराया।
फिरि फिरि भटकै आप चतुर ह्व वह घर काहु न पाया॥
जो कोइ कोइ सत्य का किनका सो हम का पतिआई।
और न मिल कोटि कर था कै बहरि काल घर जाई॥
सोय संख्य के आगे समरथ जिन जग मोहि पठाया।
कहै कबीर आदि की बानी बेद भेद नहिं पाया॥ 16॥

चला जब लोक को सोक सब त्यागिया
हंस को रूप सतगुर बनाई।
भृंग ज्यों कीट को पलटि भृंगै किया।
आप सम रंग दै लै उड़ाई।
छोड़ि नासूत मलकूत को पहुँचिया।
बिश्नु की ठाकुरी दीख जाई॥
इंद्र कुबेर जहँ रंभ को नृत्य हैं।
देव तैंतीस कोटिक रहाई।
छोड़ि बैकुंठ को हंस आगे चला
शून्य में ज्योति जगमग जगाई।
ज्योंति परकाश में निरखि निस्तत्व को
आप निर्भव हुआ भय मिटाई॥
अलख निरगुन करै बेद जेहि अस्तुती
तीनहूँ देव को है पिताई।
तिन श्वेत मूरति धरे भगवान्
भाग का आन तिनको रहाई॥
चार मुक्काम पर खंड सोरह कहैं
अंड की ओर ह्याँ ते रहाई॥
अंड के परे असथान आचिंत को
निरखिया हंस जब उहाँ जाई॥

सहस औ द्वादसै रुद्र हैं संग में
करत कल्लोल अनहद बजाई।
तासु के बदन की कौन महिमा कहौं
भासती देह अति नूर छाई॥
महल कंचन बने मानिक तामें जड़े
दैठ तहँ कलस आखंड छाजे।
अचिंत के परे अस्थान सोहंग का
हंस छत्तीस तहंवा बिराजै॥
नूर का महल और नर की भूमि है
तहाँ आनंद सो द्वंद्व भाजै।
करत कल्लोल बहुँ भाँति से संग
यह हंस सोहंग के जों समाजै॥
हंस जब जात षट चक्र को बेध के
सात मुक्काम में नजर फेरा।
परे सोहंग के सुरति इच्छा कही
साहस वामन जहाँ हंस हेरा॥
रूप की राशि ते रूप उनको बना
हिंदु जो नहीं उपमा निवेरा।
सुरति से भेटिकै सब्द को टेकि
चढ़ि देखि मक्का अंकूर केरा॥
शून्य के बीस में बैठक जहाँ
सहज अस्थान है गैब केरा।
नवो मुक्काम यह हंस जब पहुँचिया
पलक बेलंब ह्वाँ कियो डेरा॥
तहाँ से डोरो मकतार ज्यों लागिया
ताहि चढ़ि हंस गोदै दरेरा।
भये आनंद से फंद सब छोड़िया
पहुँचिया जहाँ सतलोक मेरा॥
हंसिनी हंस सब गाय बज्जाय कै
साजि कै कलस ओहि लेन आए।
युगन युन बीछुरै मिलै तुम आयी कै
प्रेम करि अंग सों अंग लाए॥

पुरुख ने दरस जब दीनही या हंस को
तपनि बहु जन्म की तब नसाए।
पलटि कै रूप जब एक सो कीन्हिया
मनहु तब भानु खोड़स उगाए॥
पुहुप कै दीप पीयूख भोजन करै
सब्द की देह जब हंस पाई।
पुहुप के सेहरा हंस और हंसिनी
सच्चिदानंद सिर छत्र छाई॥
दिपै बहु दामिनी दमक बहु भाँति की
जहाँ घन सब्द को घुमड़ लाई।
लगे जहँ बरसने गरजि घन घेरि कै
उठत तहँ शब्द धुनि सति सुहाई॥
सुनै सोइ हंस तहँ यूथ के यूथ है
एक ही नूर एक रंग रागै।
करत बिहार मन भावनी मुक्ति भै
कर्म औ धर्म सब दूर भागै॥
रंक औ भूप कोइ परखि आवै नहीं
करत कल्लोल बहु भाँति भागे।
काम औ क्रोध मद लोभ अभिमान सब
छाँड़ि पाखंड सत सब्द लागे॥
पुरुख के बदन की कौन महिमा कहों
जगत में उभय कछु नाहिं पाई।
चंद औ सूरगण जोति लागै नहीं
एक ही नक्ख परकास भाई॥
पान दरबान जिन बंस का पाइया
पहुँचिया पुरुख के लोक जाई।
कहै कब्बीर यहि भाँति सों पाइहौ
सत्य की राह सो प्रगट गाई॥ 17॥
छोड़ि नासूत मलकूत जवरूत को
और लाहूत हाहूत बाजी।
और साहूत राहूत ह्याँ डारि दै
कूदि आहूत जाहूत जाजी॥

जाय जाहूत में खुद्द खाविंद जँह
वहीं मक्कान साकेत साजी।
कहै कब्बीर ह्वाँ मिस्त दोजख थके
बेद कीताब काहूत काजी ॥ 18 ॥
जहँ सतगुरु खेलैं ऋतु बसंत।
तहँ अनहद धुनि चहुँ पास बाज ॥
दीपकै बरैं जहँ निराधार।
बिरला जन कोई पाव पार ॥
जहँ कोटि कृश्न जोरे दु हाथ।
जहँ कोटि बिश्नु नावैं सुमाथ ॥
जहँ कोटिन ब्रह्मा पढ़ पुरान
जहँ कोटि महादेव धरैं ध्यान ॥
जहँ कोटि सरस्वती करैं राग।
जहँ कोटि इंद्र गावने लाग ॥
जहँ गण गंधर्व मुनि गनि न जाहिं।
सो तहँवा परगट आपु आहिं ॥
तहँ चोवा चंदन अरु अबीर।
तहँ पुहुप बास भरि अति गँभीर ॥
जहँ सुरति सुरंग सुगंध लीन।
सब यही लोक में बास कीन ॥
मैं अजर दीप पहुँच्यों सुजाइ।
तहँ अजर पुरुष के दरस पाइ ॥
सो कह कबीर हृदया लगाइ।
यह नरक उधारन नाम जाइ ॥ 19 ॥
सदा बसंत होत तेंहि ठाऊँ।
संशय रहित अमरपुर गाऊँ ॥
जहँवा रोग सोग नहिं कोई।
सदा आनंद करै सब कोई ॥
सूरज चंद दिवस नहिं राती।
बरन भेद नहिं जाति अजाती ॥
तहँवा जरा मरन नहिं होई।
कर बिनोद क्रीड़ा सब कोई ॥

पुहुप बिमान सदा उँजियारा।
अमृत भोजन करै अहारा॥
काया सुंदर को परवाना।
उदित भए जिमि खोड़स भाना॥
पता एक हंसा उजियारा।
शोभित चिकुर उदय जनु तारा॥
बिमल बास जहँवा पौढ़ाहीं।
जोजन चर घ्रान जो जाहीं॥
स्वेत मनोहर छत्र सिर छाजा।
बूझि न परै रंक अरु राजा॥
नहिं तहँ नरक स्वर्ग की खानी।
अमृत बचन बोलै भल बानी।
अस सुख हमरे घरन महँ कहैं कबीर बुझाय॥
सत्य सब्द को जानि कै अस्थिर बैठे आय॥ 20॥

तू सूरत नैन निहार अंड के पारा है।
तू हिरदे सोच विचार यह देस हमारा है॥
पहले ध्यान गुरन का धारो, सुरत निरत मन पवन चितारो।
सुहेलना धुन नाम उचारो, लहु सतगुरु दीदारा है॥
सतगुरु दरस होय जब भाई, वह दे तुमको नाम चिताई।
सुरत सब्द दोउ भेद बताई, देख संख के पारा है॥
सतगुरु कृपा दृष्टि पहिचाना, अंड सिखर बेहद मैदाना।
सहज दास तहँ रोपा थाना, अग्न दीप सरदारा है॥
सात सुन्न बेहद के माहीं सात संख तिनकी ऊँचाई।
तीन सुन्न लौं काल कहाई, आगे सत्त पसारा है॥
परथम अभय सुन्न कर भाई, कन्या कढ़ यहँ बाहर आई।
जोग संतायन पूछो बाई, दारा वह भरतारा है॥
दूजे सकल सुन्न कर गाई, माया रहित निरंजन राई।
अमर कोट कै नकल बनाई, अँह मध रच्यो पसारा है॥
तीजे हैं मह सुन्न कर गाई, माया रहित निरंजन राई।
जोग सँतायन या अबिनाशी, गल नख छेद निकारा है॥
चौथे सुन्न अजोख कहाई, सुद्ध ब्रह्म के ध्यान समाई।
आद्या याँ बीजा ले आई, देखो दृष्टि पसारा है॥

पंचम सुन्न अकेल कहाई, तहँ अदली बँदिबान रहाई।
जिनका सद्गुरु न्याव चुकाई, गादा अदली सारा है॥
षष्ठे सार सुन्न कहलाई, सार भँडार याहि के माँहीं।
नीचे रचना जाहि रचाई, जाका सकल पसारा है॥
सतवें सत्त सुन्न कहलाई, सत्त भँडार याहि के माँही।
निःतत रचना ताहि रचाई, जो सबहनि ते न्यारा है॥
सत सुन ऊपर सत की नगरी, बाट बिहंगम बाँकी डगरी।
सो पहुँचे चाले बिन पगरी, ऐसा खेल अपारा है॥
पहली चकरि समाध कहाई, निज हंसन सतगुरु मति पाई।
बेद भरम सब दिए उड़ाई, तज निरगुन भए न्यारा है॥
दूजी चकरि अगाज कहाई, जिन सतगुरु संग द्रोह कराई।
पीछे आन गहे सरनाई, सो यहँ आन पधारा है॥
तीजी चकरी मुनि कर नामा, निज मुनियन सदगुरु मम जाजा।
सो मुनियन यहँ आय रहाना, करम भरत तज डारा है॥
चौथी चकरी धुन है भाई, जिन हंसन धुन ध्यान लगाई।
धुन सँग पहुँचे हमरे पाहीं, यह धुन सब्द मँझारा है॥
पंचम चकरी रास जौ भाखी, अलमीना है तहँ मध झाँकी।
लीला कोट अनंत वहाँ की, रास बिलास अपारा है॥
षष्ठम चकरि बिलास कहाई, निज सतगुरु सँग प्रीति निबाही।
छुटते देह जगह यह पाई, फिर नहि भव अवतारा है॥
सतवीं चकरि विनोद कहानो, कोटिन बंस गुरन तहँ जानो।
कलि में बोध किया ज्यों मानों, अंधकार उँजियारा है॥
अठवीं चकरि अनुरोध बखाना, तहाँ जुलहटी ताना ताना।
जा का नाम कबीर बखाना, सो संतन सिर धारा है॥
ऐसी ऐसी सहस करोढी, ऊपर तले रची ज्यों पौड़ी।
गादी अदल रही सिर मोड़ी, सतगुरु बंदि निवारा है॥
अनुरोधी के ऊपर माई, पद निरबान के नीचे ताही।
पाँच संख है याहि ऊँचाई, अद्‌भुत ठाठ पसारा है॥
सोलह सुतहित दीप रचाई, सत सत रहैं तासु के माहीं।
गादी अदल कबीर यहाँ हीं, जो सबहिन सरदारा है॥
पद निरबान है अनंत अपारा, नूतन सूरति लोक सुधारा।
सत्त पुरुख नूतन तन धारा, सतगुरु संतन सारा है॥

आगे सत्त लोक है भाई, संखन कोस तासू ऊँचाई।
हीरा पन्ना लाल जड़ाई, अद्भुत खेल अपारा है॥
बाग बगीचे खिली फुलवारी, अमृत नहरें हो रहिं जारी।
हंसा खेल करत तहँ भारी, अनहद घुरै अपारा है॥
ता मध अधर सिंघासन गाजे, पुरुख सब्द तहँ अधिक बिराजै।
कोटिन सूर रोम इक लाजै, ऐस पुरुख दीदारा है।
हंसि हंस आरती उतारैं, खोड़स भानु सूर पुनि चारैं।
पग बीना सत शब्द उचारैं, बेधत हिये मझारा है॥
तापर आगम महल एक न्यारा, संखन कोट तासु बिस्तारा है॥
बाग बावडी अमृतधारा, अधरी चलैं फुहारा है॥
मोनी महल और हिरन चौरा, सेत बरन तहँ हंस चकोरा।
सहस सूर छबि हंसन जोरा, ऐसा रूप निहारा है॥
अधर सिंहासन जिंदा साई; अर्वन सूर सोम सम नाहीं।
हंस हिरंबर चँवर ढुलाई, ऐसा अधम अपारा है॥
अधरी ऊपर अधर धराई, संखन संख तासु ऊँचाई।
झिलमिलहट सो लोग कहाई, झिलमिल झिलमिल सारा है॥
बाग बगीचे झिलमिल कारी, रतनन जड़े पात औ डारी।
मोती महल औ रतन अटारी, पुरुष विदेह पधारा है॥
कोटिन भानु हंस को रूपा, धुन है वहँ की अजब अनूपा।
हंसा करत चँवर सिर भूपा, बिन कर चँवर ढुलारा है।
हंसा केवल सुनो मन लाई, एक हंस के जो चित आई।
दूजा हंस समुझ पुनि जाई, विन मुख बैन उचारा है॥
तेहि आगे निःलोक है भाई, पुरुख अनामी अकह कहाई।
जा पहुँचे जानेंगे वाही, कहन सुनत ते न्यारा है।
रूप सरूप कछू वहँ नाहीं, ठौर ठाँव कुछ दीसै नाहीं।
अरज तूल कुछ दृष्टि न आई, कैसे कहूँ सुमारा है॥
जा पर किरपा करिहै साईं गगना मारग पावै ताहीं।
सत्तर परलय मारग माँही, जब पावै दीदारा है॥
यह कबीर मुख कहा न जाई, ना कागद पर अंक चढ़ाई।
मानों गूँगे सम गुड़ खाई, सैननि वैन उचारा है॥ 21 ॥
चुवत अमीरस भरत ताल जहँ सब्द उठै असमानी हो।
सरिता उमड़ सिंधु को सोखै नहिं कछु जात बखानी हो॥

चाँद सुरज तारागण नहिं वहँ नहिं वह रैन बिहानी हो।
बाजे बजें सितार बाँसुरी ररंकार मृदु बानी हो॥
कीट झिलमिली जहँ वह झलकै बिन जल बरसत पानी हो॥
शिव अज विष्णु सुरेस सारदा निज निज मति अनुमानी हो॥
दस अवतार एक तत राजैं असतुति सहज सयानी हो।
कहैं कबीर भेद की बातै बिरला कोई पहिचानी हो॥
कर पहिचान फेर नहिं आवै जम की जुलमी खानी हो॥ 22॥
सखिया वा घर सब से न्यारा जहँ पूरन पुरुख हमारा।
जहँ नहिं सुख दुख साँच झूठ नहिं पाप न पुन्न पसारा॥
नहिं दिन रैन चंद नहिं सूरज बिना जोति उँजियारा।
नहिं तहँ ज्ञान ध्यान नहिं जप तप बेद कितेब न बानी॥
करनी धरनी रहनी गहनी ये सब उहाँ हेरानी॥
धर नहिं अधर न बाहर भीतर पिंड ब्रह्मंड कछु नाहीं।
पाँच तत्व गुन तीन नहीं तहँ साखी सब्द न ताहीं॥
मूल न फूल बेल नहिं बीजा बिना वृच्छ फल सोहै।
ओहं सोहं अरध नहिं स्वासा लेखन को है॥
नहिं निरगुन नहिं सरगुन भाई नहीं सूक्षम अस्थूल।
नहिं अच्छर नहिं अवगत भाई ये सब जग के भूल॥
जहाँ पुरुख तहँवा कछु नाहीं कह कबीर हम जाना।
हमरी सैन लखै जो कोई पावै पद निरबाना॥ 23॥

सुरत सरोवर न्हाइ के मंगल गाइए।
दरपन सब्द निहार तिलक सिर लाइए।
चला हंसा सतलोक बहुत दुख पाइए।
परसि पुरुख के चरन बहुरि नहिं आइए।
अमृत भोजन तहाँ अमी अँचवाइए॥
मुख में सेत तँबूल सब्द लौ लाइए।
पुहुप अनूपम बाँस हंस घर चल जिए॥
अमृत कपड़े ओढ़ि मुकुट सिर दीजिए॥
वह घर बहुत आनंद हंसा चख लीजिए।
वदन मनोहर गात निरख के जीजिए॥
दुति बिन मसि बिन अंक सो पुस्तक बाँचिए॥
बिन करताल बजाय चरन बिन नाचिए।

बिन दीपक उँजियार आगम घर देखिए।
खुल गए सब्द किवाड़ पुरुख सों भेटिए॥
साहब सन्मुख होय भक्ति चित लाइए।
मन मानिक सँग हंस दरस तहँ पाइए॥
कह कबीर यह मंगल भाग न पाइए।
गुरु संगत लौ लाय हंस चल जाइए॥

कर्त्ता-स्थान

संतौ योग अध्यातम सोई।
एकै ब्रह्म सकल घट व्यापै दुतिया और न कोई॥
प्रथम कमल जहँ ज्ञान चारि दल तहँ गणेश को बासा।
रिधि सिधि जाकी शक्ति उपासी जप ते होत प्रकासा॥
षट दल कमल ब्रह्म को बासा सावित्री संग सेवा।
षट सहस्र जहँ आप जपत हैं मिटिगो आवा गवना॥
द्वादस कमल में शिव को बासा गिरिजा शक्ती साँरग।
षट सहस्र जहँ जाप जपत हैं ज्ञान सुरति लै पाँरग॥
खोड़स कमल में जीव को वासा शक्ति अविद्या जानै।
एक सहस जहँ जाप जापत हैं ऐसा भेद बखानै॥
भँवर गुफा जहँ दुइ दल कमला परम हंस कर बासा।
एक सहस जाके जाप जपत हैं करम भरम को नासा॥
सहस क़मल में झिलमिल दरसो आपुइ बसत अपारा।
जोति सरूप सकल जग व्यापी अछय पुरुष है प्यारा॥
सुरति कमल पर सतगुरु बोले सहज जाप जप सोई।
छः सै इकइस सहसहिं जपि ले बूझै अजपा कोई॥
यही ज्ञान को कोई बूझै भेद अगोचर भाई।
जो बूझै सो मन को पेखै कह कबीर समझाई॥ 25॥

रस गगन गुफा में अजर झरै।
बिन बाजा झनकार उठे जहँ समुझि परै जब ध्यान धरै॥
बिना ताल जह कवल फुलाने तेहि चढ़ि हंसा केलि करै।
बिना चंदा उजियारी दरसै जहँ तहँ हंसा नजर परै॥
दसवें द्वारे ताड़ी लागी अलख पुरुष जाको ध्यान धरै।
काल कराल निकट नहिं आवै काम क्रोध मद लोभ जरै॥

जुगुन जुगुन की तृषा बुझानी करम भरम अघ व्याधि टरै।
कहैं कबीर सुनो भाई साधो अमर होय कबहूँ न मरै॥ 26॥

मोको कहाँ ढूँढ़ो बंदे मैं तो तेरे पास में।
ना मैं बकरी ना मैं भेड़ी ना मैं छुरी गँड़ास में॥
नहीं खाल में नहीं पोंछ में ना हड्डी ना मास में।
ना मैं देवल ना मैं मसजिद ना काबे कैलास में।
ना तौ कौनो क्रिया कर्म में नहीं जोग बैराग में।
खोजी होय तुरतै मिलिहौं पल भर की तलास में।
मैं तो रहौं सहर के बाहर मेरी पुरी मावस में।
कहैं कबीर सुनो भाई साधो सब साँसों को साँस में॥ 27॥

कर्त्ता-प्राप्ति-साधन

ज्ञान का गेंद कर सुरति का दंड कर
खेल चौगान मैदान माहीं।
जगत का भरमाना छोड़ दे बालके
आया जा भेख भगवंत पाहीं॥
भेख भगवंत की सेस महिमा करै
सेस के सीस पर चरन डारै।
कामदल जीति कै कँवल दल सोधि कै
ब्रह्म को बेधि कै क्रोध भारै॥
पदम आसन करै पवन षरिचै करै
गगन के पहल पर मदन जारै।
कहत कब्बीर कोइ सन्तजन जौहरी
करम को रेख पर मेख मारै॥ 28॥

दो सुर चले सुभाव सेती
नाभी से उलटा आवता है।
बिच इंगला पिंगला तीन नाड़ी
सुषमन से भोजन पावता है॥
पूरक्क करै कुंभक्क करै
रेचक्क करै झरि जावता है।
कायम कबीरा या झूलना जा
दया भूल परे पछितावता है॥ 29॥

मुरशिद नैनों बीच नबी है।
स्याह सपेद तिलों बिच तारा अबिगत अलख रबी है।
आँखी मद्धै पाँखी चमकै पाँखी मद्धे धारा।
तेहि द्वारे दुरबीन लगावे उतरे भौ-जल पारा॥
सुन सहर में बास हमारा तहुँ सरबंगी जावै।
साहब कबिरा सदा के संगी सब्द महल लै आवै॥ 30॥

कर नैनों दीदार महल में प्यारा है।
काम क्रोध मद लोभ बिसारो, सील सँतोख छमा सत धारो।
मद्यमांस मिथ्या तजि डारों हो ज्ञानघोड़ेअसवारभरमसेन्यार है॥
धोती नेती बस्ती पाओ, आसन पदम जुगुत से लाओ।
कुंभक कर रेचक करवाओ पहले मूल सुधार कार्य हो सारा है
मूल कँवल दल चतुर बखानों जाप कलिंग लाल रँग मानो।
देश गनेश तहुँ रोपा थानो, ऋधि सिधि चँवर ढुलारा है॥
स्वाद चक्र षट दल विस्तारो, ब्रह्म सवित्री रूप निहारो।
उलटि नागिनी का सिर मारो, तहाँ शब्द ओंकारा है॥
नाभी अष्ट कँवल दल साजा, सेत सिंहासन विष्णु विराजा।
जाप हिरिंग तासु सुख गाजा, लक्ष्मी शिव आधारा है॥
द्वादश कँवल हृदय के माँहीं, संग गौरि शिव ध्यान लगाई।
सोहं शब्द तहाँ धुन छाई, गन कर जैजैकारा है॥
दो दल कँवल कंठ के माँहीं, तेहि मध बसे अविद्या बाई।
हरि हर ब्रह्मा चवर ढुलाई, श्रृंग नाम उच्चारा है॥
तापर कज कँवल है भाई, बग भौंरा दुइ रूप लखाई।
निज मन करत तहाँ ठकुराई, सो नैनन पिछवारा है॥
कँवल भेद किया निरवारा, यह सब रचना पिंड मँझारा।
समेंसंग कर सतगुरु सिर धारा, वह सत नाम उचारा है॥
आँख कान मुख बंद कराओ, अनहद झिंगा शब्द सुनाओ।
दोनों तिल इक तार मिलाओ, तब देखो गुलजारा है॥
चंद सूर एकै घर लाओ, सुषमन सेती ध्यान लगाओ।
तिरबेनी के संघ समाओ, भोर उतर चल पारा है॥
घंटा संख सुनो धुन दोई, सहस कँवल दल जगमग होई।
ता मध करता निरखों सोई, बंक नाल धँस पारा है।
डाकिनि साकिनि बहु किलकारे जम किंकर धर्म दूत हकारे।

सत्त नाम सन भागें सारे, सतगुरु नाम उचारा है॥
गगन मँडल बिच उर्ध मुमु कुइयाँ, गुरुमुख साधू भर भर पीया।
निगरें प्यास मरे बिन कीया, जाके हिय अँधियारा है॥
त्रिकुटि महल में विद्या सारा, घनहर गरजें बजे नगारा।
लाल बरन सूरज उँजियारा, चतुर कँवर मँझार ओंकारा है॥
साध सोई जिन यह गढ़ लीन्हा, नौ दरवाजे परगट चीन्हा।
दसवाँ जाय खोल जिन दीन्हा, जहाँ कुलुफ रहा मारा है॥
आगे सेत सुन्न है भाई, मान सरोवर पैठि अन्हाई।
हंसन मिली हंसा होइ जाई, मिलै जो अमी आहारा है॥
किंगरी साराँ बजै सितारा, अच्छर ब्रह्म सुन्न दरबारा।
द्वादस भानु हंस उजियारा, षटदल कँवल मँझार सब्द ररंकारा है॥
महा सुन्न सिंध विषमी घाटी, बिन सतगुरु पावै नहिं बाटी।
व्याघर सिंध सरप बहु काटी, सहज अचिन्त पसारा है॥
आठ दल कँवल पार ब्रह्म भाई, दहिने द्वादस अचिन्त रहाई।
बाएँ दस दल सहज समाई, यों कँवलन निरबारा है॥
पाँच ब्रह्म पाँचों अंड बीनो, पाँच ब्रह्म निः अच्छर चीने।
चार मुकाम गुप्त तहँ कीना, जा मध बंदीवान पुरुष दरबारा है॥
दो परवत के संघ निहारो, भँवर गुफा में संत पुकारो।
हँसा करते केल उपारो तहाँ गुरन दरबारा है॥
सहस अठासी दीप रचाए, हीरे पन्ने महल जड़ाए।
मुरली बजत अखंड सदाए, तहँ सोहं जनकारा है॥
सोहं हद्द तजीं तब भाई, सत्त लोक की हद पुनि आई।
उठत सुगंध महा अधिकाई, जाकौ वार न पारा है॥
खोड़स भानु हंस को रूपा, बीना सत धुन बजै अनूपा।
हंसा करे चँवर सिर भूपा, सत्त पुरुष दरबारा है॥
कोटिन भानु उदय जो होई, ऐसा पुरुष दीदारा है॥
आगे अलख लोक है भाई, अलख पुरुष को तहँ ठकुराई।
अबरन सूर रोम सम नाँहीं, ऐसा अलख निहारा है॥
तापर अगम महल इक साजा, अगम पुरुष ताही को राजा।
खरबन सूर रोक इक लाजा, ऐसा अगम अपारा है॥
तापर अकह लोक है भाई, पुरुष अनामी तहाँ रहाई।
जो पहुँचा जानेगा वाही, कहन सुनन ते न्यारा है॥

काया भेद किया निरवारा; यह सब रचना पिंड मँझारा।
माया अवगति जाल पसारा, सो कारीगर भारा है॥
आदि माया कीन्ही चतुराई, झूठी बाजी पिंड दिखाई।
अवगति रचन रची अँड माहीं, ताका प्रतिबिंब डारा है॥
सब्द बिहंगम चाल हमारी, यह कबीर सतगुर दइ तारी।
खुले कपाट शब्द झनकारी पिंड अंड के पार सो देस हमारा है॥

कर नैनों दीदार पिंड से न्यापा है।
हिरदे सोच विचार सो अंड मँझारा है॥

चोरी जारी निंदा चारो, मिथ्या तज सतगुरु सिर धारो।
सतसँग कर सत नाम उचारो, सममुख लहु दीदारा है॥
जो जन ऐसी करी कमाई, तिनकी जग फैली रोशनाई।
अष्ट प्रमान जगह सुख पाई, देखा अंड मझारा है॥
सोइ अंड को अवगत राई, अकह अमरपुर नकल बनाई।
सुद्ध ब्रम्ह हद तहँ ठहराई, नाम अनामी धारा है॥
सतवीं सुन्न अंड के माहीं झिलमिलहट की नकल बनाई।
महा काल तहँ आन रहाई, अगम पुरुष उच्चारा है॥
छठवीं सुन्न जो अंड मँझारस, अगम महल की नकल सुधारा।
निरगुन काल तहाँ यह धारा, अलख पुरुष कहु न्यारा है।
पंचम सुन्न अंड के माहीं, पद निर्बान की नकल बनाई।
माया सहित निरंजन राई, सत्त पुरुष दीदारा है॥
चौथी सुन्न अंड के माहीं, पद निर्बान की नकल बनाई।
अविगत कला है सतगुरु आई, सो सहं यह सारा है॥
ताजी सुन्न की सुनो बड़ाई, एक सुन्न के दोय बनाई।
ऊपर महा सुन्न अधिकाई, नीचे सुन्न पसारा है॥
सातवीं सुन्न महाकाल रहाई, तासु कला महा सुन्न समाई।
पारब्रम्ह कर थाप्यो ताही, सो निःअच्छर सारा है॥
सठवीं सुन्न जो निरगुन राई, तासु कला आ सुन्न समाई।
अच्छर ब्रम्ह कहैं पुनि ताहीं, सोई सब्द ररंकारा है॥
पंचम सुन्न निरंजन राई, तासु कला दूजी सुन छाई।
पुरुष प्रकीरति पदबी पाई, सरगुन सुद्ध पसारा है॥
पुरुष प्रकृति दूजी सुन माहीं, तासु कला परिथम सुन आई।
जोत निरंजन नाम धराई, सरगुन थूल पसारा है॥

परिथम सुन्न जो जोत रहाई, ताकी कला अविद्या बाई।
पुत्रन सँग पुत्री उपजाई, सिंध बैराट पसारा है॥
सतवें अकास उतर पुनि आई, ब्रम्हा विष्णु समाधि जगाई।
पुत्रन संग पुत्री परनाई, स्त्रिग नाम उच्चारा है॥
छठे अकास शिव अवगति भौंरा, गंग गौर रिधि करतीं चौरा।
गिरि कैलास गन करते सोरा, तहँ सोहं सिरमौरा है॥
पंचम अकास में विष्णु विराजे, लक्ष्मी सहित सिंहासन साजे।
हिरिंग बैकुंठ भक्त समाजे, भक्तन कारज सारा है॥
चउथ अकास ब्रम्ह विस्तारा, सावित्रौ संग करत बिहारा।
ब्रम्ह ऋद्धि में ओम पद सारा, यह जग सिरजनहारा है॥
तिसर अकास रहे धर्मराइ, नरक सुरग जिन लीन्ह बनाई।
करमन फल जीवन भुगताई, ऐसा अदल पसारा है॥
टुसर अकास में इंद्र रहाई, देव मुनि बासा तहँ पाई।
रंभा करती निरत सदाई, कलिंग शब्द उच्चारा है॥
प्रथम अकास मृत्यु है लोका, जनम मरन का जहँ नित धोका।
सो हंसा पहुँचे सतलोका, सतगुरु नाम उचारा है॥
चौदह तबक किया निरवारा, अब नीचे का सुनो बिचारा।
सात तबक मैं छः रखबारा, भिन भिन सुनो पसारा है॥
सेस घवल बाराह कहाई, मीन कच्छ और कुरम रहाई।
सो छ रहें सात के माहीं, यह पाताल पसारा है॥ 32॥

राम नाम महिमा

राम नाम ते पिंड ब्रम्हंड सब राम का नाम सुनि भरम मानी।
निरगुन निरंकार के पार परब्रम्ह है तासु को नाम रंकार जानी॥
बिष्णु पूजा करै ध्यान शंकर धरै।
मनहि सुबिरंचि बहु बिबिध बानी।
कहै कबीर कोउ पार पावै नाहीं
राम को नाम है अकह कहानी॥ 33॥
रसना राम गुण रमि रमि पीजै। गुणतीत निर्मूलक लीजै।
निरगुन ब्रम्ह जपो रे भाई। जेहि सुमिरत सुधिबुधि सब पाई॥
बिख तजि राम न जपसि अभागे। का बूड़े लालच के आगे।
ते सब तरे राम रसस्वादी। कह कबीर बूड़े बकवादी॥ 34॥

मन रे जब ते राम कह्यो रे। फिरि कहिबे को कछु न रह्यो रे।
का भो जोग जझ जप दाना। जो तै राम नाम नहिं जाना।
काम क्रोध दोउ मारे। गुरु प्रसाद सब तारे।
कह कबीर भ्रमनाशी। राम मिले अबिनाशी ॥ 35 ॥

राम का नाम संसार में सार है।
राम का नाम अमृत बानी।
राम के नाम ते कोटि पातक टरै
राम का नाम बिस्वास मानी ॥
राम का नाम लै साधु सुमिरन करै
राम का नाम लै भक्ति ठानी।
राम का नाम लै सूर सनमुख लरै
पैठि संग्राम में युद्ध ठानी।
राम का नाम लै नारी सत्ती भई
खेह बनि कंत सँग जरि उड़ानी।
राम का नाम लै तीर्थ सब भरमिया
करत अस्नान झक्कोर पानी ॥
राम नाम लै मूर्ति पूजा करै
राम का नाम लै देत दानी।
राम का नाम लै विप्र भिच्छुक बनै
राम का नाम दुर्लब्भ जानी
राम का नाम चौबेद का मूल है
किगम निच्चोर करतत्व छानी।
राम का नाम षट सासतर मत्थिए
चली षट्दरसनों में कहानी ॥
राम का नाम अग्गाध लीला बड़ी
खोजस खोज नहि हार मानी।
राम का गाम लै विष्णु सुमिरन करै
राम का नाम शिवजोग ध्यानी ॥
राम का नाम लै सिद्ध साधक बने
सभु सनकादि नारद गिआनी।
राम का नाम लै दृष्टि लइ रामचंद्र
भए बासिष्ठ गुरु मंत्र दानी ॥

कहाँ लौं कहों अग्गाध लीला रची।
राम का नाम काहू न जानी।
राम का नाम लै कृष्ण गीता कथी
बाँधिया सेत तब मर्म लानी॥
है परम जोति औ गुन निराकार है
तासु को नाम निरंकर मानी।
रूप बिन रेख बिन निगम अस्तुति करै
सत्त की राह अनकथ कहानी॥
बिष्णु सुमिरन करै जोग शिव जेहि धरै
भनै सब ब्रम्ह वेदांत गाया॥
ब्रम्ह सनकादि कोइ पार पावै नहीं
तासु का नाम कह रामज्ञया॥
कहैं कबीर वह शख्श तहकीक कर
राम का नाम जो पृथ्वी लाया॥
नाम अमल उतरै ना भाई।
औ अमल छिन छिन चढ़ि उतरै नाम अमल दिन बढै सवाई॥
देखत चड़ै सुनत हिय लागै सुरत किए तन देत घुमाई।
पियत पियाला भए मतवाला पायो नाम मिटी दुचिताई॥
जो जन नाम अमल रस चाखा तर गइगनिका सदन कसाई।
कह कबीर गूँगे गुड़ खाया बिन रसना का करै बड़ाई॥ 37॥

शब्द-महिमा

साधो शब्द साधना कीजै।
जासु शब्द ते प्रगट भए सब सब्द सोई गहि लीजै॥
शब्दहिं गुरु सब्द मुनि सिख भे सब्द सो बिरला बूझै।
साइ सिष्य और गुरु महातम जेहि अंतरगत सूझै॥
शब्दै बेद पुरान कहत है सब्दै सब ठहरावै।
सब्दै सुर मुनि संत कहहै शब्द भेद नहीं पावै॥
शब्दै सुनि सुनि भेख धरत हैं शब्द कहै अनुरागी।
षट दरसन सब शब्द कहत हैं शब्द कहै बैरागी।
शब्द माया जग उतपानी शब्दै केर पसारा॥
कह कबीर जहँ शब्द होत है तबन भे है न्यारा॥ 38॥

साधो शब्द सबन से न्यारा, जानैगा कोई जानन हारा॥
जोगी जती तपी संन्यासी, अंग लगावै छारा।
मूल मंत्र सतगुरु दाया बिन, कैसे उतरै पारा॥
जोग यज्ञ व्रत नेम साधना, कर्म धर्म व्योपारा।
सो तो मुक्ति सबन ते न्यारी, कस छूटै जम द्वारा॥
निगत तेति जाके गुन गावें, शंकर जोग अधारा।
ध्यान धरत जेहि ब्रम्हा विष्णु, सो प्रभु अगम अपारा॥
लगा रहै चरन सतगुरु के चंद चकोर की धारा।
कहैं कबीर सुनो भाई साधो, नख शिख शब्द हमारा॥ 39॥

शब्द को खोजि ले शब्द को बूझि ले शब्द ही शब्द तू चलो भाई।
शब्द अकास है शब्द पाताल है शब्द ते पिंड ब्रह्मांड छाई॥
शब्द बयना बस शब्द सरवन बसै शब्द के ख्याल मूरति बनाई।
शब्द ही वेद है शब्द ही नाद है शब्द ही शास्त्र बहु भाँति गाई॥
शब्द ही यंत्र है शब्द ही मंत्र है शब्द ही गुरु सिख को सुनाई।
शब्द ही तत्व है शब्द निःतत्व है शब्द आकार निराकार भाई॥
शब्द ही पुरुख है शब्द ही नारि है शब्द ही तीन देवा थपाई।
शब्द ही दृष्ट अनदृष्ट ओंकार है शब्द ही सकल ब्रह्मांड जाई।
कहैं कबीर तै शब्द को परिख ले शब्द ही आप करतार भाई॥ 40॥

माया-प्रपंच

राम तेरी माया दुंद मचावै।
गति मति वाकी समझि परैं नहिं सुर नर मुनिहिं नचावै॥
का सेमर के साख बढ़े ये फूल अनूपम बानी।
केतिक चातक लागि रहे हैं चाखत रुवा उड़ानी।
कहा खजूर बड़ाई तेरी फल कोई नहिं पावै।
ग्रीषम ऋतु जब आइ तुलानी छाया काम न आवै।
अपना चतुर और को सिखवै कामिनि कनक सयानी।
कहै कबीर सुनो ही संतो राम-चरण रति मानी॥ 41॥

माया महा ठगिनि हम जानी।
निरगुन फाँस लिए कर डोलै बोलै मधुरी बानी॥
केशव के कमल है बैठी शिव के भवन भवानी।
पंडाम के रति है बैठी तीरथ में भइ पानी॥

योगी के योगिनि है बैठी राजा के घर रानी।
काहू के हीरा है काहु के कौड़ी कानी॥
भक्तन के भक्तिनि है बैठी ब्रह्म के ब्रह्मानी।
कहै कबीर सुनो हो संतो यह सब अकथ कहानी॥ 42॥
सुबही मदमाते कोइ न जाय। संगहिं चोर घर मूसन लाग॥
योगी मदमाते योग ध्यान। पंडित मदमाते पढ़ि पुरान।
तपसौ मदमाते तप के भेव। संन्यासी मदमाते करि हमेव॥
मौलना मदमाते तेढ़ि मोसाफ। काजी मदमाते कै निसाफ।
शुकदेव मते ऊधो अकूर। हनुमत मदमाते ले लंगूर॥
संसार मन्यो माया के धार। राजा मदमाते केहि हंकार।
शिव माति रहे हरि चरण सेव। कलि माते नाभा जयदेव॥
वह सत्य सत्य कह सुम्रित वेद। जस रावण मारे घर के भेद।
ऐहि चंचल मन के अधम काम। कह कबीर भज राम नाम॥ 43॥
आँधर गुष्टि सृष्टि भै बैरी। तीनि लोक महँ लागि ठगौरी॥
ब्रह्महि ठग्यो नाम संहारी। देवन सहित ठग्यो त्रिपुरारी॥
राज ठगौरी बिश्नुहिं पुरी। चौदह भुवन कर चौधरी॥
आदि अंत जेहि साहु न जानो। ताके डर तुम काहे मानो।
ऊ उतंग तुम जाति पतंगा। यम घर किहेहु जीव कै संगा।
नीम कीट जस नीभ पियारा। विख को अमृत कहैं गँवारा॥
विष के संग कवन गुण होई। किंचित लाभ मूल गो खोई।
विष अमृत गो एकहिं सानी। जिन जाना तिन विष के मानी।
कहा लए नर सुध बे सूझा। बिन परचै जग मूढ़ न बूझा॥
मति के हीन कौन गुण कहई। लालच लागे आशा रहई।
सुआ अहै मरि जाहुगे, मुए कि बाजी ढोल।
स्वप्न सनेही जग भया, सहि दानी रह बोल॥ 44॥
जरासिंधु शिशुपाल संहारा। सहस अर्जुनै छल सों मारा॥
बड़ छल रावण से गए बीती। लंका रह कंचन की भीती।
दुर्योधन अधिमानहिं गयऊ। पंडव केर परम नहिं पयऊ॥
माया के डिंभ गे सब राजा। उत्तम मध्यम बाज न बाजा॥
छाँच कवै वित धरनि समाना। याकौ जीव परतीत न आना।
कहँ लौं कहौं अचेते गयऊ। चेत अचेत झगर एक भलऊ॥
ई माया जग मोहिनी मीहसि सब जग धाय।

हरिचंद सत के कारने घर घर गयो बिकाय ॥ 45 ॥

या माया रघुनाथ कि बौरी खेलन चली अहेरा हो।
चतुर चिकनिया चुनि चुनि मारै काहु न राखै नेरा हो॥
मौनी बीर निगंबर मारे ध्यान धरै ते जोगी हो।
जंगल में के जंगम मारे माया किनहुँ न भोगी हो।
वेद पढ़ंता पाँड़े मारे पुजा करते स्वामी हो।
अथ बिचारत पंडित मारे बाँध्यो सकल लगामी हो॥
शृंगी ऋषि बन भीतर मारे सिर ब्रह्मा कै फोरी।
नाथ मचंदर चले पीठ दै सिंहलहूँ में बोरी हो॥
साकत के घर कर्ता धर्ता हरि-भक्तन की चेरी हो।
कहै कबीर सुनौ संतौ ज्यों आवै त्यों फेरी हो ॥ 46 ॥

नागिन ने पैदा किया नागिन डँसि खाया।
कोइ कोई जन भगत भए गुरु सरन तकाया॥
शृंगी ऋषि भगत भए बन माँ बसे जाई।
आगे नागिनि गाँसि के वोही डँसि खाई॥
नेजा धारी शिव बड़े भागे कैलासा।
जोति रूप परगट भई परवत परकासा॥
सुर नर मुनि जोगी जती कोइ वचन न पाया।
नोन तेल ढूढै नहीं कच्चै धरि खाया।
नागिन डरपै संत से उहवाँ नहिं जावै।
कह कबीर गुरु-मंत्र से आपै मारि जावै ॥ 47 ॥

बूझहु पंडित कहु बिचारी तुरुष अहै की नारी।
ब्राह्मण के घर ब्राह्मणि होती योगी के घर चेली।
कलमा पढ़ि भई तुरकिनी कवि में रहै अकेली॥
बर नहिं बरै ब्याह नहिं करई पुत्र जन्म होनिहारी।
क्वाँरे मंडे एक नहिं छाड़ै अवहीं आदि कुंवारी॥
रहै न मैके जाय न ससुरे साईं संग न सोवै।
कह कबीर वह युग युग जीवै जाति पाति कुल खोवै ॥ 48 ॥

तुम बुझहू पंडित कौन नारि।
कोइ नाहिं बिआहल रह कुमारि॥
येहि सब देवन मिलि हरिहि दीन्ह।
तेहि चारो युग हरि संग लीन्ह॥

यह प्रथमहिं पद्मिनी रूप आय।
है साँपिनि सब जग देखि खाय॥
या बर युवती वे नर नाह।
अति तेज तिया है रैनि ताह॥
कह कबीर सब जग पियारि।
यह अपने बलकवै रहै मारि॥ 49॥
कर पल्लव के बल खेल नारि।
पंडित जो होय सो ले बिचारि॥
कपरा नहिं पहिरे रह अधारि।
निरजीवै सो धन अति पियारि॥
उलटी पलटी बाजै सो तार।
काहुहि मारै काहुहि उबार॥
कह कबीर दासन के दास।
काहुहि सुख दे काहुहि उदास॥ 50॥

संतो यक अचरज भो भाई। कहौं तो को पतिआई॥
एक पुरुख एक है नारी ताकर करहु बिचारा।
एकैं अंड सकल चौरासी भर्म भुला संसारा॥
खोजत काहू अंत न पाया ब्रह्मा विष्णु महेसा।
नाग-फाँस लीन्हें घट भीतर मूसि सकल जग खाई।
ज्ञान खङ्ग बिन सब जग जूझै पकरि काहु नहिं पाई॥
आपुहि मूल फूल फुलवारी आपुहि चुनि चुनि खाई।
कह कबीर तेई जन उबरे जेहिं गुरु लियो जगाई॥ 51॥

जगत-उत्पत्ति

जीव रूप यक अंतर बासा। अंतर ज्योति कीन परगासा॥
इच्छा रूप नारि अवतरी। तासु नाम गायत्री धरी॥
तेहि नारी के पुत तिन भयऊ। ब्रह्मा विष्णु शंभु नाम धरेऊ॥
तब ब्रह्म पूछत महतारी। को तोर पुरुख काकर तुम नारी॥
तुम हम हम तुम और न कोई। तुम मोर पुरुष हमैं तोर जोई॥
बाप पूत की नारि एक एकै माया विश्राम।
दिख्यो न पूत सपूत अस बापै चीन्है धाय॥ 52॥
अंतर ज्योति शब्द यक नारी। हरि ब्रह्मा ताके त्रिपुरारी॥

बखरी एक विधातै कीन्हा। चौदह ठहर पाटि सो लीन्हा॥
हरि हर ब्रह्मा महँ ता नाऊँ। ते पुनि तीन बसावल गाँऊँ॥
ते पुन रचिनि खंड ब्रह्मंडा। छ दरशन छानबे पखंडा॥
पेटहिं काहु न वेद पढ़ाया। सुनति कराय तुरुक नहि आया॥
नारी गोचित गर्भ प्रसूती। स्वाँग धरे बहुतै करतूती॥
तहिया हम तुम एकै लोहू। एकै प्राण बियायल मोहू॥
एकै जनी जना संसारा। कौन ज्ञान ते भयो निनारा॥
अवगति की गति काहु न जानी। एक जीभ कित कहों बखानी॥
जो मुख होय जीभ दस लाखा। तौ कोइ आइ महंतौ भाखा॥
हहँहिं कबीर पुकारि कैई लेऊ व्यवहार।
राम राम जाने बिना बूड़ि मुआ संसार॥ 53॥
प्रथम आरंभ कौन के भाऊ। दूसर प्रगट कीन सो ठाऊँ॥
प्रगटे ब्रह्म विष्णु शिव शक्ती। प्रथमै भक्ति कीन्ह जीव उक्ती॥
प्रगटि पवन पानी औ छाया। बहु बिस्तर है प्रगटी माया॥
प्रगटे अंड पिंड ब्रह्मंडा। पृथ्वी प्रगट कीन नव खंडा॥
प्रगटे सिध साधक संन्यासी। ये सब लागि रहे अबिनासी॥
प्रगटे सुर नर मुनि सब झारी। तेऊ खोजि परे सब हारी॥
जीउ सीमें सब प्रगटे वै ठाकुर सब दास।
कबिरा और जानै नहीं राम नाम की आस॥ 54॥
प्रथम एक जो आवै आप। निराकार निरगुन निरजाप॥
नहिं तब भूमि पवन आकासा। नहिं तब पावक नीर निवासा॥
नहिं तब पाँच तत्व गुन तीना। नहिं तब सृष्टी माया कीना॥
नहिं तब आदि अंत मध तारा। नहिं तब अंध धुंध उँजियारा॥
नहिं तब ब्रह्मा विष्णु महेसा। नहिं तब सूरज चाँद गनेसा॥
नहिं तब मच्छ कच्छ बाराहा। नहिं तब भादों फागुन माहा॥
नहिं तब कंसकृष्ण बलिबावन। नहिं तब रघुपति नहिं तब रावन॥
नहिं तब सरगुन सकल पसारा। नहिं तब धारे दस अवतारा॥
नहिं तब सरसुति जमुना गंगा। नहिं तब सागर समुँद तरंगा॥
नहिं तब तीरथ ब्रत जप पूजा। नहिं तब देव दैत अरु दूजा॥
नहिं तब पाप पुन्न गुरु सीखा। नहिं तब पढ़ना गुनना सीखा॥
नहिं तब विद्या वेद पुराना। नहिं तब भए कतेब कुराना॥
कहैं कबीर बिचारि कैं तब कुछ किरतिम नाहिं।

परम पुरुख तहँ आपही अगम अगोचर माहिं ॥ 55 ॥
करता एक अगम है आप। बाके कोई माय न बाप ॥
करता के नहिं बंधु औ नारी। सदा अखंडित अगम अपारी।
करता कछु खावै नहिं पावै। करता कबहूँ मरै न जावै ॥
करता के कुछ रूप न रेखा। करता के कुछ बरन न भेखा।
जाके जात गोत कछु नाहीं। महिमा बरनि न जाय मो पाहीं।
रूप अरूप नहीं तेहि नाऊँ। बर्न अबनै नहीं तेहि ठाऊँ ॥
कहै कबीर बिचारि कै जाके बर्न न गाँब।
निराकार औ निर्गुना है पूरन सब ठाँव ॥ 56 ॥
करता किरतिम बाजी लाई। औंकार ते सृष्टि उपाई।
पाँच तत्त तीनों गुन साजा। ताते सब किरतिम उपराजा ॥
किरतिम धरती औह अकास। किरतिम चंद मुर परकास।
किरतिम पाँच तत्त गुन तीनों। किरतिम सृष्टि जुमाया कीनों ॥
किरतिम आदि अंत मध तारा। किरतिम अंध कूपज उँजियारा।
किरतिम सरगुन सकल पसारा। किरतिम कहिए बस औतारा ॥
किरतिम कंस और बलि बावन। किरतिम रघुपति किरतिम रावन।
किरतिम कच्छ मच्छ बाराह। किरतिम भादो फागुन माहा ॥
किरतिम सहर समुद्र तरंगा। किरतिम सरसुति जमुना गंगा।
किरतिम इसमृत वेद पुराना। किरतिम काजि कतेब कुराना ॥
किरतिम जोग जो पावत पूजा। किरतिम देबी देव जो दूजा।
किरतिम पाप पुन्न गुरु सीखा। किरतिम पढ़ना गुनना सीखा ॥
कहै कबीर बिचारि कै कृतिम न करता होय।
यह सब बाजी कृतिम है साँच सुनो सब कोय ॥ 57 ॥
करता एक और सब बाजी। ना कोई पीर मसायख काजी।
बाजी ब्रह्मा विष्णु महेसा। बाजी इंदर चंद गनेसा ॥
बाजी जल थल सकल जहाना। बाजी जान जमीं असमाना।
बाजी बरनों इसमृति बेदा। बाजीगर का लखै न भैदा ॥
बाजी सिध साधक गुरु सीखा। जहाँ तहाँ यह बाजी दीखा।
बांजी जोग जज्ञ व्रत पूजा। बाजी देवी देवल दूजा ॥
बाजी तीरथ ब्रत आचारा। बाजी जोग जज्ञ व्यवहारा ॥
बाजी जल थल सकल किवाई। बाजी सों बाजी लिपटाई।
बाजी का यह सकल पसारा। बाजी माहिं रहै संसारा ॥

यह कबीर सब बाजी माहीं। बाजीयर चोन्हूँ नाहीं ॥ 58 ॥

संतो यह मन है बड़ जालिम।

जासौं मन सों काम परो है तिसही है है मालूम।
मन कारण की इनकी छाया तेहि छावा में अटके ॥
निरगुन सरगुन मन की बाजी खरे सयाने भटके।
मनही चौदह लोक बनाया पाँच तत्व गुण कीन्हे ॥
तीन लोक जीबन बस कीन्हे परै न काहू चीन्हे।
जो कोउ कम हम मन को मारा जाके रूप न रेखा ॥
छिन छिन में कितनी रँग लावै जे सपनेहूँ नहि देखा।
रासातल बकइस ब्रह्मंडा सव पर अदल चलावै ॥
षट रस में भोगा मन राजा सो कैसे के पावै।
सबके ऊपर नाम निरच्छर तहँ लै मन को राखै ॥
तब मन कि गति जानि परै यह सत कबीर मुख भाखै ॥ 59 ॥
पंडित सोधि कहहु समुझाई जाते आवागमन नसाई।
अर्थ धर्म औ काम मोक्ष फल कौन दिशा बस भाई ॥
उत्तर दक्खिन पूरब पश्चिम सरग पतालहिं माहे।
बिन गोपाल ठौर नहिं कतहूँ नरक जात धौं काहे ॥
अनजाने को नरक सरग है हरि जाने को नाहीं।
जेहि डर को सब लोग डरत है सों डर हमरे नाहीं ॥
पाप पुन्न को संका नाहीं नरक सरग नहिं जाहीं।
कहै कबीर सुनो हो संतो जहँ पद तहाँ समाहीं ॥ 60 ॥

चलो सखी बैकंड विष्णु माया जहाँ।
चारिउ मुझि निदान परम पद ले तहाँ ॥
आगे शून्य स्वरूप अलख नहिं लसि परै।
तत्व निरंजन जान भरम जनि चित धरै ॥
आगे है भगवंत निरच्छर नाँव है।
तौन मिटावै कोटि बनावै ठाँव है ॥
आगे सिंधु बलंद महा गहिरो जहाँ।
को नैया ले जाय उतारै कौ तहाँ ॥
कर अजया की नाव तो धूरति उतारिहै।
लेइहौं अज्जर नाउ तो हंस उबारिहै ॥
पार उतर पुरुषोत्तम परख्यो जान है।

तहुँबा धाम अखंड तो पद निर्बान है॥
तहँ नहिं चाहत मुक्ति तो पद डारे फिरै।
सुनत सनेही हंस निरँतर उच्चरै॥
बारह मास बसंत अमरलीला जहाँ।
कहैं कबीर बिचर अटल है रह तहाँ॥ 61 ॥
सत्त सुकृत सत नाम जगत जानै नहीं।
बिना प्रेम परतीत कहा मानै नहीं।
जिव अनंत संसार न चीन्हत पीव की।
कितना कह समझाय चौरासिक जीवको॥
आगे धाम अखंड सी पद निरबान है।
भूख नींद ना वहाँ निःअच्छर नाम है॥
कहैं कबीर पुकारि सुना मनभावना।
हसा चल सत लोक बहुरि नहि आबना॥ 62 ॥
हँसा लोक हसारे आइहौ, ताते अमृत फल तुम पाइहौ॥
लोक हमारा अगम दूर है, पार न पावै कोई।
अति आधीन होय जो कोई, ताको देउँ लखाई॥
मिरत लोक से हंसा आए, पुरुप दीप चलि जाई।
अंबु दीप में सुमिरन करिहौ, तव वह लोक दिखाई॥
माटी का पिंड छूट जायगा, औं यह सकल बिकारा।
ज्यों जल माही रहत है पुरइन, ऐसे हंस हमारा।
लोक हमारे अइहौं हंसा, तब सुख पाइहौ भाई।
सुखसागर असनान करोगे, अजर अमर है जाई॥
कहैं कबीर धमदासा, हंसन करी बधाई।
सेत सिंहासन बैठठ दैहों, जुग जुग राज कराई॥ 63 ॥

सतगुरु महिमा और लक्षण

चल सतगुरु की हाट ज्ञान बुध लाइए।
कर साहब सों हेत परम पव पाइए॥
सतगुरु सब कछु दीन देन कछु नहिं रह्यो।
हमहि अभागिन नारि छोरि सुख दुख लह्यो॥
गई पिया के महल हिया अँग ना रची।
रह्यो कपट हिय छाय मान लज्जा भरी॥

जहाँ गेल सिलहिली चढ़ौ गिरि गिरि परौं।
उठहुँ सम्हारि सम्हारि चरण आगे धरौं॥
पिया मिलन की चाह कौन तेरे लाज है।
अरध मिली किन जाय भला दिन आज है॥
भला बना संजोग प्रेम का चोलना।
तन मन अरपौं सीस साहब हँस बोलना॥
जो गुरु रूठे होंय तुरत मनाइए।
हुइन दीन अधीन चूकि बकसाइए॥
जो गुरु होंय दयालु दया दिल हेरिहैं।
कोटि करम कटि जायँ पलक छिन फेरिहैं॥
कह कबीर समुझाय समुझ हिरदै धरो।
जुगन लुगन कर राज कुमति अस परिहरो॥ 64॥

भाई कोइ सतगुरु संत कहावै, नैनन अलख लखावै।
डोलत डिगै न बोलत बिसरै जब उपदेस दृढ़ावै॥
प्रान पूज्य किरिया ते न्यारा सहज समाधि सिखावै।
द्वार न रूँधै पवन न रोकै नहिं अनहद अरुझा॥
यह मन जाय जहाँ लग जबहीं परमातम दरसावै।
करम करै निहकरम रहै जो ऐसौ जुगत लखावै॥
सद बिलास त्रास नहिं मन में भोग में जोग जगावै।
धरती त्यागि अकास हुँ त्यागै अधर मँड़इया छावै॥
सुन्न सिखर के सार शिमा पर आसन अचल जमावै।
भीतर रहा सो बाहर देखै दूजा दृष्टि न आवै॥
कहत कबीर बसा है हंसा आवागमन मिटावै॥ 65॥

साधो सो सतगुरु मोहिं भावै।
सत्त नाम का भर भर प्याला आप पिवे मोहिं प्यावै॥
मेले जाय न महँत कहावै पूजा भेंट न लावै।
परदा दूर करै आँखिन का निज सरसन दिखलावै॥
जाके दरसन साहब दरसैं अनहद शब्द सुनावै।
माया के सुख दुख कर जानै सँग न सुपन चलावै॥
निसि दिन सत-संगति में राचै शब्द में सुरत समावै।
कह कबीर ताको भय नाही निरभय पद परसावै॥ 66॥

दसो दिसा कर मेटी धोखा। सो कँड़हार बैठ ही चोखा॥

दसो दिसा कर लेखा जानैं। सो कँड़हार आरती ठानै॥
इस इंद्री कै पारख रावै। सो कँड़हार आरती गावै॥
जो नाह जानै एतिक साजे। चौका युक्ति करै केहि काजे॥
हिंसा कारन करहीं गरुआई। बिगरै ज्ञान जो पंथ पराई॥
पद साखी अरु ग्रंथ दृढ़ावै। बिन पारख उत्तम घर पावै॥
शब्द साखि सिखि पारस करही। होय भूत पुनि नरकहिं परही॥
बिना भेद कँड़हार कहावै। आगिल जन्म स्वान को पावै॥
पद साखी नहिं करहि बिचारा। भूँकि भूँकि जस मर सियारा॥
पद साखी है भेद हमारा। जो बूझै सो उतरै पारा॥
जब लग पूरा गुरु न पावै। तब लग भव जल फिरि फिरि आवै॥
पूरा गुरु जो होय लखावै। शब्द निरखि परगट दिखलावै॥
एक बार जिय परचौ पावै। भवजल तरै बार नहिं लावै॥

शब्द भेद जो जानही सो पूरा कँड़हार।
हक कबीर जमच्छ है सोहं शब्दहिं पार॥ 67॥

साँचे सतगुरु की बलिहारी। जिन यह कुंजी कुफुल उघरी॥
नख सिख साहब है भरपूरा। सो साहब क्यों कहिए दूरा॥
सतगूरु दया अभी रस भीजै। तन मन धन सब अर्पन कीजै॥
कहत कबीर संत सुखदाई। सुखसावर असथिर घर पाई॥ 68॥

सन्त लक्षण

हरिजन हंस दशा लिए डोलै। निर्मल नाम चुनी चुनि बोलै॥
मुक्ताहल लिए चोंच लुलावैं। मौन रहैं कै हरि-गून गावैं॥
मान सरोवर तट के बासी। राम-चरण चित अंत उदासी॥
काग कुबुद्धि निकट नहि आवै। प्रति दिन हंसा दरसन पावै॥
नीर छीर को करै निबेरा। कहै कबीर सोई जन मेरा॥ 69॥

सील सँतोख ते सब्द जा मुख बसे, संतजन जौहरी साँच गानी।
बदन बिकसित रहै ख्याल आनंद में, अधर में मधुर मुसकात बानी।
साँच डोलै नहीं झूठ बोलै नहीं, सुरत में सुमित सोइ श्रेष्ठ ज्ञानी।
कहत हौं ज्ञान पुक्कारि के सबन सों, देत उपदेश दिल दर्द जानी।
ज्ञान को पूर है रहनि को सूर है, दया की भक्ति दिल माहिं ठानी।
ओर ते छोर लौं एक रस रहत है, ऐस जन जगत में बिरले प्रानी।
ठग्ग बट-पार संसार में भरि रहे, हंस की चाल कहँ काग जानी।

चपलता चतुर हैं बने बहु चीकने, बात में ठीक पै कपट ठानी।
कहा तिनसों कहों दया जिनके नहीं, घात बहुतै करैं बकुल ध्यानी।
दुर्मती जीव की दुबिध छूटै नहीं, जन्म जन्मात्र पड़ नर्क खानी।
काग कुबुद्धि सुबुद्धि पावै कहाँ, कठिन कट्ठोर बिकराल बानी।
अगिन के पुंज हैं सीतलता तन नहीं, अमृत और विष दोउ एक सानी।
कहा साखी कहे सुमति जाकी नहीं, साँच की चाल बिन धूर धानी।
सुकृति और सत्त की चाल साँची सही, काग बक अधम की कौन खानी।
कहै कब्बीर कोउ सुधर जन जौहरी, सदा सब धान पय नीर छानी ॥ 70 ॥

है साधू संसार में कँवला जल माहीं।
सदा सरबदा संग रहैं परसत जत नाहीं।
जल केरी ज्यों कूकही जल माहिं रहानी।
पंख पानी बेधै नहीं कछु असर न जानी।
मीन तरै जल ऊपरै जल लगै न भारा।
आड़ अटक मानैं नहीं पैरे जल धारा॥
जैसे सीप समुद्र में चित देत अकासा।
कुंभ कला ह्वै खेलही तह साहेब दासा॥
जुगति जमूरा पारके सरपे लपटाना।
बिख वाके बेधे नहीं गुरु गम समाना॥
दूध भात घृत भोजना बहु पाक मिठाई।
जिभ्या लेस लगैं नहीं उनके रोसनाई॥
बानी में बिखधर बसैं कोइ पकरि न पावै।
कह कबीर गुरु मंत्र से सहजै चलि आवै॥ 71 ॥
दरस दिवाना बाबरा अलमस्त फकीरा।
एक अकेला ह्वै रहा असमत का धीरा॥
हिरदे में महबूब है हर दम का प्यारा।
पीएगा कोइ जौहरी गुरु-मुख मतवाला॥
पियत पियाला प्रेम का सुधरे सब साथी।
आठ पहर झूमत रहै जस मैगल हाथी॥
बंधन काटे मोह के बैठा निरसका।
वाके नजर न आवता क्या राजा रंक॥
धरती तो आसन किया तंबू असमाना।
चोला पहिरा खाक का रह पाक समाना॥

सेवक को सतगुरु मिले कछु रहि न तबाही।
कह कबीर निज घर चलो जहँ काल न जाही ॥ 72 ॥
जेहि कुल भगत भाग बड़ होई।
अबरन बरन न गनिय रंक धनि विमल बास निज सोई ॥
बाम्हन छत्री वैस सूद्र सब भगत समान न कोई।
धन वह गाँप ठाँव असथाना है पुनीत सँग लोई ॥
होत पुनीत जपै सतनामा आपु तरै तारै कुल दोई।
जैसे पुरइन रह जल भीतर कह कबीर जग में जन सोई ॥ 73 ॥

वेदान्तवाद

साधो सतगुरु अलख लखाया आप आप दरसाया।
बीज मध्य ज्यों बृच्छा दरसै बृच्छा मद्धे छाया।
परमातम में आतम तैसे आतम मद्धे माया ॥
ज्यों नभ में सुन्न देखिए सुन्न अंड आकारा।
निह अच्छर ते अच्छर तैसे अच्छर छर विस्तारा ॥
ज्यों रवि मद्धे किरन देखिए किरन मध्य परकासा ॥
परमातम में जीव ब्रह्म इमि जीव मध्य तिमि स्वाँसा।
स्वाँसा मद्धे शब्द देखिए अर्थ शब्द के माहीं।
ब्रह्म ते जीव जीव ते मन इमि न्यारा मिला सदाहीं ॥
आपहि बीज वृच्छ अंकूरा आप फुल फल छाया।
आपहि सूर किरिन परकासा आप ब्रह्म जिव माया ॥
अंडाकार सुन्न नभ आपै स्वाँस शब्द अरथाया।
निह अच्छर अच्छर छर आपै मन जिव ब्रह्म समाया ॥ 74 ॥
आतम में परमातम दरसै परमातम में झाँईं।
झाँईं में परिछाँईं नरसै लखै कबीरा साईं ॥
पानी बिच मीन पियासी, मोहिं सुन सुन आवत हाँसी।
आतम ज्ञान बिना सब सूना, क्या मथुरा क्या कासी ॥
घर में वस्तु नहिं सूझै, बाहर खोजत जासी।
मृग का नाभि माहिं कस्तूरी, बन बन खोजत जासी ॥
कहैं कबीर सुनो भाई साधो सहज लिलै अबिनासी ॥ 75 ॥
चंदा झलकै येहि घट माँहीं। अंधी आँखिन सूझै नाहीं ॥
येहि घट चंदा येहि घट सूर। येहि घट गाजै अनहद तूर ॥

येहि घट बाजै तबल निसान। बहिरा शब्द सुनै नहिं कान॥
जब लग मेरी मेरी करै। तब लग काज न एको सरै॥
जब मेरी ममता मरि जाय। तब प्रभु काज सँवारे आय।
जब लग सिंह रहै बन माहिं। तब लग वह बन फूले नाहिं॥
उलटा स्यार सिंह को खाय। उकठा बन फूलै हरिआय॥
ज्ञान के कारन करम कमाय। होय ज्ञान सब करम नसाय॥
फल कारन फूलै बन राय। फल लागे पर फूल सुखाय॥
म्रिग पास कस्तूरी बास। आप न खोजै खोजै घास॥
पारै पिंड मीन लै खाई। कहै कबीर लोग बौराई॥ 76॥

अवधू अंध कूप अँधियारा।

या घट भीतर सात समुंदर याहि में नद्दी नारा।
या घट भीतर काशि द्वारिका याहि में ठकुरद्वारा॥
या घट भीतर चंद सूर है याहि में नौ लख तारा।
कहैं कबीर सुनो भाई साधो याहि में सत करतारा॥ 77॥

साधो एक आपु जग माहीं।

दूजा करम भरम है किरतिम ज्यों दरपन में छाहीं।
जल तरंग जिमि जलते उपलै फिर जल माहिं रहाई॥
काया झाँईं पाँच तत्त की बिनसे कहाँ समाइ।
या बिधि सदा देहगति सबकी या बिधि मनहिं बिचारो।
आया होय न्याव करि न्यारो परम तत्व निरवारो॥
सहजै रहै समाय सहज में ना कहुँ आया न जावै।
धरै न ध्यान करै नहिं जप तप राम रहीम न पावै॥
तीरथ बरत सकल परित्यागै सुन्न डोर नहिं लावैं।
यह धोखा जब समुझि परैं तब पूजैं काह पुजावैं।
जोग जुगत में भरम न छूटैं जब लग आप न सूझैं॥
कह कबीर सो सतगुरु पूरा जो कोइ समुझैं बूझैं॥ 78॥

साधो सहजैं काया सोधो।

करता आप आप में करता लख मन को परमोधो॥
जैंसे बट का बीज ताहि मैं पत्र फूल फल छाया।
काया मद्धे बुँद बिराजैं बुंदैं मद्धे काया॥
अग्नि पवन पानी पिरथी नभ ता बिन मेला नाहीं।
काजी पंडित करो निबेरा काके माहिं न साँई॥

साँचे नाम अगम की आसा है बाही में साँचा।
करता बीज लिए है खेतै त्रिगुन तीन तत पाँचा॥
जल भरि कुंभ जले बिच धरिया बाहर भीतर सोई।
उनको नाम कहन को नाँही दूजा धोखा होई।
कठिन पंथ सतगुरु को मिलता खोजत खोजत पाया।
इक लग खोज मिटी जब दुबिधा न कहुँ गया न आया॥
कहैं कबीर सुनो भइ साधो सत्त शब्द निज सारा।
आपा मद्धे आपै बोलै आपै सिरजनहारा॥ 79॥

दरियाव की लहर दरियाव है जी दरियाव औ लहर भिन्न कोयम।
उठे तो नीर है बैठता नीर है कहो किस तरह दूसरा होयम॥
उसी नाम को फेर के लहर धारो लहर के कहे क्या नीर खोयम।
जक्तही फेर सबजक्त हैं ब्रह्म में ज्ञान करि देख कब्बीर गोयम॥ 80॥

मन तू मानत क्यों न मना रे।
कौन कहन को कौन सुनन को दूजा कौन जना रे॥
दरपन में प्रतिबिंब जो भासे आप चहूँ दिसि सोई।
दुबिधा मिटै एक जब होवै तौ लख पावै कोई॥
जैसे जल ते हेम बनत है हेम घूम जल होई॥
तैसे या तत बाहू तत सों फिर यह अरु वह सोई।
जो समझै तो खरी कहन है ना है समझै तो खोटी।
कह कबीर दोऊ पख त्यागै ताकी मति है मोटी॥ 81॥

नाम मैं धरमी नाहिं अध रमी ना मैं जती न कामी हो।
ना मैं कहता ना मैं सुनता ना मैं सेवक स्वामी हो॥
ना मैं बंधा ना मैं मुक्ता ना निरबंथ सरबंगी हो।
का काहू से न्यारा हुआ न काहू को संगी हो॥
ना हम नरक लोक को जाते ना हम सरग सिधारे हो।
सब ही कर्म हमारा कीया हम कर्म्मन ते न्यारे हो॥
या मत को कोइ बिरला बूझै सो सतगुरु हो बैठे हो।
मत कबीर काहू को थापे मत काहू को मेटे हो॥ 82॥

फहम करु फहम करु फहम करु मान यह फहम बिनु फिकिर नहिं मिटै तेरी। सकल उँजियारा दीदार दील बीच है जौक औ शौक सब मौज तेरी॥ बोलता मस्त मस्ताने महबूब है इना सा अदल कहु कौन केरी। एक ही नूर दरियाव वह देखिए फैल वह रहा सब सृष्टि में री। आप ही गन्नी गरीब है आप ही आप गन्नीम हो आप घेरी। आप ही

चोर पुनि साहु है आप ही ज्ञान कथि आप ही आप सुने री। आप ही हरी हरिनाकुसा आप ही आप नरसिंह हो आप गेरी, आप ही रावना आप रघुनाथा जी आप को आप ही आप दले री। आप बलि होइकै दान बसुधा किया आप हो वावना आप छले री। आप ही कृष्ण है कंस है आप ही आप को आप आपहि हते री। आप ही जक्त भगवंत है आप ही और नहिं दूसरा अर्ज सुने री ॥ 83 ॥

मुक्त होवैं छुटैं सेती तब कीन मरैं तिसैं कौन मारैं।
अहकार तजे भय रहित होवैं तब कौन तरे तसे कौन तारैं ॥
मरना जीना है ताहि को जी जो आपु को आपु बिसारि डारैं।
चैतन्य हौवें उठि जागि देखे दया देखि कैं जोति कबीर धारैं ॥ 84 ॥

यह तो एक तो एक हुबाब है जी साकिन दरियाव के बीच सदा।
हुब्बाब तो ऐन दरियाव है जी देखो नहिं वह से मौज जुदा।
हुब्बाब तो है उठनेहि में जी है बैंठने मतलब्ब खुदा।
हीबाब दरियाव कबीर है जो दुजा नाम बोलैं सो बुदबुदा ॥ 85 ॥

घट-घट में रटना लागि रही परगट हुआ अलेख है जी।
कहुँ चोर हुआ कहुँ साह हुआ कहुँ बाम्हन है कहुँ सेख है जी।
बहुरंगी प्यारा सब से न्यारा सब ही में एक भेख है जी।
कब्बीर मिला मुरशिद उसमें हस तुम नाहीं वह एक है जी ॥ 86 ॥

असमानका आसरा छोड़ प्यारे उलटि देखो घट अपना जी।
तुम आप में आप तहकीक करो तुम छोड़ो मन की कल्पना जी ॥
बिन देखे जो निज नाम जपे सो कहिए रैन का सपना जी।
कबीर दौदार परगट देखा तब जाप कौन का जपना जी ॥ 87 ॥

अपनपो आप ही बिसरो।
जैसे सोनहा काँच मँदिर में भरमत भूँकि मरो।
ज्यों केहरि बपु निरखि कूप जल प्रतिमा देखि परो।
ऐसेसि मदगज फटिक शिला पर दसननि आनि अरो।
मरकट मुठी स्वाद ना बिसरै धर धर नटत फिरो।
कह कबीर ललनी के सुवना तोहि कौने पकरो ॥ 88 ॥

साम्यवाद

आपुहिं करता भेद करतारा। बहु बिधि बासन गढ़ैं कुम्हारा ॥
बिधना सबै कीन यक ठाऊँ। अनिक जनग कै बनक बनाऊँ ॥
जठर अग्नि महँ दिय परजाली। तामें आप भए भतिपाली ॥

बहुत जतत कै बाहर आया। अब शिव शक्ति नाम धराया॥
घर को सुत जो होय अयाना। ताके संग न जाय सयाना॥
साँची बात कहौं मैं अपनी। भया दिबाना और कि सपनी॥
गुप्त प्रगट है एकै मुद्रदा। काको कहिए ब्राह्मन शुद्रा॥
मूठ गरब भूलै मति कोई। हिंदू तुरुक झूठ कुल दोई॥
जिन यह चित्र बनाइया साँची सूरत ढारि।
कह कबीर ते जन भले जे तेहि लेहि बिचारि॥ 89॥
जो तोहि कर्ता बर्ण बिचारा। जन्मत तीन बंड अनुसारा॥
जन्मत शूद्र भए पुनि शूद्रा, कृत्रिम जनेऊ घालि जगदुद्रा॥
जो तुम बाम्हन बाम्हनि जाए। और राह तुम काहे न आए॥
जो तू तुरुक तुरुकिनी जाया। पेटै का हे न सुनति कराया॥
कारी पीरी दूहौ गाई। ताकर दूध देहु बिलगाई॥
छाँडु कपट नर अधिक सयानी। कह कबीर भजु सारंगपानी॥ 90॥
दुइ जगदीश कहाँ ते आए कहुँ कौने भरमाया॥
अल्ला राम करिम केशव हरि हजरत नाम धराया॥
गहना एक कनक ते गहना तामें भाव न दूजा।
कहन सुनन को दुइ कर थाते एक नेवाज एक पूजा॥
वही महादेव वही मुहम्मद ब्रह्मा आदम कहिए।
कोइ हिंदू कोइ तुरुक कहावैं एक जमीं पर रहिए॥
वेद किताब पढ़ै वे कुतवा वे मौलाना वे पाँड़े।
बिगत बिगत कैं नाम धरायो एक माटी के भाँड़े॥
कह कबीर ते दोनों भूलें रामहिं किनहु न पाया।
वे खसिया वे गाय कटावैं वादैं जन्म गँवाया॥ 91॥
ऐसा भरम बिगुरचन भारी।
बेद किताब दीन औ दोजख को पुरुखा का नारी॥
माटी के घर साज बनाया नादे बिंदु समाना।
घट बिनसे क्या नाम धरहुगे अहमक खोज भुलाना॥
एकैं हाड़ त्वचा मल मूत्रा रुधिर गुदा एक मुद्रा।
एक बिंदु ते सृष्टि रच्यो है को ब्राह्मण को शुद्रा॥
रजगण ब्रह्म तमोगुण शंकर सतोगुणी हरि सोई।
कहै कबीर राम रमि रहिया हिंदू तुरुक न कोई॥ 92॥

भक्ति-उद्रेक

ओढ़न मेरो राम नाम मैं रामहिं को बनिजारा हो।
राम नाम को करौं बनिज मैं हरि मोरा हटवारा हो॥
सहस नाम को करौं पसारा दिन दिन होत सवाई हो।
कान तराजू सेर तिनपौवा डहकिन ढोल बजाई हो॥
सेर पसेरी पूरा कर ले पासँव कतहुँ न जाई हो।
कहै कबीर सुनो हो संतों जोरि चले जहँड़ाई हो॥ 93॥

तोको पीव मिलैंगे घूँघट को पट खोल रे।
घट घट मैं वह साँईं रमता कटुक बचन मत बोल रे॥
धन जोबन के गरब न कीजै झूठा पँचरँग चोल रे।
सुन्न महल में दियना बारि ले आसा सों मत डोल रे॥
जाग जुगुत सों रंग महल में पिय पायो अनमोल रे।
कहैं कबीर अनंद भयो है बाजत अनहद ढोल रे॥ 94॥

पायो सतनाम गरै कै हरवा।
साँकर खटोलना रहनि हमारी दुबरे पाँच कँहरवा।
ताली कुंजी हमें गुरु दीन्ही जब चाहौं तब खोलौं किवरवा॥
प्रेम प्रीति की चुनरी हमारी जब चाहौं तब नाचौं सहरवा।
कहैं कबीर सुनो भाई साधो बहुर न ऐवै एही नगरवा॥ 95॥

मिलना कठिन है, कैसे मिलौंगी पिय जाय।
समुझि सोच पग धरौं जतन से बार बार डिग जाय॥
ऊँची गेल राह रपटीली पाँव नहीं ठहराय।
लोक-लाज कुल की मरजादा देखत मन सकुचाय॥
नैहर बास बसा पिहर में लाज तजी नहिं जाय।
अधर भूमि जहँ महल पिया का हम पै चढ़ो न जाय॥
धन भई बारी पुरुख भए भोला सुरत झकोरा खाय।
दूतीं सतगुरु मिले बीच में दीन्हो भेद बताय॥
साहब कबिरा पिया सों भेंटयो सीतल कंठ लगाय॥ 96॥

दुलहिन गावो मंगलचार। हमरे घर आए राम भतार।
तन रति कर मैं मन रति करिहौं पाँचो तत्व बराती।
रामदेव मोहिं ब्याहन आए मैं जोबन मदमाती।
सरिर सरोवर वेदी करिहौं ब्रह्मा वेद उचारा।
रामदेव सँग भाँवर लैहों धन धन भाग हमारा॥

सुर तैंतीसो कौतुक आए मुनिवर सहस अठासी।
कह कबीर मोंहि ब्याहि चले हैं पुरुष एक अबिनासी ॥ 97 ॥

हरि मोर पीव मैं राम की बहुरिया।
राम मोर बड़ा मैं तन की लहुरिया ॥
हरि मोर रहँटा मैं रतन पिउरिया।
हरि को नाम लै कातल बहुरिया ॥
छ मास ताग बरस दिन कुकुरी।
लोग बोले भल कातल बपुरा।
कहै कबीर सूत भल काला ॥
रहँटा न होय सुक्ति कर दाता ॥ 98 ॥

साँई के सँग सासुर आई।
संग न सूती स्वाद न जानीं जोबन गो सपने की नाई।
जना चारि मिलि लगन सोचाई जना पाँव मिलि मंडप छाई ॥
सखा सवेली मंगल गावैं दुख रुख माथे हरदि चढ़ाई।
नाना रूप परी मन भाँवरि गाँठी जोरि भई पति आई ॥
अरघ देइ देइ चली सुवासिनि चौकहि राँड़ भई सँग साई।
भयो बियाह चली बिन दूलह बाट जान समधी समुझाई।
कहै कबीर हम गौने जैबे तरब कंत ले तूर बजाई ॥ 99 ॥

विरह-निवेदन

बालम आओ हमारे गेह रे। तुम बिन दुखिया देह रे।
सब कोई कहै तुमारी नारी मोको यह संदेह रे ॥
एकमेक ह्वै सेज न सोवै तब लग कैसे नेह रे ॥
अन्न न भावे नींद न आवे गृह बन धरे न धीरे।
ज्यों कामी को कामिनि प्यारी ज्यों प्यासे को नीर रे ॥
है कोइ ऐसा पर-उपकारी पिय से कहै सुनाय रे।
अब तो बेहाल कबीर भए हैं बिन देखे जिउ जाय रे ॥ 100 ॥

सतगुरु हा महाराज, मोपैं साईं रँग डारा।
शब्द की चोट लगी मेरे मन में बेध गया तन सारा ॥
औषध मल कछू नहिं लागे क्या करे बैद बिचारा।
सुर नर मुनि जन पीर औलिया कोइ न पावै पारा ॥
साहब कबिर सर्व रँग रँगिया सब रँग से रँग न्यारा ॥ 101 ॥

कैसे दिन कटि है जतन जतन बताए जाइयो।
एहि पार गंगा वोही पार जमुना
बिचवाँ मँड़इया हमका छवाए जाइयो॥
अँचरा फारि के कागद बनाइन
अपनी सुरतिया हियरे लिखाए जइयो।
कहत कबीर सुनो भाइ साधो।
बहियाँ पकरि के रहिया बताए जइयो॥ 102॥
प्रीत लगी तुअ नाम की पल बिसरै नाहीं।
नजर करो अब मेहरकी मोंहिं मिलो गुसाईं
बिरह सतावैं मोहिं को जिव तड़पैं मेरा।
तुम देखन को चाव है प्रभु मिलो सबेरा॥
नैंन तरसे दरस को पल पलक न लागैं।
दरद बंद दीवार का निस बासर जागै॥
जो अब प्रीतम मिलैं करूँ निमिख न न्यारा।
अब कबीर गुरु पाइया मिलो प्रान पियारा॥ 103॥

हू बारी दुख फेरि पियारे। करवट दे मोंहि को मारे।
करवत भला च करवट तेरी। लाग गरे सुन बिनती मेरी॥
हम तुम बीच भया नहिं कोई। तुमहिं सो कंत नारि हम सोई॥
कहत कबीर सुनो नर लोई। अब तुम्हरी परतीत न होई॥ 104॥
शब्द की चोट लगी तन में। घर नहिं चैन चैन नहिं वन में॥
ढूँढत फिरों पीव नहीं पावौं। औषध मूल खाय गुजरावौं॥
तुम से बैद न हम से रोगी। बिन दिदार क्यों जिए बियोगी॥
एकैं रँग रँगी सब नारी। ना जानों को पिय की प्यारी॥
कह कबीर कोइ गुरुमुख पावै। बिन नैंनन दीदार दिखावैं॥ 105॥
चली मैं खोज में पिय की। मिटी नहिं सौच यह जिय की॥
रहैं निंत पास ही मेरे। न पाऊँ यार को हेरे॥
बिकल चहुँ ओर को आऊँ। तबहुँ नहिं कंत को पाऊँ॥
धरो केहि भाँति से धीरा। गयो गिर हाथ से हीरा॥
कटी जब नैन की झाँईं। लख्यो तब गगन में साँईं॥
कबीरा शब्द कहि भासा। नयन में यार को बासा॥ 106॥
अबिनासी दुल्हा कब मिलिहौं, भक्त के रछपाल।
जल उपजी जल ही सों नेहा, रटत पियास पियास।

मैं ठाढ़ी बिरहिन मग जोऊँ, प्रियतम तुमरी आस ॥
छोड़े गेह नेह लगि तुम सों, भइ चरनन लवलीन।
तालाबेलि होत घट भीतर, जैसे जल बिनु मीन ॥
दिवस रैनु भूख नहि निद्रा, घर अँगना न सुहाय।
सेजरिया बैरनि भइ हम को, जगत रैनि बिहाय ॥
हम तो तुमर दासी सजनां, तुम हमरे भरतार।
दीनदयाल दया करि आओ, समरथ सिरजनहार ॥
कै हम प्रान तजत हैं प्यारे, कै अपना कर लेव।
दास कबीर बिरह अति बाढ़ेउ, हमकै दरसन देव ॥ 107 ॥

सुन सतगुरु की तान नींद नहिं आती।
बिरहा मैं सूरत गई पछाड़े खाती ॥
तेरे घर में हुआ अँधेर भरम की राती।
नहिं भई पिया से भेंट रही पछताती ॥
सिख नैन सैन सो खोज ढूँढ़ ले लाती।
मेरे पिया मिले सुख चैन नाम गुन गाती ॥
तेरि आवागमन की त्रास सबै मिट जाती।
छबि देखत भई है निहाल काल मुरझाती ॥
सखि मान सरोवर चलो हंस जहँ पाती।
यह कहैं कबीर बिचार सीप मिलि स्वाती ॥ 108 ॥

तलफै बिन बालम मोर जिया।
दिन नहिं चैन रात नहिं निंदिया तलफ तलफ के भोर किया ॥
तन मन मोर रहँठ अस डोलै सून सेज पर जनम छिया।
नैन थकित भए पंथ न सूझै साँई बेदरदी सुध न लिया ॥
कहत कबीर सुनो भाई साधो हरो पीर दुख जोर किया ॥ 109 ॥

पिया मिलन की आस रहौं कब लौं खरी।
ऊँचे नहिं चढ़ि जाय मने लज्जा भरी ॥
पाँव नहीं ठहराय चहूँ गिर गिर परूँ।
फिरि फिरि चढ़हुँ सँम्हारि चरन आगे धरूँ ॥
अंग अंग थहराय तो बहू बिधि डरि रहूँ।
करम कपट मग घेरि तो भ्रम में परि रहूँ ॥
बारी निपट अनारि तो झीनी गैल है।
अटपट चाल तुम्हार मिलन कस होइ है ॥

छोरो कुमति बिकार सुमति गहि लीजिए।
सतगुरु शब्द सम्हारि चरन चित दीजिए॥
अंतर पट दे खोल सब्द उर लाव री।
दिल बीच दास कबीर मिलैं तोहि बावरी॥ 110॥

गृह-वैराग्य

अवधू भूले को घर लावे, सो जन हमको भावै।
घर में जोग भोग घर ही में, घर तजिबन नहिं जावै॥
बन के गए कलपना उपजै, तब धों कहाँ समावै।
घर में मुक्ति मुक्ति घर ही में, जो गुरु अलख लखावै॥
सहज सुन्न में रहै समाना, सहज समाधि लगावै।
उनमुनि रहै ब्रह्म को चीन्है, परम तत्त को ध्यावै॥
सुरति निरत सो मेला करि कैं, अनहद नाद बजावैं।
घर में बस्तु बस्तु में घर है, घर ही वस्तु मिलावैं॥
कहैं कबीर सुनो हो अवधू ज्यों का त्यों ठहरावैं॥ 111॥

दूर वे दूर वे दूर वे दूरमति
दूर की बात तोहि बहुत भावैं।
अहै हज्जूर हाजीर साहब धनी
दूसरा कौन कहु काहि गावैं॥
छोड़ दे कल्पना दूर का धावना
राज तजि खाक मुख काहि लावैं॥
पेड़ के गहे ते डार पल्लव मिले
डार के गहे नहिं पेड़ पावैं॥
डार औ पेड़ औ फूल फल प्रगट है
मिले जब गुरु इतनो लखावैं॥
सँपति सुख साहबी छोड़ जोगी भए
सून्य की आस बनखंड जावैं॥
कहहिं कबीर बनखंड में क्या मिलैं
दिलहि को खोज दीदार पावैं॥ 112॥

अनप्रापत वस्तु को कहा तजे, प्रापत को तजै सो त्यागी है।
सु-असील तुरंग कहा फेरे, अफतर सो बागी है॥
जगभव का गावना क्या गावै, अनुभव गावै सो रागी है।
बन गेह की बासना नास करे, कब्बीर सोई वैरागी है॥ 113॥

कर्मगति

करमगति टारे नाहिं टरी।
मुनि बसिष्ठ से पंडित ज्ञानी सोध के लगन धरी॥
सीता हरन मरन दसरथ को बन में बिपति परी।
कहँ वह फंद कहाँ वह पारधि कहँ वह मिरग चरी॥
सीया को हरी लैगा रावन सुबरन लंक जरी।
नीच हाथ हरिचंद बिकाने बलि पाताल धरी॥
कोठि गाय नित पुन्न करत नृप गिरिगिट जोन परी।
पाँडव जिनके आपु सारथी तिनपर बिपति परी॥
दुरजोधन को गरब घटायो जदुकुल नास करी।
राहु केतु औ भानु चंद्रमा बिधी सँजोग परी॥
कहत कबीर सुनो भाई साधो होनी हो के रही॥ 114॥

अपने करम न मेटो जाई।
कर्म के लिखा मिटे धौ कैसे जो युग कोटि सिराई॥
गुरु वसिष्ठ मिलि लगन सोधाई सूर्य मंत्र एक दीन्हा।
जो सीता रघुनाथ बिआही पल एक संच न कीन्हा॥
नारद मुनि को बदन छपायो कीन्हों कपि से रूपा।
सिसुपालहुँ की भुजा उपारी आपुन बौध सरूपा॥
तीन लोक के करता कहिए बालि बध्यो बरिआई।
एक समय ऐसी बनि आई उनहूँ अवसर पाई॥
पारवती को बाँझ न कहिए ईस न कहिय भिखारी।
कह कबीर करता की बातैं करम की बात निआरी॥ 115॥

मोहमहिमा

बुढ़िया हँसि कह मैं नितहिं बारी।
मोहिं ऐसी तरुन कहु कौन नारि॥
ये दाँत गए मोर पान खात।
औ केस गयल मोर गंग नहात।
औ नयन गयल मोर कजल देत।
औ वैस गयल पर पुरुष लेत॥
औ जान पुरुखवा मोर अहार।
मैं अनजाने को कर सिगार॥

कह कबीर बुढ़ि आनँद गाय।
नित पूत भतारहिं बैठि खाय॥ 116॥

मोर मनुख है अति सुजान। धंधा कुटि कुटि कर बिहान॥
उठि बड़े भोर आँगन बुहार। ले बड़ी खाँच गोबरहि डार॥
बासी भात मनुख ले खाय। बड़ घैला लै पानी जाय॥
अपने सैया बाँधी पाट। लै रे बेचौं हाटै हाट।
कह कबीर ये हरि के काज। जोइया के ढिंगर कौन काज॥ 117॥

डर लागै हाँसी आवे अजब जमाना आया रे॥
धन दौलत ले माल खजाना बेस्या नाच नचाया रे॥
मुट्ठी अन्न साध कोइ माँगै कहैं नाज नहिं आया रे।
कथा होय तहँ स्रोता सोवैं वक्ता मूड़ पचाया रे॥
होय जहाँ कहिं स्वांग तमासा तनिक न नींद सताया रे।
भंग तमाखू सुलफा गाँजा सूखा खूब उड़ाया रे।
गुरु चरनामृत नेम न धारे, मधुवा चाखन आया रे।
उलटी चलन चली दुनियाँ में, तातें जिय घबराया रे।
कहत कबीर सुनो भाइ साधो, फिर पाछे पछताया रे॥ 118॥

ऐसी दुनिया भई दीवानी, भक्ति भाव नहिं बूझै जी।
कोई आवे तो बेटा माँगे, यही गुसाईं दीजै जी॥
कोई आवै दुख का मारा, हम पर किरपा की जै जी।
कोई आवै तो दौलत माँगै, भेंट रुपैया लीजै जी॥
कोई करावै ब्याह सगाई, सुनत गुसाईं रीझै जी।
साँचे का कोइ गाहक नाहीं, झूठे जगत पतीजै जी॥
कहै कबीर सुनो भाई साधो, अंधौ को क्या कीजै जी॥ 119॥

या जग अंडा, मैं केहि समुझावों।
इक दुइ होय उन्हैं समझावों, सब ही भुलाना पेट के अन्धा॥
पानी के घोड़ा पवन असवरवा, ढरकि परै जस ओस के बुंदा।
गहिरी नदिया अगम बहै धरवा, खेवनहारा पड़िगा फंदा॥
घर की वस्तु निकट नहिं आवत, दियना बारिके ढूढ़त अंधा।
लागी आग सकल बन जरिगा, बिन गुर ज्ञान भटकिगा बंदा॥
कहै कबीर सुनो भाई साधो, इक दिन जाय लँगोटी झार बंदा॥ 120॥

चली है कुलबोरनी गंगा नहाय।
सतुवा कराइन बहुरी भुँजाइन घूँघट ओटे भसकन जाय॥

गठरी बाँधिनि मोटरी बाँधिन, खसम के मूँड़े दिहिन धराय।
बिछुवा पहिरिन औंठा पहिरिन, लात खसम के मारिन जाय॥
गंग न्हाइन जमुना न्हाइन, नौ मन मैल हैं लिहिन चढ़ाय।
पाँच पच्चीस के धक्का खाइन घरहुँ की पूँजी आई गँवाय॥
कह कबीर हेत करुगुरु सौं नहिं तोर मुकती जाय नसाय॥ 121॥

उद्‌बोधन

पंडित बाद बदौ सो झूठा।
राम कहे जगत गति पावै खाँड़ कहे मुख मीठा॥
पावक कहे पाँव जो दाहै जल कहे तृखा बुझाई।
भोजन कहे भूख जो भागै तो दुनिया तरि जाई॥
नर के संग सुवा हरिबोलैं, हरि प्रताप नहिं जानै।
जो कबहूँ जाय जंगल को तौ हरि सुरति न आनै॥
बिनु देखे बिनु अरस परस बिनुनाम लिए का होई।
धन के कहे धनिक जो होतो निरधन रहत न कोई॥
साँची प्रीति विषय माया सों हरि भगतन की हाँवी।
यह कबीर एक राम भजे बिन बाँधे जमपुर जासी॥ 122॥
पंडित देखा मन मौं जानी।
कहु धौं छूत कहाँ ते उपजी तबहिं छूत तुम मानी।
नारद बिंदु रुधिर एक संगे घटही में घट सज्जै।
अष्ट कमल को पुहुमी आई कहँ यह छूत उपज्जै।
लख चौरासी बहुत बासना सो सब सरि भो माटी।
एकै पाट सकल बैठारे सींचि लेत धौं काटी॥
छूतहि जेवन छूतहि अचवन छूतहि जग उपजाया।
कह कबीर ते छूत बिबर्जित जाके संग न माया॥ 123॥
पंडित देखो हृदय बिचारा। कौन पुरुष को नारी॥
सहज समाना घट घट बोलै वाको चरित अनूपा।
वाको नाम कहा कहि लीजै ना ओहि बरन न रूपा॥
तैं मैं काह करे नर बौरे क्या तेरा क्या मेरा।
राम खोदाय शक्ति शिव एकै कहुबौं काहि निबेरा॥
बेद पुरान कुराह कितेबा नाना भाँति बखानी।
हिंदू तुरुक जैन औ जोगी एकल काहु न जानी॥

छ दरसन में जो परवाना तासु नाम मनमाना।
यह कबीर हम हीं हैं बोरे ई सब खलक सयाना॥ 124॥
माया मोहहिं मोहित कीन्हा। ताते ज्ञान रतन हरि लीन्हा॥
जीवन ऐसो सपना जैसो जीवन सपन समाना।
शब्द गुरू उपदेश दियो, तैं छाड़यो परम निधाना॥
जोतिहिं देख पतंग हूलसै, पसु नहिं पेखै आगी।
काम क्रोध नर मुगुध परे हैं, कनक कामिसी लागी।
सय्यद शेख किताब नीरखै, पंडित शास्त्र बिचारै।
सतगुरु के उपदेश बिना, तुम जानि कै जीवहिं मारै॥
करो विचार बिकार परिहरो, तरन तारनै सोई।
कह कबीर भगवत भजन करु द्वितीया और न कोई॥ 125॥
आपन आस किए बहुतेरा। काहु न मर्म पाव हरि केरा॥
इंद्री कहा करै बिश्राम। सो कहँ गए जो कहते राम॥
सो कह गए होत अज्ञान। होय मृतक ओहि पदहिं समान॥
रामानंद रामरस छाके। कह कबीर हम कहि थाके॥ 126॥
कहो हो अंबर कासौं लागा। चेतनहारे चेतु सुभागा॥
अंबर मध्ये दीसै तारा। एक चेतै दूजे चेतवनतारा॥
जेहि खोजै सो उहवाँ नाहीं। सोतो आहि अमर पद माहीं॥
कह कबीर पद बूझै सोई। मुख हृदया जाकर एक होई॥ 127॥
बाबू ऐसो है संसार तिहारो, है यह कलि व्यवहारा।
को अब अनख सहै प्रति दिनको नाहिंन रहन हमारा॥
सुमृत सुभाव सबै कोइ जानै हृदया तत्त न बूझै॥
निरजिव आगे सरजिव थापै लोचन कछुव न सूझै॥
तजि अमृत बिख काहें अचवो गाँठि बाँधो खोटा।
चोरन को दित पाट सिंहासन साहुहिं कीन्हु ओटा॥
कह कबीर झूठो मिलि झूठा ठगही ठग व्यवहारा।
तीन लोक भरपूर रह्यो है नाही है पतियारा॥ 128॥
नैनन आगे ख्याल घनेरा।
अरध उरध बिच लगन लगी है क्या संध्या रैन सबेरा।
जेहि कारन जग भरमत डोलैं सो साहब घट लिया बसेरा॥
पूरि रह्यो असमान धरनि में जित देखो तित साहब मेरा।
तुसबी एक दिया मेरे साहब कह कबीर दिलही बिच फेरा॥ 129॥

जागु रे जिव जागु रे अब क्या सोवै जिय जागु रे।
चोरन को डर बहुत रहत है उठि उठि पहिरे लागु रे॥
ररो खेलि ममो करि भीतर ज्ञान रतन करि जागु रे।
ऐसे जो अजरायल मारै मस्तक आवै भागु रे॥
ऐसी जागनि जो कोइ जागै तो हरि देह सोहागु रे।
कह कबीर जागोई चहिए क्या गिरही बैरागु रे॥ 130॥

उपदेश और चेतावनी

बोलना कासौं बोलिए भाई। बोलत ही सब तत्व नसाई॥
बोलत बोलत बाढु बिकारा। सो बोलिए जो परे बिचारा॥
मिले जो संत बचन दुइ कहिए। मिले असंत मौन ह्वै रहिए॥
पंडित सों बोलिय हितकारी। मूरख सों रहिए झख मारी॥
कह कबीर आधा घट डोलै। पूरा होय बिचार लैं बोलै॥ 131॥
मरिहौ रे तन का ले करि हौ। प्रान छुटे बाहर लै धरिहौ॥
काय बिगुरचन अनबन बाटी। कोइ जारै कोइ गाड़ै माटी॥
जारै हिंदु तुरुक लै गाड़ै। ई परपंच दुनो घर छाँड़ै॥
कर्म फाँस जग जाल पसारा। ज्यों धीमर मछरी गहि मारा॥
राम बिना नर ह्वै हो कैसा। बाट माँझ गोबरौरा जैसा॥
कह कबीर पाछे पछतैहो। या घर सों जब वा घर जैहो॥ 132॥
चलत का टेढ़े टेढ़े टेढ़े।
दसो द्वार नरक में बूड़े दुरगंधों के बेड़े॥
फूटे नैन हृदय नहिं सूझे मति एकौ नहिं जानी।
काम क्रोध तृष्णा के मारे बूड़ि मुए बिनु पानी॥
जारे देह भसम ह्वै जाई गाड़े माटी खाई।
सूकर स्वान काग के भोजन तन की यहै बड़ाई॥
चेति न देखु मुगुध नर बौरे तोते काल न दूरी।
कोटिन जतन करै बहुतेरे तन की अवस्था धूरी॥
बालू के घरवा में बैठे चेतत नाहिं अयाना।
कह कबीर एक राम भजे बिन बूड़े बहुत सयाना॥ 133॥
फिरहु का फूले फूले फूले
जो दस मास उरध मुख झूले सो दिन काहें भूले।
ज्यों माखी स्वादे लहि बिहरै सोचि सोचि धन कीन्हा।

त्यौं ही पीछे लेहु लेहु करि भूत रहनि कछु दीन्हा॥
देहरी लौं वर नार संग है आगे संग सहेला।
मृतक थान संग दियो खटोला फिरि पुनि हंस अकेला॥
जारे देह भसम ह्वै जाई गाड़े माटी खाई।
काँके कुंभ उदक ज्यों भरिया तन की इहै बड़ाई॥
राम न रमसि मोह में माते परयो काल बस कूवा।
कह कबीर नर आप बँधायो ज्यों नलिनी भ्रम सूबा॥ 134॥
अल्लह राम जीव तेरी नाईं। जन पर मेहर करहु तुम साईं॥
क्या मूँड़ो भीमहिं सिर नाए क्या जल देह नहाए।
खून करै मसकीन कहावै गुन को रहैं छिपाए।
क्या भो उज्जू मज्जन कीने क्या मसजिद सिर नाए।
हृदये कपट नेवाज गुजारै का भो मक्का जाए।
हिंदू एकादशि चौबिस रोजा मुसलिम तीस बनाए।
बारह मास कहो क्यों टारो ये केहि माहँ समाए॥
पूरब दिसि में हरि को बासा पच्छिम अलह मुकामा॥
दिल में खोज दिले में देखो यहै करीमा रामा॥
जो खोदाय मसजिद में बसतु है और मुलुक केहि केरा।
तीरथ मूरत राम निवासी दुइ महँ किनहुँ न हेरा॥
बेद किताब कीन कीन झूठा झूठा जो न बिचारै।
सब घट मजाहिं एक करि लेखै भै दूजा करि मारै॥
जेते औरत मर्द उपाने सो सब रूप तुम्हारा।
कबिर पौंगड़ा अलह राम का सो गुरु पीर हमारा॥ 135॥
भँवर उड़े बक बैठे आय। रैनि गई दिवसौ चलि जाय॥
हल हल काँपे बाला जीव। ना जानै का करि है पीव॥
काँचे बासन टिकै न पानी। उड़िगे हंस काय कुम्हिलानी।
काग उड़ावत भुजा पिरानी। कह कबीर यह कथा सिरानी॥ 136॥
राम नाम का सेबहु बीरा दूर नहीं दुरआसा हो।
और देव का पूजहू बौरे ई सब झूठी आसा हो॥
ऊपर के उजरे कह भौ बौरे भीतर अजहूँ कारो हो।
तन के वृद्ध कहा भौ बौरे ई मन अजहूँ बारो हो॥
मुख के दाँत गए का बौरे अंदर दाँत लोहे के हो।
फिर फिर चना चबाउ विषय के काम क्रोध मद लोभ हो।

तन की सक्ति सकल घट गयऊ मनहिं दिलासा दूनी हो।
कहै कबीर सुनो हो संतो सकल सयानप ऊनी हो ॥ 137 ॥
राम नाम बिनु राम नाम बिनु मिथ्या जन्म गंवाई हों।
सेमर सेइ सुवा जो जहुँड़े ऊन परे पछिताई हो ॥
जैसे महिष गाँठि अरथै दे घरहुँ कि अकिल गँवाई हों।
स्वादे उदर भरत धौं कैसे ओसे प्याश न जाई हो ॥
द्रव्यक हीन कौन पुरुषारथ मनहीं माहिं तबाई हो।
गाँठी रतन भरम नहिं जाने हु पारख लीन्हीं छोरी हो ॥
कह कबीर एहि अवसर बीते रतन न मिलै बहोरी हो ॥ 138 ॥
जौ तैं रसना राम न कहि है। उपजत बिनसत भरमत रहि है ॥
जस देखी तरुवर की छाया। प्रान गए कहु काकी माया ॥
जीवत कछु न किए परमाना। मुए कर्म कहु काकर जाना ॥
अंत काल सुख कोउ न सोवै। राजा रंक दोऊ मिल रोवै ॥
हंस सरोबर कमल सरीरा। राम रसायन पिवै कबीरा ॥ 139 ॥
सोच समझ अभिमानी, चादर भई है पुरानी।
टुकड़े टुकड़े जोड़ि जुगत सौं, सी के अँग लपटानी ॥
कर डारी मैली पापन सौं, लोभ मोह में सानी।
ना एहि लाग्यो ज्ञान कै साबुन, ना धोई मल पानी ॥
सारी उमिर ओढ़तै बीती, भली बुरी नहिं जानी।
संका मान जान जिय अपने, यह है चीज बिरानी ॥
कह कबीर धरि राखु जतन से, फेर हाथ नहीं आनी ॥ 140 ॥
बहुर नहिं आवना या देस।
जो जो गए बहुर नहिं आए, पठवत नाहिं सँदेस।
सुर नर मुनि औ पीर औलिया देवी देव गनेस।
धरि धरि जनम सबै भरमे हैं ब्रह्मा विष्णु महेस ॥
जोगी जगम और सन्यासी दीगंबर दरवेस।
चुंडित मुंडित पंडित लोई सरग रसातल सेस ॥
ज्ञानी गुनी चतुर औ कविता राजा रंक नरेस।
कोइ रहीम कोइ राम बखानै कोइ कहै आदेस ॥
नाना भेख बनाया सबै मिलि ढूँढि फिरे चहुँ देस।
कहैं कबीर अंत ना पैहो बिन सतगुरु उपदेस ॥ 141 ॥

वा दिन की कछु सुध कर मन माँ।
जा दिन लै चलु लै चलु होई, ता दिन संग चलै नहिं कोई।
तात मात सुत नारी रोई, माटी के संग दियो समोई।
सो माटी काटेगी तन माँ।
उलफत नेहा कुलफत नारी। किसकी बीबी किसकी बाँदी॥
किसका सोना किसकी चाँदी। जा दिन जम ले चलिहैं बाँदी॥
डेरा जाय परै वहि बन माँ।
टाँडा तुमने लादा भारी। बनिज किया पूरा ब्योपारी।
जूआ खेला पूँजा हारी। अब चलने की भई तयारी॥
जा कोइ गुरु से नेह लगाई। बहुत भाँति सोई सुख पाई।
माटी में काया मिलि जाई। यह कबीरा आगे गोहराई॥
साँच नाम साहेब को संग माँ॥ 142॥

ना जानें तेरा साहेब कैसा।
महजिद भीतर मुल्ला पुकारै क्या साहेब तेरा बहिरा है।
चिउँटी के पगनेवर बाजै सो भी साहब सुनता है॥
पंडित होय के आसन मारै लंबी माला जपता है॥
अंतर तेरे कपट कतरनी सो भी साहब लखता है॥
ऊँचा नीचा महल बनाया गहरी नेव जमाता है॥
चलने का मनसूबा नाहीं रहने को मन करता है॥
कौड़ी कौड़ी माया जोड़ी गाड़ि जमीं में धरता है।
जेहि लहना है सो लै जै है पापी बहि बहि मरता है॥
सतवंती को गजी मिलै नहिं वेश्या पहिरे खासा है॥
जेहि घर साधू भीख न पावै भँडुवा खात बतासा है॥
हीरा पाय परख नहिं जानै कौड़ी परखन करता है।
कहत कबीर सुनो भाइ साधो हरि जैसे को तैसा है॥ 143॥
मुखड़ा क्या देखै दरपन में, तेरे दया धरम नहिं तन में।
आम की डार कोइलया बोलै सुवना बोलै बन में॥
घरवारी तो घर में राजी फक्कड़ राजी बन में।
ऐंठी धोती पाग लपेटी तेल चुआ जुलफन में॥
गली गली की सखी रिझाईं दाग लगाया तन में।
पाथर की इक नाव बनाई उतरा चाहै छन में।
कहत कबीर सुनो भाई साधो वे क्या चढ़िहैं रन में॥ 144॥

मोरे जियरा वड़ा अँदेसवा, मुसाफिर जैहौ कौनी ओर।
मोह का सहर कहर नर नारी दुइ फाटक घन घोर॥
कुमती नायक फाटक रोकै, परिहौ कठिन झँझोर।
संसय नदी अगाड़ी बहती, विषम धार जल जोर॥
क्या मनुवाँ तू गाफिल सोवै, इहाँ मोर और तोर।
निसि दिन प्रीति करो साहब से, नाहिन कठिन कठोर॥
काम दिवाना क्रोध है राजा, बसै पचीसो चोर।
सत्त पुरुख इक बसै पच्छिम दिसि, तासों करो निहोर॥
आवै दरद राह तोहि लावै तब पैहो निज ओर॥
उलटि पाछिलो पैड़ा पकड़ो पसरा मना बटोर॥
कहैं कबीर सुनो भाई साधो तब पैहो निज ठोर॥ 145॥
पीले प्याला हो मतवाला प्याला नाम अमी रस का रे॥
बालापन सब खेल गँवाया तरुन भया नारी बस का रे।
बिरध भया कफ बाय ने घेरा खाट पड़ा न जाय खस का रे॥
नाभि कमल बिच है कस्तूरी जैसे मिरग फिरै बन का रे।
बिन सतगुरु इतना दुख पाया वैद मिला नहीं इस तन का रे॥
माता पिता बंधु सुत तिरिया संग नहीं कोई जाय सका रे।
जब लग जीवे गुरु गुन गाले धन जोवन है दिन दस का रे॥
चौरासी जो उबरा चाहै छोड़ कामिनी का चसका रे।
कहै कबीर सुनो भाई साधो नख सिख पूर रहा बिसका रे॥ 146॥

नाम सुमिर, पछतायगा।

पापी जियरा लोभ करत है आज काल उठि जायगा॥
लालच लागी जनम गँवाया काया भरम भुलायगा।
धन जोबन का गरब न कीजै कागद ज्यों गलि जायगा॥
जब जम आइ केस गहि पटकै ता दिन कछु न बसायगा।
सुमिरन भजन दया नहि कीन्ही तो मुख चाटा खायगा॥
धरम राय जब लेख माँगे क्या मुख लेके जायगा।
कहत कबीर सुनो भाई साधो साध संग तरि जायगा॥ 147॥
मेरा तेरा मनुआँ कैसे इक होइ रे।
मैं कहता हौं आँखिन देखी, तू कागद की लेखी।
मैं कहता सुरझावन हारी, तू राख्यो अरुझाई रे॥
मैं कहता तू जागत रहियो तू रहता है सोइ रे।

मैं कहता निरमोही रहियो तू जाता है मोहि रे॥
जुगन जुगन समझावत हारा कहा न मानत कोइ रे।
तू तो रंडी फिरै बिहंडी सब धन डारे खोइ रे॥
सतगुरु धारा निरमल बाहै वामें काया धोइ रे।
कहत कबीर सुनो भाई साधो तबही वैसा होइ रे॥ 148॥
समझ देख मन मीत पियरवा आसिक होकर सोना क्या रे।
रूखा सूखा गम का टुकड़ा फीका और सलोना क्या रे॥
पाया हो तो दे ले प्यारे पाय पाय फिर खोना क्या रे।
जिन आँखिन में नींद घनेरी तकिया और बिछौना क्या रे।
कहै कबीर सुनो भाई साधो सीस दिया तब रोना क्या रे॥ 149॥

जाके नाम न आवत हिए।

काह भए नर कासि बसे से का गंगा जल पिए।
काह भए नर जटा बढ़ाए का गुदरी के लिए॥
काह भयो कंठी के बाँधे काह तिलक के दिए॥
कहत कबीर सुनो भाई साधो नाहक ऐसे जिए॥ 150॥
गुरु से कर मेल गँवारा। का सोचत बारंबारा॥
जब पार उतरना चाहिए। तउ केवट से मिल रहिए॥
जब उतरि जाय भव पारा। तब छूटे यह संसारा॥
जब दरसन देखा चाहिए। तब दरपन माँजत रहिए॥
जब दरपन लागत काई। तब दरसन कहँ ते पाई॥
जब गढ़ पर बजी बधाई। तब देखि तमासे जाई॥
जब गढ़ बिच होत सकेला। तब हंसा चलत अकेला॥
कहे कबीर देख मन करनी। वाके अंतर बीच कतरनी॥
कतरनी कै गाँठ न छूटै। तब पकरि पकरि जग लूटै॥ 151॥

चल चल रे भौंरा कँवल पासा।
तेरी भौरी बोलै अति उदासा॥
वह करत चोज बारही बार।
तन बन फूल्यो कस डार डार॥
है लियो बनस्पति केर भोग।
कुछ सुख न भयो तन बढयो रोग॥
दिवस चार के सुरंग फूल।
तेहि लखि भारा रह्यो भूल॥

बनस्पति जब लागै आग।
तब भौंरा कहँ जैहौ भाग॥
पुहुप पुराने गए सूख।
लगी भँवर को अधिक भूख॥
उड़ न सकत बल गयौ छूट।
तब भौंरा रोवै सास कूट॥
चहुँ दिसि चितवे मुँह पराय।
ले चल भौंरी सिर चढ़ाय॥
कहैं कबीर ये मन के भाव।
नाम बिना सब जम के दाँव॥ 152॥

भजु मन जीवन नाम सबेरा।
सुंदर देह देख निज भूछो झपट लेत जस बाज बटेरा।
यह देही को गरब न कीजै उड़ पंछी जस लेत बसेरा॥
या नगरी में रहन न पैहो कोइ रह जाग न दूख घनेरा।
कहैं कबीर सुनो भाई साधो मानुख जनम न पैहों फेरा॥ 153॥

ऐसी नगरिया में केहि बिध रहना।
नित उठ कलंक लगावे सहना॥
एकै कुआँ पाँच पनिहारी।
एकै लेजुर भरै नौ नारी॥
कट गया कुआँ बिनस गई बारी।
बिलग भई पाँचो पनिहारी॥
कहैं कबीर नाम बिनु बेरा।
उठ गया हाकिम लुट गया डेरा॥ 154॥

का नर सोवत मोह निसा में जागत नाहि कूच नियराना।
पहिल नगारा सेत के समये दूजे बैन सुनत नहिं काना।
तीजे नैन दृष्टि नहिं सूझे चौथे आन गिरा परवाना।
मात पिता कहना नहिं मानै बिप्रन सौं कीन्हा अभिमाना॥
धरम की नाव चढ़न नहि जानै अब जमराज ने भेद बखाना।
होत पुकार नगर कसबे में रैयत लोग सबै अकुलाना॥
पूरन ब्रह्म की होत तयारी अंत भवन बिच प्रान लुकाना।
प्रेम नगर में हाट लगतु है जहँ रँगरेजवा है सत बाना॥
कह कबीर कोई काम न ऐहै माटी के देहिया माटी मिल जान॥ 155॥

रे दिल गाफिल गफलत मत कर एक दिन जम आवेगा।
सौदा करने या जग आया, पूँजी लाया मूल गँवाया॥
प्रेम-नगर का अंत न पाया, ज्यों आया त्यों जावेगा।
सुन मेरे साजन सुन मेरे मीता, या जीवन में क्या क्या कीता।
सिर पाहन का बोझा लीता, आगे कौन छुड़ावैगा।
परलि पार मेरा मीता खड़िया, उस मिलने का ध्यान न धरिया।
टूटी नाव ऊपर जा बैठा, गाफिल गोता खावैगा।
दास कबीर कहैं समुझाई, अंतकाल तेरो कौन सहाई॥
चला अकेला संग न कोई, कीया अपना पावैगा॥ 156॥
सुमिरो सिरजनहार, मनुख तन पाय के।
काहे रहो अचेत कहा यह अवसर पैहो।
फिर नहिं मानुख जनम बहुरि पीछे पछतैहो॥
लख चौरासी जीव जन्तु में मानुख परम अनूप।
सो तन पाय न चेतहू कहा रंक का भूप॥
गरभ बास में रह्यो कह्यो मैं भजिहौं तोहीं।
निसि दिन सुमिरौं नाम कष्ट से काढ़ौ मोहीं॥ 157॥
इक मन इक चित है रहों रहों नाम लव लाय।
पलक न तुमैं बिसारिहौं यह तन रहै कि जाय॥
इतना कियो करार तबै प्रभु बाहर कीना।
बिसर गयो वह ठाँव भयो माया आधीना॥
भूली बात उदर की यहाँ तो मत भइ आन।
बारह बरस ऐसही बीते डोलत फिरत अजान॥
बिखया पवन समान तबै ज्वानी मदमाते।
चलत निहारै छाँह तमक के बोलै बातें॥
चोवा चंदन लाइ के पहिरे बसन बनाय।
गलियों में डोलत फिरै पर तिय लख मुसुकाय॥
गा तरुनापा बीत बुढ़ापा आइ तुलाना।
कंपन लागै सीस चलत दोउ पाँव पिराना॥
नैन नासिका चूवन लागे करन सुनै नहिं बात।
कंट माहि कफ घेरि लिया है बिसर गये सब नात॥
मात पिता सुत नारि कहौ काके सँग लागी।
तन मन भजि लो नाम काम सब होयँ सुभागी॥

नहिं तो काल गरासिहै परिहौ जम के जार।
बिन सतगुरु नहिं बाँचिहो हिरदय करहु बिचार॥
सुफल होय यह देह नेह सतगुरु से कीजै।
मुक्ती मारग यही संत चरनन चित दीजै॥
नाम जपो निरभय रहो अंग न व्यापै पीर।
जरा मरन बहु संसय मेटै गावैं दास कबीर॥
तोरी गठरी में लागे चोर, बटोहिया का रे सोवै।
पाँच पचीस तीन हैं चोरवा, यह सब कीन्हा सोर॥
जाग सबेरा बाट अनेरा, फिर नहिं लागै जोर।
भव सागर एक नदी बहत है, बिन उतरे जीव बोर॥
कहैं कबीर सुनो भई साधो, जागत कीजै भोर॥ 158॥

का सोवो सुमिरन की बेरिया।
जिन सिरजा तिन की सुधि नाहीं,
झकत फिरो झकझलनि झलरिया।
गुरु उपदेस संदेस कहत हैं,
भजन करो चढ़ि गगन अटरिया।
नित उठि पाँच पचिस कै झगरा,
ब्याकुल मोरी सुरति सुँदरिया।
कहत कबीर सुनो भाई साधो,
भजन बिना तोरी सूनी नगरिया॥ 159॥

बागों ना जा रे तेरे काया में गुलजार। करनी क्यारी बोइ के रहनी करु रखवार। दुरमति काग उड़ाइ के देखै अजब बहार। मन माली परबोधिए करि संजम की बार। दया पौद सूखै नहीं छमा सींच जल ढार। गुल और चमन के बीच में फूला अजब गुलाब। मुक्ति कली सतमाल की पहिरूँ गूँथि गलहार। अष्ट कमल से ऊपजै लीला अगम अपार। कह कबीर चित चेत के आवागमन निवार॥ 160॥

सुमिरन बिन गोता खाओगे।
मुट्ठी बाँधि गर्भ से आए हाथ पसारे जाओगे।
जैसे मोती फरत ओस के बेर भए झर जाओगे॥
जैसे हाट लगावै हटवा सौदा बिन पछताओगे।
कहैं कबीर सुनो भाई साधो सौदा लेकर जाओगे॥ 161॥

अरे मन समझ के लादु लदनियाँ
काहे क टटुवा काहे क पाखर काहे क भरी गौनियाँ।

मन कै टटुवा सुरति कै पाखर भर पुन पाप गौनियाँ॥
घर के लोग जगाती लागे छीन लेय करधनियाँ।
सौदा करु तो यहि करु भाई आगे हाट न बनियाँ॥
पानी पी तो यहीं पी भाई आगे देस निपनियाँ।
कहैं कबीर सुनो भई साधो सत्त नाम का बनियाँ॥ 162॥

दिवाने मन भजन बिना दुख पैहो।
पहिले जनम भूत का पैहो सात जनम पछितैहो।
काँटा पर के पानी पैहो प्यासन ही मरि जैहो॥
दूजा जनम सुवा का पैहो बाग बसेरा लइहो।
टूटै पंख बाज मँड़राने अधफड़ प्रान गँइवहो॥
बाजीगर के बानर होइहो लड़किन नाच नचैहो।
ऊँच नीच से हाथ पसरिहौ माँगे भीख न पैहो॥
तेली के घर बैला होइहो आँखिन ढाँप ढपैहो।
कोस पचास घरै में चलिहौ बाहर होन न पैहो॥
पँचवाँ जनम ऊँट कै पैहो बिन तौले बोझ लदैहो।
बैठे से तो उठै न पैहो घुरच घुरच मरि जैहो॥
धोबी घरके गदहा हाइहौ कटी घास न पैहो।
लादी लादि आपु चढ़ि बैठे लै घाटे पहुँचैहो॥
पच्छी माँ तो कौवा होइहो करर करर गुहरैहो।
उड़ि के जाइ बैठि मैले थल गहिरे चोंच लगैहौ॥
सत्त नाम की टेर न करिहौ मन ही मन पछितैहौ।
कहैं कबीर सुनो भाई साधो नरक निसाही पैहो॥ 163॥

साधो यह तन ठाठ तँबूरे का।
ऐंचत तार मरोरत खूँठी निकरात राग हजूरे का।
टूटे तार बिखर गई खूँठी हो गया धूरम धूरे का॥
या देही का गरब न कीजै उड़ि गया हंस तँबूरे का।
कहत कबीर सुनो भाई साधो अगम पंथ कोइ सूरे का॥ 164॥

गगन घटा घहरानी, साधो गगन घटा घहरानी।
पूरब दिसि से उठी बदरिया रिमझिम बरसत पानी।
आपन आपन मेंड़ सम्हारो बह्यो जात यह पानी॥
मन के बैल तुरत हरवाहा जोत खेत निरबानी।
दुविधा दूब छोल करु बाहर बोव नाम की घानी॥

जोग जुगत करि करु रखवारी चरन जाय मृगधानी।
बाली झार कूट घर लावै सोई कुसल किसानी॥
पाँच सखी मिल कीन रसोइया एक से एक सयानी।
दूनों धार बराबर परसे जेवैं मुनि अरु ज्ञानी॥
कहत कबीर सुनो भाई साधो यह पद है निरबानी।
जो या पद को परिचै पावे ताको नाम विज्ञानी॥ 165॥

सकुच और शिक्षा

नैहर में दाग लगाय आई चुनरी। ऊ रँगरेजवा कै मरम न जानै नहिं मिले धोबिया कवन करै उजरी। तन कै कूँड़ी ज्ञान के सउंदन साबुन महँग बिकाय या नगरी। पहिर ओढ़ि के चली ससुरिया गौवाँ के लोग कहें बड़ी फुहरी। कहत कबीर सुनो भाई साधो बिन सतगुरु कबहूँ न सुधरी॥ 166॥

मोरी चुनरी में परि गयो दाग पिया।
पाँच तत्त के बनी चुनरिया सोरह सै वँद लागे जिया।
यह चुनरी मोरै मैके ते आई ससुरे में मनुआ खोय दिया॥
मलि मलि धोई दाग न छूटै ज्ञान को साबुन लाय पिया।
कहत कबीर दाग तब छुटिहै जब साहब अपनाय लिया॥ 167॥

पिया ऊँची रे अटरिया, तोरी देखन चली।
ऊँची अटरिया जरद किनरिया लगा नाम की डोरिया।
चाँद सुरज सम दियना बरतु हैं ता बिच भूली डगरिया॥
पाँच पचीस तीन घर बनिया मनुआँ है चौधरिया।
मुंशी है कोतवाल ज्ञान को चहुँ दिसि लगी बजरिया॥
आठ मरातिव दस दरवाजा नौ में लगी किवरिया।
खिरकि बैठ गोरी चितवन लागी उपराँ झाँप झोपरिया॥
कहत कबीर सुनो भाई साधो गुरु चरनन बलिहरिया।
साध संत मिलि सौदा करिहैं झीखैं मुरुख अनरिया॥ 168॥

रतन जतन करु प्रेम कै तत धरु सतगुरु इमरित नाम जुगत कै राखव रे। बाबा घर रहलौं बबुई कहौलों सैयाँ घर चतुर सयान चेतब घरवा आपन रे। खेलत रहलौं मैं सुपला मउनिया औचक आए लेनिहार चलब केसिया झार रे। यह तो अंधेरी रात मुसल चौरबा थाली सैयाँ के बान कुबान सुतैलें गोड़वा तान रे। चुन चुन कलिया में सेजिया बिछौलौं बिना रे पुरुखवा कै नारि झँखैले दिनवाँ रात रे। ताल झुराय गैलैं फूल कुम्हिलाय गैलें हसा उड़त अकेल कोई नहिं देखल रे। अब का झंखेलू नारि हिए बैठलू मन मारि एहि बाटे

मोतिया हेराइल रे। दास कबीर इहै गावैं निरगुनवाँ अब की उहवाँ जाब तो फिर नहिं आउब रे ॥ 169 ॥

का लै जैबो ससुर घर ऐबो।
गाँव के लोग जब पूछन लगिहैं तब हम कारे बतैबो ॥
खोल घुँघट जब देखन लगिहैं तब हम बहुत लजैबो।
कहत कबीर सुनो भाई साधो फिर सासुर नहिं पैवौ ॥ 170 ॥
साँई मोर बसत अगम पुरवाँ जहँ गमन हमार।
आठ कुआँ नव बावड़ी सोरह पनिहार ॥
भरल घयलवा ढरकि गए रे धन ठाढ़ी मन मार।
छोट मोट डँड़िया चँदन के हो, छोट चार कहार।
जाय उतरिहैं वाही देसवाँ हो, जहँ कोइ न हमार।
ऊँची महलिया साहब के हो लगी बिखमी बजार।
पाप पुन्न दोउ बनियाँ हो, हीरा लाल अपार।
कह कबीर सुन साइयाँ मोर याहिय देस ॥
जो गये सो बहुरे ना, को कहत सँदेस ॥ 171 ॥

कौन रँगरेजवा रँगै मोर चुँदरी। पाँच तत्त कै बनी चुँदरिया चुँदरी पहिरि के लगै बड़ी सुँदरी। टेकुआ तागा करम के धागा गरेबिच हरवा हाथ बिच मुँदरी। सोरहो सिगार बतीसो अभरन पिय पिय रटत पिया सँग घुमरी। कहत कबीर सुनो भाई साधो बिन सतसंग कवन विधि सुधरी ॥ 172 ॥

ये अँखियाँ अलिसानी, पिय हो सेज चलो।
खंभा पकरि पतंग अस डोलै बोलै मधुरी बानी।
फूलन सेज बिछाइ जो राख्यो पिया बिना कुम्हलानी ॥
धीरे पाँव धरो पलँगा पर जागत ननद जिठानी।
कह कबीर सुनो भाई साधो लोक लाज बिछलानी ॥ 173 ॥
जागु पियारी अब का सोवै। रैन गई दिन काहे को सोवै ॥
जिन जागा तिन मानिक पाया। तै बौरी सब सीय गँवाया ॥
पिय तेरे चतुर तू मूरख नारी। कबहुँ न पिय की सेज संवारी।
तै बौरी बौरापन कीन्हो। भर जोबन पिय अपन न चीन्हो ॥
जाग देख पिय सेज न तेरे। तोहि छाँड़ि उठ गए सबेरे ॥
कह कबीर सोई वुन जागे। शब्द बान उर अंतर लागे ॥ 174 ॥
आयो दिन गौने कै हो मन होत हुलास।
पाँच भीट के पोखरा हो जामे दस द्वार ॥

पाँच सखी बैरिन भई हो, बस उतरब पार।
छोट मोट डोलिया चँदन कै हो लागे चार कहार।
डोलिया उतारैं बीच बनवाँ हो, जहँ कोइ न हमार।
पइयाँ तोरी लागों कहरवा हो, डोली घर छिन बार॥
मिल लेवँ सखिया सहेलर हो, मिलों कुल परिवार।
साहब कबीर गावें निरगुन हो, साधो करि लो विचार।
नरम नरम सौदा करि ली हो, आगे हाट न बजार॥ 175॥

खेल ले नैहरवाँ दिन चारि।

पहिली पठौनी तीन जन आए नौवा बाम्हन बारि॥
बाबुल जी मैं पैयाँ तोरी लागों अब की गवन दे टारि।
दुसरी पठानी आपै आए लेके डोलिया कहार॥
धरि बहियाँ डोलिया बैठारिन कोउ न लागै गोहार।
ले डोलिया जाइ बन उतारिन कोंह नहिं संगी हमार॥
कहैं कबीर सुनो भाई साधो इक घर है दस द्वार॥ 176॥
डँड़िया फँदाय धन चालु रे, मिलि लेहु सहेली।
दिना चारि को संग है फिर अंत अकेली॥
दिन दस नहर खेलिए सासुर निज भरना।
बहियाँ पकरि पिया ले चले तब उजुर न करना॥
इक अँधियारी कोठरी, दूजे दिया न बाती।
दे उतारि तेही घराँ जहँ सग न साथी॥
इक अँधियारा कुइयाँ दूजे लेजुर टूटी।
नैन हमारे अस ढुर, मानों गागर फूटी॥
दास कबीरा यों कहै, जग नाहिन रहना।
संगी हमारे चलि गए हमहूँ को चलना॥ 177॥

करो जतन सखी साँईं मिलन की।

गुड़िया गुड़वा सूप सुपेलिया, तज दे बुध लरिकैयाँ खेलन की॥
देवता पित्तर भुइयाँ भवानी, यह मारग चौरासी चलन की।
ऊँचा महल अजब रँग रँगला साँईं सेज वहाँ लागी फुलन की॥
तन मन धन सब अरपन कर वहाँ सुरत सम्हारु परु पैयाँ सजन की।
कह कबीर निरभय होय हंसाकुंजी बतादेऊँ ताला खुलन की॥ 178॥

मिथ्याचार

दर की बात कहौ दरबेसा। बादशाह है कौने भेसा॥
कहाँ कूच कहँ करे मुकामा। कौन सुरति को करौं सलामा॥
मैं मोहिं पूछों मुसलमान। लाल जरद का ताना वाना॥
काजी काज करो तुम कैसा। घर घर जबै करावो वैसा॥
बकरी मुरगी किन फुरमाया। किसके हुकुम तुम छुरी चलाया॥
दरद जानै पीर कहावे। बैंता पढ़ि पढ़ि जग समुझावै॥
कह कबीर एक सय्यद कहावै। आप सरीखा जग कबुलावै॥
दिन भर रोजा धरत हौ रात हनत हो गाय।
यह तो खून वह बंदगी क्योंकर खुसी खोदाय॥ 179॥

ऐसा जोग न देखा भाई। भूला फिरे लिए गफिलाई॥
महादेव का पन्थ चलाबै। ऐसो बड़ो महत कहावै॥
हाट बाट में लावै तारी। कच्चे सिद्धन माया प्यारी॥
कब दत्तै मावासी तोरी। कब शुकदेव तोपची जोरी॥
कब नारद्व बंदूक चलाया। ब्यास देव कब बंब बजाया॥
करहिं लड़ाई मति के मंदा। ई हैं अतिथि कि तरकस बंदा॥
भए विरक्त लोभ मन ठाना। सोना पहिरि लजाव बाना॥
घोरा घोरी कीन्ह बटोरा। गाँव पाय जस चले करोरा॥
तिय सुंदरी न सोहाई सनकादिक के साथ।
कबहुँक दाग लगावई कारी हाँडी हाथ॥ 180॥

सोग बधावा सम करि जाना। ताकी बात इंद्र नहिं जाना॥
जटा तोरि पहिराव सेली। योग युक्ति कै गरम दुहेली॥
आसन उड़ए कौन बड़ाई। जैसे काग चील्ह मँड़राई॥
जैसी भिस्त तैसी है नारी। राज पाट सब गिनै उजारी॥
जैसे नरक तस चंदन माना। जस बाउर तस रहै सयाना॥
लपसी लोंग गनै एक सारा। खाँड़े परिहरि फाँकै छारा॥
एहि बिचार ते बहि गयो बुद्धि बल चित्त।
दुइ मिलि एकै है रह्यो काहि बताऊँ हित्त॥ 181॥

संतो देखऊ जग बौराना।
साँच कहो तो मारन धावे झूठे जग पतियाना।
नेमी देखे धरमी देखे प्रात करहिं असनाना॥

आतम मारि पखानहिं पूजैं उनमें कछू न ज्ञाना।
बहुतक देखे पीर औलिया पढ़ै किताब कुराना॥
कै मुरीद तदबीर बतावै उनमें उहै गिआना॥
आसन मारि डिंभ धरि बैठे मन में बहुत गुमाना।
पीतर पाथर पूजन लागे तीरथ गरब भुलाना॥
माला पहिरे टोपी दीन्हें छाप तिलक अनुमाना।
साखी सबदै गावत भूले आतम खबरि न जाना॥
कह हिंदू मोहि राम पियारा तुरुक कहै रहिमाना।
आपस में दोउ लरि लरि मूए-रम न काहू जाना॥
घर घर मंत्र जे देत फिरत है महिमा के अभिमाना।
गुरुवा सहित शिष्य सब बूड़े अंतकाल पछताना॥
कहत कबीर सुनो हो संतो ई सब भरम भुलाना।
केतिक कहैं कहा नहिं मानै आपहिं आप समाना॥ 182॥

संतो राह दोऊ हम डीठा।

हिंदू तुरुक हटा नहि माने स्वाद सबन को मीठा॥
हिंदू बरत एकादसि साधे दूध सिंघाड़ा सेती।
अन को त्यागै मन नहिं हटकै पारन करै सगोती॥
रोजा तुरुक नमाज गुजारै बिसमिल बाँग पुकारै।
उनको भिस्त कहाँ ते होइ है साँझै मुरगा मारै॥
हिंदू दया मेहर को तुरुकन दोनों घट सों त्यागी।
वै हलाल वै झटका मारैं आगि दुनों घर लागी॥
हिंदू तुरुक की एक राह है सतगुरु इहै बताई।
कहहि कबीर सुनो हो संतो राम न कहेउ खोदाई॥ 183॥
राम गाइ औरन समुझावै हरि जाने बिन बिकल फिरै।
जा मुख बेद गायत्री उचरै जासु बचन संसार तरै॥
जाके पाँव जगत उठि लागैं सो ब्राह्मन जिउ बद्ध करै।
अपने ऊँच नीच घर भोजन घृणित करम करि उदर भरै।
ग्रहण अमावस ढुकि ढुकि मगै कर दीपक लै कूप परै।
एकादसी ब्रतौ नहिं जानै भूत प्रेत हठि हृदय धरै।
तजि कपूर गाँठी बिख बाँधे ज्ञान गमाए मुग्ध फिरै।
छीजै साधु चोर प्रतिपालै संत जनन की कूट करै।
कह कबीर जिह्वा के लंपट एहि विधि प्रानी नरक परै॥ 184॥

राम न रमसि कौन दँड लागा। मरि जैहै का करहि अभागा॥
कोइ तीरथ कोइ मुंडित केसा। पाखंड भरम मंत्र उपदेसा॥
बिद्या वेद पढ़ि करै हकारा। अंतकाल मुख फाँके छारा।
दुखित सुखित सब कुटूब जेवइबे। मरन बेर अक्सार दुख पहबे॥
कइ कबीर यह कलि है खोटो। जो रह कर वा निसकल टोटो॥ 185॥

हरि बिनु भरम बिगुर बिनु गंदा।
जहँ जहँ गए अपनपौ खोए तेहि फंदे बहु फंदा।
योगी कहै योग है नीको दुतिया और न भाई।
चुंडित मुंडित मौन जटा धरि तिनहुँ कहाँ सिध पाई।
ज्ञानी गुनी सूर कवि दाता वे जो कहहिं बड़ हमहीं।
जहँ से उपजे तहँहि समाने छूटि गए सब तबहीं।
बाएँ दहिने तजो बिकारै निजु कै हरि पद गहिए।
कह कबीर गूँगे गुड़ खाया पूछै सों का कहिए॥ 186॥

जस माँस नर का तस माँस पशु का रुधिर रुधिर एक सारा जी।
पशु का माँस भखै सब कोई नरहिं न भखैं सियारा जी।
ब्रह्म कुलाल मेदिनी भरिया उपजि विनस कित गइया जी।
माँस मछरिया जो पै खावैं जो खेतन में बोइया जी।
माटी को करि देवी देवा जीव काठि कटि देइया जी।
जो तेरा है साँचा देबा खेत चरत किन लेइया जी॥
कहत कबीर सुनो हो संतो राम नाम नित लैया जी।
जो कुछ किय जिह्वा के स्वारथ बदल परारा दैया जी॥ 187॥

भूला बे अहमक नादाना तुम हरदम रामहिं ना जाना।
बरबस आनि कै गाय पछारा गला काटि जिउ आप लिया॥
जीता जिउ मुरदा करि डारै तिसको कहत हलाल किया।
जाहि मांस को पाक कहत हैं ताकी उत्पति सुनु भाई।
रज बीरज सो माँस उपानी माँस न पाक जो तुम खाई॥
अपनो दोख कहत नहीं अहमक कहत हमारे बड़न किया।
उन का खून तुम्हारी गरदन जिन तुम को उपदेश दिया॥
स्याही गई सफैदी आई दिल सफेद अजहूँ न हुआ।
राजा नेबाज बाँग क्या कीजै हुजरे भीतर बैठ मुआ॥
पंडित वेद पुरान पड़ै औ मौलाना पढ़ें कुराना।
कह कबीर वे नरक गए जिन हरदम रामहिं ना जाना॥ 188॥

आओ वे मुझे हरि को नाम। और सकल तजु कौने काम॥
कहँ तब आदम कहँ तब हौआ। कहँ तब पीर पैगंबर हूआ॥
कहँ तब जमीं कहाँ असमाना। कहँ तब बेद किताब पुराना॥
जिन दुनिया में रची मसीद। झूठा रोजा झूठी ईद॥
साँच एक अल्ला को नाम। ताको नय नय करो सलाम।
कहुधौं भिस्त कहाँ ते आई। किसके हेतु तुम छुरी चलाई॥
करता किरतिम बाजी लाई। हिंदु तुरुक दुई राह चलाई॥
कहँ तब दिबस कहाँ तब राती। कहँ तब किरतिम की उतपाती॥
नहिं वाके जाति नाहीं वाके पाँती। कह कबीर वाके दिवस न राती॥ 189॥
आसन पवन किए दृढ़ रहु रे। मन को मैल छाड़ि दे बौरे॥
क्या शृंगी मूड़ा चमकाय। क्या बिभूति सब अंग लगाय॥
क्या हिंदू क्या मुसलमान। जाको साबित रहै इमान॥
क्या जो पढ़िया वेद पुरान सो ब्राह्मण बूझे ब्रह्म ज्ञान॥
कह कबीर कछु आन न कीजै। राम नाम जपि लोहा लीजै॥ 190॥
एक नाँगे क्या बाँधे चाम। जो नहिं चीन्हैं आतम राम।
नाँगे फिरे योग जो होई। बन की मृगा मुकुत गो कोई॥
मूंड मुड़ाए जो सिधि होई मूंड़ी भेड़ मुक्त किन होई॥
बिद राखे जो खेलहिं भाई। खुसरै कौन परम गति पाई॥
पढ़े गुने उपजै हैकारा। अध धर बूड़े वार न पारा॥
कहे कबीर सुनो रे भाई। राम नाम बिन किन सिधि पाई॥ 191॥
अस चरित देख मन भ्रमै मोर। ताते निस दिन गुन रमों तीर।
एक पढ़हिं पाठ एक भ्रम उदास। एक नगम निरंतर रह निवास॥
एक जोग जुगुत तन हानि खीन। एक राम नाम सँग रहत लीन॥
एक होंहि दीन एक देहि दान। एक कलपि कलपि कै हों हरान।
एक तंत्र मंत्र औखधी बान। एक सकल सिद्धि राखैं अपान।
एक तीरथ ब्रत करि काया जीति। एक राम नाम सों करत प्रीति॥
एक धूम घोटि तन होहिं श्याम। तेरी मुक्ति नहीं बिन राम नाम॥
सतगुरु शब्द तोहि कह पुकार। अब मूल गहो अनुभव विचार॥
मैं जरा मरण ते भयउँ थीर। भै राम कृपा यह कह कबीर॥192॥
संतो राम नाम जो पावैं। तौ वे बहुरि न भय जल आवैं॥
जंगम तो सिद्धि को धावै। निसिवासर सिव ध्यान लगावैं॥
शिव शिव करत गये शिव द्वारा। राम रहे उनहुँ ते न्यारा॥

जंग में जीव कबौं नहिं मारैं। पढ़ैं गुनैं नहिं नाम उचारै॥
कायहि को थापैं करतारा। राम रहैं उनहूँ ते न्यारा॥
पंडित चारो वेद बखानैं। पढ़ैं गुनैं कछु भेद न जानैं॥
संध्या तरपन नेम अचारा। रास रहै उनहूँ ते न्यारा॥
सिद्ध एक जो दूध अधारा। काम क्रोध नहिं तजै बिकारा॥
खोजत फिरै राज को द्वारा। राम रहै उनहूँ ते न्यारा॥
बैंरागी बहु देख बेख बनावैं। करम धरम की जुगुत लगावैं॥
घंट वजाय करैं झनकारा। राम रहै उनहूँ ते न्यारा॥
जोगी एक जोग चित धरही। उलटे पवन साधना करही॥
जोग जुगुत लै मन में धारा। राम रहै उनहूँ ते न्यारा॥
तपसी एक जो तन दहई। बस्ती त्यागि जंगल में रहई॥
कंद मूल फल करे अहारा। राम रहै उनहूँ ते न्यारा॥
मौनी एक जो मौन रहावैं। और गाँव में धुनी लगावैं॥
दध पूत दै चले लवारा। राम रहै उनहूँ ते न्यारा॥
यती एक बहु जुगत बनावैं। पेट कारने लटा बढ़ावैं॥
निसि वासर जो कर हंकारा। राम रहै उनहूँ ते न्गारा॥
पक्कर लै जिउ जबह कराही। मुख ते सबतर खुदा कहाही॥
लै कुतका कहैं दंभ मदारा। राम रहै उनहूँ ते न्यारा॥
कहै कबीर सुनो टकसारा। सार शब्द हम प्रकट पुकारा॥
जो नहिं मानहिं कहा हमारा। राम रहै उनहूँ ते न्यारा॥
सुनता नहीं धुन की खबर, अनहद्द बाजा बाजता।
रसमंद मंदिर गाजता, बाहर सुने तो क्या हुआ॥
गाँजा अफीम औ पोस्ता, भाँग औ शराबें पीवता।
इक प्रेमरस चाखा नहीं, अमली हुआ तो क्या हुवा॥
कासी गया और द्वारिका, तीरथ सकल भरमत फिरै।
गाँठी न खोली कपट की, तीरथ गया तो क्या हुआ॥
पोथी किताबें बाँचता, औरों को नित समझावता।
त्रिकुटी महल खोजै नहीं, बक बक मरा तो क्या हुआ॥
काजी किताबें खोजता, करता नसीहत और को।
मरहम नहीं उस हाल से, काजी हुआ तो क्या हुआ॥
सतरंज चापड़ गंजिफा, इक नर्द है बदरंग की।
बाजी न लाई प्रेम की, खेला जुआ तो क्या हुआ॥

जोगी दिगंबर से बड़ा, कपड़ा रँगे रँग लाल से।
वाकिफ नहीं उस रंग से, कपड़ा रँगे से क्या हुआ॥
मंदिर झरोखे रावटी, गुल चमन में रहते सदा।
कहते कबीरा हैं सही, घट घट में साहब रम रहा॥ 194॥

जिनके नाम न है हिये।
क्या होवै गलमाल डाले कहा सुमिरिनी लिए॥
क्या होवै पुस्तक के बाँचै कहा संख-धुनि किए।
क्या होबै कासी में बस के क्या गंगाजल पिए॥
होवैं कहा वरत के राखे कहा तिलक सिर दिए।
कहैं कबीर सुनो भाई साधो जाता है जम लिए॥ 195॥

अरे इन दोउन राह न पाई।
हिंदू अपनी करै बड़ाई गागर छुवन न देई॥
बेस्या के पायन तर सोवैं यह देखो हिंदुआई।
मुसलमान के पीर औलिया मुरगा मुरगी खाई॥
खाला केरी बेटी ब्याहैं घरहि में करैं सगाई।
बाहर से इक मुर्दा लाए धोय धाय चढ़बाई॥
सब सखियाँ मिलि जेवन बैठीं घर भर करत बड़ाई।
हिंदुअन की हिंदुआई देखी तुरकन की तुरकाई॥
कहैं कबीर सुनो भाई साधो कौन राह है जाई॥ 196॥

अवधू भजन भेद है न्यारा।
क्या गाए क्या लिखि बतलाए क्या भरमें संसारा।
क्या संध्या तरपन के कीन्हें जो नहिं तत्त बिचारा॥
मूड़ मुँड़ाए जटा रखाए क्या तन लाए छारा।
क्या पूजा पाहन की कीन्हे फल किए अहारा॥
बिन परचै साहब होइ बैंठे करै विषय व्योपारा।
ज्ञान ध्यान का मरम न जाने बाद कहै हंकारा॥
अगम अथाह महा अति गहिरो बीजन खेत निबारा।
महा सो ध्यान मगन है बैठे काट करम की छारा॥
जिनके सदा अहार अतर में केवल तत्त विचारा।
कहत कबीर सुनो हो गोरख तरै सहित परिबारा॥197॥

मन न रँगाए रँगाए जोगी कपरा।
आसन मारि मँदिर में बैठे नाम छाँड़ि पूजन लगै पथरा।

कनवा फड़ाय जोगी जटवा बढौले दाढ़ी बढ़ाय जोगी होइ गैलैबकरा ॥
जंगल जाय जोगी धुनियाँरमौले कालजराय जोगी बनि गैले हिजरा।
मथवा मुँड़ाय जोगी कपड़ा रँगौले गीता बाँच के होइ गैलें लबरा।
कहत कबीर सुनो भाई साधो जम दरवजवाँ बाँधल जैबे पकरो ॥198॥

साधौ भजन भेद है न्यारा
का माला मुद्रा के पहिरे चंदन घँसे लिलारा।
मूँड़ मुँड़ाए जटा रखाए अंग लगाए छारा॥
का पानी पाहन के पूजे कंदमूल फरहारा॥
कहा नेम तीरथ व्रत कीन्हे जो नहिं तत्त विचारा॥
का गाए का पढ़ि दिखलाए का भरमे संसारा।
का संध्या तरपन के कीन्हे का षट करम अचारा॥
जैसे बधिक ओट टाटी के हाथ लिए बिख चारा।
यौं बक-ध्यान धरै घट भीतर अपने अंग बिकारा॥
दै परचै स्वामी होइ बैठें करैं विषय व्यवहारा।
ज्ञान ध्यान को मरम न जानैं बाद करैं निःकारा॥
फूँके कान कुमति अपने से बोझ लिए सिर भारा।
बिन सतगुरु गुरु केतिक बहिगे लोभ लहर की धारा॥
गहिर गँभीर पार नहिं पावै खंढ अखंड से न्यारा।
दृष्टि अपार चलन को सहजै कटै भरम कै जारा॥
निर्मल दृष्टि आत्मा जाकी साहब नाम अधारा।
कहत कबीर बही जन आवै तैं मैं तजे बिकारा॥ 199 ॥

भेख लो देख के कोई भूलो मती भेख पहिरे कोई सिद्ध नाहीं।
काम औ क्रोध मद लोभ नाहीं सने सील औ साँच संतोख नाहीं॥
क केभेख ते काज सीझै नहीं कपट पट के भेख नहिं राम राजी।
कहत कबीर इक साँच करनी विना काल की चोट सिर खायगा जी॥ 200 ॥

संसार-असारता

बिनसै नाग गरुड़ गलि जाई। बिनसै कपटीं औ सतभाई॥
बिनसै पाप पुन्न जिन कीन्हा। बिनसैं गुन निर्गुन जिन चीन्हा॥
बिनसै अग्नि पबन अरु पानी। बिनसै सृष्टि जहाँ लौं गानी॥
बिश्नुलोक बिनसै छिन माँही। हो देखा परलय की छाँहीं॥
मच्छ रूप माया भई यमरा खेल अहेर।
हरि हर ब्रह्म न ऊबरे सुर नर मुनि केहि केर॥ 201 ॥

गए राम औ गे लछमना। संग न गै सीता अस धना।
जात कौरबन लाग न बारा। गए भोज जिन साजल धारा॥
गे पाँडव कुंती सी रानी। गे सहदेव सुमति जिन ठानी॥
सरब सोन कै लंक उठाई। चलत बार कछु संग न लाई॥
कुरिया जासु अंतरिछ छाई। चलत बार कछु संग न लाई॥
मूरख मानुख अधिक संजोवै अपना मुबल और लगि रोवै॥
ई न जान अपनौ मरि जैबै। टका दस बिढ़ैं और लै खैवै॥

अपनी अपनी करि गए लगी न केहु के साथ।
अपने करि गयो रावना अपनी दशरथ नाथ॥ 202॥

मानुख जन्म चुके जम माँझीं। एहि तन केर बहुत हैं साँझी॥
तात जनति कह हमरो बाला। स्वारथ लागि कीन्ह प्रतिपाला।
कामिनि कहै मोर पिय आही। बाधिनि रूप गरासै चाही॥
पुत्र कलत्र रहैं लव लाए। जंबुक नाईं रहि मुँह बाए॥
काक गीध दोउ मरन बिचारैं। स्यार स्वान दोउ पंथ निहारैं॥
धरती कहै मोहिं मिलि जाई। पवन कहै मैं लेब उड़ाई॥
अग्नि कहै मैं ई तन जारों। स्वान कहैं मैं जरत उबारों॥
जेहि घर को घर कहै गँवारे। सो बैरी है गले तुम्हारे॥
सो तन तुम आपन कै जानी। विषय स्वरूप भूलि अज्ञानी॥

इतने तन के साँझियाँ जनमों भर दुख पाय।
चेतन नाहीं बावरे मोर मोर गोहराय॥ 203॥

भूला लोग कहैं घर मेरा।
जा घरवा में फूला डोलै सो घर नाहीं तेरा॥
हाथी घोड़ा बैल बाहना संग्रह कियो घनेरा॥
बस्ती में से दियो खदेरा जंगल कियो बसेरा॥
गाँठी बाँधी खरच न पठयो बहुरि कियो नहिं फेरा॥
बीबी वाहर हरम महल में बीच मियाँ का डेरा॥
नौ मन सूत अरुझि नहीं सूझैं जनम जनम अरुझेरा।
कहत कबीर सुनो हो संतो यह पद करो निबेरा॥ 204॥

जो देखा सो दुखिया देखा तनु धरि सुखी न देखा।
उदय अस्त की बात कहत हौं ताकर करहु बिबेखा॥
बाटे बाटे सब कोइ दुखिया क्या गिरही बैरागी।
शुक्राचार्य दुख ही के कारन गरभै माया त्यागी॥

जोगी दुखिया जंगम दुखिया तापस को दुख दूना।
आशा तृष्णा सब घट व्यापै कोई महल नहिं सूना॥
साँच कहो तो सब जग खीझै झूठ कह्यो नहिं जाई।
कह कबीर तेई भे दुखिया जिन यह राह चलाई॥ 205॥

अब कहँ चले अकेले मीता। उठि किन करहु घरहु की चिंता॥
खीर खाँड घृत पिंड सँवारा। सो तन लै बाहर करि डारा।
जेहि सिर रचि रचि बाँध्यो पागा
सो फिर रतन बिदारहिं कागा
हाड़ जरै जस लकड़ी झूरी। केस जरै जस तृन कै कूरी॥
आवत संग न जात की साथी। काह भयो दल साजे हाथी॥
माया को रस लेइ न पाया। अंतर जम बिलार है धाया॥
कह कबीर नर अजहुँ न जागा।
यम को मोगरा धम सिर लागा॥ 206॥

राम नाम भजु राम नाम भजु चेति देखु मन माँही हो।
बच्छ करोर जोरि धन गाड़े चले डोलावत बाँही हो॥
दाऊ दादा औ परपाजा उह गाड़े भुइँ भाड़े हो।
अँधरे भए हियौ की फूटी तिन काहे सज छाँड़े हो॥
ई संसार असार को धंधा अंत काल कोइ नाहीं हो।
उपजत बिनसत बार न लागैं ज्यों बादर की छाँहीं हो॥
नाता मोता कुल कुटुंब सब तिन की कबनि बड़ाई हो।
कह कबीर एक राम भजे बिन बूड़ी सब चतुराई हो॥ 207॥

ऐसन देह निरापन बौरे मुए छुवै नहिं कोई हो।
डंडक डोरवा तोर ले आइन जो कटिक धन होई हो॥
ऊरध स्वासा उपजत त्रासा हँकराइन परिवारा हो।
जो कोई आवै वेग चलावै पल एक रहन न हारा हो॥
चंदन चूर चतुर सब लेपैं गल गजमुकता हारा हो।
चोंचन गोध मुए तन लूटैं जंबुक ओदर फारा हो॥
कहत कबीर सुनो हो संतो ज्ञान-हीन मनि हीना हो।
एक एक दिन यह गति सबही की कहा राव का दीना हो॥ 208॥

फूला फूला फिरे जगत में रे मन कैसा नाता रे।
माता कहै यह पुत्र हमारा बहिन कहै बिर मेरा।
कहै भाइ यह भुजा हमारी नारि कहै नर मेरा॥

पेट पकरि के माता रोबै बाँह पकरि कै भाई।
लपटि झपटि कै तिरिया रोवै हंस अकेला जाई॥
जब लग जीवै माता रोवै बहिन रोवै दस मासा।
तेरह दिन तक तिरिया रोवै फेर करै घर वासा॥
चार गजी चरगजी मँगाया चढ़ा काठ की घोरी।
चारों कोने आग लगाया फूँक दिया जस होरी॥
हाड़ जरै जस लाकड़ी केस जरै जस घासा।
सोना ऐसी काया जरि गइ कोई न आया पासा॥
घर की तिरिया रोवन लागी ढूँढ़ फिरी चहुँ पासा।
कहत कबीर सुनो भाई साधो छाँड़ो जग की आसा॥ 209॥

रहना नहि देस बिराना है।

यह संसार कागद की पुड़िया बूँद पड़े घुल जाना है।
यह संसार काँट की बाड़ी उलझ पुलझ मरि जाना है॥
यह संसार झाड़ का झाँखर आग लगे वरि जाना है।
कहत कबीर सुनो भाई साधो सतगुरु नाम ठिकाना है॥ 210॥

जियरा जावगे हम जानी।

पाँच तत्त को बनो पींजरा जामें बस्तु बिरानी।
आवत जावत कोई न देखो डूबि गयो बिन पानी॥
राजा जैहैं रानी जैहैं औ जैहैं अभिमानी।
जोग करंते जोगी जइहैं कथा सुनंते ज्ञानी॥
पाप पुन्न की हाट लगी है धरम दंड दरबानी।
पाँच सखी मिलि देखन आई एक से एक सयानी।
चंदो जइहैं सुरजौं जइहैं पवनो पानी।
कह कबीर इक भक्त न जैहैं जिनकी मति ठहरानी॥ 211॥
मन तू क्यों भूला रे भाई! सुध बुध तेरी कहाँ हेराई।
जैसे पंछी रैन बसेरा बसै बिरिछ पर आई॥
भोर भए सब आपु आपु को जहाँ तहाँ उड़ि जाई।
सुपने में तोहि राज मिल्यो है हाकिम हुकुम दोहाई॥
जागि परो तव लाव न लसकर पलक खुले सुधि पाई।
मात पिता बंधू सुत तिरिया ना कोइ सगो सगाई॥
यह तो सब स्वारथ के संगी झूठी लोक बड़ाई।
सागर माँही लहर उठत है गनिता गनी न जाई॥

कहत कबीर सुनो भाई साधो दरिया लहर समाई ॥ 212 ॥

मानत नहिं मन मोरा साधो, मानत नहिं मन मोरा रे।
बार बार मैं कहि समुझावौं जग में जीवन थोरा रे॥
या काया को गरब न कीजै क्या साँवर क्या गोरा रे।
बिना भक्ति तन काम न आवै कोटि सुगंध चभोरा रे॥
या माया लख के मत भूलो क्या हाथी क्या घोरा रे।
जोरि जोरि धन बहुत बिगूचे लाखन कोटि करोरा रे॥
दुबिधा दुर मति औ चतुराई जनम गया न बौरा रे।
अजहूँ आनि मिला सत संगति सतगुरु मान निहोरा रे॥
खेत उठाईं परत भुई गिरि गिरि ज्यों बालक बिन कोरा रे।
कहत कबीर चरन चित राखो ज्यों सूई बिच डोरा रे॥ 213 ॥

खल सब रैन का सपना। समझ मन कोइ नहिं अपना॥
कठिन यह मोह की धारा। बहा सब जात संसारा॥
घड़ा जो नीर का फूटा। पत्ता जो डार से टूटा।
अइस नर जाति जिंदगानी। अबहुँ लग चेत अभिमानी।
भुलो मत देख तन गोरा। जगत में लीवना थोरा॥
तजो मद लोभ चतुराई। रहो निहसंक जग माँहीं॥
निकस जब प्रान जावैंगे। कोई नहिं काम आवैंगे॥
सजन परिवार सुत दारा। उसी दिन होयँगे न्यारा॥
अइस नर जान मन देहा। लगा ले नाम से नेहा॥
कटै जम-माल की फाँसी। कहैं कब्बीर अबिनासी॥ 214 ॥

का माँगों कछु थिर न रहाइ। देखत नैन चलो सब जाई॥
इक लख पूत सवा लख नाती। तेहि रावन घर दिया न बाती।
लंका सी कोट समुद्र सी खाई। तेहि रावन की खबरि न पाई॥
सोने कै महल रूपै कै छाजा। छोड़ि चले नगरी के राजा॥
कोइ कर महल कोइ कर टाटी। उड़ि जाय हंस पड़ी रह माटी॥
आबत संग न जात सँगाती। कहा भए दल बाँधे हाथी॥
कहै कबीर अंत की बारी। हाथ झारि ज्यों चला जुआरी॥ 215 ॥

अन्तिम दृश्य

सुगवा पिंजरवा छोरि भागा।
इस पिंजरे में दस दरवाजा दस दरवाजे किवरवा लागा॥

अँखियन सेती नीर बहन लाग्यो अब कस नाहिं तू बोलत अभागा ॥
कहत कबीर सुनो भाई साधो उड़िगा हंस टूटि गयो तागा ॥ 216 ॥

कौन ठगवा नगरिया लूटल हो।
चंदन काठ कै बनत खटोलना तापर दुलहिन सूतल हो ॥
उठो सखी मोर माँग सँवारो दुल्हा मोसे रूठल हो।
आए जमराज पलँग चढ़ि बैठे नैनन आँसू टूटल हो ॥
चारि जने मिलि खाट उठाइन चहुँ दिसि धू धू ऊठल हो।
कहत कबीर सुनो भाई साधो जग से नाता टूटल हो ॥ 217 ॥

हम काँ ओढ़ावे चदरिया, चलती बिरियाँ।
प्रान राम जब निकसन लागे उलट गई दोउ नैन पुतरिया ॥
भीतर से जब बाहर लाए छूट गई सब महल अटरिया ॥
चार जने मिलि खाट उठाइन रोवत ले चले डगर डगरिया ॥
कहत कबीर सुनो भाई साधो संग चली वह सूखी लकरिया ॥ 218 ॥

अहंभाव

रमैया की दुलहिन लूटा बजार।
सुरपुर लूट नागपुर लूटा तीन लोक मचा हाहाकार ॥
ब्रह्मा लूटे महादेव लूटे नारद मुनि की परी पिछार।
सिंगी की मिंगी करि डारी पारासर कै उदर बिदार।
कनफूँका चिदकासी लूटे लूटे जोगेसर करत बिचार।
हम तो बचिगे साहब दया से सब्द डोर गहि उतरे पार ॥
कहत कबीर सुनो भाई साधो इस ठगनी से रहो हुसियार ॥ 219 ॥
जब हम रहल रहा नहिं कोई। हमर माँह रहल सब कोई।
कहहु सो राम कौन तोर सेवा। सो समुझाय कहो मोहिं देवा ॥
फुर फुर कहो मारु सब कोई। झूठे झूठा संगति होई ॥
आँधर कहै सबै हम देखा। तहँ दिठियार पैठि मुँह पेखा ॥
एहि बिधि कहौं मानु सब कोई। जस मुख तस जो हृदया होई ॥
कहत कबीर हंस मुकुताई। हमरे कहले छूटिहौ भाई ॥ 220 ॥
हम न मरैं मरिहैं संसारा। हमको मिला जिआवन-वारा ॥
अब ना मरों मोर मन माना। सोंइ मुवा जिन राम न जाना।
साकत मरैं संत जन जीवैं। भरि भरि राम रसायन पीवैं ॥
हरि मरिहैं तो हमहूँ मरिहैं। हरि न मरैं हम काहे को मरिहैं।
कह कबीर मन मनहिं मिलावा। अमर भए सुख सागर पावा ॥ 221 ॥

जहँवा से आयो अमर वह देसवा।
पानी न पौन न धरति अकसवा॥
चाँद न सूर न रैन दिवसवा।
बाम्हन छत्रिन सूद्र बयसवा॥
मुगल पठान अरु सैयद सेखवा।
आदि जोति नहिं गौर गनेसवा॥
ब्रह्मा विष्णु महेस न सेसवा।
जोगिन जंगम मुनि दरबेसवा॥
आदि न अंत न काल-कलेसवा।
दास कबीर ले आए सँदेसवा॥
सार शब्द नहिं चलु वोहि देसवा॥ 222॥

झीनी झीनी झीनी चदरिया।
काहे कै ताना काहे कै भरनी कौन तार से बीनी चदरिया॥
इंगला पिंगला ताना भरनी सुषमन तार से बीनी चदरिया।
आठ कँवल दल चरखा डोले पाँच तत्त गुन तीनी चदरिया।
साँईं को सियत भास दस लागे ठोक ठोक के बीनी चदरिया॥
सो चादर सुर नर मुनि ओढ़े ओढ़ के मैली कीनी चदरिया।
दास कबीर जतन से ओढ़ी ज्यों की त्यों धर दीनी चदरिया॥ 223॥

तोर हीरा हेंराइल बा कचरे में।
कोइ पूरब कोइ पच्छिम ढूँढ़े कोई ढूँढ़े पानी पथरे में।
सुर नर मुनि अरु पीर औलिया सब भूलल बाडैं नखरे में।
साहब कबीर हीरा यह परखैं बाँध लिहलै लँगोटी के अँचरे में॥ 224॥

धुँधमई का मेला नाहीं नहीं गुरु नहिं चेला।
सकल पसारा जेहि दिन माँहीं जेहि दिन पुरुख अकेला।
गोरख हम सब के बैरागी। हमरी सुरति नाम से लागी।
ब्रह्मा नहिं जब टोपी दीन्हा, विश्नु नहीं जब टीका॥
शिब सक्ती के जनमौं नाँहीं, जबैं जोग हम सीखा।
सतुजुग में हम पहिरिं पाँवरी त्रेता झोरी झंडा॥
द्वापर में हम अड़बँद पहिरा कलउ फिरौं नव खंडा।
कासी में हम प्रगट भए हैं, रामानंद चेताए॥
समरथ को परवाना लाए, हंस उबारन आए।
सहजै सहजै गेला होइगा, जागी भक्ति उतंगा।
कहैं कबीर सुनो हो गोरख चलो शब्द के संगा॥ 225॥

पढ़ि पढ़ि पंडित करि चतुराई।
निज मुक्ती मोहिं कहहु बुझाई॥
कहँ बस पुरुख कबन सो गाऊँ।
सो मोहि पंडित सुनावहु गाऊँ॥
चार वेद ब्रह्मा निज ठाना।
मुक्ति क मर्म उनहुँ नहि जाना॥
दान पुन्न उन बहुत बखाना।
अपने मरन की खबर न जाना॥
एक नाम है अगम गंभीरा।
तहँवा असथिर दास कबीरा॥ 226॥

षोड़शोपचार सात्विक पूजा

अगर चँदन घसि चौक पुरावा सत्त सुकृत मन भावा।
भर झारि चरणामृत कीन्हा हंसन को बतरावा॥
पूरन मौज और रखवारा सतगुरु शब्द लखावा।
लौंग लायची नरियर आरति धोती कलस लेसावा॥
स्वेत सिंहासन अगम अपारा सो अति वर ठहराया।
छाँड़े लोक अमृत की काया जग में जोलह कहाया॥
चौरासी की बंदि छोड़ाया निर अक्छर बतलाया।
साधु सबै मिलि आरति गावैं सुकृत भोग लगाया।
कहैं कबीर सब्द टकसारा जम सों जीव छोड़ाया॥ 227॥

पूरनमासी आदि जो मंगल गाइए।
सत गुरु के पद परसि परम पद पाइए॥
प्रथमैं मंदिर झराइ के चँदन लिआइए।
नूतन वस्त्र अनेक चँदोव तनाइए॥
तब पूरन गुरु हेतु आसन्न बिछाइए।
गुरु चरन परछालि तहाँ बइठाइए॥
गज मोतिन की चौक सु तहाँ पुराइए।
तापर नरियर धोति मिठाइ धराइए॥
केरा और कपूर बहुत बिध लाइए।
अष्ट सुगंध सुपारी पान मँगाइए॥
पल्लव कलस सँवारि सुज्योति बराइए।

झाल मृदंग बजाइ कै मंगल गाइए॥
साधु संग लै आरति तबहि उतारिए।
आरति करि पुनि नरियर तबहिं भराइए॥
पुरुख को भोग लगाइ सखा मिलि खाइए।
युग युग छुआ बुझाइ तो पाइ अघाइए॥
परम अनंदित होइ तो गुरुहिं मनाइए।
कह कबीर सतभाय सो लोक सिधाइए॥ 228॥

कबीर साहब की जन्म-मरण तिथि का विवरणपत्र

संख्या	पुस्तक का नाम	विक्रम संवत्		ईस्वी सन्		विशेष
		जन्म	मरण	जन्म	मरण	
1.	कबीर कसौटी	1455	1575	1398	1518	
2.	भक्ति सुधा विंदु स्वाद	1451	1552	1394	1495	डाक्टर हंटर ने जन्म सन् 1380 ई. (विक्रम संवत् 1434) लिखा है, और विलसन साहब ने मृत्यु सन् 1448 ई. (विक्रम संवत् 1405) में बतलाई है। भक्तिसुधाविंदुस्वाद पृ. 414, 840।
3.	कबीर ऐण्ड दो कबीर पंथ	1497	1575	1440	1518	
4.	संप्रदाय	1205	1505	1149	1448	कबीरपंथी कबीर साहब की उम्र तीन सौ बरस की बतलाते हैं। उल्मा आखिरी सन् को कबूल करते हैं— संप्रदाय पृष्ठ 60।

❑

रस साहित्य और समीक्षाएँ

हरिऔध की रस-साहित्य-समीक्षाएँ

हरिऔध जी हिन्दी जगत् में उस समय आये जब प्राचीन और नवीन युग में संधि हो रही थी। यद्यपि नवीन युग की नींव भारतेन्दु ने रख दी थी तो भी गद्य के क्षेत्र में खड़ी बोली की प्रतिष्ठा मात्र ही उनके समय में हो सकी। यद्यपि गद्य के क्षेत्र में खड़ी बोली में रचना-लेखन आरम्भ हो चुका था तो भी काव्य के लिए ब्रज भाषा की ही पूर्ण प्रतिष्ठा थी। खड़ी बोली के लिए केवल आन्दोलन मात्र चल रहा था। सर्वप्रथम हरिऔध जी ने अपना प्रयोगात्मक रूप साहित्य के सम्मुख उपस्थित किया। जिस समय हरिऔध जी साहित्य रचना के क्षेत्र में आये उस समय अनेक जाने-माने साहित्यकार साहित्य के सभी क्षेत्रों में अपनी रचनाएँ उपस्थित कर रहे थे।

हरिऔध जी की रचनाओं को काल-क्रम की दृष्टि से दो अंशों में विभक्त कर देना अनुचित न होगा। बीसवीं शताब्दी के पूर्व उन्होंने तत्कालीन ढंग का कार्य साहित्य के क्षेत्र में किया।

उस समय हरिऔध जी ने रुक्मिणी परिणय, प्रद्युम्न विजय व्यायोग नामक नाटक लिखा, और भाषा की शक्ति-प्रदर्शन के लिए वेनिस का बाँका (अनुवाद) तथा ठेठ हिन्दी का ठाठ और अधखिले फूल लिखा। ये कृतियाँ उनकी शब्द-अधिकार की आख्यायिकाएँ हैं। बीसवीं शताब्दी में लिखा गया उनका साहित्य विशेष महत्त्व का है।

बीसवीं सदी (ईसा) के आरम्भ में एक नयी सामाजिक चेतना की जागृति भारतवर्ष में हुई। कांग्रेस से देश में राष्ट्रीय तत्त्वों को बल मिलने लगा। बंग-भंग और होमरूल आन्दोलन नयी स्फूर्ति जगाने में सफल हुए। लोगों के भीतर नया आत्मबल, नयी स्फूर्ति और स्वतन्त्रता के लिए नयी चेतना जाग्रत होने लगी। क्रान्तिकारी वीर युवकों के समय-समय पर किये गये साहसिक कार्यों की प्रतिक्रिया लोगों के मन पर नयी चेतना बनकर छा गयी। आवागमन के साधन, जो अंग्रेजों के शासन को दृढ़ करने के प्रमुख उपकरण समझे गये थे, वे ही समस्त भारत में बिखरे विशाल जनसमूह को एक आदर्श, एक भावना और एक आवश्यकता—स्वतन्त्रता के लिए एक सूत्र में बाँधने लगे। देश में पत्र-पत्रिकाओं के व्यापक प्रसार तथा काँग्रेस के संगठन ने लोगों में जान फूँक दी। विदेशी

के बायकाट और स्वदेशी आन्दोलन से जनता को बड़ा बल मिला।

हिन्दी के प्रसार और प्रचार का आन्दोलन भी व्यापक रूप ग्रहण करने लगा।

भारतेन्दु-युग की रचना

भारतेन्दु-युग में ही गद्य के क्षेत्र में खड़ी बोली का आधिपत्य स्थापित हो चुका था, पर बीसवीं सदी के प्रारम्भ तक काव्य के क्षेत्र में ब्रज और खड़ी बोली के प्रश्न पर विद्वानों में मतान्तर चलता रहा। यद्यपि भारतेन्दु मंडल के प्रायः सभी कवियों ने प्रयोग रूप में खड़ी बोली में रचनाएँ कीं, तो भी वे अपनी असफलता को खड़ी बोली के मत्थे मढ़ते रहे। वे मान बैठे थे कि खड़ी बोली में काव्य की सृष्टि हो ही नहीं सकती। जो लोग खड़ी बोली में काव्य-रचना के पक्षपाती थे, उनकी भर्त्सना इस मंडल के अनेक सदस्यों ने समय-समय पर की और एक बहुत बड़ा विवाद इस प्रश्न पर छिड़ा। पर जीत खड़ी बोली की ही रही। खड़ी बोली को काव्य की भाषा बनाने का प्रयत्न प्रमुख रूप से सर्वश्री श्रीधर पाठक, राय देवीप्रसाद, नाथूराम शंकर शर्मा आदि ने किया। खड़ी बोली के प्रति उनकी सतत निष्ठा का परिणाम यह हुआ कि हिन्दी में नवागत खड़ी बोली में रचना करने के लिए लोग परिकर बद्ध हुए। कभी-कभी फिर भी विरोध के दर्शन हो ही जाते थे।

काव्य में खड़ी बोली की प्रगति की कहानी 'सरस्वती' के प्रकाशन से आरम्भ होती है। पं. महावीरप्रसाद द्विवेदी सरस्वती द्वारा प्रारम्भिक दशा की खड़ी बोली को काव्य का रूप देने के लिए प्रयोगकर्ता के रूप में दीख पड़ते हैं।

यद्यपि भारतेन्दु कालीन साहित्य में शृंगार काल की विलासपूर्ण भाव-धारा के प्रति विद्रोह का स्पष्ट आभास मिलता है, सामाजिक पतन से निवृत्ति के लिए उस युग का भावशिल्पी विह्वल दीख पड़ता है, धार्मिक एवं दार्शनिक मनोवृत्तियों में भी नव संस्कार युक्त मानवीय चेतना के दर्शन होते हैं तो भी उस युग का काव्य सामाजिक चेतना से अनुप्राणित खण्डनात्मक-मण्डनात्मक अधिक है और उसमें गद्य से भी अधिक नीरसता है। देश-दुर्दशा, विधवा-विवाह, बाल विवाह आदि काव्य के नये सामाजिक उपकरण 19 वीं शताब्दी में ही बन चुके थे। अनैसर्गिक मानवेतर कामुक भावनाओं से हिन्दी काव्य का पिंड छूटा, पर खड़ी बोली अपने मनोभावों के उद्‌गार भाषा की असम्पन्नता के कारण पूर्ण रूप से व्यक्त करने में सर्वथा जीवनविहीन दीखती थी।

तब तक अनेक सशक्त कवि इस क्षेत्र में आ चुके थे जिनकी प्रथम दशक की खड़ी बोली की रचनाओं में निष्प्राण काव्य तत्वों का दर्शन स्पष्ट लक्षित होता है, पर उनमें काव्य की नयी चेतना का उद्रेक निश्चित रूप से दृष्टिगत भी होता है। वह है 19 वीं सदी की प्रतिक्रियामूलक ध्वंसात्मक भावनाओं का सर्जनात्मक परिधान धारण करना। काव्य में भावप्रवणता की मात्रा बढ़ती दीख पड़ती है।

खड़ी बोली काव्य में बीसवीं शताब्दी के प्रथम दशक में छोटी-छोटी प्रबन्ध की रचनाओं, अनुवादों आदि के अतिरिक्त श्री मैथिलीशरण गुप्त का 'जयद्रथ वध' प्रकाशित हो चुका था। पर तब तक के सभी प्रयोग अर्द्ध सफल ही माने जा सकते हैं। ऐसी ही प्रयोगात्मक स्थिति के बीच हरिऔध जी का 'प्रिय-प्रवास' हिन्दी संसार के सम्मुख आया। प्रिय-प्रवास का प्रकाशन खड़ी बोली के काव्य के इतिहास की एक घटना है जो खड़ी बोली के विरोधियों के लिये चुनौती बनकर आयी। अपनी भूमिका में हरिऔध जी स्वयं लिखते हैं कि ... "मातृभाषा की सेवा करने का अधिकार सभी को तो है, बने या न बने, सेवा प्रणाली सुखद या हृदयग्राहिणी होवे या न होवे, परन्तु एक लालायित चित्त अपनी लालसा को पूरी किये बिना कैसे रहे?"

"यदि स्वान्तः सुखाय मैं ऐसा कर सकता हूँ तो अपनी टूटी-फूटी भाषा में एक हिन्दी काव्य ग्रंथ भी लिख सकता हूँ, निदान इसी विचार के वशीभूत होकर मैंने 'प्रिय-प्रवास' नामक काव्य की रचना की है।" **–प्रियप्रवास की भूमिका पृष्ठ, 1**

"प्रियप्रवास के बन जाने से खड़ी बोली में एक महाकाव्य की न्यूनता दूर हो गयी है।" **–प्रियप्रवास की भूमिका पृष्ठ, 2**

"इस समय खड़ी बोली में कविता करने से अधिक उपकार की आशा है। इसलिए मैंने भी 'प्रियप्रवास' को खड़ी बोली ही में लिखा है।" **–भूमिका, पृष्ठ 29**

प्रायोगिक अवस्था का प्रबन्ध काव्य होने पर भी तत्कालीन प्रबन्ध काव्यों से इसकी तुलना नहीं की जा सकती। सभी दृष्टियों से यह प्रबन्ध काव्य समय से अत्यन्त आगे था। यदि यह कहा जाय कि 'कामायनी' के प्रकाशन के पूर्व तक अपने ढंग का यह महत्त्वपूर्ण मौलिक प्रबन्ध काव्य है तो अत्युक्ति न होगी।

प्रियप्रवास ने इस क्षेत्र में मानववादी आदर्शों की प्रतिष्ठा कर नयी चेतना का उद्बोध कराया। प्रियप्रवास के पूर्ववर्ती साहित्यिक अभियान में ब्रजभाषा के काव्य की एक छिन्न धारा का दर्शन निश्चय ही होता है, किन्तु तब तक खड़ी बोली की पूर्ण प्रतिष्ठा हिन्दी में हो चुकी थी। प्रियप्रवास ने प्रबन्ध काव्यों के क्षेत्र में एक नयी दिशा का संकेत किया।

हरिऔध जी वास्तव में अपने समय के सर्वश्रेष्ठ कवि थे। इन दो दशकों में उनकी प्रतिष्ठा हिन्दी जगत् में इसी रूप में हुई। यद्यपि भाषा की दृष्टि से उनके प्रिय प्रवास में कहीं कहीं ब्रज भाषा का प्रभाव दृष्टिगत होता है, पर खड़ी बोली के प्रबन्ध काव्यों के विकास में उसकी महत्ता आज भी अक्षुण्ण बनी है। इस भाँति बीसवीं सदी के प्रथम दो दशक में सर्वाधिक महत्वपूर्ण कवि हरिऔध हुए। उनकी शैली पर लोगों ने रचनाएँ कीं तथा अभी तक 'अनूप' जैसे विख्यात कवि उनकी शैली पर चल रहे हैं। हरिऔध जी पहले ब्रजभाषा में रचना किया करते थे, किन्तु उनका विशेष महत्व हिन्दी में प्रिय प्रवास के प्रकाशन द्वारा संवत् 1971 द्वारा स्थापित हुआ। यद्यपि हिन्दी काव्य के चिरपरिचित

नायक कृष्ण को उन्होंने अपने काव्य का नायक बनाया है, तो भी युग की व्यापक आकांक्षाओं को उन्होंने प्रतिष्ठित किया। यद्यपि समस्त काव्य कृष्ण के 'प्रवास' के समय के सम्बन्ध में उनके प्रेमियों द्वारा व्यक्त की गयी अभिव्यक्ति है तो भी उनके कृष्ण रीतिकाल के छलिया कृष्ण नहीं, अपितु लोकनायक कृष्ण हैं। प्रिय प्रवास में कृष्ण के सम्बन्ध में घटी अनेक घटनाओं का, जो लोक में प्रचलित हैं, उन्होंने वर्णन किया है। यह वर्णन भी स्मृति के द्वारा उनके विरहाकुल प्रेमियों द्वारा अभिव्यक्त हुआ है। पर सर्वत्र कवि ने समाज की वर्तमान परिस्थिति तथा जाग्रति का ध्यान रखा है। उनकी राधा भी लोक-सेविका राधा हैं, न कि रीतिकाल की कामुक कवियों की नायिका राधा। सामाजिक तत्वों का इतना बड़ा परिनिवेष्टन निश्चय ही प्रबन्ध के क्षेत्र में प्रिय प्रवास को भावना की दृष्टि से अत्यन्त उच्च स्तर पर रखता है। किन्तु इस सम्बन्ध में यह बात स्पष्ट है कि यह कृति सामाजिक चेतना जगाने की अपेक्षा साहित्यिक निर्माण की दृष्टि से अधिक महत्वपूर्ण है, क्योंकि यह खड़ी बोली का प्रारम्भिक काव्य होते हुए भी ऊँचाई में समय से बहुत आगे था।

महाकाव्य के प्रायः सभी वर्णित लक्षणों का प्रयोग भी इसमें मिलता है। नायक से लेकर छंदों तक में उसका आभास स्पष्ट लगता है। चरित्र-चित्रण की दृष्टि से प्रायः इसके प्रमुख चरित्र उच्चकोटि के अंकित किये गये हैं जिनमें राधा और कृष्ण का चरित्र तो स्मरणीय है।

'प्रिय प्रवास' के अधिकांश स्थल प्रवाहमय खड़ी बोली में लिखे गये हैं. भले ही कहीं मिठास लाने के लिए ब्रज भाषा के शब्द भी रख लिये गये हों। इनका दूसरा प्रमुख काव्य 'वैदेही वनवास' है। उपन्यासवाले प्रसंग में भाषा का जो नाटक इन्होंने किया, काव्य के क्षेत्र में भी ये उससे अलग नहीं।

बोलचाल की भाषा में इन्होंने मुहावरों का प्रयोग कर विभिन्न विषयों पर रचनाएँ कीं जिनमें चोखे चौपदे सं॰ 1989 में प्रकाशित हुआ जो प्रचलित बोलचाल की भाषा में है। पद्य प्रसून, जिसमें दोनों प्रकार की रचनाएँ हैं, सं॰ 1982 में प्रकाशित हुआ। 'वैदेही बनवास' और 'परिजात' उनके अन्य ऐतिहासिक तथा सांस्कृतिक महत्व के महाकाव्य हैं।

हरिऔध जी के आलोचक तथा गद्यकार रूप को उनकी कविता ने दबा दिया। पर वे हिन्दी के विशिष्ट गद्यकार भी हैं।

हरिऔध जी ने गद्य के क्षेत्र में चार प्रकार की रचनाएँ लिखी—

1. प्रारम्भिक-सर्जनात्मक साहित्य, 2. आलोचना-साहित्य, 3. नीति तथा धर्म साहित्य, 4. सामयिक साहित्य।

धर्म-संस्कार तथा सामयिक विषयों पर लिखे गये निबन्धों की महत्ता भले ही न हो,

पर गद्य के क्षेत्र में उनकी महत्ता ऐतिहासिक है।

1. गद्य के क्षेत्र सर्वप्रथम वे नाटक और उपन्यासकार के रूप में आये और उस समय आये जब हिन्दी में उनका आरम्भ हो रहा था। उपन्यास के द्वारा उन्होंने अपने पाण्डित्य से अपनी शब्द-शक्ति का परिचय हिन्दी जगत को दिया। उन रचनाओं का महत्व ऐतिहासिक क्रम विकास की दृष्टि से है, तथा जो बात गद्य के क्षेत्र में उस समय भी उपस्थित कर सके, वह उनकी शब्द-शक्ति का परिचायक है।

आलोचना के क्षेत्र में उनकी देन साहित्यिक निबन्धों का संकलन, हिन्दी भाषा और साहित्य का विकास (बाबू राम दहेन सिंह, रीडर-शिप के सम्बन्ध में पटना यूनिवर्सिटी में दिये गये व्याख्यानों का संग्रह) तथा पुस्तकों एवं ग्रन्थों की भूमिका के रूप में है।

वे काशी विश्वविद्यालय में हिन्दी के अध्यापक थे, साथ ही उनका पदार्पण साहित्य में जिस वातावरण और जिस काल में हुआ यह संधि का काल था, तो भी सतत नवीन दृष्टि से सामंजस्यस्थापना का जैसा विस्तृत भाव उनमें दीख पड़ता है उतना अन्य किसी तत्कालीन लेखक में नहीं। सर्वप्रथम हिन्दी भाषा और साहित्य के विकास के सम्बन्ध में निवेदन करना अप्रासंगिक न होगा। अभी तक प्रकाशित तत् सम्बन्धी ग्रन्थों में आकार की दृष्टि से ही उनका यह ग्रन्थ बड़ा नहीं है, अपितु इसकी ऐतिहासिक महत्ता भी है। वह यह है कि हरिऔध जी स्वयं रससिद्ध कवि थे। उन्होंने सहानुभूतिपूर्वक विभिन्न मान्यताओं पर तथा साहित्यकारों पर विचार कर अपना मन्तव्य स्थिर किया है। छायावाद जैसे नवीनतम तथ्य का समर्थन भी हरिऔध जी ने एक सीमा तक किया है। दूसरी बहुत बड़ी बात इस इतिहास में यह है कि उन्होंने आर्यों का आदि देश भारतवर्ष को ही माना है और उसे सिद्ध करने का भी एक सीमा तक सफल प्रयत्न किया है। तीसरी बात इसके सम्बन्ध में यह है कि वर्तमान और पूर्ववर्ती कवियों को कवि ने जिस दृष्टि से देखा है उस दृष्टि की मान्यता स्वयं में अपना ऐतिहासिक महत्व रखती है।

भूमिकाओं में भी हरिऔध जी ने 'रस कलस' के सम्बन्ध में अत्यन्त विस्तृत भूमिका लिखी है। यद्यपि रस कलस की भूमिका लिखने में उन्होंने साहित्य दर्पण, रस गंगाधर आदि से पर्याप्त सहायता ली है, तो भी उनकी कुछ मान्याताएँ अपनी नयी हैं, तथा उन्होंने उन लोगों को बड़ा सजीव उत्तर दिया है जो श्रृंगार को अश्लील घोषित करते हैं, यद्यपि ब्रजभाषा में तत्कालीन कवि देश, जाति, मातृभूमि की उपेक्षा कर प्राचीन परिपाटी पर ये रचनाएँ कर रहे थे! उनको उन्होंने इस रचना को उद्‌घोषित किया है। इस सम्बन्ध में स्वयं उन्होंने लिखा है, "आज तक जितने 'रस ग्रंथ' बने हैं उनमें श्रृंगार रस का ही अपना विस्तार है, और अन्य रसों का वर्णन नाम मात्र है। इसके अतिरिक्त संचारी भावों के उदाहरण भी प्रायः श्रृंगार रस के ही दिये गये हैं, ऐसा न करके अन्य विषयों का उदाहरण भी उसमें होना चाहिये था। 'रसकलस' में इन सब बातों का आदर्श उपस्थित किया गया

है और बतलाया गया है कि किस प्रकार अन्य रसों के वर्णन का विस्तार किया जा सकता है, और कैसे जाति, देश और समाज-संशोधन संबंधी विषयों को उनमें और संचारी भावों में स्थान दिया जा सकता है। इस ग्रंथ में देशप्रेमिका, जातिप्रेमिका और समाजप्रेमिका आदि नाम देकर कुछ ऐसी नायिकाओं की भी कल्पना की गयी है, जो बिलकुल नयी है, परन्तु समाज और साहित्य के लिए बड़ी उपयोगिनी है। इस समय देश में जिन सुधारों की आवश्यकता है, जिन सिद्धान्तों का प्रचार वांछनीय है, उन सबों पर प्रकाश डाला गया है, और उनके सुन्दर साधन भी उसमें बतलाये गये हैं।"

इस दृष्टि से तथा शास्त्रीय दृष्टि से रस कलस की महत्ता पं॰ रामचन्द्र शुक्ल जी ने इन शब्दों में व्यक्त की है–

"रसकलस में हरिऔध जी ने जो विचारपूर्ण भूमिका लगा दी है उससे रस के सम्बन्ध में लोगों को बहुत कुछ जानकारी प्राप्त हो सकती है। अन्त में यही कहना पड़ता है कि ब्रजभाषा की काव्यपरम्परा का अत्यन्त पूर्णता पर पहुँचा हुआ रूप दिखाकर हरिऔध जी ने एक बार फिर शिक्षित समाज को उसकी ओर आकर्षित कर लिया है।"

डा॰ बड़थ्वाल के ये अंश भी कम विचारणीय नहीं हैं–

"उपाध्याय जी का हिन्दी की विभिन्न बोलियों और शैलियों पर जो अधिकार है उसका अन्यत्र दर्शन दुर्लभ है। ग्रामीण उच्चारण युक्त ठेठ हिन्दी, साधारण बोलचाल, साधु साहित्यिक खड़ी बोली, उसी का संस्कृत संपृक्त स्वरूप, अवधी, ब्रजभाषा, सब उनके संकेत पर नाचती सी दीखती हैं। किसी भी प्रकार की शैली अथवा बोली में लिखने के लिए उन्हें शक्तियों का विशेष प्रयत्न पूर्वक आवाहन नहीं करना पड़ता।"

"इसमें भी सन्देह नहीं कि रसकलस लक्षण ग्रन्थ है। उसमें जो परिभाषाएँ तथा लक्षण लिखे गये हैं उनका अत्यन्त परिश्रम और सावधानी से संग्रह किया गया है, परन्तु मेरी आँखों में उसका मूल्य लक्षण ग्रन्थ होने में नहीं, बल्कि काव्य ग्रन्थ होने में है। लक्षणों का महत्व तो केवल प्रसंग की सूचना देने भर में है। उपाध्याय जी के कवि हृदय ने मानव हृदय को विभिन्न परिस्थितियों में देखा है। उनकी वाणी में हम मनुष्य की सूक्ष्म भावनाओं का अनूठा और सहृदयता पूर्ण मनोरम चित्रण पाते हैं। उनके काव्य का अन्तरंग और बहिरंग दोनों उत्कृष्ट और हृदयग्राही है। उनकी नायिकाएँ परम्पराभुक्त होने पर भी अकृत्रिम और सजीव हैं। प्राचीन काल के किसी कवि के साथ उनकी तुलना करके उनका महत्व नहीं प्रकट किया जा सकता। ऐसा करना उनकी उस विशेषता को भूल जाना है जो प्रगतिशील जीवन को कभी दृष्टि से ओझल नहीं होने देती। उनका अपना अलग स्थान है। उनमें बिहारी की समाहार शक्ति, घनानन्द की स्वाभाविकता, मतिराम का लालित्य, रहीम का बाँकपन और रसखान की भावप्रवणता सब एक साथ विद्यमान हैं। परन्तु हम इन सबके ऊपर उनकी अपनी हरिऔधी छाप विद्यमान है। छलकता हुआ यह 'रसकलस'

हमारे साहित्यिक मंगल का सूचक है, साहित्यमन्दिर के शिखर पर स्थान पाने योग्य है।

श्री रमाशंकर शुक्ल रसाल ने रसकलस की भूमिका के सम्बन्ध में लिखा है—"मूलग्रन्थ, चूँकि रीति ग्रन्थों की परम्परागत रचना-शैली से लिखा गया है, इसलिये उसमें रस सिद्धान्त से सम्बन्ध रखने वाले विविध मत-मतांतरों, उनके आधार पर होने वाले क्रमिक विकास आदि की सम्यक् समीक्षा या मीमांसा नहीं की गयी और इस प्रकार विषय विवेचन का एक अत्यन्त आवश्यक या अनिवार्य अंग रह गया था। अतएव उपाध्याय जी ने अपनी भूमिका में, (जिसका कार्य वस्तुतः विषय में प्रवेश कराना और उसके सम्बन्ध की अन्य आवश्यक बातों का यथेष्ट निरूपण या स्पष्टीकरण करते हुए समुचित परिचय देना है,) इन सब बातों का बड़ा ही मार्मिक और पांडित्यपूर्ण विवेचन किया है और इस न्यूनता की परमोपयोगी तथा परमावश्यक पूर्ति कर दी है। भूमिका के इस अंश से उपाध्याय जी के प्रगाढ़ पांडित्य, विस्तृताध्ययन तथा पूर्ण ज्ञान का स्पष्ट रूप से पता चलता है।"

अन्य भूमिकाओं में भी उनके पांडित्य का महत्तम रूप दृष्टिगत हुआ है। उन्होंने जो भी समीक्षाएँ लिखी हैं वे रसवादी दृष्टिकोण की हैं। वे रस की उत्पत्ति तब मानते थे जब स्थायी भाव व्यक्त होकर विभाव, अनुभाव और संचारी भाव के साथ सर्वथा, तल्लीन हो जाये। साथ ही वे संतुलित तटस्थता को भी महत्व देते हैं तथा रस का मूल उद्देश्य वे आनन्द मानते हैं। वे भी रस को ही काव्य की आत्मा मानते थे। ब्रह्म सहोदर आनन्द से उनका अर्थ था अभिव्यक्ति के चैतन्य जन्य चमत्कार से सहज आनन्द की प्राप्ति।

इसी कसौटी पर उन्होंने समस्त आलोचनाएँ लिखी हैं। वे समाज और युग मंगल को भी महत्तम स्थान देने वाले समीक्षक थे।

हरिऔध जी कवि के रूप में तो अमर हैं। उनका आलोचक रूप भी अपनी ऐतिहासिक महत्ता निश्चित रूप से रखता है। अतएव आलोचना के क्षेत्र में उनकी देनों को संकलित करने का प्रयत्न मैंने इस कृति में धर्म के रूप में किया है। आशा है हिन्दी जगत इसका स्वागत करेगा।

—केशवदेव उपाध्याय

सदाबरती, आजमगढ़

साहित्य

"सहितस्य भावः साहित्यं" जिसमें सहित का भाव हो, उसे साहित्य कहते हैं।

'परस्परसापेक्षाणाम् तुल्यरूपाणाम् युगपदेकक्रियान्वयित्वम् साहित्यम्।"

—श्राद्ध-विवेक

"तुल्यवदेकक्रियान्वयित्वं वृद्धिविशेषविषयित्वं वा साहित्यम्।"

—शब्दशक्ति-प्रकाशिका

"मनुष्यकृतश्लोकमयग्रन्थविशेषः साहित्यम्।"

—शब्द-कल्पद्रुम

सहृदय विद्वान श्रीमान् पण्डित रामदहिन मिश्र, काव्यतीर्थ ने साहित्य का विलक्षण अर्थ किया है। वे कहते हैं—

"जो हित के साथ वर्तमान है, वह हुआ सहित और उसका जो भाव है, वही हुआ साहित्य, अर्थात् जो हमारे हितकारी भाव हैं, वे ही साहित्य हैं।"

—साहित्य मीमांसा

कवीन्द्र रवीन्द्र कहते हैं—"सहित शब्द से साहित्य शब्द की उत्पत्ति है, अतएव धातुगत अर्थ करने पर साहित्य शब्द में एक मिलन का भाव दृष्टिगत होता है, वह केवल भाव का भाव के साथ, भाषा का भाषा के साथ, ग्रन्थ का ग्रन्थ के साथ मिलन है, यह नहीं, वरन् वह बतलाता है कि मनुष्य के साथ मनुष्य का, अतीत के साथ वर्तमान का, दूर के साथ निकट का, अत्यन्त अन्तरंग योगसाधन साहित्य है। यह और किसी के द्वारा सम्भव नहीं। जिस देश में साहित्य का अभाव है, उस देश के लोग परस्पर सजीव बन्धन से बँधे नहीं, विच्छिन्न होते हैं।" **—साहित्य**

'श्राद्ध-विवेक' और 'शब्द-शक्ति-प्रकाशिका' ने साहित्य की जो व्याख्या की है, कवीन्द्र का कथन एक प्रकार से उसकी टीका है, वह व्यापक और उदात्त है। कुछ लोगों का विचार है कि साहित्य शब्द काव्य के अर्थ में रूढ़ है—शब्द-कल्पद्रुम की कल्पना कुछ ऐसी ही है, परन्तु ऊपर की शेष परिभाषाओं और अवतरणों से यह विचार एकदेशीय पाया

जाता है। साहित्य शब्द का जो शाब्दिक अर्थ है, वह स्वयं बहुत व्यापक है। उसको संकुचित अर्थ में ग्रहण करन संगत नहीं। साहित्य समाज का जीवन है। यह उसके उत्थान-पतन का साधन है। साहित्य के उन्नत होने से समाज उन्नत, और उसके पतन से समाज पतित होता है। साहित्य वह आलोक है, जो देश को अन्धकार-रहित, जाति-मुख को उज्ज्वल और समाज के प्रभावहीन नेत्रों को सप्रभ रखता है। वह सबल जाति का बल, सजीव जाति का जीवन, उत्साहित जाति का उत्साह, पराक्रमी जाति का पराक्रम, अध्यवसायशील जाति का अध्यवसाय, साहसी जाति का साहस और कर्तव्यपरायण जाति का कर्त्तव्य है।

वह धर्म-भाव जो भव-भावनाओं का विभव है, वह ज्ञान-गरिमा जो गौरव-कामुक को सगौरव करती है, वह विचार-परम्परा जो विचारशीलता की शिला है, वह धारणा जो धरणी में सजीव जीव धारण का आधार है, वह प्रतिभा जो अलौकिक प्रतिभा से प्रतिभासित हो पतितों को उठाती है, लोचनहीन को लोचन देती है और निरवलम्ब का अवलम्बन होती है। वह कविता जो सूक्ति-समूह की प्रसूता हो संसार की सारवत्ता बतलाती है, वह कल्पना जो कामद कल्पलतिका बन सुधाफल फलाती है, वह रचना जो रुचिर-रुचि-सहचरी है, वह ध्वनि जो स्वर्गीय ध्वनि से देश को ध्वनित बनाती है, वह सजीवता जो निर्जीवता-संजीवनी है, वह साधना जो समस्त सिद्धि का साधन है, वह चातुरी जो चतुर्वर्ग-जननी है, वह चारु चरितावली जो जाति-चेतना और चेतावनी की परिचालिका है—जब हमारे साहित्य का सर्वस्व थी, उस समय हमारे पवित्र वेदों का आविर्भाव हुआ। हमने अनुपम उपनिषदों की रचना की, दर्शनों के दर्शन कराये, सूत्रों को रचकर समाज को एक सूत्र में बाँधा, आदर्शचरित के आदर्श रमणीय वाल्मीकीय रामायण को बनाया और अशेष ज्ञान-भाण्डार महाभारत जैसे महान् ग्रन्थ को निर्मित कर भारत का मुख उज्ज्वल किया।

हमारे त्रिदेवों में त्रिलोकपति की सृजन-पालन-संहार-सम्बन्धिनी त्रिशक्ति का अद्भुत विकास है। ब्रह्मदेव चतुर्मुख अथवा चतुर्वेद रचयिता, ललाट-फलक-लिपि-विधाता और समस्त विधि-विधान-सर्वस्व हैं। उनकी शक्ति वीणा-झंकार जीवनामृत जीवन-संचारिणी और उनकी वाग्देवी विविध विद्या-स्वरूपा हैं। भगवान् विभु चतुर्भुज हैं—चार हाथों से समस्त लोक का लालन-पालन करते हैं। वे क्षीर-निधि निकेतन हैं, इसीलिये स्तनपायी जीवमात्र को प्रतिदिन क्षीर-पान कराते रहते हैं। वे विश्वम्भर हैं, इसीलिये उनकी विश्वम्भरी शक्ति आब्रह्मस्तम्बपर्यन्त का प्रतिपल पालन-पोषण करती है। भगवान् भूतनाथ की मूर्त्ति बड़ी भावमयी है। वह बतलाती है, संसार-हित के लिए, अवसर आने पर गरलपान कर लो, परन्तु जो कुसुम-सायक बनकर मर्मवेधी बाण प्रहार करता है, उसका संहार अवश्य करो; लोक-लाभ के निमित्त आकाश-निपतित कठोर जलपात शिर पर वहन करो, पर उरगों की उरगता-निवारण करने से मत चूको। शक्ति कितनी ही प्रचण्ड हो तो क्या, उसको

दश भुजाएँ क्यों न हों; परन्तु अपने साधन-बल से उसे भी अंगमुक्त किये बिना मत छोड़ो। हमारा साहित्य जब इन मर्म की बातों को मर्मभरी भाषा में बतलाता था, और जब हममें उसके समझने की मार्मिकता थी–उस समय हम पृथ्वी को दुहते थे, समुद्र को मथकर चौदह रत्न निकालते थे, पंचभूत पर शासन करते थे, व्योमयानों द्वारा आकाश में उड़ते थे, समुद्र पर पुल बनाते थे, पहाड़ को कानी उँगली पर नचाते थे, देह रहते विदेह होते थे, राजप्रासाद में रहकर गृह-संन्यासी थे, कायाकल्प करते थे और राज-त्यागी होकर भी कृपापात्र को राज-पद पर प्रतिष्ठित कर देते थे। अध्यात्म शक्ति इतनी प्रबल थी कि असीम पयोधि-जल को गण्डूष-जल समझते थे, पर्वत को नत-मस्तक कर देते थे और चक्रवर्ती भूपाल के रत्न-मण्डित मुकुट को पद-रज द्वारा आरंजित बनाते थे।

कहते व्यथा होती है कि कुछ कालोपरान्त हमारे ये दिन नहीं रहे–हममें प्रतिकूल परिवर्तन हुए और हमारे साहित्य में केवल शान्त और शृंगार रस की धारा प्रबल वेग से बहने लगी। शान्त रस की धारा ने हमको आवश्यकता से अधिक शान्त और उसके संसार की असारता के राग ने हमें सर्वथा सारहीन बना दिया। शृंगार रस की धारा ने भी हमारा अल्प अपकार नहीं किया, उसने भी हमें कामिनी-कुल-शृंगार का लोलुप बनाकर, समुन्नति के समुच्च शृंग से अवनति के विशाल गर्त्त में गिरा दिया। इस समय हम अपनी किंकर्त्तव्यविमूढ़ता, अकर्मण्यता, अकार्यपटुता को साधुता के परदे में छिपाने लगे– और हमारी विलासिता, इन्द्रियपरायणता, मानसिक मलिनता भक्ति के रूप में प्रकट होने लगी। इधर निराकार की निराकारता में रत होकर कितने सब प्रकार बेकार हो गये, उधर आराध्यदेव भगवान् वासुदेव और परम आराधनीया श्रीमती राधिका देवी की आराधना के बहाने पावन प्रेम-पंथ कलंकित होने लगा। न तो लोक-पावन भगवान् श्रीकृष्ण लौकिक प्रेम के प्रेमिक हैं, न तो वंदनीया वृषभानुनन्दिनी कामनामयी प्रेमिका; न तो भुवन-अभिराम वृन्दावनधाम अवैध विलास-वसुन्धरा है, न कल-कलवाहिनी कलिन्दनन्दिनी-कूल कामकेलि का स्थान। किन्तु अनधिकारी हाथों में पड़कर वे वैसे ही चित्रित किये गये हैं। कतिपय महात्माओं और भावुक जनों को छोड़कर अधिकांश ऐसे अनधिकारी ही हैं, और इसीलिए उनकी रचनाओं से जनता पथ-च्युत हुई। केहरि-पत्नी के दुग्ध का अधिकारी स्वर्ण-पात्र है, अन्य पात्र उसको पाकर अपनी अपात्रता प्रकट करेगा। मध्य काल से लेकर इस शताब्दी के आरम्भ तक का हिन्दी-साहित्य उठाकर आप देखें, वह केवल विलास का क्रीड़ाक्षेत्र और काम-वासनाओं का उद्गारमात्र है। संतों की बानी और कतिपय दूसरे ग्रन्थ अवश्य इसके अपवाद हैं। ऐसा ग्रंथ जो हिन्दू जाति का जीवन-सर्वस्व, उन्नायक और कल्प-तरु है, जो आदर्शचरित का भण्डार और सद्भाव-रत्नों का रत्नागार है, जो आज दश करोड़ से भी अधिक हिन्दुओं का सत्पथ-प्रदर्शक है, यदि है तो रामचरितमानस है, और वह गोस्वामीजी के महान् तप का फल है। कुछ ग्रन्थ हिन्दी भाषा में नीति और

सद्विचार-सम्बनधी और हैं, किन्तु उनकी संख्या बहुत थोड़ी है।

न वह साहित्य साहित्य है, न वह कल्पना कल्पना, जिसमें जातीय भावों का उद्गार न हो। जिन काव्यों, ग्रन्थों को पढ़कर जीवनी-शक्ति जागरित नहीं होती, निर्जीव धमनियों में गरम रक्त का संचार नहीं होता, हृदय में देश-प्रेम-तरंगें तरंगित नहीं होतीं, वे केवल निस्सार वाक्य-समूह-मात्र हैं। जो भाव देश को, जाति को, समाज को स्वर्गीय विभव से भर देते हैं, उनमें अनिर्वचनीय ज्योति जगा देते हैं, उनको स्वावलम्बी, स्वतन्त्र, स्वधर्मरत और स्वकीय कर देते हैं, यदि वे भाव किसी व्यक्ति की सम्पत्ति नहीं, तो वे मौक्तिकहीन शुक्ति हैं। जिसमें मनुष्य-जीवन की जीवन्त सत्ता नहीं, जो प्रकृति के पुण्य-पाठ की पीठ नहीं, जिसमें चारु चरित चित्रित नहीं, मानवता का मधुर राग नहीं, सजीवता का सुन्दर स्वाँग नहीं, वह कविता सलिल-रहित सरिता है। जिसमें सुन्दरता विकसित नहीं, मधुरता मुखरित नहीं, सरसता विलसित नहीं, प्रतिभा प्रतिफलित नहीं, वह कवि-रचना कुकवि-वचनावली है। जो गद्य अथवा पद्य जाति की आंखें खोलता है, पते की सुना राह पर लगता है, मर्मवेधी बात कह सावधान बनाता है, चूक दिखा चौकन्ना करता है, चुटकियाँ ले सोतों को जगाता है, वह इस योग्य है कि सोने के अक्षरों में लिखा जावे। वह अमृत है जो मरतों को जिलाता है। हिन्दी में ऐसे गद्य-पद्य विरल हैं। उर्दू में कलामे अकबर में यह कमाल नज़र आता है।

देखिये—

बे परदा नजर आयीं कल जो चन्द बीबियाँ।
अकबर जमीं में ग़ैरते कौमी से गड़ गया।
पूछा जो उनसे आपका परदा वह क्या हुआ।
कहने लगीं कि अक़्ल पै मरदों के पड़ गया।
पाकर ख़िताब नाच का भी ज़ौक़ हो गया।
सर हो गये तो बाल का भी शौक हो गया।
हम ऐसी कुल किताबें क़ाबिले ज़ब्ती समझते हैं।
कि जिनको पढ़के लड़के बाप को ख़ब्ती समझते हैं।
किस तरह समझें कि क्या यह फ़िलसफ़ा मरदूद है।
क़ौम ही को देखिये वह मुरदा है मौजूद है।

इस रंग में बा—अक़बाल अक़बाल भी अच्छा कहते हैं। उनकी भी दो-एक बातें सुन लीजिये—

मज़हब नहीं सिखाता आपस में बैर रखना।
हिन्दी हैं हम वतन है हिन्दोस्ताँ हमारा।

यूनान मिस्र रोमा सब मिट गये जहाँ से।
अब तक मगर है बाकी नामोनिशाँ हमारा।
कुछ बात है कि हस्ती मिटती नहीं हमारी।
सदियों रहा है दुश्मन दौरे ज़माँ हमारा।

सौभाग्य की बात है कि दृष्टिकोण बदला है, परम कमनीय कलेवरा शृंगार रस की कविता-सुन्दरी कवि-मानस-समुच्च सिंहासन से धीरे-धीरे उतर रही है और उस पर लोकोत्तर कान्तिवती जातीय रागरंजिता कविता देवी सादर समासीन हो रही है। ललित-लीला-निकेतन वृन्दावन धाम अब भी विमुग्धकर है, किन्तु सुजला, सुफला, शस्यश्यामला भारत वसुन्धरा आज दिन अधिक आदरवती है। तरल तरंगमयी तरणितनया उत्फुल्लकरी है, किन्तु प्रवहमान देश-प्रेम पावन प्रवाह समान सर्वप्रिय नहीं। भगवान् मुरली मनोहर की मधुमयी मुर्रालका आज भी मोहती है, मोहती रहेगी, किन्तु अब हम उसके माधुर्य्य में देश-प्रेम की पुटध्वनि में जातीयता की धुन और सुरीलेपन में सजीव स्वर लहरी होने के कामुक हैं। प्रेम-प्रतिमा राधिका देवी की आराधना आज भी होती है, किन्तु पुष्पांजलि अर्पण कर बद्धांजलि हो अब यही प्रार्थना की जाती है–माता तू जिसकी हृदयेश्वरी है, उससे गम्भीर भाव से कह दे–भारत भूतल फिर भाराक्रान्त है।*

---

* परिशिष्ट

कवि

कवि कौन है? यजुर्वेद के चालीसवें अध्याय का आठवाँ मंत्र यह है "कविर्मनीषी परिभूःस्वयंभूः"। परमात्मा कवि है, मनीषी है, सर्वव्यापी है और स्वयमेव है। इन नामों में परमात्मा को सर्वप्रथम कवि नाम से क्यों अभिहित किया गया है? इसलिये कि ब्रह्मस्तंब पर्यंत जो कुछ इन्द्रियगोचर है उसमें उसकी अलौकिक मार्मिकता और अनिर्वचनीय कवि-कर्म का विकास है। चाहे आप हिमधवल पर्वत मान लें, चाहे उत्ताल तरंग तोयनिधि, चाहे लहरीलीलासंकुल सरिता, चाहे शस्यश्यामला धरित्री, चाहे फल-कुसुम भारावनत तरुपुंज, चाहे सुनील निर्मल गगन, चाहे तेजः-पुंज-कलेवर मरीचिमाली, चाहे सरससुधास्रावी मयंक, चाहे चमत्कारमय तारकसमूह, चाहे कोमलकान्त शरीर, चाहे एक रजकण, आप जिसे लेंगे उसी में उस अनन्त अभूतपूर्व की मार्मिकता दिखायी पड़ेगी। यही सब अद्‌भुत व्यापार सर्वप्रथम मानव दृष्टि को उसकी ओर आकर्षित करते हैं। इसीलिए सर्वप्रथम उसका परिचय कवि नाम द्वारा ही दिया गया है। मन, बुद्धि, हृदय, नेत्र और मस्तिष्क की रचना में जो मार्मिकता लक्षित होती है, जो अनिर्वचनीय प्रतिभा प्रतिभासित होती है, उसकी इयत्ता नहीं हो सकती। यह वह अगाध समुद्र है, जो आज भी अनवगाहित है; परन्तु जिसने इसका जितना ही अधिक भेद जाना है, इस जटिल ग्रन्थि को जितना ही खोला है, इस असीम और अनन्त अथच नितान्त मनोमुग्धकर अपार पारावार में जितना ही अधिक अवगाहन किया है, वह उतना ही अधिक भाग्यशाली और उतना ही अधिक उच्च पदारूढ़ है। उसके द्वारा इस मंगलमयी सृष्टि का जितना हित साधन होता है, मानव समूह का वरंच प्राणिमात्र का जितना श्रेय होता है, अन्य द्वारा उतना होना असंभव है। 'सर्वं खल्विदं ब्रह्म, जीवो ब्रह्मैवनापुरः, 'ईश्वर अंश जीव अविनाशी', ये वाक्य हमको अभेद का पाठ पढ़ाते हैं, बतलाते हैं कि जीवन यदि अविद्याग्रस्त नहीं है, तो वह समझ सकता है कि वह क्या है? शेली का कथन है कि "सुन्दर और साधारण दृश्यों को देखकर बच्चों के मुंह से जो आनन्द की किलकारी निकलती है, उच्चतर सौंदर्य की अभिव्यक्ति से कवि का आनन्द भी वैसे ही काव्य रूप में उछल पड़ता है। पहला मरणाधीन है परन्तु दूसरा अमर है। कवि उस अनन्त और एक का अंश है और इसी कारण उस अनन्त लीलामय

की लीलाओं पर अपनी लीला का स्वांग रचनेवाला, उसके अनन्त सौंदर्यमय दृश्यों द्वारा अपनी सौंदर्यमयी कविता को सजीव बनानेवाला, उसकी अलौकिक भावमयी रचना की कलित कुसुमावली द्वारा अपनी कविताकामिनी को सुसज्जित करनेवाला, उसके औदार्य आदि महान गुणों की मंजु मुक्ता द्वारा अपने मानस को सजानेवाला एक सहृदय जन भी कवि नाम से ही पुकारा जाता है। अग्निपुराण में लिखा है–

नरत्वं दुर्लभं लोके, विद्या तत्र सुदुर्लभा।
कवित्वं दुर्लभं तत्र शक्तिस्तत्र सुदुर्लभा॥

नरत्व दुर्लभ है, विद्या प्राप्ति उससे दुर्लभ है, कवित्व उससे दुर्लभ है, शक्ति उससे भी दुर्लभ है। हमीं नहीं कहते कि 'प्राणभृत्सु नराः श्रेष्ठाः' अन्य लोग भी कहते हैं कि 'इन्सान अशरफुलमख़लूकात है' इसीलिए नरत्व दुर्लभ है। नरत्व प्राप्त होने पर विद्वान होना कठिन है। आप लोग स्वयं जानते है कि मनुष्यों में कितने वास्तव में विद्वान् है। विद्वानों से उच्च कवित्व अर्थात् कवि का पद है और इसीलिए शायद महात्मा तुलसीदास कहते हैं 'कवि न होउँ नहीं चतुर कहाऊँ'। थोड़ी सी काव्यप्रतिभा पाकर अथवा काव्य रचने में लब्धप्रतिष्ठ होकर किम्बा साहित्य निर्माण में स्वाभाविक योग्यता लाभ कर अनेक विद्वान् न जाने क्या-क्या कह जाते हैं। हमारे पण्डितराज जगन्नाथ कहते हैं–

मधु द्राक्षा साक्षादमृतमथवामाधर सुधा।
कदाचित्केषांचित्खलु हि विदधीरन्न विभुदम्।
ध्रुवन्ते जीवन्तोप्यहह मृतका मन्दमतयो।
न येषामानन्दं जनयति जगन्नाथभणितिः॥

शहद, अंगूर, अमृत और कामिनीकुल का अधरामृत कभी किसी को ही आनन्दित करते हैं। परन्तु वे मूर्ख तो जीते हुए ही मृतक तुल्य हैं जिन्हें कि पण्डितराज जगन्नाथ की कविता आनन्द न दे।

उर्दू के मशहूर शायर नासिख फरमाते हैं–

इक तिफ्ल दबिस्तां है फलातूं मेरे आगे,
क्या मुँह है अरस्तू जो करे चूँ मेरे आगे।
क्या माल भला क़सरे फ़रेदूँ मेरे आगे,
काँपे है पड़ा गुम्बदे गरदूँ मेरे आगे।
मुरग़ाने उलुल अजतेहा मानिन्द कबूतर,
करते हैं सदा इज्ज़ से गूँ गूँ मेरे आगे।
बोले है यही ख़ामा कि किस किस को मैं बांधूं,
बादल से चले आते हैं मज़गूँ मेरे आगे।

वह मारे फ़लक काहे कशां नाम है जिसका,
क्या दख़्ल जो वल खाके करे फूंमेरे आगे।

परन्तु, कवि चक्र चूड़ामणि महामान्य महात्मा तुलसीदास कहते हैं–**'कवि न होऊँ'** क्यों? ऐसा वे क्यों कहते हैं? इसलिये कि **'जेहि जाने जग जाय हेराई'** अथवा **'आरां कि ख़बर शुद ख़बरश बाज़ नयामद'**, वे जानते हैं कि कवि शब्द का क्या महत्व है और इसीलिए वे कहते हैं कि मैं कवि नहीं हूँ। पृथ्वी की आकर्षण शक्ति के आविष्कारक प्रसिद्ध विज्ञानवेत्ता न्यूटन ने अन्त समय कहा था–"परमात्मा की अलौकिक रचना अगाध उदधि के कूल पर मैं सदा एक बालक की भाँति खेलता रहा। कभी एकाध चमकीले कंकर मेरे हाथ लग गये। किन्तु उसकी महिमा का अगाध समुद्र आज भी बिना छाने हुए पड़ा है।" वास्तव में बात यह है कि अपरिसीम अनन्त गगन में उड़नेवाला एक छुद्र विहंग उसका क्या पता पा सकता है? गोस्वामीजी के **'कवि न होऊँ'** वाक्य की गम्भीर ध्वनि यही है। उन्होंने इस वाक्य द्वारा यह तो प्रकट किया है कि मैं कवि नहीं हूँ। किन्तु, उनके इस वाक्य का गांभीर्य ही यह प्रकट करता है कि वे कितने योग्य कवि थे। हम लोगों को भी उन्हीं का पदानुसरण करना चाहिये। हम लोगों को अपनी समाजसेवा द्वारा, अपने भावोद्यान के सुमनों द्वारा, मनोराज्य के विपुल विभव द्वारा, प्रतिभा-भण्डार के बहुमूल्य मणि द्वारा, हृदय के सरस प्रवाह द्वारा, देश के लिये, जाति के लिये, लोकोपकार के लिए उत्सर्गीकृत जीवन होना चाहीये। जनता आप ही कहेगी कि हम कौन हैं। काम चाहिये, नाम नहीं। 'कर्म्मण्येवाधिकारस्ते मा फलेषु कदाचन'। एलिजाबेथ ब्राउनिंग का कथन है कि **'कवि सौन्दर्य का ईश्वर प्रेरित आचार्य है।'** मैथ्यू आर्नल्ड कहते हैं–"जिसके काव्य में मानव-जीवन की गुप्त समस्यायें प्रतिफलित होती हैं और सौन्दर्य के साथ उन गूढ़ समस्याओं का समन्वय होता है, वही कवि है" कार्लाइल का वचन है–"कवि और भविष्यवक्ता एक ही प्रकार का मंगल समाचार सुनाते हैं। जो कवि है वही वीर है। सत्य और काव्य दोनों एक वस्तु हैं। काव्य की जीवन-धारा सत्य है। जो कवि है, वही सच्चा शिक्षक है।" टेनिसन कहता है–"सिर पर अनेक ताराओं का मुकुट धारण किये सोने के देश में कवि ने जन्म धारण किया था। घृणा की घृणा, उपेक्षा की उपेक्षा और प्रेम का प्रेम, यही उसको भेंट में मिला था। उसकी दृष्टि जीवन और मरण के बीच से, भले और बुरे के भीतर से होकर दूर तक देखती है।" जो कवि नाम के अधिकारी हैं उनको इन पंक्तियों का अवतार होना चाहिये, अन्यथा कवि कहलाना परमात्मा के पुनीत नाम का अपमान करना है।

कवि-कर्म्म

कवि-कर्म्म के विषय में सूत्ररूप से ऊपर कुछ कहा गया है, उसकी व्याख्या आवश्यक है। कविता और काव्य ही कवि-कर्म्म है। सेक्सपियर का कथन है–'कवि की दृष्टि स्वर्ग से पृथ्वी और पृथ्वी से स्वर्ग तक आती जाती रहती है। उसकी कल्पना अज्ञात को मूर्तिमान् कर देती और लेखनी उस पर रंग चढ़ाकर उसे मर्त्यलोक का-सा नाम-धाम दे डालती है, अरस्तू का कथन है–"साधारणतः सब प्रकार की कलित कलाओं की भाँति काव्य का भी स्वाभाविक गुण प्रकृति का अनुकरण करना ही है। प्रकृति का अर्थ सृष्टिपदार्थमयी बाह्य प्रकृति नहीं है, वरन् मेरा अभिप्राय विश्व की सृष्टिक्षमशक्ति और उसमें छिपे हुए ध्रुव सत्य से है। काव्य इतिहास की अपेक्षा महत् और दार्शनिक विचार से पूर्ण होता है। वह विश्वव्यापी मूल पदार्थ की अभिव्यक्ति है।" वड्र्सवर्थ बतलाते हैं–"काव्य एक सत्य है, वह सत्य स्थानीय वा व्यक्तिविशेष के लिये सीमाबद्ध नहीं है, वह सर्वसाधारण की वस्तु है। वह बड़ा ही शक्तिशाली है। मनोवृत्ति की गति की भाँति वह भी बिल्कुल हृद्‌गत बात है। वाह्य प्रमाण के ऊपर उसकी स्थिति नहीं है। काव्य प्रकृति और मानव की प्रतिमूर्ति है। कवि के लिये कोई पराया नहीं। वह सबको आनन्द देने और सबको सन्तुष्ट करने के लिये बाध्य है। सत्य की एक महान् कल्पना के भीतर कवि और भविष्यवक्ता एक दूसरे के साथ एक ही योगसूत्र में गुँथे हुये हैं। ये दोनों सबको अपना बना लेते हैं। इसकी उनमें ईश्वर की दी हुई विशेष शक्ति वर्त्तमान है। उनके ज्ञानचक्षुओं के सामने अदृष्टपूर्व और नये-नये दृश्यपट खुलते हैं। महान् कवि के विशाल हृदयराज्य में धर्म की राजधानी है।"

यह तो कवि-कर्म्म की परिभाषा हुई। उसका व्यावहारिक रूप क्या हो सकता है, यह विषय विचारणीय है। हम लोगों के अमर महाकाव्य रामायण और महाभारत हैं। कुछ दिन हुए मद्रास प्रान्त में व्याख्यान देते हुए एक विद्वान ने कहा था कि "यदि हमारा सर्वस्व छिन जावे तो भी कोई चिन्ता नहीं, यदि रामायण और महाभारत जैसे हमारे बहुमूल्य मणि सुरक्षित रहें। इन दोनों ग्रन्थों में वह संजीवनी शक्ति है कि जब तक इनका सुधा-श्रोत प्रवाहित होता रहेगा, हिन्दू-जाति अजर-अमर रहेगी। जिस दिन यह सुधा-श्रोत बन्द होगा उसी दिन हिन्दू-जीवन और हिन्दू-सभ्यता दोनों निर्मूल हो जावेगी।" उनके इस कथन का क्या मर्म है? उन्होंने किस सिद्धान्त पर आरूढ़ होकर यह कथन किया? वास्तव में बात यह है कि ये ग्रन्थ हिन्दु-सभ्यता के आदर्श हैं; हमारी गौरव-गरिमा के विशाल स्तम्भ हैं; इनमें हमारे हृदय का मर्म स्वर्णाक्षरों में अंकित है; हमारे सुख-दुख का, हमारे उत्थान-पतन का ज्वलन्त उदाहारण इनमें मौजूद है। आर्य्यसभ्यता कैसे उत्पन्न हुई, कैसे परिवर्द्धित हुई, किन-किन घात-प्रतिघातों में पड़ी, फिर कैसे सुरक्षित रही, इसका उनमें सुन्दर निरूपण है। उनमें सामयिक चित्र हैं, आदर्शमूलक विचार हैं, समुन्नति के महामन्त्र हैं, सिद्धि के

सूत्र हैं, व्यवहार के प्रयोग हैं, सफलता के साधन हैं। उनमें कामद कल्पलतिका है, फलप्रद कल्पतरु है, संजीवनी जड़ी है, अमर बेलि है और चारु चिन्तामणि है। प्रयोजन यह कि किसी जीवित जाति के लिए जीवन-यात्रा-निर्वाह की जितनी उपयोगी सामग्री है, वह सब उनमें मौजूद है, और यही कारण है कि वे आज तक उसके जीवन सर्वस्व हैं। प्रत्येक सहृदय कवि को इन्हीं ग्रंथों को आदर्श मानकर कार्य्य क्षेत्र में उदारता और सहृदयता के साथ उत्तीर्ण होने की आवश्यकता है। आज हमारे लिए जो विष है उसका त्याग और जो अमृत है उसका ग्रहण आवश्यक है। कवि की दृष्टि प्रखर होनी चाहिए। उसको समाज के भीतर की गूढ़ से गूढ़ बातों को, छिपे से छिपे रहस्य को उद्घाटन करना चहिए और उसके गुण-दोष की समुचित विवेचना करके दोष के निराकरण और गुण के संवर्धन और संरक्षण के लिए बद्धपरिकर होना चाहिए। यदि उसमें सच्चा आत्म-उत्सर्ग है, वास्तविक सत्यप्रियता है, यदि उसका हृदय उन्नत है, उदार है, निरपेक्ष है, संयत है, तो उसकी लेखनी जाति के लिए संजीवनीधारा होगी और उसका कविताकलाप समाज पर सुधावर्षण करेगा। वैतालिक जिस समय इदंकुतः में रत रहकर मानव हृदय को उपपत्तियों में उलझाता है और उसे पेचीली बातों में फंसाकर भूलभुलैया में डाल देता है उसी समय कवि अपनी समरयी वाणी से उसको सरस कर देता है और उसमें उत्साह और स्फूर्ति के वह बीज वपन कर देता है जो उसके लिए तत्काल फलप्रसू होते हैं। कवि के एक-एक शब्द, कविता की एक-एक पंक्ति में वह जीवन्त शक्ति होती है और वह इतनी प्रभावशाली होती है कि जाति के उत्थान-पतन में, मानव हृदय के संबोधन में, चित्त के वशीकरण में जादू का सा काम देती है। कविपुंगव सूरदास के सामने दो मनुष्य उपस्थित हुए। ये दोनों विद्वान थे, शंकासमाधान और विवाद की निवृत्ति के लिए उनकी सेवा में आये थे। एक कहता—'कुल बड़ा', दूसरा कहता—'संगति बड़ी'। घंटों लड़झगड़ कर भी जब किसी सिद्धांत पर उपनीत न हुए तो उनको उक्त महात्मा को पंच मानना पड़ा। उन्होंने उनकी बातों को सुनकर तत्काल निम्नलिखित दोहा पढ़ा--जिसने ऐसे गूढ़ प्रश्न की मीमांसा तुरन्त कर दी--

स्वाति बूंद सीपी मुकुत कदलो भयो कपूर।
कारे के मुख बिख भयो संगति केवल सूर॥

यह है कवि और कवि के शब्दों की क्षमता और महत्ता। यदि देश और जाति को आवश्यकता है, तो ऐसे कवियों की आवश्यकता है। यदि हमारी जाति के विकल्प नेत्र कोई प्रभावमय बदनारविन्द देखना चाहते हैं तो ऐसे ही शक्तिशाली कवि को देखना चाहते हैं। आज हमारी हिन्दू जाति का अधःपात प्रखर गति से हो रहा है, आज पद-पद पर उसका स्खलन हो रहा है। जातीय सभाएँ उसकी संघ-शक्ति का संहार कर रही हैं, विधवाओं के करुण क्रन्दन से आज पत्थर का हृदय भी विदीर्ण हो रहा है, दिन-दिन उसकी संख्या क्षीण हो रही है, उसके हृदय-धन, उसके नेत्रों के तारे उससे अलग हो रहे हैं। आज भी

बाल-विवाह का आर्त्तनाद कर्णगत हो रहा है। वृद्ध-विवाह आज भी समाज को विध्वंस कर रहा है। आर्य्य-सन्तान कहलाकर महर्षिकुल में जन्म लेकर, भगवती भारतमाता की गोद में पलकर आज भी हम कन्या-विक्रय कर रहे हैं। आज भी अपनी कुसुम-कोमल-बालिका को धन के लिये, थोड़े से अर्थ के लिए, हम तृष्णापिशाचिनी के सामने बलिप्रदान कर रहे हैं। यदि मन्दिरों में अकाण्ड तांडव है, तो सुरसरि-पुनीत-तट पर पैशाचिक नृत्य है। कहीं धर्म की ओट में सतीत्व-हरण हो रहा है, कहीं भभूत पर विभूति निछावर हो रही है। आज मनोमालिन्य का अखण्ड राज्य है, अविश्वास और अंधविश्वास की दुन्दुभी बज रही है। क्या कहें, किस-किस बात को कहें, जी यही कहता है–

क्या पूछते हो हमदम इस ज़िस्म नातवाँ की।
रग-रग में नेशे ग़म है कहिये कहाँ-कहाँ की॥

पर इस दर्द की दवा कौन करेगा, कौन इस बिगड़ी को बनावेगा, कौन हमारी नाड़ी टटोलेगा, कौन गिरती जाति को उठावेगा, कौन उजड़े घर को बसावेगा और कौन हमारी उलझी को सुलझावेगा? आँख बहुतों की ओर जाती है पर हृदय यही कहता है 'एक सच्चा कवि'। इस सच्चे कवि शब्द पर खटकना न चाहिये, हृदय में दर्द होने पर सच्चा कवि सभी हो सकते हैं। प्रतिभा किसी जातिविशेष और मनुष्यविशेष की बाँट में नहीं पड़ी है। हमारे उत्साही कविगण आवें और इस क्षेत्र मे कार्य्य करें। उनके पुरुषार्थ और कवित्वबल से भारतमाता का मुख उज्ज्वल होगा और उनकी कीर्तिकौमुदी से वसुधा धवलित हो जावेगी। आज दिन यदि कोई महदनुष्ठान है तो यही, तपश्चर्य्या है तो यही कि जैसे हो वैसे जाति के कुरोग विदूरित किये जावें? कवि की प्रौढ़ लेखनी का प्रौढ़त्व और कवि की मार्मिकता का महत्त्व इसी में है कि वह प्रसुप्त जातियों को जगावे, उसके रोम-रोम में वैद्युतिक प्रवाह प्रवाहित करे और उसको उस महान् मंत्र से दीक्षित करे, जो उसको सगौरव संसार में जीवित रहने का साधन हो। एक दिन साहित्य-संसार शृंगार-रस से प्लावित था, उसी की आनन्द-भेरी जहाँ देखो, वहाँ निनादित थी। समय-प्रवाह ने अब रुचि को बदल दिया है, लोगों के नेत्र खुल गये हैं, कविगण अपना कर्त्तव्य अब समझ गये हैं। इस सगय यदि आवश्यकता है तो तदीयता की आवश्कता है। आज दिन भारतमाता यह कह रही है–

मन्मना भव मद्भक्त मद्यायी मां नमस्कुरु,
सर्वधर्मान् परित्यज्य मामेक शरणं ब्रज।

क्या उसका यह कथन सहृदय कविगण उत्कर्ण होकर सुनेंगे।

कवि-कर्म का यह पहला पहलू है। दूसरा पहलू उसका साहित्य सम्बन्धी है। मैं इस विषय में भी कुछ कथन कर अपना वक्तव्य समाप्त करूंगा। कवि कर्म बहुत दुसह है,

जब तक सर्वसाधारण की दृष्टि विलक्षण न होगी, वह कविकर्म का अधिकारी न हो सकेगा। गजराज को शिर पर धूल डालते हुए चलते सभी देखते हैं पर इस क्रिया की एक बारीक बात सहृदयवर रहीम खाँ ख़ानख़ाना ने ही देखी और विमुग्ध होकर कहा–

छार मुण्ड मेलत रहत कहु रहीम केहि काज।
जेहि रज ऋषिपत्नी तरी सो ढूँढ़त गजराज॥

चम्पा की हृदयलुभावनी छवि किसको नहीं लुभाती, पर एक सहृदय कवि के मुख से ही यह बात निकली–

चम्पा तो मैं तीन गुण, रूप, रंग औ' बास।
औगुण तोमैं एक है, भौंर न बैठत पास॥

कवि-कर्म यही है। तुकबन्दी करना कवि-कर्म नहीं है। कविवर 'ठाकुर' कहते हैं–

ठाकुर जो तुकजोरनहार उदार कविन्दन की सरि कैहैं।
एक दिना फिर तो करतार, कुम्हार हूँ सो झगरो बनि एहैं।

यदि मुर्ति खड़ी कर देने से ही काम चलता तो करतार और कुम्हार में अन्तर ही क्या है? बात तो है सजीवता की, और इसीलिए विद्वानों ने कहा है–

किं कवेस्तत्य काव्येन किं काण्डेन धनुष्मतः
परस्य हृदये लग्नं न घूर्णयति यच्छिरः।
जाके लागत ही तुरत सिर ना डुलै सुजान,
ना वह कबित न कबिकथन ना वह तान न बान।

दूसरा कवि-कर्म है क़ोमल-कान्त पदावली। आजकल की कर्णकटु भाषा में कविता करना कवि-कर्म नहीं है। 'वाक्यं रसात्मकं काव्यं'–जिस वाक्य में रस नहीं, वह काव्यसंज्ञा का अधिकारी नहीं। जो रस प्रसादगुणमयी कविता में होता है, अन्य में नहीं; और प्रसादगुण के लिए कोमल कान्त पदावली आवश्यक है। उर्दू का एक कवि कहता है 'ज़ेरे कदमे वालिदा फिरदौस बरीं है'। दूसरा कहता है 'जुनूं' पसन्द है मुझको हवा बबूलों की, अजब बहार है इन ज़र्द ज़र्द फूलों की'। तीसरा कहता है, 'दिल मल गये गेसुओं में फंसके, कुम्हला गये फूल रात बसके'। अब आप सोचिये, इनमें कौन अधिक सरस है, वही जिसकी कोमलकान्त पदावली है।

तीसरा कवि-कर्म है शब्द-विन्यास। शब्दों की काट-छाँट और उनका यथोचित स्थान पर संस्थान। यह कार्य बड़ी ही मार्मिकता का है। वर्त्तमान कविताओं में इसकी बड़ी त्रुटि है। इस कार्य के लिए एक अच्छे समालोचक-पत्र की आवश्यकता है। किन्तु खेद है कि हिन्दी संसार इससे शून्य है। आजकल की समालोचनायें ईर्ष्या-द्वेषमूलक अधिक होती हैं।

इसी से जैसा चाहिए वैसा उपकार नहीं हो सकता है। समालोचनायें सहृदयतामयी और उदार होनी चाहिएँ जिसको विरोधी भी स्वीकार करने को बाध्य हों। उचित समालोचनायें और कविता की समुचित काटछाँट बहुत ही सुफलप्रसू है और वैसा ही उपकारक है जैसा उद्यान के छोटे-छोटे पौधों की काटछाँट। कुछ प्रमाण लीजिये। हजरत आतश के सामने उनके शागिर्द सबा ने यह शेर पढ़ा—'मौसिमे गुल में यह कहता है कि गुलशन से निकल, ऐसी बेपर की उड़ाता न सैयाद कभी'। शेर बहुत अच्छा है मगर उस्ताद ने कहा है कि अगर तुम यों कहते कि 'पर कतर करके यह कहता है कि गुलशन से निकल' तो शेर और भी बढ़ जाता। वास्तव में पर कतरने के साथ बेपर उड़ाने की बात ने कमाल कर दिया एक मुशायरे में एक लड़के ने यह शेर पढ़ा, 'जिस कमसखुन से मैं करूं तकरीर बोल उठे, मुझमें कमाल वह है कि तसवीर बोल उठे'। हजरत नासिख ने इस शेर की बड़ी प्रशंसा की। हजरत आतश ने कहा 'कम सखुन' की जगह यदि 'बेजबाँ' होता तो शेर बोल उठता, क्योंकि तसवीर को कमसखुनी से कोई वास्ता नहीं। वास्तव में बहुत अच्छी इसलाह है। यह न समझिये कि उस्ताद आतश नहीं चूकते थे। एक बार मुशायरे में उन्होंने यह शेर पढ़ा 'सुर्मा मंजूरे नजर रहता है चश्मेयार को, नील का गंडा पिन्हाया मर्दुमे बीमार को'। हजरत नासिख ने कहा—वाह, क्या कहा है; 'नील का गंडा पिन्हाया मर्दुमे बीमार को'। आतश ताड़ गये, बोले—नील का गंडा नहीं, 'नीलगूं गंडा पिन्हाया मर्दुमे बीमार को।' भाव यह है कि इस तरह की छील-छाल और काट-छाँट बहुत ही उपयोगिनी और कवि को समुचित शब्द-संस्थान की शिक्षा देने के लिए बहुत ही हितकारिणी है।*

* परिशिष्ट 3

हिन्दी भाषा का उद्गम

हिन्दी भाषा की जननी कौन है? उसकी जन्मभूमि कहाँ है? वह वहाँ कैसे उत्पन्न हुई, कैसे लालित-पालित हुई? उसका उगना, अंकुरित होना, पल्लवित बनना, फूलना-फलना अत्यन्त मनोमुग्धकर है। परम ललित लेखनी द्वारा ये बातें लिपिबद्ध हुई हैं, बड़े सुचतुर चित्रकारों ने अपनी चारु तूलिका द्वारा उसका रुचिर चरित्र-चित्र अंकित किया है।

हिन्दी भाषा का वर्त्तमान रूप अनेक परिवर्तनों का परिणाम है। वह क्रम-क्रम विकसित होकर इस अवस्था को प्राप्त हुई है। यह क्रम-विकास कैसे हुआ, उसका निरूपण यहाँ किया जाता है। प्रथम सिद्धान्त यह है कि हिन्दी भाषा की जननी संस्कृत है। पहले वह कई प्राकृतों में परिवर्तित हुई, उसके उपरान्त उसने हिन्दी का वर्तमान रूप धारण किया। दूसरा यह कि प्राकृत स्वयं एक स्वतन्त्र भाषा है। वह न तो वैदिक भाषा से उत्पन्न हुई, न संस्कृत से। कालान्तर में वही रूप बदलकर आयी और हिन्दी कहलायी। तीसरा यह कि प्राचीन वैदिक भाषा ही वह उद्गम स्थान है, जहाँ से समस्त प्राकृत भाषाओं के स्रोत प्रवाहित हुए हैं। संस्कृत उसी का परिमार्जित रूपान्तर और हिन्दी उन्हीं स्रोतों में से एक स्रोत का सामयिक स्वरूप है। हम मीमांसा करके देखेंगे कि इनमें कौन-सा सिद्धांत उपपत्तिमूलक है।

सबसे पहले प्रथम सिद्धांत को लीजिए। उसके प्रतिपादक संस्कृत और प्राकृत भाषा के कुछ प्राचीन विवुध और हमारी हिन्दी भाषा के कुछ धुरन्धर विद्वान् हैं। उनका यह कथन है :-

"प्रकृतिः संस्कृतम् तत्र भवम् तत् आगतम् वा प्राकृतम्।"

—वैयाकरण हेमचन्द्र

"प्रकृतिः संस्कृतम् तत्र भवत्वात् प्राकृतम् स्मृतम्"।

—प्राकृत चन्द्रिकाकार

"प्राकृतस्य तु सर्वमेव संस्कृतम् योनिः।'

—प्राकृत संजीवनीकार

"यह सर्व सम्मत सिद्धान्त है कि प्रकृति संस्कृत होने पर भी कालान्तर में प्राकृत एक स्वतन्त्र भाषा मानी गयी।" **—पंडित गोबिन्दनारायण मिश्र**

"संस्कृत प्रकृति से निकली भाषा ही को प्राकृत कहते हैं।"

—पंडित बदरीनारायण चौधरी

अब दूसरे सिद्धान्त वालों की बातें सुनिए। इनमें अधिकांश बौद्ध और जैन विद्वान् हैं। अपने 'प्रयोग-सिद्धि' ग्रन्थ में कात्यायन लिखते हैं :-

सा मागधी मूल भासानरा ययादि कप्पिका।
ब्राह्मणो चस्सुतालापा सम्बुद्धा चापि भासरे॥

आदि कल्पोत्पन्न मनुष्यगण, ब्राह्मणगण, सम्बुद्धगण, और जिन्होंने कोई वाक्यालाप श्रवण नहीं किया है ऐसे लोग, जिसके द्वारा बातचीत करते हैं, वही मागधी मूल भाषा है।

'पति सम्बिध अत्वूय' नामक ग्रंथ में लिखा है—"मागधी भाषा देवलोक, नरलोक, प्रेतलोक और पशु-जाति में सर्वत्र प्रचलित है। किरात, अन्धक, षोणक, दामिल प्रभृति भाषा परिवर्तनशील हैं; किन्तु मागधी आर्य और ब्राह्मणगण की भाषा है। इसलिये अपरिवर्तनीय और चिरकाल से समान रूपेण व्यवहृत है।"

महारूप सिद्धिकार लिखते हैं—"मागधिकाय स्वभाव निरूत्तिया" अर्थात् मागधी स्वाभाविक भाषा (अथवा मूल भाषा है)।

अपने पाली भाषा के व्याकरण की अंग्रेजी भूमिका में श्रीयुत सतीशचन्द्र विद्याभूषण लिखते है—"धीरे-धीरे मागधी में, जो इस देश में बोली जाती थी, बहुत-से परिवर्तन हुए और आजकल की भाषाएँ— जैसे बंगाली, मरहठी, हिन्दी और उड़िया इत्यादि उसी से उत्पन्न हुईं।"*

"जैनेरा अर्द्ध मागधी भाषा केई आदि भाषा बलिया मने करेन।"
"जैन लोग अर्ध मागधी भाषा को ही आदि भाषा मानते हैं।"

(बँगला विश्वकोश, पृष्ठ 438)

अब तीसरे सिद्धान्तवालों का विचार सुनिये। यह दल समधिक पुष्ट है। इसमें पाश्चात्य विद्वान् तो हैं ही, भारतीय विद्वानों की संख्या भी न्यून नहीं है।

जर्मन विद्वान वेनर कहते हैं—"वैदिक भाषा से ही एक ओर सुगठित और सुप्रणालीबद्ध होकर संस्कृत भाषा का जन्म और दूसरी ओर मानव प्रकृति-सिद्ध और अनियत वेग से वेगवान प्राकृत भाषा का प्रचलन हुआ। प्राचीन वैदिक भाषा ही क्रमशः बिगड़कर सर्वसाधारण के मुख से प्राकृत हुई।" **(बँगला विश्वकोष, पृष्ठ 433)**

---

* In course of time this Magadhi—the sopken language of the country underwent immense changes, and gave rise to the modern vernaculars such as Bengali, Marhati, Hindi, Uriya etc.

विश्वकोष के प्रसिद्ध विद्वान् रचयिता स्वयं यह लिखते हैं– "वास्तविक आर्य जाति की आदि भाषा वेद में है। इसमें सन्देह नहीं कि इस वैदिक भाषा रूप स्रोतस्वती से ही संस्कृत और प्राकृत दोनों धाराएँ निर्गत हुई हैं।" **(बँगला विश्वकोष, पृष्ठ 433)**

श्रीमान् विधुशेखर शास्त्री अपने 'पालीप्रकाश' नामक बँगला ग्रन्थ में लिखते हैं–"आर्यगण की वेद-भाषा और अनार्यगण की आदिम भाषा में एक प्रकार का संमिश्रण उत्पन्न होने से बहुत-से अनार्थ शब्द वर्तमान कथ्य वेदभाषा के साथ मिश्रित हो गये, इस संमिश्रणजात भाषा का नाम ही प्राकृत है।" **(पालिप्रकाश प्रवेशक, पृष्ठ 36)**

हिन्दी भाषा के प्रसिद्ध विद्वान् श्रीमान् पण्डित महावीर प्रसाद द्विवेदी की यह अनुमति है–"हमारे आदिम आर्यों की भाषा पुरानी संस्कृत थी, उसके कुछ नमूने ऋग्वेद में वर्तमान हैं। उसका विकास होते-होते कई प्रकार की प्राकृतें पैदा हो गयीं। हमारी विशुद्ध संस्कृत किसी पुरानी प्राकृत से ही परिमार्जित हुई है।" **(हिन्दी भाषा की उत्पत्ति, पृष्ठ 73)**

अब देखना यह है कि इन तीनों सिद्धान्तों में से कौन-सा सिद्धान्त विशेष उपपत्तिमूलक है। प्रथम सिद्धान्त के विषय में मैं विशेष कुछ लिखना नहीं चाहता। वेद-भाषा को प्राचीन संस्कृत कहा जाता है, कोई-कोई वेद-भाषा को वैदिक संस्कृत और पाणिनि काल की और उसके बाद के ग्रन्थों की भाषा को लौकिक संस्कृत कहते हैं। प्रथम सिद्धान्त वालों ने संस्कृत से ही प्राकृत की उत्पत्ति बतलायी है। यदि इस संस्कृत से वैदिक संस्कृत अभिप्रेत है, तो प्रथम सिद्धान्त तीसरे सिद्धान्त के अन्तर्गत हो जाता है और विरोध का निराकरण होता है। परन्तु वास्तव बात यह है कि प्रथम सिद्धान्तवालों का उद्देश्य वैदिक संस्कृत से नहीं, वरन् लौकिक संस्कृत से है। क्योंकि षड्भाषा-चन्द्रिकाकार लिखते हैं–

भाषा द्विधा संस्कृता च प्राकृती चेति भेदतः।
कौमार पाणिनीयादि संस्कृता संस्कृतामता।
प्रकृतेः संस्कृता यास्तु विकृतिः प्राकृता मता।

अतएव दोनों सिद्धान्तों का परस्पर विरोधी होना स्पष्ट है। हिन्दी-साहित्य सम्मेलन के सभापतित्व के आसन पर विराजमान होकर इस विषय में विद्वद्वर श्रीमान् बाबू पुरुषोत्तमदास टंडन ने बहुत कुछ लिखा है। उन्होंने युक्ति के साथ उसकी असारता सिद्ध कर दी है। अतएव उसके सम्बन्ध में अब मेरा कुछ लिखना पिष्टपेषणमात्र होगा। सम्भव है कि कुछ विद्वज्जन उनके विचारों से सहमत न हों, संभव है उनकी चिन्ताप्रणाली अभ्रान्त न हो, विचार-वैचित्र्य अप्रकट नहीं; परन्तु मेरी उनके साथ एकवाक्यता है–केवल इस कारण से भी कि शिक्षा नामक वेदान्त के पाँचवें अध्याय का तीसरा श्लोक भी उनके विचार को पुष्ट करता है। वह यह है–"प्राकृते संस्कृते वापि स्वयं प्रोक्ता स्वयम्भुवा" स्वयं आदि

पुरुष प्राकृत अथवा संस्कृत बोलते थे। इस श्लोक में प्राकृत को अग्र स्थान दिया गया है, जो पश्चाद्वतो संस्कृत को उसका पश्चाद्वर्त्ती बनाता है।

दूसरा सिद्धान्त क्या है, उसका परिचय मैं दे चुका हूँ। वह मागधी को आदि कल्पोत्पन्न, मूल भाषा, आदि भाषा और स्वाभाविक भाषा मानता है। यदि इस भाषा का अर्थ वैदिक भाषा के अतिरिक्त सर्वसाधरण में प्रचलित भाषा है, तो यह सिद्धान्त बहुत कुछ माननीय है। क्योंकि महर्षि पाणिनि के प्रसिद्ध सूत्रों में वेद अथवा उसमें प्रयुक्त भाषा, छन्द, मंत्र, निगम, आदि नामों से अभिहित है, यथा–विभाषा छन्दसि (1, 2, 36), अयस्मयादीनि छन्दसि (1, 4, 20), नित्यं मन्त्रे (6, 1, 10), जनिता मन्त्रे (6, 4, 53), वावपूर्वस्य निगमे (6, 4, 9) ससू वेति निगमे (7, 4, 74)।

परन्तु* भाषाओं के लिये 'लोक' 'लौकिक' अथवा भाषा शब्द का ही प्रयोग उन्होंने किया है। यथा–विभाषा भाषायाम् (6, 1, 181), स्थेंच भाषायाम् (6, 3, 20), प्रथमायाश्च द्विवचने भाषायाम् (7, 2, 88), पूर्वंतु भाषायाम् (8, 2, 98)।

परन्तु वास्तव बात यह नहीं है, वरन् वास्तव बात यह है कि मागधी को मूल भाषा अथवा आदि भाषा कहकर वेद-भाषा पर प्रधानता दी गयी है। क्योंकि वह अपरिवर्तनीय मानी गयी है, और कहा गया है कि नरलोक के अतिरिक्त उसकी व्यापकता देवलोक तक है, प्रेतलोक और पशु-जाति में भी वह सर्वत्र प्रचलित है। जिस काल में स्वयं वेदों की अप्रधानता हो गयी थी, उस काल में वेदभाषा का अप्राधान्य माना जाना स्वाभाविक है। धार्मिक संस्कार सभी धर्मवालों के कुछ न कुछ इसी प्रकार के होते हैं।–ऐसे स्थलों पर वितण्डावाद व्यर्थ है, केवल देखना यह है कि भाषा-विज्ञान की दृष्टि से यह विचार कहाँ तक युक्ति-संगत है और पुरातत्ववेत्ता क्या कहते हैं। वैदिक भाषा की प्राचीनता, व्यापकता और उसके मूल भाषा अथवा आदि भाषा होने के सम्बन्ध में कुछ विद्वानों की सम्मति मैं नीचे उद्‌धृत करता हूँ–उनसे इस विषय पर बहुत कुछ प्रकाश पड़ेगा। संस्कृत भाषा से इन अवतरणों में वैदिक-संस्कृत अभिप्रेत है।

"किसी समय 'संस्कृत' सम्पूर्ण संसार की बोलचाल की भाषा थी।"**

–मिस्टर वाय

---

* संस्कृतं प्राकृतं चैवापभ्रंशोथ पिशाचिकी।
मागधी शौरसेनी च षड्भाषाश्च प्रकीर्तिताः॥ **– प्रा. लक्षण टी.**

** At one time Sanskrit was the one language spoken all over the world.
Edinburgh Rev. Vol. XXXIII, 3. 43

"सर्व-ज्ञात भाषाओं में से संस्कृत अतीव नियमित है। और विशेषतया इस कारण अद्भुत है कि उसमें योरप की अद्यकालीन भिन्न-भिन्न भाषाओं और प्राचीन भाषाओं के धातु हैं।"[1]

—**मिस्टर कुवियेर**

"यह देखकर कि भाषाओं की एक बड़ी संख्या का प्रारम्भ संस्कृत से है, या यह कि संस्कृत से उसकी समधिक समानता है, हमको बड़ा आश्चर्य होता है—और यह संस्कृत के बहुत प्राचीन होने का पूरा प्रमाण है। रेडिगर नामक एक जर्मन लेखक का यह कथन है कि संस्कृत सौ से ऊपर भाषाओं और बोलियों की जननी है। इस संख्या में उसने भारतवर्षीय, सात मीडियन पारसी, दो अरनाटिक अलबानियन, सात ग्रीक, अट्ठारह लेटिन, चौदह इसक्लेवानियन और छः गेलिक केल्टिक को रखा गया है।[2]

लेखकों की एक बड़ी संख्या ने संस्कृत को ग्रीक, लैटिन और जर्मन भाषा की अनेक शाखाओं की जननी माना है, या इनमें से कुछ को संस्कृत से उत्पन्न हुई किसी दूसरी भाषा द्वारा निकला पाया है, जो कि अब नाश हो चुकी है।

सर विलियम जोन्स और दूसरे लोगों ने संस्कृत का लगाव पारसी और ज़िन्द भाषा से पाया है।

हालहेड ने संस्कृत और अरबी शब्दों में समानता पायी है, और यह समानता केवल मुख्य-मुख्य बातों और विषयों में ही नहीं, वरन् भाषा की तह में भी उन्हें मिली है। इसके

---

1. It is the most regular languages known and is especially remarkable, as containing the roots of various languages of Europe and the Greek, Latin, German of Selavonic—Baron Cuvier—

   Lectures on the Natural Sciences.

2. The great number of languages which are said to owe their origin, or bear a close affnitty to the Sanskrit is truly astonishing and is another proof of its high antiquity. A German writer (Rudiger) has asserted it to be the parent of upwards of a hundred languages and dialects, among which he enumerates twelve Indian, seven Median-Persic, two Arnantic-Albanian, seven Greek, eighteen Latin, fourteen Sclavonia, and six Celtic-Gallic,

   × × ×

   A host of writers have made it the immediate parent of the Greek, and Latin, and German families of languages, or regarded some of these as descended from it through a language now extinct. With the persian and Zend it has been almost identified by Sir William Jones and others. Hadhed notices the similitude of Sanskrit and Arabic Words, and this not merely in technical and metaphorical terms, but in the main ground work of language. In a contrary direction the Indo-Chinese and other dialects in that quarter, all seen to be closely allied to it.

   —*Adcling Sans. Literature, H. 38-40.*

अतिरिक्त इन्डो चाइनीज़ और उस भाग की दूसरी भाषाओं का भी उसके साथ घनिष्ठ सम्बन्ध है।"

—मिस्टर एडलिग

"पुरातन ब्राह्मणों ने जो ग्रन्थ हमें दिये हैं, उनसे बढ़कर निर्विवाद प्राचीनता के ग्रन्थ पृथ्वी पर कहीं नहीं मिलते।"[1]

—मिस्टर हालहेड

"ज़िन्द के दस शब्दों में से 6 या 7 शब्द शुद्ध संस्कृत के हैं।"

—मिस्टर हैमर

"ज़िन्द और वैदिक संस्कृत का इतना अन्तर नहीं जितना वैदिक संस्कृत और संस्कृत का है।"

—मैकडानैल—ईश्वरीय ज्ञान, पृष्ठ 63, 64, 66, 67

संसार की आर्य जातीय भाषाओं के साथ वैदिक भाषा का सम्बन्ध प्रकट करने के लिए मैं यहाँ कुछ शब्दों को भी लिखता हूँ—

संस्कृत	**मीडी**	**यूनानी**	**लैटिन**	**अंग्रेजी**	**फ़ारसी**
पितृ	पतर	पाटेर	पेटर	फ़ादर	पिदर
मातृ	मतर	माटेर	मेटर	मदर	मादर
भ्रातृ	ब्रतर	फाटेर	फ्रेटर	ब्रदर	बिरादर
नाम	नाम	ओनोमा	नामेन	नेम	नाम
अस्मि	अह्मि	ऐमी	एम	ऐम	अस

अवतरणों को पढ़ने और ऊपर के शब्दों का साम्य देखकर यह बात माननी पड़ेगी कि वैदिक भाषा अथवा आर्ष जाति की वह भाषा जिसका वास्तव और व्यापक रूप हमको वेदों में उपलब्ध होता है, आदि भाषा अथवा मूल भाषा है। यदि संसार भर की भाषाओं की जननी हम उसे न मानें, तो भी हमें आर्ष से प्रसूता जितनी भाषाएँ हैं, उनकी आधारभूता अथवा जन्मदात्री तो उसे मानना पड़ेगा और ऐसी अवस्था में मागधी भाषा को मूल भाषा अथवा आदि भाषा कहना कहाँ तक युक्तिसंगत है, आप लोग स्वयं इसको सोच सकते हैं।

पालीप्रकाश-कार कहते हैं—"समस्त प्राकृतों में पालि ही सबसे प्राचीन है; यह भी कहा गया है कि प्राकृत संस्कृत की पूर्ववर्ती है। इसलिए सिंहल के पाली वैयाकरणों की पालि के प्राचीनत्व सम्बन्ध में जो धारणा है, उसको अस्वीकार नहीं किया जा सकता।"

—(पालिप्रकाश प्रवेशक, पृ० 95)

---

1. The words does not now contain annals of more indisputable antiquity than those delivered down by the ancient Brahmins. —*Halhred, Code of Hindu laws.*

वास्तव में इसे अस्वीकार नहीं किया जा सकता; परन्तु इसका यह अर्थ नहीं कि पालि ही मूल अथवा आदि भाषा है। पालिप्रकाश-कार एक स्थान पर लिखते हैं—"पालि भाषा का दूसरा नाम मागधी है और यह उसका भौगोलिक नाम है—पृष्ठ 13।" दूसरे स्थान पर वे कहते है—"मूल प्राकृत जब इस प्रकार उत्पन्न हुई, तो उसके अन्यतम भेद पालि की उत्पत्ति का कारण भी यही है, यह लिखना बाहुल्य है—पृष्ठ 48।" उक्त महोदय का यह वाक्य इस भाव का व्यंजक है कि पालि अथवा मागधी से मूल प्राकृत को प्रधानता है। ऐसी अवस्था में वह आदि और मूल भाषा कैसे हुई! तात्कालिक कथ्य वेदभाषा के साथ अनार्य भाषा के सम्मिश्रण से जो भाषा उत्पन्न हुई, उसे वे मूल प्राकृत मानते हैं। अतएव मूल प्राकृत भाषा, कथ्य वेद भाषा की अंगजा हुई, अतः वेद-भाषा उसकी भी पूर्ववर्ती हुई, फिर पालि अथवा मागधी मूल भाषा किम्वा आदि भाषा कैसे मानी जा सकती है! विश्वकोषकार ने वैदिक संस्कृत से आर्ष प्राकृत, पालि और प्राकृत का सम्बन्ध प्रकट करने के लिए शब्दों की एक लम्बी तालिका पृष्ट 434 में दी है। उनके देखने से यह विषय और स्पष्ट हो जायगा; अतएव उसके कुछ शब्द यहाँ उठाये जाते हैं। विश्वकोषकार ने पालि-प्रकाश के मूल प्राकृत के स्थान पर आर्ष प्राकृत लिखा है—

संस्कृत	**आर्ष प्राकृत**	**पालि**	**प्राकृत**
अग्निः	अग्गि	अग्गि	अग्गी
बुद्धिः	बुद्धि	बुद्धि	बुद्धी
मया	मये, मे	मया, मये, मइ, मे,	ममए
त्वम्	त्वं, तुमन	त्वं, तुवम्, तं, तुमं,	तुवम्
षोड़श	सोलह	सोलह	सोलह
विंशति	वीसा	वीसती, वीसम्	वीसा
दधि	दहि, दहिम्	दधि	दहि, दहिम्

प्रसिद्ध हिन्दी उन्नायक बाबू श्यामसुन्दरदास ने नागरी प्रचारिणी पत्रिका के प्रथम भाग में जो लेख भारतवर्षीय आर्य-देशभाषाओं के प्रादेशिक विभाग पर लिखा है, उसके अन्त में उक्त महोदय ने एक नकशा लगाया है। उस नकशे में उन्होंने वैदिक संस्कृत से प्राचीन प्राकृत की और प्राचीन प्राकृत से मागधी और अर्ध मागधी की उत्पत्ति दिखलायी है। यह नकशा भी इसी विचार को पुष्ट करता है कि मागधी मूल भाषा नहीं है।

'प्राकृतलक्षण-कार' चण्ड ने आर्ष प्राकृत को, प्राकृतप्रकाश-कार वररुचि ने महाराष्ट्री को, प्रयोगसिद्धि-कार कात्यायन ने मागधी को, जैन विद्वानों ने अर्ध-मागधी को आदि प्राकृत अथवा मूल प्राकृत लिखा है। पालिप्रकाश-कार पालि को सब-प्राकृतों में प्राचीन बतलाते हैं—कुछ लोग दोनों को दो भाषा समझते हैं और अपने कथन के प्रमाण में दोनों

भाषाओं के कुछ शब्द की प्रयोग-भिन्नता दिखलाते हैं। ऐसे कुछ शब्द नीचे लिखे जाते हैं—

संस्कृत	**पालि**	**मागधी**
शश	ससा	मो
कुक्कुट	कुक्कुटो	रो
अश्व	अस्स	साँगा
श्वान	सुनका	साच
व्याघ्र	व्यघ्घो	वी

जो अभेदवादी हैं, वे इन शब्दों को मागधी भाषा के देशज शब्द मानते हैं। जो हो, किन्तु अधिकांश विद्वान् पालि और मागधी को एक ही मानते हैं। इस प्रकार के मतभेद और खींच-खाँच का आधार कुछ धार्मिक विश्वास और कुछ आपेक्षिक ज्ञान की न्यूनता है। अतएव अब मैं इस विषय में कुछ विशेष लिखना नहीं चाहता। केवल एक कथन की ओर आप लोगों की दृष्टि और आकर्षित करूँगा। वह यह कि कुछ लोगों का यह विचार है कि मागधी को देशभाषामूलक मानकर मूल भाषा कहा गया है। किन्तु यह सिद्धान्त मान्य नहीं; क्योंकि यदि ऐसा होता तो द्राविड़ी और तैलगू आदि देशभाषाओं के समान वह भी एक देशभाषा मानी जाती, परन्तु उसको किसी पुरातत्ववेत्ता ने आज तक ऐसा नहीं माना। वह आर्षभाषा संभवाही मानी गयी हैं; इसलिये यह तर्क सर्वथा उपेक्षणीय है। आर्षभाषा-संभवा वह इसलिये मानी गयी है कि उसकी प्रकृति आर्षभाषा अथवा वेदभाषामूलक है। प्राकृत भाषा के जितने व्याकरण हैं, उन्होंने संस्कृत के शब्दों अथवा प्रयोगों-द्वारा ही प्राकृत के शब्दों और रूपों को बनाया है। प्राकृत भाषा का व्याकरण सर्वथा संस्कृतानुसारी है। संस्कृत और प्राकृत के अधिकांश शब्द एक ही झोले के चट्टे-बट्टे अथवा एक फूल के दो दल, अथवा एक चना के दो दाल, मालूम होते हैं। थोड़े-से ऐसे शब्द नीचे लिखे जाते हैं :-

संस्कृत	**मागधी**	**संस्कृत**	**मागधी**
कृतं	कतं	ऐश्वर्य्यं	इस्सरिय
गृहं	गहं	मौक्तिकं	मुत्तिकं
घृतं	घतं	पौरः	पोरो
वृत्तान्तः	वृत्तन्तो	मनः	मनो
चैत्रः	चित्तो	भिःचु	भिक्खु
क्षुद्रं	खुद्दं	अग्निः	आगी

संस्कृत के एक श्लोक का प्राकृत रूप देखिये। पहला शुद्ध मागधी, दूसरा अर्ध-मागधी है।

रमश वशनभ्र सुर शिरो विगलित मन्दार राजितांघ्रि युगः।
वीर जिनः प्रक्षालयतु मम सकलमवद्य जम्बालम् ॥

1 लहश वशनमिल शुलशिल-विअलिद मन्दाल लायिदंहि युगे।
वील यिणे पक्खालदु मम शयल मवय्य यम्बालम् ॥

2 लभश वशन मिल शुलशिल-विअलिद मन्दाल लाजि दहियुगे।
वोल जिणे पक्खालदु मम शयल मवज्ज जम्बालम् ॥

संस्कृत के श्लोक में और उसके प्राकृत रूप में कितना अधिक साम्य है, वह आप लोग स्वयं समझ सकते हैं। जो बातें ऊपर कही गयी हैं, वे भी कम उपपत्तिमूलक नहीं। ऐसी अवस्था में यदि प्राकृत भाषा वेदभाषामूलक नहीं है तो क्या देशभाषामूलक है? वास्तव में मागधी अथवा अर्द्ध-मागधी, किम्बा पालि की जननी वैदिक संस्कृत है, और यही तीसरा सिद्धान्त है जिसको अधिकांश विज्ञानवेत्ता स्वीकार करते हैं; ऐसी दशा में दूसरे सिद्धान्त की अप्रौढ़ता अप्रकट नहीं।*

* परिशिष्ट 4

हिन्दी भाषा का विकास

विदेशी विद्वानों का मत है कि आर्य जाति मध्य एशिया से भारतवर्ष में आयी, कोई कहता है तिब्बत से, कोई कहता है हिन्दूकुश अथवा काकेशस के आस-पास से। कुछ लोग इस बात को नहीं मानते। वे कहते हैं, पश्चिमी यूरोप अथवा आरमेनिया, किम्बा ऑक्सस नदी का कान्त कूल उनका आदिम निवास-स्थान था। अन्तिम मत यह है कि प्राचीन आर्य लोग दक्षिण रूस के सुन्दर पहाड़ी प्रदेश के रहनेवाले थे। किन्तु अनेक भारतीय विद्वान् इन विचारों से सहमत नहीं हैं। वे कहते हैं, पवित्र भारतवर्ष ही हमारा क्रीड़ा-क्षेत्र और आदिम निवासस्थल है। वे स्वर्गोपम काश्मीर प्रदेश अथवा उसके समीपवर्ती संसार में सर्वोच्च पामीर आदि भू-भाग को अपनी आदि जन्मभूमि मानते हैं। वे कहते हैं, उसी निवास स्थान से मुख्य निवासी आर्य भारतवर्ष में पूर्व और दक्षिण में बढ़े और यहीं से आर्य जाति की कुछ शाखाएँ ईरान होती हुई दूसरे प्रदेशों में गयीं। इस विषय में विस्तृत समालोचन करने का स्थान नहीं; अतएव अब मैं प्रकृत विषय लिखने में प्रवृत्त होता हूँ। यह निश्चित है कि जन्म-ग्रहण-उपरान्त आर्य जाति चिरकाल तक काश्मीर प्रदेश में अथवा उसके निकटवर्ती भू-भाग में रही और फिर वह वहाँ से कई दलों में विभक्त होकर पूर्व-दक्षिण और उत्तर-पश्चिम की ओर फैली। ऋग्वेद के दसवें मण्डल के 75 वें सूक्त में 'नद्यो देवताः' सम्बन्धी मन्त्रों में नदियों का वर्णन है। उनमें गंगा, यमुना, सरस्वती, शतद्रु, वितस्ता, सरयू, गोमती, विपाशा आदि उन नदियों का नाम आया है जो इस समय भी पंजाब प्रान्त और हमारे पश्चिमोत्तर प्रदेश में वर्तमान हैं। इससे यह पता चलता है कि वैदिक काल में हमारी आर्य जाति इन्हीं प्रदेशों में निवास करती थी, और यही कारण है कि यह प्रदेश 'आर्यावर्त' कहलाया। इस प्रदेश में निवास करते हुए आर्य जाति का सम्बन्ध यहाँ के आदिम निवासियों से स्थापित हुआ और यहीं पर आर्य-भाषा के बहुत से शब्द आर्येतर जातियों ने और बहुत-से आर्येतर जातियों के शब्द आर्यों ने ग्रहण किए। स्थिति और आवश्यकता के अनुसार यह आदान-प्रदान बढ़ता गया और आर्ष प्राकृत की उत्पत्ति हुई। अतएव आर्ष प्राकृत की उत्पत्ति का स्थान आर्यावर्त कहा जा सकता है। इसके उपरान्त ज्यों-ज्यों आर्य जाति पूर्व और दक्षिण की ओर बढ़ती गयी त्यों-त्यों उसका सम्बन्ध

नयी-नयी आर्येतर जातियों से होता गया। साथ ही उनकी नित्य की व्यवहृत भाषा का प्रभाव भी उनकी आर्ष प्राकृत पर पड़ा, और यही स्थानपरक प्राकृतों की उत्पत्ति का कारण हुआ जैसा कि मागधी, अर्धमागधी, शौरसेनी, महाराष्ट्री, अवन्ती आदि स्थान-सम्बनधी नामों से ही प्रकट होता है। श्रीयुत स्वर्गीय पण्डित बदरीनारायण चौधरी ने अपने व्याख्यान में लिखा है—"महाराष्ट्री शब्द से प्रयोजन दक्षिण देश से नहीं, किन्तु भारतरूपी महाराष्ट्र से है।" प्राकृतप्रकाश-कार वररुचि भी कुछ इसी विचार के मालूम होते हैं। परन्तु यह सिद्धान्त एकदेशीय है। वास्तव बात यह है कि महाराष्ट्री नाम देशपरक है, चाहे किसी काल में वह बहुदुख्यापिनी भले ही रही हो। 'प्राकृत-लक्षण' कार चण्ड ने चार प्राकृत का उल्लेख किया है—'प्राकृत' 'अपभ्रंश' 'पैशाचिकी' और 'मागधी' उनकी संज्ञा है। प्राकृत से उनका अभिप्राय आर्ष प्राकृत से है। 'प्राकृत-लक्षण' के टीकाकार षड्भाषा मानते हैं। वे उपर्युक्त चार नामों में संस्कृत और शौरसेनी का नाम बढ़ाते हैं। वररुचि महाराष्ट्री, पैशाची, मागधी और शौरसेनी चार और हेमचन्द्र मूल प्राकृत, शौरसेनी, मागधी, पैशाची, चूलिका और अपभ्रंश छः प्राकृत बतलाते हैं। हमारी हिन्दी-भाषा का सम्बन्ध शौरसेनी और अपभ्रंश से है। इन प्राकृतों के विषय में अध्यापक लासेन की सम्मति देखने योग्य है। वे कहते हैं— "वररुचि वर्णित महाराष्ट्री, शौरसेनी, मागधी और पैशाची, इन चार प्रकार के प्राकृतों में शौरसेनी और मागधी ही वास्तव में स्थानीय भाषाएँ हैं। इन दोनों में शौरसेनी एक समय में पश्चिमाञ्चल के विस्तृत प्रदेश की बोलचाल की भाषा थी। मागधी अशोक की शिला-लिपि में व्यवहृत हुई है और पूर्व भारत में यही भाषा किसी समय प्रचलित थी। महाराष्ट्री नाम होने पर भी यह महाराष्ट्र प्रदेश की भाषा नहीं कहा जा सकती। पैशाची नाम भी कल्पित मालूम होता है।"

(विश्वकोश, पृष्ठ 438)

प्रायः कहा जाता है कि पुस्तक की अथवा लिखित भाषा में और बोलचाल की भाषा में अन्तर होता है। यह बोलचाल की भाषा साहित्य में विकृत हो जाती है, यह बात स्वीकार की जा सकती है; पर सर्वथा सत्य नहीं है। हृदय का वास्तविक उद्‌गार यदि हम चाहें तो अपनी बोलचाल की भाषा में भी प्रकट कर सकते हैं, वरन् पुस्तक की अथवा लिखने की भाषा से इस प्रकार की रचना कहीं अधिक हृदयग्राहिणी, मनोहर और भावमयी हो सकती है। यह दूसरी बात है कि प्रान्तिक भाषा में होने के कारण उसके समझने वालों की संख्या परिमित हो। हमारे हिन्दी-संसार में कुछ ऐसे सहृदय कवि भी हो गये हैं जिन्होंने बोलचाल की भाषा में कविता लिखकर कमाल कर दिया है। इन सहृदयों में सबसे पहिले मेरी दृष्टि 'घाघ' पर पड़ती है। उनकी समस्त रचना बोलचाल की भाषा में है और उसमें गजब का जादू है। देखिये, वह भगवान बैकुंठनाथ के बैकुंठ को भी कुंठित करके क्या कहते हैं—

भुइयाँ खेड़े हर व्है चार। घर व्है गिहथिन, गऊ दुधार।
रहर दाल जड़हन का भात। गागल निबुआ औ' घिव तात।
सहरस खंड दही जो होय। बाँके नैन परोसे जोय।
कहै घाघ तब सब ही झूठा। उहाँ छाड़ि इहवैं बैकुण्ठा।

सुनिये, एक ब्राह्मण देवता की बातें सुनिये—आप बड़े बिगड़े दिल और चिड़-चिड़े थे। कुछ दुख पाकर एक बार अपने राम से खीज गये। फिर क्या था, उबल पड़े। बड़ी जली-कटी सुनायी। उनकी बातें हों बेढंगी, पर दिल के भाव का सच्चा फोटो उनमें मौजूद है। कहते हैं :-

घर से निकसतै बापे खैलें। पंचवटी हेरवउलें नार।
ढेकुली के अड़वाँ से बाली मरलैं। ए दसरथ के बंड बोहार।

पण्डित प्रतापनारायण मिश्र की बैसवाड़ी में लिखी गयी कविता की बहार देखिये—

हाय बुढ़ापा तोरे मारे अब तो हम नक न्याय गयन।
करत धरत कछु बनते नाहीं, कहाँ जान औ' कैस करन॥
छिन भिर चटक छिनै मा मद्धिम जस बुझात खन खोय दिया।
तैसे निखवख देख परत हैं हमरी अक्किल के लच्छन॥

यदि इन पद्यों में वास्तविक हृदय के उद्‌गार प्रकट हुए हैं, तो बोल-चाल की भाषा में क्यों उत्तम कविता न हो सकेगी? सैकड़ों गाने की चीज़ें ठुमरियाँ, कजलियाँ, बिरहे, लोरिक, पचरे, आल्हे बिल्कुल बोलचाल की भाषा में लिखे गये हैं और आज तक प्रचलित हैं। जनता में उनका कम आदर भी नहीं। फिर कैसे कहा जाय कि बोलचाल की भाषा काव्य अथवा कविकृति की भाषा नहीं हो सकती। मेरा विचार है कि पवित्र वेदों की भाषा बिल्कुल सामयिक बोलचाल की भाषा है। उसकी सरलता, सादगी, स्वाभाविकता, उसके छन्दों की गति यह बतलाती है कि वह कृत्रिम भाषा नहीं है। जिस समय किसी लिपि का प्रचार तक नहीं हुआ था, ब्राह्मी लिपि ब्रह्मदेव के विचार-गर्भ में थी, लेखनी विधि की ललाट-रेखा भी न लिख सकी थी, और पुस्तक भगवती वीणा-पुस्तक-धारिणी के पद्यपाणि में भी सुशोभित नहीं थी, उस समय श्रुति, श्रवण-परम्परा द्वारा भारतीय आर्य जाति का हृदय सर्वस्व थी। जो श्रुति स्वाभाविकता की मूर्ति है, उसमें अस्वाभाविकता की कल्पना भी नहीं हो सकी। श्रुति ही वेद भाषा स्वरूपा है। यही वेद-भाषा स्थिति, प्रगति और देश-कालस्वरूपा है। यही वेद-भाषा स्थिति, प्रगति और देश-काल के प्रभाव से परिवर्तित होकर उच्चारणभिन्नता और अनेक नवीन शब्दों के संसर्ग से आर्ष प्राकृत में परिणत हुई। आर्ष प्राकृत का पूर्ण विकास होने पर वेदभाषा उस अवस्था को प्राप्त हुई जो कि नियति का नियम है। अब वह सर्वसाधारण की भाषा न थी, अतएव विद्वद्वृंद का हृदय-तल

अथवा उनका मुख-प्रदेश ही उसका निवासस्थल था। ब्राह्मी लिपि की उद्भावन होने पर यथा समय उसको पुस्तक का स्वरूप भी मिला।

जिस समय वेद-भाषा आर्ष प्राकृत का रूप धारण कर रही थी, उसी समय कुछ संस्कार-प्रिय विद्वज्जनों ने उसे संस्कृत किया, और इस प्रकार संस्कृत भाषा की उत्पत्ति हुई। ज्ञात होता है, वेदांग शिक्षा के इस प्रकार अर्द्धश्लोक का 'प्राकृते संस्कृते चैव स्वयं प्रोक्ता स्वयंम्भुवा' यही मर्म है। संस्कृत यद्यपि विद्वद्वृंद में ही प्रचलित रही है, यद्यपि वह उन्हीं के परस्पर सम्भाषण और धार्मिक कार्य-कलाप की सम्बल मानी गयी है, किन्तु उसका भण्डार अलौकिक और अद्भुत है। वह नन्दन कानन-समान कान्ति निकेतन और चारु चिंतामणि सदृश अनन्त लोकोत्तर चिन्ताओं का आगार है। वह कल्पना कल्पतरु, कमनीयता कामधेनु, भाव का सुमेरु, माधुर्य निर्झर का मनोहर सलिल, ध्वनि-वीणा का मनोमुग्धकर झङ्कार और कला कुमुदिनी का कान्त कलाधर है। वह कंटस्थ अचल हिमाचल समान समुन्नत पुनीत ज्ञान सुरसरि-प्रवाह का जनक, भाव-भक्ति भानुनन्दिनी का उत्पादक और अनुपम विचार-रत्न-राजि का आकर है। उसी के समान उसमें से अनेक छोटे-बड़े धर्म के परम पवित्र सोते निकलते हैं, संसार को सरस करते हैं, मानसों में मन्द मन्द बहते हैं, जिन कल-कल ध्वनि से निर्जीव को सजीव बनाते हैं, मूढ़ प्रकृति मरुभूमि की मरुभूमिता खोते हैं, पाहन हृदय का स्निग्ध रखते हैं, कलित-कामना-क्यारियों को सींचते हैं, प्रेम-पादप-पुंज को पानी पिलाते हैं और कहीं तरंगिणी का स्वरूप धारण कर सद्भाव-प्रान्त को पय-सिक्त कर देते हैं। वेद एक देशवर्ती मानसरोवर है जिसमें विवेक का निर्मल नीर भरा है, जिसके वेदान्त, सांख्य, न्याय, मीमांसा-जैसे बड़े ही मनोरम घाट हैं, जिसमें उपनिषद उपदेश के अनूठे उत्पल सुविकसित हैं, और जिसके अनुकूल कूल पर संसार भर के नीर-क्षीर विवेकी मानस मराल सदैव क्रीड़ा करते रहते हैं। जिस समय महिमामयी मागधी के तुमुल कोलाहल से भारतीय गगन ध्वनित हो रहा था, उस समय कुछ दिनों तक संस्कृत देवी का महान् कंठ अवश्य कुण्ठित हो गया था; किन्तु जल्द समय ने पलटा खाया, फिर उनकी पूजाअर्चा और पद-वन्दना होने लगी। उनकी महत्ता देखकर मागधी अवनत मस्तक हुई, बौद्ध धर्म के ग्रंथ संस्कृत में लिखे जाने लगे, ललित विस्तर-जैसे ललित ग्रन्थों की रचना हुई, बौद्ध धर्म के साथ वह देशान्तरों में भी पहुँची और वहाँ हाथोंहाथ ली गयी। समस्त प्राकृत भाषाएँ अपना काल बिताकर अव्यवहृत हुईं; किन्तु संस्कृत की अबाध सत्ता आज भी भारतवर्ष की समस्त प्रचलित भाषाओं को अपने तत्सम शब्दों द्वारा सत्तामयी बना रही है। आज भी प्राचीन भाषाओं के सुसज्जित सभा-मंडप में वह सिंहासनासीन है, और आज भी उसकी पुस्तकव्यापिनी भाषा रूपान्तर से देश-व्यापिनी होकर अपनी विजय-वैजयन्ती-उत्तोलन कर रही है।

संस्कृत अर्चा की बातें कहने में मैं आर्ष प्राकृत की चर्चा को भूल गया। जब आर्ष

प्राकृत अधिक व्यापक हो गयी और अनेक प्रान्तों पर उसका अधिकार हो गया तो उसका रंग रूप भी बदला और उसका स्थान प्रान्तीय प्राकृत ने धीरे-धीरे ग्रहण कर लिया। इन प्रान्तीय प्राकृतों में मागधी और शौरसेनी की प्रभा के सामने शेष समस्त प्राकृतों की प्रभा मलिन हो जाती है। मागधी भगवान बुद्धदेव के आत्मबल के बलवती और प्रियदर्शी अशोक की धर्मप्रियता से समुन्नत हुई और चिरकाल तक भारत-व्यापिनी रही। शौरसेनी को यह गौरव तो नहीं प्राप्त हुआ, परन्तु वह भी बहुत दिनों तक भारतवर्ष के एक बृहत्-भाग पर विस्तृत रही, पश्चात् अपभ्रंश भाषा में परिणत हो गयी। यही अपभ्रंश भाषा हमारी हिन्दी भाषा की जननी है।

किस प्रकार वेदभाषा बदलते-बदलते हिन्दी भाषा के रूप में आयी, इसका उदाहरण मैं नीचे देता हूँ। मैं कुछ पद्य आर्ष प्राकृत, शौरसेनी, अपभ्रंश और तदुपरान्त हिन्दी भाषा के लिखता हूँ। आशा है, उनसे हिन्दी भाषा के विकास पर पूर्ण प्रकाश पड़ेगा। डाक्टर राजेन्द्रलाल मित्र की यह सम्मति है कि आदि प्राकृत का रूप गाथाओं में मिलता है। उनके इस सिद्धान्त का अनुमोदन मनीषी मैक्समूलर और डाक्टर वेबर आदि विद्वानों ने भी किया है। कहा जाता है कि आर्य प्राकृत का पूर्वरूप गाथाओं में ही मिलता है। एक गाथा नीचे लिखी जाती है :-

अध्रुवम् त्रिभवम् शरदभ्र निभम्।
नट रंग समा जगि जनिम च्युति।
गिरि नद्य समम् लघु शीघ्र जवम्।
व्रजतायु जगे यथ विद्यु नभे।

संस्कृत के नियम के अनुसार दूसरे चरण के **नट रंग समा** को **नट रंग समम्, जगि** को **जगति, जनिम** को **जन्म, च्युति** के स्थान पर **च्युतिः** तीसरे चरण में **गिरि नद्य समम्** के स्थान पर **गिरि नदी समम्** और चौथा चरण **व्रजत्यायुर्जगति** यथा **विद्युद् नभसि** होना चाहिए। यह पद्य यह बतलाता है कि किस प्रकार संस्कृत प्रयोगों और शब्दों का तोड़-फोड़ आदि में प्रारम्भ हुआ। इसके बाद का आर्ष प्राकृत रूप देखिये।

रभस वश नभ्र सुरशिरो-विगलित मन्दार राजितांघ्रियुगः।
वीर जिनः प्रक्षालयतु मम सकलमवद्य जम्बालम्।

यह संस्कृत-रूप है—आर्ष प्राकृत का रूप नीचे लिखा जाता है। देखिये कितना थोड़ा परिवर्तन है।

रभस वस नम्म सुरसिरि-विगलित राजितांघि युगो।
वीर जिनो पक्खालेतु-मम सकल मवज्ज जम्बालम्॥

शौरसेनी रूप कितना परिवर्तित है, यह नीचे लिखे पद्य से प्रकट होगा। पहिले संस्कृत-रूप उसके नीचे प्राकृत रूप लिखा जाता है।

ईषदीषच्चुम्बितानि भ्रमरेः सुकुमार केसर शिखानि।
अवतंस यन्ति दयमानाः प्रमदाः शिरीष कुसुमानि॥
ईसीसि चुम्बिआद्रं भमरेहिं सुउमार केसर सिहाइं।
ओदंसयन्ति दअमाणा पमदाओ सिरीस कुसुमाइं॥

विदग्ध मुखमण्डनकार ने अपभ्रंश भाषा की निम्नलिखित कविता बतलायी है—

रसिअह केण उच्चाडण किज्जइ।
जुयदह माणसु केण उविज्जइ।
तिसिय लोउ खणि केण सुहिज्जइ।
एह यहो मह भुवणे विज्जइ।

इसका संस्कृत-रूप देखिये—

रसिकानां केनोच्चाटनं क्रियते, युवत्याः मानसं केनोद्विज्यते। तृषितो लोकः क्षणं केन सुखी क्रियते, एतदयं मम (प्रश्नः) भुवने गीयते।

वैवाकरण हेमचन्द्र ने अपभ्रंश का यह उदाहरण दिया है—

वाह विछोड़वि जाहि तुहुंहउंते वइं को दोसु।
हिय पट्टिय जद नीसरहिं जाणउं मुंज सरोसु।

अब हिन्दी भाषा के आदि कवि चन्द की रचनाओं से इन अपभ्रंश भाषा की कविताओं को मिलाइये, देखिये कितना साम्य है।

ताली खुल्लिय ब्रह्म दिक्खि इक असुर अदभ्भुत।
दिघ्घ देह चख सीस मुषूष करुना जस जप्पत।
कवी कित्त कित्ती उकत्तो सुदिष्षो।
तिनक्को उचिष्टो कवी चन्द भष्षी।

अपभ्रंश भाषा की कविता से चन्द की कविता कितनी मिलती है, दोनों में कितना साम्य है। परिवर्तन होते-होते अपभ्रंश भाषा की कविता संस्कृत से कितनी दूर हो गयी और वर्तमान हिन्दी के कितनी निकट आ गयी, यह भी प्रकट हो गया। कविवर चन्द तेरहवें शतक के आदि में हुए हैं। कहा जाता है कि ग्याहरवें शतक के अन्त तक अपभ्रंश का प्रचार था, इसके उपरान्त वह हिन्दी के रंग में ढलने लगी। कवि चन्द हिन्दी भाषा के चासर हैं। उनके पहले भी कुछ कवि हो गये हैं, जिनमें खुमान, कुतुब अली, साईं

दानचारण, फ़ैज़अकरम और पुष्प कवि का नाम विशेष उल्लेख योग्य है; परन्तु हिन्दी भाषा के आदिम प्रौढ़ कवि चन्द बरदाई ही हैं। इनके पहले के कवियों को न तो कोई काव्य कहलाने योग्य उत्तम ग्रंथ मिलते हैं और न उनकी भाषा ही टक्साली अथवा वास्तविक हिन्दी कही जा सकती है; अतएव हिन्दी भाषा के आदि कवि होने का सेहरा चंद बरदाई के ही सिर है।

चंद बरदाई का ग्रंथ 'पृथ्वीराज रासो' विशाल ग्रंथ है। उसकी भाषा में भी भिन्नता है। उसमें कई प्रकार की रचनाएँ हैं। वह केवल चंद की कृति भी नहीं है, ग्रंथ का अन्तिम भाग उसके योग्य पुत्र जल्ह द्वारा लिखा गया है; अतएव रासो के विषय में संदिग्ध बातें कही-सुनी जाती हैं—तथापि उसकी अधिकांश भाषा, ग्रंथ की सामयिक बातों पर वास्तविक उल्लेख, उस काल की सभ्यता के आदर्श, रासो को हिन्दी भाषा का आदि ग्रंथ मानने के लिए विवश करते हैं। कुछ उसकी भिन्न प्रकार की रचनाएँ यहाँ उद्धृत करता हूँ :

दोहा

पूरन सकल बिलास रस, सरस पुत्र फल दान।
अन्त होइ सह गामिनी, नेह नारि को मान॥
समदरसी ते निकट है, भुगति मुगति भरपूर।
विखम दरस वा नरन ते सदा सरवदा दूर॥

ये पद्य बिलकुल प्रौढ़ हिन्दी काल के मालूम होते हैं—

हरित कनक कांति कापि चंपेव गौरी।
रसित पदुम गंधी फुल्ल राजीव नेत्री।
उरज जलज शोभा नाभि कोशं सरोजं।
चरण कमल हस्ती लीलिया राजहंसी।

ऊपर जो दो कविताएँ लिख आया हूं, वे इन दोनों रचनाओं से भिन्न हैं। अधिकांश स्थल पर चन्द की कविता बड़ी मनोहारिणी है। संभव है कि रासो में कुछ प्रक्षिप्त अंश भी हों; किन्तु जिन कविताओं में चन्द या जल्ह का नाम आया है, उनके तात्कालिक रचना होने में सन्देह नहीं। रासो बड़ा सुन्दर काव्य है और साहित्य की सम्पूर्ण कलाओं से अलंकृत है।

कविवर चन्द बरदाई के बाद चौदहवें शतक के मध्य काल में हमारे सामने दो भाषाओं के दो महान् विद्वान आते हैं—एक संस्कृत विद्या का विदग्ध और दूसरा अरबी-फ़ारसी का आलिम। दोनों ही भगवती वीणा-पाणी के वरद पुत्र, सरस हृदय और कविता देवी के भावुक भक्त हैं। उन्होंने हिन्दी के मनोरम उद्यान में बड़े सुन्दर सुमन खिलाये हैं। एक ने पूर्वी हिन्दी की उज्ज्वल और परम ललित रचना की नींव डाली है और दूसरे ने खड़ी बोली की

मनोहर कविता का आदि रूप सामने उपस्थित किया है। एक मैथिल-कोकिल है और दूसरा बुलबुल हज़ार दास्तान। एक का नाम है विद्यापति ठाकुर और दूसरे का अमीर खुसरो। यदि कोमल-कान्त-पदावली के जनक संस्कृत में जयदेव हैं, तो हिन्दी भाषा में कलित-ललित मधुर रचना के पिता विद्यापति। वे हृत्तन्त्री को निनादित कर कहते हैं—

ललित लवंग लता परिशीलन कोमल मलय समीरे।
मधुकर निकर करम्बित कोकिल कूजित कुंजकुटीरे।

तो ये मानस-मृदंग को मुखरित कर यों मधुर आलाप करते हैं—

नन्दक नन्दन कदम्बेर तरु तरे धिरे धिरे मुरलि बजाव।
समय सँकेत निकेतन बइसल वेरि-वेरि बोलि पठाव।
जमुना क तिर उपवन उदवेगल फिर-फिर ततहि निहारि।
गोरस बिकइ अबइते जाइत जनि जनि पुछ बनमारि।

इस सुधा-स्रावी सज्जन के इस वाक्य पर 'माह भादर भरा बादर सून्य मन्दिर मोर' बंगाल का सहृदय-समूह विमुग्ध हो जाता है; किन्तु उनके इस प्रकार के सहस्रों ललित पद उनके ग्रन्थ में मौजूद हैं। अब हमारे बुलबुल हज़ार दास्तान की नगमा सराई सुनिये।

जे हाल मिसकीं मकुन तगा फुल दुराय नयना बनाय बतियाँ।
कि ताबे हिज्राँ न दारम ऐ जां न लेहु काहें लगाय छतियाँ।
यकायक अज दिल दो चश्मे जादू बसद फरेवम बेबुर्द तसकीं।
किसे पड़ी है जो जा सुनावे पिआरे पी को हमारी बतियाँ॥

इन पद्यों में जो हिन्दी का रूप है, उसमें आदि के दो पद्यों में सरस ब्रजभाषा का सुन्दर नमूना है। नीचे के हिन्दी-पद्य में से यदि 'बतियाँ' को निकाल दें तो वह खड़ी बोली का बड़ा अनूठा उदाहरण है। नीचे के दोहे कितने मनोहर हैं—

खुसरो रैन सुहाग की जागी पी के संग।
तन मेरो मन पीउ को भये दोऊ एक रंग।
श्याम सेत गोरी लिये जनमत भई अनीत।
एक पल में फिर जात हैं जोगी काके मीत।
गोरी सोवे सेज पर मुख पर डारे केस।
चल खुसरो घर आपने रैन भई चहुँ देस।

इस सहृदय सुकवि की एक बिल्कुल खड़ी बोली की कविता देखिये, यह आकाश की पहेली है—

एक थाल मोती से भरा, सबके सिर पर औंधा धरा।
चार ओर वह थाली फिरे, मोती उससे एक न गिरे ॥

इन दोनों सज्जनों की कविताओं को पढ़कर आश्चर्य होता है कि किसी आदर्श के न होने पर भी इन लोगों ने कितनी सरस, टकसाली और सुन्दर हिन्दी लिखी है। मेरा विचार है कि कोई कविता-पुस्तक न होने पर भी यह नहीं कहा जा सकता कि इस इस प्रकार की भाषा का देश में उस काल प्रचार न था। सैकड़ों भजन, गीत और गाने की चीजें उस समय अवश्य होंगी और उनसे इन लोगों को कम सहारा न मिला होगा, यही बात चन्द बरदाई के लिए भी कही जा सकती है। मैथिलकोकिल की भाषा तो इतनी प्यारी और सुन्दर है, उनका कल-कूजन इतना आकर्षक है कि बंगाल, बिहार और युक्त प्रांत, तीनों उनको अपनी-अपनी भाषा का महाकवि मानकर अपने को गौरवित समझते हैं।

इन लोगों के बाद हिन्दी-संसार के सामने सन्त कबीर आते हैं। हाथों में ज्ञान का दीपक था, जो खूब दमक रहा था। आपकी हिन्दीरचनाएँ बहुमूल्य हैं, और उसी दीपक-ज्योति से ज्योतिर्मयी हैं। आपने संतमत और संतवानी की नींव डाली। आपकी दृष्टि बड़ी प्रखर थी। आपकी समस्त रचनाओं में उसकी प्रखरता विद्यमान है। आपकी रचनाएँ हिन्दी-साहित्य का गौरव हैं, उनमें वह आदर्श मौजूद है—जिस आदर्श ने अनेक सन्तजनों के हृदय को प्रेम-रस से आप्लावित कर दिया। महात्मा कबीर ने अपनी रचनाओं से हिन्दी भाषा को तो मालामाल बना ही दिया है। परन्तु उनके आदर्श ने एक विशद साहित्य उत्पन्न कर दिया है। हिन्दी-साहित्य के विकास में इन रचनाओं से बड़ी सहायता मिली है। कबीर साहब की रचनाओं का भाण्डार बहुत बड़ा है। उसमें सब प्रकार की कविताएँ पायी जाती हैं, जो विभिन्न समयों में रची गयी बतलायी जाती हैं। उनकी रचना-प्रणाली में भी अन्तर है। मेरा विचार है कि कबीर साहब की रचना का मुख्य स्वरूप उनके बीजक में पाया जाता है। दोनों प्रकार की रचनाएँ नीचे उद्धृत की जाती हैं :-

कहहु हो अम्बर कासों लागा, चेतन हारा चेत सुभागा।
अम्बर मध्ये दीसै तारा, एक चेता एक चेतवनहारा।
जो खोजो से उहवाँ नाहीं, सो तो आहि अमर पद माहीं।
कह कबीर पद बूझै सोई मुख हृदया जाकै एक होई।

रहना नहिं देस बिराना है।
यह संसार कागद की पुड़िया बूँद पड़े घुल जाना है।
यह संसार काँट की बाड़ी उलझ-पुलझ मर जाना है।
यह संसार झाड़ औ' झाँखड़ आग लगे बरि जाना है।
कहत कबीर सुनो भाई साधो सतगुरु नाम ठिकाना है।

महात्मा गोरखनाथ कबीर साहब के प्रथम हुए हैं और सन्त-बाणी और हिन्दी गद्य के आदि आचार्य वे ही हैं। उनकी बानी का नमूना देखिये–

अवधू रहिया हाटे बाटे रूख बिरिख की छाया।
तजिबा काम क्रोध लोभ मोह संसार की माया॥

परन्तु इस प्रणाली को समुन्नत करनेवाले कबीर साहब हैं। उनकी रचनाएँ अधिक हैं और भावमयी हैं। अतएव उनका समादर भी अधिक हुआ है। हिन्दी-साहित्य को समुन्त्त करने में वे बहुत सहायक हुई हैं। कबीर साहब की साखियाँ बड़ी मनोहर हैं। वे भजनों से अधिक जनता में प्रचलित हैं। उनका रंग देखिये–

आछे दिन पाछे गये गुरु सों किया न हेत।
अब पछताया क्या करै चिड़िया चुग गईं खेत॥
पाँचो नौबत बाजती होत छतीसो राग।
सो मन्दिर खाली पड़ा बैठन लागे काग॥

कबीर साहब के उपरान्त हिन्दी की समुन्नति और वृद्धि का वह समय आया जो फिर कभी नहीं आया। उनके बाद सौ बरस के भीतर हिन्दी-देवी का जो शृंगार हुआ, जो लोकोत्तर प्रसूनचय उनपर चढ़े, उनका वर्णन नहीं हो सकता। इस समय में हिन्दी-गगन को समुद्भासित करनेवाले, हिन्दू-संसार को अलौकिक आलोक से आलोकित करनेवाले प्रभाकर-समान प्रभावशाली सूरदास और सुधाकर समान सुधास्रावी गोस्वामी तुलसीदास उत्पन्न हुए। मधुमयी लेखनी के आधार मलिक मुहम्मद जायसी और मम्मट-समान आचार्य पद के अधिकारी विवुधवर केशवदास इसी काल के जगमगाते रत्न हैं। इस समय यदि सम्राट् अकबर हिन्दी-साम्राज्य-संवर्द्धन का केतु उत्तोलन कर रहे थे, तो मंत्रिप्रवर रहीम खां ख़ानख़ाना उसको अमूल्य रत्नों का हार-उपहार देकर और सचिव-शिरोमणि महाराज बीरबल पारिजात पुष्प से उसकी पूजा करके फूले नहीं समाते थे। इस समय वह भारत के अधिकांश भाग में सम्मानित थी। महाराजाधिराज के समुच्च प्रासाद से लेकर एक साधारण विद्याव्यसनी की कुटीर तक में उसका सरस प्रवाह प्रवाहित था। वह वैष्णव-मण्डली का जीवन-सर्वस्व, विवुध समाज का आधार-स्तम्भ, सहृदयजन की हृदय-वल्लभा और रसिक जनों की रसायन-सरसी थी। इस समय अनेक सरस हृदय कवि उत्पन्न हुए, जिन्होंने अपनी रसमयी रचनाओं से हिन्दी-साहित्य को अजर-अमर कर दिया है। इस समय ब्रजभाषा का अखंड राज्य था; किन्तु इसी समय अवधी भाषा में 'पद्मावत' जैसा बड़ा ही अनूठा काव्य लिखा गया।

इस काल के समस्त बड़े-बड़े कवियों की भाषा और रचनाओं के उदाहरण मैं सेवा में उपस्थित नहीं कर सकता। किन्तु जो हिन्दीदेवी के अंक के निराले लाल हैं, जिन्होंने

उसको निहाल ही नहीं किया, उसे चार चाँद भी लगा दिये, उनकी कुछ कविताएँ दिये बिना आगे बढ़ने को जी भी नहीं चाहता। साहित्य-संसार के सूर—सूर का एक नमूना देखिये—

खंजन नैन रूप रस माते।
अतिसय चारु चपल अनियारे पल पिंजरा न समाते।
चल चल जात निकट श्रवनन के उलट पलट ताटंक फँदाते।
सूरदास अंजन गुन अटके नतरु अबहिं उड़ि जाते॥

कुछ मर्म-भरी उक्तियाँ मलिक मुहम्मद जायसी की भी पढ़िये। यह शख्स अजब दर्द-भरा दिल साथ लाया था।

मिलहिं जो बिछुरे साजना करि-करि भेंट कहंत।
तपन मृगसिरा जे सहहिं ते अदरा पलुहंत॥
पिय सों कहेहु संदेसरा ए भौंरा ऐ काग।
सो धन विरहिन जरि गई तेहिक धुआँ मोहिं लाग॥
राती पिय के नेह की स्वर्ग भयो रतनार।
जोरे उवा अथवा रहा न कोई संसार॥

गोस्वामीजी की रत्न-राजि में से कौन रत्न उपस्थित करूँ। वे सभी उज्ज्वल हैं, रामचरितमानस-सरोज-मकरंद का मधुप कौन नहीं है? उसका रंग निराला, ढंग निराला, बात निराली, सब निराला ही निराला तो है। हाँ, उनका रंग बड़ा चोखा है। अच्छा इसी की रंगत देखिये :-

एक भरोसो एक बल एक आस विश्वास।
स्वाती सलिल रघुनाथ यश चातक तुलसीदास॥
तुलसी संत सुअम्ब तरु फूलि फलहिं पर हेत।
इत ते ए पाहन हनैं उत ते वे फल देत॥
गो धन गज धन बाजि धन और रतन धन खान।
जब आवत संतोष मन सब धन धूरि समान॥
असन बसन सुत नारि सुख पापिहुँ के घर होय।
संत समागम रामधन तुलसी दुरलभ दोय॥

महाकवि केशव का महत्व अकथनीय है। आपके कुल के सेवक भी भाषा नहीं बोलते थे। आपको भाषा में कविता करना अरुचिकर था; किन्तु जब इधर रुचि हुई, तो कमाल कर दिया। एक पद्य उनका भी देख लीजिये, आपकी मानमर्य्यादा बनी रहे :-

भूखन सकल घनसार ही के घनश्याम
कुसुम कलित केसर ही छवि छाई सी।
मोतिन की लरी सिर कंठ कंठमाल हार
और रूप ज्योति जात हेरत हेराई सी।
चन्दन चढ़ाये चारु सुन्दर सरीर सब
राखी जनु सुभ्र सोभा वसन बनाई सी।
सारदा-सी देखियत देखो जाइ केसोराइ
ठाढ़ी वह कुँवरि जोन्हाई में अन्हाई सी॥

हिन्दी संसार में दो बहुत बड़े सारग्राही हुए हैं। इनकी सारग्राहिता बड़ी ही हृदयग्राही है। ये हैं थोड़ी पूँजीवाले; किन्तु कई बड़े-बड़े पूँजीपति इनके सामने कुछ नहीं हैं। इनके पास हैं थोड़े; किन्तु जितने जवाहिर हैं, हैं बड़े ही अनूठे। जहाँ कितने तेल चुलानेवाले ठीक-ठीक तेल भी नहीं चुला सके, वहाँ इन्होंने इत्र निचोड़ा है। इनमें एक दरियाय लताफत के दुरे वेबहा अब्दुल रहीम खाँ ख़ानख़ाना हैं और दूसरे साहित्य-गगन के पीयूषवर्षी पयोद बिहारीलाल। इन दोनों सहृदयों में सौ साल से अधिक का अन्तर है। इन लोगों की भी कुछ रचनाएँ पढ़िए—पहले रहीम की सेह्र बयानी देखिये—

यों रहीम सुख होत है बढ़यो देखि निज गोत।
ज्यों बड़री अँखियान लखि अँखियन को सुख होत॥
छार मुंड मेलत रहत कहु रहीम केहि काज।
जेहि रज रिखि पत्नी तरी सो ढूँढ़त गजराज॥
कलित ललित माला वा जवाहिर जड़ा था।
चपल चखन वाला चाँदनी में खड़ा था॥
कटि तट बिच मेला पीत सेला नवेला।
अलि बन अलबेला यार मेरा अकेला॥

बिहारीलाल की ललामता अवलोकन कीजिये—

यद्यपि सुन्दर सुघर पुनि सगुनो दीपक देह।
तऊ प्रकास करै तितौ भरिए जितो सनेह॥
जो चाहत चटक न घटै मैलो होय न मित्त।
रज राजस न छुवाइये नेह चीकने चित्त॥
दृग अरुझत टूटत कुटुम जुरत चुरत चित प्रीति।
परति गाँठ दुरजन हिये दई नई यह रीति॥

हिन्दी के इस स्वर्ण-युग में और भी अनेक साहित्य-कानन-केशरी उत्पन्न हुए हैं। वे सब अपने ढंग के निराले हैं। इस स्वर्णयुग के उपरान्त भी बड़े ही कवि-कर्म्म-कुशल काव्य-कर्त्ताओं के दर्शन होते हैं। उन लोगों ने भी मोती पिरोये हैं, बड़े अनूठे बेल-बूटे तराशे हैं, भगवती भारती के कण्ठ में बहुमूल्य रत्न हार डाले हैं, हिन्दीदेवी को भाव के समुच्च आसन पर आसीन किया है, उसे सम्मुन्नत बनाया है और उन न्यूनताओं की पूर्ति की है, जो उनकी कीर्ति के आवश्यक साधन हैं। परन्तु, स्वर्णयुग का आदर्श ही उनका आदर्शभूत है। अतएव उनके विषय में कुछ विशेष लिखकर मैं इस लेख की कलेवर-वृद्धि नहीं करना चाहता। हाँ, इन लोगों में एक देवदत्त बलबलीयान देवदत्त नामक कविकुल-कमल पर दृष्टि बिना पड़े नहीं रहती। यह देव वास्तव में स्वर्गीय सम्पत्ति-सम्पन्न हैं। उनकी दीप्ति के सम्मुख कविता-देवी भी चमत्कृत होती हैं; अतएव उनका चमत्कार भी देखिये—

जब ते कुँवर कान्ह रावरी कला निधान
कान परी वाके कहूँ सुजस कहानी सी।
तब ही ते 'देव' देवता सी हँसति सी,
रीझति सी खीझति सी रूठति रिसानी सी॥
छोही सी छली सी छीन लीनी सी छकी सी छिन,
जकी सी टकी सी लगी थकी थहरानी सी।
बींधी सी बँधी सी बिख बूड़ति विमोहित सी,
बैठी बाल बकति विलोकति बिकानी सी॥

हिन्दी-विकास का यह प्रसंग अधूरा रह जायगा, यदि गुरुदेवों की गौरवमयी रचनाओं की गुरुता का गान इसमें न हो। महात्मा गुरु नानक से लेकर कँलगीधर गुरु गोविन्द सिंह तक दसों गुरुओं ने हिन्दू जाति को गौरवित बनाने का ही भगीरथ प्रयत्न नहीं किया है, उन स्वर्गीय महापुरुषों ने हिन्दीदेवी की भी वह सेवा की है कि जिसके विषय में यह निर्भय होकर कहा जा सकता है 'न भूतो न भविष्यति।' यदि वन्दनीय वल्लभ-सम्प्रदाय अथवा पूजनीय वैष्णव दल ने उसको समुन्नति के शिखर पर पहुँचा दिया है, यदि समादरणीय सन्त मतवालों ने उसकी प्रथित प्रतिष्ठा-पताका बहुत ऊँची कर दी है, तो सकल गौरव-भाजन गुरुदेवों ने उसकी कान्ति-कीर्ति-कौमुदी द्वारा समस्त दिशाओं को धवलित कर दिया है। वास्तव बात यह है कि एक हिन्दीदेवी ही ऐसी हैं जो अविरोध से सभी सम्प्रदाय और मतवालों की आराध्या हैं। पवित्र आदि ग्रन्थ साहब और दशम गुरु प्रणीत दशम ग्रंथ साहब हिन्दी भाषा की पुनीत, महान् और भावमयी रचनाओं के अपार पारावार हैं। जहाँ तक मैं जानता हूँ, हिन्दी में आज तक किसी ग्रन्थकार ने इतना बड़ा ग्रंथ नहीं रचा। इन दोनों पुनीत ग्रन्थों में क्या नहीं है? वे विज्ञान के भाण्डार, विवेक वारिधि, विचार

के हिमाचल, भाव के सुमेरु और भक्ति के आकार हैं। गुरु नानक-देव के शब्द पंजाबी भाषामिश्रित हैं; किन्तु गुरु अर्जुनदेव की रचना अधिकांश शुद्ध हिन्दी है। दशम ग्रन्थ साहब की अधिकांश कविताएँ ब्रजभाषा में हैं और उसमें उसका उच्च और परिमार्जित स्वरूप वर्तमान है। आदि ग्रंथ साहब में से दो दोहे और दशम ग्रंथ साहब में से एक पद्य नीचे लिखा जाता है—

बलिहारी गुरु आपणेदेव हाड़ीं सद वार।
जिन माणस ते देवते करत न लागी वार॥
जे सौ चंदा ऊगवे सूरज चढ़े हजार।
एते चानण हो दियाँ गुर विण घोर अँधार॥

सेत धरे सारी वृखभानु की कुमारी
जस ही की मनोवारी ऐसी रची है न को दई।
रंभा उरवसी और सची सी मदोदरी पै
ऐसी प्रभा का की जग बीच ना कछू भई॥
मोतिन के हार गरे डार रुचि सो सिंगार
कान्ह जू पै चली कवि श्याम रस के लई।
सेज साज साज चली साँवरे के प्रीति काज
चाँदनी में राधा मानों चाँदनी सी हो गई॥

ब्रजभाषा और खड़ी बोली

हिन्दी भाषा के विकास की वार्त्ता के साथ खड़ी बोली के विकास का बहुत बड़ा सम्बन्ध है। यद्यपि खड़ी बोली की कविता कविवर खुसरो के समय से ही होने लगी थी तथापि कबीर साहब ने भी कभी-कभी खड़ी बोली की कविता लिखी है। कभी-कभी और सहृदय सुजन भी एक-आध पद्य खड़ी बोली का लिख जाते थे, जैसा कि निम्नलिखित पद्यों से प्रगट होता है—

जंगल में हम रहते हैं—दिल बस्ती से घबराता है।
मानुस गंध न भाती है, मृग मरकट संग सुहाता है॥
चाक गरेबाँ करके दम-दम आहें भरना आता है।
ललित किशोरी इश्क रैन दिन ये सब खेल खेलरता है॥

—ललित किशोरी

हम खूब तरह से जान गये जैसा आनँद का कन्द किया।
सब रूप सील गुन तेज पुंज तेरे ही मन में बन्द किया।
तुझ हुस्न प्रभा की बाकी ले फिर विधि ने यह फरफन्द किया।
चम्पक दल सोन जुही नरगिस चामीकर चपला चन्द किया॥

—सीतल

किन्तु खड़ी बोली की ये रचनाएँ आकस्मिक हैं। ब्रजभाषा और खड़ी बोली दोनों शौरसैनी अपभ्रंश के रूप हैं। ब्रजभाषा का केन्द्र मथुरामण्डल है और खड़ी बोली का दिल्ली प्रान्त अथवा उसका समीपवर्ती भू-भाग। किस प्रकार ब्रजभाषा उन्नति करते-करते पराकाष्ठा को पहुंची, यह आप लोगों ने देख लिया। जो सौभाग्य स्वयं शौरसेनी अथवा अपभ्रंश को नहीं प्राप्त हुआ, जो महत्व उसकी दूसरी बहनों—अवधी अथवा भोजपुरी बोलियों को नहीं मिला, वह अथवा उससे भी कहीं अधिक सौभाग्य और महत्व ब्रजभाषा ने हस्तगत किया। मैथिल-कोकिल की रचना में आप ब्रजभाषा की झलक देख चुके हैं। यदि आप आगे बढ़कर बंगाल में पदार्पण करेंगे तो वहाँ के प्राचीन कवि कीर्तिवास और

चंडीदास इत्यादि की मधुर रचनाओं को भी वह माधुर्य्य वितरण करती दिखलायी पड़ेगी। पश्चिम-दक्षिण में राजपूताने और गुजरात में भी आप उसका प्रसार देखेंगे। वहाँ वह तात्कालिक पूर्वतन कवि की कवितामालाओं को अपनी कोमलकान्त पदावलि-कुसुमावली द्वारा सुसज्जित करती दृष्टिगोचर होती है। भगवान् बुद्धदेव के साधन-बल से जिस प्रकार मागधी का हित-साधन हुआ था, उसी प्रकार भगवान् वासुदेव के सहवास से सुवासित होकर ब्रजभाषा भी समादृत हुई। जहाँ-जहाँ उनके प्रेममय पंथ का प्रचार हुआ, जहाँ-जहाँ उनकी लोकविमुग्धकारिणी मुरली की चर्चा छिड़ी, जहाँ-जहाँ उनकी आराध्या श्रीमती राधिका देवी उनके साथ आराधित हुईं, वहाँ-वहाँ कलित ललित-कलामयी ब्रजभाषा अवश्य पहुँची। न तो पंजाब इस प्रवाह में पड़ने से बचा, न बिहार, न मध्यप्रान्त। हमारे देश की चर्चा ही क्या, वह तो चिरकाल से भगवती ब्रजभाषा का भक्त है—और आज भी उनके पुनीत चरणों पर भक्तिपुष्पांजलि अर्पण कर रहा है। ब्रजभाषा-साहित्य का पद्य विभाग जितना विशद, उन्नत और उदात्त है, जितना ललित और सरस है, उतना ही प्रिय और व्यापक है। जो गौरव इस विषय में उसको मिला, भारत की किसी अन्य भाषा को आज तक प्राप्त नहीं हुआ। इस प्रान्त के अधिकांश सुकवि आज भी उसके अनन्य उपासक हैं, बहुत लोग आज भी उसकी चकितकरी ललित कला के समर्थक हैं; किन्तु यह अवश्य है कि काल-गति से उसके अबाध प्रवाह में अब कुछ बाधा उपस्थित हो गयी है। इसके कारण हैं।

उन्नीसवें शतक के आरम्भ में हिन्दी गद्य की नींव श्रीयुत लल्लूलाल और श्रीमान् सदल मिश्र द्वारा कुछ विशेष कारणों से पड़ी। यद्यपि इनके पहले के भी गद्य-ग्रन्थ हिन्दी में पाये गये हैं। इनमें महात्मा गोरखनाथ, गोस्वामी बिट्ठलनाथ और गोस्वामी गोकुलनाथ के ग्रन्थ प्रधान हैं। किन्तु, गद्य-विभाग का वास्तविक कार्य जो कि क्रमशः अग्रसर होता गया, उक्त दोनों सज्जनों के समय से ही प्रारम्भ होता है। हिन्दी-गद्य का जो सुन्दर बीज उन लोगों ने बोया वह श्रीयुत राजा शिवप्रसाद और राजा लक्ष्मण सिंह के सेचन-द्वारा कुछ काल के उपरान्त एक हरा-भरा पौधा बन गया। भारतेन्दु बाबू हरिश्चन्द्र के कर-कमलों से लालित-पालित होकर यह पौधा एक प्रकाण्ड वृक्ष में परिणत हुआ और सुन्दर फूल-फल लाया। इस काल में और इसके परवर्ती काल में हिन्दी-गद्य के अनेक सुलेख उत्पन्न हुए। उन्होंने सुन्दर-सुन्दर पुस्तकें लिखीं, तरह-तरह के समाचारपत्र और मनोहर मासिक पत्रिकाएँ निकालीं, और इस प्रकार उसको बहुत कुछ अलंकृत एवं श्री-सम्पन्न कर दिया। जो हिन्दी-गद्य किसी काल में कतिपय पंक्तियों में ही स्थान पाता था, जो थोड़े से दानपत्रों, दस्तावेजों, तमस्सुकों, इकरारनामों और महज्जर-नामों के आधार से ही जीवित था, जो या तो कुछ चिट्ठीपत्री में दिखलायी पड़ता अथवा किसी टीकाकार की लेखनी से प्रसूत हो टूटी-फूटी दशा में किसी प्राचीन पुस्तक के मैले-कुचैले पत्रों में पड़ा रहता, वह इस काल

में नये वसन-भूषणों से सुसज्जित होकर सर्व-जन-आदृत हुआ। पहले-पहल जो तेरहवें शतक में मेवाड़ की एक सनद में दिखलायी पड़ा और अट्ठारहवें शतक में छोटे-छोटे लेखों अथवा साधारण पुस्तकों के सहारे कभी-कभी अग्रसर होता रहा, उन्नीसवें शतक में पचास वर्ष के भीतर वही विस्तृत होकर भारत-व्यापी हुआ। जो महात्मा गोरखनाथ की विभूति से भी विभूतिमय नहीं हुआ, गोस्वामी बिट्ठलनाथ की स्वामिता में भी साहित्य-स्वामी नहीं बना, भक्त नाभादास जिसे आभा नहीं दे सके, जिसे बनारसी-दास सरस, जटमल सजीव, देव दिव्य, सूरतमिश्र स्वरूपमान, दास प्रसादयुक्त, ललित किशोरी ललित और ललितमाधुरी मधुर नहीं बना सके, वही हिन्दी गद्य इस काल में समुन्नत होकर सर्वगुण-सम्पन्न हो गया। भारतेन्दु और तात्कालिक हिन्दी-साहित्य गगनशोभी कतिपय ज्योति-निकेतन विद्वद्वृन्द तारकपुंज ने उस समय उसको जो अपूर्व आलोक प्रदान किया, उससे वह आज तक आलोकित है और दिन-दिन समधिक आलोकमय हो रहा है।

समय-प्रवाह से जब हिन्दी-गद्य समुन्नत हुआ और योग्य विद्वत्समाज द्वारा उसको समुचित आश्रय मिला तो जनता में उसका अनुराग उत्पन्न होना स्वाभाविक था। जैसे-जैसे हिन्दी में सुन्दर-सुन्दर भावमय ग्रंथ निकलने लगे वैसे-वैसे उसका समादर बढ़ता गया। यंत्रालयों और सामयिक पत्र-पत्रिकाओं की वृद्धि ने इस प्रवृत्ति की और वृद्धि की। इस समय युक्तप्रान्त, बिहार और मध्यप्रदेश में तो वह प्रचलित था ही, पंजाब प्रांत में और बंगाल के प्रधान स्थान कलकत्ते और बम्बई-हाते की राजधानी बम्बई में भी उसका प्रचुर प्रसार हो गया था। इस बहु-विस्तृत हिन्दी-गद्य की भाषा खड़ी बोली थी। श्रीयुत गोस्वामी बिट्ठलनाथ के 'चौरासी वैष्णवों की वार्ता' की रचना ब्रजभाषा में हुई है। पहले की जितनी टीकाएँ और फुटकल नोट कहीं पाये जाते हैं, उन सब की भाषा लगभग ब्रजभाषा ही थी। श्रीयुत लल्लूलाल की भाषा में ही ब्रजभाषा का पुट मौजूद है। किन्तु राजा लक्ष्मण सिंह, राजा शिवप्रसाद और बाबू हरिश्चंद्र ने अपने गद्य में शुद्ध खड़ी बोली को स्थान दिया है। परवर्ती समस्त-हिन्दी गद्य-लेखक भी इसी पथ के पथिक हैं। कारण इसका यह है कि जिस काल का यह वृत्तांत है, उस समय उर्दू भाषा उत्तरोत्तर समुन्नत होती हुई सरकारी कचहरियों में भी प्रतिष्ठालाभ कर चुकी थी; अतएव उसका प्रचार प्रान्त भर में हो गया था और उसके आश्रय से खड़ी बोली प्रान्त-व्यापिनी भाषा बन गयी थी। ऐसी अवस्था में हिन्दी की समुन्नति के लिए उसका भी खड़ी बोली में लिखा जाना आवश्यक हो गया। यही कारण है कि ब्रजमण्डल-निवासी होकर भी राजा लक्ष्मण सिंह की लेखनी खड़ी बोली के अनुकुल चली और ब्रजभाषा के अनन्य भक्त होकर भी भारतेन्दु खड़ी बोली को भारतव्यापनी बनाने में संकुचित नहीं हुए। राजा शिवप्रसाद के विषय में तो कुछ कहना ही व्यर्थ है; क्योंकि, उनका आदर्श था—"चलो तुम उधर को हवा हो जिधर की।" इतना होने पर भी हिन्दी गद्य-लेखकों ने पद्य की भाषा उस समय ब्रजभाषा ही रखी। भारतेन्दु

जी और लक्ष्मण सिंह के ग्रंथों की पद्य-भाषा ब्रजभाषा है। किन्तु, कुछ समय बीतने पर सुगमता और सुविधा का सामना करना पड़ा। इस समय पढ़ी-लिखी जनता खड़ी बोली से परिचित हो गयी थी, अधिकांश लेखक भी जितना खड़ी बोली पर अधिकार रखते थे, उतना ब्रजभाषा पर नहीं। अतएव धीरे-धीरे वह अव्यवहृत हो चली और उसका समझना सुगम नहीं रहा। सामने उर्दू आदर्श था, जिसके गद्य-पद्य दोनों की भाषा एक थी; अतएव खड़ी बोली में ही हिन्दी भाषा की कविता करने का प्रश्न छिड़ा। सुविधा और सुगमता की दोहाई दी गयी, धूम-धाम से आंदोलन हुआ, सफलता खड़ी बोली को मिली और इस प्रकार खड़ी बोली की कविता का सूत्रपात हुआ।

जनता अथवा मानव-हृदय सुविधा और सुगमता का अनुचर है। सामयिक प्रभाव उसका सूत्रधार है! समयानुसार जो सुगम और सुविधाजनक पथ होता है लोक बहुत विरोध करने पर भी अन्त में उसी पथ पर अविरोध के साथ चलने लगता है—सदैव ऐसा होता आया है, आगे भी ऐसा ही होगा। हमारी परम पवित्र वेद-भाषा, सुसंस्कृता संस्कृत, महिमामयी मागधी जैसे नियति का नियम पालन करने को बाध्य हुई उसी प्रकार मधुरतामूर्ति ब्रजभाषा को भी नियति-चक्र में पड़ना पड़ा। किन्तु वे भाषाएँ जैसे हमारी दृष्टि में आज तक भी समादृत हैं, वैसे ही जब तक हिन्दी भाषा का नाम भी संसार में शेष रहेगा, ब्रजभाषा समादृत रहेगी। आज भी उसकी अर्चा करके अपने करों को चन्दन-चर्चित करने वाले लोग हैं और चिर काल तक रहेंगे। मैं उन लोगों को मर्मज्ञ और सहृदय नहीं समझता, जो उसके विरुद्ध असंगत बातें कथन करके अपने को कलंकित करते हैं।

खड़ी बोली की कविता का अभी आरम्भिक काल है। जो लोग उसकी सेवा आजकल कर रहे हैं, वास्तव में वे सेवक हैं। यदि उनको कोई कवि समझता है तो यह उसका महत्त्व है। भक्तजन की भावुकता भावमयी होती है, अपने भावावेश में उसे किसी बात का अभाव नहीं होता, इसी सूत्र से कोई कुकवि भी किसी की दृष्टि में महाकवि बन सकता है। परन्तु, वास्तव बात यह है कि खड़ी बोली के सेवकों की तुलना ब्रजभाषा के सुकवियों से करना विडम्बना छोड़ और कुछ नहीं है। कविचक्र-चूड़ामणि गोस्वामी तुलसीदास से महाकवि जिस पथ में चलकर कहते हैं—"कबित विवेक एक नहिं मोरे, सत्य कहौं लिखि कागद कोरे" उस पथ का पथिक होकर खड़ी बोली का सुकवि भी अपने को कवि नहीं कह सकता। कोई सेवक ऐसा दुस्साहस कैसे करेगा! सब भाषाओं में सूर-शशि एक-एक ही होता है। हाँ, तारकचय की कमी नहीं होती। खड़ी बोली की कविता में आस-पास अन्धकार घनीभूत है, कतिपय तारे उसमें चमक-दमक रहे हैं। धीरे-धीरे अन्धकार टल रहा है। किन्तु भरमार अभी खद्योतों की ही है। उनको भी चमकने दीजिये। क्या कुछ अन्धेरा उनसे भी दूर नहीं हो रहा है? आप उनको मुट्ठियों में क्यों रखना चाहते हैं? यह अन्धेर है। समय पर सब होगा—घनीभूत अन्धकार एक दिन टलेगा, भगवान् भुवन-भास्कर भी निकलेंगे।

सेवकों को उचित पथ पर चलाने का अधिकार सब अधिकार वालों को है; किन्तु कशाघात करके उनको क्षत-विक्षत कर देना न्याय-संगत न होगा। आजकल देखता हूँ कि खड़ी बोली की कविता के सेवकों पर प्रहार-पर-प्रहार हो रहे हैं, उनको नाना लांछनों द्वारा लांछित किया जा रहा है। अपराध उनका यह है कि वे नीरस को सरस, तमोमयी अमा को राका-रजनी और काक-कुमार को कल-कंठ बनाना चाहते हैं। कहा जाता है कि उनकी खड़ी बोली की रचना क्लिष्ट होती है, उसमें ब्रजभाषा के शब्द मिलाकर खिचड़ी पकायी जाती है, और शुद्ध शब्दों का प्रयोग करके उसे कर्कश किया जाता है। उनकी कविता में सरसता नहीं, लालित्य नहीं, भाव नहीं, ध्वनि नही, व्यंजना नहीं, कोमलता नहीं, प्रयोजन यह कि उसमें सब नहीं ही नहीं है—उत्तमता कुछ नहीं। मेरा सविनय निवेदन यह है कि क्या यह सत्य है? मैं क्लिष्टता का प्रतिपादक नहीं, मैं कोमल कान्त-पदावली का अनुरक्त हूँ, प्रियप्रवास-रचना का और उद्देश्य है, मेरे इस कथन में सत्यता है या नहीं—यह 'बोलचाल' नामक ग्रंथ बतलावेगा, जो प्रियप्रवास का दूना है। किन्तु, प्रसाद-गुणमयी कविता का अनुमोदक होकर भी में यह कहने के लिये बाध्य हूँ कि कवि की स्वतन्त्रता हरण नहीं की जा सकती। उसको सब प्रकार की रचना करने का अधिकार है। यदि कोई क्लिष्ट कविता करना ही पसन्द करता है, तो वह अवश्य सतर्क करने योग्य है। परन्तु यदि उसकी कविता सब प्रकार की है और उसमें से क्लिष्ट रचना ही दोष दिखलाने के लिए उपस्थित की जाती है तो यह अनुचित दोष-दर्शन है। प्रायः देखा जाता है कि किसी खड़ी बोली के कविता-लेखक की कोई अत्यन्त क्लिष्ठ कविता उठाकर रख दी जाती है—और तरह-तरह के व्यंग करके यह प्रश्न किया जाता है कि क्या यह खड़ी बोली की कविता है? प्रयोजन यह कि खड़ी-बोली की कविता-रचना ढोंगमात्र है, उसमें अरसता छोड़ और कुछ नहीं। मेरा निवेदन यह है कि प्राचीन लब्ध-प्रतिष्ठ महाकवियों ने भी इस प्रकार की कविताएँ की हैं और ये कविताएँ उसी भाषा की मानी गयी हैं, जिस भाषा में वे लिखी गई हैं। मैं हिन्दी-संसार के कवि-शिरोमणि गोस्वामी तुलसीदास, वंग भाषा के महाकवि भारतचन्द्र और उर्दू भाषा के मलिकुश्शोअरा मिर्जा गालिब की एक-एक कविता प्रमाणस्वरूप नीचे लिखता हूँ, आप लोग उसे देखें—

गोपाल-गोकुल-वल्लभी प्रिय गोप-गोसुत-बल्लभं।
चरणाविन्दमहं भजे भजनीय सुर-नर-दुर्लभं॥
सिर केकि पच्छ विलोल कुण्डल अरुन बनरुह लोचनं।
गुञ्जावतंस विचित्र सब अँग धातु भव भय मोचनं॥
कच कुटिल सुन्दर तिलक भ्रू राका मयंक समाननं।
अपहरत तुलसीदास त्रास विहार वृन्दा काननं॥

—तुलसीदास

जय चामुण्डे जय चामुण्डे कर कलितासि वराभय मुण्डे।
कल-कल रसने, कड़ मड़ दशने, रण भुवि खण्डित सुर रिपुमुण्डे॥
अट अट हासे कट मट भाषे नखर बिदारित रिपु करि शुण्डे।
कलिमल मथनम् हरिगुण कथनम् विरचय भारत कविबर तुण्डे॥

–भारतचन्द्र

शुमारे सबहा मरगूबे बुते मुशकिल पसंद आया।
तमाशा ये बयक कफ़ बुरदने सद दिल पसंद आया॥
हवाये सबज़ गुल आईनये बेमेहरिये क़ातिल।
कि अन्दाज़े बख़ूँ ग़लतीदने क़ातिल पसंद आया॥

–मिर्जा ग़ालिब

गोस्वामी जी के इस प्रकार के पद्य सैकड़ों हैं, विनयपत्रिका का लगभग एक तृतीयांश ऐसे ही पद्यों से पूर्ण है। आचार्य केशव की रचना में इस प्रकार के अनेक पद्य हैं। क्या कविवर सूरदास, क्या वैष्णव-संसार के दूसरे प्रसिद्ध कवि, सभी की रचनाओं में इस प्रकार की कविता पायी जाती है? भारतेन्दुजी के बहुत पद्य ऐसे हैं। उनकी गंगा-स्तुति का एक पद्य सोलह चरणों का है। वह आरम्भ यों होता है–**"ब्रह्म द्रवभूत आनन्द मन्दाकिनी अलकनन्दे सुकृति कृति विपाके।"** यदि इस प्रकार की कविता होती है और आद्योपान्त संस्कृत शब्दमयी होने पर भी ब्रजभाषा की कविता समझी जाती है तो खड़ी बोली में रचे गये इस प्रकार के कतिपय पद्य खड़ी बोली के पद्य क्यों न माने जावेंगे? यदि ऐसे पद्यों को लेकर वितण्डावाद किया जाय, तो अधिकांश वर्तमान हिन्दी-गद्य भी खड़ी बोली का नहीं माना जायेगा।

दूसरी बात यह कि खड़ी बोली की कविता में ब्रजभाषा के शब्द मिलाकर खिचड़ी पकायी जाती है। खिचड़ी बड़ी मीठी होती है। क्या बुरा किया जाता है? कौन ब्रजभाषा का कवि है जिसकी कविता बुन्देलखण्डी शब्दों से बची है? कविवर बिहारीलाल की मधुमयी कविता उससे मामूर है। क्या इन लोगों की कविता ब्रजभाषा की कविता नहीं मानी जाती? गोस्वामी जी की अद्‌भुत रामायण में अनेक प्रान्तों के शब्द हैं–अवधी की वह आकर है, ब्रजभाषा-भूषिता है, बुन्देलखण्डी से अलंकृत है, भोजपुरी से भावमयी है। क्या यह दूषण है? यह तो भूषण ही माना गया है। भाषा-मर्मज्ञ भिखारीदास कहते हैं:-

तुलसी-गंग दोऊ भये सुकविन के सरदार।
इनके काव्यन में मिली भाषा विविध प्रकार॥

देखिये, सहृदया 'ताज' की यह कई भाषामयी कविता कितनी मधुर है:-

सुनो दिलजानी, मेरे दिल की कहानी,
तुम दस्त ही बिकानी, बदनामी भी सहूँगी मैं।
देव पूजा ठानी, मैं निवाज हूँ भुलानी,
तजे कलमा कुरान, साड़े गुनन गहूँगी मैं।
साँवला सलोना सिर ताज सिर कुल्ले दिये,
तेरे नेह दाग में निगाद हो दहूँगी मैं।
नन्द के कुमार कुरबान ताँड़ी सूरत पै,
ताँड़ नाल प्यारे हिन्दुआनी हो रहूँगी मैं।

मेरी इन बातों से आप लोग यह न समझें कि मैं खड़ी बोली की कविता में ब्रजभाषा शब्दों के अबाध व्यवहार का पक्ष-पाती हूँ। नहीं, यह मेरा विचार कदापि नहीं है। ऐसी अवस्था में खड़ी बोली की कविता की उपयोगिता ही क्या रह जायगी? वह तो पहचानी भी न जा सकेगी। मेरे कथन का अभिप्राय यह है कि ब्रजभाषा के उपयुक्त और सुन्दर शब्द यदि कहीं प्रयुक्त होकर कविता को कवित्वमय कर देते हैं तो उसका ग्रहण कर लेना भावुकता है। कवि सौंदर्य का उपासक, भाव का भूखा, रस का रसिक, प्रसाद का प्रेमिक और सरलता का सेवक है। अतएव इनके साधनों को साध्य बनाना ही उसका धर्म है—अन्यथा, कवि-कर्म्म कवि-कर्म्म नहीं रह जायेगा।

मुख्यतः क्रिया ही खड़ी बोली को ब्रजभाषा से पृथक् करती है। अतएव ब्रजभाषा क्रिया का प्रयोग खड़ी बोली में कदापि न होना चाहिये। किसी उपयुक्त अवसर पर, संकीर्ण स्थल पर अनुप्रास के लिए यदि ब्रजभाषा-क्रिया का प्रयोग संगत जान पड़े तो मेरा विचार है कि वहाँ उसका प्रयोग हो सकता है। किन्तु उसी अवस्था में जब उसे खड़ी बोली की क्रिया का रूप दे दिया जाय। उस शब्द-योजना और वाक्य-विन्यास को जो कि ब्रजभाषा-प्रणाली से प्रस्तुत है, खड़ी बोली में ग्रहण करना उचित नहीं; क्योंकि इससे खड़ी बोली ब्रजभाषा का प्रतिरूप बन जायेगी। हिन्दी भाषा की दो मूर्तियाँ हैं—एक खड़ी बोली और दूसरी 'ब्रजभाषा'। अतएव उनके परस्पर सम्बन्ध की रक्षा न्यायानुमोदित है। अन्य भाषा के शब्दों से खड़ी बोली पर ब्रजभाषा का विशेष स्वत्व है, इसलिए उसका बिलकुल बायकाट विडम्बना है। उर्दू के कवि अब तक ब्रजभाषा शब्दों का आदर करते हैं, फिर खड़ी बोली के कवि उसका अनादर क्यों करें? हाँ उनको समधिक संयत होना चाहिये। उर्दू के वे अशआर प्रमाण-स्वरूप नीचे लिखे जाते हैं—जिनमें ब्रजभाषा शब्दों का प्रयोग हुआ है, ऐसे शब्द छोटे (light) अक्षरों में दिये गये हैं—

सुबह गुजरी, शाम होने आई 'मोर'।
तू न चेता **औ बहुत दिन कम** रहा। **—मीर**

हाय ! क्या चीज गरीबुल वतनी होती है।
बैठ जाता हूँ जहाँ छाँव घनी **होती है।** **—हाफ़िज**

कमसिनी है तो जिदें भी हैं निराली उनकी।
इस पै मचले हैं कि हम दर्दे जिगर देखेंगे। —**फसाहत**

जग में आकर इधर-उधर देखा।
तू ही आया नजर जिधर देखा। —**मीर दर्द**

सारे जहाँ से अच्छा हिन्दोस्ताँ हमारा।
हम बुलबुलें हैं उसकी वह गुलसिताँ हमारा। —**इकबाल**

शुद्ध शब्दों के प्रयोग के विषय में मुझको इतना ही कहना है कि यह प्रवृत्ति बहुत अच्छी है। इसने खड़ी बोली के कवियों को च्युत-दोष और शब्दों के तोड़-मरोड़ से बहुत बचाया है—जहाँ ब्रजभाषा में इस दोष की भरमार है, वहाँ खड़ी बोलचाल की कविता इससे सुरक्षित है। अतएव इस अंश में आक्षेप मान्य नहीं; परन्तु इसका दूसरा पहलू भी है, इसलिये इधर समुचित दृष्टि होना आवश्यक है। वह यह कि खड़ी बोली के कुछ कवियों को शुद्ध शब्द-प्रयोग का नशा-सा हो गया है—और इसमें सन्देह नहीं कि इससे कविता में कर्कशता आ गयी है। यदि अक्ष के बजाय आँख, कर्ण के स्थान पर कान, दन्त के स्थान पर दाँत, जिह्वा के स्थान पर जीभ, ओष्ठ की जगह पर ओठ या होंठ लिखना ठीक है तो मुख के स्थान पर मुँह, आशा के स्थान पर आस, वेश के स्थान पर भेस, यश के स्थान पर जस, विष के स्थान पर बिख लिखना भी ठीक है। दोनों प्रकार के शब्द ही अपभ्रंश शब्द हैं। इसी प्रकार के और बहुत से शब्द बतलाये जा सकते हैं। चाहिये यह कि अपभ्रंश शब्दों के व्यवहार के लिए परस्पर कलह न करें—प्रयोग करने न करने के लिये सब स्वतन्त्र हैं। किन्तु, यह आग्रह उचित नहीं नहीं कि हम प्रयोग करेंगे तो शुद्ध शब्द का ही प्रयोग करेंगे। इसका यह परिणाम होगा कि आँख, कान इत्यादि के स्थान पर अक्ष और कर्ण इत्यादि लिखे जाने लगेंगे, भाषा कृत्रिम हो जायेगी और हिन्दी का हिन्दीपन लोप हो जायेगा। यह स्मरण रखना चाहिये कि हिन्दी भाषा की जननी अपभ्रंश भाषा है, हिन्दी की प्रशंसा इसीलिये है कि वह तद्भव शब्दों द्वारा सुगठित है—जिस दिन उसके आधार तत्सम शब्द हो जायेंगे उसी दिन वह अपना स्वरूप खोकर अन्तर्हित हो जायेगी। नियम यह होना चाहिए कि प्रयोग आवश्यकतानुसार तद्भव और तत्सम दोनों प्रकार के शब्दों का हो; किन्तु प्रधानता तद्भव शब्दों को दी जाये। संस्कृत के विद्वान् भी तद्भव शब्दों का प्रयोग करते देखे जाते हैं, शुद्ध शब्दों का प्रयोग तो वे करते ही हैं। हम लोगों को भी उन्हीं का पदानुसरण करना चाहिए। कुछ ऐसे प्रयोग दिखलाये जाते हैं—शुद्ध शब्द 'क्षुर' है; अपभ्रंश उसका 'खुर' है। इसी प्रकार प्रियाल शब्द शुद्ध और पियाल अपभ्रंश है। कविकुल-गुरु कालिदास रघुवंश के 'तस्याखुरन्यास पवित्र पांशुम्' और कुमारसम्भव के "मृगाः पियाल द्रुम मंजरीणाम्" वाक्यों में 'खुर' और 'पियाल' का प्रयोग करते पाये जाते हैं।

अब रही कवितागत लालित्य और सौंदर्य इत्यादि की बातें। इस विषय में मेरा इतना ही निवेदन है कि क्या श्रुतिधर श्रीमान् पंडित श्रीधर पाठक के भारत-गीत में भारतीयता का राग नहीं है? क्या शुभंकर श्रीमान् पंडित नाथूरामशंकर शर्मा की रचनाओं में रचना-चातुरी दृष्टिगत नहीं होती? क्या विद्वद्वर श्रीमान् पंडित महावीरप्रसाद द्विवेदी के वाग्विलास में विद्वत्ता नहीं विलसती? क्या ललितकण्ठ श्रीमान् लाला भगवानदीन गुले लाला अथवा गुल्लाला नहीं खिलाते? क्या काव्यविनोद श्रीमान् पण्डित लोचनप्रसाद पाण्डेय की वर-वचनावली विवध विनोदमयी नहीं होती? क्या रामचरित-चिन्तामणिकार श्रीमान् पण्डित रामचरित उपाध्याय की कृति में चारु-चरित चित्रण नहीं होता? क्या निरूपण पटु श्रीमान् पण्डित रूपनारायण पाण्डेय की रूपक-पटुता अनुरूप नहीं होती? क्या भारत-भारतीकार श्रीमान् बाबू मैथिलीशरण गुप्त की भारती विविध भाव-भरित नहीं पायी जाती? क्या शंकर नगरनिवासी श्रीमान् बाबू जयशंकर 'प्रसाद' की कविता के प्रसादमयी होने में संदेह है? क्या स्नेह-भाजन श्रीमान् पण्डित गयाप्रसाद 'सनेही' की सुलेखनी सरसता के साथ नहीं सरसती? क्या पवित्रात्मा 'भारतीय आत्मा' की अनूठी उक्ति आत्म-विस्मृतिकारिणी नहीं होती? क्या परम सहृदय भारतीय-हृदय का कवित्व हृदय विभक्त नहीं करता? क्या रमणीय मानस श्रीमान् पण्डित रामनरेश त्रिपाठी की मानसिकता में नवरसमयी रसिकता नहीं मिलती? क्या हृदयवान् सुकवि श्रीमान् पण्डित गोकुलचन्द्र की चारुचित्तता अरोचकता को अर्द्धचन्द्र नहीं देती? इसका उत्तर सहृदय दें। मैं इतना ही कहूँगा कि इन सज्जनों की रचनाएँ रुचिर हैं। यदि यह समय उनके अनुकूल नहीं है तो कोई अनुकूल समय भी आयेगा। एक समय था, जब भावुक प्रवर भवभूति को यह कहना पड़ा था :

ये नाम के चिदिहनः प्रथयन्त्यवज्ञां
जानन्तु ते किमपितान्प्रति नैष यत्नः
उत्पत्स्यस्तेस्ति मम कोपि समान धर्मा,
कालोह्ययं निरवधिर्विपुला च पृथ्वी ॥

किन्तु, बाद को वह समय भी आया जब वह इन शब्दों में स्मरण किये गये—

"कारुण्यं भवभूतिरेव तमुते"

अथवा

भवभूतेः संबंधाद् भूरेव भारती भाति।
एतत्कृत कारुण्ये किमन्यथा रोदित ग्रावा ॥*

---

* परिशिष्ट

खड़ी बोली और उसका पद्य

खड़ी बोली का आन्दोलन-युग समाप्त हो गया है और अब वह बहुत कुछ समुन्नत हो गयी है। इस समय यह निस्संकोच कहा जा सकता है कि अब वही हिन्दी-पद्य की व्यापक और प्रधान भाषा है। इसका बहुत कुछ श्रेय श्रीमान् पण्डित महावीरप्रसाद द्विवेदी, श्रीयुत पं. नाथूराम शंकर शर्मा, श्रीयुत पं. रामचरित उपाध्याय, श्रीयुत बाबू मैथिलीशरण गुप्त, श्रीयुत पं. गयाप्रसाद शुक्ल 'सनेही', बाबू जयशंकर प्रसाद, श्रीयुत लाला भगवानदीन तथा पं. गोकुलचन्द्र शर्मा प्रभृति खड़ी बोली के प्रमुख उन्नायकों को है, जिनमें कई एक प्रसिद्ध और सफल ग्रंथकार भी हैं। इन लोगों की लेखनी के चमत्कार से खड़ी बोली का उद्यान सुसज्जित एवं श्रीसम्पन्न हुआ है और अर्धशताब्दी के भीतर उसने इतना महत्व लाभ किया है जो एक चकितकर व्यापार कहा जा सकता है। 'भारतीय हृदय' और 'भारतीय आत्मा' की रचनाएँ भी अपूर्व हैं। यद्यपि वे बहुत अधिक नहीं हैं, फिर भी जितनी हैं, खड़ी बोली के पद्य का गौरव हैं। वास्तविक बात तो यह है कि 'भारतीय हृदय' ने भारत का हृदय और 'भारतीय आत्मा' ने भारत की आत्मा दिखलाने की सच्ची चेष्टा की है। ऊपर जिन भावुक सज्जनों का नामोल्लेख हुआ है, उनमें से प्रत्येक ने समय की गति को पहचाना, देश-काल के प्रत्येक विषय का मनन किया और उस पर अपनी ओजस्विनी और भावमयी लेखनी का संचालन इस प्रकार किया कि हिन्दी के पद्य-संसार में नवयुग का आविर्भाव हो गया। इन लोगों ने कविता-स्रोत की गति बदली, उसमें देशानुराग, जाति-प्रेम और जाति-गौरव के राग अलापे, उसके संकीर्ण पथ को बहुत कुछ प्रशस्त बनाया और उसके परष्किरण तथा नियमन में दृष्टिआकर्षण योग्य कार्य कर दिखलाया। खड़ी बोली की वर्तमान शैली इन्हीं लोगों के सदुद्योग और सहृदयता का फल है और आज दिन वह इन्हीं नवयुग प्रवर्तकों के आदर्श से आदर्शवर्ती है।

खड़ी बोली किसे कहते हैं, उसका यह नामकरण कैसे हुआ, इसका इतिहास क्या है? इसका दिग्दर्शनमात्र मैं यहाँ करूँगा। हिन्दी में सबसे पहले इस शब्द का प्रयोग अपने ग्रन्थों में श्रीमान् लल्लूलालजी ने किया है। इसके उपरान्त जिस शैली में वर्तमान हिन्दी भाषा का गद्य लिखा जाता है, उसको अपने 'हिन्दी भाषा' नामक ग्रंथ में स्वर्गीय बाबू हरिश्चन्द्र ने भी खड़ी बोली बतलाया है। राजा शिवप्रसाद और राजा लक्ष्मण सिंह इस

विषय में कहीं कुछ लिखते नहीं पाये गये, और यदि लिखा है तो वह मेरे दृष्टिगोचर नहीं हुआ। भारतेन्दुजी के बाद के लेखकों ने प्रायः यथावसर वर्तमान हिन्दी-गद्य के लिए खड़ी बोली का प्रयोग किया है; परन्तु अनेक लेखकों ने इस शब्द पर कटाक्ष भी किया है। स्वर्गीय 'प्रेमधन' महोदय खड़ी बोली के स्थान पर 'खरी बोली' लिखना पंसद करते थे। मेरे एक पद्य-ग्रंथ की आलोचना करते हुए उन्होंने उस पद्य-ग्रंथ की भाषा को खरी बोली लिखा है। जिस समय ब्रजभाषा और खड़ी बोली के पद्यों को लेकर तुमुल आन्दोलन प्रारम्भ हुआ और उभय दल के सहृदय-वृन्द अपने-अपने पक्ष को लेकर विवाद-क्षेत्र में अवतीर्ण हुए, उस समय इस शब्द का प्रयोग व्यापक रूप से हुआ और ब्रजभाषा अथवा खड़ी बोली की भिन्न-भिन्न सीमा निर्धारित हो गयी। पहले यह सीमा इतनी अस्पष्ट थी कि मौलवी मुहम्मद हुसेन साहब आजाद जैसे विशेषज्ञ ने भी अपने एक प्रसिद्ध ग्रंथ में उर्दू की उत्पत्ति ब्रजभाषा से बतलायी है। यद्यपि यह सत्य नहीं है। वास्तविक बात यह है कि उर्दू की उत्पत्ति हिन्दी की उस शाखा से हुई है जो मेरठ और दिल्ली के आस-पास बोली जाती है। यह सत्य होने पर भी कि शौरसेनी भाषा के दोनों ही हैं, जितना अन्तर इन दोनों में पाया जाता है, उतना अन्तर अवधी और ब्रजभाषा में नहीं मिलता यद्यपि अवधी का आधार अर्ध-मागधी है। खड़ी बोली के नाम-करण के विषय में जो तर्क-वितर्क हो, किन्तु इस बोली का प्रचार खुसरो के पहले ही पाया जाता है जो कि 14 वें शतक में हुए हैं। खुसरो की अनेक रचनाएँ खड़ी बोली में हैं। जहाँ वे अपनी प्रसिद्ध ग़ज़ल "दुराय नैना बनाय बतियाँ" में शुद्ध ब्रजभाषा का प्रयोग करते हैं, वहाँ अपने निम्नलिखित पद्य में शुद्ध खड़ी बोली का भी–

"खा गया पी गया दे गया बुत्ता"

कबीर साहब और कविवर भूषण की रचनाओं में भी खड़ी बोली का प्रयोग मिलता है। मैं उनके पद्यों को भी उदाहरण में उठाता, परन्तु स्थान का संकोच है।

कथन का प्रयोजन यह कि खड़ी बोली की कविता का प्रचार सर्वथा आधुनिक नहीं है। उसका बीज उस काल से पाया जाता है, जब अपभ्रंश भाषा का स्थान हिन्दी भाषा ग्रहण कर रही थी। किन्तु यह सत्य है कि उसका व्यापक प्रचार आधुनिक है और वर्तमान हिन्दी गद्य तथा उर्दू भाषा के साहचर्य्य से ऐसा होना अवश्यम्भावी था। स्वर्गीय बाबू अयोध्या प्रसाद स्वयं कवि नहीं थे; परन्तु खड़ी बोली के व्यापक प्रचार में उनका बहुत कुछ हाथ है। श्रीमान् पं॰ श्रीधर पाठकजी ने उसके प्रचार का उद्योग ही नहीं किया, वरन् इस भाषा में उन्होंने कविता ग्रंथ भी लिखे। उनका जो द्वन्द्व इस विषय में स्वर्गीय पं॰ प्रतापनारायण मिश्र के साथ हुआ और जो विद्वत्तापूर्ण लेखादि इस विषय में दोनों ओर से लिखे गये वे बहुमूल्य हैं। उस समय के इस प्रकार के लेखों का यदि एक संग्रह प्रकाशित हो जाता तो वह अभूतपूर्व और बड़ा मनोरंजक होता; साथ ही उसके द्वारा नवीन

जिज्ञासुओं की बहुत अधिक इष्ट-सिद्धि भी होती। किन्तु खेद है कि अभी इधर किसी की दृष्टि नहीं गयी।

ऊपर मैं कह आया हूँ कि खड़ी बोली के आन्दोलन का युग समाप्त हो गया है, तथापि उसकी कुत्सा करने वाले कुछ सज्जन अभी मौजूद हैं। वह कभी-कभी आज भी खड़ी बोली की कविता पर आक्रमण करते हैं और जो जी में आता है उसके विषय में कह डालते हैं। उनका कथन है कि खड़ी बोली की कविता कर्कश भाषा की सहोदरा है– न उसमें लालित्य है, न सौंदर्य, न उसमें भाव है, न भावुकता। सरसता का उसमें नाम नहीं, माधुर्य का उसमें लेश नहीं। हृदय-स्पर्श करना उसको आता नहीं, सहृदयता उसको छूती तक नहीं, न तो उसके गगनांगण में अब तक किसी सूर का उदय हुआ, न सुधा स्रावी-तुलसी-मयंक का दर्शन, फिर खड़ी बोली की कविता है तो क्या? जो कविता श्रवण-सुखद नहीं, जिसमें झंकार नहीं, जिसमें ओज नहीं, प्रसाद नहीं, वह भी कोई कविता है? मेरा यह निवेदन है कि ब्रजभाषा की कविता से खड़ी बोली की कविता का मिलान क्या? जिस भाषा की कविता पाँच सौ वर्ष से भी अधिक प्राचीन है, जो हिन्दी-संसार के सूर और शशि के आलोक से आलोकित है, जिसके पादाम्बुजों पर आचार्य केशव-जैसे बावदूक विद्वान और, बिहारी-जैसे लोकोत्तर सहृदयों ने कान्त कुसुमावलि चढ़ायी है, जिसमें अलौकिक पारिजात-पुष्प विराजमान हैं, जिसमें किसी मनमोहन का मनमोहक मुरलि-निनाद अहरह श्रवणगत होता है, जो सहस्रशः भावुकजनों के करों से लालित होकर भुवनाभिराम हो गयी, मँज गयी और सुन्दर बन गयी है, उससे इस भाषा की तुलना क्या, जिसके उत्थान को अभी पचास वर्ष भी नहीं हुए। सूर और शशि सारे सौर-मंडल में एक ही एक दृष्टिगत होते हैं। कवि-कुल-गुरु सूरदास और तुलसीदास की चर्चा ही क्या, वे लोग वे अमूल्य रत्न हैं, जो कभी-कभी हस्तगत होते हैं। ब्रजभाषा की कोमल कान्त पदावली उसका सर्वस्व है। उसका सौन्दर्य, माधुर्य, लालित्य, उसकी हृदयग्राहिता, सरसता और भाव-प्रबलता मनोमुग्धकर है। यह सब स्वीकार करते हुए भी यह नहीं कहा जा सकता कि खड़ी बोली की कविता वैसी ही है जैसी कि कतिपय विपक्षी सज्जन उसे बतलाकर अपने हृदय के फफोले फोड़ा करते हैं। भाषा की कर्कशता और कोमलता का सम्बन्ध शब्दावली से होने पर भी उसका बहुत बड़ा सम्बन्ध संस्कृत से भी है। सरस कविताओं में ब्रजभाषा के कविगण टवर्ग और संयुक्त वर्णों का प्रायः त्याग करते हैं–श का स कर देते हैं, ङ और ञ का लिखना अच्छा नहीं समझते, व्यंजनों के पंचम वर्णों का काम प्रायः अनुस्वार से लेते हैं और उन शब्दों के संयुक्त वर्णों को बहुधा अकारान्त और असंयुक्त बना देते हैं, जिनका प्रयोग करना उन्हें वांछित होता है। जिस क्रिया से शब्द विकृत हो जाता हो, उसका स्वरूप बिगड़ जाता हो, वह अशुद्ध हो जाता हो, इसकी इन्हें परवा नहीं होती। ब्रजभाषा का नियम ही ऐसा है। खड़ी बोली की कविता ऐसे अधिकांश

दोषों से मुक्त होती है, यह उसकी विशेष महत्ता है। प्राकृत भाषाओं में अधिकतर णकार और टकार और ऐसे ही कई एक श्रुतिकटु वर्णों का प्रयोग होने पर भी वह संस्कृत से मधुर मानी जाती है। संस्कृत और प्राकृत के प्रसिद्ध विद्वान् राजशेखर एक स्थान पर कहते हैं—"परुसासक्क अवंधा पाऊ अवंधो विहोइ सुउमारो" अर्थात् संस्कृत परुष और प्राकृत भाषा सुकुमार होती है। तो क्या संस्कृत भाषा परुष होती है? उसमें कोमलता और सुकुमारता नहीं है? यदि यह सत्य है, तो संस्कृत साहित्य का शब्दालंकार विभाग ही व्यर्थ हो जाता है। कोमल पद-विन्यास पटु विद्वद्वर जयदेवजी के इस कथन का भी कोई मूल्य नहीं रह जाता—"मधुरकोमलकान्त पदावली श्रृणु तदा जयदेव सरस्वतीम्"। मेरा तो विचार है कि कादम्बरी और गीत गोविन्द में जैसा सरस और कोमल पद-विन्यास है, शायद ही संसार की किसी भाषा को वैसे शब्द-विन्यास का गौरव प्राप्त हो। क्या गीत गोविन्द के निम्नलिखित पद्यों को पढ़कर हृत्तंत्री निनादित नहीं हो उठती और कानों में सुधावर्षण होने नहीं लगता—

ललित लवंग लता परिशीलन कोमल मलय समीरे।
मधुकर निकर करम्बित कोकिल कूजित कुञ्ज कुटीरे॥

फिर क्या कारण है कि संस्कृत को परुष कहा गया है। वास्तव बात यह है कि राजशेखर की प्राकृत सम्बन्धिनी संस्कृति ने उनको ऐसा कहने के लिए विवश किया। यह कहा जा सकता है कि उन्होंने प्राकृत की तुलना में संस्कृत को परुष कहा है; किन्तु अनेक विद्वान् इससे सहमत नहीं हैं। संस्कृत का तो शायद ही कोई विद्वान् इसे माने। अतएव इसके अतिरिक्त और कुछ नहीं कहा जा सकता है कि प्राकृत संस्कृति के कारण ही उन्होंने ऐसा कहा। वैसे ही जैसे श्रुतिकटु वर्णों टवर्ग और डवर्ग से भरी अँगरेज़ी को एक अँगरेज़; ग़ैन, क़ाफ, फ़े, ज़े इत्यादि कर्ण-विदीर्णकारी वर्णों से भरी अरबी को एक अरब और शीन, व, थे इत्यादि अक्षरों से युक्त फ़ारसी को एक मुसलमान कोमल, मधुर और सुन्दर बतलाता है। जैसे इन लोगों की अपनी-अपनी एक संस्कृति, अपनी-अपनी भाषाओं के विषय में है, उसी प्रकार खड़ी बोली के कवियों की भी एक संस्कृति खड़ी बोली के विषय में है, उसी संस्कृति से खड़ी बोली की कोमलता और मधुरता इत्यादि की जाँच होनी चाहिये, अन्यथा न्याय होना असम्भव है। मैं यह नहीं कहता कि खड़ी बोली से ब्रजभाषा मधुर और कोमल नहीं है, वरन् मैं यह कहता हूँ कि ब्रजभाषा को आदर्श मानकर जो खड़ी बोली को कर्कश बतलाते हैं, उनका आक्षेप तर्कसंगत नहीं है। ऐसे अवसरों पर उनको खड़ी बोली की संस्कृति का विचार करना चाहिये और तत्पश्चात् उसके कोमल और मधुर होने की मीमांसा करनी चाहिये। एक बार एक खड़ी बोली के आलोचक सज्जन ने कहा कि खड़ी बोली की कविता तो उर्दू इतनी भी कोमल और मधुर नहीं होती। मैंने कहा कि क्यों? उन्होंने कहा कि उसमें श्रुतिकटु शब्द बहुत आये हैं। मैंने कहा कि उर्दू में तो

श्रुतिकटु शब्दों की भरमार होती है, यह दूसरी बात है कि उर्दू पर कृपादृष्टि होने के कारण आप उसके श्रुतिकटु शब्दों को श्रुतिकटु न मानें। यह कहकर मैंने यह शेर पढ़ा—

जादये रहे वक़ा ग़ैर ज़ फेना मिलता नहीं।
है ख़ुदी जब तक की इन्साँ मैं ख़ुदा मिलता नहीं॥

और उनका ध्यान फ़ेना, ग़ैर, बक़ा, ख़ुदी व ख़ुदा पर दिलाया। वे मेरी बात सुनकर हँसने लगे। इतना लिखने का प्रयोजन यह कि खड़ी बोली की कविता को जितना कर्कश बतलाया जाता है और जिस प्रकार तिल को ताड़ बनाया जौता है, वह सत्य नहीं है। खड़ी बोली में भावमय रचनाएँ भी हुई हैं और उनमें मनोहर और हृदयग्राही कृतियाँ भी हैं। यह दूसरी बात है कि उन्हें आदर की दृष्टि से न देखा जाय और उनकी उपेक्षा की जाय। मैं उदाहरणों द्वारा इस विषय को सिद्ध करता, किन्तु लेख बढ़ने से डरता हूँ, तथापि एक उदाहरण उपस्थित करता हूँ। यह किसी खड़ी बोली के लब्धप्रतिष्ठ कवि की कविता नहीं है, तो भी आप देखिये इसमें कुछ तत्व है या नहीं, यह मर्म-स्पर्शी है या नहीं और इसकी पंक्तियों में सजीवता आप पाते हैं या नहीं—

देश की ओर से कान बहरे किये
आँख रखते हुए हाय अन्धे बने।
लाख घर-घर में रोना पड़ा पर यहाँ
रात दिन नाच गाना बजाना हुआ॥
शस्य से श्यामला भूमि में इस तरह
अन्न का, वस्त्र का, जन का टोटा पड़ा।
रत्नगर्भा के लालों को परदेश में
कौड़ियों में कुली बन के जाना पड़ा॥

मैंने खड़ी बोली की कर्कशता के विषय में इस समय जो निवेदन किया है, उससे यह न समझना चाहिये कि मैंने अपने दोषों को देखने में आँखें बन्द कर ली हैं। खड़ी बोली की कविता में कर्कशता है, किसी-किसी कविता मैं आवश्यकता से अधिक कर्कशता है, लेकिन कुल कविता ही ऐसी है यह मैं नहीं मानता। जो लोग इस विषय में असंयत हैं, जो लोग अपनी कविता में संस्कृत शब्दों की भरमार करना ही अपना कर्तव्य समझते हैं, उन्हें सावधान होना चाहिये। जो कविता गद्यमय अथवा प्रोजेइक है उसे कविता नहीं कहा जा सकता। तद्भव शब्दों के स्थान पर तत्सम शब्दों का प्रयोग उचित नहीं। जितना ही कोमल शब्द-विन्यास होगा, कविता उतनी ही सुन्दर होगी। जब तक हमारा काम हिन्दी के प्रचलित शब्दों से चलता है, तब तक हमें संस्कृत शब्दों का प्रयोग न करना चाहिये। जहाँ कान हम लिख सकते हैं वहाँ कर्ण न लिखें। पद्य की शिथिलता से अवश्य बचना

चाहिये, शैली भी उपेक्षणीय नहीं, परन्तु इन सबसे अधिक प्रसादगुण वाँछनीय है। हमारी भाषा ऐसी होनी चाहिए, जिसको अधिक से अधिक लोग समझ सकें। आजकल शुद्ध शब्द प्रयोग करने का उन्माद हो गया है; किन्तु इसका यह अर्थ नहीं कि हम 'हाथ' के स्थान पर 'हस्त' 'पाँव' के स्थान पर 'पद' और 'आँख' के स्थान पर 'अक्षि' लिखने लगें। ऐसी अवस्था में हिन्दी भाषा का हिन्दीपन लोप हो जायेगा और वह एक कृत्रिम भाषा बन जायेगी। हम नहीं कहते कि आप शंकर के स्थान पर संकर अथवा शंका के स्थान पर संका लिखिये; किन्तु यह भी उचित नहीं है कि थल के स्थान पर स्थल और पानी के स्थान पर पानीय लिखने का ही आग्रह किया जावे। मेरे 'प्रिय-प्रवास' ग्रंथ का बहुत अनुकरण हुआ है, उसकी विशेषताओं का ध्यान करके उसके संस्कृत छन्दों और शब्दों के प्रयोग पर अधिक दृष्टि दी गयी है। ऐसे कुछ ग्रंथ छप गये हैं और कुछ छपने के लिये प्रस्तुत हैं। मैं उत्साही और प्रतिभाशाली नवयुवकों का साहित्य-क्षेत्र में सादर अभिनन्दन करता हूँ और उनके वर्द्धोन्मुख प्रयत्नों की सहस मुख से प्रशंसा। तथापि यह निवेदन करने के लिए विवश हूँ कि अन्धाधुन्ध अनुकरण अच्छा नहीं। प्रियप्रवास लिखकर उच्च कोटि की हिन्दी और अन्त्यानुप्रास-रहित पद्य का आदर्श उपस्थित करने की मैंने चेष्टा की है। मैं अपने उद्देश्यों में सफल हुआ हूँ या नहीं, इसको समय बतलावेगा। किन्तु उसका पथ कण्टकाकीर्ण और विषम है। जो प्रतिभाशाली और साहसी युवक उस पथ को ग्रहण करना चाहते हैं, ग्रहण करें, मुझको हस्तक्षेप करने का अधिकार नहीं। किन्तु मेरा सविनय निवेदन यही है कि सरल हिन्दी लिखने का ही प्रयत्न किया जावे; क्योंकि सर्वसाधारण का उपकार इसी प्रकार की हिन्दी से होने की आशा है। कोई-कोई सज्जन कभी-कभी मुझ पर यह आक्षेप भी करते हैं कि मेरा कोई निश्चित मार्ग अथवा कोई नियमित शैली नहीं। कभी ब्रज की कविता करता हूँ, तो कभी प्रियप्रवास की भाषा लिखने लगता हूँ, और कभी बोलचाल की ओर ढल जाता हूँ, और इस प्रकार घड़ी-घड़ी रंग बदलता रहता हूँ। किन्तु, यह सत्य नहीं है। मैं अपने विचारानुसार प्रत्येक प्रकार की हिन्दी का उदाहरण उपस्थित कर देना चाहता हूँ। परन्तु प्यार सरल हिन्दी ही को करता हूँ, और उसी में कविता करना उपकारक और उत्तम समझता हूँ। मैं यहाँ अपनी प्रत्येक प्रकार की हिन्दी कविता का एक एक उदाहरण उपस्थित करता हूँ। देश-कालानुसार दूसरी और तीसरी शैली ही अधिक उपयोगिनी है; अतएव मैं इन्हीं दोनों शैलियों में खड़ी बोली की कविता करने का विशेष पक्षपाती हूँ और नवयुवकों को उसी शैली को ग्रहण करने की अनुमति देता हूँ। पद्यों के उदाहरण ये हैं :-

रस मिले सरसावन सौ गुनी।
विलस मंजु विलासवती बने॥
कर विमुग्ध सकी किसको नहीं।
कुसुमिता न मिता वनिता लता॥

फरहरा हमारा था नभ में फहराया।
सिर पर सुरपुर ने था प्रसून बरसाया॥
था रत्न हमें देता समुद्र लहराया।
था भूतल से कमनीय फूल फल पाया।
हम-सा त्रिलोक में सुखित कौन दिखलाता।
था कभी हमारा यश वसुधा-तल गाता॥
राह में आँखें बिछाईं सोच यह।
पंखड़ी कोई न पाँवों में गड़े॥
पाँवड़े मैं डालता क्यों दूसरे।
पाँवड़े मेरी पलक के हैं पड़े॥

वर्तमान अवस्था और रहस्यवाद

खड़ी बोली के इतिहास में वर्त्तमान अवस्था को हम सन्तोषजनक कह सकते हैं। इस समय उसका प्रचार हो रहा है और आधुनिक युवकमण्डल की दृष्टि इस ओर विशेषतया आकृष्ट हो गयी है। मासिक पत्रों में आजकल खड़ी बोली की उत्कृष्ट कविताएँ निकल रही हैं। उनका यथोचित समादर भी हो रहा है और उल्लेखनीय कविता-ग्रन्थ भी लिखे जा रहे हैं। सबसे विशेष हर्ष की बात यह है कि इन दिनों शृंगार रस का प्रवाह एक प्रकार से बन्द हो गया है और सब ओर देशानुराग, जाति-प्रेम, समाज-सुधार इत्यादि की तानें सुनायी दे रही हैं। हमारी आँखें बहुत कुछ खुल गयी हैं और हम जननी-जन्मभूमि को पहचानने लगे हैं, हमारे हृदय की आकृति आज भी भावमयी है; किन्तु उससें आत्म-गौरव, आत्म-रक्षा, आत्मानुभूति के स्वर भरे हुए हैं। कविकुल-कल्पना की इति-श्री कामिनी-कमनीया में ही नहीं हो जाती, हास-विलास में ही उसका चमत्कार नहीं समाप्त हो जाता है, काम-कलाओं के प्रदर्शन में ही उसकी विलक्षणता नहीं पर्यवसित होती है। अब वह स्वाधीनता के गगन में उड़ती है। सामाजिक अवस्था के उदधि-गर्भ में प्रवेश करती है, जातीयता के मन्त्र से अभिमन्त्रित होती है, जाति-अधःपात पर रोती है और विदीर्ण हृदयों के दुःखों से स्वयं विदीर्ण-हृदय बनती है। कवि की प्रतिभा आज अन्तर्मुखी है, वह हृदयों को टटोलती है, उसके सूक्ष्म भावों को विचारती है, मनोविज्ञान के रहस्यों का उद्घाटन करती है और मर्मस्थलों के मर्म जानने में संलग्न रहती है। यह शुभ लक्षण है, विचार से ही कार्य की उत्पत्ति होती है, भाव ही अभाव का अनुभव करता है, चेष्टा ही सफलता की जननी है। जो हृदयोद्गार होता है, अन्तर का उच्छ्वास होता है, वही लेखनी का विषय होता है, वही पथ बाध्य होकर निर्जीव को सजीव कर देता है; रगों में बिजली भरता है और मृतकप्राय

जाति के लिये मृत-संजीवनी का काम देता है। देश का सौभाग्य है जो आज हम लोगों में इस प्रकार का परिवर्तन हो गया है। खड़ी बोली के पद्यों में कवितागत कितनी ही त्रुटियाँ क्यों न हों; किन्तु वह इसलिए आदरणीय है कि उसने देश और जाति के रोग को पहचाना है और उसकी चिकित्सा में लग्न है। फिर भी मैं यह कहूँगा कि उसको जितना अग्रसर होना चाहिए अब तक वह उतना अग्रसर नहीं हुई है। जो विशाल कार्य उसको करना है उसका एक लघु भाग भी अब तक वह नहीं कर सकी है, अबतक वह सर्वतोमुखी नहीं है और न वह उतनी श्री-सम्पन्न है जितना उसे होना चाहिये। इसके अनेक कारण हैं। तथापि हमको हतोत्साह न होना चाहिये। आशा का प्रफुल्लित उद्यान हमारे सामने है। उसमें हमको वे मनोहर और सौरभमय सुमन मिलेंगे जिनसे हिन्दी-संसार सौरभित हो जायेगा। यह कहते हृदय व्यथित होता है कि संस्कृत के विद्वानों और लक्ष्मी के लालों की उचित दृष्टि अब तक इधर नहीं हुई; तथापि यह निश्चित है कि उद्योग गगन-नवराग-रंजित होगा और उसमें सफलता की सुनहली किरणें आलोक विकीर्ण करती दृष्टिगोचर होंगी।

आजकल खड़ी बोली कविता-संसार में एक प्रवृत्ति विशेष रूप से जागृत हुई है। हमारे युवक-मंडल का ध्यान इन दिनों रहस्यवाद अथवा छायावाद की ओर विशेष आकृष्ट हुआ है। वे इस विषय की कविताएँ भी इस समय अधिकता से कर रहे हैं। यह विषय नवीन नहीं, प्राचीन है। हिन्दी भाषा में सुन्दर से सुन्दर कविताएँ रहस्यवाद की मौजूद हैं। खड़ी बोली में इस प्रकार की कविता करने का उद्योग आदरणीय और अभिनन्दनीय है। किन्तु उसका अबाध और उच्छृंखल प्रवाह वांछनीय नहीं। खड़ी बोली के कविता-लेखकों पर यह आक्षेप किया जाता है कि उनमें अधिकांश ऐसे हैं जिनमें न तो प्रतिभा है, न छन्दज्ञान, न मार्मिकता, न सहृदयता, न सुन्दर शब्द-विन्यास की शक्ति, न भावप्रकाशन की यथोचित क्षमता। न उनकी कविताओं में सरसता होती है, न मधुरता और न प्रसादगुण और न वाच्यार्थ की स्पष्टता, फिर भी उनकी लेखनी असंकुचित रूप से चलती है और काव्य-संसार को कलुषित कर रही है। यह कथन अधिकांश युक्तिसंगत नहीं; किन्तु सर्वथा निर्मूल भी नहीं है। रहस्यवाद की आधुनिक अनेक कविताओं ने इन आक्षेपों को और प्रश्रय दिया है। इसकी मुझको व्यथा है, अतएव मैं समस्त खड़ी बोली के कविता-लेखकों को साधारणतया और रहस्यवाद के कवियों को विशेषतया इस विषय में सावधान करता हूँ। श्रीमान् बाबू जयशंकर प्रसाद काशीनिवासी की रहस्यवाद की कविताएँ सुन्दर होती थीं। खड़ी बोली में इस प्रकार की कविताएँ सुन्दर होती थीं। खड़ी बोली में इस प्रकार की कविताओं के आप प्रथम लेखक थे। प्रियवर पं॰ सुमित्रानन्दन पन्त, प्रियवर गिरीश, श्रीमान् महतो, श्रीमान् गुलाब, श्रीमान् निर्मल और श्रीमान् निराला इत्यादि कतिपय नवयुवकों ने भी इस विषय की अच्छी रचनाए की हैं; किन्तु यह कहने के लिए मैं विवश हूँ कि कुछ इने-गिने सहृदयों को छोड़कर अधिकतर लोगों की रहस्यवाद की

कविताएँ उपहासास्पद होती हैं। मुझको ऐसे रहस्यवाद की कविता के लेखक भी मिले हैं जो पूछने पर अपनी कविताओं का अर्थ स्वयं नहीं बतला सके, यह अत्यन्त लज्जा और दुख की बात है। ऐसी कविताओं से क्या इष्ट-सिद्धि हो सकती है? वे लोग इसको स्वयं सोचें।

रहस्यवाद अथवा मिस्टिसिज्म क्या है? और कुछ नहीं, इस रहस्यमय संसार का रहस्योद्घाटन है। संसार रहस्यमय है, इसका एक-एक रजकण चमत्कारपूर्ण है। सुनील निर्मल गगन, अनन्त तारकपुंज, कलकलनिनादिनी सरिता, श्यामल तृणराजि, कलित कुसुमावली, हरे-भरे पादपवृन्द, चित्र-विचित्र विहंगम समूह, नाना रत्नचय, मानव शरीर, उत्तुंग शैलमाला, तरंगायमान जलधि, जिधर नेत्र उठाइये उधर ही रहस्यमय दृश्य सामने आता है। यही नहीं, ब्रह्म क्या है? वास्तव में कुछ है या नहीं? संसार क्या है? क्यों बना? जीवन-मरण क्या है? नियति-चक्र किसे कहते हैं? सांसारिक नाना क्रिया-कलाप का अर्थ क्या है? प्रयोजन क्या है? जीवन की सार्थकता क्या है? क्यों कोई माई का लाल है? क्यों कोई काल है? क्यों कोई सुखी है? क्यों कोई दुखी है? ऐसे-ऐसे नाना प्रश्न भी हमारे सामने आते हैं, नाना तर्कनाएँ हृदय में उठती हैं। इनका उत्तर देने की चेष्टा, संसार के मर्मों के उद्घाटन का उद्योग, प्रत्येक पदार्थ का यथार्थ ज्ञान लाभ करने का यत्न चिरकाल से हो रहा है। अब भी होता है, भविष्य में भी होगा। किन्तु, यह अज्ञेयवाद जैसा पहले था आज भी वैसा ही है, भविष्य में भी ऐसा ही रहेगा। इस विषय में जिसका जितना ज्ञान है, जिसकी पहुँच जहाँ तक है, वह वहाँ तक प्रत्येक विषयों पर प्रकाश डालने की चेष्टा करता है; किन्तु असीम गगन का अन्त पाना साधारण विहरणशील किसी विहंग का कार्य नहीं है। जब हम सुनते हैं–'न तत्र वाङ् गच्छति न मनो गच्छति'–ऐ बरत अज़ख़ेयाल क़यासो गुमानव वहम' तो चित्त चिन्तित हो जाता है। उत्कण्ठा द्विगुण हो जाती है। जब कान में यह ध्वनि पड़ती है–'जेहि जाने जग जाइ हेराई'–'आंराकि ख़बर शुद ख़बरश वाज़ नयामद' तो मन कहता है कि यह क्या जटिल समस्या है? क्या प्रपंच है? फिर यह आकाशवाणी होती है–'तत्ब्रह्मासि ब्रह्म सत्यम् जगन्मिथ्या, जीवो ब्रह्मैवनापरः' 'सर्वम् खल्विदम् ब्रह्म नेह नानास्ति किञ्चन' तो नेत्रों के सामने से एक महान् आवरण हट-सा जाता है और मन एक अनिर्वचनीय आनन्द में निमग्न हो जाता है; किन्तु तो भी समाधान की पराकाष्ठा नहीं होती। जब हमको बतलाया जाता है 'लव इज़ गॉड, गॉड इज़ लव' 'टु सी गॉड इज़ टु सी ऐज़ गॉड सीज़'–'दिल के आइने में है तस्वीरे' यार जब जरा गरदन झुकाई देख ली', 'न मोक्षो नभसः पृष्ठे न पाताले न भूतले, मोक्षोहि मनसोशुद्धिः सम्यगूज्ञान विबोधितम्'–तब चित्त को महान् आश्वासन होता है; परन्तु जिज्ञासा का निराकरण फिर भी नहीं होता। प्रयोजन यह कि इस प्रकार की अनेक बातें हैं, जो हमको संसार का रहस्योद्घाटन के लिए चंचल, आतुर और मननशील बनाती हैं। समय-समय

पर इन समस्त विषयों में जब जिसको आभास मिला है, जो अनुभव हुआ है उसने उसको अपने विचारानुसार प्रकट करने की चेष्टा की है। जो नहीं बतलाया जा सकता है उसको कैसे बतलाया जावे, यदि और कुछ नहीं, तो उसके विषय में कुछ संकेत ही किया जावे, उसकी छाया ही दिखलायी जावे, इसी उद्योग और भाव-प्रकाशन की रीति का परिणाम रहस्यवाद और छायावाद है। मान्य वेदों के अनेक वचन, उपनिषदों के अनेक वाक्य, वेदांत दर्शन के कतिपय प्रसंग, मौलाना रूम की मसनवी, उमर खय्याम और हाफिज की बहुत-सी रचनाएँ और हमारे यहाँ के सन्तों की अनेक वाणियाँ इस प्रकार की हैं और उनमें बहुत कुछ तत्व भरा हुआ है। वर्तमान महानुभावों में संसार भर में कवि सम्राट् रवींद्रनाथ ठाकुर की इस प्रकार की रचनाएँ सर्वोच्च हैं। इस महापुरुष ने इस विषय में लिखकर जो भावना दिखलायी है वह अभूतपूर्व और अद्‌भुत है। रहस्यवाद पर लेखनी चलाना सुगम नहीं, इसके लिये बहुत बड़े अनुभव और सर्वव्यापक दृष्टि की आवश्यकता है। मैं कबीर साहब की कतिपय साखियों को यहाँ उठाकर इस विषय पर कुछ और प्रकाश डालना चाहता हूँ। अन्य ग्रंथों के उदाहरण के लिए स्थान का संकोच हैः-

सरपहिं दूध पियाइये सोई बिस ह्वै जाय।
ऐसा कोई ना मिला आपे ही बिख खाय।
घर जारे घर ऊबरै घर राखे घर जाय।
एक अचंभा देखिया मुआ काल को खाय।
पाया कहें ते बावरे खोया कहें ते कूर।
पाया-खोया कुछ नहीं, ज्यों का त्यों भरपूर॥
आसा जीवै जग मरै लोग मरै मर जाहि।
धन संचै सो भी मरै, उबरै सो धन खाहि॥
भरो होय सो रीतई रीतो होय भराय।
रीतो भरो न पाइये अनुभव सोइ कहाय॥

रहस्यवाद के बड़े अच्छे ये दोहे हैं। इनमें कतिपय रहस्यों का उद्‌घाटन है, इसमें अनुभव और ज्ञान की ज्योति निकल रही है और कतिपय सिद्धांतों पर उज्ज्वल प्रकाश पड़ रहा है। परन्तु कबीर साहब के कुछ ऐसे पद्य भी हैं, जिनका कोई अर्थ नहीं है। मन-गढ़न्त की बात दूसरी है, पर वास्तव बात यह है कि भाषा और भाव उनका तत्व प्रकट करने में असमर्थ हैं, जैसे–

घर-घर मुसरी मंगल गावै, कछुआ संख बजावै।
पहिर चोलना गदहा नाचै भैंसा भगत करावै॥

यदि इसका अर्थ असंभवतापरक मानकर ईश्वर-ज्ञान-विषयक असंभवता का संदेश

इसको समझा जावे, तो इन चरणों की कुछ सार्थकता हो सकती है, तो भी यह कष्ट कल्पना है। वाच्यार्थ और शब्द-शास्त्र से उसका कोई सम्बन्ध नहीं। खेद है कि आधुनिक रहस्यवाद की कविता अधिकांश ऐसी ही है। उत्साही और होनहार युवकों से मेरा यह सविनय निवेदन है कि वे प्रथम प्रकार की कविता करने का उद्योग करें। अंड-बंड कविता-रचना से बचें, अन्यथा खड़ी बोली की कविता कलंकित तो होगी ही उसका उद्देश्य भी सिद्ध न होगा। कवि सम्राट् रवीन्द्रनाथ ठाकुर का पदानुसरण करना गौरव की बात है, उनको आदर्श बनाना समुन्नति का साधन है, श्रेय का हेतु है, तथापि यह कहना पड़ेगा कि उचित योग्यता और अनुभव प्राप्त किये बिना ऐसी कामना करना बातुलता और बामन-चन्द्र-स्पर्श समान साहस है।

रहस्यवाद के अनुरागियों से मेरा एक निवेदन और है। वह यह कि अपनी कविता को यदि वे विश्व-संगीत समझते हैं तो समझें, उसमें विश्वबन्धुत्व का भाव और राग उनको सुन पड़ता है तो वे सहर्ष उसको सुनें और दूसरे को भी सुनाकर विमुग्ध बनावें, इसमें कोई आपत्ति नहीं। किन्तु कृपा करके प्राचीन कवियों पर कटाक्ष न करें और उनकी कुत्सा करने के लिए कटिबद्ध न होवें। आप अपने हृदय में उनको संकीर्ण समझें, उनको उन्मार्गगामी मानें। अपने को उच्च विचार का और विवेकी विचारते रहें, परन्तु उनके गुरु पद पर पद-प्रहार न करें। सूर सूर हैं, जिनकी ज्योति से हिन्दी-संसार देदीप्यमान है, गोस्वामी तुलसीदास उस उच्च पद पर आरूढ़ हैं, जहाँ आज तक हिन्दी-संसार का कोई कवि नहीं पहुँचा। बिहारी हिन्दी-सहित्योद्यान-कोकिल हैं, और देव काव्यसर-सरसीरुह। इसी प्रकार ब्रजभाषा के बहुत-से मान्य प्राचीन और आधुनिक कवि किसी न किसी विशेष गौरव से गौरवित हैं। वे हमलोगों के विकास-हेतु हैं, और हमारे गुरुवर हैं। उन्हीं की उँगली पकड़कर हमने साहित्यांगण में पद संचालन सीखा है और हिन्दी सुन्दर उन्हीं के सुहाग से सौभाग्यवती है। अतएव यदि हम उनके उपकारों और महत्व को न समझें, तो उनकी कुत्सा करके लांछित भी न बनें। बिना उनकी आयोग्यता प्रगट किये भी हम योग्य और बिना किसी माननीय की अवमानना किये भी हम मान्य हो सकते हैं। इसी प्रकार महान हृदया ब्रजभाषा की निन्दा करना भी उचित नहीं। आपकी खड़ी बोली सर्वाङ्ग सुन्दरी हो, अनेक भूषण-आभूषिता हो, उन्नति और प्रगतिशीला हो तो हो, आप उसे ऐसा ही समझें, पर ब्रजभाषा को भी पूजनीय समझें। ब्रजभाषा देवी के समान हमारी आराध्या है। आप उसकी आराधना अवश्य करें, वह आपकी कामना-वेलि को कुसुमित और पल्लवित करेगी, और आपको वे रत्न प्रदान करेगी, जिसके द्वारा आपकी खड़ी बोली का साहित्य जगमगा उठेगा।*

---

* परिशिष्ट

छायावाद

आज कल हिन्दी-संसार में छायावाद की रचनाओं की ओर युवक दल की रुचि अधिकतर आकर्षित है। दस-बारह वर्ष पहले जो भावनाएँ थोड़े से हृदयों में उदित हुई थीं, इन दिनों वे इतनी प्रबल हो गयी हैं कि उन्हीं का उद्घोष चारों ओर श्रुति-गोचर हो रहा है। जिस नवयुवक कवि को देखिये आज वही उसकी ध्वनि के साथ अपना कण्ठस्वर मिलाने के लिये यत्नवान् है। वास्तव में बात यह है कि इस समय हिन्दी भाषा का कविता-क्षेत्र प्रति दिन छायावाद की रचना की ओर ही अग्रसर हो रहा है। इस विषय में वाद-विवाद भी हो रहा है, तर्क-वितर्क भी चल रहे हैं, कुछ लोग उसके अनुकूल हैं, कुछ प्रतिकूल। कुछ उसको स्वर्गीय वस्तु समझते हैं और कुछ उसको कविता भी नहीं मानते। ये झगड़े हों, किन्तु यह सत्य है कि दिन-दिन छायावाद की कविता का ही समादर बढ़ रहा है। इसे देख कर यह स्वीकार करना पड़ता है कि उसमें कोई ऐसी बात अवश्य है जिससे उसकी उत्तरोत्तर वृद्धि हो रही है और अधिक लोगों के हृदय पर उसका अधिकार होता जाता है।

संस्कृत का एक सिद्धान्त है–'समय एव करोति बलाबलम्'। समय ही बल प्रदान करता है और अबल बनाता है। मेरा विचार है कि यह समय क्रान्ति का है। सब क्षेत्रों में क्रान्ति उत्पन्न हो रही है तो कविता-क्षेत्र में क्रान्ति क्यों न उत्पन्न होती? दूसरी बात यह है कि आजकल योरोपीय विचारों, भावों और भावनाओं का प्रवाह भारतवर्ष में बह रहा है। जो कुछ विलायत में होता है उसका अनुकरण करने की चेष्टा यहाँ की सुशिक्षित मण्डली द्वारा प्रायः होती है। इस शताब्दी के आरम्भ में ही रहस्यवाद की कविताओं का प्रचार योरप में हुआ। उमर ख़य्याम की रुबाइयों का अनुवाद योरप की कई भाषाओं में किया गया जिससे वहाँ की रहस्यवाद की रचनाओं को और अधिक प्रगति मिली। इन्हीं दिनों भगवती वीणापाणि के वरदपुत्र कवीन्द्र रवीन्द्र ने कबीर साहब की कुछ रहस्यवाद की रचनाओं का अँगरेज़ी अनुवाद प्रकाशित किया और उसकी भूमिका में रहस्यवाद की रचनाओं पर बहुत कुछ प्रकाश डाला। इसके बाद उनकी गीतांजली में अँगरेज़ी अनुवाद का योरप में बड़ा आदर हुआ और उनको 'नोबल प्राइज़' मिला। कवीन्द्र रवीन्द्र का योरप पर यदि इतना प्रभाव पड़ा हो तो उनकी जन्मभूमि पर क्यों न पड़ता। निदान उन्हीं की रचनाओं और कीर्ति-मालाओं का प्रभाव ऐसा हुआ कि हिन्दी भाषी प्रान्तवाले भी उनकी

इस प्रकार की रचनाओं का अनुकरण करने के लिए लालयित हुए। उनकी रचनाओं का असर यहाँ की छायावाद की कविताओं पर स्पष्ट दृष्टिगत होता है। कुछ लोगों ने तो उनका पद्य का पद्य अपना बना लिया है।

हमारे प्रान्त के हिन्दी भाषा के कुछ प्राचीन ग्रंथ ऐसे हैं जिनमें रहस्यवाद की रचना पर्याप्त मात्रा में पायी जाती है। ऐसी रचना उन लोगों की है जो अधिकतर सूफ़ी सम्प्रदाय के थे। इस प्रकार की सबसे अधिक रचना कबीर साहब के ग्रन्थों में मिलती है। जायसी के 'पदमावत' और 'अखरावट' में भी इस प्रकार की अधिक कविताएँ हैं। यह स्पष्ट है कि इन दोनों की रचनाएँ सूफ़ी से ही प्रभावित हैं। जायसी के अनुकरण में बाद को जितने प्रबंध-ग्रंथ मुसलमान कवियों द्वारा लिखे गये हैं उनमें भी रहस्यवाद का रंग पाया जाता है। जब देखा गया कि इस प्रकार की रचनाएँ समय के अनुकूल हैं और वे प्रतिष्ठा का साधन बन सकती हैं तो कोई कारण नहीं था कि कुछ लोग उनकी ओर आकर्षित न होते। इस शताब्दी के आरम्भ में सूफ़ियाना ख़याल की जितनी उर्दू रचनाएँ हुई हैं उनका प्रभाव भी ऐसे लोगों पर कम नहीं पड़ा। इसके अतिरिक्त इस प्रकार की रचनाएँ शृंगाररस का नवीन संस्करण भी हैं। जब देश में देश-प्रेमि का राग छिड़ा और ऐसी रचनाएँ होने लगीं तो उसका छायावाद की रचना के रूप में रूपान्तरित हो जाना स्वाभाविक था। एक और बात है। वह यह है कि जब वर्णनात्मक अथवा वस्तु प्रधान (Objective) रचनाओं का बाहुल्य हो जाता है तो उसकी प्रतिक्रिया भावात्मक अथवा भाव प्रधान (Subjective) रचनाओं के द्वारा हुए बिना नहीं रहती। दूसरी बात यह है कि व्यंजना और ध्वनि प्रधान काव्य ही का साहित्य-क्षेत्र में उच्च स्थान है। इसलिए चिंताशील मस्तिष्क और भावप्रवण हृदय इस प्रकार की रचनाओं की ओर ही अधिक खिंचता है। यह स्वाभाविकता भी है क्योंकि वर्णनात्मक रचना में तरलता होती है और भावात्मक रचनाओं में गंभीरता और मोहकता। ऐसी दशा में इस प्रकार की रचनाओं की ओर कुछ भावुक एवं सहृदय जनों का प्रवृत्त हो जाना आश्चर्यजनक नहीं। क्योंकि प्रवृत्ति ही किसी कार्य का कारण होती है। छायावाद की कविताओं के विषय में भी यह बात कही जा सकती है। 'छायावाद' शब्द कहाँ से कैसे आया, इस बात की अब तक मीमांसा न हो सकी। छायावाद के नाम से जो कविताएँ होती हैं उनको कोई 'हृदयवाद' कहता है और कोई प्रतिबिम्बवाद। अधिकतर लोगों ने छायावाद के स्थान पर रहस्यवाद कहने की सम्मति ही दी है। किन्तु अब तक तर्क-बितर्क चल रहा है और कोई यह निश्चित नहीं कर सका कि वास्तव में नूतन प्रणाली की कविताओं को क्या कहा जाय। इस पर बहुत लेख लिखे जा चुके हैं, पर सर्व-सम्मति से कोई बात निश्चित नहीं की जा सकी। छायावाद की अनेक कविताएँ ऐसी हैं जिनको रहस्यवाद की कविता नहीं कह सकते, उनको हृदयवाद कहना भी उचित नहीं, क्योंकि उसमें अतिव्याप्ति दोष है। कौन सी कविता ऐसी है जिससे हृदय का सम्बन्ध नहीं? ऐसी

अवस्था में मेरा विचार है कि 'छायावाद' नाम ही नूतन प्रणाली की कविता का स्वीकार कर लिया जाय तो अनेक तर्कों का निराकरण हो जाता है। यह नाम बहुत प्रचलित है और व्यापक भी बन गया है।

'रहस्यवाद' शब्द में एक प्रकार की गम्भीरता और गहनता है। उसमें एक ऐसे गंभीर भाव की ध्वनि है जो अनिर्वचनीय है और जिस पर एक ऐसा आवरण है जिसका हटाना सुगम नहीं। किन्तु 'छायावाद' शब्द में यह बात नहीं पायी जाती। जिसमें कोई अज्ञेय दृष्टिगत न हो, परन्तु कम से कम उसका प्रतिबिम्ब मिलता है और कविकर्म्म के लिए इतना अवलम्बन अल्प नहीं। इसलिये रहस्यवाद शब्द से छायावाद शब्द में स्पष्टता और बोधगम्यता है। छायावाद का अनेक अर्थ अपने विचारानुसार लोगों ने किया है। परन्तु मेरा विचार यह है कि जिस तत्व का स्पष्टीकरण असम्भव है, उसकी व्याप्त छाया का ग्रहण कर उसके विषय में कुछ सोचना, कहना, अथवा संकेत करना असंगत नहीं। परमात्मा अचिन्तनीय हो, अव्यक्त हो, मन-बचन-अगोचर हो, परन्तु उसकी सत्ता कुछ न कुछ अवश्य है। उसकी यही सत्ता संसार के वस्तुमात्र में प्रतिबिम्बित और विराजमान है। क्या उसके आधार से उसके विषय में कुछ सोचना-विचारना युक्तिसंगत नहीं। यदि युक्तिसंगत है तो इस प्रकार की रचनाओं को यदि छायावाद नाम दिया जाय तो क्या वह विडम्बना है? यह सत्य है कि वह अनिर्वचनीयत्व अकल्पनीय एवं मन, बुद्धि-चित्त से परे है, परन्तु इसका यह अर्थ नहीं कि हम उसके विषय में कुछ सोच-विचार ही नहीं सकते। उसके अपरिमित और अनन्त गुणों को हम न कह सकें, यह दूसरी बात है, किन्तु उसके विषय में हम कुछ कह ही नहीं सकते। ऐसा नहीं कहा जा सकता। संसार-समुद्र अब तक बिना छाना हुआ पड़ा है। इसके अनन्त रत्न अब तक अज्ञातावस्था में हैं। परन्तु फिर भी मनीषियों ने उसकी अनेक विभूतियों का ज्ञान प्राप्त किया है। जिससे एक ओर मनुष्यों को सांसारिक और आध्यात्मिक कई शक्तियाँ प्राप्त हुईं और दूसरी ओर संसार के तत्वों का विशेष ज्ञान प्राप्त करने की जिज्ञासा और जाग्रत हो गयी। उस परम तत्व के विषय में भी यही बात कही जा सकती है। मेरे कथन का अभिप्राय यह है कि छायावाद शब्द की व्याख्या यदि कथित रूप में ग्रहण की जाय तो उसके नाम की सार्थकता में व्याघात उपस्थित न होगा। मेरी इन बातों को सुन कर कहा जा सकता है कि यह तो छायावाद को रूपान्तर से रहस्वाद का पर्य्यायवाची शब्द बनाना है। फिर रहस्यवाद शब्द ही क्यों न ग्रहण कर लिया जाय, छायावाद शब्द की क्लिष्ट कल्पना क्यों की जाय? ईश्वर-सम्बन्धी विषयों के लिए यह कथन ठीक है। परन्तु सांसारिक अनेक विषय और तत्व ऐसे हैं कि छायावाद की कविता में जिनका वर्णन और निरूपण होता है। उन वर्णनों और निरूपणों को रहस्यवाद की रचना नहीं कहा जा सकता। मैं समझता हूँ, इस प्रकार की कविताओं और वर्णनों के समावेश के लिए भी छायावाद नाम की कल्पना की गयी है। दूसरी बात

यह है कि 'छायावाद' कहने से आजकल जिस प्रकार की कविता का बोध होता है वह बोध ही छायावाद का अर्थ क्यों न मान लिया जाय? मेरा विचार यह है कि ऐसा मान लेने में कोई आपत्ति नहीं। अनेक रूढ़ि शब्दों की उत्पत्ति इसी प्रकार हुई है। आइये, एक दूसरे मार्ग से इस पर और विचार करें।

प्रातकाल फूल हँसते हैं। क्यों हँसते हैं? यह कौन जाने। वे रंग लाते हैं, महकते हैं, मोती जैसी बूंदों से अपनी प्यास बुझाते हैं, सुनहले तारों से सजते हैं, किसलिए! यह कौन बतलावे। एक कालाकलूटा आता है, नाचता है, गीत गाता है, भाँवरें भरता है, झुकता है, उनके कानों में न जाने क्या क्या कहता है, रस लेता है और झूमता हुआ आगे बढ़ता है क्यों? रंग-बिरंगी साड़ियाँ पहने, ताकती झाँकती अठखेलियाँ करती, एक रँगीली आती है, उनसे हिलती मिलती है, रंगरलियाँ मनाती है, उन्हें प्यार करती है, फिर यह गयी, वह गयी, कहाँ गयी, कौन कहे? कोई इन बातों का ठीक ठीक उत्तर नहीं दे सकता। अपने मन की सभी सुनाता है, पर पत्ते की बात किसने कही। आँख उठा कर देखिये, इधर-उधर, हमारे आगे-पीछे, पल-पल ऐसी अनन्त लीलाएँ होती रहती हैं, परन्तु भेद का परदा उठानेवाले कहाँ हैं? यह तो बहिर्जगत् की बातें हुईं। अन्तर्जगत् और विलक्षण है। वहाँ एक ऐसा खिलाड़ी है जो हवा को हवा बतलाता है, पानी में आग लगाता है, आसमान के तारे तोड़ता है, आग चबाता है, धरती को धूल में मिलाता है, स्वर्ग में फिरता है, नन्दनबन के फूल चुनता है और बैकुण्ठ में बैठ कर ऐसी हँसी हँसता है कि जिधर देखो उधर बिजली कौंधने लगती है। संसार उसकी कल्पना है, कार्यकलाप, केलि और उत्थान-पतन रंग-रहस्य। उसके तन नहीं, परन्तु भव का ताना-बाना उसी के हाथों का खेल है। वह अन्धा है, किन्तु वही तीनों लोकों की आँखों का उजाला है वह देवताओं के दाँत खट्टे करता है, लोक को उँगलियों पर नचाता है और उन गुत्थियों को सुलझाता है जिनका सुलझाना हँसी खेल नहीं। जहाँ वह रहता है, वहाँ की वेदनाओं में मधुरिमा है, ज्वालाओं में सुधा है, नीरवता में राग है, कुलिशता में सुमनता है और है गहनता में सुलभता। वहाँ चन्द्र नहीं, सूर्य नहीं, तारे नहीं, किन्तु वहाँ का आलोक विश्वालोक है। वहाँ बिना तार की तन्त्री बजती है, बिना स्वर का आलाप होता है, बिना बादल रस बरसता है। और बिना रूप-रंग के ऐसे मनोहर अनन्त प्रसून विकसित होते हैं कि जिनके सौरभ से संसार सौरभित रहता है। बहिर्जगत् और अन्तर्जगत् का यह रहस्य है। इनका सूत्र जिनके हाथ में है, उसकी बात ही क्या! उसके विषय में मुँह नहीं खोला जा सकता। जिसने जीभ हिलायी उसी को मुँह की खानी पड़ी। बहुतों ने सर मारा पर सब सर पकड़ के ही रह गये।

सब सही, पर रहस्यभेद का भी कुछ आनन्द है। यदि समुद्र की अगाधता देखकर लोग किनारा कर लेते तो चमकते मुक्ता दाम हाथ न आते। पहाड़ों की दुर्गमता विचार

कर हाथ पाँव डाल देते तो रत्न-राशि से अलंकृत न हो सकते। लोकललाम लोकातीत हो, उनकी लीलाएँ लोकोत्तर हों, उनको लोचन न अवलोक सकें, गिरा न गा सके। उनके प्रवाह में पड़ कर विचार धारा डूब जाय, मति-तरी भग्न हो और प्रतिभा विलीन। किन्तु उनके अवलम्बन भी तो वे ही हैं। उनका मनन, चिन्तन, अवलोकन ही तो उनके जीवन का आनन्द है। आकाश असीम हो, अनन्त हो तो, खगकुल को इन प्रपंचों से क्या काम? वह तो पर खोलेगा और जी भर उसमें उड़ेगा। उसके लिए यह सुख अल्प नहीं। पारावार अपार हो, लाखों मीलों मे फैला हो, अतलस्पर्शी हो, मीन को इससे प्रयोजन नहीं। वह जितनी दूर में केलि करता फिरता है, उछलता रहता है, उतना ही उसका सर्वस्व है और वही उसका जीवन और अवलम्बन है। मनुष्य भी अपने भावानुकूल लोक ललाम की कल्पना करता है, संसार के विकास में उसकी विभूतियों में उस लीलामय की लीलाएँ देखता, मुग्ध होता और अलौकिक आनन्दानुभव करता है। क्या इसमें उसके जीवन की सार्थकता नहीं है? मनुष्यों में जो विशेष भावुक होते हैं, वे अपनी भावुकता को जिह्वा पर भी लाते हैं, उसको सुमनोपम कान्त पदावली द्वारा सजाते हैं, तरह-तरह के विचार-सूत्र में गूँथते हैं और फिर उसे सहृदयता सुन्दरी के गले का हार बनाते हैं। इस कला में जो जितना पटु होता है, कार्य-क्षेत्र में उसको उतनी ही सफलता हाथ आती है। उसकी कृतियाँ भी उतनी ही हृदय-ग्राहिणी और सार्वजनीन होती हैं। इसलिये परिणाम भी भिन्न-भिन्न होता है। जो जितना ही आवरण हटाता है, जितना ही विषय को स्पष्ट करता है, जितना ही दुर्बोधता और जटिलताओं का निवारण करता है, वह उतना ही सफलीभूत और कृतकार्य समझा जाता है। यह सच है कि ऐसे भाग्यशाली सब नहीं होते। समुद्र में उतरकर सभी लोग मुक्ता लेकर ऊपर नहीं उठते। अधिकांश लोग घोंघे, सिवार पाकर ही रह जाते हैं। किन्तु इससे उद्योगशीलता और अनुशीलन परायणता को व्याघात नहीं पहुँचता। रहस्य की ओर संकेत किया जा सकता है, उसका आभास सामने लाया जा सकता है। हृदय दर्पण पर जो प्रतिबिम्ब पड़ता है, अन्तर्दृष्टि उसकी और खींची जा सकती है। क्या यह कम सफलता है? मनुष्य की जितनी शक्ति है, उस शक्ति से यथार्थ रीति से, काम लेने से मनुष्यता की चरितार्थता हो जाती है। और चाहिये क्या? रहस्य-भेद किसने किया? परमात्मा को लाकर जनता के सामने कौन खड़ा कर सका? तथापि संसार के जितने महाजन हैं, उन्होंने अपने कर्तव्य का पालन किया जिससे अनेक गुत्थियाँ सुलझीं। अब भी उद्योग करने से और बुद्धि से यथार्थता पूर्वक कार्य लेने से कितनी गुत्थियाँ सुलझ सकती हैं। इन गुत्थियों के सुलझाने में आनन्द है, तृप्ति है और है वह अलौकिक फल-लाभ जिससे मनुष्य जीवन स्वर्गीय बन जाता है। रहस्यवाद की रचनाओं की ओर प्रवृत्त होने का उद्देश्य यह है। जो लोग इस तत्व को यथार्थ रीति से समझ कर उसकी ओर अग्रसर होते हैं वे वन्दनीय हैं और उनकी कार्यावली अभिनन्दनीय है। उनका

विरोध नहीं किया जा सकता। आधिभौतिक और आध्यात्मिक जितने कार्य-कलाप हैं उनका यथातथ्य ज्ञान एक प्रकार से असम्भव है। परन्तु उसकी कुछ न कुछ छाया या प्रतिबिम्ब प्रत्येक के हृदय-दर्पण में यथासमय पड़ता रहता है। कही यह छाया धुँधली होती है, कहीं उससे स्पष्ट, कहीं अधिकतर स्पष्ट। इसी का वर्णन अनुभूति और मेधा-शक्ति-द्वारा होता आया है और अब भी हो रहा है, और आगे भी होगा। इन अनूभूतियों का प्रकाश वचन-रचना द्वारा करना प्रशंसनीय है, निन्दनीय नहीं, चाहे उसको रहस्यवाद ही कहा जाय अथवा छायावाद। इसका प्राचीन नाम रहस्यवाद ही है, जिसे अँगरेज़ी में (mysticism) 'मिस्टिसिज्म' कहते हैं। उसी का साधारण संस्करण छायावाद है। अतएव उस पर अधिक तर्क-वितर्क उचित नहीं, उसके मार्ग को प्रशस्त और सुन्दर बनाना ही अच्छा है।

अब तक मैंने जो निवेदन किया है उसका यह अभिप्राय नहीं है कि छायावाद के नाम पर जो अनर्गल और बेसिर पैर की रचनाएँ हो रही हैं, मैं उनको प्रश्रय दे रहा हूँ। मेरे कथन का यह प्रयोजन है कि गुण का आदर अवश्य होना चाहिये। अनर्गल प्रलाप कभी अभिनन्दनीय नहीं रहा। उसका जीवन क्षणिक होता है, और थोड़े ही समय में अपने आप वह नष्ट हो जाता है। दूसरी बात यह कि सच्चे समालोचक और सत्समालोचना का कार्य ही क्या है? यही न कि साहित्य से उसकी बुराइयाँ दूर की जायँ और जो भ्रान्त हैं उनको पथ पर लगाया जाय, जो चूके हैं उनको सुधारा जाय और साहित्य में जो कूड़ा-करकट हो उसको निकाल बाहर किया जाय। दोष-गुण सब में है, गुण का ग्रहण और दोष का संशोधन एवं परिमार्जन ही वांछनीय है। छायावाद की अनेक रचनाएँ मुझको अत्यन्त प्रिय हैं और मैं उन्हें बड़े आदर की दृष्टि से देखता हूं। जिनमें सरस ध्वनि और व्यंजना है उनका आदर कौन सहृदय न करेगा? क्या काँटों के भय से फूल का त्याग किया जायगा। यह भी मैं मुक्त कंठ से कहता हूँ कि छायावादी कवियों ने खड़ी बोलचाल की कर्कशता और क्लिष्टता को बहुत कम कर दिया है। जैसे प्राचीन खड़ी बोली की रचनाओं का यह गुण है कि उन्होंने भाषा को बहुत परिमार्जित और शुद्ध बना दिया, उसी प्रकार छायावादी कविता का यह गुण है कि उसने कोमल कान्त पदावली ग्रहण कर खड़ी बोलचाल की कविता के उस दोष को दूर कर दिया जो सहृदयजनों को काँटों की तरह खटक रहा था।

संसार में जितनी विद्याएँ हैं, सब नियम-बद्ध हैं। जितनी कलाएँ हैं सब सीखनी पड़ती हैं। उनकी भी रीति और पद्धतियाँ हैं। उनकी उपेक्षा करना विद्या और कला को आघात पहुँचाना है। साहित्य का सम्बन्ध विद्या और कला दोनों से है। इसलिये उसकी जो पद्धतियाँ हैं उनका त्याग नहीं किया जा सकता। उनको परवर्तित रूप में ग्रहण करें अथवा मुख्य रूप में, परन्तु उनके ग्रहण से ही कार्य-सिद्धि-पथ प्रशस्त हो सकता है। साहित्य यदि साध्य है तो नियम उसके साधन हैं। इसलिये उनको अनावश्यक नहीं कहा

जा सकता। प्रत्येक प्रतिभावान पुरुष नयी उद्भावनाएँ कर सकता है, और ये उद्भावनाएँ भी साधना में गिनी जा सकती हैं। परन्तु उनका उद्देश्य साध्यमूलक होगा, अन्यथा वे उद्भावनाएँ उपयोगिनी न होंगी। गद्य लिखने के लिये छन्द की आवश्कता नहीं। किन्तु पद्य लिखें और यह कहें कि छन्द प्रणाली व्यर्थ है तो पद्य-रचना हुई कैसे? कुछ नियमित अक्षरों और मात्राओं में जो रचना होती है वही तो पद्य कहलाता है। यह दूसरी बात है कि पद्य की पंक्तियों और अक्षरों की गणना प्रथम उद्भावित छन्दः-प्राणाली से भिन्न हो। किन्तु वह भी है छन्द ही, कोई अन्य वस्तु नहीं। ऐसी अवस्था में छन्द की कुत्सा करना मूल पर ही कुठाराघात करना है और उसी डाल को काटना है जो उसकी अवलम्बन स्वरूपा है। ऐसी बातें साहित्य के और अंगों के विषय में भी कही जा सकती हैं। हिन्दी साहित्य का जो वर्तमान रूप है वह अनेक प्रतिभावान पुरुषों की चिन्ताशीलता का ही परिणाम है। वह क्रमशः उन्नत होता और सुधरता आया है और नयी-नयी उद्भावनाओं से भी लाभ उठाता आया है। अब भी इस विषय में वह बहुत कुछ गौरवित हो सकता है, यदि उसको सुदृष्टि से देखा जाय। चाहिए यही कि उसका मार्ग और सुन्दर बनाया जाय यह नहीं कि उसमें काँटे बिछाये जायँ और उच्छृंखलता को स्वतन्त्रता कह कर उसकी बची-खुची प्रतिष्ठा को भी पद-दलित किया जाये। परमात्मा ने जिसको प्रतिभा दी है, कविता-शक्ति दी है, विद्वत्ता दी है, और प्रदान की है वह मनमोहिनी शक्ति जो हृदयों मे सुधाधारा बहाती है, वह अवश्य राका-मयंक के समान चमकेगा और उसकी कीर्ति-कौमुदी से साहित्य-गगन जगमगा उठेगा और वे तारे जो चिरकाल से गगन को सुशोभित करते आये हैं अपने आप उसके सामने मलिन हो जायेंगे। वह क्यों ऐसा सोचे कि आकाश के तारक-चय को ज्योतिर्विहीन बनाकर ही हम विकास प्राप्त कर सकेंगे। हिन्दी साहित्य की वर्तमान परिस्थिति को देखकर मुझको ये कतिपय पंक्तियाँ लिखनी पड़ीं। मेरा अभिप्राय यह है कि साहित्य-क्षेत्र में जो अवांछनीय-असंयत भाव देखा जा रहा है उसकी ओर हमारी भगवती वीणापणि के वर पुत्र देखें और वह पथ ग्रहण करें जिसमें सरसता से बहती हुई साहित्य-रस की धारा आविल होने से बचे और उनके 'छायावाद' की रचनाओं को वह महत्व प्राप्त हो जो वांछनीय है।

यह देखा जाता है कि आजकल युवक-दल अधिकतर छायावाद की रचनाओं की ओर आकर्षित है। युवक-दल ही समाज का नेता है। वही भविष्य को बनाता है और सफलता की कुंजी उसी के हाथ में होती है। उसके छायावाद की ओर खिंच जाने से उसका भविष्य बड़ा उज्ज्वल है, किन्तु उसको यह विचारना होगा कि क्या हिन्दी भाषा के चिर-संचित भाण्डार को ध्वंस कर और उस भाण्डार के धन के संचय करने वालों की कीर्ति को लोप कर ही यह उज्ज्वलता प्राप्त होगी? इतिहास यह नहीं बतलाता। जो रत्न हमारी सफलता का सम्बल है, उसको फेंककर हमारी इष्ट-सिद्धि नहीं हो सकती। भविष्य बनाने के लिए

वर्तमान आवश्यक है, परन्तु भूत पर भी दृष्टि होनी चाहिये। हम योग्य न हों और योग्य बनने का दावा करें, हमारा ज्ञान अधूरा हो और हम बहुत बड़े ज्ञानी होने की डींग हाँकें, हम कवि-पुंगव होने का गर्व करें और साधारण कवि होने की भी योग्यता न रखें, छायावाद की कविता लिखें और यह जानें भी नहीं कि कविता किसे कहते हैं, धूल उड़ायें प्राचीन कविवरों की और करने बैठें कवि-कर्म की मिट्टी पलीद; तो बताइये हमारी क्या दशा होगी? हम स्वयं तो मुँह की खायेंगे ही, छायावाद की आँखें भी नीची करेंगे। आजकल छायावाद के नाम पर कुछ उत्साही युवक ऐसी ही लीला कर रहें हैं। मेरी उनसे यह प्रार्थना है कि यदि उनमें छायावाद का सच्चा अनुराग है तो अपने हृदय में वे उस ज्योति की छाया पड़ने दें, जिससे उनका मुख उज्ज्वल हो और 'छायावाद' का सुन्दर कविता-क्षेत्र उद्भासित हो उठे। मेरा विचार है कि छायावाद कविता-प्रणाली का भविष्य बहुत उज्ज्वल है। जैसे पावस का तमोमय पंकिल काल व्यतीत होने पर ज्योतिर्मय स्वच्छ शरद ऋतु का विकास होता है वैसे ही जो न्यूनताएँ 'छायावाद' के क्षेत्र में इस समय विद्यमान हैं वे दूर होंगी और वह वांछनीय पूर्णता को प्राप्त होगी। किन्तु यह तभी होगा जब युवक-दल अपनी इष्ट-सिद्धि के लिए भगवती वीणापाणि की सच्ची आराधना के लिए कटिबद्ध होगा।

किसी-किसी छायावादी कवि का यह विचार है कि जो कुछ तत्व है वह छायावाद की कविता में ही है। कविता-सम्बन्धी और जितने विभाग हैं वे तुच्छ ही नहीं, तुच्छातितुच्छ हैं और उनमें कोई सार नहीं। अपना विचार प्रकट करने का अधिकार सबको है, किन्तु विचार प्रकट करने के समय तथ्य को हाथ से न जाने देना चाहिये। जो छायावाद के अथवा रहस्यवाद के आचार्य कहे जाते हैं, क्या उन्होंने आजीवन रहस्यवाद की ही रचना की? प्राचीन कवियों में ही हम प्रसिद्ध रहस्यवादी कबीर और जायसी को ले-लें तो हमें ज्ञात हो जायगा कि सौ पद्यों में यदि दस पाँच रचनाएँ उनकी रहस्यवाद की हैं, तो शेष रचनाएँ अन्य विषयों की। क्या उनकी ये रचनाएँ निन्दनीय, अनुपयुक्त तथा अनुपयोगी हैं? नहीं, उपयोगी हैं और अपने स्थान पर उतनी ही अभिनन्दनीय हैं जितनी रहस्यवाद की रचनाएँ। एकदेशीय ज्ञान अपूर्ण होता है और एकदेशीय विचार अव्यापक। जैसे शरीर के सब अंगों का उपयोग अपने-अपने स्थानों पर है, जैसे किसी हरे वृक्ष का प्रत्येक अंश उसके जीवन का साधन है, उसी प्रकार साहित्य तभी पुष्ट होता है जब उसमें सब प्रकार की रचनाएँ पायी जाती हैं, क्योंकि उन सबका उपयोग यथास्थान होता है। जो कविता आन्तरिक प्रेरणा से लिखी जाती है, जिसमें हृतंत्री की झंकार मिलती है, भावोच्छ्वास का विकास पाया जाता है। जिसमें सहृदयता है, सुन्दर कल्पना है, प्रतिभा तरंगायित है, जिसका वाच्यार्थ स्पष्ट है, सरल है, सुबोध है, वही सच्ची कविता है, चाहे जिस विषय पर लिखी गयी हो और चाहे जिस भाषा में हो। कौन उसका सम्मान न करेगा और कहाँ वह आदृत न होगी? कवि हृदय को उदार होना चाहिये, वृथा पक्षपात और खींचतान में पड़कर उसको अपनी

उदात्त वृत्ति को संकुचित न करना चाहिये। मेरा कथन इतना ही है कि एकदेशीय विचार अच्छा नहीं, उसको व्यापक होना चाहिये। किसी फूल में रंग होता है, किसी की गठन अच्छी होती है, किसी का विकास सुन्दर होता है, किसी में सुंगधि पायी जाती है—सब बात सब फूलों में नहीं मिलती। कोई ही फूल ऐसा होता है जिसमें सब गुण पाये जाते हैं। जिस फूल में सब गुण हैं, यह कौन न कहेगा कि वह विशेष आदरणीय है। परन्तु अन्यों का भी कुछ स्थान है और उपयोग भी। इसीलिए जिसमें जो विशेषता है वह स्वीकार-योग्य है, उपेक्षणीय नहीं। कला का आदर कला की दृष्टि में होना चाहिये। यदि उसमें उपयोगिता मिल जाय तो क्या कहना। तब उसमें सोना और सुगंधवाली कहावत चरितार्थ हो जाती है।

कवि-कर्म का विशेष गुण वाच्यार्थ की स्पष्टता है। प्रसाद गुणमयी कविता ही उत्तम समझी जाती है। वैदर्भी वृत्ति का ही गुणगान अब तक होता आया है। किन्तु यह देखा जाता है कि छायावादी कुछ कवि इसकी उपेक्षा करते हैं और जान बूझ कर अपनी रचनाओं को जटिल से जटिल बनाये हैं, केबल इस विचार से कि लोग उसको पढ़कर यह समझें कि उनकी कविता में कोई गूढ़ तत्व निहित है। और इस प्रकार उनको उच्च कोटि का रहस्यवादी कवि होने का गौरव प्राप्त हो। ऐसा इस कारण से भी होता है कि किसी किसी का भावोच्छ्वास उनको उस प्रकार की रचना करने के लिए बाध्य करता है। वे अपने विचारानुसार उसको बोधगम्य ही समझते हैं, पर भाव-प्रकाशन में अस्पष्टता रह जाने के कारण उनकी रचना जटिल बन जाती है। कविकर्म की दृष्टि से यह दोष है। इससे बचना चाहिये। यह सच है कि गूढ़ता भी कविता का एक अंग है। गम्भीर विषयों का वर्णन करने में या अज्ञेयवाद की ओर आकर्षित होकर अनुभूत अंशों के निरूपण करने में गूढ़ता अवश्य आ जाती है किन्तु उसको बोधगम्य अवश्य होना चाहिये। यह नहीं कि कवि स्वयं अपनी कविता का अर्थ करने में असमर्थ हो। वर्तमान काल की अनेक छायावादी कविताएँ ऐसी हैं कि जिनका अर्थ करना यदि असंभव नहीं तो बहुकष्ट साध्य अवश्य है। मेरा विचार है, इससे छायावाद का पथ प्रशस्त होने के स्थान पर अप्रशस्त होता जाता है। यह स्वीकार करना पड़ेगा कि कविता में कुछ ऐसी गिरह होनी चाहिये जिसके खोलने की नौबत आये। जो कविता बिल्कुल खुली होती है उसमें वह आनन्द नहीं प्राप्त होता, जो गिरह वाली कविता की गुत्थी सुलझाने पर मिलता है। किन्तु यह गिरह या गाँठ दिल की गाँठ न हो जिसमें रस का प्रभाव होता है। सुनिये एक सुकवि क्या कहता हैः-

सम्मन रस की खान, सो हम देख ऊख में।
ताहू में एक हानि, जहाँ गाँठ तहँ रस नहीं।

कविता यदि द्राक्षा न बन सके तो रसाल ही बने, नारिकेल कदापि नहीं। साहित्य-मर्मज्ञों की यही सम्मति है। किसी-किसी का यह कथन है कि भावावेश कितनों को

दुरूहतर कविता करने के लिए बाध्य करता है। मेरा निवेदन यह है कि यह भावावेश किस काम का जो कविता के भाव को अभाव में परिणत कर दे। भावुकता और सहृदयता की सार्थकता तभी है जब वह असहृदय को भी सहृदय बना ले। जिसने सहृदय को असहृदय बना दिया वह भावुकता और सहृदयता क्या है इसे सहृदयजन ही समझें।

छायावाद की कविताएँ व्यंजना और ध्वनि-प्रधान होती हैं। वाच्यार्थ से जहाँ व्यंजना प्रधान हो जाती है वही ध्वनि कहलाती है। छायावाद की कविता में इसकी अधिकता मिलती है। इसीलिये वह अधिक हृदयग्रहिणी हो जाती है। छायावादी कवि किसी बात को बिल्कुल खोल कर नहीं कहना चाहते। वे उसको इस प्रकार से कहते हैं जिससे उसमें एक ऐसी युक्ति पायी जाती है जो हृदय को अपनी और खींच लेती है। वे जिस विषय का वर्णन करते हैं उसकी ऊपरी बातों का वर्णन करके ही तुष्ट नहीं होते। वे उसके भीतर घुसते हैं और उससे सम्बन्ध रखनेवाली तात्विक बातों को इस सुंदरता से अंकित करते हैं जिससे उनकी रचना मुग्धकारिणी बन जाती है। वे अपनी आन्तरिक वृत्तियों को कभी साकार मानकर उनकी बातें एक नायक-नायिका की भाँति कहते हैं, कभी सांसारिक दृश्य पदार्थों को लेकर उसमें कल्पना का विस्तार करते हैं और उसको किसी देव-दुर्लभ वस्तु अथवा किसी व्यक्ति-विशेष के समान अंकित करते हैं। कभी वे अपनी ही सत्ता को प्रत्येक पदार्थ में देखते हैं और उसके आधार से अपने समस्त आन्तरिक उद्‌गारों को प्रकट करते हैं। उनकी वेदनाएँ तड़पती हैं, रोती कलपती हैं, कभी मूर्तिमयी आह बन जाती हैं और कभी जलधरों के समान अजस्र अश्रु विसर्जन करने लगती हैं। उनकी नीरवता में राग है, उनके अन्धकार में अलौकिक आलोक और उनकी निराशा में अद्‌भुत आशा का संचार। वे ससीम में असीम को देखते हैं, विन्दु में समुद्र की कल्पना करते हैं, और आकाश में उड़ने के लिए अपने विचारों को पर लगा देते हैं। आलोकमयी रजनी को कलित कौमुदी की साड़ी पहिना कर और तारकावली की मुक्तामाला से सुसज्जित कर, जब उसे चन्द्रमुख से सुधा बरसाते हुए वे किसी लोकरंजन की ओर गमन करते अंकित करते हैं, तो उसमें एक लोकरंजिनी नायिका-सम्बन्धिनी समस्त लीलाओं और कलाओं की कल्पना कर देते हैं, और इस प्रकार अपनी रचनओं को लालित्यमय बना देते हैं। उनकी प्रतिभा विश्वजनीन भावों की ओर कभी मन्थर गति से, कभी बड़े वेग से गमन करती है और उनके समागम से ऐसा रस सृजन करती है, जो अनेक रसिकों के हृदय में मन्द-मन्द प्रवाहित होकर उसे स्वर्गीय सुख का आस्वादन कराती है। थोड़े में यह कहा जा सकता है कि उनकी रचना अधिकतर भाव प्रधान होती है, भाव प्रधान (Subjective) होती है, वस्तु प्रधान (Objective) नहीं। इसी से उसमें सरसता, मधुरता, और मनमोहकता होती है। मैंने उनके लक्ष्य की ही बातें कही हैं। मेरे कथन का यह अभिप्राय नहीं कि छायावाद के नाम पर जितने कविता करनेवाले हैं, उनको इस लक्ष्य की ओर गमन करने में पूरी सफलता

मिलती है। छायावाद के कुछ प्रसिद्ध कवि ही इस लक्ष्य को सामने रखकर अपनी रचना को तदनुकूल बनाने में कुछ सफल हो सके हैं। अन्यों के लिए अबतक वह वैसा ही है जैसा किसी वामन का चन्द्रमा को छूना। किन्तु इस ओर अधिक प्रवृत्ति होने से इन्हीं में से ऐसे लोग उत्पन्न होंगे जो वास्तव में अपने उद्देश्य की पूर्ति में सफल होंगे। अभ्यास की आदिम व्यवस्था ऐसी ही होती है किन्तु असफलता ही सफलता की कुंञ्जी है। एक बात यह अवश्य देखी जाती है कि छायावाद के अधिकांश कवियों की दृष्टि न तो अपने देश की ओर है, न अपनी जाति और समाज की ओर। हिन्दू जाति आज दिन किस चहले में फँसी है, वे आँख से उसको देख रहे हैं पर उनकी सहानुभुति उसके साथ नहीं है। इसको दुर्भाग्य छोड़ और क्या कहें। जिसका प्रेम विश्वजनीन है वह अपने देश के, जाति के, परिवार के, कुटुम्ब के दुख से दुखी नहीं, इसको विधि-विडम्बना छोड़ और क्या कहें? शृंगारिक कवियों की कुत्सा करने में जिनकी लेखनी सहस्रमुखी बन जाती है, उनमें इतनी आत्मविस्मृति क्यों है? इसको वे ही सोचें। यदि शृंगार-रस में निमग्न होकर उन्होंने देश को रसातल पहुँचाया तो विश्वजनीन प्रेम का प्रेमिक उनको संजीवनी सुधा पिलाकर स्वर्गीय सुख का अधिकारी क्यों नहीं बनाता? जिस देश, जाति और धर्म की ओर उनकी इतनी उपेक्षा है, उनको स्मरण रखना चाहिये कि वह देश जाति और धर्म ही इस विश्वजनीन महामंत्र का अधिष्ठाता, स्रष्टा और ऋषि है। जो कवीन्द्र रवीन्द्र उसके अचार्य्य और पथप्रदर्शक हैं, उन्हीं का पदानुसरण क्यों नहीं किया जाता? कम-से-कम यदि उन्हीं का मार्ग ग्रहण किया जाय तो भी निराशा में आशा की झलक दृष्टिगत हो सकती है। यदि स्वदेश-प्रेम संकीर्णता है तो विश्वजनीन-प्रेम की दृष्टि से ही अपने देश को क्यों नहीं देखा जाता। विश्व के अन्तर्गत वह भी तो है। यदि संसार भर के मनुष्य प्रेम-पात्र हैं तो भरत-कुमार स्नेह भाजन क्यों नहीं? क्या उनकी गणना विश्व के प्राणियों में नही है? यदि सत्य का प्रकाश किया जा रहा है, प्रेम की दीक्षा दी जा रही है, विश्व-बन्धुत्व का राग अलापा जा रहा है, तो क्या भारतीय जन उनके अधिकारी नहीं? जो अपना है, जिस पर दावा होता है उसी को उपालम्भ दिया जाता है। जिससे आशा होती है, उसी का मुँह ताका जाता है। मैंने जो कुछ यहाँ लिखा है वह ममतावश होकर, मत्सर से नहीं। मैंने इसकी चर्चा यहाँ इसलिए की कि यदि छायावाद की रचना ही सर्वेसर्वा है, तो इसमें इन भावों का सन्निवेश भी पर्य्याप्त मात्रा में होना चाहिये, अन्यथा हिन्दी-साहित्यक्षेत्र में एक ऐसी न्यूनता हो जायेगी, जो युवकों के एक उल्लेख-योग्य दल को भ्रान्त ही नहीं बनायेगी, देश के समुन्नति-पथ में भी कुसुम के बहाने वे काँटे बिछायेगी जो भारतीय हित-प्रेमिक पथिकों के लिए अनेक असमंजसों के हेतु होंगे। मैंने जो विचार एक सदुद्देश्य से यहाँ प्रकट किये हैं यदि कार्यतः उनको भ्रान्त सिद्ध कर दिया जायेगा तो मैं अपना आहोभाग्य समझूँगा।

कबीर साहब

कबीर साहब की रचनाओं के विषय में अनेक तर्क-वितर्क हैं। उनकी जो रचनाएँ उपलब्ध हैं उनमें बड़ी विभिन्नता है। इस विभिन्नता का कारण यह है कि वे स्वयं लिखे-पढ़े न थे। इसलिए अपने हाथ से वे अपनी रचनाओं को न लिख सके। अन्य के हाथों में पड़कर उनकी रचनाओं का अनेक रूपों में परिणत होना स्वाभाविक था। आजकल जितनी रचनाएँ उनके नाम से उपलब्ध होती हैं, उनमें मीन-मेष है। कहा जाता है कि सत्यलोक पधार जाने के बाद उनकी रचनाओं में लोगों ने मनगढ़न्त बहुत सी रचनाएँ मिला दी हैं और इसी सूत्र से उनकी रचना की भाषा में विभिन्नता दृष्टिगत होती है। ऐसी अवस्था में उनकी रचनाओं को उपस्थित कर इस बात की मीमांसा करना कि पन्द्रहवीं शताब्दी में हिन्दी का क्या रूप था, दुस्तर है। मैं पहले लिख आया हूँ कि भ्रमणशील सन्तों की बानियों में भाषा की एकरूपता नहीं पायी जाती। कारण यह है कि नाना प्रदेशों में भ्रमण करने के कारण उनकी भाषा में अनेक प्रान्तिक शब्द मिले पाये जाते हैं। कबीर साहब की रचना में अधिकतर इस तरह की बातें मिलती हैं। इन सब उलझनों के होने पर भी कबीर साहब की रचनाओं की चर्चा इसलिए आवश्यक ज्ञात होती है कि वे इस काल के प्रसिद्ध सन्त हैं और उनकी बानियों का प्रभाव बहुत ही व्यापक बतलाया गया है। कबीर साहब की रचनाओं में रहस्यवाद भी पाया जाता है जिसको अधिकांश लोग उनके चमत्कारों से सम्बन्धित करते हैं और यह कहते हैं कि ऐसी रचनाएँ उनका निजस्व हैं जो हिन्दी संसार की किसी कवि की कृति में नहीं पायी जातीं। इस सूत्र से भी कबीर साहब की रचनाओं के विषय में कुछ लिखना उचित ज्ञात होता है, क्योंकि यह निश्चित करना है कि इस कथन में कितनी सत्यता है। विचारना यह है कि क्या वास्तव में रहस्यवाद कबीर साहब की उपज है या इसका भी कोई आधार है।

काशी नागरी प्रचारिणी सभा ने 'कबीर-ग्रंथावली' नामक एक ग्रंथ कुछ वर्ष हुए, एक प्राचीन ग्रंथ के आधार से प्रकाशित किया है। यह प्राचीन ग्रंथ सम्वत् 1561 का लिखा हुआ है और अब तक उक्त सभा के पुस्तकालय में सुरक्षित है। जो ग्रन्थ सभा से प्रकाशित हुआ है उससे कुछ पद्य नीचे इसलिए उद्धृत किये जाते हैं, जिसमें उनकी रचना की भाषा के विषय में कुछ विचार किया जा सके—

1. षूणें पराया न छुटियो, सुणिरे जीव अबूझ।
कविरा मरि मैदान मैं इन्द्रय्यांसूं जूझ॥
2. गगन दमामा बाजिया पर्‌या निसाणै घाव।
खेत बुहार्‌या सूरिवाँ मुझ मरने का चाव॥
3. जाइ पूछौ उस घाइलैं दिवस पीड़ निस जाग।
बाहण हारा जाणि है कै जाणै जिस लाग॥
4. अवधू कामधेनु गहि बाँधी रे।
भाँड़ा भंजन करै सबहिन का कछू न सूझै आँधी रे।
जो ब्यावै तो दूध न देई ग्याभण अमृत सरवै।
कौली घाल्यां बीदरि चाले ज्यूँ घेरौं त्यूँ दरवै।
तिहीं धेन थैं इच्छ-या पूगी पाकड़ि खूँटै बाँधी रे।
ग्वाड़ा माँ है आनँद उपनौ खूँटै दोऊ बाँधी रे।
साँई माइ सास पुनि साईं याकी नारी।
कहै कबीर परम पद पाया संतो लेहु बिचारी।

कबीर साहब ने स्वयं कहा है 'बोली मेरी पुरुब की' जिससे यह बात स्पष्ट हो जाती है कि उनकी रचना पूर्वी हिन्दी में हुई है और इन कारणों से यह बात पुष्ट होती है कि वे पूर्व के रहनेवाले थे और उनकी जन्मभूमि काशी थी। काशी और उसके आस-पास के जिलों में भोजपुरी और अवधी भाषा ही अधिकतर बोली जाती है। इसलिए उनकी भाषा को पूर्वी भाषा में ही होना चाहिये। यह सत्य है कि उन्होंने बहुत अधिक देशाटन किया था और इससे उनकी भाषा पर दूसरे प्रान्तों की कुछ बोलियों का भी थोड़ा बहुत प्रभाव हो सकता है। किन्तु इससे उनकी मुख्य भाषा में इतना अन्तर नहीं पड़ सकता कि वह बिलकुल अन्य प्रांतों की भाषा बन जाय। सभा द्वारा जो पुस्तक प्रकाशित हुई है उसकी भाषा ऐसी ही है जो पूर्व की भाषा नहीं कही जा सकती। उसमें पंजाबी और राजस्थानी भाषा का पुट अधिकतर पाया जाता है। ऊपर के पद्य इसके प्रमाण हैं। कुछ लोगों का विचार है कि कबीर साहब के इस कथन का कि 'बोली मेरी पुरुब की,' यह अर्थ है कि मेरी भाषा पूर्व काल की है, अर्थात् सृष्टि के आदि की। किन्तु यह कथन कहाँ तक संगत है, इसको विद्वज्जन स्वयं समझ सकते हैं। सृष्टि के आदि की बोली से यदि यह प्रयोजन है कि उनकी शिक्षाएँ आदिम हैं तो भी वह स्वीकार-योग्य नहीं, क्योंकि उनकी जितनी शिक्षाएँ हैं उन सब में परम्परागत विचार की ही झलक है। यदि सृष्टि की आदि की बोली का यह भाव है कि उस काल की भाषा में कबीर साहब की रचनाएँ हैं, तो यह भी युक्तिसंगत नहीं, क्योंकि जिस भाषा में उनकी रचनाएँ हैं, वह कई सहस्र वर्षों के विकास

और परिवर्तनों का परिणाम है। इसलिए यह कथन मान्य नहीं। वास्तव बात यह है कि कबीर साहब की रचनाएँ पूर्व की बोली में ही हैं और यही उनके उक्त कथन का भाव है। अधिकांश रचनाएँ उनकी ऐसी ही हैं भी। सभा द्वारा प्रकाशित ग्रन्थ के पहले उनकी जितनी रचनाएँ प्रकाशित हुई हैं या हस्तलिखित मिलती हैं, या जन-साधारण में प्रचलित हैं, उन सबकी भाषा अधिकांश पूर्वी ही है। हाँ सभा द्वारा प्रकाशित ग्रन्थ का कुछ अंश अवश्य इस विचार का बाधक है। परन्तु मैं यह सोचता हूँ कि जिस प्राचीन-लिखित ग्रन्थ के आधार से सभा की पुस्तक प्रकाशित हुई है उसके लेखक के प्रसाद ही से कबीर साहब की कुछ रचनाओं की भाषा में विशेष कर बहुसंख्यक दोहों में उल्लेख-योग्य अन्तर पड़ गया है। प्रायः लेखक जिस प्रान्त का होता है अपने संस्कार के अनुसार वह लेख्यमान ग्रन्थ की भाषा में अवश्य कुछ न कुछ अन्तर डाल देता है। यही इस ग्रन्थ-लेखन के समय भी हुआ ज्ञात होता है अन्यथा कबीर साहब की भाषा का इतना रूपान्तर न होता।

मैं कबीर साहब की भाषा के विषय में विचार उन्हीं रचनाओं के आधार पर करूँगा जो सैकड़ों वर्ष से मुख्य रूप में उनके प्रसिद्ध धर्म स्थानों में पायी जाती हैं, अथवा सिक्खों के आदि ग्रन्थ साहब में संगृहीत मिलती हैं। यह ग्रन्थ सत्रहवीं ईस्वी शताब्दी में श्री गुरु अर्जुन द्वारा संकलित किया गया है। इसलिए इसकी प्रामाणिकता विश्वसनीय है। कुछ ऐसी रचनाएँ देखिये :

1. **गंगा के संग सरिता बिगरी,**
सो सरिता गंगा होइ निबरी।
बिगरेउ कबीरा राम दोहाई,
साचु भयो अन कतहिं न जाई।
चन्दन के सँग तरबर बिगरेउ,
सो तरुवरु चन्दन होइ निबरेउ।
पारस के सँग ताँबा बिगरेउ,
सो ताँबा कंचन होइ निबरेउ।
संतन संग कबीरा बिगरेउ,
सो कबीर रामै होइ निबरेउ।

2. **सभु कोइ चलन कहत हैं ऊहाँ,**
ना जानौं बैकुण्ठु है कहाँ।
आप आप का मरम न जाना,
बात नहीं बैकुण्ठ बखाना।
जब लगु मन बैकुण्ठ की आस,

तब लग नाहीं चरन निवास।
खाई कोटु न परल पगारा,
ना जानउँ बैकुण्ठ दुवारा।
कह कबीर अब कहिये काहि,
साधु संगति बैकुण्ठै आहि।

सभा की प्रकाशित ग्रंथावाली में भी इस प्रकार की रचनाएँ मिलती हैं। मैं यहाँ यह भी प्रकट कर देना चाहता हूँ कि सिक्खों के आदि ग्रन्थ साहब में कबीर साहब की जितनी रचनाएँ संगृहीत हैं वे सब उक्त ग्रन्थावली में ले ली गयी हैं। उनमें वैसा परिवर्तन नहीं पाया जाता है जैसा सभा के सुरक्षित ग्रन्थ की रचनाओं में मिलता है। मैं यह भी कहूँगा कि उक्त सुरक्षित ग्रन्थ की पदावली उतनी परिवर्तित नहीं है जितने दोहे। अधिकांश पदावली में कबीर साहब की रचना का वही रूप मिलता है जैसा सिक्खों के आदि ग्रंथ साहब में पाया जाता है। मैं इसी पदावली में से दो पद्य नीचे लिखता हूँः

1. हम न मरैं, मरिहै संसारा,
हमकूं मिल्या जियावन हारा।
अब न मरौं, मरनैं मन माना,
तेइ मुए जिन राम न जाना।
साकत मरै संत जन जीवै,
भरि भरि राम रमायन पीवै।
हरि मरिहैं तो हमहूँ मरिहैं
हरि न मरैं, हम काहे कूँ मरि हैं।
कहै कबीर मन मनहिं मिलावा,
अमर भये सुखसागर पावा।

2. काहे रे मन दह दिसि धावै,
विषया सँगि संतोष न पावै।
जहाँ-जहाँ कलपै तहाँ-तहाँ बंधना
रतन को थाल कियो तै रंधना।
जो पै सुख पइयत मन माहीं,
तौ राज छाड़ि कत बन को जाहीं।
आनन्द सहत तजौ विष नारी,
अब क्या झीषै पतित भिषारी।
कह कबीर यहु सुख दिन चारि,
तजि विषया भजि चरन मुरारि।

मेरा विचार है कि जो पद्य मैंने ग्रन्थ साहब से उद्धृत किये हैं और जो पद्य कबीर ग्रन्थावली से लिये हैं उनकी भाषा एक है, और मैं कबीर साहब की वास्तविक भाषा में लिखा गया इन पद्यों को ही समझता हूँ। वास्तव में बात यह है कि कबीर ग्रन्थावली की अधिकांश रचनाएँ इसी भाषा की हैं। उसके अधिकतर पद ऐसी ही भाषा में लिखे पाए जाते हैं। बहुत से दोहों की भाषा का रूप भी यही है। इसलिए मुझे यह कहना पड़ता है कि कबीर साहब की रचनाएँ पन्द्रहवीं शताब्दी के अनुकूल हैं। आप देखते आये हैं कि क्रमशः हिन्दी भाषा परिमार्जित होती आयी है। जैसा उसका परिमार्जित रूप पन्द्रहवीं शताब्दी की अन्य रचनाओं में मिलता है; वैसा ही कबीर साहब की रचनाओं में भी पाया जाता है। इसलिए मुझे यह कहना पड़ता है कि उनकी रचनाएँ पन्द्रहवीं शताब्दी के भाषाजनित परिवर्तन सम्बन्धी नियमों से मुक्त नहीं हैं, वरन् क्रमिक परिवर्तन की प्रमाण भूत हैं। हाँ, उनमें कहीं-कहीं प्रान्तिकता अवश्य पायी जाती है और पश्चिमी हिन्दी से पूर्वी हिन्दी का प्रभाव उनकी रचना पर अधिक देखा जाता है। किन्तु यह आश्चर्य-जनक नहीं। क्योंकि भाषा में कविता करने का सूत्रपात विद्यापति के समय में ही हुआ था जिसकी चर्चा पहले हो चुकी है।

मै यह स्वीकार करूँगा कि कबीर साहब की रचनाओं में पंजाबी और राजस्थानी भाषा के कुछ शब्दों, क्रियाओं और कारकों का प्रयोग मिल जाता है। किन्तु, उसका कारण उनका विस्तृत देशाटन है जैसा मैं पहले कह भी चुका हूँ। अपनी मुख्य भाषा में इस प्रकार के कुछ शब्दों का प्रयोग करते सभी संत कवियों को देखा जाता है और यह इतना असंगत नहीं जितना अन्य भाषा के शब्दों का उतना प्रयोग जो कवि की मुख्य भाषा के वास्तविक रूप को संदिग्ध बना देता है। मैंने कबीर ग्रंथावली से जो पद और दोहे पहले उठाये हैं उनकी भाषा ऐसी है जो कबीर साहब की मुख्य भाषा की मुख्यता का लोप कर देती है। इसीलिए मैं उनको शुद्ध रूप में लिखा गया नहीं समझता। परन्तु उनकी जो ऐसी रचनाएँ हैं जिसमें उनका मुख्य रूप सुरक्षित है और कतिपय शब्द मात्र अन्य भाषा के आ गये हैं उन्हें मैं उन्हीं की रचना मानता हूँ और समझता हूँ कि वे किसी अल्पज्ञ लेखक की अनधिकार चेष्टा से सुरक्षित है। उनके इस प्रकार के कुछ पद्य भी देखियेः-

1. **दाता तरवर दया फल, उपकारी जीवन्त।**
   पंछी चले *दिसावरां बिरखा* सुफल फलन्त।
2. **कबीर संगत साधु की कदे न निरफल होय।**
   चंदन *होसी* बावना नीम न *कहसी* कोय।
3. **कायथ कागद *काढ़िया* लेखै वार न पार।**
   जब लग साँस सरीर में तब लग राम सँभार।

4. **हरजी यहै *बिचारिया,* साखी कहै कबीर।**
भवसागर मैं जीव हैं, जे कोइ पकड़े तीर।
5. **ऐसी *बाणी* बोलिये, मन का आपा खोइ।**
अपना तन सीतल करै, औरन को सुख होइ।

इन पद्यों में कुछ शब्द पंजाबी या राजस्थानी हैं। इस प्रकार का प्रयोग कबीर साहब की रचनाओं में प्रायः मिलता है। ऐसे आकस्मिक प्रयोग उनकी मुख्य भाषा को संदिग्ध नहीं बनाते, क्योंकि जिस पद्य में किसी भाषा का मुख्य रूप सुरक्षित रहता है उस पद्य में आये हुए, अन्य भाषा के दो-एक शब्द एक प्रकार से उसी भाषा के अंग बन जाते हैं। अवधी अथवा ब्रजभाषा में 'वाणी' को 'बानी' ही लिखा जाता है, क्योंकि इन दोनों भाषाओं में 'ण' का अभाव है। पंजाब प्रान्त के लेखक प्रायः 'न' के स्थान पर 'ण' प्रयोग कर देते हैं, क्योंकि उस प्रान्त में प्रायः नकार णकार हो जाता है। वे 'बानी' को 'बाणी' 'आसन' को 'आसण' 'पवन' को 'पवण' इत्यादि ही बोलते और लिखते हैं। ऐसी अवस्था में यदि कोई कबीर साहब के पद्यों में आये हुए नकार पंजाब के लेखकों की लेखनी द्वारा णकार बन जायें तो कोई आश्चर्य नहीं। आदि ग्रन्थ साहब में भी देखा जाता है कि प्रायः कबीर साहब की रचनाओं के नकार ने णकार का स्वरूप ग्रहण कर लिया है। यद्यपि इस विशाल ग्रन्थ में उनकी भाषा अधिकतर सुरक्षित है। इस प्रकार के साधारण परिवर्तन का भी मुख्य भाषा पर कोई प्रभाव नहीं पड़ता। इसलिए कबीर साहब की रचनाओं में जहाँ ऐसा परिवर्तन दृष्टिगत हो उसके विषय में यह न मान लेना चाहिये कि जो शब्द हिन्दी रूप में लिखा जा सकता था उसको उन्होंने ही पंजाबी रूप दे दिया है, वरन् सच तो यह है कि उस परिवर्तन में पंजाबी लेखक की लेखनी की लीला ही दृष्टिगत होती है।

कबीर साहब कवि नही थे। वे भारत की जनता के सामने एक पीर के रूप में आये। उनके प्रधान शिष्य धर्मदास कहते हैं—

आठवीं आरती पीर कहाये। मगहर अमी नदी बहाये।

मलूकदारा कहते हैं :

तजि कासी मगहर गये दोऊ दीन के पीर *

झाँसी के शेख़ तक़ी ऊँजी और जौनपुर के पीर लोग जो काम उस समय मुसलमान धर्म के प्रचार के लिए कर रहे थे, काशी में कबीर साहब लगभग वैसे ही कार्य में निरत थे। अन्तर केवल इतना ही था कि वे लोग हिन्दुओं को नाना रूप से मुसलमान धर्म में दीक्षित कर रहे थे और कबीर साहब एक नवीन धर्म की रचना करके हिन्दू-मुसलमान

---

* हिन्दुस्तानी, अक्टूबर सन् 1932, पृ. 451।

को एक करने के लिए उद्योगशील थे। ठीक इसी समय यही कार्य बंगाल में हुसेन शाह कर रहे थे जो एक मुसलमान पीर थे और जिसने अपने नवीन धर्म का नाम सत्य पीर रख लिया था। कबीर साहब के समान वह भी हिन्दू मुसलमानों के एकीकरण में लग्न थे। उस समय भारतवर्ष में इन पीरों की बड़ी प्रतिष्ठा थी और वे बड़ी श्रद्धा की दृष्टि से देखे जाते थे। गुरु नानकदेव ने भी इन पीरों का नाम अपने इस वाक्य में, 'सुणिये सिद्ध-पीर सुरिनाथ', आदर से लिया है। जो पद उन्होंने सिद्ध, नाथ और सूरि को दिया है वही पीर को भी। पहले आप पढ़ आये हैं कि उस समय सिद्धों का कितना महत्व और प्रभाव था। नाथों का महत्व भी गुरु गोरखनाथजी की चर्चा में प्रकट हो चुका है। सूरि जैनियों के आचार्य कहलाते हैं और उस समय दक्षिण में उनकी महत्ता भी कम नहीं थी। इन लोगों के साथ गुरु नानक देव ने जो पीर का नाम लिया है, इसके द्वारा उस समय इनकी कितनी महत्ता थी यह बात भली भाँति प्रकट होती है। इस पीर नाम का सामना करने ही के लिए हिन्दू आचार्य उस समय गुरु नाम धारण करने लग गये थे। इसका सूत्रपात गुरु गोरखनाथजी ने किया था। गुरु नानकदेव के इस वाक्य में 'गुरु ईसर गुरु गोरख बरम्हा गुरु पारवती माई' इसका संकेत है। गुरु नानक के सम्प्रदाय के आचार्यों के नाम के साथ जो गुरु शब्द का प्रयोग होता है उसका उद्देश्य भी यही है। वास्तव में उस समय के हिन्दू आचार्यों को हिन्दू धर्म की रक्षा करने के लिए अनेक मार्ग ग्रहण करने पड़े थे। क्योंकि बिना इसके न तो हिन्दू धर्म सुरक्षित रह सकता था, न पीरों के सम्मुख उनको सफलता प्राप्त हो सकती थी क्योंकि वे राजधर्म के प्रचारक थे। कबीर साहब की प्रतिभा विलक्षण थी और बुद्धि बड़ी ही प्रखर। उन्होंने इस बात को समझ लिया था। अतएव उन दोनों से भिन्न तीसरा मार्ग ग्रहण किया था। परन्तु कार्य उन्होंने वही किया जो उस समय मुसलमान पीर कर रहे थे अर्थात् हिन्दुओं को किसी प्रकार हिन्दू धर्म से अलग करके अपने नव प्रवर्तित धर्म में आकर्षित कर लेना उनका उद्देश्य था। इस उद्देश्य-सिद्धि के लिए उन्होंने अपने को ईश्वर का दूत बतलाया और अपने ही मुख से अपने महत्व की घोषणा बड़ी ही सबल भाषा में की। निम्नलिखित पद्य इसके प्रमाण हैं:-

काशी में हम प्रगट भये हैं रामानन्द चेताये।
समरथ का परवाना लाये हंस उबारन आये ॥

–कबीर शब्दावली, प्रथम भाग, पृ. 71

सोरह संख्य के आगे समरथ जिन जग मोहि पठाया।

–कबीर बीजक, पृ. 20

तेहि पीछे हम आइया सत्य शब्द के हेत।
कहते मोहिं भयल युग चारी।

समझत नाहिं मोहि सुत नारी।
कह कबीर हम युग युग कही।
जबहीं चेतो तबहीं सही।

कबीर बीजक, पृ. 125, 592

जो कोई होय सत्य का किनका सो हमको पतिआई।
और न मिलै कोटि करि थाकै बहुरि काल घर जाई।

कबीर बीजक, पृ॰ 20

जम्बू द्वीप के तुम सब हंसा गहिलो शब्द हमार।
दास कबीरा अबकी दीहल निरगून के टकसार।
जहिया किरतिम ना हता धरती हता न नीर।
उतपति परलै ना हती तबकी कही कबीर।
ई जग तो जँहड़े गया योग ना भोग।
तिल-तिल झारि कबीर लिय तिलठी झारै लोग।

कबीर बीजक, पृ. 80, 598, 632

सुर नर मुनि जन औलिया, यह सब उरली तीर।
अलह राम की गम नहीं, तहँ घर किया कबीर।

साखी संग्रह, पृ. 125

वे अपनी महत्ता बतला कर ही मौन नहीं हुए वरन् उन्होंने हिन्दुओं के समस्त धार्मिक ग्रन्थों और देवताओं की बहुत बड़ी कुत्सा भी की। इस प्रकार के उनके कुछ पद्य प्रमाण-स्वरूप नीचे लिखे जाते हैं–

योग यज्ञ जप संयमा तीरथ व्रतदाना।
नवधा वेद किताब है झूठे का बाना।

कबीर बीजक, पृ॰ 411

चार वेद षट्र शास्त्रऊ औ दश अष्ट पुरान।
आसा दै जग बाँधिया तीनों लोक भुलान।

कबीर बीजक, पृ. 14

औ भूले षट दर्शन भाई। पाखंड भेष रहा लपटाई।
ताकर हाल होय अधकूचा। छ-दर्शन में जौन बिगूचा।

कबीर बीजक, पृ. 97

ब्रह्मा बिस्नु महेसर कहिये इन सिर लागी काई।
इनहिं भरोसे मत कोइ रहियो इनहूँ मुक्ति न पाई।

कबीर शब्दावली, द्वितीय भाग, पृ. 19

माया ते मन ऊपजै मन ते दश अवतार।
ब्रह्म विस्नु धोखे गये भरम परा संसार।

कबीर बीजक, पृ. 650

चार वेद ब्रह्मा निज ठाना।
मुक्ति का मर्म उनहुँ नहिं जाना

कबीर बीजक, पृ. 650

भगवान कृष्णचन्द्र और हिन्दू देवताओं के विषय में जैसे घृणित भाव उन्होंने फैलाये, उनके अनेक पद इसके प्रमाण हैं। परन्तु मैं उनको यहाँ उठाना नहीं चाहता, क्योंकि उन पदों में अश्लीलता की पराकाष्ठा है। उनकी रचनाओं में योग, निर्गुण-ब्रह्म और उपदेश एवं शिक्षा सम्बन्धी बड़े हृदयग्राही वर्णन हैं। मेरा विचार है कि उन्होंने इस विषय में गुरु गोरखनाथ और उनके पदाधिकारी महात्माओं का बहुत कुछ अनुकरण किया है। गुरु गोरखनाथ का ज्ञानवाद और योगवाद ही कबीर साहब के निर्गुणवाद का स्वरूप ग्रहण करता है। मैं अपने इस कथन की पुष्टि के लिए गुरु गोरखनाथ की पूर्वोद्‌धृत रचनाओं की ओर आप लोगों की दृष्टि फेरता हूँ। और उनके समकालीन एवं उत्तराधिकारी नाथ सम्प्रदाय के आचार्यों की कुछ रचनाएँ भी लिखता हूँ—

1. थोड़ो खाय तो कलपै झलपै, घणों खाय तो रोगी।
दुहूँ पर वाकी संधी विचारै ते को बिरला जोगी॥
यहु संसार कुवधि का खेत, जब लगि जीवै तब लगि चेत।
आख्याँ देखै करण सुणै, जैसा बाहै तैसा लुणै॥

जलन्धर नाथ

2. मारिबा तौ मनमीर मारिबा, लूटिबा पवन भँडार।
साधिबा तौ पंचतत्त साधिबा, सेइबा तौ निरंजन निरंकार
माली लौं भल माली लौं, सींचै सहज कियारी।
उनमनि कला एक पहूपनि, पाइले आवा गवन निवारी॥

चौरंगी नाथ

3. आछै आछै महिरे मंडल कोई सूरा।
मार्‌या मनुवाँ नएँ समझावै रे लो॥

देवता ने दाणवां ऐणे मनवैं ब्याह्या।
मनवा ने कोई ल्यावै रे लो॥
जोति देखि देखी पड़ेरे पतंगा।
नादै लीन कुरंगा रे लो॥
एहि रस लुब्धी मैगल मातो।
स्वादि पुरुष तैं भौंरा रे लो॥

कणोरी पाव

4. किसका बेटा, किसकी बहू, आप सवारथ मिलिया सहू।
जेता पूला तेती आल, चरपट कहै सब आल जंजाल।
चरपट चीर चकमन कंथा, चित्त चमाऊँ करना।
ऐसी करनी करो रे अवधू ज्यो बहुरि न होई मरना॥

चरपट नाथ

5. साधी सूधी के गुरु मेरे, बाई सूंब्यंद गगन मैं फेरै।
मनका बाकुल चिड़िया बोलै, साधी ऊपर क्यों मन डोलै॥
बाई बंध्या सयल जग, बाई किनहुँ न बंध।
बाइबिहूणा ढहिपरै, जौरै कोई न संधि॥

चुणकर नाथ

कहा जा सकता है कि ये नाथ सम्प्रदाय वाले कबीर साहब के बाद के हैं। इसलिए कवीर साहब की रचनाओं से स्वयं उनकी रचनाएँ प्रभावित हैं, न कि इनकी रचनाओं का प्रभाव कबीर साहब की रचनाओं पर पड़ा है। इस तर्क के निराकरण के लिए मैं प्रकट कर देना चाहता हूँ कि जलन्धर नाथ मछन्दर नाथ के गुरुभाई थे जो गोरखनाथ जी के गुरु थे! चौरंगीनाथ गोरखनाथ के गुरु-भाई, कणेरीपाव जलंधरनाथ के और चरपटनाथ मछन्दरनाथ के शिष्य थे। चुणकरनाथ भी इन्हीं के समकालीन थे*। इसलिए इन लोगों का कबीर साहब से पहले होना स्पष्ट है। कबीर साहब की रचनाओं पर, विशेष कर उन रचनाओं पर जो रहस्यवाद से सम्बन्ध रखती हैं, बौद्धधर्म के उन सिद्धों की रचनाओं का बहुत बड़ा प्रभाव देखा जाता है जिनका आविर्भाव उनसे सैकड़ों वर्ष पहले हुआ। कबीर साहब की बहुत सी रचनाएँ ऐसी हैं जिनका दो अर्थ होता है। मेरे इस कहने का यह प्रयोजन है कि ऐसी कविताओं के वाच्यार्थ से भिन्न दूसरे अर्थ प्रायः किये जाते हैं। जैसे—

घर-घर मुसरी मंगल गावै, कछुआ संख बजावै।
पहिरि चोलना गदहा नाचै, भैंसी भगत करावै॥

* देखिये नागरी प्रचारिणी पत्रिका भाग 11, में प्रकाशित 'योगप्रवाह' नामक लेख।

इत्यदि। इन शब्दों का वाच्यार्थ बहुत स्पष्ट है, किन्तु यदि वाच्यार्थ ही उसका वास्तविक अर्थ मान लिया जाय तो वह बिल्कुल निरर्थक हो जाता है। ऐसी अवस्था में दूसरा अर्थ करके उसकी निरर्थकता दूर की जाती है। बौद्ध सिद्धों की भी द्व्यर्थक अनेक रचनाएँ हैं। मेरा विचार है कि कबीर साहब की इस प्रकार की जितनी रचनाएँ हैं वे सिद्धों की रचनाओं के अनुकरण से लिखी गयी हैं। सिद्धों ने योग और ज्ञान सम्बन्धी बातें भी अपने ढंग से कही हैं। उनकी अनेक रचनाओं पर उनका प्रभाव भी देखा जाता है। जून सन् 1931 की सरस्वती के अंक में प्रकाशित 'चौरासी सिद्ध' नामक लेख में बहुत कुछ प्रकाश इस विषय पर डाला गया है। विषय बोध के लिये उसका कुछ अंश मैं आप लोगों के सामने उपस्थित करता हूं–

"इन सिद्धों की कविताएँ एक विचित्र आश्रय की भाषा को लेकर होती हैं। इस भाषा को संध्या भाषा कहते हैं, जिसका अर्थ अँधेरे (वाम मार्ग) में तथा उँजाले (ज्ञान मार्ग, निर्गुण) दोनों में लग सके। संध्या भाषा को आज कल के छायावाद या रहस्यवाद की भाषा समझ सकते हैं।"

"भावना और शब्द-साखी में कबीर से लेकर राधास्वामी तक के सभी सन्त चौरासी सिद्धों के ही वंशज कहे जा सकते हैं। कबीर का प्रभाव जैसे दूसरे संतों पर पड़ा और फिर उन्होंने अपनी अगली पीढ़ी पर जैसे प्रभाव डाला, इसको श्रृङ्खलाबद्ध करना कठिन नहीं है। परन्तु कबीर का सम्बन्ध सिद्धों से मिलाना उतना आसान नहीं है, यद्यपि भावनाएँ, रहस्योक्तियाँ, उल्टी बोलियों की समानताएँ बहुत स्पष्ट हैं।"

इसी सिलसिले में सिद्धों की रचनाएँ भी देख लीजिये–

1. **मूल–**

निसि अन्धारो सुसार चारा।
अमिय भखअ मूषा करअ अहारा।
मार रे जोइया मूषा पवना।
जेण तूटअ अवणा गवणा।
भव विदारअ मूसा रवण अगति।
चंचल मूसा कलियाँ नाश करवाती
काला मूसा ऊहण बाण।
गअणे उठि चरअ अमण धाण
तब से मूषा उंचल पांचल।
सद्गुरु वोहे करिह सुनिच्चल।

जबै मूषा एरचा तूटअ।
भुसुक भणअ तबै बांधन फिटअ।

भुसुक

छाया–

निसि अँधियारी सँसार सँचारा।
अमिय भक्ख मूसा करत अहारा।
मार रे जोगिया मूसा पवना।
जेहिते टूटै अवना-गवना।
भव विदार मूसा खनै खाता।
चंचल मूसा करि नाश जाता।
काला मूसा उरध न बन।
गगने दीठि करै मन बिनु ध्यान।
तबसो मूसा चंचल वंचल।
सतगुरु बाधे करु सो निहचल।
जबहिं मूसा आचार टूटइ।
भुसुक भनत तब बन्धन पू पाटइ।

2. मूल–

जायि तुज्झे भुसुक अहेइ जाइबें मारि हसि पंच जना।
नलिनी बन पइसन्ते होहिसि एकुमणा।
जीवन्ते भेला बिहणि मयेलण अणि।
हण बिनु मासे भुसुक पद्म बन पइ सहिणी।
माआ जाल पसस्यो ऊरे बाधेलि माया हरिणी।
सद गुरु बोधे बूझिरे कासूँ कहिनि।

भुसुक

छाया

जो तोहिं भुसुक जाना मारहु पंच जना।
नलिनी ब पइसंते होहिसि एक मना
जीवत भइल बिहान मरि गइल रजनी।
हाड़ बिनु मासै भुसुक पद्म बन पइयसि।

माया-जाल पसारे ऊरे बाँधेलि माया हरिणी।
सदगुरु बोधे बूझी कासों कथनी।

भुसुक

अणिमिषि लोअण चित्त निरोधे पवन णिरुहइ सिरिगुरु बोहें।
पवन बहइ सो निच्चल जब्बैं, जोइ कालु करइ किरेत्ब्बें।

छाया–

अनिमिष लोचन चित्त निरोधइ श्री गुरु बोधे।
पवन बहै सो निश्चल जबै जोगी काल करै का तबै।

सरहपा

4. मूल–

आगम बेअ पुराणै पंडिउ मान बहन्ति।
पक्कसिरी फल अलिअ जिमि बाहेरित भ्रमयंति।

अर्थ–आगम वेद पुराण में पण्डित अभिमान करते हैं। पके श्रीफल के बाहर जैसे भ्रमर भ्रमण करते हैं।–करहपा*

कबीर साहब स्वामी रामानन्द के चेले और वैष्णव धर्मावलम्बी बतलाये जाते हैं। उन्होंने इस बात को स्वीकार किया है, वे कहते हैं– 'कबीर गुरु बनारसी सिक्ख समुन्दर तीर'। उन्होंने वैष्णवत्व का पक्ष लेकर शाक्तों को खरी खोटी भी सुनायी है।–यथा

मेरे संगी द्वै जणा, एक वैष्णव एक राम।
वो है दाता मुक्ति का, वो सुमिरावै नाम।
कबीर धनि ते सुन्दरी जिन जाया बैस्नव पूत।
राम सुमिरि निरभय हुआ सब जग गया अऊत।
साकत सुनहा दोनों भाई। एक निंदै एक भौंकत जाई।

किन्तु क्या उनका यह भाव स्थिर रहा? मेरा विचार है, नहीं, वह बराबर बदलता रहा। इसका प्रमाण स्वयं उनकी रचनाएँ हैं। उन्होंने गोरखनाथ की गोष्ठी नामक एक ग्रन्थ की रचना भी की है। वे शेख़ तकी के पास भी जिज्ञासु बन कर जाते थे और ऊँजी के पीर से भी शिक्षा लेते थे। ऐसा करना अनुचित नहीं। ज्ञान प्राप्त करने के लिए अनेक महात्माओं का सत्संग करना निन्दनीय नहीं–किन्तु यह देखा जाता है कि कबीर साहब कभी वैष्णव हैं, कभी पीर, कभी योगी और कभी सूफ़ी और कभी वेदान्त के अनुरागी। उनका यह बहुरूप श्रद्धालु के लिए भले ही उनकी महत्ता का परिचायक हो, परन्तु एक

* देखिये सरस्वती जून सन् 1931 का पृ. 715, 717, 718, 719।

समीक्षक की दृष्टि इस प्रणाली को संदिग्ध होकर अवश्य देखेगी। मेरा विचार है कि अपने सिद्धान्त के प्रचार के लिए उन्होंने समय समय पर उपयुक्त पद्धति ग्रहण की है और जनता के मानस पर अपनी सर्वज्ञता की धाक जमा कर उन्हें अपनी ओर आकर्षित करने का विशेष ध्यान रखा है। इसलिए वे अनेक रूप-रूपाय हैं। मैंने उनकी रचनाओं का आधार ढूँढ़ने की जो चेष्टा की है उसका केवल इतना ही उद्देश्य है कि यह निश्चित हो सके कि वास्तव में उनकी रचनाएँ उनके कथनानुसार अभूतपूर्व और अलौकिक हैं या उनका स्रोत किसी पूर्ववर्ती ज्ञान-सरोवर से ही प्रसूत है। 'सरस्वती' में 'चौरासी सिद्ध' नामक लेख के लेखक बौद्ध विद्वान् राहुल सांस्कृतायन ने कबीर साहब की रचनाओं पर सिद्धों की छाप बतलाते हुए यह लिखा है कि "कबीर का सम्बन्ध सिद्धों से मिलाना उतना आसान नहीं है।" किन्तु मैं समझता हूँ कि यह आसान है, यदि सिद्धों के साथ नाथ-सम्प्रदाय बालों को भी सम्मिलित कर लिया जाय। मैं नहीं कह सकता कि इस बहुत ही स्पष्ट विकास की ओर उनकी दृष्टि क्यों नहीं गयी?

महात्मा ज्ञानेश्वर ने अपने ज्ञानेश्वर नामक ग्रन्थ में अपनी गुरुपरम्परा यह दी है–(1) आदिनाथ, (2) मत्स्येन्द्रनाथ, (3) गोरखनाथ, (4) गहनी नाथ, (5) निवृत्तिनाथ, (6) ज्ञानेश्वर[1] ज्ञानेश्वर के शिष्य थे नामदेव[2]। उनका समय है 1360 ई. से 1440 ई. तक। इसलिए उनका कबीर साहब से पहले होना निश्चित है। उन्होंने स्वयं अपने मुख से उनको महात्मा माना है। वे लिखते हैं–

"जागे सुक ऊघव औ' अक्रूर।
हनुमत जागे लै लंगूर।
संकर जागे चरन सेव।
कलि जागे नामा जयदेव।

सिक्खों के ग्रन्थ साहब में भी उनके कुछ पद्य संगृहीत हैं। ज्ञानेश्वर जैसे महात्मा से दीक्षित होकर उनकी वैष्णवता कैसी उच्च कोटि की थी और वे कैसे महापुरुष थे उसे निम्नलिखित शब्द बतलाते हैं–

1. बदो क्यों न होड़ माधो मोसों।
ठाकुर ते जन जनते ठाकुर खेल पर्‌यो है तोसों।
आपन देव देहरा आपन आप लगावे पूजा।

1 देखिये, हिन्दुस्तानी, जनवरी, सन् 1932 के पृ. 32 में डाक्टर हरि रामचन्द्र दिवेकर एम. ए. डी. लिट. का लेख।

2 देखिये, मिश्रबन्धु विनोद प्रथम भाग का पृ. 223।

जल ते तरँग-तरँग ते जल है कहन-सुनन को दूजा।
आपहि गावै, आपहि नाचै, आप बजावै तूरा।
कहत नामदेव तू मेरे ठाकुर जन ऊरा तू पूरा॥

2. दामिनि दमकि घटा घहरानी, बिरह उठै घनघोर।
चित चातक ह्वै दादुर बोलै ओहि बन बोलत मोर।
प्रीतम को पतिया लिख भेजौं प्रेम प्रीति मसि लाय।
वेगि मिलो जन नामदेव को जनम अकारथ जाय।

हिन्दु पूजै देहरा, मुस्सलमान मसीत।
नामा सोई सेविया, ना देहरा न मसीत।

मेरा विचार है कि कबीर साहब की रचनाएँ नामदेव के प्रभाव से अधिक प्रभावित हैं। फिर यह कहना कि सिद्धों के साथ कबीर की शृंखला मिलाना आसान नहीं, कहाँ तक संगत है। गुरु गोरखनाथ के मानस के साथ अपने मानस को सम्बन्धित कर कबीर साहब उनकी महत्ता किस प्रकार स्वीकार करते हैं, उसको उनका यह कथन प्रकट करता है–

गोरख भरथरि गोपी चंदा। ता मनसों मिलि-करैं अनंदा।
अकल निरंजन सकल सरीरा। तामन सों मिलि रहा कबीरा।

वास्तव बात यह है कि कबीर साहब के लगभग समस्त सिद्धांत और विचार वैष्णव धर्म और महात्मा गोरखनाथ के ज्ञान-मार्ग और योग मार्ग अथच उनकी परम्परा के महात्माओं की अनुभूतियों पर ही अधिकतर अवलम्बित हैं और उन सिद्धों के विचारों से भी सम्बन्ध रखते हैं जिनकी चर्चा ऊपर की गयी है।

सारांश यह, कि जैसे स्वयं कबीर साहब सामयिकता के अवतार और नवीन धर्म-प्रवर्त्तन के इच्छुक हैं, वैसे ही उनकी रचनाएँ भी पूर्ववर्त्ती सिद्ध और महात्माओं के भावों और विचारों से ओत-प्रोत हैं। किन्तु उनमें कुछ व्यक्तिगत विलक्षणताएँ अवश्य थीं जिनका विकास उनकी रचनाओं में भी दृष्टिगत होता है। उनकी इन्हीं विशेषताओं ने उन्हें कुछ लोगों की दृष्टि में निर्गुण धारा का प्रवर्त्तक बना रखा है। परन्तु यदि सूक्ष्म दृष्टि और विवेचनात्मक बुद्धि से निरीक्षण किया जाय तो यह बात स्पष्ट हो जाती है कि जिन सिद्धान्तों के कारण उनके सिर पर सन्तमत के प्रवर्त्तक होने का सेहरा बाँधा जाता है वे सिद्धान्त परम्परागत और प्राचीनतम ही हैं। हाँ, उनको जनता के सामने उपस्थित करने में उन्होंने कुछ चमत्कार अवश्य दिखलाया। कबीर साहब के रहस्यवाद को पकड़कर कुछ श्रद्धालु यह कहते हैं कि वे ईश्वर-विद्या के अद्वितीय मर्मज्ञ थे। वे भी अपने को ऐसा ही समझते हैं। लिखते हैं–

सुर नर मुनि जन औलिया ए सब उरली तीर।
अलह राम की गम नहीं, तहँ घर किया कबीर।

किसी के श्रद्धा-विश्वास के विषय में मुझको कुछ वक्तव्य नहीं देना है। कबीर साहब स्वयं अपने विषय में जो कुछ कहते हैं, उसका उद्देश्य क्या था, इस पर मैं बहुत कुछ प्रकाश डाल चुका हूँ। इष्टसिद्धि के लिए वे जो पथ-ग्रहण करना उचित समझते थे, ग्रहण कर लेते थे। प्रत्येक धर्म-प्रवर्तक में यह बात देखी जाती है। इसलिए इस विषय में अधिक लिखना पिष्टपेषण है, किन्तु यह मैं स्वीकार करूँगा कि कबीर साहब हिन्दी संसार में रहस्यवाद के प्रधान स्तम्भ हैं। उनका रहस्यवाद भी कुछ पूर्व महजनों की रचनाओं पर आधारित हो, परन्तु उनके द्वारा वह बहुत कुछ पूर्णता को प्राप्त हो गया। उनकी ऐसी रचनाओं में बड़ी ही विलक्षणता और गम्भीरता दृष्टिगत होती है। कुछ पद्य देखिये :

1. ऐसा लो तत ऐसा लो मैं केहि विधि कहौं गँभीरा लो।
बाहर कहूँ तो सतगुरु लाजै भीतर कहूँ तो झूठा लो।
बाहर भीतर सकल निरन्तर गुरु परतापै दीठा लो।
दृष्टि न मुष्टि न अगम अगोचर पुस्तक लखा न जाई लो।
जिन पहचाना तिन भल जाना कहे न कोउ पतिआई लो।
मीन चले जल मारग जोवै परम तत्व धौं कैसा लो।
पुहुप बास हूँ ते अति झीना परम तत्व धौं ऐसा लो।
आकासे उड़ि गयो बिहँगमा पाछे खोज न दरसी लो।
कहै कबीर सतगुरु दाया तें बिरला सतपद परसी लो।

2. साधो सतगुरु अलख जगाया जब आप-आप दरसाया।
बीज मध्य ज्यों बृच्छा दरसै बृच्छा मद्धे छाया।
परमातम में आतम तैसे आतम मद्धे माया।
ज्यों नभ मद्धे सुन्न देखिये सुन्न अंड आकारा।
निह अच्छर ते मच्छर तैसे अच्छर छर बिस्तारा।
ज्यों रवि मद्धे किरन देखिये किरन मध्य परकासा।
परमातमा में जीव ब्रह्म इमि जीव मध्य जिमि साँसा।
स्वाँसा मद्धे सब्द देखिये अर्थ शब्द के माहीं।
ब्रह्म ते जीव जीव ते मन यों न्यारा मिला सदाहीं।
आपहि बीज वृच्छ अंकूरा आप फूल फल छाया।
आपहि सूर किरन परकासा आप ब्रह्म जिव माया।

अंडाकार सुन्न नभ आपै स्वाँस सब्द अरु छाया।
निह अच्छर अच्छर छर आपै मन जिउ ब्रह्म समाया।
आतम में परमातम दरसै परमातम में झांईं।
झांईं में परछाईं दरसै लखै कबीरा सांईं।

रहस्यवाद की ऐसी सुन्दर रचनाओं के रचयिता होकर भी कहीं-कहीं कबीर साहब ने ऐसी बातें कही हैं जो बिल्कुल ऊटपटाँग और निरर्थक मालूम होती हैं। इस पद को देखिये :

टगिनी क्या नैना झमकावै।
कबिरा तेरे हाथ न आवै।
कद्दू काटि मृदंग बनाया नीबू काटि मँजीरा।
सात तरोई मंगल गावैं नाचै बालम खीरा।
भैंस पदमिनी आसिक चूहा मेढक ताल लगावै।
चोला पहिरि गदहिया नाचै ऊँट बिसुनपद गावै।
आम डार चढ़ि कछुआ तोड़ै गिलहरि चुनचुनि लावै।
कहैं कबीर सुनो भाई साधो बगुला भोग लगावै।

ऐसे पदों के अनर्गल अर्थ करने वाले मिल जाते हैं। परन्तु उनमें वास्तविकता नहीं, धींगा-धींगी होती है। मेरा विचार है उन्होंने ऐसी रचनाएँ जनता को विचित्रता-समुद्र में निमग्न कर अपनी ओर आकर्षित करने ही के लिए की हैं। उन्की उल्टबाँसियाँ भी विचित्रताओं से भरी हैं। दो पद्य उनके भी देखिये–

देखौ लोगो घर की सगाई।
माय घरै पितु धिय सँग जाई।
सासु ननद मिलि अदल चलाई।
मादरिया गृह बेटी जाई।
हम बहनोई राम मोर सारा।
हमहिं बाप हरि पुत्र हमारा।
कहै कबीर हरी के बूता।
राम रमैं ते कुकुरी के पूता।

कबीर बीजक, पृ. 393

देखि-देखि जिय अचरज होई।
यह पद बूझै बिरला कोई।

धरती उलटि अकासहिं जाई।
चिंउटी के मुख हस्ति समाई।
बिन पौने जहँ परबत उड़ै।
जीव जन्तु सब बिरछा बुड़ै।
सूखे सरवर उठै हिलौर।
बिन जल चकवा करै कलोल।
बैठ पंडित पढ़ै पुरान।
बिन देखे का करै बखान।
कह कबीर जो पद को जान।
सोई सन्त सदा परमान।

कबीर बीजक, पृ. 394

कबीर साहब ने निर्गुण का राग अलापते हुए भी अपनी रचनाओं में सगुणता की धारा बहायी है। कभी वे परमात्मा के सामने स्वामी सेवक के भाव में आते हैं, कभी स्त्री-पुरुष अथवा पुरुष प्रेमी और प्रेमिका के रूप में, कभी ईश्वर को माता-पिता मानकर आप बालक बनते हैं और कभी उसको जगन्नियंता मानकर अपने को एक क्षुद्र जीव स्वीकार करते हैं। इन भावों की उनकी जितनी रचनाएँ हैं सरस और सुन्दर हैं और उनमें यथेष्ट हृदयग्रहिता है। जनता के सामने कभी वे उपदेशक और शिक्षक के रूप में दिखलायी देते हैं, कभी सुधारक बनकर। मिथ्याचारों का खंडन वे बड़े कटु शब्दों में करते हैं और जिस पर टूट पड़ते हैं उसकी गत बना देते हैं। उनकी यह नानारूपता इष्ट-साधन की सहचरी है। उनकी रचनाओं में जहाँ सत्यता की ज्योति मिलती है, वहीं कटुता की पराकाष्ठा भी दृष्टिगत होती है। वास्तव बात यह है कि हिन्दी संसार में उनकी रचनाएँ विचित्रतामयी हैं। उनका शब्द-विन्यास बहुधा असंयत और उद्वेजक है, कहीं-कहीं वह अधिकतर उच्छृंखल है, छन्दों के नियम की रक्षा भी उसमें प्रायः नहीं मिलती। फिर भी उनकी कुछ रत्तनाओं में वह मन-मोहकता, भावुकता और विचार की प्रांजलता मिलती है जिसकी बहुत कुछ प्रशंसा की जा सकती है।

कविवर सूरदास

सोलहवीं शताब्दी में ही हिन्दी-संसार के सामने साहित्य गगन के उन उज्ज्वलतम तीन तारों का उदय हुआ जिनकी ज्योति से वह आज तक ज्योतिर्मान है। उनके विषय में चिर-प्रचलित सर्वसम्मति यह है–

सूर सूर, तुलसी ससी, उडुगन केसवदास।
अब के कवि खद्योत सम जहँ तहँ करत प्रकास।
काव्य करैया तीन हैं, तुलसी, केशव, सूर।
कविता खेती इन लुनी, सीला बिनत मजूर।

यह सम्मति कहाँ तक मान्य है, इस विषय में मैं विशेष तर्क-वितर्क नहीं करना चाहता। परन्तु यह मैं अवश्य कहूँगा कि इस प्रकार के सर्वसाधारण के विचार उपेक्षा-योग्य नहीं होते, वे किसी आधार पर होते हैं। इसलिए उनमें तथ्य होता है और उनकी बहुमूल्यता प्रायः असंदिग्ध होती है। इन तीनों साहित्य-महारथियों में किसका क्या पद और स्थान है इस बात को उनका वह प्रभाव ही बतला रहा है ज़ो हिन्दी संसार में व्यापक होकर विद्यमान है। मैं इन तीनों महाकवियों के विषय में जो सम्मति रखता हूँ, उसे मेरा वक्तव्य ही प्रकट करेगा, जिसे मैं इनके सम्बन्ध में यथास्थान लिखूँगा। इन तीनों महान् साहित्यकारों में काल की दृष्टि से सूरदासजी का प्रथम स्थान है, तुलसीदासजी का द्वितीय और केशवदासजी का तृतीय। इसलिए इसी क्रम से मैं आगे बढ़ता हूँ।

कविवर सूरदास ब्रजभाषा के प्रथम आचार्य हैं। उन्होंने ही ब्रजभाषा का वह शृंगार किया जैसा शृंगार आज तक कोई कवि अथवा महाकवि नहीं कर सका। मेरा विचार है कि कविवर सूरदासजी का यह पद हिन्दी-संसार के लिए आदिम और अन्तिम दोनों है। हिन्दी भाषा की वर्तमान प्रगति यह बतला रही है कि ब्रजभाषा के जिस उच्चतम आसन पर वे आसीन हैं सदा वे ही उस आसन पर विराजमान रहेंगे; समय अब उनका समकक्ष भी उत्पन्न न कर सकेगा। कहा जाता है, उनके पहले का 'सेन' नामक ब्रजभाषा का एक कवि है। हिन्दी संसार उससे एक प्रकार अपरिचित-सा है। उसका कोई ग्रन्थ भी नहीं

बतलाया जाता। कालिदास ने औरंगजेब के समय में हजारा नामक ग्रंथ की रचना की थी। उसमें उन्होंने 'सेन' कवि का एक कवित्त लिखा है, वह यह है—

जब ते गोपाल मधुबन को सिधारे आली,
मधुबन भयो मधु दानव बिषम सों।
'सेन' कहै सारिका सिखंडी खंजरीट सुक
मिलि कै कलेस कीनो कालिंदी कदम सों।
जामिनी वरन यह जामिनी मैं जाम-जाम
बधिक की जुगुति जनावै टेरि तम सों।
देह करै करज करेजो लियो चाहति है,
काग भई कोयल कगायो करै हमसों।

कविता अच्छी है, भाषा भी मँजी हुई है। परन्तु इस कवि का काल संदिग्ध है। मिश्रबन्धुओं ने शिवसिंह सरोज के आधार से इनका काल सन् 1503 ई. बतलाया है। परन्तु वे ही इसको संदिग्ध बतलाते हैं। जो हो, यदि यह कविता कविवर सूरदासजी के पहले की मान भी ली जावे तो इससे उनके आदिम आचार्यत्व को बट्टा नहीं लगता। मेरा विचार है कि सूरदासजी के प्रथम ब्रजभाषा का कोई ऐसा प्रसिद्ध कवि नहीं हुआ कि जिसकी कृति ब्रजभाषा कविता का साधारण आदर्श बन सके। दो चार कवित्त लिखकर और छोटा-मोटा ग्रंथ बनाकर कोई किसी महाकवि का मार्ग-दर्शक नहीं बन सकता। सूरदासजी से पहले कबीरदास, नामदेव, रविदास आदि सन्तों की बानियों का प्रचार हिन्दू संसार में कुछ न कुछ अवश्य था। संभव है कि ब्रजभाषा के ग्राम्यगीत भी उस समय कुछ अपनी सत्ता रखते रहे हों। परन्तु वे उल्लेख योग्य नहीं। मैं सोचता हूँ कि सूरदास जी की रचनाएँ अपनी स्वतंत्र सत्ता रखती हैं और वे किसी अन्य की कृति से उतनी प्रभावित नहीं हैं जो वे उनका आधार बन सकें। खुसरो की कविताओं में भी ब्रजभाषा की रचनाएँ मिली हैं और ये रचनाएँ भी थोड़ी नहीं हैं। यदि उनकी रचनाओं का आधार हम ब्रजभाषा की किसी प्राचीन रचना को मान सकते हैं तो सूरदास की रचनाओं का आधार किसी प्राचीन रचना को क्यों न मानें? मानना चाहिये और मैं मानता हूँ। मेरा कथन इतना ही है कि सूरदासजी के पहले ब्रजभाषा की कोई ऐसी उल्लेख-योग्य रचना नहीं थी जो उनका आदर्श बन सके।

प्रज्ञाचक्षु सूरदासजी अपने आदर्श आप थे। वे स्वयं-प्रकाश थे। ज्ञात होता है इसीलिए वे हिन्दी-संसार के सूर्य्य कहे जाते हैं। महाप्रभु वल्लभाचार्य उनको सागर कहा करते थे। इसी आधार पर उनके विशाल ग्रन्थ का नाम सूरसागर है। वास्तव में वे सागर थे और सागर के समान ही उत्ताल तरंग-माला-संकुलित। उनमें गम्भीरता भी वैसी ही पायी जाती है। जैसा प्रवाह, माधुर्य, सौन्दर्य उनकी कृति में पाया जाता है अन्यत्र दुर्लभ है। वे

भक्तिमार्गी थे, अतएव प्रेममार्ग का जैसा त्यागमय आदर्श उनकी रचनाओं में दृष्टिगत होता है, वह अभूतपूर्व है। प्रेममार्गी सूफी सम्प्रदायवालों ने प्रेम-पंथ का अवलंबन कर जैसी रस-धारा बहायी उससे कहीं अधिक भावमय मर्मस्पर्शी और मुग्धकारिणी प्रेम की धारा सूरदासजी ने अथवा उनके उत्तराधिकारियों ने बहायी है। यही कारण है कि वे धाराएँ अन्त में आकर इन्हीं धाराओं में लीन हो गयीं। क्योंकि भक्तिमार्गी कृष्णावत सम्प्रदाय की धाराओं के समान व्यापकता उनको नहीं प्राप्त हो सकी। परोक्ष सत्ता सम्बन्धी कल्पनाएँ मधुर और हृदयग्राही हैं और उनमें चमत्कार भी है, किन्तु वे बोध-सुलभ नहीं। इसके प्रतिकूल वे कल्पनाएँ बहुत ही बोध-गम्य बनीं और अधिकतर सर्व साधारण को अपनी ओर आकर्षित कर सकीं जो ऐसी सत्ता के सम्बन्ध में की गयीं और जो परोक्ष-सत्ता पर अवलम्बित होने पर भी संसार में अपरोक्ष भाव से अलौकिक मूर्ति धारण कर उपस्थित हुईं। भगवान श्रीकृष्ण क्या हैं? परोक्ष सत्ता ही की ऐसी अलौकिकतामयी मूर्ति हैं जिसमें 'सत्यम् शिवम् सुन्दरम्' मूर्त होकर विराजमान है। सूफ़ी मत के प्रेम मार्गियों की रचनाओं में यह बात दृष्टिगत हो चुकी है कि वे किसी गायक अथवा गायिका का रूप वर्णन करते-करते उसको परोक्ष-सत्ता ही की विभूति मान लेते हैं और फिर उसके विषय में ऐसी बातें कहने लगते हैं जो विश्व की आधार-भूत परोक्ष सत्ता ही से सम्बन्धित होती हैं। अनेक अवस्थाओं में उनका इस प्रकार का वर्णन बोध-सुलभ नहीं होता, वरन् एक प्रकार से सन्दिग्ध और जटिल बन जाता है। किन्तु भक्ति-मार्गी महात्माओं के वर्णन में यह न्यूनता नहीं पायी जाती क्योंकि वे पहले ही से अपनी अपरोक्ष सत्ता को परोक्ष सत्ता का ही अंग-विशेष होने का संस्कार सर्व साधारण के हृदय में विविध युक्तियों से अंकित करते रहते हैं। क्या किसी सूफी प्रेम-मार्गी कवि की रचनाओं में वह अलौकिक मुरली-निनाद हुआ, वह लोक-विमुग्धकर गान हुआ, उस सुर-दुर्लभ शक्ति का विकास हुआ, उस शिव-संकल्प का समुदय हुआ और उन अचिन्तनीय सत्य भावों का आविर्भाव हुआ जो महामहिम सूरदास जैसे महात्माओं की महान् रचनाओं के अवलम्बन हैं? और यही सब ऐसे प्रबलतम कारण हैं कि इन महापुरुषों की कृतियों का अधिकतर आदर हुआ और वे अधिकतर व्यापक बनीं। इन सफलताओं का आदिम श्रेय हिन्दी साहित्य में प्रज्ञाचक्षु सूरदासजी ही को प्राप्त है।

मैं समझता हूँ, सूरदास जी का भक्ति-मार्ग और प्रेमपथ श्रीमद्भागवत का ही अनुवाद है, परन्तु उसमें जो विशेषताएँ हैं वे सूरदासजी की निजी सम्पत्तियाँ हैं। यह कहा जाता है कि उनकी प्रणाली 'भक्तवर' जयदेवजी के 'गीतगोविन्द' एवं मैथिल कोकिल विद्यापति की रचनाओं से भी प्रभावित है। कुछ अंश में यह बात भी स्वीकार की जा सकती है, परन्तु सूरदासजी की सी उदात्त भक्ति-भावनाएँ इन महाकवियों की रचनाओं में कहाँ हैं? मैं यह मानूँगा सूरदासजी की अधिकतर रचनाएँ शृंगार रसगर्भित हैं। परन्तु उनका विप्रलम्भ

शृंगार ही, विशेषकर हृदय-ग्राही और मार्मिक है। कारण इसका यह है कि उस पर प्रेम-मार्ग की महत्ताओं की छाप लगी हुई है। यह सत्य है कि मैथिल कोकिल विद्यापति की विप्रलम्भ शृंगार की रचनाएँ भी बड़ी ही भावमयी हैं, परन्तु क्या उनमें उतनी ही हृदय-वेदनाओं की झलक है जितनी सूरदासजी की रचनाओं में? क्या वे उतनी ही अश्रु-धारा से सिक्त, उतनी ही मानसोन्मादिनी और उतनी ही मर्म्मस्पर्शनी और हृदयवेधिनी हैं जितनी सूरदासजी की विरागमयी वचनावली में? इन बातों के अतिरिक्त सूरदासजी की रचनाओं में और भी कई एक विशेषताएँ हैं। उनका बाल-लीला-वर्णन और लालभावों का चित्रण इतना सुन्दर और स्वाभाविक है कि हिन्दी-साहित्य को उसका गर्व है। कुछ लोगों की सम्मति है कि संसार के साहित्य में ऐसे अपूर्व बालभावों के चित्रण का अभाव है। मैं इसपर अपनी ठीक सम्मति प्रकट करने में असमर्थ हूँ, परन्तु यह अधिकार के साथ कहा जा सकता है कि हिन्दी भाषा में ऐसा वर्णन तो है ही नहीं, परन्तु भारतीय अन्य प्रान्तीय भाषाओं में भी वैसा अपूर्व वर्णन उपलब्ध नहीं होता। उनकी विनय और प्रार्थना सम्बन्धी रचनाएँ भी आदर्श हैं और आगे चलकर परवर्ती कवियों के लिए उन्होंने मार्ग-प्रदर्शन का उल्लेखनीय कार्य किया है। मैं इस प्रकार के कुछ पद नीचे लिखता हूँ। उनको देखिये कि उनमें किस प्रकार हृदय खोलकर दिखलाया गया है, उनकी भाषा की प्राञ्जलता और सरलता भी दर्शनीय है।

1. **जनम सिरानो ऐसे ऐसे।**
कै घर घर भरमत जदुपति बिन कै सोवत कै बैसे।
कै कहुँ खानपान रसनादिक कै कहुँ बाद अनैसे।
कै कहुँ रंक कहूं ईसरता नट बाजीगर जैसे।
चेत्यो नहीं गयो टरि अवसर मीन बिना जल जैसे।
है गति भई सूर की ऐसी स्याम मिलैं धौं कैसे।

2. **प्रभु मोरे औगुन चित न धरो।**
समदरसी है नाम तिहारो चाहे तो पार करो।
एक नदिया एक नार कहावत मैलो नीर भरो।
जब दोनों मिलि एक बरन भये सुरसरि नाम परो।
एक लोहा पूजा में राखत एक घर बधिक परो।
पारस गुन औगुन नहिं चितवै कंचन करत खरो।
यह माया भ्रम जाल कहावे सूरदास सगरो।
अबकी बार मोहि पार उतारो नहिं प्रन जात टरो।

3. **अपनपो आपन ही बिसरो।**
जैसे स्वान काँच के मंदिर भ्रमि भ्रमि भूंकि मरो।
ज्यों केहरि प्रतिमा के देखत बरबस कूप परो।

मरकट मूठि छोड़ नहिं दीन्हीं घर घर द्वार फिरो।
सूरदास नलिनी के सुअना कह कौने पकरो।

4. मेरो मन अनत कहाँ सुख पावै।
जैसे उड़ि जहाज को पंछी फिरी जहाज पै आवै।
कमल नयन को छाड़ि महातम और देव को ध्यावै।
पुलिन गंग को छाँड़ि पियासो दुरमति कूप खनावै।
जिन मधुकर अम्बुज रस *चाख्यो* क्यों करील फल खावै।
सूरदास प्रभु काम धेनु तजि छेरी कौन दुहावै।

कुछ पद्य बाल भाव-वर्णन के भी देखिये :

5. मैया मैं नाहीं दधि *खायो*।
ख्याल परे ये सखा सबै मिलि मेरे मुख लपटायो।
देख तुही छीके पर भाजन ऊँचे घर लटकायो।
तुही निरखु नान्हें कर अपने मैं कैसे कर पायो।
मुख दधि पोंछ कहत नँदनंदन दोना पीठि दुरायो।
डारि साँट *मुसकाइ* तबहिं गहि सुत को कंठ लगायो।

6. जसुदा हरि पालने झुलावै।
हलरावै दुलराइ मल्हावै जोई सोई कछु गावै।
मेरे लाल को आउ निंदरिया काहें न आनि सुआवै।
तू काहें न बेग ही आवै तोको कान्ह बुलावै।
कबहुँ पलक हरि मूँदि लेत हैं कबहुँ अधर फरकावै।
सोवत जानि मौन ह्वै ह्वै रहि करि करि सैन बतावै।
येहि अन्तर अकुला उठे हरि जसुमति मधुरे गावै।
जो सुख सूर अमर मुनि दुरलभ सो नँद भामिनि पावै।

7. सोभित कर नवनीत लिये।
घुटुरुन चलत रेनु मंडित तनु मुख दधि लेप किये।
चारु कपोल लोल लोचन छबि गोरोचन को तिलक दिये।
लर लटकत मनो मत्त मधुपगन माधुरि मधुर पिये।
कठुला कंठ वज्र केहरि नख राजत हैं सखि रुचिर हिये।
धन्य सूर एको पल यह सुख कहा भये सत कल्प जिये।

मैं ऊपर लिख आया हूँ कि सूरदास का शृंगार-रस वर्णन बड़ा विशद है और विप्रलम्भ शृंगार लिखने में तो वह निपुणता दिखलायी जैसी आज तक दृष्टिगत नहीं हुई। कुछ पद्य इस प्रकार के भी देखिये–

8. **सुनि राधे यह कहा विचारै।**
वे तेरे रंग तू उनके रंग अपनो मुख काहे न निहारै।
जो देखे ते छाँह आपनी स्याम हृदय तव छाया।
ऐसे दसा नंदनंदन की तुम दोउ निरमल काया।
नीलाम्बर स्यामल तन की छबि तुब छबि पीत सुबास।
घर भीतर दामिनी प्रकासत दामिनि घर चहुँ पास।
सुनरी सखी विलच्छ कहौं तो सौं चाहति हरिको रूप।
सूर सुनौ तुम दोउ सम जोरी एक एक रूप अनूप।

9. **काहे को रोकत मारग सूधो।**
सुनहु मधुप निरगुन कंटक सों राजपंथ क्यों रूँधो।
याको कहा परेखो कीजै जानत छाछ न दूधो।
सूर भूर अक्रूर ले गये ब्याज *निबेरत* **ऊधो।**

10. **बिलग मत मानहु ऊधो प्यारे।**
यह मथुरा काजर की ओबरी जे आवहिं ते कारे।
तुम कारे सुफलक सुत कारे कारे स्याम हमारे।
मानो एक माँठ मैं बोरे लै जमुना जो पखारे।
ता गुन स्याम भई कालिंदी सूर स्याम गुन न्यारे।

11. **अरी मोहिं भवन भयानक लागै माई स्याम बिना।**
देखहिं जाइ काहि लोचन भरि नंद महरि के अँगना।
लै जो गये अक्रूर ताहि को ब्रज के प्रान घना।
कौन सहाय करै घर अपने मेरे विघन घना।
काहि उठाय गोद करि लीजै करि करि मन मगना।
सूरदास मोहन दरसनु बिनु सुख सम्पति सपना।

12. **खंजन नैन रूप रस माते।**
अतिसै चारु चपल *अनियारे* **पल पिंजरा न न समाते।**
चलि चलि जात निकट स्रवननि के उलटि पलटि ताटंक फँदाते।
सूरदास अंजन गुन अटके *नतरु* **अबहिं उड़ि जाते।**

13. **ऊधो अँखिया अति अनुरागी।**
एक टक मग जोवति रोवति भूलेहु पलक न लागी।
बिनु पावस पावस रितु आई देखत हैं बिदमान।
अब धौं कहा कियौ चाहति है छाँड़हु निरगुन ज्ञान।
सुनि प्रिय सखा स्यामसुन्दर के जानत सकल *सुभाय*।
जैसे *मिलैं* सूर के स्वामी तैसी करहु उपाय।

14. **नैना भये अनाथ हमारे।**
मदन गोपाल वहाँ ते सजनी *सुनियत* दूरि सिधारे।
वे जलसर हम मीन बापुरी कैसे जिवहिं निनारे।
हम चातकी चकोर स्याम घन बदन सुधा निधि प्यारे।
मधुवन बसत आस दरसन की जोइ नैन मग हारे।
सूर के स्याम करी पिय ऐसी मृतक हुते पुनि मारे।

15. **सखी री स्याम सबै एकसार।**
मीठे बचन सुहाये बोलत अन्तर जारन हार।
भवँर कुरंग काम अरु कोकिल कपटनि की चटसार।
सुनहु सखीरी दोष न काहू जो विधि लिखो लिलार।
उमड़ी घटा नाखि कै पावस प्रेम की प्रीति अपार।
सूरदास सरिता सर पोषत चातक करत पुकार।

भाषा कविवर सूरदास के हाथों में पड़कर धन्य हो गयी। आरम्भिक काल से लेकर उनके समय तक आपने हिन्दी भाषा का अनेक रूप अवलोकन किया। परन्तु जो अलौकिकता उनकी भाषा में दृष्टिगत हुई वह असाधारण। जैसी उसमें प्राञ्जलता है वैसी ही मिठास है। जितनी ही वह सरस है उतनी ही कोमल। जैसा उसमें प्रवाह है वैसा ही ओज। भाव मूर्तिमन्त होकर जैसा उसमें दृष्टिगत होता है, वैसी ही व्यंजना भी उसमें अठखेलियाँ करती अवगत होती है। जैसा श्रृंगार-रस उसमें सुविकसित दिखलायी पड़ता है, वैसा ही वातसल्य-रस छलकता मिलता है। जैसी प्रेम की विमुग्धकारी मूर्ति उसमें आविर्भूत होती है, वैसा ही आन्तरिक वेदनाओं का मर्मस्पर्शी रूप सामने आता है। ब्रजभाषा के जो उल्लेखनीय गुण अब तक माने जाते हैं और उसके जिस माधुर्य्य का गुणगान अब तक किया जाता है, उसका प्रधान अवलम्बन सूरदासजी का ही कवि कर्म है। एक प्रान्त-विशेष की भाषा समुन्नत होकर यदि देश व्यापिनी हुई तो ब्रजभाषा ही है और ब्रजभाषा को यह गौरव प्रदान करने वाले कविवर सूरदास हैं। उनके हाथों से यह भाषा जैसी मंजी, जितनी मनोहर बनी, और जिस सरसता को उसने प्राप्त किया, वह हिन्दी

संसार के लिए गौरव की वस्तु है। मैंने ब्रजभाषा की जो विशेषताएँ पहले बतलायी हैं वे सब उनकी भाषा में पायी जाती हैं, बरन् यह कहा जा सकता है कि उनकी भाषा के आधार से ही ब्रजभाषा की विशेषताओं की कल्पना हुई। मेरा विचार है कि उन्होंने इस बात पर भी दृष्टि रखी है कि कोई भाषा किस प्रकार व्यापक बन सकती है। उनकी भाषा में ब्रजभाषा का सुन्दर से सुन्दर रूप देखा जाता है। परन्तु ग्रामीणता दोष से वह अधिकतर सुरक्षित है। उसमें अन्य प्रान्तिक भाषाओं के शब्द भी मिल जाते हैं। किन्तु इनकी यह प्रणाली बहुत मर्य्यादित है। गुरु को लघु और लघु को गुरु करने में उनको संयत देखा जाता है। वे शब्दों को कभी-कभी तोड़ते-मरोड़ते भी हैं। किन्तु उनका यह ढंग उद्वेजक नहीं होता। उसमें भी उनकी लेखनी की निपुणता दृष्टिगत होती है। ब्रजभाषा के जो नियम और विशेषताएँ मैं पहले लिख आया हूँ उनकी रचनाओं में उनका पालन किस प्रकार हुआ है, मैं नीचे उसको उद्धृत पद्यों के आधार से लिखता हूँ—

1. उनकी रचनाओं में कोमल शब्द-विन्यास होता है। इसलिए उनमें संयुक्त वर्ण बहुत कम पाये जाते हैं जो वैदर्भी वृत्ति का प्रधान लक्षण है। यदि कोई संयुक्त वर्ण आ भी जाता है तो वे उसके विषय में युक्त-विकर्ष सिद्धान्त का अधिकतर पालन करते जाते हैं। जैसे, 'समदरसी', 'महातम', 'दुरलभ', 'दुरमति' इत्यादि। वर्गों के पञ्चम वर्ण के स्थान पर उनको प्रायः अनुस्वार का प्रयोग करते देखा जाता है। जैसे, 'रंक', 'कंचन', 'गंग', 'अंबुज', 'नंदनंदन', 'कंठ' इत्यादि।

2. णकार, शकार, क्षकार के स्थान पर क्रमशः 'न', 'स', और 'छ' वे लिखते हैं। 'ड' के स्थान पर 'ड़' और 'ल' के स्थान पर 'र' एवं संज्ञाओं के आदि के 'य' के स्थान पर 'ज' लिखते उनको प्रायः देखा जाता है। ऐसा वे ब्रज प्रान्त की बोलचाल की भाषा पर दृष्टि रख कर ही करते हैं। 'वरन्', 'रेनु', 'गुन', 'औगुन', 'निरगुन', सोभित, 'सत', 'स्याम', 'दसा', 'दरसन', 'अतिसै', 'जसुमति', 'जसुदा', 'जदुपति', 'बिलछि' और 'पच्छी' आदि शब्द इसके प्रमाण हैं।

3. गुरु के स्थान पर लघु और लघु के स्थान पर गुरु भी वे करते हैं, किन्तु बहुत कम। 'माधुरि', 'रँग', 'नहिं', दामिनि', 'केहरि', 'मनो', 'भामिनि', 'विन' इत्यादि शब्दों में गुरु को लघु कर दिया गया है। 'घना', 'मगना', इत्यादि में ह्रस्व को दीर्घ कर दिया गया है, अर्थात् 'घन' और 'मगन', के 'न' को 'ना' बनाया गया है।

यह बात भी देखी जाती है कि वे कुछ कारक चिन्हों और प्रत्ययों आदि को लिखते तो शुद्ध रूप में हैं, परन्तु पढ़ने में उनका उच्चारण ह्रस्व होता है। क्योंकि यदि ऐसा न किया जाय तो छन्दोभंग होगा। निम्नलिखित पंक्तियों में इस प्रकार का प्रयोग पाया जाता है। ऊपर दिये हुए उद्धरणों में कारक चिह्नों और शब्दगत वर्णों को देखिये—

1. **'काहे को रोकत मारग सूधो'**
2. **'मेरो लाल को आऊ निंदरिया** *काहे* **न आनि सुआवै**
3. **'सखी री स्याम सबै एक सार**
4. **'सूर सुनौ तुम दोऊ सम जोरी** *एक एक* **रूप अनूप**
5. **सूर के स्याम** *करी* **पुनि ऐसी मृतक हुते पुनि मारे।**
6. **'मानो एक गांठ मैं बोरे लै जमुना** *जो* **पखारे।**
7. **'समदरसी' है नाम तिहारो चाहे** *तो* **पार करो।**

'जब दोनों मिलि एक बरन *भये* **सुरसरि नाम परो**

यह प्रणाली कहाँ तक युक्ति-संगत है, इसमें मतभिन्नता है। किन्तु जिस मात्रा में विशेष स्थलों पर सूरदासजी ने ऐसा किया है, मेरा विचार है कि वह ग्राह्य है क्योंकि इससे एक प्रकार से विशेष शब्द-विकृति की रक्षा होती है। दूसरी बात यह है कि यदि कुछ शब्दों को ह्रस्व कर दिया जाय तो उसका अर्थ ही दूसरा हो जाता है। जैसे 'भये' को 'भय' लिख कर यदि छन्दोभंग की रक्षा की जाय तो अर्थापत्ति सामने आती है। प्राकृत भाषा में भी यह प्रणाली गृहीत देखी जाती है। उर्दू कवियों की पंक्ति-पंक्ति में इस प्रकार का प्रयोग मिलता है। हिन्दी में विशेष अवस्था और अल्प मात्रा ही में कहीं ऐसा किया जाता है। यह पिंगल नियमावली के अन्तर्गत भी है। जैसे विशेष स्थानों में ह्रस्व को दीर्घ और दीर्घ को ह्रस्व लिखने का नियम है उसी प्रकार संकीर्ण स्थलों पर ह्रस्व को दीर्घ और दीर्घ को ह्रस्व पढ़ने की प्रणाली भी है।

4. प्राकृत और अपभ्रंश में प्रायः कारक चिह्नों का लोप देखा जाता है। सूरदासजी की रचनाओं में भी इस प्रकार की पंक्तियाँ मिलती हैं। कुछ तो कारकों का लोप साधारण बोलचाल की भाषा पर अवलम्बित है और कुछ कवितागत अथवा साहित्यिक प्रयोगों पर। नीचे लिखे हुए वाक्य इसी प्रकार हैं—

'जो विधि लिखा लिलार', 'मधुकर अंबुज रस चख्यों' 'मैं कैसे करि पायो' इन वाक्यों में कर्त्ता का ने चिह्न लुप्त है। 'कामधेनु तजि छेरी दुहावै', 'प्रभु मोरे औगुन चित न धरो', 'मरकट मूठि छोड़ि नहिं दीन्हीं', 'सरिता सर पोषत' इन वाक्यों में कर्म का चिह्न 'को' अन्तर्हित है। 'नान्हें कर अपने मैं कैसे करि पायो' इस वाक्य में करण का 'से' चिह्न लुप्त है।

'जो सुख सूर अमर मुनि दुरलभ' में सम्प्रदान का चिह्न 'को' या 'के लिए' का लोप किया गया है। 'बरबस कूप परो', 'मेरे मुख लपटायो', 'ऊँचे घर लटकायो', 'पालने झुलावै', 'कर नवनीत लिये', इन वाक्यों में अधिकरण के 'में' चिह्न का अभाव है।

5. ब्रजभाषा में कुछ ऐसे शब्द प्रयोग में आते हैं जिनमें विभक्ति या प्रत्यय शब्द के साथ सम्मिलित होते हैं, अलग नहीं लिखे जाते। कविता में इससे बड़ी सुविधा होती है। इस प्रकार के प्रयोग अधिकतर बोलचाल पर अवलम्बित हैं। पूर्वकालिक क्रिया का चिह्न

'कर' अथवा 'के' है। ब्रजभाषा में प्रायः विधि के साथ इकार का प्रयोग कर देने से भी यह क्रिया बन जाती है। जैसे, 'टरि', 'मिली', 'करि', इत्यादि। संज्ञा के साथ जब ओकार सम्मिलित कर दिया जाता है तो वह प्रायः 'भी' का काम देता है जैसे 'एको', 'दूधो' इत्यादि। 'जसुमति मधुरे गावै' में 'मधुर' के साथ मिला हुआ एकार भाव वाचकता का सूचक है। 'दोना पीठि दुरायो' में 'पीठि' के साथ मिलित इकार अधिकरण के 'में' चिह्न का द्योतक है इत्यादि।

6. वैदर्भी वृत्ति का यह लक्षण है कि उसमें समस्त पद आते ही नहीं। यदि आते हैं तो साधारण समस्त पद आते हैं, लम्बे नहीं। कविवर सूरदासजी की रचना में यह विशेषता पायी जाती है, 'जैसे कमल नयन','अम्बुज रस' करीलफल इत्यादि।

7. कोमलता उत्पादन के लिए वे प्रायः 'ड़' और 'ल' के स्थान पर 'र' का प्रयोग करते हैं। जैसे 'घोड़ा' के स्थान पर 'घोरो', 'तोड़ो' के स्थान पर 'तोरो', 'छेड़ो' के स्थान पर 'छेरो'। इसी प्रकार 'मूल' के स्थान पर 'मूर' और 'चटसाल' के स्थान पर 'चटसार'। उनकी रचनाओं मे विकल्प से 'ड़' का भी प्रयोग देखा जाता है और 'ल' के स्थान पर 'र' का प्रयोग सब स्थानों पर ही होता है। शब्द के मध्य का यकार और वकार बहुधा 'ऐ' और 'औ' होता रहता है। जैसा 'नयन', 'वयन', 'सयन' का 'नैन', 'बैन', 'सैन' इत्यादि और 'पवन' 'गवन', 'रवन' का 'पौन' 'गौन', 'रौन' इत्यादि। परन्तु उसका तत्सम रूप भी वे लिखते हैं। प्रायः ब्रजभाषा में वह शब्द जिसके आदि में ह्रस्व इकार युक्त कोई व्यञ्जन होता है और उसके बाद 'या' होता है तो आदि व्यञ्जन का इकार गिर जाता है और वह अपने पर वर्ण 'य' में हलन्त होकर मिल जाता है, जैसे 'सियार' का 'स्यार', 'पियास' का 'प्यास' इत्यादि। किन्तु उनकी रचनाओं में दोनों प्रकार का रूप मिलता है। वे 'प्यास' भी लिखते हैं और 'पियास' भी, 'प्यार' भी लिखते हैं और 'पियार' भी। ऊपर लिखे पद्यों में आप इस प्रकार का प्रयोग देख सकते हैं।

8. सूरदासजी को अपनी रचनाओं में मुहावरों का प्रयोग करते भी देखा जाता है। परन्तु चुने हुए मुहाविरे ही उनकी रचना गें आते हैं, जिससे उनकी उक्तियाँ बड़ी ही सरस हो जाती हैं। ऊपर के पद्यों में निम्नलिखित मुहावरे आये हैं। जिस स्थान पर ये मुहावरे आये हैं उन स्थानों को देख कर आप अनुमान कर सकते हैं कि मेरे कथन में कितनी सत्यता है :

1. **गोद करि लीजै**
2. **कैसे करि पायो**
3. **बिलग मत मानहु**
4. **लोचन भरि**
5. **ख्याल परे**

9. देखा जाता है कि सूरदासजी कभी-कभी पूर्वी हिन्दी के शब्दों को भी अपनी रचना में स्थान देते हैं। 'वैसे', 'पियासो' इत्यादि शब्द ऊपर के पद्यों में आप देख चुके हैं। 'सुनो' और 'मेरे' इत्यादि खड़ी बोली के शब्द भी कभी-कभी उनकी रचना में आ जाते हैं। किन्तु उनकी विशेषता यह है कि वे इन शब्दों को अपनी रचनाओं में इस प्रकार खपाते हैं कि वे उनकी मुख्य भाषा (ब्रजभाषा) के अंग बन जाते हैं। अनेक अवस्थाओं में तो उनका परिचय प्राप्त करना भी दुस्तर हो जाता है। जिस कवि में इस प्रकार की शक्ति हो उसका इस प्रकार का प्रयोग तर्क-योग्य नहीं कहा जा सकता। जो अन्य प्रान्त की भाषाओं के शब्दों अथवा प्रान्तिक बोलियों के वाक्यों को अपनी रचनाओं में इस प्रकार स्थान देते हैं कि जिनसे वे भद्दी बन जाती हैं अथवा जो उनकी मुख्य भाषा की मुख्यता में बाधा पहुँचाती हैं उनकी ही कृति तर्क-योग्य कही जा सकती है। दूसरी बात है कि जब किसी प्रान्तिक भाषा को व्यापकता प्राप्त होती है तो उसे अपने साहित्य को उन्नत बनाने के लिए संकीर्णता छोड़कर उदारता ग्रहण करनी पड़ती है। जिस भाषा ने इस प्रकार की उदारता ग्रहण की, वही अपनी परिधि से निकल कर व्यापकता प्राप्त कर सकी। आज गोस्वामी तुलसीदास और कविवर सूरदास की रचनाएँ यदि उत्तरीय भारत को छोड़कर दक्षिणीय भारत के कुछ अंशों में भी आद्रित हो रही हैं तो उसका कारण यही है कि उन्होंने अपनी भाषा को उदार बनाया और उसके निजत्व को सुरक्षित रख कर अन्य भाषाओं के शब्दों को भी उसमें स्थान दिया। इस दृष्टि से देखने पर सूरदासजी ने इस विषय में जो कुछ स्वतंत्रता ग्रहण की है वह इस योग्य नहीं कि उस पर उंगली उठायी जा सके।

10. प्राकृत भाषा के जो शब्द सुन्दर और सरस होने के कारण ब्रजभाषा की बोलचाल में गृहीत रहे, सूरदासजी की रचनाओं में भी उनका प्रयोग उसी रूप में पाया जाता है। ऐसे शब्द 'सायर', 'लोयन', 'नाह', 'केहरि' इत्यादि हैं। वे अपभ्रंश भाषा के अनुसार कुछ प्रातिपदिक और प्रत्ययों को भी उकार युक्त लिखते हैं जैसे तपु, मुहुं, आजु, बिनु इत्यादि। ब्रजभाषा और अवधी में अपभ्रंश अथवा प्राकृत भाषा की अनेक विशेषताएँ पायी जाती हैं। ऐसी अवस्था में यदि उसके कुछ शब्द अपने मुख्य रूप में इन भाषाओं में आते हैं तो उनका आना युक्तिसंगत है, क्योंकि इस प्रकार की विशेषताएँ और शब्दावली ही उस घनिष्टता का परिचय देती रहती है जो कि ब्रजभाषा अथवा अवधी का प्राकृत अथवा अपभ्रंश के साथ है। भाषा-शास्त्र की दृष्टि से इस प्रकार की घनिष्टता अधिक वांछनीय है।

11. ब्रजभाषा की बोलचाल में कुछ शब्द ऐसे हैं जिनका उच्चारण कुछ ऐसी विशेषता से किया जाता है कि वे बहुत मधुर बन जाते हैं। इन शब्दों के अन्त में एक वर्ण अथवा 'आ' इस प्रकार बढ़ा दिया जाता है कि जिससे उसका अर्थ तो वही रह जाता है जिसमें वह मिलाया जाता है, परन्तु ऐसा करने से उसमें एक विचित्र मिठास आ जाती है। 'सुअना', 'नैना', 'नदिया', 'निदरिया', 'जियरा', 'हियरा' आदि ऐसे ही शब्द हैं।

सूरदासजी इस प्रकार के शब्दों का प्रयोग अपनी रचना में इस सरसता के साथ करते हैं कि उसका छिपा हुआ रस छलकने लगता है। देखिये–

1. 'सूरदास नलिनी के *सुअना* कह कौने पकरो'।

2. *नैना* भये अनाथ हमारे।

3. एक *नदिया* एक नार कहावत मैलो नीर भरो।

4. मेरे लाल को आउ निंदरिया काहे न आनि सुहावै'।

अवधी भाषा के इसी प्रकार के शब्द 'करेजवा' 'बदरवा' इत्यादि हैं। जैसे संस्कृत में स्वार्थे क' आता है जैसे 'पुत्रक', 'बालक' इत्यादि। इन दोनों शब्दों में जो अर्थ 'पुत्र' और 'बाल' का है वह अर्थ सम्मिलित 'क' का है, उसका कोई अन्य अर्थ नहीं। इसी प्रकार 'मुखड़ा', 'बछड़ा', 'हियरा', 'जियरा', 'करेजवा', 'बदरवा', 'अँसुवा', 'नदिया', 'निंदरिया' के 'ड़ा', 'रा', 'बा' और 'आदि' हैं जो अन्त में आये हैं और अपना अपना पृथक अर्थ नहीं रखते, केवल 'आ' भी आता है, जैसे 'नैना', 'बदरा', 'अँचरा', का 'आ'।

12. ब्रजभाषा में बहुवचन के लिए शब्द के अन्त में 'न' और 'नि' आता है। ईकारान्त शब्दों में पूर्ववर्त्ती वर्ण को ह्रस्व करके याँ और अकारान्त शब्दों के अन्त में 'ऐ' आता है। सूरदासजी की रचनाओं में इन सब परिवर्तनों के उदाहरण मिलते हैं, जिनसे उनकी व्यापक दृष्टि का पता चलता है। निम्नलिखित पंक्तियों को देखिये :-

'कछुक खात कछु धरनि गिरावत छवि निरखत नँदरनियाँ'

'भरि भरि जमुना उमड़ि चलता है इन नैनन के तीर'

'*लोगन* के मन हाँसी'

'सूर परागनि *तजति* हिये ते श्री गुपाल अनुरागी।

'*अँखिया* हरिदरसन की प्यासी'

'जलसमूह बरसत दोउ *आँखें* हूँकत लीने नाउँ'

13. सूरदास की रचना में मुख्य बात यह पायी जाती है कि वे संस्कृत तत्सम शब्दों का अधिक प्रयोग करते हैं। परन्तु विशेषता यह है कि उनके शब्द चुने हुए और ऐसे होते हैं जिनके काव्योपयुक्त कहा जा सकता है। संयुक्त वर्णों को तो मुख्य रूप में वे कभी-कभी संकीर्ण स्थलों पर ही लेते हैं। परन्तु कोमल, ललित और सरस तत्सम शब्दों को वे निस्संकोच ग्रहण करते हैं और इस प्रकार अपनी भाषा को मधुरतम बना देते हैं। उद्धृत पद्यों में से सातवें पद्य को देखिये। उनकी रचना में जो शब्द जिस भाव की व्यञ्जना के लिए आते हैं वे ऐसे मनोनीत होते हैं जो अपने स्थान पर बहुत ही उपयुक्त जान पड़ते हैं। अनुप्रास अथवा वर्णमैत्री जैसी उनकी कृति में मिलती है, अन्यत्र दुर्लभ है। जो शब्द उनकी रचना में आते हैं, प्रवाह रूप में आते हैं। उनके अवलोकन में यह ज्ञात होता है

कि वे प्रयत्नपूर्वक नहीं, स्वाभाविक रीति से आकर अपने स्थान पर विराजमान हैं। रसानुकूल शब्द-चयन उनकी रचना की विशेष सम्पत्ति है। अधिकतर उनकी रचनाएँ पद के स्वरूप ही हैं, अतएव झंकार और संगीत उनके व्यवहृत शब्दों के विशेष गुण हैं। इतना होने पर भी जटिलता का लेश नहीं। सब ओर प्राञ्जलता और सरलता ही दृष्टिगत होती है।

14. किसी भाव को यथातथ्य अंकित करना और उसका जीता जागता चित्र सामने लाना सूरदासजी की प्रतिभा का गुण है। जिस भाव का चित्र वे सामने रखते हैं उनकी रचनाओं में वह मूर्तिमन्त होकर दृष्टिगत होता है। प्रार्थना और विनय के पदों में उनके मानसिक भाव किस प्रकार ज्ञान-पथ में विचरण करते हैं और फिर कैसे विश्व-सत्ता के सामने वे विनत हो जाते हैं इस बात को उनके अनेक विनय के पद्यों की पंक्ति-पंक्ति बड़ी ही सरलता से अभिव्यञ्जित करती पायी जाती है। उद्धृत पद्यों में से संख्या एक से चार तक के पद्य देखिये। उनमें एक ओर यदि मानवों के स्वाभाविक अज्ञान, दुर्बलताओं और भ्रम-प्रमाद पर हृदय मर्माहत होता देखा जाता है तो दूसरी ओर मानसिक करुणा अपने हाथों में विनय की पुष्पांजलि लिये किसी करुणासागर की ओर अग्रसर होती दिखलायी पड़ती है। लालभाव का वर्णन जिन पदों में है, देखिये संख्या 5 से 7 तक, उनमें बालकों के भोले-भाले भाव जिस प्रकार अंकित हैं, वे बड़े ही मर्मस्पर्शी हैं। उनके देखने से ज्ञात होता है कि कवि किस प्रकार हृदय की सरल से सरल वृत्तियों और मन के सुकुमार भावों के यथातथ्य चित्रण की क्षमता रखता है। बाल-लीला के पदों को पढ़ते समय ऐसा ज्ञात होने लगता है कि जिस समय की लीला का वर्णन है उस समय कवि खड़ा होकर वहाँ के क्रिया-कलाप को देख रहा था। इन वर्णनों के पढ़ते ही आँखों के सामने वह समाँ आ जाता है जो उस समय वहाँ मौजूद रहकर कोई देखनेवाली आँखें ही देख सकतीं। इस प्रकार का चित्रण सूरदास के ऐसे सहृदय कवि ही कर सकते हैं, अन्यों के लिए यह बात सुगम नहीं। उनका शृंगार-वर्णन पराकाष्ठा को पहुँच गया है। उतना सरस और स्वाभाविक वर्णन हिन्दी-साहित्य में नहीं मिलता। यह मैं कहूँगा कि शृंगार-रस के कुछ वर्णन ऐसे हैं कि यदि वे उस रूप में न लिये जाते तो अच्छा होता, किन्तु कला की दृष्टि से वे बहुमूल्य हैं। उनका विप्रलम्भ शृंगार ऐसा है जिसके पद पद से रस निचुड़ता है। संसार के साहित्य-क्षेत्र में प्रेम-धाराएँ विविध रूप से बहीं, कहीं वे बड़ी ही वेदनामयी हैं, कहीं उन्मादमयी और रोमांचकारी, और कहीं उनमें आत्मविस्मृति और तन्मयता की ऐसी मूर्ति दिखलायी पड़ती है जो अनुभव करने वाले को किसी अलौकिक संसार में पहुँचा देती है। फिर भी सूरदास की इस प्रकार की रचनाएँ पढ़ कर यह भावना उत्पन्न होने लगती है कि क्या ऐसी ही सरसता और मोहकता उन सब धाराओं में भी होगी? प्रेम-लीलाओं के चित्रण में जैसी निपुणता देखी जाती है, वैसी प्रवीणता उनकी अन्य रचनाओं में नहीं पायी

जाती। उनका विप्रलम्भ शृंगार-सम्बन्धी वर्णन बड़ा ही उदात्त है। उनमें मन के सुकुमार भावों का जैसा अंकन है, जैसी उनमें हृदय को द्रवित करनेवाली विभूतियाँ हैं यदि वे अन्य कहीं होंगी तो इतनी ही होंगी। वे किसी सच्चे प्रेम-पथिक की ही अनुभवनीय हैं, अन्य की नहीं। कोई रहस्यवादी बनता है, और अपरोक्ष सत्ता को लेकर निर्गुण में सगुण की कल्पना करता है। परन्तु कल्पना कल्पना ही है, उसमें मानसिक वृत्तियों का वह सच्चा विकास कहाँ जो वास्तव में किसी सगुण से सम्बन्ध रखती है? जो आन्तरिक आनन्द हम पृथ्वी, जल, अग्नि, वायु, आकाश के अनुभूत विभावों से प्राप्त कर सकते हैं, पंचतन्मात्राओं से नहीं, क्योंकि उनमें सांसारिकता है, इनमें नहीं। हम विचारों को दौड़ा लें, पर विचार किसी आधार पर अवलम्बित हो सकते हैं। सांसारिकों की सांसारिकता ही सुलभ हो सकती है। संसार से परे क्या है? उसकी कल्पना वह भले ही कर ले, किन्तु उसका मन उन्हीं में रम सकता है जो सांसारिक विषय हैं। यही कारण हैं कि जो निर्गुणवादी बनने का दावा करते हैं वे जब आनन्दमय जीवन की कामना करते हैं तो सगुण भावों का ही आश्रय लेते हैं। सूरदासजी इसके मर्मज्ञ थे। इसलिए उन्होंने सगुण भावों को लेकर ऐसे मोती पिरोये जिनकी बहुमूल्यता चिन्तनीय है, कथनीय नहीं। उन्होंने अपने लक्ष्य को प्रकाश में रखा है, अन्धकार में नहीं। इसीलिए उनकी रचनाएँ अन्य प्रेम-मार्गी कवियों से सरसता और मोहकता में अधिकतर स्वाभाविक हैं। उनका यह रंग इतना गहरा था कि वे कभी-कभी अपनी धुन में मस्त होकर निर्गुण पर भी कटाक्ष कर जाते हैं। यह उनका प्रमाद नहीं है, वरन् उनकी सगुण परायणता का अनन्य भाव है। मेरा विचार है कि प्रेममार्ग में उनकी विप्रलम्भ शृंगार की रचनाएँ बड़ा महत्व रखती हैं। यह कहना कि संसार के साहित्य में उनका स्थान सर्वोच्च है, कदाचित् अच्छा न समझा जाय, परन्तु यह मानना पड़ेगा कि संसार के साहित्य की उच्चतम कृतियों में वे भी समान स्थान लाभ करने की अधिकारिणी हैं।

15. ब्रजभाषा की अधिकांश क्रियाएँ अकारान्त या ओकारान्त हैं। उसके सर्वनामों और कारक-चिह्नों, प्रत्ययों एवं प्रातिपदिक शब्दों के प्रयोगों में भी विशेषता है जो उसको अन्य भाषाओं अथवा प्रान्तिक बोलियों से अलग करती हैं। सूरदासजी ने अपनी रचना में इनके शुद्ध-प्रयोगों का बहुत अधिक ध्यान रखा है। उद्धृत पद्यों के ऐसे अधिकांश शब्दों और क्रियाओं को स्पष्ट कर दिया गया है। उनको देखने से ज्ञात हो जायगा कि वे ब्रजभाषा पर कितना प्रभाव रखते थे। उनकी रचना में फ़ारसी, अरबी के शब्द भी, सामयिक प्रभाव के कारण आये हैं। परन्तु उनको भी इन्होंने ब्रजभाषा के रंग में ढाल दिया है। इन सब विषयों पर अधिक लिखने से व्यर्थ विस्तार होगा। इसलिए मैं इस बाहुल्य से बचता हूँ। थोड़ा सा उन पर विचार दृष्टि डालने से ही अधिकांश बातें स्पष्ट हो जायँगी।

पहले लिख आया हूँ कि सूरदासजी ही ब्रजभाषा के प्रधान आचार्य हैं। वास्तव में बात

यह है कि उन्होंने ब्रजभाषा के लिए जो सिद्धान्त साहित्यिक दृष्टि से बनाये और जो मार्ग-प्रदर्शन किया, आज तक उसी को अवलम्बन करके प्रत्येक ब्रजभाषा का कवि साहित्य-क्षेत्र में अग्रसर होता है। उनके समय से जितने कवि और महाकवि ब्रजभाषा के हुए वे सब उन्हीं की प्रवर्तित-प्रणाली के अनुग हैं। उन्हीं का पदानुसरण उस काल से अब तक कवि-समूह करता आया है। उनके समय से अब तक का साहित्य उठा लीजिये, उसमें स्वयं-प्रकाश सूर की ही प्रभा विकीर्ण होती दिखलायी पड़ेगी। जो मार्ग उन्होंने दिखलाया वह आज तक यथातथ्य सुरक्षित है। उसमें कोई साहित्यकार थोड़ा परिवर्तन भी नहीं कर सका। कुछ कवियों ने प्रान्त-विशेष के निवासी होने के कारण अपनी रचना में प्रान्तिक शब्दों का प्रयोग किया है, परन्तु वह भी परिमित है। उन्होंने उस प्रधान आदर्श से मुँह नहीं मोड़ा जिसके लिए कविवर सूरदास कवि-समाज में आज तक पूज्य दृष्टि से देखे जाते हैं।

डाक्टर जी. ए. ग्रियर्सन ने उनके विषय में जो कुछ लिखा है आप लोगों के अवलोकन के लिए उसे भी यहाँ उद्‌धृत करता हूँ। वे लिखते हैं :

"साहित्य में सूरदास के स्थान के सम्बन्ध में मैं यही कह सकता हूँ कि वह बहुत ऊँचा है। सब तरह की शैलियों में वे अद्वितीय हैं। आवश्यकता पड़ने पर वे जटिल से जटिल शैली में लिख सकते थे और फिर दूसरे ही पद में ऐसी शैली का अवलम्बन कर सकते थे जिसमें प्रकाश की किरणों की सी स्पष्टता हो। किसी गुण विशेष में अन्य कवि भले ही उनकी बराबरी कर सके हों, किन्तु सूरदास में अन्य समस्त कवियों के सर्वोत्कृष्ट गुणों का एकत्र भाव है।*

---

* "Regarding Surdas's place in literature, I commonly add that he justly holds a high one. He excelled in all styles. He could, if occasion required, be more obscure than the spbynu and in the next verse he as clear as a ray of light. Other poets may have equalled him in some particular quality, but he combined the best qualities of all."

गोस्वामी तुलसीदास

गोस्वामी तुलसीदासजी की काव्य-कला अमृतमयी है। उससे वह संजीवनी धारा निकली जिसने साहित्य के प्रत्येक अंग को ही नवजीवन नहीं प्रदान किया, वरन् मृतप्राय हिन्दू समाज के प्रत्येक अंग को वह जीवन-शक्ति दी जिससे वह बड़े संकट-काल में जीवित रह सकी इसीलिए वे हिन्दी संसार के सुधाधर हैं। गोस्वामीजी की दृष्टि इतनी प्रखर थी और सामयिकता की नाड़ी उन्होंने इस मार्मिकता से टटोली कि उनकी रचनाएँ आज भी रुग्ण मानसों के लिए रसायन का काम दे रही हैं। यदि केवल अपने अलौकिक ग्रन्थ रामचरितमानस का ही उन्होंने निर्माण किया होता तो भी उनकी वह कीर्ति अक्षुण्ण रहती जो आज निर्मल कौमुदी समान भारत-वसुन्धरा में विस्तृत है। किन्तु उनके और भी कई ग्रन्थ ऐसे हैं जिससे उनकी कीर्ति-कौमुदी और अधिक उज्ज्वल हो गयी है और इसीलिए वे कौमुदीश हैं। ब्रजभाषा और अवधी दोनों पर उनका समान अधिकार देखा जाता है। जैसी ही अपूर्व रचना वे ब्रजभाषा में करते हैं वैसी ही अवधी में। रामचरितमानस की रचना अवधी भाषा में ही हुई। किन्तु गोस्वामीजी की अवधी परिमार्जित अवधी है और यही कारण है कि जब मलिक मुहम्मद जायसी के 'पदमावत' की भाषा आजकल कठिनता से समझी जाती है तब गोस्वामीजी की रामायण को सर्वसाधारण भी समझ लेते हैं। जायसी भी संस्कृत के तत्सम शब्दों का प्रयोग करते हैं। किन्तु उनका संस्कृत शब्दों का भण्डार व्यापक नहीं था। इसलिए वे सरस, भावमय एवं कोमल संस्कृत शब्दों के चयन में उतने समर्थ नहीं बन सके जितने गोस्वामीजी। कहीं-कहीं उन्होंने संस्कृत शब्दों को इतना विकृत कर दिया है कि उसकी पहचान कठिनता से होती है, जैसे 'शार्दूल' का 'सदुर'। परन्तु गोस्वामीजी इस महान् दोष से सर्वथा मुक्त हैं। अवधी शब्दों और वाक्यों के विषय में भी उनकी सहृदयता नीर-क्षीर का विवेक करने में हंस की सी शक्ति रखती है। रामचरितमानस विशाल ग्रंथ है, परन्तु उसमें ग्रामीण भद्दे शब्द बहुत खोजने पर भी नहीं मिलते। कहीं-कहीं तो अवधी शब्द का व्यवहार उनके द्वारा इस मधुरता से हुआ है कि वे बड़े ही हृदयग्राही बन गये हैं। उनकी दृष्टि विशाल थी और वे इस बात के इच्छुक थे कि उनकी रचना हिन्दू-संसार में नवजीवन का संचार करे। अतएव उन्होंने हिन्दी-भाषा के ऐसे अनेक शब्दों को भी अपनी रचना में स्थान दिया है जो अवधी भाषा के नहीं कहे जा सकते।

उनकी इस दूरदर्शिनी दृष्टि का ही यह फल है कि आज उनके महान् ग्रंथ की उतनी व्यापकता है कि उसके लिए 'गेहे-गेहे जने-जने' वाली कहावत चरितार्थ हो रही है।

गोस्वामीजी जिस समय साहित्य-क्षेत्र में उतरे उस समय निर्गुण-धारा बड़े वेग से बह रही थी जो जनता को परोक्ष सत्ता की ओर ले जाकर उसके मनों में सांसारिकता से विराग उत्पन्न कर रही थी। विराग वैदिक धर्म का एक अंग है। उसको शास्त्रीय भाषा में निवृत्ति मार्ग कहते हैं। अवस्था विशेष के लिए ही यह मार्ग निर्दिष्ट है, परन्तु इसका अर्थ नहीं कि प्रवृत्ति-मार्ग की उपेक्षा कर अनधिकारी भी निवृत्तिमार्गी बन जाये। निवृत्ति-मार्ग का प्रधान गुण है त्याग जो सर्वसाधारण के लिए सुलभ नहीं। इसीलिए अधिकारी पुरुष ही निवृत्तिमार्गी बन सकता है क्योंकि जो तत्वज्ञ नहीं वह निवृत्ति-मार्ग के नियमों का पालन नहीं कर सकता। निवृत्ति मार्ग का यह अर्थ नहीं कि मनुष्य घर-बार और बाल-बच्चों का त्याग कर अकर्मण्य बन जाये और तमूरा खड़का कर अपना पेट पालता फिरे। त्याग मानसिक होता है और उसमें वह शक्ति होती है जो देश, जाति, समाज और मानवीय आत्मा को बहुत उन्नत बना देती है। जो अपने गृह को, परिवार को, पड़ोस को, ग्राम को अपनी सहानुभूति, सत्यव्यवहार और त्याग-बल से उन्नत नहीं बना सकता उसका देश और जाति को ऊँचा उठाने का राग अलापना अपनी आत्मा को ही प्रताड़ित नहीं करना है, प्रत्युत दूसरों के सामने ऐसा आदर्श उपस्थित करना है जो लोक-संग्रह का बाधक है। निर्गुणवादियों ने लोक-संग्रह की ओर दृष्टि डाली ही नहीं। वे संसार की असारता का राग ही गाते और उस लोक की ओर जनता को आकर्षित करने का उद्योग करते देखे जाते हैं जो सर्वथा अकल्पनीय है। वहाँ सुधा का स्रोत प्रवाहित होता हो, स्वर्गीय गान श्रवणगत होता हो, सुर-दुर्लभ अलौकिक पदार्थ प्राप्त होते हों, वहाँ उन विभूतियों का निवास हो जो अचिन्तनीय कही जा सकती हैं, परन्तु वे जीवों के किस काम की जब उनको वे जीवन समाप्त करके ही प्राप्त कर सकते हैं? मरने के उपरान्त क्या होता है, अब तक इस रहस्य का उद्घाटन नहीं हुआ। फिर केवल उस कल्पना के आधार पर उसको असार कहना जिसका हमारे जीवन के साथ घनिष्ठ सम्बन्ध है क्या बुद्धिमत्ता है, यदि संसार असार है और उसका त्याग आवश्यक है तो उस सार वस्तु को सामने आना चाहिए कि जो वास्तव में कार्य-क्षेत्र में आकर यह सिद्ध कर दे कि संसार की असारता में कोई सन्देह नहीं। हमारे इन तर्कों का यह अर्थ नहीं कि हम परोक्षवाद का खण्डन करते हैं, या उन सिद्धान्तों का विरोध करने के लिए कटिबद्ध हैं, जिनके द्वारा मुक्ति, नरक, स्वर्ग आदि सत्ता स्वीकार की जाती है। यह बड़ा जटिल विषय है। आज तक न इसकी तर्कसम्मत निष्पत्ति हुई न भविष्य काल में होने की आशा है। यह विषय सदा रहस्य ही बना रहेगा। मेरा कथन इतना ही है कि सांसारिकता की समुचित रक्षा करके ही परमार्थ-चिन्ता उपयोगी बन सकती है, वरन् सत्य तो यह कि सांसारिक समुन्नत त्यागमय जीवन ही परमार्थ है। हम आत्महित

करते हुए जब लोकहित साधन में समर्थ हों तभी मानव जीवन सार्थक हो सकता है। यदि विचार-दृष्टि से देखा जाय तो यह स्पष्ट हो जायगा कि जो आत्महित करने में असमर्थ है वह लोक-हित करने में समर्थ नही हो सकता। आत्मोन्नति के द्वारा ही मनुष्य लोकहित करने का अधिकारी होता है। देखा जाता है जिसके मुख से यह निकलता रहता है कि 'अजगर करै न चाकरी, पंछी करै न काम, दास मलूका यों कहै, सबके दाता राम,' वह भी हाथ पाँव डालकर बैठा नहीं रहता। क्योंकि पेट उसको बैठने नहीं देता। हाँ, इस प्रकार के विचारों से समाज में अकर्मण्यता अवश्य उत्पन्न हो जाती है, जिससे अकर्मण्य प्राणी जाति और समाज के बोझ बन जाते हैं। उचित क्या है? यही कि हम अपने हाथ-पाँव आदि को उन कर्मों में लगायें जिनके लिए उनका सृजन हुआ है। ऐसा करने से लाभ यह होगा कि हम स्वयं संसार से लाभ उठावेंगे और इस प्रवृत्ति के अनुसार सांसारिक अन्य प्राणियों को भी लाभ पहुँचा सकेंगे। प्रयोजन यह है कि सांसारिक की रक्षा करते हुए, लोक में रहकर लोक के कर्त्तव्य का पालन करते हुए, यदि मानव वह विभूति प्राप्त कर सके जो अलौकिक बतलायी जाती है तब तो उसकी जीवन-यात्रा सुफल होगी, अन्यथा सब प्रकार की असफलता ही सामने आवेगी। रहा यह कि परलोक में क्या होगा उसको यथातथ्य कौन बता सका?

निर्गुणवाद की शिक्षा लगभग ऐसी ही है जो संसार से विराग उत्पन्न करती रहती है। घर छोड़ो, धन छोड़ो, विभव छोड़ो, कुटुम्बपरिवार छोड़ो। तब करो क्या? जप, तप और हरि-भजन। जीवन चार दिन का है, संसार में कोई अपना नहीं। इसलिए सबको छोड़ो और भगवान का नाम जप कर अपना जन्म बनाओ। इस शिक्षा में लोकसंग्रह का भाव कहाँ? इन्हीं शिक्षाओं का यह फल है कि आजकल हिन्दू-समाज में कई लाख ऐसे प्राणी हैं जो अपने को संसार-त्यागी समझते हैं और आप कुछ न कर दूसरों के सिर का बोझ बन रहे हैं। उनके बाल-बच्चे अनाथ हों, उनकी स्त्री भूखों मरे, उनकी बला से। वे देश के काम आयें या न आयें, जाति का उनसे कुछ भला हो या न हो, समाज उनसे छिन्न-भिन्न होता है तो हो, उनको इन बातों से कोई मतलब नहीं, क्योंकि वे भगवान् के भक्त बन गये हैं और उनको इन पचड़ों से कोई काम नहीं। संसार में रहकर कैसे जीवन व्यतीत करना चाहिए? कैसे दूसरों के काम आना चाहिये? कैसे कष्टितों का कष्ट निवारण करना चाहिए? कैसे प्राणिमात्र का हित करना चाहिए? मानवता किसे कहते हैं? साधु-चरित्र का क्या महत्व है? महात्मा किसका नाम है? वे न इन सब बातों को जानते और न इन्हें जानने का उद्योग करते हैं। फिर भी वे हरिभक्त हैं और इस बात का विश्वास रखते हैं कि उनके लेने के लिए सीधे सत्य लोक से विमान आयेगा। जिसके ऐसे संस्कार हैं, उससे लोक-संग्रह की क्या आशा है? किन्तु कष्ट की बात है कि अधिकांश हमारा संसार-त्यागी समाज ऐसा ही है क्योंकि उसने त्याग और हरि-भजन का मर्म समझा ही नहीं, और क्यों समझता जब परोक्ष सत्ता ही से उसको प्रयोजन है और संसार से उसका

कोई सम्बन्ध नहीं।

महाप्रभु वल्लभाचार्य ने हिन्दू-समाज के इस रोग को उस समय पहचाना था और उन्होंने अपने सम्प्रदाय का यह प्रधान सिद्धान्त रखा कि गार्हस्थ्य धर्म में रहकर ही और सांसारिक समस्त कर्तव्यों का पालन करते हुए ही परमार्थ चिन्ता करनी चाहिये जिससे समाज लोक संग्रह के मर्म को न समझ कर अस्त-व्यस्त न हो। त्याग का विरोध उन्होंने नहीं किया, किन्तु त्याग के उस उच्च आदर्श की ओर हिन्दू समाज की दृष्टि आकर्षित की जो मानस-सम्बन्धी सच्चा त्याग है। उनका आदर्श इस श्लोक के अनुसार था–

वनेषु दोषाः प्रभवन्ति रागिणाम्,
गृहेषु पञ्चेन्द्रिय निग्रहस्तपः
अकुत्सिते कर्मणि यः प्रवर्त्तते,
निवृत्त रागस्य गृहं तपोवनम्।

रागात्मक जनों के लिए वन भी सदोष बन जाता है। घर में रह कर पाँचों इन्द्रियों का निग्रह करना ही तप है। जो अकुत्सित कर्मों में प्रवृत्त होता है उसके लिए घर ही तपोवन है। महाप्रभु वल्लभाचार्य की तरह गोस्वामीजी में भी लोक-संग्रह का भाव बड़ा प्रबल था। सामयिक मिथ्याचारों और अन्यथा विचारों से वे संतप्त थे। आर्यमर्यादा का रक्षण ही उनका ध्येय था। वे हिन्दू जाति की रगों में वह लोहू भरना चाहते थे जिससे वह सत्य-संकल्प और सदाचारी बन कर वैदिक धर्म की रक्षा के उपयुक्त बन सके। वे यह भली-भाँति जानते थे कि लोक-संग्रह सभ्यता की उच्च सीढ़ियों पर आरोहण किये बिना ठीक-ठीक नहीं हो सकता। वे हिन्दू जनता के हृदय में यह भाव भी भरना चाहते थे कि चरित्र बल ही संसार में सिद्धि-लाभ का सर्वोत्तम साधन है। इसलिए उन्होंने उस ग्रन्थ की रचना की जिसका नाम रामचरितमानस है और जिसमें इन सब बातों की उच्च से उच्च शिक्षा विद्यमान है। उनकी वर्णन-शैली और शब्द-विन्यास इतना प्रबल है कि उनसे कोई हृदय प्रभावित हुए बिना नहीं रहता। अपने महान् ग्रन्थ में उन्होंने जो आदर्श हिन्दू-समाज के सामने रखा है वह इतना पूर्ण, व्यापक और उच्च है जो मानव-समाज की समस्त आवश्यकताओं और न्यूनताओं की पूर्ति करता है। भगवान् रामचन्द्र का नाम मर्य्यादा पुरुषोत्तम है। उनकी लीलाएँ, आचार-व्यवहार और नीति भी मर्य्यादित है। इसलिए रामचरितमानस भी मर्य्यादामय है। जिस समय साहित्य में मर्य्यादा का उल्लंघन करना साधारण बात थी, उस समय गोस्वामीजी को ग्रन्थ भर में कहीं मर्य्यादा का उल्लंघन करते नहीं देखा जाता। कवि कर्म्म में जितने संयत वे देखे जाते हैं, हिन्दी-संसार में कोई कवि या महाकवि उतना संयत नहीं देखा जाता और यह उनके महान् सत्य और शुद्ध विचार तथा उस लगन का ही फल है जो उनको लोक-संग्रह की ओर खींच रहा था।

गोस्वामीजी का प्रधान ग्रंथ रामायण है। उसमें धर्मनीति, समाजनीति, राजनीति के

सुन्दर से सुन्दर चित्रण हैं। गृह सेवियों से लेकर संसार-त्यागी संन्यासियों तक के लिए उसमें उच्च से उच्च शिक्षा मौजूद है। कर्तव्य-क्षेत्र में उतर कर मानव किस प्रकार उच्च जीवन व्यतीत कर सकता है, जिस प्रकार इस विषय में उसमें उत्तम से उत्तम शिक्षाएँ मौजूद हैं उसी प्रकार परलोक-पथ के पथिकों के लिए भी पुनीत ज्ञान-चर्चा और लोकोत्तर विचार विद्यमान है। हिन्दू-धर्म के विविध मतों का समन्वय जैसा इस महान् ग्रन्थ में मिलता है वैसा किसी अन्य ग्रन्थ में दृष्टिगत नहीं होता। शैवों और वैष्णवों का कलह सर्वविदित है। परन्तु गोस्वामीजी ने उसका जिस प्रकार निराकरण किया उसकी जितनी प्रशंसा की जाय थोड़ी है। समस्त वेद शास्त्र और पुराणों के उच्च भावों का निरूपण इस ग्रन्थ में पाया जाता है और अतीव प्राञ्जलता के साथ। काव्य और साहित्य का कोई उत्तम विषय ऐसा नहीं कि जिसका दर्शन इस ग्रन्थ में न होता हो। यह ग्रन्थ सरसता, मधुरता और मनोभावों के चित्रण में जैसा अभूतपूर्व है वैसा ही उपयोगिता में भी अपना उच्च स्थान रखता है। यही कारण है कि तीन सौ वर्षों से वह हिन्दू समाज, विशेषकर उतरी भारत का आदर्श ग्रन्थ है। जिस समय मुसलमानों का अव्याहत प्रताप था, शास्त्रों के मनन, चिन्तन का मार्ग धीरे-धीरे बन्द हो रहा था, संस्कृत की शिक्षा दुर्लभतर हो रही थी और हिन्दू-समाज के लिए सच्चा उपदेशक दुष्प्राप्य था, उस समय इस महान् ग्रन्थ का प्रकाश ही उस अन्धकार का नाश कर रहा था जो अज्ञात-रूप में हिन्दुओं के चारों ओर व्याप्त था। आज भी उत्तर भारत के गाँव-गाँव में हिन्दू शास्त्र की प्रमाण-कोटि में रामायण की चौपाइयाँ गृहीत हैं। प्रायः अंग्रेज विद्वानों ने लिखा है कि योरोप में जो प्रतिष्ठा बाइबिल (Bible) को प्राप्त है, भारतवर्ष में वह गौरव यदि किसी ग्रन्थ को मिला तो वह रामचरितमानस को ही। एक साधारण कुटी से लेकर राजमहलों तक में यदि किसी ग्रन्थ की पूजा होती है तो वह रामायण की ही। उसका श्रवण, मनन और गान सबसे अधिक अब भी होता है। व्याख्याता अपने व्याख्यानों में रामायण की चौपाइयों का आधार लेकर जनता पर प्रभाव डालने में आज भी अधिक सतर्क होता है। वास्तव बात तो यह है कि आज दिन जो महत्व इस ग्रन्थ को प्राप्त है वह किसी महान् से महान् संस्कृत ग्रंथ को भी नहीं। इन बातों पर दृष्टि रख कर जब विचार करते हैं तो यह ज्ञात होता है कि गोस्वामीजी हिन्दी-साहित्य के सर्वमान्य कवि ही नहीं हैं, हिन्दू-संसार के सर्वपूज्य महात्मा हैं।

मैं पहले कविवर सूरदासजी के विषय में अपनी सम्मति प्रकट कर चुका हूँ और अब भी यह मुक्त कंठ से कहता हूँ कि सूरदासजी ने जिस विषय पर लेखनी चलायी है, उसमें उनकी समकक्षता करनेवाला हिन्दी-साहित्य में कोई अब तक उत्पन्न नहीं हुआ। किन्तु जैसी सर्वतोमुखी प्रतिभा गोस्वामीजी में देखी जाती है, सूरदास में नहीं।

गोस्वामीजी नवरस-सिद्ध महाकवि हैं। सूरदासजी को यह गौरव प्राप्त नहीं। कला की दृष्टि से सूरदासजी तुलसीदास से कम नहीं हैं। दोनों एक दूसरे के समकक्ष हैं, किन्तु

उपयोगिता की दृष्टि से तुलसीदासजी का स्थान अधिक उच्च है। दूसरी विशेषता गोस्वामीजी में यह है कि उनकी रचनाएँ बड़ी ही मर्य्यादित हैं। वे जानकीजी का वर्णन जहाँ करते हैं वहाँ उनको जगज्जननी के रूप में ही चित्रण करते हैं। उनकी लेखनी जानकीजी की महत्ता जिस रूप में चित्रित करती है वह बड़ी ही पवित्र है। जानकीजी के सौंदर्य-वर्णन की भी उन्होंने पराकाष्ठा की है, किन्तु उस वर्णन में भी उनका मातृ-पद सुरक्षित है। निम्नलिखित पंक्तियों को देखिये –

1. जो पटतरिय तीय सम सीया।
जग अस जुवति कहाँ कमनीया।
गिरा मुखर तनु अरध भवानी।
रति अति दुखित अतनु पति जानी।
विष बारुनी बन्धु प्रिय जेही।
कहिय राम सम किमि वैदेही।
जो छबि सुधा पयोनिधि होई।
परम रूपमय कच्छप सोई।
सोभा रजु मंदर सिंगारू।
मथै पानि-पंकज निज मारू।

एहि बिधि उपजै लच्छि जब, सुंदरता सुख मूल।
तदपि सकोच समेत कवि, कहहिं सीय सम तूल।

सूरदासजी में यह उच्च कोटि की मर्य्यादा दृष्टिगत नहीं होती। वे जब राधिका के रूप का वर्णन करने लगते हैं तो ऐसे अंगों का भी वर्णन कर जाते हैं जो अवर्णनीय है। उनका वर्णन भी इस प्रकार करते हैं जो संयत नहीं कहा जा सकता। कभी-कभी इस प्रकार का वर्णन अश्लील भी हो जाता है। मैं यह मानूँगा कि प्राचीन काल से कवि-परम्परा कुछ ऐसी ही रही है। संस्कृत के कवियों में भी यह दोष पाया जाता है। कवि-कुल-गुरु कालिदास भी इस दोष से मुक्त न रह सके। रघुवंश में वे इन शब्दों में पार्वती और परमेश्वर की वंदना करते हैं : **"वागर्थमिव सम्पृक्तौ वागर्थ प्रतिपत्तये! जगतः पितरौ वंदे, पार्वती परमेश्वरौ"।** परन्तु उन्होंने ही कुमारसम्भव के अष्टम सर्ग में भगवान शिव और जगज्जननी पार्वती के विलास का ऐसा वर्णन किया है जो अत्यन्त अमर्य्यादित है। संस्कृत के कई विद्वानों ने उनकी इस विषय में कुत्सा की है। यह कवि-परम्परा ही का अंधानुकरण है कि जिससे कवि-कुल-गुरु भी नहीं बच सके, फिर ऐसी अवस्था में सूरदासजी का इस दोष से मुक्त न होना आश्चर्यजनक नहीं। यह गोस्वामीजी की ही प्रतिभा की विशेषता है कि उन्होंने चिरकाल-प्रचलित इस कुप्रथा का त्याग किया और यह उनकी भक्तिमय

प्रवृत्ति का फल है। इस भक्ति के बल से ही उनकी कविता के अनेक अंश अभूतपूर्व और अलौकिक हैं। इस प्रवृत्ति ने ही उनको बहुत ऊँचा उठाया और इस प्रवृत्ति के बल से ही इस विषय में वे सूरदासजी पर विजयी हुए। आत्मोन्नति, सदाचार-शिक्षा, समाजसंगठन, आर्य जातीय उच्च भावों के प्रदर्शन, सद्भाव, सत् शिक्षा के प्रचार एवं मानव प्रकृति के अध्ययन में जो पद तुलसीदासजी को प्राप्त है उस उच्च पद को सूरदासजी नहीं प्राप्त कर सके। दृष्टिकोण की व्यापकता में भी सूरदासजी का वह स्थान नहीं है जो स्थान गोस्वामीजी का है। मैं यह मानूँगा कि अपने वर्णनीय विषयों में सूरदासजी की दृष्टि बहुत व्यापक है। उन्होंने एक-एक विषय का कई प्रकार से वर्णन किया है। मुरली पर पचासों पद्य लिखे हैं तो नेत्रों के वर्णन में सैकड़ों पद लिख डाले। परन्तु सर्व विषयों में अथवा शास्त्रीय सिद्धान्तों के निरूपण में जैसी विस्तृत दृष्टि गोस्वामीजी की है, उनकी नहीं। सूरदासजी का मुरली-निनाद विश्व विमुग्धकर है। उनकी प्रेम-सम्बन्धी कल्पनाएँ भी बड़ी ही सरस एवं उदात्त हैं। परन्तु गोस्वामीजी की मेघ-गम्भीर गिरा का गौरव विश्वजनीन है और स्वर्गीय भी। उनकी भक्ति भावनाएँ भी लोकोत्तर हैं। इसलिए मेरा विचार है कि गोस्वामीजी का पद सूरदासजी से उच्च है।

मैंने पहले लिखा है कि अवधी और ब्रजभाषा दोनों पर उनका समान अधिकार था। मैं अपने इस कथन की सत्यता-प्रतिपादन के लिए उनकी रचनाओं में से दोनों प्रकार के पद्यों को नीचे लिखता हूँ। उनको पढ़कर आप लोग स्वयं अनुभव करेंगे कि मेरे कथन में अत्युक्ति नहीं है।

1. **फोरइ जोग कपारु अभागा।**
भलेउ कहत दुख रउरेहिं लागा।
कहहिं झूठि फुरि बात बनाई।
ते प्रिय तुम्हहिं करुइ का माई।
हमहुँ कहब जब ठकुरसोहाती।
नाहिं त मौन रहब दिन राती।
करि कुरूप बिधि परबस कीन्हा।
बवा सो लुनिय लहिय जो दीन्हा।
कोउ नृप होइ हमैं का हानी।
चेरि छाँड़ि अब होब कि रानी।
जारइ जोग सुभाउ हमारा।
अनभल देखि न जाइ तुम्हारा।
तातें कछुक बात अनुसारी।
छमिय देवि बड़ि चूक हमारी।

तुम्ह पूछउ मैं कहत डराऊँ।
घरेउ मोर घरफोरी नाऊँ।
रहा प्रथम अब ते दिन बीते।
समउ फिरै रिपु होइँ पिरीते।
जर तुम्हारि चह सवति उखारी।
रूँधहु करि उपाइ बर बारी।

तुम्हहिं न सोच सोहाग बल, निज बस जानहु राउ।
मन मलीन मुँहु मीठु नृप, राउर सरल सुभाउ।

जौ असत्य कछु कहब बनाई।
तौ बिधि देइहि हमहिं सजाई।
रेख खँचाइ कहहुँ बल भाखी।
भामिनि भइहु दूध के माखी।

× × ×

काह करउँ सखि सूध सुभाऊ।
दाहिन बाम जानउँ काऊ।
नैहर जनम भरब वरु जाई।
जिअत न करब सवति सेवकाई।

—रामायण

2. मोकहँ झूठहिं दोष लगावहिं।
मइया इनहिं बान परगृह की नाना जुगुति बनावहिं।
इन्ह के लिये खेलिबो छोरयो तऊ न उबरन पावहिं।
भाजन फोरि बोरि कर गोरस देन उरहानो आवहिं।
कबहुँक बाल रोवाइ पानि गहि
एहि मिस करि उठि धावहिं।
करहिं आप सिर धरहिं आन के
वचन बिरंचि हरावहिं।
मेरी टेव बूझ हलधर सों सतत संग खेलावहिं।
जे अन्याउ करहिं काहू को ते सिसु मोहिं न भावहिं।
सुनि सुनि बचन-चातुरी
ग्वालिनि हँसि-हँसि बदन दुरावहिं।

बाल गोपाल केलि कल कीरति।

तुलसीदास मुनि गावहिं।

—कृष्ण गीतावली

रामायण का पद्य अवधी बोलचाल का बड़ा ही सुन्दर नमूना है। उसमें भावुकता कितनी है और मानसिक भावों का कितना सुन्दर चित्रण है इसको प्रत्येक सहृदय समझ सकता है। स्त्री-सुलभ प्रकृति का इन पद्यों में ऐसा सच्चा चित्र है कि जिसको बारबार पढ़कर भी जी नहीं भरता। कृष्ण गीतावली के दोनों पद भी अपने ढंग के बड़े ही अनूठे हैं। उनमें ब्रजभाषा-शब्दों का कितना सुन्दर व्यवहार है और किस प्रकार मुहावरों की छटा है, वह अनुभव की वस्तु है। बालभाव का जैसा चित्र दोनों पदों में है उसकी जितनी प्रशंसा की जाय थोड़ी है। गोस्वामीजी की लेखनी का यह महत्व है कि वे जिस भाव को लिखते हैं उसका यथातथ्य चित्रण कर देते हैं और यही महाकवि का लक्षण है। गोस्वामीजी ने अपने ग्रन्थों में से रामायण की मुख्य भाषा अवधी रखी है। जानकीमंगल, रामलला नहछू, बरवै रामायण और पार्वतीमंगल की भाषा भी अवधी है। कृष्ण गीतावली को उन्होंने शुद्ध ब्रजभाषा में लिखा है। अन्य ग्रन्थों में उन्होंने बड़ी स्वतंत्रता से काम लिया है। इनमें उन्होंने अपनी इच्छा के अनुसार यथावसर ब्रजभाषा और अवधी दोनों के शब्दों का प्रयोग किया है।

गोस्वामीजी की यह विशेषता भी है कि उनका हिन्दी के उस समय के प्रचलित छन्दों पर समान अधिकार देखा जाता है। यदि उन्होंने दोहा-चौपाई में प्रधान-ग्रन्थ लिख कर पूर्ण सफलता पायी तो कवितावली को कवित्त और सवैया में एवं गीतावली और विनय-पत्रिका को पदों में लिखकर मुक्तक विषयों के लिखने में भी अपना पूर्ण अधिकार प्रकट किया। उनके बरवै भी बड़े सुन्दर हैं और उनकी दोहावली के दोहे भी अपूर्व हैं। इस प्रकार की क्षमता असाधारण महाकवियों मे ही दृष्टिगत होती है। मैं इन ग्रन्थों के भी थोड़े से पद्य आप लोगों के सामने रखता हूँ। उनको पढ़िये और देखिये कि उनमें प्रस्तुत विषय और भावों के चित्रण में कितनी तन्मयता मिलती है और प्रत्येक छन्द में उनकी भाषा का झंकार किस प्रकार भावों के साथ झंकृत होता रहता है। विषयानुकूल शब्द-चयन में भी वे निपुण थे। नीचे के पद्यों को पढ़कर आप यह समझ सकेंगे कि भाषा पर उनका कितना अधिकार था। वास्तव में भाषा उनकी अनुचरी ज्ञात होती है। वे उसे जब जिस ढंग में ढालना चाहते हैं ढाल देते हैं :

4. बर दंत की पंगति कुंद कली

अधराधर पल्लव खोलन की।

चपला चमकै घन बीच जगै

छबि मोतिन माल अमोलन की।

घुंघरारी लटैं लटकैं मुख ऊपर
कुण्डल लोल कपोलन की।
निवछावर प्रान करै तुलसी
बलि जाउँ लला इन बोलन की।

5. हाट बाट कोट ओट अटनि अगार पौरि
खोरि खोरि दौरि दौरि दीन्हों अति आगि है।
आरत पुकारत सँभारत न कोऊ काहु
व्याकुल जहाँ सो तहाँ लोक चल्यो भागि है।
बालधी फिरावै बार बार झहरावै झरैं
बूंदियाँ-सी लंक पघिराई पाग पागि है।
तुलसी बिलोक अकुलानी जातुधानी कहैं।
चित्रहू के कपि सों निसाचर न लागि है।

—कवितावली

6. बैठी सगुन मनावति माता।
कब अइहैं मेरे बाल कुसल घर
कहहु काग फुरि बाता।
दूध भात की दोनी दैहों
सोनें चोंच मढ़ैहौं।
जब सिय सहित बिलोकि
नयन भरि राम लखन उर लैहों।
अवधि समीप जानि जननी
जिय अति आतुर अकुलानी।
गनक बुलाइ पाय परि पूछत
प्रेम मगन मृदु बानी।
तेहि अवसर कोउ भरत
निकट ते समाचार लै आयो।
प्रभु आगमन सुनत तुलसी
मनो मरत मीन जल पायो।

—गीतावली

7. बावरो रावरो नाह भवानी।
दानि बड़ो दिन देत दये बिनु

बेद बड़ाई भानी।
निज घर की बर बात बिलोकहु
हो तुम परम सयानी।
सिव की दई संपदा देखत
श्री सारदा सिहानी।
जिनके भाल लिखी लिपि मेरी
मुख की नहीं निसानी।
तिन रंकन को नाक सँवारत
हौं आयो नकवानी।
दुख दीनता दुखी इनके दुख
जाचकता अकुलानी।
यह अधिकार सौंपिये औरहिं
भीख भली मैं जानी।
प्रेम प्रसंसा विनय व्यंग जुत
सुनि विधि की बर बानी।
तुलसी मुदित महेस मनहिं मन
जगत मातु मुसकानी।

8. अब लौं नसानी अब ना नसैहौं।
रामकृपा भव निसा सिरानी
जागे फिर न डसैहौं।
पायो नाम चारु चिंतामनि
उर कर ते न खसैहौं।
स्याम रूप सुचि रुचिर कसौटी
चित कंचनहिं कसैहौं।
परवस जानि हर्स्यो इन इन्द्रिन
निज बस ह्वै न हँसैहौं।
मन मधुकर पन करि तुलसी
रघुपति पद कमल बसैहौं।

–विनय पत्रिका

9. गरब करहु रघुनन्दन जनि मन माँह।
देखहु आपनि मूरति सिय कै छाँह।

डहकनि है उँजियरिया निसि नहिं घाम
जगत जरत अस लागइ मोंहि बिनु राम।
अब जीवन कै है कपि आस न कोइ।
कनगुरिया कै मुँदरी कँगना होइ।
स्याम गौर दोउ मूरति लछिमन राम।
इनते भई सित कीरति अति अभिराम।
विरह आग उर ऊपर जब अधिकाइ।
ए अँखिया दोउ बैरिन देहिं बुताइ।
सम सुबरन सुखमाकर सुखद न थोर।
सीय अंग सखि कोमल कनक कठोर।

—बरवै रामायण

10. तुलसी पावस के समै धरी कोकिला मौन।
अब तो दादुर बोलिहैं हमैं पूछिहैं कौन।
हृदय कपट बर बेष धरि वचन कहैं गढ़ि छोलि।
अब के लोग मयूर ज्यों क्यों मिलिये मन खोलि।
आवत ही हरखै नहीं, नैनन नहीं सनेह।
तुलसी तहाँ न जाइये कंचन बरसै मेह।
तुलसी मिटै न मोह तम किये कोटि गुन ग्राम।
हृदय कमल फूलै नहीं बिनु रवि कुल रवि राम।
अमिय गारि गारेउ गरल नारि करी करतार।
प्रेम बैर की जननि जुग जानहिं बुध न गँवार।

—दोहावली

ब्रजभाषा और अवधी के विशेष नियम क्या हैं, मैं इसे पहले लिख चुका हूँ। गोस्वामीजी की रचना में भी अवधी और ब्रज-भाषा के नियमों का पालन पूरा-पूरा हुआ है। मैं उनकी रचना की पंक्तियों को लेकर इस बात को प्रमाणित कर सकता हूँ, किन्तु यह बाहुल्य मात्र होगा। गोस्वामीजी की उद्‌धृत रचनाओं को पढ़कर आप लोग स्वयं इस बात को समझ सकते हैं कि उन्होंने किस प्रकार दोनों भाषाओं के नियमों का पालन किया। मैं उसका दिग्दर्शन मात्र ही करूँगा। युक्ति विकर्ष के प्रमाणभूत ये शब्द हैं—गरब, अरध, मूरति। कारकों का लोप इन वाक्यांशों में पाया जाता है—'बोरि कर गोरस', 'बाल रोवाइ' 'सिर धरहिं आन के', 'बचन बिरंचि हरावहिं', 'पालने पौढ़िये', 'किलकनि खानि', तुलसी भनिति', 'सोने चोंच मढैहों', 'रामलखन उर लैहों', 'वेद बड़ाई' 'जगत मातु'। 'श',

'ण' 'क्ष' इत्यादि के स्थान पर 'स', 'न' 'छ' का व्यवहार 'सिंगारू', 'प्रसंसा', 'परबस', सिसु' 'पानि' 'भरन', 'गनक', 'लच्छि' आदि में है। पञ्चम वर्ण की जगह पर अनुस्वार का प्रयोग 'मंजुल', 'बिरंचि', 'कंचनहि' आदि में मिलेगा। शब्द के आदि के 'य' के स्थान पर 'ज' का व्यवहार जुवति, जागु, जुगुति आदि में आप देखेंगे। संज्ञाओं और विशेषणों के अपभ्रंश के अनुसार, उकारान्त प्रयोग के उदाहरण ये शब्द हैं—कपारू, मुहुँ, मीठु, आदि। ह्रस्व का दीर्घ और दीर्घ का ह्रस्व-प्रयोग 'कमनीया', 'बाता', 'जुवति' 'रेख' इत्यादि शब्दों में हुआ है। ब्रजभाषा की रचना में आपको संज्ञाएँ और क्रियाएँ दोनों अधिकतर ओकारान्त मिलेंगी और इसी प्रकार अवधी की संज्ञाएँ और क्रियाएँ नियमानुकूल अकारान्त पायी जायँगी। उराहनों, बहुरो, पायो, आयो, बड़ो, कहब, रहब, होब, देन, राउर इत्यादि इसके प्रमाण हैं। अधिकतर तद्भव शब्द ही दोनों भाषाओं में आये हैं। परन्तु जहाँ भाषा तत्सम शब्द लाने से ही सुन्दर बनती है, वहाँ गोस्वामीजी ने तत्सम शब्दों का प्रयोग भी किया है। जैसे 'प्रिय', 'कुरूप', 'रिपु', 'असत्य', 'पल्लव', इत्यादि। मुहावरों का प्रयोग भी उन्होंने अधिकता से किया है, परन्तु विशेषता यह है कि जिस भाषा में मुहावरे आये हैं उनको उसी भाषा के रूप में लिखा है। जैसे 'नयनभरि', 'मुँह लाये', 'मूड़हिं चढ़ि', 'जनम भरब', 'नकबानी आयो', 'ठकुरसुहाती', 'बवा सो लुनिय' इत्यादि। अवधी में स्त्रीलिङ्ग के साथ सम्बन्ध का चिह्न सदा "कै" आता है। गोस्वामीजी की रचना में भी ऐसा ही किया गया है, 'दूध कै माखी', 'कै छाँह', इत्यादि इसके सबूत हैं। क्रिया बनाने मे विधि के साथ इकार का संयोग किया जाता है। उनकी कविता में भी यह बात मिलती है, जैसे 'भरि' 'फोरि' 'बोरि' इत्यादि। अनुप्रास के लिए तुकान्त में इस 'इ' को दीर्घ भी कर दिया जाता है। उन्होंने भी ऐसा किया है। 'देखिये, 'जानी', 'होई', इत्यादि। ऐसे ही नियम सम्बन्धी अन्य बातें भी आप लोगों को उनमें दृष्टिगत होंगी।

सूरदासजी के हाथों में पड़कर ब्रजभाषा और गोस्वामीजी की लेखनी से लिखी जाकर अवधी प्रौढ़ता को प्राप्त हो गयी। इन दोनों भाषाओं का उच्च से उच्च विकास इन दोनों महाकवियों के द्वारा हुआ। साहित्यिक भाषा में जितना सौन्दर्य-सम्पादन किया जा सकता है इन दोनों महापुरुषों से इनकी रचनाओं में उनकी भी पराकाष्ठा हो गयी। अनुप्रासों और रस एवं भावानुकूल शब्दों का विन्यास जैसा इन कविकर्म्मनिपुण महाकवियों की कृति में पाया जाता है वैसा आज तक की हिन्दी भाषा की समस्त रचनाओं में नहीं पाया जाता। भविष्य में क्या होगा, इस विषय में कुछ कहना असम्भव है। "जिनको सजीव पंक्तियाँ कहते हैं" वे जितनी इन लोगों की कविताओं में मिलती हैं उतनी अब तक की किसी कविता में नहीं मिल सकीं। यदि इन लोगों की शब्द-माला में लालित्य नर्तन करता मिलता है तो भाव सुधा-वर्णन करते हैं। जब किसी भाषा की कविता प्रौढ़ता को प्राप्त होती है उस समय उसमें व्यंजना की प्रधानता हो जाती है। इन लोगों की अधिकांश रचनाओं में भी यही बात देखी जाती है—गोस्वामीजी के विषय में योरोपीय या अन्य विद्वानों की जो

सम्मतियाँ हैं उनमें से कुछ सम्मतियों को मैं नीचे लिखता हूँ। उनके पढ़ने से आप लोगों को ज्ञात होगा कि गोस्वामीजी के विषय में विदेशी विद्वान् भी कितनी उत्तम सम्मति और कितना उच्च भाव रखते हैं। प्रोफेसर मोल्टन यह कहते हैं।

"मानव प्रकृति की अत्यन्त सूक्ष्म और गम्भीर ग्रहणशीलता, करुणा से लेकर आनन्द तक के सम्पूर्ण मनोविकारों के प्रति संवेदनशीलता, स्थान-स्थान पर मध्यमश्रेणी का भाव जिस पर हँसते हुए महासागर के अनन्त बुद्बुदों की तरह परिहास क्रीड़ा करता है, कल्पना शक्ति का स्फुरण जिसमें अनुभव और सृष्टि दोनों एक ही मानसिक क्रिया जान पड़ती हैं, सामञ्जस्य और अनुपात की वह धारणा जो जिसे ही स्पर्श करेगी उसे ही कलात्मक बना देगी; भाषा पर वह अधिकार जो विचार का अनुगामी है और वह भाषा जो स्वयं ही सौन्दर्य है, ये सब काव्य-स्फूर्ति के पृथक्-पृथक तत्व जिसमें से एक भी विशेष मात्रा में विद्यमान होकर कवि की सृष्टि कर सकता है, तुलसीदास में सम्मिलित रूप से पाये जाते हैं।"*

एक दूसरे सज्जन की यह सम्मति है–

'हम पैगम्बर(ईश्वरीय दूत) को उसके कार्य्यों के परिणामों की कसौटी पर ही कसते हैं। जब मैं यह कहता हूँ कि पूरे नौ करोड़ मनुष्य अपने नैतिक और धार्मिक आचार-सम्बन्धी सिद्धान्तों को तुलसीदास की कृति ही से ग्रहण करते हैं तो अत्युक्ति नहीं करता, मेरा यह अनुमान साधारण जनसंख्या से कुछ कम ही है। वर्त्तमान समय में उनका जितना प्रभाव है यदि उसके आधार पर हम अपना निर्णय स्थिर करें तो वे एशिया के तीन या चार महान लेखकों में परिगणित होंगे।"**

डाक्टर जी.ए. ग्रियर्सन का यह कथन है :

---

* Grasp of human nature the most profound, the most subtle; responsivenesi to emotion throughout the whole seale rom tragic pathes to rollicking jollity, with a middle range, over which plays a humour like the inn umerable twinklings of a laughing ocean, powers of imagination instinctive that to perceive and create seem the same mental act; a sense of symmetry and proportion that will make everything it touches into art: mastery of language that is the servant of thought and language that is the beauty in itself; all these separate elements of poetic force, any one of which in conslcuous degree might make a poet, are in Tulsidasa found in complete combination. **Pro. Moultons 'World literature' P. 166.**

** "We judge of a prophet by his fruits and I give much less than usual estimate when I say that fully ninty millions of people have heard the theories of moral and religious conduct upon his writings. If we take the influence exercised by him at present time as our test, he is one or the three of four great writers of Asia." **— J.R.A.S. July 1930 P. 455.**

"भारतवर्ष के इतिहास में तुलसीदास का बहुत अधिक महत्व है। उनके काव्य की साहित्यिक उत्कृष्टता की ओर न ध्यान दें तो भी भागलपुर से लेकर पंजाब तक और हिमालय से लेकर नर्मदा तक समस्त श्रेणियों के लोगों का उन्हें आदरपूर्वक ग्रहण रखना ध्यान देने योग्य बात है। तीन सौ से भी अधिक वर्षों से उनके काव्य का हिन्दू जनता की बोलचाल तथा उसके चरित्र और जीवन से सम्बन्ध है। वह उनकी कृति को केवल उसके काव्यगत सौन्दर्य के लिए ही नहीं चाहती है, उसे श्रद्धा की दृष्टि से ही नहीं देखती है, उसे धर्मिक ग्रंथ के रूप में पूज्य समझती है। दस करोड़ जनता के लिए वह बाइबिल (Bible) के समान है और वह उसे उतना ही ईश्वरप्रेरित समझती है जितना अंग्रेजी पादरी बाइबिल को समझता है। पंडित लोग भले ही वेदों की चर्चा करें और उनमें से थोड़े से लोग उनका अध्ययन भी करें, भले ही कुछ लोग पुराणों के प्रति श्रद्धा-भक्ति भी प्रदर्शित करें किन्तु पठित वा अपठित विशाल जनसमूह तो तुलसी-कृत रामायण ही से अपने आचार-धर्म की शिक्षा ग्रहण करता है। हिन्दुस्थान के लिए यह वास्तव में सौभाग्य की बात है, क्योंकि उसने देश को शैव धर्म के अनाचरणीय क्रिया-कलाप से सुरक्षित रक्खा है। बंगाल जिस दुर्भाग्य के चक्कर में पड़ गया उससे उत्तरी भारत के मूल त्राण करनेवाले तो रामानन्द थे, किन्तु महात्मा तुलसीदास ही का यह काम था कि उन्होंने पूर्व और पश्चिम में उनके मत का प्रचार किया और उनमें स्थायिता का संचार कर दिया।"*

---

* "The importance of Tulsidas in the history of India can not be overrated. Pulling the literary merits of his work out of the questions, the fact of its universal acceptance by all classes, Bhagalpur to the Punjab and from the Himalaya to the Narmada is surely worthy of note. It has been interwoven into the life, character; and speech of the Hindu population for more than three hundred years, and is not only loved and admired by them for its poetic beauty, but is reverend by them as their scriptures. It is the bible of a hundred millions of people, and is looked upon by them as much inspired as the bible is considered by the English clergymen, Pandits may talk of the Vedas and of the Upnishadas and a few may even study them, others may say they pin their faith on the Puranas but to the vast majority of the people of Hindustan, learned and unlearned alike, their soul room of conducts is the called Tulsikrit Ramayan. It is indeed fortunate that this is so, for it has saved the country from the tantric obscenities of Shaivism. Rama Nanda was the original saviour of upper India from the fate which has befallen Bengal, but, Tulsidas was the great apostle who carried his doctrine east and west and made it an abiding faith."

—Modern Vernaculer Literature of Hindustan, 42, 43, P.

कविवर केशवदास

हिन्दी-संसार ने सूरदासजी और गोस्वामीजी के बाद का स्थान कविवर केशवदासजी को ही दिया है। मैं भी इसी विचार का हूँ।

उनको 'उडुगन' कहा गया है। यदि वे उडुगन हैं तो प्रभात कालिक शुक्र (कवि) के समान प्रभा-विकीर्णकारी हैं। कवि कर्म्म शिक्षा की पूर्ण ज्योति रीति काल के प्रभात काल में केशवदासजी से ही हिन्दी-संसार को मिली। सब बातों पर विचार करने से यह स्वीकार करना पड़ता है कि साहित्य सम्बन्धी समस्त अंगों की पूर्ति पहले पहल केशवदासजी ने ही की। इनके पहले कुछ विद्वानों ने रीति-ग्रन्थों की रचना का सूत्रपात किया था, किन्तु यह कार्य केशवदासजी की प्रतिभा से ही पूर्णता को प्राप्त हुआ। इतिहास बतलाता है कि आदि में कृपाराम ने ही 'हिततरंगिणी' नामक रस-ग्रन्थ की रचना की। इनका काल सोलहवीं शताब्दी का पूर्वार्द्ध है। इन्होंने अपने ग्रन्थ में अपने समय के पहले के कुछ सुकवियों की कुछ रचनाओं की भी चर्चा की है। किन्तु वे ग्रन्थ अप्राप्य हैं। ग्रन्थकारों के नाम तक का पता नहीं मिलता। इन्हीं के समसामयिक गोप नामक कवि और मोहनलाल मिश्र थे। इनमें से गोप नाम कवि ने, रामभूषण और अलंकार-चन्द्रिका नामक ग्रन्थों की रचना की है। नाम से ज्ञात होता है कि ये दोनों ग्रन्थ अलंकार के होंगे। किन्तु ये ग्रन्थ भी नहीं मिलते। इसलिए यह नहीं कहा जा सकता कि ये ग्रन्थ कैसे थे, साधारण या विशद। मेरा विचार है कि वे साधारण ग्रन्थ ही थे। अन्यथा इतने शीघ्र लुप्त न हो जाते। मोहनलाल मिश्र ने 'शृंगार-सागर' नामक ग्रंथ की रचना की थी। ग्रन्थ का नाम बतलाता है कि वह रस-सम्बन्धी ग्रन्थ होगा। इन लोगों के उपरान्त केशवदासजी ही कार्य-क्षेत्र में आते हैं। वे संस्कृत के प्रसिद्ध विद्वान् थे। वंश-परम्परा से उनके कुल में संस्कृत के उद्‌भट विद्वान् होते आते थे। उनके पितामह पंडित कृष्णदत्त मिश्र संस्कृत के प्रसिद्ध नाटक 'प्रबोध-चन्द्रोदय' के रचयिता थे। उनके पिता पंडित काशीनाथ भी संस्कृत के प्रसिद्ध विद्वान थे। उनके बड़े भाई पंडित बलभद्र मिश्र संस्कृत के विद्वान् तो थे ही, हिन्दी भाषा पर भी बड़ा अधिकार रखते थे। इनका बनाया हुआ नखशिख-सम्बन्धी ग्रंथ अपने विषय का अद्वितीय ग्रन्थ है। ऐसे साहित्य-पारंगत विद्वानों के वंश में जन्म ग्रहण करके केशवदासजी का हिन्दी भाषा के रीति-ग्रन्थों के निर्माण में विशेष सफलता लाभ

करना आश्चर्यजनक नहीं। वे संकोच के साथ हिन्दी-क्षेत्र में उतरे, जैसा निम्नलिखित दोहे से प्रकट होता हैः-

भाषा बोलि न जानहीं जिनके कुल के दास।
तिन भाषा कविता करी, जड़मति केशवदास।

परन्तु जिस विषय को उन्होंने हाथ में लिया उसको पूर्णता प्रदान की। उनके बनाये हुए 'कविप्रिया' और 'रसिकप्रिया' नामक ग्रन्थ रीतिग्रन्थों के सिरमौर हैं। पहले भी साहित्य विषय के कुछ ग्रन्थ बने थे और उनके उपरान्त भी अनेक रीतिग्रन्थ लिखे गये, परन्तु अबतक प्रधानता उन्हीं के ग्रन्थों को प्राप्त है। जब साहित्य-शिक्षा का कोई जिज्ञासु हिन्दी क्षेत्र में पदार्पण करता है, तब उसको 'रसिक-प्रिया' का रसिक और 'कविप्रिया' का प्रेमिक अवश्य बनना पड़ता है। इससे इन दोनों ग्रन्थों की महत्ता प्रकट है। जिन्होंने इन दोनों ग्रन्थों को पढ़ा है वे जानते हैं कि इनमें कितनी प्रौढ़ता है। रीति-सम्बन्धी सब विषयों का विशद वर्णन थोड़े में जैसा इन ग्रन्थों में मिलता है, अन्यत्र नहीं। 'रसिक-प्रिया' में शृंगार रस सम्बन्धी समस्त विशेषताओं का उल्लेख बड़े पाण्डित्य के साथ किया गया है। कविप्रिया वास्तव में कवि-प्रिया है। कवि के लिए जितनी बातें ज्ञातव्य हैं उनका विशद निरूपण इस ग्रन्थ में है। मेरा विचार है कि केशवदासजी की कवि-प्रतिभा का विकास जैसा इन ग्रन्थों में हुआ, दूसरे ग्रन्थों में नहीं। क्या भाषा, क्या भाव, क्या शब्द-विन्यास, क्या भाव-व्यञ्जना, जिस दृष्टि से देखिये ये दोनों ग्रन्थ अपूर्व हैं। उन्होंने इन दोनों ग्रन्थों के अतिरिक्त और ग्रन्थों की भी रचना की है। उनमें सर्वप्रधान रामचन्द्रिका है। यह प्रबन्ध-काव्य है। इस ग्रन्थ के संवाद ऐसे विलक्षण हैं जो अपने उदाहरण आप हैं। इस ग्रन्थ का प्रकृति-वर्णन भी बड़ा ही स्वाभाविक है।

कहा जाता है कि हिन्दी-संसार के कवियों ने प्रकृति-वर्णन के विषय में बड़ी उपेक्षा की है। उन्होंने जब-जब प्रकृति-वर्णन किया है तब उससे उद्दीपन का कार्य ही लिया है। प्रकृति में जो स्वाभाविकता होती है, प्रकृतिगत जो सौन्दर्य होता है, उसमें जो विलक्षणताएँ और मुग्धकारिताएँ पायी जाती हैं, उनका सच्चा चित्रण हिन्दी-साहित्य में नहीं पाया जाता। किसी नायिका के विरह का अवलम्बन करके ही हिन्दी कवियों और महाकवियों ने प्रकृतिगत विभूतियों का वर्णन किया है। सौन्दर्य-सृष्टि के लिए उन्होंने प्रकृति का निरीक्षण कभी नहीं किया। इस कथन में बहुत कुछ सत्यता का अंश है। कवि-कुलगुरु-वाल्मीकि एवं कविपुंगव कालिदास की रचनाओं में जैसा उच्च कोटि का स्वाभाविक प्रकृति-वर्णन मिलता है, निस्सन्देह हिन्दी-साहित्य में उसका अभाव है। यदि हिन्दी-संसार के इस कलंक को कोई कुछ धोता है तो वे कविवर केशवदास के ही कुछ प्राकृतिक वर्णन हैं और वे रामचन्द्रिका ही में मिलते हैं। मैं आगे चलकर इस प्रकार के पद्य उद्धृत करूँगा। यह कहा जाता है कि प्रबंध-काव्यों को जितना सुशृंखलित होना चाहिये रामचंद्रिका वैसी

नहीं है। उसमें स्थान-स्थान पर कथा भागों की श्रृंखला टूटती रहती है। दूसरी यह बात कही जाती है कि जैसी भावुकता और सहृदयता चाहिये, वैसी इस ग्रन्थ में नहीं मिलती। ग्रन्थ बड़ा क्लिष्ट भी है। एक-एक पद्यों से तीन-तीन, चार-चार अर्थ प्रकट करने की चेष्टा करने के कारण इस ग्रन्थ की बहुत सी रचनाएँ बड़ी ही गूढ़ और जटिल हो गयी हैं जिससे उनमें प्रसाद गुण का अभाव है। इन विचारों के विषय में मुझे यह कहना है कि किसी भी ग्रन्थ में सर्वाङ्गपूर्णता असम्भव है। उसमें कुछ न कुछ न्यूनता रह ही जाती है। संस्कृत के बड़े-बड़े महाकाव्य भी निर्दोष नहीं रहे। इसके अतिरिक्त आलोचकों की प्रकृति भी एक सी नहीं होती। रुचि-भिन्नता के कारण किसी को कोई विषय प्यारा लगता है और कोई उसमें अरुचि प्रकट करता है। प्रवृत्ति भी एक-सी नहीं होती। रुचि-भिन्नता के कारण किसी को कोई विषय प्यारा लगता है और कोई उसमें अरुचि प्रकट करता है। प्रवृत्ति के अनुसार ही आलोचना भी होती है इसलिए सभी आलोचनाओं में यर्थाथता नहीं होती। उनमें प्रकृतिगत भावनाओं का विकास भी होता है। इसीलिए एक ही ग्रन्थ के विषय में भिन्न-भिन्न सम्मतियाँ दृष्टिगत होती हैं। केशवदासजी की रामचन्द्रिका के विषय में भी इस प्रकार की विभिन्न आलोचनाएँ हैं। किसी के विशेष विचारों के विषय में मुझे कुछ नहीं कहना है। किन्तु देखना यह है कि रामचन्द्रिका के विषय में उक्त तर्कनाएँ कहाँ तक मान्य हैं। प्रत्येक ग्रन्थकार का कुछ उद्देश्य होता है और उस उद्देश्य के आधार पर ही उसकी रचना आधारित होती है। केशवदासजी की रचनाओं में जिन्हें प्रसाद गुण देखना हो वे 'कविप्रिया' और 'रसिकप्रिया' को देखें। उनमें जितनी सहृदयता है, उतनी ही सरसता है। जितनी सुन्दर उनकी शब्द विन्यास-प्रणाली है, उतनी ही मधुर है उनकी भाव-व्यञ्जना। रामचन्द्रिका की रचना पाण्डित्य-प्रदर्शन के लिए हुई है और मैं यह दृढ़ता से कहता हूँ कि हिन्दी-संसार में कोई प्रबन्ध-काव्य इतना पाण्डित्यपूर्ण नहीं है। मैं पहले कह चुका हूँ कि वे संस्कृत के पूर्ण विद्वान् थे। उनके सामने शिशुपाल-बध और 'नैषध' का आदर्श था। वे उसी प्रकार का काव्य हिन्दी में निर्माण करने के उत्सुक थे। इसीलिए रामचन्द्रिका अधिक गूढ़ है। साहित्य के लिए सब प्रकार के ग्रन्थों की आवश्यकता होती है। यथास्थान सरलता और गूढ़ता दोनों वांछनीय हैं। यदि लघुत्रयी आदरणीय है तो वृहत्रयी भी। रघुवंश को यदि आदर की दृष्टि से देखा जाता है तो नैषध को भी। यद्यपि दोनों की रचना-प्रणाली में बहुत अधिक अन्तर है। प्रथम यदि मधुर भाव-व्यञ्जना के लिए आदरणीय है तो द्वितीय अपनी गम्भीरता के लिए। शेक्सपियर और मिल्टन की रचनाओं के सम्बन्ध में भी यही बात कही जा सकती है। केशवदासजी यदि चाहते तो 'कविप्रिया' और 'रसिकप्रिया' की प्रणाली ही रामचन्द्रिका में भी ग्रहण कर सकते थे। परन्तु उनको यह इष्ट था कि उनकी एक ऐसी रचना भी हो जिसमें गम्भीरता हो और जो पाणिडत्याभिमानी को भी पाणिडत्य-प्रकाश का अवसर दे, अथच उसकी विद्वत्ता को अपनी गम्भीरता की

कसौटी पर कस सके। इस बात को हिन्दी के विद्वानों ने भी स्वीकार किया है। प्रसिद्ध कहावत है—'कवि को दीन न चहै विदाई। पूछै केशव की कविताई।' एक दूसरे कविता-मर्मज्ञ कहते हैं :

उत्तम पद कवि गंग को, कविता को बलबीर।
केशव अर्थ गँभीरता, सूर तीन गुन धीर।

इन बातों पर दृष्टि रखकर रामचन्द्रिका की गम्भीरता इस योग्य नहीं कि उस पर कटाक्ष किया जाय। जिस उद्देश्य से यह ग्रंथ लिखा गया है मैं समझता हूँ, उसकी पूर्ति इस ग्रंथ द्वारा होती है। इस ग्रंथ के अनेक अंश सुन्दर, सरस और हृदयग्राही भी हैं और उनमें प्रसाद गुण भी पाया जाता है। हाँ, यह अवश्य है कि वह गम्भीरता के लिए ही प्रसिद्ध है। मैं समझता हूँ कि हिन्दी-संसार में ऐसे ग्रंथ की भी आवश्यकता थी जिसकी पूर्त्ति करना केशवदासजी का ही काम था। अब केशवदासजी के कुछ पद्य मैं नीचे लिखता हूँ। इसके बाद भाषा और विशेषताओं के विषय में आप लोगों की दृष्टि उनकी ओर आकर्षित करूँगा—

1. **भूषण सकल घनसार हो के घनश्याम,**
कुसुम कलित केश रही छवि छाई सी।
मोतिन की लरी सिरकंठ कंठमाल हार,
और रूप ज्योति जात हेरत हेराई सी।
चंदन चढ़ाये चारु सुन्दर शरीर सब,
राखी जनु सुभ्र सोभा बसन बनाई सी।
शारदा सी देखियत देखो जाइ केशोराइ,
ठाढ़ी वह कुँवरि जुन्हाई मैं अन्हाई सी।

2. **मन ऐसो मन मृदु मृदुल मृणालिका के,**
सूत कैसो सूर ध्वनि मननि हरति है।
दार्‌यो कैसी बीज दाँत पाँत से अरुणा ओंठ,
केशोदास देखि दृग आनँद भरति है।
एरी मेरी तेरी मोहिं भावत भलाई तातें,
बूझत हौं तोहि और बूझति डरति है।
माखन सी जीभ मुखकंज सी कोमलता में,
काठ सी कठेठी बात कैसे निकरति है।

2. **किधौं मुख कमल ये कमला की ज्योति होति,**
किधौं चारु मुखचन्द्र चन्द्रिका चुराई है।

किधौं मृगलोचन मरीचिका मरीचि कैधौं,
रूप की रुचिर रुचि सुचि सों दुराई है।
सौरभ की सोभा की दलन घन दामिनी की,
केशव चतुर चित ही की चतुराई है।
एरी गोरी भोरी तेरी थोरी थोरी हाँसी मेरे,
मोहन की मोहिनी की गिरा की गुराई है।

4. विधि के समान हैं बिमानी कृत राजहंस,
बिबुध बिबुध जुत मेरु सो अचल है।
दीपत दिपत अति सातो दीप दीपियत,
दूसरो दिलीप सो सुदक्षिणा को बल है।
सागर उजागर को बहु बाहिनी को पति,
छनदान प्रिय किधौं सूरज अमल है।
सब विधि समरथ राजै राजा दशरथ,
भगीरथ पथ गामी गंगा कैसो जल है।

5. तरु तालीस तमाल ताल हिंताल मनोहर।
मंजुल बंजुल लकुच बकुल कुल केर नारियर।
एला ललित लवंग संग पुंगीफल सोहै।
सारी शुक कुल कलित चित्त कोकिल अलि मोहै।
शुभ राजहंस कलहंस कुल नाचत मत्त मयूर गन।
अति प्रफुलित कलित सदा रहै केशवदास विचित्र बन।

6. चढ़ो गगन तरु धाय, दिनकर बानर अरुणमुख।
कीन्हों झुकि झहराय, सकल तारका कुसुम बिन।

7. अरुण गात अति प्रात, पद्मिनी प्राणनाथ भय।
मानहुँ केशवदास, कोकनद कोक प्रेममय।
परिपूरण सिंदूर पूर, कैधौं मंगल घट।
किधौं शक्र को क्षत्र, मढ्यो माणिक मयूख पट।
कै शोणित कलित कपाल यह किल कापालिक काल को,
यह ललित लाल कैधौं लसत दिग्भामिनी के भाल को।

8. श्रीपुर में बनमध्य हौं, तू मग करी अनीति।
कहि मुँदरी अब तियन की, को करि है परतीति।

9. फलफूलन पूरे तरुवर रूरे कोकिल कुल कलरव बोलैं।
अति मत्त मयूरी पियरस पूरी बनबन प्रति नाचत डोलैं।
सारी शुक पंडित गुनगन मंडित भावनमय अर्थ बखानैं।
देखे रघुनायक सीय सहायक मनहुँ मदन रति मधुजानैं।

10. मन्द मन्द धुनि सों घन गाजे।
तूर तार जनु आवझ बाजैं।
ठौर ठौर चपला चमकैं यों।
इन्द्रलोक तिय नाचति है क्यों।
सोहैं घन स्यामल घोर घने।
मोहैं तिनमें बक पाँति मने।
शंखावलि पी बहुधा जलस्यों।
मानो तिनको उगिलै बलस्यों।
शोभा अति शक्र शरासन में।
नाना दुति दीसति ह्वै घन में।
रत्नावलि स्त्री दिवि द्वार भनो।
बरखागम बाँधिय देव मनो।
घन घोर घने दसहूं दिसि छाये।
मघवा जनु सूरज पै चढ़ि आये।
अपराध बिना छिति के तन ताये।
तिन पीड़न पीड़ित ह्वै उठि धाये।
अतिगाजत बाजत दुंदुभि मानो।
निरघात सबै पविपात बखानो।
धनु है यह गौरमदाइन नाहीं।
रार जाल बहै जलधार बृथाहीं।
भट चातक दादुर मोर न बोले।
चपला चमकै न फिरै खग खोले।
दुतिवन्तन को विपदा बहु कीन्हीं।
धरनी कहं चन्द्रवधू धर दीन्ही।

11. सुभसर सोभै, मुनि मन लोभै।
सरसिज फूले, अलि रस भूले।
जलचर डोलैं, बहु खग बोलैं।
वरणि न जाहीं, उर उरझाहीं।

12. आरक्त पत्रा सुभ चित्र पुत्री
मनो बिराजै अति चारु वेषा ।
सम्पूर्ण सिंदूर प्रभा बसै धौं
गणेश-भाल-स्थल चन्द्र-रेखा।

केशवदासजी की भाषा के विषय में विचार करने के पहले मैं यह प्रकट कर देना चाहता हूँ कि इनके ग्रन्थों, में,–जो मुद्रित होकर प्राप्त होते हैं,–यह देखा जाता है कि एकही शब्द के भिन्न-भिन्न रूप हैं। इससे किसी सिद्धांत पर पहुँचना बड़ा दुस्तर है। फिर भी सब बातों पर विचार करके और व्यापक प्रयोग पर दृष्टि रखकर मैं जिस सिद्धान्त पर पहुँचा हूँ उसको आप लोगों के सामने प्रकट करता हूँ। केशवदासजी के ग्रन्थों की मुख्य भाषा ब्रजभाषा है। परन्तु बुन्देलखण्डी शब्दों का प्रयोग भी उनमें पाया जाता है। यह स्वाभाविकता है। जिस प्रान्त में वे रहते थे उस प्रान्त के कुछ शब्दों का उनकी रचना में स्थान पाना आश्चर्यजनक नहीं। इस दोष से कोई कवि या महाकवि मुक्त नहीं। बुन्देलखण्डी भाषा लगभग ब्रजभाषा ही है और उसकी गणना भी पश्चिमी हिन्दी में ही है। हाँ, थोड़े से शब्दों या प्रयोगों में भेद अवश्य है। परन्तु इससे ब्रजभाषा की प्रधानता में कोई अन्तर नहीं आता। केशवदासजी ने यथास्थान बुन्देलखण्डी शब्दों का जो अपने ग्रन्थ में प्रयोग किया है, मेरा विचार है कि इसी दृष्टि से। ब्रजभाषा के जो नियम हैं वे सब उनकी रचना में पाये जाते हैं। इसलिए उन नियमों पर उनकी रचना को कसना व्यर्थ विस्तार होगा। मैं उन्हीं बातों का उल्लेख करूँगा जो ब्रजभाषा से कुछ भिन्नता रखती हैं।

मैं पहले कह चुका हूँ कि केशवदासजी संस्कृत के पंडित थे। ऐसी अवस्था में उनका संस्कृत के तत्सम शब्दों को शुद्ध रूप में लिखने के लिए सचेष्ट रहना स्वाभाविक है। वे अपनी रचनाओं में यथाशक्ति संस्कृत के तत्सम शब्दों को शुद्ध रूप में लिखना ही पसन्द करते हैं, यदि कोई कारण-विशेष उनके सामने उपस्थित न हो जाव। एक बात और है। वह यह कि बुन्देलखण्ड में णकार और शकार का प्रयोग प्रायः बोल-चाल में अपने शुद्ध रूप में किया जाता है। इसलिए भी उन्होंने संस्कृत के उन तत्सम शब्दों को जिनमें णकार और शकार आते हैं प्रायः शुद्ध रूप में ही लिखने की चेष्टा की है। उसी अवस्था में उनको बदला है जब उनके परिवर्तन से या तो पद्य में कोई सौंदर्य आता है या अनुप्रास की आवश्यकता उन्हें विवश करती है। गोस्वामी तुलसीदासजी ने ब्रजभाषा और अवधी के नियमों का पूरा पालन किया है। किन्तु जब उन्होंने किसी अन्य प्रान्त का शब्द लिया तो उसको उसी रूप में लिखा। वे रामायण के अरण्य कांड में एक स्थान पर रावण के विषय में लिखते हैं :-

'भणिया' शब्द बुन्देलखण्डी है। 'इत उत चितै चला भणिआई'। उसका अर्थ है 'चोर'। 'भणिआई' का अर्थ है 'चोरी'। गोस्वामीजी चाहते तो उसको 'भनिआई' अवधी

के नियमानुसार बना लेते, परन्तु ऐसा करने में अर्थ-बोध में बाधा पड़ती है। एक तो शब्द दूसरे प्रान्त का, दूसरे यदि वह अपने वास्तव रूप में न हो तो उसका बोध सुलभ कैसे होगा? इसलिए उसका अपने मुख्य रूप में लिखा जाना ही युक्तिसंगत था। गोस्वामीजी ने ऐसा ही किया। केशवदासजी की दृष्टि भी इसी बात पर थी, इसीलिए उन्होंने वह मार्ग ग्रहण किया जिसकी चर्चा मैंने अभी की है। कुछ पद्य मैं लिखकर अपने कथन को पुष्ट करना चाहता हूँ। देखिये :-

1. 'सब शृंगार मनो रति मन्मथ मोहै।

2. सबै सिंगार सदेह सकल सुख सुखमा मंडित।

3. मनो शची विधि रची विविध विधि बर्णत पंडित।

4. जानै को केसब केतिक बार मैं सेस के सीसन दीन्ह उसासी।

ऊपर की दो पंक्तियों में एक में 'शृंगार' और दूसरी में 'सिंगार' आया है। 'शृंगार' संस्कृत का तत्सम शब्द है। अतएव अपने सिद्धान्तानुसार उसको उन्होंने शुद्ध रूप में लिखा है, क्योंकि शुद्ध रूप में लिखने से छन्द की गति में कोई बाधा नहीं पड़ी। परन्तु दूसरी पंक्ति में उन्होंने उसका वह रूप लिखा है जो ब्रजभाषा का रूप है। दोनों पंक्तियाँ एक ही पद की हैं। फिर उन्होंने ऐसा क्यों किया? कारण स्पष्ट है। 'शृंगार' में पाँच मात्राएँ हैं और 'सिंगार' में चार मात्राएँ हैं। दूसरे चरण में 'शृंगार' खप नहीं सकता था। क्योंकि एक मात्रा अधिक हो जाती। इसलिए उन्हें उसको ब्रजभाषा ही के रूप में रखना पड़ा। अपने-अपने नियमानुसार दोनों रूप शुद्ध हैं। चौथे पद्य में उन्होंने अपने नाम को दन्तय 'स' से ही लिखा, यद्यपि वे अपने नाम में तालव्य 'श' लिखना ही पसन्द करते हैं, यहाँ भी यह प्रश्न होगा कि फिर कारण क्या? इसी पंक्ति से 'सेस' और 'सीसन' शब्द भी आये हैं जिनका शुद्ध 'शेष' और 'शीशन' है। इस शुद्ध रूप में लिखने में भी छन्द की गति में कोई बाधा नहीं पड़ती। क्योंकि मात्रा में न्यूनाधिक्य नहीं। फिर भी उन्होंने उसको ब्रजभाषा के रूप में ही लिखा है। इसका कारण भी विचारणीय है, वास्तव बात यह है कि उनके कवि हृदय ने अनुप्रास का लोभ संवरण नहीं किया। अतएव उन्होंने उनको ब्रजभाषा के रूप ही में लिखना पसंद किया। 'केशव' 'सेस' और 'सीसन' ने दंन्तय 'स' के सहित 'उसासी' के साथ आकर जो स्वारस्य उत्पन्न किया है वह उन शब्दों के तत्सम रूप में लिखे जाने से नष्ट हो जाता। इसलिए उनको इस पद्य में तत्सम रूप में नहीं देख पाते। ऐसी ही और बातें बतलायी जा सकती हैं कि जिनके कारण केशवदासजी एक ही शब्द को भिन्न रूपों में लिखते हैं। इससे यह न समझना चाहिये कि उनका कोई सिद्धान्त नहीं, वे जब जिस रूप में चाहते हैं किसी शब्द को लिख देते हैं। मेरा विचार है कि उन्होंने जो कुछ किया है नियम के अन्तर्गत ही रह कर किया है। दो ही रूप उनकी रचना में आते हैं या तो संस्कृत शब्द अपने तत्सम रूप में आता है अथवा ब्रजभाषा के तद्भव रूप

में, और ये दोनों रूप नियम के अन्तर्गत हैं। ऐसी अवस्था में यह सोचना कि शब्द-व्यवहार का उनका कोई सिद्धान्त नहीं, युक्ति-संगत नहीं।

मैंने यह कहा है कि उनके ग्रंथ की मुख्य भाषा ब्रजभाषा ही है। इसका प्रमाण समस्त उद्धृत पद्यों में मौजूद है। उनमें अधिकांश ब्रजभाषा के नियमों का पालन है। युक्त-विकर्ष, कारक-लोप, 'णकार', 'शकार', 'क्षकार' के स्थान पर 'न', 'स' और 'छ' का प्रयोग, प्राकृत भाषा के प्राचीन शब्दों का व्यवहार, पंचम वर्ण के स्थान पर अधिकांश अनुस्वार का ग्रहण इत्यादि जितनी विशेष बातें ब्रजभाषा की हैं वे सब उनकी रचना में पायी जाती हैं। उद्धृत पद्यों में से पहले, दूसरे और तीसरे नम्बर पर लिखे गये कवित्तों में तो ब्रजभाषा की सभी विशेषताएँ मूर्तिमन्त होकर विराजमान हैं। हाँ, कुछ तत्सम शब्द अपने शुद्ध रूप में अवश्य आये हैं। इसका हेतु मैं ऊपर लिख चुका हूँ। उनकी रचना में 'गौरमदाइन', 'स्यो', 'बोक', 'बारोठा', 'समदौ', 'भाड़यो' आदि शब्द भी आते हैं।

नीचे लिखी हुई पंक्तियाँ इसके प्रमाण है :

1. **देवनस्यों जनु देवसभा शुभ सीय स्वयम्बर देखन आई।**
2. **"दुहिमा** *समदौ* **सुख पाय अबै।"**
3. **कहूं भांड़ भांड़यो करैं मान पावें।**
4. **कहूं बोक बाँके कहूँ मेष सूरे।**
5. **धनु है यह** *गौरमदाइन* **नाहीं।**
6. **'***बारोठे* **को चार कहि करि केशव अनुरूप'।**

ये बुन्देलखण्डी शब्द हैं। उनके प्रान्त की बोलचाल में ये शब्द प्रचलित हैं। इसलिए विशेष स्थलों पर उनको इस प्रकार के शब्दों का प्रयोग करते देखा जाता है। किन्तु फिर भी इस प्रकार के प्रयोग मर्य्यादित हैं और संकीर्ण स्थलों पर ही किये गये हैं। इसलिए मैं उनको कटाक्ष योग्य नहीं मानता। उनकी रचना में एक विशेषता यह है कि वे तत्सम शब्दों को यदि किसी स्थान पर युक्त-विकर्ष के साथ लिखते हैं तो भी उसमें थोड़ा ही परिवर्तन करते हैं। जब उनको क्रिया का स्वरूप देते हैं तो भी यही प्रणाली ग्रहण करते हैं। देखिये :

1. **इनहीं के तप तेज बढ़िहै तन** *तूरण*।
   इनहीं के तप तेज होहिंगे मंगल *पूरण*।
2. **रामचन्द्र सीता सहित** *शोभत* **हैं तेहि ठौर।**
3. **मनो शची विधि रची विविध विधि** बर्णत **पंडित।**

'तूरण', 'पूरण', 'शोभत', 'बर्णत' इत्यादि शब्द इसके प्रमाण हैं। ब्रजभाषा के नियमानुसार इनको 'तूरन', 'पूरन' 'सोभत', 'बरनत' लिखना चाहिये था। किन्तु उन्होंने

इनको इस रूप में नहीं लिखा। इसका कारण भी उनका संस्कृत तत्सम शब्दानुराग है। बुन्देलखण्डी भाषा में 'हुतो' एकवचन पुल्लिंग में और 'हते' बहुवचन पुल्लिंग में बोला जाता है। इनका स्त्रीलिङ्ग रूप 'हतो' और 'हती' होगा। ब्रजभाषा में ये दोनों तो लिखे जाते ही हैं, 'हुतो' और 'हुती' में भी लिखा जाता है। वे भी दोनों रूपों का व्यवहार करते हैं जैसे, 'सुता बिरोचन की हुती दीरघजिह्वा नाम।'

उनको अवधी के इहाँ, 'उहाँ' 'दिखाउ' 'रिझाउ' 'दीन' 'कीन' इत्यादि का प्रयोग करते भी देखा जाता है। वे 'होइ' भी लिखते हैं, 'होय' भी, देखिये :-

1. **एक इहाँऊ उहाँ अतिदीन सुदेत दुहूँ दिसि के जन गारी।**
2. **प्रभाउ आपनो दिखाउ छोंड़ि वाजि भाइ कै।**
3. **रिझाउ रामपुत्र मोहिं राम लै छुड़ाइ के।**
4. **अन्न देइ सीख देइ राखि लेइ प्राण जात।**
5. **हँसि बंधु त्यों दृगदीन। श्रुति नासिका बिनु कीन।**
6. **कीधौं वह लक्ष्मण होइ नहीं।**

इसका कारण यही मालूम होता है कि उस काल में हिन्दी भाषा के बड़े-बड़े कवियों का विचार साहित्यिक भाषा को व्यापक बनाने की ओर था। इसलिए वे लोग कम से कम अवधी और ब्रजभाषा में कतिपय आवश्यक और उपयुक्त शब्दों के व्यवहार में कोई भेद नहीं रखना चाहते थे। इस काल के महाकवि सूर, तुलसी और केशव को इसी ढंग में ढला देखा जाता है। उन्होंने अपनी रचना एक विशेष भाषा में ही, अर्थात् अवधी या ब्रजभाषा में की है। परन्तु एक दूसरे में इतना विभेद नहीं स्वीकार किया कि उनके प्रचलित शब्दों का व्यवहार विशेष अवस्थाओं और संकीर्ण स्थलों पर न किया जाय। इन महाकवियों के अतिरिक्त उस काल के अन्य कवियों का झुकाव भी इस ओर देखा जाता है। उनकी रचनाओं को पढ़ने से यह बात ज्ञात होगी।

केशवदासजी की रचनाओं में पांडित्य कितना है इसके परिचय के लिए आप लोग उद्धृत पद्यों में से चौथे पद्य को देखिये। उसमें इस प्रकार के वाक्यों का प्रयोग है जो दो अर्थ रखते हैं। मैं उनको स्पष्ट किये देता हूँ। चौथे पद में उन्होंने महाराज दशरथ को विधि के समान कहा है, क्योंकि दोनों ही 'विमानी कृत राजहंस' हैं। इसका पहला अर्थ जो विधिपरक है—यह है कि राजहंस उनका वाहन (विमान) है। दूसरा अर्थ जो महाराज दशरथपरक है, यह है कि उन्होंने राजाओं की आत्मा (हंस) को मानरहित बना दिया, अर्थात् सदा वे उनके चित्त पर चढ़े रहते हैं। सुमेरु पर्वत अचल है। दूसरे पद्य में उसी के समान उन्होंने महाराज दशरथ को भी अचल बनाया। भाव इसका यह है कि वे स्वकर्त्तव्य-पालन में दृढ़ हैं। दूसरी बात यह है कि यदि वह विविध 'विषुध-जुत' हैं, अर्थात् विविध देवता उस पर रहते हैं, तो महाराज दशरथजी के साथ विविध विद्वान् रहते हैं।

'विषुध' का दोनों अर्थ है देवता और विद्वान्। दूसरे चरण में 'सुदक्षिणा' शब्द का दो अर्थ है। राजा दशरथ को अपने पूर्व पुरुष 'दिलीप' के समान बनाया गया है। इस उपपत्ति के साथ कि यदि उनके साथ उनकी पत्नी सुदक्षिणा थीं, जिनका उनको बल था, तो उनको भी सुन्दर दक्षिणा का अर्थात् सत्पात्र में दान देने का बल है। तीसरे चरण में उनको सागर के समान कहा है, इसलिए कि दोनों ही 'बाहिनी' के पति और गम्भीर हैं। 'बाहिनी' का अर्थ सरिता और सेना दोनों है। इसी चरण में उनको सूर्य के समान अचल कहा है। इस कारण कि 'छनदान प्रिय' दोनों हैं। इसलिए कि महाराज दशरथ को तो क्षण-क्षण अथवा पर्व-पर्व पर दान देना प्रिय है और सूर्य 'छनदा' (क्षणदा) न-प्रिय है अर्थात् रात्रि उसको प्यारी नहीं है। चौथे चरण में महाराज दशरथ को उन्होंने गंगा-जल बनाया है, क्योंकि दोनों भगीरथ-पथ-गामी हैं। महाराज दशरथ के पूर्व पुरुष महाराज भगीरथ थे, अतएव उनका भगीरथ-पथावलम्बी होना स्वाभाविक है। इस अंतिम उपमा में बड़ी ही सुन्दर व्यञ्जना है। गंगा-जल का पवित्र और उज्ज्वल अथच सद्भाव के साथ चुपचाप भगीरथ-पथावलम्बी होना पुराण-प्रसिद्ध बात है। इस व्यञ्जना द्वारा महाराज दशरथ के भावों को व्यञ्जित करके कवि ने कितनी भावुकता दिखलायी है, इसको प्रत्येक हृदयवान भली-भाँति समझ सकता है। अन्य उपमाओं में भी इस प्रकार की व्यंजना है, परन्तु उनका स्पष्टीकरण व्यर्थ विस्तार का हेतु होगा। इस प्रकार के पद्यों से 'रामचन्द्रिका' भरा पड़ा है। कोई पृष्ठ इस ग्रन्थ का शायद ही ऐसा होगा कि जिसमें इस प्रकार के पद्य न हों। दो अर्थवाला पद्य आपने देखा, उसमें कितना विस्तार है। तीन-तीन, चार-चार अर्थ वाले पद्य कितने विचित्र होंगे उनका अनुभव आप इस पद्य से ही कर सकते हैं। मैं उन पद्यों में से भी कुछ पद्य आप लोगों के सामने रख सकता था। परन्तु उसकी लम्बी-चौड़ी व्याख्या से आप लोग तो घबरायेंगे ही, मैं भी घबराता हूँ। इसलिए उनको छोड़ता हूँ। केशवदासजी के पांडित्य के समर्थक सब हिन्दी-साहित्य के मर्मज्ञ हैं। इस दृष्टि से भी मुझे इस विषय का त्याग करना पड़ता है।

केशवदासजी का प्रकृति-वर्णन कैसा है, इसके लिए मैं आप लोगों से उद्धृत पद्यों में से प्रकृति की सुरम्यता को विशेष ध्यानपूर्वक अवलोकन करने का अनुरोध करता हूँ। इन पद्यों में जहाँ स्वाभाविकता है, वहाँ गम्भीरता भी है। कोई-कोई पद्य बड़े स्वाभाविक हैं और किसी-किसी पद्य का चित्रण इतना अपूर्व है कि वह अपने चित्रों को आँख के सामने ला देता है।

'रामचन्द्रिका' अनेक प्रकार के छन्दों के लिए भी प्रसिद्ध है। इतने छन्दों में आज तक हिन्दी भाषा का कोई ग्रन्थ नहीं लिखा गया। नाना प्रकार के हिन्दी के छन्द तो इस ग्रन्थ में हैं ही। केशवदासजी ने इसमें कई संस्कृत वृत्तों को भी लिखा है। संस्कृत वृत्तों की भाषा भी अधिकांश संस्कृत गर्भित है, वरन् उसको एक प्रकार से संस्कृत की ही रचना

कही जा सकती है। उद्धृत पद्यों में से बारहवाँ पद्य इसका प्रमाण है। भिन्न तुकान्त छन्दों की रचना का हिन्दी-साहित्य में अभाव है। परन्तु केशवदासजी ने रामचन्द्रिका में इस प्रकार का एक छन्द भी लिखा है, जो यह है :

गुणगण मणिमाला चित्त चातुर्य्य शाला।
जनक सुखद गीता पुत्रिका पाय सीता।
अखिल भुवन भर्त्ता ब्रह्म रूद्रादि कर्त्ता।
थिरचर अभिरामी कीय जामातु नामी।

संस्कृत वृत्तों का व्यवहार सबसे पहले चन्दबरदाई ने किया है। उनका वह छन्द यह है :-

"हरित कनक कांति कायि चंपेव गौरा।
रसित पदुम गंधा फुल्ल राजीव नेत्रा।
उरज जलल शोभा नाभि कोषं सरोजं।
चरण-कमल हस्ती, लीलया राजहंसी ॥

इसके बाद गोस्वामीजी को संस्कृत छन्दों में संस्कृतगर्भित रचना करते देखा जाता है। विनयपत्रिका का पूर्वार्द्ध तो संस्कृत-गर्भित रचनाओं से भरा हुआ है। गोस्वामीजी के अनुकरण से अथवा अपने संस्कृत-साहित्य के प्रेम के कारण केशवदासजी को भी संस्कृत गर्भित रचना संस्कृत वृत्तों में करते देखते हैं। इनके भी कोई-कोई पद्य ऐसे हैं जिनको लगभग संस्कृत का ही कह सकते हैं। इन्होंने 300 वर्ष पहले भिन्न तुकान्त छन्द की नींव भी डाली, और वे ऐसा संस्कृत वृत्तों के अनुकरण से ही कर सके।

कविवर बिहारीलाल

बिहारीलाल का ग्रंथ ब्रजभाषा साहित्य का एक अनूठा रत्न है और इस बात का उदाहरण है कि घट में समुद्र कैसे भरा जाता है। गोस्वामी तुलसीदास की रामायण छोड़कर और किसी ग्रन्थ को इतनी सर्व-प्रियता नहीं प्राप्त हुई जितनी 'बिहारी सतसई' को। रामचरितमानस के अतिरिक्त और कोई ग्रन्थ ऐसा नहीं है कि उसकी उतनी टीकाएँ बनी हों जितनी सतसई की अबतक बन चुकी हैं। बिहारीलाल के दोहों के दो चरण बड़े-बड़े कवियों के कवित्तों के चार चरणों और सहृदय कवियों के रचे हुए छप्पयों के छः चरणों से अधिकतर भाव-व्यंजना में समर्थ और प्रभाव-शालिता में दक्ष देखे जाते हैं। एक अंग्रेजी विद्वान् का यह कथन कि "Brevity is the soul of wit and it is also the soul of art" (संक्षिप्तता काव्य-चतुरी की आत्मा तो है ही, कला की भी आत्मा है) बिहारी की रचना पर अक्षरक्षः घटित होता है। बिहारी की रचनाओं की पंक्तियों को पढ़कर एक संस्कृत विद्वान् की इस मधुर उक्ति में संदेह नहीं रह जाता कि "अक्षराः कामधेनवः।" अक्षर कामधेनु हैं। वास्तव में बिहारी के दोहों के अक्षर कामधेनु हैं जो अनेक सूत्र से अभिमत फल प्रदान करते हैं। उनको पठन कर जहाँ हृदय में आनन्द का स्रोत उमड़ उठता है वहीं विमुग्ध मन नन्दन कानन में विहार करने लगता है। यदि उनकी भारती रस-धारा प्रवाहित करती है तो उनकी भाव-व्यंजना पाठकों पर अमृतवर्षा करने लगती है। सतसई का शब्द-विन्यास जैसा ही अपूर्व है, वैसा ही विलक्षण उसमें झंकार है। काव्य एवं साहित्य का कोई गुण ऐसा नहीं जो मूर्तिमन्त होकर इस ग्रंथ में विराजमान न हो और कवि-कर्म्म की ऐसी कोई विभूति नहीं जो इसमें सुविकसित दृष्टिगत न हो। मानसिक सुकुमार भावों का ऐसा सरस चित्रण किसी साहित्य में है या नहीं, यह नहीं कहा जा सकता। परन्तु जी यही कहता है कि यह मान लिया जाय कि यदि होगा तो ऐसा ही होगा किन्तु यह लोच कहाँ? इस ग्रंथ में शृंगार रस तो प्रवाहित है ही, यत्र-तत्र अनेक सांसारिक विषयों का भी इसमें बड़ा ही मर्म-स्पर्शी वर्णन है। अनेक रहस्यों का इसमें कहीं-कहीं ऐसा निरूपण है जो उसकी स्वाभाविकता का सच्चा चित्र आँखों के सामने ला खड़ा करता है। बिहारीलाल ने अपने पूर्ववर्त्ती संस्कृत अथवा भाषा के कवियों के भाव कहीं-कहीं लिये हैं। परन्तु उनको ऐसा चमका दिया है कि यह ज्ञात होता है कि घन-पटल से बाहर निकल

कर हँसता हुआ मयंक सामने आ गया। इनकी सतसई के अनुकरण में और कई सतसइयाँ लिखी गयीं, जिनमें से चन्दन, विक्रम और रामसहाय की अधिक प्रसिद्ध हैं, परन्तु उस बूँद से भेंट कहाँ! पीतल सोना का सामना नहीं कर सकता। संस्कृत में भी इस सतसई का पूरा अनुवाद पंडित परमानन्द ने किया है और इसमें कोई सन्देह नहीं कि उन्होंने कमाल किया है। परन्तु मूल मूल है और अनुवाद अनुवाद।

बिहारीलाल की सतसई का आधार कोई विशेष ग्रन्थ है अथवा वह स्वयं उनकी प्रतिभा का विकास है, जब यह विचार किया जाता है तो दृष्टि संस्कृत के 'आर्य्या-सप्तशती' की एवं 'गोवर्धन-सप्तशती' की ओर आकर्षित होती है। निस्सन्देह इन ग्रन्थों में भी कवि कर्म्म का सुन्दर रूप दृष्टिगत होता है। परन्तु मेरा विचार है कि रस निचोड़ने में बिहारीलाल इन ग्रन्थों के रचयिताओं से अधिक निपुण हैं। जिन विषयों का उन लोगों ने विस्तृत वर्णन करके भी सफलता नहीं प्राप्त की, उनको बिहारी ने थोड़े शब्दों में लिखकर अद्भुत चमत्कार दिखलाया है। इस अवसर पर कृपाराम की 'हित-तरंगिनी' भी स्मृति-पथ में आती है। परन्तु प्रथम तो उस ग्रन्थ में लगभग चार सौ दोहे हैं, दूसरी बात यह कि उनकी कृति में ललित कला इतनी विकसित नहीं है जितनी बिहारीलाल की उक्तियों में। उन्होंने संक्षिप्तता का राग अलापा है, परन्तु बिहारीलाल के समान वे इत्र निकालने में समर्थ नहीं हुए। उनके कुछ दोहे नीचे लिखे जाते हैं। उनको देखकर आप स्वयं विचारें कि क्या उनमें भी वही सरसता, हृदय-ग्राहिता और सुन्दर शब्द चयन-प्रवृत्ति पायी जाती है, जैसी बिहारीलाल के दोहों में मिलती है?

लोचन चपल कटाच्छ सर, अनियारे विष पूरि।
मन मृग बेधैं मुनिन के, जगजन सहित विसूरि॥
आजु सबारे हौं गयी नंदलाल हित ताल।
कुमुद/कुमुदिनी के भट्र, निरखे औरै हाल॥
पति आयो परदेस ते ऋतु बसंत की गानि।
झमकि झमकि निज महल में टहलै करै सुरानि॥

बिहारी के दोहे के सामने ये दोहे ऐसे ज्ञात होते हैं जैसे रेशम के लच्छों के सामने सूत के डोरे। संभव है कि हित-तरंगिणी को बिहारीलाल ने देखा हो, परन्तु वे कृपाराम को बहुत पीछे छोड़ गये हैं। मेरा विचार है कि बिहारीलाल की रचनाओं पर यदि कुछ प्रभाव पड़ा है तो उस काल के प्रचलित फ़ारसी साहित्य का। उर्दू शायरी का तो तब तक जन्म भी नहीं हुआ था। फ़ारसी का प्रभाव उस समय अवश्य देश में विस्तार लाभ कर रहा था क्योंकि अकबर के समय में ही दफ्तर फ़ारसी में हो गया था और हिन्दू लोग फ़ारसी पढ़कर उसमें प्रवेश करने लगे थे। फ़ारसी के दो बन्द के शेरों में चुने शब्दों के आधार से वैसी ही बहुत कुछ काव्य-कला विकसित दृष्टिगत होती है जैसी कि बिहारीलाल के दो चरण

के दोहों में। उत्तरकाल में उर्दू शायरी में फ़ारसी रचनाओं का यह गुण स्पष्टतया दृष्टिगत हुआ। परन्तु बिहारीलाल की रचनाओं के विषय में असंदिग्ध रीति से यह बात नहीं कही जा सकती, क्योंकि अबतक बिहारीलाल के विषय में जो कुछ ज्ञात है उससे यह पता नहीं चलता कि उन्होंने फ़ारसी भी पढ़ी थी। जो हो, परन्तु यह बात अवश्य माननी पड़ेगी कि बिहारीलाल के दोहों में जो थोड़े में बहुत कुछ कह जाने की शक्ति है वह अद्भुत है। चाहे यह उनकी प्रतिभा का स्वाभाविक विकास हो अथवा अन्य कोई आधार, इस विषय में निश्चित रूप से कुछ नहीं कहा जा सकता।

अब मैं उनकी कुछ रचनाएँ आप लोगों के सम्मुख उपस्थित करूँगा। बिहारीलाल को शृंगार रस का महाकवि सभी ने माना है। इसलिए उसको छोड़कर पहले मैं उनकी कुछ अन्य रस की रचनाएँ आप लोगों के सामने रखता हूँ। आप देखिये कि उनमें वह गुण और वह सारग्राहिता है या नहीं जो उनकी रचनाओं की विशेषताएँ हैं। संसार का जाल कौन नहीं तोड़ना चाहता, पर उसे तोड़ कौन सका? मनुष्य जितनी ही इस उलझन के सुलझाने की चेष्टा करता है उतना ही वह उसमें उलझता जाता है। इस गम्भीर विषय को एक अन्योक्ति के द्वारा बिहारीलाल ने जिस सुन्दरता और सरसता के साथ कहा है वह अभूतपूर्व है। वास्तव में उनके थोड़े से शब्दों ने बहुत बड़े व्यापक सिद्धान्त पर प्रकाश डाला है–

को छूट्यो येहि जाल परि, कत कुरंग अकुलात।
ज्यों-ज्यों सुरुझि भज्यो चहै, त्यों त्यों अरुझ्यो जात॥

यौवन का प्रमाद मनुष्य से क्या नहीं कराता? उसके प्रपंचों में पड़कर कितने नाना संकटों में पड़े, कितने अपने को बरबाद कर बैठे, कितने पाप-पंक में निमग्न हुए, कितने जीवन से हाथ धो बैठे और कितनों ही ने उसके रस से भींगकर अपने सरस जीवन को नीरस बना लिया। हम-आप नित्य इस प्रकार का दृश्य देखते रहते हैं। इस भाव को किस प्रकार बिहारीलाल चित्रण करते हैं, उसे देखिये–

इक भींजे चहले परे बूड़े बहे हजार।
किते न औगुन जग करत बै नै चढ़ती बार॥

परमात्मा आँख वालों के लिए सर्वत्र है। परन्तु आजतक उसको कौन देख पाया? कहा जा सकता है कि हृदय की आँख से ही उसे देख सकते हैं, चर्म-चक्षुओं से नहीं। चाहे जो कुछ हो, किन्तु यह सत्य है कि वह सर्वव्यापी है और एक-एक फूल और एक-एक पत्ते में उसकी कला विद्यमान है। शास्त्र तो यहाँ तक कहता है कि 'सर्वे खल्विदं ब्रह्म नेह नानास्तिकिंचन'। जो कुछ संसार में है वह सब ब्रह्म है, इसमें नानात्व कुछ नहीं है। फिर क्या रहस्य है कि हम उसको देख नहीं पाते? बिहारीलालजी इस विषय को जिस मार्मिकता से समझाते हैं, उसकी सौ मुख से प्रशंसा की जा सकती है। वे कहते हैं–

जगत जनायो जो सकल सो हरि जान्यो नाहिं।
जिमि आँखिन सब देखिये आँखि न देखी जाहिं॥

एक उर्दू शायर भी इस भाव का इस प्रकार वर्णन करता है :

बेहिजावी वहकि जल्वा हर जगह है आशिकार।
इसपर घूँघट वह कि सूरत आजतक नादीदा है॥

यह शेर भी बड़ा ही सुन्दर है। परन्तु भाव-प्रकाशन किसमें किस कोटि का है इसको प्रत्येक सहृदय स्वयं समझ सकता है। भावुक भक्त कभी-कभी मचल जाते हैं और परमात्मा से भी परिहास करने लगते हैं। ऐसा करना उनका विनोद-प्रिय प्रेम है, असंयत भाव नहीं। 'प्रेम लपेटे अटपटे बैन' किसे प्यारे नहीं लगते। इसी प्रकार की एक उक्ति बिहारी की देखिये। वे अपनी कुटिलता को इसलिए प्यार करते हैं जिसमें त्रिभंगीलाल को उनके चित्त में निवास करने में कष्ट न हो, क्योंकि यदि वे उसे सरल बना लेंगे तो वे उसमें सुख से कैसे निवास कर सकेंगे? कैसा सुन्दर परिहास है। वे कहते हैं :

करौ कुबत जग कुटिलता तजौं न दीन दयाल।
दुखौ होहुगे सरल चित बसर त्रिभंगीलाल॥

परमात्मा सच्चे प्रेम से ही प्राप्त होता है। क्योंकि वह सत्य-स्वरूप है। जिसके हृदय में कपट भरा है उसमें वह अन्तर्यामी कैसे निवास कर सकता है जो शुद्धता का अनुरागी है? जिसका मानस-पट खुला नहीं, उससे अन्तर्पट के स्वामी से पटे तो कैसे पटे? इस विषय को बिहारीलाल, देखिये, कितने सुन्दर शब्दों मे प्रकट करते हैं :

तौ लगि या मन-सदन में हरि आवैं केहि बाट।
विकट जटे जौ लौं निपट; खुले न कपट-कपाट॥

अब कुछ ऐरो पद्य देखिये जिनमें बिहारीलालजी ने सांसारिक जीवन के अनेक परिवर्तनों पर सुन्दर प्रकाश डाला है :

जद्यपि सुंदर सुघर पुनि सगुनौ दीपक देह।
तऊ प्रकास करै तितौ भरिये जितो सनेह॥
जो चाहै चटक न घटै, मैलो होय न मित्त।
रज राजस न छुवाइये नेह चीकने चित्त॥
अति अगाध अति ऊथरो; नदी कूप सर बाय।
सो ताको सागर जहाँ जाकी प्यास बुझाय॥
बढ़त बढ़त संपति सलिल मन सरोज बढ़ि जाय।
घटत घटत पुनि ना घटै बरु समूल कुम्हिलाय॥

को कहि सकै बड़ेन सों लखे बड़ीयौ भूल।
दीन्हें दई गुलाब की इन डारन ये फूल॥

कुछ उनके शृंगार रस के दोहे देखिये :

बतरस लालच लाल की मुरली धरी लुकाय।
सौंह करै भौंहनि हँसै देन कहै नट जाय।
दृग अरुझत टूटत कुटुम जुरत चतुर चित प्रीति।
परति गाँठ दुरजन हिये दई नई यह रीति।
तच्यो आँच अति बिरह की रह्यो प्रेमरस भींजि।
नैनन के मग जल बहै हियो पसीजि पसीजि।
सघन कुंज छाया सुखद सीतल मन्द समीर।
मन ह्वै जात अजौं वहै वा यमुना के तीर।
मानहुँ विधि तन अच्छ छबि स्वच्छ राखिबे काज।
दृग पग पोंछन को कियो भूखन पायंदाज।

बिहारीलाल के उद्‌धृत दोहों में से सब का मर्म समझाने की यदि चेष्टा की जाय तो व्यर्थ विस्तार होगा जो अपेक्षित नहीं। कुछ दोहों का मैंने स्पष्टीकरण किया है। वही मार्ग ग्रहण करने से आशा है, काव्य मर्मज्ञ सुजन अन्य दोहों का अर्थ भी लगा लेंगे और उनकी व्यंजनाओं का मर्म समझ कर यथार्थ आनन्द-लाभ करेंगे। बिहारी के दोहों का यों भी अधिक प्रचार है और सहृदय जनों पर उनका महत्व अप्रकट नहीं है, इसीलिए उनके विषय में अधिक लिखना व्यर्थ है। मैं पहले उनकी रचना आदि पर बहुत कुछ प्रकाश डाल चुका हूँ। इतना फिर और कह देना चाहता हूँ कि कला की दृष्टि से 'बिहारी सतसई' अपना उदाहरण आप है। कुछ लोगों ने बिहारीलाल की शृंगार सम्बन्धी रचनाओं पर व्यंग भी किये हैं और इस सूत्र से उनकी मानसिक वृत्ति पर कटाक्ष भी। मतभिन्नता स्वाभाविक है और मनुष्य अपने विचारों और भावों का अनुचर है। इसलिए मुझको इस विषय में अधिक तर्क-वितर्क वांछनीय नहीं, परन्तु अपने विचारानुसार कुछ लिख देना भी संगत जान पड़ाता है।

बिहारीलाल पर किसी-किसी ने यह कटाक्ष किया है कि उनकी दृष्टि सांसारिक भोग-विलास में ही अधिकतर बद्ध रही है। उन्होंने सांसारिक वासनाओं और विलासिताओं का सुन्दर से सुन्दर चित्र खींचकर लोगों की दृष्टि अपनी ओर आकर्षित की। न तो उस 'सत्यं शिवं सुन्दरम्' का तत्व समझा और न उसकी अलौकिक और लोकोत्तर लीलाओं और रहस्यों का अनुभव प्राप्त करने की यथार्थ चेष्टा की। वाह्य जगत् से अन्तजर्गत् अधिक विशाल और मनोरम है। यदि वे इसमें प्रवेश करते तो उनको वे महान् रत्न प्राप्त

होते जिनके सामने उपलब्ध रत्न काँच के समान प्रतीत होते। परन्तु मैं कहूँगा कि न तो उन्होंने अन्तर्जगत् से मुँह मोड़ा और न लोकोत्तर की लोकोत्तरता से ही अलग रहे। क्या स्त्री का सौंदर्य 'सत्यं शिवं सुन्दरम्' नहीं है? कामिनी-कुल के सौंदर्य में क्या ईश्वरीय विभूति का विकास नहीं? क्या उनकी सृष्टि लोक-मङ्गल की कामना से नहीं हुई? क्या उनके हाव-भाव, विभ्रम-विलास लोकोपयोगी नहीं? क्या विधाता ने उनमें इस प्रकार की शक्तियाँ उत्पन्न कर प्रवंचना की? और क्यों संसार को भ्रान्त बनाया? मैं समझता हूँ कि कोई तत्वज्ञ न इसे स्वीकार करेगा। यदि यह सत्य है कि संसार की रचना मङ्गलमयी है, तो इस प्रकार के प्रश्न हो ही नहीं सकते। जो परमात्मा की विभूतियाँ विश्व के समस्त पदार्थों में देखते हैं और यह जानते हैं कि परमात्मा सच्चिदानन्द है, वे संसार की मङ्गलमयी और उपयोगी कृतियों को बुरी दृष्टि से नहीं देख सकते। यदि बिहारीलाल ने स्त्री के सौंदर्यवर्णन में उच्च कोटि की कवि-कल्पना से काम लिया, उनके नाना आनन्दमय भावों के चित्रण में अपूर्व कौशल दिखलाया, मानस की सुकुमार वृत्तियों के निरूपण में सच्ची भावुकता प्रकट की, विश्व की सारभूत दो मङ्गलमयी मूर्तियों (स्त्री-पुरुष) की मङ्गलमयी कमनीयता प्रदर्शित की और अपने पद्यों में शब्द और भाव-विन्यास के मोती पिरोये तो क्या लोक-ललाम की लोकोत्तर लीलाओं को ही रूपान्तर से प्रकट नहीं किया? और यदि यह सत्य है तो बिहारीलाल पर व्यंग वाण-वृष्टि क्यों? मयंक में धब्बे हैं, फूल में काँटे हैं, तो क्या उनमें 'सत्यं शिवम सुन्दरम्' का विकास नहीं है? बिहारी की कुछ कविताएँ प्रकृति नियमानुसार सर्वथा निर्दोष न हों तो क्या इससे उनकी समस्त रचनाएँ निन्दनीय हैं? लोक-ललाम की ललामता लोकोत्तर है, इसलिए क्या उसका लोक से कुछ सम्बन्ध नहीं? क्या लोक से ही उसकी लोकोत्तरता का ज्ञान नहीं होता? तो फिर लोक का त्याग कैसे होगा? निस्सन्देह यह स्वीकार करना पड़ेगा कि लोक का सदुपयोग ही वांछनीय है, दुरुपयोग नहीं। जहाँ 'सत्यं शिवं सुन्दरम्' है वहाँ उसको उसी रूप में ग्रहण करना कवि कर्म्म है। बिहारीलाल ने अधिकांश ऐसा ही किया है, वरन मैं तो यह कहूँगा कि उनकी कला पर गोस्वामीजी का यह कथन चरितार्थ होता है कि 'सुन्दरता कहँ सुन्दर करहीं' संसार में प्रत्येक प्राणी का कुछ कार्य होता है। अधिकारी भेद भी होता है। संसार में कवि भी हैं, वैज्ञानिक भी हैं, दार्शनिक भी हैं, तत्वज्ञ भी हैं एवं महात्मा भी। जो जिस रूप में कार्यक्षेत्र में आता है, हमको उसी रूप में उसे ग्रहण करना चाहिये और देखना चाहिये कि उसने अपने क्षेत्र में अपना कार्य्य करके कितनी सफलता लाभ की। कवि की आलोचना करते हुए उसके दार्शनिक और तत्वज्ञ न होने का राग अलापना बुद्धिमत्ता नहीं। ऐसा करना प्रमाद है, विवेक नहीं। मेरा विचार है कि बिहारीलाल ने अपने क्षेत्र में जो कार्य्य किया है वह उल्लेखनीय है एवं प्रशंसनीय भी। यदि उसमें कुछ दुर्बलताएँ हैं तो वे उनकी विशेषताओं के सम्मुख मार्जनीय हैं, क्योंकि यह स्वाभाविकता है। इससे कौन बचा?

बिहारीलाल की भाषा के विषय में मुझे यह कहना है कि वह साहित्यिक ब्रजभाषा है। उसमें अवधी के 'दीन' 'कीन' इत्यादि, बुन्देलखण्डी के लखवीं और प्राकृत के मित्त ऐसे शब्द भी मिलते हैं। परन्तु उनकी संख्या नितान्त अल्प है। ऐसे ही भाषागत और भी कुछ दोष उनमें मिलते हैं, किन्तु उनके महान् भाषाधिकार के सामने वे सब नगण्य हैं। वास्तव बात यह है कि उन्होंने अपने 700 दोहों में क्या भाषा और क्या भाव, क्या सौंदर्य, क्या लालित्य, सभी विचार से वह कौशल और प्रतिभा दिखलायी है कि उस समय तक उनका ग्रंथ समादर के हाथों से गृहीत होता रहेगा जब तक हिन्दी भाषा जीवित रहेगी।

बिहारीलाल के संबंध में डॉ. जी. ए. ग्रियर्सन की सम्मति नीचे लिखी जाती है :

"इस दुरूह ग्रंथ (बिहारी सतसई) में काव्य-गत परिमार्जन, माधुर्य्य और अभिव्यक्ति-सम्बन्धी विदग्धता जिस रूप में पायी जाती है वह अन्य कवियों के लिए दुर्लभ है। अनेक अन्य कवियों ने उनका अनुकरण किया है, लेकिन इस विचित्र शैली में यदि किसी ने उल्लेख-योग्य सफलता पायी है तो वह तुलसीदास हैं, जिन्होंने बिहारी लाल के पहले सन् 1585 में एक सतसई लिखी थी। बिहारी के इस काव्य पर अगणित टीकाएँ लिखी गयी हैं। इसकी दुरूहता और विदग्धता ऐसी है कि इसके अक्षरों को कामधेनु कह सकते हैं"।*

---

* The eleganes, poetic flavour, and ingenuity of expression in this difficult work, are considered to have been unapproached by any other poet. He has been imitated by numerous other poets, but the only one who has achived any considerable excellence in this peculiar style is Tulsidas (No 128) who preceded him by writing a Satsai (treating of Ram as Bihari Lall treated of Krishna) in the year 1585 A, d......

Behari's poem has been dealt with by innumerable commentators. Its difficulty and ingenuity is one so great that it is called a veritable 'Akshar Kamdhenu.

Modern Vernacular Literature of Hindustan P. 75.

कविवर देव

अठारहवीं शताब्दी प्रारम्भ करने के साथ सबसे पहले हमारी दृष्टि महाकवि देवदत्त पर पड़ती है। जिस दृष्टि से देखा जाय इनके महाकवि होने में संदेह नहीं। कहा जाता है इन्होंने बहत्तर ग्रन्थों की रचना की। हिन्दी-भाषा के कवियों में इतने ग्रन्थों की रचना और किसी ने भी की है, इसमें सन्देह है। इनके महत्व और गौरव को देखकर ब्राह्मण जाति के दो विभागों में अबतक द्वंद्व चल रहा है। कुछ लोग सनाढ्य कहकर इन्हें अपनी ओर खींचते हैं और कोई कान्यकुन्ज कहकर इन्हें अपना बनाता है। पंडित शालग्राम शास्त्री ने, थोड़े दिन हुए, 'माधुरी' में एक लम्बा लेख लिखकर यह प्रतिपादित किया है कि महाकवि देव सनाढ्य थे। मैं इस विवाद को अच्छा नहीं समझता। वे जो हों, किन्तु हैं ब्राह्मण जाति के और ब्राह्मण जाति के भी न हों तो देखना यह है कि साहित्य में उनका क्या स्थान है। मेरा विचार है कि सब बातों पर दृष्टि रखकर यह कहना पड़ेगा कि ब्रजभाषा का मुख उज्ज्वल करनेवाले जितने महाकवि हुए हैं, उन्हीं में एक आप भी हैं। एक दो विषयों में कवि-कर्म्म करके सफलता लाभ करना उतना प्रशंसनीय नहीं, जितना अनेक विषयों पर समभाव से लेखनी चला कर साहित्य-क्षेत्र में कीर्ति अर्जन करना। वे रीति-ग्रंथ के आचार्य ही नहीं थे और उन्होंने काव्य के दसों अंगों पर लेखनी चला कर ही प्रतिष्ठा नहीं लाभ की, वेदान्त के विषयों पर भी बहुत कुछ लिखकर वे सर्वदेशीय ज्ञान का परिचय प्रदान कर सके हैं। इस विषय पर उनकी 'ब्रह्म-दर्शन-पचीसी' आदि कई अच्छी रचनाएँ हैं। उनके 'नीतिशतक' 'राग-रत्नाकर' 'जातिविलास' 'भाव विलास' आदि ग्रंथ भी अन्य विषयों के हैं और इनमें भी उन्होंने अच्छी सहृदयता और भावुकता का परिचय दिया है। उनका 'देव माया प्रपंच' नाटक भी विचित्र है। इसमें भी उनका कविकर्म्म विशेष गौरव रखता है। शृंगार रस का क्या पूछना! उसके तो वे प्रसिद्धि-प्राप्त आचार्य हैं। मेरा विचार है कि इस विषय में आचार्य केशवदास के बाद उन्हीं का स्थान है। उनकी रचनाओं में रीति ग्रंथों के अतिरिक्त एक प्रबन्ध काव्य भी है जिसका नाम 'देव-चरित्र' है, इसमें उन्होंने भगवान कृष्णचन्द्र का चरित्र वर्णन किया है। 'प्रेम-चंद्रिका' भी उनका एक अनूठा ग्रंथ है। उसमें उन्होंने स्वतंत्र रूप से प्रेम के विषय में अनूठी रचनाएँ की हैं। कवि-कर्म्म क्या है। भाषा और भावों पर अधिकार होना और प्रत्येक विषयों का यथातथ्य चित्रण कर

देना। देवजी दोनों बातों में दक्ष थे। सत्रहवीं और अट्ठारहवीं शताब्दी में यह देखा जाता है कि उस समय जितने बड़े-बड़े कवि हुए उनमें से अधिकांश किसी राजा-महाराज अथवा अन्य प्रसिद्ध लक्ष्मी-पात्र के आश्रय में रहे। इस कारण उनकी प्रशंसा में भी उनको बहुत सी रचनाएँ करनी पड़ीं। कुछ लोगों की यह सम्मति है कि ऐसे कवि अथवा महाकवियों से उच्च कोटि की रचनाओं और सच्ची भावमय कविताओं के रचे जाने की आशा विडम्बना मात्र है, क्योंकि ऐसे लोगों के हृदय में उच्छ्वासमय उच्च भाव उत्पन्न हो ही नहीं सकते जो एक आत्मनिर्भर, स्वतंत्र, अथच मनस्वी कवि अथवा महाकवि में स्वभावतः उद्भूत होते हैं। उन्मुक्त कवि कर्म्म ही कवि-कर्म्म है जिसका कार्य चित्त का स्वतंत्र उद्गार है। जो हृदय किसी की चापलूसी अथवा तोषामोद में निरत है और अपने आश्रयदाता के इच्छानुसार कविता करने के लिए विवश है, या उसकी उचित-अनुचित प्रशंसा करने में व्यस्त है, वह कवि उस रत्न को कैसे प्राप्त कर सकता है जो स्वभावतया तरंगायमान मानस-उदधि से प्राप्त होते हैं। मेरा विचार है, इस कथन में सत्यता है। परन्तु इससे इस परिणाम पर नहीं पहुँचा जा सकता कि कोई कवि किसी के आश्रित रह कर सत्कवि या महाकवि हो ही नहीं सकता। क्योंकि प्रथम तो कवि स्वाधीनताप्रिय होता है, दूसरी बात यह है कि कवि का अधिकतर सम्बन्ध प्रतिभा से है। इसलिए किसी का आश्रित होना उसके कवित्व गुण का बाधक नहीं हो सकता। किसी आत्म-विक्रयी की बात और है। हाँ, बँधन-रहित किसी स्वतंत्र कवि का महत्व उससे अधिक है, यह बात निस्संकोच भाव से स्वीकार की जा सकती है। कविवर देवदत्त में जो विलक्षण प्रतिभा विकसित दृष्टिगत होती है उसका मुख्य कारण यही है कि वे स्वतंत्र प्रकृति के मनुष्य थे जिससे वे किसी के आश्रय में चिरकाल तक न रह सके। जिस दरबार में गये उसमें अधिक दिन ठहरना उन्हें पसन्द नहीं आया। मालूम होता है कि बंधन उनको प्रिय नहीं था। मैं समझता हूँ इससे हिन्दी-साहित्य को लाभ ही हुआ क्योंकि उनके उन्मुक्त जीवन ने उनसे अधिकतर ऐसी रचनाएँ करायीं जो सर्वथा स्वतंत्र कही जा सकती हैं। प्रत्येक भाषा के साहित्य के लिए ऐसी रचनाएँ ही अधिक अपेक्षित होती है, क्योंकि उनमें वे उन्मुक्त धाराएँ बहती मिलती हैं जो पराधीनता एवं स्वार्थपरता दोष से मलिन नहीं होतीं। कविवर देवदत्त की रचनाओं का जो अंश इस ढंग में ढला हुआ है वही अधिक प्रशंसनीय है और उसी ने उनको हिन्दी-साहित्य में वह उच्च स्थान प्रदान किया है जिसमें अधिकारी हिन्दी-संसार के इने गिने कवि-पुंगव ही हैं। मिश्र-बन्धुओं ने अपने ग्रंथ में देवजी के सम्बन्ध में निम्नलिखित कवित्त लिखा है :

सूर सूर तुलसी सुधाकर नच्छत्र केशव,
सेस कविराजन कौ जुगुनू गनाथ कै।

कोऊ परिपूरन भगति दिखरायों अब,
काव्य-रीति मोसन सुनहु चित लाय कै।
देव नभमंडल समान है कबीन मध्य,
जामैं भानु सितभानु तारागन आय कै।
उदै होत अथवत चारों ओर भ्रमत पै
जाको ओर छोर नहिं परत लखाय कै।

इससे अधिक लोग सहमत नहीं हैं। इस पद्य ने कुछ काल तक हिन्दी संसार में एक अवांछित आंदोलन खड़ा कर दिया था। कोई कोई इस रचना को अधिक रंजित समझते हैं। परन्तु मैं इसको विवाद-योग्य नहीं समझता। प्रत्येक मनुष्य अपने विचार के लिए स्वतंत्र है। जिसने इस कवित्त की रचना की, उसका विचार देवजी के विषय में ऐसा ही था। यदि अपने भाव को उसने प्रकट किया तो उसको ऐसा करने का अधिकार था। चाहे कुछ लोग उसको वक्रदृष्टि से देखें, परन्तु मेरा विचार यह है कि यह कवित्त केवल इतना ही प्रकट करता है कि देवजी के विषय में हिन्दी संसार के किसी-किसी विदग्ध जन का क्या विचार है। मैं इस कवित्त के भाव को इसी कोटि में ग्रहण करता हूँ और उससे यही परिणाम निकालता हूँ कि देवजी हिन्दी-साहित्य-क्षेत्र में एक विशेष स्थान के अधिकारी हैं। कोई भाषा समुन्नत होकर कितनी प्रौढ़ता प्राप्त करती है, देवजी की भाषा इसका प्रमाण है। उनका कथन है :

कविता कामिनि सुखद पद, सुबरन सरस सुजाति।
अलंकार पहिरे बिसद, अद्भुत रूप लखाति॥

मैं देखता हूँ कि उनकी रचना में उनके इस कथन का पूर्ण विकास है। जितनी बातें इस दोहे में हैं वे सब उनकी कविता में पायी जाती हैं।

उनकी अधिकतर रचनाएँ कवित्त और सवैया में हैं। उनके कवित्तों में जितना प्रबल प्रवाह, ओज, अनुप्रास और यमक की छटा है, वह विलक्षण है। सवैयों में यह बात नहीं है, परन्तु उनमें सरसता और मधुरता छलकती मिलती है। कवि या महाकवि दो प्रकार के देखे जाते हैं; एक की रचना प्रसादमयी और दूसरे की गम्भीर, गहन विचारमयी और गूढ़ होती है। इन दोनों गुणों का किसी एक कवि में होना कम देखा जाता है, देवजी में दोनों बातें पायी जाती हैं और यह उनकी उल्लेखनीय विशेषता है। मानसिक भावों के चित्रण में, कविता को संगीतमय बनाने में, भावानुकूल शब्द-विन्यास में, भाषानुसार शब्दों में ध्वनि उत्पन्न करने में और कविता को व्यंजनामय बना देने में महाकवियों की सी शक्ति देवजी में पायी जाती है।

प्रायः ऐसे अवसर पर लोग तुलनात्मक समालोचना को पसन्द करते हैं। इसमें सन्देह

नहीं कि ऐसा करने से एक दूसरे का उत्कर्ष दिखाने में बहुत बड़ी सहायता प्राप्त होती है। परन्तु ऐसी अवस्था में, निर्णय के लिए दोनों कवियों की समस्त रचनाओं की आलोचना होनी आवश्यक है। यह नहीं कि एक दूसरे के कुछ समान भाव के थोड़े से पद्यों को लेकर समालोचना की जाय और उसी के आधार पर एक से दूसरे को छोटा या बड़ा बना दिया जाय। यह एकदेशिकता है। कोई कवि दस विषयों को लिखकर सफलता पाता है और कोई दो-चार विषयों को लिखकर ही कृतकार्य होता है। ऐसी अवस्था में उन दोनों के कतिपय विषयों को लेकर ही तुलनात्मक समालोचना करना समुचित नहीं। समालोचना के साथ यह भी विचारना चाहिये कि उनकी रचना में लोक-मंगल की कामना और उपयोगिता कितनी है। उसका काव्य कौन-सा संदेश देता है और उसकी उपयुक्तता किस कोटि की है। बिना इन सब बातों पर विचार किये कुछ थोड़े-से पद्यों को लेकर किसी का महत्व प्रतिपादन युक्तिसंगत नहीं। अतएव मैं यह मीमांसा करने के लिए प्रस्तुत नहीं हूँ कि जो हिन्दी-संसार के महाकवि हैं उनमें से किससे देव बड़े हैं और किससे छोटे। प्रत्येक विषय में प्रत्येक को महत्व प्राप्त नहीं होता और न सभी विषयों में सबको उत्कर्ष मिलता है। अपने-अपने स्थान पर सब आदरणीय हैं, और भगवती वीणा-पाणि के सभी वर पुत्र हैं। कविवर सूरदास और गोस्वामी तुलसीदास छणजन्मा पुरुष हैं। उनको वह उच्चपद प्राप्त है जिसके विषय में किसी को तर्क-वितर्क नहीं। इसलिए मैंने जो कुछ इस समय मंथन किया है, उससे उनका कोई सम्बन्ध नहीं।

अब मैं आप लोगों के सामने देवजी की कुछ रचनाएँ उपस्थित करता हूँ। आप उनको अवलोकन करें और यह विचारें कि उनकी कविता किस कोटि की है और उसमें कितना कवि-कर्म्म है :

1. पाँयन नूपुर मंजु बजै कटि
किंकिनि मैं धुनि की मधुराई।
साँवरे अंग लसै पट पीत हिये
हुलसै बनमाल सुहाई।
माथे किरीट बड़े दृग चंचल
मंद हँसी मुखचन्द जुन्हाई।
जै जग मंदिर दीपक सुन्दर
श्री ब्रज दूलह देव सहाई।

2. देवजू जो चित चाहिये नाह
तो नेह निबाहिये देह हर्‌यो परै।
जौ समझाइ सुझाइये राह
अमारग मैं पग धोखे धर्‌यो परै।

नीके मैं फीके ह्वै आँसू भरो कत
ऊँचे उसास गरो क्यों, भर्यो परै।
रावरो रूप पियो अँखियान भर्यो सो
भर्यो उमड़्यो सो ढर्यो परै।

3. भेष भये विष भाव ते भूषन
भूख न भोजन की कछु ईछी।
मीचु की साध न सोंधे की साध
न दूध सुधां दधि माखन छीछी।
चंदन तौ चितयो नहिं जात
चुभी चित माहिं चितौनि तिरीछी।
फूल ज्यों सूल सिला सम सेज
बिछौनन बीच बिछी जनु बीछी।

4. प्रेम पयोधि परे गहिरे अभिमान
को फेन रह्यो गहि रे मन।
कोप तरंगिनि सों बहिरे पछिताय
पुकारत क्यों बहिरे मन।
देव जू लाज-जहाज से कूदि
रह्यो मुख मूँदि अजौं रहि रे मन।
जोरत तोरत प्रीति तुही अब
तेरी अनीति तुही सहि रे मन।

5. आवत आयु को द्योस अथोत
गये रवि त्यों अँधियारियै ऐहै।
दाम खरे दै खरीद करौ गुरु
मोह की गोनी न फेरि बिकैहै।
देव छितीस की छाप बिना
जमराज जगाती महादुख दैहै।
जात उठी पुर देह की पैठ, अरे
बनिये बनियै नहिं रैहै।

6. ऐसो जो हौं जानतो जैहै तू विषै के संग
एरे मन मेरे हाथ पाँव तेरे तोरतो।

आजु लौं हौं कत नरनाहन की नाहीं सुनी
नेह सों निहारि हेरि बदन निहोरतो।
चलन न देतो दवे चंचल अचल करि
चाबुक चितावनीनि मारि मुँह मोरतो।
भारी प्रेम पाथर नगारौ दै गरे सौं बाँधि
राधाबर बिरद के वारिधि में बोरतो।

7. गुरु जन जावन मिल्यो न भयो दृढ़ दधि
मथ्यो न बिवेक रई देव जो बनायगो।
माखन मुकुति कहाँ छाड़्यो न भुगुति जहाँ
नेह बिनु सगरो सवाद खेह नायगो।
बिलखत बच्यो मूल कच्यो सच्यो लोभ भांड़े
नच्यो कोप आँच पच्यो मदन छिनायगो।
पायो न सिरावनि सलिल छिमा छींटन सों
दूध सो जनक बिनु जाने उफनायगो।

8. कथा मैं न कंथा मैं न तीरथ के पंथा मैं न
पोथी मैं न पाथ मैं न न साथ की बसीती मैं।
जटा मैं न मुंडन न तिलक त्रिपुंडन न
नदी कूप कुंडन अन्हान दान रीति मैं।
पीठ मठ मंडल न कुंडल कमंडल न
मालादंड मैं न देव देहरे की भीति मैं।
आपुही अपार पारावार प्रभु पूरि रह्यो
पाइये प्रगट परमेसर प्रतीति मैं।

9. संपति में ऐंठि बैठे चौतरा अदालति के
विपति मैं पैन्हि बैठे पाँय झुनमुनियाँ।
जेतो सुख संपति वितोई दुख बिपति मैं
संपति मैं मिरजा विपति परे धुनियाँ।
संपति ते बिपति बिपति हूँ ते संपति है
संपति औ बिपति बराबरि कै गुनियाँ।
संपति मैं काँय काँय बिपति में भाँय भाँय
काँय काँय भाँय भाँय देखी सब दुनियाँ।

10. आयी बरसाने ते बुलाई वृषभानु सुता
निरखि प्रभानि प्रभा भानुकी अथै गयी।
चक चकवान के चकाये चक चोटन सों
चौंकत चकोर चकचौंधी सी चकै गयी।
देव नँद नन्दन के नैनन अवन्दमयी
नन्द जू के मन्दूरनि चन्दमयी छ्वै गयी।
कंजन कलिनमयी कुंजन नलिनमयी
गोकुल की गलिन अलिनमयी कै गयी।

11. औचक अगाध सिंधु स्याही को उमड़ि आयो
तामें तीनो लोक बूड़ि गये एक संग मैं।
कारे कारे आखर लिखे जु कारे कागर
सुन्यारे करि बाँचे कौन जाँचै चित भंग मैं।
आँखिन मैं तिमिर अमावस की रैनि जिमि
जम्बु जल बुंद जमुना जल तरंग मैं।
यों ही मन मेरो मेर काम को न रह्यो माई
स्याम रंग ह्वै करि समायो स्याम रङ्ग मैं।

12. रीझि रीझि रहसि रहसि हँसि हँसि उठै
साँसैं भरि आँसू भरि कहति दई-दई।
चौंकि चौंकि चकि चकि उचकि उचकि देव
जकि जकि बकि बकि परति बई-बई।
दुहुँन कौ रूप गुन दोउ बरनत फिरै
घर न थिराति रीति नेह की नई-नई।
मोहि मोहि मन भयो मोहन को राधिका मैं
राधिका हूँ मोहि मोहि मोहनमई-मई।

13. जब ते कुँवर कान्ह रावरी कलानिधान
कान परी वाके कहू सुजस-कहानी सी।
तब ही ते देव देखी देवता सी हँसति-सी
खीझति-सी रीझति-सी रूसति रिसानी-सी।
छोही सी छली सी छीनि लोनी सी छकी सी छिन
जकी सी टकी सी लगी थकी थहरानी सी।

बींधी सी बिंधी सी विष बूड़ी सी बिमोहित सी
बैठी बाल बकति बिलोकति बिकानी सी।

14. देखे अनदेखे दुख-दानि भये सुख-दानि
सूखत न आँसू सुख सोइबो हरे परो।
पानि पान भोजन सुजन गुरुजन भूले
'देव' दुरजन लोग लरत खरे परो।
लागो कौन पाप पल ऐकौ न परति कल
दूरि गयो गेह नयो नेह नियरे परो।
होतो जो अजान तौ न जानतो इतीक बिथा
मेरे जिये जान तेरो जनिबो गरे परो।

15. तेर कह्यो करि करि जीवन रह्यो जरि जरि
हारी पाँय परि परि तऊ तैं न की सम्हार।
ललन बिलोके 'देव' पल न लगाये तब
यों कल न दीन तैं छलन उछलनहार।
ऐसे निरमोही सों सनेह बाँधि हौ बँधाई
आपु बिधि बूड़यो माँझ बाधा सिंधु निराधार।
एरे मन मेरे तैं घनेरे दुख दीने अब
एकै वार दैकै तोहिं मूँदि मारौ एक बार।

देव की भाषा ऐतिहासिक ब्रजभाषा है और उनकी लेखनी ने उसमें साहित्यिकता की पराकाष्ठा दिखलायी है। उनकी रचनाओं में शब्दलालित्य नर्तन करता दृष्टिगत होता है और अनुप्रास इस सरसता से आते हैं कि अलंकारों को भी अलंकृत करते जान पड़ते हैं; यह मैं स्वीकार करूँगा कि उन्होंने कहीं-कहीं अनुप्रास, यमक आदि के लोभ में पड़कर ऐसे शब्दों का प्रयोग किया है जो गढ़े अथवा तोड़े-मरोड़े जान पड़ते हैं। परन्तु वे बहुत अल्प हैं और उनकी मनोहर रचना में आकर मनोहरता ही ग्रहण करते हैं, अमनोहर नहीं बनते। ब्रजभाषा के जितने नियम हैं उनका पालन तो उन्होंने किया ही है, प्रत्युत उसमें एक ऐसी सरस धारा भी बहा दी है जो बहुत ही मुग्धकारी है और जिसका अनुकरण बाद के कवियों ने अधिकतर किया है। उनकी रचनाओं में अन्य प्रान्तों के भी शब्द मिल जाते हैं। इसका कारण उनका देशाटन है। परन्तु वे उनमें ऐसे बैठाये मिलते हैं जैसे किसी सुन्दर स्वर्णाभरण में कोई नग। इसमें कोई सन्देह नहीं कि कविवर देवदत्त महाकवि थे और उनकी रचनाओं में अधिकांश महाकवि की सी महत्ताएँ मौजूद हैं।

कविवर भारतेन्दु

उन्नीसवीं शताब्दी का उत्तरार्द्ध ऐसा काल है जिसमें बहुत बड़े-बड़े परिवर्तन हुए। परिवर्तन क्यों उपस्थित होते हैं, इस विषय में कुछ अधिक लिखने की आवश्यकता नहीं। किन्तु मैं यह बतलाऊँगा कि उन्नीसवीं शताब्दी के उत्तरार्द्ध में राजनैतिक, धार्मिक और सामाजिक अवस्था क्या थी। मुसलमानों के राज्य का अन्त हो चुका था और ब्रिटिश राज्य का प्रभाव दिन-दिन विस्तार-लाभ कर रहा था। अँगरेज़ी शिक्षा के साथ-साथ योरोपीय भावों का प्रचार हो रहा था और 'यथा राजा तथा प्रजा' सिद्धान्त के अनुसार भारतीय रहन-सहन प्रणाली भी परिवर्त्तित हो चली थी। अँगरेजों का जातीय भाव बड़ा प्रबल है। उनमें देशप्रेम की लगन भी उच्चकोटि की है। विचार स्वातंत्र्य उनका प्रधान गुण है। कार्य को प्रारम्भ कर उसको दृढ़ता के साथ पूर्ण करना और उसे बिना समाप्त किये न छोड़ना यह उनका जीवन-व्रत है। उनके समाज में स्त्री जाति का उचित आदर है, साथ ही पुरुषों के समान उनका स्वत्व भी स्वीकृत है। ब्रिटिश राज्य के संसर्ग से और अँगरेजी भाषा की शिक्षा पाकर ये सब बातें, और इनसे सम्बन्ध रखने वाले और अनेक भाव इस शताब्दी के उत्तरार्द्ध में और प्रान्तों के साथ-साथ हमारे प्रान्त में भी अधिकता से फैले। स्वामी दयानन्द सरस्वती ने आर्यसमाज का डंका बजाया और हिन्दुओं में जो दुर्बलताएँ, रूढ़ियाँ और मिथ्याचार थे उनका विरोध सबलता से किया। इन सब बातों का यह प्रभाव हुआ कि इस प्रकार के साहित्य की देश को आवश्यकता हुई जो कालानुकूल हो और जिससे हिन्दू समुदाय की वे दुर्बलताएँ दूर हों जिनसे उसका प्रतिदिन पतन हो रहा था। यही नहीं, इस समय यह लहर भी वेग से सब ओर फैली कि किस प्रकार देशवासी अपने कर्त्तव्यों को समझें और कौन-सा उद्योग करके वे भी वैसे ही बनें जैसे योरोप के समुन्नत समाजवाले हैं। कोई जाति उसी समय जीवित रह सकती है जब वह अपने को देशकालानुसार बना ले और अपने को उन्नतियों का पात्र बनाये जिनसे सब दुर्बलताओं का संहार होता है, और जिनके आधार से लोग सभ्यता के उन्नत सोपानों पर चढ़ सकते हैं। इन भावों का उदय जब हृदयों में हुआ तब इस प्रकार की साहित्य-सृष्टि की ओर समाज के प्रतिभा-सम्पन्न विवुधों की दृष्टि गयी और वे उचित यत्न करने के लिए कटिबद्ध हुए। अनेक समाचार-पत्र निकले और विविध पुस्तकप्रणयन द्वारा भी इष्ट-सिद्धि का उद्योग प्रारम्भ हुआ।

बाबू हरिश्चन्द्र इस काल के प्रधान कवि हैं। प्रधान कवि ही नहीं, हिन्दी साहित्य में गद्य की सर्व-सम्मत और सर्व-प्रिय शैली के उद्भावक भी आप ही हैं। हम इस स्थान पर यही विचार करेंगे कि उनके द्वारा हिन्दी पद्य में किन प्राचीन भावों का विकास और किन नवीन भावों का प्रवेश हुआ। बाबू हरिश्चन्द्र महाप्रभु बल्लभाचार्य्य के सम्प्रदाय के थे। इसलिए भगवान् श्रीकृष्णचन्द्र और श्रीमती राधिका में उनका अचल अनुराग था। इस सूत्र से वे ब्रजभाषा के अनन्य प्रेमी थे। उनकी अधिकांश रचनाएँ प्राचीन-शैली की हैं और उनमें राधाकृष्ण का गुणानुवाद उसी भक्ति और श्रद्धा के साथ गाया गया है, जिससे अष्टछाप के वैष्णवों की रचनाओं को महत्ता प्राप्त है। उन्होंने न तो कोई रीति ग्रन्थ लिखा है और न कोई प्रबंध-काव्य। किन्तु उनकी स्फुट रचनाएँ इतनी अधिक हैं जो सर्वतोमुखी प्रतिभावाले मनुष्य द्वारा ही प्रस्तुत की जा सकती हैं।

उन्होंने होली आदि, पर्वों, त्योहारों और उत्सवों पर गाने योग्य सहस्रों पद्यों की रचना की है। प्रेम-रस से सिक्त ऐसे-ऐसे कवित्त और सवैये बनाये हैं जो बड़े ही हृदयग्राही हैं। जितने नाटक या अन्य गद्य ग्रन्थ उन्होंने लिखे हैं, उन सबमें जितने पद्य आये हैं वे सब ब्रजभाषा ही में लिखे गये हैं। इतने प्राचीनतम-प्रेमी होने पर भी उनमें नवीनता दृष्टिगत होती है। वे देश-दशा पर अश्रु बहाते हैं, जाति-ममता का राग अलापते हैं, जाति की दुर्बलताओं की ओर जनता की दृष्टि आकर्षित करते हैं, और कानों में वह मंत्र फूँकते हैं जिससे चिरकाल की बन्द आँखें खुल सकें। उनके 'भारत-जननी' और 'भारत-दुर्दशा' नामक ग्रंथ इसके प्रमाण हैं। बाबू हरिश्चन्द्र ही वह पहले पुरुष हैं जिन्होंने सर्वप्रथम हिन्दी साहित्य में देश-प्रेम और जाति-ममता की पवित्र धारा बहायी। वे अपने समय के मयंक थे। उनकी उपाधि 'भारतेन्दु' है। इस मयंक के चारों ओर जो जगमगाते हुए तारे उस समय दिखलायी पड़े, उन सब में भी उनकी कला का विकास दृष्टिगत हुआ। सामयिकता की दृष्टि से उन्होंने अपने विचारों को कुछ उदार बनाया और ऐसे भावों के भी पद्य बनाये जो धार्मिक संकीर्णता को व्यापकता में परिणत करते हैं। 'जैन कुतूहल' उनका ऐसा ही ग्रन्थ है। उनके समय में उर्दू शायरी उत्तरोत्तर समुन्नत हो रही थी। उनके पहले और उनके समय में भी उर्दू भाषा के ऐसे प्रतिभाशाली कवि उत्पन्न हुए जिन्होंने उसको चार चाँद लगा दिये। उनका प्रभाव भी इन पर पड़ा और इन्होंने अधिक उर्दू शब्दों को ग्रहण कर हिन्दी में 'फूलों का गुच्छा' नामक ग्रंथ लिखा जिसमें लावनियाँ हैं जो खड़ी बोली में लिखी गयी हैं। वे यद्यपि हिन्दी भाषा ही में रचित हैं, परन्तु उनमें उर्दू का पुट पर्याप्त है। यदि सच पूछिये तो हिन्दी में स्पष्ट रूप से खड़ी बोली रचना का प्रारम्भ इसी ग्रंथ से होता है। मैं यह नही भूलता हूँ कि यदि सच्चा श्रेय हिन्दी में खड़ी बोली की कविता पहले लिखने का किसी को प्राप्त है तो वे महन्त सीतलदास हैं। वरन् मैं यह कहता हूँ कि इस उन्नीसवीं शताब्दी में पहले पहल यह कार्य भारतेन्दुजी ही ने किया। कुछ लोग उसको उर्दू की ही

रचना मानते हैं, परन्तु मैं यह मानने के लिए तैयार नहीं। इसलिए कि जैसे हिन्दी भाषा और संस्कृत के तत्सम शब्द उसमें आये हैं वैसे शब्द उर्दू की रचना में आते ही नहीं।

बाबू हरिश्चन्द्र नवीनता-प्रिय थे और उनकी प्रतिभा मौलिकता से स्नेह रखती थी। इसलिए उन्होंने नयी-नयी उद्भावनाएँ अवश्य कीं, परन्तु प्राचीन ढंग की रचना ही का आधिक्य उनकी कृतियों में है। ऐसी ही रचना कर वे यथार्थ आनन्द का अनुभव भी करते थे। उनके पद्यों को देखने से यह बात स्पष्ट हो जाती है। उनके छोटे बड़े ग्रंथों की संख्या लगभग 100 तक पहुँचती है। इनमें पद्य के ग्रंथ चालीस-पचास से कम नहीं हैं। परन्तु ये समस्त ग्रंथ लगभग ब्रजभाषा ही में लिखे गये हैं। उनकी भाषा सरस और मनोहर होती थी। वैदर्भी वृत्ति के ही वे उपासक थे। फिर भी उनकी कुछ रचनाएँ ऐसी हैं जो अधिकतर संस्कृत गर्भित हैं। वे सरल से सरल और दुरूह से दुरूह भाषा लिखने में सिद्धहस्त थे। ग़ज़लें भी उन्होंने लिखी हैं जो ऐसी हैं जो उर्दू के उस्तादों के शेरों की समता करने में समर्थ हैं। मैं पहले कह चुका हूँ कि वे प्रेमी जीव थे, इसलिए उनकी कविता में प्रेम का रंग बड़ा गहरा है। उनमें शक्ति भी थी। और भक्तिमय स्तोत्र भी उन्होंने अपने इष्टदेव के लिखे हैं, परन्तु जैसी उच्च कोटि की उनकी प्रेम संबंधी रचनाएँ हैं वैसी अन्य नहीं। उनकी कविता को पढ़कर यह ज्ञात होता है कि उनकी कविकृति इसी में अपनी चरितार्थता समझती है कि वह भगबल्लीला-मयी हो। वे विचित्र स्वभाव के थे। कभी तो यह कहते :

जगजिन तृण सम करि तज्यो अपने प्रेम प्रभाव।
करि गुलाब सों आचमन लीजत वाको नाँव॥
परम प्रेम निधि रसिकवर अति उदार गुनखान।
जग जन रंजन आशु कवि को हरिचंद समान॥

कभी सगर्व होकर यह कहते—

चंद टरै सूरज टरै टरैं जगत के नेम।
पै दृढ़ श्री हरिचंद को टरै न अविचल प्रेम॥

जब वे अपनी सांसारिकता को देखते और कभी आत्म-ग्लानि उत्पन्न होती तो यह कहने लगते—

जगत-जाल में नित बँध्यो पर्‌यो नारि के फंद।
मिथ्या अभिमानी पतित झूठो कवि हरिचंद॥

उनकी जितनी रचनाएँ हैं, इसी प्रकार विचित्रताओं से भरी हैं। कुछ उनमें से आप लोगों के सामने उपस्थित की जाती हैं—

1. **इन दुखियान को न सुख सपने हूँ मिल्यो**
यों ही सदा व्याकुल विकल अकुलायँगी।

प्यारे हरिचंद जू की बीती जानि औधि जोपै
जैहैं प्रान तऊ ए तो संग न समायँगी।
देख्यो एक बार हूँ न नैन भरि तोहिं यातें
जौन जौन लोक जैहैं तहाँ पछतायँगी।
बिना प्रान-प्यारे भये दरस तिहारे हाय
मुएहू पै आँखें ये खुली रह जायँगी॥

2. हौं तो याही सोच में बिचारत रही रे काहें
दरपन हाथ ते न छिन बिसरत है।
त्यों ही हरिचंद जू वियोग औ सँजोग दोऊ
एक से तिहारे कछु लखि न परत है।
जानी आज हम ठकुरानी तेरी बात तू तो
परम पुनीत प्रेम-पथ बिचरत है।
तेरे नैन मूरति पियारे की बसति ताहि
आरसी में रैन दिन देखिबो करत है।

3. जानि सुजान हौं नेह करी सहि
कै बहुभाँतिन लोक हँसाई।
त्यों हरिचंद जू जो जो कह्यो
सो कर्‌यो चुप ह्वै करि कोटि उपाई।
सोऊ नहीं निबही उन सों
उन तोरत बार कछू न लगाई।
साँची भई कहनावति वा अरी
ऊँची दूकान की फीकी मिठाई।

4. आजु लौं जौ न मिले तो कहा
हम तौ तुम्हरे सब भाँति कहावैं।
मेरो उराहनो है कछु नाहिं
सबै फल आपने भाग को पावैं।
जो हरिचंद भई सो भई अब
प्रान चले चहैं याते सुनावैं।
प्यारे जू है जग की यह रीति
बिदा के समै सब कंठ लगावैं।

5. पियोरो पैये केवल प्रेम में।
नाहिं ज्ञान मैं, नाहिं ध्यान मैं, नाहिं करम कुल नेम मैं।
नहिं मंदिर मैं, नहिं पूजा मैं, नहिं घंटा की घोर मैं।
हरीचंद वह बाँध्यो डोलै एक प्रेम की डोर मैं॥

6. सम्हारहु अपने को गिरधारी।
मोर मुकुट सिरपाग पेव कसि राखहु अलक सँवारी।
हिल हलकन बनमाल उठावहु मुरली धरहु उतारी।
चक्रादिकन सान दै राखो कंकन फँसन निवारी।
नूपुर लेहु चढ़ाय किंकिनी खींचहु करहु तयारी।
पियरो पट परिकर कटि कसिकै बाँधो हो बनवारी।
हम नाहिं उनमें जिनको तुम सहजहिं दीन्हों तारी।
बानो जुगओ नीके अबकी हरीचंद की बारी।

एक उर्दू की ग़ज़ल भी देखिये :

7. दिल मेरा ले गया दगा कर के।
बेवफ़ा हो गया वफ़ा कर के।
हिज्र की शब घटा ही दी हमने।
दास्ताँ जुल्फ की बढ़ा करके।
वक्ते रहलत जो आये बालीं पर।
खूब रोये गले लगा कर के॥
सर्वे क़ामत ग़ज़ब की चाल से तुम।
क्यों कयामत चले बपा करके॥
ख़ुद बख़ुद आज जो वह बुत आया।
गैं भी दौड़ा ख़ुदा ख़ुदा कर के॥
दोस्तो कौन मेरी तुरबत पर।
रो रहा है रसा रसा कर के।

8. श्रीराधामाधव युगल प्रेम रस का अपने को मस्त बना।
पी प्रेम-पियाला भर भरकर कुछ इस मैका भी देख मजा।
इतबार न हो तो देख न ले क्या हरीचंद का हाल हुआ।

9. नव उज्ज्वल जल धार हार हीरक सी सोहति।
बिच बिच छहरति बूंद मध्य मुक्ता मनि पोहति।

लोल लहर लहि पवन एक पै हक इमि आवत।
जिमि नर गन मन विविध मनोरथ करत मिटावत।

10. तरनि तनूजा तट तमाल तरुवर बहु छाये।
झुके कूल सों जल परसन हित मनहुँ सुहाये।
किधौं मुकुर मैं लखत उझकि सब निज-निज सोभा।
कै प्रनवत जल जानि परम पावन फल सोभा।
मनि आतप वारन तीर को सिमिटि सबै छाये रहत।
कै हरिसेवा हित नै रहे निरखि नयन मन सुख लहत।

उनकी इस प्रकार की रचनाएँ भी मिलती हैं, जिनमें खड़ी बोली का भी पुट पाया जाता है। जैसे यह पद्य :

डंका कूच का बज रहा मुसाफिर जागो रे भाई।
देखो लाद चले पंथी सब तुम क्यों रहे भुलाई।
जब चलना ही निश्चय है तौ लै किन माल लदाई।
हरीचंद हरिपद बिनु नहिं तौ रहि जैहौ मुँह बाई।

किन्तु उनकी इस प्रकार की रचना बहुत थोड़ी है। क्योंकि उनका विश्वास था कि खड़ी बोल-चाल में सरस रचना नहीं हो सकती। उन्होंने अपने हिन्दी भाषा नामक ग्रंथ में लिखा है कि खड़ी बोली में दीर्घान्त पद अधिक आते हैं, इसलिए उसमें कुछ-न-कुछ रूखापन आ ही जाता है। इस विचार के होने के कारण उन्होंने खड़ी बोल-चाल की कविता करने की चेष्टा नहीं की। किन्तु आगे चलकर समय ने कुछ और ही दृश्य दिखलाया, जिसका वर्णन आगे किया जावेगा। बाबू हरिश्चन्द्र जो रत्न हिन्दी भाषा के भाण्डार को प्रदान कर गये हैं वे बहुमूल्य हैं, यह बात मुक्तकंठ से कही जा सकती है।

❑

संदर्भ-सर्वस्व

संदर्भ-सर्वस्व

भूमिका

इस ग्रंथ का नाम 'संदर्भ-सर्वस्व' है। बंगभाषा के प्रसिद्ध कोष 'प्रकृतिवाद अभिधान' में संदर्भ शब्द का अर्थ निम्नलिखित है—

संदर्भ—संज्ञा, पुंल्लिङ्ग—प्रबंध, परस्परान्वित रचना, ग्रंथ, संग्रह, विस्तार—शिष्ट प्रयोग—

"गूढ़ार्थस्य प्रकाशश्च सारोक्तिः श्रेष्ठता तथा
नानार्थवत्वम् वेदत्वम् सन्दर्भः कथ्यते बुधैः।"

जिसमें गूढ़ार्थ का प्रकाशन हो, सारोक्ति की श्रेष्ठता हो, नानार्थ-वत्ता का वेदत्व हो, बुधजनों ने उसको ही सन्दर्भ कहा है।

सन्दर्भ की व्याख्या अत्यन्त विमुग्धकारी है, उसमें आर्कषण है, और है समीचीनता। अतएव किसी लेख लिखने के समय अथवा किसी विषय के निरूपण के अवसर पर मेरे विचारों का आधार अथवा अवलम्ब प्रायः वही रहा है। उसी के सिद्धान्तों को सर्वस्व मानकर ही मैंने प्रायः लेखनी की परिचालना की है, इसीलिए ग्रन्थ का नाम मैंने 'सन्दर्भ-सर्वस्व' रखा है। कहा जा सकता है, यद दंभ है, यह साधारण प्रसून को पारिजात बनाने की चेष्टा है। किन्तु मेरा यह सविनय निवेदन है कि मैंने दांभिक बनकर अपना यह विचार नहीं प्रकट किया है। जो वस्तुतः है, उसको विद्वज्जन के सामने उपस्थित कर देना ही मैं उचित समझता हूँ, अन्यथा ऐसा दुस्साहस मैं न करता। कार्य्य-परायणता कर्त्तव्य है; किन्तु सफलता लाभ सर्वथा सम्भव नहीं। मैंने उद्देश्य-पूर्ति की प्रबल चेष्टा की है, किन्तु कृतकार्य्य कहाँ तक हुआ हूँ, इसको साहित्य-मर्म्मज्ञ ही समझ सकते हैं। मैं साधारण विद्या-बुद्धि का मनुष्य हूँ, मेरी बात ही क्या। विदग्ध की विदग्धता भी कभी-कभी अपने उद्देश्यों और विचारों के यथातथ्य निरूपण में कृतकार्य्य नहीं होती, और असफलता उनके मार्ग में बाधक होती है।

अतएव इस विषय में अधिक न लिखकर मैंने अपना विचार मात्र प्रकट किया है। विश्वास है, वह अनुपयुक्त न समझा जावेगा।

इस ग्रंथ में जितने निबन्ध हैं, वे एक समय के लिखे हुए नहीं है—इनमें से कोई-कोई पचास वर्ष पहले के लिखे हुए है, और कोई-कोई आधुनिक हैं, जिनके लिखने का समय चार-पाँच साल भी नहीं हैं, अधिक लेख ऐसे हैं, जो पत्र-पत्रिकाओं के लिये माँग होने पर लिखे गये हैं, शेष ऐसे हैं, जो किसी सभा के सभापतित्वसूत्र से लिपि-बद्ध हुए हैं। समय परिवर्तनशील है, समय के साथ विचार भी बदलते रहते हैं। कुछ निबन्धों में ऐसे विचार मिलेंगे, जो वर्तमान समय के अनुकूल नहीं कहे जा सकेंगे, और ऐसी अवस्था में यह कहा जा सकता है कि ऐसे लेख को प्रकाशित कराना ही नहीं चाहिए था; किन्तु वह लेख प्रकाशित इस विचार से कराया गया है कि उसको पढ़कर कर्त्तव्य का ज्ञान हो। पचास वर्ष के भीतर कुछ सुधार अवश्य हुए हैं; परन्तु उच्छृंखलता और कदाचार ने भी हाथ-पाँव फैलाये हैं। मनमानापन भी रंग ला रहा है। समाज में खलबली अवश्य है, पर असावधानी भी उसको स्वीकृत नहीं है। वह जो कुछ करता है, अपनी प्राचीन प्रणाली पर दृष्टि रखकर, वर्तमान जीवन से प्राचीन प्रणाली का मिलान कर। इन सब बातों पर दृष्टि रखकर ही कुछ ऐसे निबन्ध भी प्रकाशित कर दिये गये हैं, जो कुछ अंश में सामयिक न हों, पर उपयोगी अवश्य हैं। यथार्थ अनुभव उपकारक होता है, अपकारक नहीं। किन्तु ऐसे निबन्ध इने-गिने हैं, उनकी संख्या थोड़ी है। उनकी अधिक बातें हितकारिणी हैं।

अन्य निबन्ध ऐसे हैं, जिनमें साहित्यिकता अधिक है, ऐतिहासिक अथवा दार्शनिक, किंवा वैज्ञानिक विषय के निबन्ध नाममात्र के हैं; परन्तु, यथाशक्ति सब निबन्धों को उपयोगी बनाने का उद्योग किया गया है। सफलता मुझको कितनी मिली है, इस विषय में मुझको कुछ कहने का अधिकार नहीं है। भाषा संस्कृतगर्भित अवश्य है; पर दो-एक निबन्धों की भाषा सरल हिन्दी है।

हिन्दी भाषा में प्रायः कुछ ऐसे शब्द आते हैं, जिनका उच्चारण विशेष रीति से होता है, ये शब्द अरबी और फ़ारसी के हैं, ऐसे शब्दों के जिन अक्षरों का उच्चारण विशेष रीति से होता है, उसके विशेष रूप से उच्चारण करने के लिये उन अक्षरों के नीचे बिन्दी (बिन्दु) दे दी जाती है। इस क्रिया से एक तो इस बात का ज्ञान हो जाता है कि यह दूसरी भाषा का शब्द है, दूसरी बात यह होती है कि उसे विशेष रूप से उच्चारण करना पड़ता है। बोलचाल के समय साधारण जनता ऐसे शब्दों का उच्चारण हिन्दी शब्दों की तरह करती है। जिसने उर्दू या फ़ारसी पढ़ी है, वह तो अवश्य उसका उच्चारण फ़ारसी अथवा अरबी के विद्वानों के समान करेगा, अन्य हिन्दू ऐसा उच्चारण करने में असमर्थ होता है। शिक्षा के समय अवश्य ऐसे शब्दों का उच्चारण हिन्दी के विद्यार्थी को भी

फ़ारसी और अरबी के नियमानुसार कराया जाता है, इसलिये कोर्स की पुस्तकों में ऐसे शब्दों के उस अक्षर के नीचे बिन्दी (विन्दु) अवश्य लगी रहती है, जिनका उच्चारण फ़ारसी अथवा अरबी के ढंग से होता है। परस्पर बातचीन के समय, पंजाब प्रान्त, युक्त प्रान्त, बिहार और मध्य हिन्द का शिक्षित समुदाय भी फ़ारसी और अरबी के शब्दों का उच्चारण उसी भाषा के नियमानुसार करता है; परन्तु इनकी संख्या थोड़ी है। साधारण जनता और संस्कृत भाषा आदि के विद्वान् जिनकी संख्या बहुत बड़ी है, इस नियम का पालन नहीं करते, कचहरी-दरबार में भी वे लोग इस विषय में स्वतन्त्र पाये जाते हैं। इस सब बातों पर दृष्टि रखकर उक्त प्रान्तों के कुछ विशिष्ट विद्वानों और प्रसिद्ध पुरुषों अथच प्रभावशाली सज्जनों का यह विचार कुछ समय से हो गया है कि अधिक सम्मति का आदर किया जावे। बिन्दी के झगड़े से यंत्रालयों को भी अनेक असुविधाएँ होती हैं। बिहार इस विषय में अग्रगण्य है। युक्त प्रान्त और मध्य हिन्द 'इदम् कुतः' में पड़े हैं; परन्तु वहाँ भी कुछ यंत्रालयों ने स्वतन्त्रता ग्रहण कर ली है। ज्ञात होता है, अधिक सम्मति सर्वमान्य होकर रहेगी।

'सन्दर्भ-सर्वस्व' का मुद्रण आधुनिक प्रणाली से हुआ है। उसका अधिकांश वर्तमानकालिक है। ग्रन्थ के कुछ पृष्ठों में विन्दु या बिन्दी का प्रयोग किया गया है, किन्तु उनकी संख्या बहुत थोड़ी है। बिन्दी का प्रयोग अधिकतर उर्दू के पद्यों में किया गया है, किन्तु जिस पद्य में विन्दु का प्रयोग किया गया है, उसमें भी कुछ ऐसे शब्द जोड़ दिये गये हैं, जिनको सविन्दु होना चाहिए था। इस क्रिया से यह ज्ञात होता है कि कम्पोजिटर ने जिसको उर्दू शब्द समझा, उसको सविन्दु बनाया, शेष को छोड़ दिया। मैंने अपने लेख में समस्त सविन्दु शब्दों को सविन्दु ही लिखा है; परन्तु कम्पोज के समय उसपर दृष्टि न रखकर कम्पोजिटर ने अपनी इच्छा के अनुसार कार्य किया है। प्रायः ग्रन्थ छपने के समय कुछ कम्पोजिटर ऐसी मनमानी करते हैं, चाहे अपने अज्ञान के कारण अथवा किसी असुविधा के कारण। ग्रन्थों में जो बिन्दुओं का व्यवहार है, उसमें न तो मेरा मत है, न प्रकाशक का हाथ है, जो कुछ है कम्पोजिटर साहब का कृत्य है, अज्ञान से अथवा असावधानी से। इसलिये विद्वज्जन से मेरी प्रार्थना है कि इस विषय में हमलोगों को क्षमा करेंगे। क्योंकि इस संस्करण में, इस प्रपंच में पड़ने से ग्रन्थ का यथासमय प्रकाशन न हो सकेगा, जो इस समय वांछनीय नहीं है।

अब तक जो कुछ लिखा जा चुका है, उसके अतिरिक्त ग्रन्थ में जो अन्य भ्रम-प्रमाद हों, विद्वज्जनों द्वारा उनकी सूचना मिलने पर दूसरे संस्करण में मैं उनके संशोधन का प्रयत्न करूँगा और सूचक महोदय की कृपा का अनुगृहीत भी हूँगा।

अयोध्यासिंह उपाध्याय 'हरिऔध'

ग्रावर्ती आजमगढ़
7.43

भगवान भूतनाथ और भारत

यह कैसे कहा जा सकता है कि भारत के आधार से ही भगवान भूतनाथ की कल्पना हुई है। वे असंख्य ब्रह्माण्डाधिपति और समस्त सृष्टि के अधीश्वर हैं। उनके रोम-रोम में भारत जैसे करोड़ों प्रदेश विद्यमान हैं। इसलिये, यदि कहा जा सकता है तो यही कि उस विश्वमूर्ति की एक लघुतम मूर्ति भारतवर्ष भी है। वह हमारा पवित्र और पूज्यतम देश है। जब उसमें हम भगवान भूतनाथ का साम्य अधिकतर पाते हैं, तो हृदय परमानन्द से उत्फुल्ल हो जाता है। उस आनन्द का भागी आज हम आप लोगों को भी बनाना चाहते हैं।

'भूत' शब्द का अर्थ है पंच-भूत अर्थात पृथ्वी, जल, अग्नि, वायु और आकाश। उसका दूसरा अर्थ है प्राणि-समूह अथवा समस्त सजीव सृष्टि जैसा कि निम्नलिखित वाक्यों से प्रकट होता हैः–

"सर्व भूत हिते रतः"।
"आत्मवत् सर्व भूतेषु यः पश्यति स पण्डितः"।

'भूत' शब्द का तीसरा अर्थ है योनि-विशेष, जिसकी सत्ता मनुष्य-जाति से भिन्न है और जिसकी गणना प्रेत एवं वैतालादि जीवों की कोटि में होती है। जब भगवान शिव को हम भूतनाथ कहते हैं तब उसका अर्थ यह होता है कि वे पंचभूत से लेकर चींटी पर्यन्त समस्त जीवों के स्वामी हैं। भारत भी इसी अर्थ में भूतनाथ है। चाहे उसके स्वामित्व की व्यापकता इतनी न हो, बहुत ही थोड़ी—समुद्र के विन्दु के बराबर हो, तो भी वह भूतनाथ है। क्योंकि, पंचभूत के अनेक अंशों और प्राणिसमूह के एक बहुत बड़े विभाग पर उसका भी अधिकार है। यदि वे शशि-शेखर हैं, तो भारत भी शशिशेखर है। उनके ललाटदेश में मयंक विराजमान है, तो इसके ऊर्ध्व भाग में। यदि वे सूर्यः शशांक-वह्नि-नयन हैं, तो भारत भी ऐसा ही है। क्योंकि, उसके जीवमात्र के नयनों का साधन दिन में सूर्य और रात्रि में शशांक एवं अग्नि (अर्थात् अग्नि-प्रसूत समस्त आलोक) हैं। यदि भगवान शिव के शिर पर पुण्यसलिला भगवती भागीरथी विराजमान

हैं, तो भारत का शिरोदेश भी उन्हीं की पवित्र धारा से प्लावित है। यदि वे विभूति-भूषण हैं, उनके कुन्देन्दु गौर शरीर पर विभूति अर्थात् भभूत विलसित है, जो सांसारिक सर्व विभूतियों की जननी है, तो भारत भी विभूति-भूषण है। उसके अंक में नाना प्रकार के रत्न ही नहीं विराजमान हैं, वह उन समस्त विभूतियों का भी जनक है जिससे उसकी भूमि स्वर्ण-प्रसविनी कही जाती है। यदि वे मुकुन्द-प्रिय हैं, तो भारत भी मुकुन्द-प्रिय है। क्योंकि, यदि ऐसा न होता तो वे बार-बार अवतार धारण कर उसका भार निवारण न करते और न उसके भक्ति-भाजन बनते। उनके अंगों में निवास कर यदि सर्प-जैसा वक्रगति भयंकर जन्तु भी सरल गति बनता और विष वमन करना भूल जाता है, तो उसके अंक में निवास करके अनेक वक्रगति प्राणियों की भी यही अवस्था हुई और होती है। भारत अंगभूत आर्यधर्मावलम्बिनी अनेक विदेशी जातियाँ इसका प्रमाण हैं। यदि भगवान शिव भुजंग-भूषण हैं, तो भारत को भी ऐसा ही है। अष्टकुलसम्भूत समस्त नाग इसके उदाहरण हैं। यदि वे वृषभ-वाहन हैं, तो भारत को भी ऐसा होने का गौरव प्राप्त है; क्योंकि वह कृषि-प्रधान देश है और उसका समस्त कृषि-कर्म वृषभ पर ही अवलम्बित है।

भगवान भूतनाथ की सहकारिणी अथवा सहधर्मिणी शक्ति का नाम 'उमा' है। उमा क्या है—"ह्रीः श्रीः कीर्ति द्युतिः पुष्टिरुमा लक्ष्मीः सरस्वती।" उमा श्री है, कीर्ति है, द्युति है, पुष्टि है और सरस्वती एवं लक्ष्मीस्वरूपा है। उमा वह दिव्य ज्योति है, जिसकी कामना प्रत्येक तमनिपतित जिज्ञासु करता है। "तमसो मा ज्योतिर्गमय" वेद-वाक्य है। भारत भी ऐसी ही शक्ति से शक्तिमान है। जिस समय सभ्यता का विकास भी नहीं हुआ था, अज्ञान का अन्धकार चारों ओर छाया हुआ था, उस समय भारत की शक्ति से ही धरातल शक्तिमान हुआ। उसी की श्री से श्रीमान् एवं उसी के प्रकाश से प्रकाशमान् बना। उसी ने उसको पुष्टि दी, उसी की लक्ष्मी से वह धन-धान्य-सम्पन्न हुआ और उसी की सरस्वती उसके अन्ध-नेत्रों के लिये ज्ञानांजन-शलाका हुई। चारों वेद भारतवर्ष की ही विभूति हैं। सबसे पहले उन्होंने ही यह महामन्त्र उच्चारण किया:—

"सत्यं वद, धर्मं चर, स्वाध्यायान प्रमदः, मातृदेवो भव, पितृदेवो भव, आचार्यदेवो भव।" "ऋते ज्ञानान्नमुक्तिः" "मा हिंस्यात् सर्व भूतानि" इत्यादि।

प्रयोजन यह कि जितने सार्वभौम सिद्धान्त हैं, सबकी जननी वेद-प्रसवकारिणी शक्ति ही है। यह सच है कि ईश्वरीय ज्ञान वृक्षों के एक-एक पत्ते पर लिखा हुआ है। दृष्टिमान प्राणी के लिये उसकी विभूति संसार के प्रत्येक पदार्थ में उपलब्ध होती है; किन्तु ईश्वरीय ज्ञान के आविष्कारकों का भी कोई स्थान है। वेद-मंत्रों के द्रष्टा उसी स्थान के अधिकारी हैं। धरातल में सर्व-प्रथम सब प्रकार के ज्ञान और विज्ञान के प्रवर्त्तक का पद उन्हीं को प्राप्त है। उन्हीं के वंशजों में बुद्धदेव-जैसे भारतीय

धर्म-प्रचारक हैं कि जिनका धर्म आज भी धरातल के बहुत बड़े भाग पर फैला हुआ है। वर्तमान काल में कवीन्द्र रवीन्द्र उन्हीं के मन्त्रों से अभिमन्त्रित होने के कारण धरातल के सर्व-प्रधान प्रदेशों में पूज्य दृष्टि से देखे जाते और सम्मानित होते हैं। यह मेरा ही कथन नहीं है, मनु भगवान भी यही कहते हैं:—

"एतद्देश प्रसूतस्य सकाशादग्र जन्मनः।
स्वं स्वं चरित्रं शिक्षेरन् पृथिव्यांसर्व मानवाः॥"

अनेक अँगरेज विद्वानों ने भी भारत-शक्ति के इस उत्कर्ष को स्वीकार किया है और पक्षपातहीन होकर उसकी गुरुता का गुण गाया है। इस विषय के पर्याप्त प्रमाण उपस्थित किये जा सकते हैं; किन्तु व्यर्थ विस्तार अपेक्षित नहीं। सारांश यह कि भारतीय शक्ति वास्तव में उमास्वरूपिणी है और उन्हीं के समान ज्योर्तिमयी और अलौकिक कीर्तिशालिनी है। उन्हीं के समान सिंहवाहना भी। यदि धरातल में पाशव शक्ति में सिंह को प्रधानता है, यदि उस पर अधिकार प्राप्त करके ही उमा सिंहवाहना है, तो अपनी ज्ञान-गरिमा से धरा की समस्त पाशव शक्तियों पर विजयिनी होकर भारतीय मेधामयी शक्ति भी सिंहवाहना है। यदि उमा ज्ञानगरिष्ठ गणेशजी और दुष्टदलन-क्षम परम पराक्रमी श्यामकार्तिक-जैसे पुत्र उत्पन्न कर सकती हैं, तो भारत की शक्ति ने भी ऐसी अनेक सन्तानें उत्पन्न की हैं जिन्होंने ज्ञान-गरिमा और दुष्टदलन-शक्ति दोनों बातों में अलौकिक कीर्त्ति प्राप्त की है। प्रमाण में वशिष्ठ, याज्ञवल्क्य, व्यास-जैसे महर्षि और भगवान रामचन्द्र और कृष्णचन्द्र-जैसे लोकोत्तर पुरुष उपस्थित किये जा सकते हैं।

भगवान शंकर और भारतवर्ष में इतना साम्य पाकर कौन ऐसी भारत-सन्तान है, जो गौरवित और परमानन्दित न हो? वास्तव में बात यह है कि भारतीयों का उपास्य भारतवर्ष वैसा ही है, जैसे भगवान शिव। क्या यह तत्व समझकर हमलोग भारत की यथार्थ सेवा कर अपना उभय लोक बनाने के लिये सचेष्ट न होंगे? विश्वास है कि अवश्य सचेष्ट होंगे। क्योंकि भारतवर्ष एक पवित्र देश ही नहीं है, वह उन ईश्वरीय सर्वविभूतियों से भी विभूषित है जो धरातल के किसी अन्य देश को प्राप्त नहीं।

पगली का पत्र

सुना है कि तुम मुझे पगली कहते हो। हाँ, मैं पगली हूँ। तुम्हारे सुन्दर मुखड़े की पगली हूँ, तुम्हारे घुँघराले अलकों की पगली हूँ, तुम्हारी साँवली सूरत की पगली हूँ, तुम्हारी जादू-भरी आँखों की पगली हूँ, तुम्हारी सुधा-भरी मुस्कान की पगली हूँ, तुम्हारी उस मुरलिया की पगली हूँ, जो संसार को पागल बना देती है; और पगली हूँ उस पत्थर की मूर्ति की, जो वास्तव में अनिर्वचनीय है; आज दिन जो हमारा जीवन-सर्वस्व है, जो पत्थर होकर भी मुझपर पसीजती है, जो अकरुण होकर भी मुझपर उस करुण रस की वृष्टि करती है, जिसका स्वाद वही जान सकता है जिसने उस रस को चखा है।

तुम कहोगे कि छिः, इतनी स्वार्थ-परायणता! पर प्यारे, यह स्वार्थ-परायणता नहीं है, यह सच्चे हृदय का उद्‌गार है, फफोलों से भरे हृदय का आश्वासन है, व्यथित हृदय की शान्ति है, आकुलता भरे प्राणों का आह्वान है, संसार-वञ्चिता की करुण कथा है, मरुभूमि की मन्दाकिनी है, और है सर्वस्व त्यक्ता की चिर-तृप्ति। मैं उन पागलों की बात नहीं कहना चाहती, जो बड़े-बड़े विवाद करेंगे, तर्कों की झड़ी लगा देंगे, ग्रन्थ-पर-ग्रन्थ लिखा जावेंगे; किन्तु तत्त्व की बात आने पर कहेंगे, तुम बतलाये ही नहीं जा सकते, तुम्हारे विषय में कुछ कहा ही नहीं जा सकता। मैं तो प्यारे! तुमको सब जगह पाती हूँ, तुमसे हँसती-बोलती हूँ; तुमसे अपना दुखड़ा कहती हूँ; तुम रीझते हो तो रिझाती हूँ, रूठते हो तो मनाती हूँ। आज तुम्हें पत्र लिखने बैठी हूँ। तुम कहोगे, यह पागलपन ही है। तो क्या हुआ, पागलपन ही सही, पगली तो मैं हुई हूँ, अपना जी कैसे हल्का करूँ, कोई बहाना चाहिये—

भरे हैं उसमें जितने भाव!
मलिन हैं या वे हैं अभिराम!
फूल सम हैं या कुलिश समान!
बताऊँ क्या मैं तुमको श्याम!
हृदय मेरा है तेरा धाम!!

एक दिन सखियों ने जाकर कहा—"आज राणा महलों में आयेंगे।" बहुत दिन बाद यह सुधा कानों में पड़ी, मैं उछल पड़ी, फूली न समायी। महल में पहुँची, फूलों से सेज

सजायी, तरह-तरह के सामान किये। कहीं गुलाब छिड़का, कहीं फूलों के गुच्छे लटकाये, कहीं पाँवड़े डाले, कहीं पानदान रखा, कहीं इत्रदान। सखियों ने कहा—"यह क्या करती हो, हम सब किसलिए हैं?" मैंने कहा—"तुम सब हमारे लिए हो, राणा के लिए नहीं। राणा के लिए मैं हूँ, ऐसा भाग्य कहाँ कि मैं उनकी कुछ टहल कर सकूँ। एक दिन राणा के पाँव में कंकड़ी गड़ गयी। उस दिन जी में हुआ था कि मैंने अपना कलेजा वहाँ क्यों नहीं बिछा दिया। आज मैं ऐसा अवसर न आने दूँगी।"

धीरे-धीरे समय बीतने लगा, बहुत देर हो गयी, राणा न आये। मैं घबरायी, उठ-उठकर राह देखने लगी। जब बहुत उकतायी, वीणा लेकर बजाने लगी; फिर गाया—

गये तुम मुझको कैसे भूल!
किसलिए लूँ न कलेजा थाम?
न बिछुड़ो तुम जीवन-सर्वस्व!
चाहिए मुझे नहीं धन-धाम!
तुम्हीं हो मेरे लोक-ललाम!!

गाना समाप्त होते ही राणा आये। मेरा राम आया, जो मेरे रोम-रोम में समाया है, वह आया! उनको देख, मैं अपने को भूल गयी। उस समय मैंने क्या किया, क्या नहीं, कुछ याद नहीं। वे बोले—"मीरा!" मैंने कहा—"नाथ!" उन्होंने कहा—"आजकल तुमको क्या हो गया है?" मैंने कहा—"क्या हो गया है?" उन्होंने कहा—"तुम पगली हो गयी, लोक-लाज धो बहायी हो; कभी गाती हो, कभी नाचती हो, कभी साधुओं के संग फिरती हो; कभी ऐसा काम करती हो जो राज-मर्यादा के अनुकूल नहीं। मीरा! सँभलो, हमारा मुँह देखो।" इस समय मैं उन्हीं का मुँह देख रही थी। सोच रही थी—यही तो मेरे गिरिधर गोपाल हैं, यही तो मेरे वंशीवाले हैं। उनके कंठ से मुरली-सी माधुरी पाकर मुझको उन्माद हो रहा था; उनके स्वरूप में प्यारे मुरली मनोहर का सौन्दर्य देखकर मैं आनन्द-समुद्र में निमग्न हो रही थी। उनकी बात समाप्त होते ही मैंने कहा—"मैं आपका ही मुँह तो देख रही हूँ! क्या आपका गुणानुवाद गाने का मेरा अधिकार नहीं? आपका गुण गाते-गाते जब मेरा मन नाच उठता है तब मैं नाचने लगती हूँ, इसमें मेरा अपराध? लोक-लाज किसे कहते हैं, मैं नहीं जानती। जो कार्य आपके प्रेम में बाधा डाले, उससे मैं नाता नहीं रखना चाहती। साधु-सन्त आपके ही रूप तो हैं, उनमें भी तो आप बसते हैं, उनकी सेवा-शुश्रूषा करना, आप ही को तो रिझाना है; फिर मैं आपको क्यों न रिझाऊँ? मेरे राजा-महाराजा आप ही तो हैं—आपकी की मर्यादा करनी ही तो राज-मर्यादा है। मैं जो कुछ कर रही हूँ, आप मर्यादा का महत्त्व समझकर ही कर रही हूँ; फिर वह अनुकूल क्यों नहीं?" यह कहते-कहते मैं प्रियतम के मुख-चन्द्र की चकोरी

बन गयी, उनके ध्यान में मग्न हो गयी। जब आँखें खुलीं तो उस समय महल में राणा नहीं थे। हृतंत्री में यह ध्वनि हुई—

रँग सका मुझे एक ही रंग!
दूसरों से क्या मुझको काम?
भली या बुरी मुझे लो मान!
भले ही लोग करें बदनाम!
रमा है रोम-रोम में राम!!

कुछ दिन बीत गये। एक दिन कुछ सखियाँ आयीं। उनका मुख सूखा हुआ था। आँखों में जल था, बात मुँह से सीधे निकलती न थी, उनके कलेजे पर पत्थर रखा हुआ था। उनके हाथ में एक सोने का कटोरा था, उसमें कुछ था। मैंने पूछा, क्या है? वे बोल न सकीं, उनकी घिग्घी बँध गयी, शरीर काँपने लगा। मैंने कहा—"डर की बात क्या है, लाओ, कटोरा मुझको दो। क्या इसे राणा ने भेजा है?" एक ने कहा—"हाँ!" मैंने कहा—"इसमें सुधा है, मेरे लिये मेरे मनमोहन ने जो भेजा है, वह दूसरी वस्तु हो नहीं सकती। यदि दूसरी वस्तु होगी, तो भी वह जीवन-धन के कर-कमलों का स्पर्श करके संजीवनी बन गयी होगी।" मैंने उसको उनके हाथों से लेकर पान किया। उसमें अलौकिक स्वाद था। सुधा मैंने आज तक पी नहीं थी उसकी माधुरी का वर्णन सुना था। उसे पीकर मुझे ज्ञान हुआ कि सुधा कैसी अलौकिक वस्तु है। मैं उसे जितना ही पीती थी, मेरा हृदय उतना ही उत्फुल्ल हो रहा था। मैं सब पी गयी फिर भी चाह बनी रह गयी कि और होती तो पीती। इस सुधा-पान के बाद ज्ञान हुआ कि वह मद कौन-सा है जिसको पान कर आत्मा कुछ और से और हो जाती है। जिस दिन मैंने उसे पान किया, उसी दिन से तुम मेरी आँखों में और अधिक समा गये, यह मिट्टी का संसार सोने का बन गया और मेरा जीवन सार्थक हो गया। उसी दिन से मैं वास्तव में पगली हुई और प्रायः मेरे कंठ से यह गान होता रहता है:—

गरल होवेगा सुधा-समान!
सुशीतल प्रबल अनल की दाह!
बनेगी सुमन सजायी सेज!
विपुल-कण्टक-परिपूरित राज!
हृदय में उमड़े प्रेम-प्रवाह!

संसार बुरी जगह है, बहुत कुछ निर्लेप रहने पर भी उसके पचड़े कुछ सता ही देते हैं। एक दिन कुछ कारणों से मैं खिन्न हो गयी बड़ी आत्म-ग्लानि हुई, भाव-परिवर्तन के

लिये गृहोद्यान में आयी। सन्ध्या समय था, हरे-भरे वृक्ष लहरा रहे थे, फूल फूले हुए थे, चिड़ियाँ गा रही थीं, तितिलियाँ नाच रही थीं और भौंरे गूँज रहे थे। वायु मन्द-मन्द चलकर तरुदलों से खेल रहा था, कुसुमों को चूम रहा था, तितिलियों को प्यार कर रहा था और लताओं को गोद में लेकर खेल रहा था। वृक्षों का हरा-भरा और आनन्दित भाव देखकर मुझको बड़ा हर्ष हुआ। वे पृथ्वी में गड़े हुए थे, फिर भी प्रसन्न-वदन थे। जो दल चाहता उसे दल देते, जो फल चाहता उसे फल देते, जो उनकी छाया में जा बैठता उसे आराम देते। नाना पक्षी उनकी गोद में बैठे हुए चहक रहे थे। वे उनको सहारा दे रहे थे, उनके खोतों की रक्षा कर रहे थे। कोई ढेला मार जाता, तो भी उससे कुछ न बोलते। सम्भव होता तो एकाध सुन्दर फल उसको भी दे देते। मैंने जी ही जी में कहा—धन्य है इसका जीवन! क्या मनुष्य में इतनी सहिष्णुता और उदारता भी नहीं! फूलों की ओर दृष्टि गयी तो देखा, वे काँटों में रहकर भी विकसित थे। जो रस की कामना करके उनके पास जाता, वे उसीको थोड़ा-बहुत रस दे देते; फिर भी निष्काम रहते। हवा पास होकर निकलती तो उसको सुरभित कर देते। सब ओर इस प्रकार आनन्द का प्रवाह और औदार्य का विकास देखकर मैं कुछ और से और हो गयी; मन-ही-मन कुछ लज्जित भी हुई। इतने में चन्द्रदेव निकले, धीरे-धीरे ऊपर आये। उनकी चाँदनी से रात्रि का मुख उज्ज्वल हो गया, वसुधा धुल गयी और उसपर बड़ी सुन्दर सफेद चादर बिछ गयी। चन्द्रदेव हँस रहे थे और सब ओर सुधा की वर्षा कर रहे थे। उनके इस औदार्य की सीमा नहीं थी। सब ओर निराली ज्योति जग रही थी। सब उनके सुधा वर्षण से तृप्त थे। चन्द्रदेव सबको एक आँख से देख रहे थे। उनके लिये फूल-काँटे, जल-स्थल, तृण-तरु, पशु-पक्षी, कीट-पतंग समान थे। वे तुम्हारे ही अंग तो हैं, तुम्हारी ही एक आँख तो हैं, दो आँख से किसी को कैसे देखते? मैं देर तक इन दृश्यों को देखती रही। जितना ही उनको देखती, जितना ही उनके विषय में विचार करती, उतना ही विमुग्ध होती, उतना ही अपने को भूलती, उतनी ही पगली बनती। जिधर मैं आँखें उठाती हूँ, उधर ही नाना विभूतियों के रूप में तुमको देखकर मुख से यही निकलता है—"इन आँखिन प्यारे, तिहारे बिना जग दूसरो कोऊ दिखातो नहीं।" मैं पगली कही गयी हूँ तो पगली ही रहूँगी और यही कहती फिरूँगी:—

बताता है खग-वृन्द-कलोल!
सरस-तरु-पुञ्ज प्रसून-मरन्द!
वायु-सञ्चार प्रफुल्ल-मयंक!
हमारा ब्रज-जीवन-नभ-चन्द!
सत्य है, चित् है, है आनन्द!!

तुम्हारी,
पगली मीरा

वेदान्तवाद

वेदान्त का विषय बड़ा गहन है, उसमें अल्पविषयामति का प्रवेश नहीं। मैं कहूँ तो क्या कहूँ, लिखूँ तो क्या लिखूँ? पिपीलिका समुद्र की थाह नहीं पा सकती, और न पक्षी आकाश की इयत्ता बतला सकता है। पर, जी चाहता है कि वेदान्तवाद पर कुछ लिखूँ। बुद्धि कहती है, यह तो 'तितीर्षुर्दुस्तरं मोहादुड़पेनास्मि सागरम्' है। ईश्वरीय-विषय 'वज्रादपि कठोराणि' है। इस मार्ग में लोहे के चने चबाने पड़ेंगे। बुद्धदेव का संसार के धर्म-प्रचारकों में प्रधान स्थान है। हिन्दुओं के विशिष्ट दश अवतारों में उनकी गणना है। ज़ब वे भी इस विषय में जीभ नहीं हिला सके, मौनावलम्बन ही उनको इष्ट हुआ, तो अन्यों की बात ही क्या! बात सच्ची है। परन्तु अधिक सम्मति किस ओर है। संसार में आज भी ईश्वर माननेवालों की संख्या ही अधिक है। संसार के सर्वश्रेष्ठ चार-पाँच धर्म-प्रचारकों में एक बुद्धदेव को छोड़ और सभी ईश्वरवादी हैं। सभी ने ईश्वर की सत्ता को स्वीकार किया है। विश्व का सर्व-प्रधान वैदिक अथवा सनातनधर्म ईश्वरवादी है, अनीश्वरवादी नहीं। हमारे दर्शनों में सांख्य दर्शन का विशेष स्थान है; परन्तु वेदान्त दर्शन ने उसकी महिमा मलिन कर दी है। अस्त होते राकेश के सामने प्रातःकालीन प्रभाकर निकल आया है। यह सत्य हैः—

'न तत्र चक्षुर्गच्छति न वाग्गच्छति, न मनो, न विद्मो, न विजानीमो,
यतो वाचो निवर्त्तन्ते अप्राप्य मनसासह।'

किन्तु, इसका अर्थ यह नहीं है कि ईश्वर के विषय में कुछ कहा ही नहीं जा सकता। हाँ, उसके विषय में इदमित्थं नहीं कहा जा सकता। मनुष्य अपूर्ण है, उसका ज्ञान भी अपूर्ण है। ऐसी अवस्था में उसका ईश्वर-सम्बन्धी जो कुछ वर्णन होगा, अपूर्ण होगा, एकदेशी होगा, सर्वदेशी नहीं, अधूरा होगा, व्यापक नहीं। वह इतना ऊँचा है कि हमारे ज्ञान को उसके छूने की चेष्टा वामन के चन्द्रस्पर्श करने के उद्योग-समान होगा। मनुष्य का ज्ञान इतना साधारण है कि वह अपने शरीर के सर्वांग, विचारों एवं भावों के विषय में ही असंदिग्ध भाव से कुछ कहने में असमर्थ होता है। ऐसी अवस्था में जो

असंख्य ब्रह्माण्डाधीश है—'जाके रोम कोटि ब्रह्माण्डा' है उसका यथातथ्य वर्णन कोई मनुष्य कैसे कर सकेगा। यदि करेगा तो वह एक साधारण जलबिन्दु के समुद्र-वर्णन समान होगा। ऊपर के संस्कृत-वाक्यों का यही मर्म है। यदि यही मर्म नहीं होता, तो संसार के महापुरुषों, महज्जनों और परमार्थवादियों का आज तक ईश्वर-सम्बन्धी समस्त कथन प्रलापमात्र होता। इतना सम्मानार्ह और मान्य न होता जितना कि वह इस समय है। भल ही अद्वैत, विशिष्टाद्वैत, द्वैताद्वैत इत्यादि के झगड़े हों, भले ही तर्क-वितर्क और वाद-विवाद के पचड़े हों, किन्तु वे इस योग्य नहीं कि हम उनको उपेक्षादृष्टि से देखें अथवा उनको वितंडामात्र समझें। बात यह है 'वादे-वादे जायतेतत्त्वबोधः' वाद से ही बुद्धि विकसित होती है, विद्वानों के समागम और उनके सदुपदेशों से ही नेत्रोन्मीलन होता है। मन्थन से ही घृत की प्राप्ति होती है। सारांश यह कि ईश्वरीय ज्ञान के जो साधन प्राप्त हैं, वे हमारे बहुत कुछ मार्ग-प्रदर्शक हो सकते हैं। अन्धकार में वे हमारे लिये उदीयमान प्रभाकर के समान हैं। हमारे अन्धनेत्र के वे ज्ञानांजन-शलाका-तुल्य हैं। उन्हीं का हमको अवलम्ब है और हम उन्हीं का पदानुसरण करके अपने क्षेत्र में आगे बढ़ेंगे और प्रस्तुत विषय पर कुछ प्रकाश डालने की चेष्टा करेंगे।

वेदान्त का एक श्लोक हैः—

श्लोकार्द्धेन प्रवक्ष्या मियदुक्तं ग्रन्थ कोटिभिः
ब्रह्म सत्यं जगन्मिथ्या जीवो ब्रह्मैवनापरः।

इसका अर्थ यह है कि करोड़ों ग्रन्थ में जो कहा गया है, उसको मैं श्लोकार्द्ध में कहता हूँ। वह यह है कि ब्रह्म सत्य है, जगत् मिथ्या है और जीव भी ब्रह्म ही है।

मैं इस लेख में ब्रह्म और जीव के विषय में कुछ विशेष नहीं कहना चाहता, मेरा वर्णनीय विषय है जगत् का मिथ्यात्व। इस लेख में इसी बात पर प्रकाश डाला जायगा।

छान्दोग्य उपनिषद के तृतीय प्रपाठक का यह वाक्य है।

"सर्व खल्विदं ब्रह्मतज्जलानिति"

यह समस्त जगत् ब्रह्म है; क्योंकि उसी से उत्पन्न है, उसी में स्थित है और उसी में लीन होगा। कठोपनिषद का यह वाक्य है—नेह नानास्ति किंचन।

"संसार में नाना कुछ नहीं है, सब ब्रह्म है।" मुण्डकोपनिषद में यह लिखा है—

"ब्रह्मैवइदं अमृतं पुरस्तात ब्रह्मपश्चात्।
ब्रह्मदक्षिणतश्चोत्तरेण अधश्चोर्ध्वे।
च प्रसृतं ब्रह्मैवइदं विश्वमूइदं वरिष्ठम्।"

संसार निश्चय करके ब्रह्म ही है। ब्रह्म ही आगे और ब्रह्म ही पीछे है। ब्रह्म ही दक्षिण और ब्रह्म ही उत्तर है। ब्रह्म ही नीचे तथा ब्रह्म ही ऊपर है, चारों ओर ब्रह्म ही फैला हुआ है।

महाभारत के शान्तिपर्व, मोक्षधर्म, द्वादशीत्याधिकशततम् अध्याय में जो कुछ लिखा है, उसका अनुवाद नीचे दिया जाता है।

"समस्त पर्वत उसकी अस्थि, मेदिनी मेद और मांस, समुद्र चतुष्टय रुधिर, आकाश उदर, समीरण निश्वास, तेज अग्नि, स्रोतस्वनी सकल शिरा एवम् चन्द्र और सूर्य उसके दोनों नेत्र हैं। आकाश-मंडल में उसका मस्तक, पदद्वय भूमंडल में और उसके हस्त-समूह का अवस्थान हिम-मंडल में है।"

श्री मद्भागवत और भगवद्गीता में भी परमात्मा के विराट रूप का वर्णन इसी प्रकार किया गया है। उन सबका उद्धरण लेख के व्यर्थ विस्तार का कारण होगा। उन पर दृष्टि रखकर एक अवसर पर मैंने एक कविता लिखी थी। आप लोगों के मनोविवाद के लिये मैं उसी को यहाँ अंकित करता हूँ।

है रूप उसी विभु का ही, यह जगत् रूप है किसका।
है कौन दूसरा कारण, यह विश्व-कार्य है जिसका।
है प्रकृति-नटी लीला तो, है कौन सूत्रधर उसका।
अति दिव्य दृष्टि से देखो, भव-नाटक प्रकृति-पुरुष का।
है दृष्टि जहाँ तक जाती, नीलाभ गगन दिखलाता।
क्या है न शीश वह उसका, जो व्योम-केश कहलाता।
वह प्रभु अनन्त लोचन है, जो हैं भव-ज्योति सहारे।
क्या हैं न विपुल तारक ये, उन आँखों के ही तारे।
जितने मयंक नभ में हैं, वे उसके मंजुल मुख हैं।
जो सरस हैं, सुधामय हैं, जगती जीवन के सुख हैं।
चाँदनी का निखर खिलना, दामिनी का दमक जाना।
उस अखिल लोकरंजन का है मंद-मंद मुसकाना।
उसके गंभीरतम रव का सूचक है घन का निस्वन।
कोलाहल प्रबल पवन का अथवा समुद्र का गर्जन।
अपने कमनीय करों से बहु रवि-शशि हैं तम खोते।
क्या हैं न हाथ ये विभु के जो ज्योति-बीज हैं बोते।
भव-केन्द्र हृदय है उसका नवजीवन-रस-संचारी।
है उदर दिगन्त समाई जिसमें विभूतियाँ सारी।

हैं विपुल अस्थिचय उसके, गौरवित विश्व के गिरिवर।
हैं नसें सरस सरिताएँ तन लोम-सदृश हैं तरुवर।
जिसके अवलम्बन-द्वारा है प्रगति विश्व में होती।
है वही अगति-गति का पग जिसकी रति है अघ खोती।
है तेज, तेज उसका ही, है श्वास समीर कहाता।
जीवन है जग का जीवन, है सुधा-पयोधि विधाता।
हैं रातें हमें दिखाती, फिर वर वासर है आता।
यह है उसकी पलकों का उठना-गिरना कहलाता।
जिनसे बहु कलित-ललित हो बनता है विश्व मनोहर।
उन सकल कलाओं का है, विभु अति कमनीय कलाधर।

जो पंक्तियाँ अभी उठायी गयी हैं, उनसे यह सिद्ध होता है कि विश्व ब्रह्म का ही स्वरूप है, अन्य कुछ नहीं। अन्यथा समझना भ्रममात्र है। वेदान्तवादियों ने इस भाव को इन शब्दों में व्यक्त किया है:–

'भ्रान्त्या जनः पश्यति सर्वमेतच्छुक्तौ यथा रौप्यमहिश्चिरज्जौ'

भ्रान्तिवश प्राणी संसार को ब्रह्मस्वरूप न मानकर उसे कुछ और समझता है, वैसे ही, जैसे सीपी में रूपे का और रस्सी में साँप का भ्रम होता है। यद्यपि न तो रस्सी साँप है, न सीपी रूपा। जैसे चित्त के स्थिर और स्वस्थ होने पर उन दोनों के वास्तविक रूप का ज्ञान हो जाता है–भ्रम दूर हो जाता है, उसी प्रकार जब तक हमारी आँख पर अज्ञान का परदा पड़ा रहता है, विवेक-दृष्टि उज्ज्वल नहीं होती, बुद्धि को सत्यस्वरूप का ज्ञान नहीं होता, उस समय तक हम संसार को ईश्वर से भिन्न कोई अन्य वस्तु समझते हैं; परन्तु यह मिथ्या ज्ञान और भ्रम है। यथार्थ बोध होने पर जब हम जान लेते हैं कि जगत् ब्रह्म का ही स्वरूप है, उसी समय हमको तत्त्वज्ञता प्राप्त होती है और हम उस पद के अधिकारी होते हैं, जो 'मुनीनामप्यगम्यः' है।

संसार का मिथ्यात्व आजकल के हिन्दुओं का प्रबल संस्कार है और वह संस्कार हृदय में इतनी दृढ़ता से बद्धमूल है कि वह प्रकृतिगत और स्वाभाविक हो गया है। कोई दुख सामने आया, किसी कार्य में असफलता हुई, किसी के शोक से अभिभूत हुए कि संसार की असारता सामने आयी। इस संस्कार से हिन्दुओं की कितनी अधोगति हुई और आज दिन भी उनकी कितनी दुर्गति हो रही है, इसकी चर्चा से भी हृत्कम्प उपस्थित होता है।

संसार द्वन्दमय है। जहाँ सुख है, वहाँ दुख; जहाँ हर्ष है, वहाँ शोक; जहाँ भोग है,

वहाँ रोग; जहाँ जीत है, वहाँ हार; जहाँ आशा है, वहाँ निराशा। कहाँ तक कहें, जहाँ देखिये, वहाँ द्वन्द विराजमान है। द्वन्द से छुटकारा नहीं। इसीलिये शास्त्र की आज्ञा है कि 'द्वन्दातीतः', हम को द्वन्द से रहित होना चाहिए; परन्तु कौन सुनता है। यहाँ तो यह अवस्था है—"नारि मुई घर संपत्ति नासी, मूँड़ मुड़ाय भये संन्यासी।" यह बहुत बड़ी दुर्बलता है। दुर्बलता ही नहीं, उच्च कोटि की शास्त्रीय अवमानना है। अनिष्ट का सामना होना, सिर पर विपत्ति का पड़ना स्वाभाविक है। ऐसी अवस्था में हमको धृति से काम लेना चाहिए, न कि धैर्यच्युत होकर अपने जीवन को नष्ट कर देना चाहिए। कोई प्राणी संसार में सदा जीता नहीं रहता। **'अद्यैवाब्दशतांतेवा मृत्युर्वैप्राणिनां ध्रुवम्'**, आज हो चाहे सौ वर्ष के बाद हो, प्राणी की मृत्यु अवश्य होगी। फिर, **"मरणं प्रकृतिःशरीरिणाम् विकृतिर्जीवितमुच्यते बुधैः"**, मरण तो प्रकृति है, वही स्वाभाविक है, जीवन ही विकृति है, वह क्षणिक है, कुछ काल के लिये है। इसलिये उसके लिये आत्मविस्मृति होना, कुछ का कुछ कर बैठना युक्तिसंगत नहीं। किसी आत्मीय के मरने पर हृदय का व्यथित होना, नेत्रों से आँसू निकलना, लोगों का व्याकुल होना, रोना-पीटना, हाय मारना, आह-आह करना स्वभावसिद्ध है। मरण का दृश्य ही ऐसा है, उसे देखकर पत्थर का कलेजा भी विदीर्ण होने लगता है। आत्मीय क्या, किसी मृतक को देखकर दिल हिल जाता है। यह साधारण बात है। ऐसा होना आश्चर्यजनक नहीं। ऐसा न हो तो मनुष्य का हृदय ही हृदय नहीं माना जा सकता। परन्तु, इस प्रकार के अथवा ऐसे ही अन्य अनिष्टों को लेकर संसार की असारता का जो राग अलापा जाता है, संसार-त्याग का जो उपदेश दिया जाता है, वह युक्ति-संगत नहीं। किन्तु, खेद की बात है कि हमारा साहित्य अधिकतर ऐसे ही भावों से भरा है। कुछ पद्य देखियेः—

रहना नहीं, देस बिराना है
यह संसार कागद की पुड़िया बूँद पड़े घुल जाना है
यह संसार काँटे की बाड़ी उलझ पुलझ गर जाना है
यह संसार झाड़ औ झाँखर आग लगे बरि जाना है
कहत कबीर सुनो भाई साधो सतगुरु नाम ठिकाना है

जियरा जाहु गे हम जानी।
पाँच तत्त्व को बनो पींजरा जामे बस्तु बिरानी।
आवत जावत कोई न देखेउ डूबि गयो बिन पानी।
राजा जैहें रानी जैहें औ जैहें अभिमानी।
जोग करते जोगी जइहैं कथा सुनते ज्ञानी।

चंदौ जइहैं सुरजौ जइहैं जइहैं पवनो पानी।
कह कबीर इक भक्त न जइहैं जिनकी मति ठहरानी।

का माँगो कुछ थिर न रहाई। देखत नैन चलो जग जाई।
इक लख पूत सवा लख नाती। तेहि रावन घर दिया न बाती।
लंका सी कोट समुद्र सी खाई। तेहि रावन की खबरि न पाई।
सोने कै महल रूपै के छाजा। छोड़ चलै नगरी के राजा।
कोइ कर महल कोइ कर टाटी। उड़ि जाय हंस पड़ी रह माटी।
आवत संग न जात सँगाती। कहा भये दर बाँधे हाथी।
कहै कबीर अंत की बारी। हाथ झारि ज्यों चला जुआरी।

हमका उढ़ावै चदरिया चलती बिरियाँ।
प्रान राम जब निकसन लागे उलट गयी दोउ नैन पुतरिया।
भीतर से जब बाहर लाये छूट गयी सब महल अटरिया।
चार जने मिलि खाट उठाइन रोवत ले चले डगर डगरिया।
कहत कबीर सुनो भाई साधो संग चली वह सूखी लकरिया।

देखिये, कैसे ओजमय शब्दों ने इन पद्यों में संसार की असारता का चित्र खींचा गया है। संतमत की वाणियों और भजनों में इस प्रकार के पदों की भरमार है। सहस्र वर्ष से अधिक हुए, भारतवर्ष में संसार-त्याग की महिमा और संसार की असारता का डिंडिभनाद बड़ी प्रबलता से हुआ। इसका आरम्भ बुद्धदेव के संसार-त्याग से होता है। परन्तु, जब तक हिन्दू-शक्ति क्षीण नहीं हुई थी, उनमें सम्राट् उत्पन्न होते रहे, एकाधिपत्य का दुन्दुभि नाद होता रहा, तब तक इस भाव की प्रबलता उतनी नहीं हुई, जितनी मुसलमानों के आधिपत्य के समय में। कारण इसका यह हुआ कि उस समय हिन्दू-शक्ति क्षीण हो गयी थी और नैराश्य भाव उनमें अधिक जागरित हो गया था। उन दिनों कुछ सामयिक परिस्थिति भी ऐसी हो गयी थी कि उनमें इस प्रकार की प्रवृत्ति अधिकता से वृद्धि पा रही थी। उस समय के सन्तों की बानियाँ इस प्रवृत्ति में अग्नि में घृत के समान कार्य कर रही थीं। परिणाम इसका यह हुआ कि हिन्दू-जाति में अकर्मण्यता और कापुरुषता का संचार हुआ। और भगवद्भजन अथवा निराकार की उपासना का ढोंग रचकर वह अपने कर्तव्यपथ से च्युत हो गयी।

हिन्दू-संस्कृति का वैराग्य से बड़ा सम्बन्ध है। योगदर्शनकार कहते हैं—**“दृष्टानुश्रविकविषयवितृष्णस्यवशीकारसंज्ञावैराग्यम्”** जितने विषय देखे-सुने जाते हैं, उनसे तृष्णारहित होने की वशीकार संज्ञा है, उसी को वैराग्य कहते हैं। एक

टीकाकार इस बात को यों स्पष्ट करते हैं—

'स्त्री, पुत्र, गृह, भोजन वा वस्त्रादि जहाँ तक संसारी विषय देखे जाते हैं और स्वर्गादि सुख जो पुराणादि-द्वारा सुने जाते हैं, उनमें उदासीन भाव धारण करने की संज्ञा वशीकार है। इसी को वैराग्य कहते हैं।'

योगदर्शनकार ही यह भी कहते हैं—**"तद्वैराग्यादपिदोष बीज क्षये कैवल्यम्"** वैराग्य से दोष-बीज का क्षय होने पर कैवल्य अर्थात् मुक्ति की प्राप्ति होती है। महाराज भर्तृहरि कहते हैंः—

भोगे रोगभयं कुले च्युति भयं वित्तेनृपालाद्भयं।
माने दैन्यभयं बले रिपुभयं रूपेतरुण्याभयं।
शास्त्रे वादिभयं गुणे खलभयं काये कृतान्ताद्भयं।
सर्ववस्तु भयान्वितं भुविनृणां वैराग्यमेवाभयं।

भोग को रोग का, कुल को च्युति का, वित्त को राजा का, अभिमान को दैन्य का, बल को रिपु का, रूप को तरुणी का, शास्त्र को वाद का, गुण को खल का, शरीर को मृत्यु का भय है। संसार में सब वस्तुएँ भयवाली हैं, केवल वैराग्य ही भयरहित है।

आपने वैराग्य की महत्ता समझ ली। वह कितना उच्च है, यह भी आपको ज्ञात हो गया। उसका अधिकारी सर्वसाधारण नहीं, कोई महापुरुष हो सकता है। किन्तु, आज जिसको देखो वही उसके लिये कमर कसे तैयार है। थोड़ी-सी असुविधा हुई, हमारे सुख में बाधा पड़ी, हमारे मन की बात नहीं हुई कि हमको वैराग्य हुआ और हम घर-बार छोड़कर किनारे हो गये। भगवान के भजन का ढोंग रचकर, भीख माँगकर पेट पालने लगे या साधु बनकर लोगों को ठगने लगे। आजकल प्रायः ऐसा क्यों हो रहा है, कारण क्या? मेरा विचार है कि उसका उत्तरदायित्व अधिकतर हिन्दी भाषा की उन रचनाओं पर है, जिनमें असंयत और अवांछित भाव से वैराग्य का निरूपण किया गया और गुप्त रूप से जनता को संसार-त्याग की ओर प्रवृत्त कर दिया गया है।

संस्कृत में भी शान्त रस और वैराग्य सम्बन्धिनी रचनाएँ हैं, अन्य भाषाओं में भी इस प्रकार की कृतियाँ पायी जाती हैं; पर वे उतनी जी बिगाड़नेवाली और पथभ्रष्ट करनेवाली नहीं हैं। कष्ट पड़ने पर अथवा अनिष्ट होने पर चित्त में एक प्रकार का ऐसा भाव स्वाभाविकतया उदय होता है, जो हमें वैराग्य की ओर ले जाता है और हमको संसार से विरक्ति होने लगती है। यह भाव यथावसर मनुष्यमात्र में उत्पन्न होता है; अतएव सब भाषाओं के साहित्य में उसका दर्शन होता है। परन्तु, उनके कथन का ढंग संयत होता है और वे हमको कर्तव्य-च्युत नहीं करते। महाराज भर्तृहरि का यह संस्कृत पद्य देखिये—

व्याघ्रीवतिष्ठतिजरा परितर्जयन्ती, रोगाश्च शत्रवइवप्रहरन्ति देहे।
आयुः परिस्त्रवति भिन्न घटाइवाम्भो, लोकस्तथाप्यहितमाचरतीतिचित्रम्।

व्याघ्री के समान गरजती हुई जरा सामने है, रोग शत्रु के समान शरीर पर आघात कर रहे हैं। आयु छेदवाले घड़े के जल के समान छीजती जा रही है, संसार तब भी अहित का आचरण करता है, यह आश्चर्य की बात है।

एक हिन्दी कवि की बातें सुनियेः–

बाँधे रहे बटना बनाये रहे जेवरन,
अतर फुलेलन की सीसियाँ धरी रहीं।
तानी रही चाँदनी, सुहानी रही फूल-सेज,
मखमल तकियन की पंगती परी रहीं।
'प्रतापसिंह' कहै तात-मात के पुकार रहे,
नाह-नाह कूकत वे सुन्दरी खरी रहीं।
खेल गयो योगी हाय मेल गयो धूर बीच,
चूर ह्वै मसान खेत खोपरी परी रहीं।

एक उर्दू कवि क्या कहता है, उसे भी सुनियेः–

यह इशरत व ऐश कामरानी कब तक।
इशरत भी हुई तो नौजवानी कब तक।
गर यह भी हुई तो दौलत है मुहाल।
दौलत भी हुई तो जिन्दगानी कब तक।

इन पद्यों के साथ कबीर साहब के ऊपर के पद्यों को मिलाइये तो आप लोगों को ज्ञात हो जायगा कि भाव-साम्य होने पर भी दोनों की कथन-प्रणाली में कितना अन्तर है। किसी रचना को कलंकित करना या किसी महापुरुष पर कटाक्ष करना मुझे इष्ट नहीं है। मैं दिखलाना यह चाहता हूँ कि संसार की असारता का भाव हिन्दू जाति की रग-रग में क्यों समा गया।

साहित्य सामयिक भावों का ज्ञापक होता है। उसमें उस काल के भावों का सुन्दर चित्र अंकित मिलता है। कबीर साहब के पद्य बतला रहे हैं कि उस समय हिन्दू-जनता की प्रवृत्ति क्या थी। उसकी उस समय ऐसी प्रवृत्ति होने का कारण मैं पहले बतला चुका हूँ। इस प्रवृत्ति का कितना बुरा परिणाम हुआ, इसका प्रमाण स्वयं वर्तमान हिन्दू-समाज है। उसमें साहस, धैर्य और गम्भीरता का इतना अभाव है और पल्लवग्राहिता इतनी बढ़

गयी है कि उसको स्मरण करके भी रोमांच होता है। वह शास्त्र के आज्ञानुसार चलने का दावा करता है। परन्तु, वास्तव में बात यह है कि वह रूढ़ियों और सामयिक प्रवाह का सेवक एवं अनुगामी है। हिन्दू साधुओं की संख्या बावन लाख है। इनमें लाखों अपरिपक्व वय के बालक हैं, जो साधुत्व के अधिकारी नहीं। कई लाख ऐसे बलिष्ठ और हट्टे-कट्टे युवक हैं, जो यदि हृदय से देश-सेवा में लगते या शास्त्रानुसार हिन्दू जाति के उद्धार के लिये कटिबद्ध होते, तो आज हिन्दुओं की दशा कुछ और होती और भारतमाता का लिलार चमकता होता। इनमें से कितने अपनी युवती स्त्रियों को अपनी अकर्मण्यता के कारण त्यागकर भगे हैं और किसी प्रकार अपना पेट पालकर अपने जीवन को गर्हित बना रहे हैं। कितने आलसी हैं, कितने लफंगे हैं, कितने कामचोर हैं, कितने अपने कुटुम्ब के कलंक हैं, कितने अपने अनाथ बाल-बच्चों को नारकीय जीवन बिताने के लिये विवश कर रहे हैं। कितनों ने अपने प्यारे कुटुम्बी का निधन होने पर घर का त्याग किया है। कितनों ने किसी अन्य के अनिष्ट होने पर किंकर्तव्यविमूढ़ होकर तूम्बा हाथ में लिया है। सच्चे वैरागी और महात्मा इने-गिने ही मिलेंगे। परन्तु, सभी भगवद्भक्त बनने और पवित्र जीवन बिताने के दावीदार हैं। उन्होंने संसार का त्याग उसको असार समझकर किया है। कुल-परिवार बन्धन है, पुत्र-कलत्र मुक्ति के बाधक हैं, काम-काज करने से भजन में बाधा पड़ती है; फिर वे करें तो क्या करें? उन्होंने उचित पथ का ही तो अवलम्बन किया है! कोई नास्तिक अथवा अविवेकी उनकी निन्दा करे तो करे, वे उनको इस योग्य नहीं समझते कि उनकी बातों पर ध्यान दें।

विचारणीय तो यह है कि उनका व्यवहार, उनकी इस प्रकार की बातें कहाँ तक युक्तिसंगत हैं, और शास्त्र की आज्ञा इस विषय में क्या है। क्या कर्म का त्याग उचित है? जिस रूप में प्रायः भगवद्भजन आजकल किया जा रहा है, क्या वह अपने शुद्ध रूप में है? वैराग्य किसे कहते हैं? उसका सच्चा रूप क्या है? मुक्ति किसे कहते हैं? क्या संसार असार है? ये प्रश्न साधारण नहीं। परन्तु, यह अवश्य है कि वास्तवता छिपी भी नहीं है। शास्त्र उसको डंके की चोट कह रहे हैं। वाद-विवाद और वस्तु है, तत्त्वग्राहिता और बात। इनमें से एक-एक विषय पर कितने ग्रन्थ लिखे गये हैं, अब भी लिखे जा सकते हैं। मुझमें ऐसी शक्ति नहीं, मैं साधारण विद्या-बुद्धि का मनुष्य हूँ। केवल कुछ सिद्धान्तों को ही प्रकट करूँगा, वह भी थोड़े में। कर्म का त्याग किसी काल में नहीं हो सकता, भगवदाज्ञा है:—

नियतं कुरु कर्म्मत्वं कर्मज्यायोह्यकर्मणः।
शरीरयात्रापि च ते न प्रसिध्येदकर्मणः।

सदा कर्म करो। कर्म न करने से कर्म का करना अच्छा है। कर्म का त्याग करने से शरीर-यात्रा का भी निर्वाह ना होगा। और सुनियेः—

त्यक्त्वाकर्मफलासङ्गं नित्यतृप्तो निराश्रयः।
कर्मण्यभिप्रवृत्तोपि नैवकिञ्चित् करोति सः।

"जो पुरुष सांसारिक आश्रय से रहित सदा परमानन्द परमात्मा में तृप्त है, वह कर्मों के फल और संग अर्थात् कर्तृत्वाभिमान को त्यागकर कर्म में लगा हुआ भी कुछ भी नहीं करता।"

इससे अधिक कर्म करने के विषय में क्या कहा जा सकता है? हम आँख से देखेंगे, कान से सुनेंगे, मुख से खायेंगे, जीभ चलती ही रहेगी, हाथ-पाँव हिलते ही रहेंगे, दूसरी इन्द्रियाँ अपने काम करती ही रहेंगी तो कर्म का त्याग कहाँ हुआ! मनुष्य का जीवन जब तक है तब तक उसे कार्य करते रहना चाहिए और वह कर्म करते रहना चाहिए जो लोकद्वय साधक हो। साथ ही यह भी ध्यान में रखना चाहिए कि 'कर्मण्येवाधिकारस्ते मा फलेषु कदाचन'। कर्म करने का ही अधिकार प्राणी को है, फल की कामना उसे न होनी चाहिए—यही त्याग है। अब प्रश्न यह है कि इस आज्ञा का पालन कहाँ तक होता है। क्या कर्म का त्याग विडम्बना नहीं है? निष्कर्म होने का दावा क्या शास्त्र-विरुद्ध नहीं है?

भगवद्भजन की बात बड़ी ही हृदयहारिणी है। धन्य हैं वे पूज्य चरण, जिन्होंने इसका मर्म समझा है। जो भगवद्भक्त है, वह संसार का त्याग कर ही नहीं सकता। क्योंकि वह जानता है, **'सर्वंखल्विदम् ब्रह्म नेह नानास्ति किञ्चन'**। भगवदाज्ञा है—

येदारागार पुत्राप्सान् प्राणान् वित्तमिवंपरम्। हित्वामाशरणं याताः कथंतास्त्यक्तु मुत्सहे।

जो भक्त अपनी स्त्री, बच्चे, धन, प्राण सभी को छोड़कर एकमात्र मेरी शरण में आते हैं, उनको मैं कैसे छोड़ सकता हूँ!

इस श्लोक को पढ़कर कुछ लोग यह कह सकते हैं कि जब स्त्री, बच्चे, धन इत्यादि के त्यागने की आज्ञा है, तो यदि उनका त्याग किया जावे तो अनुचित क्या? परन्तु, निवेदन यह है कि स्त्री इत्यादि के साथ प्राण-त्याग की भी आज्ञा है, तो क्या प्राण-त्याग का अर्थ वास्तविक प्राण-त्याग है? यदि नहीं, तो इस त्याग का अर्थ अर्पण ही होगा। इसी प्रकार स्त्री इत्यादि भगवदर्पण हो सकती हैं, उनका त्याग नहीं हो सकता। केवल सद्बुद्धि से संसार के मंगल के लिये उनका मानस त्याग हो सकता है, अन्य प्रकार से नहीं। दूसरी बात यह कि भगवान के न त्यागने का क्या अर्थ? भक्त का आत्मस्वरूप लाभ ही तो ब्रह्म का न त्यागना है? और, यदि उसको आत्मस्वरूप की वास्तविक प्राप्ति हो गयी, तो स्त्री-पुत्रादि का त्याग कैसे होगा? क्योंकि, वे भी तो उसी के स्वरूप हैं, वे

भी तो ब्रह्म हैं। जहाँ कहीं संसार-त्याग अथवा स्त्री, पुत्र, कुल आदि के त्याग के लिये लिखा गया है, उसका उद्देश्य भगवद्भजन अथवा ईश्वर-प्राप्ति ही है। ऐसी अवस्था में त्याग का अर्थ वही है जैसा इस श्लोक में व्यक्त किया गया है। भगवद्भजन के नाम पर स्त्री इत्यादि अथवा संसार का त्याग करके जो स्वार्थ-साधन अथवा आत्मसुख-भोग का प्रपंच फैलाया जाता है, वह भगवद्भक्ति नहीं, प्रवंचना है। वह निन्दनीय है, आदरणीय नहीं।

अब रहा वैराग्य क्या है, वैराग्य क्या है, यह मैं पहले बतला आया हूँ। आजकल विरक्ति का नाम वैराग्य हो गया है। घर में थोड़ी अनबन हुई, बाल-बच्चों से न पटी, परिवार में कलह हुआ तो उसके सुलझाने का उद्योग न होगा। धैर्य से सब बातों का विचार न किया जायगा, अपनी अकर्मण्यता पर दृष्टि नहीं डाली जायगी, अपने दोषों का ध्यान न किया जायगा; बस संसार को कोसा जायगा। सबको मतलबी बतलाया जायगा और सबको छोड़-छाड़कर भगवद्भजन के लिये ही कमर कस ली जावेगी। लोग किसी साधु की जमात में शरीक हो जायेंगे, किसी तरह अपना पेट पालेंगे, पड़े-पड़े दिन बितायेंगे, हाथ पर हाथ रखे बैठे रहेंगे। लम्बा टीका कर लेंगे। गले में माला डालेंगे। अचला पहिन लेंगे। कहीं बैठकर माला फेरने लगेंगे, चलो हो गया भगवद्भजन। ऐसा करके वे अपना दोनों लोक बना लेंगे। परन्तु, उनको समझना चाहिए यह भगवद्भजन नहीं है। ऐसा करके वे अपना यह लोक तो बिगाड़ ही चुके हैं, परलोक भी बिगाड़ लेंगे। तप करना बड़ा कठिन है, हम पंचाग्नि ताप सकते हैं, जाड़ों में जल में चौबीस घण्टे खड़े रह सकते हैं। उर्द्ध बाहु बन सकते हैं, तन पर भभूत रमा सकते हैं, व्रत-उपवास कर सकते हैं; परन्तु यह तप नहीं है। जिसने मन नहीं मारा, वासना को वश में नहीं किया, काम-क्रोध को नहीं जीता, भगवद्भजन के मर्म को नहीं समझा, देश-सेवा नहीं की, पर-दुख-कातरता जिसमें नहीं, परोपकार के लिये जो कमर नहीं कस सका, अपने कर्तव्य को नहीं समझ सका, जीवन के उद्देश्य से किनारा करता रहा, वह आडम्बरों के द्वारा संसार को ही धोका नहीं दे रहा है, अपनी आत्मा को भी प्रवंचित कर रहा है। अपने कुटुम्ब में रहकर परिवार के साथ सरल जीवन व्यतीत करके, अपने बाल-बच्चों की ठीक-ठीक देखभाल करके हम अपने जीवन को जितना सफल बना सकते हैं, उतना उन कामों को करके नहीं जिसे भ्रमवश वैराग्य अथवा भगवद्भजन समझ रहे हैं। पहला मार्ग सरल से सरल है, दूसरा कठिन से कठिन। यदि घर में रहें, पुत्र-कलत्र और परिवार के साथ सरल मानवोचित व्यवहार करें, आये-गये की सेवा करें, गृहस्थ-धर्म का ठीक पालन करें, धैर्य रखें, उलझते को सुलझावें, बिगड़ते को बनावें। अपने सुख-दुख के समान दूसरे के सुख-दुख को समझें, बात-बात में बखेड़े न खड़ा करें, रोतों को हँसावें, रुठों को मनावें, सबको प्यार करें, जहाँ डाँट-डपट की जरूरत हो, वहाँ डाँट-डपट भी

करें; पर जल-भुनकर नहीं, डाह से नहीं, ईर्ष्या से नहीं, द्वेष से नहीं, प्यार से सुधारने के लिये, उसे राह पर लगाने के लिये। ये काम आसान नहीं हैं, ये बड़े-बड़े तप हैं। उस तप से भी इनका दर्जा बढ़ा हुआ है, जिनको तप समझा जाता है और जिनको करके अपना जन्म बनाने का राग अलापा जाता है। शास्त्र कहता है:–

वनेषु दोषा प्रभवन्ति रागिणाम् गृहेषु पंचेन्द्रियनिग्रहस्तपः।
अकुत्सितेकर्म्मणि यः प्रवर्त्तते निवृतरागस्वगृहं तपोवनम्!

जिनमें राग है, जो वासनाओं में फँसते हैं, उनके लिये बन भी दोषमय हो सकता है और घर में पंचेन्द्रिय का निग्रह करके रहना तप है। जो अकुत्सित कर्मों में रत नहीं होता एवम् जो निवृत्त राग है, उसके लिये घर ही तपोवन है।

अब यह बात समझ में आ गयी होगी कि वैराग्य क्या है। जो विगतराग है, वही सच्चा विरागी है, वह चाहे घर में रहे या वन में। कुछ लोगों को श्मशान वैराग्य होता है। मृतक के साथ श्मशान गये, वहाँ उसको जलते देखा; चित्त में यह बात जमी कि एक दिन हमारी भी यही गति होगी। सब-कुछ छोड़ छाड़कर हमको भी उठ जाना होगा, आओ, भगवान का भजन करें, सब कुछ छोड़ें छाड़ें। पर सब कुछ छोड़कर भगवान का भजन कैसे होगा? मतलब तो जीवन को सफल बनाना है; पर जीवन सफल तो सदाचरण द्वारा बनाया जा सकता है। और यह बात सब कुछ छोड़कर नहीं प्राप्त हो सकती। श्मशान वैराग्य स्वाभाविक है; परन्तु, वह क्षणिक होता है, उसमें स्थायिता नहीं होती। घर आकर मनुष्य उसको भूल जाता है और फिर ऐसे कामों में लग जाता है, जिससे ज्ञात होता है कि वह अपने को अजर-अमर समझता है। ऐसे ही अनेक संकटमय अवसरों पर हमारे हृदय में वैराग्य उत्पन्न होता रहता है; परन्तु, संकट की समाप्ति के साथ उसकी भी समाप्ति हो जाती है और हम उचित कर्तव्यों की ओर से आँखें बन्द कर लेते हैं। इन वैराग्यों को सच्चा वैरागय नहीं कह सकते। न तो कोई आश्रम बुरा है, न कोई वेश। हम चाहे जिस आश्रम में रहें, चाहे जिस वेश में रहें; परन्तु मानवोचित कर्म्म करते रहें। जो वेश ग्रहण करें, जिस आश्रम में हम हों, हमको जीवन की सार्थकता पर दृष्टि रखनी चाहिए और प्रत्येक कर्तव्य कर्म्म को त्याग बुद्धि से करना चाहिए, यही सच्चा वैराग्य है। क्योंकि इस प्रकार के कार्यों का सम्बन्ध राग से नहीं होता, और न उसमें वासनाओं का वीभत्स काण्ड देखने में आता। मृत्युकाण्ड हमारी आँखों के सामने आवेगा, बार-बार जलती चिताएँ देखने को मिलेंगी। शब पर भी आँखें पड़ती ही रहेंगी, संसार के दूसरे हृत्कम्पकर दृश्य भी दिखलायी देंगे ही। क्षणिक वैराग्य भी हृदय में स्थान पाता रहेगा; परन्तु मनुष्य संसार में रहेगा, उसका त्याग न कर सकेगा। उसके पास कार्य-कलाप की भी धूम रहेगी। चाहे वह जिस वेश में रहे, जिस

आश्रम में रहे, जिस रंग में रँगे; पर इससे उसको छुटकारा नहीं। मनुष्य संसार को छोड़कर भी न छोड़ सकेगा और अनेक रूप-रूपाय बनकर वह उसके सिर पर सवार होगा। ऐसी अवस्था में उचित यह है कि सच्चे वैराग्य का मर्म वह समझे और घबराकर अथवा धैर्यच्युत होकर उन्मार्गगामी न हो। और जहाँ तक हो सके, ऐसा मार्ग ग्रहण करे जो अधिकतर उसके लिये सुविधाजनक हो, परन्तु उसमें ढोंग अथवा आडम्बर न हो; क्योंकि 'सत्यमेवजयते नानृतम्।'

आइये, अब मुक्ति के विषय में भी थोड़ा विचार कर लें। उसमें बड़ी मोहकता है। कोई धर्म ऐसा नहीं, जिस पर उसने अपनी मोहिनी न डाल रक्खी हो। मुक्ति अनेक रूप-रूपाय है। कोई कहता है, आवागमन बन्द होना 'मुक्ति' है। किसी का विचार है, मुक्ति चार प्रकार की होती है—सालोक, सामीप्य, सारूप, सायुज्य; अर्थात बैकुण्ठ की प्राप्ति हो जाना सालोक, विष्णु भगवान की समीपता प्राप्त कर लेना सामीप्य, उनका स्वरूप-लाभ करना सारूप और उनमें मिल जाना अर्थात् उनकी मूर्ति में लीन हो जाना सायुज्य मुक्ति कहलाती है। वशिष्ठदेव कहते हैः—

"न मोक्षो नभसःपृष्ठे न पाताले न भूतले।
मोक्षोहि मनसः शुद्धि सम्यग्ज्ञान विबोधितम्॥"

न मोक्ष आकाश के पृष्ठ पर है, न पाताल में, न भूतल में; वास्तव में सम्यग्ज्ञान विबोधित मन की शुद्धि ही मोक्ष है। ऐसे ही पुरुष को जीवनमुक्त कहते हैं।

मैंने एक साधु से पूछा—"महाराज, आपने घर-बार क्यो छोड़ा? क्यों सबसे अलग-थलग रहकर अपना जीवन व्यतीत करते हैं? बहुत व्रत-उपवास करते हैं? सब समय सुमिरिनी लिये राम का नाम जपा करते हैं? कृपा करके बतलाइये।"

उन्होंने कहा—"मुक्ति पाने के लिए।"

मैंने कहा—"मुक्ति किसे कहते हैं?"

उन्होंने कहा—"भव-बंधन से छूट जाने को मुक्ति कहते हैं।"

मैंने कहा—"भव बंधन से तो आप छूटे ही हैं, जब किसी से आपको कोई सरोकार नहीं, जब पूजा-पाठ ही में आपका दिन बीतता है, कोई काम आप करना नहीं चाहते, न करते हैं, तो भव-बन्धन आपका छूटा ही हुआ है।"

उन्होंने कहा—"नहीं नहीं, भव-बन्धन छूटने का यह भाव नहीं है। भव-बन्धन छूटने का अर्थ 'साकेत' में पहुँच जाना है।" 'साकेत' सब लोकों से ऊपर है, जहाँ भगवान् श्री रामचन्द्र, श्रीमती जानकी देवी के साथ सदा विराजमान रहते हैं। कुछ मान्य ग्रन्थों ने, गोलोक को ही बैकुंठ बतलाया है। संतमतवाले सत्यलोक अथवा सच्चखण्ड की प्राप्ति को ही 'मुक्ति' समझते हैं। एक स्थान पर कबीर साहब भी अपने खाबिन्द का

निवासस्थान साकेत को ही बतलाते हैं और उसे सर्वोच्च भी कहते हैं–

जाय जाहूत में खुद्द खाविंद जहँ वहीं 'मक्कान' साकेत साजी।
कहै कब्बीर वहाँ भिस्त दोजख थके वेद कीताब काहूत काजी।

महारामायण में भी श्री रामचन्द्र को सत्यलोकेश ही लिखा है। यथाः–

वाङ्मनोगोचरातीतः सत्यलोकेश ईश्वरः!
तं चनामादिकं सर्व रामनाम्ना प्रकाशते।

किसी स्थान-विशेष पर परमात्मा के रहने का विश्वास प्रायः सभी धर्मों में पाया जाता है और इस स्थान को सर्वोच्च बतलाया जाता है। परन्तु, ऐसी अवस्था में ब्रह्म एकदेशी हो जाता है, सर्वदेशी नहीं रह जाता। कितने ही ऊँचे उठाकर मनुष्य ब्रह्म को ऊपर ले जाता रहे; परन्तु, वह उस पद को नहीं प्राप्त होता, जो विश्वस्वरूप बतलाकर उसे वेदान्त ने प्रदान किया है। वेदान्त का विचार उदात्त और लोकोत्तर है। इसीलिये विद्वत् समाज और विज्ञानवेत्ताओं में यह माना जाता है कि ईश्वरीय विषय में वेदान्त जितना ऊँचा उठ सका, उतना अन्य कोई सिद्धान्तवादी नहीं। किसी धर्मनेता की बुद्धि इस ऊँचाई तक किसी काल में भी नहीं पहुँच पायी। पाश्चात्य विद्वानों ने भी इस बात को मुक्तकंठ से कहा है कि वेदान्त का ईश्वरवाद सर्वोत्कृष्ट और अलौकिक है। परन्तु, अधिकारी-भेद से स्थान-विशेष बैकुण्ठादि की कल्पना भी असंगत नहीं। क्योंकि भगवदाज्ञा हैः–

ये यथा मां प्रपद्यन्ते तांस्तथैव भजाम्यहम्।
मम वर्त्मानुवर्त्तन्ते मनुष्याः पार्थ सर्वशः।

"जो मुझे जिस प्रकार से भजते हैं, उन्हें मैं उसी प्रकार से फल देता हूँ। हे पार्थ! किसी भी ओर से हो, मनुष्य मेरे ही मार्ग पर चलने लगते हैं।"

ईसाई और मुसलमानों के भी विचार लगभग ऐसे ही हैं और वे लोग भी उस स्थान पर पहुँच जाने को ही 'मोक्ष' मानते है, जहाँ उनका गॉड अथवा खुदा रहता है। बुद्धदेव अनीश्वरवादी तथा अनात्मवादी हैं; फिर भी वे निर्वाण को मानते हैं। यह निर्वाण मुक्ति को छोड़ और कुछ नहीं है। गोस्वामी तुलसीदास कहते हैंः–

राम उपासक मुक्ति न लेहीं। तिन कहँ राम भक्ति निज देहीं।

लीजिये, वे कहते हैं–राम-उपासक मुक्ति लेते ही नहीं। वे केवल रामभक्ति की ही कामना करते हैं। भागवतकार एक महान् भक्त के मुख से यह कहलाते हैं–

न त्वहं कामये राज्यं न स्वर्गे न पुनर्भवम्।
कामये दुःखतप्तानाम् प्राणिनामार्ति नाशनम्।

न मैं राज्य चाहता हूँ, न स्वर्ग की कामना रखता हूँ, न पुनर्भव की लालसा है। मैं केवल दुख-तप्त प्राणियों के आर्तिनाश की ही इच्छा रखता हूँ।

मुक्ति क्या है, यह बतलाया गया। इसको स्मरण रखिये। अब आइये संसार की असारता पर। प्रश्न यह है कि यदि संसार असार है तो सार किसमें है? यदि संसार मिथ्या है तो सत्य क्या है? संसार परमात्मा का स्वरूप है विश्व ही ब्रह्म है, विश्व ही अरूप का रूप है। विश्व को ब्रह्म न समझना भ्रम है, वैसा ही भ्रम है जैसा रज्जु में सर्प का। विश्व मिथ्या नहीं है। विश्व को ब्रह्म न मानना मिथ्या है। जो लोग कहते हैं, संसार माया-जाल है, मिथ्या से भरा है, अनित्य है, नित्य नहीं वे भ्रान्त हैं। गीताकार के इस मार्मिक कथन की मार्मिकता को समझियेः–

अहं कृत्स्नस्य जगतः प्रभवः प्रलयस्तथा।
मत्तः परतरं नान्यत् किञ्चिदस्ति धनंजय।
मयिसर्वमिदं प्रोतं सूत्रे मणिगणाइव।

मैं समग्र जगत् की उत्पत्ति और प्रलय का स्थान हूँ, मुझसे भिन्न कुछ नहीं है। एक सूत में गुँथे हुए हार की मणियों के समान सब मुझमें गुँथे हुए हैं। इतना ही नहीं; उपनिषद् के इन वाक्यों पर विचार कीजिये–

'सर्व खल्विदम् ब्रह्म नेह नानास्ति किञ्चन'

रात्रि में किसी स्थान पर खड़े होकर जब आकाशमण्डल पर दृष्टिपात किया जाता है, तो ब्रह्मरूप विश्व की महत्ता प्रकट होती है। उस समय आकाश में अनन्त पिण्ड दिखलाई देते हैं। नेत्रों-द्वारा जितने पिण्ड देखे जा सकते हैं, उनमें से अधिकांश हमारे सूर्य के समान हैं, कोई-कोई उससे भी बड़े हैं। हमारा सूर्य जो इस सौरमण्डल का स्वामी है, यदि मटके के बराबर है, तो पृथ्वी मटर के बराबर। हमारे सौरमण्डल और उसके ग्रह-उपग्रहों का विस्तार और उनके कार्यकलाप ही बोधगम्य नहीं हैं, अनन्त पिण्डों की बात ही क्या? परन्तु, अनुभव से हम समझ सकते हैं कि यह ब्रह्माण्ड क्या है और उसके विषय में हमारा ज्ञान कितना है। ये सब वैसे ही अनिर्वचनीय, बुद्धि-विचार से परे और आश्चर्यमय हैं, जैसे ब्रह्म। वरन् यों कहा जा सकता है कि ब्रह्म स्वरूप होने के कारण ही वे भी इन गुणों के प्रत्यक्ष प्रमाण हैं, अकल्पनीय हैं और 'वाचामगोचर चरित्र विचित्रताय' हैं। फिर भी हम यह कहते संकोच नहीं करते कि विश्व मिथ्या है, संसार असार हैं कहना तो यह चाहिए, कि 'ब्रहा सत्यं जगन्गिथ्या' ब्रह्म ही सब कुछ है, उससे

भिन्न जगत् का परिज्ञान भ्रम है; अतएव मिथ्या है। वैशेषिक दर्शनकार कहते हैं—"यतोऽभ्युदयनिःश्रेयससिद्धिःसधर्मः", परन्तु अविवेकी मानव अभ्युदय को धता बताकर निःश्रेयस् की कामना करता है। लोक को खोकर परलोक की चिन्ता करता है। यह वह नहीं समझता कि लोक खोकर परलोक की चिन्ता कैसे होगी? प्रत्यक्ष जो सामने है, उससे विमुख होकर अप्रत्यक्ष की ओर दौड़ना असमीचीन है। यदि अप्रत्यक्ष कुछ है, तो उसका अनुभव प्राणी को प्रत्यक्ष ही द्वारा हो सकता है। साध्य की प्राप्ति साधन द्वारा ही हो सकती है। वे दोनों इस प्रकार परस्पर मिलित हैं कि एक के अभाव में दूसरे का अनुमान भी सम्भव नहीं। दूसरी बात यह कि जो संसार को असार समझता है, उसमें आत्मविवेक कहाँ है। वह स्वयं क्या है? वह भी तो संसार की वस्तु है। उसके व्यक्तित्व का सर्वस्व तो संसार ही है, वह ईश्वरांश है, तो संसार क्या है, वह भी तो ईश्वर का रूप है, फिर भिन्नता कहाँ रही? यदि ईश्वरांश ईश्वर के रूप की उपेक्षा करता है और उसके प्रति अपने कर्तव्य का पालन नहीं करता, तो वह स्वयं अपना तिरस्कार आप करता है, अपने कर्तव्य से च्युत होता और भ्रांत है। मुक्ति क्या है, मैं ऊपर बतला आया हूँ। जिस समय मनुष्य का ज्ञान इतना पूर्ण हो जाता है कि "अहं ब्रह्मास्मि" ब्रह्म मैं ही हूँ, उस समय संसार भी उसमें लीन हो जाता है; फिर भिन्नता कैसी? क्या यही वास्तविक मुक्ति नहीं है, जिसका उल्लेख वशिष्टदेव ने किया है? परन्तु, यह वृत्ति सबको नहीं प्राप्त होती। इस अवस्था में उपास्य और उपासक का भेद नहीं रह जाता। इसको सायुज्य मुक्ति भी कह सकते हैं। परन्तु, बीच की अन्य अवस्थाएँ भी हैं; इसलिये उपासना चार प्रकार की होती है।

उत्तमं ब्रह्मसद्भावो मध्यमं ध्यानधारणा
स्तुतिप्रार्थनाधमाज्ञेया वाह्यपूजाधमाधमा।

ब्रह्मसद्भाव उत्तम, ध्यान-धारणा मध्यम, स्तुति प्रार्थना अधम और वाह्य पूजा—अर्थात् किसी प्रतीक द्वारा परमात्मा की उपासना करना अधमाधम कही जाती है। यहाँ अधम और अधमाधम शब्दों का प्रयोग निन्दात्मक नहीं, केवल कोटि निर्देशात्मक है। भाव यह है कि कौन उपासना किस कोटि अथवा किसी दर्जे की है, यही इस श्लोक में बतलाया गया है। किन्तु, उपासना के लिये और विश्व को ब्रह्मरूप में देखने की साधना के लिये जो श्रेणि-विभाग इस पद्य में किया गया है, वह बहुत समीचीन और उपयोगी है। एक मुसलमान पीपल वृक्ष पर किसी हिन्दू को जल चढ़ाते देखकर उसका उपहास कर सकता है; परन्तु एक वेदान्ती समझता है कि वह 'सर्वंखल्विदम् ब्रह्म' इस ज्ञान-प्राप्ति-साधना के प्रथम सोपान पर चढ़ रहा है। संसार में जड़ पदार्थ ही ऐसी वस्तु है जिसमें लोगों को ईश्वर न होने का विचार उत्पन्न हो सकता

है। हिन्दू वहीं से अपनी आराधना आरम्भ करता है और पीपल पर जल चढ़ाते हुए 'वासुदेवायनमः' कहकर अपनी साधना की महत्ता बतलाता है। पशुओं में गाय की, मनुष्यों में ब्राह्मण अथवा साधु-महात्माओं की पूजा एक के बाद दूसरे सोपान पर उत्तरोत्तर आरोहण करना ही है; क्योंकि उनमें भी ईश्वरीय भाव का ही आरोपण होता है। जब किसी मूर्ति के सामने जाकर श्रद्धालु हिन्दू उसकी अर्चना करता है, तो एक असहृदय जन उसकी इस क्रिया को पत्थर का पूजना कह सकता है; परन्तु, वह तो सर्वसाधारण के सामने यही प्रगट करता है कि ईश्वर सर्वव्यापी है।

मुसलमानों का सूफी मजहब वेदान्तवाद का साधारण संस्करण है। वह प्रस्तुत विषय में क्या कहता है, कुछ उसकी बातें सुनियेः—

हर शै में तेरा जलवा यारब नजर आता है।
बुतखाना के पर्दे में काबा नजर आता है!

गर मुझसे मिला चाहो तो सिजदा कर बुतों का।
बुत मेरी ही सूरत है, बुतखाना भी मैं ही हूँ।

एक पत्थर चूमने को शेखजी काबा गये
जौक हर बुत काबिले बोसा है इस बुतखाना में

न देखा दैर में तो क्या हरम में देखेगा
वह तेरे पेशे नजर याँ नहीं तो वाँ भी नहीं।

एक फ़ारसी का शायर कहता हैः—

दर हैरतम कि दुश्मनिये कुफ्र वो दीं चे रास्त
अज यक चिराग काबा न बुतखाना रौशनस्त।

आश्चर्य में हूँ कि कुफ्र व दीन में दुश्मनी क्यों है। एक ही दीपक से तो बुतखाना और काबा दोनों प्रकाशित हैं।

हिरण्यकश्यप अपनी तलवार को चमकाकर प्रह्लाद रो पूछता है कि क्या इस पत्थर के खम्भे में भी तेरा राम है? भक्त प्रह्लाद अविचलित चित्त से कहता है—हाँ पितः, 'तोहि में मोहि मे खरग खंभ मैं सबमें व्यापक राम।'

देखिये, दानव-बुद्धि और देव-बुद्धि का अन्तर! आज भी सहस्रों हिन्दुओं को प्रतिदिन सूर्य को नतशिर होकर श्रद्धाञलि अर्पण करते देखते हैं, जो यह भाव प्रकट करता है, 'सूर्योआत्माहिजगतः'। देखिये, कहाँ-से-कहाँ हिन्दू जाति का उच्च भाव पहुँचता है और यह बतलाता हैः—

जले विष्णुः स्थले विष्णुः विष्णुः पर्वत मस्तके।
ज्वालमाला कुले विष्णुः सर्वं विष्णुमयं जगत्।

जल में, स्थल में, पर्वत पर, ज्वाला-माला में, समस्त जगत् में विष्णु विराजमान हैं। इस प्रकार की उपासना में भक्ति को प्रधानता होती है। गोस्वामी जी कहते हैं कि 'ज्ञानहिं भक्तिहिं नहिं कछु भेदा', परन्तु ज्ञान स्थिर होता है और भक्ति क्रियाशील। ज्ञान आत्मोद्धारप्रिय होता है और भक्ति सेवा-परायणा, सहृदय और परोपकाररता होती है। इसीलिये गोस्वामीजी मुक्ति की कामना न करके भक्ति की इच्छा करते हैं। श्रीमद्‌भागवत का श्लोक भी इसी भाव का सूचक है। इसमें अलौकिक आनन्द की प्राप्ति होती है। भक्त आत्मार्थी नहीं होता, आत्मत्यागी होता है। वह संसार को ब्रह्मस्वरूप मानकर उसकी हृदय से समुचित सेवा करता है। आप तरता है और अपने साथ दूसरों को भी तार देता है। इसीलिये वह तरन-तारन कहलाता है। भक्ति नौ प्रकार की होती है। उक्त सिद्धान्तों पर दृष्टि रखकर मैंने 'प्रिय-प्रवास' में नवो प्रकार की भक्ति का स्वरूप बतलाया है। उसी को आप लोगों के सामने रखकर मैं इस लेख को समाप्त करता हूँ। आप लोग कृपा करके देखेंगे कि उद्‌धृत पद्यों में 'सर्वंखल्विदम् ब्रह्म,' भाव की चरितार्थता है या नहीं।

श्रवण कीर्त्तन वन्दन दासता।
स्मरण आत्मनिवेदन अर्चना।
सहित सख्य तथा पद सेवना।
निगदिता नवधा प्रभु भक्ति है।

विश्वात्मा जो परम प्रभु है रूप तो हैं उसी के।
सारे प्राणी, सरि-गिरि-लता वेलियाँ वृक्ष नाना।
रक्षा पूजा उचित उनका यत्न सम्मान सेवा।
भावोपेता परम प्रभु की भक्ति सर्वोत्तमा है।

जी से सारा कथन सुनना आर्त्त-उत्पीड़ितों का।
रोगी प्राणी व्यथित जन का लोक उन्नायकों का।
सच्छास्त्रों का श्रवण, सुनना वाक्य सत्संगियों का।
ज्ञाताओं में श्रवण अभिधा भक्ति मानी गयी है।

सोये जागें तम पतित की दृष्टि में ज्योति आवे।
भूले आवें सुपथ पर औ ज्ञान उन्मेष होवे।
ऐसे गाना कथन करना दिव्य न्यारे गुणों का।
है प्यारी भक्ति प्रभुवर की कीर्त्तनोपाधि वाली।

विद्वानों के स्वगुरुजन के देश के प्रेमियों के।
ज्ञानी दानी सुचरित गुणी सर्व तेजस्वियों के।
आत्मोत्सर्गी विवुध जन के देव सद्विग्रहों के।
आग होना नमित प्रभु की भक्ति है वन्दनाख्या।

जो बातें हैं भव-हितकारी सर्वभूतोपकारी।
जो चेष्टाएँ मलिन गिरती जातियाँ है उठातीं।
हो सेवा में निरत उनके अर्थ उत्सर्ग होना।
विश्वात्मा भक्ति भवसुखदा दासता संज्ञका है।

कंगालों की विवश विधवा औ अनाथाश्रितों की।
उद्विग्नों की सुरति करना औ उन्हें त्राण देना।
सत्कार्यों का, पर हृदय की पीर का ध्यान आना।
मानी जाती स्मरण अभिधा भक्ति है भावुकों में।

विपद सिन्धु पड़े नर वृन्द के।
दुख निवारण औ हित के लिये।
अरपना अपने तन-प्राण को,
प्रथित आत्म निवेदन भक्ति है।

संत्रस्तों को शरण मधुरा शान्ति संतापितों को।
निर्बोधों को सुमति विविधा ओषधी पीड़ितों को।
पानी देना तृषित जन को अन्न भूखे नरों को।
सर्वात्मा भक्ति अति रुचिरा अर्चना संज्ञका है।

नाना प्राणी तरु गिरि लता वेलि की बात ही क्या।
जो है भू में गगनतल में भानु से मृत्कणों लौं।
सद्‌भावों के सहित उनसे कार्य्य प्रत्येक लेना।
सच्चा होना सुहृद उनका भक्ति है सख्य नाम्नी।

जो प्राणिपुंज कर्म निपीड़नों से।
नीचे समाज वपु के पग-सा पड़ा है।
देना उसे शरण मान प्रयत्न द्वारा।
है भक्ति लोकपति की पदसेवनाख्या।

धरतीमाता

कोई दिन था, जब धरती पर पानी ही पानी था। न कहीं हरे-भरे पेड़ थे, न फूलों की क्यारियाँ, न हँसती हुई बेलियाँ, न लहलहाती हुई लतायें। न तो कहीं बन था, न बनों में बसनेवाले जानवर हुई लतायें। न कहीं कोई खेत था, न कहीं खेतों के पौधे। ऊँचे-ऊँचे घरों की बात ही क्या, कहीं कोई टट्टी भी नहीं दिखलाती। न तो कहीं कोई चिड़ियाँ चहकती मिलती; न कहीं भौंरे भाँवरें भरते पाये जाते। चारों ओर सन्नाटा था, हाँ, कभी-कभी हवा अपनी हवा बाँध जाती, कभी सन-सन बहती, कभी पानी की लहरों के साथ खेलती। सूरत उगते थे, उसकी किरणें उजाला फैलाती थीं, पानी की लहरों में जगमगाती थीं, और कभी-कभी उनके साथ थिरकने लगती थीं। रात होती थी, चाँद भी निकलता था, चाँदनी भी छिटकती थी। तारे भी अपना समाँ दिखलाते थे, और नीले आसमान की गोद में बैठे हुए किसी ओर ताकते-झाँकते जान पड़ते थे। लाखों बरस तक धरती का यही ठाट था। फिर रंग बदला। अथाह पानी में भी कहीं-कहीं पहाड़ों की ऊँची-ऊँची चोटियाँ दिखलाने लगीं, बहुत बरसों के बाद पूरा पहाड़ ही सर उठाये सामने खड़ा पाया गया। जहाँ पोरसों पानी था, वहाँ भी कहीं-कहीं सूखे टीले दिखलाई देने लगे, पहले एक टापू बना, फिर टापुओं की भरमार हो गई। इसी तरह धरती के बहुत-से बड़े-बड़े टुकड़े भी सूखकर सामने आये, जिनके अलग-अलग नाम पड़े और जो 'देश' कहलाये।

सूखी धरती पर बहुत दिनों क्या, बहुत बरसों के बाद पहले हरी-भरी दूब दिखलाई पड़ी, फिर तरह-तरह के तृण सर उठाकर उसे सजाने लगे। बाद को पेड़ों की बारी आई। जहाँ-तहाँ रंग-बिरंग के पेड़ खड़े, कहीं हरे-भरे पत्तों से हरियाली की छटा दिखलाते, कहीं धरती पर फूल बरसा फूले नहीं समाते, कहीं फूलों से लदकर झूमते पाये जाते। बनी-ठनी बेलियों और लतरों की भी कमी नहीं थी, उनसे भी धरती भर गई थी। इस समय वनों की बन आयी थी, सूखी धरती पर अब उन्हीं का राज था। पानी में जीवों की कमी नहीं थी; पर सूखी धरती पर अब तक कहीं कोई जीव नहीं दिखलाता था। कभी-कभी कछुआ अलबत्ता पानी से निकलकर धरती पर आ जाता था। पर धरती

पर और कहीं किसी जीव की सूरत नहीं दिखलाती थी। बहुत काल के बाद एक दिन ऐसा आया, जब सूखी धरती पर भी जीव दिखाई पड़े। वनों में रेंगते और फुदकते बहुत-से जीव-जन्तु पाये गये; पेड़ों की डालियों पर भी चहचहे होने लगे। धीरे-धीरे ये बातें बढ़ती गयीं। उड़नेवाले पखेरुओं से जब पेड़ों की डालियाँ गूँजीं, तो जंगली जीव-जन्तुओं से जंगल भी भर गये। आदमी की सूरत कब सामने आयी, यह नहीं कहा जा सकता। जहाँ गिनती लाख-लाख बरसों पर होती है, वहाँ का हिसाब ही क्या। कुछ लोग कहते हैं, आदमी की नस्ल का नाता बन्दरों की नस्ल से है। एक साथ रहते-रहते जंगली जानवरों के रूप-रंग, शकल-सूरत, चाल-ढाल में अदल-बदल होते-होते एक नस्ल बन्दरों की बन गयी। कहा जाता है, इन्हीं बन्दरों में से एक तरह के बन्दर से आदमी की नस्ल का नाता है। आदमी भी पहले जंगलों में ही रहता था; बहुत समय के बाद वह घरबारी बना। इस समय वह जिस दशा में है, उसे उसने बहुत उलट-फेर के बाद हजारों बरसों में पाया है।

कुछ बड़े लोग कहते हैं, मनुष्य मनु से पैदा हुआ है, यह बात मनुष्य अथवा मनुज शब्द ही बतलाता है। मुसलमान भी यही कहते हैं। वे कहते हैं, आदम से पैदा होने के सबब से ही आदमी आदमी कहलाता है। संस्कृत का आदिम शब्द ही आदम बन गया है, जो इस बात को ठीक बतलाता है कि सबसे पहले मनु हुए और उन्हीं की सन्तान मनुष्य हैं। जो हो, पर इस समय जैसे लोग हैं, पहले के लोग वैसे नहीं थे। बहुत उलट-फेर के बाद अब के लोग अबके लोग बने हैं। समय के पलटा खाने और काम-काज के झमेलों से लोगों का रंग-ढंग बदलता गया है, और रहन-सहन और की और होती गयी है। जब जंगली जानवरों से लोग तंग होने लगे, बरसात के झगड़ों से बचने को जी चाहा, सामानों की रक्षा का विचार हुआ, तो पहले झोंपड़े बने, फिर घर, फिर बड़े-बड़े मकान। जब बहुत लोगों के इकट्ठा रहने से उलझनें पैदा हुईं तो कुटुम्ब की नींव पड़ी। आपस के झगड़ों के निबटारा के लिये पंचायत बनी।

मतलब यह कि इस सगय के लोग उनकी रहन-सहन, उनका आपस का बर्ताव, ठाट-बाट, रंग-रूप, व्यवहार, काम-धंधे, राज-काज आदि जो कुछ हैं, उन सबकी जड़ आवश्यकता (जरूरत) है। पहले धरती के ऊपर जो सामान मिलता, उन्हीं से काम लिया जाता था। धरती के नीचे की खानों का लोगों को कुछ पता न था; इसलिये लोहे का काम पत्थर से लिया जाता था। यह सबब है कि इस युग को 'पत्थर-युग' कहा जाता है।

इन दिनों हम आसमान में उड़ते हैं, महीनों का रास्ता घण्टों में तय करते हैं। तार से हजारों कोस की बात घर बैठे सुनते हैं, वह भी मिनटों में, घण्टों में नहीं। ऐसी ही और बहुत-सी अचरज में डालनेवाली बातें कलों के सहारे करते रहते हैं। ये सब क्या

हैं? समय और आवश्यकताओं की करतूतें तो हैं! माता का गुण क्या है, यही कि वह सन्तानों के रंग में ही रँगी पायी जाती है। समय पर जिस ढंग में वे ढलते हैं, जो चाहते हैं, माता भी उसी ढंग में ढल उनकी चाहों को पूरा करती रहती है। उनके सुख-दुःख का विचार रखती है, उनके सुभीते की बातें सोचती है। अब तक जो कुछ कहा गया है, उससे पाया जाता है कि धरती भी ऐसी ही है। सूरज से जन्म लेकर पहले वह बहुत गर्म थी, उस समय उस पर पानी ही पानी था। जब ठण्ढी हुई तब सुभीते के साथ जहाँ-तहाँ सूखी धरती के रूप में दिखलाई पड़ी। फिर किस तरह समय के साथ वह रंग बदलती गयी, ये बातें बतलायी जा चुकी हैं। इन बातों का विचार करके ही धरती को 'माता' कहा गया है। वह सचमुच माता है। वह जितनी बड़ी है, उसकी बड़ाई भी उतनी बड़ी है। बोलिये—'धरतीमाता की जय।'

धाराधीश की दान-धारा

महाराज भोज की गणना भारतवर्षीय प्रधान दानियों में होती है। वे अपने समय के धन-कुबेर तो थे ही, दानि-शिरोमणि भी थे। यदि वे मूर्तिमन्त दान थे तो उनकी धारानगरी दान-धारा-तरंगिणी थी। हृदय इतना उदार था कि उनके सामने याचक हाथ फैलाकर अयाच्य हो जाता था।

प्रातःकाल का समय था। भगवान् भुवन-भास्कर की किरणें उषा देवी से गले मिलकर धरातल को ज्योति प्रदान कर रही थीं। समीर धीरे-धीरे बह रहा था। दिशाएँ प्रफुल्ल थीं। धारा अंक-विलसिता सरिता विहँसिता थी। लोल लहरें नर्त्तन-रत थीं और किरणों के साथ कल्लोल कर रही थीं। सरिता तट पर खड़े भोज-राज अंभोजोपम नेत्रों से इस दृश्य को देख रहे थे और प्रकृति सुन्दरी की मनोहारिणी छवि अवलोकन कर विमुग्ध थे। इसी समय उन्होंने सरिता में से एक ब्राह्मण को निकलकर वस्त्र बदलते देखा और पूछा—'नद्यां कियज्जलं विप्र' हे विप्र, नदी में कितना जल है? उसने कहाः—'जानुदघ्नम् नराधिप' 'हे नराधिप, जाँघ भर'। कहा जाता है, यह 'जानुदघ्नम्' वाक्य महाराज को इतना प्रिय हुआ, और उसके विन्यास को उन्होंने इतना पसन्द किया कि उसको एक लाख रुपये का पुरस्कार दिया। सम्भव है, यह कहा जावे कि यह गढ़ी हुई बात है, इसमें अत्युक्ति है, तिल को ताड़ बनाया गया है। प्रायः देखा जाता है कि किसी राजा-महाराज अथवा महज्जन की साधारण बातों को भी चापलूस असाधारण बना देते हैं। फिर भी यह कथानक उनकी दानशीलता और उदार वृत्ति पर अच्छा प्रकाश डालता है। क्योंकि, ख्याति प्रायः साधार होती है, निराधार नहीं। विशेषता का अधिकारी विशिष्ट पुरुष ही होता है।

धाराधीश के प्रबल दान-धारा-प्रवाह और उनकी सबल मुक्तहस्तता से ज्ञात होता है कि काल पाकर राज्य के व्यवस्थापक विचलित हुए और उन लोगों ने एक चाल चली। किसी योग्य विद्वान् के समादर में उन लोगों को कोई आपत्ति न थी। परन्तु, प्रति दिवस साधारण-से-साधारण संस्कृतज्ञों का नये श्लोक बनाकर सभा में पहुँचना और श्लोक में किसी विशेषता के न होने पर पुरस्कृत हो जाना उन लोगों को सहन न हुआ। अतएव, उनलोगों ने राज-सभा के तीन ऐसे विद्वानों को चुना, जिनमें एक को एक बार,

दूसरे को दो बार और तीसरे को तीन बार सुनने पर कोई श्लोक कंठ हो जाता। नियम यह रक्खा गया कि अब उसी विद्वान् को पुरस्कार दिया जावेगा, जिसके श्लोक को ये तीनों विद्वान् सहमत होकर नया बतावेंगे। जिसका परिणाम यह हुआ कि पंडितों का पुरस्कृत होना उतना सुगम नहीं रह गया, जितना पहले था। जब कोई पण्डित सभा में आकर श्लोक पढ़ता तो सभा का पहला विद्वान् कहता कि 'यह श्लोक पुराना है। देखो, मुझको याद है।' कारण यह था कि उसको एक बार श्लोक सुनने से ही याद हो जाता था। आगत पण्डित ने श्लोक पढ़ा नहीं कि उसे श्लोक याद हो जाता और वह उसे पढ़ यथातथ्य सुना देता। क्रमशः श्लोक पढ़े जाने पर दूसरे और तीसरे विद्वान् को भी श्लोक याद हो जाता और वे भी उसको सुनाकर यही कहते कि यह श्लोक प्राचीन है। ऐसी अवस्था में आगत पण्डित उनका मुँह देखता रह जाता। सम्मानार्ह पूज्य विद्वानों के साथ वह व्यवहार नहीं होता था। उन्हीं लोगों के सिर यह बला आती जो लाख रुपये के मोह में पड़कर साधारण-से-साधारण श्लोक रचकर राजसभा में उपस्थित होते। प्रतिभा-सम्पन्न विद्वान् सभा में सदा पुरस्कृत होते रहे और धारा-नगराधीश की दान-धारा सदा प्रवाहित होती रही। एक बार एक विद्वान् ने राज सभा में आकर यह श्लोक सुनाया—

राजन्श्रीभोजराजत्रिभुवनविजयी धार्मिकस्तेपिताऽभूत्।
पित्रातेनगृहीता नवनवतिमिता रत्नकोटिर्मदीया॥
तां त्वं देहि त्वदीयैस्स्कलबुधवरैः ज्ञायते वृत्तमेतत्।
नो चेज्जानन्ति तेवै नवकृतमथवा देहि लक्षम् ततो मे॥

'हे त्रिभुवन-विजयी महाराज भोज! आपके पितृदेव धार्मिक थे। उन्होंने निन्नानवे करोड़ रत्न मुझ से ऋण लिए। आप उसको दीजिए। आपके विवुधवर इसको जानते हैं। यदि वे नहीं जानते हैं, और मेरा यह श्लोक नवकृत है, तो जाने दीजिए, मुझको एक लाख ही दीजिए।'

इस श्लोक को सुनकर राजसभा के विवुध चिन्तित हो गये। उन्होंने सोचा कि यदि हम इसे प्राचीन कहते हैं, तो निन्नानवे करोड़ का झगड़ा सामने आता है। इसलिए उनको विवश होकर श्लोक को नया कहना पड़ा और श्लोक में कोई उल्लेखनीय बात न होने पर भी महाराज भोज ने कवि को एक लाख मुद्रा प्रदान किया। श्लोक में अभद्रता है, असंयत भाव है। अतएव आधुनिक पण्डित जब इस श्लोक को सुनते हैं, नाक-भौं सिकोड़ते हैं और कहते हैं, यह श्लोक कदापि पुरस्कार योग्य नहीं है। मैं कथानक को सत्य नहीं मानता। एक दूसरे विद्वान् की राय यह है कि श्लोक में रचना-चातुरी है, निर्भीकता है, एक विरोधी संगठन का मानमर्दन है और है विलक्षण

प्रतिभा विकास । इसलिए वह पुरस्कार योग्य अवश्य है। मतभिन्नता स्वाभाविक है; किन्तु, जिसमें सहृदयता, उदारता, द्रवणशीलता, परायणता और परोपकार-प्रवृत्ति होती है, साथ ही जिसके हृदय में विशेषाधिकार और उत्तरदायित्व भी होता है, उसकी सूझ-बूझ भी असाधारण होती है। अनेक अवस्थाओं में वह सर्व-साधारण की बोधगम्य नहीं होती। धाराधीश की दान-धारा ऐसी ही है। अतएव वह प्रशंसनीय है, और उनकी कलित कीर्ति की वह कान्त ध्वजा है, जो आज तक भारत-धरा में उड़-उड़कर उनको उन गौरवों से गौरवित कर रही है, जिसका अधिकारी उन-जैसा कोई महादानी हो सकता है।

पति-सेवा

सेवा भक्ति की परम प्रिय पुत्री है। यह हर्ष और गौरव की बात है कि उसका देश में प्रचुर प्रचार हो रहा है। आज दिन सब ओर देश-सेवा, जाति-सेवा, समाज-सेवा आदि की धूम है। किन्तु, न जाने क्यों, पति-सेवा अच्छी दृष्टि से नहीं देखी जाती, उसे सपत्नी समझा जाता है। शायद दासी कहलाने का भाव मड़राता रहता है। जिसकी दृष्टि में साम्यवाद बसा है, वह दासी बनना कब पसन्द करेगी। किन्तु यह भ्रम है, सेवा साम्यवाद की सहचरी है। जिसको उच्चता का अभिमान है, वही किसी को नीच समझकर उसकी सेवा करना पसन्द न करेगा। जब सभी समान हैं, तो किसी को किसी की सेवा करने में संकोच क्या? स्त्री-पुरुष तो समान ही नहीं, और कुछ भी हैं, वे औरों की अपेक्षा अधिक समान हैं, फिर परस्पर एक दूसरे की सेवा करने में संकोच क्या? क्या पुरुष स्त्री की सेवा नहीं करते? माँ, बहिन, बेटी की बात जाने दीजिये, मैंने पुरुषों को महीनों रात-रात भर जागकर अपनी अर्द्धाङ्गिनी की सेवा करते देखा है। क्या इससे वे उसके दास हो गये? नहीं, वरन् उन्होंने अपना बहुत बड़ा कर्तव्य-पालन किया; क्योंकि अन्यों से स्त्री का अपने पुरुष पर अधिक दावा है। फिर स्त्री को पुरुष की सेवा करने का क्या विरोध? यह तो उसका धर्म है। स्त्री-पुरुष परस्पर इतने बँधे हुए हैं कि एक को दूसरे की आवश्यकता पूरी करनी ही होगी, इसमें दंभ कैसा? भगवान मनु कहते हैं:—

संतुष्टो भार्यया भर्ता भर्ता भार्या तथैव च।
यस्मिन्नैव कुले नित्यं कल्याणं तत्र वैध्रुवम्।

जिस कुल में स्त्री से पुरुष प्रसन्न रहता है और पुरुष से स्त्री, उसका अवश्य कल्याण होता है।

सेवा-भाव आर्य-संस्कृति का एक अंग है। इसीलिये चाहे रामायण-महाभारत में देखिये, चाहे पुराण-उपपुराण में, पति की सेवा करना स्त्री का धर्म बतलाया गया है। कारण इसका यह है कि सेवा-प्रवृत्ति स्त्रियों में स्वाभाविक होती है। वह उदारहृदया,

कोमलमना और दयाशीला होती हैं। दूसरे का दुःख देखकर द्रवीभूत होना उनका प्रधान गुण है। उनमें सहनशीलता भी अधिक होती है; सेवा के लिये यह गुण अधिकतर अपेक्षित है। जिसमें कष्ट-सहिष्णुता नहीं, वह स्थिर चित्त से सेवा-भाव परायण नहीं हो सकता। सन्तान को दस मास गर्भ में धारण करके उसे जन्म देना और आत्मोत्सर्ग कर चिर काल तक तन्मयता से उसकी सेवा करना माता का ही काम है, और इसीलिये मनु के कथनानुसार 'सहस्रंतु पितृन्माता और गौरवेणाति रिच्यते', माता पिता से गौरव में सहस्र गुण अधिक है। यदि माताओं में यह अलौकिक सेवा-भाव न होता, तो धरातल आज सन्तानशून्य होता। पशु-पक्षियों तक में यह भाव इतना ही प्रबल होता है कि देखकर आश्चर्य होता है। रण में जिस समय पुरुष जाति शस्त्र-संचालन में उन्मत्त दिखलाई देती है उस समय धीर भाव से महिलाएँ (नर्सें) घायलों और रोगियों की परिचर्या में निरत रहती हैं। जिसके सेवा-भाव का प्रवाह इतना सबल है, पतिदेव की सेवा की सच्ची अधिकारिणी वही है, शास्त्रों की आज्ञा का मर्म यही है। क्योंकि, पति की हितकारिणी संसार में पत्नी के समान कौन है? विपत्ति में, कष्ट में, दुखों के अन्य अवसरों पर पति की सेवा जिस लगन और तन्मयता से पत्नी कर सकती है, अन्य नहीं। प्रत्येक कार्य के लिये योग्य अधिकारी ही अपेक्षित होता है। शास्त्र इस सिद्धान्त की उपेक्षा कैसे करता? सदा से सेवा का भार उसी पर पड़ता आया है, जो समीपी होता है। अर्द्धांगिनी—पत्नी से बढ़कर समीपी संसार में दूसरी कौन है? फिर पति-सेवा यदि उसका कर्तव्य न कहा जावे तो किसका कहा जावे?

गोस्वामी तुलसीदासजी की रामायण पवित्र आर्य-संस्कृतियों और महान आदर्शों का भाण्डार है। श्रीमती जनकनन्दिनी सती साध्वी स्त्रियों की शिरोमणि हैं। उनके विषय में गोस्वामीजी एक स्थान पर लिखते हैं:—

पति अनुकूल सदा रह सीता। सोभा खानि सुसील विनीता।
यद्यपि गृह सेवक सेवकिनी। विपुल सकल रोवा विधि गुनी।
निज कर गृह परिचरजा करहीं। रामचन्द्र आयसु अनुसरहीं।

'पति अनुकूल सदा रह सीता' इस पद्य में 'सदा' का प्रयोग बड़ा ही मार्मिक है। किसी अवस्था में श्रीमती जनकनन्दिनी पति-प्रतिकूलाचरण नहीं करतीं, यह इसका भाव है। यौवन बड़ा प्रमादी है। गृह के झमेले, आत्मपरायणता, अहंभाव, कभी-कभी ऐसे काण्ड उपस्थित कर देते हैं जिनसे प्रायः पत्नी में मनो-मालिन्य हो जाता है और कई दिन तक चलता रहता है, आपस में बातचीत तक बन्द हो जाती है। ऐसी अवस्था में प्रतिकूलाचरण स्वाभाविक है, चाहे वह साधारण ही हो। महारानी विक्टोरिया की पतिपरायणता, सरलता और विनयशीलता विश्व-विदित है। वे एक साधु-स्वभाव महिला

थीं। एक दिन यौवन के उमंग में अपने परम प्रिय पति प्रिन्स अलबर्ट के साथ बात ही बात में वे ऐसा व्यवहार कर बैठीं कि वे रुष्ट हो गये और दूसरे कमरे में जाकर उसके किवाड़ लगा लिये। थोड़ी ही देर में पति-प्राणा को यह बात खटकी। वे अपने स्थान से उठीं और किवाड़ों को सविनय खुलवाकर पतिदेव को मना लिया। जो कुछ उन्होंने किया, इससे उनकी विशाल हृदयता सूचित है। किन्तु यौवन-प्रमाद की झलक उसमें मौजूद है। कहा जा सकता है, ये चढ़ती जवानी के रंग-रहस्य और चोचले हैं, इनको प्रतिकूलाचरण नहीं कह सकते। किन्तु, यह विचार ठीक नहीं। अनबन की जड़ प्रतिकूलाचरण है, चाहे वह कितनी ही थोड़ी मात्रा में क्यों न हो। गोस्वामीजी का 'सदा' शब्द इसी भाव का सूचक है। श्रीमती जानकी देवी इतनी साध्वी थीं कि ऐसी नौबत कभी आती ही न थी।

'सोभा खानि सुसील विनीता', इस पद्य में 'सोभा खानि' का प्रयोग मार्के का है। नीति-ग्रन्थों में लिखा है, 'भार्या रूपवती शत्रु', क्यों? इसलिए कि वह गर्ववती होती है, उसमें ऐंठ बहुत होती है, उसकी नाजबरदारी करते-करते पतिदेव का नाकों दम रहता है। जब वह कितनों को अपनी ओर लालायित आँखों से अवलोकन करते देखती है तो उसका मिजाज चढ़ जाता है। इसीलिये रूपवती भार्या को शत्रु कहा गया है। श्रीमती जनकनन्दिनी स्वयं श्री हैं, इसलिये उनकी शोभा का क्या कहना। किन्तु, 'सोभा खानि' होकर भी वे सुशील और विनीत थीं। यह बात इसी से प्रमाणित होती है कि वे सदा पति के अनुकूल रहती थीं। जो पति-प्राणा है, वह सुशीला और विनय-नम्र क्यों न होगी? जो समझती है 'वाही के सुहाग से सुहागिनी भई हौं बीर वाही रूपवारे रूप ही ते भई रूप सी' उसमें कैसी ऐंठ? कैसा रूप-गर्व और कैसा मिजाज? जिसकी यह अवस्था है कि 'रूप सुधा अकली ही पियै पियहूँ को न आरसी देखन देति है' वह नाजबरदारी की भूखी क्यों होगी? और क्यों न चाहेगी कि मैं अपने प्यारे का कौन प्रिय करूँ, क्यों न उन्हें अपनी आँखों का तारा बनाकर रखूँ।

इसके उपरान्त गोस्वामीजी लिखते हैं—"यद्यपि सकल सेवा-विधि में दक्ष घर में अनेक दास-दासियाँ हैं, फिर भी सीता देवी अपने हाथ से घर की सेवा-टहल करतीं और पति के आज्ञानुसार चलती रहती हैं।" कौन सीता देवी? जो शोभाखानि हैं, चक्रवर्ती की पुत्र-वधू हैं और मिथिलाधिपति की प्रिय पुत्री। उनकी इस गृहिणीवर्ग की महत्ता को प्रथम के दो चरणों ने कितना चमका दिया है, उसका विचार सहृदयजन भली-भाँति कर सकते हैं। आज पति-सेवा के साथ गृह-सेवा से भी नाक-भौं चढ़ाई जा रही है, उसका भी बॉयकाट किया जा रहा है। क्यों? इसलिये, कि जब पति-सेवा ही इष्ट नहीं, तो गृह-सेवा के जंजाल में कौन पड़े? कौन आग के सामने बैठकर अपने रूप पर आँच आने दे? कौन धुएँ में बैठकर अपनी आँखें फोड़े? कौन फूल-से कोमल हाथों से गर्म-गर्म

बर्तनों को पकड़े? कौन चौके में बैठे? कौन तहदार साड़ियों को मैली होने दे? ये सब काम तो लौंड़ियों के हैं, गृह-स्वामिनी के नहीं। रसोई अच्छी न बने, बला से न बने, पतिदेव आधे पेट खाकर उठ आवें तो उठ आवें, घरवाले मुँह फुलावे तो फुलावें, उनको सैर-सपाटे, क्लबों से छुट्टी कहाँ, जो वे इन पचड़ों में पड़ें। यह पाश्चात्य शिक्षा-दीक्षा का प्रभाव है। इससे समाज में रोमांचकर असुविधाएँ फैल रही हैं। थोड़ी पूँजीवालों का तो नाकों दम है। परन्तु अभी आँखें ठीक-ठीक नहीं खुलीं। पतन पर पतन होता जा रहा है। हिन्दू-आदर्श से ही हिन्दू जाति का भला हो सकता है। भगवती विदेह-नंदिनी ही हमारी कुल-ललना का आदर्श हो सकती हैं, अन्य नहीं। शास्त्रों की कुछ आज्ञाएँ भी देखियेः—

सदा प्रहृष्टयाभाव्यं गृह कार्येषु दक्षया।
सुसंस्कृतोपस्करया व्यये चामुक्त हस्तया।

—मनु

भोजनेचरुचितमिदमस्मै द्वेष्यमिदम् पथ्यम्
इदम् इति च विन्ध्यात्।
स्वरम्वहिरुपश्रुत्य भवनमागच्छतः किम्
कृत्यमितिब्रुवती सज्जा भवन मध्येतिष्ठेत,
'परिचारिकामपनुद्य स्वयम् पादौप्रक्षालयेत्'
'पश्चात् संवेशनम् पूर्वमुत्थान मनवोधनम्
चसुप्तस्य।'

—वात्स्यायन

'स्त्री को चाहिये—सदा आनन्दित रहे, गृह-कार्य में दक्ष हो, तमाम सामानों को सँभालती एवं सुधारती रहे और काम हाथ दबाकर करे। भोजन-पदार्थों में इसका विचार रखे कि किसको क्या रुचता है और किसके लिये क्या पथ्य और क्या अपथ्य है।'

'घर आते हुए पति की आवाज बाहर सुनकर सज्जा-भवन में आकर खड़ी हो जावे और कृत्य के विषय में उसकी आज्ञा ले।'

'परिचारिकाओं अर्थात् दासियों को हटाकर स्वयम् उसका पाँव धोवे।'

'पीछे सोना और पहले उठना चाहिये, जो पति आराम में हो तो जगाने की चेष्टा न करे।'

सम्भव है कि इन पंक्तियों को पढ़कर यह समझा जावे कि इनमें दासीकरण की ही कला है; किन्तु वास्तव में ऐसा नहीं है। जिससे अहंभाव के अंधकार में मानवता-कौमुदी का विकास हो, अलसप्रकृति, कटु स्वभाव, उच्छृङ्खल मनोवृत्ति का नियमन हो, इनमें इसी प्रकार की मधुर शिक्षा है। आजकल उद्दाम प्रवृति को अच्छा समझा जाता है, मानवता

से अहमहमिका अधिक पसन्द की जाती है, आत्मप्रतारण को आत्म-गौरव कहा जाता है, और मानसिक दुर्बलता को महत्ता। किन्तु, दुर्गुण दुर्गुण है और गुण गुण। दुर्गुण गुण कदापि नहीं हो सकता। मोह-ममता की रात्रि व्यतीत होने पर सूर्य का उदय होता है। उस समय मानवता की किरणें ही फूटती दिखलाती हैं।

एक दिन एक सज्जन के साथ मैं उनके मकान पर गया। दिन मेले का था। अपने साथ शेषशायी भगवान का एक चित्र वे लेते गये थे। जिस समय हम लोग बैठे, उनकी श्रीमती सामने आयीं। उन्होंने चित्र उन्हें दे दिया। उसे उन्होंने एक बार देखा, भौहें टेढ़ी कीं, और टुकड़े-टुकड़े करके फेंक दिया। पतिदेव ने कहा—हैं हैं, यह क्या!

उन्होंने कहा—यह चित्र यही दिखलाने को न लाये हो कि लक्ष्मी बैठी विष्णु भगवान का पाँव मल रही हैं। मैं ऐसा आदर्श पसन्द नहीं करती। स्त्रियाँ पुरुषों की दासी नहीं हैं। मैं ऐसी तसवीरों को फाड़कर फेंक देना ही अच्छा समझती हूँ। यह कहकर श्रीमती भीतर चली गयीं और वे मेरा मुँह देखने लगे। आजकल ऐसी प्रवृति प्रबल हो रही है और हमारे समाज में हलचल मचा रही है।

ऐसी प्रवृति स्त्री की ही नहीं; पुरुष भी प्रायः कहा करते हैं कि हिन्दू-ग्रन्थों में स्त्रियों को उच्च स्थान दिया ही नहीं गया, वे प्रायः दासी ही समझी गयी हैं। किन्तु, ऐसा कहना बहुत बड़ा अज्ञान है। विचार की संकीर्णता ही इस अज्ञान का कारण है। यदि जिज्ञासा-दृष्टि से हिन्दू-ग्रन्थों का अध्ययन किया गया होता तो ऐसी अनर्गल बात कदापि न कही जाती। मैं कुछ प्रमाण दूँगा—

अर्धम् भार्या मनुष्यस्य भार्या श्रेष्ठतमः सखा।
भार्या मूलत्रिवर्गस्य भार्या मूलंतरिप्यतः । 1 ।
सखायः प्रविविक्तेषु भवंत्येदाप्रियम्वदा।
पितरो धर्म कार्येषु भवंत्यार्तस्यमातरः । 2 ।
...रेप्वपि विश्रामो जनस्याध्वनिकस्यवै।
...सविश्वास्यस्तस्मात् दारापरागतिः । 3 ।
आत्मात्म नैवजनितः पुत्र इत्युच्यतेबुधैः।
तस्मात् भार्याम् नरःपश्येन्मातृवत्पुत्र मातरम् । 4 ।

—महाभारत

यत्रनार्यस्तु पूज्यन्ते रमन्ते तत्र देवता।

—मनु

दाम्पत्येर्व्युतूक्रमेदोषः समः शास्त्रे प्रकीर्तितः।
नरान् तमवेक्षन्ते तेनात्र वरमङ्गना ॥ 1 ॥

—वराहमिहिर

भार्या मनुष्य का आधा शरीर और श्रेष्टतम सखा है। भार्या अर्थ, धर्म और काम का मूल है। प्रियम्वदा भार्या असहाय की सहाय, धर्म-कार्य में पिता-स्वरूप, आर्त व्यक्ति की जननी और संसार-पथ-पथिकों का विश्रामस्थल है। भार्यावान व्यक्ति ही सबका विश्वासभाजन बनता है, इसलिये भार्या ही परागति है। पति की आत्मा ही पत्नी के गर्भ में प्रविष्ट होकर पुत्र-रूप से जनमता है; इसलिये भार्या माता-समान मानी जाती है। जहाँ स्त्रियों की पूजा होती है, वहाँ देवतों का निवास होता है। शास्त्रों ने दाम्पत्य धर्म तोड़ने को दोष माना है। पुरुष इसकी परवा नहीं करते, इसलिये स्त्रियाँ ही श्रेष्ठ हैं।

कविता-विभूति-सम्पन्न भवभूति की बातें भी सुन लीजिये। 'उत्तर रामचरित' में भगवान रामचन्द्र के मुख से एक स्थान पर वे यह कहलाते हैं:–

इयं गेहे लक्ष्मीरियममृतवर्तिर्नयनयो।
रसावस्याः स्पर्शोवपुषिबहुलश्चन्दन रसः।
अयं बाहुः कण्ठे शिशिरमसृणो मौक्तिकसरः।
किमस्या न प्रेमो यदि परम सह्यस्तु विरहः।

'यह मेरे घर की लक्ष्मी है, आँखों की अमृत-शलाका है, इसका स्पर्श शरीर के लिये गाढ़ा चन्दन-रस है, इसकी भुजा मेरे गले में मोतियों की माला की भाँति शीतल और सुखद है, वियोगजनित दुख को छोड़कर मुझे सीता की कौन बात प्यारी नहीं!'

एक दूसरे स्थान पर उनकी लेखनी ने यों रस-वर्णन किया है:–

त्वं जीवितं त्वमसि में हृदयं द्वितीयं
त्वं कौमुदी नयनायोरमृतं त्वमंगे।

'तुम मेरा जीवन हो, मेरा द्वितीय हृदय हो, मेरी आँखों के लिये चन्द्रमा की चाँदनी और शरीर के लिये अमृत-रस हो।'

इन कतिपय पंक्तियों में स्त्री-जाति की महत्ता के विषय में जो कहा गया है, उससे अधिक क्या कहा जा सकता है। शास्त्र उदार और तत्वग्राही हैं। उनकी अनुभूति महान् और अत्यन्त समीचीन है। उनकी दृष्टि एकदेशी नहीं, व्यापक और उदात्त है। यह दूसरी बात है कि कोई मणि को काँच समझे। स्त्री और पुरुष दोनों के लिये उचित शिक्षाएँ उनमें मौजूद हैं। संसार को उन्होंने गम्भीर दृष्टि से देखा है और चिरकाल तक उसके विषयों को मनन किया है; इसलिये वास्तव में उनका कथन भव-भेषज है। वह किसी को कड़वी मालूम हो; किन्तु है वह मानसरोग की अमोघ चिकित्सा। दाम्पत्य धर्म उत्तरदायित्व पूर्ण है, थोड़ी असावधानी से वह विषमय हो सकता है। तपस्या से गृहक्षेत्र में अधिक इन्द्रिय-निग्रह और साधना की आवश्यकता है। वहाँ इतने विघ्न सामने नहीं

आते, जितने यहाँ। पुरुष-जाति से स्त्री-जाति पर उसका उत्तरदायित्व अधिक है; क्योंकि गृहिणी और गृहलक्ष्मी वही है। गृह के भाण्डार पर उसी का अधिकार होता है; इसलिये अन्नपूर्णा भी उसी को कहते हैं। यदि वह यह नहीं समझ सकती है कि मैं क्या हूँ, यदि उसका आत्मज्ञान अपूर्ण है तो वह संसार क्षेत्र में असफल रहेगी और उस एक के कारण स्वर्ग-समान गृह नरक बन जावेगा। जैसे अन्न-वस्त्र की सुव्यवस्था करना कर्तव्य है उसी प्रकार कष्ट के समय उचित सेवा करना भी कर्तव्य है। आर्त्त और पीड़ित की सेवा कर जो आत्मप्रसाद लाभ होता है, वह बड़ा ही उदात्त होता है, क्योंकि उसमें मानवता की झलक विशेष होती है। मैंने देखा है कि चोट लग लाने पर, मूर्च्छित हो जाने पर बड़े प्रतिष्ठित लोग भी साधारण जन की सेवा करने लगते हैं। इससे उनकी प्रतिष्ठा अधिक होती है, कम नहीं। पति परिश्रान्त है और पत्नी ने पंखा झल दिया तो उसने शिष्टता ही की, आत्मीयता का ही परिचय दिया, इसमें उसकी लघुता क्या हुई? यदि पति पीड़ित है, रुग्ण है, कष्ट में है तो उसकी सेवा करना क्या पत्नी का धर्म नहीं है? यदि नहीं है, तो उसमें सहानुभूति कहाँ, ममता कहाँ, स्नेह कहाँ? ऐसी पत्नी पत्नी नहीं है, वह कुछ और है। वह स्वार्थमयी है, प्रेममयी मानवी नहीं। वह लोक-निन्दा का पात्र तो बनती ही है, साथ ही संसार में उपेक्षित भी होती है। आज भी घर-घर ऐसी कुलललनाएँ हैं, जो पति के कष्ट को देखकर व्यथित हो जाती हैं और रात-दिन उनकी सेवा करके भी तृप्त नहीं होतीं। सच्ची बात तो यह है कि यदि वे ऐसा न करें तो उनका मन ही नहीं मानता। वे भूख-प्यास भूल जाती हैं, तन की सुध भूल जाती हैं, पर पति की सेवा को नहीं भूलतीं, उनको थोड़ी देर के लिये भी पति की चारपाई के पास से हटना गवारा नहीं होता। मुँह बनाकर कहा जा सकता है, वे निन्दनीय दासी हैं। परन्तु वे सच्ची देवी हैं; क्योंकि दिव्य गुण उन्हीं में हैं।

पति-सेवा का यह अर्थ नहीं कि दबकर उसका पाँव दबाया जावे, मूठी में रखने के लिये उसका तलवा सहलाया जावे, मतलब गाँठने के लिये दबी बिल्ली का स्वाँग लाया जावे। यद्यपि ऐसा बहुत किया जाता है; किन्तु इनमें स्वार्थ की गंध है। अतएव ये विडम्बनाएँ हैं, सच्ची पति-सेवा नहीं। हृदय के सच्चे भाव से, बिना किसी कामना के पति-हित में रत रहना, दुःख में उस पर उत्सर्ग होना, उसके जीवन को आनन्दमय और उसके संसार को सुखमय बनाना ही सच्ची पति-सेवा है। स्मरण रहे, बाह्य सौन्दर्य से हृदय-सौन्दर्य ही उत्तम होता है।

उत्पत्ति-काल

अपभ्रंश भाषा की कविता से चन्द की कविता मिलती है। दोनों में साम्य है। परिवर्तन होते-होते अपभ्रंश भाषा की कविता संस्कृत से दूर हो गयी और वर्तमान हिन्दी के निकट आ गयी। कविवर चन्द तेरहवें शतक के आदि में हुए हैं। कहा जाता है कि ग्यारहवें शतक के अन्त तक अपभ्रंश का प्रचार था। इसके उपरान्त वह हिन्दी के रंग में ढलने लगी। कवि चन्द हिन्दी भाषा के आदि कवि हैं। उनके पहले भी कुछ कवि हो गये हैं, जिनमें खुमान, कुतुबअली, साईं दानचरण, फैज अकरम और पुष्प कवि का नाम विशेष उल्लेख-योग्य है; परन्तु हिन्दी भाषा के आदिम प्रौढ़ कवि चन्दबरदाई ही हैं। इनके पहले के कवियों के न तो कोई काव्य कहलाने योग्य उत्तम ग्रन्थ मिलते हैं और न उनकी भाषा ही टकसाली अथवा वास्तविक हिन्दी कही जा सकती है; अतएव हिन्दी भाषा के आदि कवि होने का सेहरा चन्द बरदाई के ही सिर है।

चन्द बरदाई का ग्रन्थ 'पृथ्वीराज रासो' विशाल ग्रन्थ है। उसकी भाषा में भी भिन्नता है। उसमें कई प्रकार की रचनाएँ हैं। वह केवल चन्द की कृति भी नहीं है। ग्रन्थ का अन्तिम भाग उसके योग्य पुत्र जल्ह-द्वारा लिखा गया है। अतएव, रासो के विषय में संदिग्ध बातें कही-सुनी जाती हैं, तथापि उसकी अधिकांश भाषा ग्रन्थ की सामयिक बातों का वास्तविक उल्लेख, उस काल की सभ्यता के आदर्श, रासो को हिन्दी भाषा का आदि ग्रन्थ मानने के लिये विवश करते हैं। कुछ उसकी भिन्न प्रकार की रचनाएँ उद्धृत की जाती हैं।

दोहा

पूरन सकल विलास रस, सरस पुत्र फल दान।
अन्त होइ सहगामिनी, नेह नारि को मान॥
समदरसी ते निकट है, भुगति मुगति भरपूर।
विखम दरस वा नरन ते, सदा सरवदा दूर॥

ये पद्य बिल्कुल प्रौढ़ हिन्दी-काल के मालूम होते हैं—

हरित कनक कान्ति कापि चंपेब गौरी,
रसित पदुम गंधा फुल्ल राजीव नेत्रा।
उरज जलज शोभा नाभिकोशं सरोजं,
चरण-कमल हस्ती लीलया राजहंसी॥

ऊपर जो दो कविताएँ लिखी गयी हैं, वे इन नीचे की दोनों रचनाओं से भिन्न हैं। अधिकांश स्थल पर चन्द की कविता बड़ी मनोहारिणी है। सम्भव है कि रासो में कुछ प्रक्षिप्त अंश भी हो; किन्तु जिन कविताओं में चन्द या जल्ह का नाम आया है, उनके तात्कालिक रचना होने में सन्देह नहीं। रासो बड़ा सुन्दर काव्य है और साहित्य की सम्पूर्ण कलाओं से अलंकृत है।

कविवर चन्द बरदाई के बाद चौदहवें शतक के मध्य काल में हमारे सामने दो भाषाओं के दो महान् विद्वान् आते हैं—एक संस्कृत विद्या का विदग्ध और दूसरा अरबी-फ़ारसी का आलिम। दोनों ही भगवती वीणा-पाणि के वर पुत्र, सरसहृदय और कविता देवी के भावुक भक्त हैं। उन्होंने हिन्दी के मनोरम उद्यान में बड़े सुन्दर सुमन खिलाये हैं। एक ने पूर्वी हिन्दी की उज्ज्वल और परम ललित रचना की नींव डाली है और दूसरे ने खड़ी बोली की मनोहर कविता का आदि रूप सामने उपस्थित किया है। एक मैथिल-कोकिल हैं और दूसरा बुलबुल हजार दास्तान। एक का नाम है विद्यापति ठाकुर और दूसरे का अमीर खुसरो। यदि कोमल-कान्त पदावली के जनक संस्कृत में जयदेव हैं, तो हिन्दी भाषा में कलित ललित मधुर रचना के पिता विद्यापति। वे हृत्तन्त्री को निनादित कर कहते हैंः—

ललित लवंग लता परिशीलन कोमल मलय समीरे।
मधुकर निकर करम्बित कोकिल कूजित कुञ्ज कुटीरे॥

तो ये मानस-मृदंग को मुखरित कर यों मधुर आलाप करते हैंः—

नन्दक नन्दन कदम्बेर तरु तरे धिरे धिरे मुरलि बजाव।
समय सँकेत निकेतन बइसल वेरि वेरि बोलि पठाव॥
जमुना का तिर उपवन उदवेगल फिरि फिरि ततहि निहारि।
गोरस बिकइ अबइते जाइत जनि जनि पुछ बनमारि॥

इस प्रकार के सहस्रों ललित पद उनके ग्रन्थ में मौजूद हैं। नीचे के दोहे कितने मनोहर हैं।

खुसरो रैन सुहाग की जागी पीके संग।
तन मेरो मन पीउ को भये दोऊ एक रंग॥
स्याम सेत गोरी लिये जनमत भई अनीत।
एक पल में फिर जात हैं जोगी का के मीत॥
गोरी सोवे सेज पर मुख पर डारे केस।
चल खुसरो घर आपने रैन भई चहुँ देस॥

इस सहृदय सुकवि की एक बिल्कुल खड़ी बोली की कविता देखिए। यह आकाश की पहेली है।

एक थाल मोती से भरा, सबके सिर पर औंधा धरा।
चार ओर वह थाली फिरे, मोती उससे एक न गिरे॥

इन दोनों सज्जनों की कविताओं को पढ़कर आश्चर्य होता है कि किसी आदर्श के न होने पर भी इन लोगों ने कितनी सरस, टकसाली और सुन्दर हिन्दी लिखी है। हमारा विचार है कि कोई कविता-पुस्तक न होने पर भी यह नहीं कहा जा सकता कि इस प्रकार की भाषा का देश में उस काल प्रचार न था। सैकड़ों भजन, गीत और गाने की चीजें उस समय अवश्य होंगी, और उनसे इन लोगों को कम सहारा न मिला होगा, यही बात चन्द बरदाई के लिये भी कही जा सकती है।

मैथिल कोकिल की भाषा तो इतनी प्यारी और सुन्दर है, उनका कल-कूजन इतना आकर्षक है कि बंगाल, बिहार और संयुक्त प्रान्त तीनों उनको अपनी-अपनी भाषा का महाकवि मानकर अपने को गौरवान्वित समझते हैं।

यही हिन्दी का उत्पत्ति-काल है।

राष्ट्रभाषा

भारतवर्ष की राष्ट्रभाषा कौन हो सकती है, इस विषय पर बहुत कुछ लिखा जा चुका है और अब भी लिखा जा रहा है। मत-भिन्नता स्वाभाविक है। सबके विचार एक-से नहीं होते। किसी की दृष्टि संकीर्ण होती है, किसी की व्यापक। कोई उदात्त भाव से ऊँचे उठकर लेखनी चलाता और सोचता है, कोई अपने स्वार्थ पर विशेष दृष्टि रखकर अपने भावों को प्रकट करता है। इसलिये मत-द्वैध होना आश्चर्यजनक नहीं।

देश और जाति-हित के विषय में भी इसी प्रकार की प्रवृति दृष्टिगत होती रहती है। आवश्यकता और स्वार्थपरता की जटिलता अविदित नहीं। फिर भी अपना विचार प्रकट करने का अधिकार सभी को है। इसी सूत्र से उक्त विषयों पर मैं भी अपना विचार प्रकट करता हूँ।

किसी देश की राष्ट्रभाषा वही भाषा हो सकती है जो देश व्यापिनी हो और जिसे सर्वसाधारण का अधिकांश भाग भी समझ सकता हो। यह सत्य है कि सर्वसाधारण का ज्ञान उतना नहीं होता जितना विद्वज्जनों और पढ़े-लिखे लोगों का होता है। किन्तु, जो भाषा ऐसी होती है जो विद्वज्जनों और पंडित-समाज तक ही परिमित होती है, वह राष्ट्रभाषा की अधिकारिणी नहीं हो सकती। साहित्यिक भाषा और बोलचाल की भाषा में प्रायः अन्तर होता है। इसीलिये राष्ट्रभाषा बनने की अधिकारिणी प्रायः बोलचाल की भाषा ही होती है।

भारतवर्ष में बोलचाल की भाषा प्रत्येक प्रान्त की भिन्न-भिन्न है। जैसे पंजाब, युक्त प्रान्त, बिहार, बंगाल, उड़ीसा और आसाम की बोलचाल की भाषाओं में अन्तर है, वैसे ही राजस्थान, गुजरात, महाराष्ट्र और मद्रास प्रान्त की बोलचाल की भाषाओं में भी भिन्नता है। ऐसी अवस्था में यह प्रश्न उपस्थित होता है कि भारतवर्ष की राष्ट्रभाषा कौन-सी भाषा हो सकती है। हिन्दी भाषा में यह विशेषता है कि वह युक्त प्रान्त, बिहार, मध्यहिन्द और राजस्थान में भली प्रकार समझी जाती है। पंजाब और उड़ीसा में भी वह विशेष दुर्बोध नहीं है। इसलिये भारत की अन्य प्रान्तीय बोलचाल की भाषाओं से उसकी व्याप्ति अधिक है। इसके अतिरिक्त हिन्दी भाषा में दूसरी विशेषता यह भी

है कि उसमें जो संस्कृत के शब्द आते हैं, वे भारतवर्ष के सब प्रान्तों में समझे जा सकते हैं। जैसे—मुख, नेत्र, धन, जन, प्रकाश, अन्धकार इत्यादि। यह गौरव भारतवर्ष की किसी प्रान्तीय भाषा को नहीं प्राप्त है। अतएव मेरा विचार है—यदि भारतवर्ष की राष्ट्रभाषा हो सकती है तो 'हिन्दी' भाषा ही हो सकती है।

कहा जाता है कि हिन्दी भाषा अधिक संस्कृतगर्भित होती है; अतएव वह बोलचाल से दूर पड़ जाती है। इसलिये वह राष्ट्र-भाषा कदापि नहीं हो सकती। हाँ, यदि वह अधिक सरल और सुबोध बना दी जाय, तो उसका राष्ट्रभाषा होना सम्भव है। परन्तु उर्दू भाषा के पक्षपाती इसको स्वीकार नहीं करते वे कहते हैं—यदि राष्ट्रभाषा हो सकती है तो 'उर्दू' भाषा हो सकती है। एक दल ऐसा है, जो यह कहता है कि न तो हिन्दी भाषा राष्ट्रभाषा हो सकती है, न उर्दू। यदि इन दोनों के मेल से एक अधिक व्यापिनी और सुबोध भाषा का प्रचार किया जाय और दोनों पक्ष का विरोध मिटाने के लिये उसका नाम 'हिन्दुस्तानी' रख दिया जाय और उसे व्यवहार में परिणत किया जाय, तो वह निस्सन्देह राष्ट्रभाषा हो सकती है। इस दल के लोग इसी दृष्टि से आजकल हिन्दुस्तानी की ओर आकर्षित है और अपनी खिचड़ी अलग पका रहे हैं। मैं यह कहूँगा कि इस प्रकार के विचार युक्तिसंगत नहीं हैं। उर्दू कोई अन्य भाषा नहीं है, वह हिन्दी भाषा का रूपान्तर-मात्र है। उसकी जीवन-सर्वस्व हिन्दी भाषा की क्रियाएँ हैं, और हिन्दी भाषा के विभक्ति, प्रत्यय आदि ही उसके अस्तित्व के आधार हैं। इसलिये थोड़े-से अरबी और फ़ारसी के शब्द उसमें आ जाने से यह अन्य भाषा नहीं मानी जा सकती। आजकल हिन्दी भाषा में अंग्रेजी के या योरप की अन्य भाषाओं के रेल, तार, डाक, कचहरी इत्यादि कुछ शब्द मिल गये हैं और मिलते जा रहे हैं। किन्तु, इससे उसके हिन्दीपन में कोई अन्तर नहीं पड़ा है। फिर फ़ारसी या अरबी के कतिपय शब्द उसमें आ जाने से वह हिन्दी छोड़ अन्य भाषा कैसे हो जायगी? कहा जायगा कि उर्दू के पक्षपाती इस दलील को नहीं मान सकते।

वह एक विशेष समाज की भाषा मान ली गयी है और उसका अधिक प्रचार भी है। उसमें बहुत-सी पत्र-पत्रिकाएँ भी निकल रही हैं और अनेक ग्रन्थों की रचना भी हो गयी है। अतएव उसे अन्य भाषा मानना ही पड़ेगा। जिसके जी में आवे, वह उसे अन्य भाषा मान लेवे; परन्तु हिन्दी-संसार अब तक उसको हिन्दी का ही एक रूप मानता आया है। यह हिन्दी-संसार का दुराग्रह नहीं है, उसके विचार में वास्तविकता है।

दिल मल गये गेसुओं में फँस के,
कुम्हला गये फूल रात बस के।

इस शेर में दस शब्द हैं, जिनमें से दो शब्द 'दिल' और 'गेसू' फ़ारसी के हैं और

बाकी आठ शब्द हिन्दी के। बतलाइये, जिस पद्य में आठ शब्द हिन्दी के हैं, वह पद्य 'हिन्दी' का नहीं है और दो शब्द आने से वह 'उर्दू' का हो गया! क्या यह न्यायसंगत कथन है? इसी शेर की बात क्या, उर्दू का कौन शेर ऐसा है जिसमें हिन्दी की क्रियाएँ, विभक्ति, प्रत्यय इत्यादि न भरे हों? ऐसी अवस्था में उर्दू को हिन्दी का रूपान्तर छोड़ और कुछ नहीं कहा जा सकता। हिन्दी के शब्दों को निकाल दीजिए, तो उर्दू उर्दू न रह जायगी। ऐसे ही जिस हिन्दुस्तानी का राग एक दल अलाप रहा है, वह हिन्दी का रूपान्तर न होकर और क्या है? फिर यह कहाँ का न्याय होगा कि हिन्दी का नाम लुप्त कर उसके स्थान पर हिन्दुस्तानी शब्द का प्रयोग किया जाय और उसके चिरकालिक स्वत्व को आघात पहुँचाया जाय? जिस कार्य से देश, जाति और समाज का हित हो, उसके लिये बहुत बड़े से बड़ा त्याग किया जा सकता है, मैं इस बात को स्वीकार करता हूँ। किन्तु, 'हिन्दी' के स्थान पर 'हिन्दुस्तानी' शब्द के प्रयोग ने जो विवाद उपस्थित कर दिया है, उस पर भी दृष्टि डालनी चाहिए। आज दिन उर्दू के पक्षपाती कहते हैं कि उनके उर्दू को मटियामेट कर देने के लिये हिन्दीवालों ने 'हिन्दुस्तानी' शब्द को गढ़ा है। हिन्दी के पक्षपाती यह कहते हैं कि 'हिन्दी' और 'हिन्दुस्तानी' शब्द का एक ही अर्थ है; फिर हिन्दी के गले पर छुरी चलाकर 'हिन्दुस्तानी' नाम क्यों दिया जा रहा है? क्या यह कार्य ऐसा नहीं है जो हिन्दी भाषा की चिरकालिक प्रतिष्ठा में धब्बा लगा रहा है? हिन्दी-संसार ने सरल से सरल हिन्दी लिखी है और उसका प्रचार किया है; किन्तु कभी उसका नाम बदलने की चेष्टा नहीं हुई। अब क्यों व्यर्थ का झगड़ा किया जा रहा है, इसको भाषा-शास्त्र के मर्मज्ञों को विचारना चाहिए। मैंने सरल से सरल हिन्दी के ग्रन्थ लिखे हैं और संस्कृत-गर्भित हिन्दी के ग्रन्थ भी। पर इनमें से किसी का अनादर नहीं हुआ। दोनों प्रकार के मेरे हिन्दी के ग्रन्थ समान रूप से ही आदृत हुए। ऐसी अवस्था में केवल सरलता लाने के बहाने से हिन्दी का नाम ही लोप कर देना कहाँ तक विवेकसंगत है!

मैं ऊपर कह आया हूँ कि हिन्दी में जो संस्कृत के शब्द आते हैं, वे सब प्रान्तों में समझे जा सकते हैं। किन्तु, जो शब्द फ़ारसी-अरबी के आते हैं, वे अन्य प्रान्तों के लिये दुर्बोध होंगे।

"किसी का कब कोई रोज़ेसियह में साथ देता है।
कि तारी की में साया भी जुदा रहता है इन्सां से।"

इस शेर में 'रोज़े सियह', 'तारीकी', 'साया' और 'इन्सां' ऐसे शब्द आये हैं, जिनको दक्षिण के प्रान्तवाले कभी नहीं समझ सकेंगे। किन्तु, यदि इनके स्थान पर 'दुर्दिन', 'अन्धकार', 'छाया' और 'मनुष्य' लिख दिया जाय, तो उनको दक्षिण का

प्रत्येक प्रान्त समझ लेगा। इसलिये कि संस्कृत शब्दों का प्रयोग आवश्यकतानुसार अपनी भाषा में दक्षिणी प्रान्तवाले भी बराबर करते रहते हैं। आर्यभाषा से सम्बन्धित पंजाबी, राजस्थानी, गुजराती, मरहठी, उड़िया, बंगाली एवं आसामी आदि भाषाओं में शुद्ध अथवा अपभ्रंश संस्कृत शब्दों का प्रयोग तो होता ही है, द्राविड़ी, मलयालम और तेलगू आदि भाषाओं में भी इनके प्रयोग की प्रचुरता है। अधिक दूरवर्ती मद्रास प्रान्त के मलयालम भाषा के एक पद्य को देखिए और जिन शब्दों के नीचे लकीर खींची है, उन पर दृष्टि डालिये तो ज्ञात हो जायगा कि मलयालम भाषा में भी किस प्रकार संस्कृत शब्दों का प्रयोग होता है। विस्तारभय से अन्य भाषाओं को छोड़ता हूँ–

<u>शरदचन्द्र</u> <u>उदिच्चु</u> पोङ्गुलितो।
<u>क्षीरांबुधि</u> ताने उपरन्नु काणन्नितो।

यही कारण है कि फ़ारसी-अरबी के शब्द भारतीय अनेक प्रान्तों में अपरिचित और संस्कृत के शब्द परिचित हैं। और यह बात भी ऐसी है कि जो इसको प्रमाणित करती है कि यदि भारत की राष्ट्रभाषा कोई हो सकती है तो 'हिन्दी' ही भाषा हो सकती है, कोई अन्य भाषा नहीं।

एक बात मैं और कहे देता हूँ कि हिन्दी-उर्दू या हिन्दुस्तानी का विवाद न तो समयानुकूल है और न देश-कालोपयोगी। उचित यह ज्ञात होता है कि इस व्यर्थ के विवाद को छोड़कर और उर्दू को हिन्दी का रूपान्तर एवं हिन्दुस्तानी को उसका पर्यायवाची शब्द समझकर शुद्ध हृदय से विवादास्पद विषयों का उठाना हम छोड़ दें। यह कार्य सब प्रकार उपकारक और सामयिकता के अनुकूल होगा।

रही बात लिपि की। इस विषय में मैं इतना ही कहूँगा कि हिन्दी-वर्णमाला-जैसी सरल, पूर्ण, सुविधाजनक एवं यथार्थ उच्चारण की अनुवर्त्तिनी अन्य कोई भाषा है ही नहीं। रोमन लिपि और पारसी अथवा अरबी वर्णमाला में यह दोष है कि लिखा जाता है कुछ और पढ़ा जाता है कुछ। हिन्दी के अक्षर ही ऐसे हैं जिनके द्वारा जो कुछ लिखा जाता है, वही पढ़ा जाता है। और बातें भी इस विषय में बतलायी जा सकती हैं; परन्तु वह पिष्ट-पेषणमात्र होगा। अतएव मैं यही कहूँगा कि राष्ट्र लिपि यदि हो सकती है तो 'हिन्दी' ही हो सकती है, अन्य नहीं।

हिंदी भाषा का उद्‌गम

हिन्दी भाषा की जननी कौन है? उसकी जन्मभूमि कहाँ है? वह वहाँ कैसे उत्पन्न हुई, कैसे लालित-पालित हुई? उसका उगना, अंकुरित होना, पल्लवित बनना, फूलना-फलना अत्यन्त मनोमुग्धकर है। परम ललित लेखनी द्वारा ये बातें लिपिबद्ध हुई हैं, बड़े सुचतुर चित्रकारों ने अपनी चारु तूलिका-द्वारा उसका रुचिर चरित-चित्र अंकित किया है।

हिन्दी भाषा का वर्तमान रूप अनेक परिवर्तनों का परिणाम है। वह क्रम-क्रम विकसित होकर इस अवस्था को प्राप्त हुई है। यह क्रम-विकास कैसे हुआ, उसका निरूपण यहाँ किया जाता है। प्रथम सिद्धान्त यह है कि हिन्दी भाषा की जननी संस्कृत है। पहले वह कई प्राकृतों में परिवर्तित हुई, उसके उपरांत उसने हिन्दी का वर्तमान रूप धारण किया। दूसरा यह कि प्राकृत स्वयं एक स्वतन्त्र भाषा है। वह न तो वैदिक भाषा से उत्पन्न हुई, न संस्कृत से। कालान्तर में वही रूप बदलकर आयी और हिन्दी कहलायी। तीसरा यह कि प्राचीन ही वह उद्‌गम स्थान है, जहाँ से समस्त प्राकृत भाषाओं के स्रोत प्रवाहित हुए हैं। संस्कृत उसी का परिमार्जित रूपान्तर और हिन्दी उन्हीं स्रोतों में से एक स्रोत का सामयिक स्वरूप है। हम मीमांसा करके देखेंगे कि इनमें कौन-सा सिद्धान्त उपपत्तिमूलक है।

सबसे पहले प्रथम सिद्धान्त को लीजिये। उसके प्रतिपादक संस्कृत और प्राकृत भाषा के कुछ प्राचीन विवुध और हमारी हिन्दी भाषा के कुछ धुरन्धर विद्वान् हैं। उनका यह कथन हैः—

"प्रकृतिः संस्कृतम् तत्र भवम् तत् आगतम् वा प्राकृतम्।"

—वैयाकरण हेमचन्द्र

"प्रकृतिः संस्कृतम् तत्र भवत्वात् प्राकृतम् स्मृतम्।"

—प्राकृत चन्द्रिका-कार

'प्राकृतस्य तु सर्वमेव संस्कृतम् योनिः।'

—प्राकृत संजीवनीकार

"यह सर्व सम्मत सिद्धान्त है कि प्रकृति संस्कृत होने पर भी कालान्तर में प्राकृत एक स्वतन्त्र भाषा मानी गयी।"

–स्वर्गीय पंडित गोविन्दनारायण मिश्र

"संस्कृत प्रकृति से निकली भाषा ही को प्राकृत कहते हैं।"

–स्वर्गीय पंडित बदरीनारायण चौधरी

अब दूसरे सिद्धान्तवालों की बातें सुनिये। इनमें अधिकांश बौद्ध और जैन विद्वान् हैं। अपने 'प्रयोग-सिद्धि' ग्रन्थ में कात्यायन लिखते हैंः–

सा मागधी मूल भासानरा ययादि कप्पिका।
ब्राह्मणो चस्सुतालापा सम्बुद्धा चापि भासरे॥

आदि कल्पोत्पन्न मनुष्यगण, ब्राह्मणगण, सम्बुद्धगण, और जिन्होंने कोई वाक्यालाप श्रवण नहीं किया है ऐसे लोग, जिसके द्वारा बातचीत करते हैं, वही मागधी मूल भाषा है।

'पति सम्बिध अत्वूय' नामक ग्रन्थ में लिखा है–"मागधी भाषा देवलोक, नरलोक, प्रेतलोक और पशु-जाति से सर्वत्र प्रचलित है। किरात, अन्धक, योणक, दामिल प्रभृति भाषा परिवर्तनशील है; किन्तु मागधी आर्य और ब्राह्मणगण की भाषा है। इसलिये अपरिवर्तनीय और चिरकाल से समान रूपेण व्यवहृत है।"

महारूप सिद्धिकार लिखते हैं–"मागधिकाय स्वभाव निरूत्तिया" अर्थात् मागधी स्वाभाविक भाषा (अथवा मूल भाषा) है।

अपने पाली भाषा के व्याकरण की अंग्रेजी भूमिका में श्रीयुत सतीशचन्द्र विद्याभूषण लिखते हैं–"धीरे-धीरे मागधी में, जो इस देश में बोली जाती थी, बहुत-से परिवर्तन हुए और आजकल की भाषाएँ–जैसे बंगाली, मरहठी, हिन्दी और उड़िया इत्यादि उसी से उत्पन्न हुई।"*

"जैनेरा अर्द्ध मागधी भाषा केई आदि भाषा बलिगा मने करेन।"
"जैन लोग अर्ध मागधी भाषा को ही आदि भाषा मानते हैं।"

(बँगला विश्वकोश, पृष्ठ 438)

* In course of time this Magadhi—the spoken language of the country underwent immense changes, and gave rise to the modern vernaculars such as Bengali, Marhati, Hindi, Uriya etc.

अब तीसरे सिद्धान्तवालों का विचार सुनिये। यह दल समधिक पुष्ट है। इसमें पाश्चात्य विद्वान् तो हैं ही, भारतीय विद्वानों की संख्या भी न्यून नहीं है।

जर्मन विद्वान् वेनर कहते हैं–"**वैदिक भाषा से ही एक ओर सुगठित और सुप्रणालीबद्ध होकर संस्कृत भाषा का जन्म और दूसरी ओर मानव प्रकृति-सिद्ध और अनियत वेग से वेगवान प्राकृत भाषा का प्रचलन हुआ। प्राचीन वैदिक भाषा ही क्रमशः बिगड़कर सर्वसाधारण के मुख से प्राकृत हुई।**"

(बँगला विश्वकोश, पृष्ठ 433)

विश्वकोष के प्रसिद्ध विद्वान् रचयिता स्वयं यह लिखते हैं–"**वास्तविक आर्य जाति की आदि भाषा वेद में है। इसमें सन्देह नहीं कि इस वैदिक भाषा रूप स्रोतस्वती से ही संस्कृत और प्राकृत दोनों धाराएँ निर्गत हुई हैं।**"

(बँगला विश्वकोश, पृष्ठ 433)

श्रीमान् विधुशेखर शास्त्री अपने पालीप्रकाश नामक बँगला ग्रन्थ में लिखते हैं–"**आर्य्यगण की वेद-भाषा और अनार्यगण की आदिम भाषा में एक प्रकार का संमिश्रण उत्पन्न होने से बहुत से अनार्य्य शब्द वर्तमान कथ्य वेदभाषा के साथ मिश्रित हो गये, इस संमिश्रणजात भाषा का नाम ही प्राकृत है।**"

(पालिप्रकाश प्रवेशक, पृष्ठ 36)

हिन्दी भाषा के प्रसिद्ध विद्वान् श्रीमान् पण्डित महावीर प्रसाद द्विवेदी की यह अनुमति है–"**हमारे आदिम आर्यों की भाषा पुरानी संस्कृत थी, उसके कुछ नमूने ऋग्वेद में वर्तमान हैं। उसका विकास होते-होते कई प्रकार की प्राकृतें पैदा हो गयीं। हमारी विशुद्ध संस्कृत किसी पुरानी प्राकृत से ही परिमार्जित हुई है।**"

(हिन्दी भाषा की उत्पत्ति, पृष्ठ 73)

अब देखना यह है कि इन तीनों सिद्धान्तों में से कौन-सा सिद्धान्त विशेष उपपत्तिमूलक है। प्रथम सिद्धान्त के विषय में मैं विशेष कुछ लिखना नहीं चाहता। वेद-भाषा को प्राचीन संस्कृत कहा जाता है, कोई-कोई वेद-भाषा को वैदिक संस्कृत और पाणिनि काल की और उसके बाद के ग्रन्थों की भाषा को लौकिक संस्कृत कहते हैं। प्रथम सिद्धान्तवालों ने संस्कृत से ही प्राकृत की उत्पत्ति बतलायी है। यदि इस संस्कृत से वैदिक संस्कृत अभिप्रेत है, तो प्रथम सिद्धान्त तीसरे सिद्धान्त के अन्तर्गत हो जाता है और विरोध का निराकरण होता है। परन्तु वास्तव बात यह है कि प्रथम सिद्धान्तवालों का उद्देश्य वैदिक संस्कृत से नहीं, वरन् लौकिक संस्कृत से है। क्योंकि षड्भाषा-चन्द्रिकाकार लिखते हैंः–

भाषा द्विधा संस्कृता च प्राकृती चेति भेदतः।
कौमार पाणिनीयादि संस्कृता संस्कृतामता।
प्रकृतेः संस्कृता यास्तु विकृतिः प्राकृता मता।

अतएव दोनों सिद्धान्तों का परस्पर विरोधी होना स्पष्ट है। हिन्दी-साहित्य-सम्मेलन के सभापतित्व के आसन पर विराजमान होकर इस विषय में विद्वद्वर श्रीमान् बाबू पुरुषोत्तमदास टंडन ने बहुत कुछ लिखा है। उन्होंने युक्ति के साथ उसकी असारता सिद्ध कर दी है। अतएव उसके सम्बन्ध में अब मेरा कुछ लिखना पिष्टपेषणमात्र होगा। सम्भव है कि कुछ विद्वज्जन उनके विचारों से सहमत न हों, सम्भव है उनकी चिन्ता-प्रणाली अभ्रान्त न हो, विचार-वैचित्र्य अप्रगट नहीं; परन्तु मेरी उनके साथ एक रस्यता है—केवल इस कारण से नहीं कि उनके विचार में प्रौढ़ता है, वरन् इस कारण से भी कि शिक्षा नामक वेदांग के पाँचवें अध्याय का तीसरा श्लोक भी उनके विचार को पुष्ट करता है। वह यह है—"प्राकृते संस्कृते वापि स्वयं प्रोक्ता स्वयम्भुवा" स्वयं आदि पुरुष प्राकृत अथवा संस्कृत बोलते थे। इस श्लोक में प्राकृत को अग्र स्थान दिया गया है, जो पश्चाद्वर्त्ती संस्कृत को उसका पश्चाद्वर्त्ती बनाता है।

दूसरा सिद्धान्त क्या है, उसका परिचय मैं दे चुका हूँ। वह मागधी को आदि कल्पोत्पन्न, मूल भाषा, आदि भाषा और स्वाभाविक भाषा मानता है। यदि इस भाषा का अर्थ वैदिक भाषा के अतिरिक्त सर्व-साधारण में प्रचलित भाषा है, तो यह सिद्धान्त बहुत कुछ माननीय है। क्योंकि महर्षि पाणिनि के प्रसिद्ध सूत्रों में वेद अथवा उसमें प्रयुक्त भाषा, छंद, मंत्र, निगम, आदि नामों से अभिहित है, यथा—विभाषा छन्दसि (1, 2, 36), अयस्मयादीनि छन्दसि (1, 4, 20), नित्यं मन्त्रे (6, 1, 20), जनिता मन्त्रे (6, 4, 53), वावपूर्वस्य निगमे (6, 4, 9), ससू वेति निगमे (7, 4, 74)।

परन्तु* भाषाओं के लिये 'लोक' 'लौकिक' अथवा भाषा शब्द का ही प्रयोग उन्होंने किया है। यथा—विभाषा भाषायाम् (6, 1, 179), रथेंच भाषायायाम् (6, 3, 20), प्रथमायाश्च द्विवचने भाषायाम् (7, 2, 88), पूर्वंतु भाषायाम् (8, 2, 98)।

परन्तु वास्तव बात यह नहीं है, वरन् वास्तव बात यह है कि मागधी को मूल भाषा अथवा आदि भाषा कहकर वेद-भाषा पर प्रधानता दी गयी है। क्योंकि वह अपरिवर्तनीय मानी गयी है, और कहा गया है कि नरलोक के अतिरिक्त उसकी

* संस्कृतं प्राकृतं चैवापभ्रंशोथ पिशाचिकी।
मागधी शौरसेनी च षड्भाषाश्च प्रकीर्तिताः॥ **प्रा॰ लक्षण टी॰**

व्यापकता देवलोक तक है, प्रेतलोक और पशु-जाति में भी वह सर्वत्र प्रचलित है। जिस काल में स्वयं वेदों की अप्रधानता हो गयी थी, उस काल में वेदभाषा का अप्राधान्य माना जाना स्वाभाविक है। धार्मिक संस्कार सभी धर्मवालों के कुछ न कुछ इसी प्रकार के होते हैं—ऐसे स्थलों पर वितण्डावाद व्यर्थ है, केवल देखना यह है कि भाषा-विज्ञान की दृष्टि से यह विचार कहाँ तक युक्तिसंगत है और पुरातत्त्वेत्ता क्या कहते हैं। वैदिक भाषा की प्राचीनता, व्यापकता और उसके मूल भाषा अथवा आदि भाषा होने के सम्बन्ध में कुछ विद्वानों की सम्मति मैं नीचे उद्धृत करता हूँ—उनसे इस विषय पर बहुत कुछ प्रकाश पड़ेगा। संस्कृत भाषा से इन अवतरणों में वैदिक-संस्कृत अभिप्रेत है।

"किसी समय 'संस्कृत' सम्पूर्ण संसार की बोलचाल की भाषा थी।"*

—मिस्टर वाय

**"सर्व-ज्ञात भाषाओं में से संस्कृत अतीव नियमित है। और विशेषतया इस कारण अद्भुत है कि उसमें योरप की अद्यकालीन भिन्न-भिन्न भाषाओं और प्राचीन भाषाओं के धातु हैं।"

—मिस्टर कूवियेर

***"यह देखकर कि भाषाओं की एक बड़ी संख्या का प्रारम्भ संस्कृत से है, या यह कि संस्कृत से उसकी समधिक समानता है, हमको बड़ा आश्चर्य होता है—और यह

---

* At one time Sanskrit was the one language spoken all over the world.

__Edinburgh Rev. Vol. XXXIII, 3.43__

** It is the most regular language known and is especially remarkable, as containing the roots of various languages of Europe, and the Greek. Latin, German of Sclavonic—Baron cuvier—

Lectures on the Natural Sciences.

*** The great number of languages which are said to owe their origin, or bear a close affinity to the Sanskrit, is truly astonishing, and is another proof of its high antiquity. A German writer (Rudiger) has asserted it to be the parent of upwards of a hundred languages and dialects, among which he enumerates twelve Indian. Seven Median-Persic, two Arnantic-Albanian, seven Greek, eighteen Latin, fourteen Sclavonian, and six Celtic-Gallie.

× × × × ×

A host of writers have made it the immediate parent of the Greek, and Latin, and German families of languages, or regarded some of these as descended from it through a language now extinct. With the Persian and Zend it has been almost identified by Sir William Jones and others. Halhed notices the similitude of Sanskrit and Arabic words, and this not merely in technical and metaphorical terms, but in the main ground work of language. In a contrary direction the Indo-Chinese and other dialects in that quarter, all begain to be closely allied to it

—Adeling Sans. Literature, H. 38-40.

संस्कृत के बहुत प्राचीन होने का पूरा प्रमाण है। रेडिगर नामक एक जर्मन लेखक का यह कथन है कि संस्कृत सौ से ऊपर भाषाओं और बोलियों की जननी है। इस संख्या में उसने भारतवर्षीय, सात मिडियन पारसी, दो अरनाटिक अलबानियन, सात ग्रीक, अट्ठारह लेटिन, चौदह इसक्लेवानियन और छः गेलिक केल्टिक को रखा है।

× × × × ×

लेखकों की एक बड़ी संख्या ने संस्कृत को ग्रीक, लैटिन और जर्मन भाषा की अनेक शाखाओं की जननी माना है, या इनमें से कुछ को संस्कृत से उत्पन्न हुई किसी दूसरी भाषा द्वारा निकला पाया है, जो कि अब नाश हो चुकी है।

सर विलियम जोन्स और दूसरे लोगों ने संस्कृत का लगाव पारसी और ज़िन्द भाषा से पाया है।

हालहेड ने संस्कृत और अरबी शब्दों में समानता पायी है, और यह समानता केवल मुख्य-मुख्य बातों और विषयों में ही नहीं, वरन् भाषा की तह में भी उन्हें मिली है। इसके अतिरिक्त इन्डो चाइनीज़ और उस भाग की दूसरी भाषाओं का भी उसके साथ घनिष्ठ सम्बन्ध है।" **–मिस्टर एडलिंग**

*"पुरातन ब्राह्मणों ने जो ग्रन्थ हमें दिये हैं, उनसे बढ़कर निर्विवाद प्राचीनता के ग्रन्थ पृथ्वी पर कहीं नहीं मिलते।" **–मिस्टर हालहेड**

"ज़िन्द के दश शब्दों में से 6 या 7 शब्द शुद्ध संस्कृत के हैं।" **–मिस्टर हैसर**

"ज़िन्द और वैदिक संस्कृत का इतना अन्तर नहीं जितना वैदिक संस्कृत और संस्कृत का है।" **–मैकडानैल–ईश्वरीय ज्ञान, पृष्ठ 63, 94, 66, 67**

संसार की आर्य जातीय भाषाओं के साथ वैदिक भाषा का सम्बन्ध प्रकट करने के लिये मैं यहाँ कुछ शब्दों को भी लिखता हूँ–

संस्कृत	**मीडी**	**यूनानी**	**लैटिन**	**अंग्रेजी**	**फ़ारसी**
पितृ	पतर	पाटेर	पेटर	फ़ादर	पिदर
मातृ	मतर	माटेर	मेटर	मदर	मादर
भ्रातृ	ब्रतर	फाटेर	फ्रेटर	ब्रदर	बिरादर
नाम	नाम	ओनोमा	नामेन	नेम	नाम
अस्मि	अह्मि	ऐमी	एम	ऐम	अस

* The world does not now contain annals of more indisputable antiquity than those delivered down by the ancient Brahmans.

—Halhed, Code of Hindu laws.

अवतरणों को पढ़ने और ऊपर के शब्दों का साम्य देखकर यह बात माननी पड़ेगी कि वैदिक भाषा अथवा आर्य जाति की वह भाषा जिसका वास्तव और व्यापक रूप हमको वेदों में उपलब्ध होता है, आदि भाषा अथवा मूल भाषा है। यदि संसार भर की भाषाओं की जननी हम उसे न मानें, तो भी हमें आर्य भाषा से प्रसूता जितनी भाषाएँ हैं, उनकी आधारभूता अथवा जन्मदात्री तो उसे मानना ही पड़ेगा और ऐसी अवस्था में मागधी भाषा को मूल भाषा अथवा आदि भाषा कहना कहाँ तक युक्तिसंगत है, आप लोग स्वयं इसको सोच सकते हैं।

पालिप्रकाशकार कहते हैं–**"समस्त प्राकृतों में पालि ही सबसे प्राचीन है; यह भी कहा गया है कि प्राकृत संस्कृत की पूर्ववर्ती है। इसलिये सिंहल के पालि वैयाकरणों की पालि के प्राचीनत्व सम्बन्ध में जो धारणा है, उसको अस्वीकार नहीं किया जा सकता।"**

(पालिप्रकाश प्रवेशक, पृ॰ 15)

वास्तव में वह अस्वीकार नहीं किया जा सकता; परन्तु इसका यह अर्थ नहीं कि पालि ही मूल अथवा आदि भाषा है। पालिप्रकाशकार एक स्थान पर लिखते हैं–"पालि भाषा का दूसरा नाम मागधी है और यह उसका भौगोलिक नाम है–पृष्ठ 13।" दूसरे स्थान पर वे कहते हैं–"मूल प्राकृत जब इस प्रकार उत्पन्न हुई, तो उसके अन्यतम भेद पाली की उत्पत्ति का कारण भी यही है, यह लिखना बाहुल्य है–पृष्ठ 48।" उक्त महोदय का यह वाक्य इस भाव का व्यंजक है कि पाली अथवा मागधी से मूल प्राकृत को प्रधानता है। ऐसी अवस्था में वह आदि और मूल भाषा कैसे हुई! तात्कालिक कथ्य वेदभाषा के साथ अनार्य भाषा के सम्मिश्रण से जो भाषा उत्पन्न हुई, उसे वे मूल प्राकृत मानते हैं, अतएव मूल प्राकृत भाषा, कथ्य वेद भाषा की अंगजा हुई, अतः वेदभाषा उसकी भी पूर्ववर्ती हुई, फिर पाली अथवा मागधी मूल भाषा किम्बा आदि भाषा कैसे मानी जा सकती है! विश्वकोषकार ने वैदिक संस्कृत से आर्य प्राकृत, पाली और प्राकृत का सम्बन्ध प्रकट करने के लिये शब्दों की एक लम्बी तालिका पृष्ठ 434 में दी है। उनके देखने से यह विषय और स्पष्ट हो जावेगा; अतएव उसके कुछ शब्द यहाँ उठाये जाते हैं। विश्वकोषकार ने पालि-प्रकाश के मूल प्राकृत के स्थान पर आर्ष प्राकृत लिखा है–

संस्कृत	**आर्ष प्राकृत**	**पाली**	**प्राकृत**
अग्निः	अग्गि	अग्गि	अग्गी
बुद्धिः	बुद्धि	बुद्धि	बुद्धी
मया	मये, मे	मया, मये, मइ मे,	ममए
त्वम्	त्वं, तुमन	त्वं, तुवम्, तं, तुमं	तुवम्
षोड़श	सोलह	सोलह	सोलह

विंशति	वीसा	वीसती, वीसम्	वीसा
दधि	दहि, दहिम्	दधि	दहि, दहिम्

प्रसिद्ध हिन्दी उन्नायक बाबू श्यामसुन्दरदास ने नागरी प्रचारिणी पत्रिका के प्रथम भाग में जो लेख भारतवर्षीय आर्य-देशभाषाओं के प्रादेशिक विभाग पर लिखा है, उसके अन्त में उक्त महोदय ने एक नकशा लगाया है। उस नकशे में उन्होंने वैदिक संस्कृत से प्राचीन प्राकृत की और प्राचीन प्राकृत से मागधी और अर्ध मागधी की उत्पत्ति दिखलायी है। यह नकशा भी इसी विचार को पुष्ट करता है कि मागधी मूल भाषा नहीं है।

प्राकृत लक्षणकार चण्ड ने आर्ष प्राकृत को, प्राकृत प्रकाशकार वररुचि ने महाराष्ट्री को, पयोग सिद्धिकार कात्यायन ने मागधी को, जैन विद्वानों ने अर्ध-मागधी को आदि प्राकृत अथवा मूल प्राकृत लिखा है। पालिप्रकाशकार पाली को सब प्राकृतों में प्राचीन बतलाते हैं—कुछ लोग दोनों को दो भाषा समझते हैं और अपने कथन के प्रमाण में दोनों भाषाओं के कुछ शब्दों की प्रयोग-भिन्नता दिखलाते हैं। ऐसे कुछ शब्द नीचे लिखे जाते हैं—

संस्कृत	**पाली**	**मागधी**
शश	ससा	मो
कुक्कुट	कुक्कुटो	रो
अश्व	अस्स	साँगा
श्वान	सुनका	साच
व्याघ्र	व्यघ्घो	वी

जो अभेदवादी हैं, वे इन शब्दों को मागधी भाषा के देशज शब्द मानते हैं। जो हो, किन्तु अधिकांश विद्वान् पाली और मागधी को एक ही मानते हैं। इस प्रकार के मतभेद और खींच-खाँच का आधार कुछ धार्मिक विश्वास और कुछ आपेक्षिक ज्ञान की न्यूनता है। अतएव अब मैं इस विषय में कुछ विशेष लिखना नहीं चाहता। केवल एक कथन की ओर आप लोगों की दृष्टि और आकर्षित करूँगा। वह यह कि कुछ लोगों का यह विचार है कि मागधी को देशभाषामूलक मानकर मूल भाषा कहा गया है। किन्तु यह सिद्धान्त मान्य नहीं; क्योंकि यदि ऐसा होता तो द्राविड़ी और तैलगू आदि देशभाषाओं के समान वह भी एक देशभाषा मानी जाती, परन्तु उसको किसी पुरातत्त्ववेत्ता ने आज तक ऐसा नहीं माना। वह आर्य-भाषा संभवाही मानी गयी है; इसलिये यह तर्क सर्वथा उपेक्षणीय है। आर्यभाषा-संभवा वह इसलिये मानी गयी है कि उसकी प्रकृति आर्यभाषा अथवा वेदभाषामूलक है। प्राकृत भाषा के जितने व्याकरण हैं, उन्होंने संस्कृत के शब्दों

अथवा प्रयोगों-द्वारा ही प्राकृत के शब्द और रूपों को बनाया है। प्राकृत भाषा का व्याकरण सर्वथा संस्कृतानुसारी है। संस्कृत और प्राकृत के अधिकांश शब्द एक ही झोले के चट्टे-बट्टे अथवा एक फूल के दो दल, अथवा एक चना के दो दाल मालूम होते हैं। थोड़े-से ऐसे शब्द नीचे लिखे जाते हैंः–

संस्कृत	**मागधी**	**संस्कृत**	**मागधी**
कृतं	कतं	ऐश्वर्य्यं	इस्सरिय
गृहं	गहं	मौक्तिकं	मुत्तिकं
घृतं	घतं	पौरः	पोरो
वृत्तान्तः	वृत्तन्तो	मनः	मनो
चैत्रः	चित्तो	भिचुः	भिक्खु
क्षुद्रं	खुद्दं	अग्निः	आगी

संस्कृत के एक श्लोक का प्राकृत रूप देखिये। पहला शुद्ध मागधी, दूसरा अर्ध-मागधी है।

रमश वशनम्र सुर शिरो विगलित मन्दार राजितांघ्रि युगः।
वीर जिनः प्रक्षालयतु मम सकलमवद्य जम्बालम्॥
1 **लहश वशनमिल शुलशिल-विअलिद मन्दाल लायिदंहि युगे।**
वील यिणे पक्खालदु मम शयल मवय्य यम्बालम्॥
2 **लमश वशन मिल शुलशिल-विअलिद मन्दाल लाजि दहियुगे।**
वील जिणे पक्खालदु मम शयल मवज्ज जम्बालम्॥

संस्कृत के श्लोक में और उसके प्राकृत रूप में कितना अधिक साम्य है, वह आप लोग स्वयं समझ सकते हैं। जो बातें ऊपर कही गयी हैं, वे भी कम उपपत्तिमूलक नहीं। ऐसी अवस्था में यदि प्राकृत भाषा वेदभाषामूलक नहीं है, तो क्या देशभाषामूलक है? वास्तव में मागधी अथवा अर्द्ध-मागधी, किम्बा पाली की जननी वैदिक संस्कृत है, और यही तीसरा सिद्धान्त है जिसको अधिकांश विज्ञानवेत्ता स्वीकार करते हैं; ऐसी दशा में दूसरे सिद्धान्त की अप्रौढ़ता अप्रगट नहीं।

हिन्दी भाषा का विकास

विदेशी विद्वानों का मत है कि आर्य जाति मध्य एशिया से भारतवर्ष में आयी, कोई कहता है तिब्बत से, कोई कहता है हिन्दूकुश अथवा काकेशस के आस-पास से। कुछ लोग इस बात को नहीं मानते। वे कहते हैं, पश्चिमी यूरोप अथवा आरमेनिया, किम्बा ऑक्सस नदी का कान्त कूल उनका आदिम निवास-स्थान था। अंतिम मत यह है कि प्राचीन आर्य लोग दक्षिण रूस के सुन्दर पहाड़ी प्रदेश के रहनेवाले थे। किन्तु भारतीय अनेक विद्वान् इन विचारों से सहमत नहीं हैं। वे कहते हैं, पवित्र भारतवर्ष ही हमारा क्रीड़ाक्षेत्र और आदिम निवास-स्थल है। वे स्वर्गोपम काश्मीर प्रदेश अथवा उसके समीपवर्ती संसार में सर्वोच्च पामीर आदि भूभाग को अपनी आदि जन्म-भूमि मानते हैं। वे कहते हैं, उसी स्थान से मुख्य निवासी आर्य भारतवर्ष में पूर्व और दक्षिण में बढ़े और यहीं से आर्य जाति की कुछ शाखाएँ ईरान होती हुई दूसरे प्रदेशों में गयीं। इस विषय में विस्तृत समालोचना करने का स्थान नहीं; अतएव अब मैं प्रकृत विषय लिखने में प्रवृत होता हूँ। यह निश्चित है कि जन्म-ग्रहण-उपरान्त आर्य जाति चिर काल तक काश्मीर प्रदेश में अथवा उसके निकटवर्ती भूभाग में रही और फिर वह वहाँ से कई दलों में विभक्त होकर पूर्व-दक्षिण और उत्तर-पश्चिम की ओर फैली। ऋग्वेद के दसवें मण्डल के 75 वें सूक्त में 'नद्यो देवताः' सम्बन्धी मंत्रों में नदियों का वर्णन है। उनमें गंगा, यमुना, सरस्वती, शतद्रु, वितस्ता, सरयू, गोमती, विपाशा आदि उन नदियों का नाम आया है, जो इस समय भी पंजाब प्रान्त और हमारे पश्चिमोत्तर प्रदेश में वर्तमान हैं। इससे यह पता चलता है कि वैदिक काल में हमारी आर्य जाति इन्हीं प्रदेशों में निवास करती थी, और यही कारण है कि यह प्रदेश 'आर्यावर्त' कहलाया। इस प्रदेश में निवास करते हुए आर्य जाति का सम्बन्ध यहाँ के आदिम निवासियों से स्थापित हुआ, और यहीं पर आर्य-भाषा के बहुत-से शब्द आर्येतर जातियों ने और बहुत-से आर्येतर जातियों के शब्द आर्यों ने ग्रहण किये। स्थिति और आवश्यकता के अनुसार यह आदान-प्रदान बढ़ता गया और आर्ष प्राकृत की उत्पत्ति हुई। अतएव आर्ष प्राकृत की उत्पत्ति का स्थान आर्यावर्त कहा जा सकता है। इसके उपरान्त ज्यों-ज्यों आर्य जाति पूर्व और

दक्षिण की ओर बढ़ती गयी त्यों-त्यों उसका सम्बन्ध नयी-नयी आर्येतर जातियों से होता गया। साथ ही उनकी नित्य की व्यवहृत भाषा का प्रभाव भी उनकी आर्ष प्राकृत पर पड़ा, और यही स्थानपरक प्राकृतों की उत्पत्ति का कारण हुआ जैसा कि मागधी, अर्धमागधी, शौरसेनी, महाराष्ट्री, अवन्ती आदि स्थान-सम्बन्धी नामों से ही प्रकट होता है। श्रीयुत स्वर्गीय पण्डित बदरीनारायण चौधरी ने अपने व्याख्यान में लिखा है—"महाराष्ट्री शब्द से प्रयोजन दक्षिण देश से नहीं, किन्तु भारतरूपी महाराष्ट्र से है।"

प्राकृत प्रकाशकार वररुचि भी कुछ इसी विचार के मालूम होते हैं। परन्तु यह सिद्धान्त एकदेशी है। वास्तव बात यह है कि महाराष्ट्री नाम देश परक है, चाहे किसी काल में वह बहुदूर व्यापिनी भले ही रही हो। 'प्राकृत लक्षण' कार चण्ड ने चार प्राकृत का उल्लेख किया है—'प्राकृत', 'अपभ्रंश', 'पैशाचिकी' और 'मागधी' उनकी संज्ञा है। प्राकृत से उनका अभिप्राय आर्ष प्राकृत से है। 'प्राकृत-लक्षण' के टीकाकार षड्भाषा मानते हैं। वे उपर्युक्त चार नामों में संस्कृत और शौरसेनी का नाम बढ़ाते हैं। वररुचि महाराष्ट्री, पैशाची, मागधी और शौरसेनी चार और हेमचन्द्र मूल प्राकृत, शौरसेनी, मागधी, पैशाची, चूलिका और अपभ्रंश छह प्राकृत बतलाते हैं। हमारी हिन्दी भाषा का सम्बन्ध शौरसेनी और अपभ्रंश से है। इन प्राकृतों के विषय में अध्यापक लासेन की सम्मति देखने योग्य है। वे कहते हैं—"वररुचि वर्णित महाराष्ट्री, शौरसेनी, मागधी और पैशाची, इन चार प्रकार के प्राकृतों में शौरसेनी और मागधी ही वास्तव में स्थानीय भाषाएँ हैं। इन दोनों में शौरसेनी एक समय में पश्चिमाञ्चल के विस्तृत प्रदेश की बोलचाल की भाषा थी। मागधी अशोक की शिला-लिपि में व्यवहृत हुई है और पूर्व भारत में यही भाषा किसी समय प्रचलित थी। महाराष्ट्री नाम होने पर भी यह महाराष्ट्र प्रदेश की भाषा नहीं कही जा सकती। पैशाची नाम भी कल्पित मालूम होता है।"

(विश्व-कोश, पृष्ठ 469)

प्रायः कहा जाता है कि पुस्तक की अथवा लिखित भाषा में और बोलचाल की भाषा में अन्तर होता है। यह बोलचाल की भाषा साहित्य में विकृत हो जाती है, यह बात स्वीकार की जा सकती है; पर सर्वथा सत्य नहीं है। हृदय का वास्तविक उद्गार यदि हम चाहें तो अपनी बोलचाल की भाषा में भी प्रगट कर सकते हैं, वरन् पुस्तक की अथवा लिखने की भाषा से इस प्रकार की रचना कहीं अधिक हृदयग्राहिणी, मनोहर और भावमयी हो सकती है। यह दूसरी बात है कि प्रान्तिक भाषा में होने के कारण उसके समझनेवालों की संख्या परिमित हो। हमारे हिन्दी-संसार में कुछ ऐसे सहृदय कवि भी हो गये हैं, जिन्होंने बोलचाल की भाषा में कविता लिखकर कमाल कर दिया है। इन सहृदयों में सबसे पहिले मेरी दृष्टि 'घाघ' पर पड़ती है। उनकी समस्त रचना बोलचाल की भाषा में है और उसमें गजब का जादू है। देखिये, वह भगवान बैकुण्ठनाथ के

बैकुण्ठ को भी कुंठित करके क्या कहते हैं—

भुइयाँ खेड़े हर व्है चार। घर व्है गिहथिन गऊ दुधार।
रहर दाल जड़हन का भात। गागल निबुआ और घिव तात।
सहरस खंड दही जो होय। बाँके नैन परोसे जोय।
कहै घाघ तब सब ही झूठा। उहाँ छाड़ि इहवैं बैकुण्ठा।

सुनिये, एक ब्राह्मणदेवता की बातें सुनिये—आप बड़े बिगड़े दिल और चिड़-चिड़े थे। कुछ दुख पाकर एक बार अपने राम से खीज गये। फिर क्या था, उबल पड़े। बड़ी जली-कटी सुनाई। उनकी बातें हों बेढंगी पर दिल के भाव का सच्चा फोटो उनमें मौजूद है। कहते हैंः—

घर से निकसतै बापै खेलैं। पंचवटी हरवउलैं नार।
ढेकुली के अड़वां से बाली मरलैं। ए दसरथ के बंड बोहार।

स्वर्गीय पण्डित प्रतापनारायण मिश्र की वैसवाड़ी में लिखी गयी कविता की बहार देखिये—

हाय बुढ़ापा तोरे मारे अब तो हम नक न्याय गयन।
करत धरत कछु बनतै नाहीं कहाँ जान औ कैस करन॥
छिन भिर चटक छिनै मा मद्धिम जस बुझात खन होय दिया।
तैसे निखवख देख परत हैं हमरी अक्किल के लच्छन॥

यदि इन पद्यों में वास्तविक हृदय के उद्‌गार प्रगट हुए हैं, तो बोलचाल की भाषा में क्यों उत्तम कविता न हो सकेगी? सैकड़ों गाने की चीजें, ठुमरियाँ, कजलियाँ, विरहे, लोरिक, पचरे, आल्हे, बिल्कुल बोलचाल की भाषा में लिखे गये हैं और आज तक प्रचलित हैं। जनता में उनका कम आदर भी नहीं। फिर कैसे कहा जावे कि बोलचाल की भाषा काव्य अथवा कवि-कृति की भाषा नहीं हो सकती। मेरा विचार है कि पवित्र वेदों की भाषा बिल्कुल सामयिक बोलचाल की भाषा है। उसकी सरलता, सादगी, स्वाभाविकता, उसके छन्दों की गति यह बतलाती है कि वह कृत्रिम भाषा नहीं है। जिस समय किसी लिपि का प्रचार तक नहीं हुआ था, ब्राह्मी लिपि ब्रह्मदेव के विचार-गर्भ में थी, लेखनी विधि की ललाट-लेखा भी न लिख सकी थी और पुस्तक भगवती वीणा-पुस्तक-धारिणी के पद्मपाणि में भी सुशोभित नहीं थी, उस समय श्रुति, श्रवण-परम्परा द्वारा भारतीय आर्य जाति का हृदय सर्वस्व थी। जो श्रुति स्वाभाविकता की मूर्ति है, उसमें अस्वाभाविकता की कल्पना भी नहीं हो सकी, श्रुति ही वेद-भाषा

स्वरूपा है। यही वेद-भाषा स्थिति, प्रगति और देश-कालस्वरूपा है। यही वेद-भाषा स्थिति, प्रगति और देश-काल के प्रभाव से परिवर्तित होकर उच्चारण-भिन्नता और अनेक नवीन शब्दों के संसर्ग से आर्ष प्राकृत में परिणत हुई। आर्ष प्राकृत का पूर्ण विकास होने पर वेदभाषा उस अवस्था को प्राप्त हुई जो कि नियति का नियम है। अब वह सर्वसाधारण की भाषा न थी, अतएव विद्वद्वृंद का हृदय-तल अथवा उनका मुख-प्रदेश ही उसका निवासस्थल था। ब्राह्मी लिपि का उद्‌भावन होने पर यथा समय उसको पुस्तक का स्वरूप भी मिला।

जिस समय वेद-भाषा आर्ष प्राकृत का रूप धारण कर रही थी, उसी समय कुछ संस्कार-प्रिय विद्वज्जनों ने उसे संस्कृत किया, और इस प्रकार संस्कृत भाषा की उत्पत्ति हुई। ज्ञात होता है, वेदांग शिक्षा के इस अर्द्धश्लोक का 'प्राकृते संस्कृते चैव स्वयं प्रोक्ता स्वयम्भुवा' यही मर्म है। संस्कृत यद्यपि विद्वद्वृन्द में ही प्रचलित रही है, यद्यपि वह उन्हीं के परस्पर सम्भाषण और धार्मिक कार्य-कलाप की सम्बल मानी गयी है, किन्तु उसका भाण्डार अलौकिक और अद्‌भुत है। वह नन्दन कानन-समान कान्ति निकेतन और चारु चिंतामणि सदृश अनन्त लोकोत्तर चिंताओं का आगार है। वह कल्पना कल्पतरु, कमनीयता कामधेनु, भाव का सुमेरु, माधुर्य निर्झर का मनोहर सलिल, ध्वनि वीणा का मनोमुग्धकर झङ्कार और कला कुमुदिनी का कांत कलाधर है। वह कटंस्थ अचल हिमाचल समान समुन्नतपुनीत ज्ञान सुरसरि-प्रवाह का जनक, भाव-भक्ति भानुनन्दिनी का उत्पादक और अनुपम विचार-रत्न-राजि का आकार है। उसी के समान उसमें से अनेक छोटे-बड़े धर्म के परम पवित्र सोते निकलते हैं, संसार को सरस करते हैं, मानसों में मन्द-मन्द बहते हैं, निज कल-कल ध्वनि से निर्जीव को सजीव बनाते हैं, मूढ़ प्रकृति मरुभूमि की मरुभूमिता खोते हैं, पाहन हृदय को स्निग्ध रखते हैं, कलित-कामना-क्यारियों को सींचते हैं, प्रेम-पादप-पुंज को पानी पिलाते हैं और कहीं तरंगिणी का स्वरूप धारण कर सद्भाव-प्रान्त को पय-सिक्त कर देते हैं। वह एक देशवर्ती मानसरोवर है, जिसमें विवेक का निर्मल नीर भरा है, जिसके वेदान्त, सांख्य, न्याय, मीमांसा-जैसे बड़े ही मनोरम घाट हैं, जिसमें उपनिषद् उपदेश के अनूठे उत्पल सुविकसित हैं, और जिसके अनुकूल कूल पर संसार भर के नीर-क्षीर विवेकी मानस मराल सदैव क्रीड़ा करते रहते हैं। जिस समय महिमामयी मागधी के तुमुल कोलाहल से भारतीय गगन ध्वनित हो रहा था, उस समय कुछ दिनों तक संस्कृत देवी का महान् कंठ अवश्य कुण्ठित हो गया था; किन्तु जल्द समय ने पलटा खाया, फिर उनकी पूजा-अर्चा और पद-वन्दना होने लगी। उनकी महत्ता देखकर मागधी अवनत मस्तक हुई, बौद्ध धर्म के ग्रन्थ संस्कृत में लिखे जाने लगे, ललित विस्तर-जैसे ललित ग्रन्थों की रचना हुई, बौद्ध धर्म के साथ वह देशान्तरों में भी पहुँची और वहाँ हाथोंहाथ ली गयी। समस्त प्राकृत भाषाएँ अपना काल

बिताकर अव्यवहृत हुईं; किन्तु संस्कृत की अबाध सत्ता आज भी भारतवर्ष की समस्त प्रचलित भाषाओं को अपने तत्सम शब्दों द्वारा सत्तामयी बना रही है। आज भी प्राचीन भाषाओं के सुसज्जित सभा-मंडप में वह सिंहासनासीना है, और आज भी उसकी पुस्तकव्यापिनी भाषा रूपान्तर से देश-व्यापिनी होकर अपनी विजय-वैजन्ती उत्तोलन कर रही है।

संस्कृत अर्चा की बातें कहने में मैं आर्ष प्राकृत की चर्चा को भूल गया। जब आर्ष प्राकृत अधिक व्यापक हो गयी और अनेक प्रान्तों पर उसका अधिकार हो गया तो उसका रंग रूप भी बदला और उसका स्थान प्रान्तीय प्राकृत ने धीरे-धीरे ग्रहण कर लिया। इन प्रान्तीय प्राकृतों में मागधी और शौरसेनी की प्रभा के सामने शेष समस्त प्राकृतों की प्रभा मलिन हो जाती है। मागधी भगवान बुद्धदेव के आत्मबल से बलवती और प्रियदर्शी अशोक की धर्मप्रियता से समुन्नत हुई और चिरकाल तक भारत-व्यापिनी रही। शौरसेनी को यह गौरव तो नहीं प्राप्त हुआ, परन्तु वह भी बहुत दिनों तक भारतवर्ष के एक बृहत्भाग पर विस्तृत रही, पश्चात् अपभ्रंश भाषा में परिणत हो गयी। यही अपभ्रंश भाषा हमारी हिन्दी भाषा की जननी है।

किस प्रकार वेदभाषा बदलते-बदलते हिन्दी भाषा के रूप में आयी, इसका उदाहरण मैं नीचे देता हूँ। मैं कुछ पद्य आर्ष प्राकृत, शौरसेनी, अपभ्रंश और तदुपरान्त हिन्दी भाषा के लिखता हूँ। आशा है, उनसे हिन्दी भाषा के विकास पर पूर्ण प्रकाश पड़ेगा। डाक्टर राजेन्द्रलाल मिश्र की यह सम्मति है कि आदि प्राकृत का रूप गाथाओं में मिलता है। उनके इस सिद्धान्त का अनुमोदन मनीषी मैक्समूलर और डाक्टर वेवर आदि विद्वानों ने भी किया है। कहा जाता है कि आर्ष प्राकृत का पूर्वरूप गाथाओं में ही मिलता है। एक गाथा नीचे लिखी जाती हैः—

अध्रुवम् त्रिभवम् शरदभ्र निभम्।
नट रंग समा जगि जन्मि च्युति।
गिरि नद्य समम् लघु शीघ्र जवम्।
ब्रजतायु जगे यथ विद्यु नभे।

संस्कृत के नियम के अनुसार दूसरे चरण के नट रंग समा को नट रंग समम्, जगि को जगति, जन्मि को जन्म, च्युति के स्थान च्युतिः, तीसरे चरण में गिरि नद्य समम् के स्थान पर गिरि नदी समम् और चौथा चरण व्रजत्यायुर्जगति यथा विद्युद् नभसि होना चाहिए। यह पद्य यह बतलाता है कि किस प्रकार संस्कृत प्रयोगों और शब्दों का तोड़-फोड़ आदि में प्रारम्भ हुआ। इसके बाद का आर्ष प्राकृत रूप देखिये।

रभस वश नभ्र सुरशिरो-विगलित मन्दार राजितांघ्रि युगः।
वीर जिनः प्रक्षालयतु मम सकलमवद्य जम्वालम्।

यह संस्कृत-रूप है—आर्ष प्राकृत का रूप नीचे लिखा जाता है। देखिये कितना थोड़ा परिवर्तन है।

रभस वस नम्म सुरसिरि-विगलित राजितांघि युगो।
वीर जिनो पक्खालेतु-मम सकल मवज्ज जम्वालम् ॥

शौरसेनी रूप कितना परिवर्तित है, यह नीचे लिखे पद्य से प्रगट होगा। पहिले संस्कृत-रूप उसके नीचे प्राकृत रूप लिखा जाता है।

ईषदीषच्चुम्बितानि भ्रमरेः सुकुमार केसर शिखानि।
अवतंस यन्ति दयमानाः प्रमदाः शिरीष कुसुमानि ॥
ईसीसि चुम्विआद्रं भमरेहिं सुउमार केसर सिहाइं।
ओदंसयन्ति दअमाणा पमदाओ सिरीस कुसुमाइं ॥

विदग्ध मुखमण्डनकार ने अपभ्रंश भाषा की निम्नलिखित कविता बतलायी है—

रसिअह केण उच्चाडण किज्जइ।
जुयदह माणसु केण उविज्जइ।
तिसिय लोउ खणि केण सुहिज्जइ।
एह यहो मह भुवणे विज्जइ।

इसका संस्कृत-रूप देखिये—

रसिकानां केनोच्चाटनं क्रियते, युवत्याः मानसं केनोद्विज्यते। तृषितो लोकः क्षणं केन सुखी क्रियते, एतदयं मम (प्रश्नः) भुवने गीयते।

वैयाकरण हेमचन्द्र ने अपभ्रंश का यह उदाहरण दिया है—

वाह विछोड़वि जाहि तुहुंहउंते वइं को दोसु।
हिय पट्टिय जद नीसरहिं जाणउं मुंज सरोसु।

अब हिन्दी भाषा के आदि कवि चन्द की रचनाओं से इन अपभ्रंश भाषा की कविताओं को मिलाइये, देखिये कितना साम्य है।

ताली खुल्लिय ब्रह्म दिक्खि इक असुर अदभ्भुत।
दिघ्घ देह चख सीस मुषृष करुना जस जप्पत।
कबी कित्त कित्ती उकत्ती सुदिष्षी।
तिनक्की उचिष्टी कबी चन्द भष्षी।

अपभ्रंश भाषा की कविता से चन्द की कविता कितनी मिलती है, दोनों में कितना साम्य है। परिवर्तन होते-होते अपभ्रंश भाषा की कविता संस्कृत से कितनी दूर हो गयी और वर्तमान हिन्दी के कितनी निकट आ गयी, यह भी प्रगट हो गया। कविवर चन्द तेरहवें शतक के आदि में हुए हैं। कहा जाता है कि ग्यारहवें शतक के अन्त तक अपभ्रंश का प्रचार था, इसके उपरान्त वह हिन्दी के रंग में ढलने लगी। कवि चन्द हिन्दी भाषा के चासर हैं। उनके पहले भी कुछ कवि हो गये हैं, जिनमें खुमान, कुतुब अली, साईं दानचारण, फ़ैज़ अकरम और पुष्प कवि का नाम विशेष उल्लेख योग्य है; परन्तु हिन्दी भाषा के आदिम प्रौढ़ कवि चंद बरदाई ही हैं। इनके पहले के कवियों के न तो कोई काव्य कहलाने योग्य उत्तम ग्रन्थ मिलते हैं और न उनकी भाषा ही टकसाली अथवा वास्तविक हिन्दी कही जा सकती है; अतएव हिन्दी भाषा के आदि कवि होने का सेहरा चंद बरदाई के ही सिर है।

चन्द बरदाई का ग्रन्थ 'पृथ्वीराज रासो' विशाल ग्रन्थ है। उसकी भाषा में भी भिन्नता है। उसमें कई प्रकार की रचनाएँ हैं। वह केवल चन्द की कृति भी नहीं है, ग्रन्थ का अन्तिम भाग उसके योग्य पुत्र जल्ह द्वारा लिखा गया है; अतएव रासो के विषय में संदिग्ध बातें कही-सुनी जाती हैं—तथापि उसकी अधिकांश भाषा, ग्रन्थ की सामयिक बातों का वास्तविक उल्लेख, उस काल की सभ्यता के आदर्श, रासो को हिन्दी भाषा का आदि ग्रन्थ मानने के लिये विवश करते हैं। कुछ उसकी भिन्न प्रकार की रचनाएँ यहाँ उद्धृत करता हूँ:—

दोहा

पूरन सकल बिलास रस, सरस पुत्र फल दान।
अन्त होइ सह गामिनी, नेह नारि को मान॥
समदरसी ते निकट है, भुगति मुगति भरपूर।
विखम दरस वा नरन ते रादा सरवदा दूर॥

ये पद्य बिल्कुल प्रौढ़ हिन्दी काल के मालूम होते हैं—

हरित कनक कांति कापि चंपेव गौरी।
रसित पदुम गंधा फुल्ल राजीव नेत्री।
उरज जलज शोभा नाभि कोशं सरोजं।
चरण कमल हस्ती लीलया राजहंसी।

ऊपर जो दो कविताएँ लिख आया हूँ, वे इन दोनों रचनाओं से भिन्न हैं। अधिकांश स्थल पर चन्द की कविता बड़ी मनोहारिणी है। सम्भव है कि रासो में कुछ प्रक्षिप्त अंश भी हो; किन्तु जिन कविताओं में चन्द या जल्ह का नाम आया है, उनके तात्कालिक

रचना होने में सन्देह नहीं। रासो बड़ा सुन्दर काव्य है और साहित्य की सम्पूर्ण कलाओं से अलंकृत है।

कविवर चन्द बरदाई के बाद चौदहवें शतक के मध्य काल में हमारे सामने दो भाषाओं के दो महान् विद्वान् आते हैं—एक संस्कृत विद्या का विदग्ध और दूसरा अरबी-फ़ारसी का आलिम। दोनों ही भगवती वीणापाणि के वर पुत्र, सरस हृदय और कविता देवी के भावुक भक्त हैं। उन्होंने हिन्दी के मनोरम उद्यान में बड़े सुन्दर सुमन खिलाये हैं। एक ने पूर्वी हिन्दी की उज्ज्वल और परम ललित रचना की नींव डाली है और दूसरे ने खड़ी बोली की मनोहर कविता का आदि रूप सामने उपस्थित किया है। एक मैथिल-कोकिल हैं और दूसरा बुलबुल हज़ार दास्तान। एक का नाम है विद्यापति ठाकुर और दूसरे का अमीर खुसरो। यदि कोमल-कान्त-पदावली के जनक संस्कृत में जयदेव हैं, तो हिन्दी भाषा में कलित-ललित मधुर रचना के पिता विद्यापति। वे हृत्तन्त्री को निनादित कर कहते हैं:—

ललित लवंग लता परिशीलन कोमल मलय समीरे।
मधुकर निकर करम्बित कोकिल कूजित कुञ्जकुटीरे।

तो ये मानस-मृदंग को मुखरित कर यों मधुर आलाप करते हैं।

नन्दक नन्दन कदम्बेर तरु तरे धिरे धिरे मुरलि बजाव।
समय सँकेत निकेतन बइसल वेरि-वेरि बोलि पठाव।
जमुना क तिर उपवन उदवेगल फिर-फिर ततहि निहारि।
गोरस बिकइ अबइते जाइत जनि जनि पुछ बनमारि।

इस सुधा-स्रावी सज्जन के इस वाक्य पर 'माह भादर भरा बादर सून्य मन्दिर मोर' बंगाल का सहृदय-समूह विमुग्ध हो जाता है; किन्तु उनके इस प्रकार के सहस्रों ललित पद उनके ग्रन्थ में मौजूद हैं। अब हमारे बुलबुल हज़ार दास्तान की नग़मा सराई सुनिये।

जे हाल मिसकीं मकुन तगा फुल दुराय नयना बनाय बतियाँ।
कि ताबे हिज्राँ न दारम ऐ जां न लेहु काहें लगाय छतियाँ॥
यकायक अज दिल दो चश्मे जादू बसद फरेबम बेबुर्द तसकीं।
किसे पड़ी है जो जा सुनावे पिआरे पी को हमारी बतियाँ॥

इन पद्यों में जो हिन्दी का रूप है, उसमें आदि के दो पद्यों में सरस ब्रजभाषा का सुन्दर नमूना है। नीचे के हिन्दी-पद्य में से यदि 'बतियाँ' को निकाल दें तो वह खड़ी

बोली का बड़ा अनूठा उदाहरण है। नीचे के दोहे कितने मनोहर हैं—

खुसरो रैन सुहाग की जागी पी के संग।
तन मेरो मन पीउ को भये दोऊ एक रंग।
श्याम सेत गोरी लिये जनमत भई अनीत।
एक पल में फिर जात हैं जोगी काके मीत।
गोरी सोवे सेज पर मुख पर डारे केस।
चल खुसरो घर आपने रैन भई चहुँ देस।

इस सहृदय सुकवि की एक बिल्कुल खड़ी बोली की कविता देखिये, यह आकाश की पहेली है।

एक थाल मोती से भरा, सबके सिर पर औंधा धरा।
चार ओर वह थाली फिरे, मोती उससे एक न गिरे ॥

इन दोनों सज्जनों की कविताओं को पढ़कर आश्चर्य होता है कि किसी आदर्श के न होने पर भी इन लोगों ने कितनी सरस, टकसाली और सुन्दर हिन्दी लिखी है। मेरा विचार है कि कोई कविता-पुस्तक न होने पर भी यह नहीं कहा जा सकता कि इस प्रकार की भाषा का देश में उस काल प्रचार न था। सैकड़ों भजन, गीत और गाने की चीजें उस समय अवश्य होंगी और उनसे इन लोगों को कम सहारा न मिला होगा, यही बात चन्द बरदाई के लिये भी कही जा सकती है। मैथिल-कोकिल की भाषा तो इतनी प्यारी और सुन्दर है, उनका कल-कूजन इतना आकर्षक है कि बंगाल, बिहार और युक्त प्रांत, तीनों उनको अपनी-अपनी भाषा का महाकवि मानकर अपने को गौरवित समझते हैं।

इन लोगों के बाद हिन्दी-संसार के सामने संत कबीर आते हैं। इनके हाथों में ज्ञान का दीपक था, जो खूब दमक रहा था। आपकी हिन्दी-रचनाएँ बहुमूल्य हैं, और उसी दीपक-ज्योति से ज्योतिर्मयी हैं। आपने संतगत और संतबानी की नींव डाली। आपकी दृष्टि बड़ी प्रखर थी। आपकी समस्त रचनाओं में उसकी प्रखरता विद्यमान है। आपकी रचनाएँ हिन्दी-साहित्य का गौरव हैं, उनमें वह आदर्श मौजूद है—जिस आदर्श ने अनेक संतजनों के हृदय को प्रेम-रस से प्लावित कर दिया। महात्मा कबीर ने अपनी रचनाओं से हिन्दी भाषा को तो मालामाल बना ही दिया है, परन्तु उनके आदर्श ने एक विशद साहित्य उत्पन्न कर दिया है। हिन्दी-साहित्य के विकास में इन रचनाओं से बड़ी सहायता मिली है। कबीर साहब की रचनाओं का भाण्डार बहुत बड़ा है। उसमें सब प्रकार की कविताएँ पायी जाती हैं, जो उनको विभिन्न समयों में रची गयी बतलाती हैं।

उनकी रचना-प्रणाली में भी अन्तर है। मेरा विचार है कि कबीर साहब की रचना का मुख्य स्वरूप उनके बीजक में पाया जाता है। दोनों प्रकार की रचनाएँ नीचे उद्‌धृत की जाती हैं:—

कहहु हो अम्बर कासों लागा, चेतन हारा चेत सुभागा।
अम्बर मध्ये दीसै तारा, एक चेता एक चेतवनहारा।
जो खोजो सो उहवाँ नाहीं, सो तो आहि अमर पद माहीं।
कह कबीर पद बूझै सोई, मुख हृदया जाके एक होई।

रहना नहिं देस बिराना है।

यह संसार कागद की पुड़िया बूँद पड़े घुल जाना है।
यह संसार काँट की बाड़ी उलझ पुलझ मर जाना है।
यह संसार झाड़ औ झाँखड़ आग लले बरि जाना है।
कहत कबीर सुनो भाई साधो सतगुरु नाम ठिकाना है।

महात्मा गोरखनाथ कबीर साहब के प्रथम हुए हैं और संतवानी और हिन्दी गद्य के आदि आचार्य वे ही हैं। उनकी वानी का नमूना देखिये—

अवधू रहिया हाटे बाटे रूख बिरिख की छाया।
तजिबा काम क्रोध लोभ मोह संसार की माया॥

परन्तु इस प्रणाली को समुन्नत करनेवाले कबीर साहब हैं। उनकी रचनाएँ अधिक हैं और भावमयी हैं। अतएव उनका समादर भी अधिक हुआ है। हिन्दी-साहित्य को समुन्नत करने में वे बहुत सहायक हुई हैं। कबीर साहब की साखियाँ बड़ी मनोहर हैं। वे भजनों से अधिक जनता में प्रचलित हैं। उनका रंग देखिये—

आछे दिन पाछे गये गुरु सों किया न हेत।
अब पछताया क्या करै चिड़िया चुग गईं खेत॥
पाँचो नौबत बाजती होत छतीसो राग।
सो मन्दिर खाली पड़ा बैठन लागे काग॥

कबीर साहब के उपरान्त हिन्दी की समुन्नति और वृद्धि का वह समय आया, जो फिर कभी नहीं आया। उनके बाद सौ बरस के भीतर हिन्दी देवी का जो शृंगार हुआ, जो लोकोत्तर प्रसूनचय उन पर चढ़े, उनका वर्णन नहीं हो सकता। इस समय में हिन्दी-गगन को समुद्‌भासित करनेवाले, हिन्दू-संसार को अलौकिक आलोक से आलोकित करनेवाले प्रभाकर समान प्रभावशाली सूरदास और सुधाकर समान

सुधास्रावी गोस्वामी तुलसीदास उत्पन्न हुए। मधुमयी लेखनी के आधार मलिक मुहम्मद जायसी और मम्मट समान आचार्य पद के अधिकारी विवुधवर केशवदास इसी काल के जगमगाते रत्न हैं। इस समय यदि सम्राट् अकबर हिन्दी-साम्राज्य-संवर्द्धन का केतु उत्तोलन कर रहे थे, तो मंत्रिप्रवर रहीम खां खानखाना उसको अमूल्य रत्नों का हार उपहार देकर और सचिव-शिरोमणि महाराज बीरबल पारिजात पुष्प से उसकी पूजा करके फूले नहीं समाते थे। इस समय वह भारत के अधिकांश भाग में सम्मानित थी। महाराजाधिराज के समुच्च प्रासाद से लेकर एक साधारण विद्याव्यसनी की कुटीर तक में उसका सरस प्रवाह प्रवाहित था। वह वैष्णव मण्डली का जीवन-सर्वस्व, विवुध समाज का आधार-स्तम्भ, सहृदय जन की हृदय-वल्लभा और रसिक जनों की रसायन-सरसी थी। इस समय अनेक सरस हृदय कवि उत्पन्न हुए, जिन्होंने अपनी रसमयी रचनाओं से हिन्दी-साहित्य को अजर-अमर कर दिया है। इस समय ब्रजभाषा का अखण्ड राज्य था; किन्तु इसी समय अवधी भाषा में 'पद्मावत' जैसा बड़ा ही अनूठा काव्य लिखा गया।

इस काल के समस्त बड़े-बड़े कवियों की भाषा और रचनाओं का उदाहरण मैं सेवा में उपस्थित नहीं कर सकता। किन्तु जो हिन्दी देवी के अंक के निराले लाल हैं, जिन्होंने उसको निहाल ही नहीं किया, उसे चार चाँद भी लगा दिये, उनकी कुछ कविताएँ दिये बिना आगे बढ़ने को जी भी नहीं चाहता। साहित्य-संसार के सूर-सूर का एक नमूना देखिये—

खंजन नैन रूप रस माते।
अतिसय चारु चपल अनियारे पल पिंजरा न समाते।
चल चल जात निकट श्रवनन के उलट पलट ताटंक फंदाते।
सूरदास अंजन गुन अटके नतरु अबहिं उड़ि जाते॥

कुछ मर्म-भरी उक्तियाँ मलिक मुहम्मद जायसी की भी पढ़िये। यह शख्स अजब दर्द-भरा दिल साथ लाया था।

मिलहिं जो बिछुरे साजना करि करि भेंट कहंत।
तपन मृगिसिरा जे सहँहि ते अदरा पलुहंत॥
पिय सों कहेहु संदेसरा ए भौंरा ए काग।
सो धन विरहिन जरि गई तेहिक धुआँ मोहि लाग॥
राती पिय के नेह की स्वर्ग भयो रतनार।
जोरेउवासो अथवा रहा न कोइ संसार॥

गोस्वामीजी की रत्न-राजि में से कौन रत्न उपस्थित करूँ। वे सभी उज्ज्वल हैं,

रामचरितमानस-सरोज-मकरंद का मधुप कौन नहीं है? उनका रंग निराला, ढंग निराला, बात निराली, सब निराला ही निराला तो है। हाँ, उनका रंग बड़ा चोखा है। अच्छा इसी की रंगत देखियेः—

एक भरोसो एक बल एक आस विश्वास।
स्वाति सलिल रघुनाथ यश चातक तुलसीदास॥
तुलसी संत सुअम्ब तरु फूलि फलहिं पर हेत।
इत ते ए पाहन हनैं उत ते वे फल देत॥
गो धन गज धन वाजि धन और रतन धन खान।
जब आवत संतोष मन सब धन धूरि समान॥
असन बसन सुत नारि सुख पापिहुँ के घर होय।
संत समागम राम धन तुलसी दुरलभ दोय॥

महाकवि केशव का महत्व अकथनीय है। आपके कुल के सेवक भी भाषा नहीं बोलते थे। आपको भाषा में कविता करना अरुचिकर था; किन्तु जब इधर रुचि हुई, तो कमाल कर दिया। एक पद्य उनका भी देख लीजिये। देखिये, आपके मान-मर्य्यादा की मर्य्यादा बनी रहेः—

भूखन सकल घनसारही के घनस्याम कुसुम कलित केस रही छबि छाई सी।
मोतिन की लरी सिर कंठ कंठमाल हार और रूप ज्योति जात हेरत हेराई सी।
चन्दन चढ़ाये चारु सुन्दर सरीर सब राखी जनु सुभ्र सोभा वसन बनाई सी।
सारदा सी देखियत देखो जाइ केसोराइ ठाढ़ी वह कुँवरि जोन्हाई में अन्हाई सी॥

हिन्दी-संसार में दो बहुत बड़े सारग्राही हुए हैं। इनकी सारग्राहिता बड़ी ही हृदयग्राही है। ये हैं थोड़ी पूँजीवाले; किन्तु कई बड़े-बड़े पूँजीपति इनके सामने कुछ नहीं हैं। इनके पास हैं थोड़े; किन्तु जितने जवाहिर हैं, हैं बड़े ही अनूठे। जहाँ कितने तेल चुलानेवाले ठीक-ठीक तेल भी नहीं चुला सके, वहाँ इन्होंने इत्र निचोड़ा है। इनमें एक दरियाय लताफत के दुरे वेबहा अब्दुल रहीम खाँ खानखाना हैं और दूसरे साहित्य-गगन के पीयूषवर्षी पयोद बिहारीलाल। इन दोनों सहृदयों में सौ साल से अधिक का अन्तर है। इन लोगों की भी कुछ रचनाएँ पढ़िये—पहले रहीम की सेह्र बयानी देखिये—

यों रहीम सुख होत है बढ्यो देखि निज गोत।
ज्यों बड़री अँखियान लखि अँखियन को सुख होत॥
छार मुण्ड मेलत रहत कहु रहीम केहि काज।
जेहि रज रिखि पत्नी तरी सो ढूँढ़त गजराज॥

कलित ललित माला वा जवाहिर जड़ा था।
चपल चखन वाला चाँदनी में खड़ा था॥
कटि तट बिच मेला पीत सेला नवेला।
अलि बन अलबेला यार मेरा अकेला॥

बिहारीलाल की ललामता अवलोकन कीजिए—

यद्यपि सुन्दर सुघर पुनि सगुनो दीपक देह।
तऊ प्रकास करै तितौ भरिये जितो सनेह॥
जो चाहत चटक न घटै मैलो होय न मित्त।
रज राजस न छुवाइये नेह चीकने चित्त॥
दृग अरुझत टूटत कुटुम जुरत चतुर चित प्रीति।
परति गाँठ दुरजन हिये दई नई यह रीति॥

हिन्दी के इस स्वर्ण-युग में और भी अनेक साहित्यकानन केशरी उत्पन्न हुए हैं। वे सब अपने ढंग में निराले हैं। इस स्वर्णयुग के उपरान्त भी बड़े ही कवि-कर्म-कुशल काव्य-कर्त्ताओं का दर्शन होता है। उन लोगों ने भी मोती पिरोये हैं, बड़े अनूठे बेल-बूटे तराशे हैं, भगवती भारती के कण्ठ में बहुमूल्य रत्नहार डाले हैं—हिन्दी देवी को भाव के समुच्च आसन पर आसीन किया है, उसे सम्मुन्नत बनाया है और उन न्यूनताओं की पूर्ति की है, जो उसकी कीर्ति के आवश्यक साधन हैं। परन्तु, स्वर्ण युग का आदर्श ही उनका आदर्शभूत है। अतएव उनके विषय में कुछ विशेष लिखकर मैं इस लेख की कलेवर-वृद्धि नहीं करना चाहता। हाँ, इन लोगों में एक देवदत्त बलबलीयान देवदत्त नामक कविकुल-कमल पर दृष्टि बिना पड़े नहीं रहती। यह देव वास्तव में स्वर्गीय सम्पत्ति-सम्पन्न है। उसकी दीप्ति के सम्मुख कवितादेवी भी चमत्कृत होती हैं; अतएव उनका चमत्कार भी देखिये—

जब ते कुँवर कान्ह रावरी कला निधान
कान परी वाके कहूँ सुजस कहानी सी।
तब ही ते देव देखी देवता सी हँसति सी
रीझति सी खीझति सी रूठति रिसानी सी॥
छोही सी छली सी छीन लीनी सी छकी सी छिन
जकी सी टकी सी लगी थकी थहरानी सी।
बींधी सी बँधी सी बिख बूड़ति विमोहित सी
बैठी बाल बकति बिलोकति बिकानी सी॥

हिन्दी-विकास का यह प्रसंग अधूरा रह जायगा, यदि गुरुदेवों की गौरवमयी रचनाओं की गुरुता का गान इसमें न हो। महात्मा गुरु नानक से लेकर कँलगीधर गुरु गोविन्द सिंह तक दसों गुरुओं ने हिन्दू जाति को गौरवित बनाने का ही भगीरथ प्रयत्न नहीं किया है, उन स्वर्गीय महापुरुषों ने हिन्दी देवी की भी वह सेवा की है कि जिसके विषय में यह निर्भय होकर कहा जा सकता है 'न भूतो न भविष्यति।' यदि वंदनीय बल्लभ-सम्प्रदाय अथवा पूजनीय वैष्णव दल ने उसको समुन्नति के शिखर पर पहुँचा दिया है, यदि समादरणीय संतमतवालों ने उसकी प्रथित प्रतिष्ठा-पताका बहुत ऊँची कर दी है, तो सकल गौरव-भाजन गुरुदेवों ने उसकी कान्ति-कीर्ति-कौमुदी द्वारा समस्त दिशाओं को धवलित कर दिया है। वास्तव बात यह है कि एक हिन्दी देवी ही ऐसी हैं जो अविरोध से सभी सम्प्रदाय और मतवालों की आराध्या हैं। पवित्र आदि ग्रन्थ साहब और दशम गुरु प्रणीत दशम ग्रन्थ साहब हिन्दी भाषा की पुनीत, महान् और भावमयी रचनाओं के अपार पारावार हैं। जहाँ तक मैं जानता हूँ, हिन्दी में आज तक किसी ग्रन्थकार ने इतना बड़ा ग्रन्थ नहीं रचा। इन दोनों पुनीत ग्रन्थों में क्या नहीं है? वे ज्ञान के भाण्डार, विवेक के वारिधि, विचार के हिमाचल, भाव के सुमेरु और भक्ति के आकर हैं। गुरु नानकदेव के शब्द पंजाबी भाषामिश्रित हैं; किन्तु गुरु अर्जुनदेव की रचना अधिकांश शुद्ध हिन्दी है। दशम ग्रन्थ साहब की अधिकांश कविताएँ ब्रजभाषा में हैं और उसमें उसका उच्च और परिमार्जित स्वरूप वर्तमान है। आदि ग्रन्थ साहब में से दो दोहे और दशम ग्रन्थ साहब में से एक पद्य नीचे लिखा जाता है:—

बलिहारी गुरु आपणेदेव हाड़ीं सद वार।
जिन माणस ते देवते करत न लागी वार॥
जे सौ चंदा ऊगवे सूरज चढ़े हजार।
एते चानण हो दियाँ गुर विण घोर अँधार॥

सेत धरे सारी वृखभानु की कुमारी
जस ही की मनोवारी ऐसी रची है न को दई।
रंभा उरवसी और सची सी मदोदरी पै
ऐसी प्रभा का की जग बीच ना कछू भई।
मोतिन के हार गरे डार रुचि सो सिंगार
कान्ह जू पै चली कवि श्याम रस के लई।
सेत साज साज चली साँवरे के प्रीति
काज चाँदनी में राधा मानो चाँदनी सी हो गई॥

ब्रजभाषा और खड़ी बोली

हिन्दी भाषा के विकास की वार्त्ता के साथ खड़ी बोली के विकास का बहुत बड़ा सम्बन्ध है। यद्यपि खड़ी बोली की कविता कविवर खुसरो के समय से ही होने लगी थी तथापि कबीर साहब ने भी कभी-कभी खड़ी बोली की कविता लिखी है। कभी-कभी और सहृदय सुजन भी एक-आध पद्य खड़ी बोली का लिख जाते थे—जैसा निम्नलिखित पद्यों से प्रगट होता है—

जंगल में हम रहते हैं—दिल बस्ती से घबराता है।
मानुस गंध न भाती है मृग मरकट संग सुहाता है॥
चाक गरेबाँ करके दम-दम आहें भरना आता है।
ललित किशोरी इश्क रैन दिन ये सब खेल खेलाता है॥

—ललित किशोरी

हम खूब तरह से जान गये जैसा आनँद का कन्द किया।
सब रूप सील गुन तेज पुंज तेरे ही तन में बन्द किया॥
तुझ हुस्न प्रभा की बाकी ले फिर विधि न यह फरफन्द किया।
चम्पक दल सोनजुही नरगिस चामीकर चपला चन्द किया॥

—सीतल

किन्तु खड़ी बोली की ये रचनाएँ आकस्मिक हैं। ब्रजभाषा और खड़ी बोली दोनों शौरसेनी अपभ्रंश के रूप हैं। ब्रजभाषा का केन्द्र मथुरामण्डल है और खड़ी बोली का दिल्ली प्रान्त अथवा उसका समीपवर्ती भू-भाग। किस प्रकार ब्रजभाषा उन्नति करते-करते पराकाष्ठा को पहुँची, यह आप लोगों ने देख लिया। जो सौभाग्य स्वयं शौरसेनी अथवा अपभ्रंश को नहीं प्राप्त हुआ, जो महत्व उसकी दूसरी बहनों—अवधी अथवा भोजपुरी बोलियों को नहीं मिला, वह अथवा उससे भी कहीं अधिक सौभाग्य और महत्व ब्रजभाषा ने हस्तगत किया। मैथिल-कोकिल की रचना में आप ब्रजभाषा की झलक देख चुके हैं। यदि आप आगे बढ़कर बंगाल में पदार्पण करेंगे तो वहाँ के प्राचीन

कवि कीर्तिवास और चंडीदास इत्यादि की मधुर रचनाओं को भी वह माधुर्य्य वितरण करती दिखलाई पड़ेगी। पश्चिम-दक्षिण में राजपूताने और गुजरात में भी आप उसका प्रसार देखेंगे। वहाँ वह तात्कालिक पूर्वतन कवि की कविता-मालाओं को अपनी कोमलकान्त पदावलि-कुसुमावली द्वारा सुसज्जित करती दृष्टिगोचर होती है। भगवान बुद्धदेव के साधन-बल से जिस प्रकार मागधी का हित-साधन हुआ था, उसी प्रकार भगवान वासुदेव के सहवास से सुवासित होकर ब्रजभाषा भी समादृत हुई। जहाँ-जहाँ उनके प्रेममय पंथ का प्रचार हुआ, जहाँ-जहाँ उनकी मधुमयी लोक-विमुग्धकारिणी मुरली की चर्चा छिड़ी, जहाँ-जहाँ उनकी आराध्या श्रीमती राधिका देवी उनके साथ आराधित हुईं, वहाँ-वहाँ कलित ललित-कलामयी ब्रजभाषा अवश्य पहुँची। न तो पंजाब इस प्रवाह में पड़ने से बचा, न बिहार, न मध्यप्रान्त। हमारे देश की चर्चा ही क्या, वह तो चिरकाल से भगवती ब्रजभाषा का भक्त है—और आज भी उनके पुनीत चरणों पर भक्ति-पुष्पांजलि अर्पण कर रहा है। ब्रजभाषा-साहित्य का पद्य विभाग जितना विशद, उन्नत और उदात्त है, जितना ललित और सरस है, उतना ही प्रिय और व्यापक है। जो गौरव इस विषय में उसको मिला, भारत की किसी अन्य भाषा को आज तक प्राप्त नहीं हुआ। इस प्रान्त के अधिकांश सुकवि आज भी उसके अनन्य उपासक हैं, बहुत लोग आज भी उसकी चकितकरी ललित कला के समर्थक हैं; किन्तु यह अवश्य है कि काल-गति से उसके अबाध प्रवाह में अब कुछ बाधा उपस्थित हो गयी है। इसके कारण हैं।

उन्नीसवें शतक के आरम्भ में हिन्दी गद्य की नींव श्रीयुत लल्लूलाल और श्रीमान् सदल मिश्र द्वारा कुछ विशेष कारणों से पड़ी। यद्यपि इनके पहले के भी गद्य-ग्रन्थ हिन्दी में पाये गये हैं। इनमें महात्मा गोरखनाथ, गोस्वामी बिट्ठलनाथ और गोस्वामी गोकुलनाथ के ग्रन्थ प्रधान हैं। किन्तु, गद्य-विभाग का वास्तविक कार्य जो कि क्रमशः अग्रसर होता गया, उक्त दोनों सज्जनों के समय से ही प्रारम्भ होता है। हिन्दी-गद्य का जो सुन्दर बीज उन लोगों ने बोया वह श्रीयुत राजा शिवप्रसाद और राजा लक्ष्मण सिंह के सेचन-द्वारा कुछ काल के उपरान्त एक हरा-भरा पौधा बन गया। भारतेन्दु बाबू हरिश्चन्द्र के कर-कमलों से लालित-पालित होकर यह पौधा एक प्रकाण्ड वृक्ष में परिणत हुआ और सुन्दर फूल-फल लाया। इस काल में और इसके परवर्ती काल में हिन्दी-गद्य के अनेक सुलेखक उत्पन्न हुए। उन्होंने सुन्दर-सुन्दर पुस्तकें लिखीं, तरह-तरह के समाचारपत्र और मनोहर मासिक पत्रिकाएँ निकालीं, और इस प्रकार उसको बहुत कुछ अलंकृत एवं श्री-सम्पन्न कर दिया। जो हिन्दी-गद्य किसी काल में कतिपय पंक्तियों में ही स्थान पाता था, जो थोड़े-से दानपत्रों, दस्तावेजों, तमस्सुकों, इकरारनामों और महज्जर-नामों के आधार से ही जीवित था, जो या तो कुछ चिट्ठी-पत्री में दिखलाई पड़ता अथवा किसी

टीकाकार की लेखनी से प्रसूत हो टूटी-फूटी दशा में किसी प्राचीन पुस्तक के मैले-कुचैले पत्रों में पड़ा रहता, वह इस काल में नये वसन-भूषणों से सुसज्जित होकर सर्व-जन-आदृत हुआ। पहले-पहल जो तेरहवें शतक में मेवाड़ की एक सनद में दिखलाई पड़ा और अट्ठारहवें शतक में छोटे-छोटे लेखों अथवा साधारण पुस्तकों के सहारे कभी-कभी अग्रसर होता रहा, उन्नीसवें शतक में पचास वर्ष के भीतर वही विस्तृत होकर भारतव्यापी हुआ। जो महात्मा गोरखनाथ की विभूति से भी विभूतिमय नहीं हुआ, गोस्वामी बिट्ठलनाथ की स्वामिता में भी साहित्य-स्वामी नहीं बना, भक्त नाभादास जिसे आभा नहीं दे सके, जिसे बनारसीदास सरस, जटमल सजीव, देव दिव्य, सूरतमिश्र स्वरूपमान, दास प्रसादयुक्त, ललित किशोरी ललित, और ललितमाधुरी मधुर नहीं बना सके, वही हिन्दी गद्य इस काल में समुन्नत होकर सर्वगुण-सम्पन्न हो गया। भारतेन्दु और तत्कालिक हिन्दी-साहित्य गगनशोभी कतिपय ज्योति-निकेतन विद्वद्वृन्द तारकपुंज ने उस समय उसको जो अपूर्व आलोक प्रदान किया, उससे वह आज तक आलोकित है और दिन-दिन समधिक आलोकमय हो रहा है।

समय-प्रवाह से जब हिन्दी-गद्य समुन्नत हुआ और योग्य विद्वत्समाज द्वारा उसको समुचित आश्रय मिला तो जनता में उसका अनुराग उत्पन्न होना स्वाभाविक था। जैसे-जैसे हिन्दी में सुन्दर-सुन्दर भावमय ग्रन्थ निकलने लगे वैसे-वैसे उसका समादर बढ़ता गया। यंत्रालयों और सामयिक पत्र-पत्रिकाओं की वृद्धि ने इस प्रवृत्ति की और वृद्धि की। इस समय युक्तप्रांत, बिहार और मध्यप्रदेश में तो वह प्रचलित था ही, पंजाब प्रांत में और बंगाल के प्रधान स्थान कलकत्ते और बम्बई-हाते की राजधानी बम्बई में भी उसका प्रचुर प्रसार हो गया था। इस बहु-विस्तृत हिन्दी-गद्य की भाषा खड़ी बोली थी। श्रीयुत गोस्वामी बिट्ठलनाथ के 'चौरासी वैष्णवों की बार्ता' की रचना ब्रजभाषा में हुई है। पहले की जितनी टीकाएँ और फुटकल नोट कहीं पाये जाते हैं, उन सबकी भाषा लगभग ब्रजभाषा ही थी। श्रीयुत लल्लूलाल की भाषा में भी ब्रजभाषा का पुट मौजूद है। किन्तु राजा लक्ष्मण सिंह, राजा शिवप्रसाद और बाबू हरिश्चंद्र ने अपने गद्य में शुद्ध खड़ी बोली को स्थान दिया है। परवर्ती समस्त-हिन्दी गद्य-लेखक भी इसी पथ के पथिक हैं। कारण इसका यह है कि जिस काल का यह वृत्तान्त है, उस समय उर्दू भाषा उत्तरोत्तर समुन्नत होती हुई सरकारी कचहरियों में भी प्रतिष्ठा-लाभ कर चुकी थी; अतएव उसका प्रचार प्रान्त भर में हो गया था और उसके आश्रय से खड़ी बोली प्रान्त-व्यापिनी भाषा बन गयी थी। ऐसी अवस्था में हिन्दी की समुन्नति के लिए उसका भी खड़ी बोली में लिखा जाना आवश्यक हो गया। यही कारण है कि ब्रजमण्डल-निवासी होकर भी राजा लक्ष्मण सिंह की लेखनी खड़ी बोली के अनुकूल चली और ब्रजभाषा के अनन्य भक्त होकर भी भारतेन्दु खड़ी बोली को भारतव्यापिनी बनाने में संकुचित नहीं हुए। राजा

शिवप्रसाद के विषय में तो कुछ कहना ही व्यर्थ है; क्योंकि, उनका आदर्श था—"चलो तुम उधर को हवा हो जिधर की।" इतना होने पर भी हिन्दी गद्य-लेखकों ने पद्य की भाषा उस समय ब्रजभाषा ही रखी। भारतेन्दुजी और राजा लक्ष्मण सिंह के ग्रन्थों की पद्य-भाषा ब्रजभाषा है। किन्तु, कुछ समय बीतने पर सुगमता और सुविधा का सामना करना पड़ा। इस समय पढ़ी-लिखी जनता खड़ी बोली से परिचित हो गयी थी, अधिकांश लेखक भी जितना खड़ी बोली पर अधिकार रखते थे, उतना ब्रजभाषा पर नहीं। अतएव धीरे-धीरे वह अव्यवहृत हो चली और उसका समझना सुगम नहीं रहा। सामने उर्दू का आदर्श था, जिसके गद्य-पद्य दोनों की भाषा एक थी; अतएव खड़ी बोली में ही हिन्दी भाषा की कविता करने का प्रश्न छिड़ा। सुविधा और सुगमता की दोहाई दी गयी, धूम-धाम से आन्दोलन हुआ, सफलता खड़ी बोली को मिली और इस प्रकार खड़ी बोली की कविता का सूत्रपात हुआ।

जनता अथवा मानव-हृदय सुविधा और सुगमता का अनुचर है। सामयिक प्रवाह उसका सूत्रधार है। समयानुसार जो सुगम और सुविधाजनक पथ होता है लोक बहुत विरोध करने पर भी अन्त में उसी पथ पर अविरोध के साथ चलने लगता है—सदैव ऐसा होता आया है, आगे भी ऐसा ही होगा। हमारी परम पवित्र वेद-भाषा, सुसंस्कृता संस्कृत, महिमामयी मागधी जैसे नियति का नियम पालन करने को बाध्य हुई, उसी प्रकार मधुरतामूर्ति ब्रजभाषा को भी नियति-चक्र में पड़ना पड़ा। किन्तु वे भाषाएँ जैसे हमारी दृष्टि में आज तक भी समादृत हैं, वैसे ही जब तक हिन्दी भाषा का नाम भी संसार में शेष रहेगा, ब्रजभाषा समादृत रहेगी। आज भी उसकी अर्चा करके अपने करों को चन्दन-चर्चित करनेवाले लोग हैं और चिर काल तक रहेंगे। मैं उन लोगों को मर्मज्ञ और सहृदय नहीं समझता, जो उसके विरुद्ध असंगत बातें कथन करके अपने को कलंकित करते हैं।

खड़ी बोली की कविता का अभी आरंभिक काल है। जो लोग उसकी सेवा आजकल कर रहे हैं, वास्तव में वे सेवक हैं। यदि उनको कोई कवि समझता है तो यह उसका महत्त्व है। भक्तजन की भावुकता भावमयी होती है, अपने भावावेश में उसे किसी बात का अभाव नहीं होता, इसी सूत्र से कोई कुकवि भी किसी की दृष्टि में महाकवि बन सकता है। परन्तु, वास्तव बात यह है कि खड़ी बोली के सेवकों की तुलना ब्रजभाषा के सुकवियों से करना विडम्बना छोड़ और कुछ नहीं है। कवि-चक्र-चूड़ामणि गोस्वामी तुलसीदास से महाकवि जिस पथ में चलकर कहते हैं—"कवित विवेक एक नहिं मोरे, सत्य कहों लिखि कागद कोरे" उस पथ का पथिक होकर कोई खड़ी बोली का सुकवि भी अपने को कवि नहीं कह सकता। कोई सेवक ऐसा दुस्साहस कैसे करेगा! सब भाषाओं में सूर-शशि एक-एक ही होता है। हाँ, तारकचय की कमी नहीं होती। खड़ी बोली की कविता के आस-पास अन्धकार घनीभूत है, कतिपय तारे उसमें

चमक-दमक रहे हैं, धीरे-धीरे अन्धकार भी टल रहा है। किन्तु भरमार अभी खद्योतों की ही है। उनको भी चमकने दीजिये। क्या कुछ अँधेरा उनसे भी दूर नहीं हो रहा है? आप उनको मुट्ठियों में क्यों रखना चाहते हैं? यह अंधेर है। समय पर सब होगा—घनीभूत अन्धकार एक दिन टलेगा, भगवान भुवन-भास्कर भी निकलेंगे।

सेवकों को उचित पथ पर चलाने का अधिकार सब अधिकार वालों को है; किन्तु कशाघात करके उनको क्षत-विक्षत कर देना न्याय-संगत न होगा। आजकल देखता हूँ कि खड़ी बोली की कविता के सेवकों पर प्रहार-पर-प्रहार हो रहे हैं, उनको नाना लांछनों द्वारा लांछित किया जा रहा है। अपराध उनका यह है कि वे नीरस को सरस, तमोमयी अमा को राका-रजनी और काककुमार को कल-कण्ठ बनाना चाहते हैं। कहा जाता है कि उनकी खड़ी बोली की रचना क्लिष्ट होती है, उसमें ब्रजभाषा के शब्द मिलाकर खिचड़ी पकायी जाती है, और शुद्ध शब्दों का प्रयोग करके उसे कर्कश किया जाता है। उनकी कविता में सरसता नहीं, लालित्य नहीं, भाव नहीं, ध्वनि नहीं, व्यंजना नहीं, कोमलता नहीं, प्रयोजन यह कि उसमें सब नहीं ही नहीं है—उत्तमता कुछ नहीं। मेरा सविनय निवेदन यह है कि क्या यह सत्य है? मैं क्लिष्टता का प्रतिपादक नहीं, मैं कोमलकान्त-पदावली का अनुरक्त हूँ, प्रियप्रवास-रचना का और उद्देश्य है, मेरे इस कथन में सत्यता है या नहीं, यह 'बोलचाल' नामक ग्रन्थ बतलावेगा, जो प्रियप्रवास का दूना है। किन्तु, प्रसादगुणमयी कविता का अनुमोदक होकर भी मैं यह कहने के लिये बाध्य हूँ कि कवि की स्वतन्त्रता हरण नहीं की जा सकती। उसको सब प्रकार की रचना करने का अधिकार है। यदि कोई क्लिष्ट कविता करना ही पसन्द करता है, तो वह अवश्य सतर्क करने योग्य है। परन्तु यदि उसकी कविता सब प्रकार की है और उसमें से क्लिष्ट रचना ही दोष दिखलाने के लिए उपस्थित की जाती है तो यह अनुचित दोष-दर्शन है। प्रायः देखा जाता है कि किसी ख़ड़ी बोली के कविता-लेखक की कोई अत्यन्त क्लिष्ट कविता उठाकर रख दी जाती है—और तरह-तरह के व्यंग करके यह प्रश्न किया जाता है कि क्या यह खड़ी बोली की कविता है? प्रयोजन यह कि खड़ी बोली की कविता रचना ढोंगमात्र है, उसमें असरसता छोड़ और कुछ नहीं। मेरा निवेदन यह है कि प्राचीन लब्ध-प्रतिष्ठ महाकवियों ने भी इस प्रकार की कविताएँ की हैं और ये कविताएँ उसी भाषा की मानी गयी हैं, जिस भाषा में कि लिखी गयी हैं। मैं हिन्दी-संसार के कवि-शिरोमणि गोस्वामी तुलसीदास, वंग भाषा के महाकवि भारतचन्द्र और उर्दू भाषा के मलिकुश्शोअरा मिर्जा ग़ालिब की एक-एक कविता प्रमाणस्वरूप नीचे लिखता हूँ, आप लोग उसे देखें।

गोपाल गोकुल वल्लभी प्रिय गोप गोसुत बल्लभं।
चरणारविन्दमहं भजे भजनीय सुर नर दुलभं॥

सिर केकि पच्छ विलोल कुण्डल अरुन बनरुह लोचनं।
गुञ्जावतंस विचित्र सब अँग धातु भव भय मोचनं॥
कच कुटिल सुन्दर तिलक भ्रू राका मयंक समाननं।
अपहरत तुलसीदास त्रास विहार वृन्दा काननं॥

—गोस्वामी तुलसीदास

जय चामुण्डे जय चामुण्डे कर कलितासि वराभय मुण्डे।
कल-कल रसने कड़ मड़ दशने रण भुवि खण्डित सुर रिपुमुण्डे॥
अट-अट हासे कट मट भाषे नखर बिदारित रिपु करि शुण्डे।
कलिमल मथनम् हरि गुण कथनम् विरचय भारत कविवर तुण्डे॥

—भारतचन्द्र

शुमारे सबहा मरगूबे बुते मुशकिल पसंद आया।
तमाशा ये वयक कफ़ बुरदने सद दिल पसंद आया॥
हवाये सबज़ गुल आईनये वेमेहरिये क़ातिल।
कि अन्दाज़े बखूँ ग़लतीदने क़ातिल पसंद आया॥

—मिर्जा ग़ालिब

गोस्वामीजी के इस प्रकार के पद्य सैकड़ों हैं, विनयपत्रिका का लगभग एक तृतीयांश ऐसे ही पद्यों से पूर्ण है। आचार्य केशव की रचना में इस प्रकार के अनेक पद्य हैं। क्या कविवर सूरदास, क्या वैष्णव-संसार के दूसरे प्रसिद्ध कवि सभी की रचनाओं में इस प्रकार की कविता पायी जाती है? भारतेन्दुजी के बहुत पद्य ऐसे हैं। उनकी गंगा-स्तुति का एक पद्य सोलह चरणों का है। वह आरम्भ यों होता है—"ब्रह्म द्रवभूत आनन्द मन्दाकिनी अलकनन्दे सुकृति कृति विपाके"। यदि इस प्रकार की कविता होती है और आद्योपान्त संस्कृत शब्दमयी होने पर भी ब्रजभाषा की कविता समझी जाती है तो खड़ी बोली में रचे गये इस प्रकार के कतिपय पद्य खड़ी बोली के पद्य क्यों न माने जावेंगे? यदि ऐसे पद्यों को लेकर वितण्डावाद किया जावे, तो अधिकांश वर्तमान हिन्दी-गद्य भी खड़ी बोली का नहीं माना जावेगा।

दूसरी बात यह कि खड़ी बोली की कविता में ब्रजभाषा के शब्द मिलाकर खिचड़ी पकायी जाती है। खिचड़ी बड़ी मीठी होती है। क्या बुरा किया जाता है? कौन ब्रजभाषा का कवि है, जिसकी कविता बुन्देलखण्डी शब्दों से बची है? कविवर बिहारीलाल की मधुमयी कविता उससे मामूर है। क्या इन लोगों की कविता ब्रजभाषा की कविता नहीं मानी जाती? गोस्वामी जी की अद्भुत रामायण में अनेक प्रान्तों के शब्द हैं—अवधी की

वह आकर है, ब्रजभाषा-भूषिता है, बुन्देलखण्डी से अलंकृत है, भोजपुरी से भावमयी है। क्या यह दूषण है? यह तो भूषण ही माना गया है। भाषा-मर्मज्ञ भिखारीदास कहते हैंः—

तुलसी गंग दोऊ भये सुकविन के सरदार।
इनके काव्यन में मिली भाषा विविध प्रकार॥

देखिये, सहृदया 'ताज' की यह कई भाषामयी कविता कितनी मधुर हैः—

सुनो दिलजानी मेरे दिल की कहानी,
तुम दस्त ही बिकानी बदनामी भी सहूँगी मैं।
देव पूजा ठानी मैं निवाज हूँ भुलानी,
तजे कलमा कुरान साड़े गुनन गहूँगी मैं।
साँवला सलोना सिर ताज सिर कुल्ले दिये,
तेरे नेह दाग में निदाग हो दहूँगी मैं।
नन्द के कुमार कुरबान ताँड़ी सूरत पै,
तांड़ नाल प्यारे हिन्दुआनी हो रहूँगी मैं।

मेरी इन बातों से आप लोग यह न समझें कि मैं खड़ी बोली की कविता में ब्रजभाषा शब्दों के अबाध व्यवहार का पक्षपाती हूँ। नहीं, यह मेरा विचार कदापि नहीं है। ऐसी अवस्था में खड़ी बोली की कविता की उपयोगिता ही क्या रह जायगी? वह तो पहचानी भी न जा सकेगी। मेरे कथन का अभिप्राय यह है कि ब्रजभाषा के उपयुक्त और सुन्दर शब्द यदि कहीं प्रयुक्त होकर कविता को कवित्वमय कर देते हैं तो उसका ग्रहण कर लेना भावुकता है। कवि सौन्दर्य का उपासक, भाव का भूखा, रस का रसिक, प्रसाद का प्रेमिक और सरलता का सेवक है। अतएव इनके साधनों को साध्य बनाना ही उसका धर्म है—अन्यथा, कवि कर्म कवि-कर्म नहीं रह जावेगा।

मुख्यतः क्रिया ही खड़ी बोली को ब्रजभाषा से पृथक् करती है। अतएव ब्रजभाषा क्रिया का प्रयोग खड़ी बोली में कदापि न होना चाहिए। किसी उपयुक्त अवसर पर, संकीर्ण स्थल पर अनुप्रास के लिए यदि ब्रजभाषा-क्रिया का प्रयोग संगत जान पड़े, तो मेरा विचार है कि वहाँ उसका प्रयोग हो सकता है। किन्तु उसी अवस्था में, जब उसे खड़ी बोली की क्रिया का रूप दे दिया जावे। उस शब्द-योजना और वाक्य-विन्यास को जो कि ब्रजभाषा-प्रणाली से प्रस्तुत है, खड़ी बोली में ग्रहण करना उचित नहीं; क्योंकि इससे खड़ी बोली ब्रजभाषा का प्रतिरूप बन जावेगी। हिन्दी भाषा की दो मूर्तियाँ हैं—एक खड़ी बोली और दूसरी 'ब्रजभाषा'। अतएव उनके परस्पर सम्बन्ध की रक्षा न्यायानुमोदित है। अन्य भाषा के शब्दों से खड़ी बोली पर ब्रजभाषा का विशेष स्वत्व है, इसलिए उसका बिलकुल बॉयकाट विडम्बना है। उर्दू के कवि अब तक ब्रजभाषा

शब्दों का आदर करते हैं, फिर खड़ी बोली के कवि उसका अनादर क्यों करें? हाँ, उनको समधिक संयत होना चाहिए। उर्दू के वे अशआर प्रमाण-स्वरूप नीचे लिखे जाते हैं—जिनमें ब्रजभाषा शब्दों का प्रयोग हुआ है, ऐसे शब्द बड़े अक्षरों में दिये गये हैं—

सुबह गुजरी शाम होने आई मीर।
तू न *चेता* औ बहुत दिन कम रहा।

—मीर

हाय! क्या चीज गरीबुल वतनी होती है।
बैठ जाता हूँ जहाँ *छाँव घनी* होती है।

—हाफ़िज़

कमसिनी है तो जिदें भी हैं *निराली* उनकी।
इस पै मचले हैं कि हम दर्दे जिगर देखेंगे।

—फसाहत

***जग* में आकर इधर-उधर देखा।**
तूही आया नजर जिधर देखा।

—मीर दर्द

***सारे* जहाँ से अच्छा हिन्दोस्ताँ हमारा।**
हम बुलबुलें हैं उसकी वह गुलसिताँ हमारा।

—इकबाल

शुद्ध शब्दों के प्रयोग के विषय में मुझको इतना ही कहना है कि यह प्रवृत्ति बहुत अच्छी है। इसने खड़ी बोली के कवियों को च्युत-दोष और शब्दों के तोड़-मरोड़ से बहुत बचाया है—जहाँ ब्रजभाषा में इस दोष की भरमार है, वहाँ खड़ी बोलचाल की कविता इससे सुरक्षित है। अतएव, इस अंश में आक्षेप मान्य नहीं; परन्तु इसका दूसरा पहलू भी है, इसलिए इधर समुचित दृष्टि होना आवश्यक है। वह यह कि खड़ी बोली के कुछ कवियों को शुद्ध शब्द-प्रयोग का नशा-सा हो गया है—और इसमें कोई सन्देह नहीं कि इससे कविता में कर्कशता आ गयी है। यदि अक्ष के बजाय आँख, कर्ण के स्थान पर कान, दन्त के स्थान पर दाँत, जिह्वा के स्थान पर जीभ, ओष्ठ की जगह ओठ या होंठ लिखना ठीक है तो मुख के स्थान पर मुँह, आशा के स्थान पर आस, वेश के स्थान पर भेस, यश के स्थान पर जस, विष के स्थान पर बिख लिखना भी ठीक है। दोनों प्रकार के शब्द ही अपभ्रंश शब्द हैं। इसी प्रकार के और बहुत से शब्द बतलाये जा सकते हैं। चाहिए यह कि अपभ्रंश शब्दों के व्यवहार के लिए परस्पर कलह न करें—प्रयोग करने

न करने के लिए सब स्वतन्त्र हैं। किन्तु, यह आग्रह उचित नहीं कि हम प्रयोग करेंगे तो शुद्ध शब्द का ही प्रयोग करेंगे। इसका यह परिणाम होगा कि आँख, कान इत्यादि के स्थान पर अक्ष और कर्ण इत्यादि लिखे जाने लगेंगे, भाषा कृत्रिम हो जावेगी और हिन्दी का हिन्दीपन लोप हो जावेगा। यह स्मरण रखना चाहिए कि हिन्दी भाषा की जननी अपभ्रंश भाषा है, हिन्दी की प्रशंसा इसीलिए है कि वह तद्भव शब्दों द्वारा सुगठित है–जिस दिन उसके आधार तत्सम शब्द हो जावेंगे उसी दिन वह अपना स्वरूप खोकर अन्तर्हित हो जावेगी। नियम यह होना चाहिए कि प्रयोग आवश्यकतानुसार तद्भव और तत्सम दोनों प्रकार के शब्दों का हो; किन्तु प्रधानता तद्भव शब्दों को दी जावे। संस्कृत के विद्वान् भी तद्भव शब्दों का प्रयोग करते देखे जाते हैं, शुद्ध शब्दों का प्रयोग तो वे करते ही हैं। हम लोगों को भी उन्हीं का पदानुसरण करना चाहिए। कुछ ऐसे प्रयोग दिखलाये जाते हैं–शुद्ध शब्द 'क्षुर' है; अपभ्रंश उसका 'खुर' है। इसी प्रकार प्रियाल शब्द शुद्ध और पियाल अपभ्रंश है। कविकुल-गुरु कालिदास रघुवंश के 'तस्याखुरन्यास पवित्र पांशुम्' और कुमारसम्भव के "मृगाः पियाल द्रुम मंजरीणाम्" वाक्यों में 'खुर' और 'पियाल' का प्रयोग करते पाये जाते हैं।

अब रहीं कवितागत लालित्य और सौन्दर्य्य इत्यादि की बातें। इस विषय में मेरा इतना ही निवेदन है कि क्या श्रुतिधर श्रीमान् पण्डित श्रीधर पाठक के भारत-गीत में भारतीयता का राग नहीं है? क्या शुभंकर श्रीमान् पण्डित नाथूरामशंकर शर्मा की रचनाओं में रचना-चातुरी दृष्टिगत नहीं होती? क्या विद्वद्वर श्रीमान् पण्डित महावीरप्रसाद द्विवेद्वी के वाग्विलास में विद्वत्ता नहीं विलसती? क्या ललित कण्ठ श्रीमान् लाला भगवानदीन गुले लाला अथवा गुल्लाला नहीं खिलाते? क्या काव्य-विनोद श्रीमान् पण्डित लोचनप्रसाद पाण्डेय की वर-वचनावली विविध विनोदमयी नहीं होती? क्या रामचरित-चिन्तामणिकार श्रीमान् पण्डित रामचरित उपाध्याय की कृति में चारु-चरित चित्रण नहीं होता? क्या निरूपण पटु-श्रीमान् पण्डित रूप नारायण पाण्डेय की रूपक पटुता अनुरूप नहीं होती? क्या भारत-भारतीकार श्रीमान् बाबू मैथिलीशरण गुप्त की भारती विविध भाव-भरित नहीं पायी जाती? क्या शंकर नगरनिवासी श्रीमान् बाबू जयशंकर 'प्रसाद' की कविता के प्रसादमयी होने में सन्देह है? क्या स्नेह-भाजन श्रीमान् पण्डित गयाप्रसाद 'सनेही' की सुलेखनी सरसता के साथ नहीं सरसती? क्या पवित्रात्मा 'भारतीय आत्मा' की अनूठी उक्ति आत्म-विस्मृतिकारिणी नहीं होती? क्या परम सहृदय भारतीय-हृदय का कवित्य हृदय विभक्त नहीं करता? क्या रमणीय मानस श्रीमान् पण्डित रामनरेश त्रिपाठी की मानसिकता में नवरसमयी रसिकता नहीं मिलती? क्या हृदयवान् सुकवि श्रीमान् पण्डित गोकुलचन्द्र की चारुचित्तता अरोचकता को अर्द्धचन्द्र नहीं देती? इसका उत्तर सहृदय दें। मैं इतना ही कहूँगा कि इन सज्जनों की रचनाएँ

रुचिर हैं। यदि यह समय उनके अनुकूल नहीं है तो कोई अनुकूल समय भी आवेगा। एक समय था, जब भावुक प्रवर भवभूति को यह कहना पड़ा थाः—

ये नाम के चिदिहनः प्रथयन्त्यवज्ञां,
जानन्तु ते किमपितान्प्रति नैष यत्नः
उत्पत्स्यतेस्ति मम कोपि समान धर्म्मा,
कालोह्ययं निरवधिर्विपुला च पृथ्वी ॥

किन्तु, बाद को वह समय भी आया जब वह इन शब्दों में स्मरण किये गये।

"कारुण्यं भवभूतिरेवतनुते"

अथवा

भवभूतेः संबंधाद् भूरेव भारती भाति।
एतत्कृत कारुण्ये किमन्यथा रोदिति ग्रावा ॥

क्या हिन्दी-उर्दू में भेद है?

हिन्दी शब्द उच्चारण करते ही हृदय उत्फुल्ल हो जाता है और नस-नस में आनन्द की धारा बहने लगती है। यह बड़ा प्यारा नाम है। कहा जाता है—इस नाम में घृणा और अपमान का भाव भरा हुआ है; परन्तु जी इसको स्वीकार नहीं करता। हिन्दू शब्द से हिन्दी का सम्बन्ध नहीं है, वरन् हिन्द शब्द उसका जनक है। हिन्द शब्द देशपरक है और भारतवर्ष का पर्यायवाची है। यदि हिन्दू शब्द से ही उसका सम्बन्ध माना जावे, तो भी अप्रियता की कोई बात नहीं—आज दिन हिन्दू नाम ही इक्कीस करोड़ संख्या का सम्मिलनसूत्र है, यह नाम ही ब्राह्मण से लेकर अस्पृश्य जाति के पुरुष तक को एक बन्धन में बाँधता है। आर्य नाम उतना व्यापक नहीं है जितना हिन्दू नाम; यह कभी विष रहा हो, पर अब अमृत है। वह पुण्य सलिला सुरसरी जल-विधौत, सप्तपुरी पावन रजकणपूत और पुनीत वेद-मन्त्रों द्वारा अभिमंत्रित है। क्या अभी इसमें अपावनता मौजूद है? इतना निराकरण के लिये कहा गया, इस विषय में मेरा दूसरा सिद्धान्त है। यह सत्य है कि हमारे प्राचीन ग्रन्थों अथवा पुराणों में हिन्दू शब्द का प्रयोग नहीं है, यह सत्य है कि मेरुतन्त्र का 'हीनश्च दूषयेत्वेव हिन्दु रित्युच्यते प्रिये' और शिव-रहस्य का 'हिन्दू-धर्म प्रलोत्पारो भविष्यन्ति कलौ युगे' आधुनिक श्लोक खण्ड हैं। किन्तु यह भी सत्य है कि विजेता मुसलमानों ने बलपूर्वक हिन्दुओं से हिन्दू नाम स्वीकार नहीं कराया। यदि बलात् यह नाम स्वीकार कराया गया होता, तो चन्द बरदाई-जैसा स्वधर्माभिमानी अब से सात सौ बरस पहले अपने निम्नलिखित पद्य में 'हिन्दुवान' शब्द का प्रयोग न करता।

"हिन्दुवान रान भय भान मुख गहिय तेग चहुआन जब।"

वास्तव बात यह है कि फारस-निवासी चिर काल से भारत को हिन्द कहते आये हैं। अब से लगभग पाँच सहस्र वर्ष की पुरानी पुस्तक 'जिन्दा वस्ता' में इस शब्द का प्रयोग पाया जाता है—उसकी 163 वीं आयत यह है—

"चूँ ब्यास हिन्दी वलख़ आमद गुस्तास्प जरतुश्तरा वख्वाद"

यह हिन्द नाम सिन्धु के सम्बन्ध से पड़ा है; क्योंकि फ़ारसी में हमारा 'स' 'ह' हो जाता है—जैसे सप्त से हफ्त बना, वैसे ही सिन्ध से हिन्ध, अथवा हिन्द बना है, और इसी हिन्द शब्द से हिन्दू शब्द की वैसे ही उत्पत्ति है—जैसे इण्डस से इण्डिया और इण्डियन की। जब मुसलमान जाति भारत में विजेता बनकर आयी, तो वह यहाँ के निवासियों को इसी प्राचीन नाम से ही पुकारती रही; अतएव उसके संसर्ग और प्रभाव से यह शब्द व्यापक और सर्वसाधारण में गृहीत हो गया। इस सीधी और वास्तविक बात को स्वीकार न करके यह कहना कि हिन्दू माने काफिर के हैं, अतएव वलात् यह नाम हिन्दुओं से स्वीकार कराया गया, अनुचित और असंगत है। एक उस्ताद का शेर है—

न हिन्दुअम न मुसल्माँ न काफ़िरम न यहूद।
ब हैरतम कि *सरंजामे* मन चे ख़ा हद बूद॥

यदि हिन्दू और काफिर पर्यायवाची शब्द होते, तो इस शेर में हिन्दू और काफिर का अलग-अलग प्रयोग न होता; क्योंकि यह पुनरुक्ति है।

उर्दू हिन्दी का रूपान्तर है। जिस समय विजेता मुसलमान भारत में आये, उस समय दिल्ली के आस-पास खड़ी बोलचाल की हिन्दी का प्रचार था। अतएव अनेक कार्य-सूत्र से बहुत से अरबी, फ़ारसी और तुर्की के शब्द हिन्दी में मिल गये—यही उर्दू है। यदि अन्य भाषा के शब्द सम्मिलित होने से नाम बदल जाता है, तो फ़ारसी, अँगरेजी आदि बहुत-सी भाषाओं का नाम बदल जाना चाहिए। फ़ारसी में अरबी, तुर्की के इतने अधिक शब्द मिल गये हैं कि उतने शब्द आज भी हिन्दी में इन भाषाओं अथवा फ़ारसी के नहीं मिले; फिर क्यों फ़ारसी फ़ारसी कही जाती है, और हिन्दी उर्दू कहलाने लगी? फ़ारस के विख्यात महाकवि फिरदौसी ने अपने शाहनामे में एक स्थान पर लिखा है—'फ़लक गुफ्त अहसन मलक गुफ़्त ज़ेह'। अहसन और ज़ेह अरबी शब्द हैं; अतएव उनसे प्रश्न हुआ कि आपने कुल किताब तो खालिस फ़ारसी में लिखी, इस शेर में दो अरबी के शब्द कैसे आ गये? उन्होंने कहा—"फ़लक व मलक गुफ़्त न मन गुफ़्त।" कहाँ यह भाव, कहाँ यह कि एक तिहाई से अधिक अरबी शब्द फ़ारसी में दाखिल हो गये, तो भी फ़ारसी का नाम फ़ारसी ही रहा। उर्दू भाषा की प्रकृति आज भी हिन्दी है। व्याकरण उसका आज भी हिन्दी-प्रणाली में ढला है। उसमें जो फ़ारसी-मुहाविरे दाखिल हुए हैं, वे सब हिन्दी के रंग में रँगे हैं। फ़ारसी के अनेक शब्द हिन्दी के रूप में आकर उर्दू की क्रिया बन गये हैं। एकवचन शब्द बहुधा हिन्दी-रूप में बहुवचन होते हैं; फिर उर्दू हिन्दी क्यों नहीं है? यदि कहा जावे कि फ़ारसी अरबी और

संस्कृत शब्दों के न्यूनाधिक्य से ही उर्दू हिन्दी का भेद स्थापित होता है, तो यह भी स्वीकार नहीं किया जा सकता; क्योंकि अनेक उर्दू शायरों का बिल्कुल हिन्दी से लबरेज शेर उर्दू माना जाता है—और अनेक हिन्दी-कवियों का फ़ारसी और अरबी से लबालब भरा पद्य हिन्दी माना जाता है—कुछ प्रमाण लीजिये—

तुम मेरे पास होते हो गोया। जब कोई दूसरा नहीं होता।

—मोमिन

लोग घबरा के यह कहते हैं कि मर जायेंगे।
मर के गर चैन न पाया तो किधर जायेंगे।

—ज़ौक़

लटों में कभी दिल को लटका दिया।
कभी साथ वालों के झटका दिया।

—मीर हसन

न था कुछ तो खुदा था कुछ न होता तो खुदा होता।
डुबाया मुझको होने ने न होता मैं तो क्या होता।

—ग़ालिब

हिन्दी-भरी कविता आपने उर्दू की देख ली। अब अरबी फ़ारसी-भरी हिन्दी-कविता देखिये—

पजनेस तसद्दुक़ता बिसमिल जुलफे फुरकत न क़बूल कसे।
महबूब चुना मद मस्त सनम अज़ दस्त अला वल जुल्फ़ वसे।

—पजनेस

जेहि मग दौरत निरदई तेरे नैन कजाक।
तेहि मग फिरत सनेहिया किये गरेबाँ चाक॥

—रसनिधि

यों तिय गोल कपोल पर परी छूटि लट साफ।
खुश नवीस मुंशी मदन लिख्यो कांच पर क़ाफ़॥

—शृंगार सरोज

मैं यहाँ कुछ अँगरेज और भारतीय विद्वानों की सम्मति भी उठाना चाहता हूँ—आप लोग देखें, वे क्या कहते हैं—

"उर्दू का व्याकरण ठीक हिन्दी-व्याकरण से मिलता है; उर्दू हिन्दी से भिन्न नहीं है।"

—डाक्टर राजेन्द्रलाल मित्र

The Grammar of Urdu is unmistakbly the same as that of Hindi, and it must follow therefore that Urdu is a Hindi and an Aryan dialect.

"उर्दू के बड़े प्रसिद्ध कवि वली और सौदा की भाषा तथा हिन्दी के अति प्रसिद्ध कवि तुलसीदास और बिहारीलाल की भाषा में कुछ अन्तर नहीं है, दोनों ही आर्य भाषा हैं। इसलिये हिन्दी और उर्दू को अलग मानना बड़ी भारी भूल है।"

–मिस्टर बीम्स

...Such words, however, in no way altered or influenced the language itself, which, when its inflectional or phonetic elements are considered, remains still a pure Aryan dialect, just as pure in the pages of Wali and Souda, as it is in those of Tulsidas or Biharilal. It betrays, therefore, radical misunderstanding of the whole learning of the question and of whole science of philology to speak of Urdu and Hindi as two distinct languages.

"जो भाषा आज हिन्दुस्तानी कहलाती है, उसी का नाम हिन्दी, उर्दू और रेखता भी है। इसमें अरबी, फ़ारसी, संस्कृत वा भाषा के शब्द हैं।" **–डाक्टर गिल क्राइस्ट**

The language...at present best known as the Hindustanee, is also frequently denominated Hindi, Urdu and Rekhata. It is compounded of the Arabic, Persian and Sanskrit, or Bhasha which last appears to have been in former ages the current language of Hindustan.

जो कुछ मैंने ऊपर दिखलाया, उससे पाया गया कि हिन्दी उर्दू में कोई ऐसा भेद नहीं है, जो दोनों को अलग करता हो–वास्तव में उर्दू हिन्दी ही है। यह अपनी-अपनी इच्छा है कि कोई किसी को उर्दू कहे और कोई किसी को हिन्दी। मैंने जो कुछ प्रतिपादन किया है, उस का उद्देश्य यह नहीं कि किसी नाम का बॉयकाट किया जावे–वरन् उद्देश्य यह है कि विभेद नीति का उन्मूलन हो। एक ही भाषा जब दो नामों से पुकारी जाती है, तब उसके विषय में परस्पर कलह वांछनीय नहीं। जिसकी इच्छा हो, वह उसे संस्कृत-गर्भित लिखे, जिस की इच्छा हो, उसमें फ़ारसी-अरबी के शब्दों का प्रयोग करे; किन्तु यह समझता रहे कि दोनों भाषाएँ एक हैं। यदि दोनों नामों के स्थान पर हिन्दुस्तानी नाम रख लिया जावे, तो और अच्छा। यदि कोई भाषा भी ऐसी निकल आवे, जो हिन्दुस्तानी नाम का विभेद मिटाकर सार्थक करे, तो सोने में सुगन्ध–हिन्दुस्तानी और हिन्दी वास्तव में दोनों पर्य्यायवाचक शब्द हैं।

यह आशा करना कि उर्दू कविता मुसलमानों के और हिन्दी कविता हिन्दुओं के धार्मिक भावों का दर्पण न हो, विडम्बना है। इस बात का उद्योग करना कि हिन्दू और मुसलमान अपने-अपने महापुरुषों, शूर-वीरों, देश-प्रेमिकों, कर्ण-धारों, महात्माओं, जीवनदाताओं के आदर्शों का उल्लेख न करें उनका स्मरण करके उन पर

भक्ति-पुष्पाञ्जलि न चढ़ावें, पागलपन है। जो सभ्यता किसी जाति की जीवन-सामग्री है, वह अनादृत नहीं हो सकती, जो उदाहरण, उपाख्यान, जाति-संगठन के साधन हैं, उनसे जीती-जागती जाति मुख नहीं मोड़ सकती। अतएव इन बातों को लेकर हिन्दी-उर्दू के भेद का राग अलापना उचित नहीं। मानवता का आदर्श, जातीयता का मन्त्र, देश-प्रेम का पाठ, सत्यता का महत्त्व, सहृदयता का सूत्र, दोनों साहित्यों में ही मिलेगा। हमारी एकतानुरागिणी दृष्टि उसी पर होनी चाहिये। साहित्यगत न्यूनताएँ और विशेषताएँ दोनों में हैं। उपयोगी विषयों का आदान-प्रदान दोनों का दोनों के साथ होना चाहिए। फूल चुनना दोनों का काम है, काँटों से उलझना उलझन है।

उर्दू का साहित्य बड़ा सुन्दर है। उसकी नाजुक-ख्याली, तराश-ख़राश, बन्दिश, उसका मुहाविरा, मुबालिग़ा **इस्तेआरा** मारके का है। हिन्दी भाषा के कवियों को, मुख्यतः खड़ी बोली की कविता करनेवालों को उन्हें देखना चाहिए। वे बड़े काम की चीजें हैं। उनसे बहुत कुछ लाभ उठाया जा सकता है। उनकी रंगत में रँगकर हम अपनी कविता की रंगतें कुछ और की और कर दे सकते हैं। मुहाविरों का सुन्दर और सार्थक प्रयोग करने में उर्दू वालों को कमाल है। हम लोग इस बारे में बेतरह ठोकरें खाते हैं। हमारी यह कमी पूरी हो सकती है, यदि कम से कम हम उर्दू से प्रेम करना सीख जायें। उर्दू **अशआरों** की चाशनी अक्सर हिन्दी-लेखकों के लेखों पर चढ़ी रहती है, क्यों? इसलिये कि उनको पढ़कर दिल में गुदगुदी ही नहीं पैदा होती, जबान भी चटखारे भरने लगती है—मौके पर हृदय के भावों के प्रगट करने में भी वे कमाल रखते हैं। क्या ये साधारण गुण हैं? हमें इन्हें ग्रहण करना चाहिए। बहुत कुछ कहना है; किन्तु स्थान का संकोच है—चन्द चुने अशआर सुन लीजिये—

यह तसवीर चेहरा उतर क्यों रहा है।
खिंचे किससे हो क्या है नक़शा तुम्हारा॥

—नसीम

दिल के फफोले जल उठे सीना के दाग़ से।
इस घर में आग लग गयी घर के चिराग़ से॥
वह शब को मेरी क़ब्र पै क्या चाल चल गये।
सदहा चिराग़ नक़शे कफे पासे जल गये॥

—फसाहत

पड़े हैं सूरते नक़शे क़दम न छेड़ो हमें।
हम और ख़ाक में मिल जायेंगे उठाने से॥
यह मजनूँ है नहीं आहू है लैला।

पहनकर पोस्तीं निकला है घर से।
जिसे तू सींग समझे है, यह हैं खार।
लगे हैं पाँव में निकले हैं सर से।

—नसीर

हिन्दी सादगी में लासानी है, इस बारे में उर्दू उससे बहुत कुछ सीख सकती है। उर्दू हिन्दी नजाद है; मगर फरियाद यह है कि वह तर्जे मआशिरत फारस का दिलदादा है—क्या हिन्दुस्तान वतने मालूफ़ नहीं? हिन्दी इस रंग में शराबोर है, उर्दू को देखना चाहिए कि इस रंगत में कुछ नैरंगियाँ हैं या नहीं? उर्दू के साकी व पैमाना, बुलबुल व कुमरी, सरो व शमशाद, शमा व फानूस, जवानाने चमन व उरूसाने गुलशन, नरगिस व सम्बुल, फरहाद व मजनूँ, मानी व वहजाद, जबाने सुराही व खन्दये कुलकुल वगैरा **सरमायये** नाज हैं—आम तौर से वह इन्हीं पर **फिदा** हैं, शाज व नादिर की बात दूसरी है। हजरत आजाद इन्हीं की तरफ इशारा करके फरमाते हैं—"इनमें बहुत-सी बातें ऐसी हैं, जो खास फारस और तुर्किस्तान के मुल्कों से तबई और जाती तअल्लुक रखती हैं, इसके अलावा बाज खयालात में अकसर उन दास्तानों या किस्सों के इशारे भी आ गये हैं, जो खास मुल्क फ़ारस से इलाका रखते हैं।" "इन ख्यालों ने और वहाँ की तशवीहों ने इस कदर जोर पकड़ा कि उनके मशावेह जो यहाँ की बातें थीं, उन्हें बिल्कुल मिटा दिया।" क्या इसकी तलाफी न होनी चाहिए। इस पर इन्शा परदाजाने उर्दू अगर मुनासिब समझें गौर फरमावें। मैं चन्द उर्दू-हिन्दी नज्में मौसिमे बहार की दर्ज जैल करता हूँ। उनको बाहम मिलाकर ख्यालात की कसौटी पर कसना चाहिए। बाद को इल्तिजा अगर हक ब जानिब हो मंजूर की जावे।

करे है वा लबे गुंचा दरे हजार सखुन।
चमन में मौजे तबस्सुम की खोलकर जंजीर।
कुछ इनबिसात हवाये चमन से दूर नहीं।
जो वाहो गुंचये मिनकार बुलबुले तसवीर।
असर से बादे बहारी के लहलहाते हैं।
जमीं पर हम सरे सुंबुल हैं मौजे नकशे हसीर॥

—ज़ौक़

हैं सभी पेड कोंपलों से पुर।
है नया रस गया सबों में भर।
आम सिरमौर बन गया सबका।
मौर का मौर बाँधकर सिर पर।

पेड़ प्यारे पलास सेमल के।
फूल पा लाल लाल-लाल हुए।
हैं बहुत ही लुभावने लगते।
लाल दल से लसे हुए महुए।

है लुनाई बड़ी लताओं पर।
है चटकदार रंग चढ़ा गहरा।
लगे बड़े ही लुभावने पत्ते।
लहलही बेलि है रही लहरा।

गूँजते-गूँजते उमग में आ।
हैं बहुत चौंक-चौंककर अड़ते।
चाव से चूम-चूम कलियों को।
मनचले भौंर हैं मचल पड़ते।

पा गये पर बहार-सा मौसिम।
क्यों न अपनी बहार दिखला लें।
लहलही बेलि चहचहें खग के।
डहडहे पेड़ डहडही डालें।

साहित्य

"सहितस्य भावः साहित्यं" जिसमें सहित का भाव हो, उसे साहित्य कहते हैं।

"परस्पर सापेक्षाणाम् तुल्य रूपाणाम् युगपदेक क्रियान्वयित्वम् साहित्यम्।"

–श्राद्ध विवेक

"तुल्यवदेक क्रियान्वयित्वं वृद्धि विशेष विषयित्वं वा साहित्यम्।"

–शब्दशक्ति प्रकाशिका

"मनुष्य कृत श्लोकमय ग्रन्थ विशेषः साहित्यम्"।

–शब्द कल्पद्रुम।

सहृदय विद्वान् श्रीमान, पण्डित रामदहिन मिश्र, काव्यतीर्थ ने साहित्य का विलक्षण अर्थ किया है। वे कहते हैंः–

"जो हित के साथ वर्तमान है, वह हुआ सहित और उसका जो भाव है, वही हुआ साहित्य; अर्थात् जो हमारे हितकारी भाव हैं, वे ही साहित्य हैं।"

–साहित्य-मीमांसा

कवीन्द्र रवीन्द्र कहते हैं–"सहित शब्द से साहित्य शब्द की उत्पत्ति है; अतएव धातुगत अर्थ करने पर साहित्य शब्द में एक मिलन का भाव दृष्टिगत होता है। वह केवल भाव का भाव के साथ, भाषा का भाषा के साथ, ग्रन्थ का ग्रन्थ के साथ मिलन है, यह नहीं, वरन् वह बतलाता है कि मनुष्य के साथ मनुष्य का, अतीत के साथ वर्तमान का, दूर के सहित निकट का, अत्यन्त अन्तरंग योग साधन साहित्य व्यतीत और किसी के द्वारा सम्भवपर नहीं। जिस देश में साहित्य का अभाव है, उस देश के लोग परस्पर सजीव बन्धन से बँधे नहीं, विच्छिन्न होते हैं।" **–साहित्य**

'श्राद्ध-विवेक' और 'शब्द-शक्ति-प्रकाशिका' ने साहित्य की जो व्याख्या की है, कवीन्द्र का कथन एक प्रकार से उसकी टीका है, वह व्यापक और उदात्त है। कुछ लोगों का विचार है कि साहित्य शब्द काव्य के अर्थ में रूढ़ि है–शब्द कल्पद्रुम की कल्पना

कुछ ऐसी ही है; परन्तु ऊपर की शेष परिभाषाओं और अवतरणों से यह विचार एकदेशी पाया जाता है। साहित्य शब्द का जो शाब्दिक अर्थ है, वह स्वयं बहुत व्यापक है। उसको संकुचित अर्थ में ग्रहण करना संगत नहीं। साहित्य समाज का जीवन है। वह उसके उत्थान-पतन का साधन है। साहित्य के उन्नत होने से समाज उन्नत, उसके पतन से समाज पतित होता है। साहित्य वह आलोक है, जो देश को अन्धकार-रहित, जाति-मुख को उज्ज्वल और समाज के प्रभाहीन नेत्रों को सप्रभ रखता है। वह सबल जाति का बल, सजीव जाति का जीवन, उत्साहित जाति का उत्साह, पराक्रमी जाति का पराक्रम, अध्यवसायशील जाति का अध्यवसाय, साहसी जाति का साहस आर कर्तव्य-परायण जाति का कर्तव्य है।

वह धर्म-भाव जो भव-भावनाओं का विभव है, वह ज्ञान-गरिमा जो गौरव-कामुक को सगौरव करती है, वह विचार-परम्परा जो विचारशीलता की शिला है, वह धारणा जो धरणी में सजीव जीव धारण का आधार है, वह प्रतिभा जो अलौकिक प्रतिभा से प्रतिभासित हो पतितों को उठाती है, लोचनहीन को लोचन देती है और निरवलम्ब का अवलम्बन होती है। वह कविता जो सूक्ति-समूह की प्रसविता हो संसार की सारवत्ता बतलाती है, वह कल्पना जो कामद कल्पलतिका बन सुधाफल फलाती है, वह रचना जो रुचिर रुचि-सहचरी है, वह ध्वनि जो स्वर्गीय ध्वनि से देश को ध्वनित बनाती है। वह सजीवता जो निर्जीवतासंजीवनी है, वह साधना जो समस्त सिद्धि का साधन है, वह चातुरी जो चतुर्वर्ग-जननी है, वह चारु चरितावली जो जाति-चेतना और चेतावनी की परिचालिका है—जब हमारे साहित्य का सर्वस्व थी, उस समय हम पर पवित्र वेदों का आविर्भाव हुआ, हमने अनुपम उपनिषदों की रचना की, दर्शनों के दर्शन कराये, सूत्रों को रचकर समाज को एक सूत्र में बाँधा, आदर्शचरित के आदर्श रमणीय वाल्मीकि रामायण को बनाया, और अशेष ज्ञान-भाण्डार महाभारत-जैसे महान् ग्रन्थ को निर्मित कर भारत का मुख उज्ज्वल किया।

हमारे त्रिदेवों में त्रिलोकपति का सृजन, पालन, संहार सम्बन्धिनी त्रिशक्ति का अद्‌भुत विकाश है। ब्रह्मदेव चतुर्मुख अथवा चतुर्वेद रचयिता, ललाट-फलक-लिपि-विधाता और समस्त विधि-विधान-सर्वस्व हैं। उनकी शक्ति वीणा-झङ्कार जीवनमृत जीवन संचारिणी, और उनकी वाग्देवी विविध विद्या स्वरूपा है। भगवान विभु चतुर्भुज हैं—चार हाथों से समस्त लोक का लालन-पालन करते हैं। वे क्षीर-निधि-निकेतन हैं; इसीलिये स्तनपायी जीवमात्र को प्रतिदिन क्षीर-पान कराते रहते हैं। वे विश्वम्भर हैं। इसीलिये उनकी विश्वम्भरी शक्ति आब्रह्मस्तम्भ पर्यन्त का प्रतिपल पालन-पोषण करती है। भगवान भूतनाथ की मूर्ति बड़ी भावमयी है। वह बतलाती है, संसार-हित के लिये, अवसर आने पर गरल पान कर लो। परन्तु जो कुसुम शायक बनकर मर्मवेधी बाण

प्रहार करता है, उसका संहार अवश्य करो, लोक-लाभ के निमित्त आकाश निपतित कठोर जलपात शिर पर बहन करो; पर उरगों की उरगता निवारण करने से मत चूको। शक्ति कितनी ही प्रचण्ड हो, दो क्या, उसको दश भुजाएँ क्यों न हों; परन्तु अपने साधन-बल से उसे भी अंग भुक्त किये बिना मत छोड़ो। हमारा साहित्य जब इन मर्म की बातों को मर्मभरी भाषा में बतलाता था, और जब हममें उसके समझने की मार्मिकता थी—उस समय हम पृथ्वी को दूहते थे, समुद्र को मथकर चौदह रत्न निकालते थे, पंचभूत पर शासन करते थे, व्योमयानों द्वारा आकाश में उड़ते थे, समुद्र पर पुल बनाते थे, पहाड़ को कानी उँगली पर नचाते थे, देह होते विदेह थे, राजप्रासाद में रहकर गृह-संन्यासी थे, कायाकल्प करते थे। और राज-त्यागी होकर भी कृपा-पात्र को राजपद पर प्रतिष्ठित कर देते थे। अध्यात्म शक्ति इतनी प्रबल थी कि असीम पयोधिजल को गण्डूष जल समझते थे, पर्वत को नतमस्तक कर देते थे, और चक्रवर्ती भूपाल के रत्न-मण्डित मुकुट को पद-रज-द्वारा आरंजित बनाते थे।

कहते व्यथा होती है कि कुछ कालोपरान्त हमारे ये दिन नहीं रहे—हममें प्रतिकूल परिवर्तन हुए—और हमारे साहित्य में केवल शान्त और शृंगार रस की धारा प्रबल वेग से बहने लगी। शान्त रस की धारा ने हमको आवश्यकता से अधिक शान्त और उसके संसार की असारता के राग ने हमें सर्वथा सारहीन बना दिया। शृंगार रस की धारा ने भी हमारा अल्प अपकार नहीं किया, उसने भी हमें कामिनी-कुल-शृंगार का लोलुप बनाकर, समुन्नति के समुच्च शृंग से अवनति के विशाल गर्त्त में गिरा दिया। इस समय हम अपनी किंकर्तव्यविमूढ़ता, अकर्मण्यता, अकार्यपटुता को साधुता के परदे में छिपाने लगे—और हमारी विलासिता, इन्द्रिय परायणता, मानसिक मलिनता भक्ति के रूप में प्रगट होने लगी। इधर निराकार की निराकारता में रत होकर कितने सब प्रकार बेकार हो गये, उधर आराध्यदेव भगवान वासुदेव और परम आराधनीया श्रीमती राधिका देवी की आराधना के बहाने पावन प्रेम-पंथ कलंकित होने लगा। न तो लोक-पावन भगवान श्रीकृष्ण लौकिक प्रेम के प्रेमिक हैं, न तो वंदनीया वृषभानुनन्दिनी कामनामयी प्रेमिका; न तो भुवन-अभिराम वृन्दावनधाम अवैध विलास-वसुंधरा है, न कल-कल वाहिनी कलिन्दनन्दिनी-कूलकाम-केलि का स्थान। किन्तु, अनधिकारी हाथों में पड़कर वे वैसे ही चित्रित किये गये हैं। कतिपय महात्माओं और भावुक जनों को छोड़कर अधिकांश ऐसे अनधिकारी ही हैं, और इसीलिये उनकी रचनाओं से जनता पथ-च्युत हुई। केहरि-पत्नी के दुग्ध का अधिकारी स्वर्ण-पात्र है, अन्य पात्र उसको पाकर अपनी अपात्रता प्रगट करेगा। मध्य काल से लेकर इस शताब्दी के आरम्भ तक का हिन्दी-साहित्य उठाकर आप देखें, वह केवल विलास का क्रीड़ाक्षेत्र और काम-वासनाओं को उद्गारमात्र है सन्तों की वानी और कतिपय दूसरे ग्रन्थ अवश्य इसके अपवाद हैं। ऐसा ग्रन्थ जो हिन्दू

जाति का जीवन-सर्वस्व, उन्नायक और कल्प-तरु है, जो आदर्शचरित का भाण्डार और सद्भाव-रत्नों का रत्नागार है, जो आज दश करोड़ से भी अधिक हिन्दुओं का सत्पथप्रदर्शक है, यदि है तो रामचरितमानस है, और वह गोस्वामीजी के महान् तप का फल है। कुछ ग्रन्थ हिन्दी भाषा में नीति और सद्विचार-सम्बन्धी और हैं; किन्तु उनकी संख्या बहुत थोड़ी है।

न वह साहित्य साहित्य है, न वह कल्पना कल्पना, जिसमें जातीय भावों का उद्गार न हो। जिन काव्यों, ग्रन्थों को पढ़कर जीवनी शक्ति जागरित नहीं होती, निर्जीव धमनियों में गरम रक्त का संचार नहीं होता, हृदय में देशप्रेम-तरंगे तरंगित नहीं होतीं, वे केवल निस्सार वाक्य-समूह-मात्र हैं। जो भाव देश को, जाति को, समाज को स्वर्गीय विभव से भर देते हैं, उनमें अनिर्वचनीय ज्योति जगा देते हैं, उनको स्वावलम्बी, स्वतन्त्र, स्वधर्मरत और स्वकीय कर देते हैं, यदि वे भाव किसी उक्ति की सम्पत्ति नहीं, तो वह मौक्तिकहीन शुक्ति है। जिसमें मनुष्य-जीवन की जीवन्त सत्ता नहीं, जो प्रकृति के पुण्य पाठ की पीठ नहीं, जिसमें चारु चरित चित्रित नहीं, मानवता का मधुर राग नहीं, सजीवता का सुन्दर स्वाँग नहीं, वह कविता सलिल-रहित सरिता है। जिसमें सुन्दरता विकसित नहीं, मधुरता मुखरित नहीं, सरसता विलसित नहीं, प्रतिभा प्रतिफलित नहीं, वह कवि-रचना कुकवि वचनावली है। जो गद्य अथवा पद्य जाति की आँखें खोलता है, पते की सुना राह पर लगाता है, मर्मवेधी बातें कह सावधान बनाता है, चूकें दिखा चौकन्ना करता है, चुटकियाँ ले सोतों को जगाता है, वह इस योग्य है कि सोने के अक्षरों में लिखा जावे, वह अमृत है जो मरतों को जिलाता है। हिन्दी में ऐसे गद्य-पद्य विरल हैं। उर्दू में क़लामे अकबर में यह कमाल नजर आता है। देखिये—

वे परदा नजर आयीं कल जो चन्द बीवियाँ।
अकबर ज़मीं में ग़ैरते कौमी से गड़ गया।
पूछा जो उनसे आपका परदा वह क्या हुआ।
कहने लगीं कि अक़ल पै मरदों के पड़ गया।
पाकर ख़िताब नाच का भी ज़ौक़ हो गया।
सर हो गये तो बाल का भी शौक हो गया।
हम ऐसी कुल किताबें क़ाबिले ज़ब्ती समझते हैं।
कि जिनको पढ़के लड़के बाप को ख़ब्ती समझते हैं।
किस तरह समझें कि क्या यह फ़िल सफ़ा मरदूद है।
क़ौम ही को देखिये वह मुरदा है मौजूद है।

इस रंग में बा अक़बाल अक़बाल भी अच्छा कहते हैं। उनकी भी दो-एक बातें सुन लीजिये—

> **मज़हब नहीं सिखाता आपस में बैर रखना।**
> **हिन्दी हैं हम वतन हैं हिन्दोस्ताँ हमारा।**
> **यूनान मिस्त्र रोमा सब मिट गये जहाँ से।**
> **अब तक मगर है बाक़ी नामोनिशाँ हमारा।**
> **कुछ बात है कि हस्ती मिटती नहीं हमारी।**
> **सदियों रहा है दुश्मन दौरे ज़माँ हमारा।**

सौभाग्य की बात है कि दृष्टिकोण बदला है, परम कमनीय कलेवरा शृंगार रस की कविता-सुन्दरी कवि-मानस समुच्च सिंहासन से धीरे-धीरे उतर रही है और उस पर लोकोत्तर कान्तिवती जातीय रागरंजिता कविता देवी सादर समासीन हो रही हैं। ललित लीला-निकेतन वृन्दावन धाम अब भी विमुग्धकर है; किन्तु सुजला, सुफला, शस्यश्यामला भारत-वसुन्धरा आज दिन अधिक आदरवती है। तरल तरंगमयी तरणितनया उत्फुल्लकरी है; किन्तु प्रवहमान देश-प्रेम पावन प्रवाह-समान सर्वप्रिय नहीं। भगवान मुरली मनोहर की मधुमयी मुरलिका आज भी मोहती है, मोहती ही रहेगी; किन्तु अब हम उसके माधुर्य्य में देश-प्रेम का पुट, ध्वनि में जातीयता की धुन और सुरीलेपन में सजीव स्वर-लहरी होने के कामुक हैं। प्रेम-प्रतिमा राधिका देवी की आराधना आज भी होती है; किन्तु पुष्पाञ्जलि अर्पण कर बद्धांजलि हो अब यही प्रार्थना की जाती है—माता तू जिसकी हृदयेश्वरी है, उससे गम्भीर भाव से कह दे—भारत भूतल फिर भाराक्रान्त है।

खड़ी बोली और उसका पद्य

खड़ी बोली का आन्दोलन-युग समाप्त हो गया है और अब वह बहुत कुछ समुन्नत हो गयी है। इस समय यह निस्संकोच कहा जा सकता है कि अब वही हिन्दी-पद्य की व्यापक और प्रधान भाषा है। इसका बहुत कुछ श्रेय श्रीमान् पण्डित महावीरप्रसाद द्विवेदी, श्रीयुत पं. नाथूराम शंकर शर्मा, श्रीयुत पं. रामचरित उपाध्याय, श्रीयुत बाबू मैथिलीशरण गुप्त, श्रीयुत पं. गयाप्रसाद शुक्ल 'सनेही', बाबू जयशंकर प्रसाद, श्रीयुत लाला भगवानदीन तथा पं. गोकुलचन्द्र शर्मा प्रभृति प्रमुख खड़ी बोली के उन्नायकों को है, जिनमें कई एक प्रसिद्ध और सफल ग्रन्थकार भी हैं। इन लोगों की लेखनी के चमत्कार से खड़ी बोली का उद्यान सुसज्जित एवं श्री सम्पन्न हुआ है; और अर्धशताब्दी के भीतर उसने इतना महत्त्व लाभ किया है जो एक चकितकर व्यापार कहा जा सकता है। 'भारतीय हृदय' और 'भारतीय आत्मा' की रचनाएँ भी अपूर्व हैं। यद्यपि वे बहुत अधिक नहीं हैं, फिर भी जितनी हैं, खड़ी बोली के पद्य का गौरव हैं। वास्तविक बात तो यह है कि 'भारतीय हृदय' ने भारत का हृदय और 'भारतीय आत्मा' ने भारत की आत्मा दिखलाने की सच्ची चेष्टा की है। ऊपर जिन भावुक सज्जनों का नामोल्लेख हुआ है, उनमें से प्रत्येक ने समय की गति को पहचाना, देश-काल के प्रत्येक विषय का मनन किया और उसपर अपनी ओजस्विनी और भावमयी लेखनी का संचालन इस प्रकार किया कि हिन्दी के पद्य-संसार में नवयुग का आविर्भाव हो गया। इन लोगों ने कविता-स्रोत की गति बदली, उसमें देशानुराग, जाति-प्रेम और जाति-गौरव के राग अलापे, उसके संकीर्ण पथ को बहुत कुछ प्रशस्त बनाया और उसके परिष्करण तथा नियमन में दृष्टि-आकर्षण योग्य कार्य कर दिखलाया। खड़ी बोली की वर्तमान शैली इन्हीं लोगों के सदुद्योग और सहृदयता का फल है और आज दिन वह इन्हीं नवयुग प्रवर्त्तकों के आदर्श से आदर्शवर्त्ती है।

खड़ी बोली किसे कहते हैं, उसका यह नामकरण कैसे हुआ, इसका इतिहास क्या है? इसका दिग्दर्शनमात्र मैं यहाँ करूँगा। हिन्दी में सबसे पहले इस शब्द का प्रयोग अपने ग्रन्थों में श्रीमान् लल्लूलालजी ने किया है। इसके उपरान्त जिस शैली में वर्तमान

हिन्दी भाषा का गद्य लिखा जाता है, उसको अपने 'हिन्दी भाषा' नामक ग्रन्थ में स्वर्गीय बाबू हरिश्चन्द्र ने भी खड़ी बोली बतलाया है। राजा शिवप्रसाद और राजा लक्ष्मण सिंह इस विषय में कहीं कुछ लिखते नहीं पाये गये, और यदि लिखा है तो वह मेरे दृष्टिगोचर नहीं हुआ। भारतेन्दुजी के बाद के लेखकों ने प्रायः यथावसर वर्तमान हिन्दी-गद्य के लिए खड़ी बोली का प्रयोग किया है; परन्तु अनेक लेखकों ने इस शब्द पर कटाक्ष भी किया है। स्वर्गीय 'प्रेमघन' महोदय खड़ी बोली के स्थान पर 'खरी बोली' लिखना पसन्द करते थे। मेरे एक पद्य-ग्रन्थ की आलोचना करते हुए उन्होंने उस पद्य-ग्रन्थ की भाषा को खरी बोली लिखा है। जिस समय ब्रजभाषा और खड़ी बोली के पद्यों को लेकर तुमुल आन्दोलन प्रारम्भ हुआ और उभय दल के सहृदय-वृन्द अपने-अपने पक्ष को लेकर विवाद-क्षेत्र में अवतीर्ण हुए, उस समय इस शब्द का प्रयोग व्यापक रूप से हुआ और ब्रजभाषा तथा खड़ी बोली की भिन्न-भिन्न सीमा निर्धारित हो गयी। पहले यह सीमा इतनी अस्पष्ट थी कि मौलवी मुहम्मद हुसैन साहब आजाद-जैसे विशेषज्ञ ने भी अपने एक प्रसिद्ध ग्रन्थ में उर्दू की उत्पत्ति ब्रजभाषा से बतलायी है। यद्यपि यह सत्य नहीं है। वास्तविक बात यह है कि उर्दू की उत्पत्ति हिन्दी की उस शाखा से हुई है, जो मेरठ और दिल्ली के आस-पास बोली जाती है। यह सत्य होने पर भी कि शौरसेनी भाषा के रूपान्तर दोनों ही हैं, जितना अन्तर इन दोनों में पाया जाता है, उतना अन्तर अवधी और ब्रजभाषा में नहीं मिलता, यद्यपि अवधी का आधार अर्ध-मागधी है। खड़ी बोली के नामकरण के विषय में जो तर्क-वितर्क हो; किन्तु इस बोली का प्रचार खुसरो के पहले ही से पाया जाता है जो कि 14वें शतक में हुए हैं। खुसरो की अनेक रचनाएँ खड़ी बोली में हैं। जहाँ वे अपनी प्रसिद्ध ग़ज़ल में "दुराय नैना बनाय बतियाँ"—शुद्ध ब्रजभाषा का प्रयोग करते हैं, वहाँ अपने निम्नलिखित पद्य में शुद्ध खड़ी बोली का भी—

"खा गया पी गया दे गया बुत्ता"

कबीर साहब और कविवर भूषण की रचनाओं में भी खड़ी बोली का प्रयोग मिलता है। मैं उनके पद्यों को भी उदाहरण में उठाता; परन्तु स्थान का संकोच है।

कथन का प्रयोजन यह कि खड़ी बोली की कविता का प्रचार सर्वथा आधुनिक नहीं है। उसका बीज उस काल से पाया जाता है, जब अपभ्रंश भाषा का स्थान हिन्दी भाषा ग्रहण कर रही थी। किन्तु, यह सत्य है कि उसका व्यापक प्रचार आधुनिक है और वर्तमान हिन्दी गद्य तथा उर्दू भाषा के साहचर्य्य से ऐसा होना अवश्यम्भावी था। स्वर्गीय बाबू अयोध्या प्रसाद स्वयं कवि नहीं थे; परन्तु खड़ी बोली के व्यापक प्रचार में उनका बहुत कुछ हाथ है। श्रीमान् पं. श्रीधर पाठकजी ने उसके प्रचार का उद्योग ही नहीं किया, वरन् इस भाषा में उन्होंने कविता ग्रन्थ भी लिखे। उनका जो द्वन्द इस विषय

में स्वर्गीय पं. प्रतापनारायण मिश्र के साथ हुआ और जो विद्वत्तापूर्ण लेखादि इस विषय में दोनों ओर से लिखे गये, वे बहुमूल्य हैं। उस समय के इस प्रकार के लेखों का यदि एक संग्रह प्रकाशित हो जाता, तो वह अभूतपूर्व और बड़ा मनोरंजक होता; साथ ही उसके द्वारा नवीन जिज्ञासुओं की बहुत अधिक इष्ट-सिद्धि भी होती। किन्तु खेद है कि अभी इधर किसी की दृष्टि नहीं गयी।

ऊपर मैं कह आया हूँ कि खड़ी बोली के आन्दोलन का युग समाप्त हो गया है, तथापि उसकी कुत्सा करनेवाले कुछ सज्जन अभी मौजूद हैं। वह कभी-कभी आज भी खड़ी बोली की कविता पर आक्रमण करते हैं और जो जी में आता है, उसके विषय में कह डालते हैं। उनका कथन है कि खड़ी बोली की कविता कर्कश भाषा की सहोदरा है—न उसमें लालित्य है, न सौन्दर्य, न उसमें भाव है, न भावुकता। सरसता का उसमें नाम नहीं, माधुर्य्य का उसमें लेश नहीं। हृदय स्पर्श करना उसको आता नहीं, सहृदयता उसको छूती तक नहीं, न तो उसके गगनांगण में अब तक किसी सूर का उदय हुआ, न सुधा स्रावी-तुलसी-मयंक का दर्शन, फिर खड़ी बोली की कविता है तो क्या? जो कविता श्रवण-सुखद नहीं, जिसमें झंकार नहीं, जिसमें ओज नहीं, प्रसाद नहीं, वह भी कोई कविता है? मेरा यह निवेदन है कि ब्रजभाषा की कविता से खड़ी बोली की कविता का मिलान क्या। जिस भाषा की कविता पाँच सौ वर्ष से भी अधिक प्राचीन है, जो हिन्दी-संसार के सूर और शशि के आलोक से आलोकित है, जिसके पादाम्बुजों पर आचार्य केशव-जैसे वावदूक विद्वान् और देव, बिहारी-जैसे लोकोत्तर सहृदयों ने कान्त कुसुमावलि चढ़ायी है, जिसमें अलौकिक पारिजात-पुष्प विराजमान हैं, जिसमें किसी मनमोहन का मनमोहक मुरलि-निनाद अहरह श्रवणगत होता है, जो सहस्रशः भावुक जनों के करों से लालित होकर भुवनाभिराम हो गयी, मँज गयी और सुन्दर बन गयी है, उससे इस भाषा की तुलना क्या, जिसके उत्थान को अभी पचास वर्ष भी नहीं हुए। सूर और शशि सारे सौर-मण्डल में एक ही एक दृष्टिगत होते हैं। कवि-कुल-गुरु सूरदास और तुलसीदास की चर्चा ही क्या, वे लोग वे अमूल्य रत्न हैं, जो कभी-कभी हस्तगत होते हैं। ब्रजभाषा की कोमल कान्त पदावली उसका सर्वस्व है, उसका सौन्दर्य, माधुर्य, लालित्य, उसकी हृदयग्राहिता, सरसता और भाव-प्रबलता मनोमुग्धकर है। यह सब स्वीकार करते हुए भी यह नहीं कहा जा सकता कि खड़ी बोली की कविता वैसी ही है जैसी कि कतिपय विपक्षी सज्जन उसे बतलाकर अपने हृदय के फफोले फोड़ा करते हैं। भाषा की कर्कशता और कोमलता का सम्बन्ध शब्दावली से होने पर भी उसका बहुत बड़ा सम्बन्ध संस्कृत से भी है। सरस कविताओं में ब्रजभाषा के कविगण टवर्ग और संयुक्त वर्णों का प्रायः त्याग करते हैं—श को स कर देते हैं, ङ और ञ का लिखना अच्छा नहीं समझते, व्यंजनों के पंचम वर्ण का काम प्रायः अनुस्वार से लेते हैं और उन

शब्दों के संयुक्त वर्णों को बहुधा अकारान्त और असंयुक्त बना देते हैं, जिनका प्रयोग करना उन्हें वांछित होता है। जिस क्रिया से शब्द विकृत हो जाता हो, उसका स्वरूप बिगड़ जाता हो, वह अशुद्ध हो जाता हो, इसकी उन्हें परवा नहीं होती। ब्रजभाषा का नियम ही ऐसा है। खड़ी बोली की कविता ऐसे अधिकांश दोषों से मुक्त होती है, यह उसकी विशेष महत्ता है। प्राकृत भाषाओं में अधिकतर णकार और टंकार और ऐसे ही कई एक श्रुति कटु वर्णों का प्रयोग होने पर भी वह संस्कृत से मधुर मानी जाती है। संस्कृत और प्राकृत के प्रसिद्ध विद्वान् राजशेखर एक स्थान पर कहते हैं–"परुसासक्क अवंधा पाऊ अवंधो विहोइ सुउमारो" अर्थात् संस्कृत परुष और प्राकृत भाषा सुकुमार होती है। तो क्या संस्कृत भाषा परुष होती है? उसमें कोमलता और सुकुमारता नहीं है? यदि यह सत्य है, तो संस्कृत साहित्य का शब्दालंकार विभाग ही व्यर्थ हो जाता है। कोमल पद-विन्यास पटु विद्वद्वर जयदेवजी के इस कथन का भी कोई मूल्य नहीं रह जाता–"मधुरकोमलकान्त पदावली शृणुतदा जयदेव सरस्वतीम्"। मेरा तो विचार है कि कादम्बरी और गीतगोविन्द में जैसा सरस और कोमल पद-विन्यास है, शायद ही संसार की किसी भाषा को वैसे शब्द-विन्यास का गौरव प्राप्त हो। क्या गीतगोविन्द के निम्नलिखित पद्यों को पढ़कर हृतंत्री निनादित नहीं हो उठती और कानों में सुधावर्षण होने नहीं लगता–

ललित लवंग लता परिशीलन कोमल मलय समीरे।
मधुकर निकर करम्बित कोकिल कूजित कुञ्ज कुटीरे॥

फिर क्या कारण है कि संस्कृत को परुष कहा गया है। वास्तव बात तो यह है कि राजशेखर की प्राकृत सम्बन्धिनी संस्कृति ने उनको ऐसा कहने के लिए विवश किया। यह कहा जा सकता है कि उन्होंने प्राकृत की तुलना में संस्कृत को परुष कहा है; किन्तु अनेक विद्वान् इससे सहमत नहीं हैं। संस्कृत का तो शायद ही कोई विद्वान् इसे माने। अतएव इसके अतिरिक्त और कुछ नहीं कहा जा सकता कि प्राकृत संस्कृति के कारण ही उन्होंने ऐसा कहा। वैसे ही जैसे श्रुतिकटु वर्णों टवर्ग और डवर्ग से भरी अँगरेजी को एक अँगरेज; ग़ैन, क़ाफ, फ़े, ज़े इत्यादि कर्ण विदीर्णकारी वर्णों से भरी अरबी को एक अरब और शीन व, फे इत्यादि अक्षरों से युक्त फ़ारसी को एक मुसलमान कोमल, मधुर और सुन्दर बतलाता है। जैसे इन लोगों की अपनी-अपनी एक संस्कृति, अपनी-अपनी भाषाओं के विषय में है, उसी प्रकार खड़ी बोली के कवियों की भी एक संस्कृति खड़ी बोली के विषय में है, उसी संस्कृति से खड़ी बोली की कोमलता और मधुरता इत्यादि की जाँच होनी चाहिए, अन्यथा न्याय होना असम्भव है। मैं यह नहीं कहता कि खड़ी बोली से ब्रजभाषा मधुर और कोमल नहीं है, वरन् मैं यह कहता हूँ कि ब्रजभाषा को

आदर्श मानकर जो खड़ी बोली को कर्कश बतलाते हैं, उनका आक्षेप संगत नहीं है। ऐसे अवसरों पर उनको खड़ी बोली की संस्कृति का विचार करना चाहिए और तत्पश्चात् उसके कोमल और मधुर होने की मीमांसा करनी चाहिए। एक बार एक खड़ी बोली के आलोचक सज्जन ने कहा कि खड़ी बोली की कविता तो उर्दू इतनी भी कोमल और मधुर नहीं होती। मैंने कहा कि क्यों? उन्होंने कहा कि उसमें श्रुतिकटु शब्द बहुत आये हैं। मैंने कहा कि उर्दू में तो श्रुतिकटु शब्दों की भरमार होती है, यह दूसरी बात है कि उर्दू पर कृपादृष्टि होने के कारण आप उसके श्रुतिकटु शब्दों को श्रुतिकटु न मानें। यह कहकर मैंने यह शेर पढ़ा–

जादये रहे वक़ा ग़ैर ज़ फ़ेना मिलता नहीं।
है ख़ुदी जब तक कि इन्साँ में ख़ुदा मिलता नहीं॥

और उनका ध्यान फ़ेना, ग़ैर, बक़ा, ख़ुदी व ख़ुदा पर दिलाया। वे मेरी बात सुनकर हँसने लगे। इतना लिखने का प्रयोजन यह कि खड़ी बोली की कविता को जितना कर्कश बतलाया जाता है और जिस प्रकार तिल को ताड़ बनाया जाता है, वह सत्य नहीं है। खड़ी बोली में भावमय रचनाएँ भी हुई हैं और उनमें मनोहर और हृदयग्राही कृतियाँ भी हैं। यह दूसरी बात है कि उन्हें आदर की दृष्टि से न देखा जावे और उनकी उपेक्षा की जावे। मैं उदाहरणों द्वारा इस विषय को सिद्ध करता; किन्तु लेख बढ़ने से डरता हूँ, तथापि एक उदाहरण उपस्थित करता हूँ। यह किसी खड़ी बोली के लब्धप्रतिष्ठ कवि की कविता नहीं है, तो भी आप देखिये इसमें कुछ तत्व है या नहीं, यह मर्मस्पर्शी है या नहीं और इसकी पंक्तियों में सजीवता आप पाते हैं या नहीं।

देश की ओर से कान बहरे किये आँख रखते हुए हाय अन्धे बने।
लाख घर-घर में रोना पड़ा पर यहाँ रात-दिन नाच गाना बजाना हुआ॥
शस्य से श्यामला भूमि में इस तरह अन्न का, वस्त्र का, धन का टोटा पड़ा।
रत्नगर्भा के लालों को परदेश के कौड़ियों में क़ुली बन के जाना पड़ा॥

मैंने खड़ी बोली की कर्कशता के विषय में इस समय जो निवेदन किया है, उससे यह न समझना चाहिए कि मैंने अपने दोषों को देखने में आँखें बंद कर ली हैं। खड़ी बोली की कविता में कर्कशता है, किसी-किसी कविता में आवश्यकता से अधिक कर्कशता है, लेकिन कुल कविता ही ऐसी है यह मैं नहीं मानता। जो लोग इस विषय में असंयत हैं, जो लोग अपनी कविता में संस्कृत शब्दों का भरमार करना ही अपना कर्तव्य समझते हैं, उन्हें सावधान होना चाहिए। जो कविता गद्यमय अथवा प्रोजेइक है, उसे कविता नहीं कहा जा सकता। तद्भव शब्दों के स्थान पर तत्सम शब्दों का प्रयोग

उचित नहीं, जितना ही कोमल शब्द-विन्यास होगा, कविता उतनी ही सुन्दर होगी। जब तक हमारा काम हिन्दी के प्रचलित शब्दों से चलता है, तब तक हमें संस्कृत शब्दों का प्रयोग न करना चाहिए। जहाँ कान हम लिख सकते हैं वहाँ कर्ण न लिखें। पद्य की शिथिलता से अवश्य बचना चाहिए, शैली भी उपेक्षणीय नहीं; परन्तु इन सबसे अधिक प्रसादगुण वांछनीय है। हमारी भाषा ऐसी होनी चाहिए जिसको अधिक से अधिक लोग समझ सकें। आजकल शुद्ध शब्द प्रयोग करने का उन्माद हो गया है; किन्तु इसका यह अर्थ नहीं कि हम 'हाथ' के स्थान पर 'हस्त', 'पाँव' के स्थान पर 'पाद', और 'आँख' के स्थान पर 'अक्षि' लिखने लगें, ऐसी अवस्था में हिन्दी भाषा का हिन्दीपन लोप हो जावेगा और वह एक कृत्रिम भाषा बन जावेगी। हम नहीं कहते कि आप शंकर के स्थान पर संकर व शंका के स्थान पर संका लिखिये; किन्तु यह भी उचित नहीं है कि थल के स्थान पर स्थल और पानी के स्थान पर पानीय लिखने का ही आग्रह किया जावे। मेरे 'प्रिय-प्रवास' ग्रन्थ का बहुत अनुकरण हुआ है, उसकी विशेषताओं को ध्यान करके उसके संस्कृत छन्दों और शब्दों के प्रयोग पर अधिक दृष्टि दी गयी है। ऐसे कुछ ग्रन्थ छप गये हैं और कुछ छपने के लिए प्रस्तुत हैं। मैं उत्साही और प्रतिभाशाली नवयुवकों का साहित्य क्षेत्र में सादर अभिनन्दन करता हूँ और उनके वर्द्धोन्मुख प्रयत्नों की सहस मुख से प्रशंसा। तथापि यह निवेदन करने के लिए भी विवश हूँ कि अन्धाधुन्ध अनुकरण अच्छा नहीं। प्रिय-प्रवास लिखकर उच्च कोटि की हिन्दी और अन्त्यानुप्रासरहित पद्य का आदर्श उपस्थित करने की मैंने चेष्टा की है। मैं अपने उद्देश्यों में सफल हुआ हूँ या नहीं, इसको समय बतलावेगा। किन्तु, उसका पथ कण्टकाकीर्ण और विषम है। जो प्रतिभाशाली और साहसी युवक उस पथ को ग्रहण करना चाहते हैं, ग्रहण करें, मुझको हस्तक्षेप करने का कोई अधिकार नहीं। किन्तु मेरा सविनय निवेदन यही है कि सरल हिन्दी लिखने का ही प्रयत्न किया जावे; क्योंकि सर्वसाधारण का उपकार इसी प्रकार की हिन्दी से होने की आशा है। कोई-कोई सज्जन कभी-कभी मुझ पर यह आक्षेप भी करते हैं कि मेरा कोई निश्चित मार्ग अथवा कोई नियमित शैली नहीं। कभी ब्रजभाषा की कविता करता हूँ। तो कभी प्रियप्रवास की भाषा लिखने लगता हूँ, और कभी बोलचाल की ओर ढल जाता हूँ, और इस प्रकार घड़ी-घड़ी रंग बदलता रहता हूँ। किन्तु, यह सत्य नहीं है, मैं अपने विचारानुसार प्रत्येक प्रकार की हिन्दी का उदाहरण उपस्थित कर देना चाहता हूँ। परन्तु प्यार सरल हिन्दी ही को करता हूँ और उसी में कविता करना उपकारक और उत्तम समझता हूँ। मैं यहाँ अपनी प्रत्येक प्रकार की हिन्दी कविता का एक-एक उदाहरण उपस्थित करता हूँ। देश-कालानुसार दूसरी और तीसरी शैली ही अधिक उपयोगिनी है; अतएव मैं इन्हीं दोनों शैलियों में खड़ी बोली की कविता करने का विशेष पक्षपाती हूँ और नवयुवकों को उसी शैली को ग्रहण करने की अनुमति देता हूँ। पद्यों के उदाहरण ये हैंः—

रस मिले सरसा बन सौ गुनी।
विलस मंजु विलासवती बने॥
कर विमुग्ध सकी किसको नहीं।
कुसुमिता न मिता वनिता लता॥

फरहरा हमारा था नभ में फहराया।
सिर पर सुरपुर ने था प्रसून बरसाया॥
था रत्न हमें देता समुद्र लहराया।
था भूतल से कमनीय फूले फल पाया॥

हम सा त्रिलोक में सुखित कौन दिखलाता।
था कभी हमारा यश वसुधा-तल गाता॥

राह में आँखें बिछाईं सोच यह।
पंखड़ी कोई न पाँवों में गड़े॥
पाँवड़े मैं डालता क्यों दूसरे।
पाँवड़े मेरी पलक के हैं पड़े॥

वर्तमान अवस्था और रहस्यवाद

खड़ी बोली के इतिहास में वर्तमान अवस्था को हम संतोषजनक कह सकते हैं। इस समय उसका अधिक प्रचार हो रहा है और आधुनिक युवकमंडल की दृष्टि इस ओर विशेषतया आकृष्ट हो गयी है। मासिक पत्रों में आजकल खड़ी बोली की उत्कृष्ट कविताएँ निकल रही हैं। उनका यथोचित समादर भी हो रहा है और उल्लेखयोग्य कविता-ग्रन्थ भी लिखे जा रहे हैं। सबसे विशेष हर्ष की बात यह है कि इन दिनों शृंगार रस का प्रवाह एक प्रकार से बन्द हो गया है और सब ओर देशानुराग, जाति-प्रेम, समाज-सुधार इत्यादि की तानें सुनाई दे रही हैं। हमारी आँखें बहुत कुछ खुल गयी हैं और हम जननी जन्मभूमि को पहचानने लगे हैं, हमारे हृदय की आकृति आज भी भावमयी है; किन्तु उसमें आत्मगौरव, आत्म-रक्षा, आत्मानुभूति के स्वर भरे हुए हैं। कविकुल कल्पना की इतिश्री कामिनि कमनीया में ही नहीं हो जाती, हास-विलास में ही उसका चमत्कार नहीं समाप्त हो जाता है, कामकलाओं के प्रदर्शन में ही उसकी विलक्षणता नहीं पर्यवसित होती है। अब वह स्वाधीनता के गगन में उड़ती है। सामाजिक अवस्था के उदधिगर्भ में प्रवेश करती है, जातीयता के मंत्र से अभिमंत्रित

होती है, जाति अधःपात पर रोती है और विदीर्ण हृदयों के दुःख से स्वयं विदीर्ण-हृदय बनती है। कवि की प्रतिभा आज अन्तर्मुखी है, वह हृदयों को टटोलती है, उसके सूक्ष्म भावों को विचारती है, मनोविज्ञान के रहस्यों का उद्‌घाटन करती है और मर्मस्थलों के मर्म जानने में संलग्न रहती है। यह शुभ लक्षण है, विचार से ही कार्य की उत्पत्ति होती है, भाव ही अभाव का अनुभव करता है, चेष्टा ही सफलता की जननी है। जो हृदयोद्‌गार होता है, अन्तर का उच्छ्‌वास होता है, वही लेखनी का विषय होता है, वही पथ बाध्य होकर निर्जीव को सजीव कर देता है; रगों में बिजली भरता है और मृतकप्राय जाति के लिए मृत-संजीवनी का काम देता है। देश का सौभाग्य है, जो आज हमलोगों में इस प्रकार का परिवर्तन हो गया है। खड़ी बोली के पद्यों में कवितागत कितनी ही त्रुटियाँ क्यों न हों; किन्तु वह इसलिए आदरणीय है कि उसने देश और जाति के रोग को पहचाना है और उसकी चिकित्सा में लग्न है। फिर भी मैं यह कहूँगा कि उसको जितना अग्रसर होना चाहिए अब तक वह उतना अग्रसर नहीं हुई है, जो विशाल कार्य उसको करना है, उसका एक लघु भाग भी अब तक वह नहीं कर सकी है, अब तक वह सर्वतोमुखी नहीं है और न वह उतनी श्रीसम्पन्न है, जितना उसे होना चाहिए। इसके अनेक कारण हैं। तथापि हमको हतोत्साह न होना चाहिए। आशा का प्रफुल्लित उद्यान हमारे सामने है, उसमें हमको वे मनोहर और सौरभमय सुमन मिलेंगे, जिनसे हिन्दी-संसार सौरभित हो जावेगा। यह कहते हृदय व्यथित होता है कि संस्कृत के विद्वानों और लक्ष्मी के लालों की उचित दृष्टि अब तक इधर नहीं हुई; तथापि यह निश्चित है कि उद्योग गगन-नवराग-रंजित होगा और उसमें सफलता की सुनहली किरणें आलोक विकीर्ण करती दृष्टिगोचर होंगी।

आजकल खड़ी बोली कविता-संसार में एक प्रवृत्ति विशेष रूप से जाग्रत हुई है। हमारे युवक-मंडल का ध्यान इन दिनों रहस्यवाद अथवा छायावाद की ओर विशेष आकृष्ट हुआ है। वे इस विषय की कविताएँ भी इस समय अधिकता से कर रहे हैं। यह विषय नवीन नहीं, प्राचीन है। हिन्दी भाषा में सुन्दर से सुन्दर कविताएँ रहस्यवाद की मौजूद हैं। खड़ी बोली में इस प्रकार की कविता करने का उद्योग आदरणीय और अभिनन्दनीय है। किन्तु, उसका अबाध और उच्छृंखल प्रवाह वांछनीय नहीं। खड़ी बोली के कविता-लेखकों पर यह आक्षेप किया जाता है कि उनमें अधिकांश ऐसे हैं जिनमें न तो प्रतिभा है, न छन्दोज्ञान, न मार्मिकता, न सहृदयता, न सुन्दर शब्द-विन्यास की शक्ति, न भावप्रकाशन की यथोचित क्षमता; न उनकी कविताओं में सरसता होती है, न मधुरता और न प्रसादगुण और न वाच्यार्थ की स्पष्टता, फिर भी उनकी लेखनी असंकुचित रूप से चलती है और काव्य-संसार को कलुषित कर रही है। यह कथन अधिकांश युक्तिसंगत नहीं; किन्तु सर्वथा निर्मूल भी नहीं है। रहस्यवाद की आधुनिक

अनेक कविताओं ने इन आक्षेपों को और प्रश्रय दिया है। इसकी मुझको व्यथा है, अतएव मैं समस्त खड़ी बोली के कविता-लेखकों को साधारणतया और रहस्यवाद के कवियों को विशेषतया इस विषय में सावधान करता हूँ। श्रीमान् बाबू जयशंकर प्रसाद काशीनिवासी की रहस्यवाद की कविताएँ सुन्दर होती थीं। खड़ी बोली में इस प्रकार की कविताओं के आप प्रथम लेखक थे। प्रियवर पं. सुमित्रानन्दन पन्त, प्रियवर गिरीश, श्रीमान् महतो, श्रीमान् गुलाब, श्रीमान् निर्मल और श्रीमान् निराला इत्यादि कतिपय नवयुवकों ने भी इस विषय की अच्छी रचनाएँ की हैं; किन्तु यह कहने के लिए मैं विवश हूँ कि कुछ इने-गिने सहृदयों को छोड़कर अधिकतर लोगों की रहस्यवाद की कविताएँ उपहासास्पद होती हैं। मुझको ऐसे रहस्यवाद की कविता के लेखक भी मिले हैं जो पूछने पर अपनी कविताओं का अर्थ स्वयं नहीं बतला सके, यह अत्यन्त लज्जा और दुख की बात है। ऐसी कविताओं से क्या इष्ट सिद्धि हो सकती है? वे लोग इसको स्वयं सोचें।

रहस्यवाद अथवा मिस्टिसिज्म क्या है? और कुछ नहीं, इस रहस्यमय संसार का रहस्योद्घाटन है। संसार रहस्यमय है, इसका एक-एक रजकण चमत्कारपूर्ण है। सुनील निर्मल गगन, अनन्ततारकपुंज, कलकल-निनादिनी सरिता, श्यामल तृणराजि, कलित कुसुमावली, हरे-भरे पादपवृन्द, चित्र विचित्र विहंगम समूह, नाना रत्नचय, मानव शरीर, उत्तुंग शैलमाला, तरंगायमान जलधि, जिधर नेत्र उठाइये उधर ही रहस्यमय दृश्य सामने आता है। यही नहीं ब्रह्म क्या है? वास्तव में कुछ है या नहीं। संसार क्या है? क्यों बना? जीवन-मरण क्या है? नियति-चक्र किसे कहते हैं? सांसारिक नाना क्रिया-कलाप का अर्थ क्या है? प्रयोजन क्या है? जीवन की सार्थकता क्या है? क्यों कोई माई का लाल है? क्यों कोई काल है? क्यों कोई सुखी है? क्यों कोई दुखी? ऐसे-ऐसे नाना प्रश्न भी हमारे सामने आते हैं, नाना तर्कनाएँ हृदय में उठती हैं। इनका उत्तर देने की चेष्टा, संसार के मर्मों के उद्घाटन का उद्योग, प्रत्येक पदार्थों का यथार्थ ज्ञान लाभ करने का यत्न चिरकाल से हो रहा है। अब भी होता है, भविष्य में भी होगा। किन्तु, यह अज्ञेयवाद जैसा पहले था आज भी वैसा ही है, भविष्य में भी ऐसा ही रहेगा। इस विषय में जिसका जितना ज्ञान है, जिसकी पहुँच जहाँ तक है, वह वहाँ तक प्रत्येक विषयों पर प्रकाश डालने की चेष्टा करता है; किन्तु असीम गगन का अन्त पाना साधारण विहरणशील किसी विहंग का कार्य नहीं है। जब हम सुनते हैं—'न तत्र वाङ् गच्छति न मनो गच्छति, ऐ बरत अज़ख़ेयाल क़यासो गुमानव वहम', तो चित्त चिन्तित हो जाता है। उत्कण्ठा द्विगुण हो जाती है। जब कान में यह ध्वनि पड़ती है—'जेहि जाने जग जाई राई'—'आंराकि ख़बर शुद ख़बरशबाज़ न यामद', तो मन कहता है कि यह क्या जटिल समस्या है? क्या प्रपंच है? फिर यह आकाशवाणी होती है—'तत्त्वमसि, ब्रह्मसत्यं जगन्मिथ्या, जीवो ब्रह्मै-वनापरः' 'सर्वम् खल्विदम् ब्रह्मनेह नानास्ति किञ्चन', तो नेत्रों के

सामने से एक महान् आवरण हट-सा जाता है और मन एक अनिर्वचनीय आनन्द में निमग्न हो जाता है; किन्तु तो भी समाधान की पराकाष्ठा नहीं होती। जब हमको बतलाया जाता है 'लव इज़ गॉड, गॉड इज़ लव' 'टू सी गॉड इज़ टु सी ऐज़ गॉड सीज़'—'दिल के आईने में है तस्वीर यार जब जरा गरदन झुकाई देख ली', 'नमोक्षो नभसः पृष्टे न पाताले न भूतले, मोक्षोहि मनसोशुद्धिः सम्यगृज्ञान विवोधितम्'—तब चित्त को महान् आश्वासन होता है; परन्तु जिज्ञासा का निराकरण फिर भी नहीं होता। प्रयोजन यह कि इस प्रकार की अनेक बातें हैं, जो हमको संसार का रहस्योद्घाटन के लिए चंचल, आतुर और मननशील बनाती हैं। समय-समय पर इन समस्त विषयों में जब जिसको आभास मिला है, जो अनुभव हुआ है उसने उसको अपने विचारानुसार प्रकट करने की चेष्टा की है। जो नहीं बतलाया जा सकता है उसको कैसे बतलाया जावे, यदि और कुछ नहीं, तो उसके विषय में कुछ संकेत ही किया जावे, उसकी छाया ही दिखलायी जावे, इसी उद्योग और भाव-प्रकाशन की रीति का परिणाम रहस्यवाद और छायावाद है। मान्य वेदों के अनेक वचन, उपनिषदों के अनेक वाक्य, वेदान्तदर्शन के कतिपय प्रसंग, मौलाना रूम की मसनवी, उमर खय्याम और हाफिज की बहुत-सी रचनाएँ और हमारे यहाँ के सन्तों की अनेक वाणियाँ इस प्रकार की हैं और उनमें बहुत कुछ तत्व भरा हुआ है। वर्तमान महानुभावों में संसार भर में कवि सम्राट् रवीन्द्रनाथ ठाकुर की इस प्रकार की रचनाएँ सर्वोच्च हैं। इस महापुरुष ने इस विषय में लिखकर जो भावना दिखलाई है वह अभूतपूर्व और अद्भुत है। रहस्यवाद पर लेखनी चलाना सुगम नहीं, इसके लिए बहुत बड़े अनुभव और सर्वव्यापक दृष्टि की आवश्यकता है। मैं कबीर साहब की कतिपय साखियों को यहाँ उठाकर इस विषय पर कुछ और प्रकाश डालना चाहता हूँ। अन्य ग्रन्थों के उदाहरण के लिए स्थान का संकोच हैः—

सरपहिं दूध पियाइये सोई बिख ह्वै जाय।
ऐसा कोई ना मिला आपे ही बिख खाय।
घर जारे घर उबरै घर राखे घर जाय।
एक अचंभा देखिया मुआ काल को खाय।
पाया कहें ते बावरे खोया कहें ते कूर।
पाया खोया कुछ नहीं ज्यों का त्यों भरपूर।
आसा जीवै जग मरै लोग मरै मर जाहि।
धन संचै सो भी मरै उबरै सो धन खाहि।
भरो होय सो रीतई रीतो होय भराय।
रीतो भरो न पाइये अनुभव सोइ कहाय।

रहस्यवाद के बड़े अच्छे ये दोहे हैं। इनमें कतिपय रहस्यों का उद्घाटन है, इसमें अनुभव और ज्ञान की ज्योति निकल रही है और कतिपय सिद्धान्तों पर उज्ज्वल प्रकाश पड़ रहा है। परन्तु, कबीर साहब के कुछ ऐसे पद्य भी हैं, जिनका कोई अर्थ नहीं है। मन-गढ़न्त की बात दूसरी है, पर वास्तव बात यह है कि भाषा और भाव उनका तत्व प्रकट करने में असमर्थ हैं, जैसे—

घर-घर मुसरी मंगल गावै कछुआ संख बजावै।
पहिर चोलना गदहा नाचै भैंसा भगत करावै।

यदि इसका अर्थ असम्भवतापरक मानकर ईश्वर-ज्ञान-विषयक असम्भवता का सन्देश इसको समझा जावे, तो इन चरणों की कुछ सार्थकता हो सकती है, तो भी यह कष्ट कल्पना है। वाच्यार्थ और शब्द-शास्त्र से उसका कोई सम्बन्ध नहीं। खेद है कि आधुनिक रहस्यवाद की कविता अधिकांश ऐसी ही है। मेरा उत्साही और होनहार युवकों से यह सविनय निवेदन है कि वे प्रथम प्रकार की कविता करने का उद्योग करें। अंड-बंड कविता-रचना से बचें, अन्यथा खड़ी बोली की कविता कलंकित तो होगी ही उसका उद्देश्य भी सिद्ध न होगा। कवि सम्राट् रवीन्द्रनाथ ठाकुर का पदानुसरण करना गौरव की बात है, उनको आदर्श बनाना समुन्नति का साधन है, श्रेय का हेतु है, तथापि यह कहना पड़ेगा कि उचित योग्यता और अनुभव प्राप्त किये बिना ऐसी कामना करना बातुलता और वामन-चन्द्र-स्पर्श समान साहस है।

रहस्यवाद के अनुरागियों से मेरा एक निवेदन और है। वह यह कि अपनी कविता को यदि वे विश्व-संगीत समझते हैं तो समझें, उसमें विश्वबन्धुत्व का भाव और राग उनको सुन पड़ता है तो वे सहर्ष उसको सुनें और दूसरों को भी सुनाकर विमुग्ध बनावें, इसमें कोई आपत्ति नहीं। किन्तु कृपा करके प्राचीन कवियों पर कटाक्ष न करें और उनकी कुत्सा करने के लिए कटिबद्ध न होवें। आप अपने हृदय में उनको संकीर्ण समझें, उनको उन्मार्गगामी मानें। अपने को उच्च विचार का और विवेकी विचारते रहें, परन्तु उनके गुरुपद पर पद प्रहार न करें। सूर सूर हैं, जिनकी ज्योति से हिन्दी-संसार देदीप्यमान है, गोस्वामी तुलसीदास उस उच्च पद पर आरूढ़ हैं, जहाँ आज तक हिन्दी-संसार का कोई कवि नहीं पहुँचा। बिहारी हिन्दी-साहित्योद्यान-कोकिल हैं, और देव काव्य-सर-सरसीरुह। इसी प्रकार ब्रजभाषा के बहुत-से मान्य प्राचीन और आधुनिक कवि किसी न किसी विशेष गौरव से गौरवित हैं। वे हम लोगों के विकास-हेतु हैं, और हमारे गुरुवर हैं। उन्हीं की उँगली पकड़कर हमने साहित्यांगण में पदसंचालन सीखा है। और हिन्दी सुन्दरी उन्हीं के सुहाग से सौभाग्यवती है। अतएव यदि हम उनके उपकारों और महत्त्व को न समझें, तो उनकी कुत्सा करके लांछित भी न बनें। बिना उनकी

अयोग्यता प्रगट किये भी हम योग्य और बिना किसी माननीय की अवमानना किए भी हम मान्य हो सकते हैं। इसीं प्रकार महान हृदया ब्रजभाषा की निन्दा करना भी उचित नहीं। आपकी खड़ी बोली सर्वाङ्ग सुन्दरी हो, अनेक भूषण आभूषिता हो, सुसज्जिता हो, उन्नति और प्रगतिशील हो तो हो, आप उसे ऐसा ही समझें, पर ब्रजभाषा को भी पूजनीया समझें। ब्रजभाषा देवी के समान हमारी आराध्या है। आप उसकी आराधना अवश्य करें, वह आपकी कामना-वेलि को कुसुमित और पल्लवित करेगी, और आपको वे रत्न प्रदान करेगी, जिसके द्वारा आपकी खड़ी बोली का साहित्य जगमगा उठेगा।

कृष्ण-गीतावली

कहा जाता है किसी दिन गोस्वामी तुलसीदास मथुरा के एक प्रसिद्ध मन्दिर में पधारे। समय भजन-पूजा का था, इसलिये विग्रह का बड़ा ही सुन्दर शृंगार किया गया था। गोस्वामीजी सुसज्जित मूर्ति देखकर विमुग्ध हो गये। उनके हृदय में प्रेमातिरेक से आनन्द की धारा बहने लगी। किन्तु, उन्होंने उसके सामने सिर नहीं झुकाया, गद्‌गद् कण्ठ से कहा—

कहा कहौं छबि आज की भले बने हो नाथ।
तुलसी मस्तक तब नवै धनुखबान लो हाथ॥

भगवान जनमनरंजन हैं। उनका यह महावाक्य है 'यो यथा माम प्रपद्यंते तां तथैव भजाम्यहम्'—जो मुझको जिस रूप में प्राप्त करना चाहता है, मैं उसको उसी रूप में मिलता हूँ। अतएव उन्होंने उनकी इच्छा पूरी की, बात की बात में मुरलीधर धनुर्धर बन गये—

मुरली मुकुट दुराय के नाथ भये रघुनाथ।
लखि अनन्यता भक्ति की जन को कियो सनाथ॥

मनोकामना पूर्ण होने पर गोस्वामीजी की आँखें खुलीं और उनके हृत्तंत्री के निनादित होने पर यह मधुर ध्वनि सुनाई दी—

तुलसी मथुरा राम हैं जो करि जाने दोय।
दो आखर के बीच जो वाके मुख मैं सोय॥

मथुरा के दो अक्षर म और रा के बीच में थु है। जब उनको सच्चा ज्ञान हुआ तो उनका यह कहना कि रामकृष्ण में जो द्वैत बुद्धि रखता है, उसके मुँह में 'थू' स्वाभाविक है। किन्तु, सबसे पहले यह बात गोस्वामीजी पर घटती है, क्योंकि द्वैत बुद्धि उन्हीं में उत्पन्न हुई। इसलिये अनन्यता का ढोंग रचनेवालों की कही इस दन्तकथा पर मेरा विश्वास नहीं। अनन्यता निन्दनीय नहीं, उपासना का यह प्रधान अंग है। जिसकी बुद्धि

निश्चयात्मिका नहीं होती, वही एक को छोड़ अनेक के जंजाल में पड़ा रहता है। नाना देवताओं की उपासना में रत रहना, कभी भूत को पूजने लगना, कभी पिशाच को,—बुद्धि की अस्थिरता का सूचक है। इसलिये भक्ति के लिये उच्चकोटि की साधना अनन्यता ही है। क्योंकि

सब आयो इस एक मैं डार पात फल फूल।
कविरा पीछे का रहा गहि पकरा जिन मूल॥

जो 'एकमेवाद्वितीयम्' का मर्म जानता है, उसका अनन्य होना स्वाभाविक है। किन्तु, इसका यह अर्थ नहीं कि परमात्मा की विभूतियों की उपेक्षा की जावे। अनन्य होकर अपने इष्टदेव की सत्ता को ही समस्त विभूतियों में देखना और यथोचित सबकी मर्यादा की रक्षा करना अनन्यता का बाधक नहीं, क्योंकि—

आकाशात् पतितम् तोयं यथा गच्छति सागरे।
सर्व देव नमस्कारम् केशवम् प्रतिगच्छति॥

आकाश से गिरा हुआ जल जैसे समुद्र को जाता है, उसी प्रकार सब देवताओं को किया गया प्रणाम ईश्वर को ही प्राप्त होता है। शास्त्र कहता है 'एको देवः सर्व भूतेषु' 'गूढः' एक परमात्मा ही सबमें व्याप्त है। यह अभेद बुद्धि दुर्लभ हो, किन्तु है उदात्त। अनन्यता की सच्ची साधना द्वारा ही इसकी प्राप्ति होती है। अतएव, अनन्यता के विरुद्ध उँगली नहीं उठायी जा सकती। हाँ, अनन्यता का अवास्तव रूप अवश्य निन्दनीय है। जो शिव का अनन्य भक्त बनकर विष्णु की निन्दा करता है, राम का अनन्य उपासक कहलाकर भगवान कृष्णचन्द्र में उचित समादर बुद्धि नहीं रखता, वह अनन्यता का दम भरता है, किन्तु उसका तत्व नहीं जानता। मेरा विचार है कि ऐसे ही ज्ञानलवदुर्विदग्ध की गढ़ी हुई, गोस्वामीजी सम्बन्धिनी यह दन्तकथा है। जो गोस्वामीजी कहते हैं—'सियाराममय सब जग जानी, करहुँ प्रनाम जोरि युग पानी', वे भगवान कृष्णचन्द्र के विग्रह के सम्मुख पहुँचकर यह कैसे कह सकते हैं—'तुलसी मस्तक तक नवै धनुख बान लो हाथ'। जिस अमोघ मन्त्र का जपकर मनु और सतरूपा भगवान रामचन्द्र समान पुत्र मानव शरीर धारण कर लाभ करते हैं—उस मन्त्र को गोस्वामीजी ने द्वादशाक्षर बतलाया है—और वह मन्त्र है—'ॐ नमो भगवते वासुदेवाय'। गोस्वामीजी लिखते हैं—'द्वादस अक्षर मन्त्रवर जपहिं सहित अनुराग—वासुदेव पदपंकरुह दम्पति मन अति लाग'। यद्यपि वासुदेव संज्ञा की व्याख्या इस प्रकार की जाती है—

'वसुः सर्व निवासश्च विश्वानि यस्य लोमसु।
स च देवः परं ब्रह्म वासुदेव इति स्मृतः'

किन्तु वास्तव में वासुदेव अपत्यवाचक संज्ञा है और वसुदेव शब्द से ही बनता है। जो गोस्वामीजी भगवान रामचन्द्र और कृष्णचन्द्र में इतनी अभेद बुद्धि रखते हैं, उनके मुख से ऐसी बात कभी नहीं निकल सकती, जो विभेद का परिचायक हो। उनकी अभेद बुद्धि का प्रतिपादक उनका 'कृष्ण-गीतावली' नामक ग्रन्थ भी है जिससे अधिकांश हिन्दी-संसार अपरिचित है। इस ग्रन्थ का परिचय देने के लिये ही मुझको यह उपक्रम लिखना पड़ा है। ऊपर के दोहों को प्रमाण मानकर कुछ लोग अब तक 'कृष्ण-गीतावली' को गोस्वामीजी की रचना नहीं मानते। किन्तु उनके विषय में पूर्ण अभिज्ञता रखनेवालों और प्रतिष्ठित एवं मान्य ग्रन्थकारों ने भी इस ग्रन्थ को उनकी ही रचना मानी है, ग्रन्थ की भाषा भी यही बतलाती है।

कृष्ण-गीतावली गीतिकाव्य है। इसकी रचना बड़ी ही सरस और मनोरम है। यह ग्रन्थ बड़ी ही मधुर ब्रजभाषा में लिखा गया है। गोस्वामीजी की लेखनी की समस्त विशेषताएँ इसमें मौजूद हैं। भगवान कृष्णचन्द्र को योगिराज स्वीकार करके भी अनेक कवियों ने और महाकवियों ने उनकी लीलाओं का असंयत वर्णन किया है, इतना असंयत कि जिन्हें अभिनन्दनीय नहीं कहा जा सकता। कहीं-कहीं इन वर्णनों में इतनी अश्लीलता आ गयी हैं कि उन्हें सभ्यजनानुमोदित नहीं माना जा सकता। गोस्वामीजी की रचना में यह छूत नहीं लग पाई है। उनकी लेखनी जिस प्रकार रामायण की पंक्तियों में पवित्रतामयी है, वैसी ही इस ग्रन्थ में। इतनी संयत और पावन रचना होने पर भी उसमें रस छलका पड़ता है, और मधुरता उच्च कोटि की मिलती है। ग्रन्थ में कुल 61 पद हैं। आधे से अधिक पदों में भगवान की बाललीलाओं का वर्णन है। शेष में उद्धव गोपिका सम्बाद है और दो तीन पदों में स्फुट विषय हैं। इस ग्रन्थ के भाव-चित्रण की मार्मिकता विलक्षण है। गोस्वामीजी वाह्य और अन्तर्द्वंद्व दोनों के चित्रण में अद्वितीय हैं। इस विषय में वे अद्भुत क्षमता रखते हैं। इस ग्रन्थ में भी उनकी यह प्रगल्भता सर्वत्र विद्यमान है। रचना में स्वभाविकता इतनी मिलती है, जितनी अन्य ग्रन्थों में मिलनी दुर्लभ है। कुछ पद्यों को उपस्थित करके मैं अपने कथन की पुष्टि करूँगा। साथ ही आप लोगों को इस ग्रन्थ की मधुर रचनाओं का रस आस्वादन कराऊँगा।

संसार में जितने महापुरुष हो गये हैं उन सबका बाल्य काल विलक्षण देखा जाता है। ऊधमी बालकों का ऊधम प्रायः अप्रिय होता रहता है; किन्तु उनके इसी ऊधम में उनकी भावी महत्ता का बीज छिपा रहता है। बालकों की नटखटी और चंचलता खटकती है। किन्तु, किसी-किसी बालक की इसी नटखटी और चंचलता में एक विलक्षणता भी रहती है, जो लोगों को अपनी ओर आकर्षित ही नहीं करती, चकित भी बनाती है। भगवान कृष्णचन्द्र का बालकाल भी इसी प्रकार की विचित्रताओं से पूर्ण है। वह प्रायः बाल-स्वभाव-सुलभ चपलतावश गोपियों को छेड़ा करते, अवसर पाकर उनका

दही-दूध खा जाते, या उसे गिरा देते या अपने साथियों को खिला देते। वे बोलतीं तो मुँह चिढ़ाते, उन्हें तंग करते, उनके बरतनों तक को फोड़ डालते। वे बिचारी गोरस को छिपाकर सौ परदे में रखतीं, ऊँचे-ऊँचे छींकों पर टाँगतीं, फिर भी वे कन्हैया की ढूँढ़नेवाली आँखों और ऊँचे उठे हुए हाथों से बचने नहीं पाते। वे बिचारी जब बहुत तंग हो जातीं तो उलाहना लेकर यशोदा के पास पहुँचतीं। ऐसी ही एक गोपी की बातें सुनिये—

तोहि स्याम की सपथ जसोदा आइ देखु गृह मेरे।
जैसी हाल करी यहि ढोटा छोटे निपट अनेरे।
गोरस हानि सहौं न कहौं कछु यहि ब्रजवास बसेरे।
दिन प्रति भाजन कौन बेसाहै? घर निधि काहू केरे।
किये निहोरो हंसत, खिझे ते डाटत नयन तरेरे।
अबहीं ते ये सिखे कहाँ धौं चरित ललित सुत तेरे।
बैठो सकुचि साध भयो चाहत मातु बदन तन हेरे।
तुलसिदास प्रभु कहौं ते बातैं जे कहि भजे सबेरे।

गोपी के मानसिक भावों का गोस्वामीजी ने जिस सहृदयता से चित्रण किया है, उसकी जितनी प्रशंसा की जाय, थोड़ी है। उसकी खीझ, उसका दुख, उसका भय और प्रेम, उसके हृदय का क्षोभ और रोष, उसका डराना और धमकाना इस पद्य के शब्दों का विन्यास जिस स्वारस्य के साथ व्यंजित कर रहा है उसका रस आस्वादन कर कौन हृदय मुग्ध न होगा। जो कुछ गोपी कह रही है, ऐसे अवसरों पर ऐसी ही बातें तो सुनी जाती हैं। पद्य पढ़ते समय उस समय का चित्र आँखों के सामने खिंच जाता है, और ज्ञान होने लगता है कि उसके एक-एक वाक्य मन पर प्रभाव डाल-डालकर उसको प्रभावित कर रहे हैं। कवि-कर्म यही तो है, ऐसी ही कविता का नाम कविता है। जो कविता अन्धकार में रखती है, जिसके भाव प्रकाश में आने से संकुचित होते हैं, न तो वह कविता है और न उसका रचनेवाला कवि। जो सत्य है, हृदयंगम हो सकता है, उससे मुँह फेरकर अकल्पनीय को कल्पना ही का रूप देना वातुलता है।

माखनचोर, चोर ही नहीं थे, वचन-रचना-चतुर भी थे। उनमें चंचलता ही नहीं थी, बात गढ़ने की भी शक्ति थी। जब गोपियों ने उलाहना का ताँता दिया, तो यशोदाजी कब तक बातें टालतीं, कब तक खरी-खोटी सुनतीं, एक दिन दोवारा-तिवारा उलाहना सुनने पर बिगड़ खड़ी हुईं। नन्दलाल ने रंग बिगड़ा देखकर अपना रंग जमाने की ठानी। ऐसी बातें गढ़ीं, कि यशोदा जी मुँह देखते ही रह गयीं। गोपी बिचारी के तो छक्के छूट गये, मुँह देखते ही रह गयीं। गोपी बिचारी के तो छक्के छूट गये, मुँह में आयी बात कह

न सकी, लाज के मारे अपना मुँह छिपाने लगी, लाला की बातें सुनिये—

मो कहं झूठेहिं दोख़ लगावहिं।
मैया इनहिं बानि पर गृह की, नाना जुगुत बनावहिं।
इनके लिये खेलिबो छोर्‌यो तऊ न उबरन पावहिं।
भाजन फोरि बोरि कर गोरस देन उरहनो आवहिं।
कबहुँक बाल रोआई पानि गहि मिस करि करि उठि धावहिं।
करहिं आप सिर धरहिं आनके बचन विरंचि हरावहिं।
मेरी टेव बूझि हलधर सों संतत संग खेलावहिं।
जे अन्याय करहि काहू को ते सिसु मोहिं न भावहिं।
सुनि सुनि बचन चातुरी ग्वालिनि हँसि हँसि बदन दुरावहिं।
बाल गोपाल केलि-कलकीरति तुलसिदास सुर गावहिं॥ 1॥

देखिये कैसी भोली भाली बातें हैं, साथ ही इनमें कितनी मधुरता है। बातें गढ़ी हैं पर उनमें से सरलता टपकी पड़ती है। एक बालक माता से डरकर अवसर पर कैसे बातें बनाता है। इस पद्य में उसका जीता-जागता चित्र है। इसी भाव का एक पद्य और देखिये इसमें कितनी भावुकता है, साथ ही कितनी स्वभाविकता, बाल भाव इसमें किलक-किलक कर क्रीड़ा कर रहा है—फिर गोपी क्यों न ठग जाती। और उसके मुँह से उत्तर कैसे निकलता।

अबहिं उरहनो दे गई, बहुरी फिर आई।
सुनु मैया तेरी सौं करौं, या की टेव लरन की सकुच बेंचि सी खाई।
या ब्रज में लरिका घने, हौं ही अन्याई।
मुँह लाये मूंडहिं चढ़ी, अंतहु अहिरिनि तोहि सूधी करि पाई।
सुनि सुत की अति चातुरी जसुमति मुसुकाई।
तुलसिदास ग्वालिनि ठगी, आयो न उतरु कछु कान्ह ठगौरी लाई।

गोपियाँ खीझती थीं, उलाहना भी देती थीं—गोरस का लुटना-लुटाना, कहाँ तक देख सकतीं। नित्य की क्षति को कोई नहीं सह सकता। उत्पात और ऊधम से सब ऊब जाता है। परन्तु उनके हृदय में कृष्ण प्यारे की बड़ी ममता थी, वे उनका कुम्हलाया मुख नहीं देख सकतीं थीं। उनकी ताड़ना का ख्याल भी उनको सताता। वे मोहन लाल को दुखी देख काँप उठतीं। उनकी खीझ में भी रीझ थी, उनके उलाहने में भी प्यार था। उनका यह भाव नीचे के पद में कैसा स्फुटित है—

हरि को ललित बदन निहारु।
निपट ही डांटति निठुर ज्यों लकुट करते डारु।
कान्ह हूँ पर सतर भौहैं महरि मनहिं बिचारु।
दास तुलसी रहति क्यों रिस निरखि नन्दकुमारु।

माता का हृदय बड़ा मधुर होता है, इतना मधुर कि उसके सामने पीयूष क्या है। जब बालक मचलता है, तब इस मधुर हृदय की मधुरता और अधिक हो जाती है। उस समय उस पर स्नेह का बड़ा गहरा रंग चढ़ा रहता है और उसमें एक बड़ी विमुग्धकरी धारा प्रवाहित होती रहती है। बच्चों की सँभाल टेढ़ी खीर है। जब बच्चों के मन का नहीं होता, तब वे चिड़चिड़े हो जाते हैं और बात-बात में उलझन डालते हैं, क्योंकि बालकस्वभाव हठी होता है। बच्चे का मन रखना और उसकी बुरी आदतें छुड़ाना आसान नहीं। खेल के सामने बच्चे सब भूल जाते हैं, न तो नहाने-धोने की सुध रहती है न खाने-पीने की। कुशल माता ही उसकी ठीक-ठीक संभाल करती है। गीत गाती है, उसको बहलाती है, बातें बनाती है, तरह-तरह की कहानियाँ सुनाती है और लालच दिलाकर फुसलाती है, फिर उसको खुश करके जो चाहती है उससे करा लेती है। गोस्वामीजी की लेखनी बड़ी ही मर्मस्पर्शिनी है। देखिये नीचे के पद्य में इन भावों का कितना सुन्दर वर्णन है—

छाड़ो मेरे ललित ललन लरिकाई।
ऐहैं सुत देखवार कालि तेरे बबै ब्याह की बात चलाई।
डटिहैं सासु ससुर चोरी सुनि हँसिहै नई दुलहिया सुहाई।
उबटौं न्हाहु गुहौं चुटिया बलि देखि भलो बर करिहि बड़ाई।
मातु कह्यो करि कहत बोलि दै भई बड़िवार 'कालि' तो न आई।
जब सोइबो तात यों 'हां' कहि नयन मीचि रहै पौढ़ि कन्हाई।
उठि कह्यो भोर भयो झंगुली दै मुदित महरि लखि आतुरताई।
विहँसी ग्वालि जानि तुलसी प्रभु सकुचि लगे जननी उर धाई।

कान्ह कुँवर की लीलाएँ देखकर एक गोपी हँस पड़ी। यह देखकर वे लज्जित हो गये और दौड़कर माँ की छाती से चिपक गये। यह लिखकर गोस्वामीजी ने हमारे एक सामाजिक संस्कार पर प्रकाश डाला है। अपने विवाह की बात सुनकर हमारे लड़के, लड़कियों के लज्जित हो जाने का भाव स्वाभाविक है। पद्य का अन्तिम चरण लिखकर गोस्वामीजी ने बतलाया है कि किस प्रकार वाल्यकाल ही में घटनासूत्र से ही इस भाव का बीज बालकों के हृदय में अंकुरित हो जाता है।

कृष्ण-गीतावली के पद्य एक से एक सुन्दर हैं। जी चाहता है मैं सबको सामने रखूँ

और उनका रसास्वादन कराकर आप लोगों के हृदय को सुधासिंचित बनाऊँ। किन्तु, न तो इतना समय है, और न स्थान। इसलिये कतिपय पद्य वियोगविधुरा गोपियों के लिखकर मैं इस लेख को समाप्त करूँगा। भगवान कृष्णचन्द्र का ब्रज को छोड़कर मथुरा चले जाना और फिर उसकी ओर उलट कर भी न देखना बड़ी मर्मवेधिनी कथा है। सहृदय जनों के हृदय का यह ऐसा गहरा घाव है, जो आज तक नहीं भरा, कभी भरेगा भी नहीं। उसकी टपक से व्यथित होकर लोग आज भी कलेजा थामते हैं, परन्तु इलाज क्या। आँसू बहाने से कुछ शान्ति मिलती है, पर हाय! कोई कब तक आँसू बहाये। सहृदय हिन्दू समाज को वैदेही-बनवास और ब्रजजीवन-प्रवास चिरकाल से रुला रहा है, और प्रलय काल तक रुलाता रहेगा। किन्तु इस रोने में भी रस है, इसलिये आज भी वे रसिकजन-हृदय के सर्वस्व हैं। मनीषी ऊधव ब्रज निवासियों का प्रबोध करने आये, किन्तु, क्या वे उसका प्रबोध कर सके। सच्ची बात तो यह है कि उनकी अकृत्रिम प्रेमधारा में वे भी बह गये। निर्गुणवादी ऊधव ज्ञानमार्गी थे, भक्तिमार्ग का मर्म उन्होंने ब्रज में ही जाना। जब गोपियाँ कहतीं—

"ऊधो या ब्रज की दसा विचारो।
ता पाछे यह सिद्धि आपनी जोग कथा विस्तारो।
जा कारन पठये तुम माधव सो सोचहु मन माँहीं।
केतिक बीच विरह परमारथ जानत हो किधौं नाहीं।
परम चतुर निजदास स्याम के संतत निकट रहत हो।
जल बूड़त अवलंब फेन को फिरि-फिरि कहा कहत हो।
वह अति ललित मनोहर आनन कौने जतन विसारौं।
जोग जुगुत अरु मुकुत विविध बिधवा मुरली पर वारौं।
जेहि उर बसत श्यामसुन्दरघन तेहि निर्गुन कस आवै।
तुलसिदास सो भजन बहाओ जाहि दूसरो भावै॥"

तो वे चकित हो जाते, सोचते गोपियों जैसी 'तादात्म्य वृत्ति' कहाँ मिलेगी। जिसको प्रेम का वाण लग गया है और जो प्रेमस्वरूप का सच्चा विरही है उसको परमार्थ की क्या आवश्यकता, परमार्थ का परिणाम सच्चा प्रेम ही तो है। जो विरहसलिल-राशि में डूब रहा है, उसकी रक्षा योगसाधन-फेन से कैसे होगी, उसका त्राण तो तभी होगा, जब उसको प्रेमाधार की प्राप्ति हो। जिसको मुक्ति की भी कामना नहीं, उसको योग की क्या परवा। जो घनश्याम की चातकी है, सगुणता की मर्मज्ञा है, उसको निर्गुण से क्या काम जो अनन्त-साधनाओं के द्वारा केवल समाधिलव्ध मात्र है। निष्क्रिय निर्गुण की संसार को उतनी आवश्यकता नहीं, जितनी सक्रिय सगुण की। संसार निर्गुण का ही

सगुण स्वरूप है। प्रेम के द्वारा ही प्राणी को इसका साक्षात्कार होता है। अतएव प्रेम ही जीवन की प्रधान साधना है, वही परमानन्द का बीजमन्त्र है और इसीलिये कहा गया है 'प्रेमएवपरो धर्मः'। ऊधव के इस प्रकार के विचारों ने ही उनका काया पलट कर दिया था जिसका फल यह हुआ कि उन्होंने अपना ज्ञान भूलकर गोपियों से प्रेम-शिक्षा ग्रहण की। गोस्वामीजी के पद्य के सीधेसाधे शब्दों में गोपियों की प्रेमपरायणता मूर्तिमन्त होकर विराज रही है। साथ ही उसमें कितना त्याग और व्यंगय है, कितनी तदीयता और लगन है, इसका अनुभव प्रत्येक सहृदय सुजन कर सकता है।

नीचे लिखे पद्यों में कितनी सरसता और मोहकता है, कितना व्यंग और कितनी मनोवेदना है, उनको पढ़कर विचारिये। कहीं निराशा की झलक है, कहीं प्रेममयी खीझ। कहीं ऊधो की अरसिकता पर कटाक्ष है, कहीं निर्मोही के निर्मोह पर मनोहर व्यंग। किसी पद में मनोवेदना 'तड़पती' मिलती है, तो किसी में पीड़ा रुदन करती दृष्टिगत होती है। फिर भी जो कुछ है, वह संयत है, नियमित है, और है प्रेम रस परिपूरित—

मधुकर कहहु कहन जो पारो।
नाहिन बलि अपराध रावरो सकुचि साध जनि मारो।
नहिं तुम ब्रज बसि नन्दलाल को बाल विनोद निहारो।
नाहिंन रासरसिकरस चाख्यो तातें डेल सों डारो।
तुलसी जो न गये प्रीतम संग प्रान त्यागि तनु न्यारो।
तौ सुनिबो देखिबो बहुत अब कहा करम सों चारो॥ 1॥

ऊधोजू कह्यो तिहारोइ कीबो।
नीके जिय की जानि अपनपौ समुझि सिखावन दीबो।
स्याम वियोगी ब्रज के लोगन जोग जोग जो जानो।
तौ सकोच परिहरि पालागौं परमारथहिं बखानो।
गोपी गाय ग्वाल गोसुत सब रहत रूप अनुरागे।
दीन-मलीन छीन तनु डोलत मीन मजा सों लागे।
तुलसी है सनेह दुखदायक नहिं जानत यह को है।
तऊ न होत कान्ह को सो मन, सबै साहेबहिं सोहै॥ 2॥

चित्त की विचित्र अवस्था है, वह जिसको प्यार करता है, जिसके नाम की माला जपता है, खीझ जाने पर उसको भी उलटी सीधी सुना देता है। कभी वेदनाओं से विकल होकर ऐसा किया जाता है, और कभी जी हलका करने के लिये। कभी इस भाव का वेग संयत होता है, कभी तीव्र। धीर प्रकृति गम्भीर होती है, अधीर प्रकृति उद्धत।

संसार में ऐसे लोग भी हुए हैं, जिन्होंने गला उतर जाने पर भी उफ नहीं की, ऐसे लोग प्रियतम के विरुद्ध जीभ हिलाना भी पाप समझते हैं, हमारे यहाँ स्वकीया नायिका का यही आदर्श है, परन्तु ऐसे लोग कितने हैं। प्रायः प्राणी रो-कलपकर टेढ़ीमेढी बातें कहकर अपनी पीड़ाओं और मानसिक दुखों को कम करता है। गोपियों के मुख से भी ऐसी बातें सुनी जाती हैं, किन्तु गोस्वामीजी की लेखनी का सहारा पाकर वे कितनी संयत हो गयी हैं—इस बात को निम्नलिखित पद्य में देखिये—

ताकी सिख ब्रज न सुनैगो कोउ भोरे।
जाकी कहनि रहनि अनमिल अलि सुनत समझियत थोरे।
आपु कंज मकरंद सुधा ह्रद ह्रदय रहत नित बोरे।
हम सों कहत विरह स्रम जैहै गगन कूप खनि खोरे।
धान को गाँव पयार ते जानिय ज्ञान विषय मन मोरे।
तुलसी अधिक कहे न रहै रस ज्यों गूलर फल फोरे।

इस पद्य के 'गगन कूप खनि खोरे', 'ज्यों गूलर फल फोरे' आदि व्यंगों की गम्भीरता की जितनी प्रशंसा की जाय थोड़ी है।

एक पद्य और देखिये—इस पद्य के पद-पद से गहरी निराशा और विवशता टपकी पड़ती है। मथुरा चले जाने पर ब्रजदेव के वियोग में ब्रज-बालाओं अथवा ब्रज-निवासियों की क्या मानसिक अवस्था हुई, इसका चित्रण इसमें बड़ी ही निपुणता से किया गया है। पद्य पढ़ते ही चित्त करुणार्द्र हो जाता है—

करी है हरि बालक की-सी केलि।
हरखन रचत, विखादन बिगरत, डगरि चले हँसि खेलि।
बई बनाई वारि वृन्दावन प्रीति सजीवन बेलि।
सींचि सनेह सुधा खनि काढ़ी लोक वेद अवहेलि।
तृन ज्यों तजी पालि तनु ब्रजजन विधि वासव बल पेलि।
एतेहुँ पर भावत तुलसी प्रभु गये मोहिनी मेलि।

अमृत से तृप्ति नहीं होती, उसको जितना ही पीजिये उतनी ही तृष्णा बढ़ती है। कृष्ण-गीतावली के जिस पद्य को पढ़िये वही तन्मय कर देता है, उसे बार-बार पढ़कर भी जी नहीं भरता। मनन करने पर उसकी मोहकता बढ़ती ही जाती है। मैंने कुछ पद्य आप लोगों के सामने रखे, उनको पठन कर मेरे कथन को कसौटी पर कसिये। आशा है आप लोग मेरे विचार से सहमत होंगे। गोस्वामीजी के अपर ग्रन्थों के समान कृष्ण-गीतावली भी हिन्दी साहित्य-सागर का महारत्न है। उसकी ओर साहित्य-प्रेमियों

का दृष्टि आकर्षण करने के लिये ही यह लेख लिखा गया है। इस ग्रन्थ को पढ़कर भी जो गोस्वामीजी के हृदय की विशालता और अनन्य उपासना का मर्म न समझ सकेंगे, उनको मैं मननशील और जिज्ञासाप्रिय बनने की सम्मति दूँगा। अन्त में कृष्ण-गीतावली के निम्नलिखित स्तुति-पद्य के साथ इस लेख को समाप्त करता हूँ।

गोपाल गोकुल वल्लभी प्रिय गोप गोसुतवल्लभं।
चरनारविन्दमहं भजे भजनीय सुर मुनि दुर्लभं॥
घनस्याम काम अनेक छबि लोकाभिराम मनोहरं।
किंजल्क बसन किशोर मूरति भूरि गुन करुनाकरं॥
सिर केकिपच्छ विलोल कुण्डल अरुन बनरुह लोचनं।
गुंजावतंस विचित्र सब अँग धातु भव भय मोचनं॥
कच कुटिल सुन्दर तिलक भ्रू राका मयंक समाननं।
अपहरन तुलसीदास त्रास विहार वृन्दा काननं॥

तुलसीदास का महत्त्व

सवैया

बन राम-रसायन की रसिका रसना रसिकों की हुई सफला।
अवगाहन मानस में करके जन मानस का मल सारा टला।
बने पावन भाव की भूमि भली हुआ भावुक भावुकता का भला।
कविता करके तुलसी न लसे कविता लसी पा तुलसी की कला ॥ 1 ॥

—हरिऔध

कसौटी

समालोचकों में मैथ्यू आर्नोल्ड का स्थान बहुत ऊँचा है। वे कहते हैं—"कविता यथार्थ में मानव जीवन का सूक्ष्म विश्लेषण है। कवि की महत्ता इसी में है कि वह बिचारों को बड़ी कुशलता से जीवन के उपयुक्त कर दे। जब मनुष्य सत्य को सबसे श्रेष्ट भाषा में प्रकट करता है तब वही भाषा कविता हो जाती है।"

अल्फ्रेड लायल कहते हैं—"किसी युग के प्रधान भावों और उच्च आदर्शों को प्रभावोत्पादक रीति से प्रकट कर देना ही कविता है।"

स्वर्गीय बाबू द्विजेन्द्रलाल राय का कथन है—

"कविता का राज्य सौन्दर्य है, वह सौन्दर्य वहिर्जगत में भी है और अन्तर्जगत में भी है। जो कवि केवल बाहर के सौन्दर्य का ही वर्णन सुन्दर रूप से करते हैं, वे कवि हैं, इसमें सन्देह नहीं। किन्तु जो कविजन मनुष्य के मन के सौन्दर्य का भी सुन्दर रूप से वर्णन करते हैं, वे बहुत बड़े कवि या महाकवि हैं।" "वाह्य सौन्दर्य-वर्णन की अपेक्षा भीतरी सौन्दर्य के वर्णन में कवि की अधिक कवित्व-शक्ति प्रकट होती है। बाहरी सौन्दर्य, भीतरी सौन्दर्य की तुलना में स्थिर, निष्प्राण और अपरिवर्तनीय है।"

मनुष्य के हृदय में घृणा भक्ति का रूप धारण कर लेती है, अनुकम्पा से प्रेम की उत्पत्ति होती है और प्रतिहिंसा से कृतज्ञता का जन्म हो सकता है। जो कवि इस

परिवर्तन को दिखा सकता है, जिसने अन्तर्जगत के इस विचित्र रहस्य को खोलकर देखा है, उसके आगे मानसिक पहेलियाँ आप ही स्पष्ट हो गयी हैं, उसके निकट मनुष्य-हृदय की गूढ़तम जटिल समस्यायें सरल और सहज हो जाती हैं। उसकी इच्छा के अनुसार नयी-नयी मोहिनी मानसी प्रतिमाएँ मूर्ति धारण करके पाठकों की आँखों के आगे खड़ी होती हैं, उसके इशारे से अन्धकार दूर हो जाता है, उसकी जादू की लकड़ी के स्पर्श से निर्जीव सजीव हो जाता है, उसका कवित्व-राज्य दिगन्त प्रसारित उछ्वासपूर्ण समुद्र के समान रहस्यमय है।

कालिदास और भवभूति

जिसकी रचना के भीतर एक समस्त देश, एक समग्र युग, अपने हृदय को, अपनी अभिज्ञता को व्यक्त कर उसको मानव जाति की चिरन्तन सामग्री बना देता है; उसी कवि को महाकवि कहा जाता है। समग्र देश की और समस्त जाति की सरस्वती उसका आश्रय ग्रहण कर सकती है। ये लोग जो रचना करते हैं, उसको किसी व्यक्ति विशेष की रचना नहीं मानी जा सकती। ऐसा ज्ञात होता है, मानों वह वृहत् वनस्पति के समान देश के भूतल-जठर से उत्पन्न होकर उसी देश को ही आश्रय-छाया प्रदान करती है। "शकुन्तला और कुमारसंभव में विशेष भाव से कालिदास के निपुण हस्त का परिचय मिलता है; किन्तु रामायण और महाभारत के विषय में यह ज्ञात होता है कि भगवती भागीरथी अथच हिमाचल की भाँति वे भारत के ही हैं, व्यास वाल्मीकि उपलक्ष्य मात्र हैं।"

कसौटी का परिणाम कुछ बढ़ गया, किन्तु यदि वह उपयोगी है तो अपेक्षित है। किसी का महत्त्व प्रतिपादन सहज साध्य नहीं, उसके लिये उपपत्ति चाहिये। उस समय यह कार्य और दुस्तर हो जाता है, जब वह तुलनामूलक होती है। गोस्वामीजी का व्यक्तिगत महत्त्व बहुत कुछ है, वह शरद ऋतु के सुनील नभोमण्डल के समान निर्मल अथच राका रजनी के मयंक समान कमनीयकान्ति-निकेतन है। किन्तु मेरा प्रतिपाद्य वह नहीं है, मुझको उनके काव्य का महत्त्व देखना है। में उनकी कविता की गौरव-गरिमा निरुपण करना चाहता हूँ। कविता कवि-हृदय का प्रतिबिम्ब है, वह उसमें ऐसा ही प्रतिबिम्बित रहता है, जैसे दर्पण में छाया। किन्तु, यह परोक्ष विषय है, मैं प्रत्यक्ष विषय से काम लेना चाहता हूँ। मैं देखूँगा कि हिन्दी संसार में कविकुलतिलक तुलसीदास की कविता का क्या महत्त्व है, इसलिये मुझको कसौटी की आवश्यकता हुई। जो कसौटी सामने रखी गयी है, आइये उस पर हम आप गोस्वामीजी की रचना और हिन्दी के अन्य कतिपय लब्ध प्रतिष्ठ महाकवियों की कृतियों को कसें, देखें उन कृतियों से उनकी रचना में कुछ महत्व है या नहीं और यदि है तो वह साधारण है या असाधारण। उसमें

कुछ विशेषता है या नहीं, यदि विशेषता है तो क्या?

कसौटी में मानव-जीवन, मानव-आदर्श, मानव-उच्चभाव और मानव के महान हृदय की ओर ही विशेष लक्ष्य हैं। चिन्त्य यह है कि मानवता क्या है? आहार-विहार, निद्रा, भय, मैथुन और स्वार्थसाधन में मानव एवं पशु में कोई भिन्नता नहीं है, इन विषयों में दोनों समान हैं। अतएव यदि मनुष्य आहार-विहार के लिये ही उद्योगशील रहा, रात्रि में नींद भर सोया और प्रातःकाल उठकर जीवन-यात्रा में संलग्न हुआ; भय से त्राण पाने के लिये प्रतिपक्षियों का सामना करता रहा, अथवा उनसे सुरक्षित रहने के लिये नाना प्रकार के प्रयत्न सोचता रहा; कामिनीकुल के कमनीय वदनारविन्द का भ्रमर रहा, उनके हाव, भाव, विभ्रम और विलासों पर ही लोट-पोट होता रहा; स्वार्थ-रक्षा को ही आत्म-सर्वस्व समझता रहा, तो पशुता ही उसका आदर्श रही, मानवता उसमें कहाँ है। वास्तव बात यह है कि मानवता आत्म-त्याग में है। जब मनुष्य स्वार्थ की उपेक्षा करके परमार्थ की ओर दत्तचित्त होता है, जब सत्य और न्याय पर अपने जीवन के सुख समूह को उत्सर्ग करता है, जब कर्तव्य-ज्ञान उसकी दृष्टि में त्रिलोक के राज्य को अकिञ्चितकर बनाता है, तभी वह मानवता के उच्च सोपान पर आरूढ़ होता है। जब हृदय में द्वंद्व उपस्थित होने पर मानव धर्मसंगत व्यापार को सुसंगत समझता है, जब उदरभरी कामनाओं की नरक यंत्रणा से त्राण पाकर वह लोकहितकरी रुचि अमरावती में सानन्द विचरण करता है, जब वह जानता है आत्मनियमन मन्दान्दोलित मलय पवन है, समाज उन्नयन नन्दन कानन है, लोकहित कुसुम-संचयन स्वर्गीय सुख है, संसार-सुखसमृद्धिसम्बर्धन अलौकिक लाभ है, तभी उसमें मानवता स्वीकृत हो सकती है। जिस रचना में इस मानवता के आदर्श-चरित चित्रित हों, जो कविता उसके अलौकिक आलोक से आलोकित हो, जो काव्य उसकी पावनता से पवित्रीभूत हो, जो भारती उसके भव्य भावों से भरित हो, जो विचारमाला उसकी महत्ता से महिमामयी हो, यदि दिया जा सकता है तो उसी को महत्त्व दिया जा सकता है। जिस रचना अथवा कविता कलाप से जितनी अधिक मात्रा में मानवता का प्रदर्शन होगा, वह कविता अथवा रचना उतनी ही अधिक मात्रा में महत्त्व की अधिकारिणी होगी।

इन बातों पर दृष्टि रखकर अब हम हिन्दी संसार के शिरोमणि कविवृन्द की रचनाओं और कविता कलाप की आलोचना में प्रवृत्त होते हैं, और देखना चाहते हैं कि किसकी कविता अथवा ग्रन्थ में कितना महत्त्व है।

महाकाव्यकार

इस अवसर पर हिन्दी संसार के प्रसिद्ध महाकाव्यकार ही तुलना के लिये मनोनीत किये जा सकते हैं, क्योंकि 'योग्य योग्येन युज्यते'। तारे तारापति का सामना नहीं कर

सकते, पावन सलिल भगवती भागीरथी की तुलना एक साधारण तरंगिणी से नहीं हो सकती। इस सूत्र से जब हम अग्रसर होते हैं, तो सबसे पहले एक बीरधर्म्मा महाकवि पर हमारी दृष्टि पड़ती है। जिस प्रकार उसकी राज्य-परिचालन-शक्ति लोकोत्तरा है, उसी प्रकार उसकी लेखनी परिचालना भी मनोमुग्धकारिणी है। जिस प्रकार वह समरांगण में अवतीर्ण होकर कीर्तिकला से अलंकृत होता है, उसी प्रकार वह साहित्य क्षेत्र में भी पदार्पण कर सुयश कुसुम संचयन में निपुणता का परिचय देता है। यदि उसके शिर पर राजमंत्री होने का सुन्दर मुकुट सुशोभित है, तो उसके विशाल मस्तक पर महाकवि होने का भी कलित क्रीट विराजमान है। वह नवरससिद्ध महाकवि है, वह हमारा चॉसर है, उसकी कविता सुन्दर समलंकृता है, वीर रस की निर्झरिणी है। वह कविकुलगुरु वाल्मीकि-समान हिन्दी का आदि कवि है। उन्हीं के समान प्रकाण्ड और कमनीय काव्य का रचयिता है। उसने बड़े अनूठे बेलबूटे तराशे हैं, बड़े कान्त कुसुम चुने हैं, भाव प्रवाह उसका अमूल्य है, और उसकी प्रतिभा चमत्कारिणी है। वह साहित्य-कानन-केशरी है, वीर रस का अवतार है, अतएव उसके प्रसिद्ध काव्य पृथ्वीराजरासो में विचित्र तर्जन गर्जन है—किन्तु उल्लिखित कसौटी के आलोक में जब हम इस ग्रन्थ का अवलोकन करते हैं तो अवगत होता है कि मानवता के वे मनोहर चरित जो किसी जाति की सम्पत्ति होते हैं, इस ग्रन्थ में विरल है। कविवर चन्दवरदायी का काव्य इतिहास है और उसका अधिकांश भाग पृथ्वीराज के आहार-विहार, युद्ध-विग्रह, राग-रंग, क्रीड़ा-कौतुक, आनन्द-विनोद, इत्यादि से परिपूर्ण है। उसमें उदात्त भाव भी हैं, लोकोत्तर चरित भी हैं, सामाजिक और धार्मिक भावों का संकलंन भी हैं, आत्मत्याग के चित्र भी हैं, किन्तु गौणीभूत, प्राधान्य उनमें नहीं है। प्राधान्य पृथ्वीराज के व्यक्तिगत कार्यकलाप को ही है, और इसीलिये पृथ्वीराजरासो उसका सार्थक नाम है। किसी व्यक्ति के चरित्र चित्रण में वह सामाजिक आदर्श जो किसी समाज को समुन्नत बनाता है, वह रहन-सहन की प्रणाली जो परम्परागत जातिजीवन का पावन पाथेय होती है। वह महान कार्य्यकलाप जिसकी व्यापकता कल कौमुदी समान जाति-हृदयगगनतलरंजिनी बनती है। वह मनोहर झंकार जो समाज और देश के प्रत्येक सहृदय की हृत्तन्त्री को निनादित करती है, न तो इस ग्रन्थ में दृष्टिगत होती है और न श्रवण गोचर। अतएव वह महत्त्व इस ग्रन्थ को नहीं प्राप्त होता जो उल्लिखित कसौटी के आदर्श का आधार हो सके।

दूसरी ओर दृष्टि डालने पर काव्य-गगन का प्रथित प्रभाकर प्रभा वितरण करता हुआ दृष्टिगत होता है। यह प्रभाकर बाल विभाकर है, यदि वह समुदित होकर व्योमतल को अरुण राग द्वारा आभूषित करता है, तो वह भी आविर्भूत होकर साहित्य-नभतल को अभूतपूर्व अनुराग-राग से अनुरंजित बनाता है। यदि वह जलद-जाल उत्पन्न कर जीवों को जीवन प्रदान करने में समर्थ होता है, तो यह भी अलौकिक काव्य-कला की सृष्टि

कर उस सरस रस की वृष्टि करता है, कि जिसको पुनः पुनः पान करके भी चित्त को तृप्ति नहीं होती। यदि उसके आलोक से विपुल तारकचय आलोकित हैं, तो इसकी ज्योतिर्माला भी विपुल कविकुलमानस को ज्योतिर्मयी बनाती है। हमारा यह कविता-कामिनी-कान्त सूर होकर भी वह ज्योति विकीर्णकारी उज्ज्वल नेत्र रखता है, कि जिसकी दर्शनशक्ति महती और अवलोकन सामर्थ्य असीम है। वह भाव राज्य का चक्रवर्ती सम्राट् है, प्रतिभा कुलवधू का शृंगार है, नवरस मधुमास का वसन्त-समीर है, उक्ति आलापिनी का मधुर निनाद है, व्यंजना अमरावती का पुरन्दर है, अलंकार विकच कमल का लावण्य है, और सरसता सौभाग्यवती सीमन्त का सिन्दूर है। उसका सूरसागर रस का सागर, भाव का सुमेर, मधुरता का मन्दिर, कान्त कवितावली का निकेतन, वाणी-विलास का विलास भवन और वर्णना का विचित्र क्रीड़ा स्थल है। किन्तु मानवता की विविध आदर्शमयी लोकपावन मूर्ति का दर्शन उसमें दुर्लभ है।

सूर सागर के बाल-चरित-वर्णन की चारुता अवर्णनीय है, वात्सल्य रस उसमें छलकता मिलता है, कहीं-कहीं शान्ति रस की उछ्वासमयी पावन धारा प्रखर गति से प्रवाहित है, वीर रस का भी अभाव नहीं है, अन्य रस भी यथास्थान बड़ी निपुणता के साथ अंकित हैं; किन्तु शृंगार रस ही उसका प्रधान वर्णनीय विषय है, समस्त ग्रन्थ शृंगार रस से प्लावित है। इस प्लावन का प्रेम प्रवाह बड़ा ही मनोहर है; किन्तु उसमें शृंगार रस के अभव्य और अमनोरम आवर्त्त भी विद्यमान हैं। प्रेम का वह उच्च आदर्श जिसका स्पर्श मरुस्थल को नन्दन कानन में परिणत करता है, मानवता की वह महिमामयी मूर्ति जिसके पुनीत पदतल पर जातीय गौरव का कमनीय कुसुम-कदम्ब सादर समर्पित होता है, पारिवारिक परस्पर सम्बन्ध के वे आदरणीय व्यापार जो संसारिक जनों के संसार को स्वर्गीय सुख का आधार बनाते हैं, कौटुम्बिक प्रथा के वे सुन्दर निदर्शन जो कुटुम्ब में सुख-शान्ति सम्बर्धन के सूत्र होते हैं, व्यवहारिक वे कार्यकलाप जिनमें आत्मोत्सर्ग की अद्‌भुत आभामयी मूर्ति विराजमान होती है। धार्मिक भाव के वे महान रहस्य-समूह जो स्वार्थ संघर्षणजनित उत्तापतप्त प्राणिपुंज को पारिजात तरु-छाया समान सुखद अथच शान्तिप्रद होते हैं—पूर्ण कला से विकसित सूर सागर में नहीं पाये जाते। उनके किसी-किसी अंश का आभास उसमें भले ही हो।

सामने देखिये, एक शान्तिमयी मूर्ति खड़ी है, पावनता उस पर पुष्प-वर्षण कर रही है, मर्यादा उत्सर्ग हो रही है, सहृदयता स्तव पाठ में संलग्न है और भावुकता उसकी प्रशंसा में सहस्र मुख है। उसके विशाल भाल पर विवेक का भव्य तिलक विराजमान है, प्रसन्न वदनमंडल पर बंदनीय भावों का विकास है, विस्फारित उज्ज्वल नेत्रद्वय से जगत-विमुग्धकरी पवित्र ज्योति विकीर्णिता है और सत्यं, शिवं, सुन्दरं के आनन्द कोलाहल से उसका पुनीत हृदयदेश स्फीत है। यह शान्तिमयी मूर्ति साहित्य-समाज-

सरोवर का मराल है, जो नीर क्षीर का सच्चा विवेक रखता है, जब चुगता है तब मोती चुगता है, और अपनी गौरवमयी गति से अपरमित मानव के मानसों को गौरवित बनाता है। उसकी पूत लेखनी के स्पर्श से सरसता पवित्रीभूत हुई, मधुरता स्वर्गीय मन्दाकिनी बनी, व्यंजना में मानवता व्यंजित हुई, ध्वनि में धर्म-धुरन्धरता ध्वनित हो पड़ी, और कविता में लोकहितकारिता सुरसरिता की पवित्र धारा प्रवाहित होने लगी। उसकी प्रतिभा भगवती भारती की कमनीय कीर्ति है, सुरुचि मालिका की कलित कुसुमावलि है, मानसिक महत्ता मनोरम कमलकलिका की विकास क्रिया है और भावभव्यता कान्त कादम्बिनी की निर्मल सलिल धारा है। वह उस रामचरितमानस का रचयिता है जो सत्साहित्य का सर्वस्व, लोकोत्तर चरित का भाण्डार, महान आदर्श का आदर्श, मानवीय महत्त्व का निदर्शन और पुनीत कार्यकलाप-पयोधि का धीर प्रवाह है। वह मर्यादा-पुरुषोत्तम भगवान रामचन्द्र की मर्यादाशीलता से मर्यादित है, पतिप्राणा विदेहनन्दिनी के प्रसिद्ध पातिव्रतप्रसंग से प्रतिष्ठाप्राप्त है, भारत-भुवि-भूषण महाप्राण भरत की महाप्राणता से महाप्राणित है और तेजस्विता मूर्ति सुमित्रासुअन की चकितकरी तेजस्विता से तेजःपुंज कलेवर है। उसमें सत्यव्रज महाराज दशरथ जैसे आदर्श पिता का, नितान्त कोमल हृदया ऐश्वर्यमयी कौशल्या जैसी आदर्श माता का, आत्मोत्सर्ग-व्रत-परायणा सुमित्रा देवी जैसी आदर्श सपत्नी का, लोकोत्तर पतिप्रेमरता पूजनीया जनकनन्दिनी जैसी आदर्श पत्नी का, आत्मत्याग मन्त्र के प्रसिद्ध देवता भरत और सुमित्रानन्दन जैसे आदर्श भ्राता का और सेवा समान कठोर कर्म के कर्म्मठ व्यक्ति पवनकुमार जैसे आदर्श सेवक का, उदात्त चरित बड़ी ही ज्वलंत भाषा में बहुत ही निपुणता के साथ वर्णित है। वृद्धविवाह का क्या बुरा परिणाम होता है, स्त्रीवश्यता कितना अनर्थमूलक है, कुटिला दासी कैसे सोने के संसार को धूल में परिणत करती है, मातृविरोध कैसे एक विशाल राज्य को भी भस्मसात् करता है, सर्वलोक विजेता होने पर भी एक अत्याचारी नृपति का किस प्रकार अचाञ्चक अधःपात होता है, ये बातें इस ग्रन्थ में ऐसी शिक्षाप्रद रीति से अंकित हैं कि उनका पठन और मनन एवं उनसे समुचित उपदेश ग्रहण करके एक अनुन्नत समाज भी उन्नत हो सकता है और एक पतनप्राय देश भी विनाशगर्त में निपतित होने से बच सकता है। परम्परागत जो आर्घ सभ्यता का उद्देश्य है, आर्य्यजाति-हृत्तन्त्री का जो अत्यन्त प्रिय मधुर निनाद है, उसका चिरअर्जित ज्ञान आलोक जो संसार को आलोकित करने का हेतु है, उसका वह उच्च विचार जो प्राणीमात्र पर सुधावर्षण करता है, उसका वह आत्म-उत्सर्गमूलक प्रेम जो जीवमात्र का जीवन सर्वस्व है, उसका वह उदार भाव जो भावुकता देवी का हृदयविलम्बी रत्नहार है, उसका वह अद्‌भुत ईश्वरीय संगीत जो आज भी जगत को विमुग्ध बना रहा है, यदि आप खोजेंगे तो सांगोपांग इसी ग्रन्थ रत्न में पावेंगे। ऐसी अवस्था में आप देखेंगे कि

जो कसौटी मैंने आपके सामने उपस्थित की थी, उस पर कसने पर यही ग्रन्थ आदरणीय ठहरा। अतएव जिन ग्रन्थों को मैंने पहले तुलना के लिये सामने रखा था, उनसे और उनके रचयिता से इस ग्रन्थ और इस ग्रन्थ के रचयिता का महत्त्व कितना अधिक है, मैं समझता हूँ यह प्रतिपादन करने की आवश्यकता नहीं रही, तथापि मैं कुछ उदाहरण और प्रमाण भी उपस्थित करूँगा।

गोस्वामीजी ने मर्य्यादा और सामञ्जस्य का रामचरितमानस में बड़ा ध्यान रखा है—हिन्दी संसार का कोई महाकवि इस विषय में उनका सामना नहीं कर सकता। वह धर्म्मनीति, समाजनीति, राजनीति निरूपण में अपने उदाहरण आप हैं, आज तक उनका समकक्ष उत्पन्न नहीं हुआ, आगे क्या होगा, इस विषय में कुछ कथन करना उचित न होगा, इसको समय स्वयं बतलावेगा। खेद है कि लेख बढ़ जाने के कारण मैं सब विषयों का उदाहरण नहीं दे सकता, तथापि दो चार विषयों का उदाहरण देने की चेष्टा करता हूँ। कविपुंगव कालिदास रघुवंश के आदि में लिखते हैं—'वागर्थमिव सम्पृक्तौ वागर्थ प्रतिपत्तये। जगतः पितरौ वन्दे पार्वती परमेश्वरौ' किन्तु, इन्हीं 'जगतः पितरौ', में से जगज्जननी पार्वती देवी की कुमारसम्भव के सप्तम सर्ग में वह पूजा की गयी है, और उन पर मर्यादा की वह पुष्पाञ्जलि चढ़ाई गई है, कि लिखते लज्जा को भी लज्जा लगती है। उस काल से अब तक शृंगार रस के कविगण इसी प्रकार मर्यादा को तिलाञ्जलि देते आये हैं, और अपनी पूज्य और माननीया देवियों के नखशिख वर्णन के समय उनके अवर्णनीय अंगों के वर्णन में भी संकुचित नहीं हुए। जहाँ उनको दम्पत्ति-विलास-वर्णन का अवसर हाथ आया, उस समय उन्होंने उस विलास को इस प्रकार अंकित किया है, कि एक साधारण मानवी का भी ऐसा विलास-वर्णन मर्यादाशील पुरुषों की दृष्टि में समुचित और सुसंगत न समझा जावेगा। जब अपनी माता के अंगों की भी वर्णना हम इस प्रकार नहीं कर सकते, जब ऐसा करते हमारी आत्मा संकुचित होती है, हमारे ऊपर सैकड़ों घड़े जल पड़ते हैं, भद्र समाज में मुख दिखाना दुस्तर हो जाता है, तो जगज्जननी के अंगों की वर्णना इस प्रकार क्यों की जाती है, और क्यों ऐसा करते हमको आत्मग्लानि नहीं होती यह बात समझ में नहीं आती। जो जगज्जननी ही नहीं हमारी इष्ट देवी हैं, हमारे मुक्तिपथ की आधारभूता है, क्या उसके अवर्णनीय अंगों का वर्णन कर उसके गोपनीय विहारों का स्वच्छन्द निरुपण कर हमारा घोर मानसिक अधःपात नहीं होता, अवश्य होता है; किन्तु समय का प्रवाह बड़ा प्रबल होता है—सामयिक प्रवाह में सभी पड़ जाते हैं। उससे सुरक्षित रहना किसी लोकोत्तर पुरुष का ही कार्य है। भक्तप्रवर भक्ति और श्रद्धाभाजन हमारे कविकुलगुरु सूरदासजी शृंगार रस के आचार्य और आदर्श हैं। इस क्षेत्र में जो कार्य उनका है वह अभूतपूर्व है, आज तक उसी का अनुकरण होता आ रहा है। उन्होंने इस विषय में लेखनी तोड़ दी है, और कमाल कर

दिया है, और यही कारण है कि पश्चाद्वर्ती कविगण आज भी उनके प्रभाव से प्रभावित हैं।

यदि वे चाहते तो प्रवाह की गति बदल देते, किन्तु ऐसा नहीं हुआ, वे स्वयं प्रवाह में पड़े और प्रवाहित हुए। यदि इस प्रवाह में नहीं पड़े तो महात्मा तुलसीदास नहीं पड़े, क्योंकि उनका आदर्श था 'सरस कवित कीरति विमल, सोइ आदरहिं सुजान' और यही कारण है कि मर्यादा को वे तिलांजलि न दे सके और यह उनके महत्व का एक उज्ज्वल उदाहरण है। उमाआराध्या श्रीमती राधिका देवी और लोकललाम भगवान राधाबल्लभ का परस्पर प्रथम दर्शन जब हुआ, उस काल का वर्णन सूरदासजी इस प्रकार करते हैं।

देख रही राधा हरि को मुख।
भृकुटी विकट विसाल नयन युग देखत मनहिं भयो रतिपति दुख।
खड़े श्याम एक टक प्यारी छवि अंग अंग अवलोकत।
निरख रहे उत हरि इत राधा अरस परस दोउनो कत।
मन कह्यो वृखभानुसुता सो देखे कुँवर कन्हाई।
सूर श्याम एई हैं ब्रज में जिनकी होति बड़ाई॥

सूरसागर, पृ. 270

अब गोस्वामीजी के भगवान रामचन्द्र और सती शिरोमणि भगवती जनकनन्दिनी के प्रथम सन्दर्शन का वर्णन देखिये।

चौपाई

कंकन किंकिनि नूपुर धुनि सुनि। कहत लखन सन राम हृदय गुनि।
मानहुँ मदन दुन्दुभी दीन्ही। मनसा विश्व विजय कर कीन्ही।
अस कहि फिर चितये तेहि ओरा। सिय मुख ससि भये नयन चकोरा।
भये विलोचन चारु अचंचल। मनहुँ सकुचि निमि तजे दृगंचल।
देखि सीय सोभा सुख पावा। हृदय सराहत बचन न आवा।
जनु विरंचि सब निज निपुनाई। विरचि विश्व कँह प्रगट देखाई।
सुन्दरता कहँ सुन्दर करई। छविगृह दीपसिखा जनु बरई।
सब उपमा कवि रहे जुठारी। केहि पटतरिय विदेह कुमारी।

सिय सोभा हिय बरनि प्रभु आपन दसा बिचारि।
बोले सुचि मन अनुज सन बचन समय अनुहारि।

तात जनक तनया यह सोई। धनुख यज्ञ जेहि कारन होई।
पूजन गौरि सखी लै आई। करत प्रकाश फिरति फुलवाई।
जासु विलोकि अलौकिक सोभा। सहज पुनीत मोर मन छोभा।
सो सब कारन जान विधाता। फरकहिं सुभग अंग सुनु भ्राता।
रघुबंसिन कर सहज सुभाऊ। मन कुपंथ पग धरहिं न काऊ।
मोहि अतिसय प्रतीत मन केरी। जेहि सपनेहु पर नारि न हेरी।

भगवान रामचन्द्र की मानव स्वभाव सुलभ स्वभाविकता, मर्यादाशीलता, धर्म्मपरायणता आपने देखी। इन चौपाइयों में 'सिय शोभा हिय बरनि प्रभु', 'आपन दसा बिचारि', 'बोले सुचि मन अनुज सन', 'सहज पुनीत मोर मन छोभा', इत्यादि वाक्य और अन्तिम तीन चौपाइयाँ कितनी भावव्यंजक हैं, और उनकी छवि कितनी पावनतामय है, इसको आप लोग स्वयं अनुभव करें, मैं उनकी व्याख्या करके इस लेख को बढ़ाना नहीं चाहता।

अब श्रीमती जनकनन्दिनी की स्त्रीस्वभावसुलभ प्रीतिप्रवणता, लज्जाशीलता, और मर्यादा-महत्ता देखिये।

चितवन चकित चहूँ दिसि सीता। कहँ गये नृपकिसोर मन चीता।
जहँ विलोक मृग सावक नयनी। जनु तहँ बरिस कमल सित श्रेनी।
लता ओट तब सखिन लखाये। स्यामल गौर किसोर सुहाये।
देखि रूप लोचन ललचाने। हरखे जनु निज निधि पहचाने।
थके नयन रघुपति छवि देखी। पलकनहूँ परिहरी निमेखी।
अधिक सनेह देह भई भोरी। सरद ससिहिं जनु चितव चकोरी।
लोचन मग रामहिं उर आनी। दीन्हें पलक कपाट सयानी।
"धीरज धरि एक अली सयानी। सीता सन बोली गहि पानी।"
बहुरि गौरि कर ध्यान करेहू। भूप किसोर देखि किन लेहू।
सकुचि सीय तब नैन उघारे। सनमुख दोउ रघुसिंह निहारे।
नख सिख देखि राम कै शोभा। सुमिरि पिता प्रण मन अति छोभा।
"धरि बड़ि धीर राम उर आने। फिरि आपन पौ पितुबस जाने"

इसके उपरान्त वे जगज्जननी गिरिराजनन्दिनी की सेवा में उपस्थित होती हैं, और उनकी स्तुति करके कहती हैं–

पति देवता सुतीय महँ मातु प्रथम तव रेख।

फिर निवेदन करती हैं—

मोर मनोरथ जानहु नीके। बसहु सदा उरपुर सबही के।
कीन्हेंउ प्रगट न कारन तेही। अस कहि चरन गही बैदेही।

इस स्थल पर गोस्वामीजी ने जो भगवती जनकनंदिनी की महिमामयी मूर्ति अंकित की है, वह बड़ी ही गम्भीरतामयी है। उनको अपने हृदय का भाव प्रकट करने में मूर्ति के सामने भी संकोच है—वह कहती हैं तो यही कहती हैं—

"मोर मनोरथ जानहु नीके" क्योंकि "बसहु सदा उरपुर सब ही के"। कैसी अद्भुत लज्जाशीलता है। अपने हृदय के एक परम उदात्त भाव का संकेत उन्होंने इस पद्य में किया है "पति देवता सुतीय मँह जननि प्रथम तव रेख" जो पतिव्रता है, वही पतिव्रता के मर्म्म को समझ सकती है। अतएव भगवती गिरिनन्दिनी को इस पद्य द्वारा वे यह व्यंजित करती हैं कि जब मैं भगवान रामचन्द्र को लोचनमार्ग से हृदय में ला चुकी—'लोचन मग रामहिं उन आनी' तो यह पतिव्रत-धर्म्म के विरुद्ध होगा कि किसी अन्य पुरुष को हृदय में स्थान दूँ। देखा आपने कविकर्म्म का महत्त्व—अधिक मैं क्या लिखूँ, दोनों महाकवियों की रचनाओं को स्वयं मिलाकर देखिये और निश्चित कीजिये कि किसकी रचना कितनी महत्तामयी है। श्री सूरदासजी अपनी इष्टदेवी की शोभा यों वर्णन करते हैं—

आज अति राधा नारि बनी।
प्रति प्रति अनंग बिराजत, निज बस करि त्रयलोक धनी।
शोभित केस विचित्र भाँति दुति, शिखि शिखंड हरनी।
बिरची माँग सभाग रागनिधि काम धाम सरनी।
अलक तिलक राजत अकलंकित मृग मद अंक बनी।
खुभी जराव फूल दुति यों मनौं दुधरगति रजनी।
भौंह कमान समान बान मनो हैं युग नैन अनी।
नासा तिलक प्रसून बिंबाधर अमल कमल बदनी।
चिबुक मध्य मेचक रुचि राजति बिंद कुन्द रदनी।
कंबु कंठ विधि लोक विलोकत सुन्दरि एक गनी।
वांह मृणाल लाल करपल्लव मद गज गति गवनी।
पति मन मणि कंचन संपुट कुच रोम राजि तटनी।
नाभि भँवर त्रिवली तरंग गति पुलिन तुलिन ठटनी।
कृश कटिपृथु नितंब किंकिनियुत कदलि खंभ जंघनी।

रचि आभरण श्रृंगार अंग सजि रतिपति ज्यों सजनी।
जीते सूर श्याम गुन कारण मुखन मुरचो लगनी॥ 1॥

अब गोस्वामी जी का वर्णन सुनिये—देखिये वे जानकी जी की शोभा किस प्रकार वर्णन करते हैं।

सिय सोभा नहिं जाय बखानी। जगदंबिका रूप गुन खानी।
उपमा सकल मोहि लघु लागी। प्राकृत नारि अंग अनुरागी।
जो पटतरिय तीय सम सीया। जग अस युवति कहा कमनीया।
गिरा मुखर तनु अर्ध भवानी। रति अति दुखित अतनुपति जानी।
विख बारुनी वंधु प्रिय जेही। कहिय रमा सम किमि बैदेही॥

जो छवि सुधा पयो निधि होई। परम रुप मय कच्छप सोई।
सोभा रजु मन्दर श्रृंगारु। मथै पानि पंकज निज मारु।

एहि विधि उपजै लच्छि जब सुन्दरता सुख मूल।
तदपि सकोच समेत कबि कहँहि सीय सम तूल।

गोस्वामीजी ने सौन्दर्यवर्णन की परकाष्ठा कर दी है, इससे अधिक रूपवर्णना क्या होगी। किन्तु यह वर्णना कितनी मर्यादित, कितनी महत्वमय और कितनी भावपूर्ण है, इसको सहृदयगण स्वयं अनुभव करें, साथ ही यह भी सोचें कि इस वर्णन के सामने श्री सूरदासजी के छवि वर्णन का क्या महत्व है। जो अन्तर स्वर्गीय मन्दाकिनी और कलिन्दनन्दिनी की धाराओं में है, क्या वही अन्तर इन दोनों वर्णनाओं में नहीं है। पहली उज्वला, निर्मला, पावनतामयी, अथच स्वर्गविहारिणी है—दूसरी मनोरमा, सुन्दर सलिला, ललित तरंगवती होकर भी कालिमारहित नहीं है। समग्र रामचरितमानस में मर्यादा के ऐसे-ऐसे मनोरम और पूत आदर्श हैं, ऐसे उच्च विचारमय गार्हस्थ्य-जीवन के निदर्शन हैं, जिनका आभास भी अन्य हिन्दी भाषा के ग्रन्थों में नहीं मिलता। खेद है कि स्थान संकोचवश मैं उन सबका दिग्दर्शनमात्र भी नहीं करा सकता।

गोस्वामीजी का सामंजस्य-स्थापन भी अभूतपूर्व है। उनका पदानुसरण आज तक हिन्दी संसार का कोई कवि उस सौन्दर्य और निपुणता के साथ नहीं कर सका। हिन्दू-समाज का अधिकांश पंचदेवोपासक है, विष्णु-शिव-विरोध उनके हृदय की प्यारी सामग्री नहीं, आज भी हिन्दू-समाज में सर्वकार्य के प्रथम गणेशजी की अर्चना होती है, आज भी भगवती वीणापाणि हिन्दुओं के हृदय-मन्दिर की अधिष्ठात्री देवी हैं, आज भी दुर्गतिनाशिनी दुर्गा देवी की आराधना गृह-गृह में होती है। गोस्वामी जीं ने अपने अपूर्व ग्रन्थ में सबका समादर किया है, सबकी उचित स्तुति की है और इनके भक्तिभाव को

इस प्रकार अंकित किया है कि वह चिर प्रचलित हिन्दू-उपासना-पद्धति का आदर्श बन गया है। तथापि एकेश्वरवाद का जीता-जागता चित्र उसमें मौजूद है और वह इतना रहस्यपूर्ण है कि उसी के अन्तर्गत समस्त देवताओं की उपासना का अन्तरभाव हो गया है। क्योंकि वह जानते थे कि 'सर्वं खल्विदं ब्रह्म नेह नानास्ति किञ्चन', यह भाव उनके हृदय में इतना जागृत था कि उनकी लेखनी यह उदात्त भाव प्रकट करने में समर्थ हुई–'सिया राम मय सब जग जानी, करहुँ प्रणाम जोरि जुग पानी'। वास्तव बात तो यह है कि उनका यह व्यापक विचार ही उनकी सर्वप्रियता की कुञ्जी है। हमारे प्रिय वंधु बाबू शिवनन्दन सहाय ने गोस्वामीजी के निज रचित जीवन-चरित्र में इस विषय में जो कुछ लिखा है मैं उसको भी यहाँ अविकल उद्धृत कर देता हूँ। देखिये–

"गोस्वामीजी धन्य हैं कि उन्होंने ऐसे समय में जब कि अत्याचारियों का खड्ग चतुर्दिक् चमाचम चमकता हुआ, सर्वदा हिन्दुओं का, विशेषतः तीर्थस्थ हिन्दुओं का कलेजा कँपाया करता था, जब मत मतान्तर के झगड़ों से लोगों की बुद्धि भ्रमित हो रही थी, जब वैष्णवगण शैवों से विरोध करने में ही ईश्वर की प्रसन्नता समझते थे, जब शैव वैष्णवों से द्वेष रखने में ही अपनी धर्म्मज्ञता मानते थे, जब रामोपासक तथा कृष्णोपासक में भी वैमनस्य आ घुसा था और लोग एक दूसरे को घृणा की दृष्टि से देखने लगे थे–केवल अपनी बुद्धि और लेखनी के बल से अत्याचारियों का दर्प चूर्ण और मान मर्दन कर, स्वदेशियों को सच्चे-धर्म्म मार्ग में अटल रखने को ऐसा दृढ़ तथा प्रबल उद्योग किया जिससे लोग आज तक लाभ उठा रहे हैं, तथा आगे भी उठाते ही जायँगे। क्योंकि गोसाईं जी के जीवित काल की अपेक्षा आज उनकी रचनायें हिन्दू धर्म एवं जगत पर निश्चय अधिकतर प्रभाव दिखा रही है। विशेष प्रशंसा की बात तो यह है कि सब सम्प्रदाय के अनुगामी, क्या वैष्णव क्या शैव, क्या शाक्त, क्या नानकशाही, क्या वेदान्ती सभी लोग निर्द्वेष भाव से इसका आदर करते हैं, जो रामोपासक हैं उनका तो कहना ही क्या है?"

श्रीमान् सत्यदेवजी ने लिखा है–"जैसे अंकिल टाम्स केबिन का उपन्यास उत्तरीय तथा दक्षिणीय अमेरिका से हबशी गुलामों का वाणिज्य रोकने का कारण हुआ, जैसे हाल ही में अपटन सिंक्लेयर ने अपने उपन्यास के बल से शिकागो के कसाईघर का सुधार कराया, रूसो एमिली ने स्वलिखित उपन्यास द्वारा शिक्षा के प्राचीन ढंग का प्रचार किया, जैसे इटाली के स्वतंत्रता प्राप्ति का कारण जिबन कृत 'रोमन राज का उत्थान और पतन' नामक ग्रन्थ हुआ, जैसे अगणित उपन्यासों द्वारा ईसाई धर्म की श्रेष्ठता प्रतिपादित हुई, वैसे ही गोसाईंजी की रचनाओं ने शैव तथा वैष्णवों के परस्पर द्रोह एवं रामोपासक तथा कृष्णोपासक के परस्पर वैमनस्य और रागद्वेष को दूर कर हिन्दू धर्म की श्रेष्ठता पूर्णरुपेण प्रतिपादित कर देश को महान लाभ पहुँचाया।"

हिन्दी के कतिपय और प्रसिद्ध महाकाव्याकार हैं। उनमें विवुध-बृन्द-विभूषण मैथिल-कोकिल विद्यापति, मूर्तिमान सहृदयता मलिक मुहम्मद जायसी, हिन्दी साहित्य के आद्य आचार्य महाकवि केशवदास और हिन्दी संसार के कालिदास, कविवर देव का नाम आदरसहित लिया जा सकता है। किन्तु यदि इन लोगों की रचना साधारण आभामयी रजनी है तो गोस्वामीजी की रचना उज्ज्वल आलोक-अलंकृता राकानिशा है। इसके अतिरिक्त इन लोगों के काव्यों में भी वे विशेषतायें मौजूद नहीं हैं कि जिनके कारण रामचरितमानस का महत्त्व है। महात्मा कबीरदास धर्मोपदेशक हैं। सामाजिक उदात्त आदर्श और गार्हस्थजीवन के लोकोत्तर चरित उनकी रचनाओं के विषय नहीं। अतएव इन लोगों को सामने न लाकर अब मैं यह देखूँगा कि गोस्वामीजी के विषय में कुछ प्रसिद्ध देश और विदेश के विद्वानों की सम्मति क्या है। रामायण के प्रसिद्ध अंग्रेजी अनुवाद ग्राउस साहब अपने ग्रन्थ की भूमिका में लिखते हैं:—

"रामायण केवल हिन्दुओं का राष्ट्रीय प्राचीन काव्य ही नहीं है किन्तु उसमें यह विशेष गुण भी है कि वह अपने देशवासियों के विश्वास तथा चरित का चित्र अत्यन्त सत्यतापूर्वक किन्तु, चित्ताकर्षक रूप में खींचती है। इसका फल यह होता है कि उसके अनुशीलन से योरपवासियों के बहुत से मिथ्या विश्वास और दुर्भाव जो इस सम्बन्ध में हैं दूर हो जाते हैं और दोनों जातियों में परस्पर सहानुभूति की बृद्धि होती है।"

रामायणवर्णित पात्रों के वर्णन प्रभाव से प्रभावित होकर एक दूसरे स्थान पर वे ही महोदय जो लिखते हैं उसका सारांश यह है:—

"कोई श्री राम, सीता, भरत तथा लक्ष्मणजी के सद्‍गुणों पर मुग्ध होकर इन लोगों की पूजा न करे सही परन्तु, इनके सद्‍गुणों की सराहना सभी करेंगे। हम कहते हैं कि इन्हें कोई ईश्वरावतार या ईश्वरांश होना स्वीकार करे या न करे परन्तु, अपने अलौकिक सद्‍गुणों से ये लोग अवश्य ईश्वरत्त्व और देवत्त्व को प्राप्त हैं और सब की पूजा के योग्य हैं। हिन्दू समाज में चिरकाल से घर-घर इनकी पूजा होती आयी है और अवश्य होनी चाहिये। इन्हीं लोगों में श्रद्धाभक्ति रखने, इन्हीं की पूजा करने इन्हीं महापुरुषों के सुकार्यों से सत्‌शिक्षा ग्रहण तथा उनका अनुशरण करने से मनुष्य का उभय लोक में कल्याण हो सकता है।"

माननीय विद्वान डाक्टर जी. ए. ग्रियर्सन अपने भारतवर्षीय साहित्य के इतिहास में लिखते हैं:—

"भारतवर्ष के इतिहास में तुलसीदास की महत्ता के विषय में इदमित्थं नहीं कहा जा सकता। साहित्य की दृष्टि से रामायण के गुणों को एक ओर रखकर यह बात अवश्य उल्लेखनीय है कि यह ग्रन्थ यहाँ की सर्वजातियों द्वारा अंगीकृत है। पंजाब से भागलपुर तक और हिमालय से नर्वदा पर्यंत उसका प्रभाव है। राजमहल से लेकर झोपड़ी तक प्रत्येक मनुष्य के हाथों में वह देखी जाती है और हिन्दू-जाति के प्रत्येक वर्ण

द्वारा चाहे वह उच्च हो या नीच, धनी हो या निर्धन, युवा हो अथवा वृद्ध, एक रूप से पढ़ी सुनी जाती अथच आदृत होती है। वह हिन्दू जनता के जीवन, भाषा, अथच चरित्र में प्रायः तीन सौ वर्ष से ओतप्रोत है और केवल अपनी कवितागत सौन्दर्य के लिये ही आदर तथा प्रेम नहीं लाभ करती है, वरन् यह उनसे पवित्र धर्म-पुस्तक की भाँति सम्मानित होती है। जिस धर्म का उसने प्रचार किया है वह सादा और उच्च है एवं ईश्वर के नाम के पूर्ण विश्वास पर निर्भर है।"

"मनुष्य का अपने पड़ोसी के प्रति क्या कर्तव्य है, तुलसीदास इसके बड़े प्रचारक थे। बाल्मीकि ने भरतजी की धर्मपरायणता, लक्ष्मणजी के भ्रातृ-प्रेम और सीताजी के स्त्री धर्म की प्रशंसा की थी। किन्तु तुलसीदास ने उन्हें आदर्श बनाकर दिखलाया।"

एक दूसरे स्थान पर वही महोदय लिखते हैं–

"भारतवर्षीय धर्मोन्नति के इतिहास में जो आसन तुलसीदासजी को प्रदान किया जाता है उससे कहीं उच्चतर आसन के ये अधिकारी देखे जाते हैं। क्योंकि हम लोग धर्म प्रचारक की श्रेष्ठता का अटकाल उसके कार्य-फल से लगाते हैं। यह कहने में कि ठीक नव करोड़ मनुष्य इनके लेखों पर ही अपने धर्म तथा सदाचार के तत्त्वों को स्थापित किये हुए हैं, हम सामान्य गणना से बहुत ही कम अनुमान करते हैं। वर्तमान काल में इनकी रचनायें लोगों पर जो प्रभाव दिखाती हैं यदि हम लोग उसी से जाँच करें तो एशिया के तीन या चार बड़े-बड़े लेखकों में से एक यही महाशय हैं।"

वही महाशय रामायण के विषय में यह लिखते हैं–

"इसकी सुख्याति उपयुक्त होने में तनिक भी सन्देह नहीं है। अपने देश में इसने सब ग्रन्थों पर प्राधान्य लाभ किया है और सर्वसाधारण पर उसका ऐसा प्रभाव पड़ रहा है कि उसे बढ़ा-चढ़ाकर कहना कठिन कार्य है।"

"विलायत में जितना बाइबिल का प्रचार है, उससे कहीं अधिक बंगाल और पंजाब एवं हिमालय और विन्ध्य के मध्यस्थ प्रदेशों में इस महाग्रन्थ का प्रचार है।"

गोस्वामीजी के जीवनी लेखक सहृदयवर बाबू शिवनन्दन सहाय लिखते हैं–

"रामायण प्रदर्शित चित्रों पर ध्यान देने से यह स्पष्ट ज्ञान होता है कि सद्धर्मनिरूपण तथा सत् शिक्षा प्रदान के निमित्त ही इस ग्रन्थ की अवतारणा हुई है। ग्रन्थ रूपी नाट्यशाला में खड़े होकर इसके पात्रगण आज भी अपने उदाहरणों से आर्यत्व के परमोक्त सुगुण, सद्धर्मानुराग, सत्यता, सरलता, धीरता, वीरता, उदारता, सहनशीलता, दयालुता आदि की सुन्दर शिक्षा प्रदान कर रहे हैं।"

"लाखों जन इसे अपना जीवन सर्वस्व समझते हैं, करोड़ों इसका आश्रय ग्रहण करके कतिपय कुत्सित कर्मों से बचते हैं। कितने इसके पाठ से विरक्त साधु बन जाते हैं एवम् कितने पतित ज्ञानी कहलाने लगते हैं।"

"रामायण केवल कविता रस के प्रेम ही से नहीं पढ़ी जाती, यह धर्म का एक अंग और धर्मशास्त्र की एक प्रधान पुस्तक बन गयी है। धर्मशास्त्र ही क्यों समाजनीति, व्यवहारनीति, राजनीति इत्यादि सब नीतियों का शास्त्र कहलाने का यह ग्रन्थ अधिकारी है।"

"अँगरेजी कवि वर्डस्वर्थ के समान गोसाईंजी प्राकृतिक सौन्दर्योपासक थे एवम् स्वच्छता तथा सत्यता को उसका प्रधान अंग मानते थे। अपने सौन्दर्य देव को विषय के गन्दले जल से स्नान नहीं कराते थे, वरन् पवित्रता के स्वच्छ गंगाजल से स्नान कराकर उसे रचनामन्दिर में स्थापित करते थे।"

"श्रीयुत ज्ञान मोहन दत्त ने "प्रवासी" भाग 11 खंड 2 में लिखा है कि इस पुस्तक में धर्मभाव जिस रूप से जागृत है, वैसी धर्मभाव समन्वित दूसरी और कोई पुस्तक नहीं देखी जाती।" कलकत्ता हाईकोर्ट के भूतपूर्व जज श्रीमान् बाबू शारदाचरण मित्र ने एक लेख में रामायण के कुछ पद उद्धृत करते हुए गोस्वामीजी को 'भक्ति-भाजन भावुक श्रेष्ठ कविश्वर' तथा 'भारतवर्षीय कविगण में अग्रणी लिखा है।'

गोस्वामी तुलसीदासजी की जीवनी

समय का प्रभाव बदल गया है, आज दिन पुनीत भारतवर्ष में यूरोपियन आदर्श का बोलबाला है। 'यथा राजा तथा प्रजा' की चरितार्थता हो रही है। आत्म-त्याग का स्थान आत्मगौरव, सौजन्य का स्थान अहम् भाव, कर्तव्य-निष्ठा का स्थान कामुकता, धर्मपरायणता का स्थान अहमहमिकता, पवित्र नीति का स्थान पालिसी, सत्यता का स्थान प्रवंचना, लोकहितकारिता का स्थान स्वार्थलोलुपता और उदारता का स्थान अनुदारता ग्रहण कर रही है। आज गुरुजन गौरव गरिमा से चित्तप्रवृति का समादर अधिक है, पावनपद प्रेम से साम्यवाद का महत्त्व विशेष है और भ्रातृप्रीति उदरम्भरिता के सम्मुख तिरस्कृत है। आज आलुलायित कुन्तला अविकच बदना आर्य्यसभ्यता धीरे-धीरे अपना चिरअधिकृत उच्च सिंहासन परित्याग कर रही है और उस पर धीरपाद विच्छेग-परायण उल्लासमयी एक सभ्यता नामधारिणी अर्द्धसभ्यता क्रमशः आरोहण कर रही है, नहीं कहा जा सकता ऊँट किस करवट बैठेगा। और कविकुल-तिलक महात्मा तुलसीदास और उनकी अद्‌भुत रामायण का महत्व अब सुरक्षित रहेगा या नहीं। किन्तु, मैं यही कहूँगा 'सत्यमेव जयते नानृतम्'। भगवान कमलिनी कुल बल्लभ कब तक घनपटल से आछन्न रहेंगे। वे यथासमय मुक्त होंगे और उनकी आभा से पूर्ववत गगनमण्डल जगमगाने लगेगा। जब तक संसार में ज्ञानपिपासा रहेगी सदुपदेश का समादर होगा, पवित्र जीवन प्रिय रहेगा, आदर्श चरित लोक हृदय को उत्फुल्ल करेंगे, मर्यादा समादृत होगी आत्मोत्सर्ग का महत्त्व समझा जायगा और पुनीत आर्यराभ्यता

धरातल को पावन करती रहेगी, उस समय तक गोस्वामीजी मानवहृदय के उच्च आसन पर विराजमान रहेंगे और उनका लोकोत्तर रामचरितमानस गौरव की दृष्टि से देखा जावेगा। सत्कवि और सत्कविता यदि संसार में अजर-अमर नहीं है तो फिर नश्वर संसार में अजर-अमर का प्रश्न ही व्यर्थ है। मैं निम्नलिखित श्लोकों के साथ इस लेख को समाप्त करता हूँ—

"जयन्ति ते सुकृतिनो रस सिद्धाः कवीश्वराः"
"नास्ति येषां यशः कायजरामरणजम् भयम्"
ते धन्यास्ते महात्मानस्तेषां लोके स्थिरं यशः।
"यैर्निबद्धानि काव्यानि ये च काव्येषु कीर्तिताः"

कवि कौन है?

कवि कौन है? यजुर्वेद के चालीसवें अध्याय का आठवाँ मन्त्र यह है "कविर्मनीषी परिभूः स्वयंभूः"। परमात्मा कवि है, मनीषी है, सर्वव्यापी है और स्वयमेव है। इन नामों में परमात्मा को सर्वप्रथम कवि नाम से क्यों अभिहित किया गया है? इसलिये कि ब्रह्मस्तम्भ पर्यंत जो कुछ इन्द्रियगोचर है उसमें उसकी अलौकिक मार्मिकता और अनिर्वचनीय कवि-कर्म का विकास है। चाहे आप हिमधवल पर्वत को लें, चाहे उत्ताल तरंग तोयनिधि, चाहे लहरीलीलासंकुल सरिता, चाहे शस्यश्यामला धरित्री, चाहे फल-कुसुम भारावनत तरुपुंज, चाहे सुनील निर्मल गगन, चाहे तेजः पुंज-कलेवर मरीचिमाली, चाहे सरस-सुधाश्रावी मयंक, चाहे चमत्कारमय तारकसमूह, चाहे कोमलकान्त शरीर, चाहे एक रजकण, आप जिसे लेंगे उसी में उस अनन्त-लीलामय की अलौकिक काव्यकला दृष्टिगोचर होगी। उसी में उसकी अभूतपूर्व मार्मिकता दिखायी पड़ेगी। यही सब अद्भुत व्यापार सर्वप्रथम मानव दृष्टि को उसकी ओर आकर्षित करते हैं। इसीलिये सर्वप्रथम उसका परिचय कवि नाम द्वारा ही दिया गया है। मन, बुद्धि, हृदय, नेत्र और मस्तिष्क की रचना में जो मार्मिकता लक्षित होती है, जो अनिर्वचनीय प्रतिभा प्रतिभासित होती है, उसकी इयत्ता नहीं हो सकती। यह वह अगाध समुद्र है, जो आज भी अनवगाहित है; परन्तु जिसने इसका जितना ही अधिक भेद जाना है, इस जटिल ग्रन्थि को जितना ही खोला है, इस असीम और अनन्त अथच नितान्त मनोमुग्धकर अपार पारावार में जितना ही अधिक अवगाहन किया है, वह उतना ही अधिक भाग्यशाली और उतना ही अधिक उच्च पदारूढ़ है। उसके द्वारा इस मंगलमयी सृष्टि का जितना हित साधन होता है, मानव समूह का वरंच प्राणिमात्र का जितना श्रेय होता है, अन्य द्वारा उतना होना असम्भव है। 'सर्वं खल्विदं ब्रह्म, जीवो ब्रह्मैवनापरः', 'ईश्वर अंश जीवन अबिनाशी', ये वाक्य हमको अभेद का पाठ पढ़ाते हैं, बतलाते हैं कि जीवन यदि अविद्याग्रस्त नहीं है, तो वह समझ सकता है कि वह क्या है? शेली का कथन है कि "सुन्दर और साधारण दृश्यों को देखकर बच्चों के मुँह से जो आनन्द की किलकारी निकलती है, उच्चतर सौन्दर्य की अभिव्यक्ति से कवि का आनन्द भी वैसे ही काव्य रूप में उछल पड़ता है। पहला मरणाधीन है परन्तु दूसरा अमर है। कवि उस

अनन्त और एक का अंश है और इसी कारण उस अनन्त लीलामय की लीलाओं पर अपनी लीला का स्वांग रचनेवाला, उसके अनन्त सौन्दर्यमय दृश्यों द्वारा अपनी सौन्दर्यमयी कविता को सजीव बनानेवाला, उसकी अलौकिक भावमयी रचना की कलित कुसुमावली द्वारा अपनी कविताकामिनी को सुसज्जित करनेवाला, उसके औदार्य आदि महान गुणों की मंजु मुक्ता द्वारा अपने मानस को सजानेवाला एक सहृदय जन भी कवि नाम से ही पुकारा जाता है। अग्निपुराण में लिखा है–

नरत्वं दुर्लभं लोके, विद्या तत्र सु दुर्लभा।
कवित्वं दुर्लभं तत्र शक्तिस्तत्र सुदुर्लभम् ॥

नरत्व दुर्लभ है, विद्या प्राप्ति उससे दुर्लभ है, कवित्व उससे दुर्लभ है, शक्ति उससे भी दुर्लभ है। हमीं नहीं कहते कि 'प्राणभृत्सु नरा श्रेष्ठाः' अन्य लोग भी कहते हैं कि 'इन्सान अशरफुलमख़लूकात है', इसीलिए नरत्व दुर्लभ है। नरत्व प्राप्त होने पर विद्वान् होना कठिन है। आप लोग स्वयं जानते हैं कि मनुष्यों में कितने वास्तव में विद्वान् हैं। विद्वानों से उच्च कवित्व अर्थात् कवि का पद है और इसीलिए शायद महात्मा तुलसीदास कहते हैं 'कवि न होउँ नहिं चतुर कहाऊँ'। थोड़ी सी काव्यप्रतिभा पाकर अथवा काव्य रचने में लब्धप्रतिष्ठ होकर किम्बा साहित्य निर्माण में स्वाभाविक योग्यता लाभ कर अनेक विद्वान न जाने क्या-क्या कह जाते हैं। हमारे पण्डितराज जगन्नाथ कहते हैं–

मधु द्राक्षा साक्षादमृतमथवामाधर सुधा।
कदाचित्केषांचित्खलु हि विदधीरन्न विमुदम्।
ध्रुवन्ते जीवन्तोप्यहह मृतका मन्द मतयो।
न येषामानन्दं जनयति जगन्नाथ भणितिः ॥

शहद, अंगूर, अमृत और कामिनीकुल का अधरामृत कभी किसी को ही आनन्दित करते हैं। परन्तु वे मूर्ख तो जीते हुए ही मृतक तुल्य हैं जिन्हें कि पण्डितराज जगन्नाथ की कविता आनन्द न दे।

उर्दू के मशहूर शायर नासिख फरमाते हैं–

इक तिफ्ल दबिस्तां है फलातूं मेरे आगे,
क्या मुँह है अरस्तू जो करे चूँ मेरे आगे।
क्या माल भला क़सरे फ़रेदूँ मेरे आगे,
काँपे है पड़ा गुम्बदे गरदूँ मेरे आगे।
मुरग़ाने उलुल अजतेहा मानिन्द कबूतर,
करते हैं सदा इज्ज़ से गूँ गूँ मेरे आगे।

बोले है यही ख़ामा कि किस किस को मैं बाँधू,
बादल से चले आते हैं मज़मूँ मेरे आगे।
वह मारे फ़लक काहे कशां नाम है जिसका,
क्या दख़्ल जो बल खाके करे फूँ मेरे आगे।

परन्तु, कवि चक्र चूड़ामणि महामान्य महात्मा तुलसीदास कहते हैं–'कवि न होऊँ', क्यों? ऐसा वे क्यों करते हैं? इसलिये कि 'जेहि जाने जग जाय हेराई' अथवा 'आरां कि ख़बर शुद ख़बरश बाज़ नयायद', वे जानते हैं कि कवि शब्द का क्या महत्व है और इसीलिये वे कहते हैं कि मैं कवि नहीं हूँ। पृथ्वी की आकर्षण शक्ति के आविष्कारक प्रसिद्ध विज्ञानवेत्ता न्यूटन ने अन्त समय कहा था–"परमात्मा की अलौकिक रचना अगाध उदधि के कूल पर मैं सदा एक बालक की भाँति खेलता रहा। कभी एकाध चमकीले कंकर मेरे हाथ लग गये। किन्तु, उसकी महिमा का अगाध समुद्र आज भी बिना छाने हुए पड़ा है।" वास्तव बात यह है कि अपरिसीम अनन्त गगन में उड़नेवाला एक छुद्र विहंग उसका क्या पता पा सकता है? गोस्वामीजी के 'कवि न होऊँ' वाक्य की गम्भीर ध्वनि यही है। उन्होंने इस वाक्य द्वारा यह तो प्रकट किया है कि मैं कवि नहीं हूँ। किन्तु, उनके इस वाक्य का गांभीर्य ही यह प्रकट करता है कि वे कितने योग्य कवि थे। हम लोगों को भी उन्हीं का पदानुसरण करना चाहिये। हम लोगों को अपनी समाजसेवा द्वारा, अपने भावोद्यान के सुमनों द्वारा, अपनी कवितालता के सौरभित दलों द्वारा, मनोराज्य के विपुल विभव द्वारा, प्रतिभा-भाण्डार के बहुमूल्य मणि द्वारा, हृदय के सरस प्रवाह द्वारा, देश के लिए, जाति के लिए, लोकोपकार के लिए उत्सर्गीकृत जीवन होना चाहिए। जनता आप ही कहेगी कि हम कौन हैं। काम चाहिये, नाम नहीं। 'कर्म्मण्येवाधिकारस्ते मा फलेषु कदाचन'। एलिजाबेथ ब्राउनिंग का कथन है कि 'कवि सौन्दर्य का ईश्वर प्रेरित आचार्य है'। मैथ्यू आर्नल्ड कहते हैं–"जिसके काव्य में मानव-जीवन की गुप्त समस्यायें प्रतिफलित होती हैं और सौन्दर्य के साथ उन गूढ़ समस्याओं का समन्वय होता है, वही कवि है"। कार्लाइल का वचन है–"कवि और भविष्यवक्ता एक ही प्रकार का मंगल समाचार सुनाते हैं। जो कवि है वही वीर है। सत्य और काव्य दोनों एक वस्तु हैं। काव्य की जीवन-धारा सत्य है। जो कवि है, वही सच्चा शिक्षक है"। टेनिसन कहता है–"सिर पर अनेक ताराओं का मुकुट धारण किये सोने के देश में कवि ने जन्म धारण किया था। घृणा की घृणा, उपेक्षा की उपेक्षा और प्रेम का प्रेम यही उसको भेंट में मिला था। उसकी दृष्टि जीवन और मरण के बीच से भले और बुरे के भीतर से होकर दूर तक देखती है।" जो कवि नाम के अधिकारी हैं उनको इन पंक्तियों का अवतार होना चाहिए, अन्यथा कवि कहलाना परमात्मा के पुनीत नाम का अपमान करना है।

कवि-कर्म्म

कवि-कर्म्म के विषय में सूत्ररूप से ऊपर कुछ कहा गया है, उसकी व्याख्या आवश्यक है। कविता और काव्य ही कवि-कर्म्म है। शेक्सपियर का कथन है–“कवि की दृष्टि स्वर्ग से पृथ्वी और पृथ्वी से स्वर्ग तक आती जाती रहती है। उसकी कल्पना अज्ञात को मूर्तिमान कर देती और लेखनी उस पर रंग चढ़ाकर उसे मर्त्यलोक का-सा नाम-धाम दे डालती है। अरस्तू का कथन है “साधारणतः सब प्रकार की कलित कलाओं की भाँति काव्य का भी स्वाभाविक गुण प्रकृति का अनुकरण करना ही है। प्रकृति का अर्थ सृष्टिपदार्थमयी वाह्य प्रकृति नहीं है वरन् मेरा अभिप्राय विश्व की सृष्टिक्षमशक्ति और उसमें छिपे हुए ध्रुव सत्य से है। काव्य इतिहास की अपेक्षा महत् और दार्शनिक विचार से पूर्ण होता है। वह विश्वव्यापी मूल पदार्थ की अभिव्यक्ति है।” वर्ड्सवर्थ बतलाते हैं–“काव्य एक सत्य है, वह सत्य स्थानीय वा व्यक्तिविशेष के लिए सीमाबद्ध नहीं है, वह सर्वसाधारण की वस्तु है। वह बड़ा ही शक्तिशाली है। मनोवृत्ति की गति की भाँति वह भी बिल्कुल हृद्गत बात है। वाह्य प्रमाण के ऊपर उसकी स्थिति नहीं है। काव्य प्रकृति और मानव की प्रतिमूर्ति है। कवि के लिए कोई पराया नहीं। वह सबको आनन्द देने और सबको सन्तुष्ट करने के लिए बाध्य है। सत्य की एक महान् कल्पना के भीतर कवि और भविष्यवक्ता एक दूसरे के साथ एक ही योगसूत्र में गुँथे हुए हैं। ये दोनों सबको अपना बना लेते हैं। इसकी उनमें ईश्वर की दी हुई विशेष शक्ति वर्तमान है। उनके ज्ञानचक्षुओं के सामने अदृष्टपूर्व और नये-नये दृश्यपट खुलते हैं। महान् कवि के विशाल हृदयराज्य में धर्म की राजधानी है।”

यह तो कवि-कर्म्म की परिभाषा हुई। उसका व्यवहारिक रूप क्या हो सकता है, यह विषय विचारणीय है। हम लोगों के अमर महाकाव्य रामायण और महाभारत हैं। कुछ दिन हुए मद्रास प्रान्त में व्याख्यान देते हुए एक विद्वान् ने कहा था कि “यदि हमारा सर्वस्व छिन जावे तो भी कोई चिन्ता नहीं, यदि रामायण और महाभारत जैसे हमारे बहुमूल्य मणि सुरक्षित रहें। इन दोनों ग्रन्थों में वह संजीवनी शक्ति है कि जब तक इनका सुधाश्रोत प्रवाहित होता रहेगा, हिन्दू-जाति अजर-अमर रहेगी। जिस दिन यह सुधाश्रोत बन्द होगा उसी दिन हिन्दू-जीवन और हिन्दू-सभ्यता दोनों निर्मूल हो जावेगी।” उनके इस कथन का क्या मर्म है? उन्होंने सिद्धान्त पर आरूढ़ होकर यह कथन किया? वास्तव बात यह है कि ये ग्रन्थ हिन्दू-सभ्यता के आदर्श हैं; हमारी गौरवगरिमा के विशाल स्तम्भ हैं; इनमें हमारे हृदय का मर्म स्वर्णाक्षरों में अंकित है; हमारे सुख-दुख का, हमारे उत्थान पतन का ज्वलन्त उदाहरण इनमें मौजूद है। आर्य्यसभ्यता कैसे उत्पन्न हुई, कैसे परिवर्द्धित हुई, किन-किन घात-प्रतिघातों में पड़ी, फिर कैसे सुरक्षित रही, इसका उनमें सुन्दर निरूपण है। उनमें सामयिक चित्र हैं,

आदर्शमूलक विचार हैं, समुन्नति के महामन्त्र हैं, सिद्धि के सूत्र हैं, व्यवहार के प्रयोग हैं, सफलता के साधन हैं। उनमें कामद कल्पलतिका है, फलप्रद कल्पतरु है, संजीवनी जड़ी है, अमर बेलि है और चारु चिन्तामणि है। प्रयोजन यह कि किसी जीवित जाति के लिए जीवनयात्रा निर्वाह की जितनी उपयोगी सामग्री है, वह सब उनमें मौजूद है, और यही कारण है कि वे आज तक उसके जीवन सर्वस्व हैं। प्रत्येक सहृदय कवि को इन्हीं ग्रन्थों को आदर्श मानकर कार्य्य क्षेत्र में उदारता और सहृदयता के साथ उत्तीर्ण होने की आवश्यकता है। आज हमारे लिए जो विष है उसका त्याग और जो अमृत है उसका ग्रहण आवश्यक है। कवि की दृष्टि प्रखर होनी चाहिए। उसको समाज के भीतर की गूढ़ से गूढ़ बातों को, छिपे से छिपे रहस्य को उद्घाटन करना चाहिए और उसके गुण दोष की समुचित विवेचना करके दोष के निराकरण और गुण के संवर्धन और संरक्षण के लिए बद्धपरिकर होना चाहिए। यदि उसमें सच्चा आत्म उत्सर्ग है, वास्तविक सत्यप्रियता है, यदि उसका हृदय उन्नत है, उदार है, निरपेक्ष है, संयत है, तो उसकी लेखनी जाति के लिए संजीवनी-धारा होगी और उसका कविताकलाप समाज पर सुधावर्षण करेगा। वैतालिक जिस समय इदंकुतः में रत रहकर मानव हृदय को उपपत्तियों में उलझाता है और उसे पेचीली बातों में फँसाकर भूलभुलैया में डाल देता है उसी समय कवि अपनी रसमयी वाणी से उसको सरस कर देता है और उसमें उत्साह और स्फूर्ति के वह बीज बपन कर देता है जो उसके लिए तत्काल फलप्रसू होते हैं। कवि के एक-एक शब्द, कविता की एक-एक पंक्ति में वह जीवन्त शक्ति होती है और वह इतनी प्रभावशालिनी होती है कि जाति के उत्थान-पतन में, मानव हृदय के संबोधन में, चित्त के बशीकरण में जादू का-सा काम देती है। कविपुंगव सूरदास के सामने दो मनुष्य उपस्थित हुए। ये दोनों विद्वान थे, शंकासमाधान और वाद की निवृत्ति के लिए उनकी सेवा में आये थे। एक कहता—'कुल बड़ा', दूसरा कहता—'संगति बड़ी'। घण्टों लड़-झगड़ कर भी जब किसी सिद्धान्त पर उपनीत न हुए तो उनको उक्त महात्मा को पंच मानना पड़ा। उन्होंने उनकी बातों को सुनकर तत्काल निम्नलिखित दोहा पढ़ा—जिसने ऐसे गूढ़ प्रश्न की मामांसा तुरंत कर दी—

स्वाति बूँद सीपी मुकुत कदली भयो कपूर।
कारे के मुख बिख भयो संगति के बल सूर॥

यह है कवि और कवि के शब्दों की क्षमता और महत्ता। यदि देश और जाति को आवश्यकता है, तो ऐसे कवियों की आवश्यकता है। यदि हमारी जाति के विकल नेत्र कोई प्रभावमय बदनारविन्द देखना चाहते हैं तो ऐसे ही शक्तिशाली कवि को देखना चाहते हैं। आज हमारी हिन्दू जाति का अधःपात प्रखर गति से हो रहा है, आज पद-पद पर उसका स्खलन हो रहा है। जातीय सभाएँ उसकी संघ-शक्ति का संहार कर रही हैं,

विधवाओं के करुण क्रन्दन से आज पत्थर का हृदय भी विदीर्ण हो रहा है, दिन-दिन उसकी संख्या क्षीण हो रही है, उसके हृदय-घन, उसके नेत्रों के तारे उससे अलग हो रहे हैं। आज भी बाल-विवाह का आर्त्तनाद कर्णगत हो रहा है। बृद्ध-विवाह आज भी समाज को विध्वंस कर रहा है। आर्य्य-सन्तान कहलाकर महर्षिकुल में जन्म लेकर, भगवती भारतमाता की गोद में पलकर आज भी हम कन्या-विक्रय कर रहे हैं। आज भी अपनी कुसुम-कोमला-बालिका को धन के लिये, थोड़े से अर्थ के लिये, हम तृष्णा पिशाचिनी के सामने बलि प्रदान कर रहे हैं। यदि मन्दिरों में अकाण्ड तांडव है, तो सुरसरी-पुनीत-तट पर पैशाचिक नृत्य है। कहीं धर्म की ओट में सतीत्व हरण हो रहा है, कहीं भभूत पर विभूति निछावर हो रही है। आज मनोमालिन्य का अखण्ड राज्य है, अविश्वास और अंधविश्वास की दुन्दुभी बज रही है। क्या कहें, किस-किस बात को कहें, जी यही कहता है–

क्या पूछते हो हमदम इस जिस्म नातवाँ की।
रग-रग में नेशे ग़म है कहिये कहाँ-कहाँ की ॥

पर इस दर्द की दवा कौन करेगा, कौन इस बिगड़ी को बनावेगा, कौन हमारी नाड़ी टटोलेगा, कौन गिरती जाति को उठावेगा, कौन उजड़े घर को बसावेगा और कौन हमारी उलझी को सुलझावेगा? आँख बहुतों की ओर जाती है पर हृदय यही कहता है 'एक सच्चा कवि'। इस सच्चे कवि शब्द पर खटकना न चाहिये, हृदय में दर्द होने पर सच्चे कवि सभी हो सकते हैं। प्रतिभा किसी जातिविशेष और मनुष्यविशेष की बाँट में नहीं पड़ी है। हमारे उत्साही कविगण आवें और इस क्षेत्र में कार्य्य करें। उनके पुरुषार्थ और कवित्वबल से भारतमाता का मुख उज्ज्वल होगा और उनकी कीर्तिकौमुदी से वसुधा धवलित हो जावेगी। आज दिन यदि कोई महदनुष्ठान है तो यही, तपश्चर्य्या है तो यही कि जैसे हो वैसे जाति के कुरोग विदूरित किये जावें। कवि की प्रौढ़ लेखनी का प्रौढ़त्व और कवि की मार्मिकता का महत्त्व इसी में है कि वह प्रसुप्त जातियों को जगावे, उसके रोम-रोम में वैद्युतिक प्रवाह प्रवाहित करे और उसको उस महान् मन्त्र से दीक्षित करे, जो उसको सगौरव संसार में जीवित रहने का साधन हो। एक दिन साहित्य-संसार शृंगार-रस से प्लावित था, उसी की आनन्द-भेरी जहाँ देखो, वहाँ निनादित थी। समय प्रवाह ने अब रुचि को बदल दिया है, लोगों के नेत्र खुल गये हैं, कविगण अपना कर्तव्य अब समझ गये हैं। इस समय यदि आवश्यकता है तो तदीयता की आवश्यकता है। आज दिन भारतमाता यही कह रही है–

मन्मना भव मद्भक्त मद्‌यायी माँ नमश्कुरु,
सर्व धर्मान् परित्यज्य मामेकं शरणं ब्रज।

क्या उसका यह कथन सहृदय कविगण उत्कर्ण होकर सुनेंगे।

कवि-कर्म्म का यह पहला पहलू है, दूसरा पहलू उसका साहित्य सम्बन्धी है। मैं इस विषय में भी कुछ कथन कर अपना वक्तव्य समाप्त करूँगा। कवि कर्म बहुत दुसह है, जब तक सर्वसाधारण की दृष्टि से कवि की दृष्टि विलक्षण न होगी, वह कवि-कर्म्म का अधिकारी न हो सकेगा। गजराज को शिर पर धूल डालते हुए चलते सभी देखते हैं पर इस क्रिया में एक बारीक बात सहृदयवर रहीम खां खानखाना ने ही देखी और विमुग्ध होकर कहा–

छार मुण्ड मेलत रहत कहु रहीम केहि काज।
जेहि रज ऋषिपत्नी तरी सो ढूँढ़त गजराज॥

चंपा की हृदयलुभावनी छवि किसको नहीं लुभाती, पर एक सहृदय कवि के मुख से ही यह बात निकली–

चंपा तो मैं तीन गुण, रूप, रंग औ बास।
औगुण तो मैं एक है भौंर न बैठत पास॥

कवि-कर्म्म यही है। तुकबन्दी करना कवि-कर्म्म नहीं है। कविवर ठाकुर कहते हैं–

ठाकुर जो तुकजोरनहार उदार कबिन्दन की सरि कैहैं।
एक दिना फिर तो करतार, कुम्हार हूँ सो झगरो बनि ऐहैं।

यदि मूर्ति खड़ी कर देने से ही काम चलता तो करतार और कुम्हार में अन्तर ही क्या है? बात तो है सजीवता की, और इसीलिए विद्वानों ने कहा है–

किं कवेस्तस्य काव्येन किं काण्डेन धनुष्मतः।
परस्यहृदये लग्नं न घूर्णयतियच्छिरः।
जाके लागत ही तुरत सिर ना डुलै सुजान,
ना वह कबित न कबिकथन ना वह तान न बान।

दूसरा कवि-कर्म्म है कोमलकान्त पदावली। आजकल की कर्णकटु भाषा में कविता करना कवि-कर्म्म नहीं है। 'वाक्यं रसात्मकं काव्यं'–जिस वाक्य में रस नहीं वह काव्यसंज्ञा का अधिकारी नहीं। जो रस प्रसादगुणमयी कविता में होता है अन्य में नहीं, और प्रसादगुण के लिए कोमलकान्त पदावली आवश्यक है। उर्दू का एक कवि कहता है 'ज़ेरे कदमे वालिदा फिरदौस बरीं है'। दूसरा कहता है 'जुनूं पसंद है मुझको हवा बबूलों की, अजब बहार है इन ज़र्द ज़र्द फूलों की'। तीसरा कहता है, 'दिल मल गये गेसुओं में फँसके, कुम्हला गये फूल रात बसके'। अब आप सोचिये, इनमें कौन अधिक सरस है, वही जिसकी कोमलकान्त पदावली है।

तीसरा कवि-कर्म्म है शब्द-विन्यास। शब्दों की काट-छाँट और उनका यथोचित स्थान पर संस्थान। यह कार्य्य बड़ी ही मार्मिकता का है। वर्तमान कविताओं में इसकी बड़ी त्रुटि है। इस कार्य के लिए एक अच्छे समालोचक-पत्र की आवश्यकता है। किन्तु खेद है कि हिन्दी संसार इससे शून्य है। आजकल की समालोचनायें ईर्ष्या-द्वेषमूलक अधिक होती हैं। इसी से जैसा चाहिए वैसा उपकार नहीं हो सकता है। समालोचनायें सहृदयतामयी और उदार होनी चाहिए जिसको विरोधी भी स्वीकार करने को बाध्य हों। उचित समालोचनायें और कविता की समुचित काट-छाँट बहुत ही सुफलप्रसू है और वैसा ही उपकारक है जैसा उद्यान के छोटे-छोटे पौधों की काट-छाँट। कुछ प्रमाण लीजिये। हजरत आतश के सामने उनके शागिर्द सबा ने यह शेर पढ़ा—'मौसिमे गुल में यह कहता है कि गुलशन से निकल, ऐसी बेपर की उड़ाता न था सैय्याद कभी'। शेर बहुत अच्छा है मगर उस्ताद ने कहा कि अगर तुम यों कहते कि 'पर कतर करके यह कहता है कि गुलशन से निकल' तो शेर और भी बढ़ जाता। वास्तव में पर कतरने के साथ बेपर उड़ाने की बात ने कमाल कर दिया। एक मुशायरे में एक लड़के ने यह शेर पढ़ा, 'जिस कामसखुन से मैं करूँ तकरीर बोल उठे, मुझमें कमाल वह है कि तसवीर बोल उठे'। हजरत नासिख ने इस शेर की बड़ी प्रशंसा की। हजरत आतश ने कहा 'कम सखुन की जगह यदि 'बेजबाँ' होता तो शेर बोल उठता, क्योंकि तसवीर को कमसखुनी से कोई वास्ता नहीं। वास्तव में बहुत अच्छी इसलाह है। यह न समझिये कि उस्ताद आतश नहीं चूकते थे। एक बार मुशायरे में उन्होंने यह शेर पढ़ा। 'सुर्मा मंज़ूरे नज़र रहता है चश्मेयार को, नील का गंडा पिन्हाया मर्दुमे बीमार को'। हजरत नासिख ने कहा—वाह, क्या कहा है; 'नील का गंडा पिन्हाया मर्दुमे बीमार को'। आतश ताड़ गये, बोले—नील का गंडा नहीं, 'नीलगूं गंडा पिन्हाया मर्दुमे बीमार को।' भाव यह कि इस तरह की छील-छाल और काट-छाँट बहुत ही उपयोगिनी और कवि को समुचित शब्द-संस्थान की शिक्षा देने के लिए बहुत ही हितकारिणी है।

वात्सल्यरस

बालक परमात्मा का अधिक समीपी कहा जाता है, उसमें सांसारिक प्रपंच नहीं पाया जाता। जितना वह सरल होता है, उतना ही कोमल। छल उसे छूता नहीं, कपट का उसमें लेश नहीं। उसके मुखड़े पर हँसी खेलती रहती है, और उसकी चमकीली आँखों से आनन्द की धारा बहती जान पड़ती है। उके मुसकुराने में जो माधुर्य्य है, वह अन्यत्र दृष्टिगत नहीं होता। वह जितना ही भोला-भाला होता है, उतना ही प्यारा। उसकी तुतली बातें हृत्तन्त्री में संगीत उत्पन्न करती हैं, और उसके कलित कंठ का कलनाद कानों में सुधा बरसाता है। वह दाम्पत्य सुख का सर्वस्व है, भाग्यवान् गृहस्थ-गृह का उज्ज्वल प्रदीप है, और है स्वर्गीय लीलाओं का ललित निकेतन। परमात्मा का नाम आनन्दस्वरूप है, बालक इसका प्रत्यक्ष प्रमाण है। एक उत्फुल्ल बालक को देखिये। इस मधुर नाम की सार्थकता उसके प्रत्येक उल्लास से हो जावेगी। बालकों की इस आनन्दमयी मूर्ति का चित्रण अनेक भावुक कवियों ने बड़ी ही मार्मिकता से किया है। इस रससमुद्र में जो जितना ही डूबा, वह उतना ही भाव-रत्न संचय करने में समर्थ हुआ। एक अँगरेज सुकवि की लेखनी का लालित्य देखिये। वह लिखता है–

'I have no name :
I am but two days old;'
'What shall I call thee?'
'I happy am,
Joy is my name.'
'Sweet joy befall thee!
Pretty Joy!
Sweet Joy, but two days old,
Sweet Joy I call thee :
Thou dost smile
I sing the while,
Sweet joy befall thee!'

—W. Blake

मेरा नामकरण अभी नहीं हुआ है, मैं दो दिन का बच्चा हूँ। तो हम तुमको क्या कहकर पुकारें? मैं मूर्तिमान उल्लास हूँ, मेरा नाम आनन्द है। तो तुमको मधुरतर आनन्द प्राप्त हो!

मेरे प्रियतर आनन्द! मेरे मधुरतर आनन्द! मेरे दो दिन के प्यारे बच्चे! तुझको मधुर से मधुर आनन्द प्राप्त हो!

तुम मधुर हँसी हँसो, मुसकुराओ, मैं भी स्वर्गीय गान आरम्भ करता हूँ—भोले-भाले बच्चे, तुझको अधिकाधिक आनन्द प्राप्त हो!

बालभावों का चित्रण करने में, उनके आनन्द और उल्लासों के वर्णन में कविकुल-शिरोमणि सूरदासजी की सुधावर्षिणी लेखनी ने बड़ी ही मार्मिकता दिखलाई है—आहा! देखिये—

सोभित कर नवनीत लिए।
घुटुरुन चलत रेनु तनु मंडित मुख दधि-लेप किए॥
चारु कपोल लोल लोचन गोरोचनतिलक दिए।
लट लटकनि मनो मत्त मधुपगन मादक मदहिं पिए॥
कठुला कंठ, बज्र, केहरि-नख, राजत रुचिर हिए।
धन्य 'सूर' एको पल या सुख का सत कल्प जिए॥ 1॥

हौं बलि जाऊँ छबीले लाल की।
धूसर धूरि घुटुरुवनि रेंगनि, बोलन बचन-रसाल की॥
छिटिक रहीं चहुँ दिसि जु लटुरियाँ लटकन लटकति भाल की।
मोतिन सहित नासिका नथुनी कंठ कमल-दल-माल की॥
कछुकै हाथ कछू मुख माखन चितवनि नैन बिशाल की।
सूर सुप्रभु के प्रेम मगन भईं ढिग न तजनि ब्रजबाल की॥ 2॥

हरिजू की बाल-छबि कहौं बरनि।
सकल सुख की सींव कोटि मनोज-सोभा-हरनि॥
मंजु मेचक मृदुल तनु अनुहरत भूखन भरनि।
मनहुँ सुभग सिंगार सुरतरु फर्‌यो अदभुत फरनि॥
लसत कर प्रतिबिंब मनि आँगन घुटुरुवनि चरनि।
जलज संपुट सुभग छवि भरि लेति उर जनु धरनि॥
पुन्य फल अनुभवति सुतहिं विलोकि कै नँदघरनि।
सूर प्रभू की बसी उर किलकनि ललित लरखरनि॥ 3॥

—सूरसागर

हिन्दी-साहित्य-गगन-मयंक गोस्वामी तुलसीदासजी का कवित्व-सम्बन्धी सर्वोच्च सिंहासन बाललीला-वर्णन में भी सर्वोच्च ही रहा है। क्या भाव सौंदर्य्य, क्या शब्द विन्यास सभी बातों में उनकी कीर्तिपताका भगवती वीणापाणि के उच्चतर करकमलों में ही विद्यमान है। देखिए रससमुद्र किस सरसता से तरंगायित है—

नेक विलोकि धौं रघुबरनि।
चारि फल त्रिपुरारि तोको दिये कर नृपघरनि॥
बाल भूखन बसन तन सुंदर रुचिर रज भरनि।
परसपर खेलनि अजिर उठि चलनि, गिरि गिरि परनि॥
झुकनि झाँकनि छाँह सों किलकनि, नटनि, हठि लरनि।
तोतरी बोलनि, बिलोकनि, मोहनी मनहरनि॥
चरित निरखत बिबुध तुलसी ओट दै जलधरनि।
चहत सुर सुरपति भयो सुरपति भए चहैं तरनि॥ 4॥

छँगन मँगन अँगना खेलत चारु चार्‌यो भाई।
सानुज भरत लाल लखन राम लोने लरिका लखि मुदित मातु समुदाई॥
बाल बसन भूखन धरे नखसिख छबि छाई।
नील पीत मनसिज सरसिज मंजुल मालनि मानो है देहनि तें दुति पाई॥
ठुमुक ठुमुक पग धरनि नटनि लरखरनि सुहाई।
भजनि मिलनि रूठनि तूठनि किलकनि अवलोकनि बोलनि बरनि न जाई॥
सुमिरत श्री रघुबरन की लीला लरकाई।
तुलसिदास अनुराग अवध आनँद अनुभवत तब को सो अजहुँ अघाई॥ 5॥

छोटी छोटी गोड़ियाँ अँगुरियाँ छबीली छोटी
नखजोति मोती मानो कमल-दलनि पर।
ललित आँगन खेलैं, ठुमुक ठुमुक चलैं,
झुंझनु, झुंझनु पाय पैंजनी मृदु मुखर॥
किंकिनी कलित कटि हाटकजटित मनि
मंजु कर कंजन पहुँचियाँ रुचिरतर।
पियरी झीनी झँगुली साँवरे सरीर खुली
बालक दामिनि ओढ़ी मानो बारे बारिधर॥
उर बघनहा, कंठ कठुला, झँडूले केस,
मेढ़ी लटकन मसि बिंद्रु मुनि मनहर।

अंजन रंजित नैन, चित चोरै चितवनि मुख
सोभा पर वारौं अमित कुसुमसर ॥
चुटकी बजावति नचावति कौसल्या माता
बालकेलि गावति मल्हावति सुप्रेम भर।
किलकि किलकि हँसैं, द्वै द्वै दतुरियाँ लसैं
तुलसी के मन बसैं तोतरे बचन बर ॥ 6 ॥

कैसा सरस और अद्‌भुत बालकेलि-वर्णन है। ऐसे और कई एक पद गीतावली में हैं, किन्तु सबके उद्धृत करने का स्थान कहाँ! इच्छा होने पर भी उनको छोड़ता हूँ। कुछ रचनाएँ खड़ी बोली की भी देखिए। सामयिक रुचि की रक्षा के लिये ही ऐसा किया जाता है, नहीं तो अमृतरस-पान कराकर इक्षुरस पिलाने का उद्योग कौन करेगा।

लड़कपन

भोलाभाला बहुत निराला लाखों आँखों का उँजियाला।
खिले फूल सा खिला फबीला बड़े छबीले मुखड़ेवाला ॥ 1 ॥
हँसी खेल का पुतला प्यारा बड़ा रँगीला नोखा न्यारा।
जगमग जगमग करनेवाला उगा हुआ चमकीला तारा ॥ 2 ॥
स्वर्ग लोक में रहनेवाला रस सोतों में बहनेवाला।
जी को बहुत लुभानेवाला बात अनूठी कहनेवाला ॥ 3 ॥
रस के किसी पेड़ से टूटा फल उमँग हाथों का लूटा।
समय बड़ी सुथरी चादर पर कढ़ा सुनहला सुन्दर बूटा ॥ 4 ॥
महँक भरे फूलों का दोना हँसती हुई आँख का टोना।
लेनेवाला मोल मनों का खरा चमकनेवाला सोना ॥ 5 ॥
साथ रंग-रलियों के खेला मीठा बजनेवाला बेला।
मनमानापन का मतवाला बड़ा लड़कपन है अलबेला ॥ 6 ॥

चंदखिलौना

चंदा मामा दौड़े आओ दूध कटोरा भरकर लाओ।
उसे प्यार से हमें पिलाओं मुझ पर छिड़क चाँदनी जाओ ॥ 1 ॥
मैं तेरा मृगछौना लूँगा उसके साथ हँसूँ खेलूँगा।
उसकी उछल कूद देखूँगा उसको चाटूँगा चूमूँगा ॥ 2 ॥

तू है अगर चाँदनीवाला तो मैं भी हूँ लाल निराला।
जो तू अमृत है बरसाता तो मैं हूँ रस-सोत बहाता॥ 3॥
जो तेरी किरणें हैं न्यारी तो मेरी बातें हैं प्यारी।
तू है मेरा चंद खिलौना मैं हूँ तेरा छुन्ना मुन्ना॥ 4॥

बालविभव

बालकों में कैसी आकर्षणी शक्ति होती है, उनके भाव कितने भोले होते हैं, उनमें कितनी विनोदप्रियता, रंजनकारिता और सरसता होती है, ऊपर की रचनाओं को पढ़कर यह बात भली भाँति हृदयंगम हो गई होगी। ऐसे बालक किसके वल्लभ न होंगे, कौन उन्हें देखकर उत्फुल्ल न होगा, कौन उन्हें प्यार न करेगा, और वे किसके उल्लाससरोवर के सरसीरुह न बनेंगे? माँ-बाप के तो बालक सर्वस्व होते हैं, ऐसी अवस्था में उनको देखकर उनके हृदय में अनुराग सम्बन्धी अनेक सुन्दर भावों का उदय होना स्वाभाविक है। माँ-बाप अथवा गुरुजनों का यह भाव परिपुष्ट होकर विशेष आस्वाद्य हो जाता है, वही, कुछ सहृदय जनों की सम्मति है कि, वात्सल्यरस कहलाता है। अधिकतर आचार्य्यों ने नौ रस ही माने हैं, वे वात्सल्य भाव को अलग रस नहीं मानते। इस भाव ही को नहीं, बड़ों का छोटों के प्रति जो अनुराग होता है, उन सबको वे वात्सल्य कहते हैं, और 'रति' स्थायी भाव में उनका अंतर्भाव करते हैं। उन लोगों का विचार है कि रस का जितना परिपाक शृंगार में होता है, वात्सल्य में नहीं, अतएव इसको वे 'भाव' ही मानते हैं, रस नहीं। कुछ सम्मतियाँ देखिए—

काव्यप्रकाशकार ने रसों का नाम उल्लेख करने के पहले लिखा है— "तद्विशेषानाह"। इसकी 'बालबोधिनी-व्याख्या' का अभिप्राय यह है—

"किसी की सम्मति है कि एक शृंगार रस ही रस है, किसी ने प्रेयांस, दांत, उद्धत के साथ वर्णित नवरस को द्वादश रस गाना है। जिस रस का स्थायी स्नेह हो उसको प्रेयांस कहते हैं, इसी का नाम वात्सल्य है। जिसका स्थायी धैर्य्य है, उसको दांत, जिसका स्थायी गर्व है, उसको उद्धत कहा गया है। इन मतों के निरसन के लिये और सामान्य ज्ञान के उपरांत विशेष जिज्ञासा उदय होने पर वृत्तिकार कहते हैं 'तद्विशेषनाह', उस रस के विशेष भेदों को बतलाता हूँ। रस का सामान्य लक्षण रसत्व है, इसके लिये प्रमाण की आवश्यकता नहीं है, रस पद की शक्यता से ही वह सिद्ध है।"

एक दूसरे स्थान पर उनके लिखने का भाव यह है—

"प्रेयांसादि तीनों को 'भाव' के अन्तर्गत माना है। जिसका स्थायी अभिलाष है उसको लौल्यरस, जिसका स्थायी श्रद्धा है उसको भक्तिरस, जिसका स्थायी स्पृहा है

उसको कार्पण्य रस कहा है, किन्तु ये तीनों भी भाव ही के अन्तर्गत हैं।"

सोमेश्वर की सम्मति निम्नलिखित आशय है—

"स्नेह, भक्ति, वात्सल्य, रति के ही विशेष रूप हैं। तुल्यों की अन्योन्य रति का नाम स्नेह, उत्तम में अनुत्तम की रति का नाम भक्ति, और अनुत्तम में उत्तम की रति का नाम वात्सल्य है। आस्वाद्य की दृष्टि से ये सब 'भाव' ही कहे जाते हैं।"

एक अन्य विद्वान् की अनुमति का अर्थ यह है—

"स्नेह, भक्ति, वात्सल्य, मैत्री, आवंध, रति के ही विशेष रूप हैं। तुल्य लोगों की परस्पर रति, स्नेह अथवा प्रेम, उनकी परस्पर निष्काम रति 'मैत्री', श्रेष्ठ में साधारण की रति 'भक्ति', छोटों में बड़ों की रति 'वात्सल्य' और अचेतन में सचेतन की रति 'आवंध' कहलाती है।"

ऊपर के अवतरणों के देखने से यह बात स्पष्ट हो जाती है, कि वात्सल्य को रति का ही रूप माना गया है, और यह बतलाया गया है कि वह 'रस' नहीं 'भाव' है। साहित्यदर्पणकार ने 'भाव' का जो लक्षण बतलाया है उसका अर्थ है—

"संचारिणः प्रधानानि देवादिविषया रतिः।
उद्‌बुद्धमात्रः स्थायी च भाव इत्यभिधीयते॥"

"प्रधानता से प्रतीयमान निर्वेदादि संचारी तथा देवता गुरु आदि के विषय में अनुराग एवं सामग्री के अभाव से रस रूप को अप्राप्त उद्‌बुद्धमात्र रति, हास आदिक स्थायी, ये सब 'भाव' कहाते हैं।"

दूसरे स्थान पर उनके कथन का अर्थ यह है—

"देवता, मुनि, गुरु और नृपादि-विषयक रति (अनुराग) भी प्रधानतया प्रतीत होने पर 'भाव' कहलाती है, और उद्‌बुद्धमात्र अर्थात् विभावादि सामग्री के अभाव से परिपुष्ट न होने के कारण रस रूप को अप्राप्त हास, क्रोधादि भी 'भाव' ही कहलाते हैं।"

काव्यप्रकाशकार कृत भाव-लक्षण की व्याख्या का भावार्थ यह है देवता, मुनि, गुरु, नृप अथच पुत्रादि-विषयक अनुराग (रति), कांतादि विषयिणी अपुष्ट रति, विभावादि के प्राधान्य से व्यंजित व्यभिचारी और रस अवस्था को अप्राप्त हासादिक स्थायी की 'भाव' संज्ञा होती है।

'भाव' का लक्षण आप लोगों ने देखा, अब 'रस' का लक्षण देखिये। नाट्यशास्त्रकार भरत मुनि लिखते हैं—

'विभावानुभावव्यभिचारिसंयोगाद्रसनिष्पत्तिः'।

विभाव, अनुभाव और व्यभिचारी भाव के संयोग से रस की निष्पत्ति होती है।

काव्यप्रकाशकार के रस-लक्षण का अर्थ है—

"नाट्य और काव्य में रति आदिक स्थायी भावों के जो कारण, कार्य और सहकारी होते हैं, उनको विभाव, अनुभाव और व्यभिचारी क्रम से कहते हैं। इन विभावादि की सहायता से व्यक्त स्थायी भाव की रस संज्ञा होती है।"

विभावादियों की व्याख्या 'बालबोधिनी' टीकाकार ने जो की है, उसका आशय है—

"वासना रूप से अति सूक्ष्म आकार में स्थित रति आदिक स्थायी भावों को जो आस्वादन योग्य बनाते हैं, उनको विभाव कहते हैं"—यथा नायक, नायिका, पुष्पवाटिकादि।

"रति आदिक स्थायी भावों को जो अनुभव का विषय बनाते हैं उनको अनुभाव कहते हैं"—यथा कटाक्षादि।

"सर्वांग में व्यापित होकर जो रति आदिक स्थायी भावों के शरीर में संचरण करते हैं, समुद्र में कल्लोल समान उठते और विलीन होते हैं, उनको संचारी भाव कहते हैं"—हर्ष, उद्वेग, चपलता आदि इसके उदाहरण हैं।

रस की यह परिभाषा अथवा लक्षण सहित्यिक है, इससे जैसा चाहिये वैसा प्रकाश प्रस्तुत विषय पर नहीं पड़ता। काव्यप्रकाशकार ने रस की जो निम्नलिखित व्याख्या की है, वह सर्वबोधगम्य एवं मानस अवस्था की सूचक है।

"पानकरसन्यायेन चर्व्यमाणः पुरइव परिस्कुरनूहृदयमिव प्रविशन् सर्वांगीणमिवालिंगन् अन्यत् सर्वमिव तिरोदधत् ब्रह्मास्वादमिवानु-भावयन् अलौकिकचमत्कारकारी शृंगारादिको रसः।"

पानक रस के समान जिनका आस्वाद होता है, जो स्पष्ट झलक जाते, हृदय में प्रवेश करते, व्याप्त होकर सर्वांग को सुधारससिंचित बनाते, अन्य वेद्य विषयों को ढक लेते और ब्रह्मानन्द के समान अनुभूत होते हैं, वे ही अलौकिक चमत्कार सम्पन्न शृंगारादि रस कहलाते हैं।

भाव किसे कहते हैं? रस में क्या विशेषता है? ऊपर के अवतरणों को पढ़कर यह बात आप लोगों ने समझ ली होगी। वास्तविक बात यह है कि विशेष उत्कर्षप्राप्त, हृदयग्राही, व्यापक, अनिर्वचनीय आनन्दप्रद और अधिकतर मनोमुग्धकर भाव ही रस कहलाता है। दुग्ध की स्वाभाविक सरसता ओर मधुरता कम नहीं, किन्तु अवट जाने पर जब वह अधिक गाढ़ा हो जाता है, और सुस्वादु मेवों के साथ जब उसमें सिता भी सम्मिलित हो जाती है, तो उसका आस्वाद कुछ और ही हो जाता है, रसों की भी कुछ ऐसी ही अवस्था है। नाट्यशास्त्र-प्रणेता कहते हैं—

न भावहीनोस्ति रसो न भावो रसवर्जितः।
परस्परकृता सिद्धिरनयोरस भावयोः॥

"रस के बिना भाव नहीं और भाव के बिना रस नहीं होते। इन रस और भावों की सिद्धि एक दूसरे पर निर्भर है।"

रस और भावों में इतनी स्पष्टता होने पर भी रस और भाव के निरूपम में एकवाक्यता नहीं है। विभिन्न मत इस विषय में भी हैं, और अब तक कोई ऐसा सिद्धान्त निश्चित नहीं हुआ, जो सर्वमान्य हो। ऊपर आप यह वाक्य देख चुके हैं, 'केचिदाहुरेक एवं शृंगारो रस इति' जिससे पाया जाता है कि कोई-कोई आचार्य शृंगार रस को ही रस मानते हैं, और किसी रस को रस मानना ही नहीं चाहते। साहित्यदर्पणकार लिखते हैं कि उनके पितामह पण्डित प्रवरनारायण अद्भुत रस को ही रस मानते हैं, अन्य रसों को वे स्वीकार ही नहीं करते। यथा—

"रसे सारश्चमत्कारः सर्वत्राप्यनुभूयते।
तच्चमत्कारसारत्वे सर्वत्राप्यद्भूतो रसः॥
तस्मादद्भुतमेवाह कृती नारायणो रसम्।"

"सब रसों में चमत्कार साररूप से प्रतीत होता है। और चमत्कार (विस्मय) के साररूप (स्थायी) होने से सब जगह अद्भुत रस ही प्रतीत होता है, अतः पण्डित नारायण केवल एक अद्भुत रस ही मानते हैं।"

उत्तररामचरितकार करुण रस को ही प्रधान मानते हैं, वे लिखते हैं—

एको रसः करुण एव निमित्तभेदा
द्भिन्नः पृथक पृथगिवाश्रयते विवर्त्तान्।
आवर्त्तबुद्बुदतरंगमयान् विकारान्
अम्भो यथा सलिलमेव हि तत्समस्तम्॥

एक करुण रस ही निमित्तभेद से भिन्न होकर पृथक्-पृथक् परिणामों को ग्रहण करता है। जल के आवर्त्त, बुद्बुद, तरंगादि जितने प्रकार हैं, वे समस्त सलिल ही होते हैं।

नाट्यशास्त्रकार ने आठ ही रस माने हैं। यथा—

शृंगारहास्यकरुणरौद्रवीरभयानकाः।
वीभत्साद्भुतसंज्ञौ चेत्यष्टौ नाट्ये रसा स्मृताः॥

नाट्य में शृंगार, हास्य, करुण, रौद्र, वीर, भयानक, वीभत्स और अद्भुत आठ रस माने गए हैं।

काव्यप्रकाशकार ने नवाँ शान्त रस भी माना है। यथा—

निर्वेदस्थायिभावोस्ति शांतोपि नवमो रसः।

नवम रस शान्त है जिसका स्थायी भाव निर्वेद है।

रसगंगाधरकार जो कहते हैं उसका आशय यह है–

"क्या रस इतने ही हैं? भगवान् जिसके आलंबन हैं, रोमांच अश्रुपातादि जिसके अनुभाव हैं, भागवतादि पुराण श्रवण के समय भगवद्भक्त भक्तिरस के उद्रेक से जिसका अनुभव करते हैं वही भगवदनुरागरूपा भक्ति यहाँ स्थायीभाव है। शान्त रस में इसका अन्तर्भाव नहीं हो सकता क्योंकि अनुराग और वैराग्य परस्पर विरोधी हैं। किन्तु भक्ति देवादि रति विषय से सम्बन्ध रखती है, अतएव वह भाव के अन्तर्गत है, उसमें रसत्व नहीं माना जा सकता।"

रसगंगाधरकार पण्डितराज जगन्नाथ असाधारण विद्वान् थे। वे स्वयं प्रश्न उपस्थित करते हैं कि क्या रस इतने ही हैं? प्रश्न उपस्थित करने के उपरान्त पूर्व पक्ष का प्रतिपादन बड़ी योग्यता से करते हैं। जिन विभाव, अनुभाव एवं संचारी भावों के आधार से स्थायी भाव रसत्व को प्राप्त होता है, उसका निरुपण भी यथेष्ट करते हैं, उनकी पंक्तियों को पढ़ते समय ज्ञात होने लगता है कि आप भक्ति को रस स्वीकार करेंगे, किन्तु उन्होंने उसको देवादिविषयिनी रति कहकर 'भाव' ही माना। और यह भी नहीं बतलाया कि देवविषयक रति को रसत्व क्यों नहीं प्राप्त होता। परमात्मा का नाम रस है, श्रुति कहती है, 'रसो वै सः'। रस शब्द का अर्थ है–'यः रसयति आनन्दयति स रसः'। वैष्णवों को माधुर्य उपासना परम प्रिय है, अतएव भगवदनुरागरूपा भक्ति को वे रस मानते हैं। यह विषय पण्डितराजजी के लक्ष्य में था, इसलिये उन्होंने पूर्व पक्ष में उसको ग्रहण किया, किन्तु प्राचीन आचार्यों की सम्मति को प्रधान मानकर उसको भाव ही बतलाया।

आगे के पृष्ठों में आप पढ़ चुके हैं कि कुछ रसनिर्णायकों ने प्रेयांस, दांत, उद्धत, लौल्य, भक्ति और कार्पण्य को भी रस माना है। ज्ञात होता है कि इन लोगों का विचार भी पण्डितराजजी के ध्यान में था, और इसलिये भी सबमें भक्ति को प्रधान समझकर उन्होंने उसके रस होने के विरुद्ध अपनी लेखनी चलाई। जो हो, मेरे कथन का अभिप्राय यह है कि रसनिरूपण का विषय निर्विवाद नहीं है। जैसा आप लोग देख चुके, इस विषय में भी भिन्न-भिन्न आचार्यों के भिन्न-भिन्न मत हैं। हाँ, यह अवश्य है कि अधिक सम्मति नवरससम्बन्धिनी है। जिस प्रकार यह सत्य है, उसी प्रकार यह भी सत्य है कि कुछ मान्य विद्वानों ने वात्सल्य रस को भी दसवाँ रस माना है। उनमें मुनीन्द्र और साहित्यदर्पणकार का नाम विशेष उल्लेख योग्य है। साहित्यदर्पणकार लिखते हैं–

"स्फुटं चमत्कारितया वत्सलं च रसं विदुः* ।"

स्पष्ट चमत्कारक होने के कारण वत्सल को भी रस कहा गया है।

भारतेन्दु बाबू हरिश्चन्द्र ने भी अपने नाटक नामक ग्रन्थों में 'वत्सल' को रस माना है। उन्होंने रसों के नामों का उल्लेख इस प्रकार किया है–

"शृंगार, हास्य, करुण, रौद्र, वीर, भयानक, अद्भुत, वीभत्स, शान्त, भक्ति वा दास्य, प्रेम वा माधुर्य्य, सख्य, वात्सल्य, प्रमोद वा आनन्द।"

'प्रकृतिवाद' बँगला का एक प्रसिद्ध कोष है। उसके रचयिता वंग भाषा के एक प्रसिद्ध विद्वान् हैं। वे रस शब्द का अर्थ बतलाते हुए लिखते हैं–

"केहो केहो वात्सल्यकेओ रस बलियाथाकेन, तन्मते रस दश प्रकार।"–"कोई कोई वात्सल्य को भी रस कहते हैं, उनके मत से रस दश प्रकार का होता है।"

साहित्यदर्पणकार ने वत्सल को रस मानने का कारण उसका स्पष्ट चमत्कारक होना बतलाया है, साथ ही उसको मुनीन्द्रसम्मत भी लिखा है। मेरा विचार है कि वत्सल में उतना स्पष्ट चमत्कार नहीं है, जितना भक्ति में, किन्तु उसको उन्होंने भी रस नहीं माना। बाबू हरिश्चन्द्र ने भक्ति वा दास्य लिखकर उसको दास्य तक परिमित कर दिया है, किन्तु भक्ति बहुत व्यापक और उदात्त है, साथ ही उसमें इतना चमत्कार है, कि शृंगार रस भी उसकी समता नहीं कर सकता। वैष्णव विद्वानों ने भक्ति को रस माना है, और अन्य सब रसों से उसको प्रधानता दी है। आचार्यवर मधुसूदन सरस्वती अपने भक्तिरसायन नामक ग्रन्थ में जो लिखते हैं उसका अभिप्राय है–

अन्य रसों के समान विभावादि से युक्त होकर भक्ति चित्रफलक के सदृश मनोरंजन बनकर रसत्व को प्राप्त होती है। रसकोविदों ने देवादिविषयक रति और अर्जित व्यभिचारी को भाव बतलाया है रस नहीं, किन्तु इस विचार को अन्य देवताओं तक ही परिमित समझना चाहिए, क्योंकि उन लोगों की रति अलौकिक आनन्द-दायिनी नहीं होती, परमानन्दस्वरूप परमात्मा की भक्ति के विषय में यह बात नहीं कही जा सकती। कांतादि-विषयक रसों में रसत्व का पोषण यथेष्ट नहीं होता, क्योंकि उनको

* भोजदेव ने भी अपने 'शृंगारप्रकाश' नामक ग्रन्थ में 'वत्सल' को रस माना है, और रसों की संख्या दश बतलाई है। वे लिखते हैं–

शृंगारवीरकरुणाद्भुतहास्यरौद्र-
वीभत्सवत्सलभयानकशांतनाम्नः।
अश्नासियुर्दशरसान सुधियो वदंति
शृंगारमेव रसनाद्रस मामनामः।

शृंगार, वीर, करुण, अद्भुत, हास्य, रौद्र, वीभत्स, वत्सल, भयानक और शान्त नामक दश रस बुद्धिमानों ने बतलाये हैं, किन्तु आस्वादन पर दृष्टि रखकर शृंगार ही रस माना जा सकता है।

पूर्ण-सुख स्पर्श नहीं करते। प्राकृत क्षुद्र रसों से परिपूर्ण-रसा भगवद्‌भक्ति वैसी ही बलवती है, जैसी खद्योतों में आदित्य की प्रभा।

सम्भव है, इस उक्ति को रंजित माना जावे, किन्तु अभिनिविष्ट चित्त से विचार करने पर वह सत्य समझी जावेगी। भक्ति नव प्रकार की होती है—यथा

श्रवणं कीर्तनं विष्णोः स्मरणं पादसेवनम्।
अर्चनं वंदनं दास्यं सख्यमात्मानिवेदनम्॥

भारतेन्दुजी ने जिन नवीन रसों की चर्चा अपने लेख में की है, लगभग उन सबका अन्तर्भाव भक्ति में हो जाता है। भक्ति दास्य ही नहीं है, यह बात इस श्लोक से स्पष्ट हो गई। आचार्य-प्रवर मधुसूदन सरस्वती की उक्ति का समर्थन भी अधिकांश में नवधा भक्ति करती है। पादसेवनं से लेकर दास्यं, सख्यं, आत्म-निवेदनं तक भक्ति का चमत्कार है। दाम्पत्य धर्म का सर्वस्व भी दास्य, सख्य और आत्मनिवेदन है। यों तो भगवदाज्ञा है, कि 'ये यथा मां प्रपद्यंते तांस्तथैव भजाम्यहम्' किन्तु व्यापक भगवदुपासना तीन ही रूप में होती है; 1—पिता पुत्र भाव, 2—स्वामी सेवक भाव और 3—पति पत्नी भाव में। शृंगार रस में प्रधान नायक पति और प्रधान नायिका स्वकीया होती है। ऐसी अवस्था में शृंगार रस का भी अधिकांश भक्ति के अन्तर्गत आ जाता है। कबीर साहब निर्गुण उपासक माने जाते हैं। कुछ लोग उनको आधुनिक सन्त मत के निर्गुण उपासकों का आचार्य भी समझते हैं। निर्गुण उपासना का अधिकांश सम्बन्ध ज्ञानमार्ग से है, उसका आध्यात्मिक उत्कर्ष बहुत कुछ बतलाया जाता है। किन्तु जब भक्ति अथवा प्रेम का उद्रेक हृदय में होता है, तब सगुण उपासना ही सामने आती है, और उपासना के उक्त तीनों रूपों में से किसी एक का अथवा तीनों का आश्रय चित्त की वृत्ति के अनुसार ग्रहण करना पड़ता है। निर्गुणवादी होकर भी कबीर साहब को इस पथ का पथिक होना पड़ा है। उनको तीनों रूपों में परमात्मा को स्मरण करते देखा जाता है किन्तु पत्नी भाव की उनकी उपासना बहुत ही हृदयग्राहिणी है। यह उपासना माधुर्यमयी है, इसकी वेदनाएँ मर्मस्पर्शिनी होती हैं, अतएव उनमें विचित्र रसपरिपाक पाया जाता है। कबीर साहब की निम्नलिखित रचनाओं में कितनी मार्मिकता है, आप लोग स्वयं उसका अनुभव कीजिए—

बिरहिन देय सँदेसरा सुनो हमारे पीव।
जल बिन मच्छी क्यों जिए पानी में का जीव॥
अँखियाँ तो झाईं परी पंथ निहार निहार।
जीहड़ियाँ छाला पड़ा नाम पुकार पुकार॥

बिरहिन उठि उठि भुइ परै दरसन कारन राम।
मुए पाछे देहुगे सो दरसन केहि काम॥
मुए पाछे मत मिलौ कहै कबीरा राम।
लोहा माटी मिल गया तब पारस केहि काम॥
सब रग ताँत रबाब तन बिरह बजावै नित्त।
और न कोई सुन सकै कै साई कै चित्त॥
पिया मिलन की आस रहौं कब लौं खरी।
ऊँचे नहिं चढ़ि जाय मने लज्जा भरी॥
पाँव नहीं ठहराय चहूँ गिरि गिरि परूँ।
फिरि फिरि चढ़हूँ सम्हारि चरन आगे धरूँ॥
अंग अंग थहराय तो बहुविध डरि रहूँ।
करम कपट मग घेरि तो भ्रम में परि रहूँ॥
बारी निपट अनारि तो झीनी गैल है।
अट पट चाल तुम्हार मिलन कस होइहै॥
अन्तर पट दे खोल सब्द उर लावरी।
दिल बिच दास कबीर मिलैं तोहि बावरी॥

इन पंक्तियों में कैसा आत्मनिवेदन है, उसे बतलाना न होगा। प्रत्येक शब्द में वह व्यंजित है। आत्मनिवेदन का अर्थ आत्मोत्सर्ग लीजिये, चाहे आत्मदशानिवेदन, दोनों ही भाव उनमें मौजूद हैं। अतएव उनमें भक्ति रस का प्राचुर्य स्पष्ट है। काव्य प्रकाशकार ने रस का जो व्यापक और मानसिक अवस्था प्रदर्शन सम्बन्धी लक्षण लिखा है, भक्ति में वह जितना सुविकसित पाया जाता है, अन्य रस में उसका उतना विकास नहीं देखा जाता। वे लिखते हैं—'पानक रस के समान रस को आस्वाद्य होना चाहिये' उनके कहने का भाव यह है कि जैसे पीने का रस चीनी, दूध, केवड़ा, इलायची आदि भिन्न-भिन्न पदार्थों से बनकर उन सबसे पृथक् एक विचित्र स्वाद रखता है, और अधिक स्वादिष्ट भी होता है, उसी प्रकार विभावादि के मिश्रण से जो रस बनता है, उसका आस्वादन भी अपूर्व और विलक्षण होना चाहिये। भक्ति में यह गुण और रसों से अधिक पाया जाता है। जब भगवद्विषयक स्थायी भाव, परमानन्दस्वरूप परमात्मा आलम्बन विभाग को पाकर पुलक अश्रुपात आदि अनुभावों एवं हर्ष, आवेग, विवोध, औत्सुक्य आदि संचारी भावों के सहारे भक्ति में परिणत होता है, उस समय भक्तजनों के हृदय में जिस अलौकिक रस का आविर्भाव होता है, वह कितना लोकोत्तर तथा दैवी विभूति-सम्पन्न देखा जाता है, क्या यह अविदित है। क्या उसी के आस्वादन-जनित आमोद का वर्णन इन शब्दों में नहीं है?—

"त्वत्साक्षात्करणाह्लादविशुद्धाब्धिस्थितस्य मे।
सुखानि गोष्पदायते .... ॥"

—भागवत

तुम्हारे साक्षात्करण आह्लाद के विशुद्ध समुद्र में स्थित होने के कारण मुझको समस्त सुख गोष्पदसमान ज्ञात होते हैं।

क्या उसी रसास्वादनकारी की अद्भुत दशा का उल्लेख यह नहीं है?

क्वचिद्रुदन्त्यच्युतचिंतया क्वचिद्धसंति नंदन्ति वदंत्यलौकिकाः।
नृत्यंति गायंत्यनुशीलयंत्यजं भवंति तूर्ष्णीं परमेत्य निर्वृताः॥

अच्युत का चिन्तन करके कभी रोते हैं, कभी हँसते, आनन्दित होते और अलौकिक बातें कहते हैं। कभी नाचते, गाते, भगवान् का अनुशीलन करते और परमात्मा को प्राप्त कर सन्तोष लाभ करने के उपरान्त मौन हो जाते हैं।

क्या उसी रस का प्याला पीकर भक्तिमयी मीरा ने यह नहीं गाया।

मेरे तो गिरधर गोपाल दूसरा न कोई।
जाके सिर मोर मुकुट मेरो पति सोई॥
साधुन सँग बैठि बैठि लोकलाज खोई।
अब तो बात फैल गई जानत सब कोई॥
अँसुवन जल सींचि सींचि प्रेम बेलि बोई।
मीरा को लगन लगी होनि हो सो होई॥

क्या उसी रस की सरसता के स्वाद ने उनके समस्त राजभोग को भी नीरस नहीं बनाया था?

क्या उसी रस का भांड लेकर भक्ति-अवतार गौरांग ने बंगाल प्रान्त को प्रेमोन्मत्त नहीं बनाया? स्वयं उस रस से सिक्त होकर क्या उन्होंने वह रस-प्लावन नहीं किया, जिसमें भारत का एक विशाल प्रान्त आज भी निमग्न है? आज से चार सौ वर्ष पहले इस पुण्यभूमि ने जो स्वर्गीय गान सुना, जो त्रिलोकमोहन नर्तन देखा, जो अभूतपूर्व भक्तिउद्रेक अवलोकन किया, क्या, वह उसी रस की महत्ता नहीं थी?

क्या उसी रस से सराबोर मंसूर ने सूली पर चढ़कर यह नहीं पुकारा—

'यह उसके बाम का जीना है आए जिसका जी चाहे।'

क्या उस रस के रोम रोम में रग रग में भीनने का ही यह निरूपण नहीं है—

'बाद मरने के हुआ मनसूर को भी जोशे इश्क़।
खून कहता था अनल हक़ दार के साया तले ॥'

कोई सामने आए और बताए कि दूसरे किस रस का आस्वाद ऐसा है!

रस की और विशेषता क्या है? यह कि वह स्पष्ट झलक जाता है, हृदय में प्रवेश कर जाता है, सर्वांग को सुधारस-सिंचित बनाता है और अन्य वेद्य विषयों को तिरोहित कर देता है। अन्य रसों पर भी यह लक्षण घटित हो सकता है, दूसरे रसों में भी यह विशेषता पाई जा सकती हैं, किन्तु भक्ति रस में तो इस लक्षण और विशेषता की पराकाष्ठा हो जाती है, वरन् कहना तो यह चाहिए कि भक्ति रस में ही इन विशेषताओं की वास्तविक सार्थकता होती है। जब भक्ति अन्य वेद्य विषयों को तिरोहित कर देती है, तभी तो वह स्पष्ट झलक जाती है, तभी तो हृदय में प्रवेश करती है, और तभी तो सर्वांग सुधारस-सिंचित होता है। यदि ऐसा न होता तो यह क्यों कहा जाता–"प्रेम एव परो धर्म्मः" "God is love, love is God"? क्यों गोस्वामीजी महाराज कहते 'जेहि जाने जग जाय हेराई' और वेद्य विषयों की बात ही क्या, जब भक्ति रस के प्रभाव से 'रसो वै सः' का ज्ञान हो जाता है, तो संसार स्वयं तिरोहित हो जाता है, स्वयं खो जाता है, क्योंकि जिसको उसकी खबर हो जाती है, उसको स्वयं अपनी खबर नहीं रहती। आंरा कि ख़बर शुद ख़बरशबाज नयामद। और तो और, बेचारी मुक्ति को भी कोई नहीं पूछता। जब भक्ति हृदय में प्रवेश कर गई तो मुक्ति को उसमें स्थान कहाँ। उसका तिरोधान तो हो ही जावेगा–

"राम-उपासक मुक्ति न लेहीं। तिन कहँ राम भक्ति निज देहीं।"

श्रीमद्भागवत का भी यही वचन है। सुनिए–

न किंचित् साधवो धीरा भक्ता ह्येकांतिनो मम।
वांछन्त्यपि मया दत्तं कैवल्यमपुनर्भवम् ॥

मेरे एकान्त भक्त धीर साधुजन कुछ नहीं चाहते, मम प्रदत्त कैवल्य और अपुनर्भव की भी कामना नहीं रखते। रहा सर्वांग का सुधारस-सिंचित होना, इसका अनुभव किस भावुक पुरुष को नहीं है? जिस समय किसी देवालय तथा किसी सात्विक स्थान-विशेष में भक्तिमय भगवद्-सुयश का गान प्रारम्भ होता है, अथवा जब किसी भक्तिरस-पूर्ण हृदय के मुख से उनकी कथा-अमृत की वर्षा होने लगती है, उस समय कौन है जो सुधास्रोत में निमग्न नहीं हो जाता? परम भागवत राजा परीक्षित भक्ति-अवतार श्री शुकदेवजी से क्या कहते हैं सुनिए–

नैषातिदुःसहा क्षुन्मां त्यक्तोदमपि बाधते।
पिबंतं त्वन्मुखाम्भोजच्युतं हरिकथामृतम् ॥

परम दुःसह क्षुधा और पिपासा भी मुझको बाधा नहीं पहुँचा रही है, क्योंकि आपके कमल-मुख से निःसृत सुधा मैं पान कर रहा हूँ। जो क्षुधा अंग अंग को शिथिल कर देती है, शरीर को निर्जीव बना देती है, जो पिपासा यह बतला देती है, कि जीवन का आधार जीवन ही है, राजा परीक्षित कहते हैं, कि वही क्षुधा और वही पिपासा, सो भी साधारण नहीं, परम दुःसह, उनको बाधा नहीं पहुँचाती है, उनकी आकुलता अथवा निरानन्द का कारण नहीं होती है, इस कारण कि वह एक भक्तिभाजन महात्मा के मुख से निकले हरिकथामृत का पान कर रहे हैं। आपने देखा, भक्ति-रस का सर्वांग में सुधा सिंचन। यदि भक्ति में यह शक्ति न होती तो क्या राजा परीक्षित के मुख से ऐसी अपूर्व बात कभी निकल सकती? आपमें यदि कभी भक्ति का उद्रेक होता है, या यदि कभी आपने किसी भक्ति-उद्रिक्त प्राणी को अभिनिविष्ट चित्त से देखा है, तो आपको इस बात का अनुभव होगा कि जिस समय हृदय में भक्ति-स्रोत प्रवाहित होता है, उस समय उनकी क्या दशा होती है। क्या उस समय समस्त अंगों में अलौकिक रस सिंचन नहीं होने लगता, क्या यह नहीं ज्ञात होता कि शरीर पर कोई अमृत-कलस ढाल रहा है, कोई रग-रग में किसी ऐसे आनन्द की धारा प्रवाहित कर रहा है जिसका आस्वादन सर्वथा लोकोत्तर है? यही तो सर्वांग में सुधारस सिंचन है। ब्रह्मानन्द का अनुभव ऐसे ही अवसरों पर तो होता है। भक्तिरस के अतिरिक्त दूसरा कौन रस है, जिसके द्वारा ब्रह्मानन्द की प्राप्ति यथातथ्य हो सके? रस को ब्रह्मानन्द-सहोदर कहा है, किन्तु भक्ति रस में ही इस लक्षण की व्याप्ति है। सांख्यकार ने त्रिविध दुःख की अत्यन्त निवृत्ति को परम पुरुषार्थ कहा है। किन्तु भक्ति रस सिक्त मनुष्य को दुःख का अनुभव होता ही नहीं, क्योंकि 'ब्रह्मविद् ब्रह्मैव भवति'। वह जानता है 'सर्वं खल्विदं ब्रह्म'। वह समझता है 'आनन्दाद्ध्येन खल्विमानि भूतानि जायंते आनंदेन जातानि जीवंति आनंदं प्रयान्त्यभिसंविशंति'। 'आनंदं ब्रह्मणो विद्वान्', 'तस्यैवानंदस्यान्ये मात्रामुपजीवन्ति'। और किस रस में इस सिद्धान्त के अनुभव की शक्ति है? भक्ति ही वह आधार है जिसके आश्रय से इस भाव का विकास होता है। भक्तिमान को छोड़कर कौन कह सकता है, 'राम-सियामय सब जग जानी। करहुँ प्रणाम जोरि युग पानी॥' कौन कह सकता है—'बर्गे-दरख़्तान सब्ज़ दरनज़रे होशियार। हरवरक़े दफ़्तरेस्त मारफते किर्दगार॥' द्रष्टा की दृष्टि में हरे वृक्षों का एक-एक पत्ता परमात्मा के रहस्य-ग्रन्थ का एक एक पन्ना है'। कितनी गहरी भक्तिमत्ता है। गुरु नानक देव कहते हैं—

गगन तल थाल रवि चंद दीपक बने तारकामंडला जनुक मोती।
धूप मलयानिलो पवन चवरो करै सकल बनराय फूलंत जोती॥
कैसी आरती होय भव खंडना।

"गगनतल के थाल में तारक मंडल मोती के समान जगमगा रहे हैं, सूर्य्य चन्द्र

उसमें दीपक सदृश शोभायमान हैं। मलयानिल धूप का काम देता है, समीर चमर झलता है; समस्त तरु पुष्प लेकर खड़े हैं, इस प्रकार भवभयनिवारण करनेवाली परमात्मा की अखंड आरती होती रहती है।"

कैसी उदात्त और आनन्दमयी कल्पना है। जिसकी भक्ति के उच्छ्वास ने संसार को परमानन्दमय बना दिया है, उसी के प्रफुल्ल हृदय का यह उद्गार है। ब्रह्मानन्द का अनुभव यही तो है। यही है वह भक्तिभाव जिसे पाकर 'कुर्वंति कृतिनः केचिच्च-तुर्वर्गं तृणोपमम्।'

अब रही चमत्कार की बात। भक्ति का चमत्कार और विलक्षण है। भागवत में भक्त तथा भक्ति के विषय में बहुत कुछ कहा गया है जिनका आशय है–

"परमात्मा के चरणरज के प्रेमिक न तो कैलाश की कामना करते हैं, न स्वर्ग की, न सार्वभौम की, न राज्य की, न योगसिद्धि की, न अपुनर्भव की। कैसा अलौकिक चमत्कार है"! और सुनिए भगवान् उद्धव से क्या कहते हैं–

"न तो मैं योग से मिलता हूँ न सांख्य धर्म से, न स्वाध्याय से न तप से; लोग मुझे अर्जित भक्ति से ही पा सकते हैं। ऐसा चमत्कार किस रस का है? और भी सुनिये।" भगवद्वाक्य है–

जो कर्म से, तप से, ज्ञान से, वैराग्य से, योग से, दान से, धर्म से एवं दूसरे श्रेयों से पाया जा सकता है, वह सब मेरा भक्त एक भक्तियोग द्वारा ही पा जाता है। भक्ति की कैसी अपूर्व चमत्कृति है।

वैदिक काल से प्रारम्भ करके पौराणिक काल तक का जितना साहित्य है, उसके बाद के जितने काव्य अथवा अन्य धार्मिक किंवा ऐतिहासिक ग्रन्थ हैं, वे समस्त भक्ति के चमत्कार से भरे पड़े हैं। वैदिक साहित्य के प्राकृतिक देवतों और ईश्वर की भक्ति का चमत्कार ही संसार के ज्ञानभण्डार का विकास है। महाभारत, रामायण और पुराणों के महामहिम पुरुषों की उदात्त देवभक्ति, गुरुभक्ति, पितृभक्ति आदि का चमत्कार क्या भारतवर्ष का पवित्र और जगदादर्शभूत महान् आत्मत्याग और अलौकिक सदाचार नहीं है? बुद्धदेव और बौद्धधर्म में अशोक की अनन्य भक्ति का चमत्कार उसका वह बौद्धधर्म-प्रचार है, जिसके आलोक से लगभग समस्त एशिया महादेश आलोकित है, और जिसकी छाया आजकल दूरवर्ती यूरोप और अमेरिका आदि अन्य महादेशों पर भी पड़ रही है। महात्मा ईसा की, जगत्पिता की, उदात्त भक्ति का चमत्कार वह ईसवी धर्म है, जिसके माननेवालों की संख्या आज संसार में सबसे अधिक है।

संसार के अनन्त धर्ममन्दिर अपने गगनस्पर्शी गुम्बदों और मीनारों द्वारा क्या ईश्वरभक्ति के चमत्कारों का ही उद्घोष नहीं कर रहे हैं? क्या उसी के गुणगान में धर्म-सम्बन्धी विविध बाजे और गगनभेदी गम्भीर निनाद नहीं संलग्न है? संसार के

तीर्थों की अपार जनता का समारोह, धार्मिक असंख्य कार्य्य-कलाप, धर्मयाजकों अथच उपदेशकों का विश्वव्यापी धर्मप्रचार क्या किसी अचिंत्य शक्ति की भक्ति के चमत्कार का ही परिणाम नहीं है? संसार में आजकल जो नाना परिवर्तन हो रहे हैं, विविध आविष्कार और उद्योग किये जा रहे हैं, क्या वे विश्वभक्ति, देशभक्ति, समाजभक्ति, जातिभक्ति और आत्मभक्ति के ही चमत्कार नहीं हैं? यदि इन बातों का उत्तर स्वीकृति है, तो यह स्पष्ट है कि भक्ति जैसा चमत्कार किसी रस में नहीं है, इस दृष्टि से भी उसको सब रसों पर प्रधानता है।

काव्यप्रकाशकार ने जो व्यापक लक्षण रसों के बतलाए थे, उसके आधार से विचार करने पर भी भक्तिरस का स्थान उच्च ही नहीं उच्चतर सिद्ध हुआ। भक्ति-साहित्य भी किसी रस से अल्प नहीं, हिन्दी संसार में तो सन्तों की वाणियों ने उसका भांडार भली भाँति भर दिया है। फिर भी भक्ति को भाव ही माना जाता है, उसे रस नहीं कहा जाता। इस विषय में पण्डितराज जगन्नाथजी ने भी उसका पक्ष नहीं लिया। तो भी अनेक वैष्णव विद्वानों ने उसके रस-प्रतिपादन का उद्योग किया है और यह बड़े हर्ष की बात है।

वात्सल्य रस के प्रसंग में भक्ति रस पर कुछ लिखना विषयांतर था। किन्तु, मैंने वात्सल्यरस का पक्ष पुष्ट करने के लिये ही यह कार्य्य किया है। मैं कहना यह चाहता हूँ कि जब भक्ति जैसे प्रधान रस की उपेक्षा हो सकती है, तो वात्सल्य रस का उपेक्षित होना आश्चर्यजनक नहीं। मैं पहले दिखला आया हूँ कि वात्सल्य को कुछ प्रसिद्ध विद्वानों ने रस माना है। अब मैं देखूँगा कि उसमें रस होने की योग्यता है या नहीं। किसी भाव को रस मानने के लिये यह आवश्यक है कि वह विभाव, अनुभाव और संचारी भावों द्वारा परिपुष्ट हो। यह बात वत्सल रस में पाई जाती है। साहित्य-दर्पणकार के लिखने का अर्थ है—

"प्रकट चमत्कारक होने के कारण कोई कोई बत्राल-रत्र भी मानते हैं। इरामें वात्सल्य स्नेह स्थायी होता है। पुत्रादि इसके आलम्बन और उसकी चेष्टा तथा विद्या, शूरता, दया आदि उद्दीपन विभाव हैं। आलिंगन, अंगस्पर्श, सिर चूमना, देखना, रोमांच, आनंदाश्रु आदि इसके अनुभाव हैं। अनिष्ट की आशंका, हर्ष, गर्व आदि संचारी माने जाते हैं।"

यदि कहा जावे कि अपने विभाव, अनुभाव आदि के द्वारा स्थायी वत्सलता स्नेह उतना परिपुष्ट होता जो रसत्व को प्राप्त हो तो यह बात स्वीकार नहीं की जा सकती। यह सच है कि उद्‌बुद्धमात्र कोई स्थायी भाव तब तक रस नहीं माना जा सकता जब तक उसमें स्थायिता और विशेष परिपुष्टि न हो, किन्तु, जो रस माने जाते हैं, उनसे वत्सलरस किसी बात में न्यून नहीं है, उसमें भी विशेष स्थायिता और रस-परिपुष्टि है।

काव्यप्रकाशकार ने रस के जो व्यापक और मनोभावद्योतक लक्षण बतलाए हैं, उन पर मैं वात्सल्य रस को कसता हूँ। आशा है उससे प्रस्तुत विषय पर यथेष्ट प्रकाश पड़ेगा। वे लक्षण ये हैं–

(1) रसों का आस्वाद पानक रस समान होता है, (2) वे स्पष्ट झलक जाते हैं, (3) हृदय में प्रवेश करते हैं, (4) सर्वांग को सुधारस-सिंचित बनाते हैं, (5) अन्य वेद्य विषयों को ढक लेते हैं, (6) ब्रह्मानन्द के समान अनुभूत होते हैं और (7) अलौकिक चमत्कृति रखते हैं।

पानक रस किसे कहते हैं, पहले मैं यह बतला चुका हूँ। अनेक वस्तुओं के सम्मिलन से जो रस बनता है उसका स्वाद जैसे उन भिन्न भिन्न वस्तुओं से भिन्न और विलक्षण होता है, उसी प्रकार विभाव, अनुभावादि के आधार से बने हुए रस का आस्वाद भी उन सबों से अलग और विलक्षण होना चाहिए। वात्सल्य रस में यह बात पाई जाती हैं बालकों की बालक्रीड़ा देखकर माता पिता में तो तन्मयता होती है, वह अविदित नहीं। उनकी तोतली बातों को सुनकर उनके हृदय में जो रस-प्रवाह होता है, क्या वह अपूर्व और विलक्षण आस्वादमय नहीं होता? माता पिता को छोड़ दीजिए, कौन मनुष्य है जिसे बाललीला विमोहित नहीं करती? देखिए, निम्नलिखित पद्य में इस भाव का विकास किस सुन्दरता से हुआ है–

बर दंत की पंगति कुन्दकली अधराधर पल्लव खोलन की।
चपला चमकै घन बीच जगै छबि मोतिन माल अमोलन की॥
घुघुरारी लटैं लटकैं मुख ऊपर कुंडल लोल कपोलन की।
निवछावर प्रान करैं तुलसी बलि जाउँ लला इन बोलन की॥

वात्सल्य स्नेह विभाव, घुघुरारी लटें, बोलन आदि उद्दीपन, मधुर छवि-अवलोकन आदि अनुभाव, और हर्ष संचारी भाव के मिलन से जिस रस का आस्वाद आस्वादनकारिणी को हुआ है, जो पद्य के प्रति पदों में छलक रहा है, क्या पानक रस के आस्वाद्य से कहीं विलक्षण नहीं है? क्या विमुग्धता का स्रोत उसमें नहीं बह रहा है?

सरित्, सरोवर आदि में लहरें उठती ही रहती हैं किन्तु सब लहरें न तो स्पष्ट होती हैं, न यथातथ्य दृष्टिगोचर होती हैं। यही बात मानसतरंगों अथवा हृदय के भावों के विषय में भी कही जा सकती है। अनेक लहरें हृदय में उठती हैं, और तत्काल विलीन हो जाती हैं। किन्तु कुछ भावों की लहरें ऐसी होती हैं, जो स्पष्ट झलक जाती हैं, और उनमें स्थायिता भी होती है। रस प्राप्त भाव ऐसे ही होते हैं। वात्सल्य रस भी ऐसा ही है। सहृदय-शिरोमणि सूरदासजी के निम्नलिखित पद्य में उसका बड़ा सुन्दर विकास है। अन्तिम वाक्य 'कीन्हें सात निहोरें' ने तो इस पद्य में जान डाल दी है–

जेंवत नंद कान्ह इक ठौरे।
कछुक खात लपटात दुहूँ कर बालक हैं अति भोरे॥
बड़ो कौर मेलत मुख भीतर मिरिच दसन टुक तोर।
तीछन लगी नयन भरि आए रोवत बाहर दौरे॥
फूँकति बदन रोहिनी माता लिए लगाइ अँकोरे।
सूर स्याम को मधुर कौर दे कीन्हें सात निहोरे॥

बालक समान हृदयवल्लभ कौन है? वही तो कलेजे की कोर है, वही तो कलेजे का टुकड़ा (लख़्त-जिगर) है, फिर उसके भोले भाले भाव हृदय में प्रवेश क्यों न करेंगे। बालकों के समान हृदय-विमोहन संसार में कौन है? कुसुमचय भी बड़े मनोहर होते हैं, किन्तु बालकों जैसी सजीवता उनमें कहाँ! देखिए हृदय-प्रविष्ट भाव की सरसता! गोस्वामीजी निम्नलिखित पद्य लिखकर, मैं तो कहूँगा कि, रस की रसता भी छीने लेते हैं—

पौढ़िए लालन पालने हौं झुलावौं।
कर पद मुख चख कमल लसत लखि लोचन भँवर भुलावौं॥
बाल विनोद मोद मंजुल मनि किलकनि खानि खुलावौं॥
तेह अनुराग ताग गुहिबे कहँ मति मृगनयनि बुलावौं॥
तुलसी भनित भली भामिनि उर सो पहिराइ फुलावौं।
चारु चरित रघुवर तेरे तेहि मिलि गाइ चरन चित लावौं॥

बालक का मयंक सा मुखड़ा आँखों में सुधा बरसाता है, उसकी तुतली बातें कानों में अमृत की बूँद टपकाती हैं, उनके चुम्बन के आस्वाद के सम्मुख पीयूष ऊख बन जाता है, और उसका आलिंगन अंग अंग पर चाँदनी छिड़क देता है। जब वह हँसता खेलता आकर शरीर से लिपट जाता है, या किलकारियाँ भरता हुआ गोद में आ बैठता है, तब क्या उस समय 'सर्वांगीणमिवालिंगन्' का दृश्य उपस्थित नहीं हो जाता? यह वात्सल्यभाव की रस में परिणति ही तो है, और क्या है। देखिए सुधा निचोड़ती हुई एक माता क्या कहती है—

मेरे प्यारे बेटे आओ।
मीठी मीठी बातें कहके मेरे जी की कली खिलाओ॥
उमग उमग कर खेलो कूदो लिपट गले से मेरे जाओ।
इन मेरी दोनों आँखों में हँसकर सुधा बूँद टपकाओ॥

जिसने कभी बालकों के साथ खेला है, वह जानता है कि उस समय कितनी तन्मयता हो जाती है। बालक उस समय जो कहता है, वही करना पड़ता है। उस समय वास्तव में अन्य वेद्य विषय तिरोहित हो जाते हैं, यदि न हों तो खेल का रंग ही न

जमेगा। यदि खेल का रंग न जमा तो बालविलास का आनन्द ही जाता रहेगा। प्रसिद्ध राजनीतिज्ञ ग्लाडस्टन एक दिन अपने पौत्र के साथ खेल रहे थे। आप घोड़े बने हुए थे, और पौत्र उनकी पीठ पर सवार होकर उनसे घोड़े का काम ले रहा था। उसी समय उनसे मिलने के लिये एक सज्जन आए, और उनका यह चरित्र देखकर उनके पास ही कुछ दूर पर खड़े हो गए। किन्तु वे अपनी केलिक्रीड़ा में इतने तन्मय थे, कि बहुत देर तक उनका ध्यान ही उधर नहीं गया। खेल समाप्त होने पर जब यह बात उनको ज्ञात हुई, तो वे हँस पड़े। बोले, आशा है आपके यहाँ भी लड़के होंगे। इसी को कहते हैं वेद्यविषय का तिरोभाव। इसी तन्मयता का चित्र महात्मा सूरदासजी किस सहृदयता से खींचते हैं, देखिए। अन्तिम पद्य में 'स्याम को मुख टरत न हिय ते' बड़ा मार्मिक है–

आँगन स्याम नचावहीं जसुमति नँदरानी।
तारी दै दै गावहीं मधुरी मृदु बानी॥
पायन नूपुर बाजई कटि किंकिनि कूजै।
नन्हीं एड़िअन अरुनता फलबिंबन पूजै॥
जसुमति गान सुनै स्रवन तब आपुन गावै।
तारि बजावत देखिकै पुनि तारि बजावै॥
नचि नचि सुतहिं नचावई छवि देखत जिय ते।
सूरदास प्रभु स्याम को मुख टरत न हिय ते॥

रस का परिपाक ब्रह्मानन्द समान अनुभूत होता है, इसकी वास्तवता चिन्तनीय है। वीभत्स रस एवं भयानक और रौद्र रस में इसकी चरितार्थता कैसे होगी? हाँ, शान्त, शृंगार, करुण, अद्‌भुत और विशेष दशाओं में हास्य और वीर में भी इस लक्षण की सार्थकता हो सकती है। भक्ति रस में तो यह लक्षण पूर्णता को पहुँच जाता है; वत्सल रस में भी उसका पर्याप्त विकास दृष्टिगत होता है। संसार में जो आनन्द-स्वरूप परमात्मा का कोई मूर्तिमान आकार है, तो वह बालक है। ब्रह्म के संसार से निर्लिप्त होने का भाव जो कहीं मिलता है, तो बालक में मिलता है। दुःख सुख में सम बालक ही देखा जाता है, निरीहता उसी में मिलती है। फिर वात्सल्यरस ब्रह्मानन्द सहोदर क्यों न होगा। गोस्वामी तुलसीदासजी का इसी भाव का एक बड़ा सुन्दर पद है, जो अपने रंग में अद्वितीय है–

माता लै उछंग गोविंद मुख बार बार निरखै।
पुलकित तनु आनँद घन छन छन मन हरखै॥
पूछत तोतरात बात मातहिं जदुराई।
अतिसय सुख जाते तोहि मोहि कहु समुझाई॥

देखत तव बदन कमल मन अनंद होई।
कहै कौन? रसन मौन जानै कोइ कोई॥
सुंदर मुख मोहि देखाउ, इच्छा अति मोरे।
मम समान पुन्यपुंज बालक नहिं तोरे॥
तुलसी प्रभु प्रेमवस्य मनुजरूपधारीं।
बाल-केलि-लीला-रस ब्रज जन हितकारी॥

तुतलाकर लीलामय ने पूछा, तुझको अपार सुख किसमें है? माता ने कहा—तेरा कमलवदन देखकर मन आनन्दित होता है। कैसा आनन्द होता है, इसको कौन कहे, रसना तो चुप है, इसको कोई-कोई जानता है। लीलामय ने कहा—वह सुन्दर मुखड़ा मुझे दिखला। माता ने कहा—मेरे समान तेरा पुण्यपुञ्ज कहाँ! यहाँ पर ब्रह्मानन्द को भी निछावर कर देने को जी चाहता है। संसार में बालक के मुख अवलोकन के आनन्द का अनुभव माता ही को हो सकता है। और कोई संसार में इस अनुभव का पात्र नहीं, पिता भी नहीं। बालक कृष्ण भी पिता ही के वर्ग का है, इसीलिये माता ने कहा—तेरा पुण्यपुञ्ज ऐसा कहाँ! फिर जो आनन्द ऐसा अलौकिक और अनिर्वचनीय है कि जिसको रसना भी नहीं कह सकती, जिसको कोई-कोई जानता ही भर है, किन्तु कह वह भी नहीं सकता, उसे वे कैसे कहें। यही तो ब्रह्मानन्द है! जिसकी अधिकारिणी कोई-कोई यशोदा जैसी भाग्यशालिनी माता ही हैं, स्वयं अवतारी बालक कृष्ण भी नहीं। अपने मुख को आप कोई कैसे देख सकता है, जब तक विमल बोध का दर्पण सामने न होवे।

चमत्कार के विषय में तो वात्सल्य रस वैसा ही चकितकर है, जैसा कि स्वयं बालक। जब बालक-मूर्ति ही चमत्कारमयी है तो उससे सम्बन्ध रखनेवाले भाव चमत्कृतकर क्यों न होंगे! बालक का जन्मकाल कितना चमत्कारमय है और उस समय चारों ओर कैसा रस का स्रोत उमड़ पड़ता है, इसका अनुभव प्रत्येक हृदयवान् पुरुष को प्राप्त है। उस समय के गीतों के गान में जो झंकार मिलती है, सोहरों में जो विमुग्धकरी ध्वनि पाई जाती है, वह किसी दूसरे अवसर पर श्रुतिगोचर नहीं होती। सन्तान ही वंश-वृद्धि का आधार, पिता का आशास्थल, माता का जीवन-सर्वस्व, और ससार-बीज का संरक्षक है। उसी में यह चमत्कार है कि जैसी ममता उसकी पशु पक्षी कीट पतंग को होती है, वैसी ही देवता मनुष्य और दानवों को भी। उसकी लीलाएँ जितनी मनोरंजिनी हैं, जितनी उसमें स्वाभाविकता और सरसता मिलती है, मानव जीवन की किसी अवस्था में उतनी मनोरंजन आदि की सामग्री नहीं पाई जाती। ये बातें भी चमत्कारशून्य नहीं। नीचे मैं वात्सल्य रस के कुछ पद्य लिखता हूँ। आप देखें, इनमें कैसा स्वभाव-चित्रण और कवितागत चमत्कार है। बालक जैसे सरल और कोमल होते हैं, वैसे

ही उनके भाव और विचार भी सरल और कोमल होते हैं। उद्धृत कविताओं में आप को उनका बड़ा ही मनोहर स्वरूप दिखलाई पड़ेगा।

मैया! मैं नाहीं दधि खायो।
ख्याल परे ये सखा सबै मिलि मेरे मुख लपटायो॥
देखि तुही छीके पर भाजन ऊँचे घर लटकायो।
तुही निरखि नान्हें कर अपने मैं कैसे करि पायो॥
मुख दधि पोछि कहत नँदनंदन दो ना पीठ दुरायो।
डारि साँट मुसुकाइ तबहिं गहि सुत को कंठ लगायो॥
बाल विनोद मोद मन मोह्यो भगति प्रताप दिखायो।
सूरदास प्रभू जसुमति के सुख शिव विरंचि बौरायो॥

शिव विरंचि बावले बने हों या न बनें हों, किन्तु महात्मा सूरदासजी का बड़ी ही सजीव भाषा में सहज बाल-स्वभाव का चित्रण अत्यन्त मार्मिक और हृदयग्राही है। एक-एक चरण में विमुग्धकारी भाव हैं और उनको पढ़कर रसोन्माद-सा होने लगता है। चमत्कार के लिये इतना ही बहुत है। शिव विरंचि का उन्माद तो बड़ा ही चमत्कारक है, संभव है हमारे दिव्यचक्षु महाकवि ने इसको अवलोकन किया हो। बालक कृष्ण की विचित्र लीला क्या नहीं कर सकती!

अबहिं उरहनो दै गई बहुरो फिरि आई।
सुनु मैया! तेरी सौं कहौं याकी टेव लरन की सकुच बेचि सी खाई॥
या व्रज में लरिका घने हौं ही अन्याई।
मुँहलाए मूँड़हिं चढ़ी अंतहु अहिरिन तोहि सूधी कर पाई॥
सुनि सुत की अति चातुरी जसुमति मुसुकाई।
तुलसिदास ग्वालिनि ठगी, आयो न उतर कछु कान्ह ठगौरी लाई॥

अहीरिन ने भी अच्छे घर बैना दिया था, बेचारी दो-दो बार उलाहना देने आई, पर फिर भी उसी को मुँह की खानी पड़ी। उसने मुँह की ही नहीं खाई, भोले-भाले बालक द्वारा ठगी भी गई। दूध-दही तो गया ही था, उल्लू भी बनी, जवाब तक न सूझा। बालक कृष्ण ने ऐसी बातें गढ़ीं कि यशोदा देवी को मुसकाना ही पड़ा। इन गढ़ी बातों को सुनकर किसके दाँत नहीं निकल आएँगे! हमारे कृष्ण भगवान् ने चाहे जो किया हो, किन्तु गोस्वामी तुलसीदासजी की लेखनी का चमत्कार इस पद्य में चमत्कृतकर है--

जो कसौटी मैंने वात्सल्यरस के कसने की ग्रहण की थी, मेरे विचार से उस पर कस जाने पर वात्सल्यरस पूरा उतरा। इसके अतिरिक्त जब मैं विचार करता हूँ तो वात्सल्यरस उन कई रसों से अधिक व्यापक और स्पष्ट है, जिनकी गणना नवरस में

होती है। हास्यरस का स्थायी भाव हास है, हास मनुष्य-समाज तक परिमित है; पशु-पक्षी, कीट-पतंग नहीं हँसते, किन्तु वात्सल्यरस से ये जीव-जन्तु भी रहित नहीं, चींटी तक अपने अण्डे-बच्चों के पालन में लगी रहती है, मधुमक्खियाँ तक इस विषय में प्रधान उद्योग करती दृष्टिगत होती हैं। यदि वनस्पति-सम्बन्धी आधुनिक आविष्कार सत्य हैं और उनमें भी स्त्री-पुरुष मौजूद हैं, तो वत्स और वात्सल्यभाव से वंचित वे भी नहीं हैं; फिर भी 'हास्य' को रस माना गया और 'वात्सल्य' इस कृपा से वंचित रहा। वीभत्स में भी न तो वत्सल इतनी रसता है, न व्यापकता, न संचरणशीलता, फिर भी वह नवरस में परिगणित है और 'वत्सल' को वह सम्मान नहीं प्राप्त है। वीभत्स रस भी मानव-समाज तक ही परिमित है, इतर प्राणियों में उसके ज्ञान का अभाव देखा जाता है, इस दृष्टि से भी वत्सल की समानता वह नहीं कर सकता, तथापि वह उच्च आसन पर आसीन है। वत्सल रस का साहित्य निस्सन्देह थोड़ा है, इस विषय में वह रससंज्ञक स्थायी भावों का सामना नहीं कर सकता। हिन्दी भाषा के किसी आचार्य अथवा प्रतिष्ठित विद्वान् ने 'वत्सल' को रस नहीं माना; इसलिये उसकी कविता साहित्य-ग्रन्थों में प्रायः दुष्प्राप्य है। केवल बाबू हरिश्चन्द्र ने उसको रस माना है; किन्तु उनकी भी इस रस की कोई कविता मुझे देखने में नहीं आई। जितने हिन्दी भाषा में रस-सम्बन्धी ग्रन्थ हैं, उन सबसें आवश्यकतावश नवरस की कविता मिलती है; किन्तु यह गौरव वत्सल को नहीं मिला। साहित्य से किसी भाव की व्यापकता का पता चलता है; क्योंकि इससे जन-समुदाय की मानसिक स्थिति का भेद मिलता है। अतएव यह स्वीकार करना पड़ता है कि इस विषय में वत्सलरस उतना सौभाग्यशाली नहीं है। फिर भी मैं यह कहूँगा कि हिन्दी-संसार में जितना साहित्य वात्सल्यरस का पाया जाता है, वह अद्‌भुत, अपूर्व और बहुमूल्य है। कविशिरोमणि सूरदास और कवि-चूड़ामणि गोस्वामी तुलसीदासजी की वत्सलरस-सम्बन्धी रचनाएँ अल्प नहीं हैं, और इतनी उच्च कोटि की हैं कि उनकी समानता करनेवाली कविता अन्यत्र दुर्लभ है। वत्सलरस के साहित्य के गौरव और महत्त्व के लिये मैं उनको यथेष्ट समझता हूँ; क्योंकि वे जितनी हैं उतनी ही अलौकिक मणि-समान हिन्दी-संसार-क्षेत्र को उद्भासित करनेवाली हैं। आजकल बाल-साहित्य के प्रचार के साथ वत्सलरस की विभिन्न प्रकार की सरस रचनाओं का भी प्राचुर्य्य है। ज्ञात होता है, कुछ दिनों में शृंगार, हास्य, वीर आदि कतिपय बड़े-बड़े रसों को छोड़कर इस विषय में भी वात्सल्यरस अन्य साधारण रसों से आगे बढ़ जावेगा। यदि इस एक अंग की न्यूनता स्वीकार कर लें तो भी अन्य व्यापक लक्षणों पर दृष्टि रखकर मेरा विचार है कि वत्सल की रसता सिद्ध है, और उसको रस मानना चाहिए। मतभिन्नता के विषय में कुछ वक्तव्य नहीं, वह स्वाभाविक है।

❑

विविध

हिन्दी के मुसलमान कवि की प्रस्तावना

संकलनकार की इच्छा हुई कि इस ग्रन्थ की प्रस्तावना मैं लिख दूँ। प्रस्तावना लिखने के समय विचार हुआ कि प्रस्तावना लिखूँ—

'जिन दिन देखे वे कुसुम गई सु बीति बहार।'

फिर सोचा यह तो नैराश्य है, नैराश्यवाद अच्छा नहीं। क्यों न निश्चित किया जावे—

'ह्वैहै बहुरि बसंत ऋतु इन डारन वे फूल।'

निराशा से आशा और निर्जीवता से सजीवता अच्छी है। उद्योग जीवन का लक्षण है और चेष्टा सफलता की कुञ्जी। और कुछ न हो, अच्छे उद्देश्य का अच्छा होना ही क्या कम है। संग्रहकार का उद्देश्य उच्च है, उसने सम्बन्धबीज वपन किया है, स्नेह-सलिल से उसे सींचा है, क्यों न आशा की जावे कि वह अंकुरित होगा और काल पाकर सुन्दर फूल फल भी लावेगा। संसार परिवर्तनशील है, काल-चक्र कब किस प्रकार घूमेगा, यह कौन जानता है।

अन्तर्जगत दर्पण के समान पारदर्शक और उज्ज्वल है। इस विविध भावमय संसार में वह प्रत्येक भाव का प्रतिबिम्ब वा तथ्य ग्रहण करता है और उसको उसी रूप में प्रकट करना चाहता है। वह मलिन हो अथवा कारण विशेष से कलुषित हो, तो उसके प्रतिबिम्ब आवरण में अन्तर पड़ सकता है, किन्तु यह उसका वास्तविक रूप नहीं है। हिन्दू हो अथवा मुसलमान, स्वाभाविक हृदय सबका समान होता है, उसमें अस्वाभाविकता भी पायी जाती है, किन्तु उसके कारण वंशगत, समाजगत वा संसर्गगत कुछ संस्कार हैं, जो अधिकांश वास्तव हैं। जो जिस देश का निवासी है, उसका उस देश की भाषा से प्रेम होना स्वाभाविक है। जो भाषा आबाल जीवन-सहचरी है, उसकी ममता कोई छोड़ नहीं सकता। प्रायः भली प्रकार भावस्फुरण भी उसी में होता है, वह सुन्दरता के साथ

प्रकट भी उसी में किया जा सकता है। स्वाभाविकता भी उसी में पायी जाती है, कृत्रिमता की बात मैं नहीं कहता, वह अन्य विषय है। कबीर और मलिक मुहम्मद जायसी की अपूर्व रचना में इसी बात के उदाहरण हैं। रसखान की मुग्धकारी कृति में उसी का सरस रस प्रवाहित है। खुसरो, रहीम, रसलीन, मुबारक जैसे भावुकों के भाव प्रवाह में भी उसी का बहुत कुछ विकास है। ये हिन्दी के ऐसे सरस हृदय कवि हैं कि कतिपय सर्वमान्य महाकवियों को छोड़ अधिकांश हिन्दी भाषा के प्रसिद्ध कवियों के वे समकक्ष हैं। इन सहृदय मुसलमान कवियों पर मुसलमान जाति उचित गर्व कर सकती है, हिन्दू जाति को तो उनका गर्व है ही, इतना ही नहीं वह उनकी विचार उच्चता की कृतज्ञ भी है। चलती गाने की चीजों में विशेषकर ठुमरी, खेमटे, दादरों इत्यादि में कुछ मुसलमान सहृदयों ने जो रचना पटुता दिखलाई है, वह अभूतपूर्व है। उनमें इतनी सरसता, स्वाभाविकता और हृदयग्राहिता है कि उनकी बहुत कुछ प्रशंसा की जा सकती है। इस विषय में उनका समकक्ष कोई हिन्दी कवि कठिनता से मिलता है, उचित समकक्षता लाभ तो की है, बाबू हरिश्चन्द्र जी ने लाभ की है। उनके प्रेम तरंग इत्यादि ग्रन्थों में इस प्रकार की बड़ी मनमोहक रचनाएँ हैं। इस कथन का अभिप्राय यह है कि हिन्दी भाषा को अपनाकर मुसलमानों ने केवल कीर्ति और प्रतिष्ठा ही नहीं लाभ की है, अपितु उन्होंने मनोभावों के चित्रण में भी पराकाष्ठा दिखलाई है। मेरा तो विचार है कि उर्दू के महाकवियों की रचनाओं में उतनी स्वाभाविकता और सरसता किसी-किसी शेर में ही मिलेगी। इसलिए यह नहीं कहा जा सकता कि हिन्दी क्षेत्र मुसलमानों का नहीं है। वास्तव में बात यह है कि हिन्दी पर प्रत्येक हिन्द निवासी का स्वत्व है, और यही कारण है कि वह साधारण मुसलमान बादशाहों से लेकर मुसलमान सम्राटों तक में आदृत रही है।

खेद है कि आज रंग बदल गया है, आज मुसलमान सज्जन हिन्दी सुमनोद्यान को आँख भर देख नहीं सकते, उनकी दृष्टि में उसमें न तो विकच कुसुमावली है, न मनोमुग्धक सुगन्ध, और न मानसरंजन रमणीयता। उन्हें हरे-भरे पौधे, लहलही लता, कोमल किसलय और लुभावने प्रसून भी उसमें नहीं मिलते। उन्हें करील का साम्राज्य ही सब ओर दिखलाई पड़ता है, यह विपरीत दृष्टि का ही फल है, चाहे यह विपरीत दृष्टि किसी कारण विशेष से ही क्यों न हो। एक हिन्दी का हिन्दी के साथ यह व्यवहार कहाँ तक संगत है, इसको समय ही बतलाएगा। मेरा तो विचार है कि 'सत्यमेवजयतेनानृतम्', जीत सत्य की ही होगी, असत्य की नहीं। हिन्दी सेवी के उदात्त करों में सदा की विजयी वैजयंती है, कोई दिन होगा कि उसके तले समस्त हिन्द निवासी एकत्रित होंगे, स्वाभाविक जल-प्रवाह, सहज वायु संचार और लोकआलोकितकर आलोक से कोई कब तक मुख मोड़ेगा?

मुसलमान जाति का हिन्दी पर कितना प्रेम था और हिन्दी की समुन्नति में उनका कितना हाथ है, इसी बात के प्रकट करने के लिए यह ग्रन्थ संकलित हुआ है, साथ ही हिन्दी प्रेमिकों का मनोरंजन भी। संकलनकार ने ग्रन्थ के संकलन करने में परिश्रम किया है। अधिकांश हिन्दी मुसलमान कवियों की सुन्दर कविताएँ इय ग्रन्थ में संकलित हैं। उनमें आप उन ललित और सुन्दर रचनाओं को भी पावेंगे, जिनका उल्लेख मैंने जहाँ-तहाँ किया है। प्रत्येक कवि की प्राप्त जीवनी भी दी गयी है। कहीं-कहीं उसमें अच्छा विश्लेषण भी है। ग्रन्थ की भूमिका के लिखने में भी सहृदयता से काम लिया गया है। उसमें यत्र-तत्र मार्मिक नूतन और हृदयग्राहिणी बातें हैं। भूमिका में मौलिकता कम है, किन्तु संकलनकार की मधु-प्रवृत्ति प्रशंसनीय है। मैं इस ग्रन्थ का हिन्दी संसार में अभिनन्दन करता हूँ। आशा है हिन्दी संसार में इसका उचित आदर होगा। यदि मुसलमान सज्जनों की दृष्टि से संग्रहकार के उद्देश्य की ओर समुचित आकर्षित हो गयी और उन्होंने उसका तत्त्व समझा, तो मैं समझूँगा उनका श्रम सफल हुआ। अपनी मातृभाषा की सेवा का पुण्य तो उन्हें मिलेगा ही।

हरिऔध

बनारस

27-4-26

'सरस सुमन' की भूमिका

अभिनन्दन

एक दिन एक सरस सुमन मेरे सामने आया, उसकी भीनी-भीनी महक मनमोहक थी, उसमें सुमनता और सरसता भी मिली, मैं उत्फुल्ल हो गया। इस सरस सुमन के प्रस्तुत करने वाले हिन्दी संसार के एक होनहार सुकवि हैं। आप कितने सरस हृदय हैं, आपका प्रकृति-निरीक्षण कितना भावमय है, आपकी कोई-कोई उक्ति कितनी मार्मिक है, उसमें कितना प्रवाह और कितनी स्वाभाविकता है, कितना प्रसाद गुण है, ग्रन्थ की कुछ लाइनें कितनी सजीव हैं, इस विषय में मैं कुछ न कहूँगा, मुझको कहने का अधिकार नहीं, अपनी वस्तु किसे प्यारी नहीं होती। कविता कुसुमोद्यान दोष-कंटक-रहित नहीं होता, सरस सुमन की रक्षा के लिए कंटक-निर्माण में भी प्रकृति का कुछ कौशल है, अतएव मैं दोषों की भी चर्चा न करूँगा। मैं तो केवल हिन्दी साहित्य क्षेत्र में प्रिय ग्रन्थकार का अभिनन्दन मात्र करूँगा और आदिम उद्योग में ही उन्होंने जितनी सफलता लाभ की है, उसके लिए धन्यवाद दूँगा। साथ ही यह कामना भी करूँगा कि उनकी प्रतिभा पूर्ण विकसित हो, उक्ति और अधिक सुन्दर और सरस हो, वह प्रकृति निरीक्षण में और अधिक पटुता प्राप्त करें और यदि सम्भव हो तो हिन्दी संसार में उस कीर्ति के अर्जन करने की चेष्टा करें, जिसकी अंग्रेजी साहित्य में वड्र्सवर्थ ने लाभ किया है।

–हरिऔध

'नीहार' का परिचय

आजकल जिसे छायावाद कहते हैं, इस ग्रन्थ की अधिकांश कविताएँ उसी ढंग की हैं। छायावाद किसे कहते हैं? उसे छायावाद कहना चाहिए अथवा रहस्यवाद, यह वाद-ग्रस्त विषय है। स्वयं छायावादी कवि अब तक इस बात को निश्चित नहीं कर सके कि वे अपनी नूतन प्रणाली की कविताओं को छायावाद कहें अथवा रहस्यवाद। इस प्रकार की कविताओं की परिधि इतनी विस्तृत हो गयी है कि उन सबका अन्तर्भाव छायावाद अथवा रहस्यवाद में नहीं हो सकता। अतएव कोई-कोई उसको हृदयवाद कहने लगे हैं, किन्तु यह संज्ञा अति व्याप्ति दोष से दूषित है। मिसटिसिज्म (Mysticism) का यथार्थ अनुवाद रहस्यवाद ही हो सकता है, छायावाद शब्द में उसकी छाया दिखलाई पड़ती है, मूर्ति नहीं। रहस्यवाद में अस्पष्टता, अपरिच्छिन्नता और सर्वसाधारण की दुर्बोधता झलकती है, वह चमत्कार होकर अचिन्तनीय भी है, छायावाद में यह बात नहीं पायी जाती। वह स्निग्ध, मनोरम और प्रांजल है, साथ ही उतना अचिन्तनीय नहीं, शायद इसलिए उस पर अधिकतर सहृदयों की स्वीकृति की मुहर लग गयी है। छायावाद शब्द प्रचलित हो गया है और अपने उद्देश्य की पूर्ति भी कर रहा है। ऐसी अवस्था में अब इस विषय में अधिक इदं कुतः की आवश्यकता नहीं जान पड़ती। किसी विषय के लिए जब कोई शब्द रूढ़ि हो जाता है, तो एक प्रकार से वह अपेक्षित आवश्यकता के लिए स्वीकृत समझा जाता है, फिर वाद-विवाद क्या? संसार में अधिकांश नामकरण इसी प्रकार हुआ है।

हिन्दी कविता क्षेत्र में आजकल छायावाद की कविताएँ इस अधिकता से हो रही हैं और युवक दल उसकी ओर इतना आकृष्ट है कि वर्तमान समय को छायावाद युग कह सकते हैं फिर भी छायावाद की कविताएँ अभी आदिम अवस्था में हैं, उद्गम से बाहर निकलती हुई अधिकांश सरिताओं के समान उनमें वेग है, प्रवाह है, उल्लास और कल्लोल है, किन्तु वांछित धीरता नहीं, वह स्थान-स्थान पर तरंगाकुल और आविल भी हैं। ऐसा होना स्वाभाविक है, काल पाकर उनको सम धरातल भी मिलेगा और उस समय वे मंजु मन्थर गामिनी और यथेच्छ स्वच्छतामयी एवं सरसा होंगी। कवि कार्य

सुगम नहीं, वह अगम्य है, वह सर्वथा निर्दोष नहीं हो सकता। जब महाकवियों में भी भ्रम, प्रमाद और त्रुटियाँ पायी जाती हैं, तो उस पर बात-बात में उँगली उठाना क्या उचित होगा, जिसने अभी कविता क्षेत्र में पदार्पण किया है। प्रेम से दोष प्रक्षालन के लिए किसी को सतर्क करना अवांछनीय नहीं, किन्तु ऐसे अवसरों पर मच्छिका प्रवृत्ति से काम लेना संगत नहीं। थोड़े समय में भी कतिपय छायावादी कवियों ने हिन्दी संसार में कीर्ति अर्जन की है और उनमें पर्याप्त भावुकता का विकास देखा गया है। उन्होंने अपने गहन-पथ को सरल बनाया है और कोमलकान्त पदावली पर अधिकार करके बड़ी भावमयी कविताएँ की हैं। उन्हीं में से एक श्रीमती महादेवी वर्मा कवयित्री भी हैं।

यह ग्रन्थ इनका आदिम ग्रन्थ है, फिर भी इसमें उनको प्रतिभा का विलक्षण विकास देखा जाता है। ग्रन्थ सर्वथा निर्दोष नहीं, किन्तु इसमें अनेक इतनी सजीव और सुन्दर पंक्तियाँ हैं कि उनके मधुर प्रवाह में उधर दृष्टि जाती ही नहीं। प्रफुल्ल पाटल प्रसून में काँटे होते हैं, हों, किन्तु उसकी प्रफुल्लता और मनोरंजकता ही मुग्धकारिता की सम्पत्ति है। ऐसा कर-कर मैं नियमन की अवहेलना नहीं करता हूँ—सहृदयता का नेत्रोन्मीलन कर रहा हूँ। कहा जा सकता है एक स्त्री का उत्साहवर्द्धन करने के लिए बात कही गई। मैं कहूँगा यह विचार समीचीन नहीं, ऐसा कहना स्त्री जाति की सर्वतोमुखी प्रतिभा को लांछित करना है। वास्तव में बात यह है कि ग्रन्थ की भावुकता और मार्मिकता उल्लेखनीय है, उसका कोमल शब्दविन्यास भी अल्प आकर्षक नहीं।

मैं श्रीमती महादेवी वर्मा का हिन्दी साहित्य क्षेत्र में सादर अभिनन्दन करता हूँ और उनसे यह निवेदन भी करूँगा कि उनकी हृत्तंत्री के अपूर्व झंकार में भारत-माता के कंठ की वर्तमान ध्वनि भी श्रुत होनी चाहिए। इससे उनकी कीर्ति उज्ज्वलतर होगी। माता की व्यथाओं के अनुभव करने की मार्मिकता मातृत्व पद की अधिकारिणी को ही यथातथ्य हो सकती है।

काशीधाम

—हरिऔध

28-4-30

रामायण में हिन्दू-संस्कृति

मद्रास प्रान्त में लब्धप्रतिष्ठ विद्वान् और वक्ता श्रीयुत शिवस्वामी ऐयर ने एक बार अपने एक प्रसिद्ध व्याख्यान में कहा था—हमारा राज्य छिन जाय, ऐश्वर्य धूल में मिल जाय, विभव पद दलित हो, सम्पत्ति हर ली जाय, हम सर्वप्रकार निःसंबल हो जायँ, सर्वस्व गँवा दें, तो भी हम निःस्व न होंगे, यदि रामायण और महाभारत जैसे हमारे अलौकिक रत्न सुरक्षित रह सकें। इस कथन का रहस्य क्या है? वास्तव में बात यह है कि जाति की संस्कृति ही उसका जीवन सर्वस्व होती है। कोई जाति अपनी संस्कृति खोकर जीवित नहीं रह सकती। संस्कृति ही वह आधार शिला है, जिसके सहारे जाति-जीवन का विशाल प्रासाद निर्मित होता है। जिस दिन यह आधार शिला स्थानच्युत होगी, उसी दिन पुष्ट से पुष्ट प्रासाद भी भहरा पड़ेगा। संसार में कुछ निर्जीव जातियाँ अब भी जीवित हैं, किन्तु अपनी संस्कृति को खोकर वे कंठगतप्राण हैं, उनके मरी ही समझिये—चाहे आज मरें, चाहे कल, कारण यह है कि संस्कृति ही किसी जाति के अस्तित्व का पता देती है। यही वह चिह्न है, जो उसके पूर्व-गौरव, महान आदर्श और लोकोत्तर कार्य-कलाप द्वारा संसार की अन्य जातियों से उसको पृथक् करता है। जिस समय चारों ओर से अन्धकार होने के कारण वह अवनति-गर्त की ओर अग्रसर होती रहती है, उस समय उसी के आलोक से आसोकित होकर वह उचित पथ ग्रहण करती है और उस समुन्नति सोपान पर चढ़ने लगती है, जो उसको उत्थान के समुच्चशिखर पर आरूढ़ कर देता है। भारत में यवन, शक, हूण आदि बड़ी-बड़ी बलवान जातियाँ आयीं। परम पराक्रान्त वह मुसलमान जाति आयी, जिसने जहाँ शासन किया, वहीं अपने धर्म की विजय-दुन्दुभि भी बजायी, जिसके द्वारा देश को देश उसके धर्म में दीक्षित हो गया। किन्तु रामायण और महाभारत को पवित्र संस्कृति के बल से हिन्दू-धर्म आज भी जीवित है। जीवित ही नहीं, उसने अपनी वह अलौकिक महत्ता दिखलाई कि जिसके बल से संसार विजयिनी करवाल भी टुकड़े-टुकड़े हो गयी। जिस समय भारतव्यापी मुसलमान साम्राज्य उत्तरोत्तर वृद्धि पा रहा था और उसकी गुरुगर्जना से भारत वुसन्धरा प्रकम्पित हो रही थी, जब यह अवगत हो रहा था कि अब भारतीयता

की समाप्ति हो जायगी, हिन्दू-धर्म लुप्त हो जायगा, हिन्दू जाति नामशेष रह जायगी और भारतभूमि का अपार विभव मुसलमान जाति के विशाल उदर में समा जायगा, उस समय कतिपय महान आत्माओं में कुछ ऐसी संस्कृति जाग्रत हुई, जिसने भारतवर्ष की काया ही नहीं पलट दी, हिन्दू जाति को पुनरुज्जीवित भी कर दिया। यह बात इतिहास जानने वालों को अविदित नहीं। यह कौन संस्कृति थी? वही रामायण-महाभारत की, उस रामायण और महाभारत की, जो हिंदू-संस्कृतियों के भण्डार हैं, मैं समझता हूँ, अब मद्रास प्रान्त के उपयुक्त विद्वान के कथन का रहस्य आप लोगों की समझ में आ गया होगा।

भारत में समय-समय पर विभिन्न विचार के बड़े-बड़े प्रवाह आये। कुछ काल तक उनके प्रबल वेग के सामने वह आत्मविसर्जन करता दिखलाई पड़ा। परन्तु उसके धैर्य का पाँव स्थानच्युत कभी नहीं हुआ। वह सदा सँभला और अपनी भारतीयता की धारा में उसने सबको विलीन कर लिया। उसकी महान संस्कृति ही उसकी इस सफलता का कारण है। कविकुलपुंव वाल्मीकि की महिमामयी लेखनी जिस प्रकार इन आर्य संस्कृतियों का उल्लेख कर धन्य हुई है, उसी प्रकार गोस्वामी तुलसीदास की कलामयी कविता में भी उनका अलौकिक चमत्कार दृष्टिगत होता है। गोस्वामी जी का वर्णन सामयिकता लिये हैं, इसलिए उन्हीं की रामायण से कुछ ऐसी संस्कृतियों का वर्णन यहाँ किया जाता है, जो हमारे सामाजिक जीवन की संजीवनी शक्तियाँ कही जा सकती हैं। गोस्वामी जी की रामायण आर्यसभ्यता और संस्कृति का अलौकिक कोष है। जहाँ देखिए, वहीं उनकी लेखनी इस विषय में बड़ी ही मार्मिकता से चलती दिखलाई पड़ती है उनकी रामायण का गेहे-गेहे, जने-जने प्रचारं क्यों है, इसीलिए, कि हिन्दू हृदय जिन आदर्शों को देखकर पुलकित होता है। जिन भावों द्वारा उल्लसित और रससिक्त बनता है, उसमें उन्हीं आदर्शों और भावों का बड़ा ही हृदयग्राही चित्रण है। गोस्वामी जी की लेखनी का चमत्कार यही है कि वह मूर्तिमन्त आर्य-संस्कृति है, यह मूर्तिमत्ता कहीं-कहीं इतनी मनोहर और सुन्दर है, इतनी प्रांजल और सरस है कि उसकी प्रशंसा नहीं हो सकती। उनकी अद्‌भुत रचनाओं को पढ़ते समय कभी-कभी इतनी तन्मयता हो जाती है कि ब्रह्मानन्द-सुख का अनुभव होने लगता है। वही कविता मर्मस्पर्शिनी होती है, जिसमें वे ही दृश्य, सुन्दरता से सामने आते हैं, जिसको हम प्रायः देखते रहते अथवा जिनका अनुभव प्रतिदिन करते रहते हैं गोस्वामी जी इसी प्रकार की कविताओं के आचार्य हैं। वे न तो 'ख'-पुष्प तोड़ते हैं, न अगम-अगोचर का व्यापार करते हैं, न अधर में प्रासाद निर्माण ही; वे मानव-चरित्र में ही आत्मा की महत्ता का प्रदर्शन करते हैं और नित्य के कार्य-कलाप में ही 'सत्यं शिवं सुन्दरम्' की कल्पना। इसीलिए वे जो कुछ कहते हैं, उसको हृदय स्वीकार कर लेता है। कुछ इसी प्रकार कि कृतियाँ आपके सामने उपस्थित की जाती हैं।

पिता की आज्ञा शिरोधार्य कर भगवान श्रीरामचन्द्र वन यात्रा के लिए प्रस्तुत हैं, श्रीमती कौसल्या देवी की सेवा में उपस्थित होकर उनसे अनुनय-विनय कर रहे हैं। इसी समय व्यथितहृदया विदेहनन्दिनी वहाँ आयीं। गोस्वामी जी लिखते हैं।

समाचार तेहि समय सुनि, सीय उठी अकुलाइ।
जाइ सासु पद कमल जुग, बन्दि बैठि सिरु नाइ॥

दोहे के द्वितीय भाग में कुल ललना की कितनी मर्यादाशीलता अंकित हुई है, यह अविदित नहीं। भगवती जानकी सीधे आकर भगवान् श्रीरामचन्द्र के सामने नहीं खड़ी हो गयीं। उन्हीं से कथोपकथन नहीं प्रारम्भ किया। क्यों? इसीलिए कि इससे श्रीमती कौसल्यादेवी का तिरस्कार होता। आर्य जाति की यह संस्कृति है कि बड़ों की उपस्थिति में बहुएँ लज्जा त्याग कर पति से सम्भाषण नहीं करतीं, उनसे बोलती तक नहीं। आज भी कुलीनों में यह परम्परा प्रचलित है। फिर आदर्श गृहिणी सीता देवी ऐसा क्यों करतीं, वे आयीं और सास की चरणवन्दना करके, सिर नीचा करके बैठ गयीं। कितना सलज्ज भाव है? 'बैठि सिरु नाइ' लिखकर गोस्वामी जी ने जो-जो मार्मिकता दिखलाई है, यही उनकी विशेषता हैं। यह 'बैठि सिरु नाइ' जानकी जी के हृदय का प्रतिबिम्ब है। इस कार्य द्वारा उन्होंने अपनी मर्यादाशीलता, अपनी आकुलता और अपनी अशक्तता का ही प्रदर्शन नहीं किया, दैन्य दिखलाकर सहायता की भिक्षा भी माँगी। सम्भव है, आजकल तो शिक्षित ललनाएँ इसको पराधीनता की कुत्सित बेड़ी समझें, किन्तु यह मर्यादाशीलता की वह मौक्तिकमाला है, जिसको धारण कर प्रत्येक कुल-बाला को अपूर्व शोभा हो सकती है। आर्य संस्कृतियाँ अत्यन्त उदात्त हैं, उनमें स्वार्थपरता का उतना स्थान नहीं, जितना सदाशयता का।

वह अपने सुख-विलास में ही जीवन की सार्थकता नहीं समझतीं; वह तभी कृतकृत्य होती हैं, जब गुरुजन, आत्मीयजन अथवा अन्य उपकार कामुक जनों की सेवा कर आत्मोत्सर्ग कर पाती हैं। वे उच्छृङ्खलता एवं निर्लज्जता से गर्यादाशीलता को और संकीर्णहृदयता एवं मदान्धता से सहृदयता को उत्तम समझती हैं। इसीलिए शास्त्रों में ऐसे आदेश हैं कि जिनसे इस प्रकार के संस्कारों का उदय हो। कुछ नीचे लिखे जाते हैं—

अभिवादनशीलस्य नित्यं वृद्धोपसेविनः।
चत्वारि तस्य वर्द्धन्ते आयुर्विद्यायशोबलम्॥

(मनु. 2। 121)

भगवान मनु कहते हैं, जो अभिवादनशील और नित्य वृद्धसेवातत्पर हैं उनकी आयु बढ़ती है, तथा उन्हें विद्या, यश और बल प्राप्त होता है।

विवाह काल के समय सप्तपदी में स्त्री यह प्रतिज्ञा करती है–

कुटुम्बंरक्षयिष्यामि सदा तं मञ्जुभाषिणी।
दुःखे धीरा सुखे हृष्टा द्वितीये साब्रवीद्वचः॥

कुटुम्ब की रक्षा करूँगी, सदा मधुरभाषिणी रहूँगी, दुःख में धीर और सुख में आनन्दित रहूँगी।

1. **गुरुषु सखिषु भृत्ये बन्धुवर्गे च भर्तु**
   व्यर्थपगतमदमाया वर्तयेत् स्वं यथार्हम्।
2. **भार्येकचारिणी गूढ़विश्रम्भा देववत्पतिमानुकूल्येन**
   वर्तेत तन्मतेन कुटुम्बचिन्तामात्मनि सन्निवेशयेत्।
3. **श्वश्रूश्वशुरपरिचर्या तत्पारतन्त्र्यमनुचरवादिता परिमिता**
   प्रचगडालापकरणमनुच्चैर्हासः तत्तु प्रियाप्रियेषु स्वप्रिया प्रियेष्विव वृत्तिः।

–वात्स्यायन

1. पति के गुरुजनों से, सखाओं से और बन्धु वर्ग एवं सेवकों से निरभिमान रह कर यथायोग्य वर्ताव करे।

2. भार्या को चाहिए–पति को देवता के समान जाने, उसकी इच्छा के अनुकूल जीवन व्यतीत करे और उसकी सम्मति के अनुसार कुटुम्बीजन की चिन्ता में लीन रहे।

3. कुलवधू सास-ससुर की सेवा करे, उनकी आज्ञा में रहे, उनकी पररन्त्र बने, उनकी बातों का जवाब न दे, मिष्ट भाषण करे, जोर से न हँसे। उनके प्रिय-अप्रिय को अपने प्रिय-अप्रिय के समान समझे।

जिस समय श्रीमती जनकनन्दिनी सिर नीचा करके चरणों के समीप बैठ गयीं, उस समय–

दीन्हि असीस सासु मृदु बानी।
अति सुकुमारि देखि अकुलानी॥

इस पद्य में यथावसर 'मृदु बानी' शब्द का कितना सुन्दर प्रयोग है। यदि दोहे का 'पद कमल बन्दि बैठि सिरु नाइ' श्रीमती जानकी के विनय नम्र हृदय का सूचक है, तो यह 'मृदु बानी' शब्द कौसल्या देवी के कोमल वात्सल्यपूर्ण हृदय का परिचायक है। इसके उपरान्त श्रीमती कौसल्या देवी के हृदय की क्या अवस्था हुई, इसकी सूचना यह अर्द्धाली देती है–

'अति सुकुमारि देखि अकुलानी।'

जितनी स्वाभाविकता है? वे कितना शीघ्र अपनी पुत्र-वधू के हृदय में प्रवेश कर गयीं।

श्री जानकीजी सास के समीप सिर नीचा करके बैठ तो गयीं, परन्तु मुँह न खुला, वे कुछ कह न सकीं। कैसे कहतीं? संकोच ने जीभ को बन्द जो कर रखा था। यही नहीं, हृदय में दुःख की एक विचित्र घनघोर घटा उठ रही थी, वे सोच रही थीं–

बैठि नमित मुख सोचति सीता। रूप रासि पति प्रेम पुनीता।
चलन चहत बन जीवन नाथू। केहि सुकृती सन होइहि साथू॥
की तनु प्रान कि केवल प्राना। विधि करतबु कछु जाइ न जाना।
चारु चरन नख लेखति धरनी। नूपुर मुखर मधुर कवि बरनी॥

देखा आपने, सामयिक अवस्था की कितनी सुन्दर वर्णना है 'बैठि नमित मुख' से 'चारु चरन नख लेखति धरनी' तक कैसे भावमय शब्द-विन्यास हैं। उनसे श्रीमती जानकी देवी की संकोचमय दशा, उनमें चिन्ता नाट्य, उनके दृढ़ विचार, पवित्र प्रेम आदि पर कितना सुन्दर प्रकाश पड़ता है। हृदय में जो घटा धूम से उठ रही थी, नेत्रों के सहारे वह बरस पड़ी। गोस्वामी जी ने लिखा–

मंजु बिलोचन मोचति बारी।

कौसल्या देवी पहले ही सब समझ गयी थीं, नेत्रों के जल ने उनको और आर्द्र कर दिया, इसलिए दूसरी अर्द्धाली यों लिखी गयी–

बोली देखि राम महतारी॥

'राम महतारी' का कितना सार्थक प्रयोग है। पुत्र पर माता का अधिकार तो सूचित हुआ ही, साथ ही उनके हृदय की महत्ता और द्रवणशीलता भी उससे विदित हुई। राम महतारी क्या बोलीं, अब उसे भी सुनिये–

तात सुनहु सिय अति सुकुमारी। सासु ससुर परिजनहिं पिआरी॥
पिता जनक भूपाल मनि ससुर भानुकुल भानु।
पति रबिकुल कैरव बिपिन बिधु गुन रूप निधानु॥
मैं पुनि पुत्र वधू प्रिय पाई। रूप रासि गुन सील सुहाई॥
नयन पुतरि करि प्रीति बढ़ाई। राखेउँ प्रान जानकिहिं लाई॥
कलपबेलि जिमि बहुबिधि लाली। सींचि सनेह सलिलप्रतिपाली॥
फूलत फलत भयउ बिधि बामा। जानि न जाइ काह परिनामा॥
पलँग पीठ तजि गोद हिंडोरा। सियँ न दीन्ह पगु अवनि कठोरा॥
जिअन मूरि जिमि जोगवत रहऊँ। दीप बाति नहिं टारन कहऊँ॥
सोइ सिय चलन चहति बन साथा। आयसु काह होइ रघुनाथा॥
चंद किरन रस रसिक चकोरी। रबि रुख नयन सकइ किमि जोरी॥

करि केहरि निसिचर चरहिं, दुष्ट जन्तु बन भूरि।
बिष बाटिकाँ कि सोह सुत, सुभग सजीवनि मूरि॥
बन हित कोल किरात किसोरी। रचीं बिरंचि विषय सुख भोरी॥
पाहन कृमि जिमि कठिन सुभाऊ। तिन्हहि कलेसु न काननं काऊ॥
सिय बन बसिहि तात केहि भाँती। चित्रलिखित कपि देखि डेराती॥
सुरसर सुभग बनज बन चारी। डाबर जोगु कि हंसकुमारी॥
अस बिचारि जस आयसु होई। मैं सिख देउँ जानकिहिं सोई॥
जौं सिय भवन रहै कह अंबा। मोहि कहँ होइ बहुत अवलंबा॥

श्रीमती कौसल्या देवी आदर्श माता ही नहीं, आदर्श सास भी हैं। सास का पतोहू के प्रति वह सच्चा और पवित्र स्नेह जो गृह को स्वर्ग बनाता है, गार्हस्थ्य धर्म को उन्नत कर कुटुम्ब को सुख-शान्तिमय कर देता है, वे उसकी मूर्ति थीं। भावमय शब्दों में उनके हृदय का प्रेम जिस प्रकार व्यंजित हुआ है, वह बड़ा ही गम्भीर उदात्त एवं द्रावक है।

नयन पुतरि करि प्रीति बढ़ाई। राखेउँ प्रान जानकिहि लाई॥
कलप बेलि जिमि बहुविधि लाली। सींचि सनेह सलिल प्रतिपाली॥
जिअनमूरि जिमि जोगवत रहऊँ। दीप बाति नहिं टारन कहऊँ॥

इन पंक्तियों में कितनी ममता भरी है, इनमें कितना आदर-भाव और प्यार है, कितना प्रेम और वात्सल्य है, कितनी करुणा और द्रवणशीलता है, क्या यह बतलाना होगा? कौन सहृदय है, जो इन भावों को इनमें छलकता न पायेगा? जब कौसल्या देवी कहती हैं—

पलँग पीठ तजि गोद हिंडोरा। सिय न दीन्ह पगु अवनि कठोरा॥
बन हित कोल किरात किसोरी। रची बिरंचि विषय-सुख-भोरी॥
के तापस तिय कानन जोगू। जिन्ह तप हेतु तजा सब भोगू॥
सिय बन बसिहि तात केहि भाँती। चित्रलिखित कपि देखि डेराती॥

तब जानकी देवी की सरलता, कोमलता, उनके स्वभाव का भोलापन और उनकी भीरु प्रकृति आँखों के सामने फिर जाती है, साथ ही हृदय में एक ऐसी वेदना होने लगती है, जो चित्त विह्वल कर देती है। यदि कौसल्या देवी सीताजी का मुँह न जोहती रहतीं, उनके मुख से रहने का ध्यान न रखती होतीं, तो उनके मुख से इस तरह की बातें न निकलतीं। इन पंक्तियों में उनकी व्यथा ही मूर्तिमन्त होकर विराजमान नहीं है, उनकी वह वांछा भी झलक रही है, जो पुत्र-वधू के साधारण क्लेशों को देखकर भी विचलित होती है—

चन्द किरन रस रसिक चकोरी। रबि रुख नयन सकइ किमि जोरी॥
सुर-सर सुभग बनज बनचारी। डाबर जोगु कि हंसकुमारी॥
बिष बाटिका की सोह सुत, सुभग सजीवनि मूरि।

किसी पुत्र-वधू के पक्ष में अपने पुत्र से कोई सास इससे अधिक और इससे उत्तमता से क्या कह सकती है। इन पंक्तियों में एक कुल-बाला का हृदय खोल कर उसके प्रियतम को दिखलाया गया है और साथ ही यह भी सूचित किया गया है कि एक पति-प्राणा के वियोग-विधुरा बनने पर उसका जीवन कैसा संकटापन्न हो सकता है। इनसे कौसल्या देवी की गम्भीरता जितनी सुन्दरता से स्फुटित हुई है, उतनी ही उनकी भावुकता, सहृदयता और मार्मिकता भी। एक ओर वे पुत्रवधू की गम्भीर मनोवेदना, उसकी वन गमन की असमर्थता आदि का आवरण हटाती है और दूसरी ओर पुत्र की आँखें खोलती हैं और उसके उचित कर्त्तव्य के लिए सावधान करती हैं। ऐसे अवसर पर वे अपने उत्तरदायित्व को भी नहीं भूलतीं। वे पुत्र के महान कर्त्तव्यों, उनके असीम संकटों और दैवदुर्विपाक को समझती हैं। अतएव यह आज्ञा नहीं देतीं कि अपनी स्त्री को अवश्य साथ लेते जाओ, केवल इतना कहती हैं—

सोइ सिय चलन चहति बन साथा। आयसु केहि न होइ रघुनाथा॥
अस बिचारि जस आयसु होई। मैं सिख देउँ जानकिहिं सोई॥

फिर व्यथित और विरहकातरा होकर वह कह पड़ती हैं—

जौं सिय भवन रहै, कह अम्बा। मोहि कहँ होइ बहुत अवलम्बा॥

यह अन्तिम पद उनके व्यथामय आन्तरिक भाव का सूचक है। पुत्र जाय तो जाय, किन्तु विनयशील पुत्रवधू को वह त्यागना नहीं चाहतीं। फिर भी कलेजे पर पत्थर रख कर उन्होंने आत्म सुख को तिलांजलि दी और जानकी देवी की गर्मव्यथाओं को ही मरहम-पट्टी करने की पूरी चेष्टा की, यही है उनकी महत्ता और महानुभावता। यहीं 'राम महतारी' पद की पूरी सार्थकता हुई है। आर्य संस्कृति की ही यह उदात्त कल्पना है और आर्य संस्कृति का ही है यह अपूर्व आदर्श।

भगवान करे, घर-घर श्रीमती कौसल्या जैसी सास और श्रीमती जानकी जैसी पुत्र वधुएँ दिखलाई पड़ें, जिससे हमारे पवित्र गृहों में पाश्चात्य कलुषित प्रभावों का अशुभ प्रवेश न हो सके।

माता की बातें सुनकर भगवान श्रीरामचन्द्र चिन्तित हुए। पहले तो विवेकमय वचन कहकर उन्होंने उनको समझाया। इसके उपरान्त जानकी जी से कुछ कहना चाहा, परन्तु मर्यादा बाधक हुई, माता का संकोच हुआ, फिर भी समय देखकर उन्हें उनसे कुछ कहना ही पड़ा। गोस्वामी जी लिखते हैं—

मातु समीप कहत सकुचाहीं। बोले समउ समुझि मन माहीं॥

भगवान श्रीरामचन्द्र मर्यादा पुरुषोत्तम हैं, परन्तु प्रबल काल से उनकी भी न चली। श्रीमती जानकी देवी से उन्होंने जो कुछ कहा, उसे सुनिये–

राजकुमारि सिखावन सुनहू। आन भाँति जिय जनि कछु गुनहू॥
आपन मोर नीक जो चहहू। कथनु हमार मानि गृह रहहू॥
आयसु मोर सासु सेवकाई। सब विधि भामिनि भवन भलाई॥
एहि तें अधिक धरम नहिं दूजा। सादर सासु ससुर पद पूजा॥
जब-जब मातु करिहिं सुधि मोरी। होइहिं प्रेम बिकल मति भोरी॥
तब-तब तुम्ह कहि कथा पुरानी। सुन्दरि समुझाएहु मृदुबानी॥
कहउँ सुभायँ सपथ सत मोही। सुमुखि मातु हित राखउँ तोही॥

कैसी उचित और मार्मिक बातें हैं। भगवान श्रीरामचन्द्र जैसे विनय-नम्र और मर्यादाशील पुत्र के मुख से दूसरी कौन बात निकलती। उन्होंने यह भी कहा--जो कुछ मैं कह रहा हूँ वह गुरु एवं श्रुतिसम्मत है, अतएव इस धर्म फल को बिना कष्ट का अनुभव किये लाभ करना चाहिए।

गुरु श्रुति संमत धरम फलु, पाइअ बिनहिं कलेस।

श्रुति कहती है–

मातृदेवो भव, पितृदेवो भव, आचार्यदेवो भव।

शास्त्र कहता है–

प्रत्यक्ष देवता माता।
जननी जन्मभूमिश्च स्वार्गादपि गरीयसी॥

स्मृति कहती है–

सयतोपस्करा दक्षा हृष्टा व्ययवराङ्मुखी।
कुर्याच्छ्वशुरयोः पादवन्दनं भर्तृतत्परा॥

(याज्ञवल्क्य)

उपाध्यायान् दशाचार्य आचार्याणां शतं पितां।
सहस्रं तु पितृन्माता गौरवेणातिरिच्यते॥

(मनु. 2। 145)

माता-पिता और आचार्य देवता हैं, माता प्रत्यक्ष देवता है। जननी और जन्मभूमि स्वर्ग से भी श्रेष्ठ हैं। स्त्री को संयतोपस्कर (थोड़े गहनों वाली) दक्ष, हृष्ट और व्यर्थव्यय पराङ्मुखी होना चाहिए। पति से रत रहकर सदा सास, ससुर की सेवा करना उनका धर्म

है। उपाध्याय से दशगुण आचार्य का आचार्य से शतगुण पिता का और पिता से सहस्र गुण-गौरव माता का है।

इस प्रधान धर्म की शिक्षा देने के बाद भगवान श्रीरामचन्द्र ने वन की भयंकरताओं और वहाँ की असुविधाओं का बड़ा ही विशद वर्णन किया है। पाठक रामायण में उनको देख सकते हैं। अधिकांश वर्णन बड़ा ही भावमय और सुन्दर है, कवित्व तो उसमें कूट-कूटकर भरा है। कुल पंक्तियाँ देखिए।

डरपहिं धीर गहन सुधि आएँ। मृगलोचनि तुम्ह भीरु सुभाएँ॥
हंसगवनि तुम्ह नहिं बन जोगू। सुनि अपजसु मोहि देइहिं लोगू॥
मानस सलिल सुधा प्रतिपाली। जिअइ कि लवन पयोधि मराली॥
नव रसाल बन बिहरन सीला। सोह कि कोकिल बिपिन करीला॥

इन पंक्तियों में कितनी स्वाभाविकता और भावुकता है, सहृदयजन स्वयं उसका अनुभव करें। कुछ पाश्चात्य विद्वानों का मत है कि श्रीमती जनकनन्दिनी का चरित्र जिस रूप में भारतीय कवियों ने अंकित किया है, वह कल्पित है, उसमें वास्तविकता का लेश नहीं। उन पर विपत्ति का पहाड़ टूट पड़ता है, परन्तु उस अवस्था में भी उनको कुछ कहते नहीं देखा जाता। ज्ञात होता है कि उनके मुख में जीभ नहीं, या किसी ने उनके मुख पर मुहर लगा दी है। वे बड़े-से-बड़ा दुःख सह लेती हैं, परन्तु उफ़ भी नहीं करतीं। बज्र टूट पड़ता है, किन्तु हिलती तक नहीं। ऐसी प्रस्तर-प्रतिमा हो सकती है, कोई जीव-धारिणी नहीं। ऐसी-ही-ऐसी तर्कनाएँ करके वे दिल के फफोले फोड़ते हैं और इस प्रकार की और कितनी ही ऊटपटाँग बातें कहते रहते हैं। वास्तव में बात यह है कि जिस वातावरण में उनके दृश्य का विकास हुआ है, जो हृदय उनके नेत्रों के सामने उपस्थित होते रहते हैं, पति-पत्नी के जिन पारस्परिक व्यवहारों का उनको अनुभव है, वैसी ही उनकी विचार परम्परा और मननशैली है। यूरोप की स्त्रियों में आत्मपरायणता अधिक होती है, वे उतनी पति प्रेमिका और स्नेहमयी नहीं होतीं, जितनी एशिया विशेषतः भारत की कुल ललनाएँ होती हैं। वे पतिपरायणा तभी तक रहती हैं, जब तक उनके स्वार्थों की पूर्ति होती रहती है। स्वार्थ में व्याघात उपस्थित होने पर वे तत्काल उनको त्याग देती हैं, आजकल यह प्रवृत्ति बहुत ही प्रबल हो गयी है। पति की आज्ञा में रहना, उनकी सेवा के लिए आत्मोत्सर्ग करना, उनकी दृष्टि में आत्मविक्रय है। विवाह-बन्धन उनकी दृष्टि में उतना पवित्र नहीं। वे बात की बात में उसे तोड़ सकती हैं। उनका स्वभाव उग्र, असंयत और प्रायः उच्छृंखल होता है। इस प्रकार की प्रवृत्ति को वे तेजस्विता कहती हैं। उनकी स्वतन्त्रता की कामना इतनी तीव्र होती है कि पति के सामने यदि थोड़ा भी झुकना पड़े, तो वे इसे परतन्त्रता मान बैठती हैं। जिस देश, जिस

समाज के ऐसे आदर्श हों, उस देश और समाज में पला हुआ मनुष्य यदि सीता देवी को अधिक धीर, गम्भीर, संयत; आत्मत्याग की मूर्ति और पतिप्राणा देखकर उनके विषय में तथाकथित विचार प्रकट करे। यूरोप में पतिपरायणा स्त्रियाँ होती ही नहीं, ऐसा कहना और सोचना अन्याय होगा। मिल्टन ने एक स्थान पर 'ईव' के मुख से इन शब्दों को कहलवाया है। ये शब्द उन्होंने आदम से कहे हैं—What thou bidd'st, unargued I beg. So God ordains, God is the law, thou mine.

'जो आप की आज्ञा होती है, उसे मैं बिना कुछ कहे-सुने स्वीकार करती हूँ। ईश्वरीय इच्छा यही है। आप के नियन्ता ईश्वर हैं और मेरे आप।'

संसार में जितनी सती-साध्वी स्त्रियाँ होंगी, प्रायः सबके हृदय का भाव ऐसा ही होगा। यदि यूरोप की स्त्रियों में ऐसा भाव न पाया जाता तो मिल्टन की लेखनी से ऐसे शब्द निकलते ही नहीं, अभाव में भाव नहीं होता। यूरोप की स्त्रियों में रजोगुण और तमोगुण ही होता है, सत्वगुण नहीं—ऐसा कहना अस्वाभाविक होगा। वहाँ स्वाभाविकता का लोप हो गया है, कृत्रिमता ही शेष है, यह भी नहीं कहा जा सकता। किन्तु यह परम सत्य है कि आजकल धार्मिकता का स्थान स्वेच्छाचारिता ग्रहण कर रही है, इसीलिए वहाँ का वायुमंडल विशेष कलुषित हो गया है। यूरोप में सती-साध्वी स्त्रियों का अभाव नहीं, किन्तु वे उँगलियों पर गिनी जा सकती हैं। क्षेत्र प्रायः वैसी ही स्त्रियों के हाथ में है, जिनका चित्रण ऊपर हुआ है। आजकल हमारे यहाँ भी पढ़ी-लिखी स्त्रियों ने यूरोप की स्त्रियों का अनुकरण आरम्भ कर दिया है। अतएव उन्हीं के प्रभावों से लोग प्रभावित हैं और वैसे ही असंगत विचार भारत की पुनीत सभ्यता में पली स्त्रियों के विषय में प्रकट करने के लिए बाध्य हैं, किन्तु इस प्रकार की निर्मूल बातों का मूल्य ही क्या?

श्रीमती सीता देवी भारती की सती-साध्वी स्त्रियों की शिरोमणि हैं। उनको आर्य संस्कृति की दिव्य मूर्ति कह सकते हैं। उनके मुख में जिह्वा है, किन्तु बड़ी ही संयत। उनके मुँह पर मुहर कभी नहीं लगी। वे समय पर बोलती हैं, किन्तु उनके शब्द तुले हुए और गम्भीर होते हैं, उन शब्दों में महानुभावता भरी होती है, पर साथ ही हृदय की विशालता भी। कटु वचन कहना, उद्धत बन जाना, उनके स्वभाव के विरुद्ध है। जैसी मर्यादाशीलता और सदाशयता उनमें दृष्टिगत होती है, वैसी अन्यत्र नहीं। और बातों की तरह सभ्यता के भी स्तर होते हैं। पहले वह उतनी उदात्त, संयत और गम्भीर नहीं होतीं, जितनी उन्नतावस्था में। सांसारिक अन्य पदार्थों की तरह उसका भी क्रमशः विकास होता है। जो जातियाँ पहले पशुओं के समान जीवन व्यतीत करती थीं, आज वे ऊँचे-ऊँचे महलों में रहती हैं और वैज्ञानिक आविष्कारों द्वारा जगत को चकित करती हैं, यह उनकी सभ्यता के क्रमशः विकास का ही फल है। आर्य सभ्यता संसार की सब

सभ्यताओं से प्राचीन है और लगभग पूर्णता को पहुँची हुई है, इसलिए यह अधिकांश उदात्त गुणों का आधार है। भगवती जानकी सतीत्व के विषय में इसका प्रमाण हैं। स्त्री जाति के हृदय का चरमोत्कर्ष उनमें देखा जाता है। उनकी महानुभावता संसार की सती-साध्वी स्त्रियों का आदर्श है। विभिन्न हाथों में पड़कर विचार वैचित्र्य के कारण कहीं-कहीं उनका चरित्र विकृत हो गया है, किन्तु उनकी महत्ता कहीं खर्च नहीं हुई।

दिङ्नाग बौद्ध विद्वान था। उसने 'कुन्दमाला' नामक एक नाटक लिखा है। प्रकरण उसका 'वैदेही वनवास' है। विपिन में पहुँचाकर लौटते समय लक्ष्मण जी जनकनन्दिनी से सन्देश की प्रार्थना करते हैं। उस समय नाटककार उनके मुख से ये वाक्य कहलाते हैं—

तथा निष्ठुरे नाम सन्दिश्यत इत्यप्रतिहतवचनतैषा
लक्ष्मणस्य, न सीताया धन्यत्वम्।
अहो अविश्वसनीयता प्रकृतनिष्ठुरभावानां पुरुष हृदयानाम्।

ऐसे निष्ठुर के लिए मैं जो सन्देश देना चाहती हूँ, इसमें लक्ष्मण के वचन का आदर है, सीता का सौभाग्य नहीं। स्वभाव से ही निष्ठुरभावपूर्ण पुरुष हृदय को अविश्वसनीयता विचित्र है।

ऐसे ही एक अवसर पर भवभूति कौन-सा पथ ग्रहण करते हैं, उसे भी देखिये। उत्तर रामचरित में एक स्थल पर वे श्रीमती सीता देवी की सखी वासन्ती के मुख से भगवान श्रीरामचन्द्र के विषय में यह वाक्य कहलाते हैं—

'अयि देव? किं परं दारुणः खल्वसि।'

'देव? आप सचमुच बड़े निष्ठुर हैं।'

यह सुन सीता देवी अपनी पतिपरायणता का परिचय देते हुए क्या कहती हैं, उसे भी सुनिये—

'सखि वासन्ति? किं त्वमेवंवादिनी भवसि, पूजार्हः
सर्वस्यार्यपुत्रो विशेषतो मक प्रियसख्याः'

'सखी वासन्ती? तुम ऐसा क्यों कहती हो?
आर्य पुत्र सबके पूजनीय हैं, विशेषतः मेरी प्रिय सखी के।'

दिङ्नाग की जनकनन्दिनी देवी नहीं, मानवी हैं। उनमें धैर्यच्युति है। वे धैर्यच्युत होकर पतिदेव को निष्ठुर कहती हैं, साथ ही पुरुष जातिमात्र को स्वभाव से ही निष्ठुर हृदय कह डालती हैं। इस कथन में स्वाभाविकता है, किन्तु चित्त की वह विशालता नहीं, जो मनुष्य को देवता बना देती है। विपत्ति ही मनुष्य की कसौटी है, इस पर कसने पर

दिङ्नाग को सीता देवी ठीक नहीं उतरतीं। भवभूति की सीता देवी वास्तव में देवी है, वे आत्मचिन्ता शून्य हैं, सच्ची पतिप्राणा हैं, वे विपत्ति धैर्य का आदर्श हैं। उन्होंने स्वाभाविकता पर विजय प्राप्त कर ली है। उनमें प्रतिहिंसा-वृत्ति है ही नहीं, वे स्वयं तो भगवान श्रीरामचन्द्र को देखकर कुछ कहती ही नहीं, सखी के कटु वचन को भी नहीं सह सकतीं। उनका यह वाक्य बड़ा ही मार्मिक है—आर्यपुत्र सबके पूजनीय हैं, विशेषतः मेरी प्रिय सखी के। यह सीता देवी का वास्तविक रूप है। यह रूप वुधजन ही नहीं विवुधजन वन्दनीय है। उनका यही रूप आर्य संस्कृति का सर्वस्वय है। गोस्वामी जी उनके इसी रूप के उपासक हैं। भगवान् श्रीरामचन्द्र की बातों को सुनकर सीता देवी ने क्या कहा, अब उबको उन्हीं के शब्दों में सुनिये।

कौसल्या देवी के सामने जनकनन्दिनी के सीधे पति से बातचीत करने में मर्यादा बाधक थी। अतएव उन्होंने उन्हीं का सहारा ढूँढा, किन्तु इसमें उनको सफलता न हुई। भगवान श्रीरामचन्द्र ने ऐसी बात कही कि उन्हें बोलने की नौबत आयी। इसलिए पहले उन्होंने—

लागि सासु पग कह कर जोरी! छमबि देवि बड़ि अविनय मोरी॥

इस पद्य में कितनी मर्यादाशीलता है। 'छमबि देवि बड़ि अविनय मोरी' में उनके सरल और विनम्र हृदय की कितनी सुन्दर प्रतिच्छाया है। सास से अविनय की क्षमा माँगकर उन्होंने पतिदेव से कुछ कहा, उससे पति-प्रेम का प्रवाह उमड़ पड़ता है। उसका एक-एक शब्द बड़ा ही भावमय है। उसकी कुछ पंक्तियाँ देखिये—

मैं पुनि समुझि दीखि मन माहीं। पिय बियोग सम दुख जग नाहीं॥
तुम्ह बिनु रघुकुल कुमुद-विधु सुरपुर नरक समान॥
मातु पिता भगिनी प्रिय भाई। प्रिय परिवारु सुहृद समुदाई॥
सास ससुर गुर सजन सहाई। सुत सुन्दर सुसील सुखदाई॥
जहँ लगि नाथ नेह अरु नाते। पिय बिनु तियहिं तरनिहु ते ताते॥
तनु धनु धाम धरनि पुर राजू। पतिबिहीन सबु सोक समाजू॥
भोग रोग सम, भूषन भारू। जम जातना सरिस संसारू॥
प्राननाथ तुम्ह बिनु जग माहीं। मो कहुँ सुखद कतहुँ कुछ नाहीं॥
जिय बिनु देह, नदी बिनु बारी। तैंसिहि नाथ पुरुष बिनु नारी॥
नाथ सकल सुख साथ तुम्हारे। सरद बिमल बिधु बदनु निहारे॥

विवाह काल में सप्तपदी के समय पत्नी प्रतिज्ञा करती है—

आर्ते आर्नाः भविष्यामि सुख-दुःखविभागिनी।
तवाज्ञां पालयिष्यामि पंचमे सा पदे वदेत॥

आर्त होने पर आर्त हूँगी, सुख-दुःखभागिनी हूँगी और तुम्हारी आज्ञा का पालन करूँगी। कहा जा सकता है कि इस प्रतिज्ञा के अनुसार उनको वही करना चाहिए था, जो पति ने कहा, क्या यह अमर्यादा नहीं? पहली बात यह कि आपत्काले नियमो नास्ति। दूसरी बात यह है कि उन्होंने अवज्ञा क्या की? कोई आज्ञा होने पर उसके पालन करने में जो बाधाएँ उपस्थित होंगी, क्या उनका निवेदन करना आज्ञा न मानना है? आज्ञा मानने की अपेक्षा पति की दुःख-सुखसंगिनी होना, उनके लिए जीवन उत्सर्ग करना, क्या अधिक संगत नहीं? सीता देवी की चेष्टा यही तो है, स्त्री का सर्वस्व पति ही तो है, फिर यहाँ तो प्राण की बाधा उपस्थित है।

राखिअ अवध जो अवधि लगि, रहत जानिअहिं प्रान।

ऐसी अवस्था में उन्होंने जो कुछ निवेदन किया, उसमें विप्रतिपत्ति क्या? जो स्त्री-धर्म है, जो शास्त्रसंगत बात है, वही तो वे कह रही हैं—

नास्ति स्त्रीणां पृथग्यज्ञो, न व्रतं नाप्युपोषितम्।
पतिं शुश्रूषते येन, तेन स्वर्गे महीयते॥
पाणिग्राहस्य साध्वी स्त्री? जीवतो वा मृतस्य वा।
पतिलोकमभीप्सन्ती, नाचरेत्किंचिदप्रियम्॥

(मनु.)

सा भार्या या गृहे दक्षा, सा भार्या या प्रजावती।
सा भार्या या पतिप्राणा, सा भार्या या पतिव्रता॥

(व्यास.)

मितं ददाति जनको, मितं भ्राता मितं सुतः।
अमितस्य हि दप्तारं, भर्तारं पूजयेत्सदा॥

(शिवपुराण)

पतिरेको गुरुः स्त्रीणाम्। (चाणक्य. शिवपुराण)

स्त्री को न तो कोई यज्ञ करने की आवश्यकता है, न व्रत-उपवास की। पति की सेवा करने से ही वह स्वर्ग में आदृत होती है। पति-लोक की कामना करने वाली साध्वी स्त्री, चाहे जीवित पति हो चाहे मृत, उसका अप्रिय कभी न करें। भार्या वही है, जो गृह-कार्य में दक्ष हो, सन्तानवाली हो, पतिप्राणा और पतिव्रता हो। पिता, भ्राता, पुत्र थोड़ा देने वाले हैं, सब कुछ देने वाला पति ही है। इसलिए वह सदा सत्कार योग्य है। स्त्रियों का गुरु एक पति ही है।

श्रीमती जानकी देवी के निवेदन में आर्य-सिद्धान्तों की ध्वनि के सिवा और क्या

है? हाँ उनके हृदय के समान उनकी उदात्त उक्तियाँ अवश्य हैं। इस कथन में कितनी सत्यता है–'पिय वियोग सम दुखु जग नाहीं।' इसीलिए 'तनु धनु धाम धरनि पुर राजू। पति बिहीन सब सोक समाजू' है, और 'भोग रोग सम भूषन भारू'। जब रघुकुल कुमुद बिधु बिना सुरपुर नरक समान है, तब 'जम जातना सरिस संसारू' का होना क्या आश्चर्य? फिर वे क्यों न कहतीं–'प्रान नाथ तुम बिनु जगमाहीं। मो कहुँ सुखद कतहुँ कछु नाहीं।' जब वे मातु-पिता-भगिनी इत्यादि बड़े-बड़े सम्बन्धियों का नाम सुन्दर विशेषणों के साथ गिनाकर यह कहती हैं 'जहँ लगि नाथ नेह अरु नाते। पिय बिन तिय तरनिहु ते ताते,' तब वे किस ज्वाला की ओर संकेत करती हैं, क्या यह बतलाना होगा? विरह ज्वाला की बातें कौन नहीं जानता। विरहिणी को कौन नहीं जलाता। चाहे वह उसकी मानसिक आधि का ही फल हो, उसको अनुभव ऐसा ही होता है। उसको सुधाकर किरणें भी अग्निमयी ज्ञात होती हैं और मलय समीर शेष-वास और अधिक क्या कहें। उन्होंने यह बात कितनी दूर की कही, 'जिय बिनु देह नदी बिनु बारी। तैसिह नाथ पुरुष बिनु नारो।' सत्य है और मामिनी कल्लोलिनी का सलिल। किन्तु इस बात को सीता देवी सदृश पतिप्राणा देवी ही समझ और कह सकती हैं।

इसके उपरान्त उन्होंने यह कहा–

खग मृग परिजन, नगरु बनु, बलकल बिमल दुकूल।
नाथ साथ सुरसदन सम, परनसाल सुख मूल॥
बन देवी बनदेव उदारा। करिहहिं सासु ससुर सम प्यारा॥
कुस किसलय साथरी सुहाई। प्रभु सँग मंजु मनोज तुराई॥
कंद मूल फल अमिअ अहारू। अवध सौध सत सरिस पहारू॥

आजकल खाओ, पीओ, आराम करो का वज्र निर्घोष ही सुनायी पड़ रहा है, ऐसी अवस्था में सीता देवी की बातों को कौन सत्य स्वीकार करेगा? खग-मृग को परिजन, वन को नगर, वल्कल को विमल दुकूल, पर्णशाला को सुर-सदन सुखमूल कौन मानेगा? क्या ऐसा माना जा सकता है? ये तो चिकनी-चुपड़ी बातें हैं, वनदेव, वनदेवी सास-ससुर नहीं बन सकते। कुस किसलय साथरी, मनोज तुराई नहीं कही जा सकती, न तो कंद मूल फल अमृतमय आहार हो सकते हैं और न अवध के सैकड़ों सौधों के समान पहाड़ एवं न कोई बुद्धिमती स्त्री ऐसा कह सकती है। हाँ, यह कवि कल्पना हो सकती है। हृदय सबके पास है, जीभ सबके मुँह में है, जो जिसके मन में आये, कह सकता है, जो चाहे सोच सकता है। परन्तु यह अक्षरशः सत्य है कि जो कुछ श्रीजानकी देवी ने कहा, वह आर्य ललना के हृदय का सच्चा उद्‌गार है। यदि हम विवेक की आँखें खोल लें, तो भारतीय कुलबाला के मानस-दर्पण में यह भाव बहुत ही स्पष्ट रूप में प्रतिबिम्बित

दिखायी देगा। श्रीमती सीता देवी स्वयं इसके लिए प्रमाण हैं—जिन्होंने एक-दो दिन नहीं, लगभग चौदह वर्ष भगवान श्रीरामचन्द्र के साथ इसी भाव से व्यतीत किये। उनके उद्गारों का प्रतिपादन निम्नलिखित पद्य बड़ी ही दृढ़ता से करते हैं—

नाथ सकल सुख साथ तुम्हारे। सरद बिमल बिधु बदन निहारे॥
छिनु छिनु प्रभु पद कमल बिलोकी। रहिहउँ मुदित दिवस् जिमि कोकी॥
मोहि मग चलत न होइहि हारी। छिनु छिनु चरन सरोज निहारी॥

वास्तविक सुख का सम्बन्ध हृदय के भावों से है, किसी पदार्थ अथवा वस्तु विशेष से नहीं। इन पद्यों को पढ़कर इस बात को सत्य प्रेम का पथिक भली-भाँति समझ सकता है। प्रेम प्रेम के लिए होता है, सुख-उपभोग के लिए नहीं। जो प्रेम सुख कामना पर उत्सर्गित है, वह प्रेम नहीं, प्रेम का आडम्बर मात्र है। सच्चे प्रेम में कष्ट की अनुभूति होती ही नहीं।

सीता देवी कहती हैं—

बन दुख नाथ कहे बहुतेरे। भय बिषाद परिताप घनेरे॥
प्रभु वियोग लवलेस समाना। सब मिलि होंहि न कृपानिधाना॥

सत्य प्रेम में अहंभाव नहीं होता, उसमें सेवाभाव ही प्रबल होता है। सत्य प्रेम सूर्य है, उनके सामने अहंभाव-अन्धकार ठहर नहीं सकता, उसको अवलोकन कर सेवाभाव सरसिज अवश्य विकसित होता रहता है। भगवती जानकी में यह भाव कितना जाग्रत है, देखिये—

सबहिं भाँति पिय सेवा करिहौं। मारग जनित सकल श्रम हरिहौं॥
पाय पखारि बैठि तरु छाहीं। करिहउँ बाउ मुदित मन माहीं॥
श्रम कन सहित स्याम तनु देखे। कहँ दुख समउ प्रानपति पेखे॥
सम महिं तृन तरुपल्लव डासी। पाय पलोटिहि सब निसि दासी॥

इन पंक्तियों में कितना आत्मनिवेदन है, कितनी अमायिकता और सरलता है, कितनी हित कामना और सहानुभूति है, यह निर्बल हृदय की अवतारणा नहीं, सबल चित्त की उदात्त भावमयी सुन्दर प्रस्तावना है। प्रवंचनामय मानस की प्ररोचना नहीं, 'मनस्येकं वचस्येकं क्रियास्येकं' की सत्यतामयी विभावना है। स्वार्थ साधन की कपटभरी आयोजना नहीं, कर्त्तव्य ज्ञान की भक्तिभरी साधना है।

भगवान श्रीरामचन्द्र ने विपिन को भयंकरता का बड़ा विशद् वर्णन किया था और यह भी कहा था—

नर अहार रजनीचर चरहीं। कपट वेष विधि कोटिक करहीं॥

सीता देवी इसका कितना सुन्दर और गम्भीर उत्तर देती हैं, सुनिये–

बार बार मृदु मूरति जोही। लागिहि तात दयारि न मोही॥
को प्रभु सँग मोहि चितवनिहारा। सिंघ-बधुहिं जिमि ससक सिआरा॥

इस उत्तर में कितना आत्मविश्वास है और कितनी पतिनिर्भरता है, कितनी प्रीतिपरायणता और तेजस्विता है–इसका अनुभव प्रत्येक सहृदय प्राणी कर सकता है।

श्रीरामचन्द्रजी ने यह भी कहा था 'हंस गवनि तुम्ह नहिं बन जोगू।' इसका उत्तर बड़ा ही हृदयग्राही और मर्मस्पर्शी है। कहीं भी जानकी देवी ने व्यंग से काम नहीं लिया है। बहुत धीर भाव से संयत उत्तर ही देती चली गयी हैं। किन्तु इस पंक्ति का उत्तर बड़ा ही व्यंजनामय है, साथ ही उसमें इतनी स्वाभाविकता है कि पढ़कर चित्त लोट-पोट हो जाता है–

मैं सुकुमारि, नाथ बन जोगू? तुम्हहि उचित तप, मो कहुँ भोगू?

इस वचन-रचना की बलिहारी। इसको कहते हैं, 'कागज पै रख दिया है कलेजा निकालकर।' कितनी मीठी चुटकी है, साथ ही कितनी प्रेम भरी?

शास्त्रों में स्त्री को सहधर्मिणी कहा गया है, सहधर्मिणी का अर्थ है समान धर्मवाली। सच्ची गृहिणी वही है जो, पति के भावों को समझती है और बिना कहे उसकी पूर्ति करती है। पति ने जब मुँह खोलकर कुछ कहा और तब स्त्री ने कोई कार्य किया, तो वह सहधर्मिणी कहाँ रही। जिस स्त्री ने पति के हृदय को नहीं पहचाना, उसके कर्त्तव्य को नहीं समझा, तो उसकी जीवन-यात्रा के अनुकूल अपने को नहीं बना सकी, किसी स्थलविशेष पर पति का क्या धर्म है–जो इसकी मर्मज्ञ नहीं, वह सहधर्मिणी होने का दावा नहीं कर सकती। विवाह के समय वर कन्या से कहता है–

मम ब्रते ते हृदयं दधामि, मम चित्तमनुचित्तं ते अस्तु।
मम वाचमेकमना जुषस्व, प्रजापतिस्त्वा नियुनक्तुमह्यम्॥

मेरे ब्रत की ओर तुम्हारा हृदय खिंचे, मेरे चित्त के अनुकूल तुम्हारा चित्त हो, एकमना होकर मेरी बात मानो, प्रजापति तुमको मुझसे सम्बन्धित करें।

विवाह के अन्त में कन्या को ध्रुव का दर्शन कराया जाता है, वह ध्रुव को देखकर कहती है–ध्रुवमसि ध्रुवं त्वां पश्यामि। अयि ध्रुव, तुम अचल-अटल हो, मैं तुम्हें देखती हूँ। इसका भाव यह है कि विवाह कार्य में पति के द्वारा मुझसे जो प्रतिज्ञाएँ करायी गयी हैं अथवा मैंने स्वयं जो प्रतिज्ञाएँ की हैं, उन पर में ध्रुव के समान अचल-अटल रहूँगी। सप्तपदी के समय वह यह भी कहती है–

यज्ञे होमे च दानादौ भविष्यामि त्वया सह।
धर्मार्थकामकार्येषु वधूः षष्ठे पदे वदेत्॥

यज्ञ, होम और दानादि में, धर्म, अर्थ और काम में, मैं सदा तुम्हारे साथ रहूँगी इसीलिए 'अर्द्धे भार्या मनुष्यस्य' है। इसीलिए स्त्री अर्धाङ्गिनी है और इसीलिए सहधर्मिणी। रामायण में इस संस्कृति का बड़ा ही उत्तम निदर्शन है। गोस्वामी जी लिखते हैं–

उतरि ठाढ़ भए सुरसरि रेता। सीय रामु गुह लखन समेता॥
केवट उतरि दंडवत कीन्हा। प्रभुहि सकुच, एहि नहिं कछु दीन्हा॥
पिय हिय की सिय जाननिहारी। मनि मुँदरी मन मुदित उतारी॥

गोस्वामी जी की इस उक्ति में कि 'प्रभुहि सकुच एहि नहिं कछु दीन्हा' में बड़ा स्वारस्य है। प्रभु शब्द का प्रयोग कितना सार्थक है? साधारण जन होते तो इस विषय में वे कुछ लापरवाही भी कर सकते, किन्तु प्रभु का ऐसा करना बड़ा ही अनुचित था। बड़ी ही मर्यादा विरुद्ध बात थी। फिर उसके साथ, जो जीभ नहीं हिला सकता। बड़े लोगों के लिए दोनों, अकिंचनों की सहायता करने के लिए इस प्रकार के अवसर बड़े ही सुन्दर होते हैं। सेवा करने वाला बड़ों से बड़ी आशा रखता भी है। कम से कम भगवान को निषाद की मूठी अवश्य भर देनी चाहिए थी, किन्तु कहाँ, वे तो कुछ न दे सके। तापस वेष में उनके पास था ही क्या। फिर उनके जी को चोट क्यों न लगती, और वे क्यों न संकुचित होते। सीता देवी सतीशिरोमणि हैं, सच्ची सहधर्मिणी और अर्धाङ्गिनी हैं, उन्होंने पतिदेव के हृदय की बात जान ली और तत्काल मुदित मन से मणिजटित मुँदरी उतार दी। गोस्वामी जी के शब्दों की मार्मिकता देखिये–

पिय हिय की सिय जाननिहारी। मनिमुदरी मन मुदित उतारी॥

कैसी मुँदरी उतारी? मणिजटित। कैसे उतारी? मुदित मन से। स्त्रियों को गहना बड़ा प्यारा होता है, उनके उसे अलग करते बड़ी कठिनता होती है, पीड़ा भी होती है। वे आसानी से उसे किसी को देना नहीं चाहतीं। जब्र करके कोई भले ही ले ले। यह साधारण गहनों की बात है, और मणिजटित गहना? वह तो कलेजे में छिपाकर रखने की चीज है। उसका तो नाम ही न लीजिये। किन्तु सीता देवी ने वैसी ही अँगूठी उतारी। और वह भी मुदित मन से, जरा-सा तेवर भी नहीं बदला, पेशानी पर शिकन तक नहीं आयी। क्योंकि उनका सर्वस्व तो उनका जीवनधन है, उनका सौन्दर्य तो उनके हृदय का सौन्दर्य है। जो पतिप्रेम के आभूषण से आभूषित है, उसको भूषणों की क्या आवश्यकता। जिसे पति की अनुकूलता वांछनीय है, जो पतिमर्यादा की भूखी है, गहनों पर उसकी लार नहीं टपकती। यह चिर संचित आर्य संस्कृति है। भगवती जनकनन्दिनी इसका उच्चतम आदर्श हैं।

आधुनिक काल में भी इस प्रकार के आदर्शों का अभाव नहीं। एक प्रसंग आप लोगों को सुनाता हूँ। देश पूज्य, दयासागर, ईश्वरचन्द्र विद्यासागर का पवित्र नाम आप लोगों ने सुना होगा। उनकी स्त्री बड़ी साध्वी थीं। विद्यासागर महोदय की उदारता लोक विश्रुत है। एक बार एक ब्राह्मण उनकी सेवा में उपस्थित हुआ और उसने विनय की कि मैं कन्यादान से आकुल हूँ, यदि आपने कृपा नहीं की तो मेरा निर्वाह होना कठिन है। उसने दो सौ रुपये की आवश्यकता बतलायी। उस समय उनके पास कुछ नहीं था, वे चिन्तित हुए। ब्राह्मण को बाहर बैठाया और आप अन्दर गये। सामने उनकी सहधर्मिणी आ गयीं। उन्होंने पति के मुख की ओर देखा और पूछा आप चिन्तित क्यों हैं? उन्होंने कहा एक ब्राह्मण कन्यादानग्रस्त है और दो सौ रुपया की उसको आवश्यकता है, परन्तु इस समय तो मैं बिल्कुल रिक्तहस्त हूँ। साध्वी के नेत्रों में जल आ गया, उन्होंने कहा, मेरे हाथ के सोने के कड़े किस काम आयेंगे। यह कहकर उन्होंने अपने कड़े उतारे और पतिदेव के हाथ पर रख दिया। अपनी पत्नी की उदारता देखकर उनके अश्रुपात होने लगा, वे अश्रुविसर्जन करते ही बाहर आये और उत्फुल्ल हृदय से उन्होंने कड़े ब्राह्मणदेव को सादर देकर कहा, इन्हें मेरी स्त्री ने आपको अर्पण किया है।

रामायण की संस्कृति की बातें सुनाते-सुनाते एक अन्य प्रसंग भी मैंने आप-लोगों के सामने उपस्थित कर दिया—केवल इस विचार से कि जिसमें आप लोग आर्य संस्कृति की व्यापकता का अनुभव कर सकें। आर्य बहुत उदास है और आज इस प्रतिकूल काल में भी वह बहुत व्यापक है। हिन्दू जाति पर तो उसका प्रभाव है ही, यहाँ की मुसलमान जाति और ईसाइयों पर भी उसका असर देखा जाता है। कारण इसका यह है कि उनमें अधिकांश हिन्दू सन्तान ही हैं। चिरकालिक संस्कार नाश होते-होते होता है। तत्काल अथवा थोड़े समय में उसका सर्वथा नाश नहीं होता। यह सच है कि समय की प्रतिकूलता का सामना उसके करना पड़ रहा है, पाश्चात्य विचार भी उसे दबा रहे हैं, किन्तु सूर्य कब तक बादलों में छिपा रहेगा। काल पाकर बादल टलेंगे और वह फिर वैसा ही जगमगाता दिखलाई पड़ेगा। दूसरी बात यह है कि आर्य संस्कृति के भाव उदात्त और सर्वदेशी हैं। एकदेशिता उनमें कम है। इसलिए पंचभूत के समान ही वे उपयोगी हैं। आवश्यकतानुसार उनका कुछ रूप बदल सकता है। वे सर्वथा परित्यक्त नहीं हो सकते। रामायण और महाभारत के अनेक अंश और अनेक उपदेश जैसे हिन्दू जाति के उपकारक और शिक्षक हैं, वैसे ही संसार की अन्य जातियों के लिए भी हैं। यूरोप में भी उनके अनुवाद आदर से पढ़े गये हैं और विजातीय सहृदयों ने भी उनकी दिख खोलकर प्रशंसा की है। ऐसी अवस्था में उनकी उपयोगिता अप्रकट नहीं। रामायण की संस्कृतियों का संकलन कर यदि उन पर प्रकाश डाला जाय और उन पर मननपूर्वक लेख लिखे जायँ, तो मेरा विचार है कि वर्तमानकाल में उससे बड़ा लाभ हो सकता है।

अन्त में अपनी निम्नलिखित सवैया द्वारा गोस्वामी जी का गुणगान करते हुए इस लेख को समाप्त करता हूँ–

बन राम रसायन की रसिका, रसना रसिकों की हुई सफला।
अवगाहन मानस में करके, जन-मानस का मल सारा टला॥
बनी पावन भाव की भूमि भली, हुआ भावुक-भावुकता का भला।
कविता करके तुलसी न लसे, कविता लसी पा तुलसी की कला॥

❑

अयोध्यासिंह उपाध्याय 'हरिऔध' रचनावली

खण्ड-9

खण्ड-1

❑ प्रियप्रवास ❑ वैदेही-वनवास

खण्ड-2

❑ पारिजात ❑ पद्य-प्रमोद

खण्ड-3

❑ चोखे चौपदे ❑ चुभते चौपदे ❑ हरिऔध-दोहावली ❑ बाल-कवितावली ❑ हरिऔध-सतसई

खण्ड-4

❑ बोलचाल ❑ काब्योपबन ❑ ऋतु-मुकुर

खण्ड-5

❑ रसकलस

खण्ड-6

❑ अधखिला फूल ❑ ठेठ हिन्दी का ठाट ❑ इतिवृत्त ❑ वेनिस का बाँका ❑ अभिभाषण ❑ विविध

खण्ड-7

❑ हिन्दी भाषा और साहित्य का विकास

खण्ड-8

❑ कबीर वचनावली ❑ रस साहित्य और समीक्षाएँ ❑ संदर्भ-सर्वस्व ❑ विविध

खण्ड-9

❑ पद्य-प्रसून ❑ आधुनिक कवि ❑ मर्म-स्पर्श

खण्ड-10

❑ श्रीप्रद्युम्नविजय व्यायोग ❑ श्रीरुक्मिणीपरिणयनाटक ❑ कल्पलता ❑ पवित्र पर्व ❑ प्रेम पुष्पोपहार ❑ अच्छे अच्छे गीत ❑ स्वर्गीय संगीत ❑ कतिपय ब्रजभाषा काव्य ❑ हरिऔध आत्म-चरित

अयोध्यासिंह उपाध्याय 'हरिऔध' रचनावली

खण्ड-9

सम्पादक
सदानन्द शाही

वाणी प्रकाशन

वाणी प्रकाशन

ज्ञान के विविध आयामों के प्रकाशक

वाणी प्रकाशन का 'लोगो' विख्यात चित्रकार मक़बूल फ़िदा हुसेन की कूची से

वाणी प्रकाशन, 4695, 21-ए, दरियागंज, नयी दिल्ली-110002
वाणी प्रकाशन, अशोक राजपथ (पटना कॉलेज के सामने), पटना (बिहार)

AYODHYASINGH UPADHYAYA 'HARIAOUDH' RACHNAWALI-9

Edited by Sadanand Shahi

Complete work of Ayodhyasingh Upadhyaya *'Hariaoudh'*

ISBN : 978-93-5000-200-1

प्रथम संस्करण

मूल्य : 9000/-

वाणी प्रकाशन

फोन : 0091#11#23273167, 23275710

फैक्स : 0091#11#23275710

वेबसाइट : www.vaniprakashan.in

ई-मेल : vaniprakashan@gmail.com

vani_prakashan@yahoo.com

आर.टेक ऑफसेट प्रिंटर्स द्वारा दिल्ली-110095 में मुद्रित

प्रकाशकीय

अयोध्यासिंह उपाध्याय 'हरिऔध' भारतेन्दु युग और द्विवेदी युग के बीच एक अत्यन्त महत्त्वपूर्ण कड़ी हैं। खड़ी बोली हिन्दी के पहले महाकाव्य के रचनाकार के रूप में उनका ऐतिहासिक महत्त्व तो है ही, हिन्दी भाषा के अनूठे शिल्पकार के रूप में उनका योगदान कहीं ज्यादा महत्त्व का है। उन्नीसवीं और बीसवीं शताब्दी में जब हिन्दी की रूप रचना को लेकर तरह-तरह की बहसें चल रही थीं—हरिऔध ने हिन्दी भाषा के सभी सम्भावित और आकांक्षित रूपों को अपनी लेखनी से मूर्त किया। हरिऔध के रचना संसार से गुजरते हुए उनके भाषा सम्बन्धी संघर्ष को सहज ही लक्षित किया जा सकता है। ब्रजभाषा से शुरू करके **वेनिस का बांका** और **प्रियप्रवास** की संस्कृत निष्ठ हिन्दी फिर **ठेठ हिन्दी का ठाट** की ठेठ हिन्दी से होते हुए **बोलचाल** की सामान्य हिन्दी का रूप हरिऔध के यहाँ मौजूद है। वे भाषा के रूप को लेकर होने वाली बहसों में अपनी रचनाओं के साथ उतरते हैं और एक सच्चे प्रयोग कर्ता की तरह समाज की प्रतिक्रिया के आलोक में भाषा का रूप बदल देते हैं। उनकी यह प्रयोगशीलता केवल भाषा के स्तर पर नहीं बल्कि छन्द विधान के स्तर पर भी दिखाई देती है। संस्कृत के वर्ण वृत्तों का प्रयोग हो, हिन्दी के मात्रिक छन्दों का या फिर उर्दू बहरों का; हिन्दी के आँगन में वे सबको व्यावहारिक रूप से उतार कर आगे आने वाले रचनाकारों के लिए मार्ग प्रशस्त करते हैं। वजह चाहे जो रही हो, हिन्दी साहित्य के इतिहास में हरिऔध के महत्त्व को स्वीकार करते हुए भी उनके ऐतिहासिक महत्त्व और अवदान का सम्यक विवेचन नहीं हो सका है। इस ग्रन्थावली को प्रस्तुत करते हुए हमारे मन में कहीं एक भूल सुधार का भाव भी काम कर रहा था। हरिऔध साहित्य को एक साथ प्रस्तुत करते हुए हम यह उम्मीद कर रहे हैं कि हरिऔध की प्रयोगधर्मिता की ओर अपेक्षित ध्यान जाएगा और उनके वास्तविक अवदान को आँकने की दिशा में यत्न होंगे। ग्रन्थावली में यथा संभव हरिऔध के प्रामाणिक पाठ को प्रस्तुत करने की कोशिश की गयी है। किसी एक संस्करण में रह गयी अशुद्धियाँ बाद के कई संस्करणों में दुहरायी जाती रही हैं उन्हें भी यथा स्थान सुधार दिया गया है।

यदि यह ग्रन्थावली हरिऔध के साहित्य में छिपे हिन्दी भाषा के विकास के इतिहास की खोज के लिए प्रेरित और प्रोत्साहित कर सकी तो हमें अपना श्रम सार्थक लगेगा।

—अरुण माहेश्वरी

अनुक्रमणिका

पद्य-प्रसून

दो शब्द

आज हम हिन्दुओं की जैसी बुरी परिस्थिति है, वह किसी से छिपी नहीं। हम राजनैतिक लूले हैं और सामाजिक अन्धे; धार्मिक ढोंगी हैं और नैतिक कोढ़ी। हम दिन-दिन गिरते जा रहे हैं—गिरते जा रहे हैं—गिरते जा रहे हैं। सर्वनाश का गर्त्त मुँह बाये खड़ा है—हमें निगलने को! हम उसी ओर बढ़ रहे हैं!!

हमारा उद्धार कौन करेगा? सिवाय उस पतितोद्धारक परमात्मा के और कौन सहायता कर सकता है। हाँ, एक व्यक्ति चाहें तो वे हमारे उद्धार में सहायक हो सकते हैं। वे हैं हमारे कवि।

कवियों की शक्ति अपार है। वे जो चाहें कर सकते हैं। वे सोये को जगा सकते हैं, जगे को खड़ा कर सकते हैं, खड़े को दौड़ा सकते हैं और उन्हें विजय के शिखर पर चढ़ा सकते हैं। ग्रीक-कवि सोलन, इंगलिश-कवि बायरन और हिन्दी-कवि भूषण हमारे कथन के प्रमाण हैं। आज यदि हिन्दी-कवि चेतें तो हिन्दुओं का उद्धार हुआ ही समझिये। क्यों नहीं, कवि ही ईश्वर है।

वर्तमान-कवि-सम्राट् पं. अयोध्यासिंह जी उपाध्याय ने हिन्दुओं के उद्धार के लिए लेखनी उठाई है—यह हम लोगों के लिए सौभाग्य की बात है। इस 'पद्य-प्रसून' की अधिकांश कवितायें हम हिन्दुओं की सामाजिक, धार्मिक, नैतिक आदि अवस्थाओं के शब्द-चित्र हैं। इनमें से कितनी कवितायें तो ऐसी हैं, जिनके पढ़ते ही एक ओर जहाँ अपनी बेबसी पर ग्लानि से धरा गें धँसने की इच्छा होती है, वहाँ दूसरी ओर अपनी धर्म-विडम्बना देख नसों में बिजली दौड़ जाती है, भुजायें फड़कने लगती हैं। पाठक 'जीवन-स्रोत' की 'जीवन-मरण' शीर्षक कविता पढ़ देखें।

हमें आशा है, इस 'पद्य-प्रसून' के पूत पराग का पान कर पाठकों का मन-मिलिन्द मस्त होगा। 'पावन-प्रसंग' उनके हृदय में पावनता का संचार करेगा, 'जीवन-स्रोत' से उनके मुर्दे दिलों में संजीवन-स्रोत प्रवाहित होगा, 'सुशिक्षा-सोपान' उन्हें समुचित शिक्षा देगा, 'जीवनी-धारा' में वे अपनी लुप्त जीवन-धारा पायेंगे, 'जातीयता-ज्योति' उनमें जातीयता का प्रकाश फैलावेगी, 'विविध-विषय' की साहित्यिक-सामाजिक आदि विभिन्न विषयावली उनमें विविध-विषय-प्रियता का भव्य भाव भरेगी, 'दिव्य दोहे' उन्हें खड़ी बोली

में ब्रजभाषा-सुलभ बारीकियाँ बतलावेंगे तथा 'बाल-विलास' बालकों के आमोद-प्रमोद तथा क्रीड़ा-कोलाहल से उनके मानस को मुखरित करेगा। एवमस्तु।

हमारे लिए यह सौभाग्य की बात है कि अपनी 'सुन्दर-साहित्य माला' में सर्वप्रथम ऐसा सुन्दर 'प्रसून' गूँथने को मिला है। इसके लिए कृपालु उपाध्याय जी को अनेकशः धन्यवाद।

सम्पादक

पं. अयोध्यासिंह उपाध्याय
(परिचय)

कवि-कर्म कठिन है। उसमें सफलता प्राप्त करना और भी कठिन। कोई ईश्वर का कृपा-पात्र, कोई प्रकृति का आशीर्वाद-भाजन ही कविता में सफलता प्राप्त कर सकता है—सुकवि कहला सकता है।

उपाध्याय जी सुकवि हैं। वर्त्तमान काल के कवियों में आपका आसन अत्यन्त ऊँचा है। आपके सुप्रसिद्ध करुण-काव्य 'प्रिय-प्रवास' ने आपको महाकवि के प्रतिष्ठित पद पर अधिष्ठित किया है। प्रिय-प्रवास एक सुन्दर महाकाव्य ही नहीं है, एक युगान्तरकारी महाकाव्य भी उसे कह सकते हैं। तुकों की जबर्दस्त जंजीरों में जकड़ी हुई कविता-कामनी को आपने इस काव्य द्वारा सर्वप्रथम मुक्त करने की चेष्टा की है। ईश्वर उसे बन्धन-विमुक्त करें।

आपकी प्रतिभा सर्वतोमुखी है। छोटे-छोटे तुच्छ विषयों से लेकर गहन गम्भीर विषयों पर भी आपने सफलतापूर्वक लेखनी का संचालन किया है। जहाँ आपने 'अभेद का भेद', 'वेद और धर्म' आदि अनेक गहन और दार्शनिक विषयों की मीमांसा अत्यन्त सरल और सुललित पद्यों द्वारा की है, वहाँ 'एक गुलाब का फूल', 'जुगनू' आदि तुच्छ विषयों पर भी, आपकी प्रतिभा ने, अपूर्व कारीगरी दिखलाई है।

कवि का हृदय भावना-प्रधान होता है। यदि इस भावना में लोक-कल्याण का पुट भी मिला हो तो फिर क्या कहना? यह सम्मिश्रण कवि को अमर बना देता है। गोस्वामी तुलसीदास आज इसी सम्मिश्रण के कारण हिन्दी के सर्वश्रेष्ठ कवि कहे जाते हैं। उपाध्याय जी में भी ईश्वर ने इन दोनों गुणों का समावेश किया है। आपकी सभी कविताओं के अंतस्तल में लोक-कल्याण की भव्य भावना भरी पड़ी है। इस बात की यथार्थता इस 'पद्य-प्रसून' के प्रत्येक पद्य से होगी।

उपाध्याय जी नाना प्रकार की भाषाओं के लिखने में सिद्धहस्त हैं। कठिन से कठिन और सरल से सरल पद्य आप आसानी से लिखते हैं। जहाँ आपने 'प्यारी न्यारी प्रभु-पद-रता कान्त-चिन्ता-उपेता' लिखा है, वहीं आपने 'देखो लड़को बन्दर आया, एक मदारी उसको

लाया' भी लिखा है। भाषा तो आपकी अनुचरी सी है।

आपका छन्द-प्रयोग भी अद्भुत और अनुकरणीय है। संस्कृत, हिन्दी, उर्दू, बंगला—जिस भाषा का जो कोई छन्द आपको मधुर जँचा, उसे आपने सादर अपनाया है। आप संस्कृत वृत्त, द्रुतविलम्बित और मन्दाक्रान्ता लिखते हैं, उर्दू ढंग पर चौपदे और छपदे की रचना करते हैं, हिन्दी के छप्पै और दोहे बनाते हैं, तो बंगला वृत्त 'पयार' का भी प्रयोग करते हैं। और, सो भी, पूरी सफलता के साथ।

उपाध्याय जी पूरे शब्द-शिल्पी हैं। आपके एक-एक शब्द चुने-चुनाये नपे-तुले होते हैं। जहाँ आपने केवल संस्कृत की ही सरिता बहाई है, वहाँ भी—उस सरिता-स्रोत पर भी—आपकी सुन्दर शब्द-तरंग-माला अठखेलियाँ करती दीख पड़ती हैं। 'बनलता' और 'माधुरी' नाम की कविता पाठक पढ़ देखें।

यहाँ एक बात याद आती है। इस 'पद्य-प्रसून' की छपाई के सम्बन्ध में इन पंक्तियों के लेखक को आपकी सेवा में बार-बार जाने का मौका मिला है। 'दिव्य-दोहे' का विषय-विभाजन करना था। मैं जल्दी में था। मेरी शीघ्रता देखकर आपने मेरे अनुरोध पर शीघ्र ही विषय-विभाजन कर दिया। एक विषय का नाम रखा गया—पुष्प-क्यारी! किन्तु जब दूसरे दिन मैं पुनः पहुँचा तो आपने कहा—देखिये कल जो कापी आप ले गये थे उसका शीर्षक पुष्प-क्यारी न रख कर 'कुसुम-क्यारी' रखिये। दोनों के भाव और अर्थ एक ही हैं, किन्तु पुष्प-क्यारी और कुसुम-क्यारी के शब्द-संगठन में कितना अन्तर है, उसे कोई शब्द-शिल्पी ही समझ सकता है।

पहले कह चुका हूँ, आपकी प्रतिभा सर्वतोमुखी है। वह केवल पद्य तक ही निबद्ध नहीं। आपने गद्य लिखने में भी कमाल हासिल किया है। आपके 'ठेठ हिन्दी का ठाट' और 'अधखिला फूल' इसके प्रमाण हैं। 'ठेठ हिन्दी का ठाट' सिविल सर्विस परीक्षा में कोर्स है।

आपकी साहित्य-सेवा पर मुग्ध होकर हिन्दी-साहित्य सम्मेलन ने आपको अपने चौदहवें अधिवेशन का सभापति बनाया था। भारत धर्म-महामण्डल ने भी आपको 'साहित्य-रत्न' की उपाधि देकर अपने को गौरवान्वित किया था।

× × ×

उपाध्याय जी का जन्म बैशाख कृष्णा तृतीया सं॰ 1922 विक्रमीय में हुआ था। आपके पिता का नाम है पं॰ भोला सिंह जी उपाध्याय। आपकी माता रुक्मिणी देवी एक विदुषी महिला थीं। पठन-पाठन में आपके चाचा पं॰ ब्रह्मासिंह जी उपाध्याय से आपको पूरी सहायता मिली है। चरित गठन, साहित्य-प्रेम आदि सभी सुगुणों के संकलन में पं॰ ब्रह्मासिंह ने आपके लिए कुछ भी उठा न रखा। इन्हीं के सुप्रयत्नों के फलस्वरूप हम

उपाध्याय जी को आज इस रूप में पाते हैं—यदि ऐसा भी कहें तो कोई अत्युक्ति नहीं। संस्कृत, उर्दू, फारसी, बंगला और पंजाबी भाषाओं की शिक्षा आपको प्राप्त है। शिक्षा प्राप्त कर कुछ दिनों तक आपने अध्यापक का काम किया था। फिर कानूनगोई की परीक्षा पास कर बहुत दिनों तक सदर कानूनगो की हैसियत से काम करते रहे। अब उस काम से पेंशन लेकर हिन्दू विश्वविद्यालय में 'अवैतनिक रूप' से अध्यापक का काम कर रहे हैं।

× × ×

आपको देखकर उस स्वर्णयुग के आदर्श ब्राह्मणों की याद आ जाती है। आपकी विद्वत्ता, सादगी, निर्लोभता, धर्मपरायणता आदि गुणों को देखकर ब्राह्मणत्व का एक स्पष्ट चित्र आँखों के निकट खिंच जाता है। आपकी विद्वत्ता अथाह है, अध्ययन-शीलता अनुकरणीय है, सादगी सराहनीय है, धार्मिकता धारणीय है और निस्पृहता अभिनन्दनीय है।

काव्य-चर्चा ही आपका व्यसन है। कविता ही आपकी सहचरी है। इन पंक्तियों के लेखक को जब-जब आपके दर्शनों का सौभाग्य प्राप्त हुआ है तब-तब इसने आपको कविता ही के बीच में बैठे पाया है।

इनका उन्नत ललाट इनकी प्रतिभा का द्योतक है। गम्भीर मुख-मण्डल सदाचारिता का सूचक है। एक दुबले-पतले शरीर में एक हृष्ट-पुष्ट आत्मा का विनोद-विलास इन्हीं को देखने पर दीख पड़ता है।

निर्लोभता की चर्चा पहले हो चुकी है। इस युग में—इस रुपये पैसे के युग में—आपने रुपयों को पैरों से ठुकराया है। आप अपनी कवित्व-शक्ति द्वारा बहुत कुछ उपार्जन कर सकते थे। किन्तु सरस्वती का क्रय-विक्रय करना आपको पसन्द नहीं। आपने अपनी कृतियों को, जिसने माँगा उसे ही, उदारतापूर्वक मुफ्त दे दिया है।

आप छोटे-बड़े सभी आगन्तुकों से बड़े प्रेम से, दिल खोल कर, मिलते हैं। अभिमान आपको छू नहीं गया है। आपका सीधापन देखकर दंग रह जाना पड़ता है। अतिथि सत्कार शायद आपके ही पल्ले में पड़ा है।

ईश्वर आपके ही ऐसे सुकवि, सच्चरित्र, सदाशय और लोक हितैषी पुत्र भारत के घर-घर में उत्पन्न करे।

—श्री रामवृक्ष शर्मा बेनीपुरी

पद्य-प्रसून

पावन प्रसंग

अभेद का भेद

दोहा

खोजे खोजी को मिला क्या हिन्दू क्या जैन।
पत्ता पत्ता क्या हमें पता बताता है न ॥ 1 ॥

रँगे रंग में जब रहे सकें रंग क्यों भूल।
देख उसी की ही फबन फूल रहे हैं फूल ॥ 2 ॥

क्या उसकी है सोहती नहीं नयन में सोत।
क्या जग में है जग रही नहीं जागती जोत ॥ 3 ॥

पूजन जोग जिसे कहें पूजित-जन बन-दास।
उसे नहीं जो पूजते तो क्यों पूजे आस ॥ 4 ॥

आव भगत उसका करें पूजें पाँव सचाव।
सब से ऊँचा जो रहा रख कर ऊँचे भाव ॥ 5 ॥

बिना बीज क्यों बेलि हो बिना तिलों क्यों तेल।
किसी खेलाड़ी के बिना है न जगत का खेल ॥ 6 ॥

क्या निर्गुण है? है भला किसको निर्गुण ज्ञान।
गुण वाले जो कर सकें करें सगुण गुण गान ॥ 7 ॥

चित भीतर ही है नहीं जो चित रहे सचेत।
कला दिखाता क्या नहीं बाहर कलानिकेत ॥ 8 ॥

विपुल बीज अंकुरित हो अंकुर सकल समेत।
हैं हरि पता बता रहे हरे भरे सब खेत ॥ 9 ॥

जोत नहीं तम में मिली लाखों बार टटोल।
भेद भला कैसे खुले सके न आँखें खोल ॥ 10 ॥

प्रार्थना

हरि गीतिका

हे दीनबंधु दया-निकेतन विहग-केतन श्रीपते।
सब शोक-शमन त्रिताप-मोचन दुख-दमन जगतीपते।
भव-भीति-भंजन दुरित-गंजन अवनि-जन-रंजन विभो।
बहु-बार जन-हित-अवतरित ऐ अति-उदार-चरित प्रभो ॥ 1 ॥

बहु-मूल्यता से वसन की भारत न कम आरत रहा।
रोमांच कर लखकर समर वह था चकित शंकित महा।
तब लौं दुरन्त-अकाल का जंजाल शिर पर आ पड़ा।
आ सामने बिकराल बदन पसार काल हुआ खड़ा ॥ 2 ॥

इस बार जन-संहार जो है प्रति-दिवस प्रभु हो रहा।
अवलोक उसको नयन से किसके नहीं आँसू बहा।
बहु बंश ध्वंस हुए विपुल नर नगर के हैं मर रहे।
घर घर मचा कोहराम यम हैं ग्राम सूना कर रहे ॥ 3 ॥

कुम्हला गयीं कलियाँ विपुल, बहु फूल असमय झड़ पड़े।
टूटे अनूठे-रत्न, लूटे मणि गये सुन्दर बड़े।
सर्वस्व कितनोंका छिना, बहुजन हृदय-धन हर गया।
दीपक बुझा बहु सदन का, बहु शीश मुकुट उतर गया ॥ 4 ॥

बहु भाग्य-मन्दिर का कलश-कमनीय निपतित हो गया।
अगणित अकिंचन जन परम आधार पारस खो गया।
टूटी कुटिल-विधि निठुर-कर से, बहु सुजन-गौरव-तुला।
बहु नयम के तारे छिने, बहु माँग का सेंदुर धुला ॥ 5 ॥

तब भी द्रवित नहिं तुम हुए, हैं वैसिही भौंहें तनी।
अवलोकिये भारत-अवनि को सदय हो त्रिभुवन धनी।
सह भार नहिं जिस का सके बहु-बार तनधर अवतरे।
उसकी बड़ी दुखमय दशा क्यों देख सकते हो हरे! ॥ 6 ॥

गज पशु रहा अवलोक ग्राह-ग्रसित उसे पहुँचे वहीं।
फिर कुरुज कवलित मनुज कुल पर किसलिये द्रवते नहीं।
जब एक याँ के गीध का दुख देख युग दृग भर गये।
बहु लोग याँ के तब रहें दुख भोगते क्यों नित नये॥ 7॥

जब व्याध का अपराध भी अपराध नहिं माना गया।
तब तुच्छतर अपराधियों पर क्यों विशिख ताना गया।
सुन कर पुकार गयंद की जब नयन से आँसू बहा।
तब किस तरह नरपुंज हाहाकार जाता है सहा॥ 8॥

बहु-व्याधि घन-माला घुमड़ भारत-गगन में है घिरी।
पर प्रबल पवन-प्रवाह बन प्रभु-दृष्टि अब लौं नहिं फिरी।
भारत विपिन जनता लता है जल रही सुधि लीजिये।
घनतन सदयता सलिल से रुज दव शमन कर दीजिये॥ 9॥

आकुल बने व्याकुल-नयन से विपुल-वारि विमोचते।
नर नारि बालक-वृन्द हैं बदनारबिन्द विलोकते।
वेनिशित विशिख समेटिये जिनसे विपुल मानव बिधे।
सब त्राहि त्राहि पुकारते हैं पाहि पाहि कृपानिधे॥ 10॥

कमनीय कामनायें

छप्पै

वर-विवेक कर दान सकल-अविवेक निवारे।
दूर करे अविचार सुचारु विचार प्रचारे।
सहज-सुमति को बितर कुमति-कालिमा नसावे।
करे कुरुचि को विफल सुरुचि को सफल बनावे।
भावुक-मन-सुभवन में रहे प्रतिभा-प्रभा पसारती।
भव-अनुपम-भावों से भरित भारत-भूतल-भारती॥ 1॥

मन्दाक्रान्ता

प्यारो न्यारो प्रभु-पद-रता कान्त चिन्ता उपेता।
पाई जावे परम-मधुरा मानवी-प्रीति पूता।

सद्भावों से विलस सरसे सारभूता दिखावे।
होवे सारे रुचिर रस से सिक्त साहित्य सत्ता॥ 2॥

द्रुतविलम्बित

कुफल 'फूल' कदापि न दे सकें।
फल भले फल कामुक को मिलें।
विफलता विफला बनती रहे।
सफलता कृति को सफला करे॥ 3॥

नयन हों हित अंजन से अँजे।
विनय हो मन मध्य विराजती।
रत रहें जन-रंजन में सदा।
रुचि रहे जगतीतल रंजिनी॥ 4॥

मधुरिमा-मय हो बचनावली।
बहु मनोहर भाव समूह हों।
हृदय में बिलसे हितकारिता।
भरित मानवता मन में रहे॥ 5॥

आदर्श

कवित्त

लोक को रुलाता जो था रामने रुलाया उसे
हम खल खलता के खले हैं कलपते।
काँपता भुवन का कँपाने वाला उन्हें देख
हम हैं बिलोक बल-वाले को बिलपते।
हरिऔध वे थे ताप-दाता ताप-दायकों के
हम नित नये ताप से हैं आप तपते।
रोम रोम में जो राम काम रमता है नहीं
नाम के लिये तो राम नाम क्या हैं जपते॥ 1॥

पाँव छू छू उनके तरे हैं छितितल पापी
और हम छाँह से अछूत की हैं डरते।

बड़े बड़े दानव दलित उनसे हैं हुए
दब दब दानवों से हम हैं उबरते।
हरिऔध वे हैं अकलंक सकलंक हो के
हम भाल-अंक को कलंक से हैं भरते।
जो न रमे राम में हैं कहें तो न राम राम
लीला में न लीन हैं तो लीला क्यों हैं करते ॥ 2 ॥

हो के बनवासी गिरिबासी को तिलक सारा
साहस से पाया कपि-सेना का सहारा है।
बन खरदूषण तिमिर को प्रखर-रवि
अकेले अनेक-दानवी-दल बिदारा है।
हरिऔध राम की ललाम-लीला भूले नहीं
सविधि उन्होंने बाँधी वारि-निधि-धारा है।
दो ही बाहु द्वारा बीस बाहु का उतारा मद
होते एक आनन दशानन को मारा है ॥ 3 ॥

पातक-निकंदन के पदकंज पूज पूज
कैसे पाँव पातक पगों के सहलावेंगे।
दानव-दलन से जो लगन रहेगी लगी
दानव दुरन्त कैसे दिल दहलावेंगे।
हरिऔध कैसे बहकावेंगे बहक बैरी
प्रभु के प्रलंब बाहु यदि बहलावेंगे।
एक रक्त होते हम होवेंगे विभक्त कैसे
भूरि भक्ति से जो रामभक्त कहलावेंगे ॥ 4 ॥

गुणगान

दोहा

गणपति गौरी-पति गिरा गोपति गुरु गोविन्द।
गुण गावो वन्दन करो पावन पद अरविन्द ॥ 1 ॥

देव भाव मन में भरे दल अदेव अहमेव।
गिरिगुरुता से हैं अधिक गौरव में गुरुदेव ॥ 2 ॥

पाप-पुंज को पीस गुरु त्रिविध ताप कर दूर।
हैं भरते उर-भवन में भक्ति-भाव भरपूर ॥ 3 ॥

हर सारा अज्ञान-तम बन भवसागर-पोत।
गुरु तज उर में ज्ञान की कौन जगावे जोत ॥ 4 ॥

जनरंजन होता नहीं कर गंजन तम-मान।
दृग-रुज-भंजन जो न गुरु करते अंजन दान ॥ 5 ॥

कौन बिना गुरु के हरे गौरव-जनित-गरूर।
करे समल मानस विमल बने सूर को सूर ॥ 6 ॥

बिना खुली जन आँख को खोल न पाता आन।
जानकार गुरु के बिना रहता जगत अजान ॥ 7 ॥

बाद क्यों न गुरु से करें चेले कलि अनुरूप।
रीति न जानत विनय की हैं अविनय के रूप ॥ 8 ॥

गुरु-सेवा करते रहें गहें न उनकी भूल।
जो न चढ़ावें फूल हम तो न उड़ावें धूल ॥ 9 ॥

होता है सिर को नवा नर जग में सिरमौर।
बनता है बन्दन किये बन्दनीय सब ठौर ॥ 10 ॥

माता-पिता

दोहा

उसके ऐसा है नहीं अपनापन में आन।
पिता आपही अवनि में है अपना उपमान ॥ 1 ॥

मिले न खोजे भी कहीं खोजा सकल जहान।
माता सी ममता-मयी पाता पिता समान ॥ 2 ॥

जो न पालता पिता क्यों पलना सकता पाल।
माता के लालन बिना लाल न बनते लाल ॥ 3 ॥

कौन बरसता खेह पर निशि दिन मेंह-सनेह।
बिना पिता पालन किये पलती किस की देह ॥ 4 ॥

छाती से कढ़ता न क्यों तब बन पय की धार।
जब माता उर में उमग नहीं समाता प्यार ॥ 5 ॥

सुत पाता है पूत पद पाप पुंज को भूंज।
माता पद पंकज परस पिता कमल पग पूज ॥ 6 ॥

वे जन लोचन के लिये सके न बन शशि दूज।
पूजन जोग न जो बने माता के पग पूज ॥ 7 ॥

जो होते भू में नहीं पिता प्यार के भौन।
ललक बिठाता पूत को नयन पलक पर कौन ॥ 8 ॥

जो होवे ममता मयी प्रीति पिता की मौन।
प्यारा क्या सुत को कहे तो दृग तारा कौन ॥ 9 ॥

ललक ललक होता न जो पिता लालसा लीन।
बनता सुत बरजोर तो कोर कलेजे की न ॥ 10 ॥

हमारे वेद

छपदे

अभी नर जनम की बजी थी बधाई।
रही आँख सुध बुध अभी खोल पाई।
समझ बूझ थी जिन दिनों हाथ आई।
रही जब उपज की झलक ही दिखाई।
कहीं की अँधेरी न थी जब कि टूटी।
न थी ज्ञान सूरज किरण जब कि फूटी ॥ 1 ॥

तभी एक न्यारी कला रंगलाई।
हमारे बड़ों के उरों में समाई।
दिखा पंथ पारस बनी काम आई।
फबी और फूली फली जगमगाई।
उसी से हुआ सब जगत में उँजाला।
गया मूल सारे मतों का निकाला ॥ 2 ॥

हमारे बड़े ए बड़ी सूझ वाले
हुए हैं सभी बात ही में निराले।

उन्होंने सभी ढंग सुन्दर निकाले।
जगत में बिछे ज्ञान के बीज डाले।
उन्हीं का अछूता बचन लोक न्यारा।
गया वेद के नाम से है पुकारा॥ 3 ॥

विचारों भरे वेद ए हैं हमारे।
सराहे सभी भाव के हैं सहारे।
बड़े दिव्य हैं, हैं बड़े पूत, न्यारे।
मनों स्वर्ग से वे गये हैं उतारे।
उन्हीं से बही सब जगह ज्ञान-धारा।
उन्हीं ने धरा पर धरम को पसारा॥ 4 ॥

उन्हीं ने भली नीति की नींव डाली।
खुली राह भल-मंसियों की निकाली।
उन्हीं ने नई पौध नर की सँभाली।
उन्हीं ने बनाया उसे बूझ वाली।
उन्हीं ने उसे पाठ ऐसा पढ़ाया।
कि है आज जिस से जगत जगमगाया॥ 5 ॥

उन्हीं ने जगत-सभ्यता-जड़ जमाई।
उन्हीं ने भली चाल सब को सिखाई।
उन्हीं ने जुगुत यह अछूती बुनाई।
कि आई समझ में भलाई बुराई।
बड़े काम की औ बड़ी ही अनूठी।
उन्हीं से मिली सिद्धियों की अँगूठी॥ 6 ॥

वेद और दूसरे पंथमत

छपदे

कहो सच किसी को कभी मत सताओ।
करो लोकहित प्रीति प्रभु से लगाओ।
भली चाल चल चित्त ऊँचा बनाओ।
बुरा मत करो पाप भी मत कमाओ।

बहुत बातें हैं इस तरह की सुनाती।
कि जो सार हैं सब मतों का कहाती ॥ 7 ॥

उन्हें वेद ही ने जनम दे जिलाया।
उसी ने उन्हें सब मतों को चिन्हाया।
उसी ने उन्हें नर-उरों में लसाया।
उसी ने उन्हें प्यार-गजरा पिन्हाया।
समय-ओट में जब सभी मत रुके थे।
तभी मान का पान वे पा चुके थे ॥ 8 ॥

इसी वेद से जोत वह फूट पाई।
कि जो सब जगत के बहुत काम आई।
उसी से गईं बत्तियाँ वे जलाई।
जिन्हों ने उँजेली उरों में उगाई।
उसी से दिये सब मतों के बले हैं।
कि जिन से अँधेरे घरों के टले हैं ॥ 9 ॥

चला कौन कब वेद से कर किनारा।
उसी से मिला खोजियों को सहारा।
किसी को बनाया किसी को सुधारा।
उसी ने किसी को दिया रंग न्यारा।
उसी से गई आँख में जोत आई।
बहुत से उरों की हुई दूर काई ॥ 10 ॥

वेद सबके हैं

छग्दे

चमकती हुई धूप किरणें सुनहली।
उगा चाँद औ चाँदनी यह रुपहली।
हवा मंद बहती धरा ठीक सँभली।
सभी पौध जिन से पली और बहली।
सकल लोक की जिस तरह हैं कहाती।
सभी की उसी भाँति हैं वेद थाती ॥ 11 ॥

सभी देश पर औ सभी जातियों पर।
सदा जल बहुत ही अनूठा बरस कर।
निराले अछूते भले भाव में भर।
बनाते उन्हें जिस तरह मेघ हैं तर।
उसी भाँति ए वेद प्यारों भरे हैं।
सकल-लोकहित के लिये अवतरे हैं॥ 12 ॥

बड़े काम की बात वे हैं बताते।
बहुत ही भली सीख वे हैं सिखाते।
सभी जाति से प्यार वे हैं जताते।
सभी देश से नेह वे हैं निभाते।
कहीं पर मचल वह कभी है न अड़ती।
भली आँख उनकी सभी पर है पड़ती॥ 13 ॥

सचाई फरेरा उन्हीं का उड़ाया।
नहीं किस जगह पर फहरता दिखाया।
बिगुल नेकियों का उन्हीं का बजाया।
नहीं गूँजता किस दिशा में सुनाया।
कली लोक-हित की उन्हीं की खिलाई।
सुवासित न कर कौन सा देश आई॥ 14 ॥

वेदों की उदारता

छपदे

किसी पर कभी वे नहीं टूट पड़ते।
बखेड़ा बढ़ा कर नहीं वे झगड़ते।
नहीं वे उलझते नहीं वे अकड़ते।
कभी मुँह बनाकर नहीं वे बिगड़ते।
मुँदी आँख हैं प्यार से खोल जाते।
सदा निज सहज भाव वे हैं दिखाते॥ 15 ॥

दहकती हुई आग सूरज चमकता।
सुबह का अनोखा समय चाँद यकता।

हवा सनसनाती व बादल दलकता।
अनूठे सितारों भरा नभ दमकता।
उमड़ती सलिल धार औ धूप उजली।
खिली चाँदनी का समा कौंध बिजली ॥ 16 ॥

सभी को सदा ही चकित हैं बनाती।
सहज ज्ञान की जोतियाँ हैं जगाती।
इन्हीं में बड़े ढंग से रंग लाती।
बड़ी ही अछूती कला है दिखाती।
इन्हीं के निराले विभव के सहारे।
किसी एक विभु के खुले रंग न्यारे ॥ 17 ॥

इसी से इन्हीं के सुयश को सुनाते।
इन्हीं के बड़ाई-भरे-गीत गाते।
इन्हीं के सराहे गुणों को गिनाते।
हमें वेद हैं भेद उसका बताते।
सभी में बसे औ लसे जो कि ऐसे।
दिये में दमक फूल में बास जैसे ॥ 18 ॥

अगर आँख खुल जाय उर की किसी के।
अगर हों लगे भाल पर भक्ति टीके।
भरम सब अगर दूर हो जाँय जीके।
जिसे भाव मिल जाँय योगी यती के।
भले ही उसे सब जगह प्रभु दिखावे।
मगर दूसरा किस तरह सिद्धि पावे ॥ 19 ॥

उसे खोजना ही पड़ेगा सहारा।
कि जिस से खुले नाथ का रंग न्यारा।
किया इसलिये ही न उनसे किनारा।
जिन्हें वेद ने ज्ञान-साधन विचारा।
उन्हों ने बहुत आँख ऊँची उठाई।
मगर सब कड़ी भी समझ के मिलाई ॥ 20 ॥

वेद और धर्म

छपदे

धरम के जथे जो धरम के जथों पर।
करें वार निज करनियों को बिसरकर।
कसर से भरे हों रखें हित न जौ भर।
कलह आग में डालते ही रहें खर।
जगत के हितों का लहू यों बहावें।
बिगड़ धूल में सब भलाई मिलावें॥ 21॥

उन्हें फिर धरम के जथे कह जताना।
उमड़ते धुएँ को घटा है बनाना।
यही सोच है वेद ने यह बखाना।
बुरा सोचना है धरम का न बाना।
धरम पर धरम हैं न चौटें चलाते।
मिले, कींच में भी कमल हैं खिलाते॥ 22॥

बने पंथ मत जो धरम के सहारे।
कहीं हों कभी हो सकेंगे न न्यारे।
चमकते मिले जो कि गंगा किनारे।
खिले नील पर भी वही ज्ञान तारे।
दमकते वही टाइवर पर दिखाये।
मिसिसिपी किनारे वही जगमगाये॥ 23॥

सदा इस लिये वेद हैं यह बताते।
धरम हैं धरम को न धक्के लगाते।
कभी वे नहीं टूटते हैं दिखाते।
जिन्हें हैं सहज नेह-नाते मिलाते।
नये ढोंग रचकर जगत-जाल में पड़।
धरम वे न हैं जो धरम की खनें जड़॥ 24॥

सभी एक ही ढंग के हैं न होते।
सिरों में न हैं एक से ज्ञान-सोते।
उरों में सभी हैं न बर बीज बोते।
बहुत से मिले बैठ पानी बिलोते।

अगर एक थिर तो अथिर दूसरा है।
जगत भिन्न रुचि के नरों से भरा है ॥ 25 ॥

इसी से बहुत पंथ मत हैं दिखाते।
विचारादि भी अनगिनत हैं दिखाते।
विविध रीति में लोग रत हैं दिखाते।
बहुत भाँति के नेम ब्रत हैं दिखाते।
मगर छाप सब पर धरम की लगी है।
किसी एक प्रभु-जोत सब में जगी है ॥ 26 ॥

नदी सब भले ही रखें ढंग न्यारा।
मगर है सबों में रमी नीर-धारा।
जगत के सकल पंथ मत का सितारा।
चमक है रहा पा धरम का सहारा।
इसे पेड़ उनको बतायेंगे थाले।
धरम दूध है पंथ मत हैं पियाले ॥ 27 ॥

सचाई भरी बात यह बूझ वाली।
ढली प्रेम में रंगतों में निराली।
गई वेद की गोद में है सँभाली।
उसी ने उसे दी भली नीति ताली।
बहुत देश जिससे कि फल फूल पाया।
धरम मर्म वह वेद ही ने बताया ॥ 28 ॥

पुष्पांजलि

दोहा

राम चरित सरसिज मधुप पावन चरित नितान्त।
जय तुलसी कवि कुल तिलक कविता कामिनि कान्त ॥ 1 ॥

सुरसरि धारा सी सरस पूत परम रमणीय।
है तुलसी की कल्पना कल्पलता कमनीय ॥ 2 ॥

अमित मनोहरता मयी अनुपमता आवास।
है तुलसी रचना रुचिर बहु शुचि सुरुचि विकास ॥ 3 ॥

सकल अलौकिकता सदन सुन्दर भाव उपेत।
है तुलसी की कान्त कृति निरुपम कला निकेत॥ 4॥
जबलौं कवि कुल कल्पना करे कलित आलाप।
अवनि लसित तब लौं रहे तुलसी कीर्ति कलाप॥ 5॥

सवैया

बन राम रसायन की रसिका –
रसना रसिकों की हुई सफला।
अवगाहन मानस में कर के
जनमानस का मल सारा टला।
बने पावन भाव की भूमि भली
हुआ भावुक भावुकता का भला।
कविता कर के तुलसी न लसे
कविता लसी पा तुलसी की कला॥ 1॥

कवित्त

सुरसरि पावन सुहावन सलिल धारा
कमनीय कल्पना कलित कलसी की है।
रंजिनी कला कर अलौकिक कला समान
व्यंजना विभावरी विपुल बिलसी की है।
सुरुचि मयूरी की प्रमोदिनी घटा है मंजु
कौमुदी कुमोदिनी सुमति हुलसी की है।
बुध वृन्द विपुल बिकच अरबिन्द हेतु
सवितासी कविता कबिन्द तुलसी की है॥ 1॥

उद्‌बोधन

मन्दाक्रान्ता

वेदों की है न वह महिमा धर्म है ध्वंस होता।
आचारों का निपतन हुआ लुप्त जातीयता है।
विप्रो खोलो नयन अब है आर्य्यता भी विपन्ना।
शीलों की है मलिन प्रभुता सभ्यता बंचिता है॥ 1॥

सच्चे भावों सहित जिन के राम ने पाँव पूजे।
पाई धोके चरण जिन के कृष्ण ने अग्र पूजा।
होते बाँछा बिबश इतने आज वे विप्र क्यों हैं।
जिज्ञासू हो निकट जिन के बुद्ध ने सिद्धि पाई ॥ 2 ॥

जो धाता है निगम पथ का देवता है धरा का।
है विज्ञाता अमर पद का दिव्यता का विधाता।
क्यों तेजस्वी द्विज कुल वही ध्वान्त में मग्न सा है।
सारी भू है सप्रभ जिस के ज्ञान आलोक द्वारा ॥ 3 ॥

सेना से है सबल जिस की सत्य से पूत बाणी।
है अस्त्रों से अधिक जिस की मंत्रिता बारि धारा।
क्यों भीता औ विचलित वही विप्र की मण्डली है
तेजः शाली परम जिस का दण्ड ही बज्र से है ॥ 4 ॥

हो जाते थे विनत जिन के सामने चक्रवर्त्ती।
सम्राटों का हृदय जिन के तेज से काँप जाता।
कैसे वे ही द्विज कुजन की देखते बंक भ्रू हैं।
भूपालों का मुकुट जिन का पाँव छू पूत होता ॥ 5 ॥

जीवन-स्रोत

विद्यालय

छप्पै

है विद्यालय वही जो परम मंगलमय हो।
बरविचार आकलित अलौकिक कीर्ति निलय हो।
भावुकता बर बदन सुबिकसित जिससे होवे।
जिसकी शुचिता प्रीति बेलि प्रति उर में बोवे।
पा अतुलित बल जिससे बने जाति बुद्धि अति बलवती।
बहु लोकोत्तर फल लाभ कर हो भारत भुवि फलवती ॥ 1 ॥

होगा भवहित मूल भूत उस विद्यालय का।
गिरा देवि के बन्दनीयतम देवालय का।
उस में होगी जाति संगठन की शुभ पूजा।
होवेगा सहयोग मंत्र स्वर उस में गूँजा।
कटुता विरोध संकीर्णता कलह कुटिलता कुरुचि मल।
कर दूरित उस में बहेगी पूत नीति धारा प्रबल ॥ 2 ॥

शुभ आशायें वहाँ समर्थित रंजित होंगी।
कलित कामनायें अनुमोदित व्यंजित होंगी।
वहाँ सरस जातीय तान रस बरसावेगी।
देश प्रीति की उमग राग रुचिकर गावेगी।
पूरित होगा गरिमा सहित वर व्यवहार सुवाद्य स्वर।
उस में वीणा सहकारिता बज कर देगी मुग्ध कर ॥ 3 ॥

जिस में कलह विवाद वाद आमंत्रित होवे।
द्वेष जहाँ पर बीज भिन्नताओं का बोवे।

जहाँ सकल संकीर्ण भाव की होवे पूजा।
आकुल रहे विवेक जहाँ बन करके लूंजा।
उस विद्यालय के मध्य है कहाँ प्रथित महनीयता।
होती विलोप जिस में रहे रही सही जातीयता ॥ 4 ॥

प्रायः है यह बात आज श्रुति गोचर होती।
नाश बीज जातीय सभायें हैं अब बोती।
प्रतिदिन उन से संघ शक्ति है कुचली जाती।
उन से प्रश्रय है बिभिन्नता ही नित पाती।
अब अधःपात है हो रहा उनके द्वारा जाति का।
वे चाह रही हैं शान्ति फल पादप रोप अशान्ति का ॥ 5 ॥

अपना अपना राग व अपनी अपनी डफली।
बहुत गा बजा चुके पर न अब भी सुधि सँभली।
ढाई चावल की खिचड़ी हम अलग पकाकर।
दिन दिन हैं मिट रहे समय की ठोकर खाकर।
एकता और निजता बिना काम चला है कब कहीं।
वह जाति न जीती रह सकी जिस में जीवन ही नहीं ॥ 6 ॥

जाति जाति की सभा जातियों के विद्यालय।
अति निन्दित हैं संघ शक्ति जो करें न संचय।
उन विद्यालय और सभाओं से क्या होगा।
डूब जाय जिस से हिन्दू गौरव का डोंगा।
जो काम न आई जाति के वह कैसी हितकारिता।
वह संस्था संस्था ही नहीं जहाँ न हो सहकारिता ॥ 7 ॥

जिस में केन्द्री करण नहीं वह सभा नहीं है।
जो न तिमिर हर सके प्रभा वह प्रभा नहीं है।
उस विद्यालय को विद्यालय कैसे मानें।
जहाँ फूट औ कलह सुनावें अपनी तानें।
मिल जाय धूल में वह सकल स्वार्थनिकेत स्वकीयता।
जिस से बंचित बिचलित दलित हो हिन्दू जातीयता ॥ 8 ॥

यह विचार औ समय-दशा पर डाल निगाहें।
उन उदार सुजनों को कैसे नहीं सराहें।
जिन लोगों ने सकल जाति को गले लगाया।
विद्यालय को सदा अवारित द्वार बनाया।

सब काल भाव ऐसे कलित ललित उदय होते रहें।
सब लोग मलिनता उरों की अमलिन बन धोते रहें॥ 9॥

प्रभो देश में जितने हिन्दू विद्यालय हों।
एक सूत्र में बँधे एकता निजता मय हों।
छात्र-वृन्द जातीय भाव से पूरित होवे।
आत्म त्यागरत रहे जाति हित सरबस खोवे।
ब्राह्मण छत्रिय वैश्य औ शूद्र भिन्नता तज मिलें।
बढ़े परस्पर प्यार औ कुम्हलाये मानस खिलें॥ 10॥

जीवन मरण

कवित्त

पोर पोर में है भरी तोर मोर की ही बान
मुँह चोर बने आन बान छोड़ बैठी है।
कैसे भला बार-बार मुँह की न खाते रहें
सारी मरदानगी ही मुँह मोड़ बैठी है।
हरिऔध कोई कस कमर सताता क्यों न
कायरता होड़ कर नाता जोड़ बैठी है।
छूट चलती है आँख दोनों ही गई है फूट
हिन्दुओं में फूट आज पाँव तोड़ बैठी है॥ 1॥

बीती बीरतायें, बात उनकी बनातीं कैसे
धूल से औ तृण-तूल से जो गये बीते हैं।
उनकी रगों में भला बिजली भरेगा कौन
बात के कढ़े जो बार बार मुख सीते हैं।
हरिऔध हिन्दू कैसे हिन्दू का करेंगे हित
वे मुख अहिन्दुओं का देख देख जीते हैं।
लोहा कैसे लेते हाथ काँपता है लोहा छुये
आँखें कैसे लहू होतीं लहू घूँट गीते हैं॥ 2॥

धूल आँख में जो झोंकते हैं उन्हें बंधु मान
बँधे धाक-बंधनों को धूल में मिलाते हैं।

सच्चा मेल जोल मेल जोल चोचलों को मान
बिना माल मिले मोल अपना गँवाते हैं।
हरिऔध कैसे भला भूल हिन्दुओं की कहें
बन बन भोले भली भाँति छले जाते हैं।
बात खलती है खोलने को खोखलापन ही
आँख कैसे खुले आँख खोल ही न पाते हैं॥ 3॥

काठ हो गये हैं काठ होने के कुपाठ पढ़
दिल वाले होते कढ़ा दिल का दिवाला है।
बस होते रहे बेबिसात बेबसी से बने
कस होते अकसों का बढ़ता कसाला है।
हरिऔध बल होते अबल बने ही रहे
बार बार बैरियों का होता बोलबाला है।
पाला कैसे मारें पाले पड़े हैं कचाइयों के
हिन्दुओं के लोहू पर पड़ गया पाला है॥ 4॥

मन मरा तन में तनिक भी न ताब रही
धन का न ध्यान बाहु का बल न प्यारा है।
हँसी की न हया परवाह बेबसी की नहीं
अरमान हित का न मान का सहारा है।
हरिऔध ऐसो ही प्रतीति हो रही है आज
सुत रहा सुत औ न दारा रही दारा है।
वीरता रही न गई धीरता धरा में धँस
हिन्दुओं की रग में रही न रक्त धारा है॥ 5॥

'दाब मानते हैं' यह भाव बार बार दब
दाँत तले दूब दाब दाब के दिखावेंगे।
आँख देखने की है न उन में तनिक ताब
बात यह आँख मूँद मूँद के बतावेंगे।
हरिऔध हिन्दुओं में हिम्मत रही ही नहीं
हार को सदा ही हार गले का बनावेंगे।
चोटी काट काट वे सचाई का सबूत देंगे
यूनिटी को पाँव चाट चाट के बचावेंगे॥ 6॥

नवा नवा सिर को सहेंगे सिर पड़ी सारी
दाँत काढ़ काढ़ दाँत अपना तुड़ावेंगे।

रगड़ रगड़ नाक नाक कटवा हैं रहे
पकड़ पकड़ कान कान पकाड़ावेंगे।
हरिऔध और कौन काम हिन्दुओं से होगा
मिल मिल गले गला अपना दबावेंगे।
पाँव पड़ पड़ मार पाँव में कुल्हाड़ा लेंगे
जोड़ जोड़ हाथ हाथ अपना कटावेंगे ॥ 7 ॥

कागज के फूल हैं गलेंगे बारि बूँद पड़े
पत्ते हैं पवन लगे काँपते दिखावेंगे।।
वे तो हैं बलूले बात कहते बिलोप होंगे
ओले हैं अवनि तल परसे बिलावेंगे।
ओस की हैं बूँदें लोप होवेंगे किरण छूते
कुसुम हैं धूप देखते ही कुम्हलावेंगे।
कैसे भला हिन्दू फूँक फूँक के न पाँव रखें
भूआ हैं बिचारे फूँक से ही उड़ जावेंगे ॥ 8 ॥

कान होते बहरे बने हैं अंधे आँख होते
बाचा चारु होते मूक रहना बिचारा है।
कर होते लुंज हैं औ पंगु हैं सुपग होते
बलवान होते कहाँ बल का सहारा है।
हरिऔध दुखित महा है देख देख दशा
तेज होते परम तरणि बना तारा है।
तन होते तन बिन गये हैं ए अतन बन
हिन्दुओं के तन की निराली रक्त धारा है ॥ 9 ॥

चूक जो हुई सो हुई चूकते सदा क्यों रहें
चतुर हितू के मिले चौंक अब चेते हैं।
भ्रम की भयानक भँवर में पड़ी क्यों रहे
सँभल सँभल जाति हित नाव खेते हैं।
हरिऔध कैसे भला भूल हिन्दुओं से होगी
साथ साथ वाले का वे साथ रह देते हैं।
गाली खा खा मंजु मुख लाली है ललाम होती
लात खा खा लात को ललक चूम लेते हैं ॥ 10 ॥

काँटे जैसे लघु चुभते हैं पड़े पाँव तले
पीटे धूल पड़ पड़ दृगों में दुख देती है।

कीड़ी की सी बड़ी तुच्छ टीड़ी दल बाँध बाँध
दल देती बड़े बड़े दलपति की खेती है।
हरिऔध हिन्दू जाति में अब कहाँ है जान
चोट पर चोट खा खा कर भी न चेती हैं।
छेड़े दबे छोटे छोटे कीट भी न छोड़ते हैं
चोट करते हैं चींटे चींटी काट लेती है ॥ 11 ॥

लट लट बार बार लोट लोट जाते जो न
कैसे तो हमारी ललनायें कोई लूटता।
फटे जो न होते दिल फूटा जो न भाग होता
कैसे लगातार तो हमारा सिर फूटता।
हरिऔध कटुता न जाति में जो फैली होती
कैसे कूटनीतिवाला कूद कूद कूटता।
टूट हो रही है टूट मन्दिर अनेकों गये
मूर्ति टूटती है, है कलेजा कहाँ टूटता ॥ 12 ॥

आन बान वाले बात अपनी बना हैं रहे
आज भी हमारी आन लम्बी तान सोती है।
कान पर जूँ भी नहीं रेंगती किसी के कभी
बद कर बदों की बदी विष बीज बोती है।
हरिऔध हाथ मलते भी बनता है नहीं
बार बार चूर चूर होता मान मोती है।
ललनायें छिनीं किन्तु खौलता कहाँ है लहू
लाल लुटते हैं आँख लाल भी न होती है ॥ 13 ॥

रोते रोते रातें हैं बिताते बहुतेरे लोग
रेते जा रहे हैं गले घर होते रीते हैं।
आग हैं लगाते, हैं जलाते बार बार जल,
चैन लेने देत नहीं पातकी पलीते हैं।
हरिऔध हिन्दू मेमने हैं बने चेते नहीं
चोट पहुँचाते लहू चाट वाले चीते हैं।
पटु हो रहे हैं पीटने में पीट पीट पापी
एक कीट से भी बीस कोटि गये बीते हैं ॥ 14 ॥

माल पर हाथ मार मार मालामाल बनें
कर के कपाल क्रिया भरें किलकारियाँ।

‘खल कर लहू’ हाथ अपना लहू से भरें
तन के छतों से छूटें लहू पिचकारियाँ।
धज्जियाँ उड़ाई जाँय भोलेभाले बालकों की
धूल में मिलाई जाँय फूल जैसी नारियाँ।
आग तो कलेजे में लगी ही नहीं हिन्दुओं के
कैसे भला आँख से कढ़ेंगी चिनगारियाँ ॥ 15 ॥

झोपड़ी किसी की फुँकती है तो भले ही फुँके
उसे क्या जो फूँक फूँक देता पर-टट्टी है।
कैसे भला लोक-लाभ-लालसा लुभाये उसे
जिसने कि लूटपाट ही की पढ़ी पट्टी है।
हरिऔध मानवता ममता न होगी उसे
पामरता प्रीति घटे होती जिसे घट्टी है।
पड़ के खटाई में न खट्टी मीठी जान सके
आज भी हमारी आँख की न खुली पट्टी है ॥ 16 ॥

नानी मर जाती है कहानी बीरता की सुने
काँप उठते हैं नेक नाम सुने नेजे का।
बुरी बुरी भावना है पुजती भवानी बनी
भय से भरा ही रहता है भाग भेजे का।
हरिऔध हिन्दुओं का ह्रास होगा कैसे नहीं
फल मिलता है उन्हें हीनता अँगेजे का।
जान होते बिना जान वाला कौन दूसरा है
कौन है कलेजा होते बना बेकलेजे का ॥ 17 ॥

कीट कहते हैं ए बनेंगे कीट पावस के
लत्ते कहते हैं लत्ते इनके उड़ावेंगे।
दूब कहती है दूब दाबेंगे ए दाँतों तले
तृण कहते हैं इन्हें तृण सा बनावेंगे।
हरिऔध क्या सुन रहे हैं? ए हैं कैसी बातें?
कान खोल हिन्दू क्या इन्हें न सुन पावेंगे।
तूल कहती है ए उड़ेंगे तूल-पुंज सम
धूल कहती है धूल में ए मिल जावेंगे ॥ 18 ॥

कैसे खान पान के बखेड़े खड़े होंगे नहीं
कैसे छूत छात को अछूते बन खोवेंगे।

कैसे पंथ मत के प्रपंच में पड़ेंगे नहीं
कैसे भेद भाव काँटे पंथ में न बोवेंगे।
हरिऔध कैसे पेचपाच न भरेंगे पेच
कैसे जाति पाँति के कलंक-पंक धोवेंगे।
धर के अनेक रूप रोकती अनेकता है
एका कैसे होगा कैसे हिन्दू एक होवेंगे ॥ 19 ॥

दुख हुए दूने हुए सुन्दर सदन सुने
ध्वंस के नमूने बने मन्दिर दिखाते हैं।
दिल में पड़े हैं छाले जीवन के लाले पड़े
पामर के पाले पड़े सुख को ललाते हैं।
हरिऔध हिन्दुओं की बुरी लतें छूटी नहीं
माल खो खो लोने लाल ललना गँवाते हैं।
तलवे सहलाते पिटते हैं बच पाते नहीं
सह सह लातें रसातल चले जाते हैं ॥ 20 ॥

कटेंगे पिटेंगे नोचते हैं जो नुचेंगे आप
कब तक हिन्दुओं को नोच नोच खावेंगे।
पच न सकेगा पेट मार के मरेंगे क्यों न
पामर परम कैसे पाहन पचावेंगे।
हरिऔध धर्म-बीर धर्म की रखेंगे धाक
ऊधमी अधम कैसे ऊधम मचावेंगे।
पोटी दूह लेवेंगे चपेटेंगे लँगोटी बाँध
बोटी बोटी कटे लाज चोटी की बचावेंगे ॥ 21 ॥

पातकी जो पातक पयोनिधि समान होंगे
कौतुक तो कुँभ-योनि कासा दिखलावेंगे।
एक मुख से ही पंच मुख का करेंगे काम
दोही बाहु मेरे चार बाहु कहलावेंगे।
अधम अधमता चलेगी हरिऔध कैसे
दो ही दृग सहस-नयन पद पावेंगे।
लोम लोम लोमश लौं अजर अमर होंगे
सारे रक्त-बिन्दु रक्त-बीज बन जावेंगे ॥ 22 ॥

बदरंग उनको अनेकता करेगी कैसे
एकता की रंगतों में यदि सन जावेंगे।

हाथ लेंगे आयुध विरोध प्रतिकारक तो
बैरी-बैर-वीरुध के मूल खन जावेंगे।
हरिऔध हिन्दू बातें अपनी बनायेंगे तो
उन्नति विधान के वितान तन जावेंगे।
चार चाँद जाति हित चाव में लगा देंगे तो
चन्द जयचन्द भोर-चन्द बन जावेंगे ॥ 23 ॥

जगेंगे उठेंगे औ गिरावेंगे गरूरियों को
गिरि को करेंगे चूर बज्र बन जावेंगे।
परम प्रपंचियों का कदन प्रपंच कर
भर भर पेंच बाई पूच की पचावेंगे।
हरिऔध हिन्दू धर धीर धावमान होंगे
अंधाधुंध बंधुओं को धरा में धँसावेंगे।
धूम से दलेंगे धमाचौकड़ी मचेगी कैसे
बड़े बड़े ऊधमी को धूल में मिलावेंगे ॥ 24 ॥

प्रेम के निकेतनों के प्रेमिक परम होंगे
प्यार भरा प्याला प्यार वाले को पिलावेंगे।
हिंसक की हिंसा को कहेंगे कभी हिंसा नहीं
मान वे अहिंसकों को दिल से दिलावेंगे।
हरिऔध मानवता मोल को अमोल मान
अमिल मनों को मेल-जोल से मिलावेंगे।
जीवित रहेंगे मर जाति के हितों के लिये
जीवन दे जीवन-विहीन को जिलावेंगे ॥ 25 ॥

परिवर्तन

छप्पै

तिमिर तिरोहित हुए तिमिर-हर है दिखलाता।
गत विभावरी हुए विभा बासर है पाता।
टले मलिनता सकल दिशा है अमलिन होती।
भगे तमीचर, नीरवता तमचुर-ध्वनि खोती।

है वहाँ रुचिरता थीं जहाँ धारायें अरुचिर बहीं।
कब परिवर्तन-मय जगत में परिवर्तन होता नहीं ॥ 1 ॥

परिवर्तन है प्रकृति नियम का नियमन कारक।
प्रवहमान जीवन प्रवाह का पथ बिस्तारक।
परिवर्तन के समय जो न परिवर्तित होगा।
साथ रहेगा अहित, हित न उसका हित होगा।
यदि शिशिर काल में तरु दुसह दल निपात सहते नहीं।
तो पा, नव पल्लव फूल फल समुत्फुल्ल रहते नहीं ॥ 2 ॥

किन्तु समय अनुकूल नहिं हुए परिवर्तित हम।
भूल रहे हैं अधमाधम को समझ समुत्तम।
अति असरल है सरल से सरल गति कहलाती।
सुधा गरल को परम तरल मति है बतलाती।
हैं बिकच कुसुम जो काम के अब न काम के वे रहे।
हैं झोंके तपऋतु पवन के मलय मरुत जाते कहे ॥ 3 ॥

जो कुचाल हैं हमें चाव की बात बताती।
जो रस्में हैं हमें रसातल को ले जाती।
जो कुरीति है प्रीति प्रतीति सुनीति निपाती।
जो पद्धति है विपद बीज बो बिपद बुलाती।
छटपटा छटपटा आज भी हम उस से छूटे नहीं।
हैं जिन कुंबधनों में बँधे वे बंधन टूटे नहीं ॥ 4 ॥

जीवन के सर्वस्व जाति नयनों के तारे।
भोले भाले भले बहुत से बंधु हमारे।
तज निज पावन अंक अंक में पर के बैठे।
निज दल का कर दलन और के दल में पैठे।
पर खुल खुल कर भी अध खुले लोचन खुल पाये नहीं।
धुल धुल कर भी धब्बे बुरे अब तक धुल पाये नहीं ॥ 5 ॥

कहीं लाल हैं ललक ललक कर लूटे जाते।
ललनाओं पर कहीं लोग हैं दाँत लगाते।
कहीं आँख की पुतली पर लगते हैं फेरे।
कहीं कलेजे काढ़ लिये जाते हैं मेरे।
गिरते गिरते इतना गिरे गुरुतायें सारी गिरीं।
पर फिर फिर कर के आज भी आँखें हैं न इधर फिरीं ॥ 6 ॥

जिस अछूत को छूतछात में पड़ नहिं छूते।
उसके छय हो गये रहेंगे हम न अछूते।
छिति तल से जो छूत हमारा नाम मिटावे।
चहिये उसकी छाँह भी न हम से छू जावे।
पर छुटकारा अब भी नहीं छूतछात से मिल सका।
छल का प्याला है छलकता छिल न हमारा दिल सका ॥ 7 ॥

केवल व्यय से धन कुबेर निर्धन होवेगा।
केवल बरसे बारि-राशि बारिद खोवेगा।
बिना जलागम जल सूखे सूखेगा सागर।
वंशवृद्धि के बिना अवनि होगी बिरहित नर।
वह जाति ध्वंस हो जायगी जो दिन दिन है छीजती।
होगा न जाति का हित बिना बने जाति हित ब्रत ब्रती ॥ 8 ॥

हम में परिवर्तन पर हैं परिवर्तन होते।
पर वे हैं जातीय भाव गौरव को खोते।
वह परिवर्तन जो कि जाति का पतन निवारे।
हुआ नयन गोचर न नयन बहुबार पसारे।
मिल सकी न वह जीवन जड़ी जो सजीव हम को करे।
वह ज्योति नहीं अबतक जगी जो जग मानस तम हरे ॥ 9 ॥

मुनिजन बचन महान कल्पतरु से हैं कामद।
उनके विविध विधान हैं फलद मानद ज्ञानद।
बसुधा ममतामयी सुधासी जीवन-दाता।
उनकी परम उदार उक्ति भव शान्ति विधाता।
बहु अशुचि रीति से अरुचि से अरुचिर रुचि से है दलित।
मंदार मंजुमाला नहीं मानी जाती परिमलित ॥ 10 ॥

विविध वेदविधि क्या न बहु अविधि के हैं बाधक।
सकल सिद्धि की क्या न साधनायें हैं साधक।
क्या जन जन में रमा नहीं है राम हमारा।
क्या विवेक बलबुद्धि का न है हमें सहारा।
क्या पावन मंत्रों में नहीं बहु पावनता है भरी।
क्या भारत में बिलसित नहीं पतित पावनी सुरसरी ॥ 11 ॥

यदि है जी में चाह जगत में जीयें जागें।
तो हो जावें सजग शिथिलता जड़ता त्यागें।

मनोमलिनता आतुरता कातरता छोड़ें।
मुँह न एकता समता जन-ममता से मोड़ें।
बहुविघ्न-मेरु-कुल को करें चूर चूर बर-बज्र बन।
हो त्रि-नयन नयन दहन करें सकल अमंगल अतनतन ॥ 12 ॥

प्रभो जगत जीवन विधायिनी जाति-हमारी।
हो मर्य्यादित बचा बचा मर्य्यादा सारी।
सकल सफलता लहे विफलता मुख न बिलोके।
दिन दिन सब अवलोकनीय सुख को अवलोके।
जब लौं नभतल के अंक में यह भारत भूतल पले।
तब लौं कर कीर्ति कुसुम चयन फबे फैल फूले फले ॥ 13 ॥

हमें चाहिये

रोला

कपड़े रँग कर जो न कपट का जाल बिछावे।
तन पर जो न विभूति पेट के लिए लगावे ॥
हमे चाहिये सच्चे जी वाला वह साधू।
जाति देश जग हित कर जो निज जन्म बनावे ॥ 1 ॥

देश काल को देख चले निजता नहिं खोवे।
सार वस्तु को कभी पखंडों में न डुबोवे ॥
हमें चाहिये समझ बूझ वाला वह पंडित।
आँखें ऊँची रखे कूपमंडूक न होवे ॥ 2 ॥

आँखों को दे खोल, भरम का परदा टाले।
जी का सारा मैल कान को फूँक निकाले ॥
गुरु चाहिए हमें ठीक पारस के ऐसा।
जो लोहे को कसर मिटा सोना कर डाले ॥ 3 ॥

टके के लिए धूल में न निज मान मिलावे।
लोभ लहर में भूल न सुरुचि सुरीति बहावे ॥
हमें चाहिये सरल सुबोध पुरोहित ऐसा।
जो घर घर में सकल सुखों की सोत लसावे ॥ 4 ॥

करे आप भी वही और को जो सिखलावे।
सधे सराहे सार बचन निज मुख पर लावे॥
हमें चाहिये ज्ञानमान उपदेशक ऐसा।
जो तमपूरित उरों बीच बर जोत जगावे॥ 5॥

जो हो राजा और प्रजा दोनों का प्यारा।
जिसका बीते देश-प्रेम में जीवन सारा॥
देश-हितैषी हमें चाहिये अनुपम ऐसा।
बहे देशहित की जिसकी नस नस में धारा॥ 6॥

जिसे पराई रहन सहन की लौ न लगी हो।
जिसकी मति सब दिन निजता की रही सगी हो॥
हमें चाहिये परम सुजान सुधारक ऐसा।
जिसकी रुचि जातीय रंग ही बीच रँगी हो॥ 7॥

जिसके हों ऊँचे बिचार पक्के मनसूबे।
जो होवे गंभीर भीड़ के पड़े न ऊबे॥
हमें चाहिये आत्म-त्याग रत ऐसा नेता।
रहें जाति-हित में जिसके रोंयें तक डूबे॥ 8॥

बोल बोल कर बचन अमोल उमंग बढ़ावे।
जन-समूह को उन्नति-पथ पर सँभल चलावे॥
इस प्रकार का हमें चाहिये चतुर प्रचारक।
जो अचेत हो गई जाति को सजग बनावे॥ 9॥

देख सभा का रंग, ढंग से काम चलावे।
पचड़ों में पड़ धूल में न सिद्धान्त मिलावे॥
हमें चाहिये नीति-निधान सभापति ऐसा।
जो सब उलझी हुई गुत्थियों को सुलझावे॥ 10॥

एँच पेच में कभी सचाई को न फँसावे।
लम्बी चौड़ी बात बनाना जिसे न आवे॥
हमें बात का धनी चाहिये कोई ऐसा।
जो कुछ मुँह से कहे वही करके दिखलावे॥ 11॥

किसे असंभव कहते हैं यह समझ न पावे।
देख उलझनों को चितवन पर मैल न लावे॥

हमें चाहिये धुन का पक्का ऐसा प्राणी।
जो कर डाले उसे कि जिसमें हाथ लगावे॥ 12 ॥

कोई जिसे टटोल न ले आँखों के सेवे।
जिसके मन का भाव न मुखड़ा बतला देवे॥
हमें चाहिये मनुज पेट का गहरा ऐसा।
जिसके जी की बात जान तन-लोम न लेवे॥ 13 ॥

जिसकें धन से खुलें समुन्नति की सब राहें।
हो जावें वे काम विबुध जन जिन्हें सराहें॥
हमें चाहिये सुजन गाँठ का पूरा ऐसा।
जो पूरी कर सके जाति की समुचित चाहें॥ 14 ॥

ऊँच नीच का भेद त्याग सब को हित माने।
चींटी पर भी कभी न अपनी भौंहें ताने॥
हमें चाहिये मानव ऊँचे जी का ऐसा।
अपने जी सा सभी जीव का जी जो जाने॥ 15 ॥

हमें नहीं चाहिये

रोला

आप रहे कोरा शरीर के बसन रँगावे।
घर तज कर के घरबारी से भी बढ़ जावे।
इस प्रकार का नहीं चाहिये हम को साधू।
मन तो मूंड़ न सके मूंड को दौड़ मुड़ावे॥ 1 ॥

मन का मोह न हरे, राल धन पर टपकावे।
मुक्ति बहाने भूल भूलैयां बीच फँसावे।
हमें चाहिये गुरु नहीं ऐसा अविवेकी।
जो न लोक का रखे न तो परलोक बनावे॥ 2 ॥

बूझ न पावे धर्म-मर्म बकवाद मचावे।
सार वस्तु को बचन चातुरी में उलझावे।
इस प्रकार का नहीं चाहिये हम को पंडित।
जो गौरव के लिए शास्त्र का गला दबावे॥ 3 ॥

न तो पढ़ा हो न तो कभी कुछ कर्म करावे।
कर सेवायें किसी भाँति जीविका चलावे।
कभी चाहिये नहीं पुरोहित हम को ऐसा।
पूरा क्या, जो हित न अधूरा भी कर पावे॥ 4॥

सीधे सादे वेद बचन को खींचे ताने।
अपने मन अनुसार शास्त्र सिद्धान्त बखाने।
हम चाहिये नहीं कभी ऐसा उपदेशक।
जो न धर्म की अति उदार गति को पहचाने॥ 5॥

बके बहुत, थोथी बातें कह, मूंछें टेवे।
निज समाज का रहा सहा गौरव हर लेवे।
इस प्रकार का हमें चाहिये नहीं प्रचारक।
कलह फूट का बीज जाति में जो बो देवे॥ 6॥

चाहे सुनियम तोड़ ढोंग रचना मनमाने।
मतलब गाँठा करे समाज-सुधार बहाने।
नहीं चाहिये कभी सुधारक हम को ऐसा।
ठीक ठीक जो नहीं जाति नाड़ी गति जाने॥ 7॥

घी मिलने की चाह रखे औ वारि बिलोवे।
जिसकी नीची आँख जाति का गौरव खोवे।
इस प्रकार का नहीं चाहिए हम को नेता।
जो हो रुचि का दास नाम का भूखा होवे॥ 8॥

तह तक जिस की आँख समय पर पहुँच न पावे।
थोड़ा सा कुछ करे बहुत सा ढोल बजावे।
देश-हितैषी नहीं चाहिये हम को ऐसा।
मरे नाम के लिए देश के काम न आवे॥ 9॥

निज पद गौरव साथ सभा को जो न सँभाले।
सभी सुलझती हुई बात को जो उलझाले।
इस प्रकार का नहीं चाहिये हमें सभापति।
जिसे जो चहे वही मोम की नाक बना ले॥ 10॥

क्या होगा

द्विपद

बहँक कर चाल उलटी चल कहो तो काम क्या होगा।
बड़ों का मुँह चिढ़ा करके बता दो नाम क्या होगा ॥ 1 ॥

बही जी में नहीं जो बेकसों के प्यार की धारा।
बता दो तो बदन चिकना व गोरा चाम क्या होगा ॥ 2 ॥

दुखी बेवों यतीमों की कभी सुध जो नहीं ली तो।
जमा किस काम आवेगी व यह धन धाम क्या होगा ॥ 3 ॥

अगर जी से लिपट करके नहीं बिगड़ी बना पाते।
बहाकर आँख से आँसू कलेजा थाम क्या होगा ॥ 4 ॥

बकें तो हम बहुत, पर कर दिखावें कुछ न भूले भी।
समझ लो तो हमारी बात का फिर दाम क्या होगा ॥ 5 ॥

लगीं ठेसें कलेजे पर बड़ों के जिन कपूतों से।
भला उन से बढ़ा कोई कहीं बदनाम क्या होगा ॥ 6 ॥

करेंगे क्या उसे लेकर, नहीं कुछ आन है जिस में।
बता दो यह हमें गूदे बिना बादाम क्या होगा ॥ 7 ॥

बनें सब दोस्त बेगाने सगों की आँख फिर जावे।
किसी के वास्ते इससे बुरा अय्याम क्या होगा ॥ 8 ॥

दवायें भी नहीं जिसके गले से हैं उतर सकतीं।
भला सोचो तुम्हीं बीमार वह आराम क्या होगा ॥ 9 ॥

न कुछ भी तेज हो जिस में बनेगा करतबी वह क्या।
न हो जिस में कि तीखापन भला वह घाम क्या होगा ॥ 10 ॥

डुबा कर जाति का बेड़ा जो हैं कुछ रोटियाँ पाते।
समझ पड़ता नहीं अंजाम उनका राम क्या होगा ॥ 11 ॥

एक उकताया

द्विपद

क्या कहें कुछ कहा नहीं जाता।
बिन कहे भी रहा नहीं जाता ॥ 1 ॥

बे तरह दुख रहा कलेजा है।
दर्द अब तो सहा नहीं जाता ॥ 2 ॥

इन झड़ी बाँध कर बरस जाते।
आँसुओं में बहा नहीं जाता ॥ 3 ॥

चोट खा खा मसक मसक करके।
भीत जैसा ढहा नहीं जाता ॥ 4 ॥

थक गया, हाथ कुछ नहीं आया।
मुझ से पानी महा नहीं जाता ॥ 5 ॥

कुछ उलटी सीधी बातें

द्विपद

जला सब तेल दीगा बुझ गया है अब जलेगा क्या।
बना जब पेड़ उकठा काठ तब फूले फलेगा क्या ॥ 1 ॥

रहा जिस में न दम जिस के लहू पर पड़ गया पाला।
उसे पिटना पछड़ना ठोकरें खाना खलेगा क्या ॥ 2 ॥

भले ही बेटियाँ बहनें लुटें बरबाद हों बिगड़ें।
कलेजा जब कि पत्थर बन गया है तब गलेगा क्या ॥ 3 ॥

चलेंगे चाल मनमानी बनी बातें बिगाड़ेंगे।
जो हैं चिकने घड़े उन पर किसी का बस चलेगा क्या ॥ 4 ॥

जिसे कहते नहीं अच्छा उसी पर हैं गिरे पड़ते।
भला कोई कहीं इस भाँत अपने को छलेगा क्या ॥ 5 ॥

न जिसने घर सँभाला देश को क्या वह सँभालेगा।
न जो मक्खी उड़ा पाता है वह पंखा झलेगा क्या ॥ 6 ॥

मरेंगे या करेंगे काम यह जी में ठना जिसके।
गिरे सर पर न बिजली क्यों जगह से वह टलेगा क्या ॥ 7 ॥

नहीं कठिनाइयों में बीर लौं कायर ठहर पाते।
सुहागा आँच खाकर काँच के ऐसा ढलेगा क्या ॥ 8 ॥

रहेगा रस नहीं खो गाँठ का पूरी हँसी होगी।
भला कोई पयालों को कतर घी में तलेगा क्या ॥ 9 ॥

गया सौ सौ तरह से जो कसा कसना उसे कैसा।
दली बीनी बनाई दाल को कोई दलेगा क्या ॥ 10 ॥

भला क्यों छोड़ देगा मिल सकेगा जो वही लेगा।
जिसे बस एक लेने की पड़ी है वह न लेगा क्या ॥ 11 ॥

सगों के जो न काम आया करेगा जाति-हित वह क्या।
न जिससे पल सका कुनबा नगर उससे पलेगा क्या ॥ 12 ॥

रँगा जो रंग में उसके बना जो धूल पावों की।
रँगेगा वह बसन क्यों राख तन पर वह मलेगा क्या ॥ 13 ॥

करेगा काम धीरा कर सकेगा कुछ न बातूनी।
पलों में खर बुझेगा काठ के ऐसा बलेगा क्या ॥ 14 ॥

न आँखों में बसा जो क्या भला मन में बसेगा वह।
न दरिया में हला जो वह समुन्दर में हलेगा क्या ॥ 15 ॥

दिल के फफोले

छतुका

जिसे सूझ कर भी नहीं सूझ पाता।
नहीं बात बिगड़ी हुई जो बनाता।
फिसल कर सँभलना जिसे है न आता।
नहीं पाँव उखड़ा हुआ जो जमाता।
पड़ेगा सुखों का उसे क्यों न लाला।
सदा ही सहेगा न वह क्यों कसाला ॥ 1 ॥

रँगा जो नहीं रंगतों में समय की।
नहीं राह काँटों भरी जिसने तय की।
बहुत है कँपाती जिसे बात भय की।
नहीं तान जिसने सुनी नीति नय की।
गला बेतरह क्यों न उस का फँसेगा।
उजड़ता हुआ घर न उसका बसेगा ॥ 2 ॥

नहीं देखता जो कि क्या हो रहा है।
न अब भी जगा, जो पड़ा सो रहा है।
बुरे बीज अपने लिये बो रहा है।
बचा मान जो दिन बदिन खो रहा है।
भला ठोकरें खायगा वह न कैसे।
रसातल चला जायगा वह न कैसे ॥ 3 ॥

बढ़े जाँय आगे पड़ोसी हमारे।
चढ़े जाँय ऊँचे चलन के सहारे।
समय देख करके करें काम सारे।
सँभाले सँभल जाँय सुधरें सुधारें।
मगर हम रहें करवटें ही बदलते।
सबेरा हुए भी रहें आँख मलते ॥ 4 ॥

भला किस तरह तो न पीछे पड़ेंगे।
सभी दुख न क्यों सामने आ अड़ेंगे।
हमें बेतरह क्यों न काँटे गड़ेंगे।
चपत लोग कैसे न हम को जड़ेंगे।
लगातार तो हम लटेंगे न कैसे।
पिसेंगे लुटेंगे पिटेंगे न कैसे ॥ 5 ॥

घटी हो रही है घटे जा रहे हैं।
बहुत जातियों में बँटे जा रहे हैं।
लगातार पीछे हटे जा रहे हैं।
जथे बाँध करके जटे जा रहे हैं।
गला फँस गया है बला में पड़े हैं।
मगर कान तब भी न होते खड़े हैं ॥ 6 ॥

न हम अनबनों से भगाये भगेंगे।
न हम एकता रंगतों में रँगेंगे।
नहीं काम में हम लगाये लगेंगे।
जगाये गये पर नहीं हम जगेंगे।
भला धूल में तो मिलेंगे न कैसे।
हमारे खुले मुँह सिलेंगे न कैसे ॥ 7 ॥

न हित की सुनेंगे न हित की कहेंगे।
जहाँ बोलना है वहाँ चुप रहेंगे।
सहेंगे सभी की न घर की सहेंगे।
अगर कुछ महेंगे तो पानी महेंगे।
बुरा हाल है बेतरह आँख फूटी।
मगर फूट की बात अब भी न छूटी ॥ 8 ॥

भली बात हम को न लगती भली है।
बुरी से बुरी चाल हम ने चली है।
गई भूल हम को भलाई गली है।
हमीं से पड़ी जाति में खलबली है।
मगर ढंग बदला न तब भी हमारा।
हितों से हमीं कर रहे हैं किनारा ॥ 9 ॥

लड़ेंगे अगर तो सगों से लड़ेंगे।
बला बन गले दूसरों के पड़ेंगे।
न अड़ना जहाँ चाहिये वाँ अड़ेंगे।
बुरी राह में संग बनकर गड़ेंगे।
चमक किस तरह तो सकेगा सितारा।
न क्यों जायगा डूब बेड़ा हमारा ॥ 10 ॥

अपने दुखड़े

द्विपद

देश को जिस ने जगाया जगे सोने न दिया।
आग घर घर में बुरी फूट को बोने न दिया ॥ 1 ॥

है वही बीर पिया दूध उसी ने मा का।
जाति को जिस ने जिगर थाम के रोने न दिया ॥ 2 ॥

बन गये भोले बहुत, अपनी भलाई भूली।
है इसी भूल ने अब तक भला होने न दिया ॥ 3 ॥

बार से कैसे दुखों के न भला दब जाते।
ऐब अपना हमें अदबार ने खोने न दिया ॥ 4 ॥

किस तरह बात बने क्यों न दबा अनबन ले।
प्यार का बोझ बनावट ने तो ढोने न दिया ॥ 5 ॥

हो सके मेल क्यों हम कैसे गले मिल पावें।
मैल जी का बुरे मैलान ने खोने न दिया ॥ 6 ॥

तो किसी काम की रंगत न रही जो उसने।
भाव रंगों में उमंगों को भिगोने न दिया ॥ 7 ॥

लाल माई का हमें लोग कहेंगे कैसे।
प्रेम आँसू ने अगर मोती पिरोने न दिया ॥ 8 ॥

चाहिये

द्विपद

राह पर उस को लगाना चाहिये।
जाति सोती है जगाना चाहिये ॥ 1 ॥

हम रहेंगे यों बिगड़ते कब तलक।
बात बिगड़ी अब बनाना चाहिये ॥ 2 ॥

खा चुके हैं आज तक मुँह की न कम।
सब दिनों मुँह की न खाना चाहिये ॥ 3 ॥

हो गई मुद्दत झगड़ते ही हुए।
यों न झगड़ों को बढ़ाना चाहिये ॥ 4 ॥

अनबनों के चंगुलों से छूट कर।
फूट को ठोकर जमाना चाहिये ॥ 5 ॥

पत उतरते ही बहुत दिन हो गये।
बच गई पत को बचाना चाहिये ॥ 6 ॥

चाल बेढंगी न चलते ही रहें।
ढंग से चलना चलाना चाहिये ॥ 7 ॥

क्या करेंगी सामने आ उलझनें।
हाँ उलझ उसमें न जाना चाहिये ॥ 8 ॥

ठोकरें खाकर न मुँह के बल गिरें।
गिर गयों को उठ उठाना चाहिये ॥ 9 ॥

रंगतें दिन दिन बिगड़ने दें न हम।
रंग अब अपना जमाना चाहिये ॥ 10 ॥

जाँय काँटों से न भर सुख-क्यारियाँ।
फूल अब उस में खिलाना चाहिये ॥ 11 ॥

है भरोसा भाग का अच्छा नहीं।
भूत भरमों का भगाना चाहिये ॥ 12 ॥

बे ठिकाने तो बहुत दिन रह चुके।
अब कहीं कोई ठिकाना चाहिये ॥ 13 ॥

है उजड़ने में भलाई कौनसी।
घर उजड़ता अब बसाना चाहिये ॥ 14 ॥

जा रही है जान तो जाये चली।
जाति को मर कर जिलाना चाहिये ॥ 15 ॥

उलटी समझ

जाति ममता मोल जो समझें नहीं।
तो मिलों से हम करें मैला न मन।
देश-हित का रँग न जो गाढ़ा चढ़ा।
तो न डालें गाढ़ में गाढ़ा पहन ॥ 1 ॥

धूल झोंकें न जाति आँखों में।
फाड़ देवें न लाज की चद्दर।

दर बदर फिर न देशको कोसें।
मूँद हित दर न दें पहन खद्दर ॥ 2 ॥

तो गिना जाय क्यों न खुदरों में।
क्यों उगादे न बीज बरबादी।
काम की खाद जो न बन पाई।
देश-हित-खेत के लिए खादी ॥ 3 ॥

हित सचाई बिना नहीं होगा।
लोग ताना अनेक तन देखें
कात लें सूत, लें चला करघे।
सैकड़ों गज गजी पहन देखें ॥ 4 ॥

पैन्ह मोटा न पेट मोटा हो।
सब बुरी चाट बाँट में न पड़े।
छल कपट का न पैन्ह लें जामा।
हथ-कते सूत के पहन कपड़े ॥ 5 ॥

समझ का फेर

है भरी कूट कूट कोर कसर।
मा बहन से करें न क्यों कुट्टी।
लोग सहयोग कर सकें कैसे।
है असहयोग से नहीं छुट्टी ॥ 1 ॥

मेल बेमेल जाति से करके।
हम मिटाते कलंक टीके हैं।
जाति है जा रही मिटी तो क्या।
रंग में मस्त यूनिटी के हैं ॥ 2 ॥

अनसुनी बात जातिहित की कर।
मुँह बना किस लिये न दें टरखा।
कात चरखा सके नहीं अब भी।
हैं मगर लोग हो गये चरखा ॥ 3 ॥

माँ बहन बेटियाँ लुटें तो क्या।
देख मुँह मेल का उसे लें सह।

हो बड़ी धूम औ धड़ल्ले से।
मन्दिरों पर तमाम सत्याग्रह ॥ 4 ॥

बे समझ और आँख के अंधे।
देख पाये कहीं नहीं ऐसे।
जो न ताराज हो गये हिन्दू।
मिल सकेगा स्वराज तो कैसे ॥ 5 ॥

भारत

द्विपद

तेरा रहा नहीं है कब रंग ढंग न्यारा।
कब था नहीं चमकता भारत तेरा सितारा ॥ 1 ॥

किसने भला नहीं कब जी में जगह तुझे दी।
किसकी भला रहा है तू आँख का न तारा ॥ 2 ॥

वह ज्ञान-जोत सब से पहले जगी तुझी में।
जग जगमगा रहा है जिसका मिले सहारा ॥ 3 ॥

किस जाति को नहीं है तूने गले लगाया।
किस देश में बही है तेरी न प्यार-धारा ॥ 4 ॥

तू ही बहुत पते की यह बात है बताता।
सब में रमा हुआ है वह एक राम प्यारा ॥ 5 ॥

कुछ भेद हो भले ही उन की रहन सहन में।
पर एक अस्ल में हैं हिन्दू तुरुक नसारा ॥ 6 ॥

उनमें कमाल अपना है जोत ही दिखाती।
रँग एक हो न रखता चाहे हरेक तारा ॥ 7 ॥

तो क्या हुआ अगर हैं प्याले तरह तरह के।
जब एक दूध उनमें है भर रहा तरारा ॥ 8 ॥

ऊँची निगाह तेरी लेगी मिला सभी को।
तेरा विचार देगा कर दूर भेद सारा ॥ 9 ॥

हलचल चहल-पहल औ अनबन अमन बनेगी।
औ फूल जायगा बन जलता हुआ अँगारा ॥ 10 ॥

जो चैन चाँदनी में होंगे महल चमकते।
सुख चाँद झोंपड़ों में तो जायगा उतारा ॥ 11 ॥

कर हेल मेल हिल मिल सब ही रहें सहेंगे।
हो जायगा बहुत ही ऊँचा मिलाप पारा ॥ 12 ॥

सब जाति को रँगेगी तेरी मिलाप रंगत।
तेरा सुधार होगा सब देश को गवारा ॥ 13 ॥

उस काल प्रेम धारा जग में उमग बहेगी।
घर घर घहर उठेगा आनन्द का नगारा ॥ 14 ॥

◆◆◆◆◆

भारत दिया अमन का बाले तेरे बलेगा।
छाया हुआ अँधेरा टाले तेरे टलेगा ॥ 1 ॥

सारी भलाइयों की रंगत बहुत भली पा।
वह रंग है तुझी में जिसमें जगत ढलेगा ॥ 2 ॥

है एक गोद तेरी जिसमें हरेक हिन्दू।
अँगरेज औ मुसल्माँ प्यारों सहित पलेगा ॥ 3 ॥

उनके मिलाप ही का पौधा बहुत निराला।
हित फूल ला अनोखे अनमोल फल फलेगा ॥ 4 ॥

यों तू दिखा सकेगा वह प्यार पंथ न्यारा।
जिस पर जगत किसी विन चाहों भरा चलेगा ॥ 5 ॥

उस दिन बधाइयों की सब ओर धूम होगी।
सब देश के घरों में घी का दिया जलेगा ॥ 6 ॥

ठेसें बुरी किसी के दिल को नहीं लगेंगी।
दिल एक देख मलता दिल दूसरा मलेगा ॥ 7 ॥

अरमान दूसरों के तब जाँयगे न कुचले।
कोई कहीं किसी को छलकर नहीं छलेगा ॥ 8 ॥

सब ओर आदमीयत की धूम धाम होगी।
हित रंग रख न सकना सब को बहुत खलेगा ॥ 9 ॥

कोई कुचल उमंगें और रौंद हौसलों को।
कोदो नहीं कलेजे पर और के दलेगा ॥ 10 ॥

धन मूस चूस लोहू ले कौर छीन मुँहका।
कोई निहाल होने का नाम भी न लेगा ॥ 11 ॥

सब जाति के करों में होगा मिलाप झंडा।
सब देश प्यार ही के सिरपर चँवर झलेगा ॥ 12 ॥

सेवा

चतुर्दश पदी

देख पड़ी अनुराग-राग-रंजित रवितन में।
छवि पाई भर विपुल-विभा नीलाभ-गगन में।
बर-आभा कर दान ककुभ को दुति से दमकी।
अन्तरिक्ष को चारु ज्योतिमयता दे चमकी॥
कर सकान्ति गिरि-सानु-सकल को कान्त दिखाई।
शोभितकर तरुशिखा निराली-शोभा पाई।
कलित बना कर कनक-कलश को हुई कलित-तर।
समधिक-धवलित सौध-धाम कर बनी मनोहर॥
लता बेलि को परम-ललिंत कर लही लुनाई।
कुसुमावलि को विकच बना बिकसित दिखलाई।
ज्वलित हुई कर सरित-सरोवर-सलिल समुज्वल।
उठी जगमगा परम-प्रभामय कर अवनीतल॥
निज सेवा फल से ही हुई प्रात की किरण प्रतिफलित।
विकसित सरसित सफलित लसित सम्मानित आभाबलित।

सेवा

चौपदे

जो मिठाई में सुधा से है अधिक।
खा सके वह रस भरा मेवा नहीं।
तो भला जग में जिये तो क्या जिये।
की गई जो जाति की सेवा नहीं॥ 1 ॥

हो न जिसमें जातिहित का रंग कुछ।
बात वह जी में ठनी तो क्या ठनी।
हो सकी जब देश की सेवा नहीं।
तब भला हमसे बनी तो क्या बनी ॥ 2 ॥

बेकसों की बेकसी को देख कर।
जब नहीं अपने सुखों को खो सके।
तब चले क्या लोग सेवा के लिये।
जब न सेवा पर निछावर हो सके ॥ 3 ॥

तो न पाया दूसरों का दुख समझ।
दीन दुखियों का सके जो दुख न हर।
भाव सेवा का बसा जी में कहाँ।
बेबसों का जो बसा पाया न घर ॥ 4 ॥

उस कलेजे को कलेजा क्यों कहें।
हों नहीं जिसमें कि हित धारें बहीं।
भाव सेवा का सके तब जान क्या।
कर सके जो लोक की सेवा नहीं ॥ 5 ॥

सुशिक्षा-सोपान

प्रबोध पंचक

पद

जी लगा पोथी अपनी पढ़ो।
केवल पढ़ो न पोथी ही को, मेरे प्यारे कढ़ो॥
कभी कुपथ में पाँव न डालो, सुपथ ओर ही बढ़ो।
भावों की ऊँची चोटी पर बड़े चाव से चढ़ो॥
सुमति-खंजरी को मानवता-रुचिर-चामसे मढ़ो।
वर सोनार सम परम-मनोहर पर-हित गहने गढ़ो॥ 1॥

बड़ा ही जी को है दुख होता।
कोई जो रसाल-क्यारी में है बबूल को बोता॥
लसता है सुन्दर भावों-सँग उर में रसका सोता।
बुरे भाव उपजा कर उसमें मूढ़ मूल है खोता॥ 2॥

स्वाति की बूँद जहाँ जा पड़ी।
बहुत काम आई, दिखलाई उपकारिता बड़ी॥
बनी कपूर कदलि-गोफों में सीपी में कल मोती।
खोले मुख प्यासे चातक-हित बनी सुधाकी सोती॥
ऐसे ही तुम जहाँ सिधाओ उपकारक बन जाओ।
काँटों में भी बड़े अनूठे सुन्दर फूल खिलाओ॥ 3॥

आहा ! कितना है मन भाता।
चारों ओर जलधि प्रभु की महिमा का है लहराता॥
भरे पड़े हैं इसमें सुन्दर सुन्दर रत्न अनेकों।
बड़े भाग वाला वह जन है जिसने पाया एको॥

शंकर कपिल सुकादिक के कर एक आध था आया।
तो भी उसने ही आलोकित भूतल सकल बनाया॥
ऐसा बड़े भाग वाला जन तुम भी बनना चाहो।
जी में जो अनुराग तनिक भी जग-जन के हित का हो॥ 4॥

नई पौधों से ही है आस।
जाति जिलाने वाली, जड़ी सजीवन है इनही के पास॥
इनके बने जाति बनती है बिगड़े हो जाती है नास।
इनही से जातीय भाव का होता है विधि साथ विकास॥
ये हैं जाति-समाज देह के वसन-विधायक कुसुम-कपास।
येई हैं नूतन विचार उडु-राजि-विकाशक विमल अकास॥
उन्हीं नई पौधों में तुम हो, देखो होय न हृदय निरास।
गौरव लाभ करो फैला कर तम में अति कमनीय उजास॥ 5॥

भोर का उठना

पद

भोर का उठना है उपकारी।
जीवन-तरु जिससे पाता है हरियाली अति प्यारी॥
पा अनुपम पानिप तन बनता है बल-संचय कारी।
पुलकित कुसुमित, सुरभित, हो जाती है जन-उर-क्यारी॥
लालिमा ज्यों नभ में छाती है।
त्यों ही एक अनूठी धारा अवनी पर आती है॥
परम-रुचिरता सहित सुधा बूँदों सी बरसाती है।
रसमय, मुदमय, मधुर नाद-मय सब दिशा बनाती है॥
तृण, वीरुध, तरु, लता, वेलि को प्रतिपल पुलकाती है।
बन उपवन में रुचिर मनोहर कुसुम-चय खिलाती है॥
प्रान्तर-नगर-ग्राम-गृह-पुर में सजीवता लाती है।
उर में उमग पुलक तन में दुति दृगमें उपजाती है॥
सदा भोर उठने वालों की यह प्यारी थाती है।
यह न्यारी-निधि बड़े भाग वाली जनता पाती है॥

प्रात की किरणें कोमल प्यारी।
जहाँ तहाँ फलती तरु तरु पर दिखलाती छबि न्यारी॥
जब आलोकित करती हैं अवनी कर प्रकृति सँवारी।
तब युग नयन देख पाते हैं देव-कुसुम कल-क्यारी॥
जीवन लहर जगमगा जाती है पा दुति रुचिकारी।
उर नव विभावान बनता है जैसे रजनि दिवारी॥

प्रात-पवन है परम निरालो।
तन निरोग करने वाली ओषध उसमें है डाली॥
उसकी अति रुचिकर शीतलता चाल मृदुलता ढाली।
कुसुम-कली लौं है जी की भी कली खिलाने वाली॥
होती है जनता मलयानिल-सौरभ से मतवाली।
किन्तु सामने यह रख देती है फूलों की डाली॥
प्रात-पवन ही से मिलती है प्रीतिकरी-मुखलाली।
उसके सेवन से बढ़ती है जीवन-तरु-हरियाली॥

प्रात उठने में कभी न चूको।
अभिनव-किरण-जाल-आरंजित नित अवलोको भू को॥
दूध-फेन-सम सुकुसुम-कोमल तल्प है परम-प्यारा।
किन्तु कहीं उससे सुखकर है ऊषा कालिक धारा॥
प्रात-समय की सहज नींद है बहु विनोदिनी मीठी।
किन्तु पास है प्रात-पवन के अति प्रियता की चीठी॥
करो निछावर आलस को उस पर कर पुलकित छाती।
प्रात अटन से जो सजीवता है धमनी में आती॥
काम काज की विविध असुविधा जीवन की बहु बाधा।
एक प्रात उठने ही से कम हो जाती है आधा॥
बालक युवा सभी पाते हैं उससे सदा सफलता।
सबके लिये प्रात का उठना है अमृत-फल फलता॥

अविनय

छप्पै

ढाल पसीना जिसे बड़े प्यारों से पाला।
जिसके तन में सींच सींच जीवन-रस डाला॥
सुअंकुरित अवलोक जिसे फूला न समाया।
पा करके पल्लवित जिसे पुलकित हो आया॥
वह पौधा यदि न सुफल फले तो कदापि न कुफल फले।
अवलोक निराशा का बदन नीर न आँखों से ढले॥ 1 ॥

बालक ही है देश जाति का सच्चा-संबल।
वही जाति-जीवन-तरु का है परम मधुर फल॥
छात्र-रूप में वही रुचिर-रुचि है अपनाता।
युवक-रूप में वही जाति-हित का है पाता॥
वह पूत पालने में पला विद्या-सदनों में बना।
उज्ज्वल करता है जाति-मुख कर लोकोत्तर साधना॥ 2 ॥

बालक ही का सहज-भाव-मय मुखड़ा प्यारा।
है सारे जातीय-भाव का परम सहारा॥
युवक जनों के शील आत्म-संयम शुचि रुचि पर।
होती हैं जातीय सकल आशायें निर्भर॥
इनके बनने से जातियाँ बनीं देश फूला फला।
इनके बिगड़े बिगड़ा सभी हुआ न हरि का भी भला॥ 3 ॥

इन बातों को सोच आँख रख इन बातों पर।
पाठालय स्कूल कालिजों में जा जा कर॥
जब मैंने निज युवक और बालक अवलोके।
तो जी का दुख-बेग नहीं रुकता था रोके॥
नस नस में कितनों की भरा वह अविनय मुझको मिला।
जिसको बिलोक कर सुजनता-मुख-सरोज न कभी खिला॥ 4 ॥

विनय करों में सकल सफलता की है ताली।
विनय पुट बिना नहिं रहती मुखड़े की लाली॥
विनय कुलिश को भी है कुसुम समान बनाता।
पाहन जैसे उर को भी है वह पिघलाता॥

निज कल करतूतें कर विनय होता है वाँ भी सफल।
बन जाती है बुधि-बल-सहित जहाँ बचन-रचना विफल ॥ 5 ॥

किन्तु हमारी नई पौध उससे बिगड़ी है।
उस पर उसकी उचित आँख अब भी न पड़ी है॥
वह गिनती है उसे आत्म-गौरव का बाधक।
चित की कुछ बलहीन-वृत्तियों का आराधक॥
वह निज बिचार तज कर नहीं शिष्टाचार निबाहती।
जो कुछ कहता है चित्त वह वही किया है चाहती ॥ 6 ॥

अनुभव वह संसार का तनिक भी नहिं रखती।
तह तक उसकी आँख आज भी नहीं पहुँचती॥
पके नहीं कोई विचार, हैं सभी अधूरे।
पढ़ने के दिन हुए नहीं अब तक हैं पूरे॥
पर तो भी वह है बड़ों से बात बात में अकड़ती।
पथ चरम-पंथियों का पकड़ है कर से अहि पकड़ती ॥ 7 ॥

बहुत-बड़ा अनुभवी राज-नीतिक-अधिकारी।
जाति-देश का उपकारक सच्चा-हितकारी॥
उसकी रुचि-प्रतिकूल बोल कब हुआ न बंचित।
कह कर बातें उचित मान पा सका न किंचित॥
वह पीट पीट कर तालियाँ उसे बनाती है विवश।
या 'बैठ जाव' की ध्वनि उठा हर लेती है विमल यश ॥ 8 ॥

उसके इस अविवेक और अविनय के द्वारा।
क्यों न लोप हो जाय देश का गौरव सारा॥
कोई उन्नत हृदय क्यों न सौ टुकड़े होवे।
क्यों न जाति आमूल सफलता अपनी खोवे॥
रह जाय देश हित के लिये नहीं ठिकाना भी कहीं।
पर उसके कानों पर कभी जूँ तक रेंगेगी नहीं ॥ 9 ॥

पिटी तालियों में पड़ देश रसातल जावे।
धूम धाम 'गो आन' धाक जातीय नसावे॥
'हिअर हिअर' रव तले पिसें सारी सुविधायें।
आशाओं का लहू अकाल-उमंग बहायें॥
यह देख देश-हित-रत सुजन क्यों न कलेजा थाम ले।
पर भला उसे क्या पड़ी है जो अनुभव से काम ले ॥ 10 ॥

जिनके रज औ बीज से उपज जीवन पाया।
पली गोद में जिनकी सोने की सी काया॥
उनकी रुचि भी नहीं स्वरुचि-प्रतिकूल सुहाती।
बरन कभी आवेग-सहित है कुचली जाती॥
अभिरुचि-प्रतिकूल विचार भी ठोकर खाते ही रहें।
उनके सनेहमय मृदुल उर क्यों न बुरी ठेंसें सहें॥ 11॥

पर उसका अपराध नहीं इसमें है इतना।
हम लोगों का दोष इस विषय में है जितना॥
जैसे साँचे में हमने उसको है ढाला।
जैसे ढँग से हमने उसको पोसा पाला॥
लीं साँसें जैसी वायु में वह वैसी ही है बनी।
कैसे तप-ऋतु हो सकेगी शरद-समान सुहावनी॥ 12॥

आत्मत्याग है कहीं आत्मगौरव से गुरुतर।
निज विचार से उचित विचार बहुत है बढ़कर॥
कर निज-चित अनुकूल न मन गुरुजन का रखना।
सुधा पग तले डाल ईख का रस है चखना॥
अनुभवी लोक-हित-निरत की विबुधों की अवमानना।
है विमल जाति-हित-सुरुचि को कुरुचि-कीच में सानना॥ 13॥

किन्तु जब नहीं उसने इन बातों को जाना।
यदि जाना तो उसे नहीं जी से सनमाना॥
किसी भाँति जब अविनय ने ही आदर पाया।
तब वह कैसे नहीं करेगी निज मन भाया॥
यह रोग बहुत कुछ है दबा हो हिन्दू-रुचि से निबल।
पर यदि न आँख अब भी खुली दिन दिन होवेगा सबल॥ 14॥

प्रभो! हमारी नई पौध निजता पहचाने।
अपने कुल-मरजाद जाति-गौरव को जाने॥
चुन लेने के लिए, विनय-रुचिकर-रस चीखे।
सबका सदा यथोचित आदर करना सीखे॥
धारा उसकी धमनियों में पूत जाति-हित की बहे।
पर गुरुजन के अनुराग का रुचिर रंग उस में रहे॥ 15॥

कुसुम चयन

चतुर्दश पदी

जो न बने वे विमल लसे विधु-मौलि मौलि पर।
जो न बने रमणीय सज, रमा-रमण कलेवर॥
बर बृन्दारक बृन्द पूज जो बने न बन्दित।
जो न सके अभिनन्दनीय को कर अभिनन्दित॥
जो विमुग्ध कर हुए वे न बन मंजुल-माला।
जो उनसे सौरभित प्रेम का बना न प्याला॥
कर के नृप-कुल-तिलक क्रीट-रत्नों को रंजित।
कर न सके जो कलित-कुसुम-कुल महिमा व्यंजित॥
जो न सुबासित हुआ तेल उनसे वह आला।
जिसने सुखमय व्यथित-जीव-जीवन कर डाला॥
जो न गौरवित हुए वे परस गुरु-पद-पंकज।
जो न लोक हित करी बनी उनकी सुन्दर रज॥
तो किसी काल में क्यों करे विकच-कुसुम-चय का चयन।
कर भावुकता अवमानना भाव भरा भावुक सुजन॥ 1॥

बन-कुसुम

रोला

एक कुसुम कमनीय म्लान हो सूख बिखर कर।
पड़ा हुआ था धूल भरा अवनीतल ऊपर।
उसे देख कर एक सुजन का जी भर आया।
वह कातरता सहित बचन यह मुख पर लाया॥ 1॥

अहो कुसुम यह सभी बात में परम निराला।
योग्य करों में पड़ा नहीं बन सका न आला।
जैसे ही यह बात कथन उसने कर पाई।
वैसे ही रुचिकरी-उक्ति यह पड़ी सुनाई॥ 2॥

देख देख मुख हृदय-हीन-जन अकुलाने से।
दबने छिदने बँधने बिधने नुच जाने से।
कहीं भला है अपने रँग में मस्त दिखाना।
अंत-समय हो म्लान विजन-बन में झड़ जाना॥ 3॥

कहा सुजन ने कहाँ नहीं दुख-बदन दिखाता।
बन में ही क्या कुसुम नहीं दल से दब जाता।
काँटों से क्या कभी नहीं छिदता बिधता है।
क्या जालाओं बीच विवश लौं नहिं बँधता है॥ 4॥

कीड़ों से क्या कभी नहीं वह नोचा जाता।
मधुप उसे क्या बार बार नहिं विकल बनाता।
ओले पड़ कर विपत नहीं क्या उस पर ढाले।
चल प्रतिकूल समीर क्या नहीं उसे कँपाते॥ 5॥

कहीं भला है अपने रँग में मस्त दिखाना।
पर उससे है भला लोकहित में लग जाना।
मरने को तो सभी एक दिन है मर जाता।
पर मरना कुछ हित करते, है अमर बनाता॥ 6॥

यदि बाटिका-प्रसून टूटते ही कुम्हलाता।
छिदते बिधते बंधन में पड़ते अकुलाता।
कभी नहीं तो राजमुकुट पर शोभा पाता।
न तो चढ़ाया अमरवृन्द के शिर पर जाता॥ 7॥

बिकच बदन है विपत काल में भी दिखलाता।
इसी लिये वह विपुल-हृदय में है बस जाता।
देख कठिनता-बदन बदन जिसका कुम्हलाया।
कब वसुधा में सिद्धि समादर उसने पाया॥ 8॥

बन-प्रसून-पंखड़ी कभी जो थी छबि थाती।
मिट्टी में है छीज छीज कर मिलती जाती।
यही योग्य कर में पड़ कर उपकारक होती।
रोगी जन का रोग ओषधी बन कर खोती॥ 9॥

मिल कर तिल के साथ सुवासित तेल बनाती।
कितने शिर की व्यथा दुर कर के सरसाती।
इस प्रकार वह भले काम ही में लग पाती।
बन-प्रसून की सफल चरम गति भी हो जाती॥ 10॥

जो जग-हित पर प्राण निछावर है कर पाता।
जिसका तन है किसी लोक-हित में लग जाता।
वह चाहे तृण तरु खग मृग चाहे होवे नर।
उसका ही है जन्म सफल है वही धन्यतर॥ 11 ॥

कृतज्ञता

चौबोला

माली की डाली के बिकसे कुसुम विलोक एक बाला।
बोली ऐ अति भोले कुसुमो खल से तुम्हें पड़ा पाला॥
बिकसित होते ही वह नित आ तुम्हें तोड़ ले जाता है।
उदर-परायणता वश पामर तनिक दया नहिं लाता है॥ 1 ॥

सुनो इसलिये तुम्हें चाहिये चुनते ही मचला जाओ।
माली के कर में पड़ते ही तजो बिकचता कुम्हलाओ॥
इस प्रकार जब उसके हित में बाधायें पहुँचाओगे।
उसकी आँखें तभी खुलेंगी औ तुम भी कल पाओगे॥ 2 ॥

बोले कुसुम ऐ सदय-हृदये कृपा देख करके न्यारी।
सादर धन्यवाद देता हूँ उक्ति बड़ी ही है प्यारी॥
किन्तु विनय इतनी है जिसने सींचा सदा सलिल द्वारा।
जिसने कितनी सेवायें कर की सुखमय जीवन-धारा॥ 3 ॥

क्या उससे व्यवहार इस तरह का समुचित कहलावेगा।
कोई कर ऐसा कृतज्ञता को मुख क्या दिखलावेगा?॥
तोड़ लिये जावें या सूखें नुचें झड़ें या कुम्हलावें।
किन्तु चाहते नहीं धरा को बुरा चलन सिखला जावें॥ 4 ॥

कहाँ भाग जो मेरे द्वारा माली का परिवार पले।
उसका उदर भरे दुख छूटे उस की आई विपत टले॥
प्रतिपालक उर में आशा की अति मृदु बेलि उलहती है।
वह प्रतिपालित पौध बुरी है जो कुढ़ उसे कुचलती है॥ 5 ॥

आज या कि कल कुम्हलाते ही पंखड़ियाँ भी झड़ जातीं।
रज हो जाने त्याग उस समय कौन काम में वे आतीं॥

प्रतिपालक माली कर में पड़ उसका हितकारक होना।
सुरभित कर कितने हृदयों में बीज सरसतायें बोना ॥ 6 ॥
रंगालय सुर-सदन राज-प्रासादों में आदर पाना।
बिबिध बिलास केलि क्रीड़ा में हाथों हाथ लिये जाना।
अच्छा है, अथवा मिट्टी में मिल जाना ही है उत्तम ॥
है सुज्योतिमय जीवन सुन्दर अथवा मलिन निमज्जिततम ॥ 7 ॥
सुख के कीड़े किसी काल में आदर मान नहीं पाते।
उस का जीवन सफल न होगा जो दुख से हैं अकुलाते ॥
हम इस में ही परम-सुखित हैं बिकच बनें औ सरसावें।
पड़ सुकरों में करें लोक-हित किसी काम में लग जावें ॥ 8 ॥

एक काठ का टुकड़ा

षोडशपदी

जलप्रवाह में एक काठ का टुकड़ा बहता जाता था।
उसे देख कर बार बार यह मेरे जी में आता था ॥
पाहन लौं किस लिये उसे भी नहीं डुबाती जल-धारा।
एक किस लिये प्रतिद्वंदी है और दूसरा है प्यारा ॥
मैं बिचार में डूबा ही था इतने में यह बात सुनी।
जो सुउक्ति कुसुमावलि में से गई रही रुचि साथ चुनी ॥
अति कठोर पाहन होता है महा तरल होता है जल।
उसमें से चिनगी कढ़ती है इस में खिलता है शत दल ॥
युगल भिन्न मति गति रुचि वालों में होता है प्यार नहीं।
स्वच्छ प्रेम की धारायें कब अवनि विषमता बीच बहीं ॥
प्रकृति नियम प्रतिकूल कहो क्या चल सकता था सलिल कभी।
पाहन को वह यदि न डुबा देता बिचित्रता रही तभी ॥
कभी काठ भी शीतल छाया पत्र पुष्प फल के द्वारा।
लोक हित निरत रहा सलिल लौं भूल आत्म गौरव सारा ॥
सम स्वभाव गुण शीलवान का रिक्त हुआ कब हित-प्याला।
फिर जल कैसे उसे डुबाता आजीवन जिसको पाला ॥

नादान

पद

कर सकेंगे क्या वे नादान।
बिन सयानपन होते जो हैं बनते बड़े सयान॥
कौआ कान ले गया सुन जो नहिं टटोलते कान।
वे क्यों सोचें तोड़ तरैया लाना है आसान॥ 1॥

है नादान सदा नादान।
काक सुनाता कभी नहीं है कोकिल की सी तान।
बक सब काल रहेगा बक ही वही रहेगी बान।
उसकी होगी नहीं हंस लौ नीर छीर पहचान॥ 2॥

है नादान अँधेरी रात।
जो कर साथ चमकतों का भी रही असित-अवदात।
वह उसके समान ही रहता है अमनोरम-गात।
प्रति उरमें उससे होता है बहु-दुख छाया पात॥ 3॥

है नादान सदा का कोरा।
सब में नादानी रहती है क्या काला क्या गोरा।
नासमझी सूई के गँव का है वह न्यारा डोरा।
होता है जड़ता-मजीठ के माठ मध्य वह बोरा॥ 4॥

नादानों से पड़े न पाला।
सिर से पाँवों तक होता है यह कुढंग में ढाला।
सदा रह वह मस्त पान कर नासमझी मद प्याला।
उस से कहीं भला होता है साँप बहुगरल वाला॥ 5॥

जीवनी-धारा

जातीय भाषा

षट्पद

जातियाँ जिससे बनीं, ऊँची हुईं, फूली फलीं।
अंक में जिसके बड़े ही गौरवों से हैं पलीं॥
रत्न हो कर के रहीं जो रंग में उसके ढलीं।
राज भूलीं, पर न सेवा से कभी जिसकी टलीं॥
ऐ हमारे बंधुओ! जातीय भाषा है वही।
है सुधा की धार बहु मरु-भूमि में जिससे बही॥ 1॥

जो हुए निर्जीव हैं, उनको जिला देती है वह।
गङ्ग-धारा कर्म्मनाशा में मिला देती है वह॥
स्वच्छ पानी प्यास वाले को पिला देती है वह।
जो कली कुम्हला गई उसको खिला देती है वह॥
नीम में है दाख के गुच्छे वही देती लगा।
ऊसरों में है रसालों को वही देती उगा॥ 2॥

आन में जिनकी दिखाती देश-ममता है निरी।
जो सपूतों की न उँगली देख सकते हैं चिरी॥
रह नहीं सकतीं सफलतायें कभी जिनसे फिरी।
वह नई पौधें उठी हैं जातियाँ जिनसे गिरी॥
थीं इसी जातीय भाषा के हिंडोले में पली।
फूँक से जिनकी घटायें आपदाओं की टलीं॥ 3॥

है कलह औ फूट का जिसमें फहरता फरहरा।
दंभ-उल्लू-नाद जिसमें है बहुत देता डरा॥

मोह, आलस, मूढ़ता, जिसमें जमाती है परा।
वह अँधेरा देश का बहु आपदाओं से भरा॥
दूर करता है इसी जातीय भाषा का बदन।
भानु का सा है चमकता भाल का जिसके रतन॥ 4॥

सूझती जिनको नहीं अपनी भलाई की गली।
पड़ गई है चित्त में जिनके बड़ी ही खलबली॥
है अनाशा रंग में जिनकी सभी आशा ढली।
जिन समाजों की जड़ें भी हो गई हैं खोखली॥
ढंग से जातीय भाषा ही उन्हें आगे बढ़ा।
है समुन्नति के शिखर पर सर्वदा देती चढ़ा॥ 5॥

उस स्वकीया जाति-भाषा सर्वथा सुख-दानि की।
स्वच्छ सरला सुन्दरी आधार-भूता आनि की॥
मा समा उपकारिका, प्रतिपालिका कुल-कानि की।
उस निराली नागरी अति आगरी गुण खानि की॥
आपमें कितनी है ममता, दीजिये मुझ को बता।
आज भी क्या प्यार उससे आप सकते हैं जता?॥ 6॥

खोलकर आँखें निरखिये बंग-भाषा की छटा।
मरहठी की देखिये, कैसी बनी ऊँची अटा॥
क्या लसी साहित्य-नभ में गुर्जरी की है घटा।
आह! उर्दू का है कैसा चौतरा ऊँचा पटा॥
किन्तु हिन्दी के लिये ए बार अब भी दूर है।
आज भी इसके लिये उपजे न सच्चे शूर हैं॥ 7॥

फिर कहें क्यों आप उससे प्यार सकते हैं जता।
फिर कहें क्यों आपमें है उसकी ममता का पता॥
फिर कहें क्यों है लुभाती नागरी हित-तरुलता।
किन्तु प्यारे बंधुओ देता हूँ, मैं सच्ची बता॥
दृष्टि उससे दैव की चिरकाल रहती है फिरी।
जिस अभागी जाति की जातीय भाषा है गिरी॥ 8॥

क्यों चमकते मिलते हैं बंगाल में मानव-रतन।
किस लिये हैं बंबई में देवतों से दिव्य जन॥
क्यों मुसलमानों की है जातीयता इतनी गहन।
क्यों जहाँ जाते हैं वे पाते हैं आदर, मान, धन॥

और कोई हेतु इसका है नहीं ऐ बन्धु-गन।
ठीक है, जातीय भाषा से हुई उनकी गठन ॥ 9 ॥

आँख उठाकर देखिये इस प्रान्त की बिगड़ी दशा।
है जहाँ पर यूथ हिन्दी-भषियों का ही बसा ॥
आज भी जो है बड़ों के कीर्ति-चिन्हों से लसा।
सूर, तुलसी के जनम से पूत है जिसकी रसा ॥
सिद्ध, विद्या-पीठ, गौरव-खानि, विबुधों से भरी।
आज भी है अंक में जिसके लसी काशीपुरी ॥ 10 ॥

अल्प भी जो है खिंचा जातीय भाषा ओर चित।
तो दशा को देख कर के आप होवेंगे ब्यथित ॥
नागरी-अनुरागियों की न्यूनता अवलोक नित।
चित्त ऊबेगा, दृगों से बारि भी होगा पतित ॥
आह! जाती हैं नहीं इस प्रान्त की बातें कही।
नित्य हिन्दी को दबा उर्दू सबल है हो रही ॥ 11 ॥

यह कथन सुन कह उठेंगे आप तुम कहते हो क्या।
पर कहूँगा मैं कि मैंने जो कहा वह सच कहा ॥
जाँच इसकी जो करेंगे आप गाँवो-बीच जा।
तो दिखायेगा वहाँ पर आपको ऐसा समा ॥
हिन्दुओं के लाल प्रति दिन हाथ सुविधा का गहे।
भूल अपनापन को उर्दू ओर ही हैं जा रहे ॥ 12 ॥

जो उठाकर हाथ में दस साल पहले का गजट।
देख लेंगे और तो होगी अधिक जी की कचट ॥
मिड्ल-हिन्दी पास का था जो लगा उस काल ठट।
वह गया है एफ चौथे से अधिक इस काल घट ॥
बढ़ रही है नित्य यों उर्दू छबीली की कला।
घोंटते हैं हाथ अपने हाय! हम अपना गला ॥ 13 ॥

बन-फलों को प्यार से खा छालके कपड़े पहन।
राज-भोगों पर नहीं जो डालते थे निज नयन ॥
फूल सा बिकसा हुआ लख जाति-भाषा का बदन।
जो सदा थे वारते सानंद अपना प्राण, धन ॥
उन द्विजों की हाय! कुछ संतान ने भी कह बजा।
नागरी को पूच उर्दू पेच में पड़ कर तजा ॥ 14 ॥

हिन्दु, हिन्दू और हिन्दी-कष्ट से होके अथिर।
खौल उठता था अहो जिनके शरीरों का रुधिर॥
जो हथेली पर लिये फिरते थे उनके हेतु शिर।
थे उन्हीं के वास्ते जो राज तज देते रुचिर॥
बहु कुँवर उन क्षत्रियों के तुच्छ भोगों से डिगे।
नागरी को छोड़ उर्दू रंगतों में ही रँगे॥ 15 ॥

हो जहाँ पर शिर-धरों का आज दिन यों शिर फिरा।
फिर वहाँ पर क्यों फड़क सकती है औरों की शिरा॥
किन्तु क्यों है नागरी के पास इतना तम घिरा।
आँख से कुछ हिन्दुओं के क्यों है उसका पद गिरा॥
आप सोचेंगे अगर इसको तनिक भी जी लगा।
तो समझ जायेंगे है अज्ञानता ने की दगा॥ 16 ॥

आज दिन भी गाँव गाँवों में अँधेरा है भरा।
है वहाँ नहिं आज दिन भी ज्ञान का दीपक बरा॥
आज दिन भी मूढ़ता का है जमा वाँ पर परा।
जाति-हित के रंग से कोरी वहाँ की है धरा॥
हाथ का पारस भला वह फेंक देगा क्यों नहीं।
आह! उसके दिव्य गुण को जानता है जो नहीं॥ 17 ॥

है नगर के वासियों में ज्ञान का अंकुर उगा।
जाति-हित में किन्तु वैसा जी नहीं अब भी लगा॥
फूँक से वह आपदा है सैकड़ों देता भगा।
जाति-भाषा रंग में नर-रत्न जो सच्चा रँगा॥
उस बदन की ज्योति देती है तिमिर सारा नसा।
जाति के अनुराग का न्यारा तिलक जिस पर लसा॥ 18 ॥

नागरी के नेह से हम लोग आये हैं यहाँ।
किन्तु सच्चा त्याग हम में आज दिन भी है कहाँ॥
जाति-सेवा के लिये हैं जन्मते त्यागी जहाँ।
आपदायें ढूँढने पर भी नहीं मिलती वहाँ॥
जाति-भाषा के लिये किस सिद्ध की धूनी जगी।
वे कहाँ हैं जिनके जी को चोट है सच्ची लगी॥ 19 ॥

निज धरम के रंग में डूबे, तजे निज बंधु-जन।
हैं यहाँ आते चले यूरोप के सच्चे रतन॥

किसलिये? इस हेतु, जिस में वे करें तमका निधन।
दीन दुखियों का हरें दुख औ उन्हें देवें सरन॥
देखिये उनको कहाँ आ करके क्या करते हैं वे।
एक हम हैं आँख से जिसकी न आँसू भी स्रवे॥ 20॥

जो अँधेरे में पड़ा है ज्योति में लाना उसे।
जो भटकता फिर रहा है, पंथ दिखलाना उसे॥
फँस गया जो रोग में है, पथ्य बतलाना उसे।
सीखता ही जो नहीं, कर प्यार सिखलाना उसे॥
काम है उनका, जिन्हें पा पूत होती है मही।
इस विषम संसार-पादप के सुधा फल हैं वहीं॥ 21॥

आज का दिन है बड़ा ही दिव्य हित-रत्नों जड़ा।
जो यहाँ इतने स्वभाषा-प्रेमियों का पग पड़ा॥
किन्तु होवेगा दिवस वह और भी सुन्दर बड़ा।
लाल कोई बीर लौं जिस दिन कि होवेगा खड़ा॥
दूर करने के लिये निज नागरी की कालिमा।
औ लसाने के जिये उन्नति-गगन में लालिमा॥ 22॥

राज महलों से गिनेगा झोंपड़ी को वह न कम।
वह फिरेगा उन थलों में है जहाँ पर घोर तम॥
जो समझते यह नहीं, है काल क्या? हैं कौन हम?
वह बता देगा उन्हें जातीय-उन्नति के नियम॥
वह बना देगा बिगड़ती आँख को अंजन लगा।
जाति-भाषा के लिये वह जाति को देगा जगा॥ 23॥

वह नहीं कपड़ा रँगेगा किन्तु उर होगा रँगा।
घर न छोड़ेगा, रहेगा पर नहीं उस में पगा॥
काम में निज वह परम अनुराग से होगा लगा।
प्यार होगा सब किसी से और होगा सब सगा॥
बात में होगी सुधा उसका रहेगा पूत मन।
जाति-भाषा-तेज से होगा दमकता बर बदन॥ 24॥

दूर होवेगा उसी से गाँव गाँवों का तिमिर।
खुल पड़ेगी हिन्दुओं की बंद होती आँख फिर॥
तम-भरे उर में जगेगी ज्योति भी अति ही रुचिर।
वह सुनेगी बात सब, जो जाति है कब की बधिर॥

दूर होगी नागरी के शीश की सारी बला।
चौगुनी चमकेगी उसकी चारुता-मंडित कला ॥ 25 ॥

दैनिकों के वास्ते हैं आज दिन लाले पड़े।
सैकड़ों दैनिक लिये तब लोग होवेंगे खड़े॥
केतु होंगे नागरी की कीर्ति के सुन्दर बड़े।
जगमगायेंगे विभूषण अंग में रत्नों जड़े॥
देश-भाषा-रूप से वह जायगी उस दिन बरी।
सब सगी बहनें बनायेंगी उसे निज सिर-धरी ॥ 26 ॥

मैं नहीं सकटेरियन हूँ औ नहीं हूँ बावला।
बात गढ़ कर मैं किसी को चाहता हूँ कब छला॥
मैं न हूँ उरदू-विरोधी, मैं न हूँ उससे जला।
कौन हिन्दू चाहता है घोंटना उसका गला॥
निज पड़ोसी का बुरा कर कौन है फूला फला।
हैं इसी से चाहते हम आज भी उसका भला ॥ 27 ॥

किन्तु रह सकता नहीं यह बात बतलाये बिना।
ज्यों न जीयेगा कभी जापान जापानी बिना॥
ज्यों न जीयेगा मुसल्माँ पारसी, अरबी बिना।
जी सकोगे हिन्दुओ, त्योंही न तुम हिन्दी बिना॥
देख कर उरदू-कुतुब यह दीजिये मुझ को बता।
आप की जातीयता का है कहीं उस में पता? ॥ 28 ॥

क्या गुलाबों पर करेंगे आप कमलों को निसार।
क्या करेंगे कोकिलों को छोड़कर बुलबुल को प्यार॥
क्या रसालों को सरो शमशाद पर देवेंगे वार।
क्या लखेंगे हिन्द में ईरान का मौसिम बहार॥
क्या हिरासे और दजला आदि से होगी तरी।
तज हिमालय सा सुगिरिवर पूत-सलिला सुरसरी ॥ 29 ॥

भीम, अर्जुन की जगह पर गेव रुस्तम को बिठा।
सभ्य लोगों में नहीं दृग आप सकते हैं उठा॥
साथ कैकाऊस-दारा-प्रेम की गाँठें गठा।
क्या भला होगा, रसातल भोज, विक्रम को पठा॥
कर्ण की ऊँची जगह जो हाथ हातिम के चढ़ी।
तो समझिये, ढह पड़ेगी आप की गौरव-गढ़ी ॥ 30 ॥

क्या हसन की मसनवी से आप होकर मुग्ध मन।
फेंक देंगे हाथ से वह दिव्य रामायन रतन॥
क्या हटाकर सूर-तुलसी-मुख-सरोरुह से नयन।
आप अवलोकन करेंगे मीर गालिब का बदन॥
क्या सुधा को छोड़कर जो है मयंक-मुखों-स्रवी।
आप सहबा पान करके हो सकेंगे गौरवी॥ 31॥

जो नहीं, तो देखिये जातीय भाषा का बदन।
पोंछिये, उसपर लगे हैं जो बहुत से धूलिकन॥
जी लगाकर कीजिये उसकी भलाई का जतन।
पूजिये उसका चरण उस पर चढ़ा न्यारे रतन॥
जगमगा जायेगी उसकी ज्योति से भारत-धरा।
आप का उद्यान-यश होगा फला फूला हरा॥ 32॥

भाग्य से ही राज उस सरकार का है आज दिन।
जो उचित आशा किसी की है नहीं करती मलिन॥
शान्त की जिसने यहाँ आकर अराजकता अगिन।
उँगलियों पर जिसके सब उपकार हैं सकते न गिन॥
जो न ऐसा राज पाकर आप सोते से जगे।
तो कहें क्यों जाति-भाषा रंगतों में हैं रँगे॥ 33॥

हे प्रभो! हिन्दू-हृदय में ज्ञान का अंकुर उगे।
हिन्द में बनकर रहें, सब काल वे सबके सगे॥
दूसरों को हानि पहुँचाये बिना औ बिन ठगे।
दूर हों सब विघ्न, बाधा, भाग हिन्दी का जगे॥
जाति भाषा के लिये जो राज-सुख को रज गिने।
बुद्ध-शंकर-भूमि कोई लाल फिर ऐसा जने॥ 34॥

हिन्दी भाषा

छप्पै

पड़ने लगती है पियूष की शिर पर धारा।
हो जाता है रुचिर ज्योति मय लोचन तारा॥
बर बिनोद की लहर हृदय में है लहराती।
कुछ बिजली सी दौड़ सब नसों में है जाती॥

आते ही मुख पर अति सुखद जिसका पावन नाम ही।
इक्कीस-कोटि-जन-पूजिता हिन्दी भाषा है वही ॥ 1 ॥

जिसने जग में जन्म दिया औ पोसा, पाला।
जिसने यक यक लहू बूँद में जीवन डाला ॥
उस माता के शुचि मुख से जो भाषा सीखी।
उसके उर से लग जिसकी मधुराई चीखी ॥
जिसके तुतला कर कथन से सुधाधार घर में बही।
क्या उस भाषा का मोह कुछ हम लोगों को है नहीं ॥ 2 ॥

दो सूबों के भिन्न भिन्न बोली वाले जन।
जब करते हैं खिन्न बने, मुख भर अवलोकन ॥
जो भाषा उस समय काम उनके है आती।
जो समस्त भारत भू में है समझी जाती ॥
उस अति सरला उपयोगिनी हिन्दी भाषा के लिये।
हम में कितने हैं जिन्होंने तन मन धन अर्पण किये ॥ 3 ॥

गुरु गोरख ने योग साधकर जिसे जगाया।
औ कबीर ने जिसमें अनहद नाद सुनाया ॥
प्रेम रंग में रँगी भक्ति के रस में सानी।
जिस में है श्रीगुरु नानक की पावन बानी ॥
हैं जिस भाषा से ज्ञान मय आदि ग्रंथसाहब भरे।
क्या उचित नहीं है जो उसे निज सर आँखों पर धरे ॥ 4 ॥

करामात जिसमें है चंद कला दिखलाती।
जिसमें है मैथिल-कोकिल-काकली सुनाती ॥
सूरदास ने जिसे सुधामय कर सरसाया।
तुलसी ने जिसमें सुर-पादप फलद लगाया ॥
जिसमें जग पावन पूत तम रामचरित मानस बना।
क्या परम प्रेम से चाहिये उसे न प्रति दिन पूजना ॥ 5 ॥

बहुत बड़ा, अति दिव्य, अलौकिक, परम मनोहर।
दशम ग्रंथ साहब समान बर ग्रंथ बिरच कर ॥
श्रीकलँगीधर ने जिसमें निज कला दिखाई।
जिसमें अपनी जगत चकित कर ज्योति जगाई ॥
वह हिन्दी भाषा दिव्यता-खनि अमूल्य मणियों भरी।
क्या हो नहिं सकती है सकल भाषाओं की सिर-धरी ॥ 6 ॥

अति अनुपम, अति दिव्य, कान्त रत्नों की माला।
कवि केशव ने कलित-कंठ में जिसके डाला॥
पुलक चढ़ाये कुसुम बड़े कमनीय मनोहर।
देव बिहारी ने जिसके युग कमल पगों पर॥
आँख खुले पर वह भला लगेगी न प्यारी किसे।
जगमगा रही है जो किसी भारतेन्दु की ज्योति से॥ 7॥

वैष्णव कवि-कुल-मुख-प्रसूत आमोद-विधाता।
जिसमें है अति सरस स्वर्ग-संगीत सुनाता॥
भरा देशहित से था जिसके कर का तूँबा।
गिरी जाति के नयन-सलिल में था जो डूबा॥
वह दयानन्द नव-युग-जनक जिसका उन्नायक रहा।
उस भाषा का गौरव कभी क्या जा सकता है कहा!॥ 8॥

महाराज रघुराज राज-विभवों में रहते।
थे जिसके अनुराग-तरंगों ही में बहते॥
राजविभव पर लात मार हो परम उदासी।
थे जिसके नागरी दास एकान्त उपासी॥
वह हिन्दी भाषा बहु नृपति-वृन्द-पूजिता बंदिता।
कर सकती है उन्नत किये बसुधा को आनंदिता॥ 9॥

वे भी हैं, है जिन्हें मोह, हैं तन मन अर्पक।
हैं सर आँखों पर रखने वाले, हैं पूजक॥
हैं बरता बादी, गौरव-विद, उन्नति कारी।
वे भी हैं जिनको हिन्दी लगती है प्यारी॥
पर कितने हैं, वे हैं कहाँ जिनको जी से है लगी।
हिन्दू-जनता नहिं आज भी हिन्दी के रँग में रँगी॥ 10॥

एक बार नहिं बीस बार हमने हैं जोड़े।
पहले तो हिन्दू पढ़ने वाले हैं थोड़े॥
पढ़ने वालों में हैं कितने उर्दू-सेवी।
कितनों की हैं परम फलद अंग्रेजी देवी॥
कहते रुक जाता कंठ है नहिं बोला जाता यहाँ।
निज आँख उठाकर देखिये हिन्दी-प्रेमी हैं कहाँ?॥ 11॥

अपनी आँखें बन्द नहीं मैंने कर ली हैं।
वे कन्दीलें लखीं जो तिमिर बीच बली हैं॥

है हिन्दी-आलोक पड़ा पंजाब-धरा पर।
उससे उज्वल हुआ राज्य इन्दौर, ग्वालिअर॥
आलोकित उससे हो चली राज-स्थान-बसुंधरा।
उसका बिहार में देखता हूँ फहराता फरहरा॥ 12॥

मध्य-हिन्द में भी है हिन्दी पूजी जाती।
उसकी है बुन्देल-खंड में प्रभा दिखाती॥
वे माई के लाल नहीं मुझ को भूले हैं।
सूखे सर में जो सरोज के से फूले हैं॥
कितनी ही आँखें हैं लगी जिन पर आकुलता-सहित।
है जिनके सौरभ रुचिर से सब हिन्दी-जग सौरभित॥ 13॥

है हिन्दी साहित्य समुन्नत होता जाता।
है उसका नूतन विभाग भी सुफल फलाता॥
निकल नवल सम्बाद-पत्र चित हैं उमगाते।
नव नव मासिक मेगजीन हैं मुग्ध बनाते॥
कुछ जगह न्याय-प्रियतादि भी खुलकर हिन्दी हित लड़ीं।
कुछ अन्य प्रान्त के सुजन की आँखें भी उस पर पड़ीं॥ 14॥

किन्तु कहूँगा अब तक काम हुआ है जितना।
वह है किसी सरोवर के कुछ बूँदों इतना॥
जो शाला, कल्पना-नयन सामने खड़ी है।
अब तक तो उसकी केवल नींव ही पड़ी है॥
अब तक उसका कलका कढ़ा लघुतम अंकुर ही पला।
हम हैं बिलोकना चाहते जिस तरु को फूला फला॥ 15॥

बहुत बड़ा पंजाब औ यहाँ का हिन्दू-दल।
है पकड़े चल रहा आज भी उरदू-आँचल॥
गति, मति उसकी वही जीवनाधार वही है।
उसके उर-तंत्री का ध्वनि मय तार वही है॥
वह रीझ रीझ उसके बदन की है कान्ति विलोकता।
फूटी आँखों से भी नहीं हिन्दी को अवलोकता॥ 16॥

मुख से है जातीयता मधुर राग सुनाता।
पर वह है सोहराव और रुस्तम गुण गाता॥
उमग उमग है देश-प्रेम की बातें करता।
पर पारस के गुल बुलबुल का है दम भरता॥

हम कैसे कहें उसे नहीं हिन्दू-हित की लौ लगी।
पर विजातीयता-रंग में है उसकी निजता रँगी ॥ 17 ॥

भाषा द्वारा ही विचार हैं उर में आते।
वे ही हैं नव नव भावों की नींव जमाते ॥
जिस भाषा में विजातीय भाव ही भरे हैं।
उसमें फँस जातीय भाव कब रहे हरे हैं ॥
है विजातीय भाव ही का हरा भरा पादप जहाँ।
जातीय भाव अंकुरित हो कैसे उलहेगा वहाँ ॥ 18 ॥

इन सूबों में ऐसे हिन्दू भी अवलोके।
जिनकी रुचि प्रतिकूल नहीं रुकती है रोके ॥
वे होमर, इलियड का पद्य-समूह पढ़ेंगे।
टेनिसन की कविता कहने में उमग बढ़ेंगे ॥
पर जिसमें धारायें बिमल हिन्दू-जीवन की वहीं।
वह कविता तुलसी सूर की मुख पर आती तक नहीं ॥ 19 ॥

मैं पर-भाषा पढ़ने का हूँ नहीं विरोधी।
चहिये हो मति निज भाषा भावुकता शोधी ॥
जहाँ बिलसती हो निज भाषा-रुचि हरियाली।
वहीं खिलेगी पर-भाषा-प्रियता कुछ लाली ॥
जातीय भाव बहु सुमन-मय है वर उर उपवन बही।
हों विजातीय कुछ भाव के जिसमें कतिपय कुसुम ही ॥ 20 ॥

है उरके जातीय भाव को वही जगाती।
निज गौरव-ममता-अंकुर है वही उगाती ॥
नस नसमें है नई जीवनी शक्ति उभरती।
उस से ही है लहू बूँद में बिजली भरती ॥
कुम्हलाती उन्नति-लता को सींच सींच है पालती।
है जीव जाति निर्जीव में निज भाषा ही डालती ॥ 21 ॥

उस में ही है जड़ी जाति-रोगों की मिलती।
उस से ही है रुचिर चाँदनी तम में खिलती ॥
उस में ही है विपुल पूर्वतन-बुध-जन-संचित।
रत्न-राजि कमनीय जाति-गत-भावों अंकित ॥
कब निज पद पाता है मनुज निजता पहचाने बिना।
नहिं जाती जड़ता जाति की निज भाषा जाने बिना ॥ 22 ॥

गाकर जिनका चरित जाति है जीवन पाती।
है जिनका इतिहास जाति की प्यारी थाती॥
जिनका पूत प्रसंग जाति-हित का है पाता।
जिनका बर गुण बीरतादि है गौरव-दाता॥
उनकी सुमूर्ति महिमामयी बंदनीय विरदावली।
निज भाषा ही के अंक में अंकित आती है चली॥ 23॥

उस निज भाषा परम फलद की ममता तज कर।
रह सकती है कौन जाति जीती धरती पर॥
देखी गई न जाति-लता वह पुलकित किंचित।
जो निज-भाषा-प्रेम-सलिल से हुई न सिंचित॥
कैसे निज सोये भाग को कोई सकता है जगा।
जो निज भाषा अनुराग का अंकुर नहिं उर में उगा॥ 24॥

हे प्रभु अपना प्रकृत रूप सब ही पहचाने।
निज गौरव जातीय भाव को सब सनमाने॥
तम में डूबा उर भी आभा न्यारी पावे।
खुलें बन्द आँखें औ भूला पथ पर आवे॥
निज भाषा के अनुराग की बीणा घर घर में बजे।
जीवन कामुक जन सब तजे पर न कभी निजता तजे॥ 25॥

उद्‌बोधन

द्विपद

सज्जनो ! देखिये, निज काम बनाना होगा।
जाति-भाषा के लिये योग कमाना होगा॥ 1॥

सामने आके उमग कर के बड़े बीरों लौं।
मान हिन्दी का बढ़ा आन निभाना होगा॥ 2॥

है कठिन कुछ नहीं कठिनाइयाँ करेंगी क्या।
फूँक से हमको बलाओं को उड़ाना होगा॥ 3॥

सामने आये हमारे जो रुकावट का पहाड़।
खोदकर उसको भी मिट्टी में मिलाना होगा॥ 4॥

उलझनों का जो पड़े राह में बारिधि कोई।
तेज कुंभज सा हमें काम में लाना होगा ॥ 5 ॥

मेंहदियों की तरह पिस जाँय भले ही लेकिन।
रंग अपना तो हमें खुल के दिखाना होगा ॥ 6 ॥

क्यों न इस राह में नुच जाँय या कुचले जावें।
दूब की भाँति पनप कर के जम आना होगा ॥ 7 ॥

जो इसी धुन में ही मिल जाँय कभी मिट्टी में।
उग के बीजों की तरह सर को उठाना होगा ॥ 8 ॥

भगवे कपड़ों से नहीं काम चलेगा प्यारे।
देश-हित-रंग में कपड़ों को रँगाना होगा ॥ 9 ॥

स्वर्ग औ मुक्ति के झगड़ों से किनारे रह कर।
जाति-सेवा ही में सब जन्म बिताना होगा ॥ 10 ॥

निज नई पौध की उर-भू में बड़ी ही रुचि से।
कर्म्म अनुराग का बर वृक्ष लगाना होगा ॥ 11 ॥

जिन उरों में है घिरा पर-भाषा-ममता-तम।
दीप वाँ नागरी-प्रियता का जलाना होगा ॥ 12 ॥

ऐसा कर करके सदा आप फले, फूलेंगे।
ईश की होगी दया, जग में ठिकाना होगा ॥ 13 ॥

अभिनव कला

षट्पद

प्यार के साथ सुधाधार पिलाने वाली।
जी-कली भाव विविध संग खिलाने वाली ॥
नागरी-बेलि नवल सींच जिलाने वाली।
नीरसों मध्य सरसतादि मिलाने वाली ॥
देख लो फिर उगी साहित्य-गगन कर उजला।
अति कलित कान्तिमती चारु हरीचन्द कला ॥ 1 ॥

जो रहा मंजु मधुप नागरी-कमल-पग का।
जो रहा मत्त पथिक-प्रेम के रुचिर मग का ॥

जो रहा बन्धु सदय भाव-सहित सब जग का।
जो रहा रक्त गरम जाति की निबल रग का॥
थी जिसे बुद्धि मिली पूत रसिकतादि बलित।
है उसी उक्ति-सरसि-कंज की यह कीर्ति कलित॥ 2॥

देखिये आप इसे प्यार भरी आँखों से।
दीजिये मान दिला आप इसे लाखों से॥
आप पावेंगे इसे मिष्ट अधिक दाखों से।
आप देखेंगे दमकता इसे सित पाखों से॥
यह लसायेगी उरों बीच सुधा-पूरित सर।
यह सुनायेगी स अनुराग अलौकिक पिक-स्वर॥ 3॥

है जिसे सूझ मिली कान्ति मनोहर प्यारी।
पा गया जो है बड़े पुण्य से प्रतिभा न्यारी॥
कैसा होता है कथन उसका मधुर रुचि-कारी।
कितनी होती है खिली उसकी सुकविता-क्यारी॥
जानना चाहें अगर यह रहस्य पुलकित कर।
तो पढ़ें आप इसे कंजकरों में लेकर॥ 4॥

स्वर्ग-संगीत सरस आठ पहर है होता।
इस में बहता है महामोद का सुन्दर सोता॥
बीज हितकारिता इसका है बर बरन बोता।
ताप जीका है मधुर बोलना इसका खोता॥
चौगुनी चाप पुरन्दर से हुई जिसकी छटा।
इस में दिखलायेगी वह मुग्धकरी कान्त घटा॥ 5॥

खींच देवेगी रुचिर चित्र यह दृगों आगे।
आर्य्य-गौरव का, अमर वृन्द जिसमें अनुरागे॥
छू जिसे कान्ति सने बादले बने धागे।
तेज से जिसके तिमिर देश देश के भागे॥
ज्योति वह जिसके विमल अंक से उफन निकली।
कान्त कंदील जगत सभ्यता की जिससे बली॥ 6॥

यह सुना जाति-व्यथा आप को जगा देगी।
देश-हित-बीज हृदय-भूमि में उगा देगी॥
धर्म्म का मर्म्म बता मूढ़ता भगा देगी।
लोक-सेवा में बड़े प्यार से लगा देगी॥

यह मलिन बुद्धि परम पूत बना लेवेगी।
बन्द होती हुई उर-आँख खोल देवेगी ॥ 7 ॥

कंटकों मध्य खिला फूल है चुना जाता।
कीच के बीच पड़ा रत्न है उठा आता॥
बाहरी रूप जो इस का न भव्य दिखलाता।
था उचित तो भी इसे यह प्रदेश अपनाता॥
किन्तु यह आज बदल रूप रंग आई है।
मान अब भी न मिले तो बड़ी कचाई है॥ 8 ॥

आज जो बंग-धरा बीच जन्म यह पाती।
मरहठी गुर्जरी भाषा में जो लिखी जाती॥
मान पा हाथ में लाखों जनों के दिखलाती।
बन गई होती विबुध वृन्द की प्यारी थाती॥
लोग कर ब्योंत बड़े चाव से इसे लेते।
बात ही में नहीं जी में इसे जगह देते॥ 9 ॥

जो कहीं भूल गया नागरी परम नेही।
प्रेम हिन्दी का न हो तो वृथा बने देही॥
त्याग स्वीकार करें या बने रहें गेही।
जाति ममता है जिन्हें धन्य हैं यहाँ वे ही॥
वर विभव, मान, विमल कीर्ति, वही पावेंगे।
जाति-भाषा को ललक जो गले लगावेंगे॥ 10 ॥

उलहना

षट्पद

वही हैं मिटा देते कितने कसाले।
वही हैं बड़ों की बड़ाई सम्हाले।
वही हैं बड़े औ भले नाम वाले।
वही हैं अँधेरे घरों के उँजाले।
सभी जिनकी करतूत होती है ढब की।
जो सुनते हैं, बातें ठिकाने की सब की॥ 1 ॥

बिगड़ती हुई बात वे हैं बनाते।
धधकती हुई आग वे हैं बुझाते।
बहकतों को वे हैं ठिकाने लगाते।
जो ऐंठे हैं उनको भी वे हैं मनाते।
कुछ ऐसी दवा हाथ उनके है आई।
कि धुल जाती है जिस्से जी की भी काई ॥ 2 ॥

भलाई को वे हैं बहुत प्यार करते।
खरी बात सुनने से वे हैं न डरते।
कभी वाजिबी बात से हैं न टरते।
सचाई का दम बेधड़क वे हैं भरते।
वे बारीकियों में भी हैं पैठ जाते।
बहुत डूब वे तह की मिट्टी हैं लाते ॥ 3 ॥

नहीं करते वे देश-हित से किनारा।
नहीं मिलता अनबन को उनसे सहारा।
बड़ी धुन से बजता है उनका दुतारा।
सुनाता है जो मेल का राग प्यारा।
नहीं नेकियाँ वे किसी की भुलाते।
नहीं फूट की आग वे हैं जलाते ॥ 4 ॥

जो कुढ़ता है जी तो उसे हैं मनाते।
जो उलझन हुई तो उसे हैं मिटाते।
जो हठ आ पड़ा तो उसे हैं दबाते।
किसी के बतोलों में वे हैं न आते।
सदा उनकी होती है रंगत निराली।
बनी रहती है उनके मुखड़े की लाली ॥ 5 ॥

यही सोच ऐ उर्दू के जाँ निसारो।
कहूँगी में कुछ लो सुनो औ विचारो।
तुम्हारी ही मैं हूँ मुझे मत बिसारो।
मैं हिन्दी हूँ मुझको न जी से उतारो।
नहीं कोसने या झगड़ने हूँ आई।
सहमते हुए मैं उलहना हूँ लाई ॥ 6 ॥

मुझे बात यह आज कल है सुनाती।
ज़बा हूँ न मैं औ न हूँ प्यारी थाती।
गँवारी हूँ मैं और हूँ अनसुहाती।
पढ़ों को है मेरी गठन तक न भाती।
मैं खूखी हूँ जीती हूँ करके बहाने।
नहीं एक भी कल है मेरी ठिकाने ॥ 7 ॥

तनिक जो समझ-बूझ से काम लेंगे।
तनिक आँख जो और ऊँची करेंगे।
सम्हल कर सचाई को जो राह देंगे।
मैं कहती हूँ तो आप ही यह कहेंगे।
कभी है न बाजिव मुझे ऐसा कहना।
भला है नहीं मुझ से यों बिगड़े रहना ॥ 8 ॥

जिसे मैंने देहली में जन कर जिलाया।
जिसे लखनऊ ला अनोखी बनाया।
जिसे लाड़ से पाला, पोसा, खेलाया।
हिलाया मिलाया, कलेजे लगाया।
हमें आप मानें जो नाते उसी के।
तो फिर यों फफोले न फोड़ेंगे जी के ॥ 9 ॥

हमीं से है उरदू का जग में पसारा।
हमीं से है उसका बना नाम प्यारा।
हमीं से है उसका रहा रंग न्यारा।
हमीं से है उसका चमकता सितारा।
उसी दिन उसे पारसी जग कहेगा।
न जिस दिन हमारा सहारा रहेगा ॥ 10 ॥

भला मैंने उरदू का क्या है बिगाड़ा।
बता दीजिये कब बनी उसका टाड़ा।
बसा उसका घर मैंने कब है उजाड़ा।
कहाँ कब जमा पाँव उसका उखाड़ा।
खुले जी से उसके सदा काम आई।
कभी मैंने उसको न समझा पराई ॥ 11 ॥

बरहमन के बेटे बड़े मन सुहाते।
नसीम औ रतन नाथ, जिनसे थे नाते।
जो वे मुझमें थे पारसीपन खपाते।
रहे मुझमें जो उसके जुमले मिलाते।
तो उनको नहीं मैंने छड़ियाँ लगाईं।
न डाटें बताईं न आँखें दिखाईं ॥ 12 ॥

मुसल्मान हो पा बहुत ऊँचा पाया।
रहीम और खुसरो ने जो जस कमाया।
मुझे मेरे ही रंग में जो दिखाया।
मुझे मेरे फूलों ही से जो सजाया।
तो मैंने न गजरे गले बीच गेरे।
नहीं फूल उनके सिरों पर बखेरे ॥ 13 ॥

बड़े भाव से आरती कर हमारी।
खिली चाँदनी सी छटा वाली न्यारी।
जो सूर और तुलसी ने कीरत पसारी।
अमर जो हुए देव, केशव, बिहारी।
बड़ा जस, बहुत मान, सच्ची बड़ाई।
तो रसखान औ जाइसी ने भी पाई ॥ 14 ॥

कहे देती हूँ बात यह मैं पुकारे।
मुसल्मान हिन्दू हैं दोनों हमारे ॥
ये दोनों ही हैं मुझको जी से भी प्यारे।
ये दोनों ही हैं मेरी आँखों के तारे ॥
नहीं इनमें कोई है मेरा बेगाना।
सदा जी से दोनों ही को मैंने माना ॥ 15 ॥

गुसाँईं ने जिसमें रमायन बनाई।
कोई पोथी जितनी न छपती दिखाई ॥
कला जिसकी है आज देशों में छाई।
घरों बीच जिसने है गंगा बहाई ॥
सुनाती हूँ जिसमें मैं अपना उलहना।
सितम है उसे कोई बोली न कहना ॥ 16 ॥

जो है देश में सब जगह काम आती।
बहुत लोगों की जो है बोली कहाती॥
जो है झोपड़े से महल तक सुनाती।
गठन जिसकी है नित नये रंग लाती॥
कठिन है बिना जिसके घर में निबहना।
उसे क्या सही है गई बीती कहना॥ 17॥

जिसे सूर ने दे दिया रंग न्यारा।
बड़े ढब से केशव ने जिसको सँवारा॥
बिहारी ने हीरों से जिसको सिंगारा।
पिन्हाया जिसे देव ने हार न्यारा॥
उसे अनसुहाती गँवारी बताना।
कहूँगी मैं है उलटी गङ्गा बहाना॥ 18॥

बहुत राजों ने पाँव जिसका पखारा।
गले में कई हार अनमोल डाला॥
जिसे वार तन मन उन्होंने उभारा।
रही उनके जो सब सुखों का सहारा॥
कुढंगी बुरी क्यों उसे हैं बनाते।
रतन जिसमें हैं सैकड़ों जगमगाते॥ 19॥

सदा मीर का ढंग है जी लुभाता।
बहुत सादापन दाग का है सुहाता॥
कलाम इनका है आप लोगों को भाता।
कभी मोह लेता कभी है रिझाता॥
बता देती हूँ, है यही बात न्यारी।
बहुत उसमें होती है रंगत हमारी॥ 20॥

उमग आप उरदू को दिन दिन बढ़ावें।
उसे बेबहा मोतियों से सजावें॥
अछूते, बिछे फूल उसमें खिलावें।
उसे हार भी नौरतन का पिन्हावें॥
मैं फूली कली का बनूँगी नमूना।
कलेजा मेरा देखकर होगा दूना॥ 21॥

हरा देखकर पेड़ अपना लगाया।
भला कौन है जो न फूला समाया॥
जिसे मैंने अपना नमूना बनाया।
जिसे मैंने सौ सौ तरह से हिलाया॥
उसे देख फूली फली क्यों जलूँगी।
कलेजे लगाकर बलायें मैं लूँगी॥ 22॥

मगर. आप से मुझ को इतना है कहना।
भली बात है सब से हिल मिल के रहना॥
कभी पोत का भी बहुत छोटा गहना।
उमग कर नहीं जो सकें आप पहना॥
तो कह बात लगती मुझे मत खिझावें।
न छलनी हमारा कलेजा बनावें॥ 23॥

बहुत कह चुकी अब नहीं कुछ कहूँगी।
कहाँ तक बनूँ ढीठ अब चुप रहूँगी॥
सही मानिये आपकी सब सहूँगी।
मगर बात इतनी सदा ही चहूँगी॥
कभी आप झगड़ों में पड़ मत उलझिये।
नहीं मा तो धाई ही मुझ को समझिये॥ 24॥

प्रभो! तू बिगड़ती हुई सब बना दे।
अँधेरे में तू ज्योति न्यारी जगा दे॥
घरों में भलाई का पौधा उगा दे।
दिलों में सचाई की धारा बहा दे॥
रहे प्यार आपस का सब ओर फैला।
किसी से किसी का न जी होवे मैला॥ 25॥

आशालता

चौपदे

कुछ उरों में एक उपजी है लता।
अति अनूठी लहलही कोमल बड़ी॥

देखकर उसको हरा जी हो गया।
वह बताई है गई जीवन-जड़ी ॥ 1 ॥

एक भाषा देशभर को दे मिला।
चाहती है आज यह भारत मही ॥
मान यह हिन्दी लहेगी एक दिन।
है यही आशालता, वह लहलही ॥ 2 ॥

है अभी कुछ दिन हुए इसको उगे।
किन्तु उस पर हैं बहुत आँखें लगी ॥
सींचिये उस को सलिल से प्यार के।
लीजिये कर कल्प-लतिका की सगी ॥ 3 ॥

आज तक हमने बहुत सींची लता।
औ उन्होंने भी हमें पुलकित किया ॥
सौरभों वाले सुमन सुन्दर खिला।
मन किसी ने सौरभित कर हर लिया ॥ 4 ॥

फल किसीने अति सरस सुन्दर दिये।
हैं किसी में मधुमयी फलियाँ फलीं ॥
रंग बिरंगी पत्तियों में मन रमा।
छबि दिखा आँखें किसीने छीन लीं ॥ 5 ॥

इन लताओं से कहीं उपयोगिनी।
है फलद, कामद, फबीली, यह लता ॥
पी इसी का स्वाद-पूरित पूत रस।
जीविता हो जायगी जातीयता ॥ 6 ॥

मंजु सौरभ के सहज संसर्ग से।
सौरभित होगा उचित प्रियता सदन ॥
पल इसी की अति अनूठी छाँह में।
कान्त होगा एकता का बर बदन ॥ 7 ॥

जाति का सब रोग देगी दूर कर।
ओषधों की भाँति कर उपकारिता ॥
गुण-करी हित कर पवन इस की लगे।
नित सँभलती जायगी सहकारिता ॥ 8 ॥

हैं सभी आशालतायें सुखमयी।
हैं परम आधार जीवन का सभी॥
इन सबों की रंजिनी अनुरक्तता।
त्याग सकता है नहीं मानव कभी॥ 9॥

किन्तु सब आशालतायें व्यक्तिगत।
हैं न इस आशालता सी उच्चतर॥
ऐ सहृदयों जो न समझा मर्म यह।
तो सकोगे जाति मुख उज्वल न कर॥ 10॥

एक विनय

छतुका

बड़े ही ढँगीले बड़े ही निराले।
अछूती सभी रंगतों बीच ढाले॥
दिलों के घरों के कुलों के उँजाले।
सुनो ऐ सुजन पूत करतूत वाले॥
तुम्हीं सब तरह हो हमारे सहारे।
तुम्हीं हो नई सूझ आँखों के तारे॥ 1॥

तुम्हीं आज दिन जाति हित कर रहे हो।
हमारी कचाई कसर हर रहे हो॥
तनिक, उलझनों से नहीं डर रहे हो।
निचुड़ती नसों में लहू भर रहे हो॥
तुम्हीं ने हवा वह अनूठी बहाई।
कि यों बेलि-हिन्दी उलहती दिखाई॥ 2॥

इसे देख हम हैं न फूले समाते।
मगर यह विनय प्यार से हैं सुनाते॥
तुम्हें रंग वे हैं न अब भी लुभाते।
कि जिन में रँगे क्या नहीं कर दिखाते॥
किसी लाग वाले को लगती है जैसी।
तुम्हें आज भी लौ लगी है न वैसी॥ 3॥

सुयश की ध्वजा जो सुरुचि की लड़ी है।
सुदिन चाह जिस के सहारे खड़ी है॥
सभी को सदा आस जिस से बड़ी है।
सकल जाति की जो सजीवन जड़ी है॥
बहुत सी नई पौध ही वह तुम्हारी।
नहीं आज भी जा सकी है उबारी॥ 4॥

जननि-गोद ही में जिसे सीख पाया।
जिसे बोल घर में मनों को लुभाया॥
दिखा प्यार, जिसका सुरस मधु मिलाया।
उमग दूध के साथ मा ने पिलाया॥
बरन ब्योंत के साथ जिस के सुधारे।
कढ़े तोतली बोलियों के सहारे॥ 5॥

सभी जाति के लाल सुध-बुध के सँभले।
वही मा की भाषा ही पढ़ते हैं पहले॥
इसी से हुए वे न पचड़ों से पगले।
पड़े वे न दुविधा में सुविधा के बदले॥
भला किस लिये वे न फूले फलेंगे।
सुकरता सुकर जो कि पकड़े चलेंगे॥ 6॥

मगर वहनई पौध कितनी तुम्हारी।
अभी आज भी हो रही है दुखारी॥
लदा बोझ ही है सिरों पर न भारी।
भटकती भी है बीहड़ों में विचारी॥
विकल हैं विजातीय भाषा के मारे।
अहह लाल सुकुमार मति के तुमारे॥ 7॥

सुतों को, पड़ोसी मुसलमान भाई।
पढ़ायेंगे पहले न भाषा पराई॥
पड़ी जाति कोई न ऐसी दिखाई।
समझ बूझ जिसने हो निजता गँवाई॥
मगर एक ऐसे तुम्हीं हो दिखाते।
कि अब भी हो उलटी ही गंगा बहाते॥ 8॥

तुमारे सुअन प्यार के साथ पाले।
भले ही सहें क्यों न कितने कसाले॥
उन्हें क्यों सुखों के न पड़ जाँय लाले।
पड़े एक बेमेल भाषा के पाले॥
मगर हो तुम्हीं जो नहीं आँख खुलती।
नहीं किस लिये जी की काई है धुलती॥ 9॥

भला कौन लिपि नागरी सी भली है।
सरलता मृदुलता में हिन्दी ढली है॥
इसी में मिली वह निराली थली है।
सुगमता जहाँ सादगी से पली है॥
मृदुलमति किसी से न ऐसी खिलेगी।
सहज बोध भाषा न ऐसी मिलेगी॥ 10॥

मगर इन दिनों तो यही है सुहाता।
रखे और के साथ ही लाल नाता॥
सदा ही कलपती रहे क्यों न माता।
मगर तुम बना दोगे उसको विमाता॥
अलिफ बे का सुत को रहेगा सहारा।
सुधा की कढ़े क्यों न हिन्दी से धारा॥ 11॥

अगर अपनी जातीयता है बचाना।
अगर चाहते हो न निजता गँवाना॥
अगर लाल को लाल ही है बनाना।
अगर अपने मुँह में है चंदन लगाना॥
सदा तो मृदुल वाल मति को सँभालो।
उसे वेलि हिन्दी-बिटप की बनालो॥ 12॥

समय पर न कोई प्रभो चूक पावे।
भली कामना बेलि ही लहलहावे॥
विकसती हृदय की कली दब न जावे।
स्वभाषा सभी को प्रफुल्लित बनावे॥
खिले फूल जैसे सभी के दुलारे।
फलें और फूलें बनें सब के प्यारे॥ 13॥

वक्तव्य

पयार

मति मान-सरोवर मंजुल मराल।
संभावित समुदाय सभासद वृन्द॥
भाव कमनीय कंज परम प्रेमिक।
नव नव रस लुब्ध भावुक मिलिन्द॥ 1॥

कृपा कर कहें बर बदनारबिन्द।
अनिन्दित छबि धाम नव कलेवर॥
बासंतिक लता तरु विकच कुसुम।
कलित ललित कुंज कल कण्ठ स्वर॥ 2॥

क्यों बिमुग्ध करते हैं मानव मानस।
मनोहरता है मिली क्यों उन्हें अपार॥
चिन्तनीय क्या नहीं है यह चारु कृति।
अनुभवनीय नहीं क्या यह व्यापार॥ 3॥

कल कौमुदी विकास विकासित निशि।
सकल कला निकेत कान्त कलाधर॥
अनन्त तारकावली लसित गगन।
अलौकिक प्रभा पुंजमय प्रभाकर॥ 4॥

उत्ताल तरंग-माला आकुल जलधि।
कल कल नाद-रता उल्लासित सरि॥
नव नव लीला मयी निखिल अवनि।
आलोक किरीट शोभी गौरवित गिरि॥ 5॥

अवलोक होता नहीं क्या चकित चित्त।
क्या हृदय होता नहीं बहु बिकसित॥
भव कबि-कुल-गुरु कल कृति मध्य।
अलौकिक काव्य कला क्या नहीं निहित॥ 6॥

एक एक रजकण है भाव प्रवण।
एक एक बन तृण है रहस्य थल॥
उच्च कल्पना प्रसूत लालित्य निलय।
तरु का है एक एक फल फूल दल॥ 7॥

रस-स्रोत कहाँ पर नहीं प्रवाहित।
कमनीयता है कहाँ नहीं विद्यमान॥
विलसित कहाँ नहीं लोकोत्तर कान्ति।
मुग्धता नहीं है कहाँ पर मूर्तिमान॥ 8॥

कर सका जो प्रवेश रस-स्रोत मध्य।
अवलोक सका जो कि लालित्य ललाम॥
जो जन विमुग्ध बना मुग्धता बिबश।
धरातल में है हुआ वही लब्ध काम॥ 9॥

जान सका जितना ही जो यह रहस्य।
वह उतना ही हुआ प्रेम-पय-सिक्त॥
उतना ही चित्त हुआ उसका अमल।
वह उतना ही हुआ रस-अभिषिक्त॥ 10॥

होगा वही निज देश पूत प्रेम मत्त।
होगा वही निज जाति-अनुराग रत॥
ग्रहण करेगा वही स्वतंत्रता-मंत्र।
साधन करेगा वही स्वाधीनता-ब्रत॥ 11॥

मानस मुकुर मध्य उसी के, समस्त—
रहस्य प्रति फलित होगा यथोचित।
उसी का पुनीत मन करेगा मनन।
यथा तथ्य मननीय प्रसंग अमित॥ 12॥

हो सकेगा वही देश-दुख से दुखित।
हो सकेगा वही जाति-हित में निरत॥
उसी का बिचार होगा उन्नत उदार।
लोक हित रत होगा वही अबिरत॥ 13॥

आत्म त्याग ब्रत ब्रती अचल अटल।
वही होगा धीर बीर पावन चरित॥
सरल बिशाल उर उन्नत स्वभाव।
वही होगा अति पूत भाव से भरित॥ 14॥

होवेगा मधुर तर उसका कथन।
सरस सओज शुचि महा मुग्धकर॥
होती है उसी में वह संजीवनी शक्ति।
पाके जिसे जाति बने अजर अमर॥ 15॥

पाकर उसी से जग प्रथित बिभूति।
होते हैं सओज ओज-रहित सकल॥
तेजःपुंज कलेवर परम निस्तेज।
सजीव निर्जीव तथा सबल अबल॥ 16॥

उसी के प्रभाव से हैं प्रभावित वेद।
सकल उपनिषद आगम अखिल॥
भवताप तप्त हित वही है जलद।
वही है पातक पंक पावन सलिल॥ 17॥

पुनीत महाभारत तथा रामायण।
उसी की विमल कीर्ति के हैं वर केतु॥
पा जिसे जातीयता है आज भी जीवित।
गौरव सरित वर के हैं जो कि सेतु॥ 18॥

ए पुनीत ग्रंथ सब हैं महा महिम।
सार्वभौमता के ए हैं प्रबल प्रमाण॥
हैं हमारी सभ्यता के सर्बोत्तम चिन्ह।
हैं हमारी दिव्यता के दिव्यतम प्राण॥ 19॥

ए हैं वह अलौकिक प्रभामय मणि।
जिस की प्रभा से हुआ जग प्रभावान॥
उन्हीं के किरण जाल से हो समुज्वल।
तिमिरि रहित हुए तमोमय स्थान॥ 20॥

ए हैं वह रमणीय रंग-स्थल जहाँ।
कर अभिनीत नव नव अभिनय॥
पूजनीय पूर्वतन अभिनेता गण।
करते हैं मानवता पूरित हृदय॥ 21॥

आत्मबल आत्म-त्याग आदि के आदर्श।
देश-प्रेम जाति-प्रेम प्रभृति के भाव॥
परम कौशल साथ कर प्रदर्शन।
डालते हैं चित्त पर अमित प्रभाव॥ 22॥

दिखला सजीव दृश्य देश समुन्नति।
सामाजिक संगठन जाति उन्नयन॥
सूखी हुई नसें बना बना सरुधिर।
करते हैं उन्मीलित मीलित नयन॥ 23॥

अतः आज कर-बद्ध है यह विनय।
वर्तमान कबि-कुल-चरण समीप॥
तिरोहित क्यों न किया जाय देश-तम।
प्रज्वलित कर अति उज्वल प्रदीप॥ 24॥

प्राप्त क्यों न किया जाय बहुमूल्य रत्न।
मंथन सदैव कर भव-पारावार॥
क्यों न किया जाय कल कुसुम चयन।
प्राकृतिक नन्दन कानन में पधार॥ 25॥

बात यह सत्य है कि सकल महर्षि।
व्यास देव तथा पूज्य बालमीक पद॥
है बहुत गुरु, अति उच्च, पूततम।
पद पद पर वह है विमुक्ति प्रद॥ 26॥

किन्तु आप भी हैं उन्हीं के तो बंशधर।
रुधिर उन्हीं का आप में है संचरित॥
उन्हीं का प्रभाव मय वैद्युतिक कण।
भवदीय भाव मध्य क्या नहीं भरित॥ 27॥

भला फिर होगा कौन कार्य्य असंभव।
कैसे न करेंगे फिर असाध्य साधन॥
करेंगे प्रवेश क्यों न भाव-राज्य मध्य।
भक्ति साथ भारती का कर आराधन॥ 28॥

कालिदास भवभूति आदि महा कबि।
पदानुसरण कर जिनका सप्रेम॥
ख्यात हुए, कल्पतरु-पग वह पूज।
बांछित लहेंगे क्यों न, होगा क्यों न क्षेम॥ 29॥

इसी पग-कल्पतरु-छाया में बिराज।
गोस्वामि प्रवर ने हैं बीछे वह फूल॥
सौरभित जिससे है भारत-धरणि।
जो है अति मानस-मधुप अनुकूल॥ 30॥

फिर कैसे आप होंगे नहीं लब्ध काम।
कैसे नहीं सिद्धि प्राप्त होवेगी प्रचुर॥
यदि होगा लोक-राग-रंजित हृदय।
यदि होगा जाति-प्रेम-सुधासिक्त उर॥ 31॥

बसुधा ललाम भूता भारत अवनि।
नवल आलोक से है आलोकित आज॥
समुन्नति का है जहाँ तहाँ कोलाहल।
परम समाकुल है सकल समाज॥ 32॥

किन्तु आज भी है अति संकुचित दृष्टि।
यथोचित खुला नहीं आज भी नयन॥
कंटकित पथ आज भी है कंटकित।
किन्तु करते हैं तो भी ख-पुष्प चयन॥ 33॥

संघ शक्ति इस युग का है मुख्य धर्म।
जाति-संगठन इस काल का है तंत्र॥
सर्वत्र एकीकरण का है घोर नाद।
सहयोग आज काल का है महामंत्र॥ 34॥

किन्तु हम आज भी हैं प्रतिकूल गति।
आज भी विभिन्नता ही में हैं हम रत॥
बची खुची रही सही जो थी संघ शक्ति।
छिन्न भिन्न हो रही है वह भी सतत॥ 35॥

जातीय सभायें जाति जाति के समाज।
नाना जातियों के भिन्न-भिन्न पाठागार॥
जिस भाँति संचालित हो रहे हैं आज।
सहकारिता का कर देवेंगे संहार॥ 36॥

उनसे असहयोग पायेगा सुयोग।
जाति संगठन पर होगा बज्रपात॥
जातीयता का रहेगा कैसे वहाँ पक्ष।
जहाँ पर प्रति दिन होगा पक्षपात॥ 37॥

देवालय विद्यालय सभा औ समाज।
जाति सम्मिलन के हैं सर्वमान्य केन्द्र॥
यदि नहीं एही रहे अवारित द्वार।
कर न सकेंगे एकीकरण सुरेन्द्र॥ 38॥

गुथे हुए एक सूत्र में हैं जो कुसुम।
उन्हें छिन्न भिन्न कर एकाधिक बार॥
दुस्तर है, बरंच है विडम्बना मात्र।
फिर बना लेना वैसा सुसज्जित हार॥ 39॥

किन्तु तम में हैं वे ही जो हैं ज्योतिर्मान।
नेत्र जिन के हैं खुले उन्हीं के हैं बन्द॥
कैसे दिखलावें हम व्यथित हृदय।
आह! है बड़ा ही मर्म बेधी यह द्वन्द॥ 40॥

प्रति दिन हिन्दू जाति का है होता ह्रास।
संख्या है हमारी दिन दिन होती न्यून॥
च्युत हो रहे हैं निज बर वृन्त त्याग।
अचानक कतिपय कलित प्रसून॥ 41॥

धर्म पिपासा से हो हो बहु पिपासित।
वैदिक पुनीत पथ सका कौन त्याग॥
प्रवाहित शान्ति-धारा सकेगा न कर।
भगवती भागीरथी-सलिल बिराग॥ 42॥

सामाजिक कतिपय कुत्सित नियम।
अति संकुचित छूतछात के बिचार॥
हर ले रहे हैं आज हमारा सर्वस्व।
गले का भी आज छीन ले रहे हैं हार॥ 43॥

एक और काम-ज्वाला में है होता हुत।
विपुल विभव तनमन मणि माल॥
अन्य और हो हो पेट-ज्वाला से बिबश।
लूटे जा रहे हैं मेरे बहु मूल्य लाल॥ 44॥

जिन्हें हम छूते नहीं समझ अछूत।
जो हैं माने गये सदा परम पतित॥
पास उनके है होता क्या नहीं हृदय।
वेदनाओं से वे होते क्या नहीं व्यथित॥ 45॥

उनका कलेजा क्या है पाहन गठित।
मांस ही के द्वारा वह क्या है नहीं बना॥
लांछित ताड़ित तथा हो हो निपीड़ित।
उनके नयन से है क्या न आँसू छना॥ 46॥

कब तक रहे दुख-सिंधु में पतित।
कब तक करें पग-धूलि वे वहन॥
कब तक सहें वह साँसतें सकल।
कर न सकेगा जिसे पाहन सहन॥ 47॥

हमारे ही अविवेक का है यह फल।
हमारी कुमति का है यह परिणाम॥
हमें छोड़ नित होती जाती है अलग।
परम सहन शील संतति ललाम॥ 48॥

किन्तु आज भी न हुआ हृदय द्रवित।
आज भी न हुआ हमें हिताहित ज्ञान॥
छोड़ कर भयावह संकुचित भाव।
हम नहीं बना सके हृदय महान॥ 49॥

हिन्दू जाति जरा से है आज जर्जरित।
उसका है एक एक लोम ब्यथा-मय॥
चित-प्रकम्पित-कर रोमांच कारक।
उसके हैं एक नहीं अनेक विषय॥ 50॥

सामने रखे जो गये विषय युगल।
वे हैं निदर्शन मात्र; यदि कवि गण॥
इन पर देंगे नहीं समुचित दृष्टि।
ग्रहण करेगी जाति किस की शरण॥ 51॥

किन्तु क्या कर्तव्य किया गया है पालन।
क्या सुनाया गया वह अद्भुत झङ्कार॥
जिस से हृदय-यंत्र होवे निनादित।
बज उठें चित्त-वृत्ति वर वीणा-तार॥ 52॥

जिस कबि किम्बा कबि पुंगव का चित्त।
है न जाति दयनीय दशा चित्र पट॥
वह हो सरस होवे भूरि भाव मय।
संजीवनी शक्ति प्रद है न सुधा-घट॥ 53॥

काव्यता को कैसे प्राप्त होगा वह काव्य।
जिस काव्य से न होवे जातीय उत्थान॥
वह कविता है कभी कविता ही नहीं।
जिस कविता में हो न जातीयता-तान॥ 54॥

जाति दुख लिखे जो न लेखनी ललक।
तो कहूँगा रही, मुखलालिमा ही नहीं॥
वह लेवे बार बार भले ही किलक।
कालिमामयी की गई कालिमा ही नहीं॥ 55॥

भावुकता प्रिय कैसे बनें तो भावुक।
भाव जो न करे जाति-अभाव प्रगट॥
जाति-प्रेम कमनीय वंशी-ध्वनि बिना।
होवेगा अकान्त कल्पना-कालिन्दी तट॥ 56॥

नवरस मर्म जाना तो न जाना कुछ।
जान पाया जब नहीं जाति का ही मर्म॥
जाति को ही जो न सका कर्म्मरत कर।
कवि-कर्म कैसे तब होगा कवि-कर्म॥ 57॥

जिस सुललित कला-निलय की कला।
विलोक रहे हैं सब थल सब काल॥
उसी सुविभूति मय के हैं सुविभूति।
उसी मणिमाल के हैं आप लोग लाल॥ 58॥

कविगण आप में है वह दिव्य ज्योत।
हरण करेगी जो कि जाति का तिमिर॥
बरस सरस-सुधा करो जाति हित।
फैलाओ दिगन्त कीर्ति परम रुचिर॥ 59॥

टले विघ्न वाधा होवे मंगल सतत।
सब फूले फले सब ही का होवे भला॥
सभासद सुखी रहें सभा का हो हित।
भारत-अवनि होवे सुजला सुफला॥ 60॥

जातीयता-ज्योति

भगवती भागीरथी

छप्पै

कलित-कूल को ध्वनित बना कल-कल-ध्वनि द्वारा।
बिलस रही है विपुल-विमल-यह सुरसरि-धारा॥
अथवा सितता-सदन सतोगुण-गरिमा सारी।
ला सुरपुर से सरि-स्वरूप में गई पसारी॥
या भूतल में शुचिता सहित जग-पावनता है बसी।
या भूप-भगीरथ कीर्ति की कान्त-पताका है लसी॥ 1॥

बूँद बूँद में वेद-वैद्युतिक-शक्ति भरी है।
आर्य-ललित-लीला-निकेत सारी-लहरी है॥
भारतीय-सभ्यता-पीठ है पूत-किनारा।
है हिन्दू-जातीय-भाव का स्रोत-सहारा॥
जीवन है आश्रम-धर्म का जह्नुसुता-जीवन बिमल।
है एक एक वालुका-कण भुक्ति मुक्ति का पुण्य-थल॥ 2॥

वैदिक-ऋषि के बर-विवेक-पादप का थाला।
बुद्धदेव के धर्म-चक्र का धुरा निराला॥
भारतीय आदर्श-विभाकर का उदयाचल।
कोटि-कोटि जन भक्ति-भाव वैभव का सम्बल॥
है व्यासदेव सान्तनु-सुअन से महान जन का जनक।
सुरसरि-प्रवाह है सिद्धि का साधन कल-कृति-खनि कनक॥ 3॥

वह हिन्दू-कल कलित कीर्ति की कल्पलता है।
मानवता-ममता-सुमूर्ति की मंजुलता है॥

अपरिसीम-साहस-सुमेरु की है सरि-धारा।
है महान-उद्योग-देव दिवि-गौरव-दारा॥
जातीय अलौकिक चिन्ह है आर्य-जाति उत्फुल्लकर।
सुख्याति मालती-माल है बहु-विलसित शिव-मौलि पर॥ 4॥

वह अब भी है विपुल-जीवनी-शक्ति बितरती।
रग रग में है आर्य-जाति के बिजली भरती॥
उसका जय जय तुमुलनाद है गगन विदारी।
रोम रोम में जन जन के साहस-संचारी॥
प्रति वर्ष हो मिलित है उसे जन-समूह आराधता।
इक्कीस कोटि को नाम है एक-सूत्र में बाँधता॥ 5॥

वह सुधि है उस आत्म-शक्ति की हमें दिलाती।
जो हरि-पद में लीन ललित-गति को है पाती॥
महि मण्डल में ब्रह्म-कमण्डल-जल जो लाई।
शिव-शिर-विलसित वर-विभूति जिसने अपनाई॥
जिसके लाये जलधार ने भारत-धरा पुनीत की।
जो धूलि-भूत बहु मनुज को पहुँचा सुरपुर में सकी॥ 6॥

वह है महिमा मयी देव महिदेव समर्चित।
कुसुम-दाम-कमनीय चारु-चन्दन से चर्चित॥
किन्तु सरस है एक एक रज कण को करती।
मिल मिल कर है मलिन से मलिन का मल हरती॥
करती है कितनी अवनि को कनक-प्रसू कर रज-बहन।
दे जीवन जनहित के लिये कर विभक्त यजनीय-तन॥ 7॥

है अवगत पर कहाँ हमें है महिमा अवगत।
यदि उन्नत हिन्दू-समाज होता है अवनत॥
होते घर में पतितपावनी सुरसरि-धारा।
कह अछूत हम क्यों अछूत से करें किनारा॥
कैसे न रसातल जायँगे हित हमको प्यारा नहीं।
है छूतछात से मिल सका छिति में छुटकारा नहीं॥ 8॥

पूत सदा लाखों अपूत को कर सकते हैं।
बहु-अछूत की छूतछात को हर सकते हैं॥
कभी बिछुड़तों को न छोड़ना हमको होगा।

मुँह जीवन से नहीं मोड़ना हमको होगा॥
जो समझें अपनी भूल को लाग लगे की लाग हो।
जो हमें देश का धर्म का सुरसरिका अनुराग हो॥ 9॥

क्यों गौरव का गान करें गौरव जो खोवें।
करें भक्ति क्यों जो न भक्त हम जी से होवें॥
पतित जो न हों पूत पतितपावनी कहें क्यों।
छू छू पावन सलिल अछूत अछूत रहें क्यों॥
तो कहाँ हमारी भावना भले भाव से है भरी।
जो स्वर्ग सदृश नहिं कर सकी सकल देश को सुरसरी॥ 10॥

पुण्यसलिला

छप्पै

है पुनीत कल्लोल सकल कलिकलुष-विदारी।
है करती शुचि लोल लहर सुरलोक-बिहारी॥
भूरि भाव मय अभय भँवर है भवभय खोती।
अमल धवल जलराशि है समल मानस धोती॥
बहुपूत चरित विलसित पुलिन है पामरता-पुंज यम।
है विमल बालुका पाप-कुल-कदन काल-करवाल सम॥ 1॥

वन्दनीयतम वेद मंत्र से है अभिमंत्रित।
आगम के गुणगान-मंच पर है आमंत्रित॥
बाल्मीक की कान्त उक्ति से है अभिनन्दित।
भारत के कविता-कलाप द्वारा है वन्दित॥
नाना-पुराण यश-गान से है महान-गौरव भरी।
सुरलोक-समागत शुचि-सलिल भूसुर-सेवित-सुरसरी॥ 2॥

पाहन उर से हो प्रसूत सुरधुनि की धारा।
द्रवीभूत है परम, मृदुलता-चरम-सहारा॥
रज-लुंठित हो रुचिर-रजत-सम कान्तिवती है।
है असरल गति हो सहज-सरलता-मूर्तिमती है॥
हो निम्न-गामिनी कर सकी हिमगिरि-शिर ऊँचा परम।
संगम द्वारा उसके हुआ पतित-पयोनिधि पूज्यतम॥ 3॥

ब्रज-भू ब्रजवल्लभ पुनीत-रस से बहु-सरसी।
है कलिन्द-नन्दिनी अंक में उस के बिलसी॥
अवध अवधपति वर-विभूति से भूतिवती बन।
सरयू उसमें हुई लीन कर के विलीन तन॥
भारत गौरव नरदेव के गौरव से हो गौरवित।
कर सुर समान बहु असुर को अवनि लसित है सुरसरित॥ 4॥

जो यह भारत-धरा न सुरधुनि-धारा पाती।
सुजला सुफला शस्य-श्यामला क्यों कहलाती॥
उपबन अति-रमणीय विपिन नन्दन-बन जैसे।
कल्प-तुल्य पादप-समूह पा सकती कैसे॥
बिलसित उस में क्यों दीखते अमरावति ऐसे नगर।
जिन की विलोक महनीयता मोहित होते हैं अमर॥ 5॥

है वह माता दयामयी ममता में माती।
है अतीव-अनुराग साथ पय-मधुर पिलाती॥
भाँति भाँति के अन्न अनूठे फल है देती।
रुज भयावने निज प्रभाव से है हर लेती॥
कानों में परम विमुग्ध-कर मधुमय-ध्वनि है डालती।
कई कोटि संतान को प्रतिदिन है प्रतिपालती॥ 6॥

भूतनाथ किस भाँति भवानी पति कहलाते।
पामर-परम, पुनीत-अमर-पद कैसे पाते॥
आर्य-भूमि में आर्य-कीर्ति-धारा क्यों बहती।
तीर्थराजता तीर्थराज में कैसे रहती॥
क्यों सती के सदृश दूसरी दुहिता पाता हिग अचल।
क्यों कमला के बदले जलधि पाता हरिपद कमलजल॥ 7॥

राजा हो या रंक अंक में सब को लेगी।
चींटी को भी नीर चतुर्मुख के सम देगी॥
काँटों से हो भरी कुसुम-कुल की हो थाती।
सभी भूमि पर सुधातुल्य है सुधा बहाती॥
जीते है जीवन-दायिनी अमर बनाती है मरे।
जो तरे न तारे और के वे सुरसरि तारे तरे॥ 8॥

चतुरानन ने उसे चतुरता से अपनाया।
पंचानन ने शिर पर आदर सहित चढ़ाया॥

सहस-नयन के सहस-नयन में रही समाई।
लाखों मुख से गई गुणावलि उसकी गाई॥
कर मुक्ति-कामना कूल पर कंई कोटि मानव मरे।
पीपी उसका पावन-सलिल अमित-अपावन हैं तरे॥ 9॥

फैली हिमगिरि से समुद्र तक सुरसरि धारा।
काम हमारा सदा साध सकती है सारा॥
विपुल अमानव को वह मानव कर लेवेगी।
जीवित जाति समान सबल जीवन देवेगी॥
जो बल हो बुद्धि विवेक हो वैभव हो विश्वास हो।
तो क्यों न बनें सुरतुल्य हम क्यों न स्वर्ग आवास हो॥ 10॥

गौरव गान

छप्पै

वैदिकता-विधि-पूत-वेदिका बन्दनीय बलि।
वेद-विकच-अरविन्द मंत्र मकरन्द मत्त-अलि॥
आर्य-भाव कमनीय-रत्न के अनुपम-आकर।
विविध-अंध-विश्वास तिमिर के विदित-विभाकर॥
नाना-विरोध-वारिद-पवन कदाचार-कानन-दहन।
हैं निरानन्द तरु-वृन्द के दयानन्द-आनन्द-घन॥ 1॥

वैदिक-धर्म न है प्रदीप जो दीप्ति गँवावे।
तर्क-वितर्क-विवाद-वायु वह जिसे बुझावे॥
मलिन-विचार-कलंक-कलंकित है न कलाधर।
प्रभाहीन कर सके जिसे उपधर्म प्रभाकर॥
वह है दिवि-दुर्लभ दिव्यमणि दुरित-तिमिर है खो रहा।
उस के द्वार भू-वलय है विपुल-विभूषित हो रहा॥ 2॥

पंचभूत से अधिक भूतियुत है विभु-सत्ता।
प्रभु प्रभाव से है प्रभाव मय पत्ता पत्ता॥
है त्रिलोक में कला अलौकिक-कला दिखाती।
सकल ज्ञान विज्ञान विभव है भव की थाती॥
उन पर समान संसार के मानव का अधिकार है।
महि-धर्म-नियामक-वेद का यह महनीय-विचार है॥ 3॥

बिना मुहम्मद औ मसीह मूसा के माने।
मनुज न होगा मुक्त मनुजता महिमा जाने॥
उनके पथके पथिक यह विपथ चल हैं कहते।
रंग रंग से बाद तरंगों में हैं बहते॥
पर यह वैदिक सिद्धान्त है उच्च-हिमाचल सा अचल।
मानव पा सकता मुक्ति है बने आत्मबल से सबल॥ 4॥

सत्य सत्य है, और सत्य सब काल रहेगा।
न्याय-सिंधु का न्याय-वारि कर न्याय बहेगा॥
वहाँ जहाँ हैं विमल विवेक विमलता पाते।
होगा मानव मान एक मानवता नाते॥
है जगतपिता सबका पिता वेद बताते हैं यही।
प्रभु प्रभु-जन प्यारे हैं जिन्हें प्रभु के प्यारे हैं वही॥ 5॥

हो वैदिक ए वेदतत्व हम को थे भूले।
मूल त्याग हम रहे फूल फल दल ले फूले॥
धूम धाम से रहे पेट के करते धंधे।
युक्ति-भार से रहे उक्ति के छिलते कंधे॥
ये बसे देश में पर न थे देश देश को जानते।
हम मनमानी बातें रहे मनमाना कर मानते॥ 6॥

कर कर बाल विवाह अबल बन थे बल खोते।
दुखी थे न विधवों के विधवापन से होते॥
समझ लूट का माल लूटते थे ईसाई।
मुसलमान की मुसलमानियत थी रँग लाई॥
हम दिन दिन थे तन-बिन रहे तन को गिनते थे न तन।
निपतन गति थी दूनी हुई पल पल होता था पतन॥ 7॥

भूल में पड़े, भूल को, समझ भूल न पाते।
देख देख कर दुखी-जाति-दुख देख न पाते॥
कर्म भूमि पर था न कर्म का बहता सोता।
धर्म धर्म कह धर्म-मर्म था ज्ञात न होता॥
उस काल अलौकिक लोक ने हमें अलौकिक बल दिया।
आ दयानन्द-आलोक ने आलोकित भूतल किया॥ 8॥

पिला उन्होंने दिया आत्मगौरव का प्याला।
बना उन्होंने दिया मान ममता मतवाला॥

जी में भर जातीय भाव कर सजग जगाया।
देश प्रेम के महामंत्र से मुग्ध बनाया॥
बतलाया ऐ ऋषि वंशधर है तुम में वह अतुलबल।
जो सकल सफलता दान कर करे विफल जीवन सफल॥ 9॥

वह नवयुग का जनक विविध सुविधान विधाता।
बात बात में यही बात कहता बतलाता॥
जो है जीवन चाह सजीवन तो बन जाओ।
नाना रुज से ग्रसित जाति को निरुज बनाओ॥
वे एक सूत्र में हैं बँधे जिन्हें बाँधते वेद हैं।
वे भेद भेद समझे नहीं जो मानते विभेद हैं॥ 10॥

प्रति दिन हिन्दू जाति पतन गति है अधिकाती।
नित लुटते हैं लाल छिनी ललना हैं जाती॥
है दृग के सामने आँख की पुतली कढ़ती।
होती है ला बला बला-पुतलों की बढ़ती॥
मन्दिर हैं मिलते धूल में देवमूर्ति है टूटती।
अपनी छाती भारत-जननि कलप कलप है कूटती॥ 11॥

जाग जाग कर आज भी नहीं हिन्दू जागे।
भाग भाग कर भय भयावने भूत न भागे॥
लाल लाल आँखें निकाल है काल डराता।
है नाना जंजाल जाल पर जाल बिछाता॥
है निर्बलता टाले नहीं निर्बल तन मन की टली।
खुल खुल आँखें खुलती नहीं, नहीं बात खलती खली॥ 12॥

है अनेकता प्यार एकता नहीं लुभाती।
है अनहित से प्रीति बात हित की नहिं भाती॥
रंग रहा है बिगड़ बदल हैं रंग न पाते।
है न रसा में ठौर रसातल को हैं जाते॥
हैं अन्धकार में ही पड़े अंधापन जाता नहीं।
है लहू जाति का हो रहा लहू खौल पाता नहीं॥ 13॥

क्या महिमामय वेद मंत्र में है न महत्ता।
राम नाम में रही नाम को ही क्या सत्ता॥
क्या धँस गई धरातल में सुरधुनि की धारा।
आर्य जाति को क्या न आर्य गौरव है प्यारा॥

क्या सकल अवैदिक नीतियाँ वैदिकता से हैं बली।
क्या नहीं भूतहित भूति हैं भारत भूतल की भली ॥ 14 ॥

सोचो सँभलो मत भूलो घर देखो भालो।
सबल बनो बल करो सब बला सिरकी टालो ॥
दिखला दो है जगत विजयिनी विजय हमारी।
रग रग में है रुधिर उरग-गति-गर्व प्रहारी ॥
वर कर वैदिक विरदावली वरद वेद पथ पर चलो।
सबको दो फलने फूलने और आप फूलो फलो ॥ 15 ॥

आँसू

चौपदे

बाढ़ में जो बहे न बढ़ बोले।
किसलिये तो बहुत बढ़े आँसू ॥
जो कलेजा न काढ़ पाया तो।
किस लिये आँख से कढ़े आँसू ॥ 1 ॥

अड़ अगर बार बार अड़ती है।
तो रहे क्यों नहीं अड़े आँसू ॥
जो निकाले न जी कसर निकली।
आँख से क्यों निकल पड़े आँसू ॥ 2 ॥

फेर में डालते हमें जो थे।
तो फिराये न क्यों फिरे आँसू ॥
जो किसी आँख से गये गिर तो।
किसलिये आँख से गिरे आँसू ॥ 3 ॥

जान जिन में है जान वाले वे।
हैं गिराते न जी गये आँसू ॥
प्यास थी आबरू बचाने की।
फिर अजब क्या कि पी गये आँसू ॥ 4 ॥

है उन्हें देख आग लग जाती।
कब जलाते नहीं रहे आँसू ॥

टूटता बेतरह कलेजा है।
फूटती आँख है बहे आँसू ॥ 5 ॥

जो सकें सींच सींच तो देवें।
किस लिये प्यार जड़ खनें आँसू ॥
जी जलों का न जी जलायें वे।
हैं अगर जल तो जल बनें आँसू ॥ 6 ॥

हैं छलकते उमड़ उमड़ आते।
देख नीचा नहीं डरे आँसू ॥
आँख कैसे नहीं तरह देती।
बेतरह आज हैं भरे आँसू ॥ 7 ॥

चाल वाले न कब चले चालें।
चोचलों साथ चल पड़े आँसू ॥
मनचलापन दिखा दिखा अपनी।
मनचलों से मचल पड़े आँसू ॥ 8 ॥

खर खलों के मिले जलन से जल।
आग जैसे न क्यों बले आँसू ॥
जो कि हैं जी जला रहे उनको।
क्यों जलाते नहीं जले आँसू ॥ 9 ॥

जो उन्हें था बखेरना काँटा।
किसलिये तो बिखर पड़े आँसू ॥
क्यों किसी आँख से निकल कर के।
क्यों किसी आँख में गड़े आँसू ॥ 10 ॥

आती है

चौपदे

जी न बदला न रंगतें बदलीं।
चाल बदली नहीं दिखाती है ॥
मौत को क्यों बुला रहे हैं हम।
क्या बला पर बला न आती है ॥ 1 ॥

आँख खुल खुल खुली नहीं अब तक।
बात खलती भी खल न पाती है॥
है हमें देख भाल का दावा।
क्या हमें देख भाल आती है॥ 2॥

भूल पर भूल हो रही है क्यों।
बात क्यों भूल भूल जाती है॥
लाज का है जहाज डूब रहा।
पर हमें लाज भी न आती है॥ 3॥

बात सारी बिगड़ बिगड़ बिगड़ी।
बात मुँह से निकल न पाती है॥
बात रहती सदा हमारी थी।
बात यह याद अब न आती है॥ 4॥

छिन रहे हैं कलेजे के टुकड़े।
क्यों नहीं छरछराती छाती है॥
कढ़ रही आँख की पुतलियाँ हैं।
किस लिये आँख भर न आती है॥ 5॥

सब तरह की कमाई कायर की।
वीर की वे कमाई थाती है॥
हो रही है किसी की मनभाई।
और हम को जँभाई आती है॥ 6॥

रख सके बात जो नहीं अपनी।
सब जगह बात उनकी जाती है॥
हम सहेंगे न साँसतें कैसे।
साँस रहते न साँस आती है॥ 7॥

कम न सोये बहुत रहे सोये।
जाति की आन अब जगाती है॥
टूट कर भी न नींद टूट सकी।
नींद पर नींद कैसे आती है॥ 8॥

मिल रहें मिल चलें मिलाप करें।
पर कभी मेल मौत थाती है॥
जब समय आँख फेर लेता है।
आँख जाने को आँख आती है॥ 9॥

देश का रंग रह सके जिससे।
बात रंगत-वही बनाती है॥
जो रँगी जाति रंग में होवे।
क्यों नहीं वह तरंग आती है॥ 10॥

जो हमें बार बार तंग करे।
क्यों उसे दंग कर न पाती है॥
संग जो संग के लिये न बनी।
तो कभी क्यों उमंग आती है॥ 11॥

आँख से क्यों न वह बहे धारा।
जो दुधारा बनी दिखाती है॥
तो रुला दे रुलाने वालों को।
क्यों नहीं वह रुलाई आती है॥ 12॥

काम साधे सधा नहीं कोई।
साध पूरी न होने पाती है॥
बेसुधे दूसरे न हैं हम से।
आज भी सुध हमें न आती है॥ 13॥

मर जिये जाति के लिये कितने।
जाति को जाति ही जिलाती है॥
चाहिये मौत से नहीं डरना।
कब बिना मौत मौत आती है॥ 14॥

किस लिये जी लड़ा नहीं देते।
जान हित-चाह क्यों छिपाती है॥
बात से लें न काम काम करें।
काम की बात काम आती है॥ 15॥

घर देखो भालो

लावनी

आँखें खोलो भारत के रहने वालो।
घर देखो भालो सँभलो और सँभालो॥
यह फूट डालती फूट रहेगी कब तक।
यह छेड़ छाड़ औ छूट रहेगी कब तक॥

यह धन की जन की लूट रहेगी कब तक।
यह सूट बूट की टूट रहेगी कब तक॥
बल करो बली बन बुरी बला को टालो।
घर देखो भालो सँभलो और सँभालो॥ 1॥

क्यों छूत छात की छूत न अब तक छूटी।
क्यों टूट गई कड़ियाँ हैं अब तक टूटी॥
फूटे न आँख वह जो न आज तक फूटी।
छन छन छनती ही रहे प्रेम की बूटी॥
तज ढील, रंग में ढलो, ढंग में ढालो।
घर देखो भालो सँभलो और सँभालो॥ 2॥

हैं बौद्ध जैन औ सिक्ख हमारे प्यारे।
चित के बल कितने सुख के उचित सहारे॥
हिन्दुओं से न हैं आर्य्यसमाजी न्यारे।
हैं एक गगन के सभी चमकते तारे॥
उठ पड़ो अंक भर सब कलंक धो डालो।
घर देखो भालो सँभलो और सँभालो॥ 3॥

नाना मत हैं तो बनें हम न मतवाले।
ए एक दूध के हैं कितने ही प्याले॥
तब मेल-जोल के पड़ें हमें क्यों लाले।
जब सब दीये हैं एक जोत ही वाले॥
कर उजग दूर जन जन को जाग जगा लो।
घर देखो भालो सँभलो और सँभालो॥ 4॥

क्यों बात बात में बहक बिगाड़ें बातें।
क्यों हमें घेर लें किसी नीच, की घातें॥
हों भले हमारे दिवस भली हो रातें।
लानत है सहलें अगर समय की लातें॥
धुन बाँध धूम से अपनी धाक बँधालो।
घर देखो भालो सँभलो और सँभालो॥ 5॥

क्या लहू रगों में रंग नहीं है लाता।
क्या है न कपिल गौतम कणाद से नाता॥

क्या नहीं गीत गीता का जी उमगाता।
क्या है न मदन-मोहन का बचन रिझाता॥
मुख लाली रख लो ऐ माई के लालो।
घर देखो भालो सँभलो और सँभालो॥ 6॥

अपने को न भूलें

लावनी

बन भोले क्यों भोले भाले कहलावें।
सब भूलें पर अपने को भूल न जावें॥
क्या अब न हमें है आन बान से नाता।
क्या कभी यहीं है चोट कलेजा खाता॥
क्या लहू आँख में उतर नहीं है आता।
क्या खून हमारा खौल नहीं है पाता॥
क्यों पिटें लुटें पर मिटें ठोकरें खावें।
सब भूलें पर अपने को भूल न जावें॥ 1॥

पड़ गया हमारे लोहू पर क्यों पाला।
क्यों चला रसातल गया हौसला आला॥
है पड़ा हमें क्यों सूर बीर का ठाला।
क्यों गया सूरमापन का निकल दिवाला॥
सोचें समझें सँभलें उमंग में आवें।
सब भूलें पर अपने को भूल न जावें॥ 2॥

छिन गये अछूतों के क्यों दिन दिन छीजें।
क्यों बेवों से बेहाथ हुए कर मीजें॥
क्यों पास पास वालों का कर न पसीजें।
क्यों गाल आँसुओं से अपनों के भीजें॥
उठ पड़ें अड़ें अकड़ें बच मान बचावें।
सब भूलें पर अपने को भूल न जावें॥ 3॥

क्यों तरह दिये हम जाँय बेतरह लूटे।
हीरा हो कर बन जाँय कनी क्यों फूटे॥
कोई पत्थर क्यों काँच की तरह टूटे।
क्यों हम न कूट दें उसे हमें जो कूटे॥

आपे में रह अपनापन को न गँवावें।
सब भूलें पर अपने को भूल न जावें ॥ 4 ॥

सैकड़ों जातियों को हमने अपनाया।
लाखों लोगों को करके मेल मिलाया ॥
कितने रंगों पर अपना रंग चढ़ाया।
कितने संगों को मोम बना पिघलाया ॥
निज न्यारे गुण को गिनें गुनें अपनावें।
सब भूलें पर अपने को भूल न जावें ॥ 5 ॥

सारे मत के रगड़ों झगड़ों को छोड़ें।
नाता अपना सब मनवालों से जोड़ें ॥
काहिली कलह कोलाहल से मुँह मोड़ें।
मिल जुल मिलाप-तरु के न्यारे फल तोड़ें ॥
जग जाँय सजग हो जीवन ज्योति जगावें।
सब भूलें पर अपने को भूल न जावें ॥ 6 ॥

पूर्वगौरव

लावनी

बल में विभूति में हमें कौन था पाता।
था कभी हमारा यश वसुधातल गाता ॥
फरहरा हमारा था नभ में फहराया।
सिर पर सुर पुर ने था प्रसून बरसाया ॥
था रत्न हमें देता समुद्र लहराया।
था भूतल से कमनीय फूल फल पाया ॥
हम सा त्रिलोक में सुखित कौन दिखलाता।
था कभी हमारा यश वसुधातल गाता ॥ 1 ॥

था एक एक पत्ता पूरा हितकारी।
रजकण से हम को मिली सफलता न्यारी ॥
कंटक मय महि हो गई कुसुम की क्यारी।
बन गई हमारे लिये सुखनि खनि सारी ॥
था भाग्य हमारा विधि सा भाग्य विधाता।
था कभी हमारा यश वसुधा तल गाता ॥ 2 ॥

छूते ही मिट्टी थी सोना बन जाती।
कर परस रसायन रही धूलि कर पाती॥
पाहन में पारस की सी कला दिखाती।
तिनके बनते नाना निधियों की थाती॥
गुण गौरव था गौरव मय महि का पाता।
था कभी हमारा यश वसुधा तल गाता॥ 3॥

मरुधरा मध्य थे मन्दाकिनी बहाते।
थे दग्ध बनों के बर बारिद बन जाते॥
रसहीन थलों में थे रस-सोत लसाते।
ऊसर समूह में थे रसाल उपजाते॥
हम सा कमाल का पुतला कौन कहाता।
था सुयश हमारा सब वसुधातल गाता॥ 4॥

हम थे अप्रीति के काल प्रीति के प्याले।
हम थे अनीति अरि नीति-लता के थाले॥
हम थे सुरीति के मेरु भीति उर भाले।
हम थे प्रतीति-प्रिय प्रेम-गीति मतवाले॥
था सदा हमारा मानस मधु बरसाता।
था सुयश हमारा सब वसुधा तल गाता॥ 5॥

हम धीर बीर गंभीर बताये जाते।
अभिमत फल हम से सब फल कामुक पाते॥
सुख शान्ति सुधा धारा थे हमीं बहाते।
जगती में थे नवजीवन ज्योति जगाते॥
नित रहा हमारा मानवता से नाता।
था सुयश हमारा सब वसुधातल गाता॥ 6॥

दमदार दावे

लावनी

जो आँख हमारी ठीक ठीक खुल जावे।
तो किसे ताब है आँख हमें दिखलावे॥
है पास हमारे उन फूलों का दोना।
है महँक रहा जिनसे जग का हर कोना॥

है करतब लोहे का लोहापन खोना।
हम हैं पारस हो जिसे परसते सोना॥
जो जोत हमारी अपनी जोत जगावे।
तो किसे ताब है आँख हमें दिखलावे॥ 1॥

हम उस महान जन की संतति हैं न्यारी।
है बार बार जिस ने बहु जाति उबारी॥
है लहूं रगों में उन मुनिजन का जारी।
जिनकी पग रज है राज से अधिक प्यारी॥
जो तेज हमारा अपना तेज बढ़ावे।
तो किसे ताब है आँख हमें दिखलावे॥ 2॥

था हमें एक मुख, पर दस-मुख को मारा।
था सहस-बाहु दो बाँहों के बल हारा॥
था सहस-नयन दबता दो नयनों द्वारा।
अकले रवि सम दानव समूह संहारा॥
यह जान मन उमग जो उमंग में आवे।
तो किसे ताब हैं हमें आँख दिखलावे॥ 3॥

हम हैं सुधेनु लौं धरा दूहनेवाले।
हम ने समुद्र मथ चौदह रत्न निकाले॥
हम ने दृग-तारों से तारे परताले।
हम हैं कमाल वालों के लाले पाले॥
जो दुचित हो न चित उचित पंथ को पावे।
तो किसे ताब है आँख हमें दिखलावे॥ 4॥

तो रोम रोम में राम न रहा समाया।
जो रहे हमें छलती अछूत की छाया॥
कैसे गंगा-जल जग-पावन कहलाया।
जो परस पान कर पतित पतित रह पाया॥
आँखों पर का परदा जो प्यार हटावे।
तो किसे ताब है आँख हमें दिखलावे॥ 5॥

तप के बल से हम नभ में रहे बिचरते।
थे तेज पुंज बन अंधकार हम हरते॥

ठोकरें मार कर चूर मेरु को करते।
हुन वहाँ बरसता जहाँ पाँव हम धरते॥
जो समझे हैं दमदार हमारे दावे।
तो किसे ताब है आँख हमें दिखलावे॥ 6॥

क्या से क्या

लावनी

क्यों आँख खोल हम लोग नहीं पाते हैं।
क्या रहे और अब क्या बनते जाते हैं॥
थे हमीं उँजाला जग में करने वाले।
थे हमीं रगों में बिजली भरने वाले॥
थे बड़े बीर के कान कतरने वाले।
थे हमीं आन पर अपनी मरने वाले॥
हम बात बात में अब मुँह की खाते हैं।
क्या रहे और अब क्या बनते जाते हैं॥ 1॥

था मन उमंग से भरा, दबंग निराला।
था मेल जोल का रंग बहुत ही आला॥
था भरा लबा-लब जाति-प्यार का प्याला।
देशानुराग का जन जन था मतवाला॥
ए ढंग अब हमें याद भी न आते हैं।
क्या रहे और अब क्या बनते जाते हैं॥ 2॥

थे धीर बीर साहसी सूरमा पूरे।
थे लाभ किये हमने हीरों के कूरे॥
थे सुधा भरे फल देते हमें धतूरे।
छू हम को पूरे बने अनेक अधूरे॥
अब अपने घर में आग हम लगाते हैं।
क्या रहे और अब क्या बनते जाते हैं॥ 3॥

थी विजय-पताका देश देश लहराती।
धौंसा धुकार थी घहर घहर घहराती॥
हुंकार हमारी दसों दिशा में छाती।
धरती-तल में थी धाक बँधी दिखलाती॥

अब तो कपूत कायर हम कहलाते हैं।
क्या रहे और अब क्या बनते जाते हैं ॥ 4 ॥

स्वर्गीय दमक से रहा दमकता चेहरा।
दिल रहा हमारा देव-भाव का देहरा ॥
था फबता गौरव-हार गले में तेहरा।
था बँधता सुयश का शिर पर सुन्दर सेहरा ॥
अब बना बना बातें जी बहलाते हैं।
क्या रहे और अब क्या बनते जाते हैं ॥ 5 ॥

सुख-सोत हमारे आस पास बहते थे।
बांछित फल हम से सकल लोक लहते थे ॥
सब हमें जगत का जीवन धन कहते थे।
देवते हमारा मुँह तकते रहते थे ॥
अब पाँव दूसरों का हम सहलाते हैं।
क्या रहे और अब क्या बनते जाते हैं ॥ 6 ॥

लानतान

द्विपद

गई चोटें लगाई क्या कलेजा चोट खाता है।
कलेजा कढ़ रहा है क्या कलेजा मुँह को आता है ॥ 1 ॥

हुए अंधेर कितने आज भी अंधेर हैं होते।
अँधेरा आँख पर छाया है अंधापन न जाता है ॥ 2 ॥

रहा कुछ भी न परदा बेतरह हैं खुल रहे परदे।
हमारी आँख का परदा उठाये उठ न पाता है ॥ 3 ॥

हुए बदरंग, सारी रंगतें हैं धूल में मिलती।
मगर अब भी हमारा रंग-बिगड़ा रंग लाता है ॥ 4 ॥

खुलीं आँखें न खोले पुतलियाँ हैं आँख की कढ़ती।
मगर लोहू हमारी आँख से अब भी न आता है ॥ 5 ॥

न आँखें देखने पाईं न आँखों में लहू उतरा।
वही है लुट रहा जो आँख का तारा कहाता है ॥ 6 ॥

पुंछे आँसू न बेवों के न हैं वे बेबहा मोती।
बहे आँसू न वह सब जाति ही को जो बहाता है ॥ 7 ॥

घटे ही जा रहे हैं हम घटी पर है घटी होती।
लहू का घूँट पीना बेतरह हम को घटाता है ॥ 8 ॥

समय की आँख देखें आँख पहचानें समय की हम।
गिरे वे आँख से जिन को समय आँखें दिखाता है ॥ 9 ॥

सदा बे जान मरते हैं जियेंगे जान वाले ही।
गया वह, जान रहते जान अपनी जो गँवाता है ॥ 10 ॥

प्रेम

छपदे

उमंगों भरा दिल किसी का न टूटे।
पलट जाँय पासे मगर जुग न फूटे ॥
कभी संग निज संगियों का न छूटे।
हमारा चलन घर हमारा न लूटे ॥
सगों से सगे कर न लेवें किनारा।
फटे दिल मगर घर न फूटे हमारा ॥ 1 ॥

कभी प्रेम के रंग में हम रँगे थे।
उसी के अछूते रसों में पगे थे ॥
उसी के लगाये हितों में लगे थे।
सभी के हितू थे सभी के सगे थे ॥
रहे प्यार वाले उसी के सहारे।
बसा प्रेम ही आँख में था हमारे ॥ 2 ॥

रहे उन दिनों फूल जैसा खिले हम।
रहे सब तरह के सुखों से हिले हम ॥
मिलाये, रहे दूध जल सा मिले हम।
बनाते न थे हित हवाई किले हम ॥
लबालब भरा रंगतों में निराला।
छलकता हुआ प्रेम का था पियाला ॥ 3 ॥

रहे बादलों सा बरस रंग लाते।
रहे चाँद जैसी छटायें दिखाते॥
छिड़क चाँदनी हम रहे चैन पाते।
सदा ही रहे सोत रस का बहाते॥
कलाएँ दिखाकर कसाले किए कम।
उजाला अँधेरे घरों के रहे हम॥ 4॥

रहे प्यार का रंग ऐसा चढ़ाते।
न थे जानवर जानवरपन दिखाते॥
लहू-प्यास-वाले, लहू पी न पाते।
बड़े तेज-पंजे न पंजे चलाते॥
न था बाघपन बाघ को याद होता।
पड़े सामने साँपपन साँप खोता॥ 5॥

कसर रख न जी की कसर थी निकलती।
बला डाल कर के बला थी न टलती॥
मसल दिल किसी का, न थी, दाल गलती।
बुरे फल न थीं चाह की बेलि फलती॥
न थे जाल हम तोड़ते जाल फैला।
धुले मैल फिर दिल न होता था मैला॥ 6॥

मगर अब पलट है गया रंग सारा।
बहुत बैर ने पाँव अब है पसारा॥
हमें फूट का रह गया है सहारा।
बजा हैं रहे अनबनों का नगारा॥
भँवर में पड़ी है बहुत डगमगाती।
चलाये मगर नाव है चल न पाती॥ 7॥

हमें जाति के प्रेम से है न नाता।
कहाँ वह नहीं ठोकरें आज खाता॥
कहीं नीचपन है उसे नोच पाता।
कहीं ढोंग है नाच उसको नचाता॥
कभी पालिसी बेतरह है सताती।
कभी छेदती है बुरी छूत छाती॥ 8॥

बहुत जातियों की बहुत सी सभायें।
बनीं हिन्दुओं के लिये हैं बलायें॥
विपत, सैकड़ों पंथ मत क्यों न ढायें।
अगर एकता रंग में रँग न पायें॥
कटे चाँद अपनी कला क्यों न खोता।
गये फूट हीरा कनी क्यों न होता॥ 9॥

बनाई गई चार ही जातियाँ हैं।
भलाई भरी वे भली थातियाँ हैं॥
किसी एक दल की गिनी पाँतियाँ हैं।
भरी एकता से कई छातियाँ हैं॥
मगर बँट गये तंग बन तन गई हैं।
किसी कोढ़ की खाज वे बन गई हैं॥ 10॥

अगर लोग निज जाति को जाति जानें।
बनें अंग के अंग, तन को न मानें॥
लड़ी के लिये लड़ पड़ें भौंह तानें।
न माला न मोती न लें चीन्ह खानें॥
भला तो सदा मुँह पिटेंगे न कैसे।
कलेजे में काँटे छिटेंगे न कैसे॥ 11॥

सभी जाति है राग अपना सुनाती।
उमंगों भरे है बहुत गीत गाती॥
बता भेद, है गत अनूठे बजाती।
मगर धुन किसी की नहीं मेल खाती॥
सभी की अलग ही सुनाती हैं तानें।
लयें बन रही हैं कुटिलता की कानें॥ 12॥

बड़े काम की तन बहुत काम आती।
सभा जो सभी जातियों को मिलाती॥
मगर आग है वह घरों में लगाती।
वहीं एकता का गला है दबाती॥
उसी ने बचे प्रेम को पीस डाला।
उसी ने हितों का दिवाला निकाला॥ 13॥

बरहमन बड़े घाघ, छत्री छुरे हैं।
कुटिल बैस हैं, शूद्र सब से बुरे हैं॥
यही गा रहे आज बन बेसुरे हैं।
गये प्रेम के टूट सारे धुरे हैं॥
किसी से किसी का नहीं दिल मिला है।
जहाँ देखिये एक नया गुल खिला है॥ 14॥

कहीं रंग में मतलबों के रँगा है।
कहीं लाभ की चाशनी में पगा है॥
कहीं छल कपट औ कहीं पर दगा है।
कहीं लाग के लाग से वह लगा है॥
कहीं प्रेम सच्चा नहीं है दिखाता।
समय नित उसे धूल में है मिलाता॥ 15॥

बही प्रेम धारा पटी जा रही है।
पली बेलि हित की कटी जा रही है॥
बँधी धाक सारी घटी जा रही है।
बँची एकता नित लटी जा रही है॥
गई बे तरह मूँद कर आँख लूटी।
बला हाथ से जाति अब भी न छूटी॥ 16॥

करोड़ों मुसलमान बन छोड़ बैठे।
कई लाख, नाता बहँक तोड़ बैठे॥
अहिन्दू कहा, मुँह बहुत मोड़ बैठे।
कई आज भी हैं किये होड़ बैठे॥
उबर कर उबरते नहीं हैं उबारे।
नहीं कान पर रेंगती जूं हमारे॥ 17॥

अगर नाम हिन्दू हमें है न प्यारा।
गरम रह गया जो न लोहू हमारा॥
अगर आँख का है चमकता न तारा।
अगर बन्द है हो गई प्रेम धारा॥
बहुत ही दले जाँयगे तो न कैसे।
रसातल चले जाँयगे तो न कैसे॥ 18॥

मगर आँख कोई नहीं खोल पाता।
कलेजा किसी का नहीं चोट खाता॥
किसी का नहीं जी तड़पता दिखाता।
लहू आँख से है किसी के न आता॥
चमक खो, बिखर है रहा हित-सितारा।
उजड़ है रहा प्रेम-मन्दिर हमारा॥ 19॥
बहुत कह गये अब अधिक है न कहना।
बढ़ायेंगे अब हम न अपना उलहना॥
भला है नहीं बन्द कर आँख रहना।
उसे क्यों सहें चाहिये जो न सहना॥
मिलें खोल कर दिल दिलों को मिलायें।
जगें और जग हिन्दुओं को जगायें॥ 20॥

विविध विषय

मांगलिक पद्य

दोहे

सारी वाधायें हरें राधा नयनानंद।
बृन्दारक बन्दित चरण श्री बृन्दाबन चंद॥ 1॥

चाव भरे चितवत खरे किये सरस दृग-कोर।
जय दुलहिन श्री राधिका दूलह नन्द-किशोर॥ 2॥

विवुध वृन्द आराधिता वुध सेविता त्रिकाल।
जय वीणा पुस्तकवती हंस बिलसती बाल॥ 3॥

सकल मंजु मंगल सदन कदन अमंगल मूल।
एक रदन करिवर बदन सदा रहें अनुकूल॥ 4॥

मंगलमय होता रहे यह मंगलमय काल।
करें अमंगल दूर सब मंगलायतन लाल॥ 5॥

कुशकुन दुरें उलूक सम तज मंगलमय देश।
सकल अमंगल तम दलें द्विज-कुल-कमल-दिनेश॥ 6॥

वाधित वसुधा को करे हर वाधा को अंश।
विवुध वृन्द सेवित चरण बंदनीय द्विज बंश॥ 7॥

करें गौरवित जाति को कर गौरव पर गौर।
रखें लाज सिरमौर की विप्र वंश सिरमौर॥ 8॥

शुचि विचार वरविधि बलित बने यह रुचिर व्याह।
कुलाचार में भी सरुचि होवे सुरुचि निबाह॥ 9॥

रख अविचल दृग सामने द्विजकुल बिरद महान।
चिरजीवी हों बर वधू प्रेमसुधा कर पान॥ 10॥

पुरजन परिजन सुखित हों लहें समागत मोद।
पा अवनी कमनीयता उलहे बेलि-बिनोद ॥ 11 ॥

बसे अविकसित चित्त में अमित उमंग उछाह।
बहे अपावन हृदय में पावन प्रेम-प्रवाह ॥ 12 ॥

विघ्न रहित बसुधा बने घर घर बढ़े उछाह।
रहें बहु सुखित बर वधू हो विनोद मय व्याह ॥ 13 ॥

आराधंन करते करें वाधायें सब दूर।
दया-सिंधु सिंधुर-बदन आरंजित सिन्दूर ॥ 14 ॥

सुमुख सुमुखता-वायु से टले अमोद-पयोद।
विलसित-भाल मयंक से विकसे कुमुद-विनोद ॥ 15 ॥

उमग उमग घर घर बहे परम प्रमोद प्रवाह।
मोदक-प्रिय होकर मुदित मुद मय करें विवाह ॥ 16 ॥

विमुख विविध वाधा करें करिवर-मुख दिनरात।
दिन दिन बनती ही रहे बना बनी की बात ॥ 17 ॥

कुशल मयी हो मेदिनी हो मंगलमय राह।
करें वरद वर वर वधू का विनोद मय व्याह ॥ 18 ॥

बांछा

दोहा

बरस बरस कर रुचिर रस हरे सरसता प्यास।
असरस चित को अति सरस करे सरस पद न्यास ॥ 1 ॥

भावुक जन के भाल पर हो भावुकता खौर।
अरसिक पाकर रसिकता बने रसिक सिरमौर ॥ 2 ॥

मिले मधुर स्वर्गीय स्वर हों स्वर सकल रसाल।
व्यंजन में वर व्यंजना हो व्यंजित सब काल ॥ 3 ॥

उक्ति अलौकिकता लहे मिले अलौकिक ओक।
करे समालोकित उसे अलंकार आलोक ॥ 4 ॥

कलित भाव से बलित हो पा रुचि ललित नितान्त।
कान्त करे कवितावली कविता-कामिनि-कान्त ॥ 5 ॥

जीवन

पयार

विकच कमल कमनीय कलाधर।
मंद मंद आन्दोलित मलय पवन।
तरल तरंग माला संकुल जलधि।
परम आनन्दमय नन्दन कानन ॥ 1 ॥

विपुल कुसुम कुल लसित बसंत।
विविध तारक चय खचित गगन।
कलित ललित किसलय कान्त तरु।
श्यामल जलद जाल नयन रंजन ॥ 2 ॥

कोमल आलोकमय प्रभात समय।
रवि-कर विलसित सलिल विलास।
प्रभापुंज प्रभासित काञ्चन कलस।
सुमन समूह अति सरस विकास ॥ 3 ॥

मरीचिका मय मरु विदग्ध विपिन।
प्रखर तपन ताप उत्तप्त दिवस।
भयंकर तम तोम आवरित निशि।
सलिल रहित सर महि असरस ॥ 4 ॥

राहु कवलित कलंकित कलानिधि।
मदन दहन रत मदन-दहन।
नभ तल निपतित तारक निचय।
जीवन विहीन घन है जन जीवन ॥ 5 ॥

कविकीर्ति

दोहा

रचती है कविता-सुधा सुधासिक्त अवलेह।
लहता है रससिद्ध कवि अजर अमर यश-देह ॥ 1 ॥

चिरजीवी हैं सुकवि जन सब रस-सिद्ध समान।
उक्ति सजीवन जड़ी को कर सजीवता दान ॥ 2 ॥

अमल धवल आनन्द मय सुधा सिता सुमिलाप।
है कमनीय मयंक सम कविकुल कीर्ति कलाप॥ 3॥

गौरव-केतन से लसित अनुपम-रत्न उपेत।
अमर-निकेतन तुल्य है कविकुल कीर्ति-निकेत॥ 4॥

मानस-अभिनन्दन, अमर, नन्दन बन वर कुंज।
है पावन प्रतिपत्ति मय कवि पुंगव यश पुंज॥ 5॥

कवित्त

पारस समान लौह अललित मानस को
परस परस कर कंचन बनाते हैं।
नव नव रस से रसायन विविध कर
असरस उर में सरसता लसाते हैं।
हरिऔध सुधामयी कविता कलित कर
कविकुल वसुधा में सुधासी बहाते हैं।
गाकर अमरता अमर वृन्द वंदित की
लोक परलोक में अमर पद पाते हैं॥

निराला रंग

छप्पै

बनें बनायें किन्तु बिगड़ती बात बनावें।
हँसें हँसावें किन्तु हँसी अपनी न करावें॥
बहक बहँकते रहें पर न रुचि को बहँकावें।
खुल खेलें, पर खेल खोल आँखों को पावें॥
भर जाँय उमंगों में मगर बेढंगी न उमंग हो।
रंगतें रहें सब रंग की मगर निराला रंग हो॥ 1॥

चतुर नेता

छप्पै

बातें रख रख बात बात में बात बनावें।
रंग बदल कर नये नये बहुरंग दिखावें॥
कर चतुराई परम-चतुर नेता कहलावें।
मीठे मीठे बचन बोल बहुधा बहलावें॥
जो करें जाति हित नाम को बहु भूखे हों नाम के।
वे बड़े काम के क्यों न हों हैं न देश के काम के॥ 2॥

माधुरी

द्रुतविलम्बित

अति-पुनीत-अलौकिकता भरी।
विवुध-वृन्द अतीव-बिनोदिनी॥
मधुरिगा गरिमा महिमा मयी।
कथित है महिमामय-माधुरी॥ 1॥

नयन है किस का न बिमोहती।
गगन के तल की नव-नीलिमा॥
विमलता मय तारक-मालिका।
जग-विमुग्ध-करी विधु-माधुरी॥ 2॥

सरसता मय है सरसा-सुधा।
मलय-मारुत कोकिल-काकली॥
मुकुलिता-लतिका रजनी सिता।
कल-निनाद कलाकर-माधुरी॥ 3॥

स-रव है रव से पिक-पुंज के।
स-छबि है छबि पा तरु-तोम की॥
सरस है सरसीरुह-वृन्द से।
समधु है मधु-माधव-माधुरी॥ 4॥

विदित है तप की तपमानता।
सरस-पावस की उपकारिता॥

शरद–निर्मलता हिम-शीतता।
शिशिर-मंजुलता मधु-माधुरी ॥ 5 ॥

बहु-प्रफुल्ल किसे करती नहीं।
नवल–कोमल–कान्त–तृणावली ॥
ककुभ में लसिता कल-कौमुदी।
बिलसिता वसुधा-तल-माधुरी ॥ 6 ॥

कलित-कल्पलता कमनीय है।
ललित है कर लाभ ललामता॥
सकल केलि कला कुल कान्त है।
बदन-मण्डल मंजुल-माधुरी ॥ 7 ॥

बिकच-पंकज मंजुल-मालती।
कुसुम–भार–नता–नवला–लता ॥
उदित–मंजु–मयंक समान है।
मुदित–मानव मानस–माधुरी ॥ 8 ॥

कलित है विधु-कोमल-कान्तिसी।
मृदुल-बेलि समान मनोरमा ॥
मधुर है मधुपावलि-गान से।
मधुमयी - कबिता - गत - माधुरी ॥ 9 ॥

मधुमती बनती बसुधा रहे।
मधु-निकेतन मानव-चित्त हो ॥
मधुरता-मय-मानस के मिले।
मधुरिमा-मय हो यह माधुरी ॥ 10 ॥

बनलता

द्रुतविलम्बित

कुसुम वे उस में बिकसे रहें।
बिकसिता जिस से सु बिभूति हो ॥
बस सदा जिन के बर-बास से।
बन सके अनुभूति सुबासिता ॥ 1 ॥

बहु-विमोहक हो छबि-माधुरी।
मिल गये अनुकूल-ललामता॥
सरसता उस की करती रहे।
सरस-मानस को अभिनन्दिता॥ 2॥

सब दिनों अनुराग-समीर के।
सुपलने पर हो प्रतिपालिता॥
बहु-समादर के कर-कंज से।
वह रहे सब काल समादृता॥ 3॥

उस मनोरम-पादप—अंक में।
वह रहे लसती चित-मोहती॥
विदित है जिस की सहकारिता।
बिचकता मृदुता हितकारिता॥ 4॥

नवलता भुवि हो बर-भाव की।
मृदुलता उस की मधुसिक्त हो॥
सफलता बसुधा-तल में लहे॥
वनलता बन मंजुलता-मयी॥ 5॥

रस मिले, सुरसा बन सौगुनी।
बिलस मंजु-बिलासवती बने॥
कर विमुग्ध सकी किस को नहीं।
कुसुमिता - नमिता - बनिता - लता॥ 1॥

यदि नहीं पग बन्दित पूज के।
अवनि में अभिनन्दित हो सकी॥
बिफलिता तब क्यों बनती नहीं।
बनलता - कलिता - कुसुमावली॥ 2॥

सरसता उस में वह है कहाँ।
वह मनोहरता न उसे मिली॥
बन सकी मुद्रिता बनिता नहीं।
बिकसिता लसिता बन की लता॥ 3॥

विकच देख उसे बिकसी रही।
सह सकी हिम आतप साथ ही॥
पति-परायणता-ब्रत में रता।
बनलता - तरु - अंक - विलम्बिता॥ 4॥

वह सदा परहस्त-गता रही।
यह रही निजता अवलम्बिनी॥
उपबनोपगता बनती नहीं।
बनलता बन-भू प्रतिपालिता॥ 5॥

झड़ पड़ी, न रुची हित-कारिता।
यजन में न लगी यजनीय के॥
सुमनता उसमें यदि है न तो।
बनलता-सुमनावलि है वृथा॥ 6॥

कब नहीं भरता वह भाँवरें।
चित चुरा न सकी कब चारुता॥
कब बसी अलि लोचन में न थी।
बनलता कुसुमावलि से लसी॥ 7॥

विलसती वह है बस अंक में।
बिकच है बनती बल संगिनी॥
सफलता अवलम्बन से मिली।
बनलता तरु है तव लालिता॥ 8॥

उपल कोमलता प्रतिकूल है।
अशनिपात निपातन तुल्य है॥
बरस जीवन जीवन दे उसे।
बनलता घन है तन पालिता॥ 9॥

बनलता यदि है तरु-बन्दिनी।
लसित क्या दल-कोमल से हुई।
किस लिये वर-बास-सुबासित।
कुसुमिता फलिता कलिता रही॥ 10॥

ललितललाम

बीर

सरस भाव मन्दार सुमन से
समधिक हो हो सौरभ धाम।
नन्दन बन अभिराम लोक
अभिनन्दन रच मानस आराम॥
लगा लगा कर हृत्तंत्री में
मानवता के मंजुल तार।
सुनासुना कर वसुधा-तल को
सुधा भरी उसकी झनकार॥ 1॥

गा गा कर अनुराग राग से
रंजित अनुरागी जन राग।
धुन को लय को स्वर समूह को
सब स्वर्गीय रसों में पाग॥
चारु चार नयनों को दिखला
जग आलोकित कर आलोक।
कला निराली कली कली में
कला कलानिधि में अवलोक॥ 2॥

बढ़ा चौगुनी चतुरानन से
चींटी तक सेवा की चाह।
बहु विमुग्ध हो बहे हृदय में
आपामर का प्रेम-प्रवाह॥
कलित से कलित कामधेनुसम
कामद कर कमनीय कलाम।
ललित से ललित बनबन देखा
अललित चित में ललितललाम॥ 3॥

मयंक

प्रकृति देवि मल मुक्तमाल मणि
गगनांगण का रत्न प्रदीप।
भव्य बिन्दु दिग्वधूभाल का
मंजुलता अवनी अवनीप॥
रजनि सुन्दरी रंजितकारी
कलित कौमुदी का आधार।
बिपुल लोक लोचन पुलकित कर
कुमुदिनि-वल्लभ शोभा सार॥ 1॥

रसिक चकोर चारु अवलम्बन
सुन्दरता का चरम प्रभाव।
महिला मुख-मंडल का मंडन
भावुक-मानस का अनुभाव॥
रुला रुला कर अवनी-तल को
कर सूना राका का अंक।
काल-जलधि में डूब रहा है
कलाहीन हो कलित मयंक॥ 2॥

खद्योत

प्रकृति-चित्र-पट असित-भूत था
छिति पर छाया था तमतोम।
भाद्र-मास की अमा-निशा थी
जलद जलद पूरित था व्योम॥
काल-कालिमा-कवलित रवि था
कलाहीन था कलित मयंक।
परम तिरोहित तारक-चय था,
था कज्जलित ककुभ का अंक॥ 1॥

दामिनी छिपी निविड़ घन में थी
अटल राज्य तम का अवलोक।
था निशीथ का समय, अवनितल-
का निर्वापित था आलोक॥

ऐसे कुसमय में तम-वारिधि-
मज्जित भूत निचय का पोत।
होता कौन न होता जग में
यदि यह तुच्छ कीट खद्योत ॥ 3 ॥

होली

पद

किस लाली से तू है लाल।
कौन मल गया मुख पर तेरे गोरी ललित गुलाल ॥
बनी कौन मद पी मतवाली।
आँखों में छाई क्यों लाली।
कुसुमावलि-माला छबि वाली।
पिन्हा गया क्यों कोई माली।
क्यों गुलाल सा आज हो गया गोरा गोरा गाल ॥ 1 ॥
तरु-किसलय लालिमा लुनाई।
किंशुक कुसुम ललाम ललाई।
दाड़िम-कलिका कलित निकाई।
देख देख क्या विपुल लुभाई।
था बिलोक बिकसित वारिज मंजुल दल हुई निहाल ॥ 2 ॥
लाल लाल लोनी लतिकायें।
नवल बेलि की केलि कलायें।
कुंकुम कान्ता बदन ललनायें।
लीला-लोलुप-जन लीलायें।
क्यों तेरे अनुरंजन-सर की हैं सोतियाँ रसाल ॥ 3 ॥
छीन दिग्वधू की ली लाली।
बनी बाल-रवि-रंजिनि आली।
जगती-तल रक्तिमता लाली।
लोक ललाम भूत से पाली।
अथवा भरी गिरे अबीर के भरे भराये थाल ॥ 4 ॥

है अनुराग राग की थाती।
राग रंग रंगत से राती।
या तुझ पर लोचन ललचाती।
छटा रँगीली है छबि पाती।
था वह बड़ा रँगीला रँगला रंग गया है डाल॥ 5॥

हमारी होली

पद

कहाँ गई होली मुख लाली।
छिन क्यों गई फूल की डाली।
छिन्न कर दिया किसने रस सुमनों का सुन्दर हार॥ 1॥

है स्वर-लहरी नहीं लुभाती।
है न मुरज-ध्वनि मुग्ध बनाती।
है मोहकता उमग न पाती।
है न रसिकता रस बरसाती।
टूट गया क्यों सुरुचि-विपंची का अति रुचिकर तार॥ 2॥

कुसुमाकर क्यों नहीं सरसता।
सुधा सुधाकर नहीं बरसता।
चित था जिसके लिये तरसता।
वह समीर क्यों नहीं परसता।
नहीं बनाता मधुमय मानस क्यों मधुकर झंकार॥ 3॥

है न मुकुल-कुल पुलकित कारी।
है न कलित तम कुसुमित क्यारी।
है न पलाश-लालिमा प्यारी।
है न नवल लतिका छबि न्यारी।
मन्द मन्द क्यों बहा न मलयज ले मरन्द का भार॥ 4॥

है गुलाल मय गगन न होता।
ककुभ में न बहता रस-सोता।
है चित चाव-बीज नहिं बोता।
है प्रमाद-मोती न पिरोता।
है कोकिल-काकली न करती मोहन-मंत्र प्रचार॥ 5॥

समय-कुसुम में कीट समाया।
पड़ी चित्त पर कलुषित छाया।
रस में अनरस गया मिलाया।
या सुख-विकच-वदन कुँभिलाया।
अथवा अब असार जीवन में रहा नहीं कुछ सार॥ 6॥

ललना-लाभ

खुला था प्रकृति-सृजन का द्वार।
हो रही थी रचना रमणीय॥
बिरचती थी अति रुचिकर चित्र।
तूलिका बिधि की बहु कमनीय॥ 1॥

रंग लाती थी हृदय-तरंग।
बह रहा था चिन्ता का स्रोत॥
मंद गति से अवगति-निधि मध्य।
चल रहा था जग-रंजन पोत॥ 2॥

चित्र-पट पर भव के उस काल।
खिंच गई एक मूर्ति अभिराम॥
सरलता कोमलता अवलम्ब।
सरसता मय मोहक रति काम॥ 3॥

उमा सी महिमा मयी महान।
रमा सी रमणीयता निकेत॥
गिरासी गौरव गरिमावान।
मानवी जीवन-ज्योति उपेत॥ 4॥

अलौकिक केलि-कला-कुल कान्त।
हृदय-तल सुललित लीलाधाम॥
मधुर माता-मानस सर्वस्व।
नाम था ललना लोक-ललाम॥ 5॥

जुगनू

चौपदे

पेड़ पर रात की अँधेरी में।
जुगनुओं ने पड़ाव हैं डाले॥
या दिवाली मना चुड़ैलों ने।
आज हैं सैकड़ों दिये बाले॥ 1॥

तो उँजाला न रात में होता।
बादलों से भरे अँधेरे में॥
जो न होती जमात जुगनू की।
तो न बलते दिये बसेरे में॥ 2॥

रात बरसात की अँधेरे में।
तो न फिरती बखेरते मोती॥
चाँदतारा पहन नहीं पाती।
जुगनुओं में न जोत जो होती॥ 3॥

जगमगायें न किस तरह जुगनू।
वे गये प्यार साथ पाले हैं॥
क्यों चमकते नहीं अँधेरे में।
रात की आँख के उजाँले हैं॥ 4॥

हैं कभी छिपते चमकते हैं कभी।
झोंकते किस आँख में ए धूल हैं॥
रात में जुगनू रहे हैं जगमगा।
या निराली बेलियों के फूल हैं॥ 5॥

स्याह चादर पर अँधेरी रात की।
यह सुनहला काम किसने है किया॥
जगमगाते जुगनुओं की जोत है।
या जिनों का जुगजुगाता है दिया॥ 6॥

हम चमकते जुगनुओं को क्या कहें।
डालियों के एक फबीले माल हैं॥
हैं अँधेरे के लिये हीरे बड़े।
रात के गोदी भरे ए लाल हैं॥ 7॥

मोल होते भी बड़े अनमोल हैं।
जगमगाते रात में दोनों रहें॥
लाल दमड़ी का दिया है, क्यों न तो।
जुगनुओं को लाल गुदड़ी का कहें॥ 8॥

क्यों न जुगनू की जमातों को कहें।
जोत जीती जागती न्यारी कलें॥
आँधियाँ इनको बुझा पाती नहीं।
ए दिये वे हैं कि पानी में बलें॥ 9॥

जब कि पीछे पड़ा उँजाला है।
तब चमक क्यों सकें उँजेरे में॥
हैं किसी काम के नहीं जुगनू।
जब चमकते मिले अँधेरे में॥ 10॥

रात बीते निकल पड़े सूरज।
रह सकेगी न बात जुगनू की॥
सामने एक जीत वाले के।
क्या करेगी जमात जुगनू की॥ 11॥

जी जले और जुगनू

जगमगाते रतन जड़े जुगनू।
कलमुँही रात के गले के हैं॥
जुगनुओं की जमात है फैली।
या अँगारे जिगर जले के हैं॥ 12॥

जो चमक कर सदा छिपा, उसकी।
वह हमें याद क्यों दिलाता है॥
तब जले-तन न क्यों कहें उसको।
जब कि जुगनू हमें जलाता है॥ 13॥

जगमगाते ही हमें जुगनू मिले।
झड़ लगी, ओले गिरे, आँधी बही॥
आप जल कर हैं जलाते और को।
आग पानी में लगाते हैं यही॥ 14॥

हैं बने बेचैन जुगनू घूमते।
कौन से दुख बे तरह हैं खल रहे॥
है बुझा पाता न उसको मेंह-जल।
हैं न जाने किस जलन से जल रहे॥ 15॥

बे तरह वह क्यों जलाता है हमें।
है सितम उसका नहीं जाता सहा॥
क्या रहा करता उँजाला और को।
आप जुगनू जब अँधेरे में रहा॥ 16॥

कौन जलते को जलाता है नहीं।
तर बनीं बरसात रातें-देख लीं॥
जल बरसना देख मेघों का लिया।
थाम दिल जुगनू-जमातें देख ली॥ 17॥

मेघ काले, काल क्यों हैं हो रहे।
किस लिये कल, कलमुही रातें हरें॥
बेकलों को बेतरह बेकल बना।
कल-मुँहे जुगनु न मुँह काला करें॥ 18॥

विषमता

छप्पै

मंगल मय है कौन किसे कहते हैं मंगल।
फलदायक हैं कौन सफलता है किस का फल॥
मंगल कितने लोग अमंगल में हैं पाते।
विविध विफलता सहित सफलता के हैं नाते॥
पादप सब पत्र विहीन हो पा जाते हैं नवल दल।
विकसित कुसुमावलि लोप हो लहती है कमनीय फल॥ 1॥

दीपक जल आलोक अति अलौकिक है पाते।
मिले धूल में वीज पल्लवित हैं हो जाते॥
तपने पर है अधिक कान्ति कंचन को मिलती।
सदा चाँदनी तिमिरमयी निशि में है खिलती॥

सरपत जल कर हैं पनपते फलते हैं केले कटे।
तारे उगते हैं अस्त हो बढ़ता है हिमकर घटे ॥ 2 ॥

नीचा देखे सदा सलिल है ऊँचा होता।
बह करके ही बिपुल बिमल बनता है सोता ॥
बार बार पिस गये रंग मेंहदी है लाती।
कटे छँटे पर बेलि उलहती ही है आती ॥

हैं द्रवित बनाती और को आँखें आँसू से भरी।
पतितों को पावन कर हुई पतित-पावनी सुरसरी ॥ 3 ॥

भूतल से हो अलग हुआ मंगल का मंगल।
पद प्रहार से मिला विभीषण को प्रभुता बल ॥
बन बिमाता अहित बचन ध्रुव का हितकारक।
हुआ मोह, मुनि-पुंगव नारद का उपकारक ॥

दुख-समूह रघुनाथ का वसुधा-सुख-साधक हुआ।
भगवती जानकी का हरण भव-बाधा-वाधक हुआ ॥ 4 ॥

मरे जाति के लिये अमरता हैं जन पाते।
पर के हित तन तजे लोग हैं सुरपुर जाते ॥
विफल हुए साहसी शक्ति है शक्ति दिखाती।
असफलता है उसे सफलता सूत्र बताती ॥

यदि स्वाधीनता प्रदानकर करे जाति को वह जयी।
तो विपुल वाहिनी वध हुई बनती है मंगलमयी ॥ 5 ॥

घनश्याम

बीरछंद

1

श्याम रंग में तो न रँगे हो जो अन्तर रखते हो श्याम।
तो जलधर हो नहीं विरह-दव में जो जल जल जीवें बाम ॥
जीवनप्रद हो तभी करो तो तुम चातक को जीवन दान।
कैसे सरस कहें हम तुमको ऊसर हुआ न जो रसवान ॥

2

कैसे हो परजन्य, वियोगी जन को जो हो दुखद वियोग।
पयद न हो जो दल जवास का पला न कर उसका उपयोग॥
बने पयोधर पर न सके कर पय प्रेमिक-मराल प्रतिपाल।
बिलसित रहे बहन कर उर पर आप बलाका मंजुल माल॥

3

बहुधा करते हो बसुधा का बिपुल द्वार अपकार।
इसी लिये कर घोर नाद हो सहते दामिनी-कशा-प्रहार॥
उमड़ उमड़ बर बारिबाह बन हो भर देते सरि सर ताल।
रहता है प्यासे पपीहरा को कतिपय बूंदों का काल॥

4

अशनि-पात-प्रिय, अधर-विलंबी, कटक-निकेतन, दानव-देह।
हो तुम मशक-दंश-अवलम्बन तुम्हें कुटिल अहिका है नेह॥
रहे भरे ही को जो भरते बरस बारि-निधि में बसु याम।
तो नभ तल में घरी घरी घिर रहे घूमते क्या घनश्याम॥

विकच वदन

ताटंक

1

जो न परम कोमलता उसकी रही विमलता में ढाली।
जो माई के लाल कहाने की न लसी उस पर लाली॥
कातर जल की कातरता हर होती है जो शान्ति महा।
उसकी मंजु व्यंजना द्वारा जो वह व्यंजित नहीं रहा॥

2

लोकप्यार-आलोकों से जो आलोकित वह हुआ नहीं।
पूत प्रीति पुलकित धारायें जो उस पर पल पल न बहीं॥
देश-प्रेम की कलित कान्ति से कान्तिमान वह जो न मिला।
जाति-हितों के वर विकास से जो वह विकसित हो न खिला॥

3

होकर सिक्त रुचिर रस से जो रसमयता उसकी न बढ़ी।
सुन्दरता में से जो उसकी सुरभि परम सुन्दर न कढ़ी॥
जो वह भाव-भक्ति-आभा से बहु आभामय नहीं बना।
जो वह पातक-तिमिर-निवारक प्रभा-पुंज में नहीं सना॥

4

जो उदारता दया दान की दमक न दे उसको दमका।
जो न जन्मभू-हित-चिन्ता की चाह चमक से वह चमका॥
तो मानवता-रत मानव का बना सकेगा मुदित न मन।
विधु सा विमुल विनोद-निकेतन बारिज जैसा विकच वदन॥

मर्म्म-व्यथा

पद

कहाँ गया तू मेरा लाल।
आह! काढ़ ले गया कलेजा आकर के क्यों काल।
पुलकित उर में रहा बसेरा।
था ललकित लोचन में देरा॥
खिले फूल सा मुखड़ा तेरा।
प्यारे था जीवन-धन मेरा॥
रोम रोम में प्रेम प्रवाहित होता था सब काल॥ 1॥

तू था सब घर का उँजियाला।
मीठे बचन बोलने वाला॥
हित-कुसुमित-तरु सुन्दर-थाला।
भरा लबालब रसका प्याला॥
अनुपम रूप देख कर तेरा होती विपुल निहाल॥ 2॥

अभी आँख तो तू था खोले।
बचन बड़े सुन्दर थे बोले॥
तेरे भाव बड़े ही भोले।
गये मोतियों से थे तोले॥
बतला दे तू हुआ काल कवलित कैसे तत्काल॥ 3॥

देखा दीपक को बुझ पाते।
कोमल किसलय को कुँभलाते॥
मंजुल सुमनों को मुरझाते।
बुल्ले को बिलोप हो जाते॥
किन्तु कहीं देखी न काल की गति इतनी बिकराल॥ 4॥

चपला चमक दमक सा चंचल।
तरल यथा सरसिज-दल गत जल॥
बालू-रचित भीत सा असफल।
नश्वर घन-छाया सा प्रतिपल॥
या इन से भी क्षणभंगुर है जन-जीवन का हाल॥ 5॥

आकुल देख रहा अकुलाता।
मुझ से रहा प्यार जतलाता॥
देख बारि नयनों में आता।
तू था बहुत दुखी दिखलाता॥
अब तो नहीं बोलता भी तू देख मुझे बेहाल॥ 6॥

तेरा मुख बिलोक कुँभलाया।
कब न कलेजा मुँह को आया॥
देख मलिन कंचन सी काया।
विमल विधु-वदन पर तम छाया॥
कैसे निज अचेत होते चित को मैं सकूँ सँभाल॥ 7॥

ममता मयी बनी यदि माता।
क्यों है ममता-फल छिन जाता॥
विधि है उर किस लिये बनाता।
यदि वह यों है बिध बिध पाता।
भरी कुटिलता से हूँ पाती परम कुटिल की चाल॥ 8॥

किस मरु-महि में जीवन-धारा।
किस नीरवता में रव प्यारा॥
किस अभाव में स्व, भाव सारा।
किस तम में आलोक हमारा।
लोप हो गया, मुझ दुखिया का दुख-जल-निधि में डाल॥ 9॥

आज हुआ पवि-पात हृदय पर।
सूखा सकल सुखों का सरवर॥
गिरा कल्प-पादप लोकोत्तर।
छिना रत्न-रमणीय मनोहर॥
कौन लोक में गया हमारा लोक-अलौकिक बाल॥ 10॥

मनोव्यथा

पद

कुम्हला गया हमारा फूल।
अति सुन्दर युग नयन-बिमोहन जीवन सुख का मूल॥
बिकसित बदन परम कोमल तन रंजित चित अनुकूल।
अहह सका मन मधुप न उसकी अति अनुपम छबि भूल॥ 1॥

बंद हुई आँखों को खोलो।
अभी बोलते थे तुम प्यारे बोलो बोलो कुछ तो बोलो॥
देखो भाग न मेरा सोवे चाहे मीठी नींदों सो लो।
एक तुम्हीं हो जड़ी सजीवन हाथ न तुम जीवन से धोलो॥ 2॥

खोजें तुम्हें कहां हम प्यारे।
ए मेरे जीवन-अवलम्बन ए मेरे नयनों के तारे॥
नहीं देखते क्यों दुख मेरा मुझ दुखिया के एक सहारे।
ललक रहे हैं लोचन पल पल मुख दिखला जा लाल हमारे॥ 3॥

इतने बने लाल क्यों रूखे।
तुम सा रुचिर रत्न खो करके आज हुए हम खूखे॥
कैसे बिकल बनें न बिलोचन छबि अवलोकन भूखे।
मृतक न क्यों मन-मीन बनेगा प्रेम-सरोवर सूखे॥ 4॥

प्यारे कैसे मुँह दिखलायें।
लेती रही बलैया सब दिन ले नहिं सकीं बलायें॥
जिस पर भूली रही भूल है उसे भूल जो पायें।
धिक है जीवनधन बिन जग में जो जीवित रह जायें॥ 5॥

स्वागत

(1)

हरिगीतिका

क्यों आज सूरज की चमक यों है निराली हो रही।
क्यों आज दिन आनन्द की धारा धरातल में बही॥
क्यों हैं चहक चिड़ियाँ रहीं क्यों फूल हैं यों खिल रहे।
क्यों जी हरा कर पेड़के पत्ते हरे हैं हिल रहे॥ 1॥

क्यों हैं दिशायें हँस रहीं क्यों है गगन रँग ला रहा।
वह डूब कर के प्यार में क्या है हगें बतला रहा॥
लेकर महँक महमह महँकती क्यों हवा है बह रही।
वह मंद मंद समीप आ क्या कान में है कह रही॥ 2॥

क्या हैं कृपा कर आ रहे मेहमान वे सब से बड़े।
हैं बहु पलक के पाँवड़े जिसके लिये पथ में पड़े॥
प्रभु आइये हम हैं समादर सहित स्वागत कर रहे।
मोती निछावर के लिये हैं युग नयन में भर रहे॥ 3॥

बहु विनय सी अनमोल मणि, बर बचन से हीरे बड़े।
उपहार देने के लिये हैं प्रेम-पारस ले खड़े॥
है भक्ति की डाली हमारी भाव फूलों से भरी।
स्वीकार इसको कीजिये है चाव करतल पर धरी॥ 4॥

प्रभु पग कमल को छू यहाँ की भूमि भाग्यवती बनी।
हम परम सम्मानित हुए हो विपुल गौरव-धन धनी॥
प्यारे प्रजा जन पुत्र लौं प्रभु प्यार पलने में पलें।
सब हों सुखी, प्रभु यश लहें, चिरकाल तक फूलें फलें॥ 5॥

(1)

चौपदे

चाहते हैं जब यही छोटे बड़े।
क्यों न स्वागत के लिये तब हों खड़े।
फूल कोई साथ मैं लाया नहीं।
चाहता हूँ फूल मुँह से ही झड़े ॥ 1 ॥

राह में आँखें बिछाईं, सोच यह।
पंखड़ी कोई न पावों में गड़े।
पाँवड़े मैं डालता क्यों दूसरे।
पाँवड़े मेरी पलक के हैं पड़े ॥ 2 ॥

क्यों भरे कलसे रखायें, जब रहे।
प्यार के जल से भरे रुचि के घड़े।
लाड़ ही जब है निछावर हो रहा।
तब निछावर क्यों करें हम चौलड़े ॥ 3 ॥

मान के भूखे किसी मेहमान को।
भेंट क्यों देवें कड़े हीरे-जड़े।
भर उमंगों में बड़े अरमान से।
मान के हम पान लेकर हैं अड़े ॥ 4 ॥

दिव्य दोहे

नीति-गुच्छ

दोहा

अपने अपने काम से है सब ही को काम।
मन में रमता क्यों नहीं मेरा रमता राम ॥ 1 ॥

गुरु-पग तो पूजे नहीं जी में जंग उमंग।
विद्या क्यों विद्या बने किये अविद्या संग ॥ 2 ॥

लाल लाल आँखें करें गुरु को समझें काल।
तदपि लालसा है बनें हम माई के लाल ॥ 3 ॥

माँगे लघुता ही मिली मानस के अनुरूप।
वामन ने की याचना धर कर वामन रूप ॥ 4 ॥

कर पसार वामन लगे जब परसाने पाँव।
वामनता को नहिं मिला वामनता में ठाँव ॥ 5 ॥

क्यों माने मन दान को महि में महिमा वान।
बलि जब बंधन में पड़ा विधि पर हो बलिदान ॥ 6 ॥

खेद रहित है तदपि है करता हमें सखेद।
रख अभेदता भाव में वलि वामन को भेद ॥ 7 ॥

बातें करें अकास की बहक बहक हों मौन।
जो वे बनते संत हैं तो असंत है कौन ॥ 8 ॥

अपने पग पर हो खड़े तजें पराई पौर।
रख बल अपनी बाँह का बनें सबल सिरमौर ॥ 9 ॥

कौन पास उसका करे जिसे नहीं निज पास।
पूज पराये पाँव को किस की पूजी आस ॥ 10 ॥

प्यास कभी जाती नहीं पिये बिना रस ऊख।
भूख भला किस की भगी हरे देख कर रूख ॥ 11 ॥

कोई भला न कर सका खल को बहुत खखेड़।
सुन्दर फल देते नहीं बुरे फलों के पेड़ ॥ 12 ॥

क्या खुल पाये जब गये नीलकंठ! पर टूट।
क्या छूटे जब नहिं सके कुटिल काक से छूट ॥ 13 ॥

चाकर हैं सब चित्त के क्या चकोर क्या कोक।
खिले कमल अवलोक रवि कुमुद मयंक विलोक ॥ 14 ॥

आनन्दित, कर है वही कुमुद हृदय आनन्द।
होवे विविध कलंक से क्यों न कलंकित चन्द ॥ 15 ॥

अपने अपने भाव हैं अपने अपने साथ।
भूले आक-प्रसून पर भोले भोला नाथ ॥ 16 ॥

केसर रंग प्रसंग से फड़के भरे उमंग।
केसरिया बागा पहन बीरकेसरी अंग ॥ 17 ॥

अल्प काल से कंलित है चिर संगति का काल।
केसर-क्यारी कब बना केसर बिलसित भाल ॥ 18 ॥

कहाँ सुबास बसी रही बनी कुबास कुठौर।
कामुकता कस में रहे कल केसर की खौर ॥ 19 ॥

काले रंग में जो रँग होते कुटिल कठोर।
मूँगे सा होता नहीं तो सूगे का ठोर ॥ 20 ॥

विकसित करते नहिं किसे विकच वदन वुध बृन्द।
हिले मिले अलि से रहे कब न खिले अरबिन्द ॥ 21 ॥

भूल भूल है, क्यों कहें उसे बुद्धि अनुकूल।
फूले बिना सफल बने कैसे गूलर फूल ॥ 22 ॥

विधि सा सुत रवि सा सुहृद पा हरि सा आधार।
सार हीन होता रहा सरसिज पड़े तुसार ॥ 23 ॥

काल बना क्यों कमल का क्यों कर सका न प्यार।
तू तुसार यह समझले है असार संसार ॥ 24 ॥

कैसे बारिज पुंज की दहे नहीं वह देह।
हिमकर-अहितू से करे हिम समूह क्यों नेह ॥ 25 ॥

भले बुरे की ही रही भले बुरे से आस।
काँटे हैं तन बेधते देते सुमन सुबास ॥ 26 ॥

पादप-पंक्ति

जो न भले हैं, तो भले कैसे दें फल फूल।
काँटे बोवें क्यों नहीं काँटे भरे बबूल ॥ 1 ॥

है छाया छाया नही, हैं फल चढ़े पहाड़।
ऊँचे बन पाये नहीं सिर ऊँचा कर ताड़ ॥ 2 ॥

रसिक जनों के हैं सधे सरस हृदय से काम।
रसवाले फल दे सके रसवाले तरु आम ॥ 3 ॥

काँटे बिध बिध के न क्यों बेध बेध दें पैर।
बेर नाम है बैर का कैसे करे न बैर ॥ 4 ॥

पत खोकर होती नहीं सुखद सुखों की प्यास।
क्या फूले, दल रहित हो फूले अगर पलास ॥ 5 ॥

अधिक मधुर जो कर सका तेरे फल को पाल।
क्या रसालता तो रही तेरी बिटप रसाल ॥ 6 ॥

रह समीप सुख से हिले बदरी-फल दिन रात।
क्यों विदलित होता रहे कदली-दल का गात ॥ 7 ॥

विपुल थलों को सछबि कर बन बहु मंगल धाम।
बड़े हुए हैं कदलि-दल बड़े बड़े कर काम ॥ 8 ॥

कटुता में पटुता मिली है हित-पटु कटु नीम।
दल हैं नर-दुख दलन रत फल हैं फलद असीम ॥ 9 ॥

ऊंचा होकर भी सका तू चल भली न चाल।
चंचल दल तेरे रहें क्यों चलदल सब काल ॥ 10 ॥

कर देते हैं जी हरा बार बार कर छेड़।
पा कर के पत्ते हरे ए पाकर के पेड़ ॥ 11 ॥

बहु-विनोद-धन से किसे नहिं करता धनवंत।
हरसिंगार की सुरभि से हो सौरभित दिगंत ॥ 12 ॥

पुलकित करती है विपुल बन बन पुलक निवास।
हरसिंगार की दूर से आती सरस सुवास ॥ 13 ॥

हो माई का लाल तो एक लाल है लाल।
कब सेमल लाली रही हो फूलों से लाल ॥ 14 ॥

सेमल हो ऊँचे तदपि हो भूले, कर भूल।
जिनके फल हैं नहिं भले क्या वे सुन्दर फूल ॥ 15 ॥

हैं सुन्दरता सफलता मधुमयता अवलम्ब।
ए कदम्ब-तरु के खिले पीले कुसुम कदम्ब ॥ 16 ॥

कुसुम-क्यारी

भली रही होती अगर भौंरे ही से भूल।
बेले पर फूले नहीं क्यों बेले के फूल ॥ 1 ॥

क्यों फूली है तू बहुत भली नहीं यह बान।
जूही तूही सोच क्या तूटी है छबिवान ॥ 2 ॥

है सुबास सुकुमारता सुन्दरता में लीन।
बेलि चमेली की बने कैसे अलबेली न ॥ 3 ॥

हरे हरे दल में लसे सके नहीं पल भूल।
गेंदे के फूले हुए पीले पीले फूल ॥ 4 ॥

वह तन पाती है नहीं जग में ज्योति-बितान।
होवेगी गुलचाँदनी क्या चाँदनी समान ॥ 5 ॥

दल दमकें चमकें सुमन बन तारक उपमान।
तो होगी गुलचाँदनी क्या चाँदनी समान ॥ 6 ॥

हैं कितने सुन्दर सरस कितने दृग अनुकूल।
रँगे गुलाबी रंग में ए गुलाब के फूल ॥ 7 ॥

किसे नहीं हैं मोहते मिले मनोहर आब।
रंग भरे निखरे खरे सुथरे सरस गुलाब ॥ 8 ॥

ललित ललाम कपोल से बिलसित मंजुल धूल।
हैं अनमोल गुलाब के गोल गोल ए फूल ॥ 9 ॥

मिले बुरों में कब भले यह कहना है भूल।
काँटों में रहते नहीं क्या गुलाब के फूल ॥ 10 ॥

आकुल करते नहिं किसे हो अंगज प्रतिकूल।
दल सकते तन-कीट नहिं बहु दल वाले फूल ॥ 11 ॥

आम आम है प्रकृति से और बबूल बबूल।
काँटे ही काँटे रहे रहे फूल ही फूल ॥ 12 ॥

पाता गुणी समान है मान नहीं गुणहीन।
नाम मिले, गुलचाँदनी हुई चाँदनी सी न ॥ 13 ॥

वैसे ही विकसे रहे रही वैसि ही आब।
काँटों में रह रह हुए नहिं कंटकित गुलाब ॥ 14 ॥

है समानता की नहीं किसी सुमन गें ताब।
हैं गुलाब के फूल से सुन्दर फूल गुलाब ॥ 15 ॥

देख बर-विभव कब हुई प्रमुदित प्रीति बधू न।
नयन-पटल हैं खोलते पाटल रुचिर प्रसून ॥ 16 ॥

जो उस का चाहक नहीं भूरि भाव मय भृंग।
तो चम्पक है काम का कहाँ चम्पई रंग ॥ 17 ॥

कब गौरव से गौरवित हुआ कलंकित गात।
चम्पक बरनी सा बने बनी न चम्पक बात ॥ 18 ॥

देख प्रेम-पथ के नियम मति होती है मौन।
बिकच कुमुदिनी को करे बिना कौमुदी कौन ॥ 19 ॥

आलोकित होवे जगत पा दिनकर आलोक।
प्रमुदित होते हैं कुमुद कुमुद-बंधु अवलोक ॥ 20 ॥

है वह उसका चाव-थल चिर परिचित चित चोर।
सूरजमुखी न मुख रखे क्यों सूरज मुख ओर ॥ 21 ॥

बसुधातल में है बिदित बदन विलोकन बान।
कौन सरोज-मुखी मिली सूरजमुखी समान ॥ 22 ॥

पाते हैं प्यारी सुरभि सारे सुमन अनूप।
न्यारी न्यारी रंगतें न्यारे न्यारे रूप ॥ 23 ॥

उसके दल अनुराग के परम चतुर हैं चौर।
जपा-लालिमा सी मिली कहाँ लालिमा और ॥ 24 ॥

ललना-अधरों पर लगी जिसकी सुललित छाप।
जपा! लालिमा वह मिली कौन मंत्र कर जाप ॥ 25 ॥

बनता है बहु भाव मय निज कुभाव को भून।
हो मुकुन्द-बनमाल में बिलसित कुन्द प्रसून ॥ 26 ॥

त्रिपुर-निकन्दन-मौलि पर चढ़ कदापि मत फूल।
कुन्द! कभी आनन्द के कन्द को न तू भूल ॥ 27 ॥

शिव-तन की समता मिले हो हो ममतावन्त।
कुन्द दन्त सम बन करो मत गौरव का अन्त ॥ 28 ॥

है मानस को मोहती महँ महँ महँक अपार।
मन्द मन्द आती पवन परस परस मन्दार ॥ 29 ॥

सहज बिकचता चित्त की लालच लोचन लोल।
हैं मंजुल मन्दार की मालाओं के मोल ॥ 30 ॥

रसलोलुप अलि-अवलि को वर रस देती जो न।
तो सकती तू सेवती रुचिर रसवती हो न ॥ 31 ॥

उस की प्रेमिक-मधुप को कब न रही परवाह।
नहीं निवारी जा सकी नवल निवारी चाह ॥ 32 ॥

है मदार के फूल में रूप न रंग न बास।
कैसे भला मधुर हृदय मधुकर आवे पास ॥ 33 ॥

है बसती अपकारिता सब में गरल समेत।
पीली हो या लाल हो या कनेर हो स्वेत ॥ 34 ॥

अंधे कर कर वह रही प्रेमिक अलि प्रतिकूल।
मिले धूल में केतकी तेरी सुरभित धूल ॥ 35 ॥

तेरे कांटो से रहे जो छिदते अलि-गात।
तो तू कैसे केतकी बनी कनक-अवदात ॥ 36 ॥

गंध नही रस रूप नहिं है मदांधता-भौन।
औढर-ढरन बिना ढरे आक-कुसुम पर कौन ॥ 37 ॥

मन-मयूर है नाचता मोद मान सउमंग।
श्याम घटा सा देख कर श्यामघटा का रंग ॥ 38 ॥

नयन-विमोहन मधु-सदन मोदमयी महनीय।
कुसुम-कुसुम की कुसुमता है नितान्त कमनीय ॥ 39 ॥

प्यारा लगता है कुसुम बड़ा निराला ढंग।
रहा कब नहीं सोहता तेरा सूहा रंग ॥ 40 ॥

कैसे कोमल हैं कुसुम ए हैं कुलिश समान।
हैं अवेध को वेधते बन अनंग के बान ॥ 41 ॥

तब क्यों आकुल अलि करे कुटज-कुसुम रसपान।
जब करती है माधवी अति मंजुल-मधु दान ॥ 42 ॥

क्या बिकसे बारिज नहीं क्या सरसे नहिं बौर।
घेर घेर हैं घूमते क्यों कनेर को भौंर ॥ 43 ॥

किस में ऐसा है मधुर रूप रंग औ बास।
मधुलोभी मधुकर तजे क्यों माधवी निवास ॥ 44 ॥

हैं सुरंग सुन्दर बड़े अनुपम छबि अनुकूल।
पा न सके मंजुल महँक गुलमेंहदी के फूल ॥ 45 ॥

रंग किसी के पास है रूप किसी के पास।
किसी फूल में ही मिला रूप रंग औ बास ॥ 46 ॥

रहा प्यार के रंग का जगती-तल में जोर।
काले फूल कहीं मिले लाल फूल सब ओर ॥ 47 ॥

प्यारे होंगे भाव को श्याम रंग में बोर।
श्यामघटा की श्यामता सदा रही चित चोर ॥ 48 ॥

हरियाली उनके लिये हुई नहीं अनुकूल।
हरे पेड़ फल दल मिले हरे मिले नहिं फूल ॥ 49 ॥

उजले पीले लाल हैं अथवा नीले आप।
कर देते हैं जी हरा मंजुल कुसुम कलाप ॥ 50 ॥

औरों के कुछ और हों हैं उसके सुखमूल।
हरी लहलही दूब के सहज फबीले फूल ॥ 51 ॥

लोचन खुले बिनोद के बिलसित हुए विवेक।
किसी अमल जल-ताल में विकसे कमल अनेक ॥ 52 ॥

सकल लोकपति-कीर्ति का हैं कर रहे विकास।
उजले उजले फूल से लसे सुविकसित कास ॥ 53 ॥

फूल फूल-जैसे नहीं है न बास का बास।

किसी काम का है नहीं तेरा कास-विकास ॥ 54 ॥
उसका रवि से बैर है इसका रवि से प्यार।
करे कमल-कुल का दलन कैसे नहीं तुसार ॥ 55 ॥

मधुकर

क्या न भरेंगे भाँवरें क्या भूलेंगे झौंर।
क्या तज देंगे कुसुम को कंटक-भय से भौंर ॥ 1 ॥

होती है पुलकित विपुल मिले अतिललित-औक।
विकसित कली गुलाब की अलि-अवली अवलोक ॥ 2 ॥

कहाँ मधुप लोलुप महा चपल अमंजुल गात।
कहाँ गुलाब खिली कली कोमल कल अवदात ॥ 3 ॥

विधि संगत होते नहीं विधि के बहु सम्बंध।
है सुगंध पूरित सुमन मधुप परम मधु अंध ॥ 4 ॥

रंग तुमारा है रुचिर उनके काले अंग।
सुमन तुमारी क्यों पटी कपटी मधुकर संग ॥ 5 ॥

खिले भले ही हों सुमन हो अति सुन्दर रंग।
सदा रहे कृमि-कुल-दलित आकुल अलि से तंग ॥ 6 ॥

पहुँचे को, प्रिय पास है पहुँचाती पहचान।
चंचरीक चित में चुभी चम्पक चम्पकता न ॥ 7 ॥

कैसे तन को बेधते केतकि-कंटक-पुंज।
मिलती मत्त मलिन्द को जो मालती-निकुंज ॥ 8 ॥

फंद में न फँसता अगर आँख न होती बन्द।
है लोलुप मकरन्द का यह मलिन्द मतिमन्द ॥ 9 ॥

है न भलों की नीति यह है न भली यह रीति।
अलि! अलिनी तज की गई क्यों नलिनी से प्रीति ॥ 10 ॥

गूंज गूंज क्यों कुंज में मचा रहा है धूम।
अली घूम है क्यों रहा कली कली को चूम ॥ 11 ॥

ललक ललक बहु कुसुम की लेता है अलि बास।
रस-लोलुप की बुझ सके कैसे रस की प्यास॥ 12॥

प्यार करे अथवा करे चपल मधुप अपकार।
तज न सका सुकुमारता सिरिससुमनसुकुमार॥ 13॥

हो ललाम चाहे सुमन चाहे हो अललाम।
है रस-लोभी मधुप को केवल रस से काम॥ 14॥

आँखों में रज भर गई छिदा बिधा सब गात।
तदपि न है तजता मधुप मधु-पूरित जलजात॥ 15॥

रूप रंग अब नहिं रहा नहीं रही अब बास।
कैसे अलि आवे भला दलित कुसुम के पास॥ 16॥

वह ललामता है नहीं अति आकुल है कोक।
आल कमल-कुल है दलित अलिकुल! लो अवलोक॥ 17॥

आकुल क्यों हो देख लो कुटिल काल उत्पात।
आज हुआ हिमपात से अलिकुल! कमलनिपात॥ 18॥

हुआ परम मद-मत्त अलि कर कर मधु अनुराग।
विहर विहर बहु कुंज में हर हर कुसुम-पराग॥ 19॥

है रसप्रिय की रसिकता है मधुप्रिय मधु-प्यास।
परम बिलासी मधुप का विलसितकुसुमविलास॥ 20॥

दलित हो गये सकल दल सुरभित रही न धूल।
रहा कमल-कुल अब नहीं अलि-कुल के अनुकूल॥ 21॥

बाल-बिलास

भगवान की बड़ाई

जो है हमें बनाने वाला।
उसका है सब काम निराला॥
देखो आसमान के तारे।
कितने हैं आँखों के प्यारे॥
कोई नीला, कोई पीला।
कोई उजला औ चमकीला॥
देखो सूरज को है कैसा।
चाँदी का गोला हो जैसा॥
कैसा प्यारा चाँद बनाया।
जिसने देखा वही लुभाया॥
ठंढी ठंढी हवा बहाई।
जो पेड़ों में हो कर आई॥
यह पानी जो पीने का है।
कितना अच्छा औ मीठा है॥
कर देती है आग हमारा।
काम पका देने का सारा॥
जो यह मिट्टी है दिखलाती।
कितने कामों में है आती॥
रंग रंग के फूल खिलाये।
जिनके ऊपर भौंर लुभाये॥
बड़ा अनूठा औ मनमाया।
चिड़ियों को गाना सिखलाया॥

हरे भरे पत्ते औ डाली।
पेड़ों को दी है हरियाली॥
तुम्हें उसीने आँखें दी हैं।
जिन पर पलकें लगी हुई हैं॥
कान दिये औ नाक बनाई।
जीभ उसी से तुमने पाई॥
हाथ पाँव औ बदन तुम्हारा।
है उसका ही रचा सँवारा॥
लड़को! तुम उसका गुन गावो।
उसको पूजो, उसे मनावो॥
इससे होगा भला तुम्हारा।
पावोगे दुख से छुटकारा॥

सबेरा

उठो लाल आँखों को खोलो।
पानी लाई हूँ, मुख धो लो॥
बीती रात कमल सब फूले।
उनके ऊपर भौरें भूले॥
चिड़ियाँ चहक उठीं पेड़ों पर।
बहने लगी हवा अति सुन्दर॥
नभ में न्यारी लाली छाई।
धरती ने प्यारी छवि पाई॥ 1॥

ऐसा सुन्दर समय न खोवो।
मेरे प्यारे मत अब सोवो॥
भोर हुआ सूरज उग आया।
जल में पड़ी सुनहली छाया॥
मिटा अँधेरा हुआ उँजाला।
किरणों ने जीवन सा डाला॥
जाग जगमगा उठा जगत सब।
मेरे लाल जाग तू भी अब॥ 2॥

जागो प्यारे हुआ सबेरा।
मैं देखूँ हँसता मुख तेरा॥
आँखें खोल कमल बिकसावो।
होंठ हिला कर फूल खिलावो॥
ठुमुक ठुमुक आँगन में डोलो।
किलक बोलियाँ मीठी बोलो॥
मुझे लुभा लो जी उमगा कर।
रुनुक झुनुक पैंजनी बजा कर॥ 3॥

सबेरे के काम

छिप गये तारे बही प्यारी हवा।
खिल गईं कलियाँ; सबेरा हो गया॥
छोड़ कर के ऊँघना लड़को! उठो।
वह न पनपा इस समय जो सो गया॥ 1॥

शौच से आ, हाथ मुँह धो कर, नहा,
जी लगा जगदीश की पूजा करो॥
दीखती सब ओर है जिसकी कला।
तेज से उसके हृदय का तम हरो॥ 2॥

फिर बड़ी ही नम्रता से पास जा,
बन्दना माँ-बाप के पग की करो॥
भक्ति से ले धूल उनके पाँव की,
आँख में अपने मलो, शिर पर धरो॥ 3॥

ठीक रखने के लिये तन की कलें,
नित्य ही थोड़ी बहुत कसरत करो॥
दूध पी कर या कि हलकी वस्तु खा,
निज नसों में बायु फुरतीली भरो॥ 4॥

तब करो वे काम जो हों सामने।
पाठ कर लो याद, या कपड़े पहन—
जो हुआ हो पाठशाला का समय।
तो वहाँ जावो बना उत्फुल्ल मन॥ 5॥

मीठी बोली

बस में जिससे हो जाते हैं प्राणी सारे।
जन जिससे बन जाते हैं आँखों के तारे॥
पत्थर को पिघला कर मोम बनाने वाली।
मुख खोलो तो मीठी बोली बोलो प्यारे॥ 1॥

रगड़ों झगड़ों का कड़वापन खोने वाली।
जी में लगी हुई काई को धोने वाली॥
सदा जोड़ देने वाली है टूटा नाता।
मीठी बोली प्यार-बीज है बोने वाली॥ 2॥

काँटों में भी सुन्दर फूल खिलाने वाली।
रखने वाली कितने ही मुखड़ों की लाली॥
लिपट बना देने वाली है बिगड़ी बातें।
होती है मीठी बोली करतूत निराली॥ 3॥

जी उमगाने वाली, चाह बढ़ाने वाली।
दिल के पेचीले तालों की सच्ची ताली॥
फैलाने वाली सुगंध सब ओर अनूठी।
मीठी बोली है बीछे फूलों की डाली॥ 4॥

बह जाता है उरों बीच सुन्दर रस-सोता।
प्यारा बनता है बन-बसने-वाला तोता॥
बुझ जाती है बैर-फूट की आग धधकती।
मीठी बोली से है जन पर जादू होता॥ 5॥

प्यार-पञ्चक

मेरे प्यारे बेटे आवो

मीठी मीठी बातें कह के
मेरे जी की कली खिलावो॥
उमग उमग कर खेलो, कूदो,
लिपट गले से मेरे जावो॥
इन मेरी दोनों आँखों में
हँस कर सुधा बूंद टपकावो॥ 1॥

प्यारे चिनगारी मत खेलो

फेंको, फेंको, उसको फेंको,
मुझसे एक खेलौना ले लो॥
फेंके देते हो क्यों टोपी?
उसको अपने शिर पर दे लो॥
देखो रोते हैं ए लड़के,
तुम न छीन इनके गहने लो॥ 2॥

तू ने क्यों नन्ही को मारा

कितनी है यह भोली भाली,
कितना है उसका मुख प्यारा॥
दया नहीं क्या होती तुझको?
बही देख आँसू की धारा॥
उसका जी भी तुझ सा ही है
क्या इतना भी नीं विचारा।
वह है छोटी बहिन तुम्हारी,
क्यों न उसे तुमने पुचकारा?
जा कर गले लगा लो उसको
कहना मानो लाल हमारा॥ 3॥

प्यारे! लड़कों को न रुलावो

हँसी खेल के ये पुतले हैं
तनिक न तुम इनको कलपावो॥
प्यार करो; मुख चूमो; मीठी
बातों से इनको बहलावो॥
खिले हुए सुन्दर मुखड़े को
गन कुम्हलाय। फूल बनावो॥ 4॥

बच्चों को तुम जी से चाहो

प्यार करो; आँखों पर ले लो;
पुलकित हो हो उन्हें सराहो॥
उनसे मीठी बोली बोलो,
जिसमें अनुपम लाड़ भरा हो॥
जिससे वे ऐसे विकसित हों,—
जैसे कोई कमल खिला हो॥ 5॥

माता का प्यार

मेरे लाल हमारे प्यारे।
ऐ मेरी आँखों के तारे।
तेरा मुखड़ा भोला भाला।
सुन्दरता-साँचे में ढाला॥
कहीं चन्द्रमा से न्यारा है।
खिले कमल ऐसा प्यारा है।
उसे देख नवनिधि हूँ पाती।
मैं हूँ फूली नहीं समाती॥ 1॥

मेरे प्यारे बेटे आ जा।
मीठी मीठी बात सुना जा।
रस इन कानों में बरसा जा।
सुधा-बूँद इनमें टपका जा॥
तेरी बातें हैं अति प्यारी।
उसमें है मिसरी सी डारी।
तेरी बातें तुतली, भोली।
है अनमोल मोतियों तोली॥ 2॥

प्यारे तू है भोला भाला।
मेरी आँखों का उँजियाला।
नई पौध उपजाने वाला।
कीरत-बेलि उगाने वाला॥
भरा लबालब, बड़ा निराला।
तू है मधुर रसों का प्याला।
जिनकी महक बहुत है आला।
तू है उन फूलों का थाला॥ 3॥

तू है ऐसा लाल हमारा।
जो सब लालों से है न्यारा।
तू है ऐसा रतन हमारा।
जिस पर सब रतनों को वारा॥
तू है खिला गुलाब हमारा।
सब फूलों से सजा सँवारा॥

तू है सुन्दर चाँद हमारा।
सब चाँदों से कोमल प्यारा ॥ 4 ॥

तेरे मुखड़े का उँजियाला।
है अँधियाला खोने वाला।
तेरे हाथों की यह लाली।
है उलझी सुलझाने वाली ॥

तेरी यह प्यारी किलकारी।
हरती है आकुलता सारी।
तेरा मंद मंद मुसकाना।
है जादू करता मन माना ॥ 5 ॥

तू उस सीपी का है मोती।
जिसकी कान्ति दिव्य है होती।
तू है हीरा उस थल वाला।
जहाँ रहे सब काल उँजाला ॥

तू है खिला कमल उस सर का।
जहाँ राज है सरस मधुर का।
नहिं कुम्हला सकता जिसका दल।
तू उस तरु का है सुंदर फल ॥ 6 ॥

प्यारे तू है उसकी कला।
सदा रहा जो फूला फला।
तू है उस साँचे में ढला।
जिसे छू नहीं सकती बला ॥

तू उस पलने में है पला।
जो है बड़ा अनूठा भला।
तू उस पथ पर होकर चला।
जहाँ अलौकिक दीपक बला ॥ 7 ॥

प्यारे तू है उसकी थाती।
जिसका है दुनिया यश गाती।
तू उस बड़ी जाति का है जन।
जिसका जी है जड़ी-सजीवन ॥

तू है उस ऊँचे कुल वाला।
जिसने जग में किया उँजाला।

तू हैं उस पारस ही का कन।
जिसे छू हुआ लोहा कंचन ॥ 8 ॥

जाति सकल आशाओं का थल।
प्यारे है तेरा मुख कोमल।
जब है वह जी खोल उमगती।
तब है तेरा ही मुँह तकती॥

उसकी आँख लालसा वाली।
तेरे मुख की है मतवाली।
रहती है रुचि-भँवरी भूली।
मुख छबि देख कली सी फूली ॥ 9 ॥

माता की ममता

पद

उठो लाल नभ लाली छाई।
खिलीं गुलाब अनूठी कलियाँ
विकसित हो कमलिनि रँग लाई।
पुलकित कर सारा पृथिवीतल
बही पवन प्यारी मन भाई।
हिलीं पत्तियाँ लतिका डोलीं
पेड़ों ने अनुपम छबि पाई।
लगीं चहकने जग कर चिड़ियाँ
चकवी चकवा के ढिग आई।
दिशा हुई आलोकित कुसुमों-
ओर अलि-अवलि आकुल धाई।

2

जागो प्यारे किरणें फूटीं
अति छबि साथ तम निधन करके
छिति तल और छिटिक कर छूटीं।
जगत जगमगा गिरि शिखिरों पर
तरु पर रुचिर जोतियाँ जूटीं।

रजनि-सुन्दरी उर पर लसती
मोती की मालायें टूटीं।

3

मेरे प्यारे आँखें खोलो।
बीती रात छिपे सब तारे
लो पानी अपना मुख धो लो।
वचन तोतले बड़े रसीले
उठकर किलक किलक कर बोलो।
कानों में अपनी जननी के
निपट निराली मिसरी घोलो।
लाल लाल पतले होठों से
बिकसे फूलों की छबि तोलो।
रुनुक झुनुक पैंजनी बजाके
ठुमुक ठुमुक आँगन में डोलो।

कलकेलि

पद

मेरे भोले भाले लड़के।
लाल लाल हैं हाथ तुमारे जैसे टटके पत्ते बड़ के॥
जी करता है चूम उन्हें लूं है उनकी अति भली ललाई।
देख अनूठी प्यारी रंगत भला न किसकी आँख लुभाई॥
गये बनाये हाथ लाल क्यों है इसमें यह सूझ निराली।
इनसे करो काम तुम ऐसे जिनसे बनी रहे मुँहलाली॥ 1॥

तू तो खिलता फूल अभी है।
कभी किलकता औ हँसता है तुतली कहता बता कभी है॥
सबको तुझसे आस बड़ी है तुझको करता प्यार सभी है।
तुझसे रहे जाति-मुँह लाली तू माई का लाल तभी है॥ 2॥

तू सब लालों से है आला।
देखा गया हाथ में तेरे प्रेम-सुधा का सुन्दर प्याला॥

बड़े लाड़ से भली गोद में तू ही सदा गया है पाला।
खुलता है तुझ कुंजी से ही ज्ञानों का पेचीला ताला॥
तुझसा तेज और लालों में किसने कब है देखा भाला।
तेरा ही है रंग निराला तू ही है जगका उँजियाला॥ 3॥

रात का सोना

आ री नींद लाल को आ जा।
उसको करके प्यार सुला जा।
तुझे लाल हैं ललक बुलाते।
अपनी आँखों पर बिठलाते॥
तेरे लिये बिछाई पलकें।
बढ़ती ही जाती हैं ललकें।
क्यों तू है इतनी इठलाती।
आ मैं भी हूँ तुझे बुलाती॥ 1॥

गोद नींद की है अति न्यारी।
फूलों से है सजी सँवारी।
उसमें बहुत नरम मन भाई।
रूई की है पहल जमाई॥
बिछे बिछौने हैं मखमल के।
बड़े मुलायम सुन्दर हलके।
जो तू लाल चाह उसकी कर।
तो तू सो जा आँख मूँद कर॥ 2॥

मीठी नींदों प्यारे सोवो।
सोने की पुतली मत खोवो।
उसकी करतूतों के ही बल।
ठीक ठीक चलती है तन-कल॥
नींद हाथ में है वह डली।
चखा जिसे पर भूख न टली।
उसकी आँखें हैं रस भरी।
वह है सरग लोक की परी॥ 3॥

गिलहरी

कहते जिसे गिलहरी हैं सब।
सभी निराले उसके हैं ढब॥
पेड़ों से नीचे है आती।
फिर पेड़ों पर है चढ़ जाती॥
कुतर कुतर फल को है खाती।
बच्चों को है दूध पिलाती॥
उसकी रंगत भूरी कारी।
आँखों को लगती है प्यारी॥
होती है यह इतनी चंचल।
कहीं नहीं इसको पड़ती कल॥
उछल कूद में है यह जैसी।
दौड़ धूप में भी है वैसी॥
बैठी इस धरती के ऊपर।
दोनों हाथों में कुछ ले कर॥
जब वह जल्दी से है खाती।
तब है कैसी भली दिखाती॥
चिकना चिकना रोआँ इसका।
लुभा नहीं लेता जी किसका॥
मत तुम इसको ढेले मारो।
जी में इतनी बात विचारो॥
कहीं इसे जो लग जावेगा।
तो इसका जी दुख पावेगा॥
अब तक सब ने है यह माना।
जी का अच्छा नहीं दुखाना॥

बन्दर

देखो लड़को! बन्दर आया।
एक मदारी उसको लाया॥
कुछ है उसका ढंग निराला।
कानों में है उसके बाला॥

फटे, पुराने रंग बिरंगे।
कपड़े उसके हैं बेढंगे॥
मुँह डरावना आँखें छोटी।
लम्बी दुम थोड़ी सी मोटी॥
भवें कभी वह है मटकाता।
आँखों को है कभी नचाता॥
ऐसा कभी किलकिलाता है।
जैसे अभी काट खाता है॥
दाँतों को है कभी दिखाता।
कूअ फाँद है कभी मचाता॥
कभी घुड़कता है मुँह बा कर।
सब लोगों को बहुत डरा कर॥
कभी छड़ी लेकर है चलता।
है वही यों ही कभी मचलता॥
है सलाम को हाथ उठाता।
पेट लेट कर है दिखलाता॥
ठुमुक ठुमुक है कभी नाचता।
कभी कभी है टके माँगता॥
सिखलाता है उसे मदारी।
जो जो बातें बारी बारी॥
वे सब बातें वह करता है।
सदा उसीका दम भरता है॥
देखो बन्दर सिखलाने से।
कहने, सुनने, समझाने से॥
बातें बहुत सीख जाता है।
कई काम कर दिखलाता है॥
फिर लड़को, तुम मन देने पर।
भला क्या नहीं सकते हो कर॥
बनो आदमी तुम पढ़ लिखकर।
नहीं एक तुम भी हो बन्दर॥

बहन

देखो लड़को! बहन तुम्हारी।
कैसी है भोली औ प्यारी॥
उसके हाथ पाँव ए छोटे।
पतले पतले थोड़े मोटे॥

लाल लाल औ गोरे गोरे।
जैसे किसी रंग के बोरे॥
कितने आँखों को हैं भाते।
कैसे हैं अच्छे दिखलाते॥

उसका धीरे धीरे चलना।
कभी खेलना, कभी मचलना॥
दो दो दाँतों को दिखलाकर।
उसका हँसना कुछ मुसकाकर॥

तुतली बातें प्यारी प्यारी।
उसका कहना बारी बारी॥
भला नहीं किसको ठगता है।
किसे नहीं प्यारा लगता है॥

उसे खेलौना जब देते हो।
था जब उसे गोद लेते हो॥
तब वह कैसा खिल जाती है।
कैसी प्यारी दिखलाती है॥

तुम उसको मत कभी रुलावो।
मत छेड़ो मत उसे डरावो॥
जो है इतनी भोली भाली।
थोड़े में खुश होने वाली॥

बुरी बात है उसे रुलाना।
उसे छेड़ना और खिजाना॥
बातों से उसको बहलावो।
प्यार दिखाकर हँसो हँसावो॥

अच्छे लड़के तभी बनोगे।
औ सब के प्यारे तुम होगे॥

कोयल

काली काली कू कू करती।
जो है डाली डाली फिरती॥
कुछ अपनी ही धुन में ऐंठी।
छिपी हरे पत्तों में बैठी॥
जो पंचम सुर में है गाती।
वह ही है कोयल कहलाती॥
जब जाड़ा कम हो जाता है।
सूरज थोड़ा गरमाता है॥
तब होता है समा निराला।
जी को बहुत लुभाने वाला॥
हरे पेड़ सब हो जाते हैं।
नये नये पत्ते पाते हैं॥
कितने ही फल औ फलियों से।
नई नई कोंपल कलियों से॥
भली भाँति वे लद जाते हैं।
बड़े मनोहर दिखलाते हैं॥
रंग रंग के प्यारे प्यारे।
फूल फूल जाते हैं सारे॥
बसी हवा बहने लगती है।
दिशा सब मँहकने लगतीं है॥
तब यह मतवाली हो होकर।
कूक कूक डाली डाली पर॥
अजब समा दिखला देती है।
सबका मन अपना लेती है॥
लड़को! जब अपना मुँह खोलो।
तुम भी मीठी बोली बोलो॥
इससे कितने सुख पावोगे।
सबके प्यारे बन जावोगे॥

एक गुलाब का फूल

देख फूला एक फूल गुलाब का।
तोड़ उसको एक लड़के ने लिया॥
इस सितम को देख बोला फूल यों।
यह अरे बे पीर! तू ने क्या किया? ॥ 1 ॥

क्या समझा सकता नहीं यह बात तू?
धूल में मेरी मिली चाहें सभी॥
आज तू ने छीन जो मुझ से लिया।
पा सकूँगा मैं न अब उसको कभी ॥ 2 ॥

हँस न पाया था कि रोने की पड़ी।
कुछ न देखा और आँखे बंद की॥
आह! तेरे ही किये सब पंखड़ी।
खिल न पाई थीं कि कुम्हलाने लगीं ॥ 3 ॥

है समझता जीव मुझ में है नहीं।
और दुख-सुख भी नहीं होता मुझे॥
भूल है यह, पंडितों से पूछ ले।
भेद इसका वे बता देंगे तुझे ॥ 4 ॥

क्या हरी निज पत्तियों में मैं तुझे?
छबि दिखाता था न, या भाता न था।
क्या वहीं से ही महक मेरी भली।
तू सहारे वायु के पाता न था ॥ 5 ॥

किस लिये फिर यों सताया मैं गया।
जी न बहलाना तुझे यों चाहिये॥
इस तरह क्या चाहिये करना बंदी।
कोट-कुर्ते की सजावट के लिये ॥ 6 ॥

है भला किस काम का, पत्थर पड़े।
दूसरों को पीस कर जो सुख मिले॥
आग कल लगते अभी उस में लगे।
और का दुख देख जो मुखड़ा खिले ॥ 7 ॥

ठूँठ हो डंठी खड़ी है रो रही।
मैं कलपता हूँ कलेजा थाम कर॥
कुछ घड़ी में पंखड़ी नुच जायगी।
धुल पर मैं लोटता हूँगा बिखर॥ 8॥

अब मिलेंगी वे न प्यारी पत्तियाँ।
जो गले लग प्यार दिखलाती रहीं॥
वे अनूठी डालियाँ फूलों भरी।
गोद में अब ले खेलायेंगी नहीं॥ 9॥

वे हमारे संग वाले फूल सब।
पास बैठे जो कि जाते थे खिले॥
अब हमें देंगे दिखाई भी नहीं।
हम रहे जिनसे बहुत दिन तक हिले॥ 10॥

चुम जायेंगी न आ आ तितलियाँ।
गीत भौंरे भी सुनायेंगे न गा॥
कौन देखेगा हमारी ओर अब।
चौगुनी चाहें भरी आँखे लगा॥ 11॥

वह बड़ा सुन्दर सबेरे का समाँ।
जब कि मैं जी खोल करके था खिला॥
अब नहीं मैं देख पाऊँगा कभी।
आह मैं किससे करूँ इसका गिला॥ 12॥

कौन है दुख दूसरों का जानता।
निज सुखों में सब सदा भूला रहा॥
मर मिटे कोई बला से मर मिटे।
कब न मानव रुचि-तरंगो में बहा॥ 13॥

है जनम तेरा उसी कुल में हुआ।
है बड़प्पन का जिसे दावा बड़ा॥
पर हुआ क्या, आज तेरे हाथ से।
एक को योंही सभी खोना पड़ा॥ 14॥

बीतती जो आज तुझ पर इस तरह।
तो समझ सकता पराई पीर तू॥

जो लगा होता तुझे, तो और को।
मार सकता था नहीं यों तीर तू ॥ 15 ॥

जो कि होना था हुआ, मैं इसलिये–
अब नहीं कुछ और कहना चाहता ॥
पर तुझे यह बात बतलाये बिना–
है नहीं मन भी हमारा मानता ॥ 16 ॥

जी बिना मैं हूँ नहीं, जड़ मैं न हूँ।
दुख दरद से भी बचा हूँ मैं नहीं ॥
तोड़ लेना इसलिये योंही मुझे।
है बहुत से पाप से बढ़ कर कहीं ॥ 17 ॥

दूर करने के लिये दुख और का।
लोक के हित में लगाने के लिये ॥
फूल पत्ते तुम भले ही तोड़ लो।
देवताओं पर चढ़ाने के लिये ॥ 18 ॥

पर कभी योंही उन्हें मत तोड़ना।
है बुरा यह और निठुराई निरी ॥
किस लिये है और पर ढाते विपत।
हो न सहते आँख की जब किरकिरी ॥ 19 ॥

क्यों मुझी पर इस तरह जी आ गया।
फूल फूले हैं यहाँ पर तो सभी ॥
क्या कहें, किससे कहें कैसे कहें।
रूप गुण भी पीस देता है कभी ॥ 20 ॥

जुगनू

चौपदे

लो पकड़ लड़को जुगनुओं को न तुम।
हाथ में पड़ हैं मुसीबत झेलते ॥
खेलते तुम लोग अपना खेल हो।
वे विचारे जान पर हैं खेलते ॥ 1 ॥

तंग लड़को जुगनुओं को मत करो।
ए तुम्हें अपना समझते काल हैं॥
सोच लो तुम हो किसी के लाल तो।
रात के गोदी भरे ए लाल हैं॥ 2॥

खिलाफूल

आज यह बात हम बतायेंगे।
है खिला फूल किस लिये भाता॥
किस लिये आँख में बसा है वह।
किस लिये मान है बहुत पाता॥ 1॥

ऊबता है कभी न काँटो में।
देखते हैं सदा उसे हँस मुख॥
पास आये खुली महँक उसकी।
कौन पाता नहीं निराला सुख॥ 2॥

रंग उसका सदा रहा प्यारा।
ढंग भी कब मिला न मन–भाया॥
फिर उसे क्यों न लोग चाहेंगे।
मान गुण से न हाथ कब आया॥ 4॥

कुछ बूंदियाँ

चौपदे

थी बरसना चाहती छाई घटा।
किन्तु तो भी थी बहुत बूंदे अड़ीं॥
बेतरह उनमें मची थी खलबली।
देख यह कुछ बूंदियाँ यों कह पड़ी॥ 1॥

किस लिये बहनो! बता दो हो अड़ी।
तुम सबों ने क्यों गँवा सहसा दिया॥
क्या कहेंगे लोग जी में सोच लो।
जो न धरती को बरस कर तर किया॥ 2॥

है यहाँ मिलती बड़ी सुथरी हवा।
है यहाँ कुछ और ही नभ की छटा॥
श्याम रंगत की बड़ी मनमोहनी।
बादलों की है यहाँ बाँकी अटा॥ 3 ॥

खूब चंचल दौड़ने वाली बड़ी।
जो बहुत ही हम सबों से है हिली॥
घूमती दिन रात हैं जिस पर चढ़ी
मन चली घोड़ी हवा की है मिली॥ 4 ॥

साड़ियाँ देती पिन्हा हैं सतरँगी।
सामने पड़ रँग बिरंगी रवि-किरन॥
चित्त किस का मोह जाता है नहीं।
देखकर जिनकी बड़ी न्यारी फबन॥ 5 ॥

हैं यहाँ पर मिल रहे सुख नित नये।
पर न तब भी आपदा सकती है टल॥
हैं डरा देते गरज कर के जलद।
कौंध कर बिजली बनाती हैं बिकल॥ 6 ॥

फिर सहमना हो नही सकता भला।
जोहती है हम सबों का मुख धरा॥
पा हमें पौधे बड़े होंगे सुखी।
कितने ही सूखा बदन होगा हरा॥ 7 ॥

है वहाँ पर भी नहीं सुख की कमी।
फूल खिल कर गोद में लेंगे हमें॥
मोतियों की सी दमक दिखलायेंगे।
नोक पर तृणा की हमारे कण थमे॥ 8 ॥

जो नहीं हम सब दिखायेंगी दया।
हो सकेगा किस तरह शीतल अचल॥
बढ़ सकेंगी किस तरह नदियाँ घटी।
सूखता सर किस तरह होगा सजल॥ 9 ॥

प्यास धरती की बुझेगी किस तरह।
कर सकेगा ऊसरों को कौन तर॥
जी सकेंगी ये बेचारी दूब क्यों।
चातकों की किस तरह होगी बसर॥ 10 ॥

है सदा से ही जगत की रीति यह।
काम एक से दूसरे का है चला॥
भूमि वालों की भलाई के लिये।
धूल में मिल जाँय तो भी है भला॥ 11॥

काम इतनी बात से ही हो गया।
भरा भरा कर साथ सब बूँदें गिरीं॥
हो गई आनन्द-मय सारी धरा।
मोद की सब ओर डौंड़ी सी फिरी॥ 12॥

फूल और काँटा

हैं जनम लेते जगह में एक ही।
एक ही पौधा उन्हें हैं पालता॥
रात में उन पर चमकता चाँद भी।
एक ही सी चाँदनी है डालता॥ 1॥

मेह उन पर है बरसता एक सा।
एक सी उन पर हवायें हैं बहीं॥
पर सदा ही यह दिखाता है हमें।
ढंग उनके एक से होते नहीं॥ 2॥

छेद कर काँटा किसी की उँगलियाँ।
फाड़ देता है किसी का वर बसन॥
प्यार-डूबी तितलियों का पर कतर।
भौंर का है बेध देता श्याम तन॥ 3॥

फूल लेकर तितलियों को गोद में।
भौंर को अपना अनुठा रस पिला॥
निज सुगंधों औ निराले रंग से।
है सदा देता कली जी की खिला॥ 4॥

है खटकता एक सब की आँख में।
दूसरा है सोहता सुर-शीश पर॥
किस तरह कुल की बड़ाई काम दे।
जो किसी में हो बड़प्पन की कसर॥ 5॥

चुगली

चौपदे

बुरा है, औ है हलकापन।
छिछोरेपन का है बाना।
खुला मैलापन है जी का।
नीचपन है चुगली खाना ॥ 1 ॥

अँधेरे को पा करके ही।
खोलता पर है चिमगादड़।
समझ के अंधेपन में ही।
बेलते हैं चुगले पापड़ ॥ 2 ॥

दाँव के लग जाने पर ही।
काम कर जाती है चुगली।
नहीं तो उलटे दाँत तले।
दाबनी पड़ती है उँगली ॥ 3 ॥

गिरा हम क्यों न आँख से दें।
दूसरों को चुगली खाकर
पर चलेगा कब तक सोचो।
नाव कागज की पानी पर ॥ 4 ॥

फँसा दे क्यों न जाल में ही।
तुम्हारी चुगली का दाना।
तुम्हें भी जाना पड़ेगा तब।
पड़ेगा जब मुँह की खाना ॥ 5 ॥

चुगलियाँ कर लथेड़ कर के।
किसी को हम ने क्या पाया।
लगा कर मरदीने धौलें।
हमें जो नीचा दिखलाया ॥ 6 ॥

और की चुगली करने को।
कुराहों में जो पाँव जमे।
पछाड़ा हमने क्या उसको।
उसी ने लिया पछाड़ हमें ॥ 7 ॥

पीठ पीछे जो मुहँ खोले।
कौन उसका सा है ढोंगी।
चला का छिप कर के चोटें।
सामने आँखे क्यों होंगी ॥ 8 ॥

ओर की पत उतारने के।
काम में चुगली आती है।
मगर पत ऐसे लोगों की।
उतर पहलेही जाती है ॥ 9 ॥

जब कि वे मन के रोगों से।
बने ही रहते है रोगी।
तब भला चुगले लोगों की।
क्यों न मिट्टी पलीद होगी ॥ 10 ॥

हलकापन

चौतुका

सुनो जीसे बातें मेरी।
न देखो बँटने पावे मन ॥
बताये देता हूँ तुम को।
किसे कहते हैं हलकापन ॥ 1 ॥

तनिक सी हवा लगे से ही।
डोल जाता है तिनका तन ॥
इसलिये थोड़ी बातों में।
बिगड़ पड़ना है हलकापन ॥ 2 ॥

फूँक के लग जाने पर ही।
चंग जाता है भूआ बन ॥
किसी के बात फेंकने पंर।
बहक जाना है हलकापन ॥ 3 ॥

मान मरजादा से भारी।
भला कब हो सकता है धन ॥

किसी को दम-झंसा देकर।
मूंड़ लेना है हलकापन ॥ 4 ॥

एक दो हलकी पेचक से।
पतंगे ही जाती हैं तन ॥
चार पैसा हो जाने पर।
तने फिरना है हलकापन ॥ 5 ॥

दूध के दूहे जाने पर।
वह नहीं रह जाता है थन ॥
दूसरों से दुखड़ा कह कर।
भरम खोना है हलकापन ॥ 6 ॥

थिर नहीं रह सकता यकदम।
हिला ही करता है छन छन ॥
जीभ को पीपल का पत्ता।
बना लेना है हलकापन ॥ 7 ॥

बिनौलों के कढ़ जाने पर।
रहा रूई का वह न वजन ॥
भेद की या निज की बातें।
बहस करना है हलकापन ॥ 8 ॥

तौल कर देखो, क्यों होगा।
अदब सा भारी ओछापन ॥
बड़े बूढ़ों से भिड़ जाना।
बहस करना है हलकापन ॥ 9 ॥

नहीं मुँह में डाला जाता।
गिर गया है मुँह से जो कन ॥
दे दिया गया किसी को जो।
उसे रखना है हलकापन ॥ 10 ॥

हँसी खेल के पुतले

सार

किलक किलक कर कानों को हैं प्यारी सुधा पिलाते।
ललक ललक कर लोचन को हैं बार बार ललचाते ॥
गा गा मन माने गीतों को मनको हैं हर लेते।
बजा पिपिहरी पत्तों बिरची हैं मोदित कर देते ॥ 1 ॥

नाच नाच कर मंजु मोर सा ठुमक ठुमक हैं चलते।
उमग उमग कर भर उमंग में हैं कुदते उछलते ॥
गूंज रहे हैं भँवरों जैसा भर भाँवरें निराली।
कूक रहे हैं कोयल का सा बजा रहे हैं ताली ॥ 2 ॥

देख देख तितली की रंगत हैं अपने तन रँगते।
चिड़ियों के चहचहे सुने, हैं आप चहकने लगते ॥
तोड़ तोड़ मीठे मीठे फल हैं खाते सुख पाते।
फूलों के रच रुचिर खिलौने फूले नहीं समाते ॥ 3 ॥

नचा नचा कर लट्ट उस पर हैं लट्टू हो जाते।
फिरकी के समीप फिर फिर हैं फिरकी से दिखलाते ॥
बोल बोल कर बचन रसीले बड़े अनुठे तुतले।
हँस हँस कर के खेल रहे हैं हँसी खेल के पुतले ॥ 4 ॥

आधुनिक कवि

आँसू गिरना

किसलिये कढ़ें कलेजे से।
गल के क्यों न गिरें आँसू।
कभी दुख जलन न हटें जिससे।
न तो उमड़ें न गिरें आँसू।।२।।

किसी की आँखों में आ कर।
दिल से क्यों न गिरें आँसू।
देश की गिरी दशा देखो।
गिराये क्यों न गिरें आँसू।।३।।

अयोध्या सिंह उपाध्याय —
हरिऔध —

दो-चार बातें

आज बोलचाल की कुछ चुनी हुई रचनाएँ लेकर आया हूँ। मैं नहीं कह सकता, ये पसन्द आवेंगी या नहीं। न आवें, मुझको इसकी परवाह नहीं। अपनी-अपनी रुचि ही तो है, किसे अपनी रुचि प्यारी नहीं? जब पेड़ों पर बैठकर चिड़िया गीत गाने लगती है, मीठी तानें छेड़ती है, तब क्या वह यह सोचती है कि मेरे गीत को सुनकर कोई रीझेगा या नहीं, कोई वाह-वाह कहेगा या नहीं! कोई भले ही न रीझे, कोई भले ही न वाह-वाह करे पर वह गाती है, मस्त हो-होकर गाती है। क्या यह मस्ती ही उसके लिए सब कुछ नहीं? अपने आपको रिझाने में क्या कोई मज़ा नहीं, क्या कोई आनन्द नहीं! है, बड़ा मज़ा है। बड़ा आनन्द है। यह अपनी रीझ ही तो औरों के जी में जगह करती है, आप रीझकर औरों को रिझाती है। दिल से दिल को राह है। फूल पहले आप खिलते हैं, पीछे औरों के दिल को खिलाते हैं। कोयल कैसी काली कलूटी है, न रूप, न रंग, न अच्छा ढंग, चालाक भी वह परले सिरे की है, कौओं की आँखों में वही उँगली करती है, पर कूक कर किसको नहीं मोह लेती? उसके कण्ठ में जादू है, तानों में दर्द। जब बोलती है, मनों को मोह लेती है। गुण का कहाँ आदर नहीं। जहाँ गुण है, वहाँ मान है। गुण चाहिए, पूछ क्यों न होगी।

दुनिया दुरंगी है या एकरंगी, या बहुरंगी। क्या कहूँ, कुछ समझ में नहीं आता। कोई उसे बुरी बतलाता है, कोई अच्छी। कहीं उजियाला है, कहीं अँधियाला। कहीं फूल हैं, कहीं काँटे। कहीं हरा-भरा मैदान है, कहीं बालुओं से भरा रेगिस्तान। कहीं सुख है, कहीं दुःख। कहीं दिन है, कहीं रात। कहीं बगले हैं, कहीं हंस। कहीं कोयल हैं, कहीं कौवे। कहीं बधावे बजते हैं, कहीं रोना-पीटना पड़ा रहता है। कहीं पर घर उजड़ता है, कहीं महल खड़े होते हैं। कहीं सोहर उठता है, कहीं सिर धुने जाते हैं। किसी के मुँह से फूल झड़ता है, कोई आग उगलता है। कुछ लोग ऐसे हैं, जो दूसरों की भलाइयाँ देखकर फूले नहीं समाते। कुछ ऐसे हैं जो औरों की बुराइयाँ करके ही आसमान के तारे तोड़ते हैं। किसी का दिल ऐसा बना है, जो दूसरों की दुःखों की आँच से मोम-सा पिघलता है, किसी का कलेजा पत्थर को भी मात करता है। किसी के जी में मिठास मिलती है, किसी के जी में कड़वापन। कुछ लोग ऐसे हैं जो दूसरों को फला-फूला देखकर खिलते हैं, रोते को हँसाते

हैं, उलझनों को सुलझाते हैं, बिगड़ी बनाते हैं, और पराये हित के लिए जान हथेली पर लिए फिरते हैं। कोई ऐसा है, जो औरों का लहू चूसकर अपनी प्यास बुझाता है, दूसरों का गला घोंटता है, और किसी का घर उजड़ता देख अपने घर में घी का चिराग़ बालता है। कीने वाले दिलों की बात ही निराली है। वे साँप की तरह डसते हैं और अवसर मिले तो औरों का कचूमर निकाल देते हैं। पाजियों की बात मत पूछिए, वे थोड़ी बातों में ही जामे से बाहर हो जाते हैं। जब किसी पर बिगड़ते हैं, पेट की सारी गन्दगी निकाल कर सामने रख देते हैं। किसी पर क़लम उठ गया तो आफ़त आ गयी। बेचारे की गत बना दी जाती है। बुरी-बुरी गालियाँ दी जाती हैं, फूहड़ बातें कही जाती हैं; दिल का कालापन काग़ज़ पर फैला दिया जाता है, चाहे मोती पिरोने वाली लेखनी के मुँह में सियाही भले ही लग जाय। ये बातें सच हैं। पर बुरों से भी भला, भलों से भी बुरा होता है। जो किसी काम के नहीं होते, उनका काम भी कितनों की आँखें खोलता है। और जो बड़े काम के होते हैं, उनका काम भी कभी काम का नहीं होता। कौवे किसी काम के न हों, पर कोयल के बच्चे उसी की गोद में पलते हैं। साँप कितना ही डरावना क्यों न हो, पर मणि उसके ही सिर में मिलती है। एक गाली बकने वाला अपना मुँह बिगाड़ता है, पर कितनों के कान खड़े करता है। एक के सिर पर चढ़ा भूत दूसरे के सिर का भूत उतारता है। एक नंगा कितनों की आबरू बचाता है। डूब कर पानी पीने वालों के गले में अटकी मछली कितनों का कान मलती है और बहुतों का पानी रखती है। मिट्टी में हीरे मिलते हैं, बालू में सोना। कीचड़ में कमल, और काँटों में फूल। अँधियाले से उजाले की परख होती है और कड़वी नीम मिठाई का मोल बतलाती है।

मतलब यह कि 'रचनाओं' को इन झगड़ों से छुटकारा नहीं। जहाँ उसे भली आँख से देखने वाले होंगे, वहीं उसे टेढ़ी आँख से ताकने वाले भी मिलेंगे। वे किसी जी में अगर गड़ेंगी तो किसी आँख में खटकेंगी भी। कोई उन्हें चाहेगा, तो कोई बुरा कहेगा। दुनिया के ये पचड़े हैं, इनसे कौन बचा? इसीलिए मैं इन बातों के फेर में नहीं पड़ता। थूकने वाले सूरज पर भी थूकते हैं, चाहे उनका थूक उनके मुँह पर ही क्यों न गिरे।

कहा जा सकता है, यह ठीक है। पर समय को देखना चाहिए, लोगों के तेवर पहचानने चाहिए। सोचना चाहिए कि हवा कैसी चल रही है, किधर जा रही है। दुनिया का रंग क्या है, देश वाले क्या चाहते हैं। लोगों की तबीअत कैसी हो गयी है, नयी उमंग वालों को क्या पसन्द है, उनका झुकाव किस ओर है। जो हवा को देखकर पाल नहीं तानता, उसका बेड़ा पार नहीं होता। आज दिन बोलचाल का बोलबाला नहीं, उसकी धूम नहीं, जैसी चाहिए वैसी पूछ नहीं। ऐसी हालत में उसी पर मरना, उसी का दम भरना, उसका रंग जमाने के लिए हाथ-पाँव मारना क्या ठीक है? जब लोग कहते हैं, हिन्दी में बिना संस्कृत शब्दों का पुट दिए, उर्दू में बिना फ़ारसी और अरबी के लफ़्ज़ों से काम लिए,

भाषा में चुस्ती नहीं आती, और न जैसी चाहिए वैसी वह चटपटी बनती है। इतना ही नहीं, वह एक तंग घेरे में घूमती रहती है। न वह हाथ-पाँव निकाल पाती है, और न आगे ही बढ़ सकती है। तब क्या इधर ध्यान न देना, और अपनी ही धुन में मस्त रहना चाहिए? मैं कहूँगा, मेरे इरादों के समझने में धोखा हुआ है, और कुछ का कुछ समझा गया है। मैंने कब संस्कृत अथवा फ़ारसी अरबी शब्दों के बायकाट करने की सलाह दी? मैं तो ऐसा नहीं चाहता। जो काम मैं अपने आप करता हूँ, उसके न करने की राय मैं दूसरों को क्यों दूँगा? बोलचाल की मेरी जितनी कविताएँ हैं, उनसे चौगुनी रचनायें दूसरी तरह की हैं। मैं यह भी नहीं कहता कि समय का रंग न देखा जावे, और न हवा का रुख पहचाना जावे। मेरा यह विचार भी नहीं है कि बिना दुनिया का रंग देखे, बिना देश वालों का ढंग पहचाने, बिना नौजवानों की नाड़ी टटोले, बिना लोगों के तेवर की जाँच-पड़ताल किये, बिना माँगे, बिना ज़रूरत टाँग अड़ाई जावे, और कुछ का कुछ किया जावे। क्या ऐसा करना समझदारी होगी? समय बदलता रहता है, उसके साथ बातें भी बदलती रहती हैं। चाल-ढाल, रंग-ढंग और रीति-रिवाज का भी कायापलट होता है। जो इसको नहीं समझता, मुँह की खाता है, दुनिया में पनप नहीं सकता। इसलिए मैं वह रास्ता नहीं पकड़ सकता, जो उलटा हो, समय के साथ न चलता हो। बोलचाल का राग अलापना, समय के साथ ही सुर मिलाना है। बेसुरी तानें नहीं छेड़ना है। मैं बतलाऊँगा कि कैसे—

वह भाषा जीती नहीं रहती, जो बोलचाल की नहीं होती। संस्कृत के बाद प्राकृत और प्राकृत के बाद हिन्दी क्यों सामने आयीं? इसलिए कि वे दोनों बोलचाल से दूर पड़ गयीं। आज दिन जिस भाषा में हिन्दी या उर्दू लिखी जा रही है, वह कहाँ की भाषा है? किस जगह बोली जाती है? कहीं नहीं। अगर यही ढंग रहा तो हिन्दी या उर्दू कितने दिन जीती रहेंगी? दोनों उस ओर जा रही हैं, जिधर उनके लिए ऐसे बड़े-बड़े गड्ढे हैं, जिनमें गिर कर वे चूर-चूर हो जाएँगी, उनका पता भी न लगेगा। क्या लोग यही चाहते हैं? मैं समझता हूँ, ऐसा कोई नहीं चाहता। दोनों ही अपनी-अपनी भाषा को जीती देखना चाहते हैं। दोनों ही चाहते हैं कि वह फूले-फले।

फिर अगर मैं ऐसी बात बतलाता हूँ, जिससे माँगी मुराद मिले, आयी बला काई की तरह फट जावे, तो भलाई करता हूँ कि बुराई? उन भाषाओं को ठीक रास्ते पर ले चलता हूँ, या उन्हें अन्धे कुएँ में गिराता हूँ? मैं यह जानता हूँ कि जब ऐसी किताबें लिखी जाती हैं, जिनमें पेचीदगी होती है, बड़े-बड़े मसले हल करने होते हैं, जिनमें बारीकियाँ होती हैं, उलझनों का सामना करना पड़ता है, बाल की खाल निकालनी पड़ती है, एड़ी-चोटी का पसीना एक करना पड़ता है, जो दर्शन या विज्ञान की होती हैं, या इसी तरह के पचड़ों से भरी रहती हैं, बोलचाल की भाषा में उनका लिखना आसान नहीं। उनमें संस्कृत के शब्द या अरबी फ़ारसी के लफ़्ज़ लेने ही पड़ेंगे। उनसे छुटकारा नहीं, और न मैं इस बारे

में उँगली उठाता हूँ। ऐसा ही होना चाहिए, क्योंकि पहाड़ों में पत्थर और लोहे की खानों में लोहे रहेंगे ही। पर जो किताबें पब्लिक के लिए लिखी जाती हैं, जिनमें इस तरह के बखेड़े नहीं होते, उनका बोलचाल में लिखा जाना ही ठीक है। क्योंकि सीधी-सादी बातों को सीधी-सादी होना चाहिए। घरेलू बातों में घर की बोलचाल का ही रंग रहना चाहिए। उठते-बैठते, चलते-फिरते, एक-दूसरे के साथ बोलते हुए, काम-काज में, जो शब्द मुँह पर आते रहते हैं, उनकी जगह ऐसे शब्दों को लिखना, जिनसे जान-पहचान नहीं, भाषा को बनावटी बनाना और उस सुभीते से हाथ धोना है, जो हमारे बड़े काम की है।

कहा गया है, संस्कृत, फ़ारसी और अरबी शब्दों के आये बिना बोलचाल की भाषा चुस्त नहीं होती। यह अपने-अपने पसंद की बात है। पर असलियत असलियत है और बनावट बनावट। फूल की असली रंगत पर रंग चढ़ाकर उसे हम सुन्दर नहीं बना सकते, और न उसमें अनूठापन ला सकते हैं। पेड़ों के हरे पत्तों की हरियाली को हरे रंग से रँग कर अगर हम उसके रंग को चटक बनाना चाहेंगे तो धोखा खाएँगे, मन की न कर पाएँगे। उन्हें बिगाड़ेंगे, सँवारेंगे नहीं। दूसरी बात यह कि बोलचाल की भाषा का मतलब ठेठ हिन्दी नहीं है। ठेठ हिन्दी बोलचाल की भाषा नहीं हो सकती।

बोलचाल की भाषा वह है, जिसे सब लोग बोलते हैं। बोलचाल में अगर संस्कृत, अरबी क्या अँगरेजी, लैटिन, ग्रीक के भी शब्द आ गये हैं, तो उनका बायकाट नहीं किया जा सकता। आजकल बोलचाल में कचहरी, रेल, तार, डाक आदि ऐसे शब्द मिल गये हैं, जो अँगरेजी या योरप की दूसरी भाषाओं के हैं, क्या इन्हें अब निकाल बाहर किया जा सकता है। यदि इनको निकाल बाहर करेंगे और इनकी जगह पर गढ़कर नये शब्द रखेंगे तो, वह बोलचाल की भाषा भी न रह जायगी एक बनावटी भाषा बन जायगी।

बोलचाल की हिन्दी में बहुत-से असली संस्कृत फ़ारसी, अरबी के शब्द हैं। 'सुख', 'रोग', 'मन', 'धन', आदि संस्कृत के, और 'ख़बर', 'लात', 'नेकी', 'बदी', 'मामिला', आदि फ़ारसी-अरबी के शब्द हैं। योरप की भाषा के कुछ शब्द मैं ऊपर लिख आया हूँ। बोलचाल की भाषा लिखने में अगर इन शब्दों या ऐसे ही दूसरे शब्दों को हम अलग रखना चाहेंगे तो जो भाषा हम लिखेंगे, वह बोलचाल की भाषा रहेगी ही नहीं। वह तो एक ऐसी भाषा होगी जिसें हम ठेठ हिन्दी भले ही कह लें। हिन्दी भाषा ऐसे शब्दों से बनी है, जिन्हें हम संस्कृत के तद्भव शब्द कहते हैं। ये तद्भव शब्द हजारों बरसों का चक्कर काटने के बाद इस रंग में ढले हैं। 'हस्त' से 'हत्थ' और 'हत्थ' से 'हाथ' बना है, इसी तरह 'कर्म्म' से 'कम्म' तब 'काम'। संस्कृत के ऐसे ही शब्द हिन्दी के जन्म देने वाले हैं। उसमें कुछ देशज शब्द 'गोड़' 'टाँग' आदि भी मिलते हैं। जब काम पड़ने पर अरबी, फ़ारसी आदि के भी बहुत-से शब्द हिन्दी में मिल गये तब कुछ लोग उसे उर्दू कहने लगे, पर है वह हिन्दी ही।

अब इसमें बहुत-से अँगरेज़ी और योरप की दूसरी भाषाओं के शब्द भी मिल गये हैं। उर्दू-हिन्दी का झगड़ा मिटाने के लिए कुछ लोग अब इसे हिन्दुस्तानी कहते हैं। इससे कुछ बनता-बिगड़ता नहीं। हिन्दी कहें चाहे हिन्दुस्तानी, दोनों का मतलब एक ही है। यही हिन्दी अब खड़ी बोली का लिबास पहनकर बहुत दूर तक फैल गयी है। लगभग हिन्दोस्तान भर में समझी जाने लगी है। इसका फरेरा इन दिनों इस देश के उन कोनों में भी उड़ने लगा है, जहाँ अब तक उसकी पहुँच नहीं थी। फिर अगर मैं बोलचाल की तरफ़ लोगों को ले जाता हूँ, तो क्या बुरा करता हूँ? जिस नीति से हिन्दी दिन-ब-दिन फूले-फलेगी, बहुत-से लोगों के दिलों में घर करेगी और वह गहरी खाई पट जायेगी जो उसकी और उर्दू की राह में और गहरी होती जा रही है, क्या वह बुरी हो सकती है? क्या बोलचाल की भाषा ऐसी है कि उसे कड़ी आँख से देखा जावे और उसे मटियामेट करके ही दम लिया जावे? नहीं, नहीं, वह ऐसी नहीं है। यह समय बतला रहा है। वह आदर पायेगी और रंग लायेगी। वह आँखों में ही नहीं, दिलों में भी समायेगी, और जादू कर दिखलायेगी।

कुछ लोग यह कह सकते हैं कि 'ठेठ हिन्दी का ठाट' और 'अधखिला फूल' बनाने वाले के मुँह से ये बातें अच्छी नहीं लगतीं। किसी-किसी ने तो यह भी लिख मारा है कि मैं उनको लिखकर वैसे ही भाषा का प्रचार हिन्दी में करना चाहता था, पर अपना सा मुँह लेकर रह गया। मैं ऐसे लोगों से यह कहूँगा कि आप लोगों ने मेरे विचार को ठीक-ठीक नहीं समझा। लिखने का मतलब यह था कि मैं यह दिखला सकूँ कि हिन्दी अपने पाँवों पर खड़ी हो सकती है या नहीं। बिना दूसरों का मुँह ताके, बिना दूसरों का सहारा लिए, बिना औरों के सामने हाथ फैलाए, बिना किसी की कनौड़ी बने, वह कुछ भावों को प्रकट कर सकती या लिख सकती है या नहीं। मेरा विचार है लिख सकती है, इसीलिए 'ठेठ हिन्दी का ठाट' सामने आया और 'अधखिला फूल' लिखा गया। कुछ लोगों ने मेरे इस विचार को माना है। उनकी रायें नीचे लिखी जाती हैं :—

बंगाल के प्रसिद्ध विद्वान्, प्राकृत भाषा के सर्वश्रेष्ठ आचार्य्य श्रीयुत विधुशेखर भट्टाचार्य्य यह लिखते हैं—

"पण्डित अयोध्यासिंह उपाध्याय ने हिन्दी साहित्य के नाना अंगों की रचना एवम् पुष्टि की है। मैं उन सभी रचनाओं से परिचित नहीं, पर उनकी एक पुस्तक 'ठेठ हिन्दी का ठाट' मैंने अच्छी तरह पढ़ी है। यह एक ही पुस्तक हिन्दी भाषा पर उनके अद्‌भुत अधिकार का ज्वलन्त प्रमाण है। इतनी सरलता के साथ, इतने सुकुमार भावों का प्रकाशन मैंने अन्यत्र नहीं देखा। इस पुस्तक को पढ़कर मैंने बांग्ला में एक उसी प्रकार की पुस्तक लिखना चाही थी। वह विचार कार्यरूप में उपस्थित नहीं किया जा सका। पर उक्त पुस्तक पढ़ने के बाद मेरा यह दृढ़ विश्वास हो गया कि हिन्दी भाषा बांग्ला की अपेक्षा भाव प्रकाश

करने में कहीं अधिक समर्थ है। 'ठेठ हिन्दी का ठाट' हिन्दी भाषा की समृद्धि का प्रबल प्रमाण है।"

अनेक भारतीय भाषाओं के परम प्रसिद्ध विद्वान् सर जार्ज ए. ग्रियर्सन साहब 'ठेठ हिन्दी का ठाट' के विषय में यह लिखते हैं:–'ठेठ हिन्दी का ठाट' के सफलता और उत्तमता से प्रकाशित होने के लिए मैं आपको बधाई देता हूँ। यह एक प्रशंसनीय पुस्तक है–

"आप कृपा करके पण्डित अयोध्यासिंह से कहिए कि मुझे इस बात का बहुत हर्ष है कि उन्होंने सफलता के साथ यह सिद्ध कर दिया है कि बिना अन्य भाषा के शब्दों का प्रयोग किये ललित और ओजस्विनी हिन्दी लिखना सुलभ है।"*

इन रायों के पढ़ने के बाद यह बात समझ में आ जायगी कि हिन्दी में वह बल है कि बिना दूसरी किसी भाषा का सहारा लिए, वह बहुत-से घरेलू और सीधे-सादे भावों को अपने साँचे में ढाल सके, और उसे ठीक-ठीक समझ राके। इतनी बात लोगों के जी में बैठालने के लिए ही 'ठेठ हिन्दी का ठाट' और 'अधखिला फूल' का जन्म हुआ। मैं या कोई दूसरा समझदार यह कभी नहीं सोच सकता कि बोलचाल की भाषा उन शब्दों का बायकाट करके भी लिखी जा सकती है जो उसमें दूसरी भाषाओं से मिल गये हैं। इधर हिन्दी भाषा के हिमायतियों का ध्यान खींचने के लिए ही मैंने बोलचाल की भाषा में कई किताबें लिखीं जो आप लोगों के सामने आ चुकी हैं। मैं यह जानता हूँ कि आजकल बोलचाल की भाषा में कविता लिखने की ओर हिन्दी वालों का ध्यान नहीं है। पर मेरा विचार है कि ऐसा होना चाहिए। आजकल सब लोगों तक अपना विचार पहुँचाने के लिए, और इसलिए भी कि किताबें बहुत बिकें, उपन्यासों की भाषा बोलचाल की हो रही है। कोर्स की किताबें भी इसी भाषा में लिखी जाने लगी हैं, बहुत-से उपन्यास आजकल इस रंग में डूबे निकल रहे हैं क्योंकि उनकी पूछ और माँग है। जो यह सच है, तो कविता कब तक किनारा करती रहेगी, उसको भी अपना रंग बदलना ही पड़ेगा। इसी में सुभीता है और इसी में भलाई। नहीं जैसा चाहिए, वैसा उसका आदर न हो सकेगा और न वह जैसा चाहिए वैसा फूल-फल सकेगी। मैं यह नहीं चाहता, इसलिए अपनी बात कहता रहता हूँ। सोचता हूँ, वह सुनी जायगी। मैं देखता हूँ कि आज-कल हिन्दी के सब तरह के पत्रों में उर्दू के शे'रों को जगह मिल रही है। वे चाह के साथ पढ़े जाते हैं और वाह-वाही भी ले रहे हैं। क्यों? सबब क्या? दूसरा कोई सबब नहीं, उनमें बोलचाल का रंग रहता है। मुहावरों की चाशनी होती है। वे चटपटे होते हैं, ठीक-ठीक समझ में आ जाते हैं।

---

* "I must congratulate you on the successful issue of 'Theth Hindi ka Thath' It is an admirable book"

"Will you kindly tell Pandit Ajodhya Singh how glad I am that he has so successfully proved that it is easy to write elegantly and at the same time strongly in Hindi without having to use foreign words."

पेचीदगी न तो उनको पहेली बनाती है और न बे-सिर-पैर की बातें उनमें उलझनें पैदा करती हैं। इसलिए उनकी चाह है, और लोग उनको अच्छी आँखों से देखते हैं। आजकल की हिन्दी कविता की चाल बिल्कुल इससे उलटी है। पहले तो उसमें ऐसी बातें कहने का चाव देखा जाता है, जो उस पार की हों। जो हमारी आँखों के सामने होता रहता है, जो बातें हमारे व्यवहारों में आती रहती हैं, उनसे मुँह मोड़कर उसमें ऐसे राग अलापे जाते हैं, जिनमें आसमानी तानें रहती हैं। ऐसी आसमानी तानें जिनको कानों ने न कभी सुना है, न जी में जी जगह कर सकती हैं।

समझा जाता है, जो बातें जितनी पेचीदा होंगी, उनके समझने के रास्ते में जितने रोड़े होंगे, जो पहेली के लिए भी पहेली होंगी, वह उतनी ही ऊँचे दर्जे की समझी जावेंगी, और उनका लिखने वाला उतना ही कवि माना जावेगा। पर यह नासमझी या भूल छोड़ और कुछ नहीं होती। लोगों के कान पहले दुनिया की बातें सुनना चाहते हैं। उन बातों को सुनना चाहते हैं जो जी में बैठें, जिनमें रस के सोते बहते हों और जो दिल में गुदगुदी पैदा कर सकें। जो कुछ देर के लिए उनको कुछ का कुछ कर दें, मज़े के मज़े लेने दें। न कि उनको बेकाबू के जाल में फँसा दें, या उन्हें आसमान में चक्कर लगाने के लिए मजबूर करें।

दूसरी बात जो आज-कल की हिन्दी कविता को लोहे का चना बना रही है, मनमानापन है। जो अधकचरे हैं या जिन्होंने अभी कविता का ककहरा ही पढ़ा है, उनकी बात मैं नहीं कहता। हिन्दी जगत में जिनकी धूम है, आज दिन जिनका बोल-बाला है, मैं उनको भी मनमानी करते देखता हूँ। ऐसी मनमानी, जिस पर उँगली उठाई जा सकती है। यों तो 'निरंकुशाः कवयः' कहा ही जाता है। कवि मनमानी करते ही रहते हैं। पर उसकी हद होनी चाहिए, अंधाधुंध ठीक नहीं। खेत को हरा-भरा रखना है, उसके पौधों को फला-फूला देखना है, तो बँधी मेंड़ का तोड़ना ठीक नहीं होगा। आपके पास बैलून है, आप उस पर उड़िये, पर सड़कों को मत खोद डालिए, क्योंकि उनसे बहुतों को सुभीता है। हम किसी बात की पाबंदी न करेंगे, किसी रूल को न मानेंगे, अपनी राह सब से अलग रखेंगे—ये बातें किसी एक के काम की हो सकती हैं, पर उससे बहुतों की राह में काँटे बिखर सकते हैं। इतना ही नहीं, कभी उस एक की भी गत बन जाएगी, वह भी बखेड़े में पड़ेगा, और कहीं-कहीं उसे भी मुँह के बल गिरना होगा। आजकल कुछ लोग अँगरेज़ी मुहावरों के पीछे बेतरह पड़े हैं। ज्यों का त्यों अँगरेज़ी मुहावरों का तर्जुमा करके रख दिया जाता है, और समझा जाता है कि वह मुहावरा हिन्दी में भी वैसा ही काम देगा, जैसा अँगरेज़ी में देता है। पर यह उलटी बात है। मुहावरों का शाब्दिक तर्जुमा नहीं हो सकता। अगर कहा जाता है कि 'आँख में धूल क्यों झोंकी जाए' तो इसका यह अर्थ न होगा कि किसी की आँख में धूल क्यों डाली जाए, बल्कि इसका मतलब यह होगा कि किसी को धोखा क्यों दिया जाय। अगर इस मुहावरे का शाब्दिक तर्जुमा करके हम किसी दूसरी भाषा

में रख देंगे, तो उसमें उसका अर्थ धोखा देना न समझा जावेगा, आँख में धूल डालना ही समझा जावेगा, जो ठीक अर्थ मुहावरे का न होगा।

सच्ची बात यह है कि सब भाषाओं के मुहावरे शाब्दिक अर्थ से अलग अपना एक ख़ास अर्थ रखते हैं, इसलिए उनका शाब्दिक तर्जुमा नहीं हो सकता। ऐसी हालत में करना यह चाहिए कि यदि दूसरी भाषा के मुहावरे को हम अपनी भाषा में लाना चाहते हैं तो पहले यह विचारें कि इसी भाव का कोई मुहावरा हमारी भाषा में है या नहीं। जो सोचने पर वैसा मिल जावे तो उसी को उसकी जगह पर रखना चाहिए। जो न मिले, तो ठीक शब्दों के सहारे उसके भाव को खोल देना चाहिए। उसका शाब्दिक तर्जुमा कभी न रखना चाहिए। क्योंकि यह भूल भाषा को कभी सुबोध नहीं रहने देती, और उसमें ऐसी गुत्थी डाल देती है, जिसका सुलझाना या खोलना आसान नहीं होता। आजकल अँगरेज़ी के ढंग पर वाक्य भी गढ़े जाने लगे हैं, उसके भाव और विचार भी उसी के रंग में ढाल कर लिखे जाने लगे हैं। हिन्दी भाषा की कविता को ये बातें भी उलझनों में डाल रही हैं, और उसको ऐसा बना रही हैं, जिसको हम सरल या सुबोध नहीं कह सकते।

मुहाविरे कविता में जान डाल देते हैं, बहुत बातों को थोड़े में कहते, और उसको चुस्त बनाते हैं। उर्दू वाले इन बातों को जानते हैं, इसलिए हिन्दी के मुहाविरों से काम लेकर अपनी कविताओं को वे लोग सजाते रहते हैं। पर हिन्दी वाले अपने मुहाविरों को फूटी आँख से भी नहीं देखना चाहते। वे अँगरेज़ी भाषा के मुहाविरों का शाब्दिक तर्जुमा करके अपनी रचनाओं में खपाएँगे, पर अपनी भाषा के मुहाविरों की जगह पर संस्कृत के शब्दों की भरमार करेंगे, और उसे ऐसा बना देंगे, जिसे समझने में वे अपने आप को भी चक्कर में डाल देंगे। सभी ऐसा करते हैं, मैं यह बात नहीं कहता। पर आजकल कविता का झुकाव इसी ओर है, और वह इसी बहाव में बहकर नीचे-ऊपर हो रही है। कवि सम्मेलनों में देखा जाता है कि जब छायावाद का कवि अपनी कविता सुनाने के लिए उठता है, तब वह सुकण्ठ होने पर ही अपना रंग जमा सकता है। उसकी गिटकिरी, उसकी तानें, उसके स्वर की मीठी लहरें ही लोगों को अपनी ओर खींचती हैं, उसकी कविता के भाव नहीं। क्योंकि वे सुबोध होते ही नहीं। अगर उसके पास कण्ठ नहीं, अगर वह अपनी कविता को गाकर नहीं सुना सकता, तो उसकी कविता कितनी ही सुन्दर क्यों न हो, आदर-मान नहीं पाती, और कवि को नीचा दिखा देती है। यही सबब है कि अब भी कवि सम्मेलनों में ब्रजभाषा की तूती बोलती है और उसी का रंग चोखा और गहरा रहता है, क्योंकि उसमें लचक रहती है, वह सुबोध होती है और समझ में आ जाती है।

ब्रजभाषा की कविता पढ़ने वाला कवि जो सुकण्ठ नहीं है, तो भी उसकी कविता अपना रंग बाँध लेती है, क्योंकि उसके भावों में रंगीनी की कमी नहीं होती, और वे ऐसे शब्दों में सामने आते हैं, जो कान के जाने-पहचाने होते हैं, और जिनमें से अंगूर की तरह रस निचुड़ा पड़ता है।

कुछ लोग गाकर कविता पढ़ना ऐब समझते हैं। उनका कहना है कि गलाबाजी करके कविता का रंग जमाना कविता को नीचा दिखाना है। गले के दर्द से अगर कविता में जान पड़ी, तो कविता बेजान क्यों न मानी जायगी। स्वर भर-भर कर तानें ले-लेकर अगर कविता लोगों को लुभा सकी तो इससे तो संगीत का बोलबाला हुआ। कला का क्या कमाल दिखलाया? कला को कला दिखलानी चाहिए। कविता में जान होगी तो वह आप दिल पर असर कर सकेगी, लोगों को तड़पा देगी, सिरों को हिला देगी, जादू-सा करेगी, और कानों में रस घोल देगी। इसीलिए जो सुकवि या अच्छे शायर हैं, वे कविता को गाकर सुनाना अच्छा नहीं समझते। मुशायरों में उस्तादों को गाकर कविता नहीं सुनाते देखा जाता, क्योंकि उनको दुख होता है कि कविता की जान ही उसकी जान है। वह अपने पाँवों पर खड़ी होगी और अपना काम कर जाएगी, वह दूसरों का मुँह क्यों ताके? यह बात सच है, पर इसके लिए जहाँ कविता में सुन्दर भाव होने चाहिए, वैसे ही उसकी भाषा को भी सीधी-सादी, लचकदार और ऐसी होनी चाहिए जो सुनते ही जी में जगह कर ले, और एक-एक बात को लोगों के जी में ठीक-ठीक बैठाल दे। यह बात बोलचाल की भाषा में ही मिल सकती है, गढ़ी भाषा में नहीं।

जब हम लोग हाथ में क़लम लेकर किसी की भद्द उड़ाते हैं, किसी को बनाते हैं, किसी को चिढ़ाते हैं, किसी पर आवाज़ा कसते हैं, किसी की खिल्ली उड़ाते हैं, किसी से दिल्लगी करते हैं, किसी की चुटकियाँ लेते हैं, किसी को ताना मारते हैं, किसी की मिट्टी पलीद करते हैं, किरी को उल्लू बनाते हैं, लगती बातें लिखकर किसी को राह पर लगाना चाहते हैं, किसी की हँसी उड़ाकर लजवाते हैं। जब हम चुभती बातों से किसी के दिल में सूई चुभाते हैं, किसी की मक्कारी का परदा उठाते हैं, किसी की बदनामी का ढोल पीटते हैं, किसी को दिल हिला देनेवाली लनतरानियाँ सुनाते हैं, उस समय बोलचाल की भाषा ही हमारा साथ देती है। हमारे क़लम से ऐसे ही शब्द निकलते हैं, जो उसकी नोक की तरह चुभने वाले होते हैं। क्यों? सबब क्या? कोई दूसरा सबब नहीं, सिवा इसके कि वे जल्द समझ में आते हैं, और अपना असर रखते हैं। सदा हम जिस भाषा को बोलते हैं, जिस भाषा में बातचीत करते हैं, हँसी में, दिल्लगी में, मख़ौल उड़ाने में, जिन शब्दों से काम लेते रहते हैं, अगर लिखने के समय उनको काम गें न लाएँ तो हमारी फब्तियों का मज़ा ही किरकिरा हो जाता है, और हमारा कलम यह असर नहीं पैदा कर सकता, जिसके लिए वह उठाया गया था। जब लोग किसी से बिगड़ते हैं, किसी से झगड़ते हैं, किसी से तहत्तुक करते हैं, किसी को जली-कटी सुनाते हैं, गालियाँ देते हैं, बकते-झकते हैं, उस घड़ी शब्द चुनने नहीं बैठते। जो शब्द मुँह में आया, कह डालते हैं। इसलिए ऐसी बातों के लिखने के समय भी हमको उन्हीं शब्दों को काम में लाना पड़ता है, जो ऐसे अवसरों पर काम में लाये जाते हैं। अगर ऐसा न किया जाए तो लेख में बनावट आ जायगी, जिससे वह जैसा चाहिए न तो दिल में चुभेगा और न वैसा उसका असर होगा। उसका रंग ही बिगड़

जायगा। इसलिए ऐसे लेखों में आप बोलचाल का बोलबाला ही पावेंगे। उससे किनारा करके कोई लेखक न तो चटपटे लेख लिख सकेगा और न दूसरों के दिल को जैसा चाहिए, वैसा दहला सकेगा और न किसी को अपनी बातों की लपेट में ला सकेगा। अगर यह सच है तो बोलचाल ऐसी चीज़ नहीं कि जिससे हम नाक-भौं सिकोड़ें, और उसके लिए लापरवाही करें। यही बात मुहाविरों के लिए भी कही जा सकती है।

मुहाविरों के विषय में एक अंगरेज़ विद्वान् श्रीमान् स्मिथ की यह सम्मति है जो वास्तव में यथातथ्य है–

"शब्दों के अतिरिक्त भाषा की सौन्दर्य वृद्धि के लिए अन्य बातों की भी अपेक्षा होती है--वे परम आवश्यक हैं–उनको हम मुहाविरा कह सकते हैं।"[1]

एक दूसरे स्थान पर वे लिखते हैं–

"मुहाविरे हमारी बोलचाल के लिए जीवन की चमकती चिनगारी स्वरूप तथा स्फूर्ति हैं। वे भोज्य पदार्थों की उस जीवन प्रदायिनी सामग्री के समान हैं, जो उनको सुस्वादु तथा लाभप्रद बनाती हैं। मुहाविरों से शून्य भाषा या लेखन-शैली अमधुर, शिथिल तथा असुन्दर हो जाती है।"[2]

"विज्ञान वेत्ताओं, पाठशाला के अध्यापकों तथा लकीर के फ़कीर व्याकरण के आचार्यों द्वारा मुहाविरों के प्रयोग कम आदर से देखे जाते हैं, परन्तु अच्छे लेखक उन्हें प्यार करते हैं, क्योंकि वास्तव में वे भाषा के जीवन एवं आत्मा हैं। मुहाविरों को कविता की सहोदरा के समान हम मान सकते हैं, क्योंकि कविता के ही समान हमारे भावों को जीवित अनुभावों के रूप में वे प्रकाशित करते हैं।"[3]

---

1. "There is another element of enrichment which is of greates importance." "This element is composed of what we call idioms" (words and idioms p. 167)
2. "Idioms are little sparks of life and energy in our speech; they are like those substances called vitamins which make our food nourishing and wholesome; diction deprived of idiom soon becomes tasteless, dull insipid. This is why an infusion of foreign idiom is better than no idiom at all."
3. Idiom is held in little esteem by men of science, by school masters, and old-fashioned grammarians, but good writers love it, for it is, in truth, "the life and spirit of Languages. It may be regarded as the sister of poetry for like poetry it retranslates our concepts into living experiences." (Words and Idioms pp. 276-277)

"वे मनोभाव जो विचार-नियम के विद्रोही हैं, जो कल्पना के बदले प्रतिकृति को, व्याकरण के बदले शब्द-रचना की स्निग्धता को, और तर्क के बदले स्फूर्ति को उत्तम समझते हैं, यद्यपि तर्क की कसौटी पर नहीं कसे जा सकते, तो भी वे वस्तुओं का वह सजीव परिज्ञान हैं, जो यथार्थ भाषा के मुहाविरा रूपी झरोखों से झलक जाते हैं।"[1]

आजकल जिस भाषा में खड़ी बोली की कविता लिखी जाती है, यह बनावटी है, गढ़ी हुई है, असली बोलचाल की भाषा नहीं है। इन दिनों गद्य की भाषा भी यही है। यह भाषा अब पढ़े-लिखों में समझ ली जाती है और दूर तक फैल भी गयी है। इसमें संस्कृत शब्दों की भरमार है। इन दिनों इसका लिखना आसान है, इसका अभ्यास हो गया है, यह साहित्यिक भाषा बन गयी है। संस्कृत भाषा में, उसके शब्दों में, उसके समासों में कैसा बल है, वह कितनी मीठी है, उसमें कितना लोच है, कितना रस है, कितनी लचक है, कितनी गुंजाइश है, कितना लुभावनापन है, उसमें कितना भाव है, कितना आनन्द है, कितना रंग रहस्य है, मैं उसे कैसे बतलाऊँ? उसमें क्या नहीं, सब कुछ है। उसमें ऐसे-ऐसे सामान हैं, ऐसे-ऐसे विचार हैं, ऐसे-ऐसे साधन हैं, ऐसे-ऐसे रत्न हैं, ऐसे-ऐसे पदार्थ हैं कि उनके बिना हम जी नहीं सकते, पनप नहीं सकते, न ही फूल-फल सकते हैं। उससे मुँह मोड़कर हिन्दी भाषा के पास क्या रह जायगा? वह कंगाल बन जायेगी। तमिल, तेलुगु, मलयालम आदि ऐसी भाषाएँ हैं, जो परायी मानी जाती हैं। पर आज दिन वे भी संस्कृत शब्दों से भरी हैं, संस्कृत की बदौलत ही मालामाल हैं। फिर बेचारी हिन्दी की क्या बिसात जो उससे नाता तोड़ सके? संस्कृत के सामने हम सिर झुकाते हैं, हम सदा सेवक की तरह हाथ बाँधकर उसकी सेवा में खड़े रहना चाहते हैं। हम उसको धता क्या बतायेंगे, ऐसा सोचना भी पाप समझते हैं। हिन्दी भाषा की चोटी उसी के हाथों में है। ऊँचे-ऊँचे विषय उसी की गोद में पलेंगे, उसी के सहारे हिन्दी भरी-पूरी होगी। मैंने जो बोलचाल की ओर ध्यान दिलाया है, उसका इतना ही मतलब है कि एक रूप उसका भी रहे, जिससे वह सब कोर-कसर दूर कर अपनी किसी और बहनों से पीछे न रहे, और इस योग्य बन जाए कि उसे लोग राष्ट्र भाषा के सिंहासन पर बिठला सकें।

हरिऔध

---

1. This element of thought which is rebellious to the laws of thought, which prefers images to abstraction, energy to logic, terseness to grammar—it is precisely this illogical but living sense of things which looks out at us throught the idiomatic loopholes in rational Language. (words and idioms p. 276)

आधुनिक कवि

चारु चयन

भेद भरी बातें

पी कहाँ

चौपदे

श्याम घन में है किसकी झलक।
कौन रहता है रस से भरा॥
लुभा लेती है धरती किसे।
दुपट्टा ओढ़-ओढ़ कर हरा॥ 1 ॥

बड़ी अँधियाली रातों में।
बन बहुत आँखों के प्यारे॥
बैठकर खुले झरोखों में।
देखते हैं किसको तारे॥ 2 ॥

फाड़कर नीले परदे को।
चन्द्रमा की किरणें बाँकी॥
झाँकती हैं झुक-झुक करके।
देखने को किसकी झाँकी॥ 3 ॥

तोड़कर सन्नाटा जब तू।
बोलता है अपनी बोली॥
लगन तब किसके माथे पर।
लगाती है मंगल रोली॥ 4 ॥

कौन थल बतलाता तू हमें।
नहीं वह दिखलाता है जहाँ॥
पपीहा पागल बन-बन बहक।
पूछता किससे है 'पी कहाँ' ॥ 5 ॥

देखने वाली आँखें

चौपदे

चाँद के हँसने में किसकी।
कला है बहुत लुभा पाती॥
चैत की खिली चाँदनी में।
चमक किसकी है दिखलाती ॥ 1 ॥

लाल जोड़ा किससे लेकर।
उषा है सदा रंग लाती॥
महक प्यारी पाकर किससे।
हवा है हवा बाँध जाती ॥ 2 ॥

कौन रस वाले से रस ले।
रसीले फल बन जाते हैं॥
रँग गये किसकी रंगत में।
हरापन पौधे पाते हैं ॥ 3 ॥

निकल कोमल-कोमल पत्ते।
पता किसका बतलाते हैं॥
फबन किसकी फैली देखे।
फूल फूले न समाते हैं ॥ 4 ॥

किसे अपना सिरमौर बना।
आम दिखलाता है मौरा॥
भूल किसके भोलापन पर।
भाँवरें भरता है भौंरा ॥ 5 ॥

रंगतें मनमानी किससे।
तितलियों का तन लेता है॥
कौन? जादू करने वाला।
कण्ठ कोयल को देता है॥ 6 ॥

लुभाने किसको आता है।
'लाल' सेमल फूलों से बन॥
बहुत बेलमाता है किसको।
बेलियों का अलबेलापन॥ 7 ॥

झूमते हैं मतवालों से।
कौन से मद की पी प्याली॥
हो गये लाल-लाल महुए।
देख किस मुखड़े की लाली॥ 8 ॥

लहलहाती क्यों दिखलाईं।
उमंगें बन-बन कर ऊबें॥
हो गईं हरी-भरी दुगुनी।
देख किसको दबकी दूबें॥ 9 ॥

बैठकर मीठे कण्ठों में।
कब नहीं गीत सुनाता वह॥
देखने वाली आँखें हों।
तो कहाँ नहीं दिखाता वह॥ 10 ॥

पलक पाँवड़े

चौपदे

आज क्यों भोर है बहुत भाता।
क्यों खिली आसमान की लाली॥
किसलिए है निकल रहा सूरज।
साथ रोली भरी लिए थाली॥ 1 ॥

इस तरह क्यों चहक उठीं चिड़ियाँ।
सुन जिसे है बड़ी उमंग होती॥
ओस आकर तमाम पत्तों पर।
क्यों गई है बखेर यों मोती॥ 2॥

पेड़ क्यों हैं हरे-भरे इतने।
किसलिए फूल हैं बहुत फूले॥
इस तरह किसलिए खिलीं कलियाँ।
भौंर हैं किस उमंग में भूले॥ 3॥

क्यों हवा है सँभल-सँभल चलती।
किसलिए है जहाँ-तहाँ थमती॥
सब जगह एक-एक कोने में।
क्यों महक है पसारती फिरती॥ 4॥

लाल नीले सफ़ेद पत्तों में।
भर गये फूल बेलि बहली क्यों॥
झील, तालाब और नदियों में।
बिछ गईं चादरें सुनहली क्यों॥ 5॥

किसलिए ठाट बाट है ऐसा।
जी जिसे देखकर नहीं भरता॥
किसलिए एक-एक थल सजकर।
स्वर्ग की है बराबरी करता॥ 6॥

किसलिए है चहल-पहल ऐसी।
किसलिए धूमधाम दिखलाई॥
कौन सी चाह आज दिन किसकी।
आरती है उतारने आई॥ 7॥

देखते राह थक गईं आँखें।
क्या हुआ क्यों तुम्हें न पाते हैं॥
आ अगर आज आ रहा है तू।
हम पलक पाँवड़े बिछाते हैं॥ 8॥

उठी आँखें

चौपदे

रंग रह सका रंग बदले।
बन गई बात, बात बिगड़े॥
रहा पानी, पानी खोकर।
मिटे सारे झगड़े, झगड़े॥ 1॥

बच गया गला, गला उतरे।
खुलीं आँखें, आँखें मूँदे॥
हाथ के बिना हाथ मारा।
बिना पाँवों के ही कूदे॥ 2॥

बने अंधा सब कुछ देखा।
बने बहरा सब सुन पाया॥
राख मिट्टी हो जाने पर।
मिली सोने की सी काया॥ 3॥

चेत आया अचेत होकर।
चित्त खो चेतनता आई॥
राह मिल गई राह भूले।
सब गँवा सारी सिध पाई॥ 4॥

सिर कटे, हरे हुए पनपे।
फले फूले मिट्टी में मिल॥
जल गये मिली जोत न्यारी।
हिले दिल गया फूल सा खिल॥ 5॥

घर गँवा करके घर पाया।
बने सबके बंधन टूटे॥
किसी की लहर-बहर में पड़।
मोह की लहरों से छूटे॥ 6॥

चाँदनी, बिना चाँद निकली।
बिना सूरज किरणें फूटीं॥
हवा में हवा बाँध अपनी।
निराली फुलझड़ियाँ छूटीं॥ 7॥

अँधेरे में सूरज निकला।
घरों में चाँद उतर आया॥
जगमगाईं काली रातें।
हुई उजली मैली छाया॥ 8॥

नहीं जो दिखलाई देता।
उसे हमने देखा भाला॥
फेंककर के सारी कुंजी।
खोल पाया सच्चा ताला॥ 9॥

जी उठे मर जाने पर हम।
उठा नीचे गिर कर पारा॥
बूँद में दरिया दिखलाया।
समाया तिल में जग सारा॥ 10॥

बावले की बड़

चौपदे

फूल प्यारे हमने तोड़े।
या फफोले दिल के फोड़े॥
या कि फूटे आइने के।
जमाकर हैं टुकड़े जोड़े॥ 1॥

कहें किससे अपने दुखड़े।
सुनेंगे क्या वे, जो उखड़े॥
नहीं किसको दुख देते हैं।
बहुत चिकने चुपड़े मुखड़े॥ 2॥

चाँद के टुकड़े होते हैं।
दुखों के बहते सोते हैं॥
किसलिए बतला दे कोई।
फूटकर बादल रोते हैं॥ 3॥

सितारे चमकीले प्यारे।
नगीने कोई हैं न्यारे॥
फूल हैं बिखरे या ये हैं।
किसी की आँखों के तारे॥ 4॥

सोचते हैं क्या मन मारे।
रंग दिखलाते हैं न्यारे॥
राह किसकी हैं देख रहे।
अँधेरी रातों के तारे॥ 5॥

मचल जाता है मन मेरा।
देख करके मुखड़ा तेरा॥
छिन गई मेरी आँखों को।
न तेरी आँखों ने फेरा॥ 6॥

न फल, पत्तों में से छाँटे।
गये हैं फूल नहीं बाँटे॥
ऐ हवा पगली यह बतला।
बखेरे तूने क्यों काँटे॥ 7॥

लुभा आँखें क्यों हिलते हो।
यों महकते क्यों मिलते हो॥
खिलाई जो न कली जी की।
फूल तो क्या तुम खिलते हो॥ 8॥

न तारों से कुछ है कहता।
साँसतें हैं कितनी सहता॥
न जाने किस चाहत में पड़ा।
चाँद चक्कर में है रहता॥ 9॥

ढंग में कितने ढलते हैं।
मचलकर आँखें मलते हैं॥
क्यों नहीं चालाकी छोड़ी।
चाल क्यों हमसे चलते हैं॥ 10॥

किसी कोठे में पैठे हैं।
या बहुत ही वे ऐंठे हैं॥
क्यों नहीं जल बादल देते।
फूल मुँह खोले बैठे हैं॥ 11 ॥

लगाई क्यों सुन पाते हैं।
लाग में क्यों आ जाते हैं॥
जला करके औरों का जी।
लोग क्यों आग लगाते हैं॥ 12 ॥

हिले दिल चोटें खाते हैं।
जले दिल, सब जल जाते हैं॥
खिले दिल आँखें हैं हँसती।
फूल मुँह से झड़ पाते हैं॥ 13 ॥

खले बातें घबराते हैं।
आँख में आँसू आते हैं॥
जले दिल पानी है मिलता।
मले दिल मोती पाते हैं॥ 14 ॥

चोट पर चोटें सहते हैं।
चैन से कब हम रहते हैं॥
कलेजा पिघला जाता है।
आँख से आँसू बहते हैं॥ 15 ॥

निराले नाते

चौपदे

रात मुख उजला क्यों होता।
जो न तारे गोदी भरते॥
दिशा क्यों हँसती दिखलाती।
चंद घर अगर नहीं करते॥ 1 ॥

गगन मुख लाली क्यों रहती।
ललाई जो न रंग करती॥
भोर सिर पर सेहरा बँधते।
माँग ऊषा की है भरती॥ 2॥

चमकती चटकीली सुथरी।
चाँदनी उगी जो न रहती॥
धूल को धो-धो धरती पर।
दूध की धारा क्यों बहती॥ 3॥

जो न जुगनू होते तो क्यों।
अँधेरे खोंतों के टलते॥
बड़ी अँधियाली रातों में।
करोड़ों दीये क्यों बलते॥ 4॥

सुनहला सजा ताज पहने।
किसलिए सूरज तो आते॥
सब जगह कितनी ही आँखें।
वे अगर बिछी नहीं पाते॥ 5॥

जगमगाती न्यारी किरणें।
जो न छूकर करतीं टोना॥
हरे पेड़ों पर पत्तों पर।
किस तरह लग जाता सोना॥ 6॥

ओस की बूँदों में कोई।
जोत जो जगी नहीं होती॥
फूल फूले न समाते तो।
उन्हें कैसे मिलते मोती॥ 7॥

हवा से कान जो न फुँकता।
किसी की आँखें क्यों खुलतीं॥
दौड़कर किसी रँगीले से।
तितलियाँ क्यों मिलतीं जुलतीं॥ 8॥

किसी के याद दिलाने से।
जो न दिल औरों के खिलते॥
तो बड़े सुन्दर कण्ठों से।
पखेरू क्यों गाते मिलते॥ 9॥

कौन सा नाता है इनमें।
एक से एक हिले क्यों हैं॥
कहीं क्यों तारे छिटके हैं।
कहीं पर फूल खिले क्यों हैं॥ 10॥

मस्त की मस्ती

चौपदे

बन गये फूलों से काँटे।
आम से मीठे कड़वे फल॥
बलायें लगीं बला लेने।
चढ़ाई हमने वह बोतल॥ 1॥

मोल सारी दौलत ले ली।
कमाया हमने वह पैसा॥
नहीं दम मार सका कोई।
लगाया हमने दम ऐसा॥ 2॥

पहुँचता जहाँ नहीं कोई।
पहुँचकर वहाँ पलट आई॥
तोड़ लाई तारों को उचक।
पिनक हमने ऐसी पाई॥ 3॥

बतायें कैसे रस उसका।
बताते मुँह जाता है सी॥
लगी जिससे ताड़ी शिव की।
हमीं ने वह ताड़ी पी ली॥ 4॥

उठाया आँखों का परदा।
भेद जिसने सारा खोला॥
न उतरा किसी गले से जो।
हमीं ने निगला वह गोला॥ 5॥

और की बिगड़ें तो बिगड़ें।
हमारी बातें हैं बनती॥
किसी गाढ़े दिन के हित से।
हमारी गाढ़ी है छनती॥ 6॥

न खिंचने वाली जगहों में।
खिंच सकी है जिसकी रेखा॥
उसे अपनी आँखें मूँदे।
नशा की झोंकों में देखा॥ 7॥

नहीं जिनसे चढ़ जाता है।
काँखते हैं तो वे काँखें॥
चढ़ गई हैं सब से ऊँचे।
हमारी चढ़ी हुई आँखें॥ 8॥

सभी ने जगता ही पाया।
पर नहीं नींद कभी टूटी॥
जड़ी बूटी कितनी देखी।
हमारी बूटी है बूटी॥ 9॥

न जिसको जान सका कोई।
बात वह हमने जानी है॥
छू सकी जिसे नहीं दुनिया।
भंग वह हमने छानी है॥ 10॥

न जिसका नशा कभी उतरा।
पिया है हमने वह प्याला॥
मस्त हैं रंगत में अपनी।
हमें कहते हैं मतवाला॥ 11॥

तरह-तरह के फूल

बेचारे फूल

चौपदे

किसलिए तो रहे महँकते वे।
कुछ घड़ी में गई महँक जो छिन॥
क्या खिले जो सदा खिले न रहे।
क्या हँसे फूल जो हँसे दो दिन॥ 1॥

पँखड़ी देखकर गिरी बिखरी।
हैं कलेजे न कौन से छिलते॥
क्या गया भूल तब भ्रमर उन पर।
जब रहे फूल धूल में मिलते॥ 2॥

यह बताता हमें नहीं कोई।
क्या मिलेगा वहाँ जहाँ खोजें॥
जो कि जी की कली खिलाता था।
आज उस फूल को कहाँ खोजें॥ 3॥

रंग है वह नहीं, फबन है वह।
है नहीं वह महँक, नहीं वह रस॥
अब कहाँ फूल का समाँ है वह।
धूल में पंखड़ी पड़ी है बस॥ 4॥

'रह गया फूल ही नहीं' अब तो।
सज सकेंगी न पास की फलियाँ॥
साथ किसके फबन दिखा अपनी।
रंगरलियाँ मनायेंगी कलियाँ॥ 5॥

रोज़ के सैकड़ों बखेड़ों में।
वे न जायें बुरी तरह फाँसे॥
है खिलाती खुली हवा उनको।
फूल हैं ओस बूँद के प्यासे॥ 6॥

है न गोरा बदन पसंद उसे।
हैं न भातीं कलाइयाँ न्यारी॥
क्यों न उसमें भरे रहें काँटे।
है हरी डाल फूल को प्यारी॥ 7॥

फूल से पूछता अगर कोई।
तो बिहँस वह यही बता पाता॥
काम के हैं महल न सोने के।
है हमें बन हरा-भरा भाता॥ 8॥

हैं न गहने पसंद सोने के।
हैं न हीरे जड़े मुकुट भाते॥
हैं लुभाते उन्हें हरे पत्ते।
हैं कली देख फूल खिल जाते॥ 9॥

चाह उसको न मंदिरों की है।
वह मठों से न रख सका नाते॥
फूल का प्यार क्यारियों से है।
हैं बग़ीचे उसे बहुत भाते॥ 10॥

बेचारे फूल

चौपदे

तितलियाँ नोचने लगीं कुढ़कर।
तंग करने लगे भ्रमर भूले॥
आ लगाने लगी हवा धौलें।
कौन फल फूल को मिला फूले॥ 1॥

है सताता समीप आ भौंरा।
तितलियों ने न कब सितम ढाया॥
छेदता बेधता रहा माली।
फूल ने रग रूप क्यों पाया॥ 2॥

पिण्ड छूटा कभी न भौंरों से।
बेतरह तन हवा लगे हिलता॥
मालियों से मिला न छुटकारा।
है कहाँ चैन फूल को मिलता॥ 3॥

छेदता है घड़ी-घड़ी माली।
गांव घर किस तरह भला भावे॥
कम बखेड़े न बाग़ बन में हैं।
क्या करे फूल औ कहाँ जावे॥ 4॥

है हवा चोर मतलबी माली।
क्या करे वह कि जी बचे जिससे॥
भौंर है ढीठ तितलियाँ हलकी।
फूल मुँह खोल क्या कहे किससे॥ 5॥

बिखरे फूल

चौपदे

बिना छेदे बेधे बाँधे।
किसी ने कब गजरे पहने॥
नहीं गोरेपन के भूखे।
क्यों बनें वे तन के गहने॥ 1॥

दूसरों का मन रखने को।
किसलिए बनें अनमने वे॥
जिसे बनना हो वह बन ले।
गले का हार क्यों बनें वे॥ 2॥

जहां हैं पड़े वहीं रहकर।
रंग अपना दिखलावेंगे॥
नहीं इसकी परवा उनको।
जो न सिर पर चढ़ पावेंगे॥ 3॥

फेर लो अपनी आँखों को।
बेतरह वे गड़ जावेंगे॥
करोगे उन्हें उठाकर क्या।
हाथ मैले हो जावेंगे॥ 4॥

पास आते हैं क्यों भौरे।
मना कर दो इन भूलों को॥
पड़ा रहने दो मत छूओ।
हमारे बिखरे फूलों को॥ 5॥

फबीले फूल

चौपदे

किसलिए दिया सरग को छोड़।
हो गई कैसे ऐसी भूल॥
कह रहे हो क्या मुँह को खोल।
क्या बता दोगे हमको फूल॥ 1॥

रंग ला दिखलाते हो रंग।
दिलों को ले-लेते हो मोल॥
खींचकर जी को अपनी ओर।
कौन सा भेद रहे हो खोल॥ 2॥

मुसकुरा जतलाते हो प्यार।
चुप सदा रह करते हो बात॥
किसलिए करके किसका मोह।
मँहकते रहते हो दिन-रात॥ 3॥

हुआ है किसका इतना मान।
मची कब किसकी इतनी धूम॥
भाँवरें भर जाता है भौंर।
आ हवा मुँह लेती है चूम॥ 4॥

हो बड़े अलबेले अनमोल।
डालियों की गोदी के लाल॥
सदा लेते हो आँखें छीन।
न जाने कैसा जादू डाल॥ 5॥

सुनहला पहनाता है ताज।
तुझे उगता सूरज कर प्यार॥
वार देती है तुझ पर ओस।
निज गले का मोती का हार॥ 6॥

तू न होता तो खिलकर कौन।
बुझाता कितनों की रस प्यास॥
बड़ी रंगीन साड़ियाँ पैन्ह।
तितलियाँ आतीं किसके पास॥ 7॥

फबीला तुम सा मिला न और।
रसीला याँ है ऐसा कौन॥
खिल सका तुम सा कोई कहाँ।
हँस सका है तुम जैसा कौन॥ 8॥

बुरों का सब दिन करके साथ।
सका अपने को कौन सँभाल॥
तुम्हीं काँटों में करके बास।
खिले ही मिलते हो सब काल॥ 9॥

प्यार कर कोई लेवे चूम।
दुखों में कोई देवे डाल॥
भूल कर अपना सारा रंज।
कर सके सबको तुम्हीं निहाल॥ 10॥

हँसते फूल

चौपदे

बरस जाये बादल मोती।
या गिराये उन पर ओले॥
कीच में उन्हें डाल दे या।
सुधा जैसे जल से धोले॥ 1॥

हवा उनको चूमे आकर।
या मिला मिट्टी में देवे॥
डाल दे उन्हें बलाओं में।
या बलायें उनकी लेवे॥ 2॥

लुभाये गूँज-गूँज भौंरा।
या नरम दल उनके मसले॥
रसिकता दिखलाये दिन-दिन।
या खिसक जाए सब रस ले॥ 3॥

तितलियाँ छटा दिखायें आ।
रंगतें या उनकी खोयें॥
गले मिल-मिल करके नाचें।
या दुखायें उनके रोयें॥ 4॥

रहें चुभते सब दिन काँटे।
या बनें उनके रखवाले॥
ओस की बूँदों से बिलसें।
या पड़ें कीटों के पाले॥ 5॥

सतायें किरणें आकर या।
हार सोने का पहनायें॥
बड़े उजले दिखलाये दिन।
या अँधेरी रातें आयें॥ 6॥

प्यार की आँखों से देखे।
या उन्हें चुन, भर ले डाली॥
छिड़ककर पानी तर रक्खे।
या सुई से छेदे माली॥ 7॥

नहीं उनको इस की परवा।
एकरस रहने वाले हैं॥
उन्हें किसने रोते देखा।
फूल तो हँसने वाले हैं॥ 8॥

कोई फूल

चौपदे

बनों में जिससे रही बहार।
बाग का जो था सुन्दर ताज॥
मसल क्यों उसको देवे पाँव।
सजे थे जिससे सर के ताज॥ 1॥

बनी जिससे अलबेली बेलि।
फबन जिससे पाते थे रूख॥
धूल में उसको मिलता देख।
सकेगा कैसे आँसू सूख॥ 2॥

मँहक से जो लेता था मोह।
तर हुई जिसको देखे आँख।
न लेगा कौन कलेजा थाम।
देखकर उसकी उड़ती राख॥ 3॥

चूमता था जिसको कर प्यार।
भाँवरें भर-भर करके भौंर॥
उठे उस पर क्यों उसका हाथ।
कहाता है जो जग सिरमौर॥ 4॥

राह में देवें उन्हें न डाल।
न जी से देवें उन्हें उतार॥
भरी थी जिन से कितनी गोद।
बने जो किसी गले का हार॥ 5॥

किया था जिसको जी से प्यार।
दिया क्यों उसे बला में डाल॥
बना किसलिए काल का कौर।
रहा जो किसी कोख का लाल॥ 6॥

दिया क्यों उसे धूल पर फेंक।
बने क्यों उससे बेपरवाह॥
खिंचे थे जिसकी रंगत देख।
कभी थी जिसकी चित में चाह॥ 7॥

न उनकी पंखड़ियाँ लें नोच।
उन्हें दें गलियों में न बखेर॥
नहीं जिनकी छबि पाते भूल।
सके हम आँख न जिनसे फेर॥ 8॥

कम न उनका कर देवें मोल।
किसलिए उन्हें करें पामाल॥
मेलियों से करते हैं मेल।
गले में जिनका गजरा डाल॥ 9॥

कलेजे जिससे खायें चोट।
किसी से हो क्यों ऐसी भूल॥
किसलिए नुचे बने बदरंग।
हाथ में आया कोई फूल॥ 10॥

धूल में मिला फूल

चौपदे

रही वह प्यारी रंगत नहीं।
जहाँ रस था अब रज है वहाँ॥
किसलिए भौंरे आवें पास।
बास अब फूलों में है कहाँ॥ 1॥

धूल में कुम्हलाया है पड़ा।
चाहती थीं वे जी से जिसे॥
साड़ियाँ बड़ी सजीली पैन्ह।
तितलियाँ नाच दिखाएँ किसे॥ 2॥

देखकर जिसकी प्यारी फबन।
नहीं आँखें सकती थीं घूम॥
नहीं मिलता है अब वह कहीं।
हवा किसका मुँह लेवे चूम॥ 3॥

लिपटती थी जिससे जी खोल।
नहीं मिलता उसका वह माल॥
बे तरह बिखर-बिखर सब ओर।
क्यों न फैले किरणों का जाल॥ 4॥

पिरोती मोती जिसके लिए।
मानती जी में जिसका पोस॥
पा सकी आज न उसकी खोज।
क्यों न रोती दिखलाती ओस॥ 5॥

वह फूल

चौपदे

धूल सिर पर उड़ा करके।
है उसे वायु खोजती फिरती॥
है कभी साँस ले रही ठण्डी।
है कभी आह ऊबकर भरती॥ 1॥

हो गई गोद बेलि की सूनी।
है न वह रंग बू न तन है वह॥
बेतरह हैं खटक रहे काँटे।
पत्तियों में कहाँ फबन है वह॥ 2॥

इस तरह फिर रहीं तितलियाँ हैं।
हों किसी के लिए दुखी जैसे॥
है ललक वह न ढंग ही है वह।
हैं न भौंरे उमंग में वैसे॥ 3॥

है किरण आसमान से उतरी।
पर कहाँ आज रंग लाती है॥
मिल गले खेलती रही जिससे।
अब उसे देख ही न पाती है॥ 4॥

बाग जिस फूल के मिले मँहका।
फूल वह तोड़ ले गया कोई॥
ओस आँसू बहा-बहा करके।
रात उसके लिए बहुत रोई॥ 5॥

आँसू पर आँसू

आँसू

चौपदे

बहुत ही हम घबराते हैं।
कलप करके रह जाते हैं॥
कलेजा जब दुख पाता है।
आँख में आँसू आते हैं॥ 1 ॥

बेतरह दुख से घिरते हैं।
आँख से तो क्यों गिरते हैं॥
क्यों भरम खो करके अपना।
आँख में आँसू फिरते हैं॥ 2 ॥

दुखों पर दुख सहते देखे।
मुसीबत में रहते देखे॥
कलेजा कभी नहीं पिघला।
बहुत आँसू बहते देखे॥ 3 ॥

कौन सुख की नींदों सोता।
किस तरह सारे दुख खोता॥
आग जी की कैसे बुझती।
जो न आँखों का जल होता॥ 4 ॥

पसीजे ही दिखलाते हैं।
बरस अँगारे जाते हैं॥
बहा करते हैं पानी बन।
मगर ये आग लगाते हैं॥ 5 ॥

बीज हित का बो देते हैं।
कसर कितनी खो देते हैं॥
बहुत ही धीरे-धीरे बह।
मैल जी का धो देते हैं॥ 6 ॥

डरे बहुतेरे मिलते हैं।
कलेजे कितने हिलते हैं॥
फूँक देते हैं महलों को।
ए कभी आग उगिलते हैं॥ 7 ॥

कब नहीं दिखलाते हैं तर।
पर जलाते हैं लाखों घर॥
बड़े हैं नरम मगर इनसे।
मोम हो जाता है पत्थर॥ 8 ॥

साँसतें कितनी सहते हैं।
फिसलते गिरते रहते हैं॥
न जाने किसका लोहू कर।
लहू से भर-भर बहते हैं॥ 9 ॥

हमारा चित्त उमगता है।
रंग में उनके रँगता है॥
खबर कैसे न उन्हें होगी।
तार आँसू का लगता है॥ 10 ॥

नहीं कटतीं काटे घड़ियाँ।
नहीं मिलतीं क्यों हित कड़ियाँ॥
टूटती ही जाती हैं क्यों।
हमारी मोती की लड़ियाँ॥ 11 ॥

आँख से आँख मिला देखो।
चाह की थाह लगा देखो॥
डूबता ही जाता है जी।
झड़ी आँसू की आ देखो॥ 12 ॥

नाम बिकता है तो बिकले।
राह छिकती है तो छिक ले॥
खोज में तेरी ही प्यारे।
आँख से आँसू हैं निकले॥ 13॥

कँपा जो जाय कलेजा कँप।
नपी तो गरदन जाये नप॥
टकटकी लगी आज भी है।
टपकते हैं आँसू टप-टप॥ 14॥

याद तेरी ही आती है।
छ टुकड़े होती छाती है॥
बरस बन गये हमारे दिन।
आँख आँसू बरसाती है॥ 15॥

आँसुओं की माला

चौपदे

कलेजे मैंने देखे हैं।
टटोले जी मैंने कितने॥
काम सबने रस से रक्खा।
मिले मिलने वाले जितने॥ 1॥

सुनी मीठी-मीठी बातें।
चाव बहुतों में दिखलाया॥
मिले सुन्दर मुखड़े वाले।
प्यार सच्चा किसमें पाया॥ 2॥

सुखों की चाहें हैं सब में।
नहीं मतलब किसको प्यारा॥
आँख में बसने वाले है।
कौन है आँखों का तारा॥ 3॥

रूप के भूखे दिखलाये।
मिला मुखड़ों का दीवाना॥
किसी ने कब सच्चे जी से।
किसी के दुख को दुख माना॥ 4॥

इसे मैं किसको पहनाऊँ।
नहीं मिलता है दिलवाला॥
आँसुओं का मोती ले-ले।
बनाई क्यों मैंने माला॥ 5॥

मोती के दाने

चौपदे

हमारे मोती के दाने।
भला किसने हैं पहचाने॥
लाख माँगें पर माँगें कब।
मोल मिलते हैं मनमाने॥ 1॥

किसी के दिल को क्यों छू दें।
किसी का मुँह कैसे मूँदें॥
धूल में मिल जाने वाली।
गाल पर गिरती कुछ बूँदें॥ 2॥

किसी का दिल क्यों जलता है।
बेतरह दुख क्यों खलता है॥
जानते हैं कितने इसको।
किसी का दिल क्यों मलता है॥ 3॥

ऐंठ अपने को ठगती है।
रंग में हठ के रँगती है॥
मानता है यह कोई नहीं।
आग पानी से लगती है॥ 4॥

कीच कमलों को जनता है।
आँख से आँसू छनता है॥
रतन सीपी में हैं मिलते।
बूँद से मोती बनता है॥ 5॥

जान जो इसको जाते हैं।
पहुँच तह तक जो पाते हैं॥
कहीं पर नहीं हमें ऐसे।
आँख वाले दिखलाते हैं॥ 6॥

टटोलें दिल आँखें खोलें।
समझ सारे भेदों को लें॥
बहुत कम ऐसे दिखलाये।
ठीक मोती को जो तोलें॥ 7॥

जलन इनकी किसने जानी।
पीर किसने है पहचानी॥
कौन पानी-पानी होगा।
देख इनका जाता पानी॥ 8॥

कलपती हैं इनमें आहें।
सिसकती हैं इनमें चाहें॥
जान किसने पाया इनकी।
भरी काँटों से हैं राहें॥ 9॥

बेतरह बिखरे आते हैं।
कब नहीं मुँह की खाते हैं॥
देख नीचा आँखों से गिर।
धूल में मिलते जाते हैं॥ 10॥

बिपत में आड़े आते हैं।
पसीजे ही दिखलाते हैं॥
बना देते हैं जी हल्का।
पत्थरों को पिघलाते हैं॥ 11॥

भँवर में नावें खेते हैं।
सहारा दुख में देते हैं॥
आँख में बसते हैं आकर।
दिलों में घर कर लेते हैं॥ 12॥

बड़े सादे कहलाते हैं।
पर भरे पाये जाते हैं॥
बदलते रंग नहीं, लेकिन।
रंग बदला ही पाते हैं॥ 13॥

लोग क्यों हलका कहते हैं।
सिर पड़े ये सब सहते हैं॥
पार करते हैं औरों को।
आप बहते ही रहते हैं॥ 14॥

न देखी हैं इतनी आँखें।
मिलीं इनको जितनी आँखें॥
बोलते हैं चुप रहकर भी।
खोलते हैं कितनी आँखें॥ 15॥

पते की बातें

खिली कली

चौपदे

किसलिए आई दुनिया में।
बला जो टली नहीं टाले॥
दुखों से गला जो न छूटा।
सुखों के पड़े रहे लाले॥ 1॥

किसलिए दिखलाई रंगत।
रंग जो सदा न रह पाया॥
धूल में जो मिल जाना था।
फूलकर तो क्या फल पाया॥ 2॥

गोद में हरी डालियों की।
बैठ करके क्या तू बहँकी॥
पड़ा जो कीड़ों से पाला।
किसलिए तो मह-मह महँकी॥ 3॥

प्यार दिखलाके भौरों से।
किसलिए जोड़ीं हितकड़ियाँ॥
दो दिनों में ही जब बिखरीं।
फबीली तेरी पंखड़ियाँ॥ 4॥

आँसुओं की ये बूँदें हैं।
ओस कह ले इनको कोई॥
खिली तक क्यों जब कुम्हलाई।
हँसी तब क्यों जब तू रोई॥ 5॥

टूटे तार

चौपदे

उँगलियों से छिड़ते जिस काल।
सुधा की बूँदें पाते कान॥
धुन सुने सिर धुनते थे लोग।
तान में पड़ जाती थी जान॥ 1॥

रगों में रम जाती थी रीझ।
कण्ठ का जब करते थे संग॥
मीड़ जब बनते मिले मरोड़।
थिरकने लगती लोक उमंग॥ 2॥

निकलते थे इनमें वे राग।
गलों के जो बनते थे हार॥
सुरों में मिलती ऐसी लोच।
बरस जाती थी जो रसधार॥ 3॥

मनों को जो ले-लेती मोल।
वह लहर इन से पाती बीन॥
सितारों में भरते वह गूँज।
दिलों को जो लेती थी छीन॥ 4॥

बोल थे इनके बड़े अमोल।
कभी इनमें भी थी झंकार॥
करेगा प्यार इन्हें अब कौन।
आज तो हैं ए टूटे तार॥ 5॥

मन माना

चौपदे

कभी है नया जाल बिछता।
कभी फंदे हैं पड़ जाते॥
कभी कोई कमान खिंचती।
तीर पर तीर कभी खाते॥ 1॥

मोहनी कभी मोहती है।
कभी मन मोल लिया जाता॥
कभी मोती जैसा आँसू।
पत्थरों को है पिघलाता॥ 2॥

कभी कुछ टोना होता है।
कभी जादू चल जाता है॥
कभी छू मन्तर के बल से।
छलावा छल कहलाता है॥ 3॥

चोंचले कर-कर 'चालाकी'।
बेतरह नाच नचाती है॥
'मचल' कितनी ही चालें चल।
न किसको चित कर पाती है॥ 4॥

चौकड़ी क्यों न भूल जाती।
क्यों न पड़ता धोखा खाना॥
न कैसे लुट जाता कोई।
न कैसे होता मनमाना॥ 5॥

देखभाल

द्विपद

टल सकी किसकी मुसीबत की घड़ी।
है बला किसके नहीं सिर पर खड़ी॥ 1॥

आदमी जिससे कि जीता ही रहे।
मिल सकी कोई नहीं ऐसी जड़ी ॥ 2 ॥

दिल छिले, उसके लगे, सारे पड़े।
हो भले ही फूल की कोई छड़ी ॥ 3 ॥

जब लड़ी है मोतियों की टूटती।
आँख से तब आँख कोई क्या लड़ी ॥ 4 ॥

बेतरह दिल भर अगर आता नहीं।
आँसुओं की किस तरह लगती झड़ी ॥ 5 ॥

किसलिए दिल खोलकर मिलते न तो।
गाँठ जो होती नहीं दिल में पड़ी ॥ 6 ॥

पीस देती पाँतियाँ हैं दाँत की।
किस तरह वे मोतियों की हैं लड़ी ॥ 7 ॥

जाति ही है तंग करती जाति को।
जब गड़ी तब आँख आँखों में गड़ी ॥ 8 ॥

भाग वाले का चमकता भाग है।
हर अँगूठी है कहाँ हीरे जड़ी ॥ 9 ॥

तीन काने की करें परवा न तो।
आन कर बाजी अगर पौ पर अड़ी ॥ 10 ॥

कर दिखायें काम वे कैसे बड़ा।
है बड़ों की बात ही होती बड़ी ॥ 11 ॥

आँख से चिनगारियाँ निकलें न क्यों।
हैं कलेजे ने सही आचें कड़ी ॥ 12 ॥

जब किसी जी में भरी है गंदगी।
क्यों न मुँह से बात तब निकले सड़ी ॥ 13 ॥

है कड़ी वह काम की होती नहीं।
हाथ में पड़ जाय जिससे हथकड़ी ॥ 14 ॥

देख रंगत किसलिए है फूलती।
जबकि मिलती धूल में है पंखड़ी ॥ 15 ॥

बहुतेरी बातें

मिटना

चौपदे

रंग बू फूल नहीं रखता।
धूल में जब मिल जाता है॥
सूख जाने पर पत्ते खो।
फल नहीं पौधा लाता है॥ 1॥

गँवाते हैं अपना पानी।
बिखर जब बादल जाते हैं॥
गल गये दल रस के निचुड़े।
कमल पर भौंर न आते हैं॥ 2॥

नहीं जब सर में जल होता।
कहाँ तब वह लहराता है॥
चाँद खोकर अपनी किरणें।
नहीं रस बरसा पाता है॥ 3॥

जोत किसने उसमें पाई।
आँख जब अंधी है होती॥
दिए की बुझी हुई बत्ती।
अँधेरा कभी नहीं खोती॥ 4॥

नहीं उसकी आँखें खुलतीं।
सूझ जिसकी सब दिन सोई॥
रखा क्या मिट जाने में है।
किसलिए मिटता है कोई॥ 5॥

सदा जल-जल करके दीया।
उजाला करता रहता है॥
भला औरों का करने को।
फूल छिदता सब सहता है॥ 6॥

बीज मिट्टी में मिल-मिल कर।
अन्न कितने उपजाते हैं॥
पेट लोगों का भरता है।
मगर फल कटते जाते हैं॥ 7॥

तब किसे नहीं पिलाती रस।
ऊख जब पेरी जाती है॥
क्या नहीं देती है किसको।
ठोकरें धरती खाती है॥ 8॥

खिंचे ताने बाँधे टाँगे।
चाँदनी करती है साया॥
सुख नहीं किसको पहुँचाती।
पाँव के नीचे पड़ छाया॥ 9॥

भलाई अगर नहीं भाती।
काम क्या आई तो काया॥
नहीं उसको मरते देखा।
जिसे है मर मिटना आया॥ 10॥

निजता

चौपदे

हैं डराते न राजसी कपड़े।
क्यों रहे वह न चीथड़े पहने॥
धूल से तन भरा भले ही हो।
हैं लुभाते न फूल के गहने॥ 1॥

है धनी तो धनी रहे कोई।
है उसे लाख पास का पैसा॥
घूर कर बैठ दिन बिताती है।
सेज पर आँख डालना कैसा॥ 2॥

हो किसी के महल बड़े ऊँचे।
वह उन्हें देख ही नहीं पाती॥
क्यों न होवे गिरी पड़ी टूटी।
झोंपड़ी है उसे बहुत भाती॥ 3॥

लोग खायें मिठाइयाँ मेवे।
घर में हो दूध की नदी बहती॥
है उसे साग पात से मतलब।
वह नहीं मुँह निहारती रहती॥ 4॥

बालकर आसमान पर दीया।
क्यों किसी की न जोति हो जगती॥
देखकर आँख और की मुँदती।
है गरीबी उसे भली लगती॥ 5॥

लोग सारी सवारियों पर चढ़।
नित फिरें क्यों न मूँछ फटकारे॥
देख उनसे अनेक को पिसते।
हैं उसे पाँव ही बहुत प्यारे॥ 6॥

पीसना पेरना नहीं भाता।
कब किसी को कहाँ सताती है॥
क्यों बने लोग-बागवाली वह।
बेकसी ही उसे बसाती है॥ 7॥

क्यों ललाती रहे ललक में पड़।
किसलिए हो सुखी लहू गारे॥
चींटियों सी चली न कब बच-बच।
भिड़ नहीं है कि डंक वह मारे॥ 8॥

सादगी को पसंद करती है।
बेबसी देख है सुखी रहती॥
साहबी क्यों न हो बड़ी सबसे।
वह उसे है लहू भरी कहती॥ 9॥

गोद में आन-बान की सोई।
देखती है बड़े-बड़े सपने॥
रोब की मानती नहीं निजता।
मस्त रहती है रंग में अपने॥ 10॥

बिला कसर का दिल

चौपदे

बरस पड़ते उनको देखा।
गड़ा था ररा जिनके बाँटे॥
खिले जो मिले गुलाबों से।
खटकते थे उनके काँटे॥ 1॥

भरी पाईं उनमें भूलें।
दिखाए जो भोले-भाले॥
चांद जैसे जो सुन्दर थे।
मिले उनमें धब्बे काले॥ 2॥

रहे जो रुई के पहल से।
बिनौले कम न मिले उनमें॥
सदा वे करते मनमानी।
मस्त जो थे अपनी धुन में॥ 3॥

बहर जैसे जो गहरे थे।
बिपत उनकी लहरें ढातीं॥
रहे जो हरे-भरे बन से।
बलाएं उनमें दिखलातीं॥ 4॥

मिले जो कोमल फूलों से।
बात कहते वे कुम्हलाते।
हवा सा सुबुक जिन्हें पाया।
धूल से थे वे भर जाते ॥ 5 ॥

उमड़ते जो बादल जैसा।
पिघलकर आँसू बरसाते ॥
गिराते थे वे ही ओले।
बेतरह बिजली चमकाते ॥ 6 ॥

आप जल-जल जो दीपक सा।
उँजाला थे घर में करते ॥
जले झुलसे उनसे कितने।
वे रहे काजल से भरते ॥ 7 ॥

मिले जो जल जैसे ठण्ढे।
रहे जो सारा मल धोते ॥
उन्हें देखा नीचे गिरते।
आँच लग गये गर्म होते ॥ 8 ॥

तेज सूरज सा था जिनका।
दूर करते जो अँधियाला ॥
नहीं उनके जैसा पाया।
आग का बरसाने वाला ॥ 9 ॥

छिपे सौ परदों में जो थे।
गये वे भी तिल-तिल देखे ॥
कसर के बिना किसे पाया।
खोलकर लाखों दिल देखे ॥ 10 ॥

कसौटी

चौपदे

सॉंवला कोई हो तो क्या।
अगर हो ढंगों में ढाला॥
करेगा क्या गोरा मुखड़ा।
जो किसी का दिल हो काला॥ 1॥

बड़ी हों या होवें छोटी।
भले ही रहें न रसवाली॥
चाहिए वे आँखें हमको।
प्यार की हो जिनमें लाली॥ 2॥

भरा होवे उनमें जादू।
न रक्खें वे अपना सानी॥
क्या करें ऐसी आँखें ले।
गिर गया है जिनका पानी॥ 3॥

न जिसमें दर्द मिला, ऐसे।
आँख में आँसू क्यों आये॥
हित महँक जो न मिल सकी तो।
फूल क्या मुँह से झड़ पाये॥ 4॥

क्या करे लेकर के कोई।
किसी का रूप-रंग ऐसा॥
फूल-सा हो करके भी जो।
खटकता है काँटों जैसा॥ 5॥

आदमियत जो खो अपनी।
काम रखते मतलब से हैं॥
भले ही गोरे चिट्टे हों।
आबनूसी कुन्दे वे हैं॥ 6॥

न बिगड़े रंगत, रंगत से।
न मन हो तन पर मतवाला॥
भूल में हमको क्यों डाले।
किसी का मुख भोला-भाला॥ 7॥

रूप के हाथ न बिक जायें।
न सुख देवें लेकर दुखड़ा॥
काठ से अगर पड़ा पाला।
क्या करेगा सुडौल मुखड़ा॥ 8॥

मन का मोल

चौपदे

कह सका कौन पेट की बात।
भेद कोई भी सका न खोल॥
कौन अपने मतलब को भूल।
किसी के जी को सका टटोल॥ 1॥

दिखाता कोई सुन्दर रूप।
सुनाता कोई धन की बात॥
बोलियाँ मीठी-मीठी बोल॥
रिझाता था कोई दिन-रात॥ 2॥

हाथ में करते थे कुछ लोग।
बड़ी आँखों का जादू डाल॥
चला देता था कोई मूँठ।
दिखाकर गोरा-गोरा गाल॥ 3॥

मेघ से काले-काले बाल।
देख कोई बनता था मोर॥
चंद-मुख ओर टकटकी बाँध।
कहाता कोई 'चतुर' चकोर॥ 4॥

दिखाकर गठे हुए सब अंग।
चमकता मुखड़ा बड़ा सुडौल॥
ऊब को अनबन को झकझोड़।
जमा देता था कोई धौल॥ 5॥

जवानी के मद में हो चूर।
किसी की चाहों भरी उमंग॥
किया करती मनमाने काम।
दिखाकर बड़े अनूठे रंग॥ 6॥

किसी की आँख न पाती देख।
किसी के पास नहीं था कान॥
किसी की ऐंठ से गये ऊब।
उमड़ते कितने ही अरमान॥ 7॥

न चढ़ते देखे चोखा रंग।
बन गया कोई लापरवाह॥
मिली भौंरे सी प्रीति विहीन।
किसी की रस लेने की चाह॥ 8॥

मिले कुछ ऐसे भी जो लोग।
दिखाते रहते झूठा प्यार॥
पर रही यह झक उन पर रीझ।
दूसरा दे तन-मन-धन वार॥ 9॥

कई कितनी जगहों में घूम।
उमड़ते आते घन से पास॥
पर नहीं था उनमें वह नीर।
बुझा देता जो जी की प्यास॥ 10॥

भला बदले में लेकर पोत।
कौन देता है मोती तोल॥
महँग हो गई प्रेम की माँग।
नहीं मिल पाया मन का मोल॥ 11॥

नोंक-झोंक

चौपदे

न मेरी बात सुनते हैं।
न अपनी वे सुनाते हैं॥
न जाने चाहते क्या हैं।
न जाने क्यों सताते हैं॥ 1॥

कलेजा जल गया तो जाय।
जल पर क्यों जले आँसू॥
न जाने किसलिए वे आग।
पानी में लगाते हैं॥ 2॥

अगर मुँह है बिगड़ता, बात।
तो कैसे न बिगड़ेगी॥
बने तब बात क्यों जब।
बेतरह बातें बनाते हैं॥ 3॥

किसी भी काम की तो हैं।
नहीं रंगीनियाँ उनकी॥
न रखकर रंग औरों का।
अगर वे रंग लाते हैं॥ 4॥

बदलते हम नहीं उनका।
बदलना आँख का देखो॥
हमारी आँख में रह वे।
हमें आँखें दिखाते हैं॥ 5॥

बता यह भेद कोई दे।
समझ हम तो नहीं पाते॥
वे कैसे आँख के ही।
सामने आँखें चुराते हैं॥ 6॥

खुली आँखें नहीं खोले।
मगर खुलकर कहेंगे हम॥
तुम्हारी राह में आँखें।
हमीं अपनी बिछाते हैं॥ 7॥

बता दें बात यह हमको।
बड़े वे आँख वाले हैं॥
छिपाते आँख हैं तो आँख।
में कैसे समाते हैं॥ 8॥

गया जी जल तो आँखों से।
न क्यों चिनगारियाँ निकलें॥
लगाते आग हैं तो किस-
लिए आँखें लगाते हैं॥ 9॥

खटकते आँख में है आँख।
के काँटे बने हैं हम॥
मिलायें किस तरह से आँख।
वे आँखें बचाते हैं॥ 10॥

काम की बातें

चौपदे

फूल के पास जायेंगे कैसे।
देख काँटे उठे डरेंगे जो॥
मिल सकेगा उन्हें न रस कैसे।
भौंर सा भाँवरें भरेंगे जो॥ 1॥

क्यों दिलों में न घर बना लेंगे।
जो निराली फबन दिखाते हैं॥
वे सकेंगे न रंग रख कैसे।
फूल सा जो कि रंग लाते हैं॥ 2॥

वे किसे हाथ में नहीं करते।
प्यार करके रहे परसते जो॥
प्यास किसकी नहीं बुझा पाते।
बादलों सा रहे बरसते जो॥ 3॥

फल मिलेगा भला नहीं कैसे।
डालियों सा झुका हुआ तो हो॥
वह करेगा न जी हरा किसका।
पेड़ जैसा हरा-भरा जो हो॥ 4॥

जो लगन जाय लग किसी जी को।
प्यार तो क्यों न जायगा पोसा॥
उठ सकेगा न दर्द किस जी में।
जो पिहकता रहे पपीहों सा॥ 5॥

किस तरह चैन पा सकेंगे वे।
आँख जैसा भरे रहेंगे जो॥
जी न किसका दुखी बनायेंगे।
आँसुओं की तरह बहेंगे जो॥ 6॥

नेह से रख सके न जो नाता।
प्यार वाले उसे न क्यों खलते॥
क्यों जलाते न दूसरों को वे।
जो दिये की तरह रहे जलते॥ 7॥

वह किसे है लुभा नहीं लेता।
बालकों सा लुभावना जो है॥
वह बसेगा न आँख में किसकी।
चाँद जैसा सुहावना जो है॥ 8॥

जो कली की तरह रहा खिलता।
कब नहीं वह खिला सका किसको॥
बात उसकी सुनी नहीं किसने।
कोयलों सा गला मिला जिसको॥ 9॥

मान उनको कहाँ नहीं मिलता।
जो कहीं फूल सा महँकते हैं॥
चाह उनकी किसे नहीं है जो।
बुलबुलों सा सदा चहकते हैं॥ 10॥

लालसा

चौपदे

बन सकें सब दिन उतना ही।
दिखाते हैं सब को जितना॥
सभी जिससे नीचा देखें।
न माथा ऊँचा हो इतना॥ 1॥

वार पर वार न कर पाये।
न लोहू पीकर हो सेरी॥
न बन जायें तलवारों सी।
भवें टेढ़ी होकर मेरी॥ 2॥

भरें दामन उन दुखियों का।
सदा जो दानों को तरसें॥
गरीबों के गँव के जो हों।
आँख से मोती वे बरसें॥ 3॥

सुने तो दुखियों के दुखड़े।
न भर देने से भर जाये॥
आह को रहे कान करता।
कान जो खोले खुल पाये॥ 4॥

बने क्यों कोई जी खट्टा।
बात मीठी ही कह पाये॥
रस भरा है जिसमें उस पर।
जीभ क्यों राल न टपकाये॥ 5॥

गड़ें क्यों सोच-सोचकर यह।
नाम बिकता है तो बिक ले॥
अनारों के दानों सा रस।
पिलाते रहें दाँत निकले॥ 6॥

फूल से हैं तो सुख देवें।
फूल जैसा खिल-खिल करके॥
न दहलायें औरों का दिल।
होंठ मेरे हिल-हिल करके॥ 7॥

चाँदनी जलतों पर छिड़के।
सोत रस की ही कहलावे॥
हँसा देवे जो रोतों को।
हँसी वह होठों पर आवे॥ 8॥

निकाले दिल की कसरों को।
भूल जाये मेरा तेरा॥
खोल दे जी की गाँठों को।
खुले जो खोले मुँह मेरा॥ 9॥

प्यार के हाथों से गुँथकर।
गलों में गजरे बनकर पड़ें॥
खिला दें जी की कलियों को।
फूल जो मेरे मुँह से झड़ें॥ 10॥

लाल

चौपदे

घिरा अँधियाला होवे दूर।
जाय बन उजली काली रात॥
चाँद सा मुखड़ा जिसका देख।
जगमगाये तारों की पाँत॥ 1॥

जाँय खुल बन्द हुए सब पंथ।
बसें फिर से उजड़े घर-बार॥
लग गये जिसका न्यारा हाथ।
देस का होवे बेड़ा पार॥ 2॥

जाय भर जी में नई उमंग।
हित भरी सुनकर जिसकी तान॥
मंत्र सा जो कानों में फूँक।
डाल देवे जानों में जान॥ 3॥

रुके जिससे आँसू की धार।
जाय जुड़ जिससे टूटी आस॥
दूर होवे भूखे की भूख।
बुझे जिससे प्यासों की प्यास॥ 4॥

जाति में जो भर देवे जोत।
दिया अंधी आँखों में बाल॥
भरे जिससे माता की गोद।
मिलेगा कब हमको वह लाल॥ 5॥

कसक कसाले

मसोस

चौपदे

कलेजा मेरा जलता है।
याद में किसकी रोता हूँ॥
अनूठे मोती के दाने।
किसलिए आज पिरोता हूँ॥ 1॥

फूल कितने मैंने तोड़े।
बनाता हूँ बैठा गजरा॥
चल रहा है धीरे-धीरे।
प्यार दरिया में दिल बजरा॥ 2॥

चुने कोमल-कोमल पत्ते।
अछूते फल मैंने बीछे॥
न जाने क्यों कितनी चाहें।
पड़ गई हैं मेरे पीछे॥ 3॥

सामने हुईं रंगरलियाँ।
रंगतें क्यों दिखलाता हूँ॥
देख करके खिलती कलियाँ।
किसलिए मैं खिल जाता हूँ॥ 4॥

चित्त हरने वाली छवि से।
पेड़ की हरियाली बिलसी॥
बलायें किसकी लेने को।
बेलि अलबेली है बिकसी॥ 5॥

फबन से बड़ी फबीली बन।
हँस रही है फूली क्यारी॥
क्यों बहुत ही मीठे सुर से।
गा रही हैं चिड़ियाँ सारी॥ 6॥

लहक हैं रही सिंची दूबें।
हवा है महँक भरी बहती॥
भँवर की गूँज कान में क्यों।
अनूठी बातें है कहती॥ 7॥

उमंगे छलकी पड़ती हैं।
दिन बहुत लगता है प्यारा॥
जोहता है किसकी राहें।
जगमगा आँखों का तारा॥ 8॥

देखता सपना हूँ किसलिए।
भाग मेरा ऐसा है कहाँ॥
सदा ऊसर-ऊसर ही रहा।
मिली कब केसर क्यारी वहाँ॥ 9॥

कलेजा तेरा पत्थर है।
आँख का आँसू है पानी॥
हवा बन जाती हैं आहें।
पीर क्यों जाये पहचानी॥ 10॥

दिल का छाला

चौपदे

गईं चरने कितनी आँखें।
बँधी है बहुतों पर पट्टी॥
अधखुली आँखें क्यों खुलतीं।
बनी हैं धोखे की टट्टी॥ 1॥

किसी से आँसू छनता है।
किसी में है सरसों फूली ॥
देख भोला-भाला मुखड़ा।
आँख कितनी ही है भूली ॥ 2 ॥

रही सब दिन कोई नीची।
नहीं ऊँची कोई होती ॥
आँख कोई अँगारा बन।
आग ही रहती है बोती ॥ 3 ॥

मचलती मिलती हैं कितनी।
अँधेरा कितनी पर छाया ॥
दिखाईं ऐसी भी आँखें।
पड़ा परदा जिन पर पाया ॥ 4 ॥

नहीं मिलते आँखें वाले।
पड़ा अंधों से है पाला ॥
कलेजा किसने कब थामा।
देख छिलते दिल का छाला ॥ 5 ॥

प्यार के लिए प्यार

चौपदे

रो रहा है बहा-बहा आँसू।
या कि है वह पिरो रहा मोती ॥
हित नहीं सूझता उसे अपना।
प्यार को आँख क्या नहीं होती? ॥ 1 ॥

बेलगाये लगन लगी कैसे।
क्यों लहू घूँट लोग पीते हैं ॥
आँख जिसकी कभी न उठ पाई।
क्यों उसे देख-देख जीते हैं ॥ 2 ॥

साँसतें अब सही नहीं जातीं।
किस तरह बार-बार दुख झेलें॥
हम बहुत तंग आ गये इससे।
किस तरह दिल बदल किसी से लें॥ 3॥

रात में चैन है नहीं आता।
साँसतें क्या कभी नहीं सोतीं॥
चोट पर चोट हैं अगर खातीं।
क्यों नहीं चूर चाहतें होतीं॥ 4॥

काठ है और है न पत्थर वह।
माँस ही है उसे कहा जाता।
आँच कुछ प्यार में अगर होती।
तो कलेजा न क्यों पिघल पाता॥ 5॥

दिल अगर हाल जानता दिल का।
बेदिली आँख क्यों दिखाती तो॥
वे हमें चाहते अगर होते।
चाह कैसे कुँए झँकाती तो॥ 6॥

कर सके क्या उतर गया पानी।
गाँठ जी की खुली नहीं खोले॥
हों बड़े मोल के मगर आँसू।
मोतियों से गये नहीं तोले॥ 7॥

मतलबों के न देखते सपने।
मौज के बीज जो न मन बोता॥
बेतरह चाहतें सतातीं क्यों।
प्यार जो प्यार के लिए होता॥ 8॥

उलाहना

चौपदे

प्यास से सूख है रहा तालू।
दिल किसी का न इस तरह छीलो॥
सामने है भरा हुआ पानी।
पर कहाँ यह कहा कि तुम पीलो॥ 1॥

चाहता एक बूँद ही जो है।
पीर उसकी गई न पहचानी॥
किसलिए तो बरस गये बादल।
जो पपीहा न पा सका पानी॥ 2॥

वह कभी आँख भर न देख सका।
आँख का जो गिना गया तारा॥
चाँद को जो न चाहता होता।
क्यों चबाता चकोर अंगारा॥ 3॥

गर्म से गर्म क्यों न वह होवे।
हैं कलेजे कभी नहीं हिलते॥
क्यों न मुँह फेरता रहे सूरज।
हैं उसे देखकर कमल खिलते॥ 4॥

क्यों बुरे से बुरा न वह होवे।
छोड़ उसको सुधा नहीं पीतीं॥
जल इसे जान तक नहीं सकता।
मछलियाँ जल बिना नहीं जीतीं॥ 5॥

वह रहा मस्त रंग में अपने।
चैन इसको कभी नहीं आया॥
कोयलें कूक कर हुईं पगली।
मुँह नहीं खुल बसंत का पाया॥ 6॥

सोचकर यह उमंग से आया।
रूप रस जायगा लिपट पीया॥
जान पाया नहीं फतिंगा यह।
जान लेगा जला-जला दीया॥ 7॥

है बेचारा हिरन बड़ा भोला।
भूल होगी बड़ी लहू गारे॥
जो पसीजे न प्यार कर कोई।
तो सुना बीन, बान क्यों मारे॥ 8॥

क्यों न काँटे लगे रहे छिदता।
और किसका उसे सहारा है॥
तुम कमल रस कभी न दो या दो।
भौंर तो सब तरह तुम्हारा है॥ 9॥

दिल के फफोले

दुखड़े

चौपदे

ओढ़ काली चादर आई।
देख करके मुझको रोती॥
पड़ी उस पर दुख की छाया।
रांत कालापन क्यों खोती॥ 1॥

जान पड़ता है दर देखे।
निगलने को मुँह बाता है॥
बहुत तेरा प्यारा जो था।
घर वही काटे खाता है॥ 2॥

करवटें बदला करती हूँ।
दुखों के लगते हैं चाँटे॥
बिछौने से तन छिदता है।
बिछ गये क्यों इस पर काँटे॥ 3॥

जगाता है क्यों कोई आ।
आग क्यों जी में है जगती॥
हो गई इसे लाग किससे।
किसलिए आँख नहीं लगती॥ 4॥

बे तरह जलती रहती है।
नहीं कैसे वह डर जाती॥
आँसुओं में बह जावेगी।
नींद क्यों आँखों में आती॥ 5॥

प्यार के पचड़े

चौपदे

उमंगे पीसे देती हैं।
चोट पहुँचाती हैं चाहें॥
नहीं मन सुनता है मेरी।
भरी काँटों से हैं राहें॥ 1॥

बहुत जिससे दिल मलता है।
काम क्यों ऐसा करती हूँ॥
नहीं कुछ परवा है जिसको।
उसी पर मैं क्यों मरती हूँ॥ 2॥

सुनेगा कब वह औरों की।
बात अपनी जो सुनता है॥
महँक से उसको मतलब क्या।
फूल जो मन के चुनता है॥ 3॥

देखकर उसकी करतूतें।
न कैसे आँसू मैं पीती॥
न इतना भी जिसने जाना।
किसी के जी पर क्या बीती॥ 4॥

समझ यों क्यों हो मनमानी।
बहुत मन मेरा रोता है॥
फूल बन मैं जिस पर बरसी।
आग वह कैसे बोता है॥ 5॥

निठुर बन-बन करके वह क्यों।
कुचलता है मेरी ललकें॥
पांव के नीचे मैं जिसके।
बिछाती रहती हूँ पलकें॥ 6॥

हाथ मलते दिन जाता है।
कलपते रातें हैं बीती॥
नहीं वह मुख दिखलाता क्यों।
देख मुँह जिसका हूँ जीती॥ 7॥

कलेजा नहीं पसीजा क्यों।
सूखता है रस का सोता॥
चाह सोने की रखता है।
हाथ का पारस है खोता॥ 8॥

लुभानेवाली बातों का।
पड़ा है कानों को लाला॥
रह गईं आँखें प्यासी ही।
कहाँ पाया रस का प्याला॥ 9॥

मिल गया क्या इससे उसको।
बला में उसने क्यों डाला॥
फूल जैसे मेरे जी को।
मल गया क्यों मलने वाला॥ 10॥

चाहत के चोंचले

चौपदे

देख करके मुझको रोती।
रो सके तो तू भी रो दे॥
जलाता है क्यों तू इतना।
जलद जल देता है तो दे॥ 1॥

कह रही हूँ अपनी बातें।
क्यों नहीं उसको सुन पाता॥
गिरा जाता है मेरा जी।
गरजता क्यों है तू आता॥ 2॥

टपकता है तुझको देखे।
कलेजे का मेरे छाला॥
मिला जैसे काला तन है।
न कर तू दिल वैसा काला॥ 3॥

फेर में क्यों पड़ जाती हूँ।
बावली सी क्यों फिरती हूँ॥
घिर रहा है तो तू घिर ले।
दुखों से मैं क्यों घिरती हूँ॥ 4॥

बरस क्यों घड़ियाँ बनती हैं।
कलपता है क्यों मन मेरा॥
बरसने लगती हैं आँखें।
क्यों बरसना देखे तेरा॥ 5॥

लाग क्या मुझसे है उसको।
जी जला कर क्या पाती है॥
कौंध करके तुझ में बिजली।
किसलिए आग लगाती है॥ 6॥

आँख तुझ पर पड़ते ही क्यों।
आँख में कोई फिरता है॥
देख करके बूँदें गिरती।
किसलिए आँसू गिरता है॥ 7॥

कहाँ तो है तू रस वाला।
तरल क्यों है कहलाता तू॥
तरसते मेरे तन-मन को।
जो नहीं तर कर पाता तू॥ 8॥

हवा पर रहता है तो रह।
बेतरह काहे मुड़ता है॥
उड़ रहा है तो तू उड़ ले।
किसी का जी क्यों उड़ता है॥ 9॥

रात है कितनी अँधियाली।
अँधेरा जी में है छाया॥
न कर अधेर मेघ तू भी।
किसलिए अंधापन भाया॥ 10॥

कलपता कलेजा

चौपदे

मैं ऊब-ऊब उठती हूँ।
क्या ऊब नहीं तुम पाते॥
आ करके अपना मुखड़ा।
क्यों मुझे नहीं दिखलाते॥ 1॥

मैं तड़प रही हूँ जितना।
किस तरह तुम्हें बतलाऊँ॥
यह मलता हुआ कलेजा।
कैसे निकाल दिखलाऊँ॥ 2॥

जो दर्द देखना चाहो।
तो मुझे याद कर रो लो॥
अपने मोती से प्यारे।
मेरे मोती को तोलो॥ 3॥

मेरे सुख की राहों में।
दुखड़े काँटे बोते हैं॥
बन गई बावली इतनी।
बन के पत्ते रोते हैं॥ 4॥

आहें हैं बहुत सतातीं।
दम घुटता ही रहता है॥
मेरी आँखों का आँसू।
लोहू बन-बन बहता है॥ 5॥

तब जी जाता है छितरा।
हैं सब अरमान कलपते॥
ये मेरे दिल के छाले।
जब हैं बेतरह टपकते॥ 6॥

बेचैन बनी रहती हूँ।
मेरे तन-मन हैं हारे॥
दिन काट रही हूँ रो-रो।
रातों में गिन-गिन तारे॥ 7॥

है सोच सुन सकूँगी क्या।
वे मीठी-मीठी बातें॥
फिर दिन वैसे क्या होंगे।
आयेंगी क्या वे रातें॥ 8॥

दुखता दिल

चौपदे

क्यों नहीं बता दो प्यारे।
सुख की घड़ियाँ आती हैं॥
क्यों तुम्हें तरसती आँखें।
अब देख नहीं पाती हैं॥ 1॥

हो गये महीने कितने।
पर मेरी याद न आई॥
क्यों पिघला नहीं कलेजा।
क्यों आँख नहीं भर पाई॥ 2॥

मैं समझ नहीं सकती हूँ।
क्यों गया मुझे कलपाया॥
जो नरम मोम जैसा था।
वह पत्थर क्यों बन पाया॥ 3॥

दिल उन्हें देख छिलता है।
है उनकी फबन न भाती॥
मैं जिन फूलों को देखे।
थी फूली नहीं समाती॥ 4॥

बावली बनाना था ही।
तो क्यों हँस-हँसकर बोले॥
सब दिन जो फूला रहता।
उस दिल में पड़े फफोले॥ 5॥

जब मुझे याद आती हैं।
वे प्यार भरी सब बातें॥
तब बीत नहीं दिन पाता।
काटे खाती हैं रातें॥ 6॥

मैं भूल गई हूँ कैसे।
यह मुझे बता दो प्यारे॥
बस गए आँख में किसकी।
मेरी आँखों के तारे॥ 7॥

मैं घिरी अँधेरे से हूँ।
है भरा रगों में दुखड़ा॥
आकर मुझको दिखला दो।
वह खिले चाँद सा मुखड़ा॥ 8॥

दुख दर्द

चौपदे

लगी है अगर आँख मेरी।
किसलिए आँख नहीं लगती॥
किस तरह आते हैं सपने।
रात भर जब मैं हूँ जगती॥ 1॥

उँजाला अंधा करता है।
मेह में जलती रहती हूँ॥
नहीं खुलता है मुँह खोले।
न जाने क्या-क्या कहती हूँ॥ 2॥

आँख में फिरता है कोई।
मगर मैं देख नहीं पाती॥
बिना छेदे ही औरों के।
बेतरह छिदती है छाती॥ 3॥

और की ओर देखती क्यों।
कहाती है जो सतधंधी॥
लाख हा आँखों के होते।
बनी रहती है जो अंधी॥ 4॥

हो गया चूर चैन चित का।
चंद से अंगारे बरसे॥
देह से चिनगारी निकली।
चाँदनी चंदन के परसे॥ 5॥

लगी जलने सारी दुनिया।
आग जी में लग जाने से॥
हवा हो गया हमारा सुख।
घटा दुख की घिर आने से॥ 6॥

आस पर ओस पड़ी है तो।
आस क्यों फूल नहीं बनती॥
क्यों नहीं काली छाया पर।
चाँदनी पत्तों से छनती॥ 7॥

मोतियों की लड़ियाँ टूटीं।
हाथ का पारस खोने से॥
दिल जला बहने से पानी।
गुल खिला काँटा बोने से॥ 8॥

दिल का दर्द

चौपदे

नहीं दिन को पड़ता है चैन।
नहीं काटे कटती है रात॥
बरसता है आँखों से नीर।
सूखता जाता है सब गात॥ 1॥

आज है कैसा उसका हाल।
भरी है उसमें कितनी पीर॥
दिखाऊँ कैसे उसको आह।
कलेजा कैसे डालूँ चीर॥ 2॥

चित्त में है वैसी ही चाह।
उठे रहते हैं अब भी कान॥
गये तुम क्यों अपने को भूल।
आ सुना दो मुरली की तान॥ 3॥

जहाँ थी चहल-पहल की धूम।
वहाँ अब रहता है सुनसान॥
कलेजा कौन न लेगा थाम।
देख उजड़ा घर स्वर्ग समान॥ 4॥

कहाँ हैं हरे-भरे अब पेड़।
नहीं मिलते हैं सुन्दर फूल॥
कहाँ हो ऐ मेरे घनश्याम।
उड़ रही है कुंजों में धूल॥ 5॥

प्रेमी पखेरू

पपीहे की पिहक

चौपदे

मर रहा है कोई मुझ पर।
कब भला यह जी में आया॥
थक गये पी-पी कहते हम।
पर कहाँ पी पसीज पाया॥ 1॥

बहुत जल हैं समुद्र पाते।
पहाड़ों को तर करता है॥
न हमने दो बूँदें पाईं।
भरे को वह भी भरता है॥ 2॥

कलपता कितना है प्यासा।
किस तरह के दुख सहता है॥
इसे कैसे वह जानेगा।
जो भरा जल से रहता है॥ 3॥

गरज ले बिजली चमका ले।
मचा ले मनमाने ऊधम॥
हमें वह सब दिन तरसा ले।
जियेंगे उसे देखकर हम॥ 4॥

जल मिले खुले भाग सबके।
हम अभागे ही हैं छँटते॥
प्यास से चटक गया तालू।
लट गई जीभ नाम रटते॥ 5॥

जल नहीं देता तो मत दे।
लेयँगे सह दुःख भी सारे॥
निछावर सदा हुए जिस पर।
वह हमें पत्थर क्यों मारे॥ 6॥

जिया जग जिसका पानी पी।
हमें वह क्यों है कलपाता॥
सूखता जाता है सब तन।
जल नहीं आँखों में आता॥ 7॥

प्यास कब बनी जलन जी की।
बात यह सबकी है जानी॥
हमें है जलन मिली ऐसी।
बुझाता है जिसको पानी॥ 8॥

न देखेंगे मुँह औरों का।
पियेंगे हम विष की घूंटें॥
टकटकी बाँधेंगे सब दिन।
क्यों न दोनों आँखें फूटें॥ 9॥

दांव पर प्राणों को रखकर।
फेंकता रहता हूँ पासा॥
दूसरा पानी क्यों पीऊँ।
स्वाति जल का मैं हूँ प्यासा॥ 10॥

प्यासे का प्रबोध

चौपदे

किसी की ही सुनता कैसे।
सभी की जो सुन पाता है॥
एक का वह होगा कैसे।
जगत से जिसका नाता है॥ 1॥

उसे दो बूँदें दे-देना।
भला कैसे भारी होता॥
बहुत सा जल बरसा कर जो।
ताप धरती का है खोता॥ 2॥

समझ तू इतना सब पंखी।
जल दिया किसका पीते हैं॥
पेड़-पौधे क्या पत्ते तक।
जिलाये किसके जीते हैं॥ 3॥

सदा तुझको प्यासा पाया।
जनम तेरा यों ही बीता॥
कुआँ तालाबों नदियों का।
क्यों नहीं पानी तू पीता॥ 4॥

कौन जाने क्या बातें हैं।
कहाँ पर क्यों वे अड़ती हैं॥
क्या नहीं स्वाती की बूँदें।
चोंच में तेरे पड़ती हैं॥ 5॥

चुप रहे पाती है मोती।
भली है तुझ से तो सीपी॥
प्यास तुझ को है तो किससे।
तू कहा करता है पी-पी॥ 6॥

सदा पिघला ही करता है।
मेघ की बातें हैं जानी॥
और का पानी रखने को।
कौन होगा पानी-पानी॥ 7॥

दूसरों का हित करने को।
कौन है गलता ही जाता॥
छोड़कर सरग के सुखों को।
कौन धरती पर है आता॥ 8॥

देख दुनिया का दुख कोई।
न उतना कलपा घन जितना॥
कौन ऐसा पसीज पाया।
वहा किसको आँसू इतना॥ 9॥

बहुत व्याकुल बन पी-पी रट।
पपीहा तू क्या पाता है॥
तुझे वह क्यों भूलेगा जो।
सभी पर रस बरसाता है॥ 10॥

कोकिल

चौपदे

बने रहते हो मतवाले।
कौन से मद से भाते हो॥
रात भर जाग-जाग करके।
कौन सा मंत्र जगाते हो॥ 1॥

आम की डालों पर बैठे।
बोलते नहीं अघाते हो॥
बौर को देख-देखकर के।
बावले क्यों बन जाते हो॥ 2॥

किस तरह से किससे सीखे।
गले में इतना रस आया।
कौन सा पाठ कण्ठ करके।
गला इतना मीठा पाया॥ 3॥

बोलियाँ बोल-बोल प्यारी।
कान में रस बरसाते हो।
गँवाकर तन की सुधि सारी।
गीत किसका तुम गाते हो॥ 4॥

कूकते हो जब कू-कू कर।
याद किसकी तब आती है॥
किसी की छिपी हुई सूरत।
क्या झलक दिखला जाती है॥ 5॥

भोर के समय खोल कर दिल।
बोलने तुम क्यों लगते हो॥
देखकर ऊषा की लाली।
कौन से रंग में रँगते हो॥ 6॥

किसी के कू-कू करने से।
किसलिए तुम हो चिढ़ जाते।
लाग में क्यों आ जाते हो।
राग अपना गाते-गाते॥ 7॥

स्वरों में भर-भर कर जादू।
किसे तुम अपना हो लेते॥
किसलिए बाँध-बाँध कर धुन।
कलेजा हो निकाल देते॥ 8॥

क्यों तुम्हें चैन नहीं मिलता।
बता दो किस पर मरते हो॥
बोल करके मीठी बोली।
किसे मूठी में करते हो॥ 9॥

कण्ठ पा जाते हैं सुन्दर।
सुरों में जादू भरते हैं॥
क्या सभी काले तन वाले।
मोहनी डाला करते हैं॥ 10॥

लान तान

कसकते काँटे

चौपदे

बुरे रंगों में जो रँग दें।
न जी में उठें तरंगें वे॥
भरी बदबू से जो होवें।
धूल में मिलें उमंगे वे॥ 1॥

दिखाते बने न जिससे मुँह।
न होवे ऐसी मनमानी।
क्यों उठें वे लहरें जी में।
उतर जाये जिससे पानी॥ 2॥

मान अपने जी की बातें।
बाप के दिल को क्यों मसले।
नागिनों सी बल खा-खाकर।
आँख की पुतली क्यों डँस ले॥ 3॥

प्यार से पाली-पोसी क्यों।
बला जैसी सिर पर टूटे॥
कोख को कोस-कोसकर मा।
क्यों कलेजा अपना कूटे॥ 4॥

हतक क्यों ऐसी हो जिससे।
जाय तन बिन मरजादा तन॥
सुन जिसे लोग कान मूँदें।
जाति की नीची हो गरदन॥ 5॥

किसलिए लगे लगन ऐसी।
भरे होवें जिसमें चसके॥
किसी परिवार कलेजे में।
सदा जो काँटों सा कसके॥ 6॥

अछूता क्यों न उसे छोड़ें।
जवानी की छिछली छूतें॥
हिला दें क्यों समाज का दिल।
किसी की काली करतूतें॥ 7॥

रँगरलियों में जो डूबी।
जायँ जल ऐसी सुख चाहें।
लगा दें आग देश में जो।
खुलें क्यों ऐसी रस राहें॥ 8॥

पड़े जिस पर भद्दे धब्बे।
वह चलन चादर चिथड़े हो।
बने जिससे पड़ोस गंदे।
क्यों न वह तन सौ टुकड़े हो॥ 9॥

मन उड़ा-उड़ा फिरे जिससे।
जाय जिससे तन में लग धुन।
उमंगों भरे किसी जी में।
समा जाये क्यों ऐसी धुन॥ 10॥

धुनों पर क्यों मतवाली हो।
क्यों न सुर तालों को जाँचे।
किरी बेसुरे राग पर क्यों।
चाहतें नंगी हो नाचें॥ 11॥

उड़ती छींटें

चौपदे

कम नहीं है किसी कमाई से।
जो गला और का रहे कसते।
किस तरह जान बच सके उनसे।
जो कि हैं साँप की तरह डँसते ॥ 1 ॥

वे करेंगे न लाल किसका मुँह।
जो सदा मारते रहे चाँटे ॥
वे चुभेंगे भला नहीं कैसे।
राह के जो बने रहे काँटे ॥ 2 ॥

छीलती जो रहें कलेजों को।
क्यों लिखी जायँगी न वे सतरें ॥
है कतर-ब्यौत ही जिन्हें प्यारा।
क्यों किसी का न कान वे कतरें ॥ 3 ॥

वे भला क्यों न नोच खायेंगे।
खुल गये आँख टूटते जो हैं ॥
क्यों सकें देख और का दुख वे।
मूँदकर आँख लूटते जो हैं ॥ 4 ॥

दिन बहुत ही उसे डराता है।
क्यों न बोली डरावनी बोले।
है अँधेरा पसन्द उल्लू को।
किसलिए रात में न पर खोले ॥ 5 ॥

है उन्हें फूट ही बहुत प्यारा।
क्यों न फट जाय पेट ककड़ी सा।
है जिन्हें मक्खियाँ फँसाना वे।
क्यों बुनेंगे न जाल मकड़ी सा ॥ 6 ॥

क्यों न मर जाय या जिस कोई।
पेट अपना उन्हें तो भरना है।
तब चलें क्यों न चाल बगलों सी।
जब किसी का शिकार करना है ॥ 7 ॥

क्यों चलें भाग वे न खरहों सा।
जो कहीं पर छिपे पड़े होंगे॥
चौंकते बात-बात में हैं जो।
कान उनके न क्यों खड़े होंगे॥ 8॥

कूदते-फाँदते उछलते हैं।
कर खुदाई बहुत सटकते हैं।
मार उन पर न क्यों पड़ेगी जो।
बन्दरों की तरह मटकते हैं॥ 9॥

निज फटे पेट को दिखा करके।
लोग मिलते जहाँ-तहाँ रोते।
तो किसे छोड़ते बिना मारे।
जो गधे सींग पर गये होते॥ 10॥

क्यों लगे हों न ढेर रत्नों के।
मानते जाँयगे उन्हें ढूहे॥
मोल वे जान ही नहीं सकते।
जो बिलों के बने रहे चूहे॥ 11॥

चापलूसी बुरी कचाई है।
हैं बुरे सब दिये गये बुत्ते।
पूँछ अपनी हिला-हिला करके।
पेट पालें न पेट के कुत्ते॥ 12॥

काला दिल

चौपदे

चितबन क्या तो भोली-भाली।
पड़ा कलेजे में जो छाला॥
आँखों से तो क्या रस बरसा।
पीना पड़ा अगर विष प्याला॥ 1॥

आग सी लगाते हैं जी में।
जब थोड़ा आगे हैं बढ़ते।
होंठ क्या रँगे लाल रंग में।
बोल बड़े कड़वे हैं कढ़ते ॥ 2 ॥

लगा कहाँ तब रस का चसका।
जब नीरस बातें कहती है ॥
जीभ किसी की तब क्या सँभली।
जब काँटा बोती रहती है ॥ 3 ॥

हँसी उस हँसी को न कहेंगे।
लगी गले में जिससे फाँसी ॥
मीठी बात रही क्या मीठी।
चुभी कलेजे में जो गाँसी ॥ 4 ॥

अंधकार का जो है पुतला।
उसमें कैसे मिले उँजाला ॥
गोरे मुखड़े से क्या होगा।
अगर किसी का दिल है काला ॥ 5 ॥

मुँह काला

चौतुके

भरी नटखटी रग-रग में है।
एक-एक रोआँ है ऐंठा ॥
उसके जी में सब पाजीपन।
पाँव तोड़ करके है बैठा ॥ 1 ॥

वह कमीनपन का पुतला है।
ढीठ ऊधमी बैठा ठाला।
झूठा, नीच, कान का पतला।
बड़ा निघरघट मद मतवाला ॥ 2 ॥

छली, छिछोरा, जी का ओछा।
कुन्दा है बे छीला-छाला॥
छिछला बरतन घड़ा अधभरा।
अंधा है हो आँखों वाला॥ 3॥

है छँटाक पर मन बनता है।
कितनी आँखों का है काँटा॥
रँगा सियार काठ का उल्लू।
छँटे हुए लोगों में छाँटा॥ 4॥

सधा उचक्का पक्का ढोंगी।
काला साँप जहर का प्याला॥
किसके हित का काल नहीं है।
काले दिल वाला मुँह काला॥ 5॥

बेतुकी बातें

चौपदे

जब लगा तार-तार ही टूटा।
और झनकार फूटकर रोई॥
जब कि बोली न बोल की तूती।
किसलिए बीन तब बजी कोई॥ 1॥

जो निछावर हुई नहीं तितली।
जो न भर भाँवरें भँवर भूला।
रंग बू है अगर नहीं रखता।
तो कहीं फूल किसलिए फूला॥ 2॥

सुन उसे सिर धुना अगर धुन ने।
और खटराग राग को भाया।
सुर अगर बेसुरे बने सारे।
किसलिए गीत तो गया गाया॥ 3॥

एक पत्ता हरा न हो पाया।
पर गये सब खिले गुलाब झुलस।
देखिये ये उठे हुए बादल।
किस तरह का बरसा रहे हैं रस॥ 4॥

क्यों गँवायें न हाथ के हीरे।
भूल पर भूल है अगर होती।
किसलिए लोग मूँदकर आँखें।
पोत को हैं बता रहे मोती॥ 5॥

हैं न वैसे हरे-भरे पौधे।
फूल में हैं न रंगतें वैसी।
है कहाँ वह बहार बाग़ों में।
आज है बह रही हवा कैसी॥ 6॥

देख करके जमाव कौओं का।
पत्तियों में न क्यों छिपे जाते॥
है मचा काँव-काँव कुछ ऐसा।
पिक कहीं कूकने नहीं पाते॥ 7॥

देख उनकी लुभावनी चालें।
हो गये खीज-खीज कर पगले।
चोंच अपनी चला-चला करके।
हंस को नोच हैं रहे बगले॥ 8॥

इस तरह क्यों उठा रहे हो सिर।
किसलिए हो बहुत बढ़े जाते।
जो तुम्हें पालती नहीं मिट्टी।
पेड़ तो तुम पनप नहीं पाते॥ 9॥

भूल है मत हँसी करो उसकी।
रूप औ रंग मिल सके जिससे।
धूल की धूल क्यों उड़ाते हो।
पास के फूल तुम महँक किससे॥ 10॥

अनूठे अटपदे

कली

बच सकेगा नहीं भँवर से रस।
आ महँक को हवा उड़ा लेगी।
पास पहुँचे बनी-ठनी तितली।
पंखड़ी को मसल दगा देगी॥ 1 ॥

छीन ले जायगी किरिन छल से।
ओस की बूँद से मिला मोती।
फूलने का न नाम भी लेती।
जो कली भेद जानती होती॥ 2 ॥

दो बूँद

न उसको मोती की है चाह।
न उसको है कपूर से प्यार।
नहीं जी में है यह अरमान।
तू बरस दे उस पर जलधार॥ 1 ॥

स्वातिधन! घूम-घूम सब ओर।
आँख अपनी तू मत ले मूँद।
बहुंत प्यासा बन चोंच पसार।
चाहता है चातक दो बूँद॥ 2 ॥

छल

टटोले गये सैकड़ों दिल।
बहुत हमने देखा-भाला।
प्यार सच्चा पाया किसमें।
याँ सभी है मतलबवाला ॥ 1 ॥

बिहँस किरनों को फूलों ने।
गोद में अपनी बैठाला।
न जाना था बेचारों ने।
छिनेगी मोती की माला ॥ 2 ॥

हँसी

रँगीली तितली पर, जिसको।
रंग दिखलाना भाता है।
घूमने वाले भौंरों पर।
भाँवरें जो भर जाता है ॥ 1 ॥

चिटख़ जाते दिखलाते हो।
या कि आवाज़ा कसते हो।
सको बतला तो बतला दो।
फूल तुम किस पर हँसते हो ॥ 2 ॥

दुरंगी दुनिया

अजब है रंगत दुनिया की।
बदलती रहती है तेवर।
किसी पर सेहरा बँधता है।
उतर जाता है कोई सर ॥ 1 ॥

किसी का पाँव नहीं उठता।
किसको लग जाते हैं पर।
धूल में मिलता है कोई।
बरसता फूल है किसी पर॥ 2॥

भेद

भेद तब कैसे बतलायें।
भेद जब जान नहीं पाते।
फूल क्यों महँक-महँक कर यों।
दूसरों को हैं महँकाते॥ 1॥

किसलिये खिल-खिल हँसते हैं।
किसलिये वे मुसकाते हैं।
देख करके किसकी रंगत।
फूल फूले न समाते हैं॥ 2॥

फूले-फले

बुरों से बुरा नहीं माना।
भले बन उनके किये भले।
हमारी छाया में रहकर।
चाल चलकर भी लोग पले॥ 1॥

पास आ क्यों कोई हो खड़ा।
हो गये हैं जब हम खोखले।
कहाँ थी पूछ हमारी नहीं।
कभी थे हम भी फूले-फले॥ 2॥

जले तन

बावले बन जाते थे हम।
देख पाते जब नहीं बदन।
याद हैं वे दिन भी हमको।
वारते थे जब हम तन-मन ॥ 1 ॥

कलेजे छिले पड़े छाले।
हो रही है बेतरह जलन।
आग है सुलग रही जी में।
कहायें क्यों न अब जले तन ॥ 2 ॥

कलियाँ

बीच में ही जाती है लुट।
क्या उन्हें कोई समझाये ॥
कलेजा मुँह को आता है।
किसलिए सितम गये ढाये ॥ 1 ॥

बुरी है दुनिया की रंगत।
किसलिये कोई घबराये ॥
क्या कहे बातें कलियों की।
फूल तो खिलने भी पाये ॥ 2 ॥

फूल

रंग कब बिगड़ सका उनका।
रंग लाते दिखलाते हैं ॥
मस्त हैं सदा बने रहते।
उन्हें मुसकाते पाते हैं ॥ 1 ॥

भले ही जिये एक ही दिन।
पर कहाँ वे घबराते हैं॥
फूल हँसते ही रहते हैं।
खिला सब उनको पाते हैं॥ 2 ॥

विवशता

मल रहा है दिल मला करे।
कुछ न होगा, आँसू आये॥
सब दिनों कौन रहा जीता।
सभी तो मरते दिखलाये॥ 1 ॥

हो रहेगा जो होना है।
टलेगी घड़ी न घबराये॥
छूट जायेंगे पचड़ों से।
मौत आती है तो आये॥ 2 ॥

प्यासी आँखें

कहें क्या बातें आँखों की।
चाल चलती है मनमानी॥
सदा पानी में डूबी रह।
नहीं रख सकती हैं पानी॥ 1 ॥

लगन है रोग या जलन है।
किसी को कब यह बतलाया॥
जल भरा रहता है उनमें।
पर उन्हें प्यासी ही पाया॥ 2 ॥

आँसू और आँखें

दिल मसलता ही रहता है।
सदा बेचैनी रहती है॥
लाग में आ-आ कर चाहत।
न जाने क्या-क्या कहती है॥ 1॥

कह सके यह कोई कैसे।
आग जी की बुझ जाती है॥
कौन सा रस पाती है जो।
आँख आँसू बरसाती है॥ 2॥

आँख का जलना

ललाई लपट हो गई है।
चमक बन पाई चिनगारी॥
आँच सी है लगने लग गई।
की गई जो चोटें कारी॥ 1॥

फूलना-फूलना औरों का।
चाहिये क्या इतना खलना॥
बिना ही आग जल रही है।
आँख का देखो तो जलना॥ 2॥

आँख फूटना

और का देखकर भला होते।
है भलाई उमंग में आती॥
है सुजनता बहुत सुखी होती।
रीझ है रंगतें दिखा जाती॥ 1॥

जो न अन देखपन बुरा होता।
किसलिये डाह कूटती छाती॥
तो किसी नीच की बिना फूटे।
किसलिये आँख फूटने पाती॥ 2॥

आँख की चाल

लाल होती हैं लड़ती हैं।
चाल भी टेढ़ी चलती हैं॥
बहलते भी उनको देखा।
बला लाती है जलती हैं॥ 1॥

बिगड़ती बनती रहती हैं।
उन्होंने खिंचवाईं खालें॥
भली हैं कभी नहीं आँखें।
देख ली हैं उनकी चालें॥ 2॥

आँख और अमृत

कर जो हँस-हँसकर बातें।
बिना ही कुछ-कुछ बोले चाले॥
मिलायें प्यार दिखाकर जो।
छलकते प्रिय छबि के प्याले॥ 1॥

बनी आँखें ही हैं ऐसी।
उरों में जो अमृत ढालें॥
सदा जो ज्योति जगा करके।
अँधेरे में दीपक बालें॥ 2॥

आँख और अंधेर

कभी सूरज की हुई कृपा न।
भले ही वे हों किरण कुबेर॥
उसे दिन भी कर सका न दूर।
सामने जो था तम का ढेर॥ 1॥

ज्योति भी भागी तजकर संग।
दृगों पर हुआ देख अंधेर॥
कौन किसका देता है साथ।
दिनों का जब होता है फेर॥ 2॥

नुकीली आँख

प्यार के रंगों में रँगकर।
अगर बन गई रंगीली हो॥
क्या हुआ तो जो हो चंचल।
फबीली हो फुरतीली हो॥ 1॥

चाहते हैं रस हो उसमें।
आँसुओं से वह गीली हो॥
अगर है नोक-झोंक तो क्या।
भले ही आँख नुकीली हो॥ 2॥

अंधी आँख

कलेजों को देती है बेध।
चलाकर तीखे-तीखे तीर॥
छातियों को देती है छील।
किसलिये बन बनकर बे पीर॥ 1॥

सितम करती है अंधाधुंध।
तनिक भी नहीं लगाती देर॥
किसलिये अंधी बनकर आँख।
मचाती है इतना अंधेर॥ 2॥

बड़ी-बड़ी आँखें

छोड़ सीधी-सधी भली राहें।
जब बुरी राह में अड़ी आँखें।
बेकसों और बेगुनाहों पर।

बेतरह जब कड़ी पड़ी आँखें॥ 1॥
जब न सीधी रहीं बनीं टेढ़ी।
लाड़ को छोड़कर लड़ीं आँखें।
रह गई कौन सी बड़ाई तब।
क्यों न सोचें बड़ी-बड़ी आँखें॥ 2॥

बला की पुतली

रीझ को आँख अगर होती।
प्रेम होता न अगर अंधा।
लगन जो लाग में न आती।
समझ सकती अपना धंधा॥ 1॥

काम ले कई कलाओं से।
किसलिये तो कोई छलता।
बला की पुतली आँखों पर।
भला कैसे जादू चलता॥ 2॥

आँखों की मचल

कभी है पलक नहीं उठती।
कभी तिरछे चलती हैं वे।
बाँकपन कभी दिखाती हैं।
कभी लड़-भिड़ खलती हैं वे॥ 1 ॥

रंगतें बदला करती हैं।
छबि दिखाकर हैं छलती वे।
मचलने वाली आँखें हैं।
किसलिए नहीं मचलतीं वें॥ 2 ॥

आँसू भरी आँखें

हैं दिलों को नरम बना देती।
मैल मन का कभी मिलीं धोती।
हैं किसी चित्त में जगह करती।
हैं उरों में भरी कसर खोती॥ 1 ॥

आग जी की कहीं बुझाती हैं।
हैं कहीं बीज प्यार का बोती।
आँसुओं से भरी हुई आँखें।
हैं कहीं पर बखेरती मोती॥ 2 ॥

प्यार और आँख

जो किसी से भरे नहीं हम हैं।
क्यों न हित का उभार हो होगा॥
चल रहा ठीक-ठीक बेड़ा है।
किसलिए वह न पार तो होगा॥ 1 ॥

है कसर जो भरी नहीं जी में।
क्यों न संसार यार तो होगा॥
प्यार से हैं अगर भरी आँखें।
क्यों न दिल में दुलार तो होगा॥ 2॥

आँख का पानी

मुँह दिखाते बने न औरों को।
और मुँह की सदा पड़े खानी॥
पत उतर जाय, हो हँसी ऐसी।
हो किसी से कभी न नादानी॥ 1॥

बेबसी, बेकसी, खुले-खुल ले।
बेहयाई न जाय पहचानी॥
बह सके तो घड़ों बहे आँसू।
पर न गिर जाय, आँख का पानी॥ 2॥

लजीली आँख

हो सकी जब कि लाल पीली तू।
तब कहें क्यों कि तू रसीली है॥
जब कटीली कहा गया तुझ को।
तब कहें क्यों, कि तू छबीली है॥ 1॥

फबितयाँ लोग जब लगे लेने।
तब कहें क्यों, कि तू फबीली है॥
जब नहीं लाज रख सकी अपनी।
तब कहाँ आँख तू लजीली है॥ 2॥

अपने दुखड़े

हम बलायें लिया करें उनकी।
और हम पर बलायें वे लायें॥
है यही ठीक तो कहें किससे।
क्या करें चैन किस तरह पायें॥ 1 ॥

किस तरह रंग में रँगें उनको।
आह उनको कौन ढंग सिखलायें॥
जो पसीजे न आँसुओं से वे।
क्यों कलेजा निकाल दिखलायें॥ 2 ॥

आँसू

साँसतें करके औरों की।
साँसतें सहते हैं आँसू॥
अगर कुछ असर नहीं रखते।
किसलिये बहते हैं आँसू॥ 1 ॥

क्यों नहीं उसके सब दुखड़े।
किसी से कहते हैं आँसू॥
कलेजा मलने ही से तो।
निकलते रहते हैं आँसू॥ 2 ॥

आँसू की बूँद

नरम करती है जो मन का।
तो भलाई कर पाती है॥
पर गरम बन करके वह क्यों।
किसी का भरम गँवाती है॥ 1 ॥

ठीक करती रहती है जो।
कहीं की आग बुझाती है॥
बूँद आँसू की पानी हो।
कहीं क्यों आग लगाती है॥ 2॥

टपकते आँसू

रंग में औरों के दुख के।
कब नहीं रँगते हैं आँसू॥
भला औरों का करने को।
उमगते हैं सदैव आँसू॥ 1॥

पास रहकर आहें सुन-सुन।
प्रेम में पगते हैं आँसू॥
बढ़ गये टपक फफोलों की।
टपकने लगते हैं आँसू॥ 2॥

आँसू बहना

दूसरों का दुख औरों से।
कौन कातर बन कह पाया॥
पास सारे पीड़ित जन के।
तरस खा-खाकर रह पाया॥ 1॥

समय की सभी साँसतों को।
कौन साहस कर सह पाया॥
जगत दुख की धाराओं में।
कौन आँसू सा बह पाया॥ 2॥

आँख का रोना

सामने दुख रवि को देखे।
कब नहीं बन पाईं कोई॥
देख करके आहें भरते।
सभी नींदें किसने खोई॥ 1॥

न जानें कितनी रातों में।
वे नहीं सुख से हैं सोई॥
कौन रोया इतना जितना।
आज तक आँखें हैं रोई॥ 2॥

आँसू का बरसना

जी तड़पता है तो तड़पे।
पता क्यों पाते हैं आँसू॥
नहीं रुकते हैं रोके से।
चले दिखलाते हैं आँसू॥ 1॥

आज क्यों मेरी आँखों से।
उमड़ते आते हैं आँसू॥
लगाकर होड़ बादलों से।
क्यों बरस जाते हैं आँसू॥ 2॥

आँसू और धूल

बूँद बन गये मोतियों से।
दृगों में हिलते है आँसू।
किसी को रस देने के लिए।
आम से छिलते हैं आँसू॥ 1॥

प्यार वाली बहु आँखों में।
बहुत ही खिलते हैं आँसू।
एक दिन ऐसा आता है।
धूल में मिलते हैं आँसू ॥ 2 ॥

आँसू का तार

रात बीते दिन आता है।
धूप में मिलती है छाया।
तब कहाँ रह जायेगा दुख।
जहाँ मुख सुख ने दिखलाया ॥ 1 ॥

चाहिये धीरज भी रखना।
बहुत ही जी क्यों घबराया।
पता पा जायेंगे दिल का।
तार आँसू का लग पाया ॥ 2 ॥

आँसू का चलना

विरह की क्यों कटतीं रातें।
बीतते दुख के दिन कैसे।
जलन किस तरह दूर होती।
क्यों भला मिलते सुख वैसे ॥ 1 ॥

हरे होकर क्यों बन पाते।
कलेजे जैसे के तैसे।
न चलते जो वैसे आँसू।
मिले सोते बहते जैसे ॥ 2 ॥

आँख की पट्टी

यह कभी समझ नहीं पाते।
वस्तु मीठी है या खट्टी।
पर कमर कस सब लोगों को।
पढ़ाते रहते हैं पट्टी ॥ 1 ॥

बड़ाई अब इसमें ही है।
बनेंगे धोखे की टट्टी।
भला कैसे खुल पायेंगी।
बँधी है आँखों पर पट्टी ॥ 2 ॥

आँख में उँगली

बगल में बैठ-बैठ करके।
लगाते रहते हैं बगली ॥
पर बनाते ही रहते हैं।
और की दौलत की कंगली ॥ 1 ॥

समझ करतूतों को देखे।
बनी ही रहती है पगली ॥
पर चलेंगे उलटी चालें।
करेंगे आँखों में उँगली ॥ 2 ॥

जी की गाँठ

ऐंठ दिखलाकर ऐंठेंगे।
सुनेंगे बात नहीं जी की ॥
बहुत सी गहरी हो रंगत।
पर कहेंगे सब को फीकी ॥ 1 ॥

पेट जलता ही रहता हो।
पूरियाँ खायेंगे घी की॥
कटेंगे गँठ जोड़ा तो भी।
खुलेगी गाँठ नहीं जी की॥ 2॥

काल और समय

आँख में जगह मिली जिसको।
कलेजे में जो पल पाया॥
अंक में कल कपोल ने ले।
जिसे मोती सा चमकाया॥ 1॥

समय की बात निराली है।
काल कब किसका कहलाया॥
वही आँसू भूतल पर गिर।
धूल में मिलता दिखलाया॥ 2॥

आँसू और दिल

आँसुओं यह बतला दो, क्यों।
कभी झरनों सा झरते हो॥
कभी हो झड़ी लगा देते।
कभी बेतरह बिखरते हो॥ 1॥

गिर गये जब आँखों से तब।
किसलिए उनके भरते हो॥
निकल आये दिल से, तब क्यों।
फिर जगह दिल में करते हो॥ 2॥

कोई दिल

आग को तब बुझते देखा।
जब बुझाये उसको पानी॥
भागना जलते को तजकर।
बताई गई बेइमानी॥ 1॥

तुम्हें आता देखे आँसू।
दुखी हो आँख बहुत रोई॥
निकल जल रहे कलेजे से।
खोजते हो क्या दिल कोई॥ 2॥

आँसू छनना

कपोलों पर गिर पड़ते हैं।
कभी काजल में सनते हैं।
बाल के फंदों में फँसकर।
बेड़ियाँ कभी पहनते हैं॥ 1॥

बरौनी से छिप जाते हैं।
कभी बेबस से बनते हैं।
कौन सी छानबीन में पड़।
आँख से आँसू छनते हैं॥ 2॥

दिल और आँसू

सामना दुख लहरों का कर।
सुखों की नावें खेते हैं।
लगे रहते हैं त्यों हित में।
विहग ज्यों अण्डे सेते हैं॥ 1॥

दूर कर बला दूसरों की।
बलायें सिर पर लेते हैं।
आँख के तिल से मिल आँसू।
मोम सिल को कर देते हैं॥ 2॥

निकलें आँसू

मकर के हाथ, मोह में पड़।
भूल करके बिक लें आँसू।
हँसी के फंदों में फँसकर।
वहाँ कुछ छन टिक लें आँसू॥ 1॥

कहाँ किसने उनको छेंका।
कुछ घड़ी तक छिंक लें आँसू।
छुड़ाना है दुख से दिल को।
क्यों न दृग से निकलें आँसू॥ 2॥

खुली आँखें

किसी में मकर मिला फिरता।
किसी में भूख भरी पाई।
किसी में चोट तड़पती थी।
किसी में सांसत दिखलाई॥ 1॥

किसी मे लगन की लहर थी।
किसी में था लानत लेखा।
आँसुओं की बूँदों को जब।
खोलकर आँखों को देखा॥ 2॥

आँसू आना

पतित तो पैसे वाले हैं।
पेट पचके जो पाते हैं।
तब कहाँ भलमनसाहत है।
जो नहीं भूखे भाते हैं॥ 1 ॥

लोग तो पड़े भूल में हैं।
भले कैसे कहलाते हैं।
देख दुनिया दुख आँखों में।
जो नहीं आँसू आते हैं॥ 2 ॥

आँसू गिरना

किसलिए कढ़ें कलेजे से।
बला से क्यों न घिरें आँसू।
कभी दुख जल लहरों में आ।
न तो उभरें न तिरें आँसू॥ 1 ॥

किसी की आँखों में आकर।
फिराये क्यों न फिरें आँसू।
देश की गिरी दशा देखे।
गिराये जो न गिरे आँसू॥ 2 ॥

आँख दिखलाना

बेतुकी बात बेतुके मुँह की।
है किसी से नहीं सुनी जाती।
क्यों न जी जाएगा बिगड़ कोई।
जो छिनी जाय जन्म की थाती॥ 1 ॥

जाति की दृष्टि घिन भरी ओछी।
जाति से है नहीं सही जाती।
आँख जो देखना पड़ा है तो।
क्यों नहीं आँख आँख दिखलाती ॥ 2 ॥

चुने चौपदे

है मनाना या मना करना कठिन।
मन सबों को छोड़ पता छन नहीं।
तब भला कैसे न मनमानी करें।
है किसी के मान का जब मन नहीं ॥ 1 ॥

काम के सब भले पंथों को तज।
फँस गया बार-बार भूलों में।
छोड़ फूले-फले भले पौधे।
मन भटकता फिरा बबूलों में ॥ 2 ॥

ठान उसने न कब बुरी ठानी।
कब ठिठक हम गये न ठनगन में।
बैठ पटरी सकी न कपटी से।
कब पटी नटखटी भरे मन से ॥ 3 ॥

जब गया घर जान सारी बात का।
तब भला कैसे न घरजानी करे।
हैं उसे सामान मनमाने मिले।
मन भला कैसे न मनमानी करे ॥ 4 ॥

संग पासंग है कड़ापन में।
ठोस इस्पात है नहीं ऐसा।
है न वैसा कठोरपन उसमें।
काठ है कब कठोर मन जैसा ॥ 5 ॥

छिन गया आराम दुख दूना हुआ।
कट रहा है रोग सौ गुना सितम।

तन गया तन बिन मिला धन धूल में।
पर हुआ मन का कमीनापन न कम ॥ 6 ॥

दें नहीं पेर-पीस औरों को।
जल रहें बन न जायँ ओले हम।
बात जितनी कहें मुलायम हों।
हो न मन की मुलायमीयत कम ॥ 7 ॥

खोलने पर नयन न खुल पाया।
सूझ पाया हमें न पावन थल।
लोकहित जल मिला न मिलकर भी।
धुल न पाया मलीन मन का मल ॥ 8 ॥

है नहीं परवाह सुख-दुख की उसे।
जो कि सचमुच जाय बेपरवाह बन।
तब बुलंदी और पस्ती क्या रही।
जब करे मस्ती किसी का मस्त मन ॥ 9 ॥

तो उसे प्रेम रंग में रँग दो।
वह सदा रँग है अगर लाता।
लोकहित के लिये न क्यों मचले।
मन अगर है मचल-मचल जाता ॥ 10 ॥

दौड़ने में ठोकरें किसको लगीं।
वह भला कैसे न मुँह के बल गिरे।
फेर की है बात इसमें कौन सी।
जो किय मन फेर कोई मन फिरे ॥ 11 1॥

फूल किसको गूलरों से मिल सके।
फल सरों से है न कोई पा सका।
मोतियों से मिल सका पानी किसे।
कौन मन के मोदकों को खा सका ॥ 12 ॥

है सराबोर सब रसों में वह।
सन सभी भाव में वही सनकी।
खेल नित रंग-रंग के दिखला।
रंग लाती तरंग है मन की ॥ 13 ॥

क्यों सकेगा न सुख बसन जन बुन।
कात हित सूत तन अगर न थके।
तन सके क्यों न हो अमन ताना।
मन अगर बन अमन-पसंद सके ॥ 14 ॥

बात हित की कब बताती है नहीं।
कब न समझाती बुझाती वह रही।
मानकर बैठे मनाने से खिझे।
मति करे क्या, जो न मनमाने कही ॥ 15 ॥

पत्तियों तक को बहुत सुन्दर बना।
हैं उसी ने ही सजाये बाग-वन।
फल उसी से हैं फबीले हो रहे।
फूल फबता है मिले मन की फबन ॥ 16 ॥

क्या कहीं भूत का बसेरा है।
भूल है भय अगर कँपाये तन।
तो चढ़ेगा न भूत सिर पर क्यों।
भूत बन जाय जो किसी का मन ॥ 17 ॥

तो बनायेगा बड़ा ही औगुनी।
औगुनों से वह अगर होगा भरा।
कौन है इतनी बुराई कर सका।
है बुरे मन सा न बैरी दूसरा ॥ 18 ॥

जायगा कैसे न वह दानव कहा।
जो कि दानव भाव लेकर अवतरा।
देवता कैसे न देवेगा बना।
देव भावों से अगर मन है भरा ॥ 19 ॥

तो यहाँ ही हम नरक में हैं पड़े।
पाप का जी में जमा है जो परा।
स्वर्ग का सुख तो बिलसता है यहीं।
है भला मन जो भले भावों भरा ॥ 20 ॥

चाह बैकुण्ठ की नहीं रखते।
हैं नहीं स्वर्ग की रुचीं राहें।
है यही चाह, चाह हरि की हो।
हों चुभी चित्त में भली चाहें ॥ 21 ॥

छोड़ खलपन अगर नहीं पाता।
पर विभव क्यों न तो उसे खलता।
डाह जब है जला रही उसको।
मन बिना आग क्यों न तो जलता ॥ 22 ॥

क्यों न बनते सुहावना सोना।
लागकर लौहपन अगर खोते।
पर नहीं कर सके रसायन हम।
पास पारस समान मन होते ॥ 23 ॥

किस तरह जी में जगह देते उसे।
जी बहुत जिससे सदा ऊबा रहा।
मान वालों से मिले तो मान क्यों।
मन अगर अभिमान में डूबा रहा ॥ 24 ॥

बार घर-बार को न तो समझें।
जो न जी में विकार हो थमता।
तो न बैठें रमा-रमा धूनी।
मन रहे जो न राम में रमता ॥ 25 ॥

तो तजा घर बना बनाया क्यों।
क्यों बना घर लिया गया बन में।
आपको संत मान क्यों बैठे।
मान अपमान है अगर मन में ॥ 26 ॥

तब लगाया भभूत क्या तन पर।
जो सके मोह भूत को न भगा।
तो किया क्या बसन रँगा करके।
मन अगर राम रंग में न रँगा ॥ 27 ॥

घर बसे और क्या बसे बन में।
बासना जो बनी रहे बस में।
बेकसे और क्या कसे काया।
मन किसी का अगर रहे कस में ॥ 28 ॥

एक को पूछता नहीं कोई।
एक आधार प्रेम धन का है।
एक मन है न एक मन का भी।
एक मन एक लाख मन का है ॥ 29 ॥

फेन से भी है बहुत हल्का वही।
मेरु से भारी वही है बन सका।
मान किसको है कि मन को तौल ले।
जब सका तब तौल मन को मन सका ॥ 30 ॥

मन न हो तो जहान है ही क्या।
मन रहे, है जहान का नाता।
मन सधे क्या सधा नहीं साधे।
मन बँधे, है जहान बँध जाता ॥ 31 ॥

डूबकर के रंगतों में प्यार की।
साथ ही दो फूल अलबेले खिले।
मेलकर अनमोल दो तन बन गये।
मोल मन का बढ़ गया दो मन मिले ॥ 32 ॥

मन उबारे से उबरते हैं सभी।
कौन तारे से नहीं मन के तरा।
मन सुधारे ही सुधरता है जगत।
मन उधारे ही उधरती है धरा ॥ 33 ॥

बाट घर के बाट हैं जो हो रहे।
तो न सूबे के लिए ऊबे रहें।
क्यों पड़ें तो मन सबों के मोह में।
पास मन के जो न मनसूबे रहें ॥ 34 ॥

जान है जानकार लोगों की।
और सिरमौर माहिरों का है।
जौहरों का सदा रहा जौहर।
जौहरी मन जवाहिरों का है॥ 35 ॥

एक मन है भरा हुआ मल से।
एक मन है बहुत धुला उजला।
एक मन को कमाल है सिड़ में।
एक मन है कमाल का पुतला॥ 36 ॥

भेद है तो भेद क्यों होता नहीं।
भेद रखकर भेद पहचाने गये।
जन न सनमाने गए सब एक से।
औ न सब मन एक से माने गये॥ 37 ॥

बात लगती बोलियाँ औ बिद्दतें।
कब कहाँ किसने सुखी बनकर सहीं।
क्यों सताये एक मन को एक मन।
एक मन क्या दूसरे मन सा नहीं॥ 38 ॥

निज दुखों सा गिने पराये दुख।
पीर को ठीक-ठीक पहचाने।
तो करेगा कोई न मनमाना।
जो मनों को समान मनमाने॥ 39 ॥

तो सितम पर सितग न हो पाते।
तो न होती बदी बड़े बद से।
तो न दिल चूर-चूर हो जाते।
चूर होता न मन अगर मद से॥ 40 ॥

सुख मिले सुख किसे नहीं होता।
हैं सभी दुख मिले दुखी होते।
मन सके मान या न मान सके।
हैं सकल मन समान ही होते॥ 41 ॥

नाम सम्मान सुन नहीं पाता।
देख मेहमान को सदा ऊबा।
मान का मान कर नहीं सकता।
मन गुमानी गुमान में डूबा ॥ 42 ॥

है उसी एक की कला सब में।
किसलिए नीच बार-बार नुचा।
काम लेवे न जो कमालों से।
तो कहाँ मन कमाला को पहुँचा ॥ 43 ॥

है जगत जगमगा रहा जिससे।
जो मिला वह रतन न, नर तन में।
कर बसर जो सके न सरबस पा।
तो भरी है बड़ी कसर मन में ॥ 44 ॥

जो न रँग जाय घाट रंगत में।
तो उमंग क्यों उमंग में आवे।
किसलिये घन समान तो उमड़े।
मन दया बारि जो न बरसावे ॥ 45 ॥

है पुलकता लहू सगों का पी।
बाप को पीस मूस माँ का धन।
कब उठा काँप पाप करने से।
पाप को पाप मान पापी मन ॥ 46 ॥

है कतर-ब्योंत पेंच-पाच भरा।
छल उसे छोड़ता नहीं छन है।
मौत का मुँह मुसीबतों का तन।
साँप का फन कपट भरा मन है ॥ 47 ॥

क्यों कढ़े आँख से चिनगारी।
क्यों न उठने लगे लवर तन में।
क्यों वचन तब बनें न अंगारे।
कोप की आग जब जगी मन में ॥ 48 ॥

टूट पड़ती रहे मुसीबत सब।
खेलना साँप से पड़े काले।
काल डाले सकल बलाओं में।
पर पड़े मन न कोप के पाले॥ 49॥

छानते तो बड़े बड़े जंगल।
और गोपद समुद्र बन जाता।
डालते पीस पर्वतों को हम।
मन डिगाये अगर न डिग पाता॥ 50॥

डालते किस लोक में डेरा नहीं।
डर गयो कोई नहीं कुछ बोलता।
धाक से तो डोल जाता सब जगत।
जो न डावाँडोल हो मन डोलता॥ 51॥

दिव्य दृष्टान्त

चौपदे

है जिन्हें सूझ जोड़ से ही वे।
भिड़ सके लाग-डाँट साथ बड़ी।
भूलकर भी लड़ी न भौंहों से।
जब लड़ी आँख साथ आँख लड़ी॥ 1॥

देखकर रंग जाति का बदला।
जाति का रंग है बदल जाता।
देख आँखें हुईं लहू जैसी।
आँख में है लहू उतर आता॥ 2॥

देख दुख से अधीर संगी को।
है जनम संगिनी लटी पड़ती।
दाढ़ है दाँत के दुखे दुखती।
सिर दुखे आँख है फटी पड़ती॥ 3॥

तब भलाई भूल जाती क्यों नहीं।
जब सचाई ही नहीं भाती रही।
जोत तब कैसे चली जाती नहीं।
जब किसी की आँख ही जाती रही॥ 4॥

कौन आला नाम रख आला बना।
है जहाँ गुन, है निरालापन वहीं।
साँझ फूली या कली फूली फबी।
आँख की फूली फबी फूली नहीं॥ 5॥

एक से जो दिखा पड़े, उनका।
एक ही ढंग है न दिखलाता।
है कमल फूलना भला लगता।
आँख का फूलना नहीं भाता ॥ 6 ॥

काम क्या अंजाम देगा दूसरा।
जब नहीं सकते हमीं अंजाम दे।
दे सकेगा काम सूरज भी तभी।
जब की अपनी आँख का तिल काम दे ॥ 7 ॥

पड़ बुरों में संगतें पाकर बुरी।
सूझवाला कब बुराई में फँसा।
देख लो काली पुतलियों में बसे।
आँख के तिल में न कालापन बसा ॥ 8 ॥

तब भला मैली-कुचैली औरतें।
क्यों न पायेंगी निराले पूत जन।
आँख की काली कलूटी पुतलियाँ।
जब जनें तिल सा बड़ा न्यारा रतन ॥ 9 ॥

फूट पड़ता है उँजाला भी वहाँ।
घोर अँधियाली जहाँ छाई रही।
जगमगा काली पुतलियों में हमें।
जोत वाले तिल जताते हैं यही ॥ 10 ॥

सूझवाले मिल सके दो-चार ही।
और सब अंधे मिले हमको यहाँ।
देखने को देह में तिल हैं न कम।
आँख के तिल से मगर तिल हैं कहाँ ॥ 11 ॥

वह कभी खींचतान में न पड़ा।
है जिसे आन-बान की न पड़ी।
मोतियों से बनी लड़ी से कब।
आँसुओं की लड़ी लड़ी झगड़ी ॥ 12 ॥

बीरपन से तन गयों के सामने।
कब जुलाहे तन सके ताना तने।
सूर कहला ले, मगर क्यों सूरमा।
सूरमापन के बिना अंधा बने॥ 13॥

भेख सच्चा दिखा पड़ा न हमें।
देख पाये जहाँ-तहाँ भेखी।
फूल कब पा सके किसी से हम।
नाक फूली हुई बहुत देखी॥ 14॥

वे सभी क्यारियाँ निराली हैं।
बेलियाँ हैं जहाँ अजीब खिलीं।
कब सकीं बोल बोलियाँ न्यारी।
बोलती नाक कम हमें न मिलीं॥ 15॥

जिस जगह पर लगें भले लगने।
चाहिये हम वहीं उमग अटकें।
है कहीं पर अगर लटक जाना।
तो लटें गाल पर न क्यों लटकें॥ 16॥

लोग कैसे उलझ सकेंगे तब।
अब हमारी निगाह हो सुलझी।
बान होते हुए उलझने की।
लट कभी गाल से नहीं उलझी॥ 17॥

है लुनाई फिसल रही जिस पर।
है उसे काम क्या कि कुछ पहने।
गोल सुथरे सुडौल गालों के।
बन गये रूप रंग ही गहने॥ 18॥

कुछ बड़ों से हो न पर कितनी जगह।
काम करता है बड़ों का मेल ही।
पर बचाती है उसी की चिकनई।
गाल का तिल क्यों न हो बेतेल ही॥ 19॥

सब जगह बात रह नहीं सकती।
बात का बाँध दें भले ही पुल।
हम रहें क्यों न गुलगुले खाते।
रह सका गाल कब सदा गुलगुल ॥ 20 ॥

जो कि सुख के बने रहे कीड़े।
वे पड़े देख दुख उठाते भी।
जो उठें तो उठें सँभल करके।
हैं उठे गाल बैठ जाते भी ॥ 21 ॥

खोजने से भले नहीं मिलते।
पर बुरों के सुने कहाँ न गिले।
मिल गये बार-बार बू वाले।
मुँह महँकते हमें कहीं न मिले ॥ 22 ॥

लत बुरी छूटती नहीं छोड़े।
क्यों न दुख के पड़े रहें पाले।
पान का चाबना कहाँ छूटा।
मुँह छिले और पड़ गये छाले ॥ 23 ॥

जो उन्हें गुन का सहारा मिल सके।
बात तो कब गढ़ नहीं लेते गुनी।
देख तो पाई नहीं पर बारहा।
बात बूढ़े मुँह मुँहा से, की सुनी ॥ 24 ॥

दुख मिले चाहे किसी को सुख मिले।
है सभी पाता सदा अपना किया।
आप ही तो वह अँधेरे में पड़ा।
जो किसी मुँह ने बुझा दीया दिया ॥ 25 ॥

.जो भरोसे न भाग के सोये।
दैव उनसे फिरा नहीं फिर कर।
जो रखें जान गिर उठें वे ही।
कब भला दाँत उठ सका गिरकर ॥ 26 ॥

हैं दुखी दीन को सताते सब।
हो न पाई कभी निगहबानी।
लग सका और दाँत में न कभी।
हिल गये दाँत में लगा पानी ॥ 27 ॥

नटखटों से बचे रहें कब तक।
जब उन्हें छोड़ नटखटी न हटी।
क्या हुआ बार-बार बच-बचकर।
कब भला दाँत से न जीभ कटी ॥ 28 ॥

क्यों किसी बेगुनाह को दुख दें।
छूट क्यों जायँ कर गुनाह सगे।
और के हाथ में लगे तब क्यों।
जब बुरी जीभ में न दाँत लगे ॥ 29 ॥

जो बड़प्पन है न तो कैसे बड़ा।
बन सके कोई बड़ाई पा बड़ी।
देख लो कवि के बनाने से कहाँ।
दाँत की पाँती बनी मोती लड़ी ॥ 30 ॥

सैकड़ों नेकियाँ किये पर भी।
नीच है ढा विपत्ति कल लेता।
जीभ है दाँत की टहल करती।
दाँत है जीभ को कुचल देता ॥ 31 ॥

कर सकेंगे हित बने उतना न हित।
कर सकेगा हित सदा जितना सगा।
दे सकेंगे सुख न असली दाँत सा।
देख लो तुम दाँत चाँदी के लगा ॥ 32 ॥

है बुरी लत का लगाना ही बुरा।
बन हठीली क्यों न वह हठ ठानती।
हम अभी भर-भर कटोरी नित पियें।
पर चटोरी जीभ है कब मानती ॥ 33 ॥

नित बुराई बुरे रहें करते।
पर भली कब भला रही न भली।
दाँत चाहे चुभें, गड़ें, कुचलें।
पर गले दाँत जीभ कब न गली ॥ 34 ॥

सग दुखों से सगा दुखी होगा।
जल ढलेगा जगह मिले ढालू।
प्यास से जब कि सूखता है मुँह।
जायगा सूख तब न क्यों तालू ॥ 35 ॥

हित करेंगे जिन्हें कि हित भाया।
लोग चाहे बने रहें रूखे।
जीभ क्यों चाट-चाट तन न करे।
लब तनिक भी अगर कभी सूखे ॥ 36 ॥

जो भले हैं भला करेंगे ही।
कुछ किसी से कभी बने न बने।
तर किया कब न जीभ ने लब को।
क्या किया जीभ के लिए लब ने ॥ 37 ॥

बस नहीं जिस बात में ही चल सका।
हो गई उस बात में ही बेबसी।
क्यों न भूखा भूख के पाले पड़े।
क्यों न सूखा मुँह हँसे सूखी हँसी ॥ 38 ॥

कर सकेंगी संगतें कैसे असर।
सब तरह की रंगतें जब हों सधी।
लाल कब लब की ललाई से हुई।
कब हँसी उसकी मिठाई से बँधी ॥ 39 ॥

बाढ़ परवाह ही नहीं करती।
क्यों न उस पर विपत्ति हो ढहती।
हम मुड़ा लाख बार दें लेकिन।
मूँछ निकले बिना नहीं रहती ॥ 40 ॥

हैं सभी खीज-खीज जाते तब।
रंग जब जान-बूझ हैं देते।
बीसियों बार मनचले लड़के।
मूँछ तो नोच-नोच हैं लेते॥ 41 ॥

हो सके काम जो समय पर ही।
हो सका वह न ठान ठाने से।
पाँव लेवें जमा भले ही हम।
मूँछ जमती नहीं जमाने से॥ 42 ॥

पट सके, या पट न औरों से सके।
पर कहीं, नटखट, भला है बन गया।
पड़ सके या पड़ सके पूरी नहीं।
मूँछ भूरी का भूरापन गया॥ 43 ॥

कब भलाई से भलाई ही हुई।
सादगी से बात सारी कब सधी।
साध रह जाती सिधाई की नहीं।
देख सीधी दाढ़ियों को भी बँधी॥ 44 ॥

बाहरी रूप-रंग-भावों ने।
भीतरी बात है बहुत काढ़ी।
खुल भला कब गया न सीधापन।
देख सीधी खुली हुई दाढ़ी॥ 45 ॥

गुन तभी पा सके निरालापन।
जब गुनी जन बुरे नहीं होते।
सूरत भी हैं कमाल दिखलाते।
जब गले बेसुरे नहीं होते॥ 46 ॥

है किसी में अगर नहीं जौहर।
बीर तो वह बना न कर ही ले।
सूरमापन कभी नहीं पाता।
काट सूरन गला भले ही ले॥ 47 ॥

जो बना जैसा बना वैसा रहा।
बन सका कोई बनाने से नहीं।
चितवनें तिरछी सदा तिरछी रहीं।
गरदनें ऐंठी सदा ऐंठी रहीं ॥ 48 ॥

सब पढ़े पा सके न पूरा ज्ञान।
हैं बहुत से पढ़े लिखे भी लण्ठ।
सुर सबों में दिखा सका न कमाल।
कम न देखे गये सुरीले कण्ठ ॥ 49 ॥

सब दयावान ही नहीं होते।
औ सभी हो सके कभी न भले।
सैकड़ों ही कठोर हाथों से।
फूल से कण्ठ पर कुठार चले ॥ 50 ॥

बात मुँह से तब निकल कैसे सके।
जब सती का हाथ लोहू में सने।
फूट पाये कंठ तब कैसे भला।
कंठ-माला कंठ माला जब बने ॥ 51 ॥

क्यों हुनर दिखला न मन को मोह लें।
दूसरों के रूप गुन पर क्यों जलें।
कोयले से रंग पर ही मस्त रह।
हैं निराला राग गाती कोयलें ॥ 52 ॥

पा सहारा जाति के ही पाँव का।
जाति का है पाँव जमकर बैठता।
जाति ही है जाति की जड़ खोदती।
हाथ ही है हाथ को तो ऐंठता ॥ 53 ॥

ढंग से बचते बचाते ही रहें।
बे बचाये कौन बच पाया कहीं।
जो बचावों को नहीं है जानता।
व्योंचने से हाथ वह बचता नहीं ॥ 54 ॥

कौन बैरी हितू किसी का है।
है समय काम सब करा लेता।
तर बतर तेल से किया जिसने।
है वही हाथ सर कतर देता॥ 55॥

कर सकी न बुरा बुरी संगति उसे।
दैव दे देता दिसे है बरतरी।
बाँह बदबूदार होती ही नहीं।
क्यों न होवे काँख बदबू से भरी॥ 56॥

नेक तो नेकियाँ करेंगे ही।
क्यों बिपद पर बिपद न हो आती।
क्या नहीं पाक दूध देती है।
पीप से भर गई पकी छाती॥ 57॥

है बुरी रुचि ही बना देती बुरा।
क्यों सहें लुचपन भली रुचि थातियाँ।
लाड़ दिखला दूध पीने के समय।
क्या नहीं लड़के पकड़ते छातियाँ॥ 58॥

भेद कुद छोटे बड़े में है नहीं।
बान परहित की अगर होवे पड़ी।
थातियाँ हित की बनी सब दिन रहीं।
हों भले ही छातियाँ छोटी बड़ी॥ 59॥

दैव की करतूत ही करतूत है।
कब मिटाये अंक माथे के मिटे।
आज तक तो एक भी छाती नहीं।
हो सकी चौड़ी हथौड़ी के पिटे॥ 60॥

दुख न सब को सका समान सता।
मिस गये फूल सम सभी न मिसे।
वह दिया जाय पीस कितना ही।
पाँव बनता नहीं पिसान पिसे॥ 61॥

पीसते लोग हैं निबल को ही।
गो सबल बार-बार खलते हैं।
जब गये फूल ही गये मसले।
संग को पाँव कब मसलते हैं॥ 62 ॥

नीच से नीच क्यों न हो कोई।
हैं न ऊँचे टहल समय टलते।
पाँव जब दुख रहे हमारे हों।
हाथ तब क्या उन्हें नहीं मलते॥ 63 ॥

ऐंठ में डूब जो बहुत बहँका।
क्यों न उस पर भला बिपद पड़ती।
जब गई फूल औ चली इतरा।
किसलिए तब न पंखड़ी झड़ती॥ 64 ॥

अन्योक्ति

चौपदे

बाल

बीर ऐसे दिखा पड़े न कहीं।
सब बड़े आन-बान साथ कटे।
जब रहे तो डँटे रहे बढ़कर।
बाल भर भी कभी न बाल हटे ॥ 1 ॥

नुच गये, खिंच उठे, गिरे, टूटे।
और झख मार अन्त में सुलझे।
कंघियों ने उन्हें बहुत झाड़ा।
क्या भला बाल को मिला उलझे ॥ 2 ॥

मैल अपना सके नहीं कर दूर।
और रूखे बने रहे सब काल।
मुड़ गये जब कि वे सिधाई छोड़।
तो हुआ ठीक मुड़ गये जो बाल ॥ 3 ॥

हैं दुखाते बहुत गले पड़कर।
सब उन्हें हैं सियाह दिल पाते।
हैं कभी भी नहीं कड़ाई में।
किसलिए बाल फिर न झड़ जाते ॥ 4 ॥

वे कभी तो बने रहे सूखे।
औ कभी तेल से रहे तर भी।
की किसी बात की नहीं परवा।
बाल ने बाल के बराबर भी ॥ 5 ॥

या बरसता रहा सुखों का मेंह।
या अचानक पड़ा सुखों का काल।
धार से या बहुत सुधार-सुधार।
बन गये या गये बनाये बाल ॥ 6 ॥

निज जगह पर जमे रहे तो क्या।
क्या हुआ बार-बार धुल निखरे।
चल गये पर हवा बहुत थोड़ी।
जब कि ए बाल बेतरह बिखरे ॥ 7 ॥

धूल में मिल गया बड़प्पन सब।
था भला थे जहाँ वहीं झड़ते।
क्या यही चाहिये सिरों पर चढ़।
बाल हो पाँव पर गिरे पड़ते ॥ 8 ॥

किस तरह हम तुम्हें कहें सीधे।
जब कि हो आँख में समा गड़ते।
हो न सुथरे न चीकने सुधरे।
जब कि हो बाल तुम उखड़ पड़ते ॥ 9 ॥

चोटी

जो समय के साथ चल पाते नहीं।
टल सकी टाले न उनकी दुख घड़ी।
छीजती छँटती उखड़ती क्यों नहीं।
जब कि चोटी तू रही पीछे पड़ी ॥ 10 ॥

निज बड़ों के सँग बुरा बरताव कर।
है नहीं किसकी हुई साँसत बड़ी।
क्यों नहीं फटकार सहती बेतरह।
जब कि चोटी मूँड़ के पीछे पड़ी ॥ 11 ॥

सिर

क्या हुआ पा गये जगह ऊँची।
जो समझ और विचार कर न चले।
सिर अगर तुम पड़े कुचालों में।
तो हुआ ठीक जो गये कुचले॥ 12॥

जो कि ताने बने रहे सब दिन।
वे सँभल लग गये दिखाने बल।
हाथ क्या उँगलियाँ दबाती हैं।
सिर! मिला यह तुम्हें दबे का फल॥ 13॥

बात वह भूले न रुचनी चाहिये।
जो कि तुमको बेतरह नीचा करे।
सिर तुम्हीं सिरमौर के सिरमौर हो।
औ तुम्हों हो सिरघरों के सिरघरे॥ 14॥

दे जनम निज गोद में पाला जिन्हें।
क्या पले थे वे कटाने के लिए।
खेद है सुख चाह बेदी पर खुले।
सिर! बहुत से बाल तूने बलि दिये॥ 15॥

कब नहीं उसकी चली, कुल व्योंत ही।
सब दिनों जिसकी बनी बाँदी रही।
माँग पूरी की गई है कब नहीं।
सिर! तुमारी कब नहीं चाँदी रही॥ 16॥

सिर! छिपाने छिप न असलीयत सकी।
बज सके न सदा बनावट के डंके।
सब दिनों काले बने कब रह सके।
बाल उजले बार कितने ही रँगे॥ 17॥

छोड़ रंगीनी सुघर सादे बनो।
यह सुझाकर बीज हित का बो चले।
चोंचले करते रहोगे कब तलक।
सिर! तुमारे बाल उजले हो चले॥ 18॥

माथा

छूट पाये दाँव-पेचों से नहीं।
औ पकड़ भी है नहीं जाती सही।
हम तुम्हें माथा पटकते ही रहें।
पर हमारी पीठ ही लगती रही ॥ 19 ॥

चाहिये था पसीजना जिन पर।
लोग उन पर पसीज क्यों पाते।
जब किया था पसीज करके तुम।
हो पसीने-पसीने हो जाते ॥ 20 ॥

सिर और पगड़ी

सिर उछालीं पगड़ियाँ तुमने बहुत।
कान कितनों का कतर यों ही दिया।
लोग भारी कह भले ही लें तुम्हें।
पर तुमारा देख भारीपन लिया ॥ 21 ॥

सूझ के हाथ-पाँव जो न चले।
जो बनी ही रही समझ लँगड़ी।
तो तुमारी न पत रहेगी सिर।
पाँव पर डालते फिरे पगड़ी ॥ 22 ॥

जब तुम्हीं ने सब तरह से खो दिया।
तो बता दो काम क्या देती सई।
सोच है पगड़ी उतरने का नहीं।
सिर! तुमारी तो उतर पत भी गई ॥ 23 ॥

देखता हूँ आजकल की लत बुरी।
सिर तुमारी खोपड़ी पर भी डटी।
लाज पगड़ी की गँवा मरजाद तज।
जो तुम्हारी टोपियों से ही पटी ॥ 24 ॥

दो जने कोई बदल करके जिन्हें।
कर सके भायप रंगों में रंग बसर।
है तुमारे सारपन की ही सनद।
सिर तुमारी उन पगड़ियों का असर ॥ 25 ॥

सिर और सेहरा

सोच लो, जी में समझ लो सब दिनों।
यों लटकती है नहीं मोती लड़ी।
जब कि तुम पर सिर सजा सेहरा बँधा।
मुँह छिपाने की तुम्हें तब क्या पड़ी ॥ 26 ॥

ला न दें सुख में कहीं दुख की घड़ी।
ढा न दें कोई सितम आँखें गड़ी।
मौर बँधते ही इसी से सिर तुम्हें।
देखता हूँ मुँह छिपाने की पड़ी ॥ 27 ॥

अनसुहानी रंगतें मुँह की छिपा।
सिर रहे रखती तुम्हारी बरतरी।
इसलिए ही हैं लटक उस पर पड़ी।
मौर की लड़ियाँ खिले फूलों भरी ॥ 28 ॥

पाजियों के जब बने साथी रहे।
जब बुरों के काम भी तुमसे सधे।
क्या हुआ सिर और तो सब के बने।
क्या हुआ सिरमौर! सोने का बँधे ॥ 29 ॥

सिर और पाँव

जो बड़े हैं भार जिन पर है बहुत।
वे नहीं हैं मान के भूखे निरे।
हैं न तन के बीच अंगों की कमी।
पर गिरे जब पाँव पर तब सिर गिरे ॥ 30 ॥

लोग पर के सामने नवते मिले।
पर नये कब निज सगों से, जी फिरे।
दूसरों के पाँव पर गिरते रहे।
पर भला निज पाँव पर कब सिर गिरे ॥ 31 ॥

तोड़ सोने को न लोहा बढ़ सका।
मोल सोने का गया टूटे न गिर।
पाँव ने सिर को अगर दी ठोकरें।
तो हुआ ऊँचा न वह, नीचा न सिर ॥ 32 ॥

आँख

सूर को क्या अगर उगे सूरज।
क्या उसे जाय चाँदनी जो खिल।
हम अँधेरा त्रिलोक में पाते।
आँख होते अगर न तेरे तिल ॥ 33 ॥

काम करती रही करोड़ों में।
जब फबी आन-बान साथ फबी।
और की कोर ही रही दबती।
आँख तेरी कभी न कोर दबी ॥ 34 ॥

वह लुभाता है भला किसको नहीं।
थी भलाई भी उसी में भर सकी।
भूल भोलापन गई अपना अगर।
भूल भोली आँख ने तो कम न की ॥ 35 ॥

क्या कहें और के सभी दुखड़े।
खेल होते हैं और के शेखे।
फूट जो है उसे बहुत भाती।
आँख तो आप फूट कर देखे ॥ 36 ॥

देख सीधे, सामने हो, फिर न जा।
मान जा बेढंग चालें तू न चल।
सोच ले सब दिन किसी की कब चली।
एक तिल पर आँख मत इतना मचल ॥ 37 ॥

हम कहें कैसे कि उनमें सूझ है।
जब न पर दुख आँसुओं में वे बहे।
क्या उजाले से भरे रहकर किया।
आँख के तिल जब अँधेरे में रहे ॥ 38 ॥

हो गईं सब बरौनियाँ उजली।
जोत का तार बेतरह टूटा।
देख ऊबी न तू छटा बांकी।
आँख तेरा न बाँकपन छूटा ॥ 39 ॥

मत रहे मस्त रंग में अपने।
मत किसी की बुरी बना दे गत।
जो पिला तू सके न रस प्याला।
बावली आँख तो उगल बिख मत ॥ 40 ॥

एक दिन था कि हौसालों में डूब।
गूंधती प्यार मोतियों का हार।
अब लगातार रो रही है आँख।
टूटता है न आँसुओं का तार ॥ 41 ॥

जो चुका है वार सरबस प्यार पर।
तू उसे तेवर बदलकर कर न सर।
दे दिया जिसने कि चित अपना तुझे।
आँख चितवन से उसे तू चित न कर ॥ 42 ॥

प्यार करने में कसर की जाय क्यों।
है न अच्छा जो रहे जी में कसर।
कर सके जो लाड़ तो कर लाड़ तू।
ऐ लड़ाकी आँख लड़-लड़कर न मर ॥ 43 ॥

कौन पानी है गँवाना चाहता।
मछलियाँ पानी बिना जीतीं नहीं।
प्यास पानी के बचाने की बढ़े।
आँख आँसू क्यों भला पीती नहीं ॥ 44 ॥

तू उसे भूलकर गुनी मत गुन।
जिस किसी को गुमान हो गुन का।
जो कि हैं ताकते नहीं सीधे।
आँख मुँह ताक मत कभी उनका ॥ 45 ॥

आँसू

हो बहुत सुथरे विमल जल बूँद से।
मत बदल कर रंग काजल में सनी।
या निराले मोतियों की सी दमक।
आँसुओ काले-कलूटे मत बनो ॥ 46 ॥

था भला आँसुओ वही सहते।
जो भली राह में पड़े सहना।
चाहिए था कि आँख से बहते।
है बुरी बात नाक से बहना ॥ 47 ॥

नाक

हो उसे मल से भरा रखते न कम।
यह तुमारी है बड़ी ही नटखटी।
तो न बेड़ा पार होगा और से।
नाक पूरे से न जो पूरी पटी ॥ 48 ॥

तू सुधर परवाह कुछ मल की न कर।
पार के तुझको नहीं कूरे मिले।
लोग उबरे एक पूरे के मिले।
हैं तुझे तो नाक दो पूरे मिले ॥ 49 ॥

जो न उसके ढकोसले होते।
तो कभी तू न छिप गई होती।
मान ले बात कर न मनमानी।
मत पहन नाक मान हित मोती ॥ 50 ॥

कान

तंग उतना ही करेगी वह हमें।
चाह को जितनी बनायेंगे बड़ी।
कान क्यों हैं फूल खोंसे जा रहे।
क्या नहीं कनफूल से पूरी पड़ी ॥ 51 ॥

जब किसी भाँति बन सकी न रतन।
तेल की बूँद तब पड़ी चू क्या।
जब न उपजा सपूत मोती सा।
कान तब सीप सा बना तू क्या ॥ 52 ॥

तो मिला वह अपूर्व रस न तुझे।
पी जिसे जीव को हुई सेरी।
लौ लगों का कलाम सुनने में।
कान जो लौ लगी नहीं तेरी ॥ 53 ॥

गाल

लाल होंगे सुख मिले खीजे मले।
वे पड़े पीले डरे और दुख सहे।
रंग बदलने की उन्हें है लत लगी।
गाल होते लाल पीले ही रहे ॥ 54 ॥

है निराला न आँख के तिल सा।
और उसमें सका सनेह न मिल।
पा उसे गाल खिल गया तू क्या।
दिल दुखा देख-देख तेरा तिल ॥ 55 ॥

आब में क्यों न आइने से हों।
क्यों न हों काँच से बहुत सुथरे।
पर अगर है गरूर तो क्या है।
गाल निखरे खरे भरे उभरे ॥ 56 ॥

मुँह

बोल सकते हो अगर तो बोल लो।
तुम बड़ी प्यारी रसीली बोलियाँ।
दिल किसी का चूर करते मत रहो।
मुँह चलाकर गालियों की गोलियाँ ॥ 57 ॥

जो कभी कुछ न सीख सकते हों।
दो भली सीख सब उन्हें सिखला।
मात करके न बात को मुँह तुम।
दो करामात बात की दिखला ॥ 58 ॥

जो किसी को कभी नहीं भाती।
है उसी की तुझे लगन न्यारी।
क्यों लगी आग तो न मुँह तुझ में।
बात लगती अगर लगी प्यारी ॥ 59 ॥

प्यास से सूख क्यों न जावे वह।
पर सकेगा न रस टपक पाने।
मुँह बिचारा भला करे क्या ले।
दाँत ऐसे अनार के दाने ॥ 60 ॥

मत सितम आँख मूँद कर ढाओ।
तुम बदी से करोड़ बार डरो।
जो गये बार-बार मुँह उन पर।
भौंहें तलवार की न वार करो ॥ 61 ॥

तीर सी आँखें भवें तलवार-सी।
और रखकर पास फाँसी सी हँसी।
डाल फंदे-सी लटों के फंद में।
मुँह बढ़ा दो मत किसी की बेबसी ॥ 62 ॥

जो बुरे आठों पहर घेरे रहे।
तो भली आँखें न क्यों पीछे हटें।
मुँह बुरा है जो भले तुमको लगे।
बाल बेसुलझे हुए उलझी लटें ॥ 63 ॥

पड़ गई है बान जटने की जिन्हें।
वे भला कैसे न भोले को जटें।
मुँह किसीने सौंप क्यों तुम को दिया।
साँप जैसे बाल साँपिनि-सी लटें ॥ 64 ॥

मत उठा आसमान सिर पर ले।
मत भवें तान-तानकर सर तू।
ढा सितम रह सके न दस-मुँह से।
मुँह उतारू न हो सितम पर तू ॥ 65 ॥

क्या बड़ाई काकुलों की हम करें।
जब रहीं आँखें सदा उनमें फँसी।
क्यों न उस मुँह को सराहें पा जिसे।
जीभ है बत्तीस दाँतों में बसी ॥ 66 ॥

छेद डाला न जब छिछोरों को।
जब बुरे जी न बेध-बेध दिये।
भौंह औ आँख के बहाने तब।
मुँह रहे क्या कमान बान लिये॥ 67 ॥

आज सीटी पटाक बन्द हुई।
वे सटकते रहे बहुत वैसे।
बात ही जब कि रह नहीं पाई।
बात मुँह से निकल सके कैसे॥ 68 ॥

कब भला लोहा उन्होंने है लिया।
मारतों के सामने वे अड़ चुके।
दाब लेंगे दूब दाँतों के तले।
काम हैं मुँह दूबरों से पड़ चुके॥ 69 ॥

दूसरों से बैठती जिनकी नहीं।
किसलिये वह घाट जतलाता नहीं।
मुँह खुला जिसका न औरों के लिए।
दाँत उसका बैठ क्यों जाता नहीं॥ 70 ॥

हम और तुम

चौपदे

हम तुमारे लिये रहें फिरते।
आँख तुमने न आज तक फेरी।
हम तुमें चाहते रहेंगे ही।
चाह चाहे तुमें न हो मेरी॥ 71 ॥

पेड़ हम हैं मलय पवन तुम हो।
तुम अगर मेघ, मोर तो हम हैं।
हम भँवर हैं, खिले कमल तुम हो।
चाँद जो तुम, चकोर तो हम हैं॥ 72 ॥

कौन है जानकार तुम जैसा।
है हमारा अजान का बाना।
तुम हमें जानते जनाते हो।
नाथ हमने तुमें नहीं जाना ॥ 73 ॥

तुम बताये गये अगर सूरज।
तो किरिन क्यों न हम कहे जाते।
तो लहर एक हम तुमारी हैं।
तुम अगर हो समुद्र लहराते ॥ 74 ॥

तब जगत में बसे रहे तुम क्या।
जब सके आँख में न मेरी बस।
लगन रस का सका हमें चसका।
है तुमारा बना बनाया रस ॥ 75 ॥

हम फँसे ही रहे भुलावों में।
तुम भुलाये गये नहीं भूले।
नित रहा फूलता हमारा जी।
तुम रहे फूल की तरह फूले ॥ 76 ॥

है यही चाह तुम हमें चाहो।
देश हित में ललक लगे हम हों।
रंग हम पर चढ़ा तुमारा हो।
लोक-हित रंग में रँगे हम हों ॥ 77 ॥

तुम उलझते रहो नहीं हमसे।
उलझनों में उलझ न हम उलझे।
तुम रहो बार-बार सुलझाते।
हम सदा ही सुलझ-सुलझ सुलझें ॥ 78 ॥

भेद तुमको न चाहिये रखना।
क्यों हमें भेद हो न बतलाते।
हो कहाँ पर नहीं दिखाते तुम।
क्यों तुमें देख हम नहीं पाते ॥ 79 ॥

जो कि तुम हो वही बनेंगे हम।
दूर सारे अगर मगर होंगे।
हम मरेंगे नहीं मरोगे तुम।
पा तुम्हें हम मरे अमर होंगे ॥ 80 ॥

❑

मर्म-स्पर्श

मर्म-स्पर्श

: 1 :

गुणगान

जयति अमङ्गल-मूल-निकन्दन।
करिवर-वदन, विवेक-शुभ-सदन, ज्ञान-निकेतन, गिरिजा-नन्दन।
चित्त-विनोदन, चारुमूर्त्ति, शुचितम-चर्चारत, चर्चित-चन्दन।
विभुता-बहु-विभूति-परिपूरित, भक्ति-भरित, जग-जन-उर-स्पन्दन।
प्रीति-पुनीत-रीति-प्रतिपालक, परिचालक सजीवता-स्यन्दन।
कर प्रदान कमनीय सफलता, कदन विफलता अकलित क्रन्दन।
सर्व-साधना-सिद्धि-विधायक, पात्र विबुध-बुध-जन-अभिनन्दन।
मन-वाञ्छित-वरदान-विधाता, वराधार, आदिम-भव-वन्दन।

: 2 :

'स-सार' संसार

है असार संसार नहीं।
यदि उसमें है सार नहीं तो सार नहीं है कहीं।
जहाँ ज्योति है परम दिव्य, दिव्यता दिखाई वहीं;
क्या जगमगा नहीं ए बातें तारक-चय ने कहीं?
दिखलाकर अगाधता विभु की निधि-धारायें बहीं;
कब न छटायें उसकी सब छिति-तल पर छिटकी रहीं?
दिव्य दृष्टि सामने आवरण-भीतें सब दिन ढहीं;
अधिक क्या कहें, मुक्ति मुक्त मानव ने पायी यहीं।

: 3 :

गिरा-गौरव

जयति गिरा देवी गौरविता।
वाणी-वर, वीणा-वादन-रत, सकल स्वर-सलिल स्वर्गिक सरिता।
दिव्य ज्योति अज्ञान-तिमिर की, भव-विज्ञान-ज्ञान की जननी।
सूक्ति-निचय की सृजनकारिणी, ध्वनि-व्यंजना-बीज-वर-अवनी।
सहृदयता-सरोजिनी-सरसी, जगती-मतिमत्ता की माता।
परम प्रिया उस प्रकृत पुरुष की, जो है अखिल लोक का धाता।
भावुकता की भूति-दायिनी प्रतिमा-कृति अनुभूति-प्रसविनी।
विविध-कल्पना-कल्पलता-सी, भक्तवृन्द-भ्रमरावलि नलिनी।
अखिल-कला-कुसुमालि-कुसुमता, भावों की सकलाभिरामता।
कलित-पदावली-प्राण-स्वरूपा, ललिता कविता की ललामता।
संचालिका सृष्टि-रसना की, सर्व रसों की सरसा सत्ता।
वर विवेक विधि की विधायिनी, श्रुति की महिमामयी महत्ता।

: 4 :

भारत-भू

नाथ! क्यों भारत-भू को भूले?
अहह! किसलिये उसके सुख बनते हैं बारि-बलूले?
आहें भर-भरकर वह क्यों बहु दुख-झूले पर झूले?
बार-बार किसलिये उसे छल-छंद-छछूँदर छूले?
क्यों वह जलता रहे कुदव में बन पयाल के पूले?
करो दया प्रभुवर ! पहले सम पुनः वह फले-फूले?

: 5 :

मुरली-नाद

मोहन ! मुरली-नाद सुना दो।
अनुपम ध्वनि से निर्जीवों को, प्रभो! सजीव बना दो।
दिव्य गात हो, तिमिर-पुंज में जगती-ज्योति जगा दो।
गौरव-भरे प्रगति-प्रतिपादक प्रिय गीतों को गा दो।
तानों में रस भरकर नीरस मानस को सरसा दो।
लय को दे लीनता अधम पर मधुर सुधा बरसा दो।
डाल प्रभाव प्रवृत्ति पतित को सुन्दर सीख सिखा दो।
नाथ पातकी-पुंगव को भी पावन पन्थ दिखा दो।
कपट-सहचरी कूट-नीति को देकर दण्ड भगा दो।
पातक-पुंज-पहाड़ पर प्रभो, भय-पविपात करा दो।
भारत-सुत को देश-जाति-हित का महत्त्व बतला दो।
नवजीवन-दायिनी शक्ति जगती-जन को जतला दो।
मंजु-भावना-मधुर गले से मति का गला मिला दो।
जन-जन-उर-सर में विवेक-वर-वारिज-पुंज खिला दो।

: 6 :

सबला माया

देख ली प्रभो! तुम्हारी कला!
अभजनीय के भजने से क्यों होगा भक्त भला!
तुम हो या कि नहीं हो, इसका ठीक पता न चला।
'अकथनीय' कह तुम्हें छुड़ाते हैं सब लोग गला।
रंग-ढंग क्यों मिलता जब वह रँग-ढँग में न ढला।
क्या 'निर्गुण', 'निरीह' है—इसको कौन सका बतला!
जो है ममतामयी, अंक में जिसके लोक पला।
'अबला' हो पर प्रभु, तुमसे वह माया है सबला!

: 7 :

भक्ति-भावना

भूति अनुपम है त्रिभुवन की।
भक्ति-भावना भक्त जन की।
सुधा-धारा से है सरसा, मधुरता से है अधिक मधुर।
पूततम बनता है उससे मनुज का परम अपावन उर।
पूर्त्ति है अन्तर-साधन की।
भक्ति-भावना भक्तजन की।
प्रसविनी ऋद्धि-सिद्धि की है, नवों निधियों की है जननी।
प्रशंसित उससे बनती है सुरपुरीसम सारी अवनी।
क्रिया है पूत भूत तन की।
भक्ति-भावना भक्तजन की।
प्रगति उसकी है वह सरिता, परम पावन है जिसका जल।
पान करके जिसको मानव प्राप्त करता है वाञ्छित फल।
सुमति गति है मानव-मन की।
भक्ति-भावना भक्तजन की।
शान्ति को बना कृती महती, सुकृति को कर कृतकृत्य सतत।
सुजनता देकर सुजनों को, सदाशयता को कर हित-रत।
पात्र है भव-अभिनन्दन की।
भक्ति-भावना भक्तजन की।

: 8 :

नाम-महिमा

राम-नाम परम धाम, भुक्ति-मुक्ति-दाता।
भव-निधि अति पूत पोत, है त्रिलोक-त्राता।

पाप-ताप-शमन-कुशल, कलि-मल-दल-गंजन।
है महान् मोद - सदन, जन - मन - अनुरंजन।

ऋद्धि-सिद्धि-प्रद, विभूति-वृद्धि का विधाता।
लोक -विदित महामंत्र, पूत प्रकृतिपाता।

शंकर - रसना - निमित्त रस - प्रदान - कारी।
है मलीन मानस - मद - मोह - द्रोह - हारी।

वैभव जन वर विवेक भक्ति - भाव - उद्गम।
रवि समान नाशक है भव - समस्त भ्रम-तम।

: 9 :

उपदेश

बन में गये न बात बनेगी।
भाँग-भाँग रटते रहने से किसी समय गाढ़ी न छनेगी।
मरु-महि में जल नहीं मिलेगा जो चित-भ्रान्ति न कूप खनेगी।

धूप में मिलेगी क्यों छाया जो न युक्ति सुवितान तनेगी।
ठीक हो सकेंगे शठ कैसे कटि कस जो उनसे न ठनेगी।

जगती में निन्दित अयोग्यता बन-ठनकर भी नहीं बनेगी।
सिद्धि-लाभ-पटुता क्यों होगी यदि कटुता में सुमति सनेगी।

: 10 :

निर्माता-नियमन

देखा निर्माता का नियमन।
नियमशील सब शक्ति-निकेतन क्यों माने उनको मेरा मन?

पंचभूत देखा जाता है प्रायः असमय प्रलयंकर बन।
करते हैं अनर्थ पर होता है कब उन पर समुचित शासन?
बधिक से अधिक बध-रत निर्दय सत्पथ-पादप प्रबल प्रभंजन।
हुए धरा में नृपति बहुत से तथा अनेकों अधमाधम जन।

हुआ करों से उन लोगों के लाखों निरपराध-शिर-कर्त्तन।
हृदय-विदारण छेदन-बेधन कोटि-कोटि सदनों का विदहन।
पलक मारते हो सकता था लोगों की रुचि का परिवर्तन।
देकर उन्हें दण्ड उद्बोधक किन्तु हुई इसकी परवाह न।

छिनता कौर है किसी मुँह का, किसी का लुटा जाता है धन।
किसी का युवक सुत है मरता, है फूटता किसी का लोचन।
कहीं तड़पती हैं बेवायें बार-बार कर-कर बहु रोदन।
कहीं कलपते हैं बहु बालक मातृहीन हो सह-सह वेदन।

नियमन धाता-कृपा-कोर ही से हो सकता संकट-मोचन।
परदुख अवलोकन करके भी किया नहीं जाता अवलोकन।
जो अनुमोदन योग्य नहीं है कैसे हो उसका अनुमोदन?
कहे तो कहे क्या क्यों मानव कैसे हो रहस्य-उद्‌घाटन?

: 11 :

शक्तिमत्ता

प्रभु तुम शक्तिमान् यदि होता!
तो अनर्थ के बीज लोक में नहीं पाप-रत बोते।

बध-निमित्त तलवार उठाते ही यदि कर कट जाते।
आग लगाने वाले के यदि हाथ नहीं उठ पाते।
गाली बकने वाले की यदि जीभ मूकता पाती।
पीड़ा पहुँचाने वाले की अगर कसकती छाती।

लूट-पाट करते यदि पट्टी आँखों पर बँध जाती।
गला घोंटने वालों की यदि गरदन नपी दिखाती।

पर-अपकारक की संस्कृति यदि अतिशय पीड़ित होती।
दुख-विधायिनी मति मलीन यदि सुख की नींद न सोती।

किये कुकर्मों के तुरन्त यदि दण्ड मानसिक मिलता।
पाप किये जो भयविह्वल हो तुरत कलेजा हिलता।

तो न धरा पर बड़े वेग से शोणितधारा बहती।
न तो बेतरह जनता पिसती विविध साँसतें सहती।

कहाँ अलौकिक प्रभु की प्रभुता, कहाँ दानवी सत्ता।
फिर भी होता है अनर्थ तो क्या प्रभु-शक्ति-महत्ता?

: 12 :

जीवन-संग्राम

जगत्-जन-जीवन है संग्राम।
काम नाश का जिसमें होता रहता है वसु-याम।

काम, क्रोध, मद, लोभ, मोह के बहु व्यापक व्यापार।
द्वन्द्व मचाते ही रहते हैं कर-कर प्रबल प्रहार।

इनके शर से बिद्ध हुआ करते हैं बहु सद्भाव।
लगते ही रहते हैं कल कृतियों को घातक घाव।

ए कुसुमादपि कोमल उर पर करते हैं आघात।
इनके द्वारा वर विवेक पर होता है पवि-पात।

काल बना करती है नरता की इनकी करवाल।
ए देते हैं शुचि रुचि को ग्रीवा में फन्दे डाल।

रक्तपात, बध, छेदन-बेधन है इनकी करतूत।
विविध अवसरों पर ये बनते रहते हैं यमदूत।

कलह इन्द्रियों का मन का मनमानापन मति-भ्रान्ति।
नाश शान्ति का कर करती रहती हैं कितनी क्रान्ति।

जो हैं संयत, आत्म-बोध के जो हैं भक्त अनन्य।
वे हैं जीवन-मुक्त और उनका जीवन है धन्य!

: 13 :

कान्त कर्त्तव्य

जो कर्त्तव्य-पाठ हैं पढ़ते।
वे हैं धन्य! पूत परमारथ-पथ में जो हैं आगे बढ़ते।
त्याग-मूर्त्ति बन जो परार्थ हैं अनुपम गौरव-गहने गढ़ते।
जो आगत आपत्ति-निचय को नहीं दूसरों के सिर मढ़ते।
देश-जाति-हित साधन-रत रह जिनके प्रगति-पाँव हैं कढ़ते।
क्यों न बलायें उनकी लेवें बलि-वेदी पर जो हैं चढ़ते?

: 14 :
वर विवेक

कोई विभु है या है नहीं?
बुधजन ने इस गहन विषय पर जितनी बातें सोचीं कहीं।
वे हैं गुरु-गम्भीर और हैं इतनी मार्मिकता से भरी।
जिनको गुन मार्मिक जन ममता मति बनती है निधितरी।

यह रहस्य वह है जिसका उद्घाटन हो न सका अद्यापि।
ज्ञानवान विज्ञान-विज्ञ सब भेद जान नहिं सके कदापि।

जो हो कोई विभु होवे या हो न यह विषय है अज्ञात।
पर विभु है इस वर विचार को प्राणी माने बने न भ्रान्त।

यह विचार ही सर्व लोक का है अनुपम जीवन-सर्वस्व।
बिना हुए इसका अवलम्बन रह पायेगा नहीं निजस्व।

यह विचार तम-तेज-पुंज है पोत भ्रान्त पथ-पारावार।
सकल पुण्य कर्मों का साधन पाप-ताप पर वज्र-प्रहार।

यह है परम अपावन-पावन पतित जनों का पूत सुधार।
यह है सकल लोक-उपकारक है जगती-जन-जीवन-सार।

धन्य वे सुजन हैं जो इस अनुपम विचार के हैं आधार।
जिस के बल से बना हुआ है सारा भव उनका परिवार।

परम धन्य हैं वे महान् जिन जिनका है कृतज्ञ संसार।
जिनकी संस्कृति से होता है सारी संसृति का निस्तार।

: 15 :
भव-भक्ति

भव-भक्ति है हरि-भक्ति।
प्रेम प्राणि-समूह है विभु वास्तविक अनुरक्ति।
सर्व भूतों में भरित है भूतपति की शक्ति।
है सगुण संसार निर्गुण ब्रह्म की अभिव्यक्ति।
हैं बताते बहु विबुध विज्ञान-ज्ञाता व्यक्ति।
है अवांछित सर्वदा विभुता-विभूति-विरक्ति।

: 16 :

उपालंभ

तुमको शक्तिमान क्यों मानें?
प्रभु तुमको क्यों घट-घटवासी अन्तर्यामी जानें?
यदि प्राणी के जी की सब बातें हैं प्रभु की जानी।
तब वह बार-बार क्यों करता रहता है मनमानी?
पातक करना है पामरता दण्डनीय है पापी।
भला नहीं माना जाता है भव में पर-सन्तापी।
फिर भी यदि तुम बुरी प्रकृति को रोक नहीं हो पाते।
तुम्हीं समझ लो तो कैसे हो शक्तिमान कहलाते?
रहे दबाती अन्तर्यामी को जो मानव-सत्ता।
तो सोचें प्रभु घट-घट-वासी की क्या रहीं महत्ता?
मन को केवल सत्पथ का जो पथिक बनाते होते।
तो निमग्न हो पाप-पंक में क्यों भव-प्राणी रोते?
तुम भी उस कलंक से बचते जो हैं गये लगाये।
कोई प्रभु, प्रभु होकर ऐसी प्रभुता क्यों दिखलाये?

: 17 :

संकट-समय

कैसे भला ज्ञात यह होगा?
डूबेगा अथवा बच जायेगा यह डगमगा डोंगा।
झोंके से है हवा बह रही बरस रहा है पानी।
लहरें हैं बेतरह उठ रहीं कह-कह बिपत कहानी।
थर-थर काँप रहा केवट है हाथ नहीं है चलता।
क्या बस है बेबस का, कुसमय कब टाले है टलता।
संकट को सामने देखकर कौन न आह भरेगा?
"बेड़ा पार लगानेवाला" बेड़ा पार करेगा।

: 18 :

तर्क-वितर्क

मेरा मन प्रायः कहता है—
विभु में विभुता होते नाना दुख क्यों सारा भव सहता है?
यदि वह कर्म-भोग है उसका, तो प्रेरक है कौन दूसरा?
जो है प्रेरक वही, कलुष से क्यों है भरित त्रिलोक की धरा?
अच्छा होता यदि लोकों में सुख होता दुख-लेश न होता!
पाप का नहीं नाम सुनाता, बहता उमड़ पुण्य का सोता।
धर्म-दुंदुभी बजती रहती, नहीं अधर्मानन दिखलाता।
ज्योति सत्य की जगती होती, गला असत्यों का नप जाता।
सदाचार का आदर होता, कदाचार सब मुँह की खाते।
सकल सुकर्म प्रशंसित रहते कुत्सित कर्म न कर्म कहाते।
होती नहीं अशान्ति दृष्टिगत सहज शान्ति पर सुमन बरसता।
नाम न सुनकर अविवेकों का जग विवेक का चरण परसता।
किन्तु सृष्टि विपरीत प्रगति है औ, यह बिभु विभुताशीला है।
उस विभुता की जो सर्वज्ञा कहला क्या विवेकशाला है।
अतः किसी विभु के होने में यदि शंकाएँ की जाती हैं।
कैसे कहें अनर्गल उनको वे भी चिरसंचित थाती हैं।
प्रकृतिवादियों के तर्कों का समाधान कैसे होवेगा।
जो सच्चिदानन्द है वह क्यों दुःख-बीज भव में बोवेगा?

: 19 :

विभुवर

रसिक उस रस के हैं प्यासे।
जा सर्वस्व उन रसों का है जो हैं सरस सुधा से।
है भव सकल सरसता जिसकी परम प्रशंसित दासी।
जिससे होकर सिक्त, सूक्ति बनती है सुर-सरिता-सी।
जिस के गौरव से गौरविता गिरा अधिक है होती।
विविध विज्ञता-बीज लोक में जो प्रतिदिन है बोती।

शिवसनकादि आदि जिसके हैं दिव्य स्वाद के ज्ञाता।
जिस का आस्वादन करके ही वन्दित बने विधाता।
जिससे निकल पूततम श्रुति की विश्व-व्यापिनी धारा।
करती है भव-हित का सिंचन प्रथित प्रगति के द्वारा।
बन जो तैल-ज्ञान-दीपक अज्ञान-तिमिर है हरता।
अपनी पूत विभूति सर्वदा जो भव में है भरता।
केवल वही भक्त जन को है भुक्ति-मुक्ति का दाता।
अतः 'रसो वै सः' बुध जन द्वारा विभु है कहलाता॥

: 20 :

काल

जब तक चलता है, चलता है।
जीवन किसे नहीं प्यारा है, मरना किसे नहीं खलता है।
अब हो या बहु वत्सर में हो टाले नहीं काल टलता है।
बालक हो या युवा, वृद्ध हो किस को नहीं छली छलता है।
सोच-सोचकर उसकी चालें बढ़ती चित्त की चंचलता है।
लाख व्योंत हो तेल चुक गये कभी नहीं दीया जलता है।
क्या होगा वह दिल कलपे जो पुलक पालने में पलता है।
कुछ न हो सकेगा जन जी क्यों महामोह में पड़ मलता है।

: 21 :

दुःख-भोग

कभी न ऐसा हुआ न होगा।
वह दुःख सदा भोगना होगा जो जाता है भोगा।
काम, क्रोध, मद, लोभ, मोह से पूरित है भव सारा।
इन के विविध प्रपंचों से कब किसे मिला छुटकारा।
मानव-तन में ये पारस हैं इन के परसे सोना।
बनते हैं कुधातु यदि कुत्सित गति का लगे न टोना।

यदि न काम होता तो कैसे सृष्टि-सृजन हो पाता।
यदि न क्रोध होता प्रवृत्ति-पति कैसे कौन बचाता।

यदि न लोभ होता तो हित की ललक न रक्षित रहती।
यदि न मोह होता तो ममता कितनी आँचें सहती।

यदि मद होता नहीं आत्म-गौरव क्यों रक्षित रहता।
कैसे संकटमय जग में जन-जीवन-समुद निबहता।

कामादिक के अनुचित निन्दित घृणित प्रयोगों द्वारा।
अत्याचार-निरत लोगों ने ले ले अन्याय-सहारा।

जितने अत्याचार किये, की है जितनी निर्दयता।
उनको कहते बज्र-हृदय भी बार-बार है कँपता।

कटे करोड़ों गले, जल गये नगर, पिसी बहु जनता।
राज ध्वंस हो गये, देश उजड़े पर बन है बनता।

आज भी धरातल में ऐसे प्रलय-काण्ड हैं होते।
जिन्हें देख वसुधातल सहृदय-जन सुध-बुध हैं खोते।

सदा रहा अवनीतल ऐसा और रहेगा ऐसा।
जिस-से दूर तमो-गुण हो बल किसे मिला कब वैसा।

: 22 :

सहृदयता

सहृदयता है कल्पलता।

दोनों हैं सुफलद दोनों हैं कान्त कृत्य-अनुगता।
इन में से कोई भी सकती है न किसी को सता।
दोनों में लोकोपकार का मिल पाता है पता।
है इनमें यह शक्ति नहीं जो ये बतलावें धता।
अपनी रहन-सहन से सकती हैं यह सब को बता।
अपने कामों से देती हैं यह जीवों को जता।
है इनकी कमनीय कामना प्राणिमात्र हित-रता।

: 23 :

नर-सिरमौर

वही है महि में नर-सिरमौर
नहीं छीनता रहता है जो कभी किसी के मुँह का कौर।

लगती बातें कह करता है वह न किसी छाती में छेद।
जिससे पड़े बला में कोई, नहीं खोलता है वह भेद।

भरी जवानी में भी उससे हो न सकेगी ऐसी भूल।
जिससे बने कलंकित जीवन जो हो पूत भाव प्रतिकूल।

पटी कपट से कभी न उसकी, उसे न छूता है छल-छन्द।
करके सेवा सकल लोक की पाता है वह परमानन्द।

हिंसा-प्रतिहिंसा प्रवंचना पामरता से रह कर दूर।
देश-जाति-हित व्रत-रत रह वह बनता है पातक-तम-सूर।

मुक्ति से अधिक विभुवर की शुचि भक्ति को करेगा वह प्यार।
प्राणिमात्र का सुख-साधन ही होता है उसका संसार।

धरा-धाम में धर्म-प्राण ही जान सके हैं क्या है धर्म।
वह मानव-ही-मानव है जो समझ सके मानवता-मर्म।

: 24 :

उद्‌बोधन

भ्रम-प्रमाद को दूर भगा दो।
अन्धकार में ज्योति जगा दो॥

बहुत सो चुके आँखें खोलो। न्याय-तुला पर तन को तोलो।
सारा मल मानस का धो लो। बीज बिरद का उर में बो लो।

ललक लोक-हित लगन लगा दो।
अन्धकार में ज्योति जगा दो॥

सँभलो बिगड़ी बात बनाओ। भले काम कर नाम कमाओ।
बनो वीर वीरता दिखाओ। कायरता का गला दबाओ।

दिव्य भूतियों को न दगा दो।
अन्धकार में ज्योति जगा दो॥

बाधाओं को विफल करो तुम। विघ्न विलोक कभी न डरो तुम।
रग-रग में वह भाव भरो तुम। जिससे भय की भ्रान्ति हरो तुम।

कृति-नभ में धृति-भानु उगा दो।
अन्धकार में ज्योति जगा दो॥

जीवन रहे सजीव तुम्हारा। उसमें बहे सुधा की धारा।
देश-जाति का हित हो प्यारा। सदा सत्य का रहे सहारा।

मति को प्रभु-गुण गा उमगा दो।
अन्धकार में ज्योति जगा दो॥

: 25 :

भूत-भावन

भूत-भावन हैं भव-भय-भंजन।
पावनतम विभूति विलसित तन अखिल लोक जन-मन-अनुरंजन।
श्रुतिसर्वस्व सूक्ति-साधन-स्वर भक्ति-मुक्ति-लिपि के वर व्यंजन।
सकल शोक-सन्ताप-विमोचन विविध विकार सबल दल-गंजन।
वरद विवेक-सरोरुह-सरवर ज्ञान-नयन अति अनुपम अंजन।
पूत भाव - व्याघात - विघातक पातक-पादप-पुंज-प्रभंजन।
रसिक रुचिर रुचि तृप्ति-विधायक सुधा सरसतम स्वर्गिक व्यंजन।
वे हैं वह दिवि-शरद-सुवैभव विबुध-वृंद हैं जिसके खंजन।

: 26 :

भावना

हमारा हरा-भरा सुख-तरुवर।
सब दिन रहे फूलता-फलता बनता रहे सरसतर।
उसकी छाया छितितल विलसित हो हो रुचिर निरन्तर।
अर्जन करती रहे कीर्ति कहला कमनीय कलेवर।

पा अनुकूल समीर समय पर मिले मंजुतम अवसर।
करता रहे कार्य वह ऐसे जो हो समधिक सुन्दर।
हिले-डुले मिल गये कान्त कर अथवा बने मनोहर।
सर्व-भूत-हित करे सर्वदा भव-विभूति से भर कर।

: 27 :

दिव्य दर्शन

(1)

उषा की अनुरंजिनी विभूति
सकेगा क्यों विलोक जन्मान्ध?
पयोनिधि में कोई अनभिज्ञ
किस तरह सेतु सकेगा बाँध?

(2)

बनेगा विबुध नहीं कपिवृन्द,
न होगा पाहन कान्त प्रसून।
न पारस ही पायेगा लौह,
सकेगा वामन नभ को छू न।

(3)

मनोरंजन रंगों का मर्म
नहीं कह सकता नयन-विहीन।
न होगा उसे मंजुता-ज्ञान,
जिस मनुज का मन बना मलीन।

(4)

तिमिर-प्रेमिक उलूक किस भाँति
कहेगा क्या है तेजःपुंज!
समझता नहीं प्रगति कही बात
जन्म का जो मानव है लुंज।

(5)

ओक किस से आलोकित हुए,
सके यह चर्म चक्षु न विलोक।
सकेगी दिव्य दृष्टि ही देख,
कौन है लोक-लोक आलोक।

: 28 :

कसौटी

(1)

विजय के लिये किसी का उर
बेधना बड़ी क्रूरता है।
न कोई कहीं विसूर सके
सूरता वही सूरता है।

(2)

दम्भ द्रोहादि विकारों को
क्या नहीं कहा गया है कलुष?
दलन करना इन रिपुओं का
पुरुष का है सच्चा पौरुष।

(3)

कहाता नारकीय जो है
कहाँ उस नर में है नरता!
बनाये जो अधीर उस में
कहाँ है धीर-धुरन्धरता।

(4)

हितू क्यों कहलाता है वह,
जो नहीं हित बितान तनता!
सुजनता है जिसमें न उसे।
कहेगी क्यों न कुजन जनता!

: 29 :

जीवनम्

(1)

सुरासुराः यक्ष-पिशाच-किन्नराः।
नदी-समुद्राः पशवो मनुष्याः।
सरीसृपा भृंग-विहंग-पन्नगाः।
सदा समिच्छन्ति विमुक्तजीवनम्।

(2)

मनोरमं मोदमयं मनोहरम्।
अनामयं शान्ति-निकेतनं शुभम्।
सुखाकरं ज्ञानमयं समुज्वलम्।
बुधाः प्रशंसन्ति पवित्र जीवनम्।

(3)

समाकुलं चंचलता-सहोदरम्।
अशान्तिरूपं अचिरं रुजाकरम्।
अपावनं पापमयं भयावहम्।
न रोचते ज्ञान-विहीन-जीवनम्।

(4)

न वंदितं येन हरेः पदाम्बुजम्।
न सेवितं शम्भु-स्वयंभु-सेवितम्।
न चिन्तितं येन रमा-समर्चितम्।
अवाञ्छनीयं हि तदीय जीवनम्।

(5)

त्वदीय गेहं च त्वदीय गेहिनी।
त्वदीय पुत्रोस्ति त्वदीय बान्धवाः।
त्वदीय चित्तोस्ति त्वदीय वृत्तयः।
त्वदीय मेवास्ति मदीय जीवनम्।

: 30 :

प्रबोध

(1)

हो गये कायापलट कुसुम
सरस फल बना दिखाता है।
बीज मिट्टी में मिलने पर
हरिततम तरु बन जाता है।

(2)

देखते हैं जल जलने पर
वाष्प में परिणत होता है।
वाष्प भी वारिवाह बनकर
बहाता रस का सोता है।

(3)

किसी नूतन पद का पाना
कहा जाता है नहीं पतन।
पीटता है सिर क्यों कोई
मृत्यु तो है पटपरिवर्तन!

: 31 :

चित्तवृति

क्या मैं बक-बक करता हूँ!
पागल बन करके क्या मैं पागलपन का दम भरता हूँ!
तीन लोक के नायक से भी क्या मैं तनिक न डरता हूँ!
नहीं-नहीं मैं तो अपने उर की पीड़ाएँ हरता हूँ!
याद कर महाभारत—बातें किसी प्रकार उबरता हूँ!
परदुख देखे देश-जाति का पागल कान कतरता हूँ।
बेसुध होने पर सुध आये अपने आप सुधरता हूँ।
सहज भाव की नाव मिले दुख-सागर पर उतरता हूँ।

: 32 :

मोह-महिमा

(1)

मत्तता बढ़े मत्त मन की।
मधु पिये मधुता मिलती है।
विलसती है प्रतिभा-लतिका।
कल्पना-कलिका खिलती है।

(2)

सुधा का पता नहीं पाते।
खोज देखी वसुधा सारी।
वहाँ सुमधुर मधु मिलता है।
क्यों न हो मधुशाला प्यारी!

(3)

यज्ञशाला से क्या मतलब!
सोमरस कैसे ललचा ले!
स्वर्गसुख जब मिल पाता है।
पिये मधुशाला के प्याले।

(4)

जिये जो पिये सोम रस के,
क्यों पले वे पीकर प्याले!
जो सुधा रस के प्यासे थे,
बने क्यों मधु के मतवाले!

(5)

किस तरह आँखें खुल पावें!
टल सके कैसे अँधियाला!
जब मुँदी आँखें रहती हैं,
पान कर मदिरा का प्याला!

: 33 :

विभु-विभूति

(1)

भरा है नभतल में भरपूर,
कौन से श्यामल तन का रंग?
मिले किसके कर का अवलम्ब,
अधर में उड़े असंख्य पतंग?

(2)

किस अलौकिक विभु का बन भव्य,
आरती करती है सब काल?
जगमगाती जगतीतल-ज्योति,
गगन में अगणित दीपक बाल!

(3)

किसे अर्पित होता है नित्य,
उषा के अन्तर का अनुराग?
चाँदनी खिलती मिलती है,
लाभ कर किस का दिव्य सुहाग?

(4)

बताता है किस को रसधाम,
सरस घन नभ में हो समवेत?
किया करता है उन्नत मेरु,
उच्च्ता का किस की संकेत?

(5)

किसे देते हैं पादप वृन्द,
बहु नमित हो फल का उपहार?
पिन्हाती हैं लतिकाएँ रीझ,
किसे कल कुसुमावलि का हार?

: 34 :

जी छोटा करना

जन क्यों जी छोटा करता है!
जो जनमा वह मरा एक दिन किस को मिली अमरता!

बड़े-बड़े योगी-संन्यासी नाना ज्ञानी-विज्ञानी।
कीर्त्ति-चाँदनी जिन लोगों ने वसुन्धरा में थी तानी।
जिनके जप-तप-योग ज्ञान-विज्ञान आदि की गरिमायें।
केवल गिरा गान कर सकती हैं यदि गौरव से गायें।

जिनके परित्राणदाता शिव, धाता जिनके पाता थे
मृत्यु के सकल मर्मों के जो बहुत बड़े विज्ञाता थे।
उन लोगों का नाम तक नहीं आज सुनाई देता है।
अहह क्यों कहें काल बली कैसे प्राणों को लेता है!

बड़े-बड़े भूपाल जो धरातल में नहीं समाये थे।
जिनके गौरव-ग्रथित गीत वृन्दारक तक ने गाये थे।
यम भी जिनसे शंकित था, थी मृत्यु भी सहमती जिनसे।
वे भी मिले धूल में, बुल्ले के समान वे भी विनसे।

पवि-निपात रवि पर भी होगा बचेंगे सुधाधाम नहीं।
तारकरहित गगनतल होगा मिल न सकेगा पता कहीं।
अमर कहाते जो हैं वे भी एक दिवस मर जायेंगे।
काल-गाल में यथा समय बन-बनकर कवल समायेंगे।

जीवन ऐसी पूँजी है जो पाकर खोयी जाती है।
भव की यह लीला ही है, किसलिए दहलती छाती है!

: 35 :

प्रेमलपेटे बैन

हौं प्रभु तुमसौं झगरो करिहौं।
नाहि रोईहौं ऊबि-ऊबि कै नाहिं उसासन भरिहौं।

तन पै मन पै मम जीवन पै है अधिकार तिहारो।
जो चाहत हौ वहै करावत का है दोस हमारो।

का है पाप पुन्न का है किमि जीव विचारो जानै।
जो न मोह कौ फाँस तोरिहौ कैसे तिनहिं पछानै।

है कैसो जंजाल जगत कौ यह जानत हौ स्वामी।
कितते केहि विधि कत इत आये पापपुंज-अनुगामी।

विनती सुनहु कान दै मेरी मोबतिया न विचारहु।
मोहिं तारहु 'हरिऔध' न कहि है तारि सकहु तो तारहु।

: 36 :

सत्पथ

समझ पर पाला कैसे पड़ा!
क्यों बनता है मनुज गँवाकर पानी चिकना घड़ा।
बातें गढ़-गढ़ बहक-बहक क्यों बना बड़े से बड़ा।
यदि कुढंग में ढले हो सका कान न उसका खड़ा।
क्यों वह मुँह दिखलाता है जो जन आँखों में गड़ा।
क्यों न भला वह मुँह की खाता जो लोगों से लड़ा।
वही गिरेगा मुँह के बल जो जायेगा गड़बड़ा।
तब हित होगा जब सत्पथ पर दाँव रहेगा अड़ा।

: 37 :

दिव्य दोहे

(1)

अहै ऊख की भूख नहिं, कहा सुधा सों काम।
मीठी-मीठी वस्तु सों, है मीठो हरिनाम।

(2)

नवरस है ऐसो नहीं, छरस होत है छीन।
जो न रामरस चखत तो, है रसना रसहीन।

(3)

चींटी कन पावत रहत, पंखी तरुफल खात।
जन कत पापी पेट हित, पाप करत न अघात॥

(4)

जिनको पेट न पलत कत, तिनकी खोज न लेत।
जन कत वाको नहिं भजत, जो नित भोजन देत।

(5)

सबकी भूख समान है, दुख न काहु को और।
ते निगलत किमि कौर जे, हरत पराये कौर।

(6)

प्रभु जिय मै होतो न जो, दीनजनन को प्यार।
लहत सुदामा चार फल, क्यों दै चाउर चार।

(7)

जो रिझावार न रीझतो, भोरे भावन हेर।
कैसे मीठी लगति तो, सेवरी जूठी बेर।

(8)

बँधत प्रेम की डोर मैं, सहिं न सकत अभिमान।
तजि मेवे प्रभु ने कियो, विदुर-साग सनमान।

: 38 :

सवैया

क्यों पिसते पड़ काल-प्रकोप में, क्यों लगती अपवाद की लातें।
क्यों बनते सविकार सुवासर होतीं न कालिमा-पूरित रातें।
तो न तरंगित होतीं कदापि बने निधि-अंक अवैधता घातें।
होती प्रतीत जो धी-अनुरक्ति में ज्ञात जो होतीं विमुक्ति की बातें।

: 39 :

दोहे

(1)

सुख समूह सुन्दर सदन, है सब रस-आधार।
तो किस में है सार जो–है असार संसार?

(2)

खाई वस्तु समान है, होता तन अवदात।
बतलाता है ग्रन्थ-कृमि, निचय सितासित गात।

(3)

हुए ज्ञान-विज्ञान-निधि वसुधा में बहु बार।
पर भव-पारावार का, कौन पा सका पार?

(4)

क्यों न करेगा वह प्रथित जन जन-जन को प्यार।
है जिस प्रति-निकेत का, वसुधातल परिवार।

(5)

क्यों जानेगा वह कि है, लोकोत्तर परलोक।
जो अवलोक न कर सका, लोक में न आलोक?

: 40 :

सवैया

याद भये मन मोहन की सखियाँ मन मारि महा मुरझाइ।
बोल न आयो उसासन के बढ़े आँसुन से सुधि राखि न पाईं।
ए 'हरिऔध' भईं विरहाकुल बावरी सी बनि कै बिलखाईं।
आह भरे भरि आयो गरो अँसुआन भरे अँखियाँ भरि आइ।

: 41 :

छात्र

किसी की उँगली का संचार,
भर सका जिसमें बहु प्रिय राग।
हो सका जिसमें ध्वनित सदैव,
भूत-भावन-पावन अनुराग।
सुनाता है भव-हित-संगीत,
छिड़े पर जिसका अनुपम तार।
खोल देता है हृदय-कपाट,
सुझंकृत हो जिसका झंकार।
सुने जिसका बहुव्यंजक बोल,
सुरुचि सकती है शुचिपग पूज।
मानसों को करती है पूत,
सुगुंजित हो हो जिसकी गूँज।

पान कर जिसका रस स्वर्गीय,
कान बन सका सुधा का पात्र।
उस अलौकिक तंत्री का नाद,
सुन सका कोई सहृदय छात्र?

: 42 :

सत्य सन्देश

(1)

भक्त-जन-रंजन की वर भक्ति,
करेगी किस उर में न प्रवेश!
रुचिर जीवन न बनेगा कौन,
सुन सुरुचिभरित सन्त-सन्देश!

(2)

जगेगा भला न किसका भाग्य,
लगेगा किसे न प्यारा देश!
बनेगा कौन न शुचिता-मूर्ति,
हृदय से सुने सन्त-सन्देश!

(3)

परम भयसंकुल को सब काल,
अभय करता है वर आदेश।
तरंगाकुल भव-सिन्धु-निमित्त,
पोत है पूत सन्त-सन्देश!

(4)

दूर करता है तप अज्ञान,
हटाता है भव-रजनी-क्लेश।
उरों में जगा ज्ञान की ज्योति,
भानु कर सदृश सन्त-सन्देश।

: 43 :

चारु चेतावनी

(1)

तब क्यों नहीं आँख खुलती है,
होश क्यों नहीं आता!
जब कि पलक मारते काल का,
रंग पलट है जाता।
तब किसलिए अधमता करते,
नहीं धड़कती छाती!
जब घन की छाया समान है,
काया क्षणिक कहाती।

(2)

तब क्यों लोग दूसरों को,
दुख देते नहीं अघाते!
जब जीवन के दिवस,
भोर के तारे हैं बन जाते।
तब किसलिए अहित की धारा,
हृदयों में है बहती!
जब बहु छिद्रावन घटजल सम,
आयु छीजती रहती।

: 44 :

विनीत विनय

(1)

विराजो हृदय में मेरे श्यामसुन्दर।
सुना दो परम पूत मुरली मधुर स्वर।
मलिनता-तिमिर से भरित है मलिन मन।
करो दूर उसको बनो दिव्य दिनकर।

(2)

नहीं सूझता है सुपथ लोचनों को
विमल ज्योति उनमें भरो प्रभु कृपा कर।
नहीं कान सुनते कभी ज्ञान-बातें।
सुना दो उन्हें बाँसुरी-तान विभुवर।

(3)

भालो रहेगी रसंज्ञा न रसना।
बनेगी न जो नाम जपकर सरसतर।
विमुख भक्ति से हो सहेगा बहुत दुख।
कराओ स्वगुणगान मुख से निरन्तर।

(4)

करो नाथ ऐसी सुपथ पर रहे पग।
करें काम कमनीय मेरे उभय कर।
सुनी जाँय सब प्रार्थनायें हमारी।
प्रभो, माँगता हूँ बिनत हो यही वर।

(5)

तुम्हीं हो हृदय के हृदय श्यामसुन्दर।
बने वह न नीरस रहे वह सरसतर।
दयापात्र कोई कहीं जो दिखाये।
दयासिन्धु तो तुम उसे दो द्रवित कर।

(6)

मिले सामने जो पतनप्राय प्राणी।
पढ़ा दो उसे पाठ तो लोकहितकर!
दिखाई पड़े ताप-उत्ताप-पीड़ित।
उसे तो बना दो सरस रस-सरोवर।

(7)

विविध दुख-दलों से दलित दृष्टिगत हो।
उसे तो बनाओ कलित-कृति-कलेवर।
मिले ज्वालमालाकुलित जीव जो तो।
उसे कर दिखाओ कृपासिन्धु जलधर।

(8)

बुरी भावना से उसे प्रभु बचाना।
सदा ही भले भाव से जाय वह भर।
अधिक क्या कहें हो तुम्हीं नाथ प्रेरक।
बनाना कभी भी उसे पवि न प्रभुवर।

(9)

विराजो हृदय में मेरे श्यामसुन्दर।
सुना दो मधुर नाद मुरली मनोहर।
दिखा मोर मोहक मुकुट मंजु आभा।
निकच लोचनों मध्य दो दिव्य द्युति भर।

(10)

कलित कान के कुण्डलों की सुछवि से।
लुभा लो मुझे मुग्ध मन को मुदित कर।
प्रफुल्लित करो नाथ उत्फुल्ल मुख से।
मिले कान्ति जिसकी हुआ कल कलाधर।

(11)

रिझाओ हमें मन्द मुसकान द्वारा।
बनी दिव्य जिस पर सिता हो निछावर।
सुनो मम विनय कंज मंजुल विलोचन।
विलोको मुझे भी सदय बन समय पर।

(12)

कलित कण्ठ गत हार उरमाल्य मणिमय।
रहे मोहता कटि परम रम्य अम्बर।
बने सर्वदा त्राणदाता हमारा।
कृपानाथ आजानुलम्बित युगल कर।

(13)

रहे श्यामता व्यापिता लोचनों में।
मलिन भूत मानस निलय का तिमिरहर।
पतितपावनी है उसी की रुचिर रज।
रहे पगकमल का भ्रमर चित निरन्तर।

: 45 :

फूलों का संसार

ललिततम फूलों का संसार।

विकसित रहता है सदैव बन, प्रकृति कण्ठ का हार।
तितली नर्त्तन-रत रहती है, अवलोके श्रृंगार।

उसे देख बजने लगता है, अलि-हृत्तंत्री-तार।
सुर-सिर पर शोभित होने का उसका है अधिकार।

नृप-मणि-मुकुट लाभ करता है, उससे कान्ति अपार।
कुसुमायुध-आयुध-प्रधानता का है वह आधार।

उसके बल से करता रहता है वह भव-विस्तार।
हैं कामिनी-प्रमोद-द्वार का वह वर वन्दनवार।

उसकी विविध सरसताओं का है वह प्रिय सम्भार।
है वह लोक-नयन-अनुरंजन, रंजनता साकार।

बहु प्रफुल्लकर मानस-मोहन का विचित्र व्यापार।
कान्त सदा बनते रहते हैं उससे सब कान्तार।

उससे होता है दिगन्त आमोदित सुरभि प्रसार।
बनता है समीर सम्मानित भूतल-छवि-आगार।

सज्जित सफलित कर करता है तरुलतादि सत्कार।
उस पर बहु छवि-रस-लोलुप तन-मन देते हैं वार।

है वह गुँथा प्यार-धागे में, है अतीव सुकुमार।
सकल लोक के लिये कुसुम है अति अनुपम उपहार।

: 46 :

हमारा फूलों का संसार

हमें हँसाता ही रहता है, हँस-हँस बारम्बार।
अपनी रंगत में रँगता है, दिखा-दिखा कर प्यार।

चित्त को हरता ही रहता है, बन कर सदाबहार।
छवि से है मोहता बहाकर नयनों में रस-धार।

हम लें तोड़ किन्तु कब उसका टूट सका हित-तार।
है कमनीय परम कोमल वह, है अतीव सुकुमार।
सुरभित करता है वसुधा को कर सौरभ-विस्तार।
छिदे-बिधे, बँध गये, पिसे भी, करता है उपकार।
वह है मोहकता-सुकण्ठ का परम मनोहर हार।

: 47 :

बादल की बातें

(1)

क्यों भरे रहते हैं इतने,
लाल पीले क्यों होते हैं?
बाँध कर झड़ी आँसुओं की,
किसलिए बादल रोते हैं?

(2)

रंग बिगड़ा जो औरों का,
घरों में तो वे क्यों पैठे?
ताकते मिले राह किस की,
पहाड़ों पर पहरों बैठे?

(3)

किसलिए ऊपर नीचे हो,
चोट पर चोटें सहते हैं?
चाट से क्यों गिरि चोटी के
चाटते तल वे रहते हैं?

(4)

तरस खा कर भी कितनों को
वे बहुत ही तरसाते हैं!
कभी तर करते रहते हैं,
कभी मोती बरसाते हैं!

(5)

क्यों बहुत ऊपर उठते हैं,
किसलिए नीचे गिरते हैं?
किसलिए देख देख उनको
कलेजे कितने चिरते हैं?

(6)

कभी क्यों पिघल पसीजे रह
प्यार से वे जाते हैं भर?
कभी क्यों गरज-गरज बादल
मारते रहते हैं पत्थर?

(7)

हवा को हवा बताते या
हवा-हित के दम भरते हैं?
भागते फिरते हैं घन या
हवा से बातें करते हैं?

(8)

बरसता रहता है जल या
आँख से आँसू छनता है?
कौन से दुख से बादल का
कलेजा छलनी बनता है?

(9)

दिखा कर अपना श्यामल तन
कौन से रस से भरते हैं?
घेरते फिरते आकर पन
किन दिलों में घर करते हैं?

(10)

जब मिले मिले पसीजे ही
सके रस बूँदों में भी ढल।
रंग अपना क्यों पानी खो
बदलते रहते हैं बादल?

: 48 :

वारिद-वैचित्र्य

(1)

दिखाता घन है चपला कला,
अंक में अंकित कर कल लीक।
बनाती मन्द दमक है उसे,
ज्वालमालावलि दिव्य प्रतीक।

(2)

दुन्दुभी-वादन करता है,
भर गये उर में भूरि उमंग।
कभी घन निज कोमल कर से,
बजाता है मृदु मन्द मृदंग।

(3)

घन दिवस में या सन्ध्या-समय,
कर दिवाकर-किरणों का संग।
लाभ करता है सुरपति-चाप,
बदलता रहता है बहु रंग।

(4)

मिले रवि अन्तिम अंशुसमूह।
सित सिता से हो समधिक लसित।
पैन्हती है घनमाला कभी,
लैस से टँकी साटिका असित।

(5)

ललकते लोचन में कर बास,
बने कब नहीं लोक अभिराम!
दरस दिखला करते हैं मुग्ध,
सरस रस बरस-बरस घनश्याम।

(6)

दिवस बनता है अमा निशीथ,
मुँह छिपा लेता है आलोक।

दिखाता है तम रवि को आँख,
सघन घन की घनता अवलोक।

(7)

सजाती है हरीतिमा अंक,
क्रान्ति दे उसे बना अप्सरा।
मिले घनमाला से जल-बिन्दु,
पहन मुक्ता-मालाएँ धरा।

(8)

भले ही उस पर हों बहु सिन्धु,
देख लें उनका बारि-विलास।
बुझाता है पय पिला पयोद,
पिपासित वसुन्धरा-तल-प्यास।

(9)

सुधा है बसुधा-तल के लिए,
विपुल तरु-लता आदि का फलद।
प्राणियों का है प्राणाधार,
जगत-जीवनदायक है जलद।

(10)

एक कर्ता है कृति है अपर,
सोच ले स्वयं सुधी की ललक।
जनक है वारिधि वारिद-वृन्द
या कि है वारिद वारिधि-जनक!

: 49 :

बारिबाह बातें

(1)

झूमती आ रही घटाएँ हैं,
और हैं पड़ रही फुहारें भी।
उड़ रही हैं उमंग में भर-भर,
बक-निचय की कलित कतारें भी।

(2)

श्यामता देख श्याम घन-तन की
मुग्ध बक-मण्डली विहरती है।
या ध्वजा मंजु दृश्य की उड़-उड़,
कल्पना-कान्त चित हरती है।

(3)

दुन्दुभी का निनाद भू में भर,
घोर रव कर उसे कँपाता है।
या कभी घन मृदंग-वादन कर,
मेदिनी मुग्धता बढ़ाता है।

(4)

बेतरह वे झुके दिखाते हैं,
चाहते हैं कि भूमि को छू दें।
घूमते हैं घहर-घहर बादल।
पड़ रही हैं छहर-छहर बूँदें।

(5)

मिल गये अंतिमांशु दिनमणि के
लस घटा रंगतें दिखाती है।
लैस द्वारा लसित असित सारी,
दिग्वधू को कभी पिन्हाती है।

(6)

रवि स्वकर से दिनान्त में उस को,
रंग-बिरंगे बसन पिन्हाता है।
घन मिले चारु चाप सुरपति का,
दिव्य दृश्यावली दिखाता है।

(7)

मोहती है प्रकृति-चमत्कृति की,
दिव्यतम ज्योति जगमगाती है।
मंजु श्यामावदात घन-तन में,
दामिनी जब दमक दिखाती है।

(8)

है विलसती हरीतिमा-वल्लभ,
वीरुधों के हृदय में बसता है।
दूसरा कौन है सरस इतना,
वारिधर-रस सदा बरसता है।

(9)

पास उसके बड़े सुखद दिन हैं,
हैं बड़ी रंजिनी रुचिर रातें।
हैं सरस, हैं सजल, तरलतम हैं,
रसभरे बारिबाह की बातें।

: 50 :

शारद-सुषमा

(1)

लसी क्यों नवल-वधूटी सी,
नीलिमा नीले नभतल की?
रंगिणी उषा-अंक में भर,
लालिमा क्यों छगुनी छलकी?

(2)

चन्द है मन्द मन्द हँसता,
चाँदनी क्यों यों खिलती है?
बता दो आज दिग्वधू क्यों,
मंजु मुसुकाती मिलती है?

(3)

बेलियाँ क्यों अलबेली बन,
दिखाती हैं अलबेलापन?
पेड़ क्यों लिये डालियाँ हैं,
फूल क्यों बैठे हैं बन-ठन?

(4)

तितलियाँ नाच रही हैं क्यों,
गीत क्यों कीचक गाते हैं?
चहकती हैं क्यों यों चिड़ियाँ,
मधुप क्यों मत्त दिखाते हैं?

(5)

विमलसलिला सरिताएँ क्यों,
मधुर कल-कल ध्वनि करती हैं?
क्यों ललित लीलामय लहरें,
मंजु भावों से भरती हैं?

(6)

हिममुकुट हीरकचयमंडित,
नगनिकर ने क्यों पाया है?
धवलता मिस वसुधातल पर,
क्षीर-निधि क्यों लहराया है?

(7)

सर-कमलकुल लोचन खोले,
किसे अवलोकन करते हैं?
कान्त कूलों पर सारस क्यों,
सरसता सहित विचरते हैं?

(8)

पहन कर सजी सिता साड़ी,
तारकाबलि मुक्ता-माला।
आ रही है क्या विधु-वदना,
शरद ऋतु सी सुरपुर - बाला?

: 51 :

शरदागम

(1)

प्रकृति का असिताम्बर उतरा,
नीलिमा नभ-तल की विलसी।
दिव हँसे दिव्य बने तारे,
शशि-मुखी शरदाभा विकसी।

(2)

घनघटा घूँघट खुल पाये,
रंजनी रजनी बन पायी।
समय को समुत्फुल्लता मिले,
बहु छटा क्षिति-तल पर छायी।

(3)

दर्शकों के लालायित दृग,
गये थे उनके कर बिक से।
रहे बहुजन-मन-अनुरंजन,
सरों में अमल कमल विकसे।

(4)

दिग्वधू थी विकसितवदना,
कान्ति थी अंगों में झलकी।
छटा छितितल पर छायी थी,
छपाकर में छवि थी छलकी।

(5)

तृणावलि तक थी बहु विलसित,
पुता तरुदल पर था पारा।
सिता की सितता के सरसे,
सित हुआ था भूतल सारा।

(6)

पुलक परिपूरित हो प्रिय रस,
पी रहा था चकोर तरसा।

बहु सरस रहा सुधाकर था,
सुधारस वसुधा पर बरसा।

(7)

सलिल था लीलामय देखे,
रंजिनी राका रजनी पण।
सिता की कीर्त्ति गा रहे थे,
रजतकण बने बालुकाकण।

(8)

थी पुलकती विमलाम्बुवती,
केलि-संकुला कान्ति-भरिता।
सरसती कल-कल रव करती,
मन्द गति से बहती सरिता।

(9)

रहित प्लावन प्रपंच से हो,
सिता की सित आभा से भर।
बने थे कल दुकूल सरि के,
कूल अनुकूल काल पाकर।

(10)

नयन-रंजन खंजन-दर्शन,
खिले सरसिज सरसी-जल में।
विदित करते थे शरदागम,
उदित हो कुम्भज नभतल में।

(11)

लिये डाली में सुमनावलि,
कर रहे थे स्वागत तरुवर।
शरद कल-कीर्त्ति रहे गाते,
हंसकुल विहर सरस सर पर।

: 52 :

शरद्-शोभा

(1)

प्रकृति का नीलाम्बर उतरा,
श्वेत साड़ी उसने पायी।
हटा घन-घूँघट शरदाभा,
बिहँसती बसुधा में आयी।

(2)

मलिनता दूर हुई तन की,
दिशाएँ बनीं विकचवदना।
अधर में मंजु नीलिमामय,
गगनतल नवल वितान तना।

(3)

चाँदनी छिटक-छिटक करके,
छबीली बनती रहती है।
सुधाकर-कर से वसुधा पर,
सुधा की धारा बहती है।

(4)

कहीं पर बहे दुग्ध सोते,
कहीं पर मोती हैं ढलके।
कहीं पर अनुपम रस बरसा,
भव सुधा प्याला के छलके।

(5)

मंजुतम गति से हीरकचय,
निछावर करती जाती है।
जगमगाते ताराओं में,
थिरकती ज्योति दिखाती है।

(6)

छिति-छटा फूली फिरती है,
विपुल कुसुमावलि विकसी है।

आज बैकुण्ठ छोड़ कमला,
विकच कमलों में बिलसी है।

(7)

पादपों के श्यामल दल ने,
प्रभा पारद-सी पायी है।
दिव्य हो-हो नवला लतिका।
विभा सुरपुर से लायी है।

(8)

मन्द गति से बहतीं नदियाँ,
मंजु रस मिले सरसती हैं।
पा गये राका-सी रजनी,
वीचियाँ बहुत बिलसती हैं।

(9)

किसी कमनीय मुकुर-जैसा,
सरोवर विमल सलिल वाला।
मोहता है स्वअंक में ले,
विधु सहित मंजुल उडुमाला।

(10)

शरद्-गौरव नभ-जल-थल में,
आज मिलता है आँके से।
कीर्त्ति फैलाते हैं हिल-हिल,
कास के फूल पताके-से।

: 53 :

अनुराग-राग

(1)

रागमयी बन प्रकृति-बधूटी लसती क्यों है?
अनुरंजित हो दिशासुन्दरी हँसती क्यों है?
हुआ गगनतल लाल लाभ कर किस की लाली?
क्यों बहु बिलसित हुई उषा लोहित पटवाली?

(2)

पादप किसलय सकल लालिमा क्यों पाते हैं?
क्यों कचनार अनार ललिततम दिखलाते हैं?
क्यों सेमल के सुमन मनोरंजन करते हैं?
क्यों किंशुक के कुसुम रक्तिमा से भरते हैं?

(3)

क्यों सुहागिनी बनी बेलियाँ लहराती हैं?
क्यों सेंदुर से भरी पत्तियाँ छवि पाती हैं?
क्यों ईंगुर है गया कुसुमकुल पर बरसाया?
क्यों चुन्नी का चूर अधर में गया उड़ाया?

(4)

क्यों गुलाल से लाल हो गया है थल सारा?
क्यों बहती है जहाँ-तहाँ रंगों की धारा?
खेल रहा है कौन खेल छवि क्षिति-तल छैला?
किसका है अनुराग-राग वसुधा पर फैला?

: 54 :

कौन

(1)

अरुण मुख रवि-सुषमा अवलोक,
रँगीली ऊषा से ले प्यार।
कान्त कुसुमाकर से कर लाभ,
परम कमनीय कुसुम का हार।

(2)

मिल गये मंजु समय का अंक
अति सरस सुन्दर दिवस विलोक।
चल पड़े मादक मलय-समीर,
हो गये बहु सुरभित सब ओक।

(3)

विपुल पुलकित दृग द्वारा देख,
हरिततम तरु नूतन परिधान।
सुविकसित सुमन-पुंज के व्याज,
निरख कर प्रकृति-वधू मुसकान।

(4)

आम की मंजरियों को चूम,
मोल ले कर मानस-उन्माद।
सुन चपल चंचरीक-गुंजार,
कान कर कोकिल-कुल-कलनाद।

(5)

लोक उर में भर बहु उत्साह,
बहा जन-रग-रग में रसधार।
विपुल कण्ठों को कर मधुदान,
छेड़ बहु मानस-तंत्री-तार।

(6)

गगन को आरंजित कर भूरि,
अवनि पर रक्तिम चादर डाल।
उड़ा कर बारम्बार अबीर,
दिग्वधू का कपोल कर लाल।

(7)

पहुँच सेमल-पलाश के पास,
रंग-पूरित पिचकारी मार।
अनारों-कचनारों पर रीझ,
फेंक कर के कुमकुमे अपार।

(8)

रंग में डूबी गाती गीत,
मत्त हो चलती लटपट चाल।
कौन आती है भरी उमंग,
मंजु मुखड़े पर मले गुलाल?

: 55 :

प्रभाकर-प्रभुता

(1)

छपाकर की छबि छिनती है,
तेज-हत होते हैं तारे।
गिरि-गुहा में तम छिपता है,
बने अन्धे निशिचर सारे।

(2)

उसे कहते दिल दुखता है,
यामिनी लुटती है जैसी।
कहें क्या ऐसी विभुता को,
प्रभाकर यह प्रभुता कैसी?

: 56 :

प्रकृत सहेली

(1)

किस का सिर है उच्च अवनि में हिम गिरि-द्वारा,
किस के मंजुल अंक में बही सुरसरि-धारा?
किस के पग पर रत्न वारता है रत्नाकर,
किस पर मुक्तादाम बरसता है धाराधर?

(2)

जहाँ बारहो मास बसन्त बना रहता है,
जहाँ सदा मलयज समान मारुत बहता है।
कुसुमावलि है जहाँ तारकावलि-सी लसती,
जहाँ मधुरता मूर्त्तिमती बन कर है बसती।

(3)

जिसके कानन परम कान्त हैं नन्दनवन से,
जिसके नाना विटप देवतरु से हैं बिलसे।
होता है बहु मुग्ध विलोके जिसे पुरन्दर,
वह कश्मीर प्रदेश स्वर्ग जैसा अति सुन्दर।

(4)

किसके बल से सरस बना अति कान्त कहाया,
किसके अति कमनीय पालने में पल पाया?
भारत-जननी से सपूत किसने उपजाये,
लोक अलौकिक लाल कब कहाँ किसे दिखाये?

(5)

यही धरा है विश्व-विभूतिमयी मणिवाली,
सुधासिंची भव पूत भावनाओं में ढाली।
परम सुन्दरी छटामयी नयनता नवेली।
भारतमहि है प्रकृति-वधू की प्रकृत सहेली।

: 57 :

चित्रपट

(1)

मिले दिवाकर-कलित किरण की मालिका,
हो बहु विलसित अचल हिमाचल हिम-निचय।
बन जाते हैं मुकुट हीरकावलि-वलित,
जिसके शिर के विरच ज्योति के वर वलय।

(2)

सुजला सुफला शस्य श्यामला शोभना,
विमल मयंक कला-उपेत बहु मंजुला।
जिसकी है बसुमती मनोज्ञ कलेवरा,
वन-उपवन कमनीय कुसुमकुल संकुला।

(3)

जो कुसुमाकर विपुल भूतियों से विलस,
नहीं बनाता मुग्ध महीतल में किसे।
वह कश्मीर प्रदेश पुरन्दरपुर सदृश,
करता है सब काल अलौकिकतम जिसे।

(4)

बनती है बन लोल लहर लीलामयी,
सुर-सरिता की परम सरस धारा जहाँ।
बहु विचित्रता-वलित मनोरमता-सदन,
भारत का अति भव्य चित्रपट है कहाँ!

: 58 :

कुसुमाकर

(1)

बनाते क्यों हैं मन को मुग्ध,
गूँजते फिरते मत्त मिलिन्द,
कोंपलों से बन बन बहु कान्त,
भरे फल-फूलों से तरुवृन्द?

(2)

अनारों-कचनारों के पेड़,
लाभ कर अनुरंजन का माल,
किस ललक का रखते हैं रंग,
लाल फूलों से होकर लाल?

(3)

कलाएँ कौन लाल की देख,
कर रही हैं लोकोत्तर काम,
कालिमा अंक को बना कान्त,
पलाशों की लालिमा ललाम?

(4)

पा गये रंजित रुचिर पराग,
किसलिये हैं पुलकित जलजात?
मिले बहु विकसित कुसुम-समूह,
हुआ क्यों लसित लता का गात?

(5)

क्यों गुलाबी रंगत में डूब,
गुलाबों में झलका अनुराग?
खिले हैं क्यों गेंदे के फूल,
बाँध कर सिर पर पीली पाग?

(6)

तितलियाँ क्यों करती हैं नृत्य,
पहन कर रंग-बिरंगे चीर?
वहन कर सौरभ का सम्भार,
चल रहा है क्यों मलय समीर?

(7)

दिशाओं को कर ध्वनित नितान्त,
सुनाता है क्यों पंचम तान?
बनाता है क्यों बहु उन्मत्त,
कोकिलों का उन्मादक गान?

(8)

याद कर किस का अनुपम रूप,
गयीं अपने तन की छवि भूल?
मुसकुरायीं क्यों किस पर रीझ,
रंगरलियाँ कर कलियाँ फूल?

(9)

हुआ क्यों बासर सरस अपार,
बनी क्यों रजनी बहु मधुमान?
मारता है सर क्यों रतिकान्त,
कान तक अपनी तान कमान?

(10)

आ गया कुसुमाकर ले साज,
प्रकृति का हुआ प्रचुर शृंगार।
धरा बन गयी परम कमनीय,
पहन कर के कुसुमों का हार!

: 59 :

बसन्त-सुषमा

कवित्त

अलिकुल अहै केलि-रत बन पुलकित,
द्रुम बना नवल दलों से छबिवन्त है।
मन्द-मन्द बहत मनोरम समीर अहै,
सरस सुबास से सुवासित दिगन्त है।
'हरिऔध' रसिक-समूह मंजु मानस कौ,
मोहित करत रति-कामिनी कौ कन्त है।
कंज कलितांगन मैं ललिता लतागन मैं,
बनन मैं बागन मैं बगरयो बसन्त है।

: 60 :

मधु-महत्ता

(1)

कवित्त

कैसे कल कण्ठ कल कण्ठता दिखाता नहीं,
कल कण्ठता का तो बसन्त ही विधाता है।
कैसे मधुपावली न करती मधुर गान,
बहु मधु-मधु ही से उसे मिल जाता है।
मानती रजायसु न कैसे तरु-राजि भला,
ऋतुराज ही से राज उसे हाथ आता है।
कैसे कुसुमायुध न बनता सनेही महा,
कुसुम अपार कुसुमाकर से पाता है।

(2)

सवैया

कूकते कोकिल वैसे नहीं,
अब वैसे नहीं मिलते अलि माते।

सौरभ है मलयानिल में कहाँ,
पेड़ को वैसा सजा नहीं पाते।
वैसी रसा है कहाँ रस से भरी,
वैसे रसाल नहीं फल लाते।
हैं उतने उत्फुल्ल न फूल तो,
क्यों हो बसन्त प्रफुल्ल दिखाते!

: 61 :

मधुकर

(1)

भूलता भ्रमरी को कैसे,
भाँवरें क्यों भरता फिरता?
सुविकसित सुमन-समूहों पर
मत्त बन-बन कर क्यों गिरता?

(2)

किसलिये काँटों से छिदता,
किसलिये तन की सुधि खोता?
कमल में कैसे बँध जाता,
जो न मधुरत मधुकर होता?

: 62 :

पादप-प्रसून

(1)

सरसता स्वाभाविकता सहित,
बहुलता बीजों की खोते।
नहीं उनको जीवन मिलता,
जो न पादप पादप होते।

(2)

मोहते किसका मानस नहीं,
बन गये मंजुतम मनोहर।
डालियाँ लिये फूल डाली,
फलों से लसे हुए तरुवर।

(3)

उसी से सिंचित हो-हो कर,
कान्त बनता है उसका तन।
सरसता मिली उसे उस से,
सजीवन जीवन है जीवन।

(4)

कभी वे खिलते मिलते हैं,
कभी हँसते दिखलाते हैं।
रंगतों में रँग कर अपनी,
फूल फूले न समाते हैं।

(5)

उसे तब तक क्या मिलता है,
कली जब तक कहलाती है!
निछावर कर वह निज जीवन,
फूल बन प्रिय फल पाती है।

(6)

भूति जो है मंजुता-भरी,
किसे लगती है नहीं भली?
कौन है नहीं पुलक पाता,
विलोके विकसित कुसुम कली?

(7)

बात क्या औरों की उससे,
विधाता नाता है न्यारा।
काम जो कुसुमायुध है तो,
सुमन है सुमनस का प्यारा।

(8)

सुरों के सिर पर चढ़ता है,
विष्णु के लिए मंजुतम है।
कमल में रहती हैं कमला,
कौन कमनीय कुसुम-सम हैं?

: 63 :

कोकिल-काकली

(1)

भरी हुई है उस के उर में वेदना,
या कुरूपता खग को करती है विकल!
अथवा कालापन कलपाता है उसे,
या दुख का दल दिल को देता है मसल!

(2)

रात-रात भर बोला करता है कभी,
अपने स्वर में भर आकुलता भूयसी!
उसे पिलाती मधु है मधु माधुरी या
काम-कसौटी पर रुचि जाती है कसी!

(3)

किंवा कुसुमाकर अनुपम आगमन की,
उमग-उमग कर वह देती है सूचना!
या उस का गुण-गण गाता है मत्त हो,
विपुल मुग्ध वसुधा में बहुतों को बना!

(4)

तन रवाब की रग बन जाती ताँत है,
अन्तर्ध्वनि से बढ़े व्यथित जन बेकली!
सुन बज उठता हृत्तंत्री का तार है,
क्या है करुणा कलिता कोकिल-काकली!

: 64 :

प्रभाकर

(1)

अरुणता अरुण नहीं पाता,
उषा क्यों आरंजित होती?
विभा का बीज धरातल में,
कान्त किरणावलि क्यों बोती?

(2)

गिरिशिखर क्यों शोभा पाता,
मणि-जटित दिव्य क्रीट पा कर?
ललित क्यों लतिकाएँ होतीं,
मंजुतम मुक्ताओं से भर?

(3)

सरि सरोवर में क्यों बिछतीं,
चादरें स्वर्णातार-विरचित?
अंक प्राची का क्यों लसता,
विपुल हीरकचय से हो खचित?

(4)

कण्ठ क्यों खुलता बिहगों का
कुसुमकुल-कलिका क्यों खिलती?
विलसता क्यों प्रभात का मुख,
प्रभाकर-प्रभा जो न मिलती!

: 65 :

लोक-ललामता

(1)

होती हैं मोहिता आँखें,
देख लोक-ललामता।

पा मुग्धता मनोहारी,
उत्फुल्लता ततोधिका।

(2)

है प्रभात-प्रभादात्री,
दिग्वधू - कण्ठमालिका।
लोक-लोचनता माता,
है दिननाथ-दिव्यता।

(3)

आरंजिता ललामांगी,
है सत्कांति-सहोदरा।
अरुणांकगता रम्या,
है ऊषा ललिताम्बरा।

(4)

है सौन्दर्य समुदभूता,
लोच ना नन्द दा यि नी।
है किरणावली दिव्या,
तेजःपुंज - कलेवरा।

(5)

रमणीय रसोपेता,
सुधा-स्रोतस्विनी समा।
कलिता कान्ति कालिन्दी,
है कलाकान्त की कला।

(6)

बनती है महाभव्या,
भू की भूतिविधायिनी।
दिव्य भाव भरी भाती,
सरसाभावती सिता।

(7)

देखे कान्ति कलाकान्ता,
होती है दृष्टि मोहिता।

हैं तारे व्योमतल के,
दिव्य न्यारे प्रदीप से।

(8)

दृश्यावलि दिखा दिव्या,
है बढ़ाती विमुग्धता।
नभ की नीलिमा रम्या,
तारकावलि - संकुला।

: 66 :

गगनतल

(1)

है विविध रत्न-राजि-रंजित,
है किसी सुरतरु की छाया।
है अलौकिक विभुता-आलय,
गगनतल लोकोत्तर काया।

(2)

जगमगाते ही रहते हैं,
दिखा कर रंग-ढंग न्यारे।
सँवारे अनुपम कर के हैं,
गगनतल के अगणित तारे।

(3)

निशातम तामस मोचन को
प्रकृति ने दीपक हैं बाले।
न तारे हैं दिव द्युति तन में,
लसे हैं छबि वाले छाले।

(4)

प्रकृति जिस विभु की क्रीड़ा है,
मान उस की विभुता की कही।
सितारे हैं न रजनि कर रची,
गोटियाँ हैं जगमगा रही।

(5)

है अखिल वसुधा लुब्धकरी,
मंजुता सुधा-भरित प्याला।
प्रकृति के कान्त कण्ठ की है,
तारकावलि मुक्ता - माला।

(6)

पिण्ड हैं परम प्रभा - पूरित,
भव्य हैं, हैं भव के प्यारे।
ज्योति जगती में हैं भरते,
जगमगाते नभतल तारे।

(7)

समुज्ज्वल बनते हैं जिनसे,
लोकवांछित वैभव सारे।
विपुल दृग वाले विभु दृग के,
दिव्य तारे हैं दिवतारे।

(8)

दिवानायक ने पा दिव्यता,
दिवस दिखला पाया दिवसमा।
रजनि-रंजन जो होते नहीं,
रंजिनी रजनि न बनती तमा।

(9)

तमा के घोरतम तिमिर में,
दिव्य दीपक है सकी जला।
असित को सिता से बना सित,
कलानिधि की कमनीय कला।

(10)

मिटाये मिट पाते नहिं कभी,
विधाता करके अंकित अंक।
अमा कब अमानिशा नहिं रही,
दूर कब हुआ मयंक-कलंक!

: 67 :

रजनी-रंजन

(1)

वक्र हो, हो क्षयरोग ग्रसित,
राहु रिपु हो, हो लांछित तन।
किन्तु वसुधा निमित्त विधु ही
किया करता है सुधा-सृजन।

(2)

दिखाते हैं राकापति के
राजसी भव्य भाव सारे।
दिव्यतम राकारजनी में
जगमगाते नभतल तारे।

(3)

दिव्य विधु दिव को करता है,
धरा को सिता सजाती है।
रूप-सागर लहराता है,
छवि छलकती दिखलाती है।

(4)

इन्दु की उपमा पाने को
विलोके गये विपुल आनन।
रहा चिरकाल ललकता ही
लोकमुख लालायित बन-बन।

(5)

कलानिधि वर वितान नभ में
कान्त कर से जब तनता है।
ज्योतिवसना होती है भू,
रजतकण रजकण बनता है।

(6)

तमा को दिव्य बनाती हैं,
तिमिर के लिये बलायें हैं।

छबिवती सुधामयी सरसा,
कलाकर दिव्य कलायें हैं।

(7)

चौगुनी चारु बनाती है
चाँदनी बन-बन चमकीली।
विधु-छटा छायी उस पर या
छिति गयी छबिकर से छीली।

(8)

बड़े सुन्दर मोहक अनुपम,
गगन में हों मयंक अनगन।
धरा रजनी अनुरंजन रत,
हमारा है रजनी-रंजन।

(9)

सुधा बरसा-बरसा कर सदा,
रहे धोता कलंक का अंक।
मुसकुराता ही दिखलाये,
मोहता मन को रहे मयंक।

(10)

विमोहक है, विमुग्धकर है,
कलानिधि है, बहु कला-निलय।
खा सके अंगारक उसका
बदन अवलोक चकोर-निचय।

: 68 :

सरोज-सरसता

(1)

अति मंजु माधुरी सुमधु मानसों में भरे,
सहज विकास से विनोद हो बरसता।
परम रुचिर रचना हो कान्त रुचि पूत,
लोक चित-चारुता विलोक हो तरसता।

'हरिऔध' रसदान करे रस-लोलुप को
नव राग रहे अनुराग को परसता।
सरस बनाये असरस भूत भूरि भाव,
मंजुल सरोज सी सरोज की सरसता।

(2)

पा के कमलासन समान माननीय सुत,
कमलासन के नेह धन से धनी रहे।
विदित विभाकर की वर बन्धुता के मिले,
विपुल विभूति में विकचता सनी रहे।
'हरिऔध' कर में विराजे कमलापति के,
काल कमनीय अनुकूल अवनी रहे।
जन-मन-रंजिनी अमित मंजुता से लसे,
मंजुल सरोज की सरोजता बनी रहे।

: 69 :

उत्थान

(1)

अहह! लुट गया ओस का कोष,
हो गया तम का काम तमाम।
कुमुदकुल बना विनोद-विहीन,
छिना तरु-दल-गत मुक्ता-दाम।

(2)

हर गया रजनी का सर्वस्व,
छिपा रजनी-रंजन खो मान।
हुआ तारक-समूह का लोप,
दिवाकर यह कैसा उत्थान !

: 70 :

निर्मम संसार

वायु के मिस भर-भर कर आह,
ओस मिस बहा नयन-जलधार।
इधर रोती रहती है रात,
छिन गये मणि-मुक्ता का हार।
उधर रवि आ पसार कर कान्त,
उषा का करता है शृंगार।
प्रकृति है अतिशय करुणाहीन,
बड़ा निर्मम है यह संसार।

: 71 :

तामसिकता

(1)

रात भर गयी रुलाई ओस,
विहग के किये गये मुँह बन्द।
बने बहु विवश धरा के लोग,
गले में पड़े आसुरी फन्द।

(2)

हुए घर-घर में तम अन्धेर,
छिना रजनी का सारा साज।
सहस कर से तारक-चय लुटे,
गया रजनी-रंजन का राज।

: 72 :

चेतावनी

(1)

चौगुना हो प्रफुल्ल होली में,
पर बने मन कभी न मतवाला।

लालिमा रख सकें न जो उसकी,
तो बना दें न जाति-मुँह काला।

(2)

खोल दिल जो गले न मिल पावें,
तो मिला दें न मान मिट्टी में।
खुल सके गाँठ जो नहीं जी की,
तो पड़े गाँठ क्यों किसी जी में!

(3)

हो भले किसलिये करें भूलें,
हो न सिर पर सवार नादानी।
लोग पानी गँवा-गँवा अपना,
क्यों किसी का उतार लें पानी!

(4)

हैं बड़े बाप के अगर बेटे,
सभ्यता का गला न तो कतरें।
है बड़ा ही कमीनापन लिखना,
गालियों से भरी हुई सतरें।

(5)

हो कपूती सवार क्यों सिर पर,
काम करते रहें सपूतों का।
भूल त्योहार के गले में हम,
डाल देवें न हार जूतों का।

(6)

कौन होगा अधिक अधम उससे,
ऐंठ वह है विदग्ध रस्सी की।
सर उठा कर पुनीत अवसर पर,
जो कसर है निकालता जी की।

(7)

रंग बिगड़े न रंग के खेले,
पी न लेवें प्रमाद का प्याला।
गौरवित को लताड़ गाली लिख,
लेखनी का करें न मुँह काला।

(8)

हैं अधम-से-अधम पतिततम हैं,
हैं कुटिलमति कपट विटप थाले।
आड़ में बैठे पूत पर्वों की,
पेट का मल निकालनेवाले।

(9)

लाल हैं क्यों न खेल लें होली,
लोक मुँह की बचा-बचा लाली।
चुटकियाँ चाल ढाल की ले ले,
दे बड़ों को गढ़ी हुई गाली।

(10)

खोल कर दिल गले मिलें कैसे,
पगड़ियाँ क्यों नहीं उछालेंगे?
है कसर जब कसर निकलने में,
क्यों नहीं तब कसर निकालेंगे?

(11)

हो सकेगी न धूम की होली,
भंग गाढ़ी न जाय जो छानी।
बीज बो दें उपाधि का न कभी,
दे बड़ों को उपाधि मनमानी।

(12)

है बड़ा पूत पर्व होली का,
क्यों उसे हम बुरा बनाते हैं।
जाति पर धूल फेंकते हैं, क्यों
धर्म को धूल में मिलाते हैं?

(13)

दिल मिलाये मिला न दिल से तो
कर सका मेल कौन किस से कब?
जब न अनुराग-रंग चढ़ पाया,
क्या हुआ रंग खेलने से तब?

(14)

हो सकेगा न कुछ गुलाल मले,
सुख-घड़ी क्यों बने घड़ी दुख की?
कालिमा है भरी हुई उर में,
तो रहेगी न लालिमा मुख की।

(15)

रंग लायें गुलाल की मूँठें,
मोह लेवे मिठास बोली को।
पटु रहे रीझने-रिझाने में,
कटु ठठोली बने न होली की।

: 73 :

रंगभरी होली

(1)

उतारें पत क्यों औरों की,
बिगाड़ें क्यों बातें सारी?
घूम जाये क्यों कोई सर,
लगे केसर की पिचकारी?

(2)

रंग लुचपन का हो जिस में,
बजावें क्यों ऐसी ताली?
क्यों न तो उछलेगी पगड़ी,
कढ़ेगी जो मुँह से गाली?

(3)

काम कर कान पकड़ने का,
मान क्यों अपना हैं खोते?
लगा किस के मुँह में चन्दन,
किसी मुँह में कालिख पोते?

(4)

रँगे क्यों काले रंगों में,
बने क्यों सुध-बुध मतवाली?
लगायें वह गुलाल अब हम,
रहे जिस से मुँह की लाली।

(5)

जाय बन जो कंलक-टीका,
भाल पर लगे न वह रोली।
प्यार की रंगत हो जिसमें
क्यों न खेलें ऐसी होली?

(6)

भरा हो हित-अबीर जिस में,
हाथ में वह झोली ले लें।
लाज रंगीनी की रख कर,
ढंग के संग रंग खेलें।

(7)

लगायें हम गुलाल पर वह,
माल अनमोल थाल का हो!
चाल वह चलें न हम जिस से,
लाल मुँह किसी लाल का हो।

(8)

लोग बिगड़ा मुँह देखेंगे,
क्यों न तो बोलेंगे बोली?
गँवा दे क्यों अपनी रंगत,
हमारी रंगभरी होली?

: 74 :

होली और देश-दशा

(1)

भाल पर है रोली का बिन्दु,
कपोलों पर है लगा गुलाल।
उड़ रहा है अबीर सब ओर,
रंग से गात हुआ है लाल।

(2)

मदभरी आँखें हैं आरक्त,
खेलने आयी हो तुम फाग।
चढ़ा है रंगीनी का रंग,
बनी हो मूर्तिमन्त अनुराग।

(3)

किन्तु अब रहे नहीं वे लोग,
करें जो स्वागत सहित उमंग।
अरंजित बने सुरंजित भाव,
चित्त के पलटे पलटा रंग।

(4)

गा रही है जनता बन मत्त,
आज दिन रागद्वेष का राग।
कलह-कोलाहल-पूरित देश,
लगा है रहा लाग की आग।

(5)

गले मिलने से तो क्या लाभ,
दो दिलों में न हुआ जो मेल!
पड़ी जाती है जी में गाँठ,
बिगड़ता दिखलाता है खेल।

(6)

भले भावों का हुए अभाव,
किये कृति की अपकृति से पूर्त्ति।

हो गयी परम अकान्त, अदिव्य,
तुम्हारी देवी की-सी मूर्त्ति!

(7)

रंग का रंग हुआ बदरंग,
नहीं लसते गुलाल के थाल।
इन दिनों मुँह लग गये अबीर,
गँवा लाली होता है लाल।

(8)

आ गयी हो तो होंगे क्यों न,
आज आरंजित कितने ओक!
किन्तु होली में आँखें खोल,
तनिक लो देश-दशा अवलोक!

: 75 :

रंग-भरी होली

(1)

उड़ायें वह अबीर जी भर,
जो बने सरस जलद जैसा।
रहे जिस में हित की रंगत,
लगायें हम गुलाल ऐसा।

(2)

सुनायें ऐसी तानें जो
उमंगें भर दें जन-जन में।
राग ऐसे गायें जिन से,
देश-अनुराग भरे मन में।

(3)

कुमकुमे गोले बन चल कर,
कुचालें दूर करें सारी।
रंग जिस में सुधार का हो,
चले ऐसी ही पिचकारी।

(4)

कसर जी की निकाल देवें,
न अपना गौरव कर दें कम।
गले मिल करें मेल सच्चा,
फूट का गला घोंट दें हम।

(5)

गत बना दे जो औरों की,
न मुख से निकले वह गाली।
किसी की पत जिस से उतरे,
न बज पाये ऐसी ताली।

(6)

दिखा कर मन का मैलापन,
नीच बन कीच क्यों उछालें!
बहुत ही बुरे स्वाँग भर-भर,
फफोले क्यों दिल में डालें।

(7)

आप ही अपने हाथों से,
न हम परदा अपना खोलें।
लगें मुँह में जिन से चाँटे,
बोलियाँ क्यों ऐसी बोलें।

(8)

रख सके मुखड़े की लाली,
भाल पर लगी हुई रोली।
रंगतें न्यारी दिखलायें,
हमारी रंगभरी होली।

: 76 :

ढंगवाली होली

(1)

आज है धूम धमारों की,
मचाते हैं तो क्यों ऊधम?
उड़ाने धूल चलें तो क्यों,
किसी की धूल उड़ायें हम?

(2)

आन की आँखें हों नीची,
बात क्यों ऐसी कह पायें।
मान सुन जिसे कान मूँदें,
गीत हम क्यों ऐसे गावें?

(3)

बिदअतें जिन से हो पायें,
बुरी होती हैं वे बानें।
लाज जिन से तन बिन जाये,
लगायें क्यों ऐसी तानें।

(4)

रंग में बुरी रंगतों के,
नहीं कोई कैसे रँगता?
गँवाई जो मुँह की लाली,
न कैसें काजल तो लगता?

(5)

सुनें सीखें आँखें खोलें,
न उँगली-कानों में दे लें।
रंग रख कर के औरों का,
ढंग से हम होली खेलें।

: 77 :

मुँह की लाली

(1)

तरंगें रंग नहीं लातीं,
उमंगें छिनीं लुटीं ललकें।
नयन अवलोक नहीं पाते,
अब छबीली छबि की छलकें।

(2)

कहाँ वह चहल-पहल अब है,
कहाँ वह मस्तानापन है?
कहाँ है धूमधाम वैसी,
कहाँ वह मौज-भरा मन है?

(3)

नहीं घिरता अबीर का घन,
पड़ा लाला गुलाल का है।
अब कहाँ रँगा हुआ मुखड़ा,
दिखाता किसी लाल का है?

(4)

कहाँ है गमक मृदंगों में,
तार उतरे सितार के हैं।
फूल सारे कुम्हलाये से,
गले के किसी हार के हैं।

(5)

बन गयी क्यों इतनी नीरस,
आज रस बरसाने वाली?
आ गयी तो आये होली,
कहाँ है वह मुँह की लाली?

: 78 :

रँगीली होली

(1)

अरुण दिखलाया बन अरुणाभ,
हो गया मुख प्रभात का लाल।
बने आरंजित पादप-पुंज,
रँग गया दिशा-सुन्दरी-भाल।

(2)

गगन-मण्डल में उड़ा अबीर,
उषा आयी पहने पट लाल।
रँगीली होली को अवलोक,
बाल-रवि निकला मले गुलाल।

: 79 :

रँगा कपोल

(1)

रँग गये सेमल-कुसुम-समूह,
बन गये सारे किंशुक लाल।
फूल मिस फूल उठे तरु-वृन्द,
भर गया रस से रसिक रसाल।

(2)

खिले कचनार अपार प्रसून,
हँस पड़े सब गुलाब मुँह खोल।
निकल आये दाड़िम के दाँत,
देख होली का रँगा कपोल।

: 80 :

होली

(1)

रंग खेला चाहें खेलें,
पर बुरी रंगत में न ढलें।
सदा जिससे मुँह की खायें,
गाल में वह गुलाल न मलें।

(2)

प्यार जिससे पल पाता था,
प्रीति की गाँठें थीं जुड़ती,
रंगतें जो रख लेती थी,
नहीं अब वह अबीर उड़ती।

(3)

चले किसलिए कभी तब वह,
आबरू गयी अगर लूटी।
उड़ाये बिना बुरे छींटे,
कहाँ पर पिचकारी छूटी!

(4)

नहीं हम को दिखलाती है,
कहीं वीरों की वह टोली,
आन के सुन्दर मुखड़े पर,
लगावे जो मंगल-रोली।

(5)

रँगीले लोगों की रग-रग,
वीरता रहे जो न बरती,
ललक वालों की झोली में,
रहे तो क्यों अबीर भरती?

(6)

नहीं वे डफ अब बज पाते,
छूटतीं जिन से बद बानें।

जान जो मरतों में डालें,
नहीं सुन पड़तीं वे तानें।

(7)

उतरती जाती है पगड़ी,
आबरू आँचें सहती है।
रंग बिगड़ा ही जाता है,
धूल उड़ती ही रहती है।

(8)

देखते हैं आँखें मुँदती,
कहाँ हम ने आँखे खोलीं।
न पाये रख मुँह की लाली,
हमारी होली तो हो ली।

: 81 :

दिल के फफोले

(1)

बढ़ गयी माँग आ गयी होली,
हो उमंगें सकीं न टस से मस।
हाँ सराबोर हो सके जिस से,
अब बरसता कहीं नहीं वह रस।

(2)

उठ लहर रंग रंग की जी में,
अब नहीं बीज चाव के बोती।
अब मचलती नहीं उमंगें हैं,
अब नहीं वह चहलपहल होती।

(3)

हैं न उठते अबीर के बादल,
अब कहाँ वह समा दिखाता है!
अब दिशा को गुलाल उड़-उड़ कर,
लाल ही लाल कर न पाता है!

(4)

अब दिखाई कहीं नहीं पड़ती,
मौज में मस्त झूमती टोली।
हैं कहाँ राग-रंग के पुतले,
अब न होली रही वही होली।

(5)

अब कहाँ गान वह सुनाता है,
कान ने था कभी सुना जैसा?
वह गमक अब न है मृदंगों में,
अब न बजता सितार है वैसा।

(6)

क्या न अब पास दिल किसी के है,
क्या कहें लोग तब रहे कैसे।
अब न वह रंगतें दिखाती हैं,
अब न होते विनोद हैं वैसे।

(7)

हौसले रंग ला सकें तब क्या,
जब बनें दिल न रसभरे कलसे?
अब बड़े ठाठ से नहीं होते,
हर जगह राग-रंग के जलसे।

(8)

हैं पिसी जा रहीं उमंगें सब,
लुट गयीं राग-रंग की कानें।
अब कहाँ धूम है धमारों की,
हो चुके गीत लग चुकी तानें।

: 82 :

लान-तान

(1)

गत बनेगी न क्यों बुरी लत से,
पत बचेगी न गालियाँ यों गा,
जब कि मुँह की न रह गयी लाली,
तब लगाये गुलाल क्या होगा?

(2)

क्यों हया बेतरह मसल जाये,
जाय मरजाद किसलिये खोई,
जब रहा रंग ही बिगड़ता तब,
क्यों चले रंग खेलने कोई?

(3)

तो भला रंग रह सकेगा क्यों,
जो रहें बिद अतें न बोली में,
पत किसी की उतारने वाली,
हो ठठोली अगर न होली में?

(4)

गालियाँ खा न गालियाँ क्यों दें,
क्यों बिना छेड़छाड़ कल वे लें,
वीर हैं प्यार वीरता से है,
क्यों न मुँह में अबीर मल वे लें?

(5)

हो सकेगी न चूक होली में,
जानते लोग हैं कि हैं जैसे,
जो न मुख में लगायेंगे कालिख,
लाल कुल के कहायेंगे कैसे?

(6)

गालियाँ हैं बुरी न होली में,
क्या हुआ है हया अगर रोती,
बन सकेगा कपूत क्यों कोई,
है सपूती सपूत में होती?

: 83 :

होली

(1)

गीत गाती उमग-उमग सती,
फूल सी बात-बात में खिलती,
रंग में राग-रंग के डूबी,
मस्त हो झूमती गले मिलती।

(2)

रीझती नाचती चुहुंल करती,
बात रस से भरी हुई कहती,
बोलियों के समान बल खाती,
लहरियों में विलास के बहती।

(3)

मोहती हाव-भाव से इठला,
मन लुभाती मचल-मचल चलती,
ऐंठती रंगरेलियाँ करती,
छेड़ती छबि दिखा-दिखा छलती।

(4)

सिर हिलाती बजा-बजा बाजे,
तोड़ती तान पैंतरे देती,
मुँह चिढ़ाती हुई भवें मटका,
मुसकुराती हुई मजे लेती।

(5)

लाल होती गुलाल मूठों से,
दौड़ भरती अबीर की झोली,
रंग पिचकारियाँ चला रँगती,
आ गयी रंग खेलने होली।

: 84 :

शुभाशीर्वाद

(1)

मधुमयी कृति मन्द समीरता,
सुरभि पाकर सौरभिता रहे!
सुमन के कमनीय मरन्द से,
रसिक-वृन्द मिलिन्द विमुग्ध हो!

(2)

सब दिनों बहु पल्लविता मिले,
पुलकित फल-आकलिता रहे!
विकसित लसिता ललिता बने,
सरस भाव-मयी कविता-लता!

: 85 :

सरस ऊख

(1)

उसे छीलो काटो पेरो, नहीं होती टस से मस है।
नहीं वह बेकस है तो भी, बनी ही रहती बेबस है।

(2)

दूसरों को रस देने में, फड़कती उसकी नस-नस है।
मिली किस में मिठास इतनी, ऊख में भरा हुआ रस है!

: 86 :

लताड़

(1)

कम नहीं हैं समझाये गये,
बने रहते हैं चिकने घड़े।
कान कब ऐंठे जाते नहीं,
पर कहाँ कान हो सके खड़े?

(2)

लड़ाका बनने की है चाह,
पर सदा घर वालों से लड़े।
बुरी राहें कब छोड़ी गयीं,
बहुत काँटे पाँवों में गड़े।

(3)

चाहते हैं कहलायें भले,
लग गयी है छिछोरपन-छूत।
कहाते हैं माई के लाल,
मगर सिर पर सवार है भूत!

(4)

गाँठ जो जी में पड़ पायी,
खोलने पर भी कहाँ खुली?
बुरे जी में जो मैल जमी,
धुलाये भी वह नहीं धुली।

(5)

चाल जैसी चलनी चाहें,
चलें हम वैसी ही चालें।
बलायें अपने सिर की क्यों,
दूसरों के सिर पर डालें?

(6)

भलाई औरों की देखें,
किसलिए हम जल जाते हैं?
भागवालों के जी में क्यों,
लाग की आग लगाते हैं?

(7)

किसी की मूँछ पकड़ते हैं,
किसी को आँख दिखाते हैं!
किसी का पेट काट कर हम,
किसी का गला दबाते हैं!

(8)

नाड़ियों में मेरी अब भी,
बदी का सोता बहता है।
कहें क्या अपनी करतूतें,
कलेजा मलता रहता है!

: 87 :

चारु विचार

(1)

पीड़ितों की सेवा करते,
सुजन है कभी नहीं थकता।
सितम को सितम समझता है,
साँसते देख नहीं सकता।

(2)

निछावर करने को सब कुछ,
क्यों नहीं वह होगा राजी?
कलपता देख कलपते को,
कलप उठता है जिस का जी।

(3)

सामने देख काम कोई,
कभी वह पीछे हटता नहीं।
जगह ऐसी है कौन जहाँ
करतबी जा कर डँटता नहीं?

(4)

कहा है सभी सपूतों ने,
सफलता उस की थाती है।
लाग हो जाती है जिस को,
लगन जिस को लग जाती है।

(5)

काम करने वाला कोई,
काम अपना कर लेता है।
झंझटों की क्या है परवा,
मसल वह उस को देता है।

(6)

वही तो रगड़े जाते हैं,
किया करते हैं जो रगड़े।
झिझक किसको हो सकती है,
झगड़ने वालों से झगड़े।

(7)

सदा आगे बढ़-बढ़ अनबन,
बदी का बीज न जो बोती।
लोग तो कैसे खिंच जाते,
जो नहीं खींचतान होती।

(8)

जगाने वाले जगा थके,
खीज ने डाँटें बतलायीं।
टूट कर नींद नहीं टूटी।
न खोले आँखें खुल पायीं।

: 88 :

कामना

(1)

लाभ कर परम मधुर आलाप,
सदा रहे अरुचिर रुचि से रिक्त।
कथन कर सुधा से सरस वचन,
रहे होती रसना रससिक्त।

(2)

सुनाता रहे सप्रेम सदैव,
बना भव भक्तों को उत्कण्ठ।
पूततम भक्तिभाव से भरित,
कण्ठ कर कान्त पदावलि कण्ठ।

(3)

निचुड़ता रस हो जिस से प्रचुर,
गयी हो जो मृदुता पर कसी।
बसी हो जिस में कृति कमनीय,
वह हँसी रहे अधर पर लसी।

(4)

तिमिरमय मानस में सब समय,
भरे राका रजनी आनन्द।
जगा कर दिव्य ज्ञान की ज्योति,
बने वर भाल चारुतम चन्द।

(5)

लालसाओं में भर उल्लास,
अधिकतर पुलकित होवे लोक।
लगन लालायित होती रहे,
लालिमा लोचन की अवलोक।

(6)

निछावर हो जाये जन रीझ,
सूझ पा जाये प्रिय आलोक।
विनत बन जाये जन-अनुराग,
नयन का वर विनयन अवलोक।

(7)

प्रगति की मिले पूततम भूति,
अलंकृत कर कृति आलय ओक।
लोक हित की चित बने निकेत,
विलोचन का आलोक विलोक।

(8)

लगाते रहें सदैव रसाल,
कभी भी बोयें नहीं बबूल।
बात बनती ही रहे न बात,
रहे मुँह से भी झड़ता फूल।

: 89 :

अछूते छींटे

(1)

कभी बातें बन जायेंगी,
तबीअत क्यों है घबराई?
कहे वह ठीक-ठीक कुछ क्यों,
छू गयी है जिस को वाई?

(2)

चाल चलनी ही पड़ती है,
करें क्या मतलब के प्यासे!
लाल गोंटी हो जाती है।
दाँव के पड़ पाये पासे।

(3)

भला करता रहता है सुजन,
बिना बोले-चाले चुप रह।
कभी करता है सच्चा हित,
बात वह लाख टके की कह।

(4)

नहीं मुँह दिखलाते बनता,
हो गये हैं दिन कुछ ऐसे।
भले ही वह रह ले नीची,
आँख ऊँची होगी कैसे?

(5)

अनूठा फूल नहीं है जो,
महँक दे-दे कर के महँके।
जनम का वह तो है उल्लू,
चारु चिड़ियों सा क्यों चहके?

(6)

बहकते बहुत दिखाते हैं,
बाँकपन का दम भरते हैं।
छिछोरे और करेंगे क्या,
छेद छाती में करते हैं।

(7)

माँगते रहते हैं टुकड़े,
पेट जूठा खा भरते हैं।
चटोरें की चाटें हैं बुरी,
थूक चाटा ही करते हैं।

(8)

भला होता ही रहता है,
बला कब टलती है टाले?
न भूलें भूलभुलैयाँ में,
भले बन कर भोले-भाले।

: 90 :

अनोखी उपज

(1)

हित किसी का कर सकते हैं,
तो उसे कर दें, क्यों टालें?
बलायें अपने सिर की हम,
न औरों के सिर पर डालें।

(2)

उछालें किसी की न पगड़ी,
भलाई मुख देखें भालें।
सदा मालाएँ फूलों की,
गले में सुजनों के डालें।

(3)

अगर कर सकें करें नेकी,
बदी का नाम न लें भूले।
फूलना-फलना देखें हम,
रहें सब दिनों फले-फूले।

(4)

उड़ा कर माल दूसरों का,
भूल कर भी न पेट पालें।
काम भलमनसाहत से लें,
चलें भलमंसी की चालें।

(5)

न निकले कड़ी बात मुँह से,
किसी से कभी नहीं अकड़ें।
करे गुमराह न जो हम को,
राह हम ऐसी ही पकड़ें।

(6)

छेड़ने वाले ही छेड़ें,
पर चलायें हम कभी छुरे न।
कहायें भले भलाई कर,
बुराई कर हम बनें बुरे न।

(7)

चलें ऐसी चालें हम जो,
ठिकाने हम को पहुँचा दें।
सादगी ऐसी हो जिस से,
कहे जायें सीधे-सादे।

: 94 :
आदर्श

(1)

बन्द आँखों को देवें खोल,
जगा दें उन्हें जो सकें जाग।
सिखा दें पूत देश-हित मन्त्र,
समय पर दिखला सच्चा त्याग।

(2)

न छोड़ें कभी सत्य-संसर्ग,
हृदय में हो पुरुषार्थ-प्रतीति।
प्राप्त कर देश-काल-अनुभूति,
हरे भारत-भूतल की भीति।

(3)

जगायें जन-जन में वह ज्योति,
भगाये जो मानस-तम-तोम।
जो बने राका जैसी दिव्य,
लाभ कर इष्ट सिद्धि-व्रत-सोम।

(4)

भाव समझें संस्कारों का,
करें संस्कृति का मर्म-स्पर्श।
फूलें-फलें धारण कर धर्म,
न भूलें हम अपना आदर्श।

: 95 :
साहबीयत

(1)

देख लो है सवार सिर पर हैट,
सूट से रोज हो रहा है जंग।
फबतियाँ ले सियाह-मुँह कह लो,
कम चढ़ा है न साहबी का रंग।

(2)

आप हैं कौन जानता यह कौन,
खोलता कौन भीतरी सब भेद!
दंग हैं लोग साहबीयत देख,
ठीक है मुँह अगर हुआ न सफेद।

(3)

है चुरुट चाट चौगुनी जी में,
बढ़ गयी सूट-बूट की बाई।
जब लगाई गयी गले से तो,
काटती नाक क्यों न नकटाई!

: 96 :

शिक्षा

(1)

क्या मैं हूँ यह सुमन नहीं बतलाता फिरता,
उस की सुन्दर सुरभि उसे है मान दिलाती।
ऐसे ही है मनुज गुणों से पूजा जाता,
लम्बी-लम्बी बात नहीं है बात बनाती।

: 97 :

चाह

(1)

बना रहे पानी मोती-सा,
चमक-दमक प्यारी दिखलाओ।
अपने मुँह की लाली रखकर,
लाल! लाल जैसा बन जाओ।

(2)

तितली जैसी रखो रंगतें,
बड़ी निराली ललकें पाओ।

भौंरों सा रंग श्याम रंग में,
गूँज-गूँज न्यारे गुण गाओ।

(3)

हरा भरा रह पेड़ों जैसा,
सदा बड़े सुन्दर फल लाओ।
कोमलता वैसी ही पा कर,
कमल समान खिले दिखलाओ।

(4)

खेल-खेल कर खेल अनूठे,
किलक-किलक फूले न समाओ।
बोल-बोल कर प्यारी बोली,
वसुधा में कलकण्ठ कहाओ।

: 98 :

हँसी-दिल्लगी

(1)

थी यही चाह, था यही अरमान,
किस लिये हो न औरतों में पूछ!
क्यों न मरदानापन उन्हें दे छोड़,
देख लो साफ हो गयी है मूँछ!

(2)

मानता है न कौन मन की बात,
है कहाँ पर न मनचलों की पूछ!
वाह रे! मैं व वाह री! यह सूझ,
घिस गयी पूँछ तो रहे क्यों मूँछ।

(3)

है कड़ा मोम है मुलायम संग,
पढ़ लिया है गया निराला पाठ।
है यही तो अजीब उल्टी सूझ,
आप हैं फूल दूसरे हैं काठ!

: 99 :

कच्चा चिट्ठा

(1)

मेल को हम लगा रहे हैं लात,
फूट के पाँव हम रहे हैं चूम।
आज तक हम सके न कन्धा डाल,
कौन कहता है सिर गया है घूम?

(2)

क्या हुआ झाड़-फूँक से ले काम,
कर उतारा लगा तमाम भभूत!
तब भला क्यों चिमट न जाय चुड़ैल,
जब कि सिर पर सवार ही है भूत?

(3)

और को देख भागते हैं दूर,
है पड़ी राह काटने की बान।
फिर न क्यों हो हुआँ हुआँ सब ओर,
आज दिन हैं रँगे सियार कहाँ न?

(4)

किसलिए वे चलें न टेढ़ी चाल,
क्यों न फुफकार से उठे दिल काँप?
क्यों न उगलें भला जहर दिन-रात,
क्या करें आस्तीन के हैं साँप!

(5)

आँख को खोल जाति-दुःख लें देख,
हो न उनसे सकी कभी यह चूक।
जो पले पाँव दूसरों का चूम,
जो जिये चाट कर पराया थूक।

(6)

जब कि सब देश हो रहा है एक,
किसलिए तब सुनें ठगों की बात?
चूमते लोग हैं हमारा पाँव,
हिन्दुओं को लगे भले ही लात!

: 100 :

दिव्य दीवाली

(1)

क्यों नहीं लक्ष्मी रूठेगी,
जब कि कौड़ी के तीन बने?
मालपूआ कैसे खाते,
न मिलते हैं मूठीभर चने!

(2)

बच सकेगी तब पत कैसे,
कान जो जाते हैं कतरे!
न जुआ जो छूटा तो क्यों,
गले पर का जुआ उतरे?

(3)

जो रही सो रही भाती तो,
किसे त्योहार कभी सहता?
हार पर हार न जो होती,
भाग तो क्यों सोता रहता?

(4)

पास जिसके न रही कौड़ी,
कब बना वह पैसे वाला?
मनावें तब क्यों दीवाली,
निकलता जब हो दीवाला?

: 101 :

दमकती दीवाली

(1)

कान्त कमला-पग-पूजन को,
साथ में कमलावलि लायी।
अमा में समा दिखाने को,
जागती ज्योति जगा पायी।

(2)

स्वच्छता घर-घर में भर कर,
बिलसती हँसती दिखलायी।
दमन करने को फैला तम,
दमकती दीवाली आयी!

: 102 :

विवाह

(1)

पूततम है विधान विधि का,
नियति का है नियमित नियमन।
प्रकृति का है अनुपम आशय,
वेद का वन्दित अनुशासन।

(2)

वंश-वर्द्धक वसुधा-हित-रत,
सदाचारी सपूत को जन।
क्षेत्र में विश्व-सृजन के वह,
सदा करता है बीज-वपन।

(3)

शान्ति का है वर-आवाहन,
सुकृति का संयत आराधन।
मधुरता का विकास मधुमय,
सरसता का सुन्दर साधन।

(4)

रमा का रंजन होता है,
गिरा गौरवित दिखाती है।
मंजुतमी मूर्त्ति त्याग की बन,
सती सत उस से पाती है।

(5)

बिलसता सुरतरु है उसमें,
मलय-मारुत वह पाता है।
स्वर्ग जैसा सुन्दर उससे,
गृही का गृह बन जाता है।

(6)

बालकों का विधु-सा मुखड़ा,
नयन को कैसे दिखलाता!
सुधारस कानों में कैसे,
मृदु वचन उनका बरसाता।

(7)

अलौकिक रत्न लाभ कर क्यों,
दिव्य जगतीतल बन जाता!
लाल माई के क्यों मिलते,
जो न जुड़ता पावन नाता?

(8)

भूति से उसकी जल-पय सम,
एक हो जाते हैं दो मन।
मिलाता है दो हृदयों को,
मुक्ति-साधन विवाह-बन्धन।

: 103 :

मतलबी दुनिया

(1)

सुन लें बातें जिस-तिस की,
कब किस ने मानी किस की?

(2)

है यही चाहती दुनिया,
वह हो जिसको माने मन।

औरों की इसके बदले,
नप जाय भले ही गरदन!
है उसे न परवा इस की!

(3)

चाहें हैं मतलब वाली,
है मतलब उन को प्यारा।
वे तो मतलब गाँठेंगी,
कोई मिल गये सहारा।
वह हो अमृत या ह्विस्की।

(4)

फूलों से कोमल दिल पर,
लगती सदमों की छड़ियाँ।
कब भला देख पाती हैं,
औरों के दुख की घड़ियाँ,
पथराई आँखें रिस की!

(5)

तब उतर गये लाखों सर,
जब चलीं सितम-तलवारें।
वह गयीं लहू की नदियाँ,
जब हुईं करारी वारें!
पर सुनी गयी कब सिसकी?

(6)

है जिनका काम सताना,
वे क्यों न लुटायें पैसे?
जिन को पसन्द है लड़ना,
उन को होगी फिर कैसे,
परवा डिगरी-डिसमिस की?

(7)

हैं मार डालती उन को,
सब जिन्हें नेकियाँ कहते।
लेती हैं जानें उन की,

जो नहीं साँसते सहते।
ऐंठे हैं गाँठें विस की!

(8)

कुल मेलजोल पर उसका,
है रंग चढ़ा दिखलाता।
मतलब को धीरे-धीरे,
सामने देख कर आता।
कब नहीं मुरौवत खिसकी?

(9)

कैसे वह यह सोचेगा,
है अपना या बेगाना?
काँटा निकाल देता है,
ढूँढ़ेगा क्यों न बहाना,
चढ़ गयी कमाँ है जिस की?

: 104 :
सन्देश

(1)

भले ही हो मेरा मुख बन्द,
सजल दृग क्यों न सके अवलोक!
हाँ परम कुण्ठित है मम कण्ठ,
क्या नहीं मुखरित मानस-ओक!

(2)

किसी अन्तर्दर्शी को छोड़,
कौन अन्तर को सका विलोक?
तिमिरमय हो सारा संसार,
कौन है सकल लोक-आलोक?

(3)

परम नीरव हो अन्तर्नाद,
किन्तु हैं अन्तर्यामी आप।

मुझे है इतना भी न विवेक,
पुण्य क्या है प्रभु क्या है पाप!

(4)

महा अद्‌भुत है विश्व-विधान,
बुद्धि क्यों उसमें करे प्रवेश!
क्या कहूँ और कहूँ किस भाँति,
मौन ही मेरा है सन्देश!

: 105 :

समय-सन्देश

(1)

रंग में अपने सब हैं मस्त,
हो गयीं दोनों आँखें बन्द।
इन दिनों है पसन्द यह बात,
गले में किसके डालें फन्द।

(2)

क्यों न मिल जाय धूल में जाति,
रसातल जाय भले ही देश।
कान को खोल जान पर खेल,
सुन सका कौन समय-सन्देश?

: 106 :

पते की बात

(1)

मसलते हुए कलेजे से,
मसलते नहीं कलेजे जब।
तब किसी के दिखलाने को,
निकाले गये कलेजे कब!

(2)

राह दिल से ही है दिल को,
प्यार ही प्यार कराता है।
लगन ही लगन लगाती है,
जोड़ता नाता नाता है।

: 107 :

कुलदीपक

(1)

जो कुलदीपक बनना है तो,
बान भली बातों की डालो।
आँख खोल कर भले-बुरे को,
सोचो-समझो देखो-भालो।

(2)

भरा हुआ जो अँधियाला है,
उसको ज्योति जगा कर टालो।
दीपावली समान हृदय में,
देश-प्रेम का दीपक वालो।

: 108 :

जागृति

(1)

बहुत सो चुके कहाँ है रात!
सँभल लो अपने अंग सँभाल।
तजो आलस, दो निद्रा त्याग,
न फिर चादर लो मुँह पर डाल।

(2)

दिवसमणि-सा दिखला कर तेज,
सामने के तम को दो टाल।
सजग हो खोलो आँखें बन्द,
जाग जाओ है जागृति-काल!

: 109 :

चारु चित्रपट

(1)

बहु गौरवित दिखाये जाये न गर्व से गिर,
सब काल हिम अचल सा ऊँचा उठा रहे शिर।
अविनय कुहेलिका से हो अल्प भी न मैली,
सब ओर सित सिता सी हो कान्त कीर्त्ति फैली।

(2)

विलसे बने मनोहर बहु दिव्य भूत कर से,
संस्कृति-सरोजनी हो सरसाति स्वत्व सर से।
भावे स्वकीयता हो परकीयता न प्यारी,
जातीयता-तुला पर ममता तुले हमारी।

(3)

न विलासिता लुभाये न विभूति देख भूले,
कृतिकंजिनी विलोके सद्भाव-भानु फूले।
उसको बुरी लगन की लगती रहें न लातें,
न विवेक-हंस भूले निज नीर-क्षीर बातें।

(4)

तनसुख-सेवार में फस गौरव रहे न खोती,
संसार-मानसर में मति क्यों चुगे न मोती।
लगते कलंक को वे क्यों लाग से न धोयें,
कैसे कुलांगनाएँ कुल का ममत्व खोयें।

(5)

सारी कुभावनाएँ जायें सदैव पीसी,
कमनीय कामनाएँ हों कल्प-बेलि की-सी।
सुविभूतिदायिनी हो बन सिद्धिसहचरी-सी,
हो साधना पुनीता सब काल सुरसरी-सी।

(6)

मानस मयंक जैसा हँस-हँस रहे सरसता,
सब पर रहे सरस उर सुन्दर सुधा बरसता।
करके विमुग्ध भव को निज दिव्य दृश्य द्वारा,
उज्ज्वल रहे सदा ही चित चित्रपट हमारा।

: 110 :

कला

(1)

रंजिता राका-रजनी-सी,
बने उस से रंजन-रत मति।
सरस बन जाये रस बरसे,
रसिक जन की रहस्यमय रति।

(2)

तामसी मानस का तम हर,
जगाये ज्योति अलौकिकतम।
चुराती रहे चित्त चसके,
चमक कर चारु चाँदनी सम।

(3)

सुधा बरसा बरसा बहुधा,
करे वसुधा का बहुत भला।
कलानिधि कान्त कला-सी बन,
कामिनी की कमनीय कला।

: 111 :

प्रार्थना

(1)

प्रबल हो गया तपन उत्ताप,
मचाता है आतप उत्पात।
गगन बरसाता है अङ्गार,
हुआ पावक-पूरित क्षिति-गात।

(2)

दिशाओं को करते उत्फुल्ल,
पधारो हे नव जलधर श्याम।
बना दो परम सरस सब ओक,
सुधामय होवे वसुधा-धाम।

: 112 :

भूतल के भार भूत

(1)

भीति उन की विभूति अब है,
भूत भ्रम का भरमाता है।
नहीं अपनी भाषा भाती,
भेस भी काटे खाता है।

(2)

भवें टेढ़ी कर देती है,
नेटिवों की भोंड़ी सूरत।
बहुत कुढ़ता जी है देखे,
ढोंग करने वालों की लत।

(3)

भरे ही रहते हैं सब दिन,
भड़कते हैं घर वालों से।

बहुत चिढ़ होती है उन को,
पुरानी सारी चालों से।

(4)

सादगी उन्हें नहीं भाती,
बनावट भरी रगों में है।
भलाई के पुतले वे हैं,
बुराई भरी सगों में है।

(5)

साहबी ढंग रिझाता है,
सुरा का बड़ा सहारा है।
साहबीयत से है पटती,
रंग गोरा ही प्यारा है।

(6)

ढंग सब उसका है अच्छा,
भली रंगत है योरप की।
यहाँ का सब कुछ है गन्दा,
व्यर्थ हैं बातें जप-तप की।

(7)

अँधेरा भरा यहाँ पर था,
उजाला योरप से आया।
किन्तु पशुता न गयी पशु की,
न अब भी मानव हो पाया।

(8)

भरे हैं पर के भावों से,
भीरुताओं से हैं फूले।
बन गये भार भूत भू के,
भरतसुत भारत को भूले।

: 113 :

उत्थान

(1)

हिन्दुओं में हैं रंगे सियार,
और हैं आस्तीन के साँप।
गला चुपके देते हैं घोंट,
कहाकर बनकर माई-बाप।

(2)

सुनाता है मुँह मीठी बात,
पेट में रहता है कुछ और।
दिया जाता है सब कुछ किन्तु,
छिना जाता है मुँह का कौर।

(3)

देसहित के परदे में बैठ,
जाति पर चलती है तलवार।
प्यार का प्यारा जामा पैन्ह,
सदा होती रहती है वार।

(4)

मतलबी उन्हें कहेगा कौन,
नहीं हैं वे मतलब के यार।
किस तरह उबर सकेगा देश,
जाति का लहू लें न जो गार।

(5)

बचा लेवेंगे जो वे दौड़,
जाति की नाव पड़ी मझधार।
किस तरह दुख समुद्र में डूब,
देस का होगा बेड़ा पार?

: 114 :

तू क्या है?

(1)

माता की आँखों का तारा,
बाप का बहुत बड़ा दुलारा।
सारा सुख संगी-साथी का।
सब पड़ोस वालों का प्यारा।

(2)

किसी कोख का लाल निराला।
कितने हाथों का रस-प्याला।
भरने वाला किसी गोद का।
अँधियाले घर का उजियाला।

(3)

फूले फूलों जैसा फूला।
भोले-भाले पन में भूला।
दिल का माल प्यार का पुतला।
बहुरंगी उमंग का झूला।

(4)

सुन्दर बड़ा चमकता तारा।
किसी गले का हार सँवारा।
बड़ा फबीला बड़ा सलोना।
तू है तीन लोक से न्यारा।

: 115 :

दीपमाला

(1)

अँधियाला है भागा जाता,
उँजियाले ने जोत जगायी।
वह कोने-कोने छिपता है,
पर वह वाँ भी जगी दिखायी।

(2)

जगमग जोत दिखा कर तुमको,
वह है फूली नहीं समायी।
प्यारे लड़के! दीपमालिका
दीपों की माला है लायी।

: 116 :

बाल-विनोद

(1)

रुचिर हँसना उनका अवलोक,
न किसके जी की कलिका खिली?
बहु मधुर भोली-भाली बात,
कब नहीं सुधा सी सरस मिली?

(2)

चूम कर उनका मोहन मुख,
नाचने लगती हैं चाहें।
बलायें उनकी ले ले कर,
प्यार की खुलती हैं राहें।

(3)

देख कर अति सुन्दर मुख-कान्ति,
कान्त बनती है वसुधा ओक।
हृदय होता है परम प्रफुल्ल
लाल का बाल-विनोद विलोक।

(4)

देखना भोलेपन के साथ,
दृगों में भर देता है मोद।
उन्हें पाकर उमंग में डूब,
भरी रहती है माँ की गोद।

: 117 :

माई का लाल

(1)

कभी लुभाता है लोगों को,
दिखला सूरत भोली-भाली।
कभी चाँद सा मुखड़ा चमका,
भरता है घर में उजियाली।

(2)

कभी उछलता कभी कूदता,
कभी भाँवरें वह भरता है।
कभी खिलखिला कर हँसता है,
कभी चौंक चोना करता है।

(3)

कभी किलकता दिखलाता है,
कभी बजाता है वह ताली।
कभी लाल माई का बन कर,
रख लेता है मुँह की लाली।

: 118 :

हमारा बचपन

(1)

कभी हँसता माँ का मुख देख,
किलक कर करता कभी कलोल।
डालता था कानों में सुधा,
कभी वह तुतली बोली बोल।

(2)

ठुमुक कर चलता था वह कभी,
मचलता कभी मोहिनी डाल।
फूल जैसा खिलता था कभी,
किसी माई का बन कर लाल।

(3)

चुराती किस की आँखें न थी,
झलकती मुख पर सहज उमंग।
खेलने में कितने ही खेल,
दिखाता बहुरंगी बहुरंग।

(4)

लाड़िला कहते उसको लोग,
प्यार का पुतला वह था बना।
रहा मोती से भी अनमोल,
आँख से उस की आँसू छना।

(5)

दुलारों के पलनों में झूल।
हमारा बचपन फूला-फला।
रहा अलबेलेपन से भरा।
गोद में ण्भोलेपन के पला।

: 119 :

नया खिलौना

(1)

जब मैं हँसूँ हँसे तब वह भी,
जब गाऊँ तब गावे।
जब मैं ता ता थेई नाचूँ,
तब वह वाद्य बजावे।

(2)

जब मैं किलकूँ तब वह किलके,
जब बोलूँ तब बोले।
मीठी बातों में मुझ सा ही,
वह भी मिसरी घोले।

(3)

मुसका-मुसका मेरे जैसा,
रस की सोत बहावे।
खिलता मुझे देख कर वह भी,
फूलों सा खिल जावे।

(4)

बाबा मेरी बातें सुन लो,
जब बजार में जाना।
मेरे साथ खेल सब खेले,
वही खिलौना लाना!

: 120 :

नटखट बालक

(1)

घर में घुस कर ऊधम करता,
बछड़े खोल भगाता।
लगा-लगा मुँह थन से पय,
गायों का है पी जाता।
है लड़कों का कान ऐंठता,
चपतें कभी लगाता।
कभी बन्दरों-सी घुड़की,
दे दे है उन्हें डराता।

(2)

ऐंठ ऐंठ बातें करता है,
भौंहें है मटकाता।
कभी अँगूठा दिखलाता है,
मुँह है कभी चिढ़ाता।
आँख चुराता ही रहता है,
छीन-छीन मन मेरा।
अरी यशोदा माता सुन लें,
नटखट बालक तेरा!

(3)

थोपी मार गया लड़कों को,
काट चिकोटी उन्हें रुलाया।
चिढ़ा गया उँगलियाँ नचा कर,
बन्दर-सा किलकिला डराया।
घर में घुस कर धूम मचाई,
छीन ले गया सूई-तागा।
कैसा है यह नटखट लड़का,
दौड़ कान में 'टू' कर भागा!

: 121 :

बालक

रोओ मत गीतों को गाओ।
नाच-नाच कर हमें रिझाओ।
खेलो - कूदो हँसो - हँसाओ।
बालक हो, बालक बन जाओ।

: 122 :

आर्य-गौरव

आर्य्य गौरव से हैं गौरवित।
सर्व पन्थ मत भू के हैं उसकी विभूति से भरित।
उसकी पूत दिव्यता से हैं दिव्य भाव सब लसित।
उसकी मानवता-महिमा से दानवता है त्रसित।
सार्वभौम सिद्धान्त धरा के हैं वेद-ध्वनि-ध्वनित।
शान्ति-दायिनी जीवन-धारा है श्रुति-सरिता-जनित।
जिसकी ज्ञान-ज्योति से भू का हुआ निविड़ तम दलित।
वह है आर्यजाति-गुरुता की कीर्त्ति-कौमुदी कलित।

: 123 :

रीझ-खीझ

रीझने वालों के रीझे!
फूल बरस जाता है सिर पर मुँह पिटता है खीझे!
रीझ प्यार से परिपूरित है, खीझ बुरी है होती।
है सुबीज से उसे प्रीति तो यह कुबीज है बोती।
है जो वह हित-रत तो इसकी भी अनहित है थाती।
है जल-सेक उसे पसन्द तो यह है आग लगाती।
जग में रीझ-खीझ दोनों से है जनता का नाता।
यथासमय दोनों बनती हैं उसकी सुख-दुख-दाता।

: 124 :

मंगल-गान*

सदा ऐसे सुन्दर दिन आवें!
जिस दिन पावन कीर्त्ति-गान कर पातक-पुंज भगावें।
विद्या-दान महान् ज्ञान का जिनके पार न पावें।
अन्ध नयन उनकी पद्-रज को अंजन क्यों न बनावें?
जो जीवनविहीन जन के संजीवन-मन्त्र कहावें,
उनकी भव-हित-रति से कैसे, लोग न लगन लगावें?
जिनमें मद न, मिला मोहन से जो मोहक दिखलावें,
उनके मधुमय वचन क्यों न वसुधा पर सुधा बहावें?
जो भारत भूतल जनता को सब दिन जाग जगावें,
उन पर कान्त प्रीति-कुसुमावलि, क्यों न सुजन बरसावें?
पुलकित चित से चिर जीवन क्यों उनका नहीं मनावें,
जिनके पूत पुण्य सुर-तरु से वांछित फल पा जावें।

* पं. मदन मोहन मालवीय की चौहत्तरवीं वर्षगाँठ पर यह कविता लिखी गई थी।

: 125 :

शिक्षा

कहा जाता है प्रायः ऐसा!
दुख होने पर यह जाना जाता है सुख है कैसा?
रिक्तहस्त होने का अवगुण बतलाता है पैसा!
सज्जन-संगति समझाती है खल होता है जैसा!

: 126 :

क्या से क्या

किसको कौन पूछता है?
किसके सब भावों का भव में लगता किसे पता है?

कुसुम समान परम कोमल उर पवि-सा है हो पाता!
धर्म-धुरन्धर भी बनता है पाप-पुंज का धाता!

सुधा से सरस मधुर वचन वंचक वन हैं विष बोते!
वे दृग हैं द्रव-मय बनते जो मोती रहे पिरोते!

बनी कालिका-मूर्त्ति प्रिय सुअन की है प्रीति दिखाती!
कुटिल काल-पलना ललामतम ललना है बन जाती!

उदारता प्रायः पामरता में है परिणत होती!
सहृदयता धर रूप अधमता का है ममता खोती!

असि वह खींचे है जो था सिर पर प्रसून बरसाता!
मृदुल गले का हार वक्रगति पन्नग है बन जाता!

सदा हुआ मनमान अधिक है मनमानापन प्यारा।
है अबाधगतिवती स्वार्थ-सरिता की धारा!

परम प्रपंची कामादिक रति है पशुता की थाती।
मानवता को दानवता है कुमति कुनीति बनाती।

कब क्या-से-क्या हो जाता है क्यों यह जाना जावे!
क्यों भव-पारावार अहह! अवगति पिपीलिका पावे?

: 127 :

दोष-दृष्टि

अर्थी दोष देखता नहीं।
कब न स्वार्थ-साधन-निमित्त उसने कटु बातें सही?

कोई बहुत भला हो या हो कोई बहुत बुरा,
कोई सुर हो अथवा असुर बना हो पीकर सुरा,

सब के पाँव पकड़ता है वह कह बातें दुखभरी।
कोई महा दानवी हो अथवा हो कोई परी,

जिसका मुँह देखना पाप है जो है पातक-भरा,
कब उसके सामने हाथ फैलाते वह है डरा?

दाँत निकाल पेट दिखला कर परम प्रपंची बने,
कब होती है ग्लानि उसे आँखों से आँसू छने?

हैं जितनी प्रवृत्तियाँ कुत्सित जितनी कृतियाँ बुरी?
उनसे मिल उसने शुचि रुचि पर कब न चलाई छुरी?

दिव्य ज्ञान की ज्योति मिले क्यों है उसका सिर फिरा?
कैसे तब वह दोष बिलोके जब तम से है घिरा?

: 128 :

पातक-रत

पातकी पातक-रत होता है।
उसके अन्तस्तल-भूतल पर बहता कलुषित रस-सोता है।

कभी नहीं संयम पावन जल उसका मानस-मल धोता है।
पड़ प्रपंच में मानव-तन-सा पारस-मणि पा वह खोता है।

लोभ, मोह, कामादि कुमहि में वह उन बीजों को बोता है।
जिनके तरुओं का फल खा वह बनता नलिनी का तोता है।

तिमिरमयी कुप्रवृत्ति-निशा में वह निश्चिन्त बना सोता है।
अहह! उसे यह ज्ञात नहीं पवि-पात हुए पापी रोता है।

: 129 :

बज्रपात

कलेजा अहह क्यों न पकड़े?
वह क्या करे शीश पर जिस के चढ़ विपत्ति अकड़े?
जिसके अंग-अंग साँसत के बने लदे छकड़े!
जिसके जीवन को लेवे जंजाल-जाल जकड़े!
जो हो संकट में निपतित पा-पा कर क्लेश बड़े!
क्यों न प्राण वह देगा जिसके सिर पर बज्र पड़े?

: 130 :

सूर-सूरता

साहसी सूर कहाता है।
कम्पितकर रण-दृश्य देखकर देख न पाता है।
होता हो पविपात उसे परवाह नहीं होती।
है उसकी कृति कायरता अपनी सारी खोती।
उसका तेजःपुंज रणांगण का तम है हरता।
उसका कर सब काल कपाल-क्रिया ही है करता।
रिपु-समूह को है उसका उत्ताप बहु तपाता।
है निर्जीव सजीव जनों का वह जीवन-दाता।

: 131 :

'रवीन्द्र'-स्वागत

सादर स्वागत हम करती हैं।
अर्पण को कुसुमावलि भाव के भावुकतांजलि में भरती हैं।
राका-रजनी-सी सु-उक्तियाँ स्वीकृत मानस में बसती हैं।
कवि-कुल-कुमुद-कलाधर की कल-कीर्ति-कौमुदी से लसती हैं।
आँखें विनय-वारि-बूँदों से सत्कृति-मुक्तावलि जनती हैं।
सुन कमनीय कला की महिमा भक्ति-सुधा-सिंचित बनती हैं।

गुण-गौरव-वारिधि में रुचियाँ सरिताओं समान मिलती हैं।
दर्शन कर रवीन्द्र से रवि का कान्त कमलिनी-सम खिलती हैं।

: 132 :

स्मारक-महत्ता

(1)

किसी स्मरणीय पुरुष का स्मारक।
है विस्तारक कान्त कीर्त्ति का है नितान्त उपकारक।

धर्म-धुरीण धारण का है धरणी में अवधारक।
नीति-निकेतन लोक-निचय का है नैतिक निस्तारक।

धीर भाव से है विस्मृति वैभव व्यापार-विदारक।
किसी सुजन के सद्‌भावों का है चिरकाल-प्रसारक।

है भव-जनता-हित चिन्तन-रत है संकट-संहारक।
विविध-प्रपंचों में भी वह है शुचि रुचि रुचिर प्रसारक।

(2)

किसी स्मारक का आयोजन।
किसी भक्ति-भाजन प्राणी का भावसहित है यजन।

उपकृत का उपकारक प्रति है कृतज्ञता-आकलन।
श्रद्धा के कमनीय क्षेत्र में श्रेय-बीज है बपन।

ख्याति-सुन्दरी के आवाहन का है अनुपम सदन।
किसी कान्ततम आनन का है परम मनोहर कथन।

है सम्मानित जन का आदरसूचक विलसित वचन।
सुजन-सुजनता का है सम्बल, है शठ-शठता-शमन।

मानवता की मोहकता का है महिमामय मनन।
सुरवाटिका-सदयता का है पारिजात-सा सुमन।

: 133 :

दृग-तारे

हमारी आँखों के तारे।
परम सहारे जीवन के हैं बहुत अधिक हैं प्यारे।

यदि ये होते नहीं सूर जो हमें सूर दिखलाता।
असित कलंक-अंक में तम-अंकित मयंक मिल जाता।

ज्योति-निकेतन नभतल-तारे ज्योति-विहीन दिखाते।
अपर जगमगाने वाले जगमग करते न जनाते।

घर का दीप्तिमान दीपक भी दीप्ति-रहित बन पाता।
सकल दिव्यताओं से रहता नहीं दृगों का नाता।

जिस प्रभु-दयादृष्टि से दृग को मिली दिव्यता न्यारी।
जो न बना वह उसके पद-रज-दर्शन का अधिकारी।

यह कहेंगे तो उसको भव-माया ने है घेरा!
मिले दिव्यता भी दृग के सम्मुख है अधिक अँधेरा।

: 134 :

आँखों के आँसू

कहाँ आँखों के आँसू सूखे?
कैसे बतलायें भारत-वासी कितने हैं भूखे?

कभी रहे जो धन-कुबेर वे आज हो गये खूखे।
सगे भी नहीं सगे रह गये, सभी बन गये रूखे।

कोई जो कुछ हित करता है, तो वह काँखे-कूँखे।
नाव भँवर में पड़ी प्रभो है, खे पावे तो तू खे!

: 135 :

आँसू

कहाँ से क्यों तुम निकल पड़े?
पानी क्यों बिगाड़ते हो बन-बन कर चिकने घड़े!

बहुत द्रवित तुम दिखलाते हो, हो तुम तरलित बड़े।
फिर क्यों तुम्हें पतन प्रिय है क्यों हो आँखों में गड़े?

तुम को अवलोकन कर आकुल हो प्रवाह पर अड़े।
कौन थामता नहीं कलेजा कानों को कर खड़े?

कौन लाभ होता है प्रायः झरनों जैसा झड़े?
क्या साँसतें बहुत होती हैं दुख पा-पा कर कड़े?

होते हैं अति अप्रिय अरुचिकर चपत दुखों के जड़े।
किन्तु पार पा सका कौन विधि के प्रपंच से लड़े?

: 136 :

नयन-विनयन

आँख से आँसू क्यों निकले?
क्यों न तिमिर में दिव्य ज्योति उसकी दीपक सी बले?

जो निकले तो उसकी बूँदें मुक्तावलि सी लसी,
बने हार उस वीर कण्ठ का जो होवे साहसी।

तार बँधे उसकी धारायें हों इतनी बलवती,
बह जाये प्रवाह में जिसके पाशव व्रत का व्रती!

बरौनियों के नोकों में जो वह दिखलाई पड़े,
तो उसको अवलोक पातकी के रोयें हों खड़े।

जो कोई कपोल उसके गिरने से विलसित बने,
तो ममतामय मानस-नभ में चारु चाँदनी तने।

और कुछ अधिक आगे बढ़ जो वह मिट्टी में मिले,
तो उसको अवलोक कलेजा पाहन का भी हिले।

सलिल को न वह रोक सकेगा दुख जायेंगे हरे,
फिर क्यों नहीं नयन-नय-रत रह विनयन भाजन भरे!

: 137 :

अपने दुखड़े

न आँखें खुल पायीं खोले।
रोना हो तो जाति भले ही फूट-फूट कर रो ले।

पड़ते ही रहते हैं अब भी दिल में बुरे फफोले,
जिनकी टपक बहुत खलती है हाथ सुखों से धो ले।

भला करे क्या कोई ऐसे दुबले-पुतले को ले,
तनिक हवा के लगे सदा जो तिनकों जैसा डोले।

डींग हाँकते रहते हैं पर भीतर से हैं पोले,
भला क्यों न मुँह की खायेंगे ऐसे भूले भोले।

विपत ढाहते रहते हैं औरों के बुरे बतोले,
छिनते हैं अधिकार हमारे दबे बिना ही बोले।

सूखी हरी-भरी हित खेती बरसे अनहित ओले,
मेलजोल-गढ़ चूर हो चुके चले बैर-बमगोले।

कैसे नहीं उजड़ते सुरपुर जैसे सुन्दर टोले,
अपना जब अपने हाथों से ही रस में विष घोले।

सारा भेद खुल गया सब पर जब हम गये टटोले,
सोने से तुल आज जा रहे हैं कौड़ी से तोले।

: 138 :

भावुकता

भावमय भावुक भावुकता।
वह विभूति है जिसे प्राप्त कर अधिक हुई भव की उत्सुकता।

पद निर्जीव सजीव हो गये पंक्ति-पंक्ति में जीवन आया।
बनी सरसता मिले सरसतम कागज की अति नीरस काया।

लिपि की भी ललाट-लिपि बदली पा अनुभूति-निकेत-निकाई।
मसि कालिमा-कलंक-रहित हो सूक्ति लालिमा-लसित दिखाई।

दिव्य ज्योति दे-दे उसने आराधक-मानस-तिमिर भगाया।
बन-बन किसी तप्त मानव के सिर की तरु कोमलतम छाया।
प्रीति-प्रतीत पुनीत नीति है उसकी प्रिय से प्रिय परिपाटी।
उसके द्वारा जन-कुनीति है प्रायः प्रतिदिन जाती डाँटी।
भरी हुई है उसकी रग-रग में भूतल की भूरि भलाई।
हैं विभूतियाँ न्यारी उसकी है उसकी कमनीय कमाई।

: 139 :

कल्पना

कल्पना कल्प-लता सी है।
लोकलालसा-पूर्त्ति-मूर्त्ति है फल-प्रदान की प्यासी है।
किसी अकल्पनीय की ही है कान्त कल्पना नभमण्डल।
अगणित तारक-चय आलोकित भव का अद्‌भुत रम्य स्थल।
विविध विचित्र जीव-परिपूरित बहु विभूतियों का आकर।
अवनीतल भी बन पाया है उठे कल्पना का ही कर।
कवि-कुल-कला विवेक-शीलता महिमामय जन-मतिमत्ता।
विवुध विवुधता आदिक में है कलित कल्पना की सत्ता।
प्रकृति चारुतम चित्रपटादिक से है उसका प्रिय नाता।
है कल्पना अलौकिकता दिव लोकोत्तरता की माता।

: 140 :

हृत्तंत्री

झंकृत हृत्तंत्री होती है।
नाना स्वर-लहरी कर से बहु भाव बीज बपु में बोती है।
दान कर सुरुचि रुचिर सरसता सारा मानस-मल धोती है।
कर कमनीय क्रिया कितनी ही कामुकता अवगति खोती है।

सदाचार-तरु-सेवन व्रत ले होती सरस सुधा सोती है।
रँग अनुराग-राग-रंगत में बनती दिव्य प्रगति गोती है।
कभी हृदय-द्रावक रव से भर रोमांचित बन वह रोती है।
कभी करुण-रस भाव से भरे भरती आँखों में मोती है।

: 141 :

जीवन-ज्योति

उठो भारत का तिमिर भगा दो।
साधो भव के सिद्धि-मंत्र को सब को बना सगा दो।
निज सुख-दुख समान सब का दुख-सुख समझो न दगा दो।
त्यागो लाग लगन का पौधा निज उर मध्य लगा दो।
कर अनुभव अनुराग राग में मन-तन बसन रँगा दो।
जागो जीवन-हीन जनों में जीवन-ज्योति जगा दो।

: 142 :

स्वार्थ

कौन किसी का होता है।
स्वार्थ-सिद्धि के सरस खेत में प्यार-बीज नर बोता है।
सब छूटे वह हथकंडों से हाथ भला कब धोता है।
पोत दूसरों को दे मोती अपने लिए पिरोता है।
सग-से-भी सग को दुख देते तनिक नहीं मन रोता है।
मोह अँधेरी रुचि-रजनी में सुख की नींदों सोता है।
जिससे पड़े स्वार्थ में बाधा जो वैभव को खोता है।
वह प्रिय सुत भी आँख फोड़नेवाला बनता तोता है।
सुख-सरबर के लिए नहीं बन पाता जो रस-सोता है।
है ऐसा उर कौन कि जिसमें काँटे नहीं चुभोता है।

हुई न परवा पर मन की निज मन की रोटी पोता है।
निज सुख साध तरंगों में परसुख का पोत डुबोता है।
स्वार्थ-भाव से ही उजड़ा दिव-भाव विहंगम खोता है।
उसके ही करने मानवता-रुचिर चित्र को पोता है।

: 143 :

स्वार्थमय संसार

स्वार्थमय है सारा संसार।
विविध कामनाओं के कर से प्रतिपालित है भव-व्यवहार।
परम पवित्र अतीव प्रशंसित नरहित-रत है पर-उपकार।
पर उसका आधार कान्त साधन है, कलित कीर्ति-विस्तार।
है वह स्वार्थ नितान्त कलंकित निन्दनीय पातक-आगार।
जिसका है उद्देश्य प्रजा-पीड़न निर्दय बन नर-संहार।
नर क्या पिपीलिका तक का भी किये बिना कोई उपकार।
निज हित-साधन बहु संयत बन है जगती-जनजीवन-सार।

: 144 :

अभ्युदय

ऐसा हो अभ्युदय हमारा।
जिसके बल से बहे धरा में सरस शान्ति-रसधारा।
अपने जीवन के समान जन-जन जन-जीवन जाने।
अपने सुख-दुख के समान सब सब का सुख-दुख माने।
पाशव बल-विलीन हो जावे, छल छलियों का छूटे।
कूटनीति-कर से न मालिका मानवता की टूटे।
विविध विपत्ति-विधान विधायक बन विज्ञान न जावे।
वसुन्धरा-तल पर विधि-विलसित धर्म-ध्वजा फहरावे।

: 145 :

मन का दास

कौन है मन का दास नहीं?
कौन नहीं मनमानी करता, किसको उसकी प्यास नहीं।

हो अपमान मान्यजन का पर इसे नहीं मन मानेगा।
वह प्रपंच-नभ में बितान जी की बातों का तानेगा।

सिद्धि-मन्त्र कानों में अपनी-सी करने को फूँकेगा।
लहू बहे तो बहे वह न लोहा लेने से चूकेगा।

अपने सुख के लिए सुखी जन को वह दुखमय करता है।
अपना भार अपर सिर पर रख कर उसका जी भरता है।

वह अपने आमोद के लिए बहु मदमत्त दिखाता है।
बाधा पड़े दूसरों की ममता को धता बताता है।

कहें कहाँ तक उन्हें कूतने वाले कूतें तो कूतें।
मन-समान ही बहु विचित्र हैं मन की सारी करतूतें।

: 146 :

मौजी-मन

बड़ा मौजी है मानव-मन
रंग बदलता ही रहता है तरल तरंगित तोयधि बन।

कभी फूल वह बरसाता है, है पवि-पात कभी करता।
कभी मुग्ध वह दिखलाता है, कभी मोद से है भरता।

है कुबेर का कान काटता कभी धराधिप बनता है।
कभी विहँसता है वह, आँसू कभी आँख से छनता है।

कभी रीझता कभी खीजता, पुलकित कभी जनाता है।
कभी गिराता है वह ओले, सुधा कभी बरसाता है।

कभी मधुर-से-मधुर कभी बहु कटु बातें वह कहता है।
कभी प्रेम-धारा-प्रवाह में बड़े वेग से बहता है।

कभी मृदुल नवनीत, कभी वह कुलिशोपम हो जाता है।
कभी बड़े ही मधुर गीत वह उमग-उमग कर गाता है।
है तारे तोड़ता गगन के दिवि को आँख दिखाता है।
कभी नाक-नायक को भी वह चिढ़-चिढ़ धता बताता है।
कहें कहाँ तक मानव मन की रचना बड़ी निराली है।
कभी बनाये उसके विष-प्याली बनती रस-थाली है।

: 147 :

चित-चोर

चोर नहीं चित-चोर कहाता।
वह जीवन-सर्वस्व को चुराकर भी है कुछ नहीं चुराता।
साधारण चोरी होने पर भी जो चित है दुखित दिखाता।
वही देख कर मुख स्व-चोर का है अतीव पुलकित हो जाता।
उसको लालायित विलोक वह है बहु लालायित बन पाता।
अवलोके उत्फुल्ल उसे वह बनता है प्रफुल्लता-धाता।
है यह भाव स्वभाव-विधायक या है भव-भावुकता-त्राता?
अथवा किसी मधुर रस से है उसका महामनोहर नाता?

: 148 :

सरस समय

आयो समय सुन्दर सरस।
दिवस-निसि लहि मधुर रितु मधुरस रह्यो है बरस।
करत पुलकित पिक कलित रव मलय-मारुत परस।
चितविमोहित ललित लतिका कल कुसुम-कुल दरस।
नवल दलमय हरित द्रुम लखि जात सुरतरु तरस।
विपुल विलसति याहि रितु मैं अलि-अवलि प्रति बरस।

: 149 :

शिक्षा

है शिक्षा-प्रसार उपकारी।
मनुज मात्र है शिक्षा पाने का सच्चा अधिकारी।
अन्ध-विलोचन के निमित्त है अंजन मंजु शलाका।
मति-तमभरी निशा-उद्भासक मनोरंजिनी राका।
ऊसर में भी वह है सुर-सरिता का स्रोत बहाती।
पूँजीरहित जनों की बन जाती है वह प्रिय थाती।
वह है पारसप्रकृति बनाती है लोहे को सोना।
मिला उसी के पास लोक-मनमोहक अद्भुत टोना।
होता है 'हरिऔध' जगत का बहु हित उसके द्वारा।
वह है ज्ञानदायिनी, भ्रान्त पथिक जन का ध्रुव तारा।

: 150 :

उलझी गाँठ

प्रेम-बन्धन-गाँठें उलझीं।
सुलझाये हैं और उलझतीं अन्य से नहीं सुलझीं।
किसके कर में वे नख हैं जो प्रेम-ग्रंथि को खोलें।
तम में ज्योति मिली कब उनको अन्धे लाख टटोलें!
हरिण बधिक फन्दे में फँस कब कभी निकल पाया!
कब वह बना अमायिक जिसको माया ने अपनाया!
है प्रेमिका प्रेमिका प्रेम-मर्मों के सच्चे ज्ञाता।
उलझी प्रेम-ग्रंथि को उनका कर ही है सुलझाता।
विधु-कर से सजती हैं रवि-कर से टलती हैं रातें।
यह भव है रहस्यमय इसकी भेद-भरी हैं बातें।

: 151 :

जी की गाँठ

न आवे ऐसी कभी घड़ी।
काठ बना देती है जी को जी में गाँठ पड़ी।

जिसका लघु दुख देखे भी लगती दृग-वारि-झड़ी।
सुख पाता है उसे देख वह सहते आँच कड़ी।

जिसको बहुत प्यार करता, थी जिसकी चाह बड़ी।
उसकी ओर ताकते लगती है अवमान-छड़ी।

जिसके सम्मुख रहती पलपल प्रीति-प्रतीति खड़ी।
उसकी ही अवगति दिखलाती है विरक्ति जकड़ी।

जो है गड़ी आँख में जो है ममता से झगड़ी।
मान पा सकेगी कैसे वह मोती मंजु लड़ी।

: 152 :

अन्धाधुन्ध

ऐसा अन्धाधुन्ध न होता।
यदि प्राकृतिक प्रपंच उपद्रव बीज नहीं बोता।

बहुतों पर पवि-पात पविहृदय कभी नहीं करता।
रक्तपात से पापाचार-परायण भी डरता।

हिल-हिल धरा करोड़ों मनुजों को न निगल जाती।
उदधि-तरंग बिपुल नगरों को नहीं मग्न कर पाती।

सुरपुर से पुर पलक मारते होते ध्वंस नहीं।
लुटते वे न नगर जो थे अलका से कान्त कहीं।

जो चेतन विभु होते तो उनकी सचेत विभुता।
होती विचलित बनी देख भवता को दनुज-सुता।

तब अनर्थ भव में नहिं होता वह रहता रक्षित।
पर है ऐसा कहाँ कहेंगे तो विभु है कल्पित।

पूरित विपुल विभूति प्रकृति है सर्वशक्तिशीला।
जगती जड़ता-जनित क्रिया है उसकी ही लीला।

: 153 :

मन का मामला

है मन का मामला निराला।
अपने हाथों में रखता है वह अपना कुंजी-ताला।

है उसकी भावना भली कामना उसी की कमनीया।
है उसकी सुविधा सुविधा उसकी प्रवृत्ति है महनीया।

हैं उसके अनुकूल भाव जितने सर्वोत्तम हैं वे ही।
हैं जितने प्रतिकूल बनेंगे कभी वे न उसके स्नेही।

यही कहाती है मनमानी जिसकी अकथ कहानी है।
महाराज मन की यह महिमामयी महत्तम रानी है।

: 154 :

गौरव-गान

तब उमग-उमग क्यों न गावें।
जब सुन्दर समय पा जावें।
हिन्दी-विकास-नभ तल जिससे लसित हुआ।
जिसकी रुचिर सिता से तमसिन्धु सित हुआ।
शिर कैसे न उसे नवाबें ॥
निजता-वसुन्धरा में जिसने सुधा भरी।
जिसने सरस बनायी सूखी हुई सरी।
क्यों न उससे लगन लगावें ॥
जिसकी कलित कला से हो लोकरंजिनी।
कविता अकान्त रजनी राका-निशा बनी।
हम कैसे उसे विसरावें ॥
कवि-कुल-चकोर जिसको अवलोक जी सके।
जिसका मयूख जी भर चिरकाल पी सके।
क्यों न सरस उसे बतलावें ॥
बुधजन अनेक अपने आवास में बसे।
तारक समान जिस के अवदात से लसे।

विधु कैसे उसे न बनावें ॥
सब भारतेन्दु की अति कमनीय कीर्त्ति पर।
मानस-निवासिनी बहु महनीय मूर्ति पर।
क्यों न पुलक कुसुम बरसावें ॥

: 155 :

भवितव्य

एक दिन हम भी मर जायेंगे।
उठ जायेंगे जग से जीवन के पूरे दिन कर पायेंगे।

गिरा दिव्यतम पग-बन्दन कर तब न गौरवित कहलायेंगे।
न तो सतत भर-भर उमंग में हिन्दी-देवी-गुण गायेंगे।

तब हम नहीं विविध रचनाएँ प्रायः करते दिखलायेंगे।
स्वयं रीझ कर तब न रीझना औरों को भी सिखलायेंगे।

तब न दीन-दुर्गति विलोक कर वारि दृगों से बरसायेंगे।
मुँह का कौर किसी का छिनता देख न समधिक घबरायेंगे।

देश-जाति का पतन प्रति दिवस पल-पल देख न अकुलायेंगे।
थाम कलेजा नहीं कलपते लोगों को तब अपनायेंगे।

जिसे न जतला पाया कोई उसको कैसे जतलायेंगे।
क्या हो जायेंगे तब कैसे इसे किसी को बतलायेंगे?

: 156 :

भव्य भारत

भव्य भारत है भव की मूर्ति।
होती है विभूति से उसकी भक्त-भावनाओं की पूर्त्ति।

विभुवर के समान ही उसके सिर पर है सुर-सरित-प्रवाह।
पातक-पंज-निपातन का भी उसको रहता है उत्साह।

सिंहवाहना की सी है उसकी भी सिंहवाहना शक्ति।
शिर पर शशि के धारण करने की भी उसकी है अनुरक्ति।

वह भी नागवंशधर है यदि हैं भुजंगभूषण सितकण्ठ।
सकल भूत का हित करने को वह भी रहता है उत्कण्ठ।
यदि हैं शम्भु वृषभवाहन तो उसे शम्भुता का है प्यार।
उसके विपुल अन्न-उत्पादन का है वृषभ-वंश आधार।
वे त्रिलोकपति हैं वे विभु हैं लोक-लोक के हैं आलोक।
समझ मर्म यह साध्य और साधक-जन का सिद्धान्त विलोक।
जिस दिन सिद्धिलाभ कर बन जायेंगे भव के भक्त अनन्य।
उसी दिवस भारतभूतलवासी वसुधा में होंगे धन्य।

: 157 :

निन्दित नरता

कहाँ है उस नर में नरता?
काट किसी का पेट, उदर जो है अपना भरता।
देख-देख पर का दुख जिसको सुख है मिल जाता।
आँखों का आँसू जिस पर है मोती बरसाता।
फूला-फला और को देखे जो है कुम्हलाता।
पतन किसी का अवलोके जो पारस है पाता।
जो आकुल विलोक औरों को खिलता रहता है।
जिसे किसी को सता स्वर्गसुख मिलता रहता है।
देख किसी को मुँह के बल गिरता जो हँसता है।
कुत्सित कामों के निमित्त जो कटि को कसता है।
लगे किसी की पीठ जो विपुल पुलकित होता है।
बीज बदी का वसुधा में जो उमगे बोता है।
चूस किसी का लहू किलकता जो दिखलाता है।
मसल किसी का दिल जो फूला नहीं समाता है।
भूली जिसे भलाई वह क्यों गरल नहीं पीता?
भरी बुराई रग-रग में है तो क्यों है जीता?

: 158 :

साहसी

साहसी सूर कहाता है।
सब असमंजस-तम को उसका तेज पुंज भगाता है।
कितने रण-लोलुप विभावरीपति सम निज पति खोते हैं।
उसे देख विघ्नादिक तारक सदृश तिरोहित होते हैं।
कायरता-रजनी तुरन्त ही अन्तर्हित हो जाती है।
समर-भीति अवगति उलूक की आँख बनी दिखलाती है।

कण्टक-पूरित पथ को कण्टक-रहित वही कर पाता है।
सोये पड़े हुए जगती-जीवों को वही जगाता है।

सिद्धि-लाभ के सारे साधन उसके कर में होते हैं।
वही पोंछता है उनका आँसू जो सब खो रोते हैं।

सकल संकटों का वह साहससहित सामना करता है।
न तो पवि-पतन से कँपता है न तो काल से डरता है।

क्या अब नहीं धरातल में हैं उसकी बची-खुची साखें।
अहह! क्यों नहीं भारत-वासी की खुल पाती हैं आँखें?

: 159 :

सच्चा साहस

साहसी का सच्चा साहस।
है सबलों का अति प्रिय सम्बल सूर सूरता का है सरबस।
है वर विजय-विभूति-विकासक कीर्ति-सदन का कान्ततम कलस।
कार्य-सिद्धि का अनुपम साधन अयसोपम पौरुष का पारस।
वह है वह तेजस्वी दिवि रवि भय अगु जिसे नहीं सका ग्रस।
जो है अप्रतिहत-गति होता वह है तपोपूत वह तापस।
नस-नस में जो रस भरता है वह है वह पवित्रतम पावस।
वह है इतना तत्पर होता जिसे नहीं छू सकता आलस।

है तोड़ता गगन के तारे पवि से भी भिड़ पाता है जस।
नाना रत्न-लाभ करता है वह अगाध अम्बुधितल में धँस।
उसके बाँधे बँधा तोयनिधि धरा पर गयी सुधा भी बरस।
पायी विजय अजेय दुर्ग पर दो ही दिव्य जनों ने कटि कस।
है वह मन्त्र, शक्ति पाता है जिससे अभिमन्त्रित हो मानस।
जिससे है सजीव जन बनता साहस है वह संजीवन-रस।

: 160 :

फटकार

जान हथेली पर ले लेगा।
क्या नाकों में दम होते भी तू पापड़ बेलेगा?
झेल नहीं सकता जिसको क्या वह दुख तू झेलेगा?
ऊँची उठती लहरों में क्या तू नौका खे लेगा?
जो तुझ से होगा न क्या उसे औरों पर ठेलेगा?
तेरा मुँह है नहीं कि कायर तू सिर से खेलेगा?

: 161 :

भव-पथ

बड़ा दुर्गम भव-पथ है पथिक!
पाँव सँभल कर रखना, रहना सावधान समधिक!
जन बन काक करेंगे काँ-काँ कूकेंगे बन पिक!
सब की सुनना किन्तु किसी के हाथ न जाना बिक!
ओछे बन न उछलना छलियों से मत जाना छिक!
वहीं जमाना पाँव जहाँ पर वह सकता हो टिक!
रहें सर्वदेशी विचार बन सकें नहीं प्रान्तिक।
वैध कर्म करना अवैध बातों के कहा अधिक।
मानवता ममतामय होवें बातें व्यवहारिक।
चाल चलें वह जिससे जनता कह न सके धिक्-धिक्।

: 162 :

भयावह पथ

भयावह तेरा पथ है पथिक।
बन परम संयत साहस-मूर्त्ति, स्वव्रत का रखना ध्यान अधिक।

माननना बाधाओं को शकुन, कण्टकों को कमनीय कुसुम।
भयंकर जीव जन्तु को स्वजन, उरग को रज्जु समझना तुम।

बहु विकट कानन को सब काल, जानना मंजुलतम उपवन।
विहँसते हँसते सहना सदा, झाड़-झंखाड़ों की उलझन।

न होना भूतादिक से भीत, क्योंकि वे हैं शिव के सहचर।
सहमना नहीं बिलोके सिंह, सिंहबाहना को सुमिरकर।

गर्त्त को न तो मानना गर्त, न औघट घाटों से डरना।
बिलोके सरिताएँ सावर्त्त, उन्हें भी निरावर्त करना।

तरंगायित तोयधि अवलोक, तुरत कटि कस तरंग में आ।
बनाना अवनी को अति चकित, अलौकिक कुंभजता दिखला।

बलाओं को मुँह बाये देख, उन्हें देना तत्काल कुचल।
मिटाना चालें चल-चल उसे, विघ्न बन यदि हो खड़ा अचल।

लोकहित देश-जाति-हित निरत, मनुज-जीवन ही है जीवन।
धन्य है वह जन जिसका लगा, किसी सत्पथ में तन-मन-धन।

भले ही हो उसका इतिहास, रक्तरंजित बहु त्याग-बलित।
पर उसी की जयध्वनि से सतत, हुआ करती है धरा ध्वनित।

: 163 :

प्रेम-पीड़ा

प्रेम-पीड़ा है परम मधुर।
तपता उर उससे पाता है स्रवित अश्रु-सा सलिल प्रचुर।

जो आनन अवलोक नयन के रहते सतत नितान्त सुखित।
जिसकी छवि की सुधा पान कर बनते वे पुलकित ललकित।

क्यों वियोग-वासर में उनकी छिनती नहीं अतुल सम्पति?
जो धीरज न बँधाती रहती पुनर्मिलन की प्रिय अवगति।

तारे गिनते रात बीतती नींद न आती लगे लगन।
स्मृति-बल से होता न स्वप्न में जो प्रियतम का मंजु मिलन।

दुख-वासर ही सुख-वासर वैभव का है सच्चा सूचक।
बिरह-कसौटी पर कस जाता है प्रियतम का प्रेम-कनक।

: 164 :

निर्भीक भ्रमर

भ्रमर नहीं कण्टक से डरता।
छिद-विध जाय भले ही पर वह व्रत का है प्रतिपालन करता।

धूप कड़ी हो लू चलती हो कब उसने छोड़ी तत्परता?
कार्यसिद्धि के लिए कब नहीं पाया गया भाँवरें भरता?

कर्मवीर नर उतर कर्म्म-पथ में बाधाओं को है हरता।
पवि का प्रबल प्रहार हुए भी पाँव नहीं पीछे है धरता।

निज व्रत-रत रह तुच्छ कीटकों का भी है संसार सँवरता।
है नर को देवता बनाती कर्म्मनिरत कमनीया नरता।

: 165 :

परवशता

परवशता से भव है डरता।
स्वतन्त्रता है किसे न प्यारी कौन नहीं उसका दम भरता।

मानव क्या पशु-पक्षी तक परतन्त्र बने हैं बहु दुख पाते।
टूट गये बन्धन कीटादिक भी हैं फूले नहीं समाते।

पर वह स्वतन्त्रता जो पामरता की है प्रतिमूर्त्ति कहाती।
जो अनाथ बलहीन दीन-जन का है प्रायः गला दबाती।
जो उत्पात मचाती रहती है बन-बन प्रपंच की जननी।
रह अपकार निरत कहलाई जो अविचार बीज की अवनी।

जिसने शान्ति का गला रेता वसुधा-तल पर रुधिर बहाया।
जिसने कोमल भावों को कुत्सित भावों का निलय बनाया।
उस स्वतन्त्रता को कोई कैसे स्वतन्त्रता कह सकता है।
दानवता प्रचार में जिसका कौशल कभी नहीं थकता है।
पड़-पड़ कर प्रपंच में जिससे पशुता बन जाती नरता है।
मानवता खोकर क्यों कोई उस स्वतन्त्रता पर मरता है।

: 166 :

स्वतन्त्रता की धारा

स्वतन्त्रता की सरसा धारा।
जन-जीवन के सुख-समूह का है कमनीय सहारा।
तो उसका वह ज्योति-पुंज है यदि जीवन है तारा।
यदि है जीवन-अयसोपम तो वह है पारस न्यारा।
रुज-पीड़ित जीवन-निमित्त है वह संशोधित पारा।
उससे मीठा बनता रहता है जीवन-जल खारा।
यदि जीवन सुपुरुष है तो वह है अति दिव्या दारा।
उसका हित होता रहता है सब दिन उसके द्वारा।
परतन्त्रता कुधारा पतितों का है कान्त किनारा।
सहज सुगम स्वच्छन्द शान्ति-पथ ही है उसको प्यारा।
उसकी गति है महती उसका है अति कलित करारा।
सुधा-सिक्त उसके रस से है जन का जीवन सारा।

: 167 :

आँखों का न खुलना

आँख खोले भी खुली नहीं।
लगी कालिमा अहह आज तक धोखे में पड़ धुली नहीं।
जिससे छली न छल कर पाते मिल पायी वह गली नहीं।
जिसे चाहिए था खिल जाना खिल पायी वह कली नहीं।

चाल न चल पाते खल जिससे चाल गयी वह चली नहीं।
बार-बार दिल दुखा-दुखा लालसा गयी कब दली नहीं।

कैसे भला भला होता भावना बनी जब भली नहीं।
क्यों हित हो माता जब ममता ढंगों में है ढली नहीं।

क्यों मति महती बनती जब अवगति पलने में पली नहीं।
जैसी थी चाहिए आह कृति वैसी फूली-फली नहीं।

: 168 :

न जागने वाली जाति

जगाने पर भी नहीं जगी।
जाति पड़ी सोती है अब भी उसे न लगन लगी।

कब वह कहाँ जगी इतनी जो निद्रा नहीं भगी।
क्या उसकी कुत्सित करनी द्वारा है हुई ठगी।

क्या वह कुव्यसन पागों में है रहती अधिक पगी।
क्या सच्ची जागृति बन पायी उसकी नहीं सगी।

हठ तृण जिससे जले क्यों न वह लाग आग सुलगी।
अहह किसलिए चित्त-महत्ता पड़ती है महँगी।

देश-प्रेम रंगत में अब तक क्यों वह नहीं रँगी।
भयतम जिससे टले क्यों न उर में वह ज्योति जगी।

: 169 :

हृदय-हीनता

हाय हमारी हृदय-हीनता।
परउपकार पुनीत सलिल की जन को मिल पायी न मीनता।

कब चित द्रवित हो सका देखे दीन जनों की दुखद दीनता।
दूर कर सके कब हम पीड़ित पराधीन की पराधीनता।

मानवता का मान नहीं करती है मनमानी कुलीनता।
देख विपत्ति पतित को दिखलाई न सदयता समीचीनता।

कितनों की स्वच्छन्द वृत्तियों को है मन छल-छन्द छीनता।
प्राचीनों को विचलित करती है कुविचारों की नवीनता।

बहुतों को है व्यथित बनाती उचित उक्ति की उदासीनता।
लोकहितों को भूल गयी है लालायित लालसा-लीनता।

परम निरंकुशता अहमिति की मोहमयी मति की मलीनता।
प्रतपित होती नहीं आज भी पतित प्रकृति की पापपीनता।

: 170 :

आँख होते अन्धा

आँख होते जो अन्धा बने।
कैसे वह फल-फूल सकेगा जो जड़ अपनी आप खने।

जो कन्धा पकड़े औरों का आँखों को कर बन्द चले।
टल-टल कर भी उस प्राणी के सिर की कैसे बला टले।

जिसे सूझ कर सूझ न पाया जो दिन को भी रात कहे।
क्यों न अँधेरा उसकी आँखों के सामने सदैव रहे।

जहाँ चला कुछ करने ठोकर खा मुँह के बल गिरा वहीं।
बहुत खोलने पर भी जिसकी अवगति आँखें खुली नहीं।

: 171 :

भव की लीला

विटप है भू पर पड़ा दिखाता।
काल-कुठार प्रहार हो गये छूटा जग का नाता।

लता लिपट जिसके तन में थी फूली नहीं समाती।
कभी लह-लहाती खिलखिलकर कभी फूल बरसाती।

गूँज-गूँज कर के भौंरे थे जिसका गौरव गाते।
मधुर बोल कर जिसे विनोदित थे बहु बिहग बनाते।

रंग-बिरंगी विविध तितलियाँ जिसको नृत्य दिखातीं।
लसे फूल से जिसे डालियाँ बारम्बार सजातीं।

हरे-भरे दल जिसके सब को हरा-भरा कर देते।
प्रातः काल मिले रवि-कर जो मोती रहे पिरोते।

जिसके कलित अंक में था खग-कुल का पालन होता।
कभी बोलता था कोकिल तो कभी बोलता तोता।

तपे पथिक ठण्डे हो जिसकी छाया में सुख पाते।
जिसके मीठे-मीठे फल को लोग मुदित हो खाते।

आज वही तरु कटे रहित सब प्यारे दृश्यों से है।
बने काल का कवल पूछता भू में कौन किसे है।

मरण-करों से मुक्ति-लाभ का किसको मिला वसीला।
अहह कहें क्या जीवन तक है भव की सारी लीला!

: 172 :

कुठार प्रहार

विटप पर है कुठार चलता।
ऐसा करना कहाँ किसी मानव को है खलता।

हरा-भरा रह जो जन-जन का रंजन करता है।
रस-प्रदान के लिए जो रुचिर रस से भरता है।

ढेले खा-खा कर भी जो मीठे फल देता है।
कभी किसी से जो न मोल उस फल का लेता है।

जिसके दल हिल-हिल हैं नाना दृश्य दिखा जाते।
खिल-खिल जिसके कुसुम विलोचन में हैं बस पाते।

पथिक बैठ जिसकी छाया में पथ-श्रम हैं हरते।
जिसके नीचे पहुँच हैं न तपनातप से डरते।

जिसके मूल-फूल-फल-दल हैं रोगों के बाधक।
जो है नाना जीव-जन्तु खग-मृग का अवराधक।

जिसका ऊँचा शीश लोकहित का है वर बोधक।
जो है वसुधा-वायु के विकारों का संशोधक।

जिसका सूखा तन है विविध उपस्कर-अवलम्बन।
जो बनता रहता है गृहसृजनादिक का साधन।

रहते हरित काटना उसका और अधम बनना।
क्या है उचित और क्या है ऐसा करना न मना।
किन्तु प्रयोजन की धारा में कब जनता न बही।
अहह स्वार्थपरता सम्मुख कब मानवता निबही!

: 173 :

मनोवेदना

आज वह डाँट बताता है।
जिसे रखा आँखों पर अब वह आँख दिखाता है।

जिसका मुँह अवलोकन करके फूले नहीं समाते।
जिसे देख छाती दूनी होती उमंग में आते।

फेर-फेर कर मुँह अब वह है मुझको बहुत सताता।
सुना-सुना कर जली-कटी वह तोड़ रहा है नाता।

जिसकी नह-उँगली का दुखना मुझसे सहा न जाता।
वही आँख में मेरी उँगली करते नहीं लजाता।

जिसे गोद में ले ले कर मैं रहा स्वर्ग-सुख पाता।
छेद-छेद छाती को क्यों है छलनी वही बनाता।

रहा भरोसा जिसका समझा जिसे गाँठ की पूँजी।
उसकी कड़वी बातों की ध्वनि क्यों कानों में गूँजी।

कहें तो कहें क्या क्यों इतना मुझे गया कलपाया।
फूट गया है भाग या समय ने है पलटा खाया।

: 174 :

बात की करामात

सब बातें हैं मधुर न होतीं।
सभी सुधा हैं नहीं बरसती प्रीति-बीज हैं सभी न बोती।

कितनी हैं बेधती कलेजे, कितनी बातें हैं कलपाती।
कितनी हैं उत्पात-सहचरी, कितनी ही हैं आग लगाती।

कोई बात कड़ी-कड़वी होकर भी है हित करती रहती।
कितनी बातें सरसा होकर भी हैं आँचें सहती रहती।

मिलीं बहुत-सी बातें ऐसी जो तम में हैं ज्योति जगाती।
कितनी हैं ऐसी जो उलझी गुत्थी को भी हैं सुलझाती।

पाप-ताप वैराग्य-मुक्ति आदिक की बातें भी बातें हैं।
उनसे मलिन दिवस होते हैं उज्ज्वलतम होती रातें हैं।

गले उतरते रहते हैं हैं मुकुट बँधा ही करते सिर पर।
बनते उनसे नरक स्वर्ग हैं नन्दनबन सम नाना ऊसर।

वे अदिव्य को दिव्य, दिव्य को परम अदिव्य बना पाती हैं।
विविध भावनिरता बातें वसुधा में बड़ी करामाती हैं।

: 175 :

विजया

विजये आती हो तो आओ।
शरद विकच वारिज जैसा अपना विकसित बदन दिखाओ।
जन-जन के उर में उमंग भर उसे तरंगित उदधि बनाओ।
आलस-तिमिर-भरित मानस में तत्परता-दिवि-ज्योति जगाओ।
उन्नति-पवन प्रगति-प्रवाह से अवनति-घनता-भीति भगाओ।
अनुत्साह गुरु गिरिवरगण पर कार्यदक्षता-वज्र गिराओ।
बैर-विरोध-कंटकित पथ में सद्भावों के सुमन बिछाओ।
दम्भ-द्रोह-मरु-वसुन्धरा में संयत मति का सोत बहाओ।
नगर-ग्राम-पुर-तरुवरचय में सहज स्नेह के कुसुम खिलाओ।
जाति-मात्र में जीवन भर दो विजयिनि जागृति-शंख बजाओ।

: 176 :

पूत-पंचक

(1)

जो जन कर पाते नहीं, कलुषित कार्य-कलाप।
तो न कभी होते विदिन, अविदित मानस-पाप।

(2)

शूकर जैसे जीव को, है मल से ही काम।
नन्दनवन सा ही न हो, क्यों उपवन अभिराम॥

(3)

वह पकड़े कैसे सुपथ, तोड़ जीविका-जाल।
आजीवन जकड़े रहे, जिसे जगत्-जंजाल॥

(4)

उसे ज्ञात होती नहीं, वांछनीय वर वृत्ति।
गरीयसी बनती नहीं, पापीयसी प्रवृति॥

(5)

भटक रहा है जीव जब, छीलर छवि पर भूल।
कैसे भाता तब उसे, सुर-सरिता का कूल॥

: 177 :

वर-वधू

(1)

समझ सका जो प्रेमपथ पथिकों का अधिकार।
वह पति पति है है जिसे पत्नी सच्चा प्यार।

(2)

बहे विवाहित हृदय में पावन प्रेम-प्रवाह।
चित में संचित नित रहे हित उपचित उत्साह।

(3)

बनिता-सुख पर दृग रहे कभी उसे दुख दे न।
कर वैदिक विधि से वरण वर वरता भूले न।

(4)

ललना-लोचन में बसे कर उर पर अधिकार।
पले प्यार की गोद में बने गले का हार।

(5)

सदा विपुल पुलकित रहे कर अरुचिर रुचि अन्त।
कभी अकान्त बने नहीं कान्त कहा कर कन्त।

(6)

क्यों न बनायेगी उसे वह स्वकण्ठ का हार।
जिस पत्नी को है अधिक पातिव्रत से प्यार।

(7)

देवी उसको मानते हैं महि के मतिमान।
जो प्रियतम को समझती है देवता समान।

(8)

है वह शुचि रुचि सहचरी है वह परम उदार।
जी से प्यारा है जिसे प्रिय पति का परिवार।

(9)

सुप्रकृति सुवचन सुमतिरति सुकृति सुगति सुविचार।
हैं कामिनी कुलीन के जीवन के आधार।

(10)

जीवनधन पर जो सती सकी स्वजीवन वार।
है असार संसार में उसका जीवन सार।

: 178 :

सवैया

(1)

अवलोक गिरा मुखचंद है मोहक, चाँदनी मानस में खिलती।
वर भाव समीर बहे उर में उपजें कल बेलि सी हैं हिलती।
वह पाती सजीवता है उतनी कविता जितनी ही कि है छिलती।
कवि भाग्य है पाते सुधा यदि हैं वसुधा में सुधा है किसे मिलती।

(2)

मुह जोहत जो दिन-रैन रहै रवि लौं प्रिय वा नालिनी के रहौ।
अपने हिय में मत राखहु मोहि पै प्यारे बने मम ही के रहौ।
पति नापरतीति की बात कहा तुम मोहक काहु के जी के रहौ।
पति दूरे रहौ या नगीचे रहौ तुम नीके रहौ उनही के रहौ।

: 179 :

कवित्त

(1)

भरी हुती राज मैं प्रजानुरंजिनी प्रतीति ही
न भीति जननी सिपाही लाल पगरी।
हुती राजकोष पै अतीव कमला की कृपा
वा मैं रही भरित धरा विभूति सगरी।
गुन गाइ-गाइ कै गुनी जन हे गौरवित
चारु चाँदनी सी कल कीर्त्ति हुती बगरी।
आपने समै में भोजराज भोजराज से हे
धारा नगरी ही दीख परी धारा नगरी।

(2)

भले भले भाव भरती है भूमियों में सदा,
उस में विभूति अनुभूति भूरिता की है।
वीरता-उपेत दिवि दिव्यता विकास लसी,
उसकी मनोज्ञता निकेत मंजु झाँकी है।
'हरिऔध' कर अपसारित अतुलतम,
विभुता विराजमान उस में विभा की है।
कीर्त्ति की कलित वैजयन्ती है उड़ाती वही,
जाति की ही विजय विजय विजया की है।

: 180 :

कामना

नन्दन-विपिन सम कुसुमित भाव होवे,
भावुकता-सौरभ में भावना सनी रहे!

कामद परम उक्ति होवे कामधेनु जैसी,
चिन्ता मध्य चिन्तामणि चारुता घनी रहे।

लोकहित पावन ललक लसे मानस में,
सुधा-सी सरसता से सुरुचि घनी रहे।

कल्प-कल्प फलद अकल्पित विधान से हो,
कल्पना हमारी कल्प-लतिका बनी रहे।

: 181 :

हास-विलास

(1)

किस लोक मंजु की महान् मंजुता से रीझ,
महँक रही है वायु महँक अधिक ले?

किस मधुसिन्धु को सुनाता है मधुर गान,
अति कमनीय तान मधुप रसिक ले?

'हरिऔध' कूक-कूक किसे है बनाता मुग्ध,
रुचिर रसाल मंजरी का रस पिक ले?

पुष्पवृन्द विकच बने हैं किसे अवलोक,
किसको विलोक कुन्द के हैं दाँत निकले?

(2)

तम-तोम काँप उठा महि मुसकाने लगी,
उर में समीर के निवास किया रस ने।

विकसे प्रसून विटपावलि विकच बनी,
लता-बेलि-तन में विलास लगा लसने।

'हरिऔध' उमगी दिगंगना बिहँस उठी,
गगन में विपुल विनोद लगा बसने।
भागी जाती यामिनी के पीछे पड़े तारे देख,
खिल गयी चाँदनी मयंक लगा हँसने।

: 182 :

मालवीय-महिमा

(1)

मधुर वचन में सुधा सी माधुरी है भरी,
वसुधा-विमोहिनी मनोहरता जी की है।
कलित कलेवर की अति कमनीय कीर्त्ति,
चन्द्रमा की चारु भूत चाँदनी सी नीकी है।
'हरिऔध' मन मंजु भावना-निकेतन है,
भरी पूत भाव में विभूति अवनी की है।
दिव्य ज्योति बलित वदन है विलोकनीय,
लोकपूजनीय मूर्त्ति मालवीय जी की है।

(2)

पूत वेदपथ सित भानु की अनूठी सिता,
सुरसरिधारा धर्मभाव अवनी की है।
जीवन विहीन भारतीय जन-जीवनी है,
रक्तधारा हिन्दू-जाति सूखी धमनी की है।
'हरिऔध' सच्ची लोक-शान्ति की सहोदरा है,
विकच सरोजिनी सुनीति सरसी की है।
भव अभिनन्दनीय कोई है महाविभूति,
बहुवन्दनीय मूर्त्ति मालवीय जी की है।

(3)

बार-बार तेरे खोलने से जाति-आँखें खुलीं,
मेरा घर बार-बार अब कैसे लूटेगा?

पाकर अटूट बल तेरा टूट होगी नहीं,
पड़-पड़ फूट में न भाग अब फूटेगा।
'हरिऔध' कहै ए रे ब्रह्मवंश-अवतंस,
तेरे तेज-अंश से अपार तम टूटेगा।
तू है छूतछातहीन तेरी पूत छाया पड़े,
छिति के अछूत का अछूतपन छूटेगा।

(4)

अन्धा कैसे मंजुल मुकुर को सकेगा देख,
कैसे दीवापति को उलूक अवलोकेगा?
छोटे-छोटे बाँध बाँध-बाँध बुद्धिहीन नर,
सुरसरि पावन प्रवाह कैसे रोकेगा?
'हरिऔध' जो है लोक-लोचन, परम खल
उसके विलोचनों में धूल कैसे झोंकेगा?
बाल-बाल उसका बिनेगा जो विवेक-हीन
बद बन वन्दनीय जन को विलोकेगा।

(5)

परम मलिन के तिमिर भरे मानस में,
मंजुल तमारि की किरण बन सोहेगी।
पावन बनाकर अपावन अवनि-जन को,
जगती के जीव को सजीव बन जोहेगी।
'हरिऔध' उचित विचार बर सूत्र ही में,
परम उदार भाव मंजु मणि पोहेगी।
महामन्त्र दे कर करेगी महामोह दूर,
किसे भला मोहन की मोहनी न मोहेगी?

: 183 :

स्फुट कवित्त

(1)

खाल खिंच जाय काल-गाल में समाय जाँय,
करें लाल आँख क्यों खवैया अहैं खीर के।
बाल-बाल बिने लाल ललना विलोप होंय,
लरैं ताल ठोंकि क्यों पुजैया अहैं पीर के।
'हरिऔध' हिन्दू भला कैसे करवाल गहैं,
लोहु है न गात में विलोकि लीजै चीर के।
हैं न कुल काल हैं न जातिकण्ठ मंजु माल,
माई के न लाल हैं न बाल काहू बीर के।

(2)

बाधा परे वारिधि को बार-बार बाँधि दैहै,
गिरि को गिरैहैं कीर्त्ति कैहैं पवि चीर के।
मसक-समान मीसि दैहैं महा पापिन को,
काल ह्वै हैं कालिमा कलंकित शरीर के।
'हरिऔध' हिन्दू संगठित ह्वै न कै हैं कहा,
धरमधुरीन हैं धरैया अहैं धीर के।
लोक-परिपालक हैं अरिदल-घालक हैं,
कुल-प्रतिपालक हैं बालक हैं बीर के।

(3)

बैन में मधुरता मनोहरता भावन मैं,
चावन में चोज हूँ प्रचुर दरसत है।
जानत न रीति अनरीति औ अनीति की है,
पूत परतीति रोम-रोम परसत है।
'हरिऔध' पति-प्रीति पाग-पगी अँगना के,
भाग-भरे भाल पै सुहाग बरसत है।
देह में सदेह विलसति सुकुमारता है
नेह-भरे उर में सनेह सरसत है।

(4)

बरसि-बरसि रस विलसित कुंजन में
प्रमुदित बार-बार करि-करि नन्द-नन्द।
बरबस मोहत है बानक दिखाइ मंजु
क्यों हूँ बीर सकत न राखि आँखि बन्द-बन्द।
'हरिऔध' फिरि-फिरि देत मन मेरो फेरि
फर फन्दी गरे डारि बहु फरफन्द-फन्द।
मन्द-मन्द आवत हँसत जात मन्द-मन्द।
मन्द-मन्द गावत बजाइ बेनु मन्द-मन्द।

(5)

कन्त जो न आयो तो वसन्त कत आयो आली,
पावक लगावति पलासन की पाँति है।
कलकण्ठ कूक बहु विकल बनावति है,
बौरे-बौरे आमन विलोकि बिलखाति है।
'हरिऔध' बैहर ते बिहरि करे जो जात,
अवलोकि कुसुम-अवलि अकुलाति है।
पीरे-पीरे पातन ते पीरी परी जाति बाल,
सीरे उपचारन ते सीरी परी जाति है।

(6)

छवि अवलोके मैलो लगत छपाकर है,
लोल-लोल लोचन विलोके ललचाति है।
मधुमयी मंजु मुसुकान चित चोरति है,
मोहनी पै मोहि-मोहि मोहित दिखाति है।
'हरिऔध' कमनीय काम सम तन हेरि,
कामिनी की सारी मनोकामना हेराति है।
रिसभरी रसभरे सैनन ते सरसाति,
सीरे-सीरे बैनन ते सीरी परि जाति है।

(7)

तालियाँ बजायेंगे कुलीनन के पीछे कौलों,
कुल-ललना को कौलौं गालियाँ सुनायेंगे।

बुरे स्वाँग रचि कौलौं उर में हनेंगे साँग,
राग-रंग मिस कौलों रंगत गवायेंगे।
'हरिऔध' लालिमा हरेंगे कौलौं आनन की,
कौलों कलावानन को कालिमा लगायेंगे।
गायेंगे कबीर कौलों गरौ दाबि गोरव को
कौलों मंजु मुख काँहिं रौरव बनायेंगे।

(8)

परम सरल प्रेम-पथ कौ पथिक बान,
गरल सरस रस माँहि कबौं छोरो जनि।
सकल अपावन कौ पावन करत मन,
मानव को नातो काहूँ मानवतें तोरो जनि।
'हरिऔध' बनी बतियान कौ बिगारो नाँहिं,
जाति-हित बेरो बैर बारिधि में बोरो जनि।
आँखि के अछत छतियान मैं करौ ना छत
छूत-छात मैं परि अछूतन को छोरो जनि।

: 184 :

मौन मन की पुकार

(1)

कहीं कर पाती है विपुल जन-उपकार,
कहीं लोक-लाल की ललित किलकार है।
डालती गले में कहीं कुसुम कलित हार,
कहीं लोचवारे की लचीली ललकार है।
'हरिऔध' कहीं पर बहती रुधिर धार,
कहीं वह बनती मृदुल झनकार है।
मूक दृग-जलधार में है कौन-सी गोहार,
कौन-सी न जाने मौन मन में पुकार है।

(2)

चिर दिन सोया भाग कैसे भला जाग जाता,
कैसे माना जाता मानसों में लगातार है।
कैसे गूँज जाती बार-बार वासना की बीन,
कैसे कहा जाता प्रेम मंजु झनकार है।
'हरिऔध' कैसे ज्ञात होता खुला बन्द द्वार,
जाना जाता कैसे हाथ आया रत्न-हार है।
आता भला कैसे तो मनाने मेरे पास कोई,
एरे मन जो न तेरे मौन में पुकार है।

: 185 :

भारत की भारती

सारी वसुधा में है बगारति विमल मति,
प:हन हू माँहि अहै प्रतिभा पसारती।
वारिधर-सरिस विवेक-वारि बरसाति,
भूतल में स्वर्ग की विभूति है उतारती।
'हरिऔध' भावना सुधारति है भावुक की,
मानस में पूत भूत भाव है उभारती।
भरत-कुमारन की भारती की मूलभूत
भारतीयता ते भरी भारत की भारती।

: 186 :

कवि-कीर्त्ति

(1)

कोई काल कैसे नाम उनका करेगा लोप,
जिनको प्रसिद्ध कर पाती है परम्परा।

जिनकी रसाल रचनाओं से सरस बन,
रहता है सदैव याद पादप हरा-भरा।
'हरिऔध' होते हैं अमर कविता से कवि,
कमनीय कीर्त्ति है अमरता-सहोदरा।
सुधा हैं बहाते कवि-कुल वसुधा-तल में
सुधा कवि-कुल को पिलाती है वसुन्धरा।

(2)

चिरजीवी कैसे वे रसिक जन होंगे नहीं,
नाना रस ले-ले जो रसायन बनाते हैं।
लोग क्यों सकेंगे उन्हें भूल जो लगन साथ,
कीर्त्ति-बेलि उर आल वाल में लगाते हैं।
'हरिऔध' कैसे वे न जीवित रहेंगे सदा,
जग में सजीव कविता जो छोड़ जाते हैं।
कैसे वे मरेंगे जो अमर रचनाएँ कर
मर मेदिनी में ही अमर पद पाते हैं।

: 187 :

अछूत

(1)

बाल-बाल बिके हैं बेहाल रहते हैं सदा,
इनके बवाल आज भी गये न कूते हैं।
तो भी काठ का सा है कलेजा हिन्दुओं का बना,
प्यार के न आँसू बन्द लोचनों से चूते हैं।
'हरिऔध' छलछन्द छोड़ो लो बदल आँखें,
छीजी जाती जाति के ए सच्चे बल-बूते हैं।
छाती से लगा लो कौन छूत इनमें है लगी,
छूते क्यों नहीं हो ये अछूत तो अछूते हैं।

(2)

अंग हैं और हैं एक ही जाति के हैं उनमें क्या मिली न भलाई।
ए 'हरिऔध' सगे हैं सदैव के है कमनीय अनेक कमाई।
है उनकी भगिनी सुरआपगा पावनता जिसने बहु पाई।
हैं प्रभु के पदकंज प्रसूत वे, कैसे अछूत में छूत समाई।

(3)

खाइये न मुँह की, बखेरिये न बैर काँटे,
कर लाल आँख लहू सगों का न गारिये।
लाग से लगाइये न आप घर ही में आग,
ऊब आप ही न पत अपनी उतारिये।
'हरिऔध' सोचिये, बिगारिये न बातें बनी,
जोम से न हित की जमी जर उखारिये।
आँख होते करिये न छाती के छतों में छेद,
छूतछात से बच अछूत को उबारिये।

: 188 :

मार्मिक उक्तियाँ

(1)

भाग जागते हैं कर्मरत कीर्त्ति-भाजनों के,
भव में अभागे आलसी हैं भीख माँगते।
खोल-खोल थके पर आँख खुलती है नहीं,
सर्वदा सजग रहने से वे हैं भागते।
भोर पर भोर हो रहे हैं तो भले ही होवें,
युवक हमारे निंद्य नींद नहीं त्यागते।
युग बीत गये जाति खड़ी मुँह जोहती है,
कब के जगे हैं जो जगाये नहीं जागते।

(2)

बार-बार होता है विनोदित अतीव वह,
स्नेह-सिक्त वारि विलोचनों से बरसे।

नस-नस में है बह पाती पूत रस-धारा,
मानस समान मंजु मानस के सर से।

'हरिऔध' मिलती उसे है दिव्य अनुभूति,
भवभूति मयी भक्ति-भावना के कर से।

पातकी अयस कान्त कंचन है बन पाता,
प्रभु पूत पद प्रेम पारस के परसे।

(3)

फेंकते हैं भव-चौसर में अति चाव से पूत प्रतीति के पासे,
हैं करते उपकार उन्हें हैं पसन्द नहीं अपकारक झाँसे।
हैं शुचि भाव के सच्चे उपासक हैं फँसते न प्रपंच में फाँसे।
हैं करते सुधा-पान सदा वसुधातल में प्रभु-प्रेम के प्यासे।

: 189 :

हिमाचल-हिन्दी-भवन

देशप्रेम का सदा पूततम पाठ पढ़ावे।
जन-जन जी में दिव्य जातिहित-ज्योति जगावे।
समय-प्रगति का भेद बता भय-भूत भगावे।
असफल को संविधान सफलता-मंत्र सिखावे।

नीरस मानस के लिए बन मधुमास सरस पवन।
भले भाव उर में भरे हिमगिरि का हिन्दी-भवन।

: 190 :

शुभ कामना

आ कर नभ में मेघ समय पर जल दे जावें।
बर बूँदें बहु सरस सरस मोती बरसावें।

सोंना उगले धरा खेत सब हरित दिखावें।
मन्द पवन मिल गये मंजुता से लहरावें।

उनकी प्यारी कामना सफल रहे होती सदा।
फूलें-फलें किसान सब पा मनमानी सम्पदा।

: 191 :

विजया

मुसकाती आ भुवन-विजयिनी विभा दिखावे।
कर अभिमत फल-दान कल्प-लतिका बन जावे।
रच-रच कितनी कलित ललित लीलाएँ न्यारी।
मिले दिव्यता बन-बन कर दिवलोक दुलारी।
सुरपुर-सुषमा विलसित शरद पलने में विजया पली।
बरसाती वसुधा पर रहे पारिजात-कुसुमावली।

: 192 :

तरंग से

वसुधा पर विधुसदृश सुधा है वह बरसाता।
वह है जलद समान जगत् का जीवन-दाता।
वही सदा है कामधेनु कामद कहलाता।
वही कल्पतरुतुल्य बहु फलद है बन पाता।
जो जनरंजित हो सके भव अनुरंजन-रंग से।
जिसका मानस हो लसित पावन प्रेम-तरंग से।

: 193 :

शुभ कामना

तेजस्वी रह छात्र तेज से तिमिर भगावे।
जन-जन उर में जाग जीवनी-ज्योति जगावे।
पाकर विभुता विश्व विभूति-बलित बन जावे।
गौरव-गिरि पर चढ़े विजय की ध्वजा उड़ावे।

सुखित सदा सब को करे सरस भावना सत्र से।
दीक्षित क्षत्रिय-मित्र हो पूत मित्रता-मन्त्र से।

: 194 :

कमनीय कामना

सरस उक्ति से भरित व्यंजना से विलसित हो।
उसका मोहक भाव कल कुसुम-सा विकसित हो।
लोकहितों से बलित भावनाएँ हों सारी।
बने कल्पना कान्त कल्प-लतिका की क्यारी।
भारतसुत कमनीय कृति देश-काल अनुकूल हो।
भव-परिपूरित भारती भारतीयता मूल हो।

: 195 :

कान्त कामना

सधे ढंग से समय साधनाएँ बतलाये।
जगा जाति को तिमिर-पुंज में ज्योति जगाये।
भूलों को पथ दिखा बन्द आँखों को खोले।
सरस उक्ति से मलिन भूत भावों को धोले।
जीवन-विहीन जनरंगों में नव संजीवन-रस भरे।
असफल समाज को सफलतामय मानव-जीवन करे।

: 196 :

व्यासदेव

(1)

लौकिकता में जब न अलौकिकता थी आयी,
मूसा ने जब दिव्य ज्योति थी देख न पायी;
राज-भोग को त्याग तिमिर में कर उजियाला,
बुद्धदेव ने जब न ज्ञान-दीपक था बाला;

जब स्वाद पा सका था नहीं कलित का न ईरान का,
जिंदावस्ता से ग्रन्थ के बहुगौरवमय गान का!

(2)

जब वह मरियम-सुवन न था भूतल में आया,
जिसके पग को परस पूत योरप कहलाया;
जब वह ज्योति न अरब-अवनि में थी जग पायी,
जिसको पा मणिमयी मरुमही थी कहलायी;
उस काल वेद-आलोक से आलोकित भारत-धरा,
कर लाभ एक नर-रत्न को बनी पुनीत-कलेवरा।

(3)

वे थे दिव्यस्वरूप भारती के सुत प्यारे,
भारतीय साहित्य-जगत् के उज्ज्वल तारे!
संस्कृति के सर्वस्व आर्य-सभ्यता-विधाता,
थे पावन आदर्श के अलौकिक व्याख्याता!
विज्ञान-ज्ञान-विस्तार के वे अपूर्व-आधार थे,
अनुभूत भावना से भरित भक्तिभाव-अवतार थे!

(4)

राजनीति ने परम रुचिर रंजनता पाई,
कूटनीति में कालकूटता नहीं समाई।
हित की बही समाज-नीति में सुन्दर धारा,
मानव मानव बना मिले सद्भाव-सहारा।
उनकी विभूतिमय लेखनी-बल से बली बला टली,
बालुका-बलित मरु-मेदनी सरस बनी फूली-फली!

(5)

वेदों से जो बही ज्ञान की अनुपम धारा,
सारा भूतल सिक्त हुआ जिसके रस द्वारा।
उनसे जो आलोक लोक-लोचन ने पाया,
जिससे भव का तिमिर-पुंज टलता दिखलाया।
उनके प्रसार के हैं सरस साधन सत्यवती-सुअन,
यदि वे हैं सौरभ-सदृश तो ये हैं वर वाहक पवन।

(6)

है आदिम इतिहास मनुज-कुल का बतलाता,
फिर क्रमशः है सकल समुन्नति-कथा सुनाता।
जीवन का कह तत्त्व गीत है भव के गाता,
पूत महाभारत है पंचम वेद कहाता।
उसकी नाना सूक्तियाँ हैं समृद्धियों से भरी,
हैं भुक्ति-मुक्ति की सहचरी हैं भवसिन्धु तरण-तरी।

(7)

व्यासदेव के लिखे महाभारत के अक्षर,
सुधा भरे हैं अतः असित होकर हैं सिततर।
मसि द्वारा जो हुआ, वह नहीं असि कर पाती।
अमर बनी है मरणशील मानव की थाती।
है सरस असरता लेखनी से यद्यपि उत्पन्न है,
वह जड़ होकर भी जीवनी दिव्य शक्ति-सम्पन्न है।

(8)

है उसमें वह दिव्य ज्योति अनुभूति विलोकी,
जैसी अपर न जगत-विलोचन ने अवलोकी!
परम अलौकिक मधुर गान उसमें वह पाया,
जैसा अब तक समय कान को नहीं सुनाया।
किसने सुन पायी कहाँ पर वैसी स्वर-लय से सजी,
जैसी है वीणापाणि की वर वीणा उसमें बजी।

(9)

किसने रच वेदान्त वेद का तत्त्व बताया,
किसने गिरा अतीत-गीत गौरव से गाया।
प्रकृत प्रगति कर लाभ भेद भवपति का पाया,
किसने सारी गहन गुत्थियों को सुलझाया।
किसने नास्तिकवाद की की कठोर आवर्जना,
ज्ञान उच्चतम शिखर पर किसने की गुरु गर्जना।

(10)

हैं पुराण के प्राण गीत गीता के गायक,
भारत-भू के पूत भूत-आदर्श-विधायक।
वसुन्धरा-दार्शनिक-वृन्द के वन्दित नायक,
अवनीतल की वर विभूतियों के उन्नायक।

बहुपूजित सम्मानित नमित ऐसे कहीं न और हैं,
वसुधा के बुधजनों के व्यासदेव सिरमौर हैं!

: 197 :

गो-गौरव

भारत-अवनी अन्न बहुत-सा है उपजाती।
इसीलिये है कनक-प्रसविनी मानी जाती।
इसी अन्न से तीस कोटि मानव पलते हैं।
तथा तमभरे सदन मध्य दीपक बलते हैं।
गो-सुत गात-विभूति से अन्नराशि उद्भूत है।
भारतीय गौरव सकल गो-गौरव-सम्भूत है।

: 198 :

आकाश-वाणी

अमा-निशा थी अन्धकार था घिरता जाता।
घनीभूत घन घूम-घूम कर था घहराता।
तारापति के सहित तिरोहित तारक-चय था।
विकट बनी थी प्रकृति बड़ा विकराल समय था।
उस काल यह करुणा रव हुआ हाय, हमारी कामना!
फिर सुना उदय होगा द्यु मणि करो प्रबलतम सामना।

: 199 :

प्रेमा

मन-मन में है मैल कलह कल-कल है फैला।
है जन-जन का पेट बना पातक का थैला।
बिछा स्वार्थ का जाल कपट का बजा नगारा।
घर-घर में है आज बैर की बहती धारा।

भावुकतामय जीवन बना भले भाव उर में भरो।
आओ प्रतीतिप्रिय वादिनी प्रेम-निलय भारत करो।

: 200 :

विजया

कायरता कर दूर कलह-प्रियता को टाले।
नियम सहित निर्जीव जनों में जीवन डाले।
फूँके अति कमनीय मन्त्र जनता-कानों में।
जिससे बल आ जाय जाति-हित की तानों में।
तमपूरित नाना भवन में अभिनवतम आभा भरे।
आकर के विजया अनय पर विजयी भारत को करे।

: 201 :

हिन्दी-भवन

विश्व-प्रेम का पूत मन्त्र सब काल सुनावे।
जन-जन में विद्यानुराग का भाव जगावे।
हृदय-हृदय में त्याग-भावनाएँ भर देवे।
कर वर काव्य-प्रचार देश का दुख हर लेवे।
जीवन-दायक हो जाति का कर संचालित हित पवन।
कमनीय भारती-अंक में परिपालित हिन्दी-भवन।

: 202 :

कीर्ति-कल्लोलिनी

दिखला कर निज कान्ति कभी है मुग्ध बनाती।
कभी तिमिर में है पुनीततम ज्योति जगाती।
कभी छटा से है मानस को मोहित करती।
कभी रुचिर भावों को है जन-उर में भरती।
देखे गृहस्थ दिनमणि दमक जो है दिव्य गयी गिनी।
बन जाती है अति उज्ज्वला लोक-कीर्त्ति-कल्लोलिनी।

: 203 :

हिन्दीदेवी-दिव्यता

भारत-सुत को भीतिरहित कर अभय बनावे।
हरे अज्ञता-तिमिर ज्ञान की ज्योति जगावे।
पढ़ संजीवन-मन्त्र जनों में जीवन डाले।
मति-कुंजी से रहे खोलती अनुभव-ताले।
भर-भर भारत-भूमि में सुरपुर की-सी भव्यता।
उसे दिव्य करती रहे हिन्दी देवी-दिव्यता।

: 204 :

छात्रवृन्द की छात्रता

पढ़ भवहित का मन्त्र मनुजता ज्योति जगावे।
कर कमनीया कीर्त्ति-भरित तमपुंज भगावे।
काल-प्रगति अवलोक लोक का वदन विलोके।
करे दिव्य फललाभ बीज सत्कृति का बोके।
दिखा किसी सत्पात्र-सी उपकृति-पूरित पात्रता।
भारत पर उत्सर्ग हो छात्र-वृन्द की छात्रता।

: 205 :

पूत-प्रशस्ति

उनका अतुलित ओज अयुत भुज-गर्व प्रहारी।
भीत भूत को करे अभय पद का अधिकारी।
उनका रविसम तेज पाप-तम-पुंज बिदारी।
हो निर्जीव जनों में भी जीवन-संचारी।
सब भीरु मानसों में भरे वीर भाव ले भूरि यश।
भारत-भू-भार-कदन-कुशल परशुराम भृगुकुल-कलश।

: 206 :

चातक-प्यास

उसको क्या जो सुधा सुधाधर बरसा जावे।
उसको क्या जो घड़ी-घड़ी घन झड़ी लगावे।
उसको क्या जो मेघ सरसता अनुपम पावे।
उसको क्या जो जलद बहुत-सा जल बरसावे।
है उसका तो सर्वस्व वह जिसको जिसकी आस है।
कब स्वाती-वारि बिना मिले बुझती चातक-प्यास है?

: 207 :

कर्मयोग

नयन मनुज के सदा सफलता मुख अवलोकें।
दोनों कर बन परम कान्त सुरतरु फल लोकें।

उसको बहती मिले मरु-अवनि में रसधारा।
वह पाता ही रहे अमरपुर-सा सुख सारा।

कैसे? किस साधन के किये? तो उत्तर होगा यही।
सब दिनों कर्मरत जो रहा सिद्धि पा सका है वही।

उषाराग को लसित कर्म अनुराग बनाता।
कर्मसूत्र में बँधा दिवाकर है दिखलाता।

रजनीरंजन कर्मकान्त बन है छबि पाता।
अवनीतल पर सरस सुधारस है बरसाता।

है करती रहती विश्व को विदित कर्म की माधुरी।
हो तारकावली से कलित प्रतिदिन रजनीसुंदरी।

कैसे मिलते रत्न क्यों उदधि-मन्थन होता।
कैसे कार्यकलाप बीज कल कृति के बोता।

कैसे जड़ता मध्य जीवनी-धारा बहती।
कैसे वांछित सिद्धि साधना कर में रहती।

कैसे तो वारिद वृन्द वर वारिद बरस पाते कहीं।
जो कर्म न होता तो रसा सरसा हो पाती नहीं।
गृह का त्याग न त्याग कर्म का है कहलाता।
बुरे भाव का त्याग त्याग है माना जाता।

किसी काल में कर्म-त्याग तब होगा कैसे।
बने रहेंगे जब दृगादि जैसे के तैसे।

तब तक क्या बातें त्याग की जब तक मल धोती नहीं।
भव कर्मरता सब इंद्रियाँ कर्मरहित होती नहीं।

कर्महीनता मरण, कर्मकौशल है जीवन।
सौरभरहित सुमन समान है कर्महीन जन।

तिमिरभरित अपुनीत इन्द्रियों का बर रवि है।
कर्म परम पाषाणभूत मानस का पवि है।

है कर्मत्याग की रगों में परिपूरित निर्जीवता।
है कर्मयोग के सूत्र में बँधी समस्त सजीवता।

❑

खण्ड-1

❑ प्रियप्रवास ❑ वैदेही-वनवास

खण्ड-2

❑ पारिजात ❑ पद्य-प्रमोद

खण्ड-3

❑ चोखे चौपदे ❑ चुभते चौपदे ❑ हरिऔध-दोहावली ❑ बाल-कवितावली ❑ हरिऔध-सतसई

खण्ड-4

❑ बोलचाल ❑ काब्योपबन ❑ ऋतु-मुकुर

खण्ड-5

❑ रसकलस

खण्ड-6

❑ अधखिला फूल ❑ ठेठ हिन्दी का ठाट ❑ इतिवृत्त ❑ वेनिस का बाँका ❑ अभिभाषण ❑ विविध

खण्ड-7

❑ हिन्दी भाषा और साहित्य का विकास

खण्ड-8

❑ कबीर वचनावली ❑ रस साहित्य और समीक्षाएँ ❑ संदर्भ-सर्वस्व ❑ विविध

खण्ड-9

❑ पद्य-प्रसून ❑ आधुनिक कवि ❑ मर्म-स्पर्श

खण्ड-10

❑ श्रीप्रद्युम्नविजय व्यायोग ❑ श्रीरुक्मिणीपरिणयनाटक ❑ कल्पलता ❑ पवित्र पर्व ❑ प्रेम पुष्पोपहार ❑ अच्छे अच्छे गीत ❑ स्वर्गीय संगीत ❑ कतिपय ब्रजभाषा काव्य ❑ हरिऔध आत्म-चरित

अयोध्यासिंह उपाध्याय 'हरिऔध' रचनावली

खण्ड-10

अयोध्यासिंह उपाध्याय 'हरिऔध' रचनावली

खण्ड-10

सम्पादक
सदानन्द शाही

वाणी प्रकाशन

वाणी प्रकाशन

ज्ञान के विविध आयामों के प्रकाशक

वाणी प्रकाशन का 'लोगो' विख्यात चित्रकार मक़बूल फ़िदा हुसेन की कूची से

वाणी प्रकाशन, 4695, 21-ए, दरियागंज, नयी दिल्ली-110002

वाणी प्रकाशन, अशोक राजपथ (पटना कॉलेज के सामने), पटना (बिहार)

AYODHYASINGH UPADHYAYA 'HARIAOUDH' RACHNAWALI-10

Edited by Sadanand Shahi

Complete work of Ayodhyasingh Upadhyaya *'Hariaoudh'*

ISBN : 978-93-5000-200-1

प्रथम संस्करण

मूल्य : 9000/-

वाणी प्रकाशन

फोन : 0091#11#23273167, 23275710

फैक्स : 0091#11#23275710

वेबसाइट : www.vaniprakashan.in

ई-मेल : vaniprakashan@gmail.com

vani_prakashan@yahoo.com

आर.टेक ऑफसेट प्रिंटर्स द्वारा दिल्ली-110095 में मुद्रित

प्रकाशकीय

अयोध्यासिंह उपाध्याय 'हरिऔध' भारतेन्दु युग और द्विवेदी युग के बीच एक अत्यन्त महत्त्वपूर्ण कड़ी हैं। खड़ी बोली हिन्दी के पहले महाकाव्य के रचनाकार के रूप में उनका ऐतिहासिक महत्त्व तो है ही, हिन्दी भाषा के अनूठे शिल्पकार के रूप में उनका योगदान कहीं ज्यादा महत्त्व का है। उन्नीसवीं और बीसवीं शताब्दी में जब हिन्दी की रूप रचना को लेकर तरह-तरह की बहसें चल रही थीं—हरिऔध ने हिन्दी भाषा के सभी सम्भावित और आकांक्षित रूपों को अपनी लेखनी से मूर्त किया। हरिऔध के रचना संसार से गुज़रते हुए उनके भाषा सम्बन्धी संघर्ष को सहज ही लक्षित किया जा सकता है। ब्रजभाषा से शुरू करके **वेनिस का बांका** और **प्रियप्रवास** की संस्कृत निष्ठ हिन्दी फिर **ठेठ हिन्दी का ठाट** की ठेठ हिन्दी से होते हुए **बोलचाल** की सामान्य हिन्दी का रूप हरिऔध के यहाँ मौजूद है। वे भाषा के रूप को लेकर होने वाली बहसों में अपनी रचनाओं के साथ उतरते हैं और एक सच्चे प्रयोग कर्ता की तरह समाज की प्रतिक्रिया के आलोक में भाषा का रूप बदल देते हैं। उनकी यह प्रयोगशीलता केवल भाषा के स्तर पर नहीं बल्कि छन्द विधान के स्तर पर भी दिखाई देती है। संस्कृत के वर्ण वृत्तों का प्रयोग हो, हिन्दी के मात्रिक छन्दों का या फिर उर्दू बहरों का; हिन्दी के आँगन में वे सबको व्यावहारिक रूप से उतार कर आगे आने वाले रचनाकारों के लिए मार्ग प्रशस्त करते हैं। वजह चाहे जो रही हो, हिन्दी साहित्य के इतिहास में हरिऔध के महत्त्व को स्वीकार करते हुए भी उनके ऐतिहासिक महत्त्व और अवदान का सम्यक विवेचन नहीं हो सका है। इस ग्रन्थावली को प्रस्तुत करते हुए हमारे मन में कहीं एक भूल सुधार का भाव भी काम कर रहा था। हरिऔध साहित्य को एक साथ प्रस्तुत करते हुए हम यह उम्मीद कर रहे हैं कि हरिऔध की प्रयोगधर्मिता की ओर अपेक्षित ध्यान जाएगा और उनके वास्तविक अवदान को आँकने की दिशा में यत्न होंगे। ग्रन्थावली में यथा संभव हरिऔध के प्रामाणिक पाठ को प्रस्तुत करने की कोशिश की गयी है। किसी एक संस्करण में रह गयी अशुद्धियाँ बाद के कई संस्करणों में दुहरायी जाती रही हैं उन्हें भी यथा स्थान सुधार दिया गया है।

यदि यह ग्रन्थावली हरिऔध के साहित्य में छिपे हिन्दी भाषा के विकास के इतिहास की खोज के लिए प्रेरित और प्रोत्साहित कर सकी तो हमें अपना श्रम सार्थक लगेगा।

—अरुण माहेश्वरी

अनुक्रमणिका

4. पवित्र पर्व 267–338

श्रीप्रद्युम्नविजय व्यायोग

समर्पण

प्यारे!

यह वस्तु तुमारी है, क्योंकि इसमें तुमारा और तुमारे प्रिय सुअन का ही लोकोत्तर चरित्र बर्णित है, अतएव आशा है कि तुम इसको स्वीकार करने में अणु मात्र भी त्रुटि न करोगे, और ऐसी अवस्था में कोई आवश्यकता नहीं है कि मैं तुमसे इस विषय का अनुरोध करूँ कि तुम इसको स्वीकार करके मेरे परिश्रम को सफल करो, पर हाँ! इतना अवश्य बक्तव्य है कि जैसा अपूर्ब एवं बिलक्षण तुमारा और तुमारे प्रिय पुत्र का लोकोत्तर चरित्र है वैसी इस छुद्र ग्रन्थ की कविता एवं रचना नहीं है, पर यह विषय ऐसा नहीं कि जिससे आप इसको स्वीकार न करें क्योंकि मैं यह भलीभाँति जानता हूँ कि तुमने ऋक्षपति जाम्बवान के किलकिला शब्द समिश्रित सप्रेम निज सुयशबर्णन को भी धैर्य्य के साथ श्रवण कर सादर ग्रहण किया था। यदि मेरा यह कथन सत्य है तो आज मैं अपने को बिना प्रयास कृतार्थ और सफल मनोरथ समझता हूँ, और तुमको इस कृपालुता के परिवर्त्तन में अनन्त धन्यबाद प्रदान करर्णार्थ सोत्साह अग्रसर होता हूँ।

तुमारा परमधृष्ट
हरिऔध

प्रार्थना

प्यारे पाठक बृन्द!

आप लोग भली भाँति जानते हैं कि मनुष्य की बुद्धि अपूर्ण अथ च भ्रमात्मिका है। ऐसी अवस्था में यदि मेरी बुद्धि अति अपूर्णा और महाभ्रमात्मिका हो तो कोई आश्चर्य्य का विषय यद्वा स्थान नहीं है क्योंकि प्रथम तो उस का शरीर विद्या, कविता, प्रतिभा, काव्याङ्ग्ज्ञान, रसालंकारादि बोध, प्रभृति आभूषणों से असज्जित है, दूसरे यह पामर उस जगन्नाटक सूत्राधार बिदूषकशिरोमणि की रचना का एक छुद्रतम कोट है। फिर यदि मम रचित इस प्रद्युन्नविजय व्यायोग में (जिसको मैंने भाषा कवि चक्र चूड़ामणि भारतेन्दु बाबू हरिश्चन्द्र गोलोकनिवासी के संस्कृत से अनुबादित धनञ्जयविजय व्यायोग की छाया लेकर निर्मित किया है) महामहा अशुद्धियाँ बड़े-बड़े भ्रम हों तो कोई बिचित्र बात नहीं है, किन्तु आप लोगों सदृश सहृदय और महद् व्यक्तियों को एक ऐसे भ्रमात्मिक छुद्रतम कीट की त्रुटि पर यद्वा अशुद्धिनिचय पर ध्यान देना अथवा उपहाँस करना शिष्टसमाज के सर्बथा बिरुद्ध और अन्यायानुमोदित होगा। अतएव आशा है कि आप लोग इस लघु पुस्तिका पर सुधारने की दृष्टि रखकर सरल हृदय से इसकी समालोचना करके इसके दोषों के निवारण करने में उद्युक्त होंगे और इसको एक जगन्मान्य व्यक्ति का लोकोत्तर चरित्र समझ कर आदरसहित ग्रहण और स्वीकार करेंगे।

आप लोगों का अनुग्रहप्रार्थी अयोध्यासिंह निजामाबाद।

ओं श्रीकृष्णसच्चिदानन्दपरमात्मने नमः

श्रीप्रद्युम्नविजय व्यायोग

(नान्दी मंगल पाठ करता है)

छप्पै

कर कठोर करबाल गहे कोलाहल करतो।
कम्पित करत करिन्द ओप पूरितरुअ करतो॥
किये अरुन बिवि नैन कंटकित काय कोपयुत।
कमठ कोल कम्पायमान करि धारि कालदुत॥
इमि नरक नृपति आगमन को निरखि नदत भामिनि चितै
बर बिहँसन श्रीबलबीर को बहु बिबेक बितरै नितै॥ 1॥

(सूत्रधार का प्रवेश)

सूत्र॰ : **(चारों ओर देख कर)** अहा! आज रंगस्थल की कैसी शोभा है!

जहँ तहँ धरे अनेक दीप जगमगत लखाहीं।
धारि चौगुनी चाव चित्त दरशक उमगाहीं॥
सकल सुगन्धित द्रव्य गन्ध चहुंदिसि ते आवत।
दरसकगन समुदाय सूंघि जेहि मोद बढ़ावत॥
रन पीछे रनभूमि शब्द बिन ह्वै जिमि दरसै।
तिमि अपार नर जुरेहुं शब्द श्रुति नेक न परसै॥

(कुछ रुक कर) सत्य है। जो मनुष्य के हृदय में होता है वही प्रायः मुख से निकलता है। यतः आज मेरे हृदय में बीररस का उद्रेक हो रहा है, इसीलिये रंगस्थल के बर्णन में भी रणभूमि का ध्यान बना रहा, कुछ मेरे ही हृदय की आज यह गति नहीं है, ज्ञात होता है कि सकल अभिनय कर्त्ताओं का मन बीररस में निमग्न है क्योंकि नान्दी पढ़ने वाले ने भी बीररस का ही निरूपण

किया है, अच्छा परीक्षार्थ किसी को और बुलाकर देखैं तो **(नेपथ्य की ओर देख कर)**

अखिल कला मैं निपुन सकल गुनमै सब लायक।
अभिनयकरन प्रवीन शिष्टजन के सुखदायक॥
नाटकाङ्ग अरु सकल भेद के एकबिचारी।
आवहु इतै सबेग बाट हम लखत तिहारी॥

पारिपा॰ : (आकर और सूत्रधार की ओर देख कर)

सकल गुनिनसिरमौर बिबुधनजमंडलिमंडन।
कलहबैरकुलकाल देसदुखदारिदखण्डन॥
रसिकबंसअवतंस कलापकुशलगुनवारे।
सकलकलासम्पन्न धीर धुरधारनहारे॥
पवनपूत के कोप सम खलगनदानवदलदहन।
किन करिय उचित अनुसासनहि गुनागार गुनगनगहन॥

सूत्र॰ : वाह! क्यों न हो, इस समय तो तुमारे हृदय में भी बीररस का ही संचार हो रहा है। फिर आज बीररस के व्यतीत किसी दूसरे नाटक का खेलना युक्ति संगत नहीं हो सकता, अतएव तुम किसी बीररस के नाटक खेलने का उद्योग करो!

पा॰ : यह बहुत ठीक है कि जिस कार्य्य में मन का स्वाभाविक सन्निबेस होता है, वही उत्तम होता है, इसलिये मुझको आपकी आज्ञा शिरोधार्य्य है, पर यह बतलाइये कि बीररस का कौन सा नाटक खेलूँ।

सू॰ : (बिचार कर)

कियो पान तप तेज सों जिन जलनिधि पल माहिं।
अजहूं लों गावत सुजन जाको सुजस लखाहिं॥
ता कुल में हिजवर्य्य में काशीनाथ महान।
खुशी और जानकी भे तिनके सुअन प्रधान॥
भये श्रीखुसी के तनै गुरप्रसाद गुरद्याल।
जिनको सुखदायक चरित सुनि सब होत निहाल॥
गुरदयाल के तीन सुत भये बिप्रकुलसिंह।
जोधासिंह अरु धरमसिंह श्रीयुत सेनीसिंह॥
श्रीयुत सेनीसिंह के भये बिदित त्रय तात।

श्रीयुत लछमनसिंह अरु श्रीरनजीत सुख्यात॥
तृतिय भये श्रीबिबुधर रामचरण हिजराइ।
तीन सुअन तिनके भये सकल सुगुन समुदाइ॥
प्रथम श्रीलश्रीब्रह्महरि बिबुधबंससिरमौर।
ज्योतिर्विद्या मैं न जिन लही हार कोउ ठौर॥
तृतिय विज्ञ श्रीबिष्णुहरि कुशलकाव्य गुनखान।
द्वितिय श्रील शिवहरि विदित जाको सुगुन जहान॥
ता सुत ने हरिकृष्ण को अग्रज श्रीहरि औध।
रच्यो बिसद व्यायोग जो करहु सोई करि औध* ॥

पा॰ : कौन हरिऔध? जिनका वास्तविक नाम पंडित अयोध्यासिंह है?

सू॰ : हाँ!

पारि॰ : उन्होंने तो कई नाटक बनाये हैं, कौन सा खेलें।

सूत्र॰ : श्रीप्रद्युम्नविजय।

पारि॰ : तो क्या उसी के खेलने की मुझको आज्ञा होती है?

सूत्र॰ : हाँ! उसी के।

पारि॰ : जो आज्ञा।

(जाता है)

(नेपथ्य में)

अतिप्रबल कोपित बृहतकाय महान भट गरबित घने। धर मार करत पुकार कवच कृपान कसि बहुबिध बने॥ इमि साठ सहस निकुंभप्रेरित असुर आवत हेरि कै। सो धन्य अरजुन बौर जो रज कियो सर सों टेरि कै॥

सूत्र॰ : **(सुनकर और नेपथ्य की ओर देखकर)**–

स्यामगात कर धनु गहे उपजावत हिय चैन।
यह आवत प्रद्युम्न बनि बीरभद्र सुखदैन॥

तो अब मैं भी चलूँ और पात्रों को उचित सहायता प्रदान में दत्तचित्त होऊँ।

(जाता है)

---

* रणजीत प्रसिद्ध नाम धुन्नी उपाध्याय, ब्रह्महरि वास्तव नाम पं॰ ब्रह्मासिंह, विष्णुहरि वास्तव नाम विष्णुसिंह वा पं॰ बनारसीसिंह, शिवहरि वास्तव नाम पं॰ भोलासिंह ग्रंथकर्त्ता के पिता। हरिकृष्ण वास्तव नाम कृष्णसिंह वा गुरसेवकसिंह ग्रन्थकर्त्ता का कनिष्ठ भ्राता।

॥ इति प्रस्तावना ॥

(रथ पर चढ़े सारथी सहित कुमार प्रद्युम्न का प्रवेश)

प्रद्यु० : (कोप से)

जदपि माया बिरचि जनकनिदेस ते मैं अस कियो। द्विज पञ्चसत कन्यान रक्षि उबार मुनिजन को लियो॥ अस करी माया जाहि कोउ दानव निकुम्भहुं नहिं लख्यो। पै भयो यह सब कहा जो नहिं नृपन आवन फलं चख्यो॥

सा० : महाराज! आपके लिये यह क्या बड़ी बात है।

जबलौं कर मैं धनुष धारि नहिं रोस बढ़ावत।
जबलौं सरझर लाइ गगन महि नांहिं मिलावत॥
जबलौं करि घमसान सामुहें ह्वै नहिं गाजत।
तबलौंहीं मद छोरि नांहिं नरनाथन भाजत॥

प्रद्यु० : अहा! निकुंभ ने भी कैसी धृष्टता की है।

जिनैं जहान के जवान आइ सीस नावहीं।
महेस सेस जा अपार पार को न पांवहीं॥
कराल काल जो मुरारि तासु तात मात को।
कियो प्रबद्ध ना कियो बिचार एक बात को॥

यदि यहीं तक होता तो इतनी चिन्ता न थी, पर–

जिन विप्रन को पूजि सदा हम सीस नवावैं।
जिन विप्रनपग परसि जगत सुन्दर जस पावैं॥
जिन विप्रन को सेइ करैं पूरन मनकामा।
हस्यो तासु कन्याहु हाय! सो औगुनधामा॥

सा० : सत्य है, किन्तु निकुंभ से बढ़कर तो राजाओं ने धृष्टता की है–

करिकै निरादर विप्रकुल को लाज सिगरी खोय।
जदुबंस सों रन करन आये और दानव होय॥
हलपानि औ बलबीर को नहिं कियो रञ्चक सङ्क।
ए सकल भूपति छबिबंसनि सेस केर कलङ्क॥

प्र० : तो क्या हुआ!

हम द्विज सकल दुहितान लीन उबारि ज्यों प्रथमै कहे। पित, मात पितहिं छुड़ाइ लीने लखत सब लोगहिं रहे॥ ब्रह्मास्त्र तजिकै साठ सहस सुरारि नहिं अर्जुन रहे। अब रहे सकल नरेस तिनहूं को लखब जो हरि चहे।

(नेपथ्य में)

अनाधृष्ट अक्रूर निसठ उल्मुक कृतबर्मा।
उद्धव गदबैहरन आर्क्ष भोजक धृतबर्मा॥
सनतकुमारादिक प्रबीर करि घोर लराई।
बाँधि कैद करि लियो निकुम्भ निसाचरराई॥
तिमि सकल जादवी सैन को बान मारि बिचलित कियो।
अब हम सुरारि मिलि ताहिं सों लरन काज मन है दियो॥
पै आवत नृपदल सकल करन सहाय सुरारि।
बढ़ि आगे रन ठानि कै देहु तात मद टारि॥

(दोनों जन कान लगाकर सुनते हैं)

सा॰ : कुमार! यह संग्रामार्थ किस्का वाक्य किसके प्रति है?

प्रद्यु॰ : हमारे पूज्यचरण पितृव्य बलरामजी का, हमारे प्रति। तुम रथ को आगे बढ़ाओ।

सा॰ : जो आज्ञा **(रथ हाँकना नाट्य करता है)**

प्रद्यु॰ : **(रथ की ओर देखकर)**

लीक न लखात तिमि बेग बिलगात नांही तीर सों कढ़त किङ्किनीन सोर भरि कै। बाजि गति धुज फहरान त्यों फिरन पहियान को न ज्ञान होत लखे ध्यान धरि कै॥ हरिऔध दामिनी समान गति दरसाति बड़ो बेगबारो बायु बड़ी बेग करि कै। पहुँचत पास पर पावत न जान आगे पारि देत पीछूं मानो पौन को पकरि कै॥

(नेपथ्य की ओर देखकर)

मेरे पूज्यपाद पितृव्य! आप चिन्ता न करें क्योंकि—

जबलौं कसि त्रान बान सकल आयुधन सँभारी।
तुरग धवाइ बढ़ाइ जान करि कोप प्रचारी॥
नृपदल जदुकुल सैन सौंह आवन मन दैहै।
तबलौंहीं तब कृपा दास तिनको गहि लैहै॥

(नेपथ्य में)

तुम सब योग्य हो!

सा॰ : राजकुमार! अब हमारा रथ नृपदल के अति निकट आ गया! क्योंकि—

जदपि उड़ी रज ते छपी नृपन-सैन दरसात।
तदपि कृपानरु कवच को चिलक कौंधसी जात॥
सिंदुर संख हयादि रव मिलित सुनत हे जौन।
बिचरत श्रुतिपथ विलग ह्वै बिबिधिरूप धरि तौन॥
द्विप पदाति अरु बाजिगन दीसत हे इकतार।
पै अब पृथक लखात सब दिये दृष्टि इकबार॥

प्रद्यु॰ : ठीक है! यह सामने राजाओं की सेना दीख रही है—

कोऊ कसि कवच कृपान करि कोप ठाढ़ो कोऊ करि लिये करवाल बरकत है। कोऊ किये अरुन नयन खरो गरबात कोऊ चोप चौगुनो चपारि करतत है॥ हरिऔध कोऊ कान करत न कोटिन की कोऊ चौंकि चकत जु पात खरकत है। कोऊ तेह ताप ते तरकि अति तरपत कोऊ सोर सूरन सुनत सरकत है॥

अहा! राजाओं के दल की भी कैसी छटा है!

जहँ तहँ जुरे अनेक वीर भरि जोम बिराजैं।
हय हींसहिं चिक्करहिं दुरद दुन्दुभिगन गाजैं॥
नृपन-छत्र की चमक चहूंकित ओप पसारैं।
कुन्त कुलिस करवाल चिलकि दामिनि मदगारैं॥
फहरहिं पताके धुज बायुबब ढुरहिं चमर गरजहिं सुभट।
बहुभांति बिबिधि रन बाद्य बजि करहिं बीररस को प्रगट॥

(बिचार से सेना की ओर देखकर)

बहरावत निज ब्यूह चित्त को चोप चढ़ावत।
उपजावत हिय त्रास कायरन, रोस बढ़ाबत॥
फहरावत धुजबृन्द बिटप गिरि भूमि कँपावत।
लखो सकल नृपसैन वायु निदरत इत आवत॥

सा॰ : कुमार! सत्य है! राजाओं की सेना बड़े बेग से इसी ओर आ रही है, क्योंकि—

उड़िबो रज को थी इतो छपी हुती जेहि सैन।
पै अब पसरि दिगन्त लौं कियो धूसरित गैन॥
जलनिधि लौं तकि कूलको रूकोहुतो दल जौन।
तरल तरङ्गिनितोय सम चञ्चल लखियत तौन॥

प्रद्यु॰ : सारथी! इसमें संदेह नहीं कि यह दल बड़े बड़े बीरों से संगठित है, और दृढ़ विश्वास है कि यदि कोई विश्वविजयी बीर इस समय इस्को देखे तो एक बार वह भी दहल जावेगा, तथापि—

जो जगदीस दया करिहै हरिऔध जू औ बिधि बाम न दैहै। जो यह तुच्छ अयोधन मैं लरि हास्यो न आजलौं काहु सों ह्वै है॥ जो जदुबीर को तात कहावत औ जदुबंस जन्यो जस लैहै। बात लौं मेरो बगारिबो बान को तो तिन को तिनका सम कैहै॥

(भुज का फरकना देखकर)

जिन भूषन तजि सदा बान धनु धारन कीने।
जिन बीरन को मान मोचि बिन पति करि दीने॥
जिन अपने बल जगत मांहि सुन्दर जस छायो।
सावधान! नृप सकल! सोई मम भुज फरकायो॥

सा॰ : कुमार! आपके कथन से ज्ञात होता है कि इस सेना में बड़े बड़े सूरमें बिराजमान हैं, अतएव यदि आप को कुछ कष्ट न हो तो मैं उनमे से प्रत्येक का नाम बल और प्रताप जानना चाहता हूँ॥

प्रद्यु॰ : बहुत अच्छा, तुम ध्यान लगा कर देखते और सुनते जाओ मैं एक एक बात बर्णन करता हूँ।

सा॰ : जैसी कुमार की आज्ञा!

प्र॰ : **(क्रोध सहित साम्हने देख कर)** सूत! देखो!

जासु धुजा मैं उरगचिन्ह निर्मित दरसावै।
जाकी रथ चंचल तुरङ्ग जेहि अरुन लखावै॥
सकल कुटिलताखान पाण्डवन को रिपु जोई।
यह अभिमुख दरसात नीच दुर्योधन सोई॥

सा॰ : क्या यही दुर्योधन है? इसके लिये आपने नीच पद का प्रयोग बहुत उत्तम किया। क्योंकि—

द्रुपदी निजकुलवधू को सभा बीच तजि लाज।
चह्यो नगन करिबो कवन नीच ताहि सम आज॥

प्र॰ : अहा! यह देखो!

लखेत पाण्डवन सभा बीच जिन अजगुत कीनो।
द्रुपदसुतापट आकरषन मैं अति मन दीनो॥
कुरुपति दक्षिण अपर बंधु मातुल सँग लैकै।
यह दुस्सासन खरो सैन निरखत मन दैकै॥

सा॰ : और उसके बाम भाग में कौन कौन महाशय हैं!

प्रद्यु॰ : ए बड़े सच्चरित्र लोग हैं!

जाके मुख की कान्ति बाल रवि की छबि छोरत।
प्रभा फैलि चहुं पास जासु गुन गन जनु जोरत॥
जाको तेज अपार 'बीररस मुनितनुधारी'।
जनु सोहत, सोई कृपाचार्य्य कुरुगुरु सुखकारी॥

और भी।

जाके सिर पै जटाजूट सोहत मनहारी।
तेजपुंज तपपुंज युद्धकोबिद अरिदारी॥
घनदामिनि ज्यों शान्त मांहि बीरता बिराजै।
अस्त्रनिपुन यह लखो द्रोण आचारज राजै॥

सा॰ : और कथित दोनों महाशयों के समीप कौन खड़ा है?

प्र॰ : **(प्रसन्नता से)**

तेजपुंज जो कछु मम पौरुख समता कै है।
परमधनुर्धर धीर बीर नवबय गुनमै है॥
धरे-मुनिबसन मुनिसरूप हिय-हर्ष बढ़ावत।
रनबांको अस्वस्थामा यह सौंह सुहावत॥

सा॰ : अहा! अस्वस्थामा का भी कैसा तेज है!

प्र॰ : सारथी! इधर देखो!

रुक्म बिदूरथ जरासुत दन्तबक्र सिसुपाल।
साल्वसहित कुरुराज अनु राजत षट महिपाल॥

सा॰ : कुमार! प्रत्येक का परिचय मैं पृथक-पृथक चाहता हूँ।

प्र॰ : अच्छा देखो!

लिये हाथ मैं बान को जौन फेरै।
कबौं वेग बाजी कबौं सैन हेरै॥
महारोसवारो हठी ख्यात जोई।
मेरी मात को भ्रात है रुक्म सोई॥

गर्बित ह्वै गरजत गहकि दरसत अमित असंक।
बारबार बहकत बकत सोई बिदूरथ बंक॥
अति प्रचण्ड भुजदण्ड जासु बीरता बढ़ावत।
करकुबण्ड को धारि बान बरिवण्ड चढ़ावत॥
खण्डखण्ड ह्वै कबच गिर्‌यौ महिमण्डल जाको।
अति अखण्ड वलबीर जरासुत है रनबांको॥
अंगन की गनती कहा जासु बक्र प्रति लोम।
पै बिसेस कछु दसन सोइ, दन्तबक्र बल तोम॥
धरे असित परिधान असित बाजी रथ जोरे।
किये बान सत्धान बीररस मैं मन बोरे॥
बरकत अति गरबाय बैन उचरत मन साने।
सोइ उद्धत सिसुपाल जासु युग दृग मदसाने॥
जो बांको बिकसित लसत बहुतक करत प्रलाप।
भुज ऐंठत रदपुट दँसत सोय साल्वयुत दाप॥

सा॰ : आयुष्मन्! इन लोगों का पराक्रम रुक्मिणीहरण में प्रगट हो चुका है, आप शेष लोगों का बर्णन करैं।

प्र॰ : तनिक तुम इन लोगों की ओर दृष्टिपात करो। ए दस राजे कुरुराज के आगे कैसे शोभायमान हैं।

बिबि तून युग करबाल कटि मैं कसे जो दरसात है। सो धृष्टद्युम्न महानभट जेहि ओप अमित लखात है॥ सित केस सित परिधान सित हय जासु रथमैं सोहहीं। सो जयद्रथ अति बृद्ध जा कहँ सकल सेनप जोहहीं॥ मध्यम बयस तिमि मध्य जाको सकल साज जनावई। पारथप्रिया प्रियजनक सो जेहि द्रुपद नाम कहावई॥ जुग कन्ध पै जुग धनुष जाके सो बिराट नरेश है। कर जासु शक्ति बिचित्र राजत सोनुबिन्दु सुबेस है॥ उत्तरनृपति सो बसन जाको सकल हरित जनात है। रथ सकल जाको लौह बिरचित सो सुसरमा ख्यात

है ॥ हय-चार षट-ध्वज जासु रथ मैं लगे सो नृप नील है। अति चपल हय रथ सारथी जेहि बिन्द सो बिन सील है ॥ सितबरन बृहतबपुष सुबारन पै चढ़ो जु बिराजई। भगदत्त नाम नरेस सो घन सरिस अनुछिन गाजई ॥

सा॰ : इन लोगों के बीच कौन महाशय हैं?

प्र॰ : **(प्रेमपूर्वक देख कर)**

सत्यसन्ध दृढ़ब्रत प्रबीरबर बिरदबिचारी।
बिजयी बिश्व त्रिबार भृगुप को दरपबिदारी ॥
जासु धुजा को तार चिन्ह बरता बिलगावै।
यह भीषम भवबिदित जासु जस भुवजन भावै ॥

सा॰ : निःसन्देह! इनका ऐसा ही यश है।

(नेपथ्य मे)

घनमे दिनप समान सघन बनमैं सम पावक।
अमित-अस्त्र-संकुलित समरभूमै सम नावक ॥
अबिरल पादप बृन्द नीच मारुत सम धावत।
को यह जो नृप अमित सैन बिच निधरक आवत ॥

अहा! यह तो कुमार प्रद्युम्न हैं! क्योंकि।

जिमि हमरो यह सकल बपुष कंटकित जनावै।
ताते अधिक कुमार कायरन मांहि लखावै ॥
गहिकै जिमि जलधार सुऊपर हम चलि जाहीं।
बानधार गहि जिमि हरिसुत दलमाहि समाहीं ॥
जिमि हम चंचलजल अगम मैं तिमि कुमार गतिरन करत।
यह भाव जनावत जगत को मीनचिन्ह धुज फरहरत ॥

सा॰ : आयुष्मन्! महात्मा भीष्म कैसी ईर्षारहित बाणी से भवदीय पराक्रम का प्रदर्शन कर रहे हैं।

प्र॰ : यह ऐसे ही सत्यसील और निष्पक्ष महानुभाव हैं।

(पुनः नेपथ्य में)

गहो अस्त्र को द्रोन औ रोस धारो।
कृपाचार्य्य लै बान को बेग झारो ॥

अरे द्रोन को तात जो बीरता है।
तो को दण्ड लै सामुहैं युद्ध चाहै॥
कहां कर्ण है जो हुतो बीर बांको।
न मान्यो कही मैं लखों युद्ध बाको॥
खरो अन्ध को पूरत तू काहि हेरै।
गदा धारि क्यों बैरि को नाहि टेरै॥

बिकर्ण रुक्म साल्व दन्तबक्र आदि लै।
करो कहा सबै बली अबै बढ़ो गदादि लै॥
गहे सुचाप स्यामगात क्रीट कौच को धरे।
कसे कृपान लंक द्वै निषंग बान सों भरे॥
दिखात नाहि यान जाहि को लखात धूर है।
मुरारितात सौंह आवतो भरो गरूर है॥

सा॰ : कुमार! बीराग्रगण्य महात्मा भीष्म के बीरताजनक बाक्यों में 'न मान्यो कही', इस वाक्य का भाव मुझको नहीं ज्ञात हुआ।

प्रद्यु॰ : जब यज्ञकाल में ब्रह्मदत्त व निमंत्रित पितामह बसुदेव को निकुंभ ने इस प्रकार धमकाया कि यदि यज्ञ में मुझको भाग न दोगे तो मैं तुम लोगों को बाँध लूँगा और द्विज यज्ञकर्ता को ब्रह्मदत्त की पाँच शत कन्याओं को भी हर लूँगा, तब भयभीत होकर ब्रह्मदत्त ने दानवराज से तो यह कहा कि मैं आप की बातों का उत्तर कुछ काल में समझ कर दूँगा, और उसी समय भारतवर्षीय समस्त राजाओं के पास निमन्त्रणपत्र यज्ञ मिससे इस बिचार से भेज दिया कि यदि वे लोग यज्ञ में आ रहेंगे तो जिस काल कोई संकट उपस्थित होगा मेरी रक्षा करेंगे। यह निमंत्रण पत्र दुर्योधन के यहाँ भी गया था।

सा॰ : सो तो मैं जानता हूँ, महात्मा नारद ने द्वारिका में जाकर जब द्विजराज ब्रह्मदत्त और सस्त्रीक मान्य बसुदेव जी के बाँधे जाने का समाचार कहा था तो यह बात भी कही थी।

प्रद्यु॰ : किन्तु जब निमंत्रणानुसार यात्रा के लिये सुयोधन ने सभा में परामर्श लिया, तो भीष्मपितामह ने यात्रा विषय में अरुचि प्रगट की, और कहा, कि इतने काल में निकुंभ ने ब्रह्मदत्तादिकों को अवश्य बाँध लिया होगा, क्योंकि महात्मा ब्रह्मदत्त के निमंत्रण पत्र के शब्दों से यह भाव स्पष्ट हृदयंगम होता है। ऐसी अवस्था में अवश्य है कि भगवान श्रीकृष्ण अपने पूज्य पिता के उद्धार और ब्राह्मण यज्ञ को निर्विघ्न समाप्ति की कामना से वहाँ आ चुके होंगे।

अमोघपराक्रम भगवान श्रीकृष्ण का जैसा आतंक है प्रगट है, अतएव निकुंभ का हृदय भी इस काल चंचल होगा, हम लोगों के वहाँ पहुँचने पर निकुंभ अवश्य सहायता का प्रार्थी होगा, जिसका यह फल होगा कि व्यर्थ हम लोगों को श्रीकृष्ण के साथ युद्ध और शत्रुता करनी होगी। कर्ण ने इस उत्तम परामर्श का बिरोध किया, और उसी की उत्तेजना से दुर्योधन को यहाँ आने का साहस हुआ और यही कारण है जो महातेजा भीष्म ने अपने उत्तेजक वाक्यों में 'न मान्यो कही', इस वाक्य का भी प्रयोग किया।

सा॰ : किन्तु ठीक वैसा ही हुआ, जैसा महात्मा भीष्म ने कहा था।

प्र॰ : दूरदर्शीजनों का कथन असत्य कब हुआ है?

(नेपथ्य में)

अहो कृष्णसुत के सरिस अपर सुभट जग कौन।
सहसन महारथीन पै जात एकलो जौन॥

(दोनों सुनते हैं)

सा॰ : कुमार! आक़ाशबाणी समान यह वाक्य किस्का है?

प्र॰ : आकाशबाणी समान क्या? यह वास्तविक आकाशबाणी है, क्योंकि देवताओं की बाणी है।

(इन्द्र, प्रवर, और जयन्त का प्रबेश)

प्रव॰ : देव! कुमार प्रद्युम्न केवल सुहृदही नहीं किन्तु बड़े प्रतापशाली भी हैं, क्योंकि—

यदपि शत्रुदल के सुभट धरे धनुष बर बान।
तदपि पनच को करषि कै सकत न नेकहु तान॥

इन्द्र : निःसन्देह!

(नेपथ्य में)

अरे कुमार प्रद्युम्न! तूम चापलूस देवताओं की झूठी प्रशंसा को क्या मन लगाकर सुन रहा है, यदि कुछ पौरुष रखता है तो सामने आ!

यदपि हमारे इष्टदेव के तुम प्रिय जाये।
यदपि बिश्वविजयी प्रबीर तुमको सब गाये॥
यदपि तुमारो बैन बीन बल पूरित दरसै।
यदपि हमारो बृद्ध बैस बल जाहि न परसै॥

पै तदपि समर भूमैं तुमैं सौंह पाइ करि प्रन कहत।
वह चोप डारिहौं चूरि सब अरि जासों जीतन चहत॥

प्र० : **(सुनकर क्रोध से)** सारथी! तुम हमारे रथ को शीघ्र भीष्मपितामह के सम्मुख ले चलो!

जीति जगत्‌त्रयबार अरु भृगुपतिको मद जौन।
चढ़ो नदीसुत को अहै मैं निवारिहौं तौन॥

सा० : जैसी आज्ञा **(रथ लेकर जाता है)**

प्रवर : देव! देखिये! कुमार प्रद्युम्न के रणभूमि में पहुँचते ही शत्रुदल में कैसा खलबल मच गया है।

कोउ कंपत कोऊ गिरत कोउ संकित दरसात।
अस्त्र शस्त्र तजि कोउ भजो चाहत पै रहिज़ात॥

जयं० : अहा! महात्मा भीष्म के पुरुषार्थ को धन्य है जो इस बृद्धावस्था में भी ऐसा अपूर्ब है!

यदपि सकल अनीक मैं हरिसुत निरखि खलबल मच्यो। पै तदपि नहिं रंचक चप्यो अरु तेह ते चौगुन तच्यो॥ अब कान लगि धनु तानि पल मैं सहस बान प्रहारि कै। गरजत खरो घन सरिस मानहु बैरि बेग बिदारि कै॥

इन्द्र : पुत्र! देखो! महात्मा भीष्म के इस उत्तम साहस का कैसा फल हुआ है।

जो सेनप चित चके बीर जो थकिंत खरे हे।
जो भट कादरतारु बीरता बीच परे हे॥
जो दल संकित हुतो सूर जो सहमित हो अति।
सो अब तरपत तेह पूरि रनधारि दुगुन गति॥

प्रवर : देवेश! तनिक कुमार प्रद्युम्न के साहस को देखिये।

पल मैं नदीसुत हनित बानन काटि कै रज सम कियो। पनि मारि कै बिबि सहस सर रथ सुरसरिज को भरि दियो॥ एहि भाँति धनु गहि तजत सर यह जाहि ते न जनात है। कब धरत धनु पै विसिष अरु कब करत अरि पै घात है॥

जयं० : देव! साथही महात्मा भीष्म के पराक्रम पर भी दृष्टिपात कीजिये।

हरिसुतप्रेरित सरन को निज बानन सों काटि।
पावकसर तजिकै करत महानाद अरि डांटि॥

इन्द्र : ठीक है! क्योंकि–

करत मलिन निज धूमधार सों गगनदिसा को।
अरुन बनावत दिवसनाथदति दरन निसा को॥
बेलि लता पादप खग मृग बहु जीव जरावत।
ज्वालमालसंकुलित अग्नि यह दहकत आवत॥

प्रव० : क्या हुआ, कुमार का बारुणास्त्र चल चुका।

घन घहरत चहुंओर घोर पल मैं घिरि आये।
उमड़ि-उमड़ि तिमि घुमड़ि कूहरि छितिमंडल छाये॥
बरसि मूसलाधार प्रलयकौतुक दरसाई।
लगी महान दबारि दियो छन मांहि बुझाई॥

जयं० : महोदय! महात्मा भीष्म ने अब बाणास्त्र छोड़ा है।

महाकाय नीलाद्रि लौं जौन धारैं।
बड़े बृक्ष को मूल सो जो उखारैं॥
बड़ी सुण्ड औ दन्त जाके डरावैं।
घिरे घूमते सो लखो सौंह आवैं।

प्रव० : सत्य है! किन्तु कुमार ने जो मृगराजास्त्र छोड़ा है उसका कौतुक अवलोकन कीजिये।

पटकि पूँछ तिन तरपि तोपि करि गन को लीनो। प्रखरदन्त नख बल बिड़ारि तिनको दल दीनो॥ कर प्रहार कटि फारि कुंभ नख सों पल माहीं। सकल दन्ति दलि भये लोप अब नहिं दरसाहीं॥

इन्द्र : अहा! यह क्या हुआ!

दल्यो जिते हुते सपच्छ अद्रि ता सुपच्छ को।
तऊ लखो समच्छ आवतो समूह लच्छ को॥
किधौं भयो सपच्छ सैर बंस है नयो कोऊ।
किधौं अहै कोऊ उपाध पै जनात ना सोऊ॥

जयं॰ : मेरे पूज्यपाद! यह सुरसरीनन्दन का छोड़ा हुआ पर्बतास्त्र है जिससे अब कुमार प्रद्युम्न का बचना कठिन जान पड़ता है।

प्रव॰ : आयुष्मन्! यह देखिये! प्रद्युम्न ने भी साथ ही पुरहूतास्त्र छोड़ा है।

गहे कुलिश कर भरे कोप कुण्डल श्रुति धारे।
प्रगट भये बहु इन्द्र ओप चहुं ओर पसारे॥
जिनके कुलिशप्रहारन सों सिगरे गिरि गाढ़े।
ह्वै अपच्छ चकचूर भये जिमि हे बहु बाढ़े॥

जयं॰ : **(साम्हने देख कर)**

महाभयंकर रूप बिकट टेढ़े अति कारे।
खोले सघन रु निबिड़ केस सब दन्त निकारे॥
कटकटात चिक्करत बमत निजमुख ते ज्वाला।
यह पिशाच को जूह लखो आवत गहि भाला॥

इन्द्र : ठीक है! सन्तनसुअन ने पिशाचास्त्र छोड़ा है।

प्रव॰ : देव! देखिये!

भैरबास्त्र जो तज्यो कुंवर तासों छन माहीं।
स्वान चढ़े प्रगटे अनन्त भैरव तिन पाहीं॥
तिनैं निरखि मिगरे पिशाच झुकि सीस नवाये।
और परसि पग ह्वै प्रलोप निज धाम सिधाये॥

इन्द्र : अब क्या भीष्मपितामह ने पन्नगास्त्र का प्रहार किया है, जो अचांचक इतने सर्पों का समूह फुँकारता हुआ सन्मुख चला आता है?

जयं॰ : हाँ! ज्ञात तो ऐसा ही होता है!

कुहू निसा सम मलिन और कारे दरसाहीं।
कुटिलबक्र अस जाहि निरखि कच नारि लजाहीं॥
उगिलत गरल अपार फुंकरत फन फहराबत।
यह अहिकुल हियमाहि त्राम त्रैगुन उपजावत॥

प्रव॰ : देव! कुमार प्रद्युम्न की कैसो अपूर्ब लाघवता है कि पन्नगास्त्र के साथ ही गरुड़ास्त्र भी छूटा है।

बान बगारत बेर भई नहीं पच्छ प्रहारत औ मुँह बाये। भू नभ औ दसहूं दिसि मैं हरिऔध घने उरगारि दिखाये ॥ देखि भुजंग सबै घबराय भजे पर एक न भाजन पाये। पन्नग जेते हुते प्रगटे तिनको पल मैं गहि कै तिन खायें ॥

इन्द्र : प्रवर! देखो!

जीव जरावत थरहरत उपजावत अति त्रास।
तज्यो नदीसुत ब्रह्मसर करन चहत जग नास ॥

प्रव॰ : अहा!

तजत ब्रह्मसर के भयो तुरुत ब्रह्मसिर पात।
अब कुमार सर तजि कियो रथसारथी निपात ॥

जयं॰ : ओहो! यह क्या हुआ।

भग्न जान लखि अपर यान कुरुपति पठवायो।
बान मारि ताको कुमार पथ माहि उड़ायो ॥
कोपित है मर हन्यो भीष्म जो सो रज कीनो।
मायाफाँसी डारि बाँधि तिनको अब लीनो ॥

प्रव॰ : धन्य! कुमार प्रद्युम्न धन्य!! ऐसा अपूर्ब पराक्रम तुमारे अतिरिक्त किसका हो सकता है।

सकल दिब्य उपअस्त्र को अपने बल सों दारि।
भीष्म सरिस बाँध्यो सुभट मायाफाँसी डारि ॥

इन्द्र : अरे तुम सब क्या देखते हो, इस बिचित्रता को अवलोकन करो।

तमसाबृत औंड़ौ अमित माया गुहा बनाय।
तामे भीषम को धर्‌यौ लखत नृपन समुदाय ॥

प्रव॰ : देव! उससे अधिक बिचित्रता देखिये!

अश्वत्थामा द्रोन कृप त्रै महारथी साथ।
आवत इक हरिसुवन पै गहे चाप सर हाथ ॥

इन्द्र : क्या हुआ, कृष्णसुत इन तीनों के लिये अकेला ही बहुत है।

प्रव॰ : इन तीनों के लिये क्या, यह कहिये कि जितने राजे उपस्थित हैं उन सब के लिये।

जयं॰ : महात्मन्! देखिये!

रवि ते किरिन अरु घनपटल ते बूंद ज्यों निकरहिं घने। तिमि द्रोन कृप अरु द्रोनसुत धनु ते निकरि सायक अने॥ रथ तोपि हरिसुत को लियो पै काटि सर इमि सो कढ़े। जिमि मिबिड़ बारिद को बिदारि कढ़त् दिवाकर दिन चढ़े॥

इन्द्र : अहा! क्यों न हो।

कढ़त बेर नहिं भई द्रोन सर अयुत चलाये।
त्रै सहस्र सर रथ सारथि हय को कृप घाये॥
सप्त सहस सायक अश्वत्थामा बढ़ि मास्यो।
पे कुमार इक इक सर पै द्वै द्वै सर झास्यो॥
जाते उनके सर पलटि कै उनहीं पै धावत भये।
ह्वै अबस आपने ही सरन असि निकासि तीनों हये॥

प्रव॰ : देव! कुमार ने दो दो बाण मार कर केवल उन लोगों के बाण ही को नहीं फेर दिया, बरन यह लाघवता भी की।

लगेहुते सर काढ़न मैं जबहीं वह तीनो।
तब कुमार इक रवि औ द्वै पावक सर लीनो॥
छाड़िदियो तकि सौंह तुरतसो अरिदिसचाह्यो
रथ सारथि हय कवच तून तीनो को दाह्यो॥

जयं॰ : महोदय! अब देखिये!

गहे कृपान चर्म्म अग्र द्रोन तात धावतो।
त्रिसूल धारि द्रोन तासु पृष्ट ओप छावतो॥
लिये कृपास्त्र चक्र तानु तेह सों फिरावतो।
कुमार पै कमाल कोप सों लखाहिं आवतो॥

प्रव॰ : सत्य हैं! किन्तु

हनि बिसिख द्वै हरिसुत चरम असि द्रोन सुत को दलि दियो। निज उग्र सक्ति प्रहारि द्रोन त्रिसूल को खण्डित कियो॥ कृपचक्र को निज चक्र सों चकचूर कै अति चोप सों। गडारि मायाफाँस तिनको बाँधि लीनो चोप सों॥

इन्द्र : भद्र! कुमार ने केवल बाँध ही नहीं लिया बरन

कथित कपट कंदरा मैं तिनैं कैदहूँ कीन।
अरुरच्छक निजसुतहिं करि जगतमाहिं जगदीन॥

प्रव॰ : **(सामने देख कर)** देव! इनको क्या सूझी है, जो इतनी दृढ़ता से चले आते हैं।

इन्द्र : किनको? दुर्योधन को!

प्रवर : हाँ!

इन्द्र : सूझी क्या है! "जेहि मारुत गिरि मेरु उड़ांहीं, कहहु तूल केहि लेखे मांहीं," पर नहीं सुना है कि 'बिनाशकाले बिपरीतबुद्धिः,।

प्रवर : आपका कथन बहुत ठीक है, और सोई हुआ भी।

जब लौं धनु धार्‍यो अरु सर मार्‍यो दस औ सत कुरुराई। तब लौं ही डांटी बानन काटी करि लघुता समुहाई॥ रथसूत बिनास्यो ध्वज धनु नास्यो सकल अस्त्र दलि डार्‍यो। हरिसुत बलधारी ताहि प्रचारी अरु द्वै बान प्रहार्‍यो॥

रथ सारथी बिनास ते आकुल ह्वै सर खाय।
गिर्‍यो सुयोधन धरा पै मुरछि महादुख पाय॥

जयं॰ : महाशय! इस कौतुक को अवलोकन कीजिये!

मुरछित कुरुपति निरखि सल्य रथ चढ़ि द्रुत पायो। अरु चढ़ाय रथ ताहि हांकि रथ तुरत परायो॥ हरिसुत हँसि रथ भाजि बाजि हति कौतुक कीनो। क्रीट सुयोधन को उतारि सल्यहिं गहि लीनो॥

प्रवर : यह तो हुआ, पर इसमें क्या युक्ति है?

सल्यहिं तो गहि कै कियो कैद कन्दरा माँहि।
क्रीटलेइ कुरुपति तज्यो तेहि गहि बाँध्योनांहि॥

इन्द्र : यह तो प्रत्यक्ष बात है!

कुरुपति ही सेनप अहै तेहि बाँधे सब सैन।
बिचलि भाजिहै सहमि कै अरु ह्वै महा अचैन॥
पै कुमार अस चहत नहि बल दरसावन काज।
याही ते बाँध्यो नहीं क्रीट उतारन ब्याज॥

(नेपथ्य में)

अरे बीरमानी प्रबीर निरखत कत ठाढ़े।
अहो कहा चिन्तत सिगरे रावत रन गाढ़े।
करत कहा को दण्ड लिये भूपति कुलमानी।
ररत कहा कायर लीं सब सेनप रिस ठानी॥

धावहु धावहु धरि लेहु गहि धीर दूर अरि बल करहु। रथ तुरग सारथी बिसिख धनु दलि हरिसुत को मद हरहु॥

प्रवर : अमरेश! दुर्योधन की इस निर्लज्जता को देखिये जब अपने से कुछ न बन आया, तो सेनपों को उत्तेजित करने लगा।

इन्द्र : कायरों की यही रीति है, किन्तु इसके उत्तेजना करने का प्रभाव बड़ा हुआ– क्योंकि–

बीर जेते हुते भूप लैकै तिते कृष्ण प्यारे सुतै घेरि लीने। सोर कीनो महाचाप चीनो गहा जोम भीने तहाँ त्रास दीने॥ रोस साने बने तेज तीखे अने बान मारे घने दाप शीने। जीत ईहा पगे बीरता मैं खगे जुद्ध जोधा जगे मान भीने॥

प्रवर॰ : देव! इसमें सन्देह नहीं कि राजाओं ने अपार सेना से प्रद्युम्न को घेर लिया, किन्तु प्रद्युम्न का असीम साहस इस समय भी वैसा ही अनिवार्य है।

यदपि चार जोजन को घेरो करि दल छायो।
व्यूह बाँधि अस, संगसि बायु जहँ जानन पायो॥
सकल सुभट नृप सिमिटि सैन के आगे आये।
तुरग हस्ति रन कुशल चमू चहुंदिस बगराये॥

झर लाइ सबै असि परिघ सर सिंह सरिस गरजत खरे। पै तदपि हरिसुअन धनु धुनत धँसे मन्द हँसि नहिं टरे॥

इन्द्र : प्रवर! देखो!

दल मैं प्रबिसि हरितात तानि कमान को अजगुत कियो। करि छिन्न भिन्न अनेक भट बहुतेक बीरन दलि दियो॥ क्रीटरु कवच को काटि सूत निपाति सूर अनेक को। मद मोरि दरि अभिमान दीनो समन कीनो टेक को॥

प्रवर : बाहबा! कुमार! बाहबा!!

जिमि अपार मृग जूह बीच केहरि गति धारै।
जिमि अहिगन मैं नभगनाथ कौतुक बिस्तारै॥

तृन समूह पै अग्नि राशि जिमि जोम जनावै।
दिवसनाथ तम तोम नासि जिमि तेज बढ़ावै॥

तिमि निरखि अमित नृप संकुलित सैन मांहि तव अगम गति। उमगत मन मोदित ह्वै महा अरु प्रमुग्ध ह्वै रहत मति॥

जयं॰ : महाशय! कुमार का अद्भुत पराक्रम निस्सन्देह प्रशंसनीय है।

जो जन भर को करि घेरो रथ भ्रमत लखावै।
रोमरोम ते तजत बिसिख हरि तात जनावै॥
एक बान जो कोउ दिसि ते हरिसुत पै आवै।
तानु तीन सर धार बैरि सूतादि नसावै॥

चकि चौंकि चौंकि अति भट भजत भभरि भूरि अरु थरहरत। जब सम्बरारि संगर सबल माया ते ढिग संचरत॥

इन्द्र : प्रिय पुत्र! तुम शीघ्र हाथ में धन्वा बाण लेकर हम लोगों की रक्षा करो। क्योंकि—

सूत तुरग हरि तात रोम रोमन अरु रथ ते।
निंकसत बहु सरबृन्द झरत कै उडुगन पथ ते॥

किधौं धरा प्रति छिद्रन ते सर निकरत आवत किधौं ककुभ ते निकरि शिलीमुख को गन धावत॥ जाते जल थल अरु गगन चर जीब जन्तु कटि कटि परत। सोइ गति ह्वै है हम सबन की जौ न बान धनु तुम धरत॥

जयं॰ : जैसी पूज्यपाद की आज्ञा। **(धन्वा बाण ग्रहण और सन्धान)।**

प्रवर : देव! आपने बहुत अच्छी युक्ति सोची, नहीं तो इसमें सन्देह नहीं कि हम लोगों का यहाँ ठहरना कठिन हो जाता।

नैन उठावत नैन माहि द्रुत सर परि जावै।
भुजा सस्त्र के सहित उठत कटि भू पै आवै॥
जलचर सरभय धारि अगाध उदक तकि धावै।
नभचर उड़िबो त्यागि सहमि गिरिगुहा समावैं॥

जगजीव अमित इमि जोहियत जहाँ तहाँ ब्यथितरु बिकल। हम सब फिर कब हरितात के तजित बिसिख ते लहत कल॥

इन्द्र : मित्र! देखो।

फनि समान फुँकरत सौंह कोऊ सर आवत।
गज पदाति की पाँति भेदि कोऊ नभ धावत॥
काटि बाहु अरु सीस ता सहित कोउ इत दौरै।
लपटि आँत सों रुधिर भरे आवत ढिग औरै॥

तिमि काक कंक के जूह को भेदि आबि कोऊ गिरत। पै करि लाघवता सबन दलि मम प्रिय सुत रक्षा करत॥

जयं॰ : पूज्यचरण! तनिक रणभूमि की ओर दृष्टिपात कीजिये।

सहसन सुभट कटि परत सहसन मारमार उचारहीं। बिनु नासिका दृग श्रवन ह्वै सहसन सभीत चिकारहीं॥ कटि गये दोऊ भुजनहूं सहसन लरत अरु परत हैं। बिन सीस ह्वै के बैरि हित सहसन बिसिख धनु धरत हैं॥

अहा! यह देखिये!

अक्ष स्त्रौन मुख आदि ढेर जहँ तहँ दरसावै।
रुधिर मेद अरु मांस फैलि मन घिन उपजावै॥
कर कबन्ध करबाल गहे इत सों उत घूमहिं।
गिरत लोथ पर लोथ सीस कटिकटि भुव चूमहिं॥

प्रव॰ : देवेश! रणभूमि इस समय निस्सन्देह दर्शनीय है!

जहाँ तहाँ अपार दन्ति सुण्ड दन्त खोय कै।
भ्रमैं जिनैं लखे भजैं अधीर भीरु होय कै॥
तुरंग जूह बान के लगे बिहाय चाल को।
खरे रहैं जकेति जीव ज्यों बिलोकि शाल को॥
ध्वजादि सारथी रथी बिहीन चूर चूर ह्वै।
अनेक यात हैं परे कितेक धूर पूर ह्वै॥

और भी

खोपरीन भरि स्त्रौन पान कै नचत कराली।
पोय मुण्ड की माल रुधिर पोतत बपु शाली॥
भूत प्रेत बैताल मेद पूरित पल खाई।
क्रीड़त कन्टुक मुण्ड और पग दण्ड बनाई॥

बहु काक कंक बल हित लपकि बान खाइ द्रुत कटि परत। अरु उड़त मांस लै अमित नभ पै तहांति लरि पुनि गिरत॥

इन्द्र : मित्र! रणभूमि क्या यह तो एक सुबृहत ताल है।

कोसन लौं जो भरो रुधिर सोई जल मानो।
मृतक अश्व गज जूह नक्र मकरादि पछानो ॥
दीरघ लघु सफरीस मान पग कर जकटे कर।
कंसजाल सैबाल दृगादिक अपर उदक चर ॥

जहँ तहँ अनेक भट जोहियत रुधिर माँहि अतिहीं भरे। सो मनहु समर भूताल मैं न्हात अमित मानव खरे ॥

(रणभूमि की ओर देख कर)

किधौं मेदिनी माँग माँहि सेंदुर को टीको।
किधौं बृहत रजतल प्रबाह गेरू को नीको ॥
किधौं कालिका रुधिरपान हित जीह पसार्‍यो।
किधौं रक्तनद कोऊ सैल ते निकरि पधार्‍यो ॥

रवि हनित प्रात असुरन किधौं छतज धार महि बसि रही। हरि औध किधौं रनभूमि मैं सिमिटि रुधिरधारा बही ॥

जयं॰ : पिता जी! देखिये! इस समय कैसा घोर युद्ध हो रहा है!

भड़ाक चाप तानि कै तड़ाक पैंतरे फिरे।
सड़ाक सैहथी हतं पड़ाक सूरमे गिरे ॥
भड़ाक फूटियो सिरं धड़ाक बान को सहा।
खड़ाक खोल उत्तरी कड़ाक शब्द कै महा ॥

और भी

तागिड़दं तीरं छागिड़दं छुट्टे।
बागिड़दं बीरं लागिड़दं लुट्टे ॥
कामिड़दं कोपे जागिड़दं ज्वानं।
मागिड़दं मारे बागिड़दं बानं ॥
नागिड़दं नच्चे भागिड़दं भूतं।
हागिड़दं हस्से पागिड़दं प्रेतं ॥
जागिड़दं युद्धे सागिड़दं सूरं।
घागिड़दं घूमीं हागिड़दं हूरं ॥

इन्द्र : पुत्र! निस्सन्देह इस समय बड़ा घोर युद्ध हो रहा है।

कृणणण कोपे। चृणणण चोपे।
सृणणण सूरं। पृणणण पूरं।
नृणणण नासे। खृणणण खासे।
जृणणण जौधे। कृणणण क्रोधे।
तृणणण तीरं। बृणणण बीरं।
मृणणण मारे। दृणणण दारे।
छ्रिणणण छुट्टे। लृणणण लुट्टे।
बृणणण बानं। ज्रिणणण ज्वानं।

और भी

टरे कोल कच्छं। लरे बीर दच्छं।
डरे लोक लोकं। भरे सर्ब सोकं।
चमक्के कृपानं। कड़क्के कमानं।
तड़क्के तुफंगं। सड़क्के अभंगं।
कहूँ बीर जुट्टे। कहूँ बान छुट्टे।
कहूँ सूर गज्जे। कहूँ डंक बज्जे।
मसक्कैत धाकं। धसक्कैत नाकं।
जहक्कैत ज्वानं। बहक्कैत बानं।

प्रव॰ : देव! बस कीजिये, रण के बिषय में मैं भी कुछ कहना चाहता हूँ।

बहकन्त बीरं। फहकन्त तीरं।
ढमकन्त ढोलं। बमकन्त गोलं।
बहकन्त काकं। बबकन्त बाकं।
तमकन्त सूरं। चमकन्त हूरं।
दरतन्त मानं। हरतन्त सानं।
कटतन्त अंगं। तजतन्त संगं।
भरतन्त द्रोहं। करतन्त कोहं।
लगतन्त बानं। भजतन्त ज्वानं।

और भी

कि बज्जेत बाजं। कि सज्जेत साजं।
कि नच्चेत उद्धं। कि मच्चेत युद्धं।
कि जुजूझन्त ज्वानं। कि लुजझन्त प्रानं।
कि मुजूझन्त दोसं। कि बुजूझन्त रोसं।

कि पच्चेत मानं। कि खच्चेत बानं।
कि लज्जेत जोधे। कि गज्जेत क्रोधे।
कि फुट्टन्त संगं। कि कुट्टन्त अंगं।
कि तुट्टन्त तीरं। कि जुट्टन्त बीरं।

इन्द्र : मित्र! कुमार प्रद्युम्न का युद्ध देख हम लोगों को कौतुक हो रहा है किन्तु इससे संपूर्ण संसार सभीत है।

शिव समाधि भी भंग बिधाता ब्यस्त लखावैं।
जच्छ रच्छ गन्धर्ब देव मुनि जकित जनावैं।
कच्छ कोल दिग्गज अहीस डिग्गत दरसाहीं।
उथलत पुहुमी बार बार गिरि सकल हलाहीं।

उच्छलत बारि बारिधि बिचलि टूटि टूटि तारे गिरत। रवि अरुन छत्रपति भूलि पथ गगनमाहिं भटकत फिरत॥

प्रव॰ : ठीक है, पर अपसराओं के आनन्द की तो सीमा नहीं है।

रन सौहैं-लरि मुदित बीर जो निज तन त्यागैं।
लिये हाथ जैमाल तासु हित कोउ अनुरागैं॥
कोउ ताको हियलाइ मोद मढ़ि पुलकित होवैं।
कोउ बरि लहि मनकाम बाट निजगृहकी जोवैं॥

कोउ लरत एक सों एक हित कोउ बीचहि तेंहि लै भजत। कोउ करि कामना अनेक उर आभूषन अंगन सजत॥

जयं॰ : महाशय! इस समय दोही की तो बन आई है।

कै आमिष भोजीन की भूमण्डल के मांहि।
कै बर नाकनटीन की नाकलोक के पाहि॥

प्रव॰ : देव! यद्यपि चारणों के यशोच्चारण, बन्दियों के बिरदप्रसारण, कड़खैतों की कड़क, रणबाद्यों की तड़क, नगाड़ों की गरज, और शंखों की तरज, का यह प्रभाव हुआ कि लाखों सूर, बीरगति को प्राप्त हुये, यहाँ तक कि अनेक क़ायर भी कट मरे, तथापि रणभूमि सूरसामन्तों से भरी है, किन्तु अब संपूर्ण राजाओं को विशेष क्रोध हुआ है।

दन्तबक्र, सिसुपाल, जरासुत, रुक्म, बिदूरथ।
साल, बिन्द, अनुबिन्द, नील, भगदत्त, जयद्रथ॥

द्रुपद, सुसरमा, धृष्टद्युम्न, उत्तर, दुस्सासन।
ए प्रबीर सँग, सकुनि, बिराट, कुरुप, सतभ्रातन॥

तिमि सोमदत्त, पुरुजित, जुधामन्यु, भोज, उत भोज, मन। बर बाहलीक, भूरिश्रवा, चेकितान कासीस गन॥

कुन्त सैव अरु धृष्टध्वज* आदि अपर महिनाथ।
बृत्ताकार सुव्यूह रवि घेरि लियो रतिनाथ**॥

इन्द्र : मित्र! तो अब क्या होगा?

प्रव॰ : होगा क्या, यद्यपि राजाओं ने प्रलय का ठाठ किया है। अर्थात्

कोउ सहस कोऊ लच्छ कोउ कोटिन शिलीमुख डारहीं। कोउ रुद्र कोऊ ब्रह्म कोऊ विष्णु बान प्रहारहीं॥ कोउ मुसल मुग्दर मारि चक्र चलाइ सांगन हनत है। कोउ बिरंचि माया कपट खानिक बिबिध बानिक बनत है॥
तथापि

करि कौसल प्रति नृपन सों करत युद्ध हरितात।
हनितसकलसस्त्रास्त्रदलि तिमिबिदारिअरिगात॥

जयं॰ : महाशय! देखिये!

बिदारि ब्यूह चाप काटि अस्त्र शस्त्र दूर कै।
निपाति सारथी रु बाजि स्यन्दनादि चूर कै॥
लगाइ घाव अंग अंग बेधि रोम रोम को।
कियो कुमारु भीरु औ अधीर भूप तोम को॥

इन्द्र : भद्र! फिर अब बिजय होने में क्या बिलंब है!

प्रव॰ : देव! अब कुछ बिलंब नहीं है।

(नेपथ्य में)

परम सुभट सब भाँति बड़े ह्वै बीर कहाई।
निज लघु पै रिस करब महा अनुचित दरसाई॥
याते कत समुहाइ बरकि हमसों तुम माड़त।
चले जाहु हठ त्यागि धाम मातुल हम छाड़त॥

---

* धृष्टध्वज = धृष्टकेतु।

** रतिनाथ = कामावतार कुमार प्रद्युम्न।

प्रव॰ : अमरेश! आपने सुना, कुमार प्रद्युम्न ने निज मातुल रुक्म को कैसा उत्तम परामर्श दिया है।

इन्द्र : निस्सन्देह! पर इस परामर्श का प्रत्येक अक्षर उस के क्रोधाग्नि के लिये घृत से भी बढ़कर है।

(पुनः नेपथ्य में)

बृद्धन बाँधि कहा इतो अरे मूढ़ गरबात।
मिल्यो तोहि नहिं कोउ सुभट पै अब मैं समुहात

इन्द्र : प्रवर! रुक्म की बातों को सुना।

प्रव॰ : सुना, यदि ऐसे न होते तो बार बार दुर्गति क्यों होती।

जयं॰ : पूज्यचरण! आप देखैं!

भगदत्त बारन सीस पै रथ को उड़ाइ सिवारि गो। दलि चाप चर्मादिक पकरि तेहि कन्दरा मै डारि गो॥ पुनि रुक्म औ सिसुपाल तजि तजि सूल सायक टारि कै। सुतादि हनि तिनको गह्यो गर कपट फाँसी डारि कै॥ रथ छोरि नभ मों आइ कूदि सकुनि रथोपरि हँकरिकै। कच मिथः बाँध्यो तेहि सदुस्सासन सभ्रातन पकरि कै॥ तिमि मध्य मैं कर मैं समीप छुटत बिदलि सर जाल को। अरु अस्त्र शस्त्रन नासि गहि बाँध्यो सकल भूपाल को॥ कुरुराज को कुरुपति बिचारि बिनाहि बाँधे यहि लियो। अरु सकल नृपगन सहित ताको कैद कन्दर में कियो॥

प्रव॰ : तो क्या कुमार प्रद्युम्न की जीत हो गई?

जयं॰ : महाशय! आप देखते नहीं!

जिते जगहिजयी नृपाल रनहित हे आये।
तिनै जीति गहि बाँधि गुहा में हरिसुत नाये॥
धीर बीर सीमन्त सूर रावत हैं जेते।
करि कठोर घमसान बीरगति गमने तेते॥

अस निरखि बची सैना भजी तजि तन सुधि तिमि बसन धन। कोउ नहिं दरसत रनभूमि अब अपर त्यागि बहु मृतक जन॥

इन्द्र : मित्र! कुमति भी कैसी आपदा है! इसी के कारण राजाओं की आज यह दशा हुई है।

व्यर्थ बैर हरि सों बेसहि ह्वै असैन लहि चोट।
अखिल अँधेरी गुहा मैं अब भोगत दुख कोट॥

प्रव॰ : अमरेश! यह तो उचित ही है, क्योंकि—

अनुचित उचितनजोलखत मतिउजास मदछाय।
सो तमसाबृत अरि गुहा परि दुख लहै बनाय॥

जयं॰ : **(सामने देखकर)** महोदय! रथ को त्याग बाम हस्त में माया बन्धन लिये, कुमार प्रद्युम्न अब कहां जा रहे हैं?

प्रव॰ : आयुष्मन्! ज्ञात होता है रणभूमि के अन्तिम भागस्थ पर्वत की उस कन्दरा के रक्षक कर्ण को दण्ड देने के लिये, जिसमें समस्त यदुबंशीबद्ध हैं।

(नेपथ्य में)

अरे सूतसुत चाप गहि कहा हनत सर मोहि।
बिना गहे आयुध कोऊ मैं गहि लैहौं तोहि॥

इन्द्र : **(सुन कर)** मंत्रिबर! कुमार प्रद्युम्न ने कैसी कठिन प्रतिज्ञा की है, क्या कर्ण के सन्मुख यह सफल हो सकती है?

प्रव॰ : देवेश! आपके इतना कहते ही कि "सफल हो सकती है" वह सफल हो गई।

जदपि सो ढिग सों कुमार समीप लों तजि बान को। रचि बिसिखपंजर पूरि दीनो गगन और दिसान कों॥ पै तदपि जिमि महि छिद्र पथ ह्वै वायु कीं गति होत है। अरु निबिड़ घन मैं धँसत दामिनि करि अपार उदोत है। तिमि प्रबिसि तामैं कृष्णसुत निज ओप को सौगुन कियो। चकचौंधि रविसुत चाप तजि चकि तोपि चख कर सों लियो॥ तब पद प्रहारि गिराइ क्रीटहिं पकरि केस समूह को। तेहि कैद कीनो कन्दरा मैं छोरि जदु जन जूह को॥

इन्द्र : मित्र! ऐसा अद्भुत पराक्रम काहे को किसी का होगा, जैसा कि कुमार प्रद्युम्न का है।

सहसन महा महारथी रथी अतिरथी कांहिं।
त्यागि कृष्णसुत को सकत जीति द्वै घटी मांहिं॥

प्रवर : देव! जब कुमार प्रद्युम्न का ऐसा अद्भुत पराक्रम है तभी तो हम लोग आज रणकौतुक देख कर अघा गये! नहीं तो

देखेहूँ आहव अमित रही चाह चित ऐन।
पै बिलोकि हरितात को युद्ध अघाने नैन॥

जयं॰ : महाशय! केवल हमी लोग नहीं अघा गये, कुमार के अद्भुत पराक्रम ने अनेकों को अघा दिया।

सूरता समर कै अघानो जूह सूरन को भूपति अघाने बान बेर बेर धरि कै। काक कंक कूकर अघाने मांस मेद खाइ कालिका अघानी पान स्रोनित को करि कै॥ हरिऔध भूपत अघाने पाइ मुण्डमाल अतिही अघाने बीर बारबार लरि कै। बन्दीजन बिरद बखानि कै अघाने आज देवन की अंगना अघानी बीर बरि कै॥

(रथारूढ़ सारथी सहित कुमार प्रद्युम्न का प्रवेश)

इन्द्र : मित्र! समरीयकृत्य का अब शेष हो गया, और अघाने उपरान्त बिश्राम भी आवश्यक है, अतएव चलो चलैं!

प्रवर : बहुत उत्तम, चलिये।

(तीनों जाते हैं)

सार॰ : कुमार! ऐसे उत्कट संग्राम में आपकी बिजय और आपके एवं अपने शरीर को बिना ब्रण देख कर इस समय मुझको परमानन्द प्राप्त है।

प्रद्यु॰ : सूत! मुझको इन बातों का उतना हर्ष है वा नहीं है, जितना भक्त मानसरहंस महात्मा भीष्म और ब्राह्मणबंशावतंस श्रीयुत कृपाचार्य्य वा द्रोणाचार्य को अपने हाथों से बाँधने का खेद है।

सार॰ : कुमार! खेद का कोई स्थल नहीं है, क्योंकि क्षत्रिय धर्म ही महाकठोर है!

पिता पूज्य गुरु भ्रातहूं पाइ सौंह रनमांहि।
जे सकाहिं ह्वै छत्रिसुत ते पामर कहलाहिं॥

प्रद्यु॰ : यदि खेद का स्थल नहीं है तो हर्ष का अवसर भी नहीं है क्योंकि पूर्ववर्णित अयोग्य कार्य के अतिरिक्त और भी कतिपय अनुचित कर्म हुये है।

कमल सरिस कोमल कबौं न जिन बन्धन पायो।
भूपन के तिन हस्त पाद हम सृङ्खल नायो॥
सुमनसेज पै सैन समय कल जिनैं न आयो।
तिनैं कन्दरा माहिं कठिन भू पै हम खायो॥

जिन नृपनसीस सोहत हुतो कलित क्रीट बर बसन तन। तिन क्रीट काटि हरि बसन हम करि दीनो रन मैं नगन॥

सूत॰ : कुमार! राजाओं की इस दुर्गति का कारण उनका यह अभिमान है कि "यदि हम लोग श्रीकृष्ण को एकाकी नहीं जीत सकते तो आज सब कोई मिल कर उनको जीत लेंगे, जिससे चिरसंचित बैर निर्यातन का हम लोगों को अवसर हस्तगत होगा" किन्तु

बिना लखेई हेत के बँहकि जोय गरबात।
सो घटाय निजमान को बिना सिद्धि रहि जात॥
उठहिं बलूल उदक मैं बिना हेत मद छाय।
याही ते बिनसत रहत बनि तिनको समुदाय॥

(नेपथ्य में)

खल निकुम्भ हरिसर ते पीड़ित ह्वै नभ आयो।
यहाँ देखि कै हम सबको मन मैं दुख पायो॥
गदा तानि कै ताकि प्रवर को बल सों मार्‍यो।
जाके लगत सकाइ सो सपदि निजबल हार्‍यो॥

अब ह्वै मुरछित भेदत पवन सो दिखात भू मैं गिरत। तुम तात लोकि कै मध्य ते करहु तासु रच्छा तुरत॥

(दोनों सुनते हैं)

सा॰ : कुमार! क्या यह सुरराज निजप्रियपुत्र को प्रवर की रक्षा का निदेश दे रहे हैं?

प्रद्यु॰ : हाँ हाँ! ज्ञात होता है कि जब तक निकुंभ ने प्रवर पर गदा का प्रहार किया तभी तक पूज्यवाद पिता के शरजाल वहाँ तक पहुँच गये जिस कारण वह पुनः पृथ्वी में पलट आया, नहीं तो इन्द्र कब इस निस्सङ्कता से निदेश दे सकते थे।

सार॰ : सत्य है!

उदभटता निस्सङ्कता बीरतादि रनचाव।
द्विज अरु देवन में रहत इनको सदा अभाव॥

(पुनः नेपथ्य में)

धन्य पुत्र! धन्य!!

केवल तुम नहिं प्रवर को दियो प्रान को दान।
कियो गदाहूं असुर को चूर मारि बहु बान॥

सार॰ : **(सुन कर)** क्या बात है! इस अवसर में जब कि वह–

हरिसर ते पीड़ितहुतो आवत पुहुमी ओर।
तासु गदा को काटिबो है बीरता न थोर॥

प्रद्यु॰ : क्यों नहीं, उनके लिये यही बड़ी बीरता है!

सार॰ : कुमार! न जाने किस मुहूर्त में महात्मा ब्रह्मदत्त ने इस यज्ञ का संकल्प किया था, कि जिसके कारण सम्पूर्ण संसार* एक बार अस्तब्यस्त हो गया!

प्रद्यु॰ : सूत! यह कुछ नई बात नहीं है! प्रजापति दक्ष के यज्ञ में भी तो ऐसा ही हुआ था।

सार : **(सामने देखकर)** कुमार! तनिक सामने देखिये!

बिकसितबदन प्रफुल्लनैन मुसकात मनोहर।
नीलसरोरुह सितसरोजदलसम अति सुन्दर।
मन्द मन्द पग धरत मैन को मान नसावत।
नैनन को सुख देत मोद मन मैं उपजावत॥
अनछत-सरीर आमोदरत बपु सनाह सोभन धरे।
श्रीहरि श्रीरेवतीपति आवत इत आनँद भरे॥

प्रद्यु॰ : **(देखकर)** क्या पूज्यपाद पिता व पितृव्य इतना सन्निकट आ गये? तो हमको भी रथ से अब उतरना उचित है **(रथ पर से उतर पड़ते हैं)**

(बलरामजी के साथ भगवान श्रीकृष्ण का प्रवेश)

श्रीबल॰ : **(आगे देखकर)** यदुकुलेश! तनिक कुमार के मुख की शोभा को **(जो इसी ओर आ रहा है)** अवलोकन कीजिये!

नीलम पै हरिऔध ज्यों लाल कनी अरु हीरक के कन छाजैं। इन्द्रबधू की पांति औ जीवन** के कन नीलशिला जिमि भ्राजैं॥ नीलसरोरुह मैं जिमि रक्त पराग औ ओस के बुन्द बिराजैं। त्योंही कुमार के आनन पै श्रमबिन्दु औ स्रोनित के कन राजैं॥

---

* यहाँ उपमा का एक अंग अर्थात संसार का अस्त ब्यस्त होना मान लिया गया है।

** जीवन अर्थात् जल। जीवन = जल।

श्रीकृ० : मान्यबर! आपने कुमार की शारीरिक शोभा का वर्णन किया है किन्तु मैं उसकी उस शोभा को देख रहा हूँ जो आपकी कृपा (**अर्थात् विजय**) से उसको प्राप्त हुई है।

बिथुरी अलक समूहन पै रजकन दरसाहीं।
सो जनु अरि की अमित सैन के भाव जनाहीं॥
मुख पै श्रमकन सहित ओप की पुंज लखावै।
मानहु कृत श्रम चिन्ह संग हिय मोंद सुहावै॥

तनतेज कवच धृत छिद्रपथ ह्वै अपार निकस्यो परत। सो मनहुं बिजय की जोति को जूह निकरि जग जस भरत॥

(अति निकट पहुँचकर कुमार प्रद्युम्न दोनों जन को प्रणाम करते हैं)

दोनों ज०: (**आशीर्बाद देकर**) प्यार से, आओ, पुत्र!!! आओ!!! आज तुमारे अद्भुत पराक्रम ने हम लोगों को चमत्कृत कर दिया।

यदपि निकुंभरु हम दोऊ करत हुते रन घोर।
तजिकै तनकी सकल सुधि औ करिरोस अथोर॥
पै बिलोकि तव जुद्ध को गयो, भूलि निज जंग।
केवल खरे लखत हुते तौ रन, दानव संग॥

कुमा० : (**नम्रता से**) यह केवल आप लोगों के चरणों की सेवा का फल और आप लोगों की कृपा का बल है।

जाकी भृकुटि बिलास ते नसत सकल संसार।
दिग्गजहूं को दलि सकत पाइ सक्ति जेहि स्यार॥
मधुकैटभ कनकाच्छ मुर सहज कियो जिन नास।
केवल ताकी कृपा ते कियो इतो यह दास॥

श्रीबल० : मेरे प्रिय पुत्र! तुमको यही कहना शोभा देता है, परन्तु तुमारा पराक्रम अलौकिक और अपूर्व है।

मिलि हम मुरारिन भये एक निकुंभ पै रन मैं जयी। पै भाजि सो षटपुर गुहा मैं दुस्यो कछु ऐसी भयी॥ तहँ जाइकै कैसेहुं श्रीयदुबीर ने ताको हन्यो। पै तुम अकेले लरि सुभट कोटिन बिदलि जग जस तन्यो॥

प्रद्यु० : पूज्यचरण! आपका यह कथन केवल मेरा उत्साह बढ़ाने के लिये है, नहीं तो—

कहँ बटेर कहँ नभगपति कहँ लघुअहि कहँसेस।
कहाँ एक पामर किरिम कहँ ब्यापक अखिलेस॥

श्रीकृ० : पुत्र! यह तो हुआ, पर बदला चुका लेने उपरान्त भी अब राजाओं को क्यों बाँध रक्खा है?।

यदुबंसिन को गहि कियो असुर दरी मैं बन्द।
ताको बदलो तुम लियो नृपत बाँधि लै फन्द॥
बिना लिये बदलो तजहिं जे जग सुजन कहांहिं।
तुम बदलोहूं लै तजत क्यों न तात तिनकांहिं॥

प्रद्यु० : पूज्यपाद! बदला तो निस्सन्देह हुआ, पर उन लोगों का गर्ब अब तक न शमन हुआ होगा अतएव—

हम चाहत ऐसहिं बँधे तिनैं पुरी लै जाय।
अति लज्जित अरु दीन करि त्यागहिं गर्ब नसाय

श्रीबल० : तात! प्रथम तो इस बात की आशा ही नहीं है कि उनका गर्ब अब तक शमन न हुआ हो, और यदि मान लिया जावे कि नहीं शमन हुआ है तो भी कोई चिन्ता नहीं, क्योंकि—

प्रथम गर्ब करि का कियो अब करि लैहैं काह।
याते तात तजहु तिनैं ह्वै असंक सउमाह॥

श्रीकृ० : पुत्र! यतः मान्यवर श्रीबलरामजी की भी यही अनुमति है अतएव तुम जाओ और षटपुर में जहाँ सहाग्रज हम चलते हैं समस्त राजाओं को लेकर शीघ्र आओ!

हम तहाँ तिनको बसन भूषन सैन हय गज जान को। बहु देहिंगे जाते सुखित सो जाहिंगे निज थान को॥ दै राज षटपुर को सचीपति सचिव प्रबर प्रबीर को। अरु देइ कै तहँ को बिभव सब धनंजै रनधीर को॥ तिमि देइ यदुबंसिन निकुंभसुता बिसिख सतमान सों। रिषि यज्ञपूरि पितादि लै सँग चलहिंगे हम आन सों॥

प्रद्यु॰ : जैसी पूज्यपाद की आज्ञा!

(जाना चाहते हैं)

श्रीकृ॰ : व श्रीबल॰ प्रिय पुत्र! इतना शीघ्र और ऐसी प्रसन्नता से तुमने जो हम लोगों की इस आज्ञा को मान लिया है, अतएव हम लोग तुम को यह आशीर्बाद देते हैं।

रहै सदा तुम रोमनालि हरिपदपंकजरत।
गोद्विज देव स्वधर्म प्रीति होवै दृढ़ सन्तत॥
परतिय पै कबहूं न भूलि चित चंचल होवै।
नीति सदा प्रिय होय ज्ञान को पथ हिय जोवै॥

रनमांहि अटल गति होय तब सर्बदैव अरि जित रहैं। सुखसीं चिरायु ह्वै निरुज रहि प्रान तिहारे प्रन बहै॥

प्रद्यु॰ : महामान्वर! यतः आपलोगों का आशीर्वाद त्रिकाल सत्य है अतएव मैं इस बरदान की भी याचना करता हूँ।

"सन्धिः सर्वमहीभुजां विजयिनामस्तु प्रमोदः सदा। सन्तः सन्तु निरापदः सुकृतिनां कीर्तिश्चिरं वर्द्धताम्॥ नीतिर्बारबिलासनीव सततं बक्षस्थले संस्थिता। वक्तं चुम्बतु मन्त्रिणामहरहर्भूयान् महानुत्सवः"॥

दो॰ ज॰ : तथास्तु।

(सब लोग चले जाते हैं)

इति।

❑

श्रीरुक्मिणीपरिणयनाटक

समर्पण

प्यारे!

तुम क्या हो, पूजनीया श्रीरुक्मिणी कौन हैं? हम पामर इस भेद को क्या जानेंगे। हम तो संसारी जीव ठहरे, बुद्धि, विवेचना, तर्क, वितर्क साथ ठहरीं, बहुत ढूंढ़ेंगे, भली भाँति विचार करेंगे, कह उठेंगे कि पाँच सहस्र वर्ष हुआ कि भारतवर्ष अन्तर्गत द्वारिका नाम्नी नगरी के तुम एक प्रसिद्ध शासक थे, महाराणी रुक्मिणी बिहार प्रान्त मध्य सुशोभित कुण्डलपुर नामक नगर के शासनकर्त्ता महाराज भीष्मक की कन्या थीं, और आगे बढ़ेंगे पुराण वालों का साथ पकड़ेंगे, कुछ श्रद्धा और विश्वास को काम में लावेंगे, कहेंगे, तुम साक्षात् भगवान विष्णु के अवतार हो, महाराणी रुक्मिणी श्रीलक्ष्मी अंश सम्भूता हैं। पर प्यारे! सच तो यह है कि तुमारा और हमारी पूजनीया श्री रुक्मिणी का सम्बन्ध कुछ इससे भी उच्च कोटि का और विलक्षण है, कुछ इससे भी अनोखा और न्यारा है, जिसको कोई प्रेम मन्त्र दीक्षित सुजन ही अनुभव द्वारा अवगत कर सकता है। फिर नाटक रचना का प्रपंच कैसा? फिर सभा सुगठन, विवाहकार्य्य सूत्रपात, युद्ध विग्रह का वर्णन कैसा? प्यारे! कुछ नहीं। वास्तव में कुछ नहीं!! केवल लीला मात्र!!! पर क्या करूँ जब जी कुछ लिखने पढ़ने को चाहता है तो क्या लिखूँ ? तुमसे लोकोत्तर चरित्र किस्का है जो पहले पहल ग्रन्थ लिखने के लिए लेखनी ग्रहण करके उसको लिखूँ। इसीलिए चाहे जिस नाते हो, झूठ हो वा सच, अनुचित हो वा उचित, लिखते बने या न बने, आवश्यकता हुए तुम्हीं को पकड़ना पड़ता है। जो कहो, यह तुमारा उन्मत्त प्रलाप है, क्योंकि मेरे अतिरिक्त दूसरा विश्व में है ही कौन जिसका चरित्र तुम वर्णन करोगे, जब जहाँ कहीं जिस किसी का जो चरित्र वर्णन किया जाता है, वह सब मेरा ही वा दूसरे प्रकार से कहो तो मेरी प्रिया रुक्मिणी ही का है। तो प्यारे मैं निरुत्तर हूँ किन्तु इतना निवेदन अवश्य है कि यह अवस्था मुझको प्राप्त नहीं है, मैं अपने हदय से केवल तुमारी पूजा करता हूँ संसार में किसी को ऊँच किसी को नीच किसी को मित्र किसी को शत्रु जानता हूँ, किसी को प्रणामयोग्य किसी को अनस्पृश्य समझता हूँ, इसलिए ऐसा आचरण करता हूँ। जब वह अवस्था मुझको प्राप्त होगी, जैसा कहोगे करूँगा, इस घड़ी इन पचड़ों से क्या काम है। प्यारे! बहुत कुछ बक

गया, अपने जी की न कहा, तुम भी घबड़ा गये होगे अच्छा जाने दो इन बकवादों से क्या काम है। यह लो वही तुमारा और तुमारी प्यारी स्त्री का निगूढ़ लोकोत्तर प्राचीन चरित्र जिसको मैंने तुम्हारे प्रेमिकों के वर्णित उपस्करों से नाटक के आकार में लिखा है समर्पण के लिए उपस्थित है, अंगीकार करो। यदि कोई तर्क वितर्क हो तो हरिऔध के नाते अंगीकार करो विशेष क्या।

तुमारा कवित्

हरिऔध

श्रीरुक्मिणीरमणो विजयते
प्रार्थना

प्रिय सहृदय पाठकगण!

नाटक रचना विषयक मेरा यह प्रथमोत्साह है। इस नाटक के प्रथम मैंने कोई दूसरा नाटक लिपिबद्ध नहीं किया है। नाटक क्या, वास्तव बात तो यह है कि एक 'श्रीकृष्णशतक' नामक लघु पुस्तिका के अतिरिक्त इस नाटक के प्रथम अपर कवित ग्रन्थ मेरे द्वारा न अनुवादित हुआ है न रचा गया है। नाटक रचकर विद्वज्जनमण्डली में आद्दित होना और उसको सांगोपांग सम्पन करना, कैसा दुरूहकार्य्य है, इससे बिबुधसमाज अनभिज्ञ नहीं है, अतएव इस विषय का उत्थान यहाँ निरर्थक जान पड़ता है। हाँ! यह विषय अवश्य वक्तव्य है कि मैं इस दुरूहता-वारिधि-सन्तरण में कहाँ तक कृतकार्य्य हुआ हूँ। प्यारे पाठक! मेरी जिह्वा क्या ऐसी क्षमता रखती है जो विषय की थोड़ी अवतारणा भी यहाँ कर सके? ...नहीं, इस जटिल प्रश्न की मीमांसा आप लोगों द्वारा ही सम्भव है। मैं शंकित हूँ कि मुझको आप लोगों का लक्ष्य अवश्य बनना पड़ेगा, क्योंकि यह बहुत सत्य है कि मैंने बामन होकर चाँद के छूने का साहस किया है। किन्तु यदि बाण सावधान करता सनसनाता हुआ समीप से निकल जावेगा अंग-भंग की न ठहरेगी, तो मैं अपने ऊपर आप लोगों का प्रसाद समझूँगा अन्यथा मुझको वेदना परबश होना पड़ेगा यह अप्रगट नहीं है।

मुझको इस छोटे नाटक में जितने दोषों के होने की आशंका है उतने सद्‌गुणों के होने की आशा नहीं है। कारण यह है कि यह एक ऐसी अप्रगल्भा और अर्द्धशिक्षिता बुद्धि द्वारा प्रणीत हुआ है जो अपने कलेवर को नाटक रचनाप्रणाली और काव्य-रीति-परिपक्वता आदि आभूषणों से नितान्त असज्जित रखती है। किन्तु हर्ष का स्थान है कि उसने एक लोकोत्तर व्यक्ति की गाथा गुंफन में अपने समय को व्यय किया है, किसी ऐसे पुरुष का रोमांच कर चरित्र नहीं लिखा है जिसके नाम श्रवण से ही आप कान पर हाथ रखें। अतएव आशा है कि आप लोगों के हृदय में जो बिराग मेरी अश्रृंखल वाक्य रचना और अमनोरंजक नाटक प्रणयन प्रणाली से उत्पन्न होगा वह उक्त वाक्य श्रद्धास्पद पूजनीय महानुभाव के हृदयग्राही सच्चरित्रों और अलौकिक स्पृहणीय कार्य-कलापों की समालोचना से विदूरित हो जावेगा।

यद्यपि मेरे सौभाग्य के लिए यह पर्य्याप्त नहीं है। तथापि मैं आपलोगों की इतनी ही उद्‌भावित प्रसन्नता को अपनी मनस्तुष्टि के लिए विशेष समझता हूँ। और इस युक्तिसंगत संभाषण पश्चात किसी अपर विषय का उत्थान निरर्थक समझ अपनी लेखनी को अब यहीं विश्राम देता हूँ।

अनुगृहीत
पं. अयोध्यासिंह (हरिऔध)
निज़ामाबाद–आज़मगढ़

ॐ

श्रीरुक्मिणीपरिणयनाटक

(नान्दी पाठ)

दोहा।

अहि विधु झख केहरि कमल जेहि घन के उपमान।
वरसि वारि मति सो हरित करै अवुध महि जान॥

कुण्डलिया

बानी गननायक सदा रहत आसु बल सौंह।
निसदिन ताकी चहत हों सूधी कुटिल सुभोंह॥

सूधी कुटिल सु भोंह चहत हौं निसदिन ताकी।
रचन चहत हरिऔध ग्रन्थ अनुकम्पा जाकी॥

रहित सुबास प्रसून सुगन्धित करन प्रमानी।
जासु छपा आधार देहि सो वर बुधि बानी॥

(इसके अनन्तर सूत्रधार का प्रवेश)

सूत्र. : अहा! अव विलम्ब का क्या कारण है। **(इधर-उधर और ऊपर देखकर)** रात्रि अपने प्यारे निशाकर के संयोग में दो घड़ी व्यतीत कर चुकी है, रसिकों के नेत्र रंगशाला की ओर लग रहे हैं, हमारे साथियों ने उचित परिच्छेद धारण करने का प्रयत्न कर लिया है, वाद्यों के स्वतर ताल मिल गये हैं, दर्शकों की वाणी कण्ठ में रुक रही है, कौतुक देखने की कामना से उनका हृदय उमग रहा है, जिसका प्रकाश उनकी मन्द-मुस्कान और अँगड़ाइयाँ लेने से भली-भाँति

होता है, रंगभूमि शब्दहीन होकर कालाभिधान भगवान रुद्रञ्जप्रलयान्त की भूमि का अनुभव करा रही है, शीतल वायु के मन्द-मन्द चलने से चित्त हरा और कौतूहलाक्रान्त हो रहा है, अतएव अव अभिनय होना भी युक्तिसंगत जान पड़ता है **(थोड़ा आगे बढ़कर)** कोई है?

(नट का प्रवेश)

नट : **(सूत्रधार को ओर देखकर आप ही आप)** मनुष्य के चित्त को भी ईश्वर ने कैसा बनाया है, अभी आज ही इनका मन कुछ सांसारिक झमेलों से कैसा मलीन था, पर अब इस समय कैसा प्रसन्न है, मानो किसी अकाल वृष्टि से आकुल कृषक का मन आकाश को अच्छा देखकर आनन्द प्रगट करता है, उत्साह की सीमा नहीं है, उमंग पूर्णिमा के समुद्र समान अनुक्षण बढ़ता जाता है, फिर मैं क्यों न इस आनन्द का भागी बनूँ **(प्रगट)** महोदय! मैं उपस्थित हूँ, कहिये क्या आज्ञा है?

सूत्र. : **(प्रसन्न होकर)** मित्र! मेरा मन कुछ काल के लिए समस्त सांसारिक झमेलों से रहित और समग्र उपस्थित असमंजसों से निरस्त होकर इस काल ऐसा प्रसन्न है, जैसा किसी काल महाराज भीष्मक का चित्त भगवान वासुदेव और श्री रुक्मिणी का संयोग हो जाने पर था, मैं चाहता हूँ कि अपने इस आनन्द का भागी किसी उत्तम अभिनय अभिनीत द्वारा सकल दर्शक महाशयों को बनाऊँ, क्या तुम इस समय कोई उत्तम और नवीन नाटक बतला सकते हो? जिसके अभिनय के लिए मैं वह परिकर हो जाऊँ।

नट : महाशय! कुछ काल हुआ कि मेरे हृदय में यह कामना आज स्वभावतः हुई कि कोई उत्तम नाटक खेला जाय, अतएव प्रिया ने मेरे हृदय का भाव जान कर एक नवीन नाटक खेलने का प्रयत्न इस भाँति कर रक्खा है, जैसे महाराणी जानकी ने भगवान रामचन्द्र के हृदयज विचारों को जानकर अग्नि को अपना निवास स्थान बना रक्खा था, किन्तु मैं उससे पूर्ण अभिज्ञ नहीं हूँ, इस कारण इस विषय का परिज्ञान बिना उसके नहीं हो सकता, आज्ञा हो तो उसको बुलाकर पूछ देखूँ?

सूत्र. : हाँ! हाँ! बुलाओ!

नट : **(नेपथ्य की ओर देखकर)** प्रिये! क्या अभी पात्रों का यथोचित शृंगार नहीं हुआ?

(नटी का प्रवेश)

नटी : प्राणोपम! हो तो गया, पर इतने विलम्ब होने का कारण केवल आप लोगों

का निदेशन देना है, यदि आज्ञा हो तो नाटक पात्रगण को निज कलाकामिनी द्वारा दर्शकजनों के मनहरण करने की आज्ञा दी जावे।

सूत्र. : बराननने ! क्या कोई नवीन अभिनय अभिनीत करने की कामना है? और यदि नवीन है तो उसका रचयिता कौन है?

नटी : हाँ! रुक्मिणीपरिणय नामक नवीन नाटक खेलने की इच्छा है, जो थोड़ा दिन हुआ कि मृगराज सहित रघुनाथ राजधानी द्वारा निर्मित हुआ है।

सूत्र. : यह तो कूट सा जान पड़ता है **(विचारकर)** अहा! समझ गया, पण्डित अयोध्यासिंह निज़ामाबाद निवासी रचित, जिनका संकेत नाम हरिऔध है। यद्यपि ये नवीन ग्रन्थकार हैं, और प्रशंसित लेख और उत्तम ढंग इनके नाटक में होने की कम आशा है, तथापि चरित्र विलक्षण है, जो आशा है कि सज्जन दर्शकों को अवश्य मोदजनक होगा, क्योंकि स्वरूपानुरागी मनुष्यों को आभूषण की कोई आवश्यकता नहीं होती, उनको सुन्दर स्वरूप ही आनन्दकर होता है।

नट : **(हर्ष से)** आपके मुख से नवीन ग्रन्थकार प्रभृति शब्द सुनकर मेरा मन इस काल किसी उत्तम नाटक अन्वेषण करने लिए अति असमंजस में पड़ गया था, पर अब आपके उक्त नाटक को किसी प्रकार पसन्द कर लेने से वह असमंजस दूर हो गया, मानो निविड़ पर्जन्य आच्छादित आकाश मण्डल प्रचण्ड़ वायु के झोंकों से स्वच्छ और निर्म्मल बन गया।

नटी : प्रियतम! अब वृथा कथोपकथन करके समय नष्ट करने का अवसर नहीं है, राजा जनक समान महाराज भीष्मक भी इस समय कन्या पाणिपीड़न विषय में अति आकुल हो रहे हैं, अतएव सभ्यजनों को एकत्र करके शीघ्र कोई उचित उपाय करना चाहते हैं, सो अब हमलोग भी चलकर करणीय कर्त्तव्य में तत्पर हों, और जैसे हो उस चिन्ता के निवारण करने का यत्न करें, जिसके कारण महाराज का मुखमयंक पीतवर्ण और शरीर कृमिखादित काष्ठ की भाँति सारहीन होता जाता है।

सूत्र. : **(आप ही आप)** सत्य है! चिन्ता ऐसी ही वस्तु है इससे केवल शरीर ही निर्बल नहीं होता, एक ही विषय के बार-बार विचार करने से मन भी दुर्बल हो जाता है, जिससे मनुष्य की बड़ी हानि होती है। यह मनुष्य के आन्तरिक भाग में जीवित जन्तु का गुण रखती है, जो सदैव उसके रुधिर और मांस से अपना पोषण करता और उसे निर्बल बनाता रहता है **(सुनना नाट्य करके प्रगट)** अहा! यह मधुर स्वर मिलित अनुपम गान की ध्वनि कैसी आनन्दजनक है।

नटी : महाशय! ऐसा जान पड़ता है कि कुछ याचकों का समूह गान करता हुआ इसी ओर आ रहा है।

सूत्र. : बरेक्षणी तो चलो हम लोग भी चलकर आवश्यकीय कार्य्यसाधन में तत्पर हों।

नटी : जो आज्ञा? **(सब जाते हैं)**

(जवनिका पतन)

प्रथमाङ्क

(स्थान राजद्वार के सन्मुख की भूमि)

(महाराणी रुक्मिणी अटा पर विराजमान)

(कुछ याचकों का प्रवेश)

प. या. : अहा! यह नगर भी कैसा रमणीय है, विशेषतः स्वर्ग में कैलाश की भाँति, अथवा सत्यलोक में बैकुण्ठ समान इस नगर में यह राजद्वार कैसा अपूर्व है। किन्तु इसकी छवि और द्वारिका की छवि में चन्द्र और चन्द्रिका का सा अन्तर है। जिस दिन से इन आँखों ने उस स्वर्ग विनिन्दक नगर को अवलोकन किया है उस दिन से इनकी दृष्टि में कोई दूसरा नगर जँचता ही नहीं। भगवान श्रीकृष्ण और उनके चरित्र धन्य हैं। जिनके पदपाथीज रजग्रहण के कारण द्वारिका की ऐसी शोभा है। **(गाता है)**

राग सोरठ

जय प्राची दिसि देवकिचन्द।
श्रीवृषभानुनन्दिनी कैरबिकारक परमाऽनन्द ॥
असुरध्वान्त जग तापमिटावन मुनिचकोर सुखदन।
बिमल वेदपथ औषधिपोषक उचरि सुधा सम बैन॥
पातक-रत पामर कपटी नृप कमल करन छबिहीन।
कल कौमुदी सरिस माया सों कारक जगत अधीन॥
नास्तिक चोर हियो सन्तापक बिरहि खुलन दुखदायक।
हरिऔध गोपिन राका रजनी हिय मोद विधायक॥ 1 ॥

दू. या. : **(झटपट उसी सुर में गाता हुआ)**

जयति बनज यदुबंस तुमारी।
अखिल विस्वबर ब्योमप्रकासक प्रगटित निसा अविद्याहारी॥

जनमन चक्रवाक अनुमोदक खल उलूकगन हिय दुखदाई।
बान भौम आदिक तारागनहत प्रकास कर नृप समुदाई॥
कुमुदसुयोधनादिअविकासक पौण्ड्रकादिजगध्वान्त बिनासी।
हरिऔधमुनिभृंगबिनोदकबरबिचारपथ कमल प्रकासी॥ 2॥

तो. या. : **(द्वारिका के ध्यान में मग्न होकर)** मित्रवरो! जब से मैंने द्वारिका का परित्याग किया है, उस दिवस से मेरी वही दशा हो रही है, जैसी उस जीव की होती है जो अपने तपोबल से कुछ दिवस स्वर्ग-वास करने उपरान्त पुनः मृत्युलोक में निवास पाता है। भगवान श्रीकृष्ण की मन्द मुस्कान, कमल सी आँखें, घुघुरारी अलकें, क्षणभर नहीं भूलतीं अतएव इन दिनों मेरी वैसी ही गति है जो गति उस चकोर की हो सकती है जो पृथ्वी के उस भाग को छोड़कर जहाँ वह परमोत्सुकता से पूर्ण चन्द की मयूखों को पान करता हो किसी कारण से उस भाग में आ पड़े, जहाँ कुछ की काली रात हो। **(गाता है)**

राग बिहाग।

स्याम को रूप अनूप निहारी।
उपमा सकल मोहि लघु लागत सब विधि कहत बिचारी॥
बिबरनिबासकीनअहिकचलखिमुखलखिनभनिसिस्वामी।
नैन बिलोकि मीन मृग खंजन भये बिकल बनगामी॥
नासा ग्रीवां कटि सुगमन लखि कीर कपोत सिंह गज लाजे।
लखि मृनाल प्रभु भुजप्रलम्ब को दुरयो जल जलज समाजे॥
अंग अंग सब रुचिर मनोहर हरिऔध का पै कहि जाई।
नैनन लखो बैन किमि भाखै प्रभुसरूप जनमन सुखदाई॥

चौ. या. : **(प्रसन्न होकर)** प्रियवर! सत्य है! केवल तुमारी ही यह गति नहीं है, ऐसा कौन है जो महात्मा श्रीकृष्ण के सुन्दर स्वरूप को अवलोकन कर तन मन से उसका अनुरागी नहीं होता, जैसे जितना ही उत्तम दूरदर्शक यंत्र होता है आकाश मण्डल में उतने ही अधिक और अद्भुत तारे दिखने लगते हैं वैसे ही भगवान के विषय में विचारदृष्टि से जितनी विवेचना की जाती है, उतने ही उनमें विशेष नवीन और विचित्र गुणगण दृष्टिमान होते हैं, और इसी कारण भगवान का नाम अनन्त है। **(गाता है)**

चञ्चरीक।

कहिये गुन कौन कौन जदुपति असुरारी।
कमलज मनहरनवार सुरपति भ्रमकरनवार जलपति दुखदरनवार श्रीपति

सुखकारी। नाशककंसादि कूर जनगन सुखकरन भूर बजजन-आनन्दमूर सन्तनअधहारी। कालिय-सन्तापशमन अध-बकवृषभादिदमन जमुना कलकूल-रमन मोहन बनवारी। बृन्दाबन रासकरन सुरमुनिमन-मोदभरन असरनजन एकसरन गिरवर-करधारी। द्विजतिय आनन्द भौन अखिल-दुहिततापदीन हरीऔध दास तौन चरनन बलिहारी ॥ 4 ॥

पां. या. : हाय! कैसे खेद और लज्जा की बात है कि भगवान वासुदेव में इन सब अद्‌भुत और अलौकिक गुण के रहते बहुत से पामर उनको गोचारक इत्यादि विशेषणों से निन्दा करते रहते हैं। सत्य है, मच्छिकानिकर को सुन्दर अंग में वर्ण अथवा छिद्र ही प्रिय होता है, रक्तपयो पूरित कुच में रुधिर को ही ग्रहण करती है। किसी ने कितना सच कहा है—

कवित्त।

"कमल सों आनन कुरङ्गन सों दृग जाके बाँकी कटि केहरि मृनाल बाँहें ऐन है। कोकिला सों कण्ठ कोर ना सिक्ता धनुष भौहैं बानी सुभसर जाके लागे नहिं चैन है ॥ तियन को मोहत फिरत ग्राम आसपास जैसे बिरहिन के दाहिवे को पति रैन है। पुनि मतिमन्द लोग जानत न भेद याको एते पर कहैं चरवारी स्याम धैन है ॥ 5 ॥"

श्रीरु. : **(स्वगत)** अहा! इस समय मेरे मन का कैसा भाव हो रहा है, याचकों के मधुर और सुस्वरगान सम्मिश्रित भगवत सुयश ने इसको लोहे चुम्बक समान अपनी ओर कैसा आकर्षित किया है। यद्यपि मैं इसको अधिकार में रखने की बहुत चेष्टा करती हूँ, तथापि यह कभी भगवतसंयोगसुखानुभव करना चाहता है, कभी उसको एक असंभाव्य विषय जानकर विकल हो जाता है, कभी मुझको उपदेश करता है, कि जैसे श्रीअपर्णा ने अपनी तपस्या के बल से अप्राप्य भगवान शिव को प्राप्त किया, उसी प्रकार तू भी भगवान वासुदेव के लिए तपस्या कर! और मेरी अभिलाषा पूरी करके सुयश ले, कभी कछुवे समान अर्थात जैसे वह अपने अण्डे के पक जाने के दिन की गणना बड़े स्मरण और प्रीति के साथ करता है, उसी प्रकार उस दिन की गणना किया चाहता है जिस दिन उसको भगवान के पदसरोज दर्शन की आशा होवे। हाय! नैनों ने तो अभी भगवान का लोक-मोहन स्वरूप देखा ही नहीं, केवल उनके सुयश की सुनकर प्रेम ने मन की यह दशा कर दी। अब तो यह भवन दुःख स्वरूप और कुलमर्य्याद महारोग ज्ञात होता है, क्षणभर का वियोग युग समान प्रतीत होता है, नेत्र स्वरूप देखने के लिए, श्रवण मधुर बैन सुनने के लिए,

विकल हो रहे हैं। शरीर असमर्थ जान पड़ता है, हाथ-पाँव कहने में नहीं हैं। सत्य है।

दोहा।

नहिं सुप्रेम केवल लखे हिय मैं होत उदोत।
बहुधा यह गुन सुने ते प्रगट आपही होत॥

मेरी यह दशा, शरीर की यह अवस्था, इन्द्रियों की यह गति, पर अब उपचार क्या हो सकता है, सीप का विदीर्ण हृदय स्वाति बूँद के अभाव में कब पूरित हुआ है। **(चिन्ता नाट्य करती है)**

(नेपथ्य में बीणाध्वनि और गान)

जयति ब्रजवल्लवी प्रानबल्लभ परम। तापसन्ताप उप ताप पातकहरन दरन गहि दाप भौ भूरि भीषण भरम॥ कठिन कलिकलुखकुलकाल कल्यान कर कोष करतूति कौतुक अलौकिक करम। धरनिधर धन्य धुरध्यानधारी ध्रुवा-दिक धराधीस के धाम धीरज धरम। निखिलनयनीतिनिधि नवलनीरजनयम निपट नागर सुनवनीतहूँ ते नरम। मज्जु तम मैनमनहरन हरिऔध मङ्गल महामूल मंत्रादिमौचन मरम॥ 7॥

श्रीरु : **(चकित सी होकर)** अहा! यह अमृत की वर्षा कौन महाशय कर रहे हैं?

प.या. : **(सुनना नाट्य करके)** मित्रवरो! जान पड़ता है भगवान नारद आते हैं!

स.या. : **(सानन्द)** इसमें क्या आश्चर्य्य है। भगवत् गुणानुवाद गान का फल सन्त दर्शन होता ही है।

(भगवान नारद का प्रवेश)

ना : **(याचकों की ओर देखकर)** याचकगन! मैं इस समय अन्तरिक्षपथ से कुछ आवश्यकीय कार्य्यों के लिए द्वारिका जा रहा था, अकस्मात् भगवान श्रीकृष्ण नामांकित तुम लोगों का मधुरगान श्रवणगोचर हुआ, अतएव मैं यहाँ आने के लिए बाध्य हुआ, कहो परम पराक्रान्त भगवान श्रीकृष्णप्रतिपालित द्वारिका की इन दिनों कैसी अवस्था है?

स.या. : **(सादर प्रणिपात पुरस्सर)** महात्मन्! विश्व का कोई विषय ऐसा नहीं जो आपको अनवगत हो, तथापि आपने जो द्वारिका का समाचार पूछकर हम लोगों को प्रतिष्ठा दी है अतएव हम लोगों को भी उस विषय को कुछ श्रीचरण की सेवा में निवेदन करना उचित है। यह एक दोहा महानुभाव के प्रश्न का पर्य्याप्त उत्तर होगा?

दोहा।

खरे द्वार नृपगन रहत सुरगन जात सकात।
धनजनपूरित नगर लखि उर आनँद अधिकात॥

ना. : सत्य है! सत्य है! बहुत सत्य है!!! वरन जिस नगर की पृथ्वी अक्लिष्टकर्मैक धाम भगवान श्रीकृष्ण के बज्वांकुशादि चिन्हित आरक्तिम पदतल से सुरक्षित होती रहती है, उसके लिए यह एक साधारण बात है।

श्री रु. : आह! मेरी कामना-पावकशिखा के लिए महात्मा नारद की बातें तो घी से भी बढ़कर हैं। उनके युक्तिसंगतप्रलाप से मम हृदयोद्‌भूत भगवान श्रीकृष्ण प्रेम अनुक्षण कैसा बढ़ता जाता है।

ना. : **(स्वगत सुनना नाट्य करके)** क्या कहा? "आह! मेरी कामनपावक शिखा के लिए महात्मा नारद की बातें तो घी से भी बढ़कर हैं" फिर क्या कहा? "उनके युक्ति संगतप्रलाप से ममहृदयोद्‌भूत भगवान श्रीकृष्ण प्रेम अनुक्षण कैसा बढ़ता जाता है" **(ऊपर देखकर)** क्या ये भीष्मकनन्दिनी कुमारी रुक्मिणी के वाक्य हैं? मैं कृतकार्य्य हुआ। जान पड़ता है मेरे आने के प्रथम याचकों के गान और वाक्यों ने ही कुमारी के हृदय में भगवत प्रेम उत्पादन कर दिया था। चलो यह भी अच्छा हुआ, जिसे कार्य्य के लिए मैं आया था, उसके लिए मुझको विशेष प्रयास नहीं करना पड़ा। तो अब यहाँ विशेष विलम्ब करने का कौन काम है। (प्रगट) याचकगन! मैं तुम लोगों के उत्तर से बहुत प्रसन्न हुआ, और द्वारिका के समाचार से भी अभिन्न हो गया, अतएव अब जाना चाहता हूँ।

स.या. : जैसी महनुभाव की इच्छा !

(महात्मा नारद का उसी प्रकार गाते गाते प्रस्थान)

प.या. : **(स्वगत)** जैसे वसन्त ऋतु की शोभा अवलोकन करने से स्वभावतः हृदय में काम का संचार होता है, अथवा किसी महात्मा का दर्शन करने से अकस्मात हृदय में विज्ञान का प्रदुर्भाव होता है, उसी प्रकार इस राजद्वार की शोभा देखकर हमलोगों को स्वतः भगवान श्रीकृष्ण के दर्शन का काल स्मरण हो आया, जिससे हम लोगों को ही परमानन्द नहीं हुआ, प्रत्युत समस्त भगवात्सुयशश्रवणकर्त्ताओं को भी अत्यन्त हर्ष हुआ। किन्तु अब भगवान तमारि स्वरश्मियों को आकर्षण कर अस्ताचल को पधारा चाहते हैं, अतएव हम लोगों को भी डेरे चलना उचित जान पड़ता है **(प्रगट)** मित्रगण! अब चलने में क्या विलम्ब है? क्योंकि सन्ध्या हुआ चाहती है।

स.या. : राजद्वार का दर्शन हुआ ही, साथ ही महात्मा नारद ने भी अनुग्रह किया, हम लोगों की कामना सफल हुई। फिर अब चलने में क्या बिलम्ब है, चलो चलैं।

(याचकगण 'जय प्राचीदिशि देवकिचन्द' इत्यादि गाते जाते हैं साथ ही जवनिकापतन होती है)

द्वितीयाङ्क

(स्थान राजसभा)

(महाराज भीष्मक, रुक्म, रुक्मकेश, मंत्री और सभासद्गण यथास्थान बैठे हैं)

भी. : **(चिन्ता से स्वगत)** ईश्वर की रचना क्या ही अपूर्व है। वह एक ही जठर है, जिससे कन्या पुत्र दोनों उत्पन होते हैं, पर एक की अपेक्षा दूसरे के प्रसव का हर्ष और उत्साह विक्षलण होता है। यद्यपि कन्या जायमान होने पर खेद प्रकट करना संकीर्णहृदयों का काम है, ईश्वर प्रदत्त वस्तु पर अरुचि प्रगट करना है, तथापि मनुष्य कन्या से कभी सुखी नहीं होता। जब वे समर्थ होती हैं, उस समय योग्य घर वर मिलने के लिए जो चिन्ता माँ-बाप को आ लगती है, उसको वे ही जानते हैं, जब मेरे चित्त को परमात्मा ने किसी भाँति असमर्थ नहीं बनाया है, रुक्मिणी को समर्थ देख यह दशा है। तो मैं नहीं जानता घर में समर्थ कन्या देखकर असमर्थों की क्या दशा होती होगी। राजा जनक से बिभव सम्पन्न जन को स्वप्यारी पुत्री जनकनन्दिनी को समर्थ देख कितनी चिन्ता थी, जो राजाओं की सभा में भी छिपी न रह सकी और भीषणमूर्ति धारण करके प्रगट हुई। यद्यपि रुक्मिणी अभी अधिक समर्थ नहीं है, तथापि वायु संचलित चलदल पत्तों समान मेरा मन कैसा चंचल है। नेत्रों से निद्रा बिल्कुल जाती रही है चित्त सदा उद्विग्न रहता है, चिन्ता शरीर को दुर्बल किये देती है। किन्तु अब इस विषय में अधिक मीमांसा की आवश्यकता नहीं, जो कुछ कर्तव्य हो, सभावालों के परामर्शानुसार स्थिर कर देना ही उत्तम है। **(प्रगट मंत्री में)** मंत्री! रुक्मिणी विवाह योग्य हो गई, पर अबतक मेरी दृष्टि में कोई ऐसा राजकुमार नहीं पड़ा है, जो उसके योग्य हो; सब में किसी न किसी विषय की त्रुटि अवश्य दीखती है इससे हमारा चित्त परम आकुल हो रहा है। क्या तुम कोई उपाय सोच सकते हो? अथवा किसी रूप गुणकुलसम्पन्न राजकुमार को बतला सकते हो? जिसके समाचार वायु की सहायता से मेरा मनमयंक जो अनेक प्रकार के तर्क वितर्क घनपटल में समाच्छन्न है, बाहर निकल आवें।

मं. : **(बिचारकर)** यों तो निजोदरपरायण मदांध बहुतेरे राजकुमार हैं, पर जैसी

आपकी अभिलाषा है, वैसे बहुत थोड़े और महानअन्वेषण से मिलेंगे क्योंकि कुल गुणरूपादि जो अपूर्वमणि हैं, सब मनुष्यों में ऐसे नहीं होते, जैसे सब गजराज के मस्तकों में मुक्ता और सम्पूर्ण गहनों में चन्दन नहीं होता।

ए.स. : फिर यदि इन गुणों से रहित है, और बड़ा धन मान और प्रतापी ही है तो किस काम का। मतिमानों ने बैर प्रीति विवाह समान से करना कहा है, असमान से तीनों भयंकर है। गृहराज के मारे जाने का, नहुष के सर्प शरीरधारण करने का, शकुन्तला के महत् क्लेशभागी होने का, कारण केवल तप्त बलुओं का असमानत्व ही था। इससे हम लोगों का मुख्य कर्त्तव्य है कि जैसे हो सके राजतनया के लिए योग्य वर और समान पति मिलने के लिए परिकरबद्ध होकर प्रयत्न करें, क्योंकि संसार की यह रीति है, कि मनुष्य जिस कार्य्य के लिए हृदय से यत्नवान होता है (चाहे वह अलभ्य ही क्यों न होवे) उसको अवश्य प्राप्त करता है। वायुतनय वीर केशरी हनुमान ने अपने साहस से ही जनक राजदुहिता का पता लगाया। महात्मा आसुरि ने अपने उद्योग से ही अगम्य राजस्थल में प्रवेश करके भगवान श्रीकृष्ण का दर्शन किया। फिर क्या कारण है कि यदि हमलोग सच्चे हृदय और पूर्ण अध्यवसाय से राजदुहितार्थ योग्य पति खोजने के लिए दृढ़प्रतिज्ञ होंगे और न खोज सकेंगे!

द्र.स. : यद्यपि भवदीय सभ्य विज्ञवर का विचार अति प्रशंसनीय है, किन्तु महाराज! जहाँ तक यह अल्प मति विचारता है, यही निश्चित होता है, कि सम्प्रति इस भारतवर्ष में दुर्योधन, जरासंध, शाल्व, अर्जुन, धृष्टद्युम्न से अधिक प्रतापी कोई राजा नहीं है, ये अपनी भुजाबल से इन्द्र को जीत सकते हैं। दशों दिक्पाल के मान को दूर कर सकते हैं, इनके धनुष की उग्रता सन्मुख वज्रों का वज्र, पिनाकी का पिनाक, दंडी का दंड शोभा मात्र है। इनके प्रताप के सन्मुख निदाघांशु शीतल, शीतलांशु मलीन, नृपसमाज अगौरव और त्रिलोकविजयी वीर विगत धैर्य्य दिखलाई पड़ते हैं। यदि इनका कुल कुमुदबंध किसी लाँच्छन द्वारा लाँच्छनित न हो और ये पृथ्वीनाथ की दृष्टि में सुयोग्य परिगणित हों तो इस कृपापात्र की दृष्टि में इनसे प्रतापी, गुणज्ञ और सुयोग्य वर पृथ्वी में दूसरा कदापि निश्चित नहीं हो सकता।

रुक्म : (**झुंझलाकर**) बस! अब आगे किसी दूसरे को कुछ कहने की कोई आवश्यकता नहीं है। और न इस विषय में अधिक विचार और कथनानुकथन का कोई प्रयोजन है क्योंकि महाराज शिशुपाल को छोड़ जो सब भाँति कुल गुणरूपादि में रुक्मिणी के समान है "जिसकी धन्वा की टंकार से पृथ्वी चलायमान हो जाती है, सूर्य्य के घोड़े पथ भूल जाते हैं, शेषनाग बधिर हो

जाते हैं, सहस्राक्ष के सहस्रों, षड़ानन के द्वादशों, नेत्र बन्द हो जाते हैं, लोक का हृदय काँपने लगता है" दूसरा कोई योग्य वर पृथ्वी में नहीं है, और न अब इस शुभ कार्य्य में विशेष विलम्ब करने का प्रयोजन है।

रु. कै. : पूजनीय पिता, माननीय श्रेष्ठभ्राता, अथच सकलसभासदों की जो अनुमति होवे, सोई उत्तम और शिरोधार्य्य है। किन्तु मेरी समझ में रुक्मिणी के योग्य और सकलकुलगुणरूपादि सांसारिक अमूल्य मणि रत्नाकर इस समय त्रिलोक में भगवान वासुदेव के अतिरिक्त कोई दूसरा नहीं है।

पद।

तेहि कुल कहा बड़ाई कीजै। जेहि कुल प्रगट भये श्री जदुपति जासु नाम भवसेतु कहीजै। जाहि स्वास ते प्रगट भये जग चार बेद जे गुन उपजाये। ताके गुन अपार अगनित को इस जग को जो बरनि बताये॥ जेहि प्रकास ते रवि ससि मनमथ जोति सरूप मान जग गावै। ताको रूप अलौकिक अनुपम किमि एक लघुजन पै कहि आवै। भृकुटिविलास जासु माया के अखिल विस्व छन माँहिं नसावै। इदमित्थं असीम बल ताको भूलि कबौं कहिबोलै सुहावै॥ अपर कहा बन तृनहुँ न कबहूँ बिन निदेस जाके जग डोलै। तासु प्रताप कथन हित कैसे हरी औध पामर मुख खोलै॥

विशेष कहने की कोई आवश्यकता नहीं, सूर्य्य अपने गुणों से आप ही प्रकाशित है, मृगांक अपने सौंदर्य्य से आप ही जगतप्रिय है, ऐसे ही महात्मा श्रीकृष्ण भी अपने सच्चरित्रों और अद्‌भुत कर्मों से आप ही लोकविख्यात और प्रिय हैं, उनके परिचय के लिए मुझको किसी वस्तु विशेष का निर्देश अयुक्ति जान पड़ती है। क्या इस शैलसागर संकुला पृथ्वी में कोई ऐसा भी होगा, जो उक्त महात्मा के सत्कर्म्मवारिजकाष्टपद न हो, और जिसके हृदयागार में भगवान के सच्चरित्र के चित्र न खिंचे हों? कदापि नहीं।

भी. : **(सानन्द)** प्रिय पुत्र! आज तुमारे युक्तिसंगत इन कोमल अथच मधुर वचनों को श्रवण कर चित्त अति आनन्दित हुआ, इतनी थोड़ी अवस्था में तुमारी ऐसी विलक्षण मति निरीक्षण कर हम अति सन्तुष्ट हुए। निस्सन्देह रुक्मिणी श्रीकृष्ण को ही पाणिगृहीता होने योग्य है, क्योंकि रमा की शोभा रमानाथ के ही अंक में है।

रुक. स. : **(एक स्वर से)** महाराज! राजकुमार के इस उत्तम परामर्श को श्रवणकर ऐसा कौन होगा, जिसके हृदय में आनन्द का संचार न हुआ होगा। कुमार जैसे स्वयं तेजमान और दीप्तिसम्पन्न हैं, वैसी ही इनकी बुद्धि भी है। सत्य है! अमरावती के ही सुवर्ण में सुगन्धि होती है।

ए.स. : **(आप ही आप रुक्म की ओर देखकर)** अहा! राजकुमार रुक्म का क्रोध

सभासदों के वाक्यों को सुनकर कैसा बढ़ रहा है! जैसा पूर्णिमा को समुद्र की तरंगें बढ़ती हैं। आँखें प्रातःकाल अथवा सायंकाल के नभोमण्ड़ल की भाँति कैसी अरुण हो गई हैं, अधर कैसे फ़रक रहे हैं, भौंहें कुटिल पुरुषों के मन की भाँति कैसी टेढ़ी हुई जाती हैं, मुख प्रातःकाल के सूर्य्य विम्ब समान कैसा आरक्त हो गया है। यद्यपि उनका कथन कुमार की क्रोधाग्नि में घृत का काम दे रहा है, तथापि उनका वाक्य आद्योपान्त श्रवण करने के लिए उन्होंने उसको कैसा रोक रक्खा है। मानो युगान्तक भगवान रुद्र ने लोकान्त की अभिलाषा करके जीवधारियों के चित्र-विचित्र कथनोपकथन सुनने की इच्छा से कुछ काल के लिए स्वकर्त्तव्य का परित्याग किया है।

रु. : **(क्रोध से)** आज इन सद्विवेचकों को क्या हो गया, जो इन्होंने एक अज्ञ बालक के अनुचित परामर्श पर अपनी अनुमति प्रगट की। आज इस सकल सभ्य विद्वज्जनमण्डली की बुद्धि क्या हो गई, जिससे इन शिष्ट महाशयों ने एक अति अयोग्य विचार का अनुमोदन किया। बड़े खेद का स्थल है, बड़ी लज्जा की बात है, बड़े स्पर्धा का विषय है, बड़े शोक का समाचार है। जो आप लोगों ने ऐसे अकरणीय कर्म्म की समालोचना करने में थोड़ा भी अनुशीलन नहीं किया, क्या यज्ञ हविकाक के योग्य हो सकती है। क्या सुरसरी अकूपार त्याग क्षुद्र मद सहवास कर सकती है? क्या रोहिणी राहु समागम में शोभा पा सकती है? क्या सुधा असुरों के योग्य कही जा सकती है? इसी भाँति क्या रुक्मिणी कुटिल कृष्ण के योग्य निश्चित हो सकती है? कदापि नहीं। कृष्ण को कौन नहीं जानता, यदुवंशियों की कुलीनता किससे छिपी है? क्या हुआ जो आज उन्नतिशाली हो गये, विधुन्तुद ग्रहों में परिगणित होने से देवता नहीं हो सकता, फिर जिसको माता-पिता का आज तक नाम ही न ज्ञात हुआ, उसको किस वंश का कहें, कैसे उसके कुल की विवेचना करें, उसका ग्वालों में रहना, दुग्धादि का चुराना, गौवादि का चराना, मातुलादि का मारना, किस पर अप्रगट है। वह जिसकी उग्रसेन के भृत्यों में गणना है, हमसे क्षत्रियों की समानता कब कर सकता है, कब हमसे कुलीनों की कुलोद्भूत कन्या के पाणिग्रहण करने योग्य कहा जा सकता है? शिशुपाल जो उससे सब भाँति उत्तम और श्रेष्ठ है, जिसका प्रताप अखिल भूमण्डल में व्याप्त है, रुक्मिणी के विवाह योग्य है। उचित है, रुक्मिणी उन्हीं को ब्याह दी जावे, और मेरे सामने फिर कृष्ण का नाम न लिया जावे, क्योंकि अयोग्य पति मिलने से केवल कन्या ही को कष्ट नहीं होता, वरन उसके दूसरे सम्बन्धियों और पितृ भ्रातादि को भी बड़ा क्लेश भोगना पड़ता है। देवयानी की कथा से कौन

अनभिज्ञ है, अयोग्य पति मिलने से वह अपने अपमान का जितना ध्यान रखती थी, उतनी ही दुखी रहती थी, इस कारण उसके पिता असुर गुरु महात्मा शुक्र को जो संकष्ट हुआ करता वह किस पर अविदित है।

स.स. : राजकुमार की जैसी इच्छा।

(महाराज भीष्मक सभासदों के साथ उठ जाते हैं)

(जवनिका पतन होती है)

तृतीयाङ्क

(स्थान गृहान्तर्गत एक पुष्पोद्यान)

(महाराणी रुक्मिणी चिन्तान्वित सिंहासन पर एक कुञ्ज में विराजमान और अनाभिधाना दो सखियों का प्रवेश)

अ.मा. : सखी अनाभिधाने! बसन्तागम से इस उद्यान की कैसी शोभा है, रसाल के नवदलों में उसकी नूतन मञ्जरियाँ कैसी शोभा दे रही हैं, कोकिला की वाणी कैसी सुहावनी लगती है, पाटल के सरस के सुमनों के मकरन्दों को पान कर भ्रमरगण कैसा शब्द कर रहे हैं, नवीन अथच हरित पत्रों से मूल से आशिखर सज्जित पादपगण कैसे सुन्दर जान पड़ते हैं। उनके उन हरित पत्रों के मध्य सुललितकलितकुसुचय की कैसी शोभा हो रही है। ऐसा ज्ञात होता है, मानो भगवान कुसुमायुध ने निज हरित बितानों को विविध रंग के अनुपम चित्रों से चित्रित किया है। पुष्पसुरभि-सौरभित वायु के मन्द मन्द चलने से चित्त कैसा प्रफुल्लित होता है, रसालमं जरीमद निष्कासित सुगन्धि द्वारा उद्यान कैसा सुगन्धमय हो गया है, सरों में विकसित सरसिज कुसुमों की कैसी छवि है। जान पड़ता इस मनोहर उद्यान की शोभा देखने के लिए सर ने अनेक नैन धारण किये हैं। **(चकित सी होकर)** प्रिय सखी! उस **(तर्जनी द्वारा लक्ष्य करती है)** मालती के सघन कुञ्ज में जहाँ सूर्य्य की किरणें कठिनता से गमन करती हैं प्रकाश कैसा हो रहा है। ऐसा ज्ञात होता है किसी ने निबिड़ अन्धकार आच्छन्न भवन को एक उज्ज्वल दीप्तिमान मणि द्वारा प्रकाशित किया है।

अ.ना. : **(कुछ काल तक देखकर आश्चर्य्य से)** अनामे! यद्यपि में बहुत विचारती हूँ, कि उस कुञ्ज में इतना प्रकाश होने का क्या कारण है, तथापि मेरे ध्यान में कोई बात नहीं आती । क्या इस उपवन को नन्दन बन से अनुत्तम अवलोकन कर देवराज शचीपति ने सस्त्रीक उस स्थान को शोभित तो नहीं किया है!

अथवा निज प्रिय मित्र ऋतुनायक बसन्त के साथ भगवान कुसुमायुध ने उस सघन कुंज की शोभा को द्विगुणित बनाया है। यहाँ भगवान दिवाकर ने अरुण को अपना प्रतिनिधि स्थापन कर शीतल होने की कामना से उस क्रीडास्थल को विश्रामस्थल कर रक्खा है! किम्बा छपानाथ ने निज प्रिया रजनी के विरह से कातर हो अन्वेषण करते-करते उस कुञ्ज में उसके होने की आशंका करके उसमें पयान किया है! वा कश्चित देववधू किम्बा किसी अप्सरा ने उपवन शोभा अवली वनोपरान्त उस एकान्तस्थल को अपने तेजोमय आभूषणों और शरीर द्वारा आरञ्चित करना चाहा है। **(सुंघना नाट्य करती है)** अहा! समझ गई! जान पड़ता है राजनन्दिनी रुक्मिणी उस निकुंज में विराजमान है क्योंकि यह वायु जो उस ओर से आ रही है वैसी ही सुगन्धित है जैसी राजकिशोरी के शरीर की सुवास है।

अ.मा. : सत्य है! चलो सब हम दोनों भी वहीं चलें और जैसे जनकनन्दिनी को उनकी सखियों ने मर्य्यादापुरुषोत्तम भगवान रामचन्द्र का परिचय देकर उनको आनन्दित किया था, वैसे ही हम दोनों भी राजतनया को शिशुपाल का परिचय देकर **(जिसके यहाँ रुक्म ने आज टीका भेजा है)** आनन्दित करें।

अ. ना. : हाँ! चलो! **(जाती हैं)**

रु. : **(ठंढी स्वांस भरकर स्वगत)** हे मन! तू ही धन्य है। जो इस प्रकार प्राणनाथ श्रीकृष्ण के पादारबिन्द का मिलिन्द हो रहा है, कि नाना विघ्नों, तीव्र कण्टकों की आशंका होने पर भी उसके ध्यानानन्द मधुपान से विरक्त नहीं है। शरीर का क्या, आज रहा कल न रहा। मुझको तो तभी इससे निराशा हो गई, जब मेरे कानों ने इस असह्य रोमांचकर समाचार को सुना कि "रुक्म ने आज शिशुपाल के यहाँ टीका भेज दिया।" पर हाय! ए नैन जो सर्बदा प्राणनाथ की अलौकिक छवि अवलाकन करने के लिए चकोरवत् उत्सुक रहे! ए कर जिनको प्रभुपादारविन्द सेवन की बड़ी उत्कण्ठा है। ए श्रवण जिनको प्रियतम के कोमल मधुकर अथच मेघगंभीर भाषण सुनने की बड़ी कामना है! ए नासाछिद्र जिनकी प्राणपति के अतसीकुसुमापमेय कान्ति सम्पन शरीर की सुगन्धि घ्राण की एकान्त इच्छा है। यह अंकम जिसको प्राप्त धन जीवन को भर अंक भरने का परम अनुराग और घनी लिप्सा है। क्या अब अपनी अभिलाषा को न पूरी कर सकेंगे? क्या इन अभिलाषाओं की बिशद बेलि जो हृदयालबाल में भली भाँति फैली हुई है, अब उस घनश्याम की कृपावारि से सिंचित न होकर सूख जायगी। विधाता! तू बड़ा कठोर है! जो पहले मन को प्रियतम प्रीति में संलग्न कर, अब उसको वियोग का फल चखाया चाहता

है। और उसकी इतनी विकलता देखकर भी तेरा हृदय नहीं द्रवता। हे अपटु! यद्यपि तेरी अपटुता अप्रगट नहीं। क्योंकि तेरी ही कुमति का यह फल है कि जगन्नैनोत्सव निसाकर असित लांछन द्वारा लांछनित है। जगज्जीव आशा पात्र उदधि लवण है। कुसुमकुलशिरोमणि पाटल की शाखा कण्टकाकीर्ण है। चतुराकर असतंस, गुणगणैकनिलय, मनुष्य जाति मृत्युभय संत्रसित है। तथापि कहीं-कहीं वह अतिशय खेदजनक होती है। ब्रह्मा! क्या तू ऐसे-ऐसे कामों को करके सुखी रहेगा? कदापि नहीं! अवश्य कोई वह दिन भी होगा, जिस दिन निज सताये हुए लोगों की पुकार से विकल होकर तुझको भी अप्रिय कर्म का फल भोगना पड़ेगा। हा! कहाँ इस बात की अभिलाषा थी कि एक वह दिन होगा जिस दिन मैं प्राण प्यारे को दासी करके संसार में प्रख्यात हूँगी, और अपने को कृतकृत्य मानूँगी। कहाँ अब इस बात की चिन्ता है कि किस दिन इस शरीर को त्याग उस अधम शिशुपाल का मुख न देखूँगी, और अपना धर्म निबाहूँगी। हाय! क्या सचमुच अब प्राणनाथ के दर्शन से ए नैन सफल न होंगे? क्या वास्तव में ए पापी प्राण प्राणनाथ के संयोग सुख का अनुभव न कर सकेंगे? हा! निर्दयी दैव!! न जाने तुझको ऐसा करने में क्या लाभ है!!! **(मूर्छित होकर गिरना चाहती हैं गिरते देख दूर से दौड़ कर अनामा उनको पकड़ लेती है साथ ही अनाभिधाना भी दौड़ आती है)**

अ.मा. : **(व्याकुल होकर)** सखी अनाभिधाने! देख! राजकुमारी की इस समय कैसी दशा हो रही है, मुख प्रातःकालीन मयंक समान पीतवर्ण हो गया है, नेत्रों से अश्रुबिन्दु मुक्ता समान गिरे जाते हैं, हृदय बार-बार कंपित हो उठता है, सम्पूर्ण अंग शिथिल हुआ जाता है, शरीर में इतनी ज्वलन है कि उसको आँच के समीप खड़े रहना कठिन है, सकल आभूषण इतस्ततः हो गये हैं, संज्ञा नष्टप्राय है, क्या तुम इसका कारण बतला सकती हो?

अ.ना. : सखी! इस समय कारण जानने के लिए अधिक विचार करना व्यर्थ है। वरन् राजनन्दिनी को सुधि में लाने का प्रयन्त करना अत्यन्त उचित जान पड़ता है। क्योंकि सुधि हुए पीछे सब कारण आप ही ज्ञात हो जावेंगे। दीपक द्वारा भवनान्धकार बिदूरित होने उपरान्त उसमें की सब वस्तु आप ही देखने लगती हैं **(अंचल द्वारा वायु करती है)**।

रु. : **(सुधि में आकर)** अरे मन! तू इतना क्यों आकुल होता है, ईश्वर बड़ा विलक्षण है। उसके सम्मुख कोई भी विषय असाध्य नहीं, क्या आश्चर्य है जो उसकी कृपा से तेरी कामना पूरी होवे। क्या दमयन्ती को कभी आशा थी कि

नल के मुखचन्द्र दर्शन से उसका हृत्कुमुद फिर विकसित होगा पर उस करुणालय जगदीश की कृपा से उसकी अभिलाषा पूर्ण ही हुई।

अ. मा. : राजतनये! यद्यपि कोई भेद तुमारा ऐसा नहीं है जो हम लोगों पर अप्रगट होवे, तथापि जिस कारण में तुमारी आज यह दशा है, उससे हम सब सर्वथा अनभिज्ञ हैं। आज मन तुमारे विवाह के मंगल समाचार को सुनकर बड़ा आनन्दित था, उस मंगलमय दिवस की परिगणना बड़ी उत्सुकता के साथ करता रहा, पर इस काल तुमारी ऐसी शोचनीया अवस्था देखकर उसका वह आनन्द ऐसे उड़ गया, जैसे पारा अग्नि सम्पर्क से उड़ जाता है, क्या किसी रोग करके तुमारी यह दशा है अथवा कोई दूसरा कारण है? प्यारी! शीघ्र बताओ, जिससे हम लोग उसके निवारण का तत्काल प्रयत्न करें, क्योंकि तुमारी यह दशा देखकर मन ऐसा उद्विग्न है, जैसे मणि खो जाने की आशंका से सर्प विकल होवे।

रु. : सखी अनामे! अब क्या प्रयत्न हो सकता है, जो होना था सो तो हो ही गया। अब क्या संभव है कि रुक्म अपने प्रण को त्याग देगा, जब उसने शिशुपाल के यहाँ टीकाडी भेज दिया तो अब त्यागने की कौन आशा है। पर क्या भागीरथी के प्रवाह को रत्नाकर की ओर से बलात रोककर कोई किसी अपूर्ण सरोवर की ओर कर सकता है? अथवा वसुन्धरा का सूर्य्य के आस-पास का भ्रमण करना अवरोध होकर किसी क्षुद्र ग्रह के आसपास हो सकता है? ऐसे ही जिस मनमयंक ने अपने को श्रीकृष्ण पादरज दर्शनभानु से प्रकाशित करने की अभिलाषा की है, भला यह हो सकता है? कि अब वह शिशुपाल से आश्रय करके अपने को कलंकित करेगा।

अ.ना. : मन में अकस्मात बिना विचारे ऐसी कल्पना कैसे कर ली यद्यपि चन्द्रमा सूर्य्य के ही प्रकाश से प्रकाशित है, किन्तु चन्द्रमा के हत प्रकाश होने का कारण भी तो सूर्य्य ही है। फिर जिससे उपकार के साथ अपकार की भी आशंका है, और जिस कार्य्य के होने की कदापि सम्भावना नहीं, उसके लिए आग्रह के वशीभूत होना अयुक्ति छोड़ और क्या हो सकता है।

श्रीरु. : फिर मन क्या स्ववश है! यदि इसको युक्ति ही सूझती और अपने हानि लाभ का ही विचार होता तो ऐसा क्यों करता। इसके अतिरिक्त जिसने प्रेम मार्ग में पैर रक्खा है, उसको हानि-लाभ से क्या प्रयोजन! उपत्रभय से चातिकी स्वाति घन की आशा त्याग किसी क्षुद्र सरोवरादि की कर सकती हैं? अथवा कंटक विद्ध होने की आशंका से चंचरीकपाटल प्रसून से विरत हो निर्गंधि

जवासपुष्प से प्रीत हो सकती है? कदापि नहीं? फिर मैं कब प्राणभय से भगवान वासुदेव के पादारबिन्दसेवन ध्यान से विरक्त हो सकती हूँ।

स. : राजनन्दिनी! प्रीति वही उत्तम होती है जो मयस्सर हो, एक ओर से तो प्रीति का प्रवाह उमड़ता रहे और दूसरी ओर उसके जाने के लिए मार्ग भी न हो तो ऐसी प्रीति किस काम की। पतंग, दीपक का भाव जाने बिना उससे प्रीत होने का कैसा भयंकर परिणाम होता है।

श्रीरु. : प्रीति तो वही प्रशंसनीय होती है, जो निःस्वार्थ हो, किसी उपकार अथवा उत्तमता की आशा से प्रीति करना प्रेम का निकृष्ट मार्ग है। निज प्रीतिपात्र के अनजान में और उससे अपमानित होने पर जो प्रेम ध्रुव समान अटल रहता है, विबुधों की दृष्टि में वही उत्तम और उत्कृष्ट गिना जाता है। जैसा माननीया जनकराजदुहिता का भगवान रामचन्द्र के साथ था, अथवा श्रद्धास्पदा बृषभानुनन्दिनी और प्रातः स्मरणीया श्रीगोपीजन का श्रीगोपीबल्लभ के साथ है।

अ. मा. : जैसे प्रचण्ड केहरी के सुतीक्ष्ण नखों का ब्रण मेघगम्भीर स्वन श्रवण कर विदीर्ण होने लगता है। वैसे ही तुमारे शोक से आहतमन का संताप कुमार रुक्म के राजसभा में तरजने का समाचार स्मरण कर अधिक हो जाता है। पर हाय! क्या महात्मा जनक के आग्रह को कोई निवारण कर सकता था, यदि श्रीजनकनन्दिनी के सौभाग्यबल से पुरुषोत्तम भगवान रामचन्द्र द्वारा धनुषभंग न होता।

श्री रु. : सखी अनामे! रुक्म अपना हठ भले ही निबाहे मुझको इसमें कुछ कथन की कोई आवश्यकता नहीं। पर मेरे हृदय का भाव ब्रह्मा के लेख की भाँति किसी प्रकार ही नहीं पलट सकता। वायु अपने प्रचण्ड वेग से घनपटल को निवारण कर ही देती है, पर इससे चाहे नाविक के भाव में कुछ अन्तर होता हो, कदापि नहीं होता।

पद।

कहा लाभ बहु कहे सुनै मैं। दुखी भये मन सोक बढ़ाये विविध तर्क हिय माहिं गुने मैं॥ त्यागि कृष्णपद कंज प्रीति छन आन ध्यान नहिं होत हिये मैं। भली होत जिय एकं आस विस्वास एक इक ओट किये मैं॥ बसी आनि हिय धाम स्याम छवि रोम रोम अरु नैन दोऊ मैं। दियो छोरि कुल नीति रीति रति चहौं नाहिं अब भूलि सोऊ मैं॥ परो लाज पै गाज जाहि ते अंतर होय मुरारि प्रेम मैं। कहा लाभ प्रभु बिमुख जोग विज्ञान ज्ञान अरु किये नैम मैं। अहै हानि हरिऔध नाथ तजि आन माहिं निज चित्त दिये मैं। दीप्तिमान मनि त्याग कांच को कहा लाभ व्यवसाय किये मैं॥

अ.मा. : राजकन्यके! तुमारा व्रत बड़ा कठोर है, परमात्मा तुमको इस व्रत के उद्यापन में कृतकार्य्य करे। **(ऊपर देखकर)** क्या अब संध्या समय समीप है? तो सभी कहिये यह कार्य्यों का परिशोध करना भी अवशेष है। राजात्मजे! चलो राजमंदिर को चलैं।

अ.ना. : सखी अन्त में! सत्य है! दिनमणि, जिसने अपनी प्राण प्यारी छाया के अन्वेषण में बड़ा परिश्रम किया था, उसको न पाकर, वियोगी पुरुषों की भाँति अब उसके वियोग से कैसा मलीन और निस्तेज हो रहा हैं। अधिक परिश्रम करने से उसका मुख कैसा अरुण हो गया हैं। पादपगण जिन्होंने छाया को अपने अधोभाग में शरण दिया था, अब अपनी विजय समझ कैसे हरित और प्रफुल्लित हो रहे हैं। पक्षिगण जो इतस्ततः कलरव करते वृक्षों की ओर आते दृष्टिगत होते हैं, उनको और वृक्ष के पत्रों का संचालित होना देखकर ऐसी प्रतीति होती है, मानो पादपगण पक्षिसमूह को अपने विजय का शुभ समाचार सुनाने के लिए संकेत द्वारा निकट बुला रहे हैं, किन्तु वह पहले ही इस विजय समाचार से अभिज्ञ होकर उनको जीत की बधाई दे रहे है। **(इधर-उधर देखकर)** अहा! अब तो सूर्य्य का कुछ प्रकाश शेष न रहा, शीतलमंद सुगंध विबिध वायु चलने से संसार का चित्त हरा हो रहा है, किन्तु प्यारी रुक्मिणी के दुःख से हम लोगों का मन मलीन और अनोत्साह है। सन्ध्या समय की सुख सामग्री आज हम लोगों के उपयुक्त नहीं है।

श्रीरु. : सखियो! क्यों वृथा तुम सब भी मेरे साथ दुःखिनी बनती हो, चलो चलैं।

अ.मा. : राजनन्दिनी की जैसी आज्ञा।

(सब जाती हैं)

चतुर्थाङ्क

(स्थान राजभवन भगवान श्रीकृष्ण सिंहासन पर विराजमान)

(एक ब्राह्मण का प्रवेश)

ब्रा. : **(आप ही आप)** मेरा मन द्वारिका के बाह्योपगत भवनों की छटा देखकर इतना चमत्कृत हुआ था, कि अपने को बिल्कुल भूल गया था। किन्तु इस काल महात्मा श्रीकृष्ण के लोकललाम गृहों को देखकर इसकी जैसी दशा है वह उस अवस्था से भी विलक्षण है। मेरी आँखों ने बड़े-बड़े रम्य मन्दिरों को देखा है, किन्तु इस मन्दिर और अवलोकित मन्दिरों की शोभा में, बैकुंठ और एक

साधारण गृह का सा अंतर है। आहा! कनकनिर्मित भीतों में जो मणियाँ जटित हैं, वह सुमेरप्रान्तस्थित भगवान दिवाकर से क्या कम दृष्टिरंजक हैं। स्वच्छता देखिये तो दर्पण क्या है, सरितसरों का निर्मल जल क्या है। ग्रीष्मऋतु की चटकीली धूप शरदर्भु की विमल चाँदनी क्या प्रकाश सम्मुख स्थान ग्रहण कर सकती है, कदापि नहीं। **(सामने देखकर)** वह मकरध्वज मानमर्दक महात्मा श्रीकृष्ण सिंहासन पर विराजमान हैं! आहा! क्या मेरी आँखों ने कभी ऐसा सुन्दर स्वरूप देखा है! क्या कानों ने कभी ऐसे लोकमोहन मूर्ति का वर्णन सुना है? इस काल तो मुझको जगतपिता धाता के आठ, देवसैन्यनायक श्यामकार्तिक के द्वादस, भगवान भूतनाथ के पंचदस और सचीप्राणबल्लभ देवराज के सहस्र नेत्रों पर ईर्षा हो रही है। किन्तु बृथा क्योंकि महात्मा ब्रह्मादि की कौन कहे, क्या देवराज इन्द्र जिसकी सहस्र आँखें हैं प्यारे श्रीकृष्ण की छवि अवलोकन कर सन्तुष्ट होता होगा। उसकी दर्शनेच्छा तो हम लोगों से भी अधिक बलवती होती होगी। नृपकुलतिलक राजराजे पृथु सहस्र श्रवणों से भगवत सुयश श्रवण करते थे, पर क्या सन्तुष्ट होते थे। महात्मा श्रीकृष्ण का दर्शन करके आज मेरे नेत्र ही सफल नहीं हुए, मेरा रोम-रोम पवित्र हो गया, क्योंकि मैं इस काल उस पुरुष का दर्शन कर रहा हूँ जो अनादि नित्य, निर्विकार और जन्म जरादि रहित है। जिसने स्वभक्तजन रक्षणार्थ निजेच्छावश यह पंचतत्वात्मक शरीर धारण किया है। आज ऐसा कौन सा तप, यज्ञ, दान है जिसको मैंने नहीं किया है ऐसा कौन व्रत उपासना ज्ञान है जिसका फल मैंने नहीं पाया। पंचानन लोमस सनकादि को भी यह आनन्द कभी न प्राप्त हुआ होगा, जो आनन्द इस क्षण मुझको प्राप्त है। **(आनन्द में मग्न होकर खड़ा रह जाता है, भगवान ब्राह्मण को आते देख, सिंहासन से उतर प्रणाम करते हैं, और ले जाकर उसी पर बिठाते हैं)**।

श्रीकृ. : **(पादप्रच्छालनादि उपरान्त)** द्विजदेव! यद्यपि आपका इस लघुगृह को पावन करके मुझे कृतार्थ करना स्वाभाविक धर्म है क्योंकि रविचन्द्र अथवा पयोद की भाँति महज्जनों की यह नैसर्गिक प्रकृति है कि वह बिना इच्छा प्रगट किये संसार का उपकार करके उसको कृतकृत्य करते हैं, तथापि मैं पूछने का साहस करता हूँ कि किसी कार्य्य विशेष से तो आपने अपने इस कमल जैसे कोमल चरणों को कष्ट नहीं दिया है?

ब्रा. : **(चकित-सा होकर, स्वगत)** अहा! भगवान भी और उनके नवनीत से कोमल, पीयूष में मधुर, इक्षु समान राका पूरित बचनों को श्रवण कर, और उनकी

महज्जनों की अंगीकृत नम्रता और दैन्य अवलोकन कर मेरे हृदय का कैसा भाव हो रहा है, मैं द्वार पर द्वारपालों से न रोके जाने ही को उक्त महात्मा की ब्राह्मणों पर बड़ी अनुकम्पा समझता था पर इस सन्मान और सप्रेम आलाप सम्मुख सच तो यह है कि वह एक साधारण बात थी। उत्तम जनों की कैसी उदारनीति है कि जब उनको गौरव प्राप्त होता है, वह फलित वृक्ष अथवा जलपूरित मेघ की भाँति कैसी नम्रता धारण कर लेते हैं। सत्य है! महत्व पाकर वर्षाकाल के छुद्र नंदों की भाँति अति शीघ्र उमड़ चलना नीच मनुष्यों का ही कर्म्म है (प्रगट) दीनबन्धु! यद्यपि मेरे आने का कारण आप पर अप्रगट नहीं, तथापि मे उसको कहता हूँ आप श्रवण करें।

श्रीकृ. : आप कहें, मैं सुनता हूँ।

ब्रा. : भुवनविख्यात कुण्डलपुराधीश जिनका सुयश दिन मणि के प्रकाश सदृश अखिल संसार में व्याप्त है—

श्री.कृ. : मैं समझ गया, आप महाराज भीष्मक का नाम लेंगे।

ब्रा. : हाँ, एक दिन उन्होंने निजभुवनमोहिनी तनया श्री रुक्मिणी के लिए योग्य वर विचार की कामना से सभा की।

श्रीकृ. : **(स्वगत)** यह महाशय राजतनया रुक्मिणी को भुवनमोहिनी उपमा से उपमानित करते हैं। पर वास्तव में वह भुवनोद्वेगिनी है, क्योंकि मैंने जिस दिवस से भगवान नारद के मुख से उसकी उपमा सुनी है, उस दिवस से ऐसा उद्विग्न हो रहा हूँ जैसे रुरुशर्म्मा मुनिकन्या को देखकर हुआ था, **(प्रगट)** तब क्या हुआ।

ब्रा. : उस काल अनेक सभासदों ने बहुत से राजकुमारों का कुलगुणरुपादि वर्णन किया, किन्तु महाराज भीष्मक ने किसी को स्वीकार न किया। किन्तु जिस काल कनिष्ठ राजकुमार रुक्मकेश ने आपका नाम लिया, महाराज भीष्मक को उस समय बिना आपका लोकमोहनस्वरूप देखे केवल नाम श्रवण से ऐसा आनन्द हुआ जैसा ग्रीष्मऋतु में सुशीतल पवन और वसन्तऋतु में पुष्पसौरभ से दर्शनाभाव में होता है और उन्होंने कुमारी रुक्मिणी के योग्य आप ही को निश्चित किया।

श्रीकृ. : फिर क्या हुआ?

ब्रा. : राजकुमार रुक्म को यह बात अच्छी न लगी और उन्होंने राजाज्ञा को न मान महाराणी रुक्मिणी का सम्बन्ध शिशुपाल के साथ जोड़ा, अब वह बड़ी धूमधाम से रुक्मिणी को पाणिग्रहण करने के लिए कुन्तलपुर आ रहा है।

श्रीकृ. : फिर आप यहाँ क्यों आये?

राजनन्दिनी रुक्मिणी का मनमधुप इस घटना के पहले ही से आपके

पादारबिन्द के रजोग्रहण के लिए लुब्ध है। अतएव उन्होंने प्रतिज्ञा की है कि यदि में महात्मा श्रीकृष्ण के पादपद्म की रजग्राहिणी न हो सकूँगी, तो अवश्य शरीर त्याग दूँगी, और अपने इस अकृत्रिम प्रेम के प्रभाव से जन्मान्तर में भगवान की दासी होकर अपने को कृतार्थ करूँगी। अतएव आप को भी इस विषय से अवगत करना युक्तिसंगत था, राजतनया ने मुझको कृपासिन्धु का दर्शन कराया है और यह निवेदनपत्र दिया है। (देता है)

श्रीकृ. : **(लेकर स्वगत)** अहा! यह प्राणप्यारी के हृत्प्रेम का प्रकाशक इस समय मुझे कैसा हर्षप्रद है! इसको स्पर्श करके शरीर पनसफल की भाँति कैसा कंटकित हो गया है, हृदय कैसा प्रफुल्ल है। जैसे कंगाल को पारस मिले पीछे बिना सुवर्ण बनाये चैन नहीं आता, क्षुधित को जैसे भोजन आगे आने पर बिना खाये शान्ति नहीं होती, उसी प्रकार यद्यपि यह पत्र मेरे हाथ में है तथापि मन को पठन करने के लिए कैसी उद्विग्नता हो रही है। **(पत्र को खोलकर पढ़ते हैं प्रगट)**

छन्द।

सिद्धि अमित श्रीसहित प्रानजीवन धन प्यारे।
करुनाखान कृपाल सकल जिय जाननवारे॥
समन अखिल सन्ताप दीनदुखभंजन स्वामी।
रखइ लाज मम धाइ अहो गरुड़ासनगामी॥
गज पुकार जिमि सुनी सुत्यों मेरो सुधि लीजै।
जिमि दमयन्तिहिं रखी व्याधते तिमि रखि लीजै॥
धरा कांहिं जिमि कनकनयन कर ते छुटकायो।
लंकनाथ ते राखि सिया जिमि जग जस छायो॥
जच्छ फन्द ते रच्छि गोपिका दुख जिमि टार्यो।
राखि बृकासुर ते गिरीसजा दुख जिमि दार्यो॥
तिमि रखिकै सिसुपाल हाथ ते मम पति आई।
लीजिय नाथ उबारि करन लगि पग सेवकाई॥
जलबिहीन जिमि मीन वायु बिन जिमि तनधारी।
तिमि कृपाल पद छुटे होयगी दसा हमारी॥
जदपि न मैं प्रभु जोग तदपि इक विनय सुनीजै।
किये बिसाखा संग चन्द्र को नहिं कछु छीजै॥
जिमि कुबजा को मान राखि तेहि जनम सुधारे।
तिमि राखहु मम मान अहो दुखियन रखवारे॥

रहे व्याह मैं तीन दिवस अब श्रीगिरधारी।
एक लव्य लौं राखि लेहु मम प्रन बनवारी॥
टरैं चन्द अरु सूर टरै जग नियम अपारा।
ध्रुवहु क्यों न टरि जाय टरै किन कनक पहारा॥
पै न टरैगो नाथ प्रेमपन कौनेहु भाती।
नसे आस प्रभु प्रान होंहिंगे चरन सँघाती॥
करब सोई हरिऔध आस पुजवै जी ही की।
अधिक कहाँ लगि लिखों आप सब जानत जी की॥

ब्रा. : अहा! श्री राजनन्दिनी का आपके चरणकमलों में कैसा अविरल प्रेम है। आद्रवस्त्र से जल की भाँति इस गान के प्रतिपदों से आपका अनुराग टपका पड़ता है।

श्रीकृ. : द्विजराज! इस पत्र के पठन से मेरे हृदय में अलौकिक प्रेम की प्रतिमूर्ति सी खिंच गई है। प्राण प्यारी के सच्चे प्रेम के प्राबल्य से चन्द्र सन्मुखस्थ चन्द्र कान्तिमणि समान मन द्रवता जाता है। क्या वास्तव में मेरे लिए श्री रुक्मिणी की यह दशा है! द्विजबर! सच कहना।

ब्रा. : **(करुणा से)**

रेखता।

पूछैं न नाथ मुझसे दुःख राजनन्दिनी का।
त्यागैं न पान तन को लखि रूप बन्दिनी का॥
पारा समान गति है दिन रैन तासु ही का।
रन मैं चढ़े सुभट लौं टुक लोभ है न जी का॥
मृग के वियोग भय ते जो हाल हो मृगी का।
चकवा संजोग भय के हित गति रैन जो खगी का॥
घन रूप हेरित बेहित जिमि पास मोरिनी का।
ताहू ते बेस प्रभु हित है हाल रुक्मिनी का॥
तरिवर लों मौन साधै संहती हैं सब किसी का।
अरजुन की भाँति केवल तकती हैं लक्ष्य पी का॥
सब लोक लाज तजिकै हरिऔध आपही का।
करती हैं ध्यान निसदिन जिकि रोहिनी ससी का॥

श्रीकृ. : 'हिजदेव! प्राणप्यारी रुक्मिणी जिसका यह प्रण है **(टरैं चन्द्र, इत्यादि पढ़ते हैं)** और जिसकी मेरे लिए इतनी उत्कण्ठा है **(मृग के वियोग, इत्यादि पढ़ते हैं)** क्या मेरे बिरह दुख से दुखी होकर अपने प्राण को त्याग सकती है। हाय!!

क्या मेरे जीते प्रियतमा की यह दशा हो सकती है!!! कदापि नहीं। चन्द्रमा के प्रकाशित रहते कुमोदिनी कब मलीन हुई है। अगाध जलशाली अकूपार का भगवती भागीरथी को कब वियोग हुआ है।

ब्रा. : सत्य है! किन्तु जहाँ तक हो सके इस कार्य्य के लिए शीघ्र यत्नवान होना चाहिये, क्योंकि कृषी सूख जाने पर वर्षा निष्फल होती है, बृक के बालक उठा ले जाने पर ग्रामवालों का उद्योग व्यर्थ होता है।

श्रीकृ. : हीजपुंगव! आप आकुल न हों, यदि भवदीय प्रसाद होगा, तो जैसे उद्योगों पुरुष द्वष्ट जन्तुओं से रक्षित रहकर समुद्र के हृदय में से रत्नराशि संग्रह करता है, और वीर पुरुष करिकुम्भ विदीर्ण करके मुक्ता ग्रहण करता है। उसी प्रकार रुक्म व शिशुपाल प्रभृति का हृच्छेदन करके में आपकी राजकन्यका को प्राप्त करूँगा। अन्यथा कदापि न होगा।

ब्रा. : **(हाथ उठाकर)** ईश्वर से प्रार्थना है कि वह ऐसा ही करे, और रुक्मिणी की आशालता को जो मुरझा-सी रही है, निज कृपा वारिबृष्टि से सिंचित कर हम लोगों को आनन्दित बनावे। विशेष क्या?

(भगवान श्रीकृष्ण और ब्राह्मण का प्रस्थान)

(जवनिकापतन)

पंचमाङ्क

(स्थान : राजभवन)

(महाराणी रुक्मिणी शोकाकुल एक सिंहासन पर बैठी हैं और अनामा, अनाभिधाना पास खड़ी हैं)

प.मा. : राजकन्यके! आज विवाह का पहिला दिन है। नगरनिवासियों का हृदय प्रफुल्ल शतदल समान सुविकसित है। पर हाय! तुम्हारी यह दशा देखकर हम दोनों का हृदय दाड़िम की भाँति विदीर्ण हो रहा है, हर्ष का लेशमात्र भी नहीं है।

श्रीरु. : सखी! क्या मेरी यह दशा कभी ईर्ष्या छोड़ सकती है। अभी तो केवल प्राणनाय के न आने के समाचार को पाकर मन अर्ध मृत सर्प समान तड़प रहा है। न जाने इसकी उस समय क्या गति होगी, जब इसको प्रियतम के वियोग का पूरा भय हो जावेगा।

अ.ना. : राजतनये! ऐसा क्यों होगा, क्या किसी ने हिमगिरिनन्दिनी का विवाह बलात् पुरन्दरादि से कर दिया? किन्तु भगवान श्रीकृष्ण पर अपनी इस धम्म संकटापन्न अवस्था को तुम्हें प्रथम ही प्रगट करना योग्य था।

श्रीरु. : सखी! तुमसे क्या दुराव है, मैंने कई दिन हुआ एक ब्राह्मण द्वारा अपनी व्यवस्था प्राण प्यारे पर प्रगट कर दी है। पर हाय! प्राणनाथ ने उसका स्वल्प ध्यान भी नहीं किया!

अ.मा. : ऐसा कहना कदापि योग्य नहीं है। वे अन्तर्य्यामी हैं। बिना आये न रहैगें।

श्रीरु. : यदि प्रचण्ड विक्रम सिंह की शरण में जाने पर भी शृगाल का भय हुआ, तो सिंह के शरण में जाने ही से क्या लाभ है। जिस तृषार्त्त ने जल की अप्राप्ति में अपना प्राण त्याग दिया, उसको फिर समुद्र ही मिले तो क्या प्रयोजन? यदि मुझको शिशुपाल का मुख देखना ही पड़ा, और मैंने अपना प्राण त्याग ही दिया, तो प्राणप्यारे आ ही के क्या करेंगे।

अ.ना. : ऐसा कब हो सकता है? क्या सन्ध्या समागम से निशाकर अपनी कम शोभा समझता है? क्या ऊषा से सम्मिलित होने के लिए दिनेश कम आकुल होता है?

श्रीरु. : यदि ऐसा है तो प्राणनाथ अब तक क्यों नहीं आये। क्या मुझको कुरूपा समझा, अथवा ब्राह्मण वहाँ नहीं पहुँचा, यद्यपि गुरुजनों ने उनको न आने दिया, क्या कारण है? सखी, इस काल मेरी वही दशा है, जैसी मयूरी की घनागम की प्रत्याशा में ग्रीष्मऋतु के अन्त में होती है।

अ.मा. : कल्पना किया भगवान श्रीकृष्ण किसी कारण से आज न आये, तो क्या रुक्म अम्बालिका की कथा नहीं जानता जो बलात् शिशुपाल से तुमारा पाणिग्रहण करेगा।

श्रीरु. : किसी विषय के जानने पर किसी कार्य्य का भार नहीं है, यदि उसके विषय मे विवेचना न की जावे। चन्द्रमा जानता था की गुरुपत्नीगमन करने से महापाप होता है, फिर उसने ऐसा क्यों किया।

अ.ना. : राजकन्यके! रुक्म के जानने और न जानने से क्या प्रयोजन है? मेरा मन साक्षी देता है कि भगवान श्रीकृष्ण बिना आये न रहेंगे।

श्रीरु. : यदि न आये तो क्या मैं अम्बालिका की भाँति एक की होकर दूसरे की बनूँगी, और अपने को कलंकिनी बनाने में बाध्य हूँगी, कदापि नहीं। मैं अपने प्राण को शरीर से ऐसे निकाल दूँगी जैसे पक्षी पिंजरे से निकल जाता है, और उसका उसको कुछ स्नेह नहीं होता।

अ.मा. : ऐसा मत कहो। शरीर रहेगा तो बहुतेरे उपयुक्त वर मिल रहेंगे। केतकी के सुगन्धित रहते अनेक चंचरीक उसके दृष्टिगोचर हो रहते हैं।

श्रीरु. : आह सखी! तम इतनी मूढ़ है! यह भी नहीं जानती कि त्रिलोक में भगवान श्रीकृष्ण समान और कौन हो सकता है?

छन्द।

कब मिलि अमित खद्योत रवि सम होंहिं कहहि बिचारिकै ।
मिलि अधिक उडुगण होंहि कब सम चन्द पेख निहारिकै ॥
नहिं होंय कबहुं अनेक लघु नद मिलि नदीस समान कै ।
तिमिमिलिअमितजगनृपति कबसमहोंहिंप्रियतमप्रानकै ॥

इसके अतिरिक्त क्या केतकी की भाँति मैं अनेक की प्रत्याशा कर सकती हूँ? त्राहि! इस बात के तो सुनने से भी पाप लगता है।

अ.ना. : राजात्मजे! इतना विकल होने की कोई आवश्यकता नहीं है। मुझे दृढ़ विश्वास है कि कोई शीघ्र आकर इस वाक्यरव से कि भगवान श्रीकृष्ण आ गये तुमारे मन को वैसा ही प्रसन्न किया चाहता है, जैसा जनक नन्दिनी का मन धनुषभंग के शब्द को सुनकर प्रसन्न हुआ था।

श्रीरु. : सखी! कोई वह समय भी होगा, जिस समय मेरे श्रवणों में यह शुभ समाचार सीपी में स्वातिबुन्द समान पड़कर सुखद होगा।

छन्द।

कोउ होयगो वह समय जब प्रियप्रान की सुधि पाइहौं।
हिय हरषि निरखन हेत छबि जिय अमित मोद बढ़ाइहौं॥
बदि ताप उपतापादि को दुख सकल दूर बहाइहौ।
ब्रत नेम तप उपवास को यह अमल फल इक पाइहौं॥
पै होत नहिं विस्वास कबहुं कि त्यागि हठ बिधि देयगो।
करि काज बिरहिन को सकल जग सूजस अनुपम लेयगो॥

(ब्राह्मण आकर उसी उसुर में पढ़ता हुआ)

लखि कोप तव बिधि सहमि निज हठ कबहिं दीनो त्यागि है।
अब छाड़ि निद्रा मोह की तव भाग अनुपम जागिहै॥
जिमि रैन कारो अन्त मैं जग विमल होत प्रभात है।
तिमि निवरि दुख अब होयगी सुख कहत साँची बात है॥

अ.ना. : **(स्वगत)** अहा! घन के गम्भीर निनाद से मयूरी समान राजनन्दिनी द्विजदेव के वाक्यों को श्रवण कर कैसी प्रसन्न हो गई हैं शरीर जो कुम्हलाए हुये फूल

के समान था अब कैसा प्रफुल्लित हो गया है। निर्वाणोन्मुख दीपक समान कैसा प्रज्वलित हो उठा है। सत्य है। "परमेश्वर की परतीति यही मिली चाहिये ताहि मिलावत है।

अ.मा. : **(श्रीरुक्मिणी का भान समझकर)** द्विजदेव राजनन्दिनी द्वारिका का समाचार पूछती हैं।

ब्रा. : जब मैं राजनन्दिनी से बिदा होकर नगर बाहर गया उस काल मेरे में वायु से अधिक शशांक के मृगों से विशेष खगराज तुल्य गति हो गई और मैं अल्पकाल में द्वारिका पहुँच गया।

अ.मा. : तब क्या हुआ?

ब्रा. : देखते ही देखते कुछ काल में वहाँ पहुँचा, जहाँ भगवान श्रीकृष्ण कोटि कन्दर्पदर्पशमन करके सिंहासन पर शोभयमान थे।

अ.ना. : फिर क्या हुआ?

ब्रा. : भगवान ने मेरा बड़ा सम्मान किया, और मुझ से सस्नेह राजनन्दिनी का सकल समाचार पूछ-पूछ कर बड़े प्रेम से सुना, और राजतनया का निवेदनपत्र पढ़ ऐसे गद्‌गद्‌ हुए कि नेत्रों से निर्झर समान नीर झरने लगा, और उनको जनक की भाँति निदेहता हो गई।

श्रीरु. : (स्वगत) मन! धीरज धर। बहुत दिनों पर तेरी अभिलाषा की बेलि में इष्ट प्राप्ति का फल लगा है। फिर इतना क्यों व्याकुल होता है, यदि प्राणेश ऐसे आर्द्रहृदय हैं तो संयोग का फल लगने में क्या विलम्ब है?

अ.मा. : हाँ! तब क्या किया?

ब्रा. : जब भगवान का चित्त स्वस्थ हुआ, मुझे लेकर राजसभा में गये और महाराज उग्रसेन व पितृवरण वसुदेव को सकल समाचार सुनाकर कुण्डलपुर आने की आज्ञा चाही।

अ.मा. : हाँ! कहे जाइये।

ब्रा. : यद्यपि प्रथम उन लोगों की भगवान के वियोग की आशंका से वही दशा हुई जैसी महाराज दशरथ को भगवान रामचन्द्र के तपोधन विश्वामित्र के साथ जाने के समय हुई थी। किन्तु भगवान श्रीकृष्ण को नितान्त उत्सुक देखकर उनको यहाँ आने की आज्ञा दी, और श्री बलराम को बहुत सी सेना के साथ उनके संग कर दिया।

अ.मा. : **(आकुलता से)** क्या भगवान श्रीकृष्णा कुण्डलपुर में आ गये?

ब्रा. : हाँ! आ गये, मैंने महाराज भीष्मक पर इस भेद को प्रगट कर दिया है, भगवान राजबाड़ी में साग्रज सब सैन्य के बिराजमान हैं, अनेक स्त्री-पुरुष वहाँ जा

जाकर उनके मुखमयंक की सुधा अपने नैन चकोर से पान कर रहे हैं, और प्रार्थना करते हैं कि हे ईश्वर! जैसे तूने दमयन्ती को नल से, शकुन्तला को दुष्यन्त से और विदेहजा को रामचन्द्रजी से मिलाकर उनको सुखी किया, वैसे ही हमारी राजनन्दिनी को भी भगवान श्रीकृष्ण के समागम से सुशोभित करके उसको सुखी कर।

दो.स. : हम दोनों की भी ईश्वर से यही प्रार्थना है।

ब्रा. : हमारी भी।

(महराणी रुक्मिणी लज्जा से सिर नीचा कर लेती हैं और फिर अनामा से कुछ कहती हैं)

अ. मा. : हिजराज! राजनन्दिनी कहती हैं कि आप जाकर भगवान श्रीकृष्ण को इस विषय से अभिज्ञ कर दें कि आज दो घड़ी दिन शेष रहे नगर की पश्चिम दिशा में देवी का जो एक मन्दिर है वहाँ पूजा करने के लिए वह जावेंगी। भगवान को वहीं आकर कुमारी के प्रण की लज्जा रखनी योग्य है।

ब्रा. : जो आज्ञा **(जाना चाहता है)**

श्रीरु. : **(स्वगत)** अहा! हिजदेव भी मेरे साथ कितना उपकार किया है। उपकार क्या, यदि सूक्ष्म दृष्टि से विवेचना की जावे तो प्राणदाता ये ही महाशय हैं, अतएव इनकी सेवा मैं यदि रोम-रोम से करूँ तो भी थोड़ी है। इनके लिए यदि में तन मन धन तीनों को निछावर कर दूँ तो भी इनसे उऋण होना कठिन है। इनका उपकार मेरे साथ ऐसा ही है जैसा घनागम में वायु का चातिकी के साथ **(सकृपा दृष्टिपात)**

(ब्राह्मण का प्रस्थान)

अ.मा. : सखी अनाभिधाने! यद्यपि राजनन्दिनी की मनोकामना पूरी होने से हम दोनों को इस काल वैसा ही आनन्द है जैसा प्रियम्वदा और अनसूया को शकुन्तला और दुष्यन्त के समागम से हुआ था किन्तु यह आनन्द स्वच्छ नहीं है, इसके साथ उद्वेग का अंश भी मिला हुआ है। क्योंकि राजकन्या को वियोग आशंका से हम दोनों की उन्हीं दोनों के उस समय की दशा समान दशा हो रही है जिस समय शकुन्तला के महात्मा कण्व से विदा होकर राजभवन में जाने का समाचार तपोवन में फैल गया था।

अ.ना. : सखी! इस समय हम दोनों का दुःख सुख कार्तिक अथवा चैत्र के दिवारात्रि की तरह समान है अतएव इस मंगलकार्य्योपलक्ष में खेद प्रकाश करना अनुचित जान पड़ता है।

अ.मा. : सत्य है।

(एक स्त्री का प्रवेश)

स्त्री. : राजनन्दिनी! अब चार घड़ी दिन और रह गया, अतएव आपकी माता ने गौरीपूजन निमित्त स्नान और श्रृंगारादि द्वारा आपको सज्जित करने के लिए बुलाया है।

श्रीरु. : बहुत अच्छा, आओ सखियो चलें।

दोनों. : चलो।

(सब जाती हैं)

(जवनिका पतन)

षष्टमाङ्क

(जनवासे का एक विस्तृत भवन)

(शिशुपाल, जरासन्ध, शाल्व, विदूरथ, रुक्म, दन्तबक्र प्रभृति अनेक सूरमें यथास्थान बैठे हैं)

शि. : **(भय से)** मैंने सुना है, आज बहुत सी सेना लेकर बलराम श्रीकृष्ण यहाँ आया है। यदि यह सत्य है तो इस विवाह के मंगलकार्य्य में बिना कोई उत्पात हुए न रहेगा, क्योंकि जैसे दैविक उत्पात के चिन्ह आकाशादि का अरुण होना और प्रतिमा प्रभृति का हँसना है, उसी प्रकार भौतिक उत्पात का चिन्ह इन दोनों का किसी शुभकार्य्य में आगमन करना है। अतएव मैं पहले ही कहे देता हूँ कि हम लोगों को बहुत सतर्क रहना समुचित और योग्य है।

शा. : **(हँसकर)** क्या सिंह कभी क्षुद्रतम जन्तु शशक के त्रास से अपने किसी कार्य में सावधानी ग्रहण करता है? क्या टिड़ीदल अथवा कीड़ीदल समान यादवों की सेना हमसे सूरों का सामना कर सकती है?

वि. : इस विषय में विवाद कौन करे, किन्तु शत्रु को तुच्छ समझकर अपने कर्तव्य से समय पर चूक जाना नितान्त अयुक्ति है। भारतवर्ष में टिड़ीदल जिस क्षेत्र पर पड़ता है उसका बिल्कुल सत्यानाश कर देता है। क्षुद्र पिपीलिका जब काल पाकर गजेन्द्र के शरीर में उत्पन्न हो जाती हैं, तो उसके समान बलिष्ठ जन्तु का नाश करने में भी नहीं चूकतीं।

ज. : सत्य है, पर उनका सेना टिड़ीदल अथवा कीड़ीदल नहीं है। वह प्रचण्ड वायु के समान है जिसके सम्मुख पादक ऐसे दृढ़ सूरमों का भी पैर उखड़ जाता है और वे क्षुद्रतम जन्तु शशक समान नहीं हैं, प्रचण्ड बलशाली गैण्डे के तुल्य हैं, जिसके खाँगों के भय से सिंह का भी कलेजा दहलता है।

दं. : तो क्या आप लोग शत्रु का बलकथन करके हमसे सूरमों का उत्साह भंग कर सकते हैं? कभी नहीं, रणभूमि में यदि काल स्वयं आकर सम्मुख हो तो भी हम लोग सशंकित नहीं हो सकते! कृष्ण बलराम किस गिनती में हैं?

ज. : मैं कुछ उनकी प्रशंसा नहीं करता, पर जो बात सत्य है उसको छिपा भी नहीं सकता। महात्मा वशिष्ट के तपोधन विश्वामित्र परम शत्रु थे। पर जिस कुल सती अरुन्धती ने पूर्णिमा के शशि की सुखमा अवलोकन कर उनसे पूछा इस समय संसार में ऐसा निर्मत्त यश किसका है। महात्मा वशिष्ट ने ईर्ष्या छोड़ कर कहा, ऋषिवर्य विश्मामित्र का—

शा. : कृष्ण बलराम में ऐसी कौन सी विशेषता है, जिससे आपके कथन को हम सत्य जानें?

ज. : जो कुछ अप्रगट नहीं है। उन लोगों ने बाल्यावस्था में बड़े-बड़े दानवों को खेल में मार लिया, दुर्धर्ष अथच परम बलिष्ठ कंम को देखते-देखते मार गिराया। मेरे त्रयोविशंति अक्षौहिणीदल को सत्तरह बार ऐसे काट डाल, जैसे कृषक क्षेत्र को बिना प्रयास काट डालता है। अठारहवीं बार न जाने क्यो मेरे सम्मुख से भागे, और एक पर्वत पर चढ़ गये, जब मैंने पर्वत को जला दिया। वह लोग इस प्रकार अपना प्राण लेकर वहाँ से अन्तर्ध्यान हो गये जैसे देवराज इन्द्र नृपति सगर के यज्ञशाला में से श्यामकर्ण लेकर अन्तर्ध्यान हो गया, कि किसी ने देखा तक नहीं।।

रु. : **(शोक से स्वगत)** आह! क्या कृष्ण ऐसा प्रबल है, यह सुनकर मेरा हृदय कांच की भट्ठी समान जल ही रहा था कि महाराज भीष्मक राजबाड़ी में उनसे मिलने के लिए गये थे। अब जरासन्ध के वाक्यों ने उस पर और रंग जमाया। पर हाय! उपाय क्या है, मैंने पिता से पूछा भी तो कि कृष्ण किसका बुलाया आया है, पर उन्होंने कुछ न बताया। प्रति वाक्यों से अपने को निर्दोष निश्चित किया। दैव बड़ा दुर्दान्त है जो सब इस प्रकार सुसज्जित नानाभाँति के सुन्दर व्यंजनों को बिष डालकर बिगाडा चाहता है।

शा. : जो हो! पर एक कृष्ण नहीं यदि ऐसे-ऐसे सौ कृष्ण हों और एक बलराम नहीं सहस्त्रों बलराम आवें, इन्द्र, शिव, सुरसेनपादि पृथ्वी में आकर उनकी सहायता करें, तो भी अकेला मैं उनको ऐसे जीत लूँगा, जैसे प्रातः समय एकाकी भगवान दिवाकर ग्यारह सहस्त्र राक्षसों को जीतकर उदय होते हैं।

दं. : अहा! युद्ध का नाम सुनते ही मेरी भुजाएँ कैसी फड़क उठी हैं, हृदय में कैसा बीररस का उद्रेक हो आया है, मन को कैसा रणोन्माद हो रहा है मानो अभी

संग्राम भूमि में चलकर अपने प्यासे बाणों को शत्रु के रुधिर पान से तृप्ति कराना चाहता हूँ।

ज. : सुखमस्तीति वक्तव्यं दशहस्ता हरीतकी, यों तो कहने के लिए सभी कह सकते हैं, हम त्रिलोक बिना प्रयास क्षण भर में जय कर सकते हैं। पर जब रणभूमि का मुख देखना पड़ता है तो बहुतों के हाथ-पैर फूल जाते हैं। जिस प्रकार ओपशाली मार्तण्ड के उदय होते ही तारागणों का प्रकाश और तेज भली भाँति जाना जाता है, उसी प्रकार रणभूमि में पदार्पण करते ही वाचालों का बल और पराक्रम सब पर प्रगट हो जाता है।।

शा. : तो क्या आपको इच्छा है कि पवित्र क्षत्रियशोणितोद्भूत होकर प्राण की आशंका से घर भाग चलें?

अ. : यह मैंने कब कहा है? मेरी यह इच्छा कदापि नहीं है, किन्तु मेरे कहने का अभिप्राय यह है कि ऐसा प्रयत्न किया जावे जिसमें उत्पात का भय ही न होवे। और जैसे भगवान विष्णु ने समुद्र का मंथन करके कौशल से ललनाललाटभूषा लक्ष्मी को प्राप्त किया, वैसे ही हम लोग अपनी सुयुक्ति बल से राजनन्दिनी रुक्मिणी को निर्विघ्न प्राप्त करें क्योंकि यह युद्धविग्रह का समय नहीं है।

रु. : **(क्रोध से)** आप लोग पहरों से किसके लिए इतना भावित हो रहें है। मैं शपथ करके कहता हूँ कि युद्ध समय यदि इस गोपजात का प्रत्येक स्वास-स्वास वीर्य्य के स्वास की भाँति एक वीर बन जावेगा, प्रत्येक रक्त-बिन्दु रक्तवीर्य्य के रक्तबिन्दु समान एक योद्धा हो जावेगा, प्रत्येक छिन्न अंग पुरुभुज समान एक सूरमा बनकर खड़ा होगा तब भी वह मेरे तीव्र बाणों से त्राण पाकर द्वारका न जा सकेगा। सैन्य की कथा ही क्या है।

दं. : सत्य है! सूरमाओं को ऐसा ही अभिमान रखना योग्य है। जय विजय तो ईश्वर के हाथ है।

(एक द्वारपाल का प्रवेश)

द्वा. : **(प्रणाम करके)** महाराज की आज्ञा थी, कि जिस समय राजनन्दिनी देवी पूजन के लिए नगर बाहर जाने लगें उस समय हमको जता देना, सो राजनन्दिनी अब देवी पूजन के लिए जा रही हैं, क्या आज्ञा है?

शि. : **(स्वगत)** जरासंध के कथन से ज्ञात होता है कि कृष्ण समान वीर्य्यशाली हम लोगों में से भी कोई नहीं है। फिर उन योद्धाओं का किया क्या हो सकता है, जो हम लोगों से सर्व प्रकार बलहीन हैं। जिस प्रचण्डवायु के वेग से बड़े-बड़े प्रकाण्ड वृक्ष समूल नष्ट हो जाते हैं उसके सम्मुख एरण्ड की क्या

गणना है? तथापि इस समय न्यायानुमोदित यही जान पड़ता है कि राजनन्दिनी की रक्षा के लिए अपने कतिपय सामान्तों को नियुक्त और सन्नद्ध करूँ। **(प्रगट)** द्वारपाल! हमारे सूरसामन्तों और योद्धाओं से जाकर कह दो कि वे राजनन्दिनी की रक्षा के लिए उनके साथ रहें।।

द्वा. : जो आज्ञा। **(जाता है)**

शि. : **(सकल सभास्थितजनों से)** मित्रगण! आप लोगों ने परस्पर विवाद तो बहुत कुछ किया, पर यह न बताया कि ऐसे अवसर पर क्या कर्तव्य है,

शा. : कर्तव्य क्या है? हम लोगों को शुद्धान्तः करण से आपकी सहायता के लिए इस काल इस प्रकार परिकरबद्ध हो जाना योग्य है, जैसे देवासुर संग्राम समय सुरराज इन्द्र की सहायता के लिए भगवान विष्णु और कैलासपति शिव परिकरबद्ध हो जाते हैं।

दं. : केवल हम लोगों को ही परिकरद्ध हो जाना उचित नहीं है, किन्तु समस्त सामन्तों और सूरमाओं को भी कृष्ण आगमन के समाचार से अभिज्ञ करके सावधान कर देना योग्य है और सर्व आयुधों को भी ठीकठाक कर लेना उचित है, क्योंकि "सन्दीप्ते भवने तु कूपखननं प्रत्युद्यमः कीदृशः।"

रु. : **(झुंझलाकर)** आप लोगों को क्या हो गया है, जो आपलोग एक क्षुद्र व्यक्ति के लिए इतना प्रयत्न चाहते हैं। क्या तमसमूह के नाश करने के लिए सूर्य्य कभी कुछ उपाय करके उदय होता है? अथवा रज कण की उद्वतता निवारण के लिए घन कभी चिन्तातुर बनता है। जिस काल मेरे बाण सर्प समान फुंकार कर रणभूमि में प्रवेश करेंगे, शत्रुओं की सेना बधिर हो जावेगी, उनके नेत्र बन्द हो जावेंगे, सहस्रशः कबन्ध रणस्थल में इधर-उधर फिरते दृष्टिगोचर होंगे, भूत-प्रेत, पिशाच-मांस, मेद-मज्जा खाकर प्रलय तक के लिए तृप्त हो जावेंगे। योगिनियाँ खोपड़ियों द्वारा रुधिर पान करके आनन्द सो पैर फैलाकर सो रहेंगी। युगान्तक भगवान शिव की मुण्डमाला जो आज तक अधूरी है पूरी हो जावेगी, और बड़े-बड़े सूरमाओं का युद्ध का उमंग जाता रहेगा।

छन्द।

जब बान और कमान लै रण मांहिं रिप पर धाइहौं।
अस सुभट को जेहि मारिकै नहिं भूमि मांहिं लुठाइहौं॥
करि बिकल सारथि रथिन को छन मांहिं मान उतारिहौं।
अरि अति अबल अहिकांहिं मैं जग प्रबल जिमि उर गारिहौं॥
उर छेदि भेदि अनेक को रणभूमि मांहि सुवाइहौं।
करि छिव भिव अपार रिपुदल चाव सकल नसाइहौं॥

पुर समर जिमि त्रिपुरारि तिमि रिपु सकल गर्ब प्रहारिहौं।
पाकारिजिमिहियपाकको तिमि रिपुहियहिं गहि फारिहौं॥
बहु कहब अनुचित होत याते अब कहत सकुचात हौं।
पै करब आपहुँ लोग ऐसहिं यह अवसि पतियात हौं॥

स. लो. : शाबाश! हमलोग भी यही चाहते हैं। ऐसा कौन होगा जो उसके लिए असि ग्रहण करेगा, जिसके नाश की सम्भावना केवल कर प्रहार से है किन्तु यह विशेष सतर्कता का समय अवश्य जान पड़ता है।

रु. : निस्सन्देह! किन्तु कोई चिन्ता नहीं! अब विवाह का समय समीप है। यदि आप लोगों की आज्ञा हो तो मैं जाकर आवश्यक कार्य्यों का परिशोध करूँ?

स. लो. : हाँ! आप जाइये, अब हम लोग भी उचित और आवश्यकीय कार्य्यों को करना चाहते है।

रु. : बहुत अच्छा। **(जाता है)**

(जयनिका पतन)

सप्तमाङ्क

(स्थान : देवी के मन्दिर का निकटवर्त्ती उद्यान)

(महाराणी रुक्मिणी अपनी अनामा और अनाभिधाना प्रभृति सखियों के साथ राक्षसों की कोट में मत्तगजगति से मन्द-मन्द जा रही हैं)

अ.मा. : सखी अनाभिधाने! देख! राजनन्दिनी की इस समय प्रेम की तरगों में क्या गति हो रही है। यद्यपि वह चलने के लिए पैर को डालती हैं पर वे पीछे ही को पड़ते है। घूँघट की ओट से नेत्रों की गति रुकी हुई है, परन्तु जल ऊपर आये हुए मत्स्य की भाँति कभी-कभी वे इधर-उधर दृष्टि डालने में नहीं चूकते हैं। प्राणनाथ के संयोग सुखानुभव की आशा, और मात-पितादि के वियोग भय और आशंका से सन्ध्या कालीन एवं प्रातःकालीन सरोज समान प्यारी का मुख कैसा प्रसन्न और मलीन हो रहा है। हृदय के अनन्त अभिलाष मयंक में से मरीचि समान वैसे बाहर निकले पड़ते हैं **(इतस्तुतः दृष्टिनिक्षेप)**

अ.ना. : सखी! राजनन्दिनी के हृदय की आकुलता का ब्योरा तो तभी ज्ञात हो गया, जब उन्होंने पूजा समय शिवप्रिया के अंगों में चन्दन लगाने के बदले अपने अंगो में लगा लिया,और फूलों की माला उनके गले में डालने के बदले आप पहिन लिया।

श्री रु. : सखी! अब तो प्राणप्यारे से मिलने के लिए एक-एक पल चतुर्युग समान जान पड़ता है! हृदय का भाव वैसा ही हो रहा है जैसा उष्णकाल में चकवी का होता है। नेत्र कहने ही में नहीं हैं। जो गति दूज के चाँद देखने के लिए संसार की होती है, उससे बढ़कर उनकी दशा जीवनाधार के दर्शनों के लिए है। पर हाय! यह नहीं जान पड़ता कि प्रियतम के इतना विलम्ब करने का क्या कारण है।

अ.मा. : राजनन्दिनी! यदि वे आ ही जावेंगे तो क्या करेंगे? क्या इन सहस्रः मेघनाद समकक्षी योद्धाओं के मध्य से तुमको ले जा सकेंगे?

श्रीरु. : सखी! मृगराज को मृगों के झुण्ड में बैठकर क्या अपना भक्ष्य लेने में विलम्ब होता है?

अ.मा. : **(दूर से देखकर)** सखी अनामे! वह देख! वायु का निरादर करते, स्वबेग मनमुख दिनेसरथ की गति निंदनीय बनाते, विजय की ध्वजा उड़ाते, घंट घंटिध्वनि से दिङ्मण्डल को पूरित करते, किसका रथ आ रहा है?

अ.मा. : सखी! इस विषय को राजनन्दिनी से पूछ! क्योंकि प्रियतम के आने का समय प्यारी भली भाँति जानती है। सूर्य्य के आगमन के चिन्हों को नलिनी अच्छी तरह पहचानती है।

श्रीरु. : सखी! परीक्षा लेने की कौन आवश्यकता है! प्राणनाथ त्याग और कौन हो सकता है।

अ.मा. : यह कैसे?

श्रीरु. : मेरा मन कहे देता है, क्योंकि कोकिता के हृदय में आनन्द का संचार वसंतागम बिना कब हुआ है?

अ.मा. : कौन जाने! बसंत का प्रिय मित्र काम ही तुमारे धम्म की परीक्षा लेने के लिए न आ रहा हो?

अ.ना. : क्या वह नहुष शची, और धर्म बृन्दा की कथा नहीं जानता जो महाराणी सी पतिव्रता के समीप आने का साहस करेगा?

अ.मा. : सत्य है! **(रथ की ओर देखती है)** सखी! रथ अब समीप आ गया, इस कारण हृदय में युगपत् आनन्द और खेद का संचार होने से मेरी गति सांप छछूंदर की सी हो रही है।

(रथ पर चढ़े भगवान श्रीकृष्ण का प्रवेश)

अ.ना. : **(भगवान की छवि देखकर)** हाय! हाय!! इन नेत्रों से न ऐसा स्वरूप कभी देखा न, कानों से सुना। भगवान का अंग-अंग कैसा सुडौल है, सुख की कैसी शोभा है, पुष्प में से सरसरंग समान भगवान के प्रतिअवयवों से कैसा माधुर्य्य

झलक कहा है। सिर के मुकुट कानों की कुण्डल की कैसी छटा है। घुघुराटी अलकैं मन को कैसी खींचे लेतीं है। क्या अनंग जो अनंग है भगवान श्रीकृष्ण की उपमा के योग्य निश्चित हो सकता है, क्या रमाहृदयवल्लभ जिनकी चार बाहें हैं, मनमोहन के स्वरूप समान कहे जा सकते हैं? क्या भगवान स्वयंभू जिनके चार मुख हैं, इन कुलभूषण के सम्मुख पटभर पाने के लिए खड़े हो सकते है। क्या उमाप्राणनाथ भगवान शिव जिनके सर्पादि आभूषण हैं यदुबंशनायक की समता पा सकते हैं? कदापि नहीं? उनमें ऐसी कोमलता, ऐसा माधुर्य्य, ऐसा सौंदर्य्य कहाँ? यह अलौकिक मनोहारिणी शक्ति कहाँ।

अ.मा. : सखी! सत्य है! भगवान की तिरछी चितवन, मंद मुस्कान, कमलदल सी आँखें, कीर सी नासिका, कपोतवत ग्रीवा, किसको नहीं ठगतीं, उनका यह लोकमोहन स्वरूप किसको नहीं भाता। अहा! सुकुमारता तो फिसली पड़ती है! रूप उछला जाता है। हाय! बिधना ने ऐसा सुन्दर रूप देखने के लिए अनन्त आँखें क्यों नहीं बनाईं। और जो केवल दो ही आँखें बनाईं तो उन पर पलक क्यों लगाई।

सवैया।

नहिं हेरि कै नैनन धीर अहै वह साँवरो रूप लख्यो ई चहैं। लखि कै मुसुकान अनूपम को छन प्रानहूँ पापी न चैन लहैं। हरिऔध न है बस मैं हिय आपनो कौन पै याकी बिथा को कहैं। तन की गति जो है अरी सजनी कहु कौन उपाय कै ताको सहैं।

श्री रु. : **(स्वगत)** आहा! सखियों के प्राणनाथ का स्वरूप इस प्रकार वर्णन करने में मेरे हृदय का कैसा भाव हो गया, जो प्रेम सूक्ष्म रूप से हृदय स्थल में विराजमान था वह अब ऊष्मा से वायु समान कैसा बढ़ गया, हृदयबल्लभ से मिलने की अभिलाषा देखते ही देखते मत्स्यावतार की भाँति कैसी कई गुनी हो गई। जिन नेत्रों ने प्रियतम की दर्शनाशा को इतने काल तक सम्बरण कर रखा था, वह अब जीवनाधार का स्वरूप देखने के लिए खंजन समान कितने चंचल हो रहे हैं। जिस हृदय ने इतने दिवस तक धैर्य्य का अवलम्बन करके अपना धम्म निबाहा था वह अब प्राण प्यारे से मिलने के लिए बुभुक्षित व्यक्ति की भाँति कैसा आकुल हो रहा है। किन्तु कोई चिन्ता नहीं, प्यासे के लिए सरोवर पास है, भूखे के लिए समस्त व्यंजन आगे रक्खा है। फिर अब विलम्ब ही क्या है? प्राप्त वस्तु के लिए मनोवेदना कैसी?

(महाराणी नेत्र उठाकर एक बार भगवान की छवि अवलोकनोपरान्त घूंघट डाल लेती हैं। सामन्तगन उनका अलौकिक सौदर्य्य देखकर

जड़वत् हो जाते हैं। अस्त्र-शस्त्र हाथों से छूट पड़ता है)।

श्रीकृ. : अहा! असमय अचानक भगवान रोहिणीनाथ के प्रकाशित होने का क्या कारण था? छिः क्या निशाकर का प्रकाश ऐसा हो सकता है जो भगवान दिवाकर के प्रकाश को भी अपने ओपसम्मुख फीका बना देवे, कदापि नहीं। फिर क्या कारण है कि जिस काल बह ओप प्रकटित हुआ दिन मणि का प्रकाश मंद पड़ गया? आहा। समझ गया विकास वह प्राणप्यारी के सुख मयंक का अलौकिक प्रकाश था, जिसका यह लोकोत्तर चरित्र था, और जिस से मेरी हृत्कलिका का तत्काल विकाश हो गया। काले-काले राक्षसों को कीट में मँत कुजरवरगमन से इस ओर आती हुई प्राणाधिका की कैसी शोभा है, कैसा अद्भुत सौन्दर्य्य है। कैसा अपूर्ण लावण्य है! क्या बूढ़े विधाता से कभी ऐसा सुन्दर स्वरूप रचा गया होगा, ना ऐसा जान पड़ता है कि भगवान कुसुमायुध ने अपनी मदोन्मत्ता रमणी रति को लज्जित करने के लिए अपने कोमल हाथों से इस अनोखे स्वरूप को बनाया है। प्यारी के उन्नत भ्रू, रसीले नैन, सहज सौन्दर्य्यनिवास आनन, कैसे स्पृहणीय हैं, कैसे मनोरंजक हैं। प्रिया ने मेरी ओर केवल स्वाभाविक दृष्टिपात किया है, पर क्या मेरा आनन्द रजनीपति के उस काल के उस प्रमोद से कुछ कम है, जब भगवान रमानाथ ने वृन्दारकवृन्द को अमिय पान कराने उपरान्त उसका घड़ा उन पर ढाल दिया था, किन्तु यह भी भ्रम है, क्योंकि–

पद।

प्रिया छबि केवल मोहि न भावै।
बिहग कोट पसुहूँ लखि तियछबि हिय प्रमोद उपजावै॥
मानि पद्मिनी चंचरीककुल मोर तड़ित सम जानी।
चन्दन सम सुबास तन को अति अहिकुल कहँ सुखदानी॥
मुखमयंक सम लखि चकोर अरू मृगगन मोद बढ़ावैं।
प्रिया सिया इक रूप जानि जिय साखा मृग सिर नावैं॥
कमला गुनि कुंजर सुख पावत हरि गिरिजा अनुमानी।
हरीऔध प्रमुदित मरालकुल रहत भारती मानी॥

अ.मा. : **(रुक्मिणी को लज्जिता देखकर)** राजनन्दिनी! अब अपने प्राणनाथ से अशंक मिलने के परिवर्तन में तुम्हारा संकोच करना ऐसा है, जैसा किसी को भोजन का निमन्त्रण देकर भूखा रखना, और समय पर उसका ध्यान बिल्कुल भूल जाना, राजकन्यके! अब तुम को योग्य है कि तुम लज्जा को तिलांजलि

देकर अपने प्रियतम से ऐसे मिल जाओ, जैसे लक्ष्मी भगवान विष्णु से और भगवती भागीरथी अकूपार से मिली हैं।

अ.ना. : सत्य है! यद्यपि हम लोगों का हृदय तुमारे वियोग की असह्यता से उद्विग्न हो रहा है। शोकोच्छास के प्राबल्य से कण्ठरूढ़ प्रायः होने से वाक्य स्फुरण असम्भव हो गया है। तथापि अपनी उद्विग्नता निवारण के लिए हम तुमको इस अवसर पर चूक जाने की सन्मति कदापि नहीं देंगी। अब यह समय ऐसा ही है कि तुम अपने जीवनाधार से वाक्य गिरा, जल बीचि, समान मिल जाओ। नहीं तो अवसर पर चूक जाने से पश्चाताप के अतिरिक्त और कुछ हाथ न लगेगा।

श्रीरु. : सत्य है! **(स्वगत)** प्राणनाथ! यद्यपि यह लोक प्रसिद्ध विषय है कि जो वस्तु बिना परिश्रम हस्तगत हो जाती है, उसका मान यथोचित दृष्टि में नहीं होता, प्रतिष्ठा भी उसकी सामान्य होती है। तथापि मैंने इसका अणु मात्र भी ध्यान नहीं किया, और इस क्षणस्थायी शरीर को विधिनिषेध चरणों की सेवा के लिए आपको अर्पण किया, अब इसका मान, सम्मान आदर-सत्कार केवल आपकी विवेचना पर निर्भर है। यदि दयासागर स्वपवित्र गृहस्थ दासिका समान भी मुझ चरणाश्रिता का सम्मान करेंगे तो मैं अपने जीवन को चरित्रार्थ समझूँगी। इसमें कोई सन्देह नहीं कि इस काल स्त्रीजनोचित संकोच मध्य में पड़कर कुछ बाधक हुआ चाहता था किन्तु आनन्द का विषय है कि आदरणीय सखियों के सदोपदेश द्वारा उत्तेजित प्रेम के सम्मुख वह कृत्तकार्य्य न हो सका। जीवन सर्वस्व! लीजे अब यह दासी तन मन से आप पर न्यौछावर होती है, इसके मान अपमान चाह की डोरी आपके करकमलों में सादर समर्पित है (महाराणी रुक्मिणी भगवान से मिलने के लिए हाथ बढ़ाती है। भगवान रथ को बढ़ा बाएँ हाथ से राजनन्दिनी का हाथ पकड़ रथ पर बिठा, रथ को द्वारका की ओर हाँक देते हैं)

(जवनिका पतन)

अष्टमाङ्क

(स्थान : जनवासे का बाहरी प्रान्त)

(बहुत से सूरमें खड़े और शिशुपाल, शाल्व, दन्तबक्र, जरासन्ध इत्यादि बहुत से वीर बैठे हैं)

(एक दूत का प्रवेश)

दू. : **(हाथ जोड़कर काँपते हुये)** महाराज! बड़ा अनर्थ हुआ! भगवान श्रीकृष्ण राजनन्दिनी को आपकी सेना के मध्य से हर ले गये! हमलोगों ने किसी ने न जाना, सारी सेना चित्र की भाँति खड़ी देखती ही रही।

शि. : **(क्रोध से)** जैसे तुच्छ मृग पराक्रान्त मृगराज से शत्रुता करे, छुद्र पक्षी प्रचण्ड उरगारि से बैर बिसाहे, और लघु मीन बड़े ग्राह को आँख दिखावे, उसी प्रकार मृत्युमुखपतित कृष्ण हमसे प्रबल क्षत्रियों से बैर करके कुशल चाहता है! कुछ चिन्ता नहीं। दूत, तुम सेना वालों से जाकर कह दो कि वे संग्राम के लिए तत्काल सशस्त्र हों।

दू. : जो आज्ञा। **(जाता है)**

ज. : सत्य है। जैसे नादश्रवणलिप्सा से मृग अपने प्राण से परांगमुख होता है, प्रमत्तहिरदस्वरूप दर्शनाकाँछी होकर गर्त्त में पतित होता है, सरस सुगन्ध की आकांक्षा से षट्पदकमकोष में वह होता है, धवल बालु की राशि को जल समझ भ्रम आपतित? अपना प्राण गँवाता है, उसी प्रकार राजकन्या रुक्मिणी का इच्छुक होकर संग्रामीय निविड़ जाल में फँस कृष्ण अपने जीवन से उदासीन हुआ चाहता है 'कालस्य कुटिला गतिः'

शि. : **(दम्भ से)** मित्रवर! क्या उसने मेरे पराक्रम को नहीं सुना है? क्या वह मेरी अलौकिक रणक्षमता को नहीं जानता, जो ऐसा अन्यायनुमोदित कर्म्म करने के लिए बाध्य हुआ! आज मेरे पन्नग समकक्षी बाण उसके हृहिबर में प्रवेश करके उसका ऊष्ण रुधिर पान करेंगे। मेरे प्रचण्ड़ दोर्दण्ड़ जिनकी प्रचण्ड़ता पाकारि इन्द्र भली-भाँति जानता है उसका प्रबल युद्धोन्माद क्षणभर में निवारण कर देंगे। जिस काल मेरा वज्र मानमर्दक चक्र छूटेगा, मैनाक की भाँति यदि वह अपारोदधि की शरण ग्रहण करेगा, तथापि त्राण न पा सकैगा, यह मेरी शाणित कर बाल जिसकी प्रज्वाल सन्मुख नन्दन की शोभा क्षीण है, जब उस पर टूटेगी दशमुख के भुज और मुख की भाँति उसके प्रत्येक अंगों का अनेक खण्ड कर देने में कदाणि बिलम्ब न करेंगी।

सवैया।

कोप कै लै जब दण्ड प्रचण्ड उदण्ड ह्वै शत्रु के सामुहे जैहों। ताको प्रचारि कै मारि कै डारि के होय बिदारि कै मैं सुख पैहों ॥ छेदि अनेकन को हरिऔध कितेकन को कच सों गहि लैहों । सेस सुरेस महेस गनेसहुँ आर मिले नहिं। संकित ह्वै हौं ॥

शा. : प्रिय मित्र! हम क्षत्रियों को रण से विशेष इस विश्व संसार में और कौन प्रिय वस्तु है? यों तो इस नश्वर जगत में जो उत्पन्न हुआ है एक दिवस अवश्य

मरेगा, किन्तु योगाभ्यास से और रणभूमि में करवाल ग्रहण करके मरना विरले ही को प्राप्त होता है। क्या यह थोड़े पुण्य का फल है कि क्षत्रियबंशधर यदि रणस्थल में विजय हस्तगत करता है तो संसार में अक्षयकीर्ति और विपुल ऐश्यर्य्य का भागी बनता है। और यदि अकातर चित्त से स्त्रवीरत्वध्वज आरोपण करते हुय रणशय्या पर शयन करता है तो योगीजन वांछनीय पवित्र स्वर्गसुख का अधिकारी होता है। अहा! धन्य है! जगतपावन क्षत्रिय धर्म्म!!!

दन्त. : **(दाँत पीसकर)** आज आप लोग मेरा युद्ध देखेंगे, जब तक युद्ध काल उपस्थित नहीं था लोग मुझे बड़बोला जानकर मेरा उपहास करते थे, किन्तु आज में ऐसा युद्ध करूँगा, कि भगवान शिव की समाधि भंग हो जावेगी, दिग्गज चिल्लाने लगेंगे। पृथ्वी थर्राने लगेगी। शेषनाग दहल जावेंगे। देवते चमत्कृत होंगे। भूतेश्वर की मुण्डमाल पूर्ण हो जावेगी। योगिनियाँ रुधिर पान से सन्तृप्त होकर नर्तन करेंगी। कबन्ध युद्ध करते दृष्टिगत होंगे। रुधिर की सरिता प्रवाहित होगी। क्रुद्ध काक माँस खाकर शान्ति लाभ करेंगे।

कवित्त।

करिक प्रचण्ड कोप त्यागि हिय संग आज अरिदल दारि फारि पल मैं विडारि हौं। करि घमसान सब कसक निकासि लैहों सुर सरदारहूँ सगर मैं प्रचारि हौं ॥ औधहरि अरि के उमंग हिय जेतो अहै कहत पुकारि ताकी पल मैं निकारि हौं। बढ़ि सर झारिहौं अनेकन को मारि हौं प्रवीर पद टारिहौं न भूलि रन हारिहौं ॥

जरा. : मैं क्या कहूँ, यद्यपि अपने मुख से अपनी प्रशंसा उचित नहीं होती, तथापि यह अवसर कुछ कहने ही का है, और कुछ कहना ही क्या! मैं बाण दृष्टि से आज प्रलय समान पृथ्वी आकाश को एक कर दूँगा। मेरे तीव्र शर निपातित एवं जर्जरित वीरों के शोणित से शैल काननकुन्तला धरणीकर्दमित ही जावेगी। पर्वतस्व प्राचीन काक भुशुण्ड ने शुम्भ एवं महिषासुर के युद्ध में पर्वत के सिरोदेश से और प्रचण्ड पराक्रमशाली रावण के संग्राम समय पर्वत के निस्त्र भाग में अवतरण करके रुधिरपान किया था किन्तु आज के मेरे युद्ध में यदि वे उस पर्वत के ऊपर एक ओर उन्नत हस्त बैठेगें तो वहीं रक्तपान करके तृप्त हो जावेंगे, कर्तित एवं विह वीरों की भुजा, सिर और अपर अंगों की राशि से पृथ्वी पर एक द्वितीय हिमाचल दृष्टिगोचर होगा। अनन्त गमन में टिड्डीदल सदृश बाण संक्रान्त इतने सिर उड़ते देखने में आवेंगे कि जिनके घनीभूत होने से आज का समुज्जल दिवस तमसाच्छन्न भाद्रपद की काली रात बन जावेगा।

कवित्त।

दौरहु दिगन्त दाबि बीरबलशाली आज करिकै अपार कोप अरिहं अघाय देहु। दलिमलि मारि चाव चूर करि सूरन को आन बान आपनेई हाथन नसाय देहु॥ औधहरि बढ़ि बढ़ि बेधि बेधि बीरन को बहुत कहाँ लौं कहौं बिरद बुझाय देहु। डाँटिकर देहु दूर दीहदाप दोहिन को गरजि गुमानिन को गरब गँवाय देहु॥

सब बी. : पृथ्वीनाथ! हम सबों पर आपका बड़ा ऋण है। सो आज उस ऋण के परिशोध करने का, अपना पौरुष प्रगट करने का, संसार में अक्षयकीर्ति लाभ करने का, स्पृहणीय स्वर्गसुख हस्तगत करने का, उच्चतस्तनी अप्सराओं के प्रमुग्ध कर कटाक्ष अवलोकन करने का, अवसर उपस्थित हुआ है। जब तक हम लोगों के एक अंग में भी प्राण रहेगा, शरीर की एक शिरा में भी रुधिर प्रवाहित होगा, हम लोग शत्रु को सांस न लेने देंगे! आप देखेंगे हमलोगों के प्रबल आक्रमण से शत्रु सेना क्षणभर में ऐसे बिलाय जावेगी, जैसे जलबुब्दुद। हम लोग दुराचार रावण की सेना समान बाकूसर और का पुरुष न हीं हैं, किन्तु पराक्रान्त शुंभ एवं महिषासुर की ओजस्विनीध्वजिनी सदृश युद्ध कुशल और रणदुर्मद है।

शि. : शाबाश! बहादुरो! शाबाश!! धन्य हो! क्यों न हो! जब तुमलोग ऐसे हो तभी तो ऐसे लोम हर्षण व्यापार में पदार्पण करने के लिए कटिबद्ध हो, नहीं तो अपना प्राण किसको नहीं प्यारा है। किन्तु सूरमाओं की यह रीति केवल आज ही ऐसी नहीं है, सदा से इसकी पोषकता इसी प्रकार होती आई है। देवासुर संग्राम में बिकट बृत्रासुर की देवराज ने दोनों भुजायें काट दीं, पर क्या इससे वह भीत हुआ? अणु मात्र नहीं, वरन द्विगुणदर्प से लड़ता ही रहा। उद्धत रावण का सिर और भुजमूल वीर धुरन्धर भगवान रामचन्द्र काटते ही जाते थे, पर इससे क्या उसका उत्साहभंग होता था? नहीं वह अनुक्षण प्रबल वेग से अधिक होता जाता था।

शा. : अरे रणभीरु। कार्यशिरारत्न! तियचोर! दुराचारी कृष्ण! यद्यपि तेरे दुष्कर्म औ वञ्चकता से इस काल हम लोगों का हृदय कुम्हार के आवाँ की भाँति दग्ध हो रहा है। तथापि आपत्ति में पड़ा हुआ मृगेन्द्र छुद्र श्रृगाल के बिनाश के लिए बहुत है। यदि आज तू रणभूमि में मायावी रावण समान अनेक स्वरूप धारण करके प्रगट होगा, प्रबल महिषासुर की भाँति नाना प्रकार की मूर्ति बनकर दृष्टि गोचर होगा, दनुबंश जाती का अनुकरण करके कभी अन्तर्ध्यान, कभी प्रगट होकर युद्ध करेगा पक्षी बनकर नभोमण्ड़ल को, जलचर

स्वरूपधारण करके अगाध उदधि की, सर्प होकर अवकाशवती धरणी की, बन्यपशु स्वरूप से अन्धकाराच्छन्न गिरिकन्दर की, शरण लेगा, तथापि मेरे शाणित शरों से त्राण न पा सकेगा।

(एक दूत का प्रवेश)

दूत : महाराज! आपकी सम्पूर्ण सेना युद्ध के लिए तैयार खड़ी है और यादवों की सेना डंके बजाती, झण्डे उड़ाती, तूर्य्यनाद करती, उद्वेलित समुद्र समान कूलवर्ती पदार्थों को बिनाशती, द्वारकाभिमुखयात्रा कर रही है।

ज. : **(दर्प से)** तो चलो अब हमलोग भी अगस्त सी शक्ति धारण करके उसके अकालोद्भूत अभिमान का निवारण करें।

शा. : **(खड़े होकर, उच्चस्वर से)**

छन्द।

अवै सेइयो लै सवै बीर धाओ रचो व्यूह सेना सजाओ सजाओ॥ बली बीर के मान को दौरि दारो। बढ़े वैरि के हीय को फारि डारी॥ उडाओ पताके नगाड़े बजाओ। महदाप कैमेदिनी को कँपाओ॥ घने सूर सामन्त को धांलि घाओ। चढ़ो चाव तिनको मिटाओ मिटाओ॥ न छोड़ो कबौं जाहि पाओ प्रहारो। पुकारो पछारो प्रचारो पधारो॥ कड़ाबीन को बेग दागो दगाओ। छुरी से इथी तेग गोला चलाओ॥ गदा मारिकै गर्व बैरीन ढाओ। नासहओ फँसाओ कँपाओ गिराओ॥ करी कुम्भ को कोप कै कै बिदारो। जहाँ जाहि पाओ, तहाँ ताहि मारो॥

सव. : **(मिलकर, तुमुल शब्द से)**

जहाँ जाहि पाओ तहाँ ताहि मारो।
जहाँ जाहि पाओ तहाँ ताहि मारो॥

(कहते, हथियार निकालकर कूदते, ललकारते, कोलाहल करते घूम कर नेपथ्य में हो जाते हैं)

(जवनिका पतन होती है)

नवमाङ्क

(स्थान : रणभूमि का बहिर्प्रान्त)

(भगवान श्रीकृष्ण, सारथी एवं महाराणी रुक्मिणी सहित एक रथ विराजमान)

श्रीकृ. : **(नेपथ्य की ओर देखकर)** सारथी! देखो! पद्मव्यूह रचकर खड़ी यादवों की सेना को बली शाल्वादि महारथियों को आगे किये हुये शंखध्वनि करती शिशुपाल की सेना ने किस प्रकार आक्रमण किया है।

सा. : महाराज! कुछ चिन्ता नहीं! विकट सिंहनाद से शत्रुओं का हृदय कम्पित करके यादवों की सेना ने भी उनकी अव्याहत गति का अवरोध कर दिया।

श्रीकृ. : सत्य है! अब युद्ध आरम्भ होने में भी अनतिबिलम्ब है।

सा. : अनतिबिलम्ब क्या, बिलम्ब है ही नहीं।

(नेपथ्य में सिन्दूरा गान प्रारम्भ)

राग सिन्दूरा।

कोप धारि असि प्रहारि लरत वीर भारी। चं चं चमकत कृपान, फं फं फुंकरत बान, तं तं तंरकत मान, बैरिन मदगारी ॥ घं घं घायल, अपार गं गं गं गिरत हार, कं कं करिकै पुकार, कायर भयकारी । बं बं बहकत प्रबीर धं धं धनु धुनत धीर, भं भं भं भिरत भीर, बरकत दै नारी ॥

श्रीकृ. : सारथी, तुमने बहुत ठीक कहा। सिन्दूरा गान के साथ ही रणवाद्य बजने लगा, बारम्बार तूर्य्यनाद होने लगा, अग्रज ने शिशुपाल को ललकारा, सात्विकी ने शाल्व के साथ युद्ध करना प्रारम्भ किया, कृतबर्मा ने दन्तबक्र को लक्ष्य बनाया, और यादवों की समस्त सेना शिशुपाल की सेना पर टूट पड़ी।

सा. : महाराज! इस काल बड़ा घोर युद्ध हो रहा है, सामन्तों की गरज, रणवाद्यों का भयंकर शब्द, शस्त्रास्त्रों की झंकार तूर्य्य का उत्तेजक निनादही, चारों ओर श्रुत होता है।

श्रीकृ. : सारथी! देखो! अग्रज के कठोर मूसलाधात से आहत होकर रुधिर वमन करता हुआ शिशुपाल पृथ्वी पर गिर पड़ा, सात्विकी की अनवरत बाणवर्षा से व्याकुल होकर प्रचण्ड शाल्व ने उनके धन्वा को तो काट दिया, किन्तु करबाल के कठिन प्रहार से त्राण न पा सका, क्षत-विक्षत होकर मूर्छित हो गया, कृत वर्मा ने भी अपने अमोघ पराक्रम से दन्तबक्र का मान चूर्णविचूर्ण कर दिया। आहा! यादवों की सेना में भी प्रचण्ड आक्रमण करके शिशुपाल की सेना में से बहुतों को काट डाला। सूत! क्या शिशुपाल को सेना अब पलायित होने का उपक्रम कर रही है?

सा. : महाराज! ज्ञात तो ऐसा ही होता है।

श्रीकृ. : सूत! देखो! जरासन्ध को तेजस्विता देखो। शिशुपाल की सेना क्षणभंग देकर पलायित हुआ ही चाहती थी, किन्तु अपनी अबिर बाण वर्षा से यादव दल को सन्धुक्षित करके उसने उनके उत्साह को द्विगुण कर दिया। अब किस

ओजस्विता के साथ उसने फिर यादवीय सेना पर आक्रमण किया है।

(नेपथ्य में)

अरे! युद्धदुर्मद जरासन्ध। यदि कुछ पौरुष रखता है तो मेरे सन्मुख हो, वृथा अपने अप्रतियोगी यादव सैन्य के साथ क्यों बल प्रकाश करता है! यदि ओजस्वी मृगेन्द्र ने क्षुद्र मृगसमूह को विजित कर ही लिया तो उसकी कौन प्रशंसा है।

सा. : महाराज! यह ओजस्वी वाक्य महात्मा बलराम का है।

श्रीकृ. : हाँ, देखते नहीं किस दर्प के साथ जरासन्ध ने उनकी ओर आक्रमण किया है।

सा. : निस्सन्देह! इन दोनों पराक्रान्त वीरों की प्रतिद्वंदिता देखने योग्य है।

श्रीकृ. : अहा! कैसा घोर संग्राम हो रहा है। रण धुरन्धर जरासन्ध के बाणों से सारी संग्रामभूमि पूर्ण हो गई! अग्रज महावीर्य्य बलराम के कठोर एवं अनिवार्य मूसल प्रहार से अनन्त वीर भग्नमस्तक हो गये। मृतकों के शरीर का ढेर लग गया, रुधिर की नदी बह निकली। किसी वीर का कबन्ध कर में करवाल ग्रहण लिए सन्मुख होता है, कोई उसे खड्गप्रहार करके द्विधा कर देता है। कोई उसे रणोन्मत दोनों हाथों के कटने और विरथ होने पर मुखव्यादनपूर्वक अपने प्रतियोगी को आत्मशान्त कर लेना चाहता है, किन्तु वह उसके मुख को बाणों से भरकर उसका वहीं निपात करता है। कहीं सारथी रथी का सीस हाथ में लिए रोदन करता है! कहीं कोई वीर मूर्च्छित हो पृथ्वी में गिरता है! घायल घूमते हैं। कायर भागने का उपक्रम करते हैं। अर्द्धमृतकों का आर्तनाद कलेजा कम्पित करते है! छिन्न मस्तक और धरातलपतित रुण्ड वास को द्विगुण कर देता है धरती रक्तवर्ण हो गई। आकाश बाणों से घिर गया। वीरों का उत्कट नाद दिशाओं में भर गया। मांसभक्षी जीव दूनस्तुतः भ्रमण कर रहे है। लोहू, मांस, मज्जा, मेढ पड़े दृष्टि आते हैं। रुधिराक्त शस्त्रास्त्र बिखरे पड़े हैं। शोणिताप्लुत आभूषण जहाँ-तहाँ गिरे हैं। दुर्दान्त जरासन्ध के अपूर्व पराक्रम प्रकाश से आहत शिशुपाल की सेना बढ़ आई थी, पर पूजनीय अग्रज के मूसल प्रहार और विजयी कृतबर्मा और सूर सात्विकों के अभेद्य शरबर्षण से फिर पीछे हट गई।

छन्द।

तागिड़दं तीर छागिड़दं छुट्टे। बागिड़दं बीरं टागिड़दं टुट्टे ॥ कागिड़दं कोपे जागिड़द ज्वानं। नागिड़दं नासे मागिड़दं मानं॥ गागिड़दं गाजे खागिड़दं खेतं। भागिड़दं भूतं पागिड़दं प्रेतं ॥ चागिड़दं चोपे सागिड़दं सूरं। भागिड़दं

भाजे कागिड़दं कूरं ॥ बागिड़दं वसजी ढागिड़दं ढोलं। भागिड़दं भाजी गागिड़द गोलं ॥ घागिड़दं घोड़ा हागिड़दं हाथी। आगिड़दं आजे सागिड़दं साथी ॥ मागिड़दं मारे दागिड़दं दारे। जागिड़दं जोधे सागिड़दं सारे ॥ दागिड़दं देखी यागिड़दं युद्ध। बागिड़दं बोरं कागिड़दं कुजं ॥

सा. : महाराज! यह देखिये! घोर संग्राम करने के पश्चात् बीर्य्यवान श्री बलराम के मूसलप्रहार से भग्नमस्तक हो रणदुर्मद जरासन्ध पृथ्वी पर गिर पड़ा ।

(नेपथ्य में सिन्दूरा गान समाप्त होता है)

श्री कृ. : **(प्रसन्नता से)** सारथी! केवल इतना ही आनन्द का विषय नहीं हैं। जरासन्ध को भूमिपतन होते देख कर शिशुपाल की समस्त सेना क्षत्रभंग देकर पलायित हो रही है और उसके साथ ही शिशुपाल और शाल्वादि भी पलायन करते दृष्टिगत होते हैं।

सा. : सत्य है। पृथ्वी में ऐसा कौन पराक्रमी है जो आपके और महात्मा श्री बलराम के सम्मुख कुछ काल पर्यन्त रणाङ्गणयन में ठहर सके।

श्रीकृ. : सारथी! अब तो रणभूमि में विपक्षीदल का एक मनुष्य भी दृष्टिगत नहीं होता।

सा. : महाराज! दृष्टिगत कैसे हो? किसको अपना प्राण भारी पड़ा है। जिन्होंने मूर्खता की, उन्हों ही ने की।

(नेपथ्य में घोर कोलाहल औ तूर्यनाद)

श्रीकृ. : सारथी! फिर यह कोलाहल कैसा?

सा. : **(नेपथ्य की ओर मनोनिवेश के साथ देखकर)** महाराज! जान पड़ता है कि एक नवीन सेना ने कोलाहल और तूर्यनाद करती आकर यादवों की सेना पर फिर आक्रमण किया है।

श्रीकृ. : सत्य है! यह सेना राजकुमार रुक्म की है, क्योंकि यह देखो अविरल बाणबृष्टि करते हुआ रुक्म हमारी ओर बढ़ा आता है।

सा. : गहाराज! आप भी सावधान हो जावें।

(रथस्थ, बाणाबृष्टि करते रुक्म का प्रवेश)

रु. : **(क्रोध से)** अरे रणभीरु! कायर शिरोमणि! कुल पांसन कृष्ण! तूने अपने को क्या समझ रक्खा है? दो-चार क्षुद्र राक्षसों को छल से मार लेने के कारण तू वीर नहीं हो सकता। तेरी कौटिल्यमयी दुस्साहसिकता वीरता में परिगणित नहीं हो सकती। तूने कतिपय अल्प पराक्रम दानवों को क्या जीत लिया अपने को अजर-अमर समझ लिया। किन्तु स्मरण रख कि तुझको आज तक किसी क्षत्री से काम नहीं पड़ा है। देख! आज मेरी अविराम बाणवर्षा से तेरी

वही गति होगी जो जलवर्षण से एक क्षुद्र रजकण पिण्ड की होती है **(बाणवृष्टि)**

श्रीकृ. : अरे बाकसूर। गजभुक्तकपित्थ समान सारशून्य। क्षत्रियकुलनिशाकरकलंक! क्या स्वान के शब्द करने पर मृगेन्द्र कभी भ्रूक्षेप करता है, अथवा मत्तहिरद के गरजने पर वह कभी रोषाविष्ट होता है? तुझ ऐसे पामर पतंगों के संहार के लिए मेरी करबाल की ज्वाला बहुत है। और मेरे पवन बाणप्रहार सम्मुख तेरी बाणवर्षा तो ठहर ही नहीं सकती **(धन्वाबाणसन्धान और शरजालभेदन)**

रु. : **(गर्जकर)** सत्य है 'बिनाशकाले विपरीतबुद्धिः' जैसे मृत्युग्रस्त मत्स्य बड़िशग्रहण करके स्वतः अपना नाश करता है उसी प्रकार रुक्मिणीहरण करके तूने अपने को काल कवलित किया है और प्रचण्ड मृत्यु के शीर्षस्थ होने से इसका ज्ञान नहीं है कि मैं क्या कहता हूँ। अरे नीच! लोहे की आँच सहने को क्षत्री ही को ईश्वर ने रचा है, गोपजातों को नहीं **(पुनः शरवृष्टि)**

श्रीकृ. : रे नीच! मिथ्याभिमानी! पामर! कायरों समान क्या वृथा प्रलाप करता है, कुछ काल में आप ही ज्ञात हो जावेगा कि लोहे को आँच सहनेवाला क्षत्री कौन है। मेढ़कों सदृश अधिक टर्र-टर्र करने से क्या लाभ है **(पुनर्शरजाल भेदन)**

रु. : अरे कपटी! कटुभाषी! वाचाल! तेरे शस्त्रों की शोभा तभी तक थी जब तक मेरे तीक्ष्ण बाणों से उसको काम नहीं पड़ा था। देख, आज इन बाणों के प्रहार से तेरे अंगों को विदीर्ण करके तेरे मांस से काकों और श्रृगालों को तृप्त कर देता हूँ, और तेरा सर्व रणोन्माद ऐसे उतार देता हूँ जैसे लक्ष्मणानुज शत्रुघ्न के बाणों ने लवण का, भगवान भूतनाथ के शरसमूहों ने त्रिपुरका, और परक्रान्त पुरन्दर के अमोघ बज्र ने पाक का गर्व दूर कर दिया था **(पुनर्शरवृष्टि)**

श्रीकृ. : दुष्ट! बाक्रवीर! समरयज्ञ पशु रुक्म। क्या बृथा प्रलाप करता है। जैसे वर्षाकाल के अनन्त क्षुद्र कीटों का प्रादुर्भाव तभी तक रहता है जब तक ओजस्वी शीत वितरक शरदऋतु का बिकाश नहीं होता, उसी नन्कार तेरे इन अनन्त शरसमूहों की दिगन्त व्यापिता तभी तक है जब तक वास्तव में मैं तेरे शरप्रहार रोकने के लिए कटिवद्ध नहीं होता, जिस काल ऐसा होगा तू शरप्रहार करना उस प्रकार भूल जावेगा, जैसे प्रसव होते ही बालक गर्भ की सकल बातें भूल जाता है। अच्छा सम्हाल! **(शरनिक्षेप और रथ, सारथी, अश्व, धनुकाबिनाश)**

रु. : **(खिजलाकर)** पापिष्ठ! तिष्ट! तिष्ठ! अभी तलवार मारकर तुझे दो टुकड़े कर देता हूँ **(पैदल दौड़कर असिप्रहार)**

श्रीकृ. : **(ढाल पर तलवार रोककर)** बस! हो चुका! देखना अब मेरी बारी है। **(रुक्म को पकड़ तलवार मारा चाहते हैं)**

श्री रु. : **(भगवान के चरणों पर गिरकर)** कृपासिन्धो! क्षमा कीजिये! क्षमा कीजिये! क्या जन्मान्ध कभी अंशुमाली सूर्य्य के गुण को जान सकता है, जब तक उसको सुलोचन न मिले, उसी प्रकार यह मदान्ध क्या कभी आपको पहचान सकता है, जब तक आपकी कृपा से इस बिचारे को नेत्र न प्राप्त होवे। दीनबन्धो। बिच्छू का स्वभाव ही डंक मारने का है! बालक की प्रकृति ही अपमान की है। फिर क्या महज्जन इसका विचारकर उनको दोषभागी बनाते हैं। दयानिधे! इस बालबुद्धि के दुराचार का विचार आप न करें। इसे छोड़ दें, अपनी करनी का फल यह आप ही भोगेगा। निष्कलंक सूर्य्य पर जो थूकता है, वह थूक उसी के मुख पर पड़ता है। और यदि आपसे जगन्मंगल से सगाई करने का यही फल हो कि आपके श्वसुर को पुत्र शोक और दासी को भ्रातृ शोक हो तो यहाँ मेरी जिह्वा बन्द है, मैं कुछ नहीं निवेदन कर सकती हूँ **(रोने लगती हैं)**

श्रीकृ. : सारथी! प्राणाधिका के अनुरोध से मैं रुक्म को छोड़ने के लिए बाध्य हुआ, किन्तु इसको इसके दुराचरण का फल चखाना अवश्य है, अतएव तुम इसका उचित शासन करो? **(कुछ संकेत करते हैं)**

सा. : जो आज्ञा ! **(सिर और दाढ़ी-मूंछ का बाल मूंड रुक्म को रथ से बाँध देता है)**

(श्री बलराम का प्रवेश)

बल. : भ्राता, हमने रुक्म की सेना को परास्त करके विद्रूप किया, और तुमने सिर और दाढ़ी-मूंछ का बाल मूंड़कर इसे विद्रूप बनाया, फिर अब इसको रथ से बाँध रखने की क्या आवश्यकता है? इसको छोड़ दो।

श्रीकृ. : अग्रज की जैसी इच्छा। **(रुक्म छोड़ दिया जाता है) (भगवान श्रीकृष्ण का रथ संचालन)**

(जवनिका पतन)

श्रीरुक्मिणीपरिणयनाटक
का
एक अतिरिक्त अंक

(स्थान : शय्याभवन)

(भगवान श्रीकृष्ण एक सुकोमल तल्प पर विराजमान, व्यजनहस्ता रुक्मिणी समीप दण्डायमान)

(सुलोचना व सुनैना, दो परिचारिकाओं का प्रवेश)

सुलो. : सखी! सुनयने! आज कैसे आनन्द का दिन है, समस्त द्वारिकानिवासियों का हृदय आज कैसा सुप्रसन्न है। महनीयकीर्ति महात्मा श्रीकृष्ण के सदर्प कुण्डलपुर जाने और वहाँ प्रबल शिशुपालादि के आने का विवरण सुनकर जो मन दिन रात उद्विग्न रहा करता था, वह अब उक्त महात्मा के अति पर समूह का अभिमान निवारण करके सकुशल द्वारिका आने, और लोकललामभूता महाराणी रुक्मिणी के साथ समारोहपूर्वक उद्वाह करके जगज्जन को आनन्दित बनाने से कैसा खुश और आनन्दबिनिमग्न है। मानों दुर्द्धर्षसिसिरसन्ताड़ित पुष्पपत्रहीन पादप, सरस ऋतुराज समागम से नयोनोत्सव अभिनव किसलयसमूह और मनोरंजनकुसुमकदंब भार से अवनत बन गया।

सुन. : सखी! केवल इतना ही आनन्द का विषय नहीं है। यह कितना हर्षप्रद सुसमाचार है, कि जिस काल पूज्य महर्षिगण, राजनन्दिनी रुक्मिणी का शुभपाणिपीड़न महात्मा श्रीकृष्ण के साथ करा रहे थे, उसी समय कुण्डलपुर से आगत एक दूत ने प्रभूत यौतूक महाराज उग्रसेन के सम्मुख रक्खा, और उसको महाराज भीष्मक का प्रेरित बतलाकर समय विवाहप्रांगणस्थित सुजनों को आनन्दित कर दिया।

सुलो. : यह कैसे? जिस दुष्ट रुक्म ने पिता को शुभदर्शना रुक्मिणी का विवाह लोकरंजन श्रीकृष्ण के साथ करने से रोक रक्खा, सदर्प पराक्रान्त श्रीकृष्ण के

साथ समरांगण में घोर आहवकार्य में परिणत हुआ, उसने फिर पिता के यौतुकप्रेरणा का अनुमोदन करके सम्बन्ध की रज्जु को क्यों पुष्ट करने दिया?

सुन. : सखी! क्या भवितव्य के निगूढ़ दाम का बन्धन कोई उन्मोचन कर सकता है? क्या विधाता द्वारा दृढ़ीकृत सम्बनध को कोई विदूरित करने में समर्थ हो सकता है? पर इस कार्य का कारण और है।

सुलो. : सो क्या सखी? शीघ्र कह! क्योंकि इस विषय को श्रवण करने के लिए मेरा मन ऐसा समुत्सुक है जैसा किसी काल में भगवान पार्वतीनाथ का मन जगन्निवास भगवान विष्णु का मोहनीस्वरूप देखने के लिए समुत्कण्ठित हुआ था।

सुन. : सखी! जिस काल क्रूरकर्मा रुक्म महात्मा श्रीकृष्ण से युद्ध करने के लिए कुण्डलपुर से प्रस्थान का उपक्रम कर रहा था, उस काल उसने प्रण किया, कि यदि मैं कृष्ण को समारांगण में विजित करके सहोदरा रुक्मिणी को छीन न लाऊँगा, तो फिर कुण्डलपुर में पदार्पण न करूँगा। किन्तु यह कब हुआ है कि एक क्षुद्र पक्षी पराक्रमशाली पक्षिराज गरुड़ को परास्त करे, अथवा लघु पिपीलिका दुर्दान्त महायशा शेषनाग पर विजय पावे। अतएव वह जब पराजित होकर लौटा तो अपने प्रण अनुसार कुण्डलपुर न जाकर उसी के समीप एक भोजकट नामक नगर बसाया, और अपने पूज्य पिता से द्वेष करके अब सपरिवार वहीं रहता है। सखी! यही कारण उसके इस शुभ कार्य में बाधक न होने का है अथवा यों समझो कि नागगण सुलोचना का शुभविवाह दशकण्ठतनय से हुआ पीछे आप ही उसके मित्र हो गये।

सुलो. : हाय! रुक्म ने भी कैसी कुमति विचार की थी जो रुक्मिणी ऐसी जगन्मोहिनी को शिशुपाल ऐसे कूर से प्रणयपाश में आबद्ध करना चाहा था।

सुन. : पर यह कब हुआ है, कि मालतीलता तमालतरु कोष बबूर से लिपटे, और चन्द्रिका निशाकर को त्याग सैंहिकेय से स्नेह करे।

सुलो. : **(शय्याभवन की ओर देखकर)** सखी! यह सज्या भवन कैसा लोकललाम और मनोरंजक है। इसकी कनकनिर्मित भीतैं जिनमें अनेक प्रकार के समुज्वल मणि जटित हैं कैसी सुन्दर और रमणीय हैं। स्वर्णीय स्तभों की विशालता और विचित्रता और उसमें के कौशल सहित रचित चित्रों की अनुपमता कैसी अपूर्व है! पन्ने द्वारा विरचित आम्रपत्र और स्वर्णबिनिर्मित रज्जु का समन्वय करके तोरण का निर्माण कैसा कौशलमिश्रित कार्य है। मोतियों की झालरें और युक्तिपूर्वक चाँदी से रची बनदनवारें कैसी स्पृहणीय हैं। बहुमूल्य विद्रुमविरचितयुगलद्वारकपाट कैसे ललित और प्रशंसनीय हैं। उनका

मणिमय कील काँटा कैसा अद्भुत है। कलितकल्पलता के कल कुसुमों, एवं अनुपम अगर अथच मलयोभूत चन्दनों की सुगन्धि से सारा प्रासाद कैसे गन्धबह और सौरभवितरक है। **(सुनना नाट्य करती है)**

सुन. : सखी! वह **(तर्जनी द्वारा लक्ष्य करती है)** देखो। चन्द्रानना राजनन्दिनी रुक्मिणी खड़ी हुई लोकरंजन भगवान श्रीकृष्ण से बातें कर रही हैं। जिनके कोकिल से कोमलालाप को तुम चकित सी होकर श्रवण कर रही हो। अहा। मजलजलदगात महात्मा श्रीकृष्ण के समीप खड़ी चंचला राजतनया की कैसी शोभा है।

पद।

सखी! लखु दामिनि भूमि खरी।
सजलजलदतन जदुनायक ढिग चौगुन चाव भरी॥
किधौं मालती तरु तमाल तजि रमबम आहि अरी।
कै नीलम की छरी पास है कनकबेलि बगरी॥
मरकतमनि समीप कै सोहत दीपक जोति धरी।
हरीऔध कै पन्ना के ढिग राजत मोति लरी॥ 1॥

सुलो. : सखी! सत्य है! ऐसी ही शोभा है। किन्तु महाराणी इस काल अपने प्राणनाथ से कुछ बातें करती जान पड़ती हैं, अतएव हम दोनों का वहाँ चलना युक्तिसंगत नहीं हो सकता , आओ। शृंगारभवन की ओर चलें।

सुन. : सत्य है। इस समय वहाँ जाने से वही गति होगी जो गति वायु की घनपटल और विद्युल्लता के बीच जाने से होती है। तथापि यहाँ से चले चलने को भी जी नहीं चाहता, क्योंकि वह दम्पति के सप्रेमसम्भाण श्रवण का परमोत्सुक है। अतएव आओ। इस पर्दे की ओट में बैठकर राजनन्दिनी और महात्मा श्रीकृष्ण के सब द्रष्टव्य चरित्रों को अवलोकन करें।

(दोनों एक पर्दे की ओट में बैठ जाती हैं)

श्रीकृ. : प्राणधिके। यह कैसा अन्याय है जो कमलिनी अपने परमस्नेही रसिक चञ्चुरीक से स्नेह न करके सुदूरगगन बिहारी दिवाकर से प्रीति रखती है और रात्रिकाल में उसको आपत्ति में पड़ा हुआ देखकर उसके समादर के लिए अपना मुख थोड़ा भी नहीं खोलती ।

श्रीरु. : प्राणनाथ! क्या वह झूठे प्रेमी, स्वार्थपरायण, अमितकुसुमसुगन्धरत, भ्रमर के लिए अपने वास्तविक हितैषी, आजन्मप्रिय, भगवान दिवानाथ के वियोग की अवस्था में सुविकसित होकर अपने धर्म को नष्ट कर सकती है, कदापि नहीं। वियोग क्या संयोगावस्था में भी वह उस चपल का विश्वास नहीं करती

और स्वोदरस्थरजों से उसको अन्ध बनाती रहती है क्योंकि ऐसे अविश्वासियों से स्नेह न करना ही न्याय है।

श्रीकृ. : प्यारी! सरोजिनी को प्रखर दिवाकर से स्नेह रखने में कोई सुख नहीं है। क्योंकि वह उसके क्रीड़ा स्थल सरोवरादि के जल को सदैव शुष्क करता रहता है और स्थानच्युत होने पर वही उसको जला देता है।

श्रीकृ. : भगवती पार्वती की भाँति पति से अपमानित होकर जल जाने में उसको वह दुःख नहीं है जो उसको भ्रमर ऐसे चपल जन्तु से स्नेह करने में है।

श्रीकृ. : प्रिये! जो हो। किन्तु जहाँ तक मैं सोचता हूँ तुमको यह कदापि योग्य एवं समुचित नहीं था कि तुम पराकान्त शिशुपाल समान, स्वरूपमान, प्रेमिक, कुलोन, शूर और ऐश्वर्य्यशाली को त्याग मेरे ऐसे कुरूप, कायर, अकुलीन दासवृत्तिपरायण और कठोरान्तःकरण से स्नेह करो। देखो, मैं प्रबल जरासन्ध के त्रास से पलायित होकर सकुटुम्ब एक छुद्र द्वीप में जीवन यात्रा निर्वाह कर रहा हूँ, तथापि शंकित रहता हूँ। फिर मुझ ऐसे छुद्र एवं कापुरुष से स्नेहबद्ध होकर जीवन व्यतीत करने में तुमको कौन यश मिलेगा? प्रिये! तुम्हें कौन महाराणी कहेगा? किन्तु अभी भी बहुत कुछ नहीं बिगड़ा है। इच्छा करने ही से तुम नृपवर्य्य शिशुपाल के यहाँ चली जा सकी हो क्योंकि मैं तुमको बहुत प्रसन्नता से आज्ञा दे दूँगा। यदि यह कहो कि ऐसा ही करना था तो आप कुण्डलपुर जाकर मुझको क्यों लायें? तो प्राणधारे! मैं सच कहता हूँ कि इसमें मेरा अणुमात्र भी अपराध नहीं है, वास्तव बात यह है कि तुमारे पत्र के जीवन्त आशय और उत्तेजन पदों ने मुझको धोखा दिया नहीं तो मैं कदापि ऐसे गर्हित कर्म्म करने में लिप्त न होता।

श्रीरु. : प्रियतम! मैंने यह नहीं समझा था कि कमलिनी के दृष्टान्त का उत्थान आपने मेरे ही लिए किया था **(मूर्छा संचार)**

श्रीकृ. : अहा! शरदऋतु के निर्म्मल नीले आकाश की भाँति प्राणप्यारी का हृदय भी निर्म्मल है। क्योंकि यदि ऐसा न होता तो मेरी हँसी की बातों से तत्काल प्राणोपमा की यह दशा न हो जाती **(अङ्क में ग्रहण)**

सुलो. : सखी! देख! अपने प्यारे की हँसी की बातों पर महाराणी रुक्मिणी की कैसी दशा हो गई। पंखा कर कमलों से छूट पड़ा, मुख पीतवर्ण हो गया, नेत्रों से अविरल अश्रुप्रवाह होने लगी, और मूर्च्छित होकर वह गिरा ही चाहती थीं, किन्तु भगवान श्रीकृष्ण ने उनको अपनी गोद में सम्हाल लिया।

सुन. : सखी! आनन्द की बात है कि महात्मा श्रीकृष्ण के व्यंजनद्वारा वायु करने व सुशीतल गुलाब का छींटा देने से महाराणी रुक्मिणी की मूर्छा भंग हो गई।

देखो, उक्त महानुभाव के अंग से सलज्जभाव पृथक होकर वह फिर सभी प्रकार पृथ्वी पर खड़ी हो गईं।

श्रीरु. : **(हाथ जोड़कर)**

छन्द।

हे नाथ भवभयहरन जनसुखकरन श्री करुणानिधे।
मनहरन तारनतरन जगकौतुककरन अगनित बिधे॥
प्रभु मुखकमलदल ते सुकोमल ने सु क्यों अम बच कह्यो।
जेहि ते सकल सुख निसिप को दुख सिंहिकासुत ने गह्यो॥
जाके सरूप सु ओप सम नहिं अमित रतिपतिहूँ अहै।
अस कौन जग मतिमन्द जो तेहि रूप को बिकृत कहै॥
मुख जाहि ते द्विज छत्रि भुज ते वैश्य उरु ते जग भनै।
पग जाहि ते जग सूद्र उपजे तासु कुल कोउ का गनै॥
अमरेस औ विभवेस सम जग विभववारो कौन है।
ए प्रगट अनुचर जासु जग तेहि विभव को कह जौन है॥
नवनीतहूँ ते सरस जाको हिय पुरान बखानहीं।
तेहि को कठोरूपमान सों कोउ बुध न कहुँ उपमानहीं॥
जिन हिरनकस्यप कंस मधुकैटभ रु रावन को हने।
तेहि सूरकुलकलमुकुटमनि को कौन जग क़ायर गने॥
जेहि नाम बल ते प्रबल पातक छोरि ततछन भाजहीं।
सो भज्यो लघु मगधेस भय ते हम न हिय अनुमानहीं॥
प्रभु चरित अद्‌भुत अकथ़ को नहिं पार कोउ जग पावई।
फिर अति अलपमति नारि यह केहि भाँति ताहि बखानई॥
पै कहत साँची त्यागि अस प्रभुपद हिये केहि पद धरै।
हरिऔध पारस त्यागि कै जग काँच को संग्रह करै॥

श्रीकृ. : प्रिये! क्यों न हो! यदि तुम ऐसा न कहोगी तो और कौन कहेगा? भागीरथी ही का यह गुण है कि अपनी स्वाभाविक शीतलता से उदधि का हृदय तर रखती हैं। प्राणाधारे, ए कठोर बचन हमने केवल रहस्य वर्धन एवं तुमारे इन मधुर बचनों के श्रवण के लिए कहे थे, नहीं तो ऐसा कौन है जो सुविकसित माल्लिका परतप्त जल निक्षेप करेगा **(उठ कर सानन्द परिम्भन)**

(दोनों सखियाँ पर्दे के बाहर आकर)

(प्रगट)

पद।

आज हिय परम प्रमोद भयो।

लखि मिलाप नोको पिय तिय को छन में सब दुख दूर गये ॥ नित नित होउ प्रीति पय जल सम हम सव लखि बिनोद उपजावैं। सोक ताप संताप जगत को लखि लखि कै छवि दूर बहावैं ॥ नेक बिभेद होय नहिं कबहूँ नव अनुराग नेह सरसाई। सती संभु, हरि रमा, गिरापद, सम दिगन्त कलकीरति छाई ॥ जुग जुग चिरंजीव यह जोरी रहे करै जन मन बर नेहा। हरीऔध करजोरि रैन दिन बिनवत रहत सदा प्रभु एहा ॥

(दोनों सखियों का प्रस्थान)

(जवनिका पतन)

❑

कल्पलता

प्राक्कथन

वर्तमान हिन्दी-संसार में ऐसा कौन व्यक्ति है, जो महाकवि श्री पं. अयोध्यासिंहजी उपाध्याय 'हरिऔध' की अमर रचनाओं से परिचित न हो। उनके 'प्रियप्रवास', 'बोलचाल', 'चोखे चौपदे' तथा 'रस-कलस' आदि सत्काव्य-ग्रन्थ हिन्दी-काव्य-साहित्य के सौम्य सदन के रुचिर, रोचक रत्न हैं, जो अपनी अनुपम आभा से चतुर्दिक् चमकते हुए उसे चारुता से चमका रहे हैं, और चिर काल तक चमकते तथा चमकाते रहेंगे।

श्री उपाध्यायजी के लिए यह कहना भी सर्वथा उपयुक्त है कि वह इस समय के प्रतिनिधि महाकवि हैं। उनकी-सी बहुमुखी प्रतिभा का व्यक्ति हिन्दी-जगत् में नहीं है। उन्होंने अनेक रूप से सरस्वती की सेवा की है। यदि उनका 'प्रियप्रवास' उच्च कोटि की, संस्कृतप्राय साहित्यिक खड़ी बोली का अप्रतिम काव्य है, तो उनके 'बोलचाल' और 'चोखे चौपदे' ग्रंथ मुहाविरेदार, साधारण बोलचाल की खड़ी बोली के अनुपम अलंकार हैं। इसी प्रकार उनका 'रस-कलस' रस-सिद्धांत का एक पांडित्य-पूर्ण, प्रशस्त ग्रंथ होता हुआ उनके ब्रजभाषा-काव्य-कला-कौशल का अकेला उदाहरण है। उपाध्यायजी महाकवि तो हैं ही, साथ ही उच्च कोटि के गद्य-लेखक और साहित्य के प्रकांड पंडित भी।

हिन्दी-साहित्य-सम्मेलन के सभापति-पद से आपने जो विद्वत्तापूर्ण भाषण दिए हैं, उनसे आपकी सुयोग्यता तथा भाषण-पटुता स्पष्ट ही है। आपका 'हिन्दी-साहित्य का इतिहास' गंभीर गवेषणा, विशद विवेचना तथा मार्मिक आलोचना का श्लाघ्य ग्रंथ है। सूक्ष्मतया कहना चाहिए कि उपाध्ययाजी इस समय के एक सर्वोच्च महाकवि, आचार्य तथा सिद्धहस्त लेखक हैं।

प्रस्तुत पुस्तक खड़ी बोली में लिखी गई आपकी मुक्तक रचनाओं का एक सुन्दर संग्रह है। मुहाविरेदार, चलती हुई खड़ी बोली का उपयुक्त उपयोग काव्य-क्षेत्र में किस प्रकार हो सकता है, यह इस पुस्तक की भाषा से ज्ञात हो जाता है। उर्दू की काव्य-भाषा में मुहाविरों का सदुपयोग तथा शब्दों का सुप्रयोग ही प्राण होता है, इससे उर्दू की कविता सरल-सुबोध होकर सुंदर तथा समाकर्षक हो जाती है, और अपने भावों को पाठकों या श्रोताओं के हृदयंगम कर स्थायी-सा कर देती है। इसी को हिन्दी-कविता में भी लाने का

सफल तथा सराहनीय प्रयत्न इस पुस्तक में किया गया है। छंद भी बड़े ही सुंदर, सरल और सुगेय चुने गए हैं।

मुहाविरे ही प्रत्येक भाषा के रोचक रत्न-से हुआ करते हैं। उनमें विचित्रतामयी विशेष व्यंजकता रहती है, इसी से प्रायः वे बड़े ही समाकर्षक तथा हृदय-हर्षक ठहरते हैं। उर्दू की कविता में उर्दू के कवि भाव-भावना-भरे मंजुल मुहाविरों के लाने की सदा चेष्टा करते हैं, और मुहाविरों के सदुपयोग तथा उनकी समीचीनता का बड़ा ध्यान रखते हैं। उर्दू-काव्य के सुयोग्य समालोचक काव्य में मुहाविरों की उपयुक्तता तथा उनके सदुपयोग की ओर बड़ी पैनी दृष्टि डालते हैं। यदि किसी रचना में कहीं मुहाविरे या उसके प्रयोग में कुछ भी त्रुटि हुई, तो वे उसे अक्षम्य मानकर उस कविता को अच्छा नहीं कहते। उनका मत है कि भाषा का यथोचित ज्ञान तथा उसके सुप्रयोग का अभ्यास होना कवि में सदैव अनिवार्य है। यदि कविता की भाषा ही ठीक नहीं तो उसमें भाव कैसे अच्छे आ सकते हैं। अच्छे भावों का ही होना काव्य में काव्यता नहीं लाता, जब तक वे अच्छे भाव अच्छी भाषा में, विचित्र व्यवस्था के साथ, चारु चमत्कृत रंग-ढंग के द्वारा न व्यक्त किए गए हों। यह विचार वस्तुतः बहुत अंशों में ठीक है। खड़ी बोली की कविता में कवि लोग प्रायः भाषा की ओर यथेष्ट ध्यान नहीं देते। मुहाविरों का सत्प्रयोग तो प्रायः होता ही नहीं। इसका एक प्रमुख कारण यह है कि प्रायः खड़ी बोली के कवि भाषा तथा उसके सुप्रयोग का ज्ञान प्राप्त करके उसका अभ्यास करने का प्रयत्न ही नहीं करते, और 'कवियशःप्रार्थी' हो रचना कर चलते हैं। साथ ही वे किसी कवि-कर्म-दक्ष तथा काव्य-कला-कुशल कवि की सेवा में रहकर कुछ सीखते भी नहीं, और अपनी रचनाओं का संशोधन भी नहीं करा लेते ।

उर्दू-शायरी में, भाषा-ध्यान के कारण, एक विशेषता यह आ जाती है कि अच्छे शायरों की रचनाओं में से कितनी ही पंक्तियाँ लोकोक्तियों और मुहाविरों के रूप में प्रचलित हो जाती हैं। उर्दू-शायरी में ऐसी अनेक पंक्तियाँ मिलती हैं, जिनके अकेले पढ़ने या सुनने से यथेष्ट आनन्द प्राप्त हो जाता है। खड़ी बोली की रचनाओं में से ऐसी पंक्तियाँ निकाली ही नहीं जा सकतीं, और यदि कहीं मिलीं भी, तो बहुत ही अल्प संख्या में। फिर उतनी अच्छी नहीं, जितनी उर्दू की ऐसी पंक्तियाँ होती हैं। हाँ, प्राचीन ब्रजभाषा-कविता में ऐसी पंक्तियाँ बहुत मिलती हैं।

श्री उपाध्यायजी की इस पुस्तक में जो मुक्तक रचनाएँ हैं, उनकी भाषा बहुत ही सुगठित, सुबोध, स्पष्ट और भावमयी है, उसमें मुहाविरों का यथास्थान अच्छा प्रयोग हुआ है, जिससे रचनाओं की व्यंजकता बढ़ गई है, और वे विशेष मनोरम हो गई हैं। अनेक ऐसी पंक्तियाँ मिलती हैं, जिन्हें पढ़ने से यथेष्ट आनन्द प्राप्त होता है।

उपाध्यायजी की भाषा में एक विशेषता यह और है कि उन्होंने एक ही शब्द से बने

हुए कतिपय अन्य शब्दों का भावानुसार साथ-साथ बड़ा ही सुंदर प्रयोग किया है। साथ ही पदावली प्रायः सुचारु रूप से अलंकृत रखकर और भी रुचिर-रोचक कर दी है। खड़ी बोली की रचनाओं में ऐसी अलंकृत पदावली प्रायः नहीं पाई जाती।

जो कविताएँ बच्चों के लिए लिखी गई हैं, उनमें साधारण और बच्चों के उपयुक्त भाव अति सरल तथा स्पष्ट भाषा में, स्वाभाविकता के साथ, सराहनीय ढंग से, रक्खे गए हैं। किन्तु जो कविताएँ बड़ों के लिए हैं, उनमें भाव-गौरव, कला-कौशल तथा भाषा-गांभीर्य चमत्कृत शैली-सौंदर्य के साथ पाया जाता है। इस प्रकार इस पुस्तक में संगृहीत कविताएँ बाल-वृद्ध सभी के लिए मनोरंजनकारिणी हैं, और इस पुस्तक को 'यथा नामा तथा गुणः' बनाती हैं।

प्रायः देखा जाता है कि कवि लोग कुछ ही छंदों में रचना करने का अभ्यास कर लेते हैं, और उन्हीं छंदों में उनकी रचनाएँ अच्छी होती हैं, अन्य छंदों में या तो वे लिखते ही नहीं, या यदि लिखते भी हैं, तो उतना अच्छा नहीं लिख पाते। ऐसे बहुत ही कम कुशल कवि हुए हैं, जिनमें विविध छंदों में सफलता के साथ रुचिर रचना करने की क्षमता रही है। उपाध्यायजी ऐसे ही कला-कुशल महाकवि हैं, जिन्हें विविध छंदों में समान सफलता के साथ रचना करने की पूरी क्षमता प्राप्त है। इस पुस्तक में जिस प्रकार हिन्दी-भाषा के विविध रूपों का दिव्य दर्शन मिलता है, उसी प्रकार विविध छंदों के भी रुचिर रूप दिखाई पड़ते हैं।

हमें यहाँ इस पुस्तक तथा श्री उपाध्यायजी की प्रतिभा की आलोचना नहीं करनी। यहाँ इसके लिए उपयुक्त स्थान और समय भी नहीं, इसीलिए केवल कुछ विशेषताओं की ओर अंगुल्या निर्देश कर दिया गया है। अब तक उपाध्यायजी ने जो काव्य-रचना कर स्तुत्य साहित्य-सेवा की है, उसकी मार्मिक आलोचना के लिए एक बड़े ग्रंथ की आवश्यकता है, फिर अभी उनकी प्रकाम प्रतिभा से और भी बहुत बड़ी आशा हमें है। हम तो इसीलिए यहाँ केवल यही कहना पर्याप्त समझते हैं कि इस समय उपाध्यायजी हिन्दी-काव्य-क्षेत्र तथा साहित्य-क्षेत्र में अप्रतिम प्रतिभावान् महाकवि एवं आचार्य हैं, और यह आपकी अमर कृतियाँ स्पष्ट रूप से सिद्ध और प्रसिद्ध भी कर रही हैं।

अंत में हम उपाध्यायजी को उनकी सराहनीय सफलता पर सहर्ष हार्दिक बधाई देते हैं। साथ ही आशा रखते हैं कि सहृदय हिन्दी-संसार इस पुस्तक का समादर करता हुआ हमारा साथ देगा। तथास्तु ।

रमेश-भवन, प्रयाग

12-2-37

विद्वज्जन-कृपाकांक्षी –

रामशंकर शुक्ल 'रसाल' (एम.ए.)

कल्पलता

(1)

विभुता-विभूति

प्रेम-प्रलाप

भरे हैं उसमें जिसने भाव,
मलिन हैं, या वे हैं अभिराम,
फूल-सम हैं या कुलिश-समान,
बताऊँ क्या मैं तुझको श्याम!
हृदय मेरा है तेरा धाम।
गए तुम मुझको कैसे भूल,
किसलिये लूँ न कलेजा थाम।
न बिछुड़ो तुम जीवन-सर्वस्व!
चाहिए मुझे नहीं धन-धाम।
तुम्हीं मेरे हो लोक-ललाम।
रँग सका मुझे एक का रंग,
दूसरों से क्या मुझको काम।
भला या बुरा मुझे लो मान,
भले ही लोग करें बदनाम।
रमा है रोम-रोम में राम।
गरल होवेगा सुधा-समान,
सुशीतल प्रबल अनल की दाह;
बनेगी सुमन-सजाई सेज
विपुल कंटक-परिपूरित राह।
हृदय में उमड़े प्रेम-प्रवाह।
बताता है, खग-वृंद कलोल,

सरस-तरु-पुंज, प्रसून-मरंद,
वायु-संचार, प्रफुल्ल मयंक,
हमारा व्रज-जीवन-नभ-चंद
सत्य है, चित है, है आनंद।

राम

रक्त-रंजित था समय-प्रवाह;
चमक थी रही काल-करवाल।
कँप रहा था त्रिलोक अवलोक
कालिका-नर्तन परम कराल।
दनुजता का दुरंत उत्साह
लोक का करता था संहार।
सह न सकता था प्राणिसमूह
पाशविकता का प्रबल प्रहार।
विधूनित था विधि-बद्ध विधान;
दहल था रहा समस्त दिगंत।
विकंपित था वृंदारक-वृंद;
हो रहा था मानवता-अंत।
तिमिर-पूरित हो-होकर व्योम
कर रहा था बहुधा उत्पात।
न सकता था पाहन-उर देख
धरातल का वर्द्धित उत्पात।
किसी अविचिंत्य शक्ति की ओर
लगे थे जन आशा के नेत्र।
हो गया इसी समय सुविकास;
हुआ उद्‌बुद्ध शांति का क्षेत्र।
सामने आया भव अनुकूल
एक विभु वैभव लोक-ललाम।
कांत-वपु, जानु-विलंबित-बाहु,
कमल-दल-नयन,नीर-धर-श्याम।

वह पुरुष था मानवता-मूर्ति
सत्य - संकल्प, सिद्धि-आधार।
प्रेम-अवलंब, भक्ति-सर्वस्व,
नीति-निधि, मर्यादा-अवतार।
वदन पर थी उसके वह ज्योति,
हुआ जिससे जगती-तम दूर।
देखकर मानस-ओज महान
हो गया कदाचार-मद चूर।
बुद्धि से बँधा सिंधु में सेतु;
खुला कौशल से सुर-पुर-द्वार।
कर परस कर पवि बना प्रसून
हुआ पग से पाहन-निस्तार।
भरी थी उसमें स्वर्ग-विभूति,
रहा वह सकल-भुवन-अभिराम।
आर्य-कुल-गौरव, गेह-प्रदीप,
दिव्य-गुण-धाम, नाम था राम।

मेरा राम

कला-निधि मंजु माधुरी देख
क्यों न उर-उदधि बने अभिराम।
क्यों न अवलोक मूर्ति कमनीय
कमल-से लोचन हों छवि-धाम।
रमा का पति है मेरा राम।
तप त्रिविध-ताप-तप्त के हेतु
क्यों न दे सुखद जलद-सम काम।
सकल भव-रुज-दग्ध-निमित्त
सजीवन कैसे बने न नाम।
जगत-जीवन है मेरा राम।
ललित लीला है महि आलोक,
सिता-सम है कल कीर्ति ललाम।

सुर-सदन का है सुंदर गान
अलौकिकता-अंकित, गुण-ग्राम।
लोक-रंजन है मेरा राम।
छाँह छू बने अछूत अछूत,
हो गए पतित पूत ले नाम।
पग परस पापी हुए पुनीत,
मिला अधमों को उत्तम धाम।
पतित-पावन है मेरा राम।
कौन है ऊँच, नीच है कौन,
रखो मत इन झगड़ों से काम।
सुनो तुम सबका अंतर्नाद,
किसी का मत अवलोको चाम।
रमा है सबमें मेरा राम।

अवलोकन

नभ-तल, जल, थल, अनल, अनिल में है छवि पाती;
कहाँ कलामय-कला नहीं है कला दिखाती।
रंजित जो रज को न लोक-रंजन कर पाते;
जन-रंजनता सकल कुसुम कैसे दिखलाते।
हरे-हरे तरु-पुंज की रुचिरतर हरियाली;
क्यों करती जी हरा जो न होती हरि-पाली।
क्यों ललामता लिए ललित लतिका लहराती;
जो न त्रिलोक-ललाम ललक ललित कर जाती।
श्यामल, कोमल, नवल तृणावलि तो न लुभाती;
घन-रुचि-तन से जो न रुचिर श्यामलता पाती।
कलित कमल-कुल सदन न कमला का कहलाता;
दल-दल को जो नहीं कमल-दृग कांत बनाता।
तो सकल विभाकर गगन के विभावान होते नहीं;
जो अखिल विभामय जगत में विभा-बीज बोते नहीं।

सबमें रमा राम

मुग्धकर है उसका गुण-ग्राम;
रमा जगती-तल में है राम।
दिवस-मणि में वह दिखलाया,
उसे विधु में हँसता पाया,
अछूते नीले नभ-तल पर
पड़ी है उसकी ही छाया।
मेघ है कैसा सुंदर श्याम।
चाँदनी क्यों खिलती आती,
दामिनी दमक कहाँ पाती,
यामिनी की नीली साड़ी
मोतियों से क्यों टँक जाती।
जो न होता वह ललित ललाम।
रंग में सबसे न्यारा है,
इंद्र-धनु कितना प्यारा है,
उसी की आभा है उसमें
उसी ने उसे सँवारा है।
उसी का लीलायम है नाम।
उषा का नित्य रंग लाना,
पेड़ पर चिड़ियों का गाना,
वायु का मंद-मंद बहना,
चमकती किरणों का आना,
अलौकिकता का है परिणाम।
ताप क्यों पाहन-उर खोता,
बहाता कैसे रस-सोता,
जीवनी जड़ी-बूटियाँ दे
मेरु-शिर ऊँचा क्यों होता।
जो न बनता कमनीय निकाम।
डालियों में है लहराता,
डरे दल में है दिखलाता,
कली में है खिलता जाता,
फूल में वह है मुस्काता,

बना क्षिति-तल उससे छवि-धाम।
रसों का रस है कहलाता,
सुधा नभ से है बरसाता,
सर-सरित-लहरों में बिलसा,
मिला कल-कलरव में गाता।
सागरों में है मुक्तादाम।
मंजु छवि मानस में आँकी,
मूर्तियाँ अवलोकी बाँकी,
मंदिरों में झुक-झुक झाँका,
उसी की दिखलाई झाँकी।
कहाँ है नहीं लोक-अभिराम?
रमा जगती-तल में है राम।

प्यारा राम

कौन है, है जिसे न प्यारा राम?
राम के हम हैं, है हमारा राम।
है दुखी-दीन पर दया करता,
बेसहारों का है सहारा राम।
तब वहीं पर खड़ा मिला न किसे,
जब जहाँ पर गया पुकारा राम।
हैं सभी जीव जुगुनुओं-जैसे,
है चमकता हुआ सितारा राम।
है समझ-बूझ शीश का सेहरा,
सूझ की आँख का है तारा राम।
हैं जहाँ संत-हंस पल पाते,
मानसर का है वह किनारा राम।
है मनों में बसा हुआ सबके,
है दिलों का बड़ा दुलारा राम।
छू गए पाप-फूस है फूँकता,
है दहकता हुआ अँगारा राम।

भूत सिर का उतर सका जिससे,
है सयानों का वह उतारा राम।
तर गए लोग धुन सुने जिसकी,
साधुओं का है वह दुतारा राम।

हमारा राम

ताकते मुँह रहे तुम्हारा राम!
पर न तुमने हमें उबारा राम!
हम थके, तुम पुकार सुन न सके,
कब न हमने तुम्हें पुकारा राम!
मन गया हार बेसहारे हो,
पर न तुमने दिया सहारा राम!
सच है यह, हम सुधर नहीं पाए,
क्यों नहीं तुमने ही सुधारा राम!
आँख से हम उतर गए, तो क्या,
तुमने जी से है क्यों उतारा राम?
हाथ तुमने किया नहीं ऊँचा,
हाथ हमने न कब पसारा राम?
किस तरह काम तब सँवर पाते,
जब कि तुमने नहीं सँवारा राम!
क्या रहा, पत बची-खुची न रही,
अब तो सब क़ुछ सरग सिधारा राम!
देख बेचारपन हमारा यह,
सच कहो, तुमने क्या विचारा राम!
तुम सुनोगे न, तो कहें किससे?
दूसरा कौन है, हमारा राम!

(2)

लोक-रहस्य

अलौकिक गान

धरा-कालिमा रही रुधिर से धुलनेवाली;
भव-करालता देख किलकिलाती थी काली।
विपुल-मनुज-वध श्रेय-बीज था बोनेवाला;
मंगल-मूलक महासमर था होनेवाला।
शिव-मुंड-माल की कामना मूर्तिमान थी हो रही।
धीरे-धीरे थी वसुमती बची धीरता खो रही।
काल-भाल का बंक अंक था विपुल कलंकित;
लोक-पाल थे चकित, सकल सुरपुर था शंकित।
बनी धीर-गंभीर विश्व की शक्ति खड़ी थी;
भुवन-विजयिनी भूति भ्रांति-निधि-मध्य पड़ी थी।
थे कान कमलभव के खड़े, यम कपाल था ठोंकता;
भव किसी अलौकिक वदन को था आकुल अवलोकता।
इसी समय कर सकल अवनि-मंडल को मुखरित
एक अलौकिक गान हुआ विज्ञान-गौरवित।
स्वर-लहरी थी सरस, मधुर ध्वनि मुग्धकरी थी;
अति अनुपम थी तान, ललित लय सुधा-भरी थी।
पावन-पदावली थी परम-पद-पावनता-पालिका;
कमनीय-कला थी पय-सलिल विमल-विवेक मरालिका।
सुन यह मोहक गान विमोहित हुए त्रिशूली;
वीणा-वादन-रता करज-संचान भूली।
विधि-विमुग्धता बढ़ी, विधा नारद का मानस,
बरस गया सुर-सिद्ध-वृंद पर परम मधुर रस।

स्वर-राग-रागिनी के सधे,साधें भरीं अतीत में;
आई सजीवता सरसता सकल लोक-संगीत में।
कर मुरली का नाद मोहिनी जिसने डाली,
मन-मंदिर में पूत-प्रेम-प्रतिमा बैठा ली।
जगती-तल को मोह-मोहकर मधु बरसाया;
सुर, नर, मुनि क्या, खग-मृग तक को मुग्ध बनाया।
उसके पावनतम कंठ से कढ़े अलौकिक गान यह;
सारे अशांतिमय ओक में गया शांति का स्रोत बह।
टली भ्राँत की भ्राँति, प्रफुल्लित भव दिखलाया;
परम कलित हो गई समर की अकलित काया।
रुधिर-धार से सिंची लोक-हित-बेलि निराली;
करवालों से गई शांति-ममता प्रतिपाली।
मानव-मानस की मत्तता क्रांति महत्ता से भरी;
भुव-भार-भूत-संहार-मिष भव-विभूति बन अवतरी।
है अतीत का कंठ आज भी उसे सुनाता;
बना-बना बहु मुग्ध स्वर्ग - रस है बरसाता।
स्वर-सप्तक है समय-विपंची में सरसाता;
अवसर पर जन-श्रवण-रसायन है बन जाता ।
करता है मानव-धर्म के भावों का एकीकरण;
उसके अपूर्व आलाप से परिपूरित वातावरण।
देश-काल-अनूकूल सदाशयता में ढाले;
सुने धरा के विविध धर्म-संगीत निराले।
किंतु नहीं वह कलित कला उनमें दिखलाती,
जो बन पाती अखिल लोक की प्रियतम थाती।
इतनी ऊंची कब उठ सकी उनकी स्वर-लहरी ललित,
जिसके बल से सब अवनि-तल-हृत्तंत्री होती ध्वनित।
मानवता की मंजु गूँज जिसमें न समाई;
समता की गिटकिरी मधुर जिसमें न सुनाई।
जो कर कर रस-दान सरसता नहीं दिखाता;
घन-समान बन सकल धरातल-जीवन-दाता;
जो देश-जाति द्विविधा-जनित मानस-मल धोता नहीं,
वह विदित धर्म सगीत हो सार्वभौम होता नहीं।

जिसकी ध्वनि में विश्वबंधुता ध्वनि हैं पाते,
हैं जिसके आरोह लोक-ममता में माते,
जिसका प्रिय अवरोह भुवन-मानस-विजयी है,
जिसकी महिमा-भरी मूर्च्छना मुक्तिमयी है,
जिसकी रंजनता अवनि-जन-रंजन एक समान है,
वह गीता का भव-धर्म-धन परम अलौकिक गान है।

नियति-नियमन

नहीं जब रहता रंजन-योग्य
तमोमय रजनी का संभार,
राग-रंजित ऊषा उस काल
खोलती है अनुरंजन-द्वार।
नहीं जब रह जाता कमनीय
तारकावलि तम-मोचन-काम,
दमकता है तब दिव के मध्य
दिवस-मणि सा मणि लोक ललाम।
बहुत जब देता है तप्त
धरा को तप-रितु का उत्ताप,
तपन-भय कर देता है दूर
पयद तब बरस सुधा-सम आप।
मलिनतामय बन गए दिगंत,
बढ़ गए जल प्लावन का त्रास।
बनाता है भूतल को भव्य
समुज्ज्वल सुंदर शरद-विकास।
बहुत कंपित करता है शीत
जब शिशिर को दे शक्ति महान,
जब हुए परम प्रबल हिम-पात
अवनि-तल बनता है हिमवान।
दलकने लगते हैं सब लोग,
काँप जब उठता है संसार,

मंद पड़ता जीवन-स्रोत,
विशिख-विरहित बनता जब मार।

तब लिए कर में कुसुम-समूह,
मलय-शिर पर रख सौरभ-भार,
उमगता आता है ऋतुराज
कर नवल-जीवन का संचार।

कभी होने लगता है लाल,
कभी नभ-तल रहता है नील,
यमाय पर होता है भव-कार्य,
नियति है कितनी नियमनशील।

प्रेमा

उषा राग अनुराग रंग में है छवि पाती;
रवि की कोमल किरण जाल में है जग जाती।
रस बरसाती मिली कला-निधि कला सहारे;
पाकर उसकी ज्योति जगमगाते हैं तारे।

है वह उज्ज्वल कांति कौमुदी उससे पाती;
जिसके बल से तिमिरमयी को है चमकाती।
इन्द्र-चाप की परम रुचिर रुचि में है लसती;
है विकास मिस कलित भूत कलिका में हँसती।

मलयानिल के बड़े मनोहर मृदुल झकोरे;
सरि, सर, सरसी तरल सलिल के सरस हिलोरे।
पल उसके कमनीय अक में हैं कल होते;
मधुर भाव मंजु बीज उर में हैं बोते।

है वसंत के विभव पर पड़ी उसकी छाया;
इसीलिये वह किसे नहीं कुसेमित कर पाया।
वह अमोल रस उसे पूज पादप हैं लेते;
जिसके बल से परम रसीले फल हैं देते।

कर कर सुधा-समान मधुर सागर-जल खारा;
धर घन-माला-रूप सींचती है थल सारा।

ओस-बूँद बन कुसुम-अवलि में है सरसाती;
नहीं कहाँ पर प्रेममयी प्रेमा दिखलाती।

मयंक

टूटते रहते हो, तो क्या,
क्या हुआ घटने-बढ़ने से;
मान किसने इतना पाया
किसी के सिर पर चढ़ने से।

घूमते हो अँधियाले में,
तुम्हें रजनीचर कहते हैं;
पर बता दो यह, किसका मुँह
लोग तकते ही रहते हैं।

कलंकी तुम्हें लोग कह लें,
तुम्हीं आँखों में बसते हो;
भले ही हों तुम पर धब्बे,
किंतु रस तुम्हीं बरसते हो।

किसे वह मुग्ध नहीं करता;
पास जिसके मधु-धारा हो;
सुधाकर तुम कहलाते हो,
क्यों न विष बंधु तुम्हारा हो।

मोहता ही रहता है जो,
किस तरह मन उससे फेरें।
घूमते तुम हो आँखों में,
भले ही घन तुमको घेरें।

सदा चक्कर में रहते हो,
दिवस में हो मलीन बनते;
पर तुम्हीं अवनी-मंडल पर
ज्योति का हो वितान तनते।

दिव्यता किसकी अवलोके
तरंगित तोयधि दिखलाया;

राहु कवलित कर ले, तो क्या?
कौन राका - पति कहलाया?
रचा किसने रवि - किरणें ले
चाँदनी का मंजुलतम तन;
लोग दोषाकर बतलावें,
पर तुम्हीं हो रजनी - रंजन।

नर-नारी

देख चंचलता चपला की
गरजते मेघों को पाया;
बिखर जाती है घन-माला,
वायु का झोंका जब आया।
देख करके रवि को तपता
द्रुमों में छिपती है छाया।
चंद्रमा के पीछे-पीछे
चाँदनी को चलते पाया।
गोद में गिरिगण के बैठी।
घटियाँ शोभा पाती हैं;
दौड़ती जा करके नदियाँ
समुद्रों में मिल जाती हैं।
अंक में उपवन के विरची
क्यारियाँ कांत दिखाती हैं;
पादपों के सुंदर तन में
बेलियाँ लिपटी जाती हैं।
साथ जलते दीपक का कर
बत्तियाँ जलती रहती हैं;
सितम मतवाले भौंरों का
तितलियाँ सहती रहती हैं।
मोतियों की माला अपनी
भोर को रजनी देती है;

अरुण का मुख देखे ऊषा
माँग अपनी भर लेती है।
देख कुसुमाकर को कोयल
गीत है बड़े मधुर गाती;
मंजु मलयानिल से मिलकर
महक है मोहकता पाती।
सामना उजियाले का कर
भाग जाती है अँधियाली;
गगन-तल के नीलापन में
विलसती रहती है लाली।
फूल को हँसता अवलोके
कब नहीं कलियाँ खिल जातीं;
कलेजा उनका तर करने
ओस की बूँदे हैं आतीं।
रंगतों से तारक-चय के
ज्योति रंजित बन जाती है;
देख राका-पति को निकला
बिहँसती राका आती है।

(3)

अंतर्नाद

असार जीवन

किसको अपना प्यार दिखाऊँ,
किसको गूँधा हार पिन्हाऊँ,
कैसे बजा सुनाऊँ किसको मानस-तंत्री की झनकार।
थे पादप फूले न समाते,
थे प्रसून विकसे सरसाते,
थे मिलिंद प्रमुदित मधुमाते,
थे विहंग कल गान सुनाते,
यह विलोक उपवन में आई, खोजा, मिला न प्रेमाधार।
देख पवन को सुरभि वितरते,
कुसुमित महि में मंद विचरते,
झरनों को उमंग से झरते,
जल-प्रवाह को मानस हरते,
मोह गई, पर हुआ नयन-गोचर न मनोहरता-अवतार।
मिले विलसते नभ में तारे,
जगमग करते ज्योति सहारे,
उदित हुआ वर विधु छवि धारे,
सुधा-सिक्त कर-निकर पसारे,
पर न बताया पता, कहाँ है वह त्रिलोक-सुंदर, सुकुमार।
खुले न हृदय-युग-नयन मेरे,
वर विवेक आ सका न नेरे,
रहे मोह-मद-ममता घेरे,
बने न चारु भाव चित-चेरे,
सकल सहज सुख-साध न पूजी, सारा जीवन हुआ असार।

विरह-निवेदन

नहीं खुल पाया तेरा द्वार;
कान में पड़ पाई न पुकार।
नहीं दया कर तूने देखी आकुल नयनों की जल-धार।
सुख हैं सुर-तरु-तले न पाते;
प्यासे सुर-सरि-तट से जाते।
होते सुधा-गेह से नाते;
हैं चकोर-सम आग चबाते।
शीतल नहीं हमें कर पाता मलय-समीर-सरस-संचार।
सरसित कुसुमाकर के होते;
मरु-सम हैं न विरसता खोते।
बहते सरस सुधा के सोते;
हैं जल-हीन मीन बन रोते।
नंदन-वन में नहीं सुनाती मानस-अभिनंदन-झंकार।
जलद-जाल है जल बरसाता;
चातक है दो बूँद न पाता।
मधु हो पादप-वृंद विधाता।
है करील को क्यों कलपाता।
तरल-हृदय-तोयद क्यों भूला प्रीति-मत्त मोरों का प्यार।
कैसे रवि को कमल तजेगा;
अलि कुसुमावलि को न भजेगा।
मधु-निमित्त क्यों तरु न सजेगा;
स्वर-विहीन क्यों वेणु बजेगा।
प्रेमिक जीव जिएगा कैसे तजे प्रेम-पथ-पारावार।

उपहार

मंजुल-मानस-नंदन-वन में परम रुचिर-रुचि के अनुकूल
तोड़े हैं अनुरक्ति-करों से भावों के अति सुन्दर फूल।
हैं ये नव-मरंद के मंदिर पारिजात-से सौरभवान;
कोमल-अमल-कमल-दल-जैसे सरसित-सरस-प्रसून-समान।

चिंता-चारु-सूत्र के द्वारा उनसे रचा मनोहर हार;
हीरक-मंजु-माल-सा मोहक मुक्तावलि-सा लसित अपार।
किन्तु हमें वह मिला न मानव, जो हो मानवता-अवतार;
पड़कर जिसके कलित कंठ में हो न हार-गौरव-संहार।
सरस हृदय हैं रस के लोलुप, रसिक रसिकता में हैं चूर;
भूरि-भाव से भूखे भावुक हैं भावुकताओं से दूर।
योग, वियोग, मत्त जन-मन है, भोगी भोगों का है दास।
विविध विलासमयी अभिरुचि है हास-विलासों का आवास।
मधुकर की मधु मादकता है नहीं माधुरी के अनुकूल;
सुंदर-सरस-मधुर फलवाले हैं रसाल-से नहीं बबूल।
मुक्ता-मोल कोल क्या जाने, हैं न काक के पिक-से बोल;
हैं न कुंद खिलते कमलों-से, है न कनक-सा कनक अमोल।
सोच यही मैं सका न पहना किसी कंठ में अपना हार;
किसी कमल-कर में न पड़ा वह बना न कुल-ललना-शृंगार।
निरवलंब-अवलंब तुम्हीं हो, दूसे तुम्हीं लो प्रेमाधार;
अकमनीय, कमनीय, सरस हो या असरस हो यह उपहार।

धूल

धूल बनी हूँ, धूल रहूँ मैं, बदले बनूँ विमोहक फूल;
सुरभित कर-कर सरस पवन को मधुप मधुपता सकूँ न भूल।
अथवा नवल दूब-दल बन-बन खोलूँ दृगरंजन का द्वार;
मुक्ता मंजु ओस-बूँदें ले विरचूँ परम मनोहर हार।
सकल-लोक-लोचन जब आवें निज कर प्रातःकाल पसार;
तो मैं विपुल पुलक-पूरित हो अर्पण करूँ प्रेम-उपहार।
श्यामल, ललित तृणावलि हो-हो सज्जित करूँ अवनि का अंक;
कर सेवा बहुप्राणिपुंज की हरती रहूँ कपाल-कलंक।
यदि वियोग-विधुरा के आँसू तज मंजुल अनमोल कपोल
बूँद-बूँद मुझ पर निपतित हों भूल-भूल मोती का मोल,
तो मैं उनसे विपुल सरस हो सरसित करूँ अंकगत बेलि,
जिनके कलित ललित किसलय में हो कमनीय कामना-केलि।

ऊँचे उठे भूतभावन के तन की बनूँ पुनीत विभूति।
जिसे विलोक लोक को होवे भव-महानुभवता-अनुभूति।
नीचे रहे लोक-पावन के पद-पंकज का बनूँ पराग,
जिससे विदित जगत को होवे पूजित पग-सेवन-अनुराग।
पद-प्रहार सह पतित कहाऊँ, पर न बनूँ जन-लोचन-शूल;
कंटक-कुल-जननी न कहाऊँ, हो न सकूँ महि के प्रतिकूल।
मैं हूँ तुच्छ, ज्ञान-विरहित हूँ, है न सहजतम सुंदर बोध;
किन्तु सकल जगतीतल-जीवन वांछित है, न अन्य अनुरोध।

मनोव्यथा

बिछा है कूट-नीति का जाल,
कलह-कलकल है चारो ओर;
कालिमामय मानस का मौन
मचाता है कोलाहल घोर।
मंजु-पथ-मग्न सरोवर-हंस
बन गया परम कुटिल वक-काक;
जहाँ था पावन प्रेम-प्रवाह,
वहाँ है प्रबल पाप-परिपाक।
न करते हैं पुनीत रस-दान
सुर-सरित में विकसे अरविंद;
बसा है रच मायावी वेश
देव-सदनों में दानव-वृंद।
अधिकरत है प्रतिहिंसा-धाम,
गरलमय है उसका आधार;
जाति वैसी ही है निर्जीव,
सुधा-धारा है नहीं सुधार।
स्नेह का मृदुल, मंजुतम सूत्र
हुआ कटुता-पटु कर से छिन्न;
अनय का सह-सह प्रबल प्रहार,
हित-सदन होता है उच्छिन्न।

जलन जी की ज्वालाएँ फेंक
लगाती है घर-घर में आग;
वमन करती है गरल अपार
लाग बन-बन के काला नाग।
कुटिल-गति, विष-वदना, विकराल
साँपिनी-सी है उनकी नीति;
लाभ कर जो भव भूरि विभूति
दूर करते भारत की भीति।
जाति के जो हैं जीवन-मंत्र,
सफलतामय है जिनका गात,
उन्हीं पर घिरे मोह का मेघ,
हो रहा है पल-पल पवि-पात।
पड़ी है भूल-भँवर में आज,
चल रहा है प्रतिकूल समीर;
डगमगाती है सुख की नाव,
दूर दिखलाता है सरि-तीर।
स्वर्ग-से नगर हो गए ध्वंस,
मिल गए रज में कंचन-धाम;
ललिततम लीलाओं की भूमि
काल-वश रही न लोक-ललाम।

हृदय-वेदना

हो रहा है गो-धन विध्वंस,
कलपते हैं पय को कुल-लाल;
किसलिये गया सर्वथा भूल
गौरवित गोकुल को गोपाल!
भर गई दानवता सब ओर,
बने मन मद-वारिधि के मीन
मनुजता-श्रुति को कर रस-सिक्त
बजी मुरली मुरलीधर की न।

लोक लोलुपता में है लीन,
हो गया दूना दुख-संदोह;
बन गई अवनी महा मलीन,
तजा क्यों मनमोहन ने मोह।

हो रहा है पल-पल पवि-पात,
बन गया काल-वदन विकराल;
कलंकित हुए सकल अकलंक,
कहाँ है आज कंस का काल।

हुआ जन-जन-जीवन रस-हीन,
सरसता नहीं श्याम अवदात;
विरस हो चली कामना-बेलि,
वारि बरसा कब वारिद गात।

कर रहा है कलि-काली-नाग
गरलमय रुचि रवि-तनया-धार;
कर सका दूर नहीं दुख-द्वंद
लोक-अभिनंदन नंदकुमार।

गिरे है दुख-जल-मूसल-धार,
घिरे परिताप-घन-जलद-जाल;
न अब तक सदय भाव गिरिराज
कर सका धारण गिरिधर लाल!

कराता है पल-पल अपकार
परम अपकारी का अहमेव;
हुई क्यों दया दयामय की न,
हुआ क्यों द्रवित नहीं व्रज-देव।

महाभव-बंधन सका न टूट,
हो गई मोहमयी मति कुंद;
गया है भूल मुक्ति का मंत्र,
मुक्त करता क्यों नहीं मुकुंद।

तजी क्यों विपद-विमोचन-बान,
नहीं खुलते लोचन-अरविंद;
हुआ खल-वृंद बहु प्रबल आज,
देश को भूला क्यों गोविंद।

(4)

जातीय संगीत

विशाल भारत

विधि - कांत - कर - सँवारा,
संसार का सहारा,
जय-जय विशाल भारत,
भुवनाभिराम प्यारा।
वर - वेद - गान - मुखरित,
उन्नत, उदार, सुचरित,
बहु पूत भूत पूजित
अनुभूत मंत्र द्वारा।
सुर - सिद्ध - वृंद - वंदित,
नंदन - वनाभिनंदित,
आनंद - मान्य - मंदिर,
सिंधुर-वदन सुधारा।
जल - निधि - सुता - सुलालित,
सुरसरि - सुवारि - पालित,
जग - वंदिनी गिरा - गृह,
गिरिनंदिनी उबारा।
रवि - कर - निकर - मनोहर,
विधु - कांति - कल - कलेवर,
सब दिव्यता - निकेतन,
दिवलोक का दुलारा।

मानस - सलिल - मनोरम,
मंजुल, मृदुल, मधुरतम,
कंचन - अचल - अलंकृत,
भव-व्योम-भव्य-तारा।
सुंदर - विचार - सहचर,
सब रस परम रुचिर सर,
शुचि-रुचि - निकेत - केतन,
वर भाव कर उभारा।
सज्जन - समाज - पालक,
दुर्जन - समूह - घालक,
निर्बल - प्रबल - सहायक,
खल-दल-दलन-दुधारा।
सारी सुनीति - नायक,
जन-मुक्ति - गान - गायक,
सब सिद्धि चारु साधन,
सुख-साध-सिद्ध पारा।
नव - नव - विकास - विकसित,
मधु - ऋतु - विभूति - विलसित,
मलयज - समीर - सेवित,
सिंचित - पियूष - धारा।
कुवलय-कलित सितासित,
खग - कुल - कलोल - पुलकित,
सज्जित वसुंधरा का
सौंदर्य - साज सारा।
कमनीयता - निमज्जित,
मणि-मंजु - रत्न - रंजित,
अवनी - ललाट - अंकित
सिंदूर - विंदु न्यारा।

(5)

मंत्र-साधन

सिद्धि-साधना

कैसा आया समय, बदला काल का रंग कैसा,
होती जाती भरत-भुवि की आज कैसी दशा है;
आँखें खोलें विबुध, समझें देश की सर्व बातें,
सोचें होके प्रयत, युग के धर्म का मर्म क्या है।
आशा होवे उदय उर में, दूर नैराश्य होवे,
सूझें सारे सुपथ, सफला युक्तियाँ हों हमारी;
ऐसे बाँधे नियम, जिससे कालिमा दूर होवे,
आभावाले सकल दृग हों, ज्योति फैले जनों में।
प्यारी संख्या प्रतिदिवस है जाति की न्यून होती,
संतप्ता हो दुख-उदधि में मग्न जातीयता है;
छीने जाते हृदय-धन हैं, पत्नियाँ छूटती हैं,
सोने-जैसा सुख-सदन है प्रायशः दग्ध होता।
ढाहे जाते सुर-सदन हैं, मूर्तियाँ टूटती हैं,
बाधा होती अधिकतर है पुर्व औ' उत्सवों में;
काँटे जाते प्रथित पथ में चाव से हैं बिछाए,
न्यारी शोभा-रहित नित है नंदनोद्यान होता।
की जाती हैं विफल छल से सिंधुजा की कलाएँ,
टूटी-सी है परम मधुरा भारती की सुवीणा;
क्रीड़ा द्वारा कलुषित बनी मंजु मंदाकिनी है,
लूटा जाता धनद-धन है, स्वर्ग है ध्वंस होता।
तो भी होता कलह नित है, वैर है वृद्धि पाता,
सद्भावों के सुमन-चय में हैं घुसे दंभ-कीट;

सच्चिता की ललित लतिका हो गई छिन्न-मूला,
उल्लासों के विपुल विटपी पुष्प ही हैं न लाते।
धर्मों की है निपतित ध्वजा, सत्यता वंचिता है,
हैं शास्त्रों की सबल विधियाँ रूढ़ियों से विपन्ना;
सत्कर्मों की प्रगति बदली लोक-आडबरों से,
मोहों द्वारा बहु मथित हो आर्यता मूर्च्छिता है।
वेदों की है अतुल महिमा,मंत्र हैं सिद्धि-मंत्र,
धाता-जैसी सृजन-पटु हैं उक्तियाँ आगमों की;
भूविख्याता पतित जनता-पावनी जाह्नवी है,
आर्यों के हैं सुअन, हममें कौन-सी न्यूनता है।
सच्ची शिक्षा सतत चित की उच्चता है सिखाती,
सद्वांछा है विदित करती—त्याग संकीर्णता दो;
उद्बोधों के विपुल मुख से है यही नाद होता—
जागो-जागो, कटि कस उठो, काल की क्रांति देखो।
जो लोहू है गरम, यदि है गात में शेष शक्ति,
जो थोड़ी भी हृदय-तल में धर्म की वेदना है;
हो जाता है चित व्यथित जो जाति-उत्पीड़नों से,
तो हो जाओ सजग, सँभलो, सिद्धि का मंत्र साधो।

त्याग

भयंकर - भाव - विभव - अभिभूत,
स्वार्थ-तम-तोम-आवरित ओक,
लाभ करता है ललित विकास
त्याग-रवि तेज-पुंज अवलोक।
गृह-कलह-बेलि कठोर कुठार,
जाति-गत वैर-पयोद समीर,
निवारण-रत समाज-संताप
त्याग है सुरसरि शीतल नीर।
कालिमामय जिसका है अंक,
तिमिर-मज्जित है जिसका गात,

उस कुमति-रजनी का है त्याग
राग-अनुरंजित दिव्य प्रभात।
हो रहा है जिसके प्रतिकूल
काल का प्रबल प्रवाहित स्रोत,
दुख-जलधि-निपतित है जो देश
त्याग है उसका अनुपम पोत।
सुजनता-सरसी सुंदर वारि,
संत मत कलित कपाल सुअंक,
त्याग है सुरुचि-कमलिनी भानु,
साधुत - राका - निशा - मयंक।
मुग्ध होता है मानस-भृंग,
मिले उसका कमनीय सुवास,
बनाता है उर-सर को मंजु
त्याग सरसिज का सरस विकास।
सदा सुख-पय करता है पान,
चल अवनि-जन-मन-रंजन चाल,
चुग रुचिर गौरव-मोती चारु,
नारि-मानस-गत त्याग-मराल।
बरसता है गृह-सुख वर-वारि,
प्राणि-शिखि-कुल को वितर विनोद,
पति प्रमुद सर को कर रस-धाम,
नारि-जीवन-नभ त्याग-पयोद।
बना दंपति-सुख-तरु को कांत,
कर कलह-पीत-विपुल-दल अंत
सजाता है सनेह उद्यान,
नारि-उर विलसित त्याग-वसंत।
मुक्तिमय सुन जिसकी झंकार
बने कितने परतंत्र स्वतंत्र,
भरित जिसमें है पर-हित-नाद,
त्याग वह है वर-वादन-यंत्र।
सफलतामय है साधन-सूत्र,
अमायिकता है जिसका तंत्र,

मुग्ध जिस पर है सिद्धि समूह,
त्याग वह है जग-मोहन मंत्र।
विमलतम भाव-मयंक-निकेत,
भूतिमय पूत विभव रवि धाम,
है रुचिर चिंतन-तारक-ओक,
त्याग का नभतल लोक ललाम।
प्रकाशित उससे है पाताल,
प्रभामय है उससे मृत लोक,
सुर-सदन का है रत्न प्रदीप,
त्याग है तीन-लोक-आलोक।
वे समझते हैं उसको वंद्य,
लोक-हित जिनका है अपवर्ग;
देव-पूजित दधीचि से सिद्ध
त्याग पर होते हैं उत्सर्ग।
देश-हित-पथ का प्रिय पाथेय,
समुन्नति-निधि का सहज निजस्व,
भव-विपुल-विभव-परम अवलंब,
त्याग है जन-जीवन-सर्वस्व।

त्याग भूमि

बन गया मूर्तिमान आतंक
बहु प्रबल भूत पाप-परिपाक,
सत्यता-सूत्र हो गया छिन्न;
धूल में मिली धर्म की धाक।
किंतु किसके खुल पाए नेत्र,
किया किस जन ने उसका त्राण;
बिंधा किस धर्म-वीर का मर्म,
दिया किस धर्म-प्राण ने प्राण।
पूजता जिसको निर्जर-वृंद,
अब कलुष-जर्जर है वह जाति;

नरक-दुख का वह बना निकेत,
स्वर्ग-जैसी जिसमें थी शांति।

देखा यह कौन हुआ कटिबद्ध,
किया किस जन ने कर्म महान;
हो गया सत्य भाव से कौन
त्याग-बलि-वेदी पर बलिदान।

जहाँ थे साम्यवाद के सिद्ध,
जहाँ का था स्वतंत्रता-मंत्र;
वहन कर पराधीनता-वृत्ति
वहाँ का जन-जन है परतंत्र।

पर इसे कौन सका अवलोक,
आज भी निद्रा हुई न भंग;
न संकट-पोत कर सकी भग्न
त्याग-जल-निधि-उत्ताल तरंग।

लोक - प्रियता है विदलितप्राय,
है प्रबल भूत विविध परिताप;
आर्य-गौरव-रवि है गत-तेज,
काल-कवलित है कीर्ति-कलाप।

खड़े हो सके न तो भी कान,
गर्म हो सका न तो भी रक्त,
रगों में सकी न बिजली दौड़
हुआ उर शतधा नहीं विभक्त।

हुआ खंडित मणि-मंडित क्रीट,
हो गया छिन्न रत्न-चय-हार;
छिन गया पारस बहु-श्रम-प्राप्त,
लुटा कनकाचल - सम संभार,

कर सका कौन आत्म-उत्सर्ग,
किया किसने उर-रक्त प्रदान;
जाति देकर कपाल की माल
कर सकी कब शिव का सम्मान।

देश जिससे बनता है स्वर्ग,
कहाँ है उर में वह अनुराग;

त्यागियों का सुनते हैं नाम,
कहाँ है त्याग भूमि में त्याग।

शिक्षा का उपयोग

शिक्षा है सब काल कल्प-लतिका-सम न्यारी;
कामद, सरस महान, सुधा-सिंचित, अति प्यारी।
शिक्षा है वह धरा, बहा जिस पर रस-सोता;
शिक्षा है वह कला, कलित जिससे जग होता।
है शिक्षा सुरसरि-धार वह, जो करती है पूततम;
है शिक्षा वह रवि की किरण, जो हरती है हृदय-तम।
क्या ऐसी ही सुफलदायिनी है अब शिक्षा?
क्या अब वह है बनी नहीं भिक्षुक की भिक्षा?
क्या अब है वह नही दासता-बेड़ी कसती?
क्या न पतन के पाप-पंक में है वह फँसती;
क्या वह सोने के सदन को नही मिलाती धूल में
क्या बनकर कीट नहीं बसी वह भारत-हित-फूल में?
प्रतिदिन शिक्षित युवक-वृंद हैं बढ़ते जाते;
पर उनमें हम कहाँ जाति-ममता हैं पाते;
उनमें सच्चा त्याग कहाँ पर हमें दिखाया;
देश-दशा अवलोक वदन किसका कुम्हलाया;
दिखलाकर सच्ची वेदना कौन कर सका चित द्रवित;
किसके गौरव से हो सकी भारतमाता गौरवित।
अपनी आँखें बंद नहीं मैंने कर ली हैं;
वे कंदीलें लखी जो कि तम-मध्य बली हैं।
वे माई के लाल नहीं मुझको भूले है;
सूखे सर में जो सरोज-जैसे फूले हैं।
कितनी आँखें हैं लगीं जिन पर आकुलता-सहित;
है जिनकी सुंदर सुरभि से सारा भारत सौरभित।
किंतु कहूँगा काम हुआ है अब तक जितना;
वह है किसी सरोवर की कुछ बूँदों-इतना।

जो शाला कल्पना-नयन-सामने खड़ी है;
अब तक तो उसकी केवल नींव ही पड़ी है।
अब तक उसका कल का कढ़ा लघुतम अंकुर ही पला;
हम हैं विलोकना चाहते जिस तरु को फूला-फला।
प्यारे छात्र-समूह, देश के सच्चे संबल,
साहस के आधार, सफलता-लता-दिव्य-फल,
आप सबों ने की हैं सब शिक्षाएँ पूरी;
पाया वांछित ओक दूर कर सारी दूरी।
अब कर्म-क्षेत्र है सामने, कर्म करें, आगे बढ़ें;
कमनीय कीर्ति से कलित बन गौरव-गिरिवर पर चढ़ें;
है शिक्षा-उपयोग यही जीवन-व्रत पालें;
जहाँ तिमिर है, वहाँ ज्ञान का दीपक बालें।
तपी भूमि पर जलद-तुल्य शीतल जल बरसे;
पारस बन-बन लौहभूत मानस को परसें;
सब देश-प्रेमिकों की सुने, जो सहना हो वह सहें;
उनके पथ में कांटे पड़े हृदय बिछा देते रहें।
प्रभो, हमारे युवक-वृंद निजता पहचानें;
शिक्षा के महनीय मंत्र की महिमा जानें।
साधन कर-कर सकल सिद्धि के साधन होवें;
जो धब्बे हैं लगे, धैर्य से उनको धोवें।
सब काल सफलताएँ मिलें, सारी बाधाएँ टलें;
वे अभिमत फल पाते रहें, चिर दिन तक फूलें-फलें।

शक्ति

जिसे है मानवता का ज्ञान,
नहीं पशुता से जिसकी प्रीति;
बिना त्यागे विनयन का पंथ
लोक-नियमन है जिसकी नीति।
क्रोध जिसका है शांति-निकेत,
लोभ जिसका लालसा-विहीन;

मोह जिसका है महिमावान,
काम जिसका अकामनाधीन।

न मद में मादकता का नाम,
न तन में अतन-ताप का लेश;
रूप जिसका है लोक-ललाम,
अवनि-रंजन है जिसका वेश।

न मस्तक पर कलंक का अंक,
न जिसका लहू भरा है हाथ;
बिहरती रहती है सब काल
लोक-लालनता जिसके साथ।

जलद-सम कर जन-जन को सिक्त,
रस बरसती जिसकी अनुरक्ति;
भरा है जिसमें भव का प्यार,
वही है विश्व-विजयिनी शक्ति।

(6)

प्रकृति-प्रमोद

मधु-मत्त

नया रस भव में सरसाया;
छलककर छिति-तल में छाया।
सरस होकर रसाल बौरे,
बनी किंशुकता मतवाली;
लाल फूलों में विलसित हुई
मत्त करने वाली लाली।
लता-दल पुलकित दिखलाया।
फूल हैं मुँह खोले हँसते,
विकसती जाती हैं कलियाँ;
धरा को मादकता से भर
मना हैं रहे रंगरलियाँ।
देख कुसुमायुध ललचाया।
झूमते-झुकते हैं भौरे,
घूमते हैं मतवाले बन;
गूँजते हैं नव मधु पीकर,
चूमते हैं कुसुमों का तन।
संग भ्रमरी का है भाया।
कूकता है निशि-दिन कोकिल,
दिशा है कलित काकलीमय
समद है मंद-मंद बहता
मलय-मारुत बन मोद-निलय।
परिमलित कर मंजुल काया।

तरंगें उठीं अखिल उर में
पिए रस आसव का प्याला;
क्यों न हो अनुरंजित मानस,
बन उमग तरु मधुमय थाला।
है सरस समय रंग लाया।

वसंत

चावमय लोचन का है चोर
नवल पल्लवमय तरु अभिराम;
प्रलोभन का है लोलुप भाव,
ललित ललिका का रूप ललाम।
मनोहरता होती है मत्त
मंजरी-मंजुलता अवलोक;
हृदय होता है परम प्रफुल्ल
कुसुम-कुल-उत्फुल्लता विलोक।
कान में पड़ती है रस-धार
सुने कोकिल का कल आलाप;
रसिकता बनी सरसता-धाम
देखि अलि-कुल का कार्य-कलाप।
सुरभिमय बनता है सब ओक
हुए मलयानिल का संचार;
भूरि छवि पा जाती है भूमि
पहन सज्जित सुमनों का हार।
गगन-तल होता है सुप्रसन्न
लाभ कर विमल मयंक-विकास;
विहँसती सित-वसना, सित-गात
सिता आती है भूतल-पास।
भव मधुर नव-जीवन-आधार,
लोक-कमनीय विभूति-निवास;
है प्रकृति-नवल-वधू-शृंगार
सुविलसित सरस वसंत-विलास।

मधुर विकास

गगन-तल क्यों निर्मल हो गया?
नीलिमा क्यों है भरित उमंग?
लोक-मोहन क्यों इतना बना
आज दिन उसका श्यामल रंग।

सभी को कर देने को सरस
किसलिये हुआ चौगुना चाव;
वारिधर मंजु वारि कर वहन
कर गया क्यों छिति पर छिड़काव।

बहुत क्यों हरा-भरा हो गया
पहन सुंदर फूलों का ताज;
मोतियों से सजकर है खड़ा
किसलिये नाना विटप-समाज।

बिछाई किसने है किसलिये
रजत-राजित चादर कर प्यार;
वहन कर निर्मल मंजुल सलिल
क्यों हुए सरि-सर सरस अपार।

किसलिये अनुरंजित बन भूरि
विपुलता से विकसे अरविंद;
बरसते हैं क्यों सुमन-समूह,
विलसते पारिजात-तरु-वृंद।

चंद्रिका-से हो करके चारु
किया है उसने क्यों शृंगार;
पहन रजनी ने क्यों है लिया
तारकावलि हीरक का हार।

किसलिये कोने-कोने मध्य
उमड़ता पड़ता है आनंद;
दिशा है मंद-मंद हँस रही
देखने को किसका मुख-चंद।

बनाता है क्यों भू को भव्य
कौन-सा भव का भाव-विलास;

क्यों कहें, है किसका सर्वस्त्र
सित शरद का कमनीय विकास।

वर्षाकालिक सांध्य गगन

संध्या काल विरल घनावृत गगन
जहाँ तहाँ पुंजीभूत अंजन अपार;
तिरोभूत विंदुपात मंदीभूत वायु,
हो चुका था बंद वृष्टि अवारित द्वार।
अस्तप्राय दिनमणि मंजु अंशु-जाल,
विरच रहा था बार-बार बहु चित्र;
सुषमा-सदन ले-ले छिन्नभूत घन
नाना केलि करता था बन के विचित्र।
उस काल अवलोक वारिवाह-व्यूह
सुरंजित आलोकित बहु वर्ण गात;
होता था विदित खुले विबुध विमान
नाना रूप नाना रंग नाना अवदात।
कभी होता अवगत अमर-कुमार,
उमग उड़ा रहे हैं विविध पतंग।
अथवा विशाल व्योम वारिनिधि-मध्य
विलस रही है बहु उत्ताल तरंग।
सोचता कभी था चित्त, सुखाने के लिए
फैलाये गए हैं लोक-सुंदरी के पट;
किंवा हुए प्रदर्शित प्रमोद सदन
किसी चित्रकार के प्रचुर चित्रपट।
ऐसे हैं प्रतीत होते, मोहते हैं मन
घन के किनारे हो-हो किरण-कलित;
मानो सारी प्रकृति-वधूटी की असित
लैस के लगाए बनी बड़ी ही ललित।
कभी बहुरंजित विरच इंद्र-धनु
घन को पिन्हाती रत्न-खचित मुकुट;

किरण सँवारती दिगंगना-वसन
कभी दे-दे सप्तरंग द्वारा दिव्य पुट।
पा के उसे बनता था पुरहूत-चाप
स्वर्ग-द्वार-विलसित सुबंदनवार;
रंगिणी कादंबिनी सुलालित सुअन
लोक-कमनीयता-कामिनी का शृंगार।
पश्चिम दिशा में दिव्य दीर्घकाय घन
हो-होकर कनकाभ-किरण-कलित
बनता था प्रज्वलित पावक-समान,
किंवा किसी स्वर्गिक विभूति से वलित।
उसे अवलोक यह होता था विचार,
हुई है प्रतीची जात रूप से जटित;
अथवा कनक-मेरु कांत तम बन
हुआ है क्षितिज मंजुता में प्रकटित।
अंत हुए दिवस चिता की जगी आग,
किंवा हुआ एकत्रित विद्युत-विकाश;
तमोमयी रजनी समागत विलोक
किंवा केंद्रीभूत बना परम प्रकाश।
अंकगत दिवामणि अस्त अवलोक
प्रतीची-हृदय ज्वाला हुई प्रस्फुटित;
अथवा सहस्रकर-सहाय-निमित्त
दिवलोक दिव्य आभा हुई संघटित।
अथवा है यह वह आलोक-भांडार
आलेकित जिससे है मेदिनी का अंक;
पा के जिसे द्युतिमान बने हैं खद्योत।
जिसकी विभा से विभावान है मयंक।
काले घन-दनुजात-दहन-निमित्त
रवि ने चलाए हैं अमित अग्नि-बाण;
अथवा त्रिदश समवेत तेजःपुंज
करता है व्योम रमणीय मणि त्राण।
रमा का है रत्न-कांत कनक-भवन,
किंवा है दमकता प्रकृति-भव्य-भाल;

विकसा गगन-सर में है स्वर्ण-पद्म,
किंवा किसी ज्वालामुखी की है ज्वाल-माल।

पारिजात

बड़े मनोहर हरे-हरे दल किससे तुमने पाए हैं?
तुम्हें देखकर के मेरे दृग क्यों इतने ललचाए हैं?
कहाँ मिल गए इतने तुमको, क्यों ए इतने प्यारे हैं?
किसके सुन्दर हाथों के ए सुन्दर फूल सँवारे हैं?
जब सित, पीत रंग के खिलते फूल तुम्हें मिल जाते है,
जब निखरी हरियाली में ए अपनी छटा दिखाते हैं,
तब किसको हैं नहीं मोहते, किसको नहीं लुभाते हैं?
प्याला किसी निराले रस का किसको नहीं पिलाते हैं?
मंद पवन को सुरभि दान कर क्यों सुगंध फैलाते हो?
किसके स्वागत के निमित्त तुम भू पर फूल बिछाते हो ?
किन कमनीय कामनाओं से सुमनों से भर जाते हो?
क्या शरदागम अवलोकन कर फूले नहीं समाते हो?
किन रीझों से रीझ रहे हो, क्यो उमंग में आते हो?
अपने अंतर्भावों को क्यों कुसुमित कर दिखलाते हो?
क्या प्रिय पावस की सुधि करके परम सरस बन जाते हो?
मंजु वारि वे बरसाते, तो तुम प्रसून बरसाते हो।
देख चमकते तारक-चय को निर्मल नील गगनतल में
उनको प्रतिबिंबित अवलोके स्वच्छ सरोवर के जल में।
धारण की है क्या वैसी ही छवि तुमने वसुधातल में
श्वेत-सुमन-कुल को संचय कर निज कोमल श्यामल दल में?
छिटक-छिटक चाँदनी सुधा-रस जब भू पर बरसावेगी,
लोक-रंजनी रजनी जब अनुरंजन करती आवेगी,
मंद-मंद हँस रसमय बनता जब मयंक को पाओगे,
क्या तब उन्हें सुमनता दिखला सुमन-माल पहनाओगे?
जब अनुराग-राग से रंजित होकर ऊषा आती है,
जब विहंग गाने लगते हैं, नभ में लाली छाती है,

तब क्यों सुमन-समूह गिराकर भूतल को भर देते हो?
क्या रवि का अभिनंदन करके कीर्ति लोक में लेते हो?
जिस धरती माता ने तुमको जन्म दिया, पोसा-पाला,
पिला-पिलाकर जीवन जिसने जड़ तन में जीवन डाला,
क्या उसके आराधन ही को है यह सारा आयोजन?
क्या ले कुसुम-समूह उसी के पग का करते हो अर्चन?
फूल तुम्हारे किसलय के-से कर से सदा चुने जावें;
वसन किसी के रँगें कंबु-से कंठों में शोभा पावे,
पारिजात, प्रतिदिन बिखेरती रहे ओस तुम पर मोती ;
पाकर शरद सब दिनों फूलो, दिशा रहे सुरभित होती।

बहुरंगी फूल (गुल हज़ारा)

इनके-ऐसे नयन विमोहन सुमन कहाँ अवलोके;
'लोक-ललाम' गात में किसके बसे ललिततम होके?
इनके-जैसी सहत विकचता मृदुता किसने पाई;
किसके अंतर में इतनी जन-रंजनता दिखलाई?
रंग-विरंगे हैं इतने, है रंगत इतनी प्यारी,
जिससे विविध कुसुम से विलसित बन जाती है क्यारी।
किसको नहीं लुभा लेती है लाल फूल की लाली?
देख अबीरी फूलों को रुचि होती है मतवाली।
उजले फूलों का उजलापन करता है उजियाला,
देख गुलाबी फूल छलक उठता है रस का प्याला।
लाल चिट लगे रित कुसुमावलि दल छवि जब अधिकाती;
प्रकृति-वधूटी के कर की तब कारु क्रिया दिखलाती।
इन फूलों में एक फूल जब लाल रंग का खिलता,
तब विनोद-रंगालय में मन नर्तन करता मिलता।
इस प्रसून का पौधा जब फूलों से है लस जाता,
हरित दलों की हरियाली में जब रंगतें दिखाता,
तब ऐसी क्षितितल-विमोहिनी छटा लाभ है करता,
जिसको देख मुग्ध अलि-सा बन नयन भाँवरे भरता।

यह कुसुमित तरु इंद्र-चाप से चारु रंग है पाता;
या है इंद्र-चाप ही इसकी रुचिकर कांति चुराता।
या पाकर पावस दोनों ही हैं उमंग में आते;
गगन-अवनि में होड़ लगाकर हैं निज समाँ दिखाते।
इनके चारों ओर तितिलियाँ हैं फिरती दिखलाती;
अथवा इनके निकट निज छटा दिखलाने हैं आती।
किंवा बार-बार चुबंन कर ए हैं उनको ठगती?
इनके तन की रंगत ले-ले अपना तन हैं रँगती ।
मोती ले-लेकर के रजनी यदि है इन्हें सजाती?
तो रवि-किरण भोर होते ही मणि-माला पहनाती।
इन्हें समीर प्यार के पलने पर है पुलक झुलाता;
दिनकर अपने कलित करों से प्रतिदिन है रँग जाता।
अवनी इन्हें अंक में लेकर फूली नही समाती;
चहक-चहककर खग-माला है सुन्दर गान सुनाती।
ऐसे अनुपम छविमय सुमनों ने है सुरभि न पाई ;
गिने हुए हैं जीवन के दिन यह कैसी दानाई?
भव की इन प्रवंचनाओं को हम कैसे बतलाएँ;
अहह! विधाता की विधि में हैं क्यों ऐसी बाधाएँ?

(7)

सूक्ति-समुच्चय

प्रकृत पाठ

प्यारे बालक! नयन खोल सब ओर विलोको;
दिव्य भाव से भरे भव-विभव को अवलोको।
बहु सज्जित तरु-पुंज फल-भरी उनकी डाली,
परम मनोहर छटा, नयन-रंजन हरियाली,
मंजु रंग में रँगे सुरभि से मुग्ध बनाते;
विकसे नाना फूल मधुर हँसते, सरसाते;
चित्र-विचित्र विहंग कलित कंठता दिखाते;
करते विविध कलोल, गान स्वर्गीय सुनाते।
क्या नयनों में नहीं ज्ञान की ज्योति जगाते?
क्या कानों में नहीं सुधा-बूँदें टपकाते?
क्या न हृदय ही कलिका है उनसे खिल पाती?
रस की धारा क्या न उरों में है बह जाती?
मंद-मंद चल सरस पवन जब है तन छूती,
जब बनती है सुरभि वितर सुरपुर की दूती,
तरु-दल उसके कलित अंक में हैं जब हिलते,
उसके चुंबन किए जब कुसुम-कुल हैं खिलते,
तब क्या नहीं अनंत दयामय की यह थाती
है जग-जन को पूत प्रेम का पाठ पढ़ाती?
तब क्या बहती हुई लोक में भव-हित-धारा
नहीं सिखाती सरस हृदय का हित व्रत सारा?
जब आती है रात ओढ़कर चादर काली,
जग-विराम की लिए हाथ में सुंदर ताली,

जब घूँघट को खोल विधु वदन है दिखलाती,
जब दृग से है ओस-बूँद-मिष वारि बहाती,
तब क्या जगत-प्रपंच नहीं है सम्मुख आता?
तब क्या दुख-सुख-चित्र नहीं चित्रित हो जाता?
तब तम पर क्या नहीं ज्योति है गरिमा पाती?
क्या करुणा है पापमयी में नहीं दिखाती?
घनमाला जब घूम-घूम है नभ में छाती,
सूखे को कर सरस वारि जब है बरसाती,
तरु-तृण तक को सींच ताप महि का है खोती,
जब देती है सिंधु-सीप को सुन्दर मोती,
तब क्या सबको द्रवणशीलता नहीं सिखाती?
क्या न भूत-हित-साधन का है सूत्र बताती ?
क्या न परम गंभीर नाद से है यह कहती—
"बनो तरल, उर हरो भव-पिपासाएँ महती?"
ऐसे प्यारे प्रकृत पाठ हैं सब दिन पाते
वे बालक जो प्रकृति-देवि-पद हैं अपनाते।
रज-कण तक में भरी हुई है शिक्षा प्यारी;
हैं उसके सब खुले नयनवाले अधिकारी।

कामना

उपजे महारथी प्रभु कोई;
हरे भार भारत-भूतल का भूति लाभ कर खोई।
अनुमप साहस-सलिल-धार से जाय हित-धरा धोई;
उलहे बेलि अलौकिक यश की विजय अवनि में बोई।
पुलकित बने अपुलकित रह-रह विपुल प्रजा बहु रोई;
आशा-उषा राग-रंजित हो जागे जनता सोई।

तंत्री के तार

टूट गए तंत्री के तार;
रही नहीं अब वह स्वर-लहरी, रही नहीं अब वह झंकार।
कुसुमोपम मृदु उँगली से छिड़ नहीं बरसते हैं रस-धार;
हैं प्रदान करते न पवन को मुग्धकरी ध्वनि मधुर अपार।
हैं न कान को सुधा पिलाते, हैं न हृदय हरते प्रति बार;
हैं न सुनाते सरस रागिनी, बनते हैं न सरसता-सार।
हैं न उमंगित करते मानस, हैं न तरंगित चित आधार;
हैं न बहाते वसुधा तल में रसमय उर के सोत उदार।

मर्म-व्यथा

बिखर रहा है चंद हमारा।
सकल-लोक-मानस-अवलंबन, जगती तल-लोचल का तारा;
राका-रजनि-अंक-अनुरंजन है आवरित निविड़ घन द्वारा।
है हो रहा अकांत कांत तन बहु नीरस सरसित रस-धारा;
अधम सिंहिकानंदन से है अवतीतल-अभिनंदन हारा।
सुधा-धाम है सुध-विहीन-सा, मुद-विहीन है कुमुद-सहारा;
पानिप-हीन आज है होता प्रतिपल पाथ-नाथ-सुत प्यारा।
तदपि गगनतल है न विकंपित, अतुलित व्यथित न कोई तारा;
अहह रसातल है सिधारता भव-वल्लभ, दिवलोक-दुलारा!

सम्मान

बरस जाती है रुचिकर वारि
विनय की मधुर वचन की खोज;
मिले निर्मल-उर-रवि-कर मंजु
विलसता है सम्मान-सरोज।
नहीं होता कीने के पास
अछूते आव-भगत का वास;

बुझी कब बिना समादर-ओस
किसी सम्मान-सुमन की प्यास?
ललित हो क्यों पाता सुविकास
स्नेहमय मधुर मिलन नभ अंक;
मधुरता-सुधा बरसता कौन
विना सरसे सम्मान-मयंक?
दंभ का देखे असरस भाव
ठहरती कैसे सुमति समीप;
क्यों न घिरता अविनय-तम-तोम,
है न बलता सम्मान-प्रदीप।
पड़ी पत्तों-फूलों पर आँख,
मूल को सका न मन पहचान;
क्यों बने सफल कामना-बेलि,
मिल सका नहीं सलिल-सम्मान।

मैं क्या हूँ?

मैं मिट्टी से हूँ बना, किंतु हूँ सोना;
हूँ धूल, फूल बनकर करता हूँ टोना।
मैं पानी का हूँ बूँद, किंतु हूँ मोती;
मैं हूँ मानव, पर हूँ सुरगुरु का गोती।
मैं मर हूँ, किंतु अमर है मेरी सत्ता;
हूँ तरु-जीवन-आधार, किंतु हूँ पत्ता।
हूँ विदित गरलधर, किंतु मंजु मणिधर हूँ;
हूँ परम कलंकी किंतु कांत गिरिधर हूँ।
यद्यपि हूँ पंक-प्रसूत, पंकज हूँ;
हूँ सरसीरुह-संजात, किंतु मैं अज हूँ।
पाहन द्वारा हूँ रचित, किंतु हूँ सुमनस
मैं हूँ पर्वत-संभूत, किंतु हूँ पारस।
हूँ तमोमयी खनि-जनित, किंतु हूँ हीरा;
हूँ विविध-स्वाद-सर्वस्व, किंतु हूँ जीरा।

हूँ दारुशरीरी, किंतु मलय-चंदन हूँ;
हूँ सरि-संभव, पर मैं सुरसरि-नंदन हूँ
हूँ पशु, परंतु हूँ कामधेनु-सा प्यारा;
हूँ असित-गात, पर हूँ आँखों का तारा।
हूँ तरु, परन्तु सुर-तरु-समान हूँ आला,
हूँ काँच, किंतु हूँ सरस सुधा का प्याला।

सौंदर्य

कांत रविकर-किरीट कमनीय,
अलंकृत ओस-युक्त मणि-माल,
विपुल स्वर्गीय विभूति-निकेत,
कुसुम-कुल-विलसित प्रातःकाल।

उषा का जग-अनुरंजन राग,
दिग्वधू का विमुग्धकर हास,
पुरातन है, पर है अति दिव्य,
और है भव-सौंदर्य-विकास।

लोक का मूर्तिमान आनंद,
अवनि तल परम अलौकिक लाल,
बहु विकच सुमन समान प्रफुल्ल
बिहँसता भोला-भाला बाल।

प्रतिदिवस के विकसे अरविंद,
तरु-निचय किसलय ललित ललाम,
नवल हैं, पर हैं रम्य नितांत,
वरन हैं अखिल-भुवन-अभिराम।

विश्व-जन-मोहन है सौंदर्य,
हृदयतल - अभिनंदन - आधार,
मधुरतम-मंजु सुधा-रस-सिक्त,
सरसता-युवती का शृंगार।

किसी जग ज्योतिमयी की ज्योति
इसी में लोचन सका विलोक;

इसी में मिलता है सब काल
लोक को सकल-लोक-आलोक।
किंतु उसका अनुपम प्रतिबिंब
कुछ हृदय-मलिन मुकुर में आज
नहीं प्रतिबिंबत होता अल्प,
मलिनता के हैं नाना व्याज।
सुनाता है कल वेणु-निनाद,
सुशोभित है कालिंदी-कूल;
ललित लहरें हैं नर्तनशील,
हँस रहे हैं मुख खोले फूल।
मत्तता छाई है सब ओर,
हो रहा है रस का संचार;
बरसते हैं सुर सुमन-समूह,
खुल गया है सुर-पुर का द्वार।
कल्पना है यह अति कमनीय,
सुधा-सर की है रुचिर तरंग;
पर न होंगे कुछ हृदय विमुग्ध,
क्योंकि यह है प्राचीन प्रसंग;
हो रहा है अतीत संगीत,
छिड़ रहा है बहु मोहक तार;
बना है मुखर मुग्धता-मौन,
सुनाती है वीणा झंकार।
किंतु हैं कतिपय ऐसे कान,
नहीं है जिनको इनसे प्यार;
सरस को करता है रस-हीन
किसी छाया का क्षोभ अपार।
रूप रमणी का है रमणीय,
लोक-मोहकता का है सार;
है प्रकृति-भाल रुचिर सिंदूर
काम-कामुकता का आधार।
कलाधर कलित कांति अवलंब,
कुसुम-कुल-निधि है उसका हास;

जग सृजन रंजन का सर्वस्व
है वनजवदनी विविध विलास।
भावमय रचनाएँ हैं भूरि,
हुआ जिनमें इनका सुविकास;
किंतु कुछ रुचियाँ हैं प्रतिकूल,
उन्हें कहती हैं कुरुचि-निवास।
अलौकिक रस-लोलुप कुछ भृंग
गूँजते हैं करके मधु पान;
लाभ कर कतिपय नवल प्रसून
सज रहा है प्रमोद उद्यान।
कुछ विहग हो-हो विपुल विमुग्ध
गा रहे हैं गौरवमय राग;
उक्ति अनुपम प्यालों के मध्य
छलक है रहा हृदय-अनुराग।
किंतु कुछ मानस हैं न प्रसन्न,
मोह से हो-होकर अभिभूत;
सकल भावों में लगी विलोक
न-जाने किस छाया की छूत।
उन्हीं का है यह अमुधर भाव,
जिन्हें है सहृदयता-अभिमान;
हो रहा हैं वंचित रस बोध
रसिकता को सिकता अनुमान।
सुनाते फिरते हैं जो लोग
सत्य, शिव, सुंदर का शुभ राग;
वे करें क्यों आँखें कर बंद
विविध सुंदर भावों का त्याग।
अमंजुल उर का है यह मोह,
मानसिक रुज का है यह रोष,
बनेगा क्या मकरंद-विहीन
मधुरिमा-कांत कमल का कोष।
घुसे क्यों कलित कुसुम में कीट,
रहे क्यों अकलंकित न मयंक;

लाभ क्यों करे मलिन कल्लोल
पूत-सलिला सुरसरि का अंक।
कंटकित सुमन-समूह-मरंद
पान करता है मुग्ध मिलिंद;
कहीं भी मिले क्यों न सौंदर्य,
तजे क्यों उसको सहृदय वृंद?

असहृदयता

है वही रंगमंच कवि-कर्म
जहाँ पर प्रकृति-नटी सब काल
दिखाकर रंग परम रमणीय
लुटाती है रत्नों का थाल।
यही है वह अनुपम उद्यान,
जहाँ खिलते हैं भाव-प्रसून;
यही है वह महान रस-स्रोत,
जिसे अरसिक सकता है छू न।
यही है सहृयता-सर्वस्व,
रसिकता - रजनी - अमल - मयंक;
लोक-प्रतिभा-सरि-सलिल - प्रवाह,
भावना-भव्य-भाल का अंक।
रुचिर रुचिकर रचना का मूल
यही है ललित कला का ओक;
यही है रस नभ-तारक-वृंद,
इसी से सज्जित है सुरलोक।
इसी सरसिज का कर रस पान
मत्त होता है मानस-भृंग;
इसी रवि की आभा कर लाभ
दमकता है गौरव-गिरि-शृंग।
किंतु कुछ मलिन मन-मुकुर-मध्य
नहीं पड़ता उसका प्रतिविंब;

हो गए रुचि विकार संचार,
आम्र समझा जाता है निंब।
कभी करता है विविध प्रपंच
प्रवंचक प्राचीनता विराग;
बनाता है रवि को रज-पुंज
कभी नूतनताओं का त्याग।
रुज-ग्रसित हो नाना-रस-लुब्ध
नहीं छूता व्यंजन का थाल;
नहीं करता मुक्ता का मान
मोह-वश बन मद-अंध मराल।

दीया

समय के सिर का है टीका,
बड़ा ही सुंदर चमकीला;
कंठ का उसके है जुगनू,
कलाएँ हैं जिसकी लीला।
वह सुनहलापन है इसमें,
सुनहली कर दीं दीवारें;
रूप ऐसा है मन-मोहन
फतिंगे जिस पर तन वारें।
तेज सूरज या तारों का
जहाँ पर पहुँच नहीं पाता;
तहाँ गर जगी जोत भरकर
जगमगाता है दिखलाता।
हवा के पाले पलता है,
आग का बड़ा दुलारा है;
नमूना किसी जलन का है,
बहुत आँखों का तारा है।
उँजाला अँधियाले घर का,
दमक का है सुंदर डेरा;

निराला फूल जोत का है,
लाल दमड़ी का है मेरा।

गीता-गौरव

है परम-दिव्य-ज्योति-संभूत,
वेद-आभा से आभावान;
उपनिषद का कमनीय विकास,
विविध आगम-निधि-रत्न महान।
मनुजता - मंदिन - रत्न - प्रदीप,
चारु-चिंतन - नभ - रुचिर - मयंक;
कल्पना - कलिका - कांत - प्रभात,
भारती-भव्य-भाल का अंक।
है अखिल-अवनी-तल-तम-काल,
उसी से है आलोकित लोक;
ज्ञान-लोचन का है सर्वस्व;
अलौकिक तम गीता-आलोक।

अतीत संगीत

था भव-प्रातःकाल, राग-रंजित था नभतल;
लोहितवसना ललित अंक था लोक समुज्ज्वल।
था अभिव्यक्ति-विकास प्रकृति-मानस में होता;
धीर-धीरे तिमिर-पुंज था तामस खोता।
क्षितिज-अंक से निकल विभा के बहुविध गोले
केलि-निरत थे विविध कल्पना-कुसुमों को ले।
मंथर गति से पवन-प्रगति थी विकसित होती;
नव-जीवन का बीज नवल निधि में थी बोती।
सलिल-निलय संसार-लहरियों द्वारा चुंबित
अरुण असित सित विपुल विंब से था प्रतिविंबित।

किसी अकल्पित दिशा मध्य कर महा उजाला
एक अलौकिक तम तमारि था उगने वाला।
इसी समय इस सलिल-राशि में महामनोहर
एक अयुत-दल कमल हुआ भव-लोचन-गोचर।
उसकी परमिति किसी काल में गई न मापी;
उसका था विस्तार अमित-जगतीतल-व्यापी।
विश्व-महान-विभूति-भूति थी उस पर विलसी;
जिसमें विविध विधान की विबुधता थी निवसी।
था जिस काल असंख्य लोक लीलामय बनता;
भव कमनीय वितान जिस समय विभु था तनता।
उसी समय संसारमयी नीरवता टूटी;
महाकंठ का गान हुए रव-जड़ता छूटी।
उससे हुआ दिगंत ध्वनित नभ-निधि लहराया;
सकल लोक के स्वर-समूह में जीवन आया।
गिरा हुई अवतीर्ण अनाहत नाद सुनाया;
कर की वीणा बजे विमोहित विश्व दिखाया।
लोकोत्तर झंकार अखिल लोकों में फैली;
विविध-कंठ-आधार बनी अवधारित शैली।
जो ज्वलंत बहु पिंड व्योमतल में थे फिरते;
जहाँ-तहाँ जो विविध रंग के घन थे घिरते।
महाउदधि में तरल तरंगें जो उठ पातीं;
सरिताएँ जो मंद-मंद बहती दिखलातीं।
जितने थे सर-स्रोत, रहे जो झरने झरते;
अपर तरु-लता आदि जो विविध रव थे करते।
उनमें भी थी बजी बीन ही झंकृत होती;
जिससे जागी जग-विकास की ममता सोती।
वेद-ध्वनि से ध्वनित हुआ भव-मंडल सारा;
लोक-लोक में बही मधुर-स्वर-सप्तक-धारा।
श्रवण-रसायन बनी, मुग्ध मानस में निवसी;
विविध-राग-रागिनी-मध्य बह बहुविधि विलसी।
उससे होकर मत्त गान वह शिव ने गाया;
जिसने सारे विबुध-वृंद को चकित बनाया।

उसकी मंजुल गूँज भूरि भुवनों में गूँजी;
बनी विश्व के विविध-धर्म-भावों की पूँजी।
उसके रस से सिंची लोक-भाषा-लतिकाएँ;
जिसमें विकसीं कलित-ललित-सुरभित कलिकाएँ।
वह सुकंठता उसे साध नारद ने पाई;
जिसने सुरपुर-सदन-सदन में सुधा बहाई।
उससे भर-भर मिले छलकते मानस-प्याले;
जिनको पी गंधर्व बने मधुता-मतवाले।
नाच उठीं अप्सरा, गान वह मोहक गाया;
जिसने सारे स्वर-समूह को सरस बनाया।
ले-ले उसका स्वाद किन्नरों ने रस पाया;
सुना मनोहर तान वाद्य बहु मंजु बजाया।
उसकी ही कमनीय कला मुरली ने पाई;
मनमोहन ने जिसे महा मधुमयी बनाई।
जब यह मुरली बड़े मधुर स्वर से बजती थी;
प्रकृति उस समय दिव्य साज द्वारा सजती थी।
पाहन होते द्रवित पादपावलि छवि पाती;
रस-धारा थी लता-बेलियों पर बह जाती।
खग-मृग बनते मत्त, नाचते मोर दिखाते;
विकसित होते फूल, फल मधुर रस टपकाते।
रुकता सलिल-प्रवाह, कलित कालिंदी होती;
वृंदावन की भूमि मलिनताएँ थी खोती।
होता हृदय-विकास, मुग्ध मानस बन जाते;
साधक - सिद्ध पुनीत साधना के फल पाते।
साहस-हीन, मलीन जनों में जीवन आता;
पातक होता दूर, मुक्ति-पथ मानव पाता।
क्या न कभी फिर मधुर मुरलिका बज पावेगी;
क्या न कान में सरस सुधा फिर टपकावेगी।
जो जन-जन में भर विनोद-रस बरसावेगा;
वह अतीत संगीत क्या न गाया जावेगा।

वैध विहार

प्रकृति-मानस का प्रिय अनुराग,
लालसाओं का ललित मिलाप;
रसिकता का रस-सिद्ध रहस्य,
मुग्धता-मंजुल कार्य-कलाप।

अभिजनन का साधन सर्वस्व,
भवन - भावन - विलास - अवलंब;
युवकता-युवती का शृंगार,
नवल - यौवन - कल्लोल - कदंब।

मधुरता - सरिता - सरस - प्रवाह,
मोद-मंदिर मौलिक आधार;
लोक-उपचय का प्रबल प्रयोग,
वंश-वर्धन का वर आधार।

युगल उर मिलन मनोरम सूत्र,
परस्पर परिचय का उपचार;
विविध-सुख-भोग - पयोधि-मयंक,
केलि-वीणा का झंकृत तार।

काम-सिर का सेहरा कमनीय,
रति-गले का बहु मोहक हार;
कामना का है मधुर विकास,
विविध-नर-नारी-वैध विहार।

(8)

कमनीय कामना

कांत कामना

ऐ नव-जीवन के जीवन-धन, ऐ अनुरंजन के आधार!
ऐ मंजुलता के अवलंबन, ऐ रसमयता के अवतार!
ऐ उमंगमय मानस के मधु, ऐ तरंगमय चित के चाव!
प्रकृति-कंठ के हार मनोहर, भव-भावुकता के अनुभाव!
ऐ कुसुमाकर, जो भारत को कुसुमित करते हो कर प्यार,
तो जीवन-विहीन में कर दो अभिनव-जीवन का संचार।
मलय-पवन नित मंद-मंद बह करे मंदता मन की दूर;
सौरभ-रहित भाव-भवनों में सरस सुरभि भर दे भरपूर।
कोकिल की काकली सुनावे वह अति कलित अलौकिक गान,
जिससे कुंठित विपुल कंठ में पूरित हो उत्कंठित तान।
भरी मत्तता मोहकता से अलि-कुल की आकुल झंकार;
झंकृत करे अझंकृत मानस, छेड़े हत्तंत्री के तार।
तरु-किसलय की नवल लालिमा भरे लोचनों में अनुराग;
लता-बेलियों के विलास से विलसे अंतर का नव राग।
विकसे-विकसे कुसुम देख हो देश-प्रेम का परम विकास;
जाति-वासनाएँ बन जाएँ सरस वास का वर आवास।
लाली मुख की रखे मुखों पर लग-लग करके लाल गुलाल;
रंजित करे अरंजित जन को आरंजित अबीर का थाल।
रंग बिगड़ता रहे बनाता समय रंग रख-रख कर रंग;
भंग-भंग कर सके न गौरव सुउमंगित हो फाग उमंग।

मुरली की तान

कहलाते हैं हिन्दू-बालक, बनते हैं हिंदू-कुल-काल;
हैं भारत-ललना से लालित, किंतु हैं न भारत के लाल।
रोम-रोम है देश-प्रेममय, रखते हैं न जाति से प्यार;
राजनीति के अनुपम नेता, पर कुनीति के हैं अवतार।
हैं कल-हंस, चाल बक की-सी, हैं कल-कंठ, किंतु हैं काक;
हैं कमनीय कुसुम-से कोमल, किंतु अकोमलता-परिपाक।
हैं गज-दंत-समान द्विविध गति, सुमन-माल-सज्जित हैं नाग;
विष-परिपूरित कनक-कुंभ हैं, वधिक-विपंची के है राग;
हिंदु ललना, लाल लालसा पर अपनी देते है वार;
है काढ़ता कलेजा निजता-प्रियता का नेतापन प्यार।
बात रहे, हठ रहे, रसातल जाय भले ही हिंदू-जाति;
वह खोवे सर्वस्व, किंतु हो मलिन न उनकी निर्मल ख्याति।
पर पग रज कर वहन झोंकते हिंदू आँखों में हैं धूल;
हैं जिसकी छाया में जीवित, हैं उसको करते निर्मूल।
आग लगाता है निज घर में उनका परम निराला नेह;
होती सिंचित कीर्ति-लता है बरसे जाति-रुधिर का मेह।
आकूल हूँ, है हृदय-व्यथित अति कुल-कमलों की गति अवलोक;
कैसे होगा दूर निविड़ तम, क्यों आलोकित होगा लोक।
मनमोहन, विमोह सब हर लो, गा दो जन-मन-मोहन गान;
समय देख सुर-लीन बना लो, फिर छेड़ो मुरली की तान।

वीणा-झंकार

नहीं लुभा लेता है उर को ललिल लयों से पूरित गान;
मोह नहीं मानस लेती है सरस कंठ की सुंदर तान।
अंतर ध्वनित नहीं होता है सुने स्वर्ग ध्वनिमय आलाप,
नहीं अल्प भी मुग्ध बनाता अति मंजुल स्वर-ताल-मिलाप।
मौन हो गई मंजु मुरलिका, टूटे हैं सितार के तार;
बंद हुई-सी है दिखलाती बहती हुई सुधा की धार।
रही नहीं अब वह प्रफुल्लता, रहा नहीं अब वह उत्साह;
नहीं प्रवाहित हो पाता है अब उर में आनंद-प्रवाह।

छिन्न हुआ सुख-सूत्र हमारा, धुला शांति-शिर का सिंदूर;
ज्ञान-नयन की जगतरजिनी ज्योति हुई जाती है दूर।
हुआ भाल का अंक कलंकित बहु अनुकूल काल प्रतिकूल;
भोंक रही हैं चित-आकुलता भावुकता आँखों में धूल।
रहा नहीं अब हृदय वह हृदय, रुद्ध हुई उन्नति की राह;
चाव हो गया चूर, किंतु चिंतित चित को है इतनी चाह।
होवे किसी मंजु वीणा की लोक-चकित-कर वह झंकार,
जिससे हो जावे भारत के जन-जन में जीवन-संचार।

मंगल-कामना

मंगल गान सुर-वधू गावे,
बहु विमुग्ध दिग्वधू दिखावे;
विलस गगन-तल में छवि पावे,
सु-मनस-वृंद सुमन-झर लावे।
विविध-विनोद-वितान विधि-सदन में तने।
समय ललित लीलामय होवे,
काल कलंक-कालिमा धोवे;
रंजन-बीज रजनिकर बोवे,
दिनमणि दिवस-मलिनता खोवे।
छाया हो छविमयी धूप छिति पर छने।
जन-मन-रंजन ऋतु बन जावे,
मधु मधुमयता-मंत्र जगावे;
मंजु वारि वारिद बरसावे,
पवन-प्रवाह सरसता पावे।
सदा सुधा में रहें सुधाकर-कर सने।
सब तरुवर मीठे फल लावें,
ललित लता बेलियाँ लुभावें;
सुमन सकल फूले न समावें,
तृण मुक्ता फल मंजु दिखावें।
विपुल अलौकिक जड़ी विपिन-अवनी जने।

कंचन-प्रसू नगर हों न्यारे,
ग्राम हों प्रकृति-सुकर-सँवारे;
बनें शस्य-श्यामल थल सारे,
सुंदर सरि सर सलिल सहारे।
नगमय हों नग-निकर, रत्न दे खनि खने।
जन-जन सिद्धि-साधना जाने,
हों सब सुजन सुबोध सयाने;
बुद्धि विमुक्ति-महत्ता माने,
विबुध विबुधता-पद पहिचाने।
हितविधायिनी विविध बात जी में ठने।
पूत प्रीति-रस प्रेम पिलावे,
सुमति-सुधा मानस उमगावे;
बंधु-भाव-व्यंजन भा जावे,
मानवता मधु मुग्ध बनावे।
रुचि उपजाएँ रुचिर चरित रुचिकर चने।
उभय लोक वैभव अपनावे,
निर्भय हो भय-भूत भगावे;
मंजुल भाव-भावना भावे,
भव भावुकता-भरित कहावे।
भूरि विभूति-निकेत भरत-भूतल बने।

कामना

विपुल अनुकूल कूल जिसका
है मनोरम मुखरित प्यारा;
जहाँ बहती है सरसा बन
कल्पना - कालिंदी - धारा।
कामना-कुंजें हैं जिसमें,
अधिकतर जो है अनुरंजन;
बसो आकर उसमें मोहन,
हमारा मन है वृंदावन।

(9)

नीति-निचय

मन का

छेड़ता जो कि है जले तन को,
कौन कहता उसे नहीं सनका;
आग के साथ खेलना है यह,
यह पकड़ना है साँप के फन का ।

गिर किसी जल रहे तवे पर वह
क्यों न जल-बूँद की तरह छनका;
जाति में आग जो लगाता है,
क्यों न गोला उसे लगा गन का।

धूल में धाक मिल गई सारी,
है कलेजा कढ़ा बड़प्पन का;
किस तरह ठान ठानती कोई,
जाति-माथा न आज भी ठनका।

छोड़ना एक आन में होगा,
हो भले ही मकान सौ खन का;
आ गई साँस, या नहीं आई,
क्या ठिकाना हवा-भरे तन का।

मेघ की छाँह है, छलावा है,
क्यों किसी को गुमान है धन का;
धूल में मिल गए महल लाखों,
छिन गए राज हो गया 'छन'का।

है जिन्हें पेट की पड़ी, उनको
मिल गया क्या न, फल मिले बन का;

पूछ लें मोल चीटियों से हम
चावलों के गिरे हुए कन का।
भूलते लोग सब रसों को हैं,
जागता भाग है मरे जन का;
हो सकेगी न पूछ अमृत की
मिल गए दूध गाय के थन का।
है सिधाई बहुत भली होती,
है बुरा रंग काइयाँपन का;
साँसतें हों, मगर सता पाएँ,
हम न यह ढंग सीख लें 'संन' का।
फूटने पर जुड़ा नहीं जोड़े,
ठेस थोड़ी लगे बहुत झनका;
क्यों न आँचे सहे, पिटे, टूटे,
ठीक बरताव है न बरतन का।
कौन उसकी रहा न मूठी में
सब कँपा देख रंग अनबन का;
है कहाँ, कौन मिल सका ऐसा,
जो कहा मानता नहीं मन का।

लहर

कलेजा कब चिचोरती नहीं
बन चुड़ैलों-जैसी बद बहू;
दूध जिस मा का पीकर पली,
चूस लेती है उसका लहू।
हाथ से जिसके पल जी सकी,
गोद में जिसकी फूली-फली;
बेतरह लुटता है वह बाप,
छुरी गरदन पर उसकी चली।
सगा भाई-जैसा है कौन,
दबाती है उसका भी गला;

सदा जो अपने माने गए,
सिरों पर उनके आरा चला।
देख आँसू न पसीजी कभी,
लाख हा आँखें फोड़ी गईं;
प्यार से भरी प्यालियाँ बहुत
सितम-हाथों से तोड़ी गईं।
कलेजे कितने कुचले गए,
चाहतें कितनी ही पिस गईं;
फूल-सी खिलती कितनी आस
चुटकियों में उसकी मिस गईं।
छिन गए लाखों मुख के कौर,
पेट कितने ही काटे कटे;
हो गए वे कौड़ी के तीन,
जो न तीनों लोकों में अँटे।
बन गए कितने हीरे-कनी,
कलेजे पत्थर-जैसे हिले;
लगाए उसके लागे लगीं,
लाख हा लोग धूल में मिले।
है सितम, साँसत, पत्थर निरी,
काल साँपिनी, फूटती लवर;
जब मिली, मिली लहू से भरी,
किसी लोभी के मन की लहर।

शांति

प्रबल जिससे हों दानव-वृंद,
अबल पर हो बहु अत्याचार;
कुसुम-कोमल उर होवे बिद्ध,
धरा पर बहे रुधिर की धार।
सूत्र मानवता का हो छिन्न,
सदयता का हो भग्न कपाल;

लुटे सज्जनता का सर्वस्व,
छिने सहृदयता-संचित माल।
हरण हो मानवीय अधिकार,
लोक-बल जिससे होवे लुप्त;
आत्म-गौरव का हो संहार,
सकल जातीय भाव हो सुप्त।
दलित हो भव-जन-पूजित भाव,
अनादृत हों अवनी-अवतंस;
जाति-सुख-कल्प-वृक्ष हो दग्ध,
लोक-हित-नंदन-वन हो ध्वंस।
पाप का होवे तांडव नृत्य,
घरों में हो पैशाचिक कांड;
हो दनुज-अट्टहास की वृद्धि,
विलोड़ित हो जिससे ब्रह्मांड।
है परम दुर्बल चित की वृत्ति,
भ्राँत मन की है भारी भ्राँति;
है अवनि तल अशांति की मूल,
शांति वह कभी नहीं है शांति।

हाहाकार

वज्री के अति प्रबल वज्र-सम
वज्र-हृदय-जन का है काल;
दंडनीय जन के दंडन-हित
है अंतक का दंड कराल।
शूल-प्रदायक प्राणिपुंज को
है शूली का तीव्र त्रिशूल;
चक्र-पाणि के चक्र-तुल्य है
कलि-चक्रांत-निपुण प्रतिकूल।
रक्त-पिपासु रक्त-पान-हित
है काली आरक्त-कृपाण;

लोक-निधन-रत निधन-हेतु है
निधनंजय पिनाक का बाण।
भूतों को सभीत करने को
है भैरव का भैरव नाद;
उसके लिये अशेष शेष-फण
जिसको है विशेष उन्माद।
गरल-मान का अगरलकारी
गरल-कंठ का कंठ महान;
दहन-निपुण दाहन निमित्त है
हर - तृतीय - दृग - दहन - समान।
प्रलय-काल के कुपित भानु-सम
बन-बनकर विकराल-अपार;
दग्ध बनाता है वसुधा को
व्यथित हृदय का हाहाकार।

विबोधन

खुले न खोले नयन, कमल फूले, खग बोले;
आकुल अलि-कुल उड़े, लता-तरु-पल्लव डोले।
रुचिर रंग में रँगी उमगती ऊषा आई;
हँसी दिग्वधू, लसी गगन में ललित लुनाई।
दूब लहलही हुई पहन मोती की माला;
तिमिर तिरोहित हुए, फैलने लगा उँजाला।
मलिन रजनिपति हुआ कलुष रजनी के भागे;
रंजित हो अनुराग-राग से रवि अनुरागे।
कर सजीवता दान बही नव-जीवन-धारा;
बना ज्योतिमय ज्योति-हीन जन-लोचन-तारा।
दूर हुआ अवसाद गात गत जड़ता भागी।
बाह कार्य का स्रोत, अवनि की जनता जागी
निज मधुर उक्ति वर विभा से है उर-तिमिर भगा रही;
जागो-जागो भारत-सुअन, है जग-जननि जगा रही।

भारत के नवयुवक

जाति-धन, प्रिय नव-युवक-समूह,
विमल मानस के मंजु मराल;
देश के परम मनोरम रत्न,
ललित भारत-ललना के लाल।
लोक की लाखों आँखें आज
लगी हैं तुम लोगों की ओर;
भरी उनमें है करुणा भूरि,
लालसामय है ललकित कोर।
उठो, लो आँखें अपनी खोल,
बिलोको अवनी-तल का हाल;
अनालोकित में भर आलोक,
करो कमनीय कलंकित भाल।
भरे उर में जो अभिनव ओज,
सुना दो वह सुंदर झनकार;
ध्वनित हो जिससे मानस-यंत्र,
छेड़ दो उस तंत्री का तार।
रगों में बिजली जावे दौड़,
जगे भारत-भूतल का भाग;
प्रभावित धुन से हो भरपूर,
उमग गाओ वह रोचक राग।
हो सके जिससे सुगठित जाति,
सुकंठों में गूँजे वह तान;
भाव जिसमें हों भरे सजीव,
करो ऐसे गीतों का गान।
कर विपुल-साहस वजू-प्रहार—
विफलता-गिरि को कर दो चूर;
जगा दो सफल साधना-ज्योति,
विविध बाधा-तम कर दो दूर।
गगन में जा, भूतल में घूम,
निकालो कार्य-सिद्धि की राह;

अचल को विचलित कर दो भूरि,
रोक दो वारिधि-वारि-प्रवाह।
धूल में क्यों मिलती है धाक,
बचा लो बची-बचाई आन;
मचा दो दोष-दलन की धूम,
मसल दो दुख को मशक-समान।
लाभ-हित देश-प्रेम-रवि-ज्योति
आँख लो निज भावों की खोल;
त्याग करके निजता-अभिमान,
जाति-ममता का समझो मोल।
देश के हित निज-जाति-निमित्त
अतुल हो तुम लोगों का त्याग;
अवनि-जन-अनुरंजन के हेतु
बनो तुम मूर्तिमान अनुराग।
अनाथों के कहलाओ नाथ,
हरो अबला जन-दुख अविलंब;
सबलता करो जाति को दान
अबल जन के होकर अवलंब।
बनो असहायों के सर्वस्व,
अबुध जन की अनुपम अनुभूति।
वृद्ध जन के लोचन की ज्योति,
अकिंचन जन की विपुल विभूति।
सरस रुचि रुचिर कंठ के हार,
सुजीवन - नव - घन - मत्त - मयूर;
लोक-भावुकता तन-शृंगार,
सुजनता - भव्य - भाल - सिंदूर।
भरो भूतल में कीर्ति-कलाप
दिखा भारत-जननी से प्यार;
करो पूजन उनका पद-कंज
बना सुरभित सुमनों का हार।

(10)

मर्म-वेध

देश

सबल हो लिबरल हैं बलहील,
अहित को है हित-भाव प्रदत्त;
पान कर मनमानापन-मदक
स्वराजी हैं नितांत मदमत्त।

सुनाते हैं स्वतंत्रता-तान,
किन्तु हैं कहाँ स्वतंत्र स्वतंत्र ;
छेड़ते हैं हृत्तंत्री-तार
अन्य दल भूल जाति-हित-मंत्र।

बहुत ही है अनेकता-प्यार,
एकता पर है सारा कोप;
सभाएँ जाति-जाति की बनीं,
हुआ जातीय भाव का लोप।

फूट से फटे आज भी नहीं,
बढ़ रहा है दिन-दिन यह रोग;
मिटाना जाति-पाँति है, मगर
उसी पर मर मिटते हैं लोग।

कपट है पोर-पोर में भरा,
अधम का काम, साधु का वेश;
सभी हैं अहंभाव में मस्त,
कलह का क्रीडा-थल है देश।

हृदय-वेदना

कहाँ वह सरस वसंत रहा,
जो देता था भारत-भू में रस का सोत बहा।
पलाशों की बिलोक लाली
लहू आँखों में है आता;
देख उसमें का कालापन
दोष अपना है खल जाता।
दिल दहलाता है लोहू से दाड़िम-सुमन नहा।
अलि-अवलि का मतवालापन
मलिन कर देता है मानस;
याद वह बहु मद है होता,
सरस में रहा न जिससे रस।
सुन विधवा-विलाप कोकिल-रव जाता है न सहा।
मंद चल-चल कर मलय-पवन
मंदता है वह बतलाती;
जो विपुल कुल-बालाओं पर
बलाएँ नित नव है लाती।
है मधूक-दल विकल बनाता हो रुधिराभ महा।
बहुलता नाना कल-छल की
विदित करती है कुसुमावलि;
कलह है किसलय-सम उपचित,
हुई जिस पर विरुदावलि बलि।
कब मुँह खोल जाति-कलंकों को कलिका ने न कहा।
परम असरस फल-पुंज-जनक
सेमलों के कमनीय सुमन—
देश की नीरसता बतला
बनाते हैं बहु आकुल मन।
चित-अनुताप-अधम तम ने है उमग मयंक गहा।

सूखा रंग

लाल-लाल कोंपल से तरुवर वैसे ही होते हैं लाल;
ललित विविध सुमनों से सज्जित वैसी ही होती है डाल।
पावक-सम अरुणाभ फूल से बनते हैं कमनीय अनार;
वैसे ही लोहित कुसुमों से विलसित होता है कचनार।
सेमल वैसे ही लसते हैं, वैसे ही हैं ललित पलास;
वैसे ही पल्लव-कुल में है लोक-लालिमा मंजु विलास।
किन्तु होलिके! तब मुख-लाली अब वैसी है नही रसाल;
वह गुलाल का चाव नहीं है, गाल है न वैसा ही लाल।
रंग-भरी तू है न दिखाती, है न अबीर-भरी तू आज।
पहले-जैसा है न दिखाता लाल रंग में डूबा साज।
है न गगन-तल रंजित होता, हैं न खेलते तारक फाग;
अवनी-तल का सारा रज-कण बना न मूर्तिमान अनुराग।
क्या है कोई हृदय-वेदना किंवा कोई अंतर्दाह;
अथवा म्लान तुझे करता है क्रूर काल प्रतिकूल प्रवाह।
क्या भारत में अब न कभी आवेगा वह अति मंजुल वार;
जिस दिन तेरा विभव पूर्ववत दिखलावेगा लसित अपार।

अंतर्दाह

किसलिये टूटी कितनी आस,
हुआ क्यों सुख में दुख का वास;
बतला दे होलिके! कहाँ वह गया मनोहर हास।
किसी का छिना भाल-सिंदूर,
किसी का टूटा सुंदर हार;
किसी का गया सुधा-सर सूख,
किसी का लुटा स्वर्ण-संसार।
क्या इससे ही भूल गई तू अपना सरस विलास।
नेत्र कितने हैं ज्योति-विहीन,
उरों से बही रुधिर की धार;

सरस भावों के मंजुल कंज
जल गए पड़े प्रपंच-तुषार।
इसीलिये क्या नहीं हो सका तेरा ललित विकास।
लालसाएँ हो चली विलीन,
रसातल है जा रही उमंग;
पड़ा रसमय रुचियों का काल,
है लहू-भरी विनोद-तरंग।
कैसे तो न लुप्त हो जाता तेरा नव-उल्लास।
बन गया है हित के प्रतिकूल
परम विकराल काल का कोप;
जाति-जीवन है विदलित प्राय,
हुआ जातीय भाव का लोप।
कैसे तो न धूल में मिलता सुख-कल्पित-कैलास।

अंतर्नाद

कहाँ गई मुखड़े की लाली,
किसने छीनी छटा निराली;
पीला क्यों पड़ गया होलिके! तेरा गोरा गाल।
नभ-तल में, छविमय छिति-तल में
सदा सरस रस रहा छलकता;
देख लोक में ललित लुनाई
किसका लोचन था न ललकता।
तेरे लिये हुआ क्यों इतना अकलित काल कराल।
तेरी केलि विपुल लीलामय
देख लोक-लालसा लुभाती;
तेरी हास-विलास-मत्तता
थी विमुग्धता को ललचाती।
कहाँ गया वह विभव, लुटा क्यों वह रत्नों का थाल।
कलकंठी की कलित कंठता
क्यों है कुंठित होती जाती;

क्यों कितनी सुकुमार कलाएँ
रज में हैं लुंठित दिखलाती।
किया कलंकित किस कठोर ने अति कमनीय कपाल।
जिसका परम मनोहर सौरभ
सुरभित सारी दिशा बनाता;
जिस पर विलसित सुरसिक अलि-कुल
कर रस-पान मुग्ध दिखलाता।
कैसे टूटी वही नव-कलित कंठ-विलंबित माल।

मनोवेदना

चिर दिन से आँखें आकुल हो लालायित हैं मेरी;
भारत-जननि, नहीं अवलोकी कांति अलौकिक तेरी।
वर विकासमय वारिज के सम विकसित बदन न देखा;
चारु अधर पर नहीं बिलोकी रुचिर हँसी की रेखा।
कहाँ गई वह रूप-माधुरी, जो थी मुग्ध बनाती;
कहाँ गई वह भाव-मंजुता, जो भव-विभव कहाती।
कहाँ गई वह कला-चातुरी लोक चकित कर चोखी;
कहाँ गई वह गौरव-गरिमा जग-रंजिनी अनोखी।
क्यों तू है अवसन्न, दिखाती क्यों बहुचिंतित तू है;
क्यों परमाकुल नयन-युगल से आँसू पड़ता चू है।
बहु आलोकित होते भी क्यों तिमिर-भरित है काया;
क्यों महान मानस-नभ गें है मोह-निविड़-घन-छाया।
अपने बहु कपूत पूतों की देख अपार कपूती;
बनी बिलोक जाति-ममता को कामुकता की दूती।
अवलोकन करके कुलीन को कुल-कलंक उत्पाती;
क्या तू छन-छन छीज रही है छिले-छत-भरित छाती।
घर-घर कलह-वैर है फैला, जन-जन है मदमााता;
मनमानी की मची धूम है, टूट रहा है नाता।
नए-नए नाना विचार में कपटाचार समाया;
जो लोचन हैं ज्योति-निकेतन, उन पर तम है छाया।

पावन प्रेम-पंथ को तजकर प्रेमिकता से ऊबी;
लोक-ललाम भूत-ललना है लोलुपता में डूबी।
है विलास-वासना लुभाती, अहंभाव है भाता;
नारि-धर्म को त्याग-रहित है समता-भाव बनाता।
देव-भवन में देव-भाव का है अभाव दिखलाता;
सुर-दुर्लभ-संपति-सुमेर है सदा छीजता जाता।
सूख रहा है सुधा-सरोवर, स्वर्ग ध्वंस है होता;
रत्नाकर निज अंक-विराजित रत्न-राजि है खोता।
सहनशीलता कायर की कायरता है कहलाती;
चित की दुर्बलता दयालुता बन है आदर पाती।,
सकल कुटिलता गई, कल्पना राजनीति की मानी;
बहुवंचकता चरम चतुरता की है चारु कहानी।
रहा न धर्म, धर्म-आडंबर ही है धर्म कहाता;
जन मयंक छूने को वामन होकर है ललचाता;
नरक-वास कर लोग बात हैं सुरपुर की बतलाते;
हैं नंदन-वन-पथिक, किंतु हैं चले रसातल जाते।
क्या इन बातों को विचार तू प्रतिदिन है कुम्हलाती;
शोच-विवश ही कलित कांति क्या मलिन बनी है जाती।
कब तक जाएगा जगवंदिनि,यह महान दुख भोगा;
क्या अब नहीं सुदिन आवेगें, स्वर्ण-सुयोग न होगा।

प्रलाप

विजयिनी बनती हो, तो बनो,
किसे है यहाँ विजय से काम
वेदना है रग-रग में भरी,
कलप हैं रहे कलेजा थाम।
गर्व गत गौरव का क्यों करे,
हम रहे हैं रौरव-दुख भोग;
फफोलों से है छाती भरी,
उपजते नए-नए हैं रोग।

उमंगें कैसे उसमें भरें,
दूर उसका हो कैसे खेद;
कलेजा जिसका छलनी बना,
हुआ जिसकी छाती में छेद।
वीरता-वैभव को अवलोक
करें वे क्या, जो बने विरक्त;
न जिनमें है जीवन का नाम,
न जिनकी धमनी में है रक्त।
किस तरह वे समझें यह भेद—
है न हिंसक की हिंसा पाप;
काँपते है थर-थर जो लोग
समझ करके रस्सी को साँप।
रो रहे है, रोने दो, हमें
नहीं भाता है हास-विलास;
हटो, क्या करें तुम्हें लेकर?
कौन हो, क्यों आई हो पास?

अंतर्वेदना

किसलिये आई हो तुम आज,
चित व्यथित हुआ तुम्हें अवलोक;
हो गए पूर्व विभव की याद,
भर गया अंतस्तल में शोक।
जहाँ बहता था रस का सोत,
वहाँ है बरस रहा अंगार;
बन गया परम भयंकर व्याल
गले का कलित कुसुम का हार।
वहाँ अब छाया है तम तोम,
जहाँ था लसित ललित आलोक;
सकल आलय है भरित विषाद,
कलह-कोलाहल मय है लोक।

दिखाता नहीं शांति-मुख मंजु,
विकलता छाई है सब ओर;
सुखों पर होता है पवि-पात,
घहरता है आपद-घन घोर।

दश दिशा में जय-केतु-समान
रहे फैले जिसके दश हाथ;
सहचरी जिसकी थी सब काल
'इंदिरा' हंसवाहना साथ।

बसे जिसके ढिग मंगल-मूर्ति
देव-सेनापति-सहित सदैव;
भूति वह हुई प्रभाव-विहीन,
हो गया परम प्रबल दुदैव।

हमारी सिंहवाहिना शक्ति
आज सोई है पाँव पसार;
सुनाता है नभ-तल को वेध
विपुल - आकुल - जन - हाहाकार।

किसलिये लें न कलेजा थाम,
तुम्हें क्या दें विजये, उपहार;
हो गए हैं छाती में छेद,
नयन से बहती है जल-धार।

करुण दशा

घर-घर ग्राम-ग्राम नगरों में भर जावेगा भूरि प्रकाश;
विभा बढ़ेगी, तो भी होगा क्या भारत-भूतल-तम-नाश?
अगणित दीपावलि चमकेगी, चमक उठेगा चारु दिगंत;
तो भी क्या तामस मानस के तमो भाव का होगा अंत?
आलोकित कर सकल थलों को सफलित होवेगा आलोक;
तो भी क्या तम-वलित विलोचन सकेंगे स्वहित वदन विलोक।
जहाँ तहाँ कोने-कोने में जग जाएगी ज्योति अपार;
तो भी क्या विमुक्त होवेगा अंधकार-अवरोधित द्वार।

बड़ी व्यथामय ये बातें हैं, कैसे होवेगा निस्तार;
दीपमालिके, कर पावेगी क्या तू इसका कुछ प्रतिकार?
रक्त-सिक्त क्यों उत्सव होवे, क्षत-विक्षत क्यों हो सुख-पुंज;
हो विदलित बहु म्लान बने क्यों परम मनोरम शांति-निकुंज।
क्या जन-करुण दशा अवलोके तू न कलेजा लेगी थाम;
मलिन क्या नहीं बन जावेगा तेरा आनन लोक-ललाम?
व्यथित हो रहा हूँ, आएँगे क्या अब नहीं मनोहर बार;
वैसा फिर न चमक पावेगा क्या भारत का भव्य लिलार?

परिवर्तन

(1)

टपकता ही रहता है क्यों,
पड़ा कैसे दिल में छाला;
उँजेले में क्यों रहता है
सामने दृग के अँधियाला?
फूल खिल-खिल हँस-हँस करके
लुभा लेते थे दिल मेरा;
आँख उन पर पड़ते ही क्यों
दुखों ने मुझको आ घेरा?
महँकती हवा पास आए
थिरकने लगती थीं चाहें;
अहह! उसके आते ही क्यों
आज निकलीं मुँह से आहें?
कली का मुँह जब खुल जाता,
बड़ी प्यारी बातें कहती;
रंगतें बदलीं, तो बदली,
किसलिये है वह चुप रहती?
देखकर फूली लतिकाएँ
ललचती रहती थीं ललकें;

उन्हें अवलोकन कर अब तो
उठ नहीं पाती हैं पलकें!

प्यार मैं करती चिड़ियों को,
गले से गला मिला गाती;
उन्हीं का मीठा गाना सुन
क्यों धड़क उठती है छाती?

बहुत आँखें सुख पाती थीं
देख अलि को देते फेरी;
आज उनके अवलोके क्यों
फूटती हैं आँखें मेरी?

दिन रहे कितने चमकीले,
रात भी कालापन खोती;
भर गया क्यों अब उनमें तम,
आग क्यों रजनी है बोती?

क्यों नहीं पहले ही का-सा
लहर में सुख की बहता है;
किसलिये किस उलझन में पड़
जी उड़ा मेरा रहता है?

खिले फूलों-जैसा जो था,
हुआ कैसे काँटा वह तन;
आँख जलती है जल बरसे,
हो गया कैसा परिवर्तन?

(2)

भरा आँखों में था जादू,
हँसी होठों पर थी रहती;
बात टूटी-फूटी कहते,
किन्तु रस-धारा-सी बहती।

गोद में बैठे रहते थे,
लोग थे मुँह चूमा करते;
स्वर्ग था तब घर बन जाता
जब कभी किलकारी भरते।

बलाएँ माता लेती थी,
पिता मुझ पर बल-बल जाता।
दूसरे लोगों के मुँह से
प्यार का पुतला कहलाता।

जिधर आँखें मेरी फिरतीं,
समा न्यारा पाया जाता;
लबालब रस का प्याला भर
छलकता ही था दिखलाता।

गए जब ये दिन, तब मैंने
अजब अलबेलापन पाया;
चाँद-जैसा मुखड़ा चमका
बनी कुंदन की-सी काया।
उमंगें उठी बादलों-सी,
तरंगें लगीं रंग लाने;
हुई मिट्टी छूते सोना,
रस लगे मिलने मनमाने।

चाहतें कितने लोगों की
पिरोती थीं हित के मोती;
रीझती मुँह देखे दुनिया,
निछावर परियाँ थीं होती।

सामने सुख-निधि लहराता,
हाथ आ जाता था पारस;
कारबन में मिलता हीरा,
कब कहाँ जाता हुन न बरस?

हुए क्या ऐसे सुंदर दिन,
काल ने मुझको क्यों लूटा;
किसलिये सारा तन सूखा,
पक गए बाल, दाँत टूटा।

बात सुन कान नहीं सकता,
आँख की जोत रही जाती;
बेतरह जी घबराता है,
रात में नींद नहीं आती।

पाँव कँपता ही रहता है,
हाथ में हाथ नहीं अपना;
नहीं मन मन की कर पाता,
हो गया तन का सुख सपना।

बात क्या बाहरवालों की,
नहीं सुनते हैं घरवाले;
बात ऐसी कह देते हैं,
पड़ें जिससे दिल में छाले।

न लड़के-बाले हैं अपने,
न अपना धन है अपना धन;
समय भी रहा नहीं अपना;
हो गया कैसा परिवर्तन?

विजयागमन

आती हो प्रतिवर्ष दिखा जाती हो गरिमा;
भर जाती हो मुग्ध मनों में महा मधुरिमा।
कितनी ही कमनीय कलाएँ हो कर जाती;
विविध जीवनी शक्ति जाति में हो भर पाती।
किन्तु आज भी जाग न पाई भारत-जनता;
है इतनी बल-हीन, कुछ नहीं करते बनता।
चलती है वह चाल, पतन है जिससे होता;
गेह-गेह में कलह-बीज जन-जन है बोता।
गरल-हृदय हैं परम-मधुर-मुख बने दिखाते;
जल-सेचन-रत जहाँ, तहाँ है आग लगाते।
ले सुधार का नाम लोग है काँटे बोते;
पथ में लंबी तान लोक-नेता हैं सोते।
देश-प्रेम की लगन किसे सच्ची लग पाई;
कौन कर सका सत्य भाव से देश-भलाई।
देखा आँखें खोल कहाँ मिल सका उजाला;
घर-घर में है भरा हुआ अब भी अँधियाला।

क्या दिगंतव्यापिनी कीर्ति फिर फैलाएगा?
उसका गौरव-गीत क्या जगत फिर गाएगा?
पूर्व विभव कर लाभ क्या पुनः प्रबल बनेगा?
विजये, क्या फिर विजय-माल भारत पहनेगा?

(11)

मर्म-स्पर्श

प्रेम-परख

(1)

प्रेम-धन से पुनीत प्रेम न कर
जो बनी प्रेम-रंकिनी है वह,
तो लगेंगे कलंक क्यों न उसे,
कामिनी-कुल-कलंकिनी है वह।

है अहंभाव प्रेम का बाधक,
वह नहीं प्रेम-बीज है बोता;
ऊबता प्रेम है बनावट से,
प्रेम है प्रेम के लिए होता।

तब कहाँ प्यार-रंग चढ़ पाया,
जब कि है नित्य ही लगा हम-तुम;
है कपट-कीट जो समाया, तो
है किसी काम का न प्रेम-कुसुम।

व्यर्थ फूली रही, मिला फल क्या?
बन किसी आँख की गई फूली;
आपको जो न भूल पाई, तो
प्रेम कर प्रेमिका बहुत भूली।

प्रेम कर प्रेमदेव-हाथ बिके,
प्रेम-पथ-सूत्र है यही पहला;
जो निबाहे न प्रेम निबाहा तो,
क्यों करे प्रेम प्रेमिका अबला।

हृदय-दान

(2)

रंग लाती दुई जहाँ पर है,
है वहाँ एकता-निवास कहाँ;
गाँस की फाँस है अगर जी में,
तो रही प्रेम में मिठास कहाँ?
जो नहीं है सनेह से चिकनी,
जो न उसमें हृदय-विकास मिले;
आग लग जाय तो लुनाई में,
धूल में बात की मिठास मिले।
चाह-विष-बेलि जब बला लाई,
क्यों न तब सुख त्याग-तरु जाता;
पास समता-विचार-पादप के
प्रेम-पौधा पनप नहीं पाता।
क्यों न अनुराग तो सहे आँचें,
क्यों न तो पूत प्रीति रुचि जलती;

बिना प्रेम में पगे बही कब रस की धारा;
कल्पलता-सम फलद बना कब जीवन धारा।
अहंभाव के तजे स्वरुचि-ममता के छोड़े;
गृह बनता है स्वर्ग स्वार्थ से नाता तोड़े।
जहाँ प्रीति के साथ विमल मानस है रहता;
वहाँ सदा है मोद-मंद-मलयानिल बहता।
यह जाने सुख-पेज सुमन से गई सजाई;
नंदन-बन-सी छटा सकल छिति तल गें छाई।
विभु विभूति से भरी भाव-भव-तिय का भाया;
किए हृदय का दान हृदय प्रियतम का पाया।

वितर्क

किंशुक की लालिमा कालिमा से न बची है;
कलित - काकलीमयी कलमुँही गई रची है।

रसिक-प्रवर रसलीन परम-प्रेमिक है, तो भी;
मधुकर है मद-मत्त महा-चंचल मधु-लोभी।
लाल-लाल कमनीय-कुसुम-कुल-शोभित सेमल;
लाता है रस-हीन बिहग वंचक अरुचिर फल।
सरस मंद-गति मधुर-मलय-मारुत है होता;
किंतु मदन-आवेग-बीज उर में हैं बोता।
चंद-चाँदनी चमक-दमक है चारु दिखाती;
पर बिधुरा को बार-बार है व्यथित बनाती।
है कुसुमाकर रस-निकेत नव-जीवन-दाता;
किंतु है महा मत्त रुज भवन मोह-विधाता।
यह क्या है? क्या है विधि अविधि? या विधान स्वाधीनता;
अथवा गुण-अवगुण गहनता या भव-अनुभव-हीनता।

कुल-ललना

आँख में लज्जा हो ऐसी,
फाड़ जो परदों को फेंके;
राह जो बुरे तेवरों की
पहाड़ी घाटी बन छेंके।

चाँद-सा मुखड़ा ऐसा हो,
न जि पर हों धब्बे काले;
चाँदनी उससे वह छिटके,
सुधा जो वसुधा पर ढाले।

हँसे, तो वह बिजली चमके,
गिरे जो पापी के सर पर;
बहे उससे वह रस - धारा,
करे जो खुलती आँखें तर।

कान सीपों-जैसे सुंदर;
मैल से सदा रहें डरते;
बड़ी ही सुंदर बातों के
मोतियों से होवें भरते।

हिलाएँ जो वे होठों को,
फूल तो मुँह से झड़ पावे;
रहे जिसमें ऐसी रंगत,
काठ उकठा भी फल लावे।

कलेजा उनका कमलों - सा
खुले में खिले रंग लावे;
दिशा जिससे मह - मह महके,
रमा जिसमें घर कर पावे।

रहे जी में सब दिन बहती
देश-ममता की वह धारा;
वेग से जिसके बह जावे
जमा कूड़ा-करकट सारा।

लगे निजता इतनी मीठी,
परायापन इतना कड़वा
कि जिससे ग्लास काँच के ले
न फेकें गंगा-जल-गड़वा।

अलग जो कर दे पय पानी,
हंस की-सी वे चालें चलें;
जहाँ अँधियाला दिखलावे,
वहाँ पर दीपक जैसी बलें।

सदा अपने हाथों में ले
लोक-हित-फूलों की डाली;
कुलवती ललनाएँ रख लें
लाल के मुखड़े की लाली।

शक्ति

प्रेम का वह अनुपम उद्यान,
जहाँ थे भाव-कुसुम कमनीय,
सुरभि थी जिसकी भुवन-विभूति,
मंजुता भव-जन-अनुभवनीय,

हो रहा है वह क्यों छवि-हीन,
छिना क्यों उसका सरस विकास;
बना क्यों अमनोरंजन-हेतु
विमोहक उसका विविध विलास?

रहा जो मानस-शुचिता-धाम,
रहे बहते जिसमें रस-सोत,
मिले जिसमें मोती अनमोल,
भर रहे हैं क्यों उसमें पोत?

वचन जो करते बहुत विमुग्ध,
सुधा-रस का था जिसमें वास,
मिल रहा है क्यों उसमें नित्य
अवांछित असरसता-आभास?

सरलता - मृदुता - मंजुल - बेलि,
हृदय-रंजन था जिसका रंग;
बन रही है किसलिये अकांत
मंजु-मन मधु-ऋतु का तज संग।

हो गई गरल-वलित क्यों आज
सुधा-सिंचित सुंदर अनुरक्ति;
बनी क्यों कुसुम-समान कठोर
कुसुम-जैसी कोमलतम शक्ति।

परिवर्तन

वासनाएँ होवें सुरभित,
कामनाएँ हों मंजुलतम;
भावनाएँ हों भाव-भरित,
कल्पनाएँ हों कुसुमोपम।

कमल-मुख सदा मिले विकसित,
कालिमा लगे न कुम्हलाए;
नयन रस-भरे रहें, मोती
बूँद आँसू की बन जाए।

हँसी बिजली-जैसी चमके,
किन्तु सरसे हो रस-धारा;
दाँत कोई क्यों गड़ जाए
बने मोती-जैसा प्यारा।
भुज क्यों पाश रहे बनती,
ललित लतिका-सी कहलावे;
रहे माखन-सा मृदुल हृदय,
कभी पत्थर क्यों हो जावे।
पिता जो है सुर-सरिता का,
चाल पापी वह न चले;
पाँव सरसीरुह-सा कहला
क्यों कलेजा कोई कुचले।
बने नवनी-सा पवि मानस,
सुधा-रस-पूरित पावक तन;
लगें काँटे कुसुमों-जैसे,
प्रभो, ऐसा हो परिवर्तत।

सहेली

तो मानवता-वदन विकच किस भाँति मिलेगा,
सुमतिदायिनी मति जो बनती है मतवाली;
कैसे तो न अमंजु मंजु मानसता होगी,
जो मायामय बने मधुरतम मानसवाली।
तो कैसे सिर सकल सरस साधें न धुनेंगी,
सुख विधानियनी जो विधान सुविधा न बरेगी;
हित-तरु हो पल्लवित फल-प्रसू कैसे होगा,
परम हितरता अहित-बीज जो वपन करेगी।
तो दृग-जल से सिक्त क्यों न सहृदयता होगी,
परम सहृदया हृदय-हीन जो हो जाएगी;
किसका वदन विलोक सदयता दिन बीतेंगे,
दयामयी जो दया-हीनता दिखलाएगी।

कैसे तो न अपूत प्रीति-पावनता होगी,
जो जीवन-सहचरी नीति बन जाय पहेली;
कैसे तो न प्रतीति-रहित वसुधातल होगा,
जो बतलाती रहे सुरा को सुधा सहेली।

(12)

संजीवन रस

सफलता-सूत्र

दूर कर अवनी-तल-तम-तोम,
तमी-तामस का कर संहार;
दलन कर दानव-दल का व्यूह
भानु करता है प्रभा-प्रसार।
प्रतिदिवस कला-हानि अवलोक
कलानिधि होता नहीं सशंक;
समय पर सकल कला कर लाभ
सरस करता है भूतल-अंक।
वायु से ताड़ित हो बहु बार
टला कब वारिवाह गंभीर;
सघनता कर संचय सब काल
बरसता है वसुधा पर नीर।
विटप-कुल होकर पत्र-विहीन,
बना कुसुमाकर को अनुकूल;
पुनः पाता है बहु कमनीय
नवल, श्यामल दल औ' फल-फूल।
शोक हर शोकित-लोक अशोक,
सहन कर ललना-पाद-प्रहार;
पहनता है तज अविकच भाव
विकच सुमनों का सुन्दर हार।
धीर धर, ले धरती अवलंब,
अधिक नुच कट-छँटकर बहु बार,

पद-दलित प्रतिदिन हो-हो दूब
पनपती है रख पानिप-प्यार।
कुसुम-तरु-कंटक को अवलोक
समाकुल होता नहीं मिलिंद;
सफलता पाता है सब काल
छिन्न हो कदली-पादप-वृंद।
टले है करतब हिम बल देख
विघ्न-बाधा कृमि-कुल का व्यूह;
सहमता है पौरुष-तम देख
विफलता गृह-मक्षिका-समूह।
हुई जिसको अवगत यह बात,
सका यह मर्म मनुज जो जान,
मिली जिसको अनुभूति-विभूति,
हुआ जिसको भव-हित का ज्ञान।
सजाने को जीवन कल-कंठ
कर सुयश-सौरभ का विस्तार;
वही ले साहस-सुमन-समूह
सफलता का गूँधेगा हार।

सफल लोक

विकसित, कुसुमित लता कंटकित है दिखलाती;
रुधिर-रहित है नहीं पूत पय-पूरित छाती।
रस से भरे रसाल-मध्य हैं बीए होते,
मिले कहाँ मल-हीन सलिल के सुंदर सोते।
सुख-दुख का है साथ, तेज-तम मिले हुए हैं;
कीच बीच कमनीय कमल-कुल खिले हुए हैं।
तिमिरमयी रजनी प्रभात-आभा है लाती;
पा वसंत रस-हीन तरु-लता है सरसाती।
नियति नियम है यही, यही विधि की है लीला;
नव-नव-केलि-कला-निकेत है नभतल नीला।

सफल लोक है वही, काल-गति जो अवलोके;
रखे न प्रिय फल-चाह बीज विष-तरु के बोके।
कभी कुलिश हो, कभी कुसुम-कोमल बन जावे,
विधु-सा मधुर विकास, तपन-सा ताप दिखावे।
वारिधि-सा गंभीर, धीर मर्यादित होवे;
सुरसरि-सलिल-समान मलिन मानव-मल धोवे।
मानस होवे सकल गौरवित गुण-तरु-थाला;
उर पर विलसे रुचिर नीति-सुमनावलि-माला।
इस रहस्य को जान बन प्रकृति-देवि-उपासी;
हों प्रवास-सुख-सुखित प्रवासी भारतवासी।

युवक

जाति - आशा - निशि-मंजु-मयंक,
कामना - लतिका - कुसुम - कलाप;
युवक है लोक-कालिमा-काल,
देश - कमनीय - कंठ - आलाप।
जगाता है नव-जीवन-ज्योति
राग-आरंजित जिसका गात;
लोक-लोचन का है जो ओक,
युवक है वह भव-भव्य-प्रभात।
सुमनता है जिसकी स्वर्गीय,
सफलता वसुधा-सिद्धि-विधान,
मिली जिसमें मोहकता दिव्य
युवक है वह महान उद्यान।
बने महिमा-मंडित अवनीप
दे जिसे स्व-मुकुट-मंडन-मान;
अचल है जिसकी अंतर्ज्योति,
युवक है वह महि-रत्न महान।
बहा वसुधा पर सुधा-प्रवाह,
बन सका जो मंडन भव शीश;

तिमिर में भरता है जो भूति,
युवक है वह राका-रजनीश।
ललित लय जिसकी है प्रलयाग्नि,
या परम-द्रवण-शील-नवनीत;
भरित है जिसमें विजयोल्लास,
युवक है वह स्वदेश-संगीत।
नरक जिससे बनता है स्वर्ग,
मरु महीतल नंदन-उद्यान;
कल्पतरु-सम कमनीय करील,
युपक है वह अनुभूत विधान।
प्रबल है जिसका हृदयोल्लास
उदधि - उत्ताल - तरंग - समान;
पवि-पतन है जिसका विक्षोभ,
युवक है वह प्रचंड उत्थान।
दग्ध कर शिर पर पड़ उर वेध
दुर्जनों का करता है अंत;
भयंकर प्रलय-भानु, यम-दंड,
युवक है काल-सर्प-विष-दंत।
प्रलय-पावक का प्रबल प्रकोप,
अग्नि-गिरि का ज्वलंत उद्गर;
त्रिलोचन - अनल-वमन-रत-नेत्र,
युवक है मूर्तिमंत संहार।

(13)

जीवन-संग्राम

जीवन-रण-नाद

सभी चाहता है कि चमके सितारा;
रहे सब जगह रंग रहता हमारा।
पलक मारते काम हो जाय सारा;
जगे भाग का सब दिनों हो सहारा।
सँवरता रहे घर सुखों के सहारे;
रहें फूल बनते दहकते अँगारे।
किसे है नहीं चाह, आराम पाएँ;
उमंगों-भरे जीत के गीत गाएँ।
बड़ी धूम से धाक अपनी बँधाएँ;
बड़े घाघ को उँगलियों पर नचाएँ।
खिले फूल-जैसा खिलें, रंग लाएँ;
अँधेरे घरों में चमकते दिखाएँ।
मगर चाह से कुछ कभी है न होता;
अगर कोई अपनी कसर है न खोता।
फलों से न वह किस तरह हाथ धोता;
रहा बीज को जो कि ऊसर में बोता।
नहीं काम है लगन जिसमें पाती,
कमाई उसे है अँगूठा दिखाती।
बड़े दिन-ब-दिन जो बने जा रहे हैं,
अमन-चैन के गीत जो गा रहे हैं,
हुनर से भरे जो कि दिखला रहे हैं,
जिन्हें आज फूला-फला पा रहे हैं,

बड़े-से-बड़े काम करके हैं छोड़े;
उन्होंने उचक करके तारे हैं तोड़े।
पसीना गिरे जो कि लोहू गिरावें;
पड़े काम सर को गँवा काम आवें।
कहा जाय जो कुछ, वही कर दिखावें;
समय आ गए जान पर खेल जावें।
बता दीजिए, हममें कितने हैं ऐसे;
भला फिर नहीं खायँगे मुँह की कैसे?
सदा आँख के सामने हो उजाला;
बने बात बिगड़ी रहे बोलबाला।
सगें हों सगे, हो भरा प्यार-प्याला;
खुले खोलने से सभी बंद ताला।
यही धुन है, पर हाथ में है न ताली;
रहेगी भला किस तरह मुँह की लाली।
रुके काम आकाश में दौड़ जावें;
लगा ठोकरें पर्वतों को गिरावें।
वनों को खँगालें, धरा को हिलावें;
उतरकर समुद्रों में हल-चल मचावें।
न जब रह गए जाति में वीर ऐसे;
रसातल चले जायँगे तब न कैसे?
कभी भाग ऐसा हमारा न फूटा;
गया घर कभी यों किसी का न लूटा।
कभी इस तरह जाति का सिर न टूटा;
कभी साथियों का न यों साथ छूटा।
मगर आज भी आँख है खुल न पाती;
न फटती दिखाती है पत्थर की छाती।
हमें आज है कौन-सा दुख न मिलता;
छिनीं आँख की पुतलियाँ, मुँह है सिलता।
खुले आग हम पर सगा है उगिलता;
मगर हिल गए भी नहीं दिल है हिलता।
कलपतों को देखे नहीं जी कलपता;
कलेजा कढ़े है कलेजा न कँपता।

चले बात, जो हैं हमारे कहाते;
वही आज हैं घर हमारे ढहाते।
जिन्हें चाहिए था कि आँसू बहाते;
हमारे लहू से वही हैं नहाते।
बहुत डगमगा है रहा जाति-बेड़ा;
लगा मुँह पर उनके न अब तक थपेड़ा।

किसी में है धुन धाँधली की समाई;
लगी है किसी के कलेजे में काई।
किसी की समझ को गई छू है बाई;
किसी की सनक है नया रंग लाई।
कहें किससे क्या जाय दुख क्यों अँगेजा;
बिपत कहते आता है मुँह को कलेजा।

सभी जातियों को है जिसने जगाया;
जगी जोत से है भरी जिसकी काया।
नरक को भी जिसने सरग है बनाया;
कमल जिसने है ऊसरों में खिलाया।
नहीं रह सकेगी जो वह जाति जीती;
तो दुनिया रहेगी लहू - घूँट पीती।

विना जल कमल हैं न खिलते दिखाते;
विना जड़ नहीं पेड़ फल-फूल लाते।
रहे हाथ का जो कि पारस गँवाते;
उन्हें देख पाया न सोना बनाते।
नपेगा गला जाति - गरदन नपाए;
न होगा भला आग घर में लगाए।

कई सौ बरस से यही हो रहा है;
हमें भाग बिगड़ा हुआ खो रहा है।
इधर सुध गँवाकर सुदिन सो रहा है;
उधर देख हमको समय रो रहा है।
तो दिन जाति का और ही आज होता;
हमारा कुदिन जो नहीं आग बोता।

उठो हिन्दुओ, धाक अपनी जमा लो;
सचाई के बल से बला सिर की टालो।

सँभलकर बहकते दिलों को सँभालो;
बिपत में पड़ी जाति अपनी बचा लो।
विजय का घहरता रहेगा नगारा;
फहरता रहेगा फरेरा तुम्हारा।

(14)

विविध रचनावली

कवींद्र-पंचक

महाचमत्कारक, लोल-लोचना,
विचार-धारा-वलिता, विचक्षणा,
चतुर्मुखी, रोचक-चित्र-चित्रिता,
विचित्र है केशव-चित्त-चातुरी।

समुद्र-उत्ताल-तरंग-सी लसी,
सुमेरु के शृंग-समान शोभिता,
विरक्ति-हीना अनुरक्ति से भरी,
अचिंत्य है केशव-उक्ति-उच्चता।

सुधा-समाना, सरसा, मनोहरा,
सुरापगा-सी सितता-वभूषिता,
सिता-समा है वसुधा विकासिनी,
सुहासिनी केशव-कीर्त्ति-सुंदरी।

बड़ी रसीली, मधु माधुरीमयी,
लसी लता-सी, सरि-सी तरंगिता,
प्रसून-सी है लसिता विकासिता,
कलामयी केशव-कांत-कल्पना।

नहीं बनाती किसको विमोहिता,
नहीं बढ़ाती किसकी विमुग्धता;
विदग्धता आकलिता सुझंकृता,
अलंकृता केशव की पदावली।

स्वागत-गान

(1)

आज कैसा सुंदर दिन आया।
जिसकी सुंदरता की जन-मन-मुकुर में पड़ी छाया।
काशी धाम-समान दूसरा धर्म-पीठ न सुनाया;
कहाँ विलसती है, निशि-वासर विश्वनाथ की माया।
कौन विविध विद्या-विवेक का सिद्ध पीठ कहलाया;
बुद्धदेव ने धर्म-चक्र रच कहाँ सिद्धि-फल पाया।
सुरसरि-पावन, सुरपुर-सम यह पुर क्यों गया सजाया;
क्यों महिमामय काशिराज को यहाँ गया पधराया।
देश-देश से आज क्या वही विबुधों का दल आया;
गिरादेवि अंकम में जिसकी पली कीर्त्तिमय काया।
पलक-पाँवड़ा जन-जन ने स्वागत के लिये बिछाया;
पाकर ऐसे विबुध यह नगर फूला नहीं समाया।
उसने उनको चारु चाव का चंदन तिलक लगाया;
प्रेम-सहित आनंद-कुसुम का गजरा गूँथ पिन्हाया।
विद्या-बल से टले अविद्या, हो भव का मन भाया;
इस महान शिक्षा-सम्मेलन का हो सुयश सवाया।

(2)

सादर हम स्वागत करते हैं।
बरसाने के लियें कल कुसुम मंजुल अंजुलि में भरते हैं।
अंतरज्योति जगाकर उसकी क्यों न जाय आरती उतारी;
जिस प्रभु की प्रभुता अवलोके हुई जन-विबुधता बलिहारी।
जिसने बन आनंद-वन-अधिप मन को आनंदित कर डाला;
क्यों न निछावर नयन करे उस पर अपनी मुक्ता की माला।

(3)

आज खुल गया भाग हमारा।
जहाँ दिखाते थे दुख-सोते, बही वहाँ रस-धारा।

दिन फिर गए पड़ी धरती के, सूखा पौधा फूला;
हुआ आज जंगल में मंगल, मिला सुख समय भूला।
जो श्रीमान् श्रीमती को ले करके कृपा पधारे;
तो हुन बरस गया ऊसर में, काम सध गए सारे।
ऐसे ही सुंदर दिन आवें, सुयश रहे जग छाया;
सदा सब सुजन जन के सिर पर बना रहे प्रभु-साया।

(4)

हम हैं प्रभु को शीश नवाते।
उमग-उमग-स्वागत करते हैं, फूले नहीं समाते।
बड़े भाग से ऐसे अवसर कभी-कभी हैं आते;
लघु जन पर श्रीमानों-जैसे जन हैं कृपा दिखाते।
नाम आपका ले जोते हैं, कीर्ति आपकी गाते;
मिले आपका बल पलते है, सोया भाग जगाते।
हाथ जोड़कर मंगलमय से हम हैं यही मनाते;
फूलें-फलें, सुयश ले जीवें, रहें सकल सुख पाते।

समाज

बजाए वह वीणा रमणीय,
मधुरतम हो जिसकी झंकार;
मूर्च्छनाओं में हो वह मोह,
मुग्ध हो जिसको सुन संसार।
बताए वह अनुपमतम सूत्र,
सकल पद जिसके हों बहु पूत;
साधनाओं में हो वह मंत्र,
सिद्धियाँ जिसकी हों अनुभूत।
विलसती हो जिसमें सब काल
व्यंजन-लतिका बन छविमान;
खिले हों जिसमें पुलक-प्रसून,
रचे वह रुचिर-भाव-उद्यान।

साध सीपों को दे बर बूँद
बनाए गौरव मुक्तावान;
करे जीवन-विहीन को पीन
जलद-सम करके जीवन-दान।

कलाएँ उसमें हों अति कांत,
भावनाएँ बहु अनुभवनीय;
कल्पनाएँ इतनी मृदु भूत
भरी हों जिसमें ध्वनि स्वर्गीय।

सुधाकर-कर-सा बन कमनीय
सजाए सारे सुखकर साज;
सरसता कर वसुधा को दान,
सुधा-रस बरसे सुजन-समाज।

क्रांति

हाथ में उसके हो वह दीप,
जो तिमिर भव का कर दे दूर;
स्नेह-पूरित हो जिसका अंक,
ज्योति जिसमें होवें भरपूर।

पास उसके हो वह वर बीन,
विनयमय हो जिसकी झंकार;
सुनावें विश्व-बंधुता-राग
छिड़े पर जिसके ध्वनिमय तार।

धरा जिससे होती है धन्य,
मिले उसको वह मंजुल प्यार;
चयन कर सरस भाव सुप्रसून;
रचे वह जिससे भव-हित-हार।

कांति जिसकी हो भव कमनीय,
बदन पर जिसके हो बहु शांति;
भरे हों जिसमें हितकर भाव,
भरत-भूतल में हो वह क्रांति।

सहेली

उलझे जाए सुलझ, भूलती राह बताए;
मुँह न चिढ़ाए, बने रंगरलियाँ कर प्यारी।
कभी गुदगुदाए इतना न कि आँसू आए;
सदा सींचती रहे हृदयतल की फुलवारी।
रहे खीज में रीझ कलेजे में कोमलता;
सुख देखे हो सुखी, दुखों में दुखी दिखाए।
जो बिजली-सी कौंध-कौध दहलाए दिल को;
तो बादल की तरह पिघलकर रस बरसाए।
मीठी बातें कहे, चुटकियाँ ले-ले छेड़े;
गाए सुंदर गीत कहानी चुनी सुनाए।
दे सीखें हित-भरी, बंद आँखों को खोले;
बड़े ढंग से बहुत ऊबता जी बहलाए।
मचल-मचलकर नई रंगतें रहे जमाती;
बेलमाती ही रहे मनों को बन अलबेली।
आँखों में हो प्यार, फूल मुँह से झड़ पाए;
हँस-हँस जी की कली खिलाती रहे सहेली।

राजस्थान

जहाँ वीरता मूर्तिमंत हो हरती थी भूतल का भार,
जहाँ धीरता हो पाती थी धर्म-धुरीण-कंठ का हार,
जहाँ जाति-हित-बलि-वेदी पर सदा वीर होते बलिदान,
जहाँ देश का प्रेम बना था सुरपुर का सुखमय सोपान,
जिस अवनी के बाल-वृंद ने काटे बलवानों के कान,
चमकीं जहाँ वीर बालाएँ रणभू में करवाल-समान,
किए जहाँ के नृपति-कुल-तिलक ने कितने लोकोत्तर काम,
जिस लीलामय रंग अवनि में उपजे नाना लोक ललाम,
वहाँ आज क्यों सुन पड़ता है कलह-कंठ का प्रबल निनाद;
है बन रहा वहाँ पर प्रतिदिन क्यों प्रपंचियों का प्रासाद?

क्यों कायरता थिरक रही है गा-गाकर विलासिता-गान?
क्यों गौरव है रौरव बनता कर मदांधता-मधु का पान?
जिसके एक-एक रज-कण पर लगी राजपूतों की छाप,
जिसका वातावरण समझता रण में पीठ दिखाना पाप,
जिसके पत्ते मर्मर रव कर रहे पढ़ाते प्रभुता-पाठ,
जिसके जीवन-संचारण से हरित हुआ था उकंठा काठ,
अहह! आज किसलिये बन गया वह निर्जीवों का सिरमौर,
गरल वमन करता है क्यों वह, सुधा-भरित था जिसका कौर।
सुने धर्म का नाम हृदय में उसके क्यों होती है दाह?
क्यों बहता है मद-प्रवाह में, क्यों उसकी पंकिल है राह?
उठा-उठाकर अपने शिर को व्यथित अर्वली वारंवार
अवलोकन करता है घिरता प्रिय प्रदेश में तिमिर अपार।
कभी विविध निर्झर-मिष उसके दृग से बहती है जल-धार,
कभी धरा में धस जाता है वह विलोककर अत्याचार।
परम सरसता-सहित प्रवाहित सरस्वती का पीकर आप
दूर किया था मरुअवनी ने अपने अंतर का बहु ताप।
किंतु आज निज मातृभूमि की अति दयनीय दशा अवलोक
प्रतिफल प्रतपित हो जाती है, शोकित बन जाता है ओक।
दूर खड़ा चित्तौड़-दुर्ग भी दिन-दिन होती दुर्गति देख
चिंतित हो-होकर पढ़ता है निज कुंठित कपाल का लेख।
पुष्कर-सलिल-लहरियों के मिष बार-बार बनकर बहु लोल
विदित व्यथा अपनी करता है, किंतु नहीं मुख सकता खोल।
उत्साहित प्रतिपल करते हैं किसी शक्ति के कुछ संकेत;
सुन पड़ती है अति अपूर्व ध्वनि, क्यों हो जाता नहीं सचेत।
किसी देव की दिव्य ज्योतियाँ हैं तन में कर रही प्रवेश;
मानस के शुचि-भाव-मुकुर में प्रतिविंबित है भव आदेश।
जाग-जाग, तू बहुत सो चुका, अब तो अपने बल को तोल;
तिमिर टल चला, सूरज निकला, खोल-खोल, आँखों को खोल।
भारतमाता मुग्ध खड़ी है, जन-जन-मन है आशावान;
भारत तेरा बदन देखता है आकुल बन राजस्थान।

विडंबना

कंटकित हो क्यों कुसुमित सेज,
बने क्यों अकलित कुसुम-कलाप;
किसी की विलसित ललित उमंग
बने क्यों क्रंदन-वलित विलाप।
हरें क्यों अलकावलि का मान
किसी के पलित पुरातन केश;
मधुरतम - स्वर - लालयित - कान
सुने क्यों नीरस कंठ-निदेश।
दले क्यों कोई अमृदुल वृत्ति
किसी के कोमल कितने भाव;
रोक दे क्यों सुख-सरस-प्रवाह
मरु महीतल-सम शुष्क स्वभाव।
जराजित, मोह - राहु - अभिभूत
रहे क्यों यौवन-मंजु-मयंक;
हरे क्यों नवला-हृदय-विनोद
किसी कंकाल भूत का अंक।
सुनाते हैं यम का संदेश
श्वेत हो-होकर जिसके बाल;
विवश को क्यों लेवे वह बाँध
ग्रंथि-बंधन का बंधन डाल।
कुचल दे क्यों कुसुमायुध हीन
किसी की विकच कामना-बेलि;
करे क्यों युवती-सुख का लोप
किसी गत-यौवन-जन की केलि।
काल-बलि-भूत मिलिंद निमित्त
कमलिनी का क्यों हो बलिदान;
करे क्यों दलित कुसुम के हेतु
नवलतम कलिका जीवन-दान।
काठ उकंठा क्यों हो उत्कंठ
वनज-सम विकसित बदन विलोक;

बने क्यों अतन-बाण से विद्ध
गलित तन नूतन तन अवलोक।
गए जिसके रस-सोते सूख,
लालसा से क्यों हो वह लोल;
करे क्यों मदनमयी को दग्ध
काम-विरहित का काम-कलोल।
राग क्यों हो विराग-आधार,
रहे क्यों अनुरंजन से दूर;
बने क्यों किसी भाल का काल
असुंदर हो सुंदर सिंदूर।

(15)

विजयिनी विजया

विजया

कलह-फूट को तजे, बैर का बीज न बोवे;
जपे मेल का मंत्र, मलिनता मन की खोवे।
बंधु-प्रीति में बँधे, बने निजता का नेमी;
निज भाषा, निज देश-वेश का होवे प्रेमी।
पाकर सजीवता-जय-करी हित-वितान जग में तने;
जन जाति सकल अविवेक पर विजया बल विजयी बने।

विजय-विभूति

तेजमान हो जाय तेजहत पल-पल पाकर तेज अपार;
अंधीभूत अवनि पर होवे ज्योति-पुंज का प्रबल पसार।
महिमा-हीन बने महिमामय, मिले लोक का विभव महान;
होकर सबल अबल बन जाए प्रबल प्रभंजन-तनय-समान।
मिले लोक-बल जन कर पावे पार परम-दुख-पारावार;
रोके पंथ चूर हो जावे पर्वत सहकर प्रबल प्रहार।
सेतु आपदा-सरि होवे कल कौशल घन पटल समीर;
बने वीर रिपु बन दावानल कूट नीति पावकता नीर।
हो न सभीत पुरंदर-पवि से, कपिंत कर पावे न पिनाक;
विचलित हो न समर में कोई महाकाल की भी सुन हाँक।
जीवनमय जनता-जीवन हो, कर्म योगमय हो सब योग;
किसी पियूष-पाणि से होवे दूर जाति-जर्जर-तन-रोग।

सबके उर में भाग जगे वह, जो हो कार्य-सिद्धि का यंत्र;
हो स्वतंत्रताओं का साधन, सधे साधने से जो मंत्र।
भरत-सुअन-उर में भर जाए अभयंकरी अतुल अनुभूति;
भूतिमान भारत बन जाए ले विजया से विजय-विभूति।

विजया-विभव

परम - गौरव - गरिमा - आगार,
लोक - अभिनंदन, ललित - चरित्र;
लाभदायक, लीला - आधार,
सुर-सरित-सलिल - समान पवित्र।
बहु - मधुर - विविध - वाद्य - अवलंब,
सुधामय - सरस - राग - आवास;
कलित - लोकोत्तर - कला - निकेत,
सुविलसित बहु स्वर्गीय विलास।
जाति - जीवन - आलय - आलोक,
कीर्ति - विटपावलि - वर - उद्यान;
मनोरम - चरित - मयूर - पयोद,
भाव-मूलक भव-सिद्धि-विधान।
मनुज - कुल - मूर्तिमान - उत्साह,
भरत - भू - समारोह - सिरमौर;
मंजु - उत्सव - समूह - सर्वस्व,
भावना-भाल भव्यतम खौर।
उमंगित पुलकित लसित अपार,
मंजु मुखरित सुरभित रस-धाम;
अलंकृत अंकित अमित विनोद,
विपुल आलोकित लोक-ललाम।
शरद कमनीय कलाधर कांत,
विकच सरसीरुह-सम सविकास;
कौन है यह रंजित नव राग,
अलौकिक विजय-विभूति-निवास।

उल्लास

उषा क्यों बहु अनुरंजित हुई
पहनकर अभिनंदन का साज;
प्रकृति के भव्य भाल का विंदु
बना क्यों बाल-विभाकर आज।

किसलिये पारदमय हो गया
विमन नभतल का नील निचोल;
विहँसकर देख रही है किसे
दिग्वधू अपना घूँघट खोल।

खिल गए किसका वदन विलोक
सरों में विलसे बहु अरविंद;
बरसता है क्यों सुमन-समूह
प्रफुल्लित नाना पादप-वृंद।

रत्नमय तारक-मिष क्यों हुआ
विधुमुखी रजनी-शिर का ताज;
बिछ गई छिति पर चादर धुली
किसलिये कलित कौमुदी-व्याज।

वितरता फिरता है क्यों मोद
मंद-चल सुरभित सरस समीर;
मोहता है क्यों बज सब ओर
किसी मंजुल पग का मंजीर।

हँस रहे हैं सज्जित ध्वज लिए
आगमन से किसके आवास;
विपुल विकसित है जनता बनो
किस विजयिनी का देख विकास।

विजया

(1)

देश-यश-मंदिर-मनोरम शिखर पर
शाका कर गौरव-पताका-सी फहर जा;

वीरता-विहीन को बना के वंदनीय वीर
कायर को केसरी-किशोर-जैसा कर जा।
'हरिऔध' भारत-धरा को दिव्य ज्योति दे दे,
तम-पुंज तिमिर-निमज्जितों का हर जा;
आई विजये, तो तू विजयिनी बना जा क्यों न,
विजय-विभूति जाति-भावना में भर जा।

(2)

आती है तो मृतक जनों में जीवन भर दे;
धीर, वीर, गंभीर गौरवित सबको कर दे।
फैला दे वह दिव्य ज्योति, जिससे तम भागे;
बंद हुए दृग खुलें, सो गई जनता जागे।
जिसे लाभ कर दुख टले, सुख-प्रसून घर-घर खिले;
विजये, विजय-विभूति वह विजयी भारत को मिले।

(16)

दीप-मालिका-दीप्ति

दीपावली

(1)

वसुधा हँसी, लसी दिवि दारा,
विलसित शरद सुधा-निधि द्वारा।
हुआ विभासित नील गगनतल,
उच्च हिमालय मंजुल अंचल,
काश-प्रसून-समूह समुज्वल,
कमला-कलित सकल पंकज-दल,
चढ़ा पादपावलि पर पारा।
अमल-धवल आभाओं से लस,
बहा दिशाओं में अनुपम रस,
विभा गई तृण वीरुध में बस,
हुआ उमंगित मानव - मानस,
चमका जगत-विलोचन-तारा।
मिले विमलता परम मनोरम,
बने नगर, पुर, ग्राम दिव्यतम,
सुधा-धवल मंदिर सुर-पुर-सम,
स्वच्छ सलिल सर-सरित समुत्तम,
हुआ रजत-निभ रज-कण सारा।
बना काल को कलित कांतिधर,
अमा-निशा को आलोकित कर,

पावस-जनित कालिमाएँ हर,
दमक दीप-मालाओं में भर
घर-घर बही ज्योति की धारा।

दीपावली

(2)

तम-पूरित दस अमा-निशा में कौन लोक से आई तू;
आलोकित कर अवनी-तल को कौन सँदेसा लाई तू।
दीपावलि को लिए करों में, पहने कुसुमावलि-माला;
किसे खोजती है बन आकुल, पीकर किस रस का प्याला?
विलसित गगन-तारकावलि में जिसकी कला दिखाती है;
क्या तू उसके लिये आरती अति ही ललित सजाती है?
या रंजिनी रमा-रंजन-हित यह आयोजन है सारा;
या जागती ज्योति की तुझमें है जगमगा रही धारा।
या तू है विधु-रुचिर-सहचरी, विरहानल में जलती है;
विपुल थलों में विविध रूप धर जी की जलन निकलती है।
या तू शरद-विदित सितता है, यथासमय दिखलाई है;
राका-निशि की बची असितता को सित करने आई है।
या तू भारत के भवनों को, कोनों को आलोकित कर
खोज रही है उस वैभव को, जो था विश्व-विमोहित-कर।
अथवा खोल अमित नयनों को तू है यह अवलोक रही;
क्या है वह गौरव भारत का, क्या है भारत-भूमि वही।
तू है नगर-नगर, पुर-पुर में, ग्राम-ग्राम में घूम रही;
चाहक चाह-भरे लोचन को चाव-सहित है चूम रही।
दीपमालिके! दीपावलि से क्या तू ज्योति जगावेगी;
क्या भव सफल-भूत-भावों से भारत-तिमिर भगावेगी।

दीप-माला

दीपमालिके! दीपावलि ले आती हो, तो आ जाओ;
घूम तिमिर-पूरित भारत में भारतीयता दिखलाओ।
जो आलोकवान हैं बनते, उनमें है आलोक नहीं;
ज्योति-भरे उनके लोचन हैं, जो सकते अवलोक नहीं।
हैं हिंदू-कुल-कलस कहाते, सूझ बहुत ही है आला;
किंतु विलोक नहीं सकते, वे हिंदू-अंतर की ज्वाला।
ऊँची आँख सदा रखते हैं, ऊँची बातें हैं प्यारी;
पर नीची गरदन हिंदू की है उनकी पुलकितकारी।
है अनुराग देश-रागों से, भारतीयता है भाती;
देख छुरी चलती स्वजनों पर है न कभी छिलती छाती!
देशबंधुता के प्रेमिक हैं, हैं समता के दीवाने,
किंतु तोड़ते हैं तपाक से जाति-प्रेम के पैमाने।
नाश पुरातनता करती है, धर्म-धाँधली होती है;
बीज अमानवता का उर में चित-पामरता बोती है।
है प्रवाह बहता प्रपंच का, परम कलंकित काया है;
पेट है कपट-जाल बिछाता, जी में चोर समाया है।
ऐसे तम-अभिभूत जनों को अवलोके अकुलाता हूँ;
दीपमालिके! तारावलि गिन कितनी रात बिताता हूँ।
तुम महती आलोकवती हो, बन अनुकूल तिमिर कह लो;
भारत-भूतल को पहले-सा पुलकित, आलोकित कर लो।

दीवाली

चमकते तारे लाई हो,
फूल से सजकर आई हो;
देख लूँ क्यों न आँख-भर मैं,
साल-भर पर दिखलाई हो।
ओस के कन किरनों को ले
गए मोती से हैं तोले;

दिशाएँ उजली हैं हो गई,
फूल हँसते हैं मुँह खोले।

धुल गया-सा है सारा थल,
विमल बनकर बहता है जल;
लुभा लेता है कानों को
थिरकती नदियों का कलकल।

बिछी सर में सुथरी चादर
दूध की धारों में धुलकर;
फबन फैली दिखलाती है
पेड़ पर, पत्तों-फूलों पर।

चमकली चाँदी की-सी है,
सब जगह जोत जगी-सी है;
ताल की उठती लहरों में
सुपेदी उफनाती-सी है।

समय का यह सुहावनापन
देखने आई हो बन-ठन;
या किसी अलबेले पर तुम
रही हो वार फबीलापन।

दिए लाखों बल जाएँगे,
दमकते नगर दिखाएँगे
जगमगाएँगे सारे पुर,
गाँव सब जोत जगाएँगे।

बड़ी सुंदर, नीली, न्यारी
सँवारी सुथरी जरतारी;
सजाई हीरों से होगी
रात की चमकीली सारी।

उजाला घर-घर पसरेगा,
अँधेरापन भी निखरेगा;
अमावस पूनो होवेगी,
चाँद धरती पर उतरेगा।

समा दिखलाओगी आला,
भरोगी चावों का प्याला;

दिवाली, क्या न दूर होगा
देश में छाया अँधियाला।

दीपावली के प्रति

कहाँ ऐसी छवि पाती हो;
जगमगाती क्यों आती हो।
हाथ में लाखों दीपक लिए क्यों ललकती दिखलाती हो।
सजी फूलों से रहती हो,
सुंदरी, सरसा,महती हो,
ज्योति-धारा में बहती हो,
न-जाने क्या-क्या कहती हो,
झलक किसकी है दृग में बसी,क्यों नहीं पलक लगाती हो।
चौगुने चावोंवाली हो,
किसी मद से मतवाली हो,
भाव-कुसुमों की डाली हो,
अति कलित कर की पाली हो,
मधुरिमा की कमनीय विभूति, मुग्धता-मंजुल-थाती हो।
तारकावलि-सी लसती हो,
बेलियों-सदृश विलसती हो,
उमंगों-भरी विहँसती हो,
मनों नयनों में बसती हो,
मनोहर प्रकृति-अंक में खेल कला-कुसुमालि खिलाती हो।
अमावस का तम हरती हो,
रजनि को रंजित करती हो –
प्रभा घर-घर में भरती हो,
विभा सब ओर वितरती हो,
टले जिससे भारत का तिमिर, क्यों न वह ज्योति जगाती हो।

अनुरोध

मंद-मंद आ देव-सदन को दिव-मंडल-सा दमका दो;
कनक-कलश को कांतिमान कर चंद्र-बिंब-सा चमका दो।
नभचुंबी प्रासाद-पंक्ति को प्रभा-पुंज-पूरित कर दो;
सुंदर सुधा-धवल धामों में मुग्धकरी आभा भर दो।
चारु चौरहे आलोकित कर लोक-लोचनों से खेलो;
गली-गली में ज्योति-जाल भर अति कमनीय कीर्ति ले लो।
तिमिरमयी निशि-अंक विलसती मंजुल दीपावलि द्वारा
तारक-खचित शरद-नभतल का लाभ करो गौरव सारा।
विटपराजि में राजित हो-हो रंजित दल,फल, फूल करो;
कलित बना सर-सरित-कूल को ललित लहरियों में विहारो।
शीशों में बहु रूप रंग धर विविध छटाएँ दिखलाओ;
तरह-तरह के ज्योति-पुंज से जन-मन रंजन कर जाओ।
सरुचि बखेरो रुचिर रत्न-चय, बनो मंजु मुक्ता-माला;
ललक पिला दो भावुक जन को भाव-सुधा सुंदर प्याला।
किंतु कभी तुम दीपमालिके, भारत-दुख को मत भूलो;
उसके तिमिर-भरे मानस को कांतिमान कर से छू लो।

आकाश-दीप

अवनी-तल पर रहकर भी क्यों नभ-दीमक कहलाते हो;
किन पुनीत भावों से भरकर भावुकता दिखलाते हो।
क्या अनंत महिमामय प्रभ-पूजन-निमित्त तुम बलते हो;
अथवा निज अंतर्ज्वाला से अंतरिक्ष में जलते हो।
सहज भावनामय मानस के शांति-विधायक साधन हो;
अथवा अंधीभूत अंक के आलोकित अंतर्धन हो।
किसी भक्ति-परिपूरित जन के भक्ति-भाव के संबल हो;
अथवा किसी कौतुकी नर की कौतुक-प्रियता के फल हो।
ताराओं की भाँति चमककर लोचन को ललचाते हो;
सच कह दो, चुपचाप कौन-सा भेद किसे बतलाते हो।

किन पथिकों के नभ-तल-पथ में निशि तम मध्य सहारे हो;
खोज रहे हो किसको, किसकी आँखों के तुम तारे हो।

दीपमालिका

तुम्हें कभी भारत-भूतल में वह स्वच्छता दिखाती थी;
जिसे देख करके हिमगिरि की हिम-विभूति ललचाती थी।
अब है वह स्वच्छता कहाँ, क्या उसे खोजती फिरती हो;
क्या उसकी दुर्गति देखे ही गौरव-गिरि से गिरती हो।
कभी रमा थी परम मनोरम बन विराजती घर-घर में;
नगर-नगर था विभव-निकेतन, मोद-भरा था नर-नर में।
गिरिवर रत्नराजि देते थे, धरा उगलती थी सोना;
चकित बनाता था कुबेर को प्रतिगृह का कोना-कोना।
भुवनमोहिनी उन विभूतियों को अब यहाँ न पाती हो;
उसे ढूँढ़ने ही को क्या तुम दीपावलि ले आती हो?
तम-मंज्जित है जन-जन का मन, आँख नहीं खुल पाती है;
उँजियाली में भी अंधों को अँधियाली दिखलाती है।
है प्रकाश की नहीं न्यूनता, तिमिर नहीं टल पाता है;
खड़े हुए बिजली के खंभे, तो भी बढ़ता जाता है।
दीपमालिके! आई हो, तो दिव्य ज्योति धारण कर लो;
भारत ही का नहीं, भरत-सुत-मानस का तामस हर लो।

(17)

फाग-राग

गुलाल की मूठ

(1)

खेलने होली आई आज,
न जाना होगा ऐसा खेल;
न थी जिससे मिलने की चाह,
हो गया उससे कैसे मेल?
लालिमा आँखों की जो बना,
ललक उससे क्यों सकती रूठ;
लाल ने मूठी में कर लिया
चला करके गुलाल की मूठ।

(2)

लालिमा नभ-तल पर थी लसी;
दिशा का था आरंजित भाल;
अरुण को करता था अनुरक्त
रंगिणी ऊषा कुंकुम थाल।
रागमय भव लोचन को बना
पसारे निज अनुरंजन हाथ;
बदन पर मले ललाम अबीर
क्षितिज पर विलसित था दिननाथ।

सकल तरु के किसलय कमनीय
अरुणिमा से थे मालामाल;
खेलकर होली ऋतुपति साथ
हो गए थे किंशुक-तरु लाल।
कुमकुमे थे बुल्ले बन गए,
घुल रहा था सरि-सर में रंग;
विलसती थी पिचकारी लिए
ललित लीलामय लोल तरंग।
समा यह पुलकित कर अवलोक
हो रही थी मैं विपुल निहाल;
अचानक लगा गया आ कौन
गाल पर मेरे मंजु गुलाल।

मुग्धा

कौन था वह, था किसका लाल,
क्यों गया मुझ पर जादू डाल?
भाल पर था कुंकुम का तिलक,
कपोलों पर बिथुरी थी अलक,
न पड़ती मुख अवलोके पलक,
छगूनी थी तन-छवि की छलक,
गले में विलसित थी वनमाल।
बज रहे थे मृदु, मंद मृदंग,
सुधामय थी स्वर-ताल-तरंग,
मुग्ध करती थी मधुर उमंग,
अवनि पर था अवतरित अनंग,
पुलकमय परम कांत था काल।
रंग था बरस रहा सब ओर,
सरसता छूती थी छिति-छोर,
ललकमय थी लोचन की कोर,
चितवनें लेती थीं चित चोर,
हँसी थी मोहक-मधुर-रसाल।

मल गया मुख में मंजु अबीर,
कर गया पुलकित सकल शरीर,
साथ लाकर रसिकों की भीर
गा गया सुंदर सरस कबीर,
डाल नयनों में गया गुलाल।

मधुर मधु

आ गया मधुर मनोहर काल।
बना भव नवल राग से मंजु, हो चला गगन-अवनि-तल लाल।
उषा हो ललित लालिमामयी
वहन करती है विमल विकास;
बनाता है बहु पुलकित उसे
बाल-रवि-लोहित - विभा - विलास।
दिग्वधू का शोभित हो गया अलौकिक दिव-कुंकुम से भाल।
सकल तरु किसलय-कलित अपार,
लता के दल कोमल कमनीय,
छिति विमोहक छवि के अवलंब,
कुसुम के रूप रंग रमणीय,
लालसाओं के है सर्वस्व, अरुणिमा के हैं मंजुल माल।
समय-मानस का नव अनुराग
हुआ विलसित धर विविध स्वरूप;
बन गया वर वसंत का विभव
छबीली होली छटा अनूप।
तरंगित कर चित सरस प्रवाह, लोचनों को कर प्रचुर निहाल।
उसी से है अनुरंजित रंग
कुमकुमों के तन का अवलेह;
मत्त लोचन की लाली चारु
चपल - ललना - ललकित - उर - नेह
वही गोरे गालों पर लगा बन रसिक-कर का रुचिर गुलाल।

गुलाल

उमगता, हँसती, भरित-उमंग
खेलने मैं आई थी फाग;
न जाना था अबीर की मूठ
भरेगी रग-रग में अनुराग।
चौगुना कर देवेगी चाव
किसी की चितवन बन चित चोर;
रंग लावेगा कोई रंग
रंग में मेरे तन को बोर।
सुनाकर लोक-विमोहन गान,
दिखाकर कुंकुम-रंजित-भाल,
कुमकुमे मार-मार कमनीय
विपुल पुलके अलबेले लाल।
समय दिखलाया अति अनुकूल,
मधु गई बरस मधुमयी तान;
कर सकी विपुल उरों को मत्त
सरस रस-पूरित मृदु मुसकान।
किंतु क्यों चित ले गई लपेट
किसी की चंचल लटपट चाल;
क्यों गई मैं का अपने को भूल
मले मुखड़े पर मंजु गुलाल।

रँगीली

चाव में भर दिखला अनुराग
चला दी तुमने मूठ गुलाल;
चढ़ गया मेरे चित्त पर रंग,
युगल लोचन हो गए निहाल।
भर उछलते भावों से भूरि
दिया हाथों से रंग उछाल;

प्रवाहित हुई प्रमोद-तरंग,
हुआ सारा अंतस्तल लाल।
साध कर मंजुल, मोहन मंत्र
डाल दी तन पर विपुल अबीर;
हो गया रँगे चौगुना चारु
प्रेम का चिर अनुरंजित चीर।
न देखा मृदुल, मनोहर गात,
दिए कमनीय कुमकुमे मार;
फूट उसने दिखलाया रंग,
हुआ सरसित रस-पारावार।
उमगकर गाया मधुमय राग,
धरा पर बरस सुधा की धारा
भर गई रग-रग में धुन मंजु,
बज उठे तन-तंत्री के तार।

अश्रु-विसर्जन

देखकर भाल गुलाल-विहीन
चूर होता होली का चाव;
खिन्न हो मैंने किया सवाल
कहाँ वह गया रँगीला भाव?
चुप रही, सकी नहीं कुछ बोल,
हो गए दोनों लोचन लाल;
चौंककर लिया कलेजा थाम,
दिया आँखों ने आँसू डाल।

युगलानंद

मैंने मला गुलाल, उन्होंने मूठ चलाई,
मैं मूठी में हुई, उन्होंने आँख बचाई;

मैंने छिड़का रंग, उन्होंने ली पिचकारी,
मैं रस-बस हो गई, बने वे रसिक विहारी।
मैं अबीर ले बढ़ी, कुमकुमे उनके टूटे,
मैं नवबेली बनी, बने वे विलसित बूटे;
मेरी ताली बजी, उन्होंने गाई होली,
मैं विहँसी मुख मोड़, उन्होंने बोली बोली।
मैंने छेड़ी बीन, उन्होंने वेणु बजाया,
मेरी रंगत रही, उन्होंने रंग दिखाया;
मैं उमंग में भरी, कलेजा उनका उछला,
मेरी भौंहें तनी, उन्होंने तेवर बदला।
मैने छीनी पाग, उन्होंने घूँघट टाला,
मैंने टोना किया, उन्होंने जादू डाला;
मैं सनेह में सनी, बने वे प्रेम - बसेरे,
मैं मोहन की हुई, हुए मनमोहन मेरे।

फाग

किसलिये कलित कुमकुमे मार
उषा को रवि करता है लाल;
मल रही है क्यों ऊषा आज
बाल-रवि-मुख पर मंजु गुलाल।
क्यों अरुण साथ खेलकर रंग
हुआ लोहित दिगंगना-गात;
उड़ाए किसके विपुल अबीर
बना आरंजित नभ अवदात।
फेंक किस मंजुल कर ने रंग
बनाया रंग-बिरंगा ओक;
क्यों मनों को करता है मुग्ध
लालिमा से विलसित हो लोक।
क्यों अधर में भरकर नवराग
अरुणिमा की बहती है धार;

वहन कर मारुत रक्त पराग
चला किसका करने शृंगार।
खिल रही कलिकाओं को छेड़,
मचाता है क्यों अलि उत्पात;
क्यों कुसुम-कुल ले-लेकर रंग
तितिलियों का रँगता है गात।
रसीली मंजरियाँ ले अंक
केलि-रत है क्यों रसिक रसाल;
किसलिये मधु से हो-हो मत्त
झूमती है मधूक की डाल।
ललित लतिकाओं का कर साथ
लाल हो-हो अनार-कचनार
क्यों दृगों को करते हैं लोल
पहन विकसित सुमनों का हार।
किसलिये नव लाली कर लाभ
बने ललकित लोचन के माल;
तरु-नवल-दल-गत सित-जल-बिंदु
बेलि उर विलसित मुक्ता-माल।
क्यों हुआ रंग ढंग है और,
रंग लाया क्यों उकंठा काठ;
किसलिये कोई गया उँडेल
पलासों पर मजीठ की माठ।
गिरा है रहा रँगीला कौन
सेमलों पर गुलाल का थाल;
लहरते सरित-सरोवर-मध्य
किसिलिये बिछी चादरें लाल।
क्या मिले कुसुमाकर-सा बंधु
हो गया मूर्तिमंत अनुराग;
या किसी लोक-लाल के साथ
खेलती है भव-ललना फाग।

होली की ठठोली

जब दिवाकर ने निज कर से
उषा के घूँघट को टाला,
रात परदे में जा बैठी,
भगी छिपकर तारक-माला।
ढाक-कुसुमों का मुँह काला
जिस समय ऋतुपति कर पाए;
खिल उठीं कितनी ही कलियाँ,
कुंद के दाँत निकल आए।
किया चिड़ियों ने कोलाहल,
बेलि भूली अलबेलापन;
जमाने लगी हवा धौलें,
जब गए पौधे नंगे बन।
बहुत मलयानिल ने छेड़ा,
लताओं को छू-छूकर तन;
चिटिक कलिका ने ली चुटकी,
देखा उसका मतवालापन।
खोलकर मुँह वह हँसता है,
वे मचल-मचल घूमती हैं;
फूल है उन्हें गोद लेता,
तितलियाँ उसे चूमती हैं।

मानस-अनुराग

गगन-मंडल में लाया रंग,
हुआ अवनी तल उससे लाल;
विलसता मिला पलास-प्रसून
लोचनों पर जादू-सा डाल।
हुए उससे ललाम तरु-पुंज
ओढ़ किसलय-कुल-कलित दुकूल;

उसी का बहु अनुरंजन भाव
लाभ कर ललित बने सब फूल।
साड़ियाँ पैन्ह-पैन्ह रंगीन
लाल दलवाली लतिका लोल
उसी के सरसे लालन साथ
दिखाती है करती कल्लोल।
फाग-वैभव को कर रस-लीन
अरुणिमा में लेता है ढाल;
छबीले तन-मन पर छवि-साथ
वही देता है रंग उछाल।
किसी मूठी का मंजु अबीर
किसी माथे की बिंदी लाल
हमारे मानस का अनुराग
किसी आनन का बना गुलाल।

फाग-अनुराग

रजोगुण ने दिखलाया रूप
लाभ कर काल परम अनुकूल;
या हुई रंजित होली-हेतु
अवनि मंडल में उड़ती धूल।
अरुणिमा के विस्तार-निमित्त
अधर में खुला नवीन विभाग;
या हुआ घनीभूत नभ-मध्य
लाल फूलों का ललित पराग।
ललाई का है हुआ विकास
लालसाओं को कर अभिराम;
या हुई जहाँ-तहाँ समवेत
लोक-लोचन-लालिमा ललाम।
क्या किरण आज रह गई लाल,
हो गईं और रंगतें दूर;

या प्रकृति है भरती निज माँग
रति-सिँधोरा का ले सिंदूर।
बना करके कमनीय दिगंत
अवनि पर बिखरा ऊषा-राग
उड़ रहा है गुलाल सब ओर,
या हुआ मूर्त फाग-अनुराग।

रंग में भंग

दूर कर सके न मन का मैल,
क्या हुआ तो फिर रंग उँडेल;
चलाते हैं गुलाल की मूठ,
पर कहाँ हो पाता है मेल।
आज भी खुल जाते हैं कंठ,
होलियों का होता है गान;
तान वह, जो हो भरी उमंग
कहाँ अब सुन पाते हैं कान।
कहाँ है वह आपस का प्यार,
भले ही भंग छान लें संग;
रंग खेले भी रंग रहा न,
इस तरह का बिगड़ा है रंग।
नहीं रस से रखते हैं काम,
बन गए हैं कुछ ऐसे काठ;
गले अब भी मिलते हैं लोग,
पर नहीं खुलती जी की गाँठ।
मिल गए होली-सा त्यौहार
आज भी मच जाता है फाग;
रागमय जिससे होता लोक,
कहाँ है अब वह जन-अनुराग।

(18)

बाल-विलास

विनय

प्रभु! हम सब हैं बालक तेरे,
गुण गाते हैं साँझ-सवेरे;
तू दे आँखें खोल हमारी,
जी में जोत जगा दे न्यारी।
फूल झड़े जब, हम मुँह खोलें,
सबसे मीठी बोली बोलें;
बातें जी की कली खिलावें,
अमृत कानों में बरसावें।
चाल हमारी होवे आला,
करे अँधेरे में उजियाला;
भले काम कर नाम कमावें,
ऊसर में भी कमल खिलावें।
सबके बन जावें हम प्यारे,
कहलावें आँखों के तारे;
किसी का न रोआँ कलपावें,
पर-हित कर फूले न समावें।
रंगत अपनी रखें निराली,
बन जावें फूलों की डाली;
किसी बात में हों न कभी कम,
काँटों में से फूल चुनें हम।
किसी का न जी कभी दुखावें,
मसले फूल के न सुख पावें;

सारी बिगड़ी बात बनावें,
काँटे राहों में न बिछावें।
बीज प्यार का उर में बोवें,
जाति के हितों पर बलि होवें;
फूलें-फलें, सदा सुख पावें,
हम माई के लाल कहावें।

बाल्य-काल

सामने था सुंदर आलोक,
अलौकिकता मय था संसार;
भावनाएँ थीं अति रमणीय,
भाव थे परम रम्य सुकुमार।

हृदय में बहता था सुख-स्रोत,
सुधा-सिंचित था मानस-मोद;
कान सुनते थे स्वर स्वर्गीय,
छलकता मिलता चित्त - विनोद।

कुसुम-कोमल-सुतल्प से मंजु
गोद माता की थी सुख-मूल;
पिता का लालन-पालन, प्यार
था पुलकमय मानस-अनुकूल।

ललकते जन-लोचन सब काल
वदन मंजुल मेरा अवलोक;
देखकर कलामयी मम केलि
विपुल पुलकित होते सब लोक।

अधूरी मेरी तुतली बात
बजाती हृतंत्री के तार;
धूल से भरी धूसरित देह
बहाती नयनों में रस-धार।

ठुमुककर चलना लटपट चाल
बनाता छिति-तल को छवि-धाम;

किलकना कर-कर बाल-कलोल
खिलाता मानस-मुकुल-ललाम।
बाल-रवि-किरणों की कल कांति
लसाती मेरे रुचिर कपोल;
कलानिधि-कोमल-कर के साथ
खेलते थे मेरे दृग लोल।
चमकते नभ के तारक-पुंज
चित्त में भरते अद्भुत भाव;
फबीले तरु के फल, दल, फूल
चौगुना करते थे मम चाव।
दिशा होती दिव-बाला ज्ञात,
प्रकृति पाती थी विपुल विकास;
दिखाते नयनों में कर गेह
ललित लीलाएँ लोक-निवास।
शांतिमय सुखमय सरस महान,
भावमय भवमय अनुभवनीय,
लोक में बाल्य-काल के तुल्य
कौन-सा काल मिला कमनीय।

बाल-भाव

बाल-भाव हैं अमल-कमल-सम कोमल होते;
उनमें हैं सब काल सुधा के बहते सोते।
वे हैं चंद-समान मनोहरता-मतवाले;
मलयालिम-से सरस छलकते रस के प्याले।
प्रमुदित मत्त मयूर-तुल्य कल नर्तनकारी;
पुलकित-मृदुल-मराल-बाल इव मानसचारी।
सुरसरि के कलकल प्रवाह-जैसे कलनादी;
मन-मोहन की मधुर मुरलिका-से मृदुवादी।
उनके रसमय अंक में सरलता है पलती;
मोहक मंजुल रंग में मृदुलता है ढलती।

भोले-भोले भाव भरे उनमें हैं होते;
वे भूतल में बीज मधुरिमा के हैं बोते।
वे हैं सुंदर थल जहाँ हैं छल-जल-सोते नहीं;
वे हैं बहु सुरभित वे सुमन, जो सौरभ खोते नहीं।

लुभावने फूल

कैसे फूल भला न लुभाते।
आँखों को प्यारे लगते हैं, चित को है बेल माते।
बड़े रँगीले रसवाले हैं, हँसते नहीं अघाते;
मुँह को खोल न जाने क्या कह फूले नहीं समाते।
ए हैं सुछवि छलकते प्याले, जी की कली खिलाते;
भरे अनूठे भावों में अलबेलेपन में माते।
छूते ही मैले होते हैं, टूटे है कुम्हलाते।
लड़को! इनको प्यार करो तुम, रहो निभाते नाते।

तितली

रंग-बिरंगी तितली आई।
देखो है कैसी छवि पाई।
उसका तन है कितना प्यारा,
कैसा है वह गया सँवारा।

इधर-उधर फिरती रहती है;
फूलों पर गिरती रहती है।
फूल उसे हैं बहुत लुभाते।
अपना रस हैं उसे पिलाते।

उसको अपनी छवि देते हैं;
उसका मन उससे लेते हैं।
दोनों हँसते हैं हिल-मिलकर।
खेल खेलते हैं खिल-खिलकर।

दोनों ही हैं बड़े रँगीले।
बड़े अनूठे, बड़े फबीले।
दोनों हैं दोनों के प्यारे;
दोनों हैं दोनों के न्यारे।

लड़को! तितली को न सताओ;
उसका रोआँ मत कलपाओ।
छूते ही मैली होवेगी;
फूलों-सी रंगत खोवेगी।

उसको देख-देख सुख पाओ;
वैसे ही सुंदर बन जाओ।
मेली बनकर मिले रहो तुम;
फूलों-जैसे खिले रहो तुम।

बालक

फूल हो, फल हो या हो मूल,
या निराले घर के हो माल;
किसी की आँखों की हो जोत,
या किसी गोदी के हो लाल।

किलकिलाते हो वारंवार,
रहे हो कैसी बोली बोल;
याद करते हो भूला पाठ,
या कोई भेद रहे हो खोल।

ललकते हो फूलों को देख,
फलों से दिखलाते हो प्यार;
क्या मिलाते हो जा से जोड़
समय हाथों के तोड़े तार।

हरे पौधे लेते हैं मोह,
बहुत खिंचते हो उनकी ओर;
कौन-सा बतलाती है भाव
चाह से भरी आँख की कोर।

उसीं में बैठ उसी के साथ
खेलते हो क्यों कितने खेल;
भूलकर भी क्यों सके न भूल,
धूल से क्यों है इतना मेल।
देख खिलते फूलों का रंग
हुई क्यों खिल जाने की चाह;
दिया क्या उन परदों को खोल,
खुल गई जिससे दिल की राह।
तुम्हारा बड़ा सुरीला कंठ
सुना करके सुंदर झंकार
कौन गाता रहता है राग
छेड़कर किस वीणा का तार।
कभी हँसते हो मुँह को खोल;
होंठ पर मिली कभी मुसकान;
गुदगुदाती है दिल में पैठ
क्या पुरानी कितनी पहचान।
हँस रहे हो, या प्यासी आँख
पा रही है प्यारा रस-सोत;
या किसी अंधकार को चीर
जगमगा गई निराली जोत।
सुखों का देख सलोना रूप
गल रहा है लालच का थाल;
जगत की रंगीनी पर रीझ
या टपकती है मुख से राल।
रेंगकर घुटनों के बल घूम
चारपायों की-सी चल चाल
दी गई गुत्थी कोई खोल,
या बताते हो कोई हाल।

पिता का प्यार

पूछता हूँ यह प्यारी बात,
बता दो मुझको मेरे लाल;
देख तुमको क्यों मेरी आँख
सदा होती है बहुत निहाल।

जब ललक दिखलाते हो प्यार
बहुत ही मीठी बोली बोल;
बढ़ाते हो तब कैसे रीझ,
हमें क्यों ले लेते हो मोल।

दौड़कर जब आते हो पास,
गले लग जब करते हो प्यार;
तब हमें तुम लेते हो मोह
पिन्हाकर किन फूलों का हार।

बड़े ही भोलेपन के साथ
देखते हो जब मेरी ओर,
आँखे तब क्यों लेते हो छीन,
चित्त के क्यों बनते हो चोर?

जब कभी हँसते हो दिल खोल,
उमगते हो जब भरे उमंग;
चौगुना होता है तब चाव,
रंग लाती है हृदय-तरंग।

खेलते हो जब कोई खेल,
न-जाने क्या करके उस काल
चढ़ाते हो वह न्यारा रंग,
बने बूढ़ा भी जिससे बाल।

तुम्हारे टूटे-फूटे शब्द
बहुत लड़ियाँ देते हैं जोड़;
तुम्हारी प्यारी तुतली बात
अमिल कड़ियाँ देती हैं तोड़।

बाल-कविता

सरस पदों से अधिक सरस है तुतली बोली;
दोनों ही में यदपि मधुर मिसिरी है घोली।
दोनों ही का कथन हृदयग्राही है होता;
दोनों ही में बहा सुधा-रस का है सोता।
किंतु वचन की परम रुचिर रचना से रूरे
होते हैं विधु-वदन बाल क बोल अधूरे।
किलक-किलक जो भाव बाल सब हैं बतलाते;
वह व्यंजनता नहीं व्यंजना में हैं पाते।
कलित कंठ-ध्वनि सकल ललित ध्वनि से है प्यारी;
विविध प्रसादन है प्रसाद गुण से प्रियकारी।
एक उक्ति है मधुर अपर सरसित रस चीठी;
कवि-कविता से कहीं बाल-कविता है मीठी।

सोना और सुगंध

प्यारे, यह गुलाब है फूला,
जिसे देख तेरा मन भूला;
इसका रूप रंग है न्यारा,
इसीलिये है सबको प्यारा।
देख उसी को तू ललचाया,
रूप-रंग है किसे न भाया;
रूप-रंग दोनों का होना,
क्या है? है सुगंध औ' सोना।

लाल

लाल लुनाई का है प्यासा;
पीनेवाला दूध-बतासा।

खोल-खोल मुँह हँसनेवाला;
प्यार आँख में बसनेवाला।
गात अनूठे गानेवाला;
मन की ढोल बजानेवाला।
लकड़ी को दौड़ानेवाला;
घोड़ा उसे बनानेवाला।
धूल-भरा, सोने-सा प्यारा;
धरती का चमकीला तारा।
हरा-भरा फूलों-सा फूला;
अपने भोलेपन पर भूला।
बहुत निराला सुथरा, गोरा;
दूध का भरा हुआ कटोरा।
अँधियाले घर का उजियाला;
चंदा मामा का मतवाला।

मेरा लाला

टूटी-फूटी बातें जिसकी मुझको लगतीं प्यारी,
जिसकी आँखों में दिखलाती है फूली फुलवारी,
ठुनुक-ठुनुक कर मचल-मचल करके जो है खिल जाता,
झूठे-मूठे गीत सुनाकर जो है मुंझे रिझाता।
हँसी-खेल का पुतला बड़ा हठीला, बहुत निराला,
छलका करता है जिसके अलबेलेपन का प्याला।
जिसकी भूल भली लगती है, जो है भोला-भाला,
वह है कौन? क्या बता दूँ मै, वह है मेरा लाला।

चमकीले तारे

ए चमकीले तारे हैं;
बड़े अनूठे, प्यारे है।

आँखों में बस जाते हैं;
जी को बहुत लुभाते हैं।
जगमग-जगमग करते हैं;
हँस-हँस मन को हरते हैं।
खिले हुए फूलों-से हैं;
जोत के बलूलों-से हैं।
नए जड़ाऊ गहने हैं,
जिन्हें रात ने पहने हैं।
कितने रंग बदलते हैं;
बड़े दिए-से बलते हैं।
घर के किसी उजाले हैं;
जोत जगानेवाले हैं।
हीरे बड़े फबीले हैं;
छबि से भरे छबीले हैं।
कभी टूट ए पड़ते हैं;
फूलों-जैसे झड़ते हैं
चिनगी-सी छिटकाते हैं;
छोड़ फुलझड़ी जाते हैं।

तारे

बिखरे मोती न्यारे हैं,
या चमकीले तारे हैं।
सुथरी नीली चादर पर
सुंदर फूल पसारे हैं।
किसी बड़ी अलबेली के
बड़े छबीले प्यारे हैं।
या अँधियाली रातों की
आँखों के ए तारे हैं।
नीले किसी चँदोवे में
बूटे सजे सँवारे है।

या सुरमई बिछौने में
टँके अमोल सितारे हैं।
सरग-बाग के पौधों के
दमक रहे फल सारे हैं।
या है दहकी आग कहीं,
फैल रहे अंगारे हैं।
दिए देवतों के घर के
जगते जोत सहारे हैं।
या आकाश विमानों पर
बैठे देव-दुलारे हैं।

चंद

चमक-दमक में सबसे न्यारा
चंद नहीं किसको है प्यारा?
वह है फूले गेंदे-जैसा,
या है विकसे कमलों-ऐसा।
माखन, मेवे मुझे खिलाता;
है वह मिसरी घोल पिलाता;
कभी हँसाता, कभी रिझाता;
कभी अनूठे रस बरसाता।
उसे देख कोई खिलती है;
गले चाँदनी से मिलती है।
रात निखर बनती है आला;
पहन सजी मोती की माला।
धरती जगी जोत है पाती;
दिशा विहँसती है दिखलाती।
पौधे फूले नहीं समाते;
प्यारी फबन फूल हैं पाते।
मेरे पास चंद, तू आ जा;
आकर अपना खाजा खा जा।

सच्चा प्यार मुझे दिखला जा;
मीठी - मीठी बात सुना जा।

लाड़िले का लाड़

तू है किसका नहीं दुलारा;
है मेरी आँखों का तारा।
तेरा मुखड़ा रंग रँगीला;
है फूलों से कहीं फबीला।
तेरी बोली भोली - भाली;
होंठ की बड़ी सुंदर लाली।
गोरा बदन, दाँत चमकीले;
छोटे-छोटे हाथ छबीले।
तेरा हँसना और मचलना;
तेरा ठुमुक-ठुमुककर चलना।
कभी खेलना, कभी किलकना;
कभी ठुनुकना, कभी ललकना।
किसका जी है नहीं लुभाता;
घर में है रस-सोत बहाता।
दिखलाता है रंग निराला;
भर-भरकर उमंग का प्याला।
मोती-भरा थाल है मेरा;
गोदी-भरा लाल है मेरा।
तेरी आँखों में है टोना;
तम है मेरा श्याम-सलोना।

लड़कपन

भोला-भाला बहुत निराला,
लाखों आँखों का उजियाला;

खिले फूल-सा खिला फबीला,
बड़े छबीले मुखड़ेवाला।

हँसी-खेल का पुतला प्यारा,
बड़ा रँगीला, नोखा, न्यारा;
जगमग-जगमग करनेवाला,
उगा हुआ चमकीला तारा।

अपने राग-रंग में भूला,
चाव के हिंडोलों पर झूला;
चख - चखकर फल बड़े रसीला,
फिरनेवाला फूला - फूला।

धुन में भरा, न सुनने वाला,
पिए बहँकनेवाला प्याला;
जी में बसा, आँख में पैठा,
लाड-प्यार हाथों का पाला।

सरग-लोक में रहने वाला,
रस-सोतों में बहने वाला;
जी को बहुत लुभाने वाला
बात अनूठी कहने वाला।

रस के किसी पेड़ से टूटा
फल उमंग-हाथों का लूठा;
समय बड़ी सुथरी चादर पर
कढ़ा सुनहला सुंदर बूटा।

महँक-भरे फूलों का दोना,
हँसती हुई आँख का कोना;
लेने वाला मोल मनों का,
खरा चमकने वाला सोना।

साथ रंग रलियों के खेला,
मीठा बजने वाला बेला;
मनमानापन का मतवाला,
बड़ा लड़कपन है अलबेला।

भोला-भाला लाल

सुनहली किरन रही थी फैल,
बड़ा ही था सुहावना काल;
रात थी मोती गई बखेर,
चमकते थे वे हुए निहाल।
खिल रही थीं कलियाँ मुँह खोल,
लुभाता था हँस-हँसकर फूल;
महँक भीनी-भीनी सब ओर
फिर रही थी अपने को भूल।
सजा था रहा छरहरे पेड़
जोत औ' हरियाली का मेल;
हवा लहलही बेलियों साथ
खेलती थी कितने ही खेल।
रही थी समा निराला बाँध
पत्तियाँ हरी-भरी हिल-डोल;
देह में लगे सुनहला तार
बढ़ा था फबे फलों का मोल।
खुली धरती-माता की गोद
भरी थी मिले अनूठा लाल;
लाड़ करती थी जिसका दूब
निछावर कर मोती का थाल।
देख वह बहुत रहा था रीझ
फूल-पत्तों की बड़ी बहार;
आँख भोलापन अपना भूल
अनूठी छवि थी रही निहार।
खेलती थी मुखड़े पर मौन,
रंग लाता था उसका प्यार;
गूँधने लग जाता था चाव,
भाव-फूलों का सुंदर हार।
बड़ी लीलाओं का है भेद,
ललकती आँखों का है माल;

उपज के हाथों का है खेल,
यह बड़ा भोला-भाला लाल।

चिड़ियाँ

चिड़ियाँ हैं लुभावनी होती,
बड़ी सजीली, बहुत सँवारी;
उनके पर हैं सुंदर प्यारे,
रखती हैं वे रंगत न्यारी।
बड़े प्यार से उनको देखो,
रीझ-रीझकर उन्हें रिझाओ;
सुनो चहकना उनका चित से,
उनकी चालों पर ललचाओ।
जब वे हों पेड़ों पर गाती;
उनसे गला मिलाकर गाओ;
देख फुदकना उनका फुदको,
उमग पड़ो, फूले न समाओ।
वे हैं बड़ी भली, फुरतीली;
खुली हवा में रहनेवाली;
अपने रंग-ढंग में डूबी,
सुख-लहरों में बहनेवाली।
उन्हें मत सताओ, मत छेड़ो,
वे न जायँ पिंजरों में पाली;
उनकी जाय न डाली छीनी,
हरी-भरी, फल-फूलोंवाली।
जिनसे मसल जाय कोई दिल,
ऐसे कामों से मुँह मोड़ो;
धूल मे मिला देने ही को
कोई फूल भी न तुम तोड़ो।

खेल

चित का चाव चौगुना होवे,
लड़कों में उमंग भर जावे;
बाप का कलेजा हो दूना,
माता फूली नहीं समावे।

हो पड़ोस में चहल-पहल नित,
बड़ा सुरीला होवे गाना;
घर में बजें अनूठे बाजे,
खुल जावे आनंद-खजाना।

हरे-भरे पत्ते छवि पावें,
रस से सिंचे सजीली क्यारी;
नए-नए फूलों के फूले,
और फबीली हो फुलवारी।

बागों में बसंत आ जावे,
धान लहलहाए खेतों में;
रवे किसी चाही चीनी के
बिखर फैल जावें रेतों में।

वारा जाय थाल मोती का
खेल-कूदवाला थलियों में;
करे चाँदनी घर कोनों में,
चाँद उतर आए गलियों में।

जिन न्यारी लीलाओं के बल,
उनकी लाल बलाएँ ले लो;
जो दिखलाएँ कला निराली,
ऐसे ही खेलों को खेलो।

कोई लाल

कलियाँ हैं खिल रही, बेलियाँ हँस रही,
धरा हरी चादर फूलों से है भरी;

फूट रही है जोत, निराला है समा,
अँधियाले में छूट रही है फुलझड़ी।
बड़ी-बड़ी आँखों में जादू है भरा,
चित्त देख भोलापन जाता भूल है,
हरी-भरी दूबों की प्यारी गोद में
है यह कोई लाल या खिला फूल है।

काम की बातें

आँखे बदल-बदलकर अपनी
बहँक-बहँक जो बहुत बकोगे;
खुले हुए दिल से तो कैसे
साथ-साथ हँस-खेल सकोगे।
मुँह में बुरी बात जो आए,
तो न भूलकर भी मुँह खोले;
प्यार-भरा जी बिगड़ जायगा,
बात बढ़ेगी बोली बोले।
खींच बढ़ेगी खींच-तान से,
डूब जायगी हित की डोंगी;
छीना-झपटी कभी करो मत,
इससे छीछालेदर होगी।
अपने मतलब की बातों से
तुम्हें नहीं जो मिलती छुट्टी,
तो जिसको हो बहुत चाहते,
उससे करनी होगी कुट्टी।
बात - बात में छेड़-छाड़कर
जी में किसी कुभाव भरो मत;
हँसी खड़ा करती है झगड़े,
हँसो-हँसाओ, हँसी करो मत।
सबसे मीठी बोली बोलो,
मैली रखो न अपनी आँतें;

जी में कड़वापन भर देंगी
कड़वे मुख की कड़वी बातें।
जो निबाहना साथ तुम्हें है,
तो पत साथी की न उतारो;
भौंहें तान-तान मत बहको,
मत तानो, मत ताना मारो।
कभी चलो मत ऐसी चालें,
जिससे संगी-साथी छूटें;
आँखों में आँसू भर आए,
मोती की मालाएँ टूटें।

चंद-खिलौना

चंदा मामा दौड़े आओ,
दूध कटोरा भरकर लाओ;
उसे प्यार से मुझे पिलाओ,
मुझ पर छिड़क चाँदनी जाओ।
मैं तेरा मृग-छौना लूँगा,
उसके साथ हँसू-खेलूँगा;
उसकी उछल-कूद देखूँगा,
उसको चाटूँगा, चूमूँगा।
तू है अगर चाँदनीवाला,
तो मैं भी हूँ लाल निराला;
जो तू अगृत है बरसाता,
तो मै हूँ रस-सोत बहाता।
जो तेरी किरनें हैं न्यारी,
तो मेरी बातें हैं प्यारी;
तू है मेरा चंद-खिलौना,
मैं हूँ तेरा छुन्ना - मुन्ना।

छंद

रूप रंग दोनों में न्यारा,
तेरे मुखड़े जैसा प्यारा;
है यह चंद या कि रस-प्याला,
या चाँदी का थाल निराला।
कोई बड़ा फूल है फूला,
या है यह आईना भूला;
जोति-बेलियों का है बीया,
या है यह अकास का दीया,
किसी सुन्दरी ने मुँह खोला,
या है यह माखन का गोला;
है यह गेंद किसी की खोई,
या सुंदर पतंग है कोई।
किसी देवता का है छाता,
कलस रूपहला है दिखलाता;
या है यह चमकीला बूटा,
या बैलून सरग से छूटा।
क्या मै बतला दूँ, यह क्या है,
एक कटोरा दूध भरा है;
तेरा है अनमोल खिलौना,
जिसमें बैठा है मृग-छौना।

चंदा मामा

मेरे प्यारे बड़े दुलारे;
ऐ मेरी आँखों के तारे।
आ, मैं तेरा जी बहलाऊँ;
तुझे अनूठी बात बताऊँ।
जो है दूध-समुद्र कहाता;
कढ़ीं उसी से लछिमी माता।

प्यारा चंद चाँदनीवाला;
उसमें से ही गया निकाला।

इसीलिए दोनों मन भाए;
जग में भाई-बहन कहाए।

जगत-पिता जो माना जाता;
वह लछिमी-पति है कहलाता।

इस नाते हैं सभी उमगते;
चंदा को मामा हैं कहते।

है वह जगमग-जगमग करता;
उससे है झर-झर रस झरता।

जो है उससे ज्योति निकलती;
दिए की तरह वह है बलती।

तेरी आँखों पर है खिलती;
तेरे मुखड़े से है मिलती।

तुझे चूमती ही रहती है;
दूध-धार-जैसी बहती है।

रंग निराले दिखलाती है;
छिटिक धरा पर छवि पाती है।

क्या तू इसे हाथ में लेगा?
क्या इससे मिलकर खेलगा?

आ रे चंदा मामा, आ जा;
लाल को खिला फूल बना जा।

फूल और तारे

दोनो ही हैं रंग-बिरंग, दोनों हैं छविवाले;
दोनों ही हैं बड़े फबीले, दोनों बड़े निराले।
खिले हुए रहते हैं दोनों, दोनों हैं अलवेले।
किसी बड़े बाजीगर के हैं दोनों सुंदर चेले।
आँखों की चोरी करते हैं, दिल हैं छीने लेते;
दोनों हैं अपनाते रहते, दोनों हैं सुख देते।

ए धरती के बड़े लाड़िले, वे आकाश-दुलारे;
दोनों ही हैं हँसते रहते, दोनों ही हैं प्यारे।

माता

किसने तुमको पोसा-पाला, किसने तुम्हें जिलाया;
बड़े प्यार से किसने तुमको अपना दूध पिलाया।
गिना तुम्हारे दुख को किसने अपने दुख से बढ़कर;
उमग-उमग पड़ते थे तुम किसके कंधों पर चढ़कर।
किसकी मीठी बातें सुन तुम फूले नहीं समाते;
उँगली पकड़-पकड़ चल किसकी तुम हँसते-मुसकाते।
जिसका मुखड़ा देख तुम्हें है सारा सुख मिल जाता;
यह माता है, स्वर्ग नहीं जिसके पद-रज को पाता।

चाह

बना रहे पानी मोती-सा,
चमक-दमक प्यारी दिखलाओ;
अपने मुँह की लाली रखकर
लाल! लाल-जैसे बन जाओ।
तितली-जैसी रखो रंगतें,
बड़ी निराली ललकें पाओ;
भौंरों-सा रँग श्याम रंग में
गूँज-गूँज न्यारे गुण गाओ।
हरा-भरा रह पेड़ों-जैसा
सदा बड़े सुंदर फल लाओ;
रहो चहकते चिड़ियों-जैसा,
कोयल की-सी कूक सुनाओ।
प्यार-छाँह में पल-पल करके
कभी किसी का दिल मत छीलो;

रहे चाँद-सा मुखड़ा हँसता,
प्यार-छलकता प्याला पी लो।

बालक

खिला रहे फूले फूलों-सा,
बने आँख का तारा;
जगमग करता रहे चाँद-सा
बहा-बहा रस-धारा।
उजियाला फैला-फैलाकर
दूर करे तम सारा;
दीपक बने अँधेरे घर का
बालक-मुखड़ा प्यारा।

(19)

कामद-कवित्त

(1)

भाव-भक्ति

पादप के पत्ते हैं प्रताप के पताके हरे,
क्यारियाँ सुमन की सुमनता सँवारी हैं;
तेरे अनुराग-राग ही से रंजिता है उषा,
नाना रवि तेरे तेज ही से तेजधारी हैं।
'हरिऔध' तेरे रंग ही में रजनी है रँगी,
विधु की कलाएँ कर-कंज की सुधारी हैं;
महा प्रभावान पूत नख की प्रभा से लसे
सारे नभ-तारे तेरे पग के पुजारी हैं।

सेमल को लाल-लाल सुमन मिले हैं कहाँ,
पीले-पीले पुष्प दिए किसने बबूलों को;
तुली तूलिकाएँ ले-ले कैसे साजता है कौन
सुललित लतिका के कलित दुकूलों को।
'हरिऔध' किसके खिलाए कलिकाएँ खिलीं
दे-दे दान मंजुल मरंद अनुकूलों को;
किससे रँगीली साड़ियाँ हैं तितली को मिली,
कौन रँगरेज रँगता है इन फूलों को?

किसके करों से है धवलिमा निराली मिली,
किसके धुलाए हैं धवल फूल धुलते;
किसके कहे से ओस-बिंदु सुमनावली के
मोहकर मानस हैं मोतियों से तुलते।

'हरिऔध' किसके सहारे से समीर द्वारा
मंजुल मही में हैं मरंद-भार ढुलते;
किसके लुभाने के बहाने मनमाने कर
रात में खजाने रत्न-राजि के हैं खुलते।
झर-झर झरने उछाल वारि-बिंदुओं को
अंक किसका हैं मंजु मोतियों से भरते;
पादप के पत्ते हिल-हिल हैं रिझाते किसे,
खिल खिल फूल क्यों सुगंध हैं वितरते;
'हरिऔध' किसी ने न इसका बताया भेद,
सकल फबीले फल क्यों हैं मन हरते;
बजते बधावे क्यों उमंग-भरे भृंग के हैं,
क्यों हैं रंग-रंग के विहंग गान करते?
कामना-कलित-कलिका को है खिलाता कौन,
मधु है मिलता कौन मानस-हिलोरे में;
कौन है विलसता सरस वासना के मध्य,
रस भरता है कौन प्रमद कमोरे में।
'हरिऔध' लालायित होती है ललक काहें,
कौन लसता है लोक-लालसा के कोरे में;
कौन लाभ हुआ लोने-लोने लोचनों के मिले,
जो न लाली लाल की दिखाई लाल डोरे में।
लगन लगे भी लालसाएँ जो ललाती रहीं,
कैसे तो न लोक-लाल लोलुपों को टोकेंगे;
वसुधा विकासिनी विभूति-विरहित जन
सुधा को प्रवाह कैसे मानस में रोकेंगे;
'हरिऔध' कैसे कांत-कामना-विहीन कर
मनुजात जीवन-महान-फल लोकेंगे।
जो न बने मानस मुकुर मल-मोचन, तो
कैसे लोक-लोचन को लोचन विलोकेंगे।
किस लोक मंजु की महान मंजुता से रीझ
महँक रही है वायु महँक अधिक ले;
किस मधु-सिंधु को सुनाता है मधुर गान
अति कमनीय तान मधुप रसिक ले।

'हरिऔध' कूक-कूक किसे है बनाता मुग्ध
रुचिर रसाल-मंजरी का रस पिक ले;
किसे अवलोके फूल खिलते अघाते नहीं,
किसके विलोके कुंद के है दाँत निकले।
जिसकी पुनीत भावना में उर लीन रहे,
क्या न वह भाव-भरी मुरली बजाएँगे;
क्या न रोम-रोम में भरेंगे तमहारी तेज,
क्या न भीत जन को अभीत कर पाएँगे।
'हरिऔध' जिसकी सजीवता सजीवन है,
लोग जाग जिससे जगत को जगाएँगे;
क्या न वह गान फिर गाएँगे कृपानिधान,
क्या न वह मंजु तान कान को सुनाएँगे।
किसे लाभ कर महि महिमामयी है हुई,
किसकी पुनीत केलि कीर्ति-कलसी-सी है;
मानवता किसकी महान मति से है लसी,
दानवता किसके पदों से गई पीसी है।
'हरिऔध' ऐसी पति-देवता कहाँ है मिली,
किसकी प्रतीति प्रीति प्रगति सती-सी है।
कौन पाप-पीन-जन पातक-निकंदिनी है,
कौन जग-बंदिनी जनक-नंदिनी-सी है।

(2)

गंगा-गौरव

अंग-अंग में है लोक-पावन प्रसंग भरा,
रूप अवलोकनीय रंग बहु न्यारा है;
तरल तरंग में हैं मंजु भावनाएँ बसी,
संचित विभूति में लसित भाव प्यारा है।
'हरिऔध' अंक अलौकिकता निकेतन है,
कमनीय कला कांत कलित किनारा है;
सारा मलहारी सतोगुण का सहारा महा,
सुधा-से सरस गंगा तेरी रस-धारा है।

भारत-धरा में भरी ऐसी भव-भावनाएँ,
जिससे विभूमिमान बना भिखमंगा है;
काल-अनुकूल लगे कूल की कलित वायु
ललित विचारवाला बनता लफंगा है।
'हरिऔध' देखे देव-दारिका-सी दिव्य भूति
दबता दुरंत यमदूत-दल-दंगा है;
भूतल की रंगा रंग रंजनाओं-से है लसी,
पावन-प्रसंगा गंगा तरल-तरंगा हैं।
पूजन-भजन कर कुजन सुजन बने,
भारत का जन-जन जानता है इसको;
भव में भवानी-पति-सा ही भूतिमान किया,
भाव से भरित भावना दे जिस-तिसको।
'हरिऔध' सगर-सुअन का सँवारा जन्म,
तारा उसे, कोई तार पाता नहीं जिसको;
सुधा को उधार वसुधा तल-सहारा बनी,
सुरसरि-धारा ने सुधारा नहीं किसको;
शंभु के गरल की गरलता न दूर होती,
सहज तरलता न सिंधु की निबहती;
हिमवान महिमा-निधान बन पाता नहीं,
शुचिता न लोक में महत्ता पाती महती।
'हरिऔध' पावनता मिलती पाताल को न,
भूतल में भरित अपावनता रहती;
करते असुरता असुर के समान सुर,
सुरसरि-धारा जो सहारा दे न बहती।
पूत-सरि-धारा की सफल भूत साधना है,
सुर-पुर-धाम की मनोरम निसेनी है;
पावन है परम अपावन मनुज-मन,
सरस, सुहावन, सकल सुख-देनी हैं।
'हरिऔध' लाल, सित, असित विकासमयी
भारत-वसुंधरा की बिलसित बेनी है;
त्रिदिव त्रिदेव-सी पवित्रता-निकेतन है,
त्रासिनी त्रिताप की त्रिलोक में त्रिबेनी है।

सुरसरि-धारा है उपासना सतोगुण की,
सब सुख-सौध की अलौकिक निसेनी है;
कलित कलिंद-नंदिनी-सम सुकेलिमयी
घन रुचि तन की समाधि सुख-देनी है।
'हरिऔध' लोक-अनुरंजिनी सु अनुरक्ति,
शारदा-सी पाहन कुछावन की छेनी है;
सिकता-विधायिनी है तामस रसिकता की,
मानव की पूत मानसिकता त्रिवेनी है।

भारत-विभूति

सब-भूत-हित की विभूति विलसी है कहाँ,
विश्व-बंधुता की निधि किसकी बही में है।
मानवता कहाँ है कुसुम-कलिका-सी खिली;
दिव्यता कहाँ के कवि-कुल की कही में है।
'हरिऔध' आलेकित लोक किससे है हुआ,
सुरपुर-सत्ता बसी किसकी सही में है।
भुवन-विमोहिनी महान मंजुता है कहाँ,
भारत ही मंजुतम मंजुल मही में है।
सारी वसुधा में है बगारती विमल मति;
पाहन-समूह में है प्रतिभा पसारती;
वारिधर-सदृश विवेक-वारि बरसा के
भूतल में स्वर्गिक विभूति है उतारती।
'हरिऔध' भावना सुधारती है भावुक की,
मानस में पूत भूत भाव है उभारती।
भरत कुमार भूति भारती की मूल भूत
भारतीयता से भरी भारत की भारती।
आया क्यों धरा में, क्यों कहाया भारतीय जन,
भूत जो भगाया नहीं भारभूत पापी का;
पूज-पूज सुर-वृंद कौन-सी विभूति पाई,
बल जो बिलाया नहीं प्रबल प्रलापी का।

'हरिऔध' कैसे तो सपूती न कपूती होती,
न गया मिटाया जो प्रमाद आपाधापी का;
देश परितापी को तपाया जो न दे-दे ताप,
पाया जो न पौरुष प्रताप से प्रतापी का।
भारतीय भारती तो आरती उतारती क्यों,
भारत-धरा की धीरता में जो न सनते;
कैसे जन करता भजन कर गुण-गान,
जन्मभूमि बैरियों की जड़ जो न खनते।
'हरिऔध' कैसे देवी-देवता तो देते मान,
तन बारि सुयश-वितान जो न तनते;
जय बोल-बोल जाति बलि-बलि जाती कैसे,
जो न बलि-वेदी के प्रताप बलि बनते।

विधि-विधान

अकलित कुसुम ललित पल्लवों में मिले,
भावुकता भूल-सी विलोके भाल-अंक में;
समझे तिमिर में अलोचनता लोचन की,
निकसे अकिंचनता कंचन की लंक में।
'हरिऔध' विधि की है बंकता विदित होती,
पाए गए रंकता करंकी भूत रंक में;
अवलोके सुरसरि मंजु अंक को सपंक;
कलुष कलंक देखे मानस-मयंक में।
कुल-लाल होते हैं अकाल काल-कवलित,
सेंदुर विपुल बालिका का धुल जाता है;
लाखों मालामाल, लाखों पेट हैं न पाल पाते,
लाखों सुखी, लाखों का कपाल कलपाता है।
'हरिऔध' देव-कुल होता है दलित नित,
फूला-फला दानव का दल दिखलाता है;
अबुध-अबुधता विधान है 'बताता यह,
विबुध भले ही बने बुध न विधाता है।

मोह-महत्ता

दुख को असुख, महा नीरस रसों को कर
कलित कुसुम को कुलिश कर पाता है;
देता है मलिन वक-माला को मराल-पद,
ललित रसाल को बबूल बतलाता है।
'हरिऔध' विधना-विधान है विबोध जन,
सुधा-सम वसुधा का जीवन-विधाता है;
आप ही मनुज-कुल लाल को कराल काल
काला नाग मंजु मणि-माल को बनाता है।
बहु सुख-लालसा दिखाती है लहू से भरी,
लोभ लाखों लोगों का रुधिर पी ललाता है;
धूल में मिलाता है सुमेरु-से सदन मद,
कोप-दव दिवि को दहन कर पाता है।
'हरिऔध' पामरता-पूरित कलंक अंक
कामना-कसाइनी ललाट पै दिखाता है,
करके अमानवता फूला है समाता नहीं,
महि में न कौन पाप मानव कमाता है।
भव को प्रपंच मान भोग के न भोगी रहे,
श्रम बहु भाया भगवान के भजन का;
उचित विराग राग के न अनुरागी रहे,
झूठा ज्ञान रहा यज्ञनीय के यजन का।
'हरिऔध' अथवा विवेक के विवेकी रहे,
बोध हो न पाया बुध बोधक वचन का;
गगन-सुमन-अनुमोदक सदैव रहे,
खाते रहे मोदक समोद हम मन का।
बड़े-बड़े लोचन के लालची बने ही रहे,
बिसर न पाई बात बेंदी बिकसी की है;
छीछी-छीछी कहैं लोग, छीछी की किसे है सुध,
सुछवि न भूल पाई छाती उकसी की है।
'हरिऔध' चूक-चूककर भी न चूक चुकी,
कसक-सकी न कढ़ कंचुकी कसी की है;
उकस-उकस आज भी न कस में है मन,
अकस न छूट पाई काम अकसी की है।

प्राकृतिक दृश्य

रजत विराजित विलोक तरु-राजि-दल,
मोहकता अवलोक अवनी अपंक की;
भाए विभा-वलित दिगंगना विशद भाल;
छाए छवि-पुंजता रुचिर छवि रंक की।
'हरिऔध' राका-रजनी-सी रंगिणी के मिले,
छीर-निधि की-सी छटा देखे सरि अंक की;
चाँदनी-समान चारु हासिनी विकास व्याज
बिहँस रही है आज मंजुता मयंक की।
नाना स्वाद-सदन मनोहर सिता-समान
वसुधा विनोदन सुधा-निधि में धँसे हैं;
दाख-से सरस मधु-मंजु कंज-कमनीय,
माधुरी की मधुर कसौटी पर कसे हैं।
'हरिऔध' लालयित होता है विलोक लोक,
लोच भरे लालची विलोचन में बसे हैं;
आहा! कैसे तरु में फबीले सौरभीले भले
पीले-पीले परम रसीले आम लसे हैं।
नीलम के हार-से लसे हैं हरे पल्लवों में,
पादप की मोद-भरी मंजुता के थल हैं;
बानर के व्यंजन, विहंगम के मेवे मंजु,
केकी के कलोल, काक-कुल के कवल हैं।
'हरिऔध' मेदिनी विकास के सलोने लाल,
डाल के हैं माल, बाल-मंडली के बल हैं;
मतवाले भृंग-से निराले घन लाले पाले,
काले-काले छविवाले जामुन के फल हैं।
सरस बनाती है विलोचन प्रभात काल
लिए ओस-बिंदुओं की छोटी-छोटी कलसी;
करती है पुलक वलित केलि कामुक को,
बन-बन किरण कला की कांत कलसी।
'हरिऔध' पाई अभिरामता धरा में रम,
नेह-पगे गई गात श्यामता में ढ़ल-सी;

नीले-नीले फूलों में बसी है क्या निराली छटा,
हरे-हरे दल में लसी है कैसी अलसी।
ऊषा-सुंदरी क्यों राग-रंजित द्विगुण हुई?
लालिमा चढ़ी है क्यों दिगंगना-दुकूलों पर;
रोली-भरा थाल कौन लाल लौट गया आज,
परम ललाम भूत लोक-छवि-मूलों पर।
'हरिऔध' कौन-सा सरस उर होली खेल
बरस रहा है रंग निज अनूकूलों पर;
किसके अबीर फेंके महुए हुए हैं लाल,
किसने गुलाल डाला सेमल के फूलों पर?
मुँह खोल-खोल जब बान हँसने की पड़ी,
तब हँस-हँस क्यों न सबको हँसाएँगे।
महँ-महँ महँक रहे हैं जो महँक भरे,
कैसे तो न महती मही को मँहकाएँगे।
'हरिऔध' पाई है बहार तब कैसे नहीं,
हार किसी महिमामयी को पहिनाएँगे।
रंगवाले मिले आज दुगुने रँगीले बने,
कैसे फूल रंग ला न रंग दिखलाएँगे।
लाली मिले किसकी कलित किसलय हुए,
पत्ते महुए के हो गए हैं क्यों ललिततर;
रँग गया रोचन से रुचिर फलों के साथ
वट के नवल दल कौन कमनीय कर।
'हरिऔध' कोई क्यों नहीं है बतलाता हमें,
सारे कचनार क्यों अबीर से गए हैं भर;
रंग खेल किससे पलास हो गए हैं लाल,
किसने गुलाल फेंका ऊषा के कपोल पर।

विविध विषय

लोग बोली बोलेंगे, करेंगे बोलती तो बंद,
बाल-बाल बीनेंगे बला जो बन जाएँगे;

चाल जो चलेंगे, तो चलेंगे हम लाखों चाल,
मुँह नोच लेंगे, कभी मुँह जो बनाएँगे।
'हरिऔध' बैरियों को दम लेने देंगे नहीं,
आँख तो निकाल लेंगे, आँख जो दिखाएँगे;
बात-बात ही में बात उनकी बिगाड़ देंगे,
सौ-सौ बात एक बात के कहे सुनाएँगे।

कामद कला से कांत कलित कलेवर है,
कमनीय कांत कौमुदी है रमी अंक में;
भावमयी मत्तता मधुर भूत माधुरी है,
लोक लोभनीयता है कल्पना कलंक में।
'हरिऔध' सरसे बरसता सरस रस,
बिकच सरोज-सा लसा है भाव अंक में;
विबुध-विमोहिनी विभूति बहुधा है बनी,
वसुधा सुधा है मंजु मानस मयंक में।

बहु वंदनीय जन द्वारा वंदनीय बने,
वंकता अवंकता हुई है बाल-वंक की;
लोकपति लोचन कहाए मुख लाली बची,
कलित कला में डूबी कालिमा कलंक की।
'हरिऔध' पाए द्विजराज-सा पवित्र पद,
वंचना पुनीत बनी पूत रुचि रंक की;
पाप-पंक-मज्जित हुए भी न हुई मलीन,
भव-भाल-अंक बनी महिमा मयंक की।

आलस-तिमिर-तोम मिहिर मरीचियाँ हैं,
बहु विध बाधा विहगावलि तुफंगें हैं;
उर-सर-विलसित विलुलित वीचियाँ हैं,
मानस-गगन में विराजित पतंगें हैं।
'हरिऔध' सुरभि सुरुचि सुमनालि की हैं,
प्रचुर प्रयास-पयोनिधि की तरंगें हैं
हास-भरी विविध विलास-भरी युवक-उमंगें हैं।
यौवन-विकास-भरी युवक-उमंगें हैं।
ज्वालामुखी-ज्वाल-माल-सी हैं बड़ी विकराल,
महा काल-कर की अकुंठित तुफंगें हैं।

फुँकरत शेष के सहस्त्र फन की हैं फूँक,
अग्निमयी प्रलय प्रभंजन-तरंगें हैं।
'हरिऔध' विदित कराल कालव्यालिनी हैं,
पातकी प्रकांड गिरिध्वंसिनी सुरंगें हैं;
भैरव भयंकरी अशंकरी कपालिका-सी,
लोक-प्रलयंकरी युवक की उमंगें हैं।

तम-तोम काँप उठा, महि मुसुकाने लगी,
उर में समीर के निवास किया रस ने;
विकसे प्रसून, विटपावलि विकच बनी,
लता-बेलि-तन में विलास लगा बसने।
'हरिऔध' उमगी दिगंगना विहँस उठी,
गगन में विपुल विनोद लगा लसने;
भागी जाती यामिनी के पीछे पड़े तारे देख,
खिल गई चाँदनी मयंक लगा हँसने।

विबुध-समूह हो विवेकी लोक वंदनीय,
नेता मतिमान नीति-नियम-निरत हो;
जन-जन में हो नवजीवन विराजमान,
समय-प्रवाह जनता को अवगत हो।
'हरिऔध' लोक कमनीय कामना है यही,
युवक-समाज धीर, वीर, धर्म-रत हो;
देश औ' विदेश की विलोके वर्तमान दशा,
सच्ची देश-सेवा देश - सेवक का व्रत हो।

जो न सँभलेंगे, मुँह के बल गिरेंगे क्यों न,
ठीक न चलेंगे, ठोकरें तो क्यों न खाएँगे;
बात-बात में जो बहँके, तो क्यों रहेगी बात,
बात बिगड़ेगी क्यों न, बात जो बनाएँगे।
'हरिऔध' विना मुँह खोले क्यों खुलेंगे भेद,
आँख न खुली, तो कैसे खुल खेल पाएँगे।
रंग उतरा, तो कैसे फिर से चढ़ेगा रंग,
रंग बिगड़ा, तो कैसे रंग दिखलाएँगे।

खाइए न मुँह की, बखेरिए न वैर-काँटे,
कर लाल आँख लहू सगों का न गारिए;

लाग से लगाइए न आप घर ही में आग,
ऊब आप ही न पत अपनी उतारिए।
'हरिऔध' सोचिए, बिगाड़िए न बातें बनीं,
जोम से न हित की जमी जर उखारिए;
आँख होते करिए न छाती के छतों में छेद,
छूतछात से बच अछूत को उबारिए।

दो सवैए

थी तितली जिनका मुख चूमती,
भौंर विलोक जिन्हें ललचाते;
जो हँस के हरते जन-मानस,
मंजुल वायु को जो महँकाते।
ए 'हरिऔध' हरे दल में
खिल जो लतिका में बड़ी छवि पाते;
सूख गए, बिखरे, मिले धूल में,
आज वे फूल नहीं दिखलाते।
स्वर्ग गया अथवा शिव-लोक में,
या कमलापति-धाम सिधारा;
सोम बना या बना दिननायक,
या बना व्योम का कोई सितारा।
सूखती है क्यों नहीं 'हरिऔध'
विलोचन से बहती जल-धारा;
क्या हुआ, कैसे कहाँ क्यों गया
वह रामजीलाल-सा बंधु हमारा।

(20)

ब्रज-भाषा के पद्य

कांत कवित्त

काके लोक लालन की लालसा लखावै खरो,
मंजु मीठे फल सों विटप-पुंज लदरा;
गान हैं करत गीत काके गुन-गौरव को,
गौरवित खेतन मैं नाना अन्न गदरा।
'हरिऔध' चेत काकी चारुता को चेरो होत,
भू पै चाहि चाँदनी को फैलो चारु चदरा;
कहे देत वारिधिता कौने कृपा-वारिधि की
बरसि-बरसि वारि बार-बार बदरा।

कंटक-समूह भयो कलित-कुसुम-दल,
असरस सकल भयो है मंजु रस-ऐन;
कल्पलता कमनीय अकलित बेलि भई,
बरसन लाग्यो सुधा धूरि-धूसरित गैन।
'हरिऔध' कामधेनु कामद कलुख भयो,
चारुता निकेतन अवनि सिगरो अचैन;
चोखे भए चाव, रस-पोखे सब ओखे भए,
बसे मेरे नैनन में काहू के अनोखे नैन।

कोकिल की काकली सुनाति, अलि गुंजरत,
चारों ओर मंजु कुसुमावलि खिलति है;
लसत वसंत, कुसुमायुध करत केलि,
मलय-समीर लगे लतिका हिलति है;
'हरिऔध' चंद कांत कर ते धरा के काज
चाँदनी की अति चारु चादर सिलति है;

चाहि-चाहि कौन चेतवारो ना चकित होत,
चैत ही मैं चैत की-सी चारुता मिलति है।
मदिर रसाल-मंजरी ते मेदिनी है होति,
मत्तता मिलिंद-अवलीन मैं बसति है।
सुरभि लै मंद-मंद बहत समीर मंजु,
लहि कै विकास लता-बेलि विकसति है।
'हरिऔध' चारों ओर चौगुनी विभा पसारि,
चारुता-उपेत चैत-राति बिलसति है;
नवदल चाहि-चाहि चद सुधा बरसत,
तरु-चय चूमि-चूमि चाँदनी हँसति है।
सरग से आई कैसे उतर धरातल पै,
कैसे मनभाई सिधि पाई सधे नर सों;
हरे-हरे बसन कहाँ पै कब कैसे मिले,
पीरे-पीरे सुमन लहे हैं काके कर सों।
'हरिऔध' लोक नेह नहे नेहवारी भई,
किधौं जोति जननी बनी है काहू बर सों;
कहा पाए लोचन मैं रस बरसाए देति,
काके सरसाए है सरस भई सरसों।
पी-पी की पुकार सुने निज काकली को भूलि
कोकिल पपीहरा को मंजु मुख जोवै है;
सरस बयार बार-बार मंद-मंद बहि,
बैहर की विदित बिभूति को बिगोवै है।
'हरिऔध' बारि-बूँद भरो द्रुम-पुंज-दल
किसलय कमनीयता को मद खोवै है;
बोवै है पयोद रस-रसन बिनोद-बीज,
पावस प्रमोद ऋतुराज रंग धोवै है।
हरे द्रुम-दलन हरीतिमा को दूनी करि
बूँद मिस मंजु मुकुताहल पिरोवै है;
दै-दै कै रसालता अलौकिक रसालन को
जोति-बीज जुगुनू-जमात मिस बोवै है।
'हरिऔध' बरसि-बरसि रस सरसत,
जीवन भरो है जग जीवन सँजोवै है;

लै-लै मेघराज ते बिनोद बिलसित बारि
पावस प्रमोद ऋतुराज रंग धोवै है।
ऊषा अहै, किधौं रंग-भरी ललना है लसी,
ललक बिलोचन बिलोकि जाको तरसत;
बाल रवि है, कै है अबीर भरो कोऊ तन,
जो कर पसारि कै दिगंगना को परसत।
'हरिऔध' अरुनारे दल से लसे हैं तरु,
कैधों रंगवारे रंग खेलि-खेलि सरसत;
उड़त गुलाल कै पराग नभ-मंडल मैं,
लोक-अनुराग कै बसुंधरा पै बरसत।

ह्वै गई है लालिमा लुभावनी दिगंगना की,
लसी कुसुमावलि से छिति गई छिक-सी;
लोने-लोने तरुन ललित लतिका तन मैं
कानन में दिवि की ललामता है बिकसी।
'हरिऔध' फाग राग ही के अनुरागी बने,
लोक-लालसाएँ गईं लाली हाथ बिक-सी;
ललना ललाम ऊषा पहिरि बसन लाल
बाल-रबि-थाल मैं गुलाल लै कै निकसी।

हरे-हरे द्रुम-दल हीतल हरन लागे,
सीतल समीर तन परसन लाग्यो री;
चारों ओर पी-पी की पुकार पसरन लागी,
मोर-सोर सुने मन तरसन लाग्यो री।
'हरिऔध' अवधि को अंत न मिलत आली,
धुरवा दिगंतन मैं दरसन लाग्यो री;
बरसन लाग्यो बारि बिलसित बूँदन सों,
ब्योम में सरस घन सरसन लाग्यो री।

मरैगो, बचैगो नाहि, मर है तिहारो लोक,
मानव की गणना भई है ना अमर मैं;
तब काहे जाति-हित साधना न साधे सधी,
जब उठ्यो बाँधि के पटूको तू कमर में।
'हरिऔध' सुख चारि दिन को तमासो अहै,
मधु-लोभ भलो होत भूले ही भ्रमर मैं;

जड़ तो न काहें तेरो हियरो छटूक भयो,
तू भी जो न टूक-टूक - जीवन-समर मै।
तऊ पात-पात अहै मन ना हमारो जात,
जाति है हमारी बनी दूध में की मखिया;
अवलोकि सौतुख ही साँसत बिपुल होत,
सौगुनो लहत सुख साथवारी सखिया।
'हरिऔध' पढ़िकै कुपाठ क्यों भए हैं काठ,
जी की गाँठ काहें हैं बिकारन की बखिया;
दुख माँहि काहें भूरि आहें डालती हैं नाहिं,
काहें नाहिं सालती है आँसू-भरी अँखिया।
परम दुखित अवलोक भारतीयन को
जो न तू बनत बिचलित बहुतेरो है;
जो न रोम-रोम खरो होत देस-दुख देखे,
जो न जाति-हित को रहत चित चेरो है।
'हरिऔध' तो तू महा-पामरता-पूतरो है,
खलता-निकेतन अधमता-बसेरो है;
काठ ते, कमठ-पीठ हूँ ते है कठिन मन,
पाहन ते, पवि ते कठोर उर तेरो है।
काहू की ठगौरी परे ठग है गए हैं संग,
बन गयो परम बिमुख मुख कौर-कौर,
जाति को है ठोकर पे ठोकर लगति जाति,
काठ-सी कठोरता पुकरति है और-और।
'हरिऔध' करत कठिन ठकठेनो काल,
ठुकराई ठकुराइनें हैं ठाढ़ी पौर-पौर;
हैं न वह ठाट, वह ठसक, न वह टेक,
ठिठके दिखात ठूँठे ठाकुर हैं ठौर-ठौर।
काहें काठ मारि गयो, ठग क्यों भयो है संग,
काहें बहु विमुख बन्यो है मुख कौर-कौर;
जाति को है ठोकर पै ठोकर लगति काहें,
काठ-सी कठोरता पुकारति क्यों और-और।
'हरिऔध' काहें ठकठेनो है करत काल,
काहें ठान ठानि है ठगौरी खड़ी पौर-पौर;

काहें झूठे ठाट औ' ठसक से ठगे हैं जात,
ठकुर सुहाती क्यों ठठाति ठाढ़ी ठौर-ठौर।
बन-बन माँहि दरसत सुर-तरु नाहिं,
सरस रसाल को सदन है न बौर-बौर;
नर-नर माँहि नाँहि नरता निहारी जात,
प्रभुता-प्रभाव पूत होत नाहिं पौर-पौर।
'हरिऔध' सबमें न गुण-गरिमा है सम,
बहु रस बलित बनत नाँहिं कौर-कौर;
घर-घर माँहिं रमनीय रमनी हैं कहाँ,
कमनीय खनि अवनी में है न ठौर-ठौर।

प्रानन को लाला बैरि-बृंद को है परिजात,
बड़ो-बड़ो पाला मारि लेत पल-भर मैं;
बान मारि-मारि मान हरि लेत मानिन कौ,
भर देत नर-मुंड मेदिनी अधर मैं।
'हरिऔध' कहै काको काल लौं दिखात नाँहिं
काली-सी कराल करवाल लेइ कर मैं;
मर ह्वै बरन कै अमरता अमर सम,
सूरमा करत सूरमापन समर मैं।

काल-केतु ताको होत मंजुल मयंक-सम,
सुधा-सोत ताको होति निपतित दामिनी;
सुरसरि-धारा ताको सारी सरि-धारा होति,
सुरा होति ताकी सिद्धि सम अनुगामिनी।
'हरिऔध' जाकी भावना है मंजु भाव भूति,
कोल-बाला ताको होति वृंदावन-स्वामिनी;
ताको सुर-कामिनी असुर-भामिनी है होति,
राका-निशि ताको होति पावस की यामिनी।

लहू है करति, पै भरति है लहू ते नाँहिं,
बाकी ललकार काल-कोप-किलकार है;
तजति न मुख म्यान तऊ बार-बार चलि
प्रबल प्रहार कै बनति पवि-मार है।
'हरिऔध' कालिका कुपित रसना-समान
बिकरार रुधिर-पिपासित अपार है;

वार करि-करि पार होत है करेजन के,
खल जीह कैसी खर-धार तलवार है।
त्रिपुरारि-त्रितिय-नयन-दव की है दार,
अथवा सहस - फन - फुफकार - झार है;
कालिका करालतर करवाल की है धार,
अथवा कलेवरित काल किलकार है।
'हरिऔध' लोक-लोक विजय-विभूति-सार,
अथवा दुरंतता अपार पारावार है;
प्रलय प्रकोप अवतार पवि प्रतिकार
अंतक-पुकार है, या वीर तलवार है।
चरन बिना हुँ अहै चलति अचल माँहिं,
करन बिना हुँ वार करति अपार है;
बीरन को मारि-मारि अमर बनावति है,
धीरन को वाकी धार परम अधार है।
'हरिऔध' सतत हरति जन-जीवन है,
जीवन को तबहूँ रखति बहु प्यार है;
पानिप अछत सदा रहति पिपासित है,
तेजवारी है कै तमवारी तरवार है।
कहाँ जैए, कीजै कहा, काहि को सुनैए पीर,
छोरि कौ धरा के कैसे नभ मैं बनैए ऐन;
रोम-रोम माँहिं काहें दाह उपजावत हैं,
परम सलोने मंजु सुधा मैं समोए बैन।
'हरिऔध' साँसत पै साँसत करति काहें,
करि-करि सौ-सौ फंद सहज सुखद सैन;
ओखे-ओखे पेचन मैं पारत हैं काहें प्रान,
चोखे-चोखे रस पोखे काहू के अनोखे नैन।
नांहिं जो जगावत रहत हौ सनेह दै-दै,
जीवन-प्रदीप-जोति कैसे तो जगा रहे;
सुधि हूँ न लेत कैसे बेसुध भए हो हाय,
साध जो न पूजी कैसे सुध तो सगी रहे।
'हरिऔध' जाको हेरि-हेरि कै ठगौरी परी,
ठग बनि सोई काहें करत ठगी रहे;

मुँह न लगत, कहे बिलग न मानो लाल,
लग न लगे, तो कैसे लगन लगी रहे।

सरस सवैए

बूँद ले मोती पिरोती मिली,
किसके लिए बारिधि में बसी सीपी;
ले बहु रंग बलाहक ब्योम को
छींट बनाता है कौन-सा छीपी।
क्यों है दिखाती प्रतीची दिशा
प्रतिवासर मंजु महावर-लीपी;
पा सका कौन पता, मिले पावस
क्यों है पपीहा पुकारता पी-पी।
केते कलंक भयों के भए बलि,
केते गए गरिमा से गिले हैं;
ऐसे अनेक धरा मैं धँसे,
जिनके मुख-पंकज हूँ न खिले हैं।
छीजि गए अजौं छीजत जात,
तऊ हिय पाहन-से न हिले हैं;
घूर पै फूल-से बाल मरे बहु,
धूल मैं लाखन लाल मिले हैं।
तरवारें चलीं युग भौंहन की,
दृग-गोलन हूँ की चली दुनली;
उनको हियरो बहु बेधो गयो,
इनकी भई छाती छतों की थली।
इतै घायल ह्वै ब्रजलाल गिरे,
उतै घूम गिरी बृखभानु-लली;
चले नैन के बान दुहूँ दिसि से,
दुहूँ ओर ते सैन की सैन चली।
सीतल कैसे असीतल ह्वै गयो,
है रस काहें नहीं सरसावत;

जो है सगो बहु सोच बिमोचन,
छोरि सकोच सो काहें सतावत!
जाको बिसास हुतो 'हरिऔध',
सोई ह्वै बिसासी कहा कलपावत;
आगि लगावत जो उर में,
अँखियान मैं तो अँसुआ कत आवत।
चूमत घूमत है कुसमावलि,
झूमत झौंरत ही निबही है;
चाह रही रस की उर में,
न सनेह सुधा-रस-धार बही है।
लोयन में रज नावन बानि,
न केतकी ने कर कानि गही है;
प्रीति तजे अनरीति किए,
अलि! काकी कहाँ परतीति रही है।
आए लला ह्वै ललाम गयो ब्रज,
कालिमा केलि निकुंज तजै लगी;
छाई छटा तरु-जूहन मैं,
छिति की छबि-पुंजता फेर छजै लगी।
ए 'हरिऔध' लसी कुसुमावलि,
लोनी लता नवसाज सजै लगी;
बावरी कै ब्रज की बनितान को,
बाँसुरिया बन फेर बजै लगी।
लोचन है जन लोचन मोहन,
सोच-बिमोचन हैं बसु जाम के;
जीवन हैं जग जीवन के अरु
मूरि सजीवन हैं दुख दाम के।
है 'हरिऔध' मयंक-लौं मोहक,
मंजुल दीपक हैं छवि-धाम के;
देवकुमार लौं हैं कमनीय,
महा सुकुमार कुमार हैं काम के।

❑

पवित्र पर्व

पर्व और उत्सव

मनुष्य का कार्य क्षेत्र बड़ा विस्तृत है। और उसमें उसकी तन्मयता अद्‌भुत है। कारण यह है कि सांसारिकता का बन्धन ऐसा है कि वह मनुष्य को अधिकतर कार्य रत रखता है। क्योंकि जीवन के साधनों का निर्वाह ही उसको अधिकतर अपेक्षित होता है। किन्तु कार्य लग्नता का आधिक्य जीवन को उद्विग्न बना देता है। ऐसी अवस्था में उसको आमोद प्रमोद और अवकाश भी वांछनीय होता है। पर्व और उत्सवों का सृजन प्रायः इन्हीं बातों पर दृष्टि रख कर हुआ है। इसके अतिरिक्त पर्व और उत्सव उन महापुरुषों की स्मृति रक्षा के लिए भी बनाये गये हैं जिन्होंने देश-जाति-रक्षा अथवा परोपकार के निमित्त अपने जीवन को उत्सर्ग किया है इससे लाभ यह होता है कि हमारी दृष्टि में सदादर्श की प्रतिष्ठा होती है, और हम भी उस पथ के पथिक होने के लिए लालायित हो सकते हैं, जिस पर चल कर वे महापुरुष उस जीवन को प्राप्त कर सके जिसको चिर कालिक जीवन कह सकते हैं। पर्व और उत्सव वास्तव में जीवन के जीवन हैं और हृदय के उन मर्मस्पर्शी भावों के साधन हैं, जो मानवों को उल्लसित ही नहीं करते बल्कि उन्हें एक महान कर्त्तव्य की ओर आकर्षित भी करते हैं। श्रीमान् काका कालेलकर एक प्रसिद्ध और अनुभवी पुरुष हैं। उन्होंने पर्व और त्योहारों के विषय में जो लिखा है उसके मुख्य अंश को भी मैं नीचे उद्धृत करता हूँ। इस विषय में उनके विचार भी देखिएः—

"हमारी कल्पना के अनुसार त्योहारों और उत्सवों का जीवन में एक विशेष और महत्त्वपूर्ण स्थान है। त्योहारों के द्वारा ही हम संस्कृति के अनेक अंगों को सुरक्षित और विकसित कर सकते हैं—विशेष प्रसङ्ग और उनका महत्त्व याद रख सकते हैं। ऋतुओं के परिवर्तन के साथ-साथ अपने जीवन में विविध प्रकार के परिवर्तन ठीक समय पर प्रारम्भ कर सकते हैं और सामाजिक जीवन में परस्पर सहयोग के साथ एकता भी स्थापित कर पाते हैं।

मानव हृदय में कितनी ही वृत्तियाँ इतनी स्वतंत्र हैं कि यदि उनका नियमन न किया जाय तो वे अमर्यादित रीति से वृद्धि पाकर समस्त जीवन को बिगाड़ देती हैं। उनका सीधा विरोध या बाह्य निरोध शक्य और सुरक्षित नहीं होता। दबाव से वे विकृत होती

हैं और गुप्त रूप से या अस्वाभाविक रूप से वे अपनी तृप्ति करती हैं। इनमें से कुछ वृत्तियाँ मर्यादित स्वरूप में क्षम्य होती हैं। इतना ही नहीं, अपितु हितकर भी होती हैं। उनका विनाश करने के स्थान पर यदि उनको विशुद्ध बनाकर उन्नति-पथ की ओर झुका दिया जाय तो समस्त शिक्षण में उनसे बड़ी सहायता मिल सकती है। यह कार्य कितनी ही बार सामाजिक रीति से ही सुसम्पन्न हो सकता है। इसमें त्योहारों के द्वारा बड़ी सहायता मिल सकती है।

त्योहार के विषय में हमने यह दृष्टिकोण रखा है कि त्योहार स्वेच्छया समय व्यर्थ गँवा देने या आराम लेने के लिए कोई छुट्टी का दिन नहीं है। त्योहार और उत्सव तो शिक्षण के एक नैमित्तिक और कीमती अंग हैं। इसी कारण पुरानी प्रथा को अच्छी तरह ध्यान में रख कर त्योहारों के कार्यक्रम ऐसे सूचित किये गये हैं कि उस दिन का वैशिष्ट्य उसमें स्पष्ट लक्षित हो। और साथ ही प्रत्येक का कार्यक्रम इतना हलका रहे कि त्योहार की थकान दूर करने के लिए त्योहार के बाद का दिन बिगाड़ना न पड़े; एक रात का जागरण दूसरे दिन की दिवा निद्रा की स्थिति में न आये।" क्षत्रिय मित्र भाग 33 संख्या 6 पृष्ठ 8

हिन्दू जाति के जितने पर्व और त्योहार हैं वे उन्हीं आधारों पर अवलम्बित हैं जिनका वर्णन ऊपर की पंक्तियों में हुआ है। हमारे यहाँ चार प्रधान पर्व और त्योहार हैं। श्रावणी, दशहरा, दिवाली और होली। इनमें से श्रावणी में सात्विकता अधिक है। यद्यपि यह त्योहार भी चारों वर्णों में कई प्रकार से उत्साह के साथ मनाया जाता है फिर भी इसमें शेष तीन पर्वों की सी व्यापकता नहीं है। अतएव अधिक दृष्टि जनता की इन तीन पर्वों पर ही है। श्रावणी में त्यागमय प्रवृत्ति ही का प्रधान स्थान है। जो सर्वसुलभ नहीं। यद्यपि संसार में इस प्रवृत्ति की बहुत अधिक महत्ता है। परन्तु उसके पात्र उँगलियों पर ही गिने जा सकते हैं। अतएव उसकी व्यापकता भी पर्याप्त नहीं। दशहरा वह पर्व है जिस दिन लोक कंटक रावण पर भगवान रामचन्द्र को विजय प्राप्त हुई थी। इस विजय की महत्ता में देश, जाति और समाज का हित ही नहीं निहित है। इसके द्वारा धर्म की रक्षा ही नहीं हुई। प्रजा पुंज के स्वत्वों का ही रक्षण नहीं हुआ। प्राणियों के अयथा उत्पीड़न का द्वार ही बन्द नहीं हुआ। सर्वत्र शान्ति की धारा ही नहीं बही। वीरता, धैर्य और साहस अथच सुन्दर संगठन शक्ति के लोकोत्तर आदर्श भी सामने आये। अतएव सर्व साधारण में उसका अधिक मान्य होना स्वाभाविक है।

शरद ऋतु बड़ी ही सुन्दर ऋतु है। यदि भगवान रामचन्द्र की महत्ता का विकास इस ऋतु में अधिक व्यापकता से हुआ तो रमा की रमण शीलता का प्रादुर्भाव भी इसी ऋतु में होता है। दीपावली इसी ऋतु में होती है। जिसमें अमा निशा भी राका रजनी बन जाती है। इस पर्व में कितनी रोचकता है? और वह कितनी व्यापारमयी, धनधान्यवती,

विचित्र एवम् कला कलिता है। इससे हिन्दू समाज भली भाँति अभिज्ञ है। वणिक् वृत्ति का पोषण एवं विविध व्यवसायों का परिचालन इस समय जिस प्रकार होता है, लक्ष्मी देवी की आराधना जैसी होती है वह अविदित नहीं। ऐसी अवस्था में सर्व साधारण में इस पर्व का अधिक समादर होना आश्चर्यजनक नहीं। अतएव दशहरा के समान दीपावली का भी विभूतिमयी होना युक्तिसंगत है।

इसके उपरान्त वसन्तोत्सव अथवा होली का नम्बर आता है। वसन्त ऋतु जितना मनोहर और मधुर है उतना अन्य ऋतु नहीं। इस ऋतु में प्राणी मात्र में ही नया यौवन नहीं आ जाता, मानवों में ही उत्साह नहीं भर जाता, तरु तृण लतायें भी रंग बिरंगे दल, फल, फूल के आभरण धारण कर प्रकृति को सुसज्जित बना देती हैं, मलयानिल बहने लगता है; दिशायें सौरभित होकर लोगों को उल्लसित करने लगती हैं, एक कंगाल का घर भी शस्य सम्पन्न हो जाता है। कुछ दिन के लिए वह भी दैनिक अर्जन के झगड़े से निश्चिन्त हो आनन्द मग्न बनता है। वर्ष का प्रथम दिवस सब जगह उत्साह के साथ मनाया जाता है। दानवी होलिका प्रह्लाद जैसे भक्त को फाल्गुन शुक्ला पूर्णिमा को जला देना चाहती थी। पर हाल उसका यह हुआ कि वह पापाचारिणी स्वयं भस्म हो गयी और भक्त के एक रोयें को भी आँच न लगी। यह भी अल्प आनन्द की बात नहीं। इसलिए होली का उत्सव भी बड़ी धूमधाम के साथ होता है। और उसको भी प्रधान पर्वों में स्थान मिला है।

कहने का अभिप्राय यह है कि पर्व उत्सवों की महत्ता के विषय में जो कुछ कहा गया है हमारे समस्त पर्व और उत्सव उसी के आदर्श हैं। किन्तु गुण के साथ अनेक पर्वों में दोष भी आ गये हैं। हम लोगों में से अधिकांश लोग पर्व और उत्सवों के मर्म से अनभिज्ञ हैं, जिसका परिणाम उत्तम न होकर प्रायः कलुषित और लांछित बन जाता है। पर्व और उत्सवों का उत्साह के साथ उसका मर्म समझ कर मनाया जाना जितना अभिनन्दनीय है उतना ही उसका अनर्गल प्रयोग निन्दनीय है। प्रत्येक कार्य में मित और मर्यादा का ध्यान अवश्य होना चाहिए। जहाँ व्यतिक्रम होगा वहीं उद्देश की सिद्धि न होगी और हमारे आचार व्यवहार निन्दित बन जायेंगे। इसलिए विबुधजनों का यह कार्य है कि आदर्श रक्षा में जितने सावधान हों उतने ही पर्वों के दोषों को दूर करने में भी सतर्क रहें। इस ग्रन्थ की रचना इन्हीं बातों पर दृष्टि रख कर हुई है। जहाँ इसमें पर्वों के मर्मों का उद्घाटन किया गया है, उसकी महत्ता बतलायी गयी है, उसके आदर्श पर प्रकाश डाला गया है, वहीं उसके दोषों पर आक्रमण कर सर्वसाधारण को सावधान करने की चेष्टा भी की गयी है। यदि ऋतुओं की स्वाभाविकता मनोहरता और दिव्यता का वर्णन करके हृदयों में उल्लास और स्फूर्ति की धारा बहायी गयी है, तो उनसे उत्पन्न हुए विकारों की भी चर्चा की गयी है और उनसे सुरक्षित रहने का यत्न भी बतलाया गया है। इस ग्रन्थ की रचना एक समय में नहीं हुई है। माँग होने पर या स्वभावतः

विभिन्न समयों में इसकी कवितायें लिखी गयी हैं, उन्ही का यह ग्रन्थ संग्रह है।

वसन्तोत्सव के वर्णन में ब्रज लीला सम्बन्धी कुछ पद्य ऐसे हैं जिनमें शृङ्गार रस का पुट आ गया है। मैंने सामयिक हास विलास की रचना होने की दृष्टि से इन पद्यों को ग्रन्थ में से नहीं निकाला। कारण इसका यह है कि उन पद्यों में साधारण रसिकता मात्र है। अश्लीलता नहीं। इस प्रकार की रसिकता जीवन में वांछनीय होती है, अवांछनीय नहीं। किन्तु, यदि उन पद्यों में कुछ मर्मज्ञों को रसिकता की अवांछित अधिक मात्रा दिखलाई पड़े तो कृपया वे मुझे इस विषय में क्षमा करेंगे। क्योंकि दोषी ही क्षमा का पात्र होता है। ग्रन्थ में यदि और भी अन्य प्रकार के दोष दृष्टिगत हों तो उनके लिए मैं यह कहूँगा कि कवि कर्म सर्वथा निर्दोष नहीं होता। उसमें पद लालित्य, भाव व्यंजना, अनुप्रास सम्बन्धी ऐसी जटिलतायें सामने आती ही रहती हैं कि जिनका सुलझाना सुगम नहीं होता और ऐसी अवस्था में कवि साधारण त्रुटियों से बच नहीं सकता। फिर भी इस प्रकार के दोषों के लिए भी मैं क्षमा प्रार्थना ही करूँगा।

1/4/41

विनयावनत

'हरिऔध'

पवित्र पर्व

विजया

छप्पै

मुसकाती आ भुवन विजयिनी विभा दिखावे।
कर अभिमत फल दान कल्प लतिका बन जावे॥
रच रच कितनी कलित ललित लीलायें सारी।
मिले दिव्यता बन बन कर दिवलोक दुलारी॥
सुरपुर सुषमा विलसित शरद पलने में विजया पली।
बरसाती वसुधा पर रहे पारिजात कुसुमावली॥ 1॥

जाति प्रेम के महामंत्र से मुग्ध बनावे।
उर में नव जातीय भाव की ज्योति जगावे॥
नस नस में निज देश वेश की ममता भर दे।
परम ओजमय हृदय कर्म्ममय जीवन कर दे॥
जगती जीवित जाति में विजित जाति जावे गिनी।
सकल अविजयी भाव पर विजया होवे विजयिनी॥ 2॥

कायरता कर दूर कलह प्रियता को टाले।
नियम सहित निर्जीव जनों में जीवन डाले॥
फूँके अति कमनीय मंत्र जनता कानों में।
जिससे बल आ जाय जाति हित की तानों में॥
तम पूरित नाना भवन में अभिनव तम आभा भरे।
आकर के विजया अनय पर विजयी भारत को करे॥ 3॥

वैर घन पटल टले फूट दामिनि न दिखावे।
कटुता धुरवा छिपे घहर जड़ता न सुनावे॥

हो न कलह जलपात लोप हो त्रुटि वक माला।
हटे नीचता कीच सहे दुख तिमिर कसाला॥
हो कीलित केका ध्वनि कुरुचि विदलित आलस कीट कुल।
शरदाभा शोभित दशहरा हरे जाति बाधा विपुल॥ 4॥

द्रुतविलम्बित

बर वितान तले नभ नील के।
सितप्रभा - रजनीपति - रंजिता॥
विकसिता, अति निर्मलतामयी।
दश दिशा नव-अंक-उमङ्गिता॥ 1॥
मृदुल शीतल मंजुल वायु से।
प्रति घटी पल भूरि विनोदिता॥
कल-कलोल विहंग-वरूथ से।
पुलकिता कमनीय कलोलिता॥ 2॥
अति मनोरम सौरभ में सने।
हरसिँगार - प्रसून - सुगंधिता॥
सु विकसे बहु-पुष्प-समूह से।
अति मनोहरता सह सज्जिता॥ 3॥
विविध कौतुक-केलि-कलावती।
मुद - निकेत - महोत्सव - मोदिता॥
बहु-विनोद-पगी जनतामयी।
विजय - कान्त - अलाप - विभूषिता॥4॥
अतुल मञ्जुल भाव-विबोधिनी।
अति अलौकिक-गौरव-अंकिता॥
दशहरा अवनीतल में लसी।
सरसता - शुचिता - समलंकृता॥5॥

द्विपद

है सुतिथि सिर धरी विजय दशमी।
है विजय सहचरी विजय दशमी ॥ 1 ॥

कान्त कल कंठता दिखाती है।
है कलित किन्नरी विजय दशमी ॥ 2 ॥

सामने ला कला बहुत सुन्दर।
है बनी सुन्दरी विजय दशमी ॥ 3 ॥

पूत जातीय भाव पादप की।
है विकच बल्लरी विजय दशमी ॥ 4 ॥

एक अवतार प्रीति पूता हो।
है धरा अवतरी विजय दशमी ॥ 5 ॥

मंजु जातीयमान हिम कर की।
है शरद शर्वरी विजय दशमी ॥ 6 ॥

दूर कर बहु अभाव भारत का।
भाव में है भरी विजय दशमी ॥ 7 ॥

पा जिसे दुख उदधि उतर पाये।
है रुचिर वह तरी विजय दशमी ॥ 8 ॥

जो असुर-भाव में भरे से हैं।
है उन्हें सुरसरी विजय दशमी ॥ 9 ॥

जाति हित में शिथिल हुए जन की।
है शिथिलता हरी विजय दशमी ॥ 10 ॥

बहु पतन शील प्राणियों की भी।
है परम हितकरी विजय दशमी ॥ 11 ॥

विजयिनी विजया

छप्पै

कलह-फूट को तजे, बैर का बीज न बोवे।
जपे मेल का मंत्र, मलिनता मन की खोवे॥
बंधु-प्रीति में बँधे, बने निजता का नेमी।
निज भाषा, निज देश-वेश का होवे प्रेमी॥
पाकर सजीवता-जय-करी हित-वितान जग में तने।
जन जाति सकल अविवेक पर विजया बल विजयी बने॥

विजय-विभूति

बीर छन्द

तेजमान हो जाय तेजहत पल-पल पाकर तेज अपार;
अंधीभूत अवनि पर होवे ज्योति-पुंज का प्रबल प्रसार।
महिमा-हीन बने महिमामय, मिले लोक का विभव महान;
होकर सबल अबल बन जाये प्रबल प्रभंजन-तनय-समान।
मिले लोक-बल जन कर पावे पार परम-दुख-पारावार;
रोके पंथ चूर हो जावे पर्वत सहकर प्रबल प्रहार।
सेतु आपदा-सरि का होवे कल कौशल घन पटल समीर;
बने बीर रिपु वन दावानल कूटनीति पावकता नीर।
हो न सभीत पुरंदर-पवि से, कंपित कर पावे न पिनाक;
विचलित हो न समर में कोई महाकाल की भी सुन हाँक।
जीवनमय जनता-जीवन हो, कर्म योगमय हो सब योग;
किसी पियूष-पाणि से होवे दूर जाति-जर्जर-तन-रोग।
सब के उर में भाव जगे वह, जो हो कार्य-सिद्धि का यंत्र;
हो स्वतंत्रताओं का साधन, सधे साधने से जो मंत्र।
भरत-सुअन-उर में भर जाये अभयंकरी अतुल अनुभूति;
भूतिमान भारत बन जाये ले विजया से विजय-विभूति।

विजया-विभव

चौपदे

परम - गौरव - गरिमा - आगार,
लोक-अभिनंदन, ललित-चरित्र;
लाभदायक, लीला-आधार,
सुर-सरित-सलिल-समान पवित्र।

बहु-मधुर - विविध-वाद्य-अवलंब,
सुधामय - सरस - राग - आवास;
कलित - लोकोत्तर - कला - निकेत,
सुविलसित बहु स्वर्गीय विलास।

जाति - जीवन - आलय-आलोक,
कीर्ति-विटपावलि-वर उद्यान;
मनोरम - चरित - मयूर - पयोद,
भाव-मूलक भव-सिद्धि-विधान।

मनुज - कुल - मूर्तिमान - उत्साह,
भरत - भू - समारोह - सिरमौर;
मंजु - उत्सव - समूह - सर्वस्व,
भावना-भाल भव्यतम खौर।

उमंगित पुलकित लसित अपार,
मंजु मुखरित सुरभित रस-धाम;
अलंकृत अंकित अमित विनोद,
विपुल आलोकित लोक-ललाम।

शरद कमनीय कलाधर कान्त,
विकच सरसीरुह-सम सविकास;
कौन है यह रंजित नव राग,
अलौकिक विजय-विभूति-निवास।

उल्लास

चौपदे

उषा क्यों बहु अनुरंजित हुई
पहनकर अभिनंदन का साज;
प्रकृति के भव्य भाल का बिंदु
बना क्यों बाल-विभाकर आज।

किसलिये पारदमय हो गया
विमल नभतल का नील निचोल;
विहँसकर देख रही है किसे
दिग्वधू अपना घूँघट खोल।

खिल गये किसका बदन बिलोक
सरों में विलसे बहु अरबिंद;
बरसता है क्यों सुमन-समूह
प्रफुल्लित नाना पादप-वृन्द।

रत्नमय तारक-मिष क्यों हुआ
विधुमुखी रजनी शिर का ताज;
बिछ गयी क्षिति पर चादर धुली
किसलिए कलित कौमुदी-व्याज।

वितरता फिरता है क्यों मोद
मंद-चल सुरभित सरस समीर;
मोहता है क्यों बज सब ओर
किसी मंजुल पग का मंजीर।

हँस रहे हैं सज्जित ध्वज लिए
आगमन से किसके आवास;
विपुल विकसित है जनता बनी
किस बिजयिनी का देख विकास।

विजया

कवित्त

(1)

देश-यश-मंदिर-मनोरम शिखर पर
शाका कर गौरव-पताका-सी फहर जा;
वीरता-विहीन को बना के वंदनीय वीर
कायर को केसरी-किशोर-जैसा कर जा।
'हरिऔध' भारत-धरा को दिव्य ज्योति दे दे
तम-पुंज तिमिर-निमज्जितों का हर जा,
आयी विजये, तो तू विजयिनी बना जा क्यों न
विजय-विभूति जाति-भावना में भर जा।

(2)

छप्पै

आती है तो मृतक जनों में जीवन भर दे;
धीर, बीर, गंभीर गौरवित सब को कर दे।
फैला दे वह दिव्य ज्योति, जिससे तम भागे;
बंद हुए दृग खुलें, सो गयी जनता जागे।
जिसे लाभ कर दुख टले, सुख-प्रसून घर-घर खिले;
विजये, विजय-विभूति वह विजयी भारत को मिले।

दीप-मालिका-दीप्ति

दीपावली

पंचपद

(1)

वसुधा हँसी, लसी दिवि दारा,
विलसित शरद सुधा-निधि द्वारा।
हुआ विभासित नील गगनतल,
उच्च हिमालय मंजुल अंचल,
काश - प्रसून - समूह समुज्वल,
कमला-कलित सकल पंकज-दल,
चढ़ा पादपावलि पर पारा।
अमल-धवल आभाओं से लस,
बहा दिशाओं में अनुपम रस,
विभा गयी तृण बीरुध में बस,
हुआ उमंगित मानव-मानस,
चमका जगत - विलोचन-तारा।
मिले विमलता परम मनोरम,
बने नगर, पुर, ग्राम दिव्यतम,
सुधा-धवल मंदिर सुर-पुर-सम,
स्वच्छ सलिल सर-सरित समुत्तम,
हुआ रजत-निभ रज-कण सारा।
बना काल को कलित कांतिधर,
अमा-निशा को आलोकित कर,
पावस - जनित कालिमायें हर,

दमक दीप - मालाओं में भर,
घर-घर बही ज्योति की धारा।

दीपावली

ताटंक

(2)

तम-पूरित इस अमा-निशा में कौन लोक से आई तू;
आलोकित कर अवनी-तल को कौन सँदेसा लाई तू।
दीपावलि को लिये करों में पहने कुसुमावलि - माला;
किसे खोजती है बन आकुल, पीकर किस रस का प्याला?
विलसित गगन-तारकावलि में जिसकी कला दिखाती है;
क्या तू उसके लिये आरती अति ही ललित सजाती है?
या रंजिनी रमा - रंजन - हित यह आयोजन है सारा;
या जागती ज्योति की तुझमें है जगमगा रही धारा।
या तू है बिधु-रुचिर-सहचरी, विरहानल में जलती है;
विपुल थलों में विविध रूप धर जी की जलन निकलती है;
या तू शरद-विदित सितता है, यथासमय दिखलाई है;
राका-निशि की बची असितता को सित करने आई है।
या तू भारत के भवनों के, कोनों को आलोकित कर;
खोज रही है उस वैभव को, जो था विश्व-विमोहित-कर।
अथवा खोल अमित नयनों को तू है यह अवलोक रही;
क्या है वह गौरव भारत का, क्या है भारत-भूमि वही।
तू है नगर-नगर पुर-पुर में, ग्राम-ग्राम में घूम रही।
चाहक चाह-भरे लोचन को चाव-सहित है चूम रही।
दीप मालिके! दीपावलि से क्या तू ज्योति जगावेगी;
क्या भव सफल-भूत-भावों से भारत-तिमिर भगावेगी।

दीप-माला

ताटंक

दीपमालिके! दीपावलि ले आती हो, तो आ जाओ;
घूम तिमिर-पूरित भारत में भारतीयता दिखलाओ।
जो आलोकवान बनते हैं, उनमें है आलोक नहीं;
ज्योति-भरे उनके लोचन हैं, जो सकते अवलोक नहीं।
हैं हिन्दू-कुल-कलस कहाते, सूझ बहुत ही है आला;
किन्तु विलोक नहीं सकते, वे हिन्दू-अंतर की ज्वाला।
ऊँची आँख सदा रखते हैं, ऊँची बातें हैं प्यारी;
पर नीची गरदन हिन्दू की है उनको पुलकितकारी।
है अनुराग देश - रागों से, भारतीयता है भाती;
देख छुरी चलती स्वजनों पर है न कभी छिलती छाती।
देशबंधुता के प्रेमिक हैं, हैं समता के दीवाने;
किन्तु तोड़ते हैं तपाक से जाति-प्रेम के पैमाने।
नाश पुरातनता करती है, धर्म - धाँधली होती है,
बीज अमानवता का उर में चित-पामरता बोती है।
है प्रवाह बहता प्रपंच का, परम कलंकित काया है;
पेट है कपट-जाल बिछाता, जी में चोर समाया है।
ऐसे तम-अभिभूत जनों को अवलोके अकुलाता हूँ,
दीपमालिके! तारावलि गिन कितनी रात बिताता हूँ।
तुम महती आलोकवती हो, बन अनुकूल तिमिर हर लो;
भारत-भूतल को पहले सा पुलकित, आलोकित कर लो।

दीवाली

चौपदे

चमकते तारे लाई हो,
फूल से सजकर आई हो;
देख लूँ क्यों न आँख-भर मैं,
साल-भर पर दिखलाई हो।

ओस के कण किरणों को ले,
गये मोती से हैं तोले;
दिशायें उजली हैं हो गई,
फूल हँसते हैं मुँह खोले।

धुल गया-सा है सारा थल,
विमल बनकर बहता है जल;
लुभा लेता है कानों को
थिरकती नदियों का कलकल।

बिछी सर में सुथरी चादर
दूध की धारों में धुलकर;
फबन फैली दिखलाती है
पेड़ पर, पत्तों फूलों पर।

चमकती चाँदी की-सी है,
सब जगह ज्योति जगी-सी है;
ताल की उठती लहरों में
सुपेदी उफनाती-सी है।

समय का यह सुहावनापन
देखने आई हो बन-ठन;
या किसी अलबेले पर तुम
रही हो वार फवीलापन।

दिए लाखों बल जायेंगे,
दमकते नगर दिखाएँगे;
जगमगाएँगे सारे पुर,
गाँव सब ज्योति जगाएँगे।

बड़ी सुंदर नीली, न्यारी
सँवारी सुथरी जरतारी;
सजाई हीरों से होगी
रात की चमकीली सारी

उजाला घर-घर पसरेगा
अँधेरापन भी निखरेगा;

अमावस पूनो होवेगी,
चाँद धरती पर उतरेगा।

समा दिखलाओगी आला,
भरोगी चावों का प्याला;

दिवाली, क्या न दूर होगा
देश में छाया अँधियाला।

दीपावली के प्रति

पंचपद

कहाँ ऐसी छवि पाती हो;
जगमगाती क्यों आती हो।
हाथ में लाखों दीपक लिए क्यों ललकती दिखलाती हो।
सजी फूलों से रहती हो,
सुन्दरी, सरसा महती हो,
ज्योति-धारा में बहती हो,
न-जाने क्या-क्या कहती हो,
झलक किस की है दृग में बसी, क्यों नहीं पलक लगाती हो।
चौगुने चावोंवाली हो,
किसी मद से मतवाली हो,
भाव कुसुमों की डाली हो,
अति कलित कर की पाली हो,
मधुरिमा की कमनीय विभूति, मुग्धता-मंजुल-थाती हो।
तारकावलि-सी लसती हो,
वेलियों-सदृश विलसती हो,
उमंगों भरी विहँसती हो,
मनों नयनों में बसती हो,
मनोहर प्रकृति-अंक में खेल कला-कुसुमालि खिलाती हो।
अमावस का तम हरती हो,
रजनि को रंजित करती हो,

प्रभा घर-घर में भरती हो,
विभा सब ओर वितरती हो,
टले जिससे भारत का तिमिर, क्यों न वह ज्योति जगाती हो।

अनुरोध

ताटंक

मंद-मंद आ देव-सदन को दिव-मंडल-सा दमका दो;
कनक-कलश को कांतिमान कर चंद्र-बिंब-सा चमका दो।
नभ चुंबी प्रासाद-पंक्ति को प्रभा-पुंज-पूरित कर दो;
सुंदर सुधा-धवल धामों में मुग्धकरी आभा भर दो।
चारु चौरहे आलोकित कर लोक-लोचनों से खेलो;
गली-गली में ज्योति-जाल भर अति कमनीय कीर्ति ले लो।
तिमिरमयी निशि-अंक विलसती मंजुल दीपावलि द्वारा;
तारक-खचित शरद-नभतल का लाभ करो गौरव सारा।
विटपराजि में राजित हो-हो रंजित दल, फल फूल करो;
ललित बना सर सरित-कूल को ललित लहरियों में विहरो।
शीशों में बहु रूप रंग धर विविध छटायें दिखलाओ;
तरह-तरह के ज्योति-पुंज से जन-मन रंजन कर जाओ।
सरुचि बखेरो रुचिर रत्न-चय, बनो मंजु मुक्ता-माला;
ललक पिला दो भावुक जन को भाव-सुधा सुन्दर प्याला।
किन्तु कभी तुम दीपमालिके, भारत-दुख को मत भूलो;
उसके तिमिर-भरे मानस को कांतिमान कर से छू लो।

आकाश-दीप

ताटंक

अवनी-तल पर रह कर भी क्यों नभ-दीपक कहलाते हो;
किन पुनीत भावों से भरकर भावुकता दिखलाते हो।

क्या अनंत महिमामय प्रभु-पूजन-निमित्त तुम बलते हो;
अथवा निज अंतर्ज्वाला से अंतरिक्ष में जलते हो।
सहज भावनामय मानस के शांति-विधायक साधन हो;
अथवा अंधीभूत अंक के आलोकित अंतर्धन हो।
किसी भक्ति-परिपूरित जन के भक्ति भाव के संबल हो;
अथवा किसी कौतुकी नर की कौतुक-प्रियता के फल हो।
ताराओं की भाँति चमक कर लोचन को ललचाते हो;
सच कह दो, चुप चाप कौन सा भेद किसे बतलाते हो।
किन पथिकों के नभ-तल-पथ में निशि तम मध्य सहारे हो;
खोज रहे हो किसको, किसकी आँखों के तुम तारे हो।

दीप मालिका

ताटंक

तुम्हें कभी भारत-भूतल में वह स्वच्छता दिखाती थी।
जिसे देख करके हिमगिरि की हिम-विभूति ललचाती थी।
अब है वह स्वच्छता कहाँ, क्या उसे खोजती फिरती हो।
क्या उसकी दुर्गति देखे ही गौरव-गिरि से गिरती हो।
कभी रमा थी परम मनोरम बन विराजती घर-घर में;
नगर-नगर था विभव-निकेतन, मोद भरा था नर-नर में।
गिरिवर रत्नराजि देते थे धरा उगलती थी सोना;
चकित बनाता था कुबेर को प्रतिगृह का कोना-कोना।
भुवन मोहिनी उन विभूतियों को अब यहाँ न पाती हो;
उसे ढूँढ़ने को ही क्या तुम दीपावलि ले आती हो?
तम-मज्जित है जन-जन का मन आँख नहीं खुल पाती है;
उँजियाली में भी अंधों को अँधियाली दिखलाती है।
है प्रकाश की नहीं न्यूनता, तिमिर नहीं टल पाता है;
खड़े हुए बिजली के खंभे, तो भी बढ़ता जाता है।
दीपमालिके आई हो, तो दिव्य-ज्योति धारण कर लो;
भारत ही का नहीं, भरत सुत-मानस का तामस हर लो।

दीवाली

चौपदे

उजाला फैलाती रहती।
दूर करती है अँधियाली।
कौन है? किसे खोजती है।
चाँदनी है या दीवाली।1।

अमा ने छिपा दिया विधु को।
डाल करके परदे काले।
सिता ने उसे खोजने को।
क्या बहुत से दीपक बाले।2।

देख शारद नभ में छवि से।
छलकता तारक चय प्याला।
अवनितल को सजाने आई
क्या दिवाली दीपक माला।3।

विफल कर वैर भाव उसका।
अमा के वैभव में विलसीं।
क्या कलानिधि विलीन किरणें।
दीपकावलि में हैं विकसीं।4।

कुहू की महा कालिमा में।
खो गया रजनी का प्यारा।
खोजने में प्रदीपचय मिष।
क्या चपकता है दृग तारा।5।

बाल क्या वहु दीपक भारत।
आरती उसकी करता है।
जो कुमुद को चमकाता है।
तेज सूरज में भरता है।6।

लिये लाखों दीपक कर में।
खोजती है क्या भव-जननी

उस विभव को, जिसको, खोये।
हुई तम भरित भरत अवनी। 7।

क्या अमित दीपक मिष निकली।
अमा की वह अन्तर्ज्वाला।
छिप गया जिसके भय से रवि।
विधु गया वारिधि में डाला। 8।

क्या अमा के उज्वल दीपक।
भाव यह हैं भुव में भरते।
महाजन महातिमिर में धँस।
उसे हैं विभा वलित करते। 9।

क्या बताती है वसुधा को।
तिमिरमय रजनी उँजियाली।
रमा की कृपा कोर होते।
अमा बनती है दीवाली। 10।

दमकती दीवाली

चौपदे

कान्त कमला पग पूजन को।
साथ में कमलावलि लाई।
अमा में समाँ दिखाने को।
जागती ज्योति जगा पाई। 1।

स्वच्छता घर-घर में भरकर।
विलसती, हँसती, दिखलाई।
दमन करने को फैला तम।
दमकती दीवाली आई। 2।

दिव्य दीवाली

चौपदे

क्यों नहीं लक्ष्मी रूठेगी।
जब कि कौड़ी के तीन बने।
मालपूआ कैसे खाते।
न मिलते हैं मूठी भर चने।1।

बच सकेगी तब पत कैसे।
कान जो जाते हैं कतरे।
न जूआ जो छूटा तो क्यों।
गले पर का जूआ उतरे।2।

जो रही सोरही भाती तो।
किसे त्योहार कभी सहता।
हार पर हार न जो होती।
भाग तो क्यों सोता रहता।3।

पास जिसके न रही कौड़ी।
कब बना वह पैसे वाला।
मनायें तब क्यों दीवाली।
निकलता जबकि है दिवाला।4।

फाग राग

गुलाल की मूठ

चौपदे

(1)

खेलने होली आई आज,
न जाना होगा ऐसा खेल;
न थी जिससे मिलने की चाह,
हो गया उससे कैसे मेल?

लालिमा आँखों की जो बना,
ललक उससे क्यों सकती रूठ;
लाल में मूठी में कर लिया,
चला करके गुलाल की मूठ।

(2)

लालिमा नभ-तल पर थी लसी,
दिशा का था आरंजित भाल;
अरुण को करता था अनुरक्त,
रंगिणी ऊषा कुंकुम थाल।

रागमय भव लोचन को बना,
पसारे निज अनुरंजन हाथ;
बदन पर मले ललाम अबीर
क्षितिज पर विलसित था दिन नाथ

सकल तरु के किसलय कमनीय
अरुणिमा से थे मालामाल;
खेलकर होली ऋतुपति साथ
हो गये थे किंशुक-तरु लाल।

कुमकुमे थे बुल्ले बन गये,
घुल रहा था सरि-सर में रंग;
विलसती थी पिचकारी लिए
ललित लीलामय लोल तरंग

समा यह पुलकितकर अवलोक
हो रही थी मैं विपुल निहाल;
अचानक लगा गया आ कौन
गाल पर मेरे मंजु गुलाल।

मुग्धा

पंचपद

कौन था वह था किसका लाल,
क्यों गया मुझ पर जादू डाल?
भाल पर था कुंकुम का तिलक,
कपोलों पर विथुरी थी अलक,
न पड़ती मुख अवलोके पलक,
छगूनी थी तन-छवि की छलक,
गले में विलसित थी वनमाल।

बज रहे थे मृदु, मंद मृदंग,
सुधामय थी स्वर-ताल-तरंग,
मुग्ध करती थी मधुर उमंग,
अवनि पर था अवतरित अनंग,
पुलकमय परम कांत था काल।

रंग था बरस रहा सब ओर,
सरसता छूती थी छिति-छोर,
ललकमय थीं लोचन की कोर,
चितवनें लेती थीं चित चोर,

हँसी थी मोहक-मधुर-रसाल।

मल गया मुख में मंजु अबीर,
कर गया पुलकित सकल शरीर,
साथ लाकर रसिकों की भीर,
गा गया सुन्दर सरस कबीर,

डाल नयनों में गया गुलाल।

मधुर मधु

आ गया मधुर मनोहर काल।

बना भव नवल राग से मंजु, हो चला गगन-अवनि तल लाल।

उषा हो ललित लालिमामयी
बहन करती है विमल विकास;
बनाता है बहु पुलकित उसे
बाल-रवि लोहित-विभा विलास

दिग्वधू का शोभित हो गया अलौकिक दिव-कुंकुम से भाल।

सकल तरु किसलय-कलित अपार,
लता के दल कोमल कमनीय,
छिति विमोहक छवि के अवलंब,
कुसुम के रूप रंग रमणीय,

लालसाओं के हैं सर्वस्व अरुणिमा के हैं मंजुल माल।

समय-मानस का नव अनुराग
हुआ विलसित धर विविध स्वरूप,
बन गई वर बसंत का विभव
छवीली होली छटा अनूप।

तरंगित कर चित सरस प्रवाह, लोचनों को कर प्रचुर निहाल।

उसी से है अनुरंजित रग
कुमकुमों के तन का अवलेह;
मत्त लोचन की लाली चारु
चपल ललना-ललकित उर नेह।
यही गोरे गालों पर लगा बन रसिक-कर का रुचिर गुलाल।

गुलाल

उमगती, हँसती, भरित उमंग
खेलने मैं आई थी फाग;
न जाना था अबीर की मूठ
भरेगी रग-रग में अनुराग।

चौगुना कर देवेगी चाव
किसी की चितवन वन चित चोर;
रंग लावेगा कोई रंग
रंग में मेरे तन को बोर

सुना कर लोक-विमोहन गान,
दिखाकर कुंकुम-रंजित-भाल
कुमकुमे मार-मार कमनीय
विपुल पुलके अलबेले लाल।

समय दिखलाया अति अनुकूल,
मधु गई बरस मधुमयी तान;
कर सकी विपुल उरों को मत्त
सरस रस-पूरित मृदु मुसुकान।

किंतु क्यों चित ले गई लपेट
किसी की चंचल लटपट चाल;
क्यों गई मैं अपने को भूल
मले मुखड़े पर मंजु गुलाल।

रँगीली

चाव में भर दिखला अनुराग
चला दी तुमने मूठ गुलाल;
चढ़ गया मेरे चित पर रंग,
युगल लोचन हो गये निहाल।

भर उछलते भावों से भूरि
दिया हाथों से रंग उछाल;
प्रवाहित हुई प्रमोद तरंग,
हुआ सारा अंतस्तल लाल।

साध कर मंजुल, मोहन मंत्र
डाल दी तन पर विपुल अबीर;
हो गया रँगे चौगुना चारु
प्रेम का चिर अनुरंजित चीर।

न देखा मृदुल, मनोहर गात,
दिये कमनीय कुमकुमे मार;
फूट उसने दिखलाया रंग,
हुआ सरसित रस-पारावार।

उमग कर गाया मधुमय राग,
धरा पर बरस सुधा की धार;
भर गई रग-रग में ध्वनि मंजु,
बज उठे उर-तंत्री के तार।

अश्रु-विसर्जन

देख कर भाल गुलाल-विहीन
चूर होता होली का चाव;
खिन्न हो मैंने किया सवाल
कहाँ वह गया रँगीला भाव?

चुप रही, सकी नहीं कुछ बोल,
हो गये दोनों लोचन लाल;

चौंक कर लिया कलेजा थाम,
दिया आँखों ने आँसू डाल।

युगलानंद

मैंने मला गुलाल, उन्होंने मूठ चलाई,
मैं मूठी में हुई, उन्होंने आँख बचाई;

मैंने छिड़का रंग, उन्होंने ली पिचकारी,
मैं रस-बस हो गई, बने वे रसिक बिहारी।

मैं अबीर ले बढ़ी, कुमकुमे उनके टूटे;
मैं नव बेली बनी, बने वे विलसित बूटे;

मेरी ताली बजी, उन्होंने गाई होली;
मैं विहँसी मुख मीड़, उन्होंने बोली बोली।

मैंने छेड़ी बीन, उन्होंने वेणु बजाया,
मेरी रंगत रही, उन्होंने रंग दिखाया;

मैं उमंग में भरी, कलेजा उनका उछला,
मेरी भौंहें तनीं, उन्होंने तेवर बदला।

मैंने छीनी पाग, उन्होंने घूँघट टाला,
मैंने टोना किया, उन्होंने जादू डाला;

मैं सनेह में सनी, बने वे प्रेम-बसेरे,
मैं मोहन की हुई, हुए मन मोहन मेरे।

फाग

किस लिये कलित कुम कुमे मार
उषा को रवि करता है लाल;

मल रही है क्यों उष्णा आज।
बाल-रवि-मुख पर मंजु गुलाल।

क्यों अरुण साथ खेलकर रंग
हुआ लोहित दिगंगना-गात;
उड़ाये किस के विपुल अबीर
बना आरंजित नभ अवदात।

फेंक किस मंजुल कर ने रंग
बनाया रंग-बिरंगा ओक;
क्यों मनों को करता है मुग्ध
लालिमा से विलसित हो लोक।

क्यों अधर में भरकर नवराग
अरुणिमा की बहती है धार;
बहन कर मारुत रक्त पराग
चला किस का करने शृंगार।

खिल रही कलिकाओं को छेड़,
मचाता है क्यों अलि उत्पात;
क्यों कुसुम-कुल ले-लेकर रंग
तितलियों का रँगता है गात।

अंक में ले मंजरियाँ मंजु
केलि-रत हैं क्यों रसिक रसाल;
किस लिये मधु से हो-हो मत्त
झूमती है मधूक की डाल।

ललित लतिकाओं का कर साथ
लाल हो-हो अनार-कचनार
क्यों दृगों को करते हैं लोल
पहन विकसित सुमनों का हार।

किसलिये नव लाली कर लाभ
बने ललकित लोचन के माल;
तरु-नवल-दल-गत सित-जल-विंदु
बेलि उर विलसित मुक्ता-माल।

क्यों हुआ रंग ढंग है और,
रंग लाया क्यों उकठा काठ;
किसलिये कोई गया उँडेल
पलासों पर मजीठ की माठ।

गिरा है रहा रँगीला कौन
सेमलों पर गुलाल का थाल;
लहरते सरित-सरोवर-मध्य
किसलिये बिछीं चादरें लाल।

क्या मिले कुसुमाकर-सा बंधु
हो गया मूर्तिमंत अनुराग;
या किसी लोक-लाल के साथ
खेलती है भव-ललना फाग।

होली की ठठोली

जब दिवाकर ने निज कर से
उषा के घूँघट को टाला,
रात परदे में जा बैठी,
भगी छिप कर तारक माला।

ढाक कुसुमों का मुँह काला
जिस समय ऋतुपति कर पाए;
खिल उठीं कितनी ही कलियाँ,
कुंद के दाँत निकल आए।

किया चिड़ियों ने कोलाहल,
बेलि भूली अलबेलापन;
जमाने लगी हवा धौलें,
जब गये पौधे नंगे बन।

बहुत मलयानिल ने छेड़ा
लताओं को, छू-छूकर तन;
चिटिक कलिका ने ली चुटकी,
देख उसका मतवाला पन।

खोल कर मुँह वह हँसता है,
वे मचल-मचल घूमती हैं;
फूल है उन्हें गोद लेता,
तितिलियाँ उसे चूमती हैं।

मानस-अनुराग

गगन-मंडल में लाया रंग
हुआ अवनीतल उससे लाल;
विलसता मिला पलास-प्रसून
लोचनों पर जादू-सा डाल।

हुए उससे ललाम तरु-पुंज
ओढ़ किसलय-कुल-कलित दुकूल;
उसी का बहु अनुरंजन भाव
लाभ कर ललित बने सब फूल।

साड़ियाँ पैन्ह-पैन्ह रंगीन
लाल दलवाली लतिका लोल
उसी के सरसे लालन साथ
दिखाती है करती कल्लोल।

फाग-वैभव को कर रस-लीन
अरुणिमा में लेता है ढाल;
छबीले तन-मन पर छवि-साथ
वही देता है रंग उछाल।

किसी मूठी का मंजु अबीर
किसी माथे की बिंदी लाल
हमारे मानस का अनुराग
किसी आनन का बना गुलाल।

फाग-अनुराग

रजो गुण ने दिखलाया रूप
लाभ कर काल परम अनुकूल;
या हुई रंजित होली-हेतु
अवनि मंडल में उड़ती धूल।

अरुणिमा के विस्तार-निमित्त
अधर में खुला नवीन विभाग;

या हुआ घनीभूत नभ-मध्य
लाल फूलों का ललित पराग।

ललाई का है हुआ विकास
लालसाओं को कर अभिराम;
या हुई जहाँ-तहाँ समवेत
लोक-लोचन लालिमा ललाम।

क्या किरण आज रह गई लाल,
हो गईं और रंगतें दूर;
या प्रकृति है भरती निज माँग
रति-सिंधोरा का ले सिंदूर।

बना करके कमनीय दिगंत
अवनि पर बिखरा ऊषा-राग
उड़ रहा है गुलाल सब ओर,
या हुआ मूर्त फाग-अनुराग।

रंग में भंग

दूर कर सके न मन का मैल,
क्या हुआ तो फिर रंग उँडेल;
चलाते हैं गुलाल की मूठ,
पर कहाँ हो पाता है मेल।

आज भी खुल जाते हैं कंठ;
होलियों का होता है गान;
तान वह जो हो भरी उमंग
कहाँ अब सुन पाते हैं कान।

कहाँ है आपस का वह प्यार,
भले ही भंग छान लें संग;
रंग खेले भी रंग रहा न,
इस तरह का बिगड़ा है रंग।

नहीं रस से रखते हैं काम,
बन गये हैं कुछ ऐसे काठ;

गले अब भी मिलते हैं लोग,
पर नहीं खुलती जी की गाँठ।

मिल गए होली सा त्योहार
आज भी मच जाता है फाग;
रागमय होता जिससे लोक,
कहाँ है अब वह जन-अनुराग।

होली

पद

किस लाली से तू है लाल
कौन मल गया तेरे मुख पर गोरी ललित गुलाल॥
बनी कौन मद पी मतवाली।
आँखों में छाई क्यों लाली।
कुसुमावलि-माला छबि वाली।
पिन्हा गया क्यों कोई माली।
क्यों गुलाब सा आज हो गया गोरा-गोरा गाल॥ 1॥
तरु किसलय लालिमा लुनाई।
किंशुक कुसुम ललाम ललाई।
दाड़िम-कलिका कलित निकाई।
देख देख क्या विपुल लुभाई।
या विलोक बिकसित वारिज मंजुल दल हुई निहाल॥ 2॥
लाल-लाल लोनी लतिकायें।
नवल बेलि की केलि कलायें।
कुंकुम कान्त बदन ललनायें।
लीला-लोलुप-जन लीलायें।
क्या तेरे अनुरंजन सर की हैं सोतियाँ रसाल॥ 3॥
छीन दिग्वधू की ली लाली।
बनी बाल-रवि-रंजिनि आली।

जगती-तल रक्तिमता ताली।
लोक ललाम भूत से पा ली।
अथवा भरी गिरे अबीर के भरे भराये थाल ॥ 4 ॥
है अनुराग राग की थाती।
राग रंग रंगत से राती।
या तुझ पर लोचन ललचाती।
छटा रँगीली है छबि पाती।
या वह बड़ा रँगीला रँगला रंग गया है डाल ॥ 5 ॥

हमारी होली

पद

कहाँ गई होली मुख लाली
छिन क्यों गई फूल की डाली
छिन्न कर दिया किसने रस सुमनों का सुन्दर हार ॥ 1 ॥
है स्वर-लहरी नहीं लुभाती।
है न मुरज-ध्वनि मुग्ध बनाती।
है मोहकता उमग न पाती।
है न रसिकता रस बरसाती।
टूट गया क्यों सुरुचि-विपंची का अति रुचिकर तार ॥ 2 ॥
कुसुमाकर क्यों नहीं सरसता।
सुधा सुधाकर नहीं बरसता।
चित्त था जिसके लिये तरसता।
वह समीर क्यों नहीं परसता।
नहीं बनाता मधुमय मानस क्यों मधुकर झंकार ॥ 3 ॥
है न मुकुल-कुल पुलकित कारी।
है न कलित तम कुसुमित क्यारी।
है न पलाश-लालिमा प्यारी।
है न नवल लतिका छबि न्यारी।
मन्द मन्द क्यों बहा न मलयज ले मरन्द का भार ॥ 4 ॥

है गुलाल मय गगन न होता।
ककुभ में न बहता रस-सोता।
चाव-बीज है चित्त न बोता।
है प्रमोद-मोती न पिरोता।
है कोकिल काकली न करती मोहन-मन्त्र प्रचार ॥ 5 ॥

समय कुसुम में कीट समाया।
पड़ी चित्त पर कलुषित छाया।
रस में अनरस गया मिलाया।
या सुख-विकच-वदन कुँभिलाया।
अथवा अब असार जीवन में रहा नहीं कुछ सार ॥ 6 ॥

होली

षट्पद

चाव में डूबे उमंगों में भरे भावों-ढले।
गान के वर गौरवों की भू बना अपने गले ॥
कौतुकों की मूर्तियाँ बन कर बितानों के तले।
भूति-न्यारी भावुकों की भाल पर अपने मले ॥
जो परब त्योहार अपने हैं मनाते हो मगन।
हैं बड़े वे भाग वाले हैं धरा वे धन्य जन ॥ 1 ॥

हैं उठाते देश-नभ के अंक में आनन्द घन।
वे प्रफुल्लित हैं बनाते जाति जीवन का बदन ॥
हैं खिलाते वे परस्पर प्यार के सुन्दर सुमन।
हैं दिखाते खोलकर वे सभ्यता संचित रतन ॥
हैं बड़ी ही बुद्धि से त्योहार बसुधा में रचित।
चारुता से वे विभव जातीय करते हैं विदित ॥ 2 ॥

जब सजा नव पल्लवों के पुंज से विटपावली।
जब रसालों में लगा कर मंजरी सोने ढली ॥
जब बना छोटी बड़ी सब डालियाँ फूली फली।
हाथ में जब ले अनूठे रंग की मंजुल कली ॥

झूमता ऋतुराज आता है सरसता में सना।
रंजिता, आमोदिता, आनंदिता, भू को बना॥ 3॥

मत्त होकर गूँजता है जब निकुंजों में भ्रमर।
है सुनाती कूककर जब कोकिला स्वर्गीय स्वर॥
बोल करके बोलियाँ मीठी रसीली मुग्ध कर।
जब विहग-गण हैं दिशाओं को बनाते मंजु तर॥

जब मलय-मारुत बड़ी ही चारुता के साथ चल।
है बहा देता उरों में मत्तता धारा प्रबल॥ 4॥

देख करके खेत को अपने सुअन्नों से भरा।
जब किसानों का हृदय तल है बहुत होता हरा॥
की गई थी जो कमाई कर अवनि को उर्वरा।
जब सुफल उसका उन्हें है मुग्ध हो देती धरा॥

झोंपड़ी से राजभवनों तक सुआशायें फला।
है विलसती दीखती सम्पन्नता की जब कला॥ 5॥

तब उठेगी क्यों नहीं उर में विनोदों की लहर।
क्यों न जावेगा रुधिर में प्राणियों के ओजभर॥
रंग लावेंगी उमंगें क्यों नहीं बन चारु तर।
चौगुना हो चाव चित्तों में करेगा क्यों न घर॥

ढंग में ढल कर इन्हीं के पर्व होली का बना।
जो बड़ा ही है अनूठा औ सरसता में सना॥ 6॥

जिस दिवस को गात छू प्रहलाद का पावन परम।
होलिका का अंक पावक से हुआ था पुष्प सम॥
है यही फागुन सुदी पूनो, दिवस वह मंजु तम।
है इसी से हो गया त्योहार यह अधिकानुपम॥

जिस दिवस को पुण्य-जन की बात वसुधा में रही।
जाति जीती उस दिवस को मान देगी क्यों नहीं॥ 7॥

धान्य कटने के समय सब देश का है यह चलन।
लोग करते हैं विविध उत्सव बना उत्फुल्ल मन॥
मान देते हैं बरस के आदि दिन को सर्व जन।
है हुआ इस सूत्र से भी पर्व होली का सृजन॥

हैं बड़े उत्साह से उसको मनाते निम्न जन।
है उसे कहते इसी से पर्व उनका विज्ञ-गन॥ 8॥

वृद्धि पाती है शिथिलता शीत की जब नित्य प्रति।
पेड़ तक को है बनाता बहु सरस जब बार-पति॥
तब इधर है ओजमय होता रुधिर हो क्षिप्र-गति।
व्याधियाँ उत्पन्न होकर हैं उधर लाती विपति॥
है इसी से यह व्यवस्था लोग हो उत्सव निरत।
चित रखें उत्फुल्ल, पैन्हें वर वसन हों मोद-रत॥ 9॥

यह बड़ा ही भावमय त्योहार है जैसा मधुर।
वैसे ही है देश-व्यापी औ विमोहक लोक-उर॥
दीखती इस पर्व में है मत्तता इतनी प्रचुर।
है उमग पड़ता परम उससे नगर, गृह, ग्राम, पुर॥
इन दिनों उठती है उस आनन्द की उर में लहर।
रंजिशें जो हैं बरस दिन की मिटाती अंक भर॥ 10॥

आज दिन रोते हुओं को लोग देते हैं हँसा।
मोद देते हैं व्यथामय मानसों में भी लसा॥
जिन कुचालों में समाज विमोह-वश है जा फँसा।
हैं विमूढ़ों को जगा देते उन्हें दृग में बसा॥
स्वांग लाकर सैकड़ों नाना स्वरूपों को बना।
भावमय गीतादि से जातीय-दोषों को जना॥ 11॥

डाल कर के रंग रँगते हैं न केवल तन वसन।
हैं डुबा देते परम अनुराग में भी मत्त मन॥
कुमकुमों को मार मंजु गुलाल मीड़ित कर बदन।
हैं सुरंजित सा बनाते भव्य-भावुकता भवन॥
जा घरों पर खा खिला आमोद से मिलकर गले।
मुग्ध होते हैं परम पा प्रेम के पादप फले॥ 12॥

इन दिनों जैसा गमकता है मुरज, बजता पनव।
वेणु वीणा आदि जैसा हैं सुनाते मंजु रव॥
कंठ जैसा है दिखाता ओज, पा माधुर्य्य नव।
है स्वरों में जिस तरह का सोहता स्वारस्य जव॥

सालभर वैसा मनोहर रंग दिखलाता नहीं।
है गगन रस सा बरसता, मोद सरसाती मही ॥ 13 ॥

हैं सरव होती रसीले कंठ से सड़कें सकल।
चौहटा चौपाल में है नित्य होता गान कल ॥
है गली कूँचों विचरता गायकों का मत्त दल।
झोपड़े होते ध्वनित हैं, गूँज उठते हैं महल ॥
स्वर सरसता है बड़ी सुकुमारता से सब समय।
पेड़ तक की डालियाँ होती हैं मंजुल-नाद-मय ॥ 14 ॥

अंग वंग, कलिंग होते हैं प्रमोदों में निरत।
नाच उठता है सकल पंजाब हो आमोद रत ॥
यह हमारा युक्त प्रान्त प्रमत्त होता है महत ।
है मनाता मोद राजस्थान हो उन्मत्तवत ॥
डूब जाती है विनोदों बीच भारत की धरा।
ब्रज उमग पड़ता है, हो जाता है हरियाना हरा ॥ 15 ॥

काल पाकर यह रुचिर त्योहार भी कलुषित हुआ।
कसबियों का नाचना, गाना अधिक प्रचलित हुआ ॥
गालियाँ बकना बहकना मद्यपान विहित हुआ।
डाल देना कीच, कालिख पोतना, समुचित हुआ ॥
ओज औ माधुर्य्य में वीभत्स आ करके मिला।
पाटलों के पुंज-बीच प्रसून विम्बा का खिला ॥ 16 ॥

किन्तु इस त्योहार में तो भी दिखाती वह झलक।
उस परस्पर प्यार की जिसमें रहे सच्ची ललक ॥
नव उमंगों के सहित आमोद उठता था छलक।
सो गई जातीयता भी खोल देती थी पलक ॥
भूल करके भेद और विरोध की बातें अखिल।
एक ही रंग, बीच रँग जाती थी सारी जाति मिल ॥ 17 ॥

किन्तु अब इस पर्व का है हो रहा जैसा पतन।
किस विवुध का देखकर उसको व्यथित होगा न मन ॥
प्रति बरस है म्लान होता कंज सा इसका बदन।
है बिगड़ती जा रही इसकी बड़ी सुन्दर गठन ॥

धूल में है मिल रही इसकी सभी मधुमानता।
मत्तता, आमोद, मंजुलता, उमङ्ग, महानता ॥ 18 ॥

विश्व में जिस पर्व से जो जाति है गौरव-मई।
है सदा जिसने मिटाई कालिमा जिसकी कई ॥
है जिसे जिस से मिली बहु जीवनी धारा नई।
कीर्ति जिसके व्याज से जिसकी दिगन्तों में गई ॥
आह! भ्रान्त अतीव बन उस जाति के ही वंश-धर।
नाश करते हैं उसे नहिं देख सकते आँख-भर ॥ 19 ॥

रङ्ग पड़ता देख उनका रङ्ग जाता है बदल।
लाल हो जाते हैं, मूठ गुलाल जो जाती है चल ॥
कुमकुमों की मार उनको है बना देती विकल ।
है उन्हें चंचल बनाता गायकों का मत्त दल ॥
मुख रँगों को देख वे मुख तक उठा सकते नहीं।
धूल उड़ती देख उनकी धूल उड़ती है वहीं ॥ 20 ॥

किन्तु उनकी अवगुणों की ओर ही आँखें अड़ीं।
वे नहीं उसके गुणों पर भूल करके भी पड़ीं ॥
वे कभी बारीकियों में भी नहीं उसकी गड़ीं।
वे नहीं रुचि साथ ऊँची आँख से उसकी लड़ीं ॥
वे सकीं न विलोक उसकी रीतियाँ न्यारी रची।
है बहुत कुछ आज तक जातीयता जिनसे बची ॥ 21 ॥

कौन कहता है कुचालें हैं घुसी उसमें नहीं।
मानता हूँ हैं बुरी धारें कई उसमें बहीं ॥
किन्तु है सच्ची सपूती काम करने में वहीं।
लोक हित के वास्ते बुध ने जहाँ आँचें सहीं ॥
मुख बनाना, चुटकियाँ लेना, बहकना है मना।
जो बिगड़ती बात अपनी हम नहीं सकते बना ॥ 22 ॥

क्यों कुचालों पर न होंगी धर्म की मुहरें लगी।
क्यों अजानों की सभी बातें न होवेंगी रँगी ॥
दिन दहाड़े जो उन्हीं के सामने होगी ठगी।
ज्ञान की बर ज्योति है जिनके विमल उर में जगी ॥

क्यों न होती जायगी, तम-पुंज की धारा सबल।
जो दमकती भानु की किरणें न आयेंगी निकल ॥ 23 ॥

दल अबोधों का कुचालों में इधर उलझा रहे।
दल सुबोधों का उधर निज गौरवों ही में बहे ॥
तो बता दो जाति किससे निज व्यथाओं को कहे।
वह कुअवसर में लपक कर किसके दामन को गहे ॥

निज परब त्योहार में जिनकी नहीं ममता रही।
वे मरम जातीयता का जानते कुछ भी नहीं ॥ 24 ॥

मण्डली नव शिक्षितों की है नये रंग में ढली।
है पुराने ढङ्ग वालों के लिये सब ही भली ॥
वे नये ढंग से खिलाना चाहते हैं कुल कली।
ये उसे तजते नहीं जो बात है अब तक चली ॥

द्वंद में पड़कर इसी अब वह नहीं नाता रहा।
सब परब त्योहार का वह रंग ही जाता रहा ॥ 25 ॥

तीस चालीस साल पहले सामने जो था समा।
जो अनूठापन, परस्पर प्यार था दृग में रमा ॥
रंग जैसा उन दिनों आमोद का देखा जमा।
जिस तरह से तब उरों में चाव रहता था थमा ॥

आह! हमको आज दिन वह बात दिखलाती नहीं।
वे उमंगें बादलों सी झूमती आतीं नहीं ॥ 26 ॥

उन दिनों थी ज्योति फैली ज्ञान की इतनी नहीं।
उन दिनों भी सब कुचालें आज दिन की सी रहीं ॥
किन्तु अपनापन रहा तब आज से बढ़कर कहीं।
इन दिनों सी तब न थीं जातीयता भीतें ढहीं ॥

एक दिल हो उन दिनों जैसे गले लगते नहीं।
लोग वैसे आज दिन यक रंग में रँगते नहीं ॥ 27 ॥

किन्तु हमको है बहुत नव शिक्षितों से ही गिला।
प्यार से क्या वे अजानों को नहीं सकते मिला ॥
क्या मनो मालिन्य की जड़ वे नहीं सकते हिला।
वे पुनः जातीयता को क्या नहीं सकते जिला?

हैं न ये बातें असम्भव जो हृदय में त्याग हो।
जाति का अपने परब त्योहार का अनुराग हो॥ 28॥

क्या हुआ लिक्खे पढ़े जो चित्त में समता न हो।
निज परब त्योहार की औ जाति की ममता न हो॥
जी परस्पर प्यार में सद्भाव में रमता न हो।
थामने से भी हृदय का वेग जो थमता न हो॥
वह बड़प्पन सभ्यता गौरव धरातल में धँसे।
लोक हित की लालसा रंगत नहीं जिस पर लसे॥ 29॥

जो परब त्योहार अपने हम मनावेंगे नहीं।
जो बुरी परिपाटियों को हम मिटावेंगे नहीं॥
जो बहकते भाइयों को पथ दिखावेंगे नहीं।
ज्योति जो घिरते तिमिर में हम जगावेंगे नहीं॥
तो भला किसको पड़ी है और की जो ले बला।
जाति ही सकती है कर निज जाति का सच्चा भला॥ 30॥

आज भी वह बात इनमें है कि जिससे हो भला।
हम सुमति के साथ सकते हैं सुफल जिससे फला॥
हम तिनक कर भूल इनका घोंट सकते हैं गला।
पर कहाँ फिर पा सकेंगे देश-व्यापी यह कला॥
जाति जो न स्व पर्व उत्सव प्रेम-धारा में बही।
वह रही तो नाम को संसार में जीती रही॥ 31॥

ऐ नई पौधें करो मत जाति हित में आतुरी।
फूँक दो अनुराग निजता-धुन-भरी वर बाँसुरी॥
ऐ पुराने ढंग वालो! छोड़ दो चालें बुरी।
आँख खोलो फेर लो अपने गले पर मत छुरी॥
प्यार से मिल, गोद में निज उत्सवों को लो लिटा।
जाति जीती कब रही निज कीर्ति चिन्हों को मिटा॥ 32॥

होलिका दहन

रोला

आज सुतिथि पूनो है फागुन मास सरस की।
बहु वर्षा सी जहाँ तहाँ होती है रस की॥
मन्द मन्द है मलय पवन बहती मदमाती।
मीठी महँक रसाल मंजरी की है आती॥ 1॥

वह देखो सामने बड़ी ही भीड़ लगी है।
उसके बीचो बीच जोर से ज्वाल जगी है॥
जो लकड़ी की उच्च टाल है धूधू जलती ।
बड़े वेग से सबल आग जिसकी है बलती॥ 2॥

उस पर दानव-भगिनि होलिका ऐंठी ग्वैंठी।
गोद लिये प्रहलाद कुसुम सम को है बैठी॥
झूठे अभिमानों वरदानों का बल पाकर
वह बचने है चली भक्त का गात जलाकर॥ 3॥

एक ओर है भक्ति दूसरी दिशि दानवता।
एक ओर कुप्रवृत्ति दूसरी दिशि मानवता॥
अंक बीच पामरता के है पुण्य दिखाता।
कूट-नीति की गोद न्याय है शोभा पाता॥ 4॥

है कुरीति ने सदाचार को गह कर पकड़ा।
गया कुचाल कुपेचों द्वारा गौरव जकड़ा।
किन्तु हो गये पुण्य न्याय आदिक यश भागी।
हुआ होलिका दहन, बचा बालक बड़ा भागी॥ 5॥

साल साल इसका उत्सव है घर घर होता।
पर अब वैसा रुचिर नहीं है रुचि का सोता॥
भूल गये हम मर्म्म परब उत्सव का अपने।
देखा करते हैं उलटी चालों के सपने॥ 6॥

झूठे अभिमानों औ कल्पित बातों द्वारा।
दिव्य भाव अपना खोते जाते हैं सारा॥
दानवता में हम हैं अपनी भक्ति डुबोते।
पड़कर बुरी प्रवृत्ति बीच मानवता खोते॥ 7॥

पामरता औ कूटनीति-झोंकों के आगे।
अहह हमारे पुण्य न्याय फिरते हैं भागे॥
सदाचार-मिष कुरीतियों को हैं अपनाते।
हैं कुचाल धारा में गौरव विपुल बहाते॥ 8॥
इससे बढ़कर बात कौन दुख की होवेगी।
क्यों न हमारी दशा देख निजता रोवेगी॥
गावो, खेलो, हँसो वाद्य भी विविध बजावो।
पर गाली बक मत गौरव का गला दबावो॥ 9॥
रँगो रंग में उमग अबीर गुलाल लगावो।
किन्तु अधिक जातीय रंगतों को दिखलावो॥
जन्म भूमि रज से रंजित निज भाल बनावो।
पर मेरे प्यारे मत अपनी धूल उड़ावो॥ 10॥
जो न आँख खुल सकी तो रहोगे पछताते।
तात ध्यान दो इधर जाति-ममता के नाते॥

चेतावनी

होली

(1)

मान अपना, बचाओ, सम्हल कर पाँव उठावो।
गावो भाव भरे गीतों को, बाजे उमग बजावो॥
तानैं ले ले रस बरसावो, पर ताने न सहावो।
भूल अपने को न जावो॥ 1॥

बात हँसी की मरजादा से कहकर हँसो हँसावो।
पर अपने को बात बुरी कह आँखों से न गिरावो॥
हँसी अपनी न करावो॥ 2॥

खेलो रंग अबीर उड़ावो लाल गुलाल लगाओ।
पर अति सुरँग लाज चादर को मत बदरंग बनावो॥
न अपना रंग गँवावो॥ 3॥

जन्म-भूमि की रज को लेकर सिर पर ललक चढ़ावो।
पर अपने ऊँचे भावों को मिट्टी में न मिलावो॥
न अपनी धूल उड़ावो॥ 4॥
प्यार-उमंग रंग में भीगो सुन्दर फाग मचावो।
मिल जुल जी की गाँठें खोलो हित की गाँठ बँधावो॥
प्रीति की बेलि उगावो॥ 5॥

(2)

पिटे न देखो ताली, न बिगड़े मुख की लाली।
करके कितने जतन बड़ों ने जो मरजादा पाली॥
देखो पत उसकी नहि उतरे वह न कहावे जाली।
कढ़े मुखड़े से गाली॥ 1॥
बची खुची निज मान बड़ाई सँभली जो न सँभाली।
तो ऊँची क्यों आँख रहेगी छिन जायेगी ताली॥
सुजनता मंदिर वाली॥ 2॥
मैला कर जो निज हाथों को कीच किसी पर डाली।
तो न भरम उसका ही खोया अपनी पत भी गँवाली॥
कुरुचि की लीक लगाली॥ 3॥
बूटी छान पान कर मदिरा, आँख बना मतवाली।
जो तज लाज नहीं कर सकते सुध-बुध की रखवाली॥
नाक कुल की तो कटा ली॥ 4॥
सोच समझ कर जो न जाति की बिगड़ी बात बनाली।
तो कैसे मुख दिखलावेंगे बीत चली अँधियाली॥
हुई सब ओर उँजाली॥ 5॥

कमनीय कामना

छप्पै

करदे सरस वसंत मलय मारुत आमोदित।
कोकिल पुलकित विपुल मंजरी परम प्रमोदित॥
लोचन को सुख निलय कलित किसलय कर लेवे।
विकच कुसुम चय प्रचुर बिकचता चित को देवे॥
मानस में रसिक समूह के दे रस अति रमणीय भर।
सरसित विकसित विलसित लताफलित पल्लवित तरु निकर॥ 1॥

हो गुलाल से लाल बदन लालिमा बढ़ावें।
खेल खेल कर रंग जाति रंग में रँग जावें॥
चला कुमकुमे चलें कुमक ले हित चावों से।
भर अबीर से भरें वीरता के भावों से॥
मिल सुमति मानवी से गले कुमति दानवी को दहें।
रज से आरंजित भाल कर देश राग रंजित रहें॥ 2॥

कुमकुमे

चौपदे

तब मुहों में गया लगाया क्यों।
जब न लाली बढ़ी गुलाल लगे॥
तो हुआ रंग खेलने से क्या।
जाति हित रंग में अगर न रँगे॥ 1॥

जब कि जी का मैल जाता ही नहीं।
तब अबीर गुलाल क्यों मुँह में मले॥
रह सका जब दिल मिला दिल से नहीं।
तब गले मिलने किसी से क्या चले॥ 2॥

मस्तियाँ जिसकी बहुत ही काम की।
हौसले हैं पस्त के देती बढ़ा॥

तो नशे में मस्त क्या होते रहे।
जो नशा अब भी नहीं वैसा चढ़ा ॥ 3 ॥

क्यों सुरुचि फूल फल नहीं पाई।
हो कुरुचि फल सदा फलाते क्या॥

मुँह जलाया न जो कुचालों का।
तब रहे होलियाँ जलाते क्या॥ 4 ॥

आँख में जब समा अबीर गया।
तब फबे वीर वीरता कैसे॥

क्यों न गाते फिरें कबीरों को।
बन गये जब कबीर ही ऐसे॥ 5 ॥

रंग के छींटे

दोहा

रख मुँह लाली जो बने नहीं लोक के लाल।
लाल लाल तो क्यों लगें मलमल लाल गुलाल॥ 1 ॥

रंग गँवा बनते रहे जो दिन दिन बदरंग।
रह न सकेगा रंग तो रंग खेल सउमंग॥ 2 ॥

मिली नहीं जो वीरता किये विविध तदबीर।
तो न सकेंगे वीर बन मुख में मले अबीर॥ 3 ॥

हैं न काम के, लोग जो बने काम के माल।
मार मार के कुमकुमे रँग कुंकुम से भाल॥ 4 ॥

गला फाड़ तो और का क्यों हम फोड़ें कान।
एक तान से कर सके जो न एकता गान॥ 5 ॥

फैला देवें किसलिये गली गली यह रोग।
क्यों गाली खाते रहें गाली बक बक लोग॥ 6 ॥

क्यों कुरीति प्यारी लगी भली नहीं है भूल।
धूल उड़ाया क्या, अगर उड़ी हमारी धूल॥ 7 ॥

खुली गाँठ जी की नहीं लगे गले से आन।
बिना होलिका दहन हो क्यों होली का मान ॥ 8 ॥
कुरुचि आज भी है खड़ी पकड़ सुरुचि की ओट।
रुचि कारी कैसे बने पिचकारी की चोट ॥ 9 ॥
अंग अंग में जो रहे भरित अनंग उमंग।
तो न तरंगित हो सके तन में भंग तरंग ॥ 10 ॥

हमारी होली

चौपदे

रह गया अब कहीं न वह अनुराग।
है दिखाती कहाँ बसन्ती पाग॥
हैं उमंगें न झूमती आती।
जी नहीं चाहता कि खेलें फाग ॥ 1 ॥

देख करके अबीर की थाली।
बन सकीं चाहतें न मतवाली॥
क्या करेंगे गुलाल मलकर हम।
जब न मुखड़े की रह सकी लाली ॥ 2 ॥

रंग हित का हँसी ठठोली का।
कर दिया फूट डाह ने फीका॥
तब किसी को गले लगायें क्यों।
धुल सका जब न मैल ही जी का ॥ 3 ॥

रंग अपना हमें न है प्यारा।
हो गया ढंग भी बहुत न्यारा॥
तब फिरें रंग छोड़ते कैसे।
जब बदल रंग ही गया सारा ॥ 4 ॥

हो चली ठूँठ बे तरह टूटी।
आँख को मूँद कर गई लूटी॥
हम सकेंगे न छान बूटी तब।
पिस गई जब कि जीवनी बूटी ॥ 5 ॥

आँख जाती नहीं उमग खोली।
प्यार की नींव हो गई पोली॥
अब न वे रह गये हमारे दिन।
अब न होली रही वही होली॥ 6॥

फाग तरंग

स्वागत

होली

ऐ सब सुजन सुजनता सहारे।
हम सादर स्वागत करते हैं वचन उचार मनोहर प्यारे॥
जो इस प्रीति निकेत सभा में आप लोग कर प्यार पधारे।
तो यह हुई सकल गौरवमय सुफल हुए इसके श्रम सारे॥
ऐसे ही बहु अवसर आवें ऐसे ही हों सुदिन हमारे।
ऐसे ही इसके नभतल में आप लोग चमकें सम तारे॥ 1॥

बधाई

होली

उमग उमग देता हूँ बधाई।
यह फागुन रस बरसा जाये यह होली हो अतर सिंचाई॥
सुरुचि निकेत बड़ों के कर की यह अति सुन्दर बेलि लगाई।
सब दिन भरी रहे फूलों से मन हर ले उसकी सुघराई॥
सींच सींच निज प्यार सलिल से आप उसे दें ललित लुनाई।
उससे सुरभित हो भूतल में कीरति रहे आप की छाई॥
राग तान सुउमंग रंग की छबि आँखों में रहे सवाई।
लाल गुलाल लगे मुखड़े की दिन दिन होवे अधिक ललाई॥ 2॥

कौन?

अरुण मुख रवि सुषमा अवलोक।
रँगीली ऊषा से ले प्यार॥
कान्त कुसुमाकर से कर लाभ।
परम कमनीय कुसुम का हार॥ 1॥

मिल गये मंजु समय का अंक।
अति सरस सुन्दर दिवस विलोक॥
चल पड़े मादक मलय समीर।
हो गये बहु सुरभित सब ओक॥ 2॥

विपुल पुलकित दृग द्वारा देख।
हरिततम तरु नूतन परिधान॥
सुविकसित सुमन पुंज के व्याज।
निरखकर प्रकृति वधू मुस्कान॥ 3॥

आम की मंजरियों को चूम।
मोल लेकर मानस उन्माद॥
सुन चपल चंचरीक गुंजार।
कान कर कोकिल कुल कलनाद॥ 4॥

लोक उर में भर बहु उत्साह।
बहा जन रग रग में रसधार॥
विपुल कंठों को कर मधु दान।
छेड़ बहु मानस तंत्री तार॥ 5॥

गगन को आरंजित कर भूरि।
अवनि पर रक्तिम चादर डाल॥
उड़ाकर बारंबार अबीर।
दिग्वधू का कपोल कर लाल॥ 6॥

पहुँच सेमल पलास के पास।
रंग पूरित पिचकारी मार॥
अनारों कचनारों पर रीझ।
फेंक कर के कुमकुमे अपार॥ 7॥

रंग में डूबी गाती गीत।
मत्त हो चलती लटपट चाल॥

कौन आती है भरी उमंग।
मंजु मुखड़े पर मले गुलाल ॥ 8 ॥

होली

(1)

रंग खेला चाहें खेलें।
पर बुरी रंगत में न ढलें।
सदा जिससे मुँह की खायें।
गाल में वह गुलाल न मलें ॥ 1 ॥

प्यार जिससे पल पाता था।
प्रीति की गाँठें थीं जुड़ती ।
रंगतें जो रख लेती थी।
नहीं अब वह अबीर उड़ती ॥ 2 ॥

चले किसलिये कभी तब वह।
आबरू गई अगर लूटी।
उड़ाये बिना बुरे छींटे ।
कहाँ वह पिचकारी छूटी ॥ 3 ॥

नहीं हमको दिखलाती है।
कहीं वीरों की वह टोली।
आन के सुन्दर मुखड़े पर।
लगाये जो मंगल रोली ॥ 4 ॥

रँगीले लोगों की रग रग।
बीरता रहे जो न बरती ।
ललकवालों की झोली में।
रहे तो क्यों अबीर भरती ॥ 5 ॥

नहीं वे डफ अब बज पाते।
छूटतीं जिनसे बद बानें।
जान जो मरतों में डालें।
नहीं सुन पड़तीं वे तानें ॥ 6 ॥

उतरती जाती है पगड़ी।
आवरू आँचें सहती है।
रंग बिगड़ा ही जाता है।
धूल उड़ती ही रहती है॥ 7॥

देखते हैं आँखें मुँदती।
कहाँ हम ने आँखें खोलीं।
न पाये रख मुँह की लाली।
हमारी होली तो होली॥ 8॥

दिल के फफोले

चौपदे

बढ़ गई माँग आ गई होली।
हो उमंगें सकीं न टस से मस॥
हों सराबोर हौसले जिससे।
अब बरसता कहीं नहीं वह रस॥ 1॥

उठ लहर रंग रंग की जी में।
अब नहीं बीज चाव के बोती।
अब मचलती नहीं उमंगें हैं।
अब नहीं वह चहल पहल होती ॥ 2॥

अब न उठते अबीर के बादल।
अब कहाँ वह समाँ दिखाता है।
अब दिशा को गुलाल उड़उड़कर।
लाल ही लाल कर न पाता है॥ 3॥

अब दिखाई कहीं नहीं पड़ती।
मौज में मस्त झूमती टोली।
हैं कहाँ राग रंग के पुतले।
अब न होली रही वही होली॥ 4॥

अब कहाँ गान वह सुनाता है।
कान ने था कभी सुना जैसा।
वह गमक अब न है मृदंगों में।
अब न बजता सितार है वैसा ॥ 5 ॥

क्या न अब पास दिल किसी के है।
क्या कहें लोग तब रहे कैसे।
अब न वह रंगतें दिखाती हैं।
अब न होते विनोद हैं वैसे ॥ 6 ॥

हौसले रंग ला सकें तब क्यों।
जब बनें न रस भरे कलसे।
अब बड़े ठाट से नहीं होते।
हर जगह राग रंग के जलसे ॥ 7 ॥

हैं पिसी जा रहीं उमंगें सब।
लुट गईं राग रंग की कानें।
अब कहाँ धूम है धमारों की।
हो चुके गीत लग चुकीं तानें ॥ 8 ॥

ढंग वाली होली

चौपदे

आज है धूम धमारों की।
मचाते हैं तो क्यों ऊधम।
उड़ाने धूल चलें तो क्यों।
किसी की धूल उड़ायें हम। 1।

आन की आँखें हों नीची।
बात क्यों ऐसी कह पायें।
मान सुन जिसे कान मूँदे।
गीत हम क्यों ऐसे गायें। 2।

बिदअतें जिनसे हो पायें।
बुरी होती हैं वे बानें
लाज जिनसे तन बिन जाये।
लगायें क्यों ऐसी तानें।3।

रंग में बुरी रंगतों के।
नहीं कोई कैसे रँगता।
गँवाई जो मुँह की लाली।
न कैसे काजल तो लगता।4।

सुनें सीखें आँखें खोलें।
न उँगली कानों में देलें।
रंग रख करके औरों का।
ढंग से हम होली खेलें।5।

रँगीली होली

अरुण दिखलाया बन अरुणाभ।
हो गया मुख प्रभात का लाल।
बने आरंजित पादप पुंज।
रँग गया दिशा सुन्दरी भाल।1।

गगन मंडल में उड़ा अबीर।
उषा आई पहने पट लाल।
रँगीली होली को अवलोक।
बाल रवि निकला मले गुलाल।2।

लान तान

चौपदे

गत बनेगी न क्यों बुरी लत से।
पत बचेगी न गालियाँ यों गा।

जब कि मुँह की न रह गई लाली।
तब लगाये गुलाल क्या होगा। 1।

क्यों हया बेतरह मसल जावे।
जाय मरजाद किस लिए खोई।

जब रहा रंग ही बिगड़ता तब।
क्यों चले रंग खेलने कोई। 2।

तो भला रंग रह सकेगा क्यों।
जो रहें बिदअतें न बोली में।

पत किसी की उतारने वाली।
हो ठठोली अगर न होली में। 3।

गालियाँ खा न गालियाँ क्यों दें।
क्यों बिना छेड़छाड़ कल वे लें।

वीर हैं प्यार वीरता से है।
क्यों न मुँह में अबीर मल वे लें। 4।

हो सकेगी न चूक होली में।
जानते लोग हैं कि हैं जैसे।

जो न मुँह में लगायेंगे कालिख।
लाल कुल के कहायेंगे कैसे। 5।

गालिया हैं बुरी न होली में।
क्या हुआ है हया अगर रोती ।

बन सकेगा कपूत क्यों कोई।
है सपूती कपूत में होती। 6।

होली

गीत गाती उमग उमग हँसती।
फूल सी बात बात में खिलती।

रंग में राग रंग के डूबी।
मस्त हो झूमती गले मिलती। 1।

रीझती नाचती चुहुल करती।
बात रस से भरी हुई कहती।
बेलियों के समान बल खाती।
लहरियों में विलास के बहती।2।

मोहती हाव भाव से इठला।
मन लुभाती मचल मचल चलती।
ऐंठती रंग रेलियाँ करती।
छेड़ती छबि दिखा दिखा छलती।3।

सिर हिलाती बजा बजा बाजे।
तोड़ती तान पैंतरे देती।
मुँह चिढ़ाती हुई भवें मटका।
मुसकुराती हुई मज़े लेती।4।

लाल होती गुलाल मूठों से।
दौड़ भरती अबीर की झोली।
रंग पिचकारियाँ चला रँगती।
आ गई रंग खेलने होली।5।

होली और देश दशा

चौपदे

भाल पर है होली का बिन्दु।
कपोलों पर है लगा गुलाल।
उड़ रही है अबीर सब ओर।
रंग से गात हुआ है लाल।1।

मद भरी आँखें हैं आरक्त।
खेलने आई हो तुम फाग।
चढ़ा है रंगीनी का रंग।
बनी हो मूर्तिमन्त अनुराग।2।

किन्तु अब रहे नहीं वे लोग।
करें जो स्वागत सहित उमंग।

अरंजित बने सुरंजित भाव।
चित्त के पलटे पलटा रंग।3।

गा रही है जनता बन मत्त।
आज दिन राग द्वेष का राग।
कलह कोलाहल पूरित देश।
लगा है रहा लाग की आग।4।

गले मिलने से तो क्या लाभ।
दो दिलों में न हुआ जो मेल।
पड़ी जाती है जी में गाँठ।
बने हैं औरों के सिर बेल।5।

भले भावों का हुए अभाव।
किये कृति की अपकृति से पूर्ति।
हो गई परम अकान्त अदिव्य।
तुम्हारी देवी की सी मूर्त्ति।6।

रंग का रंग हुआ बदरंग।
नहीं लसते गुलाल के थाल।
इन दिनों मुँह लग गये अबीर।
गँवा लाली होता है लाल।7।

आ गई हो तो होंगे क्यों न।
आज आरंजित कितने ओक।
किन्तु ऐ होली आँखें खोल।
तनिक लो देश दशा अवलोक।8।

रंग भरी होली

चौपदे

उड़ायें वह अबीर जी भर।
जो बने सरस जलद जैसा।
रहे जिस में हित की रंगत।
लगायें हम गुलाल ऐसा।1।

सुनाये ऐसी तानें जो।
उमंगें भर दें जन जन में।
राग ऐसे गायें जिनसे।
देश अनुराग भरे मन में।2।

कुमकुमे गोले बन चल कर।
कुचालें दूर करें सारी।
रंग जिसमें सुधार का हो।
चले ऐसी ही पिचकारी।3।

कसर जी की निकाल देवें।
न अपना गौरव कर दें कम।
गले मिल करें मेल सच्चा।
फूट का गला घोंट दें हम।4।

गत बना दें जो औरों की।
न मुख से निकले वह गाली।
किसी की पत जिससे उतरे।
न बजपाये ऐसी ताली।5।

दिखा कर मन का मैलापन।
नीच बन कीच क्यों उछालें।
बहुत ही बुरे स्वांग भर भर।
फफोले क्यों दिल में डालें।6।

आप ही अपने हाथों से।
न हम अपना परदा खोलें।
लगें मुँह में जिनसे चाँटे।
बोलियाँ क्यों ऐसी बोलें।7।

रख सके मुखड़े की लाली।
भाल पर लगी हुई रोली।
रंगते न्यारी दिखलाये।
हमारी रंग भरी होली।8।

मुँह की लाली

चौपदे

तरंगें रंग नहीं लातीं।
उमंगें छिनीं लुटीं ललकें।
नयन अवलोक नहीं पाते।
अब छबीली छबि की ठलकें।1।

कहाँ वह चहल पहल अब है।
कहाँ वह मस्तानापन है।
कहाँ है धूमधाम वैसी।
कहाँ वह मौज भरा मन है।2।

नहीं घिरता अबीर का घन।
पड़ा लाला गुलाल का है।
अब कहाँ रँगा हुआ मुखड़ा।
दिखाता किसी लाल का है।3।

कहाँ है गमक मृदंगों में।
तार उतरे सितार के हैं।
फूल सारे कुम्हलाये से।
गले के किसी हार के हैं।4।

बन गई क्यों इतनी नीरस।
आज रस बरसानेवाली।
आ गई तो आये होली।
कहाँ है वह मुँह की लाली।5।

रँगा कपोल

चौपदे

रँग गये सेमल कुसुम समूह।
बन गये सारे किंशुक लाल।

फूल मिस फूल उठे तरु वृन्द।
भर गया रस से रसिक रसाल।1।

खिले कचनार अपार प्रसून।
हँस पड़े सब गुलाल मुँह खोल।
निकल आये दाड़िम के दाँत।
देख होली का रँगा कपोल।2।

रंग भरी होली

चौपदे

उतारें पत क्यों औरों की।
बिगाड़ें क्यों बातें सारी।
घूम जाये क्यों कोई सर।
लगे केसर की पिचकारी।1।

रंग लुचपन का हो जिसमें।
बजायें क्यों बातें सारी।
क्यों न तो उछलेगी पगड़ी।
कढ़ेगी जो मुँह से गाली।2।

काम कर कान पकड़ने का।
मान क्यों अपना हैं खोते।
लगा किसके मुँह में चन्दन।
किसी मुँह में कालिख पोते।3।

रँगे क्यों काले रंगों में।
बने क्यों सुध बुध मतवाली।
लगायें वह गुलाल अब हम।
रहे जिससे मुँह की लाली।4।

जाय बन जो कलंक टीका।
भाल पर लगे न वह रोली।
प्यार की रंगत हो जिसमें।
क्यों न खेलें ऐसी होली।5।

भरा हो हित अबीर जिसमें।
हाथ में वह झोली ले लें।
लाज रंगीनी की रख कर।
ढंग के संग रंग खेलें। 6।

लगायें हम गुलाल पर वह।
माल अनमोल थाल का हो।
चाल वह चलें न हम जिससे।
लाल मुँह किसी लाल का हो। 7।

लोग बिगड़ा मुँह देखेंगे।
क्यों न तो बोलेंगे बोली।
गँवा दे क्यों अपनी रंगत।
हमारी रंग भरी होली। 8।

अनुराग राग

रोला

रागमयी बन प्रकृति बधूटी क्यों है लसती।
अनुरंजित हो दिशा सुन्दरी क्यों है हँसती।
हुआ गगन तल लाल लाभ कर किसकी लाली।
क्यों बहु बिलसित हुई उषा लोहित पट वाली। 1।
पादप किसलय सकल लालिमा क्यों हैं पाते।
क्यों कचनार अनार ललित तम हैं दिखलाते।
क्यों सेमल के सुमन मनोरंजन करते हैं।
क्यों किंशुक के कुसुम रक्तिमा से भरते हैं। 2।
क्यों सुहागिनी बनी बेलियाँ हैं लहराती।
क्यों सेंदूर से भरी पत्तियाँ हैं छबि पाती।
क्यों ईंगुर है गया कुसुम कुल पर बरसाया।
क्यों चन्नी का चूर अधर में गया उड़ाया। 3।
क्यों गुलाल से लाल हो गया है थल सारा।
क्यों बहती है जहाँ तहाँ रंगों की धारा।

खेल रहा है कौन खेल छबि क्षिति तल छैला।
किसका है अनुराग राग वसुधा पर फैला।4।

अनुराग रता

चौपदे

मिल गये सुमनों का संभार।
सज गया क्यों पादप का अंग।
ललित क्यों बना लता का गात।
खेल कर कुसुमाकर से रंग।1।

बनाता है क्यों विपुल विमुग्ध।
पास आकर के मलय समीर।
क्यों सुना कोकिल का कलनाद।
तानता है कुसुमायुधतीर।2।

चढ़ा देता अपना रंग।
कौन सी प्रिय पिचकारी मार।
मधुकरी को करता है मत्त।
किसलिये मधुकर कर गुंजार।3।

लाल हो हो कर बारंबार।
भर गया क्यों अबीर से अंग।
बनती है क्यों चित को लोल।
लालसाओं से भरी उमंग।4।

ओक को आरंजित कर भूरि।
कुमकुमे चलते हैं सब ओर।
बरस जाती है रस बहु मंजु।
क्यों किसी की आँखों की कोर।5।

बढ़ाता है कोई उन्माद।
किसलिये गा उन्मादक राग।
उड़ रहा है गुलाल के साथ।
राग मय किस मन का अनुराग।6।

होली के हथकंडे

चौपदे

है भली बात ही भली होती।
चाल होती नहीं भली लँगड़ी।
गाड़ करके सुधार का झंडा।
क्यों किसी की उतार लें पगड़ी॥ 1॥

गालियाँ हैं अगर बुरी होतीं।
क्यों न तो बदलगामियाँ रोकें।
आप ही काम भाँड़ का करके।
देस को भाड़ में न हम झोंकें॥ 2॥

सिर बुरे स्वाँग देख हैं धुनते।
जो सदा हैं सुधार दम भरते।
वे किसी आनबान वाले को।
क्यों गधे पर सवार हैं करते॥ 3॥

सब दिनों क्यों रखे न ऊँची आँख।
ऊँच है ऊँच क्यों बने वह नीच।
रंग डाले रहा न जिसका रंग।
किस लिये वह उछालता है कीच॥ 4॥

जो व होवें निहाल लाल बने।
जो न तन को अबीर से भर दें।
तो सियाही सियाह दिल से ले।
क्यों किसी का सियाह मुँह कर दें॥ 5॥

तो गँवा प्यार रंगतें सारी।
क्यों करें लाल चादरें काली।
मूठियों में गुलाल भर भर कर।
जो मुँहों की न रख सकें लाली॥ 6॥

आप ही रंग जो बदलते हैं।
रंग कैसे न और का खोते।
जब बने आज लाल पीले हैं।
लाल पीले न किस लिये होते॥ 7॥

तो मनाने चलें न होली हम।
जो बनें जान बूझ कर पगले।
क्यों निकाले कसर कसर जी की।
क्यों जहर दिल भरा हुआ उगले ॥ 8 ॥

क्यों कड़ी आँख से उन्हें देखे।
वाजबीयत पसन्द है जिनको।
हम भले ही जलें भुने जी में।
क्यों सुनायें जली कटी उनको ॥ 9 ॥

ठीक बेठीक हम कहें किसको।
अब कहाँ जाति का ठिकाना है।
धुन निकल है रही अदावत की।
देस के राग का बहाना है ॥ 10 ॥

होली के हीले

तो बरस पड़ते न औरों पर रहें।
जो न बरसायें किसी पर फूल वे।
धूल उड़ना है जिन्हें भाता नहीं।
दूसरों की क्यों उड़ायें धूल वे ॥ 1 ॥

आँख से जिसकी कढ़ीं चिनगारियाँ।
देख करके दूसरों का मुँह रँगा।
बेतरह रंगीन काग़ज़ रँग वही।
किसलिये कालिख मुँहों में दें लगा ॥ 2 ॥

खेल कर के रंग मिलते क्यों गले।
गाँठ छूटी किस तरह तो जोड़ते।
फोड़ कर आँखें मुरौअत की अगर।
लोग हैं दिल के फफोले फोड़ते ॥ 3 ॥

चापलूसी से पटी जिसकी नहीं।
है लगी लिपटी नहीं भाती जिसे।

जो किसी की राह का काँटा नहीं।
लोग काँटों में घसीटें क्यों उसे ॥ 4 ॥

क्यों उन्हें हम काठ का उल्लू कहें।
है बड़प्पन की नहीं परवा जिन्हें।
क्यों बकोटें और क्यों चोटें करें।
किस लिये नोचें खसोटें हम उन्हें ॥ 5 ॥

मान होली की ठठोली को बुरी।
कर हँसी कर दें न अपना मान कम।
पत उतारें किस लिये पत को गँवा।
रंग बदलें रंग खोने को न हम ॥ 6 ॥

हैं उमंगों में भरे जो फाग की।
चाहिए तो फूल ही मुँह से झड़ें।
जो गले मिलते नहीं जी खोल कर।
तो न काँटों सा कलेजों में गड़ें ॥ 7 ॥

रह गया जो प्यार आँखों में नहीं।
तो किसी की आँख में भी क्यों गड़ें।
क्यों पछाड़ा जाय कोई बेतरह।
किस लिये पीछे किसी के हम पड़ें ॥ 8 ॥

मुँह अगर मीठा बना पाता नहीं।
तो उगलता क्यों ज़हर कोई रहे।
जो सुना पाये न बातें रस भरी।
तो किसी को बात कड़वी क्यों कहे ॥ 9 ॥

दूसरों का कान जो हैं खोलते।
कान उनके क्यों नहीं होते खड़े।
जो कि दीये और लोगों के बनें।
आप वे क्यों हैं अँधेरे में पड़े ॥ 10 ॥

होली के स्वाँग

आग हैं बो रहे कहा अगुआ।
हैं बताते बुरा सुधारों को।
क्यों पिन्हायें न ताज काँटों का।
लोग ऐसे रँगे सियारों को ॥ 1 ॥

धाँधली बाँट में पड़ी जिनके।
क्यों न उनको धता बतायें हम।
जो कि बटते हैं धूल में रस्सी।
धूल उसकी न क्यों उड़ायें हम ॥ 2 ॥

क्यों उछालें न कीच हम उस पर।
क्यों न बह जाय फेर में डाला।
काल है जाति के हितों का जो।
क्यों बनायें न उसका मुँह काला ॥ 3 ॥

जो सदा गाँठते रहें मतलब।
और पर और की बला टालें।
जाति से बैठती नहीं जिनकी।
क्यों गधे पर उन्हें न बैठालें ॥ 4 ॥

जो कि है बात बात में बनता।
है लगाता बहुत लगा लकड़ी।
जो छले, है उछल उछल पड़ता।
क्यों न उसकी उछाल दें पगड़ी ॥ 5 ॥

है जिन्हें पेट की पड़ी रहती।
क्यों न सब कुछ डकार वे जायें।
बात को जो पचा नहीं सकते।
किस लिये वे न गालियाँ खायें ॥ 6 ॥

जाति की राह में पड़े काँटे।
लोग जो लाग से नहीं चुनते।
क्यों न उन पर लताड़ तो पड़ती।
क्यों न वे लनतरानियाँ सुनते ॥ 7 ॥

जो नहीं देश ढंग में ढलते।
जो बने कर ढकोसले ढोंगी।

जो मिला जाति मान मिट्टी में।
क्यों न मिट्टी पलीद तो होगी ॥ 8 ॥

नोक झोंक

चौपदे

लाल पीले न हूजिये साहब।
क्या हुआ जो मली गई रोली।
आप का लाल हो गया मुँह तो।
किस लिये खेलने चले होली ॥ 1 ॥

रंग ही जब बना न रह पाया।
तब भला रंग डालते क्यों हो।
रख सके जब न लाज पगड़ी की।
पगड़ियाँ तब उछालते क्यों हो ॥ 2 ॥

तोड़ कर दिल किसी कलेजे पर।
किस लिये आप मूँग दलते हैं।
रंग का खेलना पसन्द नहीं।
रंग तो किस लिये बदलते हैं ॥ 3 ॥

क्या भला नाम बेच कर पाया।
क्यों तमाचे बुरी तरह खाये।
दूसरों की उतार कर पगड़ी।
किस लिये स्वाँग भाँड़ का लाये ॥ 4 ॥

चिल्लपों में कमाल रखते हैं।
आ गये मौज मानते कब हैं।
आप तो मुँह रहे चलाते ही।
झाड़ते क्यों दुलत्तियाँ अब हैं ॥ 5 ॥

होली की उमंग

अब न इतना गुलाल उड़ता है।
लाल जिससे कि हो सके जल थल।
अब नहीं रंग है बरस पाता।
है न घिरता अबीर का बादल॥ 1॥

एक दिन था कि हौसलों से भर।
लोग फूले नहीं समाते थे।
तान ले मोहते तरानों को।
गीत गा रीझ को रिझाते थे॥ 2॥

अब न जानें कहाँ गया वह दिन।
याद उसकी बहुत सताती है।
अब कभी वह समा नहीं बँधता।
रुचि थिरकती नहीं दिखाती है॥ 3॥

थी लुभाती बहुत लहर जिसकी।
है न बहती विनोद धारा वह।
था भरा धूम धाम रव जिसमें।
अब घहरता नहीं नगारा वह॥ 4॥

चित्त को तर बतर नहीं करता।
रंग ला रंग राग का सोता।
मेंह जैसे बरस रहे रस में।
मन सराबोर अब नहीं होता॥ 5॥

उस तरह से चमक नहीं उठते।
दिल सुने चोज की चुनी बातें।
अब नहीं चोचले दिखा पातीं।
चौगुने चाव से भरी रातें॥ 6॥

अब कहाँ है चहल पहल वैसी।
झूमती चाहतें नहीं आतीं।
खोल कर मुँह हँसी नहीं हँसती।
आज चुहलें नहीं चहक पातीं॥ 7॥

ठेस कैसे लगे नहीं जी को
अब ठसक रह गई ठठोली की।
रंग पर रंग जो जमा पाती।
है कहाँ वह उमंग होली की॥ 8॥

चेतावनी

चौपदे

चौगुना हो प्रफुल्ल होली में।
पर बने मन कभी न मतवाला।
लालिमा रख सकें न जो उसकी।
तो बना दें न जाति मुँह काला। 1।

खोल दिल जो गले न मिल पावें।
तो मिला दें न मान मिट्टी में।
खुल सके गाँठ जो नहीं जी की।
तो पड़े गाँठ क्यों किसी जी में। 2।

हो भले किसलिये करें भूलें।
हो न सिर पर सवार नादानी।
लोग पानी गँवा गँवा अपना।
क्यों किसी का उतार लें पानी। 3।

हैं बड़े बाप के अगर बेटे।
सभ्यता का गला न तो कतरें।
है बड़ा ही कमीनापन लिखना।
गालियों से भरी हुई सतरें। 4।

हो कपूती सवार क्यों सिर पर।
काम करते रहें सपूतों का।
भूल त्योहार के गले में हम।
डाल देवें न हार जूतों का। 5।

कौन होगा अधिक अधम उससे।
ऐंठ वह है विदग्ध रस्सी की।
सर उठाकर पुनीत अवसर पर।
जो कसर है निकालता जी की।6।

रंग बिगड़े न रंग के खेले।
पी न लेवें प्रमाद का प्याला।
गौरवित को लताड़ गाली लिख।
लेखनी का करें न मुँह काला।7।

हैं अधम से अधम पतिततम हैं।
हैं कुटिल मति कपट विटप थाले।
आड़ में बैठ पूत पर्बों की।
पेट का मल निकालने वाले।8।

लाल हैं क्यों न खेल लें होली।
लोक मुँह की बचा बचा लाली।
चुटकियाँ चाल ढाल की ले ले।
दे बड़ों को गढ़ी हुई गाली।9।

खोल कर दिल गले मिलें कैसे।
पगड़ियाँ क्यों नहीं उछालेंगे।
है कसर जब कसर निकलने में।
क्यों नहीं तब कसर निकालेंगे।10।

हो सकेगी न धूम की होली।
भंग गाढ़ी न जाय जो छानी।
बीज बो दें उपाधि का न अगर।
दे बड़ों को उपाधि मनमानी।11।

है बड़ा पूत पर्व होली का।
क्यों उसे हम बुरा बनाते हैं।
जाति पर धूल फेंकते हैं, क्यों—
धर्म को धूल में मिलाते हैं।12।

दिल मिलाये मिला न दिल से तो।
कर सका मेल कौन किससे कब।

जब न अनुराग रंग चढ़ पाया।
क्या हुआ रंग खेलने से तब। 13।

हो सकेगा न कुछ गुलाल मले।
सुख घड़ी क्यों बने घड़ी दुख की।
कालिमा है भरी हुई उर में।
तो रहेगी न लालिमा मुख की। 14।

रंग लायें गुलाल की मूठें।
मोह लेवे मिठास बोली की।
पटु रहे रीझने रिझाने में।
कटु ठठोली बने न होली की। 15।

कवित्त

वैसी अब केलि की न कलित कलायें रहीं
सूखी रस बेलियाँ सरस आल बाल की।
लै लै पिचकारियाँ नचति जनता है कहाँ
लूट है न मचति अबीर वारे थाल की।
हरिऔध राग रंग हूँ को रंग भंग भयो
रही ना रसालता रसीले स्वर ताल की।
वैसो अब अवनि गगन बाल लाल गाल
करति न लाल लाल गरद गुलाल की। 1।

कवित्त

तालियाँ बजायेंगे कुलीनन के पीछे कौ लौं
कुल ललना को कौ लौं गालियाँ सुनायेंगे।
बुरे स्वाँग रचि कौ लौं उर में हनेंगे साँग
राग रंग मिस कौ लौं रंगत गँवायेंगे।

हरिऔध लालिमा हरेंगे कौ लौं आनन की
कौ लौं कलावानन को कालिमा लगायेंगे।
गायेंगे कबीर कौ लौं गरो दाबि गौरव को
कौ लौं मंजु मुख काँहि रौरव बनायेंगे।2।

प्रेम पुष्पोपहार

समर्पण

सहृदय भाषानुरागी जन!

अत्यन्त हर्ष का विषय है कि आज आप लोग नागरी सभाभवन खोलने के लिए इस स्थल पर बड़े उत्साह के साथ एकत्रित हैं। आज का यह शुभ दिन नागरी के इतिहास में स्वर्णाक्षरों में लिखे जाने योग्य है। इस शुभ अवसर पर मैं भी एक पुष्पोपहार लेकर आप लोगों की सेवा में सादर उपस्थित होता हूँ। उपहृत पुष्प में सुगन्ध है या नहीं, मैं इस विषय में कुछ नहीं लिखना चाहता पर यतः यह प्रेमपुष्प है और उपहार स्वरूप में अर्पित होता है, अतएव ग्रहणीय है। और आशा है कि आप लोग इसको ग्रहण करके मुझे अनुगृहीत करेंगे।

बनारस

18-2-04

आप लोगों का विनयावनत

हरिऔध

प्रेम पुष्पोपहार

छन्द

आज ऐसा है न कोई दिन भला।
भाग से मिलते हैं ऐसे दिन कहीं॥
हाय! किसने किस लिए हमको छला।
जो सदा मिलते हैं ऐसे दिन नहीं॥ 1॥

हैं परब त्योहार के कितने दिवस।
जिनमें करते हैं महा आमोद हम॥
पर हमारे दिन हैं वह अति ही सरस।
देस जा हम जिस दिवस भरते हैं दम॥ 2॥

मादृभाषी की सविधि परिसेवना।
देस-हित इससे नहीं बढ़कर कहीं॥
कौनसा है देस कब उन्नत बना।
मातृभाषी की जहाँ उन्नति नहीं॥ 3॥

आज उसही मातृभाषा के लिए।
आप लोगों का हुआ है आगमन॥
और वह उन्नत बनेगी क्या किए।
सोचते इसका भी जी से हैं जतन॥ 4॥

है इसीसे आज का यह दिन भला।
लाड़ भी इसका इसीसे है अधिक॥
दूर होवें ईस सब इसकी बला।
जो भला न गिने इसे उसको है धिक॥ 5॥

बात कुछ ऐसी हमारी है पड़ी।
हम कभी करना नहीं कुछ चाहते॥
मिल गई पर जो कहीं ऐसी जड़ी।
जिससे हम हैं काम कोई ठानते॥ 6॥

काम तो लेते नहीं उत्साह से।
औ नियम से कुछ नहीं करते कभी॥
जी जला करता है सब दिन डाह से।
यों मिला देते हैं मिट्टी में सभी॥ 7॥

जो कभी होता है कुछ उत्साह भी।
कुछ दिनों वह तो ठहरता है नहीं॥
देख लो दो दिन भले ही जब कभी।
फिर नहीं उसका पता लगता कहीं॥ 8॥

नित हमारी आँख के ही सामने।
काम होते हैं नियम से अनगिनत॥
जामिनी के वास्ते तारे बने।
दिन में सूरज है चमकता अनवरत॥ 9॥

वायु बहती है, बरसती है घटा।
दस दिसा में फैलता है तेज तम॥
है दिखाता चाँद भी अपनी छटा।
ओस से धरती हुआ करती है नम॥ 10॥

ऋतु हुआ करती है भीषण वो सरस।
फूल नाना रंग के हैं फूलते॥
मोहता है मलय मारुत का परस।
कुंज पुंजों में भँवर हैं भूलते॥ 11॥

हम नहीं फिर भी नियम को मानते।
बिगड़ जावे काम सारा या बने॥
हाय! इतना भी नहीं हम जानते।
और रहते हैं सदा सबसे तने॥ 12॥

एक के करने से कुछ होता नहीं।
काम दस का दस नहीं जब तक करें॥
एक के बल है समर होता नहीं।
सैकड़ों लाखों नहीं जब तक लड़ें॥ 13॥

एक मधुमक्खी करेगी क्या भला।
फूल का रस सैकड़ों लावें न जो॥
कौन सी इक बूँद सीखेगा कला।
घन करोड़ों बूँद बरसावें न जो॥ 14॥

फिर परस्पर डाह करने की चलन।
भूलकर भी हो नहीं सकती भली॥
पर घड़ी भर है हमें पड़ती न कल।
डाह की मिलती नहीं जब तक गली॥ 15॥

हो दसा जिस जाति की ऐसी बुरी।
वन गई हो जो यहाँ तक बेखबर॥
फिर भले ही जाय गरदन पर छुरी।
पर जा उहँ करने में करती है कसर॥ 16॥

आप ही जिसकी है इतनी बेवसी।
है तरसती हाथ हिलाने के लिए॥
आस हो सकती है उससे कौन सी।
हो सके है क्या भला उसके किए॥ 17॥

पर अमावस के सितारों की तरह।
लोग जो इसमें चमकते हैं कहीं॥
टूटती जिनसे अँधेरी कुछ है यह।
भूल सकता है समय जिनको नहीं॥ 18॥

कुछ सपूतों को इन्हीं में से सुरत।
नागरी दुख-भागिनी की भी हुई॥
देखकर उसकी भयानक बुरी गत।
चुभ गई हर रोम में इनके सुई॥ 19॥

यह लगे उसके लिए करने जतन।
आज भी साहस है इनका वैस ही॥
वारते अपना हैं सब तन मन वो धन।
बैरियों की हैं नहीं सुनते कहीं॥ 20 ॥

इन भले लोगों से जितनी आज तक।
नागरी देवी की सेवा हो सकी॥
आज भी उसकी दिखाती है झलक।
दूसरों ने कुछ मदद चाहे न की॥ 21 ॥

हम बता सकते हैं उस सेवा को भी।
पर बताते लाज लगती है बड़ी॥
बीस कोटि मनुष्य की भाषा अभी।
इस तरह सब भाँति है पीछे पड़ी॥ 22 ॥

काम जो हैं आज के दिन तक हुए।
हैं न होने के बराबर वह सभी॥
चार डग हमने भरे तो क्या किए।
है पड़ा मैदान कोसों का अभी॥ 23 ॥

सामने बहती है जो मंदाकिनी।
हमने उसमें से न पाया बूँद भी॥
सच बता री तू दुरासा पापिनी।
आस क्या पूरी न होवेगी कभी॥ 24 ॥

देख करके बंगभाषा की छटा।
कौन सा जन मोह जाता है नहीं॥
मरहठी की भी बनी ऊँची अटा।
है सजावट जिसकी बढ़ करके कहीं॥ 25 ॥

गुरजरी भाषा भी है फूली फली।
है निराली आज उसकी भी फबन॥
ढंग में उरदू भी देखो ढल चली।
हो गयी है ठीक उसकी भी गठन॥ 26 ॥

पर विचारी नागरी ही है गिरी।
हैं सम्हलते देखते जिसको नहीं॥
दैव तेरी दीठ है कैसी फिरी।
जो सहारा है नहीं मिलता कहीं॥ 27॥

बात क्या है यह नहीं अपकार की।
अपने घर में ही जगह मिलती नहीं॥
कौन सी आशा है फिर उपकार की।
अपने होते हैं पराये भी कहीं॥ 28॥

पंडितों की है नहीं होती कृपा।
नागरी पर भूल करके भी कभी॥
भाव है नहिं ग्रेजुएटों का छिपा।
वह इसे बच्ची समझते हैं अभी॥ 29॥

हैं महाजन भी इसे नहिं चाहते।
धुन उन्हें भी और ही कुछ है लगी॥
काशमीरी हैं इसे न सराहते।
है तबीयत ठेठ से उनकी भगी॥ 30॥

है हमी लोगों में ऐसी जाति भी।
मातृ भाषा जो इसे कहती नहीं॥
क्या रहा है शेष न कुछ सुनना अभी।
है सरलता इससे बढ़कर भी कहीं॥ 31॥

हिंद हिंदू और हिंदी के लिए।
छोड करके राज का सुख भोग भी॥
प्रान हैं जिस कुल के वीरों ने दिए।
हाय! उस सुपुनीत कुल के लोग भी॥ 32॥

बाँह हिंदी की पकड़ते हैं नहीं।
हाय! दुख इससे भला बढ़कर है क्या॥
देखते हैं राज उरदू का वहीं।
हाय! क्या अब भी नहीं फटती धरा॥ 33॥

है हमारी पूज्य पंडित मंडली।
है समादरणीय ग्रेजूएट भी॥
है महाजन से मेरी काया पली।
काशमीरी भी हमारे हैं सभी॥ 34॥

जाति भी वह है हमारे प्यार की।
है महाराजों से उज्जवल मुख बना॥
बात है क्या यह मेरे अधिकार की।
भूल कर भी जो करें हम सामना॥ 35॥

पर बिथा अपनी सुनावें हम किसे।
हम सदा ही आह भरते हैं सरद॥
कौन है बिन आप लोगों के जिसे।
नागरी दुखभागिनी की हो दरद॥ 36॥

जो गिरी इतनी हुई है नागरी।
और है बिगड़ी हुई उसकी दसा॥
आप लोगों पास ही है तो जड़ी।
आप ही लोग इसको सकते हैं बसा॥ 37॥

पर नहीं जो आप लोगों को हुआ।
आज भी इसकी दसा का ध्यान कुछ॥
तो फिरेगी झाँकती सब दिन कुआँ।
हाय! होगा मान भी इसका न कुछ॥ 38॥

लाज की यह बात है कितनी बड़ी।
मातृभाषा आप लोगों की बिबस॥
नित रहे सब भाँति झंझट में पड़ी।
औ फड़क करके भी फड़के है न नस॥ 39॥

है जगत के बीच जिसका पद बड़ा।
आन भी होती उसी की है बड़ी॥
है कमर कसकर वही होता खड़ा।
है उसी के साथ रहती सुभ घड़ी॥ 40॥

कर दिखाता है वही संसार में।
काम जो सबसे हैं बढ़ करके कठिन॥
है उसी की पूछ पर-उपकार में।
है बना देता वही उज्ज्वल मलिन॥ 41॥

है इसीसे आप लोगों के लिए।
नागरी का हित नहीं कुछ भी कठिन॥
हैं बिपत में दिन बहुत इसके गये।
उँगलियों पर भी न अब सकते हैं गिन॥ 42॥

मुँह सुधा से धोय कर सौ बार भी।
नाम जिनका ले नहीं सकते हैं हम॥
ऐसे कुछ राजे महाराजे अभी।
कर चुके हैं प्रगट वह साहस असम॥ 43॥

जिसकी है समता नहीं मिलती कहीं।
काम जिसने है सजीवन का किया॥
क्या कहीं अब वह रहा साहस नहीं।
नागरी को जिसने है जीवन दिया॥ 44॥

है असम साहस वह है, अब भी बचा।
और महराजों वो राजों के निकट॥
कल्पने तू मत बहुत हमको नचा।
है अभी भी सीस पर उनके मुकट॥ 45॥

ऐ हमारे देश के गौरव परम।
ऐ हमारे मान्यतम महिपाल गन॥
आप ही से नागरी का है भरम।
दीजिए दरबार में इसको सरन॥ 46॥

ऐ हमारी पूज्य पंडित मंडली।
आपको रुचती नहीं क्यों नागरी॥
आप ही के घर में यह सब दिन पली।
आपकी फिर दीठ इससे क्यों फिरी॥ 47॥

मौलवी ऐसा न होगा एक भी।
खूब जो उर्दू न होवे जानता॥
आप पढ़ते भी नहीं इसको कभी।
किस तरह है आपका मन मानता॥ 48॥

इसमें लिख सकते हैं चीठी तक नहीं।
जो लिखेंगे भूल होगी सौ जगह॥
दुख बड़ा होता हमें भी है यही।
क्या नहीं कुछ लाज की है बात यह॥ 49॥

है धरम की हानि होती इस समय।
बात यह हम सुन रहे हैं हर घड़ी॥
पर हमें कहने में होता है न भय।
आप ही की भूल इसमें है बड़ी॥ 50॥

हैं बहुत गहरे धरम के भाव सब।
उठ गया है संसकीरत का चलन॥
नागरी ही एक है आधार अब।
जिसमें कर सकते हैं कुछ इसका जतन॥ 51॥

संस्कृत के साथ पढ़कर नागरी।
देस का औ धरम का हित कीजिए॥
एक सी जाती नहीं सारी घरी।
मान इतनी बात मेरी लीजिए॥ 52॥

ऐ सुगौरव-वान ग्रेजूएट गन।
है भरोसा आपका हमको बहुत॥
नागरी हो जायगी, उज्जल रतन।
आप जो हो जायँ इसकी ओर रत॥ 53॥

है समय का ज्ञान पूरा आपको।
देखते हैं देस की सब (ही) दसा॥
कौन मेटेगा हमारे नाम को।
नागरी को आप जो देंगे नसा॥ 54॥

सच है कुछ भी नागरी में है नहीं।
आपको यह है नहीं सकती लुभा॥
पर कोई अपने को तजता है कहीं।
क्या वह जी में है नहीं रहता खुभा॥ 55॥

नागरी में जो हैं ऐसे गुन नहीं।
इसमें भी तो आप ही की चूक है॥
आज तक तो यह पहुँच जाती कहीं।
पर किया कब हमने कौन सलूक है॥ 56॥

सकल विद्या से है अंग्रेजी भरी।
आप चुन-चुन करके उसमें से रतन॥
नागरी को कीजिए गुन आगरी।
कौन सा मन फिर न होवेगा मगन॥ 57॥

है सिखाती हमको अंग्रेजी यही।
मातृभाषा को सदा उन्नत करो॥
क्यों नहीं करते हैं आप उसकी कही।
क्या है इसमें भी नरो वा कुंजरो॥ 58॥

ऐ हमारे काश्मीरी विवुध गन।
ऐ समादरनीय कायथ मंडली॥
है जगत के बीच वह प्रानी रतन।
मातृभाषा जिसके हाथों हो पली॥ 59॥

इस हमारे प्रान्त में हैं आप लोग।
बुद्धि विद्या विनय में आगे बढ़े॥
किसको सुनकर यह भला होगा न सोग।
आप हैं अपनी नहीं भाषा पढ़े॥ 60॥

मातृभाषा आप लोगों की यही।
नागरी है, जानता यह है सभी॥
मान लेंगे आप भी मेरी कही।
क्या करेंगे सुरत भी इसकी कभी॥ 61॥

भूलकर भी दीठ जो फिरती इधर।
तो दसा होती न इसकी आज यह॥
चाहिए घर की भी कुछ रखनी खबर।
आप कैसे घर का दुख सकते हैं सह॥ 62॥

कर हमारा काम सब सरकार दे।
कुछ पड़े हमको न करना भूलकर॥
यह हमारे ढंग हैं ऐसे बुरे।
जिससे बस सकता नहीं अपना भी घर॥ 63॥

कम नहीं है, जो दया सरकार ने।
नागरी पर कर दिखाई गये दिन॥
पर न हम लोगों से जो कुछ भी बने।
तो करे उसके लिए वह क्या जतन॥ 64॥

आप लोगों की कचहरी में है गति।
पूछ भी है आप लोगों की बड़ी॥
दीजिए कर दूर हिंदी की बिपति।
जोहती मुँह आपका है वह खड़ी॥ 65॥

है सुकीरत हाथ जो जग में बिका।
उसके ऐसा है कोई प्रानी नहीं॥
सच है, प्यारी जीव से है जीविका।
पर सुकीरत उससे है प्यारी कहीं॥ 66॥

ऐ हमारे नागरी उन्नायको।
ऐ हमारे नागरी के प्रान-धन॥
ऐ हमारे नागरी के सहायको।
ऐ अँधेरी कान के उज्जल रतन॥ 67॥

काम ऐसा है कठिन कोई नहीं।
जो न श्रम करने से हो जावे सरल॥
हैं असम्भव का भी सुनते नाम ही।
कर उसे देता है सम्भव बुद्धि बल॥ 68॥

जो सदुद्यम का मरम हैं जानते।
टूटता जिनका नहीं साहस कभी॥
जो न इतना भाग को हैं मानते।
कर दिखाते हैं वही कारज सभी॥ 69॥

ऊसरों में वह खिलाते हैं कमल।
फूल होता है कुलिस उनके लिए॥
आपदा उनकी सभी जाती है टल।
कितने ही उनके जिलाए हैं जिए॥ 70॥

एक नस में भी लहू जब तक बहे।
देह में जब तक रहे एक साँस भी॥
आन करके क्यों न कुछ कोई कहे।
क्यों न होवें सैकड़ों उतपात भी॥ 71॥

भूलिए अपना नहीं उद्यम करम।
छोड़िए अपना यह साहस भी नहीं॥
आपकी होगी विजय कहते हैं हम।
वह भी ऐर्सा जो नहीं देखी कहीं॥ 72॥

खोलते हैं आज मिलकर आप लोग।
एक हिन्दी का भवन करके जतन॥
आएगा वह दिन कि जब मिल करके लोग।
सैकड़ों खोलेंगे हिन्दी का भवन॥ 73॥

वह गिरे इसका करे जो सामना।
ऐरो ही आवें सब इसके दिन भले॥
हे प्रभो मेरी यही है कामना।
नित हमारी नागरी फूले फले॥ 74॥

शुभम्

❑

अच्छे अच्छे गीत

अच्छे अच्छे गीत

विनय

भला हो भारत का भगवान।
पड़े कान में फिर मुरली की
बड़ी अनूठी तान।
खुले आँख हित अनहित समझें
पथ लेवें पहचान।
आओ आओ गाओ मोहन
कोई ऐसा गान।1।

तुम्हारा गाँव

जिसकी मिट्टी से हो बने।
जिसकी धूल में रहे सने।
जो तुमको देता है सदा।
बड़े चट पटे चुर मुर चने।1।
देखे जिसके प्यारे फूल।
भोला मन जाता है भूल।
तुम पल पाते हो दिन रात।
जिसके तन पलने पर झूल।2।
पड़े जहाँ पितरों के पाँव।
बहुत भली है जिसकी छाँव।
जहाँ लिया है तुमने जन्म।
है वह यही तुमारा गाँव।3।2।

गाँवों की हरियाली

गाँवों की हरियाली।
देखो गाँवों की हरियाली।
हरे भरे कैसे हैं पौधे
हरी भरी कैसी है डाली।
हरे खेत मैदान हरे
बेलियाँ हरा पन में हैं ढाली।
हरी हरी दूबें हैं फैली
हरी पत्तियाँ हैं छवि वाली। 3।

हमारे गाँव!

हमें हैं प्यारे गाँव हमारे।
है सब देस इन्हीं से जीता
ए हैं बड़े सहारे।
उपजाते हैं अन्न फूल फल
देते हैं रस सारे।
बही दूध की नदी घरों में
इन पर तन मन वारे।
कहाँ भला हुन नहीं बरसता
इनका प्यार पसारे।
धनी धनी है इनके धन से
ए हैं राज दुलारे। 4।

गाँव में खुली हवा है मिलती।
जिसके लगे नहीं किसके जी की
कलिका है खिलती।
टटके बड़े अनूठे मीठे
फल का खुला खजाना।
हरे भरे कोसों तक फैले
खेतों का लहराना।

पेड़ों का झूमना खुले दिल से
चिड़ियों का गाना।
खिली बेलियों का बलखाना
फूलों का मुसकाना।
गाँवों जैसा किसी जगह है
कभी नहीं दिखलाता।
बड़ भागी है वही वहाँ जो
है बिहार कर पाता। 5।

सब से सुन्दर सजा सँवारा।
सब का प्यारा बड़ा दुलारा।
फूला फला सुधारा सुथरा।
हरा भरा है गाँव हमारा। 1।
उसे तेज सूरज दे जाता।
उसे चन्द्रमा है चमकाता।
बड़ी बड़ी बूँदों से बादल।
उस पर मोती है बरसाता। 2।
दिन के मिले जगमगा जाता।
ताराओं से है छबि पाता।
हवा उसे है पंखा झलती।
इन्द्र धनुष है उसे सजाता। 3।
पेड़ों की निखरी हरियाली।
फल से भरी झूमती डाली।
है लुभावना उसे बनाती।
बेलि अनूठे पत्तोंवाली। 4।
उसे मोर हैं नाच दिखाते।
पक्षी मीठा गान सुनाते।
बात बना देते हैं उसकी।
बहुत कबूतर उड़ उड़ आते। 5।
उजले रंग बिरंगे नीले।
लाल लाल औ पीले पीले।
न्यारी फबन उसे देते हैं।
फूल फूल कर फूल फबीले। 6। 6।

बुरी आँख

किसी पर बुरी आँख न पड़े।
देख किसी को भौं न सिकोड़ें।
कान करें न खड़े।
निज जी सा सबका जी जानें।
बचन कहें न कड़े।
नीच न किसी नीच को मानें।
आप बनें न बड़े।
बैर ठान करके न उखेड़ें।
मुरदे लोग गड़े।
पार करें डूबती नाव को।
छोड़ विचार सड़े।7।

मेल जोल

गाँव में कौन पराया है।
अपने सगे सभी हैं सब में
राम रमा पाया है।
एक हवा में रहते पीते
एक तरह का पानी।
एक ढंग से बसते चाहे
घर होवे या छानी।
एक साथ ही खेत खोदते
और जोतते बोते।
एक साथ सुख दुख होने पर
सब हैं हँसते रोते।
तो भी जो न मिलें होवें तो
हित होवेगा कैसे।
लाख जन्म हो नहीं सकेंगे
वैसे हम थे जैसे।8।

सच्ची सेवा

रही उससे पत्तों की पत
पेड़ की है वह हरियाली
भर रही है उसका ही दम
फलों से भरी हुई डाली। 1।
उसी ने फल के पेड़ों की।
बहुत सेवा की है बरसों
पली उसके पाले से ही
खेत की यह पीली सरसों। 2।
जो न वह हाथ चला सकती
पोखरों का जल क्यों पाते
किस तरह हरे भरे रहकर
खेत धानों के लहराते। 3।
वह अगर कमर नहीं कसती
तो न कुओं का जल मिलता
किस तरह पा सकते रूई
किस तरह से कपड़ा सिलता। 4।
मिला बल गेहूँ को उससे
ऊख में मीठा रस आया
चमकते चावल दिखलाये
चना ने सोंधापन पाया। 5।
गाँव को वह महकाती है
कर महक की प्यारी संगत
किसानों की सच्ची सेवा
फूल की रखती है रंगत। 6। 9।

गाँवों की गन्दगी

गन्दगी गाँवों में न रहे
बुरी तरह से खुली जगह में

परनाला न बहे
जिस घर में गंदापन होवे
मैला मिले जहाँ
तरह तरह का रोग रहेगा
कैसे नहीं वहाँ
जिन जगहों में भरा पड़ा हो
सारा सड़ा गला
कैसे भला नहीं आवेगी
वहाँ तमाम बला। 10।

गाय का दूध

दूध कैसे मोटा होगा
अगर गायें होंगी भूखी
थनों में रस उतरेगा क्यों
नसें जो होवेंगी सूखी। 1।
धुले तन हैं जितने हितकर
कहाँ मैले तन हैं वैसे
जो न गायें सुथरी होंगी
दूध सुथरा होगा कैसे। 2।
गाय जो है दुबली पतली
जिसे है रोग लगा कोई
दूध जिसने उसका पीया
आयु उसने अपनी खोई। 3।
दूध उसका न छुये कोई जायगी
लुट हित की गठरी
गाय वह भरी रोग से है
दिखाती है जिसकी ठटरी। 4।
बड़ा सुथरा सुडौल सुन्दर
गठा होता है जिसका तन

भरा होता है अमृत से
उन अछूती गायों का थन। 5। 11।

मैला कपड़ा

बुरा है मैला कपड़ा होता
तन का तेज पहनकर उसको
क्यों कोई है खोता
रोग बीज उसमें रहते हैं
उसे नहीं मन धोता
उसकी रंगत देख देख कर
मान बहुत है रोता। 12।

धुला कपड़ा

धुला कपड़ा है सबको प्यारा
सादापन पाता है उसके
पहने बड़ा सहारा
मैलापन का हो जाता है
उससे वारा न्यारा
तन ऐसा दिखला पड़ता है
मानों गया सँवारा
भलमंसी का चिन्ह हित भरा
सुथरापन रखवारा
वह है दिल दिखलाने वाला
आदर मान दुलारा। 13।

भूत

भूत कहाँ है? कहीं नहीं है
जिस जी में डर समा गया
जो है तो भूत वही है
किसी नीम या किसी आम पर
उसका है न बसेरा
उसने कभी नहीं डाला है
बड़ पीपल पर डेरा
बन में या मसान में किसने
उसे घूमते देखा
भूतों की सारी बातें हैं
पानी पर की रेखा। 14।

छूत छात

न दे रगड़ों झगड़ों को तूल
क्यों है बँधी आँख पर पट्टी
बहुत उड़ चुकी धूल
जैसे अंग पेड़ के ही हैं
जड़ पत्ते फल फूल
वैसे ही अछूत हैं अपने
हम यह करें कबूल
कौन जानता नहीं आम
है आम बबूल बबूल
पर दोनों हैं पेड़ एक है
दोनों ही का मूल
तज दें छूत छात के झगड़े
बनें समय अनुकूल
घर में खड़े बखेड़े करना
बहुत बड़ी है भूल। 15।

क्यों उन्हें छूते घबराये
जिनके तन का गिरे पसीना
खेत लहलहा जायें
जिनकी सींची ऊखों से हैं
अमृत सा फल पाते
जिनके उपजाये अन्नों से
हैं पकवान बनाते
जिनके पाले पोसे पौधों से
मीठे फल मिलते
जिनके बल से फुलवारी में
फूल अनूठे खिलते
मेंह की झड़ी कड़ी धूप को
जो हैं सहते रहते
है यह छोटी बात उन्हें जो
हम अछूत हैं कहते। 16।

क्यों अछूत में छूत समाई
एक गाँव के नाते तो हैं
सब ही सब के भाई
जिनके जोते बोये सींचे
कुल खेती लहराई
जिनके काटे पीटे मांडे
पूरी हुई कमाई
जो हैं नाम राम का लेते
जिनमें मिली सचाई
जो उनको अछूत कहते हैं
उन्हें छू गई बाई। 17।

कामना

सारे दिन ऐसे ही आवें
फूले फले रहें सब पौधे
पक्षी मीठी गान सुनावें
प्यारी हवा रहे बहती ही
मेघ समय पर जल बरसावें
रहें खेत सिंचते लहराते
भरे उमंग किसान दिखावें
तन निरोग धन की न कमी हो
बड़े सुखी सब लोग कहावें
फूलों भरी डालियाँ घर घर
फूली हुई मालिनें लावें। 18।

❑

स्वर्गीय संगीत

आमुख

पुण्यश्लोक 'हरिऔध' कवि के साथ ही दार्शनिक भी थे। उनके आध्यात्मिक और आधिभौतिक चिंतन का फल है 'स्वर्गीय संगीत'। जब कवि दार्शनिक चिंतना में अपना समय व्यतीत करने लगता है तब उसकी रचना में बुद्धि पक्ष की प्रबलता और हृदय पक्ष की अल्पता होने लगती है। 'हरिऔध' जी इसी विश्व को स्वर्ग और नरक का स्थल समझते थे। वे लोक संग्रही कवि थे अतः उनकी सदा यही प्रेरणा रही कि इस विश्व को ही सत्कर्म और सद्भावना द्वारा स्वर्ग का रूप प्रदान किया जाय।

'स्वर्गीय संगीत' में उन्होंने दृश्य, अदृश्य और अन्तर्जगत आदि पर अपने विचार प्रकट किये हैं। लेकिन इस बात का पाठक को निरन्तर ध्यान रखना चाहिए कि ये वर्णन केवल कवि की कल्पना मात्र नहीं हैं। इनका उनके जीवन की अनुभूतियों के साथ गहरा संबंध है। उनकी विचारधारा का निर्णय, उनकी जीवन सम्बन्धी अनुभूतियों ने किया है। उनकी चिंतन सामग्री दार्शनिक होते हुए भी लोक से, समाज से परे नहीं है।

हिन्दी साहित्य में कवि सम्राट् 'हरिऔध' का एक विशिष्ट स्थान है आज प्रचार और अहंवाद के युग में भले ही इन महाकवियों को हम भुला देने का यत्न करें पर भारती की इन लोगों ने जिस तन्मयता से आरती उतारी है वह कोई भुला नहीं सकता। 'हरिऔध' जी प्रथम प्रबन्धकार कवि हैं। उनका 'प्रियप्रवास' एक प्रकाश स्तम्भ है जो युग-युग तक हिन्दी भाषा भाषियों को जीवन तथा चेतना प्रदान करता रहेगा। उसकी रचना संस्कृत वृत्तों में हुई है।

यह 'स्वर्गीय संगीत' 'हरिऔध' जी की दूसरी महत्वपूर्ण और विशिष्ट रचना है जो 'प्रियप्रवास' के बाद संस्कृत वृत्तों में लिखी गयी है। इसके पढ़ने के समय 'प्रियप्रवास' का सा आनन्द प्राप्त होता है। 'हरिऔध' जी कल्पना और शब्दों के महान धनी थे, उनकी कोमल कान्त पदावली प्रसाद गुण सम्पन्न तो है ही उसमें दार्शनिक तत्त्व का भी आभास प्राप्त होता है।

'स्वर्गीय संगीत' की लहरी पाठकों को स्वर्गीय आनन्द प्रदान करेगी ऐसा हमारा विश्वास है। नवयुवकों के लिए तो यह और भी उपयुक्त है क्योंकि यह जीवन के सम्बन्ध में दार्शनिक आधार पर विचार करती है।

मकर संक्रान्ति
14-1-52

वेणीमाधव शर्मा

स्वर्गीय संगीत

मंगल-कामना

शार्दूल-विक्रीडित

आराधे भव-साधना सरस हो साधें सुधासिक्त हों।
सारी भाव-विभूति भूतपति की हो सिद्धियों से भरा।
पाता की अनुकूलता कलित हो धाता विधाता बने।
पाके मादकता-विहीन मधुता हो मोदिता मेदिनी।1।

सारे मानस-भाव इन्द्रधनु-से हों मुग्धता से भरे।
देखे श्यामलता प्रमोद-मदिरा मेधा-मयूरी पिये।
न्यारी मानवता सुधा बरस के दे मोहिनी मंजुता।
भू को मेघ मनोज्ञ-मूर्त्ति कर दे माधुर्य-मुक्तामयी।2।

है आलोकित लोक-लोक किसकी आलोक-माला मिले।
पाते हैं उसको सुरासुर कहाँ जो सत्य सर्वस्व है।
है संयोजक कौन सूर-शशि का, स्वर्गीय सम्पत्ति का।
कोई क्यों उसको असार समझे, संसार में सार है।3।

न्यारी शान्ति मिली कहीं विलसती, है क्रान्ति होती कहीं।
प्याला है रस का कहीं छलकता, है ज्वाल-माला कहीं।
है आहार, विहार, वैभव कहीं; संहार होता कहीं।
है अन्यन्त अकल्पनीय भव की क्रीडामयी कल्पना।4।

है आराधक सर्वभूत-हित का आधार सद्वृत्ति का।
व्याख्याता भव-मुक्ति-भुक्ति-पथ का त्राता सदासक्ति का।

पाता है जन पूत भाव निधि का दाता महामंत्र का।
ज्ञाता भारत है समस्त मत का धाता धराधर्म का। 5।

माता है मृदु भाव की, मनुजता की है महा साधना।
पाता है भव-शान्ति की सरलता की सिद्धि-भूता सुधा।
है आधार विभूति की, सुहृदता-राका-निशा-चंद्रिका।
सद्भावामृत-सिंचिता श्रुति-रता है भारती सभ्यता। 6।

छाया था जब अंधकार भव में संसार था सुप्त-सा।
ज्ञानालोक-विहीनओक सब था, विज्ञान था गर्भ में।
ऐसे अद्भुत काल में प्रथम ही जो ज्योति उद्भूत हो।
ज्योतिर्मान बना सकी जगत को है वेद-विद्या वही। 7।

नाना देश अनेक पंथ मत में है धर्म-धारा बही।
फैली है समयानुसार जितनी सद्वृत्ति संसार में।
देखे वे बहु पूत भाव जिनसे भू में भरी भव्यता।
सोचा तो सब सार्वभौम हित के सर्वस्व हैं वेद ही। 8।

मूसा की वह दिव्य ज्योति जिसमें है दिव्यता सत्य की।
सच्चिन्ता जरदस्त की सदयता उद्‌बुद्धता बुद्ध की।
ईसा की महती महानुभवता पैगम्बरी विज्ञता।
पाती है विभुता-विभूति जिससे है वेद-सत्ता वही। 9।

नाना धर्म-विधान के विलसते उद्यान देखे गये।
फूले थे जितने प्रसून उनमें स्वर्गीय सद्भाव के।
फैली थी जितनी सुनीति-लतिका, थे बोध-पौधे लसे।
जाँचा तो श्रुतिसार-सूक्ति-रस से थे सिक्त होते सभी। 10।

देखे ग्रंथ समस्त पंथ मत के, सिद्धान्त-बातें सुनीं।
नाना वाद-विवाद-पुस्तक पढ़ी, संवाद वादी बने।
जाँची तर्क-वितर्क-नीति-शुचिता, त्यागा कुतर्कादि को।
तो जाना सर्वज्ञता जगत की है वेद-भेदज्ञता। 11।

प्रथम आलाप

अकल्पनीय की कल्पना

शार्दूल-विक्रीडित

सोचे व्यापकता-विभूति प्रतिभा है पा पाती नहीं।
होती है चकिता विलोक विभुता विज्ञान की विज्ञता।
लोकातीत अचिन्तनाय पथ में है चूकती चेतना।
कोई व्यक्ति अकल्पनीय विभु की कैसे करे कल्पना।1।

आती है सफरी-समूह-उर में क्या सिंधु की सिंधुता?
क्या ज्ञाता खगवृन्द है गगन के विस्तार-व्यापार का?
पाती है न पिपीलिका अवनि की सर्वाङ्गता का पता।
कैसे मानव तो महामहिम की सत्ता-महत्ता कहे।2।

ऐसा अंजन पा सका न जिससे होती तमो हीनता।
कोई दे न सका उसे सदय हो स्वाभाविकी दिव्यता।
जाला दूर हुआ, न अंध दृग को आलोक-माला मिली।
कैसे लोक विलोक लोकपति को लोकोपयोगी बने।3।

जो है अंत-विहीन अंत उसका कैसे किसी को मिले।
कैसे हो वह गीत गीत रच के जो देव गोतीत है।
कैसे चित्त सके विचार उसको जो चित्त का चित्त है।
कैसे लोचन लें विलोक, वह तो है लोचनों में छिपा।4।

लोकों का लय हो गये प्रलय में भू लोप लीला हुए।
नाना भूत-प्रसूत वाष्प अणु के संसारव्यापी बने।
छाये कज्जल-से प्रगाढ़ तम के आये महाशर्वरी।
सोता है विभु शेष-भूत भय में, है शेषशायी अतः।5।

चाहे हों फल, फूल, मूल, दल या छोटी-बड़ी डालियाँ।
चाहे हो उसकी सुचारु रचना या मुग्धकारी छटा।
जैसे हैं परिणाम अंग-तरु के सर्वांश में बीज के।
वैसे ही उस मूल-भूत विभु का विस्तार संसार है।6।

जैसे दीपक-ज्योति से तिमिर का है नाश होता स्वतः।
जैसे वायु-प्रवाह से चलित है होती पताका स्वयं।
जैसे वे यह कार्य हैं न करते इच्छा-वशीभूत हो।
वैसे ही भव है विभूति-पति की स्वाभाविकी प्रक्रिया।7।

जैसे है घटिका स्वतंत्र बजने या बोलने आदि में।
जैसे सूचक सूचिका समय की देती स्वयं सूचना।
निर्माता मति ज्यों निमित्त बन के है सिद्धिदात्री बनी।
सत्ता है उस भाँति ही विलसती सर्वेश की सृष्टि में।8।

जो सत्ता सब काल है विलसती सर्वत्र संसार में।
सारे जीव समूह-मध्य जगती जो जीवनी-ज्योति है।
व्यापी है वह व्योम से अधिक, है तेजस्विनी तेज से।
पूता है पवमान से, सलिल से सिक्ता, रसा से रसा।9।

आती तो न सजीवता अवनि में जो वायु होती नहीं।
कैसे तो मिलती उसे सरसता जो वारि देता नहीं।
तो मीठे स्वर का अभाव खलता जो व्योम होता नहीं।
कैसे लोक विलोकनीय बनता आलोक पाता न जो।10।

कान्ता कुण्डलिनी अनन्त सरि की धारा समा क्यों बनी।
पाया क्यों घन श्वेतखंड उसने जो हैं सदाभा-भरे।
कैसे तारक-पुंज साथ उसको ब्रह्मांड-माला मिली।
है वैचित्र्यमयी विभूति किसकी नीहारिका व्योम की।11।

आभा से तन की विभामय बना ब्रह्मांड-व्यापार को।
नाना लोक लिये अचिन्त्य गति से लोकाभिरामा बनी।
तारों के मिष कंठ-मध्य पहने मुक्तावली-मालिका।
जाती है बन केलि-कामुक कहाँ आकाश-गंगांगना।12।

नाना लोक समस्त भूतचय में सत्तामयी सृष्टि में।
सारी मूर्त्त अमूर्त्त ज्ञात अथवा अज्ञात उत्पत्ति में।
जो है व्यापक, क्या वही न विभु है, क्या है न कर्त्ता वही।
है संचालक कौन दिव्य कर से संसार के सूत्र का। 13।

व्यापी है जिसमें विभा वलय-सी नीलाभ श्वेतप्रभा।
होते हैं सित मेघ-खंड जिसमें कार्पास के पुंज-से।
सर्पाकार नितान्त दिव्य जिसमें नीहारिकाएँ मिलीं।
फैला है यह क्या पयोधि-पय सा सर्वत्र आकाश में। 14।

क्या संसार-प्रसू विभूति यह है? क्षीराब्धि क्या है यही?
क्या विस्तारित शेषनाग-तन है नीहारिका-रूप में?
क्या आभामय कान्ति श्याम वपु की है श्वेतता में लसी?
किंवा है यह कौतुकी प्रकृति की कोई महा कल्पना। 15।

आँखें हैं बुध की विचित्र कितनी, हैं दूरबीनें बनी।
तो भी दिव्य कला-निकेत कितने नक्षत्र अज्ञात हैं।
कैसे जान सके मनुष्य उसको तो विश्व-सर्वस्व है।
जाने जा न सके अनन्त पथ के सारे सितारे अभी। 16।

क्या जाना करके प्रयत्न कितने या दूरबीनें लगा।
है दूरी कितनी, प्रसार कितना, है कान्ति कैसी कहाँ।
ऐसे ही कुछ बाहरी विषय का है बोध विज्ञान को।
पूरा ज्ञान कहाँ हुआ मनुज को तारों-भरे व्योम का। 17।

तारे हैं कितने सजीव, कितने निर्जीव हैं हो गये।
कैसे हैं तन रंग-रूप उनके हैं जीव जैसे जहाँ।
भू-सी है सुविभूति भूति सबमें या भिन्नता है भरी।
ये बातें बतला सके अवनि के विज्ञान-वेत्ता कहाँ। 18।

नाना ग्रंथ रचे गये अवनि में विज्ञान-धारा बही।
चिन्ताशील हुए अनेक कितने विज्ञानवादी बने।
तो भी भेद मिला न भूत-पति का, सर्वज्ञता है कहाँ।
ज्ञाता-हीन बनी रही जगत में सर्वेश-सत्ता सदा। 19।

पाती है वर विज्ञता विफलता मर्म्मज्ञता मूकता।
सच्चिन्ता-लहरी महाविषमता दैवज्ञता अज्ञता।
सोचे सर्व विधान सर्व-गत का ज्ञाता बने विश्व का।
होती है बहुकुंठिता विबुधता सर्वज्ञता वंचिता। 20।

सीखा ज्ञान, पढ़े पुराण श्रम से, वेदज्ञता लाभ की।
आँखें मूँद, लगा समाधि, समझा, कीं साधनाएँ सभी।
ज्ञाता की अनुभूत बात सुन ली, विज्ञानियों में बसे।
सौ-सौ यत्न किये, रहस्य न खुला संसार-सर्वस्व का। 21।

दिव्या भूति अचिन्तनीय कृति की ब्रह्माण्ड-मालामयी।
तन्मात्रा-जननी ममत्व-प्रतिमा माता महत्तत्त्व की।
सारी सिद्धिमयी विभूति-भरिता संसार-संचालिका।
सत्ता है विभु की नितान्त गहना नाना रहस्यात्मिका। 22।

द्वितीय आलाप

दृश्य जगत्

शार्दूल-विक्रीडित

सातो ऊपर के बड़े भुवन हों या सप्त पाताल हों।
चाहे नीलम-से मनोज्ञ नभ के तारे महामंजु हों।
हो बैकुंठ अकुंठ ओक अथवा सर्वोच्च कैलास हो।
हैं लीलामय के ललाम तन से लीला-भने लोक यों। 1।

कोई है कहता अनन्त नभ में ये दिव्य तारे नहीं।
नाना हस्त-पद-प्रदीप्त नख हैं व्यापी विराटांग के।
कोई लोचन वन्दनीय विभु का है तीन को मानता।
रामा-नायक को दिवाधिपति को, विभ्रद्विभावर्द्धि को। 2।

कंठों का बन कंठ मूल कहला तानों लयों आदि का।
नादों में भर के निनाद स्वर के स्वारस्य का सूत्र हो।
दे नाना ध्वनि-पुंज को सरसता, आलाप को मुग्धता।
गाता है नित कौन गीत किसका बाजे करोड़ों बजा। 3।

लेके मंजुल अंक में प्रथम दो धारें सदाभामयी।
पाके नूतन लालिमा फिर मिले प्यारी प्रभा भानु की।
ऐसा है वह कौन लोक जिसको है मोह लेती नहीं।
लीलाएँ कर मन्द-मन्द हँस के प्राची दिशा सुन्दरी। 4।

है लालायित नेत्र प्रीति-जननी है लालिमा से लसी।
है लीला-सरि की ललाम लहरी प्रातः प्रभारंजिनी।
है प्राची-कर-पालिता प्रिय सुता है मूर्त्ति माधुर्य्य की।
ऊषा है अनुराग-राग-वलिता आलोक-मालामयी। 5।

साधे से सब सोर-मंडल सधा, बाँधे बँधी श्रृंखला।
पाले से उसके पली वसुमती, टाले टली आपदा।
पाना है तृण-राजि का विटप, का, त्राता लता-बेलि का।
धाता है रवि सर्व-भूत हित का, है अन्नदाता पिता। 6।

रत्नों की कमनीय कान्ति दिव को, वारीश को रम्यता।
आभा-सी सुविभूति भूत-दृग को, तेजस्विता दृष्टि को।
भू को वैभव, पुष्प को विकचता, सद्वर्णता वस्तु को।
देता है रवि ज्योति-पुंज विधु को, हेमाद्रि को हेमता। 7।

है राकापति, मंजुता-सदन है, माधुर्य-अंभोधि हैं।
है लावण्य-सुमेरु-श्रृंग, जिसको आलोक-माला मिली।
पाती हैं उपमा सदैव जिसकी संक्रान्ति की कीर्त्तियाँ।
जो है शंकर भाल-अंक उसको कैसे कलंकी कहें। 8।

दे दे मंजु सुधा लता विटप को है सींचता सर्वदा।
नाना कंद समूह को सरस हो है सिक्त देता बना।
पुष्पों को खिलता बिलोक हँसता स्नेहाम्बुधारा बहा।
न्यारा है वह चारु चन्द्र जिसकी है प्रेमिका चन्द्रिका। 9।

पाता है सुकुमारता-सदन का, है स्निग्धता का पिता।
धाता है रस का, महा सरस का सौन्दर्य का है सखा।
दाता है कमनीय कान्ति-निधि का, माधुर्य्य का है धुरा।
छाता है विधु एक क्षत्रपति का संदीप्त-रत्नच्छटा। 10।

है आभा कमनीय पुंज, महि का साथी, सिता का धनी।
नाना औषध-मूल-भूत, प्रतिभू पीयूष-पायोधि का।
है धाता प्रतिभा प्रसूत, रवि का स्नेही, सुरों का सखा।
कान्तात्मा कवि के कला-निलय का आलोक राकेश है। 11।

श्रृंगों के हिम पुंज की सुछवि का प्रासाद की दीप्ति का।
पुष्पों पल्लव आदि के विभव का आभामयी वीचि का।
भू की अन्य विभूति का, प्रकृति के संसिक्त सौन्दर्य का।
है आधार मयंक वारिनिधि के उन्मुक्त उल्लास का। 12।

होता ज्ञात नहीं रहस्य इनका ये हैं अविज्ञात से।
कोई पा न सका पता प्रगति का विस्तार निस्तार का।
कैसे देख इन्हें न चित्त दहले, कैसे न उत्कंठ हो।
हैं ये केतु विचित्र, पुच्छ जिनके हैं कोटिशः कोस के। 13।

क्रीडाएँ अवलोक लीं अनल की, देखी कला की कला।
ज्योतिर्भूति विलोक ली, पर कहाँ ऐसी छटाएँ मिलीं।
ऐसे लोचन कौन हैं वह जिन्हें देती नहीं मुग्धता।
उल्का की कलकेलि व्योम-तल की हैं दिव्य दृश्यावली। 14।

हैं मुक्तामय-कारिणी अवनि की, हैं स्वर्ण-आभामयी।
हैं कान्ता कुसुमालि की प्रिय सखी, हैं? वीचियों की विभा।
शोभा हैं अनुरंजिनी प्रकृति की क्रीडामयी कान्ति की।
देती हैं दिव की प्रभात-किरणें, हैं दिव्य देवांगना। 15।

केले के दल को प्रदान करके बूँदें विभा-वाहिनी।
सीपी का कमनीय अंक भर के, दे सिंधु को सिंधुता।
शोभा-धाम बना लता-विटप को सद्वारि के बिन्दु से।
आते हैं बन मुक्त व्योम-पथ में मुक्ता-भरे मेघ ये। 16।

शृंगों से मिल मेरु में विचरते प्रायः झड़ी बाँधते।
बागों में वन में विहार करते नाना दिखाते छटा।
मोरों का मन मोहते, विलसते शोभामयी कुंज में।
आते हैं घन घूमते घहरते पायोधि को घेरते। 17।

कैसे तो सर अंक में विलसते, क्यों प्राप्त होती सरी।
कैसे पादप-पुंज लाभ करती हो शस्य से श्यामला।
कैसे तो मिलते प्रसून, लसती कैसे लता-बेलि से।
जो पाती न धरा अधीर भव में धाराधरी-धीरता। 18।

कैसे तो लसती प्रशान्त रहती, क्यों दूर होती तृषा।
कैसे पाकर जीव-जन्तु बनती श्यामायमाना मही।
होते जो न पयोद, जो न उनमें होती महा आर्द्रता।
रक्षा हो सकती न अन्य कर से तो चातकी वृत्ति की। 19।

गाती है गुण, साथ सर्व सरि के सानंद सारी धरा।
प्रेमी हैं जग-जीवमात्र उसके, हैं चातकों से व्रती।
क्यों पाता न पयोद मान भव में होता यशस्वी न क्यों।
है स्नेही उसका समीर, उसकी है दामिनी कामिनी। 20।

मीठा है करता पयोद विधि से वारीश के वारि को।
देता है रस-सी सुवस्तु सबको, है सींचता सृष्टि को।
नेत्रों का, असिताम्बरा अवनि का, काली कुहु रात्रि का।
खोता है तम दामिनी-दमक की दे दिव्य दीपावली। 21।

नीले, लाल, अश्वेत, पीत, उजले, ऊदे, हरे, बैंगनी।
रंगों से रँग, सांध्य भानु-कर की सत्कान्ति से कान्त हो।
नाना रूप धरे विहार करते हैं घूमते-झूमते।
होगा कौन न मुग्ध देख नभ में ऐसे घनों की छटा। 22।

हैं ऊँचे उठते, सुधा बरसते, हैं घेरते घूमते।
बूँदों से भरते, फुहार बनते या हैं हवा बाँधते।
दौरा हैं करते घिरे घहरते हैं रंग लाते नये।
क्या-क्या हैं करते नहीं गगन में ये मेघ छाये हुए। 23।

कैसे तो पुरहूत-चाप मिलता, क्यों दामिनी नाचती।
क्यों खद्योत-समूह-से विलसती काली बनी यामिनी।
होते जो न पयोद, गोद भरती कैसे हरी भूमि की।
आभा-मंडित साड़ियाँ सतरँगी क्यों पैन्हतीं दिग्वधू। 24।

मेघों को करते प्रसन्न खग हैं मीठा स्वगाना सुना।
हैं नाना तरु-वृन्द प्रीति करते उत्फुल्लताएँ दिखा।
आशा है अनुरागिनी जलद की, है प्रेमिका शर्वरी।
सारी वीर-बहूटियाँ अवनि की रागात्मिका मूर्त्ति हैं। 25।

क्या सातों किरणें दिवाधिपति की हैं दृश्यमाना हुईं।
किंवा वन्दनवार द्वार पर बाँधी गई स्वर्ग के।
या हैं सुन्दर साड़ियाँ प्रकृति की आकाश में सूखती।
किंवा वारिद-अंक में विलसता है चाप स्वर्गेश का। 26।

है लीला करती, ललाम बनती, है मुग्ध होती महा।
है उल्लास-विलास से विलसती, पीती सुधा सर्वदा।
होके हासमयी विकास भरती, है मोहती विश्व को।
पा राकेश-समान कान्त मुदिता राका निशा सुन्दरी। 27।

हो नाना खग-वृन्द-नाद-मुखरा प्रातः प्रभा-पूरिता।
होके पुण्य विकास से विकसिता सद्गंध से गंधिता।
ऊषा से बन रंजिता विलसिता हो शोभिता अंशु से।
होती है महि कान्त ओस-कर से पा मंजु मुक्तावली। 28।

है प्राची प्रिय लालिमा सहचरी सिन्दूर-आरंजिता।
सोने-सी कमनीय कान्ति-जननी है दिव्यता भानु की।
है आलोक-प्रसू प्रभात-सुषमा है मण्डिता दिग्वधू।
ऊषा है अनुराग-राग-निरता, है ओस मुक्तामयी। 29।

चोटी है लसती मिले कलस-सी ज्योतिर्मयी मंजुता।
होती है उसमें कला-प्रचुरता स्वाभाविकी स्वच्छता।
नाना साधन, हेतु-भूत बन के हैं सिद्धि देते उसे।
है देवालय के समान गिरि के सर्वाङ्ग में दिव्यता। 30।

शिक्षा का शुचि केन्द्र, शान्त मठ है संसार की शान्ति का।
पूजा का प्रिय पीठ, कान्त थल है विज्ञप्ति के पाठ का।
है ज्ञानार्जन-धाम ओक भव के विज्ञान-विस्तार का।
पाता है गिरि भू-विभूति-चय का, धाता विभा-कीर्ति का। 31।

होता है अभिषेक वारिधर के पीयूष से वारि से।
नाना पादप हैं प्रसून-चय से प्रातः उसे पूजते।
सारी ही नदियाँ सभक्ति बन के होती द्रवीभूत हैं।
गाते हैं गुण सर्व उत्स गिरि का स्नेहाम्बु से सिक्त हो। 32।

ऐसा है हरिताभ वस्त्र किसका पुष्पावली से सजा।
नाना कान्ति-निकेत रत्न किसके सर्वाङ्ग में हैं लसे।
आभावान असंख्य हीरक जड़ा आलोक के पुंज-सा।
पाया है हिम का किरीट किसने हेमाद्रि-जैसा कहाँ। 33।

पक्षी रंग-बिरंग के विरहते या मंजु हैं बोलते।
क्रीड़ा हैं करते कुरंग कितने, गोवत्स हैं कूदते।
नाना वानर हैं विनोद करते, हैं गर्जते केशरी।
मातंगी-दल के समेत गिरि में मातंग हैं घूमते। 34।

ऊषा-रागमयी दिशा विहँसती लोकोत्तरा लालिमा।
कान्ता चन्द्रकला कलिन्द किरणें रम्यांक राका निशा।
नाना तारक-मालिका छविमयी कादम्बिनी दामिनी।
देती हैं दिवि की विभूत गिरि को दिव्यांग देवांगना। 35।

गा-गा गीत विहंग-वृन्द दिखला केकी कला नृत्य की।
नाना कीट, पतंग भृंग करके क्रीडा मनोहारिणी।
देते हैं अभिराम-भूत गिरि की सौन्दर्य-मात्रा बढ़ा।
सीधे सुन्दर मंजु पुच्छ मृग के सर्वाङ्ग शोभा-भरे। 36।

है कैलाश कहाँ, किसे मिल सका काश्मीर-भू-स्वर्ग-सा।
पाया है कब स्वर्ण-मेरु किसने, देवापगा-सी सरी।
मुक्ता हंस-निकेत मानस किसे है कान्त देता बना।
कैसे हो न हिमाद्रि उच्च सबसे, क्यों देवतात्मा न हो। 37।

दे पुष्पादि 'उदार वृत्ति' तरु की शाखा बताती मिली।
सारे निर्झर हैं अजस्र कहते स्नेहार्द्रता मेरु की।
ऊँचे शृंग उठा स्वशीश करते हैं कीर्ति की घोषणा।
गाती है गुण सर्वदा गिरि-गुहा शब्दायमाना बनी। 38।

गाते हैं गंधर्व किन्नर कहीं, हैं नाचती अप्सरा।
वीणा है बजती, मृदंग-रव है होता कहीं प्रायशः।
दे-दे दिव्य विभूति व्योम-पथ में हैं देवते घूमते।
ऐसा है गिरि कौन स्वर्ग-सुषमा है प्राप्त होती जिसे। 39।

शोभाधाम ललाम मंजु रुत की नाना विहंगावली।
लीला-लोल लता-समूह बहुशः सत्पुष्प सुश्री बड़े।
पाये हैं किसने असंख्य विटपों स्वर्लोक-संभूत-से।
रम्योपान्त नितान्त कान्त महि में है कौन कान्तार सा। 40।

नाना मंजुल कुंज से विलसिता भृंगावली-भूषिता।
छायावान लता-वितान-वलिता पाथोज-पुंजावृता।
गुंजा-माल-अलंकृता तृणगता मुक्तावली-मंडिता।
है दूर्वादल-संकुला विपिन की श्यामायमाना मही। 41।

पेड़ों में वन की बड़ी विविधता उत्फुल्लता उच्चता।
पत्तों में फल में महा सरसता आमोदिनी मंजुता।
नाना पुष्प-समूह में विकचता सच्ची मनोहारिता।
पाते हैं कमनीयता मृदुलता कान्ता लता-पुंज में। 42।

व्यापी मंजु हरीतिमा विटप की कादम्बिनी-सी लसी।
शाखा पल्लव-पूरिता विकसिता पुष्पावली-सज्जिता।
लेती है कर मुग्ध वारि-निधि-सी हो ऊर्मिमालामयी।
नाना गुल्म-लतावती विपिन की नीलाम्बरा मेदिनी। 43।

की है कानन मध्य सिद्धि जन ने प्यारी तपः साधना।
पूता है वन की महा गहनता स्वर्गीय सम्पत्ति से।
व्यापी निर्जनता विराग-निरता एकान्त आधारिता।
होती है महनीय शान्ति-भरिता कान्तार-गंभीरता। 44।

उल्लू का विकराल नाद बहुधा, शार्दूल की गर्जना।
देता है न किसे प्रकंपित बना चीत्कार मातंग का।
देखे हिंसक भीमकाय पशु को आतंककारी किया।
सन्नाटा वन का विलोक किसको हृत्कंप होता नहीं। 45।

नाना व्याल-विभीषिका विकटता भू कंटकाकीर्ण की।
हिंरा पाशव वृति हिंस्र पशु की चीत्कारमग्ना दिशा।
ज्वाला-माल-निपीड़िता तरु-लता धूमांधकारावृता।
होती है भयपूरिता विपिन की कृत्या समा प्रक्रिया। 46।

पा के दानव के समान वपुता एवं कदाकारता।
हो के चालित चंड वायु-गति से आतंक-मात्रा बढ़ा।
नाना काक उलूक आदि रव से हो प्रायशः पूरिता।
देती है वन को भयावह बना दुर्वीक्ष्य वृक्षावली। 47।

जो है हिंसकता-निकेत जिसमें है भीति-सत्ता भरी।
जो है भूरि विभीषिका-विचलिता उत्पात-आलोड़िता।
जो है कंटकिता नितान्त गहना आतंक-आपूरिता।
तो कैसे वन-मेदिनी, विकटता-आक्रान्त होगी नहीं। 48।

माली के उर की अपार ममता उन्मत्तता भृंग की।
पेड़ों की छवि-पुंजता रुचिकता छायामयी कुंज की।
पुष्पों की कमनीयता विकचता उत्फुल्लता बेलि की।
देती है खग-वृन्द की मुखरता उद्यान को मंजुता। 49।

कान्ता कंज-दृगी सरोज-वदना भृंगावली-कुंतला।
सुश्री कोकिल कंठनी भुज-लता-लालित्य-आंदोलिता।
पुष्पाभूषण-भूषिता सुरभिता आरक्त बिम्बधारा।
दूर्वा श्यामल साटिका विलसिता है वाटिका सुन्दरी। 50।

कोई पा बहुरंग की विविधता आधार पुष्पावली।
कोई है ले लाल फूल लसिता शृङ्गारिता रंजिता।
क्या हैं सुन्दर नारियाँ बिलसती पैन्हे रँगी साड़ियाँ।
या हैं कान्त प्रसून-पुंज-कलिता उद्यान की क्यारियाँ। 51।

पा आभा दिन में दिनेश-कर से हो-हो सिता से सिता।
ले-ले कान्ति सुधांशु-कान्त-कर से हो दिव्य आभामयी।
पा के वारिद-वृन्द से सरसता वृन्दारकों से छटा।
होती है रस-सिंचिता विलसिता उल्लासिता वाटिका। 52।

हो आभामय, मंद-मंद हँस के फूली लता-व्याज से।
मुक्ता से लसिता तृणावलि मिले हो दिव्य नीलाम्बरा।
आँखों को अनुराग-सिक्त, मन को है मुग्ध देती बना।
पैन्हे मंजुल मालिका सुमन की उद्यान की मेदिनी। 53।

पाता है रस जीव-मात्र किससे सर्वत्र सद्भाव से।
धारा है रस की अबाध किसके सर्वाङ्ग में व्यापिता।
हो-हो के सब काल सिक्त किससे होती रसा है रसा।
पृथ्वी में सरि-सी रसाल-हृदया है कौन-सी सुन्दरी। 54।

पाता है कमनीय अंक उसका राकेन्दु-सी मंजुता।
देती है अति दिव्य कान्ति उसको दीपावली व्योम की।
हो कैसे न विभूतिमान सरिता, हो क्यों न आलोकिता।
होती हैं रवि-विम्व-कान्त उसकी क्रीड़ामयी वीचियाँ। 55।

आभापूत प्रभूत मंजु रस से हो सर्वदा सिंचिता।
नाना कूलद्रमावली कुसुम से हो शोभिता सज्जिता।
लीला-आकलिता नितान्त कलिता उल्लासिता रंजिता।
भू में कौन सरी समान लसिता है दूसरी सुन्दरी। 56।

कैसे तो कितनी अनुर्वर धरा होती महा उर्वरा।
पाती क्यों फल-फूल ऊसर मही हो शस्य से श्यामला।
क्यों हो प्रान्तर कान्त लाभ करते उद्यान-सी मंजुता।
होती जो सरला सरी न सिकता सिक्ता कहाती न तो। 57।

है कान्ता रवि कान्त भूत कर से है ऊर्मि अंगच्छटा।
है शैवाल मनोज्ञ केश उसके जो पुष्प से हैं लसे।
पा के मंजु मयंक-बिम्ब बनती है चारु-चन्द्रानना।
तो है क्यों बहु-लोचना न सफरी से है भरी जो सरी। 58।

मोती पा न सके मराल उसमें हैं कंज वैसे कहाँ।
है वैसी कमनीयता सरसता औ दिव्यता भी नहीं।
वैसा निर्मल काँच-तुल्य जल भी है प्राप्त होता नहीं।
कैसे तो सर अन्य, मानसर-सा, पाता महत्ता कभी। 59।

है तेरा उर सिक्त, तू तरल है, क्यों मान लूँ मैं इसे।
तू है धीर, गँभीर है, सरस है, ऐसा तुझे क्यों कहूँ।
रोते या करते विलाप उनकी है यामिनी बीतती।
कोकी-कोक-मिलाप रोक सर तू क्यों शोक-धाता बना। 60।

दूर्वा-श्यामल भूमि-मध्य सरसी है आरसी-सी लसी।
पाते हैं उसके सुसिक्त तन में एकान्तता वारि की।
शोभा है जलराशि में विलसते उत्फुल्ल अंभोज की।
होती है प्रिय सद्म पद्मचय में पद्मासना की प्रभा। 61।

है प्रायः पर खोल-खोल उड़ती या तोय में तैरती।
या बैठी सर-कान्त-कूल पर है शृंगारती गात को।
है पीती जल या कलोल करती है लोल हो डोलती।
बोली बोल अमोल केलि-रत हो नाना विहंगावली। 62।

पैन्हे वस्त्र हरे खड़े विटप हैं दृश्यावली देखते।
धीरे है घन का मृदंग बजता, है ताल देती दिशा।
यंत्रों-सा सर को निनादित बना हैं बूँदियाँ छूटती।
गाते भृंग विहंग हैं, कर उठा हैं नाचती वीचियाँ। 63।

कान्ता-केश-कलाप-से विलसते शैवाल की मंजुता।
मीनों का बहु लोल भाव सर की लीलामयी व्यंजना।
होगा कौन नहीं विमुग्ध किसमें होगी न उत्फुल्लता।
देखे रंग-बिरंग कंज-कलिता न्यारी तरंगावली। 64।

है आती तितली दिखाती छटा, गाती विहंगावली।
है माती फिरती मिलिंद-अवली पा कंज से मत्तता।
आ के है बहुधा हवा सुरभिता अंभोज से खेलती।
हैं न्हाती मिलती समोद सर में दिव्यांगनाएँ कहीं। 65।

तो जाता पटका नहीं न पिटता, भाती न जो नीचता।
जो ऊँचे चढ़ के न उत्स गिरता तो चोट खाता नहीं।
तो होगा उसका नहीं पतन क्यों जो निम्नगामी बना।
तो चाँटे लगते नहीं मरुत के, छींटे उड़ाता न जो। 66।

क्यों धोते मल अंक का न मिलते सोते सहस्रों उन्हें।
क्यों बोते रस-बीज केलि-थल में, पाते निकुंजें कहाँ।
कैसे पादप-पुंज से विलसते हो के फलीभूत वे।
तो खोते गिरि-गात की सरसता, जो उत्स होते नहीं। 67।

कैसे तो मिलते विचित्र विटपी लोकाभिरामा लता।
कैसे तो कुसुमालि लाभ करती हो शस्य से श्यामला।
क्यों पाती बहुरंजिता विलसिता आलोकिता बूटियाँ।
पा के उत्स समूह जो न रहती उत्साहिता अद्रिभू। 68।

आता है सुरलोक से सलिल या धारा सुधा की बही।
होता है रव वारि के पतन का या केलि-कल्लोल है।
है उद्वेलित उत्स या प्रकृति का आनन्द-उल्लास है।
छींटे है उड़ते कि हैं बिखरते मोती उछाले हुए। 69।

हो-हो वारि वियोग से व्यथित क्या है सिक्त स्नेहाम्बु से।
या प्यासा अवलोक प्राणिचय को होता द्रवीभूत है।
या है भूरि पसीजता विकलता देखे दयापात्र की।
रोता है जड़ता विलोक गिरि की या उत्स आँसू बहा। 70।

होता है जल-पात-नाद अथवा है शब्द उन्माद का।
या हो आकुल है सदैव कहती कोई कथा दिग्वधू।
या दैवी सरिता-प्रवाह-रव है आकाश से आ रहा।
या गाता गुण उत्स है प्रकृति का स्नेहाम्बु से सिक्त हो। 71।

चिल्लाते रहते, नहीं सँभलते, बातें नहीं मानते।
हो सीधे चलते नहीं, विचलते पाये गये प्रायशः।
क्या कोई तुमसे कहे, बहकना है उत्स होता बुरा।
पानी क्या रखते सदैव तुम तो पानी गँवाते मिले। 72।

प्यासे की घन-प्यास है न बुझती कोई पिसे तो पिसे।
लोभी-लोक विभूति-लाभ कर भी लोभी बना ही रहा।
बेचारा हिम बार-बार गल के पानी-प्रदाता रहा।
दे-दे वारि विलीन वारिद हुए, क्या उत्स तो भी भरा। 73।

नाना कीट-पतंग पी जल जिये, पक्षी करोड़ों पले।
हो-हो सिक्त हुई प्रसन्न जनता तो क्या उसे दे सकी।
होती है उपकार-वृत्ति सहजा लोभोपनीता नहीं।
लाखों पेड़ सिंचे, परन्तु किससे क्या उत्स पाता रहा। 74।

सिक्ता शीतलतामयी तरलता आधारिता शब्दिता।
नाना केलि-निकेतना सरसता-सम्पत्ति-उल्लासिता।
शोभा-आकलिता अतीव ललिता लीलांक में लालिता।
उत्कंठा वर व्यंजना विलसिता है उत्स की उत्सता। 75।

है सींचा करता असंख्य तरुओं नाना तृणों को सदा।
देता है जल बार-बार बहुशः भृंगो मृगों आदि को।
सोतों का सरितादि का जनक है भू-जीवनाधार है।
तो हो वर्द्धित क्यों न उत्स वह तो उत्साह की मूर्त्ति है। 76।

ऊषा क्यों न उसे प्रदान करती आभा मनोरंजिनी।
क्यों देता न दिनेश दिव्य कर से संदीपिनी दिव्यता।
कैसे तो उससे गले न मिलती राका-निशा-सुन्दरी।
होता है गतिशील उत्स फिर क्यों उत्कर्ष पाता नहीं। 77।

क्यों लेते गिरि गोद में न उसको देते नहीं मान क्यों।
कैसे आकर वायु पास उसके पंखा हिलाती नहीं।
क्यों पाता न विकास भानु-कर से राकेन्दु से मंजुता।
जो है जीवनकाल उत्स उसका उत्थान होता न क्यों। 78।

ये हैं रोग वियोग सोग फल या संताप में हैं पगे।
या हैं भावुकता-विभूति अथवा सद्भाव में हैं सने।
या हैं आकुलता-प्रसूत भय या उन्माद के हैं सगे।
या हैं नीर गिरे भरे नयन से या निर्झरों से झरे। 79।

कैसे तो अवलोकता निज छटा तारों-भरी रात में।
कैसे नर्त्तन देखता सलिल में लाखों निशानाथ का।
होती वारिधि-मध्य दृष्टिगत क्यों ज्योतिर्मयी भूतियाँ।
आईना मिलता न जो गगन को दिव्याभ अंभोधि-सा। 80।

संध्याकाल हुए व्यतीत भव में आये-अमा यामिनी।
सन्नाटा सब ओर पूरित हुए, छाये महा कालिमा।
नीचे-ऊपर अंक में उदधि के सर्वत्र भू में भरे।
तो देखें तमपुंज को प्रलय का जो दृश्य हो देखना। 81।

क्या धन्वन्तरि के समान सुकृती, क्या दिव्य मुक्तावली।
क्या आरंजित मंजु इन्द्रधनु, क्या रंभा-सभा सुन्दरी।
सारे रत्न-समूह भव्य भव के अंभोधि-संभूत हैं।
क्या कल्पद्रुम, क्या सुधा, सुरगवी, क्या इन्दु, क्या इन्दिरा। 82।

होता है सित दिव्यक्षीरनिधि-सा राका सिता से लसे।
पाता है बहते हिमोपल भरे कल्लोल से भव्यता।
जाता है बन कान्त मत्स्य-कुल की आलोक-माला मिले।
देखी है किसने कहाँ उदधि-सी स्वर्गीय दृश्यावली। 83।

आभा से भर के सतोगुण हुआ सर्वाङ्ग में व्याप्त है।
या सारा जल हो गया सित बने क्षीराब्धि के दुग्ध-सा।
या भू में, नभ में, समुद्र-तन में है कीर्त्ति श्री की भरी।
या राका-रजनी-विभूति-बल से वारीश है राजता। 84।

है उत्ताल तरंग में विलसती उद्दीप्त शृंगावली।
किंवा है जल-केलि-लग्न जल में ज्योतिष्क आकाश के।
किंवा हीरक-मालिका उदधि में है अर्बुदों शोभिता।
किंवा हैं हिम के समूह बहुशः पाथोधि में पैरते। 85।

जैसे हैं तमपुंज भूरि भरते पाथोधि के अंक में।
वैसे ही बहु दिव्य मीन विधि ने अंभोधि को हैं दिये।
आये मूर्तिमयी मसी सम निशा घोरांधकारवृता।
विद्युद्दीप-समान है दमकती वारीश-मत्स्यावली। 86।

ऊषा-से अनुराग-राग-लसिता शोभा मनोरंजिनी।
स्वर्णाभा रवि के सहस्र कर से राका निशा से सिता।
भू से भूरि विभूति पूत विधु से सच्ची सुधा-सिक्ता।
पाता है रस-धाम वारि-धर से वारीश-मुक्तावली। 87।

आये घोर विभावरी उदधि में तेजस्विता है भरी।
या आलोक-निकेत मीन-कुल हैं कल्लोल में डोलते।
किंवा मंथन से पयोधि-पय के विद्युद्विभा है जगी।
या व्यापी वडवाग्नि-दीप्ति-बल से दीपावली है बली। 88।

नीले व्योम-समान है विलसता, है मोहता कान्त हो।
है आवर्त्त-समूह से थिरकता, है नाचता मत्त हो।
है पाता रवि से अलौकिक विभा, राकेश से दिव्यता।
है शोभामय सिंधु की सलिलता लावण्यलीलामयी। 89।

होती है गुरु गर्जनाति-विकटा विद्युन्निपाताधिका।
देखे तुंग तरंग-भंग भरती है भाँति सर्वाङ्ग में।
होते हैं बहु पोत भग्न पल में आवर्त्त के गर्त्त में।
भू में भूरि विभीषिका भरित है अंभोधि अभोधि-सा।90।

है सर्वाधिक वारिलाभ करता पाथोधि पर्जन्य से।
सारा तोय-समूह सर्व नदियाँ देतीं उसे सर्वदा।
तो भी है वह अल्प भी न बढ़ता, सीमा नहीं त्यागता।
पाते हैं किसमें रसाधिपति-सी गंभीरता धीरता।91।

पानी है रखता, गँभीर रहता, है धीरता से भरा।
जाती पास नहीं कदापि कटुता अस्निग्धता क्षुद्रता।
देखी नीरसता कभी न उसमें, पाई नहीं शुष्कता।
है मर्यादित कौन नीरनिधि-सा संसार में दूसरा।92।

पाई श्री हरि ने, तुरंग रवि ने, मातंग देवेन्द्र ने।
सारे उत्तम रत्न कल्पतरु से वृन्दारकों ने लिये।
देखो मन्थन से अगाध निधि के क्या दानवों को मिला।
होती है वर बुद्धि हो जगत में सर्वार्थ की साधिका।93।

टाली भीति नृलोक की, गरलता पाथोधि की दूर की।
थोड़ा लेकर वक्र अंश शशि का राकेशता दी उसे।
क्या पाया शिव ने सिवा गरल के दे दी सुरों को सुधा।
होते हैं महनीय कीर्त्ति महि में माहात्म्य की मूर्त्तियाँ।94।

नाना क्रूर प्रचंड जन्तु कुल के उत्पीडनोत्पात से।
आता है बहु झाग सिंधु-मुख से क्या क्षुब्धता के बढ़े।
किंवा सात्विक भाव क्रुद्ध उर से उत्क्षिप्त है हो रहा।
होत फेनिल है समुद्र बहुधा या शेष फूत्कार से।95।

बारंबार सुना विकम्पितकरी अत्युत्कटा गर्जना।
नाना दृश्य दिखा-दिखा प्रलय के आर्वत्त-माला मिले।
होती है विकराल मूर्त्ति निधि की अत्यंत त्रासप्रसू।
हो आन्दोलित चंड वायुबल से, कल्लोल से लोल हो।96।

छोटे हैं बनते विशाल, लघुता पाते महाद्वीप हैं।
डूबे देश कई, बनी मरु मही भू शस्य से श्यामला।
कैसी है यह नीति सिंधु! तुममें क्या है महत्ता नहीं।
होते हैं जल-मग्न वे नगर जो थे स्वर्ग-जैसे लसे। 97।

खाते हैं लघु को बड़े रिपु बने हैं निर्बलों के बली।
नाना आश्रित व्यर्थ कष्ट कितने हैं भोगते सर्वदा।
हो ऐसे ममता-विहीन निधि क्यों होके महाविक्रमी।
सारे जंतु-समूह मत्स्य-कुल के हो जन्मदाता तुम्हीं। 98।

तो क्या हैं गिरि-तुल्य तुंग लहरें क्या हैं महागर्जना।
है रत्नाकरतातितुच्छ विभुता है व्यर्थ आवर्त्त की।
तो है हेय अगाधता सरसता गंभीरता सिंधु की।
कष्टों से बहु आर्त्त मत्स्य-कुल जो हैं प्राण पाता नहीं। 99।

पोतों को कर भग्न कब है होती समुद्विग्नता।
लाखों का कर प्राण-नाश उसको रोमांच होता नहीं।
लाती हैं अवसन्नता न उसमें संहार-दृश्यावली।
जैसा निर्दयता-निकेत निधि है, है वज्र वैसा कहाँ। 100।

हो सम्मानित भव्य भाव प्रतिभू हो भूतियों से भरा।
पापों का फल पा सका सब सदा दुर्वृत्तियाँ हैं बुरी।
सारे रत्न छिने, विलोड़ित हुआ, है दग्ध होता महा।
पी डाला मुनि ने, तिरस्कृत बना, पाथोधि बाँधा गया। 101।

कैसे मान सकें तुझे सरस, तू संताप-सन्दोह है।
जो तू है पवि-सा, तुझे तरलता-सर्वस्व कैसे कहें।
हों ऊँची उठती, परन्तु निधि! हैं तेरी तरंगे बुरी।
होते हैं बहु पोत भग्न जिनसे, है मग्न होती तरी। 102।

हैं नाना विकराल जन्तु उसमें, आपत्तियाँ हैं भरी।
है संहारक, मूर्त्तिमन्त यम है, आतंक का केन्द्र है।
तो भी है यह बात सत्य भव का कोई यशस्वी सुधी।
पारावार अपार दिव्य गुण का है पार पाता नहीं। 103।

होती है विभुता-विभूति विदिता सद्रत्न-माला मिले।
देती है बतला सदैव गुरुता गंभीरता गर्जना।
गाती है गुण-मालिका सरव हो सारी तरंगावली।
राका रम्य निशा सिता जलधि की सत्कीर्त्ति की मूर्त्ति है। 104।

कोई पावन पंथ का पाथिक हो या हो महा पातकी।
कोई हो बुध वन्दनीय अथवा हो निन्दनीयाग्रणी।
कोई हो बहु आर्द्रचित अथवा संहार की मूर्त्ति हो।
योग्यायोग्य-विवेक है न रखती, है वीर भोग्या धरा। 105।

जो देखे इतिहास-ग्रंथ कितने, बातें पुरानी सुनीं।
सारे भारत के रहस्य समझे, रासो पढ़े सैकड़ों।
तो पाया कहते सहस्र मुख से संग्राम-मर्मज्ञ को।
वे थे भू-अनुरक्त हाथ जिनके आरक्त थे रक्त से। 106।

भूलेगा धन से भरे भवन को भाये हुए भोग को।
भ्राता को, सुत को, पिता प्रभृति को, भामा-मुखाम्भोज को।
भावों की अनुभूति को, विभव को, भूतेश की भक्ति को।
भू-स्वामी सब भूल जाय उसको, भू भूल पाती नहीं। 107।

आरक्ता कलिकाल-मूर्त्ति कुटिला काली करालानना।
भूखी मानव-माँस की भय-भरी आतंक-आपूरिता।
उन्मत्ता करुणा-दया-विरहिता अत्यन्त उत्तेजिता।
लोहू से रह लाल है लपकती भू-लाभ की लालसा। 108।

देशों की, पुर-ग्राम की, नगर की देखे बड़ी दुर्दशा।
पाते हैं उसको महा पुलकिता काटे गला कोटिशः।
लीलाएँ अवलोक के प्रलय की है हर्ष होता उसे।
पी-पी प्राणिसमूह-रक्त महि की है दूर होती तृषा। 109।

हैं सारे पुर ग्राम धाम जलते, हैं दग्ध होते गृही।
है नाना नगरी विभूति बनती वर्षा हुए अग्नि की।
भू! तेरे अविवेक का कुफल है या है क्षमाशीलता।
जो ज्वाला बन काल है निकलती ज्वालामुखी-गर्भ से। 110।

जो निर्जीव बनी समस्त जनता हो मज्जिता राख में।
सारे वैभव से भरे नगर जो ज्वालामुखी से जले।
तो क्या हैं सर के समूह सरिता में हैं कहाँ सिक्तता।
तो है सागर में कहाँ सरसता, कैसे रसा है रसा। 111।

हो-हो दग्ध बनी विशाल नगरी दावाग्नि-क्रीड़ास्थली।
लाखों लोग जले-भुने, भवन की भीतें चिता-सी बलीं।
भू! तेरे अवलोकते प्रलय क्यों ज्वालामुखी यों करे।
क्यों होते जल-राशि पास जगती यों ज्वालमाला रहे। 112।

दोषों को क्षम सर्वदा जगत में जो है कहाती क्षमा।
क्यों हो-हो वह कम्पिता प्रलय की दृश्यावली दे दिखा।
कैसे सो वसुधा विरक्त बन दे ज्वालामुखी से जला।
जो पाले सुजला तथैव सुफला हो शस्य से श्यामला। 113।

नाना दानवता दुरन्त नर की, ज्वालामुखी-यंत्रणा।
ओलों का, पवि का प्रहार, रवि के उत्ताप की उग्रता।
तो कैसे सहती समुद्र-शठता दुर्वृत्ति दावाग्नि की।
तो होती महती न, जो क्षिति में होती क्षमाशीलता। 114।

होती है हरिता हरापन मिले न्यारे हरे पेड़ का।
काला है करती अमा, अरुणता देती उषा है उसे।
प्रायः है करती विमुग्ध मन को हो शस्य से श्यामला।
पाके दिव्य सिता विभूति बनती है दुग्ध-धौता धरा। 115।

आराध्या बुध-वृन्द की विबुधता आधारिता वन्दिता।
है विज्ञान-विभूति भूति भव की सद्भाव से भाविता।
है सद्बुद्धि-विधायिनी गुण-भरी है सर्व-विद्यामयी।
है पात्री प्रतिपत्ति की प्रगति की है सिद्धि दात्री धरा। 116।

पाता गौरव है पयोधि पहना मुक्तावली-मालिका।
गाती है जल कीर्त्ति कान्त स्वर से सारी विहंगावली।
देते हैं उपहार पादप खड़े नाना फलों को लिये।
पूजा करती है सदैव महि की उत्फुल्ल पुष्पावली। 117।

आ आ के घन हैं सुधा बरसते, हैं भानु देते विभा।
होती है वन-भूति धन्य दिखला सर्वाङ्ग दृश्यावली।
पाता है कमनीय अंक गिरि से दिव्याभ रत्नावली।
पाये शुभ्र सिता सदैव बनती है भूमि दिव्याम्बरा। 118।

पाती है कमनीय कान्ति विधु से, उत्फुल्लता पुष्प से।
देता चन्दन है सुवास तन को, है चाँदनी चूमती।
लेती है मधु से महा मधुरिमा मानी मनोहारिता।
होती है सरसा सदैव रस से भींगे रसा सुन्दरी। 119।

भू में हैं जनमे, विभूति-बल से भू के बली हो सके।
जागे भाग अनेक भोग भव के भू-भाग ही से मिले।
आये काल भगे कहीं न मर के भू-अंक में हैं पड़े।
भू से भूप पले सदैव भू भूपाल पाले पली। 120।

देता है यदि भौम साथ तज तो साथी मिला सोम-सा।
होता है यदि वज्रपात बहुधा तो है क्षमा में क्षमा।
जो है भू सरसा, सहस्रकर के उत्ताप को क्यों सहे।
जो है पास सुधा, सहस्र-फन से क्यों हो धरा शंकिता। 121।

लाखों पाप मिले समाधि-रज में या हैं चिता में जले।
आई मौत, बला मनुष्य सिर की है प्रायशः टालती।
लेती है तन ही मिला न तल में या राख में राख ही।
भूलों की बहु भूल-चूक पर भी भू धूल है डालती। 122।

संसिक्ता सरसा सरोज-वदना उल्लासिता उर्वरा।
नाना पादप-पुंज-पंक्ति-लसिता पुष्पावलि-पूरिता।
लीला-आकलिता नितान्त ललिता संभार से सज्जिता।
है मुक्तावलिमंडिता मणियुता आमोदिता मेदिनी। 123।

था सिंहासन रत्नकान्त जिनका, कान्तार में वे मरे।
थे जो स्वर्गविभूति, गात उनके हैं भूमिशायी हुए।
वे सोये तम में पसार पग जो आलोक थे लोक के।
वे आये मर तीन हाथ महि में भू में समाये न जो। 124।

है अंगारक-सा कुमार उसका तेजस्विता से भरा।
सेवा है करता मयंक, सितता देवी सिता है उसे।
है रत्नाकर अंक-रत्न, दिव है देता उसे दिव्यता।
है नाना स्वर्गीय भूतिभरिता है भाग्यमाना मही। 125।

दी है भूधर ने उमासम सुता दिव्यांग देवांगना।
पाई है उसने पयोधि-पय से लोकाभिरामा रमा।
मिट्टी से उसको मिली पति-रता सीता समाना सती।
है मान्या महिमामयी मति-मती धन्या वदान्या धरा। 126।

हो पाते यदि भद्र, भूत-हित को जो भूल जाते नहीं।
जो भाते भव भले भाव उनको, जो भागती भीरुता।
जो होती उनमें नहीं कुमति की दुर्भावनाएँ भरी।
तो भारी बनते उभार जन के भू-भार होते नहीं। 127।

लाखों भूप हुए महा प्रबल हो डूबे अंहभाव में।
भू के इन्द्र बने, तपे तपन-से, डंका बजा विश्व में।
तो भी छूट सके न काल-कर से, काया मिली धूल में।
हो पाई किसकी विभूति यह भू, भू है भयों से भरी। 128।

आँखें हैं मुँदती, मुँदें, अवनि तो होगी सदा सज्जिता।
कोई है मरता, मरे, पर मही होगी प्रसन्नानना।
साँसें हैं चलती, चलें, वसुमती यों ही रहेगी खिली।
अन्यों का दुख, हीन हो हृदय से कैसे धरा जानती। 129।

जायेगी मुँद आँख एक दिन, हो शोभामयी मेदनी।
छूटेगी यह देह हो अवनि में संजीवनी-सी जड़ी।
होगा नाश अवश्यमेव, महि में हो स्वर्ग की ही सुधा।
होना है तन भूति-भूति नर को, हो भूति से भू भरी। 130।

डूबे क्यों न पयोधि में, उदर में तेरे समाये न क्यों।
टूटा क्यों न पहाड़, क्यों न मुख में ज्वालामुखी के पड़े।
कैसा है यह चाव, भाव इनके क्यों हैं सहे जा रहे।
होता है दुख देख, भूमि! तुझमें भू-भार ही हैं भरे। 131।

तो होता सर सिंधु, शान्त बनता ज्वालामुखी सिक्त हो।
होते सर्व प्रपंच तो न दव के, आतीं न आपत्तियाँ।
कोई क्यों जलता, न वारिनिधि में कोई कहीं डूबता।
जो होती जड़ता न, भाव अपना जो भूल पाती न भू। 132।

क्या पूछूँ, पर मानता मन नहीं पूछे, बिना, क्या करूँ।
क्या आँधी, बहु वात-चक्र, वसुधे! तेरे दुरुच्छ्वास हैं।
क्या पाथोधि-प्रकोप कोप तव है, है गर्जना भर्त्सना।
है ज्वाला वह कौन जो धरणि है ज्वालामुखी में भरी। 133।

संतापाग्नि सदैव है, निकलती ज्वालामुखी-गर्भ से।
आहें है पवमान कोप, निधि का उन्माद उद्वेग है।
भूपों की पशुता-प्रवृत्ति, मनुजों की दानवी वृत्ति से।
होती है गुरु पाप-भार-पवि से कम्पायमाना मही। 134।

माता-सी है दिव्य मूर्त्ति उसकी नाना महत्तामयी।
सारी ऋद्धि समृद्धि सिद्धि उससे है प्राप्त होती सदा।
क्या प्राणी, तरु क्या, तृणादि तक की है अन्नपूर्णा वही।
है सत्कर्मपरायणा हितरता, है धर्मशीला धरा। 135।

तृतीय आलाप

अन्तर्जगत्

शार्दूल-विक्रीडित

होता है मधु स्वयं मुग्ध किसकी देखे मनोहारिता।
पाती है महि में कहाँ विकचता पुष्पावली ईदृशी।
ऐसी है कलिता द्रुमावलि कहाँ, कान्ता लता है कहाँ।
लोकों में नयनाभिराम मन-सा आराम है कौन सा।1।

होती है बहु रत्न-राजि-रुचिरा मुक्तावली-मंडिता।
लीला मूर्त्तिमती अतीव ललिता उल्लासिता रंजिता।
नाना नर्त्तन-कला-केलि-कलिता आलोक-आलोकिता।
मंदोदोलित सिंधु-तुल्य मन की कान्ता तरंगावली।2।

होती है शशि-कला-कान्त रवि की रम्यांशु-सी रंजिता।
ऊषा-सी अनुराग-राग-लसिता प्रातः प्रभोद्भासिता।
दिव्या तारक-मालिका-विलसिता नीलाभ्र-शोभांकिता।
रंगारंग छटा-निकेत मन की नाना तरंगावली।3।

जो हो पातक-मूर्त्ति जो भरित हो पापीयसी पूर्त्ति से।
पाके ताप अतीव भूमि जिससे हो भूरि उत्तापिता।
जो हो दानवता विभूति जिसमें दुर्भावना हो भरी।
पूरी हो न प्रभो! कभी मनुज की ऐसी मनोकामना।4।

है चिन्तामणि चिन्तनीय विदिता है कौस्तुभी कल्पना।
है कल्पद्रुम-मर्म ज्ञात सुर-गो की गीतिका है सुनी।
है क्या पारस? है रहस्य समझा, बातें गढ़ी हैं गई।
ये क्या हैं? मन के प्रतीक अथवा हैं मानसी प्रक्रिया।5।

कैसे तो मचले न क्यों न बहके कैसे सुनाई सुने।
कैसे तो बिगड़े बने न कहके बातें बड़ी बेतुकी।
कैसे तो हठ ठान के न तम के सारी बुराई करे।
ताने तो फिर क्यों भला न मन जो माने मनाये नहीं। 6।

छूटी मादकता कभी न मद की, है दंभवाला बड़ा।
मानी है, इतना ममत्व-रत है, जो मान का है नहीं।
घूमा है करता प्रमाद-नभ में, उन्माद से है भरा।
प्रायः है बनता प्रमत्त मन की जानी नहीं मत्तता। 7।

देखेंगे दृग रूप, देख न सके तो दृष्टि का दोष है।
जिह्वा रसकामुका रसनता चाहे बची ही न हो।
चाहेगी ललना ललाम, ललना चाहे ना चाहे उसे।
है काया कस में न किन्तु मन की माया नहीं छूटती। 8।

आँखें हैं कस में न, रूप-शशि की जो हैं चकोरी बनी।
हो जिह्वा रस लुब्ध स्वाद-घन की जो है हुई चातकी।
भाता है विषयोपभोग उसको जो कंज के भृंगसा।
टूटेगा जग-जाल तो न, मन जो जंजाल में है फँसा। 9।

देते हैं पादप प्रमोद हिलते प्यारे हरे पत्र-से।
लेती है कलिका लुभा विलस के हैं बेलियाँ मोहती।
रीझा है करता विलोक तृण की, दूर्वा-दलों की छटा।
होता मानस है प्रफुल्ल लख के उत्फुल्ल पुष्पावली। 10।

मोरों का अवलोक नर्त्तन स्वयं है नाचता मत्त हो।
गाता है बहु गीत कंठ अपना गाते खगों से मिला।
होता है मन महा मुग्ध पिक की उन्मुक्त तानें सुने।
देखे रंग-बिरंग की विहरती नाना बिहंगावली। 11।

हो ऊँची, नत हो, कला-निरत हो, हैं नाचती मत्त हो।
देती हैं बहु दिव्य दृश्य दिखला हो भूरि उल्लासिता।
हैं मंदानिल-दोलिता सुलहरें, हैं भीतियों से भरी।
है कल्लोल-समान लोल मन की लीलामयी वृत्तियाँ। 12।

कैसे व्यंजन-स्वाद जान सकती, क्यों रीझती खा उसे।
क्यों मीठे फल तो विमुग्ध करते, क्यों दुग्धता मोहती।
कैसे तो रस के विभेद खुलते, क्यों ज्ञात होते किसे।
क्यों होती रसना रसज्ञ, मन जो होता रसीला नहीं। 13।

क्यों तो चंचलता दिखा मचलते सीधे नहीं ताकते।
कैसे तो अड़ते कटाक्ष करते क्यों तीर देते चला।
क्यों चालें चलते बला-पर बला लाते दिखातें फिरे।
जो मानी मन मानता नयन तो कैसे नहीं मानते। 14।

जो पाये वन-फूल, फूल वन ले, काँटे न बोता फिरे।
क्यों हो स्वार्थ-प्रवृत्ति-बेलि बहुधा नेत्राम्बु से सिंचिता।
होता आग्रह-अंध है हित उसे तो सूझता ही नहीं।
क्यों है तू हठ ठानता मन-कही क्यों है नहीं मानता। 15।

कोई है अपना न, स्वप्न सब है, संसार निस्सार है।
काया है किस काम की, जलद की छाया कही है गई।
है सम्पत्ति विपत्ति, राज रज है, है भूति तो भूति ही।
क्यों यों है मन! तू उदास? विष है ऐसी उदासीनता। 16।

जो काली अलकें विलोक ललकें लालायिता ही रहीं।
देखे लोचन लोच है ललचता जो हो महा लालची।
जो गोरा तन कंज मंजु मुखड़ा है मत्त देता बना।
कैसे तो मथता न काम मन को माया दिखा मन्मथी। 17।

भाती है उतनी न भूति जितनी भावों भरी भामिनी।
प्यारी है उतनी न भक्ति जितनी भ्रू-भंगिमा पंडिता।
मीठी है उतनी सुधा न जितनी है ओष्ठ की माधुरी।
क्यों हो गौरव-धाम, काम मन को है कामिनी काम से। 18।

बेढंगे सिर उठा बात कहते बुल्ले बिलाते मिले।
पाये पक्ष पहाड़ जो न सँभले तो पक्ष काटे गये।
खाते हैं मुँह की सदैव बहके वे हैं बुझे जो बले।
ले दंभी मन सोच ध्वंस प्रिय क्यों विध्वंस होगा नहीं। 19।

दो क्या विंशति बाँह का वध हुआ है स्वर्ण लंका कहाँ।
हो गर्वान्ध सहस्रबाहु बिलटा उत्पीड़नों में पड़ा।
दंभी तू मन हो न भूलकर भी है दंभ तो दंभ ही।
होगा गर्व अवश्य खर्च, न रहा कंदर्प का दर्प भी। 20।

आती है बहुधा विपत्ति, वश क्या, क्यों धी तजे धीरता।
कोई चाल चले, चले, विचलते क्यों बुद्धिवाले रहें।
वैरी वैर करे, करे, विकल हो क्यों वीर की वीरता।
क्यों निश्चिन्त रहे न चित्त! नित जू, चिन्ता चिता-तुल्य है। 21।

सोना है करती कुधातु अय को है सिद्धि सत्तामयी।
होती है उसकी विभूति-बल से पूरी मनोकामना।
जाती है बन दिव्य ज्योति तम में है मोहती मंजु हो।
है चिन्तामणि के समान रुचिरा चिन्ता चिता है नहीं। 22।

हो पाई वश में नहीं सबल हो वासनाएँ बुरी।
हो-हो के कमनीय कान्त न बनी जो कामना काम की।
जो आँखें न खुलीं प्रबुद्ध कहला जो हैं प्रपंची छिपे।
तो क्या चेतनता अचिन्त्य पटुता क्या चित्त की चातुरी। 23।

रस्सी साँप बनी, सदैव तम में दीखे खड़े भूत ही।
पत्ते के खड़के भला कब नहीं हैं कान होते खड़े।
काँपा है करता, हुए हृदय में आतंक की कल्पना।
जाता त्रास नहीं, सशंक मन की शंका नहीं छूटती। 24।

सारे प्रेत-प्रसंग भ्रान्तिमय हैं, हैं कल्पना से भरे।
खोजे भी तरु के तले तिमिर में क्या हैं चुड़ैलें मिलीं।
देखा दृष्टि-विवेक ने, पर कहीं बैताल दीखे नहीं।
होता है भयभीत व्यर्थ मन! तू, है भूत भू में कहाँ। 25।

पेड़ों में भ्रमते फिरे तिमिर में बागों बनों में बसे।
रातें बीत गईं श्मशान-महि में शंका-स्थलों में रहे।
पाया भूत कहाँ, कहीं न फिरती देखी गई भूतनी।
शिक्षा है अनुभूत भूत-भय की बातें वृथा भूत हैं। 26।

है रोता, हँसता, प्रफुल्ल बनता, होता कभी मत्त है।
हो पाथोधि-तरंगमान नभ के तारे कभी, तोड़ता।
जाता है बन भूति भूतप कभी, पाता विधाता कभी।
कैसे तो न करे प्रपंच मन! जो तू है प्रपंची महा। 27।

भू में कौन अनर्थ अर्थवश हो तूने किया है नहीं।
तेरी पापप्रवृत्ति ने प्रबल हो पीसा नहीं है किसे।
तेरा देख महाप्रकोप महि क्या होती नहीं कम्पिता।
जो है पातक-प्रेम-मूढ़ मन! तो तू है महा पातकी। 28।

हे गोलोक कहाँ, विभूति उसकी है दृष्टि आती नहीं।
है बैकुण्ठ कहाँ? कहाँ शिवपुरी? है स्वर्ग-भू भी कहाँ।
पाया है किसने कहाँ सुरगवी या नन्दनोद्यान को।
ये हैं कल्पक कान्त भूत मन की लोकोत्तरा भूतियाँ। 29।

जो है संयमशील, वृत्ति जिसकी है दिव्य ज्ञानात्मिका।
पापों को तज जो सदैव करता है पुण्य के कार्य ही।
जो है मुक्त प्रपंचजात रुज से, है मुक्त प्राणी वही।
क्या है मुक्ति? विकारवद्ध मन की उन्मुक्ति ही मुक्ति है। 30।

क्या है ब्रह्म? स्वरूप क्या प्रकृति का? क्या विश्व की है क्रिया?
क्या है ज्ञान, विवेक, बुद्धि अथवा क्या पाप या पुण्य है।
क्यों होता इनका विचार, इनकी कैसे सुधी जानते।
जो होता मन ही न तो मनन क्यों होता किसी तत्त्व का। 31।

हैं नाना कृतियाँ विभूति उसकी हैं इङ्गितें नीतियाँ।
है विज्ञान विवेक मानसिकता है भक्ति कान्ता क्रिया।
है धाता रमणीयता मधुरता लोकोत्तरा प्रीति का।
दासी है भव-भूति मुक्त मन की, हैं सेविका मुक्तियाँ। 32।

हैं सारी निधियाँ रता अनुगता, सम्पत्ति है आश्रिता।
हैं ब्रह्मांड-विभूतियाँ सहचरी, हैं शासिता शक्तियाँ।
हैं संसार-पदार्थ हस्तगत-से, हैं वस्तुएँ स्वीकृता।
है सेवारत सिद्धि, सिद्ध मन की है सिद्धियाँ सेविका। 33।

ऊषा कान्त कपोल, भानु-किरणें आलोकिता रंजिता।
भू के रंग-विरंग पुष्प तरु की श्यामाभिरामा छटा।
नागों की ललितांगता रुचिरता कैसे नहीं मोहती।
है रंगीन बने त्रिलोक, मन की रंगीनियों से रँगे। 34।

क्या हैं ज्ञान, विवेक, बुद्धिबल क्या, ये मानसोत्पन्न हैं।
क्या हैं चिन्तन-शक्तियाँ? मनन क्या? क्या तर्कनाएँ सभी।
जो हैं वे सब हैं विभूति उसकी या हैं उसी की क्रिया।
कैसे जाय कही महान मन की सत्ता-इयत्ता कभी। 35।

होता कम्पित था सुरेश जिनसे जो विश्व-आतंक थे।
थे वृन्दारक-वृन्द-वंद्य भव में जो भूति-सर्वस्व थे।
वे हैं आज कहाँ कृतान्त-मुख ही में हैं समाये सभी।
संसारी समझे, कहे न फिर क्यों संसार निस्सार है। 36।

तारे हैं पद चूमते, तरणि में है तेज मेरा भरा।
मैं हूँ विश्व-विभूति भूतपति भी है भीति से काँपता।
क्या हैं ये दिवि देव दिव्य मुझसे? मैं दिव्यता-नाथ हूँ।
मैं हूँ अन्तक का कृतान्त, मैं ही श्रीकान्त-सा कान्त हूँ। 37।

खोले भी खुलते नहीं नयन हैं, क्यों बन्द ऐसे हुए।
हारे लोग जगा-जगा न, तब भी क्यों नींद है टूटती।
क्यों हैं आलस से भरे, न सुनते हैं दूसरों की कही।
खोके भी सुधि देह गेह जन की हैं लोग क्यों सो रहे। 38।

क्यों सोचूँ जब सोच हूँ न सकता, जाऊँ कहाँ, क्या करूँ।
काटे है कटता न बार बहुधा मैं हूँ महा ऊबता।
होती है गत रात तारक गिने, है नींद आती नहीं।
होते चेत, अचेत है चित हुआ, चिन्ता चिता है बनी। 39।

धू-धू है जलती विपन्न करती है धूम की राशि से।
आँचें दे लपटें उठा हृदय में है आग बोती सदा।
देती है कर भस्म गात-सुख को, मज्जा लहू माँस को।
चेते, है जन-चेत में धधकती, है चित्त चिन्ता चिता। 40।

पाती जो न प्रीति प्राणपति में तो प्रीति होती नहीं।
जो होते रस-हीन तो सरसता क्यों साथ देती सदा।
जो होती उनमें नहीं सदयता होते द्रवीभूत क्यों।
जो होता उर ही न सिक्त, दृग में आँसू दिखाते नहीं। 41।

लेती है वह लुभा लोभ-मन को, है मोह को मोहती।
जाती है बन कोप की सहचरी, है काम के काम की।
है पूरी करती अपूर्व कृति से वांछा अहंकार की।
कैसे तो न करे प्रपंच जब है धी पंच-भूतात्मिका। 42।

वे हैं भीत बलावलोक पर का, जो थे बड़े ही बली।
देखे दर्पित सैन्य-व्यूह जिनका दिग्पाल थे काँपते।
वे हैं आज बचे हुए दशन के नीचे दबा दूब को।
जो तोड़ा करते दिगन्त दमके दिग्दन्ति के दंत को। 43।

ऊँचे भाल विशाल दिव्य दृग में भ्रू-भंगिमा भूति में।
नासा-कुंचन में कपोल युग में लाली-भरे होठ में ।
नाना हास-विलास कंठ-रव में अन्यान्य शेषाङ्ग में।
बाला बालक चित्त की चपलता है चारुता अर्चिता। 44।

बातें हैं उसको पसंद अपनी, क्यों दूसरों की सुने।
जो मैं हूँ कहता उसे न करके है भागती जी बचा।
है रूठा करती कभी झगड़ती है तान देती कभी।
थी मेरी मति तो नितान्त अचला यों चंचला क्यों हुई। 45।

होता है पल में विकास, पल में है दृष्टि आती नहीं।
छू के है बहु जीव प्राण हरती, है नाचती नग्न हो।
कोई बात सुने सहस्र श्रवणों में है उसे डालती।
देखी है चपला समान चपला भू-दृष्टि ने क्या कहीं। 46।

नेता हैं पर नीति स्वार्थ-रत है, है कीर्त्ति की कामना।
प्यारा है उनको स्वदेश, पर है बाना विदेशी बना।
वांछा है रँग जाय भारत-धरा योरोप के रंग में।
है सच्चा यदि देश-प्रेम यह तो है देश का द्रोह क्या। 47।

है सत्कर्म-निकेत धर्म-रत है, है सत्यवक्ता सुधी।
है उच्चाशय कर्मवीर सुकृती सत्याग्रही संयमी।
है विद्या वर विज्ञता सदन, है धाता सदाचारिता।
तो होता दिवि देव जो मनुज में होती न मोहांधता। 48।

'मेरा' का महि में महान् पद है, 'मेरा' महामंत्र है।
देखे हैं सब राव-रंक किसका प्यारा 'हमारा' नहीं।
जादू है उनका सभी पर चला, हैं त्याग बातें सुनीं।
ऐसा मानव हो मिला न ममता-माया न मोहे जिसे। 49।

व्यापी है विभु की विभूति भव में भू-भूति में भूत में।
तारों में, तृणपुंज में, तरणि में, राकेश, रेणु में।
पाई व्यापक दिव्य दृष्टि जिसने धाता-कृपा-वृष्टि से।
पाता है वह पत्र-पुष्प तक में सत्ता-महत्ता पता। 50।

बातें क्यों करते कदापि मुँह भी तो खोल पाते नहीं।
कोई काम करें, परन्तु उनको है काम से काम क्या।
खायेंगे भर-पेट नींद-भर तो सोते रहेंगे न क्यों।
लेते हैं अँगड़ाइयाँ सुख मिले वे खाट हैं तोड़ते। 51।

तो कैसे चल हाथ-पाँव सकते, चालें नहीं भूलते।
तो कैसे अँगड़ाइयाँ न अड़तीं, आती जम्हाई न क्यों।
तो वे टालमटोल क्यों न करते, हीले न क्यों ढूँढ़ते।
जो है आलस-चोर संग, श्रम से तो जी चुराते न क्यों। 52।

थू-थू हैं करते विलोक रुचि को वे बड़े दान्त हैं।
छी-छी की ध्वनि है अजस्र पड़ती आ-आ उठे कान में।
देखे आनन की अभिज्ञ जनता है नेत्र को मूँदती।
होती है मति, पाप पंथ-रत की है ग्लानि होती नहीं। 53।

पाते हैं तम में अड़ी दनुज की वक्रानना मूर्त्तियाँ।
होती हैं तरु के समीप निशि में नाना चुड़ैलें खड़ी।
बागों में विकटस्थलों विपिन में हैं भूत होते भरे।
है शंकामय सर्व सृष्टि बनती शंकालु शंका किये। 54।

क्यों होवे तरु कम्पमान, लतिका म्लाना कभी क्यों बने।
क्यों वृन्दारक हो विपन्न, मलिना क्यो देवबाला लगे।
क्यों होवे अप्रफुल्ल कंज दलिता क्यों पुष्पमाला मिले।
आशंका मन को न हो, न मति को शंका करे शंकिता। 55।

है वैकुंठ-विलासिनी प्रियकरी, है कीर्त्ति कान्ता समा।
हैं सारी जन-शक्तियाँ सहचरी, हैं भूतियाँ तद्‌गता।
है वांछा अनुगामिनी, सफलता है बुद्धिमत्ताश्रिता।
दासी है भव-ऋद्धि सत्य श्रम की, है सेविका सिद्धियाँ। 56।

हैं साँसें यदि फूलती विकल हो, क्यों साँस लेने लगे।
क्यों हो आकुल हाथ-पाँव अपने ढीले करे क्यों थके।
आयेगा जब कार्य, सिद्धि-पथ में पीछे हटेगा नहीं।
क्यों देखे श्रमविन्दुपात, श्रम को क्यों त्याग देवे श्रमी। 57।

लेते हैं यदि दून की, मत हँसो दूना कलेजा हुए।
पृथ्वी थी वश में, परन्तु अब तो है हाथ में व्योम भी।
थे भूपाल तृणातितुच्छ अब हैं धाता विधाता स्वयं।
होंगे दो मद साथ तो न दुगुना होगा मदोन्माद क्यों। 58।

भागेगा तम-तोम त्याग पद को, लेगी तमिस्रा बिदा।
होगी दूर कराल काल कर से दिव्यापिनी कालिमा।
आयेगी फिर मंद-मंद हँसती ऊषा-समा सुन्दरी।
होयेगा फिर सुप्रभात, वसुधा होगी प्रभा मंडिता। 59।

हो उत्पात, प्रवंचना प्रबल हो, होवें प्रपंची अड़े।
होवे आपद सामने, सफलता हो संकटों में पड़ी।
होता हो पविपात; तोप गरजें, गोले गिराती रहें।
क्यों तो धीर बने अधीर, उसकी धी क्यों तजे धीरता। 60।

बाँधा था जिसने पयोधि, जिसने अंभोधि को था मथा।
पृथ्वी थी जिसने दुही, गगन में जो पक्षियों सा-उड़ी।
पाई थी जिसने अगम्य गिरि में रत्नावली-मालिका।
हा! धाता! वह आर्यजाति अब क्यों आपत्तियों में पड़ी। 61।

है छाया वह जो सदैव तम में हैं रंग जाती दिखा।
होवे दिव्य अपूर्व, किन्तु वह तो हैं कल्पना मात्र ही।
हों लालायित क्यों विलोक उसको जो हाथ आती नहीं।
है आपत्ति यही किसे वह मिली जो स्वप्न सम्पत्ति है। 62।

क्या सोचें, जब सोच हैं न सकते, है बात ही भेद की।
ऐसी है यह ग्रंथि-युक्ति, नख के खोले नहीं जो खुली।
है संसार विचित्र, चित्र उसके वैचित्र्य से हैं भरे।
रोते हैं दुख को विलोक, सुख के या स्वप्न हैं देखते। 63।

ऐसे हैं भव से अचेत, चित को है चेत होता नहीं।
होती है कम आयु नित्य, फिर भी तो हैं नहीं चौंकते।
देखा हैं करते विनाश, खुलती है आँख तो भी नहीं।
क्या जानें जग लोग हैं जग रहे या हैं पड़े सो रहे। 64।

क्यों अज्ञान-महांधकार टलता, क्यों बीत पाती तमा।
नाना पाप-प्रवृत्ति-जात पशुता होती धरा-व्यापिनी।
द्रष्टा वैदिक मंत्र के, रचयिता भू के सदाचार के।
जो होते न जगे, न ज्योति जग में तो ज्ञान की जागती। 65।

हैं उद्वेलित अब्धि पैर सकती, हैं विश्व को जीतती।
लेती हैं गिरि को उठा, कुलिश को हैं पुष्प देती बना।
हैं लोकोत्तर कला-कीर्त्ति-कलिता, हैं केशरी-वाहना।
हैं तारे नभ से उतार सकती उत्साहिता शक्तियाँ। 66।

रोकेगी तुझको स्वधर्म-दृढ़ता, धी पीट देगी तुझे।
तेरी सत्य प्रवृत्ति पूत कर से होगी महा यातना।
होगा गर्व सदैव खर्व शुचिता की सात्विकी वृत्ति से।
पावेगा फल महादर्प-तरु का ऐ पातकी पा! तू। 67।

होती है गतशक्ति प्राप्त प्रभुता आक्रान्त हो क्रान्ति से।
जाती है लुट दिव्य भूति, छिनता साम्राज्य है सर्वथा।
अत्याचार प्रकोप-वज्र बनता है वज्रियों के लिए।
होता है स्वयमेव खर्व पल में गर्वान्ध का गर्व भी। 68।

तानें लें, पर ऐंठ-ऐंठ करके ताने न मारा करें।
गायें गीत, परंतु गीत अपने जी के न गाने लगें।
देते हैं यदि ताल तो मचल के देवें न ताली बजा।
वे हैं जो बनते, बनें, बिगड़ के बातें बनायें नहीं। 69।

वे ही हैं हँसते न रीझ हँसना आता किसे है नहीं।
होता है कमनीय रंग उनका तो रंग हैं अन्य भी।
वे हैं कोमल, किन्तु कोमल वही माने गये हैं नहीं।
तो है भूल विलोक रूप अपना जो फूल हैं फूलते। 70।

होता जो चित में न चोर, रहती तो आँख नीची नहीं।
होता जो मन में न मैल, दृग क्यों होते नहीं सामने।
जो टेढ़ापन चित्त में न बसता, सीधे न क्यों देखते।
जो आ के पति बीच में न पड़ती, आँसू न पीते कभी। 71।

देता तो जल मैं निकाल दुखते होते नहीं हाथ जो।
तो धोता पग पूत क्यों न, लखते होते न जो दूर से।
कैसे आदर तो भला न करता है भाग्य ऐसा कहाँ।
मैं हूँ सेवक, किन्तु आज प्रभु की सेवा नहीं हो सकी। 72।

क्यों हैं लोचन लाल रात-भर क्या मैं जागता था नहीं।
होते कम्पित क्यों न हस्त पग जो है आज जाड़ा बड़ा।
मैं हूँ हाँफ रहा, परंतु घर से हूँ दौड़ता आ रहा।
है इच्छा प्रतिशोध की न मुझमें, मैं क्रोध में हूँ नहीं। 73।

काटे है कटती न रात, बकती हूँ, वेदना है बड़ी।
आशा से पथ-ओर हैं दृग लगे, क्यों देर है हो रही।
जाते हैं युग बने याम, व्यथिता हो हूँ व्यथा भोगती।
दौड़ो नाथ! बनो दयालु, दुखिता की दुर्दशा देख लो। 74।

जी है ऊब रहा, उबार न हुआ, बाधा हुई वाधिका।
मैं दौड़ी शत बार द्वार पर जा वांछा-विहीना बनी।
है मेरे मुँह से न बात कढ़ती, कैसे बताऊँ व्यथा।
आँखें भी पथरा गईं प्रिय पथी के पंथ को देखते। 75।

थी जिनके बल से विशाल-विभवा संसार-सम्मानिता।
दिव्यांगा दिव-देव-भाव-भरिता लोकोत्तरा पूत-धी।
उत्कण्ठावश, हो विनम्र प्रभु से है प्रश्न मेरा यही।
पावेंगे फिर भारतीय जन क्या ये भारती भूतियाँ। 76।

जो थोड़े उनके हितू मिल सके, वे नाम के हैं हितू।
या वे हैं अपवाद या कि उनमें है पालिसी पालिसी।
पाते हैं उसको नितान्त दलिता या दुःखिता पीड़िता।
कोई बन्धु बना न दीन जन का है दीनता दीनता। 77।

खोया जो निज स्वर्गराज्य, दुख क्या, पाया मनोराज्य है।
कोई हो परतन्त्र क्यों न, उनकी धी है स्वतन्त्रता बनी।
होवे संस्कृति धूल में मिल रही, वे संस्कृताधार हैं।
देखे भारत के सलज्ज सुत को निर्लज्ज लज्जा हुई। 78।

जाती है बन सुधासिक्त वसुधा, है व्योम पाता प्रभा।
आती है अति दिव्यता प्रकृति में, है मोहती दिग्वधू।
होता है रस का प्रवाह छवि में संसार-सौन्दर्य में।
हो-हो मंजुल मन्द-मन्द उर में आनन्द-धारा बहे। 79।

वे भू में नभ में अगम्य वन में निश्शंक हैं घूमते।
वे उत्तालतरङ्ग वारिनिधि में हैं पोत-सा पैरते।
वे हैं दुर्गम मार्ग में विहरते, हैं अग्नि में कूदते।
होते हैं अभिभूत वे न भय से जो निर्भयों में पले। 80।

जाते हैं बन भूत पेड़ तम में, है प्रेतगर्भा तमा।
होती है बहु भीति वक्र गति से या सर्प फुत्कार से।
है हृत्कम्पकरी समान अवनी है मृत्यु त्रासात्मिका।
शंका है भय भाव भूति बनती है भीरुता भूतनी। 81।

खोले भी खुलते नहीं नयन हैं, है चेत आता नहीं।
जो कोई हित-बात है न सुनती, है चौंकती भी नहीं।
सारे यत्न हुए निरर्थ, जिसकी दुर्बोध हैं व्याधियाँ।
ऐसी जाति अवश्य मृत्यु-मुख में हो मूर्छिता है पड़ी। 82।

खोजेगी वह कौन मार्ग, उसको त्राता मिलेगा कहाँ।
रोयेगी सिर पीट-पीट उसका उद्धार होगा नहीं।
जीयेगी वह कौन यत्न करके पीके सुधा कौन-सी।
जीने दे न कृतान्त-मूर्ति बन के जो जाति ही जाति को। 83।

आँखे हैं, पर देख हैं न सकती, पा कान बे-कान है।
होते आनन बात है न कढ़ती है साँस लेती नहीं।
क्यों पाते चल हाथ-पाँव जब वे निर्जीव हैं हो गये।
फूँफा जीवन-मन्त्र, किन्तु जड़ता जाती नहीं जाति की। 84।

हो उत्तेजित भाव मध्य पथ का होता पथी ही नहीं।
जाती है बन उक्ति ओज-भरिता तेजस्विता-पूरिता।
होता स्पंदन है विशेष उर तो क्यों स्फीत होगा नहीं।
है उद्वेग हुआ सदैव करता आवेग के वेग से। 85।

होती है व्यथिता कभी विचलिता अत्यन्त भीता कभी।
रोती है वह कभी याद करके लोकोत्तरा कीर्तियाँ।
पुत्रों को अवलोक है विहँसती या दग्ध होती कभी।
हो कर्तव्यविमूढ़ जाति अब तो उन्मादिनी है बनी। 86।

होता है मन, देख जीभ चलती जो हो, उसे खींच लूँ।
पीटूँ क्यों न उसे तुरन्त कहता है बात जो बेतुकी।
जाता है चिढ़ चित्त चाल चलते चालाक को देख के।
जो आँखें निकलें निकाल उनको लूँ क्यों न तत्काल मैं। 87।

हैं संतप्त अनेक चित्त बहुशः काया महारुग्ण है।
भू सारे उपसर्ग व्योम तक में हैं भूरिता से भरे।
पीड़ा से सुर भी बचे न भव में है ह्रास भी मृत्यु भी।
सारी संसृति आधि से मथित है, है व्याधि-वाधावृता। 88।

देती हैं तन को कँपा अति व्यथा, होती अनाहूत हैं।
हैं हा-हा ध्वनि का प्रसार करती, हो भूरि उत्तापिता।
देता है बहु कष्ट वेग उनका उत्पात-मात्रा बढ़ा।
अंधाधुंध मचा सदैव बनती हैं व्याधियाँ आँधियाँ। 89।

है काँपा करती कभी तड़पती है चोट खाती कभी।
प्रायः है वह वज्रपात सहती हो-हो महा दग्धिता।
हो उद्वेलित अब्धि से, बदन से है फेंकती फेन भी।
हा धाता! किस पाप से वसुमती है भूरि उत्पीड़िता। 90।

चतुर्थ आलाप

सांसारिकता

शार्दूल-विक्रीडित

व्याली-सी विष से भरी विषमता आपूरिता क्रोधना।
अन्धाधुन्ध-परायणा कुटिलता की मूर्त्ति व्याघ्रानना।
है अत्यन्त कठोर उग्र अधमा, है लोक-संहारिणी।
है दुर्दान्त नितान्त वज्र-हृदया स्वार्थान्धता-दानवी। 1।

होती है मधुरा सुधा-सरसता से सिंचिता शोभना।
नाना केलि-निकेतना सुवसना शांता मनोज्ञा महा।
लीला लोल तरंगिता उदधि-सी चिन्तांकिता आकुला।
है सांसारिकता महान गहना मोहान्धता-आवृता। 2।

कांक्षा है अनुरक्त भक्त जन को सद्भक्ति या मुक्ति की।
ज्ञानी को बहु ज्ञान की विबुध को लोकोत्तरा बुद्धि की।
त्यांगी को अनुभूत त्याग-सुख की, योगीन्द्र को सिद्धि की।
है सांसारिकता न स्वार्थ-रहिता, निस्स्वार्थता है कहाँ। 3।

मैं हूँ ब्रह्म-समान व्याप्त सबमें, हूँ सर्वलोकेश्वरी।
हूँ उद्भूत समस्त भूति खनि, हूँ सर्वार्थ की साधिका।
हूँ सारी वसुधा-विभूति-जननी, हूँ शक्ति-संचारिणी।
है सांसारिकता पुकार कहती, मैं स्वार्थ सर्वस्व हूँ। 4।

होती है सुख-कामनातिप्रबला है लालसा-लोलुपा।
प्यारे हैं भव-भोग, मुग्ध करती है भूयसी भूतियाँ।
तो भी है वह प्रेम, प्रेम? जिसमें है इन्द्रियासक्तता।
तो क्या हैं हितपूर्तियाँ यदि बनीं वे स्वार्थ की मूर्तियाँ। 5।

सारे धर्म-समाज भूमितल के जो दंभसर्वस्व हैं।
पाते हैं जिनमें महाविषमता जो द्वेष-उन्मेष हैं।
जो हैं गौरव गर्व ईति जिनमें है वृत्ति-उन्मत्तता।
क्या वे हैं परमार्थ मूर्त्ति जिनमें स्वार्थान्धता है भरी। 6।

उत्फुल्ला सरसा नितान्त मधुरा शान्ता मनोज्ञा महा।
नाना भाव-निकेतना विविधता आधारिता व्यंजिता।
हो अम्भोधि-समान वैभवमयी हो व्योम-सी विस्तृता।
है सांसारिकता विहार करती सर्वत्र संसार में। 7।

बातें हों मन की मिले सफलता सम्पत्ति स्वायत्त हो।
पूरी हो प्रिय कामना, सुगमता से सिद्धियाँ प्राप्त हों।
बाधाएँ सब काल वाधित बनें, हो वैरिता वंचिता।
ये हैं मानव की नितान्त रूचिरा स्वाभाविकी वृत्तियाँ। 8।

क्या खाये-पहने करे स्वहित क्यों मुद्रा कमाये न जो।
जायेगा लुट जो न बुद्धि-बल से टाले बलाएँ टलीं।
होगा रक्षित भी न ईति अथवा दुर्नीतियों से दबे।
संसारी फिर क्यों न जन्म जग में ले स्वार्थ-सर्वस्व हो। 9।

वे हैं धन्य परार्थ त्याग करते जो लोग हैं स्वार्थ का।
ऐसे हैं कितने, परन्तु उनका तो त्याग ही स्वार्थ है।
होता है परमार्थ पूत उसमें है भूरि स्वर्गीयता।
तो भी क्या परमार्थ सार्थक नहीं जो अर्थ है स्वार्थ में। 10।

कोई है जग में भला न, यह तो कोई कहेगा नहीं।
संसारी फिर भी प्रमत्त रहता है स्वार्थ की सिद्धि में।
कच्चे काम पड़े सगे बन गये, सच्चे न सच्चे रहे।
देखा जो दृग खोल बोल सुन के तो ढोल में पोल थी। 11।

हैं ऐसे जन भी हुए जगत में जो त्याग-सर्वस्व थे।
देवों से अति पूत दिव्य जिनकी हैं मानवी कीर्त्तियाँ।
जाँचा तो उनकी असंख्य जन में संख्या गिनी ही मिली।
लाखों में कुछ लोग पुण्यबल से माने महात्मा गये। 12।

ज्ञाता वैदिक मन्त्र के प्रथमतः, धाता धरा-धर्म के।
नाना मान्य महर्षि विज्ञ मुनि से मन्वादि से दिव्य-धी।
मेधावी कपिलादि से विबुधता-सर्वस्व व्यासादि से।
पृथ्वी ने कितने जने सुअन हैं उद्‌बुद्ध सिद्धार्थ-से। 13।

मूसा-से जरदश्त-से अरब के नामी नबी-से सुधी।
शिंटो धर्मधुरीण-से कुछ गिने चीनादि के सिद्ध-से।
ऐसे ही कुछ अन्य धर्मगुरु-से धर्माग्रणी व्यक्ति से।
हैं अत्यल्प हुए सदैव महि में ईसादि से सद्‌व्रती। 14।

है अध्यात्म महा पुनीत, तम में है तेज के पुंज-सा।
है विज्ञान विकासमान नभ का पीयूषवर्षी शशी।
है स्वार्थान्ध-विलोचनांजन तथा सद्भाव-अंभोधि है।
है आधार त्रिलोक-शान्ति-सुख का सद्बोध-सर्वस्व है। 15।

होती है जब पाप-पूरित धरा सद्‌वृत्ति उत्पीड़िता।
पाती है पशुता प्रसार बनती स्वार्थान्धता है कशा।
होता है जब नग्न नृत्य दनुजों के दानवी कृत्य का।
आता है तब मही-मध्य बहुधा कोई महा-दिव्य-धी। 16।

होता है वह देश-काल प्रतिभू सत्याग्रही संयमी।
देता है बहु दिव्य ज्योति जगती के प्राणियों में जगा।
लेता है बिगड़ी सुधार, करता उद्धार है धर्म का।
पाती है वसुधा अलौकिक सुधा सद्बोध-सर्वस्व से। 17।

कोई हो अवतार दिव्य जन हो या हो महा सात्विकी।
शिक्षा हो उसकी महा हितकरी, हो उक्ति लोकोत्तरा।
होंगे क्या तब भी सभी रुचिरधी, त्यागी, तपस्वी, यती।
क्या होगी तब भी समस्त वसुधा हो शान्त स्वर्गोपमा। 18।

है स्वाभाविक कामना स्वहित की, है वित्त-वांछा बली।
प्राणी की सुख-लालसा सहज है, है चित्त स्वार्थी बड़ा।
पंजे में इनके सदा जग रहा, कैसे भला छूटता।
वे हैं विश्वजनीन भूति यदि ये संसार-सर्वस्व हैं। 19।

क्या है मुक्ति? यथार्थ ज्ञान इसका है प्राणियों को कहाँ।
कोई मानव ही रहस्य इसका है जान पाता कभी।
चिन्ता है किसको नहीं उदर की है जीविका जीवनी।
प्यारी है उतनी न मुक्ति जितनी है भुक्ति भू की प्रिया। 20।

आँखें हैं छवि-कांक्षिणी, श्रवण है लोभी सदालाप का।
जिह्वा है रस-लोलुपा, सुरभि की है कामुका नासिका।
सारी प्रेय विभूति को विषय को हैं इन्द्रियाँ चाहती।
जाता है बन योग रोग, किसको है भोग भाता नहीं। 21।

तो हैं कौन विचित्र बात मन में जो है भरी मत्तता।
है आश्चर्य नहीं मनुष्य बनता जो स्वार्थ-सर्वस्व है।
जो है जीव ममत्व से भरित तो क्या है हुआ अन्यथा।
क्या है भौतिकता न भूत-चय की स्वाभाविकी प्रक्रिया। 22।

होती है तम-मज्जिता मलिनता-आपूरिता ज्यों तमा।
त्यों ही मानव की प्रवृत्ति रहती है स्वार्थ से आवृता।
जैसे तारक से मयंक-कर से पाती निशा है प्रभा।
त्यों ही है वर बोध से नृमति भी है दिव्य होती कभी। 23।

आचार्यों महिमा-महान पुरुषों से प्राप्त सद्वृत्तियाँ।
होती हैं उपकारिका हितकरी सद्बोध-उत्पादिका।
वे हैं आकर यथाकाल करते उद्‌बुद्ध संसार को।
तो भी स्वार्थ-प्रवृत्ति-वृत्ति जनता है त्याग पाती नहीं। 24।

है आवश्यक वस्तु व्यस्त रखती देती व्यथा है क्षुधा।
बाधा है सब काल व्याधि बनती है बैरिता बेधती।
है दोनों कर बाँधती विवशता है व्यर्थता बाँट में।
प्राणी स्वार्थनिबद्‌ध दृष्टि सुपथों में विस्तृता क्यों बने। 25।

ऐसे हैं महि में मिले सुजन भी जो त्याग की मूर्त्ति थे।
लोगों का हित था निजस्व जिनका जो थे परार्थी बड़े।
ये लोकोत्तर धर्मप्राण जन ही भू दिव्य आदर्श हैं।
होते है अपवाद, लोक कितने ऐसे मिले लोक में। 26।

औरों का मुँह कौर छीन, भरते हैं पेट भूखे हुए।
लोगों की विविधा विभूति हरते हैं, भीति होती नहीं।
होते हैं बहु लोग तृप्त बहुधा पी के सगों का लहू।
होवे क्यों न अधर्म, स्वार्थ इतना है धर्म प्यारा किसे। 27।

माता हैं महि देवता, पर हुए भीता कलंकांक से।
हाथों से अपने अबोध सुत का है घोंट देती गला।
जो थे देव-समान, संकट पड़े, वे दानवों-से बने।
कोई हो उपलब्ध आत्महित को है त्याग पाता नहीं। 28।

वेदों की भव-वन्दनीय श्रुति को शास्त्रादि के मर्म को।
सन्तों की शुचि उक्ति को जगत के सद्धर्म के मन्त्र को।
जाती है तब भूल भक्ति-पथ को विज्ञान की वृत्ति को।
होती है जब मत्त आत्मरति की वांछा बलीयान हो। 29।

कानों ने कलिकाल के कब सुनी ऐसी महागर्जना।
हो पाई कब यों कठोर रव से शब्दायमाना दिशा।
हो पाया किस देश मध्य उतना कोलाहलों को बढ़ा।
होता है अब वज्रघोष जितना भू में अहंभाव का। 30।

सारे भूतल में समुद्र-जल में युद्धाग्नि-ज्वाला जगा।
ओले से नभ-यान से दव-भरे गोले गिरा प्रायशः।
नाना दानवता-प्रपञ्च-वलिता दुर्वृत्तियों को बढ़ा।
है भूलोक विलोप-साधन-व्रती लिप्सा अहंभाव की। 31।

नाना नूतन अस्त्र-शस्त्र तुपकें गोले बड़े विप्लवी।
हैं संहारक कोटि-कोटि जन के कल्पान्त के अर्क-से।
होते हैं उनसे विनष्ट नगरों के वृन्द तत्काल ही।
है विज्ञान-विभूति आज वसुधा-उद्भूति-विध्वंसिनी। 32।

छाये हैं बहु व्योमयान नभ में जो काल-से क्रूर हैं।
हो-हो हुंकृत ओत-प्रोत निधि हैं संग्राम के पोत से।
पृथ्वी में उन्मादपूर्ण बजती है द्वंद्व की दुन्दुभी।
प्रायः है अब भ्रान्ति क्रांति बनती, भूशान्ति भागे कहाँ। 33।

अत्याचार-रता कठोर-हृदया है रक्तपानोत्सुका।
है संहार-परायणा पवि-समा मांसाशिनी पापिनी।
नाना मानव-वंश-ध्वंस-निरता निन्द्या कृतान्तोपमा।
है कृत्या सम कूटनीति-कटुता-आपूरिता मेदिनी। 34।

है पाथोधि विभूति दान करता स्वायत्त है सिंधुजा।
पृथ्वी है वशवर्त्तिनी अनुगता है दामिनी शासिता।
पंखा है झलता समीर, उसको देता सुधा है शशी।
फूला है बन भाव-मत्त, भव को, भूला अहंभाव है। 35।

होवे जो हित पाप से वह उसे तो पुण्य है मानता।
अत्याचार किये मिले यदि धरा तो क्या सदाचार है।
जो हो लाभ किये कुवृत्ति तब क्यों सद्‌वृत्ति सद्‌वृत्ति है।
है सांसारिकता न ईश्वर-रता, है स्वार्थसिद्धिप्रदा। 36।

ज्ञाता होकर विश्वव्याप्त विभु के जो हैं बने पातकी।
आँखें जो नर की बचा प्रभु-दृगों में धूल हैं झोंकते।
जो हो आस्तिक मूर्त्तिमान बनते हैं नास्तिकों के चचा।
वे हैं ईश्वर मानते, मन भला क्यों मान लेगा इसे। 37।

होती है कब भीति लोकपति की काटे करोड़ों गले।
आता है कब ध्यान पूत प्रभु का संसार को पीसते।
काँपा कौन नृशंस सर्वगत के सर्वाश्रितों को सता।
हारी ईश्वरसिद्धि कर्मपथ में आस्वार्थ की सिद्धि से। 38।

हृद्या ईश्वरता हुई न इतनी हो मुक्ति से मंडिता।
पा के दिव्य मनोज्ञ मूर्त्ति जितनी भाई अहंमन्यता।
प्यारी हैं उतनी कभी न लगती आध्यात्मिकी वृत्तियाँ।
भाती है जितनी विभूति-रत को भू भौतिकी प्रक्रिया। 39।

प्राणी है अनुरक्त भक्त जितना संसार-सम्पत्ति का।
प्यारी है उतनी उसे न तपसा-सम्बन्धिनी साधना।
भोगेच्छा जितनी रुची, प्रिय लगी वांछा सुखों की यथा।
वैसी ही कब त्यागवृत्ति नर को आकांक्षिता हो सकी। 40।

होता है पर-कार्य पूत, जनता का श्रेय सत्कर्म है।
तो भी त्राण-निमित्त आत्महित का उद्बोध ही मुख्य है।
होवे मुक्ति महा विभूति, फिर भी है भुक्ति ही जीवनी।
सच्चा हो पर लोक, किन्तु मिलता आलोक है लोक में। 41।

होता देख महा अनर्थ बनता कोई परार्थी नहीं।
होते भी अपकार कौन करता सत्कार है अन्य का।
मर्यादा प्रिय है किसे न, किसको है नाम प्यारा नहीं।
सत्ता है किसकी न भूति, किसको भाती महत्ता नहीं। 42।

बाधा की हरती अबाध गति है धी धीरता से भरी।
वैरी के बल को विलोप करती हैं वीरता-वृत्तियाँ।
देती है कर छिन्न-भिन्न उसको सत्ता महत्ता दिखा।
दुष्टों की पशुता-प्रवृत्ति सहती है शक्तिमत्ता नहीं। 43।

जोड़े क्यों हित क्रुद्ध क्रूर नर से पा प्रार्थिता शक्तियाँ।
मोड़े क्यों मुख, रुष्ट दुष्ट जन को कोड़े लगाये न क्यों।
छोड़े क्यों छल-छद्म खल को दे क्यों न धुर्रे उड़ा।
तोड़े क्यों न कृतान्त-तुल्य बन के दुर्दान्त के दन्त को। 44।

जैसी है त्रिगुणात्मिका त्रिगुण से है वैसी ही शासिता।
धू-धू है जलतीं प्रफुल्ल बनती होती सुधासिक्त है।
है दिव्या मधुरा महान सरसा स्वार्थान्धता से भरी।
है सांसारिकता रहस्य-भरिता वैचित्र से आवृता। 45।

पंचम आलाप

स्वर्ग और नरक

शार्दूल-विक्रीडित

है ऐरावत-सा गजेन्द्र न कहीं, है कौन देवेन्द्र-सा।
है कान्ता न शची समान अपरा देवापगा है कहाँ।
श्री जैसी गिरिजा गिरा सम नहीं देखी कहीं देवियाँ।
पाई कल्पलतोपमा न लतिका, है स्वर्ग ही स्वर्ग-सा। 1।

शोभा-संकलिता नितान्त ललिता कान्ता कलालंकृता।
लीला-लोल सदैव यौवनवती सद्वेश-वस्त्रावृता।
नाना गौरव-गर्विता गुणमयी उल्लासिता संस्कृता।
होती है दिव-दिव्यता-विलसिता स्वर्गाङ्गना सुन्दरी। 2।

शुद्धा सिद्धि-विधायिनी अमरता आधरिता निर्जरा।
सारी आधि-उपाधि-व्याधि-रहिता वाधादि से वर्जिता।
कान्ता कान्ति-निकेतनाति सरसा दिव्या सुधासिंचिता।
नाना भूति विभूति मूर्त्ति महती है स्वर्ग स्वर्गीयता। 3।

जो होती न विराजमान उसमें दिव्यांग देवांगना।
जो देते न उसे प्रभूत विभुता देवेश या देवते।
नाना दिव्ध गुणावली-सदन जो होती नहीं स्वर्गभू।
तो पाती न महान भूति महती होती महत्ता नहीं। 4।

होत म्लान नहीं प्रसून, रहते उत्फुल्ल हैं सर्वदा।
पा के दिव्य हरीतिमा विलसती है कान्त वृक्षावली।
पत्ते हैं परिणाम रम्य फल हैं होते सुधा से भरे।
है उद्यान न अन्य, स्वर्ग-अवनी के नन्दनोद्यान-सा। 5।

जो हो स्वस्थ शरीर, भाग्य जगता, पद्मासना की कृपा।
जो हो पुत्र विनीत, बुद्धि विमला, हो बंधु में बंधुता।
जो हो मानवता विवेक-सफला, हों सात्विकी वृत्तियाँ।
हो कान्ता मृदुभाषिणी अनुगता तो स्वर्ग है सद्म ही।6।

होती है विकरालता जगत की जाते जहाँ कम्पिता।
आता काल नहीं समीप जिसके आरक्त आँखें किये।
होता है भय आप भीत जिसकी निर्भीकता भूति से।
जा पाते यमदूत हैं न जिसमें है स्वर्ग-सा स्वर्ग ही।7।

होता क्रन्दन है नहीं, न मिलता है आर्त्त कोई कहीं।
हाहाकार हुआ कभी न, उसने आहें सुनी भी नहीं।
देखा दृश्य न मृत्यु का, न दव से दग्धा विलोकी चिता।
है आनन्द-निधान स्वर्ग-विभुता उत्फुल्लिता-मूर्त्ति है।8।

गाती है वह गीत, पूत ज़िससे होती मनोवृत्ति है।
लेती है वह तान रीझ जिससे है रीझ जाती स्वयं।
ऐसी है कलकंठता कलित जो है मोहती विश्व को।
है संगीत सजीव मूर्त्ति दिवि की लोकोत्तरा अप्सरा।9।

सारी मोहन-मंत्र-सिद्धि स्वर में, आलाप में मुग्धता।
तालों में लय में महामधुरता, शब्दावली में सुधा।
भावों में वर भावना सरसता उत्कंठा कंठ में।
देती है भर भूत प्रीति ध्वनि में गंधर्व गंधर्वता।10।

जागे सात्विक भाव भूति टलती हैं तामसी वृत्तियाँ।
देखे दिव्य दिवा-विकास छिपती है भीतभूता त्रमा।
जाती है मिट ज्ञान भानु-कर से अज्ञान की कालिमा।
पाते हैं द्युति लोक लोक दिवि की आलोक माला मिले।11।

पाते हैं बहुदीप्ति देवगण से दिव्यांगना-वृन्द से।
होते झंकृत हैं सदैव बजते वीणादि झंकार से।
हो आरंजित रत्न से विलसते हैं मोहते लोक को।
आँखों में बसते सदा विहँसते आवास हैं स्वर्ग के।12।

हो-हो नृत्य-कला-निमग्न दिखला अत्यन्त तल्लीनता।
पाँवों के वर नूपुरादि ध्वनि से संसार को मोहती।
ले-ले तान महा मंजु रव से धारा सुधा की बहा।
नाना भाव-भरी परी सहित गा है नाचती किन्नरी। 13।

नाना रोग-वियोग-दुःख-दल से जो द्वंद्व से है बचा।
सारी ऋद्धि प्रसिद्ध सिद्धि निधि पा जो भूति से है भरा।
जो है मृत्यु-प्रपंच-हीन जिसमें हैं जीवनी ज्योतियाँ।
तो क्या है अपवर्ग-पुण्य बल से जो स्वर्ग ऐसा मिले। 14।

सारी संसृति है विभूति उसकी, है भूत-सत्ता वही।
प्यारा है वह लोक लोकपति का है लोक प्यारा उसे।
जो हो जाय अनन्यता जगत में तो अन्यता है कहाँ।
तो क्या है अपवर्ग-प्राप्ति-गरिमा, तो स्वर्ग संसर्ग क्या। 15।

जो माने न उसे असार, समझे संसार की सारता।
जो देखे तृण से त्रिदेव तक में दिव्यांग की दिव्यता।
जो आँखें अवलोक लें अखिल में आत्मीयता का समा!
जो मानव का हो महान मन तो क्या साहिबी स्वर्ग की। 16।

क्या है कर्म अकर्म धर्म किसको हैं मानते दिव्य-धी।
क्या है पुण्य-विवेक, पाप किसको विद्वज्जनों ने कहा।
मीमांसा इसकी हुई कम नहीं, है आज भी हो रही।
होता है न रहस्य-भेद फिर भी 'धर्मस्य सूक्ष्मा गतिः'। 17।

नाना तर्क-वितर्क है विषय हैं जो द्विधाग्रस्त हैं।
ऐसे हैं फिर भी विचार कितने जो सत्य-सर्वस्व हैं
सारे मानव धर्मग्रंथ जिनको हैं तत्त्वतः मानते।
तो भी क्या वसुधा समस्त जन के वे सर्वथा मान्य हैं। 18।

प्राणी है परिणाम भूत-चय का, है वृत्ति भी भौतिकी।
पाते हैं उसमें अतः अधिकता भूतोद्भावा भूति की।
होती है पशुता-प्रवृत्ति प्रबला कर्मेन्द्रियासक्ति से।
देती है उसको बना अधमता की मूर्त्ति स्वार्थान्धता। 19।

हो सावेश नहीं मनुष्य करता है कौन-सी क्रूरता।
हो क्रोधान्ध महा अनर्थ करते होता नहीं त्रस्त है।
क्या है बर्बरता महा अधमता क्या दानवी कृत्य है।
प्राणी है यह सोच ही न सकता विक्षिप्त हो वैर से। 20।

चेष्टाएँ कितनी हुईं, तम टले, पापांधता दूर हो।
अत्याचार निरस्त हो, दनुजता हो वज्रपातांकिता।
तो भी क्या पशुता टली, अधमता क्या हो सकी ध्वंसिता।
क्या धी त्रस्त हुई नरक की हृत्कम्पकारी कथा। 21।

तो क्याा है यमयातनातिपरुषा क्या है महा भर्त्सना।
तो क्या है विकराल मूर्त्ति यम के उद्दंड दूताग्रणी।
जो हो शंकित अल्प भी न उनसे पापीयसी वृत्ति तो।
क्या है वैतरणी विभीषण क्रिया क्या नारकीयाग्नि है। 22।

जतो होते कुछ भी सशंक, मति तो होती नहीं तामसी।
हो पाती तमसावृता न दृग की ज्योतिर्मयी दृष्टि भी।
तो व्यापी रहती नहीं हृदय में दुर्वृत्ति की कालिमा।
हैं जो लोग मदांध वे न डरते हैं अंधतामिस्र से। 23।

पाई है उसने प्रभूत पशुता दुर्वृत्तता दानवी।
हिंसा हिंसक जन्तु-सी कुटिलता सर्पाधिराजोपमा।
उत्पात-प्रियता प्रभंजन समा दुर्दग्धता वह्नि-सी।
कुंभीपाक विपाक बात सुन क्यों काँपे महापातकी। 24।

देता है अलि-डंक-सा दुख उसे जो पंक-निक्षेप हो।
होती है अहि-दंशतुल्य परुषा पीड़ाा अवज्ञाा हुए।
देखे कीर्त्ति-कलाप-लोप उसको होता महाताप है।
पाता रौरव-वास दीर्घ दुख है खो गौरवों की सुधी। 25।

होते हैं उसके विचार-तरु के पत्ते छुरा-धार से।
देते हैं कर जो विपन्न बहुधा रक्ताक्त उद्बोध को।
जो होके विकलांग भाव उसके होते व्यथाग्रस्त हैं।
तो क्या है असिपत्र-से नरक का वासी नहीं भ्रष्ट-धी। 26।

है दुर्गन्ध-निकेतना कलुषिता निन्द्या जुगुप्सा-भरी।
हैं उन्मादमयी सनी रुधिर से हैं लोक-हिंसारता।
होती है खर गृध्रदृष्टि उनकी मांसाशिनी निम्नगा।
भू में ही कितनी कराल कृतियाँ हैं कालसूत्रोपमा।27।

जोंकें हों उसमें प्रकम्पित करी दुर्दशनों से भरी।
होंवे भूरि विषाक्त व्याल उनके फूत्कार से फूँकते।
हो कालानन-सा कराल वह या हो आस्य नागेन्द्र का।
थोड़ी भी कब अंधकूप परवा पापांधता को हुई।28।

लोहे से विरची विभावसु बनी आलिङ्गिता कामिनी।
दे अत्यंत व्यथा, नुचें नरक में सर्वाङ्ग की बोटियाँ।
सारे सुन्दर गात में कुलिश-से काँटे सहस्रों गड़ें।
क्यों कामी सुन वज्रकंटक-कथा कामांधता से बचे।29।

जो खाते पर-मांस हैं न उनका क्यों मांस खाते वही।
जैसा है नर पाप-कर्म, मिलता है दण्ड वैसा वहाँ।
चाहे हो अथवा न हो नरक, क्या आदर्श भी है नहीं।
तो है शोक, विलोक शाल्मलिक्रिया जो हो न शालीनता।30।

देखा जो दृग खोल के अवनि तो है वंचितों से भरी।
हैं रोते मिलते अनेक कितने पाते नहीं रोटियाँ।
लाखों को भर पेट अन्न मिलना है स्वप्न के दृश्य-सा।
लाखों की कृमि-भोजनादि नरकों-सी नारकी वृत्ति है।31।

हो-हो लोलुपता-प्रपंच-पतिता हो लोभ से लालिता।
ला, ला, के पड़ फेर में, ललकती, हो लालसा से भरी।
पाती हैं प्रति यातना निरय की हो लीन दुर्नीति में।
लालाभक्षनिकेतना अललिता लालायिता वृत्तियाँ।32।

चक्की में पिसते नहीं विवश हो, होते व्यथाग्रस्त क्यों।
कैसे शूकर से कदर्य्य, मुख बा-बा लीलना चाहते।
जो होते न कुकर्म में निरत तो जाता न रेता गला।
कैसे शूकर-आननादि नरकों-सी यंत्रणा भोगते।33।

देखे दुर्गति पाप में निरत की, कामांध की दुर्दशा।
नाना शूल-समूह से हृदय को पाके बिधा प्रायशः।
बारंबार विलोक मत्त मति को मोहादि से मर्दिता।
होती हैं सुख ज्ञात संडसन की सारी सुनी साँसतें। 34।

होती है सुखिता पिये रूधिर के, है नोचती बोटियाँ।
प्यारा है उसको निपात वह है उत्पात-उत्पादिका।
लेती है प्रिय प्राण प्राणिचय का, है त्राण देती कहाँ।
क्रूरों की कटुतामयी कुटिलता है गृध्रभक्षोपमा। 35।

पक्षी को पशुवृन्द को पटक के हैं पीटती प्रायशः।
वाणों से कर विद्ध गृध्र बन हैं देती बड़ी यंत्रणा।
हैं कोंचा करती सदैव, बढ़के हैं गोलियाँ मारती।
हैं विश्वासन-सी निकृष्ट, नर की मांसाशिनी वृत्तियाँ। 36।

जो होवें बहु गृध क्षीण खग को चोंचें चला चोंथते।
जो हों निर्बल को विदीर्ण करते हो क्रुद्ध क्रूराग्रणी।
जो निर्जीव शरीर को लिपट हों कुत्ते कई नोचते।
तो श्वानोदन-दृश्य दृष्टिगत क्यों होगा न भू में किसे। 37।

क्या हैं प्राणिसमूह को न डसते नानामुखी सर्प हो।
होती है उनकी कशा कलुषिता क्या विज्जुतुल्या नहीं।
क्या वे ले शित शेल हैं न कितने हत्पिंड को बेधते।
शूल-प्रोत-समान क्या न महि में हैं शूलदाताग्रणी। 38।

हैं दुर्गंधमया महाकलुषिता वीभत्सता से भरी।
नाना मूर्त्तिमती करालवदना क्रोधान्विता सर्पिणी।
है उच्छृखलता-रता बहुमुखी आतंक-आपूरिता।
पापी की पतिता प्रवृत्ति-सदृशा वैश्वासिनी प्रक्रिया। 39।

है डाला करती विपन्न मुख में सीसा गला प्रायशः।
भोगे भी यह भोग प्राण कढ़ते हैं पातकी के नहीं।
खाता मुग्दर है, प्रहार सहता, है छूटता जी नहीं।
कैसी है यह क्षार कर्दमकृता दुःखान्त दृश्यावली। 39।

रोता है पिट के कठोर कर से है यंत्रणा भोगता।
बोटी है कटती, समस्त तन को है नोचती दानवी।
है दुर्भाग्य, महा विपत्ति यह है, है मर्मवेधी व्यथा।
जो रक्षोगण-भोजनावधि अघी है छूट पाता नहीं। 41।

षष्ठ आलाप

प्रलय प्रपंच

शार्दूल-विक्रीडित

है पाताल-पता कहाँ, गगन भी है सर्वथा शून्य ही।
भू है लोक अवश्य, किन्तु वह क्या है एक तारा नहीं।
संख्यातीत समस्त तारक-धरा के तुल्य ही लोक हैं।
लोकों की गणना भला कब हुई, होगी कभी भी नहीं।1।

क्या की है, यह सोच के, विबुध ने लोकत्रयी-कल्पना।
जो हैं ज्ञापित नाम से वसुमती, आकाश, पाताल के।
तारे हैं नभ में अतः गगन ही संकेत है सर्व का।
जो हो, किन्तु रहस्य लोकचय का अद्यापि अज्ञात है।2।

तारों में कितने, सहस्रकर से भी सौगुने हैं बड़े।
ऐसे हैं कुछ सूर्य ज्योति जिनकी भू में न आई अभी।
होता है यह प्रश्न, क्या प्रलय में हैं ध्वंस होते सभी।
है वैज्ञानिक धारणा कि इसकी संभावना है नहीं।3।

ज्यों भू में बहु जीव नित्य मरते होते समुत्पन्न हैं।
वैसे ही नभ-मध्य नित्य बनते हैं छीजते लोक भी।
है स्वाभाविक प्रक्रिया यदि यही, तत्काल ही साथ ही।
सारे तारक-व्यूह का विलय तो क्यों मान लेगा सुधी।4।

शंकाएँ इस भाँति की बहु हुईं, हैं आज भी हो रही।
है सिद्धान्त-विभेद भी कम नहीं, है तर्क-सीमा नहीं।
तो भी है यह बात सत्य, पहले जो विश्व सूक्ष्माणु था।
सो कालान्तर में पुनः यदि बने सूक्ष्माणु वैचित्र्य क्या।5।

वेदों से यह बात ज्ञात विबुधों के वृन्द को है हुई।
जो है सक्रिय भाग सर्व भव का सो तो चतुर्थांश है।
है शेषांश क्रिया-विहीन, अब भी, जो सर्वथा रिक्त है।
कैसी अद्भुत गूढ़ उक्ति यह है, सत्ता महत्तांकिता। 6।

जो है निष्क्रिय तीन अंश कृतियाँ जो हैं चतुर्थांश में।
पायेगा भव पूर्णता कब? इसे क्यों धी सकेगी बता।
होवेगा कब नाश सर्व भव का? कोई इसे क्यों कहे।
ये बातें मन-बुद्धि-गोचर नहीं, प्रायः अविज्ञेय हैं। 7।

शास्त्रों में विधि-कल्प के प्रलय के कालादि की कल्पना।
है गंभीर विचार-भाव-भरिता विद्वज्जनोद्बोधिनी।
तो भी वे कह नेति-नेति वसुधा को हैं बताते यही।
है संसार रहस्य, है प्रकृति की मायातिमायाविनी। 8।

जो पूरे परमाणु-वाद-रत हैं, विज्ञान-सर्वस्व हैं।
वे भी देख विचित्रता प्रक्रति की होते जड़ीभूत हैं।
क्यों कोई खग विश्वव्याप्त नभ की देगा इयत्ता बता।
कोई कीट वसुंधरा-विभव का क्यों पा सकेगा पता। 9।

आविष्कारक कर्मशील बहुशः हैं मेदिनी में हुए।
इच्छा के अनुकूल कूल पर जा हैं शोध भूयः किये।
पाये हैं उनके प्रयत्न-कर ने प्रायः कई रत्न भी।
संसार बुधिरत्नराशि फिर भी दुष्प्राप्य दुर्बोध है। 10।

आ के भूतल में विलोक निशि में आकाश-दृश्यावली।
होता है मनुजात बुद्धिहत-सा सोचे स्वअल्पज्ञता।
पाये हैं कुछ बुद्धिमान जन से एकाध मोती कहीं।
बेजाने संसार-सिंधु अब भी छाने बिना है पड़ा। 11।

वे थे शक्ति-निधान साथ उनका था दानवों ने दिया।
क्या है मानव-शक्ति, और उसकी क्या है क्रियाशीलता।
मेधावी सुर ने समुद्र मथ के जो रत्न पाये गिने।
तो क्यों रत्न-समूह विश्व-निधि के पाते धरा स्वल्पधी। 12।

थोड़ा ज्ञान हुए, महान बनना, सीधे नहीं बोलना।
मान्यों का करना न मान, सुनना बातें न धीमान की।
बोना बीज प्रपंज का सदन में, बातें बनाना वृथा।
लेना काम न बुद्धि से खल मिले, है बुद्धिमत्ता नहीं। 13।

देखे दुर्गति देश की, विवशता उत्पीड़िता जाति की।
देखे क्रण्दन क्षुधादग्ध जन का, संताप संत्रस्त का।
देखे ध्वंस प्रशंसनीय कुल का, निर्वंश सद्वंश का।
जाते हैं जल क्यों नहीं, सजल हो पाते नहीं नेत्र जो। 14।

तो है व्यर्थ अपूर्व वाक्य रचना ओजस्विनी वक्तृता।
तो है व्यर्थ गंभीर गर्जन, बुरी है दीर्घ आयोजना।
तो है व्यर्थ समस्त व्यंग, गहरी आलोचना लोक की।
सेवा हो सकती अनन्य मन से जो मातृ-भू की नहीं। 15।

है लक्षाधिप की कमी न, फिर भी कंगाल हैं कोटिशः।
होते हैं व्यय व्यर्थ; किन्तु बहुशः हैं पीच पाते नहीं।
होती है बहु दुर्दशा, पर खड़े होते नहीं रोंगटे।
देती है व्यथिता बना न मति को क्यों भारती-भू-व्यथा। 16।

भीता है वह सत्यप्रवृत्ति जिससे भू को मिली भव्यता।
त्यक्ता है वह शान्ति जो जगत में है क्रान्ति-विध्वंसिनी।
देखे दुर्गति नीति की मनुजता अत्यन्त है चिन्तिता।
यों हो मर्दित भारतीय सुत से क्यों भारती-भूतियाँ। 17।

होवे पावनतारता सुचरिता सद्वृत्ति से पूरिता।
कान्ता कीर्ति-कलाप से विलसिता लोकोपकारांकिता।
पा सत्यामृत का प्रवाह सरसा होती रहे सर्वदा।
सद्भावाचल-श्रृंग से निपतिता हो भारती-भू नहीं। 18।

पा के श्री सुत सर्वदा सुखित हों होवें यशस्वी सुधी।
ऐसी उत्तम नीति हो, बन सके जो प्रीति-संवर्द्धिनी।
होवे मानवता-प्रवृत्ति प्रबला हो लालसा उज्ज्वला।
होवे भारत-भू भला, उतरती दीखे सदा आरती। 19।

वेदों से भववंद्य ग्रंथ किसकी सद्‌वृद्धि के स्वत्व हैं।
पैदा हैं किसने किये सुअन वे जो सत्यसर्वस्व हैं।
ऊँचा है कहता हिमाद्रि किसको सर्वोच्चता को दिखा।
पा के भारत-सा सपूत भव में है भाग्यमाना मही। 20।

हो पाये अवतार भार हरने की दृष्टि से ही जहाँ।
भाराक्रान्त जिसे विलोक विधि भी होते महाभीत थे।
तो होगा बहुदग्ध क्यों न उर, क्यों होगी न पीड़ा बड़ी।
जो भारत के भारभूत नर से हो भारभूता धरा। 21।

क्यों होगा उसका उभार उसमें होगी न क्यों भीरुता।
होते भी सुविभूतियाँ न वह क्यों होगी व्यथा से भरी।
दैवी भूति-निकेत दिव्यसुर-से प्राणी कहाँ हैं हुए।
भीता भारत-जात भार-भय से क्यों भारती-भूमि हो। 22।

है औदार्यमयी समस्त भव के सद्भाव से है भरी।
होती है मुदिता विलोक जगती लीलावती मूर्त्तियाँ।
सारी मोहक मंजु सृष्टि-ममता है मोह लेती उसे।
संसिक्ता रस से महानहृदया है विश्व की बंधुता। 23।

तो हत्या करती कभी न इतनी पापीयसी वृत्तियाँ।
हो पाईं जितनी जिन्हें सुन किसे होती नहीं है व्यथा।
तो धर्मान्ध नहीं कृतान्त बनते कृत्या कहाती न धी।
प्राणी निष्ठुर चित्तमध्य बसती जो विश्व की बंधुता। 24।

वे दानव हैं जो अधर्म करते हैं धर्म की ओट में।
वे हैं पामर ढूँढ़ते गरल हैं जो पुण्य-पाथोधि में।
वे सद्‌ग्रंथ कदापि हैं न जिसमें हैं ईदृशी पंक्तियाँ।
जो हैं धर्म-विहीन, विश्व-ममता के मर्म से वंचिता। 25।

देते हैं प्रिय ज्योति मंद हँस के हैं मोह लेते उसे।
हैं तारे-सम नेत्र के वसुमती के 'इन्दु' आनन्द हैं।
वे आ के रस जो नहीं बरसते, होती रसा क्यों रसा।
तो होती वसुधा न सिक्त, कर में होती सुधा जो नहीं। 26।

तो होता तम-भरा सर्व महि में होती न दृश्यावली।
तो होती मलिना दिशा न मिलती छाई कहीं भी छटा।
हो जाती मरु-मेदनी, नयनता पाती महाअंधता।
देते जो न दिनेश दिव्य बन के भू-भूति को दिव्यता। 27।

सप्तम आलाप

सत् चित् आनन्द

शार्दूल-विक्रीडित

जो हो सात्विकता भरी न उसमें, जो हो नहीं दिव्यता।
जो हो बोधक नहीं पूत रुचि का, जो हो नहीं शुद्ध श्री।
तो है व्यर्थ, प्रवंचना-भरित है, है धूर्त्तता चिह्न ही।
होवे भाल विशाल का तिलक जो सत्यावलम्बी नहीं।1।

तो क्या है वह लालिमा तिलक की जो भक्तिरक्ता नहीं।
तो क्या है वह श्वेतता न जिसमें है सात्विकी सिक्तता।
रेखाएँ रमणीय, कान्त रचना, आकार की मंजुता।
तो क्या है उनमें नहीं यदि लसी सत्यादृता पूतता।2।

नाना योग-क्रिया कलाप-विधि से आराधना इष्ट की।
पूजा-पाठ-व्रतोपवास-जप की यज्ञादि की योजना
देवोपासन मन्दिरादि रचना पुण्यांग की पूर्त्तियाँ।
तो क्या हैं यदि साधना-नियत में है सत्य-सत्ता नहीं।3।

होती हैं सब सिद्धियाँ करगता अंगीकृता ऋद्धियाँ।
जाती है बन सेविका सफलता ओजस्विता उद्बोधिता।
है आज्ञा मतिमानता मनुज्ञता ओजस्विता मानती।
होगी क्यों ऋत कल्पना न उसकी जो सत्य-संकल्प है।4।

जो है ज्ञान-निधान कष्ट उसको देगी न अज्ञानता।
जो है लोभ-विहीन तृप्त उसको लेगी न लिप्सा लुभा।
मोहेगी न विमुक्त मुक्तिरत को मुक्तावली-मालिका।
होवेगा वह क्यों असत्य प्रतिभू जो सत्य-सर्वस्व है।5।

जो माला फिरती रहे प्रति घटी होगा न तो भी भला।
जो संध्या करते त्रिकाल हम हों तो भी नपेगा गला।
जो हों योग-क्रिया सदैव करते तो भी न होंगे सुखी।
होती है यदि अज्ञता विमुखता से सत्यता वंचिता। 6।

अन्यों के छिनते न स्वत्व लुटते तो कोटिशः सद्म क्यों।
क्यों होते नगरादि ध्वंस बहती क्यों रक्त-धारा कहीं।
कैसे तो कटते कराल कर से लाखों करोड़ों गले।
पृथ्वी हो रत सर्व-भूत-हित में जो सत्य को पूजती। 7।

क्यों होते बहु वंश ध्वंस मिलते वे आज फूले-फले।
उल्लू है अब बोलता नित जहाँ होती वहाँ रम्यता।
होता देश वहाँ विशाल अब हैं कान्तार पाते जहाँ।
आस्था से अवलोकती वसुमती जो सत्यता-दिव्यता। 8।

भूमा में भव में विभूतितन में भू में मनोभाव में।
होते हैं जितने प्रकार विकार मल या मालिन्य के सूत्र से।
देती हैं उनको निवृत्त कर वे सद्भाव-सद्बोध से।
हैं संशोधनशील दिव्य कृतियाँ सत्यात्मिका वृत्तियाँ। 9।

कोई है धन के लिये बहँकता कोई धरा के लिये।
कोई राग-विराग से विवश हो है त्याग देता उसे।
कोई वैर-विरोध-क्रोध-मत ले देता उसे है बिदा।
प्यारा है जितना प्रपञ्च उतना है सत्य प्यारा कहाँ। 10।

क्या होगा कपड़ा रँगे, सिर मुड़े, काषायधारी बने।
मालाएँ पहने, त्रिपुंडधर हो, लम्बी जटाएँ रखे।
क्या होगा सब गात में रज मले या वेश नाना रचे।
जो हो इष्ट प्रवञ्चना बन यती जो हो न सत्यव्रती। 11।

हो-हो आकुल स्वार्थ है दहलता, आवेश है चौंकता।
तृष्णा है मुँह ढाँकती, कुजनता है पास आती नहीं।
निन्दा है बनती विमूढ़, डर से है भागती दुर्दशा।
देखे आनन सत्य का सहमती हैं सर्व दुर्नीतियाँ। 12।

तारों में दिव के सदैव किसकी है दीखती दिव्यता।
भूतों में भवभूति मध्य किसका अस्तित्व पाया गया।
जीवों में तरु-लता आदि तक में है कौन सत्ता लसी।
कैसे तो न असत्य विश्व बनता जो सत्य होता नहीं। 13।

सारी विश्व-विभूति के विषय का आधार अस्तित्व है।
है अस्तित्व-प्रमाण सत्य वह जो सर्वत्र प्रत्यक्ष है।
अंतर्दृष्टि समष्टि व्यष्टिगत हो जो दृश्य है देखती।
तो होती रसवृष्टि है हृदय में सत्यात्मिका सृष्टि है। 14।

है विश्वस्त, विभूतिमान, भव का सर्वसव, सर्वाश्रयी।
है विज्ञान-निधान, ज्ञान-निधि का विश्राम, शान्ताश्रयी।
वादों से बहु अन्यथाचरण से वैदग्ध-व्युत्पत्ति से।
तर्कों ये वह क्यों असत्य बनता, है सत्य तो सत्य ही। 15।

चाहे हो रवि या शशांक अथवा हों व्योम तारे सभी।
चाहे हों सुरलोक के अधिप या हों देव देवांगना।
चाहे हो दिव-दामिनी भव विभा चाहे महाअग्नि हो।
दिव्यों में उतनी मिली न जितनी है सत्य में दिव्यता। 16।

है रम्या गुरुतामयी सहृदया मान्या महत्तांकिता।
नाना दिव्य विभूति-भाव-भरिता कान्ता मनोज्ञा महा।
सौम्या शान्ति-निकेतना सदयता की मूर्त्ति संभाविता।
श्वेताभा-सदना सितासिततरा है सिद्धिदा सत्यता। 17।

हैं सेवा करती प्रसन्न मन से होते समुत्सन्न को।
पोंछा हैं करती प्रफुल्ल चित से आँसू व्यथाग्रस्त का।
जाती हैं बन पोत पूत रुचि से दुःखाब्धि में मग्न का।
पूर्णानन्द-निकेतना प्रकृति की सात्विकी वृत्तियाँ। 18।

प्यासे को जल दे, विपन्न जन को आपत्तियों से बचा।
चिन्ताएँ कर दूर चिन्तित जनों की चिन्त्य आदर्श से।
बाधाएँ कर ध्वस्त व्यस्त जन की संत्रस्त को बाण दे।
होती है सुखिता सदा सदयता हो पूर्ण आनन्दिता। 19।

हो राका-रजनी समान रुचिरा हो कीर्त्ति से कीर्त्तिता।
हो सत्कर्म-परायणा सहृदया हो शान्ति से पूरिता।
हो सेवा-निरता! उदारचरिता हो लोक-सम्मानिता।
होती हैं अभिनन्दिता सुकृतियाँ हो भूरि आनन्दिता। 20।

पाता है वह सत्य का, पतित को है पूत देता बना।
पाते हैं उसको सचेत उसमें है पूर्त्ति चैतन्य की।
है उद्धारक धर्म का सतत है सत्कर्म का संग्रही।
है आनन्द-विधान मूर्त्ति भव में श्रीसच्चिदानन्द की। 21।

चाहे हों रवि सोम शुक्र अथवा हो व्योम-तारावली।
चाहे हों ललिता लता-तृण हरे उत्फुल्ल वृक्षावली।
चाहे हों भव भव्य दृश्य सबकी देखे महादिव्यता।
क्यों आनन्द विभोर हो न वह जो आनन्द सर्वस्व है। 22।

चाहे हो नभ नीलिमा निलय-या भू शस्य से श्यामला।
चाहे हो वन हरी भूमि अथवा हो वृक्ष रम्य स्थली।
पाता है वह प्रेमदेव-विभुता की व्यंजना विश्व में।
पूर्णानंद मिला कहाँ न उसको जो प्रेमसर्वस्व है। 23।

है विज्ञात मनोज्ञ मानसर के कान्तांबुजों की कथा।
देखा है खिलना गुलाब-कुल का नीपादि का फूलना।
जानी है कुसुमावली-विकचता आम्रादि की हृष्टता।
होती है अतुला प्रफुल्ल चित की आनन्द-उत्फुल्लता। 24।

भू पाये ऋतु कान्त-कान्ति उतनी होती नहीं मोदिता।
होता व्योम नहीं प्रसन्न उतना पा शारदी पूर्णिमा।
देखे दिव्यतमा विभूति भव की पा वृत्ति सर्वोत्तमा।
होती है जितनी विमुग्ध मन को आनन्द-उन्मत्तता। 25।

देती है भर भर भाव में सरसता कान्तोक्ति में मुग्धता।
खोती है तमतोम लोक-उर का आलोक-माला दिखा।
कानों में चित में विगुग्ध मन में है ढाल पाती सुधा।
हो दिव्या सविता समान कविता देती महानन्द है। 26।

लाती है चुन फूल को सुकरता से नन्दनोद्यान से।
लेती है फल कल्प से सुरगवी को है सदा दूहती।
दे-देके मत को प्रकाश, भरती है भाव में भव्यता।
हो दिव्या दिव भासमान प्रतिभा पाती महानन्द है। 27।

पाते जीवन हैं प्रफुल्ल बन के सद्भाव-पौधे सदा।
होती है सरसा प्रवृत्ति-लतिका हो सर्वथा सिंचिता।
है सिक्ता बनती सुचारु रुचि ही दूर्वा-समा शोभना।
प्राणी के उर-भूमिमध्य महती आनन्द-धारा बहे। 28।

नाना प्राणिसमूह पोषणरता है मेघमाला-समा।
है वैसी रस-दायिका सकल को जैसी कि देवापगा।
पाते हैं सुख-साधिका शरद् की शान्ता सिता-सी उसे।
हो जाती मति है महान-हृदया आनन्दमग्ना बने। 29।

झाँकी है उनकी कहाँ न, झुक के ओ' झाँक के देख लो।
है होती रहती दिशा मुखरिता सत्कीर्त्ति-आलाप से।
है नाचा करती विभूति विभु की द्रष्टा-दृगों में सदा।
है आनन्दनिमग्न भूत जन को आनन्दमग्ना मही। 30।

प्यारा है जितना स्वदेश उतना है प्राण प्यारा नहीं।
प्यारी है उतनी न कीर्त्ति जितनी उद्धार की कामना।
उत्सर्गीकृत मातृभूमि पर जो सन्तान है, धन्य है।
पाता है वह महानन्द बनता जो त्याग सर्वस्व है। 31।

जो है मूर्त्ति विवेक की, प्रगति है जो ज्ञान-विज्ञान की
जो है सर्वजनोपकार-निरता प्रज्ञामयी मुक्तिदा।
जो है प्रेमपरायणा, मनुजता सर्वस्व, सत्यप्रिया।
है विद्या वह महानन्द-जननी, शुद्धा, परासंज्ञका। 32।

❑

कतिपय ब्रजभाषा काव्य

कतिपय ब्रजभाषा काव्य

1. रसिक-रहस्य (कबीर कुण्डल)

1878-79 ई.

1. प्रथम रचना

सब आयो इस एक मैं, डार-पात फल-फूल
'कबिरा' पाछे का रहा, गहि पकरा जिन मूल
गहि पकरा जिन मूल, गह्यो जाने मन काहीं
इंद्रिन गहिबे हेत, होत ताको श्रम नाहीं
है सेयो 'हरिऔध', कृस्न-पद-पंकज को जब
अहै कहा परवाह, जो न हम सेयो सुर सब

2. श्रीकृष्ण शतक

द्वादश दोहे

नमत निगुण निरलेप अज, निराकार निरद्वंद
माया रहित बिकार बिन, कृष्ण सच्चिदानंद 1 ।1
विविध ज्ञान गुंफित करी, जिन गीता कमनीय
पद पावन तिनके नमत, कंज सरिस रमनीय 5 ।2
वासुदेव तजि और सों, जो बीधै जग आय
सो परिहरि पारस अमल, रज-कन खोजन जाय 32 ।3
गाइ सु गुण गोविंद को, लही सेसहूँ हार
पामर जन कैसे कहै, वा अपार को पार 40 ।4

सकल अमंगल दूर करि, दलि कलि-मल दुख मूल
कृष्ण कमल-दल-दृग रहो, पल पल जन अनुकूल 48 ।5
करी पुकार श्रवण करी, मेरी सुनी न तौन
अकरन-करन बताइए, कारन याको कौन 59 ।6
समुझि परत मोको नहीं, तुमरी रीझ मुरारि
विष प्यावत पाई सुगति, पूतनाहुँ सी नारि 75 ।7
भूखो है प्रभु भाव को, रूप रंग को नाहिं
ना तो किमि कुबजा लहत, मंजु कंज-पग काहिं 79 ।8
मति हारी प्यारे कहत, तुमरी प्यारी गाथ
करै पातकिन को जगत, गारी देत सनाथ 82 ।9
मन, तू कत भटकत फिरत, विपिन बबूरन माँह
कामद पगन ब्रजेस तजि, कलित कलपतरु छाँह 109 ।10
नगर निजामाबाद में, तमसा दक्षिण कूल
पूरण भो यह सुभ शतक, भये कृष्ण अनुकूल 119 ।11
शुभ संबत गो[9] अनल[3] निधि[9], ससि[1] गुरु वासर पाय
असित दूज निसि माघ में, बन्यो सतक सुखदाय 120 ।12

3. रुक्मिणी परिणय

1. श्रीकृष्ण-स्तव

जयति व्रज - वल्लवी - प्रान - वल्लभ परम
ताप - संताप - उपताप - पातक-हरन
दरन गहि दाप भौ भूरि भीषण भरम
कठिन कलि-कलुख-कुल-काल, कल्यानकर,
कोष करतूति कौतुक अलौकिक करम
धरनिधर धन्य, धुर ध्यानधारी ध्रुवा—
दिक धराधीस के धाम धीरज धरम
निखिल नय नीतिनिधि नवल नीरज नयन
निपट नागर सु नवनीतहूँ ते नरम
मंजुतम मैन मनहरन 'हरिऔध'
मंगल महामूल मंत्रादि मोचन मरम

2. रुक्मिणी का पत्र कृष्ण के नाम

सिद्धि अमित श्री सहित, प्रानजीवन - धन प्यारे
करुनाखान कृपाल, सकल जिय - जाननवारे
समन अखिल संताप, दीन दुखभंजन स्वामी
रखहु लाज मम धाइ, अहो गरुड़ासननामी
गज पुकार जिमि सुनी, सु त्यों मेरी सुधि लीजे
जिमि दमयंतिहि रखी व्याघ तें, तिमि रखि लीजे
धरा काहिँ जिमि कनकनयन-कर ते छुटकाया
लंकनाथ ते राखि सिया जिमि, जग जस छाया
जच्छ फंद ते रच्छि, गोपिका - दुख जिमि टार्‍यो
राखि वृकासुर ते गिरीसजा - दुख जिमि दार्‍यो
तिमि रखि कै सिसुपाल हाथ ते, मम पति आई
लीजिय नाथ उबारि, करन लगि पग सेवकाई

4. प्रेम-प्रपंच

1. 'प्रेम-प्रपंच' दोहावली

सुपद कुपद परगट करनि, परम प्रेम रस पूरि
जैति परम पद पुण्यप्रद, हरि-प्रेमन-पद-धूरि 1
सुख-दुख जीवन-मरण सम, करनहार जग जोय
जै अकाम अकरन-करन, प्रेम नाम पद कोय 2
प्रकटित पाहन प्रथित हिय, अगम अकूल अथाह
जै प्रपंच प्लावन करन, पावन प्रेम प्रवाह 3
सदा असीसत सोक तजि, समुद प्रेम अवनीस
क्यों हूँ कहि सी सकत नहिँ, सहमि गए हूँ सीस 4
पैरत बूड़त पचि मरत, करत कोटि उपचार
पामर नर पावै कहा, प्रेम पयोनिधि पार 5
मन-मानिक अपनो करत, हरत हमारो चैन
तीखे तिंरछे मद भरे, बाम तिहारे नैन 6
लै प्रसून कलिका कहत, पलिका परि अकुलाय

भ्रमर भूलि अलि क्यों रहत, बलि माथे ढिग आय 7
क्यों हूँ सहि लोनी कहे, कुंद कली लौं दंत
मो मुख कहे मयंक सम, होत कलंकित कंत 8
ए बजमारे भ्रमर क्यों, बिकसित कंज बिहाय
बार बार गूँज्यो करैं, अरी बदन ढिग आय 9
लहत हमारो हिय नहीं, तिय तेरे बिन चैन
अवलोकन हित रैन दिन, खुले रहत दोउ नैन 10
निसि दिन श्रम कौने कियो, भयो काज केहि रास
बाट कौन जोहत हुतो, काकी पूजी आस 11
कहाँ रावरो अगम पद, कहाँ काल गति कूर
बड़े भाग ही पाइयत, पद-पंकज की धूर 12
कहा भाग्य ऐसो अहै, बिगरि बनै जो बात
कहबूँ दूध बनै न सो, जो कैसहुँ फटि जात 13
पंकज सम किमि कहि सकत, कामिनि-पग सुकुमार
काँटे पर की वायु सों, बहत रुधिर की धार 14
निसि दिन तुमरे दरस की, चाह रहत चित माहिं
फिर प्यारे नहिँ जानियत, आइ मिलत क्यों नाहिं 15
तुम्हरे बिछुरे प्रानपति, रहे न अपने नैन
बारि बिमोचन रैन दिन, पावत पलौ न चैन 16
ह्वै सुजान प्यारे भये, क्यों कठोर चित रूसि
कहा भयो जो हम दियो, बात रावरी दूसि 17
हाय न ऐसी चाहिए, एहो मीत सुजान
पहले दरस दिखाइ कै, क्यों अब लीजत प्रान 18
खुले रहत तेरे बिना, ए भूले दोउ नैन
पथ अवलोकत दिवस मैं, गगन विलोकत रैन 19
तुम कठोर चित ह्वै गए, तो न कछू परवाह
मेरे हिय में बसत है, अजौं रावरी चाह 20
जहाँ रहो सुख सों रहो, एहो मीत सुजान
कबहूँ तो तजिहै निठुर, बिधना अपनी बान 21
कोऊ मीत न होत जब, रहत दिनन को फेर
हरिहूँ बिपति हरी नहीं, दीन सुदामा केर 22
लखि अघात नहिं नैन, सुनि कान अघात न बात

तिय अघात नहिँ पुरुष सों, महि जल सों न अघात 23
ससि, कविता, सुरलोक में, सुनत सुधा को वास
तेरे अधरन पै तिया, जानत तासु निवास 24
कढ़े भेदि हिय आपनो, ए तेरे कुच बीर
याते भेदत अपर हिय, इनको होत न पीर 25
निज मुख चंद दिखाइके, हिय हुलसावहु आय
बरसि सरस वाणी सुधा, सीतलता सरसाय 26
बोलि रिसौहैं बैन ए, कत कीजै बलि वार
बन बागन में बावरी, बगरी देखु बहार 27
कत बरसौहैं दृग किए, बर सौंहों री नार
सरसौं हैं सूचित करत, सरसौहैं सु बहार 28
अलखौहैं लोयन करत, बिलखौहैं बहु बार
बलि बिकसौहैं बनज को, सोहैं विपुल बहार 29
ए नैना ललकन लगे, पल पल पलकन टार
तेरे कल अलकन चितै, जल कन केरि बहार 30
ललकौहैं लोचन किए, कलपौहैं रति मार
अलि उकसौहैं उरज की, सोहै सरस बहार 31

2. सोरठा

अलि अवनी की चाल, ललित गुलाब प्रसून पै
लपटी अलकैं बाल, किधौं लाल के गाल सों 1
गरबीली वह बाल, चंचल चाल उतालं चलि
गई लपेटि गुलाल, अरी लाल के गाल सों 2

3. प्रेम-प्रपंच कुंडलिया

ए री तू जानै कहा, कही हमारी मान
कहा कथा कुल-कान की, प्रेम हरत प्रिय प्रान
प्रेम हरत प्रिय प्रान, नींद कबहूँ नहिं आवै
आँसू अँखियन भरो रहै, हियरो दुख पावै
अकरनीय करतूत करत, 'हरिऔध' घनेरी
परि याके फरफंद होय मतिमंद न ए री

4. प्रेम*

छप्पय

कहा हाल हम कहहिं या कुपथरत कपटी को
यही रुधिर प्रिय पियत रुधिर प्रेमिन के ही को
यही नरन को निबल और निंदित निरमावै
क्रम क्रम यही अमत्तन को उनमत्त बनावै
है यही रुधिर स्रावो सदा, असृक पानकारी नरन
'हरिऔध' यही कुपथी अहै, आरजगन गति मति हरन 1
यही निठुर है करत प्रति पुरुष को उपहासित
यही बनावत है हरेक दृग को निरझर नित
कबौं दिखावत गिरि, कबहूँ ऊजड़ बन कानन
कबौं बतावत अगम पंथ, कबहूँ दुख थानन
भरमाय द्वार द्वारन निदरि, दलित नयन रज लुठित तन
यह आसमान असहाय करि, हरत प्राण सम प्रिय रतन 2

5. वियोगी की निशा**

रोला छंद

निसि मिलाप की कटत अहै काहू की सोचत
निसि वियोग की कटत अहै काहू की रोवत
मेरी या निसि माँहिं, ईस कैसी घटती है
नहिं सोवत ही कटत, न रोवत ही कटती है

6. बरवा विलास

प्रान रमहिं नित छीलत, तेहिकर सोग
होय योग जेहिं कबहूँ, कबहुँ वियोग 1
कियो प्रकास करेजवा, इक उनमाद
रकत आँसु को अँखियन, कीनो याद 2
बढ़त जात बिकलैया, दुख अधिकात
दिन दिन मोर सरीरिया, छीजत जात 3

* ये अंश 'फ़साने अजायब' के अनुवाद हैं।
** ये अंश 'फ़साने अजायब' के अनुवाद हैं।

अँखियाँ लगीं मिलावन, नदियन पाट
लागी करन सनेहिया, बारह बाट 4
रजनीपति छबि अँखियाँ, निरखि लजाय
कैसे मोर छयलवा, रहत लुभाय 5
चोरत करि चतुरैया, चित को चैन
ताकत तरुन तिरियवा, तिरछे नैन 6
सूखत याहि अँदेसवा, यह तनु हाय
पिय सों कहत सँदेसवा, कोउ न जाय 7
कैसे बसत बिदेसवाँ, बलमु नदान
तलफत मोर करेजवा, कलपत प्रान 8
खान पान सुधि भूली, गयहु अपान
टप टप टपकत अँसुआ, दोउ अँखियान 9
छुवतहिं सखिन अँगुरिया, जरि बरि जाहिं
धधकत बिरह अगिनिया, अंगन माँहिं 10
करि चतुरैया चाहत, पकरन बाँह
छ्वै नहिं सकत छयलवा, पै तनु छाँह 11
आवत जानि छयलवा, पकरि कपाट
कामिनी खरी अटरिया, जोहत बाट 12
आवत खिन अँगनैयाँ, खिन चलि जात
उठि उठि गिनत तरैया, कटति न रात 13
पसरी निरखि जुन्हैया, चंदहिं चाहि
कामिनी परी सेजरिया, उठत कराहि 14
आयो पिया अमरैया, गैयन साथ
पहुँचि न सकत लुगैया, मींजत हाथ 15
बिसरत नाहिं सनेहिया, तजत न आन
जल बिन तलफि मछरिया, त्यागत प्रान 16
झलही मोर ननदिया, बरबस आय
बोलत बोल बिरहिया, जिय जरि जाय 17
दाहत देह दुलहिया, विरह अँगार
सीतल होत न अँखियन के जलधार 18
फरकत बाम नयनवाँ, सजनी मोर
आवत अयन सजनवाँ, सुनत बहोर 19

प्रीतम जात बिदेसवाँ, निपट अनेस
सिसकत खरी तरुनिया, बगरे केस 20
घूमन लगी बदरिया, चहुँ दिसि घेरि
पल पल रटत पपिहरा, पिउ पिउ टेरि 21
चमकत चपल बिजुरिया, अति चहुँ पास
काँपत मोर करेजवा, उपजत त्रास 22
बन बागन में मोरवा, करत पुकार
इत उत होत झिंगुरवा, घन झनकार 23
काँपत चढ़त सेजरिया, सकल सरीर
अबहिं उमरि लरिकैयाँ, पिय धरु धीर 24
भरत लजात घरिलवा, जात न धाम
निरखि छयल पनिघटवाँ, ठिठकी बाम 25
बिलखत खरी गुजरिया, बिहरत नाहिं
निरखि गुलाब गजरवा, पिय कर माँहिं 26
आवत सदन सजनवाँ, अति बड़ भाग
उड़ि उड़ि आज अँगनवाँ, बोलत काग 27*

7. गीत

सरसिज बिकसि सरन सरसायो
अरुण राग रंजित सु गगन लखि, मंद मंद मुसुकायो
परसि किरिन दिनकर प्यारे की, पुलकित ह्वै सुख पायो
सरस सुगंध अंध ह्वै मधुकर, गुन गुन सबद सुनायो
हिलि हिलि धीर समीर लगै, पै हिय विनोद उपजायो
लखनहार 'हरिऔध' नयन में, रस की सोत बहायो

---

* टि.—इन सत्ताईसों बरसों में से इक्कीस 'रस-कलस' में निम्नांकित प्रकरणों में उदाहरण स्वरूप उद्धृत हैं—

नवोढ़ा 11; रूपगर्विता 5; परकीया 17, 9, 16, 3; अनुशयाना 18; रमणगमना 15, 26; प्रौढ़ा प्रोषितपतिका 8, 22; प्रौढ़ा उत्कण्ठिता 13, 14; मध्या प्रवत्स्यत्पतिका 20; मध्या आगतपतिका 19, 27; उपपति 6; उद्दीपनविभाव 23; भविष्य प्रवास 20; व्याधि 7, 10, 12। निम्नांकित 6 को 'रस कलस' में नहीं स्वीकार किया गया है—

1, 2, 4, 21, 24, 25।

8. सवैया

सदा दूर ही सों बतरायो कियो, ढिग आइ कबौं नहिं कीनी मया
अपने कर कोमल को परसाइ, बिनोदित कीनी न भूति कया
'हरिऔध' गए सिगरे दिन ऐसही, जीवन हूँ अब भार भया
यह प्रान हमारे चलेई चहैं, प्रिय प्यारे अजौं कछु कीजे दया

5. प्रेमांबु-प्रवाह

गोपा-विरह

(1)

बावरी ह्वै जाती बार बार कहि वेदन को
बिलखि बिलखि जो बिहार थल रोती ना
पोर उठे हियरो हमारो टूक टूक होत,
ध्याइ प्राननाथ जो कसक निज खोती ना
प्यारे 'हरिऔध' के पधारे परदेस दोऊ–
नैन नसि जात, जो सपन सँग सोती ना
तनु जरि जातो जो न अँसुआ ढरत ऊधो,
प्रान कढ़ि जातो, जो प्रतीत उर होती ना

(2)

वेई निकुंजन जामें लखी, इन नैनन तें वह सूरत साँवरी
वेई कलिंदजा के कल कूल, भरी जहाँ प्रीतम के सँग भाँवरी
वेई घने वर वेलि वितान, जहाँ 'हरिऔध' भई ही निछावरी
हौं झिझकी परी झाँवरी बीर, बिलोकत ही मति ह्वै गई बाबरी

(3)

ज्ञान को नीको प्रसंग अहै यह, योग की बातें भली हैं तिहारी
पै 'हरिऔध' कहा कहिए, सुनिकै हमरो हिय होत दुखारी
ऊधो मया करि मोहि बताय दै, मैं बलि जात अनेकन बारो
सीतल ह्वै हैं निहारि कबौं, मनमोहन को अँखियान हमारी

(4)

मोर पखौअन की छबि, आँखिन माँहि रही करिकै कछु टोनो
ताप रह्यो सिगरे तनु में, अँसुआन रहे दृग कोरन दोनो
ऊधो विदेस गए 'हरिऔध' के, मोहिँ पर्‌यो सब ही जग खोनो
कानन बाँसुरी तान रही, हिय में रह्यो स्याम को रूप सलोनो

(5)

ऊधौ बताय दे कौन उपाय सों, बात तिहारी हिये हम आनैं
अंग हमारे, बुझाय थकी, पर नेक हमारी कही नहिँ मानैं
राखहिँ टेक सदा 'हरिऔध' की, आपनो नेह निबाहन जानैं
आँख लख्यो चहैं साँवरी सूरत, कान सुन्यो चहैं बाँसुरी तानैं

(6)

चैन कबौं न मिल्यो इन प्रान को, नैनन सों जलधार बहा कियो
सीतल भो ना छनौ हियरो, परितापन सों दिन रैन दहा कियो
ऊधो कही ना परै 'हरिऔध' की, दूख ही सों सदा काम रहा कियी
पीर न जानत जो मम हीय की, अंतरयामि कहाइ कहा कियो

(7)

छीजत है तनु मेरो घरी घरी, प्रान घटे पल ही पल प्यारे
दीह वियोग दवागिन सों, जब सों मथुरा ब्रजनाथ सिधारे
ऊधो नयो कोउ योग कहै, 'हरिऔध' अहैं इत के ढँग न्यारे
मोग के मंदिर माखन को मुनि, बैठो हुतासन आसन मारे

(8)

कछु प्रीति की रीति ही ऐसी अहै, दिन जात चले अभिलाखन में
नित होत है पीर नई हिय में, दुख होत घनो हित भाखन में
'हरिऔध' दयानिधि सों हों चहौं, न अरै कोऊ या रस राखन में
मन काहु को काहु सों लागै न री, न परै कोऊ प्यार की आँखन में

(9)

बड़े भाग ही ऊधो पधारे इतै, हित की बतियान सुनाइए जू
करि कोऊ उपाव हमैं 'हरिऔध' की, नीकी अदा दरसाइए जू

दहती हम प्यारे वियोग सों है, अब कैसहूँ ताहि सिराइए जू
कहि योग की बातैं, दया करिकै, न जरे पर लोन लगाइए जू

(10)

वीर अधीर भई हौं महा, न है औसर धीरजहूँ धरिबे को
भाग नस्यो, गुण औगुण भो, नित नौ दुख मोको परै बरिबे को
ए 'हरिऔध' कहा कहिए अब, ना मन एक सों है सरिबे को
भिन्न भए मनमोहन सों, हौं चहौं मनहूँ को बटा करिबे को

(11)

नित काहु की पी सँग प्यार पगी, सुख में खगी सेज सुहाग है री
दृग बारि बहावन को दुख सों, दिल काहू वियोग को दाग है री
'हरिऔध' है कैसो स्वरूप मराल को, कारो बुरो कस काग है री
भटू दीजिए और को दोष कहा, यह आपनो आपनो भाग है री

(12)

कान हमारे न भूलि सकैं, मनोहारिता मंजुल बाँसुरी तान की
क्योंहू नहीं उतरै चित ते, वह माधुरी मैंनमयी मुसकान की
ऊधौ गई सुधिहू न अजौं, 'हरिऔध' की छोभ छकी बतियान की
या अँखियान ते क्यों हूँ कढ़ै नहीं, साँवरी सूरत स्याम सुजान की

(13)

तजि रावरी साँवरी सूरत साँवरे, या हिय और समातो नहीं
वह मीठी सुधा सों सनी बतियाँ सुनि, कानन धीर धरातो नहीं
हम कैसी करैं 'हरिऔध' कहौ, अब मोसों कछू तो सिरातो नहीं
इन आँखिन प्यारे तिहारे बिना, पग और तो कोऊ दिखातो नहीं

(14)

लखिकै या कपूत कलानिधि को, सिगरो कल आपनो खोवती हैं
नभ के इन तारन की अवली, निज नैन के तारन पोवती हैं
'हरिऔध' न आँख लगै कबहूँ, दुख सों पलहू नहीं सोवती हैं
पतियाँ पढ़िकै, सिगरी रतियाँ, पकरे छतियाँ, हम रोवती हैं

(15)

वेदन बखानेई ते बिघटत आली मेरी,
पै ना सुनै कोऊ मो वियोगिनी की बतियाँ
काटत घरी ही घरी करि उपचार तऊ
कैसहूँ न कटत कसाइनी सी रतियाँ
कैसी करूँ प्यारे 'हरिऔध' बिछुरेहूँ हाय,
छन मैं न ह्वै गई छटूक मेरी छतियाँ
कैसे पापी प्रानहिं प्रतीति उपजैये बीर,
आए प्रानप्यारे के सँदेसऊ न पतियाँ

(16)

ऊबि ऊबि उठूँ, भरि भरि आवै,
नैन बारि झरि लावै, औ करेजो उठै हिल हिल
एरे निरदयी, तेरी सुरति भए पै,
ये हिये के छत छोभ उपजावैं महा छिल छिल
'हरिऔध' निठुर भए हौ तौ कहा हौं कहौं,
हौं तो अनुरागिनी तिहारियै हौं तिल तिल
नेकहूँ प्रतीति तेरी प्रीति में न पैये तऊ
ए हो प्रानप्यारे प्रान आवत है मिल मिल

(17)

कैसे मंजु बाँसुरी की सुरति बिसारि दीजै
याद नहिं कीजै कैसे वचन रसाल को
मंद मुसकानि कैसे चित पै चढ़ै ना कबौं
ध्यान छूटि जावै कैसे लरकीली चाल को
'हरिऔध' की सौं सबै करिहौं तिहारी कही,
केवल बतैये इतो छोरि सब ख्याल को
कैसे वह साँवरो सरूप हिये में ते कढ़ै,
ऊधो कैसे भूले रासमंडल गोपाल को

(18)

बिपति समैया में सहैया ह्वै जिवैया ऊधो
यसुमति मैया के तनैया को दिखाय दै

प्रानन बचैया सुखदैया नँदरैया छैया
    बेनु बजवैया की सु तानन सुनाय दे
'हरिऔध' वेदन हरैया, गैया चरवैया,
    पैज रखवैया की प्रतीत उपजाय दे
पैया परि लेत हौं बलैया बार बार तेरी,
    भैया मोकों कैसहूँ कन्हैया सों मिलाय दे

(19)

उन कछु कारे, तुम थोरे से अधिक कारे;
    उन छलधाम, तुम वंचक छलैया के
उन तजि ब्रज को निवास निठुराई गही,
    तुम ब्रज जाइ लेत प्रान हम गैया के
उन कछु नेह नातो राख्यो हुतो 'हरिऔध'
    तुम सोऊ तोरत, कहाय यदुरैया के
कहिए कहाँ लौं सब बातन बढ़ेई अहो,
    आखिर तो ऊधो तुम काका हो कन्हैया के

(20)

मरो मुरझायो मन मारिए कहाँ लौं कहो
    कठिन हिये पै कौ लौं पाहन बसाइए
कोटि काम हूँ ते अभिराम कृष्ण प्यारे काज
    कलपि कलपि कौ लौं बासर बिताइए
'हरिऔध अनुछन आँखिन को तारो हुतो,
    जाके बिना एक पलहूँ ना कल पाइए
ऊधो वाही लालन के सुललित पायन की
    धूरि हूँ मिलै ना, जो ले लोचन लगाइए

(21)

ऊधो कहहू कान की बतियाँ
नीरस निपट योग बातन कहि, कहा जरावत छतियाँ
जँचै योग तेहि, अलख रूप की जाकी अहैं जुगतियाँ
हम तौ स्याम रूप अनुरागिनि, चहत ताहि दिन रतियाँ

नीकी लगति नाहिं स्वासा के रोकन की बहु घतियाँ
'हरिऔध' हम केवल जानत, जदुपति प्रेम-जुगतियाँ

6. प्रेमांबु-वारिधि

पदावली

(1)

जाके तौन ताके तौन
कहा करै कवीक लै रवि, त्यागि रोहिनिरौन
कहा कारज अपर जल सों, चातकहिं तजि मौन
यजन योग ब्रजेस तजि या जगत में है कौन
ताहि कहु परवाह काकी, जो गहत गुण भौन
सो जन्यो 'हरिऔध' जग क्यों, आन जानत कौन?

(2)

मेरे नाथ ऐसी आनि परी
तेरी सरन गही करुणानिधि, छाँड़ि आस सिगरी
यदपि मलीन पाप-रत पामर, सब विधि अति रगरी
तदपि अहै 'हरिऔध' रावरो, रखहु लाज-पगरी

(3)

साँवरे हमको यह वर दीजै
अपने चरन-कमल को मधुकर, मेरे मन को कीजै
धरम माहिं निश्चल मति रखिकै, निरुज सरीर करीजै
हमरो पाप ताप मद ममता, धारि मया हरि लीजै
परि सप्रेम सतसंगिन में, तव चरित-सुधा-रस पीजै
'हरिऔध' जानौं इक तोकों, जब लौं जग मैं जीजै

7. प्रेमांबु प्रस्त्रवण

(1)

पैन्हि पट गेरुओ न बनत बिरागी कबौं
भूषित बिभूति ना तपस्वी हूजियत है
रचत प्रपंच नाना भाँति के न कर्महूँ को,
कठिन कलेस में न काया भूँजियत है
'हरिऔध' तर्कनादि हूँ सों है न काम कछू,
कोरी कोरी बाद में न कल कूजियत है
प्रेम ही किये ते प्रेम करत जो प्रेमिन सों
प्रेमवारो ऐसो कोऊ प्रभु पूजियत है

(2)

पावन पतित प्यारे करि करि पापन कों
पातकी हमारो मन पापनि में परि गो
जाकी जौन बानि छूटत न कैसहूँ है,
याही जानि औरौ अपनी ही आनि अरि गो
आरत पुकारि हारि जन हरिऔधप सो
सुनत कहा न कौन ऐसो कान भरि गो
दीन हितकारी बानि बिसरि गई, तो कहा
पापिन के तारन को पनहू बिसरि गो

(3)

राखैं दोऊ मरयादा सदा, है गँभीरता दोहुन में मनमानी
भू में अहै रतनाकर हूँ दोऊ, दीखै समान दुहूँन में पानी
ए 'हरिऔध' रहै रस एकहि, दोहुँन की गति जात न जानी
एकहि से दरसैं जग में, दोउ सागर औ गुन-आगर-प्रानी

(4)

नैन लुभाने रहे, अलिहूँ ललचाने रहे, लखि चारुता जाकी
जा बिकसे 'हरिऔध' कबौं, छबि छाई रही बन बागन बांकी
जासों सुओज भरी अबलान पै, सौ गुनी सौज रही सुखमा की
छिन्न करी गरि भूतल पै, अब धूर भरी पँखुरी परी वाकी

8. काव्योपवन

1. मंगलाचरण

बाधा बिनास करै सिगरी, कलकुंजन बेनु बजावनवारो
बिघ्न हरै 'हरिऔध' सदा, वृजबालन की बिलमावनवारो
मेटै हमारो अभाव सबै, वृषभानुसुता को लुभावनवारो
मेरो अमंगल दूर करै, वह मंगलमूल कहावनवारो

2. गुरु नानक प्रशस्ति

जग जीवन नानक भए, तजि भूतल के भोग
पावन कही पदावली, पल पल पावन जोग 9
नानक उन्मूलन करी, केते जन की भूल
मत सुख-मूल सरल बिरचि, स्रुति-पथ के अनुकूल 10
स्रुति - सरोज - मकरंद को, मंजुल मत्त मलिंद
कलुख कालिमा को अहै, कालू-लाल कलिंद 11
होतो जो सोढीस नहिं, तेरे तप मैं ताप
आब रहे हूँ होत तो, आब - हीन पंजाब 12

3. विद्यागुरु पितृव्य ब्रह्मसिंह की प्रशंसा

लालन पालन प्यार सों कीनो, अधीनता बालपने की परेखी
विद्या दई बहु भाँति, हिये उपजाई परेस की प्रीति बिसेखी
बापुरी 'औध हरी' मति होती है, 'ब्रह्म हरी' तौ महानता पेखी
कानन केती कृपालुता हौं सुनी, तेंरी उदारता आँखिन देखी

4. राज प्रशंसा (महारानी विक्टोरिया की प्रशस्ति)

दाहती द्रोहिन के दल को, दुख दारती दासन, दीनन दानी
भूतल भारत के भय मोचती, भूपन भीरहूँ को सनमानी
त्यों 'हरिऔध' हितून निहोरती, तोरती हीननकी सब हानी
ताप निवारती तापिन को, चिरजीवी रहो विकटोरिया रानी

5. विनोद बयालीसा

दोहा

पावन गुन गावत सदा, तजि प्रपंच करि प्यार
कर जोरे भावन सहित, करि नवनेह प्रचार 1

चार पदारथ पाइयत, नंद कुँवर के जाप
एक पाद-पंकज गहे, दूर होत सब ताप 2
सारद ससि सोहत गगन, बरसत सुरस अथोर
भू आभा दूनी भई, छई छटा चहुँ ओर 3
नभा आभा औरै भई, बढ़ो विभा ससि मांहिं
तिगुन तेज तारन लस्यो, वसुधा वारन पांहिं 4
अमल धवल नभ तल भयौ, नवल प्रभा को पाय
खिले कमल जल मैं लसत, पल पल नव छवि छाय 5
निकरत नभ में निरखियत, रसमय किरन पसारि
रतनाकर अंकम रतन, नव रतनन छवि धारि 6
नैनन के चारी किए, प्यारी रस बस होत
एक उँज्यारी नैन ही, जीतत ससि की जोत 7
बढ़ी दुगूनी चारुता, बरस चतुरदस पाय
इक नख की लाली प्रभा, ससि की लेत लजाय 8

❑

हरिऔध आत्म-चरित

हरिऔध आत्म-चरित

वंशावली

मैं त्रिप्रवर अगस्त गोत्र शुक्लयजुर्वेदीय सनाढ्य ब्राह्मण हूँ—उपाध्याय मेरी पदवी है। 'प्रद्युम्न विजय व्यायोग' के द्वितीय पृष्ठ में मैंने अपने वंश का कुछ विस्तृत वर्णन लिखा है। आप इस वर्णन को इच्छा होने पर उक्त पुस्तक में से उद्धृत कर सकते हैं। यहाँ मैं केवल अपना वंशवृक्ष लिख देता हूँ।[1]

जन्म और जन्म भूमि

आजमगढ़ से आठ मील पर दक्षिण-पश्चिम ओर तमसाकूलपरिशोभी निजामाबाद नाम का एक कस्बा है—यही कस्बा मेरी जन्मभूमि है। मेरे पूर्व पुरुष तीन सौ वर्ष के लगभग हुए कि अपना मुख्य वास-स्थान बदायूँ छोड़कर यहाँ आ बसे। उसी समय से यह स्थान हम लोगों का निवास-स्थल है। इसी कस्बे में वैशाख कृष्ण तृतीया संवत् 1922 में नगर गाजीपुर के प्रतिष्ठित ज्योतिर्विद श्रीयुत पण्डित चन्द्रशेखर पाण्डेय की तृतीया कन्या श्रीमती रुक्मिणी देवी के गर्भ और विचित्र क्षमताशाली पुरुष स्वर्गीय श्रीयुत पण्डित भोलासिंह उपाध्याय के औरस से मेरा जन्म हुआ।

बाल्यकाल और शिक्षा-दीक्षा

मेरे पूज्य पितृव्यचरण पण्डित ब्रह्मासिंह जी उपाध्याय विचित्र विद्या-बुद्धि के पुरुष थे। आप केवल प्रसिद्ध ज्योतिर्विद ही नहीं थे, वरन सर्वशास्त्र-पारंगत एक चरित्रवान् विद्वान् थे। आप हम लोगों पर पितृवत् कृपा रखते थे और अपना अधिक समय हम लोगों के लालन-पालन और हम लोगों को सत् शिक्षा प्रदान करने में व्यय करते थे। पाँच वर्ष की अवस्था में शास्त्रमर्यादानुसार आपने हमारा विद्यारम्भ कराया। दो वर्ष तक

1. देखिये इसी पुस्तक का वंश-वृक्ष पृष्ठ 4।

वह हमें घर पर ही छोटी-छोटी पुस्तकें पढ़ाते रहे। सात वर्ष की अवस्था में मैं निजामाबाद के तहसीली स्कूल में भरती किया गया। इसी स्कूल से चौदह वर्ष की अवस्था (सन् 1879) ई. में मैंने मिड्ल वर्नाक्यूलर की परीक्षा पास की। परीक्षा पास करने के उपरान्त मेरे उत्साहवर्द्धन के लिए मुझे जिले से मासिक वृत्ति मिली, और बनारस आकर क्वीन्स कालेज में अँगरेजी पढ़ने की आज्ञा हुई। मैंने इस आज्ञा को स्वीकार किया और काशी में पहुँचकर उक्त कॉलेज में अँगरेजी पढ़ना आरम्भ किया। किन्तु स्वास्थ्य-भंग हो जाने के कारण चार-पाँच महीने बाद ही मुझे घर चला आना पड़ा और मेरी स्कूल-शिक्षा का यहीं अंत हुआ।

गृह-शिक्षा

जिन दिनों मैं तहसीली स्कूल में पढ़ रहा था उन्हीं दिनों उक्त पूज्य पितृव्यचरण घर पर मुझको थोड़ी-थोड़ी संस्कृत भी पढ़ाया करते थे। मदरसे में मिड्ल की शिक्षा के अतिरिक्त मैं मौलवी इमाम अली साहब मुदर्रिस फारसी से थोड़ी फारसी भी पढ़ता था। परन्तु मिड्ल का कोर्स हिन्दी होने के कारण मैं पास होने तक बहुत थोड़ी संस्कृत और फारसी पढ़ सका। जब बनारस से घर चला आया, तो मेरे स्वास्थ्य को देखकर फिर किसी ने मुझको बाहर भेजने का विचार न किया, अतएव मैंने घर पर ही संस्कृत और फारसी पढ़ना आरम्भ किया। संस्कृत पूज्य पितृव्यचरण पढ़ाते थे, और फारसी मैं स्वर्गीय मुंशीराम प्रह्लाद से पढ़ता था। यह फारसी और संस्कृत की शिक्षा मेरी पाँच वर्ष तक होती रही। फारसी में मैंने कवायद की किताबों और सिकन्दर नामा अथच बहारदानिश एवं रुक्कात की पुस्तकों के अतिरिक्त दीवान ग़नी और दीवान हाफिज इत्यादि की एक दीवान की किताबें भी पढ़ीं। संस्कृत में मेरी प्रधान शिक्षा ज्योतिष की हुई, परन्तु ज्योतिष के अतिरिक्त मैंने व्याकरण में सारस्वत-चन्द्रिका, स्मृतिग्रंथों में मनु और याज्ञवलक्य, पुराण ग्रंथों में भागवत और विष्णुपुराण और काव्य-ग्रंथों में महाभारत और वाल्मीकि रामायण इत्यादि को भी पढ़ा। इन्हीं दिनों मैंने कई एक भाषा के काव्य और पिंगल ग्रंथ अथच पंजाबी भाषा वा गुरुमुखी भी उक्त महोदय से पढ़ी।

कार्य्य क्षेत्र

सत्रह वर्ष की अवस्था में मेरा विवाह कस्बा सिकन्दरपुर, जिला बलिया में श्रीयुत विष्णुदत्त मिश्र की कन्या श्रीमती अनन्त कुमारी से हुआ। विवाह के दो वर्ष उपरान्त उन्नीस वर्ष की अवस्था में मेरा द्विरागमन हुआ। जब वधू घर में आ गई तो मेरे पूज्य पिता को मेरी जीविका की चिन्ता हुई। उन्होंने बहुत चेष्टा की कि आजमगढ़ की कलक्टरी में मुझको कोई जगह मिल जाए, परन्तु उस समय भाग्य के सुप्रसन्न न होने

से सम्पूर्ण परिश्रम व्यर्थ हुआ, और मुझको वहाँ कोई जगह न मिल सकी। इसी समय मेरे अध्यापक पण्डित रामवर्ण उपाध्याय की कृपादृष्टि मेरी ओर आकर्षित हुई—उन्होंने उद्योग करके और किसी प्रकार मेरे पूज्य पिता की अनुमति लेकर मुझे निजामाबाद के तहसीली स्कूल में ही अधिक अध्यापक नियत कराया। 16 जून सन् 1884 ई. से मैंने अध्यापक का कार्य आरम्भ किया, यतः प्रशंसित पण्डित जी मेरे शिक्षक थे, और यही महोदय तहसीली स्कूल के प्रथम अध्यापक भी थे, अतएव नौकरी की प्रथमावस्था में मुझको बहुत कुछ सुविधा हुई। और उक्त महोदय की कृपा से मैंने विद्या ही नहीं पढ़ी, किंच उन्होंने सरकारी कार्य-प्रणाली में भी मुझको बहुत-कुछ सुशिक्षा प्रदान की। मैं छह वर्ष तक इस स्कूल में अध्यापक रहा। काम में लग जाने से यद्यपि मेरी गृह-शिक्षा में बहुत-कुछ व्याघात हुआ, तथापि मेरा यह छह वर्ष का समय भी अधिकतर पढ़ने-लिखने में ही बीता। इस अध्यापकता की अवस्था में ही मैंने सन् 1887 ई. में नार्मल स्कूल की परीक्षा भी प्रथम कक्षा में पास की।

भाषानुराग का सूत्रपात

जिस वर्ष मैं मिड्ल वर्नाक्यूलर की परीक्षा में पास हुआ, उसी वर्ष की बात है कि एक दिन श्रीयुत बाबा सुमेरसिंह के यहाँ निजामाबाद के रईस और विद्वानों की सभा थी। इस सभा में पूज्य पितृव्यचरण के साथ मैं भी उपस्थित था। श्रीयुत बाबा सुमेरसिंह एक सुकवि और विद्वान पुरुष थे। इनकी जन्मभूमि भी निजामाबाद ही है। इन्होंने भाषा और पद्य में छोटे-बड़े लगभग पचीस-तीस ग्रंथ लिखे हैं। यह सिक्ख सम्प्रदाय के गुरु थे, और पीछे सिक्खों के एक प्रधान स्थान हरिमंदिर जी (पटना) के महंत हो गये थे। इनके यहाँ जब कोई सभा होती, तो उसमें प्रायः काव्य-चर्चा और शास्त्र चर्चा होती। आज की सभा में काव्य-चर्चा की विशेषता थी, रामायण की कितनी चौपाइयाँ पढ़ी गईं, और उनके विलक्षण अर्थ हुए, बिहारी जी के दोहों पर नाना प्रकार के वाक्य-विलास हुए। इसी बीच भाई भगवान सिंह नाम के एक सिक्ख ने सिक्खों के आदि ग्रंथ साहब के यह दो पद पढ़े—"कह कबीर खोजो-असमान-राम समान न देखों आन"—और सभा स्थित सुजनों से प्रश्न किया कि इन दो पदों में से पहले पद के 'असमान' शब्द का क्या अर्थ और भाव है? एक महाशय ने कहा कि 'असमान' शब्द का अर्थ आकाश है, और भाव यह है कि कबीर साहब कहते हैं कि मैंने खोजने में बहुत बड़ा परिश्रम किया परन्तु राम के समान मुझको कोई दूसरा नहीं दिखलाई पड़ा। क्योंकि यह बोलचाल है कि जिस वस्तु के खोजने में बहुत परिश्रम किया जाता है, उसके लिए कहा जाता है कि 'आकाश-पाताल छान डाले गए'। मैंने यह अर्थ सुनकर पूज्य पितृव्यचरण की आज्ञा लेकर कहा कि 'असमान' का अर्थ आकाश तो ठीक है, परन्तु जो भाव बतलाया गया

है उसके अतिरिक्त मेरे विचार में एक भाव और आता है। इतना कह कर मैंने कहा कि समस्त स्वर्ग आकाश ही में है, बैकुण्ठ भी आकाश में ही है, इसलिए जितने बड़े-बड़े देवते हैं, उन सब लोगों के निवास का स्थान आकाश ही है, इसलिए कबीर साहब के कहने का भाव यह है कि (जमीन को कौन कहे) मैंने बड़े-बड़े देवतों के निवास-स्थान को भी खोज डाला, परन्तु वहाँ भी राम के समान कोई दूसरा नहीं दिखलाई पड़ा। मेरे इस भाव को सुनकर प्रशंसित बाबा जी बहुत प्रसन्न हुए, और उसी दिन से मुझको अपने पुस्तकालय की समस्त पुस्तकों के अवलोकन करने की आज्ञा दे दी। यहाँ मैं भारतेन्दु बाबू हरिश्चन्द्र जी के साप्ताहिक पत्र 'कवि वचन सुधा' उनकी 'हरिश्चन्द्र चन्द्रिका' और उनके मनोहर ग्रंथों को बड़े चाव से पढ़ता था। इन्हीं पत्र और ग्रंथों के अवलोकन का यह फल हुआ कि मेरी रुचि भाषा, कविता और लेख की ओर आकर्षित हुई। मदरसा छोड़ने और पुनः अध्यापक-पद ग्रहण करके उसमें प्रविष्ट होने के मध्य का पाँच वर्ष का काल जहाँ संस्कृत और फारसी पढ़ने में बीता, वहाँ इस पुस्तकालय के नाना ग्रंथों के अवलोकन करने में भी व्यय हुआ। यहाँ मुझको बहुत से विचित्र ग्रंथ पढ़ने को मिले—अब भी वह सब ग्रंथ मौजूद हैं—परन्तु अब उनकी अव्यवस्था है। पुस्तकालय का नाम तो कभी का लोप हो गया।

ग्रन्थ-निर्म्माण

मेरी मातृदेवी को 'सुखसागर' पढ़ने का बड़ा अनुराग था। वह मुझसे सात-आठ वर्ष की अवस्था में प्रायः 'सुखसागर' पढ़वाया करतीं, और उसको प्रेमपूर्वक सुनतीं। पूज्य पितृव्यचरण को भी 'श्रीमद्भागवत' से बड़ा प्रेम था। वह प्रायः 'श्रीमद्भागवत' के श्लोकों को पढ़ते-पढ़ते प्रेमविह्वल हो जाते, और गद्गद चित्त से उन श्लोकों का अर्थ मुझे सुनाया करते। जिन दिनों मैं बाबू हरिश्चन्द्र के काव्य-सरोज-मकरंद का पान कर रहा था, उन दिनों भी मेरे हृदय को भगवान् देवकीनन्दन का अपूर्व भक्तिरस ही अविश्रान्त प्लावित करता। अतएव कोई आश्चर्य नहीं है, जो मेरे अंतर में भगवान् श्रीकृष्ण का अनुराग अंकुरित हुआ। निदान इसी अनुराग के फलस्वरूप मेरा पहला ग्रंथ 'श्रीकृष्ण शतक' है जो संवत् 1939 ई. में लिखा गया है। इसी अनुराग ने मेरे दोनों नाटक ग्रंथ 'श्री रुक्मिणी परिणय' और 'प्रद्युम्न विजय व्यायोग' की भी रचना कराई। और इसी अनुराग का यह माहात्म्य है जो मेरी समस्त पद्य-रचना का अधिकांश कृष्ण लीलामय किम्वा कृष्ण गुणानुवाद संवलित है। इधर तो उक्त कारणों से कृष्ण गुणानुवाद गान करके रसना को पवित्र करने का हृदय में उद्रेक हुआ, और मैं उसका अनन्य सेवक बन कर कृष्ण विचित्र चरित्र चित्रित ग्रंथों की रचना में संलग्न हुआ—उधर, तहसीली स्कूल के अध्यापक पद पर नियत हो जाने से ग्रंथ-रचना का एक

और सुयोग आकर उपस्थित हुआ। स्वर्गीय बाबू श्याम मनोहर दास डिप्टी इंस्पेक्टर मदारिस बड़े भाषानुरागी थे। भाषा में मेरा प्रेम देखकर वह मुझसे बहुत प्रसन्न रहते थे। जिन दिनों निजामाबाद के तहसीली स्कूल में मैं अधिक अध्यापक नियत हुआ, उससे प्रथम ही स्वर्गीय श्रीयुत पं. लक्ष्मीशंकर मिश्र सम्पादित प्रसिद्ध काशी-पत्रिका नाम्नी साप्ताहिक पुस्तिका में 'वेनिस का बाँका' और 'रिपवान विंकल' नाम के दो बड़े सुन्दर उपन्यास उर्दू भाषा में छप चुके थे। उसमें कोई-कोई निबंध अब भी प्रति सप्ताह बड़े ही सुन्दर निकलते थे। उक्त बाबू साहब की बड़ी ही इच्छा थी कि उक्त दोनों उपन्यासों का शुद्ध हिन्दी भाषा में अनुवाद हो जावे, और जो निबंध उसके बहुत ही उत्तम हैं वह भी उर्दू शब्दों को बदलकर शुद्ध हिन्दी में लिख लिये जावें। उन्होंने इस कार्य्य के लिए मुझको चुना। पहले मुझको उनकी आज्ञा मानने में आनाकानी हुई। मैंने उनसे निवेदन किया कि उर्दू से हिन्दी भाषा में अनुवाद के क्या मानी। परन्तु उन्होंने इस विषय में आग्रह किया, अतएव विवश होकर मैं उनकी आज्ञा मानने के लिए बाध्य हुआ। परन्तु जब मुझको बांग्ला से हिन्दी अनुवाद का कार्य करना पड़ा, तो मेरा पहला विचार बिल्कुल बदल गया, और मैंने समझा कि बांग्ला के हिन्दी अनुवाद में उतनी कठिनाई नहीं होती जितनी कि उर्दू के हिन्दी अनुवाद में। मुख्यतः जब बाबूसाहब के विचारानुसार यह नियम कर लिया जावे कि अनुवाद में एक भी फ़ारसी, अरबी किम्वा तुर्की का शब्द न आने पावेगा तो यह कठिनता और बढ़ जाती है। मैंने अपने कृत्य के समर्थन के लिए यहाँ पर इतना नहीं लिखा है, वरन् सत्यता के अनुरोध से मुझको ऐसा करना पड़ा है। उर्दू के मुख्य लेख से जब मेरे हिन्दी अनुवाद को—विशेषतः 'वेनिस का बाँका' और 'रिपवान विंकल' के अनुवाद को कोई सज्जन मिलाकर देखेंगे तो उनको आप ज्ञात हो जावेगा कि मेरे कथन में कहाँ तक सत्यता है और मुझको इस अनुवाद में कितना परिश्रम करना पड़ा है। जो हो, किन्तु 'वेनिस का बाँका' और 'रिपवान विंकल' का अनुवाद मैंने बाबू साहब की निर्णीत भाषा में कर डाला। मैंने कुछ निबंधों का अनुवाद भी किया और उनके संग्रह का नाम 'नीति निबंध' रखा। निदान उक्त बाबू साहब के उत्साहित करने से साल भर के भीतर ही यह तीन ग्रंथ और बन गये। मैंने अध्यापकावस्था में ही 'गुलजार दबिस्तां' नाम्नी फारसी पुस्तक का अनुवाद करके उसका नाम 'विनोद वाटिका' और 'अष्टम वाब गुलिस्तां' का अनुवाद करके उसका नाम 'उपदेश कुसुम' रखा। इन्हीं दिनों मैंने 'फिसाना अजायब' के कतिपय पद्यों का अनुवाद भी भाषा पद्य में किया।

भाषानुरागी सज्जन और पदोन्नति

मेरे पूज्य पिता बड़े उन्नतमना और उच्चाकांक्षी थे। वह सदा इस उद्योग में लगे रहते थे कि मुझको कलक्टरी लाइन में कोई अच्छा पद मिल जावे। वह स्वयं ही इस

विषय में उद्योग नहीं करते, मुझको भी यथासमय उत्साहित करते रहते। परन्तु सम्पूर्ण बातें समयसापेक्ष होती हैं। क्रमशः आठ-नौ वर्ष के लगातार परिश्रम से जो बात प्राप्त नहीं हुई थी, वह एक दिन अचानक यों ही प्राप्त हो गई। 'वेनिस का बाँका' के निर्माण किये जाने का हाल मैं ऊपर लिख चुका हूँ। यद्यपि यह ग्रंथ कलकत्ता आर्य्यावर्त प्रेस में बहुत उत्तम छप न सका, अशुद्धियाँ बहुत रह गईं। कोई-कोई शब्द भी उसमें ऐसे डाल दिये गये जो कदापि उपयुक्त नहीं कहे जा सकते। तथापि अपने 'ब्राह्मण' नामक मासिक पत्र में स्वर्गीय श्रीयुत पं. प्रतापनारायण मिश्र ने उसकी बहुत अच्छी समालोचना लिखी। आजमगढ़ में उन दिनों बाबू धनपति लाल साहब जो कि इस समय डिपुटी कलक्टर हैं—सदर कानूनगो थे, यह बड़े हिन्दी भाषा के अनुरागी हैं, 'ब्राह्मण' पत्र में 'वेनिस का बाँका' की समालोचना पढ़कर यह सज्जन मेरी ओर आकर्षित हुए और इन्हीं महोदय एवम् उक्त बाबू श्याम मनोहर दास के उद्योग से मैं सन् 1889 से कानूनगोई की परीक्षा में सम्मिलित किया गया और इसी वर्ष सम्पूर्ण विषयों में पास हो गया। परीक्षा में पास हो जाने पर मुझको नवम्बर सन् 1889 ई. से मार्च सन् 1890 तक एक बार कानूनगोई का अस्थायी पद भी प्राप्त हुआ। परन्तु अप्रैल सन् 1890 ई. में मैं फिर अपने अध्यापक पद पर वापस किया गया। 11 जुलाई सन् 1890 ई. में मैं फिर अस्थायी नायब सदर कानूनगो नियत हुआ और अबकी बार मैं सदा के लिए अध्यापक पद से अलग हुआ। जनवरी सन् 1891 ई. में मैं स्थायी नायब रजिस्ट्रार कानूनगो नियत हुआ, और तहसील सगड़ी में भेजा गया। परन्तु कुछ दिनों बाद ही मुंशी अम्बा प्रसाद सदर कानूनगो ने मुझको सदर मुकाम आजमगढ़ में फिर नायब सदर कानूनगोई पर बुला लिया। इस पद पर मैं तीन वर्ष से कुछ अधिक 24 मई सन् 1893 ई. तक रहा। 25 मई सन् 1893 ई. को मैं परगना नत्थूपुर तहसील सगड़ी में गिर्दावर कानूनगो नियत किया गया। अब तक मैं इसी पद पर हूँ। छह वर्ष तक मैं हलके पर ही काम करता रहा, इसके पश्चात् जिले में बन्दोबस्त का काम छिड़ गया, अतएव मुझको अक्टूबर सन् 1899 ई. में फिर आजमगढ़ आना पड़ा और अब यहीं आठ वर्ष से ऑफिस सम्बन्धी काम कर रहा हूँ।

बांग्ला-शिक्षा

जिन दिनों मैं तीन वर्ष तक नायब सदर कानूनगोई की दशा में आजमगढ़ रहता था, उन्हीं दिनों मुझको बांग्ला सीखने का अवसर प्राप्त हुआ। बांग्ला सीखने का अनुराग मुझको बहुत दिनों से था। आजमगढ़ आने पर मुझको इसकी सुविधा हुई। श्रीयुत बाबू तारिणीचरणमित्र मुस्तफा के अनुग्रह से मुझको दो-तीन मास में बांग्ला का पूर्ण अभ्यास हो गया। बाबू साहब ने कृपा करके मुझको बांग्ला की बहुत-सी पुस्तकें पढ़ने के लिए भी दीं। मैंने बंगाल प्रांत के सुप्रसिद्ध सुलेखक स्वर्गीय श्रीयुत बाबू

बंकिमचन्द्र चटर्जी के ग्रंथों को बड़े चाव से पढ़ा। इनके अपूर्व और लोकोत्तर उपन्यासों का मेरे हृदय पर विचित्र प्रभाव हुआ और अब तक उसका बहुत कुछ प्रभाव शेष है। मैंने यहाँ अँगरेजी पढ़ने की भी चेष्टा की परन्तु गुरु कार्य्यमात्र से लब्ध-काम न हो सका। अब तक अँगरेजी मुझे नाम को ही आई है। इस समय मैं संस्कृत, फारसी, हिन्दी, उर्दू, पंजाबी और बांग्ला—छह भाषा जानता हूँ।

सिंह सभा का मंत्रित्व

जिन दिनों मैं निजामाबाद में अध्यापक था, उन्हीं दिनों वहाँ सन् 1885 ई. में एक सिंह सभा बड़ी धूमधाम से स्थापित हुई। प्रशंसित बाबा सुमेरसिंह साहब इस सभा के सभापति और मैं मंत्री था। प्रति सप्ताह इस सभा का अधिवेशन धूम से होता था। पर्व-त्योहारों पर यह सभा बड़ा उत्साह प्रगट करती। मैं लगभग पाँच वर्ष इस सभा का मंत्री रहा। जब मेरा निजामाबाद रहने का सिलसिला जाता रहा तो मुझको मंत्रित्व पद छोड़ना पड़ा—साथ ही दुःख है कि सभा का नामो-निशान भी मिट गया।

खड्ग विलास प्रेस का सम्बन्ध और घनिष्ठता

सुप्रसिद्ध 'ब्राह्मण' मासिक पत्र में प्रकाशित मेरे लेखों को देख करके और पटने के महंत बाबा सुमेरसिंह से मेरा परिचय प्राप्त करके खड्ग विलास प्रेस के अध्यक्ष स्वर्गीय श्रीयुत बाबू रामदीन सिंह ने मुझसे पत्र-व्यवहार किया। उक्त बाबूसाहब और मेरे परस्पर का यही सूत्रपात था। शनैः शनैः बाबू साहब का और मेरा प्रेम बढ़ता गया और इस प्रेम को उन्होंने आजीवन निबाहा। जिन दिनों तहसीली स्कूल निजामाबाद में मैं अध्यापक था, उन्हीं दिनों मैंने उनके अनुरोध से 'अंकगणित' नाम की एक पुस्तक बनाई। इस पुस्तक को उन्होंने बहुत पसंद किया और तत्काल छापा। यह पुस्तक शायद बिहार प्रांत के स्कूलों में प्रचलित भी है। तत्पश्चात् उन्हीं के अनुरोध से मैंने 'कृष्ण कान्तेर-उइल' बांग्ला के प्रसिद्ध उपन्यास का 'कृष्ण कान्त का दानपत्र' नाम से और श्रीयुत स्वनामधन्यपुरुष ईश्वरचन्द्र विद्यासागर की बांग्ला 'चरितावली' का 'चरितावली' नाम देकर ही भाषानुवाद किया। यह दोनों बनने के उपरान्त ही उसी वर्ष मुद्रित हुए। इसी वर्ष उक्त सज्जन ने 'रिपवान विंकल' को भी छापा। इसके कुछ दिनों पश्चात् एक दिन अचानक उक्त महाशय का एक बृहत् पत्र मिला, जिसमें उन्होंने श्रीयुत डाक्टर जी. ए. ग्रियर्सन साहब के आज्ञानुसार मुझसे ठेठ हिन्दी में कोई पुस्तक लिखने के लिए एकान्त अनुरोध किया। मैंने भी उसी दिन से इस बात की चेष्टा की और कुछ दिनों में ठेठ हिन्दी में एक छोटी पुस्तक लिखकर उसका नाम 'ठेठ हिन्दी का ठाठ' रखा। जब यह पुस्तक उक्त सज्जन के पास भेजी गई, तो इसको उन्होंने एवम् प्रशंसित डाक्टर

साहब ने बहुत पसन्द किया और तत्काल छापा। यह पुस्तक इस समय इण्डियन सिविल सर्विस परीक्षा के कोर्स में गृहीत है। इस पुस्तक का अवलोकन करने के उपरान्त प्रशंसित डाक्टर साहब की यह राय हुई कि और एक बड़ी पुस्तक इसी भाषा में लिखी जावे—जिसमें ठेठ हिन्दी के नित्य व्यवहृत बहुत से शब्द आवें। बाबू साहब ने इस विषय में फिर मुझको लिखा। निदान मैंने ठेठ हिन्दी में ही 'अधखिला फूल' नाम की दूसरी पुस्तक लिखी, जो पहली पुस्तक से कहीं बड़ी है। किन्तु दुःख है कि जब यह पुस्तक छप रही थी, तभी बाबू साहब का स्वर्गवास हो गया। 'अधखिला फूल' की भूमिका में मैंने 'ठेठ हिन्दी का ठाठ' के विषय में डॉक्टर साहब की अनुमति प्रकाशित कर दी है। वहाँ इस ग्रंथ और उसकी भाषा के विषय में आप उनकी अनुमति अवलोकन कर सकते हैं। खड्ग विलास प्रेस से अब तक मेरा पूर्ववत् सम्बन्ध बना हुआ है, चिरंजीव कुमार बाबू रामरण विजय सिंह जो कि स्वर्गीय बाबू साहब के सुपुत्र हैं और मित्रवर बाबू गोकर्ण सिंह जो उक्त प्रेस के एक प्रधान कर्मचारी हैं, वैसे ही सद्व्यवहार और सहानुभूति मेरे साथ रखते हैं जैसे कि स्वर्गीय बाबूसाहब रखते थे, और यही कारण है कि मेरा और उक्त प्रेस का सम्बन्ध स्थिर है। इधर इन दोनों सज्जनों ने मेरी दो छोटी-छोटी पुस्तकें और प्रकाशित की हैं। एक 'प्रेमपुष्पोपहार' और दूसरी 'उद्‌बोधन'। 'प्रेमपुष्पोपहार' में वह कविता प्रकाशित की गई है, जिसको मैंने काशी नागरी प्रचारिणी सभा के सभा भवन खुलने के दिन पढ़ी थी और 'उद्‌बोधन' एक धर्म्मोत्तेजन विषयक निबंध है, जो सनातन धर्म्मावलम्बियों की घोर निद्राभंग करने के लिए लिखा गया है।

कविता ग्रन्थ, पुरस्कार, अथच अप्रकाशित ग्रन्थ

मैं पहले लिख आया हूँ कि कई कारणों से मुझको बहुत से कृष्ण गुणानुवाद किम्वा कृष्णलीलामय पद्यों की रचना करनी पड़ी थी। समय-समय पर, मुझको सामयिक पत्रों में प्रकाशित समस्याओं की पूर्ति करने का भी व्यसन था। जब तक काशी में कवि-मण्डल और कवि-समाज स्थापित था, उस समय तक इन दोनों सभाओं का भी मैं बराबर सभासद रहा। नियमपूर्वक इन दोनों सभाओं से मेरे पास समस्याएँ आती थीं, और उनमें से कितनी समस्याओं की पूर्ति मैं करता था। अपने चित्त के प्रसाद के लिए अथवा कतिपय घटनाओं के वशीभूत होकर भी मुझको नाना प्रकार की कविता समय-समय पर करनी पड़ी हैं। इन समस्त कविताओं में से कुछ कविता संगृहीत होकर पुस्तकाकार 'प्रेमाम्बुवारिधि', 'प्रेमाम्बु प्रवाह', 'प्रेमाम्बु प्रस्रवण' और 'प्रेम पंच' नाम से श्रीवेंकटेश्वर यंत्रालय बम्बई में प्रकाशित हो चुकी हैं। शेष कविताएँ 'काव्योपवन', 'षट्ऋतु दर्पण' और 'शृंगार सिन्दूर' नाम की पुस्तकों में संगृहीत हैं, परन्तु यह सब ग्रंथ अब तक अप्रकाशित हैं। इनके अतिरिक्त दो उपन्यास भी हैं, जो अब तक अप्रकाशित

हैं। एक का नाम 'प्रद्युम्न पराक्रम' और दूसरे का नाम 'फूलजानी बेगम' है। कविता में मैं अपना नाम कभी-कभी 'औधहरि' और अधिकतर 'हरिऔध' रखता हूँ। इस नाम की सार्थकता इस भाँति होती है, अयोध्या = औध + सिंह = हरि। मेरे कविता-शिष्य पं. सीताराम श्रोतृ निजामाबाद निवासी हैं। यह भाषानुरागी भी हैं—भविष्य में मुझको इनसे अच्छी आशा है। यद्यपि स्वतंत्र जीविका होने के कारण मेरे जी में यह बात कभी नहीं आई कि मैं कविता रचकर कभी कुछ अर्जन करूँ। मैंने जितनी कविताएँ रची हैं—उनमें से अधिकतर मनोविनोद के लिए ही रची हैं, तथापि एक बार मुझको अपनी कविता द्वारा पुरस्कृत होना भी पड़ा है, और यह काँकरौली-नरेश, गोस्वामिवर श्रीयुत बालकृष्ण लालजी की गुणग्राहकता है। मैं कविसमाज में स्वयम् कभी उपस्थित नहीं हुआ। मेरी कविताओं को स्वर्गीय बाबू रामकृष्ण ही बराबर पढ़ते थे। तथापि मेरी कविता से प्रसन्न होकर उक्त महोदय ने स्वर्गीय बाबूसाहब के ही द्वारा उक्त सभा के प्रथम वार्षिकोत्सव पर बीस रुपया पुरस्कार द्वारा मुझको पुरस्कृत किया था।

वर्तमान स्थिति

पहले मुझको सामयिक पत्रों में कविता किम्वा लेख प्रकाशित कराने का बड़ा अनुराग था, मेरी कविता और लेख 'हिन्दी बंगवासी', 'सारसुधानिधि', 'भारत जीवन', 'साप्ताहिक पत्रों', 'हिन्दी स्थान', 'दैनिक पत्र' और 'ब्राह्मण', 'भारतेन्दु', और 'कवि और चित्रकार', मासिक पत्रों में प्रकाशित हुआ करते थे। किन्तु कई एक कारणों से अब मैंने समाचार-पत्रों में लेख किम्वा कविता भेजना छोड़ दिया है। केवल सुप्रसिद्ध 'सरस्वती' नाम की मासिक पत्रिका में अब भी मेरी कोई-कोई कविता कभी प्रकाशित हो जाती है, किन्तु व्यसनवश हो किम्वा भाषानुराग के कारण हो अवकाश मिलने पर मैं अब भी कुछ न कुछ अवश्य लिखता हूँ। यद्यपि अध्यापक पद छोड़ने के उपरान्त गुरु कार्यभार के कारण मुझको अवकाश बहुत कम मिलता है, तथापि जब कभी कुछ अवकाश मिलता है, तो मैं उसको हिन्दी रचना ही मैं व्यय करता हूँ। इससे मेरे चित्त को एक अद्‌भुत आनन्द होता है। आज कल मैं 'अजीब उलझन' नामक एक ग्रंथ लिख रहा हूँ—यह ग्रंथ लिखा तो उपन्यास के ढंग पर जा रहा है, परन्तु है नैतिक।

हमारी मित्र मण्डली

हिन्दी के सुलेखकों में, स्वर्गीय सुजनों में श्रीयुत पं. प्रतापनारायण मिश्र, श्रीयुत बाबू राधाकृष्ण दास और श्रीयुत बाबू रामदीन सिंह—और वर्त्तमान लोगों में श्रीयुत पं. बदरीनारायण चौधरी, पं. महावीर प्रसाद द्विवेदी, पं. रामनारायण मिश्र बी.ए., श्रीयुत बाबू काशीप्रसाद जायसवाल, श्रीयुत बाबू शिवनन्दन सहाय और श्रीयुत बाबू गोकर्ण

सिंह मेरे मित्रों में परिगणित हो सकते हैं। परन्तु मेरा पत्र-व्यवहार लगभग हिन्दी के समस्त सुलेखक और उन्नायकों से पहले भी था, और अब भी है। पत्र-व्यवहार करने वालों में भी कोई-कोई सज्जन मित्र की-सी ही कृपा रखते हैं।

धर्म्म विश्वास

मैं सनातन धर्म्मावलम्बी हिन्दू हूँ—वैशेषिक दर्शन के इस सूत्र के अनुसार कि "यतोभ्युदयनिःश्रेयससिद्धिः सधर्म्मः" मैं धर्म्म की व्यवस्था करना उत्तम समझता हूँ इसीलिए विलायत यात्रा, पतित को पुनर्ग्रहण और हिन्दू धर्म्म के विस्तार का पक्षपाती हूँ। बालिका विधवा के विवाह को भी बुरा नहीं समझता। किसी मत से द्वेष करना चाहे वह क्रिश्चियानटी और इस्लाम ही क्यों न हो, मुझे प्रिय नहीं, वरन् समस्त मतों में साम्य स्थापन मेरा निश्चल सिद्धान्त है। यदि इंजील, कुरआन, किम्वा किसी साधारण पुस्तक में भी कोई सत् शिक्षा है, तो मैं उसको सादर ग्रहण करने के लिए अग्रसर होना चाहता हूँ। परन्तु उनकी त्रुटियों को लेकर कलह किम्वा कोलाहल मचाना अच्छा नहीं समझता। वर्णाश्रम धर्म्म का समर्थक होने पर भी नीच वर्ण के हिन्दुओं के साथ सद्व्यवहार करना और उनके उन्नत होने का यत्न करना अपना ही नहीं, वरन् समस्त उच्च हिन्दू जाति का परम कर्त्तव्य मानता हूँ। धर्म्म के विषय में मेरे हृदय के भावों का बहुत कुछ विकास मेरे 'उद्बोधन' और 'प्रेमाम्बु वारिधि' नामक ग्रंथों में हुआ है। आवश्यकता होने पर मेरा बहुत-कुछ विचार वहाँ से संग्रह किया जा सकता है। 'प्रेमाम्बु वारिधि' के आदि के पन्द्रह-बीस पद इस विषय में बहुत ही उपयुक्त पाये जावेंगे।

प्रिय कामना

शान्त जीवन, याचक को यथाशक्ति दान, कलह और वितण्डावाद से निस्सम्पर्कता, सनातन धर्म्म का प्रचार, पतनशील हिन्दू जाति का उद्धार, आडम्बरमूलक सामाजिक दुर्गुणों का संशोधन, प्राणिमात्र से सहानुभूति, मधुर बर्ताव, विविध ग्रंथावलोकन, हिन्दी भाषा का उन्नति साधन, तीर्थाटन, पर्व-त्योहारों एवम् उत्सवों का समारोहपूर्वक सम्पादन, शिष्ट और महाजनों के साथ मर्यादा की रक्षा, धर्म्मकृत्यों का श्रद्धापूर्वक अनुष्ठान, समाजोन्नायक कार्य्यकलाप का आचरण, उपनिषदों का पाठ, दार्शनिक ग्रंथों का आलोचन, देव-द्विजभक्ति, परोपकार, सहिष्णुता, क्षमा, और दया मेरे हृदय की प्यारी कामनाएँ हैं, परन्तु अपनी इन प्रिय कामनाओं को मैं कहाँ तक कार्य्य में परिणत कर सकता हूँ—इस विषय में कुछ कथन करने का मुझको कोई अधिकार नहीं है, यह बात समय-सापेक्ष है।

प्रिय सामग्री

घनपटल का वर्ण वैचित्र्य, शस्य श्यामला धरित्री, पावस की प्रमोदमयी, सुषमा, वासन्तिक विविध विटपावली, कोकिल का कुहूरव, पक्षि कुल का कल निनाद, शरदर्त्तु की शोभा, दिशाओं की समुज्ज्वलता, ऋतु परिवर्तन जनित प्रवाह, अनन्त प्राकृतिक सौंदर्य्य, नाना प्रकार के चित्र, विविध वाद्य, मधुर गान, ज्योत्स्नारंजित यामिनी, तारकमंडित नीलनभोमण्डल, सुचित्रित बिहंगावली, पूर्णिमा का अखिल कलापूर्ण कलाधर, मनोमुग्धकर दृश्यावली, सुसज्जित रम्य उद्यान, ललित लतिका, मनोरम पुष्पचय, मेरे आनन्द की अन्यान्य प्रिय सामग्री है। किन्तु पावस की सरस छवि, बसन्त की विचित्र शोभा, कोकिल का कुहूरव, और किसी कलकण्ठ का मधुर गान, वह भी भावमयी कवितावलित, मुझको उन्मत्त प्रायः कर देते हैं।

पुस्तक प्रेम

संस्कृत ग्रंथों में श्रीमद्भागवत, महाभारत, वाल्मीकि रामायण, गर्ग संहिता, कालिदास के समस्त काव्य, और भवभूति के उत्तर रामचरित से—भाषा में सूरदास, तुलसीदास, केशवदास, देव, पद्माकर, घन आनंद, जायसी, हरिश्चन्द्र, प्रतापनारायण, और अम्बिका दत्त व्यास के काव्य और ग्रंथों से—बांग्ला में बाबू बंकिमचन्द्र चटर्जी के समस्त ग्रंथ, रवीन्द्रनाथ ठाकुर के कविता भाग, हेम बाबू के वृत्र-संहार, मधुसूदन दत्त के मेघनाद वध, और नवीनचन्द्र के रैवतक से फारसी में गुलिस्ताँ, दीवान हाफिज, और मौलाना रूम की मसनवी से, और उर्दू में मिर्ज़ा दबीर, मीर अनीस, ग़ालिब, मीर, दाग़, नासिख, और आतश की कविताओं अथच किसी-किसी दीवान से—मुझको विशेष प्रेम है। इनमें भी गोस्वामी तुलसीदास के रामायण की विमुग्ध कारिणी विचित्र रचना, और श्रीमद्भागवत के हृदयद्रावी भक्ति भरे सुन्दर श्लोक तो मेरे जीवन सर्वस्व हैं—मैंने इनको पढ़ा या सुना नहीं कि हृदय की तंत्री बजी नहीं—कभी-कभी इनको पढ़ या सुनकर बिल्कुल तन्मयता हो जाती है।

दोष-गुण

मनुष्य दोषपूर्ण है, जो महाजन संसार में हो गये हैं, जब वह भी दोषमुक्त नहीं हो सके, तो मुझ पामर की क्या गणना है? यदि मैं अपने दोषों को लिखने बैठूँ, तो गोस्वामी जी का वही कथन चरितार्थ होगा कि 'सुनि अध नरकहुँ नाक सिकोरी' फिर उनके लिखने ही से क्या लाभ! इसके अतिरिक्त मुख्य अवस्थाओं को छोड़ कर किसी का दोष-प्रदर्शन, जीवनी लिखने का उद्देश्य भी नहीं है। रहा गुण, वह मुझमें हैं ही कितने, जो मैं उनके लिए लेखनी चलाऊँ—यदि वास्तव में मुझमें कोई सद्गुण है, तो वह आप लोगों से कब तक छिपा रहेगा। यहाँ उसकी चर्चा मैं विरक्ति कर समझता हूँ।